A swung dash substitutes headwords in examples

Danube ['dænju:b] *n no pl* ■ **the ~** die Donau

großzügig I. *adj* ❶ (*ger*... **Trinkgeld** a generous [*or* handso...
❷ (*nachsichtig*) lenient
❸ (*in großem Stil*) grand; **ein ~er Plan** a large-scale plan …

ner unver...

Grammatical structuring of entries with Roman numerals

another [ə'nʌðəʳ, AM -ðɚ] I. *adj* ❶ (*one more*) noch eine(r, s) …
II. *pron no pl* ❶ (*different one*) ein anderer/eine andere/ein anderes …

während I. *präp +gen* during
II. *konj* ❶ (*zur selben Zeit*) while
❷ (*wohingegen*) whereas; ***er trainiert gerne im Fitnessstudio, ~ ich lieber laufen gehe*** he likes to work out in the gym, whereas I prefer to go for a run

Grammatische Gliederung des Eintrags

Arabic numerals indicate the different senses of the headword. Senses are clearly differentiated from each other

ice [aɪs] I. *n no pl* ❶ (*frozen water*) Eis *nt;* (*ice cubes*) Eis *nt,* Eiswürfel *m;* ***my hands are like ~*** meine Hände sind eiskalt
❷ BRIT (*ice cream*) Eis *nt,* Eiscreme *f*
❸ AM (*fam*) Diamant[en] *m*[*pl*] …

Gabe <-, -n> *f* ❶ (*geh: Geschenk*) gift, present; REL offering; **eine milde ~** alms *pl,* a small donation *hum*
❷ (*Begabung*) gift; **die ~ haben, etw zu tun** to have a [natural] gift of doing sth
❸ *kein pl* MED (*das Verabreichen*) administering *no indef art, no pl*
❹ SCHWEIZ (*Preis, Gewinn*) prize

Kennzeichnung und Erläuterung der unterschiedlichen Bedeutungen des Stichworts

Grammatical constructions are marked with a box

experienced [ɪk'spɪəriən(t)st, ek-, AM -'spɪr-] *adj* (*approv*) erfahren; **an ~ eye** ein geschultes Auge; **someone ~** *applicant* jemand mit mehr Erfahrung; ■ **to be ~ at** [*or* **in**] **sth** Erfahrung in etw *dat* haben, in etw *dat* erfahren sein

japsen *vi* (*fam*) ■ [**nach etw**] ~ to gasp [for sth]; ***er tauchte aus dem Wasser und japste nach Luft*** he surfaced gasping for air

Kennzeichnung von grammatischen Konstruktionen mit Kästchensymbol

Separate phrase section for idioms. Guide words are underlined for ease of consultation

foot [fʊt] I. *n* <*pl* feet> [*pl* fi:t] ❶ (*limb*) Fuß *m;* ***what size are your feet?*** welche Schuhgröße haben Sie? …
► PHRASES: **the boot** [*or* **shoe**] **is on the other ~** die Situation ist umgekehrt; ***see, the boot is on the other ~ now*** siehst du, das Blatt hat sich gewendet; **to have a ~ in both camps** auf beiden Seiten beteiligt sein; **to have feet of clay** auch nur ein Mensch sein, seine Schwächen haben; **to get a ~ in the door** einen Fuß in die Tür kriegen *fam,* [mit einem Fuß] hineinkommen; **to put one's ~ to the floor** AM Gas geben; **to have one ~ in the grave** mit einem Bein im Grab stehen; **to have both feet on the ground** mit beiden Beinen fest auf der Erde stehen; **to get one's feet under the table** BRIT sich etablieren; **to have the world at one's feet** die Welt in seiner Macht haben; **to put one's best ~ forward** sich *akk* anstrengen; **to get off on the right/wrong foot** einen guten/schlechten Start haben …

Mund <-[e]s, Münder> *m* ❶ ANAT mouth; **etw in den ~ nehmen** to put sth in one's mouth; …
❷ ZOOL (*Maul*) mouth
► WENDUNGEN: **~ und Nase aufsperren** (*fam*) to gape in astonishment; **aus berufenem ~e** from an authoritative source; **sich** *dat* **den ~ fusselig reden** to talk till one is blue in the face; **einen großen ~ haben** to have a big mouth, to be all talk [*or* mouth] [*or* BRIT *fam* all mouth and trousers]; **den ~ [zu] voll nehmen** (*fam*) to talk [too] big; **den ~ aufmachen** [*o* **auftun**] to speak up; **den ~ aufreißen** (*sl*) to talk big; **jdm über den ~ fahren** (*fam*) to cut sb short; [**jd ist**] **nicht auf den ~ gefallen** (*fam*) [sb is] never at a loss for words; **etw geht von ~ zu ~** sth is passed on from mouth to mouth [*or* person to person]; **halt den ~!** (*fam*) shut up! *fam,* shut your mouth! [*or* face!] [*or* BRIT *sl* gob!]; **den/seinen ~ nicht halten können** (*fam*) to not be able to keep one's mouth [*or fam* trap] shut; …

Einleitung des Abschnitts mit den idiomatischen Wendungen, den Redensarten und Sprichwörtern; die Unterstreichung dient als Orientierungshilfe

Indication of auxiliary verb used for forming compound tenses

verschleißen <verschliss, verschlissen> I. *vi sein* to wear out
II. *vt* ❶ (*abnutzen*) ■ **etw ~** to wear out sth *sep*
❷ (*jds Kräfte verzehren*) ■ **sich ~** to wear oneself out, to get worn out; ■ **jdn ~** to wear out sb *sep,* to go through sb

Angabe des Hilfsverbs, mit dem die zusammengesetzten Zeiten gebildet werden

Phrasal verb entry: the symbol ⇆ shows that the sequence of object and complement can be reversed

eye [aɪ] I. *n* ❶ (*visual organ*) Auge *nt;* …
◆ **eye up** *vt* ❶ (*look at carefully*) ■ **to ~ up** ⇆ **sb/sth** jdn/etw prüfend ansehen [*o* in Augenschein nehmen] [*o pej* beäugen]; **to ~ sb/sth up curiously/thoughtfully/warily** jdn/etw neugierig/nachdenklich/argwöhnisch betrachten
❷ (*look at with desire*) ■ **to ~ up** ⇆ **sb/sth** jdn/etw mit begehrlichen Blicken betrachten *geh*
❸ (*look at covetously*) ■ **to ~ up** ⇆ **sb** jdn mit Blicken verschlingen, jdn aufdringlich ansehen

Phrasal Verb Eintrag; das Symbol ⇆ gibt an, dass die Reihenfolge von Objekt und Ergänzung auch vertauscht werden kann

Cambridge Klett

Comprehensive German Dictionary

English – German

CAMBRIDGE
UNIVERSITY PRESS

PUBLISHED BY THE PRESS SYNDICATE OF THE UNIVERSITY OF CAMBRIDGE
The Pitt Building, Trumpington Street, Cambridge, United Kingdom

CAMBRIDGE UNIVERSITY PRESS
The Edinburgh Building, Cambridge CB2 2RU, UK
40 West 20th Street, New York NY10011-4211, USA
477 Williamstown Road, Port Melbourne, VIC 3207, Australia
Ruiz de Alarcón 13, 28014 Madrid, Spain
Dock House, The Waterfront, Cape Town 8001, South Africa

http://www.cambridge.org

First published 2002

Printed in Spain at Mateu Cromo, Pinto

Typeface: Univers Black, Weidemann

A catalogue record for this book is available from the British Library

Library of Congress Cataloguing in Publication data applied for

ISBN 0521 822106 hardback

Editorial Management: Dr. Margaret Cop, Anette Dralle, Christiane Mackenzie, Astrid Proctor, Dr. Andreas Cyffka, Andrea Ender

Editors: Evelyn Agbaria, Sonia Aliaga López, Alexander Burden, Chris Cunningham, Monika Finck, Susanne Godon, Susanne Kiliani, Ursula Martini, Barbara Ostwald, Dorothée Ronge, Caroline Wilcox Reul

Contributors: Evelyn Agbaria, Christian von Arnim, Valérie Béchet-Tsarnou, Jeremy Berg, Darcy Bruce Berry, Anke Brauckmann, Alexander Burden, Hazel Curties, Stephen Curtis, Ian Dawson, Heike Dittrich, Barbara Faber, Susanne Fayadh, Kirsten Fenner, Monika Finck, Dr. Juliane Forssmann, Nicole Friedrich, Timothy Jacob Gluckmann, Richard Green, Stefan Günther, Stephen Hackett, Douglas Hall, Stephanie Hammer, Dörthe Hecht, Sarah Heydenreich, Carol Hill, Michael Isenberg, Elisabeth Kabatek, Bettina Kantelhardt, Hugh Keith, Susanne Kiliani, Rupert Livesey, Wendy Luber, Ellen MacKenzie, Olivia Köchling, Ulrich Mader, Gudrun Männlein, Annette Menouar, Sarma Merdian, Lydia Moland, Helen Moore, Meilyr Morgan, Dr. Annette Morsi, Catherine Nisato, Barbara Ostwald, Alexander Polzin, Yvonne Prentice, Oliver Proctor, Ingrid Reynolds, Jeremy Roberts, Samantha Scott, Dorothée Ronge, Andrea Rüttiger, Rita Schiller, Marga Rita Selve, Ted Sietsema, Irene Spreitzer, Eva Stabenow, Martin Steiner, Gregor Vetter, Claus Viol, Claudia Voß, Caroline Wilcox Reul, Mandy Williams, Angela Winkler, Rainer Zohsel

Typesetting: Dörr und Schiller GmbH, Stuttgart
Data processing: Andreas Lang, conTEXT AG für Informatik und Kommunikation, Zürich
Maps: Klett-Perthes, Justus Perthes Verlag, Gotha

The German text was checked using the extensive text corpora of the Institut für Deutsche Sprache in Mannheim. The English text was checked using the British National Corpus.

Foreword

Competence in using foreign languages is indispensable if you want to play an active role in the modern world. With that purpose in mind, dictionaries are an important aid to international communication. They help to ensure close and active contact between people from different cultures. This new dictionary helps to link the English-speaking and German-speaking communities around the world.

With increasing globalization, no single variant of a language - British English for example – can be regarded any longer as setting a universal standard. It is much more important to know where a particular speaker comes from if you want to communicate with them effectively. In this dictionary, therefore, we have taken account of the English vocabulary of Great Britain, the USA, Australia, New Zealand and Canada and the German vocabulary of Germany, Austria, and Switzerland. When indicating inflections and pronunciations in English source-language material, we have shown both British and American usage. When giving English translations, we provide both British and American terms and spellings. Likewise, translations into German take account of Austrian and Swiss variants.

A particular feature of this dictionary is the wealth of idiomatic phraseology that it contains. There are numerous examples of grammatical usage – so-called 'constructions', typical word combinations – so-called 'collocations', example sentences, and figurative phrases. All of these features give you access to the combinations central to the natural and harmonious use of both languages. Taking our cue from the findings of foreign-language teachers and lexicographic researchers, it has been our policy throughout to show grammatical constructions and typical word combinations, and their translations, in their full forms.

Together with an international team of more than sixty experts from five countries, we developed this dictionary from scratch. The original textual material, in both English and German, contains the newest words and meanings, derived from ongoing language observation. By using electronic text databases – so-called text corpora – we have been able to check them for completeness and real-life validity. Corpus-based usage examples present English as it is actually and authentically spoken and written. Particular attention has been given to various specialist areas, notably business, finance, law, and Information Technology.

We hope that you enjoy using this dictionary.

Klett Languages
PONS Dictionaries

Vorwort

Der kompetente Umgang mit Fremdsprachen – insbesondere mit dem Englischen als wichtigste Lingua franca – ist in der heutigen Zeit unabdingbar, um in der Welt besser bestehen zu können. Damit sind Wörterbücher wichtige Hilfsmittel für einen lebendigen Kontakt mit anderen Menschen.

Aufgrund der fortschreitenden Globalisierung ist nicht mehr nur *eine* Variante einer Sprache, wie z.B. das britische Englisch, maßgeblich. Entscheidend ist viel eher, mit welchem Sprecher man es zu tun hat. Daher haben wir in diesem Wörterbuch den Wortschatz aus Großbritannien, den USA, Australien, Neuseeland, Kanada, Deutschland, Österreich und der Schweiz berücksichtigt. Bei den Flexions- und Ausspracheangaben sind in der englischen Quellsprache sowohl Großbritannien als auch die USA berücksichtigt. Bei Übersetzungen ins Englische geben wir systematisch britische und amerikanische Wörter und Schreibweisen an. Bei Übersetzungen ins Deutsche berücksichtigen wir auch österreichische und schweizerische Varianten.

Dieses Wörterbuch zeichnet sich durch seinen Reichtum an Wendungen aus: zahlreiche grammatische Anwendungsmuster – so genannte Konstruktionen –, typische Wortverbindungen – so genannte Kollokationen –, Beispielsätze und bildliche Redewendungen zeigen den lebendigen Sprachgebrauch auf. Gemäß wichtiger Erkenntnisse aus der Fremdsprachendidaktik und aus der Wörterbuchforschung haben wir konsequent grammatische Konstruktionen und typische Wortverbindungen vollständig angegeben und übersetzt.

In einem internationalen Team von über 60 Experten aus 5 Ländern haben wir dieses Wörterbuch völlig neu entwickelt. Die Ausgangstexte – sowohl für Englisch als auch für Deutsch – enthalten aufgrund laufender Sprachbeobachtung die neuesten Wörter und Bedeutungen. Durch die Einbeziehung elektronischer Textdatenbanken – so genannte Textkorpora – sind sie lebensnah und auf Vollständigkeit geprüft. Korpusbasierte Anwendungsbeispiele stellen den authentischen Gebrauch des Englischen anschaulich dar.

Verschiedene Fachbereiche wurden berücksichtigt, insbesondere Handel, Finanzen, Recht und EDV.

Wir leben in einer Zeit der Wissensexplosion. Um diesem Phänomen gerecht zu werden, haben wir mit ausführlichem und vielfältigem Zusatzmaterial das lexikographische Wissen um nützliche sprachliche Informationen für den Alltag ergänzt. Formulierungshilfen für die alltägliche Kommunikation sowie Musterbriefe für die Privat- und Geschäftskorrespondenz bieten wir in einem handlichen Extraheft an. Im Wörterbuchanhang befinden sich hilfreiche Sachinformationen wie z.B. Verwaltungseinheiten der englischsprachigen Länder, farbige, zweisprachige Landkarten, Ländernamen, Währungen, Zeitzonen, u.v.a.m.

Wir wünschen Ihnen viel Freude mit diesem Wörterbuch.

Ernst Klett Sprachen GmbH
Redaktion PONS Wörterbücher

Inhalt/Contents

Using this dictionary

1. Headwords

In addition to words this dictionary lists letters of the alphabet, abbreviations, clippings, acronyms, multi-word units and proper nouns.

D <*pl* -'s>, **d** <*pl* 's *or* -s> [diː] *n* ❶ (*letter*) D *nt*, d *nt*; ~ **for David** [*or* AM **as in Dog**] D für Dora; *see also* **A 1.**
❷ MUS D *nt*, d *nt*; ~ **flat** Des *nt*, des *nt*; ~ **sharp** Dis *nt*, dis *nt*; *see also* **A 2.**
❸ (*school mark*) ≈ Vier *f*, ≈ ausreichend; *see also* **A 3.**
❹ (*Roman numeral*) D *nt*, d *nt*
❺ ECON, FIN **Schedule** ~ *zu versteuernde Einkünfte, die nicht aus Beschäftigungen kommen;* **Table** ~ *Mustersatzung im Gesetz über Aktiengesellschaften*

BBC [ˌbiːbiːˈsiː] *n* BRIT *abbrev of* **British Broadcasting Corporation** BBC *f*

detox [ˌdiːˈtɒks, AM diːˈtɑːks] *n no pl* (*fam*) ❶ (*treatment*) *short for* **detoxification** Entzug *m fam*
❷ (*place*) *short for* **detoxification centre** Entziehungsanstalt *f*

WYSIWYG [ˈwɪziwɪg] COMPUT *acr for* **what you see is what you get** WYSIWYG (*Ausdruck, der besagt, dass exakt der Inhalt eines Bildschirms ausgedruckt wird, so wie angezeigt*)

cafe au lait <*pl* -s> [ˌkæfeɪəʊˈleɪ, AM kæˈfeɪoʊ-] *n* Milchkaffee *m*

Danube [ˈdænjuːb] *n no pl* ■ **the** ~ die Donau

2. Organization of the Dictionary

Dictionaries, telephone directories and libraries follow differing systems for alphabetical organization. This dictionary uses the following principles:

When the spelling of two headwords is otherwise the same, lower case letters precede upper case letters.

abs *n* ANAT (*fam*) *short for* **abductors** Abduktionsmuskel *mpl*
ABS [ˌeɪbiːˈes] *n no pl* AUTO *abbrev of* **anti-lock braking system** ABS *nt*

ä, ö and ü are treated like their counterparts without umlaut. When two words have the same spelling except for the umlaut, the simple vowel comes first.

Benutzerhinweise

1. Die Stichwörter

Das Wörterbuch führt nicht nur Wörter, sondern auch einzelne Buchstaben und Abkürzungen als Stichwörter auf, ebenso Kurzwörter, Akronyme, Mehrwortausdrücke und Eigennamen.

B, b <-, – *o fam* -s, -s> *nt* ❶ (*Buchstabe*) B [*or* b]; ~ **wie Berta** B for Benjamin BRIT, B as in Baker AM
❷ MUS B flat; ■ **b** (*Erniedrigungszeichen*) flat

ABM <-, -s> *f Abk von* **Arbeitsbeschaffungsmaßnahme** job creation scheme [*or* AM plan]

Reha <-> *f kein pl* MED *kurz für* **Rehabilitation** rehab

AStA <-[s], -[s] *o* Asten> [ˈasta] *m* SCH *Akr von* **Allgemeiner Studentenausschuss** Student Union, NUS BRIT

Fata Morgana <- -, – Morganen *o* -s> *f* ❶ (*Luftspiegelung*) mirage
❷ (*Wahnvorstellung*) fata morgana, hallucination

Bodensee *m* ■ **der** ~ Lake Constance ...

2. Die alphabetische Anordnung

Da es kein einheitliches Alphabetisierungsprinzip gibt – Wörterbücher, Telefonbücher und Bibliothekskataloge sind alphabetisch unterschiedlich angeordnet –, ist es notwendig, das in diesem Wörterbuch gültige Alphabetisierungsprinzip zu erläutern:

Unterscheiden sich zwei Wörter nur durch Klein- und Großschreibung, so steht das kleingeschriebene Wort vor dem großgeschriebenen.

vermögen *vt irreg* (*geh*) ■ **etw** ~ to be capable of [doing] [*or* be able to do] sth; ■ **~, etw zu tun** to be capable of doing [*or* be able to do] sth
Vermögen <-s, -> *nt* ❶ FIN assets *pl;* (*Geld*) capital *no art, no pl;* (*Eigentum*) property *no art, no pl,* fortune; (*Reichtum*) wealth; **bewegliches** ~ chattels *pl,* movable property; **flüssiges** ~ liquid assets; **gemeinschaftliches/persönliches** ~ common/private property; **öffentliches** ~ property owned by public authorities; **unbewegliches** ~ immovable property, real estate
❷ *kein pl* (*geh*) ■ **jds** ~ sb's ability [*or* capability]; **jds** ~ **übersteigen/über jds** ~ **gehen** to be/go beyond sb's abilities

Die Umlaute ä, ö und ü werden wie Varianten der Vokale a, o und u behandelt und stehen bei diesen. Der einfache Vokal (ohne Trema) steht jeweils vor demjenigen mit Trema.

zahlen I. *vt* ❶ (*be~*) ■ **[jdm] etw [für etw** *akk*] ~ to pay [sb] sth [for sth]; **seine Miete/Schulden** ~ to pay one's rent/debts; **das Hotelzimmer/Taxi** ~ (*fam*) to pay for a hotel room/taxi ...
zählen I. *vt* ❶ (*addieren*) ■ **etw** ~ to count sth; **das Geld auf den Tisch** ~ to count the money on the table
❷ (*geh: Anzahl aufweisen*) ■ **etw** ~ to number sth *form,* to have sth; ***der Verein zählt 59 Mitglieder*** the club has [*or* numbers] 59 members ...

Hyphens, slashes, full stops, commas and spaces between words are ignored in alphabetic organization.

starchy ['stɑ:tʃi, AM 'stɑ:rtʃi] *adj* ❶ FOOD stärkehaltig
❷ FASHION gestärkt
❸ (*pej fam: formal*) *people* reserviert; ~ **image** angestaubtes Image *fam*
star-crossed *adj inv* (*liter*) unheilvoll *liter;* ■ **to be ~** ***this plan was ~ right from the beginning*** dieser Plan war von Anfang an zum Scheitern verurteilt; ~ **lovers** unglücklich Liebende
stardom ['stɑ:dəm, AM 'stɑ:r-] *n no pl* Starruhm *m,* Leben *nt* als Star

accustomed [ə'kʌstəmd] *adj* ❶ *pred* (*used*) ■ **to be ~ to sth** etw gewohnt sein; **to become** [*or* **get**] [*or* **grow**] ~ **to sth** sich *akk* an etw *akk* gewöhnen; ■ **to be ~ to doing sth** gewohnt sein, etw zu tun
❷ *attr, inv* (*usual*) gewohnt, üblich
ACD *n* COMPUT *abbrev of* **automatic call distribution** automatische Anrufverteilung, ACD-System *nt*
AC/DC [ˌeisi:'di:si:] **I.** *n no pl* ELEC *abbrev of* **alternating current/direct current** WS/GS
II. *adj inv* (*fam: bisexual*) bi *fam*
ace [eɪs] **I.** *n* ❶ (*in cards*) Ass *nt;* ~ **of diamonds/clubs/hearts/spades** Karo-/Kreuz-/Herz-/Pikass *nt*
❷ (*fam: expert*) Ass *nt;* **to be an ~ at sth** ein Ass in etw *dat* sein …

am [æm, əm] *vi 1st pers. sing of* **be**
a.m. [ˌeɪ'em] *inv abbrev of* **ante meridiem:** ***at 6 ~*** um sechs Uhr morgens
AM [ˌeɪ'em] *n no pl abbrev of* **amplitude modulation** AM *f*

tomcat ['tɒmkæt, AM 'tɑ:m-] *n* Kater *m*
Tom, Dick and Harry *n,* **Tom, Dick or Harry** *n no pl* Hinz und Kunz; **any** [*or* **every**] ~ jeder x-Beliebige
tome [təʊm, AM toʊm] *n* (*usu hum*) Schmöker *m fam;* **weighty** ~ dicker Wälzer *fam*

airhead *n esp* AM (*pej sl*) Dussel *m pej fam,* Hohlkopf *m pej fam;* **a total** ~ ein Volltrottel *m pej fam* **air hole** *n* Luftloch *nt* **air hostess** *n* BRIT, AUS (*dated*) Stewardess *f,* Flugbegleiterin *f*
airily ['eərɪli, AM 'er-] *adv* leichthin, abschätzig *pej,* wegwerfend *pej;* ***she waved her hand ~*** sie machte eine wegwerfende Handbewegung; **to dismiss sb/sth** ~ jdn/etw [leichthin] abtun

Bindestriche, Schrägstriche, Punkte, Kommas und Wortzwischenräume zählen nicht als Buchstaben; sie werden bei der alphabetischen Einordnung ignoriert.

Ẹck <-[e]s, -e> *nt* ❶ SÜDD, ÖSTERR (*Ecke*) corner
❷ SPORT corner [of the goal]; **das kurze/lange** ~ the near/far corner [of the goal]
▶ WENDUNGEN: **über** ~ diagonally
EC-Karte *f Abk von* **Euroscheckkarte** Eurocheque card
Ẹckball *m* SPORT corner; **einen ~ geben/schießen** to award [*or* give]/take a corner; **einen ~ verwandeln** to score from a corner **Ẹckbank** *f* corner bench **Ẹckdaten** *pl s.* **Eckwert**

Adoptịveltern *pl* adoptive parents **Adoptịvkind** *nt* adopted [*or* adoptive] child
ADR *nt Abk von* **Astra Digital Radio** ADR
Adr. *f Abk von* **Adresse** addr.

Billiọn <-, -en> *f* trillion
bim, bam! *interj* ding, dong!
Bịmbam *m* ▶ WENDUNGEN: **ach du heiliger ~!** (*fam*) good grief! *fam*

ịnopportun *adj* (*geh*) inopportune, ill-timed; **es für ~ halten, etw zu tun** to consider it inappropriate to do sth
in pẹtto *adv* **etw** [**gegen jdn**] **~ haben** (*fam*) to have sth up one's sleeve [for sb] *fam*
in pụncto *adv* (*fam*) concerning, with regard to; ■ **~ einer S.** *gen* concerning [*or* with regard to] sth, in so far as sth is concerned
Ịnput <-s, -s> *m* ❶ INFORM (*eingegebenes Material*) input
❷ (*Anregung*) stimulus; (*Einsatz*) commitment; …

If spelling is otherwise the same, the form with a full stop, hyphen or space is listed after the one without.

bargain basement **I.** *n* AM *Untergeschoss* (*im Kaufhaus*) *mit Sonderangeboten* **II.** *n modifier* ***I'm selling this at a ~ price*** ich verkaufe dies zu einem Sonderpreis; ~ **prices** Dumpingpreise *mpl* **bargain-basement** *n modifier* (*prices, suit*) Billig- …

Bei gleicher Schreibung wird die Form mit Punkt, Bindestrich oder Leerschlag nach der Form ohne eingeordnet.

Abszịsse <-, -n> *f* MATH abscissa
Ạbt, Ạ̈btissin <-[e]s, Äbte> *m, f* abbot *masc,* abbess *fem*
Abt. *f Abk von* **Abteilung** dept.
ạb|takeln *vt* ❶ NAUT ■ **etw** ~ to unrig sth
❷ (*heruntergekommen*) ■ **abgetakelt** seedy

Parentheses in headwords show that the word also occurs without the letters in parentheses. These headwords are organized as though the parentheses were not printed.

fledged [fledʒd] *adj inv* ❶ (*able to fly*) *bird* flügge *präd,* flugfähig; *insect* geflügelt
❷ (*fig: mature*) *child* flügge *fam; person* ausgebildet, fertig; **to be fully** ~ [völlig] selbständig sein …
fledg(e)ling ['fledʒlɪŋ] **I.** *n* ❶ (*bird*) Jungvogel *m,* [gerade] flügge gewordener Vogel …
flee <fled, fled> [fli:] **I.** *vi* ❶ (*run away*) fliehen; (*seek safety*) flüchten; ***she fled from the room in tears*** sie rannte weinend aus dem Zimmer; …

Eingeklammerte Buchstaben werden bei der alphabetischen Einordnung berücksichtigt. Die Klammern zeigen an, dass das Wort auch in einer Variante ohne den betreffenden Buchstaben existiert.

Ẹssen(s)ausgabe *f* ❶ (*Schalter*) serving counter
❷ *kein pl* (*Verteilung einer Mahlzeit*) serving of meals; ***die ~ ist morgens um 7*** meals are served every morning at 7 **Ẹssen(s)marke** *f* meal voucher [*or* AM ticket] **Ẹssenszeit** *f* mealtime

Arabic numerals within headwords are organized as they would be spelled out.

BST [ˌbiːesˈtiː] *n no pl abbrev of* **British Summer Time**
B2B [ˌbiːtəˈbiː] *n modifier abbrev of* **business to business:** ~ **website** B2B-Website *f fachspr* (*für Aktionen zwischen Unternehmen*)
B2C [ˌbiːtəˈsiː] *n modifier abbrev of* **business to customer:** ~ **website** B2C-Website *f fachspr* (*für Aktionen zwischen Unternehmen und Endverbrauchern*)
B2E [ˌbiːtəˈiː] *n modifier abbrev of* **business to employee:** ~ **website** B2E-Website *f fachspr* (*für Aktionen zwischen Unternehmen und ihren Mitarbeitern*)
bub [bʌb] *n* AM (*dated fam*) Freundchen *nt meist hum fam*

Kommt in einem Stichwort eine arabische Zahl vor, wird sie so angeordnet wie ihre ausgeschriebene Form.

dreieckig, 3-eckig[RR] *adj* triangular
Dreiecksgeschäft *nt* ÖKON triangular transaction **Dreieckshandel** *m* triangular transaction **Dreieckstuch** *nt* ❶ MODE triangular shawl ❷ MED triangular bandage **Dreiecksverhältnis** *nt* love [*or* BRIT *a.* eternal] triangle, ménage à trois; **ein ~ haben** to be [involved] in an eternal triangle

Many nouns that designate occupations or particular characteristics have a masculine and feminine form.

The English-German part of the dictionary lists the masculine, feminine and gender-neutral forms of such words at their correct alphabetic position. If the German equivalent has a feminine form, this is indicated.

chairman *n* Vorsitzende(r) *m;* (*of a company*) Vorstand *m* **chairmanship** *n* Vorsitz *m;* ***his ~ of the commission lasted for two years*** er leitete die Kommission zwei Jahre lang; **to meet under the ~ of sb** unter jds Vorsitz [*o* dem Vorsitz von jdm] tagen **chairperson** *n* Vorsitzende(r) *f(m)* **chairwoman** *n* Vorsitzende *f*

Viele Substantive, die Tätigkeiten oder – im weitesten Sinne – Verhaltensweisen bezeichnen, existieren in männlicher und weiblicher Form; dasselbe gilt für Berufsbezeichnungen.

Im englisch-deutschen Teil werden beide Formen sowie ggf. ihre geschlechtsneutrale Variante an ihrer richtigen alphabetischen Stelle aufgeführt. In der deutschen Übersetzung wird die Femininform ggf. mitberücksichtigt.

In the German-English part of the dictionary both forms are generally given in one entry. This is one instance in which strict alphabetic order may be interrupted.

Im deutsch-englischen Teil werden beide Formen in der Regel in einem gemeinsamen Eintrag aufgeführt und übersetzt. Hierbei steht die weibliche Form mitunter nicht an ihrer alphabetisch korrekten Stelle.

Fach <-[e]s, Fächer> *nt* ❶ (*Unterteilung*) *Tasche, Brieftasche, Portmonee* pocket; *Schrank, Regal* shelf; (*Ablegefach*) pigeonhole; *Automat* drawer …
Fachabteilung *f* technical department **Facharbeiter(in)** *m(f)* skilled worker **Facharbeiterbrief** *m* certificate of proficiency …

Compound headwords with the same first component are nested.

delivery address *n* Lieferungsanschrift *f* **delivery boy** *n* (*of newspapers, brochures*) Austräger *m* **delivery charges** *npl* Versandkosten *pl* **delivery man** *n* Ausfahrer *m,* Fahrer *m* **delivery month** *n* ECON, FIN Liefermonat *m* **delivery person** *n* Lieferant(in) *m(f),* Lieferer, -in *m, f* **delivery room** *n,* **delivery suite** *n,* **delivery unit** *n* Kreißsaal *m* **delivery van** *n* Lieferwagen *m*

Zusammengesetzte Stichwörter, deren erster Wortteil gleich ist und die alphabetisch aufeinander folgen, werden in Gruppen zusammengefasst.

Duftmarke *f* JAGD scent mark **Duftmischung** *f* potpourri **Duftnote** *f* ❶ (*Duft von besonderer Prägung*) [a particular type of] scent [*or* fragrance]; **eine schwere/etwas herbe/süßliche ~** a strong/slightly acrid/sweet scent [*or* fragrance] ❷ (*pej: Ausdünstung*) smell, odour [*or* AM -or] **Duftreis** *m* basmati rice **Duftsensation** *f* fragrant sensation **Duftstoff** *m* ❶ CHEM aromatic substance ❷ BIOL scent, odour [*or* AM -or] …

Spelling variants are generally given in correct alphabetical order. When there is no other form between them in the alphabet, they are listed on the same line and separated by a comma.

accurately [ˈækjərətli, AM -jɚ-] *adv* ❶ (*precisely*) genau, exakt
❷ (*correctly*) richtig
❸ (*without missing*) *hit* zielgenau
accursed [əˈkɜːsɪd, AM əˈkɜːrst] *adj,* **accurst** [əˈkɜːst, AM əˈkɜːrst] *adj* (*old*) ❶ (*liter: bewitched*) verflucht, verwünscht …
accusation [ˌækjʊˈzeɪʃən] *n* ❶ (*charge*) Beschuldigung *f,* Anschuldigung *f;* LAW Anklage *f* (**of** wegen *+gen*); **to make an ~ against sb** jdn beschuldigen …

Verschiedene Schreibweisen eines Wortes werden an alphabetisch korrekter Stelle angegeben und erscheinen nur dann gemeinsam, wenn im Alphabet kein anderes Stichwort dazwischen kommt.

minutenlang I. *adj attr* lasting [for] several minutes *pred;* **nach einer ~en Unterbrechung** after a break of several minutes II. *adv* for several minutes
Minutenzeiger *m* minute hand
minutiös, minuziös I. *adj* (*geh*) meticulously exact [*or* detailed]
II. *adv* (*geh*) meticulously
Minze <-, -n> *f* BOT mint *no pl*

Less common spelling variants are cross-referred to more common ones.

espresso [es'presəʊ, AM -soʊ] *n* ❶ *no pl* (*strong coffee*) Espresso *m*
❷ (*cup of coffee*) Espresso *m kein pl*
❸ (*coffee machine*) Espressomaschine *f*
expresso *n see* **espresso**

Two exceptions to strict alphabetical order in the English-German part are American spellings and phrasal verbs.

American Spellings

American spellings appear in their correct alphabetic position with a cross-reference to the main entry in British spelling. They are repeated at the main entry where they interrupt alphabetic organization.

esthetic *adj* AM *see* **aesthetic**
aesthetic [iːs'θetɪk, AM es'θet̬-], AM *also* **esthetic** *adj* ästhetisch

Phrasal Verbs

Phrasal verbs are listed in a block at the end of the entry for the base verb. For ease of consultation each phrasal verb entry is marked with a diamond and written out in full. Each phrasal verb entry begins on a new line. Within a phrasal verb entry the swung dash (~) stands for the base verb.

ask [ɑːsk, AM æsk] **I.** *vt* ❶ (*request information*) ■**to ~ [sb] sth** [*or form* **sth [of sb]**] [jdn] etw fragen ...
◆**ask after** *vi* ■**to ~ after sb** sich *akk* nach jdm erkundigen
◆**ask around** *vi* herumfragen *fam;* ■**to ~ around for sb/sth** überall nach jdm/etw fragen
◆**ask in** *vt* ■**to ~ sb in** jdn hereinbitten; **to ~ sb in for a coffee** jdn auf einen Kaffee hereinbitten [*o* einladen]
◆**ask out** *vt* **to ~ sb out for dinner/to the cinema** jdn ins Restaurant/ins Kino einladen; ***I'd like to ~ her out*** ich würde gern mit ihr ausgehen
◆**ask over**, BRIT *also* **ask round** *vt* (*fam*) ■**to ~ sb over** [*or* **round**] jdn [zu sich *dat*] einladen

3. Symbols and Markings

3.1 German Spelling Reform

This dictionary follows the German spelling reform as it was set out in July 1996 in Vienna as well as the „Guidelines in Cases of Doubt“ (*Richtlinien bei Zweifelsfällen*) published by the Interstate Commission for German Spelling. Until the spelling reform is firmly established old and new spellings will both occur. This dictionary covers both old and new spellings so that users can always find the form they look up, be it old or new.

In order to save space, a cross-reference system refers you from the old to the new spelling (when old and new forms do not occur next to each other in the alphabet). Full headword treatment can be found under the new spelling.

Old spellings are highlighted in grey.

New spellings are marked with a superscript **RR** symbol.

Andernfalls wird von der selteneren Variante auf die frequentere verwiesen.

bäuerisch *adj s.* **bäurisch**
bäurisch *adj* (*pej*) boorish, oafish

Zwei Ausnahmen zu dem sonst konsequent durchgeführten strikt-alphabetischen Prinzip bilden im englisch-deutschen Teil die amerikanischen Schreibungen und die Phrasal Verbs.

Amerikanische Schreibvarianten

Die amerikanische Schreibung wird zweimal aufgeführt, einmal an alphabetischer Stelle mit einem Verweis auf die britische Schreibung und einmal im Eintrag mit der britischen Schreibung. Die vollständige Behandlung des Stichworts findet dann im Eintrag mit der britischen Schreibung statt. Als Zusatzinformation wird hier die amerikanische Schreibung neben der britischen nochmals aufgeführt. Hierbei wird die alphabetische Anordnung durchbrochen.

Phrasal Verbs

Feste Verbindungen von Verb und Adverb bzw. Präposition (sog. Phrasal Verbs) werden am Ende des Eintrags für das Grundverb in einer eigenen, in sich alphabetisch geordneten Kategorie zusammengefasst. Um ein Auffinden des jeweiligen Phrasal Verbs zu erleichtern, ist jeder Phrasal Verb Eintrag mit einer Raute markiert und gänzlich ausgeschrieben. Jeder Phrasal Verb Eintrag fängt auf einer neuen Zeile an. In den Kontextangaben steht für das Verb eine Tilde (~), die Ergänzung wird wiederholt.

3. Besondere Zeichen in und an den Stichwörtern

3.1. Die Rechtschreibreform

Dieses Wörterbuch berücksichtigt die im Juli 1996 in Wien beschlossene Neuregelung der deutschen Rechtschreibung sowie die Richtlinien bei Zweifelsfällen von der Zwischenstaatlichen Kommission für deutsche Rechtschreibung.

In den nächsten Jahren werden die alten und die neuen Schreibweisen nebeneinander existieren, denn die Buch- und Zeitungsverlage werden sich unterschiedlich schnell umstellen. Aus diesem Grund führt das Wörterbuch die von der Rechtschreibreform betroffenen Wörter sowohl in der alten als auch in der neuen Schreibung auf. Die Benutzer haben somit die Möglichkeit, die ihnen jeweils vorliegende Form eines Worts nachzuschlagen. Um zu vermeiden, dass sich das Wörterbuch durch diese notwendigen doppelten Nennungen zu sehr aufbläht, wurde ein umfassendes Verweissystem eingearbeitet, das die Benutzer von der alten zur neuen Schreibung führt (sofern alt und neu alphabetisch nicht unmittelbar aufeinander folgen). Bei der neuen Schreibung finden Sie dann die gesuchte Übersetzung.

Die alte Schreibung wird durch eine graue Rasterung kenntlich gemacht, die neue durch das hochgestellte Zeichen **RR** für Rechtschreibreform.

belämmertRR *adj* (*sl*) ❶ (*betreten*) sheepish, embarrassed
❷ (*scheußlich*) lousy; ***dieses ~e Wetter!*** the stupid [*or fam* lousy] [*or sl* shitty] weather!
...
belemmert *adj* (*sl*) *s.* **belämmert**

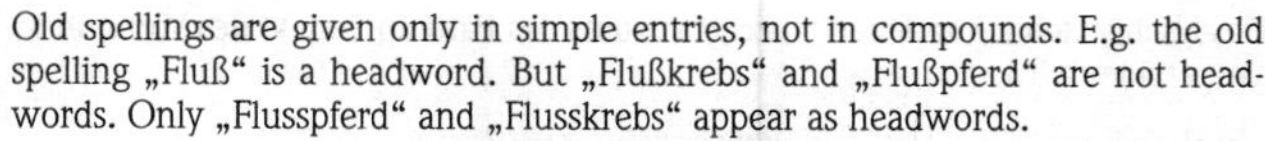

Old spellings are given only in simple entries, not in compounds. E.g. the old spelling „Fluß" is a headword. But „Flußkrebs" and „Flußpferd" are not headwords. Only „Flusspferd" and „Flusskrebs" appear as headwords.

Alte Schreibungen werden nur bei einfachen, nicht bei zusammengesetzten Wörtern (Komposita) gekennzeichnet. Die „alten" Komposita „Flußkrebs" und „Flußpferd" werden nicht mehr als Stichwörter aufgeführt, sondern nur die neuen Schreibungen „Flusskrebs" und „Flusspferd".

Flusskrebs^RR^ *m* crayfish ... **Flusspferd**^RR^ *nt* hippopotamus

If you cannot find a compound because of a spelling change, search for the old spelling of its first component, e.g. Fluß. There you will find a cross-reference to the new spelling.

Wenn die Benutzer Schwierigkeiten haben, ein zusammengesetztes Wort in seiner neuen Schreibung aufzufinden, können sie auf das Grundwort in seiner alten Schreibung (also „Fluß") zurückgehen; dort finden sie den Verweis auf die neue Schreibung.

Fluss^RR^ <-es, Flüsse> *m,* **Fluß** <-sses, Flüsse> *m* ① (*Wasserlauf*) river; **den ~ aufwärts/abwärts fahren** to travel upriver/downriver [*or* upstream/downstream]; ...

One of the most important changes that the German spelling reform has brought about concerns spelling as one or two words. In many cases a word that used to be written together is now written as two words. As a result, it loses its headword status and becomes a phrase within an entry. To simplify finding such elements a cross-reference system has been developed which directs you to the exact part of the entry in which the item is listed.

Eine der wichtigsten Veränderungen, die die Rechtschreibreform im Hinblick auf ein Wörterbuch bringt, betrifft die Zusammen- und Getrenntschreibung. In zahlreichen Fällen wird aus einem bisher zusammengeschriebenen Wort ein kleines Syntagma, d. h. eine Fügung aus mehreren Wörtern, die kein Stichwort mehr ist, sondern nun innerhalb des Eintrags steht. Das Auffinden solch einer Fügung wird dadurch erleichtert, dass bei dem Stichwort alter Schreibung ein präziser Verweis die genaue Position der Fügung angibt.

allgemeinbildend *adj* SCH *s.* **allgemein II 2** ...
allgemein I. *adj* ...
II. *adv* ...
② (*nicht spezifisch*) generally; ***der Vortrag war leider sehr ~ gehalten*** unfortunately the lecture was rather general [*or* lacked focus]; **eine ~ bildende Schule** *a school providing a general rather than specialized education;* ~ **medizinisch** general medical *attr*

Similarly, some words that used to be written separately are now written together, and thus become new headwords. The „old" phrase is not highlighted because this marking is only applied to headwords.

Umgekehrt werden durch die Rechtschreibreform bisherige Syntagmen, also getrennt geschriebene Fügungen, in neue Stichwörter umgewandelt. Hier findet eine Verschmelzung statt. Die „alte" Fügung wird nicht durch Rasterung gekennzeichnet, weil diese Markierung, wie bereits gesagt, nur auf der Ebene der Stichwörter verwendet wird.

dienstagabends^RR^ *adv* [on] Tuesday evenings ...

3.2 Intonation

When a diphthong (ai, ei, eu, au, äu) or long vowel in a German headword is underlined it indicates stress. A dot indicates a stressed short vowel.

3.2 Betonungszeichen

Der tiefgestellte Strich kennzeichnet einen Diphthong (Zwielaut: ai, ei, eu, au, äu) oder einen langen Vokal (Selbstlaut), der tiefgestellte Punkt einen kurzen Vokal.

verknautschen* **I.** *vt* ■ **etw ~** to crease [*or* crumple] sth; (*unabsichtlich a.*) to get sth creased
II. *vi sein* to be/get creased [*or* crumpled [up]]

Fassade <-, -n> *f* ① (*Vorderfront eines Gebäudes*) façade, front
② (*äußerer Schein*) façade, front; **nur ~ sein** to be just [a] show

Göttin <-, -nen> *f fem form von* **Gott** goddess

Intonation variants are listed together.

Verschiedene Betonungsmöglichkeiten werden hintereinander angegeben.

durchaus, durchaus *adv* ① (*unbedingt*) definitely; ***hat er sich anständig benommen? — ja ~*** did he behave himself [properly]? — yes, perfectly [*or* absolutely]; ...

3.3 Grammatical Symbols

A vertical line shows where a separable verb can be separated.

3.3. Grammatische Zeichen

Der feine Strich kennzeichnet den ersten Teil bei trennbaren Verben.

durch|blicken *vi* ① (*hindurchsehen*) ■ [**durch etw**] ~ to look through [sth]
② (*geh: zum Vorschein kommen*) to show [*or* peep through] ...

A superscript star (*) shows that the perfect participle is formed without *ge-*

Words with the same spelling but with significantly different meanings are distinguished from each other by a superscript Arabic numeral.

> **incense¹** ['ɪnsen(t)s] *n no pl* ① *(substance)* Räuchermittel *nt* ...
> **incense²** [ɪn'sen(t)s] *vt* ■ **to ~ sb** jdn empören [*o* aufbringen] ...

4. Other symbols within an entry

Irregular inflections of nouns, verbs and adjectives are given in angle brackets.

> **get** <got, got *or* AM, CAN *usu* gotten> [get]

Grammatical constructions are marked with a box.

> **experienced** [ɪk'spɪəriən(t)st, ek-, AM -'spɪr-] *adj* *(approv)* erfahren; **an ~ eye** ein geschultes Auge; **someone ~** *applicant* jemand mit mehr Erfahrung; ■ **to be ~ at** [*or* **in**] **sth** Erfahrung in etw *dat* haben, in etw *dat* erfahren sein

The symbol ⊂ in phrasal verb entries shows that the sequence of object and complement can be reversed. In the example below it is possible to say *to eye up sb* and *to eye sb up.*

> **eye** [aɪ] **I.** *n* ① *(visual organ)* Auge *nt;* ...
> ◆**eye up** *vt* ① *(look at carefully)* ■ **to ~ up ⊂ sb/sth** jdn/etw prüfend ansehen [*o* in Augenschein nehmen] [*o pej* beäugen]; **to ~ sb/sth up curiously/thoughtfully/warily** jdn/etw neugierig/nachdenklich/argwöhnisch betrachten
> ② *(look at with desire)* ■ **to ~ up ⊂ sb/sth** jdn/etw mit begehrlichen Blicken betrachten *geh*
> ③ *(look at covetously)* ■ **to ~ up ⊂ sb** jdn mit Blicken verschlingen, jdn aufdringlich ansehen

Das hochgestellte Sternchen (*) zeigt an, dass das Partizip Perfekt des Verbs ohne *ge-* gebildet wird.

> **verkraften*** *vt* ■ **etw ~** ① *(innerlich bewältigen)* to cope with sth
> ② *(aushalten)* to cope with [*or* stand] sth; ***ich könnte ein Bier ~*** *(hum)* I could do with a beer

Hochgestellte arabische Ziffern machen gleich geschriebene Wörter mit unterschiedlichen Bedeutungen (Homographen) kenntlich

> **Kabinett¹** <-s, -e> *nt* ① POL *(Kollegium der Minister)* cabinet
> ② KUNST *(kleiner Raum im Museum)* gallery
> **Kabinett²** <-s, -e> *m* KOCHK *special quality German wine*

4. Besondere Zeichen im Eintrag

Unregelmäßige Pluralformen, Verb- und Steigerungsformen werden in spitzen Klammern angegeben

> **verschleißen** <verschliss, verschlissen> **I.** *vi sein* to wear out
> **II.** *vt* ① *(abnutzen)* ■ **etw ~** to wear out sth *sep*
> ② *(jds Kräfte verzehren)* ■ **sich ~** to wear oneself out, to get worn out; ■ **jdn ~** to wear out sb *sep,* to go through sb

Grammatische Konstruktionen sind mit einem Kästchensymbol markiert.

> **japsen** *vi (fam)* ■ [**nach etw**] **~** to gasp [for sth]; ***er tauchte aus dem Wasser und japste nach Luft*** he surfaced gasping for air

Bei Phrasal Verb Einträgen im englisch-deutschen Teil gibt das Symbol ⊂ an, dass die Reihenfolge von Objekt und Ergänzung auch vertauscht werden kann. Im Beispiel unten sind möglich: *to eye up sb/sth* und *to eye sb/sth up.*

A number of keyword entries have a special layout to help you find your way around the entry.

Einige besonders umfangreiche Einträge sind zur leichteren Orientierung besonders benutzerfreundlich dargestellt.

call [kɔːl, AM *esp* kɑːl]

I. NOUN II. TRANSITIVE VERB
III. INTRANSITIVE VERB

I. NOUN

❶ (*on telephone*) [Telefon]anruf *m*, [Telefon]gespräch *nt*, Telefonat *nt*; ***were there any ~s for me?*** hat jemand für mich angerufen?; ***will you take the ~?*** nehmen Sie das Gespräch an?; ***international ~s have become cheaper*** Auslandsgespräche sind billiger geworden; **to give sb a ~** jdn anrufen; **to make a ~** einen Anruf tätigen, ein Telefongespräch führen; **to receive a ~** einen Anruf erhalten, angerufen werden; ***the radio station received a lot of ~s*** bei dem Radiosender gingen viele Anrufe ein; **to return a ~** zurückrufen
❷ (*by doctor*) Hausbesuch *m*; (*on a friend*) Stippvisite *f fam*; **to make ~s** Hausbesuche machen; **to pay a ~ on sb** bei jdm vorbeischauen
❸ (*shout*) Ruf *m*; (*yell*) Schrei *m*; *of an animal* Ruf *m*, Schrei *m*; ***give a ~ if you need something*** melde dich, wenn du etwas brauchst; **duck ~** HUNT Entenlockpfeife *f*, Entenlocke *f fachspr*; **a ~ for help** ein Hilferuf *m*; **within ~** in Rufweite [*o* Hörweite]
❹ (*to wake*) **to give sb a ~** jdn wecken …

zi̱ehen <zo̱g, gezo̱gen>

I. TRANSITIVES VERB II. INTRANSITIVES VERB
III. UNPERSÖNLICHES INTRANSITIVES VERB
IV. UNPERSÖNLICHES TRANSITIVES VERB
V. REFLEXIVES VERB

I. TRANSITIVES VERB

❶ *haben* (*hinter sich her schleppen*) to pull; ***die Kutsche wurde von vier Pferden gezogen*** the coach was drawn by four horses
❷ *haben* (*bewegen*) **den Hut ~** to raise [*or* to take off] one's hat; **den Choke/Starter ~** to pull out the choke/starter; **die Handbremse ~** to put on the handbrake; ■**jdn/etw irgendwohin ~** to pull sb/sth somewhere; ***sie zog das Kind an sich*** she pulled the child to[wards] her; ***die Knie in die Höhe ~*** to raise one's knees; **die Stirn kraus/in Falten ziehen** to knit one's brow
❸ *haben* (*Richtung ändern*) ***er zog das Auto in letzter Minute nach rechts*** at the last moment he pulled the car to the right; ***der Pilot zog das Flugzeug nach oben*** the pilot put the plane into a climb; **etw ins Komische ~** to ridicule sth
❹ *haben* (*zerren*) ■**jdn an etw** *dat* **~** to drag sb to sth; ***das Kind zog mich an der Hand zum Karussell*** the child dragged me by the hand to the carousel; ***warum ziehst du mich denn am Ärmel?*** why are you tugging at my sleeve?; ***der Felix hat mich an den Haaren gezogen*** Felix pulled my hair
❺ *haben* (*ab~*) ■**etw von etw ~** to pull sth [off sth]; ***den Ring vom Finger ~*** to pull one's ring off [one's finger]
❻ *haben* (*hervorholen*) ■**etw** [**aus etw**] **~** to pull sth [out of sth]; ***sie zog ein Feuerzeug aus der Tasche*** she took a lighter out of her pocket/bag …

5. Entry Structure

5.1 Roman Numerals

Parts of speech sections are divided by Roman numerals, e.g. adjectives and pronouns.

another [əˈnʌðəʳ, AM -ðɚ] I. *adj* ❶ (*one more*) noch eine(r, s) …
II. *pron no pl* ❶ (*different one*) ein anderer/eine andere/ein anderes …

In verb entries Roman numerals separate transitive, intransitive and reflexive use.

◆fly in I. *vi* einfliegen; ***my wife's ~ing in from New York tonight*** meine Frau kommt heute Abend mit dem Flugzeug aus New York
II. *vt* ■**to ~ in ⊃ sth** etw einfliegen; ***the restaurant flies its fish in daily from Scotland*** das Restaurant lässt seinen Fisch täglich aus Schottland einfliegen …

The use of a headword as a noun modifier is also dealt with in a separate Roman numeral category.

household I. *n* Haushalt *m* II. *n modifier* (*appliance, member*) Haushalts-; (*expense, task, waste*) häuslich; **~ chores** Hausarbeit *f*; **~ items** [*or* **goods**] Hausrat *m*

5. Aufbau der Einträge

5.1. Römische Ziffern

Mit Hilfe der römischen Ziffern wird ein Eintrag unter grammatischen Gesichtspunkten gegliedert. Die Ziffern zeigen also verschiedene grammatische Funktionen des Stichworts an:

Unterschiedliche Wortarten wie z. B. Adjektiv und Präposition werden mit römischen Ziffern voneinander unterschieden.

wä̱hrend I. *präp +gen* during
II. *konj* ❶ (*zur selben Zeit*) while
❷ (*wohingegen*) whereas; ***er trainiert gerne im Fitnessstudio, ~ ich lieber laufen gehe*** he likes to work out in the gym, whereas I prefer to go for a run

Bei Verben wird zwischen transitiv, intransitiv und reflexiv unterschieden.

verschle̱ißen <verschlịss, verschlịssen> I. *vi sein* to wear out
II. *vt* ❶ (*abnutzen*) ■**etw ~** to wear out sth *sep*
❷ (*jds Kräfte verzehren*) ■**sich ~** to wear oneself out, to get worn out; ■**jdn ~** to wear out sb *sep*, to go through sb

Attributiv verwendete Substantiva, sog. *noun modifiers* werden ebenfalls in einer separaten Kategorie behandelt.

In German-English entries Roman numerals separate adjectival use from adverbial use.

Bei den Adjektiven wird der adverbiale Gebrauch kenntlich gemacht.

großzügig I. *adj* ❶ (*generös*) generous; **ein ~es Trinkgeld** a generous [*or* handsome] tip
❷ (*nachsichtig*) lenient
❸ (*in großem Stil*) grand; **ein ~er Plan** a large-scale plan
II. *adv* ❶ (*generös*) generously …

5.2 Arabic Numerals

Arabic numerals indicate different meanings of the headword within a part of speech category. The elements in parentheses or subject labels show which sense is being dealt with in each category.

ice [aɪs] I. *n no pl* ❶ (*frozen water*) Eis *nt;* (*ice cubes*) Eis *nt,* Eiswürfel *m;* ***my hands are like*** ~ meine Hände sind eiskalt
❷ BRIT (*ice cream*) Eis *nt,* Eiscreme *f*
❸ AM (*fam*) Diamant[en] *m*[*pl*]
► PHRASES: **to be treading** [*or* **skating**] **on thin** ~ sich *akk* auf dünnem Eis bewegen; **to break the** ~ das Eis zum Schmelzen bringen; **sth cuts no ~ with sb** etw lässt jdn ziemlich kalt; **to put sth on** ~ etw auf Eis legen
II. *vt* ❶ FOOD ■ **to ~ sth** etw glasieren [*o* mit einer Glasur überziehen]
❷ SPORTS **to ~ the puck** den Puck glatt ans andere Ende schlagen
◆**ice over** *vi* ■ **to be ~d over** *road* vereist sein; *lake* zugefroren sein
◆**ice up** *vi pipes* einfrieren; *windscreen* zufrieren

5.2. Arabische Ziffern

Die arabischen Ziffern kennzeichnen die unterschiedlichen Bedeutungen des Stichworts innerhalb einer Wortart. Die eingeklammerten Angaben in kursiver Schrift (oder - in anderen Fällen - die abgekürzten Sachgebietshinweise) erläutern, welche Bedeutung jeweils vorliegt.

Gabe <-, -n> *f* ❶ (*geh: Geschenk*) gift, present; REL offering; **eine milde** ~ alms *pl,* a small donation *hum*
❷ (*Begabung*) gift; **die ~ haben, etw zu tun** to have a [natural] gift of doing sth
❸ *kein pl* MED (*das Verabreichen*) administering *no indef art, no pl*
❹ SCHWEIZ (*Preis, Gewinn*) prize

5.3 Idiom Block

Idiom blocks are introduced by a black triangle. They consist of set idioms that cannot be attributed to a particular sense of the headword. The underlined guide words help you find your way through the block. Guide words are underlined according to the following system:

Headword + Noun

Headword + Adjective/Adverb

Headword + Verb

Headword + Preposition

Other

foot [fʊt] I. *n* <*pl* feet> [*pl* fi:t] ❶ (*limb*) Fuß *m;* …
► PHRASES: **the boot** [*or* **shoe**] **is on the other** ~ die Situation ist umgekehrt; ***see, the boot is on the other~ now*** siehst du, das Blatt hat sich gewendet; … **to have feet of clay** auch nur ein Mensch sein, seine Schwächen haben; … **to have the world at one's feet** die Welt in seiner Macht haben; **to put one's best ~ forward** sich *akk* anstrengen; … **to never/not put** [*or* **set**] **a ~ wrong** nie einen Fehler machen; **to drag one's feet** herumtrödeln; … **to think on one's feet** eine schnelle Entscheidung treffen; **to be under sb's feet** zwischen jds Füßen herumlaufen; …

5.3. Phraseologischer Block

Ein schwarzes Dreieck leitet den Block der festen Wendungen ein. Dies sind in der Regel bildhafte Redewendungen, die sich nur schwer oder gar nicht auf die Grundbedeutung (oder -bedeutungen) des Stichworts zurückführen lassen. Die Unterstreichung dient der besseren Orientierung im Wendungsblock. Sie hebt die sogenannten Ordnungswörter hervor, die nach einem bestimmten System angeordnet sind:

Stichwort + Substantiv

Stichwort + Adjektiv/Adverb+

Stichwort + Verb

Stichwort + Präposition

Rest

Mund <-[e]s, Münder> *m* ❶ ANAT mouth; **etw in den ~ nehmen** to put sth in one's mouth; **…**
❷ ZOOL (*Maul*) mouth
► WENDUNGEN: ~ **und Nase aufsperren** (*fam*) to gape in astonishment; **aus berufenem ~e** from an authoritative source; **sich** *dat* **den ~ fusselig reden** to talk till one is blue in the face; **einen großen ~ haben** to have a big mouth, to be all talk [*or* mouth] [*or* BRIT *fam* all mouth and trousers]; **den ~ [zu] voll nehmen** (*fam*) to talk [too] big; **den ~ aufmachen** [*o* **auftun**] to speak up; **den ~ aufreißen** (*sl*) to talk big; **jdm über den ~ fahren** (*fam*) to cut sb short; **[jd ist] nicht auf den ~ gefallen** (*fam*) [sb is] never at a loss for words; **etw geht von ~ zu ~** sth is passed on from mouth to mouth [*or* person to person]; **halt den ~!** (*fam*) shut up! *fam,* shut your mouth! [*or* face!] [*or* BRIT *sl* gob!]; **den/seinen ~ nicht halten können** (*fam*) to not be able to keep one's mouth [*or fam* trap] shut; …

6. Guides to the Correct Translation: Meaning Differentiation

Equivalents that are separated from each other only by commas are interchangeable.

> **fortnight** ['fɔːtnaɪt, AM 'fɔːrt-] *n usu sing esp* BRIT, AUS zwei Wochen, vierzehn Tage; …

6. Wegweiser zur richtigen Übersetzung

Übersetzungen, die, nur durch Kommas getrennt, nebeneinander stehen, sind gleichbedeutend und somit austauschbar.

> **Karaffe** <-, -n> *f* decanter, carafe

6.1 Field Labels

Field labels indicate the field in which a particular usage is common.

> **circuit** ['sɜːkɪt, AM 'sɜːr-] *n* ❶ (*closed system*) Kreis[lauf] *m;* ELEC Schaltsystem *nt*
> ❷ SPORTS Rennstrecke *f;* **to do a** ~ eine Runde drehen …

6.1. Sachgebietsangaben

Sachgebietsangaben zeigen an, auf welchen Wissensbereich sich die vorliegende Wortbedeutung und ihre Übersetzung beziehen.

> **Kindersitz** *m* ❶ AUTO (*Rücksitzaufsatz*) child safety seat ❷ (*Fahrradaufsatz*) child-carrier seat …

6.2 Sense glosses

When a headword has more than one sense, meaning discrimination is given. This information is given in parentheses and shows which sense of the headword is being treated.

> **hullabaloo** ['hʌləbəluː] *n usu sing* (*dated*)
> ❶ (*noise*) Lärm *m;* **to make a** ~ einen Riesenlärm veranstalten *fam*
> ❷ (*commotion*) Trara *nt fam* (**about/over** um +*akk*)

6.2. Bedeutungshinweise

Bedeutungshinweise sind notwendig bei Stichwörtern, die mehr als eine Bedeutung – mit jeweils unterschiedlichen Übersetzungen – haben. Die Hinweise stehen hinter den arabischen Ziffern in runden Klammern. Sie geben an, für welche Bedeutung des Stichworts die Übersetzung gilt.

> **keck** *adj* ❶ (*vorlaut*) cheeky, saucy
> ❷ (*provokant*) bold

6.3 Elements in Italics

Context elements, also called collocates, are given in italics. The following examples show how different types of collocate guide you to the sense you are looking for.

6.3. Kursive Angaben

Mitunter ist es nicht möglich, für das Stichwort eine einzige, allgemein gültige Übersetzung anzugeben, weil es je nach Kontext anders übersetzt werden muss. In diesem Fall werden die verschiedenen Übersetzungen des Stichworts aufgeführt, wobei kursive Wörter den jeweiligen Kontext angeben, von dem die einzelne Übersetzung abhängt. Diese kursiven, nicht übersetzten Wörter nennt man Kollokatoren; darunter versteht man Wörter, die mit dem Stichwort eine enge, typische Verbindung eingehen und oft mit ihm zusammen vorkommen. Folgende Typen von Kollokatoren führen in diesem Werk zur richtigen Übersetzung.

6.3.1 In Verb entries: typical subjects of the verb

> **fizzle** ['fɪzl] *vi* zischen
> ◆**fizzle out** *vi fireworks, enthusiasm* verpuffen; *attack, campaign, plan* im Sand verlaufen; *interest* stark nachlassen [*o* zurückgehen]; …

6.3.1. In Verbeinträgen: typische Subjekte des Verbs oder des verbalen Ausdrucks

> **spritzen** I. *vi* ❶ *haben* (*in Tropfen auseinander stieben*) *Regen, Schlamm* to spray; *Fett* to spit
> ❷ *sein* (*im Strahl gelangen*) *Wasser* to spurt; (*aus einer Wasserpistole*) to squirt
> ❸ *haben* MED (*injizieren*) to inject; (*sl: mit Drogen*) to shoot [up] *sl*
> II. *vt haben* ❶ (*im Strahl verteilen*) ■ **etw** [**auf etw**] ~ to squirt sth [onto sth]; **jdm/sich etw ins Gesicht** ~ to squirt sth into sb's/one's face
> ❷ (*bewässern*) ■ **etw** ~ to sprinkle [*or* water] sth
> ❸ MED (*injizieren*) ■ **etw** ~ to inject sth; ■ [**jdm/sich**] **etw** ~ to give [sb/oneself] an injection; ***die Pfleger spritzten ihr ein starkes Beruhigungsmittel*** the nurses injected her with a tranquillizer; **sich** *dat* **Heroin** ~ (*sl*) to shoot [up] heroin
> ❹ KOCHK **Sahne/Zuckerguss auf etw** ~ to pipe cream/icing onto sth
> ❺ (*mit Bekämpfungsmittel besprühen*) ■ **etw** [**gegen etw**] ~ to spray sth [against sth]
> ❻ AUTO (*mit der Spritzpistole lackieren*) ■ **etw** ~ to spray sth

6.3.2 In Verb Entries: typical objects of the verb

dry [draɪ] … **III.** *vt* <-ie-> ■ **to ~ sth** etw trocknen; *fruit, meat* etw dörren; (*dry out*) etw austrocknen; (*dry up*) etw abtrocknen; ~ ***your eyes!*** wisch dir die Tränen ab!; (*stop crying*) hör auf zu weinen!; **to ~ the dishes** [das Geschirr] abtrocknen; …

6.3.2. In Verbeinträgen: typische direkte Objekte des Verbs

gra̲ben <gru̲b, gegra̲ben> **I.** *vi* ❶ (*Erde ausheben*) to dig
❷ (*durch Graben suchen*) ■ **nach etw** *dat* ~ to dig for sth …

6.3.3 In Adjective Entries: Nouns that are typically modified by the adjective

soft [sɒft, AM sɑːft] *adj* ❶ (*not hard*) weich; ***the ice cream had gone*** ~ das Eis war geschmolzen; ~ **contact lenses** weiche Kontaktlinsen; ~ **tissue** MED Weichteile *pl*
❷ (*smooth*) weich; *cheeks, skin* zart; *cloth, dress* weich; *leather* geschmeidig; …

6.3.3. In Adjektiveinträgen: Substantive, die typischerweise zusammen mit dem Adjektiv vorkommen

sta̤ch(e)lig *adj Rosen* thorny; *Kakteen, Tier* spiny, spinous *spec;* (*mit kleineren Stacheln*) prickly

6.3.4 In Noun Entries: Typical "of" Complements

hum [hʌm] … **III.** *n* Summen *nt kein pl; of machinery* Brummen *nt kein pl; of insects* Summen *nt kein pl; of a conversation* Gemurmel *nt kein pl; of a small machine* Surren *nt kein pl;* ***I could hear the constant ~ of the traffic outside*** von draußen her konnte ich das stetige Brausen des Verkehrs hören

6.3.4. In Substantiveinträgen: typische Genitivanschlüsse

Sto̤rno <-s, Sto̤rni> *m o nt Reise, Auftrag* cancellation; *einer Buchung* reversal

7. Source and Target Language Labels

7. Beschreibende Angaben zu Quell- und Zielsprache

7.1 Usage Labels

If a headword or a translation deviates from neutral style then it is marked. Usage labels given at the beginning of an entry or of a Roman or Arabic numeral section apply to the entire entry or section.

agony aunt *n* BRIT (*fam*) Briefkastentante *f hum fam,* Kummerkastentante *f hum fam*

7.1. Stilangaben

Weicht ein Stichwort von der neutralen Standardsprache ab, so wird dies grundsätzlich angegeben. Die Angaben erfolgen sowohl in der Quell- als auch in der Zielsprache. Stilangaben zu Beginn eines Eintrags oder einer Kategorie (d.h. eines römisch oder arabisch bezifferten Absatzes) beziehen sich auf den gesamten Eintrag oder auf den gesamten Absatz.

verkna̲llen* (*fam*) **I.** *vt* (*verschwenden*) ■ **etw** ~ to squander sth
II. *vr* (*sich verlieben*) ■ **sich [in jdn]** ~ to fall head over heels in love [with sb]; ■ **[in jdn] verknallt sein** to be head over heels in love [with sb], to be crazy [*or fam* nuts] about sb

indicates poetic usage, e.g. *o'er, morn, mead*	*poet*	bezeichnet poetischen Sprachgebrauch, wie er nur in der Lyrik vorkommt, z. B. *Antlitz, Lenz*
refers to literary language, e.g. *to beseech, to doff one's hat*	*liter*	bezeichnet literarischen Sprachgebrauch, wie er nur in Romanen zu finden ist, z. B. *Blendung*
designates spoken and written formal English usage, e.g. *peruse, mordacity*	*form*	bezeichnet im Englischen gehobenen Sprachgebrauch, wie er bei gewählter Ausdrucksweise üblich ist, z. B. *peruse, mordacity*
in German, designates official language as used in official correspondence, in forms or in official statements, e.g. *Bewirtung, Postwertzeichen, wohnhaft sein*	*form*	bezeichnet im Deutschen förmlichen Sprachgebrauch, wie er im amtlichen Schriftverkehr, auf Formularen oder in formellen Ansprachen üblich ist, z. B. *Bewirtung, Postwertzeichen, wohnhaft sein*
designates spoken and written formal German language, e.g. *eruieren, Diskrepanz*	*geh*	bezeichnet im Deutschen gehobenen Sprachgebrauch, sowohl in der gesprochenen wie der geschriebenen Sprache, wie er bei gewählter Ausdrucksweise üblich ist, z. B. *eruieren, Diskrepanz*
refers to informal language as it is used between family members and friends in a relaxed atmosphere and in private letters, e.g. *to shut up, to rip sb off; doof, jdn übers Ohr hauen, total*	*fam*	bezeichnet umgangssprachlichen Sprachgebrauch, wie er zwischen Familienmitgliedern und Freunden in zwangloser Unterhaltung und in privaten Briefen verwendet wird, z.B: *doof, jdn übers Ohr hauen, total; to shut up, to rip sb off*
designates English language that is very informal but not vulgar, e.g. *to take the piss out of sb*	*fam!*	bezeichnet im Englischen stark umgangssprachlichen, saloppen Sprachgebrauch, z. B. *take the piss out of sb*
in English, designates slang or jargon, e.g. *to sock sb one*	*sl*	bezeichnet im Englischen Slang oder Jargon, z. B. *to sock sb one*

in German, designates usage that is very informal but not vulgar as well as language of certain social groups, e.g. young people: *flennen; jdm eine ballern, Bruchbude*	*sl*	bezeichnet im Deutschen stark umgangssprachlichen, saloppen Sprachgebrauch oder die Ausdrucksweise bestimmter Gruppen, z.B. Jugendliche: *flennen, jdm eine ballern, Bruchbude*
in German, designates very informal language that is generally only used by young people amongst themselves. This style can appear flippant and can cause offence, e.g. *Fresse, krepieren*	*derb*	bezeichnet im Deutschen einen sehr saloppen Sprachgebrauch, der nur von meist jüngeren Sprechern untereinander verwendet wird. Dieser Stil wirkt leicht flapsig und kann daher Anstoß erregen, z.B. *Fresse, krepieren*
designates taboo language that is generally considered vulgar and that causes offence.	*vulg*	bezeichnet Wörter, die allgemein als vulgär gelten und daher tabu sind. Ihr Gebrauch erregt meist Anstoß.

7.2 Age labels

When a word no longer belongs to contemporary language this is indicated in both languages.

balderdash ['bɔːldədæʃ, AM 'bɔːldɚ-] *n no pl* (*dated*) Blödsinn *m pej fam,* Quatsch *m fam*

7.2. Altersangaben

Es wird in beiden Sprachen grundsätzlich angegeben, wenn ein Wort oder Ausdruck nicht mehr dem heutigen Sprachgebrauch entspricht.

Ạngeld <-[e]s, -er> *nt* FIN (*veraltet: Vorauszahlung*) deposit

in English, designates language as it might be used by 50–60 year-olds, e.g. a *brick* (for a helpful person). These are words that are still in use, but which sound old-fashioned.	*dated*	bezeichnet im Englischen einen Sprachgebrauch, wie er von der Altersgruppe der 50 bis 65-Jährigen benutzt wird, z.B. a *brick* (als Bezeichnung für eine hilfreiche Person). Es handelt sich um Wörter, die noch im Gebrauch sind, die aber etwas altmodisch klingen.
in German, designates language as it is used by 50–60 year-olds, e.g. *Biene (nice girl), Leibesübungen* (*physical education*). These are words that are still in use, but which sound somewhat old-fashioned.	*veraltend*	bezeichnet im Deutschen einen Sprachgebrauch, wie er von der Altersgruppe der 50 bis 65-Jährigen benutzt wird, z.B. *Biene (nettes Mädchen), Leibesübungen.* Es handelt sich um Wörter, die noch im Gebrauch sind, die aber etwas altmodisch klingen.
in English, designates a word or expression that is no longer in current use, but which is still understood, e.g. *brigand (bandit)*	*old*	bezeichnet im Englischen ein Wort oder einen Ausdruck, der heutzutage nicht benutzt, aber durchaus noch verstanden wird, z.B. *brigand (Bandit)*
in German, designates a word or expression that is no longer in current usage, but which is still understood, e.g. *Abort (toilet), Backfisch (teenage girl)*	*veraltet*	bezeichnet im Deutschen ein Wort oder einen Ausdruck, der heutzutage nicht benutzt, aber durchaus noch verstanden wird, e.g. *Abort, Backfisch*
for words that have completely disappeared from current usage. These often desginate things that are now referred to by a different name, e.g. *Ceylon, Ecu, Dienstleistungsabend*	*hist*	für Wörter, die gar nicht mehr im Gebrauch sind. Oft sind es Bezeichnungen für Dinge, die heute einen anderen Namen tragen, z.B. *Ceylon, Ecu, Dienstleistungsabend*

7.3 Rhetoric Labels

Many words and phrases carry a particular connotation. This is indicated in both source and target language. Rhetoric labels also indicate figurative usage and proverbs.

7.3. Rhetorische Angaben

Viele Wörter und Wendungen können in einer bestimmten Sprechabsicht verwendet werden. In diesen Fällen wird bei der Quellsprache ein entsprechender Vermerk gemacht. Rhetorische Absichten in der Zielsprache werden ebenfalls kenntlich gemacht.

designates euphemistic usage, i.e. words or expressions that are used to describe a word that the speaker wishes to avoid, e.g. *to pass away, das stille Örtchen (toilet)*	*euph*	bezeichnet verhüllenden Sprachgebrauch; statt des eigentlichen Worts wird stellvertretend dieser beschönigende Ausdruck gebraucht, z.B. *to pass away (*für *sterben), das stille Örtchen,*
designates figurative usage, e.g. *teething troubles – Kinderkrankheiten* (for *problems at the beginning of something*)	*fig*	bezeichnet übertragenen Sprachgebrauch. Das Wort oder die Wendung dient – im übertragenen Sinn- als Bild für das, was man ausdrücken will, z.B. *teething troubles – Kinderkrankheiten* (übertragen für *Anfangsprobleme*)
designates humorous usage, e.g. *egghead – Eierkopf*	*hum*	bezeichnet scherzhaften Sprachgebrauch, z.B. *egghead – Eierkopf*
designates ironic usage; the speaker really means the opposite of what he/she is saying, e.g. *very funny! – wirklich komisch!*	*iron*	bezeichnet ironischen Sprachgebrauch. Der Sprecher meint eigentlich das Gegenteil dessen, was er sagt, z.B. *very funny! – wirklich komisch!*
designates pejorative usage; the speaker expresses contempt or disapproval, e.g. *gab – Gequassel*	*pej*	bezeichnet einen abwertenden Sprachgebrauch. Der Sprecher drückt damit seine abschätzige Haltung aus, z.B. *gab – Gequassel*
designates offensive usage, e.g. *Chink*	*pej!*	bezeichnet einen beleidigenden Sprachgebrauch, z.B. *Chink* (für einen Chinesen)
designates a proverb, e.g. *nothing ventured, nothing gained – wer wagt, gewinnt*	*prov*	bezeichnet ein Sprichwort, z.B. *nothing ventured, nothing gained – wer wagt, gewinnt*

7.4 Regional Labels

Globalization has made international communication increasingly important. This dictionary takes this fact into consideration by supplying a number of regional varieties of English as well as German.

The „base“ languages and languages of description used in this dictionary are British English and German from Germany.

English-German Part

juice [dʒuːs] *n* ❶ *no pl* (*of fruit, vegetable*) Saft *m*; **lemon** ~ Zitronensaft *m*
❷ (*liquid in meat*) ▪ **~s** *pl* [Braten]saft *m kein pl*
❸ (*natural fluid*) ▪ **~s** *pl* Körpersäfte *mpl*; **digestive/gastric ~s** Verdauungs-/Magensaft *m*
❹ AM (*sl: influence, power*) Einfluss *m*, Macht *f*; **to have [all] the ~** das [absolute] Sagen haben *fam*
❺ (*fig: energy*) **creative ~s** kreative Kräfte; **to get the creative ~s flowing** schöpferisch tätig [*o* kreativ] werden
❻ (*sl: electricity*) Saft *m sl*; (*petrol*) Sprit *m fam*

American English is supplied systematically and on all levels: pronunciation, spelling, words and phrases. Whenever applicable the corresponding British word is supplied in parentheses (see e.g. at the entry *baloney* below)

hearty [ˈhɑːti, AM ˈhɑːrt̬i] **I.** *adj* …
maneuver *n, vi, vt* AM *see* **manoeuvre**
baloney [bəˈləʊni, AM -ˈloʊni] **I.** *n no pl* ❶ AM (*Bologna sausage*) ≈ Fleischwurst *f*
❷ (*fam: nonsense*) Quatsch *m fam*, Blödsinn *m fam*, Schwachsinn *m fam*
II. *interj* AM Quatsch
nice [naɪs] **I.** *adj* ❶ (*approv: pleasant*) schön, angenehm; …
❷ (*amiable*) nett, freundlich; ***it was very ~ of you to drive her home*** es war sehr nett von dir, sie nach Hause zu fahren; **a ~ chap**/AM *usu* **guy** ein netter Kerl; …

Australian English is treated mainly on the lexical level.

arvo [ˈɑːvoʊ] *n* AUS Nachmittag *m*

The most important Canadianisms have also been included.

toonie [ˈtuːni] *n* CAN (*fam*) Zweidollarmünze *f*

Besides German from Germany, German from Austria and Switzerland are shown in equivalents.

cell phone *n* Mobiltelefon *nt*, Handy *nt*, Natel *nt* SCHWEIZ; (*on ship*) Funktelefon *nt*
January [ˈdʒænjuəri, AM -jueri] *n* Januar *m*, Jänner *m* ÖSTERR, SÜDD, SCHWEIZ; *see also* **February**

German-English Part

The German of Germany, Austria and Switzerland are included.

American spellings, words and phrases are always given in equivalents.

7.4. Regionale Angaben

Im Zuge der Globalisierung ist es heute wichtiger denn je, möglichst viele Menschen erreichen zu können. Daher berücksichtigt dieses Wörterbuch einige regionale Sprachvarianten sowohl des Englischen als auch des Deutschen.

Die im Wörterbuch verwendete „Grund-“ und Beschreibungssprache ist das britische Englisch bzw. das Deutsch aus Deutschland.

Englisch-deutscher Teil

Amerikanisches Englisch wird auf allen Ebenen systematisch berücksichtigt: Aussprache, Schreibung, Wörter und Wendungen. Wann immer zutreffend, wird die britische Entsprechung des amerikanischen Wortes in Klammern angegeben(wie z. B. beim Eintrag *baloney* unten links)

Australisches Englisch wird hauptsächlich auf der Wortschatzebene aufgeführt.

Die wichtigsten kanadischen Wörter wurden ebenfalls aufgenommen.

In der Zielsprache werden außer dem Binnendeutschen auch das Schweizerdeutsche und das österreichische Deutsch berücksichtigt.

Deutsch-englischer Teil

Außer dem Deutschen Deutschlands werden das Deutsche von Österreich und der Schweiz besonders berücksichtigt.

Jänner <-s, -> *m* ÖSTERR January
Natel® <-s, -s> *nt* SCHWEIZ (*Handy*) mobile phone BRIT, cellphone AM

Amerikanisches Englisch wird in der Zielsprache sowohl in der Schreibung als auch für Wörter und Wendungen systematisch angegeben.

Humor¹ <-s, *selten* -e> *m* ❶ (*Laune*) good humour [*or* AM -or], cheerfulness; …
Einkaufszentrum *nt* [out-of-town] shopping centre [*or* AM -er] [*or* mall] …
ein|brechen *irreg* **I.** *vi* ❶ *sein o haben* (*Einbruch verüben*) ▪ **[bei jdm/in etw** *akk o dat*] ~ to break in[to sb's home/sth]; …
❻ *sein* (*Misserfolg haben*) to come a cropper BRIT *sl*, to suffer a setback AM
II. *vt haben* ▪ **etw** ~ to break down sth *sep*

Table of Regional Labels Used in the Dictionary

Übersicht über die verwendeten regionalen Abkürzungen

item used only in the USA, e.g. *charley horse (muscle cramp)*	AM	nur in USA gebrauchter Ausdruck *charley horse (Muskelkrampf)*
item used only in Australia, e.g. *arvo* (*afternoon*)	AUS	nur in Australien gebrauchter Ausdruck, z. B. *arvo* (*Nachmittag*)
item used only in Great Britain, e.g. *ansaphone*	BRIT	nur in Großbritannien gebrauchter Ausdruck, z. B. *ansaphone (Anrufbeantworter)*
item used only in Canada, e.g. toonie (*two dollar coin*)	CAN	nur in Kanada gebrauchter Ausdruck, e.g. *toonie* (*Zweidollarmünze*)
regional item, e.g. *hisself* (for *himself*)	DIAL	regional begrenzt gebrauchter Ausdruck, z. B. *Schuhbänder (für Schnursenkel)*
item used only in India	IND	nur in Indien gebrauchter Ausdruck
item used only in Northern England	NBRIT	nur in Nordengland gebrauchter Ausdruck
item used only in Ireland	IRISH	Ausdruck aus dem Irischen
item used only in New Zealand	NZ	nur in Neuseeland gebrauchter Ausdruck
item used only in South Africa	SA	nur in Südafrika gebrauchter Ausdruck
item used only in Scottish English	SCOT	nur im Schottischen gebrauchter Ausdruck
cultural item specific to Germany, e.g. *Bundesgrenzschutz, Bundestag*	BRD	v. a. typisch bundesrepublikanische Phänomene wie z. B. *Bundesgrenzschutz, Bundestag*
item used especially in Central Germany, e.g. *Karneval* (*carnival*)	MITTELD	besonders im mitteldeutschen Raum gebrauchter Ausdruck, z. B. *Karneval*
item used only in Northern Germany, e.g. *Feudel (floorcloth)*	NORDD	nur im Norden Deutschlands gebrauchter Ausdruck, z. B. *Feudel (Tuch zum Aufwischen)*
item used only in Austria, e.g. *Marille* (*apricot*), *Jänner* (*January*)	ÖSTERR	nur in Österreich gebrauchter Ausdruck, z. B. *Marille, Jänner*
item used only in Switzerland, e.g. *Natel* (*mobile phone*)	SCHWEIZ	Ausdruck, der nur in der Schweiz gebraucht wird, z. B. *Natel*
word or expression used only in Southern Germany, e.g. *Bub* (*boy*)	SÜDD	nur im Süden Deutschlands gebrauchter Ausdruck, z. B. *Bub (Junge)*

7.5 Other Labels

Further markers are used in both languages to indicate restriction of an item to a certain age-group, situation or frequency of use.

designates specialist language that lay people would generally not use, e.g. *tympanum* (*middle ear) – Tympanum* (*Mittelohr*)	*spec*
designates a word or expression used mainly when speaking to children, e.g. *whoops a daisy – hopsala*	*childspeak*
designates language that is only rarely used, e.g. *educate* (in the sense *bring up*)	*rare*

7.5. Sonstige Angaben

Weitere Angaben werden zu beiden Sprachen gemacht, wenn der Gebrauch eines Wortes auf eine bestimmte Altersgruppe, Sprechsituation oder Zeit beschränkt ist.

fachspr	bezeichnet einen von Laien nicht benutzten Fachausdruck. z. B. *tympanum (middle ear) – Tympanum (Mittelohr)*
Kindersprache	bezeichnet einen Ausdruck, der nur im Gespräch mit kleinen Kindern benutzt wird, z. B. *whoops a daisy – hopsala*
selten	bezeichnet selten gebrauchte Sprache, z.B. *educate* (in der Bedeutung großziehen/erziehen), *weltklug*

8.0 English and German Phonetics

Phonetics are given in IPA (International Phonetic Alphabet).

The reference used for English phonetics was PONS Daniel Jones English Pronouncing Dictionary, 15th edition (1997)

The reference used for German phonetics was Duden Aussprachewörterbuch, 3rd fully revised and enlarged edition (1990).

8.0. Englische und deutsche Phonetik

Zur Bezeichnung der Aussprache wurden die phonetischen Zeichen des IPA (International Phonetic Alphabet) verwendet. Für die Umschrift der einzelnen Wörter haben wir für das Englische PONS Daniel Jones English Pronouncing Dictionary, 15th edition (1997) zugrunde gelegt.

Für das Deutsche diente Duden. Das Ausprachewörterbuch. 3. völlig neu bearb. und erw. Aufl. (1990) als Hilfsmittel.

Phonetic Symbols

	Zeichen der Lautschrift	
c**a**t	[æ]	
	[a]	h**a**t
f**a**ther, c**a**rd	[aː]	B**ah**n
p**o**t, b**o**ttom	[ɒ] (BRIT)	
	[ɐ]	bitt**er**
	[ɐ̯]	U**hr**
	[ã]	Ch**an**son
	[ãː]	Gourm**and**
croiss**ant**	[ɑ̃ː]	
	[ai̯]	h**ei**ß
r**i**de, m**y**	[aɪ]	
	[au̯]	H**au**s
h**ou**se, ab**ou**t	[aʊ]	
big	[b]	**B**all
	[ç]	i**ch**
da**d**	[d]	**d**ich**t**
e**dge**, **j**ui**ce**	[dʒ]	**G**in, **J**ob
p**e**t, b**e**st	[e]	**E**tage
	[eː]	B**ee**t, M**eh**l
	[ɛ]	N**e**st, W**ä**sche
	[ɛː]	w**äh**len,
b**ir**d, c**ur**, b**er**th	[ɜː]	
	[eː]	All**ee**
	[ɛ̃]	t**im**brieren
f**in** de siècle	[ɛ̃ː]	T**ein**t
Afric**a**, pot**a**to	[ə]	halt**e**
sudd**e**n	[ə]	
b**u**st, m**u**lti	[ʌ]	
r**a**te	[eɪ]	
th**ere**, h**air**	[eə] (BRIT)	
fast	[f]	**F**ett, **v**iel
gold	[g]	**G**eld
hello	[h]	**H**ut
s**i**t	[ɪ]	B**i**tte
	[i]	V**i**tamin
r**ea**d, m**ee**t	[iː]	B**ie**r
	[i̯]	Stud**i**e
h**ere**, b**eer**	[ɪə] (BRIT)	
yellow	[j]	**j**a
cat, **k**ing	[k]	**K**ohl, **C**omputer
	[kv]	**Qu**adrat
queen	[kw]	
little	[l]	**L**ast
litt**le**	[l̩]	Neb**el**
mo**m**	[m]	**M**eister
	[m̩]	groß**em**
nice	[n]	**n**ett
	[n̩]	sprech**en**
ri**ng**, ri**n**k, bi**n**go	[ŋ]	Ri**ng**, bli**n**ken

Lautschriftzeichen

	Zeichen der Lautschrift	
	[o]	**O**ase
	[oː]	B**oo**t, dr**oh**en
	[o̯]	l**o**yal
	[ɔ]	P**o**st
c**augh**t, **ough**t	[ɔː]	
b**oa**t, r**o**de	[əʊ] (BRIT)	
b**oa**t, r**o**de	[oʊ] (AM)	
	[õ]	F**on**due
	[õː]	F**on**ds
restaur**ant**	[ɔ̃ː]	
	[ø]	**Ö**konomie
	[øː]	**Ö**l
	[œ]	G**ö**tter
	[œ̃]	L**un**dist
	[œ̃ː]	Parf**um**
b**oy**, n**oi**se	[ɔɪ]	
	[ɔy̯]	M**äu**se
pat	[p]	**P**a**p**st
	[pf]	**Pf**effer
right	[r]	**R**ad
bi**tt**er	[ɾ] (BRIT)	
bitt**er**	[ɚ] (AM)	
soft	[s]	Ra**s**t, be**ss**er, hei**ß**
shift	[ʃ]	**Sch**aum, **s**prechen, **Ch**ef
take	[t]	**T**est, **t**reu
be**tt**er	[t̬] (AM)	
	[ts]	**Z**aun
chip, pa**tch**	[tʃ]	Ma**tsch, Tsch**üss
think, ba**th**	[θ]	
fa**th**er, ba**the**	[ð]	
	[u]	z**u**nächst
m**oo**se, l**o**se	[uː]	H**u**t
	[u̯]	akt**u**ell
b**oo**k, p**u**t	[ʊ]	M**u**tter
	[u̯i]	pf**ui**
m**oor**	[ʊə] (BRIT)	
vitamin	[v]	**w**ann
wish, **wh**y	[w]	
lo**ch**	[x] (SCOT)	Schlau**ch**
	[ks]	Fi**x**, A**x**t, La**chs**
	[y]	M**y**kene
	[yː]	T**y**p
	[y̆]	Et**ui**
	[ʏ]	f**ü**llen
zebra, ja**zz**	[z]	Ha**s**e, **s**auer
plea**s**ure	[ʒ]	**G**enie
glottal stop	ʔ	Knacklaut
primary stress	ˈ	Hauptbetonung
secondary stress	ˌ	Nebenbetonung

A

A <*pl* -'s>, **a** <*pl* -'s *or* -s> [eɪ] *n* ① (*letter*) a *nt*, A *nt*; **a capital A/small a** ein großes A/ein kleines a; ~ **for Andrew** [*or* AM **as in Abel**] A wie Anton
② MUS A *nt*, a *nt*; ~ **flat** As *nt*, as *nt*; ~ **sharp** Ais *nt*, ais *nt*; ~ **major** A-Dur *nt*; ~ **minor** a-Moll *nt*; ~ **natural** A *nt*, a *nt*; **key of** ~ A-Schlüssel *m*; **to be in** [**the key of**] ~ **major/minor** in A-Dur/a-Moll geschrieben sein
③ (*school mark*) ≈ Eins *f*, ≈ sehr gut; ~ **minus/plus** Eins minus/plus; **to get straight** ~**s** nur Einser schreiben; **to be an** ~ **student** AM, AUS ein Einserschüler/eine Einserschülerin sein; **to get** [**an**] ~ eine Eins schreiben; **to give sb an** ~ jdm eine Eins geben
④ FIN ~ **share** BRIT Stammaktie *f*; **Schedule** ~ [*zu versteuernde*] *Einkünfte aus Vermietung und Verpachtung von Grundstücken und Gebäuden*; **Table** ~ Mustersatzung des Companies Act

A[1] <*pl* -'s *or* -s> [eɪ] *n* ① (*hypothetical person, thing*) A; ***suppose*** ~ ***was B's sister*** angenommen A wäre die Schwester von B; [**to get**] **from** ~ **to B** von A nach B [kommen]
② (*blood type*) A
③ LAW **category** ~ **prisoners** Häftlinge *pl* der höchsten Gefährlichkeitsstufe
▸ PHRASES: **from** ~ **to** Z von A bis Z

A[2] *n* ① *abbrev of* **ampere** A
② *abbrev of* **answer** Antw.
③ BRIT *abbrev of* **A level**

Å *n abbrev of* **angstrom** Å

a [eɪ, ə], *before vowel* **an** I. *art indef* ① (*undefined*) ein(e)
② *after neg* ▪**not** ~ kein(e); ***there was not*** ~ ***person to be seen*** es war niemand zu sehen; ***I haven't got*** ~ ***chance*** ich habe nicht die geringste Chance
③ (*one*) ein(e); ***can you pass me*** ~ ***slice of bread please?*** reichst du mir mal bitte eine Scheibe Brot?; ***I need*** ~ ***new pencil*** ich brauche einen neuen Bleistift
④ *before profession, nationality* ***she wants to be*** ~ ***doctor*** sie möchte Ärztin werden; ***she's*** ~ ***teacher*** sie ist Lehrerin; ***he's*** ~***n Englishman*** er ist Engländer
⑤ *introducing state* ein(e); ~ ***17th-century cottage*** ein Landhaus im Stil des 17. Jahrhunderts; ***this is*** ~ ***very mild cheese*** dieser Käse ist sehr mild
⑥ (*work of an artist*) ein(e); ***is that*** ~ ***Picasso?*** ist das ein Picasso?
⑦ (*quite*) ein(e); ***that's*** ~ ***thought!*** das ist ein guter Einfall!
⑧ *limiting uncountables* ein(e); ***I only have*** ~ ***limited knowledge of Spanish*** ich habe nur mäßige Spanischkenntnisse
⑨ *before unit* ***I'd love*** ~ ***coffee*** ich hätte gern einen Kaffee; ***can I have*** ~ ***knife and fork please?*** kann ich bitte Messer und Gabel haben?
⑩ *as multiplier* ein(e); ***you won't go far on*** ~ ***litre of petrol*** mit einem Liter Benzin wirst du nicht weit kommen; ***we walked for half*** ~ ***mile*** wir gingen eine halbe Meile weit; ~ **dozen** ein Dutzend; ~ **few** ein paar; ~ **hundred/**~ **thousand** hundert/tausend; ***count up to*** ~ ***thousand*** zähle bis tausend; ~ **million** eine Million; **one and** ~ **half** eineinhalb; **three-quarters of** ~**n hour** eine dreiviertel Stunde; **six tenths of** ~ **second** sechs Zehntelsekunden
⑪ *before unknown name* ein [gewisser] .../eine [gewisse] ...; ***there's*** ~ ***Ms Evans to see you*** eine [gewisse] Frau Evans möchte Sie sprechen
⑫ (*denoting likeness*) ein(e); ***she'll never be*** ~ ***Greta Garbo*** sie wird niemals eine Greta Garbo sein
⑬ *before family name* ein(e); ***I'd never have guessed he was*** ~ ***Wilson*** ich hätte nie gedacht, dass er ein Wilson ist
⑭ *before date* ein(e); ***my birthday is on*** ~ ***Friday this year*** mein Geburtstag fällt dieses Jahr auf einen Freitag
⑮ *before product* ein(e); ***she drives*** ~ ***Ford*** sie fährt einen Ford
II. *prep* ***he earns $100,000*** ~ ***year*** er verdient im Jahr 100.000 Dollar; **three times** ~ **day** dreimal täglich; **twice** ~ **week** zweimal die Woche; **once** ~ **month** einmal im Monat

A1 [ˌeɪ'wʌn] *adj* erstklassig, eins a *fam*

A4 [ˌeɪ'fɔːʳ, AM -'fɔːr] I. *n no pl* [DIN-]A4
II. *n modifier* (*paper*) [DIN-]A4-; ~ **pad** [DIN] A4-Block *m*

AA [ˌeɪ'eɪ] *n* ① + *sing/pl vb abbrev of* **Alcoholics Anonymous** AA, die Anonymen Alkoholiker
② + *sing/pl vb* BRIT *abbrev of* **Automobile Association**: ▪**the** ~ ≈ ADAC *m*

AAA [ˌtrɪp|'eɪ] *n* + *sing/pl vb* AM *abbrev of* **American Automobile Association**: ▪**the** ~ ≈ ADAC *m*

aardvark ['ɑːdvɑːk, AM 'ɑːrdvɑːrk] *n* Erdferkel *nt*

AB [eɪ'biː] *n* AM *abbrev of* **Bachelor of Arts** Bakkalaureus *m* der philosophischen/naturwissenschaftlichen Fakultät (*unterster akademischer Grad in englischsprachigen Ländern*)

ABA [ˌeɪbiː'eɪ] *n* ① *abbrev of* **American Bankers' Association** Amerikanische Bankenvereinigung
② LAW *abbrev of* **American Bar Association** US-Bundesanwaltskammer *f*

aback [ə'bæk] *adv* **to take sb** ~ jdn erstaunen [*o* verblüffen]; **to be taken** ~ überrascht [*o* erstaunt] sein; (*sad*) betroffen sein

abacus <*pl* -es> ['æbəkəs] *n* MATH Abakus *m fachspr*; **to operate** [*or* **use**] **an** ~ ein Rechenbrett benutzen

abandon [ə'bændən] I. *vt* ① (*leave*) ▪**to** ~ **sth** *place, houses* etw verlassen; **to** ~ **ship** das Schiff verlassen
② (*leave behind*) ▪**to** ~ **sth** etw zurücklassen; ***she*** ~***ed her rucksack*** sie ließ ihren Rucksack [einfach] stehen; **to** ~ **one's car** sein Auto stehen lassen
③ (*give up*) ▪**to** ~ **sth** etw aufgeben; ***they*** ~***ed their attempt to climb the mountain*** sie brachen den Versuch ab, den Berg zu besteigen; **to** ~ **a plan** einen Plan fallen lassen; **to** ~ **all pretence of doing sth** noch nicht mal mehr so tun, als würde man etw tun; ▪**to be** ~**ed** *rescue, search* eingestellt werden; LAW **to** ~ **an action** eine Klage zurückziehen; **to** ~ **a claim** einen Anspruch aufgeben
④ SPORTS **to** ~ **a game/match** ein Spiel/Match abbrechen; **to** ~ **play** das Spiel abbrechen
⑤ (*desert*) ▪**to** ~ **sb** jdn verlassen; **to** ~ **a baby** ein Baby aussetzen; **to** ~ **sb to his/her fate** jdn seinem Schicksal überlassen; **to** ~ **one's husband/wife** seinen Ehemann/seine Ehefrau sitzen lassen *fam*
⑥ (*lose self-control*) ▪**to** ~ **oneself to sth** sich *akk* etw *dat* hingeben; ***he*** ~***ed himself to his emotions*** er ließ seinen Gefühlen freien Lauf
II. *n no pl* Hingabe *f*; **with** ~ mit Leib und Seele; ***people were cavorting about with wild*** ~ die Leute tollten ausgelassen herum

abandoned [ə'bændənd] *adj inv* ① (*discarded*) verlassen
② (*dissolute*) *person* verkommen
③ (*empty*) *building* leer stehend *attr*; ~ **property** herrenloses Gut
④ (*cast off*) *person* verlassen; ~ **baby** ausgesetztes Baby
⑤ (*carefree*) unbekümmert, sorglos
⑥ (*pej dated: wicked*) zügellos; ~ **behaviour** [*or* AM **behavior**] schamloses Benehmen

abandonment [ə'bændənmənt] *n no pl* ① *of a place* Verlassen *nt*; *of a land* [Land]flucht *f*
② *of a person* Imstichlassen *nt*
③ (*cancellation*) Aufgabe *f*
④ (*self-abandon*) Hingabe *f*

abase [ə'beɪs] *vt* (*form*) ▪**to** ~ **sb** jdn erniedrigen; ▪**to** ~ **oneself** [**before sb**] sich *akk* [vor jdm] erniedrigen

abasement [ə'beɪsmənt] *n* Demütigung *f*, Erniedrigung *f*, Entwürdigung *f*

abashed [ə'bæʃt] *adj* verlegen, beschämt; **to be** [*or* **feel**] ~ **at sth** sich *akk* [wegen] einer S. *gen* schämen; **to look** ~ verlegen aussehen

abate [ə'beɪt] (*form*) I. *vi rain* nachlassen; *storm, anger* abflauen, sich legen; *pain, fever, fear* abklingen
II. *vt* ▪**to** ~ **sth** etw vermindern [*o* verringern]; *sth's intensity* etw abschwächen; **to** ~ **noise** Lärm dämpfen

abatement [ə'beɪtmənt] *n no pl* (*form*) ① (*lessening*) Nachlassen *nt*; *of storm, anger also* Abflauen *nt*
② (*reducing*) Verminderung *f*; *of tax* Senkung *f*; ~ **of noise** Lärmbekämpfung *f*

abattoir ['æbətwɑːʳ] *n* BRIT Schlachthof *m*

abbess <*pl* -es> ['æbes, AM -əs] *n* Äbtissin *f*

abbey ['æbi] *n* Abtei[kirche] *f*

abbot ['æbət] *n* Abt *m*

abbr. I. *n abbrev of* **abbreviation** Abk.
II. *adj abbrev of* **abbreviated** abgek.

abbreviate [ə'briːvieɪt] *vt usu passive* ▪**to** ~ **sth** etw abkürzen; (*less content*) etw kürzen; ▪**to be** ~**d** abgekürzt werden; ***the name Susan is often*** ~***d to Sue*** Susan wird oft mit Sue abgekürzt; ~**d form** Kurzform *f*; ~**d version** Kurzfassung *f*, gekürzte Fassung

abbreviation [əˌbriːvi'eɪʃᵊn] *n* ① (*short form*) Abkürzung *f* (**for** für +*akk*), Kürzel *nt* (**for** für +*akk*)
② (*shorter version*) *of text* Kürzung *f*

ABC[1] [ˌeɪbiː'siː] *n* ① (*alphabet*) ABC *nt*; **to be as easy** [*or* **simple**] **as** ~ kinderleicht sein
② (*rudiments*) ABC *nt*, Einmaleins *nt*; ***the*** ~ ***of photography*** das Einmaleins des Fotografierens

ABC[2] [ˌeɪbiː'siː] *n* TV ① AUS *abbrev of* **Australian Broadcasting Corporation**: ▪**the** ~ die ABC
② AM *abbrev of* **American Broadcasting Corporation**: ▪**the** ~ ABC *f*

ABCs [ˌeɪbiː'siːz] *npl* AM (*fam*) *see* **ABC[2] 2**

abdicate ['æbdɪkeɪt] I. *vi* ① *monarch* abdanken
② (*not fulfil*) **to** ~ **from one's duties** seine Pflicht[en] nicht einhalten; **to** ~ **from one's responsibilities** sich *akk* seiner Verantwortung entziehen
II. *vt* ① (*resign*) **to** ~ **the throne** auf den Thron verzichten
② (*renounce*) ▪**to** ~ **sth** etw aufgeben, auf etw *akk* verzichten; *responsibility* etw ablehnen; **to** ~ **a right** auf ein Recht verzichten

abdication [ˌæbdɪ'keɪʃᵊn] *n* ① *of a monarch* Abdankung *f*; ~ **of the throne** Verzicht *m* auf den Thron
② *no pl* (*renunciation*) Aufgabe *f*; *of a right* Verzicht *m*

abdomen ['æbdəmən, æb'dəʊ-] *n* ① MED Unterleib *m*, Abdomen *nt fachspr*
② ZOOL *of insect* Hinterleib *m*

abdominal [æb'dɒmɪnᵊl, AM -'dɑːmə-] *adj inv* Unterleibs-, Bauch-, Abdominal- *fachspr*; ~ **operation** Unterleibsoperation *f*; ~ **pain** Unterleibsschmerzen *mpl*; ~ **pregnancy** Bauchhöhlenschwangerschaft *f*; ~ **wall** Bauchdecke *f*

abduct [əb'dʌkt] *vt* ▪**to** ~ **sb** [**from sth**] jdn [aus etw *dat*] entführen

abduction [əb'dʌkʃᵊn] *n* Entführung *f*

abductor [əb'dʌktəʳ, AM -ɚ] *n* Entführer(in) *m(f)*

abed [ə'bed] *adv inv* (*old*) im Bett

abend *n short for* **abnormal end** COMPUT abnormales Ende; ~ **code** Abbruchcode *m*; ~ **recovery program** Wiederanlaufprogramm *nt* nach abnormalem Ende

Aberdonian [ˌæbə'dəʊniən, AM ɚ'doʊ] I. *adj inv* Aberdeener, aus Aberdeen *nach n*
II. *n* ① (*person*) Aberdeener(in) *m(f)*
② (*accent*) Aberdeenisch *nt*

aberrant [æb'erᵊnt] *adj* (*form*) anomal *geh*, abnorm *geh*

aberration [ˌæbə'reɪʃᵊn] *n* ① (*deviation*) Abweichung *f* (**from** von +*dat*)
② (*outside norm*) Anomalie *f*
③ ASTRON, BIOL, COMPUT, PHYS Aberration *f fachspr*

abet <-tt-> [ə'bet] *vt* ▪**to** ~ **sb/sth** jdn/etw unterstützen [*o* begünstigen]; **to** ~ **a crime** Beihilfe zu einem Verbrechen leisten; **to** ~ **a criminal** einen Verbrecher/eine Verbrecherin unterstützen; **to aid and** ~ **sth** LAW etw begünstigen, etw *dat* Vorschub leisten; **to aid and** ~ **sb** [**in sth/in doing sth**] LAW jdm [bei etw *dat*] Beihilfe leisten

abettor [ə'betəʳ, AM -t̬ɚ] *n esp* LAW Helfershelfer(in) *m(f)*

abeyance [əˈbeɪən(t)s] *n no pl* ❶ *also* LAW (*temporary disuse*) **to be in** ~ [vorübergehend] außer Kraft [gesetzt] sein; *hostilities* eingestellt sein; *issue* ruhen; **to be held in** ~ auf Eis gelegt sein; **to hold sth in** ~ etw ruhen lassen
❷ LAW (*without owner*) besitzloser Zustand

ABH [ˌeɪbiːˈeɪtʃ] *n* LAW *abbrev of* **actual bodily harm** Körperverletzung *f*

abhor <-rr-> [əbˈhɔːʳ, AM æbˈhɔːr] *vt* (*form*) ■**to** ~ **sb/sth** jdn/etw verabscheuen

abhorrence [əbˈhɒrən(t)s, AM æbˈhɔːr-] *n no pl* Abscheu *f* (**of** vor +*dat*/gegen +*akk*); ***she has an ~ of change*** sie hasst Veränderungen; **to look at sb/sth in** [*or* **with**] ~, **to regard sb/sth with** ~ jdn/etw mit Abscheu betrachten

abhorrent [əbˈhɒrənt, AM æbˈhɔːr-] *adj* abscheulich; ***I find his cynicism*** ~ sein Zynismus ist mir zuwider

abide [əˈbaɪd] **I.** *vt usu neg* (*not like*) ■**sb cannot** ~ **sth/sb** jd kann etw/jdn nicht ausstehen; (*not endure*) ■**sb cannot** ~ **sth** jd kann etw nicht ertragen
II. *vi* <abided *or old* abode, abided *or old* abode> ❶ (*old: stay*) verweilen *geh*
❷ (*continue*) fortbestehen; ***values that ~ unchanged*** Werte, die unverändert Bestand haben
◆**abide by** *vi* ■**to** ~ **by sth** *rule* etw befolgen [*o* [ein]halten]; **to** ~ **by a law** sich *akk* an ein Gesetz halten; **to** ~ **by a promise** sich *akk* an ein Versprechen halten

abiding [əˈbaɪdɪŋ] *adj attr* beständig, anhaltend *attr;* ~ **love** immer währende Liebe; ~ **values** bleibende Werte

ability [əˈbɪləti, AM -əṱi] *n* ❶ *no pl* (*capability*) Fähigkeit *f;* ***to the best of my abilities*** so gut [*o* soweit] ich kann; ***my ~ to help is restricted*** ich kann leider nur bedingt helfen; **to make use of one's abilities** seine Fähigkeiten einsetzen; **to have the** ~ **to do sth** etw können; **to have lost the** ~ **to do sth** nicht mehr fähig sein, etw zu tun
❷ *no pl* (*talent*) Talent *nt,* Begabung *f;* ***someone of her ~ is bound to succeed*** jemand mit ihrer Begabung wird es sicher weit bringen; **exceptional** ~ außergewöhnliche Begabung; **a man/woman of** ~ ein fähiger Mann/eine fähige Frau
❸ (*skills*) ■**abilities** *pl* Fähigkeiten *fpl;* ***she is a woman of considerable abilities*** sie ist eine sehr fähige Frau
❹ (*intelligence*) [geistiges] Potenzial; **mixed abilities** SCH unterschiedliche Leistungsstufen

abject [ˈæbdʒekt] *adj* ❶ (*extreme*) äußerste(r, s); ~ **coward** elender Feigling; ~ **failure** kompletter Fehlschlag; ~ **misery** tiefstes Elend; ~ **poverty** bittere Armut; **to live in** ~ **fear** in größter Angst leben
❷ (*degraded*) *conditions* erbärmlich
❸ (*humble*) unterwürfig; *apology also* demütig; *failure* kläglich

abjectly [ˈæbdʒektli] *adv* unterwürfig, demütig; *fail* kläglich

abjectness [ˈæbdʒektnəs] *n no pl* ❶ (*degraded condition*) Erbärmlichkeit *f*
❷ *of person* Unterwürfigkeit *f; of an apology* Demut *f*

abjuration [ˌæbdʒəˈreɪʃən] *n* ❶ POL (*repudiation*) Lossagung *f fachspr* (**of** von +*dat*); **Act of A~** (*hist*) Lossagungsgesetz *nt hist;* ~ **of allegiance** Aufkündigung *f* der Gefolgschaft
❷ POL (*renouncement*) beeidete Verzichtleistung, [feierliche] Entsagung; **A~ of the Realm** (*hist*) beeideter Verzicht auf Landesrückkehr
❸ (*retraction*) [beeidete] Widerrufung (**of** von +*dat*); ~ **of errors** Widerrufung *f* von Irrtümern
❹ REL Abschwörung *f fachspr*

abjure [əbˈdʒʊəʳ, AM -dʒʊr] *vt* ■**to** ~ **sth** ❶ (*form: renounce*) etw *dat* abschwören *geh*
❷ AM LAW auf die Treue gegenüber einem anderen Land verzichten

ablation [əˈbleɪʃən, AM ˌæbˈleɪ-] *n* COMPUT Ablation *f*

ablative [ˈæblətɪv, AM -ṱ-] LING **I.** *n* ❶ (*word*) Ablativ *m*
❷ *no pl* (*case*) ■**the** ~ der Ablativ
II. *adj* Ablativ-, im Ablativ

ablaut [ˈæblaʊt] *n* LING Ablaut *m*

ablaze [əˈbleɪz] *adj pred* ❶ (*burning*) ■**to be** ~ in Flammen stehen; **to set sth** ~ etw in Brand stecken
❷ (*bright*) ***this painting is ~ with colour*** dieses Bild leuchtet voller Farben; ***the ballroom was ~ with lights*** der Ballsaal war hell erleuchtet
❸ (*fig: impassioned*) ***her eyes were ~ with excitement*** ihre Augen leuchteten vor Aufregung; ***his face was ~ with anger*** sein Gesicht glühte vor Zorn

able [ˈeɪbl̩] *adj* ❶ <more *or* better ~, most *or* best ~> *pred* (*can do*) ■**to** [**not**] **be** ~ **to do sth** etw [nicht] tun können; ***I'm afraid I won't be ~ to come tomorrow*** ich fürchte, ich kann morgen nicht kommen; ***the person best ~ to help you is the manager*** am ehesten kann Ihnen da wohl der Geschäftsführer weiterhelfen
❷ <abler *or* more ~, ablest *or* most ~> (*clever*) talentiert, fähig; ~ **mind** fähiger Kopf

able-bodied [ˌeɪbl̩ˈbɒdɪd, AM -ˈbɑːdɪd] *adj* gesund, kräftig; MIL [wehr]tauglich **able-bodied seaman** *n,* **able seaman** *n* NAUT Vollmatrose *m*

abloom [əˈbluːm] *adj pred* ■**to be** ~ blühen; *trees also* in [voller] Blüte stehen

ablution [əˈbluːʃən] *n* ❶ *no pl* REL Waschung *f*
❷ (*form or hum*) Waschung *f;* **to perform one's ~s** sich *akk* waschen; (*euph*) seine Notdurft verrichten *geh*
❸ ■**the ~s** BRIT MIL (*sl*) die Nasszellen *fpl*

ably [ˌeɪbl̩i] *adv* geschickt, gekonnt

ABM [eɪbiˈem] *n abbrev of* **Automated Banking Machine** Geldautomat *nt*

abnegate [ˈæbnɪgeɪt] *vt* (*form*) ■**to** ~ **sth** etw *dat* entsagen *geh*

abnegation [ˌæbnɪˈgeɪʃən] *n no pl* (*form*) ❶ (*rejection*) Verzicht *m* (**of** auf +*akk*), Entsagung *f* (**of** +*gen*)
❷ (*self-denial*) Selbstverleugnung *f*

abnormal [æbˈnɔːməl, AM -ˈnɔːr-] *adj* anormal, abnorm; *weather also* ungewöhnlich, untypisch; ~ **heart rhythm** unregelmäßiger Herzschlag; **to be mentally** ~ psychisch krank sein

abnormality [ˌæbnɔːˈmæləti, AM -nɔːrˈmæləṱi] *n* ❶ MED (*anomaly*) Anomalie *f; of heart rhythm* Unregelmäßigkeit *f;* ***the X-rays showed no abnormalities*** die Röntgenaufnahmen zeigten keine Auffälligkeiten; **fetal** [*or* BRIT *also* **foetal**] ~ fetale Missbildung
❷ *no pl* (*unusualness*) Abnormität *f; of a situation* Außergewöhnlichkeit *f;* ~ **of sb's behaviour** [*or* AM **behavior**] Verhaltensstörung *f*

abnormally [æbˈnɔːməli, AM -ˈnɔːr-] *adv* ungewöhnlich, abnorm, außergewöhnlich; ***the success rate was ~ high*** die Erfolgsquote war außerordentlich hoch; **to behave** ~ sich *akk* auffällig verhalten

Abo <*pl* -s> [ˈæbəʊ] *n* AUS (*pej! fam*) *short for* **Aborigine**

aboard [əˈbɔːd, AM əˈbɔːrd] **I.** *adv inv* ❶ (*on plane, ship*) an Bord; (*on train*) im Zug; ***hop ~, I'll give you a lift*** spring rein, ich nehme dich mit; ***all ~!*** (*on train, bus*) alles einsteigen!; (*on ship*) alle Mann an Bord!; **to climb** ~ einsteigen
❷ (*new*) ■**to be** ~ neu im Team sein
II. *prep* ❶ (*onto, into*) **to go/get** ~ **a bus/train** in einen Bus/Zug einsteigen; **to go/get** ~ **a plane/ship** an Bord eines Flugzeugs/Schiffes gehen; ***the flight attendant welcomed us ~ the plane*** die Flugbegleiterin begrüßte uns an Bord des Flugzeugs
❷ *after n* (*on*) an Bord; ***they enjoyed the voyage ~ the luxury cruise liner*** sie genossen die Reise an Bord des Luxuskreuzers

abode [əˈbəʊd, AM əˈboʊd] **I.** *n* ❶ (*form or hum: home*) Wohnung *f;* ***welcome to my humble ~*** willkommen in meiner bescheidenen Hütte *hum*
❷ *no pl* (*form: residence*) Wohnsitz *m,* Aufenthalt[sort] *m;* **right of** ~ LAW Aufenthaltsrecht *nt;* **of** [*or* **with**] **no fixed** ~ ohne festen Wohnsitz; **to be of** [*or* **with**] **no fixed** ~ keinen festen Wohnsitz haben
II. *vi* (*old*) *pt, pp of* **abide**

abolish [əˈbɒlɪʃ, AM -ˈbɑːl-] *vt* ■**to** ~ **sth** etw abschaffen; **to** ~ **a law** ein Gesetz aufheben

abolition [ˌæbəˈlɪʃən] *n no pl* Abschaffung *f;* LAW Abolition *f fachspr;* **the** ~ **of a law** die Aufhebung eines Gesetzes

abolitionist [ˌæbəˈlɪʃənɪst] **I.** *n* Abolitionist(in) *m(f) geh*
II. *adj inv* ***he has strong ~ views on capital punishment*** er ist entschiedener Gegner der Todesstrafe

A-bomb [ˈeɪˌbɒm, AM -ˌbɑːm] *n abbrev of* **atom bomb** Atombombe *f*

abominable [əˈbɒmɪnəbl̩, AM -ˈbɑːm-] *adj* furchtbar, schrecklich; ~ **noise** grässliches Geräusch; ~ **smell** widerwärtiger Geruch; ~ **weather** scheußliches Wetter; **to taste** ~ abscheulich schmecken

abominable snowman *n* Yeti *m*

abominably [əˈbɒmɪnəbli, AM -ˈbɑːm-] *adv* schrecklich, furchtbar; ***the play was ~ acted*** das Stück war sehr schlecht gespielt; ***she behaved ~*** sie benahm sich unmöglich; **to stink** ~ abscheulich stinken

abominate [əˈbɒmɪneɪt, AM -ˈbɑːm-] *vt* (*form or dated*) ■**to** ~ **sb/sth** jdn/etw verabscheuen

abomination [əˌbɒmɪˈneɪʃən, AM -ˌbɑːm-] *n* (*dated*) ❶ *no pl* (*loathing*) Abscheu *m* (**of** vor +*dat*); **to have an absolute** ~ **of sth** etw zutiefst verabscheuen
❷ (*detestable thing*) Abscheulichkeit *f;* ***this painting is an ~*** dieses Gemälde ist einfach scheußlich

aboriginal [ˌæbəˈrɪdʒənəl] *adj inv* ursprünglich; ~ **forest** Urwald *m;* ~ **inhabitant** Ureinwohner(in) *m(f);* ~ **species** einheimische Spezies

Aboriginal [ˌæbəˈrɪdʒənəl] **I.** *n* [australischer] Ureinwohner/[australische] Ureinwohnerin, Aborginal *m;* ■**~s** *pl* Aboriginals *pl* (*dieser Ausdruck wird von den Ureinwohnern Australiens vorgezogen*)
II. *adj* der Aboriginals *nach n*

Aborigine [ˌæbəˈrɪdʒəni] *n* [australischer] Ureinwohner/[australische] Ureinwohnerin, Aborigine *m;* ■**~s** *pl* Aborigines *pl; see also* **Aboriginal I**

abort [əˈbɔːt, AM əˈbɔːrt] **I.** *vt* ❶ (*prevent birth*) **to** ~ **a baby/fetus** [*or* BRIT *also* **foetus**] ein Baby/einen Fötus abtreiben; **to** ~ **a pregnancy** eine Schwangerschaft abbrechen; **to** ~ **a woman** bei einer Frau einen Schwangerschaftsabbruch durchführen; **to** ~ **oneself** [selbst] abtreiben
❷ (*stop*) ■**to** ~ **sth** etw abbrechen; **to** ~ **a flight/mission** einen Flug/eine Mission abbrechen
II. *vi* ❶ (*prevent birth*) die Schwangerschaft abbrechen *form,* abtreiben
❷ (*miscarry*) eine Fehlgeburt haben
❸ *foetus* abgehen

abortion [əˈbɔːʃən, AM əˈbɔːr-] *n* ❶ (*termination*) Schwangerschaftsabbruch *m form,* Abtreibung *f;* **to have** [*or* **get**] **an** ~ einen Schwangerschaftsabbruch durchführen lassen, abtreiben *fam;* **to do** [*or* **perform**] **an** ~ **on sb** bei jdm einen Schwangerschaftsabbruch vornehmen; **to induce an** ~ eine Abtreibung einleiten
❷ (*miscarriage*) Fehlgeburt *f*
❸ (*sl: failure*) Reinfall *m fam*
❹ (*pej: creature*) Missgeburt *f pej*

abortionist [əˈbɔːʃənɪst, AM əˈbɔːr-] *n* Abtreibungsarzt, Abtreibungsärztin *m, f;* **back-street** ~ Engelmacher(in) *m(f) euph*

abortive [əˈbɔːtɪv, AM əˈbɔːrṱ-] *adj inv* ❶ (*form: not successful*) *attempt* gescheitert; *plan* misslungen
❷ MED abortiv *fachspr,* abtreibend *attr*

abound [əˈbaʊnd] *vi* ❶ (*be very numerous*) [sehr] zahlreich sein; ***wildlife ~s in these woods*** in diesen Wäldern gibt es eine reichhaltige Tierwelt; ***rumours ~ that …*** zahlreiche Gerüchte kursieren, dass …
❷ (*have many of*) ■**to** ~ **with** [*or* **in**] **sth** von etw *dat* [nur so] wimmeln; ***your manuscript ~s with typing errors*** in deinem Manuskript wimmelt es von Tippfehlern; ***it is an area ~ing in wild plants*** dieses Gebiet ist reich an Wildpflanzen

about [əˈbaʊt] **I.** *prep* ❶ *after n* (*on subject of*) über

+*akk*; *what's that book ~?* worum geht es in dem Buch?; *the movie is ~ the American Civil War* der Film handelt vom Amerikanischen Bürgerkrieg; *they had a discussion ~ how to improve the situation* sie diskutierten darüber, wie sie ihre Lage verbessern könnten; *he has a phobia ~ spiders* er hat eine Spinnenphobie; *she had some misgivings ~ the talk* sie hatte wegen des Gesprächs Bedenken; *anxiety ~ the future* Angst *f* vor der Zukunft; *after vb* über +*akk*; *she talked ~ business all night* sie sprach den ganzen Abend über das Geschäft; *he often tells jokes ~ dumb blonds* er erzählt oft Blondinenwitze; *I asked him ~ his beliefs* ich befragte ihn zu seinen Überzeugungen; *she doesn't care much ~ politics* sie interessiert sich kaum für Politik; *she always dreams ~ winning the lottery* sie träumt immer davon, im Lotto zu gewinnen; *after adj* über +*akk*; *they were happy ~ the pregnancy* sie freuten sich über ihre Schwangerschaft; *he was still unsure ~ what he should do* er war sich noch immer nicht sicher, was er tun sollte; *we are now certain ~ our decision to move* wir haben uns jetzt endgültig entschlossen umzuziehen; **all ~ sb/sth** alles über jdn/etw; *he taught us all ~ biology* wir haben von ihm alles über Biologie gelernt; **to go** [*or* **be**] **on ~ sth** stundenlang von etw *dat* erzählen
② (*affecting*) gegen +*akk*; **to do something ~ sth** etwas gegen etw *akk* unternehmen; *will you please do something ~ the leaky tap?* kümmerst du dich bitte mal um den tropfenden Wasserhahn?; *I can't do anything ~ it* ich kann nichts dagegen machen; **to do much/little/nothing ~ sth** viel/wenig/nichts gegen etw *akk* tun; *they did nothing ~ the problem* sie haben das Problem nicht angepackt; *there's nothing we can do ~ it* dagegen können wir nichts machen; *be quick ~ it!* beeil dich [damit]!, mach schnell!; BRIT (*fam*) *could you make me some coffee too while you're ~ it?* wo Sie gerade dabei sind – könnten Sie mir auch einen Kaffee machen?
③ (*surrounding*) um +*akk*; *she put her arms ~ him* sie umarmte ihn; *he takes little notice of the world ~ him* er nimmt von seiner Umgebung kaum Notiz
④ *after vb* (*expressing movement*) *he wandered ~ the house, wondering what to do* er lief im Haus herum und überlegte, was er tun könne; *she looked ~ the room* sie sah sich in dem Zimmer um
⑤ (*characteristic of*) an +*dat*; *what exactly didn't you like ~ the play?* was genau hat dir an der Aufführung nicht gefallen?; *there is a deep sadness ~ him* ihn umgibt eine tiefe Melancholie; *he has a way ~ him that I don't like* er hat etwas an sich, das mir nicht gefällt; *there's something strange ~ him* er hat etwas Merkwürdiges an sich
⑥ (*expressing location*) *she must be ~ the place somewhere* sie muss hier irgendwo sein; BRIT (*form*) *do you have a pen ~ you[r person]?* haben Sie einen Federhalter bei sich?
⑦ (*involved with*) **to be be ~ doing sth** etw beabsichtigen [*o* vorhaben]; *the takeover was not ~ getting rid of competition* die Übernahme sollte nicht die Konkurrenz ausschalten; *it's all ~ having fun* alle wollen nur Spaß haben
▶ PHRASES: **to go ~ [doing] sth** *how do you go ~ getting a fishing licence here?* wie geht man vor, wenn man hier einen Angelschein machen will?; **what ~ your job?** wie läufst bei deiner Arbeit?; (*as suggestion*) **what ~ a trip to the zoo?** wie wäre es mit einem Besuch im Zoo?; (*inviting information*) **is that your car? — yes, what ~ it?** ist das da Ihr Auto? – ja, was ist damit?; **and what ~ us?** und was ist mit uns?; **what ~ going to the zoo?** wie wäre es mit einem Besuch im Zoo?
II. *adv inv* ① (*approx*) ungefähr; *he's ~ six feet tall* er ist ungefähr 1,80 m groß; *we met them ~ two months ago* wir trafen sie vor etwa zwei Monaten; *if you turn up ~ eight, that should be OK* es reicht, wenn du so gegen acht Uhr kommst
② (*almost*) fast; *I've had just ~ enough from you!* ich habe allmählich genug von dir!; *that's just ~ the limit!* das ist ja so ziemlich der Gipfel!
③ *esp* BRIT (*around*) herum; *don't leave things ~ on the floor* lass keine Sachen auf dem Boden herumliegen; *stop moving ~* bleib doch mal ruhig stehen
④ *esp* BRIT (*in the area*) hier; *have you seen Sally ~?* hast du Sally irgendwo gesehen?
⑤ (*opposite*) andersherum; **to turn sth ~** etw herumdrehen; **~ turn!** [*or* AM **face!**] MIL kehrt!
III. *adj pred, inv* ① (*in the area*) ■**to be ~** in der Nähe sein; *he's ~ somewhere* er ist hier irgendwo; *there's a lot of flu ~ at the moment* im Moment geht die Grippe um
② (*intending*) ■**to be ~ to do sth** dabei sein, etw zu tun; *she was ~ to leave when Mark arrived* sie wollte gerade gehen, als Mark kam; *he was ~ to burst into tears* er wäre fast in Tränen ausgebrochen; *we're just ~ to have supper* wir sind gerade beim Abendessen; *I'm not ~ to beg for his apology* ich werde ihn bestimmt nicht um eine Entschuldigung bitten
▶ PHRASES: **to be up** [*or* **out**] **and ~** auf den Beinen sein

about-face AM, AUS, **about-turn** BRIT I. *n* ① *esp* MIL (*reversal*) Kehrtwendung *f*; **to do a quick ~** eine schnelle Kehrtwendung machen
② (*change of opinion*) Kehrtwendung *f* um 180 Grad *fam*
II. *vi* MIL kehrtmachen; **~!** kehrt!

above [əˈbʌv] I. *prep* ① (*over*) über +*dat*; *the helicopter was hovering ~ the building* der Hubschrauber schwebte über dem Gebäude; *my sister lives in the room ~ mine* meine Schwester wohnt im Zimmer über mir; ■**up ~ sth/sb** hoch über etw/jdm
② (*greater than*) über +*akk*; *we can't handle banquets ~ 50 people* Bankette mit mehr als 50 Personen können wir nicht ausrichten; *the temperature is barely ~ freezing* die Temperatur liegt kaum über dem Gefrierpunkt; *our rates of pay are ~ average* unsere Bezahlung liegt über dem Durchschnitt; *buying a new car is ~ our financial limits right now* ein neues Auto zu kaufen geht im Augenblick über unsere finanziellen Verhältnisse; *profits this year were ~ and beyond all expectation* die Profite lagen dieses Jahr weit über allen Erwartungen
③ (*superior to*) *he thinks he's ~ everyone else* er hält sich für was Besseres; ■**to be ~ sth** über etw *dat* stehen; ■**to feel ~ sth** sich *akk* über etw *akk* erhaben fühlen; **to get ~ oneself** größenwahnsinnig werden *fam*; **to have ideas ~ one's station** BRIT (*form or hum*) sich *akk* für etwas Besseres halten; **to be ~ sth** über etw *akk* erhaben sein; *his behaviour is ~ criticism* sein Verhalten ist über jede Kritik erhaben
④ (*more importantly than*) *she values her job ~ her family* sie stellt ihre Arbeit über ihre Familie; *they value freedom ~ all else* für sie ist die Freiheit wichtiger als alles andere; **~ all** vor allem
⑤ (*louder than*) *we could hardly hear each other speak ~ the music* wir konnten einander bei der Musik kaum verstehen
▶ PHRASES: **to be ~ sb/one's head** jdm/einem zu hoch sein *fam*
II. *adv* ① (*on higher level*) oberhalb, darüber; *they live in the flat ~* sie wohnen in der Wohnung über uns; (*above oneself*) sie wohnen in der Wohnung über mir/uns; **the sky ~** der Himmel über uns/ihnen etc.; **from ~** von oben
② (*overhead*) **from ~** von oben; *seen from ~* von oben betrachtet
③ (*in the sky*) am Himmel; *he looked up to the stars ~* er blickte hinauf zu den Sternen
④ (*in heaven*) im Himmel; *the Lord ~* der Herr im Himmel; *He came from ~* Er stieg vom Himmel herab
⑤ (*higher-ranking*) [**orders**] **from ~** [Anweisungen *fpl*] von oben *fam*
⑥ (*earlier in text*) oben; **the address given ~** die oben genannte Adresse; **as mentioned ~** wie oben erwähnt; **see ~** siehe oben
III. *adj attr, inv* (*form*) obige(r, s); **the ~ address** die oben genannte Adresse; **in the ~ diagram/paragraph** im obigen Diagramm/Absatz
IV. *n* ① ■**the ~** (*things*) das Obengenannte; (*person*) der/die Obengenannte; (*several*) die Obengenannten *pl*
② (*in text*) ■**the ~** das Obenerwähnte [*o* Obige]

above board (*fam*) I. *adj pred* einwandfrei; *it's all ~!* es ist alles korrekt!; **to be all** [*or* **completely**] **open and ~** völlig offen und ehrlich sein II. *adv* einwandfrei

above-mentioned (*form*) I. *adj inv* oben genannte(r, s) II. *n* ■**the ~** (*thing*) das Obenerwähnte; (*person*) der/die Obenerwähnte; (*several*) die Obenerwähnten

above-named [əˌbʌvˈneɪmd] *adj inv* (*form*) oben genannt [*o* erwähnt] *geh*

abracadabra [ˌæbrəkəˈdæbrə] I. *interj* Abrakadabra
II. *n* Abrakadabra *nt*

abrade [əˈbreɪd] *vt* (*form*) ■**to ~ sth** etw abschleifen; GEOL etw abtragen [*o fachspr* erodieren]; **to ~ skin** Haut abschürfen

abrasion [əˈbreɪʒən] *n* ① (*injury*) Abschürfung *f*
② *no pl* (*abrading*) Abnutzung *f*; MECH Abrieb *m fachspr*; GEOL Erosion *f fachspr*; **to be resistant to ~** strapazierfähig sein

abrasive [əˈbreɪsɪv] I. *adj* ① (*rubbing*) abreibend; **~ cleaner** Scheuermittel *nt*; **~ paper** Schmirgelpapier *nt*; **~ surface** raue Oberfläche
② (*unpleasant*) aggressiv; **~ criticism** scharfe [*o* harsche] Kritik
II. *n* ① (*detergent*) Scheuermittel *nt*
② MECH Schleifmittel *nt*

abrasively [əˈbreɪsɪvli] *adv* schroff, harsch

abrasiveness [əˈbreɪsɪvnəs] *n no pl* ① *of a detergent* Schärfe *f*; *of a surface* Rauheit *f*
② (*impoliteness*) Schroffheit *f*, Schärfe *f*

abreast [əˈbrest] *adv* ① (*side by side*) nebeneinander, Seite an Seite
② (*alongside*) auf gleicher Höhe; **to come** [*or* **draw**] **~ of sb/sth** mit jdm/etw gleichziehen
③ (*up to date*) ■**to be ~ of sth** über etw *akk* auf dem Laufenden sein; **to keep ~ of sth** sich *akk* über etw *akk* auf dem Laufenden halten; **to keep sb ~ of sth** jdn über etw *akk* auf dem Laufenden halten

abridge [əˈbrɪdʒ] *vt* ① (*shorten*) **to ~ a book/script** ein Buch/Manuskript kürzen
② (*curtail*) **to ~ sb's liberties** jds Freiheiten einschränken; **to ~ sb's rights** jds Rechte beschneiden

abridged [əˈbrɪdʒd] *adj* gekürzt; **~ edition** gekürzte Ausgabe; **~ version** Kurzfassung *f*

abridg(e)ment [əˈbrɪdʒmənt] *n* ① (*version*) *of a book* gekürzte Ausgabe; (*summary*) Kurzfassung *f*
② *no pl* (*shortening*) Kürzung *f*; *letters to the editor are subject to ~* der Herausgeber behält sich vor, Leserbriefe zu kürzen

abroad [əˈbrɔːd, AM əˈbrɑːd] I. *adv inv* ① (*in foreign country*) im Ausland; *he's currently ~ on business* er ist momentan geschäftlich im Ausland; **to go ~** ins Ausland fahren
② (*form: current*) ■**to be ~** umgehen; *there is a rumour ~ that ...* es geht [*o* kursiert] das Gerücht, dass ...
③ (*liter or old: outside*) ■**to be ~** [draußen] unterwegs sein
II. *n no pl* [**to return** [*or* **come back**]] **from ~** aus dem Ausland [zurückkehren]

abrogate [ˈæbrə(ʊ)geɪt, AM -rəg-] *vt* (*form*) ■**to ~ sth** etw aufheben [*o fachspr* annullieren]; **to ~ a law/treaty** ein Gesetz/einen Vertrag außer Kraft setzen

abrogation [ˌæbrə(ʊ)ˈgeɪʃən, AM -rəˈ-] *n no pl* (*form*) Aufhebung *f*, Annullierung *f fachspr*; *of a treaty* Außerkraftsetzung *f*

AB roll *n* COMPUT AB-Ausblendung *f*

abrupt [əˈbrʌpt] *adj* ① (*sudden*) abrupt, plötzlich; **~ change of subject** abrupter Themenwechsel; **~ departure** plötzliche Abreise; **to come to an ~ end** ein jähes Ende finden; **to come to an ~ halt** *car*

plötzlich anhalten
❷ (*brusque*) *manner, person, reply* schroff; ■**to be ~ with sb** zu jdm sehr schroff [*o* barsch] sein
❸ (*steep*) steil; *slope also* schroff

abruptly [ə'brʌptli] *adv* ❶ (*suddenly*) abrupt, unvermittelt, plötzlich
❷ (*brusquely*) schroff
❸ (*steeply*) steil, schroff

abruptness [ə'brʌptnəs] *n no pl* ❶ (*suddenness*) Plötzlichkeit *f,* Unvermitteltheit *f*
❷ (*brusqueness*) Schroffheit *f; of a person* schroffe Art
❸ (*steepness*) Steilheit *f,* Steile *f*

abs *n* ANAT (*fam*) *short for* **abductors** Abduktionsmuskel *mpl*

ABS [,eɪbi:'es] *n no pl* AUTO *abbrev of* **anti-lock braking system** ABS *nt*

abscess <*pl* -es> ['æbses] *n* MED Abszess *m*

abscond [əb'skɒnd, AM -'skɑ:nd] *vi* ❶ (*run away*) sich *akk* davonmachen, abhauen *fam;* **to ~ abroad** sich *akk* ins Ausland absetzen; ■**to ~ with sb** mit jdm durchbrennen *fam*
❷ (*escape*) türmen *fam,* ausbrechen
❸ LAW (*depart unlawfully*) ■**to ~ [from sth]** sich *akk* [etw *dat*] [durch Flucht] entziehen

absconder [əb'skɒndə', AM -'skɑ:ndɚ] *n* Ausreißer(in) *m(f) fam*

abseil ['æbseɪl] *esp* BRIT, AUS **I.** *vi* (*in rock climbing*) [sich *akk*] abseilen
II. *n* Abstieg *m* (*durch Abseilen*)

abseiling ['æbseɪlɪŋ] *n no pl esp* BRIT, AUS (*in rock climbing*) Abseilen *nt*

absence ['æbsᵊn(t)s] *n* ❶ *no pl* (*non-appearance*) Abwesenheit *f;* (*from school, work*) Fehlen *nt;* **in** [*or* **during**] **sb's ~, in the ~ of sb** in [*o* während] jds Abwesenheit
❷ (*period away*) Abwesenheit *f,* Fehlen *nt;* (*from school*) Fehlzeit *f*
❸ *no pl* (*lack*) Fehlen *nt,* Nichtvorhandensein *nt;* ■**in the ~ of sth** in Ermangelung einer S. *gen;* ***in the ~ of any more suitable candidates ...*** da es keine weiteren geeigneten Kandidaten gab, ...
► PHRASES: **~ makes the heart grow fonder** (*prov*) die Liebe wächst mit der Entfernung *prov*

absent I. *adj* ['æbsᵊnt] *inv* ❶ (*not there*) abwesend; **to be ~ from work/school** bei der Arbeit/in der Schule fehlen; **to mark sb as ~ in the register** [*or* AM **on the attendance sheet**] SCH jdn im Klassenbuch als fehlend eintragen
❷ *usu pred* (*lacking*) ■**to be ~** fehlen
❸ (*distracted*) [geistes]abwesend; **~ expression** geistesabwesender Gesichtsausdruck
II. *vt* ['æbsent] (*form*) ❶ (*leave*) ■**to ~ oneself** sich *akk* zurückziehen; ***he ~ed himself from the room*** er verließ den Raum
❷ (*not appear*) **to ~ oneself [from work]** [von der Arbeit] fernbleiben

absentee [,æbsᵊn'ti:] *n* Abwesende(r) *f(m),* Fehlende(r) *f(m);* ***there are many ~s from school this week*** diese Woche fehlen viele in der Schule

absentee ballot *n* AM (*postal vote*) Briefwahl *f*

absenteeism [,æbsᵊn'ti:ɪzᵊm] *n no pl* häufiges Fernbleiben [*o* Fehlen], Krankfeiern *nt pej;* (*truancy also*) Schwänzen *nt fam*

absentee landlord *n nicht ortsansässiger Vermieter oder Verpächter* **absentee vote** *n* AUS (*postal vote*) Briefwahl *f*

absently ['æbsᵊntli] *adv* [geistes]abwesend

absent-minded *adj* (*momentarily*) geistesabwesend; (*habitually*) zerstreut; **~ professor** zerstreuter Professor

absent-mindedly *adv* (*momentarily*) geistesabwesend; (*habitually*) zerstreut

absent-mindedness *n no pl* (*moment*) Geistesabwesenheit *f;* (*trait*) Zerstreutheit *f*

absinth(e) [,æbsɛ̃θ] *n no pl* (*liqueur*) Absinth *m*

absolute [,æbsə'lu:t] **I.** *adj inv* ❶ (*complete*) absolut, vollkommen; **with ~ certainty** mit hundertprozentiger Sicherheit; **to not be ~ proof** kein eindeutiger Beweis sein
❷ *attr* (*emphatic*) absolut, total; **an ~ angel** ein wahrer Engel; **an ~ disaster** eine einzige Katastrophe; **an ~ idiot** ein ausgemachter Idiot; **an ~ mess** ein einziges Durcheinander; **to talk ~ nonsense** kompletten Unsinn reden
❸ (*not relative*) absolut; **in ~ terms** absolut gesehen
❹ *also* LAW (*unlimited*) absolut, uneingeschränkt; **~ discharge** unbeschränkte Entlassung; **~ privilege** absoluter Rechtfertigungsgrund, absolute Immunität; **~ ruler** unumschränkter Herrscher/unumschränkte Herrscherin; **~ title** uneingeschränktes Eigentumsrecht
❺ LING absolut
❻ COMPUT **~ instruction** [*or* **code**] endgültiger Maschinenbefehl; **~ positioning** tatsächliche Position
II. *n* PHILOS Absolutheit *f*

absolutely [,æbsə'lu:tli] *adv inv* ❶ (*completely*) absolut, völlig; ***you're ~ right*** Sie haben vollkommen [*o* völlig] Recht; ***you have ~ no idea*** du hast [ja] überhaupt keine Ahnung; **~ forbidden** strikt verboten; **sth is ~ true** etw stimmt hundertprozentig; **to ~ agree with sb** jdm vollkommen zustimmen; **to ~ believe in sth** etw bedingungslos glauben; **to trust sb ~** jdm bedingungslos vertrauen
❷ (*emphatic*) absolut; ***it's been ~ ages since we last met!*** wir haben uns ja Jahrhunderte nicht gesehen! *fam;* ***it was an excellent film — ~!*** das war ein toller Film – absolut! *sl;* **~ *not!*** nein, überhaupt nicht!; **~ delicious** einfach köstlich; **to be ~ determined to do sth** fest [*o fam* wild] entschlossen sein, etw zu tun; **~ nothing** überhaupt nichts; **to mean ~ everything to sb** jdm alles bedeuten; *person, animal also* jds Ein und Alles sein
❸ LING absolut

absolute majority *n* POL absolute Mehrheit

absolute zero *n no pl* PHYS absoluter Nullpunkt

absolution [,æbsə'lu:ʃᵊn] *n no pl* REL Absolution *f;* **to give** [*or* **grant**] **sb ~** jdm [die] Absolution erteilen; **to give** [*or* **grant**] **sb ~ from** [*or* **of**] **his/her sins** jdn von seinen Sünden lossprechen

absolutism [,æbsə'lu:tɪzᵊm, AM -ţɪz-] *n no pl* POL Absolutismus *m*

absolve [əb'zɒlv, AM -'zɑ:(l)v] *vt* (*form*) ❶ (*exonerate*) ■**to ~ sb [of** [*or* **from**] **sth]** jdn [von etw *dat*] freisprechen; **to ~ sb from responsibility** jdn aus der Verantwortung entlassen; **to ~ sb of his/her vow** jdn von seinem Gelübde entbinden
❷ REL **to ~ sb of his/her sins** jdn von seinen Sünden lossprechen

absorb [əb'zɔ:b, -sɔ:b, AM -'sɔ:rb, -zɔ:rb] *vt* ❶ (*soak up*) ■**to ~ sth** etw aufnehmen [*o fachspr* absorbieren]; *liquids a.* etw aufsaugen; MED etw resorbieren; **to be ~ed into the bloodstream** *drug* in den Blutkreislauf gelangen
❷ *usu passive* (*become part*) ■**to be ~ed by** [*or* **into**] **sth** in etw *akk* integriert werden
❸ (*accommodate for*) ■**to ~ sth** *changes* etw auffangen
❹ (*reduce*) ■**to ~ sth** *blow* etw abfangen; **to ~ light** Licht absorbieren [*o fam* schlucken]; **to ~ noise** Schall dämpfen [*o fam* schlucken]
❺ (*understand*) ■**to ~ sth** *information, news* etw aufnehmen
❻ (*engross*) ■**to ~ sb** jdn beanspruchen [*o* in Anspruch nehmen]; **to ~ sb's attention/time** jds Aufmerksamkeit/Zeit beanspruchen; **to completely ~ sb's attention/time** jds ganze Aufmerksamkeit/Zeit in Anspruch nehmen

absorbed [əb'zɔ:bd, -'sɔ:bd, AM -'sɔ:rbd,-'zɔ:rbd] *adj usu pred* ■**to be ~ [in sth]** [in etw *akk*] vertieft [*o* versunken] sein; **to be ~ in one's thoughts** [ganz] in Gedanken versunken sein

absorbency [əb'zɔ:bən(t)si, -'sɔ:-, AM -'sɔ:rb-, -'zɔ:r] *n no pl* Absorptionsfähigkeit *f; of cotton, paper* Saugfähigkeit *f*

absorbent [əb'zɔ:bənt, -'sɔ:-, AM -'sɔ:r-, -'zɔ:r-] *adj* absorptionsfähig; *cotton, paper* saugfähig

absorbing [əb'zɔ:bɪŋ, -'sɔ:-, AM -'sɔ:r-, -'zɔ:r-] *adj* fesselnd, packend; **an ~ problem** ein kniffeliges Problem

absorption [əb'zɔ:pʃᵊn, AM -'sɔ:rp-] *n no pl* ❶ (*absorbing*) Absorption *f fachspr,* Aufnahme *f;* **power of ~** Absorptionsfähigkeit *f*
❷ (*incorporation*) Aufnahme *f; of people also* Integration *f*
❸ *of a blow* Abfangen *nt,* Dämpfung *f*
❹ (*engrossment*) Vertieftsein *nt;* (*in a problem*) intensive Beschäftigung

abstain [əb'steɪn] *vi* ❶ (*eschew*) ■**to ~ [from sth]** sich *akk* [einer S. *gen*] enthalten *geh;* **to ~ from alcohol** keinen Alkohol trinken
❷ (*not vote*) sich *akk* der Stimme enthalten

abstainer [əb'steɪnə', AM -ɚ] *n* Abstinenzler(in) *m(f)*

abstemious [æb'sti:miəs] *adj* **~ life/person** enthaltsames Leben/enthaltsamer Mensch; **~ meal** bescheidenes Essen

abstention [əb'sten(t)ʃᵊn] *n* ❶ *no pl* (*eschewal*) Abstinenz *f* (**from** von +*dat*), Enthaltsamkeit *f*
❷ *no pl* (*not voting*) Stimmenthaltung *f*
❸ (*noncommittal vote*) [Stimm]enthaltung *f;* ***those in favour? those against? ~s?*** wer ist dafür? wer dagegen? Enthaltungen?
❹ AM LAW (*refusal*) Verweigerung *f,* Verzicht *f*

abstinence ['æbstɪnən(t)s] *n no pl* Abstinenz *f* (**from** von +*dat*), Verzicht *m* (**from** auf +*akk*)

abstinent ['æbstɪnənt] *adj* enthaltsam, abstinent

abstract I. *adj* ['æbstrækt] abstrakt; **~ art/painting** abstrakte Kunst/Malerei
II. *n* ['æbstrækt] ❶ (*summary*) Zusammenfassung *f*
❷ LAW **~ of title** Eigentumsnachweis *m*
❸ (*generalized form*) ■**the ~** das Abstrakte; **in the ~** abstrakt, theoretisch
❹ ART abstraktes Werk
❺ PHILOS Abstraktum *nt fachspr*
III. *vt* [æb'strækt] ❶ (*summarize*) ■**to ~ sth** etw zusammenfassen
❷ (*euph form: steal*) ■**to ~ sth** etw entwenden *geh*
❸ (*form: remove*) ■**to ~ sth [from sth]** etw [aus etw *dat*] entnehmen
❹ (*consider separately*) ■**to ~ sth [from sth]** etw [von etw *dat*] trennen

abstracted [æb'stræktɪd] *adj* gedankenverloren, [geistes]abwesend

abstractedly [æb'stræktɪdli] *adv* gedankenverloren, [geistes]abwesend

abstraction [æb'strækʃᵊn] *n* ❶ (*generalization*) Abstraktion *f*
❷ (*process*) Abstrahieren *nt*
❸ *no pl* (*distraction*) [Geistes]abwesenheit *f*
❹ (*form: removal*) Entnahme *f* (**from** von +*dat*)

abstractness ['æbstræktnəs] *n no pl* Abstraktheit *f*

abstract noun *n* LING Abstraktum *nt fachspr*

abstruse [æb'stru:s] *adj* abstrus

absurd [əb'zɜ:d, -'sɜ:d, AM -'sɜ:rd, -'zɜ:rd] **I.** *adj* ❶ (*illogical*) absurd
❷ (*foolish*) töricht; ***don't be ~!*** sei nicht albern!
❸ (*ridiculous*) lächerlich; **to look ~** lächerlich aussehen
II. *n* ■**the ~** das Absurde; **the theatre of the ~** das absurde Theater

absurdist [eb'sɜ:dɪst, 'zɜ:, AM 'sɜ:r] *adj* LIT absurd *fachspr;* **~ theatre** absurdes Theater

absurdity [əb'zɜ:dəti, -'sɜ:-, AM -'sɜ:rdəţi, -'zɜ:r-] *n* ❶ *no pl* (*nature*) *of an idea, situation* Absurdität *f;* ***the ~ of the situation*** das Absurde an der Situation
❷ (*thing*) Absurdität *f;* **to be an ~** absurd sein

absurdly [əb'zɜ:dli, -'sɜ:d-, AM -'sɜ:rd-, -'zɜ:rd-] *adv* absurd; **to behave ~** sich *akk* kindisch [*o* lächerlich] benehmen

abundance [ə'bʌndən(t)s] *n no pl* ❶ (*plentifulness*) Fülle *f* (**of** von +*dat*); **to have an ~ of sth** reich an etw *akk* sein; ***Canada has an ~ of wildlife*** Kanada hat eine sehr reiche Tierwelt; ***he had an ~ of good ideas*** er hatte jede Menge guter Ideen; **in ~** in Hülle und Fülle
❷ (*prosperity*) Reichtum (**of an** +*dat*)

abundant [ə'bʌndənt] *adj* reichlich; ***there was food in ~ supply*** es gab Essen in Hülle und Fülle; ***there is ~ evidence that ...*** es gibt jede Menge Beweise dafür, dass ...; **in ~ detail** in aller Ausführlichkeit; ~ **harvest** reiche Ernte; ~ **vegetation** üppige Vegetation; ■ **to be ~ in sth** reich an etw *dat* sein

abundantly [əˈbʌndəntli] *adv* ❶ (*plentifully*) reichlich; **sth is ~ available** etw gibt es reichlich ❷ (*extremely*) **to be ~ clear that ...** mehr als klar sein, dass ...; **to make sth ~ clear** etw mehr als deutlich zu verstehen geben

A-bus *n* COMPUT Hauptübertragungsweg *m*

abuse I. *n* [əˈbju:s] ❶ *no pl* (*affront*) [**verbal**] ~ Beschimpfung[en] *f*[*pl*]; **a stream** [*or* **torrent**] **of ~** ein Schwall *m* von Beschimpfungen; **a term of ~** ein Schimpfwort *nt;* **to hurl ~ at sb** jdn beschimpfen; **to hurl a torrent of ~ at sb** jdm einen Schwall von Beschimpfungen entgegenschleudern ❷ *no pl* (*maltreatment*) Missbrauch *m;* **child ~** Kindesmissbrauch *m;* **to have been a victim of child ~** als Kind missbraucht worden sein; **mental/physical ~** psychische/körperliche Misshandlung; **sexual ~** sexueller Missbrauch ❸ *no pl* (*misuse*) Missbrauch *m;* **~ of process** LAW Verfahrensmissbrauch *m;* **be open to ~** sich leicht missbrauchen lassen, leicht ausgenutzt werden; **alcohol/drug ~** Alkohol-/Drogenmissbrauch *m* ❹ (*breach*) Verletzung *f;* **~ of human rights** Menschenrechtsverletzungen *fpl* ❺ (*corrupt practice*) ■ **~s** *pl* korrupte Machenschaften
II. *vt* [əˈbju:z] ❶ (*verbally*) **to** [**verbally**] **~ sb** jdn beschimpfen ❷ (*maltreat*) ■ **to ~ sb/an animal** jdn/ein Tier missbrauchen; **to ~ sb emotionally/physically/sexually** jdn psychisch/körperlich/sexuell misshandeln ❸ (*exploit*) ■ **to ~ sth** etw missbrauchen; **to ~ one's authority/position** seine Autorität/Position missbrauchen; **to ~ sb's kindness** jds Freundlichkeit ausnützen; **to ~ sb's trust** jds Vertrauen missbrauchen ❹ (*breach*) **to ~ sb's rights** jds Rechte verletzen

abuser [əˈbju:zəʳ, AM -ɚ] *n* **child ~** Kinderschänder(in) *m(f);* **drug ~** Drogenabhängige(r) *f(m)*

abusive [əˈbju:sɪv] *adj* ❶ (*insulting*) beleidigend; **~ language** Beleidigungen *fpl;* **~ phone call** obszöner Anruf; **to become ~** [**to sb**] [jdm gegenüber] ausfallend werden ❷ (*maltreating*) misshandelnd *attr;* **~ parents** Eltern, die ihre Kinder missbrauchen

abusively [əˈbju:sɪvli] *adv* beleidigend; ***they shouted ~ at each other*** sie riefen sich gegenseitig Beschimpfungen zu

abut <-tt-> [əˈbʌt] I. *vt no passive* ■ **to ~ sth** *land, house* an etw *akk* grenzen
II. *vi* ■ **to ~ on sth** *land, house* an etw *akk* grenzen

abutment [əˈbʌtmənt] *n* ARCHIT Widerlager *nt fachspr; of an arch, vault* Strebepfeiler *m,* Stützpfeiler *m,* Gewölbepfeiler *m*

abutter [əˈbʌtəʳ, AM -t̬ɚ] *n* Anlieger(in) *m(f),* Anrainer(in) *m(f) bes* ÖSTERR

abuzz [əˈbʌz] *adj pred* ❶ (*buzzing*) ***the city is ~*** in der Stadt ist ordentlich was los *fam* ❷ (*full of*) **to be ~ with excitement over sth** in heller Aufregung über etw *akk* sein

ABV [ˌeɪbi:ˈvi:] *n abbrev of* **alcohol by volume** Vol.-% Alk.

abysmal [əˈbɪzməl] *adj* entsetzlich, katastrophal

abysmally [əˈbɪzməli] *adv* entsetzlich, katastrophal; ***the film was ~ bad*** der Film war eine einzige Katastrophe *fam;* ***they're ~ ignorant of politics*** sie haben erschreckend wenig Ahnung von Politik

abyss [əˈbɪs] *n* (*also fig*) Abgrund *m;* **on the edge** [*or* **brink**] **of an ~** am Rande eines Abgrunds

Abyssinia [ˌæbɪˈsɪniə] I. *n no pl* HIST Abessinien *nt*
II. *interj* (*dated rhyming sl*) **~!** bis bald! *fam*

Abyssinian [ˌæbɪˈsɪniən] HIST I. *adj inv* abessinisch
II. *n* Abessinier(in) *m(f)*

AC [ˌeɪˈsi:] *n* ❶ AM *abbrev of* **air conditioner** ❷ *no pl* AM *abbrev of* **air conditioning** ❸ *no pl, no art* ELEC *abbrev of* **alternating current: 230 V ~** 230 V AC

a/c, AM *also* **A/C** *n no pl* ECON *abbrev of* **account current** Konto *nt;* **~ payee only** nur zur Verrechnung

acacia [əˈkeɪʃə] *n* Akazie *f*

academe [ˈækədi:m] *n no pl, no art* UNIV (*form or hum*) die akademische Welt; **the groves** [*or* **halls**] **of ~** die akademischen Gefilde

academia [ˌækəˈdi:miə] *n no pl, no art* die akademische Welt; (*more concrete*) die Universität

academic [ˌækəˈdemɪk] I. *adj* ❶ *usu attr, inv* (*university*) akademisch; **~ institution** Universitätseinrichtung *f;* **~ year** Studienjahr *nt* ❷ (*not vocational*) wissenschaftlich; **~ approach** wissenschaftlicher Ansatz ❸ (*scholarly*) wissenschaftlich; **~ interests** geistige Interessen ❹ (*pej: theoretical*) *question* akademisch ❺ (*irrelevant*) hypothetisch
II. *n* Lehrkraft *f* an der Universität

academically [ˌækəˈdemɪkli] *adv* wissenschaftlich; ***she's always done well ~*** sie war immer gut in der Schule; **to be ~ gifted** intellektuell begabt sein; **to be ~ inclined** eine wissenschaftliche Ader haben

academician [əˌkædəˈmɪʃən, AM ˌækədə-] *n* ❶ (*member*) Akademiemitglied *nt* ❷ AM (*academic*) Lehrkraft *f* an der Universität

academy [əˈkædəmi] *n* ❶ (*training*) Akademie *f;* **military ~** Militärakademie *f;* **police ~** Polizeischule *f* ❷ (*scholarly institution*) Akademie *f;* **the French A~** die Französische Akademie ❸ *esp* AM, SCOT (*school*) [höhere] Schule

Academy Award *n* FILM Academy Award *m,* Oscar *m* (*Filmpreis der Motion Picture Academy*)

acanthus [əˈkænθəs] I. *n* ❶ BOT (*plant*) Bärenklau *m,* Akanthus *m fachspr* ❷ ARCHIT (*ornament*) Akanthus *m fachspr*
II. *n modifier* ARCHIT Akanthus- *fachspr;* **~ frieze** Akanthusfries *m*

a cappella [ˌækəˈpelə, AM ˌɑ:k-] *inv* I. *adj* a cappella, A-cappella-
II. *adv* a cappella

ACAS [ˈeɪkæs] *n* BRIT *acr for* **Advisory, Conciliation and Arbitration Service** ≈ Schlichtungsstelle *f* für Arbeitskonflikte

ACC *n abbrev of* **accumulator** Akkumulator[register] *m*

accede [ækˈsi:d] *vi* (*form*) ❶ (*agree*) ■ **to ~ to sth** etw *dat* zustimmen; **to ~ to a demand/request** einer Forderung/Bitte nachgeben; **to ~ to a proposal** in einen Vorschlag einwilligen ❷ (*assume*) **to ~ to a position** einen Posten übernehmen; **to ~ to the throne** den Thron besteigen; **to ~ to sb's title** jds Titel übernehmen ❸ (*become member*) ■ **to ~ to sth** etw *dat* beitreten

accelerate [əkˈseləreɪt] I. *vi* ❶ (*go faster*) beschleunigen; *driver* Gas geben *fam* ❷ (*increase*) zunehmen, [schnell] ansteigen; ***his heartbeat ~d*** sein Herzschlag beschleunigte sich ❸ PHYS beschleunigen
II. *vt* ■ **to ~ sth** ❶ *vehicle* etw beschleunigen; **to ~ one's speed** die Geschwindigkeit erhöhen ❷ (*fig*) *decline, change* etw beschleunigen ❸ CHEM, PHYS etw beschleunigen

accelerated *adj* **~ depreciation** FIN beschleunigte [Sonder]abschreibung

acceleration [əkˌseləˈreɪʃən] *n no pl* ❶ *of car* Beschleunigung *f;* **to have good/poor ~** gut/schlecht beschleunigen, eine gute/schlechte Beschleunigung haben; **~ of speed** Geschwindigkeitserhöhung *f* ❷ (*fig: quickening*) Beschleunigung *f* ❸ PHYS Beschleunigungsrate *f*

acceleration clause *n* AM FIN Fälligkeitsklausel *f*

accelerator [əkˈseləreɪtəʳ, AM -t̬ɚ] *n* ❶ (*in car*) Gaspedal *nt,* Gas *nt fam;* **to depress** [*or* **step on**] **the ~** aufs Gas treten *fam;* **to ease** [*or* **let**] **up on the ~** vom Gas gehen *fam* ❷ PHYS [Teilchen]beschleuniger *m*

accelerator board *n,* **accelerator card** *n* COMPUT Beschleunigerkarte *f* **accelerator key** *n* COMPUT Schnelltaste *f,* Shortcut *m* **accelerator pedal** *n* Gaspedal *nt*

accent I. *n* [ˈæksənt, AM -sent] ❶ (*pronunciation*) Akzent *m;* **broad/pronounced ~** breiter/starker Akzent; **German/Scottish ~** deutscher/schottischer Akzent; **to get rid of one's ~** seinen Akzent verlieren; **to speak with an ~** einen Akzent haben, mit einem Akzent sprechen; **to speak without an ~** akzentfrei sprechen, keinen Akzent haben ❷ (*over letter*) Akzent *m* ❸ (*stress*) Betonung *f,* Akzent *m* ❹ (*focus*) Betonung *f,* Schwerpunkt *m;* **to put the ~ on sth** etw in den Mittelpunkt stellen ❺ (*liter: tone*) ■ **~s** *pl* Stimme *f,* Tonfall *m*
II. *vt* [əkˈsent, AM ækˈ-] ■ **to ~ sth** etw betonen; **to ~ an aspect** einen Aspekt hervorheben

accentuate [əkˈsentʃueɪt] *vt* ■ **to ~ sth** ❶ (*highlight*) *aspect, feature, quality* etw betonen [*o* hervorheben] ❷ MUS, LING etw akzentuieren

accentuation [əkˌsentʃuˈeɪʃən] *n* ❶ LING, MUS (*stress*) Betonung *f,* Akzentuation *f fachspr* ❷ (*emphasis*) Hervorhebung *f,* Herausstellung *f fig*

accept [əkˈsept] I. *vt* ❶ (*take when offered*) ■ **to ~ sth** etw annehmen; **to ~ sb's advice/an apology/a suggestion** jds Ratschlag/eine Entschuldigung/einen Vorschlag annehmen; **to ~ an award** eine Auszeichnung entgegennehmen; **to ~ a bribe** sich *akk* bestechen lassen; **to ~ a gift/an invitation/a job/an offer** ein Geschenk/eine Einladung/eine Stelle/ein Angebot annehmen; **to ~ sb as a member** jdn als Mitglied aufnehmen ❷ (*take in payment*) ■ **to ~ sth** etw annehmen; ***do you ~ credit cards?*** kann man bei Ihnen mit Kreditkarte zahlen?; ***this telephone ~s only coins*** an diesem Telefon kann man nur mit Münzen telefonieren ❸ (*believe*) ■ **to ~ sth** etw glauben; (*more official*) etw *dat* Glauben schenken ❹ (*acknowledge*) ■ **to ~ sth** etw anerkennen; ***she refused to ~ all the blame*** sie weigerte sich, die ganze Schuld auf sich zu nehmen; **to ~ responsibility** Verantwortung übernehmen; ■ **to ~** [**that**] ... akzeptieren, dass ...; ***I ~ that I've made a mistake*** ich sehe ein, dass ich einen Fehler gemacht habe ❺ (*resign oneself to*) ■ **to ~ sth** etw akzeptieren [*o* hinnehmen]; **to ~ sb's decision** jds Entscheidung akzeptieren; **to ~ one's fate/a situation** sich *akk* mit seinem Schicksal/einer Situation abfinden; ■ **to ~** [**the fact**] **that ...** [die Tatsache] akzeptieren, dass ..., sich *akk* damit abfinden, dass ... ❻ (*include socially*) ■ **to ~ sb** jdn akzeptieren
II. *vi* zusagen, annehmen; ■ **to ~ to do sth** einwilligen, etw zu tun

acceptability [əkˌseptəˈbɪləti, AM -əṱi] *n no pl* Annehmbarkeit *f,* Akzeptabilität *f geh*

acceptable [əkˈseptəbl] *adj* ❶ (*satisfactory*) akzeptabel, hinnehmbar; ■ **to not be ~** untragbar sein; ■ **to be ~ to sb** für jdn akzeptabel [*o* annehmbar] sein; ***if these terms are ~ to you, ...*** wenn Sie mit diesen Bedingungen einverstanden sind, ... ❷ (*form: welcome*) recht, willkommen; ***chocolates make a very ~ gift*** Schokolade kommt als Mitbringsel immer gut an ❸ (*enough*) ausreichend; ***anything over a pound would be quite ~*** jede Spende über einem Pfund ist in Ordnung

acceptably [əkˈseptəbli] *adv* ❶ (*satisfactorily*) angemessen, akzeptabel ❷ (*enough*) hinreichend ❸ (*correctly*) korrekt

acceptance [əkˈseptən(t)s] *n* ❶ *no pl* (*accepting*) *of an invitation, offer, proposal, cheque* Annahme *f; of idea* Zustimmung *f* ❷ (*positive answer*) Zusage *f;* **letter of ~** schriftliche Zusage ❸ *no pl* (*toleration*) Hinnahme *f* ❹ *no pl* (*recognition*) Anerkennung *f,* Akzeptanz *f geh;* ***there is a general ~ that ...*** man ist sich allgemein einig, dass ...; **to gain ~** Anerkennung bekommen; **to meet with general ~** allgemeine

Anerkennung finden
❺ FIN Akzept *nt;* **clean** [*or* **general**] ~ uneingeschränktes [*o* reines] Akzept; **partial** ~ Teilakzept *nt;* **qualified/uncovered** ~ eingeschränktes/ungedecktes Akzept; **to procure** ~ Akzept einholen
❻ PHYS ~ **angle** Einfangwinkel *m;* ~ **test** [*or* **testing**] Annahmeprüfung *f*

acceptance bank *n* FIN Akzeptbank *f* **acceptance credit** *n* FIN Akzeptkredit *m* **acceptance house** *n,* **accepting house** *n* FIN Akzeptbank *f;* **Accepting Houses Committee** Akzeptbankkomitee *nt* **acceptance speech** *n* (*by winner*) Dankesrede *f;* (*by elected*) Antrittsrede *f*

accepted [əkˈseptɪd] *adj* anerkannt; ***it is generally ~ that …*** es ist eine allgemein anerkannte Tatsache, dass…

access [ˈækses] **I.** *n no pl* ❶ (*entry*) Zugang *m;* (*to room, building*) Zutritt *m;* ***the only ~ to the village is by boat*** das Dorf ist nur mit dem Boot zu erreichen; ***no ~ to the top floor*** kein Durchgang zum obersten Stockwerk; BRIT ***"~ only"*** „Anlieger frei"; **main ~ to a building** Haupteingang *m* eines Gebäudes; **to be difficult of ~** BRIT (*form*) schwer zugänglich sein; **to deny sb ~ [to sth]** jdm den Zugang [*o* Zutritt] [zu etw *dat*] verwehren; **to deny a vehicle ~ to a street** eine Straße für ein Fahrzeug sperren; **to gain ~ [to sth]** sich *dat* Zugang [*o* Zutritt] [zu etw *dat*] verschaffen
❷ (*use*) Zugang *m;* ~ **to children** LAW das Recht, die Kinder zu sehen; ~ **to information** Zugriff *m* auf Informationen; **to give** [*or* **grant**]**/refuse** [*or* **deny**] **sb ~ to sth** jdm Zugang zu etw *dat* gewähren/verweigern; ***he was granted ~ to the family's private correspondence*** er durfte die Privatkorrespondenz der Familie einsehen
II. *vt* COMPUT **to ~ data** auf Daten zugreifen; **to ~ a file** eine Datei öffnen

access code *n* COMPUT Zugangscode *m,* Zugriffscode *m* **access course** *n* BRIT *Kurs, der den Eintritt in den höheren Bildungsweg ermöglicht*

accessibility [əkˌsesəˈbɪləti, AM -ṭi] *n no pl* ❶ (*entry*) Zugänglichkeit *f*
❷ (*fig*) *of literature, sb's work* Zugänglichkeit *f*

accessible [əkˈsesəbl̩] *adj usu pred* ❶ (*approachable*) [leicht] erreichbar; ***the resort is easily ~ by car*** der Ort ist mit dem Auto leicht zu erreichen; ***the shelves aren't very ~*** man kommt nicht sehr gut an die Regale heran
❷ (*obtainable*) [leicht] verfügbar; ■**to be ~ to sb** jdm zugänglich sein
❸ (*easy*) verständlich; ■**to be ~ [to sb]** [jdm] [intellektuell] zugänglich sein
❹ *person* zugänglich; ■**to be ~ to sb** für jdn ansprechbar sein

accession [əkˈseʃən] *n no pl* (*form*) ❶ (*assumption*) Antritt *m;* ~ **to a post** Amtsantritt *m;* ~ **to power** Machtübernahme *f;* ~ **to the throne** Thronbesteigung *f*
❷ (*membership*) Beitritt *m* (**to** zu +*dat*); **treaty of ~** EU Beitrittsabkommen *nt,* EG-Beitrittsvertrag *m;* **to seek ~ to sth** sich *akk* um die Mitgliedschaft in etw *dat* bemühen; **application for ~** Beitrittsgesuch *nt*
❸ *to a treaty* Zustimmung *f*
❹ COMPUT ~ **number** Annahmezahl *f;* (*serial number*) Signatur *f*

accessor *n* COMPUT Datenbenutzer *m,* Zugriffsberechtigter *m*

accessorize [əkˈsesəraɪz, AM -ər-] *vt usu passive* ■**to be ~d** mit Accessoires versehen sein; ■**to ~ sth** etw mit Accessoires versehen; **to ~ a car [with sth]** ein Auto [mit etw *dat*] ausstatten; **to ~ a room [with sth]** ein Zimmer [mit etw *dat*] dekorieren

accessory [əkˈsesəri] *n* ❶ *usu pl* FASHION Accessoire *nt;* **matching accessories** passende Accessoires
❷ *usu pl* (*equipment*) Zubehör *nt*
❸ (*tool*) Extra *nt*
❹ (*criminal*) Helfershelfer(in) *m(f);* ***he became an ~ to the crime*** er machte sich am Verbrechen mitschuldig; LAW ~ **after the fact** nach der Tat Beteiligte(r) *f(m);* ~ **before the fact** Anstifter(in) *m(f);* **to be an ~ before the fact** sich *akk* der Beihilfe schuldig machen; **to be charged with being an ~ after the fact** der Beihilfe beschuldigt werden

access road, access route *n* ❶ (*to place*) Zufahrt[sstraße] *f*
❷ BRIT (*to motorway*) [Autobahn]zubringer *m*

access time *n* COMPUT Zugriffszeit *f*

accidence [ˈæksɪdən(t)s] *n* LING Flexion *f fachspr*

accident [ˈæksɪdənt] *n* ❶ (*with injury*) Unfall *m;* **road ~** Verkehrsunfall *m;* **train/plane ~** Zug-/Flugzeugunglück *nt;* ~ **at work** Arbeitsunfall *m;* **to have an ~** einen Unfall haben; ***he had an ~ with the carving knife*** er hat sich mit dem Tranchiermesser verletzt; **without ~** gefahrlos
❷ (*without intention*) Versehen *nt;* ***sorry, it was an ~*** tut mir Leid, es war keine Absicht; **by ~** aus Versehen
❸ (*chance*) Zufall *m;* **by ~** zufällig; ***more by ~ than design*** eher zufällig als geplant; ***it is no/pure ~ that …*** es ist kein/reiner Zufall, dass …
❹ (*mishap*) Missgeschick *nt;* ***I'm afraid I've had an ~*** mir ist leider ein Missgeschick passiert
❺ (*euph: defecation*) Malheur *nt euph hum;* ***my son's just had an ~*** meinem Sohn ist gerade ein [kleines] Malheur passiert
❻ (*euph: unplanned child*) Unfall *m fam*
▶ PHRASES: **~s will happen** so was kommt vor; **~s will happen in the best regulated families** so etwas kommt in den besten Familien vor; **it was an ~ waiting to happen** es musste ja so kommen

accidental [ˌæksɪˈdentəl, AM -ṭəl] **I.** *adj* ❶ (*unintentional*) versehentlich, unbeabsichtigt; ***it was ~*** es war ein Versehen
❷ TRANSP Unfall-; ~ **damage** Unfallschaden *m;* ~ **death** LAW Unfalltod *m*
❸ (*chance*) zufällig; **purely ~** rein zufällig
II. *n* MUS [Noten]vorzeichen *nt,* Akzidens *nt fachspr*

accidentally [ˌæksɪˈdentəli, AM -ṭəli] *adv* ❶ (*unintentionally*) versehentlich; ~ **on purpose** (*hum*) rein zufällig *iron*
❷ (*by chance*) zufällig

accident and emergency unit *n* Notaufnahme *f,* Notfallstation *f* **accident black spot** *n* BRIT neuralgischer Punkt *geh;* ***this junction is an ~*** das ist eine unfallträchtige Kreuzung **accident insurance** *n no pl* Unfallversicherung *f* **accident-prone** *adj usu pred* ■**to be ~** ein Pechvogel sein, vom Pech verfolgt sein

acclaim [əˈkleɪm] **I.** *vt usu passive* ■**to be ~ed [as sth]** [als etw] gefeiert werden
II. *n no pl* ❶ (*applause*) Beifall *m*
❷ (*praise*) Anerkennung *f;* **critical ~** gute Kritiken; **to receive ~** Anerkennung erhalten

acclamation [ˌækləˈmeɪʃən] *n no pl* (*form*) Beifall *m,* Beifallsbekundung[en] *f[pl];* **to carry a motion by ~** einen Antrag durch [*o* per] Akklamation annehmen; **shouts of ~** Beifallsrufe *mpl;* **elected by ~** durch [*o* per] Zuruf gewählt

acclimate [ˈækləmeɪt] *vt, vi* AM *see* **acclimatize**

acclimation [ˌæklɪˈmeɪʃən] *n* AM, **acclimatization** [əˌklaɪmətaɪˈzeɪʃən, AM -ṭəˈ-] *n no pl* Akklimatisation *f,* Akklimatisierung *f;* ~ **to a new environment** Eingewöhnung *f* in eine neue Umgebung

acclimatize [əˈklaɪmətaɪz] **I.** *vi* sich *akk* akklimatisieren; **to ~ to new conditions/a new situation** sich *akk* an neue Bedingungen/eine neue Situation gewöhnen; **to ~ to a country** sich *akk* in einem Land einleben
II. *vt* ■**to ~ sb/oneself [to sth]** jdn/sich [an etw *akk*] gewöhnen; **to get** [*or* **become**] **~d [to sth]** sich *akk* [an etw *akk*] gewöhnen

accolade [ˈækəleɪd] *n usu sing* ❶ (*praise*) Anerkennung *f*
❷ (*prize*) Auszeichnung *f*

accommodate [əˈkɒmədeɪt, AM əˈkɑːm-] **I.** *vt* ❶ (*offer lodging*) ■**to ~ sb** *person* jdn unterbringen; *building* jdn aufnehmen [*o geh* beherbergen]; ***the chalet ~s up to 6 people*** die Hütte bietet Platz für bis zu 6 Personen
❷ (*form: store*) ■**to ~ sth** etw unterbringen
❸ (*help*) ■**to ~ sb** jdm entgegenkommen
❹ (*supply*) ■**to ~ sb with sth** jdn mit etw *dat* versorgen; ***should we be unable to ~ you with precisely the item you require, …*** sollten wir Ihnen nicht genau den gewünschten Artikel beschaffen können, …
❺ (*adapt*) ■**to ~ oneself to sth** sich *akk* an etw *akk* anpassen
❻ (*fit in with needs*) ■**to ~ sth** etw *dat* Rechnung tragen
II. *vi* ■**sb ~s to sth** jd stellt sich *akk* auf etw *akk* ein

accommodating [əˈkɒmədeɪtɪŋ, AM əˈkɑːmədeɪṭ-] *adj* hilfsbereit, entgegenkommend

accommodation [əˌkɒməˈdeɪʃən, AM əˌkɑːm-] *n* ❶ *no pl* BRIT, AUS (*lodging*) Unterkunft *f;* **"~ wanted"** „Zimmer gesucht"; **to find ~** eine Unterkunft finden
❷ AM (*lodging*) ■**~s** *pl* Unterkunft *f*
❸ *no pl* (*space*) Platz *m;* ***the block provides ~ for 500 office workers*** der Komplex bietet Platz für 500 Büroangestellte
❹ AM (*space*) ■**~s** *pl* [Sitz]plätze *mpl*
❺ (*seats*) Sitzplätze *mpl*
❻ (*form: compromise*) Einigung *f;* **to reach an ~ [with sb]** [mit jdm] eine Einigung erzielen [*o* zu einer Übereinkunft kommen]
❼ AM FIN Überbrückungskredit *m*

accommodation address *n* BRIT ECON (*forwarding*) Nachsendeadresse *f;* (*concealed*) Deckadresse *f* **accommodation bill** *n* FIN Gefälligkeitswechsel *m* **accommodation bureau** *n* Wohnungsvermittlung *f* **accommodation marker** *n* LAW Aussteller(in) *m(f)* eines Gefälligkeitswechsels

accompaniment [əˈkʌmpənɪmənt] *n* ❶ MUS Begleitung *f* (**to** zu +*dat*); ***he sang to a piano ~*** er sang und wurde dabei vom Klavier begleitet
❷ (*complement*) Begleitung *f;* ***a dry white wine is the perfect ~ to fish*** ein trockener Weißwein passt ideal zu Fisch; **to the ~ of boos/cheers** unter [*o* begleitet von] Buh-/Jubelrufen

accompanist [əˈkʌmpənɪst] *n* MUS Begleiter(in) *m(f)*

accompany <-ie-> [əˈkʌmpəni] *vt* ❶ (*escort*) ■**to ~ sb** jdn begleiten
❷ (*complement*) ■**to ~ sth** etw begleiten; ***we chose a white Burgundy to ~ the main course*** zum Hauptgang wählten wir einen weißen Burgunder; ***the course books are accompanied by four cassettes*** den Kursbüchern liegen vier Kassetten bei
❸ *usu passive* (*occur together*) ■**to be accompanied by sth** mit etw *dat* einhergehen
❹ MUS ■**to ~ sb/oneself** jdn/sich selbst begleiten

accomplice [əˈkʌmplɪs, AM *also* -ˈkɑːm-] *n* Komplize, -in *m, f;* ~ **in/to crime** Komplize, -in *m, f* bei einem Verbrechen

accomplish [əˈkʌmplɪʃ, AM *also* -ˈkɑːm-] *vt* ■**to ~ sth** etw schaffen *fam;* **to ~ a goal** ein Ziel erreichen; **to ~ a task** eine Aufgabe erledigen; **to ~ nothing/something** nichts/etwas erreichen

accomplished [əˈkʌmplɪʃt, AM *also* -ˈkɑːm-] *adj* fähig; **to be an ~ actor/actress** ein versierter Schauspieler/eine versierte Schauspielerin sein; ~ **performance/piece of work** gelungene Vorstellung/Arbeit; ***he is ~ in the art of painting*** er beherrscht die hohe Kunst des Malens

accomplishment [əˈkʌmplɪʃmənt, AM *also* -ˈkɑːm-] *n* ❶ *no pl* (*completion*) Vollendung *f; of an aim* Erreichen *nt; of a task* [erfolgreiche] Beendigung
❷ *usu pl* (*skill*) Fähigkeit *f,* Fertigkeit *f*
❸ (*achievement*) Leistung *f*

accord [əˈkɔːd, AM -ˈkɔːrd] **I.** *n* ❶ (*treaty*) Vereinbarung *f;* POL Abkommen *nt;* **to reach an ~ with sb on sth** mit jdm eine Einigung über etw *akk* erzielen
❷ *no pl* (*agreement*) Übereinstimmung *f;* ■**to be in ~ with sb** mit jdm übereinstimmen; ■**to be in ~ with sth** sich *akk* mit etw *dat* in Einklang befinden; ■**to be in ~ with sb on sth** mit jdm in etw *dat* übereinstimmen; **with one ~** geschlossen
❸ LAW, FIN (*payment*) ~ **and satisfaction** vergleichsweise Erfüllung [einer Verbindlichkeit]
▶ PHRASES: **of one's/its <u>own</u> ~** (*voluntarily*) aus eigenem Antrieb, von sich *dat* aus; (*without external cause*) von alleine [*o* selbst], ohne fremdes

Zutun

II. *vt* (*form*) ▪**to ~ [sb] sth** [jdm] etw gewähren; ***they ~ed him a hero's welcome*** er wurde wie ein Held empfangen; **to ~ sb courtesy** jdm eine Höflichkeit erweisen; **to ~ sb a title** jdm einen Titel verleihen

III. *vi* sich *dat* entsprechen; ▪**to ~ with sth** mit etw *dat* übereinstimmen

accordance [əˈkɔːdᵊn(t)s, AM -ˈkɔːrd-] *n* **in ~ with sth** entsprechend einer S. *gen*, gemäß einer S. *gen*

accordingly [əˈkɔːdɪŋli, AM -ˈkɔːrd-] *adv inv* ❶ (*appropriately*) [dem]entsprechend

❷ (*thus*) folglich

according to [əˈkɔːdɪŋ, AM -ˈkɔːrd-] *prep* ❶ (*as told by*) nach +*dat*, zufolge +*dat*; ***~ the weather report*** dem Wetterbericht zufolge; ***~ our records you owe us $130*** unseren Unterlagen zufolge schulden Sie uns noch 130 Dollar

❷ (*as basis*) gemäß +*dat*, nach +*dat*; ***~ the laws of physics*** nach den Regeln der Physik; ***she lives ~ her own principles*** sie lebt gemäß ihren eigenen Prinzipien

❸ (*as instructed by*) nach +*dat*; ***did it all go ~ plan?*** verlief alles nach Plan?; ***~ the dictionary, this word has many meanings*** dem Wörterbuch zufolge hat dieses Wort viele Bedeutungen

❹ (*depending on*) entsprechend +*dat*; ***~ season*** der Jahreszeit entsprechend

accordion [əˈkɔːdiən, AM -ˈkɔːr-] *n* Akkordeon *nt*

accordion file *n* AM Fächermappe *f* **accordionist** [əˈkɔːdiənɪst, AM ˈkɔːr] *n* Akkordeonspieler(in) *m(f)* **accordion pleats** *npl* Plisseefalten *fpl*

accost [əˈkɒst, AM -ˈkɑːst] *vt* (*form*) ▪**to ~ sb** jdn ansprechen; (*more aggressively*) jdn anpöbeln *pej*

account [əˈkaʊnt] **I.** *n* ❶ (*description*) Bericht *m*; **by** [*or* **from**] **all ~s** nach allem, was man so hört; ***by his own ~*** eigenen Aussagen zufolge; **to give** [*or form* **render**] **an ~ of sth** Bericht über etw *akk* erstatten, etw schildern

❷ (*with a bank*) Konto *nt*; **bank/**BRIT **building society ~** Bank-/Bausparkassenkonto *nt*; **to have an ~ with a bank** ein Konto bei einer Bank haben; **to draw money out of** [*or* **withdraw money from**] **an ~** Geld von einem Konto abheben; **savings** [*or* BRIT **deposit**] **~** Sparkonto *nt*; **current** BRIT [*or* AM **checking**] **~** (*personal*) Girokonto *nt*; (*business*) Kontokorrentkonto *nt fachspr*; **joint ~** Gemeinschaftskonto *nt*; **NOW ~** AM zinstragendes Konto; **statement of ~** Kontoauszug *m*; **to be on one's ~** *money* auf dem Konto sein; **to open/close an ~ [with sb]** ein Konto [bei jdm] eröffnen/auflösen; **to pay sth into** [*or* AM, AUS **deposit sth in**] **an ~** etw auf ein Konto überweisen; (*in person*) etw auf ein Konto einzahlen

❸ (*credit*) [Kunden]kredit *m*; ***will that be cash or ~?*** zahlen Sie bar oder geht das auf Rechnung?; **to buy sth on ~** BRIT etw auf Kredit kaufen; **to have an ~ with sb** bei jdm auf Rechnung kaufen; **to pay sth on ~** BRIT (*dated*) etw anzahlen, eine Anzahlung auf etw *akk* leisten; **to put sth on** [*or* **charge sth to**] **sb's ~** etw auf jds Rechnung setzen, jdm etw in Rechnung stellen

❹ (*bill*) Rechnung *f*; **to settle** [*or* **pay**] **an ~** eine Rechnung bezahlen [*o geh* begleichen]

❺ ECON (*records*) ▪**~s** *pl* [Geschäfts]bücher *pl*; **~s payable** Kreditoren *mpl*, Verbindlichkeiten *fpl*; **~s receivable** Forderungen *fpl*, Außenstände *pl*; **capital ~** Darstellung *f* des Kapitalverkehrs mit dem Ausland; **current ~ balance of payments** Saldo *m* der Leistungsbilanz; **period of ~** FIN, ECON Geschäftsjahr *nt*; **to keep the ~s** *esp* BRIT die Buchhaltung machen; **to keep an ~ of sth** über etw *akk* Buch führen

❻ STOCKEX **trading** [*or* **dealing**] **for the ~** [*or* **~ trading**] *Wertpapiergeschäfte, bei denen Auslieferung und Abrechnung der Papiere am nächsten Abrechnungstermin erfolgt*; **rolling ~** *Erfüllung von Börsengeschäften zu einem späteren, entweder feststehenden oder vereinbarten Termin*

❼ (*customer*) Kunde, -in *m, f*, [Kunden]vertrag *m*

❽ *no pl* (*consideration*) **to take sth into ~** [*or* **to take ~ of sth**] etw berücksichtigen [*o* in Betracht ziehen]; **to take into ~ that …** berücksichtigen [*o* in Betracht ziehen], dass …; **to take no ~ of sth** [*or* **to leave sth out of** [**the**] **~**] etw nicht berücksichtigen, etw außer Acht lassen

❾ (*reason*) ***on that ~ I think …*** aus diesem Grund schlage ich vor, …; ▪**on ~ of sth** aufgrund einer S. *gen*; **on my/her/his ~** meinet-/ihret-/seinetwegen; **on no** [*or* **not on any**] **~** auf keinen Fall, unter keinen Umständen

❿ *no pl* (*form: importance*) **to be of little ~** von geringer Bedeutung sein; **to be of no ~** keinerlei Bedeutung haben

⓫ *no pl* (*responsibility*) **on one's own ~** auf eigenes Risiko

⓬ LAW Klage *f* auf Auskunft und Rechenschaftslegung; **action for an ~** Rechnungslegungklage *f*

► PHRASES: **to give a good ~ of oneself** eine gute Figur abgeben; (*in a fight, competition*) sich *akk* wacker schlagen; **to be called** [*or* **brought**] **to ~** [**for sth**] [für etw *akk*] zur Verantwortung [*o* Rechenschaft] gezogen werden; **to settle** [*or* **square**] **~s with sb** mit jdm abrechnen; **to turn sth to** [**good**] **~** (*form*) aus etw *dat* seinen Vorteil ziehen

II. *vt* (*form*) **to ~ oneself fortunate** sich *akk* glücklich schätzen; ***I would ~ it an honour if …*** es wäre mir eine Ehre, …

III. *vi* ❶ (*explain*) ▪**to ~ for sth** etw erklären, über etw Rechenschaft ablegen; ***there's no ~ing for taste[s]*** über Geschmack lässt sich streiten

❷ (*locate*) ▪**to ~ for sth** den Verbleib einer S. *gen* erklären; ▪**to ~ for sb** jds Verbleib klären

❸ (*make up*) ▪**to ~ for sth** ***students ~ for the majority of our customers*** Studenten machen den größten Teil unserer Kundschaft aus

❹ (*bill*) ▪**to ~ for sth** etw mit einberechnen

❺ (*dated: defeat*) ▪**to ~ for sb** jdn zur Strecke bringen *geh*

accountability [əˌkaʊntəˈbɪləti, AM -t̬əˈbɪlət̬i] *n no pl* Verantwortlichkeit *f* (**to** gegenüber +*dat*)

accountable [əˈkaʊntəbl̩, AM -t̬ə-] *adj usu pred* ❶ (*responsible*) verantwortlich; **to hold sb ~** [**for sth**] jdn [für etw *akk*] verantwortlich machen; ▪**to be ~** [**to sb**] [**for sth**] [jdm gegenüber] [für etw *akk*] verantwortlich sein; ***she is ~ only to the managing director*** sie ist nur dem leitenden Geschäftsführer gegenüber Rechenschaft schuldig

❷ (*explicable*) nachvollziehbar

accountancy [əˈkaʊntən(t)si, AM -tᵊn(t)-] *n no pl* Buchhaltung *f*, Buchführung *f*

accountant [əˈkaʊntənt] *n* [Bilanz]buchhalter(in) *m(f)*; **certified ~** ≈ geprüfter Buchhalter/geprüfte Buchhalterin; **cost ~** Kostenrechner(in) *m(f)*; **financial ~** Finanzbuchhalter(in) *m(f)*; **management ~** Fachmann/Fachfrau des entscheidungsorientierten Rechnungswesens (*für die Unternehmensleitung*); **~'s opinion** AM Bestätigungsvermerk *nt* des Abschlussprüfers; *see also* **chartered accountant, certified public accountant**

account book *n* Kassenbuch *nt* **account day** *n* BRIT STOCKEX Liquidationstermin *m*, Liquidationstag *m* **account end** *n* ECON, FIN Ende *nt* des Buchungszeitraumes **account executive** *n* Kundenbetreuer(in) *m(f)* **account holder** *n* Kontoinhaber(in) *m(f)*

accounting [əˈkaʊntɪŋ, AM -t̬ɪŋ] *n no pl* ECON Buchführung *f*, Buchhaltung *f*; **A~ Standards Board** BRIT *mit den Vertretern der sechs größten Accountants-Verbände besetzter Ausschuss, der in Großbritannien die Bilanzierungsrichtlinien festlegt*; **~ methods** Rechnungslegungsmethoden *fpl*, Buchungsmethoden *fpl*; **~ system** Buchführungssystem *nt*; **false ~** LAW vorsätzlich inkorrekte Buchführung **accounting period** *n* Abrechnungszeitraum *m*, Rechnungsperiode *f*

account number *n* Kontonummer *f* **accounts department** *n* Buchhaltung *f*

accouterments [əˈkuːt̬əmənts] *esp* AM, **accoutrements** [-trə-] *npl* (*form or hum*) ❶ (*clothes*) Kleidung *f*, Outfit *nt fam*

❷ (*equipment*) Ausrüstung *f*

accredit [əˈkredɪt] *vt usu passive* ❶ (*credit*) ▪**to be ~ed with sth** etw bestätigt bekommen; ***he is ~ed with being the world's best sprinter*** man sagt, dass er der beste Sprinter der Welt sei

❷ (*approve*) ▪**to have been ~ed** *certificate* anerkannt worden sein

❸ (*authorize*) ▪**to be ~ed to sb/sth** *ambassador* bei jdm/etw akkreditiert sein

❹ (*ascribe*) ▪**to be ~ed to sb** jdm zugeschrieben werden

accreditation [əˌkredɪˈteɪʃᵊn, AM -də-] *n no pl* ❶ (*approval*) Zustimmung *f*, Beifall *m*; **to receive full ~** volle Zustimmung erhalten

❷ (*authorization*) *of ambassador* Akkreditierung *f*

accredited [əˈkredɪtɪd] *adj inv* akkreditiert *geh*; *organization, school* anerkannt; *person* zugelassen

accrete [əˈkriːt] *vt* ECON, FIN ▪**to ~ sth** den Wert von etw *dat* steigern

accretion [əˈkriːʃᵊn] *n* (*form*) ❶ *no pl* (*increase*) Zuwachs *m*, Anwachsen *nt*; ECON, FIN Wertsteigerung *f*, Wertzuwachs *m*; **~ of capital** Kapitalzuwachs *m*

❷ (*layer*) Zuwachs *m*

❸ GEOL Anlagerung *f*; (*sediment*) Ablagerung *f*, [Land]zuwachs *m*

accrual [əˈkruːəl] *n* ❶ (*addition*) Hinzukommen *nt*

❷ (*amount*) Zuwachs *m*

❸ ECON, FIN ▪**~s** *pl* antizipative Posten; **~ of interest** Zinszuwachs *m*, Zinsthesaurierung *f fachspr*; **~s and deferrals** [*or* **deferred income**] Rechnungsabgrenzungsposten *mpl*; **~s accounting** Periodenrechnung *f*

accrue [əˈkruː] *vi* (*form*) ❶ FIN zuwachsen; *interest* anfallen, auflaufen

❷ (*be due*) ▪**to ~ to sb/sth** jdm/etw zukommen *geh*; ***little benefit will ~ to London from the new road scheme*** London wird wenig von dem neuen Straßenbauprojekt haben

❸ (*increase*) sich ansammeln

accrued assets *npl* antizipative Aktiva *ntpl*

accrued charges *npl* antizipative Passiva *ntpl*

accrued dividend *n* FIN aufgelaufene Dividende

accumulate [əˈkjuːmjəleɪt] **I.** *vt* ▪**to ~ sth** etw ansammeln; **to ~ evidence** Beweismaterial sammeln; **to ~ interest** Zinsen akkumulieren *fachspr*; **to ~ wealth** Reichtümer anhäufen

II. *vi* sich ansammeln; *debt, interest* sich ansammeln, sich akkumulieren *fachspr*; *evidence* sich häufen

accumulated reserves *npl* FIN aufgelaufene Reserven

accumulation [əˌkjuːmjəˈleɪʃᵊn] *n* ❶ *no pl* (*collecting*) [An]sammeln *nt*, Akkumulation *f geh*; *of wealth* Anhäufen *nt*

❷ *no pl* (*growth*) Zuwachs *m* (**of** an +*dat*)

❸ (*quantity*) Ansammlung *f*; *of sand* Anhäufung *f*

accumulation unit *n* FIN *Fondsanteil mit wertsteigender Wiederanlage der Zinsen*

accumulative [əˈkjuːmjələtɪv, AM t̬ɪv] *adj* sich ansammelnd, [an]häufend, kumulativ *geh*; **~ effects** kumulative Wirkung[sweise]; **~ mud** sich ablagernder Schlamm

accumulator [əˈkjuːmjəleɪtəʳ] *n* BRIT, AUS ❶ (*battery*) Akkumulator *m*, Akku *m fam*

❷ (*bet*) *Art von Wette auf eine Serie von Pferderennen, bei der eventuelle Gewinne auf jeweils das nächste Rennen übertragen werden*

accuracy [ˈækjərəsi, AM -jɚ-] *n no pl* Genauigkeit *f*; *of projectile* Zielgenauigkeit *f*; **unerring ~** Treffsicherheit *f*

accurate [ˈækjərət, AM -jɚ-] *adj* ❶ (*precise*) genau, akkurat *geh*; **~ predictions** präzise Voraussagen

❷ (*correct*) richtig; ▪**to not be ~** nicht stimmen; **to give a ~ report of sth** etw getreu wiedergeben

❸ *aim* zielgenau

accurately [ˈækjərətli, AM -jɚ-] *adv* ❶ (*precisely*) genau, exakt

❷ (*correctly*) richtig

❸ (*without missing*) *hit* zielgenau

accursed [əˈkɜːsɪd, AM əˈkɜːrst] *adj*, **accurst**

[ə'kɜːst, AM ə'kɜːrst] *adj* (*old*) ① (*liter: bewitched*) verflucht, verwünscht
② *attr* (*damned*) verdammt *fam*, verflixt *fam*

accusation [ˌækjʊ'zeɪʃᵊn] *n* ① (*charge*) Beschuldigung *f*, Anschuldigung *f*; LAW Anklage *f* (**of** wegen +*gen*); **to make an ~ against sb** jdn beschuldigen; **unfounded** [*or* **wild**] ~ grundlose Anschuldigung
② *no pl* (*accusing*) Vorwurf *m*; ***with an air of*** ~ vorwurfsvoll

accusative [ə'kjuːzətɪv, AM -t̬ɪv] LING **I.** *n no pl* Akkusativ *m*; **in the** ~ im Akkusativ
II. *n modifier* (*ending*) Akkusativ-; ~ **case** Akkusativ *m*

accusatorial [əˌkjuːzə'tɔːriəl] *adj* LAW ~ **process** Akkusationsprozess *m*

accusatory [ə'kjuːzətᵊri, AM -tɔːri] *adj look* anklagend; *tone* vorwurfsvoll

accuse [ə'kjuːz] *vt* ① (*charge*) ■**to ~ sb** [**of sth**] jdn [wegen einer S. *gen*] anklagen; **to be ~d of a crime** wegen eines Verbrechens unter Anklage stehen [*o* angeklagt sein]; **to stand ~d of sth** (*form*) einer S. *gen* angeklagt sein
② (*claim*) ■**to ~ sb of sth** jdn einer S. *gen* beschuldigen; ***are you accusing me of lying?*** willst du damit sagen, dass ich lüge?; ***I'm often ~d of being too abrasive with people*** mir wird oft vorgeworfen, dass ich zu harsch mit Leuten umgehe

accused <*pl* -> [ə'kjuːzd] *n* ■**the** ~ (*single person*) die/der Angeklagte; (*several*) die Angeklagten *pl*

accuser [ə'kjuːzəʳ, AM -ɚ] *n* Ankläger(in) *m(f)*

accusing [ə'kjuːzɪŋ] *adj look* anklagend *attr; tone* vorwurfsvoll

accusingly [ə'kjuːzɪŋli] *adv look* anklagend; *say* vorwurfsvoll

accustom [ə'kʌstəm] *vt* ■**to ~ sb/oneself to sth** jdn/sich an etw *akk* gewöhnen; ■**to ~ sb/oneself to doing sth** jdn/sich daran gewöhnen, etw zu tun; (*teach sb/oneself*) jdn/sich angewöhnen, etw zu tun

accustomed [ə'kʌstəmd] *adj* ① *pred* (*used*) ■**to be ~ to sth** etw gewohnt sein; **to become** [*or* **get**] [*or* **grow**] ~ **to sth** sich *akk* an etw *akk* gewöhnen; ■**to be ~ to doing sth** gewohnt sein, etw zu tun
② *attr, inv* (*usual*) gewohnt, üblich

ACD *n* COMPUT *abbrev of* **automatic call distribution** automatische Anrufverteilung, ACD-System *nt*

AC/DC [ˌeisiː'diːsiː] **I.** *n no pl* ELEC *abbrev of* **alternating current/direct current** WS/GS
II. *adj inv* (*fam: bisexual*) bi *fam*

ace [eɪs] **I.** *n* ① (*in cards*) Ass *nt*; ~ **of diamonds/clubs/hearts/spades** Karo-/Kreuz-/Herz-/Pikass *nt*
② (*fam: expert*) Ass *nt*; **to be an ~ at sth** ein Ass in etw *dat* sein
③ SPORTS (*serve*) Ass *nt*; **to score an** ~ ein Ass schlagen, mit einem Ass punkten
▸ PHRASES: **to be** [*or* **come**] **within an ~ of death/losing/winning** um Haaresbreite [*o* um ein Haar] sterben/verlieren/gewinnen; **to have an ~ up one's sleeve** [*or* AM *also* **in the hole**] noch einen Trumpf in [*o* auf] der Hand haben; **to have** [*or* **hold**] **all the ~s** alle Trümpfe in der Hand haben [*o* halten]; **to play one's** ~ seinen Trumpf ausspielen
II. *n modifier* (*dated sl*) Spitzen-; ~ **footballer** Spitzenfußballer(in) *m(f)*; ~ **pilot/reporter** Starpilot(in) *m(f)*/-reporter(in) *m(f)*
III. *adj inv* (*fam*) klasse *fam*, spitze *fam*
IV. *vt* (*fam*) ■**to ~ sb** jdn mit einem Ass schlagen
◆**ace out** *vt* AM (*in a competition*) ■**to ~ out** ↻ **sb** jdn übertreffen

acerbic [ə'sɜːbɪk, AM ə'sɜːr-] *adj* ① CHEM (*sour*) sauer; ~ **taste** saurer Geschmack; *of wine* herbes Aroma
② (*form: harsh*) scharf; *remark* bissig; *wit* beißend

acerbity [ə'sɜːbəti, AM ə'sɜːrbət̬i] *n no pl* ① CHEM (*sourness*) Säure *f*; *of wine* Herbheit *f*
② (*form: harshness*) Schärfe *f*; *of remark* Bissigkeit *f*

acetaminophen <*pl* -s *or* -> [ˌæsɪt̬ə'mɪnəfən] *n* AM ① *no pl* (*substance*) Paracetamol *nt*
② (*pill*) Paracetamoltablette *f*

acetate ['æsɪteɪt] *n no pl* ① CHEM Acetat *nt fachspr*, Essigsäureester *m fachspr*
② (*cloth*) Azetat *nt*

acetic [ə'siːtɪk, AM -t̬ɪk] *adj* CHEM essigsauer

acetic acid *n no pl* Essigsäure *f*

acetone ['æsɪtəʊn, AM -toʊn] *n no pl* CHEM Aceton *nt fachspr*, Azeton *nt fachspr*

acetylene [ə'setɪliːn, AM -t̬ə-] *n no pl* CHEM Acetylen *nt fachspr*

ACH [ˌeɪsiː'eɪtʃ] *n* AM FIN *abbrev of* **Automated Clearing House** computergestützte Clearingstelle

ache [eɪk] **I.** *n* ① (*pain*) Schmerz[en] *m*[*pl*]; ***I have a terrible ~ in my head*** ich habe fürchterliche Kopfschmerzen; **dull** ~ dumpfer Schmerz; **~s and pains** Wehwehchen *ntpl hum*
② (*woe*) Schmerz *m*; **heart~** [Herzens]kummer *m*
II. *vi* ① (*feel pain*) schmerzen; ***I'm ~ing all over*** mir tut alles weh; ***my back ~s*** mein Rücken tut [mir] weh
② (*grieve*) schmerzen; ***my heart ~s for you*** das tut mir sehr Leid für dich!
③ (*desire*) ■**to ~ for sb/sth** sich *akk* nach jdm/etw sehnen; ■**to ~ to do sth** sich *akk* danach sehnen, etw zu tun

achievable [ə'tʃiːvəbl̩] *adj* erreichbar

achieve [ə'tʃiːv] **I.** *vt* ① (*accomplish*) ■**to ~ sth** etw erreichen; **to ~ nothing/something** nichts/etwas erreichen [*o* ausrichten]
② (*gain*) **to ~ an aim** ein Ziel erreichen; **to ~ fame** Ruhm erlangen; **to ~ success** Erfolg erzielen; **to ~ a victory** einen Sieg erringen; ***I'll never ~ anything*** ich werde es nie zu etwas bringen
II. *vi* erfolgreich sein

achievement [ə'tʃiːvmənt] *n* ① (*feat*) Leistung *f* (**in** in +*dat*); **~s in science** Leistungen *fpl* [in] der Wissenschaft; **a great/remarkable** ~ eine große/bemerkenswerte Leistung; **scientific** ~ wissenschaftliche Errungenschaft
② *no pl* (*achieving*) Erreichen *nt*, Erlangen *nt*; ~ **of an aim** Erreichen *nt* eines Ziels; ~ **of a victory** Erringen *nt* eines Sieges
③ SCH (*progress*) Leistung *f*; ~ **quotient** Leistungsquotient *m*; ~ **test** Leistungstest *m*

achiever [ə'tʃiːvəʳ, AM -ɚ] *n* Leistungsmensch *m*; **to be an** ~ leistungsstark sein; **high/low** ~ leistungsstarke/leistungsschwache Person

Achilles heel [əˌkɪliːz'-, AM ə'kɪliːzˌ-] *n usu sing* (*fig*) Achillesferse *f* **Achilles tendon** *n* Achillessehne *f*

aching ['eɪkɪŋ] *adj* ① (*painful*) schmerzend *attr*; ~ **back/head/tooth** schmerzender Rücken/Kopf/Zahn
② (*woeful*) schmerzend *attr*; **with an ~ heart** mit wehem Herzen *poet*

achingly ['eɪkɪŋli] *adv* (*liter*) unsagbar *geh*; ~ **beautiful** unbeschreiblich schön; ~ **funny** unsäglich komisch

achy ['eɪki] *adj* (*fam*) schmerzend; ***I feel ~ all over*** mir tut alles weh

acid ['æsɪd] **I.** *n* ① CHEM Säure *f*
② *no pl* (*fig: criticism*) Kritik *f*
③ *no pl* (*sl: LSD*) Acid *nt sl*; **to drop** ~ Acid nehmen *sl*
II. *adj* ① CHEM sauer; ~ **soil** saurer Boden; ~ **solution** CHEM saure Lösung; ~ **stomach** übersäuerter Magen
② (*sour*) *taste* sauer
③ (*critical*) scharf; *remark* bissig

acid bath *n* Säurebad *nt* **acid drop** *n* BRIT saurer Drops, saures Bonbon **acid head** *n* (*sl*) LSD-Abhängige(r) *f(m)* **acid house** *n no pl* MUS Acid House *nt*

acidic [ə'sɪdɪk] *adj* ① CHEM säurehaltig
② (*sour*) *taste* sauer
③ (*critical*) scharf

acidify <-ie-> [ə'sɪdɪfaɪ] **I.** *vt* ■**to ~ sth** *soil, water* etw übersäuern
II. *vi water* sauer werden; *soil* versauern

acidity [ə'sɪdəti, AM -ət̬i] *n no pl* ① CHEM Säuregehalt *m*, Acidität *f fachspr*
② (*sourness*) Säure *f*
③ (*criticism*) Schärfe *f*; *of remark* Bissigkeit *f*

acidly ['æsɪdli] *adv* (*fig*) bissig

acid rain *n no pl* saurer Regen **acid test** *n* ① CHEM Säureprobe *f* ② (*fig*) Feuerprobe *f* **acid test ratio** *n* FIN Liquidität *f* ersten Grades

acknowledge [ək'nɒlɪdʒ, AM -'nɑːl-] *vt* ① (*admit*) ■**to ~ sth** etw zugeben; ■**to ~ having done sth** zugeben, etw getan zu haben; ■**to ~ that ...** zugeben, dass ...
② (*respect*) ■**to ~ sb/sth** [**as sth**] jdn/etw [als etw *akk*] anerkennen; ***he was generally ~d to be an expert on this subject*** er galt allgemein als Experte auf diesem Gebiet
③ (*reply to*) ■**to ~ sth** *signal* den Empfang von etw *dat* bestätigen; **to ~ sb's greeting** jds Gruß erwidern; **to ~ a letter** den Eingang eines Briefes bestätigen
④ (*thank for*) **to ~ sth** etw würdigen
⑤ (*notice*) ■**to ~ sb/sth** jdn/etw wahrnehmen [*o* bemerken]

acknowledged [ək'nɒlɪdʒd, AM -'nɑːl-] *adj inv* anerkannt

acknowledg(e)ment [ək'nɒlɪdʒmənt, AM -'nɑːl-] *n* ① *no pl* (*admission*) Eingeständnis *nt* (**of** von +*dat*), Bekenntnis (**of** zu +*dat*); ~ **of guilt** Schuldeingeständnis *nt*
② *no pl* (*respect*) Anerkennung *f*, Würdigung *f*; **in ~ of sth** in Anerkennung einer S. *gen*
③ *no pl* (*reply*) Erwiderung *f*
④ *no pl* (*gratefulness*) Zeichen *nt* [der Dankbarkeit]; ***she stood up and bowed in*** ~ sie erhob sich und verbeugte sich zum Dank
⑤ (*confirmation*) [Empfangs]bestätigung *f*; ***I have received no*** ~ ich habe keine Antwort erhalten
⑥ PUBL (*credits in book*) ■**~s** *pl* Danksagung *f*

acme ['ækmi] *n no pl* (*liter*) Höhepunkt *m*; **to reach** [*or form* **attain**] **the ~ of sth** den Höhepunkt einer S. *gen* erreichen

acne ['ækni] *n no pl* Akne *f*

acolyte ['ækᵊlaɪt, AM -kə-] *n* ① REL Messdiener(in) *m(f)*; (*Catholic*) Ministrant(in) *m(f)*
② (*liter: follower*) Gefolgsmann, Gefolgsfrau *m, f*

aconite ['ækənaɪt] *n* BOT ① BOT Eisenhut *m*, Sturmhut *m*
② MED (*extract*) Aconitum *nt*, Aconitin *nt fachspr*

acorn [eɪ'kɔːn, AM -'kɔːrn] *n* Eichel *f*

acoustic [ə'kuːstɪk] *adj inv* ① (*relating to sound*) akustisch
② (*soundproof*) schalldämpfend

acoustically [ə'kuːstɪkᵊli, AM -kli] *adv* akustisch

acoustic coupler *n* COMPUT Akustikkoppler *m* **acoustic guitar** *n* Akustikgitarre *f* **acoustic nerve** *n* ANAT [Ge]hörnerv *m*

acoustics [ə'kuːstɪks] *n* ① + *pl vb of hall* Akustik *f*; **the ~s of a room** die Raumakustik
② + *sing vb* PHYS Akustik *f*

ACP states [ˌeɪsiː'piː-] *npl* ACP-Staaten *mpl*

acquaint [ə'kweɪnt] *vt* ■**to ~ sb/oneself with sth** jdn/sich mit etw *dat* vertraut machen

acquaintance [ə'kweɪntᵊn(t)s] *n* ① (*friend*) Bekannte(r) *f(m)*
② *no pl* (*form: relationship*) Bekanntschaft *f* (**with** mit +*dat*); **sb's ~s** jds Bekanntenkreis; **to make sb's** ~ [*or* **the ~ of sb**] jds Bekanntschaft machen
③ *no pl* (*form: knowledge*) Kenntnis *f* (**with** +*gen*)

acquainted [ə'kweɪntɪd, AM -t̬-] *adj pred* ① (*with person*) ■**to be ~** [**with sb**] [mit jdm] bekannt sein; **to become** [*or* **get**] ~ **with sb** jdn kennen lernen, jds Bekanntschaft machen; **to get better** ~ sich besser [*o* näher] kennen lernen
② (*with facts*) ■**to be ~ with sth** mit etw *dat* vertraut sein; **to become** [*or* **get**] ~ **with sth** mit etw *dat* vertraut werden, sich *akk* mit etw *dat* vertraut machen

acquiesce [ˌækwi'es] *vi* (*form*) ■**to ~** [**in** [*or* **to**] **sth**] [in etw *akk*] einwilligen, sich *akk* [mit etw *dat*] einverstanden erklären

acquiescence [ˌækwi'esᵊn(t)s] *n no pl* Einwilligung *f* (**in/to** in +*akk*), Zustimmung *f* (**in/to** zu +*dat*); ~ ***was the easier option*** Nachgeben war die einfachere Lösung

acquiescent [ˌækwiˈesᵊnt] *adj* fügsam, nachgiebig
acquire [əˈkwaɪəʳ, AM -ɚ] *vt* ① *(obtain)* ■**to ~ sth** etw erwerben
② *(develop)* **to ~ a habit** eine Gewohnheit annehmen; **to ~ a taste for sth** Geschmack [*o* Gefallen] an etw *dat* finden; ***this wine is rather an ~d taste*** dieser Wein ist gewöhnungsbedürftig
③ *(learn)* ■**to ~ sth** *knowledge* sich *dat* etw aneignen
④ *(gain)* **to have ~d a reputation of being sth** in dem Ruf stehen, etw zu sein
acquired characteristics *npl* BIOL erworbene Eigenschaften **acquired immune deficiency syndrome** *n no pl* erworbene Immuninsuffizienz **acquired immunity** *n no pl* MED erworbene Immunität
acquirement [əˈkwaɪəmənt, AM -ɚmənt] *n* ① *(skill)* Fertigkeit *f*
② *no pl (acquiring)* Erwerb *m; of firm* Übernahme *f; of habits* Annehmen *nt; of knowledge* Aneignung *f*
acquirer [əˈkwaɪərəʳ, AM -ɚɚ] *n esp* AM FIN Erwerber(in) *m(f)*; **potential ~s** potenzielle Käufer
acquisition [ˌækwɪˈzɪʃᵊn] *n* ① *(purchase)* Anschaffung *f*, Errungenschaft *f geh o hum*
② *no pl (acquiring)* Erwerb *m; of habits* Annehmen *nt; of knowledge* Aneignung *f*
③ ECON *(of firm)* Übernahme *f*; **~ [*or* purchase] accounting** AM Vollkonsolidierung *f*
acquisitive [əˈkwɪzɪtɪv, AM -t̬ɪv] *adj (pej)* habgierig *pej;* **the ~ society** die erwerbssüchtige Gesellschaft
acquisitiveness [əˈkwɪzɪtɪvnəs] *n no pl* Erwerbsstreben *nt*, Erwerbssinn *m*, Gewinnstreben *nt; (pej)* Gewinnsucht *f pej*, Raffgier *f pej*
acquit <-tt-> [əˈkwɪt] *vt* ① *usu passive (free)* ■**to ~ sb** jdn freisprechen; **to be ~ted on a charge** von einem Anklagepunkt freigesprochen werden
② *(perform)* **to ~ oneself badly/well** seine Sache schlecht/gut machen; **to ~ oneself like ...** sich *akk* wie ... verhalten
acquittal [əˈkwɪtᵊl, AM -t̬-] *n* ① *(verdict)* Freispruch *m* (**on** von +*dat*)
② *(performance)* Erfüllung *f*
ACR *n* COMPUT *abbrev of* **audio cassette recorder** Audiokassettenrecorder *m*; **~ interface** Schnittstelle *f* zu einem Kassettenrekorder
acre [ˈeɪkəʳ, AM -ɚ] *n* ① *(unit)* ≈ Morgen *m;* ■**~s** *pl* Grundbesitz *m*
② ■**~s** *pl (fam: lots)* ***there's ~s of room in here*** hier ist jede Menge Platz
acreage [ˈeɪkᵊrɪdʒ, AM -krɪdʒ] *n no pl* AGR ≈ Morgen *m*, Land *nt*
acrid [ˈækrɪd] *adj* ① *(pungent) smell* stechend; *smoke* beißend; *taste* bitter
② *(cross)* scharf, bissig
acrimonious [ˌækrɪˈməʊniəs, AM -ˈmoʊ-] *adj (form)* erbittert; *remark* bissig
acrimoniously [ˌækrɪˈməʊniəsli, AM -ˈmoʊ-] *adv (form)* erbittert; ***he separated ~ from his wife*** er trennte sich im Streit von seiner Frau
acrimony [ˈækrɪməni, AM -moʊni] *n no pl (form)* ① *of person* Verbitterung *f;* ***we separated without ~*** wir trennten uns im Guten
② *of row* Schärfe *f; of remark* Bissigkeit *f*
acrobat [ˈækrəbæt] *n* Akrobat(in) *m(f)*
acrobatic [ˌækrəˈbætɪk, AM -t̬-] *adj* akrobatisch
acrobatics [ˌækrəˈbætɪks, AM -t̬-] *n* ① + *pl vb (movements)* Akrobatik *f*
② + *sing vb (skill)* Akrobatik *f;* **mental ~** *pl* Gehirnakrobatik *f*, geistige Klimmzüge *hum*
acrobranching [ˈækrə(ʊ)brɑːntʃɪŋ, AM -kroʊbræn-] *n no pl Extremsportart, bei der der am Baumstamm angeseilte Sportler über die Baumkrone läuft*
acronym [ˈækrə(ʊ)nɪm, AM -rənɪm] *n* Akronym *nt*
acropolis <*pl* -es> [əˈkrɒpəlɪs, AM -ˈkrɑːp-] *n* HIST Stadtburg *f;* ■**the A~** die Akropolis
across [əˈkrɒs, AM -ˈkrɑːs] **I.** *prep* ① *(on other side of)* über +*dat;* ***her best friend lives ~ town*** ihr bester Freund lebt am anderen Ende der Stadt; ***the old part of town was ~ the bridge*** die Altstadt lag jenseits der Brücke; ***my best friend lives ~ the street from him*** mein bester Freund wohnt auf der gegenüberliegenden Straßenseite
② *(from one side to other)* über +*akk;* ***go ~ the street and ...*** geh über die Straße und ...; ***the German flag has three stripes going ~ it*** die deutsche Fahne hat drei quer verlaufende Streifen; **~ country** querfeldein
③ *(everywhere within)* ***people ~ the globe*** die Menschen auf der ganzen Welt; ***small islands are scattered ~ the Pacific Ocean*** kleine Inseln sind im ganzen Pazifischen Ozean verstreut; ***~ the population*** in der ganzen Bevölkerung; ***a hurt look spread ~ her face*** ein verletzter Ausdruck huschte ihr übers Gesicht
④ *(find unexpectedly)* ***she stumbled ~ her lost key*** sie fand ganz zufällig ihren verloren gegangenen Schlüssel wieder; ***I ran ~ Peter today*** ich habe heute ganz zufällig Peter getroffen
▶ PHRASES: **~ the board** allgemein, generell
II. *adv inv* ① *(to other side)* hinüber; *(from other side)* herüber; *(on road)* ***let me help you ~*** lassen Sie mich Ihnen über die Straße helfen; **to look ~ at sb** zu jdm hinüber-/herübersehen; **to walk ~** hinüber-/herübergehen
② *(on other side)* drüben; **~ from sb/sth** jdm/etw gegenüber; ***he sat ~ from me at the table*** er saß mir am Tisch gegenüber
③ *(wide)* breit; *of circle* im Durchmesser; ***the table is two feet ~*** der Tisch ist zwei Fuß breit
④ *(diagonal)* querdurch
⑤ *(crossword)* waagerecht
▶ PHRASES: **to get one's point ~** sich *akk* verständlich machen; **to put one ~ [AM on] sb** *(fam)* jdn an der Nase herumführen
across-the-board *adj attr,* **across the board** *adj pred* allgemein; ***the initiative has ~ support*** die Initiative findet breite Unterstützung
acrostic [əˈkrɒstɪk, AM -ˈkrɑːs-] *n* LIT Akrostichon *nt fachspr*
acrylic [əˈkrɪlɪk] **I.** *n* ① *no pl (fibre)* Acryl *nt*
② *(paint)* Acrylfarbe *f*
II. *n modifier (fibre, paint)* Acryl-; **~ pullover** Acrylpullover *m*, Pullover *m* aus Acryl
act [ækt] **I.** *n* ① *(deed)* Handlung *f*, Tat *f*, Akt *m geh;* ***it was an ~ of complete madness*** es war der schiere Wahnsinn; ***the simple ~ of telling someone ...*** schon allein, dass man jemandem davon erzählt ...; **~ of aggression** Angriff *m;* **~ of charity** Akt *m* der Nächstenliebe; **an ~ of God** höhere Gewalt; **~ of grace** Gnadenakt *m*/-erlass *m;* **~ of terrorism** Terrorakt *m;* **brave ~** mutige Tat; **sexual ~** Geschlechtsakt *m;* **to catch sb in the ~** jdn auf frischer Tat ertappen; **to catch sb in the ~ of doing sth** jdn erwischen, wie er/sie etw tut; **to be in the [very] ~ of doing sth** [gerade] dabei sein, etw zu tun
② *(play)* Akt *m*
③ *(pretence)* Schau *f fam;* ***it's all an ~*** das ist alles nur Schau; **to do one's 'kind uncle'/'proud father' ~** *(pej)* den netten Onkel/stolzen Vater spielen; **to put on an ~** *(fam)* eine Schau abziehen *fam*
④ *(performance)* Nummer *f;* **comedy ~** Lachnummer *f*
⑤ *(performers)* Nummer *f fam*
⑥ LAW Gesetz *nt;* **~ of Parliament** vom Parlament verabschiedetes Gesetz; **under the Education/Prevention of Terrorism A~** unter dem Bildungs-/Antiterrorgesetz; **to pass an ~** ein Gesetz verabschieden
▶ PHRASES: **to do a disappearing [*or* vanishing] ~** verschwinden *fam; person also* sich *akk* aus dem Staub machen *fam;* **to have done a vanishing ~** sich *akk* in Luft aufgelöst haben *fam;* **to be a hard [*or* tough] ~ to follow** *(fam)* schwer zu überbieten sein; **to get one's ~ together** *(fam)* sich *akk* am Riemen reißen *fam;* **to get [*or* muscle] in on the ~** sich *akk* einmischen
II. *vi* ① *(take action)* handeln; **to ~ on impulse** unüberlegt handeln; ■**to ~ for sth** *community* für etw *akk* handeln; ■**to ~ from [*or* out of] greed/a certain motive** aus Gier/einem bestimmten Motiv heraus handeln
② *(function)* ■**to ~ as sth** *person* als etw fungieren; *thing* als etw dienen; ***you'll have to ~ as chairman if he doesn't show up*** du musst als Vorsitzender einspringen, wenn er nicht auftaucht; ***she ~ed as guide for the group*** sie übernahm die Führung der Gruppe
③ *(represent)* ■**to ~ for [*or* on behalf of] sb** *client* jdn vertreten
④ *(react)* **to ~ on sth** auf etw *akk* reagieren
⑤ + *adv (behave)* ***he has been ~ing foolishly/very strangely recently*** er hat sich in letzter Zeit idiotisch/ziemlich seltsam benommen; ***you're ~ing like a child!*** du benimmst dich wie ein kleines Kind!; ***he ~s like an idiot*** er führt sich auf wie ein Idiot; ■**to ~ as if ...** so tun, als ob ...
⑥ + *adj (fam: pretend)* ***try and ~ normal*** versuch, dich normal zu verhalten; ***he was ~ing very scared*** er verhielt sich sehr verängstigt
⑦ *(play)* [Theater] spielen; ***I always wanted to ~*** ich wollte schon Schauspielerin werden
⑧ *(sham)* schauspielern *fam;* ***she was simply ~ing*** sie tat nur so
⑨ *(take effect)* ■**to ~ [on sth]** [auf etw *akk*] wirken; ***it takes a while before the drug starts to ~*** es dauert eine Weile, bevor das Medikament zu wirken beginnt
III. *vt* ① *(play)* ■**to ~ sb/sth** jdn/etw spielen; **to ~ Desdemona** die Desdemona spielen
② *(behave as)* **to ~ the fool/innocent/martyr** den Idioten/Unschuldigen/Märtyrer spielen
▶ PHRASES: **to ~ a part** [jdm] etwas vormachen; **to ~ the part** überzeugend sein
◆**act in** *vt* ■**to ~ sth in** etw internalisieren
◆**act out** *vt* ① *(realize)* ■**to ~ out sth** etw ausleben; **to ~ out a fantasy** eine Fantasie ausleben
② *(perform)* ■**to ~ out sth** etw nachspielen
③ PSYCH **to get ~ed out** *feelings* sich äußern
◆**act up** *vi (fam)* ① *person* Ärger [*o* Theater] machen; *child* sich *akk* ungezogen benehmen
② *thing* Ärger [*o* Probleme] machen *fam; computer* verrückt spielen *fam*
ACT I. *n* [ˌeɪsiːˈtiː] ECON *abbrev of* **advance corporation tax** Körperschaftssteuervorauszahlung *f*
II. AUS *abbrev of* **Australian Capital Territory**
acting [ˈæktɪŋ] **I.** *adj attr, inv* stellvertretend; **~ manager** stellvertretender Geschäftsführer/stellvertretende Geschäftsführerin, kommissarischer Leiter/kommissarische Leiterin
II. *n no pl* ① *(activity)* Schauspielerei *f*
② *(performance)* Darstellung *f*
actinic [ækˈtɪnɪk] *adj inv* MED, PHYS *(spec)* aktinisch
actinic light [ækˈtɪnɪk-] *n* CHEM, PHOT aktinisches Licht
actinium [ækˈtɪniəm] *n no pl* CHEM Actinium *nt fachspr*
action [ˈækʃᵊn] *n* ① *no pl (activeness)* Handeln *nt;* ***what we need is ~*** wir brauchen Taten; ***only decisive ~ will stop the crisis from escalating*** nur ein entschlossenes Vorgehen wird eine Eskalation der Krise verhindern; ***we need firm ~*** wir müssen entschlossen vorgehen; **course of ~** Vorgehensweise *f;* ***could you tell me what the best course of ~ is?*** wie soll ich Ihrer Meinung nach am besten vorgehen?; ***so, what's the plan of ~?*** wie sieht also die Strategie aus?; **a man/woman of ~** ein Mann/eine Frau der Tat; **prompt ~** promptes Handeln; **to go [*or* spring] into ~** in Aktion treten; **to prod [*or* spur] sb into ~** jdn dazu bringen, etw zu tun; **to put sth into ~** etw in die Tat umsetzen; **to put sb out of ~** jdn außer Gefecht setzen; **to take ~** handeln; ***no ~ was taken*** es wurde nichts unternommen; **in ~** in Aktion; **to be out of ~** außer Gefecht sein
② *(act)* Handlung *f*, Tat *f;* ***you're responsible for your own ~s now*** du bist jetzt selbst für das, was du tust, verantwortlich; ***your ~ in releasing the caged animals was highly irresponsible*** es war höchst unverantwortlich von Ihnen, die eingesperrten Tiere freizulassen

❸ (*gesture*) Bewegung *f; **I'll say the words and you can mime the ~s*** ich spreche den Text und du kannst die Bewegungen dazu machen
❹ *no pl* (*plot*) **the** [**main**] ~ die [Haupt]handlung
❺ *no pl* FILM Action *f fam; **lights, camera, ~!*** Beleuchtung, Kamera und Action!
❻ *no pl* (*combat*) Einsatz *m;* **to be destroyed by enemy** ~ durch Feindeinwirkung zerstört werden; **to go into** ~ ins Gefecht ziehen; **to be killed in** ~ fallen; **to be missing in** ~ vermisst sein; **to see** ~ *troops* im Einsatz sein; **to be in** ~ *platoon* im Einsatz sein
❼ (*battle*) Gefecht *nt,* Kampf *m*
❽ *no pl* (*function*) Arbeitsweise *f,* Funktionsweise *f;* **to go** [*or* **spring**] **into** ~ in Gang kommen; **to put sth out of** ~ etw außer Betrieb setzen; **in** ~ in Betrieb; **to be out of** ~ außer Betrieb sein
❾ *no pl* (*effect*) Wirkung *f; **the fibres are broken down by chemical** ~* die Fasern werden durch chemische Vorgänge zersetzt
❿ (*mechanism*) Mechanismus *m*
⓫ (*coordination*) Bewegung *f*
⓬ LAW (*in court*) Prozess *m,* Klage *f;* **class** ~ Gruppenklage *f;* **court** ~ Prozess *m;* **~s ex contractu** Ansprüche *mpl* aus Vertrag als Klagegrund; **~s ex delicto** Ansprüche *mpl* aus Delikt als Klagegrund; ~ **for libel, libel** ~ Verleumdungsklage *f;* ~ **for damages** Schadenersatzklage *f;* ~ **in personam** obligatorische Klage; ~ **in rem** dingliche Klage; ~ **in tort** Schadenersatzklage *f;* **to bring an** ~ [**for sth**] **against sb** [wegen einer S. *gen*] gegen jdn Klage erheben, jdn [wegen einer S. *gen*] verklagen; **to bring an** ~ **for damages against sb** jdn auf Schadenersatz verklagen
⓭ *no pl* (*strike*) Streik *m*
⓮ *no pl* ■**the** ~ (*excitement*) das Geschehen; (*fun also*) die Action *fam; **... where the ~ is ...*** wo was los ist
⓯ COMPUT ~ **bar** Aktionsleiste *f,* Menüleiste *f;* ~ **bar pull-down** Aktionsfenster *nt,* Menüfenster *nt*
► PHRASES: **to want a <u>piece</u>** [*or* **<u>slice</u>**] **of the** ~ (*fam*) eine Scheibe vom Kuchen abhaben wollen; **~s speak louder than <u>words</u>** (*prov*) Taten sagen mehr als Worte *prov;* **the <u>wheels</u> of bureaucracy creak into** ~ *esp* BRIT (*hum*) die Mühlen der Bürokratie setzen sich langsam in Bewegung

actionable [ˈækʃᵊnəbl̩] *adj inv* LAW strafbar, gerichtlich verfolgbar; *statement* klagbar; *right* einklagbar; **torts which are** ~ **per se** Delikte, die selbständig (ohne Schadensnachweis) einen Klagegrund bilden

action committee *n* Aktionskomitee *nt* **action figure** *n* Actionfigur *f* **action film** *n* Actionfilm *m* **action group** *n* Aktionskomitee *nt* **action-packed** *adj story, film* spannungsgeladen, actiongeladen *fam* **action painting** *n no pl* Actionpainting *nt* **action replay** *n* BRIT, AUS TV Wiederholung *f* (*meist in Zeitlupe*) **action stations** *esp* BRIT **I.** *npl* MIL Stellung *f;* **"~!"** „Stellung [beziehen]!"; **to be at** ~ in Stellung sein; (*fig also*) an seinem Platz sein **II.** *interj* aufgepasst!

activate [ˈæktɪveɪt] *vt* ■**to** ~ **sth** ❶ (*trigger*) etw aktivieren [*o* in Gang setzen]; **to** ~ **an alarm** einen Alarm auslösen
❷ CHEM, PHYS (*speed up*) etw aktivieren

activated carbon *n,* **active carbon** *n no pl* Aktivkohle *f* **activated sludge** *n* Belebtschlamm *m*

activation [ˌæktɪˈveɪʃᵊn] *n no pl* Aktivierung *f; of alarm* Auslösen *nt*

active [ˈæktɪv] **I.** *adj* ❶ (*not idle*) aktiv; *children* lebhaft; **mentally** ~ geistig rege; **physically** ~ körperlich aktiv; **to keep** ~ aktiv bleiben
❷ (*not passive*) aktiv; **to take an** ~ **interest** reges Interesse an etw *dat* zeigen; **to take** [*or* **play**] **an** ~ **part in sth** sich *akk* aktiv an etw *dat* beteiligen; ~ **support** tatkräftige Unterstützung; **politically** ~ politisch aktiv [*o* tätig]
❸ *inv* (*not inert*) aktiv; ~ **volcano** aktiver Vulkan
❹ (*radioactive*) radioaktiv
❺ *inv* LING aktiv
❻ *pred* (*astir*) aktiv; **to be** ~ **during the day/at night** tag-/nachtaktiv sein
❼ FIN ~ **account** aktives Konto; ~ **partner** geschäftsführender Teilhaber/geschäftsführende Teilhaberin
II. *n no pl* LING ~ [**voice**] Aktiv *nt;* **in the** ~ im Aktiv

active list *n* MIL Liste *f* der Reserveoffiziere; **to be on the** ~ zur ständigen Verfügung stehen

actively [ˈæktɪvli] *adv* aktiv; **to be** ~ **involved in sth** intensiv an etw *dat* beteiligt sein [*o* mitarbeiten]

active market *n* STOCKEX lebhafte Börse **active service** *n,* AM **active duty** *n no pl* MIL aktiver Dienst; **on** ~ im Einsatz **activewear** [ˈæktɪvweəʳ, AM -wer] *n no pl* Activewear *f* (*Bekleidung für leistungsorientierten Sport*)

activism [ˈæktɪvɪzᵊm] *n no pl* Aktivismus *m*

activist [ˈæktɪvɪst] *n* Aktivist(in) *m(f)*

activity [ækˈtɪvəti, AM -ət̬i] *n* ❶ (*activeness*) Aktivität *f;* **economic activities** wirtschaftliche Unternehmungen; **social activities** gesellschaftliche Aktivitäten
❷ *no pl* (*liveliness*) Lebhaftigkeit *f; in market, place etc* geschäftiges Treiben; *in office* Geschäftigkeit *f;* **a flurry of** ~ eine Hektik
❸ *usu pl* (*pastime*) Aktivität *f,* Veranstaltung *f;* (*mental*) Beschäftigung *f;* **outdoor activities** Aktivitäten *fpl* im Freien
❹ *usu pl* (*undertakings*) Aktivitäten; **classroom activities** schulische Tätigkeiten; **criminal/terrorist activities** kriminelle/terroristische Tätigkeiten [*o* Aktivitäten]
❺ (*radioactivity*) Radioaktivität *f*

activity chart *n* ECON Arbeitsplanungsformular *nt*

actor [ˈæktəʳ, AM -ɚ] *n* ❶ (*performer*) Schauspieler *m*
❷ (*pretender*) Schauspieler(in) *m(f)*

actor-director [ˌɑktədɪˈrektəʳ, AM -tɚdɪˈrektɚ] *n* Regie führender Schauspieler/Regie führende Schauspielerin

actress <*pl* -es> [ˈæktrəs] *n* Schauspielerin *f*

actual [ˈæktʃuəl] **I.** *adj attr, inv* ❶ (*real*) eigentlich, tatsächlich; *facts* konkret, tatsächlich
❷ (*genuine*) echt; **your** ~ **...** BRIT (*fam*) der/die/das echte ...
❸ (*current*) derzeitig; **in the** ~ **situation** bei der derzeitigen Lage
❹ (*precise*) genau; ***and those are the ~ words he used?*** und das hat er *so* gesagt?; **in** ~ **fact** tatsächlich
❺ FIN ~ **price** Istpreis *m*
II. *n* FIN (*commodity*) effektiv vorhandene Ware *f,* Lokoware *f,* Kassaware *f*

actuality [ˌæktʃuˈæləti, AM -ət̬i] *n* (*form*) ❶ *no pl* (*reality*) Wirklichkeit *f,* Realität *f;* **in** ~ in Wirklichkeit
❷ (*conditions*) ■**actualities** *pl* tatsächliche Gegebenheiten; **the actualities of life** die Lebensbedingungen

actualize [ˌæk(t)ʃuəlaɪz] *vt* (*form*) ■**to** ~ **sth** etw realisieren; **to** ~ **one's dream** seinen Traum verwirklichen

actually [ˈæktʃuəli] *adv inv* ❶ (*in fact*) eigentlich; ***so what ~ happened?*** was ist denn nun passiert?; ***who ~ took this decision?*** wer hat denn nun diese Entscheidung eigentlich getroffen?; ***that isn't ~ what I meant*** das habe ich eigentlich nicht gemeint
❷ (*surprisingly*) tatsächlich; ***I'm one of the few people who don't ~ like champagne*** ich gehöre zu den wenigen Leuten, die tatsächlich keinen Champagner mögen; ***they've ~ decided to get married*** sie haben tatsächlich beschlossen, zu heiraten
❸ (*hum iron: unexpectedly*) tatsächlich
❹ (*correcting, polite*) eigentlich, in Wirklichkeit; ***~, that's my seat you're sitting in*** ich glaube, Sie sitzen auf meinem Platz; ***I'm ~ rather busy at the moment*** ich bin im Augenblick ziemlich beschäftigt

actuarial [ˌæktʃuˈeəriəl, AM -ˈeri-] *adj inv* FIN versicherungsmathematisch *fachspr*

actuary [ˈæktʃuəri] *n* FIN Versicherungsmathematiker(in) *m(f),* Aktuar(in) *m(f) fachspr;* **consulting** ~ beratender Versicherungsmathematiker/beratende Versicherungsmathematikerin

actuate [ˈæktʃueɪt] *vt* ❶ (*operate*) ■**to** ~ **sth** *device, mechanism* etw in Gang setzen
❷ TECH (*trigger*) ■**to** ~ **sth** etw auslösen
❸ (*form: motivate*) ■**to be ~d by sth** von etw *dat* angetrieben sein

actuator [ˈæktʃueɪtəʳ, AM -t̬ɚ] *n* COMPUT Bestätigungsschaltstück *nt*

actus reus [ˌæktəsˈreɪəs] *n* LAW Tatbestand *m*

ACU *n abbrev of* **automatic calling unit** automatische Anrufeinrichtung

acuity [əˈkjuːəti, AM -ət̬i] *n no pl* (*form*) Schärfe *f; of thought* Scharfsinn *m;* **visual** ~ Sehschärfe *f*

acumen [ˈækjʊmən, AM əˈkjuː-] *n no pl* Scharfsinn *m;* **business** ~ Geschäftssinn *m;* **political** ~ politischer Weitblick; **to show** ~ **in doing sth** in etw *dat* Weitblick zeigen

acupressure [ˈækjʊpreʃəʳ, AM -ɚ] *n no pl* Akupressur *f*

acupuncture [ˈækjʊpʌŋ(k)tʃəʳ, AM -ɚ] *n no pl* Akupunktur *f*

acutance [əˈkjuːtᵊn(t)s] *n* PHOT, PHYS Randschärfe *f*

acute [əˈkjuːt] **I.** *adj* ❶ (*serious*) akut; *difficulties* ernst, gravierend *geh; **the crisis is becoming ever more ~*** die Krise verschärft sich immer mehr; ~ **anxiety** ernsthafte Sorge; ~ **illness** akute Erkrankung; ~ **pain** heftiger Schmerz; ~ **shortage** akuter Mangel
❷ (*keen*) scharf; ~ **hearing** feines Gehör; ~ **sense of smell** ausgeprägter Geruchssinn
❸ (*shrewd*) scharfsinnig; ~ **observation** genaue [*o* scharfe] Beobachtung
❹ (*sharp*) spitz; ~ **angle** spitzer Winkel
II. *n* LING Akut *m fachspr*

acute accent *n* LING Akut *m fachspr* **acute-angled** *adj* spitzwinklig

acutely [əˈkjuːtli] *adv* ❶ (*extremely*) äußerst; **to be** ~ **ill** sehr krank sein; **to feel sth** ~ etw intensiv fühlen [*o* empfinden]; **to be** ~ **aware of sth** sich *dat* einer S. *gen* sehr bewusst sein
❷ (*shrewdly*) scharfsinnig

acuteness [əˈkjuːtnəs] *n no pl* ❶ (*severity*) Ernsthaftigkeit *f; of illness* Akutheit *f; of pain* Intensität *f*
❷ (*shrewdness*) Schärfe *f,* Scharfsinn *m; of sb's observations* Genauigkeit *f*
❸ (*keenness*) Feinheit *f*

A/D, A to D *abbrev of* **analogue to digital** Analog-Digital-Umwandlung *f;* ~ **converter** Analog-Digital-Umsetzer *m*

ad [æd] *n* (*fam*) *short for* **advertisement** Anzeige *f;* (*on TV*) Werbespot *m;* **precision-targeted** ~ zielgruppenspezifische Werbung

AD [ˌeɪˈdiː] *adj abbrev of* **Anno Domini** n. Chr.

adage [ˈædɪdʒ] *n* Sprichwort *nt*

ad agency *n short for* **advertising agency** Werbeagentur *f*

adagio [əˈdɑː(d)ʒiəʊ, AM -(d)ʒoʊ] MUS **I.** *adv* adagio
II. *adj* adagio, langsam
III. *n* Adagio *nt fachspr*

Adam [ˈædəm] *n no pl* Adam *m*
► PHRASES: **to not <u>know</u> sb from** ~ jdn überhaupt nicht kennen; ***you don't know me from ~*** du hast doch gar keine Ahnung, wer ich bin

adamant [ˈædəmənt] *adj* ❶ *pred person* ■**to be** ~ unnachgiebig sein; ■**to be** ~ **about** [*or* **in**] **sth** auf etw *dat* beharren [*o* bestehen]; ■**to be** ~ **that ...** darauf beharren [*o* bestehen], dass ...
❷ *refusal* hartnäckig

adamantine [ˌædəˈmæntaɪn] *adj* ❶ (*like diamond*) diamantartig, steinhart
❷ (*fig poet*) unerbittlich *geh,* unnachgiebig; ~ **will** unbeugsamer Wille *geh*

adamantly [ˈædəməntli] *adv* hartnäckig; **to be** ~ **opposed to sth** etw entschieden ablehnen

Adam's apple *n* Adamsapfel *m*

adapt [əˈdæpt] **I.** *vt* ❶ (*modify*) ■**to** ~ **sth** etw anpassen; *machine* etw umstellen [*o* umbauen]; ■**to** ~ **sth to sth** etw an etw *akk* anpassen
❷ (*adjust*) ■**to** ~ **sth** [**to sth**] etw [an etw *akk*]

anpassen; ***we had to ~ our lifestyle to the new circumstances*** wir mussten unseren Lebensstil an die neuen Verhältnisse anpassen; ■**to ~ oneself to sth** sich *akk* an etw *akk* gewöhnen
③ (*rewrite*) ■**to ~ sth for sb/sth** etw für jdn/etw bearbeiten [*o geh* adaptieren]; ***the play has been ~ed for children*** das Stück wurde für Kinder umgearbeitet
II. *vi* ■**to ~** [**to sth**] sich *akk* [einer S. *dat*] anpassen; BIOL sich *akk* [einer S. *dat*] adaptieren *fachspr;* ***children ~ very easily to new environments*** Kindern gewöhnen sich sehr leicht an eine neue Umgebung
adaptability [əˌdæptəˈbɪləti, AM -əṭi] *n no pl* Anpassungsfähigkeit *f* (**to/for** an +*akk*)
adaptable [əˈdæptəbl̩] *adj* anpassungsfähig; *machine* vielseitig; **to be ~ to sth** *person* sich *akk* an etw *akk* anpassen können; *thing* sich *akk* an etw *akk* anpassen lassen
adaptation [ˌædæpˈteɪʃᵊn] *n* ① *no pl* (*adapting*) Anpassung *f* (**to** an +*akk*)
② *no pl* (*modifying*) Umbau *m* (**to** +*gen*); *of machine* Umstellung *f* (**to** auf +*akk*)
③ (*work*) Bearbeitung *f,* Adaption *f geh*
④ BIOL Adaptation *f fachspr*
adapted [əˈdæptɪd] *adj inv* angepasst; **specially ~** an spezielle Bedürfnisse angepasst
adapter *n see* **adaptor**
adaption [əˈdæpʃᵊn] *n see* **adaptation**
adaptive [əˈdæptɪv] *adj* BIOL anpassungsfähig
adaptor [əˈdæptəʳ, AM -ɚ] *n* ① (*device*) Adapter *m*
② (*plug*) Adapter *m;* (*with several*) Mehrfachsteckdose *f,* Mehrfachstecker *m*
③ (*writer*) Bearbeiter(in) *m(f)*
ADC *n* ① *abbrev of* **aide-de-camp**
② *abbrev of* **analogue to digital converter** Analog-Digital-Umsetzer *m*
add [æd] **I.** *vt* ① (*mix*) ■**to ~ sth** [**to sth**] *ingredients* etw [zu etw *dat*] hinzufügen [*o* dazugeben]
② (*include*) ■**to ~ sth to sth** etw *dat* etw hinzufügen
③ (*attach*) ■**to ~ sth** [**to sth**] [etw *dat*] etw hinzufügen, etw an etw *akk* anfügen; ***I ~ed her name to the list*** ich habe ihren Namen mit auf die Liste gesetzt
④ (*say*) ■**to ~ sth** [**to sth**] [etw *dat*] etw hinzufügen
⑤ (*sum*) ■**to ~ sth** [**together**] etw addieren [*o* zusammenzählen]; ■**to ~ sth to sth** etw zu etw *dat* [dazu]zählen
⑥ (*contribute*) ■**to ~ sth to sth** etw zu etw *dat* beitragen
► PHRASES: **to ~ <u>insult</u> to injury ...** um die Sache noch schlimmer zu machen, ...
II. *vi* ① (*do sums*) addieren, zusammenzählen
② (*increase*) ■**to ~ to sth** zu etw *dat* beitragen; ***these little extras all ~ to the cost*** all diese kleinen Extras erhöhen die Kosten
◆**add in** *vt* ■**to ~ in** ⊂ **sth** etw hinzufügen [*o* einkalkulieren]
◆**add on** *vt* ■**to ~ on** ⊂ **sth** ① (*include*) etw [mit] dazurechnen
② (*attach*) etw hinzufügen
③ (*build*) etw anbauen
◆**add up I.** *vi* ① (*do sums*) addieren
② (*total*) ■**to ~ up to sth** *bill* sich *akk* auf etw *akk* belaufen
③ (*accumulate*) sich *akk* summieren; ■**to ~ up to sth** *costs, expenses* sich *akk* auf etw *akk* belaufen
④ (*fam: make sense*) **it doesn't ~ up** es macht [*o* ergibt] keinen Sinn; **now it all ~s up!** so passt alles zusammen!
⑤ (*lead to*) ■**to ~ up to sth** zu etw *dat* beitragen; ***various people made suggestions, but they didn't ~ up to much*** verschiedene Leute machten Vorschläge, doch letztlich kam nicht viel dabei heraus
II. *vt* ■**to ~ up** ⊂ **sth** etw addieren [*o* zusammenzählen]
ADD [ˌeɪdiːˈdiː] *n no pl abbrev of* **attention deficit disorder**
added [ˈædɪd] *adj inv* zusätzlich; **~ to which ...** *esp* BRIT hinzu kommt, dass ...
added value *n* FIN Mehrwert *m fachspr*
addenda [əˈdendə] *n pl of* **addendum**
addendum <*pl* -da> [əˈdendəm, *pl* -də] *n* ① (*addition*) Nachtrag *m* (**to** zu +*dat*)
② (*appendix*) ■**addenda** *pl* Anhang *m,* Addenda *pl fachspr*
adder [ˈædəʳ, AM -ɚ] *n* Otter *f,* Viper *f*
addict [ˈædɪkt] *n* ① (*junkie*) Abhängige(r) *f(m),* Süchtige(r) *f(m);* **drug ~** Drogenabhängige(r) *f(m);* **to become an ~** süchtig werden
② (*hum: fan*) Süchtige(r) *f(m);* ***he's a chocolate ~*** er ist süchtig nach Schokolade
addicted [əˈdɪktɪd] *adj usu pred* ① (*dependent*) ■**to be ~ to sth** von etw *dat* abhängig sein, nach etw *dat* süchtig sein; **to be ~ to cocain/heroin** kokain-/heroinsüchtig sein; **to be ~ to drugs** drogenabhängig [*o* drogensüchtig] sein; **to get sb ~** jdn abhängig [*o* süchtig] machen
② (*enthusiastic*) süchtig; ■**to be ~ to sth** nach etw *dat* süchtig sein
addiction [əˈdɪkʃᵊn] *n* ① *no pl* (*dependency*) Abhängigkeit *f* (**to** von +*dat*), Sucht *f* (**to** nach +*dat*); **alcohol/drug ~** Alkohol-/Drogenabhängigkeit *f,* Alkohol-/Drogensucht *f*
② (*craving*) Sucht *f;* ***shopping can become an ~*** Einkaufen kann zur Sucht werden
addictive [əˈdɪktɪv] *adj* ① (*causing dependency*) ■**to be ~** abhängig [*o* süchtig] machen; **to be highly ~** schnell süchtig machen; **~ drug/substance** Suchtdroge *f*/Suchtmittel *nt*
② (*enjoyable*) ■**to be ~** süchtig machen; ***video games can be ~*** Videospiele können zur Sucht werden
③ PSYCH **~ personality** Suchttyp *m*
add-in I. *n* Zusatz *m*
II. *adj* Zusatz-
adding machine *n* Addiermaschine *f* **adding up** *n no pl* Addieren *nt*
addition [əˈdɪʃᵊn] *n* ① *no pl* (*adding*) Addition *f*
② *no pl* (*attaching*) Hinzufügen *nt* (**to** an +*akk*); *of building* Anbau *m* (**to** an +*akk*)
③ *no pl* (*including*) Aufnahme *f*
④ (*extra*) Ergänzung *f* (**to** zu +*dat*), Zusatz *m* (**to** zu +*dat*); **~ to the family** (*hum*) [Familien]zuwachs *m*
⑤ ■**in ~** außerdem; ■**in ~ to sth** zusätzlich zu etw *dat*
additional [əˈdɪʃᵊnᵊl] *adj inv* ① (*extra*) zusätzlich; **~ charge** Aufpreis *m*
② FIN **~ voluntary contributions** freiwillige Sonderbeitragsleistung
additionally [əˈdɪʃᵊnᵊli] *adv inv* außerdem, zusätzlich; ***and ~ he said that ...*** und ergänzend fügte er hinzu, dass ...
additive [ˈædɪtɪv, AM -ṭɪv] **I.** *n* Zusatz *m;* **chemical ~s** chemische Zusätze
II. *adj* zusätzlich
addle [ˈædl̩] **I.** *vt* (*hum*) **to ~ sb's brain** jds Verstand verwirren
II. *vi* verderben; *eggs* faulen
addled [ˈædl̩d] *adj* ① (*hum: muddled*) verwirrt; **~ brain** benebeltes [Ge]hirn
② (*rotten*) verdorben; **~ eggs** faule Eier
add-on [ˈædɒn, AM -ɑːn] *n* COMPUT Zusatzgerät *f;* (*several*) Zubehör *nt*
address I. *n* <*pl* -es> [əˈdres, AM ˈæd-] ① (*abode*) Adresse *f,* Anschrift *f;* ***she's not at that ~ any more*** sie wohnt nicht mehr dort; **business/home ~** Geschäfts-/Privatadresse *f;* **physical ~** Postanschrift *f;* **not known at this ~** Empfänger unbekannt
② (*form: skill*) Geschick *nt*
③ COMPUT Adresse *f*
④ (*speech*) Rede *f* (**to** an +*akk*); (*for a particular occasion*) Ansprache *f* (**to** an +*akk*)
⑤ (*title*) **form of ~** [Form *f* der] Anrede *f*
⑥ (*liter: courtship*) **to pay one's ~es to sb** jdm den Hof machen *fam o veraltend*
II. *vt* [əˈdres] ① (*write address*) ■**to ~ sth** [**to sb/sth**] etw [an jdn/etw] adressieren; **to ~ a letter/a parcel** einen Brief/ein Paket adressieren
② (*direct*) ■**to ~ sth to sb** ***he ~ed a few introductory remarks to the audience*** er richtete einige einführende Bemerkungen an die Zuhörer; ■**to ~ oneself to sb/sth** sich *akk* an jdn/etw wenden
③ (*speak to*) ■**to ~ sb** jdn ansprechen; ***were you ~ing me?*** haben Sie mit mir gesprochen?; ***he rose to ~ the meeting*** er erhob sich, um zu der Versammlung zu sprechen; ■**to ~ oneself to sb** jdn ansprechen
④ (*use title*) ■**to ~ sb** [**as sth**] jdn [als etw *akk*] anreden
⑤ (*deal with*) ■**to ~ sth** *issue* etw ansprechen
⑥ (*in golf*) **to ~ the ball** den Ball anvisieren
address book *n* Adressbuch *nt*
addressee [ˌædresˈiː] *n* Empfänger(in) *m(f),* Adressat(in) *m(f) geh*
addressing machine *n* Adressiermaschine *f*
address label *n* Adress[en]aufkleber *m*
adduce [əˈdjuːs, AM *esp* əˈduːs] *vt* (*form*) ■**to ~ sth** *facts* etw anführen; **to ~ evidence** LAW Beweismaterial *nt* vorlegen
adeem [əˈdiːm] *vt* LAW ■**to ~ a legacy** ein Vermächtnis wegfallen lassen [*o* entziehen]
ademption [əˈdem(p)ʃᵊn] *n* LAW Wegfall *m* [*o* Entziehung *f*] eines Vermächtnisses
adenoidal [ˌædɪˈnɔɪdᵊl, AM -dᵊnˈ-] *adj inv* nasal; ***he sounds ~*** er näselt
adenoids [ˈædɪnɔɪdz, AM -dᵊn-] *npl* (*in throat*) Rachenmandelwucherungen *fpl;* (*in nose*) Polypen *mpl,* Adenoide *ntpl fachspr*
adept I. *adj* [əˈdept] geschickt; **~ performer** talentierter Darsteller/talentierte Darstellerin; ■**to be ~ at** [*or* **in**] [**doing**] **sth** in etw *dat* geschickt sein; ***he was never very ~ in the finer arts of conversation*** er hatte noch nie ein Talent für gepflegte Unterhaltung
II. *n* [ˈædept] (*liter*) Meister(in) *m(f)* (**at** in +*dat*)
adeptly [əˈdeptli] *adv* geschickt
adequacy [ˈædɪkwəsi] *n no pl* ① (*sufficiency*) Angemessenheit *f,* Zulänglichkeit *f*
② (*suitability*) Tauglichkeit *f,* Eignung *f*
adequate [ˈædɪkwət] *adj* ① (*sufficient*) ausreichend, genügend *attr; excuse* angemessen
② (*suitable*) angemessen, adäquat *geh;* **to find ~ words** die passenden Worte finden
③ (*commensurate*) ■**~ to sth** einer S. *dat* angemessen
④ (*barely sufficient*) zulänglich; **to be ~** [aus]reichen
adequately [ˈædɪkwətli] *adv* ① (*sufficiently*) ausreichend
② (*suitably*) angemessen
③ (*barely sufficiently*) zulänglich; ***we shall do ~, but are unlikely to make a large profit*** wir werden gerade so auskommen, aber sicherlich keinen großen Gewinn machen
ADHD [ˌeɪdiːeɪtʃˈdiː] *n abbrev of* **attention deficient hyperactivity disorder**
adhere [ədˈhɪəʳ, AM -ˈhɪr] *vi* ① (*form: stick*) ■**to ~** [**to sth**] [an etw *akk*] kleben [*o geh* haften]
② (*follow*) ■**to ~ to sth** *rule* sich *akk* an etw *akk* halten
③ (*support*) ■**to ~ to sth** *a principle* an etw *dat* festhalten
④ (*represent*) ■**to ~ to sth** bei etw *dat* bleiben; ***the translator has ~d very strictly to the original text*** der Übersetzer hat sich strikt an den Originaltext gehalten
adherence [ədˈhɪərᵊn(t)s, AM -ˈhɪr-] *n no pl* (*form*) Festhalten *nt* (**to** an +*dat*); *of rule* Befolgung *f* (**to** +*gen*)
adherent [ədˈhɪərᵊnt, AM -ˈhɪr-] (*form*) **I.** *n* Anhänger(in) *m(f)*
II. *adj* klebend *attr,* haftend *attr*
adhesion [ədˈhiːʒᵊn] *n no pl* ① (*sticking*) Haften *nt* (**to** an +*dat*), Adhäsion *f fachspr* (**to** von +*dat*)
② (*stickiness*) Haftvermögen *nt*
③ (*form*) *see* **adherence**
adhesive [ədˈhiːsɪv] **I.** *adj* haftend *attr,* klebend *attr*
II. *n no pl* Klebstoff *m,* Kleber *m fam*
III. *n modifier* (*label, tape*) Klebe-; **~ plaster** Heft-

pflaster *nt*

ad hoc [ˌæd'hɒk, AM -'hɑːk] *inv* **I.** *adj* Ad-hoc-; **an ~ committee** LAW ein Ad-hoc-Ausschuss *m;* **to do sth on an ~ basis** etw spontan tun
II. *adv* ad hoc

ad idem [ˌæd'ɪdəm, AM -'aɪ-] *adv* LAW in Übereinstimmung miteinander

adieu [ə'djuː, AM *esp* -'duː] **I.** *interj* (*liter or old*) adieu; ***~, then my friends*** lebt wohl, meine Freunde
II. *n* <*pl* -s *or* -x> (*liter or old*) Adieu *nt,* Lebewohl *nt;* **to bid sb/sth ~** [*or* **~ to sb/sth**] jdm/etw Lebewohl sagen

ad infinitum [ˌædɪnfɪ'naɪtəm, AM -t̬əm] *adv inv* ad infinitum *geh,* endlos

adios ['ædiɒs, AM ˌɑːdi'oʊs, 'ædi-] *interj esp* AM (*fam*) adios *sl*

adipose ['ædɪpəʊs, AM -əpoʊs] *adj attr, inv* MED fetthaltig *attr,* adipös *fachspr*

adipose tissue *n no pl* MED Fettgewebe *nt*

adj *n abbrev of* **adjective** Adj.

adjacent [ə'dʒeɪsᵊnt] *adj* (*form*) ❶ (*next to*) angrenzend; **the ~ building** das Gebäude nebenan; ***her room was ~ to mine*** ihr Zimmer lag neben meinem
❷ (*nearby*) nah[e]; **~ *to where I live*** in der Nähe meiner Wohnung

adjectival [ˌædʒɪk'taɪvᵊl] *adj inv* adjektivisch; **~ ending** Adjektivendung *f*

adjectivally [ˌædʒɪk'taɪvᵊli] *adv inv* adjektivisch

adjective ['ædʒɪktɪv] *n* Adjektiv *nt,* Eigenschaftswort *nt*

adjective law *n* LAW Verfahrensrecht *nt,* formelles Recht

adjoin [ə'dʒɔɪn] **I.** *vt* ■**to ~ sth** an etw *akk* angrenzen; *building* an etw *akk* stoßen
II. *vi* aneinander grenzen

adjoining [ə'dʒɔɪnɪŋ] *adj attr, inv* angrenzend *attr,* nebeneinander liegend *attr;* **~ room** Nebenzimmer *nt*

adjourn [ə'dʒɜːn, AM -ɜːrn] **I.** *vt usu passive* ■**to ~ sth** (*interrupt*) etw unterbrechen; (*suspend*) etw verschieben [*o geh* vertagen]; LAW etw vertagen; **to ~ the court** die [Gerichts]verhandlung vertagen
II. *vi* ❶ (*stop temporarily*) eine Pause einlegen [*o* machen], unterbrechen; (*end*) aufhören; ***shall we ~ for lunch?*** sollen wir eine Mittagspause einlegen?
❷ (*form or dated: move to*) **to ~ to the living** [*or* **sitting**] **room** sich *akk* ins Wohnzimmer begeben

adjournment [ə'dʒɜːnmənt, AM -ɜːrn-] *n* ❶ (*temporary stop*) Unterbrechung *f*
❷ *no pl* (*until another day*) Verschiebung *f;* LAW Vertagung *f* (**until** bis +*dat*)

adjudge [ə'dʒʌdʒ] *vt usu passive* (*form*) ❶ (*evaluate as*) **to be ~d bankrupt** für bankrott erklärt werden; **to be ~d the winner** zum Sieger erklärt werden
❷ (*award*) ■**to ~ sth to sb** jdm etw zuerkennen

adjudicate [ə'dʒuːdɪkeɪt] (*form*) **I.** *vi* ■**to ~ [up]on sth** über etw *akk* entscheiden; LAW über etw *akk* ein Urteil fällen; **to ~ on a dispute** einen Streit entscheiden, ein Urteil in einem Streit[fall] fällen
II. *vt* LAW **to ~ a claim/dispute** über einen Anspruch/Streit entscheiden; ■**to be ~d sth** zu etw *dat* erklärt werden; ***he was ~d bankrupt*** über ihn wurde der Konkurs verhängt, er wurde für bankrott erklärt

adjudication [əˌdʒuːdɪ'keɪʃᵊn] *n* (*form*) ❶ *also* LAW (*judgment*) Entscheidung *f,* Urteil *nt;* **~ order** [*or* **~ of bankruptcy**] Konkurseröffnungsbeschluss *m;* **~ tribunal** Schlichtungskommission *f*
❷ *no pl* (*consideration*) Beurteilung *f;* **to be under ~ in the courts** gerichtlich verhandelt werden

adjudication tribunal *n* Schiedsrichterkommission *f*

adjudicator [ə'dʒuːdɪkeɪtəʳ, AM -t̬ə˞] *n* (*form*) Schiedsrichter(in) *m(f),* Schlichter(in) *m(f);* (*in competition*) Preisrichter(in) *m(f)*

adjunct ['ædʒʌŋ(k)t] **I.** *n* ❶ (*secondary item*) Zusatz *m,* Beigabe *f*
❷ (*assistant*) Assistent(in) *m(f)*
❸ LING Ergänzung *f;* **adverbial ~** adverbiale Ergänzung
II. *adj doctor, surgeon* Assistenz-; **~ professor** AM außerordentlicher Professor; **~ teacher** AM Hilfslehrer(in) *m(f)*

adjure [ə'dʒʊəʳ, AM -'dʒʊr] *vt* (*form*) ■**to ~ sb to do sth** jdn beschwören [*o* inständig bitten], etw zu tun

adjust [ə'dʒʌst] **I.** *vt* ❶ (*set*) ■**to ~ sth** etw [richtig] einstellen [*o* regulieren]; **to ~ a lever** einen Hebel verstellen
❷ (*rearrange*) **to ~ one's clothing** seine Kleidung in Ordnung bringen
❸ (*tailor*) ■**to ~ sth** etw umändern; **to ~ a seam** (*take in*) einen Saum umnähen; (*let out*) einen Saum auslassen
❹ (*adapt*) ■**to ~ sth to sth** etw einer S. *dat* anpassen [*o* auf etw *akk* ausrichten]; **to ~ oneself to sth** sich *akk* auf etw *akk* einstellen
❺ (*in insurance*) **to ~ a claim** einen Anspruch berechnen; **to ~ a damage** einen Schaden regulieren
II. *vi* (*adapt*) ■**to ~ to sth** sich *akk* an etw *akk* anpassen; (*feel comfortable with*) sich *akk* an etw *akk* gewöhnen; ■**to ~ to doing sth** sich *akk* daran gewöhnen, etw zu tun

adjustable [ə'dʒʌstəbl̩] *adj* verstellbar, regulierbar, justierbar; **~ creature** anpassungsfähiges Lebewesen

adjustable peg *n* FIN limitierte Stufenflexibilität

adjustable rate mortgage *n* AM FIN variabel verzinsliche Hypothek

adjustable rate preferred stock *n* FIN *Vorzugsaktien, die mit einer variablen Dividende ausgestattet sind*

adjustable spanner *n* BRIT, AUS verstellbarer Schraubenschlüssel, Universalschlüssel *m,* Engländer *m*

adjuster [ə'dʒʌstəʳ, AM ə˞] *n* ❶ (*person*) [Schadens]sachverständige(r) *f(m)*
❷ (*device*) Justiervorrichtung *f*
❸ (*chemical*) Aufbereiter *m*

adjustment [ə'dʒʌstmənt] *n* ❶ (*mental*) Anpassung *f,* Umstellung *f;* **to make an ~ [from sth] to sth** sich *akk* [von etw *dat*] auf etw *akk* umstellen
❷ (*mechanical*) Einstellung *f,* Regulierung *f,* Justierung *f fachspr*
❸ (*alteration*) *of a knob, lever, settings* Verstellung *f; of clothing* Änderung *f;* **to make an ~ to the length of trousers** die Länge von Hosen ändern
❹ FIN Berichtigung *f;* (*change in exchange rate*) Wechselkursänderung *f* zur Berichtigung der Zahlungsbilanz; **average ~** Dispache *f;* **tax ~** Steuerausgleich *m;* **wage ~** Lohnausgleich *m;* **to make an ~ to salaries** eine Anpassung der Gehälter [*o* eine Gehaltsangleichung] vornehmen

adjustment credit *n* AM FIN *kurzfristiger Kredit der Zentralbank an eine Geschäftsbank*

adjutant ['ædjʊtᵊnt] *n* Adjutant *m;* **~ general** Generaladjutant *m*

ad lib [ˌæd'lɪb] **I.** *adv inv* ❶ (*without preparation*) aus dem Stegreif, spontan
❷ (*at one's desire*) nach Belieben
II. *adj inv* (*improvised*) improvisiert; (*spontaneous*) spontan

ad-lib <-bb-> [ˌæd'lɪb] **I.** *vi* improvisieren; ***just ~!*** lass dir etwas einfallen!
II. *vt* ■**to ~ sth** etw improvisieren

ad litem [ˌæd'laɪtem] *adj* LAW **guardian ~** Prozesspfleger(in) *m(f)*

adman *n* Werbefachmann *m* **ad-mass** *n esp* BRIT ■**the ~** + *sing/pl vb die durch Werbung manipulierbare Bevölkerungsgruppe*

admin ['ædmɪn] *n short for* **administration**

administer [əd'mɪnɪstəʳ, AM -ə˞] *vt* ❶ (*manage*) ■**to ~ sth** etw verwalten; ***the country was ~ed by the British until recently*** das Land stand bis vor kurzem unter britischer Verwaltung
❷ (*handle*) ■**to ~ sth** etw handhaben; ***the economy has been badly ~ed by the government*** die Regierung macht eine schlechte Wirtschaftspolitik
❸ LAW **to ~ an estate/a trust** einen Nachlass/eine Treuhandgesellschaft verwalten
❹ (*dispense*) ■**to ~ sth [to sb]** [jdm] etw geben; (*issue*) etw [an jdn] ausgeben; **to ~ aid** [*or* **relief**] **to sb** jdm Hilfe [*o* Unterstützung] zukommen lassen [*o* gewähren]; **to ~ first aid [to sb]** [bei jdm] erste Hilfe leisten; **to ~ justice [to sb]** [über jdn] Recht sprechen; **to ~ medicine [to sb]** [jdm] Medizin verabreichen; **to ~ punishment [to sb]** [jdn be]strafen, [über jdn] eine Strafe verhängen; **to ~ a severe blow to sb** (*fig*) jdm einen schweren Schlag versetzen
❺ (*be official witness to*) **to ~ an oath to sb** jdm einen Eid abnehmen

administered price *n* COMM Preisbindung *f* zweiter Hand, vertikale Preisbindung

administrate [əd'mɪnɪstreɪt] *vt* ■**to ~ sth** etw verwalten; **to ~ the affairs of a company** ein Unternehmen leiten; **to ~ the company's business** die Firmengeschäfte leiten [*o* führen]

administration [ədˌmɪnɪ'streɪʃᵊn] *n* ❶ *no pl* (*management*) Verwaltung *f;* ECON, ADMIN Verwaltungsangelegenheiten *fpl;* LAW *of company affairs* gerichtlich angeordnete Insolvenzverwaltung; LAW **letters of ~** Nachlassverwaltungszeugnis *nt*
❷ (*managers*) ■**the ~** + *sing/pl vb* die Verwaltung
❸ *esp* AM (*term in office*) Amtszeit *f,* Amtsperiode *f* (*des amerikanischen Präsidenten*)
❹ (*government*) Regierung *f;* **the Clinton A~** die Regierung Clinton
❺ *no pl* (*dispensing*) *of a medicine* Verabreichung *f,* Gabe *f;* **~ of an oath** Vereidigung *f*

administration order *n* LAW gerichtliche Verfügung der Schuldenrückzahlung auf Raten

administrative [əd'mɪnɪstrətɪv] *adj attr, inv* administrativ, Verwaltungs-

administrative agency *n* AM Verwaltungsstelle *f,* Verwaltungsbehörde *f* **administrative assistant** *n* persönlicher Assistent/persönliche Assistentin, Chefsekretär(in) *m(f)* **administrative body** *n* Verwaltungsorgan *nt,* Verwaltungsbehörde *f* **administrative court** *n* LAW Verwaltungsgericht *nt* **administrative district** *n* Verwaltungsbezirk *m*

administratively [əd'mɪnɪstrətɪvli] *adv* verwaltungstechnisch, in administrativer Hinsicht

administrator [əd'mɪnɪstreɪtəʳ, AM -t̬ə˞] *n* ❶ (*person in charge*) Leiter(in) *m(f);* (*of a company*) Geschäftsführer(in) *m(f)*
❷ (*clerk*) Verwaltungsbeamte(r) *m,* Verwaltungsbeamte [*o* -in] *f*
❸ LAW Verwalter(in) *m(f); of an inheritance* Nachlassverwalter(in) *m(f)*
❹ COMPUT **data ~** Datenverwalter *m*

administratrix [əd'mɪnɪstreɪtrɪks] *n* LAW Erbschaftsverwalterin *f*

admirable ['ædmᵊrəbl] *adj* bewundernswert; **to do an ~ job** hervorragende [*o* ausgezeichnete] Arbeit leisten

admirably ['ædmᵊrəbli] *adv* bewundernswert, erstaunlich; **to cope** [*or* **deal**] **~ with sth** etw großartig meistern; **to handle sb/sth ~** mit jdm/etw auf bewundernswerte Weise umgehen [*o fam* erstaunlich gut fertig werden]

admiral ['ædmᵊrəl] *n* Admiral(in) *m(f)*

Admiralty ['ædmᵊrəlti] *n no pl* BRIT ■**the ~**
❶ (*hist: court*) die Admiralität
❷ (*naval department*) das Marineministerium

admiralty court *n* BRIT LAW Seegericht *nt* **admiralty jurisdiction** *n* Seegerichtsbarkeit *f* **admiralty law** *n* Seerecht *nt*

admiration [ˌædmə'reɪʃᵊn] *n no pl* ❶ (*respect*) Bewunderung *f* (**for** für +*akk*), Hochachtung *f,* Respekt *m* (**for** vor +*dat*)
❷ (*wonderment*) Bewunderung *f;* **to be the object of sb's ~** von jdm bewundert werden
❸ (*object*) Gegenstand *m* der Bewunderung; **to be the ~ of everyone** von allen bewundert werden

admire [əd'maɪəʳ, AM -ə˞] *vt* ❶ (*respect*) ■**to ~ sb/sth** jdn/etw bewundern; ■**to ~ sb for sth** jdn wegen einer S. *gen* bewundern
❷ (*find pleasing*) ■**to ~ sb/sth** jdn/etw bewun-

dern; **to ~ oneself in the mirror** sich *akk* im Spiegel bewundern; **to ~ sb from afar** jdn aus der Ferne anhimmeln

admirer [əd'maɪərəʳ, AM -'maɪrɚ] *n* ① (*with romantic interest*) Verehrer(in) *m(f)*, Bewunderer *m*, Bewunderin *f*; (*hum: suitor*) Verehrer(in) *m(f)*; **secret** ~ anonymer [*o* heimlicher] Verehrer/anonyme [*o* heimliche] Verehrerin
② (*supporter*) Anhänger(in) *m(f)*

admiring [əd'maɪərɪŋ, AM -'maɪrɪŋ] *adj attr* bewundernd; **to get lots of ~ glances** [*or* **looks**] viele bewundernde Blicke auf sich *akk* ziehen

admiringly [əd'maɪərɪŋli, AM -'maɪr-] *adv* voller Bewunderung

admissibility [əd,mɪsə'bɪləti, AM -əṱi] *n no pl* (*form*) Zulässigkeit *f*

admissible [əd'mɪsəbl̩] *adj* (*form*) zulässig, erlaubt; ~ **evidence** LAW zulässiges Beweismaterial

admission [əd'mɪʃən] *n* ① *no pl* (*entering*) Eintritt *m*; (*acceptance*) Zutritt *m*, Einlass *m*; (*into university*) Zulassung *f*, Aufnahme *f*; (*into hospital*) Einlieferung *f*
② *no pl* (*entrance fee*) Eintritt[spreis] *m*, Eintrittsgeld *nt*; **to charge** ~ Eintritt verlangen
③ (*acknowledgment*) Eingeständnis *nt*; **by his/her own** ~ nach eigenem Eingeständnis, wie er/sie selbst zugibt

admission charge, admission fee *n* Eintritt *m kein pl*, Eintrittspreis *m*

admit <-tt-> [əd'mɪt] **I.** *vt* ① (*acknowledge*) ■**to ~ sth** etw zugeben [*o* eingestehen]; **to ~ defeat** seine Niederlage eingestehen; **to ~ an error** [*or* **a mistake**]/**one's guilt** einen Irrtum [*o* Fehler]/seine Schuld zugeben [*o* einräumen]; **to freely ~ sth** etw ohne Umschweife zugeben
② (*allow entrance*) ■**to ~ sb/sth** jdn/etw hereinlassen/hineinlassen; ***this ticket ~s one person only*** diese Eintrittskarte ist nur für eine Person gültig; ***no minors*** [*or* ***minors not***] ***~ted*** Zutritt ab 18 Jahren; ■**to ~ sb to** [AM **the**] **hospital** jdn ins Krankenhaus einliefern
③ (*allow*) ■**to ~ sth** etw zulassen; **to ~ evidence** LAW ein Beweismittel zulassen
④ (*hold*) ■**to ~ sb** jdm Platz bieten; ***the theatre ~s 300 people*** das Theater fasst 300 Personen
II. *vi* ■**to ~ to sth** etw zugeben [*o* eingestehen]
◆**admit of** *vi* (*form*) ■**to ~ of sth** etw zulassen [*o* erlauben]

admittance [əd'mɪtən(t)s] *n no pl* (*entrance*) Zutritt *m*, Einlass *m*; *to club* Aufnahme *f*; ***"no ~"*** „Betreten verboten"; **to deny** [*or* **refuse**] **sb ~ to sth** jdm den Zutritt zu etw *dat* verwehren; **to gain ~ to sth** sich *dat* zu etw *dat* Zutritt verschaffen

admittedly [əd'mɪtɪdli, AM -ṱɪd-] *adv inv* zugegebenermaßen, anerkanntermaßen; ***~, I could have tried harder*** zugegeben, ich hätte mir mehr Mühe geben können

admixture [əd'mɪkstʃəʳ, AM -tʃɚ] *n usu sing*
① CHEM Beimischung *f*, Zusatz *m*
② (*form: additional element*) Zugabe *f*, Beigabe *f*

admonish [əd'mɒnɪʃ, AM -'mɑːnɪʃ] *vt* (*form*) ■**to ~ sb** [**for sb**] jdn [wegen einer S. *gen*] ermahnen; **to ~ sb gently** jdn freundlich ermahnen; ■**to ~ sb to do sth** jdm dringend raten, etw zu tun

admonishment [əd'mɒnɪʃmənt, AM -'mɑːnɪʃ-] *n*,
admonition [,ædmə'nɪʃən] *n* (*form*) Ermahnung *f*; (*warning*) Warnung *f*

admonitory [əd'mɒnɪtəri, AM -'mɑːnətɔːri] *adj* (*form*) [er]mahnend *attr*, warnend *attr*

ad nauseam [,æd'nɔːziæm, AM *esp* -'nɑː-] *adv inv* bis zum Überdruss

ado [ə'duː] *n no pl* (*commotion, delay*) großer Aufwand, Aufheben *nt*, Trara *nt fam*; **much ~ about nothing** viel Lärm um nichts; **with much ~** unter großem Aufwand, mit viel Trara *fam*; **without** [**further** [*or* **more**]] ~ ohne [weitere] Umstände [*o* weiteres]

adobe [ə'dəʊbi, AM -'doʊbi] **I.** *n* ① *no pl* (*clay*) [luftgetrockneter] Lehmziegel, Luftziegel *m*, Adobe *m fachspr*
② (*house*) Haus *nt* aus Adobeziegeln
II. *n modifier* (*hut, vase, figurine*) Adobe-; ~ **brick** luftgetrockneter Lehmziegel, Luftziegel *m*, Adobeziegel *m fachspr*; ~ **house** Haus *nt* aus Adobeziegeln

adolescence [,ædə'lesən(t)s] *n no pl* (*youth*) Jugend[zeit] *f*, Adoleszenz *f fachspr*; (*puberty*) Pubertät *f*; **to have a troubled ~** eine stürmische Jugend haben

adolescent [,ædə'lesənt] **I.** *adj* ① *inv* (*of teenagers*) heranwachsend, jugendlich; ~ **concerns/problems** die Sorgen/die Probleme Heranwachsender
② (*pej: immature*) pubertär *pej*, unreif *pej*
II. *n* Jugendliche(r) *f(m)*

Adonis <*pl* -es> [ə'dəʊnɪs, AM -'dɑː-] *n* Adonis *m*, Schönling *m iron*

adopt [ə'dɒpt, AM -'dɑːpt] *vt* ① (*raise*) ■**to ~ sb** jdn adoptieren; **to ~ a child** ein Kind adoptieren; **to have one's child ~ed** sein Kind zur Adoption freigeben; **to ~ sb into one's family** jdn in seine Familie aufnehmen
② (*sponsor*) **to ~ a child/refugee** die Patenschaft für ein Kind/einen Flüchtling übernehmen
③ (*put into practice*) ■**to ~ sth** etw annehmen [*o* übernehmen]; **to ~ a cautious/pragmatic approach to sth** vorsichtig/pragmatisch an etw (*akk*) herangehen; **to ~ an attitude** eine Haltung annehmen; **to ~ a hard line** eine harte Linie vertreten; **to ~ a measure** eine Maßnahme ergreifen; **to ~ a policy/**[**different**] **strategy** eine Politik/[neue] Strategie verfolgen; **to ~ a stern tone** einen strengen Ton anschlagen
④ (*take up*) ■**to ~ sth** etw annehmen; **to ~ an accent/a mannerism** einen Akzent/eine Eigenart annehmen; **to ~ a pose** eine Pose [*o* Haltung] einnehmen
⑤ (*select*) **to ~ sb as a candidate** BRIT jdn als Kandidaten/Kandidatin auswählen; **to ~ sth as one's mascot** etw zu seinem Maskottchen machen; **to ~ sth as one's slogan** etw zu seinem Slogan erklären

adopted [ə'dɒptɪd, AM -'dɑːpt-] *adj* ① (*into a family*) adoptiert, Adoptiv-; ~ **child** Adoptivkind *nt*
② (*selected*) Wahl-; ***Rome is her ~ city*** sie ist Wahlrömerin; **to be sb's ~ country** jds Wahlheimat sein

adoption [ə'dɒpʃən, AM -'dɑːp-] *n* ① *no pl* (*act*) Adoption *f*, Annahme *f* [an Kindes statt]; **to offer** [*or* **put up**] **a child for ~** ein Kind zur Adoption freigeben
② (*instance*) Adoption *f*
③ *no pl* (*taking on*) Annahme *f*; *of a technology* Übernahme *f*; *of a method* Aneignung *f*
④ *no pl* (*choice*) **country of ~** Wahlheimat *f*

adoption agency *n* Adoptionsagentur *f*

adoptive [ə'dɒptɪv, AM -'dɑːp-] *adj attr, inv*
① (*through adoption*) Adoptiv-; ~ **parents** Adoptiveltern *pl*; ~ **siblings** Adoptivgeschwister *pl*
② (*selected*) Wahl-; ~ **country** Wahlheimat *f*

adorable [ə'dɔːrəbl] *adj* entzückend, bezaubernd, hinreißend; ***your nephew is just ~*** dein Neffe ist einfach süß

adoration [,ædə'reɪʃən] *n no pl* ① (*respectful love*) Verehrung *f*; (*devotion*) grenzenlose Liebe, Hingabe *f*; **to look at sb with ~ in one's eyes** jdn mit verliebten Augen anschauen; **complete ~** völlige [*o* bedingungslose] Hingabe
② REL Anbetung *f*; **the ~ of the Virgin Mary** die Marienverehrung

adore [ə'dɔːʳ, AM -'dɔːr] *vt* ① (*love*) ■**to ~ sb/sth** jdn/etw über alles [*o* abgöttisch] lieben; (*admire*) jdn/etw aufrichtig bewundern
② (*like very much*) ■**to ~ sb** für jdn schwärmen; **to** [**absolutely** [*or* **simply**]] **~ sth** etw [einfach] wunderbar finden [*o* lieben]; ***I ~ chocolate*** ich liebe Schokolade; ■**to ~ doing sth** etw liebend [*o* sehr] gern tun
③ REL **to ~ God** Gott anbeten

adoring [ə'dɔːrɪŋ] *adj attr* (*loving*) liebend *attr*; (*devoted*) hingebungsvoll; ~ **mother** liebevolle Mutter; ~ **wife** liebende Ehefrau

adoringly [ə'ɔːrɪŋli] *adv* voller Bewunderung

adorn [ə'dɔːn, AM -'dɔːrn] *vt usu passive* (*liter*) ■**to ~ sth** [**with sth**] etw [mit etw *dat*] schmücken [*o geh* zieren]; ■**to ~ oneself** sich *akk* schön machen

adornment [ə'dɔːnmənt, AM -'dɔːrn-] *n* (*liter*)
① (*ornament*) Schmuck *m*, Verzierung *f*
② *no pl* (*act*) Schmücken *nt*, Verschönerung *f*

ADP [,eɪdiː'piː] *n abbrev of* **automatic data processing** automatische Datenverarbeitung

ADR *n* FIN *abbrev of* **American depositary receipt** ADR *nt*

adrenal *n* ■**the ~s** *pl* die Nebennieren [*o* Adrenaldrüsen] *fpl*

adrenal gland [ə'driːnəl] *n* Nebenniere *f*

adrenalin(e) [ə'drenəlɪn] *n no pl* Adrenalin *nt*; ***these arguments always get my ~ going*** diese Argumente bringen mich immer in Fahrt; **burst** [*or* **rush**] **of ~** Adrenalinstoß *m*; **to release ~** Adrenalin ausschütten

adrenalin junkie *n* (*thrill seeker*) Adrenalinjunkie *m* (*jd, der den ständigen Nervenkitzel braucht*)

adrift [ə'drɪft] **I.** *adv* ① (*not moored*) treibend *attr*; ***he spent three days ~ on the sea*** er trieb drei Tage lang auf dem Meer; **to cut a boat ~ from its moorings** ein Boot losmachen; **to float ~** treiben
② BRIT (*fam*) **to come** [*or* **go**] ~ (*become unfastened*) sich *akk* lösen, aufgehen *fam*
③ (*fig*) **to go ~** (*fail*) fehlschlagen, daneben gehen *fam*
▶ PHRASES: **to cast** [*or* **turn**] **sb ~** jdn seinem Schicksal überlassen
II. *adj pred* ① (*not moored*) [umher]treibend *attr*; **to be ~** [**on the ocean**] [auf See] treiben
② (*fig: lost*) verloren, einsam; (*without purpose*) ziellos, haltlos

adroit [ə'drɔɪt] *adj* (*skilful*) geschickt, gewandt; (*mentally*) clever; ***he's very ~ as a debater*** er ist sehr redegewandt; **to become ~ at sth** ein Geschick in etw entwickeln

adroitly [ə'drɔɪtli] *adv* (*skilfully*) geschickt; (*cleverly*) clever

adroitness [ə'drɔɪtnəs] *n no pl* (*skilfulness*) Geschicklichkeit *f*, Gewandtheit *f*, Geschick *nt*; (*mental*) Cleverness *f*

adsorb [əd'zɔːb, AM 'sɔːrb] *vt* SCI anlagern, anbinden, adsorbieren *fachspr*

adsorption [əd'zɔːpʃən, AM 'sɔːrp] *n no pl* SCI Anbindung *f*, Adsorption *f fachspr*

adulation [,ædjʊ'leɪʃən, AM ,ædʒə-] *n no pl* (*admiration*) Vergötterung *f*, Verherrlichung *f*; (*flattery*) Schmeichelei *f*, Lobhudelei *f pej*

adulatory [,ædjʊ'leɪtəri, AM 'ædʒələtɔːri] *adj* (*flattering*) schmeichlerisch; (*idealizing*) verherrlichend

adult ['ædʌlt, AM BRIT *also* ə'dʌlt] **I.** *n* ① (*grown-up*) Erwachsene(r) *f(m)*; ■**to be an ~** erwachsen sein; ***~s only*** nur für Erwachsene
② (*animal*) ausgewachsenes Tier
II. *adj inv* ① (*grown-up*) *person* erwachsen; *animal* ausgewachsen
② (*relating to grown-ups*) *behaviour* reif, vernünftig; ***his behaviour is not very ~*** er benimmt sich ziemlich unreif; ***let's try to be ~ about this*** lass uns das wie erwachsene Leute regeln
③ *attr* (*sexually explicit*) [nur] für Erwachsene; *film* nicht jugendfrei; ~ **magazine** Pornomagazin *nt*

adult education **I.** *n no pl* Erwachsenenbildung *f*
II. *n modifier* ~ **courses** Kurse *mpl* für Erwachsene; ~ **institute** ≈ Volkshochschule *f* **adult education centre** *n* Erwachsenenbildungsstätte *f*, ≈ Volkshochschule *f*

adulterate [ə'dʌltəreɪt, AM -təreɪt] *vt* ■**to ~ sth**
① (*use additives*) etw verfälschen; **to ~ wine with water** Wein panschen
② (*spoil*) etw verderben

adulterated [ə'dʌltəreɪtɪd, AM -təreɪṱɪd] *adj*
① (*with additives*) *drugs* unrein, verunreinigt; *food* verfälscht; *drink* gepanscht
② (*spoilt*) verdorben
③ (*changed*) verfälscht

adulteration [ə'dʌltəreɪʃən, AM -təreɪ-] *n no pl*
① (*debasement*) Verunreinigung *f*; *of food* Verfäl-

schung *f; of a drink* Panschen *nt;* ~ **of food** Nahrungsmittelfälschung *f*
❷ (*changing*) Verfälschung *f,* Verhunzung *f pej fam*

adulterer [ə'dʌltərər, AM -tərə-] *n* Ehebrecher *m*

adulteress <*pl* -es> [ə'dʌltərəs, AM -tə-] *n* Ehebrecherin *f*

adulterous [ə'dʌltərəs, AM -tə-] *adj* ehebrecherisch; ~ **relationship** ehebrecherische Beziehung

adultery [ə'dʌltəri, AM -tə-i] *n* ❶ *no pl* (*infidelity*) Ehebruch *m;* **to commit** ~ Ehebruch begehen, die Ehe brechen *geh;* ***thou shalt not commit*** ~ du sollst nicht ehebrechen
❷ (*act*) Seitensprung *m*

adult film *n* nicht jugendfreier Film

adulthood ['ædʌlthʊd, AM *and Brit also* ə'dʌlt-] *n no pl* (*state*) Erwachsensein *nt;* (*period*) Erwachsenenalter *nt;* **to reach** ~ erwachsen werden; **to legally reach** ~ volljährig werden

adumbrate ['ædʌmbreɪt] *vt* (*form*) ■**to** ~ **sth**
❶ (*outline*) etw umreißen [*o* skizzieren]
❷ (*hint at*) etw andeuten, auf etw *akk* hinweisen; (*foreshadow*) etw erahnen lassen

adumbration [ˌædʌm'breɪʃən] *n no pl* (*form*)
❶ (*outline*) [vager] Entwurf, Idee *f*
❷ (*foreshadowing*) Ankündigung *f,* Andeutung *f;* (*sign*) Anzeichen *nt*

ad valorem duty, ad valorem tax [ˌædvə'lɔːrəm] *n* ECON Wertzoll *m,* Wertsteuer *f* **ad valorem goods** *npl* ECON wertzollbare Waren *fpl* **ad valorem tariff** *n* ECON Wertzolltarif *m* **ad valorem tax** *n* ECON Wertzoll *m,* Wertsteuer *f*

advance [əd'vɑːn(t)s, AM -'væːn(t)s] **I.** *vi* ❶ (*make progress*) ■**to** ~ [**in sth**] [mit etw *dat*] Fortschritte machen [*o* vorankommen]
❷ (*be promoted*) aufsteigen, befördert werden
❸ STOCKEX (*rise*) *share price* ansteigen, anziehen
❹ (*move forward*) sich *akk* vorwärts bewegen, vorwärts gehen; MIL vorrücken; (*approach*) näher kommen, sich *akk* nähern; ***the troops ~d on the city*** die Truppen marschierten auf die Stadt zu
II. *vt* ❶ (*develop*) ■**to** ~ **sth** etw voranbringen [*o* weiterbringen]; **to** ~ **one's career/a cause** seine Karriere/eine Sache vorantreiben
❷ (*make earlier*) ■**to** ~ **sth** etw vorverlegen; ■**to** ~ **sb sth** *money* jdm etw vorstrecken [*o* vorschießen]
❸ (*postulate*) ■**to** ~ **sth** *plan, idea* etw vorbringen
❹ (*increase*) **to** ~ **a price** einen Preis erhöhen
❺ (*promote*) ■**to** ~ **sb** jdn befördern
III. *n* ❶ *no pl* (*forward movement*) Vorwärtsgehen *nt,* Vorrücken *nt;* ***nothing could stop the*** ~ ***of the flood waters*** nichts konnte die Wassermassen aufhalten
❷ (*progress*) Fortschritt *m;* COMM ~ **in trade** Handelsaufschwung *m;* ~ **in prices** Preissteigerung *f;* STOCKEX Kurssteigerung *f*
❸ (*ahead of time*) **in** ~ im Voraus; ***please let me know in*** ~ sag mir bitte vorher Bescheid; ***she arrived in*** ~ ***of everyone else*** sie kam vor allen anderen an
❹ FIN (*payment*) Vorschuss *m* (**on** auf +*akk*); **bank** ~ Bankdarlehen *nt;* **cash** ~ Barvorschuss *m;* ~ **on account** Kontokorrentkredit *m,* Überziehungskredit *m;* ~ **corporation tax** Körperschaftssteuervorauszahlung *f*
❺ (*flirtation*) ■**~s** *pl* Annäherungsversuche *mpl;* **unwelcome ~s** unerwünschte Annäherungsversuche *mpl;* **to reject** [*or* **spurn**] **sb's ~s** jds Annäherungsversuche zurückweisen, jdm die kalte Schulter zeigen *fam*
IV. *adj attr* vorherig; ~ **copy** Vorausexemplar *nt,* Vorabdruck *m;* ~ **payment** Vorauszahlung *f;* **without** ~ **warning** ohne Vorwarnung, unangekündigt

advance bill *n* FIN Vorschusswechsel *m,* vor Lieferung gestellte Tratte **advance booking** *n* Reservierung *f;* **to make an** ~ im Voraus reservieren

advanced [əd'vɑːn(t)st, AM -'væːn(t)st] *adj* ❶ (*in skills*) fortgeschritten; ***he's a very*** ~ ***pupil for his age*** für sein Alter ist er ein sehr reifer Schüler; ~ **French** Französisch für Fortgeschrittene; **at an** ~ **level** auf einem höheren Niveau; ~ **mathematics** höhere Mathematik
❷ (*in development*) fortschrittlich; ~ **civilization** hoch entwickelte Zivilisation
❸ (*in time*) fortgeschritten; ***his cancer is quite*** ~ der Krebs ist bei ihm schon weit fortgeschritten; ~ **age** vorgerücktes [*o* fortgeschrittenes] Alter; **a person of** ~ **years** eine Person vorgerückten Alters; ~ **in pregnancy** hochschwanger

advanced class *n* AM, **advanced course** *n* AM Fortgeschrittenenkurs *m*

advance directive *n* AM (*living will*) letztwillige Verfügung gegen Lebensverlängerung

advanced photo system *n* Advanced Photo System *nt*

advanced technology *n no pl* hoch entwickelte [*o* moderne] Technik

advance guard *n* MIL Vorhut *f*

advancement [əd'vɑːn(t)smənt, AM -'væːn(t)s-] *n* ❶ *no pl* (*movement forward*) Vorrücken *nt,* Vorankommen *nt*
❷ (*progress*) Fortschritt *m*
❸ *no pl* (*improvement*) Verbesserung *f;* (*furtherance*) Förderung *f*
❹ *no pl* (*in career*) Weiterkommen *nt,* Aufstieg *m;* (*promotion*) Beförderung *f geh;* **opportunity for** ~ Aufstiegsmöglichkeit *f*

advance notice *n no pl* Vorankündigung *f,* Voranzeige *f;* **to give sb** ~ **of sth** jdm von etw vorher Bescheid geben; **two months'** ~ Ankündigung *f* zwei Monate im Voraus **advance payment** *n* Vorauszahlung *f;* (*on a wage, salary*) Vorschuss *m* **advance warning** *n no pl* vorherige Warnung, Vorwarnung *f;* **to give sb** ~ jdn vorwarnen [*o* vorher warnen]

advantage [əd'vɑːntɪdʒ, AM -'væːnṭɪdʒ] *n* ❶ (*benefit*) Vorteil *m;* ***she had the twin ~s of wealth and beauty*** sie war nicht nur reich, sondern auch schön; **to give sb an** ~ **over sb** jdm einen Vorteil gegenüber jdm verschaffen; **to have the** ~ **of sb** BRIT (*form*) jdm gegenüber im Vorteil [*o* überlegen] sein; **to take** ~ **of sb** (*pej*) jdn ausnutzen *pej,* sich *dat* jdn zunutze machen; **to take** ~ **of sth** (*approv*) etw nutzen; **to turn sth to** [**one's**] ~ etw zu seinem Vorteil wenden; ■**to be at an** ~ **over sb** gegenüber jdm im Vorteil sein; ■**to be to sb's** ~ für jdn von Vorteil sein, zu jds Vorteil sein
❷ *no pl* TENNIS Vorteil *m;* ~ ***Jackson!*** Vorteil Jackson!

advantageous [ˌædvən'teɪdʒəs, AM *esp* -vfamiliarɪ-] *adj* günstig, vorteilhaft, von Vorteil; ■**to be** ~ **to sb** für jdn vorteilhaft [*o* von Vorteil] sein; ***the lower tax rate is particularly*** ~ ***to poorer families*** von der Steuersenkung profitieren besonders einkommensschwache Familien

advantageously [ˌædvə'n'teɪdʒəsli, AM *esp* -væːn-] *adv* günstig, vorteilhaft

advent ['ædvent] *n no pl* ❶ (*coming*) Beginn *m,* Anfang *m;* **the** ~ **of an era** der Anbruch eines neuen Zeitalters
❷ REL ■**A~** Advent *m,* Adventszeit *f;* **the second A~** der zweite Advent

Advent calendar *n* Adventskalender *m*

adventist ['ædvəntɪst] *n* Adventist(in) *m(f);* **Seventh Day A~s** Adventisten *mpl* des Siebenten Tages

adventitious [ˌædvən'tɪʃəs] *adj* (*form: by chance*) zufällig; (*unexpected*) unerwartet

adventitiously [ˌædvən'tɪʃəsli] *adv* (*form: by chance*) zufällig[erweise], durch Zufall; (*unexpectedly*) unerwarteterweise

adventure [əd'ventʃər, AM -tʃə-] **I.** *n* ❶ (*thrilling experience*) Abenteuer *nt,* Erlebnis *nt;* **to be quite an** ~ ein ziemliches Abenteuer sein; **to have an** ~ ein Abenteuer erleben
❷ *no pl* (*excitement*) Aufregung *f;* **to live a life of** ~ ein abenteuerliches Leben führen; **to have a sense** [*or* **spirit**] **of** ~ abenteuerlustig sein; **to look for** [*or* **seek**] ~ Abenteuer suchen; ***she's always looking for*** ~ sie ist immer auf der Suche nach Abenteuern
II. *n modifier* (*book, film, tale*) Abenteuer-

adventure addict *n* Abenteuersüchtige(r) *f(m)*

adventure game *n* Abenteuerspiel *nt* **adventure playground** *n* Abenteuerspielplatz *m*

adventurer [əd'ventʃərər, AM -tʃərə-] *n* ❶ (*seeker of excitement*) Abenteurer(in) *m(f);* **to be an** ~ abenteuerlustig sein
❷ (*pej: gambler*) Spieler(in) *m(f) pej,* Glücksritter(in) *m(f) a. pej*

adventuress [əd'ventʃəres] *n* ❶ (*adventure-lover*) Frau *f* mit Lust auf Abenteuer *a. fig,* unternehmungslustige Frau *fig*
❷ (*opportunist*) Abenteu[r]erin *f pej,* Hochstaplerin *f*

adventurism [əd'ventʃərɪzəm] *n no pl* ❶ (*attitude*) Abenteurertum *nt*
❷ (*daring enterprise*) Abenteuer *nt pej,* gewagtes Spiel
❸ (*recklessness*) Verwegenheit *f,* Bedenkenlosigkeit *f*

adventurist [əd'ventʃərɪst] POL **I.** *adj* abenteuerlich *pej,* [politisch] abwegig
II. *n* politischer Abenteurer/politische Abenteu[r]erin

adventurous [əd'ventʃərəs] *adj* ❶ (*filled with adventures*) abenteuerlich
❷ (*daring*) abenteuerlustig, risikofreudig; (*willing to experiment*) experimentierfreudig

adventurously [əd'ventʃərəsli] *adv* ❶ (*filled with adventures*) abenteuerlich
❷ (*daringly*) abenteuerlustig, risikofreudig; (*willing to experiment*) experimentierfreudig

adventurousness [əd'ventʃərəsnəs] *n no pl*
❶ (*spirit of daring*) Risikofreude *f,* Wagemut *m*
❷ (*initiative*) Unternehmungslust *f*
❸ (*quality of daring*) Gewagtheit *f*

adverb ['ædvɜːb, AM -vɜːrb] *n* Adverb *nt*

adverbial [əd'vɜːbiəl, AM -'vɜːrb-] **I.** *n* Adverbialbestimmung *f,* Adverbiale *nt fachspr*
II. *adj inv* adverbial; ~ **phrase** adverbiale Bestimmung, Adverbialsatz *m;* ~ **usage of an adjective** adverbialer Gebrauch eines Adjektivs

adversarial [ˌædvə'seəriəl, AM -və-'seri-] *adj* gegensätzlich, antagonistisch *geh;* **an** ~ **relationship** ein gespanntes Verhältnis

adversary ['ædvəsəri, AM -və-seri] **I.** *n* ❶ (*opponent*) Gegner(in) *m(f),* Kontrahent(in) *m(f) geh;* **to come up against a powerful** ~ SPORTS auf einen starken Gegner treffen
❷ ■**the A~** (*the Devil*) der Widersacher [*o* Teufel]
II. *adj* gegnerisch

adversary system *n* LAW Verhandlungsgrundsatz *m,* Parteienprozess *m*

adverse ['ædvɜːs, AM æd'vɜːrs] *adj attr* ❶ (*hostile*) ablehnend; ~ **reaction** Ablehnung *f*
❷ (*unfavourable*) ungünstig; *criticism, effect* negativ; ~ [**weather**] **conditions** widrige [Wetter]verhältnisse *ntpl;* **to have an** ~ **effect on sb/sth** sich *akk* nachteilig auf jdn/etw auswirken; ~ **impact** nachteilige Auswirkung; ~ **publicity** Negativschlagzeilen *fpl,* Negativwerbung *f*

adverse balance of trade *n* COMM passive Handelsbilanz

adversely ['ædvɜːsli, AM æd'vɜːrsli] *adv* ❶ (*hostilely*) ablehnend
❷ (*unfavourably*) ungünstig, negativ, nachteilig; **to affect sb/sth** ~ (*damage*) sich *akk* nachteilig auf jdn/etw auswirken; (*influence*) einen negativen Einfluss auf jdn/etw haben

adversity [əd'vɜːsəti, AM -'vɜːrsəṭi] *n* ❶ (*difficulty*) Unglück *nt,* Missgeschick *nt*
❷ *no pl* (*time of trouble*) Not *f;* **in** ~ in [Zeiten] der Not [*o* Notzeiten]

advert ['ædvɜːt] *n* BRIT (*fam*) *short for* **advertisement** (*in a newspaper*) Anzeige *f,* Inserat *nt,* Annonce *f* (**for** für +*akk*); (*on a notice board*) Aushang *m;* (*on TV*) Werbespot *m;* **display** ~ Großanzeige *f*

advertise ['ædvətaɪz, AM -və-] **I.** *vt* ■**to** ~ **sth**
❶ (*publicize*) für etw *akk* Werbung machen; **to** ~ **sth as energy-saving** etw als Energie sparend anpreisen
❷ (*in a newspaper*) etw [in einer Zeitung] inserie-

ren; (*on a noticeboard*) etw in einem Aushang anbieten
❸ (*announce*) etw ankündigen [*o* bekannt geben] [*o* bekannt machen]; ***if you're applying for other jobs, I wouldn't ~ the fact at work*** dass du dich für andere Stellen bewirbst, würde ich auf der Arbeit nicht herumposaunen; **to ~ one's presence** sich *akk* auffällig verhalten; **to ~ one's willingness** seine Bereitschaft bekunden
II. *vi* ❶ (*publicize*) werben, Werbung [*o* Reklame] machen
❷ (*in a newspaper*) inserieren, eine Anzeige [*o* Annonce] [*o* ein Inserat] in die Zeitung setzen; (*on a noticeboard*) einen Aushang machen; ■**to ~ for sb/sth** jdn/etw per Inserat suchen

advertisement [əd'vɜːtɪsmənt, AM ˌædvɚ'taɪzmənt] *n* Werbung *f kein pl*, Reklame *f kein pl* (**for** für +*akk*); (*in a newspaper*) Anzeige *f*, Annonce *f*, Inserat *nt* (**for** für +*akk*); (*on a noticeboard*) Aushang *m* (**for** für +*akk*); **job ~** Stellenanzeige *f*; **the property ~s in a newspaper** der Immobilienteil einer Zeitung; **television ~** Werbespot *m*; (*fig*) Reklame *f*, Aushängeschild *nt*; ***he's not a very good ~ for his firm*** er ist keine gute Reklame für seine Firma

advertiser ['ædvətaɪzəʳ, AM -vɚtaɪzɚ] *n* ❶ (*general*) Werbungtreibende(r) *f(m)*; **~s** die Werbung
❷ (*professional*) Werbefachmann, Werbefachfrau *m, f*
❸ (*agency*) Werbeagentur *f*
❹ (*in a newspaper*) Inserent(in) *m(f)*

advertising ['ædvətaɪzɪŋ, AM -vɚ-] *n no pl*
❶ (*commercials*) Werbung *f*, Reklame *f*
❷ (*industry*) Werbebranche *f*, Werbung *f fam*

advertising account *n* Kundenetat *m* **advertising agency** *n* Werbeagentur *f* **advertising campaign** *n* Werbekampagne *f*, Werbefeldzug *m* **advertising industry** *n no pl* Werbebranche *f*, Werbewirtschaft *f* **advertising media** *npl* Werbeträger *m* **advertising space** *n no pl* Werbefläche *f*, Reklamefläche *f*; (*in newspaper*) Anzeige[nfläche] *f* **advertising time** *n no pl* Werbezeit *f*; **a minute of ~** eine Werbeminute [*o* Minute Werbung]

advertorial [ˌædvə'tɔːriəl, AM -vɚ-] *n* Textanzeige *f*

advice [əd'vaɪs] *n* ❶ *no pl* (*recommendation*) Rat *m*; ***my ~ is to give yourself up to the police*** ich würde dir raten, dich der Polizei zu stellen; **some** [*or* **a piece of**] **~** ein Rat[schlag] *m*, eine Empfehlung; **financial/legal ~** Finanz-/Rechtsberatung *f*; **to take financial/legal/medical ~** einen Finanzexperten/Rechtsanwalt/Arzt zu Rate ziehen, sich *akk* finanziell/rechtlich/medizinisch beraten lassen; **to ask** [**sb**] **for ~** [jdn] um Rat fragen [*o* bitten]; **to give** [*or* **offer**] **sb ~** jdm einen Rat geben [*o* erteilen]; **to give sb some good ~** jdm einen guten Rat geben; **to ignore sb's ~** nicht auf jds Rat hören; **to take sb's ~** jds Rat[schlag] beherzigen [*o* befolgen]; ***take my ~!*** hör[e] auf meinen Rat [*o* mich]!; ■**on sb's ~** auf jds Rat hin
❷ ECON (*notification*) Bescheid *m*, Mitteilung *f*, Avis *m o nt fachspr*; **~ of delivery** Rückschein *m*; **as per ~** laut Bericht [*o fachspr* Avis]

advice column *n* AM (*agony column*) Beratungsrubrik *f*, Briefkasten *m*, Kummerecke *f fam* **advice columnist** *n* AM Briefkastenonkel, Briefkastentante *m, f hum fam*; ■**to be an ~** Leserbriefe beantworten **advice note** *n* ECON Versandanzeige *f*, [Versand]avis *m o nt fachspr*

advisability [ədˌvaɪzə'bɪləti, AM -əṭi] *n no pl* Ratsamkeit *f*; ***they questioned the ~ of building so near the airport*** sie bezweifelten, dass es ratsam sei, so nahe am Flughafen zu bauen

advisable [əd'vaɪzəbl] *adj* ratsam, empfehlenswert; ***a certain amount of caution is ~ at this point*** jetzt ist ein gewisses Maß an Vorsicht geboten

advise [əd'vaɪz] **I.** *vt* ■**to ~ sb** ❶ (*give council*) jdn beraten; ***she ~d us when to come*** sie sagte uns, wann wir kommen sollten; **to be ill-/well-~d** schlecht/gut beraten sein; ■**to ~ sb against sth** jdm von etw *dat* abraten, jdn vor etw *dat* warnen; ■**to ~ sb to do sth** jdm [dazu] raten, etw zu tun
❷ (*inform*) jdn informieren; ■**to ~ sb of sth** jdm etw mitteilen, jdn über etw *akk* informieren; ***please ~ us of the expected time of arrival*** bitte geben Sie uns Bescheid, wann Sie voraussichtlich ankommen werden
II. *vi* (*give council*) raten; (*comprehensively*) sich *akk* beraten; ***I'd ~ waiting until tomorrow*** ich würde vorschlagen, bis morgen zu warten; ■**to ~ against sth** von etw *dat* abraten, jdn vor etw *dat* warnen; ■**to ~ on sth** bei etw *dat* beraten; ***she ~s on African policy*** sie ist Beraterin für afrikanische Politik; ■**to ~ with sb** AM sich *akk* mit jdm beraten

advisedly [əd'vaɪzɪdli] *adv* bewusst, absichtlich

adviser [əd'vaɪzəʳ, AM -zɚ], **advisor** *n* Berater(in) *m(f)*, Ratgeber(in) *m(f)*; **chief ~** enger Berater/enge Beraterin; (*in politics*) Mitglied *nt* des engsten Beraterstabs; **legal/military ~** Rechts-/Militärberater(in) *m(f)*; **spiritual ~** geistlicher Berater/geistliche Beraterin

Advisory, Conciliation and Arbitration Service *n see* **ACAS**

advisory [əd'vaɪzəri] *adj* beratend; **~ board** Beratungsstelle *f*; **in ~ capacity** in beratender Funktion [*o* Eigenschaft]; **~ committee** Beratungsausschuss *m*, beratender Ausschuss; LAW Gutachterausschuss *m*

advisory funds *npl* FIN Fremdkapital *nt* zur Investition ohne Mitwirkung des Kapitalgebers **advisory lock** *n* Sperrverhinderung *f* **advisory system** *n* Beratungssystem *nt*

advocacy ['ædvəkəsi] *n no pl* ❶ (*support*) Befürwortung *f* (**of** +*gen*), Eintreten (**of** für +*akk*); **the ~ of human rights** das Eintreten für die Menschenrechte
❷ LAW (*eloquence*) juristische Wortgewandtheit

advocacy group *n* POL Lobby *f*

advocate **I.** *vt* ['ædvəkeɪt] ❶ (*support*) ■**to ~ sth** etw unterstützen [*o* befürworten]; ***she ~s taking a more long-term view*** sie ist dafür, eine langfristigere Perspektive einzunehmen
❷ LAW (*argue for, defend*) ■**to ~ sth** sich *akk* für etw *akk* einsetzen; **to ~ a cause** für eine Sache eintreten, sich *akk* für eine Sache einsetzen [*o* engagieren]
II. *n* ['ædvəkət, -keɪt] ❶ POL Befürworter(in) *m(f)*, Verfechter(in) *m(f)*; **to be an ~ of environmentalism/women's rights** für den Umweltschutz/die Rechte der Frauen eintreten; **strong ~** engagierter Befürworter/engagierte Befürworterin
❷ LAW [Rechts]anwalt, [Rechts]anwältin *m, f*; (*defence lawyer*) Verteidiger(in) *m(f)*
► PHRASES: **the devil's ~** Advocatus *m* Diaboli

advowson [əd'vaʊzᵊn] *n* LAW Recht *nt*, eine Pfründe zu besitzen

ad writer *n* Werbetexter(in) *m(f)*

adz AM, **adze** [ædz] *n* Dechsel *f*

aegis ['iːdʒɪs] *n no pl* Ägide *f geh*, Schirmherrschaft *f*; **under the ~ of sb** [*or* **under sb's ~**] unter der Schirmherrschaft einer Person *gen*

Aeneid ['iːniɪd] *n no pl* ■**the** [*or* **Virgil's**] **~** die Aenaeis [des Vergil]

aeon ['iːən] *n*, AM **eon** ['iːɑːn] *n* Äon *m geh*, Ewigkeit *f*

aerate [eə'reɪt, AM er'eɪt] *vt* ❶ (*expose to air*) ■**to ~ sth** etw durchlüften; **to ~ the soil** den Erdboden auflockern
❷ (*carbonate*) **to ~ a liquid** eine Flüssigkeit mit Kohlensäure versetzen [*o* anreichern]
❸ MED **to ~ blood** Blut Sauerstoff zuführen

aerated *adj* ❶ (*with carbon dioxide*) mit Kohlensäure versetzt
❷ *pred* BRIT (*fam*) ■**to get ~** [**about sth**] sich *akk* [über etw *akk*] aufregen; ***don't get so ~!*** reg dich ab! *fam*

aerial ['eəriəl, AM 'eri-] **I.** *adj attr, inv* aus der Luft, Luft-; **~ bombardment** [*or* **bombing**]/**war**[**fare**] Luftangriff *m*/-krieg *m*; **~ photograph** [*or* **view**] Luftaufnahme *f*, Luftbild *nt*
II. *n* Antenne *f*

aerialist ['eriəlɪst] *n* AM (*trapeze artist*) Trapezkünstler(in) *m(f)*; (*tightrope walker*) Seiltänzer(in) *m(f)*

aerial ladder *n* Drehleiter *f* **aerial railway** *n* Seilbahn *f*

aerie ['eri] *n esp* AM *see* **eyrie**

aerobatic [ˌeərə(ʊ)'bætɪk, AM ˌeroʊ'bæṭ-] *adj attr, inv* Kunstflug-; **~ display** Flugschau *f*

aerobatics [ˌeərə(ʊ)'bætɪks, AM ˌeroʊ'bæṭ-] *n + sing vb* ❶ (*flying manoeuvres*) Flugkunststücke *ntpl*; **display of ~** Flugschau *f*
❷ (*stunt flying*) Kunstflug *m kein pl*

aerobic [eə'rəʊbɪk, AM e'roʊ-] *adj inv* aerob *fachspr*; **~ exercise** Aerobicübung *f*

aerobics [eə'rəʊbɪks, AM e'roʊ-] *n no pl* ❶ (*exercise*) Aerobic *nt*; **high-/low-impact ~** intensives/gemäßigtes Aerobic; **to do ~** Aerobic machen
❷ (*exercise class*) Aerobickurs *m*; **to go to ~** zum Aerobic gehen

aerobics instructor *n*, **aerobics teacher** *n* Aerobiclehrer(in) *m(f)*

aerodrome ['eərədrəʊm] BRIT, AM **airdrome** ['erdroʊm] *n* (*dated*) Flugplatz *m*, Flughafen *m*, Aerodrom *nt veraltet*

aerodynamic [ˌeərə(ʊ)daɪ'næmɪk, AM ˌeroʊ-] *adj* aerodynamisch; **~ law** Gesetz *nt* der Aerodynamik

aerodynamically [ˌeərə(ʊ)daɪ'næmɪkli, AM ˌeroʊ-] *adv* aerodynamisch

aerodynamics [ˌeərə(ʊ)daɪ'næmɪks, AM ˌeroʊ-] *n*
❶ *no pl* (*subject*) Aerodynamik *f*
❷ *pl* (*property*) Aerodynamik *f*

aero-engine ['eərəʊˌendʒɪn, AM 'eroʊ] *n* AVIAT Flugzeugmotor *m*

aerofoil ['eərəʊfɔɪl, AM 'eroʊ] *n* ❶ AVIAT Tragflügel
❷ AUTO Spoiler

aerogram ['erəgræm] *n* AM, AUS, **aerogramme** ['eərə(ʊ)græm] *n* BRIT Luftpostleichtbrief *m*, Aerogramm *nt*

aeronautic [ˌeərə(ʊ)'nɔːtɪk, AM ˌerə'nɑːṭɪk] *adj inv* Luftfahrt-, aeronautisch; **~ engineering** Luftfahrttechnik *f*

aeronautics [ˌeərə(ʊ)'nɔːtɪks, AM ˌerə'nɑːṭɪks] *n + sing vb* (*science*) Luftfahrt *f*, Aeronautik *f veraltet*; (*aircraft construction*) Luftfahrttechnik *f*

aeroplane ['eərə(ʊ)pleɪn] *n*, AM **airplane** ['erpleɪn] Flugzeug *nt*

aerosol ['eərəsɒl, AM 'erəsɑːl] **I.** *n* ❶ (*mixture*) Aerosol *nt*
❷ (*spray container*) Spraydose *f*, Sprühdose *f*
II. *n modifier* (*can, paint*) Sprüh-, Aerosol- *fachspr*; **~ cologne** Eau-de-Cologne-Spray *nt*; **~ deodorant** Deospray *nt*; **~ hairspray** Haarspray *nt*; **~ spray** Aerosolspray *nt*

aerospace ['eərə(ʊ)speɪs, AM 'eroʊ-] *n modifier* (*company, industry, technology*) Raumfahrt-; **~ engineer** Luft- und Raumfahrtingenieur(in) *m(f)*; **~ lab** Weltraumlabor *nt*; **~ research** Raumforschung *f*

Aeschylus ['iːskɪləs, AM 'eskə] *n no pl* LIT Aischylos *m*

aesthete ['iːsθiːt, AM 'es-] *n* Ästhet(in) *m(f)*; PHILOS Ästhetiker(in) *m(f)*

aesthetic [iːs'θetɪk, AM es'θeṭ-], AM *also* **esthetic** *adj* ästhetisch

aesthetically [iːs'θetɪkli, AM es'θeṭ-], AM *also* **esthetically** *adv* ästhetisch; **~ pleasing** ästhetisch ansprechend; **~ speaking** vom ästhetischen Standpunkt aus

aesthetician [ˌiːsθə'tɪʃᵊn, AM ˌes-] *n* ❶ BRIT (*person who appreciates beauty*) Ästhetiker(in) *m(f)*
❷ AM (*beautician*) Kosmetiker(in) *m(f)*

aestheticism [iːs'θetɪsɪzᵊm] *n no pl* ART Ästhetizismus *m*

aesthetics [iːs'θetɪks, AM es'θeṭ-], AM *also* **esthetics** *n no pl* Ästhetik *f*

aetiology [ˌiːti'ɒlədʒi, AM -ṭi'ɑːl-] *n* MED Ätiologie *f fachspr*

afar [ə'fɑːʳ, AM ə'fɑːr] *adv inv* weit [weg], fern; **from ~** von weit her, aus der Ferne; **to admire sb from ~** jdn aus der Ferne anhimmeln

AFDC *n* AM *abbrev of* **aid to families with dependent children** Kindergeld *nt*

affability [ˌæfə'bɪləti, AM -əṭi] *n no pl* Freundlichkeit *f*, Umgänglichkeit *f*

affable ['æfəbl̩] *adj* freundlich, umgänglich

affably ['æfəbli] *adv* freundlich; **to greet sb** ~ jdn freundlich grüßen; **to slap sb** ~ **on the back** jdm freundschaftlich auf den Rücken klopfen

affair [ə'feəʳ, AM -'fer] *n* ❶ (*matter*) Angelegenheit *f*, Sache *f*; ***that's my own*** ~ das ist ganz allein meine Sache; ***he is an expert in South American ~s*** er ist ein Südamerikakenner; **~s of state** Staatsangelegenheiten *fpl*, Staatsgeschäfte *ntpl*; **the state of ~s** die aktuelle Lage [*o* Situation], der Stand der Dinge; ***how's the state of ~s?*** wie sieht's aus? *fam*; **domestic ~s** häusliche Angelegenheiten *fpl*; POL innenpolitische Angelegenheiten *fpl*; **financial ~s** finanzielle Angelegenheiten *fpl*, Finanzfragen *fpl*; **foreign ~s** Außenpolitik *f*, auswärtige Angelegenheiten; **to handle an** ~ mit einer Angelegenheit umgehen; **to handle sb's ~s** jds Geschäfte besorgen; **to meddle in sb's ~s** sich *akk* in jds Angelegenheiten einmischen
❷ (*event, occasion*) Angelegenheit *f*, Sache *f fam*, Geschichte *f fam*
❸ (*controversial situation*) Affäre *f*; **the Dreyfus** ~ die Dreyfusaffäre; (*scandal*) Skandal *m*
❹ (*sexual relationship*) Affäre *f*, Verhältnis *nt*; **love** ~ Liebesaffäre *f*; **extramarital** ~ außereheliches Verhältnis; **to have an** ~ **[with sb]** [mit jdm] eine Affäre [*o* ein Verhältnis] haben
❺ (*fam: object*) Ding *nt fam*, Teil *nt sl*; ***she wore a long black velvet*** ~ sie trug ein langes Teil aus schwarzem Samt *sl*

affect [ə'fekt] *vt* ❶ (*have effect on*) ■**to** ~ **sb/sth** sich *akk* auf jdn/etw auswirken; (*influence*) jdn/etw beeinflussen; (*concern*) jdn/etw betreffen; ***the disease only ~s cattle*** die Krankheit befällt nur Rinder
❷ (*move*) ■**to be ~ed by sth** von etw *dat* bewegt [*o* ergriffen] sein; ***I was deeply ~ed by the film*** der Film hat mich tief bewegt
❸ (*have negative effect on*) ■**to** ~ **sb/sth** auf jdn/etw negative Auswirkungen haben; **to** ~ **health** der Gesundheit schaden
❹ (*esp pej: feign*) ■**to** ~ **sth** etw vortäuschen [*o* vorgeben]
❺ (*like*) ■**to** ~ **sth** etw mögen, für etw *akk* eine Vorliebe haben; ***he ~s fancy outfits*** er trägt gern ausgefallene Klamotten

affectation [,æfek'teɪʃᵊn] *n* (*pej*) ❶ (*pretended quality*) Vortäuschung *f*; ***..., he said with an ~ of nonchalance*** ..., sagte er mit gespielter Gleichgültigkeit
❷ (*pej: artificial behaviour*) Affektiertheit *f pej*; ***she has so many little ~s*** sie benimmt oft so affektiert
❸ *no pl* (*pretense*) Verstellung *f*

affected [ə'fektɪd] *adj* ❶ (*pej: insincere*) affektiert *pej*, geziert *pej*; (*fake*) unecht *pej*, gekünstelt *pej*; **to have a very** ~ **manner** sich *akk* sehr affektiert [*o* geziert] benehmen; ~ **smile** künstliches [*o* gezwungenes] Lächeln; ~ **style of writing** gekünstelter Stil
❷ (*influenced*) betroffen

affectedly [ə'fektɪdli] *adv* (*pej: artificially*) affektiert *pej*, geziert *pej*, gekünstelt *pej*; (*unnaturally*) auf unnatürliche Weise

affecting [ə'fektɪŋ] *adj* bewegend, ergreifend, rührend

affection [ə'fekʃᵊn] *n no pl* (*kindly feeling*) Zuneigung *f*; (*love*) Liebe *f*; ***she felt little ~ for the child*** sie fühlte wenig für das Kind; **display of** ~ Ausdruck *m* von Zärtlichkeit; **to have a deep** ~ **for sb** zu jdm eine tiefe Zuneigung haben; **to show** ~ **for sb** seine Zuneigung zu jdm zeigen

affectionate [ə'fekʃᵊnət] *adj* liebevoll, zärtlich; ***he is a very ~ boy*** er ist ein sehr liebebedürftiger Junge; **your** ~ **daughter** (*in a letter*) deine dich liebende Tochter

affectionately [ə'fekʃᵊnətli] *adv* liebevoll, zärtlich

affections [ə'fekʃᵊnz] *npl* Liebe *f kein pl*, Zuneigung *f kein pl*; **to win sb's** ~ jds Zuneigung gewinnen

affidavit [,æfɪ'deɪvɪt] *n* [schriftliche] eidesstattliche [*o* eidliche] Erklärung, Affidavit *nt fachspr*; **to swear an** ~ eine eidliche Erklärung abgeben

affiliate I. *vt* [ə'fɪlieɪt] *usu passive* ❶ ECON ■**to be ~d with sth** mit etw *dat* assoziiert sein; (*in subordinate position*) etw *dat* angeschlossen [*o* angegliedert] sein; ■**to** ~ **oneself to sb/sth** sich *akk* jdm/etw anschließen
❷ (*admit*) ■**to** ~ **sb** jdn [als Mitglied] aufnehmen
II. *n* [ə'fɪliət] (*related entity*) Konzernunternehmen *nt*, Schwestergesellschaft *f*; (*subsidiary*) Tochtergesellschaft *f*; (*branch*) Zweigfirma *f*, Zweigorganisation *f*

affiliation [ə,fɪli'eɪʃᵊn] *n* ❶ ECON Angliederung *f*; ***the group has ~s with several organizations abroad*** dem Konzern sind mehrere Organisationen im Ausland angegliedert; **lack of** ~ **[to sb/sth]** Unabhängigkeit *f* [von jdm/etw]; **political ~s** politische Zugehörigkeit
❷ (*admittance*) Aufnahme *f* (*als Mitglied*)

affiliation order *n* BRIT Unterhaltsverfügung *f*

affinity [ə'fɪnəti, AM -ət̬i] *n* ❶ (*solidarity*) Verbundenheit *f kein pl*; **to feel an** ~ **for sb** sich *akk* jdm verbunden fühlen
❷ (*similarity*) Gemeinsamkeit *f*, Verwandtschaft *f kein pl*, Affinität *f geh*

affinity group *n* AM Interessenvertretung *f*

affirm [ə'fɜːm, AM -'fɜːrm] *vt* ■**to** ~ **sth** ❶ (*state*) etw versichern [*o* beteuern]
❷ (*confirm*) etw bekräftigen
❸ LAW (*uphold a ruling*) **to** ~ **a judgement** eine Entscheidung aufrechterhalten, ein Urteil bestätigen

affirmation [,æfə'meɪʃᵊn, AM -fə'meɪ-] *n* ❶ (*positive assertion*) Bekräftigung *f*, Bestätigung *f*; ***the film is an ~ of life*** der Film bejaht das Leben
❷ (*declaration*) Versicherung *f*, Beteuerung *f*
❸ LAW eidesstattliche Erklärung, Versicherung *f* an Eides statt

affirmative [ə'fɜːmətɪv, AM -'fɜːrmət̬ɪv] I. *adj* zustimmend, positiv; ~ **answer** [*or* **response**] positive Antwort; ~ **gesture** zustimmende Geste; ~ **nod** zustimmendes Nicken; ~ **sentence** bejahender [*o* positiver] Satz
II. *n* Zustimmung *f*, Bejahung *f*; **to answer** [*or* **reply**] **in the** ~ mit Ja antworten; ***she asked the question, expecting an ~*** sie stellte die Frage in Erwartung einer positiven Antwort
III. *interj* ■~! *esp* AM jawohl!, richtig!

affirmative action I. *n* AM *no pl* (*preferential treatment*) aktive Förderungsmaßnahmen zugunsten von Minderheiten, positive Diskriminierung *fachspr*; (*for a job*) Quotenregelung *f* (*zugunsten benachteiligter Minderheiten*)
II. *n modifier* ~ **program** Chancengleichheitsprogramm *nt*

affirmatively [ə'fɜːmətɪvli, AM -'fɜːrmət̬ɪv-] *adv* positiv, zustimmend, bejahend; **to answer** [*or* **reply**] ~ sich *akk* zustimmend äußern, eine positive Antwort geben

affix I. *vt* [ə'fɪks, 'æfɪks] ■**to** ~ **sth** (*attach*) etw befestigen [*o* anbringen]; (*stick on*) etw ankleben; (*clip on*) etw anheften; **to** ~ **one's signature to sth** seine Unterschrift unter etw *akk* setzen; **to** ~ **one's stamp upon sth** etw mit seinem Stempel versehen
II. *n* <*pl* -es> ['æfɪks] LING Affix *nt fachspr*

afflict [ə'flɪkt] *vt* ■**to** ~ **sb/sth** jdn/etw plagen [*o* heimsuchen]; ***he is ~ed with severe rheumatism*** er leidet an schwerem Rheumatismus

affliction [ə'flɪkʃᵊn] *n* ❶ (*misfortune*) Elend *nt kein pl*, Not *f*, Plage *f*
❷ (*illness*) Leiden *nt*, Gebrechen *nt*
❸ *no pl* (*distress*) Kummer *m*, Betrübnis *f*

affluence ['æfluən(t)s] *n no pl* ❶ (*abundance*) Überfluss *m*
❷ (*wealth*) Wohlstand *m*, Reichtum *m*

affluent ['æfluənt] I. *adj* wohlhabend, reich; ~ **society** Wohlstandsgesellschaft *f*; ~ **way of life** Leben *nt* im Überfluss
II. *n* ■**the** ~ *pl* die Reichen *pl*

affluenza [,æflu:'enzə] *n no pl* Wohlstandssyndrom *nt* (*als psychische Störung bei Menschen, die im Wohlstand leben, jedoch unzufrieden sind*)

afford [ə'fɔːd, AM ə'fɔːrd] *vt* ❶ (*have money for*) ■**to** ~ **sth** sich *dat* etw leisten; ■**to be able to** ~ **sth** sich *dat* etw leisten können
❷ (*allow oneself*) ■**to** ~ **sth** ***I simply can't ~ the time to come*** ich habe einfach nicht die Zeit zu kommen; ■**to be able to** ~ **to do sth** es sich *dat* leisten [*o* erlauben] können, etw zu tun; ***he can ill ~ to ...*** er kann es sich kaum leisten, ...; ***you can't ~ to miss this once-in-a-lifetime opportunity*** diese einmalige Gelegenheit darfst du dir nicht entgehen lassen
❸ (*form: provide*) ■**to** ~ **[sb] sth** [jdm] etw bieten [*o* gewähren]; **to** ~ **little protection** kaum Schutz bieten

affordable [ə'fɔːdəbl̩, AM -'fɔːrd-] *adj price* erschwinglich

afforest [ə'fɒrɪst, AM -'fɔːr-] *vt* **to** ~ **land** Land wieder aufforsten

afforestation [ə,fɒrɪ'steɪʃᵊn, AM -'fɔːrəst-] *n no pl* [Wieder]aufforstung *f*

affray [ə'freɪ] *n esp* LAW (*form*) Schlägerei *f*, Rauferei *f*

affront [ə'frʌnt] I. *n* Beleidigung *f*, Affront *m geh* (**to** gegen +*akk*); ***their rejection was an ~ to his dignity*** ihre Zurückweisung verletzte ihn in seiner Würde
II. *vt usu passive* ■**to** ~ **sb/sth** jdn/etw beleidigen [*o* kränken]; ■**sb is ~ed by** [*or* **at**] **sth** etw hat jdn gekränkt; ***she was most ~ed by his sexist comments*** er hat sie mit seinen sexistischen Bemerkungen ziemlich vor den Kopf gestoßen

Afghan ['æfgæn] I. *n* ❶ (*person*) Afghane, -in *m, f*
❷ (*wool covering*) Wolldecke *f*; (*shawl*) [breiter] Wollschal
❸ (*carpet*) Afghan *m*
❹ (*dog*) Afghane *m*
II. *adj* afghanisch; **the** ~ **situation** die Situation in Afghanistan

Afghan hound *n* Afghane *m*

Afghanistan [æf'gænɪstæn, AM -nəstæn] *n* Afghanistan *nt*

aficionado [ə,fɪʃiə'nɑːdəʊ, AM -doʊ] *n* Fan *m*, Liebhaber(in) *m(f)*

afield [ə'fiːld] *adv* ❶ (*distant*) entfernt; **far/further** ~ weit/weiter entfernt [*o* weg]
❷ HUNT im Feld

afire [ə'faɪəʳ, AM 'faɪɚ] *adj inv, pred* (*liter*) ❶ (*burning*) in Flammen, entflammt *a. fig*, entbrannt *a. fig*
❷ (*in pain*) auf brennende Weise schmerzend
❸ (*illuminated*) [hell] erleuchtet

aflame [ə'fleɪm] *adj pred, inv* (*liter*) ❶ (*on fire*) in Flammen; ■**to be** ~ in Flammen stehen
❷ (*fig: full of passion*) ~ **with desire** voll heißem [*o* brennend vor] Verlangen
❸ (*fig: glowing*) glühend *attr*, leuchtend *attr*; **to be** ~ **with colour** in allen Farben leuchten; **to be** ~ **with embarrassment** vor Verlegenheit glühen

AFL-CIO *n* AM *abbrev of* **American Federation of Labor and Congress of Industrial Organizations** *Dachverband der amerikanischen Gewerkschaften*

afloat [ə'fləʊt, AM -'floʊt] *adj* ❶ *pred, inv* (*floating*) über Wasser; ■**to be** ~ schwimmen; *boat* seetüchtig sein; ***she spent seven days ~ on a raft*** sie trieb sieben Tage auf einem Floß; **to keep** [*or* **stay**] ~ sich *akk* über Wasser halten, nicht untergehen
❷ *pred* (*fig: without debts*) schuldenfrei; **to keep** [*or* **stay**] ~ sich *akk* über Wasser halten *fig*
❸ *after n* (*in circulation*) ***there is a rumour ~ that ...*** es geht das Gerücht [um], dass ...

aflutter [ə'flʌtəʳ, AM -'flʌt̬ɚ] *adj pred* (*hum*) aufgeregt, nervös, unruhig; **to set sb's heart** ~ jdm Herzklopfen verursachen

afoot [ə'fʊt] *inv* I. *adj pred* im Gange; ***I'm sure something's ~*** ich bin sicher, da ist etwas im Gange; ***the children are very quiet — I think there's mischief ~*** die Kinder sind so ruhig – ich glaube, sie hecken etwas aus *fam*
II. *adv esp* AM zu Fuß

afore [ə'fɔː, AM ə'fɔːr] (*old*) I. *adv inv* ❶ (*earlier*) vorher, früher
❷ (*ahead*) voraus, voran; (*in front*) vorne
II. *conj* (*old*) bevor

aforementioned (*form*), **aforesaid** (*form*) **I.** *adj inv, attr* (*in a text*) oben erwähnt, oben genannt, obige(r, s); (*in a conversation*) besagte(r, s)
II. *n* <*pl* -> ■**the** ~ (*in a text*) der/die/das [Oben]erwähnte [*o* [Oben]genannte]; (*in a conversation*) der/die/das Erwähnte

aforethought [əˈfɔːθɔːt, AM ˈfɔːrθɑːt] *adj inv, after n* LAW **with malice** ~ vorsätzlich, mit Vorsatz, böswillig

a fortiori [ˌeɪfɔːtiˈɔːraɪ, AM ˌeɪfɔːrθɑːt] *adv* LAW offensichtlich

afraid [əˈfreɪd] *adj pred* ❶ (*frightened*) verängstigt; **to be** [*or* **feel**] ~ Angst haben, sich *akk* fürchten; **to be ~ that ...** befürchten, dass ...; **to make sb ~** jdm Angst machen, jdn verängstigen; ■**to be ~ for sb/sth** um jdn/etw Angst haben; ■**to** [**not**] **be ~ of sb/sth** vor jdm/etw [keine] Angst haben; **to be ~ of heights** Höhenangst haben; ■**to** [**not**] **be ~ to do sth** sich *akk* [nicht] scheuen, etw zu tun
❷ *inv* (*expressing regret*) ***I'm ~ not*** leider [*o* bedauerlicherweise] nicht; ***I'm ~ so*** leider ja, ich bedaure, ja *geh;* ***this is your room — it's rather small, I'm*** ~ dies ist Ihr Zimmer – leider ist es sehr klein; ***I don't agree at all, I'm*** ~ da kann ich Ihnen leider nicht zustimmen

A-frame [ˈeɪfreɪm] *n* ❶ ARCHIT Stützrahmen *m,* A-Rahmen *m fachspr*
❷ *esp* AM (*house*) Haus *nt* mit A-Rahmen

afresh [əˈfreʃ] *adv inv* [noch einmal] von vorn [*o* von neuem]; **to look at sth** ~ etw noch einmal ansehen; **to start sth** ~ etw noch einmal von vorn beginnen

Africa [ˈæfrɪkə] *n* Afrika *nt*

African [ˈæfrɪkən] **I.** *n* Afrikaner(in) *m(f)*
II. *adj* afrikanisch

African American [ˌæfrɪkənəˈmerɪkən] **I.** *adj inv* afroamerikanisch
II. *n* Afroamerikaner(in) *m(f)*

African violet *n* Usambaraveilchen *nt*

Afrikaans [ˌæfrɪˈkɑːn(t)s] *n no pl* Afrikaans *nt*

Afrikaner [ˌæfrɪˈkɑːnəʳ, AM -nɚ] *n* Afrika[a]nder(in) *m(f)*

Afro [ˈæfrəʊ, AM -roʊ] *n* Afro-Look *m*

Afro-American **I.** *n* Afroamerikaner(in) *m(f)*
II. *adj* afroamerikanisch **Afro-Asian** [ˌæfrəʊˈeɪʒᵊn, AM roʊ'] *adj inv* POL afroasiatisch **Afro-Caribbean** *adj* afrokaribisch; ~ **music** schwarze karibische Musik

Afrocentrism [ˌæfrəʊˈsentrɪzᵊm, AM -roʊ-] *n* Afrozentrismus *m*

Afrocentrist [ˌæfrəʊˈsentrɪst, AM -roʊ-] *n* Afrozentrist(in) *m(f)*

aft [ɑːft, AM æft] *inv* NAUT **I.** *adv* achtern; **fore and** ~ längsschiffs; (*fig*) über die gesamte Länge
II. *adj attr* Achter-; ~ **deck** Achterdeck *nt*

after [ˈɑːftəʳ, AM ˈæftɚ] **I.** *prep* ❶ (*later time*) nach +*dat;* ~ ***two weeks of vacationing*** nach zwei Wochen Ferien; ***he usually takes a nap ~ lunch*** er macht nach dem Mittagessen normalerweise einen kurzen Mittagsschlaf; **the day ~ tomorrow** übermorgen; **the week ~ next** übernächste Woche; [**a**] **quarter ~ six** AM [um] Viertel nach Sechs; ~ **hours** nach Feierabend; ~ **the fact** danach, hinterher
❷ (*in pursuit of*) **to be ~ sb/sth** hinter jdm/etw her sein
❸ (*following*) nach +*dat;* ***the letter C comes ~ B*** der Buchstabe C kommt nach B; ~ ***you*** nach Ihnen
❹ (*because of*) nach +*dat;* ~ ***saying what he did, I'll never talk to him again*** nachdem was er gesagt hat, werde ich nie wieder ein Wort mit ihm wechseln; ~ **all** schließlich
❺ (*behind*) nach +*dat;* ***can you lock up ~ you?*** können Sie zuschließen, wenn Sie gehen?; ***he shut the door ~ them*** er schloss die Tür hinter ihnen; ***she stared ~ him in disbelief*** sie sah ihm ungläubig nach
❻ (*in honour of*) nach +*dat;* **to name sb/sth ~ sb/sth** jdn/etw nach jdm/etw [be]nennen; **to be named ~ sb** nach jdm benannt sein
❼ (*similar to*) nach +*dat;* **to take ~ sb** nach jdm kommen; ***she takes ~ her mother*** sie kommt nach ihrer Mutter
❽ (*about*) nach +*dat;* ***he politely inquired ~ his uncle's health*** er erkundigte sich höflich nach dem Befinden seines Onkels
❾ (*despite*) trotz +*dat;* ~ ***all his efforts, he still failed the driving test*** trotz all seiner Bemühungen fiel er durch die Führerscheinprüfung; ~ **all** trotzdem
❿ (*in comparison to*) verglichen mit +*dat;* ***their children seem small ~ his*** ihre Kinder wirken klein verglichen mit seinen
⓫ (*many in succession*) nach +*dat;* ***hour ~ hour*** Stunde um Stunde; ***she ate one piece of cake ~ another*** sie aß ein Stück Kuchen nach dem anderen
II. *conj* nachdem; ***I'll call you ~ I take a shower*** ich rufe dich an, wenn [*o* sobald] ich geduscht habe; **soon** [*or* **shortly**] [*or* **not long**] ~ **sth** kurz nachdem ...; ***soon ~ we joined the motorway, the car started to make a strange noise*** wir waren noch nicht lange auf der Autobahn, als der Motor seltsame Geräusche von sich gab; **right** [*or* **straight**] [*or* **immediately**] ~ **sth** unmittelbar nachdem ...; ***I went to the post office straight ~ I left you*** ich bin direkt von dir zur Post gelaufen
III. *adv inv* ❶ (*at a later time*) danach; **the day/week ~** einen Tag/eine Woche danach [*o* darauf]; **shortly** [*or* **soon**] ~ kurz [*o* bald] danach [*o* darauf]; ***he passed away and she died shortly ~*** zuerst starb er und kurze Zeit später folgte sie ihm in den Tod
❷ (*behind*) ***marriage, house, baby — and what comes ~?*** Hochzeit, Haus, Kinder – und was kommt dann?; ***a mouse ran into the bushes and the cat ran ~*** eine Maus rannte in die Büsche und die Katze hinterher
❸ (*fam: afterwards*) danach, nachher; ***what are you going to do ~?*** was hast du nachher vor?
IV. *adj inv* (*liter*) später; **in ~ years** in späteren Jahren

afterbirth *n* Nachgeburt *f* **aftercare** *n no pl* (*after hospital stay*) Nachbehandlung *f,* Nachsorge *f;* (*after prison sentence*) Resozialisierungshilfe *f,* Entlassenenfürsorge *f* **afterdate** *n* FIN Datowechsel *m* **afterdeck** [ˈɑːftdek, AM ˈæftɚ-] *n* NAUT Achterdeck *nt* **afterdinner** *adj attr, inv conversation* nach dem Mittagessen; ~ **drink** Verdauungsschlückchen *nt;* ~ **nap** Mittagsschläfchen *nt;* ~ **speech** Tischrede *f* **after-effect** *n* (*consequence*) Auswirkung *f;* (*after illness*) Nachwirkung *f;* (*of event*) Folge *f;* **to suffer from ~s** unter Nachwirkungen leiden **afterglow** *n no pl* ❶ (*of sun*) Abendrot *nt,* Abendleuchten *nt* ❷ (*good feeling*) angenehme [*o* schöne] Erinnerung; **to bask in the ~ of sth** in Erinnerungen an etw *akk* schwelgen **aftergrowth** *n no pl* Schößling *m,* Nachtrieb *m* **after-hours** *adj* STOCKEX ~ **dealing** [*or* **trading**] [*or* **buying**] Nachbörse *f;* ~ **market** Nachbörse *f,* Kerbhandel *m;* ~ **price** nachbörslicher Kurs

after-image [ˈɑːftərɪmɪdʒ, AM ˈæftɚ-] *n* optische Nachwirkung, Nachbild *nt* **afterlife** *n no pl* Leben *nt* nach dem Tod; **to believe in an ~** an ein Leben nach dem Tod glauben **after-lunch** [ˈɑːftəˌlʌntʃ, AM ˈæftɚ-] *adj attr, inv* nach dem Mittagessen *nach n,* nach Tisch *nach n;* ~ **snooze** Mittagsschlaf *m* **aftermarket** *n* ❶ COMM Verbrauchermarkt *m* ❷ STOCKEX Nachbörse *f* **aftermath** [-mɑːθ, AM -mæθ] *n no pl* Folgen *fpl,* Nachwirkungen *fpl;* ■**in the ~ of sth** (*effects*) infolge einer S. *gen;* (*time*) im Anschluss an etw *akk*

afternoon [ˌɑːftəˈnuːn, AM ˌæftɚ-] **I.** *n* Nachmittag *m;* ***good ~!*** guten Tag!; **all ~** den ganzen Nachmittag; **early/late ~** am frühen/späten Nachmittag; **mid-~** am Nachmittag; **this/tomorrow/yesterday ~** heute/morgen/gestern Nachmittag; **in the ~** am Nachmittag, nachmittags; **at 4.00 in the ~** um vier Uhr Nachmittag; **on the ~ of May 23rd** am Nachmittag des 23. Mai; **on Wednesday ~** [am] Mittwochnachmittag; **on Friday ~s** freitagnachmittags, am Freitagnachmittag
II. *adj attr* nachmittäglich, Nachmittags-; ~ **nap** [Nach]mittagsschläfchen *nt*

afternoons [ˌɑːftəˈnuːnz, AM ˌæftɚ-] *adv inv esp* AM nachmittags

afternoon tea *n no pl* BRIT [Nachmittags]tee *m*

afterpains *npl* Nachwehen *pl*

afters [ˈɑːftəz] *n no pl* BRIT (*fam*) Nachtisch *m;* **for ~** zum [*o* als] Nachtisch

after-sales service *n no pl* Kundendienst *m* **aftershave** *n no pl* Rasierwasser *nt,* Aftershave *nt,* Aftershavelotion *f* **aftershock** [ˈɑːftəʃɒk, AM ˈæftɚʃɑːk] *n usu pl* GEOL Nachbeben *nt* **aftertaste** *n usu sing* Nachgeschmack *m kein pl a. fig;* (*fig*) Erinnerung *f;* **to leave a bad/bitter/unpleasant ~** einen schlechten/bitteren/unangenehmen Nachgeschmack hinterlassen **after-tax** *adj* FIN ~ **profit** Gewinn *m* nach Abzug der Steuern **afterthought** *n usu sing* nachträglicher Einfall; **as an ~** im Nachhinein; ***she only asked me to her party as an ~*** es fiel ihr erst später ein, mich zu ihrer Party einzuladen

afterward [ˈɑːftəwəd, AM ˈæftɚ-], **afterwards** [ˈɑːftəwədz, AM ˈæftɚ-] *adv inv* (*later*) später; (*after something*) danach, anschließend; **shortly** [*or* **soon**] ~ kurz danach [*o* darauf]

afterword *n* Nachwort *nt* **afterworld** *n no pl* ■**the ~** das Jenseits

Aga® [ɑːgə] BRIT, **Aga® cooker** *n* BRIT [Aga-]Herd *m* (*mit Kohle, Gas oder Öl ständig betriebener Herd mit großen Kochplatten und mehreren Röhren für verschiedene Temperaturen*)

again [əˈgen, əgeɪn] *adv inv* ❶ (*as a repetition*) wieder; (*one more time*) noch einmal, nochmal; ***don't do that ~!*** mach das ja nicht noch einmal! *fam;* ***Deborah's late ~*** Deborah kommt [schon] wieder mal zu spät *fam;* ~ **and ~** immer wieder; **never ~** nie wieder; **once ~** (*one more time*) noch einmal, einmal mehr *geh;* (*another time*) wieder einmal; **yet ~** schon wieder
❷ (*fam: after forgetting sth*) nochmal *fam;* ***what's her name ~?*** wie ist nochmal ihr Name?
❸ (*twice as much*) noch [ein]mal; **as much ~** noch [ein]mal so viel, doppelt so viel
❹ (*anew*) noch einmal, nochmals; **to do** [*or* **start**] **sth** [**all**] **over ~** mit etw *dat* noch einmal [von vorne] anfangen
► PHRASES: <u>**come**</u> **~?** wie bitte?; <u>**now**</u> **and ~** von Zeit zu Zeit, dann und wann, gelegentlich; <u>**then**</u> [*or* <u>**there**</u>] ~ andererseits, auf der anderen Seite

against [əˈgen(t)st] **I.** *prep* ❶ (*in opposition to*) gegen +*akk;* ***cheating is ~ his principles*** Mogeln ist gegen seine Prinzipien; ~ **one's better judgement** wider besseres Wissen; **to say sth ~ sb** etw gegen jdn sagen; **to have sth ~ sb** etw gegen jdn haben; ***what do you have ~ her? I think she's really nice*** was hast du gegen sie? ich finde sie ziemlich nett; **to be ~ sth/sb** gegen etw/jdn sein; ***why is everybody always ~ me?*** warum sind immer alle gegen mich?; **to be ~ sb's doing sth** dagegen sein, dass jd etw tut; SPORTS, GAMES ***the odds are 2 to 1 ~*** die Chancen stehen 2 zu 1 dagegen
❷ (*in competition with*) gegen +*akk;* ~ **time/the clock** gegen die Zeit/Uhr
❸ (*to disadvantage of*) gegen +*akk;* ***crime ~ women has dropped in recent years*** Verbrechen gegen Frauen sind in den letzten Jahren zurückgegangen; **odds are ~ sb/sth** die Chancen stehen gegen jdn/etw
❹ (*in anticipation of*) gegen +*akk;* ***he wore a rain poncho ~ the wind and rain*** er trug einen Regenponcho gegen den Wind und den Regen; ***he has been immunized ~ polio*** er ist gegen Polio geimpft worden; **to protect/guard oneself ~ sth/sb** sich *akk* gegen etw/jdn schützen/wehren
❺ (*in comparison to*) ~ ***her situation, we're doing okay*** im Vergleich zu ihrer Situation geht es uns gut; ***the dollar rose ~ the mark*** der Dollar stieg gegenüber der Mark; **to weigh sth ~ sth** ECON etw gegen etw *akk* abwägen
❻ FASHION, ARCHIT (*in contrast to*) gegen +*akk*
❼ (*in contact with*) gegen; ***the rain splashed ~ the window*** der Regen prasselte gegen das Fenster
❽ (*toward*) gegen +*akk;* ~ **the wind/current** gegen den Wind/die Strömung; ~ **the light/sun**

gegen das Licht/die Sonne
⑨ (*perpendicular to*) ***saw the wood ~ the grain*** säge das Holz quer zur [*o* gegen die] Maserung
⑩ FIN, ECON (*in exchange for*) gegen +*akk*; ***the licence will be issued ~ payment of a fee*** die Lizenz wird gegen die Zahlung einer Gebühr ausgestellt
II. *adv inv* gegen; ***there was a majority with only 14 voting*** ~ es gab eine Mehrheit bei nur 14 Gegenstimmen

agape [əˈɡeɪp] *adj pred* mit offenem Mund; ***the girls were ~ with excitement*** den Mädchen blieb vor Aufregung der Mund offen; **to be ~ with wonder** [*or* **surprise**] erstaunt [*o fam* baff] sein

agate [ˈæɡət] **I.** *n* ① (*gem*) Achat *m*
② *no pl* (*type of stone*) Achat *m*
II. *n modifier* (*bracelet, jewellery, ring*) Achat-

agave [əˈɡeɪvi, AM əˈɡɑː] *n* BOT Agave *f*

AGC [ˌeɪdʒiːˈsiː] *n abbrev of* **automatic gain control** automatische Verstärkungsregelung

age [eɪdʒ] **I.** *n* ① (*length of existence*) Alter *nt; of star* Lebensdauer *f;* ***do you know the ~ of that building?*** wissen Sie, wie alt dieses Gebäude ist?; ***what ~ is your brother?*** wie alt ist dein Bruder?; ***he's about your*** ~ er ist ungefähr so alt wie du; **to be 10/45 years of** ~ 10/45 Jahre alt sein; **old** ~ das [hohe] Alter; **to act** [*or* **be**] **one's** ~ sich *akk* seinem Alter entsprechend verhalten; **to feel one's** ~ die Jahre spüren; **to not look** [*or* **show**] **one's** ~ jünger aussehen, als man ist; **at his** ~ in seinem Alter; ***she was still riding her bike at the ~ of 80*** mit 80 fuhr sie noch immer Fahrrad
② *no pl* (*adult status*) **to be of** ~ erwachsen sein; LAW volljährig sein; **to come of** ~ erwachsen werden; LAW volljährig [*o* mündig] werden; (*fig*) reifen, zu voller Blüte gelangen *geh;* **to be under** ~ minderjährig [*o* unmündig] sein
③ *no pl* (*old age*) Alter *nt;* ***the pages of the book had crumbled with*** ~ die Seiten des Buchs hatten sich mit den Jahren aufgelöst; **to improve with** ~ mit den Jahren besser werden
④ (*era*) Zeitalter *nt,* Ära *f;* **in this day and** ~ heutzutage; **through the ~s** im Lauf der Jahrhunderte
► PHRASES: ~ **before** <u>**beauty**</u> (*usu hum*) Alter vor Schönheit *bes hum*
II. *vi* ① (*become older*) altern, alt werden
② FOOD (*mature*) reifen
III. *vt* ① *usu passive* (*develop*) ■**to ~ sth** etw reifen lassen [*o* lagern]; **to ~ cheese/sherry/wine** Käse/Sherry/Wein reifen lassen
② (*change appearance*) ■**to ~ sth/sb** etw/jdn altern lassen; **to ~ a table/painting** einen Tisch/ein Gemälde älter aussehen lassen
③ (*determine age*) ■**to ~ sth** das Alter einer S. *gen* bestimmen

age bracket *n* Altersgruppe *f,* Altersklasse *f*

aged[1] [eɪdʒd] *adj after n* **a boy ~ 12** ein zwölfjähriger [*o* zwölf Jahre alter] Junge; **children ~ 8 to 12** Kinder [im Alter] von 8 bis 12 Jahren

aged[2] [ˈeɪdʒɪd] **I.** *adj* (*old*) alt, betagt
II. *n* ■**the ~** *pl* die alten Menschen *pl,* die Alten *pl*

aged debtor's analysis *n see* **ageing schedule**

age gap *n* Altersunterschied *m*

age-gap [ˈeɪdʒɡæp] *n modifier* BRIT (*fam: older*) (*friend*) viel älter; (*younger*) viel jünger **age-group** [ˈeɪdʒˌɡruːp] *adj attr, inv* ① SPORTS Altersklasse *f;* ***he won an ~ medal at the championship*** er gewann bei den Jahrgangsmeisterschaften eine Medaille ② SOCIOL Alterszugehörigkeit *f*

ageing [ˈeɪdʒɪŋ], AM, AUS **aging** *adj attr, inv person* alternd; *machinery* veraltend *attr*

ageing schedule, AM **aging schedule** *n* FIN Fälligkeitstabelle *f*

ageism [ˈeɪdʒɪzəm], AM, AUS **agism** *n no pl* Diskriminierung *f* älterer Menschen, Seniorenfeindlichkeit *f*

ageist [ˈeɪdʒɪst], AM, AUS **agist** *adj* ■**to be ~** ältere Menschen diskriminieren, seniorenfeindlich sein

ageless [ˈeɪdʒləs] *adj inv beauty* zeitlos; ~ **wisdom** ewig gültige Weisheit

age limit *n* Altersgrenze *f* **age-long** *adj attr, inv* unendlich lang, ewig *fam;* ~ **process** sehr langwieriger Prozess

agency [ˈeɪdʒən(t)si] *n* ① (*private business*) Agentur *f;* **advertising** ~ Werbeagentur *f;* **employment** ~ Arbeitsvermittlungsbüro *nt,* Arbeitsvermittlungsagentur *f;* **estate/travel** ~ Makler-/Reisebüro *nt;* **modelling** ~ Modellagentur *f;* **news** ~ Nachrichtenagentur *f,* Nachrichtendienst *m*
② (*subsidiary*) Geschäftsstelle *f,* Vertretung *f;* **sole** ~ Alleinvertretung *f*
③ (*of government*) Behörde *f;* (*of public administration*) Dienststelle *f;* **government** ~ Regierungsstelle *f,* Behörde *f;* **non-governmental** ~ Nichtregierungsorganisation *f*
④ *no pl* (*form liter: force*) Wirkung *f;* **through** [*or* **by**] **the ~ of water** durch [*o* mit Hilfe von] Wasser; **through** [*or* **by**] **sb's ~** [*or* **the ~ of sb**] durch jds Vermittlung

agency bank *n* AM FIN Zweigniederlassung *f* (*die als Agent für eine andere Bank arbeitet*) **agency bill** *n* BRIT FIN *Wechsel, der auf die örtliche Niederlassung einer ausländischen Bank gezogen wird und von dieser akzeptiert wird* **agency broker** *n* FIN *als Kommissionär für seine Kunden tätiger Effektenbroker* **agency selling** *n* AM FIN Effektenemission *f* auf fremde Rechnung **agency shop** *n* AM FIN *Unternehmen, das auch von nicht organisierten Arbeitnehmern Gewerkschaftsbeiträge einzieht*

agenda [əˈdʒendə] *n* ① (*for a meeting*) Tagesordnung *f;* **to be on/high on** [*or* **at the top of**] **the** ~ oben/ganz oben auf der Tagesordnung stehen; (*fig*) oberste Priorität haben
② (*for action*) Programm *nt;* **to set the election** ~ das Wahlprogramm festlegen; **to be on the** ~ auf dem Programm stehen; ***that's been on my ~ for three weeks*** das will ich jetzt schon seit drei Wochen machen; **to have a hidden** ~ geheime Pläne haben; **to have an ~ for sb** etw mit jdm vorhaben

agent [ˈeɪdʒənt] *n* ① (*representative*) [Stell]vertreter(in) *m(f);* (*for artists*) Agent(in) *m(f);* **insurance** ~ Versicherungsvertreter(in) *m(f);* ECON, FIN **managing** ~ leiteneder Angestellter/leitenede Angestellte eines Konsortiums von Lloyd's; **travel** ~ Reisebürokaufmann, Reisebürokauffrau *m, f;* (*of package tours*) Reiseveranstalter(in) *m(f)*
② (*of a secret service*) Agent(in) *m(f),* Spion(in) *m(f);* **enemy** ~ feindlicher Agent/feindliche Agentin; **secret** [*or* **undercover**] ~ Geheimagent(in) *m(f)* (*der sich in die zu observierende Gruppe einschleust*), Undercoveragent(in) *m(f)*
③ (*substance*) Mittel *nt,* Wirkstoff *m;* **cleaning** ~ Reinigungsmittel *nt*
④ (*one that acts*) Handelnde(r) *f(m);* **to be a free** ~ sein eigener Herr sein
⑤ (*force*) [Wirk]kraft *f,* Ursache *f;* ***his greed was the ~ of his own destruction*** durch seine Gier richtete er sich selbst zugrunde; **an ~ of change** ein Motor *m* der Veränderung
⑥ LAW ~ **to receive process** Zustellungsbevollmächtigte(r) *f(m)*

agent bank *n* AM FIN Agent-Bank *f* **Agent Orange** *n no pl* CHEM Agent Orange *nt* **agent provocateur** <*pl* agents provocateurs> [ˌæʒɑ̃ːprəvɒkəˈtɜːʳ, AM ˌɑːʒɑ̃ːprouvɑːkəˈtɜːr] *n* Agent provocateur *m,* Lockspitzel *m pej*

age of consent *n* Ehemündigkeitsalter *nt* **age-old** *adj inv* uralt **age-related** *adj* altersbedingt; ~ **disease** Alterskrankheit *f*

agglomerate [əˈɡlɒmərət, AM -ˈɡlɑːmɚ-], **agglomeration** [əˌɡlɒməˈreɪʃən, AM -ɡlɑːmə-] *n* Ansammlung *f,* Anhäufung *f,* Konglomerat *nt geh*

aggrandizement [əˈɡrændɪzmənt] *n no pl* (*esp pej*) Vergrößerung *f,* Vermehrung *f; of power* Ausdehnung *f;* **personal** [*or* **self-**]~ Erhöhung *f* des persönlichen Ansehens

aggravate [ˈæɡrəveɪt] *vt* ① (*worsen*) ■**to ~ sth** etw verschlechtern [*o* verschlimmern]
② (*fam: annoy*) ■**to ~ sb** jdm auf die Nerven gehen *fam;* ■**to be ~d by sth** von etw *dat* genervt sein *sl*

aggravated assault *n no pl* schwere Körperverletzung **aggravated burglary** *n no pl* BRIT schwerer Einbruch

aggravating [ˈæɡrəveɪtɪŋ, AM -t̬-] *adj* ① (*fam: annoying*) unangenehm, ärgerlich, nervig *fam;* ***it is very ~ to have to wait so long*** dieses lange Warten ist total nervig *fam*
② LAW (*worsening*) erschwerend; ~ **circumstances** erschwerende Umstände

aggravation [ˌæɡrəˈveɪʃən] *n no pl* ① (*worsening*) Verschlimmerung *f,* Verschärfung *f*
② (*fam: annoyance*) Ärger *m;* ■**to be an ~ to sb** jdm Ärger machen *fam*

aggregate **I.** *n* [ˈæɡrɪɡət] ① (*totality*) Gesamtheit *f,* [Gesamt]menge *f;* (*sum total*) Summe *f;* (*total value*) Gesamtwert *m;* **in the ~** alles in allem, insgesamt, im Ganzen
② SPORTS Gesamtergebnis *nt,* Gesamtwertung *f*
③ (*cluster*) Anhäufung *f,* Ansammlung *f,* Aggregat *nt fachspr;* ***snowflakes are loose ~s of ice crystals*** Schneeflocken sind Gebilde aus locker verbundenen Eiskristallen
④ MATH mehrgliedriger Ausdruck (*dessen Glieder durch + oder – verbunden sind*), Aggregat *nt fachspr*
⑤ COMPUT **data ~** Datenverbund *m;* ~ **bandwidth** aggregierte Bandbreite; ~ **function** Datenverbundfunktion *f;* ~ **line speed** kumulative Übertragungsgeschwindigkeit
II. *adj* [ˈæɡrɪɡeɪt] *inv* FIN, ECON gesamte(r, s), Gesamt-
III. *vt* [ˈæɡrɪɡət] ■**to ~ sth** ① (*add*) etw summieren
② (*amount to*) sich *akk* auf etw *akk* belaufen

aggregate output *adj* ADMIN Sozialprodukt *nt*

aggregation [ˌæɡrɪˈɡeɪʃən] *n no pl* (*accumulation*) Ansammlung *f,* Anhäufung *f,* Aggregation *f geh;* (*bringing together*) Vereinigung *f;* ECON Zusammenschluss *m,* Fusion *f* (**into** zu +*dat*)

aggression [əˈɡreʃən] *n no pl* ① (*violent feeling*) Aggression *f,* Aggressivität *f;* (*violent action*) Angriff *m;* **act of** ~ aggressive Handlung, Angriff *m;* LAW Angriffshandlung *f;* **male** ~ männliche Gewalt; **naked** ~ nackte Gewalt; **to have a lot of ~ towards sb/sth** jdn gegenüber eine Menge Aggressionen haben; **to work off** [*or* **out**] **one's ~ on sb/sth** seine Aggressionen an jdm/etw auslassen
② SPORTS offensives Spiel

aggressive [əˈɡresɪv] *adj* ① (*tending toward violence*) aggressiv; ~ **fighter** angriffslustiger Kämpfer
② (*showing great energy*) energisch, forsch; SPORTS offensiv
③ (*too confident*) *lover* ungestüm; *salesman* aufdringlich

aggressively [əˈɡresɪvli] *adv* ① (*in a violent way*) aggressiv, angriffslustig
② (*with great energy*) energisch, forsch; SPORTS offensiv

aggressiveness [əˈɡresɪvnəs] *n no pl* ① (*hostility*) Aggressivität *f,* Angriffslust *f*
② (*active behaviour*) Forschheit *f;* SPORTS Offensivspiel *nt*

aggressor [əˈɡresəʳ, AM -ɚ] *n* Angreifer(in) *m(f);* MIL, POL Aggressor *m*

aggrieved [əˈɡriːvd] *adj* gekränkt, verletzt; ■**to be ~ at sth** wegen einer S. *gen* gekränkt sein

aggro [ˈæɡrəʊ] *n no pl* BRIT, AUS (*sl*) ① (*violence*) Zoff *m fam;* ***there was some ~ between rival football fans*** es kam zu Krawallen zwischen rivalisierenden Fußballfans
② (*trouble*) Ärger *m;* **the general ~ of life** die normalen Alltagsprobleme

aghast [əˈɡɑːst, AM -ˈɡæst] *adj pred* entsetzt, entgeistert; ■**to be ~ at sth** über etw *akk* entsetzt sein

agile [ˈædʒaɪl, AM -əl] *adj* (*nimble*) geschickt, beweglich; *fingers* flink; (*lithe*) geschmeidig; (*lively*) lebhaft; **to have an ~ mind** (*fig*) geistig beweglich [*o* flexibel] sein; **an ~ politician** (*fig*) ein geschickter Politiker/eine geschickte Politikerin

agility [əˈdʒɪləti, AM -t̬i] *n no pl* Flinkheit *f,* Beweglichkeit *f;* (*litheness*) Geschmeidigkeit *f,* Behändigkeit *f;* **mental** ~ geistige Beweglichkeit [*o* Flexibilität]

agin [ə'gɪn] *prep* DIAL (*fam*) dagegen

aging *adj* AM, AUS *see* **ageing**

agio ['ædʒɪəʊ, AM -oʊ] *n* FIN Agio *nt,* Aufgeld *nt*

agiotage ['ædʒətɪdʒ, AM -dʒiə-] *n* FIN Agiotage *f,* Devisenhandel *m*

agioteur ['ædʒətɜːʳ, AM -dʒiətɜːr] *n* Agioteur *m*

agism *n no pl* AM, AUS *see* **ageism**

agist *adj* AM, AUS *see* **ageist**

agitate ['ædʒɪteɪt] **I.** *vt* ❶ (*make nervous*) ■**to** ~ **sb** jdn aufregen; ■**to be** ~**d** sich *akk* aufregen; ***she is ~d by the least little thing!*** sie regt sich wegen jeder Kleinigkeit auf!
❷ (*shake*) ■**to** ~ **sth** etw schütteln; (*stir*) etw [um]rühren
II. *vi* ■**to** ~ **against/for sth** sich *akk* [öffentlich] gegen/für etw *akk* einsetzen

agitated ['ædʒɪteɪtɪd, AM -t̬ɪd] *adj* aufgeregt, beunruhigt

agitatedly ['ædʒɪteɪtɪdli, AM -t̬ɪdli] *adv* aufgeregt, nervös

agitation [ˌædʒɪ'teɪʃᵊn] *n no pl* ❶ (*nervousness*) Aufregung *f,* Erregung *f;* **in a state of [great]** ~ [sehr] aufgeregt
❷ (*activism*) Agitation *f;* ***in 1920 women in America got the vote, after 72 years of*** ~ 1920 bekamen die Frauen in Amerika das Wahlrecht, nachdem sie 72 Jahre dafür gestritten hatten
❸ (*of a liquid*) [Auf]rühren *nt*

agitator ['ædʒɪteɪtəʳ, AM -t̬ɚ] *n* ❶ (*person*) Agitator(in) *m(f) pej*
❷ (*device*) Rührapparat *m*

agitprop ['ædʒɪtprɒp, AM -prɑːp] *n no pl* propagandistische Kunst, Agitprop *m fachspr*

agleam [ə'gliːm] *adj pred* erleuchtet; *eyes* glänzend; ***the boy's eyes were*** ~ die Augen des Jungen funkelten

aglow [ə'gləʊ, AM -'gloʊ] *adj pred* (*liter*) ■**to be** ~ *fire, light* brennen; *face* glühen; *eyes* leuchten, strahlen; ***the city at night was*** ~ ***with lights*** in der Nacht war die Stadt hell erleuchtet

AGM [ˌeɪdʒiː'em] *n* BRIT, AUS *abbrev of* **annual general meeting**

agnosia [əg'nəʊsɪə, AM -'noʊ-] *n no pl* MED Agnosie *f fachspr*

agnostic [æg'nɒstɪk, AM -'nɑː-] **I.** *n* Agnostiker(in) *m(f)*
II. *adj* agnostisch; ■**to be** ~ **about** [*or* **on**] **sth** etw nicht glauben

agnosticism [æg'nɒstɪsɪzᵊm, AM -'nɑː-] *n no pl* Agnostizismus *m*

ago [ə'gəʊ, AM ə'goʊ] *adv inv* **a minute/a year** ~ vor einer Minute/einem Jahr; **long** ~ vor langer Zeit; ***that was long*** ~ das ist schon lange her; **long** ~ **and far away** vor langer Zeit; **as long** ~ **as 1924** schon 1924

agog [ə'gɒg, AM ə'gɑːg] *adj pred* gespannt; ***she was all*** ~ ***to hear what had happened*** sie brannte darauf, zu hören, was geschehen war; **to be** ~ **with curiosity/excitement/ expectation** sehr neugierig/aufgeregt/gespannt sein; ***the audience was*** ~ ***with curiosity*** das Publikum platzte fast vor Neugierde

agonize ['ægənaɪz] **I.** *vt* ■**to** ~ **sb** jdn quälen
II. *vi* ❶ (*suffer*) sich *akk* [ab]quälen
❷ (*consider anxiously*) hin- und herüberlegen; ■**to** ~ **about** [*or* **over**] **sth** sich *dat* über etw *akk* den Kopf zermartern; ***she ~d for days about whether she should take the job*** sie rang tagelang mit sich, ob sie die Stelle annehmen sollte

agonized ['ægənaɪzd] *adj* gequält; ~ **cry** schmerzerfüllter Schrei

agonizing ['ægənaɪzɪŋ] *adj* ❶ (*very painful*) qualvoll, quälend; ~ **pain** unerträglicher Schmerz; **to die an** ~ **death** einen qualvollen Tod sterben
❷ (*very difficult*) schmerzlich, schlimm; **to go through an** ~ **time** eine schwere [*o* harte] Zeit durchmachen

agonizingly ['ægənaɪzɪŋli] *adv* qualvoll, in kaum erträglicher Weise

agony ['ægəni] *n* ❶ *no pl* (*pain*) Todesqualen *fpl,* unerträgliche Leiden *ntpl,* heftiger Schmerz; ***they lay screaming in*** ~ sie lagen da und schrien vor Schmerzen; ***oh, the*** ~ ***of defeat!*** (*fig*) was für eine schmachvolle Niederlage!; ■**to be in** ~ große Schmerzen [*o* Qualen] leiden; **sb is in an** ~ **of doubt** jdn quälen schlimme Zweifel; **to be in an** ~ **of indecision/suspense** von qualvoller Unentschlossenheit/Ungewissheit geplagt werden; **to prolong the** ~ **[of sth]** sich *akk* noch länger [mit etw *dat*] [herum]quälen; **to put sb/an animal out if his/her/its** ~ jdn/ein Tier von seinen Qualen erlösen; **to suffer agonies of sth** sich *akk* mit etw *dat* [herum]quälen, von etw *dat* geplagt werden
❷ (*struggle before death*) Agonie *f geh,* Todeskampf *m*
► PHRASES: **to pile** [*or* **put**] **on the** ~ dick auftragen *fam*

agony aunt *n* BRIT (*fam*) Briefkastentante *f hum fam,* Kummerkastentante *f hum fam*

agony column *n* BRIT (*fam*) Kummerkasten *m fam,* Kummerecke *f fam*

agoraphobia [ˌægᵊrə'fəʊbiə, AM -'foʊ-] *n no pl* Platzangst *f,* Agoraphobie *f fachspr*

agoraphobic [ˌægᵊrə'fəʊbik, AM -'foʊ-] **I.** *adj* agoraphobisch *fachspr;* ■**to be** ~ an Platzangst [*o fachspr* Agoraphobie] leiden
II. *n* ■**to be an** ~ an Platzangst [*o fachspr* Agoraphobie] leiden

agrarian [ə'greəriən, AM -'greri-] *adj* landwirtschaftlich, agrarisch, Agrar-; ~ **land** Agrarland *nt;* ~ **production** landwirtschaftliche Produktion

agree [ə'griː] **I.** *vi* ❶ (*have same opinion*) zustimmen; ***I don't*** ~ ich bin anderer Meinung; ***I*** ~ ***about Francis*** was Francis anbetrifft, bin ich mit dir einer Meinung; ***experts seem unable to*** ~ die Experten können sich anscheinend nicht einigen; ■**to** ~ **with sb** mit jdm einer Meinung sein [*o* übereinstimmen]; ***she couldn't*** ~ ***less with him*** sie ist ganz anderer Meinung als er; ***we couldn't*** ~ ***more with them*** wir stimmen mit ihnen absolut überein; ■**to** ~ **on sth** über etw *akk* einer Meinung sein; ***my father and I don't*** ~ ***on very much*** mein Vater und ich sind selten einer Meinung
❷ (*consent to*) zustimmen, einwilligen; ~***d!*** einverstanden!; ***let's*** ~ ***to disagree*** [*or* ***differ***] ich fürchte, wir können uns nicht einigen; ***I don't*** ~ ***with what you are saying*** ich sehe das [ganz] anders; ■**to** ~ **to sth** sich *akk* auf etw *akk* einigen; ■**to** ~ **with sb** jdm zustimmen
❸ (*endorse*) ■**to** ~ **with sth** für etw *akk* sein, etw befürworten *geh*
❹ (*be good for*) ■**to** ~ **with sb** *food* jdm [gut] bekommen
❺ (*get along*) miteinander auskommen, sich *akk* vertragen
❻ (*match up*) übereinstimmen, entsprechen; ■**to** ~ **with sth** mit etw *dat* übereinstimmen
❼ LING übereinstimmen, kongruieren *fachspr*
II. *vt* ❶ *esp* BRIT (*accept*) ■**to** ~ **sth** mit etw *dat* einverstanden sein; **to** ~ **a date** einen Termin vereinbaren; ■**to** ~ **whether/when/that …** sich *akk* darauf einigen [*o* verständigen], ob/wann/dass …
❷ (*admit*) ■**to** ~ **that …** zugeben, dass …

agreeable [ə'griːəbl̩] *adj* ❶ (*pleasant*) angenehm; *weather* freundlich; ***he's quite an*** ~ ***guy*** er ist ein recht netter Bursche; ~ **spot** hübsches Fleckchen [Erde] *fam*
❷ (*acceptable*) **mutually** ~ für beide [Seiten] akzeptabel [*o* annehmbar]; ■**to be** ~ **to sb** für jdn akzeptabel [*o* annehmbar] sein
❸ (*consenting*) ■**to be** ~ **to sth** einer S. *dat* zustimmen, mit etw *dat* einverstanden sein; ***bring your wife too, if she's*** ~ bring deine Frau mit, wenn sie einverstanden ist

agreeably [ə'griːəbli] *adv* angenehm; ***the waiter smiled*** ~ der Kellner lächelte freundlich; ~ **surprised** angenehm überrascht

agreed [ə'griːd] *adj inv* ❶ *pred* (*of one opinion*) einig; ■**to be** ~ **[on sth]** sich *akk* [auf etw *akk*] geeinigt haben; ***are we all*** ~ ***on that?*** sind alle damit einverstanden?
❷ (*accepted*) akzeptiert; ***it's generally*** ~ ***that …*** es ist eine allgemein anerkannte Tatsache, dass …
❸ (*pre-arranged*) vereinbart; ***we must stick to our*** ~ ***policy*** wir müssen an unserer [einmal] vereinbarten Taktik festhalten

agreed takeover *n* BRIT COMM frei vereinbarte Übernahme

agreement [ə'griːmənt] *n* ❶ *no pl* (*same opinion*) Übereinstimmung *f,* Einigkeit *f;* **mutual** ~ gegenseitiges Einverständnis [*o* Einvernehmen]; **unanimous** ~ Einmütigkeit *f;* **to reach an** ~ zu einer Einigung kommen, sich *akk* einigen; ■**to be in** ~ **with sb** mit jdm übereinstimmen, sich *dat* mit jdm einig sein
❷ (*approval*) Zustimmung *f,* Einwilligung *f*
❸ (*arrangement*) Vereinbarung *f,* Übereinkunft *f;* **to break an** ~ sich *akk* nicht an eine Vereinbarung halten; **to keep** [*or fam* **stick to**] **an** ~ sich *akk* an eine Vereinbarung halten; **to make an** ~ **with sb** mit jdm eine Vereinbarung treffen, sich *dat* mit jdm einigen; **to reach an** ~ eine Vereinbarung treffen
❹ (*contract, pact*) Vertrag *m,* Abkommen *nt,* Vereinbarung *f;* **gentleman's** [*or* AM **gentlemen's**] ~ Übereinkunft *f* auf Treu und Glauben, Gentleman's Agreement *nt;* ECON, FIN **trade** ~ Handelsabkommen *nt;* **international** ~ **on trade** internationales Handelsabkommen; **collective wage** ~ Lohntarifvertrag *m;* **to break/sign an** ~ einen Vertrag [*o* ein Abkommen] brechen/unterzeichnen; **to break the terms of an** ~ gegen ein Abkommen verstoßen, die Bestimmungen eines Vertrages verletzen; **to enter into an** ~ einen Vertrag schließen, eine Vereinbarung treffen; EU **Lomé A**~ Lomé-Abkommen *nt;* **Schengen A**~ Schengener Abkommen
❺ FIN (*consistency*) Übereinstimmung *f*
❻ LING Übereinstimmung *f,* Kongruenz *f fachspr;* **to be in** ~ übereinstimmen, kongruieren *fachspr*

agreement amongst underwriters *n* AM FIN Emissionskonsortialvertrag *m*

agri-biotech [ˌægri'baɪəʊtek, AM -'baɪoʊ-] *adj inv* (*engineering biologically engineered food*) *company, firm* Gentechnik-

agribusiness ['ægriˌbɪznɪs] *n no pl* Agroindustrie *f,* Landwirtschaft *f;* **the** ~ **sector** der Agrarsektor [*o* landwirtschaftliche Sektor]

agricultural [ˌægri'kʌltʃᵊrᵊl] *adj* landwirtschaftlich, Landwirtschaft-, agrarisch, Agrar-; ~ **land** Agrarland *nt,* Ackerland *nt,* landwirtschaftliche Nutzflächen *fpl;* ~ **science** Agrarwissenschaft *f;* **Common A**~ **Policy** EU gemeinsame Agrarpolitik [der EU]

agricultural cooperative *n* landwirtschaftliche Genossenschaft **agricultural economist** *n* Agrarökonom(in) *m(f),* Agrarwissenschaftler(in) *m(f)*

agriculturalist [ˌægrɪ'kʌltʃᵊrᵊlɪst] *n* landwirtschaftliche Fachkraft

agriculturally [ˌægrɪ'kʌltʃᵊrᵊli] *adv inv* landwirtschaftlich

agriculture ['ægri'kʌltʃəʳ, AM -tʃɚ] *n no pl* Landwirtschaft *f,* Ackerbau *m;* **subsistence** ~ Landwirtschaft *f* zur Selbstversorgung

agriculturist [ˌægrɪ'kʌltʃᵊrɪst] *n* Landwirt(in) *m(f)*

agronomist [ə'grɒnəmɪst, AM 'grɑːnə] *n* AGR [diplomierter] Landwirt/[diplomierte] Landwirtin

agronomy [ə'grɒnəmi, AM -'grɑː-] **I.** *n no pl* Landwirtschaftswissenschaft *f,* Agronomie *f fachspr*
II. *n modifier* (*professor*) der Agronomie *nach n*

agrotourism *n no pl* Ferien *pl* auf dem Bauernhof

aground [ə'graʊnd] **I.** *adv inv* NAUT auf Grund; **to go** [*or* **run**] ~ (*onto bottom or bank*) auf Grund laufen, auflaufen; (*onto shore*) stranden; (*fig*) scheitern
II. *adj pred* (*grounded*) auf Grund gelaufen, aufgelaufen; (*stranded*) gestrandet

ague ['eɪgjuː] *n* Schüttelfrost *m*

ah [ɑː] *interj* (*in realization*) ach so; (*in happiness*) ah; (*in sympathy*) oh; (*in pain*) au[tsch]

aha [ɑː'hɑː] *interj* (*in understanding*) aha; (*in glee*) haha

ahchoo [ə'tʃuː] *interj* AM hatschi

ahead [ə'hed] *adv* ❶ *inv* (*in front*) vorn; ***the road*** ~ ***looks rather busy*** die Straße vor uns sieht ziem-

lich voll aus; ***we let the other cars get ~ of us*** wir ließen die anderen Autos überholen; **full speed ~** volle Kraft voraus; **straight ~** geradeaus
② (*more advanced*) **to be ~ of one's time** seiner Zeit voraus sein; **to be way ~ of sb/sth** jdm/etw um einiges voraus sein; **to be [years] ~ of sb/sth** jdm/etw [um Jahre] voraus sein; **to put sb/sth ~** jdn/etw nach vorne bringen
③ (*in the future*) ***he has a lonely year ~*** es liegt ein einsames Jahr vor ihm; **to look ~** nach vorne sehen [*o* schauen]; **to plan** [*or* **think**] **~** vorausschauend [*o* für die Zukunft] planen
④ (*prior to*) **to go ~** (*in advance*) vor[aus]gehen; ***you go on ~, and I'll meet you at the cinema*** geh du schon mal vor, ich treffe dich dann am Kino; **to send sth on ~** etw vorausschicken
⑤ (*proceed*) vorwärts; **to move ~** vorankommen; ***the project is moving ~ quickly*** mit dem Projekt geht es schnell voran

ahem [əˈhem] *interj* (*esp hum*) ähem *bes hum*

ahistorical [ˌeɪhɪˈstɒrɪkəl, AM -ˈstɔːr-] *adj* ahistorisch *geh*

ahoy [əˈhɔɪ] *interj* ahoi; ***land ~!*** Land in Sicht!; ***ship ~!*** Schiff ahoi!

AI [ˌeɪˈaɪ] *n no pl* ① COMPUT, SCI *abbrev of* **artificial intelligence**
② MED, BIOL *abbrev of* **artificial insemination**

aid [eɪd] **I.** *n* ① *no pl* (*assistance*) Hilfe *f;* (*support*) Unterstützung *f;* ***the concert was in ~ of famine relief*** das Konzert fand zugunsten der Hungerhilfe statt; ***he gets about with the ~ of a walking stick*** er benutzt einen Spazierstock zum Gehen; **to come/go to the ~ of sb** (*help*) jdm zu Hilfe kommen [*o* helfen]; (*support*) jdn unterstützen
② *no pl* (*governmental assistance*) Hilfe *f;* **emergency ~** Soforthilfe *f;* **financial ~** finanzielle Hilfe [*o* Unterstützung]; **foreign ~** Entwicklungshilfe *f*
③ (*helpful tool*) [Hilfs]mittel *nt,* Gerät *nt;* **hearing ~** Hörgerät *nt;* **slimming ~** Schlankheitsmittel *nt,* Schlankmacher *m fam*
④ AM (*assistant*) Berater(in) *m(f);* NAUT, MIL (*aide-de-camp*) Adjutant(in) *m(f)*
► PHRASES: **what's this in ~ of?** BRIT (*fam*) wofür soll das gut sein? *fam*
II. *vt* (*assist, help*) ■**to ~ sb/sth** jdm/etw helfen; (*support*) jdn/etw unterstützen
► PHRASES: **to ~ and abet sb** LAW jdn begünstigen; (*esp of murder*) jdm Beihilfe leisten; (*also hum*) mit jdm gemeinsame Sache machen

aide [eɪd] *n* Berater(in) *m(f);* ■**an ~ to sb** jds Berater/Beraterin

aide-de-camp <*pl* aides-de-camp> [ˌeɪddəˈkɑ̃, AM -ˈkæmp] *n* ① NAUT, MIL Adjutant(in) *m(f)* ② POL, MIL Berater(in) *m(f)* **aide-memoire** <*pl* aides-memoires *or* aides-memoire> [ˌeɪdmemˈwɑː, AM ˈwɑːr] *n* Gedächtnisstütze *f,* Merkhilfe *f*

aiding *n* LAW **~ and abetting** Beihilfe *f* [bei einer Straftat]

AIDS [eɪdz] *n,* **Aids** *n no pl abbrev of* **acquired immune deficiency syndrome** Aids *nt;* **to have full-blown ~** an Aids im Endstadium erkrankt sein

AIDS-related [ˌeɪdzrɪˈleɪtɪd, AM t̬ɪd] *adj inv* Aids betreffend, in Sachen Aids *nach n*

Aid to Families with Dependent Children *n* AM *Unterstützung bedürftiger Familien mit unterhaltsberechtigten Kindern*

ail [eɪl] **I.** *vi* kränkeln
II. *vt* ■**to ~ sb** ① (*liter or hum dated: hurt*) jdn plagen; ***what ~s you?*** was fehlt dir?
② (*cause problems*) jdm Probleme [*o* Schwierigkeiten] bereiten

aileron [ˈeɪlərɒn, AM -ərɑːn] *n* AVIAT Querruder *nt*

ailing [ˈeɪlɪŋ] *adj* ① *inv* (*ill*) krank; (*sickly*) kränkelnd *attr,* kränklich
② (*failing*) kränkelnd *attr;* **~ company** in Schwierigkeiten befindliches Unternehmen; **~ economy** kränkelnde Wirtschaft

ailment [ˈeɪlmənt] *n* Leiden *nt,* Krankheit *f;* **heart ~** Herzleiden *nt;* **little ~s** (*pej*) jds Wehwehchen; **minor ~s** leichte Beschwerden *fpl*

aim [eɪm] **I.** *vi* ① (*point*) zielen; ■**to ~ at** [*or* **for**] **sb/sth** auf jdn/etw zielen
② (*head*) ■**to ~ for sb/sth** auf jdn/etw zugehen; ***let's ~ for Coventry first*** lass uns zuerst in Richtung Coventry fahren
③ (*try for a time*) **to ~ for 7.30/next week/January** 7.30 Uhr/nächste Woche/Januar anpeilen *fam*
④ (*try to achieve*) ■**to ~ at** [*or* **for**] **sth** etw zum Ziel haben [*o* anstreben]; **to ~ at perfection** nach Perfektion streben, perfekt sein wollen; ■**to ~ at doing** [*or* **to do**] **sth** sich *dat* vornehmen [*o* vorhaben], etw zu tun; **to ~ to please** gefallen wollen; ***at our store we ~ to please*** in unserem Laden ist der Kunde König
► PHRASES: **to ~ high** hoch hinaus wollen
II. *vt* ① (*point*) ■**to ~ sth at sb/sth** mit etw *dat* auf jdn/etw zielen; **to ~ a camera/weapons at sb/sth** eine Kamera/Waffen auf jdn/etw richten; **to ~ a kick/punch at sb** nach jdm treten/schlagen
② (*direct at*) **to ~ sth at sb** etw an jdn richten; ***I'm sure that comment was ~ed at hurting his feelings*** ich bin sicher, dieser Kommentar sollte seine Gefühle verletzen
III. *n* ① *no pl* (*skill*) Zielen *nt;* **sb's ~ is good/bad** jd kann gut/schlecht zielen; **to take ~ [at sb/sth]** [auf jdn/etw] zielen
② (*goal*) Ziel *nt,* Absicht *f;* ***I don't know what his ~s were in making such an accusation*** ich weiß nicht, was er mit dieser Beschuldigung bezwecken wollte; ■**with the ~ of doing sth** in der Absicht, etw zu tun; **sb's ~ in life** jds Lebensziel; **chief** [*or* **main**] **~** Hauptziel *nt;* **overriding ~** vorrangiges Ziel

aimless [ˈeɪmləs] *adj* (*esp pej: without direction*) ziellos; (*without purpose*) sinnlos, planlos

aimlessly [ˈeɪmləsli] *adv* (*without direction*) ziellos; (*without purpose*) sinnlos, planlos; **to walk ~** ziellos umherirren

aimlessness [ˈeɪmləsnəs] *n no pl* (*esp pej: lack of direction*) Ziellosigkeit *f;* (*lack of purpose*) Sinnlosigkeit *f,* Planlosigkeit *f*

ain't [eɪnt] (*sl*) ① **= has not, have not** *see* **have**
② **= am not, is not, are not** *see* **be**
► PHRASES: **if it ~ broke, don't fix it** (*prov*) lass lieber die Finger davon, sonst wird es nur noch schlimmer

aïoli [aɪˈəʊli, AM -ˈoʊli] *n* Aioli *f,* Knoblauchmajonäse *f*

air [eəʳ, AM er] **I.** *n* ① *no pl* (*oxygen*) Luft *f;* **fresh/stale ~** frische/stickige Luft; ***let's go get a breath of fresh ~*** lass uns schnell mal ein bisschen frische Luft schnappen
② (*air conditioning*) Klimaanlage *f*
③ *no pl* (*sky*) ***put your hands in the ~!*** Hände hoch!; **supremacy in the ~** Lufthoheit *f,* Luftherrschaft *f;* **to fire into the ~** in die Luft schießen; **to travel by ~** fliegen; **by ~** mit dem Flugzeug
④ *no pl* (*in broadcasting*) Äther *m;* ***you're on the ~*** du bist auf Sendung!; ***the company advertises over the ~*** die Firma macht im Fernsehen/Radio Werbung; **to be taken off the ~** abgesetzt werden
⑤ *no pl* (*facial expression*) Ausstrahlung *f,* Miene *f;* (*manner*) Auftreten *nt;* ***she asked why with an ~ of confusion*** leicht verwirrt fragte sie nach dem Grund; ***she has an ~ of confidence about her*** sie strahlt eine gewisse Selbstsicherheit aus; ***the hat lends her an ~ of elegance*** der Hut gibt ihr ein elegantes Aussehen
⑥ (*affected manner*) Gehabe *nt,* Getue *nt;* **to give oneself** [*or* **put on**] **~s** vornehm tun, sich *akk* aufspielen
⑦ MUS Melodie *f,* Air *nt fachspr*
► PHRASES: **~s and graces** (*pej*) Allüren *fpl pej;* **hot ~** (*pej*) heiße Luft *pej;* **out of thin ~** aus dem hohlen Bauch heraus; **to clear the ~** die Situation klären; **to be floating** [*or* **walking**] **on ~** im siebten Himmel sein; **to give oneself** [*or* **put on**] **~s** [**and graces**] (*pej*) vornehm tun; **to give ~ to sth** AM etw zur Sprache bringen; **to go up in the ~** in die Luft gehen; **to be in the ~** in der Luft liegen; **to be up in the ~** in der Schwebe sein
II. *n modifier* ① (*of atmosphere*) (*quality, pollution*) Luft-; **~ bubble** Luftblase *f;* **~ intake** (*opening*) Lufteinlass *m,* Lufteintritt *m;* (*quantity*) Luftmenge *f,* Zuluft *f*
② (*of aircraft*) Flug-, Flugzeug-; **~ ambulance** Rettungshubschrauber *m;* **~ crash** Flugzeugabsturz *m;* **~ disaster** Flugzeugunglück *nt;* **~ traffic** Luftverkehr *m,* Flugverkehr *m;* **~ transportation** Beförderung *f* auf dem Luftweg
III. *vt* ■**to ~ sth** ① (*ventilate*) etw lüften; **to ~ clothes** Kleider auslüften lassen; **to ~ a room** einen Raum [durch]lüften, frische Luft in einen Raum lassen
② (*make known*) etw zur Sprache bringen; (*in conversation*) etw darlegen [*o* kundtun]; **to ~ one's grievances** seinem Kummer Luft machen *fam;* **to ~ one's views** seine Ansichten äußern
③ AM (*broadcast*) etw senden; ***the game will be ~ed live on BBC 1*** das Spiel wird live auf BBC 1 übertragen
IV. *vi* ① AM TV, RADIO gesendet [*o* ausgestrahlt] werden
② (*ventilate*) auslüften, durchlüften
◆**air out** *vt* ■**to ~ out** ↔ **sth** *room* etw [durch]lüften; *clothes* etw auslüften

air bag *n* Airbag *m* **airbase** *n* Luftwaffenstützpunkt *m* **air bed** *n* BRIT, AUS Luftmatratze *f* **airborne** *adj inv* ① (*transported by air*) in der Luft befindlich; **~ bacteria/radioactivity** in der Luft vorhandene Bakterien *ntpl*/Radioaktivität; **~ disease** durch die Luft übertragene Krankheit ② MIL ■**to be ~** sich *akk* in der Luft befinden; **~ troops** Luftlandetruppen *fpl,* Luftlandeeinheiten *fpl* ③ (*flying*) ■**to be ~** fliegen, in der Luft sein; **to get ~** *plane* abheben, starten; *bird* losfliegen ④ (*fig: working*) ■**to be ~** funktionieren, laufen *fam* **air brake** *n* AUTO Druckluftbremse *f;* AVIAT Landeklappe *f,* Luftbremse *f* **airbrick** *n* BRIT, AUS (*ventilated brick*) Entlüftungsziegel *m,* Lüftungsstein *m;* (*adobe*) Luftziegel *m* **air bridge** *n* BRIT ① AVIAT Fluggastbrücke *f,* Gangway *f* ② POL Luftbrücke *f* **airbrush** **I.** *n* ① (*device*) Spritzapparat *m,* Spritzpistole *f* ② (*technique*) Airbrush-Technik *f* **II.** *vt* ■**to ~ sth** etw aufsprühen **airbus** <*pl* -es *or* AM *also* -ses> [ˈeəbʌs, AM ˈer] *n* Airbus *m* **air cargo** *n no pl* Luftfracht *f* **air-conditioned** *adj inv* klimatisiert, mit Klimaanlage **air conditioner** *n* Klimaanlage *f* **air conditioning** *n no pl* ① (*process*) Klimatisierung *f* ② (*plant*) Klimaanlage *f;* **to have ~** mit einer Klimaanlage ausgestattet sein; **to turn the ~ down/up** die Klimaanlage schwächer/stärker einstellen **air-cooled** *adj inv engine* luftgekühlt, mit Luftkühlung *nach n* **air corridor** *n* Luftkorridor *m* **air cover** *n no pl* Luftsicherung *f*

aircraft <*pl* -> *n* Luftfahrzeug *nt,* Flugzeug *nt;* **commercial ~** Verkehrsflugzeug *nt;* **enemy ~** feindliches Flugzeug **aircraft carrier** *n* Flugzeugträger *m* **aircraft industry** *n no pl* Flugzeugindustrie *f* **aircraft(s)man** <*pl* -men> [ˈeəkrɑːft(s)mən, AM ˈerkræft-] *n* MIL Luftwaffensoldat(in) *m(f),* Flieger(in) *m(f)*

aircrew *n + sing/pl vb* Crew *f,* Flugpersonal *nt* **air cushion** *n* Luftkissen *nt,* Luftpolster *nt* **air-cushioned** *adj* luftgepolstert **airdrome** [ˈerdroʊm] *n* AM (*dated*) *see* **aerodrome** **airdrop** [ˈeədrɒp, AM ˈerdrɑːp] **I.** *n* Fallschirmabwurf *m* **II.** *vt* <-pp-> ■**to ~ sth** etw [aus der Luft] abwerfen **air-dry** *vt* ■**to ~ sth** etw lufttrocknen

Airedale [ˈeədeɪl, AM ˈer] *n* BIOL Airedale[terrier] *m*

airer [ˈeərəʳ] *n* BRIT Wäscheständer *m,* Trockenständer *m*

air fare *n* Flugpreis *m* **airfield** *n* Flugplatz *m* **air filter** *n* Luftfilter *m* **airflow** [ˈeəfləʊ, AM ˈerfloʊ] *n* Luftwiderstand *m* **air force** *n* Luftwaffe *f,* Luftstreitkräfte *mpl* **airframe** [ˈeəfreɪm, AM ˈer] *n* AVIAT Flugzeuggerippe *nt* **air freight** *n no pl* (*transport*) Luftfracht *f;* (*charge*) Luftfrachtgebühr *f* **air freshener** *n* ① *no pl* (*substance*) Raumduft *m* ② (*device*) Duftspray *nt;* (*tree-shaped*) Duftbäumchen *nt* **air gap** *n* COMPUT Luftspalt *m* **air guitar** *n* (*fam*) Luftgitarre *f fam* **air gun** *n* Luftgewehr *nt* **airhead** *n esp* AM (*pej sl*) Dussel *m pej fam,* Hohlkopf *m pej fam;* **a total** ~ ein Volltrottel *m pej fam* **air hole** *n* Luftloch *nt* **air hostess** *n* BRIT, AUS (*dated*) Stewardess *f,* Flugbegleiterin *f*

airily ['eərɪli, AM 'er-] *adv* leichthin, abschätzig *pej,* wegwerfend *pej;* ***she waved her hand*** ~ sie machte eine wegwerfende Handbewegung; **to dismiss sb/sth** ~ jdn/etw [leichthin] abtun

airing ['eərɪŋ, AM 'er-] *n* ❶ (*ventilation*) [Durch]lüften *nt,* Auslüften *nt;* **to give sth a good** ~ etw gut [durch]lüften [*o* auslüften]
❷ (*public exposure*) **to have** [*or* **be given**] **a good** ~ [in der Öffentlichkeit] ausgiebig diskutiert werden; **to give sth an** ~ etw an die Öffentlichkeit bringen

airing cupboard *n* BRIT [Wäsche]trockenschrank *m*

airless ['eələs, AM 'er-] *adj inv* ❶ (*without oxygen*) luftleer, luftlos
❷ (*stuffy*) stickig
❸ (*without breeze*) windstill

air letter *n* Luftpostbrief *m* **airlift I.** *n* Luftbrücke *f* **II.** *vt* ■**to** ~ **sth** etw über eine Luftbrücke befördern; **to** ~ **sb out of somewhere** jdn per Flugzeug aus einem Ort evakuieren **airline** *n* Fluggesellschaft *f,* Fluglinie *f* **airliner** *n* Verkehrsflugzeug *nt,* Passagierflugzeug *nt,* Linienflugzeug *nt* **airlock** *n* ❶ AEROSP, NAUT Luftschleuse *f* ❷ (*bubble*) Luftsack *m,* Lufteinschluss *m,* Luftblase *f* **airmail I.** *n no pl* Luftpost *f;* **to send sth** [**by**] ~ etw per Luftpost schicken **II.** *n modifier* (*letter, stamp, sticker*) Luftpost- **III.** *vt* **to** ~ **a letter/package** einen Brief/ein Paket per [*o* mit] Luftpost schicken **airman** *n* ❶ (*pilot*) Pilot *m;* (*crew member*) Flugbegleiter *m* ❷ MIL Flieger *m* **air mattress** *n* Luftmatratze *f*

Air Miles *n pl* Flugmeilen *fpl;* **to collect** ~ Flugmeilen sammeln **air pistol** *n* Luftpistole *f* **airplane** *n* AM *see* **aeroplane** **airplay** *n no pl* RADIO Sendezeit *f;* **to get extensive** ~ oft im Radio gesendet [*o fam* gespielt] werden **air pocket** *n* AVIAT Luftloch *nt;* **to hit an** ~ in ein Luftloch geraten **airport I.** *n* Flughafen *m* **II.** *n modifier* (*parking, restaurant, restroom, shop*) Flughafen-; ~ **bus** Zubringerbus *m,* Flughafenbus *m;* ~ **facilities and services** Flughafeneinrichtungen *fpl;* ~ **security** Sicherheitsmaßnahmen *fpl* am Flughafen; ~ **tax** Flughafengebühr *f* **air power** *n no pl* Schlagkraft *f* der Luftwaffe; **superior** ~ Luftüberlegenheit *f* **air pressure** *n no pl* Luftdruck *m* **airproof** *adj inv* luftdicht **air pump** *n* Luftpumpe *f* **air raid** *n* Luftangriff *m* **air raid shelter** *n* Luftschutzbunker *m,* Luftschutzraum *m* **air raid siren** *n* Fliegeralarm *m* **air rifle** *n* Luftgewehr *nt* **airship** *n* Luftschiff *nt* **air show** *n* Flugschau *f* **airsick** *adj* luftkrank, schlecht (*beim Fliegen*) **airsickness** *n no pl* Luftkrankheit *f* **airsickness bag** *n* Spucktüte *f* für Luftkranke **airspace** *n no pl* Luftraum *m*

air spam *n* (*sl*) Spamming *nt* auf dem Handy *fachspr* (*unerwünschte Werbebotschaft auf dem Handy, die den potenziellen Käufer direkt zum Anbieter dirigieren soll*) **airspeed** *n no pl* Fluggeschwindigkeit *f,* Eigengeschwindigkeit *f* **airstream** *n* METEO Luftstrom *m,* Luftströmung *f* **air strike** *n* Luftangriff *m,* Luftschlag *m;* **to launch an** ~ einen Luftangriff durchführen **airstrip** *n* Start- und Landebahn *f* **air terminal** *n* [Air]terminal *nt o m,* **airtight** *adj inv* luftdicht, hermetisch abgedichtet; ~ **alibi** (*fig*) wasserdichtes [*o* hieb- und stichfestes] Alibi; ~ **excuse** (*fig*) glaubwürdige Entschuldigung; ~ **raft** abgedichtetes Floß **airtime** *n no pl* TV, RADIO Sendezeit *f* **air-to-air** *adj inv* AVIAT Bord-Bord-; MIL Luft-Luft-; ~ **combat** Luftkampf *m;* ~ **refuelling** Auftanken *nt* in der Luft **air-to-ground** *adj,* **air-to-surface** *adj attr, inv* AVIAT Bord-Boden-; MIL Luft-Boden-; ~ **attack** Luftangriff *m*

air traffic *n no pl* ❶ (*transportation mode*) Flugverkehr *m,* Luftverkehr *m* ❷ (*volume*) Flugaufkommen *nt;* **high volume of** ~ hohes Flugaufkommen **air traffic control** *n no pl* ❶ (*job*) Flugsicherung *f* ❷ (*facility*) Flugsicherungsdienst *m,* Flugleitung *f* **air traffic controller** *n* Fluglotse, -in *m, f* **air travel** *n no pl* Flug *m,* Flugreise *f* **air vice-marshal** *n* BRIT, AUS Generalmajor(in) *m(f)* **airwaves** *npl* ❶ (*signal*) Radiowellen *fpl* ❷ (*radio programme*) Kanal *m fam;* ■**to be on the** ~ gesendet werden, über den Äther gehen *fam* **airway** *n* ❶ ANAT Luftröhre *f* ❷ (*air corridor*) Luftkanal *m;* (*route*) Flugroute *f,* Flugstrecke *f,* Luftweg *m* ❸ (*airline company*) Fluggesellschaft *f,* Fluglinie *f* ❹ AM (*airwaves*) ■~**s** *pl* Äther *m kein pl* **airwoman** *n* ❶ (*pilot*) Pilotin *f;* (*crew member*) Flugbegleiterin *f* ❷ MIL Fliegerin *f* **airworthiness** *n no pl* Flugtauglichkeit *f,* Flugtüchtigkeit *f;* **certificate of** ~ Flugtauglichkeitszeugnis *nt* **airworthy** *adj* flugtüchtig, flugtauglich

airy ['eəri, AM 'eri] *adj* ❶ ARCHIT luftig
❷ (*light*) leicht; *gauze, silk* hauchdünn
❸ (*graceful*) anmutig, graziös; **with an** ~ **step** leichtfüßig
❹ (*pej: lacking substance*) leichtfertig *pej,* windig *pej fam;* ~ **promises** leere Versprechungen *fpl*

airy-fairy [ˌeəri'feəri, AM ˌeri'feri] *adj esp* BRIT (*fam*) wirklichkeitsfremd, versponnen, abgehoben *sl*

aisle [aɪl] *n* Gang *m,* Korridor *m; of church* Seitenschiff *nt,* Seitenchor *m;* (*separating seating areas*) Mittelgang *m*
► PHRASES: **to have sb** <u>**rolling**</u> **in the** ~**s** jdn dazu bringen, sich *akk* vor Lachen zu kugeln *fam;* ***with an act like that, you'll have them rolling in the*** ~***s*** bei so einer Nummer werden sie Tränen lachen; **to** <u>**take**</u> **sb down the** ~ jdn zum Traualtar führen

aisle seat *n* Sitzplatz *m* am Gang

aitch <*pl* -es> [eɪtʃ] *n* BRIT h *nt,* H *nt;* **to drop one's** ~**es** das H nicht aussprechen

ajar [əˈdʒɑːʳ, AM -dʒɑːr] *inv* **I.** *adj pred* **to be** [*or* **stand**] ~ einen Spalt offen stehen, angelehnt sein
II. *adv* angelehnt; **to leave sth** ~ etw einen Spalt offen stehen lassen

aka [ˌeɪkeɪ'eɪ] *abbrev of* **also known as** alias

akimbo [ə'kɪmbəʊ, AM -boʊ] *adj inv, attr* [**with**] **arms** ~ die Arme in die Hüften [*o* Seite] gestemmt

akin [ə'kɪn] *adj pred* ähnlich; ■**to be** ~ **to sth** etw *dat* gleichen [*o* ähnlich sein]

Ala. AM *abbrev of* **Alabama**

alabaster ['æləbæstəʳ, AM -ɚ] **I.** *n no pl* Alabaster *m*
II. *n modifier* (*lamp, table, bowl*) alabastern, Alabaster-; (*liter*) *skin* Alabaster-, wie Alabaster

à la carte [ˌælə'kɑːt, AM ˌɑːlə'kɑːrt] *inv* **I.** *adv* à la carte, nach der [Speise]karte; **to order** ~ à la carte [*o* nach der Karte] bestellen
II. *adj* à la carte; ~ **menu** Menü *nt* à la carte, nach der Tageskarte zusammengestelltes Menü

alack [ə'læk] *interj* (*old*) wehe *liter;* **alas and** ~ wehe mir/uns *liter*

alacrity [ə'lækrəti, AM -t̬i] *n no pl* (*form: speed*) Schnelligkeit *f;* (*eagerness*) Eifer *m,* Eilfertigkeit *f,* Bereitwilligkeit *f;* **with** ~ (*speedily*) schnell; (*eagerly*) bereitwillig, eilfertig, eifrig; ***he acted with*** ~ ***and determination*** er hat schnell und entschlossen gehandelt; ***she accepted the money with*** ~ sie nahm das Geld gerne an

Aladdin [ə'lædɪn] *n no pl* LIT Aladin; ■~**'s magic lamp** Aladins Wunderlampe

Aladdin's cave [əˌlædɪnz'keɪv] *n no pl* BRIT Fundgrube *f;* **to be a veritable** ~ **of sth** eine wahre Fundgrube für etw *akk* sein

à la mode [ˌælə'məʊd, AM ˌɑːlə'moʊd] **I.** *adv* ❶ (*stylish*) modisch, nach der neuesten Mode, à la mode *veraltet*
❷ AM FOOD (*with ice cream*) mit Eis; ***would you like the apple pie with cream or*** ~***?*** hätten Sie den Apfelkuchen gerne mit Sahne oder mit Vanilleeis?
II. *adj* ❶ (*stylish*) modisch, in Mode
❷ *after n* AM (*with ice cream*) mit Eis
❸ (*braised*) gespickt und geschmort; **beef** ~ mit Gemüse zubereiteter Rinderschmorbraten, Boeuf à la mode *nt*

alarm [ə'lɑːm, AM -'lɑːrm] **I.** *n* ❶ *no pl* (*worry*) Angst *f,* Beunruhigung *f,* Besorgnis *f;* **to give sb cause for** ~ jdm einen Grund zur Sorge geben; **to cause sb** ~ (*fear*) jdn beunruhigen; (*fright*) jdn erschrecken
❷ (*signal*) Alarm *m;* **false** ~ falscher [*o* blinder] Alarm, Fehlalarm *m;* **to give** [*or* **raise**] [*or* **sound**] **the** ~ den Alarm auslösen, Alarm geben; (*fig*) Alarm schlagen
❸ (*device*) Alarmanlage *f,* Alarmvorrichtung *f;* **burglar** ~ Alarmanlage *f,* Diebstahlsicherung *f;* **car** ~ Autoalarmanlage *f,* Autodiebstahlsicherung *f;* **fire** ~ (*warning*) Feueralarm *m;* (*apparatus*) Feuermelder *m;* **smoke** ~ (*warning*) Rauchalarm *m;* (*apparatus*) Rauchmelder *m*
❹ (*clock*) Wecker *m; see also* **alarm clock**
► PHRASES: **to ring** ~ <u>**bells**</u> die Alarmglocken läuten lassen
II. *vt* ■**to** ~ **sb** ❶ (*worry*) jdn beunruhigen, jdm Sorgen machen [*o* bereiten]; (*frighten*) jdn erschrecken [*o* ängstigen]
❷ (*warn of danger*) jdn alarmieren [*o* warnen]

alarm call *n* Weck[an]ruf *m* **alarm clock** *n* Wecker *m;* **to set the** ~ **for six o'clock** den Wecker auf sechs Uhr stellen

alarmed [ə'lɑːmd, AM -'lɑːrmd] *adj* ❶ (*worried*) beunruhigt, besorgt; (*frightened*) erschrocken; ***please don't be*** ~ bitte erschrecken Sie nicht [*o* bleiben Sie ruhig]; ***I am*** ~ ***to hear this news*** diese Nachricht macht mir Angst
❷ *inv* (*with device*) **to be** ~ eine Alarmanlage besitzen, mit einer Alarmanlage ausgerüstet sein

alarming [ə'lɑːmɪŋ, AM -'lɑːrm-] *adj* (*worrying*) beunruhigend, Besorgnis erregend; (*frightening*) erschreckend, beängstigend

alarmingly [ə'lɑːmɪŋli, AM -'lɑːrm-] *adv* (*worryingly*) beunruhigend[erweise]; (*frighteningly*) erschreckend[erweise], beängstigend[erweise]

alarmism [ə'lɑːmɪzᵊm, AM -'lɑːr-] *n no pl* Schwarzmalerei *f fig*

alarmist [ə'lɑːmɪst, AM -'lɑːrm-] (*pej*) **I.** *adj* schwarzseherisch *pej fam*
II. *n* Schwarzseher(in) *m(f) pej,* Panikmacher(in) *m(f) pej*

alas [ə'læs] *interj* ❶ (*dated*) leider [Gottes]
❷ (*old*) ~ [**and alack**] weh mir/uns *liter*

Alas. AM *abbrev of* **Alaska**

Alaskan [ə'læskən] *adj inv* Alaska-

alb [ælb] *n* REL Albe *f,* Chorhemd *nt*

Albania [æl'beɪniə] *n* Albanien *nt*

Albanian [æl'beɪniən] **I.** *n* ❶ (*person*) Albaner(in) *m(f)*
❷ (*language*) Albanisch *nt*
II. *adj* albanisch

albatross <*pl* -es> ['ælbətrɒs, AM -trɑːs] *n* ❶ (*bird*) Albatros *m*
❷ (*fig: encumbrance*) Last *f,* Belastung *f;* **to be an** ~ **around sb's neck** für jdn eine Belastung sein, jdm ein Klotz am Bein sein *fam*

albeit [ɔːl'biːɪt, AM *also* ɑːl-] *conj* wenn [*o* sei es] auch, obgleich *geh*

albinism ['ælbɪnɪzᵊm] *n no pl* MED Albinismus *m fachspr*

albino [æl'biːnəʊ, AM -'baɪnoʊ] **I.** *adj inv* Albino-, albinotisch *fachspr*
II. *n* Albino *m*

Albion ['ælbiən] *n no pl* HIST (*England*) Albion *poet;* ■**perfidious** ~ das niederträchtige England

album ['ælbəm] *n* ❶ (*of music*) [Musik]album *nt*
❷ (*book*) Album *nt;* **family/photo/stamp** ~ Familien-/Foto-/Briefmarkenalbum *nt*

albumen ['ælbjʊmən, AM æl'bjuːmən] *n no pl* BIOL Eiweiß *nt,* Eiklar *nt,* Albumen *nt fachspr*

albumen plate *n* PHOT Albumin *nt*

alchemist ['ælkəmɪst] *n* Alchimist(in) *m(f)*

alchemy ['ælkəmi] *n no pl* ❶ (*chemistry*) Alchimie *f,* Alchemie *f*
❷ (*fig: magic*) Zauberei *f,* Magie *f;* **by** ~ auf wundersame Weise

alcohol ['ælkəhɒl, AM -hɑːl] *n no pl* ❶ (*ethyl alcohol*) [Äthyl]alkohol *m;* **rubbing** ~ Franzbranntwein *m*
❷ (*alcoholic drink*) Alkohol *m;* ***I could smell the*** ~ ***on his breath from ten feet away!*** ich konnte seine Fahne schon aus drei Metern Entfernung riechen! *fam;* ~**-free** alkoholfrei; **to be off the** ~ nicht

[mehr] trinken

alcohol-free [ˌælkəhɒl'friː, AM hɑːl'] *adj inv* alkoholfrei

alcoholic [ˌælkə'hɒlɪk, AM -'hɑːlɪk] **I.** *n* Alkoholiker(in) *m(f)*, Trinker(in) *m(f)*

II. *adj* (*person*) alkoholsüchtig, trunksüchtig; (*drink*) alkoholisch, alkoholhaltig; **an ~/a non-~ drink** [*or* **beverage**] ein alkoholhaltiges/ein alkoholfreies Getränk

Alcoholics Anonymous *n* die Anonymen Alkoholiker *pl*

alcoholism ['ælkəhɒlɪzəm, AM -hɑːlɪ-] *n no pl* Alkoholismus *m*, Trunksucht *f*

alcopop ['ælkəʊpɒp] *n* BRIT (*fam*) alkoholhaltige Limonade

alcove ['ælkəʊv, AM -koʊv] *n* (*niche*) Nische *f*; (*for sleeping*) Alkoven *m*

aldehyde ['ældɪhaɪd] *n* CHEM Aldehyd *nt fachspr*

al dente [æl'denteɪ] *adj inv* al dente

alder ['ɔːldər, AM -ɚ] *n* Erle *f*

alderman ['ɔːldəmən, AM -dɚ-, *pl* mən] *n* POL ❶ BRIT (*hist: appointed*) Alderman *m*, Ratsherr *m* ❷ AM, CAN, AUS (*elected*) Alderman *m*, Stadtrat, Stadträtin *m, f*

ale [eɪl] *n* Ale *nt*

aleatory ['eɪliətəri, AM -tɔːrti] *adj* LAW aleatorisch *fachspr*; **~ contract** aleatorischer Vertrag

alehouse <*pl* -s> ['eɪlhaʊs] *n* (*dated*) Bierlokal *nt*

alert [ə'lɜːt, AM -lɜrt] **I.** *adj* ❶ (*wide awake*) munter, [hell]wach

❷ (*bright*) aufgeweckt; **to have an ~ mind** aufgeweckt sein

❸ (*watchful*) wachsam; (*attentive*) aufmerksam; (*conscious*) bewusst; **to keep** [*or* **stay**] **~** aufpassen; ■**to be ~ to sb/sth** vor jdm/etw auf der Hut sein; **to be ~ to the dangers of sth** sich *dat* der Gefahren einer S. *gen* bewusst sein

II. *n* ❶ (*alarm*) Alarm *m*; (*warning signal*) Alarmsignal *nt*; ***if there is an ~, don't panic!*** bei Ertönen des Alarmsignals Ruhe bewahren!; **air-raid ~** Fliegeralarm *m*; **red ~** höchste Alarmstufe

❷ *no pl* (*period of watchfulness*) Alarmbereitschaft *f*, Alarmzustand *m*; **state of ~** Alarmbereitschaft *f*, Alarmzustand *m*; **to be put on full ~** in Einsatzbereitschaft versetzt werden; *army* in Gefechtsbereitschaft versetzt werden; ■**to be on the ~** [**for sth**] [vor etw *dat*] auf der Hut sein

III. *vt* ■**to ~ sb to sth** ❶ (*notify*) jdn auf etw *akk* aufmerksam machen

❷ (*warn*) jdn vor etw *dat* warnen

alertly [ə'lɜːtli, AM 'lɜːrt] *adv* aufgeweckt, geistesgegenwärtig

alertness [ə'lɜːtnəs, AM -lɜrt-] *n no pl* ❶ (*watchfulness*) Wachsamkeit *f*; (*attentiveness*) Aufmerksamkeit *f*

❷ (*intelligence*) Aufgewecktheit *f*

A level ['eɪlevəl] *n* BRIT ■[**the/one's**] **~s** *pl* ≈ das Abitur *kein pl*; **to take one's ~s** das Abitur machen

alfalfa [ˌæl'fælfə] *n no pl* Luzerne *f*, Alfalfa *f*

alfalfa sprout *n* Luzernensprosse *f*

alfresco [æl'freskəʊ, AM -koʊ] **I.** *adv* **to eat** [*or* **dine**] **~** draußen [*o* im Freien] essen

II. *adj attr* im Freien; **~ lunch** Mittagessen *nt* im Freien

alga <*pl* -e> ['ælgə, *pl* -dʒiː, -dʒaɪ] *n* Alge *f*

algae ['ældʒiː] *n pl of* **alga**

algebra ['ældʒɪbrə] *n no pl* Algebra *f*

algebraic [ˌældʒɪ'breɪɪk] *adj* algebraisch; **~ equation** algebraische Gleichung

Algeria [æl'dʒɪəriə, AM -'dʒɪr-] *n* Algerien *nt*

Algerian [æl'dʒɪəriən, AM -'dʒɪr-] **I.** *n* Algerier(in) *m(f)*

II. *adj* algerisch

algorithm ['ælgərɪðəm] *n* Algorithmus *m*

alias ['eɪliəs] **I.** *n* (*code name*) Deckname *m*; (*different name*) falscher Name; **to give/use an ~** einen Decknamen/falschen Namen angeben/benutzen; **to go under the ~ of Jim Beam** unter dem Decknamen/falschen Namen Jim Beam auftreten

II. *adv* alias; **Paul Sopworth, ~ Rupert Sharp** Paul Sopworth, alias Rupert Sharp

alibi ['ælɪbaɪ] *n* Alibi *nt*; **cast-iron** [*or* **airtight**] **~** hieb- und stichfestes [*o* wasserdichtes] Alibi

Alice band ['ælɪs-] *n* BRIT Haarband *nt*

alien ['eɪliən] **I.** *adj* ❶ (*foreign*) ausländisch

❷ (*strange*) fremd; (*pej*) seltsam; **to be ~ to sb** jdm fremd sein; **to be ~ to sb's nature/religion** jds Wesen/Religion fremd sein; **~ idea** abwegige Idee; COMPUT **~ disk** anders formatierte Diskette; **~ disk reader** Leser *m* für anders formatierte Disketten

II. *n* ❶ (*form or pej: foreigner*) Ausländer(in) *m(f)*; **illegal ~** (*form*) sich *akk* illegal im Land aufhaltender Ausländer; AM illegaler Einwanderer; **resident ~** (*form*) im Inland ansässiger Ausländer; AM sich *akk* legal im Land aufhaltender Ausländer, einbürgerungswilliger Ausländer; BRIT unbeschränkt steuerpflichtiger Ausländer (*bei mehr als 6 Monaten Aufenthalt*); **non-resident ~** (*form*) im Inland nichtansässiger Ausländer; BRIT beschränkt steuerpflichtiger Ausländer (*bei weniger als 6 Monaten Aufenthalt*)

❷ (*from space*) Außerirdische(r) *f(m)*, außerirdisches Wesen

alienate ['eɪliəneɪt] *vt* ❶ (*estrange*) ■**to ~ sb** jdn befremden [*o* vor den Kopf stoßen]; ■**to ~ sb from sb** jdn von jdm entfremden; **to ~ sb's affections** AM LAW jdn zum Ehebruch verleiten (*indem man ihn dem Ehepartner entfremdet*)

❷ (*lose*) **to ~ sb's support** sich *dat* jds Unterstützung verscherzen

alienation [ˌeɪliə'neɪʃən] *n no pl* ❶ (*estrangement*) Entfremdung *f*

❷ (*separateness*) Entfremdetsein *nt*, Isoliertheit *f*

alien corporation *n* AM LAW Auslandsunternehmen *nt*

alieni juris [ˌeɪlieni'dʒʊərɪs, AM -'dʒʊr-] *adv* LAW unter fremdem Recht stehend

alight[1] [ə'laɪt] *adj pred* ❶ (*on fire*) **to be ~** in Flammen stehen, brennen; **to get a fire ~** ein Feuer in Gang bringen; **to set sth ~** etw in Brand stecken [*o* setzen]; (*fig*) **to set sb ~** jdn begeistern

❷ (*shining brightly*) ■**to be ~** strahlen; ***her eyes were ~ with mischief*** ihre Augen blitzten schalkhaft

alight[2] [ə'laɪt] *vi* ❶ (*from train, bus etc*) ■**to ~ from sth** aus etw *dat* aussteigen

❷ (*land*) ■**to ~ on** [*or* **upon**] **sth** *bird, butterfly* auf etw *dat* landen, sich *akk* auf etw *dat* niederlassen *geh*; (*fig*) ***her eyes ~ed upon a painting*** ihr Blick fiel auf ein Gemälde

❸ (*find*) ■**to ~ on sth** etw [zufällig] entdecken, auf etw *akk* [zufällig] stoßen

align, AM *also* **aline** [ə'laɪn] *vt* ❶ (*move into line*) ■**to ~ sth** [**with sth**] etw [auf etw *akk*] ausrichten; **to ~ the wheels of a vehicle** bei einem Fahrzeug die Spur einstellen

❷ ARCHIT ■**to ~ sth** etw fluchten

❸ (*fig: support*) ■**to ~ oneself with** [*or* **behind**] **sb/sth** sich *akk* hinter jdn/etw stellen; **to be ~ed with a group/plan on certain issues** mit einer Gruppe/einem Plan in bestimmten Punkten übereinstimmen

❹ COMPUT ■**to ~ sth** etw bündig ausrichten; **to ~ text** spationieren

alignment [ə'laɪnmənt] *n* ❶ *no pl* (*correct positioning*) Ausrichten *nt*; ***the wheels are out of ~*** die Spur ist falsch eingestellt

❷ *no pl* (*fig*) **to be in/out of ~ with sb/sth** mit jdm/etw übereinstimmen [*o* konform gehen]/nicht übereinstimmen [*o* nicht konform gehen]; **to bring supply into ~ with demand** das Angebot der Nachfrage angleichen

❸ (*of supporters*) Gruppierung *f*

alike [ə'laɪk] **I.** *adj pred* ❶ (*identical*) gleich, identisch

❷ (*similar*) ähnlich

II. *adv* ❶ (*similarly*) gleich; **to look ~** sich *dat* ähnlich sehen; **to think ~** gleicher Ansicht sein

❷ (*equally*) gleich; **to treat sb ~** jdn gleich behandeln

❸ (*both*) ***cars and motorbikes ~*** sowohl Autos als auch Motorräder; ***friends and family ~*** Freunde und Familienmitglieder gleichermaßen

▶ PHRASES: **let's share and share ~!** teilen wir gerecht!

alimentary canal [ælɪˌmentəri-] *n* Verdauungskanal *m*, Verdauungstrakt *m*

alimony ['ælɪməni, AM -moʊ-] *n no pl* Unterhalt *m*; (*payment also*) Unterhaltszahlung *f*; **~ pending suit** [*or* **pendente lite**] LAW vorläufige Unterhaltszahlung

aline *vt* AM *see* **align**

A-line *adj attr, inv* [unten] ausgestellt; **~ skirt** ausgestellter Rock

A-list ['eɪlɪst] **I.** *n* ■**to be on the ~** auf der In-Liste stehen

II. *n modifier* (*fam*) **~ party** Promi-Party *f fam*

alive [ə'laɪv] *adj pred, inv* ❶ (*not dead*) lebendig, lebend *attr*; ■**to be ~** leben, am Leben sein; ***it's great*** [*or* ***good***] ***to be ~*** das Leben ist [wunder]schön; **to be ~ and well** [*or* **kicking**] gesund und munter [*o fam* putzmunter] sein; (*fig*) *industry* boomen *sl*; **dead or ~** tot oder lebendig; **to be more dead than ~** total erschöpft sein; **to be the happiest person ~** der glücklichste Mensch der Welt sein; **to be buried ~** lebendig begraben werden; **to be burnt ~** bei lebendigem Leib verbrannt werden; **to keep sb ~** jdn am Leben erhalten; **to keep hope ~** die Hoffnung aufrechterhalten; (*fig*) **to be eaten ~ by mosquitos** von Mücken zerfressen werden

❷ (*lively*) lebendig *fig*; ***look ~!*** beeil dich!; **to come ~** lebendig werden; **to bring sb/sth** [*or* **make sb/sth come**] **~** *characters, story* jdn/etw lebendig werden lassen

❸ (*aware*) ■**to be ~ to sth** sich *dat* einer S. *gen* bewusst sein

❹ (*swarming*) **to be ~ with ants/people** vor Ameisen/Menschen wimmeln

▶ PHRASES: **to eat sb ~** aus jdm Hackfleisch machen *fig*

alkali <*pl* -s *or* -es> ['ælkəlaɪ] *n* Alkali *nt fachspr*, Lauge *f*, Base *f*

alkaline ['ælkəlaɪn] *adj* alkalisch, basisch; **~ reaction** alkalische [*o* basische] Reaktion; **~ solution** alkalische Lösung, Lauge *f*, Laugenflüssigkeit *f*

alkalinity <*pl* -ies> [ˌælkə'lɪnɪti, AM ṱi] *n* CHEM Alkalität *f*, Basizität *f*

alkaloid ['ælkəlɔɪd] *n* CHEM Alkaloid *nt*

alkie, alky ['ælki] *n* (*sl*) Säufer(in) *m(f) fam*

all [ɔːl, AM *also* ɑːl] **I.** *adv inv* ❶ (*entirely*) ganz, völlig; ***she was ~ in favour of my idea, but now she's changed her mind*** sie hat meinen Plan hundertprozentig unterstützt, aber jetzt ihre Meinung geändert; ***the story is ~ about ...*** die ganze Geschichte handelt von ...; ***tell me ~ about it*** erzähl mir alles!; ***there were ten of us, ~ told*** wir waren insgesamt zehn; **to be ~ charm** seinen ganzen Charme spielen lassen; **to be ~ ears** ganz Ohr sein; **to be ~ eyes** gespannt zusehen; **~ in green** ganz in Grün; **to be ~ in one piece** heil [*o* wohlbehalten] sein; **to be ~ of a piece with sth** mit etw *dat* völlig übereinstimmen; **to be success ~ round** ein voller Erfolg sein; **to be ~ smiles** über das ganze Gesicht strahlen; **to be ~ talk** [*or sl* **mouth**] nur daherreden; **~ wool** reine Wolle; **~ aflutter** ganz aus dem Häuschen *fam*; **~ alone** ganz allein; **~ the better/more difficult** umso besser/schwieriger; ***I feel ~ the better for your visit*** seit du da bist, geht es mir schon viel besser; **not ~ that happy** nicht gerade glücklich; **to be ~ for doing sth** ganz dafür sein, etw zu tun; ***my son is ~ for spending the summer on the beach*** mein Sohn will den Sommer unbedingt am Strand verbringen; **~ along** die ganze Zeit, von Anfang an; ***she's been fooling us ~ along*** sie hat uns die ganze Zeit getäuscht; **~ over** (*finished*) aus und vorbei; **~ over sth** (*everywhere*) ***the baby got food ~ over its bib*** das Baby hatte sein ganzes Lätzchen mit Essen bekleckert

❷ (*very*) äußerst, ausgesprochen; ***she was ~ upset*** sie war äußerst aufgebracht

❸ (*almost*) **~ but** fast

❹ (*in any way*) **at ~** überhaupt; ***do you ever travel to the States at ~?*** fährst du überhaupt je in die

Staaten?; ***is there any chance at ~ of seeing you next week?*** sehen wir uns nächste Woche überhaupt?; **if at ~** wenn überhaupt
❺ SPORTS *(to both sides)* ***the score is three ~*** es steht drei zu drei [unentschieden] [*o* drei beide]
▶ PHRASES: **to be ~ over the place** [*or* BRIT **shop**] *(fam)* überall sein; *(confused)* ***she was so nervous at the interview that she was ~ over the place*** sie war bei dem Interview so angespannt, dass sie völlig von der Rolle war; **that's sb ~ over** das ist typisch jd, das sieht jdm ähnlich; ***he invited me out for dinner and then discovered he didn't have any money — that's Bill ~ over!*** er lud mich ein, mit ihm auswärts zu essen, und merkte dann, dass er kein Geld bei sich hatte – typisch Bill!; **to be ~ over sb** *(pej: excessively enthusiastic)* sich *akk* [geradezu] auf jdn stürzen; *(fam: [sexually] harass)* jdn total anmachen *fam;* **to be not ~ there** *(fam)* nicht ganz bei Verstand [*o* Trost] sein, nicht alle Tassen im Schrank haben *fig fam;* **to go ~ out for sth** alles für etw *akk* tun; **to be ~ up with sb** *(fam)* das Aus für jdn bedeuten
II. *adj attr, inv* ❶ *(every one of)* alle; *(the whole of)* der/die/das ganze ...; ***~ imported timber must be chemically treated against disease*** alles importierte Holz muss chemisch gegen Krankheiten behandelt werden; ***I had to use ~ my powers of persuasion*** ich musste meine ganze Überzeugungskraft aufbieten; ***a toothbrush, toothpaste and ~ that jazz*** eine Zahnbürste, Zahncreme und das ganze Zeug; **~ day** den ganzen Tag; **on ~ fours** auf allen Vieren; **with ~ haste** [*or* **speed**] [*or* **dispatch**] *(form)* so schnell wie möglich; **in ~ honesty** [*or* **sincerity**] ganz ehrlich; **~ her life** ihr ganzes Leben; **for ~ the money** trotz des ganzen Geldes; **~ the time** die ganze Zeit; **~ the trouble** der ganze Ärger; **~ the way** den ganzen [weiten] Weg
❷ *(the only one, ones)* alle; ***are those ~ the strawberries you can find?*** sind das alle Erdbeeren, die du finden kannst?; ***I was ~ the family she ever had*** ich war die einzige Familie, die sie je hatte
▶ PHRASES: **~ good things must come to an end** alles geht einmal zu Ende; **to go ~ the way** [**with sb**] *(euph fam)* es richtig [mit jdm] machen *euph fam*
III. *pron* ❶ *(everybody)* alle; ***the best-looking of ~*** der Bestaussehende von allen; ***~ who ...*** alle, die ...; **~ and sundry** jedermann, Gott und die Welt; **in ~** insgesamt; **one and ~** alle; ***let's sing now one and ~!*** lasst uns jetzt alle zusammen singen; ■ **~ but ...** bis auf ... +*akk*
❷ *(everything)* alles; ***~ is not lost yet*** noch ist nicht alles verloren; ***it's ~ [that] I can do to stay awake*** mehr kann ich nicht tun, um wach zu bleiben; ***for ~ I care, they can claim whatever they want*** von mir aus können sie behaupten, was sie wollen!; ***for ~ I know ...*** so viel ich weiß ...; ***the watch I wanted was, of course, the most expensive of ~*** die Uhr, die ich wollte, war natürlich die teuerste von allen; ***there are many professions which interest him, but most of ~, he'd like to be a zookeeper*** viele Berufe interessieren ihn, aber am liebsten wäre er Zoowärter; *(fam)* ***what with the fog and ~, I'd really not drive tonight*** bei dem Nebel möchte ich heute Nacht wirklich nicht fahren; **in ~** insgesamt; **~ in ~** alles in allem
❸ *(the whole quantity, extent)* alle(s); ***have you drunk it ~?*** hast du ausgetrunken?; ***four bedrooms, ~ with balconies*** vier Schlafzimmer, alle mit Balkon; ***we saw ~ of them*** wir sahen sie alle; ***have you drunk ~ of the milk?*** hast du die ganze Milch getrunken?; ***your proposal is ~ very well in theory, but ...*** in der Theorie ist dein Vorschlag ja schön und gut, aber ...; **to be ~ one to sb** jdm gleichgültig [*o fam* gleich] sein
❹ *(at least)* mindestens; ***it's going to cost ~ of a million dollars*** das kostet mindestens eine Million Dollar; ***the book has sold ~ of 200 copies*** von dem Buch sind ganze 200 Exemplare verkauft worden; ***he always eats the entire apple, core and ~*** er isst immer den ganzen Apfel mit dem Gehäuse; **~ but sb/sth** alle außer jd/etw; ***~ but one of the pupils came the outing*** nur ein Schüler kam nicht mit zum Ausflug
❺ *(the only thing)* alles; ***~ I want is to be left alone*** ich will nur in Ruhe gelassen werden; ***the remark was so silly, it was ~ she could do not to laugh*** die Bemerkung war so dumm, dass sie sich sehr zusammenreißen musste, um nicht zu lachen; *(fig)* ***that's ~ I need right now*** das hat mir jetzt gerade noch gefehlt; ***~ [that] it takes is a little bit of luck*** man braucht nur etwas Glück
▶ PHRASES: **~'s well that ends well** *(prov)* Ende gut, alles gut; **to give** [*or* **put**] **one's ~** alles geben; **~ told** insgesamt; ***they tried a dozen times ~ told*** sie versuchten es insgesamt ein Dutzend Mal; **nothing** [*or* **not anything**] **at ~** überhaupt nichts; **~ for one, and one for ~** *(saying)* alle für einen, einer für alle; **and ~** *(fam)* auch; ***get one for me and ~*** bring mir auch einen

all- *in compounds* **~-girl band** ausschließlich aus Mädchen bestehende Band; **~-glass/~-steel building** Ganzglas-/Ganzstahlgebäude *nt;* **~-male team** reine Männermannschaft

Allah ['ælə] *n no art* Allah

all-American I. *adj* ❶ *(typically American)* typisch amerikanisch ❷ AM SPORTS *(top-rated amateur)* **~ fullback** bester Verteidiger eines Jahres *(wird von der amerikanischen Sportpresse gewählt)* ❸ *(fully American)* **cars of ~ manufacture** ausschließlich in den USA hergestellte Autos; **an ~ negotiating team** ein rein amerikanisches [*o* nur mit Amerikanern besetztes] Verhandlungsteam **II.** *n* AM amerikanischer Nationalspieler/amerikanische Nationalspielerin **all-around** *adj attr* AM *(all-round)* allgemein; ***he appears to be an ~ failure*** ihm scheint alles zu misslingen; **~ sportsman** Allroundsportler *m*

allay [ə'leɪ] *vt (form)* **to ~ sb's anger/fears** jds Zorn/Befürchtungen beschwichtigen; **to ~ sb's concern/doubts/suspicions** jds Bedenken/Zweifel/Argwohn zerstreuen; **to ~ sb's hunger/pain/thirst** jds Hunger/Schmerz/Durst stillen

all-clear *n* Entwarnung *f;* **to give** [*or* **sound**] **the ~** Entwarnung geben **all comers** *npl (fam) alle möglichen Herausforderer/Konkurrenten;* **to take on ~** es mit jedem Herausforderer aufnehmen **all-conquering** [ˌɔːl'kɒŋkᵊrɪŋ, AM 'kɑːŋ] *adj inv* unschlagbar; **~ love** alles überwindende Liebe **all-consuming** [ˌɔːlkən'sjuːmɪŋ, AM 'suːm] *adj inv* überwältigend; ***they had an ~ emotional relationship*** sie führten eine gefühlsmäßig sehr innige Beziehung **all-day** ['ɔːldeɪ] *adj attr, inv* Ganztags-, ganztägig; **~ lipstick** Lippenstift, der den ganzen Tag hält

allegation [ælə'geɪʃᵊn] *n* Behauptung *f;* **to make an ~ about** [*or* **against**] **sb** jdn beschuldigen; **to make ~s of professional misconduct against sb** jdm Amtsmissbrauch vorwerfen

allege [ə'ledʒ] *vt* ❶ *(declare)* ■ **to ~ that ...** behaupten, dass ...; ***it was ~d that Johnson struck Mr Rahim*** Johnson soll Mr Rahim geschlagen haben; ***Mr Smythe is ~d to have been ...*** Mr Smythe war angeblich ...
❷ LAW ■ **to ~ sth** etw [bei Gericht] vorbringen

alleged [ə'ledʒd] *adj inv* angeblich

allegedly [ə'ledʒɪdli] *adv inv* angeblich

allegiance [ə'liːdʒᵊn(t)s] *n usu sing* Loyalität *f,* Ergebenheit *f;* **oath of ~** Fahneneid *m;* **to pledge** [*or* **swear**] **~ to sb** jdm Treue geloben [*o* schwören]; **to pledge** [*or* **swear**] **~ to sth** ein Gelübde auf etw *akk* ablegen, einen Eid auf etw *akk* leisten; **to pledge ~ to the flag** AM den Fahneneid leisten

allegorical [ælə'gɒrɪkᵊl, AM -'gɔːr-] *adj* allegorisch, [sinn]bildlich, gleichnishaft; **~ representation** sinnbildliche Darstellung; **~ symbol** Sinnbild *nt*

allegorically [ælə'gɒrɪkᵊli, AM -'gɔːr-] *adv* allegorisch; **to write ~** allegorisieren

allegory ['ælɪgəri, AM -gɔːri] *n* LIT, ART ❶ *no pl (genre)* Allegorik *f*
❷ *(representation)* Allegorie *f*

Allegro <*pl* -s> [ə'legrəʊ, AM roʊ] *n* MUS Allegro *nt*

alleluia [ˌælɪ'luːjə] **I.** *interj* halleluja
II. *n* Halleluja *nt,* Loblied *nt*

Allen key ['ælən,-] *n* Inbusschlüssel *m,* Innensechskantschlüssel *m* **Allen screw** *n* Inbusschraube *f,* Innensechskantschraube *f* **Allen wrench** *n* Inbusschlüssel *m,* Innensechskantschlüssel *m*

allergen ['ælədʒen, AM -ɚ-] *n* Allergen *nt*

allergenic [ælə'dʒenɪk, AM -ɚ'-] *adj* allergen

allergic [ə'lɜːdʒɪk, AM -'lɜːr-] *adj* allergisch; ■ **to be ~ to sth** auf etw *akk* allergisch reagieren, gegen etw *akk* allergisch sein *a. fig*

allergy ['ælədʒi, AM -ɚ-] *n* Allergie *f* (**to** gegen +*akk*)

alleviate [ə'liːvieɪt] *vt* **to ~ deficiencies** Mängel beheben; **to ~ fears** Ängste abbauen; **to ~ pain/suffering** Schmerzen/Leiden lindern; **to ~ problems/stress** Probleme/Stress verringern

alleviation [əˌliːvi'eɪʃᵊn] *n no pl* Reduzierung *f,* Verminderung *f; of pain, discomfort* Linderung *f*

alley ['æli] *n* ❶ *(between buildings)* Gasse *f,* schmaler Durchgang; **blind ~** *(also fig)* Sackgasse *f a. fig*
❷ *(in park)* Parkweg *m;* **~ of trees** Allee *f*
▶ PHRASES: **this is right up my ~** AM, AUS *(enjoyable)* das ist ganz mein Fall; *(easy for me)* darin [*o* damit] kenne ich mich aus

alley cat *n* streunende Katze; *(fig sl: person) jd mit lockerem Lebenswandel;* **to have the morals of an ~** eine lockere Moral haben **alleyway** *n* Gasse *f*

All Fools' Day *n* der erste April **All Hallows** *n* Allerheiligen *nt*

alliance [ə'laɪən(t)s] *n* ❶ *(group)* Allianz *f,* Bündnis *nt;* **the Atlantic A~** das Atlantische Bündnis; **military ~** Militärbündnis *nt;* **to form** [*or* **forge**] **an ~ with sb** ein Bündnis mit jdm schließen, sich *akk* mit jdm verbünden
❷ *no pl (state)* Verbindung *f,* Zusammenschluss *m;* **to be in ~ with sb** [**against sb**] sich *akk* mit jdm [gegen jdn] verbündet haben

allied ['ælaɪd] *adj* ❶ *(united)* verbündet; MIL alliiert; **the A~ forces** die alliierten Streitkräfte
❷ *(related)* ähnlich; **~ subjects/trades** verwandte Gebiete/Berufe
❸ *(together with)* ■ **~ with** [*or* **to**] **sth** gepaart mit etw *dat;* ***enthusiasm ~ with a love of children*** Enthusiasmus gepaart mit einer Liebe zu Kindern

Allies ['ælaɪz] *npl (hist)* ■ **the ~** die Alliierten *pl*

alligator ['ælɪgeɪtəʳ, AM -t̬ɚ] *n* Alligator *m*
▶ PHRASES: **see you later, ~** *(dated)* man sieht sich *fam,* also bis dann *fam*

all-important *adj inv* überaus wichtig, wesentlich; ***the ~ thing is to make a profit at the end*** es kommt vor allem darauf an, am Ende einen Gewinn zu erzielen **all in** *adj pred, inv (fam)* ■ **to be ~** völlig alle sein *fam,* fix und fertig sein *fam* **all-in** *adj attr* alles inbegriffen; **~ rate** Inklusivpreis *m,* Pauschalpreis *m* **all-inclusive** [ˌɔːlɪn'kluːsɪv] *adj inv holiday, fee* pauschal; *ideas* umfassend *attr* **all-in-one I.** *adj attr, inv* ❶ *(polyfunctional) cleaner* Allzweck-; **~ shampoo/conditioner** Shampoo *nt/* Festiger *m* für jeden Typ ❷ BRIT FASHION einteilig **II.** *n* BRIT Einteiler *m; (overalls)* Overall *m*

alliteration [əˌlɪtə'reɪʃən, AM -lɪt̬-] *n no pl* Alliteration *f,* Stabreim *m*

alliterative [ə'lɪtᵊrətɪv, AM ə'lɪt̬ᵊrət̬ɪv] *adj inv* LIT alliterierend *attr fachspr*

all-night ['ɔːlnaɪt] *adj attr, inv* die ganze Nacht dauernd *attr;* **~ shop** nachts durchgehend geöffneter Laden **all-nighter** [ɔːl'naɪtəʳ, AM -t̬ɚ] *n* **to pull an ~** *(sl)* [die Nacht] durcharbeiten

allocate ['æləkeɪt] *vt* ■ **to ~ sth** [**to sb**] *flat, task* [jdm] etw zuteilen [*o* zuweisen]; **to ~ blame for sth to sb** jdm die Schuld an etw *dat* zuschieben; **to ~ funds** [**for sth**] [Geld]mittel [für etw *akk*] bereitstellen

allocation [ˌælə'keɪʃᵊn] *n usu sing (assignment)* Zuteilung *f; (distribution)* Verteilung *f;* **~ of funds** Bereitstellung *f* von [Geld]mitteln; **~ of capital** FIN Kapitalbewilligung *f;* COMPUT **~ routine** Zuteilungsroutine *f;* **~ unit** Zuordnungseinheit *f*

allocution [ˌælə'kjuːʃᵊn] *n* AM LAW Erteilung *f* des Schlussworts an den Angeklagten

allonge [ə'lɔ̃ʒ] *n* Allonge *f*

allopathic [ˌælə(ʊ)'pæθɪk] *adj* allopathisch

fachspr, schulmedizinisch

allopathy [əˈlɒpəθi, AM əˈlɑː-] *n no pl* Allopathie *f*

allophone [ˈæləfoʊn] *n* ❶ CAN *Person, deren Muttersprache weder Englisch noch Französisch ist*
❷ LING Allophon *nt*

All Ordinaries index *n* FIN *Preisindex an der australischen Börse*

allot <-tt-> [əˈlɒt, AM -ˈlɑːt] *vt* **to ~ sb a job/a room** [*or* **a job/a room to sb**] jdm eine Arbeit/einen Raum zuteilen; ***three hours have been ~ed for this task*** für diese Aufgabe wurden drei Stunden angesetzt; **to ~ shares** ECON Aktien zuteilen

allotment [əˈlɒtmənt, AM -ˈlɑːt-] *n* ❶ (*assignment*) Zuteilung *f;* (*distribution*) Verteilung *f*
❷ STOCKEX *of shares* [Aktien]zuteilung *f;* **payment in full on ~** Zahlung *f* in voller Höhe bei Zuteilung; FIN **letter of ~** [*or* **~ letter**] Zuteilungsanzeige *f*
❸ BRIT (*plot of land*) Schrebergarten *m*

allotted [əˈlɒtɪd, AM -ˈlɑːt-] *adj* zugeteilt; ***the final speaker overran her ~ time*** die Schlussssprecherin hielt die [festgesetzte] Redezeit nicht ein; **the ~ space** die vorgesehene Fläche

all out *adv* ▸ PHRASES: **to go ~** sich *akk* mächtig ins Zeug legen *fam;* **to go ~ to do sth** alles daransetzen, um etw zu tun **all-out** *adj attr* umfassend; **~ attack** Großangriff *m;* **~ commitment** voller Einsatz; **~ strike** Generalstreik *m;* **to launch an ~ campaign** eine massive Kampagne starten; **to make an ~ effort to do sth** nichts unversucht lassen, etw zu tun **all-over** *adj attr* gleichmäßig, lückenlos; ***the material has an ~ pattern of grapevines*** der Stoff ist komplett mit Weinstöcken bedruckt; **~ tan** nahtlose Bräune

allow [əˈlaʊ] **I.** *vt* ❶ (*permit*) ■**to ~ sth** etw erlauben [*o* gestatten]; (*make possible*) etw ermöglichen; ***we must not ~ these problems to affect our plans*** wir dürfen nicht zulassen, dass diese Probleme unsere Pläne beeinflussen; ***why has the project been ~ed to continue if it's such a disaster?*** warum hat man das Projekt weiterlaufen lassen, wenn es so ein Desaster ist?; **to ~ access** Zugang gewähren; **to ~ a goal** ein Tor anerkennen; ■**to ~ sb to do sth** jdm erlauben, etw zu tun; ■**to ~ sb sth** jdm etw zugestehen; ***he didn't ~ us enough time to finish the test*** er hat uns nicht genug Zeit für den Test gelassen; ***she isn't ~ed any sweets*** sie darf keine Süßigkeiten essen; ***pets aren't ~ed in this hotel*** Haustiere sind in diesem Hotel nicht erlaubt; ***please ~ me through!*** lassen Sie mich bitte durch!; ■**to ~ oneself sth** sich *dat* etw gönnen
❷ LAW **to ~ a claim** einen Anspruch anerkennen; **to ~ an appeal** einer Berufung [*o* Revision] stattgeben
❸ (*allocate*) ■**to ~ sth** etw einplanen; **to ~ sb the benefit of the doubt** im Zweifelsfall zu jds Gunsten entscheiden
❹ (*concede*) ■**to ~ that …** zugeben [*o* eingestehen], dass …
▸ PHRASES: **to ~ sb a free hand** jdm freie Hand lassen; **~ me** (*form*) erlauben Sie, Sie gestatten
II. *vi* ***we'll do it if time ~s*** wir machen es wenn die Zeit es zulässt; (*form*) ■**to ~ of sth** ewt zulassen; ***this rule ~s of no exceptions*** diese Regel gilt ohne Ausnahme

◆**allow for** *vi* ■**to ~ for sth** etw berücksichtigen [*o* in Betracht ziehen]; *error, delay* etw einkalkulieren; ***have these prices been adjusted to ~ for inflation?*** sind diese Preise inflationsgerecht angepasst worden?

allowable [əˈlaʊəbl̩] *adj* zulässig; **~ expenses** abzugsfähige [*o* steuerlich absetzbare] Ausgaben

allowance [əˈlaʊən(t)s] *n* ❶ (*permitted amount*) Zuteilung *f,* zugeteilte Menge; **baggage ~** zulässiges Gepäck; **cost-of-living ~** Teuerungszulage *f;* **entertainment ~** Aufwandsentschädigung *f;* **mileage ~** Kilometerpauschale *f;* **travel ~** Reisekostenzuschuss *m*
❷ FIN (*tax-free amount*) **tax ~** Steuerfreibetrag *m;* **annual depreciation** [*or* **write-down**] **~** jährlicher Abschreibungsbetrag; **capital ~s** Abschreibungsbeträge *mpl* aufgrund von Aufwendungen für Anlagegüter; **personal ~** persönlicher [Steuer]freibetrag
❸ *no pl* (*for student*) Ausbildungsbeihilfe *f; esp* AM (*pocket money*) Taschengeld *nt;* FIN (*provision*) **~ for bad debt** Zuschuss *m* für notleidende Kredite; **~ for exchange loss** Kursverlustentschädigung *f*
❹ (*prepare for*) **to make** [**an**] **~ for sth** etw bedenken [*o* einkalkulieren]; **to make ~s for a fact** eine Tatsache berücksichtigen; **to make ~s for sb** mit jdm nachsichtig sein, jdn entschuldigen

allowed time *n* ECON Erholungsspanne *f* (*bezahlte Arbeitszeit, während der der Arbeitnehmer essen, aufräumen und sich ausruhen darf*)

alloy **I.** *n* [ˈælɔɪ] Legierung *f;* **~ wheels** Leichtmetallräder *ntpl,* Alu-Felgen *fpl*
II. *vt* [əˈlɔɪ] (*liter*) ■**to ~ sth** *pleasure* etw beeinträchtigen [*o* trüben]

all-powerful *adj inv* allmächtig **all-purpose** *adj attr kitchen knife, tool, vehicle* Allzweck-, Universal-; **~ glue** Alleskleber *m* **all-purpose flour** *n no pl* AM (*plain flour*) Haushaltsmehl *nt* (*entspricht Mehl des Typs 405*)

all right **I.** *adj inv* ❶ (*OK*) in Ordnung; (*approv fam: very good*) nicht schlecht *präd;* ***don't worry now, it's ~*** schon gut, es ist alles wieder in Ordnung; ***gosh, this wine's ~, isn't it?*** Mensch, dieser Wein ist aber nicht übel!; ***that's ~*** (*apologetically*) das macht nichts; (*your welcome*) keine Ursache; ***what did you think of the film? — it was ~, nothing special*** wie fandest du den Film? — na ja, nichts Besonderes; ***would it be ~ if …?*** wäre es dir recht, wenn …?; ***it'll be ~ to leave your car here*** du kannst deinen Wagen ruhig hier lassen; **to be a bit of ~** BRIT (*fam*) nicht schlecht aussehen; **perfectly ~** völlig in Ordnung; **to be doing ~** ein angenehmes Leben führen; ■**to be ~ with sb** jdm recht sein
❷ (*healthy*) gesund; (*safe*) gut; ***are you ~?*** ist alles in Ordnung?, bist du okay?; ***well, we got as far as London ~, but then …*** bis London sind wir ja noch gut gekommen, aber dann …; **to get home ~** gut nach Hause kommen
II. *interj* ❶ (*in agreement*) o.k., in Ordnung
❷ (*approv sl: in approval*) bravo, super
❸ BRIT (*fam: greeting*) ***~?*** wie geht's?; ***~, John?*** na wie geht's, John?
III. *adv inv* ❶ (*doubtless*) auf jeden Fall, zweifellos; ***are you sure it was him? — oh, it was him ~*** bist du sicher, dass er es war? – oh ja, eindeutig!
❷ (*quite well*) ganz gut; ***are you managing ~ in your new job?*** kommst du in deinem neuen Job gut zurecht?

all-risks policy *n* ECON Universalversicherung *f*

all-round *adj inv* Allround-; **~ sportsman** Allroundsportler *m;* **~ talent** Alleskönner(in) *m(f)* **all-rounder** [-ˈraʊndəʳ, AM -dɚ] *n* BRIT, AUS Alleskönner(in) *m(f),* Multitalent *nt;* SPORTS Allroundsportler(in) *m(f)* **All Saints' Day** *n* Allerheiligen *nt* **All-Share Index** *n* FIN Aktienindex *m* der Financial Times **All Souls' Day** *n* Allerseelen *nt* **allspice** *n* Piment *m o nt,* Nelkenpfeffer *m* **all-star** **I.** *adj attr, inv musical, tournament* Star-, Gala-, Spitzen-; **~ cast** Starbesetzung *f;* **~ team** Auswahlmannschaft *f* **II.** *n* AM SPORTS Auswahlspieler(in) *m(f)* **all-time** *adj attr, inv* Rekord-, unübertroffen; **~ high/low** Höchst-/Tiefststand *m,* Rekordhoch *nt*/-tief *nt;* ***profits are at an ~ high*** die Gewinne waren noch nie so hoch; **to set an ~ best** eine absolute Bestmarke aufstellen

allude [əˈluːd] *vi* ■**to ~ to sth** auf etw *akk* anspielen

allure [əˈljʊəʳ, AM -ˈlʊr] **I.** *n no pl* (*attractiveness*) Anziehungskraft *f,* Reiz *m;* (*enticing charm*) Verführungskraft *f;* ***the town lost much of its ~*** die Stadt büßte viel von ihrem Reiz ein; **sexual ~** erotische Ausstrahlung
II. *vt* (*form*) ■**to ~ sb to do sth** [*or* **into doing sth**] jdn dazu verführen, etw zu tun

allurement [əˈljʊəmənt, AM ˈlʊr] *n* Verlockung *f;* **sexual ~s** Reize *mpl*

alluring [əˈljʊəˈrɪŋ, AM -ˈlʊr-] *adj* (*attractive*) attraktiv, anziehend; (*enticing*) verführerisch; **~ prospect** verlockende Aussicht

alluringly [əˈljʊəˈrɪŋli, AM -ˈlʊr-] *adv* verführerisch

allusion [əˈluːʒᵊn] *n* Anspielung *f,* Andeutung *f;* **to make an ~ to sth** eine Anspielung auf etw *akk* machen, auf etw *akk* anspielen

allusive [əˈluːsɪv] *adj* voller Anspielungen

allusiveness [əˈluːsɪvnəs] *n no pl* Indirektheit *f;* ***I find his ~ rather irritating*** seine Art, in Andeutungen zu reden, geht mir auf die Nerven

alluvial [əˈluːviəl] *adj* GEOG angeschwemmt, alluvial *fachspr;* **~ deposit** Anschwemmung *f,* Ablagerung *f;* **~ land** Schwemmland *nt;* **~ plain** Schwemmebene *f*

all-weather *adj attr, inv coat, soccer pitch* Allwetter-, wetterfest; **~ ice rink** wettergeschützte Eisbahn; **~ jacket** Allwetterjacke *f;* **~ paint** wetterfeste Farbe

ally [ˈælaɪ] **I.** *n* Verbündete(r) *f(m);* **staunch ~** zuverlässiger Verbündeter; HIST, POL Alliierte(r) *m*
II. *vt* <-ie-> ■**to ~ oneself with** [*or* **to**] **sb** sich *akk* mit jdm verbünden [*o* zusammentun]; ■**to ~ oneself with** [*or* **to**] **sth** sich *akk* etw *dat* anschließen

alma mater [ˌælməˈmɑːtəʳ, AM -ˈmeɪtɚ] *n usu sing* ❶ (*form or hum: place of study*) Alma Mater *f a. hum iron*
❷ AM (*college song*) Schulhymne *f*

almanac(k) [ˈɔːlmənæk, ˈæl-] *n* Almanach *m,* Jahrbuch *nt*

almighty [ɔːlˈmaɪti, AM -t̬i] **I.** *adj* ❶ REL allmächtig; **God ~** Gott, der Allmächtige
❷ (*fam: huge*) *crash, fuss, roar, row* Riesen- *fam,* Mords- *fam;* **~ bang** Mordsknall *m fam;* **~ jam** Riesenstau *m fam*
II. *interj* ***God*** [*or* ***Christ***] ***~!*** beim Allmächtigen!

Almighty [ɔːlˈmaɪti, AM -t̬i] *n* ■**the ~** der Allmächtige

almond [ˈɑːmənd, AM *also* ˈɑːl-] **I.** *n* ❶ (*nut*) Mandel *f;* **blanched ~s** abgezogene Mandeln; **chopped/toasted ~s** gehackte/geröstete Mandeln; **slivered ~s** Mandelstifte *mpl*
❷ (*tree*) Mandelbaum *m*
II. *n modifier* (*essence, cake, biscuits, oil, soap*) Mandel-

almond paste *n no pl* Marzipan *nt* **almond-shaped** [ˈɑːməndʃeɪpt] *adj inv* mandelförmig

almoner [ˈɑːmənəʳ, AM ælmənɚ] *n* ❶ HIST Almosenier *m*
❷ ADMIN Sozialbetreuer(in) *m(f)* im Krankenhaus

almost [ˈɔːlməʊst, AM -moʊst] *adv* fast, beinahe; ***I ~ wish I hadn't invited him*** mir wäre es fast lieber, ich hätte ihn nicht eingeladen; ***we're ~ there*** wir sind gleich da; ***they'll ~ certainly forget to do it*** es ist so gut wie sicher, dass sie vergessen werden, es zu tun; ***I ~ died when I saw the damage*** mich traf fast der Schlag, als ich den Schaden sah; **~ impossible** praktisch [*o* so gut wie] unmöglich

alms [ɑːmz] *npl* (*old*) Almosen *ntpl veraltet;* **~ to** [*or* **for**] **the poor** Almosen *ntpl* für [*o* an] die Armen

almshouse *n* (*old*) Armenhaus *nt veraltet*

aloe [ˈæləʊ, AM -oʊ] *n* ❶ (*plant*) Aloe *f*
❷ (*laxative*) [**bitter**] **~s** [bitterer] Aloesaft, Bärengalle *f hum* (*Abführmittel, das aus dem Saft eingedickter Blätter besteht*)

aloe vera [ˌæləʊˈvɪərə, AM -oʊˈvɪrə] *n* Aloe vera *f;* HORT *also* echte Aloe

aloft [əˈlɒft, AM -ˈlɑːft] *adv inv* hoch; **to bear/hold sth ~** (*form*) etw emporhalten/hoch halten *geh*

alone [əˈləʊn, AM -ˈloʊn] **I.** *adj* ❶ *pred, inv* (*without others*) allein; **~ *among his colleages, he …*** er war der Einzige in seinem Kollegenkreis, der …; ***am I ~ in thinking that he's guilty?*** bin ich als Einzige der Meinung, dass er schuldig ist?; ***they were never left ~ together*** man ließ sie nie miteinander allein; **to feel ~** sich *akk* einsam fühlen; **to leave sb ~** jdn in Ruhe lassen; ***he needs to be left ~*** er braucht seine Ruhe
❷ *after n, inv* (*only*) allein; ***it's Jane and Jane ~ I would like to talk to*** ich möchte nur mit Jane reden!; **let ~** ganz zu schweigen von, geschweige denn
II. *adv* allein; **to live ~** für sich [*o* allein] leben
▸ PHRASES: **time ~ will tell** (*prov*) die Zukunft wird

A

es zeigen; ***time ~ will tell whether the operation was a success*** jetzt muss man einfach abwarten, ob die Operation ein Erfolg war; **laugh and the world laughs with you, cry and you cry** ~ (*prov*) lache, und die Welt lacht mit dir, weine, und du weinst allein *prov;* **to leave well enough** ~ die Dinge lassen, wie sie sind, an etw *akk* nicht rühren; **to go it** ~ (*fam: become self-employed*) sich *akk* selbständig machen; (*act independently*) etw im Alleingang machen

along [əˈlɒŋ, AM -ˈlɑːŋ] I. *adv inv* ❶ (*ahead*) vorwärts; ***the party was going ~ successfully until …*** die Party war ein Erfolg, bis …; ***how far ~ are you with your essay?*** wie weit bist du mit deinem Aufsatz?
❷ (*there*) **go on ahead — *I'll be ~ in a minute*** geh du vor – ich komme gleich nach; ***another bus will be ~ in ten minutes*** in zehn Minuten kommt der nächste Bus; ***a little girl came ~ and started talking to me*** da kam ein kleines Mädchen auf mich zu und sprach mich an; **to stroll** ~ dahinschlendern, einen Bummel machen
❸ (*from the beginning*) **all** ~ die ganze Zeit, von Anfang an
❹ (*together with*) ■ ~ **with sb** zusammen mit jdm; ***he arrived ~ with two friends*** er kam mit zwei Freunden; **to bring/take sb/sth** ~ jdn/etw mitbringen/-nehmen; (*fig*) ***he just came ~ for the ride*** er ist einfach nur so mitgekommen
II. *prep* ❶ (*on*) entlang *+akk;* ***they drove ~ Highway 1*** sie fuhren den Highway 1 entlang; ***she scattered salt ~ the path*** sie streute Salz auf den Weg; **all ~ sth** entlang einer S. *gen;* ***there are many wineries all ~ this road*** entlang dieser Straße gibt es viele Weinkellereien
❷ (*during*) während *+gen;* ***~ the train ride to Berlin, I met several nice people*** auf der Zugfahrt nach Berlin habe ich einige nette Leute kennen gelernt; ~ **the way** unterwegs, auf dem Weg; ***I've picked up a good deal of experience ~ the way*** ich habe in dieser Zeit eine Menge Erfahrung gesammelt
❸ (*beside*) entlang *+dat;* ~ **a wall/road** entlang einer Wand/Straße
❹ (*across*) entlang *+gen;* ***there were little windows ~ the top of the corridor*** oben entlang des Gangs befanden sich kleine Fenster; ***there were small cracks all ~ the base of the house*** entlang des gesamten Hausfundaments gab es kleine Risse
❺ (*in addition to*) ■ ~ **with** zusammen mit *+dat;* ***~ with my mother, my two sisters came to visit*** meine beiden Schwestern kamen zusammen mit meiner Mutter zu Besuch; **to take** [*or* **bring**] **sth ~ with one** etw mitnehmen/-bringen; ***whenever they go to the park they always bring their frisbee ~ with them*** wann immer sie in den Park gehen, nehmen sie ihre Frisbee mit

alongside [əˌlɒŋˈsaɪd, AM -ˈlɑːŋ-] I. *prep* ❶ (*beside*) parallel zu *+dat;* NAUT längsseits *+gen;* ***the new pill will be used ~ existing medicines*** die neue Pille wird neben bereits vorhandenen Medikamenten Verwendung finden
❷ (*be of same standard*) **to rank ~ sth** den gleichen Standard wie etw haben, mit etw *dat* mithalten
II. *adv inv* daneben; ***the lorry pulled up ~*** der Laster fuhr heran; ***a tanker with a tugboat ~*** ein Tanker und ein Schleppboot Bord an Bord

aloof [əˈluːf] I. *adj* (*reserved*) zurückhaltend; ~ **manner** reservierte [*o* distanzierte] Art
II. *adv* **to keep** [*or* **remain**] [*or* **stand**] ~ [**from sth**] sich *akk* [aus etw *dat*] heraushalten, sich *akk* [von etw *dat*] fern halten

aloofness [əˈluːfnəs] *n no pl* Zurückhaltung *f,* Distanziertheit *f*

aloud [əˈlaʊd] *adv inv laugh, read* laut; **to wonder ~ whether …** laut darüber nachdenken, ob …

alpaca [ælˈpækə] I. *n* ❶ (*llama*) Alpaka *nt*
❷ *no pl* (*wool*) Alpakawolle *f,* Alpaka *nt*
II. *n modifier* (*wool, coat, blanket*) Alpaka-; ~ **cardigan** Strickjacke *f* aus Alpaka

alpha [ˈælfə] *n* ❶ (*of Greek alphabet*) Alpha *nt*
❷ BRIT UNIV (*mark*) Eins *f;* **to get an** ~ eine Eins bekommen
▶ PHRASES: **the ~ and omega** REL der Anfang und das Ende; (*fig*) das A und O *fig*

alphabet [ˈælfəbet] *n* Alphabet *nt*

alphabetical [ælfəˈbetɪkəl, AM -ˈbet̬-] *adj inv* alphabetisch; **in ~ order** in alphabetischer Reihenfolge

alphabetically [ælfəˈbetɪkəli, AM -ˈbet̬-] *adv* alphabetisch; **to arrange words** ~ Wörter alphabetisch ordnen

alphabetize [ˈælfəbetaɪz, AM -ˈbət-] *vt* ■ **to ~ sth** etw alphabetisieren [*o* alphabetisch ordnen]

alphabet soup *n* Buchstabensuppe *f;* AM (*fig*) ***the names of these authorities are just ~*** die Namen dieser Behörden sind ein einziger Buchstabenwirrwarr

alpha male *n* Alpha-Männchen *nt*

alphanumeric [ˌælfənjuːˈmerɪk, AM *also* -nuː-] *adj inv* alphanumerisch

alpha particle *n* PHYS Alphateilchen *nt* **alpha radiation** *n* PHYS Alphastrahlen *pl* **alpha ray** *n* PHYS Alphastrahl *m* **alpha rhythm** *n no pl* MED Alpha-Rhythmus *m* **alpha securities, alpha shares, alpha stocks** *npl* BRIT STOCKEX Alpha-Werte *mpl* **alpha test** *n* ECON Alphatest *m* **alpha waves** *npl* PHYS Alphawellen *pl* **alpha wrap** *n* COMPUT Alphawindung *f*

alpine [ˈælpaɪn] I. *adj climate, flowers* alpin, Gebirgs-, Hochgebirgs-; ~ **scene** [Hoch]gebirgslandschaft *f;* ~ **skiing** alpiner Skisport
II. *n* [Hoch]gebirgspflanze *f*

Alpine [ˈælpaɪn] *adj ski resort, guide* alpine(r, s), Alpen-; ~ **flower** Alpenblume *f;* ~ **meadow** Alm *f*

alpine plant *n* [Hoch]gebirgspflanze *f*

Alps [ælps] *npl* ■ **the** ~ die Alpen *pl;* **the French/Swiss** ~ die Französischen/Schweizer Alpen

already [ɔːlˈredi, AM *also* ɑːl-] *adv inv* ❶ (*before now*) schon, bereits
❷ (*so soon*) jetzt schon; ***we're not there ~, are we?*** sind wir etwa schon da?
❸ AM (*indicating impatience*) endlich; ***turn the page ~!*** blätter endlich mal um!; ***all right ~!*** jetzt reicht's aber!

alright [ɔːlˈraɪt, AM *also* ɑːl-] *adj, adv, interj see* **all right**

Alsace [ælˈsæs] *n* Elsass *nt*

Alsace-Lorraine [ælˌsæslɒˈreɪn, AM -loʊˈ-] *n* Elsass-Lothringen *nt*

Alsatian [ælˈseɪʃən] I. *n* ❶ BRIT (*dog*) [deutscher] Schäferhund
❷ (*rare: native of Alsace*) Elsässer(in) *m(f)*
❸ (*dialect*) Elsässisch *nt*
II. *adj* elsässisch

also [ˈɔːlsəʊ, AM -soʊ] *adv inv* ❶ (*too*) auch, außerdem; ***not only … but ~ …*** nicht nur …, sondern auch …
❷ (*furthermore*) darüber hinaus

also-ran *n* ■ **to be an** ~ unter ‚ferner liefen' landen; (*fig*) auf keinen grünen Zweig kommen *fam*

Alt *n,* **ALT** [ælt] *n* COMPUT Alt *nt,* Alt-Taste *f*

Alta. CAN *abbrev of* **Alberta**

altar [ˈɔːltəʳ, AM -tə˞] *n* Altar *m;* **high** ~ Hochaltar *m;* (*fig*) **to lead sb to the** ~ jdn zum Altar führen; **to sacrifice sth on the ~ of sth** etw auf dem Altar einer S. *gen* opfern *geh*

altar boy *n* Ministrant *m* **altarpiece** *n* Altarbild *nt*

alter [ˈɔːltəʳ, AM -tə˞] I. *vt* ❶ (*change*) ■ **to ~ sth** etw ändern; ***that doesn't ~ the fact that …*** das ändert nichts an der Tatsache, dass …; **to ~ clothes** Kleidungsstücke umarbeiten [*o* ändern]
❷ *esp* AM (*euph: castrate*) **to have an animal ~ed** ein Tier kastrieren lassen
▶ PHRASES: **circumstances ~ cases** es kommt auf die Umstände an
II. *vi* sich *akk* ändern; ***things will soon ~ for the better*** die Dinge werden sich bald zum Besseren wenden

alterable [ˈɔːltərəbl̩, AM -tə˞-] *adj* veränderbar; ■ **to be ~** sich ändern lassen

alteration [ˌɔːltəˈreɪʃən, AM -tə˞-] *n* Änderung *f;* ***the house needed extensive ~s*** das Haus musste von Grund auf saniert werden; ***some ~s to our original plans are necessary*** einige unserer ursprünglichen Pläne müssen geändert werden

altercation [ˌɔːltəˈkeɪʃən, AM *also* ˈɑːl-] *n* heftige Auseinandersetzung, lautstarker Streit

alter ego *n* ❶ (*alternative personality*) anderes Ich, Alter Ego *nt*
❷ (*liter: intimate friend*) Alter Ego *nt*

alternate I. *vi* [ˈɔːltəneɪt, AM -t̬ə˞-] abwechseln; ***the children ~d between being excited and tired*** die Kinder waren mal müde und mal aufgedreht; ***her cheerfulness ~d with despair*** sie erlebte ein Wechselbad von Heiterkeit und Verzweiflung
II. *vt* ■ **to ~ sth with sth** ***he ~d working in the office with working at home*** abwechselnd arbeitete er mal im Büro und mal zu Hause
III. *adj* [ɔːlˈtɜːnət, AM -ˈt̬ɜːr-] *attr, inv* ❶ (*by turns*) abwechselnd; ***the soldiers were in a state of ~ panic and bravado*** die Verfassung der Soldaten schwankte zwischen Panik und Tapferkeit; **on ~ days** jeden zweiten Tag
❷ (*different*) andere(r, s) *attr;* (*alternative*) alternativ

alternate juror *n* LAW Ersatzgeschworene(r) *f(m)*

alternately [ɔːlˈtɜːnətli, AM -tɜːr-] *adv* abwechselnd, im Wechsel

alternating [ˈɔːltəneɪtɪŋ, AM -tə˞neɪt̬-, ˈɑːl-] *adj inv* alternierend *attr,* abwechselnd aufeinander folgend *attr*

alternating current *n no pl* Wechselstrom *m*

alternation [ˌɔːltəˈneɪʃən, AM ˌɔːlt̬ə˞-] *n* Wechsel *m*

alternative [ɔːlˈtɜːnətɪv, AM -ˈtɜːrnet̬-] I. *n* Alternative *f* (**to** zu *+dat*); ***I'm afraid I have no ~ but to ask you to leave*** ich fürchte, wir müssen Sie bitten, zu gehen
II. *adj* ❶ *attr* (*offering choice*) alternativ, Ersatz-; ~ **date** Ausweichtermin *m*
❷ (*unconventional*) *music, lifestyle* alternativ
❸ LAW ~ **dispute resolution** außergerichtliche Streitbeilegung

alternative energy *n no pl* alternative Energie

alternatively [ɔːlˈtɜːnətɪvli, AM -ˈtɜːrnət̬-] *adv* (*instead of*) statt dessen; (*as a substitute*) ersatzweise

alternative medicine *n* Alternativmedizin *f,* alternative Heilmethoden *fpl* **alternative order** *n* ECON, FIN alternativer Auftrag

alternator [ˈɔːltəneɪtəʳ, AM -tə˞neɪt̬ə˞, *also* ˈɑːl-] *n* Wechselstromgenerator *m;* AUTO Lichtmaschine *f*

although [ɔːlˈðəʊ, AM -ðoʊ, *also* ˈɑːl] *conj* obwohl, obgleich *geh;* ~ ***it might not help, …*** auch wenn es vielleicht nichts hilft, …; ***I'm rather shy, ~ I'm not as bad as I used to be*** ich bin ziemlich schüchtern, allerdings nicht mehr so wie früher; ***she's very kind, ~ a bit bossy*** sie ist sehr lieb, wenn auch ein wenig bestimmend

altimeter [ˈæltɪmiːtəʳ, AM ælˈtɪmət̬ə˞] *n* Höhenmesser *m*

altitude [ˈæltɪtjuːd, AM -tətuːd] *n* Höhe *f* [über dem Meeresspiegel [*o* Normalnull]]; ***we are flying at an ~ of 15000 metres*** wir fliegen in einer Höhe von 15000 Metern; **at high/low** ~ in großer/niedriger Höhe

altitude sickness *n no pl* Höhenkrankheit *f*

Alt key [ɔːlt-, AM *esp* ɑːlt-] *n* COMPUT Alt-Taste *f*

alto [ˈæltəʊ, AM -toʊ] I. *n* ❶ (*singer*) Altist(in) *m(f),* Altsänger(in) *m(f)*
❷ (*vocal range*) Altstimme *f;* **to sing** ~ Alt singen
II. *adj attr, inv saxophone, flute* Alt-

altogether [ˌɔːltəˈgeðəʳ, AM -ə˞, *also* ɑːl-] *adv* ❶ (*completely*) völlig, ganz; ***that's a different matter ~*** das ist etwas ganz anderes; ***I'm not ~ sure I want that*** ich bin gar nicht so sicher, ob ich das will; ***it is not ~ surprising that …*** es kommt nicht ganz überraschend, dass …
❷ (*in total*) insgesamt; ***that'll be £5 ~*** das macht dann insgesamt 5 Pfund
❸ (*everything considered*) alles in allem; ***he is selfish and ~ an unpleasant man*** er ist egoistisch und überhaupt ein unangenehmer Mensch

altruism ['æltruɪzᵊm] *n no pl* Altruismus *m geh,* Uneigennützigkeit *f*

altruist ['æltruɪst] *n* Altruist(in) *m(f) geh*

altruistic [ˌæltru'ɪstɪk] *adj* altruistisch *geh,* selbstlos; ~ **motives** uneigennützige Motive

altruistically [ˌæltru'ɪstɪkᵊli] *adv* selbstlos, uneigennützig

alum ['æləm] *n no pl* CHEM Alaun *m*

aluminium [ˌælja'mɪniəm, -jʊ'mɪnjəm], AM **aluminum** [ə'lu:mɪnəm] *n no pl* Aluminium *nt*

aluminium foil *n* Alufolie *f*

aluminize [ə'lju:mɪnaɪz, AM -'lu:-] *vt* ■**to ~ sth** etw aluminieren [*o* mit Aluminium überziehen]

alumna <*pl* -nae> [ə'lʌmnə, *pl* -ni:] *n esp* AM Absolventin *f*

alumnae [ə'lʌmni:] *n pl of* **alumna**

alumni [ə'lʌmnaɪ] *n pl of* **alumnus**

alumnus <*pl* -ni> [ə'lʌmnəs, *pl* -naɪ] *n* Absolvent *m*

alveolar [ˌælvi'əʊləʳ, AM æl'viələ˞] LING **I.** *adj inv* alveolar, Alveolar-; ~ **ridge** Alveolarfortsatz *m*
II. *n* Alveolar *m*

always ['ɔ:lweɪz, AM *also* 'ɑ:l-] *adv inv* ❶ (*at all times*) immer, ständig; ***you're ~ complaining*** ständig beklagst du dich
❷ (*as last resort*) immer noch; ***if you miss this train you can ~ catch the next one*** wenn du diesen Zug verpasst, kannst du immer noch den nächsten nehmen; ***we could ~ ask for help*** wir könnten ja auch nach Hilfe bitten
▸ PHRASES: **the customer is ~ right** der Kunde ist König; **the grass is ~ greener on the other side** [**of the fence**] die Kirschen in Nachbars Garten schmecken immer besser

Alzheimer's ['æltshaɪməʳz, AM 'ɑ:ltshaɪmə˞z] *n,* **Alzheimer's disease** *n no pl* Alzheimerkrankheit *f,* Alzheimer *m*

am [æm, əm] *vi 1st pers. sing of* **be**

a.m. [ˌeɪ'em] *inv abbrev of* **ante meridiem**: ***at 6 ~*** um sechs Uhr morgens

AM [ˌeɪ'em] *n no pl abbrev of* **amplitude modulation** AM *f*

amalgam [ə'mælgəm] *n* ❶ (*form: blend*) Mischung *f* (**of** aus +*dat*)
❷ MED Amalgam *nt*

amalgamate [ə'mælgəmeɪt] **I.** *vt* ❶ *usu passive* (*unite*) ■**to be ~d with sth** *companies* mit etw *dat* fusioniert worden sein; *departments* mit etw *dat* zusammengelegt worden sein; ■**to be ~d as sth** zu etw *dat* zusammengeschlossen worden sein; *departments* mit etw *dat* zusammengelegt worden sein
❷ CHEM ■**to ~ sth with sth** *metals* etw mit etw *dat* verschmelzen
II. *vi union, company* sich *akk* zusammenschließen

amalgamation [əˌmælgə'meɪʃᵊn] *n* ❶ *no pl* (*act of uniting*) Vereinigung *f,* Zusammenschluss *m*
❷ (*union*) Vereinigung *f,* Verband *m;* CHEM Amalgamation *f,* Amalgamierung *f*

amanuenses [əˌmænju'en(t)si:z] *n pl of* **amanuensis**

amanuensis <*pl* -ses> [əˌmænju'en(t)sɪs] *n* (*dated form*) Schreibgehilfe *m* [eines Gelehrten], Amanuensis *m veraltet*

amarant(h) ['æmᵊræn(t)θ] *n* Amarant *m*

amaretto [ˌæmə'retəʊ, AM -t̬oʊ] *n* Amaretto *m kein pl*

amaryllis [ˌæmə'rɪlɪs] *n* Amaryllis *f*

amass [ə'mæs] *vt* ■**to ~ sth** etw anhäufen; **to ~ evidence/information** Beweise/Informationen zusammentragen; **to ~ wealth** [*or* **a fortune**] ein Vermögen anhäufen

amateur ['æmətəʳ, AM -mətʃə˞] **I.** *n* ❶ (*non-professional*) Amateur(in) *m(f)*
❷ (*pej: novice*) Dilettant(in) *m(f)*
II. *adj attr, inv historian, astronomer, photographer, painter* Hobby-; (*non-professional*) *athlete, tennis player* Amateur-; ~ **career** Amateurlaufbahn *f;* ~ **dramatics** [*or* **theatrics**] Laienspiel *nt;* **to have an ~ interest in sth** sich *akk* für etw *akk* aus Liebhaberei interessieren; ~ **sports** Amateursportarten *pl*

amateurish ['æmətᵊrɪʃ, AM *also* ˌæmə'tɜ:rɪʃ] *adj* (*pej*) dilettantisch *pej*

amateurishly ['æmətᵊrɪʃli, AM *also* ˌæmə'tɜ:rɪʃli] *adv* (*pej*) dilettantisch *pej*

amateurishness ['æmətᵊrɪʃnəs, AM *also* ˌæmə'tɜ:rɪʃnəs] *n no pl* (*pej*) Dilettantismus *m pej*

amateurism ['æmətərɪzᵊm, AM mətʃə˞] *n no pl* ❶ (*non-professionalism*) Amateurstatus *m;* (*sport*) Amateursport *m*
❷ (*pej*) Amateurhaftigkeit *f,* Dilettantismus *m*

amatory ['æmətᵊri, AM -tɔ:r-] *adj* (*liter*) amourös; ~ **experience** amouröses Abenteuer

amaze [ə'meɪz] *vt* ■**to ~ sb** jdn erstaunen [*o* verblüffen]; ***it never ceases*** [*or* ***fails***] ***to ~ me that …*** es wundert mich immer wieder, dass …; ***it ~s me how you can live in such a dirty house*** wie hältst du es nur in einem so dreckigen Haus aus?; ***it ~s me to think that …*** ich kann kaum glauben, dass …; ■**to be ~d that …** erstaunt sein, dass …; ■**to be ~d by** [*or* **at**] **sth** über etw *akk* erstaunt [*o* verblüfft] sein

amazed [ə'meɪzd] *adj* erstaunt, verblüfft

amazement [ə'meɪzmənt] *n no pl* Erstaunen *nt,* Verwunderung *f;* **to sb's ~** zu jds Verwunderung [*o* Erstaunen]; **to shake one's head in ~** erstaunt den Kopf schütteln

amazing [ə'meɪzɪŋ] *adj* ❶ (*very surprising*) erstaunlich; ***that is going to cost an ~ amount of money*** das wird unglaublich teuer werden; ***it's ~ to think that …*** man kann sich kaum vorstellen, dass …; **to be truly ~** wirklich erstaunlich sein
❷ (*fam: excellent*) toll *fam;* ***he mixes the most ~ drinks*** er mixt die tollsten Drinks *fam;* ***you're ~*** du bist unglaublich

amazingly [ə'meɪzɪŋli] *adv* erstaunlich, unglaublich; ***now that was an ~ good idea!*** das war aber eine außergewöhnlich gute Idee!; ~ **enough** erstaunlicherweise, überraschenderweise

Amazon ['æməzᵊn, AM -zɑ:n] *n* ❶ (*female warrior*) Amazone *f*
❷ (*in South America*) ■**the** [**River**] ~ der Amazonas
❸ (*hum, often pej*) Mannweib *nt pej*

Amazonian [ˌæmə'zəʊniən, AM -zoʊ-] *adj* ❶ *inv* Amazonas-; ~ **rain forest** Regenwald *m* am Amazonas
❷ (*hum*) amazonenhaft

ambassador [æm'bæsədəʳ, AM -ə˞] *n* ❶ (*of a country*) Botschafter(in) *m(f)* (**to** in +*dat*); **to appoint/name/recall an ~** einen Botschafter ernennen/nominieren/abberufen
❷ (*authorized messenger*) Gesandte(r) *f(m)*

ambassadorial [æmˌbæsə'dɔ:riəl] *adj* Botschafts-, Botschafter-, eines Botschafters; ~ **duties** Aufgaben *fpl* eines Botschafters; ~ **level** Botschafterebene *f;* ~ **secretary** Botschaftssekretär(in) *m(f)*

ambassadress <*pl* -es> [æm'bæsədrəs] *n* (*dated*) ❶ (*female ambassador*) Botschafterin *f*
❷ (*wife of ambassador*) Gattin *f* eines Botschafters
❸ (*messenger or representative*) Gesandte *f*

amber ['æmbəʳ, AM -ə˞] **I.** *n* ❶ *no pl* (*fossil*) Bernstein *m;* **preserved in ~** in Bernstein eingeschlossen
❷ *no pl* (*colour*) Bernsteingelb *nt;* BRIT (*traffic light*) Gelb *nt;* ***the lights turned to ~*** die Ampel schaltete auf Gelb
II. *n modifier* (*necklace*) Bernstein-
III. *adj* bernsteinfarben

amber nectar *n* BRIT, AUS (*hum*) flüssiges Brot *hum*

ambidextrous [ˌæmbɪ'dekstrəs] *adj* ❶ (*in hands*) beidhändig [gleich geschickt]
❷ (*skilful*) ungewöhnlich geschickt
❸ (*insincere*) doppelzüngig
❹ (*sl: bisexual*) bi *fam*

ambience ['æmbiən(t)s, AM *also* ˌɑ:mbɪ'ɑ:n(t)s] *n no pl* Ambiente *nt,* Atmosphäre *f*

ambient ['æmbiənt] **I.** *adj attr* (*form*) umgebend; ~ **sound** Nebengeräusch *nt;* ~ **temperature** Außentemperatur *f,* Umgebungstemperatur *f*
II. *n* (*techno style*) Ambiente *nt*

ambiguity [ˌæmbɪ'gju:əti, AM -bə'gju:ət̬i] *n* ❶ *no pl* (*manner*) Zweideutigkeit *f,* Doppeldeutigkeit *f,* Ambiguität *f*
❷ (*instance*) Unklarheit *f*

ambiguous [æm'bɪgjʊ:əs] *adj* (*with double meaning*) zweideutig, mehrdeutig; (*unclear*) unklar; ~ **feelings** gemischte Gefühle; ~ **wording** missverständlicher Wortlaut; ~ **file name** COMPUT uneindeutiger Dateiname

ambiguously [æm'bɪgjʊ:əsli] *adv* (*with double meaning*) zweideutig; (*not clearly*) unklar; ~ **worded** missverständlich ausgedrückt; **to smile ~** vieldeutig lächeln

ambisonics [ˌæmbɪ'sɒnɪks, AM -'sɑ:n-] *n* COMPUT umgebender Schall

ambit ['æmbɪt] *n no pl* (*form*) Bereich *m;* **to fall** [*or* **come**] **within the ~ of sth** unter etw *akk* fallen, zu etw *dat* gehören; **to fall** [*or* **come**] **within the ~ of sb** in jds Zuständigkeit[sbereich] fallen

ambition [æm'bɪʃᵊn] *n* ❶ *no pl* (*wish to succeed*) Ehrgeiz *m;* **a lack of ~** mangelnder Ehrgeiz
❷ (*aim*) Ambition[en] *f*[*pl*], [angestrebtes] Ziel; ***the leaders of both parties have presidential ~s*** die Führer beider Parteien streben die Präsidentschaft an; **sb's life's ~** jds Lebenstraum; **burning ~** brennender Wunsch; **territorial ~** territoriales Ziel

ambitious [æm'bɪʃəs] *adj* ❶ (*full of ambition*) ehrgeizig; ■**to be ~ for sb** für jdn große Pläne haben; ■**to be ~ to do sth** etw unbedingt tun wollen
❷ (*showing ambition*) ehrgeizig, ambitiös; ~ **aim** hochgestecktes Ziel; ~ **project** ehrgeiziges Projekt

ambitiously [æm'bɪʃəsli] *adv* ehrgeizig

ambivalence [æm'bɪvələn(t)s] *n no pl* Ambivalenz *f geh,* Zwiespältigkeit *f*

ambivalent [æm'bɪvələnt] *adj* zwiespältig; **to be ~ about** [*or* **toward**[**s**]] **sth** zwiespältige [*o* gemischte] Gefühle gegenüber etw *dat* haben; ***I feel pretty ~ about whether …*** ich bin mir etwas unsicher, ob …; ~ **attitude** ambivalente Haltung; ~ **feelings** gemischte Gefühle

ambivalently [æm'bɪvələntli] *adv* ambivalent *geh,* zwiespältig

amble ['æmbl̩] **I.** *vi* schlendern, bummeln; **to ~ along/off** dahin-/davonschlendern
II. *n no pl* ❶ (*stroll*) Schlendern *nt;* **leisurely ~** gemächlicher Spaziergang
❷ (*of a horse*) Passgang *m*

ambrosia [æm'brəʊziə, AM -broʊʒə] *n no pl* (*liter*) Ambrosia *f geh,* Götterspeise *f;* (*fig*) Köstlichkeit *f*

ambulance ['æmbjələn(t)s] *n* Krankenwagen *m,* Rettungswagen *m,* Unfallwagen *m;* MIL Feldlazarett *nt;* **air ~** Rettungshubschrauber *m;* ~ **crew/service** Rettungsmannschaft *f*/-dienst *m;* ~ **siren** Krankenwagensirene *f*

ambulance chaser *n* AM (*pej: journalist*) Sensationsreporter(in) *m(f);* (*lawyer*) *ein Rechtsanwalt, der aus Unfällen Kapital macht, indem er die Unfallopfer als Klienten zu gewinnen versucht*

ambulance-chasing *adj journalist* sensationslüstern; **an ~ lawyer** *ein Rechtsanwalt, der aus Unfällen Kapital macht, indem er die Unfallopfer als Klienten zu gewinnen versucht*

ambulance helicopter *n* Rettungshubschrauber *m* **ambulanceman** *n* BRIT, AUS (*driver*) Krankenwagenfahrer *m;* (*attendant*) Sanitäter *m* **ambulancewoman** *n* BRIT, AUS (*driver*) Krankenwagenfahrerin *f;* (*attendant*) Sanitäterin *f*

ambulant ['æmbjələnt] *adj inv* MED ambulant; ~ **patient** gehfähiger Patient

ambulatory [ˌæmbjə'leɪtᵊri, AM 'æmbjələtɔ:ri] *adj* ambulant; ***we have an ~ medical service*** wir haben einen mobilen medizinischen Dienst; ~ **patient** ambulanter Patient

ambush ['æmbʊʃ] **I.** *vt usu passive* ■**to be ~ed** aus dem Hinterhalt überfallen werden
II. *n* ❶ (*attack*) Überfall *m* aus dem Hinterhalt; **to be caught in an ~** in einen Hinterhalt geraten
❷ *no pl* (*attack strategy*) Angreifen *nt* aus dem Hinterhalt; **to lie** [*or* **wait**] **in ~** im Hinterhalt lauern; **to lie** [*or* **wait**] **in ~ for sb** jdm auflauern

ameba <*pl* -s *or* -bae> *n esp* AM *see* **amoeba**

amebic *adj esp* AM *see* **amoebic**

ameliorate [ə'mi:liᵊreɪt, AM -liə-] *vt* (*form*) ■**to ~ sth** etw verbessern; **to ~ symptoms** Symptome lindern

amelioration [əˌmiːliəˈreɪʃən, AM -liə-] *n no pl* (*form*) Verbesserung *f*
amen [ˌɑːˈmen, ˌeɪ-] *interj* ① REL Amen
② (*expressing agreement*) ~ ***to that!*** Gott sei's gedankt!; **to say ~ to sth** (*fig*) Ja und Amen zu etw *dat* sagen
amenable [əˈmiːnəbl̩] *adj* ① (*obedient*) gehorsam; ~ **child** braves Kind; ~ **dog** folgsamer Hund
② (*teachable*) *horse, pupil* gelehrig; ■**to be ~ to sth** etw *dat* gegenüber aufgeschlossen sein
③ (*susceptible*) ■**to be ~ to sth** auf etw *akk* anschlagen; ***her kidney failure is not ~ to medical treatment*** ihr Nierenversagen lässt sich medizinisch nicht behandeln
amend [əˈmend] *vt* ■**to ~ sth** (*change*) etw [ab]ändern; (*add to*) etw ergänzen; **to ~ the constitution/data/a law** die Verfassung/Daten/ein Gesetz ändern; **to ~ one's lifestyle/behaviour** (*form*) seinen Lebenswandel/sein Verhalten ändern
amendment [əˈmen(d)mənt] *n* ① (*change*) Änderung *f;* (*addition*) Ergänzung *f;* ~ **to a bill** Abänderung *f* einer Gesetzesvorlage; ~ **to the constitution** Zusatzartikel *m* zur Verfassung; **the second/fifth ~** AM der Zweite/Fünfte Zusatzartikel [zur Verfassung]; **to take the fifth ~** wegen möglicher Selbstbezichtigung die Aussage verweigern; **constitutional ~** Verfassungsänderung *f;* **to propose/table an ~** einen Änderungsantrag stellen/einbringen
② *no pl* (*altering*) Änderung *f;* (*alteration*) Ergänzung *f*
③ (*form: improvement*) Verbesserung *f*
amendment record *n* COMPUT Änderungssatz *m*
amends [əˈmendz] *npl* **to make ~** Schadenersatz leisten; **to make ~ for sth** etw wieder gutmachen
amenity [əˈmiːnəti, AM əˈmenəṭi] *n* ① (*facilities*) ■**amenities** *pl* Freizeitzentren *pl,* Freizeiteinrichtungen *pl;* **accommodation with basic amenities** Unterkunft *f* mit einfachstem Komfort; **public amenities** öffentliche Einrichtungen
② *no pl* (*pleasantness*) **the ~ of modern civilization** die Annehmlichkeiten *fpl* der modernen Zivilisation
amenorrhea [eɪˌmen] *n no pl* AM, **amenorrhoea** [əˌmenəˈriːə] *n no pl* BRIT Amenorrhoe *f fachspr,* fehlende Menstruation
America [əˈmerɪkə] *n* Amerika *nt;* ■**the ~s** Nord-, Süd- und Mittelamerika *nt*
American [əˈmerɪkən] **I.** *adj* amerikanisch; **to be as ~ as apple pie** typisch amerikanisch sein; **the ~ dream** der amerikanische Traum; ~ **English** amerikanisches Englisch
II. *n* Amerikaner(in) *m(f)*
American Bankers' Association *n* FIN Amerikanische Bankenvereinigung **American Bar Association** *n* LAW US-Bundesanwaltskammer *f* **American Civil War** *n* ■**the ~** der amerikanische Bürgerkrieg **American depository receipt** *n* AM FIN *Zertifikat, das von US-Banken für die bei ihnen hinterlegten ausländischen Dividendenwerte ausgegeben wird* **American football** *n no pl* BRIT, AUS American Football *m* **American Indian** *n* Indianer(in) *m(f)*
Americanism [əˈmerɪkənɪzəm] *n* LING Amerikanismus *m*
Americanization [əˌmerɪkəˈnaɪzeɪʃən] *n* Amerikanisierung *f*
Americanize [əˈmerɪkənaɪz] *vt* ■**to ~ sth** etw amerikanisieren; **to become ~d** *person* Amerikaner/Amerikanerin werden
American Standard Code for Information Interchange *n* COMPUT ASCII-Code *m*
American Stock Exchange *n* FIN *zweitgrößte amerikanische Börse*
Amerindian [ˌæməˈrɪndiən] **I.** *adj inv* indianisch, Indianer-; (*Eskimo*) eskimoisch, Eskimo-; ~ **brave** Indianerkrieger *m;* ~ **languages** Indianersprachen *pl;* (*Eskimo*) Eskimosprachen *pl;* ~ **tribe** Indianerstamm *m*
II. *n* Indianer(in) *m(f);* (*Eskimo*) Eskimo *m,* Eskimofrau *f*

amethyst [ˈæməθɪst] **I.** *n* ① (*stone*) Amethyst *m*
② (*colour*) Amethyst[blau] *nt*
II. *n modifier* (*brooch, bracelet, pendant*) Amethyst-
III. *adj* amethystfarben
Amex [ˈæmeks] *n* ECON, FIN *abbrev of* **American Stock Exchange** *zweitgrößte amerikanische Börse*
amiability [ˌeɪmiəˈbɪləti, AM -ṭi] *n no pl* Freundlichkeit *f,* Liebenswürdigkeit *f*
amiable [ˈeɪmiəbl̩] *adj* freundlich, liebenswürdig
amiably [ˈeɪmiəbli] *adv* freundlich, liebenswürdig; **to be ~ disposed towards sb** jdm wohlgesinnt sein
amicable [ˈæmikəbl̩] *adj* ① (*friendly*) freundlich; ~ **manner** freundliche [*o* liebenswürdige] Art
② (*mutual*) ~ **divorce** einvernehmliche [*o* einverständliche] Scheidung; ~ **settlement** gütliche Einigung, gütlicher Vergleich
amicably [ˈæmikəbli] *adv* freundlich; **to settle sth ~** etw freundschaftlich regeln; **to settle a dispute ~** einen Streit gütlich beilegen; **to share sth ~** etw brüderlich teilen
amicus curiae [əˌmaɪkəsˈkjʊəriː] BRIT LAW juristischer Berater des Gerichts
amid(st) [əˈmɪd] *prep* ① (*surrounded by*) inmitten +*gen*
② (*together with*) inmitten +*gen*
③ (*during*) mitten in +*dat;* ~ ***the dancing, he asked her if she would marry him*** mitten beim Tanzen fragte er sie, ob sie ihn heiraten wolle
amidships [əˈmɪdʃɪps] *adv,* AM *also* **amidship** *adv inv* NAUT mittschiffs
amidst [əˈmɪdst] *prep* (*liter form*) *see* **amid(st)**
amino acid [əˌmiːnəʊˈ-, AM -noʊˈ-] *n* Aminosäure *f*
Amish [ˈɑːmɪʃ] **I.** *n* ■**the ~** die Amischen
II. *adj inv* Amisch
amiss [əˈmɪs] **I.** *adj pred* verkehrt; ***I knew that something was ~*** ich wusste, dass etwas nicht stimmte; ***we could find nothing ~*** wir konnten keinen Fehler feststellen
II. *adv* ***a word of apology would not go ~*** eine Entschuldigung könnte nicht schaden; **to take sth ~** etw übel nehmen
amity [ˈæmɪti, AM -əṭi] *n no pl* (*form*) Freundschaft *f,* Harmonie *f*
ammeter [ˈæmɪtəʳ, AM -ṭə˞] *n* Amperemeter *nt,* Strommesser *m*
ammo [ˈæməʊ, AM -oʊ] *n* (*fam*) *short for* **ammunition** Munition *f*
ammonia [əˈməʊniə, AM -moʊnjə] *n no pl* ① (*gas*) Ammoniak *nt*
② (*liquid*) Salmiakgeist *m*
ammonium [əˈməʊniəm, AM -moʊn-] **I.** *n no pl* Ammonium *nt*
II. *n modifier* Ammonium-; ~ **carbonate** Ammoniumkarbonat *nt,* Hirschhornsalz *nt;* ~ **chloride** Ammoniumchlorid *nt,* Salmiak *m;* ~ **sulphate** Ammoniumsulfat *nt,* schwefelsaures Ammonium
ammunition [ˌæmjəˈnɪʃən] *n no pl* Munition *f;* **blank ~** Platzpatronen *fpl,* Manövermunition *f;* **live ~** scharfe Munition; (*fig*) **to provide ~ for sb** [*or* **sb with ~**] jdn mit Munition versorgen *fig,* jdm Munition liefern *fig*
ammunition depot, **ammunition dump** *n* Munitionslager *nt*
amnesia [æmˈniːziə, AM -ʒə] *n no pl* Amnesie *f,* Gedächtnisschwund *m*
amnesty [æmˈnəsti] *n* Amnestie *f geh,* [allgemeiner] Straferlass; **to declare an ~** eine Amnestie erlassen *geh,* Straffreiheit gewähren
Amnesty International *n no art* Amnesty International
amniocenteses [ˌæmnɪəʊsenˈtiːsiːz, AM -oʊ-] *n* MED *pl of* **amniocentesis**
amniocentesis <*pl* -teses> [ˌæmnɪəʊsenˈtiːsɪs, AM -nɪoʊ- *pl* -siːz] *n* Amniozentese *f fachspr,* Fruchtwasseruntersuchung *f*
amniotic fluid [ˌæmnɪɒtɪkˈ-, AM -ɑːṭɪk-] *n* Fruchtwasser *nt*
amoeba <*pl* -s *or* -bae>, AM **ameba** [əˈmiːbə, *pl* -biː] *n* Amöbe *f*

amoebic, AM **amebic** [əˈmiːbɪk] *adj inv* Amöben-; ~ **dysentery** MED Amöbenruhr *f*
amok [əˈmɒk, AM əˈmʌk] *adv* **to run** [*or* **go**] ~ Amok laufen
among [əˈmʌŋ] *prep,* **amongst** [əˈmʌŋst] *prep* (*liter form*) ① (*between*) unter +*akk/dat;* ~ **friends** unter Freunden; ***talk about it ~ yourselves for a while*** besprecht es mal unter euch für eine Weile; ***they wanted to discuss it ~ themselves for a minute*** sie wollten es kurz untereinander besprechen; ***there is much anger ~ the taxpayers*** unter den Steuerzahlern gibt es viel Unmut; **to divide up/distribute sth ~ sb/sth** etw unter jdm/etw auf-/verteilen
② (*as part of*) ~ ***her talents are singing and dancing*** zu ihren Talenten zählen Singen und Tanzen; **[just] one ~ many** [nur] eine(r, s) von vielen; ***he is one ~ many unemployed actors*** er ist einer von vielen arbeitslosen Schauspielern
③ (*in midst of*) inmitten *gen*
④ (*in addition to*) ~ ***her other problems, she drinks too much*** zusätzlich zu ihren anderen Problemen trinkt sie zu viel; ~ **other things** unter anderem
amontillado [əˌmɒntɪˈlɑːdəʊ, AM əˌmɑːntəˈlɑːdoʊ] *n* Amontillado *m*
amoral [ˌeɪˈmɒrəl, AM -ˈmɑː-] *adj* amoralisch
amorality [eɪˌməˈræləti, AM -ˌmɔːrˈæləṭi] *n no pl* Amoralität *f*
amorous [ˈæmərəs] *adj* ① (*relating to desire*) amourös; ~ **advances** [erotische] Annäherungsversuche; ~ **look** verliebter Blick
② (*feeling desire*) liebeshungrig
amorously [ˈæmərəsli] *adv* verliebt
amorphous [əˈmɔːfəs, AM -mɔːr-] *adj* amorph *geh,* formlos, gestaltlos
amortizable [əˈmɔːtaɪzəbl̩, AM ˌæmɔːrˈtaɪ-] *adj* ECON (*form*) amortisierbar; ~ **assets** abschreibbare Vermögenswerte; ~ **mortgage** Tilgungshypothek *f*
amortization [əˌmɔːtɪˈzeɪʃən, AM æˌmɔːrˈṭə-] *n* ECON (*form*) Amortisation *f,* Amortisierung *f,* Abschreibung *f; of a mortgage* Tilgung *f*
amortize [əˈmɔːtaɪz, AM æˈmɔːr-] *vt* (*form*) FIN ■**to ~ sth** (*pay*) etw tilgen [*o fachspr* amortisieren]; (*write off*) etw abschreiben
amortized cost *n* Restbuchwert *m* **amortized mortgage loan** *n* FIN Hypothekendarlehen *nt* mit regelmäßiger Tilgung
amount [əˈmaʊnt] **I.** *n* ① (*quantity*) Menge *f;* ***you wouldn't believe the ~ of trouble I've had with this car*** du glaubst gar nicht, wie viel Ärger ich mit diesem Auto schon hatte; ***I had a certain ~ of difficulty finding the house*** ich hatte gewisse Schwierigkeiten, das Haus zu finden; ***the new tax caused a huge ~ of public anger*** die neue Steuer hat einen öffentlichen Aufruhr verursacht; **with varying ~s of interest** mit unterschiedlich großem Interesse
② *of land* Fläche *f*
③ FIN *of money* Betrag *m;* ***debts to the ~ of £50*** Schulden *fpl* in Höhe von 50 Pfund; **small/large ~ of money** kleiner/großer Geldbetrag; **total ~** Gesamtbetrag *m;* ~ **carried forward** Übertrag *m;* ~ **in controversy** LAW Streitwert *m;* ~ **deducted** abgezogener Betrag; ~ **owing** Forderung *f,* zu zahlender Betrag; ~ **written off** Abschreibungsbetrag *m*
II. *vi* ① (*add up to*) ■**to ~ to sth** sich *akk* auf etw *akk* belaufen; (*fig*) etw *dat* gleichkommen; ***keeping silent ~s to supporting him*** jetzt zu schweigen heißt quasi, ihn zu unterstützen
② (*be successful*) ***he'll never ~ to much*** er wird es nie zu etwas bringen
amour [əˈmʊəʳ, AM əˈmʊr] *n* ① (*lover*) Liebste(r) *f(m)*
② (*love affair*) Affäre *f*
amour propre [ˌæmʊəˈprɒprə, AM ˌɑːmʊrˈproʊprə] *n no pl* Selbstachtung *f*
amp [æmp] ① *short for* **ampere** Ampere *nt*
② MUS *short for* **amplifier** Verstärker *m*
amperage [ˈæmpərɪdʒ, AM -prɪdʒ] *n no pl* Amperezahl *f,* Stromstärke *f*
ampere [ˈæmpeəʳ, AM -pɪr] *n* (*form*) Ampere *nt*

ampersand ['æmpəsænd, AM -pɚ-] *n* kaufmännisches Und-Zeichen, Et-Zeichen *nt* (*das Zeichen ,& '*)
amphetamine [æm'fetəmi:n, AM -feţ-] *n* Amphetamin *nt*
amphibian [æm'fɪbiən] *n* ❶ (*animal*) Amphibie *f*
❷ (*vehicle*) Amphibienfahrzeug *nt*
amphibious [æm'fɪbiəs] *adj inv* ❶ *animal* amphibisch; ~ **animal** amphibisches Lebewesen
❷ AUTO (*operating on land and water*) Amphibien-; MIL amphibisch; ~ **attack** amphibischer Angriff, Angriff *m* vom Meer her; ~ **vehicle** Amphibienfahrzeug *nt*
amphitheater ['æm(p)fəˌθi:əţɚ] AM, **amphitheatre** [-fɪˌθɪətəʳ] *n* BRIT, AUS Amphitheater *nt*
amphora <*pl* -s *or* -rae> ['æm(p)fᵊrə, *pl* -ri:] *n* Amphore *f*, Amphora *f*
amphorae ['æm(p)fᵊri:] *n pl of* **amphora**
ample <-r, -st> ['æmpl̩] *adj* ❶ (*plentiful*) reichlich; (*enough*) genügend *attr;* ~ **evidence** hinreichende Beweise
❷ (*hum: large*) groß; ~ **bosom** üppiger Busen; ~ **girth** stattlicher Umfang
amplification [ˌæmplɪfɪ'keɪʃᵊn] *n no pl* ❶ (*making loud*) Verstärkung *f*
❷ (*system*) Verstärker *m*
❸ (*form: detail*) Ausschmückung *f; **my colleague's statement needs no further** ~* die Bemerkung meines Kollegen braucht nicht weiter ausgeführt werden
amplifier ['æmplɪfaɪəʳ, AM -ɚ] *n* Verstärker *m*
amplify <-ie-> ['æmplɪfaɪ] *vt* ❶ (*make louder*) **to** ~ **the volume** lauter machen; ***they have amplified the volume to a point unusual even for rock concerts*** diese Lautstärke ist sogar für ein Rockkonzert außergewöhnlich
❷ (*form: intensify*) ■**to** ~ **sth** *a phenomenon* etw vertiefen
❸ (*enlarge upon*) ■**to** ~ **sth** etw weiter ausführen [*o* ausführlicher erläutern]
amplitude ['æmplɪtju:d, AM *also* -tu:d] *n* ❶ *no pl* (*breadth*) Weite *f;* (*range*) Umfang *m*
❷ PHYS Amplitude *f fachspr,* Schwingungsweite *f*
amply ['æmpli] *adv* reichlich; ***as yesterday's discussions*** ~ ***demonstrated,...*** bei der gestrigen Diskussion wurde zur Genüge deutlich, ...; ~ **justified** vollauf gerechtfertigt
ampoule ['æmpu:l] *n* Ampulle *f*
ampulla <*pl* -lae> *n* Ampulle *f*
amputate ['æmpjəteɪt] **I.** *vt* ■**to** ~ **sth** etw amputieren
II. *vi* amputieren
amputation [ˌæmpjə'teɪʃᵊn] *n* Amputation *f*
amputee [ˌæmpjə'ti:] *n* Amputierte(r) *f(m)*
amuck *adv see* **amok**
amulet ['æmjʊlət] *n* Amulett *nt*
amuse [ə'mju:z] **I.** *vt* ■**to** ~ **sb** jdn amüsieren [*o* belustigen]; ■**to** ~ **oneself** sich *akk* amüsieren; ■**to** ~ **oneself with sth** sich *dat* mit etw *dat* die Zeit vertreiben
II. *vi* unterhalten; ***these stories were meant to*** ~ diese Geschichten waren zur Unterhaltung gedacht
amused [ə'mju:zd] *adj look, smile* amüsiert; ***I told Helena about it and she was not*** ~ ich erzählte es Helena, und sie fand das gar nicht komisch; **to keep sb** ~ jdn bei Laune halten; **to keep oneself** ~ sich *dat* die Zeit vertreiben; ■**to be** ~ **at sth** sich *akk* über etw *akk* amüsieren
amusedly [ə'mjʊ:zdli] *adv* schmunzelnd
amusement [ə'mju:zmənt] *n* ❶ *no pl* (*state*) Belustigung *f; **she smiled in** ~* sie lächelte vergnügt; ***they looked on in*** ~ ***as he searched desperately for his keys*** sie sahen belustigt zu, während er seine Schlüssel verzweifelt suchte; **[much] to his/her** ~ [sehr] zu seinem/ihrem Vergnügen; **for one's own** ~ zu seinem eigenen Vergnügen; **to be a source of** ~ Freude bereiten
❷ (*entertainment*) Belustigung *f; **what do you do for*** ~***?*** was machst du so in deiner Freizeit?
❸ BRIT (*place*) Vergnügungsstätte[n] *f[pl];* **fairground** ~**s** Rummelplatzattraktionen *fpl*

amusement arcade *n* BRIT Spielsalon *m,* Spielhalle *f* **amusement park** *n* AM, AUS Freizeitpark *m,* Vergnügungspark *m*
amusing [ə'mju:zɪŋ] *adj* amüsant, unterhaltsam; ***I don't find that very*** ~ ich finde das nicht sehr witzig!; ~ **situation** komische Situation
amusingly [ə'mju:zɪŋli] *adv* amüsant; (*funny*) komisch, lustig
an [æn, ᵊn] *art indef* ein(e) (*unbestimmter Artikel vor Vokalen oder stimmlosem h*); *see also* **a**
Anabaptist [ˌænə'bæptɪst] *n* REL Wiedertäufer(in) *m(f),* Anabaptist(in) *m(f) fachspr*
anabolic steroid [ˌænəbɒlɪk'-, AM -bɑ:l-] *n* anaboles Steroid; PHARM Anabolikum *nt*
anachronism [ə'nækrənɪzᵊm] *n* Anachronismus *m geh*
anachronistic [əˌnækrə'nɪstɪk] *adj* anachronistisch *geh*
anachronistically [əˌnækrə'nɪstɪkᵊli] *adv* anachronistisch *geh*
anaconda [ˌænə'kɒndə, AM -'kɑ:n-] *n* ZOOL Anakonda *f*
anaemia [ə'ni:miə], AM **anemia** *n no pl* Anämie *f fachspr,* Blutarmut *f;* **iron-deficiency** ~ Eisenmangelanämie *f*
anaemic [ə'ni:mɪk], AM **anemic** *adj* anämisch *fachspr,* blutarm; (*fig pej*) saft- und kraftlos *fam; performance* schwach
anaesthesia [ˌænəs'θi:ziə], AM **anesthesia** [-θi:ʒə] *n no pl* Anästhesie *f fachspr,* Betäubung *f,* Narkose *f;* **general** ~ Vollnarkose *f;* **local** ~ örtliche Betäubung; **spinal** ~ Spinalanästhesie *f;* **to induce** ~ narkotisieren
anaesthetic [ˌænəs'θetɪk], **anesthetic** [-'θeţ-] **I.** *n* Betäubungsmittel *nt,* Anästhetikum *nt fachspr;* **local** ~ (*anaesthesia*) örtliche Betäubung; (*substance*) Lokalanästhetikum *nt;* **spinal** ~ Spinalanästhetikum *nt;* **under** ~ in Narkose
II. *adj inv* betäubend
anaesthetist [ə'ni:sθətɪst], AM **anesthetist** [ə'nesθəţ-] *n* Anästhesist(in) *m(f) fachspr,* Narkosearzt, Narkoseärztin *m, f*
anaesthetize [ə'ni:sθətaɪz], AM **anesthetize** [-'nes-] *vt* ■**to** ~ **sb** jdn betäuben [*o fachspr* narkotisieren]; (*fig*) jdn lähmen; ***the shock had*** ~***d her*** sie war wie gelähmt vor Schreck
anagram ['ænəgræm] *n* LING Anagramm *nt*
anal ['eɪnᵊl] *adj inv* ❶ ANAT anal; ~ **intercourse** Analverkehr *m;* ~ **stage** PSYCH anale Phase
❷ (*fam*) hyperordentlich; ***don't be so*** ~***!*** sei nicht so pingelig! *fam;* ~**-retentive** krankhaft ordnungsbedürftig
analgesia [ˌænəl'dʒi:ziə, AM ʒə] *n no pl* MED
❶ (*medication*) Schmerztherapie *f*
❷ (*numbness*) Analgesie *f fachspr,* Analgie *f fachspr*
analgesic [ˌænəl'dʒi:zɪk] **I.** *adj* schmerzlindernd, schmerzstillend
II. *n* Analgetikum *nt fachspr,* Schmerzmittel *nt*
anally ['eɪnᵊli] *adv* ❶ ANAT anal
❷ PSYCH ~ **retentive** krankhaft ordnungsbedürftig
analog *n, adj* AM *see* **analogue**
analogic(al) [ˌænə'lɒdʒɪk(ᵊl), AM -lɑ:-] *adj* analog, entsprechend; (*parallel*) parallel
analogous [ə'næləgəs] *adj* analog (**to** zu +*dat*); (*comparable*) ■**to be** ~ **to sth** etw *dat* entsprechen
analogously [ə'næləgəsli] *adv inv* analog
analogue ['ænəlɒg], AM **analog** [-lɑ:g] **I.** *n* Analogon *nt geh,* Entsprechung *f; **the European*** ~***s of the British Parliament*** die europäischen Gegenstücke [*o geh* Pendants] zum britischen Parlament
II. *adj* analog; ~ **computer** Analogrechner *m;* ~ **read-out** Analoganzeige *f*
analogy [ə'nælədʒi] *n* (*similarity*) Analogie *f geh,* Ähnlichkeit *f;* (*comparison*) Vergleich *m; **a group was set up on the*** ~ ***of a self-supporting community*** es wurde eine Gruppe analog zu einer selbstversorgenden Gemeinschaft gebildet; **to draw an** ~ eine Parallele ziehen; ■**by** ~ [**with sth**] in Analogie [zu etw *dat*]
analyse ['ænᵊlaɪz] *vt,* AM **analyze** *vt* ■**to** ~ **sth** etw analysieren; CHEM etw untersuchen; ■**to** ~ **sb** PSYCH jdn analysieren
analysis <*pl* -ses> [ə'næləsɪs, *pl* -si:z] *n*
❶ (*examination*) Analyse *f;* (*conclusions*) Beurteilung *f; **this theory will never withstand*** [*or* ***hold up under***] ~ diese Theorie wird sich niemals halten können, wenn man sie erstmal genauer unter die Lupe nimmt; **in the final** [*or* **last**] ~ letzten Endes
❷ PSYCH [Psycho]analyse *f;* ■**to be in** ~ AM zum Psychiater gehen
❸ ECON **job/market/sales** ~ Arbeits-/Markt-/Umsatzanalyse *f*
analyst ['ænəlɪst] *n* Analytiker(in) *m(f) geh;* STOCKEX Analyst(in) *m(f) fachspr,* Börsenfachmann, Börsenfachfrau *m, f;* (*psychoanalyst*) Psychoanalytiker(in) *m(f);* **business** ~ Konjunkturanalytiker(in) *m(f);* **financial** ~ Finanzexperte, -in *m, f;* **food** ~ Lebensmittelchemiker(in) *m(f);* **investment** ~ Wertpapieranalytiker(in) *m(f);* **systems** ~ Systemanalytiker(in) *m(f)*
analytical [ˌænə'lɪtɪkᵊl] *adj* analytisch *geh;* ~ **chemistry** analytische Chemie; ~ **mind** analytischer Verstand
analytically [ˌænə'lɪtɪkᵊli, AM ţɪk] *adv* analytisch
analyze *vt* AM *see* **analyse**
analyzer ['ænəlaɪzɚ] *n* ❶ *see* **analyst**
❷ TECH Analysator *m*
anamorphic image [ˌænə'mɔ:fɪk, AM -'mɔ:r-] *n* COMPUT Verzeichnung *f*
anapaest ['ænəpest], AM **anapest** *n* LIT Anapäst *m*
anapaestic ['ænəpestɪk], AM **anapestic** *adj* LIT Anapäst-, anapästisch; ~ **metre** Versmaß *nt* des Anapästs
anapest *n* AM *see* **anapaest**
anapestic *adj* AM *see* **anapaestic**
ANAPROP *n* TV *abbrev of* **anomalous propagation** verzerrte Übertragung
anarchic(al) [æn'ɑ:kɪk(ᵊl), AM æn'ɑ:r-] *adj* anarchisch
anarchism ['ænəkɪzᵊm, AM -ɚ-] *n no pl* Anarchismus *m*
anarchist ['ænəkɪst, AM -ɚ-] **I.** *n* Anarchist(in) *m(f)*
II. *adj* anarchistisch
anarchistic [ˌænə'kɪstɪk, AM -ɚ'-] *adj* anarchistisch
anarchy ['ænəki, AM -ɚ-] *n no pl* Anarchie *f;* (*social disorder also*) Chaos *nt;* **to be in a state of** ~ sich *akk* in einem Zustand der Anarchie befinden
anastigmat [ə'næstɪgmæt] *n* PHYS anastigmatische Linse
anathema [ə'næθəmə] *n no pl* REL Anathema *nt;* (*detested thing*) Gräuel *m;* ■**to be** ~ **to sb** jdm ein Dorn im Auge sein; **to declare** [*or* **pronounce**] **sth** ~ etw verdammen
anathematize [ə'næθəmətaɪz] *vt* (*liter*) ■**to** ~ **sb**
❶ REL jdn mit dem Kirchenbann belegen, jdn anathematisieren *fachspr*
❷ (*fig: condemn*) jdn verdammen
anatomical [ˌænə'tɒmɪkᵊl, AM -tɑ:-] *adj* anatomisch; ~ **drawings/specimen** anatomische Studien/anatomisches Präparat
anatomically [ˌænə'tɒmɪkᵊli, AM 'tɑ:m] *adv inv* anatomisch
anatomist [ə'nætəmɪst, AM næţ] *n* Anatom(in) *m(f)*
anatomize [ə'nætəmaɪz, AM -'næţ-] *vt* ■**to** ~ **sth**
❶ (*examine structure*) etw im Einzelnen darlegen
❷ (*dissect*) etw sezieren
anatomy [ə'nætəmi, AM -'næţ-] *n* ❶ *no pl* (*body structure*) Anatomie *f*
❷ (*hum: body*) Körperteil *nt*
❸ *no pl* (*fig: analysis*) Analyse *f*
ANC [ˌeɪen'si:] *n no pl,* + *sing/pl vb abbrev of* **African National Congress:** ■**the** ~ der ANC
ancestor ['ænsestəʳ, AM -ɚ] *n* ❶ (*forebear*) Vorfahr[e], -in *m, f,* Ahn[e], -in *m, f geh;* ~ **worship** Ahnenkult *m*
❷ (*prototype*) Prototyp *m;* (*forerunner*) Vorläufer(in) *m(f)*
ancestral [æn'sestrᵊl] *adj attr, inv* Ahnen-, Vorfahren-; ~ **acres** Familienbesitz *m;* ~ **home** Stammsitz *m; **he returned to his*** ~ ***home*** er kehrte in das

Land seiner Väter zurück *geh;* ~ **influences** Erbeinflüsse *mpl;* ~ **rights** angestammte Rechte

ancestress <*pl* -es> ['ænsestrəs, AM sestrɪs] *n* Ahnin *f*, Vorfahrin *f*

ancestry ['ænsestri] *n* Abstammung *f; **she is of Polish/royal*** ~ sie ist polnischer/königlicher Abstammung

anchor ['æŋkəʳ, AM -kɚ] **I.** *n* ❶ NAUT Anker *m;* **to be** [*or* **lie**] [*or* **ride**] **at** ~ vor Anker liegen; **to drop** ~ Anker werfen, vor Anker gehen; **to weigh** ~ den Anker lichten
❷ (*fig: linchpin*) [Rettungs]anker *m; **she was my** ~ **when things were difficult for me*** sie war mein Halt, als ich in Schwierigkeiten war
II. *vt* ❶ NAUT **to** ~ **a boat/ship** ein Boot/Schiff verankern
❷ (*also fig: fix*) ■**to** ~ **sth** etw verankern
❸ *esp* AM **to** ~ **a radio program/show** eine Radiosendung/eine Show moderieren
III. *vi* vor Anker gehen; (*alongside a quay*) anlegen

anchorage ['æŋkᵊrɪdʒ] *n* Ankerplatz *m;* (*fig*) Halt *m kein pl;* (*attachment point*) Verankerung *f;* **to find safe** ~ **with sb** (*fig*) bei jdm festen Halt finden

anchor cell *n* COMPUT Ankerzelle *f*

anchorite ['æŋkᵊraɪt] *n* (*hist*) Anachoret *m hist*, Klausner *m*

anchorman *n* Moderator *m* **anchorperson** *n* Moderator(in) *m(f)* **anchorwoman** *n* Moderatorin *f*

anchovy ['æntʃəvi, AM -oʊvi] *n* An[s]chovis *f fachspr,* Sardelle *f;* ~ **butter** Sardellenbutter *f;* ~ **paste** An[s]chovispaste *f*

ancien régime <*pl* anciens régimes> ['ɑ̃(nt)siænreɪ'ʒiːm, AM ˌɑːn(t)-] *n* alte Werte *mpl*

ancient ['eɪn(t)ʃᵊnt] **I.** *adj* ❶ (*of long ago*) alt; **since** ~ **times** von alters her *geh;* (*fig fam: very old*) antik *hum*, uralt
❷ (*of antiquity*) antik; ~ **history** Alte Geschichte; ~ **Rome** das antike [*o* alte] Rom; **in** ~ **times** in der Antike, im Altertum; **the** ~ **world** die [Welt der] Antike
▶ PHRASES: **to be** ~ <u>**history**</u> (*hum*) ein alter Hut sein *fam*
II. *n* ❶ (*people*) ■**the** ~**s** *pl* die Alten *pl* (*die alten Römer und Griechen*)
❷ (*hum: very old person*) Alte(r) *f(m)*, Greis(in) *m(f)*

ancient lights *npl* BRIT LAW Lichtrecht *nt*

anciently ['eɪnʃᵊntli] *adv* altertümlich

ancillary [æn'sɪlᵊri, AM 'æntsəleri] *adj* ❶ (*additional*) zusätzlich; (*of secondary importance*) zweitrangig; ■**to be** ~ **to sth** im Vergleich zu etw *dat* [nur] an zweiter Stelle stehen
❷ *attr, inv* (*duties, equipment*) Zusatz-; ~ **industries** Zulieferindustrien *fpl;* ~ **roads/role** Nebenstraßen *fpl*/-rolle *f;* ~ **staff/workers** Hilfspersonal *nt*/-kräfte *fpl*

and [ænd, ənd] *conj* ❶ (*in linkage with*) und; ***John, Mary*** ~ ***also their two kids*** John, Mary sowie die beiden Kinder; **both ...** ~ **...** ***both John*** ~ ***Annie agreed*** John und Annie waren beide einverstanden; ***she likes both vegetarian*** ~ ***meat-filled foods*** sie mag vegetarische Gerichte ebenso gern wie Fleischgerichte
❷ MATH ***6*** ~ ***5 is 11*** 6 und [*o* plus] 5 ist 11; (*within numbers*) ***I have hundred*** ~ ***fifty-two dollars*** ich habe hundert[und]zweiundfünfzig Dollar
❸ (*then*) und [dann]; ***let's go into town*** ~ ***have dinner out*** gehen wir doch in die Stadt etwas essen!; ***he sat down in the bathtub*** ~ ***the phone began to ring*** er hatte sich gerade in die Badewanne gesetzt, als das Telefon zu klingeln anfing; **...** ~ **then ...** ...[,] und dann ...; ***I got dressed and then had my breakfast*** ich zog mich an, und anschließend habe ich gefrühstückt
❹ (*in order to*) ***go*** ~ ***ask that man if he knows the time*** frag [doch] den Mann da nach der Uhrzeit; ***I asked him to go*** ~ ***find my glasses*** ich bat ihn, meine Brille zu suchen; ***let's wait*** ~ ***see what she says*** warten wir mal ab, was sie sagt; ***come*** ~ ***give me that gun*** komm, gib mir das Gewehr!; ***come*** ~ ***see me tomorrow*** komm mich morgen besuchen!; ***try*** ~ ***think of where you may have left the keys*** versuche dich zu erinnern, wo du die Schlüssel gelassen haben könntest!
❺ (*to emphasize*) ***I'll tell you when I'm good*** ~ ***ready*** ich sag's dir, wenn ich soweit bin; ***that tea is nice*** ~ ***hot*** dieser Tee ist [so richtig] schön heiß
❻ (*in repetition*) ■**...** ~ **...** immer ...; ***more*** ~ ***more money*** immer mehr Geld; ***they drove faster*** ~ ***faster*** sie fuhren immer schneller; ***he talked*** ~ ***talked*** er redete andauernd; ***we laughed*** ~ ***laughed*** wir haben nur gelacht; ***we walked for miles*** ~ ***miles*** wir sind meilenweit gelaufen; **for hours** ~ **hours** stundenlang; **time** ~ **time again** immer wieder, andauernd
▶ PHRASES: ~ <u>**all**</u> (*everything else*) mit allem Drum und Dran; (*sl: for emphasis*) ***I was so mad*** ~ ***all that I ...*** ich war dermaßen wütend, dass ich ... *fam; **they were a great team*** ~ ***all*** sie waren ein echt tolles Team *sl;* ~ <u>**all**</u> **that** (*related things*) und dergleichen; ~ <u>**how**</u> (*yes, definitely*) und wie! *fam;* ~ **so** <u>**on**</u> [*or* <u>**forth**</u>] [*or* ~ **so** <u>**on**</u> ~ **so** <u>**forth**</u>] und so weiter [und so fort]

Andean [æn'diːən] *adj inv* Anden-, andin

Andes ['ændiːz] *npl* ■**the** ~ die Anden *pl*

AND gate *n* COMPUT UND-Gatter *nt*

andiron ['ændaɪən, AM -daɪɚn] *n* Feuerbock *m*, Kaminbock *m*

Andorran [æn'dɔːrən] **I.** *adj inv* andorranisch
II. *n* Andorraner(in) *m(f)*

androgyne ['ændrə(ʊ)dʒaɪn, AM -droʊ-] *n* androgyner Mensch, Zwitter *m*

androgynous [æn'drɒdʒɪnəs, AM -'drɑːdʒᵊn-] *adj* ❶ (*sexually ambiguous*) androgyn
❷ (*hermaphroditic*) zweigeschlechtig, zwittrig

androgyny [æn'drɒdʒɪni, AM -'drɑːdʒᵊn-] *n no pl* ❶ (*dual sexuality*) Androgynie *f*
❷ BIOL Hermaphroditismus *m fachspr,* Zweigeschlechtigkeit *f*, Zwittrigkeit *f*

android ['ændrɔɪd] *n* Androide *m*

anecdotal [ænɪk'dəʊtᵊl, AM -'doʊt̬ᵊl] *adj* anekdotisch, anekdotenhaft

anecdote ['ænɪkdəʊt, AM -doʊt] *n* Anekdote *f*

anechoic [ˌænɪ'kəʊɪk, AM -ə'koʊ-] *adj* COMPUT schalltot, echofrei

anemia *n* AM *see* **anaemia**

anemic *adj* AM *see* **anaemic**

anemone [ə'neməni] *n* Anemone *f*, Buschwindröschen *nt*

anesthesia *n* AM *see* **anaesthesia**

anesthetic *n* AM *see* **anaesthetic**

anesthetist *n* AM *see* **anaesthetist**

anesthetize *vt* AM *see* **anaesthetize**

anew [ə'njuː, AM -'nuː] *adv inv* (*form*) noch einmal, von neuem, aufs Neue; **to begin** ~ einen neuen Anfang machen

angel ['eɪndʒᵊl] *n* ❶ (*spiritual being*) Engel *m;* ~ **of death** Todesengel *m;* **guardian** ~ Schutzengel *m;* **fallen** ~ gefallener Engel
❷ (*person*) Engel *m; **be an*** ~ ***and help me with this*** sei so lieb und hilf mir dabei; ~ **of mercy** rettender Engel; **a ministering** ~ ein barmherziger Engel; **to be no** ~ nicht gerade ein Engel sein *fam*
❸ (*sponsor*) [edler] Spender/[edle] Spenderin; (*financial backer*) Geldgeber(in) *m(f)*
▶ PHRASES: <u>**fools**</u> **rush in where** ~**s fear to tread** (*prov*) törichte Leute mischen sich in Dinge ein, an die sich Klügere nicht heranwagen; **to be on the** <u>**side**</u> **of the** ~**s** sich *akk* tugendhaft verhalten

angel cake *n* BRIT, **angel food cake** *n* AM ≈ Biskuitkuchen *m* (*Kuchen ohne Eigelb und Butter*)

angelfish <*pl* – *or* -es> ['eɪndʒᵊlfɪʃ] *n* Meerengel *m*, Engelhai *m*

angelic [æn'dʒelɪk] *adj* engelhaft; **an** ~ **voice** eine Stimme wie ein Engel; **to have an** ~ **face** ein Engelsgesicht haben

angelica [æn'dʒelɪkə] *n no pl* Angelika *f*, Brustwurz *f*, Engelwurz *f*

angelically [æn'dʒelɪkᵊli] *adv* engelgleich *geh,* wie ein Engel

angelus *n* ❶ (*ringing of bells*) Angelusläuten *nt*
❷ *usu sing* (*Roman Catholic devotion*) Angelus *m*

anger ['æŋgəʳ, AM -ɚ] **I.** *n no pl* Ärger *m* (**at/over** über +*akk*); (*fury*) Wut *f* (**at/over** auf +*akk*); (*wrath*) Zorn *m;* **to contain** [*or* **restrain**] [*or* **suppress**] **one's** ~ seinen Ärger unterdrücken; (*fury*) seine Wut zügeln; (*wrath*) seinen Zorn im Zaum halten; **to feel** ~ **towards sb** auf jdn wütend sein; (*filled with wrath*) einen Groll gegen jdn hegen; **to show** ~ **at sth** über etw *akk* wütend sein
II. *vt* ■**to** ~ **sb** jdn ärgern; (*more violently*) jdn wütend machen; ■**to be** ~**ed by sth** sich *akk* über etw *akk* ärgern; (*more violently*) über etw *akk* wütend sein

anger management *n* Zornbewältigung *f*

anger-management ['æŋgəˌmænɪdʒmənt, AM -gɚ-] *n modifier* (*class, seminar, problem*) Zornbewältigungs-

angina *n*, **angina pectoris** [æn'dʒaɪnə'pektərɪs] *n* MED Angina pectoris *f*

angioplasty ['ændʒiə(ʊ)plæsti, AM dʒiə-] *n* MED Angioplastik *f fachspr,* Gefäßplastik *f*

angle ['æŋgl] **I.** *n* ❶ (*between two lines*) Winkel *m; **the picture was hanging at an*** ~ das Bild hing schief; ***he wore his hat at a jaunty*** ~ er trug den Hut keck über dem Ohr; **interior** ~ Innenwinkel *m;* **right** ~ rechter Winkel; **at an** ~ **of 20°** in einem Winkel von 20°, in einem 20°-Winkel
❷ (*perspective*) Blickwinkel *m*, Perspektive *f; **what is the best news*** ~ ***for this story?*** wie zieht man diese Story am besten auf?; ***I realized I was looking at it from the wrong*** ~ ich stellte fest, dass ich es von der falschen Seite betrachtete; **to consider sth from all** ~**s** etw von allen Seiten betrachten; (*opinion*) Standpunkt *m; **what's your*** ~ ***on this issue?*** wie stehst du zu diesem Problem?
II. *vt* ❶ (*fig: slant*) ■**to** ~ **sth** *story, article* etw färben *fig*
❷ (*fig: direct*) ■**to** ~ **sth at sb/sth** etw auf jdn/etw ausrichten; ***the comic is*** ~***d at 8- to 12-year-olds*** Zielgruppe des Comics sind Acht- bis Zwölfjährige

◆**angle for** *vi* ■**to** ~ **for sth** ❶ (*old: fish*) etw angeln
❷ (*pej: be after*) auf etw *akk* aus sein

angled ['æŋgld] **I.** *adj* ❶ (*positioned*) ■**to be** ~ **to sth** [winkelförmig] auf etw *akk* ausgerichtet sein; ~ **shot** FBALL Flanke *f;* TENNIS Cross *m*
❷ (*fig: slanted*) tendenziös *pej,* gefärbt
II. *in compounds* -winklig; **acute-/obtuse-**~ spitz-/stumpfwinklig; **right-**~ **triangle** rechtwinkliges Dreieck

anglepoise® ['æŋglpɔɪz] *n*, **anglepoise lamp®** *n* BRIT Gelenkleuchte *f*, Gelenklampe *f*, Architektenlampe *f*

angler ['æŋgləʳ, AM -glɚ] *n* Angler(in) *m(f)*

Anglican ['æŋglɪkən] **I.** *adj* anglikanisch; ~ **Church** anglikanische Kirche
II. *n* Anglikaner(in) *m(f)*

Anglicanism ['æŋglɪkənɪzᵊm] *n no pl* Anglikanismus *m*

anglicism ['æŋglɪsɪzᵊm] *n* Anglizismus *m*

anglicist ['æŋglɪsɪst] *n* Anglist(in) *m(f)*

anglicize ['æŋglɪsaɪz] *vt* ■**to** ~ **sth** etw anglisieren

angling ['æŋglɪŋ] *n no pl* (*form*) Angeln *nt*

Anglo ['æŋgləʊ, AM -gloʊ] **I.** *n* ❶ AM Angloamerikaner(in) *m(f)*
❷ CAN Anglokanadier(in) *m(f)*
❸ BRIT SPORTS (*fam*) *jd, der für einen englischen Verein spielt, aber für die schottische, walisische oder nordirische Nationalmannschaft ausgewählt wurde*
II. *adj* englisch, Anglo-

Anglo-American **I.** *n* Angloamerikaner(in) *m(f)* **II.** *adj* angloamerikanisch **Anglo-Catholic** **I.** *n* Anglokatholik(in) *m(f)* **II.** *adj* anglokatholisch **Anglo-German** [ˌæŋgləʊ'dʒɜːmən, AM gloʊ'dʒɜːr-mən] *adj inv* britisch-deutsch **Anglo-Indian** **I.** *n* ❶ (*of ancestry*) Anglo-Inder(in) *m(f)* ❷ (*dated: British person*) *in Indien geborene(r) o lebende(r) Engländer/Engländerin* **II.** *adj* angloindisch **Anglo-Irish** [ˌæŋgləʊ'aɪərɪʃ, AM gloʊ'aɪrɪʃ] **I.** *adj inv* angloirisch; ~ **Agreement** Abkommen *nt* zwischen Großbritannien und der Republik Irland **II.** *n* ■**the**

~ *pl* Menschen *mpl* angloirischer Abstammung

anglophile ['æŋglə(ʊ)faɪl, AM -glə-] **I.** *n* Englandliebhaber(in) *m(f)*, Anglophile(r) *f(m)*; **to be an ~** anglophil sein
II. *adj* anglophil

anglophobe ['æŋglə(ʊ)fəʊb, AM -gləfoʊb] **I.** *n* Englandhasser(in) *m(f)*
II. *adj* anglophob, englandfeindlich

anglophobia ['æŋglə(ʊ)fəʊbiə, AM -gləfoʊ-] *n no pl* Anglophobie *f*

anglophone ['æŋglə(ʊ)fəʊn, AM -gləfoʊn] *esp* CAN **I.** *n* englischsprachige Person
II. *adj* englischsprachig

Anglo-Saxon I. *n* ❶ (*hist: of English descent also*) Angelsachse, Angelsächsin *m, f*
❷ (*language*) Angelsächsisch *nt*
II. *adj* ❶ (*hist: of English descent also*) angelsächsisch
❷ AM (*of English heritage*) **White ~ Protestant** weißer angelsächsischer Protestant

Angolan [æŋ'gəʊlən, AM 'goʊ] **I.** *adj inv* angolanisch
II. *n* Angolaner(in) *m(f)*

angora [æŋ'gɔːrə] **I.** *n no pl* Angorawolle *f*; (*mohair*) Mohär *m*
II. *n modifier* (*cat, goat, rabbit, sweater*) Angora-

Angostura bitters® [,æŋgə'stjʊərə-, AM -stʊrə-] *npl* Angostura® *m*, Angosturabitter *m*

angrily ['æŋgrɪli] *adv* verärgert; (*furious*) zornig; (*enraged*) wütend

angry ['æŋgri] *adj* ❶ (*annoyed*) verärgert; (*stronger*) zornig; (*enraged*) wütend; ***don't worry, I'm not ~*** keine Sorge, ich bin dir nicht böse; **~ young man** LIT, THEAT (*dated*) Rebell *m*, Angry young man *m geh*; **to make sb ~** jdn verärgern; (*stronger*) jdn wütend machen; ■**to be ~ about** [*or* **at**] **sth** sich *akk* über etw *akk* ärgern; ■**to be ~ with** [*or* **at**] **sb/oneself** sich *akk* über jdn/sich selbst ärgern
❷ (*showing anger*) zornig, erzürnt *geh*; **~ crowd** aufgebrachte Menge; **to exchange ~ words** einen heftigen Wortwechsel haben
❸ (*stormy*) stürmisch; **~ clouds** bedrohliche Wolken; **~ sky** finsterer Himmel
❹ MED entzündet; ***on her leg was an ~ sore*** sie hatte eine böse Wunde an ihrem Bein

angst [æŋ(k)st] *n no pl* [neurotische] Angst; PHILOS [Existenz]angst *f*

angstrom ['æŋ(k)strəm] *n* PHYS Ångström *nt*

anguish ['æŋgwɪʃ] *n no pl* Qual *f*; (*pain*) Schmerz *m*; ■**to be in ~** Qualen leiden; **to cause sb ~** jdm Leid zufügen

anguished ['æŋgwɪʃt] *adj* qualvoll; (*worried*) sorgenvoll; **~ cry** schmerzerfüllter Schrei

angular ['æŋgjʊləʳ, AM -lɚ] *adj features, face* kantig; (*bony*) knochig

angularity [,æŋgjʊ'lærəti, AM -'lerəṱi] *n no pl of face, features* Kantigkeit *f*; *of body* Knochigkeit *f*

anhydrous [æn'haɪdrəs] *adj* anhydrisch *fachspr*, wasserfrei

ANI *n* TELEC *abbrev of* **automatic number identification** ANI

animal ['ænɪməl] **I.** *n* ❶ (*creature*) Tier *nt*; **farm ~** Nutztier *nt*; **domestic ~** Haustier *nt*
❷ (*fig: crude person*) Tier *nt*
▶ PHRASES: **to be <u>different</u> ~s** zwei Paar Schuhe sein; **to be a <u>political</u> ~** ein politisch engagierter Mensch sein, ein Zoon politikon *nt* sein *geh*; **to be that <u>rare</u> ~: ...** zu der seltenen Spezies ... gehören; ***she's that rare animal: an enormously successful and yet modest person*** sie gehört zu der seltenen Spezies von Menschen, die sowohl unglaublich erfolgreich und dennoch bescheiden sind; **there's** [*or sl* **there ain't**] **no <u>such</u> ~** so etwas gibt es nicht, so was gibt's nicht *fam*
II. *n modifier* ❶ *doctor* Tier-; **~ droppings** Tierkot *m geh*, [Tier]mist *m*; **~ fat** tierisches Fett, tierische Fette *ntpl*; **~ instincts** animalische Instinkte; **~ trainer** Dompteur, Dompteuse *m, f*; **~ welfare** ≈ Tierschutz *m*
❷ (*strong*) **~ attraction** [*or* **magnetism**] animalische Anziehungskraft; **~ spirits** Lebensgeister *mpl*, Vitalität *f*

animal husbandry *n no pl* Viehzucht *f*

animalistic [,ænɪməl'ɪstɪk, AM -mə'lɪs-] *adj* (*pej*) tierisch *pej*, animalisch; (*instinctive*) triebhaft; **~ urge** animalischer Trieb

animality [,ænɪ'mæləti] *n no pl* Animalität *f*

animal kingdom *n no pl* ■**the ~** das Tierreich

animal rights *npl das Recht der Tiere auf Leben und artgerechte Haltung*; **~ activist** Tierschützer(in) *m(f)*

animate I. *adj* ['ænɪmət] *inv* lebend *attr*, belebt
II. *vt* ['ænɪmeɪt] (*fig*) ■**to ~ sth** etw beleben

animated ['ænɪmeɪtɪd, AM -ṱɪd] *adj* ❶ (*lively*) *discussion* lebhaft; **to have an ~ conversation** sich *akk* angeregt unterhalten
❷ FILM **~ cartoon** [*or* **film**] [Zeichen]trickfilm *m*, Animationsfilm *m*

animatedly ['ænɪmeɪtɪdli, AM -ṱɪdli] *adv* lebhaft; **to debate ~** sich *akk* angeregt unterhalten

animateur [,ænɪmə'tɜːʳ, AM -tɜːr] *n* BRIT ❶ (*promoter*) Animateur(in) *m(f)*
❷ (*teacher*) Lehrer(in) *m(f)* für künstlerische Darstellungsformen

animatics [ænɪ'mætɪks] *n + sing vb* Computeranimation *f*

animation [ænɪ'meɪʃən] *n* ❶ *no pl* (*energy*) Lebhaftigkeit *f*
❷ FILM Animation *f*; **computer ~** Computeranimation *f*

animator ['ænɪmeɪtəʳ, AM -ṱɚ] *n* Trickfilmzeichner(in) *m(f)*

animatronic [ænɪmə'trɒnɪk, AM 'trɑːnɪk] *adj* computeranimiert

animatronically [ænɪmə'trɒnɪkli, AM 'trɑːnɪk-] *adv* wie ein Roboter

animatronics [,ænɪmə'trɒnɪks, AM 'trɑː] *n + sing vb* Tricks *mpl*; **~ technology** Tricktechnik *f*

animism ['ænɪmɪzəm] *n no pl* REL Animismus *m*

animist ['ænɪmɪst] *n* REL Animist(in) *m(f)*

animosity [,ænɪ'mɒsəti, AM -mɑːsəṱi] *n* ❶ *no pl* (*feeling*) Feindseligkeit *f* (**towards** gegenüber +*dat*); **to bear ~ towards sb** feindselige Gefühle gegen jdn hegen
❷ (*act*) feindselige Äußerung, Feindseligkeit *f*

animus ['ænɪməs] *n no pl* ❶ (*hostility*) Feindseligkeit *f*; ■**~ against sb/sth** Abneigung *f* gegen jdn/etw
❷ (*motivation*) Wille *m*

animus cancellandi *n* LAW Kündigungsabsicht *f*, Stornierungsabsicht *f* **animus furandi** *n* LAW Diebstahlsvorsatz *m* **animus revocandi** *n* LAW Widerrufsabsicht *f*

anise ['ænɪs, AM æn'iːs] *n no pl* Anis *m*

aniseed [ænɪsiːd] *n no pl* ❶ (*seed*) Anissamen *m*
❷ (*flavouring*) Anis *m*

ankle ['æŋkl̩] *n* [Fuß]knöchel *m*; **to sprain** [*or* **twist**] **one's ~** sich *dat* den Knöchel [*o fam* Fuß] verstauchen

ankle-biter *n esp* AM, AUS (*hum*) Krabbelkind *nt fam*, Balg *m o nt meist pej fam* **ankle bone** *n* Sprungbein *nt* **ankle boots** *npl* Halbstiefel *mpl* **ankle-deep** *adj inv* knöcheltief, bis zu den Knöcheln; ***during the revolution, the streets were ~ in blood*** während der Revolution watete man auf den Straßen in Blut **ankle sock** *n* BRIT Söckchen *nt* **ankle strap** *n* Schuhriemen *m*

anklet ['æŋklət] *n* ❶ (*chain*) Fußkettchen *nt*
❷ AM (*sock*) Söckchen *nt*

annalist ['ænəlɪst] *n* Chronist(in) *m(f)*

annals ['ænəlz] *npl* Annalen *pl*; **in the ~ of mankind** in der Geschichte der Menschheit; **to go down in the ~ of history** in die Annalen der Geschichte eingehen *geh*

anneal [ə'niːl] *vt* ■**to ~ sth** *metal* etw ausglühen; **to ~ glass** Glas kühlen

annex ['æneks] **I.** *vt* **to ~ a territory** ein Gebiet *nt* annektieren, sich *dat* ein Gebiet einverleiben
II. *n* <*pl* -es> AM *see* **annexe**

annexation [,ænek'seɪʃən] *n* Annektierung *f*, Annexion *f*

annexe ['æneks], AM **annex** *n of a building* Nebengebäude *nt*; (*extended part*) Anbau *m*; (*pej fig*) Anhängsel *nt*

annihilate [ə'naɪleɪt, AM -əleɪt] *vt* ■**to ~ sth** etw vernichten [*o* [völlig] zerstören]; **to ~ a disease** eine Krankheit ausrotten; ■**to ~ sb** (*fig*) jdn vernichtend schlagen

annihilation [ə,naɪɪ'leɪʃən, AM -ə'-] *n* Vernichtung *f*; (*fig*) vernichtende Niederlage

anniversary [ænɪ'vɜːsəri, AM -'vɜːr-] *n* ❶ (*date*) Jubiläum *nt*, Jahrestag *m*; (*of a death*) Todestag *m*; ***tomorrow is the thirtieth ~ of the revolution*** morgen jährt sich die Revolution zum dreißigsten Mal; **wedding ~** Hochzeitstag *m*; **to celebrate one's golden/silver ~** goldene Hochzeit/Silberhochzeit feiern
❷ (*celebration*) Jubiläumsfeier *f*, Jahresfeier *f*; **~ party** Jubiläumsparty *f*

Anno Domini [,ænəʊ'dɒmɪnaɪ, AM oʊ'dɑːməniː] *see* **AD**

annotate ['ænə(ʊ)teɪt, AM -əteɪt] *vt* ■**to ~ sth** etw kommentieren [*o* mit Anmerkungen versehen]; **~d edition/text** kommentierte Ausgabe/kommentierter Text

annotation [,ænə(ʊ)'teɪʃən, AM -nə'-] *n* ❶ *no pl* (*act*) Kommentierung *f*
❷ (*note*) Kommentar *m*; (*footnote*) Anmerkung *f*

annotator ['ænə(ʊ)teɪtəʳ, AM -əteɪṱɚ] *n* Kommentator(in) *m(f)*

announce [ə'naʊn(t)s] *vt* ■**to ~ sth** [**to sb**] [jdm] etw bekannt geben; **to ~ a result** ein Ergebnis verkünden; ■**to ~ that ...** bekannt geben, dass ...

announcement [ə'naʊn(t)smənt] *n* Bekanntmachung *f*, Mitteilung *f*; (*on train, at airport*) Durchsage *f*; (*on radio*) Ansage *f*; (*in newspaper*) Anzeige *f*; **to make an ~ to sb about sth** jdm etw mitteilen

announcer [ə'naʊn(t)səʳ, AM -sɚ] *n* [Radio-/Fernseh]sprecher(in) *m(f)*, Ansager(in) *m(f) veraltend*; **sports ~** AM (*commentator*) Kommentator(in) *m(f)*

annoy [ə'nɔɪ] *vt* ■**to ~ sb** jdn ärgern [*o* aufregen]; (*get on nerves*) jdn nerven *fam*; ***sorry, am I ~ing you?*** Entschuldigung, störe ich Sie?; ***it really ~s me when ...*** es regt mich echt auf, wenn ... *fam*

annoyance [ə'nɔɪən(t)s] *n* ❶ *no pl* (*anger*) Ärger *m*; (*weaker*) Verärgerung *f*; **to hide one's ~** seinen Ärger verbergen; **much to his/her ~** sehr zu seinem/ihrem Ärger
❷ (*pest*) Ärgernis *nt*

annoyed [ə'nɔɪd] *adj* verärgert; ***don't get so ~*** lass dich dadurch nicht ärgern; ■**to be ~ at** [*or* **with**] **sb/sth** über jdn/etw verärgert sein; **to be ~ to discover/hear/see that ...** etw mit Verärgerung entdecken/hören/sehen, dass ...

annoying [ə'nɔɪɪŋ] *adj* ärgerlich; ***the ~ thing about it is that ...*** was mich daran ärgert [*o* das Ärgerliche an der Sache] ist, dass ...; **~ habit** lästige Angewohnheit

annoyingly [ə'nɔɪɪŋli] *adv* ❶ (*irritatingly*) störend; ***she's so ~ sure of herself*** ihr Selbstbewusstsein geht mir so was von auf die Nerven *fam*
❷ (*to one's annoyance*) **~** [**enough**] ärgerlicherweise

annual ['ænjuəl] **I.** *adj inv* jährlich; (*for particular year*) Jahres-; **~ accounts** Jahresabschluss *m*; **~ check-up** jährliche Routineuntersuchung; **~ event** alljährliches [*o* alljährlich stattfindendes] Ereignis; **~ growth** Jahreswachstum *nt*; **~ income** Jahreseinkommen *nt*; **~ migration** alljährliche Migration; **~ rainfall** Niederschlagsmenge *f* pro Jahr; **~ report** Jahresbericht *m*; **~ sales** Jahresumsatz *m*
II. *n* ❶ (*publication*) Jahrbuch *nt*
❷ (*plant*) einjährige Pflanze

annual financial statement *n* Jahresabschluss *m* **annual general meeting** *n* BRIT, AUS Jahreshauptversammlung *f*

annualized ['ænjuəlaɪzd, AM -əlaɪzd] *adj* auf das Jahr umgerechnet

annualized percentage rate *n* Effektivzins *m*

annually ['ænjuəli] *adv inv* [all]jährlich

annual meeting *n* AM Jahresversammlung *f* **annual percentage rate** *n* FIN effektiver Jahreszins **annual return** *n* BRIT ECON *Jahresausweis* *einer britischen Aktiengesellschaft*

annuitant [ə'nju:ətᵊnt, AM *esp* -'nu:-] *n* FIN Rentenempfänger(in) *m(f)*, Empfänger(in) *m(f)* einer Jahresrente

annuity [ə'nju:əti, AM -nu:əṭi] *n* ① (*sum of money*) Jahreszahlung *f*
② (*contract*) Jahresrente *f*, lebenslange Rente; **reversionary ~** Überlebensrente *f*; **~ policy** Rentenversicherungspolice *f*; **to take out** [*or* **buy**] **an ~** eine Rentenversicherung abschließen

annuity for life *n* FIN Leibrente *f*

annul <-ll-> [ə'nʌl] *vt* ■**to ~ sth** etw annullieren; **to ~ a contract** einen Vertrag auflösen; **to ~ a judgement** ein Urteil aufheben; **to ~ a marriage** eine Ehe annullieren [*o* für ungültig erklären]

annulling [ə'nʌlɪŋ] *adj* Annullierungs-, Nichtigkeits-, Ungültigkeits-, Aufhebungs-; **~ clause** Kündigungsklausel *f*

annulment [ə'nʌlmənt] *n* Annullierung *f geh; of a marriage, contract also* Auflösung *f; of a judgement* Aufhebung *f*

Annunciation [əˌnʌn(t)si'eɪʃᵊn] *n* REL ■**the ~**
① (*event*) die Verkündigung
② (*church festival*) Mariä Verkündigung

annunciator [ə'nʌn(t)sieɪtəʳ, AM -ṭɚ] COMPUT **I.** *n* Anzeige *f*
II. *adj* Signal-

annus horribilis [ˌænəshɒ'ri:bɪlɪs, AM -hɔ:'-] *n* Annus horribilis *nt*

annus mirabilis <*pl* anni mirabiles> [ˌænəsmɪ'rɑ:bᵊlɪs, AM ˌɑ:n-] *n* (*form*) denkwürdiges Jahr; ***this year has been Clare's ~*** dieses Jahr war für Clare sehr erfolgreich

anode ['ænəʊd, AM -oʊd] *n* ELEC Anode *f*

anodize ['ænə(ʊ)daɪz, AM -oʊd-] *vt* CHEM ■**to ~ sth** etw eloxieren *fachspr*

anodyne ['ænə(ʊ)daɪn, AM -oʊd-] **I.** *adj* ① (*pej form: soothing*) einlullend *fam;* (*dull*) *music* unauffällig; *approach* neutral
② MED schmerzstillend *attr*
II. *n* MED Schmerzmittel *nt*

anoint [ə'nɔɪnt] *vt* ① (*with oil*) ■**to ~ sb/sth** jdn/etw einölen
② REL ■**to ~ sb** [**king**] jdn [zum König] salben; **to ~ sb as one's successor** (*fig*) jdn zu seinem Nachfolger/seiner Nachfolgerin auserwählen

anointed [ə'nɔɪntɪd, AM -ṭɪd] *adj* gesalbt; (*fig*) erwählt

anointment [ə'nɔɪntmənt] *n* Salbung *f*; **~ as a priest** Priesterweihe *f*

anomalistic period [əˌnɒmᵊl'ɪstɪk-, AM -ˌnɑ:-] *n* AEROSP anomalistischer Zeitraum

anomalous [ə'nɒmələs, AM -'nɑ:-] *adj* anomal, ungewöhnlich

anomalously [ə'nɒmələsli, AM -'nɑ:-] *adv* (*form*) anomal; ***the third judge awarded points rather ~*** der dritte Preisrichter wich bei der Punktevergabe ziemlich von den anderen ab

anomaly [ə'nɒməli, AM -'nɑ:-] *n* ① (*irregularity*) Anomalie *f kein pl*, Abnormität *f*; **statistical ~** statistische Abweichung; **to be something of an ~** etwas seltsam sein
② *no pl* (*state*) Absonderlichkeit *f*

anomie ['ænəmi] *n no pl* Anomie *f*

anon [ə'nɒn, AM -'nɑ:n] *adv inv* (*old*) bald, alsogleich *veraltet geh;* **see you ~** (*hum*) bis demnächst

anon. *abbrev of* **anonymous**

anonymity [ˌænə'nɪməti, AM -əṭi] *n no pl* Anonymität *f*; **to preserve one's ~** seine Anonymität wahren, anonym bleiben

anonymous [ə'nɒnɪməs, AM -'nɑ:nə-] *adj call* anonym; **to remain ~** anonym bleiben; (*fig*) ***he has a rather ~ face*** er hat ein ziemlich unauffälliges Gesicht

anonymously [ə'nɒnɪməsli, AM -'nɑ:nə-] *adv* anonym

anopheles <*pl* -> [ə'nɒfɪli:z, AM -'nɑ:fə-] *n* ZOOL Anopheles *f fachspr*, Malariamücke *f*

anorak ['ænəræk] *n* ① (*jacket*) Anorak *m*
② BRIT (*fam: person*) *Einzelgänger, der sich einem speziellen Hobby obsessiv hingibt*

anorectic [ˌænᵊr'ektɪk] *adj see* **anorexic**

anorexia *n*, **anorexia nervosa** [ˌænəˌrek-sɪənɜ:'vəʊzə, AM -nɜ:r'voʊ-] *n no pl* Magersucht *f*, Anorexia nervosa *f fachspr*, Anorexie *f fachspr*

anorexic [ˌænə'reksɪk] **I.** *adj* MED (*also fig*) magersüchtig
II. *n* Magersüchtige(r) *f(m)*; ■**to be an ~** magersüchtig sein

another [ə'nʌðəʳ, AM -ðɚ] **I.** *adj* ① (*one more*) noch eine(r, s); ***can I have ~ piece of cake, please?*** kann ich bitte noch ein Stück Kuchen haben?; ***Danny's had yet ~ car accident*** Danny hatte schon wieder einen Unfall!
② (*similar to*) ein zweiter/zweites/eine zweite; ***many Americans feared the Gulf War would be ~ Vietnam*** viele Amerikaner befürchteten, dass der Golfkrieg ein zweites Vietnam würde
③ (*not the same*) ein anderer/anderes/eine andere; ***~ man would have tried to cover up his mistake*** ein anderer hätte versucht, seinen Fehler zu vertuschen; ***that's ~ matter*** [***entirely***] das ist etwas [ganz] anderes; ***... but that's ~ story*** ... doch das ist eine andere Geschichte; ***ask me ~*** frag mich nicht *fam;* **to be in ~ world** ganz woanders sein
► PHRASES: **to live to fight ~ <u>day</u>** (*hum*) etw überleben [*o* überstehen]; **one <u>man's</u> meat is ~ man's poison** (*prov*) des einen Freud, des andern Leid *prov;* **to have ~ <u>think</u> coming** (*fam*) sich *akk* gewaltig irren *fam*, auf dem Holzweg sein *fam;* **<u>tomorrow</u> is ~ day** (*saying*) morgen ist auch noch ein Tag
II. *pron no pl* ① (*different one*) ein anderer/eine andere/ein anderes; ***moving from one place to ~*** von einem Ort zu einem anderen umziehen; ***talking about a problem is one thing but doing something about it is ~*** über ein Problem zu sprechen, ist eine Sache, eine Lösung dafür zu finden, eine ganz andere; **one way or ~** irgendwie
② (*additional one*) noch eine(r, s); ***those pastries are delicious — could I have ~?*** diese Törtchen sind köstlich — könnte ich noch eines haben?; ***he was eating one ice cream after ~*** er aß ein Eis nach dem anderen; ***I refuse to listen to ~ of your crazy ideas!*** ich höre mir nicht noch eine von deinen verrückten Ideen an!; **yet ~** noch eine(r, s)
③ (*each other*) **one ~** einander

A. N. Other [ˌeɪˌen'ʌðəʳ] *n* BRIT (*hum*) N.N. (*Person, deren Namen* [*noch*] *unbekannt ist*)

ansafone® ['ɑ:n(t)səfəʊn] *n* BRIT, **ansaphone**® *n* BRIT Anrufbeantworter *m*

answer ['ɑ:n(t)səʳ, AM 'æn(t)sɚ] **I.** *n* ① (*reply*) Antwort *f* (**to** auf +*akk*); (*reaction also*) Reaktion *f*; (*fig: equivalent*) Pendant *nt geh* (**to** zu +*dat*), Gegenstück *nt* (**to** zu +*dat*); ***there was no ~*** (*telephone*) es ist keiner rangegangen; (*doorbell*) es hat keiner aufgemacht; ***he didn't give an ~*** er antwortete nicht; ***in ~ to your letter ...*** in Beantwortung Ihres Schreibens ... *geh;* **to be the ~ to sb's prayer(s)** (*hum iron*) ein Geschenk des Himmels sein; **~ to a question** Antwort *f* auf eine Frage; **a straight ~** eine direkte Antwort; **by way of an ~** als Antwort; **to get an/no ~** eine/keine Antwort bekommen
② (*solution*) Lösung *f*; MATH Ergebnis *nt*; ***there's no easy ~*** es gibt dafür keine Patentlösung; **~ to a problem** Lösung *f* eines Problems; **to know all the ~s** (*also iron: be well-informed*) alles wissen, die Antwort auf alle Fragen kennen; (*be big-headed*) [immer] alles besser wissen
③ LAW (*defendant's response to complaint*) Klageerwiderung *f*, Replik *f*
► PHRASES: **a <u>soft</u> ~** [**turneth away wrath**] (*saying*) mit ein bisschen Ruhe kann man so manchen Zorn besänftigen
II. *vt* ■**to ~ sth** ① (*respond to*) *question* etw beantworten, auf etw *akk* antworten; ***"why not?" he ~*** „warum nicht?" erwiderte er; ***not many people have ~ed our want ad so far*** bis jetzt haben sich noch nicht viele auf unsere Suchanzeige gemeldet; ***this ~s all our prayers*** unsere Gebete wurden erhört! *geh;* **to ~ the call of sb** jdm gehorchen; **to ~ the call to** [**do**] **sth** (*dated*) dem Ruf folgen, etw zu tun *geh;* **to ~ the call of nature** (*also hum*) dem Ruf der Natur folgen *a. hum;* **to ~ the call for volunteers** sich *akk* freiwillig melden; **to ~ the door**[**bell**] die Tür öffnen; **to ~ the telephone** ans Telefon gehen; ■**to ~ sb** jdm antworten; **~ *me!*** antworte [mir]!/antworten Sie!
② (*fit, suit*) etw *dat* entsprechen; *prayer* etw erhören; ***that ~ed our prayers*** das war wie ein Geschenk des Himmels; **to ~ a need** einem Bedürfnis entgegenkommen; **to ~ a purpose** einem Zweck dienen
③ LAW **to ~ charges** sich wegen einer Klage verantworten
III. *vi* antworten, eine Antwort geben; ***nobody ~ed*** (*telephone*) es ist keiner rangegangen; (*doorbell*) es hat keiner aufgemacht

◆**answer back** *vi* widersprechen; *child* freche Antworten geben; ***don't ~ back!*** keine Widerrede!

◆**answer for** *vi* ■**to ~ for sb/sth** ① (*take responsibility*) für jdn/etw Verantwortung tragen; **to have a lot to ~ for** (*pej*) einiges auf dem Kerbholz haben *fam*
② *esp* BRIT (*approv: vouch for*) sich *akk* für jdn/etw verbürgen

◆**answer to** *vi* ① (*take orders*) ■**to ~ to sb** jdm Rede und Antwort stehen
② (*to fit*) **to ~ to a description** einer Beschreibung entsprechen
③ (*form or hum*) **to ~ to the name of ...** auf den Namen ... hören *geh*

answerable ['ɑ:n(t)sᵊrəbḷ, AM 'æn(t)-] *adj pred* ① (*responsible*) verantwortlich; ■**to be ~ for sth** für etw *akk* verantwortlich sein
② (*accountable*) haftbar; ■**to be ~ to sb** jdm gegenüber zur Rechenschaft verpflichtet sein
③ ■**to** [**not**] **be ~** *question* [nicht] zu beantworten sein

answering machine *n* Anrufbeantworter *m*

answering service *n* Fernsprechauftragsdienst *m*

answerphone ['ɑ:n(t)səfəʊn] *n* BRIT Anrufbeantworter *m*

ant [ænt] *n* Ameise *f* ► PHRASES: **to have ~s in one's <u>pants</u>** (*dated or hum*) Hummeln im Hintern haben *hum fam*

antacid [ˌæn'tæsɪd] *n* MED, PHARM Antazidum *nt*

antagonism [æn'tægᵊnɪzmᵊ] *n* Antagonismus *m geh;* (*hostility*) Feindseligkeit *f* (**towards** gegenüber +*dat*)

antagonist [æn'tægənɪst] *n* Antagonist(in) *m(f)*, Gegner(in) *m(f)*, Widersacher(in) *m(f)*

antagonistic [ænˌtægə'nɪstɪk] *adj* antagonistisch; (*hostile*) feindlich; ■**to be ~ toward**[**s**] **sb/sth** jdm/etw gegenüber feindselig eingestellt sein

antagonistically [ænˌtægə'nɪstɪkᵊli] *adv* feindlich; **to react ~** feindselig reagieren

antagonize [æn'tægənaɪz] *vt* ■**to ~ sb** sich *dat* jdn zum Feind machen, jdn gegen sich *akk* aufbringen

Antarctic [æn'tɑ:ktɪk, AM -'tɑ:rk-] **I.** *n* ■**the ~** die Antarktis
II. *adj animal, flora and fauna* antarktisch; *expedition, explorer* Antarktis-; **~ Circle** südlicher Polarkreis; **~ Ocean** südliches Eismeer

ante ['ænti, AM -ṭi] *n usu sing* Einsatz *m*; **to raise** [*or* **up**] **the ~** (*fig*) den Einsatz erhöhen

anteater ['ænt,i:təʳ, AM -ṭɚ] *n* Ameisenbär *m*

antecedent [ˌæntɪ'si:dᵊnt] **I.** *n* ① (*form: forerunner*) Vorläufer(in) *m(f)*; ■**~s** *pl* (*past history*) Vorgeschichte *f kein pl; of a person* Vorleben *nt*
② LING Beziehungswort *nt*, Bezugswort *nt*, Antezedenz *nt fachspr*
II. *adj inv* (*form*) früher

antechamber ['æntɪˌtʃeɪmbəʳ, AM -ṭɪˌtʃeɪmbɚ] *n* (*form*) Vorzimmer *nt*; (*waiting room*) Wartezimmer *nt*

antedate [ˌæntɪ'deɪt, AM 'æntɪdeɪt] *vt* (*form*) ■**to ~ sth** ① (*give earlier date*) etw vordatieren
② (*precede in time*) etw *dat* [zeitlich] vorangehen; ***these buildings ~ his reign*** diese Gebäude stammen aus der Zeit vor seiner Herrschaft

antediluvian [ˌæntɪdɪ'lu:viən, AM -t̬ɪdə'-] *adj inv* (*hum*) vorsintflutlich *fam;* (*dated*) altmodisch

antelope <*pl* -s *or* -> ['æntɪləʊp, AM -t̬ᵊloʊp] *n* Antilope *f*

antenatal [ˌæntɪ'neɪtᵊl, AM -t̬ɪ'neɪt̬ᵊl] **I.** *adj attr, inv* pränatal, vorgeburtlich; ~ **class** Geburtsvorbereitungskurs *m;* ~ **clinic** Klinik *f* für Schwangere; ~ **screening** pränatale Diagnostik
II. *n* Schwangerschaftsvorsorgeuntersuchung *f*

antenatally [ˌæntɪ'neɪtᵊli, AM -t̬ɪ'neɪt̬ᵊli] *adv inv* pränatal

antenna [æn'tenə] *n* ① <*pl* -nae> *of an insect* Fühler *m;* (*fig*) Gespür *nt kein pl;* **pair of ~e** Fühlerpaar *nt*
② <*pl* -s> (*aerial*) Antenne *f;* **radio** ~ Radioantenne *f*

antennae [æn'teni:] *n pl of* **antenna**

antepenultimate [ˌæntɪpə'nʌltɪmət, AM -t̬ɪpɪ'nʌltə-] **I.** *adj inv* drittletzte(r, s) *attr*
II. *n* (*form*) ■**the** ~ der/die/das Drittletzte

ante-post [ˌæntɪ'pəʊst, AM t̬ɪ'poʊst] BRIT **I.** *adj attr* vor dem Renntag gewettet *nach n*
II. *adv* vor dem Renntag

anterior [æn'tɪəriəʳ, AM 'tɪrɪɚ] *adj inv* MED, BIOL vordere(r, s) *attr,* anterior *fachspr*

anteroom ['æntɪru:m, AM -t̬ɪru:m] *n* Vorzimmer *nt;* (*waiting room*) Wartezimmer *nt*

anthem ['æn(t)θəm] *n* Hymne *f;* REL Choral *m;* **national** ~ Nationalhymne *f*

anther ['æn(t)θəʳ, AM -θɚ] *n* BOT Staubbeutel *m*

anthill ['ænthɪl] *n* (*also fig*) Ameisenhaufen *m*

anthologist [æn'θɒlədʒɪst, AM -θɑ:lə-] *n* Herausgeber(in) *m(f)* einer Anthologie

anthologize [æn'θɒlədʒaɪz, AM -θɑ:lə-] *vt* ■**to be** ~**d** in eine Anthologie aufgenommen werden

anthology [æn'θɒlədʒi, AM -θɑ:lə-] *n* ① (*of literature*) Anthologie *f;* ~ **of short stories** Auswahl *f* von Kurzgeschichten; ~ **of verse** Gedichtsammlung *f;* ~ **of modern verse** Anthologie *f* moderner Lyrik
② (*of art/music*) Sammlung *f*

anthracite ['æn(t)θrəsaɪt] **I.** *n* Anthrazit *m;* (*colour also*) Anthrazitgrau *nt*
II. *adj* anthrazit[farben]

anthrax ['æn(t)θræks] *n no pl* MED Milzbrand *m,* Anthrax *m fachspr*

anthrax attack *n* Milzbrandattentat *nt*

anthropocentric [ˌæn(t)θrə(ʊ)pə(ʊ)'sentrɪk, AM -θrəpə'-] *adj* SOCIOL anthropozentrisch

anthropocentrically [ˌæn(t)θrə(ʊ)pə(ʊ)'sentrɪkᵊli, AM -θrəpə-] *adv* SOCIOL anthropozentrisch

anthropocentrism [ˌæn(t)θrə(ʊ)pə(ʊ)'sentrɪzᵊm, AM -θrəpə-] *n no pl* SOCIOL Anthropozentrismus *m*

anthropoid ['æn(t)θrə(ʊ)pɔɪd, AM -θrə-] **I.** *n* BIOL Menschenaffe *m,* Anthropoid[e] *m fachspr*
II. *adj* ① *inv* (*of primates*) Menschen-; ~ **ape** Menschenaffe *m*
② (*fig hum: ape-like*) affenartig

anthropological [ˌæn(t)θrəpə'lɒdʒɪkᵊl, AM -'lɑ:-] *adj* SOCIOL anthropologisch

anthropologically [ˌæn(t)θrəpə'lɒdʒɪkᵊli, AM -'lɑ:-] *adv* SOCIOL anthropologisch

anthropologist [ˌæn(t)θrə'pɒlədʒɪst, AM -'pɑ:lə-] *n* Anthropologe, -in *m, f*

anthropology [ˌæn(t)θrə'pɒlədʒi, AM -'pɑ:lə-] *n no pl* Anthropologie *f*

anthropomorphic [ˌæn(t)θrəpə(ʊ)'mɔ:fɪk, AM -pə'mɔ:r-] *adj* SOCIOL anthropomorphisch; (*of human figure*) anthropomorph

anthropomorphically [ˌæn(t)θrəpə(ʊ)'mɔ:fɪkᵊli, AM -pə'mɔ:r-] *adv* SOCIOL anthropomorphisch; (*of human figure*) anthropomorph

anthropomorphism [ˌæn(t)θrəpə(ʊ)'mɔ:fɪzᵊm, AM -pə'mɔ:r-] *n no pl* SOCIOL Anthropomorphismus *m*

anti ['ænti, AM -t̬i, -taɪ] **I.** *n* Gegner(in) *m(f);* ***are you a pro or an ~?*** bist du dafür oder dagegen?
II. *adj* ■**to be** ~ dagegen sein
III. *in compounds* Anti-/anti-
IV. *prep* gegen; **to be** ~ **sb/sth** gegen jdn/etw sein

anti-abortion *adj* Anti-Abtreibungs-; ~ **activist** Abtreibungsgegner(in) *m(f);* ~ **group** Gruppe *f* von Abtreibungsgegnern/-gegnerinnen **anti-abortionist** [ˌæntiə'bɔ:ʃᵊnɪst, AM t̬iə'bɔ:r] **I.** *n* Abtreibungsgegner(in) *m(f)* **II.** *adj* gegen Abtreibung eingestellt; ~ **activities** Aktionen *fpl* von Abtreibungsgegnern; ~ **legislation** Gesetze *ntpl* gegen Abtreibung; ~ **movement** Abtreibungsgegnerbewegung *f* **anti-ageing**, AM **anti-aging** *adj inv* den Alterungsprozess aufhaltend *attr;* ■**to be** ~ den Alterungsprozess aufhalten **anti-aircraft** *adj attr, inv* Flugabwehr-; ~ **emplacement** Flakstellung *f;* ~ **gun** Flak *f* **antibacterial** *adj inv* antibakteriell **antibiotic** [-baɪ'ɒtɪk, AM -'ɑ:t̬ɪk] **I.** *n usu pl* Antibiotikum *nt* **II.** *adj inv* antibiotisch **antibody** *n* Antikörper *m*

antic ['æntɪk] *adj* (*liter*) bizarr; (*strange*) seltsam

anti-carcinogenic [ˌæntɪˌkɑ:sɪnə(ʊ)'dʒenɪk, AM -t̬ɪˌkɑ:rsᵊnoʊ'-] *adj inv* krebshemmend, antikarzinogen *fachspr*

anti-choice *adj* ■**to be** ~ *gegen das Recht der Frau sein, über eine Abtreibung selbst zu bestimmen;* ~ **activist** Gegner(in) *m(f)* des Selbstbestimmungsrechts der Frau

Antichrist *n* ■**the** ~ der Antichrist

anticipate [æn'tɪsɪpeɪt, AM -'tɪsə-] *vt* ① (*expect*) ■**to** ~ **sth** etw erwarten, mit etw *dat* rechnen; (*foresee*) etw vorhersehen [*o* vorausahnen]
② (*act in advance*) ■**to** ~ **sth** etw *dat* vorgreifen; ***she ~d his every wish*** sie kam all seinen Wünschen zuvor; **to** ~ **one's inheritance** sein Erbe im Voraus verbrauchen
③ (*be first*) ■**to** ~ **sb/sth** jdm/etw vorausgehen; ***is it true that Eric the Red ~d Columbus in discovering America?*** stimmt es, dass Erich der Rote vor Kolumbus Amerika entdeckt hat?

anticipated balance *n* ECON zu erwartender Saldo

anticipation [ænˌtɪsɪ'peɪʃᵊn, AM -sə'-] *n no pl* ① (*expecting*) Erwartung *f;* (*pleasure in advance*) Vorfreude *f;* ***thank you in*** ~ vielen Dank im Voraus; **eager** ~ gespannte Erwartung; ■**in** ~ **of sth** in [freudiger] Erwartung einer S. *gen*
② (*being first*) Vorwegnahme *f*
③ (*acting in advance*) Vorausberechnung *f*

anticipatory [ænˌtɪsɪ'peɪtᵊri, AM æn'tɪsəpətɔ:ri] *adj* vorwegnehmend *attr;* ~ **breach** LAW vorweggenommene Vertragsverletzung; ~ **chill** bange Vorahnung; ~ **thrill** gespannte Erwartung

anticlerical *adj* kirchenfeindlich **anticlericalism** *n no pl* Antiklerikalismus *m,* Kirchenfeindlichkeit *f* **anticlimactic** *adj* enttäuschend **anticlimax** *n* Enttäuschung *f;* LIT Antiklimax *m;* **to be a bit** [*or* **something**] **of an** ~ etwas enttäuschend sein **anticlockwise** *adv* BRIT, AUS gegen den Uhrzeigersinn **anticoagulant** [-kəʊ'ægjʊlənt, AM -koʊ'ægjə-] **I.** *n* MED Antikoagulans *nt fachspr* **II.** *adj inv* [blut]gerinnungshemmend *attr* **anti-communist** **I.** *adj* antikommunistisch **II.** *n* Antikommunist(in) *m(f)* **anti-consumerist** **I.** *adj* konsumfeindlich **II.** *n* Konsumfeind(in) *m(f),* Konsumgegner(in) *m(f)* **anti-corrosive** *n* Korrosionsschutz *m*

antics ['æntɪks] *npl* Kapriolen *fpl,* Eskapaden *fpl;* (*spontaneous ideas*) Launen *fpl* **anticyclone** *n* METEO ① (*storm*) Gegenwirbelsturm *m* ② (*high-pressure area*) Hochdruckgebiet *nt* **antidepressant** **I.** *n* Antidepressivum *nt* **II.** *adj* antidepressiv

anti-discrimination [ˌæntɪdɪˌskrɪmɪ'neɪʃᵊn, AM -t̬-] *n modifier* Antidiskriminierungs-; **an** ~ **law** ein Antidiskriminierungsgesetz *nt*

antidote ['æntɪdəʊt, AM -t̬ɪdoʊt] *n* Gegengift *nt,* Gegenmittel *nt;* ■**to be an** ~ **for** [*or* **to**] **sth** (*also fig*) ein Gegenmittel *nt* für etw *akk* sein

anti-dumping *adj* COMM ~ **legislation** Antidumping-Gesetze *ntpl* **antifreeze** *n no pl* Frostschutzmittel *nt* **anti-gay** [ˌæntɪ'geɪ, AM -t̬-] *adj* homosexuellenfeindlich

antigen *n* MED Antigen *nt*

anti-globalist [ˌæntɪ'gləʊbᵊlɪst, AM -t̬ɪ'gloʊ-] *n* Globalisierungsgegner(in) *m(f)*

anti-hate group [ˌæntɪ'heɪtˌgru:p, AM -t̬ɪ'-] *n* Antihassgruppe *f* **anti-hero** *n* Antiheld *m* **antihistamine** *n* MED, PHARM ① *no pl* (*substance*) Antihistamin *nt* ② (*dosage*) Antihistaminikum *nt* **anti-inflammatory** **I.** *n* entzündungshemmendes Mittel **II.** *adj inv* entzündungshemmend **anti-inflationary** *adj* ECON ~ **measures** antiinflationäre Maßnahmen, Inflationsbekämpfungsmaßnahmen *fpl* **anti-knock** **I.** *n no pl* TECH Antiklopfmittel *nt* **II.** *n modifier* TECH Antiklopf-; ~ **agent** Antiklopfmittel *nt* **anti-knocking** *adj attr, inv* TECH Antiklopf- **anti letter** *n* Protestbrief *m* **anti-lock** *adj attr brakes* Antiblockier- **anti-lock braking system** *n* AUTO Antiblockiersystem *nt* **antilog** *n* (*fam*), **antilogarithm** *n* MATH Numerus *m* **antimacassar** [ˌæntɪmə'kæsəʳ, AM -t̬ɪmə'kæsɚ] *n* (*dated*) Sesselschoner *m;* (*for sofas*) Sofaschoner *m* **antimatter** *n no pl* PHYS Antimaterie *f* **anti-missile** *adj attr, inv* Antiraketen-; ~ **defence** Raketenabwehr *f*

antimony ['æntɪməni, AM -t̬əmoʊ-] *n no pl* Antimon *nt*

anti-noise *n no pl* Gegengeräusch *nt* **anti-nuclear** *adj* Antiatom-; ■**to be** ~ gegen Atomkraft sein, Atom[kraft]gegner/-gegnerin [*o* Kernkraftgegner/-gegnerin] sein **antioxidant** *n* Antioxidationsmittel *nt,* Antioxidans *nt*

antipasti [ˌæntɪ'pæsti, AM -t̬ɪ'pɑ:sti] *n pl of* **antipasto** Antipasti *pl*

antipasto <*pl* -s *or pl* -ti> [ˌæntɪ'pæstəʊ, AM -t̬ɪ'pɑ:stoʊ, *pl* -ti:] *n* Antipasto *m o nt*

antipathetic [ˌæntɪpə'θetɪk, AM -t̬ɪ'pəθet̬ɪk] *adj attitude, reaction* unsympathisch; ■**to be** ~ **to sb/sth** gegen jdn/etw eine Abneigung haben

antipathy [æn'tɪpəθi] *n usu sing* Antipathie *f geh,* Abneigung *f* (**for/to**[**wards**] gegen +*akk*); **racial** ~ Rassismus *m*

anti-personnel *adj attr, inv* gegen Menschen gerichtet; ~ **bomb** Splitterbombe *f;* ~ **mine** Tretmine *f* **antiperspirant** [ˌæntɪ'pɜ:spərənt, AM -t̬ɪ'pɜ:rspɚ-] **I.** *n* Antitranspirant *nt* **II.** *adj* antitranspiratorisch; **to have** ~ **qualities** eine schweißhemmende Wirkung haben

Antipodean [ænˌtɪpə(ʊ)'di:ən] **I.** *adj inv* BRIT (*Australian*) australisch; (*New Zealand*) neuseeländisch
II. *n* (*Australian*) Australier(in) *m(f);* (*New Zealander*) Neuseeländer(in) *m(f)*

Antipodes [æn'tɪpədi:z] *npl* BRIT ■**the** ~ ① GEOG Australien *nt* und Neuseeland *nt*
② (*opposite directions*) entgegengesetzte Teile der Erde

antipope [ˌæntɪ'pəʊp, AM t̬ɪ'poʊp] *n* HIST Gegenpapst *m*

antiquarian [ˌæntɪ'kweəriən, AM -t̬ə'kweri-] **I.** *n* ① (*antique dealer*) Antiquitätenhändler(in) *m(f);* (*bookseller*) Antiquar(in) *m(f)*
② (*collector*) Antiquitätensammler(in) *m(f)*
③ (*student*) Altertumsforscher(in) *m(f)*
II. *adj* antiquarisch

antiquarianism [ˌæntɪ'kweəriənɪzᵊm, AM -t̬ə'kweri-] *n no pl* Interesse *nt* für Antiquitäten

antiquary ['æntɪkwᵊri, AM -t̬əkweri-] *n* (*dated: dealer*) Antiquitätenhändler(in) *m(f);* (*collector*) Antiquitätensammler(in) *m(f)*

antiquated ['æntɪkweɪtɪd, AM -t̬ə-] *adj* (*pej*) antiquiert *a. hum; industries, institutions* veraltet; (*fig*) ***now I'm thirty I feel positively ~!*** (*hum*) jetzt, wo ich dreißig bin, fühle ich mich wirklich uralt; ~ **attitude** altmodische Einstellung

antique [æn'ti:k] **I.** *n* ① (*collectable object*) Antiquität *f;* ~ **dealer** Antiquitätenhändler(in) *m(f);* ~ **shop** Antiquitätengeschäft *nt*
② (*pej iron: object*) Antiquität *f hum*
II. *adj* antik
III. *vi* (*fam*) ■**to** ~ Antiquitäten kaufen

antiquity [æn'tɪkwəti, AM -t̬i] *n* ① *no pl* (*ancient times*) Altertum *nt*
② *no pl* (*great age*) hohes Alter; **to be of great** ~ sehr alt sein
③ (*relics*) ■**antiquities** *pl* Altertümer *pl*

anti-racist **I.** *adj* antirassistisch **II.** *n* Antirassist(in)

m(f) **anti-riot** [ˌæntɪˈraɪət, AM t̬ɪˈ] *adj attr, inv* Unruhen *fpl* bekämpfend *attr;* ~ **police** Bereitschaftspolizei *f kein pl*
anti-roll bar [ˌæntɪˈrəʊlˌbɑːʳ, AM t̬ɪˈroʊlˌbɑːr] *n* AUTO Drehstabstabilisator *m*
antirrhinum [ˌæntɪˈraɪnəm, AM -t̬ə-] *n* BOT *(form)* Antirrhinum *nt fachspr,* Löwenmaul *nt kein pl*
anti-rust *adj attr, inv* Rostschutz- **anti-Semite** *n (pej)* Antisemit(in) *m(f)* **anti-Semitic** *adj* antisemitisch **anti-Semitism** *n no pl* Antisemitismus *m*
antiseptic [ˌæntɪˈseptɪk, AM -t̬ə-] **I.** *n* Antiseptikum *nt,* antiseptisches Mittel **II.** *adj* antiseptisch, keimtötend; *(fig pej) buildings, apartments* steril *pej*
anti-shock memory [ˌæntɪˈʃɒkˌmemərɪ, AM -t̬ɪˈʃɑːk-] *n,* **anti-skip technology** [æntɪˌskɪpˈtekˈnɒlədʒi, AM -t̬ɪˌskɪptekˈnɑː-] *n no pl (on CD players)* Antischocksystem *nt* **anti-smoking** *adj* Nichtraucher- **antisocial** *adj* ❶ *(harmful to society)* unsozial; *(alienated from society)* asozial ❷ *(not sociable)* ungesellig, nicht gesellig **antistatic** *adj* antistatisch **anti-tank** *adj attr, inv* Panzerabwehr-
antithesis <*pl* -ses> [ænˈtɪθəsɪs, *pl* -siːz] *n* Gegenteil *nt; (contrast)* Gegensatz *m; (in rhetoric)* Antithese *f;* ■**in** ~ **to sth** im Gegensatz zu etw *dat*
antithetic(al) [ˌæntɪˈθetɪk(əl), AM -t̬ɪθet̬-] *adj inv* antithetisch, gegensätzlich; ■**to be** ~ **to sth** zu etw *dat* im Widerspruch stehen
antitoxin [ˌæntɪˈtɒksɪn, AM -t̬ɪˈtɑːk-] *n* MED Gegengift *nt,* Antitoxin *nt fachspr*
antitrust *adj* AM FIN Antitrust-, Kartell-; ~ **laws** [*or* **legislation**] amerikanische Kartellgesetzgebung
antitrust law *n esp* AM Kartellgesetz *nt*
antiviral [ˌæntɪˈvaɪ(ə)rəl, AM -t̬ɪˈvaɪr-] MED **I.** *adj* antiviral; ~ **drug** antivirales Arzneimittel
II. *n* ■~**s** *pl* Virostatika *ntpl fachspr*
anti-wrinkle [ˌæntɪˈrɪŋkl, AM t̬ɪ] *adj inv* Antifalten-
antler [ˈæntləʳ, AM -ɚ] *n* Geweihstange *f;* **pair of** ~**s** Geweih *nt*
antonym [ˈæntənɪm, AM -tən-] *n* LING Antonym *nt fachspr*
antonymous [ænˈtɒnɪməs, AM -ˈtɑːn-] *adj* antonym *fachspr;* ~ **word** Antonym *nt fachspr*
antsy [ˈæntsi] *adj* AM *(fam) child* zappelig *fam;* ■**sb is** ~ jd ist kribbelig *fam;* ■**to be** ~ **to do sth** *(very eager to do sth)* darauf brennen, etw zu tun
Antwerp [ˈæntwɜːp, AM twɜːrp] *n no pl* Antwerpen *nt*
anus [ˈeɪnəs] *n* Anus *m*
anvil [ˈænvɪl, AM -vəl] *n* Amboss *m; (in ear also)* Incus *m fachspr*
anxiety [æŋˈzaɪəti, AM -ət̬i] *n* ❶ *no pl (feeling of concern)* Sorge *f,* Besorgnis *f;* **a source of** ~ ein Anlass *m* zur Sorge; **to feel** ~ [**about sth**] sich *dat* [um etw *akk*] Sorgen machen
❷ *(concern)* Angst *f*
❸ *no pl (desire)* Verlangen *nt;* **... *hence his* ~ *to get his work finished*** ... daher ist er auch so bestrebt, seine Arbeit fertig zu bekommen
anxiety attack *n* Panikattacke *f,* Angstanfall *m* **anxiety complex** *n* Angstkomplex *m* **anxiety disorder** *n* Angststörung *f* **anxiety neurosis** *n* Angstneurose *f*
anxious [ˈæŋ(k)ʃəs] *adj* ❶ *(concerned)* besorgt; ***she always gets* ~ *if we don't arrive when we say we will*** sie macht sich immer Sorgen, wenn wir nicht zur angegebenen Zeit zurückkommen; **to keep an** ~ **eye on sth** auf etw *akk* ein wachsames Auge haben; ~ **look** besorgter Blick; *(more serious)* sorgenvoller Blick; ■**to be** ~ **about sth** sich *dat* um etw *akk* Sorgen machen, um etw *akk* besorgt sein; *(more serious)* um etw *akk* Angst haben
❷ *(eager)* bestrebt; ***I'm* ~ *that we get there on time*** ich hoffe [sehr], dass wir rechtzeitig dort ankommen; ■**to be** ~ **to do sth** [eifrig] darauf bedacht sein, etw zu tun; ■**to be** ~ **for sth** ungeduldig auf etw *akk* warten
anxiously [ˈæŋ(k)ʃəsli] *adv* ❶ *(with concern)* besorgt
❷ *(eagerly)* sehnsüchtig; ~ **awaited** sehnsüchtig erwartet; *(with excitement)* mit Spannung erwartet
any [eni, əni] **I.** *adj* ❶ *(of amount)* irgendein(e) *attr;* ***I don't think there'll be* ~ *snow this Christmas*** ich glaube nicht, dass es dieses Jahr an Weihnachten schneien wird; ***do you have*** [*or* ***have you got***] ~ ***basil?*** haben Sie Basilikum?
❷ *(of unrestrictedness)* jede(r, s) *attr;* ***I love* ~ *form of chocolate*** ich liebe jede Art von Schokolade; ***absolutely* ~ *food would be better than nothing at all*** wirklich jedes Essen wäre besser als überhaupt nichts; ~ ***complaints should be addressed to the hotel manager*** jegliche Beschwerden sollten an den Hoteldirektor/die Hoteldirektorin gerichtet werden; ***ring me up* ~ *time*** du kannst mich jederzeit anrufen; ~ **day/moment/time now** jeden Tag/Moment/jederzeit; ~ ***minute now there's going to be a massive quarrel between those two*** jede Minute kann es zu einem massiven Streit zwischen den beiden kommen; **at** ~ **one time** zu jeder Zeit; **in** ~ **case** [*or fam* **at** ~ **rate**] *(whatever happens)* auf jeden Fall; *(above and beyond that)* überhaupt
II. *pron* ❶ + *sing vb (each)* jede(r, s); ***we're happy to welcome each and* ~ *who want to come to the picnic*** wir freuen uns über jeden Einzelnen, der zum Picknick kommen möchte; ~ **of the dresses/cars** jedes der Kleider/Autos; ~ ***of you should ...*** jeder von euch sollte ...
❷ + *pl vb (some of many)* welche(r, s); ***we've got one copy here but we don't have* ~ *to sell*** wir haben hier ein Exemplar, aber zum Verkaufen haben wir keine; ***I haven't seen* ~ *of his films*** ich habe keinen seiner Filme gesehen; ***are* ~ *of those pictures over there yours?*** sind von den Bildern da drüben welche von dir?; **not** ~/~ **at all** überhaupt keine/welche
❸ + *sing vb (some of quantity)* welche(r, s); ***do you have any basil? — I'm sorry, there isn't* ~ *left*** hast du Basilikum? – ich fürchte, es ist keines mehr da; ***if there's* ~ *left, throw it away*** wenn noch was übrig ist, wirf es weg; ***is there* ~ *of that lemon cake left?*** ist noch etwas von dem Zitronenkuchen übrig?; **hardly** ~ kaum etwas; **not** ~/~ **at all** überhaupt keine(r, s)/welche(r, s)
❹ + *sing vb (not important which)* irgendeine(r, s); ***I need someone to give me a hand —* ~ *of you will do*** ich brauche jemand, der mir hilft — egal wen
▶ PHRASES: **to not have** ~ [**of it**] nichts davon wissen wollen
III. *adv inv, usu neg* ❶ *(at all)* überhaupt, gar; ***are you feeling* ~ *better after your illness?*** fühlst du dich denn etwas besser nach deiner Krankheit?; ***can't you drive* ~ *faster?*** können Sie nicht etwas schneller fahren?; ***if I have to stay here* ~ *longer, ...*** wenn ich noch länger hier bleiben muss, ...; AM *(fam)* ***that didn't help*** ~ das hat überhaupt nichts genutzt
❷ ~ **more** noch mehr; ***I don't do yoga* ~ *more*** ich mache kein Yoga mehr; ***I don't expect we'll have* ~ *more trouble from him*** ich glaube nicht, dass wir noch weiteren Ärger von ihm zu erwarten haben; ***I can't tell you* ~ *more than that*** ich kann dir nicht mehr als das sagen; ~ ***more of those remarks and I'll thump you!*** noch eine solche Bemerkung und es knallt! *fam;* ~ **old sth** *(fam)* jede(r, s) x-beliebige etw *fam;* ***I can't wear just* ~ *old thing to my brother's wedding*** ich kann nicht jedes x-beliebige Teil zur Hochzeit meines Bruders tragen! *fam*
anybody [ˈeniˌbɒdi, AM -ˌbɑːdi] *pron,* **anyone** *pron* ❶ *(each person)* jede(r, s); ~ ***could do it*** jeder könnte das machen; ***it was still* ~*'s game at half-time*** zur Halbzeit war das Spiel noch offen; **to be** ~**'s guess** völlig offen sein
❷ *(someone)* jemand; ***does* ~ *here look familiar?*** kennst du hier jemanden?; ~ ***else?*** noch jemand?; ~ ***else for coffee?*** möchte noch jemand Kaffee?
❸ *(no one)* ■**not** ~ niemand; ***there wasn't* ~ *there/around*** es war niemand da
❹ *(important person)* jemand; ***he'll never be* ~** er wird nie wer sein *fam;* ~ ***who is* ~ *...*** *(hum)* jeder, der was auf sich hält, ...
❺ *(unimportant person)* ***he's not just* ~ *— he's one of the most important people in the car industry*** er ist nicht irgendwer — er ist einer der wichtigsten Menschen in der Autoindustrie
▶ PHRASES: **to be** ~**'s** *(fam)* leicht zu haben sein *fam*
anyhow [ˈenihaʊ] *adv inv* ❶ *(in any case)* sowieso; *see also* **anyway**
❷ *(in a disorderly way)* irgendwie
anymore [ˌeniˈmɔːr] *adv inv* AM *see* **any III 2**
anyone [ˈeniwʌn] *pron see* **anybody**
anyplace [ˈenipleɪs] *adv inv* AM *(anywhere)* irgendwo
any road [ˈenirəʊd] *adv inv* NBRIT *see* **anyway**
anything [ˈeniθɪŋ] *pron indef,* + *sing vb* ❶ *(each thing)* alles; ~ ***you like*** alles, was du willst; ***let's go to a movie — pick* ~ *you like*** schauen wir uns einen Film an – such dir einfach einen aus; ***she could be* ~ *between 30 and 40*** [*or* ***from 30 to 40***] zwischen 30 und 40 könnte sie echt alles sein; ***he is* ~ *but racist*** er ist alles, nur kein Rassist!; ~ **and everything** absolut alles
❷ *(something)* ***is there* ~ *I can do to help?*** kann ich irgendwie helfen?; *(in shop)* ~ ***else?*** darf es noch was sein?; ***does it look* ~ *like an eagle?*** sieht das irgendwie wie ein Adler aus?; **hardly** ~ kaum etwas; **not** ~ **much** nicht viel
❸ *(nothing)* **not** ~ nichts; **not** ~ **like ...** nicht annähernd ...; ***it doesn't taste* ~ *like wine*** das schmeckt absolut nicht nach Wein; ***no strings attached, you don't have to join up or*** ~ keinerlei Verpflichtungen, du musst weder beitreten noch sonst was
▶ PHRASES: ~ **for a quiet life** Hauptsache Ruhe *fam;* ~ **goes** *(fam)* erlaubt ist, was gefällt *fam;* ***when lots of kids from the neighbourhood come over for a party,* ~ *goes*** wenn viele Kinder aus der Nachbarschaft zu einer Party kommen, kann alles passieren; [**as**] ... **as** ~ *(fam)* ausgesprochen ...; **not for** ~ [**in the world**] um nichts in der Welt; **like** ~ *(fam)* wie verrückt *fam*
anytime [ˈenitaɪm] *adv inv* jederzeit; ~ **soon** in nächster Zukunft
anyway [ˈeniweɪ], AM *also* **anyways** [ˈeniweɪz] *adv inv (fam)* ❶ *(in any case)* sowieso; ***what's he doing there* ~*?*** was macht er dort überhaupt?
❷ *(well)* jedenfalls; ~! na ja!
anywhere [ˈeni(h)weəʳ, AM -(h)wer] *adv inv* ❶ *(in any place)* überall; ***you won't find a prettier village* ~ *in England*** nirgendwo in England werden Sie ein schöneres Dorf finden; ~ **else** irgendwo anders; ***there are a few words that you don't hear* ~ *else*** es gibt einige Wörter, die man nirgendwo anders hört
❷ *(some place)* irgendwo; ***could you help me? I'm not getting*** ~ könntest du mir helfen? ich komme einfach nicht weiter; ***I don't feel I'm getting*** ~ ich habe nicht das Gefühle, dass ich irgendwie vorankomme; ***he isn't* ~ *near as popular as he used to be*** er ist nicht annähernd so populär wie früher; ***I should be arriving* ~ *between 9 and 10 pm*** ich müsste irgendwann zwischen 9 und 10 Uhr abends ankommen; ***are we* ~ *near finishing yet?*** kommen wir jetzt irgendwie zum Ende?; **to go** ~ irgendwohin gehen; **miles from** ~ *(fam)* am Ende der Welt *hum*
AOB [ˌeɪəʊˈbiː] *n no pl* BRIT *abbrev of* **any other business** *(on meeting agenda)* Diverses
A-OK [ˌeɪoʊˈkeɪ] AM **I.** *adj inv (perfectly okay)* topfit *fam; (very lively)* putzmunter *fam*
II. *adv inv (perfectly okay)* perfekt; *(extremely good)* astrein *sl;* ***the car is working* ~*!*** das Auto fährt wie geschmiert! *fam*
aorta [eɪˈɔːtə, AM -ˈɔːrt̬ə] *n* Aorta *f*
apace [əˈpeɪs] *adv (dated also liter)* zügig
Apache [əˈpætʃi] **I.** *n* <*pl* – *or* -s> Apache, -in *m, f*
II. *n modifier* Apachen-
apart [əˈpɑːt, AM -ˈpɑːrt] *adv* ❶ *(separated)* auseinander, getrennt; ***I can't tell them* ~** ich kann sie nicht auseinander halten; **to be far** [*or* **miles**] [*or* **wide**] ~ *(also fig)* weit auseinander liegen; **to blow**

~ [in der Luft] zerfetzen; **to come** [*or* **fall**] ~ auseinander fallen; ***their marriage is falling*** ~ ihre Ehe geht in die Brüche; **to move** ~ (*also fig*) sich *akk* auseinander bewegen; **to be set** ~ sich *akk* abheben; **to take sth** ~ etw auseinander nehmen [*o* [in seine Einzelteile] zerlegen]; (*fig fam*) etw auseinander nehmen *fam* [*o sl* verreißen]; **to take sb** ~ (*fig fam*) jdn auseinander nehmen *fam* [*o fam* in der Luft zerreißen]

❷ *after n* (*to one side*) beiseite *after n;* **joking** ~ (*fig*) Spaß beiseite; (*not including*) ausgenommen; ***the North coast*** **~, …** abgesehen von der nördlichen Küste …; (*distinctive*) besonders; **a breed** ~ eine besondere [*o* spezielle] Sorte; ***politicians are a breed*** ~ Politiker/Politikerinnen sind eine Sache für sich; **sb is poles** [*or* **worlds**] ~ jdn trennen Welten *fig;* ***they're poles*** ~ ***in their way of thinking*** zwischen ihren Denkarten liegen Welten *fig;* **to be a race** ~ eine Klasse für sich sein; ***she was a race*** ~ ***from all the other singers*** sie war um Klassen besser als alle anderen Sänger/Sängerinnen

❸ (*in addition to*) außerdem, zusätzlich zu +*dat;* (*except for*) abgesehen von +*dat;* ***you and me*** ~ abgesehen von dir und mir; ■~ **from sth/sb** von etw/jdm abgesehen

apartheid [əˈpɑːteɪt, AM əˈpɑːrthaɪt, -heɪt] *n no pl* Apartheid *f,* Rassentrennung *f*

apartment [əˈpɑːtmənt, AM əˈpɑːr-] *n esp* AM Wohnung *f;* (*smaller*) Appartement *nt,* Apartment *nt;* **holiday** [*or* AM **vacation**] ~ Ferienwohnung *f;* **the Royal ~s** die königlichen Gemächer *geh*

apartment building *n* AM, **apartment house** *n* AM Wohnhaus *nt;* (*with smaller flats*) Appartementhaus *nt,* Apartmenthaus *nt*

apathetic [ˌæpəˈθetɪk, AM -ˈθet̬-] *adj* apathisch, teilnahmslos; (*without drive*) antriebsarm; ■**to be** ~ **about** [*or* **towards**] **sth** gegenüber etw *dat* gleichgültig sein; ***you're so*** ~ ***about everything*** dir ist alles so egal *fam*

apathetically [ˌæpəˈθetɪkəli, AM ˈθet̬] *adv* apathisch

apathy [ˈæpəθi] *n no pl* Apathie *f,* Teilnahmslosigkeit *f;* (*uninterestedness*) Gleichgültigkeit *f* (**about/towards** gegenüber +*dat*)

ape [eɪp] **I.** *n* ZOOL [Menschen]affe *m;* (*person*) ***you big*** **~!** (*fig sl*) du Riesenbaby! *fam*

► PHRASES: **to go** ~ [*or* **~shit**] *esp* AM (*sl*) ausflippen *fam,* durchdrehen *fam;* (*be very angry*) fuchsteufelswild werden

II. *vt* ■**to** ~ **sb/sth** jdn/etw nachahmen [*o pej* nachäffen]

aperitif [əˌperəˈtiːf, AM ɑːˌperɪˈ-] *n* Aperitif *m*

aperture [ˈæpətʃəʳ, AM -ətʃʊr] *n* [kleine] Öffnung; PHOT Blende *f*

aperture illumination *n* Ausleuchtung *f*

apex <*pl* -es *or* apices> [ˈeɪpeks, *pl* ˈeɪpɪsiːz] *n* ❶ (*form: top*) Spitze *f; of the heart, lung* Apex *m fachspr; of a career* Höhepunkt *m; of an organization* Spitze *f; of a mountain* Gipfel *m; of a roof* First *m*

❷ MATH (*opposite base*) Spitze *f*

APEX [ˈeɪpeks] *n no pl acr for* **Advance Purchase Excursion**: ~ **ticket** APEX-Ticket *nt* (*reduziertes Flugticket bei Vorauszahlung*)

aphasia [əˈfeɪziə, AM -ʒə] *n* PSYCH, MED Aphasie *f fachspr*

aphasic [əˈfeɪzɪk] *adj inv* PSYCH, MED aphatisch *fachspr,* sprachgestört

aphid [ˈeɪfɪd, AM *also* ˈæf-] *n* Blattlaus *f*

aphorism [ˈæfərɪzəm, AM -əɪzəm] *n* LIT Aphorismus *m geh*

aphoristic [ˌæfərˈɪstɪk] *adj* aphoristisch *geh,* prägnant-geistreich

aphorize *vi* sich *akk* treffend ausdrücken

aphrodisiac [ˌæfrə(ʊ)ˈdɪziæk, AM -rəˈ-] *n* Aphrodisiakum *nt*

apiarist [ˈeɪpiərɪst] *n* (*spec*) Imker(in) *m(f),* Bienenzüchter(in) *m(f)*

apiary [ˈeɪpiəri, AM -eri] *n* Bienenhaus *nt,* Bienenstock *m*

apical [ˈæpɪkəl] *adj inv* (*form*) apikal *fachspr,* Spitzen-

apices [ˈeɪpɪsiːz] *n pl of* **apex**

apiculture [ˈeɪpɪkʌltʃəʳ, AM -ə] *n no pl* (*spec*) Bienenzucht *f*

apiece [əˈpiːs] *adv after n, inv* das Stück; ***for £500*** ~ für £500 das Stück; (*per person*) jeder; ***give them five*** ~ gib ihnen je fünf

aplenty [əˈplenti, AM -t̬i] *adj after n, inv* in [Hülle und] Fülle, en masse *fam*

aplomb [əˈplɒm, AM -ɑːm] *n no pl* Aplomb *m geh,* [Selbst]sicherheit *f;* (*casual air*) Gelassenheit *f;* **to do sth with** [**one's usual**] ~ etw mit [der üblichen] Souveränität erledigen *geh;* ***sie conducted the meeting with characteristic*** ~ sie leitete das Treffen mit der für sie typischen Selbstverständlichkeit

apocalypse [əˈpɒkəlɪps, AM -ˈpɑːk-] *n no pl* ❶ (*catastrophic destruction*) Apokalpyse *f geh;* **nuclear** ~ nukleare Katastrophe

❷ REL ■**the A~** (*end of the world*) das Weltende, der Weltuntergang; (*book*) die Apokalypse

apocalyptic [əˌpɒkəˈlɪptɪk, AM -ˌpɑːk-] *adj* apokalyptisch; (*fig*) ~ **speech** Unheil [ver]kündende Rede *geh*

apochromatic lens [ˌæpəkrə(ʊ)ˈmætɪk-, AM -kroʊˈmæt̬-] *n* PHOT apochromatische Linse (*gegen Farbabweichungen*)

apocrypha [əˈpɒkrəfə, AM ˈpɑːk] *npl + sing/pl vb* ❶ REL ■**the A~** die Apokryphen *ntpl*

❷ (*writings*) apokryphe Schriften *geh*

apocryphal [əˈpɒkrɪfəl, AM -ˈpɑːkrə-] *adj* (*form*) ❶ (*doubtful*) apokryph[isch], zweifelhaft; ~ **story** (*fig*) zweifelhafte Geschichte

❷ (*of Apocrypha*) apokryph

apogee [ˈæpə(ʊ)dʒiː, AM -ədʒi] *n no pl* ❶ (*form: zenith*) Höhepunkt *m*

❷ ASTRON Apogäum *nt fachspr,* Erdferne *f*

apolitical [ˌeɪpəˈlɪtɪkəl, AM -ˈlɪt̬ə-] *adj* apolitisch *geh,* unpolitisch

Apollo [əˈpɒləʊ, AM ˈpɑːloʊ] *n no pl* ❶ (*Greek god*) Apollo *m*

❷ (*US space programme*) Apollo *kein art*

apologetic [əˌpɒləˈdʒetɪk, AM əˌpɑːləˈdʒet̬ɪk] *adj* ❶ (*showing regret*) entschuldigend *attr;* ■**to be** ~ **about** [*or* **for**] **sth** etw bedauern, sich *akk* für etw *akk* entschuldigen

❷ *pred* (*pej: obsequious*) bescheiden; ***stop being so*** ~ ***about everything!*** spiel nur nicht immer den Untertan!

apologetically [əˌpɒləˈdʒetɪkli, AM əˌpɑːləˈdʒet̬ɪk-] *adv* entschuldigend; (*hesitantly*) **to laugh/smile** ~ zaghaft lachen/lächeln

apologia [ˌæpəˈləʊdʒə, AM -ˈloʊ-] *n* (*form liter*) Apologie *f geh,* Rechtfertigung *f;* (*written piece*) Rechtfertigungsschrift *f*

apologist [əˈpɒlədʒɪst, AM -ˈpɑːl-] *n* (*form*) Verteidiger(in) *m(f),* Apologet(in) *m(f) geh;* (*fig: advocate*) Verfechter(in) *m(f)*

apologize [əˈpɒlədʒaɪz, AM -ˈpɑːl-] *vi* sich *akk* entschuldigen (to bei +*dat,* **for** für +*akk*); ***he ~d for the fact that …*** er entschuldigte sich dafür, dass …; ***she ~d profusely*** sie bat vielmals um Verzeihung; (*form*) ***I do ~ if …*** ich bitte Sie zu entschuldigen, wenn …

apology [əˈpɒlədʒi, AM -ˈpɑːl-] *n* ❶ (*statement of regret*) Entschuldigung *f;* **to be full of apologies** sich *akk* vielmals entschuldigen; **to make** [*or* **offer**] **an** ~ um Entschuldigung bitten; ***she owes him an*** ~ ***for …*** sie muss sich bei ihm dafür entschuldigen, dass …

❷ ■**apologies** *pl* (*regrets*) Bedauern *nt kein pl;* ***please accept our apologies for the inconvenience we have caused*** wir bitten vielmals um Entschuldigung für die Unannehmlichkeiten, die wir Ihnen bereitet haben; **to make apologies** sich *akk* entschuldigen; **to send one's apologies** sich *akk* entschuldigen lassen

❸ (*form: formal defence*) Verteidigung *f,* Apologie *f geh* (**for** für +*akk*)

❹ (*esp hum fam: sorry sight*) ***what an*** ~ ***for a buffet!*** was soll denn das für ein armseliges Büfett sein!

apoplectic [ˌæpəˈplektɪk] *adj* ❶ MED apoplektisch *fachspr;* ~ **stroke** apoplektischer Anfall *fachspr,* Schlaganfall *m*

❷ (*usu hum: very angry*) cholerisch; **to be** ~ **with fury** [*or* **rage**] vor Wut schäumen [*o* [fast] platzen]

apoplexy [ˈæpəpleksi] *n no pl* ❶ MED (*spec*) Apoplexie *f fachspr,* Schlaganfall *m,* Gehirnschlag *m*

❷ (*rage*) Rage *f;* **a fit of** ~ ein Wutanfall *m*

apostasy [əˈpɒstəsi, AM əˈpɑːs-] *n no pl* (*form*) Apostasie *f geh,* Abfall *m,* Lossagung *f*

apostate [əˈpɒsteɪt, AM -ˈpɑːs-] *n* (*form*) Apostat(in) *m(f) geh,* Abtrünnige(r) *f(m)*

a posteriori [ˌeɪpɒsˌteriˈɔːraɪ, AM ˌeɪpɑːˌstɪri] **I.** *adj* aposteriorisch *geh;* ~ **argument** LAW Aposteriori-Argument *nt*

II. *adv* a posteriori *geh*

apostle [əˈpɒsl̩, AM ˈpɑːsl̩] *n* ❶ (*of Jesus Christ*) ■**A~** Apostel *m;* **the 12 A~s** die 12 Apostel

❷ (*advocate*) Apostel *m oft iron geh,* Verfechter(in) *m(f);* ~ **of a belief** Glaubensbote, -in *m, f geh;* ~ **of peace** Friedensapostel *m oft iron geh*

apostolic [ˌæpəˈstɒlɪk, AM -ˈstɑːl-] *adj* apostolisch

apostrophe [əˈpɒstrəfi, AM -ˈpɑːs-] *n* LING Apostroph *m*

apostrophize [əˈpɒstrəfaɪz, AM ˈpɑːstrə] *vt* ■**to** ~ **sb/sth** jdn/etw apostrophieren *geh*

apothecary [əˈpɒθəkəri, AM -ˈpɑːθə-] *n* (*hist*) Provisor *m veraltet,* Apotheker(in) *m(f)*

apotheosis <*pl* -ses> [əˌpɒθiˈəʊsɪs, AM -ˈpɑːθiˈoʊ-, *pl* -siːz] *n* (*form liter*) ❶ (*culmination*) Höhepunkt *m;* **the** ~ **of a dream** die Erfüllung eines Traums; **to achieve** [*or* **reach**] **an** ~ einen Höhepunkt erreichen

❷ (*deification*) Apotheose *f geh,* Vergöttlichung *f*

apotheosize [əˈpɒθiə(ʊ)saɪz, AM -ˈpɑːθioʊ-] *vt* ■**to** ~ **sb/sth** jdn/etw verherrlichen

app [æp] *n* COMPUT (*sl*) *short for* **computer application** Anwendung *f*

appal <-ll-> [əˈpɔːl], AM *usu* **appall** *vt* ■**to** ~ **sb** jdn entsetzen; ■**to be ~led at** [*or* **by**] **sth** über etw *akk* entsetzt sein

appalling [əˈpɔːlɪŋ] *adj* (*shocking*) schockierend; ~ **behaviour** unerträgliches Benehmen; ~ **conditions** verheerende Zustände; (*terrible*) schrecklich *fam;* ~ **headache** entsetzliche [*o* fürchterliche] Kopfschmerzen *fam*

appallingly [əˈpɔːlɪŋli] *adv* (*shockingly*) schockierend; ~ **high** erschreckend hoch; (*terribly*) schrecklich *fam,* entsetzlich *fam*

apparatus [ˌæpəˈreɪtəs, AM -əˈræt̬əs] *n* ❶ *no pl* (*equipment*) Gerät *nt;* **breathing** ~ Sauerstoffgerät *nt;* **climbing** ~ Turngerät *nt;* **piece of** ~ Gerät *nt,* Apparat *m*

❷ (*system*) System *nt,* Apparat *m;* ~ **of communism** kommunistisches System

apparel [əˈpærəl, AM *esp* -ˈper-] *n no pl* (*esp form*) ❶ (*clothing*) Kleidung *f;* **sports** ~ (*collective*) Sportkleidung *f;* (*single piece*) Sportdress *m;* **women's** ~ Damenmode *f;* **men's** ~ Herrenmode *f*

❷ (*fig: covering*) Kleid *nt fig geh,* Gewand *nt fig geh;* **to take on the** ~ **of sth** die Form einer S. *gen* annehmen

apparent [əˈpærənt, AM *esp* -ˈper-] *adj* ❶ (*obvious*) offensichtlich; **for no** ~ **reason** aus keinem ersichtlichen Grund

❷ (*seeming*) scheinbar; ~ **contradiction** scheinbarer Widerspruch; ~ **innocence** scheinbare Unschuld

apparently [əˈpærəntli, AM *esp* -ˈper-] *adv* (*evidently*) offensichtlich; (*it seems*) anscheinend; **~, *we have to change all the labels*** es sieht so aus, als ob wir alle Etiketten ändern müssen

apparition [ˌæpərˈɪʃən, AM -pəˈr-] *n* ❶ (*ghost*) Erscheinung *f*

❷ *no pl* (*dramatic appearance*) Erscheinen *nt*

appeal [əˈpiːl] **I.** *vi* ❶ (*attract*) ■**to** ~ **to sb/sth** jdn/etw reizen; (*aim to please*) jdn/etw ansprechen; **to** ~ **to the senses** die Sinne ansprechen

❷ (*protest formally*) Einspruch einlegen

❸ LAW Berufung einlegen (**against** gegen +*akk*); **to** ~ **against a verdict** ein Urteil anfechten; ■**to** ~ **to sth** an etw *akk* appellieren; **to** ~ **to the High Court**

den obersten Gerichtshof anrufen; ~ **for damages** Schadenersatzklage *f;* **to ~ on points of law** Brit in die Revision gehen; **to ~ on points of fact** Brit in die Berufung gehen
❹ (*plead*) ■**to ~ [to sb] for sth** [jdn] um etw *akk* bitten; **to ~ to sb's conscience/emotions** an jds Gewissen/Gefühle appellieren
II. *vt* Law **to ~ a case/verdict** mit einem Fall/gegen ein Urteil in die Berufung gehen
III. *n* ❶ (*attraction*) Reiz *m,* Anziehungskraft *f;* **sex ~** Sexappeal *m;* **wide ~** Breitenwirkung *f;* **to have wide ~** weite Kreise ansprechen; **to have [*or* hold] an ~** einen Reiz ausüben; **to lose one's ~** seinen Reiz verlieren
❷ (*formal protest*) Einspruch *m;* Law Berufung *f* (**against** gegen +*akk*); ***he won his ~*** seinem Einspruch wurde stattgegeben; **court of ~** Berufungsgericht *nt;* **to consider an ~** sich *akk* mit einem Einspruch befassen; **to lodge an ~** (*protest*) Einspruch einlegen; Law in Berufung gehen; **to reject an ~** einen Einspruch ablehnen; **on ~** Law in der Revision
❸ (*request*) Appell *m* (**for** für +*akk*); ***the note of ~ in her voice*** der bittende Unterton in ihrer Stimme; **~ for donations** Spendenaufruf *m;* **to issue [*or* make] an ~** sich *akk* [nachdrücklich] an jdn wenden, appellieren *geh;* ***the police have issued an ~ to the public to stay away from the centre of town*** die Polizei hat die Öffentlichkeit aufgerufen, dem Stadtzentrum fernzubleiben; **to launch [*or* make] an ~** einen Appell [*o* Aufruf] starten

appealing [əˈpiːlɪŋ] *adj* ❶ (*attractive*) attraktiv; **~ idea** verlockende Idee; ■**to be ~ [to sb]** [für jdn] verlockend sein; ***there is something quite ~ about his lifestyle*** sein Lebensstil hat was *fam;* (*charming*) reizend; **~ smile** gewinnendes Lächeln
❷ (*beseeching*) *eyes, look* flehend

appealingly [əˈpiːlɪŋli] *adv* ❶ (*attractively*) reizvoll; **to dress ~** sich *akk* ansprechend kleiden
❷ (*beseechingly*) flehend *geh;* **to look ~** flehentlich schauen *geh;* **to speak ~ [about sth]** [über etw *akk*] nachdrücklich sprechen

appear [əˈpɪəʳ, Am əˈpɪr] *vi* ❶ (*become visible*) erscheinen; ***stains started ~ing on the wall*** Flecken kamen auf der Wand zum Vorschein; (*be seen also*) sich *dat* zeigen; (*arrive also*) auftauchen; (*come out also*) herauskommen
❷ (*come out*) *film* anlaufen; *newspaper, book* erscheinen; (*perform*) auftreten; ***she ~s briefly in the new Bond film*** sie ist kurz in dem neuen Bond-Film zu sehen
❸ (*present oneself*) auftreten; ***they will be ~ing before magistrates*** sie werden sich vor den Schiedsmännern verantworten müssen; **to ~ in court** vor Gericht erscheinen
❹ (*seem*) scheinen; ***there ~s to be some mistake*** da scheint ein Fehler vorzuliegen; ***it ~s [to me] that ...*** ich habe den Eindruck, dass ...; ***it would ~ [that] ...*** es sieht ganz so aus, als ob ...; **to ~ [to be] calm** ruhig erscheinen; **to ~ [to be] unfriendly/tired** unfreundlich/müde wirken; **so it ~s, it would ~ so** sieht ganz so aus; **it ~s not** sieht nicht so aus
▸ Phrases: **speak of the devil and he ~s** (*prov*) wenn man vom Teufel spricht, dann kommt er auch schon *prov*

appearance [əˈpɪərᵊn(t)s, Am -ˈpɪr-] *n* ❶ (*instance of appearing*) Erscheinen *nt;* (*on TV, theatre*) Auftritt *m;* **stage ~** Bühnenauftritt *m;* **~ on television** Fernsehauftritt *m;* **to make [*or* put in] an ~** auftreten
❷ (*in a place*) Erscheinen *nt;* **court ~** Erscheinen *nt* vor Gericht
❸ *no pl* (*looks*) Aussehen *nt; of a room* Ambiente *nt; of wealth* Anstrich *m;* (*manner*) Auftreten *nt;* ***the large car gave an immediate ~ of wealth*** das große Auto vermittelte sofort den Eindruck von Reichtum; **neat/smart ~** gepflegtes/ansprechendes Äußeres; **at first ~** auf den ersten Blick
❹ ■**~s** *pl* (*outward aspect*) äußerer [An]schein; **to do sth for the sake of ~s** etwas tun, um den Schein zu wahren
▸ Phrases: **to [*or* Am from] all ~s** allem Anschein nach; **~s can be deceptive** (*saying*) der Schein trügt *prov;* **to keep up ~s** den Schein wahren; **~s matter** (*saying*) Kleider machen Leute *prov*

appease [əˈpiːz] *vt* (*form*) ❶ (*pacify*) ■**to ~ sb** jdn beruhigen [*o* besänftigen]; **to ~ a conflict** einen Konflikt beilegen [*o* schlichten]
❷ (*relieve*) **to ~ one's appetite/hunger** seinen Appetit/Hunger stillen; (*suppress*) seinen Appetit/Hunger zügeln; **to ~ sb's anger/curiosity** jds Zorn beschwichtigen *geh*/Neugier befriedigen

appeasement [əˈpiːzmənt] *n no pl* ❶ (*conciliation*) Versöhnung *f; of one's critics* Besänftigung *f*
❷ (*relief*) *of anger* Beschwichtigung *f geh; of hunger* Stillen *nt*

appeasement policy *n* Beschwichtigungspolitik *f*

appellant [əˈpelənt] *n* Law Berufungskläger(in) *m(f),* Revisionskläger(in) *m(f),* Revisionsführer(in) *m(f),* Appellant(in) *m(f) veraltet*

appellate court *n* Am Law Revisionsgericht *nt;* Brit *also* Berufungsgericht *nt* **appellate jurisdiction** *n* Law Zuständigkeit *f* in der Rechtsmittelinstanz

appellation [ˌæpəˈleɪʃᵊn] *n* (*form*) Bezeichnung *f;* (*address*) Anrede *f*

appellee [ˌæpəˈliː] *n* Law Revisionsbeklagte(r) *f(m),* Revisionsgegner(in) *m(f)*

append [əˈpend] *vt* (*form*) ■**to ~ sth to sth** etw *dat* etw hinzufügen

appendage [əˈpendɪdʒ] *n* (*form*) ❶ (*lesser part*) Anhang *m;* (*hum: partner*) Anhängsel *nt hum*
❷ (*limb*) Gliedmaße *f*

appendectomy [ˌæpenˈdektəmi] *n* Med Blinddarmoperation *f*

appendices [əˈpendɪsiːz] *n pl of* **appendix**

appendicitis [əˌpendɪˈsaɪtɪs, Am -t̬-] *n no pl* Blinddarmentzündung *f,* Appendizitis *f fachspr*

appendix [əˈpendɪks, *pl* -dɪsiːz] *n* ❶ <*pl* -es> (*body part*) Blinddarm *m,* Appendix *m fachspr;* **to have one's ~ removed [*or* [taken] out]** sich *dat* den Blinddarm herausnehmen lassen
❷ <*pl* -dices *or* -es> (*in book or magazine*) Anhang *m,* Appendix *m fachspr*

appertain [ˌæpəˈteɪn, Am -ɚˈ-] *vi no passive* ■**to ~ to sth** (*form*) zu etw *dat* gehören

appetite [ˈæpɪtaɪt, Am -pə-] *n* Appetit *m;* **to curb one's ~** seinen Appetit zügeln; **to give sb an ~** jdm Appetit machen; ***all that walking has given me an ~*** das Laufen hat mich hungrig gemacht; **to have an ~** Appetit haben; **to ruin [*or* spoil] [*or* take away] one's ~** sich *dat* den Appetit verderben; (*fig*) **~ for success** Erfolgshunger *m*

appetite suppressant *n* Appetitzügler *m*

appetizer [ˈæpɪtaɪzəʳ, Am -pətaɪzɚ] *n* ❶ (*before meal*) Appetithappen *m,* Appetitanreger *m*
❷ *esp* Am (*first course*) Vorspeise *f*

appetizing [ˈæpɪtaɪzɪŋ, Am -pə-] *adj* (*enticing*) appetitlich; (*fig: attractive*) reizvoll; **an ~ prospect/thought** eine verlockende Aussicht/ein verlockender Gedanke

applaud [əˈplɔːd, Am *esp* -ˈplɑːd] **I.** *vi* applaudieren, [Beifall] klatschen
II. *vt* ❶ (*clap*) ■**to ~ sb** jdm applaudieren [*o* Beifall spenden]
❷ (*form: praise*) ■**to ~ sb/sth** jdn/etw loben; **to ~ a decision** eine Entscheidung begrüßen

applause [əˈplɔːz, Am *esp* -ˈplɑːz] *n no pl* [**a round of**] **~** Applaus *m;* ***so let's have a round of ~ please for ...*** und so bitte ich um [kräftigen] Applaus für ...; **loud ~** tosender Applaus [*o* Beifall]; **to be greeted [*or* met] with ~** mit Beifall empfangen werden; (*fig*) begrüßt werden

apple [ˈæpl̩] *n* Apfel *m;* **to peel an ~** einen Apfel schälen
▸ Phrases: **an ~ a day keeps the doctor away** (*saying*) ein Apfel pro Tag und man bleibt gesund; **the ~ of sb's eye** jds Augapfel [*o* Liebling]; **as sure as [God made] little ~s** (*fam*) so sicher wie das Amen in der Kirche *prov;* **the ~ never falls far from the tree** (*prov*) der Apfel fällt nicht weit vom Stamm *prov*

apple butter *n* Am (*apple jelly*) Apfelgelee *m o nt* (*mennonitische Spezialität*) **apple cart** *n* ▸ Phrases: **to upset the ~** alles über den Haufen werfen *fam* **apple-cheeked** *adj* rotbäckig, rotwangig **applejack** *n no pl esp* Am Apfelschnaps *m* **apple juice** *n* Apfelsaft *m* **apple orchard** *n* [Obst]garten *m* mit Apfelbäumen **apple pie** *n* ❶ Food gedeckter Apfelkuchen ❷ Am (*approv: homeliness*) Heimische *nt;* **as American as ~** durch und durch amerikanisch ▸ Phrases: **an apple-pie bed** Brit *ein Bett, in dem das Bettzeug zum Spaß so gefaltet ist, dass man sich nicht ausstrecken kann;* **apple-pie order** schönste Ordnung; ***their house is always in apple-pie order*** ihr Haus sieht immer tipptopp aus *fam* **apple sauce** *n no pl* Apfelmus *nt*

applet [ˈæplɪt] *n* Comput Hilfsprogramm *nt;* (*in Microsoft Windows*) Option *f* [der Systemsteuerung]

apple tree *n* Apfelbaum *m*

appliance [əˈplaɪən(t)s] *n* ❶ (*for household*) Gerät *nt;* **household ~[s]** Haushaltsgerät[e] *nt[pl];* **electric ~[s]** Elektrogerät[e] *nt[pl]*
❷ Med (*instrument*) Instrument *nt;* **surgical ~s** Stützapparate *mpl;* (*artificial limbs*) Prothesen *fpl*
❸ (*fire engine*) [Feuer]löschfahrzeug *nt*
❹ *no pl* Brit (*action, process*) Anwendung *f*

appliance computer *n* Comput gebrauchsfertiger Computer

applicability [əˌplɪkəˈbɪləti, Am ət̬i] *n no pl* Anwendbarkeit *f* (**to** auf +*akk*)

applicable [əˈplɪkəbl̩] *adj pred* ■**to be ~ [to sb/sth]** [auf jdn/etw] anwendbar sein; (*on form*) **not ~** nicht zutreffend

applicant [ˈæplɪkənt] *n* Bewerber(in) *m(f)* (**for** für +*akk*); ***how many ~s did you have for the job?*** wie viele haben sich für die Stelle beworben?

applicant for shares *n* Brit Fin Aktienzeichner(in) *m(f)*

application [ˌæplɪˈkeɪʃᵊn] *n* ❶ (*formal request*) *for a job* Bewerbung *f* (**for** um +*akk*); *for a permit* Antrag *m* (**for** auf/für +*akk*); *for a patent* Anmeldung *f* (**for** von +*dat*); **to put together/send off/submit an ~** eine Bewerbung anfertigen/abschicken/einreichen
❷ *no pl* (*process of requesting*) Anfordern *nt;* **on ~ to sb/sth** auf Anfrage bei jdm/etw; ***free information will be sent out on ~*** Gratisinformationen können angefordert werden
❸ *no pl* (*relevance*) Bedeutung *f* (**to** für +*akk*)
❹ *no pl* (*implementation*) Anwenden *nt;* **the ~ of a law/regulation** die Anwendung eines Gesetzes/einer Regelung
❺ (*coating*) Anstrich *m; of cream, ointment* Auftragen *nt*
❻ (*use*) Anwendung *f*
❼ *no pl* (*sustained effort*) Eifer *m*
❽ (*computer program*) Anwendung *f;* **spreadsheet ~** Tabellenkalkulationsprogramm *nt;* **word processing ~** Textverarbeitungsprogramm *nt*
❾ Brit Fin **~ for quotation** Börsenzulassungsantrag *m;* **~ for shares** Aktienzeichnung *f;* **shares payable on ~** bei Zeichnung zahlbare Aktien

application form *n* (*for job*) Bewerbungsformular *nt;* (*for permit*) Antragsformular *nt;* (*for patent*) Anmeldungsformular *nt*

application package *n* Comput Anwendungssoftwarepaket *nt*

applicator [ˈæplɪkeɪtəʳ, Am -t̬ɚ] *n* ❶ (*for applying sth*) Vorrichtung *f;* (*for applying cream*) [Creme]spatel *m;* (*to push*) [Creme]spender *m*
❷ (*for inserting sth*) Einführhilfe *f*

applied [əˈplaɪd] **I.** *adj* anwendungsorientiert; **~ linguistics/mathematics** angewandte Linguistik/Mathematik
II. *pt of* **apply**

appliqué [æpˈliːkeɪ, Am ˈæplə-] **I.** *n no pl* (*way of decorating*) Applikation *f;* (*decorated cloth*) mit Applikationen versehenes Kleidungsstück
II. *vt usu passive* ■**to be ~d [onto [*or* with] sth]** [auf etw *akk*] appliziert sein

apply <-ie-> [əˈplaɪ] **I.** *vi* ❶ (*formally request*) ■**to**

~ **for sth** (*for a job*) sich *akk* um etw *akk* bewerben; (*for permission*) etw *akk* beantragen (**to** bei +*dat*); ***Tim's applied to join the police*** Tim hat sich bei der Polizei beworben; **to ~ for a grant/job** sich *akk* um [*o* für] ein Stipendium/eine Stelle bewerben; **to ~ for a passport** einen Pass beantragen; **to ~ for a patent** ein Patent anmelden; **to ~ for shares** BRIT FIN Aktien zeichnen
❷ (*submit application*) **to ~ for a job** eine Bewerbung einreichen; **to ~ in writing** sich *akk* schriftlich bewerben; ***please ~ in writing to the address below*** bitte richten Sie Ihre schriftliche Bewerbung an unten stehende Adresse
❸ (*pertain*) gelten; ■**to ~ to sb/sth** jdn/etw betreffen
II. *vt* ❶ (*put on*) ■**to ~ sth [to sth]** etw [auf etw *akk*] anwenden; **to ~ a bandage** einen Verband anlegen; **to ~ cream/paint** Creme/Farbe auftragen; **to ~ make-up** Make-up auflegen; **to ~ a splint to sth** etw schienen
❷ (*use*) ■**to ~ sth** etw gebrauchen; **to ~ the brakes** bremsen; **to ~ force** Gewalt anwenden; **to ~ pressure to sth** auf etw *akk* drücken; **to ~ sanctions** Sanktionen verhängen; **to ~ common sense** sich *akk* des gesunden Menschenverstands bedienen
❸ (*persevere*) ■**to ~ oneself** sich *akk* anstrengen

appoint [ə'pɔɪnt] *vt* ❶ (*select*) ■**to ~ sb [to do sth]** jdn [dazu] berufen[, etw zu tun]; ■**to ~ sb [as] sth** jdn zu etw *dat* ernennen; **to ~ sb as heir** jdn als Erben einsetzen; **to ~ a commission** eine Kommission einrichten
❷ *usu passive* (*form: designate*) ■**to have been ~ed** *date* festgesetzt worden sein
❸ LAW (*form*) ■**to ~ sth [to sb/sth]** [jdm/etw] etw übertragen

appointed [ə'pɔɪntɪd, AM -t̬-] *adj* ❶ *inv* (*selected*) ernannt
❷ *inv* (*form: designated*) vereinbart; **at the ~ hour** zur vereinbarten [*o* verabredeten] Stunde; **the ~ place** die vereinbarte Stelle; **the ~ time** die vereinbarte [*o* verabredete] Zeit
❸ (*form: furnished*) eingerichtet; ***the room is well-~*** der Raum ist gut ausgestattet; **fully ~** vollständig eingerichtet

appointee [ə,pɔɪn'tiː] *n* Ernannte(r) *f(m)*

appointment [ə'pɔɪntmənt] *n* ❶ *no pl* (*being selected*) Ernennung *f* (**as** zu +*dat*)
❷ (*selection*) Einstellung *f*
❸ (*official meeting*) Verabredung *f*; **dental ~** Zahnarzttermin *m*; **to cancel/miss an ~ [to see sb** [*or* **with sb**]] einen Termin [mit jdm] absagen/verpassen; **to have/keep an ~ [to see sb** [*or* **with sb**]] eine Verabredung [mit jdm] haben/einhalten; **to keep one's ~s** seine Termine einhalten; **to make an ~ [with sb]** [mit jdm] einen Termin ausmachen; **by ~ only** nur nach Absprache [*o* Vereinbarung]
► PHRASES: **by ~ to sb** auf jds Geheiß; ***Carter's Ltd, confectioners by ~ to the Queen*** Carter's Ltd, Königliche Hofkonditorei

apportion [ə'pɔːʃᵊn, AM ə'pɔːr-] *vt* (*form*) ■**to ~ sth** etw aufteilen; **to ~ blame to sb** jdm die Schuld zuweisen

apposite ['æpəzɪt] *adj* (*form*) passend; **~ comparison** treffender Vergleich; **~ observation** richtige Beobachtung; **~ remark** treffende Bemerkung; ***his remarks were ~*** seine Bemerkungen waren angebracht

apposition [,æpə'zɪʃᵊn] *n no pl* (*form*) ❶ LING Beifügung *f*, Apposition *f fachspr;* **to be in ~** appositionell [*o* appositiv] sein *fachspr*
❷ (*juxtaposition*) Nebeneinanderstellen *nt*

appraisal [ə'preɪzᵊl] *n* ❶ (*evaluation*) Bewertung *f*, Beurteilung *f*; (*appreciation*) Würdigung *f*; *of performance* Kritik *f*; **job ~** Arbeitsbewertung *f*; **to carry out/give an ~** eine Bewertung durchführen/Beurteilung abgeben
❷ (*estimation*) [Ab]schätzung *f*; **~ of damage[s]** Schätzung *f* des Schadens[ersatzes]

appraise [ə'preɪz] *vt* ❶ (*evaluate*) ■**to ~ sb/sth** jdn/etw bewerten [*o* einschätzen]; **to ~ evidence** Beweise *mpl* prüfen; **to ~ sb's needs** jds Bedürfnisse einschätzen; **to ~ a performance** eine Aufführung besprechen [*o* rezensieren]; **to ~ a situation** eine Situation einschätzen [*o* abschätzen]; **to ~ work** Arbeit *f* bewerten
❷ (*estimate*) ■**to ~ sth** *damage, price* etw schätzen

appraisee [ə,preɪ'ziː] *n* Beurteilte(r) *f(m)*

appraiser [ə'preɪzəʳ, AM -ɚ] *n* ❶ (*of student*) Tutor(in) *m(f)*, Mentor(in) *m(f)*; (*of employee*) Begutachter(in) *m(f)*
❷ (*of property*) Gutachter(in) *m(f)*, Sachverständige(r) *f(m)*; **antiques ~** *esp* AM Antiquitätenschätzer(in) *m(f)*; **real-estate ~** *esp* AM Immobilienschätzer(in) *m(f)*

appreciable [ə'priːʃəbl̩] *adj progress* beträchtlich, beachtlich; **~ change** tief greifende Veränderung; **~ difference** nennenswerter Unterschied

appreciably [ə'priːʃəbli] *adv* deutlich, beträchtlich; ***her health has improved ~*** ihr Gesundheitszustand hat sich deutlich gebessert

appreciate [ə'priːʃieɪt] **I.** *vt* ❶ (*value*) ■**to ~ sb/sth** jdn/etw schätzen; (*be grateful for*) ■**to ~ sth** etw zu schätzen wissen; ***I'd ~ it if ...*** könnten Sie ...; (*more formal*) ich wäre Ihnen sehr verbunden, wenn ... *geh*
❷ (*understand*) ■**to ~ sth** für etw *akk* Verständnis haben; ***we ~ the need for immediate action*** wir sehen die Notwendigkeit sofortiger Hilfe ein; **to ~ the danger** sich *dat* der Gefahr bewusst sein; ■**to ~ that ...** verstehen, dass ...
❸ FIN **to ~ a currency** eine Währung aufwerten
II. *vi* **to ~ in value** im Wert steigen

appreciation [ə,priːʃi'eɪʃᵊn] *n no pl* ❶ (*gratitude*) Anerkennung *f*; ***the crowd cheered in ~*** die Menge jubelte begeistert; **a token of ~** ein Zeichen *nt* der Dankbarkeit
❷ (*understanding*) Verständnis *nt* (**of** für +*akk*); (*insight*) Einsicht *f* (**of** in +*akk*); **to have no ~ of sth** für etw *akk* keinen Sinn haben; (*not know*) sich *dat* einer S. *gen* nicht bewusst sein
❸ (*increase in value*) [Wert]steigerung *f*

appreciative [ə'priːʃiətɪv, AM -t̬ɪv] *adj* ❶ (*grateful*) ■**to be ~ [of sth]** [für etw *akk*] dankbar sein
❷ (*show appreciation*) anerkennend *attr;* **~ audience** dankbares Publikum; ■**to be ~ of sth** etw zu schätzen wissen

appreciatively [ə'priːʃiətɪvli, AM -t̬ɪv-] *adv* (*gratefully*) dankbar; (*with appreciation*) anerkennend

apprehend [,æprɪ'hend] *vt* (*form*) ❶ (*arrest*) ■**to ~ sb** jdn festnehmen [*o* verhaften]
❷ (*comprehend*) ■**to ~ sth** etw einsehen; (*understand*) etw verstehen
❸ (*old: await anxiously*) ■**to ~ sth** etw befürchten; **to ~ danger** Gefahr wittern

apprehension [,æprɪ'hen(t)ʃᵊn] *n no pl* ❶ (*form: arrest*) Festnahme *f*, Verhaftung *f*
❷ (*form: comprehension*) Verständnis *nt*; (*insight*) Einsicht *f*; **~ of reality** Realitätssinn *m*; ***Carl has no ~ of what the world's really like*** Carl hat keine Vorstellung davon, wie die Welt tatsächlich ist
❸ (*anxiety*) Besorgnis *f*; (*stronger*) Befürchtung *f* (**about** über +*akk*); **in a state of ~** voller Befürchtungen; **with a feeling of ~** beklommen

apprehensive [,æprɪ'hen(t)sɪv] *adj* besorgt; (*scared*) ängstlich; ■**to be ~ about** [*or* **for**] **sth** vor etw *dat* Angst haben; ***I'm very ~ about tomorrow's meeting*** das morgige Treffen liegt mir [schwer] im Magen *fam*

apprehensively [,æprɪ'hen(t)sɪvli] *adv* besorgt

apprentice [ə'prentɪs, AM -t̬-] **I.** *n* Auszubildende(r) *f(m) geh*, Lehrling *m*; **~ carpenter** Tischlerlehrling *m*
II. *vt usu passive* ■**to be ~d to sb** bei jdm in die Lehre gehen

apprenticeship [ə'prentɪsʃɪp, AM -t̬ɪs] *n* ❶ (*training*) Ausbildung *f*, Lehre *f*; **to do an ~** eine Lehre machen
❷ (*period of training*) Lehrzeit *f*

apprise [ə'praɪz] *vt* (*form*) ■**to ~ sb of sth** jdn von etw *dat* in Kenntnis setzen

approach [ə'prəʊtʃ, AM -'proʊ-] **I.** *vt* ❶ (*come closer*) ■**to ~ sb/sth** sich *akk* jdm/etw nähern; (*come towards*) auf jdn/etw zukommen; ***you can only ~ this area by air*** dieses Gebiet kann man nur auf dem Luftweg erreichen
❷ (*of amount, time*) ■**to ~ sth** ***the total amount is ~ing $1000*** die Gesamtsumme nähert sich der 1000-Dollar-Marke; ***my grandfather is ~ing 80*** mein Großvater wird bald 80; ***it's ~ing lunchtime*** es geht auf Mittag zu
❸ (*of quality*) ■**to ~ sb/sth** an jdn/etw heranreichen; ***the service here doesn't even ~ a decent standard*** der Service hier ist unter allem Standard
❹ (*ask*) ■**to ~ sb** an jdn herantreten; ***she hasn't ~ed him about it yet*** sie hat ihn noch nicht deswegen angesprochen; ■**to ~ sb for sth** jdn um etw *akk* bitten
❺ (*handle*) ■**to ~ sth** etw in Angriff nehmen
II. *vi* sich *akk* nähern
III. *n* ❶ (*coming*) Nähern *nt kein pl;* **~ of dusk** Einbruch *m* der Dämmerung; ***at the ~ of winter ...*** wenn der Winter naht, ...
❷ (*preparation to land*) [Lande]anflug *m*
❸ (*access*) Zugang *m*; ***the southern ~es to Manchester*** die südlichen Zufahrtsstraßen nach Manchester; ***the ~es to this island ...*** die Seewege zu dieser Insel ...; **~ road** Zufahrtsstraße *f*
❹ (*appeal*) Herantreten *nt;* **to make an ~ to sb** an jdn herantreten
❺ (*proposal*) Vorstoß *m*; **to make an ~ to sb** sich *akk* an jdn wenden
❻ *usu pl* (*dated: sexual advance*) Annäherungsversuch *m*; **to make ~es to sb** bei jdm Annäherungsversuche machen
❼ (*methodology*) Ansatz *m*
❽ (*fig*) ***that was the closest ~ to an apology that you'll ever get!*** mehr als das wirst du als Entschuldigung nie [zu hören] bekommen

approachability [ə,prəʊtʃə'bɪləti, AM ə,proʊtʃə'bɪlət̬i] *n* Zugänglichkeit *f kein pl*

approachable [ə'prəʊtʃəbl̩, AM -'proʊ-] *adj person* umgänglich; *place* zugänglich, erreichbar; **~ building** betretbares Gebäude

approaching [ə'prəʊtʃɪŋ, AM 'proʊtʃ] *adj attr, inv* herannahend *a. fig*

approbation [,æprə(ʊ)'beɪʃᵊn, AM -prə'-] *n no pl* (*form*) ❶ (*praise*) Lob *nt;* **a word of ~** ein Wort *nt* des Lobes
❷ (*approval*) Zustimmung *f*; ***the council has finally indicated its ~ of the plans*** der Rat hat schließlich sein Einverständnis mit den Plänen angezeigt

appropriate **I.** *adj* [ə'prəʊpriət, AM -proʊ-] ❶ (*suitable*) angemessen, angebracht, passend; ***it's difficult to find the ~ words*** es ist schwierig, die richtigen Worte zu finden; ***it wouldn't be ~ for me to comment*** es steht mir nicht zu, das zu kommentieren; ■**to be ~ to sth** etw *dat* angemessen sein; **~ to the occasion** dem Anlass entsprechend
❷ (*relevant*) entsprechend; ***please complete the ~ part of this form*** bitte füllen Sie den zutreffenden Teil des Formulars aus
II. *vt* [ə'prəʊprieɪt, AM -'proʊ-] (*form*) ■**to ~ sth** ❶ (*steal*) sich *dat* etw aneignen; (*embezzle*) etw unterschlagen
❷ (*set aside*) etw bereitstellen; **to ~ funds** einen Fonds zuteilen
❸ LAW (*take control*) etw beschlagnahmen

appropriately [ə'prəʊpriətli, AM -'proʊ-] *adv* passend; **~ dressed** passend gekleidet; **to answer/speak ~** angemessen antworten/sprechen; **to comment ~** treffend kommentieren; (*in all justice*) gerechterweise

appropriateness [ə'prəʊpriətnəs, AM -'proʊ-] *n no pl* Angemessenheit *f*

appropriation [ə,prəʊpri'eɪʃᵊn, AM -,proʊ-] *n* ❶ *no pl* (*act of taking*) Aneignung *f*; (*embezzlement*) Unterschlagung *f*
❷ (*allotment*) Zuteilung *f*
❸ FIN ■**~s** *pl* Mittelzuweisungen *fpl*

appropriation committee *n* LAW Bewilligungsausschuss *m*

approval [ə'pruːvᵊl] *n no pl* ❶ (*praise*) Anerkennung *f;* (*benevolence*) Wohlwollen *nt;* **to meet with the ~ of sb** jds Beifall finden; **to win sb's ~** jds Anerkennung gewinnen
❷ (*consent*) Zustimmung *f;* **a nod of ~** ein zustimmendes Nicken; **a stamp of ~** (*fig*) eine Absegnung *hum fam*
▶ PHRASES: **on ~** ECON zur Ansicht; (*to try*) zur Probe

approve [ə'pruːv] **I.** *vi* ❶ (*agree with*) ■ **to ~ of sth** etw *dat* zustimmen
❷ (*like*) ■ **to ~/not ~ of sb** etwas/nichts von jdm halten; ■ **to ~ of sth** etw gutheißen
II. *vt* ■ **to ~ sth** (*permit*) etw genehmigen; (*consent*) etw billigen; ***the minutes of the last meeting were ~d*** das Protokoll des letzten Treffens wurde angenommen; **to ~ expenses** Kosten [*o* Ausgaben] übernehmen; **to ~ the sale of sth** etw zum Verkauf freigeben

approved [ə'pruːvd] *adj* ❶ (*agreed*) bewährt; ***what's the ~ way of dealing with this?*** wie geht man üblicherweise damit um?
❷ (*sanctioned*) [offiziell] anerkannt

approved securities *n* AM FIN mündelsichere Wertpapiere

approving [ə'pruːvɪŋ] *adj* zustimmend *attr;* (*benevolent*) wohlwollend

approvingly [ə'pruːvɪŋli] *adv* anerkennend; **to comment ~** beipflichtend kommentieren; **to laugh ~** zustimmend lachen; **to smile ~** wohlwollend lächeln

approx *adv abbrev of* **approximately** ca.

approximate I. *adj* [ə'prɒksɪmət, AM ə'prɑːk-] ungefähr; ***the ~ cost will be about $600*** die Kosten belaufen sich auf ca. 600 Dollar; ***the train's ~ time of arrival is 10.30*** der Zug wird voraussichtlich um 10:30 Uhr ankommen; **an ~ number** ein [An]näherungswert *m*
II. *vt* [ə'prɒksɪmeɪt, AM ə'prɑːk-] (*esp form*) ■ **to ~ sth** sich etw *dat* nähern; ■ **to ~ sth to sth** etw an etw *akk* annähern
III. *vi* [ə'prɒksɪmeɪt, AM ə'prɑːk-] (*esp form*) ■ **to ~ to sth** etw *dat* annähernd gleichkommen; **to ~ to the truth** der Wahrheit nahe kommen

approximately [ə'prɒksɪmətli, AM ə'prɑːk-] *adv* ungefähr, etwa; **~ *three weeks*** ca. drei Wochen

approximation [əˌprɒksɪ'meɪʃᵊn, AM əˌprɑːk-] *n* (*form*) ❶ (*estimation*) Annäherung *f;* ***could you give me a rough ~ of ...*** können Sie mir ungefähr sagen, ...; ***that's only an ~, I can't give you an exact figure*** das ist nur eine grobe Schätzung, ich kann Ihnen die genaue Zahl nicht sagen
❷ (*semblance*) Annäherung *f* (**of/to** an +*akk*); ***what he said bore no ~ whatsoever to the truth*** was er sagte, wurde in keiner Weise der Wahrheit gerecht
❸ EU Angleichung *f;* **~ of expenditure** Überschlag *m* der Ausgaben

appurtenance [ə'pɜːtɪnən(t)s, AM ə'pɜːrtᵊn-] *n usu pl* ❶ (*form: accessory*) Zubehör *nt,* Insignien *pl a. hum*
❷ ■ **~s** *pl* LAW Grundstücksbestandteile *pl*

appurtenant [ə'pɜːtɪnənt, AM -'pɜːr-] *adj* LAW zugehörig

APR [ˌeɪpiː'ɑːʳ, AM -'ɑːr] *n* FIN *abbrev of* **annual percentage rate** Jahreszinssatz *m*

Apr. *n abbrev of* **April** Apr.

après-ski [ˌæpreɪ'skiː, AM ˌɑːp-] **I.** *n no pl* Après-Ski *nt*
II. *adj bar, entertainment* Après-Ski-

apricot ['eɪprɪkɒt, AM -kɑːt, 'æp-] **I.** *n* ❶ (*fruit*) Aprikose *f,* Marille *f* ÖSTERR
❷ *no pl* (*colour*) Apricot *nt,* Aprikosenfarbe *f*
II. *n modifier* (*tree, jam, sauce*) Aprikosen-; **~ preserves** eingeweckte Aprikosen
III. *adj* apricotfarben, aprikosenfarben

April ['eɪprᵊl] *n* April *m;* **~ shower** Aprilschauer *m; see also* **February**

April Fool *n* ❶ (*trick*) Aprilscherz *m;* **to play an ~ on sb** jdn in den April schicken
❷ (*person*) Aprilnarr *m;* **~!** April, April!

April Fools' Day *n* der erste April

a priori [ˌeɪpraɪ'ɔːraɪ, AM ˌɑːpriː'ɔːri, -raɪ] (*form*)
I. *adj* a priori *fachspr,* apriorisch *fachspr;* **~ argument** LAW Apriori-Argument *nt;* **~ reasoning** apriorisches Denken
II. *adv* a priori *fachspr;* **to reason ~** apriorisch denken

apron ['eɪprən] *n* ❶ (*clothing*) Schürze *f;* **kitchen ~** Küchenschürze *f*
❷ AVIAT **~** [**area**] Vorfeld *nt*
❸ THEAT Vorbühne *f*

apron stage *n* THEAT Vorbühne *f,* Proszenium *nt fachspr* **apron strings** *npl* Schürzenbänder *ntpl*
▶ PHRASES: **to be tied to sb's ~** (*fig pej*) an jds Rockzipfel hängen *fam*

apropos [ˌæprə'pəʊ, AM -'poʊ] **I.** *adj pred* passend; ***his remarks were hardly ~*** seine Bemerkungen waren wenig angebracht
II. *adv* ❶ (*relevantly*) apropos *geh*
❷ (*incidentally*) übrigens, apropos *geh,* da wir gerade davon sprechen
III. *prep* (*form*) apropos; **~ of nothing** ganz nebenbei, übrigens

APS [ˌeɪpiː'es] *n abbrev of* **advanced photo system**

apse [æps] *n* Apsis *f fachspr*

apt [æpt] *adj* ❶ (*appropriate*) passend; **~ description/remark** treffende Beschreibung/Bemerkung; **~ moment** geeigneter Moment
❷ (*clever*) geschickt; (*talented*) begabt; ***she is very ~ at repair work*** sie hat Talent im Umgang mit Werkzeug
❸ *pred* (*likely*) ■ **to be ~ to do sth** ***the kitchen roof is ~ to leak when it rains*** es kann sein, dass es durch das Küchendach tropft, wenn es regnet

aptitude ['æptɪtjuːd, AM *esp* -tuːd] *n* Begabung *f,* Talent *nt;* **to have/show ~ at** [*or* **for**] **sth** für etw *akk* Talent haben/zeigen

aptitude test *n* Eignungstest *m*

aptly ['æptli] *adv* passend

aptness ['æptnəs] *n no pl* (*form*) ❶ (*appropriateness*) Angemessenheit *f*
❷ (*dated: aptitude*) Begabung *f,* Talent *nt;* **~ for drawing** Zeichentalent *nt*

aquaculture [ˌækwə'kʌltʃəʳ, AM ˌɑːkwə'kʌltʃɚ] *n* Aquakultur *f*

aqualung [ˌækwə'lʌŋ, AM ˌɑːk-] *n* Tauchgerät *nt*

aquamarine [ˌækwəmə'riːn, AM ˌɑːk-] **I.** *n no pl* ❶ (*stone*) Aquamarin *m*
❷ (*colour*) Aquamarinblau *nt*
II. *adj* aquamarinblau, aquamarinfarben

aquaplane ['ækwəpleɪn, AM 'ɑːk-] **I.** *vi* ❶ BRIT (*slip*) ins Rutschen geraten; ***the wheels ~d across the water*** die Reifen schwammen auf dem Wasser auf *fachspr*
❷ (*ride on single board*) Monoski laufen
II. *n* Monoski *m*

aquaria [ə'kweəriə, AM ə'kwer-] *n pl of* **aquarium**

Aquarian [ə'kweəriən, AM ə'kwer-] **I.** *n* Wassermann *m;* **to be an ~** ein Wassermann *m* sein
II. *adj* ***the typical ~ personality*** der typische Wassermann

aquarium <*pl* -s *or* -ria> [ə'kweəriəm, AM ə'kwer-, *pl* -riə] *n* Aquarium *nt*

Aquarius [ə'kweəriəs, AM -'kwer-] *n* ❶ *no art* (*zodiac sign*) Wassermann *m,* Aquarius *m;* ***he was born under ~*** er wurde im Sternzeichen Wassermann geboren
❷ (*person*) Wassermann *m;* ***I'm an ~*** ich bin [ein] Wassermann

aquatic [ə'kwætɪk, AM -ţ-] **I.** *adj inv* ❶ (*water-related*) aquatisch; **~ animal** Wassertier *nt;* **~ plant** Wasserpflanze *f*
❷ (*played in/on water*) *sports* Wasser-
II. *n* ❶ (*plant*) Wasserpflanze *f;* (*animal*) Wassertier *nt*
❷ SPORTS ■ **~s** Wassersportarten *fpl*

aquatically [ə'kwætɪkli, AM -ţ-] *adv inv* ***some plants can only be grown ~*** manche Pflanzen können nur im Wasser gezogen werden

aquatint ['ækwətɪnt, AM 'ɑːk-] *n* ART Aquatinta *f fachspr*

aquavit ['ækwəvɪt, AM 'ɑːkwəviːt] *n* Aquavit *m*

aqueduct ['ækwɪdʌkt] *n* Aquädukt *m o nt*

aqueous ['eɪkwiəs] *adj* (*form*) ❶ (*containing water*) wäss[e]rig; (*damp*) feucht; **~ environment** Feuchtbiotop *nt;* **to live in an ~ environment** am Wasser leben; **an ~ solution** eine wässrige Lösung
❷ (*like water*) wasserartig
❸ GEOL **~ rocks** Unterwassergestein *nt*

aquiline ['ækwɪlaɪn, AM -lən] *adj* (*esp liter*) adlerähnlich, Adler-; **~ nose** Adlernase *f*

Arab ['ærəb, AM *esp* 'er-] **I.** *n* Araber(in) *m(f)*
II. *adj inv* arabisch; **the ~ countries** die arabischen Länder, Arabien *nt*

arabesque [ˌærə'besk, AM *esp* ˌer-] *n* ❶ (*ballet position*) Arabeske *f*
❷ ART Arabeske *f*

Arabia [ə'reɪbiə] *n no pl* Arabien *nt*

Arabian [ə'reibiən] *adj inv* arabisch; **the ~ peninsula** die arabische Halbinsel

Arabic ['ærəbɪk, AM *esp* 'er-] **I.** *n no pl* Arabisch *nt*
II. *adj inv* arabisch; (*of language*) arabischsprachig

Arabic numeral *n* arabische Ziffer

arable ['ærəbl, AM *esp* 'er-] *adj* (*cultivable*) anbaufähig, bebaubar; (*being used*) landwirtschaftlich nutzbar; ***~ land is at a premium here*** Ackerland steht hier hoch im Kurs; **~ area** landwirtschaftliche Nutzfläche

arachnid [ə'ræknɪd] ZOOL **I.** *n* (*spec*) Spinnentier *nt;* ■ **~s** *pl* Arachn[o]iden *pl fachspr*
II. *adj* (*spec*) spinnenartig

arachnophobia [əˌræknə(ʊ)'fəʊbiə, AM -nə'foʊ-] *n no pl* (*spec*) Arachnophobie *f fachspr*

arb [ɑːb, AM ɑːrb] *n* FIN (*fam*) *short for* **arbitrageur** Arbitrageur *m*

arbiter ['ɑːbɪtəʳ, AM 'ɑːrbɪţɚ] *n* ❶ (*settler of dispute*) Vermittler(in) *m(f);* ***the government will be the final ~ in the dispute*** die Regierung wird im Streit das letzte Wort haben; **~ of fashion** Modezar *m;* **moral ~** Moralapostel *m*
❷ *see* **arbitrator**

arbitrage [ˌɑːbɪ'trɑːʒ, AM 'ɑːrbɪtrɑːdʒ] *n no pl* FIN, STOCKEX Arbitrage *f fachspr;* **~ in bullion** Goldarbitrage *f;* **~ margin** internationales Zinsgefälle; **risk ~** AM Risikoarbitrage *f;* **~ stocks** STOCKEX Arbitragewerte *mpl;* **~ syndicate** Arbitragekonsortium *nt*

arbitrageur [ˌɑːbɪtrɑː'ʒɜːʳ, AM 'ɑːrbɪtrɑːʒɚ] *n* FIN, STOCKEX Arbitrageur *m*

arbitrarily [ˌɑːbɪ'treᵊrᵊli, AM ˌɑːrbə'trer-] *adv* ❶ (*randomly*) arbiträr *geh*
❷ (*pej: despotically*) willkürlich

arbitrariness ['ɑːbɪtrᵊrɪnəs, AM 'ɑːrbətrer-] *n no pl* Willkür *f;* ***the ~ of his action infuriated me*** seine willkürliche Vorgehensweise ärgerte mich

arbitrary ['ɑːbɪtrᵊri, AM 'ɑːrbətreri] *adj* ❶ (*random*) arbiträr *geh;* **~ decision** spontane Entscheidung
❷ (*pej: despotic*) willkürlich; **~ ruler** despotischer Herrscher/despotische Herrscherin

arbitrate ['ɑːbɪtreɪt, AM 'ɑːrbə-] **I.** *vt* **to ~ an argument** [*or* **a dispute**] einen Streit schlichten
II. *vi* (*settle dispute*) als Vermittler/Vermittlerin fungieren; (*mediate*) vermitteln

arbitration [ˌɑːbɪ'treɪʃᵊn, AM ˌɑːrbə'-] *n no pl* ❶ LAW Schlichtung *f;* (*process*) Schlichtungsverfahren *nt;* **to avoid ~** Schlichtung *f* vermeiden; **to go to ~** einen Schlichter/eine Schlichterin anrufen; **to settle a dispute/strike by ~** einen Streit/Streik durch Schlichtung beilegen; **to submit** [*or* **take**] **a dispute to ~** einen Streitfall einem Schiedsgericht übergeben, einen Streitfall vor den Schlichter bringen; **to refer a question to ~** einen Streitfall an ein Schiedsgericht verweisen
❷ COMPUT **bus ~** Buszuteilung *f*

arbitration board, arbitration tribunal *n* ECON, LAW Schlichtungskommission *f,* Schiedsstelle *f;* **industrial arbitration tribunal** Schiedsgericht *nt* für wirtschaftliche Streitigkeiten

arbitrator ['ɑːbɪtreɪtəʳ, AM 'ɑːrbətreɪţɚ] *n* (*to reach compromise*) Schlichter(in) *m(f);* **industrial ~** Schlichter(in) *m(f)* [*o* Schiedsrichter(in) *m(f)*] bei gewerblichen Streitigkeiten; (*to make decision*)

Schiedsrichter(in) *m(f)*; **expert** ~ erfahrener Schlichter/erfahrene Schlichterin; **to appoint an** ~ einen Schlichter/eine Schlichterin ernennen
arbor *n* AM, AUS *see* **arbour**
Arbor Day *n* AM, AUS *traditioneller Baumpflanzungstag*
arboreal [ɑːˈbɔːriəl, AM ɑːrˈ-] *adj* auf Bäumen lebend *attr;* ***monkeys are*** ~ ***animals*** Affen leben auf Bäumen; ~ **studies** Baumlehrkunde *f*
arboretum <*pl* -s *or* -ta> [ˌɑːbəʳˈiːtəm, AM ˌɑːrbər] *n* Arboretum *nt*
arboriculture [ˈɑːbəʳɪˌkʌltʃəʳ, AM ˈɑːrbəɪˌkʌltʃɚ] *n* Baumzucht *f*
arbour [ˈɑːbəʳ], AM **arbor** [ˈɑːrbɚ] *n* Laube *f*
arc [ɑːk, AM ɑːrk] **I.** *n* ❶ *(curve)* Bogen *m*
❷ ELEC Lichtbogen *m*
II. *vi* ❶ *(curve)* einen Bogen beschreiben
❷ ELEC einen Lichtbogen bilden; ***a spark*** ~***ed across when he attached the wire to the battery*** ein Funken sprang in hohem Bogen über, als er das Kabel an der Batterie anbrachte
arcade [ɑːˈkeɪd, AM ɑːrˈ-] *n* ❶ *(covered passageway)* Säulengang *m*, Arkade *f*
❷ *(galleria)* [**shopping**] ~ [Einkaufs]passage *f*
Arcadia [ɑːˈkeɪdiːə, AM ɑːrˈ-] *n* *(esp liter)* Arkadien *nt liter*
Arcadian [ɑːˈkeɪdiːən, AM ɑːrˈ-] *adj* *(esp liter)* arkadisch *fig liter*
arcane [ɑːˈkeɪn, AM ɑːrˈ] *adj* geheimnisumwoben *geh*
arch¹ [ɑːtʃ, AM ɑːrtʃ] **I.** *n* Bogen *m;* ~ **of the foot** Fußgewölbe *nt*
II. *vi* sich *akk* wölben
III. *vt* **to** ~ **one's back** den Rücken krümmen; **to** ~ **one's eyebrows** die Augenbrauen heben
arch² [ɑːtʃ, AM ɑːrtʃ] *adj* verschmitzt; **to give sb an** ~ **look** jdn schelmisch anblicken; **an** ~ **smile** ein spitzbübisches Lächeln
arch- [ɑːtʃ, AM ɑːrtʃ] *in compounds* Erz-; ~**-rival** Erzrivale, -in *m, f;* ~**-villain** Erzschurke *m*, Mordsschlingel *m hum*
archaeological [ˌɑːkiəˈlɒdʒɪkəl], AM **archeological** [ˌɑːrkiəˈlɑː-] *adj* archäologisch; ~ **dig** [Aus]grabungsort *m;* ~ **find** archäologische Fundstätte; ~ **site** Ausgrabungsstätte *f*
archaeologically [ˌɑːkiəˈlɒdʒɪkəli], AM **archeologically** [ˌɑːrkiəˈlɑː-] *adv* archäologisch
archaeologist [ˌɑːkiˈɒlədʒɪst], AM **archeologist** [ˌɑːrkiˈɑːl-] *n* Archäologe, -in *m, f*
archaeology [ˌɑːkiˈɒlədʒi], AM **archeology** [ˌɑːrkiˈɑːl-] *n no pl* Archäologie *f*
archaeopteryx [ˌɑːkiˈɒptəʳɪks, AM ˌɑːrkiˈɑːp-] *n* ORN Archäopteryx *m*
archaic [ɑːˈkeɪɪk, AM ɑːrˈ-] *adj* ❶ *(antiquated)* veraltet, archaisch *geh*
❷ *(hum fam: old-fashioned)* altmodisch
archaically [ɑːˈkeɪɪkəli, AM ɑːrˈ-] *adv* in archaischer Form
archaism [ˈɑːkeɪɪzəm, AM ˈɑːrki-] *n* Archaismus *m geh*
archangel [ˈɑːkeɪndʒəl, AM ˈɑːr-] *n* Erzengel *m*
archbishop *n* Erzbischof *m* **archbishopric** *n* Erzbistum *nt* **archdeacon** *n* Erzdiakon *m*, Archidiakon *m* **archdeaconry** *n* Archidiakonat *nt* **archdiocese** *n* Erzdiözese *f* **archduchess** *n* Erzherzogin *f* **archduke** *n* Erzherzog *m*
arched [ɑːtʃt, AM ɑːrtʃt] *adj* gewölbt; ~ **door** Bogenportal *nt;* ~ **roof** Tonnendach *nt;* ~ **window** Bogenfenster *nt*
arch-enemy *n* Erzfeind(in) *m(f)*
archeological(ly) *adv* AM *see* **archaeological(ly)**
archeologist *n* AM *see* **archaeologist**
archeology *n no pl* AM *see* **archaeology**
archer [ˈɑːtʃəʳ, AM ˈɑːrtʃɚ] *n* Bogenschütze, -in *m, f*
archerfish *n* Schützenfisch *m*
archery [ˈɑːtʃəri, AM ˈɑːr-] *n no pl* Bogenschießen *nt*
archetypal [ˌɑːkɪˈtaɪpəl, AM ˌɑːr-] *adj* urbildlich, archetypisch; **an** ~ **English gentleman** ein vorbildlicher englischer Gentleman
archetype [ˈɑːkɪtaɪp, AM ˈɑːr-] *n* ❶ *(typical example)* Urform *f*, Ausgangsform *f*
❷ PSYCH Archetyp[us] *m*
archetypical [ˌɑːkɪˈtɪpɪkəl, AM ˌɑːrkə-] *adj* archetypisch
Archimedes' principle [ˌɑːkɪmiːdiːzˈprɪn(t)səpl̩, AM ˌɑːrkə-] *n* das archimedische Prinzip
Archimedian screw [ˌɑːkɪmiːdiənˈskruː, AM ˌɑːrkə-] *n* archimedische Schraube
archipelago <*pl* -s *or* -es> [ˌɑːkɪˈpeləgəʊ, AM ˌɑːrkəˈpeləgoʊ] *n* Archipel *m*
architect [ˈɑːkɪtekt, AM ˈɑːrkə-] *n* ❶ ARCHIT Architekt(in) *m(f)*
❷ *(fig: creator)* Schöpfer(in) *m(f)*
► PHRASES: **every man is the** ~ **of his own fortune** *(prov)* jeder ist seines Glückes Schmied *prov*
architectural [ˌɑːkɪˈtektʃərəl, AM ˌɑːrkəˈ-] *adj* architektonisch; ~ **plan** Bauplan *m*
architecturally [ˌɑːkɪˈtektʃərəli, AM ˌɑːrkəˈ-] *adv* architektonisch
architecture [ˈɑːkɪtektʃəʳ, AM ˈɑːrkətektʃɚ] *n no pl* ❶ *(subject)* Architektur *f*, Baukunst *f*
❷ *(style)* Architektur *f*, Baustil *m*
architrave [ˈɑːkɪtreɪv, AM ˈɑːrkə-] *n* ❶ ARCHIT Architrav *m*
❷ *(moulded frame)* Ziergebälk *nt* *(plastischer Zierrat um Türen und Fenster)*
archival [ˌɑːˈkaɪvəl, AM ˌɑːr-] *adj inv* Archiv-; ~ **research** Forschung *f* in Archiven
archive [ˈɑːkaɪv, AM ˈɑːr-] **I.** *n* Archiv *nt*
II. *n modifier (document, material, research)* Archiv-; ~ **footage** Archivmaterial *nt*
archivist [ˈɑːkɪvɪst, AM ˈɑːrkaɪ-] *n* Archivar(in) *m(f)*
archly [ˈɑːtʃli, AM ˈɑːrtʃ-] *adv* schelmisch
archway *n* Torbogen *m*
arc lamp, arc light *n* Bogenlampe *f*
arctic [ˈɑːktɪk, AM ˈɑːrk-] *adj* *(fig)* eiskalt; ***the weather's really*** ~ ***today*** heute herrscht geradezu eine arktische Kälte; ~ **conditions** arktische [Wetter]verhältnisse
Arctic [ˈɑːktɪk, AM ˈɑːrk-] **I.** *n no pl* ■**the** ~ die Arktis
II. *adj inv* arktisch; ~ **expedition** Nordpolexpedition *f*
Arctic Circle *n* nördlicher Polarkreis **Arctic fox** *n* Polarfuchs *m* **Arctic hare** *n* Polarhase *m* **Arctic Ocean** *n* Nördliches Eismeer **Arctic tern** *n* Küstenseeschwalbe *f*
arc welding *n no pl* Lichtbogenschweißung *f;* *(act of welding)* Lichtbogenschweißen *nt*
ardent [ˈɑːdənt, AM ˈɑːr-] *adj* leidenschaftlich; ~ **admirer** glühender Verehrer/glühende Verehrerin; ~ **desire** brennender Wunsch; ~ **feminist** vehemente Feministin; ~ **plea** innige Bitte
ardently [ˈɑːdəntli, AM ˈɑːr-] *adv* leidenschaftlich, inbrünstig *geh*
ardor [ˈɑːrdɚ] AM, AUS, **ardour** [ˈɑːdəʳ] *n no pl* BRIT, AUS Leidenschaft *f*, Begeisterung *f* (**for** für +*akk*)
arduous [ˈɑːdjuːəs, AM ˈɑːrdʒuːəs] *adj* anstrengend, beschwerlich; ~ **task** mühsame Aufgabe
arduously [ˈɑːdjuːəsli, AM ˈɑːrdʒuːəs-] *adv* angestrengt
arduousness [ˈɑːdjuːəsnəs, AM ˈɑːrdʒuːəs-] *n no pl* Beschwerlichkeit *f*, Mühseligkeit *f*
are [ɑːʳ, AM ɑːr] *vt, vi see* **be**
area [ˈeəriə, AM ˈeri-] *n* ❶ *(region)* Gebiet *nt*, Region *f;* ~ **of the brain** Hirnregion *f;* ~ **of coverage** Reichweite *f;* **danger** ~ Gefahrenzone *f;* ~ **of the lung** Lungenbereich *m;* ~ **manager** Gebietsleiter(in) *m(f);* **testing** ~ Testgelände *nt*
❷ COMM **commercial** ~ Gewerbegebiet *nt;* **sales** ~ Verkaufsfläche *f;* ECON **free trade** ~ Freihandelszone *f;* FIN **dollar/sterling** ~ Dollar-/Sterlingzone *f*
❸ *(subject field)* Gebiet *nt fig;* ~ **of competence/knowledge** Wissensgebiet *nt*
❹ *(surface measure)* Fläche *f*, Flächeninhalt *m;* ~ **of a circle** Kreisfläche *f;* ***50 square kilometres in*** ~ eine Fläche von 50 km²
❺ FBALL *(fam)* Strafraum *m*
❻ *(approximately)* ■**in the** ~ **of ...** ungefähr ...; **in the** ~ **of £200** etwa 200 Pfund
area bombing *n* MIL Flächenbombardement *nt*
area code *n* AM, AUS *(dialling code)* Vorwahl *f*
arena [əˈriːnə] *n* ❶ *(for entertainment)* Arena *f;* *(sports stadium)* Stadion *nt*
❷ *(fig)* Arena *f fig;* **the political** ~ die politische Bühne; **to enter the** ~ die Bühne betreten *fig*
aren't [ɑːnt, AM ɑːrnt] = **are not** *see* **be**
areola [əˈriələ] *n* ANAT ❶ *(of nipple)* Warzenhof *m*
❷ *(of eye)* Augenringe *pl*
argentiferous [ˌɑːdʒənˈtɪfərəs, AM ˈɑːr-] *adj* silberhaltig
Argentina [ˌɑːdʒənˈtiːnə, AM ˈɑːr-] *n* Argentinien *nt*
Argentine [ˈɑːdʒəntaɪn, AM ˈɑːr-], **Argentinian** [ˌɑːdʒənˈtɪniən, AM ˌɑːr-] **I.** *adj* argentinisch
II. *n* Argentinier(in) *m(f)*
argon [ˈɑːgɒn, AM ˈɑːrgɑːn] *n no pl* CHEM Argon *nt*
argonaut [ˈɑːgənɔːt, AM ˈɑːrgənɑːt] *n* ❶ ZOOL Papiernautilus *m*
❷ *(in Greek mythology)* ■**the A~s** *pl* die Argonauten
argot [ˈɑːgəʊ, AM ˈɑːrgoʊ] *n* Argot *m o nt*, Jargon *m*
arguable [ˈɑːgjuəbl̩, AM ˈɑːrg-] *adj* ❶ *(open to debate)* fragwürdig
❷ *(able to be maintained)* diskutabel; ***it is*** ~ ***that ...*** es ist durchaus vertretbar, dass ...
arguably [ˈɑːgjuəbli, AM ˈɑːrg-] *adv* wohl; ***he is*** ~ ***one of the world's finest football players*** er dürfte wohl zu den besten Fußballern der Welt gehören
argue [ˈɑːgjuː, AM ˈɑːrg-] **I.** *vi* ❶ *(disagree)* sich *akk* streiten; ■**to** ~ **with sb** mit jdm streiten; ■**to** ~ **about** [*or* **over**] **sth** sich wegen einer S. *gen* streiten
❷ *(reason)* argumentieren; ■**to** ~ **against/for** [*or* **in favour of**] **sth** sich *akk* gegen/für etw *akk* aussprechen
II. *vt* ❶ *(debate, reason)* ■**to** ~ **sth** etw erörtern; **a well-~d article** ein Artikel *m* mit Hand und Fuß; ■**to** ~ **sth away** etw wegdiskutieren; ■**to** ~ **that ...** dafür sprechen, dass ...
❷ *(persuade)* ■**to** ~ **sb into/out of doing sth** jdm etw ein-/ausreden
► PHRASES: **to** ~ **the toss** *(fam)* gegen etw *akk* sein
◆**argue down** *vt esp* AM ■**to** ~ **sb down** jdn niederreden
◆**argue out** *vt* ■**to** ~ **out** ⊂ **sth** etw ausdiskutieren
argument [ˈɑːgjəmənt, AM ˈɑːrg-] *n* ❶ *(heated discussion)* Wortwechsel *m*, Auseinandersetzung *f;* **without any** ~ ohne weitere Diskussionen; **to be engaged in** ~ in eine Auseinandersetzung verwickelt sein; **to get into/have an** ~ [**with sb**] [mit jdm] streiten
❷ *(case)* Argument *nt* (**against/for** gegen/für +*akk*); ***there's a strong*** ~ ***for banning cars from the city centre*** es spricht einiges dafür, Autos aus der Innenstadt zu verbannen; ~ **of a book** These *f* eines Buches
❸ COMPUT Parameter *nt;* ~ **separator** Argumenttrennzeichen *nt*
argumentation [ˌɑːgjəmenˈteɪʃən, AM ɑːr] *n no pl* Argumentation *f*
argumentative [ˌɑːgjəˈmentətɪv, AM ˌɑːrgjəmenţəţɪv] *adj* *(pej)* streitsüchtig
argy-bargy [ˌɑːdʒiˈbɑːdʒi] *n no pl* BRIT *(fam)* Geplänkel *nt fam*
aria [ˈɑːriə] *n* Arie *f*
Arian [ˈeəriən, AM ˈeriən] **I.** *n* ❶ REL Arianer(in) *m(f)*
❷ ASTROL Widder *m*
II. *adj* arianisch
arid [ˈærɪd, AM ˈer-] *adj* ❶ *(very dry)* dürr, ausgedörrt; ~ **climate** Trockenklima *nt;* ~ **zone** Trockenzone *f*
❷ *(fig: boring)* trocken *fig;* **an** ~ **book** ein langweiliges Buch; *(unproductive)* unergiebig; ***after several*** ~ ***years ...*** nach einer Durststrecke von mehreren Jahren ...
aridity [əˈrɪdɪti] *n no pl* Dürre *f sing*
Aries [ˈeəriːz, AM ˈeriːz] *n* ❶ *no art* ASTROL, ASTRON *(star sign, formation)* Widder *m*
❷ ASTROL *(person)* Widder

aright [ə'raɪt] *adv* (*liter or dated*) richtig

arise <arose, arisen> [ə'raɪz] *vi* ① (*come about*) sich *akk* ergeben; ***should complications ~, …*** sollte es zu Schwierigkeiten kommen, …; ***should doubt ~, …*** sollten Zweifel aufkommen, …; ***should the need ~, …*** sollte es notwendig werden, …
② (*form: get up*) aufstehen
③ (*liter: rise*) sich *akk* erheben

arisen [ə'rɪzᵊn] *pp of* **arise**

aristocracy [ˌærɪ'stɒkrəsi, AM ˌerə'stɑː-] *n + sing/pl vb* ■the ~ ① (*nobility*) die Aristokratie
② (*fig: the highest-placed*) die Elite, die Crème de la Crème

aristocrat ['ærɪstəkræt, AM ə'rɪs-] *n* Aristokrat(in) *m(f)*

aristocratic [ˌærɪstə'krætɪk, AM əˌrɪstə'kræṭɪk] *adj* aristokratisch

Aristotelian [ˌærɪstɒ'tiːliən, AM ˌerɪstə'] **I.** *adj inv* aristotelisch
II. *n* Aristoteliker(in) *m(f)*

arithmetic I. *n* [ə'rɪθmətɪk] *no pl* Arithmetik *f;* **to do some quick mental ~** etw schnell im Kopf ausrechnen
II. *adj* [ˌærɪθ'metɪk, AM ˌerɪθ'meṭɪk] Rechen-; **~ mean** arithmetisches Mittel; **~ problem** Rechenaufgabe *f;* **~ progression** arithmetische Reihe

arithmetical [ˌærɪθ'metɪkᵊl, AM ˌerɪθ'meṭɪk-] *adj* Rechen-

arithmetically [ˌærɪθ'metɪkᵊli, AM ˌerɪθ'meṭɪk-] *adv* arithmetisch; **to solve a problem ~** ein Problem rechnerisch lösen

Ariz. AM *abbrev of* **Arizona**

ark [ɑːk, AM ɑːrk] *n no pl* ① (*boat*) Arche *f;* **to look as if it came out of the ~** (*fig fam*) äußerst altmodisch wirken; *see also* **Noah's ark**
② (*box*) **the A~ of the Covenant** die Bundeslade
③ AGR Unterstand *m* für Freilaufschweine

Ark. AM *abbrev of* **Arkansas**

arm¹ [ɑːm, AM ɑːrm] *n* ① ANAT Arm *m;* **at ~'s length** mit [aus]gestreckten Armen; **to deal with sb at ~'s length** ECON mit jdm im Prinzip der rechtlichen Gleichstellung [*o* im Einklang mit den Wettbewerbsregeln] Geschäfte machen; **to keep sb at ~'s length** (*fig*) jdn auf Distanz halten; **to hold sb in one's ~s** jdn in den Armen halten; **to put** [*or* **throw**] **one's ~s round sb** den Arm um jdn legen; **to take sb in one's ~s** jdn in die Arme nehmen; **~ in ~** Arm in Arm; **on one's ~** am Arm
② (*sleeve*) Ärmel *m*
③ (*armrest*) Armlehne *f*
④ GEOG Arm *m;* **~ of land** Landzunge *f;* **~ of a river/of the sea** Fluss-/Meeresarm *m*
⑤ (*division*) Abteilung *f*
► PHRASES: **to cost an ~ and a <u>leg</u>** (*fam*) Unsummen kosten

arm² [ɑːm, AM ɑːrm] **I.** *vt* ① (*supply with weapons*) ■**to ~ sb** [**with sth**] jdn [mit etw *dat*] bewaffnen; ■**to ~ oneself for sth** (*fig*) sich *akk* für etw *akk* wappnen
② (*prepare for detonation*) **to ~ a bomb** eine Bombe scharf machen; **to ~ a rocket** eine Rakete zündfertig machen
II. *n* ■**~s** *pl* ① (*weapons*) Waffen *fpl;* **to lay down one's ~s** die Waffen niederlegen; **to take up ~s** [**against sb/sth**] den Kampf [gegen jdn/etw] aufnehmen; **under ~s** kampfbereit
② (*heraldic insignia*) Wappen *nt;* **the King's A~s** Zum König (*auf Wirtshaustafeln*)
► PHRASES: **to <u>be</u> up in ~s about** [*or* **against**] [*or* **over**] **sth** über etw *akk* in Streit geraten

ARM [ˌeɪɑː'rem] *n* FIN *abbrev of* **adjustable rate mortgage** variabel verzinsliche Hypothek

armada [ɑː'mɑːdə, AM ɑːr'-] *n* Kriegsflotte *f;* **the Spanish A~** die spanische Armada

armadillo [ˌɑːmə'dɪləʊ, AM ˌɑːrmə'dɪloʊ] *n* Gürteltier *nt*

Armageddon [ˌɑːmə'gedᵊn, AM ˌɑːr-] *n no pl* ① REL Armageddon *nt*
② (*fig*) Katastrophe *f*

Armalite® ['ɑːməlaɪt, AM 'ɑːr] *n sehr leichte, automatische Schnellfeuerwaffe*

armament ['ɑːməmənt, AM 'ɑːr-] *n* ① *usu pl* (*weapons*) Waffen *fpl*
② *no pl* (*process of arming*) Bewaffnung *f,* Aufrüstung *f*

armaments programme *n* MIL Rüstungsprogramm *nt*

armature ['ɑːmətʃəʳ, AM 'ɑːrmətʃɚ] *n* ① (*dynamo's rotating coil*[*s*]) Relais *nt*
② (*magnetically induced moving part*) Anker *m*
③ (*animal armour*) Panzer *m;* (*plant armour*) Bewehrung *f*
④ (*framework for a sculpture*) Innengerüst *nt*

armband *n* ① (*on sleeve*) Armbinde *f*
② (*swimming aid*) Schwimmflügel *m*

arm candy *n* (*fam*) reizende Begleiterin **armchair I.** *n* (*chair*) Sessel *m,* Lehnstuhl *m* **II.** *n modifier* (*fig*) Möchtegern- *fam;* **~ politician** Stammtischpolitiker(in) *m(f)*

armed [ɑːmd, AM ɑːrmd] *adj inv* bewaffnet; **~ resistance** bewaffneter Widerstand

armed forces *npl* ■**the ~** die Streitkräfte *pl*

Armenia [ɑː'miːniə, AM ɑːr'-] *n* Armenien *nt*

Armenian [ɑː'miːniən, AM ɑːr'-] **I.** *adj* armenisch; ***she is ~*** sie ist Armenierin
II. *n* ① (*person*) Armenier(in) *m(f)*
② (*language*) Armenisch *nt*

armful *n* Armvoll *m kein pl,* Ladung *f fam* **armhole** *n* Armloch *nt*

armistice ['ɑːmɪstɪs, AM 'ɑːrmə-] *n* Waffenstillstand *m;* **to declare an ~** einen Waffenstillstand ausrufen

armlet *n* Armband *nt* (*am Oberarm*) **armlock** *n* Fesselgriff *m* (*mittels Drehen des Arms auf den Rücken*)

armor *n no pl* AM, AUS *see* **armour**

armored *adj* AM *see* **armoured**

armorer *n* AM *see* **armourer**

armorial [ɑː'mɔːriəl, AM ɑːr'-] *adj* heraldisch, Wappen-; **~ bearings** Wappenschild *nt;* **~ escutcheon** Wappenschild *nt*

armory *n* AM *see* **armoury**

armour ['ɑːməʳ], AM **armor** ['ɑːrmɚ] *n no pl* ① HIST Rüstung *f;* **knights in ~** Ritter in [voller] Rüstung; **suit of ~** Panzerkleid *nt*
② MIL **body ~** kugelsichere Weste; **~ plate** Panzerplatte *f*
③ MIL (*tanks*) Panzerfahrzeuge *ntpl*
④ ZOOL Panzer *m*

armoured ['ɑːməd], AM **armored** ['ɑːrmɚd] *adj* ① (*furnished with armour*) gepanzert; **~ car** Panzer[späh]wagen *m;* **~ glass** Panzerglas *nt;* **~ personnel carrier** gepanzerter Mannschaftswagen; **~ train** Panzerzug *m*
② (*furnished with armoured vehicles*) bewaffnet; **~ division** Panzerdivision *f*

armourer ['ɑːmərəʳ], AM **armorer** ['ɑːrmɚɚ] *n* Waffenmeister *m;* LAW (*sl*) illegaler Waffenhändler [*o* Beschaffer]/illegale Waffenhändlerin [*o* Beschafferin] von Waffen

armour-piercing *adj* MIL panzerbrechend; **~ bullet** Panzersprengkugel *f;* **~ shell** Panzergranate *f*

armour-plated *adj* gepanzert

armoury ['ɑːmᵊri], AM **armory** ['ɑːr-] *n* ① (*weapons stockpile, depot*) Waffenarsenal *nt,* Waffenlager *nt,* Zeughaus *nt hist*
② (*fig*) Arsenal *nt fig;* ***the only weapon left in his ~ was indifference*** das Einzige, was er noch auf Lager hatte, war Gleichgültigkeit zu markieren *fam*

armpit *n* ANAT Achselhöhle *f* ► PHRASES: **the ~ of the <u>universe</u>** [*or* **<u>world</u>**] das dreckigste Loch der Welt *pej sl* **armrest** *n* Armlehne *f*

arms control, arms limitation *n* MIL Abrüstung *f* **arms race** *n* ■**the ~** das Wettrüsten

arm-twisting *n no pl. no indef art* (*fig*) Überredungskunst *f* **arm-wrestling** *n no pl* Armdrücken *nt*

army ['ɑːmi, AM 'ɑːrmi] *n* ① MIL Armee *f;* ■**the ~** das Heer; [**to be**] **in the ~** beim Militär [sein]; **to go into** [*or* **join**] **the ~** zum Militär gehen
② (*fig*) Schwarm *m,* Heer *nt*

army ant *n* Wanderameise *f* **army base** *n* Militärlager *nt* **army brat** *n* (*fam*) Militärsprössling *m fam o hum* **army disposals store** AUS, **army-navy store** *n usu* AM Army Shop *m* **army officer** *n* Armeeoffizier *m* **army regulations** *n* Militärdienstvorschrift *f* **army surplus I.** *n* Militärüberschuss *m* (*überzählige Armeebestände an Kleidung etc., die von der Allgemeinheit erworben werden können*) **II.** *n modifier* (*boots, clothing, rucksacks, tents*) Militär-; **~ store** Army Shop *m*

arnica ['ɑːnɪkə, AM 'ɑːr-] *n* Arnika *f*

A-road ['eɪrəʊd] *n* ① (*road*) Straße *f* erster Ordnung, Bundesstraße *f,* Hauptverkehrsstraße *f*
② (*artery*) Verkehrsader *f,* Verkehrsschneise *f*

aroma [ə'rəʊmə, AM -'roʊ-] *n* ① (*smell*) Aroma *nt,* Duft *m;* **to give off an ~** einen Duft verströmen
② (*fig*) **an ~ of nostalgia** ein Hauch *m* von Nostalgie

aromatherapist [əˌrəʊmə'θerəpɪst, AM əˌroʊ] *n* Aromatherapeut(in) *m(f)*

aromatherapy I. *n no pl* Aromatherapie *f*
II. *n modifier* (*bath, oil*) Aromatherapie-; **~ massage** Massage *f* mit ätherischen Ölen

aromatic [ˌærə(ʊ)'mætɪk, AM ˌerə'mæṭ-] *adj* aromatisch

arose [ə'rəʊz, AM -'roʊz] *pt of* **arise**

around [ə'raʊnd] **I.** *adv inv* ① (*round*) herum; **the right/wrong way ~** richtig/falsch herum; **to come ~** vorbeikommen; **to get ~ to doing sth** endlich dazu kommen, etw zu tun; **to show sb ~** jdn herumführen; **to turn ~** sich *akk* umdrehen
② (*round about*) rundum, ringsherum; ***that tune has been going ~ and ~ in my head*** diese Melodie geht mir nicht aus dem Kopf; **to come from miles ~** von weither [zusammen]kommen *geh;* **to** [**have a**] **look ~** sich *akk* umsehen
③ (*in circumference*) im Durchmesser
④ (*in different directions*) umher; **to wave one's arms ~** mit den Armen [herum]fuchteln; **to get ~** herumkommen; **to walk ~** umhergehen
⑤ (*nearby*) in der Nähe; ***will you be ~ next week?*** bist du nächste Woche da?; ***there's a lot of flu ~ at the moment*** die Grippe grasiert im Augenblick; ***mobile phones have been ~ for quite a while*** Handys sind bereits seit längerem auf dem Markt
⑥ (*approximately*) ungefähr
⑦ ECON, FIN mit Report oder Deport; ***5 points ~*** 5 % Report und Deport
► PHRASES: **to have <u>been</u> ~** (*fam*) in der Welt herumgekommen sein; **<u>see</u> you ~** (*fam*) bis demnächst mal *fam*
II. *prep* ① (*surrounding*) um *+akk;* ***he put his arms ~ her and gave her a big hug*** er legte seine Arme um sie und drückte sie fest; **all ~ sth** um etw *akk* herum; ***there are trees all ~ the house*** um das ganze Haus herum stehen Bäume
② (*circling*) um *+akk;* ***the moon goes ~ the earth*** der Mond kreist um die Erde; ***they walked ~ the lake*** sie liefen um den See
③ (*curving to other side of*) um *+akk;* ***drive ~ the corner*** fahr um die Ecke; **to be just ~ the corner** gleich um die Ecke sein
④ (*at points at*) um herum *+akk;* ***they sat ~ the dinner table*** sie saßen um den Tisch herum
⑤ (*here and there within*) um *+akk;* ***she looked ~ the house*** sie sah sich im Haus um; ***from all ~ the world*** aus aller Welt
⑥ (*do nothing*) **to lie/sit/stand ~** herumliegen/-sitzen/-stehen
⑦ (*about*) um ungefähr; ***I heard a strange noise ~ 12:15*** um ungefähr 12.15 Uhr hörte ich ein seltsames Geräusch; *see also* **round**
⑧ (*based on*) **to centre/revolve ~ sth** sich *akk* um etw *akk* konzentrieren/drehen
⑨ (*to solve*) **to get ~ sth** um etw *akk* herumkommen; ***there seems to be no way ~ this problem*** es führt wohl kein Weg um dieses Problem herum

around-the-clock I. *adj* 24-Stunden-, rund um die Uhr; **~ bombing** Dauerbombardierung *f*
II. *adv* durchgehend, ohne Unterbrechung

arousal [ə'raʊzᵊl] *n no pl* sexuelle Erregung; **to be**

in a state of ~ sexuell erregt sein

arouse [ə'raʊz] *vt* ① (*stir*) ■ **to ~ sth** etw erwecken *liter;* **to ~ anger** Zorn erregen; **to ~ concern** Bedenken hervorrufen; **to ~ controversy** zu Unstimmigkeiten führen; **to ~ opposition** auf Widerstand stoßen; **to ~ suspicion** Verdacht erregen
② (*sexually excite*) ■ **to ~ sb** jdn erregen

aroused [ə'raʊzd] *adj* erregt

arpeggio [ɑː'pedʒiəʊ, AM ɑːr'pedʒioʊ] *n* MUS Arpeggio *nt*

ARPS [ˌeɪɑːrpiː'es] *n* AM FIN *abbrev of* **adjustable rate preferred stock** *Vorzugsaktien, die mit einer variablen Dividende ausgestattet sind*

arr. I. *vi* TRANSP *abbrev of* **arrive 1**
II. *n* TRANSP *abbrev of* **arrival** Ank.
III. *adj* MUS *abbrev of* **arranged** arr.

arrack ['ærək, AM 'er-] *n* Arrak *m*

arraign [ə'reɪn] *vt* LAW ■ **to ~ sb** jdn vor Gericht stellen; **to be ~ed on charges of sth** wegen einer S. *gen* angeklagt werden; **to ~ sb for murder** jdn des Mordes anklagen

arraignment [ə'reɪnmənt] *n* LAW Anklageerhebung *f*

arrange [ə'reɪndʒ] I. *vt* ■ **to ~ sth** ① (*organize*) etw arrangieren; **to ~ a date** einen Termin vereinbaren; **to ~ a marriage** eine Heirat zuwege bringen; **to ~ matters** die Angelegenheit regeln; **to ~ a meeting** ein Treffen in die Wege leiten
② (*put in order*) etw ordnen; **to ~ flowers** Blumen arrangieren; **to ~ oneself according to height** sich der Größe nach aufstellen
③ MUS (*adapt*) etw arrangieren; **to ~ a piece for an instrument** ein Stück für ein Instrument einrichten
II. *vi* festlegen; ■ **to ~ [with sb] to do sth** etw [mit jdm] vereinbaren; ■ **to ~ for sb to do/have sth** etw für jdn organisieren; ***she's ~d for her son to have swimming lessons*** sie hat für ihren Sohn Schwimmunterricht gebucht

arranged marriage *n* arrangierte Hochzeit

arrangement [ə'reɪndʒmənt] *n* ① ■ **~s** *pl* (*preparations*) Vorbereitungen *fpl*
② (*agreement*) Abmachung *f;* **to have an ~ with sb** mit jdm eine Abmachung getroffen haben; **to come to an ~** zu einer Übereinkunft kommen; ***by [prior] ~ with the bank*** nach vorheriger Absprache mit der Bank
③ (*method of organizing sth*) Vereinbarung *f;* ***what are your current working ~s?*** welche arbeitsmäßigen Verpflichtungen haben Sie momentan?
④ (*ordering*) Arrangement *nt;* **an ~ of dried flowers** ein Gesteck *nt* von Trockenblumen; MUS ***an ~ for saxophone and piano*** ein für Saxophon und Klavier arrangiertes [Musik]stück

arrangement fee *n* FIN [Kredit]bereitstellungsprovision *f*

arranger [ə'reɪndʒə', AM -ɚ] *n* ① MUS Arrangeur(in) *m(f)*
② (*of flowers*) **flower ~** Florist(in) *m(f)*

arrant ['ærənt, AM 'er-] *adj attr* (*liter or dated*) völlig; **~ nonsense** absoluter Schwachsinn *fam*

arras ['ærəs, AM 'er-] *n* Arazzo *m*

array [ə'reɪ] I. *n* ① (*display*) stattliche Reihe; **an ~ of people** eine Menschenmenge
② (*form or liter: clothes*) Aufmachung *f,* Kleidung *f*
③ MIL **in battle ~** in Schlachtordnung
④ LAW (*prospective jurors*) [Aufstellung *f* der] Geschworenenliste *f*
II. *vt* ① (*display*) ■ **to ~ sth** etw aufreihen
② MIL (*deploy*) ■ **to be ~ed against sb/sth** gegen jdn/etw aufgestellt werden
③ (*form or liter: clothe*) ■ **to ~ oneself** sich *akk* herausputzen *hum*

arrears [ə'rɪəz, AM -'rɪrz] *npl* ① FIN (*overdue money*) Rückstände *mpl;* **~ of interest** Zinsrückstände *mpl;* **rent ~** Mietrückstände *mpl*
② (*behind*) **in ~** FIN in Verzug; **to be paid in ~** nachträglich beglichen werden; **to be two goals in ~** SPORTS zwei Tore zurückliegen

arrest [ə'rest] I. *vt* ① LAW (*apprehend*) ■ **to ~ sb** jdn verhaften
② (*form: stop*) ■ **to ~ [the development of] sth** etw zum Stillstand bringen; ***the treatment has so far done little to ~ the spread of the cancer*** die Behandlung hat dem Krebs bis jetzt kaum Einhalt geboten
③ (*attract*) **to ~ sb's attention** jds Aufmerksamkeit erregen
II. *n* LAW Verhaftung *f;* **citizen's ~** [jedermann zustehendes] vorläufiges Festnahmerecht; **house ~** Hausarrest *m;* **to place** [*or* **put**] **sb under ~** jdn in Haft nehmen; **under ~** in Haft

arrested development *n* aufgehaltene Entwicklung

arrester [ə'restə', AM -ɚ] *n* ① (*preventive device*) **fire ~** Brandverhüter *m*
② MIL Fangkabel *nt* (*Aufhaltevorrichtung für auf Flugzeugträgern landende Kampfflugzeuge*)

arresting [ə'restɪŋ] *adj* ① (*striking*) faszinierend; **~ account** fesselnde Geschichte; **~ outfit** atemberaubendes Outfit; **~ performance** eindrucksvolle Vorstellung
② LAW **~ officer** Polizeibeamter/-beamtin, der/die eine Festnahme durchführt

arrest warrant *n* Haftbefehl *m*

arrhythmia [ə'rɪðmiə] *n* MED Herzrhythmusstörung *f,* Arrhythmie *f fachspr*

arrival [ə'raɪvəl] *n* ① (*at a destination*) Ankunft *f;* **~ of a baby** Geburt *f* eines Babys; **~ of an invention/a technology** Einführung *f* einer Erfindung/Technologie; **time of ~** Ankunftszeit *f;* **~s hall** TRANSP Ankunftshalle *f;* ***"to await ~"*** „nicht nachsenden"
② (*person*) Ankommende(r) *f(m);* ***their new ~ was keeping them busy*** (*fam*) ihr Baby hielt sie auf Trab; ***how's your latest ~?*** wie geht's dem Familienzuwachs? *fam*

arrive [ə'raɪv] *vi* ① (*come [to a destination]*) *bus, plane, train* ankommen; *mail, season* kommen; **to ~ at** [*or* **in**] **a place/a town** an einem Ort/in einer Stadt eintreffen; **to ~ at a conclusion/decision** (*fig*) zu einem Schluss/einer Entscheidung gelangen; **to ~ at a compromise** einen Kompromiss erzielen; **to ~ at a result** zu einem Ergebnis kommen
② (*fam or fig: establish one's reputation*) sein Ziel erreichen, es schaffen *fam*
③ (*be born*) kommen, geboren werden
④ ECON (*agree upon*) **to ~ at a price** sich *akk* auf einen Preis einigen

arrogance ['ærəgən(t)s, AM 'er-] *n no pl* Arroganz *f*

arrogant ['ærəgənt, AM 'er-] *adj* arrogant

arrogantly ['ærəgəntli, AM 'er-] *adv* arrogant

arrogate ['ærə(ʊ)geɪt, AM 'erə-] *vt* (*form*) ■ **to ~ sth [to oneself]** sich *dat* etw anmaßen

arrow ['ærəʊ, AM 'eroʊ-] I. *n* ① (*missile*) Pfeil *m*
② (*pointer*) Pfeilzeichen *nt,* Pfeil *m*
II. *vi* ■ **to ~ somewhere** (*point*) irgendwohin weisen; (*move*) irgendwohin rasen

arrowhead *n* Pfeilspitze *f* **arrow keys** *npl* COMPUT Pfeiltasten *pl* **arrowroot** *n no pl* ① BOT (*plant*) Pfeilwurz *f* ② FOOD (*starch*) Pfeilwurzstärke *f*

arse [ɑːs] BRIT, AUS I. *n* ANAT (*vulg*) Arsch *m derb*
► PHRASES: **not to know one's ~ from one's elbow** völlig bescheuert sein *sl;* **~ about face** Hals über Kopf; **to kick sb/sth's ~** jdn/etw übertrumpfen; **get your ~ in gear!, get off your ~!** setz deinen Hintern in Bewegung! *sl;* **move** [*or* **shift**] **your ~!** (*get moving*) beweg dich! *fam;* (*make room*) rutsch rüber! *fam;* **to work one's ~ off** sich *dat* den Arsch aufreißen *derb*
II. *n modifier* BRIT **the ~ end of a place** (*sl*) die Abbruchgegend eines Ortes *pej fam*
III. *vi* (*vulg*) ■ **to ~ around** [*or* **about**] herumblödeln *fam*
IV. *vt* **sb cannot be ~d with sth** jd schert sich *akk* einen Dreck um etw *akk sl*

arsehole *n* BRIT, AUS (*vulg*) Arschloch *nt vulg* **arse-kisser, arse-licker** *n* BRIT, AUS (*vulg*) Arschkriecher *m pej derb*

arsenal ['ɑːsənəl, AM 'ɑːr-] *n* [Waffen]arsenal *nt*

arsenic ['ɑːsənɪk, AM 'ɑːr-] *n no pl* Arsen *nt*

arson ['ɑːsən, AM 'ɑːr-] *n no pl, no art* Brandstiftung *f*

arsonist ['ɑːsənɪst, AM 'ɑːr-] *n* Brandstifter(in) *m(f)*

art [ɑːt, AM ɑːrt] I. *n* ① (*drawing, painting, sculpture*) bildende Kunst
② (*creative activity*) Kunst *f,* Kunstform *f;* **~s and crafts** Kunsthandwerk *nt,* Kunstgewerbe *nt*
③ ■ **the ~s** *pl* (*creative activity collectively*) die Kunst
④ (*high skill*) Geschick *nt,* Kunst *f;* **the ~ of cooking** die Kochkunst
⑤ *pl* UNIV (*area of study*) ■ **the ~s** Geisteswissenschaften *fpl*
II. *n modifier* (*collection, collector, critic, dealer*) Kunst-

art deco [ˌɑːt'dekəʊ, AM ˌɑːrt'dekoʊ] *n no art* Art déco *m o nt*

artefact ['ɑːtɪfækt, AM 'ɑːrt̬ə-] *n* Artefakt *nt*

arterial [ɑː'tɪəriəl, AM ɑːr'tɪri-] *adj* ① *inv* ANAT arteriell; **~ wall** Arterienwand *f*
② TRANSP Haupt-; **~ railway** Hauptstrecke *f;* **~ road** Hauptverkehrsstraße *f*

arteriosclerosis [ɑːˌtɪəriəʊskle'rəʊsɪs, AM ɑːrˌtɪrioʊsklə'roʊsəs] *n* MED Arterienverkalkung *f,* Arteriosklerose *f fachspr*

arteriosclerotic [ɑːˌtɪəriəʊsklə'rɒtɪk, AM ɑːrˌtɪrioʊsklə'rɑːt̬ɪk] *adj* arteriosklerotisch

artery ['ɑːtəri, AM 'ɑːrt̬əi] *n* ① ANAT Arterie *f*
② TRANSP Hauptverkehrsader *f*

artesian well [ɑːˌtiːziən'wel, AM ɑrˌtiːʒən] *n* artesischer Brunnen

art form *n* ① (*conventionally established form*) Kunstgattung *f*
② (*imaginative or creative activity*) Kunstform *f*

artful ['ɑːtfəl, AM 'ɑːrt-] *adj* geschickt; **~ dodger** durchtriebenes Bürschchen

artfully ['ɑːtfəli, AM 'ɑːrt-] *adv* geschickt

artfulness ['ɑːtfəlnəs, AM 'ɑːrt-] *n no pl* Geschick *nt;* **~ of speech** Redegewandtheit *f*

art historian *n* Kunsthistoriker(in) *m(f)* **art history** *n* Kunstgeschichte *f* **art-house** ['ɑːthaʊs, AM 'ɑːrt] *adj attr, inv cinema* Programm-

arthritic [ɑː'θrɪtɪk, AM ɑːrθrɪt̬ɪk] MED I. *adj* arthritisch
II. *n* Arthritiker(in) *m(f)*

arthritis [ɑː'θraɪtɪs, AM ɑːrθraɪt̬əs] *n no pl* MED Gelenkentzündung *f,* Arthritis *f fachspr*

arthropod ['ɑːθrəpɒd, AM 'ɑːrθrəpɑːd] *n* ZOOL Gliederfüßler *m;* **the ~s** die Arthropoden *pl fachspr*

Arthurian [ɑː'θjʊəriən, AM ɑːr'θʊ] *adj inv* Artus-

artic [ɑː'tɪk] *n* BRIT (*fam*) *short for* **articulated lorry** Sattelschlepper *m*

artichoke ['ɑːtɪtʃəʊk, AM 'ɑːrt̬ətʃoʊk] *n* [**globe**] **~** Artischocke *f;* **~ bottom** Artischockenboden *m;* **~ heart** Artischockenherz *nt*

article ['ɑːtɪkl̩, AM 'ɑːrt̬ɪ-] *n* ① (*writing*) Artikel *m*
② (*object*) Gegenstand *m,* Artikel *m;* **~ of clothing/furniture** Kleidungs-/Möbelstück *nt;* **~ of value** Wertgegenstand *m*
③ LING Artikel *m*
④ LAW Paragraph *m;* (*document*) Vertrag *m,* Urkunde *f;* **~s of association** Vereinssatzung *f;* **~s of incorporation** AM Gründungsurkunde *f;* **~s of partnership** Gesellschaftsvertrag *m* [einer Personengesellschaft]
⑤ REL **~ of faith** Glaubensartikel *m*
⑥ BRIT, AUS LAW **to be doing** [*or* **in**] **~s** eine Rechtsanwaltsausbildung machen
⑦ BRIT LAW (*training time*) **~s of indenture** Ausbildungsvertrag *m;* **to serve ~s** seine Rechtsreferendarzeit ableisten

articled ['ɑːtɪkl̩d, AM 'ɑːrt̬ɪ-] *adj inv* LAW ■ **to be ~ to sb/sth** an jdn/etw vertraglich gebunden sein; **~ clerk** Anwärter(in) *m(f)* für die Rechtsanwaltslaufbahn

articled clerk *n* BRIT LAW Rechtsreferendar(in) *m(f),* Anwaltsreferendar(in) *m(f)*

articulacy [ɑː'tɪkjələsi, AM ɑːr'-] *n no pl* Ausdrucksfähigkeit *f*

articulate I. *adj* [ɑː'tɪkjələt, AM ɑːr'-] ① *person* redegewandt
② *thing* verständlich
II. *vt* [ɑː'tɪkjəleɪt, AM ɑːr'-] (*form*) ① (*express*

clearly) ■**to ~ sth** etw aussprechen; **to ~ an idea** eine Idee äußern; **to ~ one's opposition** sich *akk* gegen etw *akk* aussprechen
② (*pronounce clearly*) ■**to ~ sth** etw artikulieren; **to ~ a sound** einen Laut bilden
③ ANAT **to be ~d with sth** mit etw *dat* durch ein Gelenk verbunden sein
articulated lorry *n* BRIT Sattelschlepper *m*
articulately [ɑːˈtɪkjələtli, AM ɑːrˈ-] *adv* verständlich
articulateness [ɑːˈtɪkjələtnəs, AM ɑːrˈ-] *n no pl* Ausdrucksfähigkeit *f*
articulation [ɑːˌtɪkjəˈleɪʃən, AM ɑːrˌ-] *n no pl* ① (*clear expression*) deutliche Formulierung
② (*clear pronunciation*) Artikulation *f*
③ ANAT Gelenkverbindung *f*, Gelenkaufhängung *f*
artifact [ˈɑːtɪfækt, AM ˈɑːrt̬ə-] *n* Artefakt *nt*
artifice [ˈɑːtɪfɪs, AM ˈɑːrt̬ə-] *n* (*form*) ① *no pl* (*guile*) List *f*
② (*trick*) Trick *m*, List *f*
artificial [ˌɑːtɪˈfɪʃəl, AM ˌɑːrt̬əˈ-] *adj* ① (*not natural*) künstlich; **~ colour[ing]** Farbstoff *m*; **~ eye** künstliches Auge; **~ fertilizer** Kunstdünger *m*; **~ fibre** Kunstfaser *f*; **~ flavour** Geschmacksverstärker *m*; **~ kidney** künstliche Niere; **~ leg/teeth** Bein-/Zahnprothese *f*; **~ limb** Prothese *f*; **~ sweetener** Süßstoff *m*; **~ turf** Kunstrasen *m*
② (*pej: not genuine*) aufgesetzt; **an ~ smile** ein unechtes Lächeln
artificial insemination *n* künstliche Befruchtung
artificial intelligence *n* künstliche Intelligenz
artificial-intuition software [ˌɑːtɪfɪʃəl-ɪntjuˈɪʃənˈsɒftweəʳ, AM ˌɑːrt̬əfɪʃəlɪntuˈɪʃənˈsɑːftwer] *n* Artificial Intuition Software *f*
artificiality [ˌɑːtɪfɪʃiˈæləti, AM ˌɑːrt̬əfɪʃiˈælət̬i] *n no pl* Künstlichkeit *f*
artificially [ˌɑːtɪˈfɪʃəli, AM ˌɑːrt̬əˈ-] *adv* künstlich
artificial person *n* LAW juristische Person **artificial respiration** *n* künstliche Beatmung; **to give sb ~** jdn beatmen
artillery [ɑːˈtɪləri, AM ɑːrˈ-] *n no pl* MIL ① (*large guns*) Artillerie *f*; **~ fire** Artilleriefeuer *nt*
② (*branch of army*) ■**the ~** das Artilleriekorps
artilleryman *n* Artillerist *m*
artisan [ˈɑːtɪzæn, AM ˈɑːrt̬əzən] *n* Handwerker(in) *m(f)*
artist [ˈɑːtɪst, AM ˈɑːrt̬əst] *n* Künstler(in) *m(f)*
artiste [ɑːˈtiːst, AM ɑːrˈ-] *n* THEAT, TV Artist(in) *m(f)*; (*pej*) Pseudokünstler(in) *m(f)*
artistic [ɑːˈtɪstɪk, AM ɑːrˈ-] *adj* ① (*skilled at art*) kreativ; **~ ability** künstlerische Fähigkeit; **~ arrangement** kunstvolles Arrangement; **~ style/taste** Kunststil *m*/-geschmack *m*; **~ temperament** künstlerische Veranlagung
② (*relating to art*) künstlerisch; **~ circles** Künstlerkreise *pl*; **~ director** künstlerischer Leiter/künstlerische Leiterin
artistically [ɑːˈtɪstɪkli, AM ɑːrˈ-] *adv* künstlerisch
artistry [ˈɑːtɪstri, AM ˈɑːrt̬ə-] *n no pl* Kunstfertigkeit *f*
artless [ˈɑːtləs, AM ˈɑːrt-] *adj* ungekünstelt, ehrlich
artlessly [ˈɑːtləsli, AM ˈɑːrt-] *adv* ehrlich, schlicht
artlessness [ˈɑːtləsnəs, AM ˈɑːrt] *n no pl* Arglosigkeit *f*
art nouveau [ˌɑːnuːˈvəʊ, AM ˌɑːrnuːˈvoʊ] *n* Jugendstil *m*
art paper *n* Kunstdruckpapier *nt* **art studio** *n* Atelier *nt*
artsy *adj* AM (*pej fam*) *see* **arty**
artsy-craftsy *adj* AM (*fam*) *see* **arty-crafty** **artsy-fartsy** *adj* AM (*pej fam*) *see* **arty-farty**
artwork *n no pl* Illustrationen *fpl*
arty [ˈɑːti], AM **artsy** [ˈɑːrtsi] *adj* (*usu pej fam*) gewollt bohemienhaft; **~ film** Film *m* mit künstlerischem Anspruch
arty-crafty [-ˈkrɑːfti], AM **artsy-craftsy** [-ˈkræftsi] *adj* (*fam*) aufgesetzt künstlerisch **arty-farty** [-ˈfɑːti], AM **artsy-fartsy** [-ˈfɑːrtsi] *adj* (*pej fam*) gewollt bohemienhaft; **~ type** Künstlertyp *m fam*
arvo [ˈɑːvoʊ] *n* AUS Nachmittag *m*
Aryan [ˈeəriən, AM ˈeriən] **I.** *n* Arier(in) *m(f)*
II. *adj* arisch
as [æz, əz] **I.** *conj* ① (*when*) als; ***he gets more and more attractive ~ he gets older*** er wird mit zunehmendem Alter immer attraktiver; **~ *of next month*** ab nächstem Monat
② (*indicating comparison*) wie; ***do ~ I say!*** mach, was ich sage!; ***knowing him ~ I do, …*** wie ich ihn kenne, …; **~ *is often the case with children, …*** wie das oft bei Kindern so ist, …; ***she is an actor ~ is her brother*** sie ist Schauspielerin, wie ihr Bruder; *esp* AM ***all merchandise is sold ~ is*** alle Güter werden verkauft, wie sie sind; **~ *it happens*** rein zufällig; ***I've spent far too much money ~ it is*** ich habe sowieso schon zu viel Geld ausgegeben; (*also hum*) ***…, ~ my mother puts it …***, wie meine Mutter immer so schön sagt; ***he's a little on the large side, ~ it were*** er ist ein bisschen groß geraten, sagen wir einmal so; ***such riches ~ he has, he is still not happy*** so reich er auch ist, glücklich ist er noch immer nicht; ***I'd never seen him looking so miserable ~ he did that day*** ich habe ihn noch nie so traurig gesehen wie damals; BRIT ***you can revise them ~ and when I send them to you*** du kannst sie dann redigieren, sobald ich sie dir schicke; **~ *to where we'll get the money from, we'll talk about that later*** wir werden noch darüber sprechen, wo wir das Geld hernehmen sollen; ***he was uncertain ~ to which road to take*** er war sich nicht sicher, welche Straße er nehmen sollte; **exactly ~ …** genauso wie …; **just ~ …** so wie …; **~ usual** wie gewöhnlich; **~ things turned out** [*or* **happened**] [*or* **stood**] wie sich zeigte; **~ *it stood at the time, …*** so wie die Dinge damals standen, …; **~ things are** [*or* **stand**], **~ it stands** so wie die Dinge stehen; **~ you wish** [*or* **like**] [*or* **prefer**] (*form*) wie Sie wünschen; **~ if** [*or* **though**] **…** als ob …; ***it isn't ~ if she wasn't warned*** es ist ja nicht so, dass sie nicht gewarnt worden wäre; (*used for emphasis*) **~ if …** als ob; **~ *if I care[d]*** als ob mich das interessieren würde!
③ (*because*) **~ …** da …
④ (*used to add a comment*) wie; **~ *already mentioned …*** wie bereits erwähnt …; **~ *you know*** wie du weißt
⑤ (*though*) ***angry ~ he was*** so verärgert er auch war; ***sweet ~ he is*** so süß er auch ist; ***try ~ he might*** so sehr er es auch versuchte
II. *prep* ① (*in the capacity of*) als; **~ *prime minister he is …*** als Premierminister ist er …
② (*like, in the same way*) als; ***he went to the fancy-dress party dressed ~ a banana*** er kam als Banane verkleidet zum Kostümfest; ***the news came ~ no surprise*** die Nachricht war keine Überraschung; ***use your coat ~ a blanket*** nimm deinen Mantel als Decke; ***such big names ~ …*** so große Namen wie …; ***such agricultural states ~ Kansas and Oklahoma*** Agrarstaaten wie Kansas und Oklahoma; ***he wasn't thrilled — for me, I got used to the idea*** er war nicht begeistert — ich dagegen gewöhnte mich an die Vorstellung; ***the necklace was reported ~ having been stolen*** die Kette war als gestohlen gemeldet; **~ a matter of principle** aus Prinzip
③ (*during*) als; ***he had often been ill ~ a child*** als Kind war er oft krank
III. *adv inv* ① (*equally*) ■**~ … ~ …** [genau]so … wie …; ***he's ~ tall ~ Peter*** er ist so groß wie Peter; ***I can run just ~ fast ~ you*** ich kann genauso schnell laufen wie du; **~ much ~ …** so viel wie …; ***I don't earn ~ much ~ Paul*** ich verdiene nicht so viel wie Paul; ***they live in the same town ~ my parents*** sie wohnen in derselben Stadt wie meine Eltern; **twice/three times ~ much** [**~ …**] zweimal/dreimal so viel [wie …]; ***she's not half ~ self-confident ~ people think*** sie ist bei weitem nicht so selbstbewusst, wie man denkt
② (*indicating an extreme*) ■**~ little ~ …** schon für …; ***you can pick up a second-hand machine for ~ little ~ £20*** ein gebrauchtes Gerät kriegt man schon für 20 Pfund; ***prices have risen by ~ much ~ 50 %*** die Preise sind um ganze 50 % gestiegen; ***the decision could affect ~ many ~ 2 million people*** die Entscheidung könnte immerhin 2 Mio. Menschen betreffen; ***these sunflowers can grow ~ tall ~ 8 ft*** diese Sonnenblumen können bis zu 8 Fuß hoch werden
asafoetida [ˌæsəˈfetɪdə, AM -ˈfet̬ə-] *n no pl* BOT, FOOD Asant *m*
asap [ˌeɪeseɪˈpiː, ˈeɪsæp] *adv abbrev of* **as soon as possible** baldmöglichst
asbestos [æsˈbestɒs, AM -təs] **I.** *n no pl* Asbest *m*
II. *n modifier* (*suit*) Asbest-
asbestosis [ˌæsbesˈtəʊsɪs, AM -ˈtoʊ-] *n no pl* MED Asbestose *f fachspr*, Asbeststaublunge *f*
ascend [əˈsend] **I.** *vt* (*form*) ■**to ~ sth** etw emporsteigen *geh*; **to ~ the stairs** die Treppe hinaufsteigen; **to ~ the throne** den Thron besteigen
II. *vi* ① (*move upwards*) aufsteigen; *lift* hinauffahren; ***Christ ~ed into heaven*** Christus ist in den Himmel aufgefahren; **in ~ing order** in aufsteigender Reihenfolge; **in ~ing order of importance** nach zunehmender Wichtigkeit
② (*lead up*) emporführen *geh*; *path* hinaufführen
③ (*fig form: rise in position*) aufsteigen; ***she hoped in time to ~ to the status of head of department*** sie hoffte, möglichst schnell Abteilungsleiterin zu werden
ascendancy *n*, **ascendency** [əˈsendən(t)si] *n no pl* Vormachtstellung *f*; **to be in the ~** [**over sb**] [jdm] überlegen sein
ascendant, ascendent [əˈsendənt] **I.** *n no pl* (*form*) ① **to be in the ~** (*be gaining influence*) im Kommen sein; (*have supremacy*) beherrschenden Einfluss haben
② ASTROL Aszendent *m*; **to be in the ~** im Aszendenten stehen
II. *adj* ASTROL aszendierend *fachspr*
ascending tops *n* FIN aufsteigende Gipfelwerte
ascension [əˈsen(t)ʃən] *n* ① (*going up*) Aufstieg *m*
② REL ■**the A~** Christi Himmelfahrt *f*
Ascension Day *n* Himmelfahrt *f*, Himmelfahrtstag *m*
ascent [əˈsent] *n* ① (*upward movement*) Aufstieg *m*; *of a mountain* Besteigung *f*; **~ to power** (*fig*) Aufstieg *m* zur Macht
② (*slope*) Anstieg *m*
ascertain [ˌæsəˈteɪn, AM -ɚˈ-] *vt* (*form*) ① (*find out*) ■**to ~ sth** etw feststellen; **to ~ the etymology of a word** die Etymologie eines Wortes sichern; **to ~ the truth** die Wahrheit herausfinden
② (*make sure*) ■**to ~ that …** sicherstellen [*o* dafür sorgen], dass …
ascertainable [ˌæsəˈteɪnəbl̩, AM ˌæsɚˈ] *adj* feststellbar, nachweisbar; *price, rent* ermittelbar; **to be statistically ~** statistisch erfassbar sein
ascetic [əˈsetɪk, AM -t̬ɪk] **I.** *n* Asket(in) *m(f)*
II. *adj* asketisch
ascetically [əˈsetɪkəli, AM -t̬ɪkli] *adv* asketisch
asceticism [əˈsetɪsɪzəm, AM əˈset̬ə-] *n no pl* Askese *f*
ASCII [ˈæskiː] **I.** *n no pl acr for* **American Standard Code for Information Interchange** ASCII *m*
II. *n modifier* (*file, format*) ASCII-; **~ code** ASCII-Code *m*
ascorbic acid [əˌskɔːbɪkˈ-, AM əˌskɔːr-] *n no pl* Askorbinsäure *f*
ascot [ˈæskət, AM -kɑːt] *n modisch gewickeltes Herrenhalstuch*
Ascot heater® *n* BRIT ≈Warmwasserboiler *m*
ascribable [əˈskraɪbəbl̩] *adj* ■**to be ~ to sb/sth** jdm/etw zuzuschreiben sein; (*due to*) auf jdn/etw zurückzuführen sein
ascribe [əˈskraɪb] *vt* ■**to ~ sth to sb/sth** etw auf jdn/etw zurückführen; **to ~ the blame to sb** jdm die Schuld zuschieben; **to ~ a play to an author** ein Bühnenstück einem Autor zuschreiben
ascription [əˈskrɪpʃən] *n* ① *no pl* (*form: ascribing*) Zuschreibung *f*; ***the ~ of human feelings to animals is quite common*** Tieren werden häufig menschliche Gefühle zugeschrieben
② REL *Lobpreisung am Ende einer Predigt*
ASEAN [ˈæsɪən] *n abbrev of* **Association of South-**

East Asian Nations ASEAN; ~ **countries** ASEAN-Staaten

asepsis [ˌeɪˈsepsɪs] *n no pl* Asepsis *f fachspr,* Keimfreiheit *f*

aseptic [ˌeɪˈseptɪk] *adj* aseptisch *fachspr,* steril; ~ **dressing** steriler Verband; ~ **wound** keimfreie Wunde

asexual [ˌeɪˈsekʃʊəl, AM -ʃuəl] *adj* ❶ (*without intercourse*) ungeschlechtlich; ~ **reproduction** ungeschlechtliche Fortpflanzung
❷ (*without sex organs*) geschlechtslos; (*lacking sexuality*) asexuell; ~ **relationship** platonische Beziehung

asexuality [ˌeɪsekʃʊˈælɪti, AM -ʃuˈæləṭi] *n no pl* Geschlechtslosigkeit *f,* Asexualität *f*

asexually [ˌeɪˈsekʃʊəli, AM -ʃuəli] *adv* ungeschlechtlich; **to reproduce** ~ sich *akk* ungeschlechtlich fortpflanzen

ash¹ [æʃ] *n* ❶ *no pl* (*from burning*) Asche *f*
❷ (*remains*) ■~**es** *pl* Asche *f kein pl; of person also* verkohlte Überreste; ***the ~es of Dresden*** Dresden *nt* nach dem Feuersturm; ***they didn't rescue much from the ~es of their former home*** sie konnten nur wenig aus den Flammen retten; **to be in ~es** völlig zerstört sein; **to lay sth in ~es** etw in Schutt und Asche legen; **to reduce a city to ~es** eine Stadt in Feuer und Rauch aufgehen lassen; **~es to ~es** Erde zu Erde
❸ SPORTS ■**the A~s** *pl eine Krickettrophäe in Form einer kleinen Urne, um die zwischen England und Australien gespielt wird*
▶ PHRASES: **sth turns to ~es in one's mouth** etw wird für jdn zur großen Enttäuschung; **to rise** [**like a phoenix**] **from the ~es** wie Phönix aus der Asche auferstehen

ash² [æʃ] *n* (*tree*) Esche *f;* (*wood also*) Eschenholz *nt*

ashamed [əˈʃeɪmd] *adj pred* ■**to be** ~ [**of sb/sth**] sich *akk* [für jdn/etw] schämen; ***owning an old car is nothing to be ~ of*** ein älteres Auto zu besitzen ist keine Schande; ***that's nothing to be ~ of!*** dafür [*o* deswegen] brauchst du dich [doch] nicht zu schämen!; ***I'm ~ to be seen with you*** es ist mir peinlich, mit dir gesehen zu werden; ■**to be ~ of oneself,** ■**to feel** ~ sich *akk* schämen; ***you ought to be ~ of yourself!*** du solltest dich schämen!, schäm dich!

ash bin *n* BRIT Mülleimer *m; see also* **dustbin** **ash blond(e)** I. *n* **to be an** ~ ***woman*** aschblondes Haar haben II. *adj* aschblond **ashcan** *n* AM (*dated*) Mülleimer *m*

ashen [ˈæʃᵊn] *adj* aschgrau; *face* kreidebleich

ashen-faced [ˌæʃᵊnˈfeɪst] *adj* aschfahl, aschgrau, kreidebleich

ashlar [ˈæʃləʳ, AM lɚ] I. *n* ❶ *no pl* (*masonry*) Quader[-stein] *m,* Werkstein *m,* behauener Bruchstein
❷ (*ashlar block*) Steinquader *m*
II. *n modifier* Quader-, Werkstein-; ~ **facing** Werksteinverblendung *f;* ~ **lime** Quaderkalk *m*

ashore [əˈʃɔːʳ, AM -ˈʃɔːr] *adv inv* ❶ (*on land*) an Land; **to be/go** ~ an Land sein/gehen; **life** ~ Leben *nt* auf dem Festland
❷ (*to land*) **to run** ~ *ship* stranden; **to swim/wade** ~ ans Ufer schwimmen/waten; **to wash** ~ an Land gespült werden

ash pan *n* Aschenkasten *m*

ashram [ˈæʃrəm] *n* REL Aschram *m* (*rel. Zentrum in Indien*)

ashtray *n* Aschenbecher *m* **Ash Wednesday** *n* Aschermittwoch *m*

ashy [ˈæʃi] *adj* (*consisting of*) aus Asche, aschig; (*covered with*) mit Asche bedeckt; (*resembling ash*) aschenähnlich, aschig

Asia [ˈeɪʃə, AM ˈeɪʒə] *n no pl* Asien *nt*

Asia Minor *n* Kleinasien *nt*

Asian [ˈeɪʃᵊn, AM ˈeɪʒᵊn] I. *n* Asiate, -in *m, f;* BRIT (*from Indian subcontinent*) *Abkömmling des indischen Subkontinents;* AM (*from Far East*) *Asiate fernöstlicher Herkunft*
II. *adj* asiatisch; FIN ~ **currency unit** asiatische Währungseinheit; ~ **monetary unit** asiatische Geldeinheit

Asian American I. *n* Amerikaner(in) *m(f)* ostasiatischer Abstammung II. *adj* amerikanisch-[ost]asiatisch; **the** ~ **community** die Gemeinschaft der Amerikaner ostasiatischer Abstammung **Asian dollar** *n* Asien-Dollar *m* **Asian dollar bonds** *npl* Asien-Dollar-Bonds *mpl* **Asian flu** *n* asiatische Grippe

Asiatic [ˌeɪʃiˈætɪk, AM -ʒiˈæṭɪk] (*esp pej*) I. *n* Asiate, -in *m, f*
II. *adj* asiatisch

ASIC *n abbrev of* **application specific integrated circuits** integrierte Schaltkreise für bestimmte Funktionen

A-side [ˈeɪsaɪd] *n* A-Seite *f*

aside [əˈsaɪd] I. *adv inv* ❶ (*to one side*) auf die Seite; **to draw** [*or* **pull**] **the curtain** ~ den Vorhang aufziehen; **to stand** ~ zur Seite treten; **to turn** ~ sich *akk* zur Seite drehen
❷ (*away from other people*) abseits; **to take sb** ~ jdn beiseite nehmen
❸ (*for later use*) **to lay sth** ~ etw zur Seite [*o* beiseite] legen; **to leave sth** ~ [**for now**] etw [erst einmal] [weg]lassen; **to put** [*or* **set**] **sth** ~ (*stop thinking about*) etw aufschieben [*o* auf später verschieben]; (*hold in reserve*) etw zurücklegen; **to put** ~ **some money** etwas Geld beiseite legen
❹ *esp* AM (*except*) [**all**] **joking** ~ Spaß beiseite
❺ THEAT **to say sth** ~ etw beiseite sprechen (*als Regieanweisung*)
II. *n* ❶ (*whispered*) geflüsterte Bemerkung *f;* THEAT Aparte *f*
❷ (*incidental*) Nebenbemerkung *f*

aside from *prep* ❶ (*except for*) ■~ **sth** abgesehen von etw *dat;* ***I hardly watch any television,*** ~ ***news*** ich sehe kaum Fernsehen, abgesehen von Nachrichten
❷ (*away from*) ***please step*** ~ ***the door*** bitte treten Sie von der Tür zurück

asinine [ˈæsɪnaɪn] *adj* dumm; ~ **comment** [*or* **remark**] törichte Bemerkung

ask [ɑːsk, AM æsk] I. *vt* ❶ (*request information*) ■**to** ~ [**sb**] **sth** [*or form* **sth** [**of sb**]] [jdn] etw fragen; ***she ~ed me about Welsh history*** sie fragte mich was zu der Geschichte von Wales; ~ ***him why he did it!*** frag ihn, warum er es getan hat!; **to** ~ **a question** [**about sth**] [zu etw *dat*] eine Frage stellen; ***may I ~ you a question?*** darf ich Sie etwas fragen?; **to** ~ **sb a riddle** jdm ein Rätsel stellen
❷ (*request*) ■**to** ~ **sth** um etw *akk* bitten; ***the solicitor ~ed that her client should be allowed to make a telephone call*** die Anwältin ersuchte darum, ihren Klienten telefonieren zu lassen; ***and you're ~ing me to believe that?!*** und ich soll das glauben?!; **to** ~ [**sb**] **advice/a favour** [jdn] um Rat/einen Gefallen bitten; **to** ~ **sb's opinion** jdn um seine Meinung bitten; ■**to** ~ **sb for sth** [*or form* **sth of sb**] jdn um etw *akk* bitten; ***she ~ed me for help*** sie bat mich, ihr zu helfen
❸ (*invite*) ■**to** ~ **sb** [**to sth**] jdn [zu etw *dat*] einladen
❹ (*demand a price*) **to** ~ **£50** [**for sth**] 50 Pfund [für etw *akk*] verlangen; ***how much are they ~ing for the car?*** was wollen sie für das Auto haben?
❺ (*expect*) **to** ~ **too much of sb** zu viel von jdm verlangen; ***that's ~ing a lot!*** Sie verlangen eine ganze Menge!
▶ PHRASES: **don't** ~ **me** mich brauchst du nicht zu fragen; **if you** ~ **me** wenn du mich fragst; **I** ~ **you!** ich bitte dich!
II. *vi* ❶ (*request information*) fragen; **you may well** ~, **well may you** ~ BRIT (*hum*) gute Frage; ■**to** ~ **about sb/sth** nach jdm/etw fragen, sich *akk* nach jdm/etw erkundigen; ***how did the meeting go? — don't ~!*** wie war das Treffen? — frag bloß nicht!; ***I was only ~ing!*** war ja nur 'ne Frage! *fam*
❷ (*make a request*) bitten; ***if you need help, don't hesitate to*** ~ [*or* ***you only have to*** ~] wenn Sie Hilfe brauchen, sagen Sie es nur; ***I ~ed to see my accountant*** ich bat um einen Termin mit meinem Steuerberater
❸ (*wish*) ■**to** ~ **for sth** sich *dat* etw wünschen; ***who could ~ for anything more?*** was kann man sich Besseres wünschen?
❹ (*fig: take a risk*) ■**to be ~ing for sth** etw geradezu herausfordern; ***if you leave your car unlocked, you're simply ~ing to have it stolen*** wenn Sie Ihren Wagen nicht abschließen, laden Sie die Autordiebe ja förmlich ein; ***you're ~ing for trouble*** du willst wohl Ärger haben!; ***he's always ~ing for trouble*** er macht immer Ärger; ***you're ~ing for it*** du willst es ja nicht anders
▶ PHRASES: **don't** ~, **don't tell policy** MIL Politik *f* des Stillschweigens (*über sexuelle Orientierung*)

◆**ask after** *vi* ■**to** ~ **after sb** sich *akk* nach jdm erkundigen

◆**ask around** *vi* herumfragen *fam;* ■**to** ~ **around for sb/sth** überall nach jdm/etw fragen

◆**ask in** *vt* ■**to** ~ **sb in** jdn hereinbitten; **to** ~ **sb in for a coffee** jdn auf einen Kaffee hereinbitten [*o* einladen]

◆**ask out** *vt* **to** ~ **sb out for dinner/to the cinema** jdn ins Restaurant/ins Kino einladen; ***I'd like to ~ her out*** ich würde gern mit ihr ausgehen

◆**ask over,** BRIT *also* **ask round** *vt* (*fam*) ■**to** ~ **sb over** [*or* **round**] jdn [zu sich *dat*] einladen

askance [əˈskæn(t)s] *adv* ❶ (*distrustfully*) misstrauisch; **to look** ~ **at sb/sth** jdn/etw misstrauisch anschauen
❷ (*disapprovingly*) missbilligend; **to look** ~ **at sb** jdn schief ansehen *fam*
❸ (*sideways*) seitwärts; **to glance at sb** ~ jdn von der Seite anblicken

asked price *n* STOCKEX Briefkurs *m*

askew [əˈskjuː] I. *adj pred* ❶ (*not level*) schief
❷ (*fig: erroneous*) schief *fig,* daneben *fig*
❸ (*fig: unbalanced*) *balance* unausgewogen
II. *adv* ❶ (*not level*) *hang* schief
❷ (*wrong*) **to go** ~ schief laufen; ***our original plan went somewhat*** ~ es lief nicht so, wie ursprünglich geplant

asking [ˈɑːskɪŋ, AM ˈæsk-] *n no pl* ***if you want it, it's yours for the*** ~ wenn du es willst, kannst du es gerne haben; ***the promotion was Kate's for the*** ~ Kate war die Beförderung sicher; ***plastic watches are to be had for the*** ~ Plastikarmbanduhren kriegt man an jeder Ecke

asking price *n* (*fam*) Angebotspreis *m*

aslant [əˈslɑːnt, AM -ˈslænt] I. *prep* quer [*o* schräg] über +*akk/dat*
II. *adv* schief

asleep [eˈsliːp] *adj pred, inv* ❶ (*sleeping*) schlafend *attr;* ■**to be** ~ schlafen; (*fig*) **to be fast** [*or* **sound**] ~ tief und fest schlafen; **to be half** ~ am Einschlafen sein; **to fall** ~ einschlafen
❷ (*numb*) ***my foot/arm is*** ~ mein Fuß/Arm ist eingeschlafen

ASM [ˌeɪesˈem] *n abbrev of* **assistant stage manager** Assistent(in) *m(f)* des Inspizienten

asocial [ˌeɪˈsəʊʃᵊl] *adj* ❶ (*unsociable*) ungesellig, kontaktscheu, einzelgängerisch
❷ (*selfish*) egoistisch, selbstisch
❸ (*inconsiderate*) unsozial, asozial
❹ *inv* SOCIOL (*unassimilative*) integrationsunwillig

asp [æsp] *n* Natter *f*

asparagus [əˈspærəgəs, AM -ˈsper-] I. *n no pl* Spargel *m*
II. *n modifier* (*soup*) Spargel-

asparagus fern *n* Asparagus *m* **asparagus spear** *n* Spargelstange *f* **asparagus tip** *n* Spargelspitze *f*

aspartame [əˈspɑːteɪm, AM ˈæspɚ-] *n no pl* PHARM *diätetischer Süßstoff*

aspect [ˈæspekt] *n* ❶ (*point of view*) Aspekt *m,* Gesichtspunkt *m,* Blickwinkel *m;* ***have you really thought about it from every ~?*** hast du wirklich jeden Aspekt bedacht?
❷ (*feature*) Aspekt *m,* Seite *f*
❸ (*outlook*) Lage *f,* Ausrichtung *f;* **southern** ~ Südlage *f;* ***the dining room has a southern*** ~ das Esszimmer liegt nach Süden
❹ (*form: appearance*) Erscheinung *f*

❺ *no pl* (*countenance*) Miene *f,* Gesichtsausdruck *m*
❻ LING Aspekt *m*
❼ ASTROL Aspekt *m,* Planetenstellung *f*

aspectual [æs'pektʃuəl] *adj* LING die Aktionsart betreffend, aspektisch, Aspekt-; ~ **differences** Aspektunterschiede *mpl*

aspen ['æspən] *n* Espe *f,* Zitterpappel *f;* **to shiver/tremble like an ~ leaf** wie Espenlaub zittern

asperity [æs'perəti, AM -əṭi] *n* (*form*) ❶ *no pl* (*severity*) Schroffheit *f; of winter* Strenge *f;* **with ~** streng
❷ ■ **asperities** *pl* (*form: hardships*) Mühsal *f,* Strapazen *fpl*

aspersion [ə'spɜːʃᵊn, AM ə'spɜːrʒᵊn] *n* (*form*) Verleumdung *f;* **~ on sb's character** moralische Verunglimpfung einer Person *gen;* **to cast ~s on sb** jdn verleumden

asphalt ['æsfælt, AM -fɑːlt] **I.** *n* Asphalt *m*
II. *vt* ■ **to ~ sth** etw asphaltieren
III. *n modifier* (*road, square*) asphaltiert; ~ **drive** asphaltierte Auffahrt

asphalt jungle *n* AM (*fam*) Asphaltdschungel *m*

asphyxia [əs'fɪksiə] *n no pl* Asphyxie *f fachspr geh,* Erstickungstod *m*

asphyxiate [əs'fɪksieɪt] **I.** *vi* (*form*) ersticken
II. *vt* ■ **to ~ sb** jdn ersticken

asphyxiation [əsˌfɪksi'eɪʃᵊn] *n no pl* (*lack of oxygen*) Sauerstoffmangel *m;* (*suffocation*) Erstickung *f;* **to die from ~** ersticken

aspic ['æspɪk] *n no pl* FOOD Aspik *m*

aspidistra [ˌæspɪ'dɪstrə, AM -pə'-] *n* Aspidistra *f fachspr,* Schildblume *f*

aspirant ['æspɪrᵊnt, AM -pɚ-] **I.** *n* (*form*) Aspirant *m geh,* Bewerber(in) *m(f);* ~ **to fame/power** Anwärter(in) *m(f)* auf Ruhm/die Macht
II. *adj attr* aufstrebend

aspirate LING **I.** *n* ['æspᵊrət] LING Aspirata *f fachspr,* Hauchlaut *m*
II. *vt* ['æspᵊreɪt, AM -pəreɪt] LING ■ **to ~ sth** etw hauchen [*o fachspr* aspirieren]
III. *vi* ['æspᵊreɪt, AM -pəreɪt] LING aspirieren *fachspr*

aspiration [ˌæspᵊr'eɪʃᵊn, AM -pə'reɪ-] *n* ❶ (*hope*) Ambition *f geh,* Bestreben *nt;* (*aim*) Ziel *nt;* ***she has ~s to a career in politics*** sie strebt eine politische Laufbahn an
❷ LING Aspiration *f fachspr,* Behauchung *f*

aspirational [ˌæspə'reɪʃᵊnᵊl] *adj* ❶ (*ambitious*) *person* aufstiegsorientiert, karrierebewusst; *goal, plan* ehrgeizig; *product* Aufsteiger-
❷ (*particular*) wählerisch, anspruchsvoll
❸ (*trendsetting*) richtungsweisend

aspire [ə'spaɪər, AM -ɚ] *vi* ■ **to ~ to** [*or* **after**] **sth** etw anstreben, nach etw *dat* streben; **to ~ to be president/the best** danach trachten, Präsident/der Beste zu werden

aspirin ['æspᵊrɪn] *n* Aspirin *nt*

aspiring [ə'spaɪərɪŋ, AM -ɚɪŋ] *adj* aufstrebend; (*ambitious*) ambitioniert, ehrgeizig

ass[1] <*pl* -es> [æs] *n* ❶ (*donkey*) Esel *m*
❷ (*stupid person*) Esel *m pej fam,* Dummkopf *m pej;* **pompous ~** Wichtigtuer(in) *m(f) pej fam;* **to make an ~ of oneself** sich *akk* lächerlich machen
▸ PHRASES: **the law is an ~** BRIT das Gesetz macht keinen Sinn; **to not be within an ~'s roar of doing sth** IRISH nicht die geringste Chance haben, etw zu tun

ass[2] <*pl* -es> [æs] *n esp* AM ❶ (*fam!: arse*) Arsch *m derb*
❷ *no pl* (*vulg: sex*) Sex *m*
▸ PHRASES: **to be a pain in the ~** eine Nervensäge sein *fam;* **to be a piece of ~** zum Vernaschen sein *sl;* **to be on sb's ~** ständig hinter jdm her sein; **to be up sb's ~** jdm auf den Fersen sein; **to bore sb's ~ off** [*or* **the ~ off sb**] jdn zu Tode langweilen *fam;* **to get one's ~ somewhere** seinen Arsch irgendwohin bewegen *derb;* **to get sb's ~** sich *dat* jdn vorknöpfen *fam;* **to not give an ~ about sb/sth** (*fam!*) sich *akk* einen Dreck um jdn/etw scheren *sl;* **to kiss sb's ~** jdm in den Arsch kriechen *derb;* **kiss my ~!** du kannst mich mal! *derb;* **to ram** [*or* **shove**] [*or* **stick**] **sth up one's ~** (*fam!*) sich *dat* etw in den Hintern stecken *derb;* **to talk sb's ~ off** jdn voll quasseln *fam;* **to talk one's ~ off** endlos reden [*o fam* labern]; **to work the ~ off sb** [*or* **sb's ~ off**] jdn triezen; **to work one's ~ off** sich *dat* den Arsch aufreißen *derb; see also* **arse**

◆**ass about, ass around** *vi* AM (*arse about*) herumblödeln *fam*

assail [ə'seɪl] *vt* (*form*) ❶ (*attack*) ■ **to ~ sb** jdn angreifen [*o* überfallen]
❷ (*attack verbally*) ■ **to ~ sb** jdn anfeinden; **to ~ sb with insults** jdn beschimpfen
❸ *usu passive* (*torment*) **to be ~ed by doubts/worries** von Zweifeln/Ängsten geplagt werden
❹ (*overwhelm*) **to be ~ed with problems/questions** mit Problemen/Fragen bombardiert werden; **to be ~ed with letters** massenweise Briefe bekommen *fam*

assailable [ə'seɪləbl] *adj* angreifbar

assailant [ə'seɪlənt] *n* Angreifer(in) *m(f)*

assassin [ə'sæsɪn, AM -ən] *n* Mörder(in) *m(f);* (*esp political*) Attentäter(in) *m(f)*

assassinate [ə'sæsɪneɪt, AM -əneɪt] *vt* ■ **to ~ sb** ein Attentat auf jdn verüben

assassination [əˌsæsɪ'neɪʃᵊn] *n* ❶ (*of important person*) Attentat *nt* (**of** auf +*akk*)
❷ *no pl* (*murdering*) Ermordung *f;* **character ~** (*fig*) Rufmord *m*

assassination attempt *n* Attentat *nt,* Mordanschlag *m*

assault [ə'sɔːlt] **I.** *n* ❶ MIL Angriff *m* (**on** auf +*akk*); **to launch an ~ on sb/sth** jdn/etw angreifen
❷ (*physical attack*) Überfall *m;* LAW tätlicher Angriff, Körperverletzung *f;* **~ with intent to do grievous bodily injury** vorsätzliche schwere Körperverletzung; **aggravated ~** AM schwere Körperverletzung; BRIT gewalttätiger Angriff auf Frauen oder Kinder; **indecent ~** unzüchtige Handlung; (*rape*) [versuchte] Vergewaltigung [*o* Notzucht]; **sexual ~** AM Vergewaltigung *f,* Notzucht *f;* **verbal ~** (*fig*) verbale Attacke
❸ (*fig: attempted climb*) Bestürmung *f fig;* ***an ~ on the north face of the Eiger*** ein Versuch, die Eiger-Nordwand zu bezwingen
❹ (*fig: attempt to eradicate*) Bekämpfung *f;* **an ~ on racism/sexism** ein Feldzug *m* gegen Rassismus/Sexismus
❺ (*attempt to deal with*) **to make an ~ on sth** gegen etw *akk* angehen; ***she decided to make a determined ~ on the paperwork*** sie entschloss sich, endlich den Papierkram aufzuräumen
II. *vt* ■ **to ~ sb** jdn [tätlich] angreifen; **to indecently** [*or* **sexually**] **~ sb** jdn vergewaltigen

assault and battery *n no pl* LAW tätlicher Angriff **assault boat** *n* Sturmboot *nt* **assault course** *n* BRIT MIL Übungsgelände *nt* **assault craft** <*pl* -> *n,* **assault boat** *n* Sturmboot *nt*

assay [ə'seɪ] **I.** *vt* ■ **to ~ sth** *precious metal* etw prüfen
II. *n* CHEM chemisches Prüfverfahren

assay mark *n* (*on gold and silver*) Feinheitsstempel *m*

assemblage [ə'semblɪdʒ] *n* ❶ (*collection*) Ansammlung *f; of birds* Schar *f*
❷ *no pl* TECH Montage *f*
❸ ART Assemblage *f fachspr*

assemblagist [ə'semblɪdʒɪst] *n* ART Assemblagist(in) *m(f) fachspr*

assemble [ə'sembl̩] **I.** *vi* sich *akk* versammeln
II. *vt* ❶ (*collect*) ■ **to ~ sth** etw sammeln
❷ TECH ■ **to ~ sth** etw montieren [*o* zusammenbauen]; **to ~ parts of a model plane** Teile eines Modellflugzeugs zusammensetzen
❸ (*bring together*) **to ~ people** Menschen zusammenkommen lassen; **to ~ troops** Truppen zusammenziehen

assembler [ə'sembl̩ər, AM -bl̩ɚ] *n* ❶ (*person*) Montagearbeiter(in) *m(f)*
❷ (*machine*) Assembler *m fachspr*
❸ COMPUT Assembler *m fachspr;* (*program*) Assemblerprogramm *nt*

assembly [ə'sembli] *n* ❶ (*gathering*) Versammlung *f;* AM Unterhaus *nt;* **the United Nations General A~** die Generalversammlung der Vereinten Nationen; **national ~** Nationalversammlung *f*
❷ SCH Schülerversammlung *f*
❸ *no pl* (*action*) **freedom of ~** Versammlungsfreiheit *f;* **the right of free ~** das Recht auf Versammlungsfreiheit; **unlawful ~** Zusammenrottung *f*
❹ *no pl* TECH Montage *f*
❺ TECH (*assembled structure*) Baueinheit *f,* Baugruppe *f*

assembly hall *n* Saal *m* (*der für Versammlungen genutzt wird*); SCH Aula *f* **assembly language** *n* COMPUT Assemblersprache *f fachspr* **assembly line** *n* Montageband *nt,* Fließband *nt a. fig* **assembly line system** *n* Fließbandsystem *nt* **assembly line worker** *n* Fließbandarbeiter(in) *m(f)* **assemblyman** *n* AM Abgeordneter *m* **assembly plant** *n* Montagewerk *nt* **assembly point** *n* Sammelplatz *m* **assembly room** *n* Versammlungsraum *m,* Saal *m* **assemblywoman** *pl n* AM Abgeordnete *f*

assent [ə'sent] *n no pl* (*form*) Zustimmung *f;* ***it was, by general ~, the high spot of the evening*** das war, und darüber sind sich alle einig, eindeutig der Höhepunkt des Abends; **royal ~** BRIT königliche Genehmigung; **to give one's ~ to sth** seine Zustimmung zu etw *dat* geben; **to nod one's ~** zustimmend nicken

assert [ə'sɜːt, AM -'sɜːrt] *vt* ❶ (*state firmly*) ■ **to ~ sth** auf etw *akk* bestehen; (*insist on*) etw beteuern; **to ~ one's innocence** seine Unschuld beteuern
❷ (*demand*) ■ **to ~ sth** etw geltend machen [*o* einfordern]; **to ~ one's authority** sich *akk* durchsetzen; **to ~ control over sb** Kontrolle über jdn ausüben; **to ~ one's independence** seine Unabhängigkeit behaupten; **to ~ one's right to do sth** auf seinem Recht bestehen, etw zu tun, sein Recht geltend machen, etw zu tun
❸ (*act confidently*) ■ **to ~ oneself** sich *akk* durchsetzen [*o* behaupten]
❹ LAW **to ~ jurisdiction** die eigene Zuständigkeit annehmen

assertion [ə'sɜːʃᵊn, AM -'sɜːr-] *n* ❶ (*claim*) Behauptung *f; of innocence* Beteuerung *f*
❷ *no pl of authority, control* Geltendmachung *f,* Beanspruchung *f*

assertive [ə'sɜːtɪv, AM -'sɜːrṭɪv] *adj* ❶ (*self-confident*) durchsetzungsfähig; ■ **to be ~** Durchsetzungsvermögen zeigen
❷ (*conspicuous*) auffallend

assertively [ə'sɜːtɪvli, AM -'sɜːrṭɪv-] *adv* ❶ (*confidently*) selbstsicher
❷ (*distinctively*) betont

assertiveness [ə'sɜːtɪvnəs, AM -'sɜːrṭɪv-] *n no pl* Durchsetzungsvermögen *nt,* Bestimmtheit *f*

assertiveness training *n no pl psychologische Schulung im selbstbewussten Umgang mit Menschen zur alltäglichen Selbstbehauptung*

assess [ə'ses] *vt* ■ **to ~ sth** ❶ (*evaluate*) etw einschätzen [*o* beurteilen]; ***it's difficult to ~ how they'll react to our suggestions*** man kann nicht voraussagen, wie sie unsere Vorschläge aufnehmen werden; **to ~ the cost of sth** die Kosten für etw *akk* veranschlagen; **to ~ damage** einen Schaden schätzen; ***to ~ damages at €1,000*** die Schäden auf €1.000 schätzen
❷ *usu passive* (*tax*) ■ **to be ~ed** *person* steuerlich geschätzt [*o* veranlagt] werden; *property* besteuert werden; **to be ~ed for tax** für steuerpflichtig erklärt werden

assessable [ə'sesəbl̩] *adj* BRIT besteuerbar; ■ **to be ~** versteuert werden müssen; **~ income** steuerpflichtiges Einkommen

assessment [ə'sesmənt] *n* ❶ *of damage* Schätzung *f*
❷ (*evaluation*) Beurteilung *f,* Bewertung *f,* Einschätzung *f;* (*insurance*) **~ of damages** Schadenfeststellung *f,* Schadensbemessung *f;* FIN **~ of property** [Grund]vermögensbewertung *f*
❸ (*taxation*) **tax ~** (*action*) Steuerveranlagung *f;*

(*result*) Steuerbescheid *m*
❹ (*judgement*) SCH, UNIV Einstufung *f;* ADMIN **staff** ~ Personalbeurteilung *f*
assessor [əˈsesəʳ, AM -ɚ] *n* ❶ (*insurance, tax*) Taxator(in) *m(f) fachspr,* Schätzer(in) *m(f)* (*von Steuern oder Beitragsabgaben*)
❷ (*legal advisor*) Sachverständige(r) *f(m);* **legal** ~ sachverständiger Beisitzer/sachverständige Beisitzerin
❸ (*for insurance*) Gutachter(in) *m(f)*
asset [ˈæset] *n* ❶ (*good quality*) Pluspunkt *m,* Vorzug *m;* ***his eyes are his best*** ~ seine Augen sind das Beste an ihm
❷ (*valuable person*) Bereicherung *f;* (*useful thing*) Vorteil *m;* ***she's a tremendous*** ~ ***to the club*** sie ist ein Riesengewinn für den Klub; ***a reliable car is a great*** ~ ein zuverlässiger Wagen ist Gold wert
❸ ■ **~s** *pl* COMM (*property*) Vermögenswerte *pl,* Vermögensgegenstände *pl,* Aktivposten *mpl;* **concealment of ~s** Vermögensverschleierung *f;* **capital** [*or* **fixed**] **~s** Anlagevermögen *nt;* **current ~s** Umlaufvermögen *nt;* **fictitious ~s** Scheinaktiva *pl;* **intangible/tangible ~s** immaterielle/materielle Vermögenswerte *mpl;* **liquid ~s** flüssige Mittel *pl;* **net ~s** Nettovermögen *nt;* **personal ~s** Privatvermögen *nt*
asset-backed *adj* FIN durch Vermögenswerte gesichert; ~ **loan** besichertes Darlehen **asset backing** *n* FIN Stützung *f* durch Vermögenswerte **asset-rich** *adj* FIN ~ **company** Unternehmen *nt* mit Vermögensreichtum **asset-stripper** *n* (*pej*) *jd, der eine Firma aufkauft, um sie anschließend ohne Rücksicht auf diese selbst und ihre Zukunft Gewinn bringend auszuschlachten* **asset-stripping** *n no pl* (*pej*) *Aufkauf einer Firma zum alleinigen Zweck ihrer anschließenden, Gewinn bringenden Verwertung* **asset value** *n* Substanzwert *m*
asshole *n* AM (*vulg: arsehole*) Arschloch *nt vulg*
assiduity [ˌæsɪˈdjuːəti, AM -ˈuːət̬i] *n no pl* ❶ (*diligence*) Fleiß *m*
❷ (*perseverance*) Ausdauer *f,* Beharrlichkeit *f*
assiduous [əˈsɪdjuəs, AM -ˈsɪdʒu-] *adj* ❶ (*diligent*) gewissenhaft; ***the government has been*** ~ ***in the fight against inflation*** die Bekämpfung der Inflation steht bei der Regierung an erster Stelle; ~ **investigation** gründliche Untersuchung; (*careful*) genau; ***he displays an*** ~ ***attention to detail*** er achtet auf jedes Detail
❷ (*regular and dedicated*) eifrig; ■ **to be** ~ beharrlich sein
assiduously [əˈsɪdjuəsli, AM -ˈsɪdʒu-] *adv* ❶ (*painstakingly*) beharrlich, gewissenhaft; (*carefully*) sorgfältig; **to** ~ **avoid sth** etw um jeden Preis vermeiden
❷ (*regularly*) eifrig
assiduousness [əˈsɪdjuəsnəs, AM -ˈsɪdʒu-] *n no pl* ❶ (*diligence*) Fleiß *m,* Gewissenhaftigkeit *f;* (*care*) Sorgfalt *f*
❷ (*regularity*) Eifer *m*
assign [əˈsaɪn] *vt* ❶ (*allocate*) ■ **to** ~ **sth to sb** [*or* **sb sth**] *place, room* jdm etw zuweisen; ***these contracts are*** ~***ed to the firm making the lowest offer*** die Firma, die das günstigste Angebot macht, bekommt den Zuschlag für den Auftrag; **to** ~ **a task/role to sb** jdm eine Aufgabe/Rolle zuteilen; LAW **to** ~ **a right to sb** jdm ein Recht abtreten; ECON **to** ~ **shares to sb** jdm Aktien übertragen
❷ (*appoint*) ■ **to** ~ **sb to sth** *a task* jdm etw übertragen; ***I've been*** ~***ed to interview the candidates*** ich wurde damit betraut, die Kandidaten zu interviewen; (*set aside*) **to** ~ **a day/time for sth** einen Tag/Zeitpunkt für etw *akk* festlegen
❸ (*send elsewhere*) ■ **to be** ~**ed to a place** an einen Ort versetzen werden; ***Mr Taylor will be*** ~***ed to your staff*** Herr Taylor wird Ihrem Personal zugeteilt
❹ (*attribute*) **to** ~ **the blame for sth to sb/sth** jdm/etw die Schuld an etw *dat* geben; **to** ~ **importance to sth** etw *dat* Bedeutung beimessen; **to** ~ **a motive for a murder** ein Motiv für einen Mord finden; COMPUT **to** ~ **a function to a key** eine Taste mit einer Funktion belegen
❺ LAW ■ **to** ~ **sth** [**to sb**] *a business* [jdm] etw übertragen, etw [an jdn] abtreten
assignation [ˌæsɪɡˈneɪʃᵊn] *n* (*form or hum*) Stelldichein *nt veraltend o hum; see also* **assignment**
assignee [ˌæsaɪˈniː, AM əˌsaɪ-] *n* LAW Rechtsnachfolger(in) *m(f),* Bevollmächtigte(r) *f(m)*
assignment [əˈsaɪnmənt] *n* ❶ (*task*) Aufgabe *f;* (*job*) Auftrag *m;* **diplomatic** ~ diplomatische Mission; **foreign** ~ Auslandsauftrag *m;* **homework** ~ Hausaufgabe *f;* **to send sb on an** ~ jdm einen Auftrag erteilen; **to be on** ~ **somewhere** irgendwo im Einsatz sein [*o* einem Auftrag nachgehen]
❷ (*mission*) Mission *f*
❸ *no pl* (*attribution*) Übertragung *f; of a right also* Abtretung *f;* ~ **of blame** Schuldzuweisung *f;* LAW, ECON ~ **of a patent/copyright** Patentübertragung *f*/Übertragung *f* eines Urheberrechts
❹ *pl* LAW **his heirs and ~s** seine Erben und Rechtsnachfolger
assimilable [əˈsɪmᵊləbl̩] *adj* ❶ (*integrable*) integrierbar
❷ (*comprehensible*) verständlich
assimilate [əˈsɪmɪleɪt, AM -əleɪt] **I.** *vt* ❶ (*integrate*) ■ **to** ~ **sb** jdn integrieren; **to** ~ **immigrants into the community** Einwanderer in die Gesellschaft eingliedern; **to** ~ **information** Informationen aufnehmen
❷ (*comprehend fully*) **to be easily ~d by sb** für jdn leicht verständlich sein
❸ (*form: make similar*) ■ **to** ~ **sth to sth** etw mit etw *dat* in Einklang bringen
❹ (*take in*) **to** ~ **food/information** Nahrung/Informationen aufnehmen
II. *vi* ■ **to** ~ **into sth** *immigrants* sich *akk* in etw *akk* eingliedern
assimilation [əˌsɪmɪˈleɪʃᵊn, AM -əˈleɪ-] *n no pl* ❶ (*integration*) Integration *f,* Eingliederung *f;* **problems of** ~ Anpassungsschwierigkeiten *pl*
❷ (*understanding*) Aneignung *f* (*von Lerninhalten*)
❸ *of food* Aufnahme *f*
assist [əˈsɪst] **I.** *vt* ■ **to** ~ **sb** jdm helfen (**with** bei +*dat*); **to** ~ **the police in** [*or* **with**] **their inquiries** die Polizei bei ihren Nachforschungen unterstützen; ■ **to** ~ **sth** *process* etw vorantreiben
II. *vi* helfen (**with** bei +*dat*); **to** ~ **in an operation** bei einer Operation assistieren
III. *n* SPORTS Vorlage *f*
assistance [əˈsɪstᵊn(t)s] *n no pl* Hilfe *f;* ***can I be of any*** ~**?** kann ich Ihnen irgendwie behilflich sein?; **financial** ~ finanzielle Unterstützung; **to come to sb's** ~ jdm zu Hilfe kommen; **to give sb** ~ jdm helfen, jdm Hilfe leisten *geh*
assistant [əˈsɪstᵊnt] *n* ❶ (*helper*) Assistent(in) *m(f)*
❷ *esp* BRIT (*in shop*) Verkäufer(in) *m(f);* [**foreign language**] ~ SCH, UNIV *muttersprachliche Hilfskraft im fremdsprachl. Unterricht*
assistant camera operator *n* zweiter Kameramann/zweite Kamerafrau **assistant headmaster** *n* SCH Konrektor *m* **assistant manager** *n* stellvertretender Direktor/stellvertretende Direktorin; (*in shop*) stellvertretender Filialleiter/stellvertretende Filialleiterin **assistant professor** *n* AM UNIV *habilitierte(r) Dozent(in) mit regulärem Lehrauftrag und Anwartschaft auf eine volle Professorenstelle* **assistant sales manager** *n* stellvertretender Verkaufsleiter/stellvertretende Verkaufsleiterin
assisted [əˈsɪstɪd] *adj inv* ❶ (*aided*) ~ **conception** Empfängnishilfe *f;* ~ **respiration** assistierte Beatmung; ~ **suicide** aktive Sterbehilfe
❷ POL, UNIV [staatlich] gefördert [*o* finanziert] [*o* bezuschusst]; ~ **place** staatlich finanzierter Platz [an einer Privatschule]
❸ FIN, LAW unterstützungsberechtigt *fachspr*
assisted living **I.** *n* betreutes Wohnen **II.** *n modifier* (*facility, residence, services*) mit Heimhilfe *nach n* **assisted-living community** *n Siedlung, in der Menschen betreut wohnen* **assisted person** *n* LAW Empfänger(in) *m(f)* von Beratungs- und Prozesskostenhilfe **assisted places scheme** *n* BRIT *jetzt abgeschafftes Programm der Beitragsübernahme durch lokale Behörden mit dem Zweck, Kindern unvermögender Eltern die Teilnahme am Unterricht nichtstaatlicher Schulen zu ermöglichen*
assize courts [əˈsaɪz-] *npl,* **assizes** *npl* BRIT LAW Assisen *pl,* Assisengericht *nt* (*vierteljährliche [Schwur]gerichtssitzungen in Grafschaften*)
assn *n abbrev of* **association**
assoc. *n abbrev of* **association** Verband *m*
associate **I.** *n* [əˈsəʊʃiət, AM -ˈsoʊ-] ❶ (*friend*) Gefährte, -in *m, f;* (*colleague*) Kollege, -in *m, f;* (*of criminals*) Kumpan *m hum,* Komplize, -in *m, f;* ***he's a known*** ~ ***of the Mafia boss*** er gehört zu dem Dunstkreis vom Mafiaboss; **business** ~ Geschäftspartner(in) *m(f);* **close** ~ enger Vertrauter/enge Vertraute
❷ ECON, FIN Teilhaber *m*
II. *vt* [əˈsəʊʃieɪt, AM -ˈsoʊ-] ■ **to** ~ **sb/sth with sth** jdn/etw mit etw *dat* in Verbindung bringen; ***they*** ~ ***enjoying themselves with getting drunk*** sie setzen Spaßhaben mit Sichbetrinken gleich; ■ **to be ~d with sth** *cause and effect* in Zusammenhang mit etw *dat* stehen; ■ **to** ~ **oneself with sth** sich *akk* etw *dat* anschließen
III. *vi* [əˈsəʊʃieɪt, AM -ˈsoʊ-] ■ **to** ~ **with sb** mit jdm verkehren
Associate [əˈsoʊʃiət] *n* AM UNIV *Grad, der nach Abschluss von 2 Jahren an einem Juniorencollege verliehen wird*
associate(d) company *n* BRIT ECON Beteiligungsgesellschaft *f*
associate director *n* THEAT Spielleiter(in) *m(f);* FILM Aufnahmeleiter(in) *m(f)* **associate justice** *n* AM LAW *einer der acht Bundesrichter am Supreme Court of the USA* **associate member** *n* assoziiertes [*o* außerordentliches] Mitglied **associate professor** *n* AM außerordentlicher Professor **associate's degree** *n* AM UNIV *Grad, der nach Abschluss von 2 Jahren an einem Juniorencollege verliehen wird*
association [əˌsəʊʃiˈeɪʃᵊn, AM -ˌsoʊ-] *n* ❶ (*organization*) Vereinigung *f,* Verein *m;* (*corporation*) Verband *m;* **medical** ~ Ärztekammer *f;* (*romantic relationship*) Verhältnis *nt;* **memorandum of** ~ BRIT FIN Gründungsurkunde *f*
❷ *no pl* (*involvement*) Verbundenheit *f,* Zugehörigkeit *f;* ***our*** ~ ***with the feminist movement began at university*** wir engagieren uns seit unserer Studienzeit in der feministischen Bewegung; **in** ~ **with sb/sth** in Verbindung mit jdm/etw; **to seek** ~ **with sth** Assoziierung *f* mit etw *dat* beantragen, in etw *dat* assoziierte Mitgliedschaft beantragen
❸ (*mental connection*) Assoziation *f*
❹ *no pl* (*combination*) Verknüpfung *f*
associational editing [əˌsəʊʃiˈeɪʃᵊnᵊl, AM -ˌsoʊ-] *n* FILM Assoziativschnitt *m*
association football *n no pl* BRIT FBALL (*form*) Verbandsfußball *m*
Association of Futures Brokers and Dealers *n für die Zulassung an den Terminkontrakt- und Optionsmärkten tätiger Broker und Institute zuständige Selbstüberwachungsorganisation*
associative [əˈsəʊʃiətɪv, AM ˈsoʊ] *adj* assoziativ; COMPUT ~ **addressing** Assoziativadressierung *f*
assonance [ˈæsᵊnən(t)s] *n no pl* LIT Assonanz *f*
assorted [əˈsɔːtɪd, AM -ˈsɔːrt̬ɪd] *adj* ❶ *attr* (*mixed*) gemischt; ~ **colours** (*for pencils, etc*) verschiedene Farben; ~ **flavours** Gewürzmischung *f;* ~ **goods** Gemischtwaren *pl;* ~ **sweets** Süßigkeitenmischung *f,* Konfekt *nt*
❷ (*going well together*) **to be well/poorly** ~ gut/schlecht zusammenpassen
assortment [əˈsɔːtmənt, AM -ˈsɔːrt-] *n usu sing* Sortiment *nt,* Auswahl *f* (**of** an +*dat*); **motley** ~ bunte Mischung; **rich** ~ reichhaltiges Sortiment
asst *n, adj abbrev of* **assistant**
assuage [əˈsweɪdʒ] *vt* (*liter*) ❶ (*relieve*) **to** ~ **sb's anger** jds Zorn beschwichtigen; **to** ~ **one's conscience** sein Gewissen erleichtern; **to** ~ **sb's grief** jds Kummer besänftigen; **to** ~ **pain** Schmerzen lindern
❷ (*satisfy*) **to** ~ **sb's desire** jds Verlangen befriedi-

gen; **to ~ one's hunger/thirst** seinen Hunger/Durst stillen

assumable mortgage *n* AM FIN übernehmbare Hypothek

assume [əˈsjuːm, AM -suːm] *vt* ❶ (*regard as true*) ■**to ~ sth** etw annehmen; **to ~ sb's guilt** jdn für schuldig halten; ■**to ~ [that] ...** annehmen, dass ..., davon ausgehen, dass ...; ***let's ~ that ...*** angenommen, ...
❷ (*adopt*) ■**to ~ sth** etw annehmen; **to ~ an air of indifference** gleichgültig tun; **to ~ an air of sophistication** sich *akk* kultiviert geben; **to ~ a pose** eine Haltung annehmen; **to ~ a role** eine Rolle übernehmen
❸ (*take on*) **to ~ the obligation to ...** die Verpflichtung eingehen [*o* übernehmen], ...; **to ~ office/the mantle of presidency** sein Amt/die Präsidentschaft antreten; **to ~ power** die Macht ergreifen; **to ~ huge/frightening proportions** gewaltige/beängstigende Ausmaße annehmen; **to ~ full responsibility for sth** die volle Verantwortung für etw *akk* übernehmen; **to ~ a risk** ein Risiko übernehmen

assumed [əˈsjuːmd, AM -suːmd] *adj attr* vorgeblich; **~ identity/name** angenommene Identität/angenommener Name; **under an ~ name** unter einem Deckmantel

assumed bonds *n* AM FIN übernommene Schuldverschreibungen

assuming [əˈsjuːmɪŋ, AM -suːm-] *adj* anmaßend

assumpsit *n* LAW Klage *f* auf Schadenersatz wegen Nichterfüllung

assumption [əˈsʌm(p)ʃᵊn] *n* ❶ (*supposition*) Annahme *f*; (*presupposition*) Voraussetzung *f*; **on the ~ that ...** wenn man davon ausgeht, dass ...; ***I acted on the ~ that ...*** ich ging davon aus, dass ...
❷ *no pl* (*hypothesizing*) Vermutung *f*, Annahme *f*
❸ *no pl* (*taking over*) Übernahme *f*; **~ of power** Machtübernahme *f*

Assumption [əˈsʌm(p)ʃᵊn] *n* REL ■**the ~** Mariä Himmelfahrt *f*

assurance [əˈʃʊərᵊn(t)s, AM -ˈʃʊr-] *n* ❶ (*self-confidence*) Selbstsicherheit *f*, Selbstvertrauen *nt*; **to have ~** sicher auftreten
❷ (*promise*) Zusicherung *f*; ***despite repeated ~s that ...*** ungeachtet der Tatsache, dass man wiederholt beteuert hatte, dass ...; **~ to the contrary** gegenteilige Zusicherung; **to give an ~ of sth** etw zusichern
❸ BRIT (*insurance*) [Lebens]versicherung *f*

assurance company *n* BRIT ECON [Lebens]versicherungsgesellschaft *f* **assurance policy** *n* BRIT ECON Lebensversicherungspolice *f*

assure [əˈʃʊəʳ, AM -ˈʃʊr] *vt* ❶ (*confirm certainty*) ■**to ~ sb [that] ...** jdm zusichern, dass ...; ■**to ~ sb of sth** jdm etw zusichern
❷ (*promise*) ■**to ~ sb of sth** jdn etw zusichern; ***assuring you of our best possible service at all times*** für die bestmögliche Ausführung unserer Dienstleistungen stehen wir jederzeit ein
❸ (*ensure*) ■**to ~ sth** etw sicherstellen; **to ~ sb's safety** jds Sicherheit gewährleisten; **to ~ the survival of sth** das Überleben einer S. *gen* sichern; ■**to ~ oneself of sth** sich *dat* etw sichern
❹ BRIT (*form: insure*) **to ~ one's life** eine Lebensversicherung abschließen

assured [əˈʃʊəʳd, AM -ˈʃʊrd] **I.** *n esp* BRIT FIN Versicherte(r) *f(m)*
II. *adj* ❶ (*confident*) selbstsicher; **to appear** [*or* **be**] **~** selbstsicher auftreten
❷ (*certain*) sicher, gesichert; **to rest ~** sicher [*o* beruhigt] sein

assuredly [əˈʃʊəʳɪdli, AM -ˈʃʊr-] *adv* ❶ (*confidently*) selbstsicher
❷ (*certainly*) sicher[lich]

assurer *n* BRIT ECON Lebensversicherungsgesellschaft *f*

Assyrian [əˈsɪriən] **I.** *adj inv* assyrisch
II. *n* Assyr[i]er(in) *m(f)*

AST [ˌeɪesˈtiː] *n* STOCKEX *abbrev of* **automated screen trading** *automatisiertes, computergestütztes Börsenhandelssystem*

astable multivibrator [əˈsteɪbᵊlˌmʌltɪˈvaɪbreɪtəʳ, AM -t̬ɚ] *n* COMPUT astabiler [*o* instabiler] Multivibrator

aster [ˈæstəʳ, AM -tɚ] *n* BOT Aster *f*

asterisk [ˈæstᵊrɪsk] **I.** *n* Sternchen *nt*, Asteriskus *m fachspr*; **marked with an ~** mit einem Sternchen gekennzeichnet
II. *vt* ■**to ~ sth** etw mit einem Sternchen versehen

astern [əˈstɜːn, AM -ˈstɜːrn] *adv* ❶ NAUT (*aft*) achtern; ***full steam ~!*** volle Kraft zurück!; **to go ~** achteraus fahren
❷ (*behind*) hinter; ■**to be ~ of sb** hinter jdm zurückliegen

asteroid [ˈæstᵊrɔɪd, AM -tər-] *n* ASTRON Asteroid *m*

asthma [ˈæsθmə, AM ˈæzmə] *n no pl* Asthma *nt*

asthma attack *n* Asthmaanfall *m*

asthmatic [æsθˈmætɪk, AM æzˈmæt̬ɪk] **I.** *n* Asthmatiker(in) *m(f)*
II. *adj* asthmatisch; ■**to be ~** an Asthma leiden, Asthma haben *fam*; **~ attack** Asthmaanfall *m*; **~ wheeze** asthmatisches Keuchen

asthmatically [æsθˈmætɪkᵊli, AM æzˈmæt̬ɪk-] *adv* MED asthmatisch

astigmatic [ˌæstɪgˈmætɪk, AM -ˈmæt̬ɪk] *adj* MED astigmatisch *fachspr*

astigmatism [əˈstɪgmətɪzᵊm] *n no pl* MED Astigmatismus *m fachspr*, Zerrsichtigkeit *f*

astir [əˈstɜːʳ, AM -ˈstɜːr] *adj pred* (*liter or dated*) ❶ (*out of bed*) ■**to be ~** auf [den Beinen] sein
❷ (*full of activity*) ■**to be ~** von emsigem Treiben erfüllt sein; ***the station is ~ with commuters hurrying off to work*** im Bahnhof herrscht durch die Berufspendler hektisches Treiben

astonish [əˈstɒnɪʃ, AM -ˈstɑːn-] *vt* ■**to ~ sb** jdn erstaunen [*o* überraschen]; ***you ~ me!*** (*iron*) was du nicht sagst! *fam*

astonished [əˈstɒnɪʃt, AM -ˈstɑːn-] *adj* erstaunt; ■**to be ~ at sth** über etw *akk* erstaunt sein; ***we were ~ to hear that ...*** wir waren erstaunt, dass ...

astonishing [əˈstɒnɪʃɪŋ, AM -ˈstɑːn-] *adj* erstaunlich; ■**it's ~ that ...** es ist erstaunlich, dass ...; ***it's ~ to think that ...*** man kann sich gar nicht mehr vorstellen, dass ...; **~ beauty** unglaubliche Schönheit

astonishingly [əˈstɒnɪʃɪŋli, AM -ˈɑːnɪʃ-] *adv* erstaunlich; **~ enough, ...** erstaunlicherweise ...

astonishment [əˈstɒnɪʃmənt, AM -ˈɑːnɪʃ-] *n no pl* Erstaunen *nt*, Verwunderung *f*; ***everyone expressed their ~ at his sudden death*** alle waren erstaunt über seinen plötzlichen Tod; **to the ~ of sb, to sb's ~** zu jds Verwunderung [*o* Erstaunen]; **to scream in ~** vor Verblüffung schreien; **to stare in ~** verblüfft starren

astound [əˈstaʊnd] *vt* ■**to ~ sb** jdn sehr erstaunen [*o* verblüffen]

astounded [əˈstaʊndɪd] *adj pred* ■**to be ~** verblüfft [*o* bestürzt] sein; **to be ~ to discover that ...** bestürzt [*o* mit Bestürzung] feststellen, dass ...

astounding [əˈstaʊndɪŋ] *adj* ❶ (*amazing*) erstaunlich; ***I find it ~ that ...*** ich kann es kaum fassen, dass ...; **~ fact** verblüffende Tatsache; **~ revelations** schockierende Enthüllungen
❷ (*very great*) erstaunlich, außerordentlich

astoundingly [əˈstaʊndɪŋli] *adv* ❶ (*surprisingly*) erstaunlich, verblüffend
❷ (*extremely*) erstaunlich, außerordentlich

astrakhan [ˌæstrəˈkæn] **I.** *n no pl* Astrachan *m*
II. *n modifier* (*coat*) Astrachan-; **an ~ jacket** eine Jacke aus Astrachan

astral [ˈæstrᵊl] *adj attr* ASTRON Astral- *fachspr*, Sternen-

astral body *n* PHILOS Astralleib *m* **astral plane** *n* PHILOS Astralzustand *m* **astral projection** *n* PHILOS *Trennung von Körper und Seele*

astray [əˈstreɪ] *adv* verloren; **to go ~** *letter* verloren gehen; *person* vom Weg abkommen; (*fig*) auf Abwege geraten; **to lead sb ~** jdn irreleiten; (*fig*) jdn auf Abwege bringen

astride [əˈstraɪd] **I.** *prep* ❶ (*on*) rittlings auf +*dat*
❷ (*even pace*) **to keep ~ with sb/sth** gleichauf mit jdm/etw bleiben
❸ (*as leader of*) an der Spitze +*gen*; ***she sat ~ a worldwide business empire*** sie saß an der Spitze eines weltweiten Handelsimperiums
❹ (*on both sides of*) zu beiden Seiten +*gen*
II. *adv* rittlings

astringency [əˈstrɪndʒən(t)si] *n no pl* ❶ *of lotion* zusammenziehende Wirkung
❷ *of vinegar* Säure *f*
❸ (*fig: severity*) Schärfe *f fig*

astringent [əˈstrɪndʒənt] **I.** *n* MED Adstringens *nt fachspr*
II. *adj* adstringierend; (*fig*) scharf *fig*

astringently [əˈstrɪndʒəntli] *adv* scharf *fig*; **to speak ~ of sb** bissige Bemerkungen über jdn machen

astrobiology [ˌæstrə(ʊ)baɪˈɒlədʒi, AM -troʊbaɪˈɑːl-] *n no pl* Astrobiologie *f*

astrobleme [ˈæstrə(ʊ)bliːm, AM -troʊ-] *n* Astroblem *nt*, fossiler Meteoritenkrater

astrolabe [ˈæstrə(ʊ)leɪb, AM -trə-] *n* NAUT Astrolabium *nt fachspr*

astrologer [əˈstrɒlədʒəʳ, AM əˈstrɑːlədʒɚ] *n* Astrologe, -in *m, f*

astrological [ˌæstrəˈlɒdʒɪkᵊl, AM -ˈlɑːdʒɪk-] *adj* astrologisch; **~ book** Buch *nt* über Astrologie

astrologist [əˈstrɒlədʒɪst, AM əˈstrɑːlə-] *n* Astrologe, -in *m, f*

astrology [əˈstrɒlədʒi, AM əˈstrɑːlə-] *n no pl* Astrologie *f*

astronaut [ˈæstrənɔːt, AM *also* -nɑːt] *n* Astronaut(in) *m(f)*

astronautics [ˌæstrə(ʊ)nɔːtɪks, AM -trəˈnɑːt̬ɪks] **I.** *n + sing vb* Raumfahrt *f*, Raumfahrttechnologie *f*
II. *n modifier* (*expert*) Raumfahrt-

astronomer [əˈstrɒnəməʳ, AM əˈstrɑːnəmɚ] *n* Astronom(in) *m(f)*

astronomic [ˌæstrəˈnɒmɪk, AM -ˈnɑːmɪk] *adj prices* astronomisch *fam*

astronomical [ˌæstrəˈnɒmɪkᵊl, AM -ˈnɑːm-] *adj* ❶ *attr* ASTRON (*findings, observations*) astronomisch; (*laboratory, projects*) Astronomie-
❷ (*fig: enormous*) astronomisch *fam*, riesig; **~ price** astronomischer Preis; **to be ~** *prices* ins Unermessliche gehen

astronomically [ˌæstrəˈnɒmɪkᵊli, AM -ˈnɑːm-] *adv* (*also fig*) astronomisch *a. fig*; **to be ~ different** extrem unterschiedlich sein; **to be ~ expensive** unerschwinglich teuer sein

astronomy [əˈstrɒnəmi, AM əˈstrɑːnə-] *n no pl* Astronomie *f*

astrophysical [ˌæstrə(ʊ)ˈfɪzɪkᵊl, AM -troʊˈ-] *adj* astrophysikalisch

astrophysicist [ˌæstrə(ʊ)ˈfɪzɪsɪst, AM -troʊˈ-] *n* Astrophysiker(in) *m(f)*

astrophysics [ˌæstrə(ʊ)ˈfɪzɪks, AM -troʊˈ-] *n + sing vb* Astrophysik *f*

AstroTurf® [ˈæstrə(ʊ)tɜːf, AM -troʊtɜːrf] *n no pl* künstlicher Rasen

astute [əˈstjuːt, AM əˈstuːt] *adj* schlau, clever *fam*, scharfsinnig

astutely [əˈstjuːtli, AM *esp* əˈstuːt-] *adv* schlau

astuteness [əˈstjuːtnəs, AM əˈstuːt-] *n no pl* Scharfsinn *m*, Scharfsinnigkeit *f*; *of mind* Schärfe *f*

asunder [əˈsʌndəʳ, AM -dɚ] *adv* (*form liter: apart*) entzwei, auseinander; (*in pieces*) in Stücke; ***those whom God hath joined together let no man put ~*** was Gott zusammengefügt hat, soll der Mensch nicht scheiden; **to split sth ~** etw spalten; **to tear sth ~** etw auseinander reißen

ASX [ˌeɪesˈeks] *n* STOCKEX *abbrev of* **Australian Stock Exchange** australische Börse

Asylo [əˈsaɪləʊ, AM -loʊ] *n* Gutschein *m* für Asylanten (*um Haushaltsartikel und Lebensmittel zu kaufen*)

asylum [əˈsaɪləm] *n* ❶ (*protection*) Asyl *nt*; (*fig*) Zuflucht *f*; **political ~** politisches Asyl; **to apply for/grant/seek ~** Asyl beantragen/gewähren/suchen
❷ (*dated: institution*) Heim *nt*; **lunatic ~** (*pej dated*) Irrenanstalt *f pej*; **mental ~** (*dated*) Nervenheilanstalt *f*

asylum seeker *n* Asylsuchende(r) *f(m)*, Asylbewerber(in) *m(f)*

asymmetric(al) [ˌeɪsɪˈmetrɪk(ᵊl)] *adj* asymmetrisch; (*fig*) unausgewogen

asymmetrically [ˌeɪsɪˈmetrɪkᵊli] *adv* asymmetrisch

asymmetric transmission *n* COMPUT asymmetrische Übertragung **asymmetric video compression** *n* COMPUT asymmetrische Videokompression

asymmetry [eɪˈsəmetri] *n* ❶ (*lack of regularity*) Asymmetrie *f*
❷ *no pl* (*imbalance*) Unausgewogenheit *f*

at [æt, ət] *prep* ❶ (*in location of*) ~ **sth, at the baker's** beim Bäcker; ***she's standing ~ the bar*** sie steht an der Theke; ***my number ~ the office is 2154949*** meine Nummer im Büro lautet 2154949; ***the man who lives ~ number twelve*** der Mann, der in Nummer zwölf wohnt; ***I'd love to stay ~ home*** ich möchte gerne zu Hause bleiben; ***John's ~ work right now*** John ist gerade bei der Arbeit; ~ **the top of the stairs** am oberen Treppenende; **sb ~ the door** (*sb wanting to enter*) jd an der Tür; ~ **sb's feet** neben jds Füßen
❷ (*attending*) ~ **the party/festival** auf [*o* bei] der Party/dem Festival; ***we spent the afternoon ~ the museum*** wir verbrachten den Nachmittag im Museum; ~ **school** auf [*o* in] der Schule; ~ **university** auf [*o* an] der Universität; ~ **work** auf [*o* bei] der Arbeit; ~ **the institute** am Institut; ***while he was ~ his last job, he learned a lot*** in seiner letzten Stelle hat er eine Menge gelernt
❸ (*during time of*) ■ ~ **sth** ***he was defeated ~ this election*** er wurde bei dieser Wahl geschlagen; ***what are you doing ~ Christmas?*** was macht ihr an Weihnachten?; ~ **the weekend** am Wochenende; ~ **night** in der Nacht, nachts; ***our train leaves ~ 2:00*** unser Zug fährt um 2:00 Uhr; ~ **daybreak** im Morgengrauen; ~ **nightfall** bei Einbruch der Nacht; ~ **midnight** um Mitternacht; ***I'm busy ~ present*** [*or* ***the moment***] ich habe im Moment viel zu tun; ***I can't come to the phone ~ the moment*** ich kann gerade nicht ans Telefon kommen; ***I'm free ~ lunchtime*** ich habe in der Mittagspause Zeit; ***we always read the kids a story ~ bedtime*** wir lesen den Kindern zum Schlafengehen immer eine Geschichte vor; ~ **the age of 60** im Alter von 60; ***most people retire ~ 65*** die meisten Leute gehen mit 65 in Rente; ~ **the beginning/end** am Anfang/Ende; ~ **this stage of research** bei diesem Stand der Forschung; ~ **a time** auf einmal, gleichzeitig; ***just wait a second — I can't do ten things ~ a time*** eine Sekunde noch – ich kann nicht tausend Sachen auf einmal machen; ***his death came ~ a time when the movement was split*** sein Tod kam zu einem Zeitpunkt, als die Bewegung auseinander brach; ~ **the time** zu dieser Zeit, zu diesem Zeitpunkt; ~ **the same time** (*simultaneously*) zur gleichen Zeit, gleichzeitig; ***they both yelled "no!" ~ the same time*** beide schrien im gleichen Moment „nein!"; (*on the other hand*) auf der anderen Seite; ***I like snow — ~ the same time, however, I hate the cold*** ich mag Schnee – andererseits hasse ich die Kälte; ~ **no time** [*or* **point**] [*or* **stage**] nie[mals]
❹ (*to amount of*) ***he can see clearly ~ a distance of 50 metres*** er kann auf eine Entfernung von 50 Metern noch alles erkennen; ***learners of English ~ advanced levels*** Englischlernende mit fortgeschrittenen Kenntnissen; ***he denied driving ~ 120 km per hour*** er leugnete, 120 km/h schnell gefahren zu sein; ***he drives ~ any speed he likes*** er fährt so schnell er will; ~ **50 kilometres per hour** mit [*o* bei] 50 km/h; ***the horse raced to the fence ~ a gallop*** das Pferd raste im Gallop auf den Zaun zu; ***the children came ~ a run*** die Kinder kamen alle angelaufen; ~ **£20** für 20 Pfund; ***I'm not going to buy those shoes ~ $150!*** ich zahle für diese Schuhe keine 150 Dollar!; ~ ***that price, I can't afford it*** für diesen Preis kann ich es mir nicht leisten; ***the bells ring ~ regular intervals*** die Glocken läuten in regelmäßigen Abständen; ***inflation is running ~ 5%*** die Inflation liegt im Moment bei 5%; ~ **least** (*at minimum*) mindestens; ***clean the windows ~ least once a week!*** putze die Fenster mindestens einmal pro Woche!; (*if nothing else*) zumindest; ~ ***least you could say you're sorry*** du könntest dich zumindest entschuldigen; ***they seldom complained — officially ~ least*** sie haben sich selten beschwert – zumindest offiziell; ~ [**the**] **most** [aller]höchstens; ***I'm afraid we can only pay you £5 an hour at*** [***the***] ***most*** ich befürchte, wir können Ihnen höchstens 5 Pfund in der Stunde zahlen
❺ (*in state of*) ***I love watching the animals ~ play*** ich sehe den Tieren gerne beim Spielen zu; ***everything is ~ a standstill*** alles steht still; ***the country was ~ war*** das Land befand sich im Krieg; ***she finished ~ second place in the horse race*** sie belegte bei dem Pferderennen den zweiten Platz; **to be ~ an advantage/a disadvantage** im Vorteil/Nachteil sein; **to be ~ fault** im Unrecht sein; ~ **first** zuerst, am Anfang; ~ ***first they were happy together*** anfangs waren sie miteinander glücklich; ~ **last** endlich, schließlich; + *superl;* ***she's ~ her best when she's under stress*** sie ist am besten, wenn sie im Stress ist; ***he was ~ his happiest while he was still in school*** in der Schule war er noch am glücklichsten; ~ **large** in Freiheit; ***there was a murderer ~ large*** ein Mörder war auf freiem Fuß
❻ *after adj* (*in reaction to*) ***I was so depressed ~ the news*** ich war über die Nachricht sehr frustriert; ***we are unhappy ~ the current circumstances*** die gegenwärtigen Umstände machen uns unglücklich; (*fam*) ***don't be angry ~ her!*** ärgere dich nicht über sie!; ***I'm amazed ~ the way you can talk*** ich bin erstaunt, wie du reden kannst; *after vb;* ***many people in the audience were crying ~ the film*** viele Leute im Publikum weinten wegen des Films; ***they laughed ~ her funny joke*** sie lachten über ihren komischen Witz; ***she shuddered ~ the thought of flying in an airplane*** sie erschauderte bei dem Gedanken an einen Flug in einem Flugzeug; ***her pleasure ~ the bouquet was plain to see*** ihre Freude über den Blumenstrauß war unübersehbar
❼ (*in response to*) ***I'm here ~ your invitation*** ich bin auf Ihre Einladung hin gekommen; ~ ***your request we will send extra information*** auf Ihre Bitte hin senden wir Ihnen zusätzliche Informationen; ~ **that** daraufhin
❽ *after vb* (*in ability to*) bei +*dat;* ***he excels ~ estimating the seriousness of the offers*** er tut sich beim Einschätzen der Ernsthaftigkeit der Angebote hervor; *after adj;* ***he's very good ~ getting on with people*** er kann sehr gut mit Menschen umgehen; ***she's good ~ maths but bad ~ history*** sie ist gut in Mathematik, aber schlecht in Geschichte; ***he is poor ~ giving instructions*** er kann keine guten Anweisungen geben; *after n;* ***he's a failure ~ love*** er kennt sich kaum in der Liebe aus
❾ *after vb* (*repeatedly do*) an +*dat;* ***the dog gnawed ~ the bone*** der Hund knabberte an dem Knochen herum; ***she clutched ~ the thin gown*** sie klammerte sich an den dünnen Morgenmantel; ***if you persevere ~ a skill long enough, you will master it*** wenn man eine Fertigkeit lange genug trainiert, beherrscht man sie auch; **to be ~ sth** mit etw *dat* beschäftigt sein; ***he's been ~ it for at least 15 years*** er macht das jetzt schon seit 15 Jahren
❿ *after vb* (*expressing object of action*) ***they smiled ~ us as we drove by*** sie lächelten uns zu, als wir vorbeifuhren; ***he glanced ~ his wife before he answered*** er warf seiner Frau einen Blick zu, bevor er antwortet; ***she hates it when people laugh ~ her*** sie hasst es, ausgelacht zu werden; ***the kids waved ~ their father*** die Kinder winkten ihrem Vater zu; ***some dogs howl ~ the moon*** manche Hunde heulen den Mond an; ***the policeman rushed ~ him*** der Polizist rannte auf ihn zu; ***the policy aimed ~ reducing taxation*** die Politik hatte eine Steuerreduzierung zum Ziel; ***what are you hinting ~?*** was hast du vor?; **to go ~ sb** jdn angreifen
⓫ *after n* (*expressing the means by which sth is done*) ~ ***a rough guess, I'd say the job will take three or four weeks*** grob geschätzt würde ich sagen, die Arbeit dauert drei bis vier Wochen
▶ PHRASES: **to be ~ the end of one's rope** mit seinem Latein am Ende sein; ~ **hand** in Reichweite; ***we have to use all the resources ~ hand*** wir müssen alle verfügbaren Ressourcen einsetzen; **to be ~ one's wit's end** mit seiner Weisheit am Ende sein; ~ **all** überhaupt; ***she barely made a sound ~ all*** sie hat fast keinen Ton von sich gegeben; ***I haven't been well ~ all recently*** mir ging es in letzter Zeit gar nicht gut; ***I don't like him ~ all*** ich kann ihn einfach nicht ausstehen; ***did she suffer ~ all?*** hat sie denn gelitten?; **nothing/nobody ~ all** gar [*o* überhaupt] nichts/niemand; ***I'm afraid I've got nothing ~ all to say*** ich befürchte, ich habe gar nichts zu sagen; ***there was nobody at home ~ all when I called*** dort war niemand zu Hause, als ich anrief; **not ~ all** (*polite response*) gern geschehen, keine Ursache; (*definitely not*) keineswegs, überhaupt [*o* durchaus] nicht; ***I'm not ~ all in a hurry — please don't rush*** ich habe es wirklich nicht eilig – renne bitte nicht so; **to get ~ sth** auf etw hinaus wollen [*o* abzielen]; ~ **that** noch dazu; **where it's ~** (*fam: fashionable*) wo etw los ist; ***New York is where it's ~, stylewise*** in New York ist modemäßig richtig was los *fam*

at all *adv* ❶ (*of any kind*) irgendein; ***is there any doubt ~ in your mind?*** haben Sie auch nur den geringsten Zweifel?
❷ (*any degree*) irgendwie; ***are you ~ worried about the outcome?*** machen Sie sich gar keine Gedanken, wie es ausgehen könnte?
❸ (*emphasizing the negative*) ■ **not ~** überhaupt [*o* gar] nicht; ***he's had no food ~*** er hatte überhaupt nichts gegessen; **to have no money ~** überhaupt kein Geld haben; **nobody/nothing ~** überhaupt niemand/nichts; **nowhere ~** nirgends, nirgendwo
❹ (*even*) überhaupt; ***why bother getting up ~?*** warum soll man sich überhaupt die Mühe machen, aufzustehen?

atavism [ˈætəvɪzᵊm, AM ˈæt̬-] *n no pl* ❶ BIOL Atavismus *m fachspr*
❷ (*reversion*) Rückschritt *m* in der Entwicklung

atavistic [ˌætəˈvɪstɪk, AM ˌæt̬ə-] *adj* BIOL atavistisch *fachspr*

ATB [ˌeɪtiːˈbiː] *n abbrev of* **all-terrain bike** Geländefahrrad *nt*

at bat [ˈætˌbæt] *n* Chance *f* zu schlagen

ATC [ˌeɪtiːˈsiː] *n abbrev of* **authorization to copy** Kopiergenehmigung *f*

at call FIN sofort verfügbar; **money ~** täglich fällige Gelder

AT command set *n* COMPUT AT-Befehlssatz *m*

ATE [ˌeɪtiːˈiː] *n abbrev of* **automatic test equipment** automatische Prüfeinrichtung

ate [et, eɪt, AM eɪt] *pt of* **eat**

A-team [ˈeɪˌtiːm] *n* Spitzengruppe *f*, Spitzenmannschaft *f*

atelier [əˈteljieɪ, ˈætel-, AM ˌæt̬ᵊlˈjeɪ] *n* Atelier *nt*

atheism [ˈeɪθiɪzᵊm] *n no pl* Atheismus *m*

atheist [ˈeɪθiɪst] **I.** *n* Atheist(in) *m(f)*
II. *adj* atheistisch

atheistic(al) [ˌeɪθiˈɪstɪk(ᵊl)] *adj* atheistisch

atheneum <*pl* -nea> [ˌæθəˈniəm] *n* Athenäum *nt*

Athenian [əˈθiːniən] **I.** *adj* athenisch
II. *n* Athener(in) *m(f)*

Athens [ˈæθᵊnz] *n* Athen *nt*

atherosclerosis [ˌæθərəʊskləˈrəʊsɪs, AM -roʊskləˈroʊsəs] *n no pl* MED Atherosklerose *f*

athlete [ˈæθliːt] *n* Athlet(in) *m(f)*; **to be a sexual ~** sexuell sehr aktiv sein

athlete's foot *n no pl* Fußpilz *m*

athletic [æθˈletɪk, AM -ˈlet̬ɪk] *adj* ❶ SPORTS sportlich; ~ **club** Sportclub *m;* ~ **events** sportliche Ereignisse; ~ **shorts** kurze Sporthose; ~ **socks** Sportstrümpfe *pl*
❷ (*physically fit*) athletisch, sportlich; ~ **body** durchtrainierter Körper

athletically [æθˈletɪkᵊli, AM t̬ɪk] *adv* athletisch,

sportlich
athleticism [æθ'letɪsɪzᵊm, AM -'leţə-] *n no pl* Sportlichkeit *f*
athletics [æθ'letɪks, AM -'leţ-] *n no pl* Leichtathletik *f*
athletic support *n*, **athletic supporter** *n* AM (*form: jockstrap*) Genitalschutz *m*
at-home *n zwangloser Empfang bei sich zu Hause;* ***we are going to have an*** ~ wir geben eine kleine Party bei uns zu Hause
athwart [ə'θwɔ:t, AM 'θwɔ:rt] **I.** *adv inv* quer, schräg; NAUT dwars *fachspr*
II. *prep* ❶ (*across*) querüber, schräg über; NAUT dwars *fachspr*
❷ (*contrary to*) gegen, zuwider
atishoo [ə'tɪʃu:] *interj* BRIT hatschi
Atlantic [ət'læntɪk, AM -ţɪk] **I.** *n no pl* ■**the** ~ [**Ocean**] der Atlantik
II. *adj* (*current, coast*) Atlantik-; **the** ~ **Provinces** CAN *die atlantischen Provinzen Kanadas* (*Neubraunschweig, Neufundland, Neuschottland, Prinz-Eduard-Insel*)
Atlantis [ət'læntɪs, AM -ţɪs] *n no pl* Atlantis *nt*
atlas <*pl* -es> ['ætləs] *n* ❶ (*book of maps*) Atlas *m;* **road** ~ Straßenatlas *m;* ~ **of the world** Weltatlas *m*
❷ (*guide with maps*) Führer *m;* ~ **of plants/wines, plant/wine** ~ Pflanzen-/Weinführer *m*
atm *n* PHYS *abbrev of* **atmosphere** atm
ATM [,eɪti:'em] *n abbrev of* **automated teller machine** Geldautomat *m*, Bankomat *m bes* SCHWEIZ
atmosphere ['ætməsfɪəʳ, AM -fɪr] *n* ❶ (*of Earth*) Atmosphäre *f;* (*of a planet also*) Lufthülle *f*
❷ PHYS Atmosphäre *f*
❸ *no pl* (*air*) ***the*** ~ ***in the room was so stuffy I could hardly breathe*** in dem Zimmer war so stickig, dass ich kaum atmen konnte
❹ (*fig: mood*) Atmosphäre *f*, Stimmung *f;* ~ **of gloom/happiness** düstere/fröhliche Stimmung; **to have** ~ *restaurant* Atmosphäre haben, stimmungsvoll sein
atmospheric [,ætməs'ferɪk] *adj* ❶ (*in atmosphere*) atmosphärisch; ~ **oxygen** Luftsauerstoff *m*
❷ (*setting a mood*) stimmungsvoll
atmospheric pressure *n no pl* Luftdruck *m*
atmospherics [,ætməs'ferɪks] *npl* RADIO atmosphärische Störungen
A to D *abbrev of* **analogue to digital** *see* **A/D**
atoll ['ætɒl, AM 'æta:l] *n* Atoll *nt*
atom ['ætəm, AM 'æţ-] *n* PHYS Atom *nt;* (*fig*) Bisschen *nt;* ***he hasn't an*** ~ ***of sense*** er besitzt keinen Funken Vernunft; ***if you had an*** ~ ***of feeling ...*** wenn du auch nur einen Hauch von Gefühl hättest, ...
atom bomb *n* Atombombe *f*
atomic [ə'tɒmɪk, AM -'a:m-] *adj inv* PHYS *energy, structure* Atom-; *explosion, pollution, catastrophe* atomar; ~ **warfare** atomare Kriegsführung
atomically [ə'tɒmɪkᵊli, AM -'a:m-] *adv inv* atomar; ~ **powered** atombetrieben; ~ **powered weapons** Atomwaffen *pl*
atomic bomb *n* Atombombe *f* **atomic mass** *n* NUCL Atommasse *f* **atomic power** *n no pl* Atomkraft *f* **atomic power station** *n* Atomkraftwerk *nt* **atomic reactor** *n* Atomreaktor *m* **atomic warfare** *n no pl* Atomkrieg *m* **atomic weight** *n* NUCL Atomgewicht *nt*
atomize ['ætəmaɪz, AM 'æţ-] *vt* ■**to** ~ **sth** *liquids* etw zerstäuben; (*fig*) etw auflösen
atomizer ['ætəmaɪzəʳ, AM 'æţəmaɪzɚ] *n* Zerstäuber *m*
atonal [eɪ'təʊnᵊl, AM -'toʊ-] *adj* MUS atonal
atone [ə'təʊn, AM ə'toʊn] **I.** *vi* ■**to** ~ **for sth** etw wieder gutmachen; **to** ~ **for a sin** für eine Sünde Buße tun
II. *vt* **to** ~ **one's sins** für seine Sünden büßen
atonement [ə'təʊnmənt, AM ə'toʊn-] *n no pl* (*form*) Buße *f;* **Day of A**~ (*Christian*) Buß- und Bettag *m;* (*Jewish*) Versöhnungstag *m*
atop [ə'tɒp, AM ə'ta:p] *prep* (*old liter*) ■~ **sth** [oben] auf etw *dat*
at-risk [,æt'rɪsk] *adj attr* Gefahren-, gefährdet

atrium ['eɪtriəm] *n* HIST Atrium *nt;* ARCHIT *also* Innenhof *m;* MED Vorhof *m, des Herzens*
atrocious [ə'trəʊʃəs, AM -troʊ-] *adj* grässlich; *weather, food* scheußlich; ~ **conditions** grauenhafte Zustände; ~ **crime** scheußliches Verbrechen
atrociously [ə'trəʊʃəsli, AM -troʊ-] *adv* grässlich, schrecklich, grauenhaft
atrocity [ə'trɒsəti, AM ə'tra:səţi] *n* ❶ (*cruel deed*) Gräueltat *f;* **war-time** ~ Kriegsverbrechen *nt*
❷ *no pl* (*shocking cruelty*) Grausamkeit *f;* **an act of** ~ eine grausame Tat
atrophy ['ætrəfi] **I.** *n no pl* Atrophie *f fachspr;* ~ **of the muscles** Muskelschwund *m*
II. *vi* <-ie-> ❶ MED atrophieren *fachspr*, verkümmern
❷ (*fig: diminish*) nachlassen, schwinden
attach [ə'tætʃ] **I.** *vt* ❶ (*fix*) ■**to** ~ **sth** [**to sth**] etw [an etw *dat*] befestigen; **to** ~ **a label** ein Schild anbringen; (*sticker*) einen Aufkleber aufkleben
❷ (*connect*) ■**to** ~ **sth to sth** etw mit etw *dat* verbinden
❸ (*form: send as enclosure*) ■**to** ~ **sth** [**to sth**] *report, copy* etw [etw *dat*] beilegen
❹ (*join*) ■**to** ~ **oneself to sb** sich *akk* jdm anschließen
❺ (*assign*) ■**to be** ~**ed to sth** etw *dat* zugeteilt sein; ***she was*** ~***ed to the Nigerian government as an advisor*** sie stand der nigerianischen Regierung als Beraterin zur Seite
❻ (*attribute*) **to** ~ **importance** [*or* **significance**] **to sth** etw *dat* Bedeutung beimessen; **to** ~ **value to sth** Wert auf etw *akk* legen; ***I don't*** ~ ***much weight to his opinions*** mir ist es relativ egal, was er denkt
❼ (*associate*) **to** ~ **certain conditions to sth** bestimmte Bedingungen an etw *akk* knüpfen
II. *vi* (*form*) ***no blame*** ~***es to you*** dich trifft keine Schuld; ***great honour*** ~***es to winning this award*** es ist eine große Ehre, diese Auszeichnung verliehen zu bekommen
attaché [ə'tæʃeɪ, AM *also* ,æţə'ʃeɪ] *n* Attaché *m;* **cultural** ~ Kulturattaché *m;* **commercial** ~ Handelsattaché *m*
attaché case *n* Aktenkoffer *m*, Diplomatenkoffer *m*
attached [ə'tætʃt] *adj* ■**to be** ~ **to sb/sth** an jdm/etw hängen *fig*
attached processor *n* COMPUT Anschlussprozessor *m*
attachment [ə'tætʃmənt] *n* ❶ (*fondness*) Sympathie *f;* **to form an** ~ **to sb** sich *akk* mit jdm anfreunden
❷ *no pl* (*support*) Unterstützung *f*
❸ *no pl* (*assignment*) ***he spent a year on*** ~ ***to the War Office*** er war ein Jahr dem Kriegsministerium unterstellt; **on** ~ **to a department/foreign government** zur besonderen Verwendung in einer Abteilung/bei einer fremden Regierung
❹ (*for appliances*) Zusatzgerät *nt*
❺ LAW (*legal possession*) Pfändung *f*
❻ COMPUT Anhang *m*, Attachment *nt*
attachment order *n* ECON Pfändungsanordnung *f*
attack [ə'tæk] **I.** *n* ❶ (*assault*) Angriff *m;* **all-out** ~ Großangriff *m;* **to launch** [*or* **make**] **an** ~ **against** [*or* **on**] **sb/sth** einen Angriff auf jdn/etw unternehmen [*o* starten], jdn/etw angreifen; **to be** [*or* **go**] **on the** ~ zum Angriff übergehen; **to be** [*or* **come**] **under** ~ angegriffen werden
❷ (*bout*) Anfall *m;* ***he is embarrassed by his*** ~***s of shyness*** es ist ihm peinlich, dass ihn immer wieder die Schüchternheit überkommt; **asthma** ~ Asthmaanfall *m;* ~ **of the giggles** Lachanfall *m;* ~ **of hysteria** hysterischer Anfall
❸ *no pl* (*severe criticism*) Angriff *m;* **to come under** ~ unter Beschuss geraten *fig*
❹ (*in team sports*) Angriff *m;* ***the team has a strong*** ~ die Mannschaft ist sehr angriffsstark; **to be strong in** [*or* AM **on**] ~ angriffsstark sein
▶ PHRASES: **the best method of defence is** ~ (*prov*) Angriff ist die beste Verteidigung *prov*
II. *vt* ❶ (*physically, verbally*) ■**to** ~ **sb/sth** jdn/etw angreifen; ■**to** ~ **sb** *dog* jdn anfallen; *criminal* jdn überfallen
❷ (*cause damage*) ■**to** ~ **sb/sth** *illness, pest, insects* jdn/etw angreifen; ***these rose bushes are being*** ~***ed by greenfly*** diese Rosensträucher sind vollkommen verlaust
❸ SPORTS (*try to score*) **to** ~ **the ball/goal** den Ball/das Tor angreifen
❹ (*fig: tackle*) **to** ~ **a problem** ein Problem anpacken [*o* angehen] [*o* in Angriff nehmen]
❺ (*fig: eat greedily*) ■**to** ~ **sth** sich *akk* über etw *akk* hermachen, über etw *akk* herfallen; **to** ~ **the fridge** den Kühlschrank plündern
III. *vi* angreifen
attack-dog [ə'tækdɒg, AM -da:g] *adj attr, inv* (*fig fam*) hinterlistig
attacker [ə'tækəʳ, AM -ɚ] *n* Angreifer(in) *m(f);* ***the old lady never saw her*** ~ die alte Dame hat nicht gesehen, wer sie überfallen hatte; (*fig*) Kritiker(in) *m(f)*
attain [ə'teɪn] *vt* ■**to** ~ **sth** etw erreichen; **to** ~ **a grade** eine Note erhalten; **to** ~ **independence** die Unabhängigkeit erlangen, unabhängig werden; **to** ~ **one's majority** volljährig werden
attainable [ə'teɪnəbl̩] *adj* erreichbar
attainder [ə'teɪndəʳ] *n* BRIT LAW **bill of** ~ Bestreitung *f* durch Dekret ohne Gerichtsverhandlung (*durch das Ehrverlust, Vermögenseinziehung und Todesurteil ausgesprochen werden*)
attainment [ə'teɪnmənt] *n* ❶ *no pl* (*achieving*) Erreichen *nt;* *of academic qualifications* Erlangen *nt*
❷ *no pl* (*achievement*) Errungenschaft *f*, Leistung *f;* ***the standards of*** ~ ***are low*** der Leistungsstandard ist niedrig
❸ ■~**s** *pl* (*accomplishments*) Fertigkeiten *pl*, Kenntnisse *pl*
attempt [ə'tem(p)t] **I.** *n* ❶ (*try*) Versuch *m;* **to make an** ~ **at doing sth** versuchen, etw zu tun; ***she made an*** ~ ***at a smile*** sie versuchte, ein Lächeln zustande zu bringen; **brave/doomed/half-hearted** ~ tapferer/aussichtsloser/halbherziger Versuch; **at the first/second** ~ beim ersten/zweiten Versuch
❷ (*murder*) **an** ~ **on sb's life** ein Anschlag *m* auf jds Leben
II. *vt* ■**to** ~ **sth** etw versuchen; ***he*** ~***ed a joke*** er versuchte, einen Witz zu machen
III. *vi* ■**to** ~ **to do sth** versuchen, etw zu tun
attempted [ə'tem(p)tɪd] *adj attr, inv* ~ **murder/robbery** versuchter Mord/Raub
attend [ə'tend] **I.** *vt* (*form*) ❶ (*be present at*) ■**to** ~ **sth** etw besuchen; ***the concert was well-***~***ed*** das Konzert war gut besucht; **to** ~ **church/school** in die Kirche/Schule gehen; **to** ~ **a conference** auf einer Konferenz sein; (*in future*) auf eine Konferenz gehen; **to** ~ **a course** einen Kurs besuchen [*o* machen]; **to** ~ **a funeral/wedding** zu einer Beerdigung/Hochzeit gehen
❷ (*accompany*) ■**to** ~ **sb** jdn begleiten
❸ MED (*care for*) ■**to** ~ **sb** jdn [ärztlich] behandeln
❹ (*form: be a part of*) ■**to** ~ **sth** mit etw *dat* verbunden sein [*o* einhergehen]; ***this job is*** ~***ed by a certain amount of danger*** dieser Einsatz birgt gewisse Gefahren in sich
II. *vi* ❶ (*be present*) teilnehmen; ***I regret that I will be unable to*** ~ leider kann ich nicht kommen; ■**to** ~ **at sth** bei etw *dat* anwesend sein; **to** ~ **at church** den Gottesdienst besuchen
❷ (*listen carefully*) aufpassen
❸ (*old*) ■**to** ~ **on sb** jdn aufwarten *veraltet geh*
◆**attend to** *vi* ❶ (*take care of*) ■**to** ~ **to sb/sth** sich *akk* um jdn/etw kümmern
❷ (*deal with*) ■**to** ~ **to sth** etw erledigen
❸ (*take notice of*) ■**to** ~ **to sth** auf etw *akk* achten; ***you must*** ~ ***to what I am saying!*** du musst mir zuhören!
attendance [ə'tendᵊn(t)s] *n* ❶ *no pl* (*being present*) Anwesenheit *f;* ~ ***at lectures is compulsory*** bei Vorlesungen besteht Anwesenheitspflicht
❷ (*number of people present*) Besucher *mpl*, Besucherzahl *f*

3 (*care*) **to be in ~ [on sb]** [jdm] zur Verfügung stehen; ***the singer never goes out without his security men in ~*** der Sänger verlässt das Haus niemals ohne seine Bodyguards an seiner Seite
▸ PHRASES: **to dance ~ on sb** um jdn herumscharwenzeln *pej fam*

attendance centre *n* BRIT LAW Jugendarrestanstalt *f*

attendant [əˈtendᵊnt] **I.** *n* 1 (*guide, helper*) Aufseher(in) *m(f)*, Wärter(in) *m(f)*; (*in swimming pool*) Bademeister(in) *m(f)*; **car park ~** Parkwächter(in) *m(f)*; **museum ~** Museumswärter(in) *m(f)*; **petrol** [*or* **gas**] **station ~** Tankwart(in) *m(f)*
2 (*servant*) Diener(in) *m(f)*, Bedienstete(r) *f(m)*
II. *adj* (*form*) **~ circumstances** Begleitumstände *pl*; ■**to be ~ on sth** mit etw *dat* verbunden sein

attended operation *n* COMPUT überwachter Ablauf

attendee [ətenˈdiː] *n* AM Teilnehmer(in) *m(f)*

attending physician *n* behandelnder [*o* diensthabender] Arzt/behandelnde [*o* diensthabende] Ärztin

attention [əˈten(t)ʃᵊn] *n no pl* 1 (*notice*) Aufmerksamkeit *m*; **~!** Achtung!; ***could I have your ~, please?*** dürfte ich um Ihre Aufmerksamkeit bitten?; ***he tried to escape the ~ of the police*** er versuchte, bei der Polizei nicht aufzufallen; ***your ~ seems to be wandering*** Sie scheinen nicht bei der Sache zu sein; **to be the centre of ~** im Mittelpunkt des Interesses stehen; **to pay ~ to detail** auf Details achten; **to attract** [*or* **catch**] [*or* **get**] **sb's ~** jdn auf sich *akk* aufmerksam machen; **to call** [*or* **draw**] **~ to sth** die Aufmerksamkeit auf etw *akk* lenken; **to give sth one's undivided** [*or* **full**] **~** etw *dat* seine ungeteilte [*o* ganze] Aufmerksamkeit schenken; **to pay ~** Acht geben, aufpassen; **to pay ~ to sb/sth** jdm/etw Aufmerksamkeit schenken; **to turn one's ~ to sth** seine Aufmerksamkeit auf etw *akk* richten
2 (*maintenance*) Wartung *f*, Instandhaltung *f*; ***my washing machine needs ~*** meine Waschmaschine muss überholt werden
3 (*care*) Pflege *f*; ***my fingernails need ~*** ich muss mich mal wieder um meine Fingernägel kümmern; **medical ~** ärztliche Behandlung; ***you should seek medical ~ for that cut*** du solltest diese Schnittwunde ärztlich behandeln lassen
4 (*in letters*) **for the ~ of Mr Miller, ~: Mr Miller** zu Händen von Mr Miller
5 *no pl esp* MIL (*stiff stance*) Stillstand *m*; **~!** stillgestanden!; **to stand at ~** stillstehen; **to stand to ~** Haltung annehmen
6 ■**~s** *pl* (*interests*) Aufmerksamkeit *f kein pl*, Interesse *nt kein pl*; **to turn one's ~s to sth** seine Aufmerksamkeit etw *dat* zuwenden; (*courting*) **to pay one's ~s to sb** jdm den Hof machen

attention deficient hyperactivity disorder *n*, **attention deficit disorder** *n* Aufmerksamkeitsdefizitsyndrom *nt*

attention-seeking [əˈtenʃᵊnsiːkɪŋ] **I.** *n no pl* Wunsch *m* nach Beachtung, Bedürfnis *nt* nach Aufmerksamkeit **II.** *adj inv* auf Beachtung bedacht, aufmerksamkeitsbedürftig **attention span** *n* Konzentrationsvermögen *f*; **to have a long/short ~** sich lang/nur kurz auf etwas konzentrieren können

attentive [əˈtentɪv, AM -t̬ɪv] *adj* 1 (*caring*) fürsorglich; ■**to be ~ to sb/sth** sich *akk* fürsorglich um jdn/etw kümmern; **to be ~ to sb's needs** jds Bedürfnisse berücksichtigen
2 (*listening*) aufmerksam

attentively [əˈtentɪvli, AM -t̬ɪv-] *adv* 1 (*caringly*) fürsorglich
2 (*taking notice*) aufmerksam; **to listen ~** aufmerksam zuhören

attentiveness [əˈtentɪvnəs, AM -t̬ɪv-] *n no pl* 1 (*care*) Fürsorglichkeit *f*
2 (*listening*) Aufmerksamkeit *f*

attenuate [əˈtenjueɪt] *vt* (*form*) ■**to ~ sth** etw abschwächen

attenuated [əˈtenjueɪtɪd, AM -eɪt̬ɪd] *adj* (*form*) abgeschwächt; *person* geschwächt

attenuation [əˌtenjuˈeɪʃᵊn] *n no pl* (*form*) 1 (*weakening*) Schwächung *f*
2 RADIO Abschwächung *f*, Dämpfung *f*

attest [əˈtest] **I.** *vt* ■**to ~ sth** 1 (*demonstrate*) *support, excellence* etw beweisen [*o* zeigen]
2 LAW etw bestätigen [*o* beglaubigen]; (*on oath*) etw beschwören
II. *vi* ■**to ~ to sth** *competence, fact* etw beweisen

attestation [æˌtesˈteɪʃᵊn, AM ˌæt̬-] *n* 1 (*formal declaration*) Bescheinigung *f*, Beglaubigung *f*; **~ clause** LAW Beglaubigungsvermerk *m*
2 (*proof*) Beweis *m*

attic [ˈætɪk, AM ˈæt̬-] *n* Dachboden *m*, Speicher *m*; **in the ~** auf dem Dachboden

Attica [ˈætɪkə, AM ˈæt̬] *n no pl* Attika *nt*

Attila [əˈtɪlə] *n no pl* Attila *m*

attire [əˈtaɪəʳ, AM -ˈtaɪɚ] *n no pl* (*form*) Ornat *m*, Staat *m hum*; (*hum*) Aufputz *m hum veraltet*

attired [əˈtaɪəʳd, AM -ˈtaɪɚd] *adj pred, inv* (*form*) ■**to be ~ in sth** in etw *akk* gehüllt [*o veraltet* gewandet] sein *hum*

attitude [ˈætɪtjuːd, AM ˈæt̬ətuːd, *also* -tjuːd] *n* 1 (*way of thinking*) Haltung *f*, Einstellung *f*; ***the government's ~ to[wards] the refugees is not sympathetic*** die Regierung steht den Flüchtlingen nicht wohlwollend gegenüber; ***I don't like your ~*** deine Haltung gefällt mir nicht; **to undergo a change of** [*or* **in**] **~** seine Meinung ändern; **to have an ~ problem** *esp* AM eine falsche Einstellung haben; **to have** [*or* **take**] **the ~ that ...** die Meinung vertreten, dass ...
2 (*body position, also in ballet*) Stellung *f*; (*facial expression*) Miene *f*; ***she lay sprawled across the sofa in an ~ of complete abandon*** sie lümmelte völlig selbstvergessen auf dem Sofa rum

attorn [əˈtɜːn, AM -ˈtɜːrn] *vt* LAW ■**to ~ sth** etw übertragen

attorney [əˈtɜːrni] *n* AM (*lawyer*) Anwalt, Anwältin *m, f*; **civil/criminal ~** Zivil-/Strafverteidiger(in) *m(f)*; **defense ~** Verteidiger(in) *m(f)*; **~ for the plaintiff** Anwalt *m*/Anwältin *f* des Klägers; **power of ~** Handlungsvollmacht *f*

attorney-at-law <*pl* attorneys-at-law> *n* AM (*lawyer*) Anwalt, Anwältin *m, f* **Attorney-General** <*pl* Attornies General> *n* (*in UK*) Generalstaatsanwalt, Generalstaatsanwältin *m, f*, Kronanwalt *m*, Kronanwältin *f*; (*in USA*) Justizminister [und Generalstaatsanwalt], Justizministerin [und Generalstaatsanwältin] *m, f*

attract [əˈtrækt] *vt* ■**to ~ sb/sth** jdn/etw anziehen; ***her ideas have ~ed a lot of support*** ihre Ideen wurden sehr positiv aufgenommen; **to ~ sb's attention** jds Aufmerksamkeit erregen; **to ~ criticism** auf Kritik stoßen; **to ~ sb's notice** jds Aufmerksamkeit auf sich *akk* ziehen, jdn auf sich *akk* aufmerksam machen; **to ~ sb physically** jdn körperlich anziehen; ■**to be ~ed by** [*or* **to**] **sb/sth** jdn/etw attraktiv finden

attraction [əˈtrækʃᵊn] *n* 1 *no pl* PHYS Anziehungskraft *f*
2 *no pl* (*between people*) Anziehung *f*; ***she felt an immediate ~ to him*** sie fühlte sich sofort zu ihm hingezogen
3 (*entertainment*) Attraktion *f*; **main ~** Hauptattraktion *f*; **tourist ~** Touristenattraktion *f*
4 (*appeal*) Reiz *m*; ***I don't understand the ~ of ...*** ich weiß nicht, was so toll daran sein soll, ...; **to hold no ~ for sb** für jdn nicht attraktiv sein

attractive [əˈtræktɪv] *adj* 1 (*good-looking*) attraktiv; **physically/sexually ~** körperlich/sexuell anziehend
2 (*pleasant*) *countryside, scenery* reizvoll
3 (*interesting*) verlockend; **~ price** attraktiver Preis; **~ salary** anständiges Gehalt

attractively [əˈtræktɪvli] *adv* attraktiv, reizvoll

attractiveness [əˈtræktɪvnəs] *n no pl* Attraktivität *f*; *of view, countryside* Reiz *m*; **the ~ of an offer/a proposition** das Verlockende eines Angebots/eines Vorschlags; **physical/sexual ~** körperliche/sexuelle Anziehungskraft

attributable [əˈtrɪbjətəbl̩, AM -jət̬ə-] *adj pred* ■**to be ~ to sb/sth** jdm/etw zuzuschreiben sein

attributable profit *n* COMM zurechenbarer Gewinn

attribute I. *vt* [əˈtrɪbjuːt] 1 (*ascribe*) ■**to ~ sth to sth** etw auf etw *akk* zurückführen; **to ~ the blame to sb** jdm die Schuld geben; **to ~ importance to sth** etw *dat* Bedeutung beimessen
2 (*give credit for*) ■**to ~ sth to sb** jdm etw zuschreiben
II. *n* [ˈætrɪbjuːt] 1 (*characteristic*) Eigenschaft *f*, Merkmal *nt*
2 LING Beifügung *f*, Attribut *nt fachspr*

attribution *n* 1 *no pl* (*ascription*) Zuschreibung *f*, Zuerkennung *f*; ***the ~ of this painting to Picasso has never been questioned*** dass man dieses Bild Picasso zuschreibt, ist nie in Zweifel gezogen worden
2 (*something attributed*) Attribut *nt*, beigelegte Eigenschaft
3 (*classification*) Zuweisung *f*
4 LAW (*authorization*) Bevollmächtigung *f fachspr*

attributive [əˈtrɪbjətɪv, AM -jət̬-] *adj inv* LING attributiv, Attributiv-

attributively [əˈtrɪbjətɪvli, AM -jət̬ɪv-] *adv inv* LING attributiv

attrition [əˈtrɪʃᵊn] *n no pl* 1 (*wearing down*) Abrieb *m*, Abnutzung *f*, Verschleiß *m*
2 (*gradual weakening*) Zermürbung *f*; **war of ~** Zermürbungskrieg *m*
3 AM, AUS (*personnel reduction*) *Personalabbau durch Weggang von Angestellten, die dann nicht mehr ersetzt werden*
4 REL (*false contrition*) Attrition *f fachspr*, unvollkommene Reue

attune [əˈtjuːn, AM *esp* əˈtuːn] *vt* 1 (*adjust*) ■**to be ~d to sth** auf etw *akk* eingestellt sein; **to become ~d to sth** sich *akk* an etw *akk* gewöhnen; ■**to ~ sth to sth** etw auf etw *akk* abstimmen; ■**to ~ oneself to sth** sich *akk* auf etw *akk* einstellen, sich *akk* an etw *akk* gewöhnen; **to be well ~d to one another** gut aufeinander eingespielt sein
2 MUS (*old*) **to ~ an instrument** ein Instrument stimmen

attuned [əˈtjuːnd, AM *esp* əˈtuːnd] *adj pred* **to be ~ politically** politisch interessiert sein

ATV [ˌeɪtiːˈviː] *n* AUTO *abbrev of* **all-terrain vehicle** Geländefahrzeug *nt*

atypical [ˌeɪˈtɪpɪkᵊl] *adj* atypisch, untypisch; ■**to be ~ of sb/sth** untypisch für jdn/etw sein, für jdn/etw nicht typisch sein

atypically [ˌeɪˈtɪpɪkᵊli] *adv* atypisch, untypisch, ungewöhnlich

aubergine [ˈəʊbəʒiːn, AM ˈoʊbɚ-] **I.** *n* 1 BRIT (*vegetable*) Aubergine *f*
2 *no pl* (*colour*) Aubergine *nt*
II. *adj* aubergine[farben]

aubrietia [ɔːˈbriːʃə, AM ɑː-] *n* BOT Blaukissen *nt*, Aubrietie *f fachspr*

auburn [ˈɔːbən, AM ˈɑːbɚn] **I.** *n no pl* Rotbraun *nt*, Rostrot *nt*
II. *adj* rotbraun, rostrot

auburn-haired *adj* mit rotbraunen Haaren; ■**to be ~** rotbraune Haare haben

au courant [ˌəʊkʊˈrɑ̃, AM ˌoʊkuːˈrɑːn] *adj* up to date *sl*

auction [ˈɔːkʃᵊn, AM *esp* ˈɑːk-] **I.** *n* Auktion *f*, Versteigerung *f*; **~ of furniture** Möbelauktion *f*; **~ of jewellery** Schmuckauktion *f*; **sale by ~** Versteigerung *f*; **to hold an ~** eine Auktion veranstalten; **to put sth up for ~** etw zur Versteigerung anbieten; **to sell sth by** [*or* **at**] **~** etw versteigern; **to be sold at** [*or* BRIT **by**] **~** versteigert werden
II. *vt* ■**to ~ sth [off]** etw versteigern

auction bridge *n* (*old*) Auktionsbridge *nt*

auctioneer [ˌɔːkʃᵊnˈɪəʳ, AM ˌɑːkʃᵊnˈɪr] *n* Auktionator(in) *m(f)*

audacious [ɔːˈdeɪʃəs, AM ɑː-] *adj* 1 (*bold*) kühn, wagemutig, verwegen
2 (*rude*) dreist, unverfroren

audaciously [ɔːˈdeɪʃəsli, AM ɑː-] *adv* 1 (*boldly*) kühn, wagemutig, verwegen
2 (*rudely*) dreist, unverfroren

audaciousness [ɔːˈdeɪʃəsnəs, AM ɑː-] *n,* **audacity** [ɔːˈdæsəti, AM ɑːˈdæsət̬i] *n no pl* ❶ *(boldness)* Kühnheit *f,* Wagemut *m,* Verwegenheit *f*
❷ *(impertinence)* Dreistigkeit *f,* Unverfrorenheit *f;* **to have the ~ to do sth** die Unverfrorenheit [*o* Dreistigkeit] besitzen, etw zu tun

audi alteram partem *n* LAW Grundsatz *m* des rechtlichen Gehörs

audibility [ˌɔːdɪˈbɪləti, AM ˌɑːdɪˈbɪlət̬i] *n no pl* Hörbarkeit *f*

audible [ˈɔːdəbl̩, AM ˈɑː-] *adj* hörbar, [deutlich] vernehmbar

audibly [ˈɔːdəbli, AM ˈɑː-] *adv* hörbar, vernehmlich

audience [ˈɔːdiən(t)s, AM ˈɑː-] *n* ❶ + *sing/pl vb (at performance)* Publikum *nt kein pl;* THEAT *also* Besucher *mpl;* TV Zuschauer *mpl;* RADIO [Zu]hörer *mpl;* *(readership)* Leserschaft *f kein pl,* Leserkreis *m;* **to appeal to a large ~** ein breites Publikum ansprechen
❷ *(formal interview)* Audienz *f;* **private ~** Privataudienz *f;* **to have an ~ with sb** eine Audienz bei jdm haben

audience participation *n no pl* Publikumsbeteiligung *f*

audio [ˈɔːdiəʊ, AM ˈɑːdioʊ] *adj inv* Audio-; **~ book** Hörbuch *nt;* **~ cassette** [Hör]kassette *f;* **~ frequency** Tonfrequenz *f,* Hörfrequenz *f;* **~ tape** Tonband *nt*

audio cassette *n* [Audio]kassette *f,* [Tonband]kassette *f* **audio-typing** *n* Tippen *nt* nach Phonodiktat **audio-visual** *adj inv* audiovisuell

audit [ˈɔːdɪt, AM ˈɑː] **I.** *n* FIN Rechnungsprüfung *f,* Buchprüfung *f;* **external** [*or* **independent**] **~** externe [*o* außerbetriebliche] Revision
II. *vt* ❶ FIN ■**to ~ sth** etw [amtlich] prüfen
❷ AM, AUS UNIV **to ~ a class** einen Kurs [nur] als Gasthörer besuchen

audition [ɔːˈdɪʃən, AM ɑːˈ-] **I.** *n (for actor)* Vorsprechen *nt;* *(for singer)* Vorsingen *nt;* *(for dancer)* Vortanzen *nt;* *(for instrumentalist)* Vorspielen *nt;* **to hold an ~** [*or* **~s**] *(for actor)* vorsprechen lassen; *(for singer)* vorsingen lassen; *(for dancer)* vortanzen lassen; *(for instrumentalist)* vorspielen lassen
II. *vi actor* vorsprechen; *singer* vorsingen; *instrumentalist* vorspielen; *dancer* vortanzen (**for** für +*akk*)
III. *vt* ■**to ~ sb** jdn vorsprechen/vorsingen/vortanzen/vorspielen lassen

auditor [ˈɔːdɪtəʳ, AM ˈɑːdɪt̬ɚ] *n* Rechnungsprüfer(in) *m(f),* Buchprüfer(in) *m(f);* **external ~** außerbetrieblicher Rechnungsprüfer [*o* Buchprüfer]/außerbetriebliche Rechnungsprüferin [*o* Buchprüferin]; **~s' fees** Revisorengebühren *fpl*

auditoria [ˌɔːdɪˈtɔːriə, AM ˌɑːdəˈ-] *n pl of* **auditorium**

auditorium <pl -s *or* -ria> [ˌɔːdɪˈtɔːriəm, AM ˌɑːdəˈ-, *pl* -riə] *n* ❶ THEAT Zuschauerraum *m*
❷ *esp* AM *(hall for listeners)* Zuhörersaal *m,* Vortragssaal *m;* *(for spectators)* Vorführungsraum *m*
❸ AM *(building)* Festhalle *f;* *(for concerts)* Konzerthalle *f*

auditory [ˈɔːdɪtəri, AM ˈɑːdətɔːri] *adj inv* ❶ *(connected with hearing)* Hör-; MED Gehör-
❷ *(received by ear)* akustisch; MED auditiv

auditory canal *n* Gehörgang *m* **auditory nerve** *n* Gehörnerv *m*

audit trail *n* ECON, FIN ❶ *(list of checks)* Aufschlüsselung *f* der Posten einer Buchprüfung
❷ *(check for irregularities)* Überprüfung *f* auf Unstimmigkeiten

au fait [ˌəʊˈfeɪ, AM ˌoʊ-] *adj pred* vertraut; ■**to be ~ with sth** mit etw *dat* vertraut sein; *(informed)* über etw *akk* auf dem Laufenden sein

Aug. *n abbrev of* **August** Aug.

auger [ˈɔːgəʳ, AM ˈɑːgɚ] *n (for wood)* Handbohrer *m,* Schlangenbohrer *m fachspr;* *(for ground)* Erdbohrer *m,* Schlangenbohrer *m fachspr;* *(in agriculture)* Schnecke *f*

aught [ɔːt, AM ɑːt] *pron (old liter)* irgendetwas; ***they might have left already, for ~ I know!*** was weiß ich, vielleicht sind sie ja längst weg!

augment **I.** *vt* [ɔːgˈment, AM ɑːgˈ-] *(form)* ■**to ~ sth** etw vergrößern; **to ~ a fund** einen Fonds aufstocken; **to ~ one's income** sein Einkommen verbessern
II. *vi* [ɔːgˈment, AM ɑːgˈ-] *(form)* zunehmen; *income* steigen
III. *n* [ˈɔːgmənt, AM ˈɑːg-] LING Augment *nt fachspr*

augmentation [ˌɔːgmənˈteɪʃən, AM ˌɑːg-] *n (form)*
❶ *no pl (increase)* Vermehrung *f;* *of income* Erhöhung *f,* Steigerung *f*
❷ *(addition)* Zunahme *f,* Zuwachs *m;* **breast ~** Brustvergrößerung *f;* **~s to one's income** zusätzliche Einkünfte
❸ MUS Augmentation *f fachspr*

augmented [ɔːgˈmentɪd, AM ɑːgˈ] *adj attr, inv* vergrößert, erweitert; MUS übermäßig; **~ fourth** übermäßige Quarte

au gratin [ˌəʊˈgrætɛ̃(ŋ), AM oʊˈgrɑːtən] *adj after n, inv* überbacken, au gratin; **potatoes ~** überbackene Kartoffeln

augur [ˈɔːgəʳ, AM ˈɑːgɚ] **I.** *vi* **to ~ ill/well for sb/sth** ein schlechtes/gutes Zeichen [*o* Omen] für jdn/etw sein
II. *vt* ■**to ~ sth** etw verheißen
III. *n (hist)* Wahrsager(in) *m(f),* Augur(in) *m(f) geh*

augury [ˈɔːgjʊri, AM ˈɑːgjɚi] *n* ❶ *(form: omen)* [Vor]zeichen *nt,* Omen *nt* (**for** für +*akk*)
❷ *no pl (soothsaying)* Weissagung *f,* Prophezeiung *f*

august [ɔːˈgʌst, AM ɑː-] *adj (liter)* erhaben, hoheitsvoll, majestätisch

August [ˈɔːgəst, AM ˈɑː-] *n* August *m;* *see also* **February**

Augustan [ɔːˈgʌstən, AM əˈ] *adj inv* ❶ ART, LIT, POL *(of Augustus Caesar)* augusteisch *fachspr;* **~ age** Augusteisches Zeitalter
❷ ART, LIT *(neoclassic)* neoklassizistisch *fachspr*

Augustinian [ˌɔːgəˈstɪniən, AM ˌɑː] **I.** *adj inv* ❶ *(of St Augustine of Hippo)* augustinisch
❷ *(of religious orders)* Augustiner-
II. *n* ❶ *(monk)* Augustinermönch *m*
❷ *(adherent)* Anhänger(in) *m(f)* der augustinischen Lehre

AUI connector *n* COMPUT AUI-Anschluss *m*

auk [ɔːk, AM ɑːk] *n* Alk *m;* **great ~** Toralk *m,* Riesenalk *m*

auld [ɔːld] *adj* SCOT *see* **old** alt; **~ lang syne** die gute alte Zeit

aunt [ɑːnt, AM ænt] *n* Tante *f;* **honorary ~** Nenntante *f*

auntie *n,* **aunty** [ɑːnti, AM ænt̬i] *n (fam)* ❶ *(also childspeak: aunt)* Tantchen *nt*
❷ BRIT *(hum: the BBC) scherzhafte Bezeichnung für die BBC;* AUS *(hum: the ABC) scherzhafte Bezeichnung für die australische Rundfunkgesellschaft*

au pair [ˌəʊˈpeəʳ, AM oʊˈper] *n* Aupair *nt;* **to work as an ~** als Aupair arbeiten; **~ girl** Aupairmädchen *nt*

aura [ˈɔːrə] *n* ❶ *(quality)* Aura *f;* ***there's an ~ of sadness about him*** er strahlt eine gewisse Traurigkeit aus; ***the woods have an ~ of mystery*** die Wälder haben so etwas Geheimnisvolles an sich
❷ *(surrounding light)* Aura *f*

aural [ˈɔːrəl] *adj inv* akustisch; MED aural, Gehör-; **~ delight** Ohrenschmaus *m;* **~ material** Tonmaterial *nt*

aurally [ˈɔːrəli] *adv* akustisch; MED aural *fachspr*

aureole [ˈɔːriəʊl, AM -oʊl] *n* ❶ *(liter: halo)* Aureole *f geh,* Heiligenschein *m;* *esp* ART Strahlenkranz *m fachspr*
❷ ASTRON Korona *f*

auricle [ˈɔːrɪkl̩] *n* ❶ *(of heart)* Herzohr *nt,* Herzvorhof *m*
❷ *(of ear)* Ohrmuschel *f,* Auricula *f fachspr*

auricular [ɔːˈrɪkjʊləʳ, AM -jəlɚ] *adj* ❶ *(form: relating to hearing)* Hör-, Gehör-, aurikulär *fachspr*
❷ *(form: of/through the ear)* Ohren-; MED aurikulär *fachspr;* *(by the ear)* akustisch; **~ witness** Ohrenzeuge, -in *m, f*
❸ *(relating to heart)* die Herzohren betreffend, zu den Herzohren gehörig, aurikulär *fachspr,* Aurikular- *fachspr*

aurora [ɔːˈrɔːrə] *n* ❶ *(polar light)* Polarlicht *nt*
❷ *(poet: rosy dawn)* Morgenröte *f,* Aurora *f poet*

aurora australis [-ɒsˈtreɪlɪs, AM -ɔːˈstreɪ-] *n no pl* Südlicht *nt* **aurora borealis** [-bɒriˈeɪlɪs, AM -bɔːriˈælɪs] *n no pl* Nordlicht *nt*

auspices [ˈɔːspɪsɪz, AM ˈɑː-] *npl* ❶ *(backing)* Schirmherrschaft *f,* Auspizien *pl geh;* **under the ~ of ...** unter der Schirmherrschaft des/der ...
❷ *(auguries)* Vorzeichen *pl,* Auspizien *pl geh*

auspicious [ɔːˈspɪʃəs, AM ɑːˈ-] *adj (form)* viel versprechend, günstig; **~ occasion** feierlicher Anlass

auspiciously [ɔːˈspɪʃəsli, AM ɑːˈ-] *adv* viel versprechend, günstig

Aussie [ˈɒzi, AM ˈɑːzi] *(fam)* **I.** *n* Australier(in) *m(f)*
II. *adj inv* australisch

austere [ɒsˈtɪəʳ, AM ɑːˈstɪr] *adj* ❶ *(without comfort)* karg; *(severely plain)* nüchtern; *room* schmucklos; *(ascetic)* asketisch, enthaltsam
❷ *(joyless and strict)* ernst, streng; **~ attitude** unbeugsame Haltung

austerely [ɒsˈtɪəʳli, AM ɑːˈstɪr-] *adv* streng; **~ beautiful** von herber Schönheit; **~ elegant** von schlichter Eleganz; **~ simple** karg und schlicht; **to live ~** asketisch leben

austerity [ɒsˈterəti, AM ˈɑːsterət̬i] **I.** *n* ❶ *no pl (absence of comfort)* Rauheit *f,* Härte *f*
❷ *no pl (plainness)* Einfachheit *f;* *(with not much)* Kargheit *f;* *(asceticism)* Askese *f,* Enthaltung *f*
❸ *no pl (strictness)* Ernstheit *f,* Strenge *f*
❹ ■**austerities** *pl* Entbehrungen *pl,* Entsagungen *pl*
II. *n modifier* ECON **~ budget** Sparhaushalt *m;* **~ measures** Sparmaßnahmen *pl*

austerity program *n* AM, **austerity programme** *n* Sparprogramm *nt*

Australasia [ˌɒstrəˈleɪʒə, AM ˌɑːstrəˈ-] *n* Australien *nt* und Ozeanien *nt*

Australasian [ˌɒstrəˈleɪʒən, AM ˌɑːstrəˈ-] **I.** *n* Ozeanier(in) *m(f)*
II. *adj* ozeanisch, südwestpazifisch

Australia [ɒsˈtrɑɪliə, AM ɑːˈstrɑɪljə] *n* Australien *nt*

Australia Day *n australischer Nationalfeiertag, an dem die Gründung der Kolonie New South Wales am 26. Januar 1788 gefeiert wird*

Australian [ɒsˈtrɑɪliən, AM ɑːˈstrɑɪljən] **I.** *n* ❶ *(person)* Australier(in) *m(f)*
❷ *(language)* australisches Englisch
II. *adj* australisch

Australian Rules *n + sing vb* SPORTS **~ football** *australische Art des Football mit 18 Spielern*

Australian Stock Exchange *n* australische Börse

Australopithecus [ˌɒstrələ(ʊ)ˈpɪθɪkəs, AM ˌɑːstrəloʊˈ-] *n* ARCHEOL Australopithecus *m*

Austria [ˈɒstriə, AM ˈɑː-] *n* Österreich *nt*

Austrian [ˈɒstriən, AM ˈɑː-] **I.** *n* ❶ *(person)* Österreicher(in) *m(f)*
❷ *(language)* Österreichisch *nt*
II. *adj* österreichisch

auteur [əʊˈtɜː, AM oʊˈtɜːr] *n* Filmregisseur(in) *m(f)* mit einem ausgeprägten Stil

authentic [ɔːˈθentɪk, AM ɑːˈθent̬ɪk] *adj* ❶ *(genuine) manuscript, document* authentisch; ***this is an ~ 1920s dress*** dieses Kleid stammt original aus den Zwanzigern; ***is this painting ~?*** ist dieses Gemälde ein Original?; **~ Scottish accent** unverfälschter schottischer Akzent
❷ *(reliable) account* authentisch
❸ *(legitimate)* berechtigt

authentically [ɔːˈθentɪkəli, AM ɑːˈ] *adv* echt, original, unverfälscht, authentisch

authenticate [ɔːˈθentɪkeɪt, AM ɑːˈθent̬ɪ-] *vt* ■**to ~ sth** etw bestätigen; LAW etw beglaubigen; **to ~ a painting/document** die Echtheit eines Gemäldes/Dokuments bescheinigen

authentication [ɔːˌθentɪˈkeɪʃən, AM ɑːˌθent̬ɪˈ-] *n no pl (confirmation)* Bestätigung *f;* LAW Beglaubigung *f;* *of a painting, document* Echtheitserklärung *f*

authenticity [ˌɔːθenˈtɪsəti, AM ˌɑːθenˈtɪsət̬i] *n no pl* ❶ *(genuineness)* Echtheit *f,* Authentizität *f geh*

❷ (*legitimacy*) *of a claim* Berechtigung *f*
author ['ɔːθəʳ, AM 'ɑːθɚ] **I.** *n* ❶ (*profession*) Schriftsteller(in) *m(f); of particular book, article* Verfasser(in) *m(f)*, Autor(in) *m(f)*; **a book with the ~'s compliments** ein Buch *nt* mit einer Widmung des Autors/der Autorin; **~'s copy** Autorenexemplar *nt;* **~'s royalties** Tantiemen *fpl*
❷ (*fig form: causer*) Urheber(in) *m(f)*, Verursacher(in) *m(f)*
II. *vt* ■**to ~ sth** ❶ (*write*) etw schreiben [*o* verfassen]
❷ *esp* AM (*fig*) etw zustande bringen [*o* arrangieren]; **to ~ a deal** ein Geschäft in die Wege leiten
authoress <*pl* -es> ['ɔːθəres, AM 'ɑːθərɪs] *n* (*dated: profession*) Schriftstellerin *f*; (*writer*) Verfasserin *f*, Autorin *f*
authorial [ɔː'θɔːriəl, AM ɑː'-] *adj inv* Autoren-, eines/des Autors; **~ intention** Absicht *f* des Autors/der Autorin; **~ voice** Stimme *f* des Autors/der Autorin
authoritarian [ˌɔːθɒrɪ'teəriən, AM əˌθɔːrə'te-] **I.** *adj* autoritär; **~ state** autoritärer Staat
II. *n* autoritärer Mensch; ■**to be an ~** autoritär sein
authoritarianism [ɔːˌθɒrɪ'teəriənɪzᵊm, AM əˌθɔːrə'teriən-] *n* ❶ POL (*system*) autoritäres System
❷ (*quality*) autoritäre Einstellung; POL, PSYCH Autoritarismus *m fachspr*
authoritative [ɔː'θɒrɪtətɪv, AM ə'θɔːrəteɪt̬ɪv] *adj* ❶ (*reliable*) zuverlässig, verlässlich; (*official*) amtlich
❷ (*definitive*) maßgebend, maßgeblich
❸ (*commanding*) gebieterisch, Respekt einflößend
authoritatively [ɔː'θɒrɪtətɪvli, AM ə'θɔːrəteɪt̬ɪvli] *adv* ❶ (*with authority*) zuverlässig
❷ (*definitively*) maßgeblich, maßgebend
❸ (*commandingly*) gebieterisch, bestimmt
authority [ɔː'θɒrəti, AM ə'θɔːrət̬i] *n* ❶ *no pl* (*right of control*) Amtsgewalt *f*; **to be in ~** verantwortlich sein; **to be in** [*or* **have**] **~ over sb** jdm übergeordnet sein; **to be under sb's ~** jdm gegenüber verantwortlich sein; **to exercise** [*or* **exert**] [*or* **use**] **one's ~ over sb** Weisungsbefugnis gegenüber jdm haben
❷ *no pl* (*permission*) Vollmacht *f*, Befugnis *f*; **to act without ~** seine Befugnisse überschreiten; **on one's own ~** in eigener Verantwortung; FIN **~ to purchase** Ankaufsermächtigung *f*
❸ (*strength of personality*) Autorität *f*, Souveränität *f*
❹ (*knowledge*) Sachverstand *m*, Kompetenz *f*; **to speak with ~ on sth** kompetent über etw *akk* reden
❺ (*expert*) Autorität *f*, Kapazität *f*, Experte(in) *m(f)*; **to be an ~ on sth** eine Autorität für etw *akk* sein; **world ~** international anerkannte Autorität
❻ (*responsible organization*) Behörde *f*, Amt *nt;* **education ~** Schulamt *nt;* **health ~** Gesundheitsbehörde *f*
❼ ■**the authorities** *pl* (*bodies having power*) die Behörden; **competent authorities** zuständige Behörden; **to report sb/sth to the authorities** jdn/etw den Behörden melden
▶ PHRASES: **to have sth on sb's ~** etw von jdm wissen; **to have sth on good ~** etw aus zuverlässiger Quelle wissen
authorization [ˌɔːθᵊraɪ'zeɪʃᵊn, AM ˌɑːθɚɪ'-] *n no pl* (*approval*) Genehmigung *f*, Erlaubnis *f*; (*delegation of power*) Bevollmächtigung *f*, Ermächtigung *f*, Autorisierung *f*
authorize ['ɔːθᵊraɪz, AM 'ɑː-] *vt* ■**to ~ sth** etw genehmigen [*o* bewilligen]; ■**to ~ sb to do sth** jdn bevollmächtigen [*o* ermächtigen], etw zu tun
authorized ['ɔːθᵊraɪzd, AM 'ɑː-] *adj inv* autorisiert; ***"entry is permitted only to ~ personnel"*** „Unbefugten ist der Zutritt verboten"; ***"~ personnel only"*** „Zutritt nur für Befugte"; **~ biography** autorisierte Biografie
authorized capital *n* Grundkapital *nt*, autorisiertes [Aktien]kapital **Authorized Version** *n esp* BRIT ■**the ~** *offizielle englische Bibelübersetzung von 1611*
authorship ['ɔːθəʃɪp, AM 'ɑːθɚ-] *n no pl* ❶ (*being the writer*) Urheberschaft *f*, Autorschaft *f*; **of unknown ~** eines unbekannten Autors [*o* Verfassers]
❷ (*as profession*) Schriftstellerei *f*, Schriftstellerberuf *m*
autism ['ɔːtɪzᵊm, AM 'ɑː-] *n no pl* Autismus *m*
autistic [ɔː'tɪstɪk, AM ɑː'-] *adj* autistisch
auto ['ɔːtəʊ, AM 'ɑːt̬oʊ] **I.** *n* AM (*dated*) Auto *nt*
II. *n modifier esp* AM (*concerning cars*) *dealer, industry, maker* Auto-; (*automatic*) automatische(r, s); **~ store** COMPUT automatische Zwischenspeicherung; **~ restart** COMPUT Selbstanlauf *m*
autobiographer [ˌɔːtəbaɪ'ɒgrəfəʳ, AM ˌɑːt̬əbaɪ'ɑːgrəfɚ] *n* Autobiograf(in) *m(f)*
autobiographical [ˌɔːtəˌbaɪə(ʊ)'græfɪkᵊl, AM ˌɑːt̬əˌbaɪə'-] *adj* autobiografisch
autobiography [ˌɔːtəbaɪ'ɒgrəfi, AM ˌɑːt̬əbaɪ'ɑː-] *n* Autobiografie *f*
auto-bronzer *n* BRIT, **auto-bronzing cream** *n* BRIT Selbstbräuner *m*
autocade ['ɑːt̬oʊkeɪd] *n* AM Fahrzeugkolonne *f*, Wagenkolonne *f*, Konvoi *m*
autocracy [ɔː'tɒkrəsi, AM ɑː'tɔːk-] *n* ❶ (*society*) Autokratie *f geh*
❷ *no pl* (*form of government*) Absolutismus *m*
❸ *no pl* (*fig*) Alleinherrschaft *f*
autocrat ['ɔːtəkræt, AM 'ɑːt̬ə-] *n* Autokrat(in) *m(f) geh*
autocratic [ˌɔːtə'krætɪk, AM ˌɑːt̬ə'kræt̬-] *adj* autokratisch *geh;* **~ rule** Alleinherrschaft *f*
autocratically [ˌɔːtə'krætɪkᵊli, AM ˌɑːt̬ə'kræt̬-] *adv* autokratisch *geh*
autocross ['ɔːtə(ʊ)krɒs, AM 'ɑːt̬oʊkrɑːs] *n no pl* Autocross *nt*
autocue® ['ɔːtə(ʊ)kjuː] *n* BRIT TV Teleprompter® *m*
auto-erotic [ˌɔːtəʊɪ'rɒtɪk, AM ˌɑːt̬oʊɪ'rɑːt̬ɪk] *adj* autoerotisch
auto-eroticism [ˌɔːtəʊɪ'rɒtɪsɪzᵊm, AM ˌɑːt̬oʊɪ'rɑːt̬ɪ-] *n no pl* Autoerotik *f*
autofocus *n* PHOT Autofokus *m*
autogiro [ˌɔːtə(ʊ)'dʒaɪ(ə)rəʊ, AM ˌɑːt̬oʊ'dʒaɪroʊ] *n* AEROSP Autogiro *m fachspr*, Tragschrauber *m fachspr*
autograph ['ɔːtəgrɑːf, AM 'ɑːt̬əgræf] **I.** *n* ❶ (*signature*) Autogramm *nt;* **to ask sb for his/her ~** jdn um ein Autogramm bitten
❷ (*manuscript*) Urschrift *f*, Autograph *nt geh*
II. *vt* ■**to ~ sth** etw signieren
autogyro *n see* **autogiro**
autoimmune *adj inv* autoimmun, Autoimmun-; **~ disease/system** Autoimmunkrankheit *f*/-system *nt*
automat ['ɑːt̬əmæt] *n* AM Automatenrestaurant *nt*
automata [ɔː'tɒmətə, AM ɑː'tɑːmə-] *n pl of* **automaton**
automate ['ɔːtəmeɪt, AM 'ɑːt̬ə-] *vt* ■**to ~ sth** etw automatisieren
automated ['ɔːtəmeɪtɪd, AM 'ɑːt̬ə-] *adj* automatisiert; **fully ~** vollautomatisiert
automated clearing house *n*, *n* AM computergestützte Clearingstelle
automated screen trading *n*, **AST** *n* STOCKEX *automatisiertes, computergestütztes Börsenhandelssystem*
automated teller machine *n* AM Geldautomat *m*
automatic [ˌɔːtə'mætɪk, AM ˌɑːt̬ə'mæt̬ɪk] **I.** *adj* ❶ (*operating independently*) automatisch; **fully ~** vollautomatisch; **~ pistol** Selbstladepistole *f*; **~ rifle** Selbstladegewehr *nt;* **~ washing machine** Waschautomat *m*
❷ (*involuntary*) automatisch; **~ driving** mechanisches Fahren; **~ reaction** mechanische [*o* automatische] Reaktion
❸ (*immediate*) automatisch
II. *n* ❶ (*non-manual machine*) Automat *m*
❷ (*car*) Automatikwagen *m*
❸ (*pistol*) Selbstladepistole *f*; (*rifle*) Selbstladegewehr *nt*
❹ (*washing machine*) Waschautomat *m*
automatically [ˌɔːtə'mætɪkᵊli, AM ˌɑːt̬ə'mæt̬ɪk-] *adv* ❶ (*without human control*) automatisch; (*train doors*) selbsttätig
❷ (*without thinking*) mechanisch
❸ (*inevitably*) automatisch, zwangsläufig
automatic answering machine *n* (*dated*) automatischer Anrufbeantworter; *see also* **answerphone automatic pilot** *n* Autopilot *m* **automatic teller** *n* AM Geldautomat *m* **automatic transmission** *n* Automatikgetriebe *nt*
automation [ˌɔːtə'meɪʃᵊn, AM ˌɑːtə'-] *n no pl* Automatisierung *f*; **factory/office ~** Automatisierung *f* in einer Fabrik/der Büroarbeit
automatism [ɔː'tɒmətɪzᵊm] *n* LAW Schuldunfähigkeit *f*
automaton <*pl* -mata *or* -s> [ɔː'tɒmətᵊn, AM ɑː'tɑːmə-, *pl* -mətə] *n* Automat *m*, Roboter *m a. fig*
automobile ['ɔːtəmə(ʊ)biːl, AM 'ɑːt̬əmoʊ-] *esp* AM **I.** *n* Auto *nt*, Kraftfahrzeug *nt*
II. *n modifier* (*parts, manufacturer, industry, mechanic*) Auto-; *club* Automobil-; **~ accident** Autounfall *m;* **~ industry** Auto[mobil]industrie *f*; **~ insurance** Kraftfahrzeugversicherung *f*
Automobile Association *n* BRIT ≈Allgemeiner Deutscher Automobilclub
automotive [ˌɔːtə'məʊtɪv, AM ˌɑːt̬ə'moʊt̬ɪv] *adj attr, inv industry, trade, manufacturing* Auto-; *vehicle* selbstfahrend
autonomic nervous system [ˌɔːtənɒmɪk-, AM ˌɑːt̬ənɑːmɪk-] *n* ANAT vegetatives [*o* autonomes] Nervensystem **autonomic reflex** *n* ANAT unbedingter Reflex
autonomous [ɔː'tɒnəməs, AM ɑː'tɑːnə-] *adj* autonom, unabhängig, selbständig; ■**to be ~ of sth** von etw *dat* unabhängig sein
autonomously [ɔː'tɒnəməsli, AM ɑː'tɑːnə] *adv* selbständig, unabhängig, autonom
autonomy [ɔː'tɒnəmi, AM ɑː'tɑː-] *n no pl* Autonomie *f*, Unabhängigkeit *f* (**from** von +*dat*)
autopilot ['ɔːtəʊpaɪlət, AM 'ɑːt̬oʊ-] *n* ❶ (*on aircraft*) Autopilot *m;* **to be on ~** mit Autopilot fliegen
❷ *no pl* (*fig*) **to be on ~** etw [nur noch ganz] automatisch machen, etw automatisch abspulen
autopositive [ˌɔːtəʊ'pɒzətɪv, AM ˌɑːt̬oʊ'pɑːzət̬-] *n* PHOT Umkehrentwicklung *f*
autopsy ['ɔːtɒpsi, AM 'ɑːtɑːp-] *n* ❶ (*post-mortem*) Autopsie *f* (**on** +*gen*); **to carry out** [*or* **perform**] **an ~ on sb** an jdm eine Autopsie durchführen [*o* vornehmen]
❷ (*examination process*) Obduktion *f geh*, Leichenöffnung *f*; **to conduct an ~ upon sb** bei jdm eine Obduktion vornehmen
autoroute ['ɔːt̬əruːt] *n* CAN Autobahn *f* (*in Quebec*)
auto-suggestion [ˌɔːtə(ʊ)sə'dʒestʃᵊn, AM ˌɑːt̬oʊ-] *n no pl* Autosuggestion *f*
auto-suggestive [ˌɔːtə(ʊ)sə'dʒestɪv, AM ˌɑːt̬oʊ-] *adj* autosuggestiv
autrefois acquit *n* LAW Einspruch *m* des Freispruchs in gleicher Sache **autrefois convict** *n* LAW Einrede *f* der Verurteilung in gleicher Sache
autumn ['ɔːtəm, AM 'ɑːt̬ᵊm] *esp* BRIT **I.** *n* Herbst *m;* **in** [**the**] **~** im Herbst; [**in**] **late ~** [im] Spätherbst
II. *n modifier* (*day, festival, weather*) Herbst-; **~ leaves** Herbstlaub *nt;* **~ term** Wintersemester *nt*
autumnal [ɔː'tʌmnᵊl, AM ɑː'-] *adj esp* BRIT Herbst-, herbstlich; **~ colours** Herbstfarben *pl;* BOT Herbstfärbung *f*; **~ equinox** Herbst-Tagundnachtgleiche *f*; **~ hues** Herbsttöne *pl*
autumn crocus *n* Herbstzeitlose *f*
auxiliary [ɔːg'zɪliᵊri, AM ɑːg'zɪljᵊ-] **I.** *n* ❶ (*soldier*) Soldat(in) *m(f)* der Hilfstruppen
❷ BRIT (*assistant nurse*) Hilfsschwester *f*; **medical ~** ärztliches Hilfspersonal
❸ LING Hilfsverb *nt*, Auxiliar *nt fachspr*
❹ (*assistant*) Hilfskraft *f*
II. *adj* Hilfs-; (*additional*) Zusatz-; **~ staff** Aushilfspersonal *nt*
auxiliary nurse *n* BRIT Schwesternhelferin *f* **auxiliary verb** *n* LING Hilfsverb *nt*, Auxiliar *nt fachspr*
av[1] [ɑːv] *adj inv abbrev of* **average** durchschn.

av² [æv] *n* (*sl*) *short for* **avatar**

AV [ˌeɪ'viː] *adj* AM *abbrev of* **audio-visual**

avail [ə'veɪl] **I.** *n* Nutzen *m;* **to** [*or* **of**] **no** ~ vergeblich; ***of what ~ is it ...?*** was nutzt es denn, ...?; **to little or no** ~ mehr oder weniger erfolglos
II. *vt* (*old*) ***it ~ed her nothing to complain*** ihre Beschwerde hatte nichts genutzt
III. *vt* (*form*) ■**to** ~ **oneself of sth** von etw *dat* Gebrauch machen; **to** ~ **oneself of the opportunity to do sth** die Gelegenheit nutzen, etw zu tun

availability [əˌveɪlə'bɪləti, AM -ət̬i] *n no pl* Verfügbarkeit *f,* Erhältlichkeit *f;* ECON Lieferbarkeit *f;* ***the offer is subject to*** ~ das Angebot gilt, solange der Vorrat reicht; ~ **of jobs** Stellenmarkt *m*

available [ə'veɪləbḷ] *adj* ❶ (*free for use*) verfügbar, zur Verfügung stehend *attr;* ***can we finish the project in the time ~?*** können wir das Projekt in der vorhandenen Zeit abschließen?; ***this is the best software*** ~ das ist die beste Software, die es gibt; ***he took the next ~ train to Rome*** er nahm den nächstmöglichen Zug nach Rom; **to make sth** ~ [**to sb**] [jdm] etw zur Verfügung stellen; FIN ~ **capital** verfügbares Kapital
❷ *usu pred* (*not busy*) ■**to be** ~ abkömmlich [*o* frei] [*o* verfügbar] sein; ***sorry, Mr Paul's not ~ at present*** tut mir Leid, Mr Paul ist im Moment leider verhindert; ***I'm afraid I won't be ~ on the 19th*** ich befürchte, ich habe am 19. keine Zeit; ***are you ~ for dinner tonight?*** kannst du heute Abend zum Essen kommen?
❸ *usu pred* ECON ■**to be** ~ erhältlich [*o* vorrätig] sein; (*in stock*) lieferbar sein; ~ **goods** lieferbare Waren; ~ **size** vorrätige Größe
❹ *usu pred* (*romantically unattached*) ■**to be** ~ frei [*o* ungebunden] sein

avalanche ['ævəlɑːn(t)ʃ, AM -æntʃ] *n* ❶ (*snow slide*) Lawine *f;* **risk of ~s** Lawinengefahr *f*
❷ (*fig: large influx*) Lawine *f fig,* Flut *f fig;* **to receive an ~ of letters/complaints** eine wahre Lawine an Briefen/Beschwerden bekommen

avant-garde [ˌævɑ̃ː(ŋ)'gɑːd, AM ˌɑːvɑːnt'gɑːrd] **I.** *n + sing/pl vb* Avantgarde *f*
II. *adj* avantgardistisch

avarice ['ævərɪs] *n no pl* [Hab]gier *f,* Habsucht *f;* **to be rich beyond the dreams of** ~ unvorstellbar reich sein; **to earn wealth beyond the dreams of** ~ märchenhaft viel verdienen

avaricious [ˌævər'ɪʃəs, AM -ə'rɪ-] *adj* (*form*) habgierig, habsüchtig

avariciously [ˌævər'ɪʃəsli, AM -ə'rɪʃ-] *adv* (*form*) habgierig, habsüchtig

avatar ['ævətɑːr, AM tɑːr] *n* ❶ REL (*manifestation*) Inkarnation *f,* Herabkunft *f,* Avatara *m fachspr*
❷ (*fig: personification*) Verkörperung *f,* [charakteristisches] Merkmal
❸ INET, COMPUT Avatar *m*

AVC [ˌeɪviː'siː] *n* ECON *abbrev of* **additional voluntary contribution** freiwillige Sonderbeitragsleistung

Ave ['ɑːveɪ] *n short for* **Ave Maria** Ave *nt*

Ave. *n abbrev of* **Avenue** Ave.

avenge [ə'vendʒ] *vt* ■**to** ~ **sb/sth** jdn/etw rächen; ■**to** ~ **oneself on sb** [**for sth**] sich *akk* an jdm [für etw *akk*] rächen

avenger [ə'vendʒər, AM -ɚ] *n* Rächer(in) *m(f)*

avenue ['ævənjuː, AM *esp* -nuː] *n* ❶ (*broad street*) Avenue *f,* Boulevard *m;* (*tree-lined*) Allee *f;* BRIT (*leading to house*) Allee *f;* **an ~ of lime trees** eine Lindenallee
❷ (*fig: possibility*) Weg *m;* **to explore every** ~ alle möglichen Wege prüfen

avenue of appeal *n* LAW Rechtsweg *m*

aver <-rr-> [ə'vɜːr, AM -'vɜːr] *vt* ■**to** ~ **sth** ❶ (*form: assert*) etw beteuern
❷ LAW (*claim*) etw behaupten

average ['ævərɪdʒ] **I.** *n* ❶ (*mean value*) Durchschnitt *m;* **to have risen by an ~ of 4%** durchschnittlich um 4% gestiegen sein; **on** ~ im Durchschnitt
❷ *no pl* (*usual standard*) Durchschnitt *m;* **to be about the** ~ dem Durchschnitt entsprechen; [**to be**] [**well**] **above/below** ~ [weit] über/unter dem Durchschnitt [liegen]
❸ MATH Durchschnitt *m,* Mittelwert *m;* **law of ~s** Gesetz *nt* der Durchschnittsbildung
❹ (*in marine insurance*) Havarie *f*
II. *adj inv* ❶ (*arithmetic*) durchschnittlich; *income, age* Durchschnitts-; **sb on an ~ income** jd mit einem Durchschnittseinkommen; ~ **rainfall** durchschnittliche Niederschlagsmenge
❷ (*typical*) durchschnittlich, Durchschnitts-; **of ~ ability** mit durchschnittlichen Fähigkeiten; **the ~ man** der Durchschnittsbürger; ~ **person** Otto Normalverbraucher; **above/below** ~ über-/unterdurchschnittlich
III. *vt* ❶ (*have in general*) ■**to** ~ **sth** im Durchschnitt [*o* durchschnittlich] etw betragen; **to ~ 70 hours a week** durchschnittlich 70 Stunden pro Woche arbeiten; **to ~ £12,000 per year** durchschnittlich 12.000 Pfund im Jahr verdienen
❷ (*find average*) ■**to** ~ **sth** von etw *dat* den Durchschnitt ermitteln
◆**average out I.** *vt* ■**to** ~ **out** ↔ **sth** den Durchschnitt einer S. *gen* berechnen [*o* ermitteln]; **to ~ out a column of figures** den Durchschnitt einer Zahlenkolonne ermitteln
II. *vi* ❶ (*have as average*) ■**to** ~ **out at sth** im Durchschnitt etw betragen, sich *akk* im Durchschnitt auf etw *akk* belaufen
❷ (*even out*) sich *akk* ausgleichen

average adjuster *n* Schadenregulierer *m;* (*in marine insurance*) [Havarie]dispacheur *m*

averagely ['ævərɪdʒli] *adv* durchschnittlich, im Durchschnitt

averager ['ævərɪdʒər, AM -ɚ] *n* FIN Kapitalanleger(in), der nach dem Prinzip des Averaging vorgeht

averaging *n* FIN An- und Verkauf von Wertpapieren nach der Durchschnittskostenmethode; **pound-cost** ~ Averaging *nt;* ~ **down/up** Aktiennachkauf *m* bei fallenden/steigenden Kursen

averment [ə'vɜːmənt, AM -'vɜːr-] *n* LAW Beteuerung *f,* Versicherung *f,* Behauptung *f*

averse [ə'vɜːs, AM -'vɜːrs] *adj pred* ■**to be** ~ **to sth** etw *dat* abgeneigt sein; ■**to not be** ~ **to sth** etw *dat* nicht abgeneigt sein, nichts gegen etw *akk* haben

aversion [ə'vɜːʃən, AM -'vɜːrʒən] *n* ❶ (*intense dislike*) Abneigung *f,* Aversion *f geh;* **to have an ~ to sb/sth** eine Abneigung [*o* Aversion *geh*] gegen jdn/etw haben
❷ (*hated thing*) Gräuel *m;* ***greed is my pet*** ~ Habgier ist mir ein besonderer Gräuel

aversion therapy *n no pl* PSYCH Aversionstherapie *f*

avert [ə'vɜːt, AM -'vɜːrt] *vt* ❶ (*turn away*) **to ~ one's eyes/gaze** [**from sth**] seine Augen/seinen Blick [von etw *dat*] abwenden; **to ~ one's thoughts from sth** seine Gedanken von etw *dat* abwenden
❷ (*prevent*) ■**to** ~ **sth** etw verhindern; **to ~ an accident** einen Unfall verhüten; **to ~ a blow** einen Schlag abwehren; **to ~ a conflict/crisis** einen Konflikt/eine Krise abwenden

aviary ['eɪviəri, AM -eri] *n* Vogelhaus *nt,* Voliere *f geh*

aviation [ˌeɪvi'eɪʃən] *n no pl* ❶ (*operating of aircraft*) Fliegerei *f,* Fliegen *nt;* (*aeronautics*) Luftfahrt *f;* **the British Civil A~ Authority** die britische Luftfahrtbehörde; **the US A~ Administration** das Luftfahrtministerium der USA
❷ (*aircraft manufacture*) Flugzeugbau *m,* Flugzeugtechnik *f*

aviation fuel *n no pl* Flugbenzin *nt* **aviation industry** *n* Flugzeugindustrie *f*

aviator ['eɪvieɪtər, AM -t̬ɚ] *n* (*dated*) Flieger(in) *m(f)*

avid ['ævɪd] *adj* ❶ (*eager*) eifrig, begeistert, leidenschaftlich; ~ **desire** sehnlicher Wunsch
❷ (*greedy*) gierig; ■**to be** ~ **for sth** gierig nach etw *dat* sein

avidity [ə'vɪdəti, AM -ət̬i] *n no pl* (*enthusiasm*) Begeisterung *f* (**for** für +*akk*), Leidenschaftlichkeit *f* (**for** für +*akk*); (*greed*) Begierde *f* (**for** nach +*dat*), Gier *f* (**for** nach +*dat*)

avidly ['ævɪdli] *adv* (*very enthusiastically*) begeistert, leidenschaftlich; (*greedily*) begierig, gierig

avionics [ˌeɪvi'ɒnɪks, AM -ɑːnɪks] *n* ❶ + *sing vb* AVIAT (*technology*) Luftfahrtelektronik *f,* Avionik *f fachspr*
❷ + *pl vb* AVIAT (*devices*) Bordelektronik *f,* Avionik *f fachspr*

avocado <*pl* -s *or* -es> [ˌævə'kɑːdəʊ, AM -doʊ] *n* Avocado *f*

avocation [ˌævə'keɪʃən] *n* Berufung *f*

avocet ['ævə(ʊ)set, AM -əset] *n* ORN Säbelschnäbler *m*

avoid [ə'vɔɪd] *vt* ❶ (*stay away from*) ■**to** ~ **sb/sth** jdn/etw meiden [*o* aus dem Weg gehen]; **to ~ sb's eyes** jds Blicken ausweichen; **to ~ sb/sth like the plague** jdn/etw wie die Pest meiden *fam*
❷ (*prevent sth happening*) ■**to** ~ **sth** etw vermeiden [*o* umgehen]; ***I'm not going if I can possibly ~ it*** wenn ich es irgendwie vermeiden kann, werde ich nicht [hin]gehen; **to ~ the danger** die Gefahr meiden; (*specific occasion*) der Gefahr entgehen; **to narrowly ~ sth** etw *dat* knapp entgehen; **to studiously ~ sth** etw sorgfältig vermeiden
❸ (*not hit*) ■**to** ~ **sth** *obstacle* etw *dat* ausweichen

avoidable [ə'vɔɪdəbḷ] *adj* vermeidbar

avoidance [ə'vɔɪdən(t)s] *n no pl* Vermeidung *f; of taxes* Umgehung *f;* **tax** ~ Steuerumgehung *f*

avoirdupois [ˌævədə'pɔɪz, AM ˌævɚ-] *n,* **avoirdupois weights** *npl* Avoirdupoissystem *nt* (*angloamerikanisches Gewichtssystem vor der Umstellung auf das metrische System*); ~ **pound** Pfund *nt*

avow [ə'vaʊ] *vt* (*form*) ■**to** ~ **sth** etw bekennen; ■**to** ~ **that ...** eingestehen, dass ...; ■**to** ~ **oneself to sth** sich *akk* zu etw *dat* bekennen; **to ~ one's love to sb** jdm seine Liebe erklären *liter;* **an ~ed opponent** ein erklärter Gegner

avowal [ə'vaʊəl] *n no pl* (*form*) Bekenntnis *nt; of beliefs* Bekundung; **to make an ~ of one's love** seine Liebe gestehen

avowed [ə'vaʊd] *adj attr* erklärte(r, s) *attr,* ausgesprochene(r, s) *attr*

avowedly [ə'vaʊɪdli] *adv* erklärtermaßen, eingestandenermaßen

avuncular [ə'vʌŋkjələr, AM -lɚ] *adj* onkelhaft

avuncularly [ə'vʌŋkjələrli, AM -lɚ-] *adv* onkelhaft, wie ein [lieber] Onkel

AWACS ['eɪwæks] *n acr for* **airborn warning and control system** AWACS *nt*

await [ə'weɪt] *vt* ■**to** ~ **sb/sth** jdn/etw erwarten; **a prisoner ~ing trial** ein Gefangener/eine Gefangene, dessen/deren Fall noch zur Verhandlung ansteht; **eagerly ~ed** sehnlichst erwartet; **long ~ed** lang ersehnt

awake [ə'weɪk] **I.** *vi* <awoke *or* AM *also* awaked, awoken *or* AM *also* awaked> ❶ (*stop sleeping*) aufwachen, erwachen
❷ (*fig*) ■**to** ~ **to sth** sich *dat* einer S. *gen* bewusst werden
II. *vt* <awoke *or* AM *also* awaked, awoken *or* AM *also* awaked> ❶ (*from sleep*) ■**to** ~ **sb** jdn [auf]wecken
❷ (*fig: rekindle*) ■**to** ~ **sth** etw wieder erwecken
❸ (*cause to realize*) ■**to** ~ **sb to sth** jdm etw bewusst machen; (*make interested*) jds Interesse für etw *akk* wecken
III. *adj pred* ❶ (*not asleep*) wach; **wide** ~ hellwach; **to keep** [*or* **stay**] ~ wach bleiben; **to keep sb** ~ jdn wach halten; **to lie** ~ wach liegen
❷ (*fig*) ■**to be** ~ **to sth** sich *dat* einer S. *gen* bewusst sein

awaken [ə'weɪkən] **I.** *vt* (*liter*) ❶ *usu passive* (*wake up*) ■**to be ~ed** [**by sb/sth**] [von jdm/etw] geweckt werden
❷ (*fig: start*) ■**to** ~ **sth** etw [er]wecken
❸ (*fig: make aware*) ■**to** ~ **sb to sth** jdm etw bewusst machen
II. *vi* erwachen, aufwachen

awakening [ə'weɪkənɪŋ] *n usu no pl* Erwachen *nt;* **rude** ~ böses Erwachen; **sudden** ~ plötzliche Erkenntnis

award [ə'wɔːd, AM -'wɔːrd] **I.** *vt* **to be ~ed damages** Schadenersatz zugesprochen bekommen; **to ~ sb a grant** jdm ein Stipendium gewähren; **to ~ sb a**

medal/prize jdm eine Medaille/einen Preis verleihen
II. *n* ❶ (*prize*) Preis *m,* Auszeichnung *f* (**for** für +*akk*); **to be presented with an** ~ eine Auszeichnung [verliehen] bekommen, einen Preis bekommen
❷ (*compensation*) Entschädigung *f;* ~ **of damages** Zubilligung *f* von Schadenersatz
❸ LAW Zuerkennung *f;* (*judicial decision*) Schiedsspruch *m*

award-winning [əˈwɔːdwɪnɪŋ, AM -ˈwɔːrd-] *adj attr, inv* preisgekrönt

aware [əˈweəʳ, AM -ˈwer] *adj* ❶ *pred* (*knowing*) ■ **to be** ~ **of sth** sich *dat* einer S. *gen* bewusst sein; ***as far as I'm*** ~ soviel [*o* soweit] ich weiß; ***not that I'm*** ~ ***of*** nicht, dass ich wüsste; **to be well/perfectly** [*or* **acutely**] ~ **of sth** sich *dat* einer S. *gen* wohl/sehr wohl bewusst sein; ■ **to be** ~ **that ...** sich *dat* bewusst sein, dass ..., sich *dat* darüber im Klaren sein, dass ...; ■ **to make sb** ~ **of sth** jdm etw bewusst machen
❷ *pred* (*physically sensing*) ■ **to be** ~ **of sb/sth** jdn/etw bemerken; ***he was*** ~ ***of a pain in his left arm*** er spürte einen Schmerz in seinem linken Arm
❸ (*well informed*) unterrichtet, informiert; **ecologically** ~ umweltbewusst; **to act politically** ~ politisch bewusst handeln
❹ *child* aufgeweckt

awareness [əˈweəʳnəs, AM -ˈwer-] *n no pl* Bewusstsein *nt;* **environmental** ~ Umweltbewusstsein *nt*

awareness course *n* Selbstbewusstseinstraining *nt*

awash [əˈwɒʃ, AM -ˈwɑːʃ] *adj pred* ❶ (*with water*) unter Wasser, überflutet; ■ **to be** ~ unter Wasser stehen, überschwemmt sein
❷ (*fig: overwhelmed*) ■ **to be** ~ **with sth** voll von etw *dat* sein; ***Parliament is*** ~ ***with rumours*** im ganzen Parlament brodelt die Gerüchteküche; **to be** ~ **with money** im Geld schwimmen

away [əˈweɪ] **I.** *adv inv* ❶ (*elsewhere*) weg; **to be** ~ **on business** geschäftlich unterwegs sein; **to go** ~ weggehen, fortgehen; **to move** ~ wegziehen; ***she's*** ~ ***from work with a cold*** sie ist heute nicht bei der Arbeit, da sie erkältet ist
❷ (*distant*) weg; ***oh, but it's miles*** ~ aber das ist ja ewig weit weg von hier! *fam;* **to move** ~ **from somewhere** sich von etw *dat* entfernen; **five miles** ~ [**from here**] fünf Meilen [von hier] entfernt; **as far** ~ **as possible** so weit weg wie möglich; ~ **from the city** außerhalb der Stadt; ~ **from each other** voneinander entfernt; **to keep** [*or* **stay**] ~ **from sb/sth** sich *akk* von jdm/etw fernhalten
❸ (*in another direction*) weg; **to look** ~ wegsehen; **to turn** ~ sich *akk* abwenden; AM STOCKEX ***the bid is*** ~ ***from the market*** das Angebot liegt unter dem Kursniveau
❹ (*fig: from subject, trouble*) **to move a discussion** ~ **from sth** das Gespräch auf ein anderes Thema bringen
❺ (*in future time*) **to be two days/six months** ~ *event* in zwei Tagen/sechs Monaten sein; **to be still/only a week** ~ erst/schon in einer Woche sein; ***summer still seems a long time*** ~ der Sommer scheint noch weit entfernt
❻ (*through entire period of time*) ***we danced the night*** ~ wir tanzten die ganze Nacht durch; ***you're dreaming your life*** ~ du verträumst noch dein ganzes Leben
❼ (*continuously*) dahin-; **to drink the night** ~ die ganze Nacht über trinken; **to be laughing** ~ ständig am Lachen sein; **to write** ~ drauflosschreiben *fam*
❽ SPORTS (*at opponents' ground*) **to play** ~ auswärts spielen
❾ (*old liter*) ~**!** hinweg! *veraltet liter*
II. *adj inv, attr* SPORTS auswärts, Auswärts-; ~ **game** [*or* **fixture**] [*or* **match**] Auswärtsspiel *nt;* ~ **team** Gastmannschaft *f;* ~ **win** Auswärtssieg *m*

awe [ɔː, AM ɑː] **I.** *n no pl* Ehrfurcht *f;* **to fill sb with** ~ jdn mit Ehrfurcht erfüllen; **to hold sb in** ~ großen Respekt vor jdm haben, jdn sehr bewundern; **to stand in** ~ **of sb** vor jdm gewaltigen Respekt haben
II. *vt* <BRIT aweing *or* AM awing> ■ **to** ~ **sb** jdm Ehrfurcht einflößen; (*intimidate*) jdn einschüchtern; **to be** ~**d into silence** beeindruckt schweigen

awed [ɔːd, AM ɑːd] *adj* ehrfurchtsvoll, ehrfürchtig

awe-inspiring *adj* Ehrfurcht gebietend; **an** ~ **sight** ein erhabener Anblick

awesome [ˈɔːsəm, AM ˈɑː-] *adj* ❶ (*impressive*) beeindruckend, eindrucksvoll
❷ (*intimidating*) beängstigend
❸ AM (*sl: very good*) spitze *sl,* super *sl;* **to look** ~ spitze aussehen *fam*

awesomely [ˈɔːsəmli, AM ˈɑː] *adv* ❶ (*inspiring apprehension*) beängstigend, erschreckend
❷ (*inspiring admiration*) ungemein, verblüffend
❸ (*fam: impressively*) unwahrscheinlich, beeindruckend

awestricken [ˈɔːˌstrɪkᵊn, AM ˈɑː-] *adj,* **awestruck** [ˈɔːˌstrʌk, AM ˈɑː-] *adj* [von Ehrfurcht] ergriffen; ~ **expression** erfurchtsvoller Ausdruck

awful [ˈɔːfᵊl, AM ˈɑː-] *adj* ❶ (*extremely bad*) furchtbar, schrecklich, scheußlich; ***what an*** ~ ***thing to say!*** das war aber gemein von dir!; ***you're really*** ~ du bist wirklich schlimm!; ~ **quarrel** schlimmer Streit; **to be too** ~ **for words** unbeschreiblich schlecht sein; **to look** ~ schrecklich [*o* fürchterlich] aussehen; **to smell** ~ fürchterlich stinken
❷ *attr* (*great*) außerordentlich, eindrucksvoll; **an** ~ **lot** eine riesige Menge

awfully [ˈɔːfᵊli, AM ˈɑː-] *adv* furchtbar *fam,* entsetzlich *fam;* ***I'm*** ~ ***sorry*** es tut mir unheimlich [*o* furchtbar] Leid; ***I'm not*** ~ ***good at skiing*** ich kann nicht besonders gut Ski fahren; (*dated*) ***would you mind*** ~ ***if ...*** würde es dir viel ausmachen, wenn ...; ***it's not*** ~ ***important*** es ist nicht so wichtig; **an** ~ **long way** ein schrecklich weiter Weg; ~ **kind** furchtbar nett

awfulness [ˈɔːfᵊlnəs, AM ˈɑː-] *n no pl* Furchtbarkeit *f,* Schrecklichkeit *f;* **in all its** ~ in seinem ganzen schrecklichen Ausmaß

awhile [əˈ(h)waɪl] *adv inv* eine Weile; ***not yet*** ~ so bald nicht!; **to rest** ~ sich *akk* eine Weile ausruhen

awkward [ˈɔːkwəd, AM ˈɑːkwɚd] *adj* ❶ (*difficult*) schwierig; **to be at an** ~ **age** in einem schwierigen Alter sein; **an** ~ **customer** (*fig*) ein schwieriger Mensch, ein unangenehmer Zeitgenosse; **to make things** ~ **for sb** es jdm schwer machen
❷ (*embarrassing*) unangenehm, peinlich; ~ **question** peinliche Frage; ~ **silence** betretenes Schweigen, peinliche Stille; **to feel** ~ sich *akk* unbehaglich fühlen; ***I feel quite*** ~ ***about that*** das ist mir ziemlich unangenehm
❸ (*inconvenient*) ungünstig; ***tomorrow morning is a bit*** ~ ***for me*** morgen früh passt es mir nicht so gut; **an** ~ **time** unpassende [*o* ungünstige] Zeit
❹ (*clumsy*) unbeholfen, linkisch *pej*
❺ BRIT (*uncooperative*) faul, unnütz

awkwardly [ˈɔːkwədli, AM ˈɑːkwɚdli] *adv* ❶ (*inconveniently*) ungünstig, unpassend; ~ **timed** zu einem ungünstigen Zeitpunkt; ~ **placed** an einem ungünstigen Ort
❷ (*feeling embarrassed*) verlegen, betreten
❸ (*clumsily*) unbeholfen, ungeschickt; (*inelegantly*) linkisch *pej;* **to fall** ~ unglücklich hinfallen
❹ (*unskilfully*) ungeschickt
❺ BRIT (*contrarily*) eigensinnig

awkwardness [ˈɔːkwədnəs, AM ˈɑːkwɚd-] *n no pl*
❶ (*embarrassed feeling*) Betretenheit *f,* Verlegenheit *f*
❷ (*embarrassing nature*) Peinlichkeit *f*
❸ (*lack of grace*) Unbeholfenheit *f,* Ungeschicklichkeit *f*
❹ (*difficulty*) Schwierigkeit *f*
❺ (*lack of skill*) Ungeschicktheit *f*
❻ BRIT (*uncooperativeness*) mangelnde Hilfsbereitschaft

awning [ˈɔːnɪŋ, AM ˈɑː-] *n* (*on house*) Markise *f;* (*of caravan*) Vorzelt *nt,* Vordach *nt;* (*on wagon*) Plane *f;* (*on ship*) Sonnensegel *nt*

awoke [əˈwəʊk, AM -ˈwoʊk] *pt of* **awake**

awoken [əˈwəʊkᵊn, AM -ˈwoʊk-] *pp of* **awake**

AWOL [ˈeɪwɒl, AM -wɑːl] *adj pred acr for* **absent without leave: to go** ~ MIL sich *akk* unentschuldigt von der Truppe entfernen; (*fig*) verschwinden

awry [əˈraɪ] *adj pred* ❶ (*wrong*) verkehrt; **to go** ~ schief gehen, fehlschlagen
❷ (*untidy*) unordentlich
❸ (*askew*) *picture* schief

aw-shucks [ˌɑːˈʃʌks] *adj attr* AM (*fam*) bescheiden, unaufdringlich; ~ **smile** sprödes Lächeln

ax AM, **axe** [æks] **I.** *n* Axt *f,* Beil *nt*
► PHRASES: **to get the** ~ (*fam*) *workers* entlassen werden; *projects* gestrichen werden; **to have an** ~ **to grind** (*have a personal grievance*) ein persönliches Interesse haben; (*have reason for complaint*) Grund zur Klage haben; **to wield the** ~ **on sth** etw radikal kürzen
II. *vt* ■ **to** ~ **sth** (*reduce*) *budget* etw radikal kürzen; (*eliminate*) *project* etw [radikal] streichen; **to** ~ **jobs** Stellen [zusammen]streichen; ■ **to** ~ **sb** jdn entlassen

axiom [ˈæksiəm] *n* Axiom *nt geh,* Grundsatz *m;* **a widely held** ~ ein allgemein anerkannter Grundsatz

axiomatic [ˌæksiəˈmætɪk, AM -ˈmæt̬-] *adj* axiomatisch *geh;* ***it is*** ~ ***that ...*** es liegt auf der Hand, dass ...

axiomatically [ˌæksiəˈmætɪkᵊli, AM -ˈmæt̬-] *adv* selbstverständlich

axis <*pl* axes> [ˈæksɪs, *pl* -siːz] *n* ❶ (*of spinning object*) [Dreh]achse *f*
❷ MATH Achse *f*
❸ (*hist*) ■ **the A**~ die Achse

Axis Powers *n* (*hist*) ■ **the** ~ *pl* die Achsenmächte *pl*

axle [ˈæksl] *n* Achse *f;* **back/front** ~ Hinter-/Vorderachse *f*

ayatollah [ˌaɪəˈtɒlə, AM -ˈtoʊlə] *n* Ayatollah *m*

aye [aɪ] **I.** *interj* ❶ SCOT, NBRIT (*yes*) ja
❷ NAUT zu Befehl, jawohl; ~, ~, ***sir!*** zu Befehl, Herr Kapitän!
II. *n* POL Jastimme *f;* ***the*** ~***s have it*** die Mehrheit ist dafür

Ayurveda [aɪʊəˈveɪdə, AM ˌɑːjʊrˈ-] *n no pl* Ayurveda *m*

azalea [əˈzeɪliə, AM ˈzeɪljə] *n* Azalee *f*

Azerbaijani [ˌæzəbaɪˈdʒɑːni, AM ˌɑːzɚ] **I.** *adj inv* aserbaidschanisch
II. *n* <*pl* -s> ❶ (*person*) Aserbaidschaner(in) *m(f)*
❷ *no pl* (*language*) Aserbaidschanisch *nt*

azidothymidine [əˈzaɪdɔˌθɪmɪdən] *n no pl* MED Azidothymidin *nt*

azimuth [ˈæzɪməθ] *n* ASTRON Azimut *m o nt fachspr,* Scheitelkreis *m*

Azores [əˈzɔːz, AM eɪˈzɔːrz] *npl* ■ **the** ~ die Azoren

AZT [ˌeɪzedˈtiː, AM -ziː-] *n no pl abbrev of* **azidothymidine** AZT *nt*

Aztec [ˈæztek] **I.** *n* Azteke, -in *m, f*
II. *adj inv* aztekisch, Azteken-; ~ **language** Aztekisch *nt*

azure [ˈæʒəʳ, AM ˈæʒɚ] **I.** *n no pl* Azur[blau] *nt*
II. *adj* azur[blau]; *eyes* tief blau

B

B <*pl* -'s>, **b** <*pl* -'s *or* -s> [biː] *n* ❶ (*letter*) B *nt,* b *nt;* ~ **for Benjamin** [*or* AM **as in Baker**] B für Berta; *see also* **A 1.**
❷ MUS H *nt,* h *nt;* ~ **flat** B *nt,* b *nt;* ~ **sharp** His *nt,* his *nt; see also* **A 2.**
❸ (*mark*) ≈ Zwei *f,* ≈ gut; *see also* **A 3.**

b *n* ❶ AM *abbrev of* **billion** Mrd.
❷ *abbrev of* **born** geb.
❸ COMPUT *abbrev of* **bit** b, bt

B[1] <*pl* -'s *or* -s> [biː] *n* ❶ (*hypothetical person, thing*) B; *see also* **A**[1] **3.**
❷ (*blood type*) B

B[2] [biː] *n* ❶ *abbrev of* **black lead** B; ~ **pencil** Bleistift *m* mit der Härte B

❷ *abbrev of* **bishop** (*in chess*) L
❸ COMPUT *abbrev of* **byte** B

BA [ˌbiːˈeɪ] *n* ❶ *abbrev of* **Bachelor of Arts** Bakkalaureus *m* der philosophischen Fakultät
❷ *abbrev of* **British Airways** BA *f*

baa [bɑː] **I.** *n no pl* Blöken *nt*, Geblöke *nt*
II. *vi* blöken, mähen, mäh machen *fam*

baaing [ˈbɑːɪŋ] *n no pl* Blöken *nt*, Geblöke *nt*

baas [bɑːs] *n* SA Herr *m*

babbitt metal [ˈbæbɪt ˈmetᵊl] *n no pl* Weißmetall *nt*

babble [ˈbæbl] **I.** *n no pl* ❶ (*confused speech*) Geplapper *nt pej fam*, Gebabbel *nt* DIAL *pej fam*; **~ of voices** Stimmengewirr *nt*
❷ (*murmuring sound*) Murmeln *nt*; *of water* Geplätscher *nt*; *of a brook* Plätschern *nt*
❸ (*pej: jargon*) **internet ~** Internetjargon *m*
II. *vi* ❶ (*talk incoherently*) plappern, brabbeln *fam*, quasseln *fam*; *baby* babbeln *fam*, lallen
❷ *water* plätschern
III. *vt* ■**to ~ sth** (*incoherently*) etw stammeln; (*tell a secret*) etw ausplaudern; **to ~ an excuse** eine Entschuldigung stottern
◆**babble out** *vt* ■**to ~ out ↔ sth** etw ausplaudern

babbling [ˈbæblɪŋ] **I.** *adj attr, inv* ❶ (*muttering nonsense*) stammelnd, plappernd
❷ (*of water*) plätschernd, murmelnd
II. *n* ❶ (*muttering of nonsense*) Gestammel *nt*, Geplapper *nt*
❷ LING *infant* Geplapper *nt*, Geb[r]abbel *nt*

babe [beɪb] *n* ❶ (*liter: baby*) Kindlein *nt liter*; **~ in arms** Säugling *m*; **newborn ~** Neugeborenes *nt*
❷ (*inexperienced person*) Neuling *m*, Anfänger(in) *m(f)*
❸ (*fam: form of address*) Schatz *m fam*, Baby *nt fam*
❹ (*fam: attractive woman*) Süße *f*, Puppe *f sl*; AM (*attractive man*) Baby *nt*, Süßer *m*

babel [ˈbeɪbᵊl] *n* ❶ *no pl* (*confusion*) Gewirr *nt*
❷ *of languages* babylonisches Sprachengewirr
❸ **the Tower of B~** REL der Turmbau zu Babel; (*fig*) der Babylonische Turm

baboon [bəˈbuːn, AM *also* bæ-] *n* ❶ (*monkey*) Pavian *m*
❷ (*pej: person*) Neandertaler *m fig pej*

baby [ˈbeɪbi] **I.** *n* ❶ (*child*) Baby *nt*; *of animals* Junges *nt*; (*nursing child*) Säugling *m*; **to expect/have a ~** ein Baby [*o* Kind] erwarten/bekommen
❷ (*youngest person*) Jüngste(r) *f(m)*; **the ~ of the family** das Nesthäkchen
❸ (*childish person*) Kindskopf *m*; ***don't be such a ~ — this won't hurt a bit*** stell dich nicht so an – es wird nicht wehtun!
❹ *esp* AM (*fam: affectionate address*) Baby *nt*, Schatz *m*, Liebling *m*
❺ (*responsibility*) ***ask Philipp, it's his ~*** frag Philipp, es ist sein Ding
► PHRASES: **to throw the ~ out with the bath water** das Kind mit dem Bade ausschütten; **to be left holding the ~** etw ausbaden müssen
II. *n modifier* ❶ (*very young*) (*bird, elephant*) klein; **~ boy/girl** kleiner Sohn/kleines Töchterchen; **a ~ dog** ein Hündchen *nt*
❷ (*small variety*) Mini-; **~ car** Kleinwagen *m*; **~ carrots** Babymöhren *pl*; **~ vegetables** junges Gemüse
❸ (*for babies*) (*bath, equipment, shoes, things, toys*) Baby-; **~ clothes** Babywäsche *f*
III. *vt* <-ie-> ■**to ~ sb** jdn wie ein kleines Kind behandeln

baby battering *n no pl* Kindesmisshandlung *f*

Baby Bell *n* AM TELEC (*fam*) *eine der sieben Firmen, die nach der Zerschlagung des AT & T-Monopols entstand* **baby blue I.** *n no pl* Bleu *nt* **II.** *adj pred* himmelblau, bleu *präd* **baby-blue** *adj attr* bleu *präd* **baby blues** *npl* ❶ (*fam: blue eyes*) blaue Augen ❷ (*fam: post-natal depression*) postnatale Depression **baby bonds** *npl* AM FIN Baby Bonds *pl* **baby boom** *n* Babyboom *m fam* **baby boomer** *n* ❶ (*person*) ■**to be a ~** einem geburtenstarken Jahrgang angehören ❷ ■**the ~s** *pl* (*generation*) ≈ die Nachkriegsgeneration *kein pl* **baby buggy®** *n esp* BRIT Buggy *m*; (*more robust version*) Sportwagen *m* **baby carriage** *n* AM (*pram*) Kinderwagen *m* **baby-faced** [ˈbeɪbifeɪst] *adj* mit kindlichen Gesichtszügen *nach n* **baby food** *n no pl* Babynahrung *f* **baby grand** *n* MUS Stutzflügel *m* **Babygro®** [ˈbeɪbigrəʊ, AM -groʊ] *n* Strampler *m*

babyhood [ˈbeɪbihʊd] *n no pl* Säuglingsalter *nt*

babyish [ˈbeɪbiɪʃ] *adj* (*pej*) kindisch *pej*

babyishly [ˈbeɪbiɪʃli] *adv* wie ein kleines Kind

babyishness [ˈbeɪbiɪʃnəs] *n no pl* Kindsköpfigkeit *f*

Babylon [ˈbæbɪlɒn, AM lɑːn] *n no pl* HIST, REL Babylon *nt*

Babylonian [ˌbæbɪˈləʊniən, AM ˈloʊ] **I.** *adj inv* babylonisch
II. *n* Babylonier(in) *m(f)*

baby milk *n no pl* Babymilch *f* **baby-minder** *n* BRIT Tagesmutter *f*; (*profession*) Kinderpfleger(in) *m(f)* **baby oil** *n* Babyöl *nt* **baby's breath** *n no pl* Schleierkraut *nt* **babysit** <-tt-, -sat, -sat> **I.** *vi* babysitten *fam*; ■**to ~ for sb** bei jdm babysitten *fam* **II.** *vt* ■**to ~ sb** auf jdn aufpassen **babysitter** *n* Babysitter(in) *m(f)* **babysitting** *n* Babysitting *nt*, Babysitten *nt* **baby talk** *n no pl* Babysprache *f* **baby tooth** *n* Milchzahn *m* **baby walker** *n* Laufstuhl *m* **baby wipe** *n* [Baby-]feuchttüchlein *nt*

baccarat [ˈbækərɑː, AM ˌbækəˈrɑː] *n no pl* Bakkarat *nt*

bacchanal [ˈbækənᵊl, AM ˌbækəˈnɑːl] *n* (*liter*) Bacchanal *nt geh*

bacchanalian [ˌbækəˈneɪliən] *adj* (*liter*) bacchantisch *geh*

Bacchus [ˈbækəs] *n no pl* MYTH Bacchus *m*

baccy [ˈbæki] *n no pl* (BRIT, AUS (*dated sl*) Tabak *m*

bachelor [ˈbætʃᵊləʳ, AM -ᵊlɚ] *n* ❶ (*unmarried man*) Junggeselle *m*; **a confirmed ~** ein eingefleischter Junggeselle; **an eligible ~** ein begehrter Junggeselle
❷ UNIV **B~ of Arts/Science** Bakkalaureus *m* der philosophischen/naturwissenschaftlichen Fakultät (*unterster akademischer Grad in englischsprachigen Ländern*)

bachelor apartment AM, **bachelor flat** *n* Junggesellenwohnung *f*; CAN (*one-room*) Einzimmerwohnung *f*

bachelorhood [ˈbætʃᵊləhʊd, AM ᵊlɚ] *n no pl* Junggesellentum *nt*, Junggesellenstand *m*

bachelor pad *n* (*fam*) Junggesellenwohnung *f*

bachelor party *n* AM Junggesellenabschiedsparty *f*

Bachelor's degree *n* Bakkalaureat *nt*, BA (*niedrigster akademischer Grad in englischsprachigen Ländern*); **to have a ~ [in sth]** ein BA [in etw *dat*] haben

Bach flower remedies [bætʃ ˈflaʊəʳ ˌremədɪz] *npl* NATURMED Bachblüten *pl*

bacillus <*pl* bacilli> [bəˈsɪləs, *pl* bəˈsɪlaɪ] *n* Bazillus *m*

back [bæk] **I.** *n* ❶ (*body part*) Rücken *m*; **to be on one's ~** daniederliegen *geh o hum*, flachliegen *fam*; **to lie on one's ~** auf dem Rücken liegen; **to put** [*or* **throw**] **one's ~ out** sich *akk* verheben; **to slap sb on the ~** jdm auf den Rücken klopfen; **behind sb's ~** (*fig*) hinter jds Rücken
❷ (*behind front*) *of a building, piece of paper* Rückseite *f*; *of a chair* Lehne *f*; ***we sat at the ~ of the theatre*** wir saßen ganz hinten im Theater; ***Ted is out*** [*or* BRIT, AUS ***round***] ***the*** [*or* AM ***out back***] Ted ist draußen hinterm Haus *fam*; **at** [*or* **in**] **the ~ [of the bus/book]** hinten [im Bus/Buch]; **~ to front** verkehrt herum
❸ SPORTS (*defensive player*) Verteidiger(in) *m(f)*
► PHRASES: **at the ~ of beyond** am Ende der Welt, j.w.d. [ˈjɔtveːdeː] *fam*; **to know sth ~ to front** etw im Schlaf [*o* vorwärts und rückwärts] können *fig*; **to be glad to see the ~ of sb** froh sein, jdn los zu sein; **to know sth like the ~ of one's hand** etw in- und auswendig [*o fam* wie seine Westentasche] kennen; **in** [*or* **at**] **the ~ of one's mind** im Hinterkopf; **to have one's ~ against the wall** mit dem Rücken zur Wand stehen *fig*; **to do sth on the ~ of sth** etw auf der Basis [*o* aufgrund] einer S. *gen* tun; **to get off sb's ~** jdn in Ruhe lassen; **to get** [*or* **put**] **sb's ~ up** jdn in Rage bringen [*o* wütend machen]; **to put one's ~ into sth** sich *akk* in etw *akk* hineinknien; **to ride on the ~ of sth** im Fahrwasser einer S. *gen* mitschwimmen; **to stab sb in the ~** jdm in den Rücken fallen *fig*; **to turn one's ~ on sb** (*reject sb*) sich *akk* von jdm abwenden; (*ignore sb*) jdm den Rücken [zu]kehren
II. *adj attr, inv* ❶ (*rear*) Hinter-; **~ door** Hintertür *f*; **~ entrance** Hintereingang *m*; **~ leg** Hinterbein *nt*; **~ pocket** Gesäßtasche *f*; **~ seat** Rücksitz *m*; **~ tooth** Backenzahn *m*
❷ MED Rücken-; **~ pain/problems** Rückenschmerzen *mpl*/Rückenprobleme *ntpl*
❸ (*old*) alt *attr*; **~ issue** alte Ausgabe
► PHRASES: **to be on the ~ burner** auf Eis liegen; **to put sth on the ~ burner** etw auf Eis legen
III. *adv inv* ❶ (*to previous place*) [wieder] zurück; **there and ~** hin und zurück; **to be ~** [wieder] zurück sein; **to bring ~ memories** Erinnerungen wecken; **to come ~** zurückkommen; **to come ~ [into fashion]** wieder in Mode kommen; **to put sth ~** etw zurücklegen; **to want sb/sth ~** jdn/etw zurück[haben] wollen
❷ (*to the rear, behind*) zurück; **~ and forth** hin und her; **to lie ~** sich *akk* zurücklegen; **to look ~** sich *akk* umgucken, zurückblicken *a. fig*; **to sit ~** sich *akk* zurücklehnen; **to stand [well] ~** zurücktreten, Abstand halten; **to throw ~ one's head** den Kopf zurückwerfen; (*fig*) **to hold sb ~** jdn zurückhalten; ***don't let anything hold you ~*** lass dich durch nichts aufhalten
❸ (*in return*) zurück; **to call ~** zurückrufen; **to fight** [*or* **hit**] **~** zurückschlagen; **to pay sth ~** etw zurückzahlen; **to write ~** zurückschreiben
❹ (*into past*) zurück; ***as far ~ as I can remember*** so weit ich zurückdenken kann
► PHRASES: **to get** [*or* **pay**] **sb ~** [*or* **get ~ at sb**] [**for sth**] jdm etw heimzahlen
IV. *vt* ❶ (*support*) ■**to ~ sth** *idea, plan, proposal* etw unterstützen [*o* befürworten]; ■**to ~ sb** jdn unterstützen, jdm den Rücken stärken; **to ~ a bill** FIN [als Dritter] einen Wechsel unterzeichnen; LAW (*support a bill*) einen Gesetzesentwurf unterstützen; **to ~ a horse** auf ein Pferd setzen
❷ (*drive*) ***she ~ed the car into the garage*** sie fuhr rückwärts in die Garage
► PHRASES: **to ~ the wrong horse** aufs falsche Pferd setzen *fig fam*
V. *vi car* zurücksetzen; ***the car ~ed down the hill*** das Auto fuhr rückwärts den Berg hinunter
◆**back away** *vi* ■**to ~ away from sb/sth** vor jdm/etw zurückweichen
◆**back down** *vi* nachgeben, einen Rückzieher machen *fam*; **to ~ down from** [*or* **on**] **an opinion/a plan** von einem Plan/einem Standpunkt abkommen
◆**back into** *vi* ■**to ~ into sb** *person* mit jdm zusammenstoßen; ■**to ~ into sth** *vehicle* rückwärts gegen etw *akk* fahren; ***the red Honda ~ed into a Mercedes*** der rote Honda fuhr rückwärts in einen Mercedes
◆**back off** *vi* ❶ (*go away*) sich *akk* zurückziehen; (*stop*) stocken; (*leave alone*) **~ off!** lass mich in Ruhe!
❷ *car* zurücksetzen
◆**back onto** *vi* ■**to ~ onto sth** hinten an etw *akk* [an]grenzen
◆**back out** *vi* einen Rückzieher machen *fam*; **to ~ out from** [*or* **of**] **a contract** von einem Vertrag zurücktreten, aus einem Vertrag aussteigen *fam*
◆**back up I.** *vi* sich *akk* stauen; *sink* verstopfen; **to ~ up for … miles/kilometers** sich *akk* über … Meilen/Kilometer stauen
II. *vt* ❶ (*support*) ■**to ~ up ↔ sb/sth** jdn/etw unterstützen; (*confirm*) ■**to ~ up ↔ sth** etw bestätigen
❷ COMPUT **to ~ up data/files to a disk** Daten/Dateien auf einer Diskette sichern
❸ (*reverse*) **to ~ up a car/lorry** einen Wagen/Laster zurücksetzen

❹ STOCKEX **to ~ up a portfolio** das Portefeuille umschichten, auf Papiere mit kürzerer Laufzeit umsteigen
backache *n no pl* Rückenschmerzen *mpl*
back and filling *adj* ECON *market* mit geringen Preisschwankungen **back bacon** *n* CAN ≈ gekochter Schinkenspeck
backbench *n* BRIT POL *hintere Sitzreihe im Unterhaus;* ■**the ~es** *pl* das Plenum
backbencher *n* BRIT POL *einfaches Mitglied des Unterhauses* **backbiting** *n no pl* Lästern *nt* **backbone** *n* ❶ *(spine)* Rückgrat *nt a. fig,* Wirbelsäule *f* ❷ *(important part)* Pfeiler *m fig,* Herz *nt fig* ❸ *no pl (character)* Rückgrat *nt fig* **backbreaking** *adj* anstrengend, erschöpfend; ~ **work** Knochenarbeit *f* **back-burner** *vt usu passive* AM ■**to have been ~ed** zurückgestellt worden sein; *project* verschoben worden sein **back burner** *n* hintere Kochplatte ▸ PHRASES: **to put sth on the ~** etw auf Eis legen **back catalogue** *n (of an artist)* Repertoire *nt* **backchat** *n no pl* BRIT *(fam)* Widerrede *f;* ***that's enough of that ~!*** Schluss jetzt! **backcloth** *n esp* BRIT THEAT Prospekt *m* **backcomb** *vt esp* BRIT **to ~ one's hair** sich das Haar toupieren **backcountry** *n no pl (pej)* Hinterland *nt* **back cover** *n* Rückseite *f;* PUBL U4-Seite *f* **backdate** *vt* ❶ *(affix earlier date)* **to ~ a cheque/contract** einen Scheck/Vertrag zurückdatieren ❷ *usu passive (make retroactive)* ■**to be ~d** ***a pay rise in March ~d to January*** eine Gehaltserhöhung im März rückwirkend ab Januar **backdoor** *n* STOCKEX ~ **financing** AM *Finanzierung unter Umgehung der gesetzgebenden Körperschaften;* ~ **selling** *Verkauf unter Umgehung der festgelegten Absatzwege* **back door** *n* Hintertür *f;* **through the ~** *(also fig)* durch die Hintertür *a. fig* **backdoor operation** *n* BRIT FIN Stützung *f* des britischen Geldmarktes **backdrop** *n* THEAT Prospekt *m,* Hintergrund *m a. fig*
-backed [bækt] *in compounds* -unterstützt
backed bill *n* FIN avalierter Wechsel
back-end loaded *adj* FIN mit Provisionszahlung bei Rücktritt **back-end network** *n* COMPUT Hostnetzwerk *nt* **back-end processor** *n* COMPUT Nachschaltrechner *m* **back-end server** *n* COMPUT nachgeschalteter Server
backer [bækəʳ, AM -ɚ] *n* Förderer, -in *m, f;* **financial ~s** Geldgeber *pl*
backfire *vi* ❶ AUTO frühzünden ❷ *(go wrong)* fehlschlagen; ***it ~d on us*** es erwies sich als Eigentor ❸ *gun* nach hinten losgehen **backflip** *n* Salto *m [o* Rolle *f]* rückwärts **backgammon** *n no pl* Backgammon *nt*
background ['bækgraʊnd] **I.** *n* ❶ *(rear view) also* PHOT, FILM Hintergrund *m;* THEAT Kulisse *f;* ***white lettering on a blue ~*** weiße Schrift auf blauem Grund
❷ *(inconspicuous position)* **to fade into the ~** in den Hintergrund treten; **to stay in the ~** im Hintergrund bleiben
❸ SOCIOL Herkunft *f,* Verhältnisse *ntpl,* Background *m;* **to be** *[or* **come***]* **from a poor ~** aus armen Verhältnissen stammen
❹ **to have a ~ in sth** *(experience)* Erfahrung in etw *dat* haben; *(training)* eine Ausbildung in etw *dat* haben; **with a ~ in ...** mit Erfahrung in ...
❺ *(explanatory circumstances)* Umstände *mpl,* Hintergründe *mpl;* **against a ~ of high unemployment** vor dem Hintergrund *[o* angesichts*]* einer hohen Arbeitslosenquote
II. *n modifier* ❶ *(from surroundings) (music)* Hintergrund-; ~ **lighting** indirekte Beleuchtung; ~ **noise** Geräuschkulisse *f*
❷ *(concerning origins) (information, knowledge)* Hintergrund-; **to do a ~ check on sb** jdn polizeilich überprüfen
❸ COMPUT ~ **processing** *(low priority job)* nachrangige Verarbeitung; *(process)* Hintergrundverarbeitung *f*
background check *n* Überprüfung *f* der Vergangenheit, Nachforschungen *fpl*
backhand *n no pl* SPORTS Rückhand *f;* **to have a strong ~** eine starke Rückhand haben **back-handed** *adj* ❶ *(insincere) action* unredlich; *manner* zweideutig; **a ~ compliment** ein zweifelhaftes Kompliment ❷ *(indirect) manner, way* indirekt ❸ *(handwriting)* ~ **writing** nach links geneigte Schrift **backhander** *n* ❶ SPORTS Rückhandschlag *m* ❷ BRIT *(fam: bribe)* Bestechungsgeld *nt,* Schmiergeld *nt pej fam;* **to take a ~ from sb** sich *akk* von jdm schmieren lassen *pej fam* **backhoe** *n* Tieflöffel[bagger] *m,* Löffeltiefbagger *m*
backing ['bækɪŋ] *n no pl* ❶ *(support)* Rückhalt *m,* Unterstützung *f;* *(aid)* Hilfe *f*
❷ FIN **asset ~** Stützung *f* durch Vermögenswerte
❸ *(stiffener)* Verstärkung *f;* FASHION *also* Vlies *nt*
❹ MUS Begleitung *f*
❺ COMPUT ~ **store** *[or* **storage***]* *[or* **memory***]* Hilfsspeicher *m,* Zusatzspeicher *m*
back interest *n* FIN Zinsrückstand *m* **back issue** *n* JOURN alte Ausgabe **backlash** *n* ❶ *(adverse reaction)* Gegenreaktion *f;* **to provoke a ~** eine Gegenreaktion heraufbeschwören ❷ TECH [Zahn]spiel *nt* **backless** *adj inv dress* rückenfrei **back-level** *n* COMPUT Backlevel *m,* Vorgängerversion *f* **backlight** *n* COMPUT Hintergrundbeleuchtung *f* **backlist** *n* Backlist *f fachspr (Verzeichnis der lieferbaren Bücher ohne Neuerscheinungen)* **backlit** ['bæklɪt] *adj attr, inv see* **backlighted** von hinten beleuchtet **backlit display** *n* COMPUT hinterleuchtete Anzeige **backload** *vi* ECON *Werbebudget für die letzte Hälfte einer Planperiode aufbewahren* **backlog** *n usu sing* Rückstand *m;* **to have a ~ of work** mit der Arbeit im Rückstand sein **back number** *n* PUBL alte Ausgabe **back office** *n* STOCKEX, FIN Abwicklungsstelle *f* **backout** *vt* COMPUT zurücksetzen **backpack** **I.** *n esp* AM *(rucksack)* Rucksack *m* **II.** *vi* mit dem Rucksack reisen; **to ~ around Spain** mit dem Rucksack durch Spanien reisen **backpacker** *n (traveller)* Rucksackreisende(r) *f(m); (hiker)* Wanderer, -in *m, f* **backpacking** *n no pl (travelling)* Rucksackreisen *nt; (hiking)* Wandern *nt* **back passage** *n* BRIT *(euph)* Mastdarm *m,* Enddarm *m* **back pay** *n no pl (of wages)* Lohnnachzahlung *f; (of salaries)* Gehaltsnachzahlung *f* **back payment** *n* Nachzahlung *f* **backpedal** *vi* ❶ *(pedal backwards)* rückwärts treten ❷ *(fig: reverse opinion, action)* einen Rückzieher machen *fam* (**on** bei +*dat*) **backplane** *n* COMPUT gedruckte Rückwandverdrahtung, Rückwandplatine *f* **back pointer** *n* COMPUT Rückwärtszeiger *m* **back road** *n* Nebenstraße *f,* Seitenstraße *f* **back room** **I.** *n* Hinterzimmer *nt a. fig* **II.** *n modifier (secret)* ~ **politics** Hintertreppenpolitik *f; (behind the scenes) (staff, worker)* im Hintergrund; **the ~ boys** *(scientists)* die Hintermänner *pl;* AM *(politicians)* die Drahtzieher *pl* **backscatter** *n* RADIO Rückstreuung *f* **back-scratcher** *n* ❶ *(instrument)* Rückenkratzer *m* ❷ *(pej) jd, der jdm einen Gefallen tut, nur um selbst davon zu profitieren* **backscratching** *n no pl* Klüngelei *f,* Gekungel *nt* **back seat** *n* ❶ *(in car)* Rücksitz *m* ❷ *(fig pej: inferior position)* untergeordnete Stellung; **to take a ~** in den Hintergrund treten **back-seat driver** *n (pej)* ❶ *(passenger)* besserwisserischer Beifahrer/besserwisserische Beifahrerin ❷ *(fig: unwanted advisor)* Besserwisser(in) *m(f) pej,* Wichtigtuer(in) *m(f) pej fam* **backsheet** *n* LAW Umschlagseite *f* **backside** *n (fam)* Hinterteil *nt fam,* Hintern *m fam* ▸ PHRASES: **sb needs a boot** *[or* **kick***]* **up the ~** jdm muss man [mal wieder] in den Hintern treten *fam;* **to get off one's ~** seinen Hintern in Bewegung setzen *fam;* **to sit [around] on one's ~** keinen Finger rühren
backslapper ['bækslæpəʳ, AM -ɚ] *n (fam)* leutseliger Mensch **backslapping** **I.** *n no pl* Schulterklopfen *nt* **II.** *adj* ❶ *(hearty)* jovial ❷ *(rowdy)* laut **backslash** *n esp* COMPUT Backslash *m* **backslid** *vi pt of* **backslide** **backslide** <-slid, -slid> *vi* rückläufig sein; **a backsliding development/tendency** eine rückläufige Entwicklung/Tendenz; *person* rückfällig werden; *religious believer* abtrünnig werden **backslider** ['bækslaɪdəʳ, AM ɚ] *n* Abtrünnige(r) *f(m),* Rückfällige(r) *f(m)* **backspace** *n,* **backspace key** *n* Backspace-Taste *f* **backstabber** *n (pej fam: woman)* falsche Schlange *pej; (man)* falscher Fuffziger *fam* **backstage** **I.** *n* THEAT Garderobe *f* **II.** *adj* ❶ *(behind the stage)* hinter der Bühne; ~ **worker** Bühnenarbeiter(in) *m(f)* ❷ *(secret)* Geheim- **III.** *adv* hinter der Bühne *[o fig a.* den Kulissen*]* **backstairs** **I.** *npl* Hintertreppe *f* **II.** *n modifier (gossip)* Hintertreppen-; ~ **deal** undurchsichtiges Geschäft **III.** *adv* **to do sth ~** etw unter der Hand tun **backstitch** ['bækstɪtʃ] **I.** *vt* ■**to ~ sth** etw mit Steppstich nähen **II.** *vi* mit Steppstich nähen **III.** *n no pl* Steppstich *m* **backstop** *n* ❶ BRIT SPORTS *(in rounders) Position beim Schlagball* ❷ AM SPORTS *(fam: baseball catcher)* Fänger(in) *m(f)* ❸ *(fig: protection)* Schutz *m* (**against** gegen +*akk*) **backstreet** **I.** *n* kleine Seitenstraße **II.** *n modifier (fig)* Hinterhof-; ~ **abortion** *(fig)* illegale Abtreibung; ~ **abortionist** *(fig)* Engelmacher(in) *m(f);* ~ **atmosphere** Hinterhofatmosphäre *f;* ~ **loanshark** Kredithai *m pej* **backstroke** *n no pl* Rückenschwimmen *nt;* **to swim ~** rückenschwimmen **backtab** *vi* COMPUT mit dem Tabulator zurückspringen, den Tabulator zurücksetzen **back talk** *n no pl* AM *(fam)* Widerrede *f,* unverschämte Antwort[en] *f[pl]*
back tax *n* FIN Steuerschuld *f*
back-to-back [ˌbæktə'bæk] **I.** *adj attr, inv* ❶ *(of houses)* sich *akk* rückseitig berührend, rückseitig aneinander grenzend ❷ FIN ~ **credit** Gegenakkreditiv *nt;* ~ **loan** Parallelkredit *m;* LAW ~ **guaranty** Rückbürgschaft *f* ❸ *(consecutive)* [unmittelbar] aufeinander folgend **II.** *adv inv* in Folge **back-to-front** [ˌbæktə'frʌnt] **I.** *adj* verkehrt, falsch **II.** *adv* verkehrt [herum], falsch [herum] **backtrack** *vi* ❶ *(go back)* wieder zurückgehen ❷ *(change opinion)* einlenken; **to ~ on one's demands** seine Forderungen zurücknehmen; **to ~ on one's statements** seinen Standpunkt aufgeben
backup ['bækʌp] **I.** *n* ❶ *(support)* Unterstützung *f,* Hilfe *f* ❷ COMPUT Sicherung *f,* Backup *nt* **II.** *n modifier* ❶ FIN ~ **credit** Stützungskredit *m;* ~ **line** Stützungslinie *f,* Auffangkreditlinie *f* ❷ *(in marketing)* ~ **ad** textanschließende Anzeige **III.** *n modifier (equipment)* Hilfs-; ~ **generator** Notstromaggregat *nt;* ~ **method** *Maßnahmen, um ein vorheriges Versäumnis wieder gutzumachen;* ~ **staff** Reservepersonal *nt;* COMPUT ~ **file** Sicherungskopie *f;* ~ **path** Ausweichpfad *m;* ~ **plan** Notplan, m; ~ **procedure** Datensicherungsprozedur *f;* ~ **server** Ausweichserver *m* **backup copy** *n* COMPUT Sicherungskopie *f* **backup disk** *n* COMPUT Sicherungsdiskette *f* **backup light** *n* AM AUTO Rückfahrscheinwerfer *m* **backup singer** *n* AM Backgroundsänger(in) *m(f)* **backup system** *n* ❶ TECH *(reserve system)* Sicherheitssystem *nt,* Notsystem *nt* ❷ *(fig)* ***your colleagues are your ~ when things go wrong*** wenn etwas schief geht, kannst du auf deine Kollegen zählen
backward ['bækwəd, AM -wɚd] **I.** *adj* ❶ *(facing rear)* rückwärts gewandt *[o* gerichtet*]; (reversed)* Rück[wärts]-; **in a ~ direction** rückwärts; **a ~ step** ein Schritt nach hinten; ***she left without so much as a ~ glance*** sie ging, ohne sich auch nur noch einmal umzuschauen
❷ *(slow in development) children* zurückgeblieben
❸ *(underdeveloped) region, area, state* unterentwickelt, rückständig
▸ PHRASES: **to not be ~ in coming forward** nicht zimperlich sein
II. *adv inv see* **backwards**
backwardation [ˌbækwə'deɪʃən, AM -wɚ'-] *n* STOCKEX Situation *f,* in der der Kassapreis höher als der Preis für die Terminware ist; BRIT Deport *m*
backward integration *n* ECON Rückwärtsintegration *f*
backward-looking *adj* rückständig; ~ **ideas** altmodische Vorstellungen
backwardness ['bækwədnəs, AM -wɚd-] *n no pl* Rückständigkeit *f*
backwards ['bækwədz, AM -wɚdz] *adv* ❶ *(towards the back)* rückwärts, nach hinten; **to walk ~ and forwards** hin- und hergehen
❷ *(in reverse)* **to count ~** rückwärts zählen; **to**

know sth ~ **[and forwards]** etw in- und auswendig kennen
❸ (*downhill*) zurück; ***the ball rolled*** ~ der Ball rollte zurück
❹ (*into past*) zurück; **to look** ~ zurückblicken
► PHRASES: **to bend** [*or* **lean**] **over** ~ alles versuchen, sich *dat* einen abbrechen *fam*

backwash *n* ❶ (*receding waves*) Rückströmung *f*
❷ (*fig: effects*) [Aus]wirkung *f*, Nachwirkung *f*; **the** ~ **of the war** die Nachwehen *fpl* des Kriegs; (*repercussions*) Rückwirkung *f*, Nachspiel *nt* **backwater** *n* ❶ (*of river*) stehendes Gewässer, totes Wasser
❷ (*isolated place*) *Ort, an dem die Uhren stillgestanden sind;* (*pej*) rückständiger Ort, toter Fleck *pej fam;* **rural** ~ ländliche Einöde *pej*, tiefste Provinz *pej* **backwoods** I. *npl* ■**the** ~ *weit abgelegene Waldgebiete;* **in the** ~ in der hintersten Provinz II. *n modifier* ❶ (*of backwoods*) (*road, town*) hinterwäldlerisch ❷ (*crude, rough*) ungeschliffen; ~ **manners** ungehobelte Manieren **backwoodsman** *n* ❶ (*pej: living in backwoods*) Waldbewohner(in) *m(f)* ❷ (*pej: crude person*) Hinterwäldler(in) *m(f) iron* ❸ BRIT (*fam*) *ehemaliges Mitglied des britischen Oberhauses, das nur selten zu den Sitzungen erschien; heute vom Oberhaus ausgeschlossen*

backyard *n* ❶ BRIT (*courtyard*) Hinterhof *m*
❷ AM (*back garden*) Garten *m* hinter dem Haus
► PHRASES: **in one's own** ~ vor der eigenen Haustür *fig;* **to have sth in one's** ~ etw in nächster Nähe [*o* vor der Haustür] haben

bacon ['beɪkᵊn] *n* [Schinken]speck *m;* **a rasher of** ~ eine Scheibe [Schinken]speck; ~ **and eggs** Eier *ntpl* mit Speck [*o* Schinken]
► PHRASES: **to bring home the** ~ (*earn support*) die Brötchen verdienen *fam;* (*succeed*) erfolgreich sein; SPORTS das Rennen machen

bacteria [bæk'tɪəriə, AM -'tɪr-] *n pl of* **bacterium** Bakterien *pl*

bacterial [bæk'tɪəriᵊl, AM -'tɪr-] *adj inv* bakteriell, Bakterien-

bacteriological [bæk,tɪəriə'lɒdʒɪkᵊl, AM -,tɪriə'lɑːdʒɪ-] *adj* bakteriologisch

bacteriologist [bæk,tɪəri'ɒlədʒɪst, AM -,tɪriə'ɑːlə-] *n* Bakteriologe, -in *m, f*

bacteriology [bæk,tɪəri'ɒlədʒi, AM -,tɪriə'ɑːlə-] *n no pl* Bakteriologie *f*

bacterium <*pl* -ria> [bæk'tɪəriəm, AM -'tɪriəm] *n* Bakterie *f*

bad <worse, worst> [bæd] I. *adj* ❶ (*inferior*) schlecht; ***not*** ~**!** nicht schlecht!; ■**to be** ~ **at sth** etw nicht gut können; ***he's very*** ~ ***at spelling*** in Rechtschreibung ist er sehr schlecht; **to be in** ~ **form** BRIT (*esp dated*) nicht in Form sein
❷ (*unpleasant*) schlimm, übel; ***things are looking*** ~ ***[for him]*** es sieht nicht gut [für ihn] aus; **a** ~ **character** ein schlechter Charakter; **a** ~ **dream** ein böser Traum; **a** ~ **neighbourhood** eine verkommene [Wohn]gegend; **to have a** ~ **personality** eine unangenehme Art haben; **sb's** ~ **points** jds schlechte Seiten; **a** ~ **smell** ein übler Geruch; **to be a** ~ **sport** ein schlechter Verlierer/eine schlechte Verliererin sein; ~ **taste** schlechter Geschmack; **to have a** ~ **temper** schlecht gelaunt sein
❸ (*negative*) schlecht, böse; ~ **blood** böses Blut; **to go from** ~ **to worse** vom Regen in die Traufe kommen *prov*
❹ (*pity*) schade; ***too*** ~ zu schade [*o fam* dumm]
❺ (*difficult*) schlecht, schwierig; **to have a** ~ **marriage** eine schlechte Ehe führen; ~ **times** schwere Zeiten
❻ (*unfortunate*) (*decision*) schlecht, unglücklich; ~ **luck** Pech *nt*
❼ (*harmful*) schlecht, schädlich; ■**to be** ~ **for sb** schlecht für jdn sein; **to be** ~ **for one's health** jds Gesundheit schaden; **to be** ~ **for one's teeth** schlecht für die Zähne sein
❽ (*spoiled*) *food* verdorben; (*fig*) **a** ~ **atmosphere** eine schlechte Atmosphäre; **[to act] in** ~ **faith** in böser Absicht [handeln]; ~ **name** schlechter Ruf
❾ MED schlimm, böse; **to have a** ~ **cold/leg** eine schlimme Erkältung/ein schlimmes Bein haben
❿ (*serious*) ~ **debt** uneinbringliche Schuld; **a** ~ **storm** ein heftiger Sturm; **to be nowhere near as** ~ **as ...** nicht halb [*o* annähernd] so schlimm wie ...
⓫ (*unacceptable*) *person, character, manners* schlecht, unmöglich; **to fall in with a** ~ **crowd** in eine üble Bande geraten; **a** ~ **egg** (*fig*) eine üble Person; **a** ~ **habit** eine schlechte Angewohnheit; **to use** ~ **language** Kraftausdrücke benutzen
⓬ AM (*sl: cool*) fabelhaft, super
► PHRASES: **to give sth up as a** ~ **job** BRIT etw abschreiben *fig fam*
II. *adv* ❶ (*fam: sorry*) schlecht; **to feel** ~ **about sth** sich *akk* wegen einer S. *gen* schlecht fühlen
❷ (*negatively*) schlecht; ***things look*** ~ ***in this company*** in der Firma sieht es nicht gut aus
► PHRASES: **sb has it** ~ (*sl*) jdn hat es schwer erwischt *hum;* ***he's got it*** ~ ***for Lucy*** er ist total verknallt in Lucy *fam*
III. *n no pl* ❶ (*ill luck*) **to take the good with the** ~ auch das Schlechte [*o* die schlechten Seiten] in Kauf nehmen
❷ (*evil people*) ■**the** ~ die Bösen *pl*
❸ (*destroyed condition*) **to go to the** ~ *fruit* schlecht werden, verderben
❹ (*in debt*) **to be in the** ~ im Minus sein
❺ (*mistake*) Fehler *m*

bad boy *n* (*rebel*) ■**the** ~ **of sth** das Enfant terrible einer S. *gen geh* **bad break** *n* LING Silbentrennfehler *m* **bad cheque** *n* FIN ungültiger [*o* ungedeckter] Scheck **bad debt provision** *n* Rückstellungen für Risikokredite

baddie *n*, **baddy** ['bædi] *n* (*fam*) Bösewicht *m*, Schurke, -in *m, f pej*

bade [bæd, beɪd] *vt* (*old*) *pt of* **bid**

badge [bædʒ] *n* Abzeichen *nt;* (*sticker*) Aufkleber *m;* (*made of metal*) Button *m;* (*on car*) Plakette *f*, Markenemblem *nt;* **membership** ~ Mitgliedsabzeichen *nt;* **police** ~ Polizeimarke *f*

badger ['bædʒəʳ, AM -ɚ] I. *n* Dachs *m*
II. *vt* ■**to** ~ **sb** jdn bedrängen; ***stop*** ~***ing me*** lass mich endlich in Ruhe; ■**to** ~ **sb into [doing] sth** [*or* **to do sth**] jdn in den Ohren liegen, damit er/sie etw tut

badinage ['bædɪnɑːʒ] *n no pl* (*hum liter*) Frotzeleien *fpl*, Spötteleien *fpl*

badlands ['bædlændz] *npl* unfruchtbares Land, Ödland *nt kein pl*

badly <worse, worst> ['bædli] *adv* ❶ (*poorly*) schlecht; **to do** ~ *in exam* schlecht abschneiden; FIN schlecht stehen; **to be** ~ **made** schlecht verarbeitet sein; ***she came out of the affair rather*** ~ sie kam ziemlich angeschlagen aus der Sache heraus
❷ (*negatively*) schlecht; **to think** ~ **of sb** [*or* **to think of sb** ~] schlecht von jdm denken
❸ (*very much*) sehr, dringend; **to be** ~ **in need of sth** etw dringend benötigen; **to want sth** ~ etw unbedingt wollen
❹ (*severely*) schwer; ~ **defeated** vernichtend geschlagen; ~ **hurt** schwer verletzt

badly off *adj pred* ❶ (*poor*) arm; ***they were rather*** ~ es ging ihnen finanziell ziemlich schlecht
❷ (*lacking*) **to be** ~ **for sth** etw dringend brauchen

badminton ['bædmɪntən] *n no pl* Badminton *nt*, ≈ Federball *nt*

badmouth *vt esp* AM (*fam*) ■**to** ~ **sb** über jdn herziehen *fam* [*o pej* lästern]

badness ['bædnəs] *n no pl* (*moral*) Schlechte *nt;* (*inferior quality*) mindere Qualität

bad-tempered *adj* (*easily irritated*) leicht aufbrausend, cholerisch; (*in a bad mood*) schlecht gelaunt, übellaunig; (*restless*) unruhig; **a** ~ **horse** ein nervöses Pferd

BAe *abbrev of* **British Aerospace** ≈ DASA *f*

baffle ['bæfl] I. *vt* ❶ (*confuse*) ■**to** ~ **sb** jdn verwirren [*o* vor ein Rätsel stellen]; (*amaze*) jdn verblüffen; ***she was completely*** ~***d by his strange behaviour*** durch sein seltsames Verhalten war sie ganz vor den Kopf gestoßen
❷ (*hinder*) ■**to** ~ **sth** etw verhindern; **to** ~ **a plan** einen Plan vereiteln [*o* durchkreuzen]
❸ (*restrain*) **to** ~ **the noise** den Lärm dämpfen
II. *n* TECH Umlenkblech *nt*, Ablenkplatte *f;* COMPUT Resonanzwand *f*

bafflement ['bæflmənt] *n no pl* Verblüffung *f*

baffle plate *n* TECH Umlenkblech *nt*, Ablenkplatte *f*

baffling ['bæflɪŋ] *adj* (*confusing*) verwirrend; (*mysterious*) rätselhaft; (*amazing*) verblüffend

BAFTA ['bæftə] *n see* **British Academy of Film and Television Arts** ❶ (*institution*) britische Film- und Fernsehakademie
❷ (*award*) Auszeichnung der britischen Film- und Fernsehakademie

bag [bæg] I. *n* ❶ (*container*) Tasche *f;* (*drawstring* ~) Beutel *m;* (*sack*) Sack *m;* **a** ~ **of flour** (*small*) ein Paket *nt* Mehl; (*big*) ein Sack *m* Mehl; **a** ~ **of potatoes** (*small*) ein Beutel *m* Kartoffeln; (*big*) ein Sack *m* Kartoffeln; **paper/plastic** ~ Papier-/Plastiktüte *f;* **a** ~ **of crisps/sweets** eine Tüte Chips/Bonbons
❷ (*handbag*) Handtasche *f;* (*travelling bag*) Reisetasche *f;* **to pack one's** ~**s** die Koffer packen
❸ (*baggy skin*) **to have** ~**s under one's eyes** Ringe unter den Augen haben
❹ ■~**s of ...** *pl* BRIT, AUS (*fam*) jede Menge ...; ~**s of money/time/space** jede Menge Geld/Zeit/Platz
❺ (*pej: dumpy woman*) fette Kuh *pej;* (*grumpy woman*) Schreckschraube *f pej fam;* **an old** ~ (*pej sl*) eine [alte] Schachtel *pej fam*
❻ HUNT (*game caught*) Beute *f*, Strecke *f fachspr*
► PHRASES: **to throw sb out** ~ **and baggage** jdn in hohem Bogen hinauswerfen; **to be a** ~ **of bones** nur Haut und Knochen sein *fig fam;* **the whole** ~ **of tricks** (*everything*) das ganze Zeug *fam*, die ganze Chose *fam;* (*set of ingenious plans etc.*) die ganze Trickkiste *fam;* **sth isn't really sb's** ~ (*dated sl*) etw ist nicht jds Bier *fam;* **sth is in the** ~ jd hat etw in der Tasche *fam*
II. *vt* <-gg-> ❶ (*put in bag*) **to** ~ **sth** *fruit, groceries* etw eintüten, etw in eine Tüte einpacken
❷ (*fam: secure*) ■**to** ~ **[sb] sth** [*or* **to** ~ **sth [for sb]**] etw [für jdn] ergattern [*o* erbeuten]; ***he*** ~***ged himself a trophy wife*** er hat eine tolle Eroberung gemacht *fam*
❸ (*hunt and kill*) **to** ~ **an animal** ein Tier erlegen [*o* zur Strecke bringen]
◆**bag out** *vt* AUS (*fam: criticize*) ■**to** ~ **sb out** an jdm herummäkeln *fam*
◆**bag up** *vt* ■**to** ~ **up** ↻ **sth** *fruit, groceries* etw in eine Tüte [ein]packen; **to** ~ **up flour** Mehl eintüten; **to** ~ **up grain** Getreide abfüllen; **to** ~ **up potatoes** Kartoffeln einsacken

bagatelle [bægə'tel] *n* (*liter or form*) Bagatelle *f*

bagel ['beɪgᵊl] *n* Bagel *m* (*weiches, ringförmiges Brötchen*)

bagful <*pl* bagfuls *or* bagsful> ['bægfʊl] *n* **a** ~ **of apples** eine Tasche voller Äpfel; **a** ~ **of goodies** eine Wundertüte; **a** ~ **of dreams** (*fig*) ein Meer *nt* aus Träumen; **a** ~ **of memories** (*fig*) eine Flut von Erinnerungen; **a** ~ **of votes** (*fig*) unzählige Stimmen

baggage ['bægɪdʒ] *n no pl* ❶ (*luggage*) Gepäck *nt;* **pieces of** ~ Gepäckstücke *pl;* **excess** ~ Übergepäck *nt*
❷ (*army equipment*) [Marsch]gepäck *nt*
❸ (*pej hum: woman*) Miststück *nt pej fam*, Biest *nt pej fam*
❹ (*burden*) **ideological** ~ ideologischer Ballast; **to carry emotional/childhood** ~ **with one** seelischen Ballast/Ballast aus der Kindheit mit sich *dat* herumtragen

baggage allowance *n* Freigepäck *nt* **baggage car** *n* AM, AUS Gepäckwagen *m* **baggage check** *n* Gepäckkontrolle *f* **baggage claim** *n* Gepäckausgabe *f* **baggage handler** *n* Gepäckträger(in) *m(f)* **baggage rack** *n* Gepäckablage *f;* (*net*) Gepäcknetz *nt* **baggage reclaim area** *n* Gepäckausgabe *f* **baggage room** *n* Gepäckaufbewahrung[sstelle] *f* **baggage van** *n* Gepäcktransporter *m*

bagging ['bægɪŋ] *n no pl* Abpacken *nt*

baggy ['bægi] *adj* zu weit; ~ **clothes** weite [*o* weit geschnittene] Kleidung; ~ **shirt** ausgeleiertes [*o* sackartiges] T-Shirt; ~ **trousers** ausgebeulte Hose

bag lady *n* Obdachlose *f* (*die ihr gesamtes Hab und Gut in Einkaufstüten mit sich führt*) **bagman** *n* ❶ BRIT (*old sl: travelling salesman*) Handlungsreisende(r) *f(m) veraltend,* Vertreter(in) *m(f)* ❷ AUS (*tramp*) Landstreicher(in) *m(f),* Tramp *m;* (*in town*) Stadtstreicher(in) *m(f)* ❸ CAN (*political fund-raiser*) *jd, der Parteispenden sammelt* **bagpipe** *n modifier* (*music, playing*) Dudelsack- **bagpiper** *n* Dudelsackspieler(in) *m(f),* Dudelsackpfeifer(in) *m(f)* **bagpipes** *npl* Dudelsack *m*

bags [bægz] *vt* BRIT, AUS (*esp childspeak*) ***I ~ed it first!*** ich zuerst!; ~ ***that chair!*** *den* Stuhl krieg ich!; ~ ***I sit in the front seat!*** *ich* will vorne sitzen!

baguette [bæ'get] *n* Baguette *nt o f,* Stangenweißbrot *nt*

bagworm *n* ZOOL Raupe *f* des Sackträgers

bah [bɑː] *interj* bah

Bahamas [bə'hɑːməz] *npl* ■**the** ~ die Bahamas *pl*

Bahamian [bə'heɪmiən] **I.** *n* Baham[a]er(in) *m(f)* **II.** *adj attr* baham[a]isch

bail [beɪl] **I.** *n* ❶ (*money*) Kaution *f;* **police** ~ gegen Sicherheitsleistung von der Polizei gewährte Haftverschonung; ~ **bond** BRIT Kautionsurkunde *f;* **to grant** ~ die Freilassung gegen Kaution gewähren; **to jump** ~ die Kaution verfallen lassen und fliehen; **to put up** [*or* **post**] [*or* **stand**] ~ **for sb** für jdn [die] Kaution stellen; **to release** [*or* **remand**] **sb on** ~ jdn gegen [eine] Kaution freilassen; **to set** ~ **at …** die Kaution auf … festsetzen
❷ (*printer, typewriter bar*) Papierhalter *m*
❸ (*for horses*) Trennstange *f*
II. *vi* [Wasser] [aus]schöpfen
III. *vt* ❶ (*remove*) **to** ~ **water** Wasser [aus]schöpfen
❷ (*release*) ■**to** ~ **sb** jdn gegen Kaution freilassen
❸ AUS (*rob*) ■**to** ~ **sb** jdn überfallen

◆**bail out I.** *vt* ❶ (*pay to release*) ■**to** ~ **out** ↻ **sb** für jdn [die] Kaution stellen
❷ (*help*) ■**to** ~ **sb out** jdm aus der Klemme [*o* Patsche] helfen *fam*
II. *vi* ❶ (*jump out*) [mit dem Fallschirm] abspringen, aussteigen *fachspr*
❷ (*discontinue*) aufhören, aussteigen *fam,* sich *akk* ausklinken *hum fam*
❸ ECON (*fam: sell*) aussteigen

bailee [ˌbeɪ'liː] *n* LAW Verwahrer(in) *m(f),* Treuhänder(in) *m(f)*

Bailey *n see* **Old Bailey**

Bailey bridge ['beɪlibrɪdʒ] *n* MIL Behelfsbrücke *f*

bailiff ['beɪlɪf] *n* ❶ BRIT (*for buildings*) Verwalter(in) *m(f);* (*for land*) [Guts]verwalter(in) *m(f);* **to call** [*or* **send**] **in the ~s** den Verwalter/die Verwalterin einschalten
❷ BRIT LAW (*person employed by court*) Gerichtsdiener *m,* Gerichtsvollzieher *m*
❸ AM LAW (*deputy to sheriff*) Stellvertreter *m* des Sheriffs, Justizwachtmeister(in) *m(f)*

bailiwick ['beɪlɪwɪk] *n* ❶ (*district or jurisdiction of a bailiff*) Amtsbezirk *m*
❷ (*fam: interest*) Steckenpferd *nt*

bailment *n* AM ECON Verwahrung *f;* (*item*) hinterlegte Sache

bailor ['beɪlə^r, AM -ɚ] *n* LAW Hinterleger(in) *m(f),* Übergeber(in) *m(f)*

bails [beɪlz] *npl* (*in cricket*) Querholz *nt kein pl*

bairn [beən] *n* SCOT, NBRIT Kind *nt*

bait [beɪt] **I.** *n* Köder *m a. fig;* **to swallow the** ~ anbeißen; (*fig*) **to rise to** [**swallow** [*or* **take**]] **the** ~ sich *akk* ködern lassen *fig,* anbeißen *fig,* in die Falle gehen *fig*
II. *vt* ❶ (*put bait on*) ■**to** ~ **sth** etw mit einem Köder versehen
❷ (*tease*) ■**to** ~ **sb** [**about sth**] jdn [mit etw *dat*] aufziehen; (*harass*) jdn [wegen einer S. *gen*] schikanieren
❸ (*torment*) ■**to** ~ **sb** jdn quälen; (*with dogs*) ■**to** ~ **an animal** die Hunde auf ein Tier hetzen

baize [beɪz] *n no pl* Fries *m;* (*for billiard table*) [grüner] Fries

bake [beɪk] **I.** *vi* ❶ (*cook*) backen
❷ (*fam: be hot*) kochen *fam,* glühend heiß sein; *impers;* ***it's baking outside*** draußen ist es wie im Backofen *fam;* ***I'm baking*** ich komme fast um vor Hitze
II. *vt* ❶ (*cook*) ■**to** ~ **sth** etw [im Ofen] backen; **to** ~ **bread/cake/fish** Brot/Kuchen/Fisch backen; **to** ~ **potatoes** Kartoffeln im Ofen backen
❷ (*pottery*) ■**to** ~ **sth** etw brennen
III. *n* ❶ (*dish*) **fish/vegetable** ~ Fisch-/Gemüseauflauf *m*
❷ AM (*social event*) gesellige Zusammenkunft (*mit bestimmten Speisen*); **lobster** ~ Hummerparty *f*

baked [beɪkt] *adj attr* gebraten; *bread, cake, biscuits* gebacken; ~ **apple** Bratapfel *m;* ~ **potatoes** Ofenkartoffeln *pl* (*in der Schale*)

Baked Alaska *n* Omelette surprise *f* **baked beans** *n* Baked Beans *pl,* Bohnen *fpl* in Tomatensoße; **Boston** ~ *im Ofen gegarte Bohnen mit Speck und Zuckerrübensirup*

Bakelite® ['beɪkəlaɪt] *n no pl* Bakelit® *nt*

baker ['beɪkə^r, AM -kɚ] *n* Bäcker(in) *m(f);* **at the ~'s** in der Bäckerei, beim Bäcker

baker's dozen *n* dreizehn [Stück]

bakery ['beɪkəri] *n* (*selling bread*) Bäckerei *f;* (*selling bread and cakes*) Bäcker- und Konditorei *f;* **to go to the** ~ zum Bäcker gehen

bakeware ['beɪkweə^r, AM wer] *n no pl* FOOD Backgeschirr *nt*

Bakewell tart ['beɪkweltɑːt] *n* BRIT *Törtchen mit Mandel- und Marmeladenfüllung*

BAK file extension *n* COMPUT Dateinameerweiterung *f* BAK

baking ['beɪkɪŋ] *n no pl* Backen *nt;* (*pottery*) Brennen *nt*

baking dish *n* Auflaufform *f;* (*for cakes, bread*) Backform *f* **baking powder** *n no pl* Backpulver *nt* **baking sheet** *n* Backblech *nt* **baking soda** *n no pl* Natron *nt* **baking tin** *n* Backform *f*

balaclava [ˌbælə'klɑːvə] *n* Kapuzenmütze *f*

balalaika [ˌbælə'laɪkə] *n* Balalaika *f*

balance ['bælən(t)s] **I.** *n* ❶ *no pl* (*also fig: equilibrium*) Balance *f a. fig,* Gleichgewicht *nt a. fig;* **the** ~ **of nature** das Gleichgewicht der Natur; **the natural** ~ das ökologische Gleichgewicht; **to keep one's** ~ das Gleichgewicht [be]halten; **to lose one's** ~ das Gleichgewicht verlieren; (*fig*) die Fassung verlieren; **to regain one's** ~ das Gleichgewicht wiedergewinnen *a. fig;* **to throw sb off** ~ (*fig*) jdn aus dem Gleichgewicht bringen *fig*
❷ *no pl* (*equality*) Gleichgewicht *nt;* **the** ~ **of power** das Kräftegleichgewicht; **to hold the** ~ **of power** das Kräftegleichgewicht aufrechterhalten; **to redress the** ~ das Gleichgewicht wieder herstellen; **to strike a** ~ **between two things** den Mittelweg zwischen zwei Dingen finden; **to upset the** [**delicate**] ~ **between two things** das [empfindliche] Gleichgewicht zwischen zwei Dingen durcheinander bringen; **on** ~ alles in allem
❸ (*scales*) Waage *f*
❹ FIN Saldo *m,* Kontostand *m;* (*amount left to pay*) Restbetrag *m;* ~ **in hand** Kassenbestand *m;* ~ **brought down** [*or* **forward**] Saldoübertrag *m,* Saldovortrag *m;* ~ **due** [**to us**] fälliger Rechnungsbetrag
❺ ECON ~ **of payments** Zahlungsbilanz *f;* ~ **of trade** Handelsbilanz *f*
❻ (*amount left*) Rest *m*
❼ (*harmony*) Ausgewogenheit *f*
▶ PHRASES: **the** ~ **of opinion is …** die Mehrheit der Leute ist der Meinung, …; **to be** [*or* **hang**] **in the** ~ in der Schwebe sein *fig*
II. *vi* ❶ (*remain steady*) balancieren
❷ (*be equal*) [aus]balancieren, bilanzieren *fachspr;* ■**to** ~ **out** sich ausgleichen
III. *vt* ❶ (*compare*) ■**to** ~ **sth with** [*or* **against**] **sth** etw gegen etw *akk* abwägen
❷ (*keep steady*) ■**to** ~ **sth** etw balancieren; **to** ~ **sth on one's head** etw auf dem Kopf balancieren
❸ (*achieve equilibrium*) ■**to** ~ **sth against sth** etw gegen etw *akk* abwägen; **to** ~ **the books** FIN die Bilanz aufstellen; **to** ~ **the economy** [*or* **budget**] den Haushalt ausgleichen
❹ (*neutralize*) ■**to** ~ **sth** etw ausgleichen

◆**balance off** *vt* **to** ~ **off the accounts** die Konten ausgleichen

balanced ['bæləntst] *adj* ausgewogen; ~ **budget** FIN ausgeglichenes Budget; **a** ~ **diet** eine ausgewogene Ernährung; ~ **judgement** objektives Urteil; **a** ~ **personality** eine ausgeglichene Persönlichkeit

balance-of-payment deficit *n* Zahlungsbilanzdefizit *nt* **balance of payments** *n* ECON **capital account** ~ Kapitalbilanz *f* (*Teil der Zahlungsbilanz*); **current account** ~ Zahlungsbilanz *f* der laufenden Posten; **long-term** ~ langfristige Zahlungsbilanz; **overall** ~ Gesamtzahlungsbilanz *f;* ~ **adjustment** Zahlungsbilanzausgleich *m;* ~ **deficit** Zahlungsbilanzdefizit *nt;* ~ **imbalance** Zahlungsbilanzungleichgewicht *nt;* ~ **surplus** Zahlungsbilanzüberschuss *m* **balance of trade** *n* **adverse** [*or* **unfavourable**] ~ passive Handelsbilanz; **favourable** ~ aktive Handelsbilanz **balance sheet** *n* Bilanz *f*

balancing act *n* Balanceakt *m a. fig;* ***I had to do a ~ between work and family*** ich musste Arbeit und Familie irgendwie miteinander vereinbaren

balancing item *n,* **balancing figure** *n* ECON Ausgleichsposten *m*

balcony ['bælkəni] *n* ❶ (*on a building*) Balkon *m*
❷ THEAT ■**the** ~ der Balkon [*o* erste Rang]

bald [bɔːld] *adj* ❶ (*lacking hair*) glatzköpfig, kahl; ~ **spot** [*or* **patch**] kahle Stelle; **to be** [**as**] ~ **as a coot** völlig kahl sein; **to go** ~ eine Glatze bekommen, kahl werden
❷ AUTO **a** ~ **tyre** ein abgefahrener Reifen
❸ (*blunt*) unverblümt
❹ (*unadorned*) ~ **speech** knappe Rede; ~ **style** schlichter [*o* schmuckloser] Stil

bald eagle *n* weißköpfiger Seeadler

balderdash ['bɔːldədæʃ, AM 'bɔːldɚ-] *n no pl* (*dated*) Blödsinn *m pej fam,* Quatsch *m fam*

bald-headed *adj* glatzköpfig *attr,* kahlköpfig *attr;* **a** ~ **man** ein Glatzkopf *m*

baldie ['bɔːldi] *n* (*pej fam*) Glatzkopf *m fam*

balding ['bɔːldɪŋ] *adj* **a** ~ **man** ein Mann mit schütterem Haar; ■**to be** ~ eine Glatze bekommen

baldly ['bɔːldli] *adv* unumwunden, unverblümt; ***to put it ~, …*** um es geradeheraus zu sagen, …

baldness ['bɔːldnəs] *n no pl* ❶ (*lacking hair*) Kahlheit *f*
❷ *of style* Knappheit *f,* Schlichtheit *f*
❸ (*bluntness*) Unverblümtheit *f*

baldy ['bɔːldi] **I.** *n* (*pej fam*) Glatzkopf *m fam*
II. *adj* SCOT, IRISH kahl

bale [beɪl] **I.** *n* ❶ (*bundle*) Ballen *m*
❷ BRIT, AUS (*rare*) *see* **bail**
II. *vt* ❶ ■**to** ~ **sth** *hay, paper, cotton* etw bündeln
❷ BRIT, AUS (*rare*) *see* **bail**

Balearic [ˌbæli'ærɪk, AM ˌbɑːli] GEOG **I.** *adj inv* Balearen-
II. *n* ■**the ~s** *pl* die Balearen *fpl,* die Balearischen Inseln *fpl*

baleful ['beɪlfəl] *adj* ❶ (*menacing*) böse, bedrohlich; **to give sb a** ~ **glance** jdm einen bösen Blick zuwerfen
❷ (*fig*) folgenschwer

balefully ['beɪlfəli] *adv* böse, bedrohlich

balk [bɔːk, BRIT *also* bɔːlk] **I.** *n* Balken *m*
II. *vi* ❶ (*stop short*) *horse* scheuen
❷ (*be unwilling*) ■**to** ~ **at sth** vor etw *dat* zurückschrecken

Balkan States [ˌbɔːlkən'steɪts] *npl* Balkanstaaten *pl*

ball [bɔːl] **I.** *n* ❶ (*for play*) Ball *m;* **to bounce the** ~ den Ball aufspringen lassen; **to hit the** ~ den Ball treffen
❷ (*sth ball-shaped*) *of wool, string* Knäuel *m o nt; of dough* Kugel *f;* **to crush paper into a** ~ Papier zusammenknüllen; **to curl oneself into a** ~ sich *akk* [zu einem Knäuel] zusammenrollen
❸ (*body part*) Ballen *m;* ~ **of the hand/foot** Hand-/Fußballen *m*
❹ (*formal dance*) Ball *m;* **summer** ~ Sommerball *m*
❺ (*root ball of tree*) [Wurzel]ballen *m*
❻ ■**~s** *pl* (*fam!: testicles*) *see* **balls**
▶ PHRASES: **the** ~ **is in your court** du bist am Ball *fam;* **to take one's eye off the** ~ nicht am Ball blei-

ben, unaufmerksam werden; **to be on the ~** auf Zack sein *fam;* **to get** [*or* **set**] [*or* **start**] **the ~ rolling** den Stein ins Rollen bringen *fig;* **to have a ~** Spaß haben, sich *akk* bestens amüsieren *fam;* **to play ~** (*be active*) spuren *fam;* (*cooperate*) mitmachen
II. *vt* ❶ **to ~ one's fist** die Faust ballen
❷ AM (*sl: have sex with*) ■**to ~ sb** jdn bumsen *vulg*
◆**ball up** *vt,vi* AM *see* **balls up**
ballad ['bæləd] *n* Ballade *f*
balladeer [ˌbælə'dɪəʳ, AM -dɪr] *n* Liedermacher(in) *m(f)*
ball-and-socket joint *n* ANAT Kugelgelenk *nt*
ballast ['bæləst] *n no pl* ❶ (*for ship, balloon*) Ballast *m;* **to take in/discharge ~** Ballast aufnehmen/abwerfen
❷ RAIL (*for rail track or road*) Schotter *m*
❸ ELEC Ballast *m* (*Stabilisator, um Spannungen auszugleichen*)
ball bearing *n* (*bearing*) Kugellager *nt;* (*ball*) Kugellagerkugel *f* **ball boy** *n* Balljunge *m* **ballcock** *n* MECH Schwimmerhahn *m*
ballerina [bælᵊri:nə] *n* Ballerina *f;* **prima ~** Primaballerina *f*
ballet ['bæleɪ, AM bæ'leɪ] I. *n no pl* Ballett *nt;* **the Bolshoi B~** das Bolshoi Ballett
II. *n modifier* (*of ballet*) (*teacher, school, shoes*) Ballett-; **~ company** Ballett *nt;* **~ class** Ballettunterricht *m*
ballet dancer *n* Balletttänzer(in) *m(f)*
balletic [bə'letɪk] *adj* graziös, anmutig
ballet master *n* Ballettmeister(in) *m(f)*
ball field *n* AM Spielfeld *nt* **ball game** *n* AM Baseballspiel *nt* ▶ PHRASES: **that's a whole new ~** das ist eine ganz andere Sache **ball girl** *n* Ballmädchen *nt*
ballgown *n* Ballkleid *nt*
ballistic [bə'lɪstɪk] *adj* ❶ (*relating to projectiles*) ballistisch
❷ (*huge, extreme*) ungeheuer
▶ PHRASES: **to go ~** (*fam*) ausflippen *fam,* durchdrehen *fam*
ballistic missile *n* Raketengeschoss *nt*
ballistics [bə'lɪstɪks] *n + sing vb* Ballistik *f*
balloon [bə'lu:n] I. *n* ❶ (*toy*) [Luft]ballon *m*
❷ SPORTS, TRANSP [Heißluft]ballon *m,* Freiballon *m;* METEO Wetterballon *m*
❸ (*in comics*) Sprechblase *f*
❹ (*glass*) **~** [**glass**] Cognacschwenker *m*
❺ FIN hohe Kreditrestschuld
II. *vi* ❶ (*escalate*) ***the rumours soon ~ed into a full-grown scandal*** was als Gerücht anfing, wurde schon bald ein handfester Skandal
❷ ECON *deficit* rasch steigen
III. *vt* ECON **to ~ prices** Preise [künstlich] hinauftreiben
◆**balloon out** *vi dress, trousers, sail* sich *akk* aufblähen
ballooning [bə'lu:nɪŋ] *n no pl* Ballonfahren *nt;* STOCKEX Kurstreiberei *f*
balloonist [bə'lu:nɪst] *n* Ballonfahrer(in) *m(f)*
balloon mortgage *n* AM Balloon-Hypothek *f* **balloon note** *n* FIN Schuldschein *m* mit hoher Resttilgung vor Fälligkeit **balloon payment** *n* FIN hohe Abschlusszahlung
ballot ['bælət] I. *n* ❶ (*process*) [geheime] Abstimmung; (*election*) Geheimwahl *f;* ***voting is by ~*** die Abstimmung ist geheim; **first/second ~** erster/zweiter Wahlgang; **secret ~** Geheimwahl *f;* **to hold a ~** abstimmen; (*elect*) wählen; **to put sth to the ~** über etw *akk* [geheim] abstimmen
❷ (*vote*) ■**the ~** die abgegebenen Stimmen
❸ (*paper*) Stimmzettel *m,* Wahlzettel *m*
II. *vi* abstimmen; ***they ~ed unanimously to accept the deal*** der Vorschlag wurde einstimmig angenommen
III. *vt* ■**to ~ sb** [**on sth**] jdn [über etw *akk*] abstimmen lassen
ballot box *n* Wahlurne *f* **ballot paper** *n* Stimmzettel *m* **ballot-rigging** *n no pl* Wahlfälschung *f,* Wahlmanipulation *f*
ballpark *n* AM Baseballstadion *nt* **ballpark figure** *n esp* AM (*fam*) ❶ (*rough estimate*) Richtwert *m;* ***the ~ is £2000*** das wird schätzungsweise 2000 Pfund kosten; **in the ~** in der Größenordnung
❷ (*unrealistic estimate*) grobe[, oft zu optimistische] Schätzung **ball player** *n* Baseballspieler(in) *m(f)*
ballpoint *n,* **ballpoint pen** *n* Kugelschreiber *m,* Kuli *m fam* **ball printer** *n* COMPUT Kugelkopfdrucker *m* **ballroom** *n* Ballsaal *m* **ballroom dancing** *n no pl* Gesellschaftstanz *m*
balls ['bɔ:lz] *n pl* (*fam!*) Eier *pl derb*
▶ PHRASES: **to be** [**a load of**] **~** [völliger] Mist [*o* Quatsch] sein *pej fam;* **it takes** [**a lot of**] **~ to do sth** es gehört schon eine Menge Mut dazu, etw zu tun; **to have the ~ to do sth** genug Mumm [in den Knochen] haben, etw zu tun; **to have sb by the ~** jdn in der Tasche haben *fam*
◆**balls up** I. *vi* BRIT, AUS Mist *fam* [*o derb* Scheiße] bauen
II. *vt* ■**to ~ up** ⟲ **sth** etw vermasseln *fam*
balls-up *n no pl* BRIT (*fam!*) Scheiß *m derb;* (*confusion*) Durcheinander *nt*
ballsy ['bɔ:lzi] *adj* AM (*fam!*) mutig, unerschrocken
ball valve *n* MECH Kugelventil *nt*
bally ['bæli] *adj inv* (*dated fam*) verdammt *fam*
ballyhoo [ˌbæli'hu:, AM 'bæli-] *n no pl* (*dated fam*) Tamtam *nt pej fam,* Tara *nt pej fam*
ballyrag <-gg-> ['bælɪræg] *vt* (*sl*) ■**to ~ sb** [**about doing sth**] jdn [wegen einer S. *gen*] schikanieren
balm [bɑ:m] *n* ❶ (*ointment*) Salbe *f; no pl* (*fig: relief*) Balsam *m;* **to be ~ to sb** Balsam für jdn [*o* jds Seele] sein
❷ (*tree*) Balsambaum *m;* (*resin*) [aromatischer] Duft; **tiger ~** Tigerbalsam *m*
❸ (*lemon balm*) Zitronenmelisse *f*
balmy ['bɑ:mi] *adj* ❶ (*soothing*) wohltuend, lindernd
❷ (*mild, gentle*) *air, breeze, weather* mild
❸ *fragrance* wohlriechend
baloney [bə'ləʊni, AM -'loʊni] I. *n no pl* ❶ AM (*Bologna sausage*) ≈ Fleischwurst *f*
❷ (*fam: nonsense*) Quatsch *m fam,* Blödsinn *m fam,* Schwachsinn *m fam*
II. *interj* AM Quatsch
balsa ['bɔ:lsə] *n* ❶ (*tree*) Balsabaum *m*
❷ *no pl* (*wood*) Balsaholz *nt*
balsam ['bɔ:lsəm] I. *n no pl* ❶ (*resin*) Balsam *m*
❷ (*soothing substance*) Balsam *m*
❸ (*fig: soothing influence*) Balsam *m geh*
❹ (*tree*) Balsambaum *m*
II. *adj attr* wohltuend
balsamic vinegar *n no pl* Balsamessig *m*
balsa wood *n no pl* Balsaholz *nt*
balti ['bɔ:lti] *n no pl pakistanische Art des Kochens*
Balti ['bɔ:lti] I. *n* ❶ (*person*) Balti *m o f*
❷ *no pl* (*language*) Balti *nt*
II. *adj* aus Baltistan
Baltic ['bɔ:ltik] I. *adj attr* baltisch; **the ~ Sea** die Ostsee; ■**the ~ States** die baltischen Staaten *pl,* das Baltikum
II. *n* ■**the ~** die Ostsee
Baltic Futures Exchange *n* STOCKEX Baltische Terminbörse
balun ['bælən] *n* ELEC Impedanzwandler *m*
baluster ['bæləstəʳ, AM ɚ] I. *n* ARCHIT Baluster *m,* Geländersäule *f*
II. *n modifier* Baluster-
balustrade [ˌbælə'streɪd, AM 'bæl-] *n* Balustrade *f,* Geländer *nt,* Brüstung *f*
bamboo [bæm'bu:] *n no pl* Bambus *m*
bamboo cane *n* Bambusrohr *nt,* Bambusstock *m*
bamboo shoot *n* Bambussprosse *f*
bamboozle [bæm'bu:zl] *vt* ❶ (*confuse*) ■**to ~ sb** jdn verwirren [*o* aus dem Konzept bringen]; ■**to be ~d by sth** von etw *dat* verwirrt sein
❷ (*fam: trick*) ■**to ~ sb** jdn übers Ohr hauen *fam;* ***she was ~d into telling him her credit card number*** sie ließ sich von ihm ihre Kreditkartennummer abluchsen
ban [bæn] I. *n* Verbot *nt;* **~ on smoking/talking** Rauch-/Redeverbot *nt;* **to lift a ~ on sth** das Verbot einer S. *gen* aufheben; **to place** [*or* **put**] **a ~ on sth** etw verbieten [*o* untersagen]
II. *vt* <-nn-> ■**to ~ sth** etw verbieten; ■**to ~ sb** jdn ausschließen; ■**to be ~ned from sth** von etw *dat* ausgeschlossen werden; ***she was ~ned from driving for two years*** sie erhielt zwei Jahre Fahrverbot
banal [bə'nɑ:l] *adj* banal, trivial
banality [bə'næləti, AM -ţi] *n* Banalität *f*
banana [bə'nɑ:nə, AM -'nænə] I. *n* Banane *f;* **a bunch of ~s** eine Staude Bananen
II. *n modifier* (*ice cream, cake*) Bananen-; **~ yoghurt** Bananenjoghurt *m o nt,* Joghurt *m o nt* mit Bananengeschmack
banana peel *n* Bananenschale *f* **banana republic** *n* (*pej*) Bananenrepublik *f oft pej*
bananas [bə'nɑ:nəz, AM -'nænəz] *adj pred* ■**to be ~** (*fam*) verrückt sein, ein Rad abhaben *fam;* **to go ~** durchknallen *sl;* **to drive sb ~** jdn verrückt machen
banana skin *n* ❶ (*peel*) Bananenschale *f* ❷ BRIT (*fam*) unerwartetes Problem **banana split** *n* Bananensplit *nt* **banana tree** *n* Bananenstaude *f*
bancassurance [ˌbæŋkə'ʃɔ:rən(t)s] *n no pl* BRIT *von einer Bank vermittelte Versicherung*
band¹ [bænd] I. *n* ❶ *of metal, cloth* Band *nt;* **rubber** [*or* **elastic**] **~** Gummiband *nt*
❷ *of colour* Streifen *m;* (*section also*) Abschnitt *m;* **~ of grass** Grasstreifen *m;* METEO **~ of cloud** Wolkenband *nt;* **a ~ of light rain and showers** ein zerrissenes [Wolken]band mit Regenschauern
❸ (*in clothing*) Band *nt;* **hat ~** Hutband *nt;* **head ~** Stirnband *nt;* **waist ~** Bund *m;* (*for trousers also*) Hosenbund *m*
❹ (*range*) Bereich *m,* Kategorie *f;* TELEC Frequenzband *nt;* **UHF ~** UHF-Band *nt;* **in the 30–40 age ~** in der Altersgruppe von 30–40 [Jahren]; **tax ~** Steuerklasse *f*
❺ (*ring*) Ring *m;* **wedding ~** Trauring *m,* Ehering *m*
II. *vt* ❶ (*put band on*) ■**to ~ sth** ein Band um etw *akk* wickeln; ■**to ~ sth together** [**with sth**] etw [mit etw *dat*] zusammenbinden
❷ BRIT SCH ■**to ~ sb** jdn einstufen
band² [bænd] I. *n* ❶ MUS (*modern*) Band *f,* Gruppe *f;* (*traditional*) Kapelle *f,* Orchester *nt;* **brass ~** Blaskapelle *f,* Blasorchester *nt;* **~ practice** Probe *f*
❷ *of robbers* Bande *f,* Gang *f*
❸ AM *of animals* Herde *f;* **~ of birds** Vogelschwarm *m;* **a ~ of wild dogs** ein Rudel *nt* wilder Hunde
II. *vi* sich *akk* zusammentun *fam*
◆**band together** *vi* ■**to ~ together with sb** sich *akk* mit jdm vereinigen [*o* zusammenschließen]
bandage ['bændɪdʒ] I. *n* Verband *m;* (*of cloth*) Binde *f;* (*for support*) Bandage *f*
II. *vt* ■**to ~ sth** (*limb*) etw bandagieren; ***she had her hand ~d*** sie hatte einen Verband um ihre Hand; **to ~ a wound** eine Wunde verbinden
Band-Aid® *n* Hansaplast® *nt,* Heftpflaster *nt*
band-aid solution *n* AM Übergangslösung *f,* Notbehelf *m*
bandanna [bæn'dænə] *n* [großes buntes oder weißgeflecktes] Halstuch; (*handkerchief*) großes Taschentuch
B and B [ˌbi:ᵊn(d)'bi:] *n* BRIT *abbrev of* **bed and breakfast**
banded *adj* ECON **~ offer** (*type of sales promotion*) Kombipack-Angebot *nt;* **~ pack** Verbundpackung *f*
banderole ['bændərəʊl, AM -roʊl] *n* Wimpel *m,* [Lanzen]fähnchen *nt*
bandicoot ['bændɪku:t] *n* ❶ AUS (*marsupial*) Beuteldachs *m,* Bandikut *m fachspr*
❷ IND (*rat*) Malabarratte *f,* Bandikutratte *f*
banding ['bændɪŋ] *n* ❶ FASHION Borte *f*
❷ (*division*) **tax ~** Steuerklassifizierung *f,* Einstufung *f* in eine Steuerklasse
❸ (*labelling of animals*) Kennzeichnung *f* [von Tieren]; **~ of birds** [Vogel]beringung *f*
❹ BRIT SCH Einstufung *f* (*nach Fähigkeit*)
❺ COMPUT **elastic ~** elastische Grenzen
bandit ['bændɪt] *n* ❶ (*robber, murderer*) Gangster *m,* Bandit(in) *m(f)*
❷ (*swindler*) Gauner(in) *m(f),* Betrüger(in) *m(f)*
banditry ['bændɪtri] *n no pl* Räuberunwesen *nt,* Banditentum *nt*
bandleader *n* (*dated*) Bandleader(in) *m(f)* **band-**

B

limited *adj* COMPUT bandbegrenzt **bandmaster** *n of a military band* Leiter(in) *m(f)* des Musikkorps, Musikmeister(in) *m(f); of a brass band* Kapellmeister(in) *m(f)* **band member**, **bandsman** *n* (*modern music*) Bandmitglied *nt;* (*traditional music*) Mitglied *nt* einer Kapelle

bandolier [ˌbændᵊl'ɪəʳ, AM də'lɪr] *n* Schulterpatronengurt *m*

bandpass filter *n* ELEC Bandpassfilter *m*

bandstand *n* Musikpavillon *m,* Orchesterpavillon *m* **bandwagon** *n* AM (*old*) Musikantenwagen *m,* [Fest]wagen *m* mit einer Musikkapelle ► PHRASES: **to climb** [*or* **jump**] [*or* **get**] **on the** ~ auf den fahrenden Zug aufspringen *fig,* Mitläufer(in) *m(f)* einer S. *gen* werden **bandwidth** ['bændwɪtθ] *n* TELEC Bandbreite *f*

bandy¹ ['bændi] *adj* krumm; ~ **legs** O-Beine *pl*

bandy² <-ie-> ['bændi] *vt usu passive* ■**to be bandied about** [*or* **around**] verbreitet werden, in Umlauf gesetzt werden; ***large figures were bandied about*** man warf mit großen Zahlen um sich; ***I won't ~ words with you*** (*dated*) ich möchte mich nicht mit dir herumstreiten; **to ~ rumours about** [wilde] Gerüchte verbreiten

bandy-legged *adj* o-beinig *attr;* ■**to be** ~ O-Beine haben

bane [beɪn] *n no pl* Ruin *m,* Verderben *nt;* ***he's the ~ of my life!*** er bringt mich noch mal ins Grab! *fam;* **to be more of a ~ than a boon** eher ein Fluch als ein Segen sein

baneful ['beɪnfəl] *adj* (*old*) schädlich, verderblich *geh*

bang [bæŋ] **I.** *n* ❶ (*loud sound*) Knall *m;* **to go off with a** ~ *gun, fireworks* krachend [*o* mit einem Knall] losgehen

❷ (*blow*) Schlag *m;* ***there was a loud ~ on the door*** jemand hämmerte gegen die Tür; **a ~ on the head** ein Schlag *m* auf den Kopf

❸ ■**~s** *pl* AM (*fringe*) [kurzer] Pony

❹ (*vulg: sexual intercourse*) Fick *m vulg*

❺ (*drug dose*) Schuss *m sl*

► PHRASES: **to go** [AM **over**] **with a** ~ (*fam*) ein [Bomben]erfolg [*o* echter Knaller] sein *fam*

II. *adv* ❶ (*precisely*) genau, exakt; **to walk slap ~ into sb/sth** geradewegs mit jdm/etw *dat* zusammenstoßen; ~ **in the middle of the road/of dinner** mitten auf der Straße/beim Essen; ~ **on** BRIT (*fam*) absolut korrekt, genau richtig; ~ **up-to-date** topaktuell, hochaktuell

❷ (*make loud noise*) **to go** ~ [mit einem lauten Knall] explodieren; *balloon* [laut] knallend zerplatzen

► PHRASES: ~ **goes sth** (*fig*) etw geht dahin *fig,* mit etw *dat* ist es aus; ~ ***goes my pay rise*** das war's dann wohl mit meiner Gehaltserhöhung *fam*

III. *interj* ■**~!** *gun* Peng!; *explosion* Krawumm!

IV. *vi* Krach machen; *door, shutters* knallen, schlagen; **to ~ at the door** an [*o* gegen] die Tür hämmern [*o* schlagen]

V. *vt* ❶ (*hit*) **to ~ the door** die Tür zuschlagen; **to ~ one's fist on the table** mit der Faust auf den Tisch hauen; **to ~ one's head on sth** sich den Kopf an etw anschlagen; **to ~ the phone down** den Hörer auf die Gabel knallen

❷ AM (*cut hair*) **to ~ one's hair** sich *dat* einen Pony schneiden

❸ (*vulg: have sex*) **to ~ a woman** eine Frau bumsen [*o* vögeln] *vulg*

► PHRASES: **to ~ the drum** die Werbetrommel rühren *fig*

◆**bang away** *vi* ❶ (*make noise*) *gun* drauflosknallen *fam; person* [herum]ballern *fam;* (*work loudly*) herumhämmern *fam,* herumknallen *fam*

❷ (*fig: work hard*) ■**to ~ away at sth** sich *akk* hinter etw *akk* klemmen

❸ (*vulg: have sex*) [herum]bumsen *vulg,* [herum]vögeln *vulg*

◆**bang in** *vt* **to ~ in a nail/peg** [*or* **to ~ a nail/peg in**] einen Nagel/einen Stift einschlagen

◆**bang on** *vi* ■**to ~ on about sth** BRIT (*pej sl*) etw breittreten *fig*

◆**bang up** *vt* (*fam*) ■**to ~ up** ↻ **sb** jdn einbuchten *fam*

banger ['bæŋəʳ, AM -ɚ] *n* ❶ BRIT (*old car*) Klapperkiste *f fam,* Rostlaube *f fam*

❷ (*firework*) Knaller *m,* Kracher *m*

❸ BRIT (*fam: sausage*) [Brat]wurst *f;* **~s and mash** Würstchen *ntpl* mit Kartoffelbrei

bangin' ['bæŋɪn] *adj* (*fam*) *idea, plan, date* toll *fam*

Bangladeshi [ˌbæŋglə'deʃi] **I.** *n* Bangale, -in *m, f,* Bangladeshi *m o f*

II. *adj* bangalisch

bangle ['bæŋgl̩] *n* (*for arm*) Armreif[en] *m;* (*for ankle*) Fußreif *m,* Fußring *m*

bang-up ['bæŋʌp] *adj* AM (*sl*) bombig *fam,* prima *fam,* klasse *fam;* **to do a ~ job on sth** etw toll hinkriegen *sl*

banish ['bænɪʃ] *vt* ■**to ~ sb from sth** jdn aus etw *dat* verbannen *fig;* **to ~ sb from a country** jdn des Landes verweisen, jdn aus einem Land ausweisen; **to ~ sth from one's mind** sich *dat* etw aus dem Kopf schlagen; **to ~ all sad thoughts** alle traurigen Gedanken verbannen

banished ['bænɪʃt] *adj inv, attr* verbannt

banishment ['bænɪʃmənt] *n no pl* (*form*) Verbannung *f*

banister ['bænɪstəʳ, AM -əstɚ] *n usu pl* [Treppen]geländer *nt*

banjo ['bændʒəʊ, AM -dʒoʊ] *n* <*pl* -s *or* -es> Banjo *nt*

bank¹ [bæŋk] **I.** *n* ❶ *of a river* Ufer *nt;* (*sloping*) Böschung *f;* (*elevated area*) Abhang *m;* RAIL Bahndamm *m;* ~ **of fog** Nebelbank *f,* Nebelwand *f;* **grassy ~s** grüne Hänge

❷ *of a road, railway* [Kurven]überhöhung *f*

❸ (*of aircraft*) Querlage *f,* Schräglage *f*

❹ (*row of objects*) Reihe *f*

❺ (*oar tier*) Ruderbank *f*

II. *vi* AVIAT in die Querlage [*o* in den Kurvenflug] gehen, den Kurvenflug einleiten

III. *vt* ❶ (*heap*) ■**to ~ sth** etw anhäufen [*o* aufschichten]; **to ~ a fire** ein Feuer mit Asche bedecken

❷ AVIAT **to ~ an aircraft** ein Flugzeug in die Querlage bringen [*o* in die Kurve legen]

❸ (*confine*) ■**to ~ sth** *water* etw eindämmen [*o* eingrenzen]

bank² [bæŋk] **I.** *n* ❶ (*financial institution*) Bank *f;* **central** ~ Zentralbank *f,* Notenbank *f;* **Hight Street B~s** BRIT *die größten öffentlichen Bankinstitute in Großbritannien;* **merchant** ~ BRIT Merchant Bank *f* (*Spezialinstitut für verschiedenste Finanzierungsleistungen: Groß- und Überseehandel und Emissionsgeschäfte*)**; national** ~ AM von der Bundesregierung zugelassene Bank; **state** ~ staatliche Bank; AM einzelstaatlich konzessionierte Bank; **World B~** Weltbank *f;* **B~ of England** Bank von England *f* (*englische Zentralbank*)**; to break the** ~ die Bank sprengen; **to keep sth in a** ~ etw auf [*o* bei] der Bank deponieren [*o* hinterlegen]; **to pay sth into a** ~ etw bei einer Bank einzahlen; **to have money at** [*or* **in**] **a bank** Geld auf der Bank haben

❷ (*banker in gambling*) [Spiel]bank *f,* Bankhalter(in) *m(f);* **to play** ~ die Bank halten

❸ (*storage place*) Bank *f*

II. *vi* ❶ (*have an account*) ein Bankkonto haben; (*transact*) Bankgeschäfte machen; ■**to ~ with** [*or* **at**] **sb** bei jdm ein Konto haben; ***where do you ~?*** bei welcher Bank sind Sie?

❷ AM (*work in banking*) in [*o* bei] einer Bank arbeiten

❸ (*in gambling*) die Bank halten

III. *vt* **to ~ money** Geld [auf [*o* bei] der Bank] einzahlen; **to ~ valuables** Wertsachen [in [*o* bei] einer Bank] deponieren

◆**bank on** *vi* ■**to ~ on sth** (*rely on*) sich *akk* auf etw *akk* verlassen, auf etw *akk* zählen; (*expect*) mit etw *dat* rechnen; ***can I ~ on your support?*** kann ich auf dich zählen?; ■**to ~ on sb doing sth** sich *akk* darauf verlassen, dass jd etw tut

bankability [ˌbæŋkə'bɪləti, AM -ti] *n* Ertragsfähigkeit *f,* Marktwert *m*

bankable ['bæŋkəbl̩] *adj* ❶ FIN bankfähig, diskontierbar *fachspr;* ~ **assets** bankfähige Vermögenswerte

❷ (*successful*) gewinnbringend, einträglich

bank acceptance *n* FIN Bankakzept *nt* **bank account** *n* Bankkonto *nt* **bank balance** *n no pl* Bankguthaben *nt,* Kontostand *m;* ~ **sheet** Bankbilanz *f* **bank bill** *n* FIN Bankakzept *nt,* Bankwechsel *m* **bank book** *n* Sparbuch *nt* **bank borrowing** *n* Kreditaufnahme *f* bei Banken; ***the new factory was financed by ~*** die neue Fabrik wurde durch Bankkredite finanziert; ~ ***has increased*** Kreditaufnahmen *fpl* bei Banken haben zugenommen **bank card** *n* AM Bankkarte *f,* Scheckkarte *f;* AUS Kreditkarte *f* **bank charges** *npl* Kontoführungsgebühren *pl,* Kontoführungskosten *pl,* Bankgebühren *pl* **bank check** *n* AM FIN Bankscheck *m* **bank clerk** *n* Bankangestellte(r) *f(m)* **bank code** *n* BRIT FIN Bankleitzahl *f,* BLZ *f* **bank credit** *n* Bankdarlehen *nt,* Bankkredit *m* **bank deposits** *npl* Bankeinlagen *fpl* **bank draft** *n* AM FIN Bankwechsel *m,* Bankscheck *m*

banker ['bæŋkəʳ, AM -kɚ] *n* ❶ (*in bank*) Banker(in) *m(f) fam*

❷ (*in gambling*) Bankhalter(in) *m(f)*

bankers' acceptance *n* AM Bankwechsel *m* **banker's acceptances** *npl* AM FIN Bankakzepte *ntpl*

banker's card *n* Scheckkarte *f* **banker's draft** *n* Bankscheck *m,* Bankwechsel *m* **banker's order** *n* Dauerauftrag *m*

Bank for International Settlements *n,* **BIZ** *n* Bank *f* für internationalen Zahlungsausgleich **bank holiday** *n* ❶ BRIT öffentlicher Feiertag ❷ AM Bankfeiertag *m* **bank identification number** *n,* **BIN** *n* Bankkennzahl *f*

banking ['bæŋkɪŋ] **I.** *n* Bankwesen *nt,* Bankgeschäft *nt,* Bankgewerbe *nt;* **to be in** ~ bei einer Bank arbeiten

II. *n modifier* (*business, facilities*) Bank-

banking hours *npl* Schalterstunden *pl,* Öffnungszeiten *pl* [einer Bank]

Banking Ombudsman *n* ECON ~ Ombudsfrau *f,* Ombudsmann *m*

bank machine *n* Geldautomat *m* **bank manager** *n* Zweigstellenleiter(in) *m(f)* einer Bank, Filialleiter(in) *m(f)* einer Bank **banknote** *n* ❶ (*money*) Banknote *f,* Geldschein *m* ❷ AM FIN Bankschuldschein *m* **bank rate** *n* Diskontsatz *m,* amtlicher Diskont **bank return** *n* BRIT FIN Notenbankausweis *m* **bank robber** *n* Bankräuber(in) *m(f)* **bank robbery** *n* Bankraub *m,* Banküberfall *m* **bankroll I.** *n* (*bank notes*) Banknotenrolle *f,* Banknotenbündel *nt,* Bündel *nt* Geldscheine; (*fig fam*) finanzielle Mittel, Geldmittel *pl* **II.** *vt* (*fam*) ■**to ~ sb** jdm finanziell unter die Arme greifen *fam;* **to ~ a project** ein Projekt finanzieren; ■**to ~ sth** etw finanzieren

bankrupt ['bæŋkrʌpt] **I.** *adj* ❶ (*insolvent*) bankrott, zahlungsunfähig; **certificated** ~ rehabilitierter Konkursschuldner/rehabilitierte Konkursschuldnerin; **discharged** ~ entlasteter Konkursschuldner/entlastete Konkursschuldnerin; **undischarged** ~ nicht entlasteter Konkursschuldner/nicht entlastete Konkursschuldnerin; **to adjudicate** [*or* **declare**] **sb** ~ jdn für zahlungsunfähig [*o* bankrott] erklären; **to go** ~ in Konkurs gehen, Bankrott machen *fam*

❷ (*deficient*) arm; ***this book is ~ of plot*** in diesem Buch gibt es keine Handlung; **to be ~ of ideas** keine Ideen haben; **to be morally** ~ (*fig*) moralisch verarmt sein; **to be politically** ~ politisch erledigt [*o* ruiniert] sein

II. *vt* ■**to ~ sb/sth** *person, company* jdn/etw [finanziell] ruinieren

III. *n* Konkursschuldner *m,* Gemeinschuldner *m,* Bankrotteur *m;* **to declare sb a** ~ jdn für zahlungsunfähig [*o* zum Gemeinschuldner] erklären

bankruptcy ['bæŋkrʌp(t)si] *n* ❶ *no pl* (*insolvency*) Bankrott *m,* Konkurs *m;* **adjudication** [*or* **declaration**] **of** ~ Konkurseröffnungsbeschluss *m;* **criminal** ~ Konkurs *m* durch verurteilte Straftaten; **criminal** ~ **order** Verfügung *f* einer Konkursforde-

rung im Strafverfahren gegen Schädiger; **discharge in** ~ Entlastung *f* des Konkursschuldners; **to file a petition in** ~ Konkurs anmelden, Antrag auf Konkurseröffnung stellen; **to be forced into** ~ in den Bankrott [*o* Konkurs] getrieben werden
❷ (*individual case*) Konkursfall *m*
❸ *no pl* (*fig*) **moral** ~ moralische Verarmung
Bankruptcy Court *n* LAW Konkursgericht *nt*
bankruptcy notice *n* Konkursanzeige *f* **bankruptcy proceedings** *npl* Konkursverfahren *nt*
bank sort code *n* BRIT Bankleitzahl *f* **bank statement** *n* Kontoauszug *m,* Bankauszug *m*
bank transfer *n* Überweisung *f*
banner ['bænəʳ, AM -ɚ] **I.** *n* ❶ (*sign*) Transparent *nt,* Spruchband *nt*
❷ (*flag*) Banner *nt,* Fahne *f;* **to carry the** ~ **of sth** (*fig*) sich *dat* etw auf seine Fahne geschrieben haben *fig;* **to carry the** ~ **of freedom** (*fig*) die Fahne des Friedens hochhalten *fig;* **under the** ~ **of sth** (*fig*) unter dem Banner einer S. *gen*
II. *adj attr* AM *year* überragend, ausgezeichnet, erstklassig
banner headline *n* Schlagzeile *f,* Balkenüberschrift *f*
bannister *n see* **banister**
bannock ['bænək] *n runder, flacher und ungesäuerter Kuchen aus Hafer- oder Gerstenmehl*
banns [bænz] *npl* Aufgebot *nt;* **to forbid the** ~ Einspruch gegen die Eheschließung erheben; **to publish the** ~ das Aufgebot verkünden [*o* aushängen]
banquet ['bæŋkwɪt] **I.** *n* Bankett *nt,* [offizielles] Festessen
II. *vi* festlich speisen, tafeln
III. *vt* **to** ~ **sb on fine food and drink** jdn festlich bewirten
banquet hall *n,* **banqueting hall** ['bæŋkwɪtɪŋ,hɔ:l, AM -t̬ɪŋ] *n* Bankettsaal *m,* Festsaal *m*
banquette [,bæŋ'ket] *n* gepolsterte Sitzbank
banshee ['bænʃi] *n* IRISH Todesfee *f,* Banshee *f;* **to wail** [*or* **howl**] **like a** ~ gespenstisch heulen
bantam ['bæntəm, AM -t̬əm] **I.** *n* ❶ (*chicken*) Bantamhuhn *nt,* Zwerghuhn *nt*
❷ (*fig: person*) *energische, aggressive kleine Person*
❸ CAN SPORTS (*player under 15*) Bantam *m o f*
II. *n modifier* (*for players under 15*) Bantam-; ~ **hockey league** Bantam-Hockeyliga *f*
bantamweight *n* ❶ (*sportsman*) Boxer(in) *m(f)* im Bantamgewicht, Bantamgewichtler(in) *m(f)*
❷ (*weight class*) Bantamgewicht *nt* (*bis 54 kg*)
banter ['bæntəʳ, AM -t̬ɚ] **I.** *n no pl* scherzhaftes Gerede, heitere Neckerei
II. *vi* herumscherzen, Späße machen; ■**to** ~ **with sb** mit jdm herumscherzen
bantering ['bæntᵊrɪŋ] *adj* scherzhaft, neckend
Bantu <*pl* – *or* -s> ['bæntu:] *n* ❶ (*African*) Bantu *m o f;* SA (*dated or pej!: offensive term*) Bantuneger(in) *m(f) pej*
❷ (*language*) Bantu *nt*
banyan ['bænjæn, AM -jən] *n* Banyanbaum *m,* indischer Feigenbaum
banzai ['bænzaɪ, AM bɑ:nz-] *interj japanischer Schlachtruf/Hochruf*
baobab ['beɪəʊbæb, AM -oʊ-] *n* Baobab *m,* Affenbrotbaum *m*
BAOR *n* (*hist*) *abbrev of* **British Army of the Rhine** Britische Rheinarmee
bap [bæp] *n* BRIT *weiches rundes Brötchen* [*für Sandwich*]
baptism ['bæptɪzᵊm] *n* Taufe *f;* ~ **of fire** Feuertaufe *f fig*
baptismal [bæp'tɪzmᵊl] *adj* Tauf-; ~ **certificate** Taufschein *m;* ~ **font** Taufstein *m,* Taufbecken *nt*
baptist ['bæptɪst] *n* Täufer *m;* **John the B~** Johannes der Täufer
Baptist ['bæptɪst] **I.** *n* Baptist(in) *m(f)*
II. *n modifier* (*minister, congregation*) Baptisten-; **the B~ Church** die Kirche der Baptisten, die Baptistengemeinde
baptist(e)ry ['bæptɪstᵊri] *n* ❶ (*building*) Baptisterium *nt fachspr,* Taufkapelle *f*
❷ (*basin*) Taufbecken *nt,* Taufstein *m*
baptize [bæp'taɪz, AM 'bæp-] *vt* ■**to** ~ **sb** jdn taufen; ***I was ~d Elizabeth*** ich wurde [auf den Namen] Elisabeth getauft; **to be ~d a Protestant/Catholic** protestantisch/katholisch getauft werden
bar [bɑ:ʳ, AM bɑ:r] **I.** *n* ❶ (*long rigid object*) Stange *f,* Stab *m; of a cage, cell* Gitterstab *m;* **to be behind ~s** hinter Schloss und Riegel sein
❷ (*in shape of bar*) **a** ~ **of chocolate** ein Riegel *m* Schokolade; **a** ~ **of gold** ein Goldbarren *m;* **a** ~ **of soap** ein Stück *nt* Seife
❸ (*band of colour*) Streifen *m,* Band *nt;* ~ **of light** Lichtstrahl *m*
❹ BRIT (*heating element*) *Heizelement in künstlichen Kaminen*
❺ MIL *Querstreifen eines Rangabzeichens*
❻ BRIT (*marking end*) *Schranke od. Grenzlinie im House of Commons*
❼ (*sandbank*) Barre *f,* Sandbank *f*
❽ (*obstacle*) Hemmnis *nt,* Hindernis *nt;* **to be a** ~ **to sth** einer S. *dat* im Wege stehen
❾ (*for drinking*) Lokal *nt,* Bar *f;* (*counter*) Bar *f,* Theke *f;* **the man behind the** ~ der Mann hinter dem Tresen *fam*
❿ (*small shop*) Imbiss *m*
⓫ LAW (*court*) Gerichtshof *m;* **case at** ~ [dem Gericht] vorliegender Fall; **prisoner at the** ~ Angeklagte(r) *f(m);* **to be called to the** ~ als Anwalt zugelassen werden; **to plead at the** ~ vor Gericht plädieren; **at the** ~ vor Gericht
⓬ MUS Takt *m;* **three-four** ~ Dreivierteltakt *m*
II. *vt* <-rr-> ❶ (*fasten*) ■**to** ~ **sth** *door, window* etw verriegeln [*o* versperren]
❷ (*obstruct, hinder*) ■**to** ~ **sth** *road* etw blockieren; ***the centre of the town was ~red off to football supporters*** das Stadtzentrum war für Fußballfans gesperrt; **to** ~ **sb's way/path** jdm den Weg verstellen [*o* versperren]
❸ (*prohibit*) ■**to** ~ **sth** etw verbieten [*o* untersagen]; ■**to** ~ **sb from sth** jdn von etw *dat* ausschließen; ■**to be ~red** LAW ausgeschlossen sein; ■**to be ~red from doing sth** bei etw *dat* nicht zugelassen werden; ***he was ~red from playing for England*** er durfte nicht für England antreten; **to** ~ **a right** LAW ein Recht ausschließen
III. *prep* außer, ausgenommen, abgesehen von; ~ **one** außer einem; ~ **none** [alle] ohne Ausnahme, ohne Einschränkung, ausnahmslos
Bar [bɑ:ʳ, AM bɑ:r] *n* LAW ■**the** ~ ❶ BRIT, AUS (*in higher courts*) die höhere Anwaltschaft; **to be called to the** ~ als Anwalt/Anwältin vor höheren Gerichten zugelassen werden
❷ (*ruling body*) die Anwaltschaft; **the Bench and the B~** Richter und Anwälte; **the B~ Council** BRIT Anwaltskammer *f;* **the** [**American**] **B~ Association** die US-Bundesanwaltskammer; **to be admitted to the** ~ AM als Anwalt/Anwältin [vor Gericht] zugelassen werden; **to read for the** ~ BRIT Jura studieren [um Anwalt zu werden]
barb [bɑ:b, AM bɑ:rb] *n* ❶ *of hook, arrow* Widerhaken *m,* Stachel *m*
❷ (*insult*) Gehässigkeit *f,* Spitze *f,* bissige [*o* spitze] Bemerkung
Barbadian [bɑ:'beɪdiən, AM bɑ:r-] **I.** *n* Barbadier(in) *m(f)*
II. *adj* barbadisch
barbarian [bɑ:'beəriən, AM bɑ:r'ber-] *n* ❶ HIST Barbar(in) *m(f)*
❷ (*fig pej: uncultured person*) Barbar(in) *m(f) fig pej*
barbaric [bɑ:'bærɪk, AM bɑ:r'ber-] *adj* ❶ (*cruel*) barbarisch, grausam
❷ (*fig: uncultured*) unkultiviert, ungesittet, primitiv
barbarically [bɑ:'bærɪkᵊli, AM bɑ:r'ber-] *adv* barbarisch, grausam
barbarism ['bɑ:bᵊrɪzᵊm, AM 'bɑ:r-] *n no pl* ❶ (*unculturedness*) Barbarei *f,* Unkultiviertheit *f*
❷ (*cruelty*) Barbarei *f,* Grausamkeit *f;* **acts of** ~ Gräueltaten *fpl,* Grausamkeiten *fpl*
❸ LING [Sprach]barbarismus *m*
barbarity [bɑ:'bærəti, AM bɑ:r'bærət̬i] *n* Barbarei *f,* Grausamkeit *f*
barbarization [,bɑ:bᵊraɪ'zeɪʃᵊn, AM ,bɑ:r-] *n no pl* Verrohung *f,* Entmenschlichung *f*
barbarize ['bɑ:bəraɪz, AM 'bɑ:r-] **I.** *vt* ■**to** ~ **sth** etw verrohen [*o* verwildern] lassen
II. *vi* verrohen, verwildern
barbarous ['bɑ:bᵊrəs, AM 'bɑ:r-] *adj* (*form liter*) *act, treatment* grausam, roh, barbarisch
barbarously ['bɑ:bᵊrəsli, AM 'bɑ:r-] *adv* auf barbarische Weise, barbarisch
barbarousness ['bɑ:bᵊrəsnəs, AM 'bɑ:r-] *n no pl* Rohheit *f,* Grausamkeit *f,* Barbarei *f*
Barbary ['bɑ:bᵊri, AM 'bɑ:r] (*hist*) **I.** *n no pl* Barbarei *f hist*
II. *adj attr, inv pirate* in maurischen Gewässern *nach n hist*
Barbary ape *n* ZOOL Berberaffe *m,* Magot *m* **Barbary Coast** *n no pl* (*hist*) ■**the** ~ die Barbarenküste *hist* **Barbary States** *npl* (*hist*) *see* **Barbary** Länder *ntpl* der Barbarei *hist*
barbecue ['bɑ:bɪkju:, AM 'bɑ:r-] **I.** *n* ❶ (*utensil*) Grill *m,* Bratrost *m*
❷ (*event*) Grillparty *f;* **to have a** ~ grillen
II. *vt* ■**to** ~ **sth** etw grillen
barbecue sauce *n* Barbecue-Soße *f,* Grillsoße *f*
barbed [bɑ:bd, AM bɑ:rbd] *adj attr* ❶ *hook, arrow* mit Widerhaken [*o* Stacheln]
❷ (*fig: hurtful, unkind*) scharf *fig,* verletzend *fig;* ~ **wit** beißender Humor; ~ **joke** boshafter Witz; ~ **comment** bissiger Kommentar; ~ **remark** bissige [*o* spitze] Bemerkung
barbed wire *n* Stacheldraht *m*
barbel ['bɑ:bᵊl, AM 'bɑ:r] *n* ZOOL ❶ <*pl* -s *or* -> (*fish*) Barbe *f*
❷ (*fleshy filament*) Bartfaden *m*
bar-bell *n* AM STOCKEX Portefeuille *nt,* das aus Wertpapieren mit sehr langer und solchen mit sehr kurzer Laufzeit zusammengesetzt ist
barbell ['bɑ:bel, AM 'bɑ:r-] *n* Hantel *f*
barber ['bɑ:bəʳ, AM 'bɑ:rbɚ] *n* [Herren]friseur *m;* **to go to the ~'s** zum Friseur gehen
barbershop *n* AM Friseurgeschäft *nt,* Friseurladen *m* (*für Herren*) **barbershop quartet** *n* MUS Barbershop-Quartett *nt*
barbican ['bɑ:bɪkən, AM 'bɑ:r] *n* Außenwerk *nt,* [mit Wachtürmen versehene] Verteidigungsanlage
barbie ['bɑ:bi, AM 'bɑ:r-] *n* AUS (*fam*) *short for* **barbecue** (*utensil*) Grill *m;* (*event*) Grillparty *f*
Barbie doll® ['bɑ:bi, AM 'bɑ:r-] *n* Barbie[-Puppe]® *f*
barbital ['bɑ:rbɪt̬ᵊl] *n no pl* AM, **barbitone** ['bɑ:bɪtəʊn, AM 'bɑ:rbətoʊn] *n* PHARM Barbital *nt fachspr*
barbiturate [bɑ:'bɪtʃᵊrət, AM 'bɑ:r-] *n* Barbiturat *nt fachspr,* Schlafmittel *nt*
barbotine ['bɑ:bətɪn, AM 'bɑ:r] *n modifier* Töpferkitt-
Barbour jacket® ['bɑ:bəʳ, AM 'bɑ:rbɚ] *n* Barbour-Jacke® *f* (*gewachste Allwetterjacke*)
Bar-B-Q ['bɑ:bɪkju:, AM 'bɑ:r-] *n* (*fam*) *see* **barbecue**
barbwire ['bɑ:rbwaɪɚ] *n no pl* AM *see* **barbed wire**
bar chart *n* Histogramm *nt,* Säulendiagramm *nt,* Balkendiagramm *nt*
Barclays Index ['bɑ:kliz-] *n* STOCKEX Preisindex *m* der Börse in Neuseeland **bar code** *n* Strichcode *m,* EAN-Code *m,* Balkencode *m* **bar coded** *adj* mit Strichkodierung *nach n* **bar code reader** *n,* **bar code scanner** *n* Strichcodeleser *m,* Strichcodescanner *m*
bard [bɑ:d, AM bɑ:rd] *n* (*liter*) Barde *m poet,* Sänger *m poet o iron,* Dichter *m;* **the B~ of Avon** Shakespeare
bardic ['bɑ:dɪk, AM 'bɑ:r] *adj inv* Barden-
bare [beəʳ, AM ber] **I.** *adj* ❶ (*unclothed*) nackt, bloß; **in** ~ **feet** barfuß; **to do sth with one's** ~ **hands** (*fig*) etw mit seinen bloßen Händen tun; **with** ~ **midriff** nabelfrei; **to be** ~ **to the waist** einen nackten Oberkörper haben

B

❷ (*uncovered*) ~ **branch** kahler Ast; ~ **landscape** karge Landschaft
❸ (*empty*) *cupboard* leer; ***the room was ~ of furniture*** in dem Zimmer standen keinerlei Möbel
❹ (*unadorned*) bloß, nackt, schlicht; **the ~ facts** die nackten Tatsachen; **the ~ truth** die ungeschminkte [*o* nackte] Wahrheit; **to lay sth ~** etw freilegen; **to lay ~ the truth** (*fig*) die Wahrheit ans Licht bringen
❺ (*basic*) **the ~ minimum** das absolute Minimum; **the ~ necessities** [*or* **essentials**] [**of life**] das [zum Leben] Allernotwendigste
► PHRASES: **the ~ bones** [**of a story**] die Grundzüge [einer Geschichte]
II. *vt* ■**to ~ sth** etw entblößen; **to ~ one's head** den Hut abnehmen [*o* ziehen]; **to ~ one's heart/soul to sb** jdm sein Herz ausschütten, sich *akk* jdm anvertrauen; **to ~ one's teeth** die Zähne zeigen [*o* fletschen]

bareback I. *adj inv* ohne Sattel, ungesattelt; ~ **rider** *Reiter auf einem ungesattelten Pferd*
II. *adv inv* **to ride ~** (*without a saddle*) ohne Sattel reiten; (*sl: have unprotected sex*) ungeschützten Sex haben

bare board *n* COMPUT unbestückte Leiterplatine

barefaced *adj* (*pej*) unverhüllt, schamlos, unverfroren; ~ **lie** unverschämte Lüge **barefoot, barefooted I.** *adj inv* barfüßig, barfuß
II. *adv inv* barfuß **bareheaded I.** *adj inv* barhäuptig, ohne Kopfbedeckung **II.** *adv inv* ohne Kopfbedeckung **bare infinitive** *n* LING einfache Infinitivform **bare-knuckle** [ˌbeəˈnʌkl̩, AM ˌber-] *adj attr* ❶ (*without gloves*) ohne Boxhandschuhe ❷ (*fig*) brutal **bare-knuckled** [ˌbeəˈnʌkl̩d, AM ˌber-] *adj attr* brutal

bare-legged [ˌbeəˈləgd, AM ˈberˌlegd] *adj inv* ohne Strümpfe *nach n*, unbestrumpft

barely [ˈbeəli, AM ˈber-] *adv inv* ❶ (*hardly*) kaum; ***we ~ made it on time*** wir haben es gerade noch rechtzeitig geschafft; ***he looked at us with ~ concealed hostility*** er machte kaum Anstrengungen, seine Feindseligkeit vor uns zu verbergen
❷ (*scantily*) karg, spärlich, dürftig; ~ **furnished** spärlich möbliert

bareness [ˈbeənəs, AM ˈber-] *n of a person* Nacktheit *f*, Blöße *f*; *of a landscape* Kargheit *f*, Kahlheit *f*; *of a room* Leere *f*

barf [bɑːf, AM bɑːrf] **I.** *vi esp* AM (*fam!*) kotzen *derb*
II. *n no pl* Kotze *f derb*

barf bag *n* AM (*fam!*) Kotztüte *f derb*

barfly *n* (*fam*) Kneipenhocker(in) *m(f) fam*

bargain [ˈbɑːɡɪn, AM ˈbɑːr-] **I.** *n* ❶ (*agreement*) Handel *m*, Geschäft *nt*; **to drive a hard ~** hart verhandeln, einen harten Verhandlungskurs fahren; **to keep one's side of the ~** seinen Anteil [des Abkommens] erfüllen; **to strike** [*or* **make**] **a ~** einen Handel machen; (*reach an agreement*) eine Übereinkunft [*o* Verabredung] treffen
❷ (*good buy*) guter Kauf; ***what a ~!*** das ist aber günstig! [*o* ja geschenkt!]; **a real ~** ein echtes Schnäppchen *fam*
❸ STOCKEX (*good offer*) Börsengeschäft *nt*, Abschluss *m*; **~s done** Anzahl der Abschlüsse [*o* Börsengeschäfte]
► PHRASES: **into the ~** darüber hinaus, obendrein, noch dazu
II. *n modifier* ~ **buy** Preisschlager *m*; ~ **counter** Sonderangebotstisch *m*, Theke *f* für Sonderangebote; ~ **offer** Sonderangebot *nt*; ~ **rate** Sonderpreis *m*; ~ **table** Tisch *m* mit Sonderangeboten
III. *vi* ❶ (*negotiate*) ■**to ~** [**with sb**] [mit jdm] [ver]handeln; ■**to ~ for sth** um etw *akk* feilschen
❷ (*expect*) ■**to ~ that ...** damit rechnen [*o* davon ausgehen], dass ...

◆**bargain away** *vt* ■**to ~ away** ↔ **sth** sich *dat* etw abhandeln lassen; ***I've ~ed away my freedom*** ich habe meine Freiheit geopfert

◆**bargain for** *vi* ■**to ~ for sth** ❶ (*negotiate for*) um etw *akk* verhandeln; (*at the market*) um etw *akk* feilschen
❷ (*reckon with*) etw erwarten, mit etw *dat* rechnen; **to get more than one ~ed for** eine unangenehme Überraschung erleben

◆**bargain on** *vi* ■**to ~ on sth** auf etw *akk* zählen, sich *akk* auf etw *akk* verlassen

bargain basement I. *n* AM *Untergeschoss* (*im Kaufhaus*) *mit Sonderangeboten* **II.** *n modifier* ***I'm selling this at a ~ price*** ich verkaufe dies zu einem Sonderpreis; ~ **prices** Dumpingpreise *mpl* **bargain-basement** *n modifier* (*prices, suit*) Billig-
bargain bin *n* Wühlkorb *m* **bargain-bin** *n modifier* (*sweater*) Ausverkaufs-, reduziert **bargainer** [ˈbɑːɡɪnəʳ, AM ˈbɑːrɡɪnɚ] *n* Verhandlungspartner(in) *m(f)* **bargain hunter** *n* Schnäppchenjäger(in) *m(f) fam*

bargain hunting *n no pl* Aufstöbern *nt* günstiger Gelegenheitskäufe, Schnäppchenjagd *f*

bargaining [ˈbɑːɡɪnɪŋ, AM ˈbɑːr-] **I.** *n no pl* [Ver]handeln *nt*; **plea ~** LAW Absprache *f* zwischen Anklage und Verteidigung (*hinsichtlich der Beschränkung der Anklage auf einzelne Punkte oder des Strafmaßes*); [**free**] **collective ~** ECON [autonome] Tarifverhandlungen
II. *n modifier* (*framework, position*) Verhandlungs-

bargaining chip *n*, **bargaining counter** *n* BRIT Trumpfkarte *f* [bei Verhandlungen] *fig* **bargaining power** *n* Verhandlungsstärke *f*, Verhandlungsmacht *f* **bargaining table** *n* **to let sb sit at the ~** jdn an den Verhandlungstisch bitten

bargain price *n* Sonderpreis *m*, Spottpreis *m fam* **bargain sale** *n* Verkauf *m* zu herabgesetzten Preisen, Ausverkauf *m* **bargain table** *n* Wühltisch *m*

barge [bɑːdʒ, AM bɑːrdʒ] **I.** *n* (*for cargo*) Lastschiff *nt*, Lastkahn *m*; (*for pleasure*) Prunkschiff *nt*, Galaboot *nt*
II. *vi* ❶ (*dash*) rempeln; ***they ~d through the crowd*** sie drängten sich durch die Menge; ■**to ~ into sb** in jdn hineinlaufen, jdn anrempeln
❷ (*push*) drängeln, schieben
III. *vt* **to ~ one's way through sth** sich *dat* seinen Weg durch etw *akk* bahnen, sich *akk* durch etw *akk* durchkämpfen; **to ~ one's way to the front** sich *akk* nach vorne drängeln

◆**barge in** *vi* (*enter*) hereinplatzen *fam*, hereinstürmen *fam*; (*interrupt*) ins Wort fallen; ***sorry to ~ in ...*** entschuldigen Sie, wenn ich Sie unterbreche ...; **to ~ in on a meeting** in ein Treffen hineinplatzen

bargee [bɑːˈdʒiː, AM bɑːrˈ] *n* BRIT Kahnführer(in) *m(f)*

bargepole [ˈbɑːdʒpəʊl, AM ˈbɑːrdʒpoʊl] *n* Bootsstange *f*
► PHRASES: **sb wouldn't touch sb/sth with a ~** (*fam*) ***she would not touch him with a ~*** sie würde ihn nicht mal mit einer Pinzette anfassen

bar graph *n* Histogramm *nt*, Säulendiagramm *nt*, Balkendiagramm *nt* **bar graphics** *n* AM COMPUT Streifencode *m*

barhopping *n esp* AM *no pl* Kneipentour *f*, Sauftour *f fam*; **to go ~** von einer Kneipe in die nächste ziehen, eine Kneipentour machen

barite [ˈbɑːraɪt] *n no pl* CHEM Baryt *m fachspr*, Schwerspat *m*

baritone [ˈbærɪtəʊn, AM ˈberətoʊn] **I.** *n* Bariton *m*, Baritonstimme *f*
II. *n modifier* (*voice, sax*) Bariton-

barium [beəriəm, AM beri] CHEM **I.** *n no pl* Barium *nt*
II. *n modifier* Barium-

barium meal *n* BRIT, AUS, **barium sulphate** *n* AM *Kontrastflüssigkeit* [*mit Bariumsulfat*]

bark[1] [bɑːk, AM bɑːrk] *n no pl* (*part of tree*) [Baum]rinde *f*, Borke *f*

bark[2] [bɑːk, AM bɑːrk] **I.** *n* (*animal cry*) Bellen *nt*; (*fig*) Anblaffen *nt fam*, Anschnauzen *nt fam*; **to give a ~** bellen
► PHRASES: **sb's ~ is worse than his/her bite** Hunde, die bellen, beißen nicht
II. *vi* (*give a bark*) bellen
► PHRASES: **to ~ up the wrong tree** auf dem Holzweg sein *fig*

◆**bark out** *vt* ■**to ~ out** ↔ **sth** etw [barsch] bellen

barkeep *n*, **barkeeper** *n* AM ❶ (*bar owner*) Barbesitzer(in) *m(f)*, [Gast]wirt(in) *m(f)*
❷ (*server of drinks*) Barkeeper *m*, Barmixer *m*, Barmann *m*

barker [ˈbɑːkəʳ, AM ˈbɑːrkɚ] *n* (*fam*) Marktschreier *m*; (*outside nightclub, shop*) Anreißer *m*

barking [ˈbɑːkɪŋ] *adv* BRIT (*fam*) verrückt; **to be ~ mad** total durchgeknallt sein *fam*, einen Hau haben *sl*

barley [ˈbɑːli, AM ˈbɑːr-] *n no pl* Gerste *f*; **pearl ~** Gerstengraupen *fpl*, Perlengraupen *fpl*

barley sugar *n hartes, beigefarbenes Zuckerbonbon* **barley water** *n Gerstenwasser mit Zitronen- oder Orangengeschmack*

bar line *n* MUS Taktstrich *m* **barmaid** *n* Bardame *f* **barman** *n* Barmann *m*, Barkeeper *m*, Barmixer *m*

bar mitzvah [bɑːˈmɪtsvə, AM bɑːr-] *n* ❶ (*ritual*) Bar-Mizwa *f*
❷ (*boy*) Bar-Mizwa *m*

barmy [ˈbɑːmi, AM ˈbɑːr-] *adj esp* BRIT (*fam*) *idea* blödsinnig *fam*, bescheuert *fam*, bekloppt *fam*; *person* bekloppt *fam*, bescheuert *fam*, plemplem *präd fam*

barn [bɑːn, AM bɑːrn] *n* Scheune *f*, Scheuer *f* DIAL; (*for animals only*) [Vieh]stall *m*

barnacle [ˈbɑːnəkl̩, AM ˈbɑːrn-] *n* ZOOL Rankenfußkrebs *m*, Rankenfüßer *m*

barn dance *n Tanzveranstaltung mit ländlicher Musik*

Barney [ˈbɑːni, AM ˈbɑːr-] *n* (*sl*) *jd, der eine tolle* [*Surf*]*ausrüstung hat, die Sportart aber nicht beherrscht*

barney [ˈbɑːni] *n* BRIT Krach *m fam*, Streit *m*; **to have a ~ with sb** mit jdm Krach haben *fam*

barn owl *n* ORN Schleiereule *f* **barnstorm I.** *vi esp* AM [Wahl]reden haltend durch die Provinz ziehen
II. *vt esp* AM **to ~ the country** im Wahlkampf [*o* wahlkämpfend] durchs Land ziehen **barnstorming** [ˈbɑːnstɔːmɪŋ, AM ˈbɑːrnstɔːrm] *adj* mitreißend, überwältigend **barnyard** [ˈbɑːnjɑːd, AM ˈbɑːrnjɑːrd] *n esp* AM [Bauern]hof *m*

barometer [bəˈrɒmɪtəʳ, AM -ˈrɑːmət̬ɚ] *n* Barometer *nt*; (*fig*) [Stimmungs]barometer *nt*, Stimmungsmesser *m*

barometric [ˌbærə(ʊ)ˈmetrɪk, AM ˌberə-] *adj*, **barometrical** [ˌbærə(ʊ)ˈmetrɪkᵊl, AM ˌberə-] *adj* barometrisch, Barometer-; ~ **pressure** Luftdruck *m*, atmosphärischer Druck

baron [ˈbærən, AM ˈber-] *n* Baron *m*, Freiherr *m*; (*sl*) LAW Pate *m*; (*fig*) Magnat *m*, Baron *m fig*; **drug ~** Drogenbaron *m sl*; **oil ~** Ölmagnat *m*; **press ~** Pressezar *m*

Baron [ˈbærən, AM ˈber-] *n* Baron *m* (*als Anrede*)

baroness [ˈbærᵊnəs, AM ˈber-] *n* Baronin *f*, Baronesse *f*, Freifrau *f*

Baroness [ˈbærᵊnəs, AM ˈber-] *n* Baronin *f* (*als Anrede*)

baronet [ˈbærᵊnɪt, AM ˈber-] *n* Baronet *m*

baronetcy [ˈbærᵊnɪtsi, AM ˈber-] *n* Baronetstand *m*, Baronetswürde *f*

baronial [bəˈrəʊniəl, AM -ˈroʊ-] *adj* ❶ (*great*) fürstlich, herrschaftlich, großartig
❷ (*of a baron*) (*insignia, crest*) Barons-

barony [ˈbærᵊni, AM ˈber-] *n* Baronie *f*, Machtbereich *m* eines Barons/einer Baronin

baroque [bəˈrɒk, AM -ˈroʊk] **I.** *adj* barock, Barock-
II. *n no pl* ■**the ~** der/das Barock

bar printer *n* COMPUT Stabdrucker *m*

barque [bɑːk, AM bɑːrk] *n* ❶ (*sailing ship*) Bark *f*
❷ (*poet liter: boat*) Barke *f*

barrack [ˈbærək] *vt* BRIT ■**to ~ sb** jdn ausbuhen

barracking [ˈbærəkɪŋ] *n no pl* Pfeifen *nt*, Buhrufe *mpl*, Gejohle *nt fam*

barrack-room [ˈbærəkruːm, AM ˈber] *adj attr, inv* ❶ (*of a barrack room*) im Kasernenton *nach n*; (*fig*) Kasernen- *fig*
❷ (*unqualified*) schwadronierend, sich *akk* mausig machend; *lawyer* als lautstarker Besserwisser auftretend

barracks [ˈbærəks, AM ˈber-] *npl + sing/pl vb* ■**the ~** die Kaserne

barrack square *n* Kasernenhof *m*

barracouta <*pl* – *or* -s> [ˌbærəˈkuːtə, AM ˌberəˈkuːt̬ə] *n* ① (*fish*) Hechtmakrele *f*
② NZ (*fam*) *längliches Brot*

barracuda <*pl* – *or* -s> [ˌbærəˈkuːdə, AM ˌber-] *n* ① (*fish*) Barrakuda *m*, Pfeilhecht *m*
② AM (*fig*) Finanzhyäne *f*, Geldhai *m*

barrage [ˈbærɑː(d)ʒ, AM bəˈrɑː(d)ʒ] **I.** *n* ① MIL Sperrfeuer *nt*
② (*rapid succession*) Hagel *m fig*, Flut *f fig*; ***they received a ~ of criticism*** es hagelte nur so an Kritik; **a ~ of complaints** eine Beschwerdeflut; **a ~ of questions** ein Schwall *m* von Fragen
③ BRIT (*barrier*) Wehr *nt*, Staustufe *f*, Talsperre *f*
II. *vt* **to be ~d with complaints/questions** mit Beschwerden/Fragen bombardiert werden

barrage balloon *n* MIL Sperrballon *m*

barratry [ˈbærətri, AM ˈber-] *n* LAW ① (*damaging ship*) Baratterie *f* (*betrügerische Handlungen eines Schiffskapitäns oder seiner Mannschaft*)
② AM (*starting lawsuit without grounds*) mutwilliges Prozessieren

barre [bɑːʳ, AM bɑːr] *n* [Ballett]stange *f*

barred [bɑːd, AM bɑːrd] *adj inv* [ab]gesperrt; *window* vergittert

barrel [ˈbærəl, AM *also* ˈber-] **I.** *n* ① (*container*) Fass *nt*, Tonne *f*
② (*measure for beer and oil*) Barrel *nt*
③ *of an animal* Rumpf *m*, Leib *m*
④ *of a gun* Lauf *m*, Schaft *m*; *of a cannon* Rohr *nt*
⑤ *of a pen* Tank *m*
► PHRASES: **to be a ~ of fun** [*or* **laughs**] ein [echter] Spaßvogel sein *fam*; ***I wouldn't say he's a ~ of laughs*** er ist nicht gerade eine Stimmungskanone; **to have sb over a ~** jdn in der Hand haben *fam*
II. *vi* <BRIT -ll- *or* AM *usu* -l-> (*fam*) rasen *fam*
III. *vt* <BRIT -ll- *or* AM *usu* -l-> ■**to ~ sth** etw in Fässer [ab]füllen

barrel-chested *adj* ■**to be ~** einen breiten Brustkorb haben **barrel distortion** *n* PHYS Tonnenverzeichnung *f* **barrel organ** *n* MUS Drehorgel *f*, Leierkasten *m* **barrel printer** *n* COMPUT Typenwalzendrucker *m* **barrel roll** *n* AVIAT Rolle *f* (*im Kunstflug*) **barrel vault** *n* ARCHIT Tonnengewölbe *nt*

barren [ˈbærᵊn, AM *esp* ˈber-] *adj* ① *man, animal, -plant* unfruchtbar, steril; (*old*) *woman* kinderlos; **a ~ landscape** eine karge [*o* öde] [*o* kahle] Landschaft
② (*producing no results*) nutzlos, zwecklos; FIN **~ money** totes Kapital
③ (*fig: unproductive*) unproduktiv, unergiebig, dürftig; **to be of ~ results** kaum Erfolg haben; **~ years** magere Jahre

barrenness [ˈbærᵊnnəs, AM *esp* ˈber-] *n of a plant, soil* Unfruchtbarkeit *f*, Sterilität *f*; *of a landscape* Kargheit *f*, Unergiebigkeit *f*; (*old*) *of a woman* Kinderlosigkeit *f*

barrette [bəˈret] *n* AM (*hair slide*) [Haar]spange *f*

barricade [ˈbærɪkeɪd, ˌbærəˈkeɪd, AM ˈberə-] **I.** *n* Barrikade *f*
II. *vt* ■**to ~ sth** etw verbarrikadieren [*o* verrammeln]; ■**to ~ oneself into sth** sich *akk* in etw *dat* verschanzen [*o* verbarrikadieren]

barrier [ˈbæriər, AM ˈberiɚ] *n* ① (*obstacle*) Barriere *f*, Hindernis *nt*; (*man-made*) Absperrung *f*; (*at railway station*) Schranke *f*
② (*preventing communication*) Barriere *f*, Hindernis *nt*; **language ~** Sprachbarriere *f*

barrier box *n* ELEC Isoliersteg *m* **barrier cream** *n* BRIT Hautschutzcreme *f* **barrier reef** *n* Wallriff *nt*, vorgelagertes Riff; ■**the Great B~** das Große Barriereriff

barring [ˈbɑːrɪŋ] *prep* ausgenommen, außer, abgesehen von; ***we should arrive at ten o'clock ~ any unexpected delays*** wenn es keine unerwarteten Verspätungen gibt, werden wir so um zehn ankommen

barrio [bɑːrioʊ] *n* AM Barrio *m* (*vorwiegend spanischsprachiges Viertel in amerikanischen Städten*)

barrister [ˈbærɪstəʳ] *n*, **barrister-at-law** [ˌbærɪstəʳətlɔː] *n* BRIT, AUS Barrister *m*, Rechtsanwalt *m*/Rechtsanwältin *f* [bei höheren Gerichten]

barrow [ˈbærəʊ, AM ˈberoʊ] *n* ① (*wheelbarrow*) Schubkarren *m*
② (*cart*) Wagen *m*, Karren *m*

barrow boy *n* Straßenverkäufer *m*, Straßenhändler *m* (*mit Karren*)

barry [bɑːri] *adv* SCOT (*good*) großartig

bar snack *n* [kleiner] Imbiss, Snack *m* **bar stool** *n* Barhocker *m* **bartender** [ˈbɑːˌtendəʳ, AM ˈbɑːrˌtendɚ] *n esp* AM Barkeeper *m*, Barmixer *m*

barter [ˈbɑːtəʳ, AM ˈbɑːrtɚ] **I.** *n no pl* Tausch[handel] *m*, Tauschgeschäft *nt*
II. *vi* ① (*exchange of goods*) Tauschhandel [be]treiben; **to ~ for sth** um etw *akk* handeln [*o* feilschen]; ■**to ~ for sth with sth** etw gegen etw *akk* tauschen
② (*bargain*) [ver]handeln
III. *vt* ■**to ~ sth for sth** etw gegen etw *akk* tauschen

baryon [ˈbærɪɒn] *n* PHYS Baryon *nt*

basal [ˈbeɪsᵊl] *adj inv* an der Basis befindlich; (*fig*) grundlegend *fig*; SCI basal *fachspr*

basalt [ˈbæsɔːlt, AM bəˈsɔːlt] *n no pl* GEOL Basalt *m*

bascule [ˈbæskjuːl] *n* ① (*bridge*) Klappbrücke *f*
② (*road*) Brückenklappe *f*

base¹ [beɪs] **I.** *n* ① (*bottom*) *of mountain, tree, lamp* Fuß *m*; *of vase, glas* Boden *m*; *of statue, sculpture, column* Sockel *m*, Fuß *m*; ANAT *of spine* Basis *f*, Unterteil *nt*; **~ of the brain** Gehirnbasis *f*
② (*basis*) *of opinion* Grundlage *f*; *of research* Ausgangspunkt *m*, Basis *f*
③ (*foundation*) Grundlage *f*, Basis *f*, Ausgangspunkt *m*; (*of paint*) Substrat *nt*, Grundstoff *m*
④ (*main location*) Hauptsitz *m*; MIL Basis *f*, Stützpunkt *m*, Standort *m*
⑤ (*main ingredient*) Hauptbestandteil *m*, Grundstoff *m*
⑥ (*first ingredient used*) Grundlage *f*, Untergrund *m*; (*for painting*) Grundierung *f*
⑦ CHEM Base *f*, Lauge *f*
⑧ BIOL [Purin]base *f*
⑨ MATH (*number*) Grundzahl *f*, Basis *f*; (*of triangle*) Basis *f*, Grundlinie *f*, Grundseite *f*; (*for solids*) Grundfläche *f*
⑩ ELEC (*middle of transistor*) Basis[zone] *f*
⑪ LING (*primary morpheme*) [Wort]stamm *m*; (*root*) Wurzel *f*
⑫ SPORTS (*in baseball*) Mal *nt*, Base *f*; **to touch second ~** bis zur zweiten Base kommen
► PHRASES: **to get to first ~** *esp* AM (*fig fam*) etw erreichen, einen Schritt nach vorn machen; **to get to first ~ with sb** *esp* AM (*fam*) bei jdm landen können *fam*; **to be off ~** AM (*fam: be mistaken*) falsch liegen; (*be surprised*) völlig überrascht sein; **to touch ~** *esp* AM sich *akk* mit jdm in Verbindung setzen, sich *akk* bei jdm melden
II. *vt* ① ■**to be ~d** *firm* seinen Sitz haben; *soldier* stationiert sein
② (*taken from*) ■**to be ~d on sth** auf etw *dat* basieren [*o* beruhen]
③ (*prove*) ■**to ~ sth on sth** *speculation* etw auf etw *akk* stützen [*o* gründen]

base² [beɪs] *adj* ① (*liter: immoral*) niederträchtig, gemein, feige, niedrig; **~ crime** niederträchtiges [*o* feiges] Verbrechen; **~ motives** niedere Beweggründe
② (*menial*) *work, job* niedrig, geringwertig, untergeordnet, minderwertig

baseball *n* ① (*game*) Baseball *m o nt*
② (*ball*) Baseball *m*

baseball cap *n* Baseballkappe *f*, Baseballmütze *f*
baseball diamond *n Spielfeld beim Baseball*
baseball jacket *n* Baseballjacke *f*

baseboard *n* AM Fußleiste *f*, Wandleiste *f* **base camp** *n* Basislager *nt*, Versorgungslager *nt* **base currency** *n* FIN Währungsgrundlage *f*

-based [beɪst] *in compounds* ① (*concentrating on*) -gestützt, basiert
② (*located at or in*) ansässig [in/an/auf *dat*]
③ (*having as main constituent*) auf -basis

base form *n* LING Stammform *f*, Grundform *f*

baseless *adj* unbegründet, grundlos, aus der Luft gegriffen; **~ accusations/allegations** haltlose Anschuldigungen/Behauptungen; **to be completely ~** *accusations* jeglicher Grundlage entbehren

baseline *n* SPORTS ① (*in tennis, volleyball*) Grundlinie *f* ② (*in baseball*) *Verbindungslinie von einer Base zur nächsten*

basely [ˈbeɪsli] *adv* niederträchtig, gemein, niedrig

baseman *n* (*in baseball*) Baseman *m*, Spieler *m* an einer Base; **first/second/third ~** Spieler *m* an der ersten/zweiten/dritten Base

basement [ˈbeɪsmənt] *n* (*living area*) Untergeschoss *nt*, Tiefgeschoss *nt*, Souterrain *nt*; (*cellar*) Keller *m*, Kellergeschoss *nt*; **~ flat** Souterrainwohnung *f*

base metal *n* unedles Metall

baseness [ˈbeɪsnəs] *n no pl* ① (*liter*) *of a person* Niederträchtigkeit *f*, Gemeinheit *f*; *of a motive* Niedrigkeit *f*
② *of a task* Minderwertigkeit *f*, Unzulänglichkeit *f*

base pay *n* ECON Grundlohn *m* **base rate** *n* FIN **bank ~** Eckzins *m* **base rate** *n* BRIT FIN Leitzins *m*, Eckzins *m*

bases¹ [ˈbeɪsiz] *n pl of* **base**

bases² [ˈbeɪsiːz] *n pl of* **basis**

base-weighted index *n* FIN auf ein Basisjahr bezogener Index

bash [bæʃ] **I.** *n* <*pl* -es> ① (*blow*) [heftiger] Schlag
② BRIT (*sl*) Versuch *m*; **to have a ~ at sth** etw [einmal] probieren, sein Glück mit etw *dat* versuchen
③ (*sl: party*) Party *f*, Fete *f sl*
II. *vi* ■**to ~ into sb/sth** mit jdm/etw zusammenstoßen
III. *vt* ① (*hit hard*) ■**to ~ sb** jdn verhauen [*o* verprügeln]; **to ~ one's head/knee on sth** mit dem Kopf/Knie gegen etw *akk* knallen
② (*fam: criticize*) ■**to ~ sb** jdn [verbal] niedermachen; ***you can ~ them all you want, but …*** du kannst über sie sagen, was du willst, aber …

◆**bash on** *vi* BRIT (*fam*) ■**to ~ on** [**with sth**] [mit etw *dat*] weitermachen

◆**bash out** *vt* **to ~ out a report** schnell mal einen Bericht zusammenschreiben *fam*; **to ~ out a tune on the piano** ein bisschen auf dem Klavier herumklimpern

bashful [ˈbæʃfᵊl] *adj* (*in general*) schüchtern, verschämt, scheu; (*on particular occasion*) verlegen; **to feel ~ about doing sth** sich *akk* schämen [*o* genieren], etw zu tun

bashfully [ˈbæʃfᵊli] *adv* (*in general*) schüchtern, verschämt; (*on particular occasion*) verlegen

bashfulness [ˈbæʃfᵊlnəs] *n no pl* (*in general*) Schüchternheit *f*, Verschämtheit *f*; (*on particular occasion*) Verlegenheit *f*

bashing [ˈbæʃɪŋ] *n no pl* (*fam*) Prügel *f*, Senge *f fam*; **to come in for a ~** Prügel beziehen

-bashing *in compounds* ① (*assault*) **queer-~** Zusammenschlagen *nt* von Schwulen, Überfälle *mpl* auf Schwule; (*criticism*) **union-~** Schlechtmachen *nt* der Gewerkschaften, Einprügeln *nt* auf die Gewerkschaften
② REL **Bible-~ Christian** *Christ, der auf die Bibel schwört*

basic [ˈbeɪsɪk] *adj* ① (*fundamental*) grundlegend, fundamental; ■**to be ~ to sth** grundlegend [*o* wesentlich] für etw *akk* sein; **to have a ~ command of sth** [nur] Grundkenntnisse in etw *dat* besitzen; **the ~ facts** das Wesentliche; **~ needs** elementare Bedürfnisse, Grundbedürfnisse *ntpl*; **~ rate of income tax** Regeleinkommensteuersatz *m*; **~ requirements** Grundvoraussetzungen *fpl*
② (*elementary*) *terminology, ingredients* Grund-; **~ vocabulary** Grundwortschatz *m*; ■**the ~s** *pl* die Grundlagen; **to go back to the ~s** zum Wesentlichen zurückkehren
③ (*very simple*) *accommodation, food* [sehr] einfach; *car* ohne viele Extras *präd*
④ CHEM basisch
⑤ GEOL basisch

BASIC [ˈbeɪsɪk] *n no pl, no art* COMPUT *see* **Beginner's All-purpose Symbolic Instruction Code** BASIC *nt*

basically [ˈbeɪsɪkᵊli] *adv* ① (*fundamentally*) im

Wesentlichen, im Grunde, hauptsächlich
❷ (*fam: actually*) eigentlich, im Grunde; ***this is ~ your best brand of speakers*** dies ist im Grunde die beste Lautsprechermarke
❸ (*very*) ***I was ~ furious*** ich war richtig [*o fam* echt] wütend
basic balance *n* ECON Grundbilanz *f* **Basic English** *n no pl auf 850 Wörter begrenzter englischer Wortschatz für die internationale Kommunikation*
basic idea *n* Grundidee *f* **basic pay** *n* (*for blue-collar workers*) Grundlohn *m;* (*for white-collar workers*) Grundgehalt *nt* **basic salary** *n* Grundgehalt *nt* **basic vocabulary** *n* Grundwortschatz *m* **basic wage(s)** *n* Grundlohn *m*
basil ['bæzᵊl, AM 'beɪzᵊl] *n no pl* Basilikum *nt*
basilica [bə'zɪlɪkə, AM -sɪl-] *n* ARCHIT, REL Basilika *f*
basilisk ['bæzəlɪsk, AM 'bæs] *n* MYTH Basilisk *m*
basin ['beɪsᵊn] *n* ❶ (*for cooking, washing*) Schüssel *f;* (*for mixing*) Rührschüssel *f;* (*washbasin*) Waschbecken *nt*
❷ (*round valley*) [Tal]kessel *m,* [Tal]mulde *f,* Becken *nt*
❸ (*for mooring boats*) [Hafen]becken *nt*
❹ (*for swimming*) Schwimmbecken *nt,* Bassin *nt*
basis <*pl* bases> ['beɪsɪs, *pl* -si:z] *n* ❶ (*foundation*) Grundlage *f,* Basis *f;* ■**to be the ~ for sth** als Grundlage für etw *akk* dienen; ■**on the ~ of sth** auf der Grundlage [*o* Basis] einer S. *gen;* **to do sth on a regular ~** etw regelmäßig tun; **to do sth on a voluntary ~** etw auf freiwilliger Basis tun
❷ STOCKEX Basis *f;* AM Differenz *f* zwischen dem Kassakurs und dem korrespondierenden Terminkontraktkurs eines Finanztitels
basis price *n* ECON Grundpreis *m,* Basispreis *m;* FIN *bond* Erwerbskurs *m*
basis rate swap *n* Basis-Rate-Swap *m*
bask [bɑ:sk, AM bæsk] *vi* ❶ (*sit in the sun*) **to ~ in the sun** sich *akk* in der Sonne aalen *fam,* ein Sonnenbad nehmen
❷ (*fig*) ■**to ~ in sth** *approval, success* sich *akk* in etw *dat* sonnen *fig*
basket ['bɑ:skɪt, AM 'bæskət] *n* ❶ (*container*) Korb *m*
❷ (*amount in basket*) Korb[inhalt] *m;* ***two ~s of ...*** zwei Körbe voll ...
❸ FIN **~ of currencies** Währungskorb *m*
❹ SPORTS (*net*) [Basketball]korb *m*
❺ SPORTS (*goal*) Korb *m;* **to score** [*or* **make**] **a ~** einen Korb werfen
► PHRASES: **to be a ~ case** (*pej*) ein hoffnungsloser Fall sein
basketball I. *n* Basketball *m* II. *n modifier* (*coach, shoes, star, team*) Basketball- **basketful** *n* **a** [**whole**] **~ of fruits/vegetables** ein [ganzer] Korb voll[er] Obst/Gemüse **basketmaking** *n no pl* Korbflechterei *f,* Korbflechten *nt*
basket of currencies *n* FIN Währungskorb *m*
basketry ['bɑ:skɪtri, AM 'bæskət-] *n* ❶ (*craft*) Korbflechterei *f*
❷ (*baskets*) Korbwaren *fpl*
basket weave ['bɑ:skɪtwi:v, AM 'bæskət] *n no pl* Leinenbindung *f*
basketwork *n* ❶ (*making baskets*) Korbflechten *nt,* Korbflechterei *f*
❷ (*objects produced*) Korbwaren *pl,* Korbarbeiten *fpl*
basking shark ['bɑ:skɪŋʃɑ:k, AM 'bæskɪŋʃɑ:rk] *n* Riesenhai *m*
Basle ['bɑ:zᵊl] *n* GEOG Basel *nt*
basmati [bæs'mɑ:ti] *n,* **basmati rice** *n no pl* Basmatireis *m*
basque [bæsk] *n* Schößchenjacke *f*
Basque [bæsk] I. *n* ❶ (*person*) Baske, -in *m, f*
❷ (*language*) Baskisch *nt*
II. *adj* baskisch
bas-relief [,bɑ:rɪ'li:f] *n no pl* Basrelief *nt;* **to profile in ~** das Profil eines Basreliefs anfertigen
bass¹ [beɪs] I. *n* ❶ (*voice*) Bass *m,* Bassstimme *f;* **to sing ~** Bass singen
❷ (*singer*) Bass[sänger] *m,* Bassist *m*
❸ (*on amplifier*) Bass *m*
II. *n modifier* (*guitar, clarinet*) Bass-; **~ drum** große Trommel, Basstrommel *f;* **~ fiddle** Bassgeige *f;* **~ viol** Gambe *f*
bass² [bæs] *n* (*fish*) Barsch *m*
bass clef [beɪs] *n* Bassschlüssel *m*
basset ['bæsɪt] *n,* **basset hound** *n* Basset *m*
bassinet [,bæsɪ'net] *n* (*baby basket*) Babykorb *m;* (*with wheels*) Stubenwagen *m*
bassist ['beɪsɪst] *n* Bassist(in) *m(f)*
bassoon [bə'su:n] *n* Fagott *nt*
bassoonist [bə'su:nɪst] *n* MUS Fagottist(in) *m(f)*
basso profundo <*pl* bassos profundos *or* bassi profundi> [,bæsəʊprə'fʊndəʊ, AM ,bɑ:soʊ] *n* MUS tiefste Bassstimme
bastard ['bɑ:stəd, AM 'bæstɚd] *n* ❶ (*pej: as abuse*) Dreckskerl *m pej derb,* Schweinehund *m pej derb,* Scheißkerl *m pej derb;* ■**to be a** [**real**] **~ to sb** sich *akk* jdm gegenüber wie ein [echtes] Schwein verhalten *derb;* ***you ~!*** du Hund! *pej fam;* **to be a lucky** [*or* BRIT **jammy**] **~** (*hum*) ein verdammter Glückspilz sein *fam*
❷ (*sl: difficult*) ***this crossword's a ~*** das Kreuzworträtsel hier ist eine verdammt harte Nuss *fam*
❸ (*pej old: illegitimate child*) Bastard *m veraltet,* uneheliches Kind; **~ son/daughter** unehelicher Sohn/uneheliche Tocher; **to be born a ~** ein uneheliches Kind sein
bastardization [,bɑ:stədaɪzeɪʃən, AM ,bæstɚ-] *n no pl* (*of culture, language, tradition*) Verfälschung *f*
bastardize ['bɑ:stədaɪz, AM 'bæstɚ-] *vt* ■**to ~ sth** *language, art* etw verfälschen
bastardized ['bɑ:stədaɪzd, AM 'bæstɚ-] *adj* verfälscht, verhunzt *fam,* verschandelt *fam*
bastardy ['bɑ:stə:di, AM 'bæstɚdi] *n no pl* (*pej old*) uneheliche Geburt
baste [beɪst] *vt* ■**to ~ sth** ❶ FOOD *roast, turkey* etw mit [Braten]saft beträufeln [*o* begießen]
❷ (*tack*) etw [an]heften
bastion ['bæstiən, AM -tʃən] *n* ❶ (*in fortification*) Bastion *f,* Bollwerk *nt,* Festung *f*
❷ (*sth which protects*) Bollwerk *nt fig,* Bastion *f fig,* Säule *f fig,* Stütze *f fig;* **a ~ of freedom** ein Bollwerk *nt* des Friedens
bat¹ [bæt] *n* ❶ (*animal*) Fledermaus *f*
❷ (*pej*) **an old ~** eine alte Schrulle *fam o pej*
► PHRASES: **to have ~s in the belfry** eine Meise [*o* einen Vogel] haben *fam;* **like a ~ out of hell** als wäre der Teufel hinter einem her; **to be** [**as**] **blind as a ~** blind wie ein Maulwurf sein
bat² [bæt] *vt* (*of eyelashes*) **to ~ one's eyelashes** mit den Wimpern klimpern; **to ~ one's eyelashes at sb** jdm zuzwinkern; **to not ~ an eyelid** (*fig*) nicht mal mit der Wimper zucken
bat³ [bæt] I. *n* (*in baseball, cricket*) Schläger *m,* Schlagholz *nt*
► PHRASES: [**right**] **off the ~** AM (*immediately*) prompt, auf Anhieb, sofort; **to do sth off one's own ~** BRIT (*fam*) etw auf eigene Faust tun *fam*
II. *vi* <-tt-> SPORTS schlagen
III. *vt* <-tt-> **to ~ the ball** den Ball schlagen
◆**bat around** <-tt-> *vt* AM (*fam*) **to ~ around the idea** [**of doing sth**] [*or* **to ~ the idea around** [**of doing sth**]] eine Idee ausführlich bequatschen *fam,* lange über einen Plan diskutieren
batch [bætʃ] I. *n* <*pl* -es> Schwung *m,* Stapel *m,* Stoß *m; of cookies, muffins, bread* Schub *m,* Ladung *f; of persons* Gruppe *f; of rules, regulations* Bündel *nt*
II. *vt* ■**to ~ sth together** etw bündelweise zusammenfassen; COMPUT ■**to ~ sth** etw stapelweise [*o* als Stapel] verarbeiten
batch-bake *vt* ■**to ~ sth** ***we ~d twenty-five chocolate cakes*** wir haben gleich 25 Schokoladenkuchen auf einmal gebacken **batch file** *n* COMPUT Batchdatei *f* **batch mode** *n* COMPUT Stapelbetrieb *m* **batch processing** *n* COMPUT Stapelverarbeitung *f,* Batchverarbeitung *f* **batch processor** *n* COMPUT Stapelverarbeiter *m* **batch production** *n* ECON Serienfertigung *f*
bated [beɪtɪd, AM -t̬ɪd] *adj* **with ~ breath** mit angehaltenem Atem
BAT file extension *n* COMPUT Dateinameerweiterung *f* BAT
bath [bɑ:θ, AM bæθ] I. *n* ❶ (*tub*) [Bade]wanne *f;* (*room*) Bad[ezimmer] *nt*
❷ (*water*) Bad[ewasser] *nt;* ***sorry, I'm in the ~*** tut mir Leid, ich sitze gerade in der Badewanne; **to run** [**sb/oneself**] **a ~** [jdm/sich] ein Bad einlassen [*o* einlaufen lassen]
❸ (*washing*) Bad *nt;* **to give sb/sth a ~** jdn/etw baden; **to have** [*or esp* AM **take**] **a ~** ein Bad nehmen, baden
❹ ■**~s** *pl* MED Bäder *pl;* (*spa town*) Heilbad *nt,* Kurbad *nt*
❺ ■**~s** *pl,* + *sing/pl vb* BRIT, AUS (*dated: pool*) [Schwimm]bad *nt,* Badeanstalt *f*
❻ CHEM (*liquid*) Bad *nt;* (*container*) Behälter *m*
II. *n modifier* (*oil, water*) Bade-; **~ essence** Badezusatz *m;* **~ pillow** Kopfpolster *nt* für die Badewanne; **~ rack** Badewannenablage *f;* **~ rail** Badewannengriff *m;* **~ scales** Personenwaage *f;* **~ toys** Spielzeug *nt* für die Badewanne; **~ window** Bad[ezimmer]fenster *nt*
III. *vi* [sich *akk*] baden
IV. *vt* **to ~ sb/a baby** jdn/ein Baby baden
bath cube *n* BRIT Würfel *m* Badesalz
bathe [beɪð] I. *vi* ❶ BRIT (*swim*) schwimmen; **to ~ in sea water** in Meerwasser baden
❷ AM (*bath*) ein Bad nehmen, [sich *akk*] baden
II. *vt* ❶ MED ■**to ~ sth** etw baden; **to ~ one's eyes** ein Augenbad machen; **to ~ one's feet** ein Fußbad nehmen
❷ (*fig: cover*) **to be ~d in sweat** schweißgebadet sein; **to be ~d in tears** in Tränen aufgelöst sein; ***the sun ~d the city in shades of gold*** die Sonne tauchte die Stadt in goldenes Licht
❸ (*fig: surround*) ■**to be ~d in sth** ***he returned home ~d in the glory of his success*** er kehrte heim und schwelgte im Glanz seines Erfolgs
❹ AM (*bath*) ■**to ~ sb/a baby** jdn/ein Baby baden
III. *n no pl* (*dated*) Bad *nt*
bather ['beɪðəʳ, AM -ðɚ] *n* (*dated*) Badende(r) *f(m)*
bathhouse ['bɑ:θhaʊs, AM 'bæθ] *n* Badehaus *nt*
bathing ['beɪðɪŋ] *n no pl* Baden *nt;* **to go ~** baden gehen
bathing beach *n* Badestrand *m* **bathing cap** *n* Bademütze *f,* Badekappe *f* **bathing costume** *n* BRIT, AUS (*dated*), **bathing suit** *n* AM Badeanzug *m* **bathing trunks** *npl* Badehose *f*
bath mat *n* (*beside bath*) Wannenvorleger *m,* Badematte *f;* (*beside shower*) Duschvorleger *m;* (*inside bath*) Badewanneneinlage *f;* (*inside shower*) Duscheinlage *f*
bathos ['bæθɒs, AM -θɑ:s] *n no pl* (*liter*) Umschlag *m* ins Triviale, Bathos *nt fachspr,* Antiklimax *f fachspr*
bathrobe *n* Bademantel *m*
bathroom *n* ❶ (*room*) Bad[ezimmer] *nt;* **~ en suite** [*or* **en suite ~**] an das Schlafzimmer angrenzendes Bad ❷ AM, AUS (*lavatory*) Toilette *f;* **to go to the ~** auf die Toilette gehen **bathroom fittings** *npl* BRIT Badezimmerausstattung *f* **bathroom scales** *npl* [Personen]waage *f* **bathroom sink** *n* Waschbecken *nt* **bathroom tissue** *n* (*form*) Toilettenpapier *nt*
bath salts *npl* Badesalz *nt kein pl* **bathtime** *n* Badezeit *f* **bath towel** *n* Bade[hand]tuch *nt*
bathtub *n esp* AM (*bath*) Badewanne *f*
batik [bæt'i:k, AM bə'ti:k] I. *n no pl* Batik *m o f*
II. *adj attr, inv* Batik-
batman ['bætmən] *n esp* BRIT Offiziersbursche *m veraltet*
baton ['bætᵊn, AM bə'tɑ:n] *n* ❶ (*in conducting*) Taktstock *m,* Dirigentenstab *m*
❷ (*majorette*) [Kommando]stab *m;* **under the ~ of sb** unter der [Stab]führung einer Person *gen*
❸ (*in relay races*) Staffelholz *nt,* Stab *m;* **~ change** Stabwechsel *m*
❹ (*truncheon*) Schlagstock *m,* [Polizei]knüppel *m*
baton charge *n* BRIT Schlagstockeinsatz *m*
bats [bæts] *adj pred* (*pej fam*) ❶ (*confused*) bekloppt *fam;* ■**to be ~** nicht [mehr] alle Tassen im

Schrank haben *fam;* **to go ~** überschnappen *fam*
❷ (*iron: enthusiastic*) ■**to be ~** aus dem Häuschen sein *fam; **I wasn't exactly ~ about that*** ich war nicht gerade entzückt darüber

batsman *n* SPORTS Schlagmann *m,* Schläger *m* **batswoman** *n* SPORTS Schlagfrau *f,* Schlägerin *f*

battalion [bə'tæliən, AM -ljən] *n* Bataillon *nt*

batten ['bætən] **I.** *n* Latte *f,* Leiste *f; **the sailors nailed ~s over the hatches*** die Matrosen vernagelten die Lukendeckel mit Brettern
II. *vt* ■**to ~ sth** etw mit Latten [*o* Brettern] befestigen
III. *vi* ■**to ~ on sb** es sich *akk* auf jds Kosten gut gehen lassen; ■**to ~ on sth** sich *akk* an etw *dat* gütlich tun *geh;* (*fig*) sich *akk* an etw *dat* weiden
◆**batten down** *vt* ■**to ~ sth** ○ **down** etw mit Latten befestigen; NAUT etw verschalken *fachspr;* **to ~ down the hatches** die Luken dicht machen; (*fig fam*) sich *akk* auf etwas gefasst machen

batter¹ ['bætə(r), AM 'bæt̬ɚ] **I.** *n* [Back]teig *m*
II. *vt* FOOD ■**to ~ sth** etw panieren

batter² ['bætə(r), AM 'bæt̬ɚ] **I.** *n* SPORTS Schlagmann *m*
II. *vt* ❶ (*assault*) ■**to ~ sb** jdn verprügeln; ■**to ~ sth** auf etw *akk* einschlagen
❷ (*bruise or damage*) ■**to ~ sb** jdn böse [*o* übel] zurichten; ■**to ~ sth** *car* etw verbeulen
III. *vi* schlagen; (*with fists*) hämmern; ***the waves ~ed against the rocks*** die Wellen schlugen gegen die Felsen
◆**batter down** *vt* ■**to ~ down** ○ **sth** *door* etw einschlagen; **to ~ down a wall** eine Wand niederreißen
◆**batter in** *vt* ■**to ~ in** ○ **sth** etw einschlagen

battered ['bætəd, AM 'bæt̬ɚd] *adj* ❶ (*beaten, injured*) misshandelt, geschlagen; **~ wife house** Frauenhaus *nt*
❷ (*damaged*) böse zugerichtet; *car* verbeult; *clothes* abgetragen; *equipment* schadhaft; *furniture* ramponiert; *hat* zerbeult; *toys* beschädigt; (*fig*) **~ economy** angeschlagene Wirtschaft; **~ image** ramponiertes Image
❸ (*covered in batter*) in Teig gehüllt, paniert; **~ fish** panierter Fisch

battered child *n* misshandeltes Kind **battered child syndrome** *n* Kindesmisshandlung *f* **battered wife** *n* misshandelte Ehefrau

batterer ['bætərə(r), AM 'bæt̬ɚɚ] *n* gewalttätiger Mensch, Schläger[typ] *m;* **wife/child ~** Mann *m,* der seine Frau/sein Kind schlägt

battering ['bætərɪŋ, AM 'bæt̬-] *n* ❶ (*attack*) Prügel *mpl,* Schläge *mpl;* **to give sb a ~** jdn verprügeln; ***she'd been given many a ~ by her man*** sie wurde oft von ihrem Mann misshandelt
❷ (*fam: defeat*) Niederlage *f;* **to take a ~** eine Niederlage einstecken *fam*

battering ram *n* Rammbock *m;* MIL (*hist*) Sturmbock *m hist,* Belagerungswidder *m hist*

battery ['bætəri, AM 'bæt̬-] *n* ❶ (*power*) Batterie *f; **the ~ is*** [*or **has gone***] ***dead*** die Batterie ist leer; ***batteries not included*** ohne Batterien; **rechargeable ~** Akku *m,* Akkubatterie *f;* **solar ~** Solarbatterie *f;* **~-operated** [*or* **-powered**] batteriebetrieben
❷ (*large number*) Unmenge *f;* **a ~ of experts** eine [ganze] Reihe von Experten; **a ~ of questions** eine Unmenge [an [*o* von]] Fragen; **a ~ of criticism** eine Flut von Kritik
❸ (*weapons*) Batterie *f*
❹ *no pl* **assault and ~** (*aggression*) Bedrohung *f* mit tätlichem Angriff, tätliche Bedrohung; (*harming*) Körperverletzung *f;* **aggravated ~** LAW ≈ gefährliche Körperverletzung

battery charger *n* [Batterie]ladegerät *nt* **battery farming** *n* BRIT, AUS Legebatterien *fpl* **battery hen** *n* BRIT, AUS Batteriehuhn *nt* **battery-operated** ['bætəri,ɒpəreɪtɪd, AM 'bæt̬əri,ɑ:pər] *adj,* **battery-powered** ['bætəri,paʊəd, AM 'bæt̬əri,paʊɚd] *adj* batteriebetrieben

batting ['bætɪŋ, AM -t̬-] *n no pl* SPORTS Schlagen *nt;* **to be good at ~** gut schlagen können

battle ['bætl̩, AM 'bæt̬l̩] **I.** *n* ❶ MIL Kampf *m,* Gefecht *nt,* Schlacht *f;* **to join ~ with sb** sich *dat* mit jdm eine Schlacht liefern; **to have been killed in ~** [im Kampf] gefallen sein
❷ (*fig: struggle*) Kampf *m fig* (**against** gegen +*akk,* **for** für/um +*akk*); **courtroom ~s** LAW Auseinandersetzungen *fpl* zwischen Anwälten im Gerichtssaal; **~ of wills** Machtkampf *m;* **~ of wits** geistiger Wettstreit; **~ of words** Wortgefecht *nt;* **to do ~** kämpfen; **to fight a ~** einen Kampf führen
▶ PHRASES: **to win the ~ but lose the war** ein Gefecht gewinnen, aber den Krieg verlieren; **to lose the ~ but win the war** ein Gefecht verlieren, aber den Krieg gewinnen; **that is half the ~** damit ist die Sache schon halb gewonnen; **to fight a losing ~** auf verlorenem Posten kämpfen
II. *vi* (*also fig: fight*) kämpfen *a. fig;* ■**to ~ against prejudice** gegen Vorurteile ankämpfen; ■**to ~ for sth** um etw *akk* kämpfen; ■**to ~ over sth** um etw *akk* kämpfen; ■**to ~ with sb/sth** mit jdm/etw kämpfen
III. *vt* AM ■**to ~ sth** gegen etw *akk* [an]kämpfen; **to ~ one's way to the top** sich *akk* nach oben [durch]kämpfen [*o* an die Spitze kämpfen]
◆**battle out** *vt* ■**to ~ out** ○ **sth** etw bis zum Ende durchstehen

battleax *n* AM, **battleaxe** *n* BRIT, AUS ❶ (*hist: weapon*) Streitaxt *f hist*
❷ (*fig pej sl: woman*) Schreckschraube *f pej fam,* [alter] Drachen *m pej fam* **battle cruiser** *n* Schlachtkreuzer *m* **battle cry** *n* Schlachtruf *m*

battledore ['bætl̩dɔ:(r), AM 'bæt̬l̩dɔ:r] *n* HIST ❶ *no pl* (*sport*) **~ and shuttlecock** Federballspiel *nt*
❷ (*paddle-shaped tool*) Waschschlägel *m* **battledress** *n no pl* Kampfanzug *m* **battle fatigue** *n* Kriegsneurose *f,* Frontkoller *m fam* **battlefield** *n* ❶ (*site*) Schlachtfeld *nt; **Naseby was one of the famous Civil War ~s*** Naseby war einer der berühmten Schauplätze des Bürgerkriegs; ***the fracas turned the restaurant into a ~*** nach dem Aufstand glich das Restaurant einem Schlachtfeld
❷ (*fig*) ECON [hart] umkämpftes Geschäft ❸ (*fig: topic*) Reizthema *nt* **battleground** *n* ❶ (*site*) Schlachtfeld *nt* ❷ (*fig: subject of dispute*) Reizthema *nt* **battle line** *n* Kriegsfront *f,* Kampflinie *f;* (*fig*) ***the ~s are drawn*** die Fronten sind geklärt

battlements ['bætl̩mənts, AM 'bæt̬l̩-] *npl* Zinnen *pl*

battler ['bætlə(r), AM -l̩ɚ] *n* Kämpfernatur *f,* Kämpfer(in) *m(f) fig*

battle-scarred *adj* ❶ (*damaged by war*) kriegsbeschädigt, vom Krieg gezeichnet *geh* ❷ (*fig: marked by experiences*) mitgenommen, gezeichnet *geh* **battleship** *n* Schlachtschiff *nt* **battle zone** *n* Kriegsschauplatz *m,* Kampfgebiet *nt*

batty ['bæti, AM -t̬i] *adj* (*fam*) bekloppt *fam,* plemplem *fam*

bauble ['bɔ:bl̩, AM 'bɑ:-] *n* (*ornament*) ■**~s** *pl* Flitterzeug *nt kein pl fam;* (*trinket*) Nippes *pl;* (*toy*) [Kinder]spielzeug *nt kein pl*

baud [bɔ:d] *n,* **baud rate** *n* COMPUT Baudrate *f*

baulk [bɔ:k, AM *also* bɑ:k] *vi see* **balk**

bauxite ['bɔ:ksaɪt, AM *also* 'bɑ:k-] *n no pl* Bauxit *m*

Bavaria [bə'veəriə, AM 'veriə] *n no pl* GEOG Bayern *nt*

Bavarian [bə'veəriən, AM -'veri-] **I.** *adj* bay[e]risch
II. *n* Bayer(in) *m(f)*

bawd [bɔ:d, AM bɑ:d] *n* (*old*) Kupplerin *f,* Puffmutter *f derb*

bawdily ['bɔ:dɪli, AM *also* 'bɑ:-] *adv* obszön, vulgär, unanständig; **to talk ~** unanständige Sachen erzählen

bawdiness ['bɔ:dɪnəs, AM 'bɑ:-] *n no pl* Obszönität *f,* Derbheit *f*

bawdy ['bɔ:di, AM *also* 'bɑ:-] *adj* derb, obszön, unanständig, schlüpfrig

bawl [bɔ:l, AM bɑ:l] **I.** *vi* ❶ (*bellow*) brüllen, schreien; ■**to ~ at sb** jdn anbrüllen [*o* anschreien]
❷ (*weep*) heulen, flennen *fam*
II. *vt* ■**to ~ sth** etw schreien [*o* brüllen]; **to ~ one's eyes out** sich *dat* die Seele aus dem Leib schreien *fam;* **to ~ a song** ein Lied grölen
◆**bawl out** *vt* ❶ (*fam: reprimand*) ■**to ~ out** ○ **sb** jdn zusammenstauchen *fam*
❷ (*bellow*) ■**to ~ out** ○ **sth** etw herausbrüllen [*o* herausschreien]

bawling ['bɔ:lɪŋ, AM *also* 'bɑ:l-] *n* Brüllen *nt,* Schreien *nt*

bawling out *n* Anschiss *m sl;* **to give sb a real ~** jdn zur Schnecke machen *fam*

bay¹ [beɪ] *n* ❶ (*in building*) Abteilung *f*
❷ (*for parking*) Parkbucht *f;* (*for unloading*) Ladeplatz *m,* Ladebereich *m*
❸ (*window*) Erker *m*
❹ (*body of water*) Bai *f,* Bucht *f;* **the B~ of Biscay** der Golf von Biskaya
❺ (*tree*) Lorbeer[baum] *m*

bay² [beɪ] **I.** *n* Braune(r) *m*
II. *adj* braun; **~ horse** braunes Pferd, Fuchs *m*

bay³ [beɪ] **I.** *vi* bellen, anschlagen; HUNT melden; ***the mastiffs ~ed around the dead fox*** die Doggen verbellten den toten Fuchs; **to ~ for blood** (*fig*) nach Blut lechzen *fig*
II. *n no pl* ❶ (*bark*) Bellen *nt,* Gebell *nt*
❷ (*driven into corner*) ■**at ~** *cornered animal* gestellt; **animal at ~** in die Enge getriebenes Tier; **to hold** [*or* **keep**] **sb/sth at ~** (*fig*) sich *dat* jdn/etw vom Leib halten; **to keep one's fears at ~** seine Ängste unter Kontrolle halten

bay leaf *n* Lorbeerblatt *nt*

bayonet ['beɪənət, AM ,beɪə'net] **I.** *n* Bajonett *nt,* Seitengewehr *nt; **fix ~s!*** Bajonette aufgepflanzt!
II. *vt* ■**to ~ sb** jdn mit dem Bajonett aufspießen

bayonet charge *n* Bajonettangriff *m*

bayou ['baɪ(j)u:] *n* AM sumpfiger Flussnebenarm

bay window *n* Erkerfenster *nt*

bazaar [bə'zɑ:(r), AM -'zɑ:r] *n* ❶ (*oriental market*) Basar *m;* (*shopping area*) Einkaufsviertel *nt;* (*group of shops*) Ladenstraße *f,* Einkaufsstraße *f;* (*market*) Markt *m*
❷ (*fund-raiser*) [Wohltätigkeits]basar *m;* **Christmas ~** Weihnachtsbasar *m*

bazooka [bə'zu:kə] *n* Bazooka *f*

BBC [,bi:bi:'si:] *n* BRIT *abbrev of* **British Broadcasting Corporation** BBC *f*

BBC English *n* BRIT ≈ Standard-Englisch *nt* **BBC Pronunciation** *n* BRIT BBC-Aussprache *f*

B box *n* COMPUT B-Register *m,* Indexregister *m*

BC [bi:'si:] *adv abbrev of* **before Christ** v. Chr.

B.C. CAN *abbrev of* **British Columbia**

BCG [,bi:si:'dʒi:] *n abbrev of* **Bacillus Calmette-Guérin** BCG *m*

be <was, been> [bi:, bi] *vi* + *n/adj* ❶ (*describes*) sein; ***she's quite rich/ugly*** sie ist ziemlich reich/hässlich; ***what is that?*** was ist das?; ***she's a doctor*** sie ist Ärztin; ***what do you want to ~ when you grow up?*** was willst du einmal werden, wenn du erwachsen bist?; ***you need to ~ certain before you make an accusation like that*** du musst dir ganz sicher sein, bevor du so eine Anschuldigung vorbringst; ***"may I ~ of service Madam?" the waiter asked*** „kann ich Ihnen behilflich sein, gnädige Frau?" fragte der Kellner; **to ~ on the same wavelength** auf der gleichen Wellenlänge liegen *fam;* **to ~ able to do sth** etw tun können, in der Lage sein, etw zu tun; **to ~ from a country/a town** aus einem Land/einer Stadt kommen
❷ (*composition*) sein, bestehen aus; ***is this plate pure gold?*** ist dieser Teller aus reinem Gold?
❸ (*opinion*) ■**to ~ for/against sth** für/gegen etw *akk* sein; **to ~ all for sth** ganz [*o* sehr] für etw *akk* sein
❹ (*calculation*) sein, machen, kosten; ***two and two is four*** zwei und zwei ist vier; ***these books are 50p each*** diese Bücher kosten jeweils 50p
❺ (*timing*) **to ~ late/[right] on time** zu spät/[genau] rechtzeitig kommen
❻ (*location*) sein; *town, country* liegen; ***the keys are in that box*** die Schlüssel befinden sich in der Schachtel; ***the food was on the table*** das Essen stand auf dem Tisch; ***he's not here*** er ist nicht da; **to ~ in a fix** [*or* **jam**] (*fam*) in der Klemme stecken *fam;* **to ~ in a bad situation/trouble** in einer schwierigen Situation/Schwierigkeiten sein

(7) *in pp* (*visit*) sein; ***the postman hasn't been yet*** der Briefträger war noch nicht da; ***I've never been to Kenya*** ich bin noch nie in Kenia gewesen

(8) (*take place*) stattfinden; ***the meeting is next Tuesday*** die Konferenz findet am nächsten Montag statt

(9) (*do*) sein; **to ~ on benefit** [*or* AM **welfare**] Sozialhilfe bekommen, Sozialhilfeempfänger/Sozialhilfeempfängerin sein; **to ~ on a diet** auf Diät sein; **to ~ on the pill** die Pille nehmen; **to ~ on standby/on holiday** in [Ruf]bereitschaft/im Urlaub sein; ■**to ~ up to sth** etw im Schild[e] führen

(10) (*exist*) existieren, vorhanden sein; (*old liter: live*) leben, sein; ***let her ~!*** lass sie in Ruhe!; ***to ~ or not to ~, that is the question*** Sein oder Nichtsein, das ist die Frage; **there is/are ...** es gibt ...

(11) (*expresses possibility*) **can it** [**really**] **~ that ...?** (*form*) ist es [tatsächlich] möglich, dass ...?; **is it that ...?** (*form*) kann es sein, dass ...?

(12) (*expresses ability*) **sth is to ~ done** etw kann getan werden; ***the exhibition is currently to ~ seen at the City Gallery*** die Ausstellung ist zurzeit in der Stadtgalerie zu besichtigen

(13) ■**to ~ to do sth** (*expresses allowance*) etw dürfen; (*expresses obligation*) etw sollen; ■**to not ~ to do sth** etw nicht dürfen; ***what are we to do?*** was sollen wir tun?; ***you're to sit in the corner and keep quiet*** du sollst dich in die Ecke setzen und ruhig sein

(14) ■**to ~ to do sth** (*expresses future*) etw tun werden; ***we are to visit Australia in the spring*** im Frühling reisen wir nach Australien; (*expresses future in past*) ***she was never to see her brother again*** sie sollte ihren Bruder nie mehr wiedersehen; (*in conditionals*) ***if I were you, I'd ...*** an deiner Stelle würde ich ...; **if sb was** [*or* **were**] **to do sth, ...** wenn jd etw tun würde, ...; ***if he was to work harder, he'd get better grades*** wenn er härter arbeiten würde, bekäme er bessere Noten; **were sb to do sth, ...** (*form*) würde jd etw tun, ...; ***were I to refuse, they'd be very annoyed*** würde ich mich weigern, wären sie äußerst verärgert

(15) (*impersonal use*) ***what is it?*** was ist?; ***what's it to ~?*** (*what are you drinking*) was möchten Sie trinken?; (*please decide now*) was soll es denn [nun] sein?; ***it is only fair for me*** es erscheint mir nur fair; ***is it true that you were asked to resign?*** stimmt es, dass man dir nahe gelegt hat, dein Amt niederzulegen?; ***it's not that I don't like her — it's just that we rarely agree on anything*** es ist nicht so, dass ich sie nicht mag – wir sind nur selten einer Meinung; **as it were** sozusagen, gleichsam

(16) (*expresses imperatives*) ***~ quiet or I'll ...!*** sei still oder ich ...!; ***~ seated!*** (*form*) setzen Sie sich!, nehmen Sie Platz! *geh;* ***~ yourself!*** sei du selbst! [*o* ganz natürlich!]

(17) (*expresses continuation*) ■**to ~ doing sth** gerade etw tun; ***don't talk about that while I'm eating*** sprich nicht davon, während ich beim Essen bin; ***she's studying to be a lawyer*** sie studiert, um Rechtsanwältin zu werden; ***it's raining*** es regnet; ***you're always complaining*** du beklagst dich dauernd

(18) (*expresses passive*) **to ~ asked/pushed** gefragt/gestoßen werden; **to ~ be discovered by sb** von jdm gefunden werden; **to ~ left an orphan** als Waise zurückbleiben; **to ~ left speechless** sprachlos sein

▶ PHRASES: **the ~-all and end-all** das Ein und Alles [*o* A und O]; **to ~ off form** nicht in Form sein; **the joke is on sb** jd ist der Dumme; **~ that as it may** wie dem auch sei; **so ~ it** so sei es, sei's drum *fam;* **far ~ it from sb to do sth** nichts liegt jdm ferner, als etw zu tun; **to ~ off** (*go away, leave*) weggehen; (*begin spoiling*) schlecht sein; ***~ off with you! go away!*** geh! hau ab! *fam*

beach [biːtʃ] **I.** *n* <*pl* -es> Strand *m;* **pebble** [*or* BRIT **shingle**] ~ Kieselstrand *m;* **on the ~** am Strand

▶ PHRASES: **to be not the only pebble on the ~** nicht der/die Einzige sein; ***you're not the only pebble on the ~*** ich komme auch ohne dich zurecht

II. *vt* **to ~ a boat** ein Boot auf [den] Strand setzen; ***they ~ed the boat on the shore*** sie zogen das Boot an den Strand; **~ed dolphin/whale** gestrandeter Delphin/Wal

beach bag *n* Strandtasche *f* **beach ball** *n* Wasserball *m* **beach buggy** *n* Strandbuggy *m,* Strandwagen *m* **beach bum** *n* (*fam*) Strandliebhaber(in) *m(f)* **beachcomber** [-ˌkəʊməʳ, AM -ˌkoʊmɚ] *n* Strandgutsammler(in) *m(f)* **beachfront** *esp* AM **I.** *n* Strandpromenade *f* **II.** *n modifier* (*location, house, property*) am Strand; **~ party** Strandparty *f* **beachhead** *n* Brückenkopf *m* **beach hut** *n* Strandhäuschen *nt* **beach resort** *n* Badeort *m* **beachwear** *n no pl* (*clothing*) Strandkleidung *f;* FASHION Strandmode *f*

beacon [ˈbiːkᵊn] *n* (1) (*signal*) Leuchtfeuer *nt,* Signalfeuer *nt;* **chain of ~s** BRIT Lichterkette *f;* (*fig*) ***honesty shone from him like a ~*** er strahlte eine unglaubliche Aufrichtigkeit aus

(2) (*fig: inspiration*) Leitstern *m fig geh;* **to light a ~ of hope/love** ein Zeichen der Hoffnung/Liebe setzen

beacon frame *n* COMPUT Beacon-Rahmen *m*

bead [biːd] *n* (1) (*for jewellery*) Perle *f;* **glass/wooden ~** Glas-/Holzperle *f*

(2) (*fig: droplet*) Tropfen *m,* Perle *f fig;* **~s of perspiration** [*or* **sweat**] Schweißtropfen *mpl,* Schweißperlen *fpl*

(3) REL ■**~s** *pl* Rosenkranz *m;* **to count** [*or* **say**] [*or* **tell**] **one's ~s** den Rosenkranz beten

▶ PHRASES: **to draw** [*or* **take**] **a ~ on sb/sth** auf jdn/etw zielen

beaded [ˈbiːdɪd] *adj* (1) (*decorated*) mit Perlen besetzt [*o* verziert]

(2) (*with drops*) ***after an hour of aerobics your face will be ~ with sweat*** nach einer Stunde Aerobik läuft dir der Schweiß übers Gesicht

beading [ˈbiːdɪŋ] *n* Perlstab *m,* Perlstabverzierung *f;* TECH Bördelrand *m,* Sicke *f fachspr*

beadle [ˈbiːdl̩] *n* (1) (*ceremonial officer*) Herold *m*

(2) SCOT (*church officer*) Kirchendiener *m,* Küster *m*

(3) HIST (*minor parish officer*) Büttel *m*

beady [ˈbiːdi] *adj* (*pej*) **~ eye** waches Auge; **~ eyes** [glänzende] Knopfaugen; ***she's always got her ~ eyes on me*** sie lässt mich nicht aus den Augen

beagle [ˈbiːgl̩] *n* Beagle *m*

beak [biːk] *n* (1) (*bird mouth*) Schnabel *m;* (*fam: person's nose*) große Nase, Zinken *m hum fam*

(2) BRIT (*dated fam: judge*) Kadi *m fam*

beaker [ˈbiːkəʳ, AM -ɚ] *n* (1) (*drinking vessel*) Becher *m*

(2) SCI, TECH Becherglas *nt*

Beaker cup *n Tonschale aus dem Neolithikum*

be-all [ˈbiːɔːl] *n* ▶ PHRASES: **the ~ and end-all** [**of sth**] (*fam*) das Ein und Alles [einer Sache] *fam,* der Inbegriff [einer Sache]

beam [biːm] **I.** *n* (1) (*light*) [Licht]strahl *m,* Strahlenbündel *nt;* **electron ~** Elektronenstrahl *m;* **full ~** AM AUTO Fernlicht *nt;* **laser ~** Laserstrahl *m;* (*fig*) **to be off ~** danebenliegen *fam,* auf dem falschen Dampfer sein *fam*

(2) (*baulk*) Balken *m;* **exposed wooden ~s** frei liegende Holzbalken

(3) SPORTS Schwebebalken *m*

▶ PHRASES: **to be broad in the ~** breite Hüften haben

II. *vt* (1) (*transmit*) ■**to ~ sth** etw ausstrahlen [*o* senden]; **to ~ a broadcast** eine Sendung ausstrahlen; (*fig*) etw [ver]senden [*o* schicken]

(2) (*give*) **to ~ a smile at sb** jdm ein Lächeln zuwerfen; ***"I'm so pleased to see you," he ~ed*** mit seinem Lächeln signalisierte er: „ich freue mich so, dich zu sehen"

III. *vi* (1) (*glow*) strahlen

(2) (*smile*) strahlen; ***she ~ed with delight*** sie strahlte vor Freude; ■**to ~ at sb** jdn anstrahlen [*o* anlächeln]

◆**beam down I.** *vi* niederstrahlen; *sun* scheinen; ***the hot summer sun ~ed down on them*** die heiße Sommersonne brannte auf sie herunter

II. *vt* (*in Star Trek*) ■**to ~ down** ○ **sb/sth** jdn/etw [herunter]beamen

◆**beam up** *vt* (*in Star Trek*) ■**to ~ up** ○ **sb/sth** jdn/etw hochbeamen; **~ *me up, Scotty*** beam me up Scotty!

beam-ends *npl* NAUT Ende *nt* der Decksbalken; ***the ship was on her*** [*or* ***the***] **~** das Schiff hatte Schlagseite; **to be on one's ~** BRIT (*dated fam*) [finanziell] am Ende [*o fam* pleite] sein

beaming [ˈbiːmɪŋ] *adj* strahlend; **~ smile** freudestrahlendes Lächeln; ■**to be ~** strahlen

bean [biːn] *n* (*seed*) Bohne *f;* (*pod*) [Bohnen]hülse *f;* **baked ~s** Baked Beans *pl;* **coffee ~s** Kaffeebohnen *fpl;* **French** [*or* **green**] **~s** grüne Bohnen; **runner ~s** Stangenbohnen *pl;* (*fig*) **to not have a ~** (*fam*) keinen Pfennig in der Tasche haben *fam;* **old ~** BRIT (*dated*) altes Haus *hum fam*

▶ PHRASES: **to be full of ~s** putzmunter [*o* quicklebendig] sein *fam;* **to spill the ~s** aus der Schule plaudern; **to spill the ~s to sb about sth** jdm etw verraten

beanbag *n* (1) (*chair*) Sitzsack *m,* Knautschsessel *m*

(2) (*child's toy*) Bohnensäckchen *nt* **beanbag chair** *n* AM Sitzsack *m,* Knautschsessel *m* **bean counter** *n* AM, AUS (*pej sl*) Erbsenzähler(in) *m(f) pej fam,* Pedant(in) *m(f) pej* **bean curd** *n* Bohnengallerte *f* (*Ausgangsprodukt für die Tofuherstellung*) **bean feast** *n* BRIT, AUS (*fam*) Riesenfete *f fam,* Gelage *nt*

beano <*pl* -s> [ˈbiːnəʊ, AM noʊ] *n* BRIT (*fam*) Party *f*

beanpole *n* (*hum fam*) Bohnenstange *f hum fam,* lange Latte *hum fam* **bean sprouts** *npl* Sojabohnensprossen *fpl,* Sojabohnenkeimlinge *mpl*

bear^1 [beəʳ, AM ber] **I.** *n* (1) (*animal*) Bär *m;* **black/brown ~** Schwarz-/Braunbär *m;* **she-~** Bärin *f;* **to be like a ~ with a sore head** [*or* AM **like a real ~**] (*fig fam*) ein richtiger Brummbär sein *fam*

(2) STOCKEX (*sb calculatedly selling stocks*) Baissier *m,* Baissespekulant(in) *m(f);* **covered ~** gedeckter Baissier; **uncovered ~** Baissier *m,* der seine Position noch nicht glattstellen konnte

▶ PHRASES: **it's a ~ to do sth** es ist kompliziert, etw zu tun

II. *vi* STOCKEX auf Baisse [*o* à la Baisse] spekulieren

bear^2 <bore, borne *or* AM *also* born> [beəʳ, AM ber] **I.** *vt* (1) (*carry*) ■**to ~ sth** etw tragen; (*liter*) ***he was borne backwards by a large wave*** er wurde von einer großen Welle zurückgerissen; **to ~ arms** (*form*) Waffen tragen; **to ~ gifts** (*form*) Geschenke mitbringen; **to ~ tidings** (*old liter*) Neuigkeiten überbringen

(2) (*display*) **to ~ a date/an imprint/an inscription** ein Datum/einen Aufdruck/eine Aufschrift tragen

(3) (*be identified by*) **to ~ sb's name** jds Namen tragen [*o geh* führen]

(4) (*behave*) ■**to ~ oneself *he bore himself with dignity*** er zeigte Würde

(5) (*support*) **to ~ the load/the weight** die Last/das Gewicht tragen; (*fig*) **to ~ the cost** die Kosten tragen

(6) (*endure, shoulder*) ■**to ~ sth** etw ertragen [*o* erdulden]; ***what might have happened doesn't ~ thinking about*** man darf gar nicht daran denken, was hätte passieren können; ***he said something so awful that it doesn't ~ repeating*** er sagte so etwas Schreckliches, dass ich es gar nicht wiederholen möchte; **to ~ the blame** die Schuld auf sich *akk* nehmen; **to ~ the** [**burden of**] **responsibility** die [Last der] Verantwortung tragen; **to ~ one's cross** sein Kreuz tragen *fig;* **to ~ the discomfort/hardship** die Unbequemlichkeit/Mühe auf sich *akk* nehmen; **to ~ the pain/tribulation** den Schmerz/Kummer ertragen

(7) (*tolerate*) ■**to not be able to ~ sb** jdn nicht ertragen [*o* ausstehen] können; ■**to not be able to ~ sth** jdn/etw nicht ertragen können; ■**to not be able to ~ boredom/suspense** Langeweile/Spannung nicht aushalten; ■**to not be able to ~ jokes/criticism** Spaß/Kritik nicht vertragen; ■**to not ~ to**

do sth es nicht ertragen können, etw zu tun
❽ (*harbour resentments*) **to ~ sb a grudge** einen Groll gegen jdn hegen *geh;* **to ~ sb ill-feeling** auf jdn nicht gut zu sprechen sein; **to not ~ any ill-feeling against sb** nichts gegen jdn haben; **to ~ sb ill-will** jdm gegenüber nachtragend sein; **to ~ no ill-will** keine Feindschaft empfinden
❾ (*possess*) **to ~ an [uncanny] likeness** [*or* **similarity**] **to sb** [unheimliche] Ähnlichkeit mit jdm haben; **to ~ a [strong] resemblance to sb** [große] Ähnlichkeit mit jdm haben, jdm sehr ähnlich sehen; **to ~ the** [*or* **a**] **scar** eine Narbe davontragen *fig,* gezeichnet sein *geh*
❿ (*keep*) ***I'll ~ that in mind*** ich werde das mit berücksichtigen
⓫ (*give birth to*) **to ~ a baby** ein Kind gebären [*o* zur Welt bringen]; **to ~ sb a child** jdm ein Kind gebären; ***his wife bore him a son*** seine Frau schenkte ihm einen Sohn; ***I was born in April*** ich bin im April geboren; **to ~ cubs/foals/young** ZOOL Welpen/Fohlen/Junge bekommen
⓬ AGR, BOT **to ~ fruit** (*also fig*) Früchte tragen *a. fig;* FIN, ECON **to ~ interest at 8%** 8% Zinsen bringen, mit 8% verzinst sein
⓭ **to ~ testimony** [*or* **witness**] Zeugnis ablegen; **to ~ witness to sth** von etw *dat* Zeugnis ablegen, etw bezeugen; **to ~ false witness** (*old*) falsches Zeugnis ablegen *veraltend*
II. *vi* ❶ (*tend*) **to ~ left/right** sich *akk* links/rechts halten
❷ (*be patient*) ■**to ~ with sb** mit jdm Geduld [*o* Nachsicht] haben
❸ (*press*) drücken; **to ~ on a lever** einen Hebel betätigen
❹ (*approach*) ■**to ~ down on** [*or* **upon**] **sb/sth** auf jdn/etw zusteuern
❺ (*be relevant*) ■**to ~ on sth** etw betreffen; (*have affect on*) etw beeinflussen
❻ (*put pressure on*) **to bring pressure to ~ on sb/sth** Druck *m* auf jdn/etw ausüben
♦**bear out** *vt* ■**to ~ out** ↔ **sb/sth** jdn/etw bestätigen; **to ~ sb out in sth** jdn in etw *dat* bestätigen, jdm in etw *dat* Recht geben; ■**to ~ sb out on sth** jdm bei etw *dat* den Rücken stärken
♦**bear up** *vi* standhalten, durchhalten; ***how is she? — oh she's ~ing up*** wie geht es ihr? – nun ja, sie lässt sich nicht unterkriegen; **to [not] ~ up under questioning** einer Befragung [nicht] standhalten
bearable [ˈbeərəbl̩, AM ˈberə-] *adj* erträglich
bear covering *n* STOCKEX Deckungskauf *m* eines Baissespekulanten
beard [bɪəd, AM bɪrd] **I.** *n* Bart *m;* ZOOL [Ziegen]bart *m;* **full ~** Vollbart *m;* **to grow a ~** sich *dat* einen Bart wachsen [*o* stehen] lassen; **to have** [*or* **sport**] **a ~** einen Bart tragen [*o* haben]
II. *vt* (*dated liter*) ■**to ~ sb** jdm trotzen [*o* die Stirn bieten]; **to ~ sb in his/her den** [*or* **lair**] jdn in seiner/ihrer Zufluchtsstätte stellen
► PHRASES: **to ~ the lion in his** [*or* **her**] **den** sich *akk* in die Höhle des Löwen wagen *fig*
bearded [ˈbɪədɪd, AM ˈbɪrd-] *adj inv* bärtig; ■**to be ~** einen Bart haben
beardless [ˈbɪədləs, AM ˈbɪrd-] *adj inv* bartlos, ohne Bart; ■**to be ~** keinen Bart haben
bearer [ˈbeərəʳ, AM ˈberɚ] *n* ❶ (*conveyor, messenger*) Überbringer(in) *m(f);* ***why are you always the ~ of bad news?*** warum bringst du immer schlechte Nachrichten?
❷ (*form: of financial document*) Inhaber(in) *m(f);* **~ of shares** Aktionär(in) *m(f)*
❸ (*pallbearer*) Sargträger *m*
bearer bond *n* FIN Inhaberschuldverschreibung *f*
bearer cheque, AM **bearer check** *n* LAW Überbringerscheck *m,* Inhaberscheck *m* **bearer clause** *n* ECON Überbringerklausel *f* **bearer instrument**, **bearer security** *n* ECON Inhaberpapier *nt* **bearer share** *n* ECON Inhaberaktie *f*
bear hug *n* ❶ (*in wrestling*) Umklammerung *f,* Klammer *f*
❷ (*embrace*) heftige Umarmung; (*fig*) **to be in the ~ of a sect** in die Fänge einer Sekte geraten sein
bearing [ˈbeəʳɪŋ, AM ˈber-] *n* ❶ GEOG, NAUT Peilung *f;* **to take a ~ on sth** etw anpeilen, sich *akk* an etw *dat* orientieren; ■**~s** *pl* (*position*) Lage *f kein pl,* Position *f;* (*direction*) Kurs *m kein pl,* Richtung *f;* **to get** [*or* **find**] **one's ~s** (*fig*) sich *akk* zurechtfinden [*o fig* orientieren], zurechtkommen; **to lose one's ~s** die Orientierung verlieren; **to plot one's ~s** (*position*) die Position feststellen; (*direction*) den Kurs ermitteln
❷ (*deportment*) Benehmen *nt kein pl,* Betragen *nt kein pl,* Verhalten *nt kein pl;* (*posture*) Haltung *f;* ***she had a proud, distinguished ~*** sie hatte eine stolze, vornehme Art; **dignified ~** würdige Haltung
❸ TECH Lager *nt*
❹ (*relevance*) Tragweite *f kein pl,* Bedeutung *f kein pl;* **to have some ~ on sth** für etw *akk* von Belang [*o* relevant] sein; **to have no ~ on sth** zu etw *akk* keinen Bezug haben, für etw *akk* belanglos sein
bearish [ˈbeərɪʃ, AM ˈber-] *adj* ❶ STOCKEX baissierend, zur Baisse tendierend; ■**to be ~** auf Baisse spekulieren
❷ (*grumpy*) brummig
bear market *n* STOCKEX Baisse *f,* Baissemarkt *m*
bear position *n* STOCKEX Baisseposition *f;* **taking a ~** auf fallende Kurstendenz spekulierend **bear sale** *n* STOCKEX Leerverkauf *m* **bearskin** *n* ❶ (*bear fur*) Bärenfell *nt* ❷ (*military hat*) Bärenfellmütze *f* **bear squeeze** *n* STOCKEX Herbeiführen *nt* einer Schwänze im Devisengeschäft/Effektenhandel
beast [biːst] *n* ❶ (*animal*) Tier *nt;* **~ of burden** (*liter*) Lasttier *nt;* **the king of the ~s** der König der Tiere
❷ (*fam: nasty person*) Biest *nt pej fam,* Ekel *nt pej fam;* (*cruel person*) Bestie *f pej;* **to be a ~ to sb** zu jdm biestig sein *fam;* **to bring out the ~ in sb** das Tier in jdm zum Vorschein bringen; **a ~ of a day** BRIT ein scheußlicher Tag
beastie [ˈbiːsti] *n* SCOT (*hum: animal*) Tier *nt;* (*fam: insect*) Insekt *nt,* Tierchen *nt fam*
beastliness [ˈbiːstlɪnəs] *n no pl* ❶ BRIT (*fam: unpleasantness*) Widerwärtigkeit *f,* Scheußlichkeit *f*
❷ (*maliciousness*) Gemeinheit *f,* Niedertracht *f*
❸ (*old: cruelty, unrestrainedness*) viehische Rohheit, völlige Hemmungslosigkeit
beastly [ˈbiːs(t)li] *adj* (*fam*) ❶ (*disappointing, nasty*) scheußlich, garstig, ekelhaft; **~ weather** BRIT Mistwetter *nt fam*
❷ (*unfair, unpleasant*) gemein, fies *fam,* eklig *fam*
beat [biːt] **I.** *n* ❶ (*pulsation, throb, palpitation*) Schlag *m; of the heart* Klopfen *nt;* (*act*) Schlagen *nt kein pl,* Pochen *nt kein pl*
❷ (*in music*) Takt *m;* **to the ~ of the music** im Takt der Musik; **to have a strong ~** einen ausgeprägten Rhythmus haben
❸ *usu sing* (*of policemen*) Revier *nt;* **to be on one's ~** seine Runde machen; **to walk the ~** die Runde machen; **on a ~** auf einem Rundgang
❹ (*fig: area of interest*) **to be off sb's ~** nicht jds Fach sein
II. *adj pred* (*fam*) ❶ (*exhausted*) völlig erschöpft, erschlagen *fam,* fix und fertig *fam;* **to be dead ~** *esp* BRIT todmüde [*o fam* total geschafft] sein
❷ (*vanquished, defeated*) geschlagen, besiegt; **to have sb ~** CHESS jdn schachmatt gesetzt haben
III. *vt* <beat, beaten *or fam* beat> ❶ (*bang, pound often*) ■**to ~ sb** jdn schlagen; **to ~ one's child/wife** sein Kind/seine Frau [ver]prügeln; **to ~ sb to death** jdn zu Tode prügeln; **to ~ sb black and blue** jdn grün und blau schlagen *fam;* **to ~ sb senseless** (*fam*) jdn bewusstlos schlagen; **to brutally** [*or* **savagely**] **~ sb** jdn brutal zusammenschlagen; **to ~ a confession out of sb** ein Geständnis aus jdm herausprügeln
❷ AM (*mix food*) **to ~ eggs** Eier verrühren
❸ (*cut through*) **to ~ one's path through sth** sich *dat* einen Weg durch etw *akk* bahnen
❹ ■**to ~ sb** (*defeat*) jdn schlagen [*o* besiegen]; (*do better than*) jdn übertreffen; **to ~ sb hands down** jdn haushoch schlagen; **to ~ a record** einen Rekord brechen; **to comfortably** [*or* **easily**] [*or* **soundly**] **~ sb/sth** jdn/etw leicht [*o* mühelos] schlagen; **to ~ sb/sth fair and square** jdn/etw ehrlich [*o* mit fairen Mitteln] schlagen; **to narrowly ~ sb/sth** jdn/etw knapp schlagen; ■**to ~ sb/sth by sth** jdn/etw mit etw *dat* schlagen; ■**to ~ sb to sth** jdm bei etw *dat* zuvorkommen
❺ (*be better than*) ■**to ~ sb/sth** jdn/etw schlagen, besser als jd/etw sein; ***you can't ~ our local Italian restaurant for a good pizza*** eine bessere Pizza als bei unserem Italiener findest du nirgends
❻ (*prophylactically take action*) ■**to ~ sth** etw umgehen; **to ~ the rush** die Stoßzeit umgehen
❼ (*hit rhythmically*) ■**to ~ sth** auf etw *akk* trommeln; **to ~ a drum** trommeln; **to ~ time** den Takt schlagen
► PHRASES: **to ~ one's brains out** sich *dat* den Kopf zerbrechen *fig;* **to ~ sb's brains out** (*fam*) jdm den Schädel einschlagen *fam;* **to ~ one's breast** [*or* **chest**] sich *dat* an die Brust schlagen *fig;* **to ~ the [living] daylights out of sb** jdn windelweich schlagen *fam;* **to ~ sb at their own game** jdn mit seinen eigenen Waffen schlagen *fig;* **to ~ the hell out of sb** (*sl*) jdn fürchterlich verdreschen *fam;* **to ~ the pants off sb** [*or* BRIT **sb hollow**] (*fam*) jdn vernichtend schlagen; **to ~ a path to sb's door** jdm die Bude einrennen *fam;* **to ~ sb to the punch** [*or esp* BRIT **the draw**] (*fire gun before other*) schneller als jd ziehen; (*get in first blow*) jdm zuvorkommen; **to ~ the rap** AM sich *akk* herauswinden *fam;* **to ~ a [hasty] retreat** [schnell] einen Rückzieher machen; **if you can't ~ 'em, join 'em** (*saying*) verbünde dich mit ihnen, wenn du sie nicht besiegen kannst *fig;* **that ~s everything** [*or* AM *also* **all**] (*sl*) das schlägt dem Fass den Boden aus *fam;* **~ it!** (*sl*) hau ab! *fam;* **it ~s me** [*or* **what ~s me is**] **how/why ...** es ist mir ein Rätsel, wie/warum ...
IV. *vi* <beat, beaten *or fam* beat> ❶ (*throb, vibrate, pound*) schlagen; *sun* brennen; *heart also* klopfen, pochen; *rain* peitschen; (*on metal*) prasseln; ***the doctor could feel no pulse ~ing*** der Arzt konnte keinen Puls feststellen
❷ AM ■**to ~ on sb** auf jdn einschlagen; **to ~ on the door** gegen die Tür hämmern
► PHRASES: **to ~ about** [*or* AM **around**] **the bush** um den heißen Brei herumreden *fam*
♦**beat back** *vt* ■**to ~ back** ↔ **sth** etw abwehren; MIL etw zurückschlagen; *blaze* eindämmen
♦**beat down I.** *vi hail, rain* niederprasseln; *sun* niederbrennen
II. *vt* ■**to ~ down** ↔ **sb/sth** jdn/etw herunterhandeln; ***I ~ him down to £35*** ich habe ihn auf 35 Pfund heruntergehandelt
♦**beat off** *vt* ■**to ~ off** ↔ **sb/sth** jdn/etw abwehren; MIL jdn/etw zurückschlagen
♦**beat out** *vt* ❶ (*extinguish*) **to ~ out the fire** das Feuer ausschlagen
❷ (*percussively create sounds*) ■**to ~ out** ↔ **sth** etw schlagen [*o* trommeln]
❸ AM (*defeat*) ■**to ~ sb out** jdn aus dem Rennen werfen [*o* Feld schlagen]
♦**beat up I.** *vt* ■**to ~ up** ↔ **sb** jdn verprügeln [*o fam* zusammenschlagen]
II. *vi* AM ■**to ~ up on sb** jdn verprügeln
beaten [ˈbiːtᵊn, AM -t̬ᵊn] *adj inv* geschlagen; *earth* festgetreten; *metal* gehämmert, getrieben; **~ gold** Blattgold *nt;* **~ track** Trampelpfad *m;* **to be off the ~ track** abgelegen sein, abseits vom Weg liegen
beaten-up *adj* ramponiert *fam*
beater [ˈbiːtəʳ, AM -t̬ɚ] *n* ❶ (*stick for hitting*) Schläger *m,* Knüppel *m;* (*for cookery*) Rührbesen *m;* (*for carpets*) [Teppich]klopfer *m;* **electric ~** Mixer *m*
❷ (*person rousing game*) Treiber(in) *m(f)*
beat generation *n* Beatgeneration *f*
beatific [ˈbiːəˈtɪfɪk] *adj* (*liter*) [glück]selig, beglückt; **~ smile** seliges Lächeln
beatifically [ˈbiːəˈtɪfɪkᵊli] *adv* (*liter*) [glück]selig
beatification [biˌætɪfɪˈkeɪʃᵊn, AM -ˌæt̬ə-] *n* Seligsprechung *f,* Beatifikation *f fachspr*
beatify [biˈætɪfaɪ, AM -ˈæt̬ə-] *vt* REL ■**to ~ sb** jdn selig sprechen [*o fachspr* beatifizieren]
beating [ˈbiːtɪŋ, AM -t̬-] *n* ❶ (*smacking*) Prügel

mpl, Schläge *mpl*
❷ (*defeat*) Niederlage *f;* **to take a ~** (*be defeated*) eine Niederlage [*o* Schlappe] einstecken *fam*
❸ (*hard to better*) ***it will take some ~ to make a cake better than mom's*** Mutters Kuchen ist kaum zu übertreffen

beating-up *n* Abreibung *f fam*

Beatitudes [biˈætɪtjuːdz, AM -ˈæt̬ətuːdz, *also* -juːdz] *npl* ■**the ~** die Seligpreisungen

beatnik [ˈbiːtnɪk] *n* Beatnik *m*

beat-up *adj* (*fam*) ramponiert *fam*

beau <*pl* -s *or* -x> [bəʊ, AM boʊ] *n* (*boyfriend*) Liebhaber *m,* Freund *m;* (*dated: male suitor/wooer/admirer*) Galan *m veraltet,* Verehrer *m veraltend o hum*

Beaufort scale [ˈbəʊfɔːtˌskeɪl, AM ˈboʊfə˞t] *n* METEO Beaufortskala *f*

beau monde [bəʊˈmɒnd, AM ˌboʊˈmɑːnd] *n no pl* (*dated*) ■**the ~** ≈ die Schickeria *fam*

beaut [bjuːt] **I.** *n* (*fam or dated: thing*) Prachtstück *nt,* Prachtexemplar *nt;* (*woman*) Schönheit *f*
II. *adj* AUS (*fam*) klasse *fam,* toll *fam*

beauteous [ˈbjuːtiəs, AM -t̬-] *adj* (*poet*) wunderschön, herrlich, prachtvoll

beautician [bjuːˈtɪʃən] *n* Kosmetiker(in) *m(f)*

beautification [ˌbjuːtɪfɪˈkeɪʃən, AM -t̬ə-] *n no pl* Verschönerung *f*

beautiful [ˈbjuːtɪfəl, AM -t̬ə-] **I.** *adj* ❶ (*very attractive*) schön; **extremely ~** wunderschön
❷ (*uplifting, inspiring*) *time, music* herrlich, großartig; (*very good, excellent*) *cake* wunderbar, exzellent; *sight, weather* herrlich; (*very caring, kind-hearted*) *person* großartig, wunderbar; *deed* großartig
❸ **the ~ people** (*dated: hippies*) die Hippies *pl;* (*trendy affluent set*) die Schickeria *meist pej fam*
II. *n* (*fam: form of adress*) **hello, ~** hallo, schönes Kind *fam*

beautifully [ˈbjuːtɪfəli, AM -t̬ə-] *adv* schön; (*very well*) wunderbar; (*excellently, faultlessly*) ausgezeichnet, hervorragend

beautify [ˈbjuːtɪfaɪ, AM -t̬ə-] *vt* ■**to ~ sb/sth** jdn/etw verschönern; (*esp hum*) **to ~ oneself** sich *akk* schön machen *a. hum fam*

beauty [ˈbjuːti, AM -t̬i] *n* ❶ *no pl* (*attractiveness*) Schönheit *f;* **haunting ~** betörende Schönheit; **natural** [*or* **scenic**] **~** landschaftliche Schönheit
❷ (*very attractive woman*) Schönheit *f,* schöne Frau
❸ (*fam: outstanding specimen*) Prachtstück *nt,* Prachtexemplar *nt*
❹ *no pl* (*attraction*) ***the ~ of our plan …*** das Schöne an unserem Plan …
❺ (*iron fam: strong punch*) Haken *m*
► PHRASES: **~ is in the <u>eye</u> of the beholder** (*prov*) über Geschmack lässt sich [bekanntlich] streiten *fam,* die Geschmäcker sind verschieden; **~ is only <u>skin</u> deep** (*prov*) es ist nicht alles Gold, was glänzt *prov;* **~ is <u>truth</u>, truth ~** Schönheit ist Wahrheit und Wahrheit ist Schönheit

beauty contest *n,* **beauty pageant** *n* Schönheitswettbewerb *m* **beauty parlor** AM, **beauty parlour** *n* Schönheitssalon *m,* Kosmetiksalon *m* **beauty queen** *n* Schönheitskönigin *f* **beauty salon** *n,* **beauty shop** *n* AM Schönheitssalon *m,* Kosmetiksalon *m* **beauty sleep** *no pl n* (*hum*) Schlaf *m* vor Mitternacht, Schönheitsschlaf *m hum* **beauty spot** *n* ❶ (*in countryside*) schönes [*o* hübsches] Fleckchen [Erde] ❷ (*on face*) Schönheitsfleck *m*

beaver [ˈbiːvəʳ, AM -və˞] **I.** *n* ❶ (*animal*) Biber *m;* (*fig*) Arbeitstier *nt fig*
❷ (*fur*) Biber[pelz] *m*
❸ AM (*vulg: female genitals*) Muschi *f vulg*
❹ (*Beaver Scout*) Neuling bei den Pfadfindern
II. *vi* (*fam*) **to ~ away** schuften *fam*

Beaver Scout *n Neuling bei den Pfadfindern* **beavertail** [ˈbiːvəteɪl] *n* CAN FOOD *in Öl gebackenes süßes Gebäck in Form eines Biberschwanzes*

bebop [ˈbibɒp, AM -bɑːp] *n* MUS Bebop *m*

becalmed [bɪˈkɑːmd] *adj* ❶ NAUT ■**to be ~** in eine Flaute geraten sein
❷ (*fig*) **~ state** Stagnation *f*

became [bɪˈkeɪm] *pt of* **become**

because [bɪˈkɒz, AM -ˈkɑːz] **I.** *conj* ❶ (*for the reason that*) weil, da; **all the more … ~ …** umso mehr … als …; ***he was all the more surprised at the gifts ~ he had forgotten his own birthday*** er war umso überraschter über die Geschenke, hatte er doch den eigenen Geburtstag vergessen; ***don't think I'm going to give in just ~ you're smiling so sweetly at me!*** glaub nicht, dass ich nachgebe, bloß weil du mich so süß anlächelst!
❷ (*fam: for*) denn; ***have you been away, ~ we haven't seen you recently?*** waren Sie weg? wir haben Sie nämlich in letzter Zeit gar nicht gesehen
► PHRASES: **<u>just</u> ~!** [einfach] nur so!; ***why can't we go? – just ~!*** warum können wir nicht hingehen? — darum!
II. *prep* ■**~ of** wegen +*gen*

beck [bek] *n* ❶ BRIT (*little stream*) [Wild]bach *m*
❷ *no pl* (*hand gesture*) Wink *m,* Zeichen *nt;* (*nod*) Nicken *nt;* (*fig*) **to be at sb's ~ and call** jdm voll und ganz zur Verfügung stehen, nach jds Pfeife tanzen

beckon [ˈbekən] **I.** *vt* ■**to ~ sb** jdm ein Zeichen geben; ***he ~ed me to join them*** er gab mir ein Zeichen, dass ich mich zu ihnen gesellen solle; ■**to ~ sb over** jdn herüberwinken
II. *vi* ❶ (*signal*) winken; ■**to ~ to sb** jdm [zu]winken [*o* ein Zeichen geben]
❷ (*fig: call*) locken *fig,* rufen *fig;* ***I have to go because work ~s*** ich muss gehen, die Arbeit ruft
❸ (*fig: appear probable*) *future* winken *fig*

become <became, become> [bɪˈkʌm] **I.** *vi* + *adj/n* werden; ***this species almost became extinct*** diese Art wäre fast ausgestorben; ***what ever became of Moe Lester?*** was ist wohl aus Moe Lester geworden?; ***what has become of my jacket?*** wo ist nur meine Jacke hingekommen?; **to ~ angry** ärgerlich [*o* böse] werden; **to ~ convinced that …** zu der Überzeugung kommen [*o geh* gelangen], dass …; **to ~ interested in sb/sth** anfangen, sich *akk* für jdn/etw zu interessieren
II. *vt* ❶ (*change into*) ■**to ~ sth** etw werden; ***she wants to ~ an actress*** sie will Schauspielerin werden; **to ~ a legend in one's own time** [*or* **lifetime**] schon zu Lebzeiten zur Legende werden
❷ (*dated: look good*) ■**sth ~s sb** etw steht jdm
❸ (*befit*) ■**to ~ sb** sich *akk* für jdn schicken

becoming [bɪˈkʌmɪŋ] *adj* (*dated*) ❶ (*attractive, neat, tasteful*) vorteilhaft, geschmackvoll; ***that dress is very ~*** das Kleid steht dir sehr gut
❷ (*suitable appropriate*) schicklich; ■**to be ~** sich *akk* ziemen *veraltend geh*

becquerel [ˌbekəˈrel] *n* Becquerel *nt*

bed [bed] **I.** *n* ❶ (*furniture*) Bett *nt;* **to get out of ~** aufstehen; **to go to ~** zu [*o* ins] Bett gehen; **to make the ~** das Bett machen; **to put sb to ~** jdn ins [*o* zu] Bett bringen; **in ~** im Bett
❷ (*related to sexuality*) **to be good in ~** gut im Bett sein *fam;* **to go to ~ with sb** mit jdm ins Bett gehen *fam*
❸ TOURIST [Hotel]bett *nt*
❹ TYPO **to put sth to ~** etw in Druck geben
❺ (*flower patch*) Beet *nt;* **~ of flowers** Blumenbeet *nt*
❻ (*foundation substratum*) Unterlage *f,* Bett *nt fig;* **~ of clay/rock/sand** Lehm-/Gesteins-/Sandschicht *f;* **sea ~** Meeresgrund *m,* Meeresboden *m*
❼ FOOD Beilage *f;* ***the chicken was served on a ~ of rice*** das Hähnchen wurde auf Reis serviert
► PHRASES: **his life was a ~ of <u>nails</u>** er musste in seinem Leben viel Schweres durchmachen; **this is no ~ of <u>roses</u>** das ist kein Zuckerschlecken *fam;* **to get out of** [*or* AM *also* **up on**] **the wrong <u>side</u> of the ~** mit dem linken Fuß [zuerst] aufstehen *fig;* **to <u>be</u> in ~ with sb** (*pej*) mit jdm unter einer Decke stecken *pej;* **to <u>be</u> in ~ with sth** (*pej*) etw unterstützen; **I wouldn't <u>kick</u> her out of ~** (*hum sl*) ich würde sie nicht von der Bettkante stoßen *hum fam;* **as you <u>make</u> your ~ so you must lie on it,** AM **you <u>made</u> your ~, now lie in it** (*prov*) wie man sich bettet, so liegt man *prov*
II. *vt* <-dd-> (*dated*) ■**to ~ sb** jdm beiwohnen *euph veraltend geh*

◆**bed down** *vi* ❶ (*slumber, sleep*) sein Lager aufschlagen; **to ~ down on the couch** auf dem Sofa kampieren *fam*
❷ (*have sexual intercourse*) ■**to ~ down with sb** mit jdm schlafen [*o* ins Bett gehen] *fam*
❸ (*reach state of normality*) sich *akk* legen [*o* normalisieren]

◆**bed out** *vt* HORT ■**to ~ out** ↔ **sth** *plants* etw auspflanzen

BEd [biːˈed] *n* BRIT *abbrev of* **Bachelor of Education** Bakkalaureus *m* der Erziehungswissenschaften

bed and board *n esp* BRIT Unterkunft *f* und Verpflegung *f* **bed and breakfast** *n* ❶ (*type of accommodation*) Übernachtung *f* mit Frühstück; (*hotel*) Frühstückspension *f;* **~ place** Frühstückspension *f;* **to do ~** Übernachtung *f* mit Frühstück anbieten ❷ BRIT FIN *kurzfristiger Kauf und Verkauf von Wertpapieren, um die Kapitalertragssteuer zu minimieren*

bedaub [bɪˈdɔːb, AM -ˈdɑːb] *vt usu passive* ■**to be ~ed with sth** mit etw *dat* beschmiert sein; **~ed with clay** lehmbeschmiert

bed-bath *n* BRIT Krankenwäsche *f* im Bett; **to be given a ~ by sb** von jdm im Bett gewaschen werden **bedbug** *n* [Bett]wanze *f* **bedchamber** [ˈbedˌtʃeɪmbəʳ, AM bə˞] *n* (*old: bedroom*) Schlafkammer *f,* Schlafgemach *nt veraltet;* **Lady of the B~** königliche Leibzofe **bedclothes** *npl* Bettzeug *nt kein pl*

bedder [ˈbedəʳ, AM -ə˞] *n* HORT Setzling *m*

bedding [ˈbedɪŋ] **I.** *n no pl* Bettzeug *nt;* AGR [Ein]streu *f*
II. *adj attr, inv* Freiland-, Beet-; **~ plant** Gartenpflanze *f,* Freilandpflanze *f*

bedeck [bɪˈdek] *vt usu passive* ■**to ~ sth** etw schmücken [*o* zieren]; ■**to be ~ed with sth** mit etw *dat* geschmückt sein

bedevil <BRIT -ll- *or* AM *usu* -l-> [bɪˈdevəl] *vt* ❶ (*distress, worry*) ■**to ~ sb/sth** jdn/etw belasten [*o* bedrücken]; ■**to be ~ed by sth** von etw *dat* geplagt [*o* gequält] werden
❷ (*complicate*) ■**to ~ sth** etw verkomplizieren [*o* erschweren]

bedfellow *n* (*fig*) Verbündete(r) *f(m),* Genosse, -in *m, f hum;* ***the priest and the politician made strange ~s*** der Pfarrer und der Politiker gaben ein merkwürdiges Gespann ab **bedhead** [ˈbedhed] *n* BRIT Kopfende *nt* [am Bett] **bedjacket** [ˈbeddʒækɪt] *n* Bettjacke *f,* Bettwams *nt veraltet*

bedlam [ˈbedləm] *n no pl* Chaos *nt,* Tumult *m;* ***it was absolute ~ at the football ground*** auf dem Fußballplatz ging es zu wie im Irrenhaus *fam*

bed linen *n* Bettwäsche *f kein pl*

Bedouin [ˈbeduɪn] **I.** *adj attr, inv* Beduinen-
II. *n* <*pl* -s *or* -> Beduine, -in *m, f*

bedpan *n* Bettpfanne *f,* Bettschüssel *f* **bedpost** *n* Bettpfosten *m* ► PHRASES: **<u>between</u> you, me and the ~** (*fam*) unter uns gesagt

bedraggled [bɪˈdræɡld] *adj* ❶ (*wet*) durchnässt, tropfnass
❷ (*untidy*) verdreckt, ungepflegt

bedridden *adj* bettlägerig **bedrock** *n no pl* Grundgestein *nt,* Felssohle *f,* Felsgrund *m;* (*fig*) Basis *f,* Fundament *nt fig,* Grundlage *f*

bedroom **I.** *n* Schlafzimmer *nt;* **guest** [*or* **spare**] **~** Gästeschlafzimmer *nt;* **master ~** großes Schlafzimmer; **parents' ~** Elternschlafzimmer *nt*
II. *n modifier* (*window, mirror, wall*) Schlafzimmer-; **~ eyes** Schlafzimmerblick *m fam;* **~ suburb** [*or* **town**] Schlafstadt *f fam*

-bedroom *in compounds with numbers* -zimmer; **a three-~ house** ein Haus *nt* mit drei Schlafzimmern

bedroom community *n* AM Schlafstadt *f fam* **bedroom farce** *n* Schlafzimmerkomödie *f* **bedroom scene** *n* Bettszene *f* **bedroom suite** *n* Schlafzimmergarnitur *f,* Schlafzimmereinrichtung *f*

Beds BRIT *abbrev of* **Bedfordshire**

bedside *n no pl* Seite *f* des Bettes; **to be at sb's ~**

an jds Bett sitzen **bedside lamp** *n* Nachttischlampe *f* **bedside manner** *n* **to have a good ~** gut mit Kranken umgehen können **bedside table** *n* Nachttisch *m*
bedsit *n* BRIT *short for* **bedsitter** Einzimmerappartement *nt* **bedsitter** *n esp* BRIT, *esp* BRIT *form* **bed-sitting room** *n* (*small flat*) Einzimmerappartement *nt;* (*room*) Wohnschlafzimmer *nt* **bedsore** *n* wund gelegene Stelle **bedspread** *n* Tagesdecke *f* **bedstead** *n* Bettgestell *nt* **bedstraw** ['bedstrɔː, AM strɑː] *n* BOT Labkraut *nt* **bedtime** *n no pl* Schlafenszeit *f;* ***it's*** ~ Zeit fürs Bett!; ***it's long*** [*or* ***way***] ***past your*** ~ du solltest schon längst im Bett sein; **at ~** vor dem Schlafengehen **bedtime story** *n* Gutenachtgeschichte *f*
Beduin *n, adj see* **Bedouin**
bed-wetter ['bedwetɪŋ] *n* PSYCH Bettnässer(in) *m(f)*
bed-wetting *n no pl* Bettnässen *nt*
bee [biː] *n* ❶ (*insect*) Biene *f;* **swarm of ~s** Bienenschwarm *m;* **worker ~** Arbeitsbiene *f,* Arbeiterin *f*
❷ AM, AUS (*meet*) Treffen *nt,* Kränzchen *nt;* **sewing ~** Nähkränzchen *nt*
❸ (*competition*) Wettbewerb *m*
▸ PHRASES: **to have a ~ in one's bonnet** einen Tick haben *fam;* **he thinks he's the ~s' knees** *esp* BRIT (*fam*) er hält sich für den Größten *fam;* **to be a busy** [*or* **busy as a**] **~** (*hum*) fleißig wie eine Biene sein
Beeb [biːb] *n no pl* BRIT (*fam*) *abbrev of* **British Broadcasting Corporation** BBC *f*
beech [biːtʃ] **I.** *n* ❶ (*tree*) Buche *f*
❷ (*wood*) Buchenholz *nt,* Buche *f;* **made of ~** aus Buchenholz
II. *n modifier* (*cabinet, chair, table*) Buchen-; **~ marten** Steinmarder *m*
beechnut *n* Buchecker *f*
bee-eater ['biːˌiːtəʳ, AM ţəʳ] *n* ORN Bienenspecht *m*
beef [biːf] **I.** *n no pl* ❶ (*meat*) Rindfleisch *nt;* **minced** [*or* AM **ground**] **~** Rinderhack[fleisch] *nt;* **roast ~** Roastbeef *nt*
❷ (*forcefulness, vigour*) [Muskel]kraft *f,* Mumm *m fam,* Schmalz *nt hum fam;* (*fig*) ***the government report didn't have much ~ in it*** dem Regierungsbericht fehlte es an Biss
❸ (*complaint*) Beschwerde *f,* Meckerei *f pej fam;* ***my main ~ about the job is that …*** an der Arbeit passt mir vor allem nicht, dass …
II. *vi* nörgeln *pej,* meckern *pej fam;* ■**to ~ about sth** sich *akk* über etw *akk* beschweren
◆**beef up** *vt* (*fam*) ■**to ~ up** ↔ **sth** etw aufmöbeln *fam;* **to ~ up a team** ein Team verstärken; ■**to ~ sth up with sth** etw mit etw *dat* aufmöbeln [*o* aufpeppen] *fam*
beefburger *n* Beefburger *m,* Hamburger *m* **beefcake** *n* (*sl*) ❶ (*strong man*) Muskelpaket *nt fam,* Muskelprotz *m fam* ❷ (*muscles*) Muskeln *mpl* **beef cattle** *npl* Schlachtrinder *ntpl,* Mastrinder *ntpl* **Beefeater** *n* BRIT Beefeater *m,* Tower-Wächter *m* **beefsteak** *n* Beefsteak *nt* **beefsteak tomato** *n,* **beef tomato** *n* Fleischtomate *f*
beefy ['biːfi] *adj* (*fam*) ❶ (*muscular*) muskulös, bullig *fam*
❷ (*high-powered, efficient*) leistungsstark, effizient
❸ (*like beef*) fleischig, Rindfleisch-
beehive *n* ❶ (*of bees*) Bienenstock *m;* (*rounded*) Bienenkorb *m* ❷ (*hairstyle*) toupierte Hochfrisur **bee-keeper** [-ˌkiːpəʳ, AM -pɚ] *n* Imker(in) *m(f),* Bienenzüchter(in) *m(f)* **bee-keeping** [-ˌkiːpɪŋ] *n no pl* Bienenhaltung *f,* Bienenzucht *f,* Imkerei *f* **beeline** *n no pl* **to make a ~ for sb/sth** schnurstracks auf jdn/etw zugehen
been [biːn, AM bɪn] *pp of* **be**
beep [biːp] **I.** *vt* ❶ (*make brief noise*) **to ~ one's horn** hupen
❷ (*fam: on pager*) ■**to ~ sb** jdn anpiepen *fam;* ■**to be ~ed** angepiept werden *fam*
II. *vi* piepen; (*on ship*) tuten; (*in car*) hupen; ■**to ~ at sb** jdn anhupen
III. *n* Piep[s]ton *m; of a car* Hupen *nt kein pl; of a ship* Tuten *nt kein pl*
beeper ['biːpəʳ, AM -pɚ] *n* (*fam*) Signalgeber *m,* Piepser *m fam*
beeping ['biːpɪŋ] *n* Piepsen *nt kein pl; of a car* Hupen *nt kein pl; of a ship* Tuten *nt kein pl*
beer [bɪəʳ, AM bɪr] *n* ❶ *no pl* (*drink*) Bier *nt;* **half-pint/pint of ~** viertel/halber Liter Bier
❷ (*bottle*) Bier *nt,* Flasche *f* Bier; (*glass*) Bier *nt,* Glas *nt* Bier
▸ PHRASES: **life's not all ~ and skittles** BRIT (*prov*) das Leben ist nicht nur eitel Sonnenschein *veraltend o hum*
beer belly *n* (*fam*) Bierbauch *m fam* **beer garden** *n* Biergarten *m* **beer gut** *n* (*fam*) Bierbauch *m fam* **beer mat** *n* Bierdeckel *m,* Bierfilz *m* **beer store** *n* CAN *von der Provinzregierung Ontario geführter Bierladen* **beer-swilling** ['bɪəswɪlɪŋ, AM 'bɪr] *adj attr, inv* (*also pej*) bierselig *iron,* Bier saufend *pej* **beer tent** *n* Bierzelt *nt*
beery ['bɪəri, AM 'bɪri] *adj* ❶ (*of beer*) Bier-; **~ breath** Bierfahne *f fam*
❷ (*tipsy*) bierselig
bee sting *n* Bienenstich *m*
beeswax *n no pl* Bienenwachs *nt*
beet [biːt] *n* ❶ (*edible plant root*) [Runkel]rübe *f;* **~ sugar** Rübenzucker *m*
❷ AM (*beetroot*) rote Bete [*o* Rübe]
beetle ['biːtl, AM -ţl] **I.** *n* Käfer *m*
II. *adj* buschig; **~ brows** buschige Augenbrauen
III. *vi* BRIT ■**to ~ along** entlangpesen *fam; person also* entlangsausen *fam,* im Laufschritt entlangeilen
◆**beetle away** *vi* BRIT **to ~ away at** [**doing**] **a job** emsig mit einer Arbeit beschäftigt [*o* zugange] sein
◆**beetle off** *vi* BRIT abschwirren *fam,* abziehen *fam,* verschwinden
beetle-browed [-ˌbraʊd] *adj* mit buschigen Augenbrauen; ■**to be ~** buschige Augenbrauen haben
beetling ['biːtlɪŋ] *adj attr, inv brow, eyebrows* buschig
beetroot ['biːtruːt] *n* BRIT Rote Bete; **to go** [*or* **turn**] **as red as a ~** knallrot werden *fam,* rot werden wie eine Tomate *hum fam*
befall <befell, befallen> [bɪ'fɔːl] (*old*) **I.** *vt* ■**to ~ sb** *calamity* jdm zustoßen [*o geh* widerfahren]
II. *vi* sich *akk* ereignen
befell [bɪ'fel] *pt of* **befall**
befit <-tt-> [bɪ'fɪt] *vt* (*form*) ■**to ~ sb** jdm geziemen *geh o veraltend;* ***…, as ~s someone of her position*** …, wie es jemandem in ihrer Stellung geziemt
befitting [bɪ'fɪtɪŋ, AM -ţɪŋ] *adj* (*form*) schicklich, geziemend *veraltend;* ***that behaviour is not ~ of a man his age*** dieses Verhalten schickt sich nicht für einen Mann seines Alters
before [bɪ'fɔːʳ, AM -'fɔːr] **I.** *prep* ❶ (*at previous time to*) vor +*dat;* **to wash one's hands ~ the meal** sich *dat* vor dem Essen die Hände waschen; ***I need to go ~ 2:00*** ich muss vor 2.00 Uhr gehen; ***the day ~ yesterday*** vorgestern; **~ one's time** vorzeitig; **just ~ sth** kurz vor etw; ***she always buys her Christmas presents just ~ Christmas*** sie kauft ihre Weihnachtsgeschenke immer kurz vor Weihnachten; ■**~ doing sth** vor etw *dat;* ***~ leaving he said goodbye to each of them*** vor seiner Abfahrt verabschiedete er sich von jedem Einzelnen
❷ (*in front of*) vor +*dat; with verbs of motion* vor +*akk;* ***the letter K comes ~ L*** der Buchstabe K kommt vor dem L; ***the patterns swam ~ her eyes*** die Zeichen verschwammen vor ihren Augen; (*encountered first*) vor +*dat;* ***there is a large sign ~ the house*** vor dem Haus ist ein großes Schild; **just ~** genau vor +*dat;* ***the bus stop is just ~ the school*** die Bushaltestelle befindet sich direkt vor der Schule
❸ (*higher ranking*) vor +*dat;* ***many mothers put their children's needs ~ their own*** vielen Müttern sind die Bedürfnisse ihrer Kinder wichtiger als ihre eigenen; ***I'd go to debtors' prison ~ asking her for money*** eher würde ich wegen der Schulden ins Gefängnis gehen als sie um Geld zu bitten
❹ (*in presence of*) vor +*dat;* ***he stood up ~ the audience*** er stand vor dem Publikum auf; (*for examination, consideration*) vor +*dat;* ***our case is coming ~ the court this week*** unser Fall kommt diese Woche vor Gericht
❺ (*in future*) vor +*dat;* **to lie ~ one** vor jdm liegen; ***the job lay ~ them*** die Arbeit lag vor ihnen; **to have sth ~ one** etw vor sich *dat* haben; ***you have your whole future ~ you*** du hast noch deine ganze Zukunft vor dir
II. *adv inv* (*earlier, previously*) zuvor, vorher; ***I have never seen that ~*** das habe ich noch nie gesehen; ***have you been to Cologne ~?*** waren Sie schon einmal in Köln?; ***haven't we met ~?*** kennen wir uns nicht?; ***that has never happened ~*** das ist [bisher] noch nie passiert; ***she has seen it all ~*** sie kennt das alles schon; **to be as ~** wie früher sein; **~ and after** davor und danach
III. *adj after n* zuvor; ***the day ~ it had rained*** tags zuvor hatte es geregnet; ***the year ~ it had been rather quiet*** das Vorjahr war ganz ruhig verlaufen
IV. *conj* ❶ (*at previous time*) bevor; ***~ you criticize me, …*** bevor du mich kritisierst, …; ***she was waiting long ~ it was time*** sie wartete schon lange, bevor es soweit war; **right** [*or* **just**] **~ …** kurz bevor …; ***just ~ she left the house, …*** als sie gerade das Haus verlassen wollte, …; ***but ~ I knew it, she was gone*** doch ehe ich mich versah, war sie verschwunden
❷ (*rather than*) bevor, ehe; ***~ they testified against their friends, they said they'd go to jail*** sie würden eher ins Gefängnis gehen als gegen ihre Freunde auszusagen; ***they would die ~ they would cooperate with each other*** sie würden lieber sterben als miteinander zusammenzuarbeiten
❸ (*until*) bis; ***it was an hour ~ the police arrived*** es dauerte eine Stunde, bis die Polizei eintraf; ***~ we got the test results back, a month had gone by*** wir warteten einen Monat auf die Testergebnisse
❹ (*so that*) damit; ***you must say the password at the door ~ they'll let you in*** du musst an der Tür das Kennwort sagen, damit sie dich hineinlassen
beforehand [bɪ'fɔːhænd, AM -'fɔːr-] *adv inv* vorher, im Voraus; ***we were informed ~*** wir wurden zuvor informiert
before-tax *adj attr, inv* Brutto-; **~ income** Bruttoeinkommen *nt*
befriend [bɪ'frend] *vt* ■**to ~ sb** ❶ (*become friends with*) sich *akk* mit jdm anfreunden
❷ (*look after*) sich *akk* einer Person *gen* annehmen *geh;* ■**to be ~ed by sb** von jdm Beistand erhalten
befuddled [bɪ'fʌdld] *adj* ❶ (*muddled*) verwirrt
❷ (*intoxicated*) benebelt; **to be ~ by drink** benebelt sein
beg <-gg-> [beg] **I.** *vt* ❶ (*ask for charity*) ■**to ~ sth** um etw *akk* betteln; ■**to ~ sth from** [*or fam* **off**] **sb** etw von jdm schnorren *fam*
❷ (*request*) **to ~ leave to do sth** (*form*) um Erlaubnis bitten etw tun zu dürfen; ***stop it, I ~ you*** hör auf, ich bitte dich; ■**to ~ sb to do sth** jdn bitten, etw zu tun; ■**to ~ that …** darum bitten, dass …; **to ~ sb's forgiveness** jdn um Entschuldigung [*o* Verzeihung] bitten; ***I ~ your pardon*** entschuldigen Sie bitte
❸ (*leave unresolved*) **to ~ the question** keine Antwort auf die [eigentliche] Frage geben; ***you're always ~ging the question*** du weichst immer nur aus; ***this crisis ~s the question of his leadership*** diese Krise wirft die Frage nach seinen Führungsqualitäten auf
▸ PHRASES: **to go ~ging** noch zu haben sein, keinen Abnehmer/keine Abnehmerin finden
II. *vi* ❶ (*seek charity*) betteln; ■**to ~ for sth** um etw *akk* betteln, um etw *akk* bitten
❷ (*request*) ■**to ~ of sb** ***don't give up, I ~ of you*** (*form*) ich flehe Sie an, geben Sie nicht auf! *geh;* **to ~ for clemency** [*or* **mercy**] um Gnade flehen *geh;* ***I ~ to inform you that …*** (*form*) ich erlaube mir, Sie davon in Kenntnis zu setzen, dass … *geh,* ich möchte Ihnen mitteilen, dass …; ***I ~ to differ*** (*form*) ich erlaube mir, anderer Meinung zu sein *geh*
❸ (*request*) *dog* Männchen machen
◆**beg off** *vi* ■**to ~ off** [**from**] **sth** (*fam*) sich *akk*

B

[bei etw *dat*] entschuldigen lassen; ***we ~ged off the meeting*** wir sagten das Treffen ab; **to ~ off work** sich *dat* freigeben lassen

began [bɪˈgæn] *pt of* **begin**

begat [bɪˈgæt] *pt of* **beget**

beget <-tt-, begot *or esp old* begat, begotten> [bɪˈget] *vt* ❶ (*liter or old: father*) **to ~ a child** ein Kind zeugen

❷ (*fig form: bring about*) ■**to ~ sth** etw gebieten *liter;* ***crime ~s crime*** Gewalt erzeugt Gegengewalt

begetter [bɪˈgetəʳ, AM ˈgeṭɚ] *n* (*liter*) ❶ (*parent*) [leiblicher] Vater, Erzeuger *veraltet o hum*

❷ (*creator*) Urheber *m,* Schöpfer *m*

beggar [ˈbegəʳ, AM -ɚ] **I.** *n* ❶ (*poor person*) Bettler(in) *m(f)*

❷ + *adj esp* BRIT **little ~** kleiner Schlingel *hum,* Racker *m hum;* **lucky ~** Glückspilz *m;* ***you lucky ~!*** du Glücklicher/du Glückliche!

▸ PHRASES: **~s can't be choosers** (*saying*) in der Not darf man nicht wählerisch sein, in der Not frisst der Teufel Fliegen *prov;* **if wishes were horses, [then] ~s would ride** (*prov*) vom Wünschen allein ist noch niemand reich geworden

II. *vt* ■**to ~ sb** jdn an den Bettelstab bringen; **to ~ a company** eine Firma herunterwirtschaften [*o* in den Ruin treiben]; ■**to ~ oneself** sich *akk* ruinieren

▸ PHRASES: **to ~ belief** [einfach] unglaublich sein; **to ~ description** jeder Beschreibung spotten, [einfach] unbeschreiblich sein

beggarly [ˈbegəli, AM -ɚli] *adj usu attr* (*dated*) erbärmlich; **a ~ amount of money** ein lumpiger Geldbetrag; **a ~ existence** eine kümmerliche Existenz; **a ~ meal** ein kärgliches Mahl; **a ~ pay** eine armselige Bezahlung

beggar-my-neighbour *n* BRIT Bettelmann *m* (*Kartenspiel für zwei, bei dem der Gewinner am Ende alle Karten hat*)

begging [ˈbegɪŋ] *n no pl* Betteln *nt*

begging letter *n* (*fam*) Bittbrief *m*

begin <-nn-, began, begun> [bɪˈgɪn] **I.** *vt* ❶ (*commence*) ■**to ~ sth** etw anfangen [*o* beginnen]; ***it's ~ning to snow*** es fängt an zu schneien; ***she began life as the daughter of a waitress*** sie kam als Tochter einer Kellnerin zur Welt; **to ~ a conversation** eine Unterhaltung anfangen; **to ~ a phase** in eine Phase eintreten; **to ~ work** mit der Arbeit beginnen

❷ (*start using*) ■**to ~ sth** mit etw *dat* beginnen; *food, bottle* etw anbrechen; ***you needn't ~ a new loaf of bread*** du musst kein neues Brot anschneiden; ***you should ~ a new page*** du solltest eine neue Seite anfangen

II. *vi* ❶ (*commence*) anfangen, beginnen; ***let's ~*** fangen wir an!; ***I don't know where to ~*** ich weiß gar nicht, wo ich anfangen soll; ***the film ~s at seven*** der Film fängt um sieben an; ***I'll ~ by welcoming our guests*** zuerst werde ich unsere Gäste begrüßen; ■**to ~ again** neu anfangen; **to ~ promisingly** viel versprechend anfangen; ■**to ~ on sth** mit etw *dat* anfangen [*o* beginnen]; ■**to ~ to do sth** anfangen, etw zu tun; ***she was ~ning to get angry*** allmählich wurde sie wütend; ***I can't [even] ~ to describe this phenomenon*** ich kann dieses Phänomen nicht einmal annähernd beschreiben; ***there were six of us to ~ with but then two people left*** anfangs waren wir noch zu sechst, zwei sind dann aber gegangen; ***the hotel was awful — to ~ with, our room was too small, then …*** das Hotel war schrecklich – erstmal war unser Zimmer viel zu klein und dann …; ■**to ~ with sth** mit etw *dat* anfangen

❷ (*open speech act*) ***"well," he began …*** „also", fing er an …

❸ (*originate*) beginnen; ***where does this road ~?*** wo fängt diese Straße an?

▸ PHRASES: **charity ~s at home** (*prov*) das Hemd ist näher als der Rock *prov;* **life ~s at forty** (*saying*) mit vierzig fängt das Leben erst [richtig] an

beginner [bɪˈgɪnəʳ, AM -nɚ] *n* Anfänger(in) *m(f);* **German for ~s** Deutsch für Anfänger; **~'s luck** Anfängerglück *nt;* **false ~** Einsteiger(in) *m(f)* mit Vorkenntnissen

Beginner's All-Purpose Symbolic Instruction Code *n* COMPUT BASIC [Programmiersprache *f*]

beginners' slope *n* AM, AUS (*nursery slope*) Anfängerhügel *m fam,* Idiotenhügel *m hum fam*

beginning [bɪˈgɪnɪŋ] **I.** *n* ❶ (*starting point*) Anfang *m;* (*in time*) Beginn *m;* **at [***or* **in] the ~** am Anfang, zu Beginn; **the ~ of the end** der Anfang vom Ende; **from ~ to end** (*place*) von vorn bis hinten; (*temporal*) von Anfang bis Ende, von der ersten bis zur letzten Minute; **at the ~ of the month** am Monatsanfang; ***we will meet at the ~ of the month*** wir treffen uns Anfang des Monats; **promising [***or form* **auspicious] ~** viel versprechender Anfang

❷ ■**~s** *pl* (*origin*) Anfänge *mpl,* Ursprung *m;* **the ~s of civilization** die Anfänge [*o* der Ursprung] der Zivilisation; **to rise from humble ~s** sich *akk* aus kleinen Verhältnissen hocharbeiten

❸ ■**~s** *pl* (*start*) erste Anzeichen; ***I've got the ~s of a headache*** ich glaube, ich bekomme Kopfschmerzen

▸ PHRASES: **in the ~ was the Word** REL (*prov*) am Anfang war das Wort

II. *adj attr, inv* Anfangs-; **~ course** Anfängerkurs *m;* **~ stage** Anfangsstadium *nt;* **~ student** Studienanfänger(in) *m(f)*

begone [bɪˈgɒn, AM -ˈgɑːn] *interj* (*liter or old*) **~!** fort [*o* hinweg] [mit dir]! *geh*

begonia [bɪˈgəʊniə, AM -ˈgoʊnjə] *n* Begonie *f*

begot [bɪˈgɒt, AM -ˈgɑːt] *pt, pp of* **beget**

begotten [bɪˈgɒtᵊn, AM -ˈgɑːṭ-] *pp of* **beget**

begrudge [bɪˈgrʌdʒ] *vt* ❶ (*allow unwillingly*) ■**to ~ sb sth** jdm etw missgönnen; ***I don't ~ him his freedom*** ich gönne ihm seine Freiheit

❷ (*resent*) ■**sb ~s sth** jdm tut es um etw *akk* Leid

❸ (*be reluctant*) ■**to ~ doing sth** etw widerwillig [*o* ungern] tun; ***I ~ getting up early*** ich stehe ungern früh auf

❹ (*regret*) ■**to ~ having done sth** etw bereuen, bereuen, dass man etw getan hat

begrudgingly [bɪˈgrʌdʒɪŋli] *adv* widerwillig, ungern

beguile [bɪˈgaɪl] *vt* (*liter*) ❶ (*charm*) ■**to ~ sb** jdn betören *geh;* ■**to be ~d [by sth]** [von etw *dat*] betört sein *geh*

❷ (*delight*) ■**to ~ sb [with sth]** jdn [mit etw *dat*] in seinen Bann ziehen *geh*

❸ (*mislead*) ■**to ~ sb [with sth]** jdn [mit etw *dat*] täuschen; ■**to ~ sb into doing sth** jdn dazu verlocken [*o* verleiten], etw zu tun

❹ (*wile away*) **to ~ the tedium** sich *dat* die Langeweile vertreiben

beguiling [bɪˈgaɪlɪŋ] *adj* ❶ (*charming*) betörend *geh,* verführerisch

❷ (*intriguing*) faszinierend; ***that's a ~ argument, but I'm not convinced by it*** das Argument hat was, aber überzeugen tut es mich nicht

beguilingly [bɪˈgaɪlɪŋli] *adv* betörend *geh,* verführerisch

begun [bɪˈgʌn] *pp of* **begin**

behalf [bɪˈhɑːf, AM -ˈhæf] *n no pl* **on ~ of sb/sth [***or* **on sb's/sth's ~]** (*speaking for*) im Namen einer Person/einer S. *gen;* (*as authorized by*) im Auftrag von jdm/etw; ***I'm writing to you on ~ of Mr Smith*** ich schreibe Ihnen in Vertretung von Mr. Smith; **on my/her ~ …** meinetwegen/ihretwegen …; ***when I heard people talking about him behind his back, I got angry on his ~*** als ich die Leute hinter seinem Rücken reden hörte, wurde ich in seinem Namen wütend

behave [bɪˈheɪv] **I.** *vi* ❶ *people* ***how did he ~ towards you?*** wie hat er sich dir gegenüber verhalten?; **to ~ badly/well** sich *akk* schlecht/gut benehmen; **to ~ strangely** sich *akk* merkwürdig verhalten [*o* benehmen]; (*act properly*) sich *akk* benehmen; **~!** benimm dich!

❷ *object, substance* sich verhalten; *appliance* funktionieren

II. *vt* ■**to ~ oneself** sich *akk* [anständig] benehmen

behaved [bɪˈheɪvd] *adj pred, inv, with adv* **to be badly ~** unartig [*o* ungezogen] sein, ein schlechtes Benehmen haben; **to be well-~** artig [*o* brav] [*o* gut erzogen] sein

behavior *n* AM *see* **behaviour**

behavioral *adj* AM *see* **behavioural**

behaviorism *n* AM *see* **behaviourism**

behaviorist *n* AM *see* **behaviourist**

behaviour [bɪˈheɪvjəʳ], AM **behavior** [-vjɚ] **I.** *n no pl* ❶ *of a person* Benehmen *nt,* Verhalten *nt,* Betragen *nt;* **to be on one's best ~** sich *akk* von seiner besten Seite zeigen

❷ *of a car* [Fahr]verhalten *nt; of an engine* [Betriebs]verhalten *nt*

II. *n modifier* (*pattern*) Verhaltens-

behavioural [bɪˈheɪvjərᵊl], AM **behaviorial** [-vjɚ-] *adj inv* Verhaltens-; **~ psychology/science** Verhaltenspsychologie *f*/-forschung *f*

behavioural segmentation *n no pl* ECON Marktsegmentierung *f* aufgrund von Verhaltensmerkmalen

behaviourism [bɪˈheɪvjərɪzᵊm], AM **behaviorism** [-vjɚ-] *n no pl* PSYCH Behaviorismus *m fachspr*

behaviourist [bɪˈheɪvjərɪst], AM **behaviorist** [-vjɚ-] **I.** *n* PSYCH Behaviorist(in) *m(f) fachspr*

II. *adj* PSYCH behavioristisch *fachspr*

behaviour pattern *n* Verhaltensmuster *nt*

behaviour therapy *n* Verhaltenstherapie *f*

behead [bɪˈhed] *vt* ■**to ~ sb** jdn köpfen [*o geh* enthaupten]

beheld [bɪˈheld] *pt of* **behold**

behemoth [bɪˈhiːmɒθ, AM mɑːθ] *n* ❶ (*monster*) Ungetüm *nt,* Monstrum *nt*

❷ (*fig: big and powerful person*) Große(r) *f(m),* Größe *f,* Gigant *m*

behest [bɪˈhest] *n no pl* (*form*) ■**at sb's ~ [***or* **the ~ of sb]** auf jds Geheiß *geh;* ***the budget proposal was adopted at the President's ~*** der Haushaltsentwurf wurde auf Weisung des Präsidenten angenommen

behind [bɪˈhaɪnd] **I.** *prep* ❶ (*in back of*) hinter *+dat; with verbs of motion* hinter *+akk;* ***the cat was ~ the chair sleeping*** die Katze lag schlafend hinter dem Sessel; **to fall ~ sb** hinter jdn zurückfallen; ***his face was hidden ~ the mask*** sein Gesicht war hinter einer Maske verborgen; **~ the wheel** hinterm Lenkrad [*o* Steuer]

❷ (*hidden by*) hinter *+dat;* ***the town lay ~ the mountain*** die Stadt lag hinter dem Berg

❸ (*as basis for*) hinter *+dat;* ***the motivating factor ~ his sudden enthusiasm*** der ausschlaggebende Faktor für seinen plötzlichen Enthusiasmus; ***the idea ~ the whole movement*** die Idee hinter der ganzen Bewegung

❹ (*in support of*) hinter *+dat;* ***I'm ~ you all the way*** ich stehe voll hinter dir

❺ (*as past experience*) hinter *+dat;* ***they had half of their exercises ~ them*** sie hatten die Hälfte der Übungen hinter sich; **to put sth ~ sb** etw hinter sich *dat* lassen; **long ~** weit zurück

❻ (*responsible for*) hinter *+dat;* ***he wondered what was ~ his neighbour's sudden friendliness*** er fragte sich, was hinter der plötzlichen Freundlichkeit seines Nachbarn steckte

❼ (*late for*) hinter *+dat;* **to be/get ~ schedule** in Verzug sein/geraten

❽ (*less advanced*) **to be ~ sb in sth** jdm in etw *dat* hinterher sein

▸ PHRASES: **~ sb's back** hinter jds Rücken; **to go ~ sb's back** jdn hintergehen; **~ every great man there stands a great woman** (*prov*) hinter jedem starken Mann steht eine starke Frau; **~ the scenes** hinter den Kulissen; **to be ~ the times** hinter der Zeit zurück[geblieben] sein

II. *adv* hinten; ***we were seated ~*** wir saßen hinten; ***our house has a garden ~*** unser Haus hat hinten einen Garten; **to attack from ~** von hinten [*o* hinterrücks] angreifen; **to come from ~** wieder zur Spitze aufschließen; **to fall ~** zurückfallen; **to leave sb/sth ~** jdn/etw zurücklassen; **to leave sth ~** (*fail to take*) etw [versehentlich] stehen/liegen lassen; (*as*

a sign) etw zurücklassen [*o* hinterlassen]; **to leave ~ a stain/a scar/a trail of destruction** einen Fleck/eine Narbe/eine Spur der Verwüstung hinterlassen; **to stay ~** noch dableiben; **to walk ~ [sb]** hinter [jdm] hergehen
III. *adj pred* ❶ (*in arrears*) ■**to be ~ with sth** *the rent* mit etw *dat* im Rückstand [*o* Verzug] sein
❷ (*overdue*) ■**to be ~ sb** hinter jdm zurückliegen; **to be ~ with one's work** mit seiner Arbeit im Rückstand sein
❸ (*mentally slow*) **to be [a long way] ~** [weit] zurück sein; **to be ~ in a subject** in einem Fach hinterherhinken
IV. *n* (*fam*) Hintern *m fam; **why don't you get off your ~ and do something!*** nun beweg deinen Hintern und tu was! *fam*

behindhand [bɪ'haɪndhænd] *adj pred* ■**to be ~ with sth** mit etw *dat* im Rückstand [*o* Verzug] sein

behind the scenes *adv* hinter den Kulissen; **to act/work ~** hinter den Kulissen agieren/arbeiten

behind-the-scenes *adj attr, inv* hinter den Kulissen; **~ activity** Hintergrundaktivität *f*; **~ person** Person *f* im Hintergrund; **~ work** Arbeit *f* im Verborgenen

behold <beheld, beheld> [bɪ'həʊld, AM -'hoʊld] I. *vt* (*liter or esp old*) ■**to ~ sth** etw erblicken *geh; **the landscape was beautiful to ~*** die Landschaft war schön anzuschauen
II. *interj* **~!** (*old liter*) siehe! *veraltet geh*; **lo and ~** siehe da *veraltet geh*

beholden [bɪ'həʊldᵊn, AM -'hoʊld-] *adj pred* (*form*) ■**to be ~ to sb [for sth]** jdm [wegen einer S. *gen*] verpflichtet [*o* verbunden] sein

beholder [bɪ'həʊldəʳ, AM -'hoʊldɚ] *n* (*liter or old*) Betrachter(in) *m(f)*, Beschauer(in) *m(f) geh*
► PHRASES: **beauty is in the eye of the ~** schön ist, was [den Leuten] gefällt *prov*

behookie *n* AM (*fam*) Hintern *m*

behoove [bɪ'hu:v] AM, **behove** [bɪ'həʊv] *vt* (*form or dated*) ■**it ~s sb to do sth** es [ge]ziemt jdm, etw zu tun *veraltet geh; **it ill ~s us to do nothing*** es steht uns schlecht an, untätig zu bleiben *veraltend geh*

beige [beɪʒ] *adj* beige[farben]

Beige Book [beɪʒ-] *n* AM FIN das beige Buch *nt*

beigel *n see* **bagel**

being ['bi:ɪŋ] I. *n* ❶ (*creature*) Wesen *nt*; **~ from another planet** Wesen *nt* von einem anderen Stern
❷ (*existence*) Dasein *nt*; **to bring [*or* call] sth into ~** etw ins Leben rufen; **to come into ~** entstehen
❸ (*soul*) Wesen *nt*, Sein *nt*; ***she hated him with all her ~*** sie hasste ihn aus tiefster Seele
II. *adj after n* **for the time ~** vorerst, vorläufig, einstweilen
III. *see* **be**

bejeesus [bə'dʒi:zəs] I. *interj* ■**~!** (*exclamation expressing surprise*) na, so was! *fam*
II. *n no pl* (*sl*) **to beat the ~ out of sb** (*give sb a sound beating*) jdn windelweich schlagen; **to scare the ~ out of sb** jdn zu Tode erschrecken

bejeweled [bɪ'dʒu:əld] *adj esp* AM, **bejewelled** *adj* mit Juwelen geschmückt [*o pej fam* behängt]; (*fig*) ***the sky was ~ with stars*** der Himmel war mit Sternen übersät *geh*

belabor [bɪ'leɪbɚ] *vt* AM, **belabour** [-əʳ] *vt* ❶ (*overdo*) **to ~ a subject** ein Thema zu Tode reiten; **to ~ a point** auf einem Punkt herumhacken *fam*
❷ (*dated: beat soundly*) ■**to ~ sb [with sth]** auf jdn [mit etw *dat*] einschlagen [*o* eindreschen]; (*attack verbally*) **to ~ sb with insults/abuse** jdn [mit Beleidigungen/Beschimpfungen] attackieren [*o* traktieren]

belated [bɪ'leɪtɪd, AM -t̬ɪd] *adj* verspätet; **~ birthday greetings** nachträgliche Geburtstagsgrüße

belatedly [bɪ'leɪtɪdli, AM -t̬ɪd-] *adv* verspätet, nachträglich

belay [bɪ'leɪ] I. *vi* festmachen, sichern
II. *vt* ■**to ~ sb** jdn anseilen
III. *n* (*in mountaineering*) Sicherungsschlinge *f*

belch [beltʃ] I. *n* <*pl* -es> Rülpser *m fam*
II. *vi* aufstoßen, rülpsen *fam*
III. *vt* ■**to ~ sth** etw ausstoßen; *volcano* etw ausspeien
◆**belch out, belch forth** *vt* ■**to ~ sth** ⊂ **out** [*or* **forth**] *ash, fumes* etw ausstoßen

beleaguered [bɪ'li:gəd, AM -gɚd] *adj* ❶ (*besieged*) belagert; **to be ~ by an army/reporters** von einer Armee/Reportern belagert werden
❷ (*fig: overburdened*) überlastet; **sb is ~ with work** jdm wächst die Arbeit über den Kopf
❸ (*fig: beset*) bedrängt; ***the fields were ~ by pests*** die Felder wurden von Schädlingen heimgesucht; **~ parents** geplagte Eltern; **to be ~ by problems** von Problemen geplagt werden

belfry ['belfri:] *n* Glockenturm *m*
► PHRASES: **to have bats in the ~** einen Vogel haben *fam*

Belgian ['beldʒən] I. *n* Belgier(in) *m(f)*
II. *adj* belgisch

Belgium ['beldʒəm] *n* Belgien *nt*

belie <-y-> [bɪ'laɪ] *vt* ■**to ~ sth** ❶ (*disprove*) etw widerlegen [*o geh* Lügen strafen]
❷ (*cover up*) etw verbergen, über etw *akk* hinwegtäuschen

belief [bɪ'li:f] *n* ❶ (*faith*) Glaube *m kein pl*; **political/religious ~s** politische/religiöse Überzeugungen; **to be beyond [*or* BRIT *also* beggar] ~** [einfach] unglaublich sein; **to shake sb's ~ in sth** jds Glauben an etw *akk* erschüttern
❷ (*view*) Überzeugung *f*, Ansicht *f*; ***it is my firm ~ that …*** ich bin der festen Überzeugung, dass …; **in the ~ that …** im Glauben, dass …; **to the best of my ~** nach bestem Wissen und Gewissen; **contrary to popular ~** entgegen der allgemeinen Auffassung

believable [bɪ'li:vəbl̩] *adj* glaubwürdig, glaubhaft

believe [bɪ'li:v] I. *vt* ❶ (*presume true*) ■**to ~ sth** etw glauben; **~ [*you*] *me*** du kannst mir glauben!; ***would you ~ it?*** kannst du dir das vorstellen?, also unglaublich! *fam; **I wouldn't have ~d it of them*** das hätte ich nicht von ihnen gedacht; ***she couldn't* [*or could hardly*] *~ her ears/eyes*** sie traute ihren Ohren/Augen nicht; ***I couldn't ~ my luck*** ich konnte mein Glück [gar] nicht fassen; ***I'll ~ it when I see it!*** das glaube ich erst, wenn ich es sehe!; ***I can't ~ how …*** ich kann gar nicht verstehen, wie …; **~ *it or not*** ob du es glaubst oder nicht *fam*; **to not ~ a word of sth** kein Wort von etw *dat* glauben; ■**to ~ sb to be sth** jdn für etw *akk* halten; ■**to ~ that …** glauben, dass …; **to find sth hard to ~** etw kaum glauben [*o* fassen] können; ***she found it hard to ~ that …*** es fiel ihr schwer zu glauben, dass …
❷ (*pretend*) **to make ~ [that] …** so tun, als ob …; ***the boys made ~ to be* [*or that they were*] *pirates*** die Jungen taten so, als wären sie Piraten
► PHRASES: **seeing is believing** (*saying*) was ich sehe, glaube ich
II. *vi* ❶ (*be certain of*) ■**to ~ in sth** *UFOs, God* an etw *akk* glauben
❷ (*have confidence*) ■**to ~ in sb/sth** auf jdn/etw vertrauen
❸ (*support sincerely*) ■**to ~ in sth** für etw *akk* sein, viel von etw *dat* halten; ***I ~ in going for a run every morning*** ich bin fest davon überzeugt, dass man täglich morgens joggen sollte
❹ (*think*) glauben, denken; ***Jane Roberts, I ~?*** sind Sie nicht Jane Roberts?; ***the robbers are ~d to have escaped via Heathrow Airport*** man nimmt an, dass die Räuber über den Flughafen Heathrow entkommen sind; ***we have* [*every*] *reason to ~ that …*** wir haben [allen] Grund zu der Annahme, dass … *geh*; **I ~ not/so** ich glaube nicht/schon

believer [bɪ'li:vəʳ, AM -ɚ] *n* ❶ (*religous follower*) Gläubige(r) *f(m)*
❷ (*enthusiast*) [überzeugter] Anhänger/[überzeugte] Anhängerin; ***I'm a ~ in health food*** ich glaube an gesunde Ernährung; **to be a [great] ~ in doing sth** [sehr] für etw *akk* sein, [sehr] viel von etw *dat* halten

Belisha beacon [bɪ,li:ʃə'-] *n* BRIT [*gelbes*] *Blinklicht an brit. Zebrastreifen*

belittle [bɪ'lɪtl̩, AM -t̬l̩] *vt* ■**to ~ sth** etw herabsetzen [*o* schlecht machen]; *one's successes, achievements* etw schmälern; ***she tends to ~ her own efforts*** sie neigt dazu, ihre eigenen Bemühungen runterzuspielen; ■**to ~ oneself** sich *akk* schlechter machen, als man ist

bell [bel] I. *n* ❶ (*for ringing*) Glocke *f*; (*small one*) Glöckchen *nt*; ***the ~s were ringing out*** die Glocken läuteten; **bicycle/door ~** Fahrrad-/Türklingel *f*; **[as] clear as a ~** (*pure*) glasklar; (*obvious*) völlig klar; ***a sound as clear as a ~*** ein glockenreiner Ton; ***the whole thing is as clear as a ~ to me*** das Ganze ist sonnenklar für mich; **sth rings a ~ [with sb]** (*fig*) etw kommt jdm bekannt vor; ***she showed me the list of names but none of them rang any ~s*** sie zeigte mir die Namensliste, aber mit keinem von ihnen konnte ich [irgend]etwas anfangen; ***does this song ring any ~s with you?*** erinnert dich dieses Lied an [irgend]etwas?
❷ (*signal*) Läuten *nt kein pl*, Klingeln *nt kein pl*; ***there's the ~ for lunch/school*** es läutet zur Mittagspause/zum Unterricht; **to give sb a ~** BRIT (*fam*) jdn anrufen
► PHRASES: **to be [as] sound as a ~** völlig in Ordnung sein; ***you're looking as sound as a ~*** du siehst kerngesund aus; **hell's ~s** (*surprised*) heidenei! *sl*, Mensch [Meier]!; (*angry*) zum Donnerwetter!; **[to be] saved by the ~** [gerade] noch einmal davon[ge]kommen [sein] *fam*; **with ~s on** AM, AUS (*fam*) mit Vergnügen; ***everybody's waiting for you with ~s on*** alle sind schon ganz gespannt auf dich; ***she was there on time with ~s on*** pünktlich war sie da und stand schon in den Startlöchern
II. *vt* **to ~ a cow/a goat/a sheep** einer Kuh/einer Ziege/einem Schaf eine Glocke umhängen
► PHRASES: **to ~ the cat** der Katze die Schelle umhängen *fig*

belladonna [,belə'dɒnə, AM -'dɑ:nə] *n no pl* PHARM Belladonna *f*, Atropin *nt*; BOT Tollkirsche *f*

bell-bottoms *npl* Schlaghose[n] *f[pl]* **bellboy** *n* [Hotel]page *m*, Hoteljunge *m*

belle [bel] *n* (*dated*) Schöne *f*, Schönheit *f*; **the ~ of the ball** die Ballkönigin

bell-flower *n* Glockenblume *f* **bellhop** *n* AM (*bellboy*) [Hotel]page *m*, Hoteldiener *m*

belli *see* **casus belli**

bellicose ['bekɪkəʊs, AM -koʊs] *adj* (*pej form*) kriegerisch; *person* streitsüchtig; **to be in a ~ mood** in kriegerischer Stimmung sein, zum Streiten aufgelegt sein

bellicosity [,belɪ'kɒsəti, AM -ə'kɑ:sət̬i] *n no pl* kriegerisches Wesen, Kampf(es)lust *f*

belligerence [bə'lɪdʒᵊrən(t)s] *n*, **belligerency** [bə'lɪdʒᵊrən(t)si] *n no pl* Kampf[es]lust *f*, Kriegslust *f*; *person* Streitlust *f*

belligerent [bə'lɪdʒᵊrənt] *adj* (*pej*) kampflustig, kriegerisch; *person also* streitlustig, streitbar, aggressiv; **~ behaviour** aggressives Verhalten; **~ nation** Krieg führende Nation; **~ people** kriegerisches [*o* kampflustiges] Volk

belligerently [bə'lɪdʒᵊrəntli] *adv nation* kämpferisch; *person* aggressiv, streitlustig; **to behave ~** sich *akk* aggressiv verhalten

bell jar *n* Glasglocke *f* **bellman** *n* LAW Alarmanlagenspezialist *m*

bellow ['beləʊ, AM -loʊ] I. *vt* **to ~ orders** Befehle brüllen; **to ~ a song** ein Lied grölen
II. *vi bull, cannon, surf* brüllen; ■**to ~ [that …]** *person* [lauthals] schreien [*o* brüllen] [, dass …]
III. *n* Gebrüll *nt*; **to give a ~ of pain** einen Schmerzensschrei ausstoßen [*o fam* loslassen]; **to give a ~ of rage** voller Wut schreien

bellows ['beləʊz, AM -loʊz] *npl* Blasebalg *m*; **a pair of ~s** ein Blasebalg *m*

bell pepper *n* AM (*sweet pepper*) Paprika *m* **bell-pull** *n* Klingelzug *m* **bell-push** *n* BRIT Klingel *f*, Klingelknopf *m* **bell-ringer** *n* Glöckner *m* **bell-ringing** ['belrɪŋɪŋ] *n no pl* Glockenläuten *nt* **bell rope** *n* Glockenstrang *m*; **to pull the ~** den Klingelzug betätigen **bell tower** *n* Glockenturm *m*

bellwether bond, bellwether issue

['bel,weðəʳ-, AM -ə˞-] *n* FIN Leitemission *f*

belly ['beli] **I.** *n* (*fam*) Bauch *m; of a person also* Magen *m; of ship, plane also* Unterseite *f; of a string instrument* Resonanzboden *m,* Decke *f*

► PHRASES: **sb's eyes are bigger than his/her ~** bei jdm sind die Augen größer als der Magen *prov;* **to have fire in one's ~** voller Enthusiasmus sein, Feuer im Hintern haben *fam;* **the way to a man's heart is through his ~** (*prov*) die Liebe geht durch den Magen *prov;* **to go** [*or* AM *also* **turn**] **~ up** (*fam*) Bankrott [*o fam* Pleite] gehen

II. *n modifier* Bauch-; **~ pork** Schweinebauch *m*

III. *vi* <-ie-> NAUT ■**to ~ out** *sails* sich *akk* [auf]blähen

bellyache I. *n* (*fam*) Bauchschmerzen *mpl,* Bauchweh *nt kein pl fam* **II.** *vi* (*fam*) jammern; (*complain*) meckern (**about** über +*akk*) **bellyaching** *n* (*fam*) Gejammer *nt pej;* (*complaining*) Gequengel *nt pej fam,* Nörgelei *f pej;* ***stop that ~!*** hör endlich auf zu jammern!; **constant/continual ~** ständiges Gejammer *pej fam* **belly band** *n* PUBL Bauchbinde *f* **belly button** *n* (*fam*) [Bauch]nabel *m* **belly dance** *n* Bauchtanz *m* **belly-dancer** *n* Bauchtänzerin *f* **belly dancing** *n no pl* Bauchtanz *m* **belly flop I.** *n* Bauchklatscher *m fam* **II.** *vi* <-pp-> ❶ (*dive*) einen Bauchklatscher machen ❷ AVIAT eine Bauchlandung machen **bellyful** ['belɪfʊl] *n no pl* (*fam*) **to have a ~** einen vollen [*o* voll geschlagenen] Bauch haben *fam;* (*fig*) **to have a ~ of sth** genug von etw *dat* haben, die Nase von etw *dat* voll haben *fam* **belly landing** *n* AVIAT Bauchlandung *f* **belly laugh** *n* (*fam*) dröhnendes Lachen; **to let out a ~** lauthals lachen

belong [bɪ'lɒŋ, AM -'lɑːŋ] *vi* ❶ (*have right place*) gehören; **to ~ together** zusammengehören; (*be in right place*) hingehören; ***where do these spoons ~?*** wohin gehören diese Löffel?; **to put sth back where it ~s** etw dahin zurücklegen, wo es hingehört; (*should be*) ***that sort of person ~s in jail*** so jemand gehört ins Gefängnis; ***you don't ~ here*** Sie haben hier nichts zu suchen

❷ (*be a member*) [dazu]gehören; **to ~ nowhere** nirgends dazugehören; ***they told him to his face that he didn't ~ there*** sie haben ihm ins Gesicht gesagt, dass er hier nicht hergehöre; ***she didn't feel as if she ~ed in her job anymore*** sie fühlte sich an ihrem Arbeitsplatz einfach nicht mehr am richtigen Platz

❸ (*fit in*) ■**to ~ somewhere** irgendwo hinpassen; ***she doesn't really ~ here*** sie passt eigentlich nicht hierher; ***everybody wants to ~*** jeder will dazugehören

◆**belong to** *vi* ❶ (*be owned*) ■**to ~ to sb** jdm gehören

❷ (*be member of*) ■**to ~ to sth** zu etw *dat* gehören, etw *dat* angehören

❸ (*in category*) ■**to ~ to sth** zu etw *dat* gehören

❹ (*be due*) ■**to ~ to sb** jdm zustehen [*o geh* gebühren]; ***the honour ~s to the rescue team*** die Ehre gebührt der Rettungsmannschaft

belonging [bɪ'lɒŋɪŋ, AM -'lɑːŋ-] *n no pl* Zugehörigkeit *f;* **to feel** [*or* **have**] **a sense of ~** sich *akk* dazugehörig fühlen

belongings [bɪ'lɒŋɪŋz, AM -'lɑːŋ-] *npl* Hab und Gut *nt kein pl,* Habseligkeiten *fpl;* **personal ~** persönliche Sachen; (*on a train etc.*) ***"please make sure you collect all your personal ~"*** „bitte vergewissern Sie sich, dass Sie nichts [im Zug etc.] vergessen haben"

beloved [bɪ'lʌvɪd] **I.** *n no pl* Geliebte(r) *f(m),* Liebling *m*

II. *adj* geliebt, teuer *fig geh;* **to be ~ by/of all** von allen geliebt werden; **dearly ~, ...** (*at weddings, funerals*) liebe Brüder und Schwestern im Herrn, ...

below [bɪ'ləʊ, AM -'loʊ] **I.** *adv* ❶ (*lower*) unten, darunter; ***I listened to the voices ~*** ich horchte auf die Stimmen, die von unten heraufklangen; **the fiends of ~** (*liter*) die bösen Geister der Hölle [*o* Unterwelt]; **down ~** NAUT unter Deck; **here ~** (*hum iron*) auf Erden *geh*

❷ (*on page*) unten; **see ~** siehe unten; ***the information ~ is strictly confidential*** die nachstehenden Hinweise sind streng vertraulich

❸ (*lower in rank*) **an officer ~** ein rangniederer Offizier

❹ (*in temperature*) unter Null; **5°/10° ~** 5/10 Grad minus

II. *prep* ❶ (*lower than*) unter +*dat;* ***they saw the valley far ~ them*** sie sahen das Tal weit unter sich

❷ (*underneath*) unter +*dat; with verbs of motion* unter +*akk*

❸ (*under surface of*) unter +*dat; with verbs of motion* unter +*akk;* ***the sun had sunk ~ the horizon*** die Sonne war hinter dem Horizont versunken

❹ (*south of*) unterhalb +*gen;* ***Washington D.C. is ~ New York*** Washington D.C. liegt unterhalb von New York

❺ (*less than*) unter +*dat;* **to be ~ average in sth** in etw *dat* unter dem Durchschnitt sein [*o* liegen]; ***it's 10° ~ zero today*** heute ist es 10° unter Null

❻ (*quieter than*) unter +*dat;* ***they spoke ~ a whisper*** sie flüsterten leise

❼ (*inferior to*) **to be ~ sb** unter jdm stehen

❽ (*lower standard than*) **to marry ~ oneself** unterhalb seines Standes heiraten; **to sink ~ oneself** unter seine Würde sinken; **to be ~ sb** unter jds Würde sein

below-the-line *adj* COMM, ECON **~ advertising** vergütungsunfähige Werbung; **~ expenditure** außerordentliche Aufwendungen

Belshazzar [bel'ʃæzəʳ, AM ə˞] *n no pl* HIST Belsazar *m*

belt [belt] **I.** *n* ❶ (*for waist*) Gürtel *m;* **to hit sb below the ~** jdn unter der Gürtellinie treffen; (*fig*) ***their comments were really below the ~*** ihre Kommentare gingen wirklich unter die Gürtellinie

❷ (*in martial arts*) Gürtel *m;* **the black/brown ~** der schwarze/braune Gürtel; ***she's a black ~*** sie hat den schwarzen Gürtel

❸ (*conveyor*) Band *nt;* **conveyor ~** Förderband *nt;* AM (*highway*) Umgehungsstraße *f*

❹ (*area*) Gebiet *nt,* Bezirk *m;* **agricultural ~** landwirtschaftliche Zone, Anbaugebiet *nt;* **commuter ~** Einzugsbereich *m* [einer Großstadt]; **green ~** [**of a city**] Grüngürtel *m* [einer Stadt]; **industrial ~** Industriegebiet *nt,* Industrierevier *nt;* **wheat ~** Weizengürtel *m*

❺ (*fam: a punch*) Schlag *m;* (*drink from bottle*) Schluck *m*

► PHRASES: **~ and braces** BRIT (*fam*) doppelt und dreifach *fam;* **to tighten one's ~** den Gürtel enger schnallen *fig fam;* [**to have sth**] **under one's ~** [etw] hinter sich *dat* [haben]; ***that typing course is a good thing to have under your ~*** es ist gut, wenn man diesen Schreibmaschinenkurs gemacht hat; ***she had a few years work under her ~ as a probation officer*** sie hat einige Jahre Praxis als Bewährungshelferin; **to have a couple of drinks under one's ~** (*sl*) sich *dat* einige Drinks hinter die Binde gegossen haben *sl*

II. *vt* ❶ (*fasten*) **to ~ a coat** den Gürtel eines Mantels zumachen

❷ (*fam: hit*) ■**to ~ sb** jdn [mit einem Riemen] verprügeln; ***he ~ed her on the jaw*** er haute ihr eine aufs Maul *derb;* **to ~ a ball at the goal** einen Ball aufs Tor knallen *fam*

III. *vi* (*fam*) rasen *fam;* **to ~ along** [*or* **down**] entlangrasen *fam*

◆**belt out** *vt* (*fam*) **to ~ out a song** ein Lied schmettern

◆**belt up** *vi* ❶ *esp* BRIT, AUS (*sl: be quiet*) die Klappe [*o* den Rand] halten *fam*

❷ AUTO sich *akk* anschnallen

belter ['beltəʳ, AM -ə˞] *n* (*sl*) **to be a ~** ein [tolles] Ding sein *fam,* der [helle] Wahnsinn sein *fam;* ***that was a ~ of a goal*** das war ja ein Wahnsinnstor! *fam*

belting ['beltɪŋ] *n* ❶ (*beating*) Schläge *mpl* mit dem Lederriemen

❷ *no pl* (*belts*) Treibriemenanlage *f*

beltway *n* AM (*ring road*) Umgehungsstraße *f*

belying [bɪ'laɪɪŋ] *present progressive of* **belie**

bemoan [bɪ'məʊn, AM -'moʊn] *vt* (*form*) ■**to ~ sth** etw beklagen; **to ~ one's fate** sein Schicksal beklagen [*o* beweinen]

bemused [bɪ'mjuːzd] *adj* verwirrt; **to give sb a ~ look** jdn verständnislos ansehen

bemusedly [bɪ'mjuːzɪdli] *adv* verwundert, seltsam berührt

bench <*pl* -es> [bentʃ] *n* ❶ (*public seat*) Bank *f;* ■**the ~** SPORTS die [Auswechsel]bank

❷ LAW ■**the ~** die [Richter]bank, das Gericht; **~ of magistrates** Richterschaft *f;* **Queen's B~ Division** BRIT Abteilung *f* des High Court; **Masters of the B~** BRIT Ältere Mitglieder der Rechtsanwaltskammer [in London]; **~ warrant** [richterlicher] Haftbefehl; **to be on the ~** Richter sein; **to serve** [*or* **sit**] **on the ~** als Richter/Richterin tätig sein, auf dem Richterstuhl sitzen; **to take the ~** AM (*become judge/magistrate*) Richter/Richterin werden; AM (*open court proceedings*) die Verhandlung eröffnen

❸ ■**the ~es** *pl* BRIT (*where MPs sit*) die Regierungsbank; **the government front ~** die Regierungsbank; **the Opposition front ~** die Sitze des Schattenkabinetts; (*members*) die Mitglieder des Schattenkabinetts; **the Treasury ~** die Mitglieder des Kabinetts; **the back ~es** *hintere Bänke im Unterhaus für weniger wichtige Abgeordnete der Regierung und Opposition;* **the front ~es** *vordere Bänke im Unterhaus für Minister und führende Oppositionspolitiker*

❹ TECH (*worktop*) **work ~** Werkbank *f;* CHEM (*in lab*) Arbeitstisch *m*

Bencher ['bentʃəʳ] *n* LAW vorsitzender Richter/vorsitzende Richterin

benchmark I. *n usu sing* ❶ (*in surveying*) Höhenmarke *f,* Abrisspunkt *m,* Festpunkt *m* ❷ (*standard*) Maßstab *m,* Bezugspunkt *m;* (*fig*) **to set a ~** einen Maßstab setzen ❸ COMPUT (*programme*) Bewertungsprogramm *nt,* Testprogramm *nt* **II.** *n modifier* **~ case** Modellfall *m;* COMPUT **~ run/test** Vergleichslauf *m/*-test *m* **bench press** *n* SPORTS Drücken *nt* in Rückenlage **bench seat** *n* AUTO Sitzbank *f* **bench top** *n* AUS Arbeitsfläche *f* **bench trial** *n* LAW Verhandlung *f* ohne Jury **benchwarmer** *n* AM SPORTS (*substitute*) Ersatzspieler(in) *m(f)* (*der/die kaum eingesetzt wird*)

bend [bend] **I.** *n* ❶ (*in a road*) Kurve *f;* (*in a pipe*) Krümmung *f;* (*in a river*) Biegung *f;* **to take a ~** um die Kurve fahren

❷ ■**the ~s** *pl* (*fam*) MED die Caissonkrankheit *kein pl fachspr,* die Taucherkrankheit *kein pl*

► PHRASES: **to go round the ~** durchdrehen *fig fam,* durchknallen *sl,* überschnappen *fam;* **to drive** [*or* **send**] **sb round the ~** jdn zum Wahnsinn treiben *fam*

II. *vi* <bent, bent> ❶ (*turn*) *road* biegen, eine Biegung [*o* Kurve] machen; ***the road ~s round to the left*** die Straße biegt nach links; **to ~ forwards/backwards** sich *akk* vor-/zurückbeugen; **to be bent double** sich *akk* krümmen [*o* biegen]; ■**to ~ to sth/sb** (*fig*) sich *akk* etw/jdm beugen, etw/jdm nachgeben

❷ (*be flexible*) *wire, metal* sich leicht biegen lassen; ***be careful, that wire ~s easily*** vorsicht, der Draht verbiegt sich leicht; (*fig*) **to ~ to sb's will** *person* sich *akk* jdm fügen

III. *vt* ■**to ~ sth** etw biegen; (*deform*) etw verbiegen; **to ~ one's arms/legs/knees** seine Arme/Beine/Knie beugen; **to ~ the law** das Gesetz zu seinen Gunsten auslegen; **to ~ the rules** (*fig*) sich *akk* nicht ganz an die Regeln halten, ein Auge zudrücken; **to ~ the truth** (*fig*) die Wahrheit verdrehen; **to ~ sb's will** sich *dat* jdn gefügig machen *geh,* sich *akk* jds Willen beugen *geh*

► PHRASES: **to ~ sb's ear** (*fig*) jdm in den Ohren liegen *fig,* jdn ein Ohr abschwatzen *fam;* **to ~ one's elbow** AM einen zur Brust nehmen *fam;* **to ~ before the wind** dem Druck nachgeben

◆**bend back I.** *vt* ■**to ~ back** ⇄ **sth** *a branch* etw zurückbiegen; **to ~ sth back into shape** etw wieder in [die ursprüngliche] Form bringen

II. *vi* sich *akk* nach hinten beugen

◆**bend down** *vi* sich *akk* niederbeugen [*o* bücken]

◆**bend over, bend forward** *vi* sich *akk* vorbeugen
► PHRASES: **to ~ over backwards** sich *dat* die allergrößte Mühe geben, sich *akk* überschlagen *fig fam*
bendable ['bendəbl̩] *adj* biegbar
bended ['bendɪd] *adj* (*form*) **on ~ knee[s]** auf Knien *a. fig,* inständig *geh;* **to go down on ~ knees to sb** (*fig*) vor jdm in die Knie gehen [*o geh* auf die Knie fallen] *meist fig,* vor jdm einen Kniefall tun *meist fig liter*
bender ['bendəʳ, AM -dɚ] *n* (*fam*) Sauftour *f sl,* Zechtour *f fam;* **to go on a ~** auf [eine] Sauftour gehen *sl,* eine Zechtour unternehmen *fam*
bending ['bendɪŋ] *n no pl* Bücken *nt*
bendy ['bendi] *adj* ① *road* kurvig, kurvenreich; *river, path* gewunden; ***the river is very ~ at this point*** der Fluss macht hier viele Biegungen
② (*easily bendable*) biegsam
beneath [bɪ'ni:θ] **I.** *prep* ① (*lower than*) unter +*dat;* **to peek out ~ sth** unter etw *dat* hervorsehen
② (*underneath*) unter +*dat; with verbs of motion* unter +*akk;* **to give way ~ sb** unter jdm nachgeben
③ (*under surface of*) unter +*dat; with verbs of motion* unter +*akk;* ***the sun had sunk ~ the horizon*** die Sonne war hinter dem Horizont versunken
④ (*quieter than*) unter +*dat;* ***they spoke ~ a whisper*** sie flüsterten leise
⑤ (*inferior to*) **to be ~ sb** unter jdm stehen; (*lower standard than*) unter jds Würde sein; **to be ~ contempt** verachtenswert sein
II. *adv inv* unten, darunter
Benedictine [ˌbenɪ'dɪktɪn] *n* ① (*monk*) Benediktiner(in) *m(f)*
② *no pl* (*liqueur*) Benediktiner *m* (*Kräuterlikör*)
benediction [ˌbenɪ'dɪkʃən] *n* (*form*) Segnung *f;* (*after meal*) Dankgebet *nt,* Danksagung *f*
benefaction [ˌbenɪ'fækʃən, AM -nə'-] *n* ① (*form: gift*) Spende *f,* Stiftung *f*
② *no pl* (*form: act*) Wohltätigkeit *f*
benefactor ['benɪfæktəʳ, AM -nəfæktɚ] *n* (*philanthropist*) Wohltäter *m;* (*patron*) Gönner *m,* Stifter *m*
benefactress <*pl* -es> ['benɪfæktrəs, AM -nə-] *n* (*philanthropist*) Wohltäterin *f;* (*patroness*) Gönnerin *f,* Stifterin *f*
benefice ['benɪfɪs] *n* REL, HIST Pfründe *f*
beneficence [bɪ'nefɪsən(t)s] *n* ① (*form: endowment*) Stiftung *f*
② *no pl* (*kindness*) Wohltätigkeit *f,* Mildtätigkeit *f*
beneficent [bɪ'nefɪsənt] *adj* (*form: kindly*) gütig; (*charitable*) wohltätig, mildtätig
beneficial [ˌbenɪ'fɪʃəl] *adj* (*approv*) nützlich; **~ effect** [*or* **influence**] positive Auswirkung, Nutzen *m;* ■**to be ~ to sth** für etw *akk* nützlich [*o* vorteilhaft] sein
beneficial interest *n* ECON Nießbrauch *m* **beneficial occupier** *n* Nießbrauchberechtigte(r) *f(m)* **beneficial owner** *n* LAW wirtschaftlicher Eigentümer/wirtschaftliche Eigentümerin **beneficial use** *n* LAW unbeschränktes Nutzungsrecht
beneficiary [ˌbenɪ'fɪʃəri, AM *also* -'fɪʃieri] *n* LAW Nutznießer(in) *m(f),* Berechtigte(r) *f(m);* **~ of a judgement/will** Begünstigte(r) *f(m)* eines Urteils/Testaments; **~ of a law/ruling** Nutznießer(in) *m(f)* eines Gesetzes/einer Regelung
benefit ['benɪfɪt] **I.** *n* ① (*advantage*) Vorteil *m;* (*profit*) Nutzen *m;* ***the lecture was of great ~*** der Vortrag hat viel gebracht *fam;* ***the ~s of this plan must be clear to everyone*** die Vorzüge dieses Plans müssen jedem klar sein; ***I offered her the ~s of my experience*** ich bot ihr an, von meiner Erfahrung zu profitieren; ***she drinks a lot less now to the ~ of her health*** sie trinkt jetzt sehr viel weniger, was ihrer Gesundheit zugute kommt; **~ of education** Bildungsprivileg *nt;* **with the ~ of hindsight** im Nachhinein; **to derive** [*or* **get**] [**much**] **~ from sth** einen [großen] Nutzen aus etw *dat* ziehen; ***I didn't derive much ~ from school*** die Schule hat mir nicht viel gebracht *fam;* **to give sb the ~ of the doubt** im Zweifelsfall zu jds Gunsten entscheiden; **for the ~ of sb** zu jds Nutzen [*o* Gunsten]; ***for the ~ of those who weren't listening the first time, ...*** für all diejenigen, die beim ersten Mal nicht zugehört haben, ...
② BRIT (*welfare payment*) Beihilfe *f,* Unterstützung *f;* **family/housing/maternity ~** Kinder-/Wohn-/Mutterschaftsgeld *nt;* **sickness/unemployment ~** Kranken-/Arbeitslosengeld *nt;* **social security ~** BRIT Sozialhilfe *f;* **to be on ~** Sozialhilfe bekommen [*o* beziehen]
II. *vi* <-t- *or* -tt-> ■**to ~ from sth** von etw *dat* profitieren, aus etw *dat* Nutzen ziehen; ***who do you think ~s from her death?*** wer, glaubst du, hat etwas von ihrem Tod?; ***he'd ~ from a few days off*** ein paar freie Tage würden ihm gut tun
III. *vt* <-t- *or* -tt-> ■**to ~ sb/sth** jdm/etw nützen
benefit concert *n* Benefizkonzert *nt,* Wohltätigkeitskonzert *nt* **benefit match** *n* Benefizspiel *nt* **benefit performance** *n* Wohltätigkeitsveranstaltung *f* **benefit segmentation** *n* ECON Marktsegmentierung *f* aufgrund von Nutzen
Benelux ['benəlʌks] *n no pl* die Beneluxstaaten *mpl*
benevolence [bɪ'nevələn(t)s] *n no pl* (*approv*) Wohlwollen *nt;* (*kindness*) Güte *f; of a judge etc.* Milde *f*
benevolent [bɪ'nevələnt] *adj* (*approv: warm-hearted*) gütig, mild, wohlwollend; (*generous*) wohltätig
benevolent fund *n* Wohltätigkeitsfond *m*
benevolently [bɪ'nevələntli] *adv* wohlwollend, gütig
benevolent society *n* Wohltätigkeitsverein *m*
Bengal [ˌbeŋ'gɔ:l] *n* Bengalen *nt*
Bengali [ˌbeŋ'gɔ:li] **I.** *adj* bengalisch; **~ tiger** bengalischer Tiger
II. *n* ① (*person*) Bengale, -in *m, f*
② (*language*) Bengali *nt,* das Bengalische
benighted [bɪ'naɪtɪd, AM -t̬ɪd] *adj* (*pej*) hirnrissig *pej fam,* völlig unbedarft [*o* ahnungslos]; *country, region* gottverlassen; **a ~ idea** eine hirnrissige Idee
benign [bɪ'naɪn] *adj* ① (*approv: kind*) gütig; **~ climate** mildes Klima
② MED **~ polyp/tumour** gutartiger Polyp/Tumor
benignly [bɪ'naɪnli] *adv* wohlwollend
bent [bent] **I.** *pt, pp of* **bend**
II. *n* (*inclination*) Neigung *f;* **to follow one's ~** seiner Neigung folgen; ■**to have a** [**natural**] **~ for sth** einen [natürlichen] Hang zu etw *dat* haben; (*character*) Schlag *m*
III. *adj* ① *esp* BRIT (*sl: corrupt*) *the police* korrupt; **~ copper** korrupter Polizist; **~ job** krummes Ding
② *usu pred* (*pej dated: homosexual*) schwul *fam*
③ (*determined*) ■**to be** [**hell**] **~ on** [*or* **upon**] [**doing**] **sth** zu etw *dat* [wild] entschlossen sein, etw auf Teufel komm raus wollen *sl*
④ (*curved*) umgebogen; *wire* verbogen; *person* gekrümmt
benumbed [bɪ'nʌmd] *adj* (*form: with shock, sadness*) benommen, betäubt; **~ with cold** taub vor Kälte; **~ with horror** starr vor Entsetzen
benzene ['benzi:n] *n no pl* Benzol *nt*
benzine ['benzi:n] *n* Benzin *nt*
benzodiazepine ['benzəʊdaɪazəpi:n, AM 'benzoʊ-] *n* Benzodiazepine *ntpl*
bequeath [bɪ'kwi:ð] *vt* ■**to ~ sth to sb** jdm etw hinterlassen *a. fig;* **to ~ a fortune to sb** jdm ein Vermögen hinterlassen [*o* vermachen]
bequest [bɪ'kwest] *n* Vermächtnis *nt,* Hinterlassenschaft *f;* LAW (*form*) **to make a ~ to sb** jdm ein Vermächtnis aussetzen *geh*
berate [bɪ'reɪt] *vt* (*form*) ■**to ~ sb** jdn ausschelten *veraltend geh*
Berber ['bɜ:bəʳ, AM 'bɜ:rbɚ] **I.** *n* ① *no pl* (*language*) Berbersprache *f*
② (*person*) Berber(in) *m(f)*
II. *adj inv* berberisch, Berber-
bereave [bɪ'ri:v] *vt usu passive* ■**to have been ~d of sb** (*form*) jdn verloren haben
bereaved [bɪ'ri:vd] **I.** *adj inv* **~ children/parents** trauernde Kinder/Eltern
II. *n* ■**the ~** *pl* die Hinterbliebenen *pl*
bereavement [bɪ'ri:vmənt] *n* (*death*) Trauerfall *m,* Todesfall *m;* (*loss*) schmerzlicher Verlust; **to suffer a ~** einen [schmerzlichen] Verlust erleiden
bereft [bɪ'reft] *adj pred* (*form*) ■**to be ~ of sth** einer S. *gen* beraubt sein; **to feel** [**utterly**] **~** sich *akk* [völlig] verlassen fühlen
beret ['bereɪ, AM bə'reɪ] *n* Baskenmütze *f;* MIL Barett *nt*
bergamot ['bɜ:gəmɒt, AM 'bɜ:rgəmɑ:t] *n* Bergamotte *f;* (*tree also*) Bergamottenbaum *m;* (*fruit also*) Herrenbirne *f;* **~ oil** Bergamottöl *nt*
beribboned [bɪ'rɪbənd] *adj inv* mit Bändern versehen, bebändert
berk [bɜ:k] *n* BRIT, AUS (*sl: fool*) Spinner(in) *m(f) pej fam;* (*oaf*) Blödmann *m pej fam,* Dussel *m fam;* **right ~** ausgemachter Trottel *pej fam;* ***I felt a right ~ when ...*** ich kam mir total blöd vor, als ...
Berks BRIT *abbrev of* **Berkshire**
Bermuda shorts *npl* Bermudas *pl,* Bermudashorts *pl*
Berne [bɜ:n, AM bɜ:rn] *n* Bern *nt*
berry ['beri] *n* Beere *f;* **wheat berries** Weizenkörner *ntpl;* **to go ~-picking** Beeren sammeln [*o* pflücken] gehen
► PHRASES: **to be as brown as a ~** schokoladenbraun sein *fam*
berserk [bə'zɜ:k, AM bɚ'zɜ:rk] *adj pred* ■**to be ~** außer sich *dat* sein; **to go ~** [fuchsteufels]wild werden *fam,* [vor Wut] außer sich *dat* geraten *geh,* ausrasten *fam*
berth [bɜ:θ, AM bɜ:rθ] **I.** *n* ① (*bed*) NAUT [Schlaf]koje *f;* RAIL Schlafwagenbett *nt*
② (*for ship*) Liegeplatz *m*
③ NAUT (*distance*) Seeraum *m;* **to give a ship a wide ~** ein Schiff auf guten Abstand [von Land] halten; **to give sb a wide ~** (*fig*) um jdn einen großen Bogen machen *fig*
II. *vt* **to ~ a ship** ein Schiff am Kai festmachen
III. *vi* [am Kai] anlegen [*o* festmachen]
berth cargo *n* COMM Auffüllladung *f*
beseech <beseeched *or* besought, beseeched *or* besought> [bɪ'si:tʃ] *vt* (*form*) ■**to ~ sb to do sth** jdn anflehen, etw zu tun
beseeching [bɪ'si:tʃɪŋ] *adj* flehentlich *geh,* flehend
beseechingly [bɪ'si:tʃɪŋli] *adv* flehentlich
beset <-tt-, beset, beset> [bɪ'set] *vt usu passive* ① (*surrounded*) ■**to be ~ by sth** *midges, flies* von etw *dat* bedrängt [*o* verfolgt] werden
② (*affect*) ■**to be ~ by** [*or* **with**] **sth** von etw *dat* heimgesucht [*o* geplagt] werden; **~ by worries** von Sorgen geplagt
besetting [bɪ'setɪŋ, AM -t̬ɪŋ] *adj* hartnäckig; **~ sin** Gewohnheitslaster *nt*
beside [bɪ'saɪd] *prep* ① (*next to*) neben +*dat; with verbs of motion* neben +*akk;* **right ~ sb/sth** genau neben jdm/etw
② (*together with*) neben +*dat; with verbs of motion* neben +*akk*
③ (*in addition to*) außer +*dat;* ***~ football, he can play baseball really well*** außer Football spielt er auch recht gut Baseball
④ (*except for*) abgesehen von +*dat*
⑤ (*in comparison to*) neben +*dat;* **to pale ~ sth** neben etw *dat* verblassen
⑥ (*overwhelmed by*) **to be ~ oneself with sth** wegen etw *dat* [völlig] außer sich *dat* sein; ***she was ~ herself with joy*** sie war außer sich vor Freude
⑦ (*irrelevant to*) **to be ~ the point** nebensächlich sein; (*not an option*) **to be ~ the question** ausgeschlossen sein
besides [bɪ'saɪdz] **I.** *adv inv* außerdem, überdies; ***I've had job offers from two firms and plenty more ~*** ich hatte Stellenangebote von zwei Firmen und daneben noch von zahlreichen anderen; **many more ~** noch viele mehr
II. *prep* ① (*in addition to*) außer +*dat;* ***do you play any other sports ~ ice-skating?*** betreibst du noch andere Sportarten außer Eislaufen?
② (*except for*) abgesehen von
besiege [bɪ'si:dʒ] *vt* ① MIL (*surround*) ■**to ~ sth** *a town* etw belagern; ■**to ~ sb** jdn umzingeln [*o fig* belagern]
② (*overwhelm*) ■**to ~ sb with sth** jdn mit etw *dat* überschütten; **to be ~d with letters** mit Briefen

B

überhäuft werden; **to be ~d with requests** mit Bitten bedrängt werden

besieger [bɪˈsiːdʒəʳ, AM ɚ] *n usu pl* Belagerer *m*

besmear [bɪˈsmɪəʳ, AM -ˈsmɪr] *vt* (*liter or form*) ■**to ~ sb/sth** jdn/etw beschmutzen [*o* beschmieren]

besmeared [bɪˈsmɪəʳd, AM -ˈsmɪrd] *adj pred* (*form*) beschmiert *a. fig,* beschmutzt *a. fig;* ***his face was ~ with chocolate*** sein Gesicht war voller Schokolade

besmirch [bɪˈsmɜːtʃ, AM -ˈsmɜːrtʃ] *vt* (*liter*) ■**to ~ sth** etw besudeln *geh o veraltet o a. fig;* **to ~ sb's good name** jds guten Namen beschmutzen; ■**to ~ sb** jdn schlecht machen

besom [ˈbiːsəm] *n* ❶ (*broom*) [Reisig]besen *m*
❷ SCOT, NBRIT (*pej: woman, girl*) Besen *m pej*

besotted [bɪˈsɒtɪd, AM -ˈsɑːt̬ɪd] *adj* ■**to be ~ with sb/sth** in jdn/etw völlig vernarrt sein; **to be ~ with an idea** von einer Idee besessen sein

besought [bɪˈsɔːt, AM -ˈsɑːt] *pt, pp of* **beseech**

bespatter [bɪˈspætəʳ, AM -ˈspæt̬ɚ] *vt* ■**to ~ sb/sth** jdn/etw bespritzen

bespattered [bɪˈspætəd, AM -ˈspæt̬ɚd] *adj pred shoes* bespritzt

bespeak <bespoke, bespoken> [bɪˈspiːk] *vt* (*old form*) ■**to ~ sth** von etw *dat* zeugen *geh*

bespectacled [bɪˈspektəkl̩d] *adj inv, attr* bebrillt

bespoke [bɪˈspəʊk, AM -ˈspoʊk] **I.** *adj inv* BRIT (*form*) nach Maß, Maß-; **~ tailor** Maßschneider(in) *m(f);* **~ tailoring** Maßkonfektion *f,* maßgeschneiderte Kleidung
II. *pt of* **bespeak**

bespoken [bɪˈspəʊkᵊn, AM -ˈspoʊ-] *pp of* **bespeak**

best [best] **I.** *adj inv superl of* **good** (*finest, most excellent*) beste(r, s); ***what are you ~ at in school?*** in welchem Fach bist du am besten?; ***it is ~ to ...*** am besten ...; ***the ~ thing she can do is forget him*** das Beste, was sie machen kann, ist ihn zu vergessen; ***it would be ~ if ...*** am besten wäre es, wenn ...; ***he is acting in her ~ interests*** er handelt nur zu ihrem Besten; ***what's the ~ way to the station?*** wie komme ich am besten zum Bahnhof?; **to be on one's ~ behaviour** sich *akk* von seiner besten Seite zeigen; **the ~ days of my life** die schönste Zeit meines Lebens; **~ friend** bester Freund/beste Freundin; **~ regards** [*or* **wishes**] viele [*o* beste] Grüße; ***give my ~ wishes to your wife*** richten Sie Ihrer Frau herzliche Grüße von mir aus
▸ PHRASES: **sb's ~ bet** (*fam*) der beste Weg; ***if you want to get to the station before 10 o'clock, your ~ bet would be to take a taxi*** wenn Sie vor 10 Uhr am Bahnhof sein wollen, nehmen Sie am besten ein Taxi; **to wear one's ~ bib and tucker** sich *akk* in Schale werfen *fam;* **put your ~ foot forward** streng dich an; **may the ~ man win** möge der/die Beste gewinnen; **the ~ things come in small packages** [*or* **parcels**] (*prov*) die Größe sagt noch nichts über den Wert aus; **the ~ part** der größte Teil; ***for the ~ part of two decades*** fast zwei Jahrzehnte lang; **the ~ thing since sliced bread** (*fam*) das [absolute] Nonplusultra *oft hum o iron;* **the ~ things in life are free** (*saying*) die schönsten Dinge im Leben kosten nichts; **with the ~ will in the world** beim besten Willen
II. *adv inv superl of* **well** am besten; ***which evening would suit you ~ for the party?*** welcher Abend würde dir für die Party am besten passen?; ***Ayers Rock is ~ seen at sunset*** Ayers Rock besucht man am besten bei Sonnenuntergang; ***we'd ~ be going now*** am besten gehen wir jetzt; **as ~ you can** so gut du kannst; **to do as one thinks ~** tun, was man für richtig hält
III. *n no pl* ❶ (*the finest*) ■**the ~** der/die/das Beste; ***this is journalism at it's ~*** das ist Journalismus vom Feinsten; ***all the ~!*** (*fam*) alles Gute!; ***and ~ of all*** und allem voran; ***just do the work to the ~ of your ability*** machen Sie die Arbeit einfach so gut Sie können; ***he can dance with the ~ of them*** was das Tanzen betrifft, braucht er sich wirklich nicht zu schämen; ***we've already had the ~ of the hot weather this summer*** die heißen Tage dieses Sommers sind jetzt wohl mehr oder weniger vorbei; ***he just wanted the ~ for her*** er wollte nur das Beste für sie; **to be the ~ of friends** die besten Freunde sein; **to be in the ~ of health** bei bester Gesundheit sein; **to the ~ of my knowledge** meines Wissens; **the ~ that money can buy** das Beste, was mit Geld zu kaufen ist; **to bring out the ~ in sb** das Beste in jdm zum Vorschein bringen; **to get the ~ out of sb** das Beste aus jdm herausholen; **to do/try one's [level** [*or* **very**]] **~** sein Bestes tun/versuchen; **to be all for the ~** besser so sein; **to be at one's ~** in Höchstform [*o* bester Verfassung] sein
❷ (*the most optimistic*) ~ ***of luck!*** viel Glück!; ***and the ~ of British* [*luck*] *to you!*** (*iron hum*) na, dann mal viel Glück!; ***please give her my ~*** bitte richten Sie ihr meine Grüße aus; **at the ~ of times** in den besten Zeiten; **to send one's ~** AM seine besten [Glück]wünsche senden; **at ~** bestenfalls
❸ **to get** [*or* **have**] **the ~ of sb** über jdn die Oberhand gewinnen; (*fig*) jdn besiegen; **to get** [*or* **have**] **the ~ of a game** ein Spiel gewinnen; **to play the ~ of three/five** *so lange spielen, bis eine Mannschaft zweimal/dreimal gewonnen hat*
▸ PHRASES: **make the ~ of a bad bargain** [*or* BRIT **job**] [*or* AM **situation**], **make the ~ of things** [*or* **it**] das Beste daraus machen; **six of the ~** BRIT SCH (*euph dated*) sechs Schläge (*mit dem Rohrstock*); **to wear one's Sunday ~** seine Sonntagskleider [*o hum* seinen Sonntagsstaat] tragen; **the ~ of both worlds** das Beste von beidem
IV. *vt* ■**to ~ sb** jdn schlagen [*o* besiegen]

best- [ˌbest] *in compounds* best-; **~-dressed** bestgekleidet *attr;* **~-kept secret** bestgehütetes Geheimnis; **~-looking** am besten aussehend
▸ PHRASES: **the ~-laid schemes of mice and men gang oft agley** (*prov*) selbst Pläne, die bestens durchdacht sind, scheitern oft

best before date *n* Mindesthaltbarkeitsdatum *nt*

best boy *n Assistent des Elektrikers beim Film*

best-dressed [ˈbestˌdrest] *adj attr, inv superl of* **well-dressed** bestgekleidet **best evidence** *n* LAW primäres Beweismaterial **best evidence rule** *n* LAW *Unzulässigkeit sekundärer Beweismittel, wenn primäre Beweismittel vorhanden sind*

bestial [ˈbestiəl, AM ˈbestʃᵊl] *adj* bestialisch, tierisch

bestiality [ˌbestiˈæləti, AM ˌbestʃiˈælət̬i] *n no pl* ❶ (*brutality*) Bestialität *f; of person a.* Brutalität *f*
❷ (*sexual behaviour*) Sodomie *f*

bestiary [ˈbestiᵊri, AM -tʃieri] *n* LIT (*hist*) Bestiaire *nt,* Bestiarium *nt*

bestir <-rr-> [bɪˈstɜːʳ, AM -ˈstɜːr] *vt* (*form*) ■**to ~ sb to do** [*or* **into doing**] **sth** jdn dazu bringen, etw zu tun; ■**to ~ oneself to do sth** (*hum*) sich *akk* dazu aufraffen, etw zu tun; ■**to ~ sth** (*fig*) etw in Bewegung bringen

best-laid [ˈbestˌleɪd] *adj attr, inv* ausgeklügeltste(r, s), am meisten durchdacht **best man** *n* Trauzeuge *m* (*des Bräutigams*)

bestow [bɪˈstəʊ, AM -ˈstoʊ] *vt* (*form*) ■**to ~ sth [up]on sb** jdm etw verleihen; (*in a will*) jdn etw hinterlassen; **to ~ a favour on sb** jdm eine Gunst erweisen; **to ~ a gift on sb** jdm etw schenken; **to ~ an office [up]on sb** jdm ein Amt übertragen; **to ~ a title [up]on sb** jdm einen Titel verleihen

bestowal [bɪˈstəʊəl, AM -ˈstoʊ-] *n no pl* (*form*) Verleihung *f;* **~ of consent** feierliche Zustimmung; **~ of honour** Ehrerweisung *f*

bestrew <bestrewed, bestrewn *or* bestrewed> [bɪˈstruː] *vt* (*liter*) ■**to ~ sth** etw verstreuen; ***autumn leaves ~ed the lawn*** Herbstblätter lagen verstreut auf dem Rasen; ■**to ~ sth with sth** etw mit etw *dat* übersäen

bestrewn [bɪˈstruːn] *vt* (*liter*) *pp of* **bestrew**

bestridden [bɪˈstrɪdᵊn] *vt* (*form*) *pp of* **bestride**

bestride <bestrode, bestridden> [bɪˈstraɪd] *vt* (*form liter*) **to ~ a chair** sich *akk* rittlings auf einen Stuhl setzen; **to ~ a horse** sich *akk* auf ein Pferd schwingen

bestrode [bɪˈstrəʊd, AM -ˈstroʊd] *pt of* **bestride**

best-seller *n* Bestseller *m* **best-seller list** *n* Bestsellerliste *f* **best-selling** *adj inv* Bestseller-; **~ author** Erfolgsautor(in) *m(f)*

bet [bet] **I.** *n* ❶ (*gamble*) Wette *f;* **to lay** [*or* **make**] [*or* **place**] **a ~ on sth** wetten, dass etw passiert, auf etw *akk* wetten; **to make a ~ with sb** mit jdm wetten
❷ (*fig: guess*) Tipp *m;* ***all ~s are off*** alles ist möglich; ***it's a safe ~ that he won't remember my birthday tomorrow*** ich könnte wetten, dass er morgen meinen Geburtstag vergisst; **to be a good ~** ein guter Tipp sein
II. *vt* <-tt-, bet *or* -ted, bet *or* -ted> **to ~ £10/$20 on sb/sth** auf jdn/etw 10 Pfund/20 Dollar setzen [*o* wetten]; ***I ~ you £25 that ...*** ich wette mit dir um 25 Pfund, dass ...; ***I'll ~ him anything he likes that he won't pass the exams*** ich gehe jede Wette mit ihm [darauf] ein, dass er die Prüfungen nicht bestehen wird; **to ~ two to one on sb/sth** zwei zu eins auf jdn/etw wetten
▸ PHRASES: **you can ~ your boots** [*or* **bottom dollar**] [*or* **shirt**] [*or* AM *fam!* **ass**] **that ...** du kannst deinen Kopf [*o* dein Hemd] darauf verwetten, dass ...; **you ~!** (*fam*) das kannst du mir aber glauben!, aber sicher!
III. *vi* wetten; ■**to ~ on sb/sth** (*fam*) auf jdn/etw wetten [*o* setzen]; ***I wouldn't ~ on it*** ich würde nicht darauf wetten; ***do you want to ~?*** wollen wir wetten?; ***I'll ~!*** (*as a reply*) und ob!; **to ~ heavily** hoch wetten

beta [ˈbiːtə, AM ˈbeɪt̬ə] *n* Beta *nt;* BRIT SCH, UNIV gut

beta-blocker *n* PHARM Betablocker *m*

betacarotene *n* Betakarotin *nt*

betake <betook, betaken> [bɪˈteɪk] *vt* (*liter*)
❶ (*go somewhere*) ■**to ~ oneself somewhere** sich *akk* irgendwohin begeben
❷ (*dedicate oneself*) ■**to ~ oneself to sth** sich *akk* etw *dat* widmen; (*fig*) sich *akk* einer S. *gen* bedienen

beta shares, beta securities, beta stocks *npl* BRIT FIN weniger umsatzstarke Werte

betel [ˈbiːtᵊl, AM -t̬ᵊl] *n no pl* Betel *m*

bête noire <*pl* bêtes noires> [ˌbetˈnwɑːʳ, AM -ˈnwɑːr] *n* Gräuel *m;* ■**to be sb's ~** jdm ein Gräuel sein

bethink <bethought, bethought> [bɪˈθɪŋk] *vt* (*form or old*) ■**to ~ oneself of sth** sich *akk* auf etw *akk* besinnen; ■**to ~ oneself how ...** sich *akk* überlegen, wie ...

Bethlehem [ˈbeθləhem] *n no pl* (*bible*) Bethlehem; (*city in Israel*) Bet[h]lehem

betide [bɪˈtaɪd] (*liter*) **I.** *vt* ■**to ~ sb** jdm geschehen; **woe ~ you/him if ...** wehe dir/ihm, wenn ...
II. *vi* geschehen; **woe ~** wehe

betimes [bɪˈtaɪmz] *adv inv* (*liter*) beizeiten

betoken [bɪˈtəʊkᵊn, AM -ˈtoʊ-] *vt* (*old*) ■**to ~ sth** etw bedeuten; (*suggest*) auf etw *akk* hindeuten; ***he gave her a gift to ~ his gratitude*** er gab ihr ein Geschenk als Zeichen seiner Dankbarkeit

betray [bɪˈtreɪ] *vt* ❶ (*be disloyal*) ■**to ~ sth** etw verraten; **to ~ a promise** sich *akk* nicht an ein Versprechen halten; **to ~ a secret to sb** jdm ein Geheimnis verraten; **to ~ sb's trust** jds Vertrauen missbrauchen; ■**to ~ sb** (*be unfaithful*) jdm untreu sein; (*deceive*) jdn betrügen [*o geh* hintergehen]
❷ (*reveal feelings*) ■**to ~ sth** etw zeigen [*o* erkennen lassen]; **to ~ one's ignorance** seine Unkenntnis verraten

betrayal [bɪˈtreɪəl] *n* ❶ *no pl* (*treachery*) Verrat *m; of trust* Enttäuschung *f;* ***this was an act of ~*** das war Verrat
❷ (*act of treachery*) verräterische Handlung

betrayer [bɪˈtreɪəʳ, AM ɚ] *n* Verräter(in) *m(f)*

betroth [bɪˈtrəʊð, AM -ˈtroʊð] *vt usu passive* (*form or old*) ■**to be ~ed to sb** jdm versprochen sein *veraltet*

betrothal [bɪˈtrəʊðᵊl, AM -ˈtroʊ-] *n* (*form or old*) Verlobung *f*

betrothed <*pl* -> [bɪˈtrəʊðd, AM -ˈtroʊðd] *n* (*form or old*) Anverlobte(r) *f(m) veraltet,* Verlobte(r) *f(m)*

better[1] [ˈbetəʳ, AM ˈbet̬ɚ] **I.** *adj inv comp of* **good** ❶ (*superior*) besser; ***~ luck next time*** vielleicht

klappt's ja beim nächsten Mal *fam;* ~ ***than nothing*** besser als nichts; ***it's ~ that way*** es ist besser so; ***she is much ~ at tennis than I am*** sie spielt viel besser Tennis als ich; **far** ~ weit besser; ■**to be ~ for sb/sth** für jdn/etw besser sein; **to be no ~ than one should be** kein Heiliger/keine Heilige sein
② (*healthier*) besser; ***I'm much ~ now*** mir geht's schon viel besser; ***he's no ~*** sein Zustand hat sich [noch immer] nicht gebessert; **to get** ~ sich *akk* erholen
③ (*most*) **the ~ part** der größte Teil; **the ~ part of an hour** fast eine Stunde [lang]
► PHRASES: ~ **the devil you know than the devil you don't know** (*prov*) von zwei Übeln wählt man besser dasjenige, das man bereits kennt; **discretion is the ~ part of valour** (*prov*) Vorsicht ist die Mutter der Porzellankiste *prov fam;* ~ **late than never** (*saying*) besser spät als nie; ~ **safe than sorry** (*saying*) Vorsicht ist besser als Nachsicht *prov;* **to go one** ~ noch einen draufsetzen *fam*
II. *adv comp of* **well** ① (*in superior manner*) besser; *like* lieber, mehr; ***she did much ~ in her second exam*** sie schnitt in ihrer zweiten Prüfung viel besser ab; ***there is nothing I like ~ than lying in bed on a Sunday morning*** ich mag nichts lieber als an einem Sonntagmorgen im Bett zu liegen; ***some questions are ~ left unanswered*** manche Fragen sollten besser unbeantwortet bleiben; ***or ~ still …*** oder noch besser …
② (*to a greater degree*) mehr; ***she is much ~-looking than her brother*** sie sieht viel besser als ihr Bruder aus; ***you had ~ go home now*** es wäre besser, wenn Sie jetzt nach Hause gingen; **to think ~ of sth** sich *dat* etw anders überlegen; ***I think ~ of him*** ich habe jetzt eine bessere Meinung von ihm
III. *n no pl* ① (*improvement*) Bessere *nt;* ***I have not seen ~ this year*** ich habe dieses Jahr nichts Besseres gesehen; **to change for the ~** sich *akk* zum Guten wenden; **to expect ~ of sb** was Besseres von jdm erwarten; **all** [*or* **so much**] **the ~** umso besser; ***you'll be all the ~ for a good holiday*** ein schöner Urlaub wird dir [richtig] gut tun
② ■**one's ~s** *pl* (*hum old*) *Leute, die über einem stehen;* **our elders and ~s** *ältere Leute mit mehr* [*Lebens*]*erfahrung*
► PHRASES: **to get the ~ of sb** über jdn die Oberhand gewinnen; **to do sth for ~ or** [**for**] **worse** etw ungeachtet seiner möglichen Folgen tun
IV. *vt* ■**to ~ sth** etw verbessern; ■**to ~ oneself** (*improve social position*) sich *akk* verbessern; (*further one's knowledge*) sich *akk* weiterbilden

better² ['betəʳ, AM 'beţɚ] *n jd, der eine Wette abschließt*

better half *n* (*hum fam*) bessere Hälfte *hum fam*

betterment ['betəmənt, AM 'beţɚ-] *n no pl* Verbesserung *f;* ECON Wertsteigerung *f;* **self-~** [berufliches] Vorwärtskommen

better-off I. *adj* besser dran *präd fam;* (*financially*) besser gestellt *präd,* wohlhabender *präd*
II. *n + pl vb* ■**the ~** die Bessergestellten [*o geh* Bessersituierten] *pl;* (*earning more money*) die Besserverdienenden *pl*

betting ['betɪŋ, AM 'beţ-] I. *n no pl* ① (*gambling*) Wetten *nt;* ~ **on horses** Pferdewetten *fpl;* ***what's the ~ that … ?*** (*fig fam*) um was wetten wir, dass … ?
② (*stake*) Wetteinsatz *m;* ***the ~ is running high*** die Wetteinsätze sind hoch
II. *adj* Wett-; ***if I were a ~ person, …*** wenn ich darum wetten müsste, …

betting duty *n* Wettsteuer *f* **betting office** *n,* **betting shop** *n* BRIT Wettbüro *nt* **betting tax** *n* Wettsteuer *f*

bettor ['betəʳ, AM 'beţɚ] *n esp* AM *jd, der eine Wette abschließt*

between [bɪ'twi:n] I. *prep* ① (*in middle of*) zwischen *+dat; with verbs of motion* zwischen *+akk*
② (*within*) zwischen *+dat;* **to have nothing ~ one's ears** nichts zwischen den Ohren haben *fam*
③ (*from one place to other*) zwischen *+dat; with verbs of motion* zwischen *+akk;* (*at point within*) ***the town lies halfway ~ Rome and Florence*** die Stadt liegt auf halbem Weg zwischen Rom und Florenz
④ (*from one time to other*) zwischen *+dat;* ***traffic is at its worst ~ 7:00 and 8:00 am*** der Verkehr ist am schlimmsten zwischen 7.00 und 8.00 Uhr morgens; ***you shouldn't eat ~ meals*** du sollst nicht zwischen den Mahlzeiten essen; ~ **times** [*or* **whiles**] in der Zwischenzeit
⑤ (*in interaction with*) zwischen *+dat;* ***an agreement ~ the parties*** eine Übereinkunft zwischen den Parteien; ***the survey shows a link ~ asthma and air pollution*** die Untersuchung zeigt einen Zusammenhang zwischen Asthma und Luftverschmutzung
⑥ (*among*) zwischen *+dat;* ***a close friendship had existed ~ them*** zwischen ihnen hatte eine enge Freundschaft bestanden; ***trade ~ the two countries has increased*** der Handel zwischen den beiden Ländern hat zugenommen; ***let me tell you something ~ friends*** lass mich dir unter Freunden was sagen; [***just***] ~ ***you and me*** [*or* ***ourselves***] unter uns gesagt, im Vertrauen gesagt
⑦ (*separating*) zwischen *+dat;* **to stand/come ~ sb/sth** [**and sb/sth**] zwischen jdm/etw [und jdm/etw] stehen/zwischen jdn/etw [und jdn/etw] geraten [*o* kommen]; ***what's the difference ~ them?*** was ist der Unterschied zwischen ihnen?
⑧ (*combination of*) zwischen *+dat;* **something ~ sb/sth and sb/sth** etwas zwischen jdm/etw und jdm/etw; **a cross/mixture ~ sth/sb and sth/sb** ein Mittelding/eine Mischung zwischen jdm/etw und jdm/etw
⑨ (*one from many*) zwischen *+dat;* **to be torn ~ sth** [**and sth**] zwischen etw *dat* [und etw *dat*] hin und her gerissen sein
► PHRASES: **to read ~ the lines** zwischen den Zeilen lesen
II. *adv inv* dazwischen; ■**in-~** dazwischen; **~-meal snack** Zwischenmahlzeit *f*

betwixt [bɪ'twɪkst] I. *adv inv* ~ **and between** dazwischen
II. *prep* (*dated*) (*between*) zwischen *+dat; with verbs of motion* zwischen *+akk*
► PHRASES: **there's many a slip ~ cup and lip** (*prov*) man soll den Tag nicht vor dem Abend loben

bevel ['bevᵊl] I. *vt* <BRIT -ll- *or* AM *usu* -l-> ■**to ~ sth** *piece of metal* etw abschrägen
II. *n* (*angle*) Abschrägung *f;* (*sloping surface*) Schräge *f*

beveled ['bevᵊld] *adj,* BRIT *esp* **bevelled** *adj* abgeschrägt; ~ **edge** Schrägkante *f*

beverage ['bevᵊrɪdʒ] *n* Getränk *nt;* **hot ~** warmes Getränk; **alcoholic ~s** alkoholische Getränke, Alkoholika *pl*

bevvy ['bevi] *n* BRIT (*sl*) [alkoholisches] Getränk, Drink *m fam;* ***do you fancy a ~?*** hättest du Lust, einen trinken zu gehen?

bevy ['bevi] *n* ① (*people*) Schar *f*
② (*birds*) Schar *f,* Schwarm *m*
③ (*pej: items*) Wust *m kein pl*

bewail [bɪ'weɪl] *vt* (*form liter*) ■**to ~ sth** etw beklagen

beware [bɪ'weəʳ, AM -'wer] I. *vi* sich *akk* in Acht nehmen; **~!** Vorsicht!; ■**to ~ of sb/sth** sich *akk* vor jdm/etw hüten [*o* in Acht nehmen]; ***"~ of pickpockets!"*** „vor Taschendieben wird gewarnt!"; ***"~ of the dog"*** „Vorsicht, bissiger Hund!"; ■**to ~ of doing sth** sich *akk* davor hüten, etw zu tun
II. *vt* ■**to ~ sb** sich *akk* vor jdm in Acht nehmen, vor jdm auf der Hut sein

bewhiskered [bɪ'(h)wɪskəd, AM -kɚd] *adj* (*liter*) mit Schnurrbart; **a ~ gentleman** ein Herr mit einem Schnurrbart; ■**to be ~** einen Schnurrbart tragen

bewigged [bɪ'wɪgd] *adj inv* (*liter*) mit Perücke; ■**to be ~** eine Perücke tragen

bewilder [bɪ'wɪldəʳ, AM -dɚ] *vt* ■**to ~ sb** ① (*baffle*) jdn verwirren
② (*surprise*) jdn verblüffen

bewildered [bɪ'wɪldəd, AM -ɚd] *adj* (*baffled*) verwirrt, verdutzt *fam;* (*surprised*) verblüfft, perplex

bewildering [bɪ'wɪldᵊrɪŋ, AM -ɚɪŋ] *adj* verwirrend; (*surprising*) verblüffend

bewilderingly [bɪ'wɪldᵊrɪŋli] *adv* verwirrend

bewilderment [bɪ'wɪldəmənt, AM -ɚmənt] *n no pl* Verwirrung *f;* (*surprise*) Verblüffung *f,* Erstaunen *nt*

bewitch [bɪ'wɪtʃ] *vt* ① (*put under spell*) ■**to ~ sb/sth** jdn/etw verzaubern [*o* verhexen]
② (*enchant*) ■**to ~ sb** jdn bezaubern

bewitching [bɪ'wɪtʃɪŋ] *adj* bezaubernd, hinreißend

beyond [bi'ɒnd, AM -'(j)ɑ:nd] I. *prep* ① (*on the other side of*) über *+akk,* jenseits *+gen;* ~ ***the river was a small town*** jenseits des Flusses gab es eine kleine Stadt; ***if you look just ~ the lake*** wenn du gerade über den See hinaus schaust
② (*after*) nach *+dat;* ~ **7:00/1999** nach 7.00 Uhr/1999; ***they waited until just ~ 6:00*** sie warteten bis kurz nach 6.00 Uhr; ***my kids are way ~ 18*** meine Kinder sind weit über 18
③ (*further than*) über *+akk;* ***she has always lived ~ her means*** sie hat immer über ihre Verhältnisse gelebt; ~ ***specified completion date*** über das festgesetzte Fertigstellungsdatum hinaus; **to go ~ a joke** über einen Witz hinaus gehen; **to be ~ the reach of sb** außerhalb jds Reichweite sein [*o* liegen]; **to see ~ sth** über etw *akk* hinaus sehen; **to be ~ the pale** (*pej*) indiskutabel sein; ~ **sb's wildest dreams** jenseits jds wildester Träume
④ (*too difficult for*) ■~ **sth** jenseits einer S. *gen;* ***this is ~ my comprehension*** das liegt über meinem Verständnis; ■**to be ~ sb** jdm zu hoch sein *fam;* ***that's way ~ me*** das ist mir viel zu hoch
⑤ (*more than*) ■~ **sth** mehr als etw; ***I can't pay anything ~ $5*** ich kann nicht mehr als $5 zahlen; ***profits this year were above and ~ all expectation*** die Profite lagen dieses Jahr weit über allen Erwartungen; ~ **that** darüber hinaus; **to go ~ sth** über etw *akk* hinaus gehen, etw übersteigen
⑥ (*higher than*) höher als
⑦ (*except for*) außer *+dat*
⑧ (*surpassing*) jenseits *+gen;* ***his car was damaged ~ repair*** sein Auto wurde irreparabel beschädigt; ***his honesty is ~ question*** seine Ehrlichkeit steht außer Frage; **to be ~ help** (*hum pej*) nicht mehr zu helfen sein
II. *adv inv* (*in space*) jenseits; (*in time*) darüber hinaus, nach; ***a painting of Cape Town harbour with Table Mountain ~*** ein Gemälde vom Hafen Kapstadts mit dem Tafelberg im Hintergrund
III. *n* ■**the ~** das Jenseits
► PHRASES: **at the back of ~** *esp* BRIT am Ende der Welt *hum*

bezel *n* COMPUT Frontblende *f*

b/f ECON *abbrev of* **brought forward** vorgetragen

BFP [ˌbi:ef'pi:] *n* AM LAW *abbrev of* **bona fide purchaser** gutgläubiger Erwerber

BFPO [ˌbi:efpi:'əʊ] *n no pl, no art* BRIT *abbrev of* **British Forces Post Office** *Poststelle der britischen Streitkräfte*

bhangra ['bæŋgrə] *n* MUS *Musikstil, der Bestandteile der indischen und der westlichen Musik in sich vereint*

bhp [ˌbi:eɪtʃ'pi:] *n no pl abbrev of* **brake horsepower** Bremsleistung *f,* Nutzleistung *f*

bi [baɪ] (*sl*) I. *adj* bi *sl*
II. *n* Bisexuelle(r) *f(m)*

bi- [baɪ] *in compounds* ① (*two times per*) **~-weekly/-yearly** zweimal wöchentlich [*o* die Woche]/jährlich [*o* zweimal im Jahr]; (*once every two*) **~-weekly** vierzehntägig, alle zwei Wochen; **~-yearly** halbjährlich, alle sechs Monate
② (*with two*) zwei-; **~-coloured** zweifarbig

biannual [baɪ'ænjuəl] *adj attr, inv* (*twice a year*) zweimal jährlich; (*half-yearly*) halbjährlich; ~ **report** Halbjahresbericht *m*

bias ['baɪəs] I. *n usu sing* ① (*prejudice*) Vorurteil *nt,* Voreingenommenheit *f;* **likelihood of ~** LAW Besorgnis *f* der Befangenheit; **to have a ~ against sth** gegen etw *akk* eine Abneigung haben
② *no pl* (*one-sidedness*) Einseitigkeit *f; of interest*

B

Befangenheit *f* (**against** gegenüber *+dat*); **to accuse sb of ~** jdm Befangenheit vorwerfen
③ (*predisposition*) Neigung *f;* (*nature*) Veranlagung *f*, Vorliebe *f* (**in favour of, towards** für *+akk*)
④ *no pl* FASHION schräger Schnitt; **~-cut** schräg geschnitten; **~-cutting** Schrägschnitt *m;* **on the ~** diagonal [*o* schräg] zum Fadenlauf
II. *vt* <BRIT **-ss-** *or* AM *usu* **-s-**> ■**to ~ sth** etw einseitig darstellen; ■**to ~ sb** jdn beeinflussen; ■**to ~ sb against sth** jdn gegen etw *akk* einnehmen
biased ['baɪəst] *adj,* BRIT *esp* **biassed** *adj* voreingenommen; **~ account** [*or* **report**] tendenziöser Bericht; **to be ~ in sb's favour** für jdn voreingenommen sein; **~ opinions** vorgefasste Meinungen
biathlon [baɪ'æθlən, AM -lɑːn] *n* Biathlon *nt*
bib [bɪb] *n* Lätzchen *nt*
▶ PHRASES: **to wear one's best ~ and tucker** sich *akk* in Schale werfen *fam*
bible ['baɪbl̩] *n* Bibel *f*
Bible ['baɪbl̩] *n* Bibel *f;* **~-reading class** Bibelstunde *f*
Bible-basher [-,bæʃəʳ, AM -ɚ] *n* (*pej fam*) Bibelfanatiker(in) *m(f)*, christlicher Eiferer **Bible-bashing** *n* (*fam*) *fanatisches Predigen der Bibel* **Bible belt** *n* AM *sehr christliche Gebiete der USA* **Bible-thumping** *n esp* AM (*fam*) *fanatisches Predigen der Bibel*
biblical ['bɪblɪkəl] *adj inv* biblisch; **~ research** Bibelforschung *f;* **in the ~ sense** im biblischen Sinne; **~ times** biblisches Zeitalter
bibliographer [,bɪbli'ɒgrəfəʳ, AM -ɚ] *n* Bibliograf(in) *m(f)*
bibliographic [,bɪbliə(ʊ)'græfɪk, AM -oʊ'-], **bibliographical** [,bɪbliə(ʊ)'græfɪkəl, AM -oʊ'-] *adj* bibliografisch
bibliography [,bɪbli'ɒgrəfi, AM -'ɑːgrə-] *n* Bibliografie *f*
bibliophile ['bɪbliə(ʊ)faɪl, AM -əfaɪl] *n* (*form*) Bibliophile(r) *f(m)*, Bücherliebhaber(in) *m(f)*
bicameral [,baɪ'kæmərəl] *adj inv* POL, ADMIN Zweikammer-, mit zwei Kammern; **~ system** Zweikammersystem *nt*
bicameralism [,baɪ'kæmərəlɪzəm] *n* LAW Zweikammersystem *nt*
bicarb ['baɪkɑːb, AM baɪ'kɑːrb] *n* (*fam*) *short for* **bicarbonate of soda** Natron *nt*
bicarbonate [,baɪ'kɑːbənət, AM -'kɑːr-] *n,* **bicarbonate of soda** *n* CHEM doppelt kohlensaures Natrium *fachspr,* Natriumbikarbonat *nt fachspr;* (*in cookery*) Natron *nt*
bicentenary [,baɪsen'tiːnəri] BRIT, **bicentennial** [,baɪsen'teniəl] AM I. *n* zweihundertjähriges Jubiläum; **the ~ of Goethe's birth/death** Goethes zweihundertster Geburtstag/Todestag
II. *adj attr* Zweihundertjahr-; **~ celebration** Zweihundertjahrfeier *f*
biceps <*pl* -> ['baɪseps] *n* Bizeps *m*
bicker ['bɪkəʳ, AM -ɚ] *vi* sich zanken, aneinander geraten, sich *akk* in den Haaren liegen
bickering ['bɪkərɪŋ] *n no pl* Gezänk *nt*
bickie ['bɪki] *n* BRIT, AUS (*fam*) Keks *m*
bicoastal [baɪ'kəʊstəl, AM -'koʊ-] *adj inv* AM ① (*on both coasts*) an der Ost- und Westküste [der USA] *nach n;* **~ airline commuter** *jd, der geschäftlich häufig von Küste zu Küste fliegt;* **to go ~** (*fam*) an beiden Küsten tätig werden
② (*from coast to coast*) *telephone call* von der Ostküste zur Westküste *nach n*
bicycle ['baɪsɪkl̩] I. *n* Fahrrad *nt;* **to get on one's ~** aufs Fahrrad steigen; **to ride a ~** Fahrrad fahren, Rad fahren; **by ~** mit dem Fahrrad
II. *n modifier* Fahrrad-; **~ tour** Fahrradtour *f;* **~ clip** Hosenklammer *f*
bicycle chain *n* Fahrradkette *f* **bicycle pump** *n* Fahrradpumpe *f*, Luftpumpe *f*
bicyclist ['baɪsɪklɪst] *n see* **cyclist** Radfahrer(in) *m(f)*
bid¹ <-dd-, bid *or* bade, bid *or* bidden> [bɪd] *vt* (*form*) ① (*greet sb*) ■**to ~ sb sth** jdm etw wünschen; **to ~ sb farewell** jdm Lebewohl sagen *geh;* **to ~ one's hopes farewell** (*liter*) seine Hoffnungen aufgeben [*o geh* begraben]; **to ~ sb good morning** jdm einen guten Morgen wünschen; **to ~ sb welcome** jdn willkommen heißen
② (*old: command*) ■**to ~ sb [to] do sth** jdn etw tun heißen *geh;* ***he ~ them leave at once*** er hieß sie sofort gehen *geh*
③ (*old: invite*) ■**to ~ sb to sth** jdn zu etw *dat* laden *geh*
bid² [bɪd] I. *n* ① (*offer*) Angebot *nt;* (*at an auction*) Gebot *nt;* [**hostile**] **takeover ~** [feindliches] Übernahmeangebot; **to make a ~ for sth** für etw *akk* ein Angebot machen; **to put in a ~** ein Angebot vorlegen
② (*attempt*) Versuch *m;* ***her ~ for re-election was unsuccessful*** ihr Bemühen um eine Wiederwahl war erfolglos; **to make a ~ for fame** versuchen Ruhm zu erlangen; **to make a ~ for power** nach der Macht greifen
③ CARDS Ansage *f*
II. *vi* <-dd-, bid, bid> ① (*offer money*) bieten
② (*tender*) ein Angebot unterbreiten; **to ~ for a contract** sich *akk* um einen Auftrag bewerben
③ CARDS reizen
④ COMPUT ein Senderecht anfordern
III. *vt* <-dd-, bid, bid> ■**to ~ sth** etw bieten
◆**bid up** *vt* (*at auctions*) **to ~ up** ○ **the prices** die Preise durch Bieten in die Höhe treiben
bid basis *n* ECON unter pari
biddable ['bɪdəbl̩] *adj* fügsam
bidder ['bɪdəʳ, AM -ɚ] *n* Bieter(in) *m(f)*, Bietende(r) *f(m);* **highest ~** Meistbietende(r) *f(m)*
bidding [bɪdɪŋ] *n no pl* ① (*making of bids*) Bieten *nt;* (*at an auction*) Steigern *nt;* **to open** [*or* **start**] **the ~** das erste Gebot machen; ***the ~ started/stopped at 5,000 dollars*** 5.000 Dollar war das Mindestgebot/Höchstgebot
② (*form or old or hum: command*) Geheiß *nt;* ***you must do your father's ~, young man*** du musst tun, was dein Vater dir sagt, junger Mann; **at sb's ~** auf jds Geheiß *geh*
③ CARDS Reizen *nt*
biddy ['bɪdi] *n* (*pej fam*) Oma *f pej sl,* Muttchen *nt pej fam;* **old ~** (*pej*) alte Schachtel *pej fam*
bide [baɪd] *vt* ① **to ~ one's time** den rechten Augenblick [*o* Moment] abwarten
② (*dated*) **to ~ awhile** verweilen *geh*
bidet ['biːdeɪ, AM bɪ'deɪ] *n* Bidet *nt*
bidirectional [,baɪdɪ'rekʃənəl] *adj* COMPUT zweiseitig gerichtet, in beiden Richtungen; **~ bus** zweiseitig gerichteter Übertragungsweg; **~ printer** Zweirichtungsdrucker *m*
bid market *n* ECON Markt *m* mit Unterangebot
bid price *n* ① STOCKEX Kaufgebot *nt,* Geldkurs *m* ② BRIT (*buying price*) Rücknahmepreis *m* **bid rate** *n* Ankaufszinssatz *m*
biennial [baɪ'eniəl] I. *adj inv* alle zwei Jahre stattfindend, zweijährlich; **~ plant** zweijährige Pflanze
II. *n* BOT zweijährige Pflanze
biennially [baɪ'eniəli] *adv inv* alle zwei Jahre
bier [bɪəʳ, AM bɪr] *n* Bahre *f*
biff [bɪf] (*fam*) I. *n* Schlag *m,* Hieb *m*
II. *vt* ■**to ~ sb** jdn hauen *fam;* **to ~ sb on the nose** jdm eins auf die Nase geben *fam*
bifocal [baɪ'fəʊkəl, AM 'baɪ,foʊ-] *adj inv* Bifokal-; **~ spectacles** Bifokalbrille *f*
bifocals [baɪ'fəʊkəlz, AM 'baɪ,foʊ-] *npl* Bifokalbrille *f*
bifurcate ['baɪfəkeɪt, AM -fɚ-] (*form*) I. *vi river* sich gabeln
II. *vt* ■**to ~ sth** etw aufteilen; **to ~ responsibility** Verantwortung teilen
bifurcation [,baɪfə'keɪʃən, AM fɚ'-] *n* Aufspaltung *f;* (*point of division*) Gabelung *f;* (*branch*) Zweig *m*
big <-gg-> [bɪg] *adj* ① (*of size, amount*) groß; ***the ~ger the better*** je größer desto besser; **to receive a ~ boost** starken Auftrieb erhalten; **a ~ drop in prices** ein starker Preisrückgang; **~ eater** (*fam*) großer Esser/große Esserin; **~ meal** üppiges Mahl; **~ screen** [Groß]leinwand *f;* **to be a ~ spender** (*fam*) auf großem Fuß leben; **~ stake** hoher Spieleinsatz; **~ tip** großzügiges Trinkgeld; **~ toe** großer Zeh; **~ turnout** großes Zuschaueraufgebot; **the ~gest-ever ...** der/die/das Größte ... aller Zeiten
② (*of maturity*) groß, erwachsen; **~ boy/girl** großer Junge/großes Mädchen; **~ brother/sister** großer Bruder/große Schwester; **~ enough** groß [*o* alt] genug
③ (*significant*) bedeutend, wichtig; ***she's ~ in marketing*** sie ist ganz groß im Bereich Marketing vertreten; **~-budget film** Film *m* mit großem Budget; **~ day** großer [*o* bedeutender] Tag; ***it's the ~ day then?*** (*fam: wedding day*) heute ist also der große Tag?; **~ decision** schwerwiegende Entscheidung; **to have ~ ideas** (*fam*) Rosinen im Kopf haben *fam;* **~ words** (*fam*) große Worte
④ (*fam: to express emphasis*) groß; (*on a large scale*) in großem Stil; ***he fell for her in a ~ way*** er verliebte sich bis über beide Ohren in sie; ■**to be ~ on sth** auf etw *akk* stehen *fam*
⑤ (*pej iron fam: generous*) großzügig, nobel *fam;* ***that was very ~ of you*** das war aber nobel von dir
▶ PHRASES: **to be/get too ~ for one's boots** (*pej fam: craving for admiration*) größenwahnsinnig sein/werden; (*feeling superior*) eingebildet sein/werden; **the ~ boys** die Großen; **~ deal!** (*fam*) na und! *fam;* **no ~ deal** (*fam*) nicht der Rede wert; **sb's eyes are ~ger than their stomach** jds Augen sind größer als sein Magen; **to be a ~ fish in a little** [*or* **small**] **pond** der Hecht im Karpfenteich sein; **to have ~ger fish to fry** Wichtigeres zu tun haben; **to give sb a ~ hand** (*fam*) jdm begeistert Applaus spenden; **what's the ~ idea?** (*iron fam*) was soll [denn] das? *fam;* **~ oaks from little acorns grow** *esp* BRIT (*prov*) alles Große hat [einmal] klein angefangen; **the ~ger they are, the harder they fall** (*prov*) wer hoch steigt, fällt tief *prov;* **to make it ~** (*fam*) großen Erfolg haben, groß einschlagen *fam*
bigamist ['bɪgəmɪst] *n* Bigamist(in) *m(f)*
bigamous ['bɪgəməs] *adj inv* bigamistisch
bigamously ['bɪgəməsli] *adv inv* bigamistisch
bigamy ['bɪgəmi] *n no pl* Bigamie *f;* **to commit ~** Bigamie begehen
Big Apple *n* (*fam*) ■**the ~** New York *nt;* **to take a bite of the ~** AM New York besuchen **big band** *n* Bigband *f,* Big Band *f* **Big Bang** *n* BRIT FIN *Neuordnung des britischen Wertpapiersektors am 27.10.86* **big bang** *n* Urknall *m* **big bang theory** *n* Urknalltheorie *f*
big bickies *npl* AUS (*fam*) ▶ PHRASES: **to make ~** das große Geld [*o fam* die große Kohle] machen **Big Board** *n* AM (*fam*) New Yorker Börse *f* **big-boned** ['bɪgbəʊnd, AM boʊnd] *adj inv* stämmig **Big Brother** *n no pl* der Große Bruder; **~ society** totalitärer Staat, Überwachungsstaat *m* **big bucks** *npl esp* AM (*fam*) das große Geld, die große Kohle *fam,* ein Haufen Kies *sl;* **~ prize money** hohe Siegesprämie **big business** *n no pl* ■**to be ~** ein lukratives Geschäft sein **big business** *n no pl* (*high finance*) Großkapital *nt;* (*major industry*) Großindustrie *f*
big cat *n* Großkatze *f,* Raubkatze *f* **big cheese** *n* (*fam*) hohes Tier *fam* **Big Chief** *n,* **Big Daddy** *n* [Familien-/Firmen]oberhaupt *nt* **big deal** *n* (*iron*) **~!** na und! *fam;* ***what's the ~?*** ja und – was ist da jetzt so toll daran?; ***that's no ~*** (*sl*) das ist nichts Besonderes; **to make a ~ out of sth** ein großes Theater um etw *akk* machen *fam* **big dipper** *n* BRIT Achterbahn *f,* Berg- und Talbahn *f* **Big Dipper** *n* AM ASTRON Großer Bär [*o* Wagen] **big end** *n* TECH Pleuelfuß *m,* Schubstangenkopf *m* **big fish** *n* (*fam*) toller Hecht *fam* **Bigfoot** *n großes, behaartes menschenähnliches Wesen, das im Nordwesten der USA und in Nordkanada vorkommen soll* **Big Four** *n* BRIT FIN ■**the ~** die vier größten britischen Geschäftsbanken **big game** *n no pl* Großwild *nt* **big game hunter** *n* Großwildjäger(in) *m(f)*
biggie ['bɪgi] *n* (*fam*) Knüller *m fam*
big gun *n* (*fam*) große Nummer *fam* **big-head** *n* (*pej fam*) Angeber(in) *m(f) pej* **big-headed** *adj* (*pej fam*) eingebildet **big-hearted** *adj* (*approv: generous*) großherzig; (*noble-minded*) großmütig
bight [baɪt] *n* ① (*curve or recess in a coastline*) Bucht *f;* (*in a river*) Krümmung *f,* Schleife *f*

② (*loop of rope*) Schlaufe *f*
big league (*fam*) **I.** *n* Spitze *f;* **to join the ~ of Formula 1** in die Spitzengruppe der Formel 1 aufsteigen **II.** *adj* hochrangig **Big Mo** *n* AM (*fam*) Schwungkraft *f;* **to keep up the ~** den Schwung nicht verlieren **big money** *n* (*fam*) ein Haufen *m* Geld *fam;* **to cost ~** eine [ganze] Stange Geld kosten *fam* **big mouth** *n* (*pej fam: conceited person*) Großmaul *nt pej fam;* (*indiscreet person*) Schwätzer(in) *m(f) pej,* Plaudertasche *f hum pej,* Klatschbase *f pej fam;* ***keep your ~ shut!*** halt die Klappe! *fam;* **to have a ~** eine große Klappe haben *fam;* **to open one's ~** alles ausplaudern *fam* **big name** *n* (*fam*) Größe *f,* berühmte [*o* namhafte] Persönlichkeit **big noise** *n* (*fam*) hohes Tier *fam; see also* **big name**
bigot ['bɪgət] *n* Eiferer *m;* **religious ~** religiöser Eiferer
bigoted ['bɪgətɪd, AM -t̬ɪd] *adj* (*pej*) fanatisch; REL bigott *geh*
bigotry ['bɪgətri] *n no pl* (*pej*) Fanatismus *m;* REL Bigotterie *f*
big-screen TV [ˌbɪgskriːntiː'viː] *n* Großbildfernseher *m*
big shot *n* (*fam*) hohes Tier *fam* **big smoke** *n* ■**the ~** BRIT (*fam*) London *nt; esp* AUS (*fam*) die Großstadt **big-ticket** *adj attr* AM kostspielig **big time** *n* (*fam*) **to be in the ~** eine große Nummer sein *fam;* **to hit** [*or* **make**] **the ~** den großen Durchbruch schaffen **big-time** ['bɪgtaɪm] **I.** *adv inv* (*fam: in a big way*) großartig **II.** *adj attr criminal* berühmt-berüchtigt; *capitalist, company, manufacturer* im großen Stil *nach n;* **~ boy** große Nummer *fam;* **~ comedian** erstklassiger Komiker/erstklassige Komikerin; **~ politician** Spitzenpolitiker(in) *m(f);* **~ racketeer** Obergauner(in) *m(f) fam* **big top** *n* großes Zirkuszelt **big wheel** *n* BRIT Riesenrad *nt* **bigwig** *n* (*fam*) hohes Tier *fam;* **local ~** Lokalmatador(in) *m(f) oft hum;* **party ~** Parteigröße *f*
bijou ['biːʒuː] *adj attr* (*approv*) schmucke(r, s) *attr geh;* **a ~ flat** eine nette kleine Wohnung; **a ~ residence** ein schnuckliges kleines Haus *fam*
bikathon ['baɪkəθɒn, AM -θɑːn] *n* Fahrradrennen *nt* für einen wohltätigen Zweck
bike [baɪk] **I.** *n* ① (*fam: bicycle*) [Fahr]rad *nt;* **child's ~** Kinder[fahr]rad *nt;* **to get on a ~** auf ein Fahrrad steigen; **to learn how to ride a ~** Rad fahren lernen; **to ride a ~** Rad fahren; **by ~** mit dem [Fahr]rad
② (*motorcycle*) Motorrad *nt,* Maschine *f fam*
▸ PHRASES: **on your** [*or* **yer**] **~!** BRIT (*sl*) hau ab! *fam*
II. *vi* (*fam: ride bicycle*) mit dem Fahrrad fahren, radeln *fam;* (*ride motorcycle*) mit dem Motorrad fahren
bike lane *n,* **bikeway** *n* [Fahr]radweg *m*
biker ['baɪkəʳ, AM -kɚ] *n* (*fam*) ① (*on bicycle*) [Fahr]radfahrer(in) *m(f),* Radler(in) *m(f)*
② (*on motorbike*) Motorradfahrer(in) *m(f)*
③ (*in motorcyclists' gang*) Rocker(in) *m(f)*
biker boots *n pl* Bikerstiefel *mpl*
bike shed *n esp* BRIT (*walled-in*) Fahrradschuppen *m;* (*open*) Fahrradstand *m*
bikie ['baɪki] *n* AUS (*fam*) Rocker(in) *m(f)*
bikini [bɪ'kiːni] *n* Bikini *m;* **~ bottoms** Bikinihose *f,* Bikiniunterteil *nt;* **~ top** Bikinioberteil *nt;* **a ~-clad woman** eine Frau im Bikini
bikini line *n* Bikinizone *f;* ■**to do one's ~** die Bikinizone enthaaren
bikkie *n,* **bikky** *n* AUS *see* **bickie**
bilabial [baɪ'leɪbiəl] *adj inv* bilabial *geh*
bilateral [baɪ'lætəʳrəl, AM -'læt̬ɚ-] *adj inv* bilateral *geh*
bilateral clearing *n* ECON bilaterales Clearing **bilateral contract** *n* LAW bilateraler Vertrag **bilateral credit** *n* ECON bilateraler Kredit
bilaterally [baɪ'lætəʳrəli, AM læt̬əʳəli] *adv inv* bilateral, beidseitig
bilberry ['bɪlbəʳri, AM -ber-] *n* ① (*shrub*) Heidelbeerstrauch *m,* Blaubeerstrauch *m*
② (*berry*) Heidelbeere *f,* Blaubeere *f*
bilby ['bɪlbi] *n australische Rattenart*
bile [baɪl] *n no pl* Galle *f;* (*fig: rancour*) Bitterkeit *f;* (*anger*) Ärger *m;* **~ acid** Gallensäure *f;* **~ duct** Gallengang *m meist pl,* Gallenwege *pl*
bilge [bɪldʒ] *n* ① *no pl* (*sl or dated: nonsense*) Unsinn *m;* ***don't talk ~*** erzähl keinen Quatsch *fam*
② NAUT Bilge *f;* **~ water** Bilgenwasser *nt*
bilharzia [bɪl'hɑːziə, AM -'hɑːrzi-] *n* MED Bilharziose *f*
bilingual [baɪ'lɪŋgwəʳl] *adj inv* zweisprachig, bilingual *fachspr;* **~ secretary** Fremdsprachensekretär(in) *m(f)*
bilingualism [baɪ'lɪŋgwəʳlɪzəm] *n no pl* Zweisprachigkeit *f,* Bilingualismus *m fachspr*
bilious ['bɪliəs, AM -jəs] *adj* ① MED Gallen-; (*fig: bad-tempered*) übellaunig; (*irritable*) reizbar; **~ attack** MED Gallenkolik *f;* **~ mood** üble Laune; **sb is very ~** jdm läuft immer gleich die Galle über
② (*nasty*) widerlich, scheußlich
bilk [bɪlk] *vt* (*fam*) ■**to ~ sb** [**of sth**] jdn [um etw *akk*] bringen [*o fam* bringen]
bilking ['bɪlkɪŋ] *n* LAW Prellerei *f*
bill¹ [bɪl] **I.** *n* ① (*invoice*) Rechnung *f;* ***could we have the ~, please?*** wir möchten bitte zahlen, zahlen bitte!; ***put it on my ~*** setzen Sie das auf meine Rechnung; **to foot the ~** die Rechnung bezahlen [*o geh* begleichen]
② AM (*bank note*) Geldschein *m,* Banknote *f;* [**one-**] **dollar ~** Dollarschein *m,* Dollarnote *f*
③ FIN **~s payable** Wechselverbindlichkeiten *fpl;* **~s receivable** Wechselforderungen *fpl;* **commercial ~** Handelswechsel *m,* Warenwechsel *m;* **domestic ~** Inlandswechsel *m;* **domiciled ~** Domizilwechsel *m;* **due ~** FIN fälliger Wechsel; **foreign ~** Auslandswechsel *m;* **trade ~** Warenwechsel *m,* Handelswechsel *m;* **Treasury** [*or* AM **T**] **~** Schatzwechsel *m;* **long-dated ~** langfristiger Wechsel; **short-dated ~** kurzfristiger Wechsel; **to accept a ~** einen Wechsel akzeptieren; **to discount a ~** einen Wechsel diskontieren; AM STOCKEX Verpflichtungserklärung *f* über Lieferung von Wertpapieren
④ (*proposed law*) Gesetzentwurf *m,* Gesetzesvorlage *f;* **private member's ~** Gesetzesvorlage *f* eines Abgeordneten; **private ~** Gesetzesvorlage *f* für ein Einzelfallgesetz; **public ~** Gesetzesvorlage *f* für ein allgemeines Gesetz; **to amend a ~** (*change*) eine Gesetzesvorlage [*o* einen Gesetzentwurf] abändern; (*add*) eine Gesetzesvorlage [*o* einen Gesetzentwurf] ergänzen; **to pass a ~** ein Gesetz verabschieden; **to throw out a ~** (*fam*) ein Gesetz ablehnen
⑤ (*placard*) Plakat *nt;* ***"no ~s"*** [*or* AM ***"post no ~s"***] „Plakate ankleben verboten"
⑥ (*list of celebrities*) Besetzungsliste *f;* **to top** [*or* **head**] **the ~** der Star des Abends sein
⑦ LAW (*written statement*) **~ of indictment** Anklageschrift *f*
▸ PHRASES: **to fit the ~** der/die/das Richtige [*o* Passende] sein
II. *vt* ① (*invoice*) ■**to ~ sb** jdm eine Rechnung ausstellen; ■**to ~ sb for sth** jdm etw in Rechnung stellen, jdm etw berechnen
② *usu passive* (*listed*) ■**to be ~ed** angekündigt werden
bill² [bɪl] **I.** *n of bird* Schnabel *m*
II. *vi* **to ~ and coo** (*hum*) [miteinander] turteln
Bill [bɪl] *n no pl* BRIT (*sl*) **the** [**old**] **~** die Polente *sl*
billabong ['bɪləbɒŋ] *n* AUS toter Flussarm
billboard *n* Reklamefläche *f,* Reklametafel *f;* (*wall*) Plakatwand *f* **bill broker** *n* BRIT FIN Wechselmakler *m,* Wechselfirma *f*
billet ['bɪlɪt, AM -ət] **I.** *n* MIL Quartier *nt*
II. *vt usu passive* ■**to be ~ed** untergebracht werden; (*soldiers*) einquartiert werden
billet-doux <*pl* billets-doux> [ˌbɪleɪ'duː] *n* (*liter or usu hum*) Liebesbrief *m,* Billetdoux *nt veraltet*
billfold *n* AM Brieftasche *f* **billhook** *n* Hippe *f*
billiard ['bɪliəd, AM -jɚd] *n modifier* Billard-; **~ ball** Billardkugel *f*
billiards ['bɪliədz, AM -jɚdz] *n no pl* Billard *nt*
billing ['bɪlɪŋ] *n no pl* ① (*list*) Programm *nt;* (*advance notice*) Ankündigung *f;* **to get** [*or* **have**] **top ~** an oberster Stelle auf dem Programm stehen
② (*publicity*) **advance ~** Reklame *f;* **to live up to one's ~** halten, was man verspricht
③ (*invoicing*) Rechnungsschreiben *nt*
④ (*turnover of advertising agency*) Umsatz *m*
billing error *n* Abrechnungsfehler *m* bei Kreditkarten
billion ['bɪliən, AM -jən] *n* Milliarde *f;* BRIT (*old*) Billion *f;* **~ dollar industry** Milliardengeschäft *nt;* **to spend ~s on sth** (*fam*) Unsummen für etw *akk* ausgeben *fam*
billionaire [ˌbɪliə'neəʳ, AM -jə'ner] *n esp* AM Milliardär(in) *m(f)*
bill of acceptance *n* FIN Akzept *nt* **bill of exchange** *n* Wechsel *m,* Tratte *f fachspr;* **to discount a ~** einen Wechsel diskontieren **bill of fare** *n* Speisekarte *f* **bill of goods** *n* AM Frachtbrief *m;* **to sell sb a ~** (*fig*) jdn verschaukeln *fam* **bill of health** *n* [mündliche] Gesundheitsattestierung [*o* Gesundheitsbestätigung] **bill of lading** *n* Seefrachtbrief *m,* Konnossement *nt fachspr* **bill of rights** *n* BRIT Bill of Rights *f* (*britisches Staatsgrundgesetz*); ■**the B~** AM *Zusatzklauseln 1 bis 10 zu den Grundrechten*
billow ['bɪləʊ, AM -oʊ] **I.** *vi* ① (*surge*) wogen *geh*
② (*bulge*) *cloth* sich blähen; *smoke* in Schwaden aufsteigen; *skirt* sich bauschen; (*fig*) sich *akk* aufblähen [*o* ausweiten]; **~ing corruption** schnell anwachsende Korruption
II. *n usu pl* ① (*wave*) Woge *f geh*
② *of cloud, steam* Schwaden *m;* **~s of smoke** Rauchschwaden *pl*
billowy ['bɪləʊi, AM -oʊi] *adj* (*liter*) ① (*rolling in waves*) wogend *geh*
② (*swelling out*) in Schwaden aufsteigend; ***the steam left the top of the water tower in a ~ cloud*** der Dampf stieg in Schwaden vom Wasserturm auf
bill poster *n* Plakat[an]kleber(in) *m(f);* ***"~s will be prosecuted"*** „das Ankleben von Plakaten wird strafrechtlich verfolgt" **bill posting** *n no pl* Plakatkleben *nt* **bills payable** *n* Wechselverbindlichkeiten *pl* **bill sticker** *n* Plakat[an]kleber(in) *m(f); see also* **bill poster**
billy ['bɪli] *n* ① BRIT, AUS (*for camping*) Kochgeschirr *nt* (*zum Campen*)
② AM (*truncheon*) Knüppel *m*
③ (*male goat*) Ziegenbock *m*
billycan *n* BRIT, AUS Kochgeschirr *nt* (*zum Campen*) **billy goat** *n* Ziegenbock *m* **billy-o** ['bɪliəʊ] *n no pl* BRIT, AUS (*dated sl*) **like ~** wie verrückt *fam*
bimbo <*pl* -es *or* -s> ['bɪmbəʊ, AM -boʊ] *n* (*pej sl*) Häschen *nt fam,* Puppe *f pej fam;* **blonde ~** blondes Dummchen *pej fam*
bi-monthly **I.** *adj inv* ① (*twice a month*) zweimal im Monat; **to have a ~ meeting** sich *akk* zweimal im Monat treffen
② (*every two months*) zweimonatlich, alle zwei Monate; **~ magazine** zweimonatlich erscheinende Zeitschrift
II. *adv* ① (*twice a month*) zweimal im Monat
② (*once every two months*) alle zwei Monate, zweimonatlich
bin [bɪn] **I.** *n* ① BRIT, AUS (*for waste*) Mülleimer *m;* BRIT Mülltonne *f;* **to consign sth to** [*or* **throw sth in**] **the ~** etw wegwerfen; **to consign a plan to the ~** (*fig*) einen Plan verwerfen
② (*for storage*) Behälter *m;* **bread ~** Brotkasten *m;* **corn ~** Getreidesilo *m;* **wine ~** Weinregal *nt*
II. *vt* BRIT ■**to ~ sth** etw wegwerfen; (*fig*) etw bleiben lassen
BIN *n abbrev of* **bank identification number** Bankkennzahl *f*
binary ['baɪnəʳri] *adj inv* binär; **~ fission** Zellteilung *f;* **~ numbers** binäre Zahlen
binary code *n,* **binary system** *n* binäres System **binary notation** *n* COMPUT Binärschreibweise *f* **bin bag** *n* BRIT Müllbeutel *m,* Mülltüte *f*
bind [baɪnd] **I.** *n* (*fam: obligation*) Verpflichtung *f;* (*burden*) Belastung *f;* **to be a bit of a ~** ziemlich lästig sein; **to be in a bit of a ~** in der Klemme stecken

[*o* sitzen] *fam*
II. *vi* <**bound, bound**> binden; *clay, soil* fest werden
III. *vt* <**bound, bound**> ❶ (*fasten*) ■**to ~ sb to sth** jdn an etw *akk* fesseln; ■**to ~ sth to sth** etw an etw *akk* festbinden; **to be bound hand and foot** an Händen und Füßen gefesselt sein; ■**to be bound to sb** (*fig*) eine starke Bindung zu jdm haben
❷ (*cause to congeal*) ■**to ~ together ○ sth** etw zusammenbinden; ■**to ~ together ○ sb** (*fig*) jdn verbinden
❸ (*commit*) ■**to ~ sb** jdn binden [*o* verpflichten]; ■**to ~ sb to sth** jdn zu etw *dat* verpflichten, jdn an etw *akk* binden; **to ~ sb to secrecy** jdn zum Stillschweigen verpflichten; **to ~ oneself under oath** LAW sich *akk* eidlich verpflichten
❹ *usu passive* ■**to ~ sth** (*attach*) etw anbringen; *cloth* etw annähen; **to ~ one's feet** seine Füße einschnüren; **to ~ one's hair** seine Haare zusammenbinden
❺ TYPO **to ~ a book** ein Buch binden
◆**bind over** *vt usu passive* LAW ■**to be bound over** verwarnt werden; ***he was bound over to keep the peace*** es wurde ihm zur Auflage gemacht, die öffentliche Ordnung zu wahren; ■**to ~ sb over** BRIT ≈ jdm eine Bewährungsfrist geben; AM Untersuchungshaft *f* gegen jdn anordnen
◆**bind up** *vt* ❶ (*bandage*) ■**to ~ up ○ sb/sth** jdn/etw verbinden; **to ~ up one's hair** sich *dat* die Haare hochbinden; **to ~ up a prisoner** einen Gefangenen fesseln
❷ *usu passive* (*connect*) ■**to be bound up with sth** mit etw *dat* zusammenhängen [*o* in Zusammenhang stehen]; ■**to be bound up together** *events* etwas miteinander zu tun haben; *people* einander verbunden sein *geh*
binder ['baɪndəʳ, AM -dɚ] *n* ❶ (*cover*) Einband *m;* (*notebook*) Hefter *m*
❷ (*sb who covers books*) Buchbinder(in) *m(f)*
❸ (*substance*) Bindemittel *nt*
❹ AGR [Mäh]binder *m*
❺ AM ECON (*cover note*) Versicherungsschein *m;* (*deposit*) Anzahlung *f*
bindery ['baɪndəri, AM -dɚi] *n* Buchbinderei *f*
bindhi ['bɪndi] *n* Bindi *nt* (*Schmuck, der auf die Stirnmitte aufgeklebt wird*)
binding ['baɪndɪŋ] **I.** *n no pl* ❶ (*covering*) Einband *m;* **embossed leather ~** Ledereinband *m* mit Prägedruck
❷ (*act*) Binden *nt*
❸ (*textile strip*) [Naht]band *nt*
❹ (*on ski*) Bindung *f*
II. *adj* ❶ *attr* verbindlich; **~ agreement** verbindlicher [*o* bindender] Vertrag; **~ precedent** LAW bindender Präzedenzfall; **legally ~** rechtsverbindlich
❷ MED stopfend
bind-over order *n* LAW gerichtliche Verwarnung mit Strafvorbehalt
bindweed ['baɪndwi:d] *n no pl* BOT Winde *f*
binge [bɪndʒ] (*fam*) **I.** *n* Gelage *nt;* (*orgy*) Orgie *f;* **drinking ~** Saufgelage *nt fam;* **~-eating** Fressgelage *nt;* (*greed*) Esssucht *f;* **shopping ~** Kaufrausch *m;* **to go on a ~** auf Sauftour gehen *fam;* (*shopping*) groß shoppen gehen *fam;* (*eating*) ein Fressgelage abhalten *fam*
II. *vi* heißhungrig essen; ■**to ~ on sth** sich *akk* mit etw *dat* voll stopfen *fam*
bingo ['bɪŋgəʊ, AM -goʊ] **I.** *n no pl* Bingo *nt*
II. *interj* (*fam*) ■**~!** bingo! *sl* (*drückt positives Erstaunen, Überraschung aus; wird auch verwendet nach gefundener Lösung*)
bin liner *n* BRIT Müllbeutel *m,* Mülltüte *f* **bin man** *n* BRIT (*fam*) Müllmann *m*
binnacle ['bɪnəkl̩] *n* NAUT Kompasshaus *nt*
binoculars [bɪ'nɒkjələz, AM -'nɑ:kjəlɚz] *npl* Fernglas *nt;* **a pair of ~** ein Fernglas *nt;* **to look through ~** durch ein Fernglas schauen
binomial [baɪ'nəʊmiəl, AM -'noʊ-] MATH **I.** *n* Binom *nt*
II. *adj* binomisch
bio- [baɪə(ʊ)-, AM baɪoʊ-] *in compounds* Bio-
bioaeration [,baɪəʊeə'reɪʃən, AM ,baɪoʊer'eɪʃən] *n* Belebtschlammverfahren *nt* (*biologische Abwasserreinigung*) **biochemical** *adj* biochemisch **biochemically** *adv* biochemisch **biochemist** *n* Biochemiker(in) *m(f)* **biochemistry** *n no pl* Biochemie *f* **biochip** ['baɪəʊtʃɪp, AM 'baɪoʊ-] *n* (*chips loaded with DNA*) Biochip *m* **biodegradable** *adj* biologisch abbaubar **biodegrade** *vi* sich zersetzen **biodetergent** *n* biologisches Reinigungsmittel; (*washing powder*) biologisches Waschmittel **biodiversity** *n no pl* Artenvielfalt *f* **biodocumentary** [,baɪəʊ,dɒkjə'mentəri, AM ,baɪoʊ,dɑ:kjə'menţɚi] *n* biographische Dokumentation **biodynamic** *adj* biodynamisch **bioengineering** *n no pl* Biotechnik *f* **bioethicist** [,baɪəʊ'eθəsɪst, AM ,baɪoʊ-] *n* Bioethiker(in) *m(f)* **bioethics** *n + sing vb* Bioethik *f* **biofeedback** *n no pl* Biofeedback *nt* **biofuel** *n no pl* Biotreibstoff *m,* biologischer Treibstoff
biog [baɪ'ɒg, AM baɪ'ɑ:g] *n* (*fam*) *see* **biography** Bio *f fam* **biogas** *n* Biogas *nt*
biographer [baɪ'ɒgrəfəʳ, AM -'ɑ:grəfɚ] *n* Biograf(in) *m(f)*
biographical [,baɪəʊ'græfɪkəl] *adj* biografisch
biography [baɪ'ɒgrəfi, AM -'ɑ:grəfi] *n* ❶ (*account of life*) Biografie *f*
❷ *no pl* (*genre*) Biografie *f,* biografische Literatur
bioinformatics [,baɪə(ʊ)ɪnfə'mætɪks, AM ,baɪoʊɪnfɚ'mæţ-] *n + sing vb* Bioinformatik *f kein pl*
bioinsecticide *n* Bioinsektizid *nt fachspr,* biologisches Insektenbekämpfungsmittel
biological [,baɪə'lɒdʒɪkəl, AM -'lɑ:dʒɪkəl] *adj* biologisch
biological clock *n* (*fam*) biologische Uhr **biological control** *n* biologische Schädlingsbekämpfung **biological event** *n* biologischer Anschlag, Anschlag *m* mit biologischen Waffen
biologically [,baɪə'lɒdʒɪkəli, AM -'lɑ:dʒɪ-] *adv* biologisch; **~ active chemicals** biologisch wirksame Chemikalien; **to be ~ based** [*or* **determined**] auf biologischer Grundlage basieren
biological warfare *n* biologische Krieg[s]führung **biological weapons** *npl* biologische Waffen
biologist [baɪ'ɒlədʒɪst, AM -'ɑ:lə-] *n* Biologe, -in *m, f*
biology [baɪ'ɒlədʒi, AM -'ɑ:lə-] **I.** *n no pl* Biologie *f;* **human ~** Humanbiologie *f;* **marine ~** Meeresbiologie *f*
II. *n modifier* (*book, department, lecture*) Biologie-
biomass [,baɪəʊ'mæs, AM ,baɪoʊ-] *n* Biomasse *f*
biomedical [,baɪəʊ'medɪkəl, AM oʊ'] *adj inv* biomedizinisch **biomedicine** [,baɪəʊ'medɪsən, AM ,baɪoʊ'medɪsən] *n* Biomedizin *f* **biomorphic** [,baɪəʊ'mɔ:fɪk, AM ,baɪoʊ'mɔ:r-] *adj* biomorph **bio movie** *n* AM (*fam*) biografischer Film
bionic [baɪ'ɒnɪk, AM -'ɑ:nɪk] *adj* ❶ MED bionisch
❷ (*fam: extremely active*) hyperaktiv
biopesticide *n* biologisches Schädlingsbekämpfungsmittel **biophysical** [,baɪəʊ'fɪzɪkəl, AM oʊ'] *adj inv* biophysikalisch **biophysics** *n + sing vb* Biophysik *f*
biopic ['baɪəʊpɪk, AM ,baɪoʊ-] *n* (*sl*) Filmbiografie *f*
biopsy ['baɪɒpsi, AM -ɑ:psi] *n* Biopsie *f*
biorhythm *n* Biorhythmus *m* **biosphere** *n no pl* Biosphäre *f* **biotech** ['baɪəʊtek, AM 'baɪoʊ-] *adj attr, inv* biotechnisch, Biotechnik-; **the ~ industry** die Biotechnik-Industrie **biotechnology** *n no pl* (*science, research*) Biotechnologie *f;* (*process*) Biotechnik *f*
bioterrorism ['baɪə(ʊ)terərɪzəm, AM ,baɪoʊ-] *n* Bioterrorismus *m*
biotope ['baɪə(ʊ)təʊp, AM ,baɪoʊtoʊp] *n* Biotop *m o nt*
bioweapon ['baɪəʊwepən, AM 'baɪoʊ-] *n* biologische Waffe
bipartisan [,baɪpɑ:tɪ'zæn, AM baɪ'pɑ:rţəzən] *adj inv* ❶ (*of two political parties*) Zweiparteien-
❷ (*backed by two political parties*) von zwei Parteien getragen; **a ~ agreement** von beiden Parteien erzielte Übereinkunft
bipartite [baɪ'pɑ:taɪt, AM 'pɑ:r] *adj inv* zweiteilig, zweiseitig
biped ['baɪped] *n* Zweifüß[l]er *m*
biplane [baɪpleɪn] *n* Doppeldecker *m*
bipolar [baɪ'pəʊləʳ, AM -'poʊlɚ] *adj* bipolar, zweipolig; **~ psychosis** bipolare Psychose
bipolar depression *n no pl* PSYCH bipolare Depression
biquinary code [baɪ'kwaɪnəri-] *n* MATH Biquinärcode *m*
biracial [baɪ'reɪʃəl] *adj inv* gemischtrassig
birch [bɜ:tʃ, AM bɜ:rtʃ] **I.** *n* <*pl* -es> ❶ (*tree*) Birke *f*
❷ *no pl* (*hist: type of punishment*) ■**the ~** *Züchtigung mit der Rute;* **to bring back the ~** die Prügelstrafe wieder einführen
❸ (*hist: stick*) Rute *f*
II. *vt* (*hist*) ■**to ~ sb** jdn mit der Rute züchtigen *geh*
bird [bɜ:d, AM bɜ:rd] **I.** *n* ❶ (*creature*) Vogel *m;* **a flock of ~s** ein Vogelschwarm *m;* **caged ~** Käfigvogel *m;* **migrating** [*or* **migratory**] **~** Zugvogel *m;* **wading ~** Stelzvogel *m;* **to feel free as a ~** sich *akk* frei wie ein Vogel fühlen
❷ (*fam: person*) **home ~** Nesthocker *m fam;* **odd** [*or* **rare**] **~** (*fam*) seltener Vogel *fam;* **strange ~** komischer Kauz [*o fam* Vogel]
❸ (*dated sl: young female*) Puppe *f fam,* Biene *f fam;* **game old ~** BRIT, AUS (*approv*) flotte Alte *fam;* **old ~** (*fam*) alte Schachtel *fam;* **to pick up** [*or* **pull**] **a ~** BRIT, AUS (*sl or dated*) 'ne Mieze aufreißen *sl*
❹ BRIT, AUS (*dated sl: be in prison*) **to do ~** sitzen *fam,* hinter Gittern sitzen
► PHRASES: **to know about the ~s and bees** (*euph*) aufgeklärt sein; **to be a ~ in a gilded cage** in einem goldenen Käfig sitzen; **to see a ~'s-eye view of sth** etw aus der Vogelperspektive betrachten; **~s of a feather flock together** (*prov*) Gleich und Gleich gesellt sich gern *prov;* **a ~ in the hand is worth two in the bush** (*prov*) besser ein Spatz in der Hand als eine Taube auf dem Dach *prov;* **to kill two ~s with one stone** zwei Fliegen mit einer Klappe schlagen *fam;* **the early ~ catches the worm** (*prov*) Morgenstund' hat Gold im Mund *prov;* **a little ~ told me** das sagt mir mein kleiner Finger; **a little ~ told me that ...** ein kleines Vögelchen hat mir gezwitschert, dass ...; **the ~ has flown** der Vogel ist ausgeflogen *fam;* **to give sb the ~** jdn auspfeifen; [**strictly**] **for the ~s** AM, AUS (*fam*) für die Katz *fam*
II. *n modifier* **~ call** Vogelruf *m;* **~ droppings** Vogelmist *m,* Vogeldreck *m fam;* **~ life** Vogelwelt *f;* **~ sanctuary** Vogelreservat *nt,* Vogelschutzgebiet *nt*
bird bath *n* Vogelbad *nt* **birdbrain** *n* (*fam*) Spatzenhirn *nt sl* **birdbrained** *adj* (*fam*) gehirnamputiert *sl;* ■**to be ~** ein Spatzenhirn haben *sl* **birdcage** *n* Vogelkäfig *m* **bird course** *n* CAN *sehr einfacher Kurs an der Universität* **bird dog** *n* AM (*gun dog*) Hühnerhund *m* **birdhouse** *n* Vogelhaus *nt;* (*big one*) Voliere *f*
birdie ['bɜ:di, AM 'bɜ:rdi] **I.** *n* ❶ (*esp childspeak: small bird*) Piepmatz *m Kindersprache*
❷ (*golf*) Birdie *nt*
❸ AM (*shuttlecock*) Federball *m*
► PHRASES: **watch the ~** gleich kommt's Vögelchen (*beim Fotografen*)
II. *vt* (*in golf*) **to ~ a hole** einen Schlag unter Par spielen
birdie dance *n* BRIT ■**the ~** der Ententanz, der Vogerltanz ÖSTERR
birdlike *adj* vogelähnlich, vogelartig **bird of paradise** <*pl* birds of paradise> *n* Paradiesvogel *m* **bird of passage** <*pl* birds of passage> *n* Zugvogel *m;* (*fig also*) unsteter Mensch **bird of prey** <*pl* birds of prey> *n* Raubvogel *m* **birdseed** *n no pl* Vogelfutter *nt* **bird's-eye view** *n* Vogelperspektive *f* **bird's nest** *n* Vogelnest *nt* **birdsong** *n no pl* Vogelgesang *m* **bird table** *n* BRIT Futterplatz *m* (*für Vögel*) **birdwatcher** *n* Vogelbeobachter(in) *m(f)* **birdwatching** *n no pl* Beobachten *nt* von Vögeln
biretta [bɪ'retə, AM 'reţə] *n* Birett *nt*
Biro® *n* BRIT, **biro**® ['baɪ(ə)rəʊ] *n* BRIT Kugelschreiber *m,* Kuli *m fam*

birth [bɜːθ, AM bɜːrθ] *n* ❶ (*event of being born*) Geburt *f;* **from ~** von Geburt an; **country/date/place of ~** Geburtsland *nt*/-datum *nt*/-ort *m;* **concealment of ~** LAW Personenstandsunterdrückung *f*, Verletzung *f* der Anzeigepflicht (*bei Geburt eines Kindes*); **~s and deaths** Geburten und Todesfälle; **~ defect** Geburtsfehler *m*, konnataler Defekt *fachspr;* **~ pangs** Geburtswehen *fpl;* **difficult ~** schwierige Geburt *a. fig;* **live ~** Lebendgeburt *f;* **to be present at the ~** bei der Geburt [mit] dabei sein; **to give ~** entbinden; **to give ~ to a child** ein Kind zur Welt bringen [*o* gebären] *liter;* **to give ~ to sth** (*fig*) etw hervorbringen [*o* schaffen]
❷ *no pl* (*family*) Abstammung *f*, Herkunft *f;* **of illegitimate/legitimate ~** unehelicher/ehelicher Abstammung; **by ~** von Geburt; **to be English by ~** gebürtiger Engländer/gebürtige Engländerin sein; **to be of low/noble ~** niedriger/adliger Abstammung sein

birth certificate *n* Geburtsurkunde *f* **birth control** *n* Geburtenkontrolle *f*, Geburtenregelung *f;* **~ pill** Antibabypille *f*, orales Kontrazeptivum

birthday [ˈbɜːθdeɪ, AM ˈbɜːr-] **I.** *n* Geburtstag *m;* ***happy ~ [to you]!*** alles Gute zum Geburtstag! **II.** *n modifier* **~ boy/girl** (*fam*) Geburtstagskind *nt hum;* **~ cake** Geburtstagstorte *f*, Geburtstagskuchen *m;* **~ card** Geburtstagskarte *f* **Birthday Honours** *npl* BRIT *Titel- und Ordensverleihungen am offiziellen Geburtstag des britischen Monarchen/der britischen Monarchin;* **~ list** *Liste der von der Königin auf Vorschlag der Regierung zu ehrenden britischen Bürger* **birthday party** *n* Geburtstagsparty *f*, Geburtstagsfeier *f* **birthday present** *n* Geburtstagsgeschenk *nt* **birthday suit** *n* (*euph*) **to appear in one's ~** im Adams-/Evaskostüm erscheinen *hum fam;* **to wear [*or* be in] one's ~** (*fam or hum*) im Adamskostüm herumlaufen *hum fam*

birthing [ˈbɜːθɪŋ, AM ˈbɜːrd] **I.** *n no pl* Geburt *f* **II.** *n modifier* (*method, position, pool*) Gebär-

birthing center *n* AM Geburtshaus *nt*

birthmark *n* Muttermal *nt*, Geburtsmal *nt* **birth mother** *n* biologische Mutter **birthplace** *n* Geburtsort *m* **birth rate** *n* Geburtenrate *f* **birthright** *n* Geburtsrecht *nt*, angestammtes Recht; **to drive sb out of his ~** jdn seines Geburtsrechts berauben; (*right of first born*) Erstgeburtsrecht *nt;* **to sell one's ~** (*fig*) sein Erstgeburtsrecht verkaufen *fig* **birthstone** *n* Monatsstein *m* **birthweight** *n* Geburtsgewicht *nt*

BIS [ˌbiːaɪˈes] *n* FIN *abbrev of* **Bank for International Settlements** BIZ *f*

biscuit [ˈbɪskɪt] *n* ❶ BRIT, AUS Keks *m;* **cheese and ~s** Käsekräcker *mpl;* **dog ~** Hundekuchen *m;* **a packet of ~s** eine Packung Kekse
❷ AM (*bread type*) Brötchen *nt*
► PHRASES: **that [really] takes the ~** BRIT (*fam: sth astonishing*) das schlägt dem Fass den Boden aus; (*sth irritating*) das ist die Höhe

bisect [baɪˈsekt, AM ˈbaɪsekt] *vt* ■**to ~ sth** (*split in two*) etw zweiteilen; (*divide equally*) etw in der Mitte durchschneiden

bisection [baɪˈsekʃən] *n* (*in two parts*) Zweiteilung *f;* (*in two halves*) Halbierung *f*

bisexual [baɪˈsekʃuəl] **I.** *n* Bisexuelle(r) *f(m);* ■**to be a ~** bisexuell sein
II. *adj inv* bisexuell

bisexuality [ˌbaɪsekʃuˈælɪti, AM ˈæləṭi] *n no pl* Bisexualität *f*

bishop [ˈbɪʃəp] *n* ❶ (*priest*) Bischof *m*
❷ CHESS Läufer *m*

bishopric [ˈbɪʃəprɪk] *n* ❶ (*term*) Amtszeit *f* (*eines Bischofs*)
❷ (*diocese*) Bistum *nt*, Diözese *f*
❸ (*function*) Bischofsamt *nt*

bison <*pl* -s *or* -> [ˈbaɪsən, -zən] *n* (*buffalo*) Bison *m;* (*European buffalo*) Wisent *m;* **herds of ~** Bisonherden *fpl*

bisque [biːsk, AM bɪsk] *n no pl* (*of fish*) Fischcremesuppe *f*, Schellfischsuppe *f;* (*of vegetable*) Gemüsesuppe *f*

bistable [ˌbaɪˈsteɪbl] *adj* COMPUT bistabil; **~ circuit** [*or* **multivibrator**] bistabile Kippschaltung

bistro [ˈbiːstrəʊ, AM -troʊ] *n* Bistro *nt*

bit[1] [bɪt] *n* ❶ (*fam: small piece*) Stück *nt;* **~s of glass** Glasscherben *fpl;* **~s of paper** Papierfetzen *mpl;* **little ~s** Stückchen *pl;* **to blow sth to ~s** etw zerreißen; **to fall [*or* come] to ~s** kaputtgehen *fam;* **to go to ~s** (*fig*) [psychisch] zusammenbrechen, durchdrehen *fam;* **to smash sth to ~s** etw zerschmettern [*o* zertrümmern]; **to tear sth to ~s** etw in Stücke reißen
❷ (*small amount*) ■**a ~ of ...** ein wenig [*o* bisschen] ...; ***with a ~ of luck, I'll pass the exam*** mit viel Glück bestehe ich die Prüfung; ***she heard a ~ of news about an old friend*** sie erfuhr Neuigkeiten über einen alten Freund; **a ~ of trouble** ein bisschen Ärger; **to have a ~ put away** einiges auf der hohen Kante haben
❸ (*part*) Teil *m;* ***bring your ~s and pieces!*** BRIT bring deine Siebensachen mit!; **sewing ~s and pieces** Nähutensilien *ntpl;* **to do one's ~** (*fam*) seinen Teil beitragen, das Seinige tun; **~ by ~** Stück für Stück, nach und nach; ***I saved up the money ~ by ~*** ich habe mir das Geld Groschen für Groschen zusammengespart; ***we rebuilt the house over years ~ by ~*** wir haben das Haus über die Jahre Stein für Stein wieder aufgebaut
❹ (*fam: short time*) ***I'm just going out for a ~*** ich gehe mal kurz raus *fam;* ***I'll come along in a ~*** ich komme gleich nach; **hold on [*or* wait] a ~** warte mal [kurz]
❺ (*somewhat*) ***Mary's put on a ~ of weight*** Mary hat ganz schön zugenommen; ***he's a ~ of a bore*** er ist ein ziemlicher Langweiler; ***it's a ~ of a nuisance*** das ist ganz schön lästig; ***he's a ~ of an artist*** er ist künstlerisch begabt; ***he's a ~ of a poet*** er ist gar kein so schlechter Dichter; ***I'm a ~ tired*** ich bin ziemlich müde; ***the house is a ~ like a Swiss chalet*** das Haus sieht ein bisschen wie ein Schweizer Chalet aus; ***he's a good ~ older than his wife*** er ist um einiges älter als seine Frau; ■**not a ~** kein bisschen; **not the least [*or* slightest] ~ ...** kein bisschen ...; **... but not a ~ of it** BRIT ... aber nichts dergleichen [*o fam* nicht die Spur]; **quite a ~** ziemlich; ***that's quite a ~ of ice cream!*** das ist ganz schön viel Eiscreme!
❻ (*rather*) ***that was a ~ much*** das war ein starkes Stück; ***that was a ~ too much of a coincidence*** das konnte kein Zufall mehr sein
❼ BRIT (*fam or hist: coin*) Groschen *m fam;* **threepenny/sixpenny ~** Dreipence-/Sixpencestück *nt;* **two ~s** AM (*dated*) 25 Cents
► PHRASES: **to be a ~ of fluff [*or* stuff] [*or* skirt]** BRIT (*sl*) eine dufte Biene sein *fam;* **she was his ~ on the side for several years** BRIT (*sl*) sie war jahrelang seine heimliche Geliebte; **to be a ~ of all right** BRIT (*sl*) große Klasse sein *fam*

bit[2] [bɪt] *vt, vi pt of* **bite**

bit[3] [bɪt] *n* Trense *f;* (*fig*) ***she was chafing at the ~ waiting for the moment when she could visit her boyfriend*** sie konnte es kaum erwarten, ihren Freund besuchen zu dürfen
► PHRASES: **to have [*or* get] [*or* take] the ~ between one's teeth** (*start working*) sich *akk* an die Arbeit machen; (*become rebellious*) aufmüpfig werden; (*try hard*) sich *akk* mächtig anstrengen

bit[4] [bɪt] *n* (*drill*) Bohrer[einsatz] *m;* (*chisel*) Meißel *m*

bit[5] [bɪt] *n* COMPUT Bit *nt*

bitch [bɪtʃ] **I.** *n* <*pl* -es> ❶ (*female dog*) Hündin *f*
❷ (*fam: complaint*) **to have a good ~** mal richtig lästern *fam;* **to get into a ~ about sth** gemeinsam über etw *akk* schimpfen, sich *akk* gemeinsam über etw *akk* auslassen
❸ (*fam: mean woman*) Drachen *m fam*, Hexe *f*, Bissgurn *f* SÜDD, ÖSTERR *fam;* ***you ~!*** du Miststück! *derb*
❹ (*fig sl: bad situation*) Mist *m fig fam;* ***what a ~!*** so ein Mist! *fam;* ***life's a ~*** das Leben ist ungerecht; **a ~ of a job** ein Scheißjob *m sl*
II. *vi* (*fam!*) ■**to ~ about sb/sth** über jdn/etw lästern

◆**bitch up** *vt* AM (*fam!*) ■**to ~ sth** ⊃ **up** etw versauen *sl*

bitchiness [ˈbɪtʃɪnəs] *n no pl* (*fam!*) Gemeinheit *f*, Gehässigkeit *f*

bitchy [ˈbɪtʃi] *adj* (*fam!*) gemein, gehässig

bite [baɪt] **I.** *n* ❶ (*using teeth*) Biss *m; of an insect* Stich *m;* **~ mark** Bisswunde *f;* **snake/dog ~** Schlangen-/Hundebiss *m;* **to give sb a ~** jdn beißen; **to have a ~ to eat** (*fam*) eine Kleinigkeit [*o fam* einen Happen] essen; **to take a ~ of a pizza** von einer Pizza abbeißen; (*fig: portion*) ***the legal costs took a big ~ out of their money*** ein großer Teil ihres Geldes ging für die Rechtskosten drauf *fam*
❷ (*fig: sharpness*) Biss *m fig fam*, Schärfe *f fig;* **to give sth more ~** *report, critique* etw schärfer formulieren; **to have [real] ~** [echten] Biss haben *fam*
❸ (*fish*) Anbeißen *nt;* ***at last I've got a ~*** endlich hat etwas angebissen
❹ *no pl* (*pungency*) Schärfe *f*
► PHRASES: **another [*or* a second] [*or* a double] ~ of the cherry** *esp* BRIT eine zweite Chance
II. *vt* <bit, bitten> ❶ (*cut with teeth*) ■**to ~ sb** jdn beißen; *insect* jdn stechen; **to ~ one's lips** sich *dat* auf die Lippen beißen; (*fig*) sich *dat* das Lachen verbeißen; **to ~ one's nails** an seinen Nägeln kauen
❷ (*grip road*) **to ~ the road** *tyres* greifen
❸ (*affect people*) ■**to ~ sth** sich *akk* auf etw *akk* auswirken; ***the laws ~ him hard*** die Gesetze treffen ihn hart
► PHRASES: **to ~ the bullet** in den sauren Apfel beißen; **to ~ the dust** (*esp hum: crash*) stürzen; (*die*) ins Gras beißen *sl;* (*fig*) scheitern; **to ~ the hand that feeds one** die Hand beißen, die einen füttert; **to ~ one's tongue** sich *dat* auf die Zunge beißen; **to be badly bitten by sth** von etw *dat* schwer erwischt worden sein *fam;* ***the racing bug bit him badly*** das Rennfieber hat ihn schwer mitgenommen; **what's biting you?** (*fam*) was ist mit dir los?; **~ me!** AM (*vulg*) leck mich am Arsch! *derb*
III. *vi* <bit, bitten> ❶ (*with teeth*) *dog, snake* beißen; *insect* stechen; ***just go and ask her — she won't ~*** (*hum*) frag sie mal – sie beißt [dich] schon nicht; ■**to ~ into sth** in etw *akk* beißen
❷ (*also fig: take bait*) anbeißen; **to ~ at bait** anbeißen *a. fig*
❸ (*grip road*) ***these tyres are biting very well*** diese Reifen haben ein sehr griffiges Profil
❹ (*affect adversely*) einschneidende Wirkung haben; ***the recession was beginning to ~*** die Rezession machte sich langsam bemerkbar
❺ (*reduce*) ■**to ~ into sth** etw reduzieren; ***her job began to ~ into her free time*** ihr Job nahm immer mehr ihrer Freizeit in Anspruch
❻ (*attack*) ■**to ~ into sth** ***the rope bit into his flesh*** das Seil schnitt in sein Fleisch ein; (*fig*) ***the cold began to ~ into their bones*** die Kälte begann ihnen in die Knochen zu kriechen
► PHRASES: **once bitten, twice shy** (*prov*) ein gebranntes Kind scheut das Feuer *prov;* **that ~s!** (*fam*) so ein Mist! *fam*

◆**bite back** *vt* ■**to ~ sth** ⊃ **back** *one's anger* etw hinunterschlucken *fig*

◆**bite off I.** *vt* ■**to ~ sth** ⊃ **off** etw abbeißen
► PHRASES: **to ~ sb's head off** (*fam*) jdm den Kopf abreißen *fig;* **to ~ off too much [*or* more than one can chew]** sich *akk* übernehmen, sich *dat* zu viel zumuten
II. *vi* (*sl: imitate*) ■**to ~ off of sb** sich *dat* etw von jdm abschauen *fam*

biter [ˈbaɪtəʳ, AM -t̬ɚ] *n* ► PHRASES: **the ~ is bit** wer andern eine Grube gräbt, fällt selbst hinein *prov;* ***this is a case of the ~ being bit*** diesmal ging der Schuss nach hinten los

bite-sized *adj* mundgerecht; (*fig fam: small*) winzig

biting [ˈbaɪtɪŋ, AM -t̬-] *adj* beißend *attr a. fig;* (*fig*) scharf; **~ criticism** scharfe Kritik; **~ sarcasm/satire** beißender Sarkasmus/Spott; **~ wind** schneidender Wind

bitmap [ˈbɪtmæp] *n* COMPUT Bitmap *f fachspr* **bit part** *n* FILM kleine Nebenrolle

bitten ['bɪtᵊn] *vt, vi pp of* **bite**

bitter ['bɪtəʳ, AM -t̬ɚ] **I.** *adj* <-er, -est> ① *(sour) flavour, taste* bitter; ~ **almonds** Bittermandeln *pl;* ~ **chocolate** BRIT Zartbitterschokolade *f;* ~ **lemon** Bitter Lemon *nt*

② *(fig: painful)* bitter, schmerzlich; ~ **disappointment** bittere [*o* herbe] Enttäuschung; ***I pursued my claims to the ~ end*** ich kämpfte bis zum bitteren Ende um mein Geld; ~ **experience/truth** bittere [*o* schmerzliche] Erfahrung/Wahrheit; ~ **fruits** bittere Früchte; **to taste the ~ fruits of sth** die negativen Auswirkungen einer S. *gen* zu spüren bekommen; ~ **irony** bittere [*o* grausame] Ironie; **to sweeten the ~ medicine** [*or* **pill**] die bittere Pille versüßen; **to be a ~ pill to swallow** ein harter Schlag [*o* Wermutstropfen] sein; **a ~ memory** eine quälende Erinnerung; **a ~ reminder** ein trauriges Andenken; ~ **remorse** bittere [*o* tiefe] Reue

③ *(resentful)* ■**to be ~ [about sth]** [über etw *akk*] verbittert sein; ~ **expression** verbitterter Gesichtsausdruck; ~ **glance** [*or* **look**] beleidigter [*o* gekränkter] Blick; ~ **humour** [*or* AM **humor**] Zynismus *m;* ~ **and twisted** kauzig und verbittert

④ *(harsh)* erbittert; ~ **dispute** heftiger Streit; ~ **grudge** tiefer Groll

⑤ *(stinging)* bitterkalt; ~ **cold** bittere Kälte; ~ **wind** schneidender [*o* eisiger] Wind; ~ **winter** strenger Winter

II. *n* BRIT, AUS **a glass of ~** ein Glas *nt* Bitter; **half a ~** ein kleines Bitter

bitterly ['bɪtəli, AM -t̬ɚli] *adv* ① *(painfully)* bitter; ~ **disappointed** schwer [*o* tief] enttäuscht; **to resent sth ~** etw bitter bereuen; **to weep ~** bitterlich weinen

② *(intensely)* sehr; ~ **contested** heftig umstritten; ~ **jealous** krankhaft eifersüchtig; **to condemn ~** vehement verurteilen

③ *(bitingly)* ~ **cold** bitterkalt

bittern ['bɪtən, AM -t̬ən] *n* Rohrdommel *f*

bitterness ['bɪtənəs, AM -t̬ɚ-] *n no pl* ① *(rancour)* Groll *m,* Verbitterung *f* (**towards** gegenüber +*dat*); *of an answer* Heftigkeit *f;* **feeling of ~** Vorbehalte *pl,* Ressentiments *pl*

② FOOD *(acidity)* Bitterkeit *f,* bitterer Geschmack

bitters ['bɪtəz, AM -t̬ɚz] *n + sing vb* Magenbitter *m*

bittersweet *adj* bittersüß *a. fig;* ~ **chocolate** AM Zartbitterschokolade *f*

bitty ['bɪti] *adj* BRIT, AUS *(pej fam)* zusammengestückelt *fam o fig,* zusammengestoppelt *fam o pej*

bitumen ['bɪtʃəmɪn, AM bɪ'tu:mən] *n no pl* Asphalt *m,* Bitumen *nt fachspr*

bituminous [bɪ'tʃu:mɪnəs, AM -'tu:m-] *adj* asphalthaltig, bitumenhaltig, bituminös *fachspr;* ~ **coal** Steinkohle *f,* Fettkohle *f*

bivalve ['baɪvælv] **I.** *n* zweischalige Muschel

II. *adj* zweischalig

bivouac ['bɪvuæk] **I.** *n* Biwak *nt,* Lager *nt;* ~ **tent** Biwakzelt *nt*

II. *vi* <-ck-> biwakieren

biweekly [baɪ'wi:kli] **I.** *adj inv* ① *(every two weeks)* zweiwöchentlich, vierzehntägig; *(magazine)* Zeitschrift, die vierzehntäglich erscheint

② *(twice a week)* zweimal wöchentlich [*o* in der Woche]

II. *adv inv* ① *(every two weeks)* zweiwöchentlich, vierzehntägig

② *(twice a week)* zweimal wöchentlich [*o* in der Woche]

biz [bɪz] *n (sl) short for* **business: the music ~** das Musikgeschäft *nt*

bizarre [bɪ'zɑ:ʳ, AM -'zɑ:r] **I.** *adj* bizarr, seltsam; ~ **behaviour** [*or* AM **behavior**] seltsames [*o* absonderliches] Verhalten; ~ **twist** seltsame Wendung

II. *n* ■**the ~** das Bizarre

bizarrely [bɪ'zɑ:li, AM -'zɑ:rli] *adv* bizarr; **to behave ~** sich *akk* merkwürdig verhalten

bizarreness [bɪ'zɑ:nəs, AM -'zɑ:r-] *n no pl* Bizarrheit *f,* Skurrilität *f*

BL [,bi:'el] *n abbrev of* **Bachelor of Law** Bakkalaureus *m* der Rechtswissenschaften

blab <-bb-> [blæb] *(fam)* **I.** *vt* ■**to ~ sth** etw ausplaudern *fam;* ■**to ~ sth to sb** jdm etw verraten

II. *vi* plaudern; ■**to ~ to sb** jdm gegenüber nicht dichthalten *fam*

blabber ['blæbəʳ, AM -ɚ] *(fam)* **I.** *vi* plappern; ■**to ~ on about sth** ständig über etw *akk* quasseln *fam*

II. *n* Plappermaul *nt fam*

blabbermouth *n (fam)* Plappermaul *nt fam*

black [blæk] **I.** *adj* ① *(colour)* schwarz; ~ **bear** Schwarzbär *m;* **as ~ as night** so schwarz wie die Nacht; **to be beaten ~ and blue** grün und blau geschlagen werden

② *(dismal)* schwarz *fig,* düster; ~ **despair** tiefste Verzweiflung; **to look as ~ as thunder** ein finsteres Gesicht machen; STOCKEX **B~ Friday/Monday/Tuesday** Schwarzer Freitag/Montag/Dienstag

③ *(filthy)* schwarz, schmutzig

④ *(people)* schwarz; ■**to be ~** Schwarze(r) *f(m)* sein; **the ~ vote** die Stimmen *pl* der Schwarzen

▶ PHRASES: **to paint a [very] ~ picture** ein düsteres Bild malen; **to be not as ~ as one is painted** nicht so schlecht wie sein Ruf sein

II. *n* ① *(person)* Schwarze(r) *f(m)*

② *no pl (wearing black clothes)* **to be dressed in ~** in Schwarz gekleidet sein

③ *(not in debt)* **to be in the ~** in den schwarzen Zahlen sein

III. *vt* ■**to ~ sth** ① *(darken)* etw schwarz färben; **to ~ sb's eye** *(dated)* jdm ein blaues Auge schlagen; **to ~ one's face** sein Gesicht schwärzen [*o* schwarz anmalen]; **to ~ shoes** Schuhe wichsen

② BRIT *(boycott)* etw boykottieren

◆**black out I.** *vi* [für einen Moment] bewusstlos [*o* ohnmächtig] werden, [kurz] das Bewusstsein verlieren

II. *vt* ■**to ~ out ⊂ sth** ① *(not show light)* etw verdunkeln [*o* abdunkeln]

② *(fig: censure)* etw unterschlagen; *(keep secret)* etw geheim halten; **to ~ out a TV programme** die Ausstrahlung einer Fernsehsendung verhindern

③ *(block out)* etw verdrängen [*o* unterdrücken]

Black Africa *n* Schwarzafrika *nt*

blackamoor ['blækəmɔ:ʳ, AM mʊr] *n (old)* Mohr *m veraltet*

black and white I. *adj* ① *(documented)* **[down] in ~** schwarz auf weiß ② *(not in colour)* schwarzweiß; ~ **television** Schwarzweißfernsehen *nt* ③ *(clear-cut)* sehr einfach [*o* klar]; **a ~ issue** kein Entweder-Oder-Thema *nt* **II.** *n* ① *(in film, photography)* Schwarzweißtechnik *f;* ***he likes working with ~*** er arbeitet gern mit Schwarzweißfotografie; ***they made the film in ~*** der Film wurde in Schwarzweiß gedreht ② *(oversimplified view)* Vereinfachung *f;* **to see things in ~** die Dinge schwarzweiß sehen **blackball** *vt* ■**to ~ sb** *(vote against)* gegen jdn stimmen; *(reject)* jdn ausschließen **black belt** *n* ADMIN Zone *f* mit überwiegend schwarzer Bevölkerung; GEOL Gegend *f* mit schwarzerdigem Boden; SPORTS schwarzer Gürtel; ■**to be a ~** ADMIN überwiegend von Schwarzen bewohnt werden; GEOL aus schwarzerdigem Boden bestehen; SPORTS ein Schwarzgürtel sein **blackberry** ['blækbᵊri, AM -,beri] **I.** *n* Brombeere *f;* ~ **and apple pie** Brombeerapfelkuchen *m* **II.** *n modifier (ice cream, jam, pie, yogurt)* Brombeer-; ~ **bush** Brombeerstrauch *m;* ~ **tart** Brombeerkuchen *m* **blackberrying** ['blækbᵊriɪŋ, AM -,beri-] *n no pl* Brombeersammeln *nt,* Brombeerpflücken *nt;* **to go ~** in die Brombeeren gehen *fam* **blackbird** *n* Amsel *f* **blackboard** *n* Tafel *f;* ~ **eraser** Tafelschwamm *m* **black book** *n (fig)* schwarze Liste; **to be in sb's ~s** bei jdm schlecht angeschrieben sein **black box** *n* AEROSP Flugschreiber *m;* SCI Blackbox *f* **blackboy** *n* AUS Yucca *f* **blackcap** ['blækkæp] *n* ORN Mönchsgrasmücke *f* **black coffee** *n* schwarzer Kaffee **black comedy** *n* schwarze Komödie **Black Country** *n* BRIT *Industriegebiet in den englischen Midlands* **blackcurrant** [,blæk'kʌrᵊnt, AM 'blæk,kɜ:r-] **I.** *n* schwarze Johannisbeere **II.** *n modifier (jelly, juice)* schwarze(r, s) Johannisbeer-; ~ **bush** schwarzer Johannisbeerstrauch **Black Death** *n* HIST ■**the ~** der schwarze Tod **black economy** *n* Schattenwirtschaft *f,* Untergrundwirtschaft *f*

blacken ['blækᵊn] **I.** *vt* ① *(make black)* ■**to ~ sth** etw schwärzen; **smoke-~ed** rauchgeschwärzt

② *(malign)* ■**to ~ sb** jdn anschwärzen *fam;* **to ~ sb's name** [*or* **image**] [*or* **reputation**] dem Ruf einer Person schaden

II. *vi* schwarz [*o* dunkel] werden, sich *akk* verdunkeln

black English *n,* **Black English** *n* schwarzes Englisch *(das Englisch der Schwarzen)* **black eye** *n* blaues Auge, Veilchen *nt fam* **black-eyed bean** *n,* **black-eyed pea** *n* AM Schwarzaugenbohne *f* **blackfly** *n* Blattlaus *f;* **to suffer from ~** von Blattläusen befallen sein **blackguard** ['blægɑ:d, AM -gɑ:rd] *n (pej dated)* Bösewicht *m,* Schuft *m,* Lump *m fam* **blackhead** *n* MED Mitesser *m* **black-hearted** ['blækhɑ:tɪd, AM hɑ:rtɪd] *adj (dated)* niederträchtig **black hole** *n* PHYS schwarzes Loch *a. fig* **Black Hole of Calcutta** *n* ■**the ~** *berüchtigtes Gefängnis in Indien* **black humor** AM, **black humour** *n* schwarzer Humor **black ice** *n* Glatteis *nt*

blacking ['blækɪŋ] *n* ① *(for shoes)* schwarze Schuhcreme [*o* Schuhwichse]

② BRIT *(industrial action) of goods* Boykott *m; (by trade union)* Bestreiken *nt*

blackish ['blækɪʃ] *adj* schwärzlich

blackjack ['blækdʒæk] *n* ① CARDS Siebzehnundvier *nt* ② AM *(cosh)* Totschläger *m* **black lead** *n* Graphit *m* **blackleg** *n* BRIT *(pej)* Streikbrecher(in) *m(f)* **blacklist I.** *vt* ■**to ~ sb** jdn auf die schwarze Liste setzen **II.** *n* schwarze Liste **black look** *n* finstere Miene *fam;* **to give sb a ~** jdm einen finsteren Blick zuwerfen **blackly** ['blækli] *adv* ① *(of colour black)* schwarz ② *(gloomily)* finster, düster ③ *(harrowingly)* schwarz **black magic** *n* schwarze Magie

blackmail I. *n* LAW *(act)* Erpressung *f;* **to use emotional ~ on sb** jdn emotionell unter Druck setzen; *(money)* Erpressungsgeld *nt;* **open to ~** erpressbar **II.** *vt* ■**to ~ sb** jdn erpressen; **to ~ money out of sb** Geld von jdm erpressen; ***they tried to ~ me into giving them money*** sie versuchten mich durch Erpressung zur Herausgabe des Geldes zu zwingen

blackmailer *n* Erpresser(in) *m(f)*

Black Maria *n (dated)* grüne Minna *fam o veraltend* **black mark** *n* Tadel *m;* SCH Verweis *m; (reprimand)* Minuspunkt *m fig* **black market** *n* Schwarzmarkt *m;* ***there was a thriving ~ in cigarettes during the war*** während des Krieges blühte der Schwarzhandel mit Zigaretten **black marketeer** *n* Schwarzhändler(in) *m(f)*

black market prices *npl* Schwarzmarktpreise *m* **Black Mass** *n* schwarze Messe **black mood** *n* Depression *f;* **to be in a ~** eine Depression haben **Black Muslim** *n* Black Moslem *m*

blackness ['blæknəs] *n no pl* Schwärze *f,* Dunkelheit *f,* Finsternis *f*

blackout ['blækaʊt] *n* ① *(unconsciousness)* Ohnmachtsanfall *m;* **to suffer from ~s** unter Ohnmachtsanfällen leiden ② *(in broadcasting)* [Strom]ausfall *m; (loss of picture)* Bildausfall *m; (loss of sound)* Tonausfall *m* ③ *(censor)* Sperre *f;* **to impose a news ~** eine Nachrichtensperre verhängen ④ *(covering of lights)* Verdunkelung *f* **black pepper** *n* schwarzer Pfeffer **black pudding** *n* BRIT Blutwurst *f* **Black Rod** *n* LAW **[Gentleman Usher of the] ~** Zeremonienmeister *m* des britischen Oberhauses **Black Sea** *n* Schwarzes Meer **black sheep** *n (fig)* schwarzes Schaf *fig* **blackshirt** ['blækʃɜ:t, AM ʃɜ:rt] **I.** *n* Schwarzhemd *nt* **II.** *n modifier (uniform, stewards)* Schwarzhemd-; ~ **violence** Gewalt *f* der Schwarzhemden **blacksmith** *n* [Huf]schmied *m* **black spot** *n* ① *(dangerous spot)* Gefahrenstelle *f;* **accident ~** [Unfall]gefahrenstelle *f* ② *(problem region)* Problemgebiet *nt;* **a ~ for unemployment** ein Gebiet *nt* mit hoher Arbeitslosigkeit **Black studies** *n + sing vb Studienfach, das sich mit der Geschichte der Schwarzen in den USA befasst* **blackthorn** *n* BOT Schwarzdorn *m,* Schlehdorn *m* **black tie** *n* Smoking *m;* ~

event Veranstaltung *f* mit Smokingzwang; ***is it ~?*** muss man mit Smoking kommen? **blacktop** ['blæktɒp, AM tɑ:p] AM **I.** *n* ❶ *no pl* (*road surfacing material*) Schwarzdecke *f* ❷ (*road*) geteerte Straße **II.** *n modifier* (*highway*) geteert **black treacle** *n* BRIT FOOD Melasse *f,* Sirup *m* **black widow** *n* ZOOL schwarze Witwe **black writer** *n* COMPUT spezieller Laserdrucker

bladder ['blædəʳ, AM -ɚ] *n* ANAT [Harn]blase *f;* **full ~** volle Blase; **to empty one's ~** die Blase entleeren

blade [bleɪd] **I.** *n* ❶ (*flat part*) Klinge *f;* **~ of grass** Grashalm *m;* **~ of an oar** Ruderblatt *nt;* **~ of a turbine** Turbinenschaufel *f,* Turbinenblatt *nt;* **shoulder ~** Schulterblatt *nt*
❷ (*liter or dated: man*) Draufgänger *m;* **a dashing young ~** ein verwegener junger Bursche *veraltend*
II. *vi* SPORTS (*fam*) Inliners fahren *fam,* bladen *fam,* inlinen *fam*

bladed ['bleɪdɪd] *adj inv* mit Schneide *nach n;* (*of corn*) mit Spreite *nach n;* **double-~ paddle** Paddel *nt* mit zwei Blättern

blag [blæg] (*sl*) **I.** *n* BRIT (*robbery*) bewaffneter Raubüberfall; (*fam: a bluff*) Bluff *m*
II. *vt* <-gg-> BRIT (*rob*) ■**to ~ sb** jdn berauben; **to ~ a bank** eine Bank ausrauben; (*fig*) ■**to ~ sth** etw schnorren *fam;* **to ~ one's way into/out of sth** sich *akk* in etw *akk* hineinmanövrieren/aus etw *dat* herausreden
III. *vi* (*fam*) bluffen; ■**to ~ about sth** sich *akk* über etw *akk* lustig machen

blah blah ['blɑ:blɑ:] *interj,* **blah blah blah** *interj* (*fam*) blabla *fam*

blame [bleɪm] **I.** *vt* ■**to ~ sb/sth for sth** [*or* **sth on sb/sth**] jdm/etw die Schuld an etw *dat* geben, jdn/etw für etw *akk* verantwortlich machen; ***he has only himself to ~*** er hat es sich selbst zuzuschreiben; ■**to ~ sb for doing sth** jdn beschuldigen, etw getan zu haben; ■**to not ~ sb for sth** jdm etw nicht verübeln
▶ PHRASES: **a bad workman ~s his tools** (*prov*) ein schlechter Handwerker schimpft über sein Werkzeug
II. *n no pl* ❶ (*guilt*) Schuld *f;* ***where does the ~ lie?*** wer hat Schuld?; **to lay** [*or* **apportion**] **the ~ on sb/sth for sth** jdm/etw die Schuld an etw *dat* zuschieben [*o* geben]; **to pin the ~ for sth on sb** jdm etw anhängen *fam;* **to put the ~ on sb/sth** jdm/etw die Schuld geben; **to shift the ~ onto sb** jdm die Schuld zuschieben; **to take the ~** die Schuld auf sich *akk* nehmen
❷ (*fault*) Tadel *m*

blameless ['bleɪmləs] *adj* schuldlos; **~ life** untadeliges Leben

blamelessly ['bleɪmləsli] *adv* untadelig

blameworthy *adj* (*form*) schuldig; (*neglect*) tadelnswert

blanch [blɑ:n(t)ʃ, AM blæn(t)ʃ] **I.** *vi* erblassen, erbleichen, blass [*o* bleich] werden
II. *vt* ❶ (*cause to whiten*) ■**to ~ sth** etw bleichen
❷ (*parboil*) **to ~ vegetables** Gemüse blanchieren; **~ed almonds** blanchierte Mandeln

blancmange [blə'mɒn(d)ʒ, AM -'mɑ:n(d)ʒ] *n no pl* Pudding *m*

bland [blænd] *adj* ❶ (*usu pej: lacking flavour*) fade; (*fig*) nichts sagend, vage
❷ MED (*easily digested*) mild, beruhigend; **~ diet** Schonkost *f*
❸ (*mild*) sanft, mild; **~ disposition** nüchterne [*o* kühle] Veranlagung; **~ manner** ruhige Art

blandishments ['blændɪʃmᵊnts] *npl* (*cajoleries*) Überredungskünste *fpl;* (*flatteries*) Schmeicheleien *fpl*

blandly ['blændli] *adv* farblos; (*not distinctive*) nichts sagend; **~ polite** ausdruckslos höflich

blandness ['blændnəs] *n no pl* ❶ (*flatness*) Fadheit *f*
❷ (*mild-mannered*) Sanftheit *f,* Milde *f*

blank [blæŋk] **I.** *adj* ❶ (*empty*) leer; **~ page** [*or* **paper**] [*or* **sheet**] leeres [*o* unbeschriebenes] Blatt, Leerseite *f;* **~ space** Leerraum *m,* Lücke *f;* **~ tape** Leerband *nt;* (*fig*) **to go ~** eine Mattscheibe haben *fam;* ***my mind went ~*** ich hatte ein Brett vor dem Kopf *fam;* ***the screen went ~*** COMPUT der Rechner stürzte ab; TV das Bild fiel aus
❷ (*without emotion*) **~ expression** ausdruckslose Miene; (*without comprehension*) **~ look** verständnisloser Blick; ***my inquiries drew only ~ stares*** auf meine Fragen machten alle nur ein verdutztes Gesicht
❸ (*complete*) völlig; **~ despair** schiere Verzweiflung; **~ refusal** glatte Ablehnung
II. *n* ❶ (*empty space*) Leerstelle *f,* Lücke *f*
❷ (*mental void*) Gedächtnislücke *f;* ***I've no idea — my mind is a complete ~*** ich habe keine Ahnung – ich habe eine totale Mattscheibe *fam;* ***the rest is a ~*** an den Rest kann ich mich nicht erinnern
❸ (*non-lethal cartridge*) Platzpatrone *f;* **~ cartridge** [*or* **ammunition**] Platzpatrone *f;* **to fire a ~** eine Platzpatrone abfeuern
▶ PHRASES: **to draw a ~** (*non-winner*) eine Niete ziehen; (*fig*) kein Glück haben; (*not remember*) keine Ahnung haben; ***his name draws a ~*** zu seinem Namen fällt mir nichts ein
III. *vt* ■**to ~ sth** ◯ **out** (*blot out*) etw ausstreichen; ***some names in the report have been ~ed out*** manche Namen wurden aus dem Bericht gestrichen; (*repress memory*) etw aus dem Gedächtnis streichen, etw verdrängen

blank check *n* AM, **blank cheque** *n* Blankoscheck *m;* (*fig*) Freibrief *m;* **to give sb a ~** jdm freie Hand geben

blanket ['blæŋkɪt] **I.** *n* [Bett]decke *f;* (*fig*) Decke *f,* Hülle *f;* ***a ~ of gloom enveloped the losing team*** eine düstere Stimmung umgab die Verlierermannschaft; **~ of snow** Schneedecke *f*
II. *vt* ■**to ~ sth** etw bedecken [*o* zudecken]; **to be ~ed in fog** von Nebel umgeben sein
III. *n modifier* umfassend, ausgedehnt; **~ condemnation** generelle [*o* pauschale] Verurteilung; **~ coverage** JOURN ausführliche Berichterstattung; FIN Pauschaldeckung *f;* **~ term** Allerweltswort *nt*

blanket agreement *n* Gesamtvereinbarung *f* **blanket bombing** *n* Flächenbombardement *nt* **blanket branding** *n no pl* Schöpfung *f* einer Markenfamilie **blanket coverage** *n no pl* (*insurance*) Pauschaldeckung *f* **blanket insurance policy** *n* Generalpolice *f* **blanket lien** *n* AM ECON generelles Sicherungspfandrecht

blanking ['blæŋkɪŋ] *n* TV **~ interval** Austastlücke *f;* **~ pulse** Leerimpuls *m*

blankly ['blæŋkli] *adv* (*without expression*) ausdruckslos; (*without comprehension*) verständnislos; (*surprised*) verdutzt

blankness ['blæŋknəs] *n no pl* ❶ (*bareness, plainness, emptiness*) Leere *f*
❷ (*lack of reaction*) Ausdruckslosigkeit *f*
❸ (*incomprehension*) Verständnislosigkeit *f*

blank verse *n* LIT Blankvers *m*

blare [bleəʳ, AM bler] **I.** *n no pl* Geplärr *nt pej fam;* **a ~ of trumpets** Trompetengeschmetter *nt*
II. *vi radio* plärren; *music* dröhnen; *trumpets* schmettern

◆**blare out I.** *vt* ■**to ~ out** ◯ **sth** *words* etw hinausplärren; ***the radio was blaring out loud music*** aus dem Radio dröhnte laute Musik; **to ~ out a melody** eine Melodie hinausschmettern; **to ~ out an order** einen Befehl hinausbrüllen
II. *vi music* schmettern; *words* plärren; *order* brüllen

blarney ['blɑ:ni, AM 'blɑ:rni] *n no pl* [plumpe] Schmeichelei; **to have kissed the B~ Stone** (*fig*) Leute beschwatzen können *fam*

blasé ['blɑ:zeɪ, AM blɑ:'zeɪ] *adj* gelangweilt, gleichgültig; ■**to be ~ about sth** etw *dat* gleichgültig gegenüberstehen

blaspheme [ˌblæs'fi:m, AM 'blæsfi:m] *vi* [Gott] lästern; **to ~ against sb/sth** jdn/etw schmähen *liter*

blasphemer [ˌblæs'fi:məʳ, AM 'blæsfi:mɚ] *n* Gotteslästerer *m*

blasphemous ['blæsfəməs] *adj* blasphemisch *geh,* [gottes]lästerlich

blasphemously ['blæsfəməsli] *adv* blasphemisch *geh,* [gottes]lästerlich

blasphemy ['blæsfəmi] *n no pl* Blasphemie *f geh,* Gotteslästerung *f;* (*iron*) Majestätsbeleidigung *f iron*

blast [blɑ:st, AM blæst] **I.** *n* ❶ (*explosion*) Explosion *f,* Detonation *f*
❷ (*air*) Stoß *m,* Druckwelle *f;* **a ~ of air** ein Luftstoß *m*
❸ (*noise*) Schmettern *nt;* ***a sudden ~ of music*** ein plötzlicher Schwall Musik; **a ~ from the past** (*hum*) eine Begegnung mit der Vergangenheit; **~ of a trumpet** Trompetenstoß *m;* **to blow a ~ on a trumpet** in eine Trompete stoßen; **~ of a whistle** Pfeifton *m;* **at full ~** *radio* in voller Lautstärke
❹ AM (*fam: lot of fun*) tolle Zeit *fam;* ***we had a ~ last night!*** das war schon toll gestern Nacht! *fam*
II. *interj* (*fam! or dated*) verdammt! *sl;* **~ *it!*** so ein Mist! *pej fam*
III. *vt* ❶ (*explode*) ■**to ~ sth** etw sprengen; (*fig*) ■**to ~ sth/sb** etw/jdn heftig angreifen [*o* unter Beschuss nehmen] *fig;* ***he ~ed his way up the charts*** er hat die Charts erobert
❷ (*fam: hit*) **to ~ the ball** mit Wucht schießen, einen Gewaltschuss machen *fam*
IV. *vi* fluchen

◆**blast away** *vi* ❶ (*fire continously*) drauflos ballern *fam*
❷ MUS lospläрren *fam,* losdröhnen

◆**blast off** *vi* ASTRON, AEROSP abheben, starten

◆**blast out I.** *vt* ■**to ~ sth** ◯ **out** etw hinausschmettern; ***loudspeakers were ~ing out the latest hits*** aus den Lautsprechern dröhnten die neuesten Hits
II. *vi* dröhnen, plärren

blasted ['blɑ:stɪd, AM 'blæst-] *adj* ❶ (*liter: ruined*) verwüstet, in Schutt und Asche; **~ heath** BRIT verdorrte [*o* verbrannte] Heidelandschaft
❷ *attr, inv* (*fam!: damned*) verdammt *sl,* verflucht *sl*
❸ *pred* AM (*sl: very drunk*) sturzbesoffen *fam,* total blau *fam;* **to get ~** sich *akk* total voll laufen lassen *sl*

blast furnace *n* Hochofen *m*

blasting ['blɑ:stɪŋ, AM 'blæst-] *n no pl* ❶ (*blowing up*) Sprengung *f,* Detonation *f*
❷ (*fig: reprimand*) Verweis *m*
❸ (*fig: criticism*) Verriss *m,* vernichtende Kritik

blast-off ['blɑ:stɒf, AM 'blæstɑ:f] *n* [Raketen]start *m,* Abschuss *m* **blast wave** *n* Detonationswelle *f,* Druckwelle *f,* Stoßwelle *f*

blat [blæt] *vi esp* AM blöken

blatancy ['bleɪtᵊnsi] *n no pl* Unverhohlenheit *f,* Krassheit *f;* (*impertinence*) Unverfrorenheit *f,* Eklatanz *f*

blatant ['bleɪtᵊnt] *adj* offensichtlich, eklatant *geh;* **~ attempt** offensichtlicher Versuch; **~ ignorance** offenkundige Unwissenheit; **~ lie** unverfrorene [*o* unverschämte] Lüge; **~ racism** unverhohlener [*o* offener] Rassismus

blatantly ['bleɪtᵊntli] *adv* eklatant *geh,* offensichtlich; **~ obvious** überdeutlich

blather ['blæðəʳ, AM -ɚ] **I.** *n no pl* Geschwätz *nt,* Gefasel *nt fam*
II. *vi* faseln *fam,* quatschen *fam;* ***he does rather ~*** er redet einen ziemlichen Unsinn daher

◆**blather on** *vi* (*pej*) dumm daherreden, herumfaseln *fam*

blaxploitation [ˌblæksplɔɪ'teɪʃᵊn] *n no pl esp* AM (*fam*) Blaxploitation *f* (*Darstellung von Schwarzen in stereotypen Rollen*)

blaze [bleɪz] **I.** *n* ❶ (*fire*) Brand *m,* Feuer *nt*
❷ (*light*) Glanz *m,* Leuchten *nt;* (*fig*) **~ of colour** [*or* AM **color**] Farbenpracht *f;* **~ of glory** Ruhmesglanz *m;* **in a ~ of glory** mit Glanz und Gloria; **to be surrounded by a ~ of publicity** im Rampenlicht der Öffentlichkeit stehen
❸ (*sudden attack*) Anfall *m,* Ausbruch *m;* **~ of anger** Wutanfall *m*
❹ ZOOL (*on a horse*) Blesse *f*
II. *vi* glühen, leuchten, strahlen; *eyes* glänzen; *fire* [hell] lodern; *sun* brennen; **to ~ with anger/passion** (*fig liter*) vor Zorn/Leidenschaft glühen *liter*
III. *vt* **to ~ a trail** [*or* **path**] einen Weg markieren; (*fig*) neue Wege beschreiten *fig,* Pionierarbeit leisten; **to ~ the way for sb/sth** jdm/etw den Weg

bahnen

◆**blaze away** *vi* ❶ (*burn*) [dahin]brennen, lodern
❷ (*shine*) [nicht aufhören zu] strahlen
❸ (*shoot*) losschießen, drauflosfeuern *fam;* (*fig*) pausenlos reden

◆**blaze down** *vi sun* sengen, herunterbrennen; *lamps* herabstrahlen

◆**blaze up** *vi* aufflammen, auflodern; (*fig*) aufbrausen; **to ~ up at sth** bei etw *dat* [wütend] auffahren

blazer ['bleɪzəʳ, AM -ɚ] *n* Blazer *m,* [Sport]jacke *f;* **school ~** Jacke *f* der Schuluniform

blazes ['bleɪzɪz] *npl* (*fam or dated*) [***what***] ***the ~ …?*** was zum Teufel …? *fam;* ***go to ~!*** scher dich zum Teufel! *fam*

blazing ['bleɪzɪŋ] *adj* glühend heiß; (*fig*) erbittert; **~ fire** loderndes Feuer; **~ headlights** grelle Scheinwerfer; **~ heat** sengende Hitze; **~ inferno** flammendes Inferno; **~ lie** unverfrorene Lüge; **~ row** heftiger Streit; **~ sunshine** [*or* **sun**] grelles Sonnenlicht

blazon ['bleɪzᵊn] *vt usu passive* ❶ (*proclaim*) ■**to be ~ed** verbreitet [*o* verkündet] werden
❷ (*display*) ■**to be ~ed** gezeigt werden; *on clothing* abgebildet sein; ***her name was ~ed across the front of the theatre*** ihr Name prangte an der Vorderseite des Theaters; ■**to ~ sth with sth** etw mit etw *dat* versehen

bleach [bli:tʃ] **I.** *vt* ■**to ~ sth** etw bleichen
II. *n* <*pl* -es> ❶ (*chemical*) Bleichmittel *nt;* (*for hair*) Blondierungsmittel *nt*
❷ *no pl* (*cleaning agent*) Reinigungsmittel *nt*

bleachers ['bli:tʃɚz] *npl* AM unüberdachte [Zuschauer]tribüne

bleaching ['bli:tʃɪŋ] **I.** *n no pl* (*colour loss*) Bleichen *nt;* (*hair*) Blondieren *nt;* (*disinfecting*) Desinfektion *f*
II. *adj attr, inv* **~ agent** Bleichmittel *nt;* **~ powder** Bleichpulver *nt,* Chlorkalk *m,* Bleichkalk *m*

bleak [bli:k] *adj* kahl, öde; **~ landscape** trostlose [*o* karge] Landschaft; **~ weather** raues [*o* kaltes] Wetter; (*fig*) trostlos, düster *fig*

bleakly ['bli:kli] *adv* ❶ (*hopelessly*) mit dumpfem Gefühl *nach n;* (*of voice*) tonlos
❷ (*forbiddingly*) düster

bleakness ['bli:knəs] *n no pl* ❶ (*dreariness*) Kargheit *f*
❷ (*forbiddingness*) Gefühllosigkeit *f,* Kälte *f*
❸ (*hopelessness*) Hoffnungslosigkeit *f,* Trostlosigkeit *f*

blearily ['blɪərᵊli, AM 'blɪr-] *adv* müde, unausgeschlafen

bleary ['blɪəri, AM 'blɪri] *adj* (*sleepy*) verschlafen; **~ eyes** müde [*o* trübe] Augen; (*blurred*) verschwommen

bleary-eyed *adj* mit müden [*o* trüben] Augen; **to look ~** verschlafen aussehen

bleat [bli:t] **I.** *vi sheep* blöken; *goat* meckern; *calf* muhen; (*fig pej*) *person* in weinerlichem Ton reden, jammern
II. *n of sheep* Blöken *nt,* Geblök *nt; of goat* Meckern *nt; of calf* Muhen *nt;* (*fig*) *of a person* Gejammer *nt,* Gemecker *nt*

bled [bled] *pt, pp of* **bleed**

bleed [bli:d] **I.** *vi* <bled, bled> bluten; **to ~ heavily** stark bluten
► PHRASES: **my heart ~s** (*iron*) mir blutet das Herz
II. *vt* <bled, bled> ❶ (*hist: take blood*) ■**to ~ sb** jdn zur Ader lassen [*o* schröpfen]; **to ~ sb dry** [*or* **white**] (*fig fam*) jdn [finanziell] bluten lassen *fam,* jdn schröpfen *fig fam*
❷ TECH, AUTO **to ~ brakes** Bremsen entlüften; **to ~ liquid** Flüssigkeit ablassen

bleeder ['bli:dəʳ, AM -ɚ] *n* ❶ BRIT (*vulg*) Scheißkerl *m sl,* Arschloch *nt sl;* **little ~s** kleine Biester *fam;* (*fam*) ***the poor ~!*** die/der Ärmste!; ***you lucky ~!*** du Glückspilz!
❷ (*hemophiliac*) Bluter(in) *m(f)*

bleeding ['bli:dɪŋ] **I.** *adj attr, inv* BRIT (*fam!*) verdammt *sl*
II. *adv inv* BRIT (*fam!*) verdammt *sl*

bleeding heart liberal *n* (*pej fam*) *Liberale(r), der/die auf die Tränendrüse drückt*

bleep [bli:p] BRIT **I.** *n* TECH Piepton *m,* Piep[s]en *nt*
II. *vi* piepsen
III. *vt* ■**to ~ sb** jdn über einen Piepser rufen

bleeper ['bli:pəʳ, AM -ɚ] *n* BRIT TECH Piepser *m,* Funkrufempfänger *m*

blemish ['blemɪʃ] **I.** *n* <*pl* -es> Makel *m,* Schönheitsfehler *m;* **skin ~** Hautunreinheiten *pl;* **without ~** makellos; (*fig*) untadelig; ***there was not a ~ on his character*** er war völlig unbescholten; **a reputation without ~** ein tadelloser Ruf; **~-free** ohne Makel; (*fig*) untadelig
II. *vt* ■**to ~ sth** etw verunzieren [*o* verunstalten]; **to ~ sb's reputation** (*fig*) jds Ruf schaden [*o* schädigen]

blench [blen(t)ʃ] *vi* bleich werden, erbleichen; (*fig*) **to ~ at a thought** vor einem Gedanken zurückschrecken

blend [blend] **I.** *n* Mischung *f,* Zusammensetzung *f; of food* Mischung *f,* Zusammenstellung *f; of wine* Verschnitt *m a. pej*
II. *vt* ■**to ~ sth** etw [miteinander] vermischen
III. *vi* ❶ (*match*) ■**to ~ with sb/sth** zu jdm/etw passen; MUS mit jdm/etw harmonisieren
❷ (*not be noticeable*) ■**to ~ into sth** mit etw *dat* verschmelzen; ***the thief tried to ~ into the crowd*** der Dieb versuchte in der Menge zu entkommen

◆**blend in** *vi* sich *akk* vermischen [*o* verbinden]; ■**to ~ in with sth** [gut] zu etw *dat* passen, mit etw *dat* harmonieren

blended ['blendɪd] *adj* FOOD zusammengemischt, gemixt; *coffee* aus verschiedenen Sorten zusammengestellt; *alcohol* verschnitten

blender ['blendəʳ, AM -ɚ] *n* (*person*) Mischer(in) *m(f);* (*apparatus*) Mixer *m,* Mixgerät *nt*

bless <-ed *or liter* blest, -ed *or liter* blest> [bles] *vt* ■**to ~ sb/sth** jdn/etw segnen; **to ~ God** (*praise*) Gott rühmen [*o* preisen]; (*thank*) Gott danken
► PHRASES: **~ your** [**little**] **cotton socks!** BRIT du bist ein Schatz!; **~ my soul!** (*dated*) du meine Güte!; **~ you!** [*or* **your heart**] Gott segne dich!; **~ him/her!** der/die Gute!; **~ you!** (*after a sneeze*) Gesundheit!; (*as thanks*) das ist lieb von dir!

blessed ['blesɪd] *adj* gesegnet, selig; (*euph*) dumm, verdammt *sl;* **~ ground** gesegnete Erde; **not a ~ soul** keine Menschenseele; **the B~ Virgin** die heilige Jungfrau [Maria]; ■**to be ~ with sth** mit etw *dat* gesegnet sein
► PHRASES: **~ are the meek …** (*prov*) selig sind die Sanftmütigen, …

blessedly ['blesɪdli] *adv* glücklicherweise

blessing ['blesɪŋ] *n* ❶ (*benediction*) Segen *m,* feierliche Zustimmung; **to give one's ~ to sth** zu etw *dat* seinen Segen geben
❷ (*good fortune*) Segen *m,* Geschenk *nt* Gottes *geh*
❸ (*approv: boon*) Segnung *f,* Wohltat *f*
► PHRASES: **to be a ~ in disguise** sich *akk* im Nachhinein als Segen erweisen; **to count one's ~s** für das dankbar sein, was man hat

blest [blest] *pt, pp of* **bless**

blether ['bleðəʳ, AM -ɚ] *vi esp* BRIT faseln *fam,* schwafeln *fam*

blew [blu:] *pt of* **blow**

blight [blaɪt] **I.** *vt* ■**to ~ sth** etw vernichten; (*fig*) etw zunichte machen [*o* ruinieren]; **to ~ sb's chances** jds Chancen zunichte machen
II. *n* Pflanzenkrankheit *f;* **potato ~** Kartoffelfäule *f;* (*fig*) Plage *f;* **to cast a ~ on sth** einen Schatten auf etw *akk* werfen *fig,* etw verderben *fig*

blighter ['blaɪtəʳ] *n* BRIT (*fam: girl*) Luder *nt sl,* Mistding *nt fam;* (*boy*) Lümmel *m fam,* Mistkerl *m fam*

blight-ridden ['blaɪtrɪdᵊn] *adj* (*fam*) schrecklich, trostlos

blimey ['blaɪmi] *interj* BRIT (*dated fam*) [ach] du liebe Zeit! *fam,* du meine Güte! *fam*

blimp [blɪmp] *n* ❶ AVIAT Parsevalluftschiff *nt* (*kleines, Zeppelin ähnliches Prallluftschiff*)
❷ BRIT (*pej: pompous, conservative*) Reaktionär(in) *m(f) pej,* Ultrakonservative(r) *f(m) pej fam;* (*militarist*) Militarist(in) *m(f) pej;* **Colonel B~** (*dated*) Betonkopf *m pej*
❸ AM (*fam: fat person*) Fettsack *m pej fam*
❹ FILM Schallschutzhaube *f* (*für eine Kamera*)

blimpish ['blɪmpɪʃ] *adj* BRIT (*pej fam*) ❶ (*ultraconservative*) reaktionär *pej,* stockkonservativ *pej fam*
❷ (*old: militarist*) militaristisch *pej*

blind [blaɪnd] **I.** *n* ❶ BRIT (*awning*) Markise *f*
❷ (*indoor window shade*) [Lamellen]vorhang *m,* Jalousie *f;* **roller ~** Jalousie *f,* Rollo *nt;* **Venetian ~** [Stab]jalousie *f*
❸ (*cloaking*) Tarnung *f*
❹ (*pretext*) Vorwand *m,* Alibi *nt;* (*to mask emotion*) Fassade *f;* (*for illegal activities*) Vertuschung *f*
❺ (*people who can't see*) ■**the ~** *pl* die Blinden *pl;* **a newspaper for the ~** eine Zeitung für Blinde
► PHRASES: **it's a case of the ~ leading the ~** (*prov*) der Blinde will den Lahmen führen; **the one-eyed man is king in the country of the ~** *esp* BRIT (*prov*) unter Blinden ist der Einäugige König *prov*
II. *vt* ❶ (*permanently*) ■**to ~ sb** jdn blind machen; (*temporarily*) *sun, light* jdn blenden; **to be ~ed by** [*or* **with**] **tears** blind vor Tränen sein
❷ (*fig: impress*) ■**to ~ sb** jdn blenden; **to ~ sb with science** jdn mit seinem Wissen beeindrucken
❸ *usu passive* (*fig: deceive*) ■**to be ~ed by sb/sth** sich *akk* von jdm/etw blenden lassen; ***his prejudices ~ed him to the fact that he was being illogical*** seine Vorurteile täuschten ihn über seinen Mangel an Logik hinweg; **to be ~ed by love** blind vor Liebe sein
III. *adj* ❶ (*sightless*) blind; **to go ~** erblinden, blind werden; **to be ~ in one eye** auf einem Auge blind sein
❷ (*fig: unable to perceive*) blind; ■**to be ~ to sth** etw nicht bemerken
❸ *pred* (*fig: unprepared*) auf gut Glück; ***he went into the interview ~*** er ging unvorbereitet ins Interview
❹ *pred esp* BRIT (*fig: without reserve*) rückhaltlos; ***he swore ~ that he had locked the door*** er versicherte hoch und heilig, die Tür verschlossen zu haben
❺ (*fig: lack judgement*) blind; **~ acceptance/devotion** bedingungslose Akzeptanz/Hingabe; **~ anger** [*or* **rage**]**/jealousy** blinde Wut/Eifersucht; **~ obedience** blinder Gehorsam
❻ (*concealed*) verborgen, versteckt; **~ curve** schwer einsehbare Kurve
❼ (*closed*) *pipe* blind; (*walled up*) *door, window* blind
❽ *attr esp* BRIT (*fam: any, the least*) ***he hasn't done a ~ bit of work since lunch*** er hat seit dem Mittagessen noch keinen Handschlag getan [*o* Finger gerührt]; **to not take a ~** [*or* **the ~est**] **bit of notice of sth** etw überhaupt nicht beachten; ***it doesn't matter what I say, she doesn't take a ~ bit of notice*** egal, was ich sage, sie hört überhaupt nicht zu; **not a ~ bit of it** kein bisschen, keine Spur *fam*
► PHRASES: **to be as ~ as a bat** (*fam*) so blind wie ein Maulwurf sein; **to turn a ~ eye to sth** etw ignorieren, vor etw *dat* die Augen verschließen; **love is ~** Liebe macht blind
IV. *adv* ❶ (*without sight*) blind; **to fly ~** blind fliegen; **to taste wines ~** Weine kosten, ohne aufs Etikett zu schauen
❷ FOOD **to bake sth ~** etw blind [*o* ohne Füllung] backen
❸ **to be ~ drunk** stockbetrunken sein *fam*

blind alley *n* (*also fig*) Sackgasse *f a. fig;* **to lead sb down** [*or* **up**] **a ~** *plan, idea* jdm nicht weiterbringen **blind copy receipt** *n* COMPUT verdeckte Kopie **blind date** *n* Blind Date *nt,* Verabredung *f* mit einem/einer Unbekannten; **to go** [**out**] **on a ~** ein Blind Date haben

blinder ['blaɪndəʳ, AM -ɚ] *n* (*fam*) ❶ BRIT SPORTS **to have/play a ~ of a game** ein Superspiel hinlegen *fam;* **a ~ of a goal** ein wunderschönes Tor, ein Traumtor *nt fam*
❷ BRIT (*excessive drinking*) Kneipentour *f fam,* Sauftour *f fam;* **to go out on a ~** eine Sauftour machen *fam,* auf Sauftour gehen *fam*
❸ AM (*blinkers*) ■**~s** *pl* Scheuklappen *fpl*

blindfold ['blaɪn(d)fəʊld, AM -foʊld] **I.** *n* Augenbinde *f*
II. *vt* ■**to ~ sb** ❶ (*cover eyes*) jdm die Augen verbinden
❷ (*fig: impede*) jdn blenden; ***hate ~s the mind*** Hass macht blind
III. *adv inv* ❶ (*eyes covered*) **to do sth ~** etw mit verbundenen Augen tun
❷ (*without thinking*) blind[lings]; **to sign a contract ~** einen Vertrag ohne weiteres unterschreiben
❸ (*with ease*) ■**to be able to do sth ~** etw im Schlaf tun können; ***she passed her exams practically ~*** sie bestand ihre Prüfungen spielend

blindfolded ['blaɪn(d)fəʊldɪd, AM -foʊld-] *inv*
I. *adj* ■**to be ~** die Augen verbunden haben
II. *adv* (*fig*) **to do sth ~** etw mit verbundenen Augen tun

blinding ['blaɪndɪŋ] *adj* ❶ (*bright*) *flash* blendend *attr; light also* grell
❷ (*obstructing vision*) ■**to be ~** die Sicht rauben; ***he struggled through the ~ snowstorm*** er kämpfte sich durch den Schneesturm, wobei er kaum die Hand vor den Augen sah; **to have a ~ headache** solche Kopfschmerzen haben, dass einem der Schädel platzt
❸ BRIT (*fam: skilful*) brillant
► PHRASES: **to come to sb in a ~ flash** jdm blitzartig klar werden

blindingly ['blaɪndɪŋli] *adv* ❶ (*dazzlingly*) blendend
❷ (*overwhelmingly*) überwältigend

blind landing *n* AVIAT Blindlandung *f*

blindly ['blaɪndli] *adv* ❶ *inv* (*without seeing*) blind
❷ (*fig: without thinking*) blindlings; (*without plan*) ziellos; (*without purpose*) sinnlos

blind man's bluff *n esp* AM, **blind man's buff** *n* Blindekuh

blindness ['blaɪndnəs] *n no pl* ❶ (*inability to see*) Blindheit *f*
❷ (*fig: lacking perception*) **to have a ~ to sth** etw nicht sehen [*o* bemerken], für etw *akk* blind sein

blind side *n* toter Winkel; SPORTS ungeschützte Seite

blindside *vt usu passive* AM ■**to ~ sb** jdn überrumpeln; ■**to be ~d** unliebsam überrascht werden

blind spot *n* ❶ MED blinder Fleck ❷ TRANSP toter Winkel ❸ (*difficulty, weakness*) schwacher Punkt, Schwachpunkt *m*; ***she has a bit of a ~ about maths*** Mathematik ist nicht gerade ihre Stärke

blind trust *n* FIN blindes Vertrauen **blindworm** *n* Blindschleiche *f*

blink [blɪŋk] **I.** *vt* **to ~ one's eyes** mit den Augen zwinkern [*o* blinzeln]; **to not ~ an eye** (*fig*) nicht mit der Wimper zucken; **without ~ing an eye** ohne mit der Wimper zu zucken; **to ~ back tears** die Tränen zurückhalten
II. *vi* ❶ (*as protective reflex*) blinzeln; (*intentionally*) zwinkern
❷ (*ignore*) ■**to ~ at sth** über etw *akk* hinwegsehen
❸ (*of a light*) blinken; **to ~ left/right** links/rechts anzeigen
III. *n* ❶ (*eye reflex*) Blinzeln *nt kein pl*; (*intentionally*) Zwinkern *nt kein pl*; **in the ~ of an eye** (*fig*) blitzschnell, im Handumdrehen
❷ (*without hesitation*) **to do sth without a ~** etw ohne weiteres tun
► PHRASES: **to be on the ~** (*fam*) kaputt sein *fam*

blinker ['blɪŋkəʳ, AM -ɚ] *n* ❶ AUTO Blinker *m*
❷ *esp* BRIT (*also fig: for horses*) ■**~s** *pl* Scheuklappen *fpl a. fig*

blinkered ['blɪŋkəd, AM -ɚd] *adj esp* BRIT ■**to be ~**
❶ *inv* (*wearing blinkers*) Scheuklappen tragen
❷ (*fig: narrow-minded*) engstirnig [*o* borniert] sein, Scheuklappen aufhaben; **to have a ~ attitude** sich *akk* Neuerungen verschließen

blinkers ['blɪŋkəz, AM -ɚz] *npl esp* BRIT Scheuklappen *fpl*; **to wear ~** Scheuklappen tragen; (*fig*) **to have ~ on** engstirnig [*o* borniert] sein, Scheuklappen tragen

blinking ['blɪŋkɪŋ] *adj attr, inv esp* BRIT (*fam*) verflixt *fam*, verdammt *fam*; ***I'll do whatever I ~ well like!*** ich tue verdammt noch mal das, was mir passt!
sl; **~ idiot** verdammter Idiot/verdammte Idiotin *fam*

blip [blɪp] *n* ❶ (*on radar screen*) Echoimpuls *m*, Echoanzeige *f*
❷ (*short sound*) [elektronischer] Signalton
❸ (*fig: deviation*) Abweichung *f*, Ausreißer *m fam*; ECON kurzfristiger Einbruch
❹ FILM Markierung *f*

bliss [blɪs] *n no pl* [Glück]seligkeit *f*, Entzücken *nt*; ***what ~!*** herrlich!; **domestic ~** häusliches Idyll; **pure** [*or* **sheer**] **~** die reine Wonne; **wedded** [*or* **marital**] **~** Eheglück *nt*
► PHRASES: **ignorance is ~** (*prov*) selig die Armen im Geiste! *iron*

blissful ['blɪsfᵊl] *adj* glückselig; *couple* glücklich; *smile* selig; *memories* wunderschön; ***don't tell them, it's better to leave them in ~ ignorance*** sag ihnen besser nichts, nach dem Motto: was ich nicht weiß, macht mich nicht heiß

blissfully ['blɪsfᵊli] *adv* glücklich; **to be ~ happy** überglücklich sein; **to be ~ ignorant** aus Unwissenheit glücklich sein; **to be ~ unaware of sth** sich *dat* einer S. *gen* zum Glück nicht bewusst sein; **to smile ~** verzückt [*o* selig] lächeln

blister ['blɪstəʳ, AM -ɚ] **I.** *n* ❶ (*on feet, skin*) Blase *f*
❷ (*bubble*) Blase *f*
II. *vt* ■**to ~ sth** Blasen auf etw *dat* hervorrufen; ***the elements have ~ed the paintwork*** aufgrund der Witterungseinflüsse wirft die Farbe Blasen; ***the sun ~ed his back quite badly*** er hat sich in der Sonne schlimme Blasen auf dem Rücken geholt
III. *vi paint, metal* Blasen werfen; *skin* Blasen bekommen

blistered ['blɪstəd, AM -ɚd] *adj* ■**to be ~** *feet* Blasen haben; **~ *white paint*** weiße Farbe, die Blasen geworfen hat

blistering ['blɪstᵊrɪŋ, AM -ɚ-] *adj* ❶ (*intense*) Wahnsinns- *fam*; **~ attack** massiver Angriff; **~ heat** brütende Hitze; **to set a ~ pace** ein mörderisches Tempo vorlegen *fam*
❷ (*scathing*) verletzend, scharf; **~ remarks** kränkende Bemerkungen; **~ sarcasm** beißender Sarkasmus

blister pack *n esp* BRIT Klarsichtpackung *f*

blithe [blaɪð] *adj* ❶ (*liter: joyous*) fröhlich; **~ spirit** Frohnatur *f*
❷ (*careless*) unbekümmert; **to have a ~ disregard for rules** sich *akk* nonchalant über Regeln hinwegsetzen *geh*; **to work with ~ indifference** schlampig arbeiten *pej fam*

blithely ['blaɪðli] *adv* unbekümmert; ***she ~ agreed to the contract*** vertrauensselig willigte sie in den Vertrag ein; **to be ~ indifferent to sth** sich *akk* um etw *akk* nicht scheren *fam*; **to be ~ unaware of sth** sich *akk* über etw *akk* einer frommen Täuschung hingeben *geh*

blithering ['blɪðᵊrɪŋ, AM -ɚ-] *adj attr* total *fam*; **~ idiot** [Voll]idiot(in) *m(f) pej fam*, [Voll]trottel *m pej fam*

blitz [blɪts] **I.** *n no pl* ❶ (*air attack*) [plötzlicher] Luftangriff *m*; **to carry out a ~ on sth** einen Luftangriff auf etw *akk* fliegen
❷ BRIT (*in WW II*) ■**the B~** *deutsche Luftangriffe auf britische Städte im Zweiten Weltkrieg*
❸ (*fig fam: attack*) **to have a ~ on sth** etw in Angriff nehmen; ***the President is to launch a ~ on teenage crime*** der Präsident wird eine Kampagne zur Bekämpfung der Jugendkriminalität starten
❹ (*of marketing campaign*) intensive [*o* explosionsartige] Werbekampagne
II. *vt* ❶ (*attack*) **to ~ a city** Luftangriffe auf eine Stadt fliegen
❷ (*fig: attack*) ■**to ~ sth** etw in Angriff nehmen

blitzkrieg ['blɪtskri:g] *n no pl* Blitzkrieg *m*

blizzard ['blɪzəd, AM -ɚd] *n* ❶ (*snowstorm*) Schneesturm *m*, Blizzard *m*
❷ (*fig: pile*) Unmasse *f*; (*large quantity*) Flut *f* (**of** von +*dat*)

bloated ['bləʊtɪd, AM 'bloʊţ-] *adj* ❶ (*swollen*) aufgedunsen
❷ (*overindulgence*) voll gestopft *fam*; **~ feeling** Völlegefühl *nt*
❸ (*fig: excessive*) **~ bureaucracy** aufgeblähter Verwaltungsapparat *pej*, bürokratischer Wasserkopf *pej*

bloater ['bləʊtəʳ, AM 'bloʊţɚ] *n* Räucherhering *m*

blob [blɒb, AM blɑ:b] *n* ❶ (*spot*) Klecks *m*; **~ of ink** Tintenklecks *m*; **~ of paint** Farbfleck *m*
❷ (*vague mass*) Klümpchen *nt*; (*vague spot*) [diffuser] Fleck
❸ (*pej fam!: person*) **fat ~** Fettsack *m pej fam*

bloc [blɒk, AM blɑ:k] *n* POL ❶ (*group of countries*) Block *m*; **the Eastern ~** (*hist*) der Ostblock; **trading ~** Handelsgemeinschaft *f*
❷ (*group of people*) [Interessen]gruppe *f*, Lobby *f*

block [blɒk, AM blɑ:k] **I.** *n* ❶ (*solid lump*) *of metal, stone, wood* Block *m*; **~ of wood** Holzklotz *m*
❷ (*toy*) **building ~** Bauklötzchen *nt*, Bauklotz *m*
❸ (*for executions*) ■**the ~** der Richtblock; **to go** [*or* **be sent**] **to the ~** hingerichtet werden
❹ SPORTS Startblock *m*; **to be first off the** [**starting**] **~s** als Erster vom Start wegkommen
❺ BRIT (*commercial package*) *butter, ice cream* Packung *f*; **~ of chocolate** Block *m* [*o* [dicke] Tafel] Schokolade
❻ AUTO **engine ~** Motorblock *m*
❼ (*set*) **~ of shares** Aktienpaket *nt*; **~ of tickets** [Eintritts]karten *fpl* in fortlaufender Reihe; *esp* BRIT (*pad of paper*) Block *m*; **sketch ~** Zeichenblock *m*
❽ (*unit*) *of time, exams, seats* Block *m*
❾ BRIT (*building*) Hochhaus *nt*, Klotz *m pej*; **~ of flats** Mehrfamilienhaus *nt*, Wohnblock *m*; **high-rise office** [*or* **tower**] **~** Bürohochhaus *nt*; **hospital ~** *in prison* Krankenhaustrakt *m*; **shower ~** Duschraum *m*; **H-~** *in prison* H-Block *m*, H-Trakt *m*
❿ *esp* AM, AUS (*part of neighbourhood*) [Häuser]block *m*; **to go** [*or* **walk**] **around the ~** eine Runde um den Block drehen
⓫ *usu sing* (*obstruction*) Verstopfung *f*
⓬ (*impediment*) Hemmung *f*, Blockierung *f*; ***his attitude is a ~ to progress*** seine Einstellung hemmt den Fortschritt; **to have a mental ~** eine geistige Sperre haben; (*in exam*) einen Black-out haben; ***the workers in this company have got a mental ~ about change*** die Arbeiter dieser Firma sperren sich innerlich gegen jede Veränderung
⓭ FIN **to put a ~ on an account** ein Konto sperren lassen
⓮ (*ballet shoe*) Ballettschuh *m* (*mit Zehenverstärkung*)
⓯ (*pulley*) Block *m*, Rolle *f*
⓰ COMPUT [Text]block *m*
⓱ TYPO Druckstock *m*, Klischee *nt fachspr*
► PHRASES: **to be a chip off the old ~** ganz der Vater sein; **to put one's head on the ~ for sb** für jdn durchs Feuer gehen; **to be like a ~ of ice** [gefühls]kalt sein; **to be the new kid on the ~** der/die Neue sein; **to be/sit/stand like a ~ of stone** wie versteinert sein/dasitzen/dastehen; **to knock sb's ~ off** (*fam*) jdm eins aufs Maul geben *sl*
II. *adj attr, inv* **to make ~ bookings** blockweise reservieren
III. *vt* ❶ (*hinder passage*) ■**to ~ sth** etw blockieren; **to ~ an artery/a pore/a pipeline** eine Arterie/Pore/Pipeline verstopfen; **to ~ an exit/a passage** einen Ausgang/Durchgang verstellen [*o* versperren]; **to ~ the traffic** den Verkehr blockieren [*o* aufhalten]
❷ (*stop, prevent*) ■**to ~ sth** etw blockieren; **to ~ progress** den Fortschritt aufhalten [*o* hemmen]; **to ~ a project** ein Vorhaben durchkreuzen; **to ~ a proposal** einen Vorschlag blockieren; **to ~ sb's view/way** jdm die Sicht/den Weg versperren; ■**to ~ sb** jdm im Weg stehen
❸ FIN **to ~ an account** ein Konto sperren; **to ~ payment** die Zahlung verweigern
❹ SPORTS **to ~ the ball** den Ball abblocken; **to ~ one's opponent** den Gegner blockieren

◆**block in** *vt* ❶ (*hem in*) ■**to ~ sb/sth ○ in** jdn/etw einkeilen; (*with car*) jdn zuparken
❷ ART ■**to ~ sth ○ in** etw ausmalen
❸ (*add a unit*) ■**to ~ sth ○ in** etw [zusätzlich] einplanen

◆**block off** *vt* ■**to ~ sth ○ off** ❶ (*prevent entry*)

B

etw blockieren [*o* versperren]; **to ~ off a street** eine Straße sperren; **to ~ off a part of town** einen Stadtteil abriegeln
② (*prevent use*) *fireplace, room, window* etw versiegeln
◆**block out** *vt* ■**to ~ out** ↔ **sth** ① (*ignore*) **to ~ out emotions/the past/thoughts** Gefühle/die Vergangenheit/Gedanken verdrängen; **to ~ out noise/pain** Lärm/Schmerzen ausschalten
② (*obscure*) **to ~ out the light** das Licht nicht durchlassen [*o* abhalten]; ***that building ~s out the sunlight from this room*** das Gebäude nimmt diesem Raum das Sonnenlicht
③ (*sketch*) etw in Umrissen entwerfen
④ (*suppress*) etw unterdrücken
⑤ PHOT etw [weg]retouchieren
◆**block up** I. *vt* ■**to ~ sth** ↔ **up** ① (*obstruct*) etw blockieren; (*clog*) etw verstopfen; ***my nose is*** [*or* ***I'm***] ***all ~ed up*** meine Nase ist total zu *fam*
② (*fill in*) *hole, window, entrance, room* etw zumauern
II. *vi* ■**to be ~ed up** *nose, pipe* verstopft sein
blockade [blɒkˈeɪd, AM blɑːˈkeɪd] I. *n* Blockade *f*; **economic ~** Wirtschaftsblockade *f*, Embargo *nt*; **naval ~** Seeblockade *f*; **to break** [*or* **run**] **a ~** eine Blockade durchbrechen; **to impose a ~** eine Blockade errichten [*o* verhängen]; **to lift** [*or* **raise**] **a ~** eine Blockade aufheben
II. *vt* ■**to ~ sth** eine Blockade gegen etw *akk* verhängen, etw belagern; **to ~ a harbour** [*or* AM **harbor**] einen Hafen abriegeln [*o* sperren]
blockage [ˈblɒkɪdʒ, AM ˈblɑː-] *n* Verstopfung *f*
block and tackle *n* Flaschenzug *m* **blockbuster** I. *n* ① (*book*) Bestseller *m*; (*film*) Kassenschlager *m fam* ② (*bomb*) Fliegerbombe *f* II. *adj* sehr erfolgreich; **~ film** [*or* AM **movie**] Kassenschlager *m fam*, Kinohit *m* **block capitals** *npl* Blockbuchstaben *mpl*; **in ~** in Blockschrift
blocked [blɒkt, AM blɑːkt] *adj* ① (*no way through*) *passage, entrance, road* blockiert, gesperrt; *pipe, nose, pore* verstopft; **~ artery** Arterienverschluss *m*
② (*prevented*) ■**to be ~** verhindert [*o* abgeblockt] werden
blocked account *n* FIN Sperrkonto *nt*, gesperrtes Konto **blocked currency** *n* blockierte Währung; ***the company has a large account in ~ currencies*** das Unternehmen hat ein hohes Guthaben an nicht frei konvertierbaren Devisen
blockhead *n* (*pej fam*) Strohkopf *m pej fam*, Trottel *m pej fam* **blockhouse** *n* Blockhaus *nt* **block letters** *npl* Blockbuchstaben *mpl* **block trading** *n* STOCKEX Pakethandel *m*, Blockhandel *m* **block vote** *n* POL Sammelstimme *f*
Bloc Québécois [blɑːkˌkeɪbeɪˈkwɑː] *n* CAN *Bundespartei, die die Selbständigkeit Quebecs favorisiert*
bloke [bləʊk] *n* BRIT (*fam*) Typ *m fam*, Kerl *m fam*
blok(e)ish [ˈbləʊkɪʃ] *adj* BRIT typisch männlich; **a ~** [**kind of**] **man** ein typischer Mann
blond(e) [blɒnd, AM blɑːnd] I. *adj hair* blond; *complexion* hell
II. *n* (*person*) Blonde(r) *f(m)*; (*woman*) Blondine *f*; **dumb ~** (*pej*) dümmliche Blondine *pej*; **to be a** [**natural**] **~** [von Natur aus] blond sein
blood [blʌd] I. *n no pl* ① ANAT Blut *nt*; ***getting information out of you is like trying to get ~ out of a stone*** dir muss man ja alles aus der Nase ziehen *fam*; **to donate** [*or* **give**] **~** Blut spenden; **to spill** [*or* **shed**] **~** Blut vergießen
② (*fig: violence*) Blut *nt*; **~ and guts** [*or* AM *usu* **gore**] viel Gewalt; ***there was so much ~ and guts in the film*** der Film strotzte von gewalttätigen Szenen
③ (*fig: lineage*) Blut *nt*; (*ancestors*) Vorfahren *fpl*; **one's own flesh and ~** sein eigen[es] Fleisch und Blut *geh*, seine eigenen Kinder; **to have blue ~** blaublütig [*o* adelig] sein; ***she's got blue ~*** in ihren Adern fließt blaues Blut *geh*; **to be of the ~** [**royal**] von königlichem Geblüt sein *geh*; **to be of the same ~** gleicher Abstammung sein, zur selben Familie gehören
④ (*fig: temperament*) Temperament *nt*; **young ~** junges Blut
⑤ BRIT (*dated: fashionable man*) Stutzer *m veraltet*, Geck *m veraltend*
► PHRASES: **to have ~ on one's hands** Blut an den Händen [kleben] haben; **~, sweat and tears** Blut, Schweiß und Tränen; **~ and thunder** Mord und Totschlag; ***this newspaper is all ~ and thunder*** diese Zeitung ist das reinste Revolverblatt; **~ is thicker than water** (*prov*) Blut ist dicker als Wasser *prov*; **bad ~** böses Blut; **to make sb's ~ run cold** jdm das Blut in den Adern gefrieren lassen; **in cold ~** kaltblütig; **to draw first ~** (*fight*) den ersten Hieb platzieren; (*advantage*) als Erster erfolgreich sein; ***we scored in the third minute so it was first ~ to us*** wir machten in der dritten Minute ein Tor, damit lagen wir erst einmal vorn; **fresh** [*or* **new**] **~** frisches Blut; **sb's ~ is up** [*or* AM **boiling**] jd ist wütend [*o fam* auf hundertachtzig]; **to be after** [*or* **out for**] **sb's ~** es jdm heimzahlen wollen; **sth makes sb's ~ boil** etw macht jdn rasend [*o* bringt jdn auf die Palme] *fam*; **sth is in one's ~** etw liegt jdm im Blut; **to taste ~** Blut lecken
II. *vt* ① HUNT **to ~ a hound** einen Jagdhund an Blut gewöhnen; **to ~ a novice** BRIT einen [Jagd]neuling mit Blut taufen
② (*fig: initiate*) ■**to ~ sb** jdn [neu] einführen; ***the club had to ~ two young players*** der Klub musste zwei unerfahrene Spieler auf den Platz schicken
blood alcohol *n no pl* Blutalkohol *m* **blood bank** *n* MED Blutbank *f* **bloodbath** *n* Blutbad *nt* **blood brother** *n* leiblicher Bruder; (*by ceremony*) Blutsbruder *m* **blood clot** *n* Blutgerinnsel *nt* **blood count** *n* MED (*procedure*) Blutbild *nt*; (*results*) Anteil *m* der roten Blutkörperchen; ***her ~ is much too low*** sie hat viel zu wenig rote Blutkörperchen **bloodcurdling** *adj novel, film* gruselig; **~ scream** [*or* **shriek**] markerschütternder [*o* durchdringender] Schrei **blood donor** *n* Blutspender(in) *m(f)* **blood group** *n* Blutgruppe *f* **blood grouping test** *n* Blut[gruppen]untersuchung *f*, Vaterschaftstest *m* **bloodhound** *n* ① (*dog*) Bluthund *m* ② (*fig pej fam: detective*) Schnüffler(in) *m(f) pej*; (*in pursuit*) Spürhund *m pej fig*
bloodied [ˈblʌdid] *adj* (*liter*) blutbefleckt, blutbeschmiert
bloodily [ˈblʌdɪli] *adv* blutig
bloodless [ˈblʌdləs] *adj* ① *inv* (*without violence*) unblutig, friedlich
② (*pale*) *face* blutleer, leichenblass
③ (*emotionless*) blutleer *fig*, leidenschaftslos
bloodletting *n no pl* ① (*bloodshed*) Blutvergießen *nt* ② (*fig: quarrelling*) Hickhack *m o nt fam* ③ MED (*hist or also fig*) Aderlass *m a. fig* **bloodline** *n* ① (*ancestry*) Linie *f* ② ZOOL Stammbaum *m* **blood lust** *n no pl* (*desire to see violence*) Blutrünstigkeit *f*; (*desire to kill*) Lust *f* zu töten, Blutdurst *m*; (*uncontrollable*) Blutrausch *m* **blood money** *n no pl* ① (*pej: payment for killing*) Mörderlohn *m* ② (*compensation for killed person*) Blutgeld *nt* **blood orange** *n* Blutorange *f* **blood plasma** *n no pl* Blutplasma *nt* **blood poisoning** *n no pl* Blutvergiftung *f* **blood pressure** *n no pl* Blutdruck *m*; **to have high/low ~** hohen/niedrigen Blutdruck haben; **to put up sb's ~** [*or* **make sb's ~ rise**] (*fig*) jds Blutdruck in die Höhe treiben, jdn wütend machen **blood pudding** *n* BRIT Blutwurst *f* **blood-red** *adj* blutrot **blood relation** *n* Blutsverwandte(r) *f(m)* **blood relationship** *n* Blutsverwandtschaft *f* **bloodshed** *n no pl* Blutvergießen *nt* **bloodshot** *adj* blutunterlaufen **blood sport** *n usu pl Sportarten, bei denen Tiere getötet werden, z.B. Hetzjagden und Hahnenkämpfe* **bloodstain** *n* Blutfleck *m* **bloodstained** *adj* blutbefleckt, blutbeschmiert **bloodstock** *n + sing/pl vb* Vollblutpferde *ntpl*; **a horse of Arab ~** ein reinrassiger Araber **bloodstream** *n* Blutkreislauf *m* **bloodsucker** *n* (*leech*) Blutegel *m*; (*fig*) Blutsauger *m* **blood sugar** *n no pl* MED Blutzucker *m*; **~ level** Blutzuckerspiegel *m* **blood test** *n* Bluttest *m* **bloodthirsty** *adj* blutrünstig, blutdürstig *geh* **blood transfusion** *n* [Blut]transfusion *f*, Blutübertragung *f* **blood type** *n* Blutgruppe *f* **blood vessel** *n* Blutgefäß *nt*; (*fig fam*) **to burst a ~** ausflippen *sl*; ***he almost burst a ~ when he saw the telephone bill*** als er die Telefonrechnung sah, hätte ihn fast der Schlag getroffen *fam*
bloody [ˈblʌdi] I. *adj* ① (*with blood*) blutig; **to have a ~ nose** aus der Nase bluten; **to give sb a ~ nose** (*fight*) jdm die Nase blutig schlagen; (*fig: defeat*) jdm zeigen, wer der Stärkere ist
② *attr* (*violent*) gewalttätig, grausam; *war* blutig
③ *attr, inv* BRIT, AUS (*fam!: emphasis*) verdammt *sl*; ***you took your ~ time!*** du hast dir verdammt lange Zeit gelassen!; ***you're a ~ genius*** du bist [mir] vielleicht ein Genie!; [***what the***] ***~ hell!*** (*in surprise*) Wahnsinn! *fam*; (*in anger*) verdammt [nochmal] *sl*; ***what the ~ hell do you think you're doing in my office?*** was zum Teufel haben Sie hier in meinem Büro verloren? *sl*; **not a ~ thing** überhaupt nichts
► PHRASES: **to scream ~ murder** *esp* AM brüllen wie am Spieß
II. *adv inv* BRIT, AUS (*fam!*) total *fam*, verdammt *fam*; **to be ~ awful** schrecklich [*o sl* zum Kotzen] sein; **not ~ likely!** kommt nicht in Frage!; **~ marvellous** [*or* **terrific**] (*also iron*) großartig *a. iron*; **~ stupid** total bescheuert *sl*; **to be ~ useless** zu gar nichts taugen; **to ~ well do sth** einfach etw tun; ***I wish you'd stop complaining and ~ well get on with your job*** ich wünschte, du würdest aufhören zu jammern und einfach deine Arbeit weitermachen
III. *vt* <-ie-> *usu passive* ■**to ~ sth** etw mit Blut besudeln
Bloody Mary *n* Bloody Mary *f* **bloody-minded** *adj* ① (*malicious*) boshaft ② BRIT (*uncooperative*) stur; ■**to be ~** immer Schwierigkeiten machen
bloody-mindedness *n* ① (*maliciousness*) Boshaftigkeit *f* ② BRIT (*stubbornness*) Sturheit *f*
bloom [bluːm] I. *n* ① BOT Blüte *f*; (*of trees*) [Baum]blüte *f*, Bluhet *f* SCHWEIZ; **to be in** [**full**] **~** in [voller] Blüte stehen; **to come into ~** aufblühen
② (*complexion*) Duftigkeit *f*; *of a face* Rosigkeit *f*
► PHRASES: **in the ~ of youth** (*liter*) in der Blüte der Jugend *liter*
II. *vi* ① (*produce flowers*) blühen
② (*fig: flourish*) seinen Höhepunkt erreichen, zu voller Blüte gelangen *geh*
③ (*of person*) **to ~ late** spät erblühen; (*of artist*) zu spätem Ruhm gelangen
bloomer [ˈbluːməʳ, AM -ɚ] *n* ① (*flowering plant*) Blühpflanze *f*; **an early spring ~** ein Frühblüher
② AM (*developing person*) **to be a late ~** ein Spätentwickler sein
③ BRIT (*dated fam: blunder*) Fehler *m*; **to make a ~** einen Bock schießen *fam*
bloomers [ˈbluːməz, AM -ɚz] *npl* ① (*knickers*) Schlüpfer *m*, [lange] Unterhose, Liebestöter *pl hum fam*
② (*hist: trousers*) [Damen]pumphose *f*
blooming[1] [ˈbluːmɪŋ] *adj inv* blühend; **to look ~** (*healthy*) blühend [*o* wie das blühende Leben] aussehen; (*relaxed*) [gut] erholt aussehen
blooming[2] [ˈbluːmɪŋ], **bloomin'** [ˈbluːmɪn] *inv* I. *adj attr* BRIT (*fam: damned*) verdammt *sl*, verflixt *fam*
II. *adv* BRIT (*fam*) verdammt *fam*
bloop [bluːp] *vi* COMPUT Fehler *pl* löschen
blooper [ˈbluːpəʳ, AM -ɚ] *n esp* AM Panne *f*, Missgeschick *nt*
Bloquiste [blɑːˈkiːst] *n* CAN *Mitglied der Bloc Québécois*
blossom [ˈblɒsəm, AM ˈblɑːs-] I. *n no pl* ① (*on a tree*) [Baum]blüte *f*, Bluhet *f* SCHWEIZ; **the apple ~** die Apfelblüte
② BRIT (*fam: affectionate name*) Süße *f fam*, Kleine *f fam*
II. *vi* ① (*flower*) blühen
② (*mature*) [heran]reifen; *trade* gedeihen; *friendship, relationship* blühen und gedeihen; ■**to ~ [out]** *person* aufblühen; ■**to ~ into sth** zu etw *dat* erblühen

❸ (*seem to grow*) Gestalt annehmen; ***a smile ~ed on her lips*** auf ihren Lippen zeigte sich ein Lächeln

blot [blɒt, AM blɑːt] **I.** *n* ❶ (*mark*) Klecks *m;* **ink ~** Tintenklecks *m*

❷ (*ugly feature*) Schandfleck *m;* **a ~ on the landscape** ein Schandfleck in der Landschaft

❸ *no pl* (*flaw*) Makel *m,* Schandfleck *m;* **to be a ~ on sb's character** ein schlechtes Licht auf jds Charakter werfen; **to be a ~ on sb's reputation** ein schwarzer Fleck auf jds weißer Weste sein

II. *vt* <-tt-> ❶ (*mark*) ■ **to ~ sth over sth** etw mit etw *dat* beklecksen

❷ (*dry*) ■ **to ~ sth** etw abtupfen; **to ~ a page** eine Seite [mit Löschpapier] ablöschen

► PHRASES: **to ~ one's <u>copybook</u>** BRIT sich *akk* unmöglich machen, seinen [guten] Ruf ruinieren

◆**blot out** *vt* ❶ (*erase*) **to ~ out the memory/thought of sb/sth** die Erinnerung/den Gedanken an jdn/etw auslöschen; **to ~ out a pain** einen Schmerz unterdrücken

❷ (*cover over*) **sth ~s out the sun** etw verdeckt die Sonne; ***a dark cloud suddenly ~ted out the sun*** eine dunkle Wolke schob sich plötzlich vor die Sonne

blotch [blɒtʃ, AM blɑːtʃ] **I.** *n* <*pl* -es> (*unsightly mark*) Fleck *m;* (*on face*) Pustel *f,* Ausschlag *m; of ink, paint, colour* Klecks *m,* Fleck *m;* **to be covered with ~es** mit Flecken übersät sein

II. *vt usu passive* ■ **to be ~ed** bekleckst sein; **~ed with ink** voller Tintenkleckse

blotchy ['blɒtʃi, AM 'blɑːtʃi] *adj* fleckig

blotter ['blɒtəʳ, AM 'blɑːt̬ɚ] *n* ❶ (*blotting paper*) [Tinten]löscher *m*

❷ AM LAW (*recording book*) Tagebuch *nt*

blotting paper *n no pl* Löschpapier *nt*

blotto ['blɒtəʊ, AM 'blɑːt̬oʊ] *adj pred* (*dated sl*) stinkbesoffen *sl;* **to get [completely] ~** sich *akk* vollkommen zusaufen *sl*

blouse [blaʊz, AM *esp* blaʊs] *n* Bluse *f*

blouson ['bluːzɒn, AM *also* blaʊsɑːn] *n* Blouson *m o nt*

blow¹ [bləʊ, AM bloʊ] **I.** *vi* <blew, blown> ❶ (*wind*) wehen, blasen; (*move with wind*) *papers, leaves* wegwehen, davonwehen; ***the window blew open/shut*** das Fenster wurde auf-/zugeweht; ***an icy wind began to ~*** ein eisiger Wind kam auf

❷ (*make sound*) *horn, trumpet, whistle* ertönen; ***he scored the winning goal just before the whistle blew*** er erzielte das Siegtor kurz vor dem Schlusspfiff

❸ (*cool down*) *food* pusten

❹ *esp* BRIT (*fam: pant*) keuchen

❺ *whale* spritzen, blasen; ***there she ~s!*** Wal in Sicht!

❻ *fuse, light bulb* durchbrennen; *gasket* undicht werden; ***the fuse has ~n*** die Sicherung ist rausgesprungen *fam*

❼ (*fam: leave*) abhauen *fam;* ***OK folks, I've got to ~*** so Leute, ich muss dann mal los *fam*

► PHRASES: **sb ~s <u>hot</u> and cold** jd kann sich *akk* nicht entscheiden

II. *vt* <blew, blown> ❶ (*move in air*) ■ **to ~ sth** etw blasen; *papers, leaves* etw wehen; ***the gale blew the ship onto the rocks*** der Sturm trieb das Schiff auf die Felsen; **to ~ sb a kiss** [*or* **to ~ a kiss at sb**] jdm ein Küsschen zuwerfen

❷ (*instrument*) ■ **to ~ sth** *horn, whistle* etw blasen; **to ~ a horn** MIL ein Hornsignal geben; **to ~ the trumpet** Trompete spielen; ***the referee blew the whistle to signal the end of the game*** der Schiedsrichter pfiff das Spiel ab

❸ (*push air into*) **to ~ an egg** ein Ei ausblasen; **to ~ a fire** ein Feuer anfachen; **to ~ one's nose** sich *dat* die Nase putzen

❹ (*produce by blowing*) **to ~ bubbles** [Seifen]blasen produzieren; **to ~ glass** Glas blasen; **to ~ smoke rings** [Rauch]ringe [in die Luft] blasen

❺ (*burn out, explode*) ■ **to ~ sth** *valve, gasket* etw kaputtmachen [*o* zerstören]; **to ~ a bridge** eine Brücke sprengen; **to ~ a car** ein Auto in die Luft sprengen; **to be ~n to pieces** in Stücke gesprengt werden; **to ~ a safe** einen Safe [auf]sprengen; ***we blew a tyre on the motorway*** uns ist auf der Autobahn ein Reifen geplatzt; ***I've ~n a fuse/light bulb*** mir ist eine Sicherung/Glühbirne durchgebrannt

❻ (*fam: spend extravagantly*) **to ~ money** Geld verpulvern [*o* durchbringen]

❼ (*fam: expose*) ■ **to be ~n** *cover* auffliegen

❽ BRIT (*fam: damn*) **~ [*it*]!** verflixt!; **~ *the expense, we'll take it!*** scheiß auf die Kosten, wir nehmen es! *derb;* ***I'll be ~ed!*** das werden wir ja sehen!; ***I'm ~ed if he thinks he can cheat me!*** das wollen wir doch mal sehen, ob der mich reinlegen kann!

❾ (*fam: bungle*) ■ **to ~ sth** etw vermasseln *fam*

❿ (*vulg: fellate*) ■ **to ~ sb** jdm einen blasen *derb*

► PHRASES: **to ~ one's <u>cool</u>** *esp* AM die Fassung verlieren, sich *akk* aufregen; **to ~ a <u>fuse</u>** [*or* **<u>gasket</u>**] in die Luft gehen *fam,* explodieren; **to ~ the <u>gaff</u>** BRIT (*fam*) nicht dichthalten; **to ~ the <u>gaff</u> on sb** BRIT (*fam*) jdn verpfeifen *fam;* **to ~ one's own <u>horn</u>** [*or* **<u>trumpet</u>**] sich *akk* selbst loben; **to ~ one's <u>lid</u>** [*or* **<u>stack</u>**] [*or* **<u>top</u>**] (*fam*) explodieren, in die Luft gehen *fam;* **to ~ sb's <u>mind</u>** (*fam*) jdn restlos verblüffen; **to ~ <u>smoke</u>** übertreiben; ***he's just ~ing smoke*** das ist doch nur heiße Luft; **to ~ the <u>whistle</u> on sb** (*fam*) über jdn auspacken *fam*

III. *n* ❶ (*act of blowing*) Blasen *nt;* (*musical instruments*) Spielen *nt;* ***let me have a ~ of your trumpet*** lass mich mal deine Trompete spielen!

❷ (*with nose*) **to have a [good] ~** sich *dat* [gründlich] die Nase putzen

❸ BRIT (*dated: fresh air*) **to go for a ~** einen [ausgedehnten] Spaziergang machen

❹ *no pl* (*sl: marijuana*) Pot *nt*

blow² [bləʊ, AM bloʊ] *n* ❶ (*hit*) Schlag *m;* (*with fist*) Faustschlag *m;* **at one ~** auf einen Schlag; **to come to ~s over sth** sich *akk* wegen einer S. *gen* prügeln; **to match sth ~ for ~** haargenau mit etw *dat* übereinstimmen

❷ (*fig: support*) **to strike a ~ for sth** sich *akk* aktiv für etw *akk* einsetzen

❸ (*fig: misfortune*) [Schicksals]schlag *m;* (*shock*) Schlag *m;* **to come as** [*or* **be**] **a [terrible] ~** ein schwerer Schlag sein; **to cushion** [*or* **soften**] **the ~** den [Schicksals]schlag abmildern

◆**blow about, blow around I.** *vi* herumgewirbelt werden, herumfliegen

II. *vt* ■ **to ~ sb/sth ○ about** [*or* **around**] jdn/etw herumwirbeln; ***they got very ~n about by the gale*** sie hatten Mühe, sich gegen den Sturm zu behaupten

◆**blow away** *vt* ❶ (*wind*) ■ **to ~ away ○ sth** etw wegwehen

❷ (*fam: shoot and kill*) ■ **to ~ away ○ sb** jdn wegpusten *fam;* (*fig*) jdn umlegen *sl*

❸ (*fig fam: shock*) ■ **to ~ sb ○ away** jdn [fast] umhauen *fig fam;* ***the news of their divorce really blew me away*** die Nachricht von ihrer Scheidung hat mich fast umgehauen

► PHRASES: **to ~ the <u>cobwebs</u> away** BRIT jdn [wieder] munter machen

◆**blow back I.** *vi* zurückwehen

II. *vt* ■ **to ~ sth ○ back** *ashes, smoke* etw zurückwehen

◆**blow down I.** *vi* umgeweht werden

II. *vt* ■ **to ~ sth ○ down** etw umwehen; **to ~ down a fence** einen Zaun eindrücken

◆**blow in I.** *vi* ❶ (*be blown down*) *window* eingedrückt werden

❷ (*blow inside*) *dust, sand* hineinwehen

❸ (*fam: arrive*) hereinschneien *fam*

II. *vt* **to ~ a window ○ in** ein Fenster eindrücken

◆**blow off I.** *vt* ❶ (*breathe to remove*) ■ **to ~ sth ○ off** etw herunterblasen; *wind* etw herunterwehen; ***I blew the dust off the old book*** ich blies den Staub von dem alten Buch

❷ (*remove violently*) **to ~ off an arm/a leg** *explosion* einen Arm/eine Bein abreißen; ***the strength of the explosion blew her leg off*** die Explosion war so stark, dass ihr ein Bein abgerissen wurde

❸ AM (*fam: not take seriously*) ■ **to ~ sth ○ off** etw nicht ernst nehmen; (*not do one's duty*) etw sausen lassen *fam*

► PHRASES: **to ~ the <u>lid</u> off sth** etw aufdecken; **to ~ off <u>steam</u>** sich *akk* abreagieren, Dampf ablassen *fam*

II. *vi* ❶ BRIT (*usu childspeak fam*) pup[s]en *fam*

❷ (*blow away*) weggeweht werden, wegfliegen

◆**blow out I.** *vt* ❶ (*extinguish*) **to ~ a candle ○ out** eine Kerze ausblasen; ***by morning the storm had ~n itself out*** am Morgen hatte sich der Sturm ausgetobt

❷ (*burst*) **to ~ a tyre** [*or* AM **tire**] **○ out** einen Reifen zum Platzen bringen

❸ (*kill*) **to ~ one's/sb's brains out** sich/jdm eine Kugel durch den Kopf jagen

❹ (*fill with air*) **to ~ out one's cheeks** die Backen aufblasen

II. *vi* ❶ (*go out*) *candle, fire* verlöschen

❷ (*burst*) *tyre* platzen

❸ (*erupt*) *gas, oil well* außer Kontrolle geraten

◆**blow over I.** *vi* ❶ (*fall down*) *tree* umstürzen

❷ (*pass*) vorbeigehen; *argument, row, trouble* sich *akk* beruhigen [*o* legen]

II. *vt* ■ **to ~ sb/sth ○ over** jdn/etw umwerfen

◆**blow through** *vi* (*sl*) ■ **to ~ through sth** *money* etw verpulvern *fam*

◆**blow up I.** *vi* ❶ (*develop*) *storm, gale* [her]aufziehen; *scandal* sich *akk* zusammenbrauen; **to ~ up out of all proportion** grotesk übersteigerte Formen annehmen

❷ (*explode*) explodieren, hochgehen *fam;* (*fig*) an die Decke gehen *fam*

❸ (*go wrong*) **to ~ up in one's face** (*fig*) ins Auge gehen *fam*

II. *vt* ❶ (*inflate*) ■ **to ~ sth ○ up** etw aufblasen; (*fig*) etw hochspielen [*o* hochstilisieren]

❷ (*enlarge*) **to ~ up a photo/picture** ein Photo/Bild vergrößern

❸ (*destroy with explosive*) ■ **to ~ sth ○ up** etw in die Luft jagen *fam*

blowback ['bləʊbæk, AM 'bloʊ-] *n* (*backlash*) Rückschlag *m*

blow-by-blow *n* detailgenau; **to give sb a ~ account** jdm haarklein Bericht erstatten

blow-dry I. *vt* <-ie-> **to ~ sb's/one's hair** jdm/sich die Haare fönen

II. *n no pl* Fönen *nt*

blower ['bləʊəʳ] *n* BRIT, AUS (*fam*) Telefon *nt*

blowfly *n* Schmeißfliege *f* **blowgun** *n* Blasrohr *nt*

blowhard *n* AM (*pej fam*) Wichtigtuer(in) *m(f) pej,* Renommist(in) *m(f) pej geh;* **to be a ~** sehr von sich *dat* eingenommen sein **blowhole** *n* Atemloch *nt* **blow job** *n* (*vulg*) **to give sb a ~** jdm einen blasen *vulg* **blowlamp** *n* Lötlampe *f*

blown [bləʊn, AM bloʊn] *vt, vi pp of* **blow**

blowout ['bləʊaʊt, AM 'bloʊ-] *n* ❶ BRIT (*fam: huge meal*) Schlemmerei *f,* Gelage *nt* ❷ AM (*party*) Fete *f fam,* Party *f* ❸ (*eruption*) *oil, gas* Eruption *f* ❹ *esp* AM (*bursting of tyre*) Platzen *nt* [eines Reifens] ❺ AM STOCKEX reißender Absatz **blowpipe** *n* ❶ (*weapon*) Blasrohr *nt* ❷ CHEM Lötrohr *nt* ❸ (*glass-making*) Glasbläserpfeife *f*

blowsy ['blaʊzi] *adj* (*pej*) ungeschlacht; **~ woman** ordinäres Weibsbild *pej fam,* Schlampe *f pej fam*

blowtorch *n* Lötlampe *f* **blow-up I.** *n* ❶ PHOT Vergrößerung *f* ❷ (*explosion*) Explosion *f* ❸ (*fam: quarrel*) Streit *m,* Krach *m fam* **II.** *adj attr* **~ pillow** aufblasbares Kissen

blowy ['bləʊi, AM 'bloʊi] *adj* windig

blowzy *adj see* **blowsy**

BLT [ˌbiːel'tiː] *n esp* AM *abbrev of* **bacon, lettuce and tomato sandwich** *Sandwich mit gebratenem Speck, Salat und Tomate*

blub <-bb-> [blʌb] *vi* BRIT (*fam*) plärren *fam,* flennen *fam*

blubber¹ ['blʌbəʳ, AM -ɚ] *vi* (*fam*) flennen *fam,* heulen *fam*

blubber² ['blʌbəʳ, AM -ɚ] *n no pl* ❶ (*of sea mammals*) Speck *m*

❷ (*pej fam: fat*) Speck *m fam*

blubbery ['blʌbəri] *adj* (*pej fam*) wabbelig *fam*

bludgeon ['blʌdʒən] **I.** *n* (*dated*) Knüppel *m,* Keule *f*

B

II. *vt* ❶ (*beat*) ■to ~ sb jdn verprügeln; **to ~ sb to death** jdn zu Tode prügeln
❷ (*fig: coerce*) ■**to ~ sb into doing sth** jdn zwingen, etw zu tun
blue [blu:] I. *adj* <-r, -st> ❶ (*colour*) blau; **to be ~ with cold** blau gefroren [*o* blau vor Kälte] sein; **dark/greeny/light** ~ dunkel-/grün-/hellblau; **to go** ~ blau anlaufen
❷ (*depressed*) traurig, melancholisch gestimmt
❸ (*fam: pornographic*) *joke* schweinisch *fam,* ordinär; ~ **movie** Pornofilm *m*
► PHRASES: **to do sth until one is ~ in the face** etw tun, bis man schwarz wird; **once in a ~ moon** alle Jubeljahre einmal *fam;* **to scream ~ murder** BRIT (*scream loudly*) brüllen wie am Spieß; (*complain*) Zeter und Mordio schreien
II. *n* ❶ (*colour*) Blau *nt;* **to be dressed all in ~** ganz in Blau [gekleidet] sein; **the boys in ~** (*hum fam*) die Gesetzeshüter *pl hum*
❷ BRIT SPORTS **a Cambridge/an Oxford ~** *Student/Studentin der Universität Cambridge bzw. Oxford, der/die seine/ihre Universität in einem sportlichen Wettkampf vertritt bzw. vertreten hat;* ***he was awarded a cricket ~*** er durfte seine Universität in einem Kricketspiel vertreten
❸ (*snooker ball*) blaue Billardkugel
► PHRASES: **out of the ~** aus heiterem Himmel, ohne Vorwarnung
III. *vt* <blu[e]ing, -d> BRIT (*sl*) **to ~ money** [sein] Geld rauswerfen *fam*
blue baby *n* blausüchtiger Säugling **blue bag** *n* AM LAW Tasche *f* des Barristers für seinen Talar **Bluebeard** ['blu:bɪəd, AM bɪrd] *n* ❶ *no pl* LIT (*character by Charles Perrault*) Blaubart *m* ❷ (*wife murderer*) Blaubart *m,* Frauenmörder *m* **bluebell** *n* [blaue Wiesen]glockenblume **blueberry** ['blu:bᵊri, AM -,beri] *n* Heidelbeere *f,* Blaubeere *f meist* NORDD, Schwarzbeere *f* SÜDD **bluebird** *n* (*in N America*) Rotkehlhüttensänger *m;* (*in S Asia*) Elfenblauvogel *m* **blue-black** *adj* schwarzblau **blue-blooded** *adj* ad[e]lig, blaublütig *oft iron* **Blue Book** *n* ECON, FIN Blaubuch *nt* **bluebottle** *n* Schmeißfliege *f* **blue cheese** *n* [Blau]schimmelkäse *m* **blue chip** *n* STOCKEX erstklassige Aktie **blue-chip company** *n* finanziell abgesichertes Unternehmen **blue-chip customer** *n* Kunde höchster Bonität **blue-chip security** *n* Spitzenpapier *nt,* erstklassiges Wertpapier **blue-chip share** *n* Standardaktie *f,* Bluechip *m* **blue-collar** *adj attr, inv* ~ **job** wenig qualifizierte Arbeit; ~ **worker** Arbeiter(in) *m(f)* **blue-eyed** *adj* mit blauen Augen *nach n,* blauäugig *attr;* (*fig*) ~ **boy** BRIT, AUS (*pej fam*) Liebling *m* **Blue Flag** *n* Blaue Flagge (*Abfahrtssignalflagge, Flagge P des internationalen Signalbuches*) **blue funk** *n* (*sl*) **to be in a ~** in heller Panik sein, sich *dat* vor Angst in die Hosen machen *sl* **bluegrass** *n no pl Art Countrymusik aus dem Süden der USA*
blueish ['blu:ɪʃ] *adj* bläulich
bluejay *n* ORN Blauhäher *m* **blue jeans** *npl* [Blue]jeans *pl* **blue law** *n* AM (*fam*) *puritanisches Gesetz, das bestimmte Aktivitäten aus religiösen Gründen verbietet* **Blue Laws** *n* AM Sittengesetze *ntpl* (*besonders gegen die Entheiligung von Sonn- und Feiertagen*) **blue list** *n* AM STOCKEX *Verzeichnis der zum Verkauf angebotenen Wertpapiere der US-Bundesstaaten und -Kommunen*
blueness ['blu:nəs] *n no pl* Bläue *f*
blue-pencil *esp* BRIT I. *n* Rotstift *m;* **to go over a manuscript/a text with a ~** ein Manuskript/einen Text korrigieren II. *vt* <BRIT -ll- *or* AM *usu* -l-> ■**to ~ sth** etw korrigieren **blueprint** *n* Blaupause *f;* (*fig*) Plan *m,* Entwurf *m* **blue riband** *n,* **blue ribbon** *n* ❶ (*hist*) **the ~** das Blaue Band (*Auszeichnung für Rekordleistung*)
❷ AM *esp* SCH (*prize*) erster Preis, höchste Auszeichnung; ***a ~ of excellence*** das blaue Band für hervorragende Leistungen **blue-ribbon** *adj attr, inv* hochrangig, führend **blue-ribbon program** *n* COMPUT erstklassiges Programm
blues [blu:z] *npl* ❶ (*fam*) **to have the ~** melancholisch gestimmt [*o fam* schlecht drauf] sein
❷ (*music*) Blues *m*
blue-sky *adj* AM STOCKEX ~ **laws** Luftschlossgesetze *ntpl;* ~ **securities** wertlose Wertpapiere **bluestocking** *n* (*old or pej*) Blaustrumpf *m veraltend o pej*
bluesy <-ier, -iest> ['blu:zi] *adj* bluesig *sl*
blue tit *n* Blaumeise *f* **Bluetooth** ['blu:tu:θ] I. *n* TECH Bluetooth-Technologie *f* (*drahtlose Verbindung elektronischer Geräte*) II. *n modifier* (*device, chip*) Bluetooth- *fachspr,* drahtlos
bluff[1] [blʌf] I. *vi* bluffen *fam*
II. *vt* ❶ (*deceive*) ■**to ~ sb** jdn täuschen [*o fam* bluffen]; ***she ~ed the doorman into thinking she was a reporter*** sie machte den Türsteher glauben, dass sie eine Reporterin sei
❷ (*pretend*) **to ~ one's way into/out of sth** sich *akk* in etw *akk* hinein-/aus etw *dat* herausmogeln; ***he's very good at ~ing his way out of trouble*** er versteht es, sich aus der Affäre zu ziehen; ***she ~ed her way into that job*** sie hat sich den Job regelrecht erschwindelt
III. *n* (*pretence*) Bluff *m fam;* **to call sb's ~** (*challenge sb*) jdn auffordern, Farbe zu bekennen; (*expose sb*) jdn bloßstellen
bluff[2] [blʌf] I. *n* (*steep bank*) Steilhang *m;* (*shore*) Kliff *nt,* Steilküste *f*
II. *adj* (*direct, outspoken*) *manner* direkt, schroff, rau
bluffer ['blʌfəʳ, AM -ɚ] *n* Bluffer(in) *m(f);* ***he's an old ~*** er blufft gerne
bluish ['blu:ɪʃ] *adj* bläulich
blunder ['blʌndəʳ, AM -ɚ] I. *n* schwer[wiegend]er [*o* grober] Fehler, grober Schnitzer *fam;* **to commit** [*or* **make**] **a ~** (*by doing sth*) einen schweren Fehler begehen [*o* machen], Mist bauen *fam;* (*by saying sth*) ins Fettnäpfchen treten
II. *vi* ❶ (*make a bad mistake*) einen groben Fehler [*o* Schnitzer] machen [*o* begehen]
❷ (*act clumsily*) ■**to ~** [**about** [*or* **around**]] [herum]tappen; (*fig fam*) ■**to ~ into sth** in etw *akk* hineinplatzen
❸ (*fig: talk clumsily*) ■**to ~ about** herumstottern, herumstammeln
III. *vt* ■**to ~ sth** ❶ (*do wrongly*) bei etw *dat* einen groben Fehler machen, etw verpatzen *fam*
❷ (*say clumsily*) etw stammeln
blunderbuss <*pl* -es> ['blʌndəbʌs, AM -dɚ-] *n* ❶ (*hist: gun*) Donnerbüchse *f hum veraltend*
❷ AM **to be a ~** ungeschickt sein
blunderer ['blʌndᵊrəʳ, AM -ɚɚ] *n* Tollpatsch *m;* **to be a ~** ungeschickt sein
blundering ['blʌndᵊrɪŋ, AM -ɚ-] *adj attr, inv* (*pej fam*) ungeschickt, tollpatschig, trottelig *pej fam;* ***you ~ idiot!*** du Vollidiot! *pej sl*
blunt [blʌnt] I. *adj* ❶ (*not sharp*) stumpf; ~ **instrument** stumpfer Gegenstand
❷ (*thick, unrefined*) *finger* plump
❸ (*fig: direct, outspoken*) direkt; (*unfriendly*) ungehobelt, schroff; ***I'll be ~*** ich sage es Ihnen ganz unverblümt
II. *vt* ❶ (*make less sharp*) ■**to ~ sth** etw stumpf machen
❷ (*fig: dampen*) **to ~ sb's enthusiasm/interest** jds Begeisterung/Interesse dämpfen [*o* einen Dämpfer versetzen]
bluntly ['blʌntli] *adv* direkt, unverblümt; **to put sth ~** etw ganz offen sagen
bluntness ['blʌntnəs] *n no pl* Direktheit *f*
blur [blɜ:ʳ, AM blɜ:r] I. *vi* <-rr-> verschwimmen
II. *vt* <-rr-> ■**to ~ sth** etw verschwimmen lassen; ***alcohol ~s your brain*** Alkohol benebelt den Verstand; **to ~ a picture** die Konturen eines Bildes verschwimmen lassen
III. *n no pl* undeutliches Bild; ■**to be a ~** verschwimmen; (*fig*) ***it's all just a ~ to me now*** ich erinnere mich nur noch vage daran; ***the last few days have gone by in a ~*** die letzten Tage sind einfach an mir vorbeigerauscht
blurb [blɜ:b, AM blɜ:rb] *n* (*fam*) Klappentext *m*
blurred [blɜ:d, AM blɜ:rd] *adj* ❶ (*vague*) verschwommen, undeutlich; *photograph, picture* unscharf
❷ (*not clearly separated*) nicht klar voneinander getrennt, verwischt; ***male and female roles are becoming ~*** die Rollen von Mann und Frau lassen sich immer weniger klar voneinander abgrenzen
blurry ['blɜ:ri] *adj* undeutlich, verschwommen; *photograph, picture* unscharf; **to have ~ eyesight** schlechte Augen haben
blurt [blɜ:t, AM blɜ:rt] *vt* ■**to ~ out** ○ **sth** mit etw *dat* herausplatzen *fam*
blush [blʌʃ] I. *vi* erröten, rot werden
II. *n* ❶ (*red face*) Erröten *nt kein pl;* ***a ~ of shame crept up his face*** er wurde rot vor Scham; ***the dawn came with a ~ of red*** (*fig poet*) die Morgendämmerung überzog den Himmel rot; **to spare sb's ~es** jdn nicht verlegen machen
❷ AM (*blusher*) Rouge *nt*
► PHRASES: **at first ~** auf den ersten Blick
blusher ['blʌʃəʳ, AM -ɚ] *n* Rouge *nt*
blusher brush *n* Rougepinsel *m*
blushing ['blʌʃɪŋ] *adj attr* errötend
bluster ['blʌstəʳ, AM -ɚ] I. *vi* ❶ (*speak angrily*) poltern, sich *akk* ereifern; ***he ~ed and shouted at everyone*** er überschüttete jeden mit Schimpfreden
❷ METEO *wind, gale* toben, tosen
II. *n no pl* Theater *nt pej*
blustering ['blʌstᵊrɪŋ] *adj inv* ❶ (*talking with little effect*) dröhnend
❷ (*blowing noisily*) heulend
blustery ['blʌstᵊri, AM -ɚi] *adj weather* stürmisch
Blu-Tack® ['blu:tæk] *n no pl* Posterstrip[s] *m[pl]* (*blaue Masse, mit der man Poster ohne sichtbare Klebestreifen an der Wand anbringen kann*)
BM [,bi:'em] *n* AM ❶ UNIV *abbrev of* **Bachelor of Medicine** Bakkalaureus *m* der Medizin
❷ MED (*euph fam*) *abbrev of* **bowel movement**
BMA [,bi:em'eɪ] *n no pl abbrev of* **British Medical Association**: ■**the ~** die BMA
B-movie ['bi:mu:vi] *adj attr, inv* B-Movie *m,* zweitklassiger Film *a. pej*
BMP *n* COMPUT BMP
BMus [,bi:'mʌz] *n abbrev of* **Bachelor of Music** Bakkalaureus *m* der Musik
bn *n abbrev of* **billion**
BNC connector *n* COMPUT BNC-Stecker *m*
BO [,bi:'əʊ, AM -'oʊ] *n no pl* (*esp fam*) *abbrev of* **body odour**
boa ['bəʊə, AM 'boʊə] *n* ❶ (*scarf*) Boa *f;* **feather ~** Federboa *f*
❷ (*snake*) Boa *f*
boa constrictor *n* Boa constrictor *f*
boar [bɔ:ʳ, AM bɔ:r] *n* ❶ (*pig*) Eber *m;* **wild ~** Wildschwein *nt;* (*male*) Keiler *m*
❷ (*meat*) Wildschwein[fleisch] *nt*
board [bɔ:d, AM bɔ:rd] I. *n* ❶ (*plank*) Brett *nt;* (*blackboard*) Tafel *f;* (*notice board*) Schwarzes Brett; (*signboard*) [Aushänge]schild *nt;* STOCKEX (*screen*) Anzeigetafel *f;* (*floorboard*) Diele *f*
❷ + *sing/pl vb* ADMIN, POL Behörde *f,* Amt *nt;* (*committee*) Ausschuss *m,* Kommission *f;* BRIT (*ministry*) Ministerium *nt;* **B~ of Education** AM Bildungsausschuss *m;* ~ **of examiners** Prüfungskommission *f;* ~ **of governors** Kuratorium *nt,* Aufsichtsgremium *nt;* ~ **of inquiry** Untersuchungsausschuss *m;* **the Scottish Tourist B~** das schottische Fremdenverkehrsamt; **B~ of Trade** BRIT Handelsministerium *nt;* AM Handelskammer *f;* **parole ~** LAW Ausschuss *m* zur Gewährung der bedingten Haftentlassung; ~ **of visitors** LAW Inspektionskomitee *nt*
❸ + *sing/pl vb* (*group of interviewers*) Kommission *f* (*zur Auswahl von Bewerbern*); **to be on a ~** einer Auswahlkommission angehören; **to go on a ~** *interviewer* als Prüfer an einem Auswahlverfahren teilnehmen; *candidate* sich *akk* einem Auswahlgespräch unterziehen
❹ + *sing/pl vb* ECON ~ **of directors** Vorstand *m,* Unternehmensführung *f* (*bestehend aus Vorstand und Verwaltungsrat*); **supervisory ~** Aufsichtsrat *m*
❺ + *sing/pl vb* BRIT (*public facility*) **coal/electricity/gas/water ~** Versorgungsunternehmen *nt* für Kohle/Strom/Gas/Wasser

❻ AM **Big** ~ New Yorker Börse; **Little** ~ (*sl*) amerikanische Börse
❼ *no pl* TOURIST **bed and** ~ [*or esp* BRIT ~ **and lodging**] [*or* AM **room and** ~] Kost und Logis, Vollpension *f;* **full** ~ Vollpension *f;* **half** ~ Übernachtung *f* mit Frühstück, Halbpension *f*
❽ THEAT ■**the ~s** *pl* die Bretter *pl*, die die Welt bedeuten; **to tread the ~s** auf der Bühne stehen
❾ (*in [ice]hockey*) ■**the ~s** *pl* die Bande; ***he crashed into the ~s*** er krachte an die Bande; **to be on the ~s** an die Bande gedrängt werden
❿ AM (*examination*) ■**the ~s** *pl* [Abschluss]prüfung *f;* **the medical ~s** die Prüfungen in Medizin
⓫ TRANSP **on** ~ (*also fig*) an Bord *a. fig;* ***as soon as I was on ~, I began to have second thoughts*** sobald ich zugestiegen war, kamen mir Bedenken; **to be on ~ an aircraft/a train** im Flugzeug/Zug sitzen; **to go on ~ a bus/train** in einen Bus/Zug einsteigen; **to go on ~ a plane** ein Flugzeug besteigen; **to be on ~ a ship** sich *akk* an Bord eines Schiffes befinden
► PHRASES: **to bring** [*or* **take**] **sb on ~ [for sth]** jdn [an etw *dat*] beteiligen [*o* [bei etw *dat*] mitmachen] lassen; **to let sth go by the ~** etw unter den Tisch fallen lassen; **to sweep the ~** alles gewinnen, alle Preise abräumen *fam;* **to take on ~ sth** (*take into consideration*) etw bedenken; (*agree to do*) etw übernehmen; **across the ~** (*all things included*) alles in allem; (*completely*) rundum, auf der ganzen Linie; ***this project needs radical reorganization across the ~*** dieses Projekt muss ganz generell von Grund auf neu organisiert werden
II. *vt* ❶ (*cover with wood*) ■**to ~ sth** ↻ **up** [*or* **over**] etw mit Brettern vernageln
❷ (*accommodation*) ■**to ~ sb/an animal** jdn/ein Tier unterbringen; **to ~ a lodger** einem Pensionsgast Kost und Logis bieten; **to ~ sb in a school** jdn in einem Internat unterbringen
❸ TRANSP **to ~ a plane/ship** ein Flugzeug/Schiff besteigen; ***attention, we are now ~ing flight 701*** Achtung, die Passagiere des Flugs 701 können jetzt an Bord gehen
❹ NAUT **to ~ a ship** ein Schiff entern
III. *vi* ❶ TOURIST logieren *veraltend;* **to ~ with sb** bei jdm wohnen (*als Pensionsgast*)
❷ (*at a school*) im Internat wohnen
❸ AVIAT [Passagiere] einlassen; ***flight BA345 is now ~ing at Gate 2*** die Passagiere für Flug BA345 können jetzt über Gate 2 zusteigen
◆**board up** *vt* ■**to ~ up sth** [*or* **to ~ sth up**] etw mit Brettern zunageln

boarder ['bɔːdəʳ, AM 'bɔːrdɚ] *n* ❶ SCH Internatsschüler(in) *m(f)*
❷ (*lodger*) Pensionsgast *m;* (*regular diner*) Kostgänger(in) *m(f) veraltend;* **to take in ~s** Pensionsgäste aufnehmen

board game *n* Brettspiel *nt*

boarding ['bɔːdɪŋ, AM 'bɔːrd-] *n* Unterbringung *f* in einem Internat

boarding card *n* BRIT Bordkarte *f* **boarding fees** *npl* Internatsgebühren *fpl* **boarding house** *n* ❶ (*small hotel*) Pension *f* ❷ SCH Internatstrakt *m* **boarding kennels** *npl* Tierpension *f* **boarding pass** *n* AM (*boarding card*) Bordkarte *f* **boarding school** *n* Internat *nt*

board meeting *n of executives* Vorstandssitzung *f; of owners' representatives* Aufsichtsratssitzung *f* **board order** *n* Order *m* zu einem bestimmten Kurs **boardroom** *n* ❶ (*conference room*) Sitzungssaal *m* ❷ + *sing/pl vb* (*fig: decision-makers*) Vorstand *m*, Chefetage *f*

boards [bɔːdz, AM 'bɔːrdz] *npl see* **board I 8, 9, 10**

board shorts *npl* AUS Badehose *f*

boardwalk *n* AM Steg *m*, Uferpromenade *f* (*aus Holz*)

boast [bəʊst, AM boʊst] **I.** *vi* (*pej*) prahlen *pej*, angeben *pej fam;* ■**to ~ about** [*or* **of**] **sth** mit etw *dat* angeben, sich *akk* mit etw *dat* brüsten *geh;* ■**to ~ that …** damit angeben, dass …
II. *vt* ■**to ~ sth** ❶ (*say boastfully*) etw prahlerisch verkünden
❷ (*possess*) sich *akk* einer S. *gen* rühmen
III. *n* (*pej*) großspurige Behauptung *pej;* **to be an empty ~** reine Angeberei sein *fam;* **it is sb's proud ~ that …** jd tut sich *dat* viel darauf zugute, dass … *geh*

boaster ['bəʊstəʳ, AM 'boʊstɚ] *n* (*pej*) Aufschneider(in) *m(f) pej fam*, Gernegroß *m hum fam*, Angeber(in) *m(f) pej fam*

boastful ['bəʊstfᵊl, AM 'boʊst-] *adj* (*pej*) großspurig *pej*, angeberisch *pej fam;* ~ **talk** Prahlerei *f pej*, Angeberei *f pej fam;* ■**to be ~** prahlen *pej*, angeben *pej fam;* ***without wanting to be ~, …*** ohne mich selbst loben zu wollen, …

boastfully ['bəʊstfᵊli, AM 'boʊst-] *adv* (*pej*) großspurig *pej*, angeberisch *pej fam;* ***I don't want to speak ~ about my own achievements*** ich möchte nicht in Eigenlob verfallen

boastfulness ['bəʊstfᵊlnəs, AM 'boʊst-] *n no pl* (*pej*) Prahlerei *f pej*, Angeberei *f pej fam*

boat [bəʊt, AM boʊt] **I.** *n* ❶ (*on river, canal, lake*) Boot *nt;* (*on sea*) Schiff *nt;* **to miss the ~** das Schiff verpassen; (*fig fam*) den Anschluss verpassen; **to take the ~** das Schiff nehmen; **to travel by ~** mit dem Schiff fahren
❷ (*for gravy*) Soßenschüssel *f*, Sauciere *f*
► PHRASES: **to be in the same ~** im selben Boot sitzen; **to push the ~ out** BRIT ganz groß feiern, ein Fass aufmachen *fam*
II. *vi* Boot fahren
III. *vt* ■**to ~ sth somewhere** etw irgendwohin verschiffen

boatbuilder ['bəʊtbɪldəʳ, AM ɚ] *n* Bootsbauer *m*

boatbuilding ['bəʊtbɪldɪŋ] *n no pl* Bootsbau *m*

boater ['bəʊtəʳ, AM 'boʊt̬ɚ] *n* Kreissäge *f hum fam* (*flacher, runder Strohhut*)

boat hook *n* Bootshaken *m* **boat house** *n* Bootshaus *nt*

boating ['bəʊtɪŋ, AM 'boʊt̬-] **I.** *n no pl* Bootfahren *nt;* **to go ~** Bootfahren gehen, eine Bootsfahrt machen; (*go rowing*) rudern gehen
II. *adj attr, inv* Boots-; ~ **lake** See *m* mit Wassersportmöglichkeiten

boatload *n* Schiffsladung *f;* **in ~s, by the ~** (*fig*) in Scharen **boatman** *n* ❶ (*hirer of boats*) Bootsverleiher *m;* (*provider of transport*) Bootsführer *m;* (*of rowing boat*) Ruderer *m* ❷ NAUT (*naval rank*) Bootsmann *m* **boat people** *npl* Boatpeople *pl*

boat race *n* Bootsrennen *nt*, Regatta *f;* (*of rowing boats*) Ruderregatta *f;* ■**the B~ R~** BRIT die Oxford-Cambridge-Regatta

boatswain ['bəʊsᵊn, 'bəʊtsweɪn, AM 'boʊsᵊn] *n* NAUT [Hoch]bootsmann *m* **boat train** *n* Zug *m* mit Fähranschluss **boat trip** *n* Bootsfahrt *f* **boatyard** *n* [Boots]werft *f;* (*dry dock*) Liegeplatz *m*

bob^1 [bɒb, AM bɑːb] *n* Bubikopf *m*, Bobfrisur *f*

bob^2 <-bb-> [bɒb, AM bɑːb] **I.** *vi* ❶ (*move*) ■**to ~ [up and down]** sich *akk* auf und ab bewegen, auf und ab hüpfen; *boxer* [rasch] ausweichen; *bird's tail* wippen; *rabbit* hoppeln; *boat* schaukeln; ***don't ~ up and down so*** sei nicht so zappelig *fam*, zappel nicht so herum *fam;* ■**to ~ [up]** [plötzlich] auftauchen *a. fig;* **to ~ out of sight** abtauchen *fam*
❷ (*curtsy*) knicksen
II. *vt* **to ~ one's head** nicken; **to ~ a curtsy [to sb]** [vor jdm] knicksen
III. *n* (*nod*) Nicken *nt kein pl;* **with a ~ of one's head** mit einem Kopfnicken; (*curtsy*) [angedeuteter] Knicks

bob^3 [bɒb, AM bɑːb] *vt* (*sl: fix with plastic surgery*) ■**to ~ sth** *nose* etw richten *fam*

bob^4 [bɒb, AM bɑːb] *n* BRIT (*shilling*) fünf Pence; (*hist*) Schilling *m;* **to not be short of a ~ or two** (*iron*) das nötige Kleingeld haben *iron*

bob^5 [bɒb, AM bɑːb] *n* (*fam*) *short for* **bobsleigh** Bob *m*

Bob [bɒb] *n no pl* ► PHRASES: **~'s your uncle** BRIT (*fam*) die Sache ist erledigt, und fertig ist der Lack *fam;* ***just tell them you're a friend of mine and ~'s your uncle, you'll get the job*** sag ihnen einfach, dass du ein Freund von mir bist, dann hast du den Job schon in der Tasche *fam*

bobbed [bɒbd, AM bɑːbd] *adj* **to have ~ hair** einen Bubikopf [*o* eine Bobfrisur] haben

bobbin ['bɒbɪn, AM 'bɑːb-] *n* Spule *f*

bobble ['bɒbl̩] *n* BRIT Pompon *m*, Bommel *f o m bes* NORDD

bobble hat *n* BRIT Pudelmütze *f*

bobby ['bɒbi] *n* BRIT (*dated fam*) Polizist(in) *m(f)*, Bobby *m fam;* ~ **on the beat** Streifenpolizist *m* (*der zu Fuß oder mit dem Fahrrad unterwegs ist*)

bobby pin ['bɒbi,pɪn, AM 'bɑːbi,-] *n* AM, AUS Haarklammer *f*

bobs [bɒbz, AM bɑːbz] *npl* Krimskrams *m kein pl*

bobsleigh *n* Bob[sleigh] *m* **bobtail** *n* ❶ (*docked tail*) kupierter Schwanz ❷ (*dog*) kupierter Hund; (*horse*) Pferd *nt* mit gestutztem [*o* kupiertem] Schwanz

Boche [bɒʃ, AM bɑːʃ] *n* (*dated or pej*) Boche *m*

bod [bɒd, AM bɑːd] *n* ❶ BRIT, AUS (*fam: person*) Type *f fam;* (*man*) Typ *m fam;* (*woman*) Tussi *f pej sl;* **to be [a bit of] an odd ~** ein komischer [*o* seltsamer] Vogel sein *fam*
❷ AM (*fam: body*) Körper *m*, Body *m fam;* ***that guy has a great ~*** der Typ hat einen Superbody *sl*

bodacious [boʊ'deɪʃəs] *adj* AM (*sl*) super *fam*, geil *sl*

bode [bəʊd, AM boʊd] **I.** *vi* **to ~ well/ill** etwas Gutes/Schlechtes bedeuten [*o geh* verheißen], ein gutes/schlechtes [Vor]zeichen sein
II. *vt* ■**to ~ sth** etw ahnen lassen [*o geh* verheißen]

bodega [boʊ'deɪgə] *n* AM Bodega *f*

bodge *vt* BRIT *see* **botch**

bodhran ['baʊrɑːn] *n* BRIT *schottisch-irische Trommel*

bodice ['bɒdɪs, AM 'bɑːd-] *n* (*part of dress*) Oberteil *nt;* (*underwear*) Mieder *nt*

bodice-ripper *n* AM *Roman, in dem der Heldin sexuelle Gewalt angetan wird*

-bodied ['bɒdɪd, AM 'bɑːd] *in compounds* ❶ (*of housing*) mit Karosserie *nach n*
❷ (*of animals, wine*) mit Körper *nach n*
❸ (*fig: of voice*) **full-~** voll

bodiless ['bɒdɪləs, AM 'bɑːd] *adj inv* ❶ (*lacking a body*) körperlos
❷ (*incorporeal, insubstantial*) unkörperlich, wesenlos

bodily ['bɒdɪli, AM 'bɑːdᵊli] **I.** *adj attr, inv* körperlich; ~ **fluids** Körperflüssigkeiten *fpl;* ~ **functions** Körperfunktionen *fpl;* ***he has lost control of his ~ functions*** er hat die Kontrolle über seinen Körper verloren; ~ **harm** [*or* **injury**] Körperverletzung *f;* ***I was afraid they were going to cause me ~ harm*** ich hatte Angst, dass sie mir etwas antun würden; **actual ~ harm** LAW Körperverletzung *f;* **grievous ~ harm** LAW schwere Körperverletzung; ~ **needs** leibliche Bedürfnisse
II. *adv inv* ❶ (*with force*) gewaltsam, mit Gewalt
❷ (*as a whole*) als Ganzes; ***the whole house was moved ~ to a new site*** das ganze Haus wurde, so wie es war, an einen neuen Standort versetzt

bodkin ['bɒdkɪn, AM 'bɑːd-] *n* Durchziehnadel *f*

body ['bɒdi, AM 'bɑːdi] *n* ❶ (*physical structure*) Körper *m*, Leib *m liter;* ***she's just after his ~*** (*fig*) ihr Interesse an ihm ist rein körperlich [*o* sexuell]; **the ~ of Christ** der Leib Christi; ~ **and soul** ganz und gar, mit Leib und Seele; ***she put ~ and soul into her work*** sie hatte sich völlig ihrer Arbeit verschrieben
❷ (*trunk*) Rumpf *m*
❸ (*dated: person*) Mensch *m;* ***how is a ~ supposed to live in these conditions?*** wie soll jemand unter diesen Bedingungen leben?; ***she's a cheerful old ~*** sie ist ein fröhliches Haus *fam*
❹ + *sing/pl vb* (*organized group*) Körperschaft *f*, Organisation *f*, Organ *nt*, Gremium *nt*, Komitee *nt;* **advisory ~** beratendes Gremium, beratender Ausschuss; **controlling ~** Aufsichtsgremium *nt;* **governing ~** Leitung *f;* **legislative ~** gesetzgebendes Organ
❺ + *sing/pl vb* (*group*) Gruppe *f;* **student ~** Studentenschaft *f;* ~ **of opinion** viele Menschen glei-

cher Meinung; **in a ~** gemeinsam
⑥ (*quantity*) Masse *f,* Menge *f,* Haufen *m fam;* ***a substantial ~ of opinion opposes change*** es gibt eine große Gruppe, die einmütig gegen Veränderungen ist; ~ **of evidence/information** Sammlung *f* von Beweis-/Informationsmaterial
⑦ (*central part*) Hauptteil *m,* Wesentliche(s) *nt; of an army* Kerntruppe *f; of a church* Hauptschiff *nt; of a plane, ship* Rumpf *m; of a string instrument* Schallkörper *m;* **in the ~ of the House** BRIT (*Parliament*) im Plenum [des Parlaments]
⑧ AUTO Karosserie *f*
⑨ (*corpse*) Leiche *f;* (*of an animal*) Kadaver *m,* [Tier]leiche *f;* ***the dog's ~ lay on the rubbish heap*** der tote Hund lag auf dem Abfallhaufen
⑩ (*material object*) Gegenstand *m;* SCI Körper *m;* **celestial** [*or* **heavenly**] ~ Himmelskörper *m;* **foreign** ~ Fremdkörper *m*
⑪ (*substance, thickness*) *of hair* Fülle *f,* Volumen *nt; of paper* Stärke *f; of wine* Gehalt *m;* **to have a full ~** *wine* vollmundig sein
⑫ (*lake, sea*) ~ **of water** Gewässer *nt*
⑬ FASHION Body *m*
► PHRASES: **to keep ~ and soul together** Leib und Seele zusammenhalten; ***his wages are barely enough to keep ~ and soul together*** sein Lohn ist zum Leben zu wenig und zum Sterben zu viel; **over my dead ~** nur über meine Leiche

body bag *n* Leichensack *m* **body blow** *n* (*also fig*) schwerer Schlag; **to come as a ~ to sb** jdn hart treffen **body builder** *n* Bodybuilder(in) *m(f)* **body-building** *n no pl* Bodybuilding *nt* **body clock** *n* innere [*o* biologische] Uhr **bodyguard** *n* ① (*person*) Bodyguard *m* ② + *sing/pl vb* (*group*) Leibwache *f* **body language** *n no pl* Körpersprache *f* **body lotion** *n* Körperlotion *f* **body odor** AM, **body odour** *n no pl* Körpergeruch *m* **body politic** *n no pl,* + *sing/pl vb* POL [staatliches] Gemeinwesen **body psychotherapy** *n* Körperpsychotherapie *f* **body search** *n* Leibesvisitation *f* **bodyshell** ['bɒdɪʃel, AM 'bɑ:d] *n* AUTO, RAIL Karosserie *f* **body snatcher** *n* (*old*) Leichenräuber(in) *m(f)* **body stocking** *n* FASHION Body [stocking] *m* **bodysuit** *n* FASHION Body[suit] *m*

bodysurf *vi* sich *akk* von den Wellen tragen lassen

bodywarmer *n* BRIT Thermoweste *f,* gefütterte Weste **bodywork** *n no pl* AUTO Karosserie *f;* NATURMED Körperarbeit *f* **body wrap** ['bɒdiræp, AM 'bɑ:di-] *n* Ganzkörperpackung *f*

Boer ['bəʊər, AM bɔ:r] *n* Bure, -in *m, f*

Boer War *n* ■**the** ~ der Burenkrieg

boff [bɑ:f] *vt* AM (*sl*) ■**to ~ sb** mit jdm schlafen *fam*

boffin ['bɒfɪn] *n* BRIT, AUS (*fam: scientist*) Wissenschaftler(in) *m(f);* (*one interest*) Fachidiot(in) *m(f) pej fam*

boffo ['bɑ:foʊ] *adj,* **boffola** [bɑ:'foʊlə] *adj* AM (*fam*) herausragend, Super-

bog [bɒg, AM bɑ:g] **I.** *n* ① (*wet ground*) Sumpf *m;* **peat** ~ [Torf]moor *nt*
② BRIT, AUS (*sl*) Klo *nt fam,* Scheißhaus *nt derb;* ~ **paper** (*sl*) Klopapier *nt fam*
II. *vt* <-gg-> ■**to be ~ged down** stecken bleiben; **to get ~ged down** sich *akk* verheddern [*o* verzetteln]; **to be ~ged down with work** (*fig fam*) viel zu tun [*o fam* einen Haufen Arbeit] haben
III. *vi* <-gg-> ① *esp* AM (*stand still*) zum Stillstand kommen
② (*get stuck*) stecken bleiben; (*fig*) sich *akk* festfahren, sich *akk* verheddern
◆**bog off** *vi* BRIT (*sl*) abhauen *sl*

bogey ['bəʊgi, AM 'boʊ-] *n* ① (*fear*) Schreckgespenst *nt; **her biggest ~ is being left alone*** es ist ihr Alptraum, allein gelassen zu werden
② BRIT (*sl: nasal mucus*) Popel *m fam*
③ SPORTS (*golf score*) Bogey *nt fachspr*

bogeyman *n* (*fam*) Butzemann *m Kindersprache,* schwarzer Mann *Kindersprache*

boggle ['bɒgl, AM 'bɑ:-] **I.** *vi* sprachlos sein; ***he ~d at the suggestion*** der Vorschlag verschlug ihm die Sprache; ***what she said made the imagination ~*** was sie sagte, war kaum vorstellbar; ***the mind ~s at how much they spend on food*** man fasst sich an den Kopf, wenn man hört, wieviel sie für Essen ausgeben
II. *vt* **to ~ the mind** unglaublich sein, die Vorstellungskraft übersteigen; ***it rather ~s the mind, doesn't it?*** da bleibt einem doch der Mund offen stehen! *fam*

boggy ['bɒgi, AM 'bɑ:gi] *adj* schlammig, matschig *fam; ground* morastig

bogie *n* AM *see* **bogey**

bog standard *adj* BRIT (*fam*) Nullachtfünfzehn- *fam,* stinknormal *sl*

bogus ['bəʊgəs, AM 'boʊ-] *adj* unecht, vorgetäuscht; *name, doctor* falsch; *documents* falsch, gefälscht; *transaction, claim* Schein-; **a ~ argument** ein aus der Luft gegriffenes Argument; ~ **company** Scheinfirma *f*

bogy *n see* **bogey**

Bohemia [bəʊ'hi:miə, AM boʊ] *n no pl* Böhmen *nt*

bohemian [bə(ʊ)'hi:miən, AM boʊ'-] **I.** *n* Bohemien *m*
II. *adj* ~ **life** Künstlerleben *nt;* **to lead a ~ way of life** wie ein Bohemien leben, ein Künstlerleben führen; ■**to be ~** nach Art der Boheme sein *geh*

bohemianism [bəʊ'hi:miənɪzəm, AM boʊ] *n no pl* Boheme *f*

boho *adj attr* (*sl*) *short for* **bohemian II**

boil [bɔɪl] **I.** *n* ① *no pl* (*heat a liquid*) **to be on the** [*or* AM **at a**] ~ kochen; **to bring sth to the** [*or* AM **a**] ~, **to come to the** [*or* AM **a**] ~ anfangen zu kochen; **to let sth come to the** [*or* AM **a**] ~ etw aufkochen lassen [*o* zum Kochen bringen]; **to give sth a ~** etw kochen; **to go off the ~** BRIT aufhören zu kochen
② MED Furunkel *m o nt*
► PHRASES: **to go off the ~** BRIT (*stop doing sth*) abspringen; (*lose interest*) das Interesse verlieren
II. *vi* ① FOOD kochen; ***the potatoes have ~ed dry*** das ganze Kartoffelwasser ist verkocht
② CHEM den Siedepunkt erreichen
③ (*fig*) *sea, river* brodeln, schäumen
④ (*fig fam: anger*) **to ~** [*or* **be ~ing**] **with rage** vor Wut kochen *fam*
⑤ (*fig fam: be hot*) stark schwitzen; ***you'll ~ if you wear that jumper*** in dem Pullover wirst du dich zu Tode schwitzen *fam*
► PHRASES: **to make sb's blood ~** jdn aufregen
III. *vt* ■**to ~ sth** ① (*heat*) etw kochen; ~ ***the water before you drink it*** koch das Wasser ab, bevor du es trinkst; (*fig*) ***Jane can't ~ an egg*** Jane kann gerade mal ein Spiegelei in die Pfanne hauen *fam*
② (*bring to boil*) etw zum Kochen bringen; **to ~ the kettle** den Kessel heiß machen
③ (*wash*) etw [aus]kochen
◆**boil away** *vi* verkochen
◆**boil down I.** *vi* (*reduce*) *sauce* einkochen
► PHRASES: **sth all ~s down to sth** etw läuft auf etw *akk* hinaus
II. *vt* ■**to ~ down** ⊂ **sth** ① FOOD (*reduce*) etw einkochen
② (*fig: condense*) etw zusammenfassen [*o* komprimieren]; (*edit down*) etw kürzen
◆**boil over** *vi* ① (*flow over*) überkochen
② (*fig: go out of control*) *situation* außer Kontrolle geraten, eskalieren; *person* die Geduld verlieren, ausrasten *fam*
◆**boil up I.** *vt* ■**to ~ up** ⊂ **sth** etw aufkochen
II. *vi trouble* sich *akk* anstauen [*o* zusammenbrauen]

boiled [bɔɪld] *adj attr, inv bacon, ham* gekocht; **hard-/soft-~ egg** hart/weich gekochtes Ei; ~ **potatoes** Salzkartoffeln *fpl*

boiled sweet *n* BRIT Bonbon *nt*

boiler ['bɔɪlər, AM -ər] *n* ① (*in house*) Boiler *m,* Heißwasserspeicher *m*
② RAIL, TECH [Dampf]kessel *m*
③ BRIT (*fam: chicken*) Suppenhuhn *nt*
④ BRIT (*fam: woman*) Trine *f pej fam,* Spinatwachtel *f pej fam*

boilerhouse *n* Kesselhaus *nt* **boilermaker** *n* ① (*for ships, trains*) Kesselschmied(in) *m(f)* ② (*of heating*) Heizungsbauer(in) *m(f)* ③ (*drink*) *Krug mit Bier und Whisky, der auf einen Zug geleert wird* **boilerman** *n* Heizungsinstallateur *m* **boilerplate** ['bɔɪləpleɪt, AM -lər-] **I.** *adj attr, inv* Standard- **II.** *n no pl* AM ① POL (*language*) klischeebehaftete Sprache ② COMPUT Schriftsatz *m* [aus Standardtexten] ③ LAW (*form*) Vordruck *m,* Standardvertrag *m* **boilerplating** ['bɔɪləpleɪtɪŋ, AM -ləpleɪṭ-] *n* COMPUT Herstellung *f* eines Schriftsatzes [aus Standardtexten] **boiler room** *n* ① (*in a building*) Kesselraum *m* ② AM FIN illegale Organisation für den Vertrieb zweifelhafter Wertpapiere **boiler suit** *n* BRIT, AUS Overall *m*

boiling ['bɔɪlɪŋ] **I.** *adj* ① *inv* (*100 °C*) kochend
② (*extremely hot*) sehr heiß; ***I'm ~*** ich komme um vor Hitze; ~ [**hot**] **weather** unerträgliche Hitze
II. *n no pl* BRIT (*sl*) **the whole ~** das ganze Zeug *fam*

boiling point *n* Siedepunkt *m;* **to reach ~** (*start to boil*) den Siedepunkt erreichen; (*fig: become instable*) eskalieren, sich *akk* immer mehr aufheizen; ***when the sauce reaches ~, lower the heat*** wenn die Soße anfängt zu kochen, dreh die Flamme kleiner

boisterous ['bɔɪstərəs] *adj* ① (*rough*) wild; (*noisy*) laut
② (*exuberant*) übermütig, ausgelassen; **to be in ~ spirits** in ausgelassener Stimmung sein

boisterously ['bɔɪstərəsli] *adv* ① (*noisily*) laut
② (*exuberantly*) übermütig, ausgelassen

BOJ [,bi:əʊ'dʒeɪ, AM -oʊ'-] *n* ECON, FIN *abbrev of* **Bank of Japan** japanische Zentralbank

bold [bəʊld, AM boʊld] *adj* ① (*brave*) mutig; **to put on a ~ front** sich *akk* zusammennehmen, beherrscht auftreten; **to make a ~ move** Mut zeigen; **to take a ~ step** ein Wagnis eingehen
② (*strong*) kräftig; *pattern* auffällig; *handwriting* schwungvoll; ~ **brush strokes** kühne Pinselstriche; ~ **colours** [*or* AM **colors**] kräftige Farben; **in ~ type** in fetten Buchstaben; ***printed in ~ type*** fett gedruckt
③ (*not shy*) mutig, forsch; (*cheeky*) keck, frech; **as ~ as brass** frech wie Oskar *fam;* **if I may be** [*or* **make**] **so ~** (*form*) wenn ich mir eine Bemerkung erlauben darf; (*in questions*) wenn Sie mir die Frage gestatten

bold face *n* TYPO Fettdruck *m*

boldly ['bəʊldli, AM 'boʊld-] *adv* ① (*bravely*) mutig
② (*defiantly*) keck, frech, unverschämt *pej*

boldness ['bəʊldnəs, AM 'boʊld-] *n* ① (*bravery*) Mut *m,* Beherztheit *f;* (*cheekiness*) Unverfrorenheit *f*
② (*willingness to take risks*) Risikobereitschaft *f*
③ (*strongness*) *colours* Kräftigkeit *f; pattern* Auffälligkeit *f*

bole [bəʊl, AM boʊl] *n* Baumstamm *m*

bolero[1] ['bɒlərəʊ, AM bə'leroʊ] *n* (*jacket*) Bolero *m,* Bolerojäckchen *nt*

bolero[2] [bə'leərəʊ, AM bə'leroʊ] *n* MUS Bolero *m*

Bolivian [bə'lɪviən] **I.** *adj inv* bolivianisch
II. *n* Bolivianer(in) *m(f)*

boll [bəʊl, bɒl, AM boʊl] *n* Samenkapsel *f*

bollard ['bɒlɑ:d, AM 'bɑ:lərd] *n* NAUT, TRANSP Poller *m*

bollix up *vt see* **bollocks II**

bollocking ['bɒləkɪŋ] *n* BRIT (*vulg*) Standpauke *f fam,* Strafpredigt *fam;* **to get a good** [*or* **right**] ~ Klartext zu hören kriegen *sl;* **to give sb a good** [*or* **right**] ~ jdn zur Sau machen *derb* [*o fam* gehörig zusammenstauchen]

bollocks ['bɒləks] BRIT, AUS **I.** *n* (*vulg*) ① (*testicles*) Eier *ntpl derb*
② (*rubbish*) totaler Quatsch [*o* Schwachsinn] *fam;* ***you're talking ~!*** du redest Stuss! *sl;* ***what a load of ~!*** du hast wohl den Arsch auf! *derb;* ~ ***to that!*** scheiß drauf! *derb;* ***well, ~ to that, you can get stuffed*** ach ja, du kannst mich am Arsch lecken *vulg*
II. *vt* (*vulg*) ■**to ~ up** ⊂ **sth** etw vermasseln *fam*

bologna [bə'ləʊni, AM -'loʊ-] *n no pl* AM, AUS Lyoner[wurst] *f*

boloney *n see* **baloney**

Bolshevik ['bɒlʃəvɪk, AM 'boʊl-] *n* ① POL (*hist*) Bolschewik *m*
② (*pej fam: radical socialist*) Bolschewik *m pej ver-*

altend, Kommunist(in) *m(f)*

Bolshevism ['bɒlʃəvɪzᵊm, AM 'boʊl-] *n no pl* Bolschewismus *m*

bolshie <-r, -st> *adj* BRIT *(fam),* **bolshy** ['bɒlʃi] *adj* BRIT *(fam)* patzig *pej fam*

bolster ['bəʊlstəʳ, AM 'boʊlstə˞] **I.** *n* Nackenrolle *f*
II. *vt* ❶ *(prop up)* ■**to ~ sth** etw stützen; ***they had to ~ the roof*** sie mussten das Dach abstützen
❷ *(encourage)* ■**to ~ sb up** jdn unterstützen, jdm die Stange halten *fam;* **to ~ sb's confidence** [*or* **morale**] jdn moralisch unterstützen [*o* aufbauen]; **to ~ one's image** etw für sein Image tun
❸ *(increase)* ■**to ~ sth up** etw erhöhen; ***I need to ~ my earnings somehow*** irgendwie muss ich mein Einkommen aufbessern; **to ~ fears** Ängste schüren

bolt [bəʊlt, AM boʊlt] **I.** *vi* ❶ *(move quickly)* [schnell] rennen, rasen *fam,* flitzen *fam;* ***she ~ed to the phone*** sie stürzte ans Telefon
❷ *(run away)* weglaufen, ausreißen *fam,* durchbrennen *fam; horse* durchgehen; ***the horse has ~ed*** *(fig)* der Zug ist schon abgefahren; ***the rabbits ~ed away*** die Kaninchen schossen [*o geh* stoben] davon
❸ *(lock)* schließen; *door* verriegeln
❹ HORT *plant* ins Kraut schießen
II. *vt* ❶ *(gulp down)* ■**to ~ sth** ↔ [**down**] etw hinunterschlingen
❷ *(lock)* **to ~ a door/window** eine Tür/ein Fenster verriegeln
❸ *(fix)* ■**to ~ sth on**[**to**] **sth** etw mit etw *dat* verbolzen
III. *n* ❶ *(rapid move)* Sprung *m,* Satz *m;* **to make a ~ for freedom** das Weite suchen, flüchten
❷ *(lightning)* **~ of lightning** Blitz[schlag] *m*
❸ *(on a door)* Riegel *m;* **to draw the ~** den Riegel vorschieben
❹ *(screw)* Schraubenbolzen *m*
❺ *(of a crossbow)* Bolzen *m*
❻ *(of a gun)* Schlagbolzen *m*
❼ *(roll of wallpaper)* Rolle *f;* *(roll of cloth)* [Stoff]ballen *m*
▶ PHRASES: **to be a ~ from** [*or* **out of**] **the blue** aus heiterem Himmel [*o* völlig unerwartet] kommen; **the nuts and ~s of sth** die praktischen Details; **to have shot one's ~** *(fam)* sein Pulver verschossen haben *fig*

bolt-hole *n esp* BRIT, AUS Unterschlupf *m;* **to find a ~** Unterschlupf finden **bolt upright** *adv inv* aufrecht; ***she sat ~ in bed, listening carefully*** sie saß kerzengerade im Bett und hörte aufmerksam zu

bolus <*pl* -es> ['bəʊləs, AM 'boʊ] *n* MED Bolus *f fachspr*

bomb [bɒm, AM bɑːm] **I.** *n* ❶ *(explosive)* Bombe *f;* **letter/parcel ~** Brief-/Paketbombe *f;* **unexploded ~** Blindgänger *m;* **to drop a ~ on sth** eine Bombe auf etw *akk* werfen; **to go like a ~** abgehen wie ein geölter Blitz *sl;* **sth looks as if** [*or* **though**] **a ~ has hit it** etw sieht aus, als hätte eine Bombe eingeschlagen; **to plant a ~** eine Bombe legen; **to put a ~ under sb/sth** *(fig fam)* jdn/etw völlig umkrempeln; **to throw a ~** eine Bombe werfen
❷ *(atom bomb)* ■**the ~** die [Atom]bombe
❸ BRIT *(fam: lot of money)* Unsumme[n] *f[pl]*
❹ BRIT *(fig fam: success)* **to go** [**like** [*or* **down**]] **a ~** ein Bombenerfolg sein *fam; party* gut abgehen *sl*
❺ AM *(fam: flop)* **to be a ~** ein Misserfolg [*o fam* Flop] sein
II. *vt* ■**to ~ sth** etw bombardieren; ***this pub was ~ed a few years ago*** in dieser Kneipe ging vor ein paar Jahren eine Bombe hoch *fam*
III. *vi (fam)* [völlig] danebengehen *fam*
◆**bomb out I.** *vi* ■**to ~ out on sth** bei etw *dat* kläglich scheitern; **to ~ out on an exam** mit Pauken und Trompeten durch eine Prüfung fallen
II. *vt* ■**to ~ sth** ↔ **out** etw zerbomben; **to ~ sb out** [**of his/her home**] jdn ausbomben

bombard [bɒm'bɑːd, AM bɑːm'bɑːrd] *vt* ❶ *(attack)* ■**to ~ sth** etw bombardieren
❷ *(fig: overwhelm)* ■**to ~ sb with sth** jdn mit etw *dat* überhäufen; **to ~ sb with questions** jdn mit Fragen bombardieren *fam*

bombardier [ˌbɒmbə'dɪəʳ, AM ˌbɑːmbə'dɪr] *n* ❶ *(soldier)* Artillerieunteroffizier(in) *m(f)*
❷ *(aircraft personnel)* Bombenschütze, -in *m, f*

bombardment [bɒm'bɑːdmənt, AM bɑːm'bɑːrd-] *n* ❶ *(attack)* Bombardierung *f,* Bombardement *nt;* **aerial ~** Bombardierung *f* [aus der Luft]
❷ *(fig)* **a ~ of questions** ein Kreuzfeuer *nt* von Fragen

bombast ['bɒmbæst, AM 'bɑːm-] *n no pl* Schwulst *m pej,* Bombast *m pej*

bombastic [bɒm'bæstɪk, AM bɑːm'-] *adj (pompous)* bombastisch, pathetisch *oft pej; statement, speech* hochtrabend *pej; (sentimental)* schwülstig *pej*

bomb attack *n (by plane)* Bombenangriff *m; (by terrorists)* Bombenattentat *nt* **bomb crater** *n* Bombentrichter *m* **bomb disposal unit** *n* BRIT Bombenräumkommando *nt*

bombed [bɑːmd] *adj pred* AM *(fam: on drugs)* total zu *sl; (on alcohol)* voll *fam,* hinüber *fam*

bomber ['bɒməʳ, AM 'bɑːmə˞] *n* ❶ *(plane)* Bombenflugzeug *nt,* Bomber *m fam*
❷ *(person)* Bombenleger(in) *m(f)*

bomber jacket *n* Bomberjacke *f*

bombing ['bɒmɪŋ, AM 'bɑːm-] *n* MIL Bombardierung *f; (terrorist attack)* Bombenanschlag *m*

bombproof *adj* bombensicher **bomb scare** *n* Bombenwarnung *f* **bombshell** *n* ❶ *(also fig: bomb)* Bombe *f a. fig;* ***her decision came as a ~*** ihr Entschluss schlug wie eine Bombe ein; **to drop a ~** *(fig)* die Bombe platzen lassen ❷ *(woman)* Sexbombe *f sl* **bomb site** *n* Trümmerfeld *nt* **bomb squad** *n* AM *(bomb disposal unit)* Bombenräumkommando *nt*

bona fide [ˌbəʊnə'faɪdi, AM ˌboʊnə'faɪd, 'faɪdi, bɑːnə] **I.** *adj* ❶ *(genuine)* echt; LAW **~ agreement** Bona-fide-Abkommen *nt,* Abkommen, das in gutem Glauben geschlossen wurde; **~ alibi** hieb- und stichfestes Alibi; **~ purchaser** gutgläubiger Erwerber; **to act ~** in gutem Glauben handeln
❷ *(serious)* ehrlich; **~ offer** seriöses Angebot
II. *adv* in gutem Glauben, gutgläubig

bona fides [ˌbəʊnə'faɪdiːz, AM ˌboʊ-] *n* ❶ *no pl (sincere intention)* guter Glaube
❷ + *pl vb (credentials)* Referenzen *fpl*

bonanza [bə'nænzə] **I.** *n* ❶ *(source of prosperity)* Goldgrube *f fig fam;* **to enjoy a ~** hohe Gewinne machen
❷ *(event)* Event *nt;* **a fashion ~** ein Modetreff *m*
❸ MIN Goldader *f;* **to strike a ~** auf eine Goldader stoßen
II. *n modifier* einträglich, lukrativ *geh;* **a ~ month** ein lukrativer Monat

bona vacantia [ˌbəʊnəvə'kæntiə, AM ˌboʊnə-] *n* LAW 'herrenlose' Sachen

bonbon ['bɒnbɒn, AM 'bɑːnbɑːn] *n* Bonbon *m o* ÖSTERR *nt*

bonce [bɒn(t)s] *n* BRIT *(sl: head)* Birne *f hum sl*

bond [bɒnd, AM bɑːnd] **I.** *n* ❶ *(emotional connection)* Bindung *f;* **~ between mother and child** Bindung *f* zwischen Mutter und Kind; **family ~s** Familienbande *pl geh;* **~[s] of friendship/love** Bande *pl* der Freundschaft/Liebe *geh;* **a close ~** eine enge Bindung; **to break a ~** die Verbindung lösen
❷ *(obligation)* Verpflichtung *f;* **the ~s of marriage** das Band der Ehe
❸ STOCKEX *(fixed-interest security)* Rentenfondsanteil *m;* FIN Schuldverschreibung *f;* ■**~s** *pl* Rentenwerte *mpl*
❹ LAW *(agreement)* schriftliche Verpflichtung; **bail ~** BRIT Kautionsurkunde *f;* **to enter into a ~** [durch Urkunde] eine Verpflichtung eingehen
❺ AM LAW *(bail)* Kaution *f*
❻ *(poet: shackles)* ■**~s** *pl* Fesseln *fpl;* **the ~s of oppression/tyranny** *(fig)* die Fesseln der Unterdrückung/Tyrannei *fig*
❼ CHEM Bindung *f*
❽ ECON *(in warehouse)* Zollverschluss *m,* Plombierung *f;* **entry of goods under ~** Einfuhr *f* von Waren unter Zollverschluss; **to place goods in ~** Waren unter Zollverschluss nehmen; **to take goods out of ~** Waren aus dem Zollverschluss nehmen
▶ PHRASES: **my word is** [**as good as**] **my ~** *(saying)* auf meine Zusage ist Verlass
II. *vt* ❶ *(unite emotionally)* ■**to ~ sb** jdn verbinden [*o* zusammenschweißen]
❷ *(stick together)* ■**to ~ sth together** etw zusammenfügen; ■**to ~ sth to sth** etw mit etw *dat* [fest] verbinden
❸ ECON ■**to ~ sth** etw in Zollverschluss nehmen
III. *vi* haften

bondage ['bɒndɪdʒ, AM 'bɑːn-] *n no pl* ❶ *(liter: slavery)* Sklaverei *f;* **to be in ~** [**to sb**] [bei jdm] in Sklaverei sein; **to be in ~ to superstitious beliefs** *(fig)* dem Aberglauben verfallen sein
❷ *(sexual act)* Fesseln *nt;* **to be into ~** Fesselung mögen

bonded ['bɒndɪd, AM 'bɑːn-] *adj* ❶ ECON *(put into a warehouse) goods* unter Zollverschluss; **~ goods** Waren unter Zollverschluss; **~ warehouse** Zolllager *nt,* Zollgutlager *nt*
❷ FIN durch Obligationen gesichert; **~ dept** Obligationsschuld *f*
❸ BRIT **a ~ travel agent/tour operator** *Reisebüro/Reiseunternehmen, das sich im Interesse seiner Kunden gegen den eigenen Bankrott versichert hat*

bond-holder *n* FIN Obligationsinhaber(in) *m(f)*

bonding ['bɒndɪŋ, AM 'bɑːn-] *n no pl* Bindung *f;* PSYCH Bonding *nt*

bondized ['bɒndaɪzd, AM 'bɑː-] *adj* ECON thesauriert

bondman *n* Leibeigene(r) *m; (slave)* Sklave *m* **bond market** *n* STOCKEX Rentenmarkt *m,* Bondmarkt *m* **bond paper** *n no pl qualitätsvolles Schreib- und Druckpapier* **bond ratings** *npl* AM FIN Anleihebewertung *f* **bondsman** *n* ❶ *(person in thrall)* Leibeigene(r) *m; (slave)* Sklave *m* ❷ LAW *(surety)* Bürge *m* **bondstone** *n* ARCHIT Binderstein *m* **bondswoman** *n,* **bondwoman** *n* Leibeigene *f; (slave)* Sklavin *f* **bond-washing** *n* An- und Verkauf *m* von Wertpapieren zur Steuerausweichung **bond yield** *n* FIN *(proceeds)* Anleiheerlös *m; (loan yield)* Anleiherendite *f*

bone [bəʊn, AM boʊn] **I.** *n* ❶ ANAT Knochen *m; of fish* Gräte *f;* FOOD **off the ~** *fish* entgrätet; *meat* entbeint
❷ *no pl (material)* Bein *nt;* **made of ~** aus Bein
▶ PHRASES: **to be a bag of ~s** nur noch Haut und Knochen sein; **~ of contention** Zankapfel *m;* **to work one's fingers to the ~** sich *akk* abrackern *sl;* **to be all skin and ~[s]** aus Haut und Knochen bestehen; **to be close to the ~** unter die Haut gehen; **to be frozen** [*or* **chilled**] **to the ~** völlig durchgefroren sein *fig;* **to cut** [*or* **pare**] **sth to the ~** etw drastisch einschränken; **to feel sth in one's ~s** etw instinktiv fühlen; **to make no ~s about sth** kein Geheimnis aus etw *dat* machen; **to have a ~ to pick with sb** mit jdm ein Hühnchen zu rupfen haben *fam*
II. *n modifier* ❶ ANAT *(graft, structure)* Knochen-
❷ *(made of bone)* Bein-; **~-handled knife** Messer *nt* mit Beingriff
III. *vt* **to ~ a fish** einen Fisch entgräten; **to ~ a piece of meat** Fleisch ausbeinen
◆**bone up** *vi (fam)* ■**to ~ up on sth** etw büffeln [*o* pauken] *fam*

bone china *n* feines Porzellan

boned [bəʊnd, AM boʊnd] *adj* **~ fish** entgräteter Fisch; **~ meat** ausgebeintes Fleisch

-boned [bəʊnd, AM boʊnd] *in compounds* -knochig; **big-**[*or* **large-**]/**fine-~** groß-/feinknochig

bone dry *adj inv* staubtrocken **bone fracture** *n* Knochenbruch *m* **bonehead** *n (pej sl)* Holzkopf *m pej sl,* Dummkopf *m pej* **boneheaded** [ˌbəʊn'hedɪd, AM ˌboʊn-] *adj (sl)* schwachsinnig *pej fam,* blöd *fam* **bone idle** *adj (pej),* **bone lazy** *adj (pej)* ■**to be ~** stinkfaul sein *sl*

boneless ['bəʊnləs, AM 'boʊn-] *adj inv* **~ chicken** Hühnerfleisch *nt* ohne Knochen; **~ fish** entgräteter Fisch; **~ meat** ausgebeintes Fleisch

bone marrow *n no pl* Knochenmark *nt* **bone**

meal *n no pl* Knochenmehl *nt*

boner ['bəʊnəʳ, AM 'boʊnɚ] *n* ❶ *esp* AM (*vulg: erect penis*) Ständer *m sl*
❷ (*sl: blunder*) Schnitzer *m fam;* **to pull a ~** einen Schnitzer machen *fam*

boneshaker *n* BRIT (*hum fam*) Klapperkiste *f fam*

boneyard ['bəʊnjɑːd, AM 'boʊnjɑːrd] *n* (*sl*) Friedhof *m*

bonfire ['bɒnfaɪəʳ, AM 'bɑːnfaɪɚ] *n* Freudenfeuer *nt;* **to build a ~** einen Scheiterhaufen machen

bonfire night *n* BRIT, **Bonfire Night** *n* BRIT *Abend des 5. November, an dem in Großbritannien Freudenfeuer abgebrannt werden*

bong [bɒŋ, AM bɑːŋ] *n* Gongschlag *m*

bongo <*pl* -s *or* -es> ['bɒŋgəʊ, AM 'bɑːŋgoʊ] *n,* **bongo drum** *n* MUS Bongo *nt o f*

bonhomie ['bɒnɒmi, AM ˌbɑːnə'miː] *n no pl* gute Laune; **to be full of ~** vor guter Laune sprühen

bonk [bɒŋk, AM bɑːŋk] **I.** *n* ❶ BRIT (*vulg: sexual intercourse*) Nummer *f derb;* ■**to have a ~** eine Nummer schieben *sl*
❷ (*hum fam: hit*) Klaps *m fam*
II. *vt* ❶ BRIT (*vulg: have sex with*) ■**to ~ sb** mit jdm vögeln *vulg*
❷ (*hum fam: hit*) ■**to ~ sb/sth** jdn/etw schlagen
III. *vi* BRIT (*vulg*) vögeln *vulg*

bonkers ['bɒŋkəz, AM 'bɑːŋkɚz] *adj pred* (*hum fam*) verrückt, übergeschnappt *fam*

bon mot <*pl* bons mots> [ˌbɔ̃ː(m)'məʊ, AM ˌbɔ̃ː'moʊ] *n* Bonmot *nt geh*

bonnet ['bɒnɪt, AM 'bɑːn-] *n* ❶ (*hat*) Mütze *f;* (*worn by women*) Haube *f* ÖSTERR, SÜDD *veraltet;* **baby's ~** Babymütze *f,* Babyhaube *f* ÖSTERR, SÜDD
❷ BRIT, AUS AUTO Motorhaube *f*

bonny ['bɒni] *adj* BRIT strahlend gesund; **~ baby** prächtiges Baby; **~ lass** hübsches Mädchen; **to look ~** prächtig aussehen

bonsai ['bɒnsaɪ, AM ˌbɑːn'saɪ] *n* ❶ *no pl* (*method*) Bonsai *nt*
❷ (*tree*) Bonsai *m;* **~ tree** Bonsaibaum *m*

bons mots [ˌbɔ̃ː(m)'məʊ, AM ˌbɔ̃ːn'moʊ] *n pl of* **bon mot**

bonspiel ['bɒnspiːl] *n* SCOT Eischießen *nt*

bons vivants [ˌbɔ̃ː(ŋ)vi'vɑ̃(ŋ), AM ˌbɑːnviː'vɑːnt] *n pl of* **bon vivant**

bonus ['bəʊnəs, AM 'boʊ-] *n* ❶ FIN Prämie *f;* **capital ~** Kapitalprämie *f,* Sonderdividende *f;* **Christmas ~** Weihnachtsgratifikation *f;* **cost-of-living ~** Teurungszulage *f,* Lebenshaltungskostenzuschuss *m;* **merit ~** Leistungszulage *f;* **productivity ~** Ertragszulage *f;* **a ~ issue** eine Emission von Gratisaktien; **~ share** Gratisaktie *f*
❷ (*fig: sth extra*) Bonus *m*

bonus issue *n* BRIT ECON, FIN Emission *f* von Gratisaktien **bonus share** *n* BRIT FIN Genussaktie *f*

bon vivant <*pl* bons vivants> [ˌbɔ̃ː(ŋ)vi'vɑ̃(ŋ), AM ˌbɑːnviː'vɑːnt] *n,* **bon viveur** <*pl* bons viveurs> [ˌbɔ̃ː(ŋ)vi'vɜːʳ] *n* BRIT Bonvivant *m*

bon voyage [ˌbɔ̃ː(ŋ)vɔɪ'ɑːʒ, AM ˌbɑːnvwaɪ'-] *interj* gute Reise!

bony ['bəʊni, AM 'boʊ-] *adj* ❶ (*with prominent bones*) knochig
❷ (*full of bones*) *fish* voller Gräten; *meat* knochig

bonze [bɒnz, AM bɑːnz] *n* REL Bonze *m*

bonzer ['bɒnzəʳ] *adj* AUS (*dated fam*) wunderbar, super *sl*

boo [buː] **I.** *interj* (*fam*) ❶ (*to surprise*) huh
❷ (*to show disapproval*) buh
▸ PHRASES: **she wouldn't say ~ to a** __**goose**__ sie ist ein schüchternes Pflänzchen
II. *vi* buhen *fam*
III. *vt* ■**to ~ sb** jdn ausbuhen *fam;* **to ~ sb off the stage** jdn von der Bühne wegbuhen *fam*
IV. *n* Buhruf *m*

boob [buːb] **I.** *n* ❶ *usu pl* (*sl: breast*) **big ~s** große Titten *derb*
❷ (*fam: blunder*) Schnitzer *m fam*
❸ AM (*person*) Trottel *m pej*
II. *vi* (*fam*) einen Schnitzer machen *fam*

boob job *n* (*sl*) Brustkorrektur *f*

boo-boo ['buːbuː] *n* ❶ (*fam: mistake, blunder*) Schnitzer *m fam*
❷ AM (*fam: small injury*) Wehweh *nt Kindersprache,* Aua *nt Kindersprache*

boob tube *n* (*fam*) ❶ FASHION *trägerloses, bauchfreies Top*
❷ AM (*fam: television*) Glotze *f fam*

booby ['buːbi] *n* Trottel *m pej*

booby prize *n* Trostpreis *m* **booby trap** *n* ❶ (*practical joke*) Streich *m* ❷ (*bomb*) getarnte Bombe **booby-trap I.** *vt* ❶ (*as a joke*) ■**to ~ sth** etw präparieren; ***she had ~ped the door with a bag of flour*** sie hatte oben an der angelehnten Tür eine Tüte Mehl platziert ❷ (*as a bomb*) **to ~ a car** eine Bombe in einem Auto installieren **II.** *n modifier* **a ~ bomb** eine harmlos getarnte Bombe **booby-trapped** *adj* ❶ (*as a joke*) *chair, desk, door* präpariert ❷ (*with a bomb*) mit einem Sprengsatz versehen

boodle ['buːdl] *n no pl* (*fam*) Zaster *m fam;* **oodles of ~** (*sl*) jede Menge Zaster *fam*

booger ['bʊgɚ] *n* AM (*bogey*) Popel *m fam*

boogeyman *n* AM *see* **bogeyman**

boogie ['buːgi, AM 'bʊgi] (*dated*) **I.** *vi* (*fam*) shaken *fam*
II. *n* (*fam*) Schwof *m sl;* ***I enjoy a good ~ from time to time*** ich schwinge immer mal wieder gern das Tanzbein

boogie board *n* Surfbrett *nt* zum Drauflegen

boogie-woogie [ˌbuːgi'wugi] *n* Boogie-Woogie *m*

boohoo [ˌbuː'huː] *interj* bäh!; (*iron*) schluchz! *iron*

book [bʊk] **I.** *n* ❶ (*for reading*) Buch *nt;* **the ~ of Genesis/Exodus** das Buch Genesis/Exodus; **the good ~** die Bibel; **to be in the ~** im Telefonbuch stehen; **to look sth up in a ~** etw in einem Buch nachschlagen; ***look up the number in the ~*** sieh die Nummer im Telefonbuch nach!; **to write a ~ [on sth]** ein Buch [über etw *akk*] schreiben
❷ (*set*) Heftchen *nt;* **~ of samples** Musterbuch *nt;* **a ~ of stamps/tickets** ein Briefmarken-/Fahrkartenheftchen *nt*
❸ (*for bets*) **to open [***or* **start] [***or* **keep] a ~ on sth** Wetten über etw *akk* annehmen
❹ STOCKEX **to make a ~** *market-maker* eine Aufstellung von Aktien usw. machen, für die Kaufs- oder Verkaufsaufträge entgegengenommen werden
❺ *pl* (*financial records*) ■**the ~s** die [Geschäfts]bücher *pl;* **to do the ~s** die Abrechnung machen; **to go over the ~s** die [Geschäfts]bücher überprüfen; **on the ~s** eingetragen; ***we've only got 22 members on our ~s*** wir haben nur 22 eingetragene Mitglieder
▸ PHRASES: **to take a** __**leaf**__ **out of sb's ~** sich *dat* an jdm ein Beispiel nehmen; **to be a** __**closed**__ **~ [to sb]** für jdn ein Buch mit sieben Siegeln sein; **to be in sb's** __**good**__**/**__**bad**__ **~s** bei jdm gut/schlecht angeschrieben sein; **to** __**do**__ **sth by the ~** etw nach den Buchstaben des Gesetzes machen; __**little**__ __**black**__ **~** (*fam*) *Adressbuch mit Adressen von Geliebten/Liebhabern;* **to** __**buy**__ **by the ~** strikt nach Anleitung kaufen; **to** __**bring**__ **sb to ~** LAW jdn zur Rechenschaft ziehen, jdn aufschreiben; **to** __**do**__ **sth by the ~** etw nach Vorschrift machen; **to be able to** __**read**__ **sb like a ~** jdn völlig durchschauen; **to** __**suit**__ **one's ~** jdm gelegen kommen; **to** __**throw**__ **the ~ at sb** jdm gehörig den Kopf waschen *fam;* **in** __**my**__ **~** meiner Meinung nach
II. *vt* ❶ (*reserve*) ■**to ~ sth** etw buchen; ■**to ~ sth [***or* **sth for sb]** etw für jdn reservieren
❷ (*by policeman*) ■**to ~ sb** jdn verwarnen; **to be ~ed for speeding** eine Verwarnung wegen erhöhter Geschwindigkeit bekommen
III. *vi* reservieren; ***it's advisable to ~ early*** es empfiehlt sich, frühzeitig zu buchen; ■**to ~ to do sth** sich *akk* für etw *akk* vormerken lassen; ***we've ~ed to fly to Morocco on Friday*** wir haben für Freitag einen Flug nach Marokko reserviert; **to ~ into a hotel** in ein Hotel einchecken; **to be fully ~ed** ausgebucht sein

◆**book in I.** *vi esp* BRIT einchecken
II. *vt* ■**to ~ sb** ↻ **in** für jdn ein Hotel buchen

◆**book out** *esp* BRIT **I.** *vi* ■**to ~ out [of a hotel]** [aus einem Hotel] auschecken
II. *vt* **to ~ sb out [of a hotel] [***or* **to ~ out sb]** jdn [aus einem Hotel] auschecken

◆**book through** *vt* ■**to ~ sb through** ***she's ~ed through to Sydney via Singapore*** sie hat für Sydney mit einem Zwischenstopp in Singapur gebucht

◆**book up** *vi* buchen; **to ~ up a course** einen Kurs buchen; **to ~ up for a holiday [***or* AM **vacation]** einen Urlaub buchen; ■**to be ~ed up/out** ausgebucht sein

bookable ['bʊkəbl] *adj inv* ❶ (*able to be reserved*) erhältlich; **~ in advance** im Vorverkauf erhältlich
❷ SPORTS **a ~ offence** ein Regelverstoß, der zu ahnden ist

bookbinder *n* Buchbinder(in) *m(f)* **bookbinder's** *n* Buchbinderei *f* **bookbinding** *n no pl* Buchbinderhandwerk *nt* **bookcase** *n* Bücherschrank *m* **book club** *n* Buchgemeinschaft *f,* Buchklub *m* **bookend** *n* Buchstütze *f*

Booker Prize ['bʊkəpraɪz, AM ɚ] *n* Booker Prize *m*

book fair *n* Buchmesse *f*

bookie ['bʊki] *n* (*fam*) *short for* **bookmaker** Buchmacher(in) *m(f)*

booking ['bʊkɪŋ] *n* ❶ (*reservation*) Reservierung *f;* **advance ~s** Vorreservierung[en] *f;* **a block ~** eine Gruppenreservierung; **to cancel a ~** eine Buchung stornieren; **to make a ~** etw buchen
❷ SPORTS Verwarnung *f*

booking clerk *n* Schalterbeamte(r) *m,* Schalterbeamte [*o* -in] *f* **booking office** *n* ❶ THEAT Theaterkasse *f* ❷ RAIL (*dated*) Fahrkartenschalter *m*

bookish ['bʊkɪʃ] *adj* (*esp pej*) ❶ (*studious*) streberhaft
❷ (*unworldly*) weltfremd

bookkeeper *n* Buchhalter(in) *m(f)* **bookkeeping** *n no pl* Buchhaltung *f;* **single-entry ~** einfache Buchführung; **double-entry ~** doppelte Buchführung **bookkeeping transaction** *n* bilanzielle Transaktion **book-learning** *n no pl* Bücherweisheit *f*

booklet ['bʊklət] *n* Broschüre *f*

bookmaker *n* Buchmacher(in) *m(f)* **bookmaker's** *n* Wettannahme[stelle] *f,* Wettbüro *nt* **bookmaking** ['bʊkmeɪkɪŋ] *n modifier* Buchmacher-

bookmark I. *n* Lesezeichen *nt* **II.** *vt* INET **to ~ a website** bei einer Webseite ein Lesezeichen setzen, eine Webseite zu seinen Favoriten hinzufügen

bookmarker *n* Lesezeichen *nt* **bookmobile** *n* AM (*mobile library*) Bücherbus *m* **book on tape** *n* Hörbuch *nt* **bookplate** *n* Exlibris *nt fachspr* **bookrest** *n* Lesepult *nt* (*zum Lesen am Tisch*) **book review** *n* Buchbesprechung *f* **book reviewer** *n* Buchkritiker(in) *m(f)* **bookseller** *n* Buchhändler(in) *m(f)* **bookshelf** *n* Bücherregal *nt* **bookshop** *n* Buchgeschäft *nt* **book-squaring** *n* STOCKEX Glattstellen *nt* von Positionen **bookstall** *n* Bücherstand *m* **bookstore** *n* AM Buchgeschäft *nt* **book token** *n* Büchergutschein *m* **book trade** *n* Buchhandel *m;* **to be in the ~** im Buchhandel arbeiten **book value** *n* FIN Buchwert *m* **bookwork** *n* ❶ FIN Buchführung[sarbeit] *f* ❷ SCH Bücherstudium *nt* **bookworm** *n* Bücherwurm *m hum*

Boolean ['buːliən] *adj attr, inv* MATH **~ algebra** boolesche Algebra

Boolean data type, Boolean variable *n* MATH boolesche Variable

boom¹ [buːm] ECON **I.** *vi* florieren, boomen *fam*
II. *n* Boom *m,* Aufschwung *m;* **~ and bust** *rascher Aufschwung, dem der Zusammenbruch folgt;* **a consumer/property ~** ein Konsum-/Immobilienboom *m;* **a ~ in the sale of property [***or* **in the property market]** ein Immobilienboom *m;* STOCKEX Hausse *f;* **~ share** steigende Aktie
III. *n modifier* florierend; **a ~ time** Hochkonjunktur *f;* **a ~ town** eine aufstrebende Stadt; **a ~ year** ein Jahr *nt* des Aufschwungs; **the ~ years** die Jahre wirtschaftlichen Aufschwungs

boom² [buːm] **I.** *n* Dröhnen *nt kein pl*
II. *vi* ■**to ~ [out]** dröhnen
III. *vt* ■**to ~ [out] sth** etw mit dröhnender Stimme befehlen

boom³ [bu:m] *n* ❶ (*floating barrier*) Baum *m*
❷ NAUT Baum *m*
❸ FILM, TV Galgen *m*
boom box *n* AM (*sl*) Ghettoblaster *m fam*
boomer ['bu:məʳ] *n* AUS ❶ (*kangaroo*) *ausgewachsenes männliches Känguru*
❷ (*wave*) große Welle
boomerang ['bu:mᵊræŋ, AM -mər-] **I.** *n* Bumerang *m*
II. *vi* (*fig*) ■**to** ~ **on sb** *scheme, plan* sich *akk* für jdn als Bumerang erweisen *fig*
booming ['bu:mɪŋ] *inv* **I.** *adj attr* dröhnend; **a** ~ **voice** eine dröhnende Stimme
II. *n no pl* Dröhnen *nt;* **the** ~ **of thunder** das dröhnende Grollen des Donners *liter*
boon [bu:n] *n usu sing* Segen *m fig;* **a** ~ **companion** (*liter*) ein wunderbarer Begleiter/eine wunderbare Begleiterin; **to be** [*or* **prove**] **a** ~ [**to sb**] sich *akk* [für jdn] als Segen erweisen
boondocks ['bu:ndɒks, AM -da:ks] *npl* AM, AUS (*pej sl*) ■**the** ~ die tiefste Provinz
boor [bɔ:ʳ, AM bʊr] *n* (*pej*) Rüpel *m pej*
boorish ['bɔ:rɪʃ, AM 'bʊr-] *adj* (*pej*) rüpelhaft *pej*
boost [bu:st] **I.** *n* Auftrieb *m;* **to give a** ~ **to sth** etw *dat* Auftrieb geben [*o* verleihen]; **to give a** ~ **to the economy** die Wirtschaft ankurbeln
II. *vt* ■**to** ~ **sth** ❶ (*improve, increase*) etw ansteigen lassen; ***the theatre managed to*** ~ ***its audiences by cutting the price of tickets*** der ermäßigte Eintritt brachte dem Theater vermehrten Zulauf; **to** ~ **sb's ego** jds Selbstvertrauen steigern; **to** ~ **sb's image** jds Image aufmöbeln *fam;* **to** ~ **morale** die Stimmung heben
❷ (*fam: promote*) für etw *akk* die Werbetrommel rühren
❸ ELEC etw verstärken
booster ['bu:stəʳ, AM -ɚ] *n* ❶ (*improvement*) Verbesserung *f;* **to be a confidence/morale** ~ das Selbstvertrauen/die Stimmung heben
❷ MED zusätzliche Dosis, Boosterdosis *f fachspr;* **a** ~ **vaccination** [*or fam* **shot**] eine Auffrischungsimpfung
booster rocket *n* Trägerrakete *f* **booster seat** *n* AUTO Kindersitz *m*
boot [bu:t] **I.** *n* ❶ (*footwear*) Stiefel *m;* **ankle** ~ Stiefelette *f;* **walking** ~ Wanderschuh *m;* **wellington** ~, AM **rubber** ~ Gummistiefel *m*
❷ (*fam: kick*) Stoß *m;* **to get the** ~ (*fig*) hinausfliegen *fam;* **to give sb the** ~ (*fig*) jdn hinauswerfen *fam;* **to put the** ~ **in** BRIT (*kick sb brutally*) jdn mit Fußtritten fertig machen; (*fig: make a situation worse*) einer Sache die Krone aufsetzen
❸ BRIT AUTO (*for luggage*) Kofferraum *m;* AM (*wheel clamp*) Wegfahrsperre *f*
❹ BRIT (*also hum fam: woman*) **old** ~ Schreckschraube *f fam*
❺ (*moreover*) **to** ~ obendrein, überdies
▶ PHRASES: **the** ~**'s on the other foot** BRIT die Lage sieht anders aus; **to have one's heart in one's** ~**s** das Herz in der Hose haben; **to feel one's heart drop into one's** ~**s** merken, wie einem der Arsch auf Grundeis geht *sl;* **to be/get too big for one's** ~**s** hochnäsig sein/werden; **to bet one's** ~**s that ...** (*fam*) darauf wetten, dass ...; **to die with one's** ~**s on** [*or* **in one's** ~**s**] in den Sielen sterben; **to lick sb's** ~**s** jdm die Füße küssen *fig*
II. *adj* COMPUT ~ **block** [*or* **record**] Urladeprogrammblock *m;* ~ **disk** Startdiskette *f;* ~ **partition** Bootpartition *f,* Startpartition *f*
III. *vt* (*fam*) ■**to** ~ **sth** etw *dat* einen Tritt versetzen [*o* geben]; ■**to be** ~**ed off sth** achtkantig aus etw *dat* fliegen *sl*
IV. *vi* COMPUT laden
◆**boot out** *vt* (*fam*) ■**to** ~ **sb out** jdn hinauswerfen; **to** ~ **sb out of a company** jdn rausschmeißen [*o* feuern] *fam;* **to** ~ **sb out of the house** jdn aus der Wohnung/aus dem Haus rausschmeißen *fam*
◆**boot up** *vt* **to** ~ **the computer** ⊂ **up** den Computer hochfahren
bootblack *n esp* AM (*dated*) Schuhputzer(in) *m(f)*
boot camp *n* AM Ausbildungslager *nt*
bootee ['bu:ti, AM -ţi] *n* gestrickter Babyschuh
booth [bu:ð, bu:θ, AM bu:θ] *n* ❶ (*cubicle*) Kabine *f;* (*in a restaurant*) Sitzecke *f;* **polling** ~ Wahlkabine *f;* **telephone** ~ Telefonzelle *f*
❷ (*at a fair*) Stand *m*
bootie *n see* **bootee**
bootjack *n* Stiefelknecht *m* **bootlace** *n* Schnürsenkel *m,* Schuhband *nt* ÖSTERR **bootleg I.** *n* COMPUT Raubkopie *f* **II.** *adj attr, inv* ❶ (*sold illegally*) geschmuggelt ❷ (*illegally made*) illegal hergestellt; ~ **alcohol** schwarz gebrannter Alkohol; ~ **CDs** Raubpressungen *fpl;* ~ **tapes** Raubkopien *fpl* **III.** *vt* <-gg-> ■**to** ~ **sth** ❶ (*sell illegally*) etw schmuggeln ❷ (*make illegally*) etw illegal herstellen; **to** ~ **alcohol** Alkohol schwarz brennen **IV.** *vi* <-gg-> Schwarzhandel betreiben **bootlegger** *n* ❶ (*seller*) Schwarzhändler(in) *m(f)* ❷ (*manufacturer*) illegaler Hersteller/illegale Herstellerin; (*of alcohol*) Schwarzbrenner(in) *m(f)* **bootlegging** *n* LAW ❶ (*making illicit alcohol*) Schwarzbrennerei *f,* Schwarzbrennen *nt* ❷ (*making illegal copies*) Aufnehmen *nt* von Raubdrucken **bootlicker** *n* (*pej*) Kriecher(in) *m(f) pej,* Schleimer(in) *m(f) pej* **bootmaker** *n* Schuhmacher(in) *m(f)* **bootstrap¹** *n* Stiefelschlaufe *f* ▶ PHRASES: **to pull** [*or* **haul**] **oneself up by one's** ~**s** sich *akk* aus eigener Kraft hochrappeln **bootstrap²** *n* COMPUT, **bootstrap loader** *n* COMPUT Urlader *m*
booty ['bu:ti, AM -ţi] *n* Beutegut *nt*
booze [bu:z] **I.** *n* (*fam*) ❶ *no pl* (*alcohol*) Alk *m fam;* **to be off the** ~ nicht mehr trinken; **to be on the** ~ saufen *derb*
❷ (*activity*) Sauferei *f derb;* **to go out on the** ~ auf Sauftour gehen *fam*
II. *vi* (*fam*) saufen *derb;* **to have been boozing all night** die ganze Nacht durchgezecht haben
booze bus *n* AUS Polizeiwagen *m* mit Alkomat
boozer ['bu:zəʳ, AM -ɚ] *n* (*fam*) ❶ BRIT (*pub*) Kneipe *f*
❷ (*person*) Säufer(in) *m(f) pej derb*
booze-up ['bu:zʌp] *n* (*fam*) Besäufnis *nt sl*
boozing ['bu:zɪŋ] *n no pl* Trinken *nt* **boozy** ['bu:zi] *adj* (*fam*) versoffen *sl;* ~ **breath** Fahne *fig fam*
bop [bɒp, AM ba:p] **I.** *vi* (*fam or dated*) tanzen
II. *vt* (*fam*) ■**to** ~ **sb** [**on the head**] jdm eine auf den Kopf geben *fam*
III. *n* ❶ (*fam: dance*) Tanz *m*
❷ (*type of jazz*) Bop *m*
BOP [,bi:əʊ'pi:, AM -oʊ'-] *n* ECON *abbrev of* **balance of payments** Zahlungsbilanz *f*
boppy ['bɒpi, AM 'ba:pi] *adj* tanzbar; ~ **music** flotte Musik
bora ['bɔ:rə] *n* ❶ (*wind*) Bora *f*
❷ AUS SOCIOL *Initiationsritual der Aborigines*
borage ['bɒrɪdʒ, AM 'bɔ:r-] *n* BOT, FOOD Borretsch *m*
borax ['bɔ:ræks] *n* CHEM Borax *m*
Bordeaux [bɔ:'dəʊ, AM bɔ:r'doʊ] *n* ❶ (*region*) Bordelais *nt*
❷ (*town*) Bordeaux *nt*
❸ (*wine*) Bordeaux *m*
bordello [bɔ:'deləʊ, AM bɔ:r'deloʊ] *n* Bordell *nt*
border ['bɔ:dəʳ, AM 'bɔ:rdɚ] **I.** *n* ❶ (*frontier*) Grenze *f*
❷ (*edge*) Begrenzung *f;* *of picture* Umrahmung *f*
❸ (*in garden*) Rabatte *f;* **a herbaceous** ~ ein Blumenbeet *nt*
❹ FASHION Borte *f;* **an embroidered** ~ eine gestickte Borte
II. *adj attr, inv* Grenz-; ~ **dispute** Grenzstreit *m*
III. *vt* ■**to** ~ **sth** ❶ (*be or act as frontier*) an etw *akk* grenzen
❷ (*bound*) etw begrenzen
IV. *vi* ■**to** ~ **on sth** an etw *akk* grenzen *a. fig*
border adjustment for internal taxes *n* EU [steuerlicher] Grenzausgleich *m*
borderer ['bɔ:dᵊrəʳ, AM 'bɔ:rdəɚ] *n* Grenzbewohner(in) *m(f)*
bordering ['bɔ:dᵊrɪŋ, AM 'bɔ:rdɚ-] *adj attr, inv* angrenzend; ~ **country** Nachbarland *nt*
borderland ['bɔ:dᵊlænd, AM 'bɔ:rdɚ-] *n* ❶ GEOG Grenzgebiet *nt* ❷ (*fig*) Grenzbereich *m fig* **borderline** ['bɔ:dᵊlaɪn, AM 'bɔ:rdɚ-] **I.** *n usu sing* Grenze *f fig* **II.** *adj usu attr* Grenz-; ~ **case** Grenzfall *m;* **to be a** ~ **candidate** gerade noch als Kandidat/Kandidatin akzeptiert werden; **to be a** ~ **failure/pass** knapp durchfallen/durchkommen
bore¹ [bɔ:ʳ, AM bɔ:r] *n* Flutwelle *f;* **the Severn** ~ die Severn-Flutwelle
bore² [bɔ:ʳ, AM bɔ:r] *pt of* **bear**
bore³ [bɔ:ʳ, AM bɔ:r] **I.** *n* ❶ (*thing*) langweilige Sache; **what a** ~ wie langweilig
❷ (*person*) Langweiler(in) *m(f);* **a crashing** ~ BRIT ein furchtbarer Langweiler/eine furchtbare Langweilerin
II. *vt* ■**to** ~ **sb** [**with sth**] jdn [mit etw *dat*] langweilen; **to** ~ **sb to death** [*or* **to tears**] (*fig*) jdn zu Tode langweilen
bore⁴ [bɔ:ʳ, AM bɔ:r] **I.** *n* ❶ (*spec: of pipe*) Innendurchmesser *m*
❷ (*calibre*) Kaliber *nt;* **a small-**~ **shotgun** ein kleinkalibriges Gewehr
❸ (*hole*) Bohrloch *nt*
II. *vt* ■**to** ~ **sth** etw bohren; **to** ~ **a hole in sth** ein Loch in etw *akk* bohren
III. *vi* ■**to** ~ **through sth** etw durchbohren; (*fig*) ***her eyes*** ~***d into me*** ihre Augen durchbohrten mich
boreal ['bɔ:riəl] *adj* ❶ GEOL boreal
❷ GEOG **northern** ~ **forest** winterkalte Waldzone
bored [bɔ:d, AM bɔ:rd] *adj* gelangweilt; ***I'm*** ~***!*** mir langt's! *fam;* **to be** ~ **with doing sth** es satt haben, etw zu tun; **to be** ~ **stiff** [*or* BRIT **rigid**] [*or* **to death**] [*or* **to tears**] (*fig*) zu Tode gelangweilt sein
boredom ['bɔ:dəm, AM 'bɔ:r-] *n no pl* Langeweile *f;* **out of** [**sheer**] ~ aus [reiner] Langeweile
borehole *n* Bohrloch *nt;* **to sink a** ~ ein Bohrloch [in die Erde] treiben
borer ['bɔ:rəʳ, AM 'bɔ:rɚ] *n* ❶ ZOOL (*worm*) Bohrwurm *m;* (*mollusc*) Bohrmuschel *f;* (*insect*) Bohrfliege *f*
❷ (*tool*) Bohrer *m*
boric ['bɔ:rɪk] *adj attr, inv* CHEM Bor-; ~ **acid** Borsäure *f*
boring ['bɔ:rɪŋ] *adj* langweilig; **to find sth** ~ etw langweilig finden
boringly ['bɔ:rɪŋli] *adv* langweilig
born [bɔ:n, AM bɔ:rn] *adj inv* ❶ (*brought into life*) geboren; (*form*) ***she's a Dubliner*** ~ ***and bred*** sie ist eine waschechte Dublinerin; (*fig*) *concept, idea* entstanden, hervorgegangen; **English-**~ in England geboren; **to be** ~ **into a poor/wealthy family** in eine arme/reiche Familie geboren werden; **still-**~ tot geboren
❷ (*with natural ability*) geboren; **a** ~ **leader** eine geborene Führerpersönlichkeit; ■**to be** ~ **to do sth** dazu bestimmt sein, etw zu tun
▶ PHRASES: **to be** ~ **with a silver spoon in one's mouth** mit einem silbernen Löffel im Mund geboren werden; **I wasn't** ~ **yesterday** ich bin schließlich nicht von gestern
born-again *adj attr, inv* überzeugt; ~ **Christian** überzeugter Christ/überzeugte Christin
borne [bɔ:n, AM bɔ:rn] *vi* ❶ *pt of* **bear**
❷ BRIT (*form: understand*) **to be** ~ **in on/upon sb** jdm klar werden, jdm dämmern *fam*
-borne [bɔ:n, AM bɔ:rn] *in compounds* (*air-, water-*) übertragen; **a mosquito-**~ **disease** eine Krankheit, die von Moskitos übertragen wird
Borneo ['bɔ:niəʊ, AM 'bɔ:rnioʊ] *n no pl* Borneo *nt*
boron ['bɔ:rɒn, AM 'bɔ:ra:n] *n* CHEM Bor *nt*
borough ['bʌrə, AM 'bɜ:roʊ] *n* Verwaltungsbezirk *m;* **the London** ~ **of Westminster** die Londoner Stadtgemeinde Westminster
borrow ['bɒrəʊ, AM 'ba:roʊ] **I.** *vt* ❶ (*take temporarily*) ■**to** ~ **sth** [**from sb**] etw [von jdm] leihen; **to** ~ **a book from a** [**lending**] **library** ein Buch aus einer Bibliothek ausleihen; FIN **to** ~ **short/long** einen kurzfristigen/langfristigen Kredit aufnehmen; ~**ed capital** Fremdkapital *nt*
❷ (*fig*) **to** ~ **sth from another language** etw aus einer anderen Sprache entlehnen

B

❸ MATH **to ~ a number** eine Zahl borgen
❹ STOCKEX ■**to ~ sth** etw an der Warenbörse zum Lokopreis kaufen und sofort zum Terminpreis verkaufen
II. *vi* Geld leihen; **to ~ heavily** Geld pumpen, wo es nur geht *fam*

borrowed ['bɒrəʊd, AM 'bɑːroʊd] *adj inv* ausgeliehen; ***he lives on ~ time*** seine Tage sind gezählt

borrower ['bɒrəʊəʳ, AM 'bɑːroʊɚ] *n* ❶ (*from a bank*) Kreditnehmer(in) *m(f)*
❷ (*from a library*) Entleiher(in) *m(f)*

borrowing ['bɒrəʊɪŋ, AM 'bɑːroʊ-] *n* ❶ (*take temporarily*) Ausleihen *nt;* **~ from another language** Entlehnen *nt* aus einer Fremdsprache
❷ FIN (*of money*) Darlehen *nt;* **~ costs** [*or* **cost of ~**] Kreditkosten *pl;* **public ~** Staatsverschuldung *f;* ■**~s** *pl* aufgenommene Schulden, Darlehensverbindlichkeiten *fpl,* Direktkredite *mpl;* ***the company's ~ have doubled*** die Kreditlasten des Unternehmens haben sich verdoppelt; **gross/net ~** Brutto-/Nettokreditaufnahme *f;* (*debts*) Darlehenssumme[n] *f[pl];* *from bank* Kredit aufnehmen

borrowing power *n no pl* FIN Kreditfähigkeit *f*

borrowing rate *n no pl* FIN Sollzins *m*

borrowings *npl* FIN aufgenommene Schulden, Fremdkapital *nt*

borsch(t) [bɔːʃ(t), AM bɔːr-] *n no pl* FOOD Borschtsch *m*

borstal ['bɔːstəl, AM 'bɔːr-] *n* BRIT (*hist*) Jugendstrafanstalt *f*

borzoi ['bɔːzɔɪ, AM 'bɔːr-] *n* ZOOL Barsoi *m*

bosh [bɒʃ, AM bɑːʃ] *n* (*dated*) Schwachsinn *m fam,* Quatsch *m sl*

bo's'n ['bəʊsən, AM 'boʊ-] *n* (*fam*) NAUT Hochbootsmann *m*

Bosnia ['bɒzniə, AM 'bɑːz-] *n* Bosnien *nt*

Bosnian ['bɒzniən, AM 'bɑːz] **I.** *adj inv* bosnisch
II. *n* Bosnier(in) *m(f)*

bosom ['bʊzəm] *n usu sing* (*form or liter*) ❶ (*breasts*) Busen *m;* **to hold sb to one's ~** jdn an die Brust drücken
❷ (*centre of emotions*) das Innere; **in the ~ of one's family** (*esp hum*) im Schoß der Familie

bosom buddy *n* AM, **bosom friend** *n,* **bosom pal** *n* Busenfreund(in) *m(f)*

bosomy ['bʊzəmi] *adj* vollbusig

Bosphorus ['bɒsfərəs, AM 'bɑːsfɚ-] *n,* **Bosporus** ['bɒspərəs, AM 'bɑːspɚ-] *n* GEOG ■**the ~** der Bosporus

boss¹ [bɒs, AM bɑːs] **I.** *n* (*person in charge*) Chef(in) *m(f),* Boss *m fam;* ***who's the ~ here?*** (*usu hum fam*) wer hat hier das Sagen?; **to be one's own ~** sein eigener Herr sein
II. *vt* (*fam*) ■**to ~ sb** [**about** [*or* **around**]] jdn herumkommandieren *fam*

boss² [bɒs, AM bɑːs] *n* ❶ (*on shield*) Buckel *m*
❷ ARCHIT [Gewölbe]kappe *f*

boss³ [bɑːs] *adj* AM (*fam: excellent*) erstklassig, spitzenmäßig *fam*

boss-eyed *adj* BRIT (*sl*) schielend *attr;* ■**to be ~** einen Silberblick haben *fam o hum*

bossiness ['bɒsɪnəs, AM 'bɑːs-] *n no pl* Herrschsucht *f*

bossy ['bɒsi, AM 'bɑːsi] *adj* (*pej*) herrschsüchtig, herrisch; **~ boots** BRIT (*childspeak*) rechthaberischer Kerl

Boston matrix *n* ECON Vierfelder-Portfolio-Matrix *f*

bosun ['bəʊsən, AM 'boʊ-] *n* (*fam*) NAUT Hochbootsmann *m*

botanical [bə'tænɪkəl] *adj inv* botanisch; **~ species** Pflanzenarten *fpl*

botanic(al) garden *n* botanischer Garten

botanist ['bɒtənɪst, AM 'bɑːt-] *n* Botaniker(in) *m(f)*

botany ['bɒtəni, AM 'bɑːt-] *n* Botanik *f*

botch [bɒtʃ, AM bɑːtʃ] **I.** *n* Pfusch *m kein pl fam;* **to make a ~ of sth** etw verpfuschen *fam*
II. *vt* ■**to ~ sth** [**up**] etw verpfuschen [*o* verpatzen] *fam*

botched [bɒtʃt, AM bɑːtʃt] *adj attr* stümperhaft; **~ suicide attempt** misslungener Selbstmordversuch

botcher ['bɒtʃəʳ, AM 'bɑːtʃɚ] *n* Stümper(in) *m(f)*

botch-up ['bɒtʃʌp, AM 'bɑːtʃ-] *n* Pfusch *m kein pl fam;* **to make a ~ of sth** etw verpfuschen *fam*

botfly ['bɒtflaɪ, AM 'bɑːt-] *n* Dasselfliege *f*

both [bəʊθ, AM boʊθ] **I.** *adj attr, inv* ❶ *predeterminer* beide; **~ *my parents are journalists*** meine Eltern sind beide Journalisten
❷ *determiner* beide; ***I think it's important to listen to ~ sides*** ich denke, es ist wichtig, beide Seiten anzuhören; ***I had been looking forward to a delicious meal with excellent service — but I was disappointed on ~ counts*** ich hatte mich auf ein leckeres Essen mit exzellentem Service gefreut — aber ich wurde in beiden Punkten enttäuscht; **in ~ cases** in beiden Fällen; **at ~ ends** an beiden Enden; **~ eyes/hands/legs** beide Augen/Hände/ Beine; ***he was blind in ~ eyes*** er war auf beiden Augen blind; **~ sexes** Männer und Frauen; **on ~ sides of the Atlantic** auf beiden Seiten des Atlantiks
▸ PHRASES: **to burn the candle at ~ ends** Raubbau mit seiner Gesundheit betreiben; **to have/want things** [*or* **it**] **~ ways** alles haben wollen
II. *pron* beide; ***Mike and Jim ~ have red hair*** Mike und Jim haben beide rote Haare; ***would you like milk or sugar or ~?*** möchtest du Milch oder Zucker oder beides?; ***Jackie and I are ~ self-employed*** Jackie und ich sind beide selbständig; **~ *of these pictures are fine*** beide Bilder sind schön; ***are ~ of us invited, or just you?*** sind wir beide eingeladen oder nur du?; ***a picture of ~ of us together*** ein Bild von uns beiden gemeinsam; (*form*) ***I've got 2 children, ~ of whom are good at maths*** ich habe 2 Kinder, die beide gut in Mathe sind
III. *adv* ■**~ ... and ...** ***I felt ~ happy and sad at the same time*** ich war glücklich und traurig zugleich; **~ *Mike and Jim have red hair*** Mike und Jim haben beide rote Haare; ***it has won favour with ~ young and old*** es hat Zustimmung bei Jung und Alt gefunden; ***our products need to be competitive in terms of ~ quality and price*** unsere Produkte müssen sowohl bei der Qualität als auch beim Preis wettbewerbsfähig sein; **~ men and women** sowohl Männer als auch Frauen

bother ['bɒðəʳ, AM 'bɑːðɚ] **I.** *n* ❶ (*trouble*) Mühe *f;* **it is no ~** [**at all**] [überhaupt] kein Problem!; **to go to all the ~ of doing sth** sich *dat* die Mühe machen, etw zu tun; **to not be/to not seem worth the ~** kaum der Mühe wert sein
❷ (*nuisance*) Belastung *f;* **to not want to be a ~** nicht lästig sein wollen; **to get into a spot of ~** BRIT (*fam*) Schwierigkeiten bekommen; ***there was a spot of ~ in town last night*** letzte Nacht gab es in der Stadt eine Schlägerei
II. *interj esp* BRIT **~!** Mist! *sl*
III. *vi usu neg* **to** [**not**] **~ doing** [*or* **to do**] **sth** sich *dat* [nicht] die Mühe machen, etw zu tun; ***you'd have found it if you'd ~ed looking*** hättest du wirklich danach gesucht, dann hättest du es auch gefunden; ***I can't be ~ed to cook this evening*** heute Abend kann ich mich nicht zum Kochen überwinden; ***you needn't have ~ed to do it now, it could have waited*** damit hätten Sie sich Zeit lassen können; ***why did nobody ~ to tell me something was wrong?*** warum hat mir eigentlich keiner gesagt, dass etwas nicht stimmte?; ***he walked out of the office without ~ing to say goodbye*** er ging aus dem Büro, ohne auch nur auf Wiedersehen zu sagen; ***why ~?*** warum sich darüber den Kopf zerbrechen?; ***don't ~!*** lass nur!; **to not ~ about** [**doing**] **sth** sich *akk* nicht um etw *akk* kümmern
IV. *vt* ■**to ~ sb** jdn belästigen; ***don't ~ me!*** verschone mich damit!; ***quit ~ing me!*** lass mich in Ruh'!; ***what's ~ing you?*** wo drückt der Schuh?; ***my tooth is ~ing me*** ich habe Zahnschmerzen; ***the heat was beginning to ~ him*** die Hitze begann ihn zu schaffen zu machen; ***it doesn't ~ me if he doesn't turn up*** es ist mir gleichgültig, wenn er nicht kommt; **to ~ about sth** auf etw *akk* achten

botheration [ˌbɒðər'eɪʃən, AM ˌbɑːðə'reɪ-] *interj* (*dated*) verflixt! *fam*

bothered ['bɒðəd, AM 'bɑːðɚd] *adj* beeinträchtigt; ***I'm not ~*** es stört mich nicht; **to feel** [*or* **be**] **hot and ~** sich *akk* unbehaglich fühlen

bothersome ['bɒðəsəm, AM 'bɑːðɚ-] *adj* lästig; **a ~ little man** ein kleiner Quälgeist; **~ noise** schrecklicher Lärm

bothie *n see* **bothy**

bothy <*pl* -ies> ['bɒθi] *n* Schutzhütte *f*

botrytis [bɒt'raɪtɪs, AM boʊ'traɪt̬əs] *n* BOT Botrytis *f*

bottle ['bɒtl, AM 'bɑːt̬l] **I.** *n* ❶ (*container*) Flasche *f;* **baby's ~** Fläschchen *nt;* **a one-/two-litre ~ of lemonade** eine Ein-/Zweiliterflasche Limonade; **milk ~** Milchflasche *f;* **a ~ of milk** eine Flasche Milch; **to fill a ~** [**with sth**] eine Flasche [mit etw *dat*] abfüllen
❷ (*fam: alcohol*) **to be on the ~** [Alkohol] trinken; **to be back on the ~** wieder zu trinken beginnen; **to hit the ~** saufen *derb;* **to take to the ~** zur Flasche greifen
❸ BRIT (*sl: courage, confidence*) Mumm *m fam;* **to have a lot of ~** Mumm haben *fam;* **to lose one's ~** kalte Füße kriegen *fig fam*
II. *vt* ■**to ~ sth** ❶ BRIT (*preserve in jars*) etw einmachen [*o* ÖSTERR, SÜDD einrexen]
❷ (*put into bottles or jars*) etw abfüllen
◆**bottle out** *vi* BRIT (*sl*) kneifen *fam*
◆**bottle up** *vt* ❶ (*repress*) ■**to ~ sth** ↔ **up** *feelings, anger* etw unterdrücken
❷ (*entrap*) ■**to ~ sb/sth** ↔ **up** jdn/etw einschließen

bottle bank *n* BRIT Altglascontainer *m* **bottle brush** *n* Flaschenbürste *f* **bottle cap** *n* AM Flaschenverschluss *m*

bottled ['bɒtld, AM 'bɑːt̬ld] *adj inv* ❶ (*sold in bottles*) in Flaschen abgefüllt; **~ beer** Flaschenbier *nt;* **~ gas** Flaschengas *nt*
❷ BRIT (*preserved in jars or bottles*) eingemacht

bottle-end glasses *npl* AM Aschenbecher *m fig* **bottle-fed** *adj* mit der Flasche gefüttert; **a ~ baby** ein Flaschenkind *nt* **bottle-feed** *vt* **to ~ a baby** ein Baby mit der Flasche füttern **bottle-green** *adj inv* flaschengrün **bottle heater** *n* Fläschchenwärmer *m* **bottleneck** *n* ❶ TRANSP verengte Fahrbahn ❷ (*fig*) Engpass *m fig* ❸ MUS **~ guitar** mit Bottleneck[s] gespielte Gitarre **bottle-nose I.** *n* Knollennase *f* **II.** *adj inv* **~[d] dolphin** Großer Tümmler; **~[d] whale** Entenwal *m* **bottle opener** *n* Flaschenöffner *m* **bottle party** *n* BRIT Bottleparty *f* **bottle screw** *n* Spannschraube *f* **bottle store** *n* BRIT, **bottle shop** *n* AUS (*off-licence*) Getränkeladen *m* (*inkl. Spirituosen*) **bottle top** *n* Flaschenverschluss *m* **bottle tree** *n* BOT Flaschenbaum *m*

bottom ['bɒtəm, AM 'bɑːt̬-] **I.** *n* ❶ (*lowest part*) Boden *m; on chair* Sitz *m; in valley* Talsohle *f,* unteres Ende; ***the boat was floating ~ up*** das Boot trieb kieloben; **bikini/pyjama ~s** Bikini-/Pyjamahose *f;* **at the ~ of the page** am Seitenende; **rock ~** (*fig*) Tiefststand *m;* ***the ~ dropped out of her world*** (*fig*) ihre Welt brach zusammen; **the ~ of the sea** der Meeresgrund; **at the ~ of the stairs** am Fuß der Treppe; **from top to ~** von oben bis unten; **to be at the ~** (*fig*) am Boden sein *fig;* **to sink to the ~** auf den Grund sinken; **to start at the ~** ganz unten anfangen
❷ (*end*) Ende *nt;* **to be** [**at the**] **~ of one's class** Klassenletzte(r) sein; **at the ~ of the garden** im hinteren Teil des Gartens; **at the ~ of the street** am Ende der Straße
❸ ANAT Hinterteil *nt*
▸ PHRASES: **to mean sth from the ~ of one's heart** etw aus tiefster Seele meinen; **to be at the ~ of sth** einer Sache zugrunde liegen; **to get to the ~ of sth** einer Sache auf den Grund gehen; **at ~** im Grunde [genommen]; **~s up!** (*fam*) ex! *fam*
II. *adj inv* untere(r, s); **the ~ end of the table** das Tischende; **in ~ gear** BRIT im ersten Gang; **~ half of a bikini/pair of pyjamas** Bikini-/Pyjamahose *f;* **the ~ half of society** die Unterschicht der Gesellschaft; **the ~ shelf** das unterste Regal
▸ PHRASES: **you can bet your ~ dollar that ...** du kannst darauf wetten, dass ...

III. *vi* ECON ■**to ~ out** seinen Tiefstand erreichen
bottom drawer *n* BRIT **to put sth away in one's ~** etw für die Aussteuer beiseite legen
bottoming out *n* STOCKEX *of share prices* Erreichen *nt* des Tiefstandes
bottomless ['bɒtəmləs, AM 'bɑːt̬-] *adj inv* ❶ (*without limit*) unerschöpflich
❷ (*fig: very deep*) unendlich *fig;* **a ~ pit** ein Fass *nt* ohne Boden *fig;* **to be a ~ pit** unersättlich sein
bottom line *n usu sing* ❶ FIN Bilanz *f,* Abschluss *m;* ***the boss is interested only in the ~*** den Chef interessiert nur, was unterm Strich herauskommt
❷ (*fig: main point*) Wahrheit *f;* ***the ~ is we need more customers*** mit einem Wort: wir brauchen mehr Kundschaft **bottom-of-the-range** *adj* **a ~ product** ein billiges Produkt
bottomry *n* ECON, NAUT Schiffsverpfändung *f,* Bodmerei *f*
bottom space *n* COMPUT Fußsteg *m* **bottom-up** [ˌbɒtəmˈʌp, AM ˌbɑːt̬əm] **I.** *adj* von unten nach oben *nach n* **II.** *adv* von unten nach oben **bottom up method** *n* COMPUT Bottom-Up-Verfahren *nt*
botty ['bɒti] *n* BRIT (*childspeak*) *short for* **bottom** Popo *m fam*
botulism ['bɒtjʊlɪzᵊm, AM ˌbɑːtʃə-] *n no pl* MED Nahrungsmittelvergiftung *f,* Botulismus *m fachspr*
boudoir ['buːdwɑːʳ, AM -wɑːr] *n* (*old*) Boudoir *nt,* Damenzimmer *nt*
bouffant ['buːfɑ̃(ŋ), AM buːˈfɑːnt] *adj* toupiert; **~ hairstyle** Toupierfrisur *f*
bougainvillea [ˌbuːgᵊnˈvɪliə] *n* Bougainvillea *f*
bough [baʊ] *n* (*esp liter*) Ast *m*
bought [bɔːt, AM *esp* bɑːt] *vt pt of* **buy**
bought deal *n* STOCKEX *Emissionsverfahren, bei dem eine Bank dem Emittenten ein festes Angebot für die Übernahme der Anleihe macht* **bought ledger clerk** *n* Kreditorenbuchhalter(in) *m(f)*
bougie ['buː(d)ʒi] *n* MED Bougie *f*
bouillabaisse [ˌbuːjəˈbes, -ˈbeɪs] *n* FOOD Bouillabaisse *f*
bouillon ['buːjɔ̃(ŋ), AM 'bʊljɑːn] *n* FOOD Bouillon *f;* **~ cube** Suppenwürfel *m*
boulder ['bəʊldəʳ, AM 'boʊldɚ] *n* Felsbrocken *m,* Felsblock *m;* **erratic ~** erratischer Block
boulder clay *n no pl* GEOL [eiszeitlicher] Geschiebelehm
boules [buːl] *n* SPORTS Boule *nt,* Boccia *nt*
boulevard ['buːləvɑːd, AM 'bʊləvɑːrd] *n* Boulevard *m,* Prachtstraße *f*
bounce [baʊn(t)s] **I.** *n* ❶ (*rebound*) Aufspringen *nt kein pl; esp* BRIT SPORTS *ball* Aufprall; **a bad ~** ungünstig abgeschlagener Ball; **to be beaten by the ~** nicht mehr an den Ball kommen
❷ *no pl* (*spring*) Sprungkraft *f; hair, rubber* Elastizität
❸ (*fig: vitality*) Energie *f,* Schwung *m*
❹ AM (*fam: eject, sack*) **to give sb the ~** jdn hinauswerfen *fam*
❺ ECON (*sharp rise*) *in prices* scharfer Anstieg
II. *vi* ❶ (*rebound*) springen; SPORTS *ball* aufspringen
❷ (*jump up and down*) hüpfen; ***the car ~d down the bumpy track*** der Wagen holperte den unebenen Fahrweg entlang; **to ~ into the room** (*fig*) ins Zimmer stürzen
❸ FIN (*fam*) *cheque* platzen *fam*
❹ (*work as bouncer*) als Türsteher arbeiten
► PHRASES: **to be bouncing off the walls** AM (*fam*) *children* total aufgedreht sein
III. *vt* ❶ (*cause to rebound*) ■**to ~ sth** etw aufspringen lassen; **to ~ a baby** ein Baby schaukeln
❷ FIN (*fam*) **to ~ a cheque** [*or* AM **check**] einen Scheck platzen lassen
❸ AM (*throw out*) ■**to ~ sb** jdn hinauswerfen *fam* (*aus einer Kneipe*)
◆**bounce around** *vi* (*be unfocused*) *person* abschweifen
◆**bounce back I.** *vi* ❶ (*rebound*) zurückspringen
❷ (*fig: recover*) wieder auf die Beine kommen
II. *vt* **to ~ the ball back [to sb]** den Ball [zu jdm] zurückwerfen
◆**bounce off I.** *vi* abprallen, abspringen *a. fig; echo, sound* widerhallen; *radio waves* reflektieren; **to ~ off at an angle** schräg abprallen; ***after the meeting, he ~d off back to the office*** nach dem Meeting düste er ins Büro zurück *fam*
II. *vt* ■**to ~ sth off sth** etw von etw *dat* abprallen lassen; *radio waves* reflektieren; ***criticism just ~s off her*** Kritik prallt einfach an ihr ab
bouncer ['baʊn(t)səʳ, AM -ɚ] *n* ❶ (*person*) Rausschmeißer *m fam*
❷ (*sl: cheque*) geplatzter Scheck *fam*
❸ (*in cricket*) stark aufsteigender Ball
bouncing ['baʊn(t)sɪŋ] *adj* lebhaft; **a ~ baby boy/girl** ein strammer Junge/ein strammes Mädchen; **to be ~ with happiness** vor Glück strahlen
bouncy ['baʊn(t)si] *adj* ❶ *mattress* federnd; **a ~ ball** ein Ball, der gut springt; **~ castle** Hüpfburg *f*
❷ (*fig: cheerful and lively*) frisch und munter
bound¹ [baʊnd] **I.** *vi* (*leap*) springen; *kangaroo* hüpfen; **to ~ out of bed** aus dem Bett springen
II. *n* (*leap*) Sprung *m,* Satz *m;* **with one** [*or* **a single**] **~** mit einem Satz
► PHRASES: **by <u>leaps</u> and ~s** sprunghaft
bound² [baʊnd] **I.** *vt usu passive* (*border*) ■**to be ~ed by sth** von etw *dat* [*o* durch etw *akk*] begrenzt werden
II. *n* ■**~s** *pl* Grenze *f;* **to be outside the ~s of acceptable behaviour** die Grenze akzeptablen Verhaltens überschritten haben; **to be within the ~s of the law** sich *akk* im Rahmen des Gesetzes bewegen; **to go beyond the ~s of possibility** die Grenzen des Möglichen überschreiten; **to keep sth within ~s** etw in [vernünftigen] Grenzen halten; **to know no ~s** keine Grenzen kennen
► PHRASES: **to be <u>out</u> of ~s** *ball* im Aus sein; *area* Sperrgebiet sein
III. *adj pred* (*immersed in*) ■**to be ~ up in sth** von etw *dat* in Anspruch genommen sein; ■**to be ~ with sth** mit etw *dat* in [engem] Zusammenhang stehen; ***Britain's fate is inextricably ~ with Europe's*** das Schicksal Großbritanniens ist eng mit dem Schicksal Europas verbunden
bound³ [baʊnd] *adj inv* ■**to be ~ for X** unterwegs nach X sein; ***where is this ship ~ for?*** wohin fährt dieses Schiff?; **to be ~ for success** (*fig*) auf dem besten Weg sein, erfolgreich zu sein
bound⁴ [baʊnd] **I.** *pt, pp of* **bind**
II. *adj pred, inv* ❶ (*certain*) ***she's ~ to come*** sie kommt ganz bestimmt; ***you're ~ to forget people's names occasionally*** man vergisst zwangsläufig ab und zu die Namen anderer Leute; ***I'm ~ to say that …*** (*form*) ich muss sagen, …; ***he's in the pub, I'll be ~*** (*dated or also hum*) ich möchte wetten, er ist im Pub; **to be ~ to happen** zwangsläufig geschehen; ***it was ~ to happen*** das musste so kommen
❷ (*obliged*) verpflichtet; ■**to be ~ to do sth** verpflichtet sein, etw zu tun
► PHRASES: **to be ~ and <u>determined</u>** AM [fest] entschlossen sein
-bound *in compounds* ❶ (*going to*) in Richtung …; **Berlin-/London-~** nach Berlin/London; **north-~/south-~** in Richtung Norden/Süden; **in-~ and out-~ trains** aus- und einfahrende Züge
❷ (*prevented*) verhindert; ***the road is fog-~*** auf der Straße herrscht dichter Nebel; **house-~/wheelchair-~** ans Haus/an den Rollstuhl gefesselt; **snow-~ airport** eingeschneiter Flughafen
boundary ['baʊndᵊri] *n* ❶ (*limit*) Grenze *f;* **to transgress the boundaries of good taste** die Grenzen des guten Geschmacks überschreiten; **to cross a ~** eine Grenze überqueren; **to draw/mark a ~ [between two places]** eine Grenze [zwischen zwei Orten] ziehen/darstellen; **to expand beyond a ~** sich *akk* über eine Grenze hinaus ausdehnen
❷ SPORTS (*in cricket*) Spielfeldgrenze *f* (*beim Kricket*); **to hit** [*or* **score**] **a ~** [den Ball] über die Spielfeldgrenze hinaus schlagen
Boundary Commission *n* LAW Grenzkommission *f*
bounden duty [ˌbaʊndən'-] *n no pl* (*dated or also hum*) Pflicht *f* und Schuldigkeit *f geh*
bounder ['baʊndəʳ, AM -ɚ] *n* (*dated*) Schuft *m fam,* Lump *m oft pej fam*
boundless ['baʊndləs] *adj* grenzenlos, unbegrenzt
bounteous ['baʊntiəs, AM -t̬iəs] *adj* (*old liter*) ❶ (*abundant*) reichlich; **a ~ harvest** eine reiche Ernte
❷ (*generous*) freigebig, großzügig
❸ (*lavish*) überschwänglich; ***she was always a woman of ~ affection*** sie zeigte immer überströmende Liebenswürdigkeit
bountiful ['baʊntɪfᵊl, AM -t̬ə-] *adj* (*liter*) ❶ (*generous*) freigebig, großzügig; **Lady B~** die gute Fee
❷ (*abundant*) reichlich; **a ~ crop** [*or* **harvest**] eine reiche Ernte
bounty ['baʊnti, AM -t̬i] *n* ❶ (*reward*) Belohnung *f;* (*for capturing sb*) Kopfgeld *nt;* **to place a ~ of $10,000 on sb's head** eine Belohnung in Höhe von 10.000 Dollar auf jdn aussetzen
❷ *no pl* (*liter: generosity*) Freigebigkeit *f,* Großzügigkeit *f*
❸ (*great amount*) Fülle *f*
bounty hunter *n* ❶ (*hunter of criminals*) Kopfgeldjäger(in) *m(f)*
❷ (*animal tracker*) Fährtensucher(in) *m(f)*
bouquet [bʊˈkeɪ, AM boʊ'-] *n* ❶ (*of flowers*) Bukett *nt geh,* [Blumen]strauß *m*
❷ (*aroma*) Bukett *nt; of wine* Blume *f,* Bukett *nt*
bourbon ['bɜːbən, AM 'bɜːr-] *n* Bourbon *m*
bourgeois ['bɔːʒwɑː, AM 'bʊrʒ-] **I.** *adj* ❶ (*middle-class*) bürgerlich
❷ (*pej: philistine*) spießbürgerlich, spießig *pej*
❸ (*capitalistic*) bourgeois *veraltet*
II. *n* ❶ (*person of middle class*) Bürger(in) *m(f)*
❷ (*pej: philistine*) Spießbürger(in) *m(f),* Spießer(in) *m(f)*
❸ (*in communist writing*) Bourgeois *m geh*
bourgeoisie [ˌbɔːʒwɑːˈziː, AM ˌbʊrʒ-] *n + sing/pl vb* ❶ (*middle class*) Bürgertum *nt;* **petty ~** Kleinbürgertum *nt*
❷ (*capitalist class*) ■**the ~** die Bourgeoisie
bout [baʊt] *n* ❶ (*short attack*) Anfall *m;* **a ~ of coughing** ein Hustenanfall *m;* **a ~ of insanity** ein Anfall *m* von Wahnsinn; **drinking ~** Trinkgelage *nt oft hum;* (*going out*) Sauftour *f fam*
❷ (*in boxing*) Boxkampf *m;* (*in wrestling*) Ringkampf *m*
boutique [buːˈtiːk] *n* Boutique *f*
bovine ['bəʊvaɪn, AM 'boʊ-] *adj* ❶ (*of cows*) Rinder-; **~ growth hormone** Rinderwachstumshormon *nt*
❷ (*fig: stupid*) einfältig; (*limited*) beschränkt; (*sluggish*) träge
bovver ['bɒvəʳ] *n no pl* BRIT (*sl*) Straßenkämpfe *mpl;* (*between gangs*) Bandenkämpfe *mpl;* **to go out looking for ~** auf eine Schlägerei aus sein *fam*
bovver boots *npl* BRIT (*sl*) Springerstiefel *mpl,* Rockerstiefel *mpl* **bovver boy** *n* BRIT (*sl*) Rocker *m;* (*misbehaving*) Rowdy *m*
bow¹ [bəʊ, AM boʊ] *n* ❶ (*weapon*) Bogen *m;* **~ and arrows** Pfeil und Bogen *pl;* **to draw one's ~** den Bogen spannen
❷ (*for an instrument*) Bogen *m*
❸ (*knot*) Schleife *f*
► PHRASES: **to have many/two <u>strings</u> to one's ~** mehrere/zwei Eisen im Feuer haben *fam*
bow² [baʊ] **I.** *vi* ■**to ~ [to sb/sth]** sich *akk* [vor jdm/etw] verbeugen [*o geh* verneigen]; **to ~ to public pressure** (*fig*) sich *dat* öffentlichem Druck beugen
► PHRASES: **to ~ and <u>scrape</u>** (*pej*) katzbuckeln
II. *vt* **to ~ one's head** den Kopf senken [*o geh* neigen]
III. *n* ❶ (*bending over*) Verbeugung *f,* Verneigung *f geh;* **to give** [*or* **make**] **a ~ [to sb]** [vor jdm] eine Verbeugung machen; **to make one's ~** (*fig*) sein Debut geben; **to take a ~** sich *akk* [unter Applaus] verbeugen; **to take one's final ~** (*fig*) seine letzte Vorstellung geben, zum letzten Mal auftreten
❷ NAUT Bug *m*
► PHRASES: **to fire a warning <u>shot</u> across sb's ~s** einen Warnschuss vor jds Bug abfeuern

B

◆**bow down** *vi* ❶ (*to show reverence*) ■**to ~ down** [**before sb**] sich *akk* [vor jdm] verbeugen [*o geh* verneigen]
❷ (*obey sb*) ■**to ~ down to sb** sich *akk* jdm fügen
◆**bow out I.** *vi* (*stop taking part*) sich *akk* verabschieden; (*retire from job*) sich *akk* ins Privatleben zurückziehen; **to ~ out of a project** aus einem Projekt aussteigen *fam*
II. *vt* ■**to ~ sb out** jdn hinauskomplimentieren *euph geh*
bowdlerize ['baʊdləraɪz] *vt* (*pej*) ■**to ~ sth** etw zensieren; **to ~ a film** anstößige Stellen aus einem Film herausschneiden
bow door *n* NAUT Bugklappe *f*
bowed¹ [baʊd] *adj* (*bent over*) gebeugt; **~ down** [*or* **under**] niedergebeugt; ***the roses were ~ under with blossoms*** die Rosen waren über und über mit Blüten beladen
bowed² [bəʊd, AM boʊd] *adj* (*curved*) bogenförmig, gebogen
bowel ['baʊəl] *n* ❶ *usu pl* MED (*intestine*) Darm *m*, Gedärm *nt*, Eingeweide *pl*; **to move one's ~s** Stuhl[gang] haben
❷ (*liter: depths*) ■**~s** *pl* Innere *nt kein pl*; **the ~s of the Earth** das Erdinnere, das Innere der Erde
bowel movement *n* Stuhl[gang] *m*
bower ['baʊəʳ, AM -ɚ] *n* (*liter*) schattiges Plätzchen; (*enclosed by foliage*) [Garten]laube *f*; **to sit under a leafy ~** an einem schattigen Plätzchen sitzen
bowhead whale ['bəʊhed,-, AM 'boʊ-] *n* Grönlandwal *m*
bowie knife *n*, **Bowie knife** *n* Bowiemesser *nt*
bowl¹ [bəʊl, AM boʊl] *n* ❶ (*dish*) Schüssel *f*; (*shallower*) Schale *f*; **a ~ of cornflakes** eine Schüssel Cornflakes; **a ~ of rice** eine Schale Reis; **a ~ of soup** eine Tasse Suppe
❷ *esp* AM (*bowl-shaped building*) ■**the B~** das Stadion
► PHRASES: **life is just a ~ of cherries** das Leben ist einfach wunderbar; ***she's so rich that life's just a ~ of cherries for her*** sie ist so reich, dass das Leben für sie das reinste Zuckerschlecken ist *fam*
bowl² [bəʊl, AM boʊl] SPORTS **I.** *vi* ❶ (*in cricket*) werfen
❷ (*play tenpins*) bowlen, Bowling spielen; (*play skittles*) kegeln; (*play bowls*) Bowls spielen
II. *vt* ❶ (*dismiss*) ■**to ~ sb** jdn ausschlagen
❷ (*roll a ball*) **to ~ a ball** einen Ball rollen; **to ~ a bowling ball** eine Bowlingkugel werfen
III. *n* ❶ (*in bowls*) Kugel *f*; (*in bowling*) Bowlingkugel *f*
❷ BRIT ■**~s** + *sing vb* Bowling *nt*; **to play** [**at**] **~s** Bowling spielen
◆**bowl along** *vi* dahinrollen; ***they ~ed along the road*** sie rauschten die Straße entlang
◆**bowl out** *vt usu passive* SPORTS **to ~ sb** ○ **out for a number of runs** jdn für eine bestimmte Anzahl von Läufen ausschlagen
◆**bowl over** *vt usu passive* ■**to ~ over** ○ **sb** ❶ (*knock over*) jdn über den Haufen rennen *fam*; (*by car*) jdn über den Haufen fahren *fam*; (*hit with a ball*) jdn umwerfen
❷ (*fig: astonish*) jdn umwerfen *fam*, jdn umhauen *fam*; ■**to be ~ed over** sprachlos sein; ***she was ~ed over when she heard she'd won the competition*** es verschlug ihr die Sprache, als sie hörte, dass sie den Wettbewerb gewonnen hatte
bow-legged [bəʊ'legɪd, AM boʊ-] *adj* O-beinig *attr fam* **bowlegs** [bəʊ'legz, AM boʊ-] *npl* O-Beine *ntpl fam*
bowler ['bəʊləʳ, AM 'boʊlɚ] *n* ❶ (*in cricket*) Werfer *m*
❷ (*at bowls*) Bowlsspieler(in) *m(f)*; (*at bowling*) Bowlingspieler(in) *m(f)*
❸ (*hat*) Bowler *m*, Melone *f hum fam*
bowler hat *n* Bowler *m*, Melone *f hum fam*
bowl game *n* AM *eins von mehreren Footballspielen, die nach der eigentlichen Saison zwischen besonders ausgewählten Mannschaften ausgetragen werden*
bowline ['bəʊlɪn, AM 'boʊ-] *n* NAUT Palstek *m*
bowling ['bəʊlɪŋ, AM 'boʊ-] *n no pl* ❶ (*tenpins*) Bowling *nt*; (*skittles*) Kegeln *nt*
❷ (*in cricket*) Werfen *nt*; **to open the ~** den ersten Wurf machen
bowling alley *n* (*for tenpins*) Bowlingbahn *f*; (*for skittles*) Kegelbahn *f* **bowling green** *n* Rasenfläche *f* für Bowls
bowman ['bəʊmən, AM 'boʊ-] *n* ❶ (*archer*) Bogenschütze, -in *m, f* ❷ (*rower*) Bugmann *m* **bowsprit** ['bəʊsprɪt, AM 'boʊ] *n* NAUT Bugspriet *m* **bowstring I.** *n* Bogensehne *f* **II.** *vt* (*hist*) ■**to ~ sb** jdn erdrosseln **bow tie** *n* FASHION Fliege *f*; **to tie a ~** eine Fliege binden **bow wave** *n* Bugwelle[n] *f*[*pl*]; ***the judgement will be followed by a ~ of lawsuits*** (*fig*) das Urteil wird einen Rattenschwanz von Prozessen im Gefolge haben *fig* **bow window** *n* Erkerfenster *nt*
bow-wow I. *interj* [,baʊ'waʊ] wauwau
II. *n* ['baʊ,waʊ] (*childspeak: dog*) Wauwau *m Kindersprache*
box¹ [bɒks, AM bɑːks] **I.** *vi* boxen; ■**to ~ against sb** gegen jdn boxen
II. *vt* ❶ (*in match*) ■**to ~ sb** gegen jdn boxen
❷ (*slap*) **to ~ sb's ears** jdn ohrfeigen
III. *n* Schlag *m*; **to give sb a ~ on the ears** jdm eine Ohrfeige geben
box² [bɒks, AM bɑːks] **I.** *n* ❶ (*container*) Kiste *f*; **ballot ~** Wahlurne *f*; **cardboard ~** Karton *m*; **chocolate ~** Pralinenschachtel *f*; **~ of cigars** Schachtel *f* Zigarren; **a ~ of cookies** eine Dose Kekse; **~ of matches** Streichholzschachtel *f*; **tool ~** Werkzeugkasten *m*; **witness ~** BRIT LAW Zeugenstand *m*; **wooden ~** Holzkiste *f*
❷ (*rectangular space*) Kästchen *nt*, Feld *nt*
❸ (*small space*) **telephone ~** Telefonzelle *f*; ***their new house is just a ~*** ihr neues Haus ist eigentlich nur so groß wie ein Schuhkarton
❹ (*in theatre*) Loge *f*
❺ BRIT, AUS SPORTS (*protective equipment*) Suspensorium *nt*
❻ (*fam: television*) ■**the ~** die [Flimmer]kiste *fam*, der Kasten *fam*, die Glotze *sl*
II. *vt* ❶ (*place in box*) ■**to ~ sth** [**up**] etw in einen Karton legen; (*wrap*) etw [in einen Karton/eine Schachtel] verpacken
❷ NAUT **to ~ the compass** *alle Kompasspunkte der Reihe nach aufzählen*; (*change direction*) eine Kehrtwendung machen
◆**box in** *vt* ■**to ~ in** ○ **sth** etw einklemmen; **to ~ in a car** ein Auto einparken; **to feel ~ed in** (*fig*) sich *akk* eingeengt fühlen
◆**box off** *vt* ■**to ~ off** ○ **sth** etw abteilen [*o* abtrennen]; **to ~ an area off** einen Bereich abtrennen
◆**box up** *vt* ■**to ~ up** ○ **sth** etw [in Kartons] einpacken
box³ [bɒks, AM bɑːks] *n no pl* (*tree*) Buchsbaum *m*
box calf *n* Boxkalf *nt* **box camera** *n* Box[kamera] *f* **box candy** *n* AM *in einer Schachtel verpackte Süßigkeiten* **boxcar** *n* AM ❶ (*freight car*) [geschlossener] Güterwagen ❷ (*sl: pair of sixes*) ■**~s** *pl* Sechserpasch *m kein pl* **boxed set** *n Sortiment in einer Box*
boxer ['bɒksəʳ, AM 'bɑːksɚ] *n* ❶ (*dog*) Boxer *m*
❷ (*person*) Boxer(in) *m(f)*
boxers ['bɒksəz, AM 'bɑːksɚz] *npl*, **boxer shorts** *npl* Boxershorts *pl*
boxing ['bɒksɪŋ, AM 'bɑːks-] **I.** *n no pl* Boxen *nt*
II. *n modifier* (*champion*) Box-
boxing card *n* Boxprogramm *nt*
Boxing Day *n* BRIT, CAN zweiter Weihnachtsfeiertag, der 26. Dezember
boxing gloves *npl* Boxhandschuhe *mpl* **boxing match** *n* Boxkampf *m* **boxing ring** *n* Boxring *m*
box junction *n markierter Kreuzungsbereich, der bei Stau nicht befahren werden darf* **box lunch** *n* AM (*packed lunch*) Lunchpaket *nt* **box number** *n* Chiffre[nummer] *f* **box office** *n* Kasse *f* (*im Kino, Theater*) **box office appeal** *n* **to have great ~** ein [echter] Kassenschlager sein *fam* **box office attraction** *n*, **box office draw** *n* **to be a great** [*or* **huge**] **~** ein [riesiger [*o* gewaltiger]] Kassenschlager sein *fam* **box office failure** *n* Flop *m*, Pleite *f fam* **box office hit** *n* Kassenschlager *m fam* **box office receipts** *npl* verkaufte Eintrittskarten *fpl* **box office star** *n* [Kassen]star *m* **box office success** *n* Kassenerfolg *m* **box office takings** *npl* verkaufte Eintrittskarten *fpl*
boxroom *n* BRIT Abstellraum *m*, Abstellkammer *f*
box score *n* AM SPORTS tabellarischer Spielbericht (*Ergebnis- und Spielbericht eines Sportereignisses*)
box seat *n* ❶ THEAT (*seat in a box*) Logenplatz *m* ❷ SPORTS (*seat closest to action*) *Platz auf den vordersten Rängen* **box spanner** *n esp* BRIT, AUS Steckschlüssel *m* **box spring** *n* Sprungfeder *f* **box spring mattress** *n* Sprungfedermatratze *f* **box store** *n* AM [Verbraucher-]Abholmarkt *m* **box top** *n* Kartondeckel *m* (*einer Kartonpackung*) **boxwood** *n no pl* Buchsbaumholz *nt* **box wrench** *n* AM (*box spanner*) Steckschlüssel *m*
boxy ['bɒksi, AM 'bɑːksi] *adj* kastenförmig, kistenförmig; **~ shape** Kastenform *f*
boy [bɔɪ] **I.** *n* ❶ (*male child*) Junge *m*, Bub *m* SÜDD, ÖSTERR, SCHWEIZ
❷ ■**the ~s** *pl* (*friends*) ***he always spends Friday nights with the ~s*** er verbringt Freitagnacht immer mit seinen Kumpels; **one of the ~s** ein richtiger Mann [*o fam* echter Kerl]
❸ (*in office, shop*) Laufbursche *m*; (*in hotel, lift*) Boy *m*
► PHRASES: **the big ~s** die Großen; **the ~s in blue** (*fam*) die Polizei *f*, die Jungs in Grün *hum fam*; **to be a local ~ made good** ein erfolgreicher junger Mann von hier sein; **~s will be ~s** (*saying*) Jungs sind nun mal so; **my ~** (*dated*) mein Junge; **our/the ~s** MIL unsere Jungs
II. *interj* [**oh**] **~, *that was good!*** Junge, Junge, war das gut! *fam*
boy band *n* Boygroup *f*
boycott ['bɔɪkɒt, AM -kɑːt] **I.** *vt* ■**to ~ sth** etw boykottieren
II. *n* Boykott *m*; **to lift a ~** einen Boykott aufheben; **to put a ~ on sb/sth** [*or* **sb/sth under a ~**] über jdn/etw einen Boykott verhängen
boyfriend *n* Freund *m*
boyhood ['bɔɪhʊd] **I.** *n no pl* (*as a child*) Kindheit *f*; (*as a teenager*) Jugend *f*
II. *n modifier* (*as a child*) Kindheits-; (*as a teenager*) Jugend-
boyish ['bɔɪɪʃ] *adj* jungenhaft; (*of woman*) knabenhaft *geh*; **~ enthusiasm** kindlicher Enthusiasmus
boyishly ['bɔɪɪʃli] *adv* jungenhaft; (*of woman*) knabenhaft; **~ enthusiastic** kindlich begeistert
boy-meets-girl *adj* Liebes-; **~ story** Liebesgeschichte *f*
boyo <*pl* -s> ['bɔɪjəʊ] *n* DIAL (*fam: boy, man*) Bursche *m*
boy scout *n* (*dated*) Pfadfinder(in) *m(f)* **boy scout jamboree** *n* Pfadfindertreffen *nt* **boy scout troop** *n* Pfadfindervereinigung *f*, Pfadfindergruppe *f* **boy toy** *n* AM (*toy boy*) jugendlicher Liebhaber, Gespiele *m veraltet o hum* **boy wonder** *n* Wunderknabe *m*, Wunderkind *nt*
bozo ['bəʊzəʊ, AM 'boʊzoʊ] *n esp* AM (*sl*) dummer Kerl *fam*, Depp *m pej*
B/P *abbrev of* **bills payable** *see* **bill I 3**
BPI, **bpi** *n* COMPUT *abbrev of* **bits pro inch** Bits *pl* pro Inch
BPP *n* COMPUT *abbrev of* **bits per pixel** BPP
bps *n* COMPUT *abbrev of* **bits per second** bps; **~ rate adjust** bps-Anpassung *f*
BR [,biː'ɑːʳ] *n no pl abbrev of* **British Rail** *britische Eisenbahngesellschaft*
B/R *abbrev of* **bills receivable** *see* **bill I 3**
bra [brɑː] *n* ❶ (*for woman*) BH *m fam*
❷ AM (*for car*) *Lederüberzug für die Schnauze eines Autos als Schutz vor Steinchen*
braai [braɪ] SA **I.** *n* Grillfest *nt*
II. *vt* ■**to ~ sth** etw grillen
III. *vi* grillen
brace [breɪs] **I.** *n* ❶ *esp* BRIT MED ■**~** [*or esp* AM, AUS **~s**] (*for teeth*) Zahnklammer *f*, Zahnspange *f*;

(*for back*) Stützapparat *m*
❷ BRIT, AUS (*for trousers*) ■ ~s *pl* Hosenträger *mpl*
❸ *esp* AM (*callipers*) ■ ~s *pl* Stützapparat *m*
❹ (*pair of birds*) [Federwild]paar *nt;* ~ **of partridges** Rebhuhnpaar *nt*
II. *vt* ❶ (*prepare for*) ■ **to** ~ **oneself for sth** (*mentally*) sich *akk* auf etw *akk* gefasst machen; (*physically*) sich *akk* auf etw *akk* vorbereiten
❷ (*support*) ■ **to** ~ **sth** [**with sth**] etw [mit etw *dat*] [ab]stützen; (*horizontally*) etw [mit etw *dat*] verstreben
◆**brace up** *vi* sich *akk* zusammenreißen
brace and bit *n* Bohrwinde *f*
bracelet ['breɪslət] *n* ❶ (*jewellery*) Armband *nt,* Armreif *m*
❷ (*fam: handcuffs*) Handschelle[n] *f*[*pl*]
braces ['breɪsɪz] *npl* COMPUT geschweifte Klammern
bracing ['breɪsɪŋ] *adj* erfrischend, belebend, anregend; ~ **climate** Reizklima *nt*
bracken ['brækən] *n no pl* Adlerfarn *m*
bracket ['brækɪt] **I.** *n* ❶ *usu pl* (*in writing*) Klammer *f;* **in** [**round/square**] ~**s** in [runden/eckigen] Klammern; **to be included in** ~**s** in Klammern stehen
❷ AM, AUS (*square writing symbols*) ■ ~s *pl* eckige Klammern
❸ (*category*) Klasse *f,* Gruppe *f;* COMM *also* Stufe *f,* Interval *nt;* **age** ~ Altersgruppe *f;* FIN **income** ~ Einkommensstufe *f;* **middle-income** ~ mittlere Einkommensstufe; **salary** ~ Gehaltsklasse *f;* **tax** ~ Steuerklasse *f*
❹ (*L-shaped support*) Konsole *f,* [Winkel]stütze *f*
II. *vt* ❶ (*put into brackets*) ■ **to** ~ **sth** etw einklammern [*o* in Klammern setzen]
❷ (*include in one group*) ■ **to** ~ **sb with sb** jdn mit jdm in einen Topf werfen *fam;* **to** ~ **sth together** etw in einen Topf schmeißen *fam*
brackish ['brækɪʃ] *adj* leicht salzig; *water* brackig; ~ **water** Brackwasser *nt*
bract [brækt] *n* BOT Deckblatt *nt,* Hüllblatt *nt*
bradawl ['brædɔ:l, AM -ɑ:l] *n* [flache] Ahle *f,* Pfriem *m*
brae [breɪ] *n* SCOT Abhang *m,* Böschung *f*
brag <-gg-> [bræg] **I.** *vi* ■ **to** ~ [**about sth**] [mit etw *dat*] prahlen [*o* angeben]
II. *vt* ■ **to** ~ **that ...** damit prahlen [*o* angeben], dass ...
braggart ['brægət, AM -ət] *n* (*pej dated*) Prahler(in) *m(f)*
brahman ['brɑ:mən], **brahmin** ['brɑ:mɪn] *n* Brahmane *m*
braid [breɪd] **I.** *n* ❶ *no pl* (*on cloth*) Borte *f;* (*on uniform*) Litze *f;* (*with metal threads*) Tresse[n] *f*[*pl*]
❷ *esp* AM (*plait*) Zopf *m,* Flechte *f geh*
II. *vt esp* AM ■ **to** ~ **sth** etw flechten
III. *vi esp* AM flechten
braiding ['breɪdɪŋ] *n see* **braid I**
Braille [breɪl] *n no pl* Blindenschrift *f,* Brailleschrift *f*
brain [breɪn] **I.** *n* ❶ (*organ*) Gehirn *nt;* ■ ~s *pl* [Ge]hirn *nt*
❷ (*intelligence*) Verstand *m;* **to have a good** ~ einen scharfen Verstand haben; ■ ~s *pl* (*intelligence*) Intelligenz *f kein pl,* Grips *m fam,* Köpfchen *nt fam;* (*imagination*) Einbildung *f kein pl,* Fantasie *f kein pl;* **to have** ~**s** (*fam*) Köpfchen [*o* Grips] haben *fam;* **to use one's** ~**s** seinen Kopf [*o fam* sein Hirn] anstrengen
❸ (*fam: intelligent person*) heller Kopf *fam;* **the best** ~**s** die fähigsten Köpfe
❹ (*smartest of a group*) ■ **the** ~**s** + *sing vb* der [hellste] Kopf
► PHRASES: **to blow sb's** ~**s out** (*fam*) jdm eine Kugel durch den Kopf jagen *fam,* jdm das [Ge]hirn rauspusten *sl;* **to have sth on the** ~ (*pej fam*) immer nur an etw *akk* denken; **to pick sb's** ~[**s**] jdm ein Loch in den Bauch fragen *fam,* jdn löchern *fam*
II. *vt* (*fam*) ■ **to** ~ **sb** jdm den Schädel einschlagen *fam;* ■ **to** ~ **oneself** sich *dat* den Kopf [an]stoßen
III. *adj* Gehirn-
brain cell *n* Gehirn[gewebe]zelle *f* **brainchild** *n* genialer Einfall, Geistesprodukt *nt* **brain damage** *n* [Ge]hirnschaden *m* **brain-damaged** ['breɪndæmɪdʒd] *adj inv* hirngeschädigt **brain dead** *adj* [ge]hirntot; **to declare sb** ~ jdn für [ge]hirntot erklären **brain death** *n* [Ge]hirntod *m* **brain disorder** *n* [Ge]hirnerkrankung *f,* [Ge]hirnstörung *f* **brain drain** *n* Braindrain *m,* Abwanderung *f* von Wissenschaftlern/Wissenschaftlerinnen ins Ausland **brain fever** *n* (*dated*) Hirnhautentzündung *f*
brainless ['breɪnləs] *adj* hirnlos *pej;* ~ **idiot** Vollidiot *m pej*
brain power *n* (*fam*) Intelligenz *f;* **to have** ~ eine Leuchte sein *fam* **brain scan** *n* Computertomographie *f* des Schädels **brainstorm I.** *vi* ein Brainstorming machen **II.** *vt* **to** ~ **a project** zu einem Projekt ein Brainstorming machen **III.** *n* ❶ BRIT (*fam: brain shutdown*) Anfall *m* geistiger Umnachtung; **to have a** ~ geistig weggetreten sein *fam* ❷ AM (*brainwave*) Geistesblitz *m fam* **brainstorming** *n no pl* Brainstorming *nt,* gemeinsame Problembewältigung **brainstorming session** *n* Brainstorming *nt;* **to have a** ~ ein Brainstorming abhalten [*o* durchführen] **brain teaser** *n* (*sth puzzling*) Rätsel *nt;* (*puzzle*) Denksportaufgabe *f* **brain tissue** *n* Gehirngewebe *nt* **brain trust** *n* AM Braintrust *m,* politische/wirtschaftliche Beratergruppe **brain tumour** *n* [Ge]hirntumor *m* **brainwash** *vt* (*pej*) ■ **to** ~ **sb** jdn einer Gehirnwäsche unterziehen **brainwashing** *n* Gehirnwäsche *f* **brain wave** *n* MED Hirn[strom]welle *f* **brainwave** *n* (*fam*) Geistesblitz *m fam* **brainwork** *n no pl* Kopfarbeit *f*
brainy ['breɪni] *adj* (*intelligent*) gescheit; (*rapid mental grasp*) aufgeweckt
braise [breɪz] *vt* FOOD ■ **to** ~ **sth** etw schmoren
brake¹ [breɪk] **I.** *n* Bremse *f;* **anti-lock** ~ Antiblockierbremse *f;* **to apply** [*or* **put on**] **the** ~**s** bremsen; **to release the** ~[**s**] (*by hand*) die Bremse lösen; (*by foot*) den Fuß von der Bremse nehmen; **to slam on the** ~[**s**] (*fam*) in die Eisen steigen *fam,* auf die Bremse latschen *sl*
II. *vi* bremsen; **to** ~ **sharply** [*or* **hard**] scharf bremsen
brake² [breɪk] *n* BOT [Adler]farn *m*
brake band *n* AUTO Bremsband *nt* **brake block** *n* (*on bike*) Bremsklotz *m,* Bremsbacke *f fachspr* **brake cable** *n* Bremszug *m,* Bremsseil *nt* **brake drum** *n* Bremstrommel *f* **brake fluid** *n* Bremsflüssigkeit *f* **brake lights** *npl* Bremslichter *ntpl* **brake lining** *n* Bremsbelag *m* **brake pads** *npl* Bremsbeläge *mpl* **brake pedal** *n* Bremspedal *nt* **brake shoe** *n* Bremsklotz *f,* Bremsbacke *f fachspr* **brake van** *n* BRIT RAIL Bremswagen *m*
braking ['breɪkɪŋ] *n no pl* Bremsen *nt*
braking distance *n* Bremsweg *m*
bramble ['bræmbl̩] *n* ❶ (*bush*) Brombeerstrauch *m*
❷ (*berry*) Brombeere *f*
❸ *esp* AM (*thorny bush*) Dornenstrauch *m,* Dornengestrüpp *nt*
bran [bræn] *n no pl* Kleie *f*
branch [brɑ:n(t)ʃ, AM bræn(t)ʃ] **I.** *n* ❶ (*of a bough*) Zweig *m;* (*of the trunk*) Ast *m*
❷ *esp* AM (*fork*) ~ **of a river** Flussarm *m;* ~ **of a road** Abzweigung *f*
❸ (*local office*) Zweigstelle *f,* Filiale *f*
❹ (*subdivision*) Zweig *m*
II. *vi* ❶ (*form branches*) Zweige treiben
❷ (*fig: fork*) sich gabeln
◆**branch off I.** *vi* sich verzweigen [*o* gabeln]; (*into other direction*) abzweigen
II. *vt* **to** ~ **off a subject** [*or* **topic**] vom Thema abkommen
◆**branch out** *vi* ❶ (*enter a new field*) seine Aktivitäten ausdehnen [*o* erweitern]; ***the manufacturer recently*** ~***ed out into children's wear*** das Angebot des Herstellers umfasst seit kurzem auch Kinderkleidung; **to** ~ **out on one's own** sich *akk* selbständig machen; ■ **to** ~ **out** [**to sth**] [auf etw *akk*] umsatteln *fam*
❷ (*get active*) aktiv werden; **to** ~ **socially** gesellschaftlich mehr unternehmen
branch line *n* Nebenstrecke *f,* Zweiglinie *f* **branch manager** *n* Filialleiter(in) *m(f),* Zweigstellenleiter(in) *m(f)* **branch network** *n* Filialnetz *nt,* Zweigstellennetz *nt* **branch office** *n* Filiale *f,* Zweigstelle *f,* [Zweig]niederlassung *f*
brand [brænd] **I.** *n* ❶ (*product*) Marke *f;* **own** [*or* AM **store**] [*or* AUS **generic**] ~ Hausmarke *f;* ~ **image** Markenimage *nt;* ~ **leader** Markenführer *m;* ~ **manager** Marketingleiter(in) *m(f)* eines Markenproduktes; ~ **recognition** Markenwiedererkennung *f;* ~ **switching** Markenwechsel *m*
❷ (*fig: type*) Art *f;* ***do you like his*** ~ ***of humour?*** magst du seinen Humor?
❸ (*mark*) Brandmal *nt geh;* (*on animals*) Brandzeichen *nt*
❹ (*liter: flame*) Feuer *nt,* Brand *m*
II. *vt* ❶ *usu passive* (*fig pej: label*) ■ **to be** ~**ed** [**as**] **sth** als etw gebrandmarkt sein
❷ (*mark with hot iron*) ■ **to** ~ **an animal** ein Tier mit einem Brandzeichen versehen
❸ COMM ■ **to** ~ **sth** etw mit dem Markennamen versehen
brand awareness *n* Markenbewusstsein *nt*
branding iron ['brændɪŋ,-] *n* Brandeisen *nt*
brandish ['brændɪʃ] *vt* ■ **to** ~ **sth** etw [drohend] schwingen; **to** ~ **a gun** mit einer Pistole [herum]fuchteln *fam;* **to** ~ **a letter** aufgeregt mit einem Brief wedeln
brand loyalty *n* Markentreue *f* **brand management** *n* Markenpositionierung *f* **brand name** *n* Markenname *m* **brand new** *adj inv* [funkel]nagelneu *fam,* brandneu *fam;* ~ **car** fabrikneues Auto; ~ **baby** neugeborenes Baby **brand positioning** *n* Markenpositionierung *f*
brandy ['brændi] *n* Weinbrand *m,* Brandy *m*
brandy butter *n* Weinbrandbutter *f* (*Creme aus Butter, Zucker und Weinbrand, die gewöhnlich an Weihnachten zum 'Christmas pudding' gegessen wird*) **brandy snap** *n dünnes, oft mit Schlagsahne gefülltes Ingwerteigröllchen, das als Nachspeise gegessen wird*
brash [bræʃ] *adj* (*pej*) ❶ (*cocky*) dreist, unverfroren; ~ **manner** aufdringliche Art
❷ (*gaudy*) grell
brashly ['bræʃli] *adv* dreist, unverfroren
brashness ['bræʃnəs] *n no pl* Dreistigkeit *f,* Unverfrorenheit *f*
brass [brɑ:s, AM bræs] **I.** *n* ❶ (*metal*) Messing *nt;* **made of** ~ aus Messing
❷ (*brass engraving*) Gedenktafel *f* (*aus Messing*)
❸ + *sing/pl vb* MUS (*brass instrument section*) ■ **the** ~ die Blechinstrumente *ntpl,* das Blech
❹ *no pl* (*approv fam: cheek*) Frechheit *f;* **to have** ~ kess [*o* frech] sein; (*be bumptious*) vorwitzig sein; **to have the** ~ **to do sth** (*audacity*) die Frechheit besitzen, etw zu tun
❺ *no pl* BRIT (*dated fam: money*) Kies *m sl,* Kohle *f fam*
► PHRASES: **where there's muck there's** ~ BRIT (*saying*) Dreck und Geld liegen eng beisammen
II. *n modifier* ❶ (*made of brass*) (*handle, plaque*) Messing-
❷ MUS **the** ~ **section** die Blechbläsern; ~ **instrument** Blechinstrument *nt*
brass balls *npl* AM (*vulg: brass neck*) Schneid *m fam,* Mumm *m fam* **brass band** *n* Blaskapelle *f*
brassed off *adj pred* BRIT (*fam*) ■ **to be** ~ **with sth/sb** von etw/jdm die Nase voll haben *fam,* etw satt haben *fam;* ■ **to be** ~ **with doing sth** es satt haben, etw zu tun *fam*
brasserie ['bræsəri, AM ,bræsə'ri] *n* Brasserie *f*
brass farthing *n* (*fam*) **to be not worth a** ~ keinen Pfifferling [*o fam* roten Heller] wert sein; **to not care a** ~ **about sth** sich *akk* einen Dreck für etw *akk* interessieren *fam;* **to not have a** ~ keinen Pfifferling [*o fam* roten Heller] haben **brass hat** *n* (*sl*) MIL hohes Tier *fam*
brassiere ['bræsɪəʳ, AM brə'zɪr] *n* (*dated form*) Büstenhalter *m*
brass knuckles *npl* Schlagring *m* **brass monkey weather** *n no pl* Hundewetter *nt fam;* (*cold*)

Saukälte *f fam; **it's ~ today*** es ist arschkalt heute *sl*
brass neck *n* BRIT *(pej)* **to have the ~ to do sth** die Stirn [*o fam* den Nerv] haben, etw zu tun **brass plate** *n* Messingschild *nt* **brass-rubbing** *n* ❶ *no pl* *(activity)* Durchpausen *nt* *(eines Bildes auf einer Messingtafel)* ❷ *(impression made)* Pausezeichnung *f* *(eines Bildes auf einer Messingtafel)* **brass tacks** *npl* *(fam)* **to get down to ~** zur Sache kommen **brassware** *n no pl* Messinggegenstände *mpl,* Messingware *f*
brassy [ˈbrɑːsi, AM ˈbræsi] *adj* ❶ *(like brass)* messingartig; *(colour)* messingfarben, messingfarbig
❷ MUS *(of brass instrument)* **~ sound** blecherner Klang
❸ *(pej: loud and harsh)* **~ voice** dröhnende Stimme
❹ *(pej: cocky)* frech, unverschämt, dreist
brat [bræt] *n* *(pej fam)* Balg *m od nt fam,* Gör *nt* NORDD, Göre *f* NORDD; **a spoilt ~** ein verzogenes Balg *fam,* ein verzogener Fratz *bes* SÜDD, ÖSTERR; **~ pack** *(fam)* *Gruppe junger, berühmt-berüchtigter [Film]leute*
bravado [brəˈvɑːdəʊ, AM -doʊ] *n no pl* Draufgängertum *nt,* [prahlerischer] Wagemut *m*
brave [breɪv] **I.** *adj* ❶ *(fearless)* mutig, unerschrocken, kühn; ***the government revealed its ~ new approach to homelessness*** die Regierung gab ihren entschlossenen Neuansatz zur Bekämpfung der Obdachlosigkeit bekannt; **to put up a ~ fight** sich tapfer schlagen, tapfer kämpfen
❷ *(stoical)* tapfer; **~ smile** tapferes Lächeln
► PHRASES: **to put on a ~ <u>face</u>** sich *dat* nichts anmerken lassen
II. *n* *(dated)* [indianischer] Krieger
III. *vt* ■**to ~ sth** etw *dat* die Stirn bieten; **to ~ the danger/weather** der Gefahr/dem Wetter trotzen
◆**brave out** *vt* ■**to ~ out** ◌ **sth** etw [tapfer] durchstehen
bravely [ˈbreɪvli] *adv* tapfer, mutig
bravery [ˈbreɪvᵊri] *n no pl* Tapferkeit *f,* Mut *m*
bravo [brɑːˈvəʊ, AM ˈbrɑːvoʊ] *interj* *(dated or also hum)* **~, ~!** bravo, bravo!
bravura [brəˈvjʊərə, AM -ˈvjʊrə] **I.** *n no pl* Bravour *f*
II. *adj* Bravour-, bravourös
brawl [brɔːl, AM *esp* brɑːl] **I.** *n* [lautstarke] Schlägerei
II. *vi* sich *akk* [lautstark] schlagen
brawling [ˈbrɔːlɪŋ, AM *esp* ˈbrɑː-] *n no pl* Schlägereien *fpl*
brawn [brɔːn, AM *esp* brɑːn] *n no pl* ❶ *(strength)* Muskelkraft *f,* Stärke *f;* ***I prefer ~ to brains*** für mich sind Muskeln wichtiger als Hirn
❷ BRIT, AUS FOOD Schweinskopfsülze *f*
brawny [ˈbrɔːni, AM *esp* ˈbrɑː-] *adj* *(muscular)* muskulös; *(strong)* kräftig, stark
bray [breɪ] **I.** *vi donkey, mule* schreien; *(pej) person* kreischen; **~ing laugh** *(pej)* wieherndes Lachen; **to ~ with laughter** *(pej)* vor Lachen schreien *fam*
II. *n* [Esels]schrei *m*
braze [breɪz] **I.** *vt* ■**to ~ sth** etw hartlöten
II. *n* [Hart]lötstelle *f*
brazen [ˈbreɪzᵊn] **I.** *adj* unverschämt, schamlos, frech; **~ hussy** frecher Fratz *hum;* **~ lie** schamlose Lüge *hum*
II. *vt* ■**to ~ it out** ❶ *(pretend there is no problem)* es durchhalten
❷ *(show no remorse)* es eisern verfechten
brazenly [ˈbreɪzᵊnli] *adv* unverschämt, schamlos, dreist; **to lie ~** schamlos lügen
brazenness [ˈbreɪzᵊnnəs] *n no pl* Dreistigkeit *f,* Unverfrorenheit *f*
brazier [ˈbreɪziəʳ, AM -ʒɚ] *n* ❶ *(heater)* [große, flache] Kohlenpfanne
❷ AM *(barbecue)* [Grill]rost *m*
Brazil [brəˈzɪl] *n* Brasilien *nt*
Brazilian [brəˈzɪliən, AM -ˈziljən] **I.** *n* Brasilianer(in) *m(f)*
II. *adj* brasilianisch
Brazil nut *n* ❶ *(tree)* Juvia-Nussbaum *m*
❷ *(nut)* Paranuss *f*
brazing [ˈbreɪzɪŋ] *n no pl* Hartlöten *nt*
breach [briːtʃ] **I.** *n* ❶ *(infringement)* Verletzung *f,* Verstoß *m;* *(failure to obey law)* Vergehen *nt,* Übertretung *f;* **~ in/of an agreement** Verletzung *f* einer Vereinbarung; **~ of confidence** [*or* **faith**] Vertrauensbruch *m;* **~ of contract** Vertragsbruch *m;* **~ of duty** Pflichtverletzung *f;* **~ of [the] law** Gesetzesverletzung *f,* Rechtsbruch *m;* **~ of the peace** Störung *f* der öffentlichen Ruhe und Ordnung; **~ of promise** Wortbruch *m,* Wortbrüchigkeit *f;* **~ of trust** LAW Verletzung *f* von Treuhänderpflichten; **security ~** Verstoß *m* gegen die Sicherheitsbestimmungen; **fundamental ~** [zum Vertragsrücktritt berechtigender] schwerer Vertragsbruch
❷ *(estrangement)* Bruch *m,* Riss *m;* *(discord)* Zwist *m geh*
❸ *(gap)* Bresche *f veraltend,* Lücke *f;* **to make a ~ [in the enemy's lines]** MIL eine Bresche [in die feindlichen Linien] schlagen, [die feindlichen Linien] durchbrechen; **to step into the ~** *(fig)* einspringen, in die Bresche springen *geh,* aushelfen
II. *vt* ❶ *(break)* **to ~ an agreement** eine Vereinbarung verletzen; **to ~ a contract** einen Vertrag brechen
❷ *(infiltrate)* ■**to ~ sth** *a defence, the enemy lines* etw durchbrechen
III. *vi* an die Oberfläche kommen; *whale* auftauchen
breach of the peace *n* BRIT öffentliche Ruhestörung
breach of warranty *n* LAW Verletzung *f* einer Gewährleistungspflicht
bread [bred] *n no pl* ❶ *(food)* Brot *nt;* *(type of bread)* Brotsorte *f;* **crust of ~** Brotrinde *f,* Brotkruste *f;* **a loaf of ~** ein Brot *nt;* *(unsliced)* ein Laib *m* Brot; **a slice of ~** eine Scheibe Brot; **~ and water** *(fig: diet of poverty)* Brot und Wasser; *(chosen abstinence)* Luft und Ideale; **to bake ~** Brot backen
❷ REL Hostie *f;* **to break the ~** das Brot brechen
❸ *(dated sl: money)* Kies *m sl,* Moos *f sl,* Kohle *f fam*
► PHRASES: **~ and <u>circuses</u>** Brot und Spiele; **the ~ of <u>life</u>** das Brot des Lebens; ***for her, music was the ~ of life*** für sie war die Musik wie ein Lebenselixier; **to take the ~ out of sb's <u>mouth</u>** jdm das Wasser abgraben; **to know which <u>side</u> one's ~ is buttered** *(fam)* seinen Vorteil kennen; **to want one's ~ buttered on both <u>sides</u>** *(fam)* das Unmögliche wollen; **the best <u>thing</u> since sliced ~** die beste Sache seit Menschengedenken; ***he thinks his new secretary's the best thing since sliced ~*** er hält seine neue Sekretärin für absolut spitze *fam;* **to cast one's ~ upon the <u>waters</u>** etw ohne eine Dankeserwartung tun; **to <u>earn</u> one's [daily] ~** *(form)* sein Brot verdienen, sich *dat* seine Brötchen verdienen *fam;* **man/one cannot <u>live</u> by ~ alone** *(saying)* der Mensch lebt nicht vom Brot allein *prov*
bread and butter **I.** *n* *(food)* Butterbrot *nt;* *(fig: income)* Lebensunterhalt *m;* *(job)* Broterwerb *m;* ***this is my ~*** damit verdiene ich mir meinen Lebensunterhalt **II.** *n modifier* alltäglich, gewöhnlich; **~ letter** Dankesbrief *m* *(für Gastfreundschaft)*; **~ pudding** Brotauflauf *m* **bread basket** *n* ❶ *(container)* Brotkorb *m* ❷ *(region)* Kornkammer *f* ❸ *(fam)* Bauch *m* **bread bin** *n* BRIT, AUS Brotkasten *m* **breadboard** *n* Brotschneidebrett *nt;* ELEC Brettschaltung *f,* Laborplatine *f* **bread box** *n esp* AM *(bread bin)* Brotkasten *m* **breadcrumb** *n* Brotkrume *f,* Brotkrümel *m;* *(for coating food)* ■**~s** *pl* Paniermehl *nt kein pl,* Semmelbrösel *mpl o* ÖSTERR *ntpl;* **to coat** [*or* **cover**] **sth with ~s** etw panieren
breaded [ˈbredɪd] *adj inv* paniert
breadfruit <*pl* -s *or* -> *n* Brotfrucht *f* **bread knife** *n* Brotmesser *nt* **breadline** *n* ❶ *no pl* BRIT *(not enough to live on)* Existenzminimum *nt;* **to be** [*or* **live**] **on the ~** am Existenzminimum leben ❷ AM *(queue)* *Schlange vor einer Essensausgabestelle* **breadstick** [ˈbredstɪk] *n* [knuspriges] Stangenbrot
breadth [bretθ, bredθ] *n no pl* ❶ *(broadness)* Breite *f;* *(width)* Weite *f*
❷ *(fig: multidimensionality)* Ausdehnung *f,* Weite *f;* **~ of learning** umfassende Bildung; **~ of mind** große [geistige] Aufgeschlossenheit
breadwinner *n* Ernährer(in) *m(f),* Geldverdiener(in) *m(f);* **to be the ~** die Brötchen verdienen *fam*

break [breɪk]

I. NOUN **II.** TRANSITIVE VERB
III. INTRANSITIVE VERB

I. NOUN

❶ *(fracture)* Bruch *m;* *(in glass, pottery)* Sprung *m;* *(in rock, wood)* Riss *m;* MED Bruch *m*
❷ *(gap)* Lücke *f;* *(in rock)* Spalt *m;* *(in line)* Unterbrechung *f*
❸ *(escape)* Ausbruch *m;* **to make a ~** ausbrechen
❹ *(interruption)* Unterbrechung *f,* Pause *f;* *esp* BRIT SCH *(during classes)* Pause *f;* *(holiday)* Ferien *pl;* **coffee/lunch ~** Kaffee-/Mittagspause *f;* **Easter/Christmas ~** Oster-/Weihnachtsferien *pl;* **commercial ~** TV, RADIO Werbung *f;* **to have** [*or* **take**] **a ~** eine Pause machen; ***we decided to have a short ~ in Paris*** wir beschlossen, einen Kurzurlaub in Paris zu verbringen; **to need a ~ from sth** eine Pause von etw *dat* brauchen
❺ METEO **~ of day** Tagesanbruch *m;* **a ~ in the weather** *(liter)* ein Wetterumschwung *m*
❻ *(divergence)* Bruch *m;* **a ~ with family tradition** ein Bruch mit der Familientradition
❼ *(end of relationship)* Abbruch *m;* **to make a clean/complete ~** einen sauberen/endgültigen Schlussstrich ziehen; **to make the ~ [from sb/sth]** die Beziehung [zu jdm/etw] abbrechen
❽ *(opportunity)* Chance *f,* Gelegenheit *f;* ***she got her main ~ as an actress in a Spielberg film*** sie hatte ihre größte Chance als Schauspielerin in einem Spielbergfilm
❾ SPORTS *(in tennis)* **~ [of serve]** Break *m o nt;* *(in snooker, billiards)* Anstoß *m*
❿ COMM *(fam: sharp fall)* plötzlicher und starker Einbruch von Preisen und Kursen
⓫ COMPUT **B~ key** Pause-Taste *f*
► PHRASES: **<u>give</u> me a ~!** *(fam: knock it off!)* hör auf [damit]!; *(give me a chance)* gib mir eine Chance!

II. TRANSITIVE VERB

<broke, broken> ❶ *(shatter)* ■**to ~ sth** etw zerbrechen; *(in two pieces)* etw entzweibrechen; *(force open)* etw aufbrechen; *(damage)* etw kaputtmachen *fam;* *(fracture)* etw brechen; ***we heard the sound of ~ing glass*** wir hörten das Geräusch von zerberstendem Glas; **to ~ an alibi** *(fig)* ein Alibi entkräften; **to ~ one's arm** sich *dat* den Arm brechen; **to ~ one's back** [*or* AM **ass**] *(fig fam)* sich *akk* abrackern [*o* abstrampeln] *fam;* **to ~ sb's back** *(fig)* jdm das Kreuz brechen *fig;* **to ~ a bottle/a glass** eine Flasche/ein Glas zerbrechen; **to ~ an egg** ein Ei aufschlagen; **to ~ sb's heart** *(fig)* jdm das Herz brechen *geh;* **to ~ a nail/tooth** sich *dat* einen Nagel/Zahn abbrechen; **to ~ sb's nose** jdm die Nase brechen; **to ~ sth into smithereens** etw in [tausend] Stücke schlagen; **to ~ the sonic** [*or* **sound**] **barrier** die Schallmauer durchbrechen; **to ~ a window** ein Fenster einschlagen
❷ *(momentarily interrupt)* ■**to ~ sth** etw unterbrechen; ***I need something to ~ the monotony of my typing job*** ich brauche etwas, das etwas Abwechslung in meine eintönige Schreibarbeit bringt; **to ~ sb's fall** jds Fall abfangen; **to ~ a circuit** ELEC einen Stromkreis unterbrechen; **to ~ step** [*or* **stride**] aus dem Gleichschritt kommen; MIL aus dem Schritt fallen
❸ *(put an end to)* ■**to ~ sth** etw zerstören; **to ~ the back of sth** BRIT, AUS das Schlimmste einer S. *gen* hinter sich *akk* bringen; ***we can ~ the back of this work today if we really try*** wenn wir uns ernsthaft bemühen, können wir diese Arbeit heute zum größten Teil erledigen; **to ~ camp** das Lager abbrechen; **to ~ a deadlock** einen toten Punkt überwinden, etw wieder in Gang bringen; **to ~ a habit** eine Gewohnheit aufgeben; **to ~ sb of a habit** jdm eine Angewohnheit abgewöhnen; **to ~ an impasse** [*or* a

stalemate] aus einer Sackgasse herauskommen; **to ~ a romantic mood** eine romantische Stimmung kaputtmachen *fam;* **to ~ the peace/a record/the silence** den Frieden/einen Rekord/das Schweigen brechen; **to ~ a spell** einen Bann brechen; **to ~ sb's spirit** jdn mutlos machen; **to ~ a strike** einen Streik brechen; **to ~ the suspense** [*or* **tension**] die Spannung lösen
❹ SPORTS **to ~ a tie** in Führung gehen, einen Führungstreffer erzielen; ■**to ~ sb** TENNIS jdm das Aufschlagspiel abnehmen
❺ (*violate*) ■**to ~ sth** etw brechen; **to ~ an agreement** eine Vereinbarung verletzen; **to ~ a date** eine Verabredung nicht einhalten; **to ~ a/the law** ein/das Gesetz übertreten; **to ~ a treaty** gegen einen Vertrag verstoßen; **to ~ one's word** sein Wort brechen
❻ (*forcefully end*) ■**to ~ sth** etw durchbrechen; **to ~ sb's hold** sich *akk* aus jds Griff befreien
❼ (*decipher*) **to ~ a cipher/a code** eine Geheimschrift/einen Code entschlüsseln
❽ (*make public*) ■**to ~ sth** etw bekannt geben; JOURN etw veröffentlichen; ■**to ~ sth to sb** jdm etw mitteilen [*o* sagen]; ~ ***it to me gently!*** (*hum*) bring's mir schonend bei!; ***how will we ever ~ it to her?*** wie sollen wir es ihr nur sagen?; **to ~ the news to sb** jdm die Nachricht beibringen
❾ (*separate into parts*) ■**to ~ sth** etw auseinander reißen; **to ~ bread** REL das [heilige] Abendmahl empfangen; **to ~ bread** [**with sb**] (*dated liter*) [mit jdm] das Brot brechen *veraltet* [*o* sein Brot teilen]; **to ~ a collection** [*or* **set**] eine Sammlung auseinander reißen
❿ (*make change for*) **to ~ a note** [*or* AM **bill**] einen Geldschein wechseln [*o fam* klein machen]
⓫ (*crush spirit*) ■**to ~ sb** jdn brechen [*o fam* kleinkriegen]; ***her spirit had been broken by the regime in the home*** das in dem Heim herrschende System hatte sie seelisch gebrochen; ■**to ~ an animal** (*tame*) ein Tier zähmen; (*train*) ein Tier abrichten; **to ~ sb's will** jds Willen brechen
⓬ (*leave*) **to ~ cover** MIL aus der Deckung hervorbrechen; (*from hiding place*) aus dem Versteck herauskommen; **to ~ formation** MIL aus der Aufstellung heraustreten; **to ~ rank** MIL aus dem Glied treten; **to ~ rank[s]** (*fig*) die eigenen Reihen verraten; **to ~ ship** sich *akk* beim Landgang absetzen
⓭ (*open up*) **to ~ ground** den ersten Spatenstich machen; **to ~ fresh** [*or* **new**] **ground** (*fig*) Neuland [*o* neue Gebiete] erschließen
▶ PHRASES: **to ~ the bank** (*hum*) die Bank sprengen; **sticks and stones may ~ my bones** [**but names will never hurt me**] (*saying*) Beschimpfungen können mir nichts anhaben; **you can't make an omelette without ~ing eggs** (*saying*) wo gehobelt wird, da fallen Späne *prov;* **to ~ the ice** (*fam*) das Eis brechen; ~ **a leg!** (*fam*) Hals- und Beinbruch! *fam;* **to ~ the mould** innovativ sein; **to ~ wind** einen fahren lassen *fam*

III. INTRANSITIVE VERB

<broke, broken> ❶ (*shatter*) zerbrechen; (*stop working*) kaputtgehen *fam;* (*fall apart*) auseinander brechen
❷ (*interrupt*) Pause machen; ***shall we ~ [off] for lunch?*** machen wir Mittagspause?
❸ *wave* sich *akk* brechen; ***a wave broke over the boat*** eine Welle brach über dem Boot zusammen
❹ (*change in voice*) ***her voice was ~ing with emotion*** vor Rührung versagte ihr die Stimme; ***the boy's voice is ~ing*** der Junge ist [gerade] im Stimmbruch
❺ METEO *weather* umschlagen; *dawn, day* anbrechen; *storm* losbrechen
❻ (*collapse under strain*) zusammenbrechen
❼ (*become public*) *news, scandal* bekannt [*o* publik] werden, ans Licht kommen
❽ (*in billiards, snooker*) anstoßen
❾ BOXING sich *akk* trennen
❿ (*move out of formation*) *clouds* aufreißen; *crowd* sich *akk* teilen; MIL, SPORTS sich *akk* auflösen
⓫ MED [auf]platzen; ***the waters have broken*** die Fruchtblase ist geplatzt
▶ PHRASES: **to ~ even** kostendeckend arbeiten; **to ~ free** ausbrechen, sich *akk* befreien; **to ~ loose** sich *akk* losreißen; **it's make or ~!** es geht um alles oder nichts!

◆**break away** *vi* ❶ (*move away forcibly*) ■**to ~ away from sb/sth** sich *akk* von jdm/etw losreißen
❷ (*split off*) sich *akk* absetzen; ***one or two of the tourists broke away [from the tour group]*** einige Touristen trennten sich von der Reisegruppe
❸ (*separate and move away*) abbrechen; ***huge chunks of ice are ~ing away from the iceberg*** von dem Eisberg brechen riesige Eisbrocken ab
❹ (*shun*) sich *akk* lossagen *geh;* ■**to ~ away from sth** sich *akk* von etw *dat* lossagen *geh;* (*turn away*) sich *akk* von etw *dat* abkehren

◆**break down I.** *vi* ❶ (*stop working*) stehen bleiben; *engine* versagen; ***my car broke down at the traffic lights*** mein Auto blieb an der Ampel liegen
❷ (*dissolve*) sich *akk* auflösen; *marriage* scheitern, in die Brüche gehen
❸ (*emotionally*) zusammenbrechen
II. *vt* ■**to ~ down** ↔ **sth** ❶ (*force open*) etw aufbrechen; (*with foot*) etw eintreten
❷ (*overcome*) etw niederreißen; **to ~ down a barrier** eine Schranke niederreißen; **to ~ down prejudices against sb** Vorurteile gegen jdn abbauen; **to ~ down sb's reserve** jds Zurückhaltung überwinden; **to ~ down sb's resistance** jds Widerstand brechen
❸ CHEM etw aufspalten
❹ (*separate into parts*) etw aufgliedern; ***can you please ~ down these figures so I can understand them better?*** können Sie diese Zahlen bitte aufschlüsseln, damit ich sie besser verstehen kann?

◆**break in I.** *vi* ❶ (*enter by force*) einbrechen
❷ (*interrupt*) unterbrechen
II. *vt* ❶ (*condition*) **to ~ in** ↔ **one's shoes** seine Schuhe einlaufen; **to ~ in** ↔ **a car/an engine** AM ein Auto/einen Motor einfahren
❷ (*tame*) ■**to ~ an animal** ↔ **in** ein Tier zähmen; (*train*) ein Tier abrichten; **to ~ in a horse** ein Pferd zureiten; **to ~ in one's staff** (*fig*) das Personal einarbeiten
❸ (*interrupt*) ■**to ~ in on sth** in etw *akk* hineinplatzen *fam*

◆**break into** *vi* ❶ (*forcefully enter*) ■**to ~ into sth** in etw *akk* einbrechen; **to ~ into a car** ein Auto aufbrechen
❷ (*start doing sth*) **to ~ into applause/laughter/tears** in Beifall/Gelächter/Tränen ausbrechen; **to ~ into a run** [plötzlich] zu laufen anfangen
❸ (*divide up*) **to ~ into pieces** [in Stücke] zerbrechen
❹ (*get involved in*) ■**to ~ into sth** sich *akk* an etw *dat* beteiligen; **to ~ into a business** in ein Geschäft einsteigen

◆**break off I.** *vt* ■**to ~ off** ↔ **sth** ❶ (*separate forcefully*) etw abbrechen
❷ (*terminate*) etw beenden; **to ~ off an engagement** eine Verlobung lösen; **to ~ off one's friendship with sb** jdm die Freundschaft aufkündigen *geh;* **to ~ off a relationship** eine Beziehung beenden; ***he tried to ~ it off with her*** er versuchte, mit ihr Schluss zu machen; **to ~ off talks** Gespräche abbrechen
II. *vi* ❶ (*separate*) abbrechen
❷ (*stop speaking*) abbrechen; (*temporarily*) innehalten *geh*

◆**break open** *vt* ■**to ~ open** ↔ **sth** etw aufbrechen; **to ~ a safe open** einen Safe knacken *fam*

◆**break out** *vi* ❶ (*escape*) ausbrechen; **to ~ out of jail** aus dem Gefängnis ausbrechen
❷ (*begin*) ausbrechen; *storm* losbrechen; **to ~ out laughing** in Gelächter ausbrechen; **to ~ out singing** [plötzlich] zu singen anfangen
❸ (*suddenly say*) herausplatzen *fam*
❹ (*become covered with*) **to ~ out in a rash/in spots** einen Ausschlag/Pickel bekommen; **to ~ out in [a] sweat** ins Schwitzen kommen; ***when I heard the noise I broke out in a cold sweat*** als ich das Geräusch hörte, brach mir der kalte Schweiß aus

◆**break through** *vi* ❶ (*make one's way*) sich *akk* durchdrängen
❷ (*be successful*) einschlagen *fam,* groß rauskommen *fam*
❸ ■**to ~ through sth** etw [durch]brechen; ***I tried to ~ through the crowd*** ich versuchte, mir einen Weg durch die Menge zu bahnen; ***the sun broke through the clouds*** die Sonne brach durch die Wolken; **to ~ through a barrier** eine Barriere überwinden

◆**break up I.** *vt* ❶ (*end*) **to ~ up one's friendship with sb** seine Freundschaft mit jdm beenden; **to ~ up a marriage** eine Ehe zerstören; **to ~ up a meeting** eine Versammlung auflösen [*o* Sitzung aufheben]; **to ~ up a strike** einen Streik abbrechen
❷ (*forcefully end*) ■**to ~ up** ↔ **sth** etw [gewaltsam] beenden; (*dissolve*) etw auflösen
❸ (*split up*) ■**to ~ up** ↔ **sth** etw aufspalten; **to ~ up a cartel/a gang/a monopoly** ein Kartell/eine Bande/ein Monopol zerschlagen; **to ~ up a coalition/a union** eine Koalition/einen Zusammenschluss auflösen; **to ~ up a collection** [*or* **set**]/**family** eine Sammlung/Familie auseinander reißen; ~ **it up, you two!** (*fam*) auseinander, ihr beiden!
❹ (*dig up*) ■**to ~ up sth** etw aufbrechen; **to ~ up the ground** [*or* **soil**] den Boden umgraben
❺ (*fam*) **to ~ sb up** (*cause laughter*) jdn zum Lachen bringen; ***that show really broke me up*** bei der Show hab ich mich wirklich totgelacht *fam; esp* AM (*upset emotionally*) jdn aus der Fassung bringen; ***his wife's sudden departure broke him up completely*** als ihn seine Frau plötzlich verließ, ist er total zusammengebrochen
II. *vi* ❶ (*end relationship*) sich *akk* trennen, Schluss machen *fam*
❷ (*come to an end*) enden; *meeting* sich *akk* auflösen; *marriage* scheitern, in die Brüche gehen
❸ (*fall apart*) auseinander gehen; *coalition* auseinander brechen; *aircraft, ship* zerschellen; (*in air*) zerbersten
❹ SCH schließen, aufhören; ***when do you ~ up?*** wann beginnen bei euch die Ferien?
❺ (*laugh*) loslachen *fam; esp* AM (*be upset*) die Fassung verlieren; ***he broke up completely when his brother died*** er brach völlig zusammen, als sein Bruder starb

◆**break with** *vi* ❶ (*end relationship*) ■**to ~ with sb** mit jdm brechen
❷ (*not follow*) ■**to ~ with sth** mit etw *dat* brechen; **to ~ with precedent** sich *akk* nicht an die herkömmliche Praxis halten

breakable [ˈbreɪkəbl] **I.** *adj* zerbrechlich
II. *n* ■**~s** *pl* zerbrechliche Ware

breakage [ˈbreɪkɪdʒ] *n* ❶ (*sth broken*) Bruch *m;* ***the customer must pay for any ~s*** zerbrochene Ware muss vom Kunden bezahlt werden
❷ *no pl* (*action of breaking*) Zerbrechen *nt;* ***there was some ~ of valuable goods during the removal*** während des Umzugs ging wertvolle Ware in die Brüche

breakaway I. *n* Lossagung *f,* Abfall *m veraltend;* (*splitting off*) Absplitterung *f* **II.** *n modifier* (*group*) Splitter-

break-dance *vi* Breakdance tanzen

break dancer *n* Breakdancer(in) *m(f)*

break-dancing *n no pl* Breakdance *m*

breakdown *n* ❶ (*collapse*) Zusammenbruch *m;* (*failure*) Scheitern *nt;* **a ~ in communication[s]** (*between people*) ein Kommunikationsverlust; ~ **of a marriage** LAW Zerrüttung *f* [*o* Scheitern *nt*] einer Ehe ❷ (*engine failure*) Motorschaden *m;* (*car defect*) Panne *f* ❸ (*list*) Aufgliederung *f,* Aufschlüsselung *f* ❹ (*decomposition*) Zersetzung *f* ❺ PSYCH [Nerven]zusammenbruch *m; see also* **nervous breakdown**

breakdown lorry *n* BRIT Abschleppwagen *m*

breakdown service *n* Abschleppdienst *m*

breakdown truck *n* BRIT, **breakdown van** *n* BRIT Abschleppwagen *m*

breaker [ˈbreɪkəʳ, AM -ɚ] *n* (*wave*) Brecher *m;* ELEC **circuit ~** Stromkreisunterbrecher *m*

breaker's yard *n* Autofriedhof *m fam*

breakeven point *n* FIN Kostendeckungspunkt *m*, Break-even-Punkt *m*, Gewinnschwelle *f*; AM STOCKEX Kompensationspunkt *m*

breakfast ['brekfəst] **I.** *n* Frühstück *nt*; **to have ~** frühstücken

II. *vi* (*form*) frühstücken; **to ~ on bacon and eggs** Eier mit Speck zum Frühstück essen

breakfast menu *n* Frühstückskarte *f* **breakfast table** *n* Frühstückstisch *m* **breakfast television** *n* Frühstücksfernsehen *nt*

break-in *n* Einbruch *m* **breaking and entering** *n* LAW Einbruch *m*; **to charge sb with ~** jdn des Einbruchs anklagen **breaking ball** *n*, **breaking pitch** *n* SPORTS gezielter Wurfball **breaking point** *n* Tiefpunkt *m*; ***her nerves were at ~*** sie war nervlich völlig am Ende **breakneck** *adj attr* **at ~ speed** *of vehicle* mit halsbrecherischer Geschwindigkeit; *evolution, progress* rasend schnell **breakout** *n* Ausbruch *m*

break-out *n* STOCKEX Kursausschlag *m* **break point** *n* ① SPORTS Breakpunkt *m*; **to win a ~** einen Breakpunkt machen ② COMPUT bedingter Programmstop; **~ instruction** [*or* **halt**] Stopbefehl *m*; **~ symbol** Programmstopsignal *nt* **breakthrough** *n* Durchbruch *m* (**in** bei +*dat*) **break-up** *adj* FIN **~ value** Liquidationswert *m* **breakup** *n* Auseinanderbrechen *nt*; (*on rocks*) Zerschellen *nt*; (*in air*) Zerbersten *nt*; (*of a marriage*) Scheitern *nt*; **~ of an empire** Zerfall *m* eines Imperiums [*o* Reiches]; **~ of a group** Auflösung *f* einer Gruppe; COMPUT Verlust *m* **breakwater** *n* Wellenbrecher *m* **breakwind** *n* AUS *see* **windbreak**

bream <*pl* -s *or* -> [bri:m] *n* Brachsen *m*, Brachse *f*, Brasse *f* NORDD, MITTELD

breast [brest] **I.** *n* ① (*mammary gland*) Brust *f*; (*bust*) Busen *m*

② (*of bird*) Brust *f*

③ (*liter: chest*) Brust *f*; (*heart*) Herz *nt*

► PHRASES: **~ is best** (*saying*) Muttermilch ist immer noch das Beste; **to make a clean ~ of sth** etw gestehen; **to soothe the savage ~** einen aufgebrachten Menschen beruhigen; **to beat one's ~** sich *dat* an die Brust schlagen

II. *vt* **to ~ a hill** einen Berg ersteigen [*o geh* erklimmen]; **to ~ the waves** gegen die Wellen ankämpfen

breastbone *n* Brustbein *nt* **breast cancer** *n* Brustkrebs *m*

-breasted ['brestɪd] *in compounds* ① (*of woman*) -brüstig

② (*of clothes*) -reihig

breast-feed <-fed, -fed> **I.** *vi* stillen, die Brust geben **II.** *vt* **to ~ one's baby** sein Baby stillen, seinem Baby die Brust geben **breast-feeding** *n* Stillen *nt* **breast implant** *n* Brustimplantat *nt* **breastplate** *n* MIL Brustharnisch *m* **breast pocket** *n* Brusttasche *f* **breast screening** *n no pl* Brustuntersuchung *f* **breaststroke** *n no pl* Brustschwimmen *nt*; **to do [the] ~** brustschwimmen

breath [breθ] *n* ① (*air*) Atem *m*; (*act of breathing in*) Atemzug *m*; **bad ~** Mundgeruch *m*; **with bated ~** mit angehaltenem Atem; **to take a deep ~** tief Luft holen; **in the next/same ~** (*fig*) im nächsten/gleichen Atemzug; **to be out** [*or* **short**] **of ~** atemlos [*o* außer Atem] sein; **to catch one's ~** [*or* **get one's ~ back**] verschnaufen; **to draw ~** Luft [*o* Atem] holen *fam*; **to gasp for ~** nach Atem ringen; **to hold one's ~** die Luft anhalten; (*fig: wait anxiously*) den Atem anhalten; **don't hold your ~** (*fam*) rechne nicht heute oder morgen damit; **to mutter [sth] under one's ~** [etw] leise vor sich *akk* hin murmeln; **to take sb's ~ away** jdm den Atem rauben; **to waste one's ~** in den Wind reden

② *no pl* (*wind*) **a ~ of air** ein Hauch *m*, ein Lüftchen *nt*; ***it's like a ~ of fresh air when she visits*** (*fig*) es ist so erfrischend, wenn sie zu Besuch kommt; **to go out for a ~ of fresh air** an die frische Luft gehen, frische Luft schnappen gehen

► PHRASES: **to be the ~ of life [to sb]** für jdn so wichtig sein wie die Luft zum Atmen; **to save one's ~** [BRIT **to cool one's porridge**] sich *dat* die Worte sparen

breathable ['bri:ðəbl̩] *adj* ① (*of air*) das Atmen zulassend

② (*of clothes*) luftdurchlässig

breathalyse ['breθəlaɪz], *esp* AM **breathalyze** *vt* ■**to ~ sb** jdn blasen [*o fam* pusten] lassen (*in ein Röhrchen zum Nachweis des Atemalkohols*)

breathalyser® ['breθəlaɪzə^r], *esp* AM **Breathalyzer®** [-ɚ] *n* Alcotest® *m*, Alkoholtestgerät *nt*

breathe [bri:ð] **I.** *vi* atmen; **to ~ through one's nose** durch die Nase atmen; **to let wine ~** Wein atmen lassen; **to ~ again/more easily** (*fig*) [erleichtert] aufatmen

► PHRASES: **to ~ down sb's neck** jdm im Nacken sitzen

II. *vt* ① (*exhale*) ■**to ~ sth** etw [aus]atmen; **to ~ garlic fumes** nach Knoblauch riechen

② (*whisper*) ■**to ~ sth** etw flüstern [*o geh* hauchen]

③ (*let out*) **to ~ a sigh of relief** erleichtert aufatmen

④ (*blow air into*) **to ~ sth into sth** Luft in etw *akk* blasen; ***we had to ~ air into the baby's lungs*** wir mussten das Baby beatmen

► PHRASES: **to ~ [new] life into sth** [neues] Leben in etw *akk* bringen; **to not ~ a word** kein Sterbenswörtchen sagen; **to ~ one's last** (*liter*) seinen letzten Atemzug tun *geh*

◆**breathe in I.** *vi* einatmen

II. *vt* ■**to ~ in** ↔ **sth** etw einatmen; **to ~ in fresh air** frische Luft schnappen

◆**breathe out I.** *vi* ausatmen

II. *vt* ■**to ~ out** ↔ **sth** etw ausatmen

breather ['bri:ðə^r, AM -ɚ] *n* ① (*brief rest*) Atempause *f*, Verschnaufpause *f*; **to need/take a ~** eine Verschnaufpause brauchen/machen

② AM (*break*) ***let's take a ~*** lass uns mal 'ne Pause machen *fam*

breath freshener *n* ***people often suck a peppermint as a ~*** viele lutschen Pfefferminz, um ihren Atem zu erfrischen

breathing ['bri:ðɪŋ] *n no pl* (*respiration*) Atmung *f*; (*process*) Atmen *nt*; **steady ~** gleichmäßige Atemzüge

breathing apparatus *n* Sauerstoffgerät *nt* **breathing room** *n*, **breathing space** *n* ① (*break*) Atempause *f*, Verschnaufpause *f fam*

② (*fig: for moving freely*) Bewegungsfreiheit *f*; ***I need some ~ to decide what to do!*** ich brauche etwas Luft, um zu entscheiden, was zu tun ist

breathless ['breθləs] *adj* atemlos, außer Atem; **to leave sb ~** (*physically*) jdm den Atem rauben; (*with excitement*) jdm den Atem verschlagen

breathlessly ['breθləsli] *adv* außer Atem, atemlos; (*holding one's breath*) mit angehaltenem Atem

breathlessness ['breθləsnəs] *n no pl* Atemlosigkeit *f a. fig*

breathtaking *adj* atemberaubend **breathtakingly** *adv* (*remarkably*) atemberaubend; (*incredibly*) unglaublich **breath test** *n* Alkoholtest *m*

breathy ['breθi] *adj* rauchig, hauchig

bred [bred] **I.** *pt, pp of* **breed**

II. *adj pred* aufgezogen; ***she's a New Zealander born and ~*** sie ist Neuseeländerin durch und durch; **a country-~ boy** ein Junge *m* vom Land

breech [bri:tʃ] **I.** *n* ① (*of gun barrel*) Verschluss *m*

② (*hist: buttocks*) Gesäß *nt*

II. *vt* (*hist*) **to ~ a boy** einem Jungen Kniehosen anziehen

breech birth *n*, **breech delivery** *n* Steißgeburt *f*

breeches ['brɪtʃɪz, 'bri:-] *npl* Kniehose *f*; **riding ~** Reithose *f*; **to wear the ~ [in the family]** BRIT (*fig*) die Hosen [in der Familie] anhaben *fam*

breech presentation *n* Steißlage *f*

breed [bri:d] **I.** *vt* <bred, bred> (*grow*) **to ~ dogs/plants** Hunde/Pflanzen züchten; (*fig*) **to ~ crime** Verbrechen *nt* hervorbringen; **to ~ poverty** Armut *f* verursachen; **to ~ resentment** Ärger hervorrufen

► PHRASES: **what's bred in the bone will come out in the flesh** [*or* **blood**] (*prov*) was angeboren ist, setzt sich eines Tages auch durch; **familiarity ~s contempt** (*saying*) zu große Vertrautheit führt zu Verachtung

II. *vi* <bred, bred> sich *akk* fortpflanzen, sich *akk* paaren; *birds* brüten; *rabbits* sich *akk* vermehren

III. *n* ① (*of animal*) Rasse *f*; (*of plant*) Sorte *f*; **~s of animal** Tierarten *fpl*

② (*fam: of person*) Art *f*, Sorte *f*, Schlag *m*; **to be a dying ~** einer aussterbenden Gattung angehören; **a ~ apart** eine Sorte für sich *fam*

breeder ['bri:də^r, AM -ɚ] *n* Züchter(in) *m(f)*

breeder reactor *n* NUCL Brüter *m*, Brutreaktor *m*

breeding ['bri:dɪŋ] *n no pl* ① (*of animals*) Zucht *f*

② (*dated: of people*) Erziehung *f*; **[good] ~** [gute] Kinderstube [*o* Erziehung]

breeding ground *n* ① (*place*) Brutstätte *f*; (*for birds*) Brutplatz *m* ② (*fig: contributing factor*) Brutstätte *f* **breeding season** *n* Zeit *f* der Fortpflanzung und Aufzucht der Jungen; (*for birds*) Brutzeit *f*

breeze [bri:z] **I.** *n* ① (*light wind*) Brise *f*

② (*fam: sth very easy*) Kinderspiel *nt fam*

③ *no pl* (*small cinders*) Kohlenlösche *f*

II. *vi* ■**to ~ through sth** etw mühelos tun [*o* spielend schaffen]; *esp* AM **to ~ to victory** spielend siegen

◆**breeze in** *vi* [fröhlich] hereinschneien *fam*

◆**breeze out** *vi* **to ~ out of a room** unbekümmert aus einem Zimmer herausschlendern

breeze block *n* Bimsstein *m*

breezeway *n* TV getrenntes Schalten von Ton und Bild

breezily ['bri:zɪli] *adv* flott, [ganz] munter

breezy ['bri:zi] *adj* ① (*pleasantly windy*) windig; (*airy*) luftig

② (*jovial*) unbeschwert, heiter

B register *n* COMPUT Zusatzadressregister *m*; (*in multiplication and division*) B-Register *m*

Bren gun ['breŋgʌn] *n* leichtes Maschinengewehr

brethren ['breðrən] *npl* REL (*dated*) Brüder *mpl*

Breton ['brət^ən] **I.** *n* ① *no pl* (*language*) Bretonisch *nt*

② (*person*) Bretone, -in *m, f*

II. *adj inv* bretonisch

Bretton Woods Agreement [,bret^ənwʊdz-] *n* ECON Bretton-Woods-Übereinkommen *nt*

breve [bri:v] *n* ① LING (*accent*) Kürzezeichen *nt*

② MUS (*note*) Brevis *f*

breviary ['bri:viəri, AM -eri] *n* REL Brevier *nt*

brevity ['brevəti, AM -əṭi] *n no pl* (*shortness*) Kürze *f*; (*conciseness*) Prägnanz *f*

brew [bru:] **I.** *n* ① (*brewed drink*) Gebräu *nt*; (*beer*) Bräu *nt*

② (*concoction*) Gebräu *nt*; **witch's ~** Zaubertrank *m*; (*fig*) Mischung *f*

II. *vi* ① (*prepare drink*) **to let the tea ~** den Tee ziehen lassen

② (*fig: be about to begin*) *storm, trouble* sich *akk* zusammenbrauen

III. *vt* **to ~ beer** Bier brauen; **to ~ coffee/tea [for sb]** [jdm] Kaffee/Tee kochen; **to ~ a potion** ein Trank zusammenbrauen

◆**brew up I.** *vi* ① BRIT (*fam: brew tea*) sich *dat* einen Tee machen

② (*develop*) *storm, trouble* sich zusammenbrauen

II. *vt* (*fam*) ***would you mind ~ing up a cuppa, love?*** könntest du mir vielleicht eine Tasse Tee machen, Liebling?

brewer ['bru:ə^r, AM -ɚ] *n* [Bier]brauer(in) *m(f)*

brewer's yeast *n* Bierhefe *f*

brewery ['bru:^əri, AM -əri] *n* (*company*) Brauerei *f*; (*for production*) Brauhaus *nt*

brew-up ['bru:,ʌp] *n* BRIT (*fam*) Teepause *f*

briar ['braɪə^r, AM 'braɪɚ] *n* ① BOT (*thorny plant*) Dornbusch *m*

② (*pipe*) Bruyèrepfeife *f*

bribe [braɪb] **I.** *vt* ■**to ~ sb [with sth]** jdn [mit etw *dat*] bestechen; **to ~ a witness** einen Zeugen/eine Zeugin kaufen; ■**to ~ sb into doing sth** jdn bestechen, etw zu tun

II. *n* Bestechung *f*; **to accept** [*or* **take**] **a ~** sich *akk* bestechen lassen; **to offer sb a ~** jdn bestechen wollen

bribery ['braɪbᵊri] *n no pl* Bestechung *f*
bric-a-brac ['brɪkə,bræk] *n no pl* Nippes *pl,* Nippsachen *pl*
brick [brɪk] *n* ❶ (*building block*) Ziegel[stein] *m,* Backstein *m;* **to invest in ~s and mortar** in Immobilien investieren; (*buy a house*) ein Haus kaufen
❷ *usu sing* (*dated or also hum: loyal person*) prima Kumpel *m sl,* feiner Kerl *fam*
► PHRASES: **you can't make ~s without straw** (*prov*) wo nichts ist, kann auch nichts werden *prov;* **to come down on sb like a ton of ~s** (*fam*) jdn [richtig] fertig machen *fam*
◆**brick in** *vt* ▪**to ~ in** ↻ **sth** etw einmauern
◆**brick off** *vt* ▪**to ~ off** ↻ **sth** etw durch eine Mauer [ab]trennen
◆**brick up** *vt* **to ~ up** ↻ **a window** ein Fenster zumauern
brickbat *n* ❶ (*missile*) Backsteinbrocken *m*
❷ (*criticism*) heftige Kritik; (*insulting*) beleidigende Kritik
brickie ['brɪki] *n esp* BRIT, AUS (*fam*), **bricklayer** *n* Maurer(in) *m(f)*
bricklaying *n no pl* Mauern *nt;* (*trade*) Maurerhandwerk *nt,* Maurerarbeit *f* **brick-red** *adj* ziegelrot
bricks and mortar retailer *n* konventioneller Einzelhändler (*im Gegensatz zu Internethändlern*)
brick wall *n* [Ziegelstein]mauer *f,* [Backstein]mauer *f* ► PHRASES: **to come up against a ~** gegen eine Mauer rennen; **to be talking to a ~** gegen eine Wand reden **brickwork** *n no pl* Mauerwerk *nt* (*aus Ziegeln o Backstein*) **brickworks** *n + sing/pl vb,* **brickyard** *n* Ziegelei *f*
bridal ['braɪdᵊl] *adj* (*of a wedding*) Hochzeits-; (*of the bride*) Braut-
bridal shower *n* AM Brautparty *f* (*bei der die Brautgeschenke überreicht werden*) **bridal suite** *n* Hochzeitssuite *f* **bridal veil** *n* Brautschleier *m* **bridal wear** *n* Brautkleider *ntpl* **bridal wreath** *n* ❶ (*for the bride*) Brautkranz *m* ❷ (*shrub*) Spierstrauch *m*
bride [braɪd] *n* Braut *f;* ***may I kiss the blushing ~?*** (*hum*) darf ich die [sittsame] Braut küssen? *veraltend;* **child ~** *Braut, die noch im Kindesalter ist;* **father of the ~** Brautvater *m;* **mother of the ~** Brautmutter *f*
bridegroom ['braɪdgrʊm, -gru:m] *n* Bräutigam *m*
bridesmaid *n* Brautjungfer *f* **bride-to-be** *n* zukünftige Braut
bridewell ['braɪdwel] *n* LAW (*sl*) Zellen *fpl,* Strafanstalt *f,* Zuchthaus *nt*
bridge [brɪdʒ] **I.** *n* ❶ (*over gap*) Brücke *f;* **suspension ~** Hängebrücke *f;* (*fig*) Überbrückung *f*
❷ (*dental structure*) [Zahn]brücke *f*
❸ *usu sing* (*of nose*) Nasenrücken *m*
❹ (*of glasses*) Brillensteg *m*
❺ MUS (*of instrument*) Steg *m*
❻ (*on ship*) Kommandobrücke *f*
❼ *no pl* (*card game*) Bridge *nt*
► PHRASES: **to be water under the ~** der Vergangenheit angehören; **a lot of water has gone under the ~ since then** seit damals ist viel Wasser den Rhein hinuntergeflossen; **let's cross that ~ when we come to it** alles zu seiner Zeit
II. *vt* ▪**to ~ sth** über etw *akk* eine Brücke schlagen; (*fig*) etw überbrücken; **to ~ a gap** eine Kluft überwinden
III. *vi* (*in advertising*) im Bundsteg angeschnittene Anzeige
bridge-building ['brɪdʒbɪldɪŋ] *n no pl* ❶ (*construction work*) Brückenbau *m* ❷ (*fig: promotion of relations*) Aufbau *m* von [guten] Beziehungen, Beziehungspflege *f* **bridgehead** *n* MIL Brückenkopf *m;* (*fig*) Stützpunkt *m,* Ausgangspunkt *m;* **to establish a ~** einen Brückenkopf bilden [*o* errichten] **bridge loan** *n* AM (*bridging loan*) Überbrückungskredit *m* **bridge toll** *n* Brückenzoll *m,* Brückenmaut *f bes* ÖSTERR
bridge tournament *n* Bridgeturnier *nt*
bridgework *n no pl esp* AM MED Brücke *f*
bridging finance *n* FIN Zwischenfinanzierungsmittel *ntpl* **bridging loan** ['brɪdʒɪŋ-] *n* BRIT, AUS Überbrückungskredit *m*
bridle ['braɪdl] **I.** *n* Zaumzeug *nt,* Zaum *m*
II. *vt* ❶ (*put a bridle on*) **to ~ a horse** ein Pferd aufzäumen, einem Pferd das Zaumzeug anlegen
❷ (*fig: curb*) ▪**to ~ one's tongue** seine Zunge im Zaum halten
III. *vi* ▪**to ~ at sth** sich *akk* über etw *akk* entrüsten
bridle path, bridleway *n* Reitweg *m*
Brie [bri:] *n* Brie *m*
brief [bri:f] **I.** *adj* ❶ (*lasting short time*) kurz; **~ delay/interval** kurze Verzögerung/Pause
❷ (*concise*) *account, description, summary* knapp, kurz; ▪**to be ~** sich *akk* kurz fassen; **in ~** kurz gesagt
❸ (*short in length*) *shorts, skirt* kurz
II. *n* ❶ BRIT, AUS (*instructions*) Anweisungen *fpl,* Instruktionen *fpl;* ***it was my ~ to make sure that ...*** ich hatte die Aufgabe, sicherzustellen, dass ...
❷ LAW Unterlagen *fpl* zu einer Rechtssache; (*document of argumentation*) Revisionsbegründung *f;* **to hold a ~ for sb** jdn vor Gericht anwaltlich vertreten; **to prepare a ~** eine Rechtssache [für die Verhandlung] vorbereiten
❸ BRIT (*sl: lawyer*) Rechtsverdreher(in) *m(f);* (*pej*) Winkeladvokat(in) *m(f) pej,* Anwalt, Anwältin *m, f*
❹ ▪**~s** *pl* (*underpants*) Slip *m,* Unterhose *f*
► PHRASES: **to hold no ~ for sb/sth** von jdm/etw nichts halten
III. *vt* (*form*) ❶ (*inform*) ▪**to ~ sb [about** [*or* **on] sth]** jdn [über etw *akk*] informieren [*o sl* briefen]
❷ BRIT LAW **to ~ a barrister** einem Anwalt eine Darstellung des Sachverhalts geben; **to ~ counsel** einen Anwalt mit der Vertretung eines Falles beauftragen
briefcase ['bri:fkeɪs] *n* Aktentasche *f,* Aktenmappe *f*
briefing ['bri:fɪŋ] *n* ❶ (*meeting*) [Einsatz]besprechung *f,* Briefing *nt geh;* **to conduct a ~** eine Besprechung abhalten; **preflight ~** Flugvorbesprechung *f*
❷ (*information*) Anweisung[en] *f[pl],* Instruktion[en] *f[pl];* **to receive a thorough ~** genaue Anweisungen erhalten
briefly ['bri:fli] *adv* ❶ (*for a short time*) *chat, speak, talk* kurz
❷ (*concisely*) *answer* knapp
❸ (*in short*) kurz [gesagt], kurzum
briefness ['bri:fnəs] *n no pl* Kürze *f*
brier [braɪəʳ, AM braɪɚ] *n see* **briar**
brig¹ [brɪg] *n* NAUT Brigg *f fachspr,* zweimastiges Segelschiff
brig² [brɪg] *n* AM [Militär]gefängnis *nt*
Brig. *n* BRIT, AUS *abbrev of* **Brigadier** Brig.
brigade *n* [brɪ'geɪd] MIL Brigade *f;* (*fig hum*) **the anti-smoking/animal rights ~** die Antiraucherfront/Tierschutzbewegung
brigadier [,brɪgə'dɪəʳ, AM -'dɪr] *n* BRIT MIL Brigadegeneral *m,* Brigadier *m*
brigadier general *n* MIL Brigadegeneral *m,* Brigadier *m*
brigand ['brɪgᵊnd] *n* (*liter: bandit*) Bandit(in) *m(f);* (*robber*) Räuber(in) *m(f)*
brigantine ['brɪgᵊnti:n] *n* NAUT Brigantine *f fachspr,* Brigg *f fachspr*
bright [braɪt] **I.** *adj* ❶ (*shining*) *light* hell; (*blinding*) grell; *star also* leuchtend *attr; sunlight, sunshine* strahlend *attr;* ***his eyes were ~ with tears*** in seinen Augen glänzten Tränen
❷ (*vivid*) leuchtend *attr,* strahlend *attr;* **~ blue** strahlend blau; **~ red** leuchtend rot; **a ~ red face** ein knallrotes Gesicht
❸ (*full of light*) hell; **a ~ day** ein heiterer Tag; **a ~ room** ein [freundlicher,] heller Raum
❹ (*intelligent*) intelligent, gescheit *fam;* **~ child** aufgewecktes Kind; **~ idea** glänzende Idee
❺ (*cheerful*) fröhlich, heiter; ***that was the one ~ spot in a pretty awful day*** das war der einzige Lichtblick an diesem grässlichen Tag; **a ~ smile** ein strahlendes Lächeln
❻ (*promising*) viel versprechend; (*favourable*) günstig; *future* rosig
► PHRASES: **to look on the ~ side [of sth]** etw positiv sehen; **~-eyed and bushy-tailed** voller Schwung und Elan, frisch und munter; **~ and early** in aller Frühe
II. *n* AM AUTO ▪**~s** *pl* Fernlicht *nt*
brighten ['braɪtᵊn] **I.** *vt* ▪**to ~ [up]** ↻ **sth** ❶ (*make brighter*) etw heller machen [*o* aufhellen]
❷ (*make look more cheerful*) etw auflockern; **to ~ up a room** einen Raum freundlicher machen
❸ (*make more promising*) etw verbessern; **to ~ sb's life** Freude in jds Leben bringen
II. *vi* ▪**to ~ [up]** ❶ (*become cheerful*) fröhlicher werden; *eyes* aufleuchten; *face* sich *akk* aufhellen [*o* aufheitern]
❷ (*become more promising*) *future* rosiger aussehen; *prospects* besser werden; *weather* sich *akk* aufklären, aufheitern
bright-eyed ['braɪtaɪd] *adj inv* ❶ (*having bright eyes*) mit glänzenden Augen *nach n*
❷ (*fig: alert and lively*) rege, unternehmungslustig; (*hum fam*) quicklebendig *fam,* putzmunter *fam*
brightly ['braɪtli] *adv* ❶ (*not dimly*) hell; ***the sun is shining ~*** die Sonne strahlt; **~ lit** hell erleuchtet
❷ (*vividly*) leuchtend; **~ coloured** knallbunt
❸ (*cheerfully*) fröhlich, heiter
brightness ['braɪtnəs] *n no pl* ❶ *of light* Helligkeit *f; of the sun, a face* Strahlen *nt; of eyes* Leuchten *nt; of metal* Glanz *m*
❷ TV Helligkeit *m;* **to adjust the ~** die Helligkeit einstellen
bright spark *n* BRIT (*iron*) Intelligenzbolzen *m pej fam* **brightwork** *n no pl* AUTO blanke Teile *ntpl*
brill [brɪl] BRIT, AUS **I.** *adj* (*brilliant*) toll *fam,* cool *sl*
II. *interj* (*brilliant*) brillant!, klasse! *fam,* toll! *fam*
brilliance ['brɪliən(t)s], **brilliancy** ['brɪliən(t)si] *n no pl* ❶ (*great ability*) Brillanz *f,* große Begabung, großes Talent; (*cleverness*) Scharfsinn *m; of an idea, a plan* Genialität *f*
❷ (*great brightness*) *of hair, metal* strahlender Glanz; *of the sun, a face* Strahlen *nt; of stars, eyes* Funkeln *nt; of snow, water* Glitzern *nt*
brilliant ['brɪliənt] **I.** *adj* ❶ (*brightly shining*) *eyes* leuchtend *attr; face, sun* strahlend *attr;* **~ colours** leuchtende [*o* brillante] Farben; **a ~ smile** ein strahlendes Lächeln; **~ sunlight** strahlender Sonnenschein; **~ blue** leuchtend blau; **~ white** strahlend weiß
❷ (*clever*) *person* hoch begabt, genial; *plan* brilliant; **~ idea** glänzende Idee; **a ~ actor** ein brillanter Schauspieler/eine brillante Schauspielerin
❸ BRIT (*fam: excellent*) hervorragend; ***we had a ~ time*** wir hatten eine tolle Zeit
II. *interj* BRIT (*fam*) toll! *fam,* klasse! *fam*
brilliantine ['brɪliənti:n] **I.** *n no pl* Brillantine *f veraltend,* Haarpomade *f veraltend,* Haargel *nt*
II. *vt* **to ~ one's hair** sein Haar mit Gel [*o veraltend* Pomade] frisieren; **~d hair** pomadeglänzendes Haar
brilliantly ['brɪliəntli] *adv* ❶ (*with great skill*) brillant, meisterhaft, erstklassig
❷ (*extremely brightly*) leuchtend *attr,* glänzend *attr;* **~ lit** hell erleuchtet; **to shine ~** strahlen
brim [brɪm] **I.** *n* ❶ (*of hat*) Krempe *f*
❷ (*top*) Rand *m;* **to fill sth to the ~** etw bis an den Rand füllen; **filled [*or* full] to the ~ with sth** randvoll mit etw *dat* sein
II. *vi* <-mm-> ▪**to ~ with sth** voll von etw *dat* sein; ***her eyes ~med with tears*** ihr standen die Tränen in den Augen; ***his eyes are ~ming with humour*** aus seinen Augen lacht der Schalk; **to ~ with ideas** vor [*o* von] Ideen übersprudeln
◆**brim over** *vi* ❶ (*overflow*) überlaufen, überfließen, überschwappen *fam*
❷ (*be full of*) ▪**to ~ over with sth** voll von etw *dat* sein; **to be ~ming over with confidence** vor Selbstbewusstsein nur so strotzen; **to be ~ming over with energy/ideas** vor Energie/Einfällen sprühen; **to be ~ming over with health** vor/von Gesundheit strotzen
brimful ['brɪmfʊl] *adj inv, pred* randvoll; **to be ~ of ideas/life/surprises** (*fig*) voller Ideen/Leben/

Überraschungen sein; ~ **of soup** bis zum Rand mit Suppe gefüllt

-brimmed [brɪmd] *in compounds inv hat*-krempig; **a broad-~ hat** ein breitkrempiger Hut, ein Hut mit breitem Band

brimstone ['brɪmstə(ʊ)n, AM -stoʊn] *n no pl* (*old*) Schwefel *m*

brine [braɪn] *n* ❶ *no pl* (*salty water*) Sole *f*; (*seawater*) Salzwasser *nt*

❷ (*for food*) [Salz]lake *f*; **olives/tuna in ~** Oliven *fpl*/Thunfisch *m* in Salzlake

bring <brought, brought> [brɪŋ] *vt* ❶ (*convey*) ■ **to ~ sb/sth** jdn/etw mitbringen; ***shall I ~ anything to the party?*** soll ich etwas zur Party mitbringen?; ***I've brought my sister with me*** ich habe meine Schwester mitgebracht; ***I didn't ~ my keys with me*** ich habe meine Schlüssel nicht mitgenommen; ■ **to ~ sb sth** [*or* **sth to sb**] jdm etw bringen; ***I've brought you a present*** ich habe dir ein Geschenk mitgebracht; **to ~ sth to sb's attention** jdn auf etw *akk* aufmerksam machen; **to ~ sth to sb's knowledge** jdn von etw *dat* in Kenntnis setzen; **to ~ news** Nachrichten überbringen; **to ~ word** Nachricht geben

❷ (*cause to come*) ■ **to ~ sb** [**to a place**] jdn [an einen Ort] verschlagen; ***so what ~s you here to London?*** was hat dich hier nach London verschlagen?; ***the walk brought us to a river*** der Spaziergang führte uns an einen Fluss; ***her screams brought everyone running*** durch ihre Schreie kamen alle zu ihr gerannt; (*fig*) ***this ~s me to the second part of my talk*** damit komme ich zum zweiten Teil meiner Rede; **to ~ sth to the** [*or* AM **a**] **boil** etw zum Kochen bringen; **to ~ sth to a close** [*or* **a conclusion**] [*or* **an end**] etw zum Abschluss bringen; **to ~ an issue into focus** ein Thema in den Brennpunkt rücken; **to ~ a picture into focus** ein Bild scharf einstellen; **to ~ salaries in line with sth** Gehälter an etw *akk* angleichen

❸ (*cause to befall*) ■ **to ~** [**sb**] **sth** [*or* **sth** [**to** [*or* **for**] **sb**]] [jdm] etw bringen; ***this has brought me nothing but trouble*** das hat mir nichts als Probleme eingebracht; ***what will the future ~ for us?*** was wird uns die Zukunft bringen?; ***the explosion brought the whole building crashing to the ground*** durch die Explosion stürzte das gesamte Gebäude ein; **to ~ happiness/misery** Glück/Unglück bringen; **to ~ sb luck** jdm Glück bringen; **to ~ peace to a region** einer Region den Frieden bringen; **to ~ sb to a state of near despair** jdn an den Rand der Verzweiflung bringen; **to ~ sb to the verge of bankruptcy** jdn an den Rand des Bankrotts bringen

❹ LAW (*lodge*) ■ **to ~ sth** [**against sb**] etw [gegen jdn] vorbringen; **to ~ an action/charges against sb** Klage/Anklage gegen jdn erheben; **to ~ a complaint against sb** eine Beschwerde gegen jdn vorbringen; **to ~ a lawsuit** [*or* **proceedings**] **against sb** jdn verklagen, ein gerichtliches Verfahren gegen jdn einleiten; **to ~ sb to trial** jdn anklagen

❺ (*force*) ■ **to ~ oneself to do sth** sich *akk* [dazu] durchringen, etw zu tun

❻ (*sell for*) ■ **to ~ sth** etw [ein]bringen; **to ~ a price** einen Preis erzielen; **to ~ a profit** Profit bringen

❼ RADIO, TV (*broadcast*) ■ **to ~ sb sth** [*or* **sth to sb**] ***next week we'll be ~ing you part 2 of this exciting serial*** den zweiten Teil dieser spannenden Serie sehen Sie nächste Woche; ***unfortunately we can't ~ you that report from Timbuktu right now*** leider können wir den Bericht aus Timbuktu im Moment nicht senden

▸ PHRASES: **to ~ an animal to <u>bay</u>** ein Tier stellen; **to bring sb to <u>bay</u>** jdn in die Enge treiben; **to ~ sb to <u>book</u>** jdn zur Rechenschaft ziehen; **to ~ sth <u>home</u> to sb** jdm etw vor Augen führen [*o* klar machen]; **to ~ sth to <u>life</u>** etw zum Leben erwecken; **to ~ sth to <u>light</u>** etw ans Licht bringen, etw aufdecken; **to ~ sth to <u>mind</u>** etw in Erinnerung rufen, an etw *akk* erinnern; **to ~ <u>tears</u> to sb's eyes** jdm Tränen in die Augen treiben; **to ~ sb to <u>trial</u>** jdn vor Gericht bringen; **to ~ influence to <u>bear</u> on sb/sth** jdn/etw beeinflussen; **to ~ pressure to <u>bear</u> on sb/sth** auf jdn/etw Druck ausüben

◆**bring about** *vt* ■ **to ~ about ○ sth** ❶ (*cause to happen*) etw verursachen [*o* herbeiführen]

❷ (*achieve*) ■ **to have been brought about by sth** durch etw *akk* zustande gekommen sein

◆**bring along** *vt* ■ **to ~ along ○ sth/sb** etw/jdn mitbringen

◆**bring around** *vt esp* AM ❶ (*fetch around*) ■ **to ~ around ○ sth/sb** etw/jdn mitbringen

❷ (*make conscious*) ■ **to ~ sb around** jdn wieder zu Bewusstsein bringen

❸ (*persuade*) ■ **to ~ sb around** jdn umstimmen; ■ **to ~ sb around to sth** jdn zu etw *dat* überreden; *to a point of view* jdn von etw *dat* überzeugen

◆**bring back** *vt* ❶ (*return*) ■ **to ~ back ○ sth/sb** etw/jdn zurückbringen; **to ~ back the colour to sb's cheeks** jdn wieder munter machen; **to ~ life back to a town** eine Stadt mit neuem Leben erfüllen

❷ (*reintroduce*) ■ **to ~ back ○ sth** etw zurückbringen [*o* wiederbringen]; **to ~ back the death penalty** die Todesstrafe wieder einführen

❸ (*call to mind*) **to ~ back memories** [**to sb**] Erinnerungen [bei jdm] wecken; ***these photographs ~ it all back to me*** wenn ich diese Fotos ansehe, sehe ich alles wieder vor mir

◆**bring down** *vt* ❶ (*fetch down*) ■ **to ~ down ○ sth/sb** etw/jdn herunterbringen

❷ (*make fall over*) ■ **to ~ down ○ sb** jdn zu Fall bringen; ■ **to ~ down ○ sth** etw umstoßen

❸ (*shoot down*) **to ~ down a plane** ein Flugzeug abschießen

❹ (*depose*) ■ **to ~ down ○ sb/sth** jdn/etw zu Fall bringen; **to ~ down a government** eine Regierung stürzen

❺ (*reduce*) ■ **to ~ down ○ sth** etw senken [*o* herabsetzen]; **to ~ down inflation/prices** die Inflation/Preise senken

❻ (*make depressed*) ■ **to ~ down ○ sb** jdn deprimieren

▸ PHRASES: **to ~ the <u>house</u> down** einen Beifallssturm auslösen; **to ~ sb down a <u>peg</u>** [**or two**] jdm einen Dämpfer versetzen

◆**bring forth** *vt* (*form*) ■ **to ~ forth ○ sth** etw hervorbringen

◆**bring forward** *vt* ■ **to ~ forward ○ sth** ❶ (*reschedule earlier*) **to ~ forward an election/a meeting** Wahlen/eine Sitzung vorverlegen

❷ (*present for discussion*) etw vorbringen; **to ~ an issue forward for debate** ein Thema zur Diskussion stellen; **to ~ forward a proposal** einen Vorschlag machen

❸ FIN (*carry over*) etw übertragen

◆**bring in** *vt* ❶ (*fetch in*) ■ **to ~ in ○ sb/sth** jdn/etw hereinbringen; **to ~ in the harvest** die Ernte einbringen

❷ (*introduce*) ■ **to ~ in ○ sth** etw einführen; **to ~ in a bill** einen Gesetzentwurf einbringen; **to ~ in a rule** eine Regel einführen; **to ~ in a topic** [*or* **subject**] ein Thema zur Sprache bringen

❸ (*ask to participate*) ■ **to ~ in ○ sb** jdn einschalten [*o* hinzuziehen]

❹ FIN (*earn*) ■ **to ~ in ○ sth** *money* etw [ein]bringen; **to ~ in a profit of £1,000** einen Profit von 1000 Pfund machen

❺ LAW (*produce*) **to ~ in a verdict of guilty/not guilty** einen Schuldspruch/Freispruch fällen

◆**bring into** *vt* ❶ (*ask to join*) ■ **to ~ sb into sth** jdn zu etw *dat* hinzuziehen; ***this initiative will ~ new recruits into the fire service*** diese Initiative wird der Feuerwehr neue Leute bringen

❷ (*introduce into discussion*) ■ **to ~ sth into sth** etw [in etw *akk*] einbringen; ***why do they always ~ sex into their advertisements?*** warum enthalten ihre Werbungen immer Sex?

◆**bring off** *vt* (*fam*) ■ **to ~ off ○ sth** etw zustande bringen; ***she managed to ~ off the biggest cheque fraud in history*** ihr gelang der größte Scheckbetrug aller Zeiten

◆**bring on** *vt* ❶ (*cause to occur*) ■ **to ~ on ○ sth** etw herbeiführen; MED etw verursachen [*o* auslösen]

❷ (*cause to experience*) ■ **to ~ sth on sb** ***she brought disgrace on the whole family*** sie brachte Schande über die ganze Familie; ***you brought it on yourself*** du bist selbst schuld

❸ (*improve*) ■ **to ~ on ○ sb** jdn weiterbringen

◆**bring out** *vt* ❶ (*fetch out*) ■ **to ~ out ○ sth** etw herausbringen; **to ~ sth out of one's pocket** etw aus seiner Tasche ziehen

❷ BRIT, AUS (*encourage to be less shy*) ■ **to ~ sb out** jdm die Hemmungen nehmen

❸ (*introduce to market*) ■ **to ~ out ○ sth** etw auf den Markt bringen; *book, CD* etw herausbringen

❹ (*reveal*) ■ **to ~ out ○ sth** etw zum Vorschein bringen

❺ (*utter*) **to ~ out a few words** ein paar Worte herausbringen

❻ (*cause rash*) **sth ~s sb out in a rash** jd bekommt von etw *dat* einen Ausschlag

◆**bring over** *vt* ❶ (*fetch over*) ■ **to ~ over ○ sb/sth** etw/jdn herbeibringen

❷ (*persuade*) **to ~ sb over to one's side** jdn auf seine Seite bringen; **to ~ sb over to one's point of view** jdn von seiner Meinung überzeugen

◆**bring round** *vt esp* BRIT ❶ (*fetch round*) ■ **to ~ round ○ sth/sb** etw/jdn mitbringen

❷ (*bring back to consciousness*) ■ **to ~ sb round** jdn wieder zu Bewusstsein bringen

❸ (*persuade*) ■ **to ~ sb round** [**to sth**] jdn [zu etw *dat*] überreden

◆**bring through** *vt* ■ **to ~ sb through sth** *bad times* jdn durch etw *akk* bringen; ***their faith brought them through*** ihr Glaube half ihnen weiter

◆**bring to** *vt* ■ **to ~ sb to** jdn wieder zu Bewusstsein bringen

◆**bring together** *vt* **to ~ together people** [*or* **to ~ people together**] Menschen zusammenbringen; (*in crisis*) Menschen zusammenschweißen; (*introduce*) Menschen miteinander bekannt machen

◆**bring up** *vt* ❶ (*carry up*) ■ **to ~ up ○ sth/sb** etw/jdn heraufbringen

❷ (*rear*) ■ **to ~ up ○ sb** jdn großziehen [*o* aufziehen]; ***we brought them up to respect other people's rights*** wir erzogen sie dazu, die Rechte anderer Menschen zu respektieren; **to be brought up a Catholic** katholisch erzogen werden; **a well/badly brought-up child** ein gut/schlecht erzogenes Kind

❸ (*mention*) ■ **to ~ up ○ sth** etw zur Sprache bringen; ***don't ~ up that old subject again*** fang nicht wieder mit diesem alten Thema an; **to ~ up sth for discussion** etw zur Diskussion stellen

❹ (*fam: vomit*) **to ~ up one's breakfast/lunch** das Frühstück/Mittagessen ausspucken *fam*

❺ MIL (*convey*) **to ~ up reinforcements/supplies** die Front mit Verstärkung/Vorräten versorgen

❻ COMPUT (*make appear on screen*) **to ~ up a menu/dialog box** ein Menü/Dialogfenster aufrufen

▸ PHRASES: **to ~ up the <u>rear</u>** das Schlusslicht bilden; **to ~ sb up <u>short</u>** jdn plötzlich zum Anhalten bringen

bring and buy sale *n* BRIT, AUS [Wohltätigkeits]basar *m* (*bei dem mitgebrachte Sachen verkauft werden*)

brink [brɪŋk] *n no pl* ❶ (*edge*) *of a cliff, gorge, pond* Rand *m*

❷ (*fig: verge*) Rand *m*, Grenze *f*; ■ **to be on the ~ of sth** kurz vor etw *dat* stehen; **to be on the ~ of bankruptcy** [*or* **ruin**] kurz vor dem Bankrott stehen; **to drive sb to the ~ of a nervous breakdown** jdn an den Rand eines Nervenzusammenbruchs bringen; **to be on the ~ of extinction** vom Aussterben bedroht sein; **to be on the ~ of war** kurz vor Kriegsausbruch stehen

brinkmanship ['brɪŋkmənʃɪp] *n no pl* Spiel *nt* mit dem Feuer

briny ['braɪni] **I.** *adj* salzig

II. *n no pl* BRIT (*hum dated*) ■ **the ~** die See

brio ['bri:əʊ, AM -oʊ] *n no pl* Schwung *m*

brioche [bri:'ɒʃ, AM *also* -'oʊʃ] *n* Brioche *f o* ÖSTERR

nt
briquet(te) [brɪ'ket] *n* Brikett *nt*
brisk [brɪsk] *adj* ❶ (*quick*) zügig, flott; **to give sth a ~ flick with a duster** etw schnell mit einem Staubtuch abwischen; **~ pace** flottes Tempo; **to walk at a ~ pace** zügig marschieren; **~ walk** strammer Spaziergang
❷ (*sharp*) *tone* energisch
❸ (*busy*) *sales, trade* lebhaft, rege
❹ (*cool*) *weather, wind* frisch
brisket ['brɪskɪt] *n no pl* FOOD Bruststück *nt*
briskly ['brɪskli] *adv* ❶ (*quickly*) zügig, flott; **to walk ~** eiligen Schrittes laufen
❷ (*sharply*) energisch; **to say sth ~** etw energisch sagen
❸ (*busily*) lebhaft, rege; **to sell ~** sich wie warme Semmeln verkaufen
briskness ['brɪsknəs] *n no pl of a pace* Zügigkeit *f,* Flottheit *f; of manner, tone* Nachdruck *m; of trade* Lebhaftigkeit *f*
bristle ['brɪsl̩] **I.** *n* Borste *f;* (*on a man's face*) [Bart]stoppel *f meist pl;* **badger ~** Dachshaar *nt;* **brush ~s** Pinselborsten *fpl;* **natural ~[s]** Naturborsten *fpl*
II. *vi* ❶ (*become erect*) *fur* sich *akk* sträuben; *hair* sich *akk* aufstellen
❷ (*fig: react angrily*) ■**to ~ [at sth]** sich *akk* [über etw *akk*] empören
◆**bristle with** *vt* ■**to ~ with sth** vor etw *dat* strotzen, von etw *dat* voll sein; **to ~ with anger** vor Zorn beben; **to ~ with mistakes/people/police** von Fehlern/Menschen/Polizei wimmeln
bristly ['brɪsl̩i] *adj* borstig, stoppelig, stachelig; **~ chin** stoppeliges Kinn; **~ hair** borstige Haare
Brit [brɪt] *n* (*fam*) ❶ (*person*) Brite, -in *m, f*
❷ MUS Brit-Award *m*
Britain ['brɪtᵊn] *n* Großbritannien *nt*
Britannia [brɪ'tænjə] *n no pl* [allegorische] Britannia; (*fig*) Britannien *nt*
Britannic [brɪ'tænɪk] *adj inv* (*dated*) britannisch
Britannic Majesty [brɪˌtænɪk'mædʒəsti] *n* **His/Her ~** Seine/Ihre Britannische Majestät
britches ['brɪtʃɪz] *npl esp* AM Kniehose *f;* **[riding] ~** Reithose *f*
▸ PHRASES: **to be too big for one's ~** größenwahnsinnig sein
British ['brɪtɪʃ, AM -t̬-] **I.** *adj* britisch
II. *n* ■**the ~** *pl* die Briten *pl*
British Broadcasting Corporation *n no pl,* + *sing/pl vb* ■**the ~** die BBC (*britische Rundfunkgesellschaft*) **British English** *n no pl* britisches Englisch
Britisher ['brɪt̬ɪʃəʳ] *n* AM (*fam*) Brite, -in *m, f*
British Isles *npl* **the ~** die Britischen Inseln
British Summer Time *n no pl* britische Sommerzeit
Briton ['brɪtᵊn] *n* Brite, -in *m, f;* HIST Bretone, -in *m, f*
brittle ['brɪtl̩, AM -t̬-] **I.** *adj* ❶ (*fragile*) zerbrechlich, spröde; **~ bones** brüchige Knochen; **a ~ layer of ice** eine dünne Eisschicht
❷ (*fig: unpleasantly sharp*) *laugh, voice* schrill; *behaviour, person* laut, aber unsicher
II. *n* [Nuss]krokant *nt*
brittleness ['brɪtl̩nəs] *n no pl* ❶ (*fragility*) Brüchigkeit *f,* Zerbrechlichkeit *f*
❷ (*aggressiveness*) Reizbarkeit
bro [broʊ] *n esp* AM (*fam*) *short for* **brother** Bruder *m; usu sing* (*form of address*) Bruderherz *nt fam*
broach [brəʊtʃ, AM broʊtʃ] **I.** *vt* ■**to ~ sth** ❶ (*begin to discuss*) *subject* etw anschneiden
❷ (*open*) etw öffnen; **to ~ a barrel [***or* **cask]** ein Fass anstechen; (*containing beer also*) ein Fass anzapfen
II. *n* <*pl* -es> AM (*brooch*) Brosche *f*
B-road ['bi:rəʊd, AM -roʊd] *n* BRIT ≈ Landesstraße *f*
broad [brɔ:d, AM *also* brɑ:d] **I.** *adj* ❶ (*wide*) *street, river* breit; **~ shoulders** breite Schultern
❷ (*spacious*) weit; **a ~ expanse** eine weite Ausdehnung
❸ (*obvious*) deutlich, klar; **to drop [***or* **give] a ~ hint** einen Wink mit dem Zaunpfahl geben
❹ (*general*) allgemein; **to be in ~ agreement** weitgehend übereinstimmen [*o* einer Meinung sein]; **a ~ description/generalization** eine grobe Beschreibung/Verallgemeinerung; **to give a ~ outline of sth** etw in groben Zügen darstellen; **a ~ range/spectrum** eine breite Palette/ein breites Spektrum
❺ (*wide-ranging*) weitreichend, ausgedehnt; *education* umfassend; *interests* vielseitig; **to have a ~ appeal** sich allgemeiner Beliebtheit erfreuen; **a ~ cross section of the population** weite Teile der Bevölkerung
❻ (*liberal*) *idea, view* tolerant; *outlook* großzügig
❼ (*strong*) stark, ausgeprägt; **a ~ accent/grin** ein breiter Akzent/ein breites Grinsen
❽ (*coarse*) derb; **~ comedy/humour** derbe Komödie/derber Humor
▸ PHRASES: **~ in the beam** (*hum dated*) breit gebaut; **in ~ daylight** am helllichten Tag[e]
II. *n esp* AM (*pej! sl*) Tussi *f pej fam*
broadband *n* COMPUT Breitband *m;* **~ radio** Breitbandradio *nt*
broad bean *n* Saubohne *f,* dicke Bohne
broadcast ['brɔ:dkɑ:st, AM 'brɑ:dkæst] **I.** *n* Übertragung *f;* (*programme*) Sendung *f;* **a live ~ of the concert** eine Liveübertragung des Konzerts; **a live television/radio ~** eine Livesendung im Fernsehen/Radio
II. *vi* <broadcast *or* AM broadcasted, broadcast *or* AM broadcasted> senden; **to ~ on long wave** auf Langwelle senden
III. *vt* <broadcast *or* AM broadcasted, broadcast *or* AM broadcasted> ■**to ~ sth** ❶ (*transmit*) etw senden [*o* ausstrahlen]; **to ~ a match** ein Spiel übertragen; **to ~ a programme** ein Programm senden [*o* ausstrahlen]; **to ~ an SOS** ein SOS funken; **to be ~ live** live ausgestrahlt werden
❷ (*fam: spread widely*) etw an die große Glocke hängen; **to ~ a rumour** ein Gerücht [überall] verbreiten
broadcaster ['brɔ:dkɑ:stəʳ, AM 'brɑ:dkæstəʳ] *n* Medienstar *m;* (*announcer*) Sprecher(in) *m(f);* (*presenter*) Moderator(in) *m(f)*
broadcasting ['brɔ:dkɑ:stɪŋ, AM 'brɑ:dkæst-] *n no pl* (*radio*) Rundfunk *m;* (*TV*) Fernsehen *nt;* **educational/news ~** Bildungs-/Nachrichtensendungen *fpl;* **satellite ~** Satellitenübertragungen *fpl;* **sports ~** Sportsendungen *fpl*
broadcloth ['brɔ:dklɒθ, AM 'brɑ:dklɑ:θ] *n no pl* feines schwarzes Tuch
broaden ['brɔ:dᵊn, AM *also* 'brɑ:d-] **I.** *vi* ❶ (*become wider*) sich *akk* verbreitern, breiter werden
❷ (*become more inclusive*) breiter werden, sich ausdehnen; *horizon* sich erweitern
II. *vt* ■**to ~ sth** ❶ (*make wider*) etw verbreitern [*o* breiter machen]
❷ (*fig: expand*) etw vergrößern; ***living in India ~ed my outlook on life*** durch das Leben in Indien habe ich ein viel offeneres Weltbild bekommen; **to ~ one's horizons/one's mind** seinen Horizont erweitern; **to ~ the scope of a discussion** eine Diskussion ausweiten
◆**broaden out I.** *vi see* **broaden I**
II. *vt* (*make more general*) ■**to ~ out** ⊂ **sth** etw ausdehnen; **to ~ out a definition/an interpretation** eine Definition/Interpretation allgemeiner fassen
broad gauge *n no pl* Breitspur *f* **broad jump** *n no pl* AM (*long jump*) ■**the ~** der Weitsprung
broadleaf BOT **I.** *n* breitblättrige Pflanze **II.** *adj attr, inv* breitblättrig; **~ forest** *Wald, in dem Bäume mit breitblättrigem Laub wachsen* **broad-leaved** *adj* breitblättrig; **~ endive** Breitblattendivie *f;* **~ plant** breitblättrige Pflanze; **~ tree** Baum *m* mit breitblättrigem Laub
broadly ['brɔ:dli, AM *also* 'brɑ:dli] *adv* ❶ (*generally*) allgemein, in groben Zügen; ***I ~ agree with you*** ich stimme weitgehend mit dir überein; **~ speaking, …** ganz allgemein gesehen, …
❷ (*widely*) breit; ***when Ann saw all the presents she smiled ~*** als Ann die ganzen Geschenke sah, lachte sie über das ganze Gesicht; **to grin ~** breit grinsen
broadminded *adj* (*approv*) tolerant
broadmindedness *n no pl* (*approv*) Toleranz *f*
broadness ['brɔ:dnəs, AM *also* 'brɑ:d-] *n no pl* Weite *f; of accent, grin* Breite *f*
broadsheet *n* BRIT, AUS ❶ (*newspaper*) großformatige [seriöse] Zeitung ❷ (*advertisement*) Plakat *nt* ❸ TYPO einseitig bedrucktes Blatt, Einblattdruck *m*
broad-shouldered *adj* breitschultrig **broadside** *n* ❶ (*attack*) **to fire a ~ [at sb]** [auf jdn] eine Breitseite abfeuern *a. fig* ❷ AM (*publicity leaflet*) Prospekt *m,* Werbeflyer *m* **broad-spectrum** *adj* MED Breitband-; **~ antibiotic** Breitbandantibiotikum *nt* **broad tape** *n* AM ECON Informationsdienst *m* zum Wertpapier- und Warenterminhandel
brocade [brə(ʊ)'keɪd, AM broʊ'-] **I.** *n no pl* Brokat *m*
II. *n modifier* (*gown, jacket, skirt*) Brokat-, brokaten *geh*
brocaded [brə'keɪdɪd] *adj inv* brokatartig
broccoli ['brɒkᵊli, AM 'brɑ:-] *n no pl* Broccoli *m,* Brokkoli *m*
brochure ['brəʊʃəʳ, AM broʊ'ʃʊr] *n* Broschüre *f;* **travel ~** Reisekatalog *m*
brogue¹ [brəʊg, AM broʊg] *n usu sing irischer oder schottischer Akzent*
brogue² [brəʊg, AM broʊg] *n* Brogue *m fachspr* (*Herrenschuh mit zierenden Lochornamenten und Flügelkappe*)
broil [brɔɪl] *vt esp* AM (*grill*) ■**to ~ sth** etw grillen
broiler ['brɔɪləʳ, AM -ɚ] *n* ❶ (*chicken*) [Brat]hähnchen *nt,* [Brat]hendel *nt* SÜDD, ÖSTERR
❷ *esp* AM (*grill*) Grill[rost] *m*
broiler pan *n esp* AM (*grill pan*) Grillpfanne *f*
broiling ['brɔɪlɪŋ] *adj inv* AM (*fam*) glühend heiß
broke [brəʊk, AM broʊk] **I.** *pt of* **break**
II. *adj pred* (*fam*) abgebrannt *fam,* pleite *fam,* blank *fam;* **to go ~** Bankrott [*o fam* pleite] gehen
▸ PHRASES: **if it ain't ~ don't fix it** (*iron fam*) verändre nichts, das funktioniert; **to go for ~** (*fam*) alles auf eine Karte setzen
broken ['brəʊkᵊn, AM 'broʊk-] **I.** *pp of* **break**
II. *adj inv* ❶ (*shattered*) zerbrochen; **~ arm/finger** gebrochener Arm/Finger; **~ bottle** zerbrochene Flasche; **~ filling** herausgebrochene Füllung; **~ glass** Glasscherben *fpl*
❷ (*not functioning*) *watch* kaputt
❸ (*defeated*) *man, woman* gebrochen
❹ (*not fluent*) **in ~ English** in gebrochenem Englisch
❺ (*interrupted*) unterbrochen
❻ (*dotted*) gestrichelt; **a ~ line** eine gestrichelte Linie
❼ *attr* (*not adhered to*) *contract, promise* gebrochen; **a ~ engagement** eine gelöste Verlobung; **a ~ marriage** eine zerbrochene Ehe
broken-down *adj inv* ❶ (*not working*) kaputt
❷ (*dilapidated*) verfallen, baufällig; **~ furniture** abgewohnte Möbel **broken family** <*pl* -lies> *n* zerbrochene Familie **broken-hearted** *adj* untröstlich **broken home** *n* zerrüttete Familienverhältnisse **broken lot** *n* ECON (*incomplete set of goods*) unvollständiger Satz
broken up *adj pred* (*fam*) ■**to be ~** aus der Fassung geraten sein, aufgebracht [*o* aufgelöst] sein
broker ['brəʊkəʳ, AM 'broʊkɚ] **I.** *n* ❶ COMM (*agent*) Makler(in) *m(f);* (*on the Stock Exchange*) Börsenmakler(in) *m(f),* Broker(in) *m(f) fachspr;* **agency ~** FIN Effektenbroker(in) *m(f);* **official ~** amtlicher Broker/amtliche Brokerin
❷ (*negotiator*) Vermittler(in) *m(f),* Unterhändler(in) *m(f)*
II. *vt* ■**to ~ sth** etw aushandeln; **to ~ a ceasefire/deal** einen Waffenstillstand/ein Geschäft aushandeln
brokerage ['brəʊkərɪdʒ, AM 'broʊ-] *n no pl* ECON
❶ (*activity*) Maklergeschäft *nt*
❷ COMM (*fee*) Maklergebühr *f,* Courtage *f*
brokerage firm *n* Maklerfirma *f* **brokerage house** *n* STOCKEX Brokerfirma *f* **broker-dealer** *n* STOCKEX Börsenmakler(in) *m(f),* Broker(in) *m(f)*

B

fachspr

broking ['brəʊkɪŋ, AM 'broʊ-] *n* STOCKEX Maklergeschäft *nt*

brolly ['brɒli] *n esp* BRIT, AUS (*fam*) Schirm *m*

bromide ['brəʊmaɪd, AM 'broʊ-] *n* ❶ CHEM Bromid *nt*
❷ MED Beruhigungsmittel *nt*
❸ (*platitude*) Gemeinplatz *m,* Platitüde *f geh*

bromine ['brəʊmi:n, AM 'broʊ-] *n no pl* CHEM Brom *nt*

bronchi ['brɒŋki:, AM 'brɑ:ŋ-] *n pl of* **bronchus**

bronchial ['brɒŋkiəl, AM 'brɑ:ŋ-] *adj inv* Bronchial-

bronchial pneumonia *n no pl* Bronchopneumonie *f fachspr* **bronchial tubes** *npl* Bronchien *fpl*

bronchitis [brɒŋ'kaɪtɪs, AM brɑ:ŋ'kaɪţɪs] *n no pl* Bronchitis *f*

bronchopneumonia [,brɒŋkə(ʊ)nju:'məʊniə, AM ,brɑ:ŋkoʊnu:'moʊnjə] *n no pl* MED Bronchopneumonie *f fachspr*

bronchus <*pl* -chi> ['brɒŋkəs, AM 'brɑ:ŋ-, *pl* ki:] *n* MED Bronchus *m fachspr*

bronco <*pl* -os> ['brɒŋkəʊ, AM 'brɑ:ŋkoʊ] *n wildes Pferd im Westen der USA*

brontosaurus <*pl* -ruses *or* -ri> [,brɒntə'sɔ:rəs, AM ,brɑ:nţə'-] *n* Brontosaurus *m*

Bronx cheer [,brɑ:ŋks'tʃɪr] *n esp* AM (*fam: raspberry*) verächtliches Zischen; **to give sb a ~** jdn auspfeifen

bronze [brɒnz, AM brɑ:nz] I. *n* ❶ *no pl* (*metal*) Bronze *f*
❷ ART Bronzeobjekt *nt*
❸ (*medal*) Bronzemedaille *f; see also* **bronze medal**
II. *n modifier* (*urn, sculpture, plate, figure*) Bronze-
III. *adj inv* bronzefarben; (*made of bronze*) Bronze-

Bronze Age I. *n no pl* HIST ■**the ~** die Bronzezeit
II. *adj attr, inv* Bronzezeit-; **~ civilizations** Kulturen *fpl* der Bronzezeit

bronzed [brɒnzd, AM brɑ:nzd] *adj skin* [sonnen]gebräunt, braun

bronze medal *n* Bronzemedaille *f;* **to get** [*or* **win**] **a ~** Bronze [*o* eine Bronzemedaille] gewinnen

brooch <*pl* -es> [brəʊtʃ, AM broʊtʃ] *n* Brosche *f*

brood [bru:d] I. *n* ❶ (*hatch*) Brut *f*
❷ (*hum: young children*) Brut *f kein pl hum,* Nachwuchs *m kein pl*
II. *vi* ❶ (*mope*) Trübsal blasen; (*worry at length*) grübeln; ■**to ~ on** [*or* **over**] **sth** über etw *dat* brüten, über etw *akk* [nach]grübeln
❷ ZOOL (*sit on eggs*) brüten
III. *vt* **to ~ eggs** Eier ausbrüten

broodiness ['bru:dinəs] *n no pl* ❶ (*fam*) Kinderwunsch *m*
❷ (*pensiveness*) Nachdenklichkeit *f*

brooding ['bru:dɪŋ] *adj* beunruhigend; **dark ~ clouds** dunkle, schwere Wolken; **a ~ expanse of marshland** ein unheimliches Moorgebiet; **a ~ silence** eine drückende Stille

brood mare *n* Zuchtstute *f*

broody ['bru:di] *adj* ❶ ZOOL brütig
❷ (*fam: ready to have children*) **to feel ~** den Wunsch nach einem Kind haben
❸ (*mopey*) grüblerisch

brook[1] [brʊk] *n* Bach *m*

brook[2] [brʊk] *vt* (*form: tolerate*) ■**to ~ sth** etw dulden

broom [bru:m, brʊm] *n* ❶ (*brush*) Besen *m*
❷ *no pl* BOT Ginster *m*

broom handle, broomstick ['bru:mstɪk, 'brʊm-] *n* Besenstiel *m*

Bros. *npl* ECON *abbrev of* **brothers** Gebr.

broth [brɒθ, AM brɑ:θ] *n no pl* FOOD Brühe *f,* Fond *m*

brothel ['brɒθᵊl, AM 'brɑ:θ-] *n* Bordell *nt*

brothel-keeper ['brɒθᵊlki:pəʳ, AM 'brɑ:θᵊlki:pɚ] *n* Bordellinhaber(in) *m(f)*

brother ['brʌðəʳ, AM -ɚ] I. *n* ❶ (*son of same parents*) Bruder *m;* **~s and sisters** Geschwister *ntpl*
❷ (*comrade*) ■**~s!** *pl* Kameraden!, Brüder!; **~s in arms** Waffenbrüder *mpl*
❸ REL (*monk*) Bruder *m;* ***B~ Michael*** Bruder *m* Michael
❹ *esp* AM (*fam: male friend*) Kumpel *m*
▶ PHRASES: **I am not my ~'s keeper** ich bin nicht der Hüter meines Bruders *geh*
II. *interj* (*fam*) Mann! *fam,* Mannomann! *fam*

brotherhood ['brʌðəhʊd, AM -ɚ-] *n* ❶ + *sing/pl vb* (*male group*) Bruderschaft *f*
❷ *no pl* (*feeling*) Brüderlichkeit *f*

brother-in-law <*pl* brothers-in-law> *n* Schwager *m*

brotherly ['brʌðəli, AM -ɚli] *adj* (*amongst brothers*) brüderlich; (*amongst friends*) freundschaftlich; **some ~ advice** ein freundschaftlicher Rat; **~ love** Bruderliebe *f*

brothers-in-law *n pl of* **brother-in-law**

brougham ['bru:əm, AM broʊm] *n* Brougham *m fachspr* (*Einspänner oder Auto mit offenem Fahrersitz*)

brought [brɔ:t, AM brɑ:t] *pp, pt of* **bring**

brouhaha ['bru:hɑ:hɑ:] *n usu sing* (*fam*) Wirbel *m* (**over** um +*akk*)

brouter ['braʊtəʳ, AM -ɚ] *n* COMPUT Brouter *m*

brow [braʊ] *n* ❶ *usu sing* (*forehead*) Stirn *f;* **to mop** [*or* **wipe**] **one's ~** sich *dat* den Schweiß von der Stirn wischen; **to wrinkle one's ~** die Stirn runzeln
❷ (*eyebrow*) Augenbraue *f*
❸ *usu sing* (*fig*) **~ of a hill** Bergkuppe *f*

browbeat <-beat, -beaten> ['braʊbi:t] *vt* ■**to ~ sb** jdn einschüchtern; ■**to ~ sb into doing sth** jdn unter Druck setzen, dass er etw tut

brown [braʊn] I. *n* Braun *nt*
II. *adj* ❶ (*chocolate-coloured*) braun
❷ (*tanned*) *skin* braun; **~ from the sun** sonnengebräunt; **to go ~** braun werden, bräunen
III. *vt* FOOD ■**to ~ sth** *onion* etw [an]bräunen; *meat* etw anbraten
IV. *vi* FOOD braun werden
◆**brown off** *vt* BRIT, AUS (*dated fam*) ■**to be ~ed off with sth** etw satt haben *fam;* **to become** [*or* **get**] **~ed off with sth** etw [so langsam] satt haben *fam*

brown ale *n no pl* BRIT dunkles Bier **brown bag** *n* AM *braune Papiertüte für Eingekauftes im Supermarkt* **brown-bag** <-gg-> *vt* AM **to ~ one's lunch** [*or* **food**] sein [Mittag]essen [von zu Hause] mitbringen **brown bagger** *n* AM *jd, der sein Essen von zu Hause mitbringt* **brown-bag lunch** *n* AM *von zu Hause mitgebrachtes Mittagessen;* **to have a ~** *von zu Hause mitgebrachte Sachen zu Mittag essen* **brown-bag seminar** *n* AM *Treffen, bei dem Essen von zu Hause mitgebracht wird* **brown bear** *n* Braunbär *m* **brown belt** *n* SPORTS ❶ (*belt*) brauner Gürtel ❷ (*person*) Träger(in) *m(f)* des braunen Gürtels **brown bread** *n no pl locker gebackenes Brot aus dunklerem Mehl, etwa wie Mischbrot* **brown coal** *n no pl* Braunkohle *f* **brown goods** *npl* Unterhaltungselektronik *f kein pl* **brown hyena** *n* Schabrackenhyäne *f*

brownie ['braʊni] *n esp* AM *kleiner Schokoladenkuchen mit Nüssen*

Brownie ['braʊni], BRIT *also* **Brownie Guide** *n* junge Pfadfinderin

Brownie pack *n* + *sing/pl vb Gruppe junger Pfadfinderinnen* **brownie point** *n* (*hum fam*) Pluspunkt *m;* **to get** [*or* **score**] [*or* **win**] **~s** Pluspunkte machen

browning ['braʊnɪŋ] *n no pl* BRIT FOOD Bratensatz *m*

brownish ['braʊnɪʃ] *adj* bräunlich

brown-nose *vi esp* AM (*pej sl*) katzbuckeln *pej fam,* arschkriechen *pej derb*

brown-noser *n esp* AM (*pej sl*) Arschkriecher(in) *m(f) pej derb* **brown-out** *n* AM (*during war*) partielle Verdunkelung; (*due to electricity failure*) partieller Stromausfall **brown paper** *n no pl* Packpapier *nt* **brown rat** *n* Wanderratte *f* **brown rice** *n no pl* ungeschälter Reis, Naturreis *m* **brownstone** *n esp* AM ❶ *no pl* (*stone*) rötlich brauner Sandstein ❷ (*house*) [rotbraunes] Sandsteinhaus

brown sugar *n no pl* brauner Zucker

browse [braʊz] I. *vi* ❶ (*skim*) **to ~ through a book/magazine** ein Buch/eine Zeitschrift durchblättern, in einem Buch/einer Zeitschrift [herum]blättern
❷ (*look around*) **to ~** [**around a shop**] sich *akk* in einem Geschäft umsehen, in einem Laden [herum]stöbern
❸ INET browsen, surfen
❹ (*graze*) ■**to ~** [**on sth**] [auf etw *dat*] grasen [*o* weiden]
II. *vt* ■**to ~ sth** ❶ ZOOL etw abfressen
❷ COMPUT etw durchsehen; **to ~ the Internet/the World Wide Web** im Internet/World Wide Web surfen
III. *n no pl* ❶ (*look-around*) **to go for** [*or* **take**] **a ~ around** [*or* **in**] **a shop** sich *akk* in einem Geschäft umsehen, in einem Laden [herum]stöbern
❷ (*look-through*) **to have a ~ through a book/magazine** ein Buch/eine Zeitschrift durchblättern, in einem Buch/einer Zeitschrift [herum]blättern

browser ['braʊzəʳ, AM -ɚ] I. *n* ❶ (*in shop*) *jd, der im Geschäft* [*herum*]*stöbert;* (*in books*) *jd, der in einem Buch schmökert, herumblättert*
❷ INET Browser *m*
II. *n modifier* INET Browser-; **~ history** Liste *f* der besuchten Websites

bruise [bru:z] I. *n* ❶ MED Bluterguss *m,* blauer Fleck; (*contusion*) Prellung *f;* **to be covered in ~s** überall blaue Flecken haben
❷ (*on fruit*) Druckstelle *f*
II. *vt* ❶ (*injure*) ■**to ~ sb** jdm blaue Flecken zufügen; **to ~ one's arm/leg** sich *akk* am Arm/Bein stoßen
❷ (*fig: hurt*) **to ~ sb's ego/feelings/pride** jds Ego/Gefühle/Stolz verletzen
III. *vi* einen blauen Fleck bekommen, sich *akk* stoßen; *fruit* Druckstellen bekommen

bruised [bru:zd] *adj* ❶ (*injured*) geprellt; **to be badly ~** eine schwere Prellung haben; **to be battered and ~** grün und blau sein
❷ (*fig: emotionally hurt*) verletzt

bruiser ['bru:zəʳ, AM -zɚ] *n* (*hum fam*) ❶ (*brute*) Schläger[typ] *m fam*
❷ (*boxer*) Boxer(in) *m(f)*
❸ (*big baby*) Pummel *m fam,* Dickerchen *nt fam*

bruising ['bru:zɪŋ] I. *n no pl* MED Bluterguss *m*
II. *adj usu attr* verletzend *a. fig;* **~ contest** aufreibender Wettkampf; **~ encounter** unerfreuliches Treffen

bruit [bru:t] *vt usu passive* (*form or hum*) ■**to ~ sth abroad** [*or* **around**] [*or* **about**] etw überall herumerzählen

brumbie, brumby ['brʌmbi] *n* AUS Brumby *nt fachspr,* australisches Wildpferd

brunch <*pl* -es> [brʌntʃ] *n* Brunch *m*

brunette [bru:'net] I. *n* Brünette *f*
II. *adj inv* brünett

brunt [brʌnt] *n no pl* Wucht *f;* **to bear** [*or* **take**] **the ~ of sth** etw am stärksten zu spüren bekommen

brush [brʌʃ] I. *n* <*pl* -es> ❶ (*for hair, cleaning*) Bürste *f;* (*broom*) Besen *m;* (*for painting*) Pinsel *m*
❷ *no pl* (*act of brushing*) Bürsten *nt;* **to give sth a ~** etw abbürsten; **to give one's teeth a ~** sich *dat* die Zähne putzen
❸ *usu sing* (*stroke*) leichte Berührung
❹ (*encounter*) Zusammenstoß *m;* **to have a ~ with sb** mit jdm aneinander geraten; **to have a ~ with death** dem Tode knapp entronnen sein; **to have a ~ with the law** mit dem Gesetz in Konflikt geraten
❺ *no pl* AM, AUS (*brushwood*) Unterholz *nt,* Gestrüpp *nt*
❻ (*fox's tail*) Fuchsschwanz *m,* Lunte *f fachspr*
II. *vt* ❶ (*clean*) ■**to ~ sth** etw abbürsten; (*rub*) etw bürsten; **to ~ one's hair** sich *dat* die Haare bürsten; ***Jackie ~ed her hair out of her eyes*** Jackie strich sich die Haare aus dem Gesicht; **to ~ one's teeth** sich *dat* die Zähne putzen
❷ (*touch lightly*) **to ~ sb's cheek** jds Wange leicht berühren
❸ (*apply a substance*) ■**to ~ sth with sth** etw mit

etw *dat* bestreichen
III. *vi* (*touch lightly*) ■**to ~ against sth/sb** etw/jdn streifen; ■**to ~ by sb** an jdm vorbeieilen
◆**brush aside** *vt* ❶ (*move aside*) ■**to ~ aside** ↔ **sth/sb** etw/jdn wegschieben
❷ (*dismiss*) ■**to ~ aside** ↔ **sth** etw abtun; ■**to ~ aside** ↔ **sb** jdn ignorieren
◆**brush away** *vt* ■**to ~ away** ↔ **sth** ❶ (*wipe*) etw wegwischen; **to ~ away a fly** eine Fliege verscheuchen; **to ~ away one's tears** sich *dat* die Tränen abwischen
❷ (*dismiss*) etw [aus seinen Gedanken] verbannen
◆**brush down** *vt* ■**to ~ down** ↔ **sb/sth** jdn/etw abbürsten; ■**to ~ oneself down** sich *akk* zurechtmachen [*o* herrichten]
◆**brush off** *vt* ❶ (*remove with brush*) ■**to ~ off** ↔ **sth** etw abbürsten
❷ (*ignore*) ■**to ~ off** ↔ **sb** jdn abblitzen lassen *fam;* ■**to ~ off** ↔ **sth** etw zurückweisen
◆**brush out** *vt* ■**to ~ out** ↔ **sth** etw [her]ausbürsten; **to ~ out one's hair** sich *akk* die Haare ausbürsten; **to ~ out knots in one's hair** Knoten aus seinem Haar herausbürsten
◆**brush past** *vt* ■**to ~ past sb** jdn streifen
◆**brush up** I. *vi* ■**to ~ up on sth** *one's knowledge* etw auffrischen
II. *vt* ■**to ~ up sth** *one's knowledge* etw auffrischen
brushed [brʌʃt] *adj inv* aufgeraut; **~ aluminium** mattes Aluminium; **~ cotton** Baumwollvelours *m*
brush fire *n* AM, AUS Buschfeuer *nt* **brush-off** *n no pl* Abfuhr *f;* **to get the ~ from sb** von jdm einen Korb bekommen *fam;* **to give sb the ~** jdm eine Abfuhr erteilen, jdn abblitzen lassen *fam* **brush-stroke** *n usu pl* Pinselstrich *m* **brush-up** [ˈbrʌʃʌp] I. *n* BRIT Auffrischung *f a. fig* II. *n modifier course* Auffrischungs- **brushwood** *n no pl* Reisig *nt;* **to gather ~** Reisig sammeln **brushwork** *n no pl* Pinselführung *f*
brusque [bruːsk, AM brʌsk] *adj manner, tone* schroff, brüsk; *behaviour* rüde; ■**to be ~ with sb** schroff zu jdm sein
brusquely [ˈbruːskli, AM ˈbrʌsk-] *adv answer, say* schroff, brüsk; **to behave ~** sich ungehobelt [*o* rüde] benehmen
brusqueness [ˈbruːsknəs, AM ˈbrʌsk-] *n no pl* Schroffheit *f,* rüdes Benehmen
Brussels [ˈbrʌsəlz] *n no pl* Brüssel *nt*
Brussel(s) sprout *n* ❶ (*plant*) ■**~s** *pl* Rosenkohl *m kein pl,* Sprossenkohl *f kein pl* ÖSTERR
❷ (*bud*) Rosenkohlröschen *nt,* Kohlsprosse *f* ÖSTERR
brutal [ˈbruːtəl, AM -t̬-] *adj* brutal *a. fig;* **with ~ honesty** mit schonungsloser Offenheit; **the ~ truth** die ungeschminkte Wahrheit
brutalism [ˈbruːtəlɪzm, AM t̬əl] *n* Brutalität *f,* brutale Art; (*fig*) direkte [*o* unverblümte] Art
brutality [bruːˈtæləti, AM -əti] *n no pl* Brutalität *f*
brutalize [ˈbruːtəlaɪz, AM -t̬-] *vt* ■**to ~ sb** ❶ (*treat cruelly*) jdn brutal behandeln
❷ (*make brutal*) jdn verrohen lassen, jdn brutalisieren
brutally [ˈbruːtəli, AM -t̬-] *adv* brutal *a. fig;* **to be ~ honest** [*or* **frank**] **with sb** jdm die ungeschminkte Wahrheit sagen, zu jdm schonungslos offen sein
brute [bruːt] I. *n* ❶ (*savage*) Bestie *f*
❷ (*brutal person*) brutaler Kerl, Brutalo *m,* Rohling *m*
❸ (*animal*) Vieh *nt meist pej,* Tier *nt*
II. *adj attr, inv* brutal, roh, grausam; **~ force** rohe Gewalt
brutish [ˈbruːtɪʃ, AM -t̬-] *adj* brutal, roh, grausam
bruv [brʌv] *n usu sing* BRIT (*hum fam*) Bruderherz *nt hum*
BS [ˌbiːˈes] I. *n* ❶ *no pl abbrev of* **bullshit I**
❷ AM *abbrev of* **Bachelor of Science** Bakkalaureus *m* der Naturwissenschaften
II. *vt, vi abbrev of* **bullshit IV, V**
BSc [ˌbiːesˈsiː] *n abbrev of* **Bachelor of Science** Bakkalaureus *m* der Naturwissenschaften
B-school [ˈbiskuːl] *n* AM (*fam*) Wirtschaftskurs *m* an einer Universität; ***she goes to ~*** sie studiert Betriebswirtschaft
BSE [ˌbiːesˈiː] *n no pl* BRIT *abbrev of* **bovine spongiform encephalopathy** BSE *f* **BSE Index** [ˌbiːesˈiː] *n* STOCKEX *abbrev of* **Bombay Stock Exchange Index** Preisindex *m* der Börse in Bombay
BSI [ˌbiːesˈaɪ] *n no pl abbrev of* **British Standards Institution** Britischer Normenausschuss
B-side [ˈbiːsaɪd] I. *n* B-Seite *f*
II. *n modifier* B-Seiten-
BST [ˌbiːesˈtiː] *n no pl abbrev of* **British Summer Time**
B2B [ˌbiːtəˈbiː] *n modifier abbrev of* **business to business**: **~ website** B2B-Website *f fachspr* (*für Aktionen zwischen Unternehmen*)
B2C [ˌbiːtəˈsiː] *n modifier abbrev of* **business to customer**: **~ website** B2C-Website *f fachspr* (*für Aktionen zwischen Unternehmen und Endverbrauchern*)
B2E [ˌbiːtəˈiː] *n modifier abbrev of* **business to employee**: **~ website** B2E-Website *f fachspr* (*für Aktionen zwischen Unternehmen und ihren Mitarbeitern*)
bub [bʌb] *n* AM (*dated fam*) Freundchen *nt meist hum fam*
bubble [ˈbʌbl] I. *n* (*ball of air*) Blase *f;* (*utopian state*) Seifenblase *f;* ***suddenly the ~ burst*** auf einmal ist alles wie eine Seifenblase geplatzt; **to blow a ~** eine Seifenblase machen; **to burst sb's ~** (*fig*) jds Illusionen zerstören; COMM (*deceptive scheme*) Seifenblase *f fig*
II. *vi* kochen; *coffee, stew* brodeln; *boiling water, fountain* sprudeln; *champagne* perlen; (*make bubbling sound*) blubbern; (*fig*) *anger* kochen
◆**bubble over** *vi* ■**to ~ over with sth** vor etw *dat* [über]sprudeln; **to ~ over with ideas** vor Ideen sprühen
◆**bubble up** *vi rage* [auf]steigen; *gas* in Blasen aufsteigen; *liquid* aufsprudeln
bubble and squeak *n no pl esp* BRIT *Gericht aus gekochtem Kohl, mit gekochten Kartoffeln und evtl. gebratenem Fleisch* **bubble bath** *n* ❶ (*bath*) Schaumbad *nt* ❷ *no pl* (*liquid*) Schaumbad *nt,* Badeschaum *m* **bubble gum** *n* Bubble Gum® *m* (*Kaugummi, mit dem man Blasen machen kann*) **bubble-jet printer** [ˌbʌbldʒetˈprɪntəʳ, AM -ə] *n* COMPUT Bubblejet-Drucker *m fachspr* (*Tintenstrahldrucker, bei dem eine Luftblase den Austritt der Tinte aus den Düsen bewirkt*) **bubble-jet printing** *n no pl* COMPUT Drucken *nt* mit einem Bubblejet-Drucker **bubble memory** *n* COMPUT Blasenspeicher *m;* **~ cassette** Blasenspeicherkassette *f*
bubbler [ˈbʌbləʳ, AM -lə] *n* ❶ AM (*drinking fountain*) Trink[wasser]brunnen *m*
❷ (*old: swindler*) Schwindler(in) *m(f),* Betrüger(in) *m(f)*
Bubble Wrap® *n no pl* Luftpolsterfolie *f*
bubbly [ˈbʌbli] I. *n no pl* (*fam*) Schampus *m fam*
II. *adj* ❶ (*full of bubbles*) *drink* sprudelnd; *melted cheese* Blasen werfend
❷ (*lively*) temperamentvoll, lebhaft
bubonic plague [bjuːˌbɒnɪkˈpleɪg, AM -ˌbɑː-] *n no pl* Beulenpest *f*
buccaneer [ˌbʌkəˈnɪəʳ, AM -ˈnɪr] *n* Seeräuber(in) *m(f),* Freibeuter(in) *m(f),* Pirat(in) *m(f)*
buck[1] [bʌk] *n esp* AM, AUS (*fam: dollar*) Dollar *m;* **to make a fast** [*or* **a quick**] [*or* **an easy**] **~** eine schnelle Mark machen
buck[2] [bʌk] I. *n* <*pl* – *or* -s> ❶ (*male deer*) Bock *m;* (*male rabbit*) Rammler *m;* (*antelope*) Antilope *f*
❷ (*liter: stylish young man*) Dandy *m*
II. *n modifier* **~ rabbit** Rammler *m*
III. *vi* bocken
IV. *vt* ❶ (*of horse*) ■**to ~ sb** jdn abwerfen
❷ (*oppose*) **to ~ the odds** die Statistiken sprengen; **to ~ the trend** [*or* **tide**] sich dem Trend widersetzen
buck[3] [bʌk] *n no pl* (*fam*) ***the ~ stops here!*** auf meine Verantwortung!; **to pass the ~** [**to sb**] die Verantwortung [auf jdn] abwälzen
◆**buck up** I. *vi* (*fam*) ❶ (*cheer up*) [wieder] Mut fassen [*o* guter Dinge sein]; **~ *up!*** Kopf hoch!
❷ (*hurry up*) sich *akk* beeilen [*o fam* ranhalten]
II. *vt* ■**to ~ sb up** jdn aufmuntern [*o* aufheitern]
► PHRASES: **to ~ one's ideas up** sich *akk* zusammenreißen
bucket [ˈbʌkɪt] I. *n* ❶ (*pail*) Eimer *m,* Kübel *m;* **champagne ~** Sektkübel *m;* **a ~ of water** ein Eimer *m* Wasser
❷ (*fam: large amounts*) ■**~s** *pl* Unmengen *fpl;* **to weep** [*or* **cry**] **~s** wie ein Schlosshund heulen; **in ~s** eimerweise; ***the rain came down in ~s*** es goss wie aus Kübeln
❸ COMPUT Sammelfeld *m*
► PHRASES: **to kick the ~** (*sl*) ins Gras beißen *fam*
II. *vi* (*fam*) ❶ BRIT, AUS (*rain heavily*) ■**to ~ down** wie aus Eimern gießen
❷ (*career*) rasen; **to ~** [*or* **go ~ing**] **along the road** die Straße entlangrasen; **to ~** [*or* **go ~ing**] **down the hill** den Hügel hinunterrasen
bucket brigade *n + sing/pl vb* Feuerwehr *f*
bucketful <*pl* -s *or* bucketsful> *n* ❶ (*amount bucket holds*) Eimer *m* ❷ (*a lot*) **~s of cash** Geld wie Heu; **~s of water** eimerweise Wasser; ***we're getting ~s of rain*** bei uns schüttet es wie aus Eimern **bucket-loads** *npl* (*fam*) ■**~ of ...** jede Menge ... *fam* **bucket seat** *n* AUTO, AVIAT Schalensitz *m* **bucket shop** *n* ❶ BRIT (*fam: travel agency*) Billigreisebüro *nt,* Diskontreisebüro *nt* ❷ AM (*brokerage firm*) Maklerfirma, die mit betrügerischen Mitteln arbeitet
buckeye [ˈbʌkaɪ] *n* ❶ RAIL [automatische] Waggonkupplung
❷ (*tree*) Roßkastanie *f*
❸ AM (*fam: native of Ohio*) ■**B~** Einwohner(in) *m(f)* Ohios
buckle [ˈbʌkl] I. *n* Schnalle *f*
II. *vt* ❶ (*fasten*) ***I ~d myself into my seat*** ich schnallte mich an; **to ~ one's belt** seinen Gürtel [zu]schnallen; **to ~ one's seat belt** sich *akk* anschnallen; **to ~ one's shoes** sich *dat* die Schuhe zumachen
❷ (*bend out of shape*) ■**to ~ sth** etw verbeulen; (*bend*) etw verbiegen
III. *vi roof, pavement* nachgeben; ***my knees began to ~*** ich bekam weiche Knie
◆**buckle down** *vi* sich *akk* dahinterklemmen *fam*
◆**buckle in** *vt* ■**to ~ in** ↔ **sb/sth** jdn/etw anschnallen
◆**buckle on** *vt* ■**to ~ on** ↔ **sth** sich *dat* etw anschnallen; **to ~ on one's backpack** sich *dat* den Rucksack aufschnallen
◆**buckle under** *vi* ■**to ~ under** [**to sb/sth**] [jdm/etw] nachgeben; **to ~ under to pressure/sb's demands** dem Druck/jds Forderungen nachgeben
buckled [ˈbʌkld] *adj* ❶ *inv* (*fastened*) zugeschnallt; (*with a buckle*) mit einer Schnalle; **~ leather shoes** lederne Schnallenschuhe
❷ (*twisted*) verformt; **~ metal/a ~ girder** verzogenes Metall/ein verzogener Balken; **to have a ~ wheel** *bike* einen Achter haben
buckling [ˈbʌklɪŋ] *n* PHOT Wölbung *f*
buck naked *adj inv* AM (*fam*) splitter[faser]nackt *fam*
buck-passing *n no pl* ***"the time for ~ has passed," said the politician*** „es ist damit vorbei, dass die Verantwortung auf andere abgewälzt werden kann", sagte der Politiker **buck private** *n* AM rangniedrigster Soldat
buckram [ˈbʌkrəm] *n no pl* Steifleinen *nt*
Bucks BRIT *abbrev of* **Buckinghamshire**
buck sergeant *n* AM rangniedrigster Feldwebel
buckshee [bʌkˈʃiː] *adj inv esp* BRIT (*fam*) gratis, umsonst **buckshot** *n no pl* grobkörniger Schrot, Rehposten *m fachspr*
buckskin [ˈbʌkskɪn] I. *n* ❶ *no pl* Wildleder *nt*
❷ (*clothes*) ■**~s** *pl* Wildlederkleidung *f kein pl;* (*shoes*) Wildlederschuhe *mpl* II. *n modifier* (*jacket, pouch, hat, gloves*) Wildleder- **bucks party** *n* AUS (*fam: stag party*) *Saufabend des Bräutigams mit seinen Kumpeln am Vorabend der Hochzeit* **bucktooth** *n* (*fam*) vorstehender Zahn **buckwheat** *n*

no pl Buchweizen *m* **buckwheat cake** *n* Buchweizenpfannkuchen *m,* Blini *pl,* Buchweizenpalatschinke *f* ÖSTERR **buckwheat flour** *n no pl* Buchweizenmehl *nt*

bucolic [bjuːˈkɒlɪk, AM -ˈkɑːlɪk] *adj* (*liter*) ländlich idyllisch, bukolisch *liter*

bud¹ [bʌd] BOT **I.** *n* Knospe *f;* **to be in ~** Knospen haben
II. *vi* <-dd-> knospen, Knospen treiben

bud² [bʌd] *n* AM (*fam*) Freundchen *nt meist hum fam*

Buddha [ˈbʊdə, AM ˈbuːdə] *n* ① *no pl* (*founder of Buddhism*) ■ **[the] ~** [der] Buddha
② (*fully enlightened person*) Buddha *m,* Erleuchtete(r) *f(m)*
③ (*statue*) Buddhastatue *f*

Buddhism [ˈbʊdɪzᵊm, AM ˈbuː-] *n no pl* Buddhismus *m*

buddhist [ˈbʊdɪst, AM ˈbuː-] **I.** *n* Buddhist(in) *m(f)*
II. *adj inv* buddhistisch

budding [ˈbʌdɪŋ] *adj attr, inv* (*fig*) angehend; **~ journalist** begabte(r) Nachwuchsjournalist(in)

buddy [ˈbʌdi] *n* AM (*fam*) Kumpel *m fam*

buddy-buddy [ˈbʌdibʌdi] *adj* (*esp pej fam*) kumpelhaft, auf Du und Du verkehrend **buddy list** *n* INET Buddyliste *f,* Adressliste *f* **buddy system** *n Sicherheitsmaßnahme, bei der, z. B. bei Ausflügen mit Kindern, die Teilnehmer sich in Paaren zusammenschließen, damit sie aufeinander gegenseitig aufpassen/sich gegenseitig helfen*

budge [bʌdʒ] **I.** *vi* ① (*move*) sich *akk* [vom Fleck] rühren, sich *akk* [von der Stelle] bewegen
② (*change mind*) nachgeben; ■ **to ~ from sth** von etw *dat* abrücken; **to ~ from one's original story** von seiner ursprünglichen Geschichte abweichen
II. *vt* ① (*move*) ■ **to ~ sth** etw [von der Stelle] bewegen
② (*cause to change mind*) ■ **to ~ sb** jdn umstimmen
◆**budge up** *vi* BRIT (*fam*) zusammenrücken

budgerigar [ˈbʌdʒᵊrɪgɑːʳ, AM -gɑːr] *n* (*form*) Wellensittich *m*

budget [ˈbʌdʒɪt] **I.** *n* ① (*financial plan*) Budget *nt,* Etat *m;* **publicity ~** Werbeetat *m;* **to draw up a ~** ein Budget erstellen
② ■ **the B~** (*government*) der öffentliche Haushalt[splan]; **director of the ~** Vorsitzender *m*/Vorsitzende *f* des Haushaltsausschusses
③ (*amount available*) Budget *nt;* **to be on a tight ~** ein knappes Budget haben; **to overspend one's ~** sein Budget überziehen; **to remain within [one's] ~** im Budgetrahmen bleiben; **on ~** wie im Budget vorgesehen
II. *vt* ① (*allow*) **to ~ £200,000** ein Budget von 200.000 Pfund veranschlagen
② (*use carefully*) **to ~ one's time/one's wages** sich *dat* die Zeit/seinen Lohn einteilen
III. *vi* ein Budget aufstellen; ■ **to ~ for sth** etw [im Budget] vorsehen
IV. *adj attr, inv* preiswert; **~ travel** Billigreisen *fpl;* **~ prices** Tiefpreise *mpl*

budgetary [ˈbʌdʒɪtᵊri, AM -teri] *adj inv* Etat-, Budget-, Haushalts-

budget committee *n + sing/pl vb* Haushaltsausschuss *m* **budget cut** *n* Budgetkürzung *f,* Haushaltskürzung *f,* Etatkürzung *f* **budget deficit** *n* ECON Haushaltsdefizit *m*

budgeting [ˈbʌdʒɪtɪŋ, AM ɪṭɪŋ] *n no pl* Erstellen *nt* eines Finanzplan[e]s, Budgetierung *f geh*

budgie [ˈbʌdʒi] *n* (*fam*) Wellensittich *m*

buff¹ [bʌf] **I.** *n no pl* ① (*colour*) Gelbbraun *nt*
② (*leather*) [festes, weiches] Leder
► PHRASES: **in the ~** nackt, im Adams- und Evaskostüm *hum fam*
II. *adj* gelbbraun
III. *vt* ■ **to ~ [up] sth** etw polieren

buff² [bʌf] *n* (*fam*) Fan *m;* **computer ~** Computerfreak *m fam*

buffalo <*pl* – *or* -oes> [ˈbʌfᵊləʊ, AM -əloʊ] *n* Büffel *m*

buffer¹ [ˈbʌfəʳ, AM -ɚ] **I.** *n* Puffer *m;* (*on railway track*) Prellbock *m*
II. *vt* ① (*protect*) ■ **to ~ sb [against sth]** jdn [vor etw *dat*] schützen [*o* bewahren]
② (*moderate*) **to ~ the impact/shock/strain** den Aufprall/den Schock/die Belastung auffangen [*o* dämpfen]
③ CHEM, COMPUT, TECH ■ **to ~ sth** etw puffern

buffer² [ˈbʌfəʳ, AM -ɚ] *n* BRIT (*fam*) **an old ~** ein alter Knacker *pej fam*

buffer state *n* POL Pufferstaat *m* **buffer stocks** *npl* ECON Ausgleichslager *ntpl* für Rohstoffe, Pufferbestände *mpl* **buffer zone** *n* POL Pufferzone *f*

buffet¹ [ˈbʊfeɪ, ˈbʌ-, AM bəˈfeɪ] **I.** *n* ① (*food*) Büfett *nt;* **cold ~** kaltes Büfett
② BRIT (*restaurant*) [Bahnhofs]imbiss *m*
II. *n modifier* (*dinner, meal, supper*) mit Büfett

buffet² [ˈbʌfɪt] *vt usu passive* ■ **to ~ sth** etw [heftig] hin und her bewegen

buffet car *n esp* BRIT ≈ Speisewagen *m*

buffeting [ˈbʌfɪtɪŋ] *n no pl wind, water* [Hin- und Her]schaukeln *nt,* Stöße *mpl; plane* Rütteln *nt; treatment* Schläge *mpl;* (*fig*) Turbulenzen *fpl*

buffoon [bəˈfuːn] *n* Clown *m,* Kasper *m;* **to play the ~** den Clown spielen

buffoonery [bəˈfuːnᵊri] *n no pl* Herumgealbere *nt*

bug [bʌg] **I.** *n* ① (*insect*) ■ **~s** *pl* Ungeziefer *nt kein pl;* (*true bug*) Wanze *f;* **bed ~** Bettwanze *f*
② (*fam*) MED Bazillus *m;* **to have a ~** einen Bazillus haben
③ COMPUT (*fault*) Bug *m fachspr,* Fehler *m*
④ (*listening device*) Wanze *f;* **to plant** [*or* **install**] **a ~** eine Wanze installieren
⑤ (*fam: enthusiasm*) Fieber *nt;* **to be bitten by** [*or* **to catch**] [*or* **to get**] **the sailing/Internet-surfing ~** vom Segel-/Internetfieber gepackt werden
II. *vt* <-gg-> ① (*install bugs*) ■ **to ~ sth** etw verwanzen; **to ~ a telephone** ein Telefon abhören
② (*eavesdrop on*) ■ **to ~ sth** *conversation* etw abhören
③ (*fam: annoy*) ■ **to ~ sb [about sth]** jdm [mit etw *dat*] auf die Nerven gehen; ***stop ~ging me!*** hör auf zu nerven! *fam*
④ (*fam: worry*) ■ **to ~ sb** jdm Sorgen bereiten

bugbear *n* Schreckgespenst *nt* **bug-eyed** *adj inv* mit hervorquellenden Augen; ■ **to be ~** hervorquellende Augen haben; **to go ~** Glupschaugen [*o* Stielaugen] bekommen **bug eyes** *npl* Glupschaugen *ntpl,* Stielaugen *ntpl*

bugger [ˈbʌgəʳ, AM -ɚ] **I.** *n* ① BRIT, AUS (*vulg: contemptible person*) Scheißkerl *m derb,* Arschloch *nt derb*
② BRIT, AUS (*vulg: pitied person*) armes Schwein *fam*
③ BRIT, AUS (*vulg: annoying thing*) Scheißding *nt pej derb*
④ (*pej vulg: practising anal intercourse*) Arschficker *m vulg*
⑤ (*lucky*) ***you lucky ~!*** du hast vielleicht ein Schwein! *sl*
► PHRASES: **it's got ~ all to do with you!** BRIT, AUS (*sl*) das geht dich einen Dreck an! *derb;* **he knows ~ all about computers** BRIT, AUS (*sl*) er hat keinen blassen Schimmer von Computern *fam*
II. *interj esp* BRIT, AUS (*vulg*) **~!** Scheiße! *derb;* **~ it!** Scheiß drauf! *derb,* zum Teufel damit! *fam;* **~ me!** [ach] du meine Fresse! *sl*
III. *vt* ① BRIT, AUS (*sl: cause serious damage*) ■ **to ~ sth/sb** etw/jdn ruinieren
② LAW (*have anal intercourse*) ■ **to ~ sb** mit jdm Analverkehr haben
③ (*vulg: have anal intercourse*) ■ **to ~ sb** jdn in den Arsch ficken *vulg*
◆**bugger about, bugger around I.** *vi* BRIT, AUS (*sl*) herumkaspern; **to ~ about** [*or* **around**] **with the radio/stereo player** am Radio/an der Stereoanlage herumfummeln *fam*
II. *vt* BRIT, AUS (*sl*) ■ **to ~ sb about** [*or* **around**] jdn verarschen *derb*
◆**bugger off** *vi* (*sl*) abhauen *fam;* **~ off!** hau ab! *fam*
◆**bugger up** *vt* (*sl*) ■ **to ~ up ○ sth** etw versauen *sl;* ***he's ~ed up the computer*** er hat den Computer geschrottet *sl;* **to ~ up one's chances** sich *dat* die Chancen vermasseln *fam*

buggered [ˈbʌgəd] *adj pred* BRIT, AUS (*vulg*) am Arsch *derb;* (*exhausted also*) fix und fertig *fam;* ***I'll be ~ if I'll say sorry to her*** ich werde einen Teufel tun und mich bei ihr entschuldigen *fam*

buggery [ˈbʌgᵊri] *n no pl* ① LAW Analverkehr *m;* (*bestiality*) Sodomie *f*
② (*vulg*) Arschfickerei *f vulg*

bugging [ˈbʌgɪŋ] *n no pl* Verwanzen *nt;* **the ~ of a telephone** das Einbauen von Wanzen in ein Telefon

bugging device *n* Wanze *f,* Abhörgerät *nt;* **to plant** [*or* **install**] **a ~** eine Wanze installieren

buggy¹ [ˈbʌgi] *n* ① BRIT (*pushchair*) Buggy *m*
② AM (*pram*) Kinderwagen *m*
③ (*small vehicle*) Buggy *m*
④ (*carriage*) Kutsche *f;* **horse-drawn ~** Pferdekutsche *f*

buggy² [ˈbʌgi] *adj* ① (*infested with bugs*) verlaust
② COMPUT fehlerhaft
③ AM (*insane*) gestört, verrückt

bugle [ˈbjuːgl] *n* Horn *nt*

bugle boy *n* Hornist *m* **bugle call** *n* Hornsignal *nt;* **to give** [*or* **sound**] **a ~** ein Hornsignal blasen

bugler [ˈbjuːgləʳ, AM -glɚ] *n* Hornist(in) *m(f)*

build [bɪld] **I.** *n no pl* Körperbau *m,* Figur *f*
II. *vt* <built, built> ① (*construct*) ■ **to ~ sth** etw bauen; ***the church is built of*** [*or* ***out of***] [*or* ***from***] ***brick*** die Kirche ist aus Backstein; **to ~ a [bon]fire** ein [Freuden]feuer machen; **to ~ a memorial** [*or* **monument**] ein Denkmal errichten; **to ~ a nest** ein Nest bauen; **to ~ an office block** ein Bürogebäude errichten; **to ~ a wall** eine Wand ziehen
② (*fig*) ■ **to ~ sth** etw aufbauen; **to ~ a more democratic society/a new career** eine demokratischere Gesellschaft/eine neue Laufbahn aufbauen; **to ~ a better future [for sb]** [jdm [*o* für jdn]] eine bessere Zukunft schaffen; **to ~ one's vocabulary** sein Vokabular ausbauen
► PHRASES: **Rome wasn't built in a day** (*prov*) Rom wurde nicht an einem Tag erbaut *prov*
III. *vi* <built, built> ① (*construct*) bauen
② (*increase*) zunehmen, wachsen; *tension* steigen
◆**build in** *vt* ■ **to ~ in ○ sth** ① ARCHIT etw einbauen; ***the wardrobes in the bedrooms are all built in*** alle Schränke in den Schlafzimmern sind Einbauschränke
② (*incorporate*) *safeguards* etw einbauen
◆**build into** *vt* ■ **to ~ sth into sth** ① ARCHIT etw in etw einbauen; ***the hotel had been built into the rock*** das Hotel wurde in den Felsen hineingebaut
② (*incorporate*) etw in etw *akk* integrieren
◆**build on I.** *vi* ① (*take advantage of*) ■ **to ~ on sth** auf etw *akk* bauen [*o* setzen]; **to ~ on one's reputation** auf seinen Ruf setzen
② (*add extension*) ■ **to ~ on ○ sth** etw anbauen
II. *vt* ① ARCHIT **to ~ sth on rock/solid foundations** etw auf Fels/soliden Grundfesten errichten
② (*base*) ■ **to be built on sth** auf etw *akk* basieren
◆**build up I.** *vt* ① (*strengthen*) ■ **to ~ up ○ sth/sb** etw/jdn aufbauen; **to ~ up one's body** Krafttraining machen; **to ~ up muscles** Muskeln aufbauen
② (*develop*) ■ **to ~ up ○ sth/sb** etw/jdn aufbauen; ***police have built up a profile of the serial killer*** die Polizei hat ein Profil des Serienmörders erstellt; **to ~ up a business/library** eine Firma/Bibliothek aufbauen; **to ~ up one's lead** seinen Vorsprung ausbauen; **to ~ up speed** die Geschwindigkeit erhöhen
③ (*hype*) **to ~ sth up into a crisis** etw zu einer Krise hochspielen; **to ~ up a sportsman/team** einen Sportler/eine Mannschaft hochjubeln
II. *vi* (*increase*) zunehmen; *traffic* sich *akk* verdichten; *backlog* größer werden; *pressure* sich *akk* erhöhen

builder [ˈbɪldəʳ, AM -ɚ] *n* (*worker*) Bauarbeiter(in) *m(f);* (*contractor*) Bauherr(in) *m(f)*

building [ˈbɪldɪŋ] *n* Gebäude *nt,* Bau *m*

building and loan association *n* AM (*dated*) *see* **savings and loan association**

B

building block *n* ❶ (*element*) Baustein *m* ❷ (*child's toy*) Bauklotz *m* **building code** *n* Bauvorschrift[en] *f[pl]* **building contractor** *n* Bauunternehmer(in) *m(f)* **building material** *n* Baumaterial[ien] *nt[pl]*, Baustoffe *mpl* **building permit** *n* Baugenehmigung *f* **building site** *n* Baustelle *f*, Baugelände *nt*; ***the ~ is off-limits*** der Zutritt zur Baustelle ist verboten **building society** *n* BRIT, AUS Bausparkasse *f* **building superintendent** *n* Hausverwalter(in) *m(f)* **building trade** *n no pl* Baugewerbe *nt*

build-up *n* ❶ (*increase*) Zunahme *f*; ~ **of pressure** Druckanstieg *m*; ~ **of traffic** Verkehrsverdichtung *f*; ~ **of troops** Truppenaufmarsch *m*, Truppenmassierung *f geh*
❷ (*hype*) Werbung *f*
❸ (*preparations*) Vorbereitung *f*

built [bɪlt] I. *pp, pt of* **build**
II. *adj inv* gebaut; **heavily/well** ~ kräftig/gut gebaut; **slightly** ~ zierlich

built-in ['bɪltɪn] *adj inv* ❶ (*attached*) eingebaut, Einbau-; ~ **cupboard** Einbauschrank *m*; ~ **wardrobe** Einbaukleiderschrank *m* ❷ (*integrated*) integriert, eingebaut; ~ **homing device** MIL integriertes Zielfluggerät ❸ (*inherent*) eingebaut **built-up** ['bɪltʌp] *adj* ❶ (*having many buildings*) *area* verbaut ❷ (*raised*) erhöht; ~ **heels/shoes** erhöhte Absätze/Schuhe

bulb [bʌlb] *n* ❶ BOT Zwiebel *f*, Knolle *f*, Bulbus *m fachspr*
❷ (*round part*) *of a bow* Wulst *m o f*; *of a breast pump, test tube* Kolben *m*; *of a dropper, horn* Ballon *m*; *of a thermometer* Kugel *f*
❸ ELEC Glühlampe *f*, [Glüh]birne *f fam*; *see also* **light bulb**
❹ ANAT knollenförmiges Organ, Bulbus *m fachspr*

bulbous ['bʌlbəs] *adj* knollig, Knollen-; ~ **nose** Knollennase *f*; ~ **plant** Knollenpflanze *f*

Bulgaria [bʌl'geəriə, AM -'geri-] *n* Bulgarien *nt*

Bulgarian [bʌl'geəriən, AM -'geri-] I. *adj* bulgarisch
II. *n* ❶ (*person*) Bulgare, -in *m, f*
❷ (*language*) Bulgarisch *nt*

bulge [bʌldʒ] I. *n* ❶ (*protrusion*) Wölbung *f*, Rundung *f*; (*in driveway, road*) Unebenheit *f*; (*in metal, pipe*) Ausbeulung *f*, Beule *f*; (*in tyre*) Wulst *m*; ARCHIT Wulst *m*, Ausbauchung *f*, Vorsprung *m*; MIL [Front]ausbuchtung *f*; NAUT Kielraum *m*, Bilge *f fachspr*
❷ (*increase*) Anschwellen *nt*, Zunahme *f*; STOCKEX [plötzlicher] [Kurs]anstieg
► PHRASES: **the** __**battle**__ **of the** ~ (*hum*) der Kampf gegen die Pfunde; **the** __**Battle**__ **of the B~** MIL die Ardennenschlacht
II. *vi* ❶ (*swell*) sich runden [*o* wölben]; *eyes* hervortreten, hervorquellen; ***he chewed the toffee, his cheeks bulging*** er kaute das Karamellbonbon mit vollen Backen; ***her eyes ~d in surprise*** vor Überraschung fielen ihr die Augen fast aus dem Kopf *fam*
❷ (*be full*) ■**to be bulging with sth** *bag, briefcase, wallet* prall mit etw *dat* gefüllt sein, mit etw *dat* voll gestopft sein
❸ (*protrude*) ■**to ~ over sth** über etw *akk* hängen
► PHRASES: **to be bulging at the** __**seams**__ (*fam*) aus allen Nähten platzen *fam*, brechend voll sein *fam*
◆**bulge out** *vi* sich wölben; *eyes* hervorquellen

bulging ['bʌldʒɪŋ] *adj attr* ❶ (*full*) *container* zum Bersten voll; *stomach, wallet* prall gefüllt
❷ (*protruding*) *eyes* hervorquellend

bulgur ['bʌlgəʳ, AM -gɚ] *n*, **bulgur wheat** *n no pl* Bulgur *m*, Weizengrütze *f*

bulimia [bʊ'lɪmiə, AM bju:'-, bu:-] *n*, **bulimia nervosa** [bʊ,lɪmiənɜ:'vəʊsə, AM bju:,lɪmiənɜ:r'voʊsə] *n no pl* Bulimie *f*

bulimic [bʊ'lɪmik, AM bju:'li:-, -lɪ-] I. *adj* bulimisch
II. *n* Bulimiker(in) *m(f)*

bulk [bʌlk] I. *n* ❶ *no pl* (*mass*) Masse *f*; **to be of tremendous** ~ sehr massig sein
❷ (*size*) Ausmaß *nt*; *of a book, work* Umfang; *of a problem* Größe *f*
❸ (*quantity*) **in** ~ in großen Mengen; ECON en gros
❹ (*large body*) massiger Körper
❺ *no pl* (*largest part*) Großteil *m*, größter Teil; **the ~ of the work** die meiste Arbeit
❻ *no pl* (*in port*) **to break** ~ Stückgut aufteilen; NAUT mit dem Löschen der Ladung beginnen
II. *n modifier* (*coffee, paper*) in großen Mengen; ECON en gros; ~ **goods** Massengüter *ntpl*; ECON Schüttgut *nt kein pl*; ~ **haulage** Massengutverkehr *m*; ~ **order** Großauftrag *m*; ~ **store** AM Großhändler *m*, Grossist *m*
III. *vi* (*liter*) **to ~ large** einen großen Raum einnehmen; **to ~ large in sb's thoughts** [*or* **on sb's mind**] eine große Rolle in jds Denken spielen
◆**bulk out** *vt* ■**to ~ sb out** jdn fülliger machen; ■**to ~ sth out** etw voluminöser machen; *food* etw strecken

bulk buy *vi* in großen Mengen [*o* en gros] [ein]kaufen **bulk buying** *n no pl* Großeinkauf *m*, Einkauf *m* en gros **bulk carrier** *n* Massengutfrachter *m*

bulked-up [bʌlkt'ʌp] *adj* gestärkt **bulkhead** *n* MECH Trennwand *f*; AEROSP, AVIAT [Brand]schott *nt*; NAUT Schott *nt* **bulkhead seat** *n* AVIAT Trennwandsitz *m*, Bulkheadsitz *m fachspr* **bulk purchase** *n* Mengeneinkauf *m*, Posteinkauf *m* **bulk rate** *n* Mengenrabatt *m* **bulk shipments** *npl* Massengütertransport *m*

bulky ['bʌlki] *adj* ❶ (*person*) massig, unförmig
❷ (*unwieldy*) *goods, luggage* sperrig

bull [bʊl] I. *n* ❶ (*male bovine*) Stier *m*, Bulle *m*
❷ (*male elephant, walrus*) Bulle *m*
❸ (*fig: strong man*) Bulle *m fam*; **a ~ of a man** ein Bulle *m* von Mann
❹ *no pl* ASTROL Stier *m*
❺ *no pl* (*fam: nonsense*) Quatsch *m fam*, Blödsinn *m fam*, Quark *m sl*; ***that's a bunch of ~*** das ist doch alles Quatsch *fam*
❻ STOCKEX Haussier(in) *m(f)*, [Hausse]spekulant(in) *m(f)*
❼ *no pl* BRIT (*centre of target*) **to hit the** ~ (*also fig*) ins Schwarze treffen, einen Volltreffer landen; *see also* **bull's eye 1**
► PHRASES: **like a ~ in a** __**china**__ **shop** wie ein Elefant im Porzellanladen; **like a ~ at a** __**gate**__ wie ein wild gewordener Stier [*o* ein Wilder]; **to take the ~ by the** __**horns**__ den Stier bei den Hörnern packen; **to be [like] a red** __**rag**__ **to a** ~ [wie] ein rotes Tuch sein
II. *n modifier* (*elephant, moose, whale*) -bulle *m*; ~ **calf** Bullenkalb *nt*, Stierkalb *nt*
III. *vi* sich *dat* rücksichtslos seinen Weg bahnen; ***he ~ed through the crowd*** er drängte sich rücksichtslos durch die Menge

bull-and-bear bond *n* BRIT FIN Aktienindexanleihe *f*

bulldog *n* Bulldogge *f*; (*fig*) zäher Bursche *fam* **bulldog bonds** *npl* BRIT FIN Auslandsanleihe *f* (*in Großbritannien begeben*) **bulldog clip** *n* BRIT, AUS Flügelklammer *f* [*o* Halteklammer *f*] [mit Feder]; MED Verbandsklammer *f*

bulldoze ['bʊldəʊz, AM -doʊz] *vt* ❶ ■**to ~ sth** [flat] (*level off*) etw einebnen [*o* planieren]; (*clear*) etw räumen; (*tear down*) etw abreißen
❷ (*fig: force*) ■**to ~ sb into doing sth** jdn so einschüchtern, dass er etw tut; **to ~ sth through a committee/parliament** etw in einem Ausschuss/im Parlament durchboxen *fam*

bulldozer ['bʊldəʊzəʳ, AM -doʊzɚ] I. *n* Bulldozer *m*, Planierraupe *f*
II. *n modifier* (*methods, tactics*) Einschüchterungs-; ~ **type** Gewaltmensch *m*, brutaler Kerl *fam*

bullet ['bʊlɪt] I. *n* ❶ MIL Kugel *f*; **to fire a** ~ einen Schuss abfeuern; **to fire ~s** schießen, feuern; **to run like a** ~ blitzschnell rennen
❷ TYPO großer Punkt, Spiegelstrich *m*
❸ AM FIN *see* **bullet bond**
► PHRASES: **to** __**bite**__ **the** ~ in den sauren Apfel beißen, die Kröte [*o* bittere Pille] schlucken; **to** __**give**__ **sb the** ~ jdn feuern *fam*
II. *n modifier* (*wound*) Schuss-; ~ **hole** Einschussloch *nt*; ~ **shot** Pistolenschuss *m*, Gewehrschuss *m*

bullet bond *n* AM FIN endfällige Anleihe **bullet-headed** *adj* ❶ (*having a round head*) rundköpfig; ■**to be** ~ einen runden Kopf haben ❷ (*pej: stubborn*) dickköpfig *pej* **bullet hole** *n* [Ein]schussloch *nt*

bulletin ['bʊlətɪn, AM -ətɪn] *n* ❶ (*public notice*) Bulletin *nt*, Verlautbarung *f*; (*update*) [kurzer] Lagebericht, Meldung *f*; [**news**] ~ MEDIA [Kurz]nachrichten *fpl*
❷ (*newsletter*) Mitteilungsblatt *nt*, Rundschreiben *nt*; **church** ~ Gemeindebrief *m*

bulletin board *n* ❶ AM (*notice board*) schwarzes Brett, Anzeigenbrett *nt*, Anschlagtafel *f*
❷ COMPUT schwarzes Brett, [elektronisches] Anzeigenbrett, Mailbox *f*

bullet loan *n* FIN Kredit *m*, der in einem Betrag zurückgezahlt wird **bulletproof** I. *adj* kugelsicher, schusssicher II. *vt* ■**to ~ sth** etw kugelsicher machen **bulletproof vest** *n* kugelsichere Weste **bullet train** *n* (*fam*) Superexpress *m*, [japanischer] Hochgeschwindigkeitszug

bullfight *n* Stierkampf *m*

bullfighter *n* Stierkämpfer(in) *m(f)*

bullfighting *n no pl* Stierkampf *m*

bullfinch *n* ❶ (*bird*) Dompfaff *m*, Gimpel *m* ❷ BRIT (*obstacle*) hohe Hecke, Bullfinch *m fachspr* **bullfrog** *n* Ochsenfrosch *m* **bullheaded** *adj* (*pej*) dickköpfig *pej fam*, eigensinnig *pej* **bullhorn** *n* AM Megaphon *nt*

bullion ['bʊliən, AM *and Brit also* -jən] *n no pl* ungemünztes Edelmetall, Gold-/Silberbarren *mpl*, Bullion *nt fachspr*; **gold/silver** ~ Gold-/Silberbarren *mpl*

bullish ['bʊlɪʃ] *adj* ❶ (*aggressive*) draufgängerisch, ungestüm
❷ (*obstinate*) dickköpfig, eigensinnig
❸ ECON steigend *attr*; STOCKEX haussierend *attr*; (*fig*) optimistisch; ~ **mood** Haussestimmung *f*

bull market *n* STOCKEX Haussemarkt *m*, Markt *m* mit steigenden Kursen **bull-neck** *n* Stiernacken *m*

bull-necked [-nekt] *adj* stiernackig

bullock ['bʊlək] I. *n* Ochse *m*
II. *vi* AUS, NZ (*fam*) sich *akk* abrackern [*o* schinden] *fam*

bull position *n* STOCKEX Hausseposition *f* **bullring** *n* Stierkampfarena *f* **bullrush** ['bʊlrʌʃ] *n see* **bulrush** **bull's eye** I. *n* ❶ (*target centre*) Zentrum *nt* der Zielscheibe; (*in darts*) Bull's eye *nt*; **to hit the** [*or* **get a**] ~ (*also fig*) ins Schwarze treffen *a. fig*, einen Volltreffer landen *a. fig* ❷ (*shot*) Volltreffer *m* ❸ (*circular pane*) Butzenscheibe *f*; NAUT Bullauge *nt* ❹ FOOD [großes, rundes] Pfefferminzbonbon **II.** *interj* (*fig*) völlig richtig! **bullshit** (*fam!*) I. *n no pl* Schwachsinn *m fam*, Blödsinn *m fam*, Quatsch *m fam*; ***don't give me that*** ~ komm mir nicht mit so 'nem Scheiß *sl*; **a load** [*or* **bunch**] **of** ~ völliger Quatsch *fam*, kompletter Schwachsinn *fam* **II.** *interj* **~!** [so ein] Blödsinn! *fam*, Quatsch [mit Soße]! *fam*
III. *adj excuse* windige(r, s) *pej fam* **IV.** *vt* <-tt-> ❶ (*deceive*) ■**to ~ sb** jdn verscheißern [*o* verarschen] *sl* ❷ (*convince*) ■**to ~ sb into doing sth** jdn dazu bequatschen, etw zu tun *pej fam* ❸ (*make excuses*) **to ~ one's way out of doing sth** sich *akk* mit windigen Ausreden vor etw *dat* drücken **V.** *vi* <-tt-> Quatsch reden *fam*, Scheiß erzählen *sl* **bullshitter** *n* (*pej fam!*) Großmaul *nt pej fam*, Schwätzer *m pej fam* **bullterrier** *n* Bullterrier *m*

bully ['bʊli] I. *n* ❶ (*in school*) Rüpel *m*, Rabauke *m fam*; (*intimidator*) brutaler [*o* gemeiner] Kerl, Schläger *m fam*; ***you're just a big ~*** du bist ein ganz gemeiner Kerl; **the class** ~ der Schlimmste [*o* größte Rabauke] in der Klasse
❷ FOOD Cornedbeef *nt*, Rinderpökelfleisch *nt*
II. *vt* <-ie-> ■**to ~ sb** jdn tyrannisieren [*o* drangsalieren]; ■**to ~ sb into doing sth** jdn soweit einschüchtern, dass er etw tut
III. *adj* ► PHRASES: ~ __**for**__ **you** (*hum, also iron fam*) gratuliere! *hum, a. iron*, na prima! *hum, a. iron fam*; ~ __**for**__ **him/her** (*hum, also iron fam*) echt toll, wie er/sie das macht *hum, a. iron*
IV. *interj* AM (*fam*) prima! *fam*, klasse! *fam*, gut gemacht!

bully beef *n no pl* Cornedbeef *nt*, Rinderpökelfleisch *nt* **bully boy** *n* (*dated fam*) Gorilla *m pej* *fam,* [angeheuerter] Schläger *fam* **bully pulpit** *n* Am [Macht]tribüne *f,* Einflusssphäre *f*

bulrush <*pl* -es> ['bʊlrʌʃ] *n* [große] Binse

bulwark ['bʊlwək, Am -wərk] *n* ❶ (*protective wall*) Bollwerk *nt;* (*in port*) Hafendamm *m*
❷ (*fig*) Wall *m,* Bollwerk *nt,* Schutz *m* (**against** vor +*dat*)
❸ naut ■ **~s** *pl* Schiffswand *f,* Schanzkleid *nt kein pl fachspr*

bum [bʌm] I. *n* ❶ (*pej: good-for-nothing*) Penner *m pej sl,* Arschloch *nt pej vulg*
❷ Am (*tramp*) Landstreicher *m,* Tippelbruder *m meist hum,* Penner *m pej sl*
❸ *esp* Brit, Aus (*fam: bottom*) Hintern *m fam;* **to give sb a kick up the ~** jdn in den Hintern treten *fam*
❹ (*avid practitioner*) **ski/tennis ~** Ski-/Tennisfreak *m*
▸ Phrases: **to get the ~'s rush** Am (*fam*) rausgeschmissen werden *fam;* **to give sb the ~'s rush** Am (*fam*) jdn rausschmeißen *fam;* **to be on the ~** Am (*sl: broken*) kaputt [*o derb* im Arsch] sein; (*sl: be a vagrant*) ein Penner sein *sl*
II. *adj attr, inv* (*pej fam*) ❶ (*inadequate*) miserabel, mies *fam,* Scheiß- *derb;* (*not working*) *fuse, plug* defekt; **to do a ~ job of doing sth** etw völlig vermasseln *fam;* **~ steer** Am, Aus Irreführung *f,* Verschaukelung *f fam,* Verarschung *derb;* **to give sb a ~ steer** jdn irreführen [*o fam* verschaukeln] [*o derb* verarschen]
❷ (*unpleasant*) bescheuert *fam,* beschissen *sl*
❸ (*unfair*) mies *fam;* **~ rap** Am (*unfair punishment*) ungerechte Strafe; (*false criminal charge*) zu Unrecht erhobene Anklage; (*unfair treatment*) ungerechte Behandlung; ***the book review was a ~ rap*** der Verriss des Buches war ungerechtfertigt; **to get the ~ rap** Am der/die Gelackmeierte sein *fam,* die Arschkarte kriegen *derb;* **to give sb a ~ rap** jdn ungerecht behandeln
❹ (*unhealthy*) **~ knee/leg** schlimmes [*o fam* kaputtes] Knie/Bein
III. *vt* <-mm-> (*fam*) ■ **to ~ sth off sb** etw von jdm schnorren *fam*

◆**bum about** *vi,* **bum around** *vi* (*fam*) ❶ (*do nothing*) herumgammeln *fam,* herumlungern *fam;* **to ~ around the house/town/the university** zu Hause/in der Stadt/an der Universität herumhängen *fam*
❷ (*travel*) **to ~ around Europe** [kreuz und quer] durch Europa ziehen [*o* trampen]

◆**bum out** *vt* Am (*fam*) ■ **to ~ sb out** jdm die Stimmung vermiesen *fam;* ■ **to be ~med out** (*depressed*) [völlig] am Boden zerstört sein *fam;* (*angry*) stinksauer [*o fam* angefressen] sein; **to get ~med out** (*depressed*) depressiv werden; (*angry*) stinksauer werden *fam*

bumbag *n* Brit, Aus Gürteltasche *f*

bumble ['bʌmbl̩] *vi* ❶ (*fam: go awkwardly*) torkeln, dahinstolpern
❷ (*fig fam: muddle through*) ■ **to ~ through sth** sich *akk* durch etw *akk* wursteln *fam*
❸ Am (*fam: make mistake*) sich *akk* irren
❹ (*mumble*) stockend reden, stammeln; **to ~ through a speech** stockend eine Rede halten
❺ (*buzz*) *bees* summen

◆**bumble around** *vt* Brit (*fam*) ■ **to ~ around a place** irgendwo herumfuhrwerken [*o* herumwursteln] *fam*

◆**bumble up** *vt* Am ■ **to ~ up** ↔ **sth** *deal, project* etw vermasseln [*o* verbocken] *fam*

bumblebee ['bʌmbl̩biː] *n* Hummel *f*

bumbling ['bʌmblɪŋ] *adj attr* ❶ (*confused*) schusselig *fam,* zerstreut
❷ (*clumsy*) tollpatschig; **~ idiot** ausgemachter Volltrottel *fam;* **~ incompetence** Stümperhaftigkeit *f fam*

bumboy ['bʌmbɔɪ] *n* (*vulg sl*) Stricher *sl*

bumf [bʌm(p)f] *n no pl esp* Brit, Aus (*fam*)
❶ (*printed matter*) Papierkram *m fam*
❷ (*paperwork*) [leidiger] Papierkram *fam*

bummed *adj* (*fam*) angefressen *fig fam;* ■ **to be ~ that …** angefressen sein, dass … *fig fam*

bummer ['bʌməʳ, Am -ɚ] (*fam*) I. *n* Mist *m fam;* ■ **to be a ~** saublöd sein *sl;* ***what a ~!*** so ein Mist! *fam*
II. *interj* verdammt *fam,* Mist *fam,* Scheiße *derb*

bump [bʌmp] I. *n* ❶ (*on head*) Beule *f;* (*in road*) Unebenheit *f,* [kleine] Erhebung, Hubbel *m fam;* **speed ~** Bodenschwelle *f* (*zur Verkehrsberuhigung*)
❷ aviat [Wind]bö *f,* [Steig]bö *f*
❸ Am (*fam: in price*) Erhöhung *f;* (*in salary*) Erhöhung *f,* Aufbesserung *f;* (*promotion*) Beförderung *f;* ***he got a ~ to manager*** er wurde zum Geschäftsführer befördert
❹ (*fam: light blow*) leichter Schlag [*o* Stoß]; auto [leichter] Zusammenstoß [mit Blechschaden]; **to get a ~ on one's head** sich *dat* den Kopf anschlagen
❺ (*thud*) dumpfer Schlag, Bums *m fam,* Rumsen *nt;* **to go ~** rumsen *fam,* poltern
❻ Brit (*hum: pregnant belly*) dicker Bauch *hum*
❼ Brit (*fam*) **to give sb the ~s** *jdn an Armen und Beinen festhalten und dann mehrmals hintereinander hochwerfen*
II. *vt* ❶ (*have accident*) **to ~ a vehicle** mit einem Fahrzeug zusammenstoßen, ein Fahrzeug anfahren; ■ **to ~ oneself** sich *akk* [an]stoßen
❷ Am (*replace*) ■ **to ~ sb** jdn abservieren *fam*
❸ *usu passive* Am (*fam*) aviat **to get ~ed from a flight** von der Passagierliste gestrichen werden, aus einem Flug ausgebucht werden
III. *vi* ■ **to ~ along** (*vehicle*) dahinrumpeln; (*passenger*) durchgeschüttelt werden, eine unruhige Fahrt haben; (*air passenger*) einen unruhigen Flug haben; **to ~ along a road/track** eine Straße/die Schienen entlangrumpeln [*o* entlangholpern] *fam*

◆**bump into** *vi* ■ **to ~ into sb** ❶ (*knock against*) mit jdm zusammenstoßen; ■ **to ~ into sth** gegen etw *akk* stoßen
❷ (*fig: meet by chance*) jdm [zufällig] in die Arme laufen

◆**bump off** *vt* (*sl*) ■ **to ~ sb** ↔ **off** jdn umlegen *fam,* jdn um die Ecke bringen *fam*

◆**bump up** I. *vt* (*fam*) ■ **to ~ sth** ↔ **up** etw erhöhen [*o* anheben]; **to ~ up prices/taxes** die Preise/Steuern erhöhen; **to ~ up productivity** die Produktivität steigern
II. *vi* Am ■ **to ~ up against sb** jdn zufällig treffen

bumper ['bʌmpəʳ, Am -ɚ] *n* Stoßstange *f;* **back/front ~** vordere/hintere Stoßstange

bumper car *n* [Auto]skooter *m;* **to drive ~s** Autoskooter fahren **bumper crop** *n* Rekordernte *f* **bumper sticker** *n* Autoaufkleber *m*

bumph [bʌm(p)f] *n no pl see* **bumf**

bumping ['bʌmpɪŋ] *n* Am *Verdrängung eines untergeordneten Angestellten vom Tisch im [Betriebs]restaurant*

bumpkin ['bʌmpkɪn] *n* (*pej fam*) Hinterwäldler(in) *m(f) pej;* **country ~** (*man*) Bauerntölpel *m pej;* (*woman*) Landpomeranze *f hum, a. pej fam*

bump start I. *n* auto Anschieben *nt;* **to give sb a ~** jds Auto anschieben
II. *vt* **to ~ a car** ein Auto anschieben

bumptious ['bʌmpʃəs] *adj* (*pej*) überheblich, aufgeblasen, wichtigtuerisch

bumptiousness ['bʌmpʃəsnəs] *n no pl* Überheblichkeit *f,* Aufgeblasenheit *f,* Wichtigtuerei *f*

bumpy ['bʌmpi] *adj* ❶ (*uneven*) uneben, holp[e]rig
❷ (*jarring*) unruhig; **~ air** böiger Wind; **~ flight** unruhiger Flug; **~ ride** (*in a car*) unruhige Fahrt; (*on a boat*) stürmische Überfahrt
❸ (*fig*) bewegt, mit Höhen und Tiefen; **a ~ career** eine Karriere mit manchen Rückschlägen

bum rap *n* **to take a ~** *esp* Am (*unfair criticism*) unfairer Kritik ausgesetzt sein

bun [bʌn] *n* ❶ (*pastry*) [rundes] Gebäckstück [*o* Teilchen]; **currant ~** Rosinenbrötchen *nt*
❷ *esp* Am (*bread roll*) Brötchen *nt,* Semmel *f bes* südd, Weck[en] *m* südd, Weggli *nt* schweiz
❸ (*hairstyle*) [Haar]knoten *m,* Dutt *m* nordd; ***she wears her hair in a ~*** sie trägt einen Knoten
❹ *esp* Am, Aus (*fam: buttocks*) ■ **~s** *pl* Po *m kein pl fam,* Hintern *m kein pl fam*
▸ Phrases: **she has a ~ in the oven** (*usu hum fam*) sie kriegt ein Kind *fam*

bunch <*pl* -es> [bʌn(t)ʃ] I. *n* ❶ (*group*) *of bananas* Büschel *m; of carrots, parsley, radishes* Bund *m; of files, measures, newspapers* Bündel *nt; of flowers* Strauß *m;* **~ of grapes** Weintraube *f;* **~ of keys** Schlüsselbund *m*
❷ (*fam: group*) *of people* Gruppe *f,* Haufen *m fam;* **a ~ of idiots** ein Haufen *m* [von] Idioten; **~ of thieves** Diebespack *nt*
❸ *esp* Am (*fam: lot*) Menge *f,* Haufen *m fam;* ***thanks a ~!*** tausend Dank!; **a whole ~ of problems** jede Menge Probleme
❹ (*wad*) **in a ~** *cloth* aufgebauscht, bauschig
❺ *pl* Brit ***to wear one's hair in ~es*** Zöpfe [*o fam* Rattenschwänzchen] tragen
▸ Phrases: **to be the best** [*or* **pick**] **of the ~** der/die/das Beste von allen sein; **to be the best of a bad ~** (*person*) noch der/die Beste von allen sein; (*thing*) noch das Beste von allem sein; **to give sb a ~ of fives** Brit (*hum sl*) jdm eine [mit der Faust] reinhauen *sl*
II. *vt* ❶ (*put in bunches*) **to ~ carrots/parsley/radishes** Karotten/Petersilie/Radieschen bündeln
❷ (*flex*) **to ~ one's muscles** seine Muskeln spielen lassen
III. *vi* sich bauschen

◆**bunch together** I. *vi people, animals* sich *akk* zusammendrängen, ein [dicht gedrängtes] Häufchen bilden; *cloth* sich bauschen
II. *vt* ■ **to ~ sth together** etw zu einem Bündel zusammenfassen

◆**bunch up** I. *vt* ■ **to ~ up** ↔ **sth** etw zusammenknüllen; *cloth* etw [zusammen]raffen
II. *vi people, animals* sich *akk* [zusammen]drängen; *cloth* sich bauschen

bunco ['bʌŋkəʊ, Am -koʊ] *n* (*sl*) law Trickbetrügerei *f,* Betrug *m,* Schwindel *m*

bundle ['bʌndl̩] I. *n of bank notes, clothes, sticks* Bündel *nt*
▸ Phrases: **a** [**precious**] **~ of joy** (*fam*) ein Wonneproppen *m;* **a ~ of laughs** [*or* **fun**] eine Frohnatur, ein Spaßvogel *m;* **a ~ of mischief** (*child*) ein [kleiner] Racker [*o* Schlingel] *fam;* **a ~ of nerves** ein Nervenbündel; **to go a ~ on sth** Brit (*fam*) auf etw *akk* stehen *fam;* **to make a ~** [**on sth**] (*fam*) [mit etw *dat*] einen Haufen Geld verdienen *fam*
II. *vt* ■ **to ~ sth into sth** etw in etw *akk* hineinquetschen [*o* hineinstopfen] *fam;* ■ **to ~ sb into sth** jdn irgendwohin verfrachten *fam*
III. *vi* ■ **to ~ into sth** ❶ (*cram*) sich *akk* in etw *akk* hineinzwängen [*o fam* hineinquetschen]
❷ (*move quickly*) in etw *akk* eilen; ***we ~d into the bus*** wir sprangen in den Bus

◆**bundle off** *vt* ■ **to ~ sb off** jdn wegschaffen; ***the children were ~d off to school*** die Kinder wurden in aller Eile zur Schule geschickt

◆**bundle up** I. *vi* sich *akk* warm anziehen [*o fam* einpacken]
II. *vt* ❶ (*dress warmly*) ■ **to ~ sb up** jdn warm anziehen [*o fam* einpacken]
❷ (*bunch together*) **to ~ up papers/sticks** Papiere/Stöcke bündeln

bunfight ['bʌnfaɪt] *n* Brit (*hum fam*) ❶ (*official party*) Festivität *f,* Fete *f fam*
❷ (*argument*) Streiterei *f,* Strauß *m hum geh*

bung [bʌŋ] I. *n* ❶ *esp* Brit [Flaschen]verschluss *m,* Pfropfen *m,* Stöpsel *m;* (*of cork*) Korken *m;* (*of wood*) Spund *m*
❷ (*underhand payment*) Schmiergeld *nt pej fam*
II. *vt* ❶ *esp* Brit (*close*) ■ **to ~ sth** etw verschließen
❷ *esp* Brit, Aus (*fam: toss*) ■ **to ~ sth somewhere** etw irgendwohin schmeißen *fam*

◆**bung up** *vt* ■ **to ~ up** ↔ **sth** (*intentionally*) etw zustopfen [*o* verschließen]; (*unintentionally*) etw verstopfen; ■ **to be ~ed up** *nose* verstopft sein

bungalow ['bʌŋɡələʊ, Am -oʊ] *n* Bungalow *m*

bungee [bʌndʒiː] I. *n* Gurt *m*
II. *vi* Bungee springen

bungee cord *n* Gurt *m* [mit Haken] **bungee**

jumping *n no pl* Bungeespringen *nt,* Bungeejumping *nt* **bungee rope** *n* Bungeeseil *nt*
bunghole *n* Spundloch *nt,* Zapfloch *nt*
bungle [ˈbʌŋgl̩] **I.** *vt* ■**to ~ sth [up]** etw verpfuschen [*o* vermasseln] *fam*
II. *vi* pfuschen *fam,* Mist bauen *fam*
III. *n* Pfusch *m kein pl fam,* Pfuscherei *f fam;* **to make a ~ of sth** etw verpfuschen *fam*
bungler [ˈbʌŋglə^r, AM -ɚ] *n* (*pej*) Pfuscher(in) *m(f) pej fam,* Stümper(in) *m(f) pej*
bungling [ˈbʌŋglɪŋ] **I.** *n no pl* Stümperei *f,* Pfuscherei *f fam*
II. *adj attr, inv* ungeschickt; **~ fool** [*or* **idiot**] ausgemachter Trottel
bungy jumping *n no pl see* **bungee jumping**
bunion [ˈbʌnjən] *n* Fußballenentzündung *f*
bunk [bʌŋk] **I.** *n* ① (*in boat*) Koje *f;* (*in driver's cabin*) Schlafstelle *f,* Schlafkoje *f;* (*in train*) Bett *nt,* Liege *f*
② (*part of bed*) **bottom/top ~** unteres/oberes Bett (*eines Etagenbetts*)
③ *no pl* (*fam*) völliger Blödsinn *fam*
▸ PHRASES: **to do a ~** BRIT, AUS (*fam*) [heimlich] abhauen *fam,* sich *akk* aus dem Staub machen *fam*
II. *vi* (*fam*) ■**to ~ [down]** sich *akk* aufs Ohr legen *fam* [*o sl* hauen]; **to ~ together** AM sich *dat* eine Bude teilen *fam,* Zimmergenossen sein (*in einem College*)
◆**bunk off** *vi* BRIT (*sl*) sich *akk* verkrümeln *fam,* verduften *fam;* **to ~ off school** die Schule schwänzen *fam*
bunk bed *n* Etagenbett *nt*
bunker [ˈbʌŋkə^r, AM -ɚ] *n* ① MIL Bunker *m*
② (*in golf*) Bunker *m*
bunkhouse [ˈbʌŋkhaʊs] *n* Arbeiterbaracke *f*
bunkum [ˈbʌŋkəm] *n no pl* (*fam*) Blödsinn *m fam,* Quatsch *m fam*
bunny [ˈbʌni] *n* ① (*childspeak*) Häschen *nt*
② AM (*fam: waitress*) Bunny *nt* (*leicht bekleidete, mit Hasenohren und Stummelschwänzchen versehene Bedienung*); **Playboy ~** Playboy-Häschen *nt*
bunny girl *n* (*fam*) Bunny *nt* **bunny-hop I.** *vi* <-pp-> *children* hüpfen, hopsen *fam;* (*with bicycle*) mit dem Fahrrad Sprünge vollführen **II.** *vt* <-pp-> ■**to ~ sth** etw mit dem Fahrrad überspringen **III.** *n* (*jump*) Hüpfer *m fam,* Hopser *m fam;* (*with bike*) Sprung *m* [mit dem Fahrrad] **bunny rabbit** *n* (*childspeak*) Häschen *nt*
bunsen burner [ˈbʌn(t)sᵊn,bɜːnə^r, AM -sɪn,bɜːrnɚ] *n* Bunsenbrenner *m*
bunt [bʌnt] **I.** *vi* (*in baseball*) den Ball [leicht] abtropfen lassen *fachspr*
II. *vt* (*in baseball*) **to ~ a ball** einen Ball [leicht] abtropfen lassen *fachspr*
bunting [ˈbʌntɪŋ, AM -t̬ɪŋ] *n no pl* ① (*decoration*) Schmücken *nt* mit Fähnchen [*o* Wimpeln]; NAUT Beflaggung *f*
② (*material*) Fahnenstoff *m,* Flaggenstoff *m*
buoy [bɔɪ, AM *also* ˈbuːi] **I.** *n* Boje *f*
II. *vt* ① (*float*) ■**to ~ sb [up]** *water* jdn tragen
② (*cause to rise*) **to ~ prices [up]** Preise in die Höhe treiben
③ (*encourage*) ■**to ~ sb up** jdm Auftrieb geben; **to ~ sb's hopes [up]** jdm [neue] Hoffnungen machen; **to ~ sb's spirits [up]** jds Stimmung heben
buoyancy [ˈbɔɪən(t)si] *n no pl* ① (*ability to float*) Schwimmfähigkeit *f*
② AVIAT, NAUT Auftrieb *m*
③ (*fig: vivacity*) Schwung *m,* Elan *m*
④ ECON steigende Konjunktur; **a ~ in the demand for steel** eine lebhafte Nachfrage nach Stahl
buoyant [ˈbɔɪənt] *adj* ① (*able to float*) schwimmfähig; ***most woods are ~*** die meisten Hölzer schwimmen
② (*cheerful*) ■**to be ~** vergnügt [*o* bester Stimmung] sein; **to be in a ~ mood** in Hochstimmung [*o* bester Stimmung] sein
③ ECON *demand, market* lebhaft; *market also* fest; *prices* steigend *attr*
buoyant forces *npl* Auftriebskräfte *fpl*
buoyantly [ˈbɔɪəntli] *adv* heiter, vergnügt

BUPA [ˈbuːpə] *n no pl acr for* **British United Provident Association** *private Krankenversicherung*
buppie [ˈbʌpi] *n* Yuppie *m* schwarzer Hautfarbe
bur *n see* **burr**
burb [bɜːrb] *n* AM (*fam*) *short for* **suburb** Vorort *m,* Vorstadt *f*
Burberry® [ˈbɜːbᵊri, AM ˈbɜːrberi] *n* ① (*coat*) Burberrymantel *m*
② *no pl* (*cloth*) Burberrymantelstoff *m*
burble [ˈbɜːbl̩, AM ˈbɜːr-] **I.** *vi* ① (*of water*) plätschern
② (*pej: babble*) plappern *pej fam,* quasseln *pej fam*
II. *vt* (*pej*) ■**to ~ sth** etw brabbeln *fam;* **to ~ one's speech** [*or* **words**] nuscheln
◆**burble away** *vi* drauflos plappern; *baby* vor sich *akk* hin brabbeln
◆**burble on** *vi* drauflos [*o* in einem fort] quasseln *fam*
burden [ˈbɜːdᵊn, AM ˈbɜːr-] **I.** *n* ① (*load*) Last *f;* **heavy ~** schwere Last
② (*fig: obligation*) Belastung *f,* Last *f,* Bürde *f geh;* **~ of proof** [*or* **persuasion**] LAW Beweislast *f;* **to discharge a ~ of proof** den Beweis antreten; ***the ~ of proof is on the prosecution*** die Anklage trägt die Beweisführungspflicht; **to be a heavy ~ to bear** sehr belastend [*o* eine schwere Belastung] sein; **to place a ~ on sb** jdn einer Belastung aussetzen; ■**to be a ~ to sb** für jdn eine Belastung sein
③ (*form: gist*) *of views* Kern *m; of writings* Hauptthema *nt,* Kernthema *nt; of a song* Refrain *m*
▸ PHRASES: **the white man's ~** die Bürde des weißen Mannes
II. *vt* ① (*load*) ■**to ~ sb/sth** jdn/etw beladen
② (*bother*) ■**to ~ sb** jdn belasten
burdensome [ˈbɜːdᵊnsəm, AM ˈbɜːr-] *adj* (*form*) belastend, mühsam, lästig
burdock [ˈbɜːdɒk, AM ˈbɜːrdɑːk] *n* BOT Große Klette
bureau <*pl* -x *or* AM, AUS *usu* -s> [ˈbjʊərəʊ, AM ˈbjʊroʊ] *n* ① (*government department*) Amt *nt,* Behörde *f;* **immigration ~** Einwanderungsbehörde *f*
② *esp* AM (*office*) [Informations]büro *nt,* Agentur *f*
③ *esp* BRIT (*desk*) Sekretär *m*
④ AM (*chest of drawers*) Kommode *f*
⑤ COMPUT **output ~** Setzerei *f,* Satzanstalt *f;* **word-processing ~** Textverarbeitungsbüro *nt*
bureaucracy [bjʊəˈrɒkrəsi, AM bjʊˈrɑː-] *n* (*esp pej*) ① (*organization*) Bürokratie *f,* Verwaltung *f;* (*officials*) Beamtenschaft *f kein pl,* Staatsdiener *mpl*
② *no pl* (*paperwork*) Bürokratie *f pej,* Amtsschimmel *m hum, a. pej fam*
bureaucrat [ˈbjʊərə(ʊ)kræt, AM ˈbjʊrə-] *n* Bürokrat(in) *m(f);* **faceless ~** anonymer Bürokrat
bureaucratic [ˌbjʊərə(ʊ)ˈkrætɪk, AM ˌbjʊrəˈkræt̬-] *adj* bürokratisch; **~ hassle** Ärger *m* mit der Bürokratie
bureaucratically [ˌbjʊərəʊˈkrætɪkᵊli, AM ˌbjʊrəˈ] *adv* bürokratisch
bureau de change <*pl* **bureaux de change**> [ˌbjʊərəʊdəˈʃɑ̃ŋʒ, AM ˌbjʊroʊ-] *n* Wechselstube *f*
bureaus *n usu* AM, AUS, **bureaux** *n pl of* **bureau**
burgeon [ˈbɜːdʒᵊn, AM ˈbɜːr-] *vi* (*form*) gedeihen; *business, industry, plant* expandieren; *economy, plant, trade* blühen, florieren *geh,* boomen *fam; love, plant* sprießen
burgeoning [ˈbɜːdʒᵊnɪŋ, AM ˈbɜːr-] *adj attr, inv business, economy, trade* blühend *attr,* florierend *attr geh; industry, population* wachsend; *talent, town* aufstrebend; **~ growth** rasches Wachstum
burger [ˈbɜːgə^r, AM ˈbɜːrgɚ] *n* (*fam*) *short for* **hamburger** [Ham]burger *m;* **bacon ~** Hamburger *m* mit Schinkenspeck; **cheese ~** Cheeseburger *m;* **veg[gi]e ~** vegetarischer Hamburger
burgess <*pl* -es> [ˈbɜːdʒəs, AM ˈbɜːr] *n* BRIT ① (*old: citizen*) [freier] Bürger *m,* [freie] Bürgerin *f*
② (*hist: MP for a borough*) Abgeordnete(r) *f(m)*
burgh [ˈbʌrə, AM bɜːrg, ˈbɜːrə] *n* SCOT (*old*) Stadt[gemeinde] *f*
burgher [ˈbɜːgə^r, AM ˈbɜːrgɚ] *n* (*old or hum*) Bürger(in) *m(f)*
burglar [ˈbɜːglə^r, AM ˈbɜːrglɚ] *n* Einbrecher(in) *m(f)*

burglar alarm *n* Alarmanlage *f;* **to set off a ~** eine Alarmanlage auslösen
burglarize [ˈbɜrgləraɪz] *vt* AM **to ~ an apartment/a house/an office** in eine Wohnung/ein Haus/ein Büro einbrechen; ***they were ~d*** bei ihnen wurde eingebrochen
burglarproof *adj* einbruchsicher
burglary [ˈbɜːglᵊri, AM ˈbɜːrg-] *n* ① (*break-in*) Einbruch *m*
② *no pl* (*theft*) Einbruchdiebstahl *m;* **aggravated ~** LAW erschwerter Diebstahl
burgle [ˈbɜːgl̩, AM ˈbɜːrgl̩] *vt esp* BRIT, AUS **to ~ an apartment/a house/an office** in eine Wohnung/ein Haus/ein Büro einbrechen; ***they were ~d*** bei ihnen wurde eingebrochen
burgundy [ˈbɜːgᵊndi, AM ˈbɜːr-] **I.** *n* ① (*wine*) Burgunder *m*
② (*colour*) Burgunderrot *nt*
II. *adj* burgunderrot
burial [ˈberiəl] *n* ① (*ceremony*) Beerdigung *f,* Begräbnisfeier *f;* **~ at sea** Seebestattung *f*
② *no pl* (*interment*) Begräbnis *nt,* Beerdigung *f*
burial ground *n* Friedhof *m;* HIST Begräbnisstätte *f*
burial place *n,* **burial site** *n* Grabstätte *f*
burk [bɜːk] *n* BRIT, AUS *see* **berk**
burlap [ˈbɜːrlæp] *n no pl* AM Sackleinen *nt;* **~ sack** [grober] Leinensack
burlap bag *n* Jutetasche *f*
burlesque [bɜːˈlesk, AM bɜːr-] *n* ① (*something written*) Parodie *f,* Persiflage *f geh*
② *no pl* (*genre*) Burleske *f*
③ AM (*variety show*) Varieteevorstellung *f;* (*comedy show*) Klamauksendung *f*
burly [ˈbɜːli, AM ˈbɜːr-] *adj* kräftig [gebaut], stämmig
Burma [ˈbɜːmə, AM ˈbɜːr] *n no pl* GEOG, HIST Burma *nt*
Burmese [ˈbɜːmiːz, AM ˈbɜːr] **I.** *adj inv* burmesisch
II. *n* <*pl* -> Burmese, -in *m, f*
burn[1] [bɜːn, AM bɜːrn] *n* SCOT Bächlein *nt*
burn[2] [bɜːn, AM bɜːrn] **I.** *n* ① (*injury*) Verbrennung *f,* Brandwunde *f;* (*sunburn*) Sonnenbrand *m;* (*sensation*) Brennen *nt;* **first/second/third degree ~s** Verbrennungen *fpl* ersten/zweiten/dritten Grades; **severe ~s** schwere Verbrennungen
② (*damage*) Brandfleck *m,* Brandstelle *f;* (*from acid*) Verätzung *f;* **cigarette ~** Brandloch *nt*
③ AEROSP Zündung *f*
II. *n modifier* (*damage, wound*) Brand-
III. *vi* <burnt *or* AM *usu* burned, burnt *or* AM *usu* burned> ① (*be in flames*) *wood, fire* brennen; *house* in Flammen stehen; (*be destroyed*) *house, forest* abbrennen; *furniture, paper* verbrennen; **to ~ to death** verbrennen
② FOOD anbrennen
③ (*sunburn*) einen Sonnenbrand bekommen; ***my skin ~s easily*** ich bekomme leicht einen Sonnenbrand
④ (*illuminate*) *candle, light* brennen
⑤ (*acid*) ätzen, Verätzungen verursachen
⑥ (*hot sensation*) *spicy food, skin* brennen; *forehead* glühen
⑦ (*fig*) ■**to be ~ing to do sth** (*have a longing*) darauf brennen, etw zu tun; (*be impatient*) es kaum abwarten können, etw zu tun; (*be eager*) [ganz] heiß darauf sein, etw zu tun *fam*
⑧ (*fig: feel strongly*) **to ~ with anger** vor Wut kochen; **to be ~ing with curiosity** vor Neugierde [fast] sterben; **to ~ with desire/passion** vor Begierde/Leidenschaft brennen *geh;* **to ~ with embarrassment** vor Verlegenheit [ganz] rot werden; **to ~ with shame** vor Scham rot anlaufen
IV. *vt* <burnt *or* AM *usu* burned, burnt *or* AM *usu* burned> ① (*damage with heat*) ■**to ~ sb/sth** jdn/etw verbrennen; **to ~ a village** ein Dorf niederbrennen; ■**to ~ oneself** sich *akk* verbrennen; **to be ~t to death** verbrennen; (*in accident*) in den Flammen umkommen; **to ~ one's fingers/tongue** (*also fig*) sich *dat* die Finger/Zunge verbrennen; **to ~ sth to the ground** etw bis auf die Grundmauern niederbrennen; **to ~ a hole in sth** ein Loch in etw *akk* brennen; **to be ~t at the stake** auf dem Scheiterhaufen verbrannt werden; (*fig*) ans Kreuz genagelt wer-

B

den *fig;* **to be ~t alive** [*or* **to death**] bei lebendigem Leibe verbrennen
❷ FOOD ■**to ~ sth** etw anbrennen lassen; **to ~ sth to a crisp** etw verschmoren lassen
❸ (*sunburn*) ■**to be ~t** einen Sonnenbrand haben
❹ (*cause hot sensation*) **to ~ sb's skin/tongue** *spicy food, sun* jdm auf der Haut/Zunge brennen; ***I've ~t my tongue*** ich habe mir die Zunge verbrannt; ***the curry ~t her throat*** das Curry brannte ihr im Hals
❺ (*acid*) ■**to ~ sth** etw verätzen
❻ (*use up*) **to ~ calories/fat** Kalorien/Fett verbrennen; **to ~ gas/oil/petrol** Gas/Öl/Benzin verbrauchen
❼ COMPUT **to ~ a CD/DVD-ROM** eine CD/DVD-ROM brennen
▶ PHRASES: **to ~ one's boats** [*or* **bridges**] alle Brücken hinter sich *dat* abbrechen; **to ~ the candle at both ends** sich *akk* übernehmen; **to ~ in hell** in der Hölle schmoren; **to ~ the midnight oil** bis spät in die Nacht hinein arbeiten; **I've got all the money and it's ~ing a hole in my pocket** ich habe so viel Geld und das will jetzt ausgegeben werden *fam;* **to have got money to ~** Geld wie Heu haben; **to ~ rubber** (*fam*) auf die Tube drücken *fam;* **to have time to ~** alle Zeit der Welt haben
◆**burn away I.** *vi* verbrennen; *building, forest* abbrennen; *candle, fire* herunterbrennen; (*continuously*) vor sich hinbrennen
II. *vt* ■**to ~ sth ↔ away** etw abbrennen; **to ~ away hair** Haare versengen
◆**burn down I.** *vt* ■**to ~ sth ↔ down** etw abbrennen [*o geh* niederbrennen]
II. *vi building* niederbrennen; *forest* abbrennen; *candle, fire* herunterbrennen
◆**burn in** *vt* ■**to ~ sth ↔ in** COMPUT etw einbrennen
◆**burn off** *vt* **to ~ off ↔ gas/oil** Gas/Öl abfackeln; **to ~ off ↔ a wart** MED eine Warze ausbrennen
◆**burn out I.** *vi* ❶ (*extinguish*) *fire, candle* herunterbrennen
❷ *rocket* ausbrennen
❸ AM (*fam: reach saturation*) ■**to ~ out on sth** etw schnell überhaben *fam*
❹ (*stop functioning*) *bulb, fuse* durchbrennen; (*slowly*) *cable, coil, wire* durchschmoren
II. *vt* ❶ (*stop burning*) **the candle/fire/match ~t itself out** die Kerze/das Feuer/das Streichholz brannte herunter
❷ *usu passive* (*be destroyed*) ***her talent has ~t out*** mit ihrem Talent ist es vorbei; **to be ~t out of house and home** durch einen Brand Haus und Hof verlieren; ■**to ~ out ↔ sb** jdn ausräuchern
❸ (*become exhausted*) ■**to ~ oneself out** sich *akk* völlig verausgaben [*o fam* kaputtmachen]; ■**to be ~t out** [völlig] ausgebrannt sein
◆**burn up I.** *vi* ❶ (*by fire*) verbrennen; (*destroy*) verbrennen; *fire* auflodern
❷ (*fig: be feverish*) glühen
❸ AEROSP *rocket, satellite* verglühen
▶ PHRASES: **to ~ up the road** die Straße entlangrasen
II. *vt* ❶ (*consume*) ■**to ~ up ↔ sth** etw verbrauchen; *energy, fuel also* etw fressen *pej fam;* **to ~ up fat** Fett verbrennen
❷ (*fig fam*) **to be ~t up with hatred/jealousy** (*be consumed by*) sich *akk* vor Hass/Eifersucht verzehren *geh;* ***she was ~t up with suspicion*** immerzu nagten Zweifel an ihr
❸ AM (*make angry*) ■**to ~ sb up** jdn zur Weißglut treiben
burned out *adj see* **burnt out**
burner ['bɜːnəʳ, AM 'bɜːrnɚ] *n* ❶ (*heater*) Brenner *m;* AM *also* Kochplatte *f*
❷ CHEM, TECH Brenner *m*
❸ COMPUT Brenner *m*
burn-in *n* COMPUT Einbrennen *nt,* Voraltern *nt*
burning ['bɜːnɪŋ, AM 'bɜːrn-] **I.** *adj attr, inv* ❶ (*on fire*) brennend; *face* glühend
❷ (*fig: intense*) *ambition, desire* brennend; *passion* glühend
❸ (*controversial*) *issue* heiß diskutiert; *problem, question* brennend
❹ (*stinging*) brennend; **to have a ~ sensation on one's skin** ein Brennen auf der Haut spüren
II. *n no pl* ***there's a smell of ~*** es riecht verbrannt
burnish ['bɜːnɪʃ, AM 'bɜːr-] *vt* (*esp liter*) ■**to ~ sth** etw blank reiben [*o* polieren] [*o fachspr* brünieren]
burnished ['bɜːnɪʃt, AM 'bɜːr-] *adj* (*esp liter*) poliert; (*fig*) **~ skin** goldbraune Haut; (*face*) goldbrauner Teint
burnout *n* ❶ *no pl* (*exhaustion*) [vollkommene] Erschöpfung; **to suffer ~** [völlig] ausgebrannt sein *sl*
❷ AM (*pej: person*) ausgebrannter Mensch; (*drug abuser*) Junkie *m sl*
❸ COMPUT Ausbrennen *nt*
burnt [bɜːnt, AM bɜːrnt] **I.** *vt, vi pt, pp of* **burn**
II. *adj* (*completely*) verbrannt; (*partly*) *food* angebrannt; (*from sun*) verbrannt; ***there's a ~ smell*** es riecht verbrannt; **~ sugar** Karamellzucker *m*
burnt offering *n* ❶ (*sacrifice*) Brandopfer *nt*
❷ BRIT (*hum*) angebranntes Essen **burnt out** *adj,* **burnt-out** *adj attr, inv* ❶ *building* ausgebrannt; *fuse* durchgebrannt
❷ (*fig: exhausted*) ausgebrannt *fam*
❸ (*fig: disillusioned*) desillusioniert
❹ AM (*fam: from drugs*) verkifft *sl*
burp [bɜːp, AM bɜːrp] **I.** *n* Rülpser *m; of a baby* Bäuerchen *nt;* **to let out a [big] ~** [laut] rülpsen
II. *vi* aufstoßen, rülpsen *fam; baby* ein Bäuerchen machen
III. *vt* **to ~ a baby** ein Baby aufstoßen lassen
burr [bɜːʳ, AM bɜːr] *n* ❶ BOT Klette *f*
❷ BRIT *of a telephone* Summen *nt,* Summton *m; of cogs* Surren *nt*
❸ LING **to speak with a ~** ein gerolltes Zäpfchen-R sprechen (*im Westen Englands und in Schottland*)
burrito [bə'riːtəʊ, AM -t̬oʊ] *n* Burrito *m,* gefüllte Tortilla
burrow ['bʌrəʊ, AM 'bɜːroʊ] **I.** *n of fox, rabbit* Bau *m*
II. *vt* ❶ **to ~ a hole/tunnel** ein Loch/einen Tunnel graben
❷ (*fig: hide*) ■**to ~ sth [into sth]** etw [in etw *akk*] vergraben
III. *vi* ❶ (*dig*) ■**to ~ [into sth]** einen Bau [in etw *akk*] graben; ■**to ~ through sth** sich *akk* durch etw *akk* [hin]durchgraben
❷ (*fig: search through*) ■**to ~ through sth** etw durchwühlen [*o* gründlich durchsuchen]
bursar ['bɜːsəʳ, AM 'bɜːrsɚ] *n* Finanzverwalter(in) *m(f);* UNIV Schatzmeister(in) *m(f),* Quästor(in) *m(f) fachspr;* **~'s office** Rentamt *nt;* UNIV Quästur *f fachspr*
bursary ['bɜːsəri, AM 'bɜːr-] *n esp* BRIT ❶ (*grant*) Stipendium *nt*
❷ (*bursar's office*) Rentamt *nt;* UNIV Quästur *f fachspr*
burst [bɜːst, AM bɜːrst] **I.** *n* ❶ (*rupture*) *of pipe* [Rohr]bruch *m; of tyre* Platzen *nt*
❷ (*explosion*) Explosion *f*
❸ *of flame* auflodern
❹ (*sudden activity*) Ausbruch *m;* (*in advertising*) stoßweise Werbung; **~ of activity** plötzliche Geschäftigkeit; **~ of applause** Beifallssturm *m;* **~ of growth** Wachstumsschub *m;* **to undergo a ~ of growth** einen Schuss tun *fam;* **~ of economic growth** plötzlich einsetzendes Wirtschaftswachstum; **~ of laughter** Lachsalve *f;* **~ of speed** Spurt *m;* **to put on a ~ of speed** einen Zahn zulegen *fam*
II. *vi* <burst *or* AM *also* bursted, burst *or* AM *also* bursted> ❶ (*explode*) *balloon, pipe, tyre* platzen; *bubble* zerplatzen; *dam* bersten, brechen; *wound* aufplatzen; (*fig hum: when stuffed*) platzen *fig*
❷ (*fig: eager to do*) ■**to be ~ing to do sth** darauf brennen, etw zu tun
❸ (*fam: toilet*) ***I'm ~ing to go to the loo!*** ich muss ganz dringend aufs Klo! *fam*
❹ (*come suddenly*) durchbrechen; ***the sun ~ through the clouds*** die Sonne brach durch die Wolken; **to ~ through the enemy lines** die feindlichen Stellungen durchbrechen
❺ (*be full*) *suitcase* zum Bersten voll sein, platzen *a. fig;* **to ~ with anger/curiosity/joy/pride** vor Wut/Neugier/Freude/Stolz platzen; **to ~ with energy/health/joie de vivre** vor Kraft/Gesundheit/Lebensfreude [nur so] strotzen; **to ~ with excitement/happiness** vor Aufregung/Glück ganz außer sich *dat* sein
▶ PHRASES: **to ~ at the seams** (*fam*) aus allen Nähten platzen; **to do sth fit to ~** (*fam*) etw mit voller Kraft tun; ***she was crying fit to ~*** sie war völlig in Tränen aufgelöst; ***Tom was singing fit to ~*** Tom sang aus vollem Hals; ***she is talking fit to ~*** sie redet wie ein Wasserfall
III. *vt* <burst *or* AM *also* bursted, burst *or* AM *also* bursted> ■**to ~ sth** etw zum Platzen bringen; ***the river ~ its banks*** der Fluss trat über die Ufer; ***she ~ a blood vessel*** ihr ist eine Ader geplatzt; **to ~ a balloon/tyre** einen Ballon/Reifen platzen lassen
▶ PHRASES: **to ~ sb's bubble** jds Illusionen zerstören
◆**burst in** *vi* ❶ (*enter suddenly*) hereinstürzen, hineinstürzen
❷ (*surprise*) ■**to ~ in on sb** bei jdm hereinplatzen; **to ~ in on a meeting** in eine Versammlung hineinplatzen
◆**burst into** *vi* ❶ (*enter suddenly*) ■**to ~ into sth** in etw *akk* hereinstürzen [*o* hineinstürzen]
❷ (*start suddenly*) **to ~ into blossom** [*or* **flower**] [plötzlich] aufblühen; **to ~ into flames** in Flammen aufgehen; **to ~ into laughter** in [schallendes] Gelächter ausbrechen; **to ~ into song** laut zu singen anfangen; **to ~ into tears** in Tränen ausbrechen; **to ~ into view** plötzlich auftauchen
◆**burst open I.** *vi* ❶ (*open suddenly*) *chest, door, lid* aufspringen; *door, window* auffliegen
❷ (*split open*) *blister, bud, wound* aufplatzen
II. *vt* ■**to ~ sth ↔ open** etw aufreißen; **to ~ a watermelon open** eine Wassermelone aufbrechen
◆**burst out** *vi* ❶ (*hurry out*) herausstürzen; **to ~ out of a room** aus einem Zimmer stürmen
❷ (*speak*) losplatzen; ***"don't go!" he ~ out*** „geh nicht!" platzte es aus ihm heraus
❸ (*commence*) **to ~ out crying/laughing/screaming** in Tränen/Gelächter/Geschrei ausbrechen
❹ (*appear*) *sun, emotions* hervorbrechen
burthen ['bɜːðən, AM 'bɜːr] *n* (*old*) *see* **burden** Last *f a. fig,* Bürde *f a. fig*
burton ['bɜːtən] *n no pl* ▶ PHRASES: **to have gone for a ~** BRIT (*dated fam*) dahin [*o* vorbei] sein *fam*
bury <-ie-> ['beri] *vt* ❶ (*put underground*) ■**to ~ sb** jdn begraben; ■**to ~ sth** etw vergraben; **to be buried alive** lebendig begraben sein
❷ (*fig: hide*) ■**to ~ sth** etw verbergen; ***she buried her face in her hands*** sie vergrub ihr Gesicht in den Händen; **to ~ one's pain** seine Schmerzen nicht zeigen
❸ (*engross*) **to ~ oneself in one's book/one's work** sich *akk* in sein Buch/seine Arbeit versenken; **to be buried in one's book/thoughts/work** ganz in sein Buch/seine Gedanken/seine Arbeit versunken [*o* vertieft] sein
▶ PHRASES: **to ~ the hatchet** das Kriegsbeil begraben; **to ~ one's head in the sand** den Kopf in den Sand stecken
◆**bury away** *vt* (*fig*) ■**to ~ sth ↔ away** etw verbergen
bus[1] [bʌs] **I.** *n* <*pl* -es *or* AM *also* -ses> [Omni]bus *m;* **school ~** Schulbus *m;* **to catch/miss the ~** den Bus bekommen/verpassen; **to go by ~** mit dem Bus fahren; **to take the ~** den Bus nehmen
II. *vt* <-ss- *or* AM *usu* -s-> ■**to ~ sb** (*bring by bus*) jdn mit dem Bus befördern; AM (*for integration*) *farbige Schulkinder mit dem Bus zu vorwiegend von nichtfarbigen Kindern besuchten Schulen transportieren*
III. *vi* <-ss- *or* AM *usu* -s-> ❶ AUTO mit dem Bus fahren
❷ AM (*in restaurant*) [Geschirr] abräumen
bus[2] *n* COMPUT ❶ (*communication link*) Übertragungsweg *m;* **daisy chain ~** verkettete Busstruktur; **data ~** Datenübertragungsweg *m;* **dual ~ system** doppeltes Übertragungswegsystem
❷ (*source of information*) Hauptverbindung *f,* Sam-

melschiene *f*
busboy *n* AM Abräumer *m,* Hilfskellner *m*
busby ['bʌzbi] *n* [hohe] Bärenfellmütze
bus conductor *n* Busschaffner(in) *m(f)* **bus driver** *n* Busfahrer(in) *m(f)*
bush <*pl* -es> [bʊʃ] *n* ❶ (*plant*) Busch *m*
❷ (*thicket*) Gebüsch *nt*
❸ (*fig: great amount*) ~ **of hair** [dichtes] Haarbüschel
❹ *no pl* (*in Africa, Australia*) Busch *m;* (*wilderness in general*) Wildnis *f*
▶ PHRASES: **to beat the ~es** AM (*fam*) alles abklappern *fam;* **to beat around** [*or* **about**] **the ~** um den heißen Brei herumreden, wie die Katze um den heißen Brei herumschleichen
bushed [bʊʃt] *adj pred* (*fam*) ❶ (*exhausted*) erschlagen *fam,* kaputt *fam,* groggy *fam*
❷ AUS (*lost in the bush*) ■**to be ~** sich *akk* im Busch verlaufen haben
❸ AUS (*bewildered*) verblüfft; ■**to be ~ by sth** von etw *dat* befremdet sein
bushel [bʊʃəl] *n* Bushel *m fachspr* (*amerikanisch und britisches Getreidemaß*), Scheffel *m hist;* **a ~ of grain/wheat** ein Bushel *m* Getreide/Weizen
▶ PHRASES: **to hide one's light under a ~** sein Licht unter den Scheffel stellen
bush fire *n* Buschfeuer *nt* **bushman** *n* ❶ *esp* AUS (*inhabitant*) Buschbewohner *m;* (*expert*) Buschkenner *m;* ■**to be a ~** im Busch leben ❷ ■**B~** (*people*) Buschmann *m;* (*language*) Buschmannsprache *f* (*eine der Khoisan-Sprachen*) **bush ranger** *n* ❶ AM (*living far from civilization*) ■**to be a ~** in der Wildnis leben ❷ (*footpad*) Strauchdieb *m,* Wegelagerer *m* ❸ AUS (*hist: outlaw*) Buschräuber *m,* Bushranger *m* **bush telegraph** *n no pl* (*hum dated*) Buschtrommel *f hum* **bushwalking** *n no pl* AUS Buschwanderung *f* **bushwhack** AM **I.** *vi* sich *dat* einen Weg bahnen **II.** *vt* ■**to ~ sb** jdn aus dem Hinterhalt überfallen
bushy ['bʊʃi] **I.** *adj* buschig
II. *n* AUS (*pej fam*) Hinterwäldler(in) *m(f) pej fam*
busily ['bɪzɪli] *adv* eifrig, geschäftig; **to be ~ engaged on sth** intensiv mit etw *dat* beschäftigt sein
business <*pl* -es> ['bɪznɪs] **I.** *n* ❶ *no pl* (*commerce*) Handel *m,* [kaufmännisches] Gewerbe; ***is your visit for ~ or pleasure?*** ist ihr Besuch dienstlicher oder privater Natur?; **to combine** [*or* **mix**] **~ with pleasure** das Angenehme mit dem Nützlichen verbinden; ***never mix ~ with pleasure*** Dienst ist Dienst und Schnaps ist Schnaps *fam;* **to do ~ with sb** mit jdm Geschäfte machen [*o* geschäftliche Beziehungen unterhalten] [*o* Handel treiben]; **to go into ~** Geschäftsmann/Geschäftsfrau werden; ***he went into ~ as a caterer*** er ging ins Gaststättengewerbe; **to go out of ~** das Geschäft aufgeben; **to talk ~** zur Sache kommen; **on ~** beruflich, dienstlich, geschäftlich
❷ *no pl* (*sales volume*) Geschäft *nt;* (*turnover*) Umsatz *m;* ***how's ~ at the moment?*** was machen die Geschäfte?; ***~ is booming/slow*** die Geschäfte gehen hervorragend/nicht gut
❸ (*profession*) Branche *f;* ***what line of ~ are you in?*** in welcher Branche sind Sie tätig?
❹ (*company*) Unternehmen *nt,* Firma *f,* Betrieb *m;* **small ~** Kleinunternehmen *nt;* **to start up** [*or* **establish**] **a ~** ein Unternehmen gründen
❺ *no pl* (*matter*) Angelegenheit *f;* (*fam: concern, affair*) Angelegenheit *f,* Sache *f;* **see** [*or* **go**] **about your ~** (*fam*) kümmere dich um deine eigenen Angelegenheiten; ***that's none of your ~*** (*fam*) das geht dich nichts an; **to be a time-consuming ~** eine zeitraubende Angelegenheit sein; **to have no ~ to do** [*or* **doing**] **sth** nicht das Recht haben, etw zu tun; **to make sth one's ~** sich *dat* etw zur Aufgabe machen; **to mind one's own ~** (*fam*) sich *akk* um seine eigenen Angelegenheiten kümmern
❻ *no pl* **to mean ~** (*be serious*) es [wirklich] ernst meinen
❼ *no pl* (*process*) **to get on with the ~ of sth** mit etw *dat* weitermachen
❽ BRIT (*affairs discussed*) die Sitzungsthemen des Unterhauses; **~ committee** Unterhausausschuss *m* für die Einteilung der Sitzungszeit
▶ PHRASES: **~ before pleasure** (*prov*) erst die Arbeit, dann das Vergnügen *prov;* **to be ~ as usual** (*prov*) den gewohnten Gang gehen; **to get down to ~** zur Sache kommen; **to be the ~** BRIT (*sl*) spitze sein *fam;* **to be in the ~ of** [**doing**] **sth** dafür zuständig sein, etw zu tun; ***I'm not in the ~ of telling you what to do*** es ist nicht meine Sache, Ihnen zu sagen, was Sie zu tun haben; **to do one's ~** (*euph: person*) austreten, sich *akk* erleichtern *euph;* (*dog*) sein Geschäft verrichten *euph;* **to do the ~** BRIT (*sl*) es treiben *sl,* eine Nummer schieben *sl;* **like nobody's ~** (*fam*) ganz toll *fam;* **to hurt like nobody's ~** ganz arg wehtun *fam;* **to run like nobody's ~** ganz schnell rennen; **what a ~** was für ein Umstand
II. *n modifier* (*account, letter, meeting, partner*) Geschäfts-
business address *n* Geschäftsadresse *f* **business agent** *n* AM Gewerkschaftsfunktionär(in) *m(f)* **business appointment** *n* geschäftliche Verabredung **business card** *n* Visitenkarte *f,* Geschäftskarte *f* **business class** *n no pl* Businessclass *f* **business counsellor** *n* Unternehmensberater(in) *m(f)* **business day** *n* Geschäftstag *m* **business end** *n* (*hum fam*) *of a gun* Mündung *f; of a knife* Klinge *f,* Schneide *f;* **to stand behind the ~ of a horse** dort stehen, wohin ein Pferd ausschlagen kann **business expansion scheme** *n* BRIT FIN Programm *nt* zur Förderung von Unternehmenserweiterungen **business hours** *npl* Geschäftszeiten *fpl,* Öffnungszeiten *fpl* **business letter** *n* Geschäftsbrief *m* **businesslike** *adj* geschäftsmäßig, sachlich **business lunch** *n* Geschäftsessen *nt,* Arbeitsessen *nt* **businessman** *n* Geschäftsmann *m;* (*leader*) Manager *m;* (*entrepreneur*) Unternehmer *m* **business park** *n* Industriepark *m,* Gewerbegebiet *nt* **business people** *npl* Geschäftsleute *pl;* (*leaders*) Manager(innen) *mpl(fpl);* (*entrepreneurs*) Unternehmer(innen) *mpl(fpl)* **business plan** *n* ECON Unternehmensplan *m* **business planning** *n* ECON Unternehmensplanung *f* **business tactic** *n usu pl* [Geschäfts]strategie *f,* [Geschäfts]politik *f* **business transaction** *n* Geschäft *nt,* Handel *m kein pl,* Geschäftsvorfall *m fachspr* **business trip** *n* Dienstreise *f,* Geschäftsreise *f* **businesswoman** *n* Geschäftsfrau *f;* (*leader*) Managerin *f;* (*entrepreneur*) Unternehmerin *f*
busk [bʌsk] *vi* BRIT, AUS Straßenmusik machen
busker ['bʌskəʳ, AM -ɚ] *n* Straßenmusikant(in) *m(f)*
bus lane *n* Busspur *f* **busload** *n* Busladung *f;* **~s of tourists** ganze Busladungen *fpl* von Touristen **busman's holiday** *n* Arbeitsurlaub *m* **bus service** *n usu sing* Busverbindung *f,* Busverkehr *m*
busses ['bʌsɪz] *n* AM *pl of* **bus**
bus shelter *n* Wartehäuschen *nt,* Bushäuschen *nt* **bus station** *n* Busbahnhof *m* **bus stop** *n* Bushaltestelle *f*
bust¹ [bʌst] **I.** *n* ❶ (*statue*) Büste *f*
❷ (*breasts*) Büste *f,* Busen *m;* (*circumference*) Brustumfang *m,* Brustweite *f,* Oberweite *f;* **large/small ~** (*breasts*) großer/kleiner Busen; (*circumference*) große/kleine Oberweite
II. *n modifier* (*measurement, size*) Brust-
bust² [bʌst] **I.** *n* ❶ (*recession*) [wirtschaftlicher] Niedergang; (*bankruptcy*) Pleite *f*
❷ (*sl*) Razzia *f;* **drug ~** Drogenrazzia *f*
❸ AM (*fam: punch*) [Faust]schlag *m*
II. *adj pred, inv* (*fam*) ❶ (*broken*) kaputt, hinüber *fam*
❷ (*bankrupt*) **to go ~** Bankrott gehen, Pleite machen *fam*
III. *vt* <bust *or* AM *usu* busted, bust *or* AM *usu* busted> ❶ (*fam: break*) ■**to ~ sth** etw kaputtmachen *fam*
❷ (*fam: beat*) **to ~ a record** einen Rekord brechen
❸ AM (*sl: arrest*) ■**to ~ sb** jdn festnehmen; SCH, UNIV ***he got ~ed cheating*** er wurde beim Spicken erwischt *fam*
▶ PHRASES: **to ~ one's arse** [*or* AM **ass**] (*fam!*) sich *akk* kaputtmachen *fam,* sich *dat* den Arsch aufreißen *derb;* **to ~ a gut** (*fam!: work hard*) sich *dat* ein Bein ausreißen *fam;* (*laugh*) sich *akk* kaputtlachen *fam*
◆**bust into** *vt* (*sl*) **to ~ into a market** in einen Markt vordringen
◆**bust out** *vi* (*fam*) **to ~ out of jail** [*or* **prison**] aus dem Gefängnis ausbrechen
◆**bust up** (*fam*) **I.** *vt* ■**to ~ up** ↺ **sth** ❶ (*put an end to*) etw abrupt beenden; **to ~ up a meeting** eine Versammlung sprengen [*o* auffliegen lassen]
❷ (*destroy*) etw zerstören [*o fam* kaputtmachen]
II. *vi couple* sich *akk* trennen, Schluss machen *fam*
bustard ['bʌstəd, AM tɚd] *n* ORN Trappe *f*
busted ['bʌstɪd] AM (*fam*) *pp of* **bust² III**
busted bonds *npl* STOCKEX historische Wertpapiere
buster ['bʌstəʳ, AM -ɚ] *n no pl esp* AM (*dated or pej fam*) Meister *m pej iron fam,* Junge *m pej fam,* Freund *m pej iron fam,* Freundchen *nt pej iron fam;* ***cut it out, ~!*** lass das, Junge!; ***well, ~, …*** so, Freundchen, …
bustle ['bʌsl] **I.** *n* ❶ *no pl* (*activity*) geschäftiges Treiben, Betriebsamkeit *f;* **hustle and ~** reges Treiben, reger Betrieb; (*general activity*) Getriebe *nt;* (*commotion*) Hektik *f pej;* ***the hustle and ~ of the city*** das Getriebe der Großstadt
❷ (*hist: on dress*) Turnüre *f hist,* Gesäßpolster *nt*
II. *vi* ***the street ~d with activity*** auf der Straße herrschte reger Betrieb; ***the house ~d with activity*** im Haus war was los *fam,* das Haus war voller Leben; ■**to ~ around** [*or* **about**] geschäftig hin und her laufen, herumwuseln *fam;* ■**to ~ in/out** geschäftig hinein-/hinauseilen
bustling ['bʌslɪŋ] *adj attr, inv place* belebt, voller Leben *nach n; town* lebendig; *people* geschäftig
bust-up ['bʌstʌp] *n* BRIT, AUS (*fam*) Krach *m fam;* **a big ~** ein Riesenkrach *m;* **to have a ~ with sb** sich *akk* mit jdm verkrachen *fam,* Krach mit jdm haben *fam*
busty ['bʌsti] *adj* (*fam*) vollbusig
busy ['bɪzi] **I.** *adj* ❶ (*occupied*) beschäftigt; ***are you ~?*** haben Sie einen Moment Zeit?; ***I'm very ~ this week*** ich habe diese Woche viel zu tun; ■**to be ~ with** [*or* **doing**] **sth** mit etw *dat* beschäftigt sein; **to get ~** loslegen *fam,* sich *akk* an die Arbeit machen; **to keep oneself/sb ~ with sth** sich/jdn mit etw *dat* beschäftigen; ***I'll keep myself ~ with a magazine while I wait*** ich werde mir die Zeit, während ich warte, mit einer Illustrierten vertreiben; ***he keeps himself ~ by building a model train set in his free time*** er verbringt seine Freizeit mit dem Bau einer Modelleisenbahn; **to keep sb ~** *children, work* jdn in Atem [*o fam* Trab] halten
❷ (*active*) *day* arbeitsreich; *life* bewegt, ereignisreich; *intersection, street* viel befahren, verkehrsreich; *seaport* stark frequentiert *geh,* umschlagstark; *shop* stark besucht [*o geh* frequentiert]; ***I've had a ~ day*** ich hatte heute viel zu tun; ***December is the busiest time of the year*** der Dezember ist die Jahreszeit, in der am meisten los ist
❸ (*pej: overly decorated*) überladen; (*too colourful*) *wallpaper* zu bunt; *pattern* unruhig
❹ *esp* AM TELEC besetzt; ***the line is ~*** die Leitung ist besetzt
▶ PHRASES: **to be [as] ~ as a bee** bienenfleißig sein; ***the children were as ~ as bees picking apples*** die Kinder waren mit Feuereifer dabei, Äpfel zu pflücken
II. *vt* <-ie-> ■**to ~ oneself with sth** sich *akk* mit etw *dat* beschäftigen
busy bee *n* (*fam*) Arbeitsbiene *f fig fam,* Arbeitspferd *nt fig* **busybody** *n* (*pej fam*) Wichtigtuer(in) *m(f) pej,* G[e]schaftlhuber *m* SÜDD, ÖSTERR *pej fam;* ***some interfering ~*** irgendein Wichtigtuer, der sich überall einmischen muss **busy signal** *n esp* AM TELEC Besetztzeichen *nt* **busywork** *n no pl* AM (*mindless*) stumpfsinnige Arbeit; (*routine*) Routinearbeit *f*
but [bʌt, bət] **I.** *conj* ❶ (*although*) aber; ***she's nice ~ bossy*** sie ist nett, wenn auch rechthaberisch
❷ (*however*) aber, jedoch; ***he's a nice guy ~ I'm***

not interested in him er ist zwar ein netter Kerl, doch ich bin an ihm nicht interessiert; ***I think it's true, ~ then I'm no expert*** ich denke, das trifft zu — ich bin allerdings keine Expertin
③ (*except*) als, außer; ***what could I do ~ give him all my money?*** mir blieb nichts anderes übrig, als ihm mein ganzes Geld zu geben; (*old liter*) ***they would live their lives differently ~ that they were young again*** sie würden es anders anfangen, wenn sie nochmal jung wären
④ (*rather*) sondern; ***we must not complain about the problem ~ help to put it right*** wir sollten nicht über das Problem klagen, sondern zu seiner Lösung beitragen
⑤ (*in addition*) **not only … ~ also …** [**too**] nicht nur[,] … sondern auch …
II. *prep* ① (*except*) außer +*dat*; ***who ~ me can do that?*** wer außer mir kann das machen?; ***this is the last episode ~ one*** das ist die vorletzte Folge; ***I have no questions ~ one*** ich habe nur noch eine Frage; **all/anyone ~ sb** alle/jeder außer jdm; **anything ~ …** alles, nur … nicht
② (*only*) außer +*dat*; ***no one ~ him can solve that problem*** niemand außer ihm kann das Problem lösen; ***she wanted to go nowhere ~ home*** sie wollte nur noch nach Hause; ***this car has been nothing ~ trouble*** dieses Auto hat nichts als Ärger gemacht
③ (*rather*) sondern; ***she's not a painter ~ a writer*** sie ist nicht Malerin, sondern Schriftstellerin
III. *n* Aber *nt*; ***no ~s, go clean your room!*** keine Widerrede, räum jetzt dein Zimmer auf!
► PHRASES: **no** [**ifs, ands or**] **~s about it** da gibt es kein Wenn und Aber; **but me no ~s!** (*prov*) komm mir nicht mit Ausreden!
IV. *adv inv* ① (*form: only*) nur, lediglich; ***she's ~ a young girl*** sie ist doch noch ein junges Mädchen; ***I cannot*** [***help***] ***~ wonder …*** ich frage mich bloß, …; ***one cannot ~ smile at the monkey's antics*** man muss über die Streiche des Affen einfach lächeln
② *esp* AM (*really*) aber auch; ***everyone, ~ everyone, will be there*** jeder, aber auch wirklich jeder, wird dort sein
► PHRASES: **~ for** bis auf; ***~ for the storm, we would have finished the roof by now*** wäre der Sturm nicht gewesen, wären wir mit dem Dach jetzt fertig; **~ that** (*old*) ***I don't deny ~ that it's true*** ich streite nicht ab, dass es stimmt; **~ then** [**again**] (*on the other hand*) andererseits; (*after all*) schließlich, immerhin

butane ['bju:teɪn] *n no pl* Butan[gas] *nt*

butch [bʊtʃ] **I.** *adj* ① (*pej: masculine*) maskulin *a. pej*
② (*tough*) muskulös, kräftig gebaut; **~ man** Muskelmann *m fam*
II. *n* <*pl* -es> ① (*pej: lesbian*) maskuliner Typ *a. pej*
② (*tough man*) Muskelmann *m fam*

butcher ['bʊtʃəʳ, AM -ɚ] **I.** *n* ① (*job*) Metzger(in) *m(f)*, Fleischer(in) *m(f)*, Schlachter(in) *m(f)* NORDD, Fleischhauer(in) *m(f)* ÖSTERR
② (*pej: killer*) Schlächter(in) *m(f) pej*
► PHRASES: **the ~, the baker,** [**and**] **the candlestick-maker** alle möglichen Leute, Hinz und Kunz *fam*
II. *vt* ① (*slaughter*) ■**to ~ an animal** ein Tier schlachten; ***the animals were ~ed for meat*** die Tiere wurden geschlachtet und zu Fleisch verarbeitet
② (*murder*) ■**to ~ sb/an animal** jdn/ein Tier niedermetzeln [*o* abschlachten]
③ (*fig: ruin*) ■**to ~ sth** etw verhunzen *fam*; **to ~ a language** eine Sprache verunstalten
④ SPORTS **to ~ a team** eine Mannschaft vernichtend schlagen [*o fam* auseinander nehmen]

butcher's ['bʊtʃəz, AM -ɚz] *n* ① <*pl* -ers *or* -ers'> (*meat shop*) Metzgerei *f*, Fleischerei *f*; ***are you going to the ~?*** gehst du zum Metzger? ② *no pl* BRIT (*rhyming sl: look*) Blick *m*; ***let's have a ~ at your present, then*** dann werfen wir mal einen Blick auf dein Geschenk **butcher's block** *n* Küchenwagen *m* **butcher's hook** *n no pl* BRIT (*rhyming sl: look*) Blick *m*; *see also* **butcher's 2**

butchery ['bʊtʃəri, AM -ɚi] *n* ① *no pl* (*murder*) Abschlachten *nt pej*, Niedermetzeln *nt pej*
② *no pl* (*trade*) Fleischerhandwerk *nt*; (*act*) Verarbeitung *f* von Fleisch
③ BRIT (*slaughterhouse*) Schlachthof *m*

butler ['bʌtləʳ, AM -lɚ] *n* Butler *m*

butler's pantry *n* Geschirrkammer *f*, Anrichtekammer *f*

butt [bʌt] **I.** *n* ① (*thick bottom part*) dickes Ende; *of a rifle* Kolben *m*; *of a cigarette* Stummel *m*, Kippe *f fam*
② (*sl: cigarette*) Glimmstengel *m fam*
③ AM (*sl: buttocks*) Po *m*, Hintern *m fam*; **a swat on the ~** ein Klaps *m* auf den Po; **to get off one's ~** seinen Hintern in Bewegung setzen *fam*
④ (*hit with head*) Stoß *m* [mit dem Kopf]; **to give sb a ~** jdm einen [Kopf]stoß versetzen
⑤ (*usu fig: target*) Ziel *nt a. fig*, Zielscheibe *f a. fig*; ***he was always the ~ of his brother's criticism*** die Kritik seines Bruders richtete sich immer gegen ihn; **to be the ~ of sb's jokes** die Zielscheibe des Spotts einer Person *gen* sein
⑥ (*barrel*) Fass *nt*, Tonne *f*; [**rain**] **water ~** Regentonne *f*
► PHRASES: **sth bites sb in the ~** (*fam*) *past* etw holt jdn [wieder] ein *fig*
II. *vt* ■**to ~ sb/sth** jdm/etw einen Stoß mit dem Kopf versetzen; **to ~ one's head against the wall** mit dem Kopf gegen die Wand stoßen
► PHRASES: **to ~ heads with sb** (*fam*) sich *dat* die Köpfe einschlagen
III. *vi* ① (*hit*) *person* mit dem Kopf stoßen; *goat* mit den Hörnern stoßen
② (*adjoin*) ***the two houses ~ up against each other*** die beiden Häuser stoßen aneinander
◆**butt in** *vi* (*fam*) dazwischenplatzen, stören; ■**to ~ in on sb** jdm ins Wort fallen; (*become involved*) sich *akk* einmischen
◆**butt into** *vi* (*fam*) **to ~ into sb's business/conversation** sich *akk* in jds Geschäfte/Unterhaltung einmischen
◆**butt out** *vi* ① AM (*fam!*) sich *akk* raushalten *fam*; ***~ out, Dad, this isn't your problem*** misch dich nicht ein, Papa, das geht dich nichts an *fam*
② AM (*fam: extinguish cigarette*) seine Zigarette ausdrücken

butte [bju:t] *n* AM GEOL Restberg *m*, Zeugenberg *m*, Spitzkuppe *f*

butter ['bʌtəʳ, AM -t̬ɚ] **I.** *n no pl* Butter *f*; **bread and ~** Butterbrot *nt*; **to spread ~ on one's bread** sich *dat* Butter aufs Brot schmieren; **toast and ~** Toast *m* mit Butter
► PHRASES: **she looks as if ~ wouldn't melt in her mouth** sie sieht aus, als könnte sie kein Wässerchen trüben
II. *vt* **to ~ a piece of bread** eine Scheibe Brot mit Butter bestreichen [*o* buttern]
◆**butter up** *vt* ■**to ~ sb ↔ up** jdm Honig um den Bart [*o* Mund] schmieren *fam*

butterball AM **I.** *n* (*usu hum: person*) Fettkloß *m pej fam* **II.** *n modifier* **~ turkey** *ein besonders großer, saftiger Truthahn* **butterbean** *n* Wachsbohne *f* **buttercream** *n no pl* Buttercreme *f* **buttercup** *n* Butterblume *f* **butter-dish** *n* Butterdose *f*

buttered ['bʌtəd, AM -t̬ɚd] *adj* mit Butter; *bread, toast* gebuttert, mit Butter bestrichen; ***he dropped the toast ~ side down*** er ließ den Toast auf die Butterseite fallen

butterfat *n no pl* [Butter]fett *nt*, [Milch]fett *nt* **butterfingers** <*pl* -> *n* (*hum*) Tollpatsch *m fam*, Schussel *m fam*

butterfly ['bʌtəflaɪ, AM -t̬ɚ-] **I.** *n* ① (*insect*) Schmetterling *m*; (*fig*) flatterhafter Mensch *pej*; **a social ~** ein Partygirl *pej* ② (*in swimming*) Butterfly *m*, Schmetterlingsstil *m* ► PHRASES: **to have butterflies** [**in one's stomach**] (*fam: be excited*) einen Flattermann haben *fam*; (*be nervous*) ein flaues Gefühl [im Magen] haben **II.** *n modifier* (*collection, net, trap, wing*) Schmetterlings- **III.** *vt* <-ie-> **to ~ a cutlet/turkey breast** ein Schnitzel/eine Putenbrust in der Mitte einschneiden und auseinander klappen **butterfly kiss** *n* flüchtige Liebkosung (*mit den Augenwimpern*) **butterfly stroke** *n* ■**the ~** der Butterfly [*o* Schmetterlingsstil]

butter-icing *n no pl* Buttercreme *f* **butter knife** *n* Buttermesser *nt* **buttermilk** *n no pl* Buttermilch *f* **butter mountain** *n* **the** [**European**] **~** der [europäische] Butterberg **butternut squash** *n* AM Flaschenkürbis *m* **butterscotch I.** *n* ① *no pl* Karamell *m o* SCHWEIZ *nt*, Sahnekaramell *m o* SCHWEIZ *nt*, Butterkaramell *m o* SCHWEIZ *nt* ② (*individual sweet*) Karamellbonbon *nt*, Toffee *nt* **II.** *n modifier* (*fudge, ice cream, icing, sauce*) Karamell- **butter tart** *n* CAN *mit einer Karamellcreme und Rosinen gefülltes kleines Mürbteigküchlein*

buttery ['bʌtəri, AM -t̬ɚ-] **I.** *adj* ① (*with butter*) butt[e]rig; **~ biscuits** Butterkekse *mpl*
② (*covered with butter*) butterbeschmiert, butt[e]rig, voll Butter *präd*
II. *n esp* BRIT Kantine *f*; UNIV Mensa *f*, Cafeteria *f*

buttock ['bʌtək, AM -t̬-] *n* [Po]backe *f*, [Hinter]backe *f*; ■**~s** *pl* Gesäß *nt*, Hinterteil *nt fam*

button ['bʌtᵊn] **I.** *n* ① (*fastening device*) Knopf *m*; **to do up/undo one's ~s** seine Knöpfe zu-/aufmachen; (*on shirt*) sein Hemd zu-/aufknöpfen
② TECH (*operating device*) [Schalt]knopf *m*; (*of a doorbell*) Klingelknopf *m*; **to push a ~** auf einen Knopf drücken
③ AM (*badge*) Button *m*, Abzeichen *nt*, Plakette *f*
► PHRASES: **at the push of a ~** auf Knopfdruck *fig*; **cute as a ~** AM goldig; **to be right on the ~** *esp* AM (*be correct*) den Nagel auf den Kopf treffen; (*at exact time*) auf den [Glocken]schlag genau sein; ***it was 10:30 on the ~ when the doorbell rang*** es war genau 10:30, als es klingelte; **to not be worth a ~** keinen Pfifferling wert sein *fam*; **to push** [*or* **press**] **sb's ~s** jdn auf die Palme bringen
II. *vt* ■**to ~ one's coat/jacket** den Mantel/die Jacke zuknöpfen
► PHRASES: **to ~ it** [*or* **one's lip**] *esp* AM (*fam*) den Mund halten *fam*
III. *vi* **to ~ down the front/at** [*or* AM **in**] **the back** sich *akk* vorne/hinten knöpfen lassen
◆**button up** *vt* ■**to ~ up ↔ sth** *coat, jacket* etw zuknöpfen; **to ~ up a deal** (*fig*) eine Sache unter Dach und Fach bringen

button-down [ˌbʌtᵊn'daʊn] *adj*, **buttoned-down** [bʌtᵊnd'daʊn] *adj attr, inv* ① FASHION **~ collar** Button-down-Kragen *m* (*Kragen, dessen Enden am Hemd festgeknöpft werden*)
② AM (*usu pej: conservative*) *person* erzkonservativ, der alten Schule *nach n*; (*unimaginative*) fantasielos **button-down fly** *n*, **button fly** *n* Knopfleiste *f* (*als Hosenverschluss*) **buttoned-up** [ˌbʌtᵊnd'ʌp] *adj inv* (*also fig*) zugeknöpft *a. fig* **buttonhole I.** *n* ① (*on clothing*) Knopfloch *nt* ② *esp* BRIT (*flower*) Blume *f* im Knopfloch **II.** *vt* ■**to ~ sb** jdn zu fassen kriegen, sich *dat* jdn schnappen *fam*; (*not let go*) jdn festnageln **button mushroom** *n* junger Champignon **button nose** *n* Stupsnase *f*

butt pack *n* AM (*sl: bumbag*) Gürteltasche *f*

buttress ['bʌtrəs] **I.** *n* <*pl* -es> ① ARCHIT Strebepfeiler *m*, Stützpfeiler *m*, Bogenpfeiler *m*; **flying ~** Strebebogen *m*
② (*fig: support*) Stütze *f*
II. *vt* ① ARCHIT **to ~ a wall** eine Wand [durch Strebepfeiler] stützen
② (*fig: support*) ■**to ~ sth** etw untermauern

butty ['bʌti] *n esp* NBRIT (*filled roll*) belegtes Brötchen; (*sandwich*) Sandwich *nt*, Stulle *f* NORDD *fam*

buxom ['bʌksəm] *adj* vollbusig, drall

buy [baɪ] **I.** *n* Kauf *m*; **bad ~** schlechter Kauf, Fehlkauf *m*; **quite a ~** ein guter Kauf, ein Schnäppchen *nt fam*
II. *vt* <bought, bought> ① (*purchase*) ■**to ~** [**oneself**] **sth** [sich *dat*] etw kaufen; ***money can't ~ love*** Liebe kann man sich nicht erkaufen; ***$20 ~s a lot less than it used to*** heute bekommt man für 20 Dollar viel weniger als früher; ■**to ~ sb sth** [*or* **sth**

for sb] jdm etw kaufen; ■**to ~ sth from** [*or fam* **off**] **sb** jdm etw abkaufen
② (*obtain*) **to ~ recognition/success/victory** sich *dat* Anerkennung/Erfolg/einen Sieg erkaufen; **to ~ time** Zeit gewinnen
③ (*bribe*) ■**to ~ sb** jdn kaufen *fam;* **to ~ sb's vote** jds Stimme kaufen
④ (*sl: believe*) **to ~ a claim/an excuse/a story** jdm eine Behauptung/eine Entschuldigung/ eine Geschichte abkaufen *fam; **I don't ~ it*** das nehme ich dir nicht ab
⑤ (*agree to*) ■**to ~ sth** etw *dat* zustimmen; ***I'll ~ that!*** der Meinung bin ich aber auch!
⑥ ECON **to ~ at best** bestmöglich kaufen
► PHRASES: **to ~ the <u>farm</u>** AM (*fam*) den Löffel abgeben *sl;* **to have everything <u>money</u> can ~** alles haben, was man mit Geld kaufen kann; **to ~ sb's <u>silence</u>** sich *dat* jds Stillschweigen erkaufen; **to ~ <u>it</u>** den Löffel abgeben *sl;* **I'm not ~ing <u>it</u>** (*sl*) das kannst du deiner Großmutter erzählen! *fam*
III. *vi* im Einkauf tätig sein
◆**buy forward** *vi* FIN auf Termin kaufen
◆**buy in I.** *vt* ① BRIT ■**to ~ in** ⊂ **sth** sich *akk* mit etw *dat* eindecken
② (*at an auction*) ■**to ~ in** ⊂ **sth** etw rückkaufen
③ STOCKEX **to ~ in securities/commodity contracts** sich mit Wertpapieren/Schlussbriefen eindecken
II. *vi company* eigene Aktien rückkaufen
◆**buy into** *vi* ① ECON (*pay for a share*) **to ~ into a business/a company** sich *akk* in ein Unternehmen/eine Firma einkaufen
② (*gain access*) **to ~ into a club/organization** sich *dat* Zugang zu einem Klub/einer Organisation verschaffen
③ AM (*sl*) ■**to ~ into sth** (*get involved*) sich *akk* auf etw *akk* einlassen; (*be convinced of*) von etw *dat* überzeugt sein; (*accept*) sich *akk* etw *dat* anschließen; *point of view* etw teilen
◆**buy off** *vt* ■**to ~ off** ⊂ **sb** jdn kaufen *fam*
◆**buy out** *vt* ① (*take over*) **to ~ out a company/ shares in a company** eine Firma/Aktien einer Firma aufkaufen
② (*buy sb's share*) ■**to ~ out** ⊂ **sb** jdn auszahlen
③ BRIT MIL ■**to ~ oneself out** sich *akk* [vom Militärdienst] freikaufen
◆**buy up** *vt* ■**to ~ up** ⊂ **sth** etw aufkaufen
buy-back *n* ECON Rückkauf *m* **buy-back deal** *n* ECON Gegengeschäft *nt* **buy classes** *npl* ECON Kaufkategorien *fpl*
buyer [ˈbaɪəʳ, AM -ɚ] *n* ① (*purchaser*) Käufer(in) *m(f);* COMM Abnehmer(in) *m(f)*
② (*as job*) Einkäufer(in) *m(f);* (*manager*) Einkaufsleiter(in) *m(f)*
buyer-driven pricing [ˌbaɪədrɪvᵊnˈpraɪsɪŋ, AM ˌbaɪɚ-] *n no pl* vom Käufermarkt gesteuerte Preissetzung
buyer's market *n* COMM Käufermarkt *m* **buyer's risk** *n* Käuferrisiko *nt* **buyer's surplus** *n* Käuferrente *f,* Konsumentenrente *f* **buy grid** *n* ECON Gitterkarte[methode] *f*
buy-in *n* ECON **management ~** Übernahme *f* eines Unternehmens durch fremde Manager
buying *n* **bulk ~** Mengeneinkauf *m,* Posteinkauf *m;* **forward ~** Terminkauf *m;* **~ agent** Provisionseinkäufer(in) *m(f),* Kommissionär(in) *m(f)*
buying [ˈbaɪɪŋ] *n no pl* Kauf *m,* Kaufen *nt;* **panic ~** Panikkauf *m meist pl;* **spontaneous ~** Spontankauf *m*
buying power *n no pl* Kaufkraft *f*
buyout [ˈbaɪaʊt] *n* Aufkauf *m,* Übernahme *f;* **staff ~** Aufkauf *m* des Betriebes durch die Belegschaft; **management ~** [Firmen]übernahme *f* durch das Führungspersonal [*o* Management]; **leveraged ~** fremdfinanzierte [Firmen]übernahme, durch Leihkapital finanzierter Aufkauf [einer Firma]
buzz [bʌz] **I.** *vi* ① (*make low sound*) *bee, mosquito, buzzer* summen; *fly, bug* brummen; *ears* dröhnen, sausen; ***his ears were ~ing after the concert*** ihm dröhnten die Ohren nach dem Konzert
② (*be active with*) ***my head was ~ing with thoughts*** mir schwirrten alle möglichen Gedanken durch den Kopf; ***the room ~ed with conversation*** das Zimmer war von Stimmengewirr erfüllt; ***the place was ~ing with excitement*** es herrschte ein aufgeregtes Durcheinander
③ (*go quickly*) sausen
④ AM (*fam: be tipsy*) ■**to be ~ed** angesäuselt sein *fam*
II. *vt* ① (*call*) ■**to ~ sb** (*buzzer*) jdn über den Summer rufen; (*telephone*) jdn anrufen
② AVIAT ■**to ~ sth** *airplane* im Tiefflug über etw hinwegsausen; *motor boat* dicht an etw *dat* vorbeifahren
III. *n* <*pl* -es> ① *of a bee, mosquito, buzzer* Summen *nt kein pl; of a fly, bug* Brummen *nt kein pl*
② *no pl* (*activity*) **~ of conversation** Stimmengewirr *nt;* **~ of excitement** aufgeregtes Durcheinander
③ (*call*) Ruf *m* über den Summer; **to give sb a ~** (*buzzer*) jdn über den Summer rufen; (*fam: telephone*) jdn anrufen
④ (*fam: rumour, gossip*) Gerede *nt kein pl*
⑤ (*fam: high feeling*) [Nerven]kitzel *m,* Kick *m sl;* (*from alcohol*) Rausch *m;* **to have a ~** einen Rausch [*o fam* sitzen] haben; (*from marijuana*) vollgedröhnt sein *sl;* **sth/sb is a ~ to be around** (*fam*) sich *akk* in der Gegenwart einer S. *gen*/in jds Gegenwart wohl fühlen
⑥ *no pl* (*rumour*) Gerücht *nt;* ***the ~ is that ...*** man munkelt, dass ...
◆**buzz around** *vi* ① (*fly*) *insect* herumschwirren, herumsurren; ***the fighter planes ~ed around the city*** die Kampfflugzeuge umflogen dröhnend die Stadt
② (*fig: move busily*) herumschwirren
◆**buzz off** *vi* (*fam!*) abschwirren *fam,* die Fliege machen *sl;* **~ *off!*** (*fam!*) zisch ab! *sl*
buzzard [ˈbʌzəd, AM -ɚd] *n* ① BRIT (*European hawk*) Bussard *m*
② AM (*turkey vulture*) Truthahngeier *m*
buzzer [ˈbʌzəʳ, AM -ɚ] *n* Summer *m*
buzz phrase *n* Modeausdruck *m* **buzz word** *n* Schlagwort *nt,* Modewort *nt*
b/w *abbrev of* **black and white** sw.
by [baɪ] **I.** *prep* ① (*near*) bei, in der Nähe; **to grab sb ~ the arm** jdn am Arm packen; **~ sb's side** an jds Seite
② (*method*) mit, durch; ***that's all right ~ me*** ich bin damit einverstanden; **~ car/train** mit dem Auto/Zug; **~ the door** durch die Tür; **to live ~ the rules** sich *akk* an die Vorschriften halten; **~ trade** [*or* **profession**] von Beruf; [**all**] **~ oneself** [ganz] alleine
③ (*measurement*) um; **~ X per cent** um x Prozent; **to sell ~ the dozen/hundred/thousand** zu Dutzenden/Hunderten/Tausenden verkaufen; **to get paid ~ the hour** stundenweise bezahlt werden; **X metres ~ Y** x Meter mal y Meter
④ (*not later than*) [spätestens] bis; **~ five o'clock** [spätestens] bis fünf Uhr; **~ the 14 February** [spätestens] bis zum 14.02.; **~ the time ...** als ..., bis ...
II. *adv inv* ① (*past*) vorbei; ***time goes ~ pretty quickly if you keep yourself busy*** wenn man sich beschäftigt, vergeht die Zeit ziemlich schnell; **to pass ~** vorbeikommen; **to speed ~ sb/sth** an jdm/ etw vorbeisausen
② (*near*) in der Nähe; **close ~** ganz in der Nähe, in unmittelbarer Nähe
③ (*in reserve*) **to put** [*or* **lay**] **~** zurücklegen
► PHRASES: **~ and <u>large</u>** im Großen und Ganzen; **~ <u>and</u> ~** nach und nach
bye [baɪ] *interj* (*fam*) tschüs *fam*
bye-bye [ˌbaɪˈbaɪ] *interj* (*fam*) tschüs *fam;* **to go ~** AM (*childspeak*) gehen; ***it's time to go ~*** es ist Zeit, tschüs zu sagen; **to go ~s** *esp* BRIT (*childspeak*) in die Heia gehen *Kindersprache*
by(e)-law *n* ① POL Gemeindeverordnung *f* ② ■**~s** *pl* (*of organization*) Satzung *f* **by-election** *n esp* BRIT, CAN Nachwahl *f*
Byelorussia [ˌbjeləʊˈrʌʃə, AM oʊˈ] *n no pl see* **Belorussia** GEOG Weißrussland *nt*
Byelorussian [ˌbjeləʊˈrʌʃᵊn, AM oʊˈ] *adj inv see* **Belorussian** weißrussisch, Weißrussland-
bygone I. *adj attr, inv age, era, world* vergangen; **to long for the ~ days** sich *akk* nach den alten Zeiten sehnen
II. *n* ► PHRASES: **to <u>let</u> ~s be ~s** die Vergangenheit ruhen lassen
bylaw *n,* **by-law** *n* LAW ① (*for club or association*) Satzung *f*
② AM (*for corporation*) Satzung *f*
③ (*made by local authority*) städtische [*o* örtliche] Verordnung **byline** *n* ① FBALL Tor[aus]linie *f* ② (*in a newspaper*) Verfasserangabe *f* **byname** [ˈbaɪneɪm] *n* Beiname *m,* Spitzname *m*
BYOB [ˌbiːwaɪəʊˈbiː, AM -oʊˈ-] *adj inv abbrev of* **bring your own bottle/booze/beer** Bottle-; **~ party** Bottleparty *f*
bypass I. *n* ① TRANSP Umgehungsstraße *f*
② MED (*operation*) Bypass *m*
II. *vt* ① (*detour*) **to ~ an area/a town/the town centre** ein Gebiet/eine Stadt/die Innenstadt umfahren
② (*not consult*) ■**to ~ sb** jdn übergehen; (*omit*) **to ~ a phase/stage/step** eine Phase/ein Stadium/ einen Schritt überspringen
③ (*fig: avoid*) **to ~ a difficulty/an issue/a problem** eine Schwierigkeit/ein Problem/eine Frage vermeiden
bypass operation *n* Bypassoperation *f* **bypass surgery** *n no pl* Bypassoperation *f;* **to have ~** sich *akk* einer Bypassoperation unterziehen **bypath** *n* ① TRANSP Seitenweg *m* ② (*fig: secondary issue*) Nebenaspekt *m* **byplay** *n no pl* THEAT Nebenhandlung *f* **by-product** *n* Nebenprodukt *nt;* (*fig*) Begleiterscheinung *f*
byre [ˈbaɪəʳ] *n* BRIT (*dated liter*) Kuhstall *m*
byroad *n* Nebenstraße *f,* Seitenstraße *f* **bystander** *n* Zuschauer(in) *m(f);* **innocent ~** unbeteiligter Zuschauer/unbeteiligte Zuschauerin, Unbeteiligte(r) *f(m)*
byte [baɪt] *n* COMPUT Byte *nt;* **giga-/kilo-/mega~** Giga-/Kilo-/Megabyte *nt*
byway *n* ① TRANSP Seitenweg *m* ② (*fig: secondary issue*) Nebenaspekt *m* **byword** *n* ① (*notable example*) Musterbeispiel *nt* (**for** für +*akk*), Inbegriff *m;* ***their shops are a ~ for good value*** ihre Geschäfte stehen für Qualität ② (*motto*) Schlagwort *nt* ③ (*proverb*) Sprichwort *nt*
byzantine [bɪˈzæntaɪn, AM ˈbɪzᵊntiːn] *adj* ① (*pej: overly complicated*) *explanations, procedures* hoch kompliziert, schwer durchschaubar
② ARCHIT ■**B~** byzantinisch
Byzantium [bɪˈzæntiəm] *n no pl* HIST Byzanz *nt*

C

C <*pl* -'s>, **c** <*pl* -'s *or* -s> [siː] *n* ① (*letter*) C *nt,* c *nt;* **~ for** [*or* AM *also* **as in**] **Charlie** C wie Cäsar; *see also* **A 1.**
② MUS C *nt,* c *nt;* **~ flat** ces *nt,* Ces *nt;* **~ sharp** Cis *nt,* cis *nt; see also* **A 2.**
③ (*school mark*) ≈ Drei *f,* ≈ befriedigend; *see also* **A 3.**
④ (*Roman numeral*) C *nt,* c *nt*
c *abbrev of* **circa** ca.
C[1] <*pl* -'s *or* -s> [siː] *n* (*symbol for 100*) **~-note** AM Hundertdollarschein *m*
C[2] ① *after n abbrev of* **Celsius** C
② *abbrev of* **cancer: the Big ~** (*fam*) Krebs *m*
CA [ˌsiːˈeɪ] *n* BRIT ECON *abbrev of* **Chartered Accountant** ≈ Wirtschaftsprüfer(in) *m(f)*
ca *prep abbrev of* **circa** ca.
CAB [ˌsiːeɪˈbiː] *n* LAW *abbrev of* **citizens' advice bureau** Bürgerberatungsstelle *f*
cab [kæb] *n* ① (*of a truck*) Führerhaus *nt,* Führersitz *m*

❷ *esp* AM, AUS (*taxi*) Taxi *nt*; **to call/hail a ~** ein Taxi rufen [*o* kommen lassen]/herbeiwinken; **by ~** mit dem Taxi; **to go by ~** ein Taxi nehmen
❸ (*hist: horse-drawn*) Droschke *f hist*

cabal [kəˈbæl, AM -ˈbɑːl] *n* (*pej*) ❶ (*intrigue*) Kabale *f veraltet*, Intrige *f*
❷ (*group*) Clique *f pej*, Klüngel *m pej*

cabaret [ˈkæbəreɪ, AM ˌkæbəˈreɪ] *n* ❶ (*performance*) Varietee *nt*; (*satirical*) Kabarett *nt*
❷ (*nightclub*) Nachtklub *m* mit Varieteevorführungen, Kleinkunstbühne *f*

cabaret act *n* Varieteenummer *f*

cabbage [ˈkæbɪdʒ] *n* ❶ (*vegetable*) Kohl *m kein pl*, Kraut *nt kein pl bes* SÜDD; (*head*) Kohlkopf *m*; **savoy ~** Wirsing[kohl] *m*; **red/white ~** Rot-/Weißkohl *m bes* NORDD, Rot-/Weißkraut *nt bes* SÜDD, ÖSTERR
❷ *no pl* (*vegetable dish*) Kohl *m*
❸ *esp* BRIT (*pej: dull person*) Trottel *m pej fam*, Dummkopf *m pej*; (*with mental injury*) geistiger Krüppel *a. pej*

cabbagetown [ˈkæbɪdʒtaʊn] *n* CAN Elendsviertel *nt*, Slumviertel *nt*

cabbalistic [ˌkæbəˈlɪstɪk] *adj* REL kabbalistisch

cabbie *n*, **cabby** [ˈkæbi] *n*, *esp* AM **cabdriver** *n* Taxifahrer(in) *m(f)*

caber [ˈkeɪbəʳ] *n* SCOT SPORTS [Baum]stamm *m*; **tossing the ~** Baumstammwerfen *nt* (*bei den Highland Games*)

cabin [ˈkæbɪn] *n* ❶ (*on ship*) Kabine *f*, Kajüte *f*; (*on plane, for passengers*) Fahrgastraum *m*; (*for pilot*) Cockpit *nt*, Kanzel *f*; (*on truck*) Führerhaus *nt*
❷ (*wooden house*) [Block]hütte *f*; (*for holidays*) Ferienhütte *f*

cabin boy *n* Schiffsjunge *m*; (*steward*) Kabinensteward *m* **cabin class** *n* zweite Klasse, Kajütenklasse *f*, Kabinenklasse *f* **cabin crew** *n + sing/pl vb* Flugbegleitpersonal *nt*, Crew *f* **cabin cruiser** *n* Kajütboot *nt*

cabinet [ˈkæbɪnət] **I.** *n* ❶ (*storage place*) Schrank *m*; (*small*) Schränkchen *nt*; (*for television*) Fernsehschrank *m*; **display ~** Vitrine *f*; **filing ~** Aktenschrank *m*; **medicine ~** Arzneimittelschrank *m*
❷ *+ sing/pl vb* BRIT, AUS, CAN POL (*senior ministers*) Kabinett *nt*; AM (*advisers to President*) persönliche [*o* engste] Berater
II. *n modifier* (*decision, member, meeting, session*) Kabinetts-

cabinet maker *n* Möbeltischler(in) *m(f)*, Möbelschreiner(in) *m(f)*, Kunstschreiner(in) *m(f)* **cabinetmaking** [ˈkæbɪnətmeɪkɪŋ] *n no pl* Kunsttischlerei *f* **cabinet minister** *n* Kabinettsminister(in) *m(f)*, Kabinettsmitglied *nt* **Cabinet Office** *n* LAW Kanzleramt *nt* **cabinet reshuffle** *n* BRIT Kabinettsumbildung *f*

cabin fever *n no pl esp* AM Gefühl *nt* der Beengtheit; **sb has ~** jdm fällt die Decke auf den Kopf **cabin staff** *n + sing/pl vb* Flugbegleitpersonal *nt*, Crew *f*

cable [ˈkeɪbl̩] **I.** *n* ❶ *no pl* (*thick rope*) NAUT Tau *nt*, Trosse *f fachspr*
❷ ELEC (*wire*) [Leitungs]kabel *nt*, Leitung *f*; **coil of ~** Kabelrolle *f*; **to lay ~s** Kabel verlegen
❸ *no pl* TV Kabelfernsehen *nt*
❹ TELEC Kabelnetz *nt*; **to go over to ~** [*or* **a ~ number**] an das Kabelnetz abgeben, zu einer Nummer im Kabelnetz umschalten; **~ transfer** telegrafische Geldüberweisung
❺ (*message*) Telegramm *nt*, Kabel *nt veraltet*; **to send sth by ~** etw als Telegramm schicken [*o veraltet* kabeln]
❻ (*knitting pattern*) Zopf *m*
❼ FIN (*sl: spot exchange rate*) Kassadevisenkurs *m*, Kassadevisen *pl*
II. *vt* ❶ (*send telegram*) **■to ~ sb** jdm ein Telegramm schicken; **■to ~ sb sth** jdm etw telegrafieren
❷ TV **■to be ~d** verkabelt sein
III. *vi* ein Telegramm schicken, kabeln *veraltet*

cable car *n* (*on mountain*) *system* Seilbahn *f*; *cabin* [Seilbahn]kabine *f*; (*on street*) *system* Kabelbahn *f*; *car* [Kabelbahn]wagen *m* **cablegram** *n* Telegramm *nt*, Kabel *nt veraltet* **cable network** *n* TV Kabelnetz *nt* **cable railway** *n* Kabelbahn *f*, Standseilbahn *f* **cable stitch** *n* Zopfmuster *nt* **cable television** *n no pl*, **cable TV** *n no pl* Kabelfernsehen *nt*

caboodle [kəˈbuːdl] *n esp* AM (*fam*) **the whole [kit and] ~** (*things*) der ganze Krempel *fam*; (*people*) der ganze Haufen *fam*, die ganze Sippschaft *fam*

caboose [kəbuːs] *n* AM NAUT Kombüse *f*; RAIL Dienstwagen *m*

cab rank *n* Taxistand *m*

cabriolet [ˈkæbriə(ʊ)leɪ, AM ˌkæbriəˈleɪ] *n* Kabrio[lett] *nt*

cab stand *n* AM (*taxi rank*) Taxistand *m*

CAC [kæk] *n* STOCKEX *abbrev of* **Compagnie des Agents de Change: ~ index** Preisindex *m* der Pariser Börse

cacao [kəˈkaʊ, AM kəˈkɑːoʊ] *n no pl* ❶ (*tree*) Kakaobaum *m*
❷ (*seed*) **~ [bean]** Kakaobohne *f*

cache [kæʃ] **I.** *n* ❶ (*hiding place*) Versteck *nt*, geheimes Lager; (*stockpile*) geheimer Vorrat; **~ of weapons** geheimes Waffenlager
❷ COMPUT Cache *m* (*kleiner Pufferspeicher*)
II. *vt* **■to ~ sth** etw verstecken

cache memory *n no pl* COMPUT Cachespeicher *m*

cachet [ˈkæʃeɪ, AM kæˈʃeɪ] *n no pl* ❶ (*prestige*) Prestige *nt*, Ansehen *nt*; **international ~** internationales Ansehen; ***this type of jacket used to have a certain ~*** eine solche Jacke machte früher etwas her *fam*
❷ (*distingushing feature*) Qualitätsmerkmal *nt*

cack [kæk] **I.** *n no pl* BRIT (*fam*) Kacke *f sl*
II. *vt* BRIT (*fam*) **to ~ one's pants** sich *dat* in die Hose scheißen *derb*

cack-handed [ˌkækˈ-] *adj* BRIT, AUS (*fam*) ungeschickt, tolpatschig *fam*

cackle [ˈkækl̩] **I.** *vi chicken, goose* gackern; *person also* gackeln *fam*, gickeln DIAL *fam*
II. *n* ❶ (*chicken noise*) Gackern *nt kein pl*; **to give a ~** gackern
❷ (*laughter*) Gegacker *nt fam*, Gekicher *nt*; (*noisy talk*) Geschnatter *nt pej fam*; **to cut the ~** mit dem Geschnatter aufhören

cacophonous [kəˈkɒfənəs, AM -ˈkɑː-] *adj* (*form*) misstönend, kakophonisch *fachspr*

cacophony [kəˈkɒfəni, AM -ˈkɑː-] *n no pl* (*form*) Missklang *m*, Kakophonie *f fachspr*; (*noise*) Krach *m*

cacti [ˈkæktaɪ] *n pl of* **cactus**

cactus <*pl* -es *or* cacti> [ˈkæktəs, *pl* -taɪ] *n* Kaktus *m*

cad [kæd] *n* (*pej dated or hum*) Lump *m pej*, Schuft *m pej*

CAD [kæd] *n no pl abbrev of* **computer-aided design** CAD *nt*

cadaver [kəˈdɑːvəʳ, AM -ˈdævəʳ] *n* (*form*) *of humans* Leiche *f*; *of an animal* Kadaver *m*

cadaverous [kəˈdævəʳrəs] *adj* (*pale*) totenbleich, aschgrau; (*thin*) ausgemergelt, ausgezehrt; (*about to die*) vom Tode gezeichnet

caddie [ˈkædi] **I.** *n* SPORTS Caddie *m*
II. *vi* <-y-> **■to ~ for sb** jds Caddie sein

caddie car *n*, **caddie cart** *n* Golfschlägerwagen *m*, Caddie *m fachspr*

caddy [ˈkædi] **I.** *n* ❶ (*small container*) Dose *f*, Büchse *f*; **tea ~** Teedose *f*; **tool ~** Werkzeugkasten *m*
❷ (*in golf*) Caddie *m*
II. *vi* **■to ~ for sb** jds Caddie sein

cadence [ˈkeɪdᵊn(t)s] *n* ❶ (*intonation*) Tonfall *m*; (*rhythm*) *of speech* [Sprech]rhythmus *m*, Sprachmelodie *f*; *of poetry, prose* Rhythmus *m*
❷ (*fall in pitch*) Abfallen *nt* [der Stimme]
❸ (*regular sound*) *of an engine* Laufrhythmus *m*; ***the ~ of the rustling leaves was soothing*** das gleichmäßige Rascheln der Blätter war beruhigend
❹ MUS Kadenz *f*

cadenza [kəˈdenzə] *n* MUS Kadenz *f fachspr*, Solopartie *f*

cadet [kəˈdet] *n* MIL Kadett *m*, Offiziersanwärter *m*; LAW Polizeischüler *m*

cadge [kædʒ] (*fam*) **I.** *vt* **■to ~ sth off** [*or* **from**] **sb** etw von jdm schnorren *fam*; ***he's always cadging free meals off his clients*** er lässt sich von seinen Kunden immer zum Essen einladen
II. *vi* betteln, schnorren *fam*; ***I think she was cadging for a bed for the night*** ich glaube, sie war auf eine kostenlose Schlafgelegenheit aus

cadger [ˈkædʒəʳ, AM -ɚ] *n* (*pej*) Schnorrer(in) *m(f) fam*

cadmium [ˈkædmiəm] *n no pl* Kadmium *nt*

cadre [ˈkɑːdəʳ, AM ˈkædriː] *n* ❶ (*elite trained group*) Führungsgruppe *f*; MIL, POL, SPORTS Kader *m*
❷ (*individual member*) Kadermitglied *nt*

caesar [ˈsiːzəʳ, AM zɚ] *n* ❶ (*autocrat*) Cäsar *m*
❷ BRIT MED (*fam*) *see* **Caesarean I 2**

Caesarean [sɪˈzeəriən] **I.** *adj inv* ❶ (*of Caesar*) cäsarisch *geh*
❷ MED Kaiser-; **~ delivery** [*or* **birth**] Geburt *f* durch Kaiserschnitt; ***she was a ~ delivery*** sie wurde mit Kaiserschnitt entbunden; **~ section** Kaiserschnitt *m*
II. *n* MED Kaiserschnitt *m*

Caesar salad [ˌsiːzəˈ-, AM -zɚˈ-] *n* Cäsarensalat *m*

caesium [ˈsiːziəm] *n no pl* Cäsium *nt*

caesura [sɪˈzjʊərə, AM səˈzʊrə] *n* LIT Verseinschnitt *m*; (*fig*) Zäsur *f*

café *n*, **cafe** [ˈkæfeɪ, AM kæˈfeɪ] *n* Café *nt*; **sidewalk ~** Straßencafé *nt*

cafe au lait <*pl* -s> [ˌkæfeɪəʊˈleɪ, AM kæˈfeɪoʊ-] *n* Milchkaffee *m* **cafe bar** *n* Café-Restaurant *nt*

cafeteria [ˌkæfəˈtɪəriə, AM -ˈtɪriə] *n* Cafeteria *f*

cafetière [ˌkæfəˈtjeəʳ, AM -ˈtjer] *n* Cafetiere *f*, Pressfilterkanne *f*

caff [kæf] *n* BRIT (*fam*) Café *nt*

caffein(e) [ˈkæfiːn, AM -ˈiːn] *n no pl* Koffein *nt*; (*in tea*) T[h]ein *nt*

caffè latte <*pl* -s> [ˌkæfeɪˈlæteɪ] *n* Milchkaffee *m*

caftan [ˈkæftæn] *n* Kaftan *m*

cage [keɪdʒ] **I.** *n* ❶ (*for animals*) Käfig *m*; **rabbit ~** Kaninchenstall *m*; (*fig*) Gefängnis *nt*
❷ (*elevator type*) Fahrkorb *m*; MIN Förderkorb *m*
❸ SPORTS (*baseball*) Gitter *nt*; (*hockey*) Tor *nt*; (*soccer*) Tor *nt*, Kasten *m fam*
❹ AM ECON, FIN Abwicklungsstelle *f*, Schalter *m*
II. *vt* **■to ~ an animal** ein Tier in einen Käfig sperren; **to prowl** [*or* **pace**] **like a ~d animal** hin- und herlaufen wie ein Tier im Käfig; **■to ~ sb [up]** (*fam*) jdn hinter Gitter bringen *fam*

cagey [ˈkeɪdʒi] *adj* (*fam*) ❶ (*secretive*) verschlossen, zugeknöpft *fam*; ***everytime I ask him about it, he becomes very ~*** er antwortet jedesmal ausweichend, wenn ich ihn danach frage; ***she's ~ about her age*** sie macht ein Geheimnis aus ihrem Alter
❷ (*sneaky*) durchtrieben, gerissen *fam*, clever *fam*

cageyness *n no pl see* **caginess**

cagily [ˈkeɪdʒɪli] *adv* (*fam*) zögernd, zurückhaltend; **to reply ~** ausweichend antworten

caginess [ˈkeɪdʒɪnəs] *n no pl* (*fam*) ❶ (*secretiveness*) Verschlossenheit *f*
❷ (*dishonesty*) Durchtriebenheit *f*, Gerissenheit *f*, Cleverness *f fam*

cagoul(e) [kəˈguːl] *n* BRIT Regenjacke *f* [mit Kapuze]

cahoots [kəˈhuːts] *npl* (*fam*) **to be in ~ [with sb]** [mit jdm] gemeinsame Sache machen [*o fam* unter einer Decke stecken]

Cain [keɪn] *n* REL Kain *m*
► PHRASES: **to raise ~** (*fam: make noise*) einen Höllenlärm [*o* ein Höllenspektakel] machen *fam*; (*complain*) einen Riesenkrach schlagen

cairn [keən, AM kern] *n* Steinhaufen *m* (*als Landmarke, Grab- oder Gedenkstätte*), Cairn *m fachspr*

caisson [ˈkeɪsɒn, AM sᵊn] *n* ❶ (*watertight cabin*) Caisson *m*, Tauchkasten *m*
❷ HIST Munitionswagen *m*

cajole [kəˈdʒeʊl, AM -ˈdʒoʊl] **I.** *vt* **■to ~ sb** jdn beschwatzen *fam*; **■to ~ sb into doing sth** jdn dazu überreden, etw zu tun
II. *vi* [schmeichelnd] betteln

cajolery [kəˈdʒəʊlᵊri, AM ˈdʒoʊ] *n no pl* Schmeichelei *f*, Liebedienerei *f geh*

cajoling [kəˈdʒəʊlɪŋ, AM -ˈdʒoʊl-] **I.** *n* ❶ *no pl* (*action*) Schmeicheln *nt kein pl*, Schöntun *nt kein pl* ❷ (*words*) Schmeicheleien *fpl*; ***her ~s are driving me crazy*** ihr ständiges Bitten und Betteln macht mich noch verrückt
II. *adj attr* schmeichlerisch; *tone, voice* einschmeichelnd

Cajun [ˈkeɪdʒən] **I.** *adj* Cajun-; ~ **music** Cajun-Musik *f*
II. *n* ❶ (*person*) Cajun *m o f*
❷ (*dialect*) Cajun *nt* (*im Raum New Orleans*)

cake [keɪk] **I.** *n* ❶ (*in baking*) Kuchen *m*; (*layered*) Torte *f*; **birthday/wedding** ~ Geburtstags-/Hochzeitstorte *f*; **butter/sponge** ~ Rühr-/Biskuitkuchen *m*; **chocolate** ~ Schokoladenkuchen *m*; **fruit** ~ englischer [Tee]kuchen; **a piece** [*or* **slice**] **of** ~ ein Stück *nt* Kuchen
❷ (*patty*) Küchlein *nt*; **fish** ~ Fischfrikadelle *f*, Fischlaibchen *nt* ÖSTERR; **potato** ~ Kartoffelpuffer *m*, Reibekuchen *m*
❸ (*block*) ~ **of soap** Stück *nt* Seife
❹ AM (*sl: Black English: money*) Knete *f sl*
► PHRASES: **a piece of** ~ (*fam*) kinderleicht, ein Kinderspiel *nt*, ein Klacks *m fam*; **to have a fair slice of the** ~ sein Stück vom Kuchen abbekommen; **to have one's** ~ **and eat it** [**too**] beides gleichzeitig wollen; **to take the** ~ (*fam*) alles übertreffen, den Vogel abschießen *fam*
II. *n modifier* (*ingredients, form, mixture, recipe*) Kuchen-
III. *vt* **to be ~d with blood/mud** blut-/dreckverkrustet sein; **to be ~d with filth** schmutzbedeckt sein
IV. *vi blood, make-up* eintrocknen; *blood, mud* eine Kruste bilden

cake flour *n* AM *griffig-lockeres Mehl, Typ 405* (*für Kuchen*) **cake mix** *n* Backmischung *f* **cake pan** *n* AM, **cake tin** *n esp* BRIT Kuchenform *f* **cakewalk** *n no pl* ❶ (*dance*) Cakewalk *m* ❷ AM (*fam: easily reached goal*) Kinderspiel *nt fig*, Spaziergang *m fig*

CAL [kæl, ˌsiːeɪˈel] *n no pl abbrev of* **Computer-Aided Learning** CAL

calabash <*pl* -es> [ˈkæləbæʃ] *n* ❶ (*fruit*) Flaschenkürbis *m*, Kalebasse *f*
❷ (*tree*) Kalebassenbaum *m*

calaboose [ˈkæləbuːs] *n* AM DIAL (*prison*) Kittchen *nt fam*

calamari [ˌkæləˈmɑːri] *npl* Calamares *mpl*

calamine [ˈkæləˈmaɪn] *n no pl*, **calamine lotion** *n no pl* MED Galmeilotion *f*, Calamina *f fachspr*

calamitous [kəˈlæmɪtəs, AM -t̬əs] *adj* verheerend, katastrophal

calamity [kəˈlæməti, AM -əti] *n* ❶ (*disaster*) Katastrophe *f*
❷ *no pl* Unglück *nt*

Calamity Jane *n* (*pej fam*) Pechmarie *f fam*

calciferous [kælˈsɪfərəs] *adj* kalkhaltig

calcify <-ie-> [ˈkælsɪfaɪ] CHEM **I.** *vt* ■**to** ~ **sth** etw verkalken [*o fachspr* kalzifizieren]
II. *vi* verkalken, kalzifizieren *fachspr*

calcium [ˈkælsiəm] *n no pl* Kalzium *nt*, Calcium *nt fachspr*

calculable [ˈkælkjələbl̩] *adj* ❶ MATH, ECON kalkulierbar, berechenbar; ***the total damage is ~ at $15,000*** der Gesamtschaden ist auf $ 15.000 zu veranschlagen
❷ AM (*reliable*) verlässlich

calculate [ˈkælkjəleɪt] **I.** *vt* ❶ (*compute*) ■**to** ~ **sth** etw berechnen; (*as estimate*) etw veranschlagen; (*in advance*) etw vorausberechnen [*o fachspr* kalkulieren]
❷ *passive* (*intend*) ■**to be ~d to do sth** darauf abzielen, etw zu tun; ***his words were ~d to manipulate her*** seine Worte sollten sie manipulieren
❸ AM (*fam: suppose*) ■**to** ~ **that ...** vermuten [*o* annehmen], dass ...
II. *vi* ■**to** ~ [**on sth**] [mit etw *dat*] rechnen

calculated [ˈkælkjəleɪtɪd, AM -t̬ɪd] *adj* beabsichtigt, gewollt; *risk* kalkuliert; **to take a ~ risk** ein kalkuliertes Risiko eingehen

calculating [ˈkælkjəleɪtɪŋ, AM -t̬ɪŋ] *adj attr* (*pej*) berechnend *pej*; ~ **manner** berechnende Art; **cold and** ~ kalt und berechnend

calculation [ˌkælkjəˈleɪʃən] *n* ❶ ECON, MATH Berechnung *f*; (*in advance*) Vorausberechnung *f*, Kalkulation *f*; (*estimate*) Schätzung *f*; ***we are £20,000 out in our ~s*** wir haben uns um £20.000 verrechnet; **to make** [*or* **do**] **~s** Berechnungen [*o* Kalkulationen] anstellen; **by our ~s** nach unseren Schätzungen
❷ *no pl* (*in math*) Rechnen *nt*; ***it took some ~*** es bedurfte einiger Rechnerei
❸ *no pl* (*pej: selfish planning*) Berechnung *f pej*; ***there's an element of ~ in his behaviour*** sein Verhalten hat etwas Berechnendes

calculator [ˈkælkjəleɪtəʳ, AM -t̬ɚ] *n* Rechner *m*; **pocket** ~ Taschenrechner *m*

calculus [ˈkælkjələs] *n no pl* MATH **differential/infinitesimal/integral** ~ Differenzial-/Infinitesimal-/Integralrechnung *f*

caldron *n see* **cauldron**

Caledonian [ˌkæləˈdəʊniən, AM ˈdoʊ] *adj inv* (*liter or hum*) schottisch

calendar [ˈkæləndəʳ, AM -dɚ] **I.** *n* ❶ (*of the year*) Kalender *m*; **the Jewish/Muslim** ~ der jüdische/islamische Kalender; ***the ancient Greeks had a different ~ than we do*** die alten Griechen hatten eine andere Zeitrechnung als wir
❷ (*time planner*) [Termin]kalender *m*
❸ (*schedule*) Programm *nt*; ~ **of events** [Veranstaltungs]programm *nt*
❹ AM LAW Sitzungskalender *m* (*Liste der Gesetzesentwürfe, die dem Repräsentantenhaus oder dem Senat zur Diskussion vorgelegt werden*)
II. *vt* ■**to** ~ **sth** etw in einen Kalender eintragen

calendar month *n* Kalendermonat *m* **calendar year** *n* Kalenderjahr *nt*

calf <*pl* calves> [kɑːf, *pl* kɑːvz, AM kæf, *pl* kævz] *n* ❶ (*young cow, whale etc*) Kalb *nt*; (*young animal*) Junge(s) *nt*, Jungtier *nt*; **to be in** ~ *animal* trächtig sein
❷ *no pl* (*leather*) Kalbsleder *nt*
❸ ANAT Wade *f*

calf-length *adj inv coat, skirt* wadenlang, dreiviertellang

calf love *n no pl* Jugendliebe *f*, erste Liebe **calfskin** **I.** *n no pl* Kalbsleder *nt* **II.** *n modifier* (*bag, book binding, boots, shoes*) Kalbsleder-

caliber *n no pl* AM *see* **calibre**

calibrate [ˈkælɪbreɪt] *vt* **to** ~ **an instrument/a scale/a thermometer** ein Instrument/eine Waage/ein Thermometer eichen [*o fachspr* kalibrieren]

calibrated [ˈkælɪbreɪtɪd, AM -t̬ɪd] *adj* geeicht, kalibriert *fachspr*

calibration [ˌkælɪˈbreɪʃən] *n no pl* Eichung *f*, Kalibrierung *f fachspr*

calibre [ˈkælɪbəʳ], AM **caliber** [-ləbɚ] *n* ❶ *no pl* (*quality*) Niveau *nt*, Format *nt*, Kaliber *nt fam*; ***the competition entries were of high ~*** für den Wettkampf waren hochrangige Wettkämpfer und Wettkämpferinnen gemeldet
❷ *no pl* (*diameter*) *of a pipe, vessel* [Innen]durchmesser *m*; *of a bullet, gun, rocket* Kaliber *nt*

calico <*pl* -es *or* -s> [ˈkælɪkəʊ, AM -koʊ] **I.** *n* ❶ *no pl* BRIT (*white cloth*) Baumwollnesselstoff *m*, Kattun *m*, Kaliko *m*; AM (*printed cloth*) bedruckter Kattun, Druckkattun *m*
❷ AM (*cat*) [bunt]gefleckte Katze
II. *n modifier* (*blouse, dress, skirt*) Baumwoll-

calico cat *n* AM [bunt]gefleckte Katze

calif *n see* **caliph**

Calif. AM *abbrev of* **California**

Californian [ˌkælɪˈfɔːniən, AM əˈfɔːrnjən] **I.** *adj inv* kalifornisch
II. *n* Kalifornier(in) *m(f)*, Einwohner(in) *m(f)* Kaliforniens

caliper *n* AM *see* **calliper**

caliph [ˈkeɪlɪf], AM **calif** *n* (*hist*) Kalif *m hist*

calisthenics *n + sing/pl vb* AM SPORTS *see* **callisthenics**

call [kɔːl, AM *esp* kɑːl]

I. NOUN **II.** TRANSITIVE VERB
III. INTRANSITIVE VERB

I. NOUN

❶ (*on telephone*) [Telefon]anruf *m*, [Telefon]gespräch *nt*, Telefonat *nt*; ***were there any ~s for me?*** hat jemand für mich angerufen?; ***will you take the ~?*** nehmen Sie das Gespräch an?; ***international ~s have become cheaper*** Auslandsgespräche sind billiger geworden; **to give sb a** ~ jdn anrufen; **to make a** ~ einen Anruf tätigen, ein Telefongespräch führen; **to receive a** ~ einen Anruf erhalten, angerufen werden; ***the radio station received a lot of ~s*** bei dem Radiosender gingen viele Anrufe ein; **to return a** ~ zurückrufen
❷ (*by doctor*) Hausbesuch *m*; (*on a friend*) Stippvisite *f fam*; **to make ~s** Hausbesuche machen; **to pay a ~ on sb** bei jdm vorbeischauen
❸ (*shout*) Ruf *m*; (*yell*) Schrei *m*; *of an animal* Ruf *m*, Schrei *m*; ***give a ~ if you need something*** melde dich, wenn du etwas brauchst; **duck** ~ HUNT Entenlockpfeife *f*, Entenlocke *f fachspr*; **a ~ for help** ein Hilferuf *m*; **within** ~ in Rufweite [*o* Hörweite]
❹ (*to wake*) **to give sb a** ~ jdn wecken
❺ (*demand*) Forderung *f* (**for** nach +*dat*)
❻ (*vocation*) Berufung *f*; ***he felt the ~ to join the ministry*** er fühlte sich zum Priesteramt berufen
❼ *no pl* ECON Nachfrage *f* (**for** nach +*dat*)
❽ STOCKEX Aufruf *m*; ~ **price** Rücknahmekurs *m*; **at** ~ auf Abruf; (*option to buy*) Tageskurs *m*, Kaufoption *f*; ~ **option** Kaufoption *f*; ~ **purchase** [*or* **sale**] Erwerb *m* einer Kaufoption; ~ **rule** Schlusskurs *m*; **to exercise one's** ~ seine Kaufoption ausüben
❾ ECON, FIN (*asking for money*) Zahlungsaufforderung *f*; **money at** [*or* **on**] ~ Tagesgeld *nt*
❿ (*form or also hum: need*) Veranlassung *f*, Grund *m*; **to have no ~ for sth** keinen Grund für etw *dat* haben
⓫ (*appeal*) *of the desert, the sea, the wild* Ruf *m*
⓬ (*judgement*) Entscheidung *f*; SPORTS [Schiedsrichter]entscheidung *f*; ***we had a hard ~ to make*** wir mussten eine schwierige Entscheidung treffen; AM ***is telling white lies right or wrong? — I think that's a judgement ~*** sind Notlügen richtig oder falsch? – ich glaube, das ist eine Frage der Beurteilung
⓭ LAW (*admission of barrister*) Zulassung *f*; ***he is ten years' ~*** er ist seit zehn Jahren [als Anwalt] zugelassen
► PHRASES: **to be at sb's beck and** ~ jdm jederzeit zu Diensten stehen; ***I've got him at my beck and ~*** er tanzt völlig nach meiner Pfeife; **to answer the ~ of nature** mal kurz verschwinden müssen *fam*; **to be on** ~ Bereitschaft [*o* Bereitschaftsdienst] haben

II. TRANSITIVE VERB

❶ (*on telephone*) ■**to** ~ **sb** jdn anrufen; (*wake*) jdn telefonisch wecken; **to ~ sb collect** AM jdn per R-Gespräch anrufen
❷ (*give name*) ■**to** ~ **sb sth** ***they've ~ed her daughter Katherine*** sie haben ihre Tochter Katherine genannt; ***what's that actor ~ed again?*** wie heißt dieser Schauspieler nochmal?; ***what's that ~ed in Spanish?*** wie heißt das auf Spanisch?; ***no one ~s him by his real name*** niemand nennt ihn bei seinem richtigen Namen; ***she's ~ed by her second name, Jane*** sie wird mit ihrem zweiten Namen Jane gerufen; **to ~ sb names** jdn beschimpfen
❸ (*regard as*) **to ~ sb a close friend** jdn als guten Freund/gute Freundin bezeichnen; ***you ~ this a meal?*** das nennst du ein Essen?; ***I'm not ~ing you a liar*** ich sage nicht, dass du lügst; ***I can't remember exactly but let's ~ it £10*** ich weiß es nicht mehr genau, aber sagen wir mal 10 Pfund
❹ (*say out loud*) ■**to** ~ **sth** etw rufen; ■**to** ~ **sth at sb** jdm etw zurufen; ***he ~ed insults at her*** er beleidigte sie mit lauten Worten
❺ (*summon*) ■**to** ~ **sb** jdn rufen; ***I was ~ed to an***

emergency meeting ich wurde zu einer dringenden Sitzung gerufen; **to ~ attention to oneself** auf sich *akk* aufmerksam machen; **to ~ sb's attention to sth** jds Aufmerksamkeit auf etw *akk* lenken; **to ~ sb to dinner** jdn zum Abendessen rufen; **to ~ sth to mind** (*recall*) sich *dat* etw ins Gedächtnis zurückrufen; (*remember*) sich *akk* an etw *akk* erinnern; **to ~ sb to order** (*ask for quiet*) jdn um Ruhe bitten; (*reprimand*) jdn zur Ordnung rufen; **to ~ sth into play** etw ins Spiel bringen; (*get under way*) etw in die Wege leiten; **to ~ sth into question** etw in Frage stellen; **to ~ sb into a room** jdn in ein Zimmer bitten; (*rudely*) jdn in ein Zimmer beordern
6 (*summon to office*) ■**to ~ sb** jdn berufen; (*by God*) jdn ausersehen; (*destined to be*) ■**to be ~ to do sth** dazu bestimmt sein, etw zu tun
7 (*give orders for*) **to ~ an election/a meeting** Wahlen/eine Konferenz ansetzen [*o geh* anberaumen]; **to ~ a halt to a development/fighting** einer Entwicklung/kämpferischen Auseinandersetzungen Einhalt gebieten *geh;* **to ~ a strike** einen Streik ausrufen
8 AM (*fam: challenge*) ■**to ~ sb on sth** jdn auf etw *akk* ansprechen; (*show disapproval*) jdn wegen einer S. *gen* zur Rede stellen
9 SPORTS **to ~ a ball** (*baseball*) einen Ball geben; **to ~ a ball/pocket/shot** AM (*in billiards, pool*) eine Kugel/ein Loch/einen Stoß anmelden; **to ~ the game** AM das Spiel unterbrechen [*o* abbrechen]; **to ~ a shot a goal** ein Tor geben
10 FIN (*demand payment*) **to ~ a loan/mortgage** die Ablösung eines Darlehens/einer Hypothek fordern
11 LAW **to ~ sb to the bar** BRIT jdn als Anwalt zulassen; **to ~ a case** eine Sache [bei Gericht] aufrufen; **to ~ the jury** die Geschworenen auslosen; **to ~ a witness** einen Zeugen/eine Zeugin aufrufen; **to ~ sb as a witness** jdn als Zeugen benennen
▶ PHRASES: **to ~ sb's bluff** (*ask to prove*) jdn beim Wort nehmen; (*challenge to do*) jdn auf die Probe stellen; **to ~ it a day** (*fam*) Schluss machen; ***let's ~ it a day!*** Schluss für heute!; **to ~ it quits** es gut sein lassen; **to ~ one's shot** AM die Karten aufdecken; **to ~ [all] the shots** [*or* **to ~ the tune**] das Kommando [*o* Sagen] haben; **to ~ a spade a spade** (*usu hum fam*) das Kind beim Namen nennen; **to ~ sth one's own** etw sein Eigen nennen *geh;* **don't ~ us, we'll ~ you** (*after job interview*) wir kommen auf Sie zurück (*impliziert aber bereits Absage*)

III. INTRANSITIVE VERB

1 (*telephone*) anrufen; ***who's ~ing, please?*** wer ist am Apparat?; **to ~ collect** AM ein R-Gespräch führen
2 (*drop by*) hereinschauen *fam,* vorbeischauen
3 (*shout*) rufen; (*yell*) schreien; (*of an animal, a bird*) schreien
4 (*summon*) ■**to ~ to sb** nach jdm rufen
5 ECON, FIN einen Kredit kündigen

♦**call after** I. *vi* (*yell to*) ■**to ~ after sb** jdm nachrufen
II. *vt usu passive* ■**to ~ sb after sb** jdn nach jdm [be]nennen; ■**to be ~ed after sb** nach jdm benannt worden sein

♦**call away** *vt usu passive* ■**to ~ sb ⊂ away** jdn wegrufen; **to ~ sb away on business** jdn ohne Vorankündigung auf Geschäftsreise schicken; ■**to be ~ed away** abberufen werden

♦**call back** I. *vt* 1 (*return call*) ■**to ~ sb back** jdn zurückrufen
2 (*ask to return*) ■**to ~ back ⊂ sb** jdn zurückrufen
3 (*defective product*) ■**to ~ back ⊂ sth** etw zurückrufen
II. *vi* 1 (*phone again*) zurückrufen
2 (*return: to shop*) wiederkommen

♦**call by** *vi* hereinschauen *fam,* vorbeischauen

♦**call down** *vt* 1 (*implore*) **to ~ down curses on sb** jdn verwünschen; **to ~ God's help/wrath down on sb** Gottes Hilfe/Zorn auf jdn herabrufen
2 AM (*scold*) ■**to ~ down ⊂ sb** jdn heruntermachen *fam*

♦**call for** *vi* 1 (*collect*) ■**to ~ for sb/sth** jdn/etw abholen
2 (*ask*) ■**to ~ for sb** nach jdm rufen; **to ~ for help** um Hilfe rufen
3 (*demand*) ■**to ~ for sth** nach etw *dat* verlangen; ***this ~s for a celebration*** das muss gefeiert werden; ***I don't think that remark was ~ed for*** ich glaube, diese Bemerkung war unangebracht; **to ~ for order** um Ruhe bitten

♦**call forth** *vt* (*form*) **to ~ forth criticism/protests** Kritik/Proteste hervorrufen

♦**call in** I. *vt* 1 (*ask to come*) ■**to ~ in ⊂ sb** jdn hereinbitten
2 ECON, FIN (*ask for payment*) ■**to ~ sth ⊂ in** etw einfordern; **to ~ in ⊂ a loan** ein Darlehen aufkündigen [*o* zurückfordern]
3 (*ask for plans*) ■**to ~ sth ⊂ in** etw anfordern
II. *vi* 1 RADIO, TV **to ~ in to a show** bei laufender [*o* während einer] Sendung anrufen
2 (*drop by*) ■**to ~ in on sb** bei jdm vorbeischauen *fam;* **to ~ in at the butcher's** beim Metzger vorbeigehen

♦**call off** *vt* 1 (*cancel*) ■**to ~ off ⊂ sth** etw absagen; **to ~ off a search/a strike** eine Suche/einen Streik abbrechen [*o fam* abblasen]
2 (*order back*) **to ~ off one's dog** seinen Hund zurückrufen

♦**call on** *vi* 1 (*appeal to*) ■**to ~ on sb to do sth** jdn dazu auffordern, etw zu tun; ***I now ~ on everyone to raise a glass to the happy couple*** und nun bitte ich Sie alle, Ihr Glas auf das glückliche Paar zu erheben; **to ~ on a witness to testify** einen Zeugen/eine Zeugin in den Zeugenstand rufen
2 (*visit*) ■**to ~ on sb** bei jdm hereinschauen *fam;* ***why don't you ~ on me?*** warum kommst du nicht mal vorbei? *fam*
3 (*use*) **to ~ on sb's assistance** jds Hilfe in Anspruch nehmen; **to ~ on one's resolve/willpower** seine Entschlusskraft/Willenskraft zusammennehmen; **to ~ on [all] one's strength** [all] seine Kräfte zusammennehmen

♦**call out** I. *vt* 1 (*shout*) ■**to ~ out ⊂ sth** etw rufen; (*yell*) etw schreien; **to ~ out obscenities [at sb]** [jdn an]pöbeln
2 (*put into action*) **to ~ out the fire brigade/national guard** die Feuerwehr/Nationalgarde in Bewegung setzen
II. *vi* rufen; (*yell*) aufschreien; ***if she ~s out, he comes running*** sie braucht nur Piep zu machen und schon kommt er herbeigeeilt; ***he ~ed out in pain*** er schrie vor Schmerzen auf

♦**call over** *vt* ■**to ~ sb over** jdn bitten, näher zu kommen

♦**call round** *vi* BRIT hereinschauen *fam,* vorbeischauen

♦**call up** *vt* 1 *esp* AM (*telephone*) ■**to ~ up ⊂ sb** jdn anrufen
2 COMPUT ■**to ~ up ⊂ sth** etw abrufen
3 MIL ■**to ~ up ⊂ sb** jdn einberufen [*o* einziehen]
4 (*conjure up*) **to ~ up images/memories/thoughts** Bilder/Erinnerungen/Vorstellungen wachrufen

callable ['kɔːləbl̩] *adj inv* ECON, FIN **~ bond** kündbare Schuldverschreibung; **~ capital** aufzurufendes Kapital

callanetics® [ˌkælə'netɪks, AM -ţ-] *n + sing/pl vb* Callanetics® *pl*

call-back pay *n* ECON Überstundenlohn *m*

call box *n* BRIT Telefonzelle *f* **call diversion** *n no pl* Rufumleitung *f*

called up *adj attr* **~ed up capital** eingefordertes Kapital

caller ['kɔːləʳ, AM 'kɑːlɚ] *n* 1 (*on telephone*) Anrufer(in) *m(f)*
2 (*visitor*) Besucher(in) *m(f);* ***we don't get many ~s here*** wir bekommen hier wenig Besuch

caller ID *n no pl* TELEC Anruferkennung *f*

call girl *n* Callgirl *nt*

calligraphy [kə'lɪgrəfi] I. *n no pl* Kalligraphie *f,* Kunst *f* des Schönschreibens
II. *n modifier* (*lettering, pen, style*) Schönschreib-

call-in ['kɔːlɪn, AM *esp* 'kɑːl-] *n* Anruf *m; see also* **phone-in**

calling ['kɔːlɪŋ, AM *esp* 'kɑːl-] *n* 1 (*profession*) Beruf *m*
2 (*inner impulse*) Berufung *f,* Bestimmung *f;* ***it is her ~ to be a writer*** sie ist zur Schriftstellerin berufen

calling card *n* 1 AM (*telephone card*) Telefonkarte *f;* (*telephone charge card*) Telefonkreditkarte *f*
2 *esp* AM (*personal card*) Visitenkarte *f,* Visitkarte *f* ÖSTERR

calliper ['kælɪpəʳ], AM **caliper** [-ləpɚ] *n* 1 TECH ■**~s** *pl* Greifzirkel *m,* Tast[er]zirkel *m;* **inside/outside ~s** Innen-/Außentaster *m*
2 MED **~** [**splint**] Beinschiene *f,* Gehapparat *m*

callisthenics [kælɪs'θenɪks], AM **calisthenics** [-ləs'-] *n + sing/pl vb* [leichte] Gymnastik, Freiübungen *fpl,* Fitnessübungen *fpl*

call loan *n* ECON, FIN jederzeit kündbarer Kredit **call logging** *n* COMPUT Verbindungsprotokollierung *f*

call money *n* Tagesgeld *nt*

callous ['kæləs] I. *adj* hartherzig, herzlos, gefühllos
II. *n* <*pl* -es> *see* **callus**

calloused *adj* schwielig, kallös

callously ['kæləsli] *adv* hartherzig, herzlos, ungerührt

callousness ['kæləsnəs] *n no pl* Herzlosigkeit *f,* Gefühlskälte *f,* Gefühllosigkeit *f*

call-over price *n* ECON, FIN aufgelisteter Preis

callow ['kæləʊ, AM -oʊ] *adj* (*pej liter*) unreif, unfertig; **~ youth** Milchgesicht *nt a. pej,* grüner Junge *a. pej;* ***Mark was just a ~ youth of sixteen*** Mark war mit seinen sechzehn Jahren noch grün hinter den Ohren

call rate *n* ECON, FIN Tagesgeldsatz *m* **call sign** *n,* **call signal** *n* [Funk]rufzeichen *nt,* [An]rufsignal *nt*

call-up *n* MIL Einberufung *f* **call-up paper** *n* MIL Einberufungsbescheid *m*

callus <*pl* -es> ['kæləs] *n* MED Kallus *m fachspr;* (*of skin*) [Horn]schwiele *f;* (*of bone*) [Knochen]narbe *f;* BOT Wundgewebe *nt kein pl,* [verhärtete] Wucherung, Kallus *m fachspr;* **knotty ~es** knorrige Wucherungen

callused ['kæləst] *adj see* **calloused**

call waiting *n no pl* Anklopfen *nt,* Anklopffunktion *f*

calm [kɑːm, AM kɑː(l)m] I. *adj* 1 (*not nervous*) ruhig, gelassen; ***he has a very ~ manner*** er hat ein besonnenes Wesen; **to be cool, ~ and collected** ruhig und gefasst sein; **to remain cool, ~ and collected** die Nerven bewahren [*o* behalten]; **to keep** [*or* **stay**] **~** ruhig bleiben, [die] Ruhe bewahren; ***she's not very good at keeping ~*** sie verliert leicht die Nerven
2 (*peaceful*) ruhig, friedlich
3 METEO windstill; NAUT *sea* ruhig
II. *n* (*esp liter*) 1 (*calmness*) Ruhe *f,* Stille *f;* **~ of mind** Gelassenheit *f*
2 METEO Windstille *f;* NAUT Flaute *f;* **the ~ before the storm** (*also fig*) die Ruhe vor dem Sturm *a. fig;* **dead ~** Flaute *f,* völlige Windstille
III. *vt* ■**to ~ sb/sth** jdn/etw beruhigen; ***have a drink — it will ~ your nerves*** trink etwas – das wird dich beruhigen; ■**to ~ oneself** sich *akk* beruhigen

♦**calm down** I. *vi* sich *akk* beruhigen; *storm, wind* abflauen, sich *akk* legen
II. *vt* ■**to ~ sb ⊂ down** jdn beruhigen; ■**to ~ oneself down** sich *akk* beruhigen

calming ['kɑːmɪŋ, AM 'kɑː(l)m-] *adj* beruhigend; **to have a ~ effect on sb** auf jdn besänftigend wirken

calmly ['kɑːmli, AM 'kɑː(l)m-] *adv* ruhig, gelassen; ***she reacted surprisingly ~ to the news*** sie reagierte erstaunlich gefasst auf die Nachricht; **to argue ~** sachlich [*o* nüchtern] argumentieren; **to do sth ~ and collectedly** etw in aller Seelenruhe tun

calmness ['kɑːmnəs, AM 'kɑː(l)m-] *n no pl* 1 (*inner peace*) Ruhe *f,* Gelassenheit *f;* ***she had never felt such ~ before*** sie hatte noch nie zuvor so eine innere Ruhe verspürt

❷ (*smoothness*) Ruhe *f,* Stille *f;* **the ~ of the sea/ weather** das ruhige Meer/Wetter

Calor gas® ['kæləʳ,-] BRIT **I.** *n no pl* Butangas *nt*
II. *n modifier* Butangas-; **~ stove** [Butan]gaskocher *m*

caloric [kə'lɒrɪk, AM -'lɔːr-] *adj* ❶ *inv* PHYS kalorisch, Wärme-
❷ (*high-calorie*) kalorienreich

calorie ['kælᵊri] **I.** *n* Kalorie *f;* **to be high/low in ~s** kalorienreich/-arm sein, viele/wenig Kalorien haben; **to count ~s** die Kalorien zählen
II. *n modifier* Kalorien-; **~-counting** Kalorienzählen *nt;* **~-controlled diet** Kaloriendiät *f;* **~-conscious** kalorienbewusst; **~-reduced** brennwertvermindert

calorific [,kælə'rɪfɪk] *adj* ❶ PHYS kalorisch, Wärme-; **~ value** Heizwert *m;* FOOD Brennwert *m*
❷ (*fam: high-calorie*) kalorienreich; **to be very ~** eine Kalorienbombe sein

calumny ['kæləmni] *n* (*form*) ❶ *no pl* (*defamation*) Verleumdung *f,* Schmähung *f geh;* **to be subjected to ~** verleumdet werden
❷ (*instance*) Verleumdung *f;* **to utter calumnies** verleumderische Reden führen

calvados ['kælvədɒs, AM ,kælvə'doʊs] *n no pl* Calvados *m*

Calvary ['kælvᵊri] *n no pl, no art* ❶ (*site of crucifixion*) Golgatha *nt,* Kalvarienberg *m*
❷ (*fig: place of sacrifice*) Martyrium *nt,* Golgatha *nt liter*

calve [kɑːv, AM kæv] *vi* kalben, abkalben *fachspr*

calves [kɑːvz, AM kævz] *n pl of* **calf**

Calvinism ['kɑːlvɪnɪzᵊm] *n no pl* REL Kalvinismus *m*

Calvinist ['kɑːlvɪnɪst] REL **I.** *n* Kalvinist(in) *m(f)*
II. *adj* kalvinistisch

calvinistic *adj,* **Calvinistic** [,kɑːlvɪ'nɪstɪk] *adj* REL kalvinistisch; (*fig*) streng

calypso <*pl* -s *or* -es> [kə'lɪpsəʊ, AM -soʊ] *n* Calypso *m*

calyx <*pl* -lyces *or* -es> ['keɪlɪks, *pl* -lɪsiːz] *n* BOT Kelch *m*

cam [kæm] *n* AUTO Nocken *m*

CAM [kæm] *n abbrev of* **computer assisted manufacture** CAM

camaraderie [,kæmə'rɑːdᵊri, AM -ɚi] *n no pl* Kameradschaft *f*

camber ['kæmbəʳ, AM -ɚ] *n* ❶ (*road slope*) Wölbung *f,* Überhöhung *f*
❷ BRIT Quergefälle *nt;* **reverse ~** [Straßen]wölbung *f*

Cambodia [,kæm'bəʊdiə, AM -'boʊ-] *n no pl* Kambodscha *nt*

Cambodian [,kæm'bəʊdiən, AM -'boʊ-] **I.** *n* ❶ (*native*) Kambodschaner(in) *m(f)*
❷ *no pl* (*language*) Kambodschanisch *nt*
II. *adj inv* kambodschanisch

cambric ['kæmbrɪk] *n no pl* FASHION Kambrik[batist] *m,* Cambrai *m,* Kammertuch *nt*

Cambs BRIT *abbrev of* **Cambridgeshire**

camcord *vt* ▪**to ~ sb/sth** jdn/etw mit der Videokamera filmen

camcorder ['kæm,kɔːdəʳ, AM -,kɔːrdɚ] *n* TV Camcorder *m*

came [keɪm] *vi pt of* **come**

camel ['kæmᵊl] **I.** *n* ❶ ZOOL Kamel *nt*
❷ (*colour*) Kamelhaarfarbe *f*
II. *n modifier* (*herd, owner, ride, safari*) Kamel-
III. *adj* ❶ (*camel hair*) Kamelhaar-; **~ coat** Kamelhaarmantel *m*
❷ (*colour*) kamelhaarfarben, beige

camel hair I. *n no pl* ❶ (*hair*) Kamelhaar *nt*
❷ (*fabric*) Kamelhaarstoff *m*
II. *n modifier* (*brush, coat*) Kamelhaar-

camellia [kə'miːliə, AM -ljə] *n* BOT Kamelie *f*

Camelot ['kæməlɒt, AM -lɑːt] *n* AM (*presidency of John Fitzgerald Kennedy*) *Zeit der Präsidentschaft John F. Kennedys*

camel safari *n* Kamelsafari *f*

Camembert ['kæməmbeəʳ, AM -ber] *n usu no pl* Camembert *m*

cameo <*pl* -os> ['kæmiəʊ, AM -oʊ] **I.** *n* ❶ (*stone*) Kamee *f*
❷ THEAT, FILM Miniaturrolle *f,* winzige Nebenrolle
❸ COMPUT (*reverse characters*) invertierte Zeichen
❹ (*front-lit subject*) Hell-auf-dunkel-Bild *nt,* Aufnahme *f* vor neutralem Hintergrund
II. *n modifier* (*brooch*) Kameen-

cameo appearance *n* FILM, THEAT Kurzauftritt *m*

cameo part *n,* **cameo role** *n* FILM, THEAT [kleine] Nebenrolle *f*

camera¹ ['kæmᵊrə] **I.** *n* (*for photos*) Kamera *f,* Fotoapparat *m;* (*for filming*) [Video]kamera *f,* Filmkamera *f;* TV Fernsehkamera *f,* Filmkamera *f;* **to be on ~** vor der Kamera stehen; **to go on ~** vor die Kamera treten
► PHRASES: **the ~ loves sb** jd ist fotogen
II. *n modifier* (*assistant, lens, sale, store*) Kamera-; **~ case** Kameratasche *f;* **~ strap** Kamera[trage]riemen *m*

camera² ['kæmᵊrə] *n no pl* LAW **in ~** unter Ausschluss der Öffentlichkeit; (*fig*) hinter verschlossenen Türen; **trial in ~** nichtöffentliche Verhandlung; **to sit in ~** unter Ausschluss der Öffentlichkeit verhandeln

camera angle *n* Aufnahmewinkel *m* **camera crew** *n + sing/pl vb* Kamerateam *nt* **cameraman** *n,* **camera operator** *n* FILM Kameramann, Kamerafrau *m, f;* JOURN Pressefotograf(in) *m(f)* **camera-ready** *adj inv* druckreif, reprofähig *fachspr;* **~ copy** Druckvorlage *f* **camera shot** *n* PHOT Aufnahme *f;* FILM [Film]sequenz *f* **camera-shy** *adj* kamerascheu **camerawoman** *n* FILM Kamerafrau *f;* JOURN Pressefotografin *f* **camera work** *n no pl* Kameraführung *f*

camiknickers ['kæmi,nɪkəz] *npl* BRIT Spitzenhemdhöschen *nt*

camisole ['kæmisəʊl, AM -soʊl] *n* Mieder *nt,* Leibchen *nt veraltet*

camomile ['kæmə(ʊ)maɪl, AM -məmiːl] **I.** *n* Kamille *f;* **Roman ~** echte Kamille
II. *n modifier* (*oil, tea, rinse, wrap*) Kamillen-

camouflage ['kæməflɑːʒ, AM -flɑː(d)ʒ] **I.** *n no pl*
❶ (*also fig: act*) Tarnung *f a. fig*
❷ (*means*) Tarnung *f;* (*colouring*) Tarnbemalung *f;* (*material*) Verhüllung *f;* ***this cream is an excellent ~ for scars*** diese Creme macht Narben unsichtbar
II. *n modifier* (*clothing, jacket, net*) Tarn-; **~ paint** Tarnfarbe *f,* Tarnanstrich *m*
III. *vt* ▪**to ~ sb/sth/oneself** jdn/etw/sich tarnen; **~d advertising** Schleichwerbung *f*

camp¹ [kæmp] **I.** *n* ❶ (*encampment*) [Zelt]lager *nt;* **Guide** [*or* AM **Girl Scout**] **~** Pfadfinderinnenlager *nt;* **holiday ~** BRIT Ferienlager *nt,* Ferienkolonie *f;* **peace ~** Friedenslager *nt,* Friedenscamp *nt;* **Scout ~** Pfadfinderlager *nt;* **summer ~** AM Ferienlager *nt,* Sommerlager *nt;* **to be on ~** BRIT zelten, campen; **to go on ~** BRIT Campen gehen [*o* fahren]; **to pitch/break ~** ein Lager [*o* die Zelte] aufschlagen/abbrechen
❷ MIL [Feld]lager *nt,* Militärlager *nt;* (*temporary*) Biwak *nt;* **army ~** Heerlager *nt,* Feldlager *nt;* **prison/refugee ~** Gefangenen-/Flüchtlingslager *nt*
❸ (*fig: like-minded group*) Lager *nt,* Partei *f,* Seite *f;* **to have a foot in both ~s** sich *dat* beide Möglichkeiten offen halten; **the pro-abortion ~** die Abtreibungsbefürworter *pl;* **rival ~** gegnerisches Lager; **to go over to the other ~** ins andere Lager überwechseln
II. *n modifier* (*commander, fire, kitchen*) Lager-
III. *vi* ▪**to ~ [out]** zelten, campen; **to go ~ing** campen [*o* zelten] gehen

camp² [kæmp] **I.** *n no pl* Manieriertheit *f,* Affektiertheit *f,* Geziertheit *f*
II. *adj* ❶ (*pej: theatrical*) *performance, show* theatralisch *pej; style* manieriert *pej,* gekünstelt *pej; behaviour* affektiert *pej;* **high ~** übertrieben, überzogen
❷ (*effeminate*) tuntenhaft *sl,* tuntig *sl*
III. *vi* sich *akk* affektiert benehmen
IV. *vt* ▪**to ~ sth** ↻ **up** bei etw *dat* zu dick auftragen *fam;* **to ~ up a role** eine Rolle überzogen spielen; **to ~ it up** übertreiben

campaign [kæm'peɪn] **I.** *n* ❶ (*publicity*) Kampagne *f* (**for** für +*akk,* **against** gegen +*akk*), Aktion *f,* Feldzug *m;* **advertising ~** Werbekampagne *f,* Reklamefeldzug *f;* **door-to-door ~** Haustüraktion *f;* **publicity ~** Werbeaktion *f,* Werbefeldzug *m;* **~ of violence** Gewaltaktion *f;* **political ~** politische Aktion; **to launch a ~** eine Kampagne starten
❷ (*for election*) [**election**] **~** Wahlkampf *m,* Wahlkampagne *f;* **the Republican ~** der Wahlkampf der Republikaner
❸ MIL Feldzug *m,* Offensive *f*
II. *n modifier* POL (*office, poster, slogan, speech*) Wahlkampf-; **~ button** Wahlkampfplakette *f,* Wahlkampfanstecker *m;* **~ coordinator** [*or* **manager**] Wahlkampfmanager(in) *m(f),* Wahlkampfleiter(in) *m(f);* **~ donation** Wahlgeschenk *nt;* **~ issue** Wahlkampfthema *nt;* **~ pledge** [*or* **promise**] Wahlversprechen *nt*
III. *vi* kämpfen, sich *akk* engagieren; ***they've been ~ing for years to get him out of prison*** sie setzen sich seit Jahren für seine Freilassung ein; ▪**to ~ against sb/sth** gegen jdn/etw kämpfen; ▪**to ~ for** [*or* **on behalf of**] **sb/sth** für jdn/etw eintreten, sich *akk* für jdn/etw engagieren

campaigner [kæm'peɪnəʳ, AM -ɚ] *n* ❶ (*in election*) Wahlwerber(in) *m(f)*
❷ (*advocate*) Kämpfer(in) *m(f);* **environmental ~** Umweltschützer(in) *m(f),* Umweltaktivist(in) *m(f);* ▪**to be a ~ for sth** sich *akk* für etw *akk* einsetzen; ▪**to be a ~ against sth** etw bekämpfen
❸ MIL Kämpfer *m,* Feldzugteilnehmer *m;* **old ~** alter Kämpfer, Veteran *m*

campaign trail *n* Wahlkampftour *f*

campanologist [,kæmpə'nɒlədʒɪst, AM -'nɑːl-] *n* Glöckner(in) *m(f)*

campanology [,kæmpə'nɒlədʒi, AM -'nɑːl-] *n no pl* Kunst *f* des Glockenläutens

campanula [kəm'pænjʊlə] *n* Glockenblume *f,* Campanula *f fachspr*

camp bed *n* Campingliege *f;* MIL Feldbett *nt* **camp chair** *n* Campingstuhl *m,* Klappstuhl *m*

camper ['kæmpəʳ, AM -ɚ] *n* ❶ (*person*) Camper(in) *m(f)*
❷ (*vehicle*) Wohnmobil *nt,* Campingbus *m,* Campingwagen *m;* (*trailer*) Wohnwagen *m,* Wohnanhänger *m*

camper van *n* Wohnmobil *nt,* Caravan *m* **camp-fever** *n no pl* Flecktyphus *m,* Läusefleckfieber *nt,* epidemisches [*o* klassisches] Fleckfieber **campfire I.** *n* Lagerfeuer *nt* **II.** *n modifier* Lagerfeuer-; **~ song** Pfadfinderlied *nt* **camp follower** *n* ❶ MIL (*civilian follower*) Marketender(in) *m(f) hist* ❷ (*for cause*) Anhänger(in) *m(f),* Mitläufer(in) *m(f) pej* **campground** *n* AM Campingplatz *m,* Zeltplatz *m*

camphor ['kæm(p)fəʳ, AM -ɚ] *n no pl* Kampfer *m;* **~ ball** Mottenkugel *f*

camping ['kæmpɪŋ] **I.** *n no pl* Camping *nt,* Zelten *nt;* **to go ~** zelten gehen [*o* fahren]
II. *n modifier* (*equipment*) Camping-; **~ holiday** [*or* AM **vacation**] Campingurlaub *m*

camping ground *n* AUS, **camping site** *n* Campingplatz *m,* Zeltplatz *m* **camping van** *n* Wohnmobil *nt,* Caravan *m* **campsite** *n* Campingplatz *m,* Zeltplatz *m* **camp stool** *n* Campinghocker *m*

campus ['kæmpəs] **I.** *n* (*university*) Universität *f;* (*university grounds*) Campus *m;* **on ~** auf dem Campus
II. *n modifier* (*buildings, facilities*) Universitäts-, Campus-; **~ life** Universitätsleben *nt;* **~ safety** Sicherheit *f* auf dem Campus [*o* an der Universität]

camshaft ['kæmʃɑːft, AM -ʃæft] *n* AUTO Nockenwelle *f*

can¹ [kæn] **I.** *n* ❶ (*container*) Dose *f,* Büchse *f;* **beer/drink ~** Bier-/Getränkedose *f;* **food ~** Konservendose *f,* Konservenbüchse *f;* **milk ~** Milchkanne *f;* **petrol ~** Benzinkanister *m*
❷ (*contents*) **a ~ of lemonade** eine Dose Limonade; **a ~ of paint** eine Büchse Farbe; **a ~ of oil** ein Kanister *m* Öl
❸ AM (*fam: prison*) ▪**the ~** der Knast *fam*
❹ AM (*sl: toilet*) Klo *nt fam,* Scheißhaus *nt derb*

C

▶ PHRASES: **a ~ of worms** eine verzwickte Angelegenheit *fam;* **to open [up] a ~ of worms** ein heißes Eisen anpacken; **to be in the ~** FILM im Kasten sein *fam;* ***this project is finally in the ~*** dieses Projekt ist endlich abgeschlossen

II. *vt* ❶ (*put in cans*) ■**to ~ sth** etw einmachen [*o* eindosen]

❷ *esp* AM (*fam: stop*) ■**to ~ sth** mit etw *dat* aufhören; **~ *it!*** hör auf damit!

❸ AM (*fam: fire*) ■**to ~ sb** jdn rausschmeißen *fam*

can² <could, could> [kæn, kən] *aux vb* ❶ (*be able to*) können, in der Lage sein; ***she ~ speak four languages*** sie spricht vier Sprachen; ***the doctors are doing all they ~*** die Ärzte tun, was sie können; ***who ~ blame her?*** wer will es ihr verdenken?; ***~ do*** kein Problem; ***no can ~*** tut mir Leid

❷ (*fam: be permitted to*) können, dürfen; ***you ~ park over there*** Sie können dort drüben parken; ***~ I go out to play, Mum?*** darf ich draußen spielen, Mami?

❸ (*offering assistance*) können; ***~ I help you with those bags?*** soll ich Ihnen mit den Taschen helfen?; ***~ I be of any help?*** kann ich irgendwie helfen?

❹ (*fam: requesting*) können; ***~ you tell him I'm in London next week?*** könntest du ihm ausrichten, dass ich in der nächsten Woche in London bin?; ***~ you make a little less noise, please?*** könntest du bitte etwas leiser sein?

❺ (*making a demand*) ***you ~ stop that right away!*** hör sofort damit auf!; (*threatening*) ***if you carry on like that, you ~ just go to bed!*** wenn du so weitermachst, kannst du gleich ins Bett gehen!

❻ (*be possible*) können; ***he ~ be really annoying at times*** manchmal kann er wirklich anstrengend sein; (*said to show disbelief*) ***you ~'t be hungry already!*** du kannst doch nicht schon wieder Hunger haben!; ***you ~'t be serious!*** das ist nicht dein Ernst!

Canaan ['keɪnən] *n no pl* REL, HIST Kanaan *nt*

Canaanite ['keɪnənaɪt] **I.** *n* REL, HIST Kanaaniter(in) *m(f),* Bewohner(in) *m(f)* Kanaans

II. *adj inv* kanaanitisch

Canada ['kænədə] *n no pl* Kanada *nt*

Canada Day *n* CAN *kanadischer Nationalfeiertag am 01.07.*

Canadian [kə'neɪdiən] **I.** *n* Kanadier(in) *m(f);* **English ~** Anglokanadier(in) *m(f);* **French ~** Frankokanadier(in) *m(f)*

II. *adj inv* kanadisch; **~ English/French** kanadisches Englisch/Französisch

canal [kə'næl] *n* ❶ TRANSP, NAUT Kanal *m;* **Panama C~** Panamakanal *m*

❷ ANAT, BOT Kanal *m,* Röhre *f;* **birth ~** Geburtskanal *m;* **auditory ~** Gehörgang *m*

canal boat *n* Schleppkahn *m*

canalization [ˌkænəlaɪ'zeɪʃn, AM -lɪ'-] *n no pl* ❶ (*sewerage system*) Kanalisation *f*

❷ (*building of a canal*) Kanalbau *m*

❸ (*of a river*) Kanalisierung *f*

canalize ['kænəlaɪz, AM -nəl-] *vt* ■**to ~ sth** ❶ (*provide with canals*) etw kanalisieren

❷ (*convert into a canal*) etw in einen Kanal umwandeln; **to ~ a river** einen Fluss kanalisieren

canapé ['kænəpeɪ] *n* Cocktailhappen *m,* Appetithappen *m,* Kanapee *nt meist pl*

canard ['kænɑːd, AM kə'nɑːrd] *n* (*liter*) [Zeitungs]ente *f,* Falschmeldung *f*

canary [kə'neəri, AM -'neri] **I.** *n* Kanarienvogel *m;* *esp* BRIT (*fam*) **to have a ~** Zustände kriegen *fam*

II. *adj inv* **~ yellow** kanariengelb

Canary Islands *npl* Kanarische Inseln, Kanaren *pl*

canary seed *n no pl* Kanarienvogelfutter *nt*

canasta [kə'næstə] *n* CARDS Canasta *nt*

can-can ['kænkæn] *n* Cancan *m;* **to do [*or* dance] the ~** Cancan tanzen

cancel <BRIT -ll- *or* AM *usu* -l-> ['kæn(t)səl] **I.** *vt* ■**to ~ sth** ❶ (*call off*) etw absagen; **to ~ a plan** einen Plan fallen lassen

❷ (*remove from schedule*) etw streichen; ■**to have been ~led** *train* gestrichen worden sein; *plane also* annulliert worden sein

❸ (*undo*) etw rückgängig machen; **to ~ a booking** [*or* **reservation**]/**an order** eine Reservierung/einen Auftrag stornieren

❹ (*annul*) etw annullieren; (*revoke*) etw widerrufen; **to ~ a contract/decree** einen Vertrag/eine Verfügung aufheben; **to ~ sb's debts** jdn seine Schulden erlassen; **to ~ an instruction** eine Anweisung zurücknehmen

❺ (*discontinue*) etw beenden; COMPUT etw abbrechen; **to ~ a subscription for sth** ein Abonnement für etw *akk* kündigen, etw abbestellen

❻ FIN **to ~ a cheque** [*or* AM **check**] (*stop payment*) einen Scheck stornieren; (*mark paid*) einen Scheck entwerten

❼ (*mark as used*) *ticket* etw entwerten; **to ~ a stamp** eine Briefmarke [ab]stempeln [*o* entwerten]

❽ MATH etw [weg]kürzen; **to ~ each other** sich *akk* gegenseitig aufheben

II. *vi* absagen

◆**cancel out I.** *vi* sich *akk* [gegenseitig] aufheben

II. *vt* ■**to ~ out ⊂ sth** etw aufheben; (*fig*) etw zunichte machen; ***this cheque will ~ out her debt*** mit diesem Scheck wird sie ihre Schulden ausgleichen können

cancellation [ˌkæn(t)səl'eɪʃn] *n* ❶ (*calling off*) *of an appointment, concert, match* Absage *f;* *of a plan* Aufgabe *f*

❷ (*from schedule*) Stornierung *f,* Streichung *f;* ***many trains are subject to ~*** viele Züge werden gestrichen

❸ (*undoing*) *of an order* Stornierung *f;* *of a booking, reservation also* Rückgängigmachung *f*

❹ (*annulling*) Annullierung *f;* (*revocation*) Widerruf *m;* *of a debt* Erlass *m;* *of a decree* Aufhebung *f;* *of an instruction* Zurücknahme *f,* Widerrufung *f;* **~ of a contract** Aufhebung *f* eines Vertrags, Rücktritt *m* von einem Vertrag

❺ (*discontinuation*) Kündigung *f;* *of a subscription* Abbestellung *f*

❻ FIN (*stop payment*) *of a cheque* Stornierung *f;* (*marking paid*) Entwertung *f*

❼ (*marking used*) Entwertung *f;* *of a stamp also* Abstempeln *nt*

cancer ['kæn(t)sər, AM -ə] **I.** *n* ❶ *no pl* (*disease*) Krebs *m;* **breast ~** Brustkrebs *m,* Mammakarzinom *nt fachspr;* **lung ~** Lungenkrebs *m,* Lungenkarzinom *nt fachspr;* **skin ~** Hautkrebs *m;* **~ of the stomach/throat** Magen-/Kehlkopfkrebs *m*

❷ (*growth*) Krebsgeschwulst *f,* Karzinom *nt;* **benign/malign ~** gut-/bösartige Geschwulst; (*fig*) Krebsgeschwür *nt*

II. *n modifier* (*cell, patient, research*) Krebs-

Cancer ['kæn(t)sər, AM -ə] *n* ❶ *no pl, no art* (*sign of Zodiac*) Krebs *m;* **to be born under ~** im Zeichen [des] Krebs geboren sein

❷ (*person*) Krebs *m*

cancer check-up *n* Krebsvorsorgeuntersuchung *f*

cancer clinic *n* Krebsklinik *f*

Cancerean *n,* **Cancerian** [kæn(t)'sɪəriən, AM -'seri-] *n* ASTROL Krebs *m*

cancerous ['kæn(t)sərəs] *adj* ❶ (*diseased*) krebsbefallen

❷ (*tumour-like*) krebsartig; **~ growth** krebsartige Wucherung; **~ tumour/ulcer** Krebsgeschwulst *f*/-geschwür *nt*

cancer research *n no pl* MED Krebsforschung *f*

cancer screening *n no pl* Krebsvorsorgeuntersuchung *f* **cancer stick** *n* (*sl*) Sargnagel *m fig fam*

candela [kæn'delə] *n* PHYS Candela *f,* neue Kerze

candelabra <*pl* – *or* -s> [ˌkændəl'ɑːbrə, AM -də'lɑː-] *n* Leuchter *m,* Kandelaber *m*

candid ['kændɪd] *adj* offen, ehrlich, aufrichtig; ***let me be ~ with you*** ich will ganz offen mit Ihnen sein; ***he was quite ~ about it*** er sprach ganz offen darüber; **~ camera** versteckte Kamera; **~ picture** Schnappschuss *m;* **~ talks** offene [*o* freimütige] Gespräche

candida ['kændɪdə] *n* MED Candida *f fachspr*

candidacy ['kændɪdəsi] *n no pl* POL Kandidatur *f,* Bewerbung *f* (**for** für +*akk*)

candidate ['kændɪdət] *n* ❶ POL (*competitor*) Kandidat(in) *m(f),* Bewerber(in) *m(f);* **to stand** [*or* AM **run**] **as ~ for sth** für etw *akk* kandidieren, sich *akk* um etw *akk* bewerben; ***there are three ~s standing in the election*** drei Kandidaten stehen zur Wahl; (*likely prospect*) Anwärter(in) *m(f)*

❷ ECON Bewerber(in) *m(f)*

❸ BRIT, AUS SCH, UNIV Prüfungskandidat(in) *m(f),* Examenskandidat(in) *m(f),* Prüfling *m*

❹ (*possible choice*) [möglicher] Kandidat; ***this department is a likely ~ for staff cuts*** diese Abteilung steht wohl auf der Liste für Personaleinsparungen

candidature ['kændɪdətʃər] *n no pl* BRIT Kandidatur *f,* Bewerbung *f*

candidly ['kændɪdli] *adv* offen, ehrlich, aufrichtig; ***~, I was hoping …*** offen gesagt hatte ich gehofft, …; **to speak ~** offen [*o* ehrlich] sein

candied ['kændid] *adj inv* eingezuckert; *fruit, ginger* kandiert; (*fig pej*) honigsüß *pej,* schmeichlerisch *pej*

candied peel *n* (*of lemon*) Zitronat *nt;* (*of orange*) Orangeat *nt*

candle ['kændl] **I.** *n* Kerze *f;* **scented ~** Duftkerze *f;* **to light a ~** eine Kerze anzünden

▶ PHRASES: **to burn one's** [*or* AM **the**] **~ at both ends** Raubbau mit seiner Gesundheit treiben; **to not hold a ~ to sb** jdm nicht das Wasser reichen können; **the game is not worth the ~** die Sache ist nicht der Mühe wert

II. *n modifier* (*wax*) Kerzen-; **~ bulb** ELEC Kerze[nbirne] *f*

III. *vt* ■**to ~ sth** etw gegen das Licht halten

candlelight *n no pl* Kerzenlicht *nt,* Kerzenschein *m;* **~ dinner** Abendessen *nt* bei Kerzenschein; **at early ~** am frühen Abend **candlelit** *adj inv room* von Kerzen erleuchtet [*o* erhellt]; **~ dinner** Abendessen *nt* bei Kerzenschein **Candlemas** ['kændlməs] *n* [Mariä] Lichtmess *nt* **candlepower** *n no pl* PHYS Lichtstärke *f* **candlestick** *n* Kerzenständer *m,* Kerzenleuchter *m,* Kerzenhalter *m* **candlewick I.** *n no pl* ❶ (*of candle*) Kerzendocht *m* ❷ (*fabric*) Frottierplüsch *m* **II.** *n modifier* (*dressing gown, towel*) Frottierplüsch-

can-do *adj attr* AM zuversichtlich, optimistisch; **~ attitude** Optimismus *m,* Zuversicht *f*

candor ['kændər] AM, **candour** [-ər] *n no pl* Offenheit *f,* Ehrlichkeit *f,* Aufrichtigkeit *f*

candy ['kændi] **I.** *n* ❶ *no pl* (*sugar*) Kandiszucker *m*

❷ AM (*sweets*) Süßigkeiten *fpl,* Bonbons *ntpl,* Konfekt *nt geh;* (*piece of candy*) Bonbon *m o nt;* (*chocolate*) Praline *f*

▶ PHRASES: **to be like taking ~ from a baby** ein Kinderspiel sein

II. *n modifier* (*jar, bar*) Zucker-; **~ stick** Zuckerstange *f*

III. *vt* ■**to ~ sth** etw kandieren [*o* mit Zucker überziehen]

candy-ass *n* AM (*fam*) Feigling *m pej,* Waschlappen *m pej* **candyfloss** *n no pl* BRIT Zuckerwatte *f* **candy store** *n* AM Süßwarenladen *m,* Süßwarengeschäft *nt* **candy stripe** *n* Muster *nt* mit bunten Streifen **candy-striped** *adj* bunt gestreift **candytuft** *n* BOT Schleifenblume *f*

cane [keɪn] **I.** *n* ❶ *no pl* (*of plant*) Rohr *nt*

❷ (*stick*) Stock *m;* (*for walking*) [Spazier]stock *m;* (*for punishing*) [Rohr]stock *m*

❸ *no pl* (*punishment*) **to get the ~** [eine Tracht] Prügel bekommen; *on hand* eine auf die Finger [*o* DIAL Tatze] [*o fam* Pfoten] bekommen

II. *n modifier* Rohr-; **~ basket** Weidenkorb *m,* geflochtener Korb; **~ coffee table** Rattantischchen *nt;* **~ furniture** Rattanmöbel *ntpl;* **~ juice** Zuckerrohrsaft *m;* **~ work** Rohrgeflecht *nt*

III. *vt* ❶ (*weave*) ■**to ~ sth** etw flechten

❷ (*punish*) ■**to ~ sb** jdn [mit einem Stock] züchtigen

cane chair *n* Rohrstuhl *m,* Rattanstuhl *m* **cane sugar** *n no pl* Rohrzucker *m*

canine ['keɪnaɪn] *adj inv* Hunde-

canine tooth *n* Eckzahn *m,* Reißzahn *m*

caning ['keɪnɪŋ] *n* ❶ (*corporal punishment*) Tracht

f Prügel
❷ (*fam: resounding defeat*) schallende Ohrfeige *fig*
canister [ˈkænɪstəʳ, AM -əstɚ] *n* Behälter *m;* (*for fluids*) Kanister *m;* (*of metal*) Büchse *f,* Dose *f;* **metal** ~ Blechbüchse *f,* Blechdose *f;* **plastic** ~ Plastikbehälter *m;* **waterproof** ~ wasserdichter Behälter
canker [ˈkæŋkəʳ, AM -ɚ] *n* ❶ *no pl* BOT Brand *m,* Baumkrebs *m*
❷ MED (*on humans*) Mundgeschwür *nt,* Lippengeschwür *nt;* (*on dogs, cats*) Ohrräude *f kein pl;* (*on horses*) Hufkrebs *m kein pl,* Strahlfäule *f kein pl*
❸ *no pl* (*fig form: evil*) Krebsgeschwür *nt*
canker sore *n* Lippengeschwür *nt*
cannabis [ˈkænəbɪs] *n no pl* ❶ (*plant*) Cannabis *m,* Hanf *m*
❷ (*drug*) Cannabis *m,* Haschisch *nt,* Marihuana *nt*
canned [kænd] *adj* ❶ *inv* FOOD konserviert, Dosen-; ~ **beer** Dosenbier *nt;* ~ **fruit** Obstkonserven *fpl,* Dosenobst *nt fam;* ~ **heat** Brennspiritus *m;* ~ **meat** Büchsenfleisch *nt;* ~ **tomatoes** Dosentomaten *fpl,* Tomaten *fpl* aus der Dose; ~ **vegetables** Gemüsekonserven *fpl*
❷ *inv* MEDIA ***the applause was*** ~ der Beifall kam vom Band; ~ **music** Musik *f* aus der Konserve *fam*
❸ *pred* (*fam: drunk*) blau *fam,* voll *fam;* **to get** ~ sich *akk* betrinken [*o fam* voll laufen lassen]
❹ AM (*fam: from job*) **to be/get** ~ entlassen werden
cannel(l)oni [ˌkænᵊlˈəʊni, AM -əˈloʊ-] *n no pl* Cannelloni *pl*
canner [ˈkænəʳ, AM -ɚ] *n* ❶ (*employee*) Arbeiter(in) *m(f)* in einer Konservenfabrik
❷ (*employer*) Konservenfabrikant(in) *m(f)*
cannery [ˈkænᵊri] *n* Konservenfabrik *f*
cannibal [ˈkænɪbᵊl] *n* (*person*) Kannibale, -in *m, f,* Menschenfresser(in) *m(f);* (*animal*) ***some fishes are ~s*** manche Fische fressen sich gegenseitig
cannibalism [ˈkænɪbᵊlɪzᵊm] *n no pl* Kannibalismus *m,* Menschenfresserei *f*
cannibalistic [ˌkænɪbᵊlˈɪstɪk, AM -bəˈl-] *adj inv* kannibalisch
cannibalize [ˈkænɪbᵊlaɪz, AM -bəl-] *vt* **to** ~ **a car** ein Auto ausschlachten
cannily [ˈkænɪli] *adv* ❶ (*shrewd*) schlau, geschickt
❷ (*cautious*) vorsichtig, behutsam
canning [ˈkænɪŋ] **I.** *n no pl* ❶ (*preserving*) Konservierung *f;* (*in cans*) Konservenherstellung *f,* Konservenfabrikation *f*
❷ (*recording*) Tonaufnahme *f,* Tonaufzeichnung *f*
II. *adj attr, inv* Konserven-, Konservierungs-; ~ **factory** [*or* **plant**] Konservenfabrik *f;* ~ **jar** Einmachglas *nt*
cannon [ˈkænən] **I.** *n* ❶ MIL Kanone *f,* Geschütz *nt*
❷ BRIT (*in billiards*) Karambolage *f*
▶ PHRASES: **a <u>loose</u>** ~ ein unberechenbarer Faktor; ***he's a loose*** ~ er ist unberechenbar
II. *n modifier* (*fire*) Kanonen-, Geschütz-
III. *vi* ❶ (*collide*) ■**to** ~ **into sb/sth** mit jdm/etw zusammenprallen
❷ BRIT (*in billiards*) karambolieren; ■**to** ~ **off sth** von etw *dat* abprallen
cannonade [ˌkænəˈneɪd] *n* Kanonade *f,* Beschießung *f*
cannon ball *n* Kanonenkugel *f* **cannon fodder** *n* Kanonenfutter *nt*
cannot [ˈkænɒt, AM -nɑːt] *aux vb* ***we ~ but succeed*** wir können nur gewinnen; *see also* **can**
canny [ˈkæni] *adj* ❶ (*clever*) schlau, raffiniert, gerissen; **to strike a** ~ **bargain** einen vorteilhaften Handel schließen
❷ NBRIT, SCOT (*approv: nice*) nett; **a** ~ **lad** ein netter Typ *fam;* **to have a** ~ **time** eine schöne Zeit haben
❸ (*cautious*) vorsichtig, umsichtig
canoe [kəˈnuː] *n* Kanu *nt,* Paddelboot *nt;* BRIT Kajak *nt*
▶ PHRASES: **to paddle one's <u>own</u>** ~ (*handle affairs*) auf eigenen Beinen [*o* Füßen] stehen; (*mind one's business*) sich *akk* um seine eigenen Angelegenheiten kümmern
canoeing [kəˈnuːɪŋ] *n no pl* Paddeln *nt;* SPORTS Kanufahren *nt,* Kanusport *m*
canoeist [kəˈnuːɪst] *n* Kanufahrer(in) *m(f);* SPORTS Kanute, -in *m, f*
canon¹ [ˈkænən] **I.** *n* ❶ (*guideline*) Richtschnur *f,* [Grund]regel *f,* [Grund]prinzip *nt*
❷ REL Kanon *m,* Kirchengebot *nt;* **Church** ~**s** Kirchenrecht *nt,* kirchliche Vorschriften
❸ LIT Kanon *m;* **the Shakespearean** ~ Shakespeares Gesamtwerk; **the literary** ~ die [gesamte] Literatur
II. *n modifier* ~ **law** kanonisches Recht, Kirchenrecht *nt*
canon² [ˈkænən] *n* REL Kanoniker *m,* Kanonikus *m*
canon³ [ˈkænən] *n* MUS Kanon *m*
canonical [kəˈnɒnɪkᵊl, AM ˈnɑː] *adj* kanonisch, der [Kirchen]norm gemäß
canonical schema [kəˈnɒnɪkᵊl-, AM -ˈnɑːn-] *n* COMPUT kanonisches Schema
canonization [ˌkænənaɪˈzeɪʃᵊn, AM -nɪˈ-] *n* Heiligsprechung *f,* Kanonisation *f fachspr*
canonize [ˈkænənaɪz] *vt* ■**to** ~ **sb** jdn heilig sprechen [*o fachspr* kanonisieren]
canon law *n* (*church law*) kanonisches Recht
canoodle [kəˈnuːdl] *vi* (*hum dated fam*) [rum]knutschen *fam;* **to** ~ **with sb** mit jdm schmusen *fam*
can opener *n* Dosenöffner *m,* Büchsenöffner *m*
canopy [ˈkænəpi] *n* ❶ (*awning*) Überdachung *f;* (*over throne, bed*) Baldachin *m;* ~ **bed** Himmelbett *nt;* (*over entrance*) Vordach *nt;* (*pergola*) Pergola *f*
❷ (*sunshade*) Sonnendach *nt,* Markise *f;* BRIT (*on pram*) Sonnenschutz *m*
❸ AVIAT Kanzeldach *nt,* Kanzelhaube *f,* Kabinendach *nt*
❹ (*on parachute*) Fallschirmkappe *f*
❺ (*treetops*) Blätterdach *nt*
❻ (*liter: sky*) Firmament *nt liter,* Himmelszelt *nt liter*
canst [kænst] (*old*) *2nd pers. sing present of* **can**
cant¹ [kænt] *n no pl* ❶ (*hypocrisy*) Heuchelei *f,* Scheinheiligkeit *f;* (*pious talk*) frömmlerisches [*o* scheinheiliges] Gerede; ~ **phrases** leere [*o* hohle] Phrasen
❷ LING Jargon *m,* Fachsprache *f,* Kauderwelsch *nt pej;* **thieves'** ~ Gaunersprache *f,* Argot *nt o m*
cant² [kænt] **I.** *n* Schräge *f,* Abschrägung *f,* geneigte Fläche
II. *vt* ■**to** ~ **sth** etw kippen [*o* schräg stellen]
III. *vi* sich *akk* neigen [*o* auf die Seite legen]; ■**to** ~ **sth over** etw umkippen
◆**cant off** *vt* ■**to** ~ **sth** ○ **off** etw abschrägen
can't [kɑːnt, AM kænt] (*fam*) = **cannot**
Cantab [ˈkæntæb] *adj inv short for* **Cantabrigiensis** der Universität Cambridge
cantaloup(e) [ˈkæntəluːp, AM -t̬əloʊp] *n* Honigmelone *f*
cantankerous [ˌkænˈtæŋkᵊrəs] *adj* (*quarrelsome*) streitsüchtig; (*grumpy*) mürrisch, knurrig, muff[e]lig *fam*
cantata [kænˈtɑːtə, AM kənˈtɑːt̬ə] *n* MUS Kantate *f*
canteen¹ [kænˈtiːn] *n* Kantine *f;* UNIV Mensa *f*
canteen² [kænˈtiːn] *n* ❶ BRIT, AUS (*for cutlery*) Besteckkasten *m*
❷ MIL Feldflasche *f*
canter [ˈkæntəʳ, AM -t̬ɚ] **I.** *n* ❶ (*gait*) Handgalopp *m,* Kanter *fachspr;* ***the stallion broke in an easy*** ~ der Hengst verfiel in einen leichten Galopp
❷ (*horse ride*) [Aus]ritt *m;* **to go for a** ~ einen Ausritt machen
II. *vi* ❶ (*ride at canter*) leicht [*o* langsam] galoppieren
❷ (*go for a ride*) ausreiten, einen Ausritt machen
canticle [ˈkæntɪkl̩, AM t̬ə] *n* REL Lobgesang *m;* **the C~s** *pl* das Hohelied
cantilever [ˈkæntɪliːvəʳ, AM -t̬əliːvɚ] ARCHIT **I.** *n* Ausleger *m,* Träger *m,* Kragarm *m fachspr*
II. *adj* freitragend, Ausleger-; ~ **beam** Ausleger[balken] *m,* Freiträger *m,* Kragarm *m fachspr;* ~ **bridge** Auslegerbrücke *f,* Kragbrücke *f fachspr*
canto <*pl* -s> [ˈkæntəʊ] *n* LIT Gesang *m*
canton [ˈkæntɒn, AM -tɑːn] *n* ADMIN Kanton *m*
Canton [ˌkænˈtɒn, AM -ˈtɑːn] *n* GEOG Kanton *nt*
Cantonese [ˌkæntəˈniːz, AM -tᵊnˈiːz] **I.** *n* <*pl* ->
❶ (*person*) Kantonese, -in *m, f*
❷ *no pl* (*language*) Kantonesisch *nt*
II. *adj inv* kantonesisch
cantonment [kænˈtuːnmənt, ˈtɒn, AM ˈtɑːn] *n* ❶ (*miltary camp*) Quartier *nt,* Ortsunterkunft *f*
❷ HIST Garnisonierung *f* der britischen Truppen in Indien
cantor [ˈkæntɔːʳ, AM tɚ] *n* REL, MUS Kantor *m,* Vorsänger *m*
Canuck [kəˈnʌk] *n* (*pej fam*) Frankokanadier(in) *m(f)*
Canute [kəˈnjuːt, AM ˈnuːt] *n no pl* HIST Knut *m*
canvas [ˈkænvəs] **I.** *n* <*pl* -es> ❶ *no pl* (*cloth*) Segeltuch *nt;* (*for painting*) Leinwand *f;* **under** ~ im Zelt
❷ (*painting*) [Öl]gemälde *nt*
II. *n modifier* (*bag, shoes*) Segeltuch-; ~ **cover** AUTO Plane *f,* Wagenverdeck *nt*
canvass [ˈkænvəs] **I.** *vt* ❶ (*gather opinion*) ■**to** ~ **sb** jdn befragen; ■**to** ~ **sth** etw erforschen [*o* untersuchen]; **to** ~ **local opinion** sich *dat* ein Bild von der Meinung der einheimischen Bevölkerung verschaffen
❷ POL, ECON (*solicit*) **to** ~ **customers** Kunden werben; **to** ~ **orders** Aufträge hereinholen; **to** ~ **votes for a party** um Stimmen für eine Partei werben
❸ (*fam: for discussion*) ■**to** ~ **sth** etw zur Diskussion stellen
II. *vi* POL um Stimmen werben, Wahlwerbung betreiben; ECON eine Werbekampagne durchführen, Werbung machen
III. *n* <*pl* -es> POL Wahlkampagne *f,* Aktion *f;* ECON Werbekampagne *f,* Werbefeldzug *m;* **house-to-house** ~ Haustüraktion *f*
canvasser [ˈkænvəsəʳ, AM -ɚ] *n* POL Wahlhelfer(in) *m(f),* Stimmenwerber(in) *m(f);* ECON Vertreter(in) *m(f)*
canvassing [ˈkænvəsɪŋ] *n* POL Wahlwerbung *f,* Wahlkampagne *f;* ECON Kundenwerbung *f,* Reklame *f;* **to go** ~ POL Wahlwerbung machen, um Stimmen werben; ECON Kundenwerbung betreiben
canyon [ˈkænjən] *n* Schlucht *f,* Cañon *m*
CAP [ˌsiːeɪˈpiː] *n* EU *abbrev of* **Common Agricultural Policy** GAP, Gemeinsame Agrarpolitik
cap¹ [kæp] **I.** *n* ❶ (*hat*) Mütze *f,* Kappe *f;* **shower** ~ Duschhaube *f;* **swimming** [*or* AM *usu* **bathing**] ~ Bademütze *f,* Badekappe *f;* **workman's** ~ Arbeitermütze *f;* **peaked** ~ Schirmmütze *f;* **in** ~ **and gown** UNIV mit Doktorhut [*o* Barett] und Talar
❷ *esp* BRIT SPORTS (*fig*) *Ziermütze als Zeichen der Aufstellung für die Nationalmannschaft;* ***Davis has 17 Scottish ~s*** Davis hat 17-mal in der schottischen Nationalmannschaft gespielt; **to win a** ~ in die Nationalmannschaft berufen werden
❸ (*cover*) Verschluss *m;* (*top*) Verschlusskappe *f;* (*lid*) Deckel *m,* Kappe *f;* (*on tooth*) Krone *f,* Schutzkappe *f;* **lens** ~ PHOT Objektivdeckel *m*
❹ GEOL Deckschicht *f*
❺ (*limit*) Obergrenze *f,* Maximum *nt;* **salary** ~ AM Gehaltsobergrenze *f,* Einkommensgrenze *f*
❻ BRIT (*contraceptive*) Pessar *nt*
❼ (*for toy gun*) Zündplättchen *nt,* Spielzeugpatrone *f*
▶ PHRASES: **to go** [**somewhere**] ~ **in <u>hand</u>** kleinlaut auftreten; **to put on one's <u>thinking</u>** ~ (*fam*) scharf nachdenken *fam;* **if the** ~ **<u>fits</u>, wear it** BRIT (*prov*) wem der Schuh passt, der soll ihn sich anziehen; **to <u>set</u> one's** ~ **at** [*or* AM **for**] **sb** (*dated*) es auf jdn abgesehen haben
II. *vt* <-pp-> ❶ ECON, FIN (*limit*) **to** ~ **the costs** die Kosten begrenzen; **to** ~ **prices** ein Preislimit festlegen; **to be** ~**ped at 10%** auf maximal 10% beschränkt sein
❷ *esp* BRIT SPORTS ■**to** ~ **sb** jdn für die Nationalmannschaft aufstellen; ***she's been ~ped for Scotland 17 times*** sie hat 17-mal in der schottischen Nationalmannschaft gespielt
❸ (*cover*) ■**to** ~ **sth** etw bedecken; **to have one's teeth** ~**ped** seinen Zähne überkronen lassen
❹ (*outdo*) ■**to** ~ **sth** etw überbieten; ***and to ~ it all ...*** und um den Ganzen dann die Krone aufzuset-

zen …; **to ~ the climax** alles übertreffen

cap[2] [kæp] *n* TYPO *short for* **capital** [**letter**] großer Buchstabe, Großbuchstabe *m;* **in ~s** in Großbuchstaben; **small ~s** Kapitälchen *ntpl*

capability [ˌkeɪpəˈbɪləti, AM -ət̬i] *n* ① *no pl* (*ability*) Fähigkeit *f,* Vermögen *nt;* **to be beyond sb's ~** jds Fähigkeiten übersteigen; **to have the ~ to do sth** in der Lage sein, etw zu tun
② (*potentialities*) Entwicklungsmöglichkeiten *fpl,* Potenzial *nt;* **~ for growth** Wachstumsmöglichkeiten *fpl,* Wachstumschancen *fpl*
③ MIL Potenzial *nt;* **nuclear ~** nukleares Potenzial; **to develop nuclear ~** zur Atommacht werden

capable [ˈkeɪpəbl] *adj* ① (*competent*) fähig; *judge* kompetent; *worker* tüchtig; **to leave sth in sb's ~ hands** (*also hum*) etw vertrauensvoll in jds Hände legen; **~ mother** gute Mutter
② (*able*) fähig, befähigt; ***your plan is ~ of being improved*** deinen Plan könnte man noch besser machen; ■**to be ~ of doing sth** in der Lage sein, etw zu tun

capably [ˈkeɪpəbli] *adv* kompetent, geschickt, gekonnt *fam*

capacious [kəˈpeɪʃəs] *adj* ① (*form*) *room* geräumig; *suit* weit; *pocket, bag* groß
② (*fig*) **~ memory** sehr gutes Gedächtnis; **~ mind** aufnahmefähiger Verstand

capacitance [kəˈpæsɪtᵊns, AM ˈpæsə] *n no pl* PHYS [elektrische] Speicherfähigkeit [*o* Ladekapazität] *f*

capacitive [kəˈpæsɪtɪv] *adj* ELEC kapazitiv

capacitor [kəˈpæsɪtəʳ, AM -t̬ɚ] *n* ELEC Kondensator *m*

capacity [kəˈpæsəti, AM -əti] **I.** *n* ① (*cubic capacity*) Fassungsvermögen *nt;* (*available space*) Rauminhalt *m,* Volumen *nt;* ***the stadium has a seating ~ of 50,000*** das Stadium hat 50.000 Sitzplätze
② *no pl* (*ability*) Fähigkeit *f,* Vermögen *nt;* ***it seems to be beyond his ~ to do that*** offensichtlich ist er damit überfordert; ***is it within her ~ to do it?*** ist sie in der Lage, das zu tun?; **mental ~** geistige Fähigkeiten *fpl;* **to have a ~ for sth** etw gut können; **to have a ~ for alcohol** [*or* **drink**] trinkfest sein
③ *no pl* LAW Geschäftsfähigkeit *f,* Rechtsfähigkeit *f;* **person of full age and ~** volljährige und geschäftsfähige Person
④ *no pl* MIL **military ~** militärische Schlagkraft
⑤ (*output*) Leistung[sfähigkeit] *f*
⑥ *no pl* (*maximum output*) Kapazität *f;* **to be full to ~** absolut voll sein; **filled to ~** ganz voll, randvoll; **to work below/at full ~** nicht ganz/voll ausgelastet sein
⑦ (*position*) Funktion *f,* Stellung *f;* (*role*) Eigenschaft *f;* ***he was speaking in his ~ as a critic*** er sprach in seiner Eigenschaft als Kritiker; **in her ~ as a lawyer** [in ihrer Funktion] als Anwältin
⑧ FIN (*solvency*) Kreditfähigkeit *f*
⑨ (*production*) **industrial** [*or* **manufacturing**] [*or* **production**] **~** Produktionskapazität *f;* **~ utilization** Kapazitätsauslastung *f*
II. *n modifier* ① (*maximum*) Höchst-, Maximal-; ***the hotel is at ~ occupancy*** das Hotel ist voll belegt; **to carry a ~ load** voll beladen sein; **~ working** ECON Vollauslastung *f*
② THEAT, MUS **to play to ~ audience** vor ausverkauftem Saal spielen; ***the star was cheered by a ~ crowd*** ein volles Haus jubelte dem Star zu

capacity utilization *n* Kapazitätenausnutzung *f*

caparison [kəˈpærɪsᵊn, AM ˈperə] *vt usu passive* ■**to be ~ed** [**in sth**] [aus]geschmückt sein [mit etw *dat*], dekoriert sein [mit etw *dat*]

cape[1] [keɪp] *n* Kap *nt,* Vorgebirge *nt;* **the C~ of Good Hope** das Kap der guten Hoffnung; **C~ Town** Kapstadt *nt*

cape[2] [keɪp] *n* Umhang *m,* Cape *nt*

caped [keɪpt] *adj inv* mit einem Umhang

caper[1] [ˈkeɪpəʳ, AM -ɚ] **I.** *n* ① (*liter: joyful leap*) Luftsprung *m,* Freudensprung *m;* **to cut a ~** einen Luftsprung machen
② (*usu pej: dubious activity*) Ding *nt sl,* krumme Sache *fam,* Gaunerei *f fam*
II. *vi* Luftsprünge machen, herumtollen, herumhüpfen

caper[2] [ˈkeɪpəʳ, AM -ɚ] *n usu pl* FOOD Kaper[n] *f*[*pl*]

capercaillie [ˌkæpəˈkeɪli, AM pɚ] *n,* SCOT *also* **capercailzie** [-ˈkeɪlzi] *n* ORN Auerhahn *m*

capias [ˈkeɪpiæs, AM -piəs] LAW **~ ad respondendum** Vorladung *f* eines Beklagten und Vernehmung zur Sache, Haftbefehl *m*

capillary [kəˈpɪlᵊri, AM ˈkæpəleri] **I.** *n* ① ANAT Kapillare *f,* Kapillargefäß *nt*
② (*fine tube*) Kapillare *f,* Haarröhrchen *nt,* Kapillarröhre *f*
II. *n modifier* Kapillar-; **~ action** Kapillarwirkung *f,* Kapillareffekt *m*

capital [ˈkæpɪtᵊl, AM -t̬ᵊl] **I.** *n* ① (*city*) Hauptstadt *f;* **financial ~** Finanzmetropole *f*
② (*letter*) Großbuchstabe *m;* **in** [**large**] **~s** in Großbuchstaben; **small ~s** Kapitälchen *ntpl*
③ ARCHIT Kapitell *nt,* Kapitäl *nt*
④ *no pl* FIN Vermögen *nt,* Kapital *nt;* **fully paid-up ~** voll einbezahltes Kapital
II. *n modifier* ① (*principal*) Haupt-; **~ city** Hauptstadt *f;* **~ error** Kardinalfehler *m,* schwerwiegender Fehler
② (*upper case*) Groß-; **~ letter** Großbuchstabe *m;* ***I'm hungry with a ~ H*** ich habe einen Riesenhunger
③ LAW Kapital-; **~ offence** Kapitalverbrechen *nt*
④ (*of business assets*) **~** [**adequacy**] [*or* **~-to-asset**] **ratio** Eigenkapitalquote *f;* **~ base** Kapitalbasis *f;* **cost of ~** Kapitalzinsen *pl;* **flight of ~** Kapitalflucht *f;* **~ market** Kapitalmarkt *m;* **movements of ~** Kapitalverkehr *m;* **~ profit** Einkünfte *pl* aus Kapitalvermögen; **~ shares** Investmentfondsanteile *mpl;* **authorized** [*or* **nominal**] **~** genehmigtes Grundkapital; **called-up ~** aufgerufenes Kapital; **circulating ~** Umlaufvermögen *nt,* Betriebskapital *nt;* **equity ~** Aktienkapital *nt;* **fixed ~** Anlagevermögen *nt;* **human ~** Menschenkapital *nt;* **issued ~** ausgegebenes Kapital; **junior/senior ~** nachrangiges/vorranggiges Kapital; **paid-up ~** eingezahltes Kapital; **registered ~** genehmigtes Kapital; **risk ~** Risikokapital *nt;* **share ~** Aktienkapital *nt;* **venture ~** Wagniskapital *nt;* **working ~** Betriebskapital *nt*
⑤ (*invested funds*) [Anlage]kapital *nt;* **~ commitments** Kapitaleinsatz *m,* Investitionsvolumen *nt;* **~ employed** investiertes Kapital; **~ exports** Kapitalausfuhr *m;* **to put ~ into a company** Kapital in ein Unternehmen investieren; **to make ~** [**out**] **of** [*or* **from**] **sth** (*fig*) aus etw *dat* Kapital schlagen
III. *adj* BRIT (*dated*) einmalig; **~ joke** Mordsspaß *m fam*

capital account *n* ECON, FIN ① (*owner's account*) Kapitalkonto *nt* ② (*investment items*) Vermögensaufstellung *f* eines Investmentfonds ③ AM (*total equity*) Gesamtkapital *nt* **capital adequacy ratio** *n* FIN Kapitalausstattungskoeffizient *m* **capital allowance** *n* FIN Abschreibung *f;* ■**~s** *pl* Abschreibungsbeträge *mpl* aufgrund von Aufwendungen für Anlagegüter **capital assets** *npl* FIN Kapitalvermögen *nt kein pl;* ECON Wirtschaftsgüter *ntpl,* Vermögensgegenstände *mpl* **capital bonus** *n* (*insurance*) Sonderdividende *f* **capital case** *n* LAW Kapitalfall *m* **capital crime** *n* Kapitalverbrechen *nt* **capital equipment** *n* Produktionsmittel *fpl,* Investitionsgüter *pl* **capital expenditure** *n no pl* Investitionsausgaben *fpl,* Kapitalaufwendungen *fpl* **capital gains** *n* Veräußerungsgewinn *m,* Kapitalgewinn *m* **capital gains tax** *n no pl* Kapitalgewinnsteuer *f,* Kapitalertragssteuer *f* **capital goods** *npl* Investitionsgüter *pl,* Anlagegüter *pl* **capital intensive** *adj pred,* **capital-intensive** *adj attr* anlagenintensiv, kapitalintensiv; **~ industries** kapitalintensive Wirtschaftszweige **capital investment** *n* FIN Kapitalanlage *f,* Geldanlage *f;* COMM Anlageinvestitionen *fpl*

capitalism [ˈkæpɪtᵊlɪzᵊm, AM -t̬ᵊl-] *n no pl* Kapitalismus *m*

capitalist [ˈkæpɪtᵊlɪst, AM -t̬ᵊl-] **I.** *n* ① (*investor*) Anleger(in) *m(f),* Investor(in) *m(f)*
② (*supporter of capitalism*) Kapitalist(in) *m(f) oft pej;* (*fig pej*) Ausbeuter(in) *m(f) pej*
II. *adj* kapitalistisch; (*pej*) ausbeuterisch *pej*

capitalistic [ˌkæpɪtᵊlˈɪstɪk, AM -t̬əˈlɪs-] *adj* kapitalistisch; (*pej*) ausbeuterisch *pej*

capitalization [ˌkæpɪtᵊlaɪˈzeɪʃᵊn, AM -t̬ᵊlɪˈ-] *n no pl* ① LING Großschreibung *f*
② FIN Kapitalausstattung *f;* (*in accounting*) Kapitalisierung *f,* Aktivierung *f;* **~ of profits** Aktivierung *f* des Gewinns; **~ of reserves** Kapitalisierung *f* von Rücklagen

capitalization issue *n* Emission *f* von Gratisaktien

capitalize [ˈkæpɪtᵊlaɪz, AM -t̬əl-] **I.** *vt* ① LING ■**to ~ sth** etw groß schreiben
② FIN ■**to ~ sth** (*invest in*) etw kapitalisieren [*o* aktivieren] *fachspr;* **company ~d at €1,000,000** Unternehmen *nt* mit einem Kapital von €1.000.000; **to be under-~d** unterkapitalisiert sein *fachspr*
③ FIN (*convert into capital*) etw zu Kapital machen
II. *vi* (*fig*) ■**to ~ on sth** aus etw *dat* Kapital schlagen

capital letter *n* Großbuchstabe *m;* **in ~s** in Großbuchstaben

capital levy *n* ECON Vermögenssteuer *f* **capital loss** *n* ECON Kapitalverlust *m* **capital market** *n* ECON Kapitalmarkt *m* **capital movements** *npl* ECON Kapitalverkehr *m kein pl* **capital offence** *n* LAW Kapitalverbrechen *nt* **capital outlay** *n* ECON *see* **capital expenditure** **capital punishment** *n no pl* Todesstrafe *f* **capital reserves** *npl* Kapitalreserven *fpl* **capital transfer tax** *n* BRIT FIN Schenkungs- und Erbschaftssteuer *f*

capitation [ˌkæpɪˈteɪʃᵊn, AM -əˈ-] *n* FIN Kopfsteuer *f*

Capitol [ˈkæpətᵊl] *n* AM ① (*hill*) **~ Hill** Capitol Hill; **on ~ Hill** im amerikanischen Kongress
② (*building*) **State C~** Parlamentsgebäude *nt,* Kapitol *nt*

capitulate [kəˈpɪtjʊleɪt, AM -ˈpɪtʃəleɪt] *vi* MIL kapitulieren, sich *akk* ergeben; (*fig*) aufgeben, kapitulieren; **to ~ to sb/sth** MIL sich *akk* jdm/etw ergeben; (*fig*) vor jdm/etw kapitulieren

capitulation [kəˌpɪtjʊˈleɪʃᵊn, AM -ˌpɪtʃəˈ-] *n* MIL Kapitulation *f* (**to** vor +*dat*); (*fig*) Nachgeben *nt*

capo [ˈkɑːpoʊ] *n* ① *esp* AM (*sl: in mafia*) Capo *m sl*
② MUS Capotast *m*

capon [ˈkeɪpən, AM -pɑːn] *n* FOOD Kapaun *m*

capo tasto [ˌkæpəʊˈtæstəʊ] *n see* **capo 2**

capped [kæpt] *adj inv* FIN nach oben begrenzt, gedeckelt; **~ rate** Höchstzinssatz *m,* Maximalzinssatz *m;* ***the interest rate is ~*** der Zinssatz ist nach oben begrenzt; **~ rate mortgage** Hypothek *f* mit Maximalzinssatz; **~ floating rate note** zinsvariabler Schuldtitel mit einem Maximalzinssatz

cappuccino <*pl* -s> [ˌkæpʊˈtʃiːnəʊ, AM -əˈtʃiːnoʊ] *n* Cappuccino *m*

caprice [kəˈpriːs] *n* (*liter*) ① (*whim*) Laune *f,* Kaprice *f geh*
② *no pl* (*spontaneity*) Launenhaftigkeit *f*
③ (*unpredictable event*) Willkür *f;* **Nature's ~s** die Launen der Natur

capricious [kəˈpriːʃəs] *adj* (*liter*) *person* launisch *pej,* launenhaft, kapriziös *geh; tyrant* unberechenbar; *weather* wechselhaft

capriciously [kəˈpriːʃəsli] *adv* ① (*moodily*) launenhaft, launisch *pej*
② (*arbitrarily*) willkürlich

capriciousness [kəˈpriːʃəsnəs] *n no pl* ① (*moodiness*) Launenhaftigkeit *f*
② (*arbitrariness*) Willkür *f;* *of a decision* Willkürlichkeit *f*

Capricorn [ˈkæprɪkɔːn, AM -rəkɔːrn] *n* ① *no pl, no art* (*Zodiac sign*) Steinbock *m;* **the Tropic of ~** der Wendekreis des Steinbocks; **to be born under ~** im Zeichen des Steinbocks geboren sein
② (*person*) Steinbock *m*

capsicum [ˈkæpsɪkəm] *n* ① HORT, BOT Paprika *m,* Kapsikum *nt fachspr*
② FOOD Pfefferschote *f,* Peperoni *f;* (*hot spice*) spanischer Pfeffer
③ *no pl* MED Kapsikum *nt*

capsize [kæpˈsaɪz, AM ˈkæpsaɪz] **I.** *vi* NAUT kentern

II. *vt* ■**to ~ sth** NAUT etw zum Kentern bringen; *(fig)* etw ruinieren; **to ~ a project** ein Projekt scheitern lassen
capstan ['kæpstən] *n* NAUT [Anker]winde *f,* Schiffswinde *f,* Kapstan *m fachspr;* MECH Tonwelle *f,* Tonrolle *f;* COMPUT Capstan *m,* Bandantrieb *m*
capsule ['kæpsju:l, AM -səl] *n* ❶ AEROSP [Raum]kapsel *f*
❷ PHARM [Arznei]kapsel *f*
❸ ANAT Kapsel *f,* Schale *f;* **articular ~** Gelenkkapsel *f*
captain ['kæptɪn, AM -tən] I. *n* ❶ NAUT, AVIAT Kapitän(in) *m(f)*
❷ SPORTS [Mannschafts]kapitän(in) *m(f),* Mannschaftsführer(in) *m(f)*
❸ MIL *(in army)* Hauptmann *m;* *(in navy, air force)* Kapitän(in) *m(f)*
❹ ECON **~ of industry** Großindustrielle(r) *f(m)*
II. *vt* ■**to ~ sth** etw anführen; MIL etw befehligen; **to ~ a team** Mannschaftskapitän/Mannschaftskapitänin sein
captaincy ['kæptɪnsi] *n* ❶ *(term)* Führung *f;* ***her ~ of the Welsh team was very successful*** unter ihr war das walisische Team sehr erfolgreich
❷ *no pl (role)* Führerschaft *f,* Führung *f;* MIL Befehligung *f,* Befehl *m*
caption ['kæpʃən] *n* ❶ *(heading)* Überschrift *f,* Titel *m*
❷ *(under illustration)* Bildunterschrift *f,* Legende *f;* *(under cartoon)* Bildtext *m*
❸ LAW Urteilskopf *m,* Rubrum *nt,* Kopf *m* einer Urkunde
captious ['kæpʃəs] *adj (form)* überkritisch, spitzfindig
captivate ['kæptɪveɪt, AM -tə-] *vt (approv)* ■**to ~ sb** jdn faszinieren [*o* in seinen Bann ziehen]
captivating ['kæptɪveɪtɪŋ, AM -təveɪt̬ɪŋ] *adj (approv)* faszinierend, bezaubernd; **~ smile** einnehmendes [*o* gewinnendes] Lächeln
captive ['kæptɪv] I. *n* Gefangene(r) *f(m)*
II. *adj inv* gefangen; *animal* in Gefangenschaft; **~ audience** unfreiwilliges Publikum; **to take/hold** [*or* **keep**] **sb ~** jdn gefangen nehmen/halten
captivity [kæp'tɪvəti, AM -ət̬i] *n no pl* Gefangenschaft *f;* *(fig)* Unterdrückung *f;* **to be in ~** in Gefangenschaft sein; **animals bred in ~** in Gefangenschaft gezüchtete Tiere
captor ['kæptəʳ, AM -ɚ] *n of a person* Entführer(in) *m(f);* *of a hostage* Geiselnehmer(in) *m(f);* *of a country* Eroberer *m;* *of a ship* Kaperer *m*
capture ['kæptʃəʳ, AM -ɚ] I. *vt* ❶ *(take prisoner)* ■**to ~ sb** jdn gefangen nehmen; *police* jdn festnehmen
❷ *(take possession)* **to ~ a city** eine Stadt einnehmen [*o* erobern]; **to ~ a ship** ein Schiff kapern [*o* aufbringen]; **to ~ a treasure** einen Schatz erobern
❸ *(fig: gain)* ■**to ~ sth** *control, prize* etw erringen; ***the Democrats ~d 70% of the votes*** die Demokraten konnten 70% der Stimmen auf sich vereinigen; **to ~ sb's attention/interest** jds Aufmerksamkeit/Interesse erregen; **to ~ sb's sympathy** jds Sympathie gewinnen
❹ ECON **to ~ the market** den Markt erobern
❺ *(depict accurately)* ■**to ~ sth** etw einfangen; **to ~ sth in a painting/on film** etw in einem Bild/auf Film festhalten
❻ COMPUT ■**to ~ sth** etw erfassen
II. *n of a person* Gefangennahme *f;* *(by police)* Festnahme *f;* *of a city* Einnahme *f,* Eroberung *f;* *of a ship* Kapern *nt,* Aufbringen *nt*
Capuchin ['kæpjʊtʃɪn] *n* REL Kapuziner[mönch] *m*
car [kɑ:ʳ, AM kɑ:r] I. *n* ❶ *(vehicle)* Auto *nt,* Wagen *m;* ***let's go by ~*** lass uns mit dem Auto fahren!
❷ RAIL Waggon *m,* Wagen *m;* **buffet/restaurant/sleeping ~** Buffet-/Speise-/Schlafwagen *m*
❸ *(in airship, balloon)* Gondel *f*
II. *n modifier (accident, dealer, keys, tyres)* Auto-; **~ door** Wagentür *f,* Autotür *f;* **~ factory** Automobilfabrik *f;* **~ rental service** Autovermietung *f,* Autoverleih *m;* **~ renter** Automieter(in) *m(f);* **~ stereo** Autoradio *nt;* **~ tax** Kraftfahrzeugsteuer *f,* Kfz-Steuer *f*

car accessory *n* Autozubehörteil *nt;* **car accessories** *pl* Autozubehör *nt* **car aerial** *n* BRIT, **car antenna** *n* AM Autoantenne *f*
carafe [kə'ræf] *n* Karaffe *f*
caramel ['kærəməl, AM *esp* 'kɑ:rməl] I. *n* ❶ *no pl (burnt sugar)* Karamell *m o* ÖSTERR, SCHWEIZ *a. nt,* gebrannter Zucker
❷ *(a sweet)* Karamellbonbon *nt,* Karamelle *f*
❸ *(colour)* Karamell *nt*
II. *adj inv* ❶ FOOD Karamell-; **~ cream** Karamellcreme *f*
❷ *(colour)* karamell[farben]
caramelize ['kærəməlaɪz, AM 'kɑ:rməl-] I. *vi* karamellieren
II. *vt* ■**to ~ sth** etw karamellisieren; **~d sweets** Karamellbonbons *ntpl*
carapace ['kærəpeɪs, AM 'ker-] *n* ZOOL *(shell)* Rückenschild *m,* [Rücken]panzer *m;* *(fig)* Panzer *m,* Schutzschild *m;* ***no sense of guilt ever penetrated his moral ~*** er ließ nie irgendwelche Schuldgefühle an sich herankommen
carat ['kærət, AM 'ker-] I. *n* <*pl* -s *or* -> Karat *nt*
II. *n modifier* -karätig; **one-~ diamond** einkarätiger Diamant; **24-~ gold** 24-karätiges Gold
caravan ['kærəvæn, AM 'ker-] *n* ❶ BRIT *(vehicle)* Wohnwagen[anhänger] *m,* Wohnanhänger *m;* **gypsy ~** Zigeunerwagen *m*
❷ + *sing/pl vb (group of travellers)* Karawane *f;* **to join a ~** sich *akk* einer Karawane anschließen
caravanning ['kærəvænɪŋ] *n no pl* BRIT Urlaub *m* im Wohnwagen, Wohnwagenurlaub *m;* ***we take the children ~ every summer*** wir fahren mit den Kindern jeden Sommer mit dem Wohnwagen in Urlaub; **to go ~** Urlaub im Wohnwagen machen
caravan park *n* AUS [Camping]platz *m* für Wohnwagen
caravansary [ˌkærə'vænsəri, AM ˌker-] *n,* AM *also* **caravanserai** [ˌkerə'vænsəraɪ] *n* + *sing/pl vb* Karawanserei *f*
caravan site *n* BRIT [Camping]platz *m* für Wohnwagen
caraway ['kærəweɪ, AM 'ker-] *n no pl* Kümmel *m*
caraway seeds *npl* Kümmelsamen *mpl,* Kümmelkörner *ntpl*
carb [kɑ:b, AM kɑ:rb] *n (fam) short for* **carbohydrate** Kohle[n]hydrat *nt*
carbide ['kɑ:baɪd, AM 'kɑ:r-] *n* CHEM Karbid *nt*
carbine ['kɑ:baɪn, AM 'kɑ:r-] *n* MIL Karabiner *m*
car body *n* Karosserie *f*
carbohydrate [ˌkɑ:bə(ʊ)'haɪdreɪt, AM 'kɑ:rboʊ'-] CHEM I. *n* Kohle[n]hydrat *nt;* **to be high/low in ~s** viele/wenig Kohlehydrate enthalten
II. *n modifier* Kohlehydrat-; **~ sweetener** Zuckeraustauschstoff *m*
carbolic [kɑ:'bɒlɪk, AM kɑ:r'bɑ:-] *adj inv* Karbol-; **~ soap** Karbolseife *f*
carbolic acid *n* Karbolsäure *f,* Phenol *nt*
car bomb *n* Autobombe *f*
carbon ['kɑ:bən, AM 'kɑ:r-] I. *n* ❶ *no pl* CHEM Kohlenstoff *m*
❷ *(dated: copy)* Durchschlag *m,* Kopie *f*
❸ *(dated: paper)* Kohlepapier *nt,* Durchschlagpapier *nt*
II. *n modifier* CHEM *(fibre)* Kohle[nstoff]-; **~ compound** Kohlenstoffverbindung *f*
carbonated ['kɑ:bəneɪtɪd, AM 'kɑ:rbəneɪt̬-] *adj* kohlensäurehaltig, mit Kohlensäure
carbon copy *n* Durchschlag *m,* Durchschrift *f;* *(fig)* Ebenbild *nt;* ***she's a ~ of her mother*** sie ist ihrer Mutter wie aus dem Gesicht geschnitten **carbon-copy crime** *n* Nachahmungstat *f* **carbon dating** *n no pl* SCI Radiokarbonmethode *f,* Radiokohlenstoffmethode *f,* Kohlenstoffdatierung *f,* C-14-Methode *f fachspr* **carbon dioxide** *n no pl* Kohlendioxid *nt,* Kohlensäure *f* **carbon fibre** *n no pl* Kohlenstofffaser *f*
carbonic [kɑ:'bɒnɪk, AM kɑ:r'bɑ:n-] *adj* Kohlen-, kohlenstoffhaltig; **~ acid** Kohlensäure *f*
carboniferous [ˌkɑ:bə'nɪfərəs, AM ˌkɑ:r-] *adj* GEOL kohlehaltig, kohleführend; ■**the C~** [**epoch**] das Karbon

carbonize ['kɑ:bənaɪz, AM 'kɑ:r-] CHEM I. *vt* ■**to ~ sth** etw verkohlen [*o fachspr* karbonisieren]
II. *vi* verkohlen; **to ~ at low temperature** schwelen
carbon microphone *n* COMPUT Kohlemikrofon *nt* **carbon monoxide** I. *n no pl* Kohlenmonoxid *nt,* Kohlenoxid *nt* II. *n modifier (level, poisoning, pollution)* Kohlenmonoxid- **carbon paper** *n no pl (dated)* Kohlepapier *nt,* Durchschlagpapier *nt* **carbon ribbon** *n* COMPUT Karbonband *nt* **carbon set** *n* COMPUT Formulare *pl* mit Kohlepapier **carbon tissue** *n* COMPUT Pigmentpapier *nt*
car-boot sale *n* BRIT *Verkauf persönlicher Gegenstände aus dem Kofferraum auf einem Parkplatz*
carbuncle ['kɑ:bʌŋkl̩, AM 'kɑ:r-] *n* ❶ MED *(swelling)* Karbunkel *m*
❷ *(gem)* Karfunkel *m*
❸ *no pl (gemstone)* rund geschliffener Granat
carburetor ['kɑ:rbəreɪt̬ɚ] AM, **carburettor** [ˌkɑ:bjə'retəʳ] *n* BRIT AUTO Vergaser *m*
carcase *n esp* BRIT, **carcass** <*pl* -es> ['kɑ:kəs, AM 'kɑ:r-] *n* ❶ *(of an animal)* Tierleiche *f,* [Tier]kadaver *m;* *(of a meat animal)* Rumpf *m;* *(of poultry)* Gerippe *nt,* Überreste *mpl*
❷ *(of a vehicle)* [Auto]wrack *nt;* **~s of burnt-out vehicles** ausgebrannte Autowracks
❸ *(pej sl: of human body)* Kadaver *m pej sl*
carcinogen [kɑ:'sɪnədʒən, AM kɑ:r'-] *n* Krebserreger *m,* Karzinogen *nt fachspr,* Kanzerogen *nt fachspr;* **a class one ~** einer der gefährlichsten Krebserreger
carcinogenic [ˌkɑ:sɪnə(ʊ)'dʒenɪk, AM ˌkɑ:rsənoʊ'-] *adj* Krebs erregend [*o* auslösend], karzinogen *fachspr,* kanzerogen *fachspr*
carcinoma [ˌkɑ:sɪ'nəʊmə, AM ˌkɑ:rsən'oʊ-] *n* Karzinom *nt fachspr,* Krebsgeschwulst *f,* Tumor *m*
card¹ [kɑ:d, AM kɑ:rd] I. *n* ❶ *no pl (paper)* Pappe *f,* Karton *m*
❷ *(piece of paper)* Karte *f;* **blank ~** Leerkarte *f,* Blankokarte *f;* **business** [*or* **visiting**]**/index ~** Visiten-/Karteikarte *f*
❸ *(postcard)* [Post]karte *f,* Ansichtskarte *f*
❹ *(with a message)* [Glückwunsch]karte *f;* **anniversary/birthday/Christmas ~** Jubiläums-/Geburtstags-/Weihnachtskarte *f;* **get-well ~** Genesungskarte *f;* **greeting ~** Grußkarte *f,* Glückwunschkarte *f;* **valentine ~** Grußkarte *f* zum Valentinstag
❺ *(game)* [Spiel]karte *f;* **playing ~** Spielkarte *f;* [**game of**] **~s** *pl* Kartenspiel *nt;* ***I've never been much good at ~s*** ich konnte noch nie gut Karten spielen; **house of ~s** *(also fig)* Kartenhaus *nt;* **pack** [*or* AM *also* **deck**] **of ~s** Kartenspiel *nt,* Karten *fpl;* **to deal/shuffle the ~s** die Karten austeilen/mischen; **to play ~s** Karten spielen
❻ *(for paying)* Karte *f;* **cash ~** Geldautomatenkarte *f;* **charge ~** Kundenkreditkarte *f;* **cheque** [*or* **banker's**] [*or* AM **bank**] **~** Scheckkarte *f;* **credit/phone ~** Kredit-/Telefonkarte *f*
❼ *(proof of identity)* Ausweis *m;* **identy** [*or* **ID**] **~** Personalausweis *m;* **membership ~** Mitgliedskarte *f,* Mitgliedsausweis *m;* **party ~** Parteibuch *nt*
❽ BRIT *(fam: employment papers)* ■**~s** *pl* [Arbeits]papiere *ntpl;* **to ask for one's ~s** sich *dat* seine Papiere geben lassen, kündigen; **to get one's ~s** entlassen werden; **to give sb his/her ~s** jdn entlassen, jdm kündigen
► PHRASES: **to hold** [*or* **keep**] **one's ~s close to one's chest** sich *dat* nicht in die Karten schauen lassen; **to have a ~ up one's sleeve** noch etwas in petto haben; **to put** [*or* **lay**] **one's ~s on the table** seine Karten auf den Tisch legen; **to have** [*or* **hold**] **all the ~s** alle Trümpfe in der Hand haben; **to play one's best** [*or* **trump**] **~** seinen höchsten Trumpf ausspielen; **to play one's ~s right** [*or* **well**] geschickt vorgehen; **to throw in one's ~s** sich *akk* geschlagen geben; **to be on** [*or* AM **in**] **the ~s** zu erwarten sein
II. *n modifier* ❶ *(using cards)* Karten-; **~ catalogue** [*or* AM **catalog**] Zettelkatalog *m,* Kartei *f;* **~ index** Kartei *f,* Kartothek *f*
❷ *(using playing cards)* *(game, trick)* Karten-

C

III. *vt* AM ■**to ~ sb** sich *dat* jds Ausweis zeigen lassen; ■**to be ~ed** seinen Ausweis vorzeigen müssen

card² [kɑːd, AM kɑːrd] *n* (*dated fam*) Spaßvogel *m*, Witzbold *m*

card³ [kɑːd, AM kɑːrd] **I.** *n* MECH Wollkamm *m*, Kratze *f fachspr*, Karde *f fachspr*
II. *vt* **to ~ cotton/wool** Baumwolle/Wolle kämmen

cardamom [ˈkɑːdəməm, AM ˈkɑːrd-] *n*, BRIT *also* **cardamum** *n*, AM *also* **cardamon** [-mən] *n* Kardamom *m o nt*

cardboard I. *n no pl* Pappe *f*, [Papp]karton *m*; (*fig pej*) **to be ~** klischeehaft [*o* stereotyp] sein *pej* **II.** *n modifier* Papp-, Karton-; **~ box** [Papp]karton *m*, Pappschachtel *f*; **~ packaging** Kartonverpackung *f*, Kartonage *f* **cardboard city** *n esp* BRIT Obdachlosensiedlung *f*, Pappschachtelstadt *f* **card-carrying member** *n* POL eingetragenes Mitglied **car deck** *n* NAUT, TRANSP Wagendeck *nt* **card file** *n* Karteikarte *f* **card game** *n* Kartenspiel *nt* **cardholder** *n* FIN Karteninhaber(in) *m(f)*

cardiac [ˈkɑːdiæk, AM ˈkɑːr-] *adj inv* Herz-; **~ disease** Herzkrankheit *f*; **~ patient** Herzpatient(in) *m(f)*, Herzkranke(r) *f(m)*

cardiac arrest *n* Herzstillstand *m*

cardie *n* BRIT (*fam or childspeak*) *short for* **cardigan**

cardigan [ˈkɑːdɪgən, AM ˈkɑːr-] *n* Strickjacke *f*

cardinal [ˈkɑːdɪnᵊl, AM ˈkɑːr-] **I.** *n* ❶ REL Kardinal *m*
❷ ORN Kardinal[vogel] *m*
❸ MATH Grundzahl *f*, Kardinalzahl *f*
II. *adj attr, inv* Haupt-, hauptsächlich, grundlegend; **~ error** Kardinalfehler *m*; **~ rule** Grundregel *f*; **~ sin** Todsünde *f*

cardinal number *n* Kardinalzahl *f*, Grundzahl *f* **cardinal point** *n* Himmelsrichtung *f* **cardinal virtue** *n* Kardinaltugend *f*

card index *n* Kartei *f*; *of a library* Katalog *m*

cardio [ˈkɑːdiəʊ, AM ˈkɑːrdioʊ] **I.** *n* (*aerobics*) Cardio *nt*
II. *n modifier* (*fitness, session, shape, workout*) Cardio-

cardiofunk [ˈkɑːdiə(ʊ)fʌŋk, AM ˈkɑːrdioʊ-] *n no pl* Cardiofunk *m* (*herzstärkendes Aerobic*)

cardiogram [ˈkɑːdiə(ʊ)græm, AM ˈkɑːrdioʊ-] *n* MED Kardiogramm *nt*

cardiograph [ˈkɑːdiə(ʊ)grɑːf, AM ˈkɑːrdioʊgræf] *n* MED Kardiograph *m*

cardiography [ˌkɑːdiˈɒgrəfi, AM ˌkɑːrdiˈɑːg-] *n no pl* MED Kardiographie *f*

cardioid response [ˈkɑːdiɔɪd-, AM ˈkɑːr-] *n* COMPUT herzförmige Empfangscharakteristik

cardiologist [ˌkɑːdiˈɒlədʒɪst, AM ˌkɑːrdiˈɑːl-] *n* MED Kardiologe, -in *m, f*

cardiology [ˌkɑːdiˈɒlədʒi, AM ˌkɑːrdiˈɑːl-] *n no pl* MED Kardiologie *f*

cardiopulmonary [ˌkɑːdiə(ʊ)ˈpʌlmənᵊri, AM ˌkɑːrdioʊˈpʊlməneri] *adj inv* kardiopulmonal *fachspr*, Herz-Lungen-; **~ disease** Herz-Lungen-Erkrankung *f*

cardiovascular [ˌkɑːdiə(ʊ)ˈvæskjʊləʳ, AM ˌkɑːrdioʊˈvæskjələ˞] *adj inv* kardiovaskulär *fachspr*, Herz-Kreislauf-

cardoon [kɑːˈduːn, AM kɑːr-] *n* spanische Artischocke, Gemüseartischocke *f*, Karde *f*

car door *n* Autotür *f*, Wagentür *f*

cardphone *n* Kartentelefon *nt* **cardpunch** *n* BRIT (*dated*) Lochkartenmaschine *f*, Kartenlocher *m*, Lochkartenstanzer *m* **cardshark** *n esp* AM, **cardsharp** *n* Falschspieler(in) *m(f)*, Zinker(in) *m(f) fam* **card table** *n* Kartentisch *m*, Spieltisch *m* **card vote** *n* BRIT Abstimmung *f* durch Wahlmänner

cardy [ˈkɑːdi] *n* BRIT (*fam or childspeak*) *short for* **cardigan** Strickjacke *f*

care [keəʳ, AM ker] **I.** *n* ❶ *no pl* (*looking after*) Betreuung *f*, Aufsicht *f*; (*of children, the elderly*) Pflege *f*; (*in hospital*) Versorgung *f*; **duty of ~** Sorgfaltspflicht *f*; **to be in ~** in Pflege sein; **to be taken** [*or* **put**] **into ~** in Pflege gegeben werden; **to take** [**good**] **~ of sb** sich *akk* [gut] um jdn kümmern, jdn [gut] versorgen; **to be under a doctor's ~** bei einem Arzt in Behandlung sein
❷ *no pl* (*protection*) Obhut *f*; **~ and control** LAW [elterliche] Sorgepflicht; **child in ~** Fürsorgekind *nt*; **~ order** LAW Anordnung *f* öffentlicher Fürsorge; **~ proceedings** LAW Fürsorgeverfahren *nt*; **to be in** [*or* **under**] **sb's ~** in jds Obhut sein; **to take** [**good**] **~ of sb/sth** gut auf jdn/etw aufpassen; **take ~** [**of yourself**]! pass auf dich auf!, mach's gut! *fam*
❸ *no pl* (*responsibility*) **to take ~ of sth** sich *akk* um etw *akk* kümmern, für etw *akk* Sorge tragen *geh*; ***you paid for dinner last time, let me take ~ of it*** du hast schon das letzte Essen bezahlt, lass mich das jetzt übernehmen; ***all the travel arrangements have been taken ~ of*** sämtliche Reisevorbereitungen wurden getroffen; [**in**] **~ of …** c/o …, zu Händen von …
❹ *no pl* (*maintenance*) Pflege *f*; **hair ~** Haarpflege *f*; **to take ~ of oneself** sich *akk* pflegen; **to take good ~ of sth** *car, toys, machine* etw schonen
❺ *no pl* (*carefulness*) Sorgfalt *f*, Aufmerksamkeit *f*; ***have a ~!*** BRIT (*dated*) pass doch auf!, gib acht!; **to take ~ with sth** bei etw *dat* aufpassen; ***you need to take a bit more ~ with your spelling*** du musst dir mit deiner Rechtschreibung mehr Mühe geben; ***take ~ not to spill your coffee*** pass auf, dass du den Kaffee nicht verschüttest; **to take ~ that …** darauf achten, dass …; ***take ~ that you don't fall!*** pass auf, dass du nicht hinfällst!; **to do sth with ~** etw sorgfältig machen; **to drive with ~** umsichtig fahren; **driving without due ~ and attention** BRIT LAW fahrlässiges Verhalten im Straßenverkehr; **to handle sth with ~** mit etw *dat* vorsichtig umgehen; ***'handle with ~'*** ‚Vorsicht, zerbrechlich!'
❻ (*worry*) Sorge *f*; **to not have** [*or* **be without**] **a ~ in the world** keinerlei Sorgen haben; **to be free from ~** unbesorgt sein, keine Sorgen haben
II. *vi* ❶ (*be concerned*) betroffen sein; ***I think he ~s quite a lot*** ich glaube, es macht ihm eine ganze Menge aus; ***I could***[***n't***] ***~ less*** *esp* AM (*fam*) das ist mir völlig egal *fam*; ***as if I ~d*** als ob mir das etwas ausmachen würde; ***for all I ~*** meinetwegen; ***who ~s?*** (*it's not important*) wen interessiert das schon?; (*so what*) was soll's?; ■**to ~ about** [*or* **for**] **sth** sich *dat* aus etw *dat* etwas machen
❷ (*feel affection*) Zuneigung fühlen; ***I didn't know you ~d!*** ich wusste ja gar nicht, dass du dir etwas aus mir machst; ***I think he ~s for her very much*** ich glaube, sie bedeutet ihm sehr viel
❸ (*want*) ■**to ~ to do sth** etw tun mögen; ***would you ~ to join us for dinner?*** darf ich Sie zum Abendessen einladen?; ■**to ~ for sth** etw mögen; ***would you ~ for a drink?*** möchten Sie etwas trinken?
❹ (*look after*) ■**to ~ for sb/sth** sich *akk* um jdn/etw kümmern
III. *vt* ■**sb does not ~ how/what/where/whether/who/why …** jdm ist es gleich [*o* egal], wie/was/wo/ob/wer/warum …; ***I don't ~ how much it costs*** ich achte nicht auf den Preis

careen [kəˈriːn] **I.** *vt* **to ~ a boat** ein Schiff kielholen
II. *vi* ❶ NAUT sich *akk* auf die Seite legen, krängen *fachspr*
❷ *esp* AM (*career*) rasen

career [kəˈrɪəʳ, AM -ˈrɪr] **I.** *n* ❶ (*profession*) Beruf *m*; ***he's taking up a ~ in the police force*** er geht in den Polizeidienst; ***I want a ~ in teaching*** ich möchte Lehrer werden; ***she has a very well-paid ~ as a doctor*** sie arbeitet als gut bezahlte Ärztin
❷ (*working life*) Karriere *f*, Werdegang *m*, Laufbahn *f*; ***don't do anything that will ruin your ~!*** setze deine Karriere nicht aufs Spiel!; ***he will be able to look back on a brilliant ~*** er wird auf eine glänzende Laufbahn zurückblicken können; **to enter upon a ~ in business** eine Laufbahn in der Wirtschaft einschlagen
II. *n modifier* ❶ (*professional*) Berufs-; **~ politician** Berufspolitiker(in) *m(f)*
❷ BRIT (*job prospects*) ■**~s …** (*adviser, outlook, prospects*) Berufs-; **~s office** Berufsberatung *f*
III. *vi* rasen; **to ~ out of control** außer Kontrolle geraten; **to ~ down a slope** einen Hang hinunterrasen

career girl *n* (*dated*) Karrierefrau *f*

careerist [kəˈrɪərɪst, AM -ˈrɪr-] (*usu pej*) **I.** *n* Karrierist(in) *m(f) pej*, Karrieremacher(in) *m(f)*
II. *adj* karrieristisch *pej*

career ladder *n* Karriereleiter *f* **career-minded** *adj*, **career-orientated** *adj* karriereorientiert **career prospect** *n* Berufsaussichten *fpl*; ■**~s** *pl* Aufstiegsmöglichkeiten *fpl* **careers officer** *n* BRIT Berufsberater(in) *m(f)* **career woman** *n* Karrierefrau *f*

carefree *adj* sorgenfrei, unbekümmert, sorglos

careful [ˈkeəfᵊl, AM ˈker-] *adj* ❶ (*cautious*) vorsichtig; *driver* umsichtig; ***you can't be too ~ these days*** man kann heutzutage nicht vorsichtig genug sein; ***be ~ to look both ways when you cross the road*** denke daran, in beide Richtungen zu sehen, bevor du die Straße überquerst; ***be ~ about the ice on the road*** fahr vorsichtig – es ist glatt draußen; **to be ~ with sth** mit etw *dat* vorsichtig umgehen; ■**to be ~** [**that**] **…** darauf achten, dass …; ■**to be ~ where/what/who/how …** darauf achten, wo/was/wer/wie …; ***be ~ how you phrase that question*** überlege dir genau, wie du die Frage stellst
❷ (*meticulous*) sorgfältig; *examination* gründlich; *analysis* umfassend; *worker* gewissenhaft; **to pay ~ attention to sth** auf etw *akk* genau achten; **to make a ~ choice** sorgfältig auswählen; **after ~ consideration** nach reiflicher Überlegung; **to make a ~ search of sth** etw gründlich [*o* genau] durchsuchen; [**be**] **~ how you go!** BRIT (*dated*) pass auf dich auf!

carefully [ˈkeəfᵊli, AM ˈker-] *adv* ❶ (*cautiously*) vorsichtig; **to handle sth ~** mit etw *dat* achtsam [*o* vorsichtig] umgehen
❷ (*painstakingly*) sorgfältig, gewissenhaft, gründlich; **to examine sb ~** jdn gründlich untersuchen; **to listen ~** aufmerksam zuhören; **to prepare sth ~** etw gewissenhaft [*o* sorgfältig] vorbereiten; **to sift sth ~** etw genau unter die Lupe nehmen

carefulness [ˈkeəfᵊlnəs, AM ˈker-] *n no pl* ❶ (*caution*) Vorsicht *f*, Achtsamkeit *f*
❷ (*meticulousness*) Sorgfalt *f*, Gründlichkeit *f*

caregiver *n esp* AM ❶ (*for ill/disabled person*) Pflegekraft *f* ❷ (*for child*) Kinderbetreuer(in) *m(f)*

care label *n* Pflegeetikett *nt*

careless [ˈkeələs, AM ˈker-] *adj* ❶ (*lacking attention*) unvorsichtig; *driver* leichtsinnig, unaufmerksam; LAW fahrlässig; ■**to be ~ with sth** mit etw *dat* leichtsinnig umgehen; ***why are you so ~ with your things?*** warum passt du nicht besser auf deine Sachen auf?
❷ (*unthinking*) *remark* unbedacht, unüberlegt; *talk* gedankenlos
❸ (*not painstaking*) nachlässig, unordentlich
❹ (*carefree*) unbekümmert, sorglos, ungezwungen; **~ elegance** lässige Eleganz; **~ simplicity** unbekümmerte Naivität

carelessly [ˈkeələsli, AM ˈker-] *adv* ❶ (*without attention*) leichtsinnig, unvorsichtig
❷ (*negligently*) nachlässig, unordentlich
❸ (*thoughtlessly*) gedankenlos
❹ (*nonchalantly*) lässig, unbekümmert

carelessness [ˈkeələsnəs, AM ˈker-] *n no pl* ❶ (*lack of care*) Nachlässigkeit *f*
❷ (*thoughtlessness*) Gedankenlosigkeit *f*, Unüberlegtheit *f*
❸ (*lack of carefulness*) Unvorsichtigkeit *f*, Leichtsinn *m*

carer [ˈkeərəʳ] *n* BRIT Betreuer(in) *m(f)*; ***Ken is the children's main ~*** meistens kümmert sich Ken um die Kinder

caress [kəˈres] **I.** *n* <*pl* -es> Streicheln *nt*, Liebkosung *f veraltend geh*; ■**~es** *pl* Zärtlichkeiten *fpl*
II. *vt* ■**to ~ sb/sth** jdn/etw streicheln
III. *vi* Zärtlichkeiten austauschen

caressing [kəˈresɪŋ] *adj* zärtlich, schmeichelnd

caret [ˈkærɪt, AM ˈker-] *n* COMPUT Winkelzeichen *nt*

caretaker I. *n* BRIT (*janitor*) Hausmeister(in) *m(f)*;

AM (*property manager*) Hausverwalter(in) *m(f)*
II. *adj attr, inv* ~ **chairman** geschäftsführender Vorsitzender; ~ **government** Übergangsregierung *f,* Interimsregierung *f,* geschäftsführende Regierung; ~ **Prime Minister** Übergangsministerpräsident *m,* Interimsministerpräsident *m*

caret mark *n,* **caret sign** *n* COMPUT Caretzeichen *nt,* Winkelzeichen *nt*

careworn *n* von Sorgen gezeichnet, vergrämt

car ferry *n* Autofähre *f*

cargo ['kɑːgəʊ, AM 'kɑːrgoʊ] I. *n* <*pl* -s *or* -es> ❶ *no pl* (*goods transported*) Fracht *f,* Ladung *f,* Frachtgut *nt*
❷ (*load of goods*) *of wool, rice* Ladung *f*
II. *n modifier* (*container, weight*) Fracht-; ~ **plane** [*or* **aircraft**] Transportflugzeug *nt,* Frachtflugzeug *nt;* ~ **ship** [*or* **boat**] [*or* **vessel**] Frachter *m,* Frachtschiff *nt;* ~ **transport** Gütertransport *m*

cargo trousers *npl* Cargohose *f*

car hire *esp* BRIT I. *n* Autovermietung *f kein pl* II. *n modifier* Autovermietungs-; ~ **company** Leihwagenfirma *f,* Autoverleih *m* **carhop** *n* AM (*dated fam*) Bedienung *f* in einem Drive-in-Restaurant

Caribbean [ˌkærɪ'biːən, kə'rɪbi-, AM ˌkerɪ'-, kə'rɪbi-] I. *n no pl* ■**the** ~ (*sea*) die Karibik; (*islands*) die Karibischen Inseln
II. *adj inv* karibisch; *person also* karibischer Abstammung; **the** ~ **Islands** die Karibischen Inseln; **the** ~ **Sea** das Karibische Meer, die Karibik; ■**to be** ~ aus der Karibik stammen

caribou ['kærɪbuː, AM 'ker-] *n* ZOOL Karibu *m o nt*

caricature ['kærɪkətʃʊəʳ, AM 'kerəkətʃʊr] I. *n* Karikatur *f;* (*pej also*) Spottbild *nt pej;* **to become a** ~ **of oneself** zu einer Karikatur seiner selbst werden
II. *vt* ■**to** ~ **sb/sth** (*draw*) jdn/etw karikieren; (*parody*) jdn/etw parodieren

caricaturist ['kærɪkətʃʊərɪst, AM 'kerəkətʃʊr-] *n* Karikaturist(in) *m(f)*

caries ['keəriːz, AM 'ker-] *n no pl* Karies *f;* **dental** ~ Zahnkaries *f,* Zahnfäule *f*

carillon [kær'ɪljən, AM 'kerəlɑːn] *n* Glockenspiel *nt;* (*music also*) Glockenspielmusik *f*

caring ['keərɪŋ, AM 'ker-] *adj* (*approv*) warmherzig, mitfühlend, einfühlsam; *person* fürsorglich; *society* sozial; *atmosphere* mitmenschlich

caring profession *n* Sozialberuf *m*

car insurance *n no pl* ❶ (*policy*) Kraftfahrzeugversicherung *f,* Kfz-Versicherung *f* ❷ (*premium*) Kfz-Versicherungsprämie *f,* Kfz-Versicherungsbeitrag *m* **carjack** I. *n* Wagenheber *m* II. *vt* **to** ~ **a vehicle** ein Auto entführen [und die Insassen berauben] **carjacking** *n* Autoentführung *f,* Autoraub *m kein pl*

Carmelite ['kɑːməlaɪt, AM 'kɑːr] REL I. *adj inv* Karmeliter-/Karmeliterinnen-
II. *n* Karmeliter(in) *m(f)*

carmine ['kɑːmaɪn, AM 'kɑːr-] I. *n* Karmin[rot] *nt*
II. *adj* karminrot, karminfarben

carnage ['kɑːnɪdʒ, AM 'kɑːr-] *n no pl* Blutbad *nt,* Gemetzel *nt;* **the annual** ~ **on the roads** das alljährliche Blutvergießen auf den Straßen; **scene of** ~ blutiges Schauspiel

carnal ['kɑːnəl, AM 'kɑːr-] *adj* (*form*) ❶ *inv* (*fleshly*) fleischlich, körperlich; (*sexual*) sexuell, sinnlich; ~ **desire** sinnliche Begierde, Fleischeslust *f veraltet o hum;* ~ **pleasures** sinnliche Freuden
❷ (*fig: worldly*) profan, weltlich

carnality [kɑː'næləti, AM kɑːr'næləṭi] *n no pl* (*form*) Sinnlichkeit *f,* Fleischeslust *f veraltet o hum*

carnal knowledge *n no pl* (*form*) **to have** ~ **of sb** mit jdm Geschlechtsverkehr haben

carnation [kɑː'neɪʃən, AM kɑːr'-] I. *n* ❶ (*plant*) [Garten]nelke *f*
❷ (*flower*) Nelke *f*
❸ (*colour*) Blassrot *nt,* Rosarot *nt*
II. *adj* rosa; ~ **pink** zartrosa

carnival ['kɑːnɪvəl, AM 'kɑːrnə-] I. *n* ❶ (*festival occasion*) Volksfest *nt;* AM (*funfair*) Jahrmarkt *m*
❷ (*pre-Lenten festival*) Karneval *m,* Fasching *m bes* SÜDD, ÖSTERR, Fastnacht *f*
II. *n modifier* (*procession, parade, time*) Karnevals-; ~ **atmosphere** ausgelassene Stimmung

carnivore ['kɑːnɪvɔːʳ, AM 'kɑːrnəvɔːr] *n* ❶ (*meat-eater*) Fleischfresser *m,* Karnivore *m fachspr*
❷ (*plant*) Fleisch fressende Pflanze, Karnivore *f fachspr*
❸ (*hum: non-vegetarian*) Fleischfresser(in) *m(f) hum*

carnivorous [kɑː'nɪvərəs, AM kɑːr'nɪ-] *adj inv* BOT, ZOOL Fleisch fressend, karnivor *fachspr;* ~ **plant** Fleisch fressende Pflanze

carob ['kærəb, AM 'ker-] *n* ❶ *no pl* FOOD Johannisbrot *nt*
❷ BOT Johannisbrotbaum *m*

carol ['kærəl, AM 'ker-] I. *n* [fröhliches] Lied *nt,* Jubellied *nt,* Lobgesang *m;* **Christmas** ~ Weihnachtslied *nt*
II. *n modifier* (*book*) Weihnachtslieder-; ~ **concert** weihnachtliches Liedersingen, Weihnachtssingen *nt*
III. *vi* <BRIT -ll- *or* AM *usu* -l-> fröhlich singen; **to go** ~**ling** als Sternsinger von Haus zu Haus ziehen; (*fig*) **to** ~ **away** jubilieren

caroler AM, **caroller** ['kærələʳ, AM 'kerələ] *n,* **carol singer** *n* Sternsinger(in) *m(f)*

carol-singing *n no pl* Weihnachtssingen *nt,* Sternsingen *nt;* **to go** ~ als Sternsinger von Haus zu Haus ziehen

carotene ['kærətiːn, AM 'ker-] *n no pl* Karotin *nt*

carotid [kə'rɒtɪd, AM 'rɑːṭɪd] *adj inv* Halsschlagader *f,* Karotis *f fachspr*

carousal [kə'raʊzəl] *n no pl* (*dated or hum*) Trinkgelage *nt meist hum,* Zecherei *f veraltend o hum*

carouse [kə'raʊz] *vi* zechen *veraltend o hum,* ein Gelage feiern

carousel [ˌkærə'sel, AM 'kerəsel, kær-] *n* ❶ *esp* AM (*roundabout*) Karussell *nt*
❷ AVIAT [Gepäck]ausgabeband *nt,* Gepäckkarussell *nt*
❸ PHOT (*slide holder*) ■**C**~® Rundmagazin *nt*

car owner *n* Autobesitzer(in) *m(f)*

carp[1] <*pl* – *or* -s> [kɑːp, AM kɑːrp] *n* FOOD Karpfen *m*

carp[2] [kɑːp, AM kɑːrp] *vi* ■**to** ~ [**about sb/sth**] [über jdn/etw] meckern *fam,* [an jdm/etw] herumnörgeln *fam;* ***I can't stand the way he's always*** ~***ing*** ich kann sein ständiges Herumnörgeln nicht ausstehen; ■**to** ~ **at sb** an jdm herummäkeln *fam;* ***she never stops*** ~***ing at him*** sie hat immer etwas an ihm auszusetzen

carpal bone ['kɑːpəl,-, AM 'kɑːrpəl,-] *n* ANAT (*of hand*) Handwurzelknochen *m;* (*of foot*) Vorderfußwurzelknochen *m* **carpal tunnel syndrome** *n no pl* MED Karpaltunnelsyndrom *nt fachspr*

car park *n* BRIT, AUS Parkplatz *m;* **multi-storey** ~ Parkhaus *nt;* **underground** ~ Tiefgarage *f*

Carpathians [kɑː'peɪθiənz, AM kɑːr'] *npl* GEOG ■**the** ~ die Karpaten *pl*

carpenter ['kɑːpəntəʳ, AM 'kɑːrpəntə-] *n* Zimmermann *m,* Schreiner(in) *m(f),* Tischler(in) *m(f)*

carpenters ['kɑːpəntəz, AM 'kɑːrpəntə-z] *npl* Zimmermannshose *f*

carpentry ['kɑːpəntri, AM 'kɑːr-] *n no pl* ❶ (*activity*) Zimmerhandwerk *nt,* Schreinerhandwerk *nt,* Tischlerhandwerk *nt;* ***Martin is learning*** ~ Martin lernt Tischler *fam*
❷ (*item*) [**piece of**] ~ Zimmermannsarbeit *f,* Schreinerarbeit *f,* Tischlerarbeit *f*

carpet ['kɑːpɪt, AM 'kɑːrpət] I. *n* ❶ (*rug*) Teppich *m;* ~ **of flowers** Blumenteppich *m;* ~ **of snow** Schneedecke *f;* **to fit** [*or* **lay**] **a** ~ einen Teppich[boden] verlegen; **fitted** [*or* AM **wall-to-wall**] ~ Teppichboden *m*
❷ *no pl* (*floor covering*) Bodenbelag *m*
► PHRASES: **to be on the** ~ (*be reprimanded*) zusammengestaucht werden; (*be under discussion*) diskutiert werden; **to sweep sth under the** ~ etw unter den Teppich kehren
II. *vt* ❶ (*instal rug*) ■**to** ~ **sth** etw [mit einem Teppich] auslegen; **to** ~ **the stairs** einen Läufer auf die Treppenstufen legen
❷ (*fig fam: severely reprimand*) **to** ~ **sb** [**for sth**] jdn [wegen einer S. *gen*] zusammenstauchen [*o* zur Minna machen] *fam*

carpet bag *n* (*dated*) Reisetasche *f* **carpetbagger** *n esp* AM (*pej*) politischer Abenteurer [*o* Karrieremacher] (*insbesondere Politiker aus dem Norden der USA, der nach dem Amerikanischen Bürgerkrieg in den Südstaaten Karriere machen wollte*) **carpet bombing** *n* ❶ *no pl* (*activity*) Flächenbombardierung *f,* großflächige Bombardierung ❷ (*instance*) Flächenbombardement *nt*

carpeted ['kɑːpɪtɪd, AM 'kɑːrpəṭ-] *adj inv* mit einem Teppich ausgelegt; **to have a** ~ **bathroom** einen Teppich im Bad haben; **thickly** ~ mit einem dicken Teppich ausgelegt; (*fig*) **to be** ~ **with flowers** mit Blumen übersät sein

carpeting ['kɑːpɪtɪŋ, AM 'kɑːrpəṭ-] *n no pl* Teppich[boden] *m,* Teppichware *f,* Teppiche *mpl*

carpet slippers *n* Hausschuhe *mpl,* Pantoffeln *mpl* **carpet sweeper** *n* Teppichkehrer *m,* Teppichkehrmaschine *f*

car phone *n* Autotelefon *nt* **carpool** I. *n* Fahrgemeinschaft *f* II. *vi* eine Fahrgemeinschaft bilden, in einer Fahrgemeinschaft fahren **carpooling** *n no pl* Bildung *f* einer Fahrgemeinschaft **carport** *n* Einstellplatz *m* [mit Schutzdach], Autounterstand *m,* Carport *m*

carrel ['kærəl] *n* ❶ (*cubicle in a library*) Lesekabine *f*
❷ (*study in a cloister*) Studierwinkel *m*

carriage ['kærɪdʒ, AM 'ker-] *n* ❶ (*horse-drawn*) Kutsche *f*
❷ BRIT (*train wagon*) Personenwagen *m,* Reisezugwagen *m*
❸ (*posture*) [Körper]haltung *f*
❹ (*of a typewriter*) Wagen *m,* Schlitten *m*
❺ *no pl* BRIT (*transport costs*) Transportkosten *pl,* Frachtkosten *pl,* Frachtgebühr *f,* Rollgeld *nt;* ***that will be £150,*** ~ ***included*** das macht 150 Pfund, inklusive Fracht

carriage clock *n* BRIT Reisewecker *m,* Reiseuhr *f* **carriage forward** *adv* BRIT Fracht zahlt Empfänger, Frachtkosten per Nachnahme, unfrei **carriage free** *adv* BRIT frachtfrei, Transport bezahlt **carriage paid** *adv* BRIT frachtfrei, Transport bezahlt **carriage return** *n* ❶ (*button*) Wagenrücklauftaste *f,* Rückführtaste *f,* Zeilentaste *f* ❷ (*device*) Wagenrücklauf *m* **carriageway** *n* BRIT Fahrbahn *f;* **dual** ~ vierspurige Straße, Schnellstraße *f;* **northbound** ~ Fahrbahn *f* in nördlicher Richtung

carrier ['kæriəʳ, AM 'keriə-] *n* ❶ (*person*) Träger(in) *m(f);* *of luggage* Gepäckträger(in) *m(f);* *of water* [Wasser]träger(in) *m(f);* (*messenger*) Überbringer(in) *m(f),* Bote, -in *m, f*
❷ MIL (*vehicle*) Transporter *m;* AVIAT Transportflugzeug *nt;* NAUT Transportschiff *nt;* [**aircraft**] ~ Flugzeugträger *m;* [**troop**] ~ Truppentransporter *m*
❸ (*transport company*) *of people* Personenbeförderungsunternehmen *nt;* *of goods* Transportunternehmen *nt,* Spedition *f;* (*by air*) Fluggesellschaft *f;* (*person*) Frachtunternehmer(in) *m(f),* Spediteur(in) *m(f);* **common** ~ öffentliches Transportunternehmen; ~**'s lien** LAW Spediteurpfandrecht *nt*
❹ MED *of disease* [Über]träger(in) *m(f)*
❺ BRIT (*fam: bag*) Tragetasche *f;* *see also* **carrier bag**
❻ RADIO ~ [**wave**] Träger *m,* Trägerwelle *f*
❼ PHYS Trägersubstanz *f*
❽ CHEM Katalysator *m*

carrier bag *n* BRIT Tragetasche *f;* (*of plastic*) [Plastik]tüte *f;* (*of paper*) [Papier]tüte *f* **carrier pigeon** *n* Brieftaube *f*

carrion ['kæriən, AM 'ker-] *n no pl* Aas *nt;* ~ **eater** Aasfresser *m*

carrion crow *n* Rabenkrähe *f*

carrot ['kærət, AM 'ker-] I. *n* ❶ (*vegetable*) Möhre *f,* Karotte *f,* Möhrrübe *f* NORDD, gelbe Rübe SÜDD, Rüebli *nt* SCHWEIZ
❷ (*fam: reward*) Belohnung *f,* Anreiz *m;* **to dangle** [*or* **hold out**] **a** ~ **in front of sb** versuchen jdn zu ködern; **the** ~ **and** [**the**] **stick** Zuckerbrot und Peitsche
II. *n modifier* (*cake, juice, soup, salad*) Karotten-, Möhren-

carrot-and-stick *adj attr, inv* (*fam*) ***sometimes I***

just have to resort to the ~ approach with my children manchmal hilft bei meinen Kindern nur noch Zuckerbrot und Peitsche **carrot-top** *n* (*hum fam*) Rotschopf *m fam*

carroty ['kærəti, AM 'kerəṭi] *adj* möhrenfarben, karottenrot; ~ **hair** feuerrotes Haar

carry <-ie-> ['kæri, AM 'keri] **I.** *vt* ❶ (*in hands, arms*) ▪**to ~ sb/sth** jdn/etw tragen; ***why do you always ~ so much stuff around?*** warum schleppst du immer so viel Zeug mit dir herum? *fam;* **to ~ sb piggyback** jdn huckepack tragen
❷ (*in vehicle*) ▪**to ~ sb/sth** ***I'm so tired my legs won't ~ me*** ich bin so müde, ich kann mich kaum mehr auf den Beinen halten; ***the bus was ~ing our children to school*** der Bus brachte unsere Kinder zur Schule; ***the truck was not ~ing a load*** der Lastwagen war nicht beladen; ***the stranded ship was ~ing cargo*** das gestrandete Schiff hatte eine Ladung an Bord
❸ (*have on one's person*) ▪**to ~ sth** etw [bei sich *dat*] haben [*o* tragen]
❹ (*remember*) **to ~ sth in one's head** etw [im Kopf] behalten; **to ~ a memory of sth** etw in Erinnerung behalten; **to ~ a tune** eine Melodie halten
❺ MED (*transmit*) ▪**to ~ sth** etw übertragen; ▪**to be carried by sth** von etw *dat* übertragen werden
❻ (*bear, have*) ***murder used to ~ the death penalty*** auf Mord stand früher die Todesstrafe; **to ~ conviction** überzeugend sein; **to ~ insurance** versichert sein; **to ~ a penalty** eine [Geld]strafe nach sich *dat* ziehen; **to ~ responsibility** Verantwortung tragen; **to ~ sail** NAUT Segel gesetzt haben; **to ~ weight with sb** jdn sehr beeindrucken; ***all cigarette packets ~ a warning*** auf allen Zigarettenpäckchen steht eine Warnung
❼ (*support*) ▪**to ~ sth** etw tragen; ***the ice isn't thick enough to ~ my weight*** das Eis ist nicht dick genug, um mein Gewicht zu tragen; ***I'm ~ing a lot of work at the moment*** ich habe im Moment viel Arbeit; ***the company is currently being carried by its export sales*** die Firma wird im Moment durch ihre Exporte getragen; ***we cannot afford to ~ people who don't work hard*** Leute, die nicht hart arbeiten, sind für uns nicht tragbar; **to ~ oneself well** sich *akk* gut halten
❽ (*sell*) ▪**to ~ sth** *shop* etw führen
❾ (*win support*) ▪**to ~ sb** jdn auf seine Seite ziehen; ***the party's popular plans will surely ~ the day at the next election*** mit ihren populären Vorhaben wird die Partei die nächsten Wahlen für sich entscheiden; ***his motion was carried unanimously*** sein Antrag wurde einstimmig angenommen
❿ JOURN ▪**to ~ sth** über etw *akk* berichten; ***the newspapers all ~ the same story on their front page*** die Zeitungen warten alle mit der gleichen Story auf; **to ~ a headline** eine Schlagzeile haben
⓫ (*develop*) **to ~ an argument to its [logical] conclusion** ein Argument [bis zum Schluss] durchdenken; **to ~ sth to extremes** [*or* **its limits**] etw bis zum Exzess treiben, mit etw *dat* zu weit gehen; **to ~ a joke too far** den Spaß zu weit treiben
⓬ MATH (*put into next column*) **to ~ a number** eine Zahl im Sinn behalten
⓭ (*be pregnant*) **to ~ a child** ein Kind erwarten, schwanger sein; ***when I was ~ing Rajiv*** als ich mit Rajiv schwanger war
⓮ FIN **to ~ interest** Zinsen abwerfen; ***the bonds ~ interest at 10%*** die Wertpapiere werfen 10% Zinsen ab
► PHRASES: **to ~ the can** BRIT (*fam*) den schwarzen Peter haben; **to ~ a torch for sb** (*fam*) jdn anhimmeln *fam;* **to ~ all before one** vollen Erfolg haben; (*hum*) *woman* viel Holz vor der Hütte haben *hum*
II. *vi* ❶ (*be audible*) zu hören sein
❷ (*fly*) fliegen
III. *n* FIN Kreditkosten *pl;* **positive/negative ~** finanzieller Gewinn/Verlust

◆**carry away** *vt* ❶ (*remove*) ▪**to ~ sth ↔ away** *storm, flood* etw [mit sich *dat*] forttragen [*o* wegreißen]
❷ (*be overcome by*) ▪**to be carried away [by sth]** sich *akk* [von etw *dat*] mitreißen lassen; (*be enchanted by*) [von etw *dat*] hingerissen sein; **to get carried away [with sth]** es [mit etw *dat*] übertreiben; ***I got rather carried away with buying presents*** ich war beim Geschenkekaufen irgendwie nicht zu bremsen; ***don't get carried away!*** (*fam*) jetzt übertreib es mal nicht! *fam*

◆**carry back** *vt* ▪**to ~ sb back to the old days** jdn in alte Zeiten [zurück]versetzen

◆**carry forward** *vt* ECON, FIN ▪**to ~ sth ↔ forward** etw übertragen; **balance carried forward** [*or* **c/f**] Saldovortrag *m*

◆**carry off** *vt* ❶ (*take away*) ▪**to ~ sb ↔ off** jdn wegtragen; (*in football*) jdn vom Spielfeld tragen; ▪**to ~ sth ↔ off** etw wegtragen; *thieves* etw erbeuten
❷ (*succeed*) ▪**to ~ sth off** etw hinbekommen
❸ (*win*) ▪**to ~ off ↔ sth** etw gewinnen; **to ~ off a prize** einen Preis mit nach Hause nehmen

◆**carry on I.** *vt* ▪**to ~ on ↔ sth** etw weitermachen [*o* fortsetzen]; ***we'll ~ on this conversation later*** wir reden später weiter; ***~ on the good work*** weiter so!
II. *vi* ❶ (*continue*) weitermachen; ▪**to ~ on doing sth** etw weiter[hin] tun; **to ~ on as if nothing has happened** [*or* **as usual**] so weitermachen, als ob nichts geschehen wäre
❷ (*fam: make a fuss*) Radau machen *fam,* den Aufstand proben *iron fam;* (*cry uncontrolledly*) Zeter und Mordio schreien *fam;* ▪**to ~ on at sb** (*argue incessantly*) mit jdm herumzanken *fam;* (*complain incessantly*) an jdm herummäkeln *fam*
❸ (*dated fam*) ▪**to ~ on with sb** mit jdm ein Techtelmechtel haben *fam,* etwas mit jdm haben *fam*
❹ (*continue*) ▪**to ~ on with sth** [erst mal] mit etw *dat* weitermachen; (*make do with sth*) [erst mal] mit etw *dat* auskommen

◆**carry out** *vt* ▪**to ~ out ↔ sth** ❶ (*take out*) etw hinaustragen
❷ (*perform task*) etw durchführen; (*make real*) etw realisieren [*o* wahr machen]; **to ~ out an attack** angreifen; **to ~ out sth to the letter** etw haargenau befolgen; **to ~ out an order** einen Befehl befolgen [*o* ausführen]; **to ~ out a search** eine Suche durchführen; **to ~ out a threat** eine Drohung wahr machen

◆**carry over I.** *vt* ▪**to ~ over ↔ sth** ❶ FIN (*bring forward*) einen Übertrag von etw *dat* machen; STOCKEX etw prolongieren *fachspr*
❷ (*postpone*) etw verlegen [*o* verschieben]; **to ~ over a week's holiday** eine Woche Urlaub ins neue Jahr herübernehmen
II. *vi* ❶ (*have an effect on*) ▪**to ~ over into sth** Einfluss auf etw *akk* haben; (*have a negative effect on*) etw beeinträchtigen
❷ (*remain*) übrig bleiben; ▪**to ~ over from sth** aus etw *dat* stammen

◆**carry through** *vt* ❶ (*sustain*) ▪**to ~ sb/an animal through** jdn/ein Tier durchbringen
❷ (*complete successfully*) ▪**to ~ through ↔ sth** etw durchführen; **to ~ a plan through** einen Plan in die Tat umsetzen

carry-all *n* AM ❶ (*travel bag*) Tragetasche *f,* Reisetasche *f* ❷ TRANSP (*horse-drawn vehicle*) *einspänniges, vierrädriges Fuhrwerk;* (*motorized vehicle*) Kombiwagen *m* **carry-cot** *n* BRIT Babytragetasche *f* **carry-forward** *n* FIN Übertrag *m,* Vortrag *m*

carrying *n* COMM ~ **charges** Speditionskosten *pl;* ~ **cost** Lagerkosten *pl*

carrying agent *n* Spediteur(in) *m(f),* Transportunternehmer(in) *m(f)* **carrying capacity** *n* ❶ (*maximum load*) Nutzlast *f,* Tragfähigkeit *f; of cable* Belastbarkeit *f* ❷ ECOL zulässige Siedlungsdichte **carrying charge** *n* AM ❶ ECON (*interest on installments*) Zins *m* für Teilzahlungskredit ❷ (*property owner's costs*) laufende Kosten **carrying-on** <*pl* carryings-on> *n* (*fam*) ❶ *no pl* (*dubious affair*) Machenschaft[en] *f[pl]* ❷ (*dubious activity*) Machenschaft[en] *f[pl],* Umtriebe *pl* **carrying trade** *n* Transportgewerbe *nt,* Speditionsgeschäft *nt*

carry-on *n no pl* BRIT (*fam*) ❶ (*fuss*) Aufregung *f;* ***there was a real ~ at the butcher's today*** heute war beim Metzger ziemlich viel los; ***what a ~!*** was für ein Getue! ❷ (*dubious activity*) Machenschaft[en] *f[pl]* ❸ (*love affair*) [Liebes]affäre *f* **carry-on luggage** *n no pl* Handgepäck *nt* **carry-out I.** *n* AM, SCOT ❶ (*food*) Schnellimbiss *m* ❷ (*shop*) Imbissstube *f* **II.** *adj attr, inv* Schnellimbiss-; **a ~ pizzeria** eine Schnellpizzeria **carry-over** *n* ❶ STOCKEX Übertrag *m,* [Saldo]vortrag *m;* **~ day** *erster Tag einer neuen Börsenhandelsperiode an der Londoner Börse* ❷ ECON, FIN (*of payment*) Überziehung *f* ❸ (*left over*) Überbleibsel *nt*

car seat *n* AUTO Autositz *m,* Wagensitz *m* **carsick** *adj* ***he always gets ~*** ihm wird beim Autofahren immer schlecht **carsickness** *n no pl* Übelkeit *f* (*beim Autofahren*)

cart [kɑːt, AM kɑːrt] **I.** *n* ❶ (*pulled vehicle*) Wagen *m,* Karren *m;* **horse ~** Pferdewagen *m;* **a horse and ~** Pferd und Wagen
❷ AM (*supermarket trolley*) Einkaufswagen *m*
► PHRASES: **to put the ~ before the horse** das Pferd von hinten aufzäumen
II. *vt* (*transport with effort*) ▪**to ~ sth** etw mühsam transportieren; (*carry*) etw schleppen *fam*

◆**cart around** *vt* ▪**to ~ sth ↔ around** etw mit sich *dat* herumschleppen *fam*

◆**cart away** *vt* ▪**to ~ sth ↔ away** etw abtransportieren [*o fam* wegschaffen]

◆**cart off** *vt* ▪**to ~ sb ↔ off** jdn [mit Gewalt] wegbringen

cartage ['kɑːtɪdʒ, AM 'kɑːr] *n no pl* ❶ (*load*) Fuhre *f* ❷ (*payment*) Fuhrlohn *m*

carte blanche [ˌkɑːt'blɑ̃(nt)ʃ, AM ˌkɑːrt'blɑː(n)ʃ] *n no pl* Freibrief *m,* Carte blanche *f geh;* **to give sb ~ [to do sth]** jdm freie Hand geben[, etw zu tun]

cartel [kɑː'tel, AM kɑːr'-] *n* Kartell *nt*

carter ['kɑːtəʳ, AM 'kɑːrṭə] *n* Kutscher(in) *m(f),* Fuhrmann *m*

Cartesian [kɑː'tiːziən, AM kɑːr'tiːʒən] *adj inv* PHILOS, MATH kartes[ian]isch; ~ **coordinates** kartesische Koordinaten

cartesian structure [kɑː'tiːziən-, AM kɑːr'tiːʒən-] *n* COMPUT kartesische Struktur

Carthage ['kɑːθɪdʒ, AM 'kɑːr] *n no pl* HIST Karthago *nt*

Carthaginian [ˌkɑːθə'dʒɪniən, AM 'kɑːr] **I.** *n* Karthager(in) *m(f),* Punier(in) *m(f)*
II. *adj inv* karthagisch, punisch

carthorse ['kɑːthɔːs, AM 'kɑːrthɔːrs] *n* Zugpferd *nt,* Kutschpferd *nt*

cartilage ['kɑːtɪlɪdʒ, AM 'kɑːrṭəl-] *n* MED *no pl* Knorpel *m*

cartilagenous [ˌkɑːtɪ'lædʒɪnəs, AM ˌkɑːrṭə'lædʒən-] *adj* MED Knorpel-, knorp[e]lig

cartload *n* Wagenladung *f* (**of** von +*dat*)

cartographer [kɑː'tɒgrəfəʳ, AM kɑːr'tɑːgrəfə] *n* Kartograph(in) *m(f)*

cartographic [ˌkɑːtəʊ'græfɪk, AM ˌkɑːrṭə] *adj inv* kartographisch

cartography [kɑː'tɒgrəfi, AM kɑːr'tɑːg-] *n no pl* Kartographie *f*

carton ['kɑːtən, AM 'kɑːr-] *n* Karton *m;* (*commercial packaging*) Karton *m,* Kiste *m;* (*small*) Schachtel *f;* **milk ~** Milchtüte *f*

cartoon [kɑː'tuːn, AM kɑːr'-] *n* ❶ (*drawing*) Cartoon *m o nt,* Karikatur *f*
❷ ART (*preparatory drawing*) Karton *m*
❸ FILM Zeichentrickfilm *m*

cartoon character *n* Zeichentrickfigur *f*

cartoonist [kɑː'tuːnɪst, AM kɑːr'-] *n* ❶ ART Karikaturist(in) *m(f)*
❷ FILM Zeichner(in) *m(f)* [von Zeichentrickfilmen], Trickzeichner(in) *m(f)*

cartoon strip *n* Cartoon *m o nt*

cartouche [kɑː'tuːʃ, AM kɑːr] *n* ART Kartusche *f*

cartridge ['kɑːtrɪdʒ, AM 'kɑːr-] *n* ❶ (*for ink*) Patrone *f*
❷ (*container*) Hülle *f;* (*for ammunition*) Patrone *f*
❸ (*cassette*) Kassette *f*

❹ (*pick-up head*) Tonabnehmer *m*
cartridge belt *n* Patronengurt *m,* Patronengürtel *m* **cartridge case** *n* Patronenhülse *f* **cartridge paper** *n* Zeichenpapier *nt* **cartridge pen** *n* Füllfederhalter *m*
cart track *n* BRIT Feldweg *m* **cartwheel** I. *n* ❶ (*wheel of cart*) Wagenrad *nt* ❷ SPORTS Rad *nt;* (*activity*) Radschlagen *nt;* **to do** [*or* **turn**] **a ~** ein Rad schlagen II. *vi* Rad schlagen
carve [kɑːv, AM kɑːrv] I. *vt* ■**to ~ sth** ❶ (*cut a figure*) etw schnitzen; (*with a chisel*) etw meißeln; (*cut a pattern*) etw [ein]ritzen; **to be ~d from stone** aus Stein gemeißelt sein
❷ FOOD (*cut meat*) etw tranchieren [*o* zerlegen]
❸ (*cut*) etw zerschneiden; (*fig: establish*) etw erreichen; **to ~ a name for oneself** sich *dat* einen Namen machen; **to ~ a niche for oneself** eine [Markt]nische [für sich *akk*] finden; ■**to ~ sth out** etw herausschneiden; **to ~ out a tunnel in a rock** einen Tunnel in den Fels treiben [*o* schlagen]
II. *vi* tranchieren
◆**carve up** *vt* ❶ (*divide*) ■**to ~ sth** ↔ **up** etw [auf]teilen
❷ BRIT (*fam: cut in front of*) ■**to ~ sb** ↔ **up** jdn schneiden
❸ (*cut up*) ■**to ~ sb** ↔ **up** jdm [mit einem Messer] böse zurichten
carver ['kɑːvəʳ, AM 'kɑːrvɚ] *n* ❶ (*person*) Bildhauer(in) *m(f); wood* Holzschnitzer(in) *m(f);* (*at the table*) Vorschneider(in) *m(f)*
❷ (*knife*) Tranchiermesser *nt;* **electric ~** elektrisches [Tranchier]messer
Carver ['kɑːvəʳ] *n* BRIT (*spec*) *Armlehnstuhl, der zu einem Satz von Essstühlen gehört*
carvery ['kɑːvᵊri] *n* BRIT *offene Fleischzubereitung in einem Restaurant*
carve-up *n* BRIT (*fam*) Verteilung *f;* (*sharing-out*) Anteil *m* (*bei einer Beute*)
carving ['kɑːvɪŋ, AM 'kɑːrv-] *n* ART ❶ *no pl* (*art of cutting*) Bildhauerei *f; of wood* Schnitzen *nt*
❷ (*ornamental figure*) in Stein gemeißelte Figur; (*of wood*) Schnitzerei *f*
carving knife *n* Tranchiermesser *nt* **carving set** *n* Tranchierbesteck *nt*
car wash *n* Autowaschanlage *f*
caryatid <*pl* -es *or* -s> ['kæriətɪd, AM ˌkeri'æt̬ɪd] *n* ARCHIT Karyatide *f*
casanova [ˌkæsə'nəʊvə, AM -'noʊ-] *n* (*pej*) Casanova *m fam*
cascade [kæs'keɪd] I. *n* ❶ (*waterfall*) Wasserfall *m;* (*artificial waterfall*) Kaskade *f*
❷ (*liter: flowing mass*) Kaskade *f*
II. *vi* sich ergießen; (*fig*) *hair* in Wellen herabfallen
cascade carry *n* ELEC Kaskadenübertrag *m* **cascade connection** *n* COMPUT Kaskadenverbindung *f* **cascade control** *n* COMPUT Kaskadensteuerung *f*
cascading windows *npl* COMPUT überlappende Fenster
case¹ [keɪs] *n* ❶ (*instance*) Fall *m;* ***is that the ~ with you?*** trifft das für Sie zu?; ***it's not a ~ of choice but of having to*** mit Wollen hat das nichts zu tun, eher mit Müssen; ***if that is the ~ …*** in diesem Fall …; *esp* AM ***in the ~ of her having failed …*** sollte sie nicht bestanden haben, …; ***in no ~ should you light a cigarette*** Sie sollten auf keinen Fall eine Zigarette anzünden; **in ~ of an emergency** im Notfall; **~ of an illness** Krankheitsfall *m;* [**just**] **in ~** für alle Fälle
❷ LAW [Rechts]fall *m;* ***the detective on the ~*** der Detektiv, der den Fall bearbeitet; ***the ~ went against her*** es wurde gegen sie entschieden; **an assault ~** ein Fall *m* von Körperverletzung; **civil/criminal ~** Zivil-/Strafsache *f,* Zivil-/Strafprozess *m;* **divorce/paternity ~** Scheidungs-/Vaterschaftsprozess *m;* **the ~ for the defence/prosecution** Beweislage *f;* ***let's hear the ~ for the defence*** die Verteidigung hat das Wort; **~ of first impression** Präzedenzfall *m;* **murder ~** Mordfall *m;* **~s on collateral review** wiederaufgenommene Verfahren; **~s pending on direct review** anhängige Verfahren; **~ stated** Revisionsvorlage *f;* **~ on appeal** Berufungssache *f;* **no ~ to answer** Antrag *f* auf Verfahrenseinstellung; **to close the ~** den Klageantrag beenden; **to lose/win a ~** einen Prozess verlieren/gewinnen; **to prepare a ~** eine Rechtssache [*o* einen Fall] vorbereiten; **to remit a ~** eine Rechtssache verweisen; **to rest one's ~** seine Beweisführung abschließen; ***the ~ rests*** die Beweisführung ist abgeschlossen; (*fam*) ***I rest my ~*** und, was habe ich gesagt!; **to reopen a ~** ein Verfahren wieder aufnehmen; **to state one's ~** seinen Standpunkt vertreten, seine Sache vortragen
❸ (*supporting argument*) Argument[e] *nt[pl]* (**for/against** für/gegen +*akk*); **a ~ in point** ein [zu]treffendes Beispiel; **to make [out] a ~ for/against sth** für/gegen etw *akk* argumentieren; **to overstate the ~** etw zu vehement vertreten
❹ (*actual fact, reality*) ■**to be the ~** der Fall sein; **as [*or* whatever] the ~ might [*or* may] be** wie dem auch sein mag
❺ (*fig: person*) ***he's a ~*** er ist eine komische Type; **to be a hard ~** ein schwerer Fall sein; **to be a hopeless/sad ~** ein hoffnungsloser/trauriger Fall sein
❻ (*fam*) **to be/get on sb's ~** jdm auf die Nerven gehen; ***get off my ~!*** hör auf, mich zu nerven!
❼ LING (*noun form*) Kasus *m fachspr,* Fall *m;* **to be in the accusative/genitive ~** im Akkusativ/Genitiv stehen
case² [keɪs] *n* ❶ (*suitcase*) Koffer *m*
❷ (*for display*) Vitrine *f,* Schaukasten *m*
❸ (*packaging plus contents*) Kiste *f; for instruments* Kasten *m;* **a ~ of wine** eine Kiste Wein
❹ (*small container*) Schatulle *f;* (*for hat*) Schachtel *f;* (*for spectacles*) Etui *nt;* (*for musical instrument*) Kasten *m;* (*for CD, MC, umbrella*) Hülle *f*
❺ TYPO Setzkasten *m;* **lower/upper ~ letter** Klein-/Großbuchstabe *m;* **to be written in lower/upper ~ letters** klein/groß geschrieben sein
case³ [keɪs] *vt* (*fam*) **to ~ the joint** sich *dat* den Laden mal ansehen *sl;* **to ~ a place** einen Ort inspizieren
case book *n* Akte *f* [über einen Fall]; MED Krankenakte *f*
cased [keɪst] *adj pred, inv cable* ummantelt; ■**to be ~ in sth** von etw *dat* umgeben [*o* umhüllt] sein
case history *n* Krankengeschichte *f* **case law** *n no pl* LAW Fallrecht *nt*
case-making machine *n* TYPO Buchdeckenmaschine *f*
casement ['keɪsmənt] *n,* **casement window** *n* Flügelfenster *nt;* (*frame*) Fensterflügel *m*
case study *n* Fallstudie *f*
casework ['keɪswɜːk, AM wɜːrk] *n no pl* soziale Betreuung
cash [kæʃ] I. *n no pl* Bargeld *nt;* **~ market** Kassamarkt *m;* **~ position** Kassenlage *f,* Zahlungsmittelbestand *m;* **~ ratio** Barliquidität *f;* ***how much do you have on you in ready ~?*** wie viel haben Sie in bar dabei?; **to be strapped for [*or* short of] ~** (*fam*) blank sein *fam;* ***£100 ~ down and the rest when the work is finished*** 100 Pfund sind sofort fällig und der Rest, wenn die Arbeit fertig ist; **~ in advance** Bargeldvorschuss *m;* **~ in [*or* AM on] hand** Barbestand *m,* Bargeld *nt;* **to pay by [*or* in] ~** bar bezahlen; **~ with order** Zahlung *f* bei Auftragserteilung
II. *vt* **to ~ a cheque [*or* AM check]** einen Scheck einlösen [*o* einwechseln]; ■**to ~ in** ↔ **sth** etw einlösen; **to ~ in chips/tokens** Chips/Gutscheine eintauschen; **to ~ in [one's chips]** (*fig euph fam*) den Löffel abgeben *fam*
◆**cash in** I. *vi* ■**to ~ in on sth** mit etw *dat* Geld machen, aus etw *dat* Kapital schlagen; **to ~ in on the act** abzocken *fam*
II. *vt* ECON, FIN ■**to ~ in** ↔ **sth** *shares* etw gegen bar verkaufen
◆**cash up** *vi* BRIT Kasse machen, abrechnen
cash and carry I. *n* ❶ (*shop*) Discountladen *m,* Discounter *m* ❷ *no pl* ECON, FIN (*on futures market*) gleichzeitiger Kauf bei Kasse und Verkauf bei Termin II. *n modifier* ECON Discount-; **~ sale** Discountverkauf *m* III. *adv* im Discount; **to buy sth ~** etw im Discount kaufen **cash balance** *n* Kassenbestand *m,* Kassenbilanz *f* **cash bar** *n bei Festlichkeiten: Bar, an der man selbst bezahlt* **cash basis** *n* ECON, FIN ergebniswirksame Verbuchung **cash book** *n* FIN Kassenbuch *nt* **cash box** *n* Geldkassette *f* **cash card** *n esp* BRIT Geldautomatenkarte *f* **cash cow** *n* (*fam*) umsatzstarkes Produkt, Cashcow *f* **cash crop** *n* AM *ausschließlich zum Verkauf bestimmte Agrarprodukte* **cash deal** *n* Kassageschäft *f* **cash desk** *n* BRIT Kassenschalter *m* **cash discount** *n* COMM Skonto *m* **cash dispenser** *n* BRIT Geldautomat *m*
cashew ['kæʃuː] *n,* **cashew nut** *n* Cashewnuss *f;* (*tree*) Nierenbaum *m*
cash flow *n* FIN Cashflow *m,* Kassenzufluss *m*
cash-flow *adj attr* Cashflow-, Liquiditäts-; **to have a ~ problem** ein Liquiditätsproblem haben; (*fam*) etw knapp mit dem Geld sein, abgebrannt sein *fam*
cashier¹ [kæʃ'ɪəʳ, AM -'ɪr] *n* Kassierer(in) *m(f);* **to be a bank ~** am Schalter einer Bank arbeiten
cashier² [kə'ʃɪəʳ, AM -'ʃɪr] *vt* MIL ■**to ~ sb** jdn unehrenhaft entlassen
cash machine *n esp* BRIT Geldautomat *m*
cash market *n* STOCKEX Kassamarkt *m*
cashmere ['kæʃmɪəʳ, AM 'kæʒmɪr, -ʃ-] *n* FASHION Kaschmir *m*
cash on delivery *n no pl* Nachnahme *f,* Zahlung *f* bei Lieferung; **to send sth ~** etw per Nachnahme verschicken **cash payment** *n* Barzahlung *f* **cashpoint** *n* BRIT Geldautomat *m* **cash register** *n* Registrierkasse *f* **cash reserve** *n* FIN Barreserve *f,* Liquiditätsreserve *f* **cash sale** *n* [Verkauf *m* gegen] Barzahlung *f* **cash tile** *n* Kasse *f* **cash transaction** *n* ECON Barverkauf *m;* STOCKEX Kassageschäft *nt*
casing ['keɪsɪŋ] *n* ❶ (*cover, shell*) Hülle *f,* Umhüllung *f; of a machine* Verkleidung *f; of a cable* Ummantelung *f; of a sausage* [Wurst]pelle *f*
❷ (*window*) [Fenster]futter *nt;* (*door*) [Tür]verkleidung *f*
casino <*pl* -os> [kə'siːnəʊ, AM -noʊ] *n* [Spiel]kasino *nt*
cask [kɑːsk, AM kæsk] *n* Fass *nt;* **a ~ of wine** ein Weinfass *nt*
casket ['kɑːskɪt, AM 'kæsk-] *n* ❶ (*box*) Kästchen *nt,* Schatulle *f geh;* (*for jewels*) Schmuckkästchen *nt*
❷ AM (*coffin*) Sarg *m*
❸ BRIT (*for cremation*) *Holzkästchen zur Aufnahme von Totenasche*
cassava [kə'sɑːvə] *n no pl* Maniok *m*
casserole ['kæsᵊrəʊl, AM -əroʊl] I. *n* ❶ (*pot*) Schmortopf *m,* Kasserolle *f;* **iron ~** gusseiserne Kasserolle
❷ (*stew*) ≈ Eintopf *m*
II. *vt* ■**to ~ sth** etw in einer Kasserolle kochen
cassette [kə'set] *n* Kassette *f;* **audio ~** Tonbandkassette *f,* Audiokassette *f;* **video ~** Videokassette *f*
cassette deck *n* Kassettendeck *nt* **cassette player** *n* Kassettenrecorder *m,* Kassettenspieler *m* **cassette recorder** *n* Kassettenrecorder *m*
cassock ['kæsək] *n* Talar *m,* Soutane *f*
cast [kɑːst, AM kæst] I. *n* ❶ + *sing/pl vb* THEAT, FILM Besetzung *f,* Ensemble *nt;* **supporting ~** (*actors playing minor roles*) Besetzung *f* der Nebenrollen
❷ (*moulded object*) [Ab]guss *m*
❸ (*plaster*) Gips[verband] *m*
❹ (*squint*) **to have a ~ in one's eye** schielen, einen Silberblick haben *fam*
❺ (*worm excretion*) Ausscheidung *f; of birds of prey* Gewölle *nt*
II. *vt* <cast, cast> ❶ (*throw*) ■**to ~ sth** etw werfen; **to ~ a fishing line** eine Angelschnur auswerfen; **to ~ in one's lot with sb** sich *akk* auf Gedeih und Verderb mit jdm einlassen; **to ~ a net** ein Netz auswerfen; **to ~ a shoe** *horse* ein Hufeisen verlieren; **to ~ one's skin** *snake* sich *akk* häuten
❷ (*direct*) **to ~ aspersions [*or* nasturtiums] on sth** BRIT (*hum*) über jdn lästern; **to ~ doubt on sth** etw zweifelhaft erscheinen lassen; **to ~ an eye [*or* a**

C

glance] **over sth** einen Blick auf etw *akk* werfen; **to ~ light on sth** Aufschluss über etw *akk* geben; **to ~ one's mind back to sth** sich *akk* an etw *akk* zu erinnern versuchen; **to ~ a shadow on** [*or* **over**] **sth** (*also fig*) einen Schatten auf etw *akk* werfen; **to ~ a slur on sth** etw in den Schmutz ziehen
③ (*allocate roles*) **to ~ a film** das Casting für einen Film machen; ***he was often ~ as the villain*** ihm wurde oft die Rolle des Schurken zugeteilt; **to ~ sb in a role** jdm eine Rolle geben; **to ~ sb to type** jdn auf eine bestimmte Rolle festlegen
④ (*give*) **to ~ one's vote** seine Stimme abgeben
⑤ (*make in a mould*) **to ~ a bell** eine Glocke gießen
▸ PHRASES: **to ~ caution to the winds** es darauf ankommen lassen; **to be ~ in the same mould** [*or* AM **mold**] **as sb** aus demselben Holz geschnitzt sein; **to ~ one's net wide** seine Fühler in alle Richtungen ausstrecken; **to ~ pearls before swine** Perlen vor die Säue werfen

◆**cast about** *vi,* **cast around** *vi* ① (*search*) ■**to ~ about** [*or* **around**] **for sth** auf der Suche nach etw *dat* sein
② HUNT ■**to ~ about** [*or* **around**] **for an animal** die Witterung eines Tieres *gen* aufnehmen

◆**cast aside** *vt* ■**to ~ sth ↔ aside** sich *akk* von etw *dat* befreien; **to ~ old clothes aside** alte Kleider ablegen; **to ~ inhibitions aside** Hemmungen loswerden

◆**cast away** *vt* ① (*discard*) ■**to ~ away ↔ sth** etw wegwerfen
② (*end up*) ■**to be ~ away somewhere** irgendwohin verschlagen werden; NAUT irgendwo stranden
③ *see* **cast aside**

◆**cast down** *vt* ① (*fig*) ■**to be ~ down** niedergeschlagen sein
② (*lower*) **to ~ down one's eyes** die Augen niederschlagen; **to ~ down weapons** die Waffen strecken

◆**cast off I.** *vt* ① (*get rid of*) ■**to ~ sb/sth ↔ off** jdn/etw loswerden; (*free oneself of*) sich *akk* von jdm/etw befreien; **to ~ off friends** sich *akk* von Freunden lossagen
② (*knitting*) **to ~ off stitches** Maschen abketten
③ (*dated: throw off*) ■**to ~ off ↔ sth** etw abwerfen
④ NAUT ■**to ~ off ↔ sth** *ropes, lines* etw losmachen
II. *vi* NAUT ablegen

◆**cast on** *vt* **to ~ on stitches** Maschen aufschlagen

◆**cast out** *vt* ■**to ~ sb/sth ↔ out** jdn/etw vertreiben; **to ~ out demons** Dämonen austreiben

◆**cast up** *vt* ■**to ~ sth ↔ up** etw an Land spülen

castanets [ˌkæstəˈnets] *npl* Kastagnetten *fpl*

castaway [ˈkɑːstəweɪ, AM ˈkæst-] *n* ① (*survivor*) Schiffbrüchige(r) *f(m)*
② (*discarded object*) ausrangierter Gegenstand

caste [kɑːst, AM kæst] *n* ① *no pl* (*social class system*) Kastenordnung *nt*
② + *sing/pl vb* (*social class*) Kaste *f*

castellan [ˈkæstələn] *n* HIST Kastellan *m,* Schlossverwalter *m*

castellated [ˈkæstəleɪtɪd, AM -t̬-] *adj* schlossähnlich

caste mark *n Zeichen der Kastenzugehörigkeit*

caster [ˈkɑːstəʳ, AM ˈkæstɚ] *n* ① (*person*) Gießer(in) *m(f)*
② (*machine*) Gießmaschine *f*
③ *see* **castor**

caster machine *n* COMPUT Gießmaschine *f* **caster sugar** *n* BRIT, AUS Streuzucker *m*

caste system *n* Kastenordnung *f*

castigate [ˈkæstɪgeɪt, AM -tə-] *vt* (*form*) ■**to ~ sb** [**for sth**] jdn [wegen einer S. *gen*] geißeln *geh*

castigation [ˌkæstɪˈgeɪʃən, AM -əˈ-] *n* Geißelung *f;* (*rebuke*) scharfer Verweis, scharfe Rüge

Castile [kæsˈtiːl] *n no pl* GEOG, HIST Kastilien *nt*

Castilian [kæsˈtɪliən] *adj inv* kastilisch

casting [ˈkɑːstɪŋ, AM ˈkæst-] *n* ① (*mould*) Guss *m;* *no pl* (*moulding*) Gießen *nt*
② THEAT Casting *nt,* Vorsprechen *nt*
③ (*fishing*) Auswerfen *nt* (*der Netze*)

casting off *n* COMPUT Schätzen *nt* des Satzumfangs

casting vote *n* entscheidende [*o* ausschlaggebende] Stimme

cast iron I. *n no pl* Gusseisen *nt*
II. *n modifier* ① (*made of cast iron*) (*bracket, cooking pot, nail*) aus Gusseisen
② (*firm*) **a ~ alibi** ein wasserdichtes [*o* hieb- und stichfestes] Alibi; **a ~ will** ein eiserner Wille
③ (*certain*) **a ~ guarantee** eine sichere Garantie; **a ~ promise** ein festes [*o liter* ehernes] Versprechen

castle [ˈkɑːsl̩, AM ˈkæsl̩] **I.** *n* ① (*fortress*) Burg *f;* (*mansion*) Schloss *nt*
② (*fam: chess piece*) Turm *m*
▸ PHRASES: **to build ~s in the air** Luftschlösser bauen *prov*
II. *vi* CHESS rochieren

cast-off I. *n* ① (*clothing*) abgelegtes Kleidungsstück; ■**~s** *pl* abgelegte Kleidung
② (*fig fam: ex-lover*) Verflossene(r) *f(m) fam*
③ COMPUT geschätzter Satzumfang
II. *vt* COMPUT ■**to ~ sth ↔ off** den Satzumfang von etw *dat* schätzen
III. *adj inv* (*second-hand*) gebraucht; (*worn*) getragen; (*discarded*) abgelegt

castor [ˈkɑːstəʳ, AM ˈkæstɚ] *n* ① (*wheel*) Laufrolle *f,* Gleitrolle *f* (*unter Möbeln*)
② (*for sugar, pepper*) Streuer *m*

castor oil *n no pl* Rizinusöl *nt* **castor oil plant** *n* Rizinus *m* **castor sugar** *n* Streuzucker *m*

castrate [kæsˈtreɪt, AM ˈkæstreɪt] *vt* **to ~ sb/an animal** jdn/ein Tier kastrieren; (*fig: weaken*) ■**to ~ sb/sth** jdn/etw schwächen

castration [kæsˈtreɪʃən] *n no pl* Kastration *f*

castrato <*pl* -ti> [kæsˈtrɑːtəʊ, AM -toʊ] *n* Kastrat *m*

casual [ˈkæʒjuəl, AM ˈkæʒuəl] **I.** *adj* ① (*not planned*) zufällig; **a ~ acquaintance** ein flüchtiger Bekannter/eine flüchtige Bekannte; **a ~ glance** ein flüchtiger Blick
② (*irregular*) gelegentlich; **~ sex** Gelegenheitssex *m;* **~ user of drugs** gelegentlicher Drogenkonsument/gelegentliche Drogenkonsumentin; **~ work** Gelegenheitsarbeit *f;* **~ worker** Gelegenheitsarbeiter(in) *m(f)*
③ (*careless*) gleichgültig; (*offhand*) beiläufig; (*incidental*) zufällig; (*not sympathizing*) sachlich; **~ attitude** gleichgültige Haltung; **~ observer** zufälliger Beobachter/zufällige Beobachterin; **~ remark** beiläufige Bemerkung
④ (*informal*) lässig, salopp; **~ clothes** legere Kleidung; **~ shirt** Freizeithemd *nt;* **~ wear** Freizeitkleidung *f;* **to go business ~** *office, company* im Büro legere Kleidung einführen
II. *n* ① (*clothes*) ■**~s** *pl* zwanglose [*o* saloppe] Kleidung; (*shoes*) Slippers *mpl*
② BRIT (*hooligan*) halbstarker Schlägertyp

casual Friday *n* **to implement a policy of ~** einführen, dass im Büro freitags legere Kleidung getragen werden darf

casually [ˈkæʒjuəli, AM ˈkæʒuəli] *adv* ① (*without seriousness*) beiläufig; **to treat sb ~** jdn kaum beachten
② (*irregularly*) nicht kontinuierlich; **to be employed ~** nicht fest angestellt sein
③ (*accidentally*) zufällig
④ (*informally*) lässig, leger; **~ dressed** salopp gekleidet

casualness [ˈkæʒjuəlnəs] *n no pl* ① (*unconcern*) Gleichgültigkeit *f,* Teilnahmslosigkeit *f*
② (*carelessness*) Achtlosigkeit *f,* Nachlässigkeit *f*

casualty [ˈkæʒjuəlti, AM -ʒuːl-] *n* ① (*accident victim*) [Unfall]opfer *nt;* (*injured person*) Verletzte(r) *f(m);* (*dead person*) Todesfall *m*
② (*fig: negative result*) Opfer *nt*
③ *no pl* BRIT (*hospital department*) Unfallstation *f,* Unfallchirurgie *f*

casualty department *n* BRIT Unfallstation *f,* Unfallchirurgie *f* **casualty toll** *n* Zahl *f* der Opfer [*o* der Toten und Verletzten] **casualty ward** *n* Unfallstation *f,* Unfallchirurgie *f*

casuistry [ˈkæʒjuɪstri, AM -ʒu-] *n no pl* Spitzfindigkeit *f,* Kasuistik *f geh*

casus belli [ˌkɑːsʊsˈbeliː, AM ˌkeɪsəsˈbelaɪ] *n* LAW Casus belli *m,* kriegsauslösendes Ereignis

CAT *n* COMPUT ① *abbrev of* **computer aided training** computergestütztes Training
② *abbrev of* **computer aided testing** computergestütztes Prüfen

cat¹ [kæt] *n* ① (*animal*) Katze *f;* (*class of animal*) Katze *f;* **big ~** Großkatze; **a domestic ~** eine Hauskatze; **a stray ~** eine streunende [*o* herrenlose] Katze; **to have a pet ~** eine Katze als Haustier haben
② (*fig fam: spiteful woman*) Klatschweib *nt pej fam,* Giftspritze *f pej fam;* ***who's she — the ~'s mother?*** wer ist die denn schon? *pej fam*
③ (*dated sl: person, usu male*) Typ *m fam;* ***he thinks he's the ~'s whiskers*** er glaubt, er hätte den Vogel abgeschossen *fam;* **cool** [*or* **hep**] **~** cooler [*o* scharfer] Typ *sl*
▸ PHRASES: **to let the ~ out of the bag** die Katze aus dem Sack lassen *prov;* **to look like the ~ that got the cream** *esp* BRIT sich *akk* freuen wie ein Schneekönig; **all ~s are grey in the dark** [*or* AM **at night, all ~s are gray**] (*prov*) bei Nacht sind alle Katzen grau *prov;* **to fight** [*or* **be**] **like ~ and dog** wie Hund und Katze sein *prov;* **a ~ in hell's chance** BRIT nicht die Spur einer Chance; **a ~ may look at a king** *esp* BRIT (*prov*) sieht doch die Katze den Kaiser an; **while the ~'s away the mice will play** (*prov*) wenn die Katze nicht zuhause ist, tanzen die Mäuse auf dem Tisch *prov;* [**a game of**] **~ and mouse** [ein] Katz-und-Maus-Spiel *nt;* **to set** [*or* **put**] **the ~ among the pigeons** BRIT für die Katze im Taubenschlag sorgen; **to be like a ~ on a hot tin roof** [*or* BRIT *dated* **hot bricks**] Hummeln im Hintern haben *fam;* (*wait impatiently*) wie auf Kohlen sitzen; **the ~'s got sb's tongue** jdm hat es die Sprache verschlagen *iron;* **to see which way the ~ jumps** (*fam*) sehen, wie der Hase läuft; **to bell the ~** der Katze die Schelle umhängen; **to look like something the ~ brought** [*or* **dragged**] **in** wie gerädert aussehen; **to rain ~s and dogs** wie aus Eimern schütten; **there's no room to swing a ~** BRIT man kann sich vor lauter Enge kaum um die eigene Achse drehen

cat² [kæt] *n* (*fam*) ① AUTO *short for* **catalytic converter** Kat *m fam*
② *short for* **cat o' nine tails** neunschwänzige Katze
③ *short for* **caterpillar tractor** Raupe *f,* Raupenfahrzeug *nt*

CAT [kæt] *n no pl* MED *see* **computerized axial tomography** Computertomographie *f*

cataclysm [ˈkætəklɪzəm, AM -t̬-] *n* Unglück *nt,* Katastrophe *f;* (*in a person's life*) Schicksalsschlag *m*

cataclysmic [ˌkætəˈklɪzmɪk, AM -t̬-] *adj* (*liter*) verheerend, katastrophal

catacomb [ˈkætəkuːm, -kəʊm, AM -t̬əkoʊm] *n usu pl* ① (*burial chamber*) Katakombe[n] *f[pl]*
② (*fig: rarely frequented place*) Katakombe[n] *f[pl]*

catalepsy [ˈkætəlepsi, AM -t̬-] *n no pl* MED Katalepsie *f;* (*stupor*) Starrkrampf *m;* (*disease*) Starrsucht *f*

cataleptic [ˌkætəˈleptɪk, AM -t̬-] *adj inv* kataleptisch

catalog [ˈkæt̬əlɑːg] AM, **catalogue** [-t̬əlɒg] **I.** *n* Katalog *m;* **mail order ~** Versandhauskatalog *m;* (*repeated events*) Reihe *f;* **a ~ of mistakes** eine [ganze] Reihe von Fehlern
II. *vt* ■**to ~ sth** etw katalogisieren

catalysis [kəˈtæləsɪs] *n no pl* CHEM Katalyse *f*

catalyst [ˈkætəlɪst, AM -t̬-] *n* ① CHEM Katalysator *m*
② (*fig: cause of change*) Auslöser *m;* ■**to be the ~ for sth** zu etw *dat* den Anstoß geben

catalytic [ˌkætəˈlɪtɪk, AM -t̬əˈlɪt̬-] *adj* CHEM katalytisch

catalytic converter *n* AUTO Katalysator *m*

catamaran [ˌkætəməˈræn, AM -t̬-] *n* Katamaran *m*

catapult [ˈkætəpʌlt, AM -t̬-] **I.** *n* Katapult *nt;* (*on aircraft carrier*) Katapult *nt,* Startschleuder *f*
II. *vt* ■**to ~ sb/sth**[**somewhere**] jdn/etw [irgendwohin] katapultieren; **to ~ sb into action** jdn zum Handeln zwingen

cataract¹ [ˈkætərækt, AM -t̬ər-] *n* MED grauer Star, Katarakt *m fachspr;* (*diseased part of eye*) getrübte Linse

cataract² [ˈkætərækt, AM -t̬ər-] *n* GEOG Stromschnelle *f,* Katarakt *m fachspr;* (*waterfall*) Wasserfall *m*

catarrh [kəˈtɑːʳ, AM -ˈtɑːr] *n no pl* Schleimhautentzündung *f,* Katarrh *m fachspr; nose* Schnupfen *m*

catastrophe [kəˈtæstrəfi] *n* (*also fig*) Katastrophe *f,* Desaster *nt;* **to end in** ~ ein schlimmes Ende nehmen; **to be heading for** ~ Kopf und Kragen riskieren

catastrophic [ˌkætəˈstrɒfɪk, AM -t̬əˈstrɑːf-] *adj* katastrophal

catastrophically [ˌkætəˈstrɒfɪkəli, AM ˌkæt̬əˈstrɑːf] *adv* katastrophal

catatonia [ˌkætəˈtəʊniə, AM ˌkæt̬əˈtoʊniə] *n no pl* PSYCH Katatonie *fachspr*

catatonic [ˌkætəˈtɒnɪk, AM -t̬əˈtɑːn-] *adj* MED katatonisch

cat burgler *n* Fassadenkletterer, Fassadenkletterin *m, f* **catcall** I. *n* (*whistle*) Hinterherpfeifen *nt,* [schriller] Pfiff; (*boo*) Buhruf *m;* **to make a** ~ **at sb** (*disapproval*) jdn auspfeifen/ausbuhen; (*flirt*) hinter jdm herpfeifen II. *vi* (*whistle*) pfeifen; (*hiss*) zischen; (*hoot*) johlen

catch [kætʃ] I. *n* <*pl* -es> ❶ (*fish caught*) Fang *m;* (*cricket*) Fang *m*

❷ (*fastening device*) Verschluss *m;* **window** ~ Fensterverriegelung *f;* ***all the window ~es were tightly closed*** alle Fenster waren fest verschlossen

❸ (*fam: suitable partner*) [guter] Fang; ***she made quite a*** ~ sie hat einen guten Fang gemacht

❹ (*trick*) Haken *m fam;* ***what's the ~?*** wo ist der Haken [an der Sache]?

II. *vt* <caught, caught> ❶ (*hold moving object*) ■**to** ~ **sth** etw fangen; (*take hold*) etw ergreifen; (*with difficulty*) etw zu fassen bekommen; **to** ~ **hold of sth** etw zu fassen bekommen

❷ (*capture*) ■**to** ~ **sth** etw fangen; *escaped animal* etw einfangen; *fish, mice* etw fangen; ***the virus was caught in time*** der Virus wurde rechtzeitig erkannt; ■**to** ~ **sb** jdn ergreifen; (*arrest*) jdn festnehmen; SPORTS (*in baseball, cricket*) *jdn durch Abfangen des Balls ausscheiden lassen*

❸ (*become entangled*) ■**to** ~ **sth** an etw *akk* stoßen; **to be caught between two things** zwischen zwei Dingen hin- und hergerissen sein; **to get caught up** sich *akk* verfangen; **to get caught** [**up**] **in sth** sich *akk* in etw *dat* verfangen; (*become involved*) in etw *akk* verwickelt werden; **to be caught in the crossfire** ins Kreuzfeuer geraten; (*fig*) zwischen zwei Lager geraten; **to get caught on sth** an etw *dat* hängen bleiben

❹ (*collect*) ■**to** ~ **sth** etw sammeln; (*liquid*) etw auffangen

❺ (*capture expression, atmosphere*) ■**to** ~ **sth** *mood, atmosphere* etw festhalten [*o* einfangen]

❻ (*attract*) **to** ~ **sb's attention** [*or* **eye**] jds Aufmerksamkeit erregen; **to** ~ **sb's fancy** jdm gefallen

❼ (*get*) ■**to** ~ **sth** etw bekommen; ***the necklace caught the light*** die Kette reflektierte das Licht; **to** ~ **the bus/the train** (*be on time*) den Bus/Zug kriegen *fam;* (*travel on*) den Bus/Zug nehmen; **to** ~ **the post** [*or* AM **mail**] eine Postsendung rechtzeitig einwerfen; **to** ~ **a few** [*or* **some**] **rays** sich *akk* ein bisschen die Sonne auf den Bauch scheinen lassen *fam;* **to** ~ **the sun** einen [leichten] Sonnenbrand bekommen

❽ (*notice*) ■**to** ~ **sth** etw [kurz] sehen; (*by chance*) etw [zufällig] sehen; **to** ~ **sight** [*or* **a glimpse**] **of sb/sth** etw kurz sehen

❾ (*take by surprise*) ■**to** ~ **sb doing sth** jdn bei etw *dat* überraschen; *sth forbidden* jdn bei etw *dat* ertappen [*o fam* erwischen]; ***my son was caught in a thunderstorm*** mein Sohn wurde von einem Gewitter überrascht; ***you won't ~ her at work after four o'clock*** nach vier wirst du sie kaum noch bei der Arbeit antreffen; ***you caught me at a bad time*** Sie haben einen schlechten Zeitpunkt erwischt; ***have I caught you at a bad time?*** komme ich ungelegen?; ***you won't ~ me in that shop*** in dem Laden wirst du mich niemals finden; ***you won't ~ me falling for that trick*** auf den Trick falle ich im Leben nicht herein; ***I even caught myself feeling sorry for the thief*** zuletzt tat mir der Dieb auch noch Leid; ***caught in the act!*** auf frischer Tat ertappt!; ***ah, caught you!*** ah, hab ich dich erwischt!; **to** ~ **sb with their trousers** [*or* AM **pants**] **down** jdn in flagranti ertappen; **to** ~ **sb redhanded** jdn auf frischer Tat ertappen; **to** ~ **sb napping** (*fam*) jdn auf dem falschen Fuß erwischen *fam*

❿ (*hear, see*) ■**to** ~ **sth** etw mitbekommen [*o fam* mitkriegen]; ■**to** ~ **sb** jdn treffen; ***I'll ~ you later*** ich seh dich später

⓫ MED ■**to** ~ **sth** sich *dat* etw einfangen; (*fig: influenced by*) sich *akk* von etw *dat* anstecken lassen; **to** ~ **a cold** sich *akk* erkälten; **to** ~ **one's death** [**of cold**] sich *dat* den Tod holen

⓬ (*hit*) ■**to** ~ **sth** auf etw *dat* aufschlagen; ***his head caught the edge of the table as he fell*** beim Fallen schlug er mit dem Kopf auf die Tischkante auf; **to** ~ **sb a blow** (*dated*) jdm eine verpassen *fam*

⓭ (*start burning*) **to** ~ **fire** Feuer fangen

► PHRASES: **to** ~ **one's <u>breath</u>** nach Luft schnappen; (*stop breathing*) die Luft anhalten; (*return to normal breathing*) verschnaufen; **to** ~ **a <u>crab</u>** einen Krebs fangen (*mit dem Ruder im Wasser stecken bleiben*); **to** ~ **<u>it</u>** (*fam*) Ärger kriegen *fam;* ***Joe really caught it from Sam*** Sam hat's Joe mal so richtig gegeben; **to** ~ **<u>hell</u>** [*or* **the <u>devil</u>**] in Teufels Küche kommen *fam;* **to be** [*or* **get**] **caught <u>short</u>** BRIT (*euph: need a toilet*) mal müssen *euph fam*

III. *vi* ■**to** ~ **at sth** BRIT, AUS nach etw *dat* greifen

◆**catch on** *vi* ❶ (*become popular*) sich *akk* durchsetzen

❷ (*fam: understand*) es schnallen *sl*

◆**catch out** *vt* BRIT ❶ (*discover wrongdoing*) ■**to** ~ **sb out** jdn ertappen [*o fam* erwischen]

❷ (*trick into a mistake*) ■**to** ~ **sb** ↔ **out** jdn aufs Glatteis führen; (*ask trick questions*) jdm Fangfragen stellen

❸ (*cause difficulty*) ■**to** ~ **sb** ↔ **out** jdn [unangenehm] überraschen

❹ SPORTS ■**to be caught out** ausgeschieden sein

◆**catch up** I. *vi* ❶ (*reach person ahead*) ■**to** ~ **up with sb** jdn einholen; (*discover after search*) jdn ausfindig machen; ***she's ~ing up!*** sie holt auf!

❷ (*complete*) ■**to** ~ **up with** [*or* **on**] **sth** (*fig*) etw fertig machen; (*make up lost time*) etw aufarbeiten; **to** ~ **up on one's sleep** versäumten Schlaf nachholen

❸ (*equal the standard*) ■**to** ~ **up with sth** etw einholen

II. *vt* BRIT, AUS ■**to** ~ **sb up** jdn später treffen; ***I'll ~ you up later*** ich komme später nach

catch-all *adj attr, inv* umfassend, allgemein

catch crop *n* BRIT AGR Zwischenfrucht *f*

catcher [ˈkætʃəʳ, AM -ɚ] *n* (*baseball player*) Fänger(in) *m(f),* Catcher(in) *m(f)*

catcher's mitt *n* Baseballhandschuh *m*

catching [ˈkætʃɪŋ, AM ˈkeetʃ-] *adj pred* (*also fig fam*) ansteckend

catchment [ˈkætʃmənt] *n* [gesammelte] Wassermenge, Reservoir *nt*

catchment area *n* BRIT Einzugsgebiet *nt,* Einzugsbereich *m;* (*river area*) [Wasser]einzugsgebiet *nt*

catchphrase *n* stehende Redensart, Slogan *m*

catch question *n* Fangfrage *f*

catch-22 *n* (*fam*) Zwickmühle *f;* **it's** ~ es ist eine absurde Situation

catchup [ˈkætʃʌp, ˈketʃ-] *n* FOOD *see* **ketchup**

catchword *n* Schlagwort *nt;* (*keyword*) Stichwort *nt,* Losung *f*

catchy [ˈkætʃi] *adj* eingängig; **a** ~ **slogan** ein zündender Werbespruch; **a** ~ **tune** ein Ohrwurm *m*

cat door *n* Katzentür *f* (*klappenartiger enger Durchlass in beiden Richtungen*)

catechism [ˈkætəkɪzəm, AM -t̬-] *n* Katechismus *m;* (*fig*) Fragenkatalog *m*

catechist [ˈkætəkɪst, AM -t̬-] *n* Katechist(in) *m(f)*

categorical [ˌkætəˈgɒrɪkəl, AM -t̬əˈgɔːr-] *adj* eindeutig, klar; (*final*) endgültig, definitiv

categorically [ˌkætəˈgɒrɪkəli, AM -t̬əˈgɔːr-] *adv* definitiv; (*final*) endgültig, kategorisch; **to** ~ **affirm sth** etw endgültig [*o* definitiv] bestätigen; **to** ~ **deny sth** etw kategorisch bestreiten; **to** ~ **refuse sth** etw unmissverständlich ablehnen

categorization [ˌkætəgəraɪˈzeɪʃən, AM -t̬əgɚɪˈ-] *n no pl* Kategorisierung *f*

categorize [ˈkætəgəraɪz, AM -t̬əgə-] *vt* ■**to** ~ **sth** etw kategorisieren [*o* [in Gruppen] unterteilen]

category [ˈkætəgəri, AM -t̬əgɔːri] *n* Kategorie *f;* LAW ~ **'A' prisoners** Häftlinge der höchsten Gefährlichkeitsstufe; ~ **'B' prisoners** Häftlinge der zweithöchsten Gefährlichkeitsstufe; ~ **'C' prisoners** relativ ungefährliche Häftlinge, die trotzdem nicht als Freigänger beschreiben werden können; ~ **'D' prisoners** Freigänger *pl*

catena [kəˈtiːnə] *n* COMPUT Zahl *f* der Kettenglieder; (*series of characters*) Kette *f*

catenate [ˈkætɪneɪt, AM -tən-] *vt* COMPUT ■**to** ~ **sth** etw verketten

cater [ˈkeɪtəʳ, AM -t̬ɚ] *vi* ❶ (*serve food, drink*) für Speise und Getränke sorgen; *firm* Speisen und Getränke liefern; ***I'm ~ing for all the family on Sunday*** am Sonntag verköstige ich die ganze Familie

❷ (*provide for*) ■**to** ~ **for sb/sth** sich *akk* um jdn/etw kümmern; **to** ~ **for sb's needs** sich *akk* um jds Bedürfnisse kümmern

❸ (*take into account*) ■**to** ~ **to sb** *target group, clientele* auf jdn abzielen; ***my mother ~s to my brother's every whim*** meine Mutter richtet sich nach allen Launen meines Bruders

caterer [ˈkeɪtərəʳ, AM -t̬ɚɚ] *n* ❶ (*deliverer*) Lebensmittellieferant(in) *m(f),* Speiselieferant(in) *m(f)*

❷ (*host*) Gastronom(in) *m(f)*

❸ (*company*) Cateringservice *m;* (*for parties*) Partyservice *m*

catering [ˈkeɪtərɪŋ, AM -t̬ɚ-] I. *n no pl* ❶ (*trade*) Gastronomie *f,* Catering *nt;* ~ **trade** Lebensmittelhandel *m,* Lebensmittelgewerbe *m*

❷ (*service*) Cateringservice *m;* (*for parties*) Partyservice *m;* ***who's doing the ~ this evening?*** wer macht heute Abend das Catering?

II. *adj attr, inv* Catering-

caterpillar [ˈkætəpɪləʳ, AM -t̬ɚpɪlɚ] *n* ❶ ZOOL Raupe *f*

❷ (*track*) Raupenkette *f*

❸ (*vehicle*) Raupenfahrzeug *nt*

caterpillar tractor *n* Raupenfahrzeug *nt,* Gleiskettenfahrzeug *nt*

caterwaul [ˈkætəwɔːl, AM -t̬ɚ-] I. *n* Heulen *nt kein pl,* Gejaule *nt kein pl*

II. *vi* heulen, jaulen

catfish <*pl* -> *n* Wels *m,* Seewolf *m,* Katfisch *m* **cat flap** *n* Katzentür *f* (*klappenartiger enger Durchlass in beiden Richtungen*) **catgut** *n no pl* Faden aus tierischem Darm; MUS [Darm]saite *f;* MED Katgut *nt*

catharses [kəˈθɑːsiːz, AM -ˈθɑːr-] *n pl of* **catharsis**

catharsis <*pl* -ses> [kəˈθɑːsɪs, AM -ˈθɑːr-, *pl* -siːz] *n* Katharsis *f*

cathartic [kəˈθɑːtɪk, AM -ˈθɑːrt̬-] *adj* befreiend, kathartisch *geh;* ~ **effect** [positiver] Schockeffekt

cathedral [kəˈθiːdrəl] *n* Kathedrale *f,* Dom *m,* Münster *nt;* **Cologne** ~ der Kölner Dom; **Freiburg** ~ das Freiburger Münster

cathedral city *n* Domstadt *f*

catherine wheel [ˈkæθərɪn,(h)wiːl] *n* Feuerrad *nt*

catheter [ˈkæθɪtəʳ, AM -ət̬ɚ] *n* Katheter *m*

catheterize [ˈkæθɪtəraɪz, AM -ət̬ɚ-] *vt* ■**to** ~ **sb** jdm einen Katheter legen

cathode [ˈkæθəʊd, AM -oʊd] *n* ELEC Kat[h]ode *f*

cathode ray *n* Kat[h]odenstrahl *m* **cathode ray tube** *n* Kat[h]odenstrahlröhre *f,* Braunsche Röhre *f*

catholic [ˈkæθəlɪk] I. *n* ■**C**~ Katholik(in) *m(f)*

II. *adj inv* ❶ (*Roman Catholic*) ■**C**~ katholisch

❷ (*form: varied*) [all]umfassend, breit gefächert

Catholicism [kəˈθɒlɪsɪzəm, AM -ˈθɑːlə-] *n no pl* Katholizismus *m*

catkin *n* BOT Kätzchen *nt;* **willow** ~ Weidenkätzchen *nt* **catlike** [ˈkætlaɪk] I. *adj* Katzen- II. *adv* katzenhaft, katzengleich **cat litter** *n no pl* Katzenstreu *f* **catmint** *n* BRIT BOT Katzenminze *f* **catnap** (*fam*) **I.** *n* Nickerchen *nt fam;* **to have a ~** ein Nickerchen machen *fam* **II.** *vi* <-pp-> [kurz] schlafen, ein Nickerchen machen *fam* **catnip** *n* AM BOT (*catmint*) Katzenminze *f* **cat-o'-nine-tails** <*pl* -> *n* neunschwänzige Katze

cat's cradle *n* Fadenspiel *nt;* (*fig*) Gewirr *nt;* **a ~ of legislation** ein unübersehbarer Gesetzesdschungel

cat's eye *n* ❶ (*stone*) Katzenauge *nt,* Chalzedon *m fachspr* ❷ BRIT, AUS Reflektor *m,* Rückstrahler *m,* Katzenauge *nt* **cat's pyjamas** *n usu* AM ■**to be the ~** (*sl*) der Hit sein *fam,* geil sein *sl; person* der/die Obercoolste sein *sl*

catsuit *n esp* BRIT FASHION hautenger Einteiler **catsup** ['kætsəp, 'ketʃəp] *n* AM (*ketchup*) Ketchup *m o nt*

cat's whisker *n* BRIT ❶ (*fam*) ■**to be the ~s** der Hit sein *fam,* geil sein *sl; person* der/die Obercoolste sein *sl*

❷ ELEC Detektornadel *f*

cattery ['kætᵊri, AM -t̬eri] *n* ZOOL ❶ (*for boarding*) Katzenheim *nt,* Katzenpension *f*

❷ (*for breeding*) Katzenzucht *f*

cattily ['kætɪli, AM -t̬-] *adv* spitz, gehässig

cattiness ['kætɪnəs, AM -t̬-] *n no pl* Gehässigkeit *f*

cattle ['kætl̩, AM -t̬l̩] *npl* ❶ (*cows*) Rinder *ntpl;* ***200 heads of ~*** 200 Stück Vieh; **~ *crossing*** Vorsicht Viehbetrieb; **beef ~** Schlachtrinder *ntpl;* **dairy ~** Milchkühe *fpl,* Milchvieh *nt;* **to breed/round up ~** Rinder züchten/zusammentreiben; **to herd ~** (*tend*) Rinder hüten; (*drive*) Rinder treiben; **to raise ~** Rinderzucht betreiben

❷ (*old: livestock*) Vieh *nt*

cattle baron *n* AM Rinderbaron *m* **cattle breeder** *n* Rinderzüchter(in) *m(f)* **cattle breeding** *n no pl* Rinderzucht *f* **cattle cake** *n no pl getrocknetes und gepresstes Rinderfutter* **cattle call** *n* AM (*pej fam*) MUS Vorsingen *nt;* THEAT Vorspielen *nt* **cattle car** *n* AM (*cattle truck*) Viehtransporter *m* **cattle dog** *n* AUS, NZ *Hund, der zum Rindertreiben abgerichtet ist* **cattle grid** *n* BRIT, AM **cattle guard** *n* Weidenrost *m,* Gatter *nt* **cattleman** *n* AM (*rearing cattle*) Rinderzüchter *m;* (*tending cattle*) Viehhüter *m* **cattle ranch** *n* AM, AUS Rinderfarm *f* **cattle rancher** *n* AM, AUS Rinderzüchter(in) *m(f)* **cattle range** *n* AM Rinderweide *f* **cattle rustler** *n* AM (*fam: cattle thief*) Viehdieb(in) *m(f)* **cattle stop** *n* NZ Weidenrost *m* **cattle thief** *n* Viehdieb(in) *m(f)* **cattle truck** *n* BRIT (*railway*) Viehwaggon *m,* Viehwagen *m;* (*road*) Viehanhänger *m*

catty ['kæti, AM 'kæt̬i] *adj* ❶ (*spiteful*) boshaft, gehässig; **~ remark** bissige Bemerkung

❷ (*catlike*) katzenartig; **~ odour** [*or* **smell**] Katzengeruch *m*

catty-corner(ed) **I.** *adj* AM (*fam*) diagonal; ■**to be ~ across from** [*or* **to**] **sb/sth** diagonal zu jdm/etw sein/stehen/liegen; ***her house is ~ across from the post office*** ihr Haus liegt schräg gegenüber von der Post

II. *adv* AM (*fam*) diagonal; ***she walked ~ across the corner house's lawn*** sie spazierte quer über den Rasen des Eckhauses

CATV *n* COMPUT *abbrev of* **community antenna television** Kabelfernsehen *nt*

catwalk *n* Brücke *f,* Steg *m;* THEAT Galerie *f;* FASHION Laufsteg *m*

Caucasian [kɔː'keɪʒən, AM *esp* kɑː'-] **I.** *n* ❶ (*white person*) Weiße(r) *f(m)*

❷ (*sb from the Caucasus*) Kaukasier(in) *m(f)*

❸ (*language*) Kaukasisch *nt*

II. *adj inv* ❶ (*white-skinned*) weiß

❷ (*of Caucasus*) kaukasisch

Caucasus ['kɔːkəsəs, AM *esp* 'kɑː-] *n* ■**the ~** der Kaukasus

caucus ['kɔːkəs, AM *esp* 'kɑː-] **I.** *n* <*pl* -es> ❶ *esp* AM, NZ POL (*group within party*) [Partei]ausschuss *m* für Wahlangelegenheiten; (*members of group*) [Partei]ausschussmitglieder *ntpl* für Wahlangelegenheiten; (*meeting*) Sitzung *f*

❷ BRIT (*group*) [Partei]clique *f;* (*meeting*) Versammlung *f* eines internen Parteiausschusses

II. *vi esp* AM eine Sitzung abhalten

caudal ['kɔːdᵊl, AM 'kɑː-] *adj inv* Schwanz-

caught [kɔːt, AM *esp* kɑːt] *pt, pp of* **catch**

caul [kɔːl, AM *also* kɑːl] *n* Glückshaube *f*

cauldron ['kɔːldrən, AM *esp* 'kɑːl-] *n* ❶ (*pot*) großer Kessel; **bubbling ~** brodelnder Kessel; **witch's ~** Hexenkessel *m*

❷ (*fig*) brodelnder Hexenkessel; ***her heart was a seething ~ of conflicting emotions*** sie war zwischen widerstreitenden Gefühlen hin- und hergerissen; **~ of unrest** Unruheherd *m*

cauli ['kɒli] *n* BRIT (*fam*) *short for* **cauliflower** Blumenkohl *m,* Karfiol *m* ÖSTERR

cauliflower ['kɒliflaʊəʳ, AM 'kɑːliflaʊɚ] *n* Blumenkohl *m,* Karfiol *m* ÖSTERR; **~ florets** Blumenkohlröschen *ntpl*

cauliflower cheese *n no pl* BRIT Blumenkohl *m* mit Käsesoße **cauliflower ear** *n* SPORTS Boxerohr *nt,* Blumenkohlohr *nt sl*

caulk [kɔːk, AM *esp* kɑːk] **I.** *n no pl see* **caulking**

II. *vt* ■**to ~ sth** [**up**] etw abdichten; NAUT etw kalfatern *fachspr*

caulking ['kɔːkɪŋ, AM *esp* 'kɑːk-] *n no pl* Dichtungsmaterial *nt,* Material *nt* zum Abdichten

causal ['kɔːzᵊl, AM *esp* 'kɑː-] *adj* (*form*) ❶ (*functioning as cause*) ursächlich; (*having cause*) kausal *geh;* **~ phenomenon** Folgeerscheinung *f;* **~ relationship** Kausalzusammenhang *m*

❷ LING kausal; **~ sentence** Kausalsatz *m*

causality [kɔː'zæləti, AM kɑː'zæləṯi] *n* (*form*) ❶ (*correlation*) Kausalzusammenhang *m*

❷ (*principle*) Kausalität *f*

causally ['kɔːzᵊli, AM *esp* 'kɑː-] *adv* (*form*) ursächlich, kausal *geh;* ***the two events are connected ~*** zwischen den beiden Vorfällen besteht ein kausaler Zusammenhang

causation [kɔː'zeɪʃᵊn, AM *esp* kɑː-] *n no pl* (*form*) Kausalität *f;* (*of particular event*) Grund *m,* Ursache *f*

causative ['kɔːzətɪv, AM 'kɑːzət̬ɪv] *adj* (*form*) ❶ (*showing cause*) ursächlich, kausal *geh*

❷ LING kausativ

cause [kɔːz, AM *esp* kɑːz] **I.** *n* ❶ (*reason*) Grund *m,* Ursache *f;* **~ of action** Klagegrund *m;* **challenge for ~** Ablehnung *f* unter Angabe von Gründen; **challenge without ~** Ablehnung *f* ohne Angabe von Gründen; **~ of death** Todesursache *f;* **~ and effect** Ursache und Wirkung; **contributory ~s** mitverursachende Umstände; **to show ~** Gründe vorlegen

❷ *no pl* (*understandable grounds*) Anlass *m;* ***you've got good ~ for complaint/concern*** Sie haben allen Grund, sich zu beschweren/besorgt zu sein; **to give ~ for concern** Anlass zur Sorge geben; ***don't worry, there's no ~ for concern*** keine Sorge, es besteht kein Grund zur Beunruhigung; **a just ~** ein triftiger Grund; **to be ~ to celebrate** Grund zum Feiern sein; **with/without** [**good**] **~** aus triftigem/ohne [triftigen] Grund; ■**to be the ~ of sth** der Grund für etw *akk* sein

❸ (*purpose*) Sache *f;* **in the ~ of freedom** im Namen der Freiheit; **a rebel without a ~** *jd, der sich gegen jegliche Autorität widersetzt;* **to make common ~ with sb** mit jdm gemeinsame Sache machen; **a good** [*or* **worthy**] **~** eine gute Sache, ein guter Zweck; **to be for a good ~** für einen guten Zweck sein; **a lost ~** eine verlorene Sache; **to defend** [*or* **further**] **a ~** für eine Sache eintreten; **to do sth in the ~ of sth** etw im Namen einer S. *gen* tun

❹ (*court case*) Fall *m;* **to plead a ~** einen Fall vertreten

❺ LAW (*legal proceedings*) Verhandlung *f;* **~ list** Verhandlungsliste *f,* Terminkalender *m;* **matrimonial ~s** Ehesachen *pl*

II. *vt* ■**to ~ sth** etw verursachen [*o* hervorrufen]; ***this medicine may ~ dizziness and nausea*** die Einnahme dieses Medikaments kann zu Schwindelgefühl und Übelkeit führen; **to ~ a disturbance** die öffentliche [Sicherheit und] Ordnung stören; **to ~ sb harm** jdm schaden [*o* Schaden zufügen]; **to ~ mischief** [*or* **trouble**] Unruhe stiften; ■**to ~ sb to do sth** jdn veranlassen, etw zu tun; ***the strict teacher ~d the boy to burst into tears*** der strenge Lehrer brachte den Jungen zum Weinen; ***the bright light ~d her to blink*** das helle Licht ließ sie blinzeln

'cause [kəz] *conj* (*sl*) *short for* **because**

cause célèbre <*pl* causes célèbres> [ˌkɔːzsə'lebrə, AM *esp* ˌkɑːz-] *n* ❶ (*trial*) [Aufsehen erregender] Fall, Cause célèbre *f geh*

❷ (*event*) Aufsehen erregender Vorfall

causeway ['kɔːzweɪ, AM *esp* kɑːz-] **I.** *n* (*road*) Damm *m;* (*path*) Knüppeldamm *m*

II. *vt* ■**to ~ sth** etw mit einem Damm versehen

caustic ['kɔːstɪk, AM *esp* 'kɑː-] **I.** *adj* ❶ (*corrosive*) ätzend, kaustisch *fachspr;* **~ soda** Ätznatron *nt*

❷ (*fig: biting*) ätzend; (*sarcastic*) bissig; **~ humour** beißender Witz; **~ tongue** scharfe Zunge

II. *n no art* Ätzmittel *nt;* MED Kaustikum *nt fachspr*

caustically ['kɔːstɪkᵊli, AM *esp* 'kɑː-] *adv* bissig

cauterize ['kɔːtᵊraɪz, AM 'kɑːt̬ə-] *vt* ■**to ~ sth** MED etw kauterisieren *fachspr;* (*fig: desensitize*) etw abstumpfen

caution ['kɔːʃᵊn, AM 'kɑː-] **I.** *n* ❶ *no pl* (*carefulness*) Vorsicht *f,* Umsicht *f;* **~ *is advised*** Vorsicht ist geboten; **to act** [*or* **proceed**] **with** [**great**] **~** [sehr] umsichtig vorgehen; **to exercise** [**great**] **~** [große] Vorsicht walten lassen *geh*

❷ *no pl* (*warning*) Warnung *f;* **~!** Vorsicht!; **to sound a note of ~** eine Warnung aussprechen; **to treat sth with ~** (*reserved*) etw mit Vorbehalt aufnehmen; (*sceptical*) etw *dat* skeptisch gegenüberstehen

❸ BRIT LAW (*legal warning*) Verwarnung *f,* Verweis *m;* (*that sb will be charged*) Rechtsmittelbelehrung *f;* **to let sb off with a ~** (*fam*) jdn mit einer Verwarnung davonkommen lassen

❹ (*dated fam: amusing person*) Kasper *m*

❺ LAW (*document*) Vormerkung *f*

► PHRASES: **to err on the <u>side</u> of ~** übervorsichtig sein; **to throw ~ to the <u>winds</u>** Bedenken *ntpl* in den Wind schlagen *fam*

II. *vt* (*form*) ❶ (*warn*) ■**to ~ sb** [**against sth**] jdn [vor etw *dat*] warnen; ■**to ~ sb not to do sth** jdm dringend raten, etw nicht zu tun, jdm von etw *dat* dringend abraten; (*more serious*) jdn davor warnen, etw zu tun

❷ *esp* BRIT, AUS (*warn officially*) ■**to ~ sb** jdn verwarnen

❸ LAW ■**to ~ sb** jdn auf seine Rechte hinweisen

cautionary ['kɔːʃᵊnᵊri, AM 'kɑːʃᵊneri] *adj* (*form: giving warning*) warnend *attr;* (*giving advice*) belehrend; **to sound a ~ note** vor etw *dat* warnen; **~ tale** Geschichte *f* mit einer Moral

cautioner ['kɔːʃᵊnəʳ, AM 'kɑːʃᵊnɚ] *n* LAW Vormerkungsbegünstigte(r) *f(m)*

caution money *n* Kaution *f*

cautious ['kɔːʃəs, AM *esp* 'kɑː-] *adj* ❶ (*careful*) vorsichtig, achtsam; (*prudent*) umsichtig; **to play a ~ game** auf Sicherheit spielen; ■**to be ~ about doing sth** (*thoughtful*) etw bedächtig tun; (*hesitating*) etw zögernd tun; ■**to be ~ in sth** bei etw *dat* mit Bedacht vorgehen

❷ (*wary*) vorsichtig; (*anxious*) ängstlich; **~ optimism** verhaltener Optimismus

cautiously ['kɔːʃəsli, AM *esp* 'kɑː-] *adv* vorsichtig; (*circumspectly*) umsichtig

cautiousness ['kɔːʃəsnəs, AM *esp* 'kɑː-] *n no pl* ❶ (*prudence*) Vorsicht *f;* **~ of speech** vorsichtige Ausdrucksweise

❷ (*carefulness*) Sorgfalt *f,* Sorgsamkeit *f;* (*attentiveness*) Achtsamkeit *f;* (*thoughtfulness*) Bedächtigkeit *f*

❸ (*hesitation*) Zögern *f;* (*reserve*) Zurückhaltung *f*

cavalcade [ˌkævᵊl'keɪd] *n* Kavalkade *f; see also* **motorcade**

cavalier [ˌkævᵊl'ɪəʳ, AM -ə'lɪr] **I.** *n* ❶ (*poet: gentleman*) Kavalier *m*

❷ (*hist: knight*) Ritter *m*

II. *adj* (*thoughtless*) unbekümmert; (*scornful*) arrogant, anmaßend; **~ attitude** Unbekümmertheit *f,*

Sorglosigkeit *f;* ~ **treatment** leichtfertiger [*o* gedankenloser] Umgang
Cavalier [ˌkævəlˈɪəʳ, AM -əˈlɪr] HIST **I.** *n* Kavalier *m* (*Anhänger Karls I. von England*)
II. *adj* Kavalier- (*Karl I. unterstützend*)
cavalierly [ˌkævəˈlɪəli, AM ˈlɪrli] *adv* unbekümmert
cavalry [ˈkævəlri] *n no pl, usu + pl vb* ❶ (*hist*) ■**the** ~ die Kavallerie [*o* Reiterei]; ~ **charge** Reiterattacke *f*
❷ (*in armoured vehicles*) motorisierte Streitkräfte; (*tank division*) Panzertruppen *fpl*
cavalryman *n* ❶ (*hist*) Kavallerist *m*
❷ (*in armoured vehicle*) Angehöriger *m* der motorisierten Streitkräfte; (*in tank division*) Angehöriger *m* der Panzertruppen
cave¹ [keɪv] **I.** *n* Höhle *f;* **mouth of a** ~ Höhleneingang *m;* MIN Eingang *m* eines Bergwerksschachtes
II. *vi* ❶ BRIT, AUS (*explore caves*) Höhlen erforschen
❷ AM (*fig: give in*) klein beigeben; (*capitulate*) kapitulieren
◆**cave in I.** *vi* ❶ (*collapse inward*) einstürzen, zusammenbrechen; ***the loose earth wall*** ~***d in on the group*** der lockere Erdwall stürzte über der Gruppe zusammen
❷ (*give in*) kapitulieren, nachgeben; ■**to** ~ **in to sth** sich *akk* etw *dat* beugen
II. *vt* ■**to** ~ **sth** ⊂ **in** etw eindrücken
cave² [ˈkeɪvi] BRIT **I.** *interj* ~**!** Achtung [*o* Vorsicht]!
II. *n* (*dated sl*) **to keep** ~ Ausschau halten; (*at sth forbidden*) Schmiere stehen *fam*
caveat [ˈkæviæt] *n* (*form*) ❶ (*proviso*) Vorbehalt *m*
❷ LAW (*opposition*) Einspruch *m;* (*warning*) Warnung *f;* ~ **emptor** Ausschluss *m* der Gewährleistung; **to enter a** ~ Einspruch erheben [*o* einlegen]; (*warn*) warnen
caveator [ˈkæviætəʳ, AM -t̬ɚ] *n* LAW Einspruch Erhebende(r) *f(m)*
caveat venditor [-venˈdɪtəʳ, AM -ɚ] ECON, FIN der Verkäufer sehe sich vor
cave dweller *n* Höhlenmensch *m,* Höhlenbewohner(in) *m(f)* **cave-in** *n* Einsturz *m* **caveman** *n* ❶ (*prehistoric man*) Höhlenmensch *m,* Höhlenbewohner *m* ❷ (*pej*) Macho *m fam,* Chauvi *m fam*
cave painting *n* Höhlenmalerei *f*
caver [ˈkeɪvəʳ] *n* BRIT, AUS Höhlensportler(in) *m(f)*
cavern [ˈkævən, AM -ɚn] *n* Höhle *f*
cavernous [ˈkævənəs, AM -ɚn-] *adj* ❶ (*cave-like*) höhlenartig; ~ **hole** gähnendes Loch; ~ **pit** tiefe Grube; ~ **room** riesiger [kahler] Raum
❷ (*fig: appearing deep*) ~ **cheeks** hohle [*o* eingefallene] Wangen *fpl;* ~ **eyes** tiefliegende Augen *ntpl;* ~ **mouth** riesiger Mund; *of animal* riesiges Maul
cavewoman *n* Höhlenbewohnerin *f*
caviar(e) [ˈkæviɑːʳ, AM -iɑːr] *n no pl* (*of sturgeon*) Kaviar *m;* (*of other fish*) [Fisch]rogen *m*
► PHRASES: **to be** ~ **to the general** vor die Säue geworfene Perlen sein *fam*
cavil [ˈkævəl] (*form*) **I.** *n* Mäkelei *f kein pl pej,* Krittelei *f pej;* ***the one*** ~ ***I have about the book is …*** das Einzige, was ich an dem Buch zu kritisieren habe, ist …
II. *vi* <BRIT -ll- *or* AM *usu* -l-> kritteln *fam;* ■**to** ~ **at sth** an etw *dat* herumkritteln *pej fam*
caving [ˈkeɪvɪŋ] *n no pl* BRIT, AUS Höhlenexpedition *f*
cavity [ˈkævəti, AM -ət̬i] *n* ❶ (*hole*) Loch *nt,* [Aus]höhlung *f;* (*hollow space*) Hohlraum *m*
❷ ANAT Höhle *f,* [hohler] Raum; **abdominal/thoracic** ~ Bauch-/Brusthöhle *f*
❸ MED (*in tooth*) Loch *nt*
cavity wall *n* ARCHIT Hohlwand *f*
cavort [kəˈvɔːt, AM -ˈvɔːrt] *vi* ❶ (*poet or hum: move*) [herum]toben *fam,* [herum]tollen *fam*
❷ (*hum euph fam: have sex*) herumspielen *euph*
caw [kɔː, AM *esp* kɑː] **I.** *n* Krächzen *nt*
II. *vi* krächzen
cawing [ˈkɔːɪŋ, AM *esp* ˈkɑː-] *n* Krächzen *nt*
cay [keɪ, kiː] *n* Sandbank *f*
cayenne [keɪˈen, AM *also* kaɪ-] *n no pl,* **cayenne pepper** *n no pl* Cayennepfeffer *m*
CB [ˌsiːˈbiː] *n no pl* ❶ *abbrev of* **Citizens' Band** CB-Funk *m*
❷ LAW *abbrev of* **confined to barracks** *see* **confine I2**
CBC [ˌsiːbiːˈsiː] *n no pl abbrev of* **Canadian Broadcasting Corporation** *kanadische Rundfunk- und Fernsehanstalt*
CBE [ˌsiːbiːˈiː] *n* BRIT *abbrev of* **Commander of the Order of the British Empire** Träger des Ordens des British Empire 3. Klasse
CBI [ˌsiːbiːˈaɪ] *n* BRIT *abbrev of* **Confederation of British Industry** *britischer Unternehmerverband*
CBL *n* COMPUT *abbrev of* **computer-based learning** computergestütztes Lernen
CBMS *n* COMPUT *abbrev of* **computer-based message system** comptergestütztes Nachrichtensystem
CBS [ˌsiːbiːˈes] *n abbrev of* **Columbia Broadcasting System** CBS
CBS All Share, CBS Tendency [ˌsiːbiːˈes] *n no pl* STOCKEX ■**the** ~ Preisindex *m* der Börse in Amsterdam
CBT [ˌsiːbiːˈtiː] *n* ECON, FIN *abbrev of* **Chicago**
CC [ˌsiːˈsiː] *n* ❶ *no pl abbrev of* **Cricket Club** *Kürzel in Cricketklubnamen*
❷ BRIT *abbrev of* **county council**
❸ BRIT *abbrev of* **county councillor**
cc <*pl* – *or* -s> [ˌsiːˈsiː] *n* ❶ (*measure*) *abbrev of* **cubic centimetre** cm^3
❷ *abbrev of* **carbon copy**: ~ ***Mr Miller*** in Kopie an Mr Miller
CCA *n* ECON, FIN *abbrev of* **current cost accounting** Rechnungslegung *f* zum Tageswert [*o* Marktwert]
CCD *n* COMPUT *abbrev of* **charge coupled device** ladungsgekoppelter Elektronikbaustein; ~ **memory** ladungsgekoppelter Speicher
CD [ˌsiːˈdiː] *n* ❶ *abbrev of* **compact disc** CD *f;* **on** ~ auf CD
❷ *abbrev of* **civil defence**
❸ *abbrev of* **Corps Diplomatique** Corps diplomatique *nt*
❹ AM *abbrev of* **Congressional District** Kongresswahlbezirk *m*
❺ FIN *abbrev of* **certificate of deposit** Einlagenzertifikat *nt*
❻ LAW *abbrev of* **chief constable** stellvertretender Polizeipräsident
CD player *n* CD-Spieler *m;* **portable** ~ tragbarer CD-Spieler **CD recorder** *n* CD-Brenner *m* **CD-ROM** [ˌsiːdiːˈrɒm, AM -ˈrɑːm] *n abbrev of* **compact disc read-only memory** CD-ROM *f* **CD-ROM drive** *n* CD-ROM-Laufwerk *nt* **CD-RW** [ˌsiːdiːɑːˈdʌbljuː, AM -ɑːr-] *n abbrev of* **Compact Disc-Rewritable** CD-RW *f fachspr*
cease [siːs] (*form*) **I.** *vi* aufhören, enden
II. *vt* ■**to** ~ **sth** etw beenden; **to** ~ **all aid/fire/one's payments** jegliche Hilfeleistungen/das Feuer/seine Zahlungen einstellen; ■**to** ~ **doing** [*or* **to do**] **sth** aufhören, etw zu tun; ***it never*** ~***s to amaze one what …*** es überrascht [einen] doch immer wieder, was …
III. *n no pl* ~ **and desist order** LAW Unterlassungsverfügung *f;* **without** ~ unaufhörlich, endlos; (*without break*) ohne Pause
ceasefire *n* Feuerpause *f;* (*for longer period*) Waffenruhe *f*
ceaseless [ˈsiːsləs] *adj inv* endlos; ~ **bickering** dauerndes Gezanke; ~ **effort** unablässige Bemühung; ~ **noise** ständiger Lärm
ceaselessly [ˈsiːsləsli] *adv inv* unablässig, unaufhörlich
cedar [ˈsiːdəʳ, AM -ɚ] **I.** *n* ❶ (*tree*) Zeder *f*
❷ *no pl* (*wood*) Zedernholz *nt*
II. *n modifier* Zedernholz-, aus Zedernholz *nach n*
cedarwood I. *n no pl* Zedernholz *nt*
II. *n modifier* Zedernholz-, aus Zedernholz *nach n*
cede [siːd] *vt* (*form*) ■**to** ~ **sth** [**to sb**] etw [an jdn] abtreten; **to** ~ **ground** (*fig*) an Boden verlieren; **to** ~ **privileges to sb** jdm Privilegien einräumen
cedilla [səˈdɪlə] *n* LING Cedille *f*
CEEC *n abbrev of* **Central and Eastern European Countries** MOEL, mittel- und osteuropäische Länder
Ceefax® [ˈsiːfæks] *n no pl* BRIT *Videotext der BBC*
cegep [ˈseɪʒep, ˈsiː-] *n* CAN UNIV (*in Québec*) *acr for* **Collège d'enseignement géneral et professionnel** *Gemeinde-College zur Vorbereitung auf die Universität*
ceilidh [ˈkeɪli] *n esp* SCOT, IRISH *Veranstaltung, bei der man ausgelassen typisch schottische/irische Tänze tanzt, Lieder singt und Geschichten erzählt*
ceiling [ˈsiːlɪŋ] *n* ❶ (*of room*) [Zimmer]decke *f;* (*fig*) Obergrenze *f,* oberste Grenze; **to impose** [*or* **set**] **a** ~ **on sth** eine Obergrenze für etw *akk* festsetzen [*o* festlegen]; **to impose a** ~ **on prices** ein Preislimit festlegen
❷ METEO [**low**] **cloud** ~ [niedrige] Wolkendecke
❸ AVIAT [Dienst]gipfelhöhe *f*
► PHRASES: **to hit the** ~ (*fam*) an die Decke gehen *fam*
ceiling fan *n* [Decken]ventilator *m*
ceiling price *n* ECON oberste Preisgrenze **ceiling rose** *n* Deckenrosette *f*
celadon [ˈselədɒn, AM dɑːn] *n* ❶ *no pl* (*colour*) Blassgrün *nt*
❷ (*glaze*) Seladon *nt,* Celadon *nt*
❸ (*pottery*) Seladongefäß *nt*
celandine [ˈseləndaɪn] *n* Schöllkraut *nt*
celeb [səˈleb] *n short for* **celebrity** Berühmtheit *f*
celebrant [ˈseləbrənt] *n* REL Zelebrant *m*
celebrate [ˈseləbreɪt] **I.** *vi* feiern; **to** ~ **in style** im großen Stil[e] feiern
II. *vt* ❶ (*mark occasion*) ■**to** ~ **sth** *Christmas* etw feiern; *anniversary, event also* etw begehen; ***they*** ~***d closing the deal with a glass of champagne*** zur Feier des Vertragsabschlusses stießen sie mit einem Glas Sekt an
❷ REL (*hold ceremony*) ■**to** ~ **sth** etw zelebrieren *geh;* **to** ~ **the Eucharist** das Abendmahl feiern
❸ (*praise*) ■**to** ~ **sb/sth** jdn/etw feiern; **to** ~ **sb as a hero** jdn als Helden feiern
celebrated [ˈseləbreɪtɪd, AM -t̬-] *adj* berühmt, gefeiert; ■**to be** ~ **for sth** für etw *akk* berühmt sein
celebration [ˌseləˈbreɪʃən] *n* ❶ (*party*) Feier *f;* ***this calls for a*** ~**!** das muss gefeiert werden!
❷ *no pl* (*marking of occasion*) Feiern *nt; of anniversary* Begehen *nt;* **to be cause for** ~ Grund [*o* Anlass] zum Feiern sein *m;* ■**in** ~ **of sth** zur Feier einer S. *gen*
❸ REL (*ceremony*) Zelebration *f;* (*of Eucharist*) Feier *f*
celebratory [ˌseləˈbreɪtəri, AM ˈseləbrəˌtɔːri] *adj inv* Fest-; ***when we heard the good news, we went for a*** ~ ***drink*** als wir die gute Nachrichten erfuhren, gingen wir zur Feier des Tages einen trinken
celebrity [səˈlebrəti, AM -t̬i] *n* ❶ (*famous person*) Berühmtheit *f,* berühmte Persönlichkeit; (*star*) Star *m*
❷ *no pl* (*fame*) Ruhm *m,* Berühmtheit *f*
celeriac [səˈleriæk] *n no pl* [Knollen]sellerie *m o f*
celerity [səˈlerəti, AM -t̬i] *n no pl* (*form: fleetness*) Schnelligkeit *f;* (*speed*) Geschwindigkeit *f*
celery [ˈseləri] *n no pl* [Stangen]sellerie *m o f;* **head of** ~ Selleriestaude *f*
celery salt *n* Selleriesalz *nt* **celery seeds** *npl* Selleriesamen *mpl* **celery stalk** *n* Selleriestange *f*
celesta [sɪˈlestə] *n* MUS Celesta *f*
celeste [sɪˈlest] *n see* **celesta**
celestial [səˈlestiəl, AM -tʃəl] *adj* (*poet*) ❶ ASTRON Himmels-
❷ REL himmlisch
celestial body *n* Himmelskörper *m* **celestial music** *n* (*poet*) Sphärenklänge *pl*
celibacy [ˈseləbəsi] *n no pl* ❶ REL Zölibat *m o nt*
❷ (*sexual abstinence*) Enthaltsamkeit *f*
❸ (*chastity*) Keuschheit *f*
celibate [ˈseləbət] **I.** *n esp* REL Zölibatär *m;* ■**to be a** ~ im Zölibat leben
II. *adj* ❶ REL zölibatär
❷ (*refraining from sex*) keusch, enthaltsam
cell [sel] *n* ❶ (*room*) Zelle *f*
❷ (*space*) Feld *nt*
❸ BIOL, ELEC, POL Zelle *f;* **battery** ~ Batteriezelle *f;* **fuel** ~ Brennstoffzelle *f;* **to use one's grey** ~**s** seine

C

kleinen grauen Zellen anstrengen *hum fam*
❹ TELEC (*local area*) Ortsbereich *m*
cellar ['selə^r^, AM -ɚ] *n* Keller *m;* (*wine cellar*) Weinkeller *m;* **to keep a ~** einen Weinkeller haben
cellist ['tʃelɪst] *n* Cellist(in) *m(f);* **principal ~** erster Cellist/erste Cellistin
cellmate *n* Zellengenosse, -in *m, f* **cell nucleus** *n* Zellkern *m*
cello <*pl* -s> ['tʃeləʊ, AM -oʊ] *n* Cello *nt*
cellophane® ['seləfeɪn] **I.** *n no pl* Cellophan® *nt*
II. *adj inv* **~ wrapper** [Klarsicht]folie *f*
cell phone *n* Mobiltelefon *nt,* Handy *nt,* Natel *nt* SCHWEIZ; (*on ship*) Funktelefon *nt*
cellular ['seljələ^r^, AM -ɚ] *adj inv* ❶ BIOL Zell-, zellular, zellenförmig; **~ plant** Lagerpflanze *f*
❷ (*porous*) porös
❸ TELEC Mobil-, Funk-
cellular phone *n* Mobiltelefon *nt,* Handy *nt*
cellulite ['seljəlaɪt] *n no pl* MED Zellulitis *f*
cellulite cream *n* Cellulitiscreme *f,* Zellulitiscreme *f*
celluloid ['seljəlɔɪd] **I.** *n no pl* ❶ (*plastic*) Zelluloid *nt*
❷ (*liter: film, cinema*) Zelluloid *nt,* Film *m;* **on ~** auf Zelluloid
II. *adj* ❶ (*made of celluloid*) Zelluloid-
❷ (*liter: cinematic*) kinematographisch *geh*
cellulose ['seljələʊs, AM -loʊs] *n no pl* Zellulose *f,* Zellstoff *m*
Celsius ['selsiəs] **I.** *n* Celsius
II. *adj inv* Celsius-; ***20 degrees ~*** 20 Grad Celsius
Celt [kelt, selt] *n* Kelte, -in *m, f*
Celtic ['keltɪk, 'sel-] **I.** *adj inv* keltisch; **~ Sea** *südlicher Teil der Irischen See*
II. *n no pl* Keltisch *nt*
cement [sɪ'ment] **I.** *n no pl* ❶ (*powder*) Zement *m;* **quick-setting ~** schnellbindender Zement
❷ (*binding material*) Klebstoff *m,* Leim *m;* (*of tooth*) [Zahn]zement *m*
❸ (*fig: uniting force*) Band *nt geh;* ***the ~ for their future relations*** die Grundlage [*o* Basis] ihrer künftigen Beziehungen
II. *vt* ■**to ~ sth** ❶ (*with concrete*) etw betonieren; (*with cement*) etw zementieren; ■**to ~ over** ↔ **sth** etw zubetonieren; ■**to ~ up** ↔ **sth** etw zumauern
❷ (*also fig: bind*) etw festigen [*o geh* zementieren]; **to ~ an agreement** eine Vereinbarung schließen [*o* treffen]; **to ~ a friendship/relationship** eine Freundschaft/Beziehung festigen
cement mixer *n* Betonmischmaschine *f*
cemetery ['semətᵊri, AM -teri] *n* Friedhof *m*
cenotaph ['senə(ʊ)tæf, AM -ətæf] *n* (*in honour of sb*) Ehrenmal *nt;* (*marking negative event*) Mahnmal *nt;* (*remembering dead person*) Kenotaph *nt,* Zenotaph *nt*
censer ['sen(t)sə^r^, AM -ɚ] *n* Räuchergefäß *nt,* Räucherschale *f;* REL [Weih]rauchgefäß *nt*
censor ['sen(t)sə^r^, AM -ɚ] **I.** *n* Zensor(in) *m(f);* **to get past the ~** durch die Zensur kommen
II. *vt* ■**to ~ sth** etw zensieren; ■**to ~ sth from sth** etw aus etw *dat* streichen
censored ['sen(t)səd, AM -ɚd] *adj inv* zensiert; **~ version** gekürzte Fassung
censorious [sen(t)'sɔːriəs] *adj* [übertrieben] kritisch; **~ comments** scharfe Bemerkungen *fpl*
censorship ['sen(t)səʃɪp, AM -sɚ-] *n no pl* Zensur *f;* **~ of the press** Pressezensur *f*
censure ['sen(t)ʃə^r^, AM -sen(t)ʃɚ] **I.** *n no pl* ❶ (*criticism*) Tadel *m;* **to earn oneself [the] ~ [of sb]** [von jdm] scharf kritisiert werden
❷ POL (*formal reprimand*) **vote of ~, ~ motion** Tadelsantrag *m,* Tadelsvotum *nt;* **~ vote** Missbilligungsvotum *nt*
II. *vt* ■**to ~ sb for sth** jdn wegen einer S. *gen* tadeln
census ['sen(t)səs] *n* (*official counting*) Zählung *f;* (*in biblical usage*) Schätzung *f;* (*of population*) Volkszählung *f,* Zensus *m fachspr;* **traffic ~** Verkehrszählung *f*
census taker *n* Volkszähler(in) *m(f)*
cent [sent] *n* Cent *m;* (*coin also*) Centmünze *f;* **to not be worth a ~** keinen Pfifferling wert sein; **sb does not care a ~ about sth** etw ist jdm völlig gleich
centaur ['sentɔː^r^, AM -tɔːr] *n* Zentaur *m,* Kentaur *m*
centenarian [ˌsentɪ'neəriən, AM -tᵊn'eriən] *n* Hundertjährige(r) *f(m),* Zentenar *m selten geh*
centenary [sen'tiːnᵊri, AM 'sentᵊneri] **I.** *n esp* BRIT (*anniversary*) hundertster Jahrestag; (*birthday*) hundertster Geburtstag; (*celebration*) Hundertjahrfeier *f;* **to celebrate a ~** den hundertsten Jahrestag feiern [*o geh* begehen]; ***the symphony orchestra celebrated its ~*** das Sinfonieorchester feierte sein hundertjähriges Bestehen
II. *n modifier* Hundertjahr-; **~ celebrations** Feierlichkeiten *fpl* zum hundertsten Jahrestag
center *n, vt* AM *see* **centre**
centered *adj* AM *see* **centre II 3**
centigrade ['sentɪgreɪd, AM 'senţə-] **I.** *n no pl* Celsius
II. *adj inv* Celsius-; ***two degrees ~*** zwei Grad Celsius
centigram ['sentɪgræm, AM 'senţə-], *esp* BRIT **centigramme** *n* Zentigramm *nt*
centiliter ['senţəliːţɚ] AM, **centilitre** ['sentɪliːtə^r^] *n* Zentiliter *m*
centimeter ['senţəmiːţɚ] AM, **centimetre** ['sentɪmiːtə^r^] *n* Zentimeter *m*
centipede ['sentɪpiːd, AM -ţə-] *n* Tausendfüßler *m*
central ['sentrᵊl] *adj* ❶ (*in the middle*) zentral; ***he drilled a ~ hole in the disc*** er bohrte ein Loch in die Mitte der Scheibe; **~ location** zentrale Lage; **~ part** Kernstück *nt,* Herzstück *nt*
❷ (*paramount*) Haupt-, wesentlich; **to be of ~ importance [to sb]** [für jdn] an [aller]erster Stelle stehen [*o* sehr wichtig sein]; **~ issue** Kernfrage *f;* **to play a ~ role in sth** bei etw *dat* eine zentrale Rolle spielen; ■**to be ~ to sth** wesentlich [*o geh* essenziell] für etw *akk* sein
❸ (*national*) Zentral-; **~ bank** Zentralbank *f*
Central African Republic *n* ■**the ~** die Zentralafrikanische Republik **central air conditioning** *n no pl* zentrale Klimaanlage **Central America** *n* Mittelamerika *nt* **Central American** **I.** *adj* mittelamerikanisch **II.** *n* Mittelamerikaner(in) *m(f)* **Central Asian** *adj* zentralasiatisch **central bank** *n* ECON, FIN Zentralbank *f;* **~ discount rate** Diskontsatz *m* der Zentralbank; **~ intervention** Zentralbankintervention *f;* **President of the Central Bank** Zentralbankpräsident(in) *m(f);* **Statutes of the Central Bank** Zentralbankstatut *nt* **central casting** *n* ■**to be from ~** perfekt geplant sein; ■**to be out of ~** wie aus dem Bilderbuch sein **Central Committee** *n* POL Zentralkomitee *nt* **Central Criminal Court** *n* LAW Zentralstrafgericht *nt* **Central Europe** *n* Mitteleuropa *nt* **central government** *n* Zentralregierung *f* **central heating** *n no pl* Zentralheizung *f*
centralism ['sentrᵊlɪzᵊm] *n no pl* POL Zentralismus *m*
centralist ['sentrᵊlɪst] **I.** *adj* zentralistisch
II. *n* Zentralist(in) *m(f)*
centrality [sen'trælәti, AM -əţi] *n no pl* (*location*) zentrale Lage; (*major importance*) Schlüsselrolle *f*
centralization [ˌsentrᵊlaɪ'zeɪʃᵊn, AM -lɪ'-] *n no pl* Zentralisierung *f;* COMPUT *also* Einrichtung *f* einer Zentralstelle
centralize ['sentrᵊlaɪz] *vt* POL, COMPUT ■**to ~ sth** etw zentralisieren
central locking *n no pl* Zentralverriegelung *f*
centrally ['sentrᵊli] *adv* zentral; **to be ~ heated** Zentralheizung haben; **to be ~ located** zentral liegen [*o* gelegen sein]
central nervous system *n* Zentralnervensystem *nt* **central parity** *n* ECON, FIN Leitparität *f* **central processing unit** *n,* **central processor** *n* COMPUT Zentraleinheit *f* **central purchasing** *n* ECON, FIN Zentraleinkauf *m* **central rate** *n* ECON, FIN Leitkurs *m* **central reservation** *n* BRIT Grünstreifen *m,* Mittelstreifen *m* **Central Standard Time** *n,* **Central Time** *n* *Zeitzone der Vereinigten Staaten, entspricht der sechsten Zeitzone westlich von Greenwich*
centre ['sentə^r^], AM **center** [-ţɚ] **I.** *n* ❶ (*middle*) Zentrum *nt,* Mitte *f;* ***I love chocolates with soft ~s*** ich liebe Pralinen mit weicher Füllung; ***she felt she was bombarded with criticism, left, right and ~*** sie fühlte sich von allen Seiten mit Kritik bombadiert; ***they made a complete mess of that work, left, right and ~*** sie haben diese Arbeit total verhunzt *fam;* ■**to be the ~ of sth** der Mittelpunkt einer S. *gen* sein; **to be the ~ of attention** im Mittelpunkt der Aufmerksamkeit stehen
❷ POL Mitte *f;* **to be left/right of ~** Mitte links/rechts sein
❸ (*place or building*) Zentrum *nt,* Center *nt;* **fitness ~** Fitnessstudio *nt;* **test ~** Versuchszentrum *nt*
❹ (*area of concentration*) Zentrum *nt;* **~ of population** Ballungsraum *m,* Ballungsgebiet *nt*
❺ SPORTS (*middle player*) Mittelfeldspieler(in) *m(f);* (*basketball*) Center *m,* mittlerer Angriffspieler; (*ice hockey*) Sturmspitze *f*
❻ ECON, FIN (*group of items in an account*) Gruppe *f* von Posten
II. *vt* ❶ (*put in middle*) ■**to ~ sth** etw zentrieren; TYPO *also* etw mittig setzen *fachspr*
❷ (*focus*) **to ~ one's attention on sth** seine Aufmerksamkeit auf etw *akk* richten; **to ~ one's efforts on sth** seine Anstrengungen auf etw *akk* konzentrieren
❸ (*spiritually, emotionally*) ■**to be ~d** ausgeglichen sein
III. *vi* ■**to ~ upon sth** *talk, problem* sich *akk* um etw *akk* drehen
centre back *n* (*in football*) Vorstopper(in) *m(f);* (*in volleyball*) mittlerer Abwehrspieler/mittlere Abwehrspielerin **centreboard** ['sentəbɔːd, AM ţɚbɔːrd] *n* NAUT Kielschwert *nt* **centre circle** *n* (*in football, basketball*) Mittelkreis *m* **centrefold** *n* *Mittelseiten einer Zeitschrift;* (*model*) [*Akt*]*modell, das auf der Mittelseite einer Zeitschrift abgebildet ist* **centre forward** *n* (*in soccer, hockey*) Mittelstürmer(in) *m(f);* (*in volleyball*) mittlerer Netzspieler/mittlere Netzspielerin **centre half** *n* (*in field hockey*) Mittelfeldspieler(in) *m(f)* **centre line** *n* (*in hockey, basketball*) Mittellinie *f* **centre mark** *n* (*in tennis*) Mittelzeichen *nt* **centre midfield** *n* (*in soccer*) defensiver Mittelfeldspieler/defensive Mittelfeldspielerin **centre of gravity** *n* PHYS Schwerpunkt *m* **centrepiece** *n* ❶ (*on table*) Tafelaufsatz *m* ❷ (*best feature*) Prunkstück *nt;* (*central feature*) *of policy, plan* Kernstück *nt;* **the ~ of a meal** die Krönung eines Mahl[e]s *geh* **centre service line** *n* (*in tennis*) mittlere Aufschlaglinie *f* **centre-spread** *n* [doppelseitige] Themenseite (*in der Mitte einer Zeitschrift/Zeitung*) **centre stage** **I.** *n no pl* Bühnenmitte *f* **II.** *adv* ❶ THEAT in der Bühnenmitte; ***the actress threw herself to the ground ~ in despair*** die Schauspielerin warf sich verzweifelt in der Mitte der Bühne auf den Boden
❷ (*fig: conspicuous*) **to be always ~** stets im Mittelpunkt [der Aufmerksamkeit] stehen; **to take ~** eine Schlüsselposition einnehmen **centre strap** *n* (*on tennis net*) Gurtband *m*
centrifugal [ˌsentrɪ'fjuːgᵊl, AM sen'trɪfjəgᵊl] *adj inv* zentrifugal; **~ force** Zentrifugalkraft *f fachspr,* Fliehkraft *f*
centrifuge ['sentrɪfjuːdʒ, AM -trə-] *n* MED, TECH Zentrifuge *f fachspr,* Schleuder *f*
centripetal [sen'trɪpɪtᵊl, AM -əţᵊl] *adj inv* zentripetal; **~ force** Zentripetalkraft *f*
centrist ['sentrɪst] **I.** *n* Anhänger(in) *m(f)* der politischen Mitte; (*politician*) Politiker(in) *m(f)* der Mitte
II. *adj* [politisch] gemäßigt
centuries-old ['senʃᵊrizəʊld, AM oʊld] *adj inv* jahrhundertealt
centurion [sen'tjʊəriən, AM -'tʊri-] *n* (*hist*) Zenturio *m*
century ['sen(t)ʃᵊri] *n* ❶ (*period*) Jahrhundert *nt;* **the event of the ~** das Jahrhundertereignis; **turn of the ~** Jahrhundertwende *f;* **to be centuries old** jahrhundertealt sein; **the twentieth ~** das zwanzigste Jahrhundert

❷ (*in cricket*) 100 Läufe *pl*

CEO [ˌsiːiː'əʊ, AM -'oʊ] *n abbrev of* **chief executive officer** Generaldirektor(in) *m(f)*, Geschäftsführer(in) *m(f)*

ceramic [sə'ræmɪk] *adj inv* Keramik-, keramisch

ceramic hob *n* BRIT Glaskeramikkochfläche *f*

ceramics [sə'ræmɪks] *n* ❶ + *sing vb* (*art*) Keramik *f*
❷ *pl* (*ceramic objects*) Keramiken *fpl*, Töpferwaren *fpl*, Tonwaren *fpl*
❸ + *sing vb* (*process*) Töpfern *nt*; **to take a course in ~** einen Töpferkurs machen

cereal ['sɪəriəl, AM 'sɪr-] **I.** *n* ❶ *no pl* (*cultivated grass*) Getreide *nt*
❷ (*grain*) Getreidesorte *f*
❸ *no pl* (*for breakfast*) Frühstückszerealien *fpl* (*Cornflakes, Müsli ...*)
II. *adj inv* Getreide-

cerebellum <*pl* -s *or* -la> [ˌserɪ'beləm, AM -rə'-, *pl* -lə] *n* ANAT Kleinhirn *nt*, Zerebellum *nt fachspr*

cerebra [sə'riːbrə, AM 'serə-] *n pl of* **cerebrum**

cerebral ['serəbrəl, sə'riː-] *adj* ❶ ANAT Gehirn-, zerebral *fachspr*
❷ (*also pej: intellectual*) hochgeistig; ***it was all too ~ for me*** es war mir alles zu hoch *fam*; **~ discussion** intellektuelle Diskussion

cerebral palsy *n no pl* MED zerebrale Lähmung

cerebration [ˌserɪ'breɪʃən, AM -rə'-] *n no pl* ❶ MED Gehirnfunktion *f*
❷ (*form or hum: thought process*) Reflexion *f geh*, [Nach]denken *nt*

cerebrum <*pl* -s *or* -bra> [sə'riːbrəm, AM 'serə-, *pl* -brə] *n* ANAT Großhirn *nt*, Zerebrum *nt fachspr*

ceremonial [ˌserɪ'məʊniəl, AM -ə'moʊ-] **I.** *adj* zeremoniell *geh*
II. *n* (*form liter*) Zeremoniell *nt geh*; *see also* **ceremony**

ceremonially [ˌserɪ'məʊniəli, AM -ə'moʊ-] *adv* feierlich

ceremonious [ˌserɪ'məʊniəs, AM -ə'moʊ-] *adj* förmlich, zeremoniös *geh*

ceremoniously [ˌserɪ'məʊniəsli, AM -ə'moʊ-] *adv* sehr förmlich, mit großem Zeremoniell *geh*

ceremony ['serɪməni, AM -əmoʊni] *n* ❶ (*ritual*) Zeremonie *f*, Feier *f*; (*celebration also*) Feierlichkeiten *fpl*; **opening ~** Eröffnungsfeier *f*; **to perform a ~** eine Zeremonie vollziehen *geh*
❷ *no pl* (*formality*) Förmlichkeit *f*; **pomp and ~** Pomp und Zeremoniell; **to do sth without ~** etw ohne viel Aufhebens tun; **to receive sb with great ~** jdn mit großem Pomp begrüßen; **to stand on ~** förmlich sein

cerise [sə'riːz] (*form*) **I.** *n no pl* Kirschrot *nt*
II. *adj* kirschrot, cerise

cert[1] [sɜːt] *n usu sing* BRIT (*fam*) *short for* **certainty**: **to be a dead ~** eine todsichere Sache sein *fam*; ***it's a dead ~ that they'll lose*** sie werden todsicher verlieren; **to be a dead ~ to win the medal** Medaillenfavorit *m*/Medaillenfavoritin *f* sein

cert[2] **I.** *n abbrev of* **certificate**
II. *adj abbrev of* **certified**

certain ['sɜːtən, AM 'sɜːrt-] **I.** *adj* ❶ (*sure*) sicher; (*unavoidable*) gewiss, bestimmt; ***please be ~ to turn out the lights before you leave*** bitte vergewissern Sie sich, dass das Licht ausgeschaltet ist, wenn Sie gehen; ***there is no ~ cure for this disease*** gegen diese Krankheit gibt es kein sicheres Mittel; ***that was ~ to happen*** das musste ja so kommen; ***that vase is ~ to be knocked over if you leave it there*** wenn du die Vase dort stehen lässt, wird sie bestimmt irgendjemand umschmeißen *fam*; ***are you ~ about that?*** sind Sie sich dessen wirklich sicher?; ***it is not yet ~ ...*** es ist noch nicht ganz klar ...; ***I wouldn't be too ~ that ...*** ich wäre mir [ja] nicht so sicher, dass ...; **to face ~ death** dem [sicheren] Tod ins Auge blicken; **to mean ~ death** den sicheren Tod bedeuten; **to feel ~ [that ...]** sicher [*o* [fest] [davon] überzeugt] sein[, dass ...]; **to make ~ [that ...]** darauf achten[, dass ...]; ***please make ~ that you turn off the oven*** schalte bitte unbedingt den Herd aus; **to make ~ of sth** sich *akk* einer S. *gen* vergewissern; **to seem ~ [that ...]** davon ausgehen[, dass ...], zuversichtlich sein[, dass ...]; ■**to be ~ about** [*or* **of**] **sth** sich *dat* einer S. *gen* sicher sein; ***no one is quite ~ about him yet*** bis jetzt kennt ihn noch keiner so recht; ***are you ~ about driving home alone?*** willst du wirklich allein nach Hause fahren?; ■**to be ~ [that] sb does sth** sicher sein, dass jd etw tut; **to be ~ [that] sth will happen** [sich *dat*] sicher sein, dass etw geschehen wird; ■**for ~** ganz sicher; ***I don't know yet for ~*** ich weiß noch nicht genau; ***one thing is [for] ~*** eines ist sicher; ***I can't say for ~*** ich bin mir nicht ganz sicher
❷ *attr, inv* (*limited*) gewiss; ***he's very reliable — up to a ~ point*** er ist sehr zuverlässig – bis zu einem gewissen Grad; **to a ~ extent** in gewissem Maße
❸ *attr, inv* (*specific and specified*) gewisse(r, s) *attr*; (*specific but unspecified*) bestimmte(r, s) *attr*, gewisse(r, s) *attr*; **at a ~ age** in einem bestimmten Alter; **a ~ Steve Rukus** ein gewisser Steve Rukus
❹ (*particular*) bestimmt, gewiss; **in ~ circumstances** unter gewissen Umständen
II. *pron pl* (*form*) **~ *of his works have been published*** einige seiner Arbeiten wurden veröffentlicht; **~ *of the candidates were well below the usual standard, but others were very good indeed*** einige Kandidaten lagen deutlich unter dem normalen Niveau, andere waren aber wirklich sehr gut

certain annuity *n* ECON, FIN zeitlich befristete Rente

certainly ['sɜːtənli, AM 'sɜːrt-] *adv* ❶ (*surely*) sicher[lich]; (*without a doubt*) bestimmt, gewiss; ***she ~ is a looker, isn't she?*** sie sieht aber echt toll aus!
❷ (*gladly*) gern[e]; (*of course*) [aber] selbstverständlich, klar *fam*; **~ not** auf [gar] keinen Fall, [ganz] bestimmt nicht; ***I ~ will not!*** ich denke gar nicht dran!; ***had you forgotten our anniversary? — ~ not!*** hast du unseren Hochzeitstag vergessen? – aber [nein], wo denkst du hin?

certainty ['sɜːtənti, AM 'sɜːrt-] *n* ❶ (*surety*) Gewissheit *f*; **with ~** mit Sicherheit; ■**to be a ~** gewiss sein; ***he'll arrive late, that's a [virtual] ~*** er wird zu spät kommen, darauf kannst du wetten!; ***death is a ~*** um den Tod kommt keiner herum
❷ *no pl* (*state of certainty*) Sicherheit *f*

certifiable [ˌsɜːtɪ'faɪəbl̩, AM ˌsɜːrt̬ə-] *adj inv* ❶ (*officially admissible*) nachweisbar
❷ (*psychologically ill*) unzurechnungsfähig, nicht zurechnungsfähig
❸ (*fig fam: stupid*) verrückt *fam*; ***he's a ~ nut!*** er ist doch wirklich ein Spinner! *fam*; ■**to be ~** eine Meise haben *fam*

certificate [sə'tɪfɪkət, AM sɚ'-] *n* ❶ (*official document*) Urkunde *f*; (*attestation*) Bescheinigung *f*; **~ of achievement** Leistungsnachweis *m*; **~ of airworthiness/seaworthiness** Luft-/Seetüchtigkeitszeugnis *nt*; **~ of approval** ECON Zulassungsbescheinigung *f*, Provenienzzertifikat *nt*; **~ of baptism** Taufschein *m*; **birth ~** Geburtsurkunde *f*; **death ~** Sterbeurkunde *f*; **doctor's** [*or* **medical**] **~** ärztliches Attest; **examination ~** Prüfungszeugnis *nt*; **fire ~** Brandschutzbescheinigung *f*; **~ of incorporation** Gründungsurkunde *f*; **~ of judgment** Urteilsschrift *f*; **land ~** [beglaubigter] Grundbuchauszug; **marriage ~** Trauschein *m*; **~ of ownership** Besitzurkunde *f*; **practising ~** Bestallungsurkunde *f*, Anwaltszulassung *f*; **~ of quality** Qualitätszertifikat *nt*; **~ of registry** Schiffsbrief *m*
❷ FILM Altersfreigabe *f*; **an 18 ~** [Film]freigabe *f* ab 18 Jahre

certificate of deposit *n* ECON, FIN Einlagenzertifikat *nt*

certificate of origin *n* (*invoice*) Ursprungszeugnis *nt*

certification [ˌsɜːtɪfɪ'keɪʃən, AM ˌsɜːrt̬ə-] *n no pl* ❶ (*state*) Qualifikation *f*; (*process*) Qualifizierung *f*
❷ (*document*) Zertifikat *nt*; (*attestation*) Beglaubigung *f*

certified ['sɜːtɪfaɪd, AM 'sɜːrt̬ə-] *adj attr, inv* ❶ (*documented*) [staatlich] geprüft; ■**to be ~ to do sth** berechtigt sein, etw zu tun
❷ (*guaranteed*) garantiert; ***this manuscript is ~ as genuine*** die Echtheit dieses Manuskripts wurde bestätigt; **~ cheque** gedeckter Scheck; **a ~ copy** eine beglaubigte Abschrift

certified mail *n no pl* AM (*registered post*) Einschreiben *nt*; **a piece of ~** ein Einschreiben *nt*, eine Einschreibesendung; **to send sth ~** etw per [*o* als] Einschreiben schicken

certified public accountant *n* AM (*chartered accountant*) ≈ Wirtschaftsprüfer(in) *m(f)*

certify <-ie-> ['sɜːtɪfaɪ, AM 'sɜːrt̬ə-] *vt* ❶ (*declare as true*) ■**to ~ sth** etw bescheinigen [*o* bestätigen]; LAW etw beglaubigen; ***I hereby ~ that ...*** (*form*) hiermit bestätige ich, dass ... *geh*; ***the meat has been certified [as] fit for human consumption*** das Fleisch wurde für den menschlichen Verzehr als geeignet erklärt; **to ~ sb [as] dead** jdn für tot erklären
❷ (*declare mentally ill*) ■**to ~ sb** jdn für unzurechnungsfähig erklären; **to ~ sb insane** jdn für geisteskrank erklären

certiorari [ˌsɜːʃɔː'reəraɪ, AM ˌsɜːrʃiə'reri] *n* LAW Vorlage *f* der Akten an ein höheres Gericht; **order of ~** Aktenanforderung *f* [durch ein höheres Gericht]

certitude ['sɜːtɪtjuːd, AM 'sɜːrt̬ətuːd] *n no pl* Sicherheit *f*, Gewissheit *f*

cerulean [sə'ruːliən] *adj* (*liter*) **~ blue** himmelblau

cervical ['sɜːvɪkəl, AM 'sɜːr-] *adj inv* ANAT ❶ (*of neck*) zervikal *fachspr*; **~ vertebra** Halswirbel *m*
❷ (*of cervix*) Gebärmutterhals-

cervical cancer *n* MED Gebärmutterhalskrebs *m*

cervical screening *n no pl* BRIT MED Untersuchung *f* des Gebärmutterhalses **cervical smear** *n* MED Abstrich *m*

cervices ['sɜːvɪsiːz, AM 'sɜːr-] *n pl of* **cervix**

cervix <*pl* -es *or* -vices> ['sɜːvɪks, AM 'sɜːr-, *pl* -vɪsiːz] *n* ANAT Gebärmutterhals *m*, Muttermund *m*

Cesarean *n, adj* AM *see* **Caesarean**

cesium *n* AM *see* **caesium**

cessate grant ['seseɪt-] *n* LAW erneute gerichtliche Bestätigung

cessation [se'seɪʃən] *n no pl* (*form: end*) Ende *nt*; (*process*) Beendigung *f*; **~ of hostilities** Einstellung *f* der Kampfhandlungen

cesser ['sesəʳ, AM -ɚ] *n* LAW Ablauf *m*, Aufhören *nt*, Beendigung *f*

cession ['seʃən] *n no pl* Abtretung *f*; LAW Zession *f*

cesspit ['sespɪt] *n*, **cesspool** ['sespuːl] *n* Jauchegrube *f*, Senkgrube *f*, Latrine *f*; (*fig pej*) Sumpf *m*

c'est la vie [ˌseɪlɑː'viː] *interj* so ist das Leben [nun einmal]

CET *n abbrev of* **Common External Tariff**

cetacean [sɪ'teɪʃən] ZOOL **I.** *n* Zetazee *f fachspr*, Wal *m*
II. *adj inv* Zetazeen- *fachspr*, Wal[fisch]-

Ceylon [sɪ'lɒn, AM -'lɑːn, -seɪ] **I.** *n no pl* ❶ (*hist: country*) Ceylon *nt hist*
❷ (*tea*) Ceylontee *m*
II. *adj inv* (*hist*) ceylonesisch *hist*; *see also* **Sri Lanka**

Ceylonese [ˌselə'niːz, AM ˌsiːlə'niːz, seɪ] (*hist*) **I.** *n* <*pl* -> Ceylonese, -in *m, f hist*
II. *adj* ceylonesisch, aus Ceylon *hist*; *see also* **Sri Lankan**

c/f *abbrev of* **carried forward** *see* **carry forward**

cf ['siː'ef] *vt* (*form*) *abbrev of* **compare** vgl.

CFC [ˌsiːef'siː] *n abbrev of* **chlorofluorocarbon** FCKW *nt*

CGA *n* COMPUT *abbrev of* **colour graphics adapter** Farbgrafikadapter *m*

CGM *n* COMPUT *abbrev of* **computer graphics metafile** CGM

CGT [ˌsiːdʒiː'tiː] *n abbrev of* **capital gains tax**

ch *n abbrev of* **chapter** Kap.

cha-cha ['tʃɑːtʃɑː], **cha-cha-cha** **I.** *n* Cha-Cha-Cha *m*
II. *vi* Cha-Cha-Cha tanzen

chad [tʃæd] *n* COMPUT Stanzrückstand *m*; **~less tape** Schuppenstreifen *m*

Chad [tʃæd] *n no pl* Tschad *m*

chafe [tʃeɪf] **I.** *vi* ❶ (*make sore*) sich *akk* [wund]scheuern [*o* [auf]scheuern]; *hands* wund werden
❷ (*fig: become irritated*) sich *akk* ärgern [*o* aufregen]; ■**to ~ at** [*or* **against**] **sth** sich *akk* über etw *akk* aufregen; ■**to ~ under sth** unter etw *dat* leiden
❸ (*fig: be impatient*) ■**to ~ to do sth** erpicht darauf sein, etw zu tun *fam*
II. *vt* ❶ (*rub sore*) ■**to ~ sth** etw [wund]scheuern [*o* [auf]scheuern]; ***the icy wind ~d her cheeks*** der eisige Wind ließ ihre Wangen rau werden
❷ (*rub warm*) **to ~ one's hands** seine Hände *fpl* warm reiben
III. *n* durchgescheuerte Stelle
chafer ['tʃeɪfə(r), AM -ɚ] *n* Käfer *m;* **cock~** Maikäfer *m;* **rose ~** Rosenkäfer *m*
chaff[1] [tʃæ:f, *Brit also* tʃɑ:f] *n no pl* ❶ (*of grain*) Spreu *f*
❷ (*cattle fodder*) Häcksel *m o nt*
❸ (*leftover material*) wertlose Reste *mpl*
▶ PHRASES: **to separate the wheat from the ~** die Spreu vom Weizen trennen
chaff[2] [tʃæ:f, *Brit also* tʃɑ:f] **I.** *n no pl* Scherze *mpl*, Neckerei *f*, Flachserei *f fam*
II. *vt* ■**to ~ sb** [**about doing sth**] jdn [wegen einer S. *gen* [*o* mit etw *dat*]] aufziehen
chaffinch <*pl* -es> ['tʃæ:fɪn(t)ʃ] *n* Buchfink *m*
chagrin ['ʃægrɪn, AM ʃə'grɪn] *n no pl* (*form*) ❶ (*sorrow*) Kummer *m;* (*disappointment*) Enttäuschung *f*
❷ (*embarrassment*) [große] Verlegenheit; [**much**] **to sb's ~** [sehr] zu jds [*o* zu jds [großer]] Verlegenheit
❸ (*annoyance*) Verdruss *m*, Ärger *m;* [**much**] **to sb's ~** [sehr] zu jds Verdruss
chagrined ['ʃægrɪnd, AM ʃə'grɪnd] *adj* (*form: disappointed*) verdrossen; (*mortified*) gekränkt; (*sorrowful*) bekümmert; ■**to be ~ at** [*or* **by**] **sth** über etw *akk* [*o* wegen einer S. *gen*] bekümmert sein
chain [tʃeɪn] **I.** *n* ❶ (*series of metal links*) Kette *f;* **to keep a dog on a ~** einen Hund an der Kette halten; **to put the ~ on the door** die Kette vorlegen; **to pull the ~** (*dated*) spülen (*auf der Toilette*)
❷ (*fetter, manacle*) Fessel *f*, Kette *f;* **to be in ~s** in Ketten liegen; **to keep sb in ~s** jdn in Fesseln halten; **to rattle one's ~s** mit den Ketten rasseln
❸ (*fig: oppression*) ■**~s** *pl* Fesseln *fpl*, Joch *nt geh;* **to free oneself from the ~s of dictatorship** die Fesseln der Diktatur sprengen; **to free oneself from the ~s of tyranny** sich *akk* vom Joch der Tyrannei befreien *geh*
❹ (*jewellery*) [Hals]kette *f;* **gold/silver ~** Gold-/Silberkette *f*
❺ (*fig: series*) Reihe *f;* (*interconnection*) Verkettung *f;* **~ of command** Hierarchie *f;* MIL Befehlskette *f;* **fast food ~** [Schnell]imbisskette *f;* **~ of mishaps** Verkettung *f* unglücklicher Umstände; **mountain ~** [Berg]kette *f*, [Gebirgs]kette *f;* **~ of shops** Ladenkette *f*
▶ PHRASES: **to pull** [*or* **yank**] **sb's ~** jdn triezen *fam*
II. *vt* ■**to ~ sb/an animal** [**up**] **to sth** jdn/ein Tier an etw *akk* [an]ketten; **to be ~ed to a desk** (*fig*) an den Schreibtisch gefesselt sein
◆**chain up** *vt* ■**to ~ sb/an animal** ↺ **up** jdn/ein Tier anketten [*o* an die Kette legen]
chain gang *n* Sträflingskolonne *f;* **to work on the ~** in einer Sträflingskolonne arbeiten **chain letter** *n* Kettenbrief *m* **chain-link fence** *n* Maschendrahtzaun *m* **chain mail** *n no pl* Kettenhemd *nt*, Kettenpanzer *m* **chain reaction** *n* Kettenreaktion *f;* **to set off a ~** eine Kettenreaktion auslösen *a. fig* **chain saw** *n* Kettensäge *f* **chain-smoke** *vi* kettenrauchen **chain-smoker** *n* Kettenraucher(in) *m(f)* **chain stitch** *n* Kettenstich *m* **chain store** *n* Kettenladen *m*
chair [tʃeə(r), AM tʃer] **I.** *n* ❶ (*seat*) Stuhl *m;* ***please take a ~*** setzen Sie sich doch; **easy ~** Sessel *m;* **to pull up a ~** [sich *dat*] einen Stuhl heranziehen
❷ UNIV (*professorship*) Lehrstuhl *m;* (*person*) Lehrstuhlinhaber(in) *m(f);* **to be ~ of a department** den Lehrstuhl eines Fachbereichs innehaben; **interim ~** Lehrstuhlvertretung *f;* **to hold a ~ in sth** einen Lehrstuhl für etw *akk* [inne]haben
❸ (*head*) Vorsitzende(r) *f(m);* (*of a company*) Vorstand *m;* **to be the ~ of a board** der/die Vorsitzende eines Ausschusses sein
❹ (*presiding place*) ■**the ~** der Vorsitz; **to address the ~** sich *akk* an den Vorsitz wenden; **to take the ~** den Vorsitz übernehmen
❺ AM (*electric chair*) ■**the ~** der elektrische Stuhl; **to get the ~** auf den elektrischen Stuhl kommen
❻ AM MUS Sitz *m* in einem Orchester; ***he plays fourth ~ firsts*** er spielt auf dem vierten Platz die erste Geige
II. *vt* ❶ (*be leader*) ■**to ~ sth** bei etw *dat* den Vorsitz führen
❷ (*carry*) ■**to ~ sb** jdn tragen; (*in victory*) jdn im Triumph tragen
chair lift *n* Sessellift *m* **chairman** *n* Vorsitzende(r) *m;* (*of a company*) Vorstand *m* **chairmanship** *n* Vorsitz *m;* ***his ~ of the commission lasted for two years*** er leitete die Kommission zwei Jahre lang; **to meet under the ~ of sb** unter jds Vorsitz [*o* dem Vorsitz von jdm] tagen **chairperson** *n* Vorsitzende(r) *f(m)* **chairwoman** *n* Vorsitzende *f*
chaise [ʃeɪz] *n* HIST Einspänner *m*
chaise longue <*pl* chaises longues> [ʃeɪz'lɒŋ, AM -'lɔ:ŋ], AM, AUS *usu* **chaise lounge** [ʃeɪz'laʊndʒ] *n* Chaiselongue *f or a. fam nt*
chakra ['tʃækrə] **I.** *n* Chakra *nt*
II. *n modifier* (*symbol*) Chakren-
chalet ['ʃæleɪ, AM ʃæ'leɪ] *n* Chalet *nt;* (*similar building*) [chaletähnliches] Landhaus
chalice ['tʃælɪs] *n* (*poet or liter*) Kelch *m;* REL Abendmahlskelch *m*
chalk [tʃɔ:k, AM *also* tʃɑ:k] **I.** *n no pl* ❶ (*type of stone*) Kalkstein *m*
❷ (*for writing*) Kreide *f;* **a piece** [*or* **stick**] **of ~** ein Stück[chen] *nt* Kreide; **~ and talk** BRIT SCH *Unterrichtsgestaltung durch Tafelanschreiben und Vorträge*
▶ PHRASES: [**as different as**] **~ and** [*or* **from**] **cheese** (*hum*) [so verschieden wie] Tag und Nacht; **to be as alike as ~ and cheese** grundverschieden sein; **to not know** [*or* **not be able to tell**] **~ from cheese** nicht fähig sein, die wesentlichen Unterschiede zu erkennen; [**not**] **by a long ~** BRIT bei weitem [nicht]; **as white as ~** kreidebleich
II. *vt* ■**to ~ sth** (*write*) etw mit Kreide schreiben; (*draw*) etw mit Kreide zeichnen; (*in billiards*) etw mit Kreide einreiben
◆**chalk up** *vt* ❶ (*write*) ■**to ~ up** ↺ **sth** etw [mit Kreide] aufschreiben; (*note down*) etw notieren; (*cover with drawings*) etw [mit Kreide] bemalen; **to ~ up the board** die Tafel beschreiben; (*completely*) die Tafel voll schreiben
❷ (*fig: achieve*) **to ~ up a success** einen Erfolg verzeichnen können; **to ~ up a victory** [*or* **win**] einen Sieg verbuchen können
❸ (*ascribe*) ■**to ~ sth up to sth** ***I ~ed up my stomach problems to the last night's meal*** ich ging davon aus, dass meine Magenprobleme mit dem gestrigen Abendessen zusammenhingen
❹ (*write off*) **to ~ sth up to experience** etw als Erfahrung sehen
❺ (*add to a mental list*) ■**to ~ up** ↺ **sth** etw verinnerlichen
❻ (*put on bill*) ■**to ~ up sth to sb** etw auf jds Rechnung setzen; (*mark as credit*) etw anschreiben
chalkboard *n* AM, AUS (*blackboard*) Tafel *f;* **to wipe off the ~** die Tafel wischen; *see also* **blackboard** **chalkface** *n* BRIT **at the ~** im Unterrichtsalltag
chalkie ['tʃɔ:ki] *n* AUS, NZ (*fam*) Lehrer(in) *m(f)*, Pauker *m sl*
chalkiness ['tʃɔ:kinəs, AM *also* 'tʃɑ:-] *n no pl* Kalkhaltigkeit *f*
chalk pit *n* Kalk[stein]bruch *m*
chalky ['tʃɔ:ki, AM *also* 'tʃɑ:-] *adj* ❶ (*of chalk*) kalk[halt]ig
❷ (*dusty*) **to be all ~** voll[er] Kreide sein
❸ (*chalk-like*) kreideartig, kreideähnlich
❹ (*pale*) kreidebleich
challenge ['tʃælɪndʒ] **I.** *n* ❶ (*hard task*) Herausforderung *f*, schwierige Aufgabe; **to accept a ~** sich *akk* einer Herausforderung stellen; **to be faced with a ~** mit einer schwierigen Aufgabe konfrontiert sein; **to find sth a ~** etw schwierig finden; **to meet the ~** [**of doing sth**] sich *akk* der Herausforderung stellen[, etw zu tun]; **to present sb** [**with**] **a ~** eine Herausforderung für jdn darstellen; **to rise to a ~** sich *akk* einer Herausforderung gewachsen zeigen
❷ (*call to competition*) Herausforderung *f;* **to accept the ~ to do sth** die Herausforderung annehmen, etw zu tun; **to issue a ~ to sb to do sth** jdn herausfordern, etw zu tun
❸ (*doubting*) Infragestellung *f;* **to be a direct ~ to sth** etw offen in Frage stellen; **to be open to ~** anfechtbar sein; **to pose a ~ to sth** etw in Frage stellen
❹ MIL (*ask name*) Werdarauf *m* (*militärischer Befehl, sich auszuweisen*)
❺ LAW (*refusal*) Ablehnung *f;* **~ to the array** Ablehnung *f* der gesamten Geschworenen; **~ to the polls** Ablehnung *f* der einzelnen Geschworenen; **~ for cause** Ablehnung *f* der Geschworenen unter Angabe von bestimmten Gründen; **challenge without ~, peremptory ~** Ablehnung *f* der Geschworenen ohne Angabe von Gründen; **to make a ~ to a member of the jury** ein Mitglied der Geschworenen ablehnen
II. *vt* ❶ (*ask to compete*) ■**to ~ sb** [**to sth**] jdn [zu etw *dat*] herausfordern; ■**to ~ sb to do sth** jdn herausfordern, etw zu tun; **to ~ a record** versuchen einen Rekord einzustellen
❷ (*call into question*) ■**to ~ sb/sth** jdn/etw in Frage stellen
❸ (*present with hard task*) ■**to ~ sb** an jdn [hohe] Anforderungen stellen, jdm viel abverlangen
❹ MIL (*demand name*) ■**to ~ sb** jdn anrufen
❺ LAW (*refuse*) ■**to ~ sb** jdn [als Geschworenen] ablehnen; **to ~ a judge on grounds of bias** AM einen Richter wegen Besorgnis der Befangenheit ablehnen
challenger ['tʃælɪndʒə(r), AM -ɚ] *n* Herausforderer, Herausforderin *m, f;* **~ for a title** Titelanwärter(in) *m(f)*
challenging ['tʃælɪndʒɪŋ] *adj* [heraus]fordernd; **sb finds sth ~** jd empfindet etw als Herausforderung; **sb finds sth not ~** etw ist für jdn keine Herausforderung
challengingly ['tʃælɪndʒɪŋli] *adv* herausfordernd
chalupa [ʃə'lu:pə] *n* AM (*fried tortilla*) Chalupa *f* (*mit Fleisch gefüllter und ausgebackener mexikanischer Maismehlfladen*)
chamber ['tʃeɪmbə(r), AM -ɚ] **I.** *n* ❶ (*old: room*) [Schlaf]gemach *nt geh*
❷ (*meeting hall*) Sitzungssaal *m;* (*of lawyer*) Kanzlei *f;* (*of judge*) Amtszimmer *nt;* **Lower/Upper ~** Zweite/Erste Kammer (*des britischen Abgeordnetenhauses*)
❸ (*lawyer's offices*) ■**~s** *pl* Anwaltsbüro *nt*, Kanzlei *f;* (*private room of a judge*) Richterzimmer *nt;* **a trial in ~s** eine Verhandlung unter Ausschluss der Öffentlichkeit
❹ (*cavity*) Kammer *f;* **combustion ~** Brennkammer *f;* **~ of the heart** Herzkammer *f*
II. *n modifier* (*music, orchestra*) Kammer-
chamberlain ['tʃeɪmbəlɪn, AM -bɚ-] *n* ❶ HIST Kammerherr *m*
❷ BRIT (*treasurer*) Leiter(in) *m(f)* der Finanzabteilung; (*of municipal corporation*) Kämmerer *m*, Kämmerin *f*
chambermaid *n* Zimmermädchen *nt* **chamber music** *n no pl* Kammermusik *f* **Chamber of Commerce** *n* ECON Industrie- und Handelskammer *f* **chamber of horrors** *n* Horrorkabinett *nt* **chamber orchestra** *n* Kammerorchester *nt* **chamber pot** *n* Nachttopf *m*
chambray ['ʃæmbreɪ] *n no pl* Kambrik *m*, Cambric *m*
chameleon [kə'mi:liən] *n* ❶ (*lizard*) Chamäleon *nt*
❷ (*fig pej: person*) Chamäleon *nt pej;* (*esp in politi-*

cal context) Wendehals *m pej fam;* ***don't be such a ~!*** sei nicht immer so ein Mitläufer!

chameleonic [kə,mi:li'ɒnɪk, AM -'ɑ:nɪk] *adj inv* sehr wechselhaft, wie ein Chamäleon *nach n*

chamfer ['tʃæmfəʳ, AM fɚ] *n* Schrägkante *f*

chamois¹ <*pl* -> ['ʃæmwɑ:, AM 'ʃæmi:] *n* Gämse *f*

chamois² ['ʃæmi:] *n,* **chamois leather** *n usu no pl* Fensterleder *nt;* ~ **cloth** Ledertuch *nt*

champ¹ [tʃæmp] *n* (*approv fam*) *short for* **champion** Champion *m;* **to be a real ~** ein echter Kumpel sein *sl*

champ² [tʃæmp] **I.** *vi* (*bite hard*) ■**to ~ [down] on sth,** ■**to ~ into sth** in etw *akk* beißen; (*chew loudly*) etw [geräuschvoll] kauen
▸ PHRASES: **to ~ at the bit** vor Ungeduld fiebern
II. *vt* ■**to ~ sth** etw mampfen *fam*

champagne [ʃæm'peɪn] **I.** *n no pl* (*French champagne*) Champagner *m;* (*sparkling wine*) Sekt *m,* Schaumwein *m*
II. *adj inv* champagnerfarben
III. *n modifier* (*of French champagne*) Champagner-; (*of sparkling wine*) Sekt-; ~ **brunch** Sektfrühstück *nt;* ~ **gala** Sektempfang *m*

champagne flute *n* Sektflöte *f* **champagne socialist** *n* (*pej*) Champagnersozi(in) *m(f) pej fam*

champers ['ʃæmpəz] *n + sing vb* BRIT, AUS (*dated fam*) Schampus *m fam*

champerty ['tʃæmpɜ:ti, AM -pɜ:rṱi] *n* (*old*) LAW Beteiligung *f* an einem Prozess gegen Beteiligung am Prozesserlös

champion ['tʃæmpiːən] **I.** *n* ① SPORTS Champion *m;* **world ~** Weltmeister(in) *m(f);* **defending ~** Titelverteidiger(in) *m(f);* **Olympic ~** Olympiasieger(in) *m(f);* **reigning ~** amtierender Meister/amtierende Meisterin
② (*supporter*) Verfechter(in) *m(f)* (**of** +*gen*)
II. *vt* ■**to ~ sth** etw verfechten; **to ~ a cause** für eine Sache eintreten
III. *adj* BRIT (*fam*) klasse *fam,* prima *fam;* ~ **boxer** Boxchampion *m;* ~ **dog** preisgekrönter Hund; ~ **racehorse** Turfsieger(in) *m(f) sl*
IV. *adv* BRIT (*fam*) super *fam,* fantastisch *fam*

championship ['tʃæmpiːənʃɪp] *n* ① SPORTS Meisterschaft *f;* **to hold a ~** amtierender Meister/amtierende Meisterin sein
② *no pl* (*of a cause*) Einsatz *m,* Engagement *nt*

chance [tʃɑ:n(t)s, AM tʃæ:n(t)s] **I.** *n* ① *no pl* (*luck*) Glück; (*coincidence*) Zufall *m;* ~ **encounter** zufällige Begegnung; **to be pure** [*or* **sheer**] **~** [**that …**] reiner Zufall sein[, dass …]; **to leave nothing to ~** nichts dem Zufall überlassen; **as ~ would have it** wie es der Zufall wollte; **by ~** zufällig; **by any ~** vielleicht; ***do you have a light by any ~?*** hätten Sie vielleicht zufällig Feuer?
② (*likelihood*) ■**~s** *pl* Möglichkeit *f;* (*prospect*) Aussicht *f,* Chance *f;* ***there's not much of a ~ of my coming to the party*** ich werde wohl nicht zur Party kommen; ***there's not a ~ in hell of my ever going out with him again*** mit dem werde ich nie im Leben nochmal weggehen; ***the ~ was one in a million*** die Chancen standen eins zu einer Million; **~s are** [**that**] … aller Wahrscheinlichkeit nach …; **~s of promotion** Aufstiegschancen *fpl;* **~s of survival** Überlebenschancen *fpl;* **to do sth on the off ~** etw nur auf gut Glück tun; **there's an outside ~ that …** es besteht eine geringe Chance, dass …; **to be in with a ~** eine Chance haben; **to** [**not**] **have** [*or* **stand**] **a ~ with sb/sth** bei jdm/etw [keine] Chancen haben; ***I don't think I stand a ~ of winning*** ich halte es nicht für sehr wahrscheinlich, dass ich gewinnen werde
③ (*opportunity*) Möglichkeit *f,* Gelegenheit *f;* ***given half a ~, he'd give up working tomorrow*** hätte er auch nur die geringste Chance, würde er morgen aufhören zu arbeiten; BRIT **~ *would be a fine thing*** schön wär's *fam;* BRIT (*fam*) ***no ~!*** niemals!; **the ~ of a lifetime** die Chance meines/deines/Ihres etc. Lebens *fam;* **to give sb a** [**second**] **~** [**to do sth**] jdm eine [zweite] Chance geben[, etw zu tun]; **to have a/the ~** [**to do sth** [*or* **of doing sth**]] eine/die Möglichkeit [*o* Chance] haben[, etw zu tun]; **to miss the/one's ~** [**to do sth**] die/seine Chance verpassen[, etw zu tun]; ***you missed the perfect ~*** du hast die Chance deines Lebens verpasst *fam*
④ (*risk*) Risiko *nt;* ***the ~ of failure with this project is high*** die Wahrscheinlichkeit, bei diesem Projekt zu scheitern, ist hoch; **to take a ~** [*or* **~s**] es darauf ankommen lassen; ***taking ~s with your health is a bad idea*** seine Gesundheit aufs Spiel zu setzen, ist dumm
II. *vi* unerwartet geschehen; ***they ~d to be in the restaurant just when I arrived*** als ich ankam, waren sie zufälligerweise auch gerade in dem Restaurant
III. *vt* (*fam*) ■**to ~ sth** (*hazard*) etw riskieren; (*try*) etw versuchen; ***don't ~ your life's savings on a single investment*** steck doch nicht deine ganzen Ersparnisse in ein einziges Investitionsprojekt!; **to ~ one's arm** [*or* BRIT *also* **to ~ it**] es riskieren [*o* darauf ankommen lassen]
◆**chance along** *vi* zufällig auftauchen
◆**chance on** *vi,* **chance upon** *vi* ① (*meet unexpectedly*) ■**to ~ on sb** jdn zufällig treffen, jdm zufällig begegnen
② (*find unexpectedly*) ■**to ~ on** [*or* **upon**] [*or* **across**] **sth** zufällig auf etw *akk* stoßen

chance acquaintance *n* Zufallsbekanntschaft *f*

chance hit *n* SPORTS *Treffer eines Baseballspielers, der einen Spieler der Gegenmannschaft ausscheiden lässt*

chancel ['tʃɑ:n(t)sᵊl, AM 'tʃæn-] *n* REL Chor *m,* Altarraum *m*

chancellery ['tʃɑ:n(t)sᵊlᵊri, AM 'tʃæn-] *n* ① (*place*) Kanzleramt *nt*
② (*position*) Amt *nt* des Kanzlers, Kanzlerschaft *f*
③ AM (*office*) Amtszimmer *nt* [einer Botschaft/eines Konsulats]

chancellor ['tʃɑ:n(t)sᵊləʳ, AM 'tʃæn(t)sᵊlɚ], **Chancellor** *n* ① POL, UNIV Kanzler(in) *m(f);* (*of federal state*) [Bundes]kanzler(in) *m(f);* **Lord C~** (*chief minister of justice*) Lordkanzler *m*
② AM (*judge*) *vorsitzender Richter an einem Billigkeitsgericht*

Chancellor of the Exchequer *n* BRIT Finanzminister(in) *m(f),* Schatzkanzler(in) *m(f)*

chancellorship ['tʃɑ:nsᵊləʃɪp, AM 'tʃænsᵊlɚ-] *n no pl* ① POL (*office of chancellor*) Kanzleramt *nt*
② BRIT POL Amt *nt* des Finanzministers
③ REL, ADMIN Rechtsstelle *f* des Bischofs

chancer ['tʃɑ:nsəʳ, AM 'tʃænsɚ] *n* (*fam*) Opportunist *m geh*

chancery ['tʃɑ:nsᵊri, AM 'tʃæn] *n* ① ■**C~** BRIT LAW Gericht *nt* des Lordkanzlers
② (*public record office*) Kanzlei *f*

Chancery Bar *n* LAW Anwaltschaft *f* der Chancery Division **Chancery Court** *n* LAW Gericht *nt* des Lordkanzlers **Chancery Division** *n* LAW Chancery-Abteilung *f* des High Court

chancre ['ʃæŋkəʳ, AM kɚ] *n* MED Schanker *m*

chancy ['tʃɑ:n(t)si, AM 'tʃæn(t)si] *adj* riskant

chandelier [,ʃændə'lɪəʳ, AM -lɪr] *n* Kronleuchter *m*

chandler ['tʃɑ:ndləʳ, AM 'tʃændlɚ] *n* ① (*of candles*) Kerzenmacher(in) *m(f)*
② NAUT Schiffsausrüster *m*

chandlery *n* Schiffsausrüster *m*

change [tʃeɪndʒ] **I.** *n* ① (*alteration*) [Ver]änderung *f;* ***that makes a nice ~*** das ist mal eine angenehme Abwechslung; **to be a ~ for the better/worse** eine Verbesserung [*o* einen Fortschritt]/eine Verschlechterung [*o* einen Rückschritt] darstellen; **~ of direction** Richtungsänderung *f,* Richtungswechsel *m;* **~ of heart** Sinnesänderung *f;* **a ~ of pace** ein Tempowechsel *m;* **~ of scene** Tapetenwechsel *m fam;* **~ of surroundings** Ortswechsel *m;* **~ in the weather** Wetterumschwung *m;* **to make a few ~s** einige Änderungen vornehmen; **to ring the ~s** für Abwechslung sorgen
② *no pl* (*fluctuation*) Veränderung *f;* ***let me know if there's any ~ in his condition*** lassen Sie es mich wissen, wenn sein Zustand sich verändert; ***it was a period of great social ~ in the country*** es war eine Zeit großer sozialer Umwälzungen im Land
③ (*new clothes*) **a ~ of clothes** Kleidung *f* zum Wechseln
④ *no pl* (*coins*) Münzgeld *nt;* (*money returned*) Wechselgeld *nt,* Retourgeld *nt* SCHWEIZ; ***keep the ~*** der Rest ist für Sie; ***how much do you have in ~?*** wie viel Kleingeld hast du?; ***I gave him a 50 and got back 44 dollars in ~*** ich gab ihm einen 50er und bekam 44 Dollars zurück; **to have the correct ~** es passend haben; **loose** [*or* **small**] **~** Kleingeld *nt;* **to give the wrong ~** falsch herausgeben
⑤ (*travel connection*) **to have to make several ~s** mehrmals umsteigen müssen
⑥ (*fam: menopause*) ■**the ~** [*or* **the ~ of life**] die Wechseljahre *pl*
▸ PHRASES: **a ~ is as good as a rest** (*prov*) Abwechslung wirkt Wunder; **the wind** [*or* **winds**] **of ~** ein frischer Wind; **to get no ~ out of sb** BRIT (*fam*) aus jdm nichts rauskriegen *fam;* **for a ~** zur Abwechslung; ***why don't you answer the door for a ~?*** warum machst du nicht mal auf? *fam*
II. *vi* ① (*alter*) sich *akk* [ver]ändern; METEO umschlagen; ***nothing* [*ever*] *~s*** alles bleibt immer beim Alten; ***the traffic light ~d back to red*** die Ampel wurde wieder rot; ***the wind ~d from south to west*** der Wind drehte von Süd nach West; ***we just ~d from gas central heating to electric*** wir haben gerade von Gas auf Strom umgestellt; **to ~ for the better/worse** sich *akk* verbessern/verschlechtern; ■**to ~** [**over**] umstellen [auf]
② (*of journey*) umsteigen
③ (*of clothes*) sich *akk* umziehen; (*replace nappy*) die Windeln wechseln; ***have I got time to shower and ~?*** kann ich mich noch schnell duschen und umziehen?; ***the baby needs changing*** das Baby braucht eine frische Windel; ■**to ~ into sth** etw anziehen
III. *vt* ① (*make different*) ■**to ~ sth** etw [ver]ändern; ***she's just ~d jobs*** sie hat gerade ihre Stelle gewechselt; **to ~ the subject** das Thema wechseln
② TECH (*replace*) ■**to ~ sth** etw auswechseln; **to ~ a plug** einen Stecker auswechseln
③ (*make fresh*) **to ~ the baby** die Windel wechseln, das Baby frisch wickeln; **to ~ the bed** [*or* **sheets**] das Bett neu [*o* frisch] beziehen; **to ~ one's clothes** sich *akk* umziehen, [sich *dat*] etw anderes anziehen; **to ~ one's shirt** ein anderes Hemd anziehen
④ (*money*) ■**to ~ sth** etw wechseln; **to ~ a dollar/pound** einen Dollar/ein Pfund wechseln; **to ~ money** Geld umtauschen
⑤ (*of journey*) **to ~ planes** das Flugzeug wechseln; **to ~ trains** umsteigen
⑥ (*of car*) **to ~ gear[s]** einen anderen Gang einlegen, schalten
◆**change down** *vi* AUTO [he]runterschalten
◆**change into** *vi* ① (*metamorphose*) sich *akk* verwandeln
② AUTO **to ~ into second/third gear** in den zweiten/dritten Gang schalten
◆**change up** *vi* BRIT, AUS AUTO hochschalten

changeability [,tʃeɪndʒə'bɪləti, AM -əṱi] *n* Unbeständigkeit *f*

changeable ['tʃeɪndʒəbl̩] *adj* unbeständig; *person* wankelmütig; *weather* wechselhaft; **~ moods** wechselnde Stimmungen

changed [tʃeɪndʒd] *adj inv* verändert; ***he's a ~ man*** er ist ein völlig neuer Mensch geworden

changeless ['tʃeɪndʒləs] *adj* (*liter*) ① (*unaltered*) unveränderlich, beständig
② (*uniform*) gleichförmig

changeling ['tʃeɪndʒlɪŋ] *n* Wechselbalg *m*

change machine *n* [Geld]wechselautomat *m*

changeover *n usu sing* Umstellung *f* (**to** auf +*akk*); EU **~ to the euro** Umstellung *f* auf den Euro; **~ on E-day** Stichtagsumstellung *f*

changer ['tʃeɪndʒəʳ, AM -ɚ] *n* ECON, FIN Geldwechsler(in) *m(f)*

changing ['tʃeɪndʒɪŋ] *adj attr* wechselnd, sich *akk* verändernd

changing room *n* ① (*in shop*) [Umkleide]kabine *f*
② SPORTS Umkleideraum *m,* Umkleidekabine *f*

channel ['tʃænᵊl] I. *n* ① RADIO, TV Kanal *m,* Programm *nt;* **on ~ *five/three*** im fünften/dritten Programm; **cable ~** Kabelkanal *m;* **commercial ~** kommerzieller Sender; **pay ~** Pay-TV *nt;* **to change** [*or* **switch**] **~s** umschalten; **to turn to another ~** [auf ein anderes Programm] umschalten; **to turn to ~ two** ins zweite Programm umschalten
② (*waterway*) [Fluss]bett *nt;* (*artificial waterway*) Kanal *m;* **drainage ~** Entwässerungsgraben *m,* Abzugsgraben *m;* **irrigation ~** Bewässerungskanal *m;* **deepwater/navigable ~** schiffbare Fahrrinne; **the** [**English**] **C~** der Ärmelkanal
③ (*in airport or port*) [Zoll]ausgang *m;* **the red/green ~** der rot/grün gekennzeichnete Ausgang
④ (*means*) Weg *m;* ***she found a ~ for her energy in acting*** über das Tanzen hat sie ein Ventil für ihre Energie gefunden; **~ of communication** Kommunikationsweg *m;* **~ of distribution** Vertriebsweg *m;* **to go through the official ~s** den Dienstweg gehen; **through the usual ~s** auf dem üblichen Weg
II. *vt* <BRIT -ll- *or* AM *usu* -l-> ① (*direct*) **to ~ a river through sth** einen Fluss durch etw *akk* [hindurch]leiten; ■ **to ~ sth into sth** *one's energies, money* etw in etw *akk* stecken; *interests* etw auf etw *akk* richten; **to ~ water into sth** Wasser in etw *akk* leiten
② (*imitate*) ■ **to ~ sb** jdn nachmachen

channel-hopping *n,* AM *also* **channel-surfing** *n no pl* TV (*fam*) Zappen *nt fam,* ständiges Umschalten

channel-surf I. *vi* herumzappen II. *vt* ■ **to ~ sth** etw durchzappen **Channel Tunnel** *n no pl* ■ **the ~** der [Ärmel]kanaltunnel

chant [tʃɑːnt, AM tʃænt] I. *n* ① REL [Sprech]gesang *m;* **Gregorian** [*or* **plain**] **~** Gregorianischer Gesang
② SPORTS (*of fans*) Sprechchor *m*
II. *vi* ① REL singen; (*intone*) einen Sprechgesang anstimmen
② (*repeat*) *crowd* im Sprechchor rufen
III. *vt* ■ **to ~ sth** ① REL etw skandieren *geh;* (*sing*) etw singen
② (*say or shout*) **to ~ sb's name/slogans** jds Namen/Slogans im Sprechchor rufen

chanterelle [ʃɑ̃ː(n)tə'rel, AM ʃænṭə-] *n* Pfifferling *m*

chanteuse [ʃɑ̃ː(n)'tɜːz, AM ʃɑ̃ːn'tuːz] *n* [Bar]sängerin *f*

chantey, *esp* AM **chanty** *n see* **shanty**

Chanukah ['hɑːnuːkaː, AM -nəkə] *n no pl* REL (*Hanukkah*) Chanukka *f*

chaos ['keɪɒs, AM -ɑːs] *n no pl* Chaos *nt,* Durcheinander *nt;* (*mess also*) Unordnung *f;* **a total** [*or* **utter**] **~** ein einziges Chaos [*o* Durcheinander]; ***we muddled up the name labels and total ~ ensued*** wir hatten die Namensschilder durcheinander gebracht und schon war das Chaos perfekt

chaos theory *n no pl* MATH, PHYS Chaostheorie *f*

chaotic [keɪ'ɒtɪk, AM -'ɑːṭ-] *adj* chaotisch

chaotically [keɪ'ɒtɪkᵊli, AM -'ɑːṭ-] *adv* chaotisch

chap¹ [tʃæp] *n* BRIT (*fam*) Typ *m fam,* Kerl *m fam;* ***well, ~s, anyone for a pint?*** na Jungs, hat jemand Lust auf ein Bier?

chap² <-pp-> [tʃæp] I. *vi skin* aufspringen, rau [*o* spröde] werden
II. *vt* **to ~ sb's hands** jds Hände rau machen; **to ~ sb's lips** jds Lippen aufspringen lassen; **to ~ sb's skin** jds Haut spröde machen

chap³ *n abbrev of* **chapter** Kap.

chapati <*pl* -s *or* -es> [tʃə'pɑːti, AM -ṭi], **chapatti** <*pl* -s *or* -es> *n* Chapatti *nt*

chapel ['tʃæpᵊl] *n* ① (*for worship*) Kapelle *f*
② *esp* BRIT (*unorthodox church*) Sektenkirche *f*
③ SCH, UNIV (*service*) Andacht *f*

chaperon(**e**) ['ʃæpᵊrəʊn, AM -roʊn] I. *n* ① (*esp for young women*) Anstandsdame *f;* (*hum*) Anstandswauwau *m hum fam*
② AM (*adult supervisor*) Aufsichtsperson *f,* Anstandswauwau *m hum fam;* **to act as ~** den Anstandswauwau spielen *hum fam*
③ (*female companion*) Begleiterin *f*
II. *vt* ■ **to ~ sb** ① (*dated: accompany*) jdn begleiten; (*hum*) bei jdm den Anstandswauwau spielen *hum fam*
② AM (*supervise youth*) jdn beaufsichtigen
③ (*escort*) jdn begleiten

chaplain ['tʃæplɪn] *n* Kaplan *m;* **prison ~** Gefängnisgeistlicher *m;* **the Speaker's C~** Parlamentsgeistlicher *m*

chaplaincy ['tʃæplɪn(t)siː] *n* ① (*position*) Amt *nt* [*o* Stelle *f*] eines Kaplans
② (*office*) Dienstraum *m* [*o* Amtszimmer *nt*] eines Kaplans

chaplet ['tʃæplət] *n* Kranz *m*

chapped [tʃæpt] *adj* (*cracked*) aufgesprungen; (*rough*) spröde

chappie ['tʃæpi] *n,* **chappy** *n* BRIT (*dated fam*) Kerlchen *m fam*

chaps [tʃæps] *npl* Cowboyhosen *fpl,* lederne Reithosen *fpl*

CHAPS [tʃæps] *n* ECON, FIN *abbrev of* **Clearing House Automated Payments System** elektronisches Abrechnungssystem für Schecks

chapstick® *n* ≈ Labello® *m*

chapter ['tʃæptəʳ, AM -ɚ] *n* ① (*of book*) Kapitel *nt;* **to cite** [*or* **quote**] **~ and verse** den genauen Wortlaut [einer S. *gen*] wiedergeben
② (*of time*) Abschnitt *m,* Kapitel *nt;* **a tragic ~ in the country's history** ein tragisches Kapitel in der Geschichte des Landes; **to open a new ~** ein neues Kapitel beginnen
③ *esp* AM (*of organization*) Zweig *m;* (*on local level*) Ortsgruppe *f;* AM *Zweig einer religiösen Bruderschaft oder Gemeinschaft*
④ REL (*of cathedral*) Kapitel *nt*
⑤ BRIT, AUS (*form: series*) Serie *f;* ***their trip was a ~ of accidents*** bei ihrer Reise passierte ein Unglück nach dem anderen
⑥ AM LAW **C~ 11** Chapter 11, [*Verfahren zur Konkursabwendung*]; **C~ 7** Chapter 7, [*Vorschriften zur Abwicklung eines Unternehmens*]

chapter house *n* ① (*in cathedral*) Kapitel *nt,* Kapitelsaal *m*
② AM (*of fraternity, sorority*) Kapitelsaal *m*
③ *esp* AM (*of branch*) Klubhaus *nt,* Vereinshaus *nt*

char¹ [tʃɑːʳ] I. *n* BRIT (*dated fam*) ~ [**woman**] Putzfrau *f*
II. *vi* BRIT (*dated*) putzen

char² <-rr-> [tʃɑːʳ, AM tʃɑːr] I. *vi* verkohlen
II. *vt* ■ **to ~ sth** etw anbrennen [lassen]

char³ [tʃɑːʳ] *n* BRIT (*dated fam*) Tee *m*

char⁴ [tʃɑːʳ, AM tʃɑːr] *n* (*fish*) Saibling *m*

chara ['ʃærə] *n* BRIT (*fam*), **charabanc** ['ʃærəbæŋ] *n* BRIT (*dated*) [*offener*] *Omnibus für Ausflugsfahrten*

character ['kærəktəʳ, AM 'kerəktɚ] *n* ① *no pl* (*personality*) Charakter *m,* Wesen *nt,* Wesensart *f;* **to be similar in ~** sich *dat* im Wesen ähnlich sein; ■ **to not be in ~** untypisch sein; ■ **out of ~** ungewöhnlich
② (*moral integrity*) Charakter *m;* **strength of ~** Charakterstärke *f;* **weakness of ~** Charakterschwäche *f;* **to be of bad/good ~** ein schlechter/guter Mensch sein; **of dubious/irreproachable/questionable ~** von zweifelhaftem/untadeligem/fragwürdigem Charakter
③ (*unique person*) Original *nt,* Type *f fam;* ***he's quite a ~*** der ist vielleicht 'ne Type *fam;* **lack of ~** fehlende Originalität
④ LIT, ART (*representation*) [Roman]figur *f,* [Roman]gestalt *f;* **main ~** Hauptfigur *f,* Protagonist(in) *m(f) geh*
⑤ TYPO (*mark, space*) Zeichen *nt;* (*symbol*) Schriftzeichen *nt*
⑥ LAW **to issue ~ evidence** Leumundsbeweise *mpl* aufbieten

character actor *n* Charakterdarsteller *m* **character assassination** *n* Rufmord *m*

characteristic [ˌkærəktə'rɪstɪk, AM ˌkerəktɚ'-] I. *n* charakteristisches Merkmal, Charakteristikum *nt geh;* **a ~ of the times** ein Zeichen *nt* der Zeit; **to display a ~** ein Merkmal zeigen; ■ **to be a ~ of sth** ein typisches Merkmal einer S. *gen* sein; **to be a ~ of bad taste** von schlechtem Geschmack zeugen
II. *adj* typisch, charakteristisch; ***she received the bad news with ~ dignity*** sie nahm die schlechte Nachricht wie immer mit Würde auf; ■ **to be ~ of sth** typisch für etw *akk* sein

characteristically [ˌkærəktə'rɪstɪkᵊli, AM ˌkerəktɚ'-] *adv* typisch

characterization [ˌkærəktᵊraɪ'zeɪʃᵊn, AM ˌkerəktɚɪ'-] *n no pl* ① LIT [Personen]beschreibung *f;* FILM Darstellung *f*
② (*description*) Beschreibung *f,* Charakterisierung *f*

characterize ['kærəktᵊraɪz, AM 'kerəktə-] *vt* ① (*mark as typical*) ■ **to ~ sth** etw kennzeichnen [*o* charakterisieren]
② (*outline*) ■ **to ~ sth as sth** etw als etw *akk* beschreiben

characterless ['kærəktələs, AM 'kerəktɚ-] *adj* ① (*lacking originality*) *person* nichts sagend, farblos; *wine* fade
② (*lacking integrity*) charakterlos

character reference *n* Referenz *f;* **to give sb a ~** jdm ein Empfehlungsschreiben ausstellen **character set** *n* COMPUT Zeichensatz *m,* Font *m* **character trait** *n* Charakterzug *m* **character witness** *n* LAW Leumundszeuge, -in *m, f*

charade [ʃə'rɑːd, AM -'reɪd] *n* ① *usu pl* (*game*) Scharade *f*
② (*lie*) Farce *f;* (*fuss*) Affentheater *m pej fam*

charcoal ['tʃɑːkəʊl, AM 'tʃɑːrkoʊl] I. *n no pl* ① (*fuel*) Holzkohle *f*
② (*for drawing*) Kohle *f;* **to draw/sketch in ~** eine Kohlezeichnung/eine Skizze in Kohle anfertigen
II. *n modifier* (*pencil*) Kohle-

charcoal burner *n* [Holz]kohle[n]ofen *m* **charcoal drawing** *n* Kohlezeichnung *f* **charcoal filter** *n* Kohlenfilter *m* **charcoal gray** AM, **charcoal grey** *adj* schwarzgrau

charge [tʃɑːdʒ, AM tʃɑːrdʒ] I. *n* ① (*for goods, services*) Gebühr *f;* ***is there a ~ for kids?*** kosten Kinder [auch] etwas?; **free of ~** kostenlos, gebührenfrei; **for a small ~** gegen eine geringe Gebühr; **~s forward** ECON, FIN Gebühr bezahlt Empfänger
② LAW Anklage *f;* (*fig*) Vorwurf *m,* Beschuldigung *f;* ■ **~s** *pl* Anklagepunkte *mpl;* (*in civil cases*) Ansprüche *mpl;* ***she was put on a ~ of shoplifting*** sie wurde wegen Ladendiebstahls angeklagt; ***there were ~s from within the party that …*** in der Partei wurden Vorwürfe laut, dass …; ***this left her open to the ~ of positive support for the criminals*** dadurch kam der Verdacht auf, dass sie die Gewalttäter unterstütze; **on a ~ of theft** angeklagt wegen Diebstahls; **~ sheet** polizeiliches Anklageblatt; **holding ~** *Nebenbeschuldigung, die dazu dient, jdn während der Hauptermittlungen in Haft zu halten;* **to answer ~s** sich wegen einer Klage [*o* Beschuldigung] verantworten; **to be arrested on a ~ of sth** wegen Verdachts auf etw *akk* festgenommen werden; **to be arrested on a ~ of murder** wegen Mordverdachts festgenommen werden; **to bring ~s against sb** gegen jdn Anklage erheben; **to drop ~s against sb** die Anklage gegen jdn fallen lassen; **to face ~s** [**of sth**] [wegen einer S. *gen*] unter Anklage stehen, sich *akk* [wegen einer S. *gen*] vor Gericht verantworten müssen *geh;* **to press ~s against sb** gegen jdn Anzeige erstatten; **to withdraw** [*or* **drop**] **~s** eine Anklage zurückziehen [*o* fallen lassen]
③ MIL Angriff *m,* Attacke *f*
④ *no pl* (*responsibility*) Verantwortung *f;* ***the child under*** [*or* ***in***] ***her ~*** die Kinder, die sie betreut; **to be in ~** die Verantwortung tragen [*o* haben]; ***who's in ~ here?*** wer ist hier zuständig?; ***she's in ~ of the department*** sie leitet die Abteilung; ***she's in ~ here*** hier hat sie das Sagen; ***you're in ~ until I get back*** Sie haben bis zu meiner Rückkehr die Verantwortung; **in ~ of a motor vehicle** (*form*) am Steuer eines Kraftfahrzeuges; **to have** [**sole**] **~ of sb/sth** für jdn/etw die [alleinige] Verantwortung tragen; **to take** [**sole**] **~ of sb/sth** für jdn/etw die [alleinige] Verantwortung übernehmen; **to leave sb in ~ of sth** jdm für etw *akk* die Verantwortung übertragen

❺ (*dated: person*) Schützling *m;* (*ward*) Mündel *nt*
❻ (*dated form: command*) Auftrag *m*
❼ *no pl* ELEC Ladung *f;* ***the battery has a full*** ~ die Batterie ist voll aufgeladen; **to put sth on** ~ BRIT etw aufladen
❽ (*explosive*) [Spreng]ladung *f*
❾ ECON, FIN (*guarantee*) Sicherungsrecht *nt;* **fixed** ~ dingliche Sicherung; **floating** ~ schwebende Belastung
❿ ECON, FIN (*debit on account*) Belastung *f;* ~ **on land** [*or* **over property**] Grundschuld *f;* **fixed** ~ Fixbelastung *f;* **floating** ~ variable Belastung; ~ **by way of legal mortgage** formelle Hypothekenbestellung
⓫ LAW (*instructions from judge*) Rechtsbelehrung *f*
⓬ FIN **Class F** ~ Steuergruppe F
II. *vi* ❶ (*for goods, services*) eine Gebühr verlangen; **to** ~ **for admission** Eintritt verlangen; **to** ~ **like a wounded bull** AUS für etw *akk* maßlos viel Geld verlangen; ■**to** ~ **up** ⊃ **sth** etw in Rechnung stellen; ■**to** ~ **sb with sth** [*or* **sth to sb**] jdm etw in Rechnung stellen, jdm etw berechnen; **to** ~ **the packing to the customer** [*or* **the customer with the packing**] dem Kunden Verpackungskosten in Rechnung stellen
❷ ECON, FIN (*take as guarantee*) ■**to** ~ **sth** etw als Sicherheit für einen Kredit belasten
❸ MIL [vorwärts] stürmen, angreifen; ■**to** ~ **at sb** auf jdn losgehen *fam;* ~**!** (*battle cry*) vorwärts!
❹ ELEC [auf]laden
III. *vt* ❶ (*for goods, services*) ■**to** ~ [**sb**] **sth** [jdm] etw berechnen; ***how much do they*** ~ ***for a wash and cut?*** was kostet bei Ihnen Waschen und Schneiden?; **to** ~ **sth to sb's account** etw auf jds Rechnung setzen; **to** ~ **commission** Provision verlangen
❷ LAW ■**to** ~ **sb** jdn beschuldigen [*o geh* anklagen]; ■**to be** ~**d with sth** wegen einer S. *gen* angeklagt sein; ***she's been*** ~***d with murder*** sie wurde des Mordes angeklagt
❸ (*attack*) MIL ■**to** ~ **sb** jdn angreifen; (*animal*) auf jdn losgehen *fam*
❹ (*dated form: command*) ■**to** ~ **sb to do sth** [*or* **with doing sth**] jdn beauftragen, etw zu tun; ■**to** ~ **sb with sth** jdn mit etw *dat* beauftragen
❺ ELEC ■**to** ~ **sth** [**up**] etw aufladen
❻ MIL (*load*) **to** ~ **a gun** ein Gewehr laden

chargeable ['tʃɑːdʒəbl̩, AM 'tʃɑːrdʒ-] *adj inv* ❶ LAW strafbar; ■**to be** ~ **with sth** wegen einer S. *gen* belangt werden können
❷ COMM **to be** ~ **to …** zu Lasten gehen von …; **sums** ~ **to the reserve** auf die Rücklage zurechenbare Beträge
❸ *esp* BRIT (*taxable*) ~ **income** zu versteuernde Einkünfte; ■**to be** ~ **to sb** auf jds Kosten gehen; **sth is** ~ **to tax** etw muss versteuert werden
❹ ELEC aufladbar; **re-**~ **battery** wiederaufladbare Batterie

charge account *n* Kreditkonto *nt*

charge-capping ['tʃɑːdʒ,kæpɪŋ, AM 'tʃɑːrdʒ] *n no pl* BRIT Ausgabenlimit *nt* **charge card** *n* [Kunden]kreditkarte *f*

chargé d'affaires <*pl* chargés d'affaires> [ʃɑːʒeɪdæf'eəʳ, AM ʃɑːrʒeɪdə'fer] *n* Chargé d'affaires *m*

chargee [,tʃɑː'dʒiː, AM ,tʃɑːr-] *n* LAW Hypothekengläubiger(in) *m(f)*

chargehand *n* Vorarbeiter(in) *m(f)*

charge nurse *n* BRIT, AUS Stationsleiter(in) *m(f)*

charger ['tʃɑːdʒəʳ, AM -ɚ] *n* ❶ ELEC Ladegerät *nt*
❷ (*liter: horse*) Ross *nt geh;* (*of a cavalryman*) Kavalleriepferd *nt*

charge sheet *n* BRIT Polizeiregister *nt*

charging order ['tʃɑːdʒɪŋ, AM 'tʃɑːr-] *n* LAW Beschlagnahmeverfügung *f*

chariot ['tʃæriət, AM 'tʃer-] *n* Streitwagen *m liter,* Wagen *m*

charioteer [,tʃæriətɪəʳ, AM 'tʃeriətɪr] *n* Wagenlenker(in) *m(f)*

charisma [kə'rɪzmə] *n no pl* Charisma *nt*

charismatic [,kærɪz'mætɪk, AM ,kerɪz'mæt̬ɪk] *adj* charismatisch

charitable ['tʃærɪtəbl̩, AM 'tʃer-] *adj* ❶ (*generous with money*) großzügig; (*uncritical*) gütig, freundlich
❷ (*of charity*) wohltätig, karitativ; ~ **corporation** AM gemeinnützige Stiftung; ~ **donations** [*or* **gifts**] Spenden *fpl* für einen wohltätigen Zweck; **a** ~ **foundation** [*or* **trust**] eine wohltätige Stiftung; **a** ~ **organization** eine Wohltätigkeitsorganisation

charitably ['tʃærɪtəbli, AM 'tʃer-] *adv* (*generously*) großzügig; (*kindly*) freundlich

charity ['tʃærɪti, AM 'tʃerət̬i] *n* ❶ *no pl* (*generosity*) Barmherzigkeit *f;* **Christian** ~ christliche Nächstenliebe; **human** ~ Nächstenliebe *f;* **to show** ~ Barmherzigkeit zeigen, barmherzig sein
❷ *no pl* (*help*) Mildtätigkeit *f;* (*welfare*) Wohlfahrt *f;* (*donation*) Almosen *nt meist pl;* ***the proceeds go to*** ~ die Erträge sind für wohltätige Zwecke bestimmt; ~ **concert/programme** Benefizkonzert *nt*/Benefizveranstaltung *f;* ~ **work** ehrenamtliche Arbeit [für einen wohltätigen Zweck]; **to accept** ~ Almosen annehmen; **to depend on** ~ auf Sozialhilfe angewiesen sein, von Sozialhilfe leben; **to donate** [*or* **give**] **sth to** ~ etw für wohltätige Zwecke spenden
❸ (*organization*) Wohltätigkeitsorganisation *f;* ***he started a*** ~ ***for the blind*** er gründete einen Blindenverein; **international/local** ~ internationale/örtliche Wohltätigkeitsorganisation
▸ PHRASES: ~ **begins at home** (*prov*) Nächstenliebe beginnt zu Hause; **as cold as** ~ (*of low temperature*) eiskalt; (*of person*) hart wie Stein

charity ball *n* Wohltätigkeitsball *m* **Charity Commissioners** *npl* LAW ■**the** ~ das Stiftungsaufsichtsamt **charity drive** *n* Wohltätigkeitsveranstaltung *f* **charity shop** *n* BRIT *Laden, in dem gespendete, meist gebrauchte Waren verkauft werden, um Geld für wohltätige Zwecke zu sammeln* **charity walk** *n* Marsch *m* (*für wohltätige Zwecke*)

charlady ['tʃɑː,leɪdi] *n* BRIT Putzfrau *f,* Reinemachefrau *f*

charlatan ['ʃɑːlətᵊn, AM 'ʃɑːr-] *n* (*pej: fraud*) Scharlatan *m pej;* (*claiming healing skills*) Quacksalber *m pej*

Charleston ['tʃɑːlstən, AM 'tʃɑːrl-] ■**the** ~ der Charleston

charley horse ['tʃɑːrli,-] *n* AM (*fam: muscle cramp*) [Muskel]krampf *m;* (*muscle stiffness*) Muskelkater *m*

charlie ['tʃɑːli] *n* BRIT (*fam*) ❶ (*dated: idiot*) Dummkopf *m pej,* Blödmann *m fam;* ***he looks a proper*** ~ ***in that hat*** er sieht mit diesem Hut wie ein echter Idiot aus *pej fam*
❷ (*dated: breasts*) ■~**s** *pl* Brüste *mpl*
❸ *no pl* (*cocaine*) Koks *m sl;* (*marijuana*) Pot *nt sl*

charm [tʃɑːm, AM tʃɑːrm] **I.** *n* ❶ *no pl* (*attractive quality*) Charme *m;* **to be of** [**great**] ~ [sehr viel] Charme besitzen [*o* haben]; **old-world** ~ Charme *m* der Alten Welt; **to turn on the** ~ seinen [ganzen] Charme spielen lassen
❷ (*attractive characteristic*) Reiz *m;* ***she used all her*** ~***s*** sie ließ ihren ganzen Charme spielen
❸ (*jewellery*) Anhänger *m*
❹ (*talisman*) Talisman *m;* **lucky** [*or* **good luck**] ~ Glücksbringer *m*
❺ (*spell*) Zauber *m;* **to work like a** ~ hervorragend klappen
II. *vt* ❶ (*delight*) ■**to** ~ **sb** jdn bezaubern
❷ (*persuade*) ■**to** ~ **sb into doing sth** jdn dazu bringen, etw zu tun
▸ PHRASES: **to be able to** ~ **the birds out of the trees** mit seinem Charme alles erreichen können; **to** ~ **the pants off** [**of**] **sb** jdn [völlig] umgarnen

charm bracelet *n* Armband *nt* mit Anhängern

charmed [tʃɑːmd, AM tʃɑːrmd] *adj* ❶ (*delighted*) bezaubert; (*pej iron*) entzückend *iron;* ~**, *I'm sure!*** na, [das ist ja wirklich] entzückend! *iron*
❷ (*fortunate*) vom Glück gesegnet *geh;* **to lead** [*or* **live**] **a** ~ **life** ein [richtiges] Glückskind sein

charmer ['tʃɑːməʳ, AM 'tʃɑːrmɚ] *n* ❶ (*likeable person*) Liebling *m* aller, Sonnenschein *m*
❷ (*pej: smooth talker*) Schmeichler(in) *m(f);* (*man*) Charmeur *m;* ***he's a real*** ~**!** (*pej iron*) welch ein Flegel! *m pej*

charmeuse [ʃɑː'mɜːz] *n no pl* (*soft silk fabric*) Charmeuse *m*

charming ['tʃɑːmɪŋ, AM 'tʃɑːr-] **I.** *adj* (*approv: delightful*) bezaubernd, reizend, charmant; (*pej: seductive*) charmant, reizend; (*inconsiderate*) reizend *pej iron;* ***oh, that's just*** ~**!** na, das ist ja reizend! *iron,* wie reizend! *iron;* ~ **ways** charmantes Getue
II. *interj* (*pej iron*) ~**!** reizend! *iron,* wie reizend! *iron*

charmingly ['tʃɑːmɪŋli, AM 'tʃɑːr-] *adv* reizend, charmant

charmless ['tʃɑːmləs, AM 'tʃɑːr-] *adj* (*pej*) fad[e] *fam,* langweilig, reizlos

charm offensive *n* **to start a** ~ seinen ganzen Charme spielen lassen **charm school** *n* ≈ Höhere Töchterschule

charnel house *n* (*old*) Beinhaus *nt*

charred [tʃɑːd, AM tʃɑːrd] *adj* verkohlt; ~ **ruins** kohlschwarze Ruinen

chart [tʃɑːt, AM tʃɑːrt] **I.** *n* ❶ (*visual*) Diagramm *nt,* Schaubild *nt;* (*table*) Tabelle *f;* **birth** ~ *Diagramm der Planetenkonstellation bei der Geburt;* **medical** ~ Krankenblatt *nt;* **weather** ~ Wetterkarte *f*
❷ (*for records, CDs*) ■**the** ~**s** *pl* die Charts *pl;* **to be in** [*or* **on**] **the** ~**s** in den Charts sein; **to move up to number one in the** ~**s** auf Platz eins der Charts kommen; **to drop off the** ~**s** nicht mehr in den Charts sein; **to hit the** ~**s** ein Hit werden; **to top the** ~**s** ein Nummer eins Hit sein
II. *vt* ■**to** ~ **sth** ❶ (*make map*) etw kartographieren
❷ (*plot*) etw aufzeichnen; (*register*) etw erfassen
❸ (*fig: observe minutely*) etw genau [*o* in allen Einzelheiten] erfassen; **to** ~ **sb's progress** jds Fortschritte aufzeichnen [*o* festhalten]
❹ *esp* AM (*plan*) etw festlegen; **to** ~ **a strategy for sth** eine Strategie für etw *akk* festlegen
III. *vi* in die Charts kommen

charter ['tʃɑːtəʳ, AM 'tʃɑːrt̬ɚ] **I.** *n* ❶ (*statement of rights*) Charta *f*
❷ (*constitution*) Charta *f;* (*of society*) Satzung *f*
❸ (*exclusive right*) Freibrief *m*
❹ (*founding document*) Gründungsurkunde *f*
❺ *no pl* (*renting*) ***they went to a place that had boats for*** ~ sie gingen zu einem Bootsverleih
❻ TRANSP Charter *m;* ~ **airline** Charterfluggesellschaft *f*
❼ FIN **bank** ~ Bankkonzession *f*
II. *vt* ❶ *usu passive* (*sign founding papers*) ■**to be** ~**ed** ***the club was*** ~***ed ten years ago*** der Klub wurde vor zehn Jahren gegründet
❷ (*rent*) ■**to** ~ **sth** etw chartern [*o* mieten]

charter company *n* Chartergesellschaft *f*

chartered ['tʃɑːtəd, AM 'tʃɑːrt̬ɚd] *adj inv* ❶ (*rented out*) gechartert, gemietet; **a** ~ **plane** eine Chartermaschine
❷ BRIT, AUS (*officially qualified*) staatlich geprüft

chartered accountant *n esp* BRIT ≈ amtlich zugelassener Wirtschaftsprüfer/zugelassene Wirtschaftsprüferin **Chartered Association of Certified Accountants** *n* ECON, FIN *Verband staatlich anerkannter Buchprüfer und Steuerberater in Großbritannien* **chartered bank** *n* Geschäftsbank *f*

charterer ['tʃɑːtᵊrəʳ, AM 'tʃɑːrt̬ɚɚ] *n* (*company*) Verleih *m;* (*person*) Verleiher(in) *m(f);* ~ **of boats** (*company*) Bootsverleih *m;* (*person*) Bootsverleiher(in) *m(f)*

charter flight *n* Charterflug *m* **charter member** *n* AM Gründungsmitglied *nt* **Charter of European Unity** *n* EU Europäische Einigungscharta **charter operator** *n* Anbieter *m* von Charterreisen **charter party** *n* ❶ (*person, people*) Chartergesellschaft *f* ❷ (*contract*) Chartervertrag *m,* Charte[r]partie *f*

charting ['tʃɑːtɪŋ, AM 'tʃɑːrt̬-] *n no pl* ECON, FIN Auswerten *nt* von Schaubildern und Diagrammen

Chartreuse® [ʃɑː'trɜːz, AM ʃɑːr'truːz] **I.** *n no pl* Chartreuse® *m,* Kartäuserlikör *m*

C

II. *adj* chartreusegrün

charwoman *n* Brit (*dated*) Putzfrau *f*, Reinemachefrau *f*

chary ['tʃeəri, Am 'tʃeri] *adj* (*sparing*) zurückhaltend; (*wary*) vorsichtig; **to be ~ about** [*or* **of**] **strangers** Fremden gegenüber sehr vorsichtig sein

Charybdis [kə'rɪbdɪs] *n* ▶ Phrases: **to be between ~ and Scylla** zwischen Szylla und Charybdis stehen [*o* sein] *geh*

chase [tʃeɪs] **I.** *n* ❶ (*pursuit*) Verfolgungsjagd *f*; **car ~** Autoverfolgungsjagd *f*; **to give ~ to sb** jdn verfolgen, jdm hinterherrennen
❷ hunt ■**the ~** die Jagd; **the thrill of the ~** das Jagdfieber, die Lust am Jagen; (*fig*) die Lust an der Verführung
II. *vi* ■**to ~ after sb/sth** hinter jdm/etw herlaufen; ■**to ~ around** [*or* **about**] herumhetzen *fam*; (*rollick about*) herumtoben *fam*, herumjagen
III. *vt* ❶ (*pursue*) ■**to ~ sb/sth** jdn/etw verfolgen; **to ~ one's dreams** seinen Träumen nachjagen; **to ~ after women** (*fig*) hinter den Frauen her sein
❷ (*scare away*) **go ~ yourself!** (*fam*) scher dich zum Teufel! *fam*; ■**to ~ away** ◌ **sb/sth** (*also fig*) jdn/etw vertreiben; ■**to ~ sb away from sth** jdn von etw *dat* vertreiben; ■**to ~ sb/sth** ◌ **off** jdn/etw verscheuchen; ■**to ~ sb/sth out of sth** jdn/etw aus etw *dat* verscheuchen
❸ Brit (*fam: put under pressure*) ■**to ~ sb** [**up**] **to do sth** jdm Dampf machen, damit er/sie etw tut *fam*
▶ Phrases: **to ~ the dragon** (*sl*) Heroin nehmen; **to ~ the game** das Spiel antreiben [*o* vorwärts treiben]; **to ~ one's tail** herumwuseln dial; **to ~ one's tail trying to get sth** hinter etw *dat* her sein

chased [tʃeɪst] *adj* ziseliert

chaser ['tʃeɪsəʳ, Am -ə] *n* (*fam*) ❶ Brit, Aus (*stronger drink*) Schluck *m* zum Nachspülen; ***I'll have a beer with a whisky ~*** ein Bier bitte und danach einen Whisky zum Nachspülen
❷ Am (*weaker drink*) *nur leicht alkoholisches oder alkoholfreies Getränk, z.B. Bier oder Wasser, das nach einem harten alkoholischen Getränk getrunken wird*
❸ (*pursuer*) Verfolger *m*

chasm ['kæzᵊm] *n* ❶ geol Spalte *f*, Kluft *f*; **yawning ~** gähnender Abgrund
❷ (*fig: omission*) Lücke *f*; **a gaping ~** eine klaffende Lücke
❸ (*fig: great discrepancy*) Kluft *f*; **ideological ~** [unüberbrückbare] Meinungsverschiedenheit; **to bridge a ~** eine Kluft überbrücken

chassis <*pl* -> ['ʃæsi, Am *also* 'tʃæsi, *pl* -sɪz] *n* ❶ (*of car*) Chassis *nt*, Fahrgestell *nt*
❷ elec Chassis *nt*, Montagerahmen *m* (*von elektronischen Geräten*)

chaste [tʃeɪst] *adj* (*form*) ❶ (*virginal*) keusch, unberührt; **a ~ maiden** (*liter or poet*) eine keusche Jungfrau
❷ (*faithful*) treu
❸ (*innocent*) unschuldig, rein
❹ (*simple*) schlicht

chastely ['tʃeɪstli] *adv* keusch, unschuldig; (*simple*) schlicht

chasten [tʃeɪstᵊn] *vt usu passive* ■**to ~ sb** jdn zur Einsicht bringen; ■**to be ~ed by sth** durch etw *akk* zur Einsicht gelangen

chastening ['tʃeɪstᵊnɪŋ] *adj* ernüchternd

chastise [tʃæs'taɪz, Am *also* 'tʃæstaɪz] *vt* (*form*) ■**to ~ sb for sth/for having done sth** jdn wegen einer S. *gen* züchtigen *geh* [*o* schelten]

chastisement [tʃæs'taɪzmənt] *n no pl* (*form*) Schelte *f bes* nordd, Zurechtweisung *f*; (*by hitting*) Züchtigung *f geh*

chastity ['tʃæstəti, Am -əṭi] *n no pl* ❶ (*virginity*) Unberührtheit *f*, Reinheit *f*
❷ (*abstinence*) sexuelle Enthaltsamkeit, Keuschheit *f*; **vow of ~** Keuschheitsgelübde *nt*

chastity belt *n* (*hist*) Keuschheitsgürtel *m hist*

chasuble ['tʃæzjʊb|, Am jə] *n* Messgewand *nt*

chat [tʃæt] **I.** *n* ❶ (*informal conversation*) Unterhaltung *f*, Plauderei *f*, Schwatz *m fam*; **to have a ~ with sb about sth** mit jdm ein Schwätzchen über etw *akk* halten *fam*, mit jdm über etw *akk* plaudern
❷ (*euph: admonition*) Unterredung *f*; **to have a little ~ with sb** [**about sth**] mit jdm ein Wörtchen [über etw *akk*] reden
❸ *no pl* (*gossip*) Gerede *nt*, Geschwätz *nt*; **idle ~** dummes Gerede
❹ inet Chat *m*
II. *vi* <-tt-> ❶ (*talk informally*) plaudern; ■**to ~ with** [*or* **to**] **sb** [**about sth/sb**] mit jdm [über etw/jdn] plaudern
❷ (*talk animatedly*) ■**to ~ away** sich *akk* angeregt unterhalten
❸ (*gossip*) schwätzen *bes* südd *pej fam*
❹ comput chatten *sl*

◆**chat up** *vt* Brit, Aus (*fam*) ■**to ~ up** ◌ **sb** ❶ (*flirt*) jdn anbaggern *sl*; (*speak to*) jdn anquatschen *fam*
❷ (*persuade*) jdn bequatschen *fam*

chatelaine ['ʃætᵊleɪn, Am 'ʃæṭ] *n* (*dated*) Burgherrin *f*

chatline *n* Brit *Telefonnummer, bei der man anrufen und sich mit anderen* (*Fremden*) *unterhalten kann* **chat partner** *n* Chat-Partner(in) *m(f)* **chat room** **I.** *n* inet Chatroom *m* **II.** *n modifier* inet Chatroom- **chat show** *n* Talkshow *f*

chattel ['tʃætᵊl, Am 'tʃæṭ-] *n* Am law [bewegliches] Eigentum, [bewegliche] Habe *geh*; ■**~s** *pl* Hab und Gut *nt geh*; **~ mortgage** Mobiliarhypothek *f*; **goods and ~s** bewegliches Eigentum, Mobiliar *nt*; **~s real** Grundstücksrechte *ntpl*; **~s personal** persönliche Habe; **incorporeal ~s** immaterielle Vermögenswerte

chatter ['tʃætəʳ, Am -ṭə] **I.** *n* Geschwätz *nt*; **~ of birds** [Vogel]gezwitscher *nt*; **idle ~** Geplapper *nt oft pej fam*, Geschnatter *nt pej fam*
II. *vi* ❶ (*converse*) ■**to ~** [**about sth**] [über etw *akk*] plaudern [*o bes* südd schwätzen]; ■**to ~ away** endlos schwätzen *bes* südd, drauflos quasseln *oft pej fam*; ■**to ~ on about sth** unentwegt über etw *akk* reden
❷ (*make clacking noises*) *teeth* klappern; *machines* knattern; *birds* zwitschern
▶ Phrases: **the ~ing classes** Brit (*pej fam*) das Bildungsbürgertum

chatterbox *n* (*pej fam*) Quasselstrippe *f pej sl*

chattiness ['tʃætɪnəs] *n no pl* Wortgewandtheit *f*, Eloquenz *f geh*

chatty ['tʃæti, Am -ṭi] *adj* (*fam*) ❶ (*person*) gesprächig; (*too much*) geschwätzig *pej*; **to be a ~ kind of person** sehr gesprächig [*o pej* geschwätzig] sein
❷ (*informal*) Plauder-; **a ~ letter** ein äußerst unterhaltsamer Brief; **in a ~ style** im Plauderton

chat-up line *n* Brit, Aus Anmache *f fam*

chauffeur ['ʃəʊfəʳ, Am 'ʃoʊfɜːr] **I.** *n* Chauffeur(in) *m(f)*, Fahrer(in) *m(f)*
II. *vt* ■**to ~ sb around** [*or* **about**] jdn herumfahren [*o fam* herumchauffieren]; **to ~ sb everywhere** jdn in der Weltgeschichte herumkutschieren *fam*

chauvinism ['ʃəʊvɪnɪzᵊm, Am 'ʃoʊ-] *n no pl* (*pej*) Chauvinismus *m pej*; **male ~** männlicher Chauvinismus

chauvinist ['ʃəʊvɪnɪst, Am 'ʃoʊ-] (*pej*) **I.** *n* Chauvinist(in) *m(f) pej*; **male ~** [männlicher] Chauvinist *pej*; **male ~ pig** Chauvinistenschwein *nt pej sl*
II. *adj see* **chauvinistic**

chauvinistic [ʃəʊvɪ'nɪstɪk, Am ʃoʊ-] *adj* (*pej*) chauvinistisch *pej*

chauvinistically [ʃəʊvɪ'nɪstɪkᵊli, Am ʃoʊ-] *adv* (*pej*) chauvinistisch *pej*

cheap [tʃiːp] *adj* ❶ (*inexpensive*) billig, preiswert; **a ~ ticket** eine ermäßigte Eintritts-/Fahrkarte; **dirt ~** spottbillig *fam*; **to buy sth ~** etw billig [*o* preiswert] kaufen; ***they work out ~er by the box*** sie kommen billiger pro Kiste
❷ (*pej: exploited*) billig; **~ labour** billige Arbeitskräfte
❸ (*worthless*) wertlos
❹ (*pej: of bad quality*) minderwertig, billig
❺ (*pej: miserly*) geizig, knauserig *fam*, knick[e]rig *fam*
❻ (*pej: sexually easy*) leicht zu haben, billig *pej*; **to feel ~** sich *dat* schäbig vorkommen; **to look ~** ordinär aussehen
❼ (*pej: cruel*) gemein; **~ joke about sth** billiger Witz über etw *akk*
▶ Phrases: **~ at half the price** Brit, Aus (*fam*) äußerst günstig; **a ~ shot** ein Schuss *m* unter die Gürtellinie; **~ and cheerful** Brit, Aus (*fam*) gut und preiswert; **~ and nasty** Brit, Aus (*fam*) billig und schäbig; **to be ~ and nasty** [billiger] Ramsch sein *pej fam*; **to buy sth on the ~** etw für 'nen Appel und 'n Ei bekommen dial *fam*, etw für ein Butterbrot bekommen; **to get sth on the ~** (*fam*) etw billiger bekommen

cheapen ['tʃiːpᵊn] *vt* ❶ (*reduce price*) ■**to ~ sth** etw verbilligen [*o* billiger machen]
❷ (*degrade*) ■**to ~ sb** jdn schlecht machen

cheapie ['tʃiːpi] (*sl*) **I.** *n* Billigartikel *m*
II. *adj attr* Billig-, Ramsch- *pej fam*

cheap-jack ['tʃiːpdʒæk] (*dated*) **I.** *n* Ramschhändler(in) *m(f) pej fam*
II. *adj* Ramsch-

cheaply ['tʃiːpli] *adv* billig, preisgünstig

cheapness ['tʃiːpnəs] *n no pl* ❶ (*low price*) Billigkeit *f*, niedriger Preis
❷ (*fam: miserliness*) Geiz *m*

cheapo ['tʃiːpəʊ, Am -poʊ] **I.** *n see* **cheapie**
II. *adj see* **cheapie**

cheap rate *n* Billigtarif *m*, verbilligter Tarif **cheapskate** (*fam*) **I.** *n* Geizkragen *m pej fam* **II.** *adj attr* knick[e]rig *fam*, knauserig *fam* **cheap time** *n* Am (*fam*) Billigtarifzeit *f*

cheapy ['tʃiːpi] **I.** *n see* **cheapie**
II. *adj attr* (*fam*) *see* **cheapie**

cheat [tʃiːt] **I.** *n* ❶ (*dishonest person*) Betrüger(in) *m(f)*; (*in game*) Mogler(in) *m(f) fam*; (*in card game*) Falschspieler(in) *m(f)*; (*in school*) Schummler(in) *m(f) fam*
❷ (*fraud*) Täuschung *f*
II. *vi* betrügen; (*esp in game*) mogeln *fam*; **to ~ in an exam** [*or* **a test**] bei einer Prüfung mogeln; **to be caught ~ing** beim Mogeln [*o* Schummeln] ertappt werden *fam*; ■**to ~ at sth** bei etw *dat* mogeln *fam*; ■**to ~ on sb** [**with sb**] jdn [mit jdm] betrügen
III. *vt* ❶ (*treat dishonestly*) ■**to ~ sb** jdn täuschen; (*financially*) jdn betrügen [*o fam* übers Ohr hauen]; **to ~ the taxman** Steuern hinterziehen; ■**to ~ sb out of sth** jdn um etw *akk* betrügen
❷ (*liter*) **to ~ death** dem Tod entkommen

cheater ['tʃiːtəʳ, Am -ṭə] *n* Schummler(in) *m(f) fam*

cheat sheet *n* Am (*sl*) Spicker *m* dial *sl*, Spickzettel *m* dial *sl*

Chechen ['tʃetʃen] *adj inv* tschetschenisch

check [tʃek] **I.** *n* ❶ (*inspection*) Überprüfung *f*, Kontrolle *f*; **security ~** Sicherheitskontrolle *f*; **spot ~s** Stichproben *fpl*
❷ (*look*) **to take a quick ~** schnell nachsehen [*o bes* südd, österr, schweiz nachschauen]
❸ (*search for information*) Suchlauf *m*; **background ~** Nachforschungen *fpl*; **to run a ~ on sb** Nachforschungen über jdn anstellen
❹ *no pl* (*restraint*) Kontrolle *f*; **the ~s and balances** pol, law das Sicherheitssystem; **to hold** [*or* **keep**] **sth in ~** etw unter Kontrolle halten
❺ Am (*ticket*) Garderobenmarke *f*
❻ (*pattern*) Karo[muster] *nt*
❼ chess Schach *nt*; **to give ~** [jdm] Schach bieten; **to be in ~** im Schach stehen
❽ Am (*tick*) Haken *m*
❾ Am (*cheque*) Scheck *m*; *see also* **cheque**
❿ Am, Scot (*bill*) Rechnung *f*
II. *adj* Karo-
III. *vt* ❶ (*inspect*) ■**to ~ sth** etw überprüfen [*o* kontrollieren]; **to double-~ sth** etw doppelt [*o* noch einmal] überprüfen
❷ (*prevent*) ■**to ~ sth** *attack* etw aufhalten
❸ *esp* Am (*temporarily deposit*) ■**to ~ sth** etw zur Aufbewahrung geben; **to ~ one's bags/suitcase** aviat sein Gepäck/seinen Koffer aufgeben [*o* einchecken]
❹ chess **to ~ sb's king** jdm Schach bieten

C

❺ AM (*make a mark*) ▪to ~ sth etw abhaken
IV. *vi* ❶ (*examine*) nachsehen, nachschauen *bes* SÜDD, ÖSTERR, SCHWEIZ; ▪**to ~ on sth** nach etw *dat* sehen
❷ (*consult, ask*) ▪**to ~ with sb** bei jdm nachfragen; **to ~ with a doctor/lawyer** einen Arzt/Anwalt konsultieren *geh*
❸ *esp* AM (*be in accordance*) ▪**to ~ [with sth]** [mit etw *dat*] übereinstimmen
◆**check in I.** *vi* (*at airport*) einchecken; (*at hotel*) sich *akk* [an der Rezeption] anmelden; **to ~ in at a hotel** in einem Hotel absteigen
II. *vt* ▪**to ~ sb in** (*at airport*) jdn abfertigen [*o* einchecken]; (*at hotel*) jdn anmelden; **to ~ one's luggage in** sein Gepäck einchecken lassen
◆**check off** *vt* ▪**to ~ off ◯ sth** etw abhaken; ▪**to ~ off ◯ sb** jdn als anwesend führen
◆**check out I.** *vi* sich *akk* abmelden; **to ~ out of [or from] a room** ein [Hotel]zimmer räumen
II. *vt esp* AM ❶ (*investigate*) ▪**to ~ out ◯ sth** etw untersuchen [*o* überprüfen]
❷ (*sl: observe*) ▪**to ~ out ◯ sth** sich *dat* etw *akk* ansehen, etw auschecken *sl*
▶ PHRASES: **~ it out!** schau dir bloß mal das an!
◆**check over** *vt* ▪**to ~ over ◯ sth** etw überprüfen
◆**check through** *vt* ▪**to ~ through ◯ sth** etw durchgehen [*o* durchsehen]
◆**check up** *vt* ▪**to ~ up on sb/sth** ❶ (*monitor*) jdn/etw überprüfen [*o* kontrollieren]
❷ (*research*) über jdn/etw Nachforschungen anstellen
checkable [ˈtʃekəbl̩] *adj inv* AM ECON, FIN für Schecks benutzbar
check digit *n* ECON Prüfziffer *f*
checked [tʃekt] *adj inv* kariert, Karomuster *nt*
checker [ˈtʃekəʳ, AM -ɚ] *n* ❶ (*person who checks*) Prüfer(in) *m(f)*
❷ AM (*game piece*) Spielstein *m,* [*im Damespiel*]
❸ (*draughts*) ▪**~s** + *sing vb* Damespiel *nt*
❹ AM (*cashier*) Kassierer(in) *m(f)*
checkerboard *n* AM Damebrett *nt*
checkerboarding *n* COMPUT spezielle Speicherorganisation
checkered *adj* AM *see* **chequered**
check-in [ˈtʃekɪn] *n* ❶ (*registration for flight*) Einchecken *nt,* Abfertigung *f* ❷ (*place in airport*) Abfertigungsschalter *m,* Abflugschalter *m;* (*in hotel*) Rezeption *f* **check-in counter** *n,* **check-in desk** *n* Abfertigungsschalter *m,* Abflugschalter *m*
checking [ˈtʃekɪŋ] *n no pl* AM gebührenfreie [Scheck]abbuchung
checking account *n* AM (*current account*) Girokonto *nt;* **to have a ~ at a bank** ein Girokonto bei einer Bank haben; **to open a ~** ein Girokonto eröffnen
check-in hall *n* BRIT Abfertigungshalle *f* **checklist** *n* Checkliste *f,* Kontrollliste *f* **checkmate I.** *n no pl* ❶ CHESS Schachmatt *nt;* **to be ~** schachmatt sein ❷ (*fig: defeat*) das Aus **II.** *vt* ▪**to ~ sb** ❶ CHESS (*trap king*) jdn schachmatt setzen ❷ (*fig: be victorious*) jdn matt setzen *fig;* ▪**to ~ sth** etw zunichte machen **checkoff** *n* AM *Einzug der Gewerkschaftsbeiträge durch den Betrieb* **checkout** *n* Kasse *f;* **to work at [or on] the ~** an der Kasse sitzen **checkout time** *n* Zeitpunkt *m* des Auscheckens **checkpoint** *n* Kontrollpunkt *m;* **C~ Charlie** (*hist*) Checkpoint Charlie *m* **check room** *n* AM ❶ (*for coats*) Garderobe *f* ❷ (*for luggage*) Gepäckaufbewahrung *f* **check routing symbol** *n* FIN Bankleitzahl *f*
checksum *n* COMPUT Kontrollsumme *f* **check-up** *n* [allgemeine] [Kontroll]untersuchung; (*dental visit*) zahnärztliche [Kontroll]untersuchung; **to go for a ~** zu einer [Kontroll]untersuchung gehen, einen Check-up machen lassen *fam*
cheddar [ˈtʃedəʳ, AM -ɚ] *n no pl* Cheddar[käse] *m*
cheek [tʃiːk] *n* ❶ (*of face*) Wange *f geh,* Backe *f;* **to dance ~ to ~** Wange an Wange tanzen *geh*
❷ (*sl: of buttocks*) [Arsch]backe *f derb*
❸ *no pl* (*impertinence*) Frechheit *f,* Unverschämtheit *f,* Dreistigkeit *f;* **to be a ~** eine Unverschämtheit sein; **to give sb ~** frech zu jdm sein; **to have the ~ to do sth** die Stirn haben [*o* die Dreistigkeit besitzen], etw zu tun
▶ PHRASES: **to be ~ by jowl with sth** mit etw *dat* auf engstem Raum beieinander stehen; **to turn the other ~** die andere Wange [auch] hinhalten *geh*
cheekbone *n usu pl* Wangenbein *nt,* Jochbein *nt;* **high ~s** hohe Wangenknochen *mpl*
cheekily [ˈtʃiːkɪli] *adv* frech, dreist, vorlaut
cheekiness [ˈtʃiːkɪnəs] *n no pl* Frechheit *f,* Dreistigkeit *f*
cheeky [ˈtʃiːki] *adj* (*impertinent*) frech, dreist; (*lacking respect*) schnippisch, vorlaut; ▪**to be ~ to sb** zu jdm frech [*o* unverschämt] sein
cheep [tʃiːp] **I.** *n* ❶ (*of bird*) Piepser *m fam;* (*act*) Piepen *nt*
❷ (*any small noise*) Pieps *m fam;* **to not get a ~ out of sb** aus jdm nichts [*o fam* keinen Pieps] herausbekommen; **to not hear a ~ out of sb** keinen Muckser von jdm hören *fam*
II. *vi* piep[s]en
cheer [tʃɪəʳ, AM tʃɪr] **I.** *n* ❶ (*shout*) Hurraruf *m,* Beifallsruf *m;* (*cheering*) Jubel *m;* ***three ~s for the champion!*** ein dreifaches Hoch auf den Sieger!; **two ~s** super! *iron,* toll! *iron;* **to give a ~** Hurra rufen, in Beifallsrufe ausbrechen
❷ *no pl* (*joy*) Jubel *m,* Freude *f;* **[to spread] Christmas ~** (*old*) Weihnachtsfreude *f* [verbreiten]; **to be of good ~** (*liter*) guten Mutes [*o geh* wohlgemut] sein; **what ~?** (*liter or old*) wie geht es [dir/Ihnen]?
II. *vi* ❶ (*shout*) **to ~ for joy** vor Freude jubeln; ▪**to ~ for sb** jdn anfeuern
❷ (*liter: make happy*) ▪**to ~ sb** jdn aufmuntern
▶ PHRASES: **the cup that ~s [but not inebriates]** eine aufmunternde Tasse Tee
◆**cheer on** *vt* ▪**to ~ sb on** jdn anfeuern
◆**cheer up I.** *vi* vergnügt[er] [*o* heiter[er]] werden; **~ *up!*** lass [doch] den Kopf nicht hängen!, Kopf hoch!; ***he ~ed up at the thought that it was nearly the holidays*** bei dem Gedanken an die nahenden Ferien, ging es ihm schon besser
II. *vt* ▪**to ~ sb ◯ up** jdn aufmuntern [*o* aufheitern]
cheerful [ˈtʃɪəfəl, AM ˈtʃɪr-] *adj* ❶ (*happy*) fröhlich, vergnügt; (*of positive attitude*) heiter; (*optimistic*) optimistisch; **in a ~ mood** gut gelaunt, gut aufgelegt; ▪**to be ~ about sth** froh über etw *akk* sein
❷ (*bright*) heiter; *colour* leuchtend, fröhlich; *tune* fröhlich
❸ (*willing*) [bereit]willig
cheerfully [ˈtʃɪəfəli, AM ˈtʃɪr-] *adv* (*happily*) fröhlich, vergnügt; (*in carefree manner*) heiter, sorglos
cheerfulness [ˈtʃɪəfəlnəs, AM ˈtʃɪr-] *n no pl* (*happiness*) Heiterkeit *f,* Fröhlichkeit *f,* Frohsinn *m;* (*good mood*) gute Laune
cheerily [ˈtʃɪərɪli, AM ˈtʃɪr-] *adv* fröhlich, vergnügt
cheeriness [ˈtʃɪərɪnəs, AM ˈtʃɪr-] *n no pl* ❶ (*happiness*) Fröhlichkeit *f,* Munterkeit *f*
❷ (*brightness*) Leuchten *nt;* (*clearness*) Heiterkeit *f*
cheerio [ˈtʃɪəriəʊ] *interj* BRIT (*fam*) ❶ (*goodbye*) tschüs[s] *fam*
❷ (*good health*) prost *fam,* zum Wohl
cheerleader *n* Cheerleader *m*
cheerless [ˈtʃɪələs, AM ˈtʃɪr-] *adj* (*gloomy*) düster, trüb; (*joyless*) freudlos
cheerlessness [ˈtʃɪələsnəs, AM ˈtʃɪr-] *n no pl* Düsterkeit *f,* Trübsinn *m*
cheers [tʃɪərz, AM tʃɪrz] *interj* (*fam*) ❶ (*good health*) prost *fam,* zum Wohl
❷ BRIT (*thanks*) danke [schön]
❸ BRIT (*goodbye*) tschüs[s] *fam*
cheery [ˈtʃɪəri, AM ˈtʃɪri] *adj* fröhlich, lustig
cheery-bye *interj* BRIT (*dated fam*) tschüs[s] *fam,* ciao *sl*
cheese [tʃiːz] **I.** *n no pl* Käse *m;* **goat's ~** Ziegenkäse *m;* **a grilled ~ sandwich** ein getoastetes Käsesandwich; **hard ~** Hartkäse *m;* **melted ~** Schmelzkäse *m*
▶ PHRASES: **as different as chalk and ~** so verschieden wie Tag und Nacht; **the big ~** *esp* AM (*fam*) der Boss *fam;* **hard [or** BRIT **stiff] [or** AUS **tough] ~** (*fam*) Künstlerpech! *hum fam;* **to cut the ~** AM (*sl*) furzen *derb,* einen ziehen [*o* streichen] lassen *fam;* **say ~** sag[t] 'Cheese'!, bitte [schön] lächeln!
II. *n modifier* (*dish, filling, sauce*) Käse-; **~ sandwich** Käsebrot *nt;* **grilled ~ sandwich** getoastetes Käsesandwich
III. *vt* AM (*dated sl*) **~ *it!*** hau ab! *fam,* mach die Fliege! *fam*
◆**cheese off** *vt* BRIT, AUS (*fam*) ▪**to ~ sb off** jdm stinken *fam*
cheeseboard [ˈtʃiːzbɔːd, AM bɔːrd] *n* Käseplatte *f*
cheeseburger *n* Cheeseburger *m* **cheesecake** *n* ❶ (*cake*) Käsekuchen *m;* **blueberry/cherry/strawberry ~** Käsekuchen *m* mit Heidelbeeren/Kirschen/Erdbeeren ❷ *no pl esp* AM (*dated sl: picture*) Pin-up-Girl *nt* **cheesecloth** *n no pl* Leinen *nt,* indische Baumwolle **cheese cutter** *n Draht zum Schneiden von Käse*
cheesed off [ˌtʃiːzdˈɒf] *adj* BRIT, AUS (*fam*) angeödet *fam;* ▪**to be ~ with sb** auf jdn sauer sein *fam*
cheese fries *npl* mit Käse überbackene Pommes frites
cheese knife *n* Käsemesser *nt* **cheeseparing** *n no pl* (*pej*) Knauserei *f pej fam,* Pfennigfuchserei *f fam* **cheese straw** *n* Käsestange *f* **cheese whiz®** *n no pl* AM *eine Art Schmelzkäse*
cheesy [ˈtʃiːzi] *adj* ❶ (*with cheese flavour*) käsig
❷ (*fam: smelly*) übel riechend *attr;* **~ feet** Käsefüße *mpl pej sl,* Schweißfüße *mpl*
❸ (*fam: not genuine*) **a ~ grin [or smile]** ein Zahnpastalächeln *nt*
❹ AM (*fam: not funny*) plump, billig
❺ AM (*fam: corny, clichéd*) abgedroschen *fam,* geschmacklos; (*shoddy*) schäbig, abgerissen
cheetah [ˈtʃiːtə, AM -t̬ə] *n* Gepard *m*
chef [ʃef] *n* Koch, Köchin *m, f;* **head-~** Chefkoch, Chefköchin *m, f;* **pastry ~** Chefkonditor(in) *m(f)*
chef d'oeuvre <*pl* **chefs d'oeuvre**> [ˌʃerˈdɜːvrə, *pl* ʃerˈdɜːvrə] *n* (*form*) Meisterstück *nt;* ART Meisterwerk *nt*
Chelsea bun [ˌtʃelsiː-] *n* Rosinenschnecke *f*
chemical [ˈkemɪkəl] **I.** *n* (*substance*) Chemikalie *f;* (*additive*) chemischer Zusatz; **toxic ~** giftige chemische Substanz
II. *adj* chemisch, Chemie-; **~ attack** Angriff *m* mit chemischen Waffen; **~ industry** Chemieindustrie *f;* **~ dependency** Abhängigkeit *f,* Sucht *f*
chemical engineering *n no pl* Chemotechnik *f* **chemical equation** *n* chemische Gleichung **chemical formula** *n* chemische Formel
chemically [ˈkemɪkəli] *adv* chemisch
chemical reaction *n* chemische Reaktion; **to set off a ~** eine chemische Reaktion in Gang setzen **chemical warfare** *n no pl* chemische Krieg[s]führung **chemical weapon** *n* chemische Waffe
chemise [ʃəˈmiːz] *n* ❶ (*underwear*) Unterhemd *nt*
❷ (*dress*) Hänger *m,* Hängekleid *nt*
chemist [ˈkemɪst] *n* ❶ (*student of chemistry*) Chemiker(in) *m(f)*
❷ BRIT, AUS (*store, shop*) *Drogerie, in der man auch Medikamente erhält*
chemistry [ˈkemɪstri] *n no pl* ❶ (*study*) Chemie *f;* **~ lab[oratory]** chemisches Labor, Chemielabor *nt;* SCH Chemiesaal *m*
❷ CHEM (*make-up*) chemische Zusammensetzung
❸ (*fam: attraction*) [geistige und körperliche] Anziehungskraft; ***the ~ is right between them*** die Chemie stimmt zwischen den beiden
chemist's *n see* **chemist**
chemotherapy [ˌkiːmə(ʊ)ˈθerəpi, AM ˌkiːmoʊ-] *n no pl* Chemotherapie *f;* **to undergo ~** sich *akk* einer Chemotherapie unterziehen, eine Chemotherapie machen
chenille [ʃəˈniːl] *n no pl* (*cord, thread*) Chenille *f;* (*cloth*) *Stoff mit Chenille;* **~ jumper** Chenillepullover *m*
cheque [tʃek], AM **check** *n* Scheck *m;* ▪**a ~ for ...** ein Scheck über ...; **to give sb a blank ~** (*also fig*) jdm einen Blankoscheck geben *a. fig;* **to make ~s payable to sb** auf jdn Schecks ausstellen; **to make a ~ out to sb** jdm einen Scheck ausstellen; **to pay**

by [*or* **with a**] ~ mit [einem] Scheck bezahlen; **to write sb a** ~ jdm einen Scheck [aus]schreiben [*o* ausstellen]

cheque account *esp* Aus, Am **check account** *n* Girokonto *nt* **chequebook** *n* Scheckheft *nt,* Scheckbuch *nt* **chequebook journalism** *n* Scheckbuchjournalismus *m sl* **cheque card** *n* Scheckkarte *f*

chequered ['tʃekəd], Am **checkered** [-ɚd] *adj* ❶ (*patterned*) kariert; (*spotted*) gescheckt
❷ (*inconsistent*) *history, past* bewegt; (*varied*) bunt; **to have a ~ career** eine bewegte Laufbahn haben *euph*

chequered flag *n* ❶ (*flag*) schwarzweiß karierte Flagge; **to take the ~** das Rennen gewinnen
❷ (*end of race*) Ende *nt* des Rennens

cherish ['tʃerɪʃ] *vt* ■**to ~ sb/sth** jdn/etw [wert]schätzen; **to ~ a hope/hopes** eine Hoffnung/Hoffnungen *fpl* hegen *geh;* **to ~ memories of sb/sth** an jdn/etw gute Erinnerungen hegen *geh*

cherished ['tʃerɪʃt] *adj attr* [hoch] geschätzt, in Ehren gehalten

Cherokee ['tʃerəki] **I.** *n* <*pl* – *or* -s> Cherokee *m o f*
II. *adj inv* der Cherokee *nach n*

cheroot [ʃə'ru:t] *n* Stumpen *m*

cherry ['tʃeri] **I.** *n* ❶ (*fruit*) Kirsche *f;* **morello** [*or* **sour**] ~ Schattenmorelle *f,* Sauerkirsche *f;* **wild** ~ Vogelkirsche *f*
❷ (*tree*) Kirschbaum *m*
❸ (*sl: hymen*) Jungfernhäutchen *nt;* (*virginity*) Jungfräulichkeit *f;* **to lose one's ~** (*fam*) seine Unschuld verlieren; **to pop sb's ~** (*fam*) jdn entjungfern
▸ Phrases: **to have a <u>bite</u> of the ~** eine Chance haben; **life is just a <u>bowl</u> of cherries** (*prov*) das Leben ist einfach wunderbar; **sth isn't a <u>bowl</u> of cherries** etw ist kein Spaziergang *fam;* **the ~ on the <u>cake</u>** (*fig*) das Tüpfelchen auf dem i
II. *n modifier* ❶ (*fruit*) (*ice cream, jam, orchard, tart, tree*) Kirsch-; (*tree*) (*wood*) Kirschbaum-
❷ (*flavoured*) (*bubblegum, cola*) Kirsch-, mit Kirschgeschmack
❸ (*red*) kirschrot

cherry blossom *n* Kirschblüte *f* **cherry brandy** *n no pl* Kirschlikör *m* **cherry-pick** *vt* ■**to ~ sth** [sich *dat*] etw herauspicken **cherry-picker** *n* Bockkran *m* **cherry-red** *adj inv* kirschrot **cherry stone** *n* Kirschkern *m* **cherry tomato** *n* Cocktailtomate *f*

cherub ['tʃerəb, *pl* -bɪm] *n* ❶ <*pl* -s *or* -im> rel (*angel*) Cherub *m;* art Putte *f,* Putto *m*
❷ <*pl* -s> (*approv fam: child*) Engelchen *nt*

cherubic [tʃe'ru:bɪk] *adj* engelhaft, engel[s]gleich *geh*

cherubim ['tʃerəbɪm] *n pl of* **cherub**

cherub-like *adj* engel[s]gleich *geh,* cherubinisch

chervil ['tʃɜ:vɪl, am 'tʃɜ:r-] *n no pl* Kerbel *m*

Ches Brit *abbrev of* **Cheshire**

Cheshire cat ['tʃeʃər-, am -ɚ-] *n* ▸ Phrases: **to <u>grin</u> like a ~** übers ganze Gesicht grinsen

chess [tʃes] *n no pl* Schach[spiel] *nt*

chessboard *n* Schachbrett *nt* **chessman** *n,* **chesspiece** *n* Schachfigur *f* **chess set** *n* Schachspiel *nt*

chest [tʃest] *n* ❶ (*torso*) Brust *f,* Brustkorb *m;* **to fold one's arms across one's ~** die Arme vor der Brust verschränken; **~ pains** Schmerzen *mpl* in der Brust; **hairy ~** haarige [Männer]brust
❷ (*woman's breast*) Brust *f,* Busen *m*
❸ (*trunk*) Truhe *f;* (*box*) Kiste *f;* **medicine ~** Arzneimittelschränkchen *nt,* Hausapotheke *f*
❹ (*treasury*) Schatzkästchen *nt*
▸ Phrases: **to keep** [*or* **play**] **one's <u>cards</u> close to one's ~** sich *dat* nicht in die Karten sehen lassen; **to <u>get</u> sth off one's ~** sich *dat* etw von der Seele reden, etw loswerden *fam*

chest cold *n* Bronchialerkältung *f,* Bronchitis *f*

chesterfield ['tʃestəfi:ld, am -tɚ-] *n* ❶ (*sofa*) Chesterfieldsofa *nt*
❷ (*coat*) Chesterfield *m*

chest freezer *n* Gefriertruhe *f*

chestnut I. *n* ❶ (*nut*) Kastanie *f;* **horse ~** Rosskastanie *f;* **hot ~** heiße [Ess]kastanie [*o* Marone]; **sweet ~** Edelkastanie *f*
❷ (*fam: joke*) **old ~** olle Kamelle *f fam,* Witz *m* mit Bart *fam*
❸ (*horse*) Fuchs *m*
▸ Phrases: **to pull sb's ~s out of the <u>fire</u>** für jdn die Kastanien aus dem Feuer holen *fam*
II. *n modifier* (*cream, mousse, puree, stuffing, wood*) Kastanien-
III. *adj* kastanienfarben; **~ hair** kastanienbraunes Haar

chest of drawers *n* Kommode *f*

chesty ['tʃesti] *adj* ❶ (*having a cold*) erkältet, grippig *fam;* **~ cough** tief sitzender Husten; **to get ~** *esp* Brit Husten bekommen
❷ (*fam: with large breasts*) vollbusig

cheval glass [ʃə'vælglα:s] *n,* **cheval mirror** [ʃə'væl,mɪrər, am ɚ] *n* Drehspiegel *m*

chevron ['ʃevrən] *n* ❶ mil (*stripe*) Winkel *m*
❷ Brit (*road sign*) Kurvenschild *nt*

chew [tʃu:] **I.** *n* ❶ (*bite*) Bissen *m;* **to have a ~ on sth** auf etw *dat* herumkauen *fam*
❷ (*candy*) Kaubonbon *m o nt*
II. *vt* ■**to ~ sth** etw kauen; (*bite on*) auf etw *dat* herumkauen *fam;* **to ~ one's fingernails/lips** an den Nägeln kauen/auf den Lippen herumbeißen *fam*
▸ Phrases: **to ~ the <u>fat</u> with sb** (*fam*) mit jdm über Gott und die Welt reden [*o* ein Schwätzchen halten] *fam*
III. *vi* kauen
▸ Phrases: **to <u>bite</u> off more than one can ~** sich *akk* zu viel zumuten

◆**chew on** *vi* ■**to ~ on sth** ❶ (*gnaw*) auf etw *dat* herumkauen
❷ (*fam: consider at length*) sich *dat* etw [gründlich] durch den Kopf gehen lassen

◆**chew out** *vt* ■**to ~ sb out** *esp* Am (*fam*) jdn zusammenstauchen *fam,* jdm gehörig den Kopf waschen *fam*

◆**chew over** *vi* ■**to ~ over ⊂ sth** sich *dat* etw gründlich überlegen [*o* durch den Kopf gehen lassen]

◆**chew up** *vt* ■**to ~ up ⊂ sth** ❶ (*masticate*) etw zerkauen; (*finish*) *animal* etw auffressen
❷ (*destroy*) etw zerstören

chewing gum *n no pl* ❶ (*sweet*) Kaugummi *m o nt;* **a piece** [*or* **stick**] **of ~** [ein Stück *nt*] Kaugummi
❷ (*fig: mindless occupation*) hirnlose Tätigkeit *fam*

chewy ['tʃu:i] *adj meat* zäh; *toffee* weich; *biscuits* klebrig

chiaroscuro [ki,α:rə'skʊərəʊ, am -'skjʊroʊ] *n no pl* Helldunkel *nt,* Chiaroscuro *nt fachspr*

chic [ʃi:k] **I.** *n* Chic *m,* Schick *m*
II. *adj* chic, schick, elegant

Chicago [ʃɪ'kα:goʊ] *n* econ, fin **the ~ Board of Trade** *Warenbörse von Chicago an der Metalle, Weichwaren und Finanztermingeschäfte gehandelt werden;* **the ~ Mercantile Exchange** *Warenbörse von Chicago, an der lebendes Inventar und Finanztermingeschäfte gehandelt werden;* **the ~ school** die Chicagoer Schule

Chicana [tʃɪ'kα:nα] *n* Am (*also pej fam*) Chicana *f*

chicane [ʃɪ'keɪn] *n* auto, sports Schikane *f*

chicanery [ʃɪ'keɪnəri] *n no pl* (*pej*) Machenschaften *fpl;* (*political*) Winkelzug *m meist pl*

Chicano [tʃɪ'kα:noʊ] *n* Am (*also pej fam*) Chicano *m*

chichi <-er, -est> ['ʃi:ʃi:] **I.** *adj* ❶ (*pej: of style*) übertrieben schick, aufgesetzt; (*overly ornate*) überspannt
❷ (*in fashion*) Schickeria-
II. *n* ❶ (*style*) [prätentiöses] Gehabe, Chichi *nt geh*
❷ Am (*sl: woman's breast*) Brust *m*

chick [tʃɪk] *n* ❶ (*baby chicken*) Küken *nt;* (*young bird*) [Vogel]junges *nt*
❷ (*sl: young female*) Kleine *f fam;* (*pej*) junges Ding *fam,* Mieze *f sl,* Hase *m fam,* Puppe *f fam*

chickabiddy ['tʃɪkəbɪdi] *n* (*fam*) Schätzelchen *nt fam,* Mäuschen *nt fam*

chicken ['tʃɪkɪn] **I.** *n* ❶ (*farm bird*) Huhn *nt;* **a headless ~** (*fig*) ein kopfloses [*o* aufgescheuchtes] Huhn *fam*
❷ *no pl* (*meat*) Hähnchen *nt,* Hühnchen *nt;* **fried/roasted ~** Brathähnchen *nt;* **grilled ~** Grillhähnchen *nt*
❸ (*pej sl: person lacking courage*) Angsthase *m fam,* Feigling *m;* **to play ~** eine Mutprobe machen [*o* ablegen]
▸ Phrases: **it's a ~ and <u>egg</u> situation** hier stellt sich die Frage, was zuerst da war: die Henne oder das Ei?, das ist eine [echte] Zwickmühle; **to be no <u>spring</u> ~** nicht mehr der/die Jüngste sein *fam;* **don't <u>count</u> your ~s before they're hatched** (*prov*) man soll den Tag nicht vor dem Abend loben *prov*
II. *adj* (*pej sl*) feige, ängstlich; **to be too ~ to do sth** zu feige sein, [um] etw zu tun

◆**chicken out** *vi* (*pej sl*) kneifen *fam,* es mit der Angst kriegen *fam;* ■**to ~ out of sth** [*or* **doing sth**] vor etw *dat* kneifen *fam;* ■**to ~ out on sb/sth** sich *akk* von jdm/etw abseilen *fig fam*

chicken broth *n no pl* Hühnerbrühe *f* **chicken coop** *n* kleiner Hühnerstall **chicken farm** *n* Hühnerfarm *f* **chickenfeed** *n no pl* ❶ (*fodder*) Hühnerfutter *nt* ❷ (*of money*) nur ein paar Groschen *fam,* Peanuts *pl iron sl;* ***he gets paid ~ for the work he does*** er bekommt für seine Arbeit nur einen Hungerlohn *pej* **chicken-hearted** *adj,* **chicken-livered** *adj* ängstlich, feige **chickenpox** *n* Windpocken *pl;* **~ scars** Pockennarben *fpl* **chicken run** *n* Hühnerhof *m,* [Hühner]auslauf *m* **chickenshit I.** *n* (*pej! sl*) ❶ (*coward*) Angsthase *m fam,* Feigling *m,* Schisser *m pej sl* ❷ (*worthless person*) kleiner Wicht *pej* **II.** *adj* (*pej! sl*) ❶ (*cowardly*) ängstlich, feige ❷ (*worthless*) mick[e]rig *pej fam,* lausig *pej* **chicken wire** *n* Hühnerdraht *m,* Maschendraht *m* **chicken yard** *n* Am Hühnerhof *m*

chickpea ['tʃɪkpi:] *n* Kichererbse *f*

chickweed ['tʃɪkwi:d] *n no pl* bot Vogelmiere *f*

chicory ['tʃɪkəri] *n no pl* ❶ (*vegetable*) Chicorée *m o f*
❷ (*drink*) Zichorie *f*

chide [tʃaɪd] *vt* (*form*) ■**to ~ sb** [**for sth**] jdn [wegen einer S. *gen*] tadeln [*o geh* schelten]

chief [tʃi:f] **I.** *n* ❶ (*head of organization*) Leiter(in) *m(f),* Chef(in) *m(f)*
❷ (*leader of people*) Führer(in) *m(f);* (*head of clan*) Oberhaupt *nt;* (*head of tribe*) Häuptling *m*
❸ Brit (*hum fam: form of address*) Meister *m hum*
❹ law (*in person*) ■**in ~** persönlich; (*examining of witness*) **examination in ~** Befragung *f* von eigenen Zeugen durch den Anwalt
▸ Phrases: **too many ~s and not enough <u>Indians</u>** (*prov*) zu viele Chefs und keine Arbeiter, alle schauen zu und keiner arbeitet
II. *adj attr, inv* ❶ (*main*) Haupt-, bedeutendste(r, s) *attr;* **the ~ reason for sth** der Hauptgrund für etw *akk*
❷ (*head*) Chef-, erste(r) *attr;* **~ administrator** Verwaltungschef(in) *m(f);* **to be ~ cook and bottle-washer** (*also iron fam*) Küchendienst machen; **~ minister** Ministerpräsident(in) *m(f)*

chief cashier *n* econ, fin leitender Bankbeamter/leitende Bankbeamtin **chief clerk** *n* Bürochef(in) *m(f);* (*in accounts*) erster Buchhalter/erste Buchhalterin **chief constable** *n* Brit Polizeipräsident(in) *m(f);* (*of smaller area*) Polizeichef(in) *m(f);* **Assistant** [*or* **Deputy**] **Chief Constable** stellvertretender Polizeipräsident/stellvertretende Polizeipräsidentin **chief editor** *n* Chefredakteur(in) *m(f)* **chief executive** *n* ❶ Am (*head of state*) Präsident(in) *m(f)* ❷ (*head of organization*) ~ [**officer**] Generaldirektor(in) *m(f),* Generaldirektor(in) *m(f)* **Chief Inspector** *or* **Superintendent** *n* Hauptkommissar(in) *m(f)* **chief justice** *n* Oberrichter(in) *m(f);* **Lord C~ Justice** Brit Lordoberrichter *m*

chiefly ['tʃi:fli] *adv* hauptsächlich, vor allem, in erster Linie

chief of staff *n* Stabschef(in) *m(f)*

chieftain ['tʃi:ftən] *n* (*head of a tribe*) Häuptling *m;*

(*of a clan*) Oberhaupt *nt*

chiffon [ˈʃɪfɒn, AM ʃɪˈfɑːn] **I.** *n no pl* Chiffon *m*
II. *n modifier* ❶ (*of material*) Chiffon-
❷ AM FOOD **chocolate/coffee/lemon ~ pie** Schokoladen-/Kaffee-/Zitronensahne[torte] *f*

chignon [ˈʃiːnjɒn, AM -jɑːn] *n* [Haar]knoten *m*, Chignon *m*

Chihuahua [tʃɪˈwɑːwə] *n* Chihuahua *m*

chilblain [ˈtʃɪlbleɪn] *n* Frostbeule *f*

child <*pl* -dren> [tʃaɪld, *pl* tʃɪldrən] **I.** *n* ❶ (*young human*) Kind *nt*; **illegitimate ~** uneheliches Kind; **unborn ~** ungeborenes Kind, Fötus *m*; **young ~** Kleinkind *nt*; **from a ~** von Kindesbeinen an; **one's/sb's inner ~** das Kind in mir/jdm; PSYCH **the inner ~** das innere Kind
❷ (*offspring*) Kind *nt*, Nachkomme *m*; (*male*) Sohn *m*; (*female*) Tochter *f*; ***you are your father's/mother's ~*** du bist [genau] wie dein Vater/deine Mutter; **an only ~** ein Einzelkind *nt*
❸ (*pej: immature person*) Kind *nt*, unreife [*o* unerfahrene] Person
❹ (*product*) ***she's a real ~ of the sixties*** sie ist ein typisches Kind der Sechzigerjahre
▶ PHRASES: **the sins of the __fathers__ [are visited upon the ~ren]** (*saying*) die Sünden der Väter [suchen die Kinder heim]; **every __man__, woman and ~** alle ohne Ausnahme; **spare the __rod__ and spoil the ~** (*saying*) ein Schlag zur rechten Zeit hat noch niemandem geschadet; **~ren should be __seen__ and not heard** (*prov*) Kinder sollte man sehen, aber nicht hören, Kinder sollten sich benehmen; **to be [great] __with__ ~** (*old*) [hoch]schwanger sein, [kurz] vor der Niederkunft stehen *veraltend geh*
II. *n modifier* **~ prostitution** Kinderprostitution *f*

child abuse *n no pl* Kindesmisshandlung *f*; (*sexually*) Kindesmissbrauch *m* **child allowance** *n* BRIT (*fam*) *see* **child benefit childbearing I.** *n no pl* [Kinder]gebären *nt* **II.** *adj* gebärfähig; **of ~ age** im gebärfähigen Alter **child benefit** *n* BRIT Kindergeld *nt*

childbirth *n no pl* Geburt *f* **childcare** *n no pl* Kinderpflege *f*; (*social services department*) Kinderfürsorge *f*; (*for older children*) Jugendfürsorge *f* **childcare centre**, AM **childcare center** *n* Kindertagesstätte *f*, Kinderhort *m* **childcare facility** *n Möglichkeit der Kinderbetreuung* **child destruction** *n* LAW Kindestötung *f* [durch Abtreibung]

childhood [ˈtʃaɪldhʊd] **I.** *n no pl* Kindheit *f*; **second ~** zweite Kindheit
II. *n modifier* (*ambitions, dreams*) Kindheits-; **~ friend** Freund(in) *m(f)* aus Kindheitstagen

childish [ˈtʃaɪldɪʃ] *adj* (*pej*) kindisch, infantil *pej*

childishly [ˈtʃaɪldɪʃli] *adv* (*pej*) kindisch, infantil *pej*

childishness [ˈtʃaɪldɪʃnəs] *n no pl* kindisches Benehmen [*o* Betragen], infantiles Verhalten *pej*

childless [ˈtʃaɪldləs] *adj inv* kinderlos

childlessness [ˈtʃaɪldləsnəs] *n no pl* Kinderlosigkeit *f*

childlike *adj* kindlich; **to have a ~ nature/quality** ein kindliches Wesen/Gemüt haben **childminder** *n* Tagesmutter *f*; **a registered ~** eine zugelassene Tagesmutter **childminding** *n no pl* Kinderbetreuung *f*; (*supervising*) Beaufsichtigung *f* von Kindern **child molester** *n* Kinderschänder *m* **childproof** *adj* kindersicher **child-rearing** *n no pl* (*pej dated*) Kinderaufzucht *f veraltet*, Kindererziehung *f*

children [ˈtʃɪldrən] *n pl of* **child**

children's home *n* Kinderheim *nt*; (*for orphans*) Waisenhaus *nt* **children's-rights** *n modifier* **~ movement** Bewegung *f* zur Wahrung der Rechte der Kinder

child-resistant *adj* (*form*) kindersicher **child's play** *n* **to be ~** ein Kinderspiel sein **child stealing** *n* LAW Kindesraub *m* **child support I.** *n* Unterhalt *m*, Unterhaltszahlung *f* **II.** *n modifier* Alimente-; **~ order** Unterhaltszahlung *f*, Alimentezahlung *f*

Chilean [ˈtʃɪliən, AM tʃɪˈliːən] **I.** *adj inv* chilenisch
II. *n* Chilene, -in *m, f*

chili <*pl* -es> [ˈtʃɪli] *n esp* AM *see* **chilli**

chill [tʃɪl] **I.** *n* ❶ *no pl* (*coldness*) Kühle *f*; (*feeling of coldness*) Kältegefühl *nt*; **to send a ~ down sb's spine** (*fig*) jdm einen Schauer über den Rücken jagen; **to take the ~ off [of] sth** etw erwärmen; (*slightly*) etw anwärmen; (*heat up*) etw aufheizen
❷ (*cold*) Erkältung *f*; **to catch a ~** sich *akk* erkälten [*o bes* ÖSTERR verkühlen]
II. *adj* (*liter: cold*) kalt; (*frightening*) erschreckend; *see also* **chilly**
▶ PHRASES: **to take a ~ __pill__** AM (*sl*) sich *akk* abregen *fam*
III. *vi* ❶ (*grow cold*) abkühlen
❷ *esp* AM (*fam: relax*) relaxen *fam*, chillen *sl*; *see also* **chill out**
❸ (*stay*) bleiben *hum fam*
IV. *vt* ❶ FOOD ■**to ~ sth** etw [ab]kühlen [lassen]
❷ (*fig: make afraid*) **to ~ sb to the bone** jdn bis ins Mark erschüttern; **to ~ sb's marrow** jdm einen [eiskalten] Schauer über den Rücken jagen
◆**chill out** *vi esp* AM (*sl*) ❶ (*relax*) sich *akk* entspannen; (*slow down*) langsam machen, einen Gang runterschalten *fam*
❷ (*calm down*) ***man, you really need to ~ [out]!*** Mensch, jetzt reg dich doch mal ab! *fam*

chilled [tʃɪld] *adj* ❶ (*cold*) kühl; (*colder*) kalt; **~ white wine** gekühlter Weißwein
❷ *pred* (*frightened*) entsetzt

chill factor *n* Kältefaktor *m*

chilli <*pl* -es> [ˈtʃɪli] *n* Chili *m*; (*pod*) Peperoni *f*

chilli con carne [ˌtʃɪlikɒnˈkɑːni, AM -kɑːnˈkɑːrni] *n no pl* Chili con Carne *nt*

chilliness [ˈtʃɪlinəs] *n no pl* Kühle *f*, Frische *f*; (*fig*) Kühle *f*, Frostigkeit *f*

chilling [ˈtʃɪlɪŋ] *adj* ❶ (*making cold*) eisig, frostig; **a ~ wind** ein eisiger [*o* schneidender] Wind
❷ (*causing fear*) abschreckend; **a ~ reminder** ein abschreckendes Beispiel; **a ~ scream** ein durchdringender Schrei
❸ (*damaging*) ernüchternd; **a ~ effect** eine ernüchternde Wirkung

chillingly [ˈtʃɪlɪŋli] *adv* frostig, eisig; ***his words made it ~ clear that …*** seine Worte machten [es] glasklar, dass …

chilli powder *n* Chilipulver *nt*, gemahlener Chili

chillum [ˈtʃɪləm] *n* ❶ (*hookah*) Wasserpfeife *f*
❷ (*fam: cannabis pipe*) Cannabispfeife *f*

chilly [ˈtʃɪli] *adj* ❶ (*cold*) kühl, frisch; ***it's a bit ~ out today*** draußen ist es ziemlich frisch heute; **to feel ~** frösteln
❷ (*fig: unfriendly*) *relationship* frostig, kühl; **to get a ~ reception** kühl empfangen werden

chime [tʃaɪm] **I.** *n* (*bell tones*) Geläute *nt*; (*single one*) Glockenschlag *m*; (*of doorbell*) Läuten *nt kein pl*; **wind ~s** *pl* Windspiel *nt*; **a set of ~s** ein Glockenspiel *nt*
II. *vi* klingen; *church bells* läuten
III. *vt* ■**to ~ sth** ***the clock ~d eleven o'clock*** die Uhr schlug elf
◆**chime in** *vi* sich *akk* einschalten [*o* einbringen]; MUS einstimmen
◆**chime with** *vi* ■**to ~ [in] with sb/sth** mit jdm/etw im Einklang sein [*o* konform gehen]

chimera [kaɪˈmɪərə, AM -ˈmɪrə] *n* (*form liter*) Chimäre *f*, Schimäre *f geh*

chimerical [kaɪˈmerɪkəl] *adj* (*form liter*) chimärisch, schimärisch *geh*

chimichanga [ˌtʃɪmiˈtʃæŋɡə] *n* AM *mit Fleisch, Käse oder Gemüse gefüllter und ausgebackener mexikanischer Weizenmehlfladen*

chimney [ˈtʃɪmni] *n* ❶ (*on a building*) Schornstein *m*; (*of factory*) Schlot *m*; (*of stove*) Rauchfang *m*, Rauchabzug *m*; **to smoke like a ~** (*fig*) wie ein Schlot rauchen
❷ (*passage in rock*) Kamin *m*
❸ (*of lamp*) [Lampen]zylinder *m*

chimney breast *n* Kaminvorsprung *m* **chimney corner** *n* (*dated*) Sitzecke *f* am Kamin, Kaminecke *f* **chimney piece** *n* (*dated*) Kaminsims *m o nt* **chimneypot** *n* Schornsteinaufsatz *m* **chimneystack** *n* BRIT Schornstein *m*; (*of factory*) Schlot *m* **chimneysweep** *n*, **chimneysweeper** *n* Schornsteinfeger(in) *m(f)*, Kaminkehrer(in) *m(f)* DIAL

chimp [tʃɪmp] *n short for* **chimpanzee**

chimpanzee [ˌtʃɪmpənˈziː, AM tʃɪmˈpænziː] *n* Schimpanse *m*

chin [tʃɪn] *n* Kinn *nt*; **to rest one's ~ in one's hands** sein Kinn auf seine Hände aufstützen, das Kinn aufstützen; **double ~** Doppelkinn *nt*
▶ PHRASES: **to __keep__ one's ~ up** sich *akk* nicht unterkriegen lassen, den Mut nicht verlieren; ***keep your ~ up!*** halt die Ohren steif!, Kopf hoch!; **to __take__ it on the ~** etw mit [großer] Fassung [er]tragen

china [ˈtʃaɪnə] *n no pl* ❶ (*porcelain*) Porzellan *nt*; **~ doll** Porzellanpuppe *f*
❷ (*tableware*) Geschirr *nt*; (*set*) Service *nt*; **the best/good ~** das beste/gute Geschirr; **everyday ~** Alltagsgeschirr *nt*
▶ PHRASES: **to be like a __bull__ in a ~ shop** sich *akk* wie ein Elefant im Porzellanladen benehmen *fam*

China [ˈtʃaɪnə] *n no pl* ❶ GEOG China *nt*
❷ BRIT (*rhyming sl: mate*) Freund *m*
▶ PHRASES: **not for all the __tea__ in ~** nicht um alles Gold der Welt *fam*

Chinaman <*pl* -men> [ˈtʃaɪnəmən] *n* ❶ (*pej old: Chinese man*) Schlitzauge *nt pej* ❷ (*in cricket*) Chinaman *m* **China syndrome** *n no pl* Chinasyndrom *nt* **Chinatown** *n* Chinesenviertel *nt*

chinchilla [tʃɪnˈtʃɪlə] **I.** *n* Chinchilla *f*
II. *n modifier* Chinchilla-

Chinese <*pl* -> [tʃaɪˈniːz] **I.** *n* ❶ (*person*) Chinese, -in *m, f*; ■**the ~** *pl* die Chinesen
❷ *no pl* (*language*) Chinesisch *nt*
❸ *no pl* (*food*) chinesisches Essen
II. *adj* chinesisch

Chinese cabbage *n* Chinakohl *m* **Chinese checkers** AM, **Chinese chequers** *n no pl* Halma *nt* **Chinese gooseberry** *n* Kiwi *f* **Chinese lantern** *n* Lampion *m*, Papierlaterne *f* **Chinese mushroom** *n* Mu-Err-Pilz *m* **Chinese puzzle** *n* Geduldspiel *nt* (*zum Zusammensetzen*); (*fig*) komplizierte [*o fam* verzwickte] Angelegenheit **Chinese restaurant** *n* Chinarestaurant *nt* **Chinese restaurant syndrome** *n no pl starkes Unwohlsein, das durch übermäßigen Genuss von mit Glutamat gewürztem chinesischem Essen hervorgerufen wird* **Chinese whispers** *n + sing vb* Stille Post

chink [tʃɪŋk] **I.** *n* ❶ (*opening*) Spalt *m*, Spalte *f*, Ritze *f*; (*tear*) Riss *m*; **a ~ in sb's armour** (*fig*) jds Schwachstelle [*o* schwacher Punkt]
❷ (*noise*) Klirren *nt*; (*of coins, keys*) Klimpern *nt fam*
II. *vi* klirren; (*with coins, keys*) klimpern *fam*

Chink [tʃɪŋk] *n* (*pej!*) Schlitzauge *nt pej*

Chinky [ˈtʃɪŋki] *n* BRIT ❶ (*pej!: person*) Schlitzauge *nt pej*
❷ (*sl: restaurant*) chinesisches Restaurant, Chinarestaurant *nt*, Chinese *m fam*

chinless [ˈtʃɪnləs] *adj esp* BRIT ❶ (*with small chin*) mit fliehendem Kinn; ■**to be ~** ein fliehendes Kinn haben
❷ (*of weak character*) willensschwach; **a ~ wonder** (*fam*) ein reicher Schnösel *pej fam*

chin music *n no pl* AM (*fam*) Geschwätz *nt*

chinos [ˈtʃiːnəʊz, AM -noʊz] *npl* **a pair of ~** *Hose aus speziell gewebtem Baumwollstoff*

chin rest *n* Kinnstütze *f* **chinstrap** *n* Kinnriemen *m*

chintz [tʃɪnts] *n no pl* Chintz *m*

chintzy [ˈtʃɪntsi] *adj* ❶ (*of fabric*) Chintz-
❷ AM (*pej fam: of shoddy quality*) schäbig; (*cheap*) billig
❸ AM (*pej fam: miserly*) knauserig *fam*, knick[e]rig *fam*

chin-up [ˈtʃɪnʌp] *n esp* AM Klimmzug *m*

chinwag [ˈtʃɪnwæɡ] *n* (*dated fam*) Schwatz *m fam*; **to have a good ~ with sb** mit jdm ein nettes Schwätzchen halten *fam*

chip [tʃɪp] **I.** *n* ❶ (*broken-off piece*) Splitter *m*; (*of*

wood) Span *m*
② (*crack*) ausgeschlagene Ecke; (*on blade*) Scharte *f*; ***this cup has got a ~ in it*** diese Tasse ist angeschlagen
③ BRIT (*fried potato*) ■ **~s** *pl* Pommes frites *pl*; **beans/egg/sausage and ~s** Bohnen *fpl*/Ei *nt*/Würstchen *nt* und Pommes *fam*; **fish and ~s** Fisch und Chips
④ AM (*crisps*) ■ **~s** *pl* Chips *pl*
⑤ COMPUT Chip *m*
⑥ (*for gambling*) Spielmarke *f*, Chip *m*; **bargaining ~** (*fig*) Einsatz *m*
▸ PHRASES: **to be a ~ off the old block** (*fam*) ganz der Vater/die Mutter sein; **to have a ~ on one's shoulder** (*fam*) einen Komplex haben [und daher sehr empfindlich sein]; **when the ~s are down** (*fam*) wenn es drauf ankommt *fam*; **to have had one's ~s** BRIT (*fam*) ausgedient haben
II. *vt* <-pp-> ① (*damage*) ■ **to ~ sth** etw wegschlagen [*o* abschlagen]; (*knock out*) etw ausschlagen; (*break off*) etw abbrechen
② SPORTS **to ~ the ball** den Ball chippen
③ (*cut*) ■ **to ~ sth** *food* etw schnitzeln; *hard substance* etw bearbeiten
III. *vi* <-pp-> [leicht] abbrechen
◆**chip away** *vi* ■ **to ~ away at sth** an etw *dat* nagen
◆**chip in** (*fam*) **I.** *vi* ① (*pay*) beisteuern; ***he also ~ped in with £20*** er hat sich auch mit 20 Pfund beteiligt, er hat auch 20 Pfund beigesteuert
② (*help*) mithelfen; ***if you'll all ~ in …*** wenn ihr alle mit anpackt …
③ BRIT (*interrupt*) dazwischenreden
II. *vt* ■ **to ~ in** ⊂ **sth** ① (*contribute money*) *money* etw beisteuern
② BRIT (*comment*) etw einwerfen
chip-basket *n* BRIT Frittiersieb *nt* **chipboard** *n no pl* Sperrholzplatte *f*, Spanplatte *f* **chipmaker** *n* ELEC Chiphersteller *m*
chipmunk [ˈtʃɪpmʌŋk] *n* Backenhörnchen *nt*
chip pan *n* BRIT Fritteuse *f*
chipped [tʃɪpt] *adj* abgeschlagen; (*of blade*) schartig; **~ plate** angeschlagener Teller; **~ tooth** abgebrochener Zahn
chipper [ˈtʃɪpəʳ, AM -ɚ] *adj* (*fam*) aufgekratzt *fam*, munter
chipping [ˈtʃɪpɪŋ] *n usu pl* BRIT Schotter *m*
chip(p)olata [ˌtʃɪpəˈlɑːtə] *n* BRIT Cocktailwürstchen *nt*
chippy [ˈtʃɪpi] *n* ① BRIT (*fam: food outlet*) Frittenbude *f fam*, Pommesbude *f fam*
② AM (*pej! sl: female whore*) [billiges] Flittchen *pej fam*
③ BRIT (*fam: carpenter*) Schreiner(in) *m(f)*
CHIPS [tʃɪps] *n* ECON, FIN *abbrev of* **Clearing House Interbank Payments System** *elektronisches Zahlungsverkehrssystem der New York Clearing House Association*
chip shop *n* BRIT Frittenbude *f fam* **chip wagon** *n* CAN *meist ausgedienter Bus, der als Snackbar mit Pommes frites und Hot Dogs dient*
chiropodist [kɪˈrɒpədɪst, ʃɪ-, AM -ˈrɑːpə-] *n* Fußpfleger(in) *m(f)*
chiropody [kɪˈrɒpədi, ʃɪ-, AM -ˈrɑːpə-] *n no pl* Fußpflege *f*
chiropractic [ˈkaɪ(ə)rə(ʊ)præktɪk, AM ˈkaɪroʊ-] *n no pl* Chiropraktik *f*
chiropractor [ˈkaɪ(ə)rə(ʊ)ˌpræktəʳ, AM ˈkaɪroʊˌpræktɚ] *n* Chiropraktiker(in) *m(f)*
chirp [tʃɜːp, AM tʃɜːrp] **I.** *vt* ■ **to ~ sth** (*say*) etw zwitschern
II. *vi* ① *bird* zwitschern; (*in cricket*) zirpen
② SA (*complain*) sich *akk* beschweren
III. *n* Zwitschern *nt*
chirpily [ˈtʃɜːpɪli, AM ˈtʃɜːrp-] *adv* munter, fröhlich, quietschvergnügt *fam*
chirpiness [ˈtʃɜːpɪnəs, AM ˈtʃɜːrp-] *n no pl* Aufgekratztheit *f*, Munterkeit *f*, Fröhlichkeit *f*
chirpy [ˈtʃɜːpi, AM ˈtʃɜːrpi] *adj* aufgekratzt *fam*, quietschfidel *fam*, quietschvergnügt *fam*
chirrup [ˈtʃɪrəp] **I.** *n* Zwitschern *nt*; (*of sparrow*) Tschilpen *nt*
II. *vi* <-pp-> zwitschern
III. *vt* <-pp-> ■ **to ~ sth** etw zwitschern
chisel [ˈtʃɪzəl] **I.** *n* Meißel *m*; (*for wood*) Beitel *m*; **hammer and ~** Hammer und Meißel
II. *vt* <BRIT -ll- *or* AM *usu* -l-> ① (*cut*) ■ **to ~ sth [out of sth]** etw [aus etw *dat* heraus]meißeln
② (*pej fam: get by trickery*) ■ **to ~ sth out of sb** etw von jdm ergaunern *fam*; ■ **to ~ sb** jdn reinlegen *fam*
chiseled *adj* AM *see* **chiselled**
chiseler *n* AM *see* **chiseller**
chiselled [ˈtʃɪzəld], AM *usu* **chiseled** *adj* scharf geschnitten
chiseller [ˈtʃɪzələʳ], AM *usu* **chiseler** [-ɚ] *n* (*pej fam*) Mogler(in) *m(f)*, Gauner(in) *m(f)*, Schwindler(in) *m(f)*
chit [tʃɪt] *n* ① BRIT (*official paper*) Bescheinigung *f*, Nachweis *m*; (*from doctor*) Krankmeldung *f*; (*note of debt owed*) Schuldschein *m*; (*by shop*) Gutschein *m*
② (*pej dated: girl*) junges Ding *fam*
chit-chat [ˈtʃɪtʃæt] (*fam*) **I.** *n no pl* Geplauder *nt*, Plauderei *f*; **idle ~** leeres Gerede
II. *vi* plaudern; ■ **to ~ about sth** über etw *akk* plaudern
chitlins [ˈtʃɪtlɪnz], **chitterlings** [ˈtʃɪtəlɪŋz, AM ˈtʃɪt̬ɚ-] *npl* Gekröse *nt*, Innereien *pl* (*vom Schwein*)
chivalric [ˈʃɪvəlrɪk, AM ʃɪˈvælrɪk] *adj* ritterlich
chivalrous [ˈʃɪvəlrəs] *adj* ritterlich, galant
chivalrously [ˈʃɪvəlrəsli] *adv* ritterlich, galant
chivalry [ˈʃɪvəlri] *n no pl* ① (*behaviour*) Ritterlichkeit *f*, galantes Benehmen
② HIST Ritter *mpl*, Ritterschaft *f*
③ (*knights' code*) Rittertum *nt*
▸ PHRASES: **the age of ~ is [not yet] dead** (*saying*) die Zeit der Kavaliere ist [noch lange nicht] vorbei, es gibt auch noch richtige Kavaliere
chive [tʃaɪv] **I.** *n* ■ **~s** *pl* Schnittlauch *m kein pl*
II. *n modifier* (*cheese, dressing, sauce*) Schnittlauch-
chiv(v)y [ˈtʃɪvi] *vt* (*fam*) ■ **to ~ sb along** [*or* **up**] jdn antreiben; ■ **to ~ sb into doing sth** (*give incentive*) jdn anstacheln, etw zu tun; (*urge*) jdn drängen, etw zu tun
chloride [ˈklɔːraɪd] *n no pl* Chlorid *nt*
chlorinate [ˈklɔːrɪneɪt] *vt* ■ **to ~ sth** etw chloren
chlorinated [ˈklɔːrɪneɪtɪd, AM -t̬-] *adj* gechlort; **a ~ [swimming] pool** ein Schwimmbad *nt* mit Chlorwasser
chlorine [ˈklɔːriːn] *n no pl* Chlor *nt*
chlorofluorocarbon [ˌklɔːrə(ʊ)flʊərə(ʊ)ˈkɑːbən, AM ˌklɔːroʊflʊroʊˈkɑːrbən] *n* Fluorchlorkohlenwasserstoff *m*
chloroform [ˈklɔːrəfɔːm, AM -fɔːrm] **I.** *n no pl* Chloroform *nt*
II. *vt* ■ **to ~ sb** jdn chloroformieren *veraltend*
chlorophyll [ˈklɔːrəfɪl] *n no pl* Chlorophyll *nt*
chlorous [ˈklɔːrəs] *adj* chlorhaltig; (*similar to chlorine*) chlorartig; **~ acid** Chlorsäure *f*
chocaholic *n see* **chocoholic**
choc-ice [ˈtʃɒkaɪs] *n* BRIT *Eis[riegel] mit Schokoladenüberzug*
chock [tʃɒk, AM tʃɑːk] *n* Bremsklotz *m*, Bremskeil *m*
chock-a-block [ˌtʃɒkəˈblɒk, AM ˌtʃɑːkəˈblɑːk] *adj pred* (*fam*) voll gestopft; ■ **to be ~ with sth** mit etw *dat* voll gestopft sein
chocker [ˈtʃɒkəʳ] *adj pred* (*fam*) ① BRIT (*tired*) geschafft *fam*, erledigt *fam*
② BRIT (*fed-up*) ■ **to be ~ with sth** etw leid sein, von etw *dat* die Nase voll haben *fam*
③ *esp* AUS, NZ (*full*) proppenvoll *fam*
chock-full *adj pred* (*fam*) ① (*full*) proppenvoll *fam*, zum Bersten voll *geh*; **~ of people** voller Menschen
② (*fig: crammed*) ■ **to be ~ of sth** reich an etw *dat* sein; **~ of calories/vitamins** kalorien-/vitamreich
chocoholic [ˌtʃɒkəˈhɒlɪk, AM ˌtʃɑːkəˈhɑːlɪk] *n* (*hum fam*) Schokosüchtige(r) *f(m) hum*
chocolate [ˈtʃɒkələt, AM ˈtʃɑːklət] **I.** *n* ① *no pl* (*substance*) Schokolade *f*; **a bar of ~** eine Tafel Schokolade; **~ mousse** Mousse *f* au chocolat; **baking ~** Blockschokolade *f*; **dark ~** [*or* BRIT *also* **bitter**] [*or* AM *also* **bittersweet**] Zartbitterschokolade *f*; **semi-sweet ~** Halbbitterschokolade *f*; **hot ~** [heißer] Kakao, [heiße] Schokolade
② (*sweet*) Praline *f*; **a box of ~s** eine Schachtel Pralinen
II. *n modifier* (*bar, biscuit, cake, ice cream, sauce*) Schokoladen-
chocolate box **I.** *n* Pralinenschachtel *f*
II. *adj usu attr* (*romantic*) schnuckelig *fam*, niedlich; (*overly romantic*) kitschig; (*cute*) nett, niedlich; (*uninteresting*) verträumt, verschlafen
choice [tʃɔɪs] **I.** *n* ① *no pl* (*selection*) Wahl *f*; ***it's your choice!*** du hast die Wahl!; **freedom of ~** Entscheidungsfreiheit *f*; **an informed ~** eine fundierte Entscheidung; **to do sth by** [*or* **from**] [*or* **out of**] **~** etw freiwillig tun; **sb has no ~ [but to do sth]** jd hat keine andere Wahl [*o* jdm bleibt nichts anderes übrig][, als etw zu tun]; **to make a ~** eine Wahl treffen
② *no pl* (*variety*) Auswahl *f*; **a wide ~ of sth** eine reiche Auswahl an etw *dat*
③ (*person, thing*) Wahl *f*; ■ **to be sb's ~ as sth** jds Kandidat/Kandidatin für etw *akk* sein; **to be the best/worst ~ for sth** die beste/schlechteste Wahl für etw *akk* sein
▸ PHRASES: **you pays your money and you takes your ~** (*saying fam*) die Wahl liegt ganz bei dir/Ihnen; **to be spoilt for ~** die Qual der Wahl haben
II. *adj* ① (*top quality*) erstklassig; **the ~st cut of roast** das feinste [*o* beste] Stück Braten
② (*iron: abusive*) **~ language** deftige Sprache; **~ words** beißende Kommentare
choir [kwaɪəʳ, AM kwaɪɚ] *n* ① (*singers*) Chor *m*; (*instruments*) Gruppe *f*, Ensemble *nt*; **church ~** Kirchenchor *m*; **~ member** Chormitglied *nt*; **school ~** Schulchor *m*; **to sing in a ~** in einem Chor singen
② (*of cathedral*) Chor[raum] *m*
choirboy *n* Chorknabe *m*, Sängerknabe *m*; **The Vienna C~s** Die Wiener Sängerknaben *mpl* **choirmaster** *n* Chorleiter(in) *m(f)* **choir practice** *n* Chorprobe *f* **choir stalls** *npl* Chorgestühl *nt*
choke [tʃəʊk, AM tʃoʊk] **I.** *n* ① *no pl* AUTO Choke *m*; **to put the ~ in/out** den Choke hineindrücken/ziehen
② (*outburst*) **a ~ of laughter** Gelächter *nt*
II. *vt* ① (*strangle*) ■ **to ~ sb** jdn erwürgen [*o* erdrosseln]; (*suffocate*) jdn ersticken; ■ **to ~ sth** *plant* etw ersticken
② *usu passive* (*fam: overwhelm emotionally*) ■ **to ~ sb** jdn überwältigen; ■ **to be ~d by sth** von etw *dat* überwältigt sein
③ (*blocked*) ■ **to be ~d** verstopft sein
III. *vi* ① (*have problems breathing*) keine Luft bekommen; **to ~ to death** ersticken; ■ **to ~ on sth** sich *akk* an etw *dat* verschlucken
② AM SPORTS (*sl*) versagen
◆**choke back** *vt* ■ **to ~ back** ⊂ **sth** *anger, feelings* etw unterdrücken; **to ~ back tears** Tränen zurückhalten [*o* unterdrücken]
◆**choke off** *vt* ■ **to ~ off** ⊂ **sth** (*prevent*) etw verhindern; (*reduce*) etw drosseln
◆**choke up** *vt* ■ **to ~ sb up** (*fam*) jdn überwältigen [*o* zu Tränen rühren]
choke chain *n* Würgehalsband *nt* (*für Hunde*)
choke cherry *n* AM virginische Traubenkirsche
choked [tʃəʊkt, AM tʃoʊkt] *adj* ① (*halting*) erstickt; **with a ~ voice** mit erstickter Stimme; ■ **to be ~ with sth** (*fig*) von etw *dat* überwältigt [*o* übermannt] sein
② (*blocked*) verstopft; ***the streets were ~ with traffic*** die Straßen waren verstopft; **~ with leaves** mit Blättern verstopft; **~ with vegetation** von Pflanzen überwuchert
③ BRIT (*fig fam: upset*) [völlig] fertig *fam*; **to be [all] ~ up** vor Rührung kein Wort herausbringen *fam*
chokehold *n* (*grip*) Würgegriff *m*; (*dated: device*) Halsfessel *f*; (*fig*) eiserner Griff
choker [ˈtʃəʊkəʳ, AM ˈtʃoʊkɚ] *n* ① (*necklace*) eng anliegende Halskette, enger Halsreif; (*ribbon*) Halsband *nt*

❷ Am (*fam: person*) Schwächling *m,* Versager *m*
chokey ['tʃəʊki] *n no pl* Brit (*fam*) Knast *m fam,* Loch *nt fam;* **five years'** ~ fünf Jahre Knast *fam*
choler ['kɒləʳ, Am 'kɑ:lɚ] *n no pl* ❶ (*liter or old: anger, irascibility*) Zorn *m*
❷ Med (*hist*) Wut *f*
cholera ['kɒlᵊrə, Am 'kɑ:lərə] *n no pl* Cholera *f*
choleric ['kɒlᵊrɪk, Am 'kɑ:lɚ-] *adj* cholerisch, aufbrausend
cholesterol [kə'lestᵊrɒl, Am -tərɑ:l] *n no pl* Cholesterin *nt;* **bad/good** ~ zu hoher/niedriger Cholesterinwert, erhöhter/geringer Cholesterinwert; **high-~ foods** sehr cholesterinhaltige Nahrungsmittel *ntpl,* Nahrungsmittel *ntpl* mit hohem Cholesteringehalt; ~ **level** Cholesterinspiegel *m*
choline ['kəʊli:n, Am 'koʊ-] *n no pl* Cholin *nt*
chomp [tʃɒmp, Am tʃɑ:mp] I. *vi* (*bite*) ■**to ~ into sth** herzhaft in etw *akk* [hinein]beißen; ■**to ~ [away] on sth** etw mampfen *sl*
II. *vt* ■**to ~ sth** etw mampfen *sl*
choo-choo ['tʃu:tʃu:] *n* (*childspeak*) tsch[u]-tsch[u], puff-puff *Kindersprache*
choose <chose, chosen> [tʃu:z] I. *vt* ■**to ~ sth** etw auswählen; ***the magazine chose him as 'Man of the Year'*** die Zeitschrift wählte [*o* kürte] ihn zum ‚Mann des Jahres'; ***they chose her to lead the project*** sie haben sie zur Projektleiterin gewählt
II. *vi* (*select*) wählen; (*decide*) sich *akk* entscheiden; ***you can ~ from these prizes*** Sie können sich etwas unter diesen Preisen aussuchen; **to ~ to do sth** es vorziehen etw zu tun; ***you chose to ignore my advice*** du wolltest ja nicht auf mich hören!; **to do as one ~s** das tun, wonach einem zumute ist
► Phrases: **there is little** [*or* **nothing**] [*or* **not much**] **to ~ between sth and sth** etw und etw unterscheiden sich kaum; **you cannot ~ but do sth** (*form*) man hat keine andere Wahl, als etw zu tun
choos(e)y ['tʃu:zi] *adj* (*fam*) ■**to be ~ [about sth]** [bei etw *dat*] wählerisch sein
chop [tʃɒp, Am tʃɑ:p] I. *vt* <-pp-> ❶ (*cut*) ■**to ~ sth** ↔ [**up**] etw klein schneiden; **to have one's hair ~ped short** (*fam*) sich *dat* die Haare kurz schneiden lassen; **to ~ wood** Holz hacken
❷ (*reduce*) ■**to ~ sth** etw kürzen
❸ (*hit*) **to ~ a ball** einen Ball schneiden
❹ (*sl: lay off*) ■**to ~ sb** jdn feuern *fam*
II. *vi* <-pp-> hacken
► Phrases: **to ~ logic** disputieren; **to ~ and change** Brit, Aus (*of opinion*) ständig die [*o* seine] Meinung ändern *fam,* wankelmütig sein; (*of action*) häufig wechseln
III. *n* ❶ (*esp pork, lamb*) Kotelett *nt*
❷ (*hit*) Schlag *m;* **karate** ~ Karateschlag *m*
❸ *no pl* (*of water*) Wellengang *m*
❹ Am (*animal feed*) zerkleinertes Getreidefutter
❺ *esp* Brit, Aus (*fam: not wanted*) **to be for the ~** auf der Abschussliste stehen *fam;* **to be facing the ~** vor dem Aus [*o* Ende] stehen; **to get** [*or* **be given**] **the ~** gefeuert werden *fam,* auf die Straße gesetzt werden *fam,* rausgeworfen [*o fam* rausgeschmissen] werden *fam*
◆**chop down** *vt* **to ~ down a tree** [*or* **to ~ a tree down**] einen Baum fällen
◆**chop off** *vt* ■**to ~ sth** ↔ **off** etw abhacken
chop-chop [ˌtʃɒp'tʃɒp, Am ˌtʃɑ:p'tʃɑ:p] *interj* (*fam*) hopphopp *fam*
chophouse *n* billige Gaststätte
chopper ['tʃɒpəʳ, Am 'tʃɑ:pɚ] *n* ❶ (*sl: helicopter*) Hubschrauber *m*
❷ Brit (*tool for butcher*) Hackbeil *nt;* (*for woodcutting*) Hackmesser *nt*
❸ (*sl: motorcycle*) Chopper *m*
❹ Brit (*vulg sl: penis*) Schwanz *m vulg*
❺ (*sl: set of teeth*) ■**~s** *pl* Zähne *mpl,* Gebiss *nt;* (*false teeth*) [künstliches] Gebiss
chopping ['tʃɒpɪŋ, Am 'tʃɑ:pɪŋ] *n no pl* (*wood cutting*) Holzhacken *nt;* (*cutting of food*) Kleinhacken *nt*
chopping block *n* Hackklotz *m* **chopping board** *n* Hackbrett *nt* **chopping knife** *n* Wiegemesser *nt*
choppy ['tʃɒpi, Am 'tʃɑ:pi] *adj* Naut bewegt, kabbelig *fachspr*
chops [tʃɒps, Am tʃɑ:ps] *npl* ❶ (*fam: area around mouth*) Mundwinkel *mpl; of a dog, lion* Lefzen *fpl;* **to lick one's ~** *person* sich *dat* die Lippen lecken; *animal* sich *dat* das Maul lecken; **to smack one's ~** Am (*sl*) [mit den Lippen] schmatzen
❷ Mus **to have great ~** eine große Lippenfertigkeit besitzen
chopstick *n usu pl* [Ess]stäbchen *nt* **chop suey** [ˌtʃɒp'su:i, Am ˌtʃɑ:p'-] *n* Chopsuey *nt*
choral ['kɔ:rᵊl] *adj* Chor-; ~ **society** Gesangverein *m*
chorale [kɒ'rɑ:l, Am kə'ræl] *n* Choral *m*
choral scholar *n* Gesangsstipendiat(in) *m(f)*
chord [kɔ:d, Am kɔ:rd] *n* Mus Akkord *m*
► Phrases: **to strike** [*or* **touch**] **a ~ with sb** jdn berühren *fig;* **to strike** [*or* **touch**] **the right cord** den richtigen Ton treffen
chordal ['kɔ:dᵊl, Am 'kɔ:r] *adj inv* Mus akkordisch
chord keying *n* Comput Tastenfolge *f*
chore [tʃɔ:ʳ, Am tʃɔ:r] *n* ❶ (*routine task*) Routinearbeit *f;* **household ~s** Hausarbeit *f;* **to do the ~s** die Hausarbeit erledigen
❷ (*tedious task*) langweilige Aufgabe; (*unpleasant task*) lästige Aufgabe
choreograph ['kɒriəgrɑ:f, Am 'kɔ:riəgræf] *vt* **to ~ a ballet** ein Ballett choreografieren
choreographer [ˌkɒri'ɒgrəfəʳ, Am ˌkɔ:ri'ɑ:grəfɚ] *n* Choreograf(in) *m(f)*
choreographic [ˌkɒriəʊ'græfɪk, Am ˌkɔ:riə'] *adj* choreografisch
choreography [ˌkɒri'ɒgrəfi, Am ˌkɔ:ri'ɑ:grə-] *n no pl* Choreografie *f*
chorister ['kɒrɪstəʳ, Am 'kɔ:rɪstɚ] *n* Chormitglied *nt;* (*in cathedral choir*) Kirchenchorsänger(in) *m(f);* (*boy*) Chorknabe *m*
chortle [tʃɔ:tl̩, Am tʃɔ:rt̬l̩] I. *vi* gluckern, glucksen; ***what are you ~ing about?*** was gibt es da zu kichern?
II. *n* Gluckser *m;* ***he gave a ~ of pure delight*** er gluckste vor Freude
chorus ['kɔ:rəs] I. *n* <*pl* -es> ❶ (*refrain*) Refrain *m;* ***they burst into a ~ of Happy Birthday*** sie stimmten ein Happy Birthday an; **to join in the ~** in den Refrain einstimmen; **the dawn ~** das Morgenkonzert der Vögel
❷ + *sing/pl vb* (*group of singers*) Chor *m*
❸ + *sing/pl vb* (*supporting singers*) Chor *m;* (*dancers*) Ballett *nt,* Tanzgruppe *f;* Theat Chor *m*
❹ *usu sing* (*by many speakers*) Chor *m;* **a ~ of disapproval** allgemeine Ablehnung
II. *vi* im Chor sprechen
chorus boy *n* ❶ (*in church choir*) Chorknabe *m*
❷ (*supporting dancer*) Tänzer *m* in einer Gruppe, Revuetänzer *m;* (*supporting singer*) Chorsänger *m*
chorus girl *n* Revuetänzerin *f,* Revuegirl *nt;* (*supporting girl singer*) Chorsängerin *f* **chorus line** *n* Revue *f;* (*supporting singers*) Chor *m;* (*supporting dancers*) Ballett *nt,* Tanzgruppe *f*
chose¹ [tʃəʊz, Am -oʊz] *pt of* **choose**
chose² *n* Law ~ **in action** obligatorischer Anspruch; ~ **in possession** bewegliche Sache
chosen [tʃəʊzᵊn, Am -oʊz-] I. *pp of* choose
II. *adj* (*selected*) [aus]gewählt, ausgesucht; **the ~ people** Rel das auserwählte Volk
► Phrases: **many are called but few are ~** (*prov*) viele sind berufen, aber nur wenige [sind] auserwählt *prov*
choux pastry [ʃu:'peɪstri] *n no pl* Brandteig *m*
chow [tʃaʊ] *n* ❶ Am (*sl: food*) Futter *nt;* **the ~ line** (*fam*) die Schlange bei der Essensausgabe
❷ (*dog*) Chow-Chow *m*
chow chow *n* Chow-Chow *m*
chowder ['tʃaʊdɚ] *n no pl* Am *sämige Suppe mit Fisch, Muscheln etc.;* **clam** ~ *sämige Suppe mit Venusmuscheln*
chrism ['krɪzᵊm] *n* Chrisma *nt*
Christ [kraɪst] I. *n* Christus *m*
II. *interj* (*sl*) Herrgott *fam;* **for ~'s sake** um Himmels willen *fam;* ~ **almighty** Herrgott noch mal *fam*
christen [krɪsᵊn] *vt* ❶ (*give name to*) ■**to ~ sb** jdn taufen; (*give nickname to*) jdm einen Spitznamen geben; ■**to be ~ed after sb** nach jdm benannt sein; **to ~ a ship** ein Schiff taufen
❷ (*use for first time*) ■**to ~ sth** *new clothes, shoes* etw einweihen *hum fam*
Christendom ['krɪsᵊndəm] *n no pl* (*hist*) Christenheit *f,* Christen *mpl;* **all ~** die gesamte christliche Welt
christening ['krɪsᵊnɪŋ] *n,* **christening ceremony** *n* Taufe *f*
Christian ['krɪstʃən] I. *n* Christ(in) *m(f);* (*good or kind person*) guter Mensch; **to become a ~** Christ/Christin werden
II. *adj* christlich *a. fig;* (*decent*) anständig
Christian burial *n* christliches Begräbnis **Christian era** *n* christliche Zeitrechnung
Christianity [ˌkrɪsti'ænɪti, Am -tʃi'ænət̬i] *n no pl* Christentum *nt;* (*Christian quality*) Christlichkeit *f*
Christianize ['krɪstʃənaɪz] *vt* ■**to ~ sb** jdn zum Christentum bekehren; **to ~ an area** ein Gebiet christianisieren
Christian name *n esp* Brit Vorname *m,* Rufname *m* **Christian Science** *n* Christliche Wissenschaft, Christian Science *f*
Christlike ['kraɪstlaɪk] *adj* christusgleich
Christmas <*pl* -es *or* -ses> ['krɪs(t)məs, Am 'krɪsməs] *n* Weihnachten *nt;* ***Happy*** [*or* ***Merry***] ***~!*** Frohe [*o* Fröhliche] Weihnachten!; **at ~** [an] Weihnachten; **the Twelve Days of ~** die Zwölf Nächte
Christmas bonus *n* Weihnachtsgeld *nt kein pl,* Weihnachtsgratifikation *f geh* **Christmas box** *n* Brit *kleines Geschenk/Trinkgeld zu Weihnachten für Postboten, Müllmänner etc.* **Christmas cake** *n* Brit, Aus *gehaltvoller Kuchen mit Trockenfrüchten und Zuckerguss* **Christmas card** *n* Weihnachtskarte *f* **Christmas carol** *n* Weihnachtslied *nt* **Christmas cracker** *n* Brit Knallbonbon *nt;* **to pull a ~** ein Knallbonbon aufziehen **Christmas Day** *n* erster Weihnachtsfeiertag **Christmas decorations** *npl* Weihnachtsdekoration *f,* Weihnachtsschmuck *m kein pl* **Christmas Eve** *n* Heiligabend *m;* **on ~** Heiligabend **Christmas party** *n* Weihnachtsfeier *f* **Christmas present** *n* Weihnachtsgeschenk *nt* **Christmas pudding** *n* Brit Plumpudding *m* **Christmas shopping** *n no pl* Weihnachtseinkauf *m meist pl;* **to do one's ~** seine Weihnachtseinkäufe erledigen **Christmas stocking** *n am Kamin aufgehängter Strumpf, in den der Weihnachtsmann Heiligabend die Geschenke für die Kinder stopfen soll*
Christmassy ['krɪs(t)məsi, Am 'krɪsməsi] *adj* weihnachtlich
Christmas-time *n* Weihnachtszeit *f* **Christmas tree** *n* Weihnachtsbaum *m,* Christbaum *m* dial **Christmas wreath** *n* Weihnachtskranz *m*
chroma ['krəʊmə, Am 'kroʊ-] *n* Comput Farbenreinheit *f,* Farbenintensität *f;* ~ **control** Farbkontrolle *f;* ~ **detector** Farbdetektor *m*
chromatic [krəʊ'mætɪk, Am -'mæt̬-] *adj* Mus, Phys chromatisch; ~ **chart** Farbentabelle *f;* ~ **aberration** chromatische Abweichung, Farbabweichung *f,* Farbaberration *f*
chromatically [krəʊ'mætɪkᵊli, Am -'mæt̬-] *n* Comput Chromatizität *f*
chromatic scale *n* Mus chromatische Tonleiter
chrome [krəʊm, Am -oʊ-], **chromium** ['krəʊmiəm, Am -oʊ-] I. *n no pl* Chrom *nt*
II. *n modifier* (*fender, fixtures*) Chrom-; ~ **bumper** verchromte Stoßstange; ~ **dye** Chrombeize *f;* ~ **steel** Chromnickelstahl *m;* **~-plated** verchromt
III. *adj inv* ~ **yellow** chromgelb
chrome-plated ['krəʊmpleɪtɪd, Am 'kroʊm] *adj see* **chromium-plated**
chrominance signal ['krəʊmɪnᵊn(t)s, Am 'kroʊ-] *n* Comput Farbsignal *nt*
chromium-plated ['krəʊmiəmpleɪtɪd, Am 'kroʊm] *adj* verchromt
chromosome ['krəʊməsəʊm, Am 'kroʊməsoʊm] *n* Chromosom *nt;* **X-~** X-Chromosom *nt;* **Y-~** Y-Chromosom *nt*

chromosome defect *adj* Chromosomenschaden *m*, Chromosomendefekt *m*

chronic ['krɒnɪk, AM 'krɑː-] **I.** *adj* ① (*permanent*) *alcoholic, bronchitis, condition* chronisch; ~ **liar** notorischer Lügner/notorische Lügnerin
② BRIT, AUS (*fam: extremely bad*) furchtbar *fam*, wahnsinnig *fam*
II. *n* AM (*sl*) starkes Marihuana

chronically ['krɒnɪkəli, AM 'krɑː-] *adv* ① (*long-term*) chronisch; **to be ~ ill** chronisch krank sein
② BRIT, AUS (*fam: very badly*) furchtbar, entsetzlich *fam*

chronic fatigue syndrome *n no pl* chronisches Müdigkeitssyndrom

chronicle ['krɒnɪkl̩, AM 'krɑː-] **I.** *vt* ■**to ~ sth** etw aufzeichnen
II. *n* ① (*recording of events*) Chronik *f*; **the Anglo-Saxon ~** die Angelsächsische Chronik
② (*fam: account of events*) Bericht *m*; (*title of newspaper*) ■**C~** Anzeiger *m*

chronicler ['krɒnɪkləʳ, AM 'krɑːnɪklɚ] *n* Chronist(in) *m(f)*

Chronicles ['krɒnɪkl̩z, AM 'krɑː-] *npl* REL Chronika *fpl* (*zwei Bücher des Alten Testaments*)

chronograph ['krɒnəgrɑːf, AM 'krɑːnəgræf] *n* Zeitmesser *m*, Chronograph *m fachspr*

chronological [ˌkrɒnə'lɒdʒɪkəl, AM ˌkrɑːnə'lɑː-] *adj* chronologisch; **in ~ order** [*or* **sequence**] in chronologischer Reihenfolge

chronologically [ˌkrɒnə'lɒdʒɪkəli, AM ˌkrɑːnə'lɑː-] *adv* chronologisch; **to be listed ~** in chronologischer Reihenfolge aufgelistet sein

chronology [krɒn'ɒlədʒi, AM krən'ɑː-] *n no pl* zeitliche Abfolge, Chronologie *f geh*; (*summary*) chronologischer Bericht

chronometer [krɒn'ɒmɪtəʳ, AM krə'nɑːmət̬ɚ] *n* Zeitmesser *m*, Chronometer *nt fachspr*

chronopsychology [ˌkrəʊnə(ʊ)saɪ'kɒlədʒi, AM ˌkroʊnoʊsaɪ'kɑː-] *n no pl* Chronopsychologie *f fachspr* (*untersucht den natürlichen Körperrhythmus*)

chronotherapeutics [ˌkrəʊnə(ʊ)θerə'pjuːtɪks, AM ˌkroʊnoʊθerə'pjuːt̬ɪks] *n + sing vb* MED Chronotherapie *f fachspr* (*nutzt die Erkenntnisse über den natürlichen Körperrhythmus bei der Behandlung von Krankheiten*)

chronotherapy [ˌkrəʊnə(ʊ)'θerəpi, AM ˌkroʊnoʊ'-] *n no pl* MED Chronotherapie *f fachspr* (*nutzt die Erkenntnisse über den natürlichen Körperrhythmus bei der Behandlung von Krankheiten*)

chrysalis <*pl* -es> ['krɪsəlɪs] *n* BIOL (*pupa*) Puppe *f*; (*casing*) Kokon *m*

chrysanthemum [krɪ'sæn(t)θəməm] *n* Chrysantheme *f*

chub <*pl* – *or* -s> [tʃʌb] *n* ZOOL Döbel *m*

Chubb® [tʃʌb] *n*, **Chubb lock®** *n* BRIT Sicherheitsschloss *nt*

chubbiness ['tʃʌbinəs] *n no pl* Rundlichkeit *f*, Pummeligkeit *f*; (*with chubby cheeks*) Pausbäckigkeit *f*

chubby ['tʃʌbi] *adj* dicklich, pummelig; ~ **child** Pummelchen *nt fam*; ~ **face** pausbäckiges Gesicht; ~ **fingers** Wurstfinger *mpl*

chuck [tʃʌk] **I.** *n* ① (*playful touch*) Stups *m fam*; **to give sb a ~ under the chin** jdm einen Stups unters Kinn geben *fam*
② NBRIT (*fam: term of endearment*) Schnuckelchen *nt fam*, Schnucki *nt fam*
③ (*holding device*) Spannfutter *nt*
④ (*beef cut*) Schulterstück *nt* vom Rind
II. *vt* ① (*fam: throw*) ■**to ~ sth** etw schmeißen *fam*
② (*fam: end a relationship*) ■**to ~ sb** mit jdm Schluss machen *fam*
③ (*touch playfully*) ■**to ~ sb** jdn stupsen *fam*; **to ~ sb under the chin** jdm einen Stups unters Kinn geben
④ (*fam: give up*) ■**to ~ sth** *job* etw [hin]schmeißen *fam*

◆**chuck away** *vt* (*fam*) ■**to ~ sth ↔ away** etw wegschmeißen *fam*

◆**chuck in** *vt* (*fam*) ■**to ~ sth ↔ in** etw hinschmeißen *fam*
▶ PHRASES: **to ~ in the towel** das Handtuch schmeißen *fig fam*

◆**chuck out** *vt* (*fam*) ① (*throw away*) ■**to ~ sth ↔ out** etw wegschmeißen *fam*
② (*force sb to leave*) ■**to ~ sb ↔ out** jdn an die [frische] Luft setzen *fam*

◆**chuck up I.** *vt* BRIT (*fam*) ■**to ~ sth ↔ up** etw hinschmeißen *fam*
II. *vi* (*fam*) brechen, kotzen *derb*

chucker-out <*pl* chuckers-out> *n* BRIT (*fam*) Rausschmeißer *m fam*

chuckie ['tʃʌki] *n* NBRIT Schnuckelchen *nt fam*, Schnucki *nt fam*

chuckle [tʃʌkl̩] **I.** *n* Gekicher *nt kein pl*; **to give a ~** kichern
II. *vi* in sich *akk* hineinlachen

chuck steak *n* Schulterstück *nt* vom Rind

chuddies ['tʃʌdiz] *npl* (*fam*) Slip *m*, Unterhose *f*

chuff [tʃʌf] *vi steam engine* puffen *fam*; *engine* tuckern

chuffed [tʃʌft] *adj* BRIT, AUS (*fam*) froh; ■**to be ~ about sth** sich *akk* über etw *akk* freuen; **to be dead ~** sich *akk* wie ein Schneekönig/eine Schneekönigin freuen *fam*; **to be less than ~ with sth** mit etw *dat* mehr als unzufrieden sein

chug [tʃʌg] **I.** *vi* <-gg-> tuckern
II. *n* Tuckern *nt*

◆**chug along** *vi* (*fam*) sich *akk* dahinschleppen

chukka ['tʃʌkə] *n*, AM *also* **chukker** ['tʃʌkəʳ, AM -ɚ] *n* (*in pologame*) Chukka *nt*, Chukker *nt*

chum [tʃʌm] **I.** *n* (*fam*) Kamerad(in) *m(f) veraltend*; (*more intimate*) Busenfreund(in) *m(f) meist iron*
II. *vi* <-mm-> (*esp dated fam*) ■**to ~ up with sb** sich *akk* mit jdm anfreunden

chummy ['tʃʌmi] *adj* ① (*fam: friendly*) freundlich; ■**to be ~ with sb** mit jdm gut befreundet sein; **to get ~ with sb** sich *akk* mit jdm anfreunden
② (*pej fam: too friendly*) plumpvertraulich; ***don't get ~ with me!*** tu jetzt bloß nicht so freundlich!

chump [tʃʌmp] *n* (*fam*) Trottel *m fam*
▶ PHRASES: **to be off one's ~** seinen Verstand verloren haben *fam*; **to go off one's ~** BRIT (*dated fam*) den Verstand verlieren *fam*

chump change *n* AM (*fam: very little money*) Taschengeld *nt fig fam* **chump chop** *n* BRIT, AUS Kotelett *nt*

chunder ['tʃʌndəʳ] **I.** *vi esp* AUS (*fam*) kotzen *derb*
II. *n no pl esp* AUS (*fam*) Kotze *f derb*

chunk [tʃʌŋk] *n* ① (*thick lump or piece*) Brocken *m*; ~ **of bread/cheese** [großes] Stück Brot/Käse; ~**s of meat** Fleischbrocken *mpl*; **pineapple ~s** Ananasstücke *ntpl*; ~**s of stone** Felsbrocken *mpl*
② (*fig fam: large part of sth*) großer Batzen *fam*

chunky ['tʃʌŋki] *adj woolen garment* grob; *jewellery* klobig; *person* stämmig, untersetzt; ~ **marmalade** *Orangenmarmelade mit Fruchtstücken*

Chunnel ['tʃʌnəl] *n* (*fam*) ■**the ~** der Kanaltunnel

chunter ['tʃʌntəʳ] *vi* BRIT (*fam*) brummeln *fam*

chupatti *n see* **chapati**

church [tʃɜːtʃ, AM tʃɜːrtʃ] **I.** *n* <*pl* -es> ① (*building*) Kirche *f*, Gotteshaus *nt*; **to go to** [*or* **attend**] ~ in die [*o* zur] Kirche gehen
② (*body of worshippers*) Kirche[ngemeinde] *f*
③ *no pl* (*organization*) ■**the C~** die Kirche; **the Anglican/Catholic C~** die Anglikanische/Katholische Kirche; **the Free C~** die Freikirche; **to enter** [*or* **go into**] **the ~** Geistlicher werden
④ *no pl* (*service*) Gottesdienst *m*
II. *n modifier* ① (*of church organization*) kirchlich, Kirch[en]-; ~ **elder** Kirchenälteste(r) *f(m)*; ~ **fête** *esp* BRIT Kirchenbasar *m*; ~ **function** Kirchenveranstaltung *f*; ~ **wedding** kirchliche Trauung
② (*of a church building*) (*bells, steps, walls*) Kirchen-; ~ **pew** Kirchenbank *f*; ~ **porch** Kirchenportal *nt*; ~ **steeple** (*tower*) Kirchturm *m*; (*spire on top of tower*) Kirchturmspitze *f*
▶ PHRASES: **as poor as a ~ mouse** arm wie eine Kirchenmaus *fam*

churchgoer *n* Kirchgänger(in) *m(f)* **churchgoing** *n no pl* Kirchenbesuch *m* **church hall** *n esp* BRIT Gemeindesaal *m* **churchman** *n* (*clergyman*) Geistlicher *m*, Priester *m*; (*church member*) [männliches] Mitglied einer Kirche **Church of England** *n* BRIT Kirche *f* von England **church service** *n* Gottesdienst *m* **churchwarden** *n* ① BRIT (*in Anglican Church*) Gemeindevorsteher(in) *m(f)*; AM (*church administrator*) Vermögensverwalter(in) *m(f)* einer Kirche ② BRIT (*clay tobacco pipe*) Tabak[s]pfeife *f* (*aus Ton*) **churchwoman** *n* (*ordained official*) Geistliche *f*, Priesterin *f*; (*female member of a church*) [weibliches] Mitglied einer Kirche

churchy ['tʃɜːtʃi, AM 'tʃɜːr-] *adj* (*fam or pej*) *person* kirchenfromm *pej*, päpstlicher als der Papst *pej*; *atmosphere* wie in einer Kirche

churchyard *n* Friedhof *m*, Kirchhof *m veraltend*

churl [tʃɜːl, AM tʃɜːrl] *n* Flegel *m pej*, Rüpel *m pej*

churlish ['tʃɜːlɪʃ, AM 'tʃɜːr-] *adj* ungehobelt, grob; (*no manners*) unhöflich

churlishly ['tʃɜːlɪʃli, AM 'tʃɜːr-] *adv* ungehobelt, grob

churlishness ['tʃɜːlɪʃnəs, AM 'tʃɜːr-] *n no pl* Ungehobeltheit *f*, ungehobeltes Benehmen, Grobheit *f*

churn [tʃɜːn, AM tʃɜːrn] **I.** *n* Butterfass *nt*; **milk ~** Milchkanne *f*
II. *vt* ■**to ~ sth** *earth, ground, sea* etw aufwühlen; **to ~ the milk** die Milch quirlen
III. *vi* (*fig*) sich *akk* heftig drehen; ***my stomach was ~ing*** mir drehte sich der Magen um

◆**churn about** *vi* sich *akk* herumwälzen

◆**churn out** *vt* (*fam*) ■**to ~ sth ↔ out** *mass-product* etw auswerfen [*o pej* in Massenproduktion herstellen]

◆**churn up** *vt* ■**to ~ sth ↔ up** *earth, ground* etw aufwühlen; **to ~ up emotions** Emotionen schüren

churning *n* STOCKEX Provisionsschneiderei *f* (*Effektenhandel zum Nachteil des Kunden, allein mit dem Ziel einer möglichst hohen Courtage für den Makler*)

chute¹ [ʃuːt] *n short for* **parachute** Fallschirm *m*

chute² [ʃuːt] *n* Rutsche *f*, Rutschbahn *f*; **emergency ~** AVIAT Notrutsche *f*; **laundry ~** Wäscheschacht *m*; **rubbish** [*or* AM **garbage**] **~** Müllschlucker *m*

chutney ['tʃʌtni] *n* Chutney *nt*

chutzpah ['hʊtspɑː] *n no pl* (*approv*) Chuzpe *f pej fam*; (*pej*) Dreistigkeit *f*

CIA [ˌsiːaɪ'eɪ] *n* AM *abbrev of* **Central Intelligence Agency** CIA *m o f*

ciao [tʃaʊ] *interj* (*hello*) hallo; (*goodbye*) ciao *sl*, tschau *sl*, tschüs *fam*

cicada [sɪ'kɑːdə, AM -'keɪ-] *n* Zikade *f*

cicerone <*pl* ciceroni> [ˌtʃɪtʃə'rəʊni, ˌsɪsə, AM ˌsɪsə'roʊ] *n* Cicerone *m*

CID [ˌsiːaɪ'diː] *n* BRIT *abbrev of* **Criminal Investigation Department** Oberste Kriminalpolizeibehörde, ≈ Kripo *f*

cider ['saɪdəʳ, AM -ɚ] **I.** *n no pl* BRIT (*alcoholic drink*) Cidre *m*, Apfelwein *m*; AM (*unfermented juice*) Apfelmost *m*; **dry ~** [herber] Most; **sweet ~** Süßmost *m*
II. *n modifier* (*press, punch, season, vinegar*) Apfel-; ~ **apples** Pressäpfel *mpl*

c.i.f. COMM *see* **cost, insurance and freight** Kosten, Versicherung und Fracht

cig [sɪg] *n* (*fam*) *abbrev of* **cigarette** Kippe *f sl*

cigar [sɪ'gɑːʳ, AM -'gɑːr] *n* Zigarre *f*

cigarbox *n* Zigarrenkiste *f* **cigarcase** *n* Zigarrenetui *nt* **cigar-cutter** *n* Zigarrenabschneider *m*

cigarette [ˌsɪgəʳ'et, AM -gə'ret] *n* Zigarette *f*; **a packet of ~s** eine Packung Zigaretten; **to drag** [*or* **draw**] **on a ~** an einer Zigarette ziehen; **to light a ~** [sich *dat*] eine Zigarette anzünden [*o* anstecken]

cigarette butt *n* Zigarettenstummel *m*, Zigarettenkippe *f* **cigarette case** *n* Zigarettenetui *nt* **cigarette end** *n* BRIT Zigarettenstummel *m*, Zigarettenkippe *f* **cigarette holder** *n* Zigarettenspitze *f* **cigarette lighter** *n* Feuerzeug *nt* **cigarette machine** *n* Zigarettenautomat *m* **cigarette paper** *n* Zigarettenpapier *nt* **cigarette smoke** *n no pl* Zigarettenrauch *m*, Zigarettenqualm *m* **cigarette smoker** *n* Zigarettenraucher(in) *m(f)*

cigarillo [ˌsɪɡəˈrɪləʊ, AM -oʊ] *n* Zigarillo *m o nt, fam a. f*
cigar-shaped *adj* zigarrenförmig
ciggy [ˈsɪɡi] *n (fam) abbrev of* **cigarette** Kippe *f sl*
cill *n see* **sill**
CIM *n* COMPUT ❶ *abbrev of* **computer input from microfilm** CIM, Dateneingabe *f* von Mikrofilm
❷ *abbrev of* **computer integrated manufacture** computerintegrierte Fertigung
C-in-C [ˌsiːɪnˈsiː] *n abbrev of* **Commander-in-Chief** Oberbefehlshaber(in) *m(f)*
cinch <*pl* -es> [sɪntʃ] *n usu sing* ■**a** ~ (*easy task*) ein Kinderspiel *nt fam;* (*a certainty*) eine todsichere Sache *fam*
cinder [ˈsɪndəʳ, AM -ɚ] *n* Zinder *m meist pl;* ■**~s** *pl* Asche *f kein pl;* **burnt to a** ~ verkohlt
cinder block *n* AM Schlackenstein *m*
Cinderella [ˌsɪndᵊrˈelə] *n* Aschenputtel *nt,* Aschenbrödel *nt;* (*underrated person or thing*) Stiefkind *nt fig*
cinder track *n* Aschenbahn *f*
cine [ˈsɪni] *adj attr* Film-, Kino-
cineast *n* ❶ (*film enthusiast*) Kinoliebhaber(in) *m(f)*
❷ (*film-maker*) Cineast(in) *m(f)*
cine-camera *n* Filmkamera *f* **cine-film** *n* Schmalfilm *m*
cinema [ˈsɪnəmə] *n* Kino *nt;* (*film world also*) Film *m;* ~ **ticket** Kinokarte *f;* ~ **seat** Kinoplatz *m;* **to go to the** ~ ins Kino gehen
cinemagoer *n* Kinogänger(in) *m(f)* **cinema-going** **I.** *n no pl* Kinobesuch *m meist pl* **II.** *adj* Kino-; **the** ~ **public** das Kinopublikum **CinemaScope®** *n* Cinemascope® *nt*
cinematic [ˌsɪnɪˈmætɪk, AM -əˈmæt̬ɪk] *adj* Film-, filmisch
cinematograph [ˌsɪnɪˈmætəɡrɑːf, AM əˈmæt̬əɡræf] *n* BRIT HIST Kinematograph *m*
cinematographer [ˌsɪnɪməˈtɒɡrəfəʳ, AM -əməˈtɑːɡrəfɚ] *n* Kameramann, Kamerafrau *m, f*
cinematography [ˌsɪnɪməˈtɒɡrəfi, AM -əməˈt̬ɑː-] *n* Kinematographie *f*
cine-projector *n* Filmprojektor *m*
cinnabar [ˈsɪnəbɑːʳ, AM bɑːr] **I.** *n* Zinnober *m,* Cinnabarit *m fachspr*
II. *n modifier* Zinnober-; ~ **red** Zinnoberrot; ~ **blood** zinnoberrotes Blut
cinnamon [ˈsɪnəmən] **I.** *n no pl* Zimt *m;* (*bark*) Zimtrinde *f*
II. *n modifier* (*biscuit, stick, tree*) Zimt-
III. *adj* zimtfarben
CIO [ˌsiːaɪˈəʊ, AM ˈoʊ] *n no pl abbrev of* **Congress of Industrial Organizations** *amerikanischer Dachverband der Gewerkschaften*
cipher [ˈsaɪfəʳ, AM -ɚ] *n* ❶ (*secret code*) [Geheim]code *m;* (*in writing*) Geheimschrift *f;* (*sign*) Chiffre *f;* **in** ~ chiffriert
❷ (*unimportant person*) Null *f fam;* (*unimportant thing*) Nichts *nt;* (*person used as a pawn*) Marionette *f*
❸ AM (*zero*) Null *f*
cipher code *n no pl* (*secret code system*) Geheimcode *m;* (*in writing*) Geheimschrift *f*
CIR *n* COMPUT *abbrev of* **current instruction register** aktuelles Befehlsregister
circa [ˈsɜːkə, AM ˈsɜːr-] *prep* (*form*) circa, zirka
circadian [sɜːˈkeɪdiən, AM sɚˈ-] *adj* zirkadian, im 24-Stunden-Rhythmus
circle [ˈsɜːkl̩, AM ˈsɜːr-] **I.** *n* ❶ (*round shape*) Kreis *m;* **to have ~s under one's eyes** Ringe unter den Augen haben; **to go round in ~s** [*or* **in a ~**] sich *akk* im Kreis drehen *a. fig;* (*fig*) **to run round in ~s** am Rotieren sein
❷ (*group of people*) Kreis *m,* Runde *f;* **the family** ~ der Familienkreis; ~ **of friends** Freundeskreis *m;* **an intellectual/political** ~ ein intellektueller/politischer Zirkel *geh;* **to move in different ~s** sich *akk* in unterschiedlichen Kreisen bewegen; **to move in exalted ~s** in gehobenen Kreisen verkehren; **to move in the right ~s** in den richtigen Kreisen verkehren
❸ *no pl* (*in theatre*) Rang *m*
▸ PHRASES: **to come** __**full**__ ~ zum Ausgangspunkt zurückkehren; ***now we've come full*** ~ jetzt ist wieder alles beim Alten; **to** __**square**__ **the** ~ etw Unmögliches versuchen; **a** __**vicious**__ ~ ein Teufelskreis *m*
II. *vt* ❶ (*draw a circle*) ■**to** ~ **sth** um etw *akk* einen Kringel machen, etw umkringeln
❷ (*walk around*) ■**to** ~ **sth/sb** etw/jdn umkreisen
III. *vi* kreisen
circlet [ˈsɜːklət, AM ˈsɜːr] *n* Reif *m*
circuit [ˈsɜːkɪt, AM ˈsɜːr-] *n* ❶ (*closed system*) Kreis[lauf] *m;* ELEC Schaltsystem *nt*
❷ SPORTS Rennstrecke *f;* **to do a** ~ eine Runde drehen
❸ (*circular route*) Rundgang *m* (**of** um/durch +*akk*)
❹ (*sequence of events*) Runde *f;* **lecture** ~ Vortragsreihe *f;* **tennis** ~ Tennis(turnier)runde *f*
❺ LAW Gerichtsbezirk *m* (*in dem, oft an verschiedenen Orten, regelmäßig Gerichtstage abgehalten werden*); **to be on** ~ *im Gerichtsbezirk auf Rundreise sein;* **C~ Court** BRIT ≈ Landgericht *nt*
circuit board *n* Schaltbrett *nt* **circuit breaker** *n* Schutzschalter *m,* Stromkreisunterbrecher *m* **circuit diagram** *n* Schaltplan *m* **circuit judge** *n Richter/Richterin, der/die in regelmäßig wechselndem Turnus an verschiedenen Bezirksgerichten den Vorsitz führt*
circuitous [səˈkjuːɪtəs, AM sɚˈkjuːət̬əs] *adj explanation, means* umständlich; ~ **route** Umweg *m*
circuitously [səˈkjuːɪtəsli, AM sɚˈkjuːət̬-] *adv* umständlich
circuitry [ˈsɜːkɪtri, AM ˈsɜːr-] *n no pl* ELEC Schaltkreise *mpl,* Schaltsystem *nt*
circuit training *n* Circuittraining *nt,* Zirkeltraining *nt;* **to do** ~ Zirkeltraining machen
circular [ˈsɜːkjələʳ, AM ˈsɜːrkjəlɚ] **I.** *adj* [kreis]rund; ~ **bath** runde Badewanne
II. *n* (*letter, notice*) Rundschreiben *nt,* Rundbrief *m,* Umlauf *m;* (*advertisement*) Wurfsendung *f*
circular argument *n* Zirkelschluss *m geh* **circular file** *n* (*hum*) ■**the** ~ die Rundablage *hum*
circularity [ˌsɜːkjəˈlærəti, AM ˌsɜːrkjəlerət̬i] *n no pl* Zirkelschluss *m geh,* Teufelskreis *m*
circularize [ˈsɜːkjəlᵊraɪz, AM ˈsɜːrkjələ-] *vt* ADMIN ■**to** ~ **sth** *letter, information* etw in Umlauf bringen
circular letter *n* Rundschreiben *nt,* Rundbrief *m*
circular saw *n* Kreissäge *f* **circular tour** *n,* **circular trip** *n* Rundreise *f,* Rundfahrt *f*
circulate [ˈsɜːkjəleɪt, AM ˈsɜːrkjə-] **I.** *vt* ■**to** ~ **sth** *news* etw in Umlauf bringen; *card, petition* etw herumgehen [*o* zirkulieren] lassen
II. *vi* zirkulieren; *rumours* kursieren, sich *akk* verbreiten; ~ ***among your guests!*** mach mal eine Runde!; **to** ~ **quickly** *rumours, bad news* sich schnell herumsprechen
circulating *adj* COMPUT ~ **register** Kreislaufregister *nt;* ~ **storage** Umlaufspeicher *m*
circulating capital *n* FIN Umlaufvermögen *nt*
circulating library *n* (*dated*) Leihbibliothek *f*
circulating medium *n* Zahlungsmittel *nt*
circulation [ˌsɜːkjəˈleɪʃᵊn, AM ˌsɜːr-] *n no pl* ❶ MED [Blut]kreislauf *m,* [Blut]zirkulation *f,* Durchblutung *f;* **people with poor** ~ Menschen *mpl* mit Durchblutungsstörungen
❷ (*copies sold*) Auflage *f*
❸ (*use*) *of money* Umlauf *m;* **to be taken out of** ~ aus dem Verkehr gezogen werden
❹ (*fig fam: seen in public*) **to be out of** ~ aus dem Verkehr gezogen sein; **to be back in** ~ wieder mitmischen *fam*
circulation list *n* Verteilerliste *f* (*für Rundschreiben*)
circulatory [ˌsɜːkjəˈleɪtᵊri, AM ˈsɜːrkjələtɔːri] *adj attr, inv* Kreislauf-; **the** ~ **system** der [Blut]kreislauf
circumcise [ˈsɜːkəmsaɪz, AM ˈsɜːr-] *vt* ■**to** ~ **sb** jdn beschneiden
circumcision [ˌsɜːkəmˈsɪʒᵊn, AM ˌsɜːr-] *n* Beschneidung *f*
circumference [səˈkʌm(p)fᵊrᵊn(t)s, AM sɚˈ-] *n* ❶ (*boundary line*) Kreislinie *f;* (*distance around*) Umfang *m;* **a circle 30 centimetres in** ~ ein Kreis mit 30 Zentimetern Umfang
❷ (*outside edge*) Peripherie *f*
circumflex *n* LING Zirkumflex *m*
circumlocution [ˌsɜːkəmləˈkjuːʃᵊn, AM ˌsɜːr-] *n* (*form*) ❶ (*roundabout expression*) Umschreibung *f;* (*roundabout way of speaking*) Weitschweifigkeit *f*
❷ *no pl* (*being indirect*) Drumherumreden *nt fam*
circumlocutory [ˌsɜːkəmləˈkjuːtᵊri, AM ˌsɜːrkəmˈlɑːkjuːtɔːri] *adj* (*form*) weitschweifig
circumnavigate [ˌsɜːkəmˈnævɪɡeɪt, AM ˌsɜːr-] *vt* ■**to** ~ **sth** ❶ NAUT (*sail around*) etw umfahren; (*by sailing boat*) etw umsegeln; **to** ~ **a cape** ein Kap umschiffen
❷ (*fig: avoid*) etw umgehen *fig*
circumnavigation [ˌsɜːkəmnævɪˈɡeɪʃᵊn, AM ˌsɜːr-] *n* NAUT Umschiffung *f;* (*by sailing boat*) Umseg[e]lung *f*
circumscribe [ˈsɜːkəmskraɪb, AM ˈsɜːr-] *vt* ■**to** ~ **sth** etw eingrenzen; **to** ~ **sb's room for manoeuvre** jds Handlungsfreiheit einschränken; **to** ~ **a triangle** (*in geometry*) ein Dreieck umschreiben *fachspr*
circumscribed [ˈsɜːkəmskraɪbd, AM ˈsɜːr-] *adj* begrenzt, eingeschränkt
circumscription [ˌsɜːkəmˈskrɪpʃᵊn, AM ˌsɜːr-] *n no pl* MATH Umschreibung *f fachspr*
circumspect [ˈsɜːkəmspekt, AM ˈsɜːr-] *adj* umsichtig, vorsichtig; ■**to be** ~ **about sth** etw vorsichtig beurteilen
circumspection [ˌsɜːkəmˈspekʃᵊn, AM ˌsɜːr-] *n no pl* Umsicht *f*
circumspectly [ˈsɜːkəmspektli, AM ˈsɜːr-] *adv* umsichtig, vorsichtig
circumstance [ˈsɜːkəmstæn(t)s, AM ˈsɜːr-] *n* ❶ (*situation*) Umstand *m,* Lage *f;* **poor economic ~s** schlechte Wirtschaftslage
❷ (*conditions*) Umstände *mpl,* Verhältnisse *ntpl;* **by force of** ~ durch die Umstände bedingt; **to be a victim of** ~[**s**] ein Opfer der Verhältnisse sein; **regardless of** ~ ohne Rücksicht auf die Umstände; **to live in reduced ~s** in beschränkten Verhältnissen leben; **to not do sth in** [*or* **under**] **any ~s** etw unter keinen Umständen tun; **in** [*or* **under**] **no ~s** auf keinen Fall, unter keinen Umständen; **in** [*or* **under**] **the ~s** unter diesen Umständen
❸ (*importance*) **nothing of** ~ nichts von Bedeutung
circumstantial [ˌsɜːkəmˈstæn(t)ʃᵊl, AM ˌsɜːr-] *adj* ausführlich, detailliert
circumstantial evidence *n esp* LAW Indizienbeweis *m*
circumvent [ˌsɜːkəmˈvent, AM ˌsɜːr-] *vt* ■**to** ~ **sth** *law, regulation, rule* etw umgehen
circumvention [ˌsɜːkəmˈven(t)ʃᵊn, AM ˌsɜːr-] *n no pl of a law, regulation, rule* Umgehung *f*
circus [ˈsɜːkəs, AM ˈsɜːr-] **I.** *n* ❶ (*show*) Zirkus *m;* **to join a/the** ~ zu einem/dem Zirkus gehen, sich *akk* einem/dem Zirkus anschließen; **a one-man** ~ ein Einmannzirkus *m;* **travelling** ~ Wanderzirkus *m*
❷ (*pej: group of people*) Truppe *f;* **the media** ~ der Medienzirkus
❸ *no pl* (*noisy scene*) Zirkus *m pej fam*
❹ BRIT (*area with roads*) [runder] Platz; **Oxford/Piccadilly C~** Oxford/Piccadilly Circus *m*
▸ PHRASES: __**bread**__ **and ~es** BRIT Brot und Spiele
II. *n modifier* (*animal, trick, stunt, show, tent, performance*) Zirkus-; ~ **act** Zirkusnummer *f;* ~ **ring** Manege *f*
cirrhosis [sɪˈrəʊsɪs, AM səˈroʊ-] *n* Zirrhose *f;* ~ **of the liver** Leberzirrhose *f*
cirrus <*pl* -ri> [ˈsɪrəs, *pl* -ri] *n* METEO Zirrus *m fachspr,* Zirruswolke *f,* Federwolke *f*
CIS [ˌsiːaɪˈes] *n no pl abbrev of* **Commonwealth of Independent States** GUS *f*
CISC *n abbrev of* **complex instruction set computer** konventioneller Rechner
cissy *n* (*fam*) *see* **sissy**
Cistercian [sɪˈstɜːʃᵊn, AM -ˈstɜːr-] **I.** *adj inv* Zisterzienser-; ~ **Order** Zisterzienserorden *m*

C

II. *n* Zisterzienser(in) *m(f)*

cistern ['sɪstən, AM -ɚn] *n* Zisterne *f;* (*of toilet*) Spülkasten *m,* Wasserkasten *m;* (*in roof*) Wasserspeicher *m*

citadel ['sɪtədᵊl, AM -t̬-] *n* ❶ (*fortress*) Zitadelle *f*
❷ (*fig: exclusive organization*) Hochburg *f*

citation [,saɪ'teɪʃᵊn] *n* ❶ (*written quotation*) Zitat *nt*
❷ AM (*commendation for bravery*) lobende Erwähnung
❸ LAW (*summons*) Vorladung *f*

cite [saɪt] *vt* ❶ (*mention*) ■ **to ~ sth** etw anführen; **to ~ sth as evidence** etw als Beweis anführen; **to ~ an example/a reason** ein Beispiel/einen Grund anführen
❷ (*quote*) ■ **to ~ sth/sb** etw/jdn zitieren
❸ *usu passive* AM (*officially commend*) ■ **to be ~ed for sth** für etw *akk* lobend erwähnt werden
❹ LAW (*summon*) ■ **to ~ sb** jdn vorladen

citizen ['sɪtɪzᵊn, AM -t̬-] *n* ❶ (*national*) [Staats]bürger(in) *m(f);* **British ~** britischer Staatsbürger/britische Staatsbürgerin; **a law-abiding ~** ein gesetzestreuer Bürger/eine gesetzestreue Bürgerin; **to become a ~ of a country** eingebürgert werden
❷ (*resident of town*) Bürger(in) *m(f);* **a second-class ~** ein Bürger/eine Bürgerin zweiter Klasse

citizenry ['sɪtɪzᵊnri, AM -t̬-] *n + sing/pl vb* (*form*) Bürgerschaft *f*

Citizens Advice Bureau *n* BRIT Bürgerberatungsstelle *f* **citizen's arrest** *n* Festnahme *f* durch eine Zivilperson **Citizens' Band radio** *n* CB-Funk *m*

citizenship ['sɪtɪzᵊnʃɪp, AM -t̬-] *n no pl* ❶ (*national status*) Staatsbürgerschaft *f;* **to apply for ~ of a country** die Staatsbürgerschaft eines Landes beantragen; **joint ~** doppelte Staatsbürgerschaft
❷ (*neighbourly behaviour*) **good ~** gute Nachbarschaft

citric ['sɪtrɪk] *adj* Zitrus-

citric acid *n* Zitronensäure *f*

citrine [sɪ'tri:n] *n* (*topaz quartz*) Zitrin *m*

citrus ['sɪtrəs] I. *n* <*pl* – *or* -es> Zitrusgewächs *nt*
II. *n modifier* Zitrus-; **~ grower** Zitrusfruchtpflanzer(in) *m(f);* **~ orchard** Zitrusfruchtplantage *f*

citrus fruit *n* Zitrusfrucht *f*

city ['sɪti, AM -t̬-] I. *n* ❶ (*large town*) [Groß]stadt *f;* **capital ~** Hauptstadt *f;* **to have the freedom of the ~** die Ehrenbürgerrechte der Stadt haben
❷ (*residents*) Stadtbewohner(innen) *mpl(fpl);* (*as whole*) Stadt *f*
❸ ■ **the ~** AUS (*city centre*) die Innenstadt (*einer Hauptstadt*)
II. *n modifier* [Groß]stadt-, städtisch; **~ block** Wohnblock *m* im Stadtgebiet; **~ building** Großstadtgebäude *nt;* **~ life** [Groß]stadtleben *nt;* **~ mayor** Oberbürgermeister(in) *m(f);* **~ police** Stadtpolizei *f;* **~ rubbish** [*or* AM **trash**] **collector** städtische Müllabfuhr; **~ sites** Stadtsehenswürdigkeiten *fpl;* **~ street** Straße *f* im Stadtbereich

City ['sɪti] *n no pl* BRIT ■ **the ~** *das Londoner Banken- und Börsenviertel*

city centre BRIT, AUS I. *n* Innenstadt *f,* Stadtzentrum *nt* II. *n modifier* Innenstadt-; **~ attractions** Sehenswürdigkeiten *fpl* der Innenstadt; **~ crime** Kriminalität *f* im Innenstadtbereich; **~ problems** Probleme *ntpl* im Stadtzentrum; **~ school** zentral gelegene Schule **City Code on Takeovers and Mergers** *n* ECON, FIN Richtlinien *pl* für Unternehmenszusammenschlüsse (*in London*) **city council** *n* Stadtrat *m* **city councillor** *n* Stadtrat, Stadträtin *m, f* **city desk** *n* ■ **the ~** BRIT Redaktion *f* für Wirtschaftsnachrichten; AM Redaktion *f* für Lokalnachrichten **city father** *n* (*dated*) Stadtverordnete(r) *f(m);* ■ **the ~s** *pl* die Stadtväter *pl* **city hall** *n esp* AM Rathaus *nt;* ■ **C~** Stadtverwaltung *f* **city information centre** *n* BRIT städtisches Auskunftsbüro [*o* Verkehrsbüro] **city planner** *n* Stadtplaner(in) *m(f)* **city slicker** *n* (*pej fam*) Großstädter(in) *m(f),* Großstadtsnob *m pej* **city-state** *n* (*hist*) Stadtstaat *m* **citywide** *adj attr, inv esp* AM stadtweit, die ganze Stadt umfassend

civet ['sɪvɪt] *n* ❶ (*animal*) Zibetkatze *f*
❷ *no pl* (*substance*) Zibet *m*

civic ['sɪvɪk] *adj attr, inv* städtisch, Stadt-; (*of citizenship*) bürgerlich, Bürger-; **~ authorities** Stadtverwaltung *f;* **~ centre** BRIT Verwaltungszentrum *nt;* **~ functions** städtische Aufgaben; **~ pride** *Stolz eines Bürgers auf seine Stadt*

Civic Holiday *n* CAN *der erste Montag im August*

civics ['sɪvɪks] *n + sing vb* Gemeinschaftskunde *f*

civies ['sɪviz] *npl* AM *see* **civvies**

civil ['sɪvᵊl] *adj* ❶ *attr, inv* (*non-military*) zivil, Zivil-; (*of ordinary citizens*) bürgerlich, Bürger-; **~ government** Zivilverwaltung *f*
❷ (*courteous*) höflich, zuvorkommend; **to not have a ~ word to say for sb** für jdn nicht ein freundliches Wort übrig haben; **to keep a ~ tongue in one's head** seine Zunge im Zaum halten
❸ *attr, inv* (*private rights*) Zivil-, zivilrechtlich; **~ case** Zivilprozess *m*

civil action *n* Zivilprozess *m;* **to bring a ~ against sb** gegen jdn einen Zivilprozess anstrengen **civil activist** *n* Bürgerrechtler(in) *m(f)* **civil court** *n* Zivilgericht *nt* **civil defence** *n no pl* Zivilschutz *m* **civil disobedience** *n no pl* ziviler Ungehorsam **civil disorder** *n* LAW, POL [innere] Unruhen, Aufruhr *m* **civil engineer** *n* Bauingenieur(in) *m(f)* **civil engineering** *n* Hoch- und Tiefbau *m*

civilian [sɪ'vɪliən, AM -jən] I. *n* Zivilist(in) *m(f)*
II. *adj attr, inv* Zivil-; **to wear ~ clothes** Zivil[kleidung] tragen; **in ~ life** im Zivilleben, als Zivilist; **~ population** Zivilbevölkerung *f*

civility [sɪ'vɪləti, AM -t̬iz] *n* ❶ *no pl* (*politeness*) Höflichkeit *f*
❷ (*remarks*) ■ **~s** *pl* Höflichkeiten *fpl,* Höflichkeitsfloskeln *fpl*

civilization [,sɪvᵊlaɪ'zeɪʃᵊn, AM -ᵊlɪ'-] *n* ❶ (*stage of society and culture*) Zivilisation[sstufe] *f,* Kultur[stufe] *f*
❷ *no pl* (*human society and culture*) zivilisierte Welt
❸ *no pl* (*esp hum: comfortable living conditions*) Zivilisation *f;* **miles from ~** (*hum*) meilenweit von der Zivilisation entfernt *fig*
❹ *no pl* (*process of civilization*) Zivilisierung *f*

civilize ['sɪvᵊlaɪz, AM -əl-] *vt* ■ **to ~ sb** jdn zivilisieren; *individual* jdm Manieren beibringen

civilized ['sɪvᵊlaɪzd, AM -əl-] *adj* ❶ (*advanced in social customs*) zivilisiert; **~ nation** Kulturnation *f*
❷ (*polite, reasonable*) höflich; **a ~ person** ein wohlerzogener Mensch
❸ (*showing good taste*) kultiviert

civil law *n* Zivilrecht *nt,* bürgerliches Recht **civil liberties** *npl* [bürgerliche] Freiheitsrechte *ntpl* **civil list** *n* BRIT Zivilliste *f*

civilly ['sɪvᵊli] *adv* höflich, zuvorkommend

civil marriage *n* Zivilehe *f;* (*ceremony*) Ziviltrauung *f* **civil population** *n* Zivilbevölkerung *f* **civil rights** *npl* Bürgerrechte *ntpl* **civil rights movement** *n* Bürgerrechtsbewegung *f* **civil servant** *n* [Staats]beamte(r) *m,* [Staats]beamte [*o* -in] *f* **civil service** *n* öffentlicher Dienst, Staatsdienst *m* **civil strife** *n* LAW, POL [innere] Unruhen **civil union** *n* gleichgeschlechtliche Ehe **civil war** *n* Bürgerkrieg *m*

civvies ['sɪviz] *npl esp* BRIT (*dated fam*) Zivil *nt kein pl,* Zivilklamotten *fpl fam;* **in ~** in Zivil

civvy street *n* BRIT (*dated fam*) Zivilleben *nt*

CJ *n* ❶ EU *abbrev of* **Court of Justice of the European Communities** EuGH
❷ LAW *abbrev of* **chief justice** Oberrichter(in) *m(f)*

cl *abbrev of* **centilitre** cl

clack [klæk] I. *vi* klappern
II. *n* Klappern *nt,* Geklapper *nt pej fam*

clad [klæd] *adj inv* gekleidet; (*covered*) bedeckt; **to be ~ in blue** [ganz] in Blau gekleidet sein; **an ivy-~ wall** eine efeubewachsene Mauer

cladding ['klædɪŋ] *n no pl* Verkleidung *f*

clag [klæg] *n* AUS Leim *m,* Klebstoff *m*

claim [kleɪm] I. *n* ❶ (*assertion*) Behauptung *f;* **a ~ to fame** ein Anspruch *m* auf Ruhm; **to make ~s to be sth** behaupten, etw zu sein; **to make wild ~s about sth** über etw *akk* wilde Behauptungen aufstellen; **to substantiate a ~** eine Behauptung untermauern; **to support a ~** (*in argument*) eine Behauptung stützen; (*in legal affairs*) einen Anspruch begründen
❷ (*demand for money*) Forderung *f;* **to make a ~ on one's insurance** bei der Versicherung einen Schadensanspruch geltend machen; **to pay a ~** einen Schaden bezahlen; **to put in a ~** [**for sth**] [für etw *akk*] Schadenersatz beantragen; **to submit a ~ for sth** für etw *akk* eine Auslagenerstattung einreichen
❸ (*right to sth*) Anspruch *m,* Anrecht *nt* (**to** auf +*akk*); **legal ~** LAW Rechtsanspruch *m;* **to have a/no ~ to sth** auf etw *akk* Anspruch/keinen Anspruch haben; **to have no ~s on sb** jdm gegenüber keine Ansprüche haben; **to lay ~ to sth** auf etw *akk* Anspruch erheben
❹ ECON (*insurance: event*) Schadensfall *m;* (*insurance: right*) Versicherungsanspruch *m,* Anspruch auf Versicherungsleistung *f;* **to settle a ~** eine Forderung regulieren
❺ LAW (*law suit*) Klage *f;* (*assertion of right*) Klagebegehren *nt;* **particulars of ~** Klagebegründung *f;* **~ barred by procedural requirements** die Klage ist unzulässig; **~ barred by res judicata** die Rechtskraft steht der Klage entgegen; **~ barred by the statute of limitations** der Anspruch ist verjährt
❻ LAW (*legal matter*) **small ~** Bagatellsache *f;* (*court*) **small ~s court** *Gericht, das für Geldansprüche bis zu einer bestimmten Höhe zuständig ist*
II. *vt* ❶ (*assert*) ■ **to ~** [**that**] … behaupten, dass …; **to ~ responsibility** die Verantwortung übernehmen; ***both contestants ~ed victory after the race*** nach dem Rennen erhoben beide Wettbewerbsteilnehmer Anspruch auf den ersten Platz; **to ~ a number of members** eine Anzahl von Mitgliedern aufweisen
❷ (*declare ownership*) ■ **to ~ sth** auf etw *akk* Anspruch erheben; **to ~ the reward for sth** Anspruch auf die Belohnung für etw *akk* erheben; **to ~ ownership of sth** Besitzanspruch auf etw *akk* erheben; **to ~ diplomatic immunity** sich *akk* auf diplomatische Immunität berufen; **to ~ a title** Anspruch auf einen Titel erheben; **to ~ the throne** den Thron beanspruchen
❸ (*take up, require*) **to ~ a lot of time** viel Zeit in Anspruch nehmen
❹ (*demand in writing*) ■ **to ~ sth** etw beantragen; **to ~ one's money back** BRIT sein Geld zurückverlangen; **to ~ a refund** eine Rückerstattung fordern; **to ~ damages** Schadenersatz fordern
❺ (*cause death*) **to ~ thousands of lives** Tausende von Leben fordern
❻ LAW (*state grievance*) ■ **to ~ sth** eine Forderung geltend machen
❼ (*sl*) ■ **to ~ sb** (*attack*) jdn angreifen; (*arrest*) jdn verhaften
► PHRASES: **to ~ the moral high ground** die Moral für sich *akk* beanspruchen
III. *vi* seine Ansprüche geltend machen; ■ **to ~ for sth** etw fordern; **to ~ for compensation/damages** Schadenersatz fordern; **to ~ on the insurance** Schadenersatz bei der Versicherung beantragen
◆**claim back** *vt* ■ **to ~ sth** ◌ **back** etw zurückfordern

claimant [kleɪmənt] *n* Anspruchsteller(in) *m(f);* (*for benefits*) Antragsteller(in) *m(f);* LAW Kläger(in) *m(f);* **~ to a throne** Thronanwärter(in) *m(f);* **~ to a title** Titelanwärter(in) *m(f);* **rightful ~** LAW Anspruchsberechtigte(r) *f(m)*

claim form *n* Schadenformular *nt,* Antragsformular *nt* auf Schadenersatz; **to complete** [*or* **fill in**] **a ~** ein Antragsformular *nt* auf Schadenersatz ausfüllen

claim frame *n* COMPUT Claim Frame *m*

claims department *n* COMM Schadenabteilung *f*
claims manager *n* COMM Leiter(in) *m(f)* der Schadenabteilung

clairvoyance [,kleə'vɔɪən(t)s, AM ˌkler-] *n no pl* Hellsehen *nt*

clairvoyant [,kleə'vɔɪənt, AM ˌkler-] I. *n* Hellse-

her(in) *m(f)*
II. *adj powers* hellseherisch; ■**to be ~** hellsehen können
clam [klæm] I. *n* FOOD Venusmuschel *f;* **to shut up like a ~** *(fig)* auf einmal ganz schweigsam werden
II. *vi* <-mm-> ■**to ~ up** keinen Piep[s] mehr sagen *fam*
clambake ['klæmbeɪk] *n* AM Muschelessen *nt* am Strand
clamber ['klæmbəʳ, AM -ɚ] I. *vi* klettern, kraxeln *bes* SÜDD, ÖSTERR *fam;* **to ~ up the rocks** auf die Felsen klettern, die Felsen hochkraxeln *bes* SÜDD, ÖSTERR *fam*
II. *n usu sing* Kletterei *f,* Kraxelei *f bes* SÜDD, ÖSTERR *fam*
clam chowder *n* [sämige] Muschelsuppe
clamminess ['klæmɪnəs] *n no pl* Klammheit *f,* Feuchtigkeit *f*
clammy ['klæmi] *adj hands, skin, weather* feuchtkalt
clamor *n, vi* AM *see* **clamour**
clamorous ['klæmᵊrəs] *adj* ① *(vociferous) complaints, demands* lautstark
② *(loud, noisy)* lärmend; ■**to be ~** sehr laut sein
clamour ['klæməʳ], AM **clamor** [-ɚ] I. *vi (demand loudly)* schreien *fig; (protest loudly)* protestieren; ■**to ~ for sth** nach etw *dat* schreien [*o* lauthals verlangen]; ■**to ~ against sth** [lauthals] gegen etw *akk* protestieren; **to ~ for attention** lautstark um Aufmerksamkeit kämpfen
II. *n* ① *(popular outcry)* Aufschrei *m; (vociferous complaint)* [heftiges] Klagen; *(demand)* lautstarke Forderung; ***there has been a ~ from all sides about …*** von allen Seiten beschwert man sich lauthals über …
② *(loud noise)* Lärm *m*
clamp [klæmp] I. *n* Klammer *f; (screwable)* Klemme *f*
II. *vt* ① *(fasten together)* ■**to ~ sth to sth** [*or* **sth together**] etw zusammenklammern
② *(hold tightly in place)* ■**to ~ sth** etw fest halten; ***he ~ed his hand over her mouth*** er hielt ihr mit der Hand den Mund zu
③ *(fig: impose forcefully)* **to ~ economic sanctions on a country** einem Land wirtschaftliche Sanktionen auferlegen
④ *esp* BRIT *(immobilize a vehicle)* **to ~ a car** eine Wegfahrsperre an einem Auto anbringen
◆**clamp down** *vi* ■**to ~ down on sth** gegen etw *akk* scharf vorgehen
clampdown *n* scharfes Vorgehen (**on** gegen +*akk*); **to have a ~ on sth** gegen etw *akk* scharf vorgehen
clan [klæn] *n* + *sing/pl vb esp* SCOT Clan *m,* Sippe *f; (hum fam: one's family)* Sippschaft *f hum;* **a gathering of the ~s** ein Sippentag *m,* ein Clantreffen *nt; (fam: meeting of relatives)* ein Familientreffen *nt*
clandestine [klæn'destɪn] *adj affair, meeting* heimlich; *operation, plan* geheim, Geheim-
clandestinely [klæn'destɪnli] *adv* heimlich
clang [klæŋ] I. *vi* scheppern; *bell* [laut] läuten
II. *vt* ① *(close loudly)* **to ~ the door shut** die Tür zuschlagen [*o fam* zuknallen]
② *(cause to make harsh noise)* ■**to ~ sth** mit etw *dat* klappern; *bell* etw läuten
III. *n usu sing* Scheppern *nt,* Klappern *nt; bell* [lautes] Läuten
clanger ['klæŋəʳ] *n* BRIT *(fam)* Fauxpas *m;* **to drop a ~** ins Fettnäpfchen treten *fam*
clangor ['klæŋgɚ] *n* AM, **clangour** [-əʳ] *n no pl* schriller Klang; *of tin cans* Scheppern *nt*
clank [klæŋk] I. *vi* klirren; *chain* rasseln; **to ~ shut** *door* scheppernd zufallen
II. *vt* ■**to ~ sth** mit etw *dat* klirren
III. *n usu sing* Klirren *nt,* Geklirr *nt;* **the ~ of a chain** das Gerassel einer Kette
clannish ['klænɪʃ] *adj (pej)* klüngelhaft *pej,* cliquenhaft *pej;* ***they're quite ~*** die sind eine eingeschworene Clique
clannishly ['klænɪʃli] *adv (pej)* klüngelhaft *pej,* cliquenhaft *pej*
clannishness ['klænɪʃnəs] *n no pl (pej)* Cliquenhaftigkeit *f pej; (in a village, family)* fester Zusammenhalt *(zur Abgrenzung); (against minorities)* Zusammenschluss *m* gegen Minderheiten
clansman *n* SCOT Clanmitglied *nt,* Clanangehöriger *m* **clanswoman** *n* SCOT Clanmitglied *nt,* Clanangehörige *f*
clap [klæp] I. *n* ① *(act)* Klatschen *nt;* **to give sb a ~** [*or* **a ~ to** [*or* **for**] **sb**] jdm applaudieren; ***let's give a big ~ to our winning contestant!*** einen donnernden Applaus für unsere siegreiche Kandidatin!
② *(noise)* Krachen *nt;* **a ~ of thunder** ein Donner[schlag] *m*
II. *vt* <-pp-> ① *(slap palms together)* **to ~ one's hands** [**together**] in die Hände klatschen
② *(applaud)* ■**to ~ sb** jdm Beifall klatschen
③ *(place quickly)* ■**to ~ sth over sth** ***she ~ped her hand over her mouth*** sie hielt sich schnell den Mund zu; **to ~ sb on the back** jdm auf die Schulter klopfen; **to ~ sb in chains** jdn in Ketten legen; **to ~ handcuffs on sb** jdm Handschellen anlegen; **to ~ on one's hat** sich *dat* seinen Hut aufstülpen; **to ~ the lid on the jar/tin** den Deckel auf das Glas/die Dose klatschen; **to ~ sb in** [*or* **into**] **prison** [*or* **jail**] jdn ins Gefängnis stecken
► PHRASES: **to ~ eyes on sb/sth** jdn/etw [erstmals] zu sehen bekommen [*o fam* kriegen]
III. *vi* <-pp-> ① *(slap palms together)* klatschen; **to ~ along** mitklatschen
② *(applaud)* applaudieren, Beifall klatschen
◆**clap on** *vt* ① *(impose)* ■**to ~ sth** ⊂⊃ **on** *tariffs* etw auferlegen
② NAUT **to ~ on sail** Beisegel setzen
◆**clap out** *vt* ■**to ~ sth** ⊂⊃ **out** *tune, rhythm, beat* etw mitklatschen
clapboard ['klæpbɔːrd] *n* AM ① *no pl (weatherboards)* Schindel *f*
② FILM Klappe *f*
clapometer [klæp'ɒmɪtəʳ, AM -'ɑːmət̬ɚ] *n* Beifallmessgerät *nt;* **~ ratings** Beliebtheitsgrad *m*
clapped-out ['klæptaʊt] *adj* BRIT, AUS *(fam) person* fertig, geschafft; *car* klapprig
clapper ['klæpəʳ, AM -ɚ] *n* ① *(part of a bell)* Klöppel *m*
② COMPUT Nadeldruckwerk *nt*
► PHRASES: **like the ~** BRIT *(fam)* mit einem Affenzahn *fam;* **to work like the ~** wie besessen arbeiten
clapperboard *n* FILM Klappe *f*
claptrap ['klæptræp] *n no pl (pej fam)* Unsinn *m,* Geschwätz *nt pej;* **a load of ~** jede Menge Unsinn
claret ['klærət, AM 'kle-] *n* ① *(wine)* roter Bordeaux; *(red wine)* Rotwein *m*
② *(colour)* Weinrot *nt*
clarification [ˌklærɪfɪ'keɪʃᵊn, AM *esp* ˌkler-] *n* Klarstellung *f,* [Ab]klärung *f*
clarified butter *adj inv* **~ butter** *(liquid)* geklärte Butter; *(solid)* Butterschmalz *nt*
clarify <-ie-> ['klærɪfaɪ, AM *esp* 'kler-] *vt* ① *(make clear)* ■**to ~ sth** etw klarstellen [*o* näher erläutern]; **to ~ sb's mind** jdn überzeugen
② FOOD **to ~ butter** Butter klären
clarinet [ˌklærɪ'net, AM *also* ˌkler-] *n* Klarinette *f;* **to play the ~** Klarinette spielen
clarinet(t)ist [ˌklærɪ'netɪst, AM ˌklerəˈnet̬-] *n* Klarinettist(in) *m(f)*
clarion ['klæriən, AM 'kler] *n* HIST hohe Solotrompete, Clarino *nt,* Clairon *nt;* **~ call** Fanfarenstoß *m*
clarion call ['klæriənˌkɔːl] *n (form liter)* Aufruf *m,* Ruf *m* (**for** nach +*dat*)
clarity ['klærəti, AM 'klerət̬i] *n no pl* Klarheit *f; of a photo* Schärfe *f;* **~ of thought** gedankliche Klarheit
clash [klæʃ] I. *vi* ① *(come into conflict)* zusammenstoßen, aneinander geraten
② *(compete against)* aufeinander treffen
③ *(contradict)* kollidieren *geh;* ■**to ~ with sth** mit etw *dat* im Widerspruch stehen
④ *(be discordant)* nicht harmonieren; *colours* sich beißen, ÖSTERR *a.* sich schlagen
⑤ *esp* BRIT, AUS *(coincide inconveniently)* zusammenfallen, kollidieren *geh;* **to ~ with another event** mit einem anderen Ereignis kollidieren
⑥ *(make harsh noise)* klirren, scheppern *fam*
II. *vt* MUS **to ~ cymbals** [**together**] Becken gegeneinander schlagen
III. *n* <*pl* -es> ① *(hostile encounter)* Zusammenstoß *m,* Kollision *f geh; (strong disagreement)* Auseinandersetzung *f*
② *(contest)* Aufeinandertreffen *nt*
③ *(conflict)* Konflikt *m;* **a ~ of loyalties** ein Loyalitätskonflikt *m*
④ *(incompatibility)* Unvereinbarkeit *f*
⑤ *esp* BRIT, AUS *(inconvenient simultaneous occurrence)* unglückliches Zusammentreffen
⑥ *(loud harsh noise)* Geklirr *nt*
clasp [klɑːsp, AM klæsp] I. *n* ① *(firm grip)* Griff *m;* **to hold sth in a ~** etw umklammern
② *(fastening device)* Verschluss *m*
II. *vt* ■**to ~ sb/sth** jdn/etw umklammern; **to ~ sb/sth in one's arms** jdn/etw [fest] in die Arme schließen; **to ~ one's hands** die Hände ringen
clasp knife *n* Klappmesser *nt,* Taschenmesser *nt*
class [klɑːs, AM klæs] I. *n* <*pl* -es> ① *(group of learners)* [Schul]klasse *f*
② + *sing/pl vb (all people in this group)* Klasse *f*
③ *(lesson)* Unterricht *m,* [Unterrichts]stunde *f;* **evening ~** [*or* **~es**] Abendkurs *m;* **to attend** [*or* **go to**] **~** [*or* **~es**] am Unterricht teilnehmen; **to take** [*or* **teach**] **a ~** unterrichten; UNIV eine Vorlesung halten; **to talk in ~** während des Unterrichts reden
④ SPORTS Kurs[us] *m;* **to go to an aerobics ~** einen Aerobic-Kurs machen
⑤ AM *(graduates of a year)* Jahrgang *m;* **the ~ of 1975/1980** der Jahrgang 1975/1980
⑥ *(economic and social division)* Klasse *f,* Schicht *f;* **the middle/upper ~** die Mittel-/Oberschicht, die mittlere/obere Gesellschaftsschicht; **the working ~** die Arbeiterklasse
⑦ *no pl (membership of social strata)* Klassenzugehörigkeit *f*
⑧ *(grade, category)* Klasse *f,* Kategorie *f;* BRIT ***shall I post the letter first or second ~?*** soll ich den Brief als Erste- oder Zweite-Klasse-Sendung aufgeben?; **to travel first ~** erster Klasse fahren
⑨ *(quality (of produce))* Qualität *f;* ■**C~ A/I** A/I Sorte *f*
⑩ BRIT, AUS *(type of degree)* Prädikat *nt;* **a first ~ honours degree** ein Prädikatsexamen *nt;* **a second ~ honours degree** ein Examen mit dem Prädikat ‚Gut'
⑪ *no pl (stylish)* **to have ~** Klasse haben *fam*
⑫ *(classification for species)* Klasse *f*
⑬ AM ECON, FIN Aktiengattung *f*
⑭ LAW **C~ F charge** Belastung *f* in Abteilung 6
► PHRASES: **to be in a ~ of one's own** [*or* **by oneself**] eine Klasse für sich *akk* sein; **to be out of sb's ~** jdm haushoch überlegen sein *fig*
II. *adj inv* ① *(of economic and social division)* Klassen-
② *(excellent, very good)* erstklassig, klasse *fam;* **world-~** Weltklasse-
III. *vt* ■**to ~ sb as sth** jdn als etw *akk* einordnen; ***when I travel by bus I'm still ~ed as a child*** wenn ich mit dem Bus fahre, gelte ich noch als Kind; ***I would ~ her among the top ten novelists*** ich würde sie zu den zehn besten Schriftstellern zählen
class act *n* AM jd/etw mit Klasse **class action** *n* AM LAW Gruppenklage *f* **class conflict** *n* Klassenkampf *m* **class-conscious** *adj* klassenbewusst **class distinctions** *npl* Klassenunterschiede *mpl* **class exams** *npl* Klassenarbeiten *fpl* **class gift** *n* LAW Schenkung *f* an eine bestimmte Personengruppe
classic ['klæsɪk] I. *adj* ① *(traditional) literature* klassisch; *garment also* zeitlos; **a ~ goal** ein klassisches Tor
② *(typical)* klassisch, typisch; **a ~ case** [*or* **example**] **of sth** ein klassischer Fall [*o* klassisches Beispiel] einer S. *gen*
③ *(pej fam: stupid)* ***that's just ~, isn't it!*** das ist doch mal wieder typisch! *fam*
II. *n* Klassiker *m; (garment)* klassisch-zeitloses Kleidungsstück, Klassiker *m;* **a modern ~** ein moderner Klassiker

classical ['klæsɪkᵊl] *adj* ❶ (*simple and stylish*) klassisch, zeitlos
❷ *inv* (*of ancient culture*) *architecture* klassizistisch; *ballet, literature, theatre* klassisch; **in ~ Rome** im alten Rom, im Rom der Antike
❸ *inv* (*observing traditional standards*) klassisch, traditionell; **the ~ economics of Adam Smith** die Klassische Schule von Adam Smith
classically ['klæsɪkᵊli] *adv* klassisch, zeitlos; (*typically also*) typisch; (*conventionally also*) traditionell
classical music *n* klassische Musik, Klassik *f*
Classical period *n* MUS, LIT Klassik *f*
classic car *n* Oldtimer *m*
Classicism ['klæsɪsɪzᵊm] *n no pl* Klassik *f;* ARCHIT Klassizismus *m*
classicist ['klæsɪsɪst] *n* ❶ (*follower of Classicism*) Klassizist(in) *m(f)*
❷ (*ancient Greek or Roman expert*) Altphilologe, Altphilologin *m, f*
classics ['klæsɪks] *n + sing vb* Klassische Philologie, Altphilologie *f;* **to be a ~ scholar** Altphilologe/Altphilologin sein
classifiable ['klæsɪfaɪəbl̩, AM -sə-] *adj* klassifizierbar, einzuordnen *präd*
classification [ˌklæsɪfɪ'keɪʃᵊn, AM ˌklæsə-] *n* ❶ *no pl* (*organizing into groups*) Klassifizierung *f,* Klassifikation *f,* Einteilung *f*
❷ (*category*) Rubrik *f*
classified ['klæsɪfaɪd] *adj inv* geheim, Geheim-; ■**to be ~** unter Verschluss stehen
classified ad *n* Kleinanzeige *f* **classified information** *n* Verschlusssache *f,* Geheimsache *f*
classify <-ie-> ['klæsɪfaɪ] *vt* ■**to ~ sth** etw klassifizieren [*o* nach Gruppen unterteilen]
classless *adj* klassenlos; **~ society** klassenlose Gesellschaft **classmate** *n* Klassenkamerad(in) *m(f),* Mitschüler(in) *m(f)* **class president** *n* AM Klassensprecher(in) *m(f)* **class reunion** *n* Klassentreffen *nt* **classroom** *n* Klassenzimmer *nt;* **in the ~** (*room*) im Klassenzimmer; (*teaching*) im Unterricht **class structure** *n* Klassenstruktur *f* **class struggle** *n,* **class war** *n* Klassenkampf *m* **class suit** *n* LAW Gruppenklage *f*
classy ['klɑːsi, AM 'klæsi] *adj* erstklassig; ***she's a really ~ lady*** die Frau hat Klasse; **~ restaurant** Nobelrestaurant *nt*
clatter ['klætəʳ, AM -t̬ɚ] **I.** *vt* ■**to ~ sth** *dishes* mit etw *dat* klappern
II. *vi* ❶ (*rattle*) klappern
❷ (*walk noisily*) trampeln, poltern; *hooves* trappeln
III. *n no pl* Klappern *nt,* Geklapper *nt; hooves* Getrappel *nt; of metal things* Scheppern *nt*
clause [klɔːz, AM klɑːz] **I.** *n* ❶ (*part of sentence*) Satzglied *nt,* Satzteil *m;* **main** [*or* **independent**]/ **subordinate** [*or* **dependent**] ~ Haupt-/Nebensatz *m,* übergeordneter/abhängiger Satz
❷ (*in a contract*) Klausel *f,* Bestimmung *f;* (*in law*) Abschnitt *m,* Absatz *m,* Paragraph *m;* **forfeit** ~ Verfallsklausel *f,* Verwirkungsklausel *f;* **liability** ~ Haftungsklausel *f;* **to amend a ~ in a contract** eine Klausel in einem Vertrag abändern
II. *vi* ■**to ~ sth** ECON, FIN etw mit Wechselvermerken versehen
claustrophobia [ˌklɔːstrə'fəʊbiə, AM ˌklɑːstrə'foʊ-] *n no pl* Klaustrophobie *f geh,* Platzangst *f fam;* **to get ~** Platzangst bekommen *fam;* **to suffer from ~** an Klaustrophobie leiden
claustrophobic [ˌklɔːstrə'fəʊbɪk, AM ˌklɑːstrə'foʊ-] **I.** *adj person* klaustrophobisch *geh; place* beengend; ***my room's a bit ~*** in meinem Zimmer kriegt man fast Platzangst *fam*
II. *n jd, der unter Klaustrophobie leidet*
clavichord ['klævɪkɔːd, AM -kɔːrd] *n* Klavichord *nt*
clavicle ['klævɪkl̩] *n* ANAT (*spec*) Clavicula *f fachspr,* Schlüsselbein *nt*
claw [klɔː, AM *also* klɑː] **I.** *n* Kralle *f; of birds of prey, big cats* Klaue[n] *f[pl];* (*of sea creatures*) Schere[n] *f[pl];* **to sharpen one's ~s** die Krallen schärfen
▸ PHRASES: **to get one's ~s into sb** jdn in die Klauen bekommen *fig*
II. *vt* ❶ (*scratch*) ■**to ~ sb** jdn kratzen; ■**to ~ sth** etw zerkratzen
❷ (*make way by using hands*) **to ~ one's way through sth** sich *dat* seinen Weg durch etw *akk* graben; (*fig: fight to achieve*) sich *akk* durch etw *akk* durchboxen
III. *vi* ■**to ~ at sth** ❶ (*take hold of*) sich *akk* an etw *akk* krallen; **to ~ at thin air** ins Leere greifen
❷ (*injure with claws*) die Krallen in etw *akk* schlagen
◆**claw back** *vt esp* BRIT ■**to ~ sth** ○ **back** (*via taxes*) etw zurückholen
clawback *n* ECON, FIN ❶ (*money*) Zurückholung *f,* Rückforderung *f* ❷ (*share allocation*) Zeichnung *f* neuer Aktien durch die alten Aktionäre **claw hammer** *n* Splitthammer *m*
clay [kleɪ] **I.** *n no pl* ❶ (*earth*) Lehm *m;* (*for pottery*) Ton *m;* **modelling ~** Modelliermasse *f*
❷ (*fig liter or poet: substance of human body*) Erde *f,* Staub *m;* **mortal ~** Staub und Asche
❸ TENNIS, SPORTS Sand *m;* **to play on a ~ court** auf einem Sandplatz spielen *fachspr*
▸ PHRASES: **to have feet of ~** tönerne Füße haben
II. *n modifier* ❶ (*of heavy earth*) Lehm-; **~ brick** Backstein *m;* **~ pitcher** Tonkrug *m;* **~ pottery** Steingut *nt;* **~ vase** Tonvase *f*
❷ TENNIS, SPORTS Sand-; **~ court** Sandplatz *m,* Rotgrantplatz *m fachspr*
clayey ['kleɪi] *adj* lehmig; ■**to be ~** lehmhaltig sein; **~ earth** Lehmboden *m*
claymore ['kleɪmɔːʳ, AM mɔːr] *n* ❶ HIST (*broadsword*) schottisches Breitschwert
❷ (*anti-personnel mine*) Landmine *f*
clay pigeon *n* Tontaube *f* **clay pigeon shoot** *n* [Veranstaltung *f* im] Tontaubenschießen *nt* **clay pigeon shooting** *n* Tontaubenschießen *nt* **clay shoot** *n* [Veranstaltung *f* im] Tontaubenschießen *nt*
clean [kliːn] **I.** *adj* ❶ (*not dirty*) sauber; **~ air/ hands** saubere Luft/Hände; **~ sheet** frisches Laken; **~ shirt** sauberes Hemd; **spotlessly** [*or* **scrupulously**] ~ peinlichst sauber; [**as**] **~ as a whistle** [*or* BRIT **as a new pin**] blitzblank *fam*
❷ (*free from bacteria*) sauber, rein; **~ air** saubere Luft; **~ water** sauberes Wasser
❸ *attr* (*blank*) *sheet of paper* leer
❹ (*fair*) *methods, fight* sauber, fair
❺ (*sl: free from crime, offence*) sauber *sl;* **to keep one's hands ~** sich *dat* die Hände nicht schmutzig machen; **to have ~ hands** [*or* **a ~ slate**] eine weiße Weste haben *fam;* **~ driving licence** Führerschein *m* ohne Strafpunkte; **to have a ~ record** nicht vorbestraft sein
❻ (*fam: no drugs*) ■**to be ~** clean sein; *alcoholic* trocken sein
❼ (*morally acceptable*) sauber, anständig; ***it's all good, ~ fun*** das ist alles völlig harmlos!; **~ joke** anständiger Witz; **~ living** makellose Lebensweise
❽ (*smooth*) **~ design** klares Design; **~ lines** klare Linien
❾ (*straight*) sauber; **~ break** MED glatter Bruch; **~ hit** SPORTS sauberer Treffer
❿ (*complete, entire*) gründlich; **to make a ~ break from sth** unter etw *dat* einen Schlussstrich ziehen; **to make a ~ job of sth** saubere Arbeit leisten; **to make a ~ start** noch einmal [ganz] von vorne anfangen; **to make a ~ sweep of sth** etw total verändern; (*win everything*) bei etw *dat* [alles] abräumen *fam*
⓫ (*toilet-trained*) ■**to be ~** nicht mehr in die Windeln machen; *animal* stubenrein sein
⓬ MED **to give sb a ~ bill of health** jdn für gesund erklären; **to give sth a ~ bill of health** (*fig*) etw für gesundheitlich unbedenklich erklären
⓭ REL rein
⓮ *wood* astrein
▸ PHRASES: **to make a ~ breast of sth** etw gestehen, sich *dat* etw von der Seele reden; **to show a ~ pair of heels** (*fam*) Fersengeld geben *hum fam;* **to keep one's nose ~** sauber bleiben *hum fam;* **to wipe the slate ~** reinen Tisch machen *fam;* **to come ~** reinen Tisch machen
II. *adv* ❶ *inv* (*completely*) total, völlig; ***I ~ forgot your birthday*** ich habe deinen Geburtstag total vergessen; ***I ~ forgot that …*** ich habe schlichtweg vergessen, dass …; ***he's been doing this for years and getting ~ away with it*** er macht das seit Jahren und kommt glatt damit durch! *fam;* ***Sue got ~ away*** Sue ist spurlos verschwunden; ***the cat got ~ away*** die Katze ist uns/ihnen/etc. glatt entwischt; **~ bowled** BRIT SPORTS sauber geschlagen
❷ (*not dirty*) sauber
▸ PHRASES: **a new broom sweeps ~** neue Besen kehren gut *prov*
III. *vt* ❶ (*remove dirt*) ■**to ~ sth** etw sauber machen; *furniture* etw reinigen; (*dry-~*) etw reinigen; **to ~ the car** das Auto waschen; **to ~ a carpet** einen Teppich reinigen; **to ~ one's face/hands** sich *dat* das Gesicht/die Hände waschen; **to ~ the floor** den Boden wischen; **to ~ house** AM die Hausarbeit machen; **to ~ the house** putzen; **to ~ one's nails** sich *dat* die Nägel sauber machen; **to ~ one's shoes/the windows** seine Schuhe/Fenster putzen; **to ~ one's teeth** sich *dat* die Zähne putzen; **to ~ a wound** eine Wunde reinigen; ■**to ~ sth from** [*or* **off**] **sth,** ■**to ~ off sth from sth** etw von etw *dat* abwischen
❷ FOOD **to ~ a chicken/fish** ein Huhn/einen Fisch ausnehmen; **to ~ vegetables** Gemüse putzen
❸ (*eat all*) **to ~ one's plate** seinen Teller leer essen
▸ PHRASES: **to ~ sb's clock** AM (*sl*) jdn verdreschen *fam*
IV. *vi pans, pots* sich reinigen lassen; **to ~ easily** sich leicht einigen lassen
V. *n* **to give sth a** [**good**] **~** etw [gründlich] sauber machen; *shoes, window, teeth, room* etw [gründlich] putzen; *hands, face* etw [gründlich] waschen; *furniture, carpet* etw [gründlich] reinigen; **to give the floor a good ~** den Boden gründlich wischen
◆**clean down** *vt esp* BRIT ■**to ~ sth** ○ **down** etw waschen; *walls* etw abwaschen; **to ~ down the windows** Fenster putzen
◆**clean out** *vt* ❶ (*clean thoroughly*) ■**to ~ sth** ○ **out** etw [gründlich] sauber machen; (*with water*) etw ausspülen; (*empty and ~*) *cupboard, drawer* etw [ausräumen und] auswaschen; (*throw away things*) etw entrümpeln; **to ~ out a room** ein Zimmer aufräumen und sauber machen; **to ~ out the stables** die Ställe ausmisten; **to ~ out sb's stomach** jdm den Magen auspumpen
❷ (*fam: take all resources*) ■**to ~ sb** ○ **out** jdn [wie eine Weihnachtsgans] ausnehmen *sl;* **to ~ out the bank** (*in games*) die Bank sprengen; **to ~ sb out of drink** jdm alles wegdrinken *fam;* **to ~ sb out of food** jdm die letzten Haare vom Kopf fressen *sl;* **to be completely ~ed out** völlig blank sein *sl;* ***we're ~ed out of beer*** wir haben kein Bier mehr
◆**clean up I.** *vt* ❶ (*make clean*) ■**to ~ up** ○ **sth** etw sauber machen; *building* etw reinigen; **to ~ up the kitchen/a room** die Küche/ein Zimmer aufräumen; **to ~ up the mess** aufräumen; ■**to ~ oneself up** sich *akk* sauber machen; (*wash*) sich *akk* waschen; (*freshen oneself*) sich *akk* frisch machen
❷ (*eradicate sex, crime*) ■**to ~ up** ○ **sth** mit etw *dat* aufräumen; ***we need to ~ up television*** das Fernsehen muss wieder sauber werden!; **to ~ up the city** die Stadt säubern
❸ (*fam: make gain, profit*) ■**to ~ up** ○ **sth** etw absahnen *sl;* **to ~ up a fortune** ein Vermögen machen *fam*
▸ PHRASES: **to ~ up one's act** sich *akk* bessern
II. *vi* ❶ (*make clean*) aufräumen; (*freshen oneself*) sich *akk* frisch machen; ■**to ~ up after sb** jdm hinterherräumen
❷ *esp* AM (*sl: make profit*) absahnen *sl*
clean bill *n* AM LAW Gesetzesvorlage *f* (*ohne dass Abänderungen kenntlich gemacht sind*) **clean credit** *n* FIN Bankakkreditiv *nt* **clean-cut** *adj* ❶ (*sharply outlined*) klar umrissen; (*straight and even*) regelmäßig; **~ features** regelmäßige Gesichtszüge ❷ (*approv*) *person* anständig
cleaner ['kliːnəʳ, AM -ɚ] *n* ❶ (*person*) Raumpfleger(in) *m(f) euph;* (*in offices*) Pflegepersonal *nt;* (*woman*) Putzfrau *f,* Reinemachefrau *f*

❷ *no pl* (*substance*) Reiniger *m,* Reinigungsmittel *nt*

cleaner's ['kli:nəz, AM -ə·z] *n + sing vb,* **cleaners** *npl* Reinigung *f;* **at the ~** in der Reinigung
► PHRASES: **to have <u>been</u> taken to the ~** (*cheated*) reingelegt worden sein *fam;* (*badly beaten*) fertig gemacht worden sein *fam*

clean float *n* ECON, FIN sauberes Floaten **clean hands** *npl* LAW ***the plaintiff must have ~*** Motive und Handlungen des Klägers müssen aufrichtig sein

cleaning ['kli:nɪŋ] I. *n no pl* Reinigung *f;* **to do the ~** sauber machen
II. *adj attr, inv* Reinigungs-

cleaning lady *n,* **cleaning woman** *n* Putzfrau *f,* Reinemachefrau *f,* Raumpflegerin *f euph*

clean-limbed *adj* (*approv*) wohlproportioniert

cleanliness ['klenlɪnəs] *n no pl* Sauberkeit *f,* Reinlichkeit *f*
► PHRASES: **~ is next to <u>godliness</u>** (*saying dated*) Reinlichkeit kommt gleich nach Gottseligkeit *veraltend*

clean-living [ˌkli:n'lɪvɪŋ] *adj inv* von untadeligem Lebenswandel *nach n*

cleanly ['kli:nli] *adv* sauber; (*without edges also*) glatt; (*equally*) gleichmäßig; ***the clavicle broke ~*** es war ein glatter Schlüsselbeinbruch

clean-needle ['kli:nˌni:dl] *n modifier* **~ distribution** Verteilung *f* sauberer Spritzbestecke; **~ program** Programm *nt* zur Verteilung sauberer Spritzbestecke

cleanness ['kli:nnəs] *n no pl* Sauberkeit *f*

clean-out ['kli:naʊt] *n* ■**to give sth a [good] ~** etw [gründlich] sauber machen; (*fig*) Säuberung *f*

cleanse [klenz] *vt* ❶ (*remove dirt*) ■**to ~ sth** etw reinigen; **to ~ a wound** eine Wunde säubern
❷ (*make morally pure*) **to be ~d of one's sins** von seinen Sünden rein gewaschen werden; **to ~ one's thoughts** seine Gedanken reinigen
❸ (*remove disreputable elements*) ■**to ~ sth** etw säubern

cleanser ['klenzəʳ, AM -ə·] *n* ❶ (*dirt remover*) Reiniger *m,* Reinigungsmittel *nt*
❷ *no pl* (*for use on body*) Reinigungscreme *f*

clean-shaven *adj inv* glatt rasiert

cleansing ['klenzɪŋ] *adj usu attr* Reinigungs-; **~ effect** reinigende Wirkung

cleansing cream *n* Reinigungscreme *f* **cleansing department** *n* BRIT Stadtreinigung *f* **cleansing lotion** *n* Reinigungslotion *f* **cleansing tissue** *n* Kosmetiktuch *nt*

clean-up *n* ❶ (*thorough cleaning*) gründliche Reinigung; **sth needs a good ~** etw muss gründlich sauber gemacht werden ❷ (*removal of illegal activities*) Säuberungsaktion *f;* ***this town could really use a good ~*** in dieser Stadt müsste einmal gründlich aufgeräumt werden ❸ *no pl esp* AM (*large profit*) Profit *m* **clean-up campaign** *n* Aufräumaktion *f;* (*fig*) moralische Säuberungsaktion

clear [klɪəʳ, AM klɪr]

I. ADJECTIVE II. NOUN
III. ADVERB IV. TRANSITIVE VERB
V. INTRANSITIVE VERB

I. ADJECTIVE

❶ [*understandable*] *definition, description, message* klar; *explanation, description also* verständlich; (*definite*) *impression, similarity* eindeutig; (*distinct*) *statement, stage* klar, deutlich; *signs* deutlich; ***he wasn't very ~*** er hat sich nicht sonderlich klar ausgedrückt; **~ instructions** klare Anweisungen; **to have ~ memories of sth** (*fig*) sich *akk* deutlich an etw *akk* erinnern können; **a ~ picture** ein scharfes Bild; **to have a ~ perception of sth** klare Vorstellungen von etw *dat* haben; **to have a ~ understanding of sth** ein klares Verständnis einer Sache haben; **to make oneself ~** sich *akk* deutlich [*o* klar] ausdrücken; **as ~ as a bell** glockenhell, glockenrein; **[as] ~ as day** eindeutig, unmissverständlich
❷ [*obvious*] klar, sicher; ***is that ~?*** ist das klar?; ***it's ~ [to me] that ...*** es ist [mir] klar, dass ...; ***they have made it ~ that ...*** sie haben es unmissverständlich klar gemacht, dass...; ***Richard isn't at all ~ about what ...*** Richard ist sich nicht im Mindesten darüber im Klaren, was ...; ***it's not ~ whether ...*** es ist nicht klar, ob ...; ***he's a ~ favourite*** er ist ein klarer Favorit; ***he's got a ~ lead*** er führt eindeutig; **a ~ case of ...** ein klarer Fall von ...; **a ~ majority** eine klare Mehrheit; ■**to be ~ that ...** sich *dat* sicher sein, dass ...; ■**to be ~ about sth** sich *dat* über etw *akk* im Klaren sein; **to get ~ about sth** sich *dat* über etw *akk* klar werden; **to make one's position ~** seine Haltung deutlich machen; **to make oneself ~ [to sb]** sich *akk* [jdm] verständlich machen; **to make sth ~ [to sb]** etw [jdm gegenüber] klar zum Ausdruck bringen; **do I make myself ~?** habe ich mich klar ausgedrückt?; **as ~ as day** sonnenklar
❸ *usu attr* [*unconfused*] klar; **to keep a ~ head** einen klaren Kopf bewahren; **a ~ thinker** jd, der klar denken kann
❹ [*free*] ■**to be ~ of sth** ***she's ~ of all suspicion*** sie ist frei von jeglichem Verdacht; (*guilt-free*) **to have a ~ conscience** ein reines Gewissen haben
❺ [*unobstructed*] *passage, path* frei; *throat* unbelegt; (*complete*) ganz, voll; (*fig*) ***could you see your way ~ to lending me some money?*** könntest du mir eventuell etwas Geld leihen?; **a ~ view** ein freier Blick, eine ungehinderte Aussicht
❻ [*transparent*] *glass* durchsichtig; *water, soup* klar; **as ~ as crystal** kristallklar; **that's as ~ as mud** da blickt man gar nicht durch
❼ [*pure*] **~ complexion/skin** reiner Teint/reine Haut; **a ~ sound** ein klarer Ton
❽ [*bright, shining*] *of colours, eyes* leuchtend
❾ [*of weather, atmosphere*] *sky, day, night, air* klar; **~ weather** heiteres Wetter
❿ *inv* [*net*] rein, netto; **a ~ profit** ein Reingewinn *m*
⓫ *inv* [*not touching*] **~ jump** fehlerfreier Sprung
⓬ *inv* [*away from*] ***the gate must be ~ of the ground*** das Tor darf den Boden nicht berühren; ***... one wheel ~ of the ground ...*** ein Rad ragte in die Luft; ***wait till we're ~ of the main road ...*** warte, bis wir die Hauptstraße verlassen haben; **to keep** [*or* **stay**] [*or* **steer**] **~ of sb/sth** sich *akk* von jdm/etw fern halten
► PHRASES: **the <u>coast</u> is ~** die Luft ist rein *fam;* **out of a ~ <u>sky</u>** aus heiterem Himmel; **<u>all</u> ~** die Luft ist rein

II. NOUN

■**to be in the ~** außer Verdacht sein

III. ADVERB

❶ [*away from*] ***he jumped two centimetres ~ of the bar*** er sprang mit einem Abstand von zwei Zentimetern über die Leiste; ***please move ~ of the edge of the platform*** bitte von der Bahnsteigkante zurücktreten; ***make sure you park ~ of the kerb*** pass auf, dass du nicht zu nah am Randstein parkst; ***stand ~ of the doors*** (*in underground*) bitte zurückbleiben; (*at train station*) Türe schließen selbsttätig – Vorsicht bei der Abfahrt; **to steer ~ of sth** NAUT um etw herumsteuern; **to steer ~ of sb** jdn meiden; **to steer ~ of a place** um etw einen großen Bogen machen; **to stand ~ [of sth]** (*by moving to the side*) zur Seite gehen; (*by moving back*) zurückbleiben; (*remain in a distance*) von etw *dat* entfernt bleiben; **to be thrown ~ of sth** aus etw *dat* herausgeschleudert werden; **to get ~ of sth** etw hinter sich *dat* lassen; **to be ~ of sth** etw hinter sich *dat* gelassen haben
❷ [*distinctly*] **to see ~** klar sehen; **loud and ~** klar und deutlich
❸ [*entirely*] ***they got ~ away*** sie haben es sich aus dem Staub gemacht

IV. TRANSITIVE VERB

❶ [*remove doubts*] ■**to ~ sth** etw klären
❷ [*remove confusion*] **to ~ one's head** einen klaren Kopf bekommen
❸ [*remove obstruction*] ■**to ~ sth** etw beseitigen; *land, snow* etw räumen; **to ~ the road** die Straße frei machen [*o* räumen]; ■**to ~ sth from** [*or* **off**] **sth** etw von etw *dat* wegräumen; **to ~ one's throat** sich *akk* räuspern; **to ~ the way for sb to do sth** es jdm ermöglichen, etw zu tun
❹ [*remove blemish*] ■**to ~ sth** etw reinigen; **to ~ the air** (*remove dirt*) die Luft reinigen; (*remove bad feeling*) die Atmosphäre reinigen
❺ [*empty*] ■**to ~ sth** (*of things*) etw ausräumen; ***they ~ed the building in 3 minutes*** sie räumten das Gebäude in 3 Minuten; **to ~ the table** den Tisch abräumen
❻ [*acquit*] **to ~ sb of charges** LAW jdn freisprechen; **to ~ sb of a crime** LAW jdn eines Verbrechens freisprechen; **to ~ sb's name** jds Namen reinwaschen
❼ [*complete work*] ■**to ~ sth** etw erledigen
❽ FIN ***Bill ~s $200 a week*** Bill macht 200 Dollar die Woche *fam;* **to ~ a cheque** einen Scheck freigeben, bestätigen, dass ein Scheck gedeckt ist; **to ~ one's debts** seine Schulden begleichen; **to ~ a certain sum** eine bestimmte Summe freigeben *geh*
❾ [*jump without touching*] ■**to ~ sth** über etw *akk* springen
❿ [*approve*] ***you'll have to ~ that with the boss*** das müssen Sie mit dem Chef klären
⓫ [*give official permission*] ■**to ~ sth** etw genehmigen; **to ~ a plane for take-off** ein Flugzeug zum Start freigeben; ■**to ~ sth with sb** etw mit jdm abklären; ■**to ~ sb to do sth** jdn genehmigen, etw zu tun; **to ~ customs** Zollformalitäten erledigen
⓬ [*in football*] **to ~ the ball** klären; **to ~ the ball with one's head** mit einem Kopfball klären
► PHRASES: **to ~ the <u>decks</u>** (*fam*) klar Schiff machen *fam*

V. INTRANSITIVE VERB

❶ [*delete*] löschen
❷ [*become transparent*] sich *akk* klären
❸ [*become free of blemish*] sich *akk* reinigen
❹ [*weather*] sich *akk* [auf]klären; ***it's ~ing up*** es klart auf, es wird klar; *fog, smoke* sich *akk* auflösen; (*go, disappear*) ■**to ~ [away]** verschwinden
❺ FIN einen Scheck freigeben

◆**clear away** I. *vt* ■**to ~ sth ↔ away** etw wegräumen
II. *vi* (*of table*) abräumen

◆**clear off** I. *vi* (*fam*) verschwinden *fam,* abhauen *fam,* sich *akk* verziehen *fam;* **"~ off!"** „verschwinde!", „verdufte!"
II. *vt* ■**to ~ sb off sth** jdn von etw *dat* vertreiben; FIN **to ~ off ↔ a debt** eine Schuld begleichen [*o* tilgen]

◆**clear out** I. *vt* ■**to ~ out ↔ sth** *a cupboard, a drawer* etw ausräumen; (*throw away*) etw wegwerfen; **to ~ out the attic** den Dachboden entrümpeln
II. *vi* verschwinden *fam,* abhauen *fam;* ■**to ~ out of somewhere** [von] irgendwo ausziehen; ***they've got to ~ out of their home by the end of the month*** sie müssen bis Ende des Monats ihr Haus räumen

◆**clear up** I. *vt* ❶ (*explain*) ■**to ~ sth ↔ up** *a matter, a point* etw klären; *a mystery* etw aufklären; **to ~ up a few loose ends** einige offene Punkte [ab]klären
❷ (*clean*) ■**to ~ sth ↔ up** etw aufräumen; ***I've got to ~ things up*** ich muss mal aufräumen
II. *vi* ❶ (*tidy*) aufräumen; ■**to ~ up after sb** hinter jdm herräumen, jdm hinterherräumen
❷ (*become cured*) verschwinden; *cold also* sich *akk* legen; *problems* sich in Luft auflösen *fam*
❸ (*stop raining*) aufhören zu regnen; (*brighten up*) sich *akk* aufklären, sich *akk* aufhellen

clearance ['klɪərᵊn(t)s, AM 'klɪr-] *n no pl* ❶ (*act of clearing*) Beseitigung *f,* Entfernung *f;* **a slum ~ programme** BRIT ein Slumsanierungsprogramm *nt*
❷ (*space*) Spielraum *m,* Zwischenraum *m; of a door* lichte Höhe
❸ FIN, ECON *of a debt* Tilgung *f;* **~ of a cheque** [*or* AM **check**] Verrechnung *f* eines Schecks
❹ (*of customs*) **~ certificate** Ausklarierungsschein *m,* Zollabfertigungsschein *m;* **customs ~** Zollabfertigung *f;* **to effect customs ~** die Zollabfertigung vor-

nehmen
⑤ (*official permission*) Genehmigung *f;* AVIAT (*for take-off*) Starterlaubnis *f;* (*for landing*) Landeerlaubnis *f;* **security** ~ Unbedenklichkeitsbescheinigung *f*
clearance certificate *n* Zollabfertigungsschein *m,* Ausklarierungsschein *m*
clearance sale *n* Räumungsverkauf *m*
clear-cut I. *adj* ① (*sharply outlined*) scharf geschnitten; ~ **features** markante Züge ② (*definite*) *opinion* klar, bestimmt; **a** ~ **case** ein eindeutiger Fall; **a** ~ **dividing line** eine scharfe Trennlinie II. *vt* ■**to** ~ **sth** *woodlands* etw abholzen **clear-fell** *vt* ■**to** ~ **sth** *woodlands* etw abholzen **clear glass** I. *n no pl* klares Glas; (*for window*) [einfaches] Fensterglas II. *n modifier* (*of drinking glasses*) neutral **clear-headed** *adj* klar denkend *attr;* ■**to be** ~ einen klaren Kopf haben
clearing ['klɪərɪŋ, AM 'klɪr-] *n* ① (*in woods*) Lichtung *f*
② ECON, FIN (*transaction settling*) Clearing *nt;* ~ **member** Clearingteilnehmer(in) *m(f)*
clearing bank *n* BRIT ECON Clearingbank *f fachspr*
clearing house *n* ① BRIT ECON (*organization for clearing cheques*) Clearingzentrale *f fachspr* ② (*central agency*) Zentrale *f;* (*for university applications*) zentrale Zulassungsstelle **Clearing House Automated Payments System** *n* FIN elektronisches Abrechnungssystem für Schecks **clearing up** I. *n* (*of dirty dishes*) Abräumen *nt;* (*tidying*) Aufräumen *nt;* **to do the** ~ den Abwasch erledigen II. *adj* Aufräumungs-; ~ **operations** Aufräumungsarbeiten *fpl*
clearly ['klɪəli, AM 'klɪr-] *adv* ① (*distinctly*) klar, deutlich; **loudly and** ~ laut und deutlich; **to think** ~ klar denken, einen klaren Gedanken fassen
② (*obviously*) offensichtlich; (*unambiguously*) eindeutig; (*undoubtedly*) zweifellos; ***~, you should tell her the truth*** natürlich solltest du ihr die Wahrheit sagen
clearness ['klɪənəs, AM 'klɪr-] *n no pl* Klarheit *f;* (*unambiguousness*) Eindeutigkeit *f; of a glance, look* Intensität *f,* Schärfe *f*
clear-out *n no pl esp* BRIT Entrümpelung *f;* **to give sth a good** ~ etw gründlich entrümpeln **clear-sighted** *adj* scharfsichtig, hellsichtig *geh;* ■**to be** ~ **about sth** etw scharf im Auge behalten **clear title** *n* LAW **to have a** ~ **title to sth** ein unbestrittenes Recht auf etw *akk* haben **clear-up rate** *n* LAW Aufklärungsrate *f* **clearway** *n* BRIT Schnellstraße *f,* Straße *f* mit Halteverbot
cleat [kli:t] *n* ① (*for strengthening woodwork*) Leiste *f*
② (*for securing ropes*) *boats* Klampe *f; climbing* Haken *m*
③ AM (*on boots*) Stollen *m*
cleated shoes *npl* Schuhe *mpl* mit Stollen
cleats [kli:ts] *npl* AM Sportschuhe *mpl* mit Stollen
cleavage ['kli:vɪdʒ] *n* ① *no pl* (*of woman*) Dekolletee *nt*
② (*form: split*) Kluft *f;* (*fig*) Spaltung *f,* Kluft *f*
cleave[1] <-d *or* cleft *or* AM clove, -d *or* cleft *or* AM clove> [kli:v] I. *vi* (*dated liter*) sich *akk* spalten
II. *vt* ■**to** ~ **sth** etw spalten
cleave[2] <-d, -d> [kli:v] *vi* (*form liter: stick to*) ■**to** ~ **to sth** an etw *dat* haften; (*continue to believe in*) an etw *dat* festhalten
cleaver ['kli:vəʳ, AM -ɚ] *n* ① (*butcher's knife*) Hackbeil *nt*
② (*oar for rowing*) beilförmiges Ruder
clef [klef] *n* [Noten]schlüssel *m*
cleft [kleft] I. *adj usu attr, inv* gespalten; ~ **lip** gespaltene Lippe; ~ **palate** Gaumenspalte *f,* Wolfsrachen *m*
► PHRASES: **to be caught in a** ~ **stick** in der Klemme sitzen *fam*
II. *n* Spalt *m,* Spalte *f*
clematis <*pl* -> ['klemətɪs, AM -t̬əs] *n* BOT Klematis *f,* Waldrebe *f*
clemency ['klemən(t)si] *n no pl* Milde *f;* **appeal for** ~ Gnadengesuch *nt;* **executive** ~ AM LAW Begnadigung *f* durch den Präsidenten
clement ['klemənt] *adj* (*mild*) *climate, punishment also* gnädig; ■**to be** ~ **towards sb** jn gegenüber Gnade walten lassen
clementine ['kleməntiːn, AM *esp* -taɪn] *n* Klementine *f*
clench [klen(t)ʃ] *vt* ■**to** ~ **sth** etw [fest] umklammern; (*grasp*) etw [fest] packen; **to** ~ **one's fist** die Faust ballen; **to** ~ **one's teeth** die Zähne fest zusammenbeißen; **to** ~ **sth between** [*or* **in**] **one's teeth** etw zwischen die Zähne klemmen
clenched [klen(t)ʃt] *adj* zusammengepresst; ~ **fists** geballte Fäuste; **to speak through** ~ **teeth** mit zusammengebissenen Zähnen sprechen
Cleopatra [ˌkli:əʊ'pætrə, AM ˌkliːoʊ'] *n no pl* Kleopatra
clerestory <*pl* -ies> ['klɪəstɔːri, AM 'klɪr] *n* Lichtgaden *m*
clergy ['klɜːdʒi, AM 'klɜːr-] *n* + *pl vb* ■**the** ~ die Geistlichkeit, die Geistlichen *pl;* **to join the** ~ Geistliche(r) werden
clergyman *n* Geistliche(r) *m* **clergywoman** *n* Geistliche *f*
cleric ['klerɪk] *n* Geistliche(r) *f(m),* Kleriker(in) *m(f)*
clerical ['klerɪkᵊl] *adj inv* ① *attr* (*of the clergy*) geistlich
② (*of offices, of clerks*) Büro-; ~ **error** Versehen *nt;* ~ **job** [*or* **work**] Büroarbeit *f*
clerical collar *n* Priesterkragen *m*
clericalism ['klerɪkᵊlɪzᵊm] *n no pl* Klerikalismus *m*
clerical staff *n* + *sing/pl vb* Büropersonal *nt* **clerical work** *n no pl* Büroarbeit *f*
clerk [klɑːk, AM klɜːrk] I. *n* ① (*employed person*) Büroangestellte(r) *f(m);* AM (*hotel receptionist*) Empfangschef *m/*Empfangsdame *f;* **junior office** ~ Bürogehilfe, -in *m, f;* **sales** ~ AM Verkäufer(in) *m(f)*
② LAW **C~ of the House** [**of Commons**] Verwaltungschef *m* des Unterhauses; **C~ of the House** [**of Lords**] Verwaltungschef *m* des Oberhauses; ~ **to the justices** juristischer Berater des Amtsrichters
II. *vi* AM **to** ~ **in an office** in einem Büro beschäftigt sein
clerkess [ˌklɑː'kɪs] *n* SCOT Büroangestellte *f,* Sachbearbeiterin *f*
clerkship ['klɜːrkʃɪp] *n* AM LAW Vorbereitungszeit *f* bei einem Anwalt
clever ['klevəʳ, AM -ɚ] *adj* ① (*intelligent*) klug, gescheit, schlau *fam;* **to be** ~ **at a subject** in einem Fach sehr gut sein; ~ **boy/girl** kluger Junge/kluges Mädchen
② (*skilful*) geschickt; (*showing intelligence*) clever; ■**to be** ~ **at sth** geschickt in etw *dat* sein; ***he's very ~ at getting his own way*** er hat es raus, seinen Willen durchzusetzen; **to be** ~ **with one's hands** geschickte Hände haben; **a** ~ **trick** ein raffinierter Trick
③ (*pej: quick-witted but insincere*) clever, gerissen *pej;* **too** ~ **by half** (*pej*) neunmalklug *pej*
clever-clever *adj* BRIT (*pej*) oberschlau *iron fam,* superschlau *iron fam* **clever clogs** <*pl* -> *n* BRIT (*pej*), **clever dick** *n* BRIT (*pej*) Klugscheißer *m pej sl,* Superschlaue(r) *f(m) iron*
cleverly ['klevᵊli, AM -ɚli] *adv* klug; (*skillfully*) geschickt; **to handle a situation** ~ eine Situation sehr geschickt meistern
cleverness ['klevənəs, AM -ɚ-] *n no pl* ① (*quick-wittedness*) Schlauheit *f,* Klugheit *f,* Cleverness *f; of a machine* Intelligenz *f*
② (*skill*) Geschick *nt,* Geschicklichkeit *f*
clew [kluː] *n* ① NAUT [Schot]horn *nt fachspr*
② (*old: clue*) Anhaltspunkt *m;* (*trail*) Spur *f*
cliché ['kliːʃeɪ, AM kliː'ʃeɪ] *n* Klischee *nt;* (*hackneyed phrase*) [abgedroschene] Phrase *pej,* Gemeinplatz *m pej*
clichéd ['kliːʃeɪd, AM kliː'ʃeɪd] *adj,* **cliché-ridden** *adj* klischeehaft, voller Klischees
click [klɪk] I. *n* ① (*short, sharp sound*) Klicken *nt; of door* Zuschnappen *nt; of fingers* Knipsen *nt,* Schnipsen *nt; of heels* Zusammenklappen *nt; of lock* Einschnappen *nt; of tongue* Schnalzen *nt*
② CAN (*sl*) Kilometer *m*
③ LING Schnalzlaut *m*
④ COMPUT Klick *m;* **double-**~ Doppelklick *m;* **drag-and-**~ Ziehen *nt* und Klicken
II. *vi* ① (*short, sharp sound*) klicken; *door* zuschnappen; *lock* einschnappen
② (*fam: become friendly*) ■**to** ~ [**with sb**] sich *akk* [mit jdm] auf Anhieb verstehen; (*become popular*) [bei jdm] [gut] ankommen *fam;* ***Liz and I really ~ed with each other the first time we met*** zwischen Liz und mir hat es gleich gefunkt
③ (*fam: become understandable*) [plötzlich] klar werden; ***so it's finally ~ed that …*** hast du jetzt endlich kapiert, dass … *fam*
④ COMPUT klicken; ■**to** ~ **on sth** etw anklicken
III. *vt* ① (*make sound*) **to** ~ **one's fingers** [mit den Fingern] schnippen; **to** ~ **one's heels** die Hacken zusammenklappen; **to** ~ **off the light** das Licht ausknipsen; **to** ~ **one's tongue** mit der Zunge schnalzen
② COMPUT ■**to** ~ **sth** etw anklicken
◆**click around** *vi* COMPUT [mit der Maus] herumklicken; **to** ~ **around websites** INET [herum]surfen
click language *n* Schnalzlautsprache *f* (*Sprache, die auf Verschlusslauten basiert*)
client ['klaɪənt] *n* Kunde, -in *m, f; of psychotherapist, lawyer* Klient(in) *m(f); of barrister also* Mandant(in) *m(f);* COMPUT Klient *nt*
clientele [ˌkliːɑ̃(n)'tel, AM ˌklaɪən'-] *n* + *sing/pl vb* Klientel *f,* Kundschaft *f*
client-server architecture *n* COMPUT Client-Server-Architektur *f* **client-server network** *n* COMPUT Client-Server-Netzwerk *nt*
client state *n* abhängiger Staat
cliff [klɪf] *n* Klippe *f,* Kliff *nt*
cliffhanger *n* Thriller *m* **clifftop** *n* Felsspitze *f,* Klippenrand *m*
climacteric [klaɪ'mæktᵊrɪk, AM -tɚ-] *n* (*form*) Wechseljahre *pl,* Klimakterium *nt fachspr*
climactic [klaɪ'mæktɪk] *adj usu attr* sich *akk* steigernd; **the** ~ **point** der Höhepunkt
climate ['klaɪmət] *n* Klima *nt a. fig;* **change of** ~ Klimawechsel *m;* **the** ~ **of the Mediterranean** das Mittelmeerklima; **the** ~ **of opinion** die Stimmungslage, die allgemeine Meinung; **the economic** ~ das wirtschaftliche Klima; **an extreme** ~ ein extremes Klima; **to move to a warmer** ~ in wärmere Gegenden ziehen
climatic [klaɪ'mætɪk, AM -t̬ɪk] *adj inv* klimatisch, Klima-; ■**to be** ~ klimatisch bedingt sein; ~ **changes** Klimaveränderungen *fpl*
climatologist [ˌklaɪmə'tɒlədʒɪst, AM -'tɑːlə-] *n* Klimaforscher(in) *m(f),* Klimatologe, -in *m, f fachspr*
climatology [ˌklaɪmə'tɒlədʒi, AM -'tɑːlə-] *n no pl* Klimakunde *f,* Klimatologie *f fachspr*
climax ['klaɪmæks] I. *n* Höhepunkt *m;* (*sexual also*) Orgasmus *m;* **to experience** [*or* **reach**] ~ einen Orgasmus haben
II. *vi* ① (*reach a high point*) einen Höhepunkt erreichen; ■**to** ~ **in sth** in etw *dat* gipfeln
② (*achieve orgasm*) einen Orgasmus haben
climb [klaɪm] I. *n* ① (*ascent*) Aufstieg *m;* (*climbing*) Klettertour *f;* ■~ **up/down the mountain** Aufstieg *m/*Abstieg *m;* ~ **to power** (*fig*) Aufstieg *m* zur Macht
② AVIAT Steigflug *m;* **rate of** ~ Steiggeschwindigkeit *f*
③ (*increase*) Anstieg *m* (**in** +*gen*)
II. *vt* ① (*ascend, go up*) ■**to** ~ [**up**] ○ **sth** auf etw *akk* [hinauf]steigen; **to** ~ [**up**] **a hill** auf einen Hügel [hinauf]steigen; **to** ~ [**up**] **a ladder** eine Leiter hinaufklettern; **to** ~ [**up**] **the stairs** die Treppe hochgehen; **to** ~ [**up**] **a tree** auf einen Baum [hoch]klettern
② (*get to the top*) **to** ~ **a hill** einen Hügel ersteigen; **to** ~ **a steep path** einen steilen Pfad erklimmen
► PHRASES: **to** ~ **the walls** die Wände hochgehen *fig fam*
III. *vi* ① (*ascend*) [auf]steigen *a. fig;* **to** ~ **to a height of …** AVIAT auf eine Höhe von … steigen; ■**to** ~ **up** *road, path* sich *akk* hochschlängeln; *plant* hochklettern
② (*increase rapidly*) [an]steigen; *costs, prices also* klettern *fig*

❸ (*get into*) ■**to ~ into sth** *a car, sleeping bag* in etw *akk* hineinklettern; ***he ~ed into his suit*** er stieg in seinen Anzug
❹ (*get out*) ■**to ~ out of sth** aus etw *dat* herausklettern
► PHRASES: **to ~ on the bandwagon** (*fam*) auf den fahrenden Zug aufspringen; **the higher you ~ the harder you fall** wer hoch steigt, fällt tief *prov*
◆**climb down** *vi* ❶ (*descend*) heruntersteigen; *road* hinunterführen; **to ~ down from the summit** vom Gipfel absteigen; **to ~ down a tree** von einem Baum herunterklettern
❷ BRIT, AUS (*back down*) von seinem hohen Ross steigen *fam;* (*give in*) klein beigeben
climbable ['klaɪməbl̩] *adj* besteigbar; **~ tree** bekletterbarer Baum
climb-down *n* BRIT [Ein]geständnis *nt*
climber ['klaɪməʳ, AM -ɚ] *n* ❶ (*mountaineer*) Bergsteiger(in) *m(f); of rock faces* Kletterer, Kletterin *m, f*
❷ (*climbing plant*) Kletterpflanze *f*
❸ (*fig fam: striver for higher status*) Aufsteiger(in) *m(f) fam;* **a social ~** ein sozialer Aufsteiger/eine soziale Aufsteigerin *fam*
❹ AM (*climbing frame*) Klettergerüst *nt*
climbing ['klaɪmɪŋ] **I.** *n no pl* (*ascending mountains*) Bergsteigen *nt;* (*ascending rock faces*) Klettern *nt;* **to go ~** bergsteigen gehen
II. *adj attr, inv* ❶ (*of climbing plants*) Kletter-
❷ (*for going up mountains*) Kletter-, Bergsteiger-; **~ boots** Kletterschuhe *mpl,* Bergschuhe *mpl*
climbing frame *n* BRIT Klettergerüst *nt* **climbing irons** *npl* Steigeisen *ntpl*
climes [klaɪmz] *npl* (*liter or hum: climate*) Klima *nt,* Witterung *f;* **sunnier ~** sonnigere Gefilde *hum*
clinch [klɪn(t)ʃ] **I.** *n* <*pl* -es> ❶ (*embrace*) Umschlingung *f;* **to be locked in a [tight] ~** sich *akk* [fest] umschlingen
❷ (*in boxing*) Clinch *m,* Umklammerung *f;* **to get into a ~** sich *akk* umklammern; **to get out of a ~** sich *akk* aus einer Umklammerung lösen
II. *vt* ■**to ~ sth** ❶ (*settle decisively*) etw entscheiden; ***that ~ed it for her*** damit war die Sache für sie klar; **to ~ a deal** einen Handel perfekt machen [*o* besiegeln]
❷ TECH **to ~ a nail** einen Nagel krumm schlagen
III. *vi* (*in boxing*) clinchen
clincher [klɪn(t)ʃəʳ, AM -ɚ] *n* (*fam*) entscheidender Faktor; ***that was the real ~*** das gab den Ausschlag
cling <clung, clung> [klɪŋ] *vi* ❶ (*hold tightly*) klammern; ***~ on or you might fall over*** halt dich fest, damit du nicht hinfällst; ■**to ~ together** sich *akk* aneinander klammern; (*in love*) einander umschlingen; ■**to ~ to sth** sich *akk* an etw *akk* klammern *a. fig;* (*fig*) ***the road ~s to the coastline*** die Straße schmiegt sich eng an die Küste; **to ~ to the belief/hope that ...** sich *akk* an den Glauben/die Hoffnung klammern, dass...
❷ (*stick*) kleben; (*fig*) *smell* hängen bleiben; *child, lover* klammern
clingfilm *n no pl* BRIT Frischhaltefolie *f*
clinging ['klɪŋɪŋ] *adj* ❶ (*close-fitting*) eng anliegend *attr;* **a [very] ~ dress** ein hautenges Kleid
❷ (*emotionally*) klammernd *attr;* **a very ~ child** ein sehr anhängliches Kind
clingy ['klɪŋi] *adj* klammernd *attr*
clinic ['klɪnɪk] *n* Klinik *f;* **prenatal** [*or* BRIT **antenatal**] **~** geburtsvorbereitende Klinik; **ear, nose and throat ~** Hals-Nasen-Ohrenklinik *f;* **to hold a ~** BRIT *doctor* Sprechstunde haben; *MP* Sprechstunde abhalten
clinical ['klɪnɪkəl] *adj inv* ❶ *attr* klinisch; **Department of C~ Medicine** Abteilung *f* für Klinische Medizin; **~ test** klinische Untersuchung; **~ training** klinische Ausbildung; **~ trials** *pl* klinische Erprobung
❷ (*hospital-like*) *rooms, clothes* steril, kalt
❸ (*emotionless*) *attitude, person* distanziert, nüchtern
clinical depression *n* klinische Depression
clinically ['klɪnɪkəli] *adv inv* ❶ (*medically*) klinisch; **~ dead** klinisch tot; **~ proven** klinisch getestet
❷ (*in emotionless fashion*) distanziert, nüchtern
clinical psychology *n no pl* klinische Psychologie
clinical thermometer *n* Fieberthermometer *nt*
clinician ['klɪnɪʃən] *n* Kliniker(in) *m(f)*
clink¹ [klɪŋk] **I.** *vt* ■**to ~ sth** mit etw *dat* klirren; *esp metal* mit etw *dat* klimpern; **to ~ glasses** die Gläser klingen lassen
II. *vi* klirren; *esp metal* klimpern
III. *n no pl* Klirren *nt; coins* Klimpern *nt*
clink² [klɪŋk] *n* (*fam*) Knast *m fam,* Kittchen *nt fam;* **in [the] ~** im Knast [*o* Kittchen] *fam*
clinker ['klɪŋkəʳ, AM -ɚ] *n no pl* Schlacke *f;* **~ brick** Klinkerstein *m*
clinking ['klɪŋkɪŋ] *n no pl* Geklirr *nt;* **~ of chains** Kettenrasseln *nt*
clip¹ [klɪp] **I.** *n* ❶ (*fastener*) Klipp *m;* (*for wires*) Klemme *f;* **bicycle ~** [Fahrrad]klammer *f;* **hair ~** [Haar]spange *f;* **paper ~** Büroklammer *f*
❷ (*for cartridges*) Ladestreifen *m*
❸ (*jewellery*) Klipp *m,* Klips *m*
II. *vt* <-pp-> ■**to ~ sth together** *papers, documents* etw zusammenklammern [*o* zusammenheften]
clip² [klɪp] **I.** *n* ❶ (*trim*) Schneiden *nt; of a dog* Trimmen *nt; of a sheep* Scheren *nt;* **to give a hedge a ~** eine Hecke schneiden
❷ FILM, TV (*extract*) Ausschnitt *m,* Clip *m*
❸ (*sharp blow*) Hieb *m geh,* Schlag *m;* **to get a ~ round the ear** eins hinter die Ohren bekommen *fam*
❹ *no pl* (*fam: fast speed*) Tempo *nt;* **at a fast ~** mit einem Affenzahn *fam*
II. *vt* <-pp-> ❶ (*trim*) **to ~ a dog** einen Hund trimmen; **to ~ a hedge** eine Hecke stutzen; **to ~ one's nails** sich *dat* die Nägel schneiden; **to ~ sheep** Schafe scheren
❷ BRIT (*make a hole*) **to ~ a ticket** ein Ticket entwerten
❸ (*fig: reduce*) ■**to ~ sth** etw verkürzen; *record* etw unterbieten
❹ (*omit syllables*) **to ~ one's words** abgehackt sprechen, Silben verschlucken
❺ (*attach*) ■**to ~ sth to sth** etw an etw *akk* anheften
❻ (*touch*) ■**to ~ sth** etw streifen; **to ~ sb's ear** jdm eins hinter die Ohren geben; **to ~ the edge of the kerb** die Bordsteinkante streifen
► PHRASES: **to ~ sb's wings** (*fig*) jdm die Flügel stutzen
◆**clip on** *vt* ■**to ~ sth** ↔ **on** etw mit einem Klipp befestigen
◆**clip out** *vt* ■**to ~ sth** ↔ **out** etw ausschneiden
clip-art *n* COMPUT Clipart *f*
clipboard *n* Klemmbrett *nt,* Manuskripthalter *m;* COMPUT Zwischenspeicher *m;* (*utility*) Zwischenablage *f* **clip-clop** **I.** *n* Klippklapp *nt,* Klappern *nt; of hooves* Getrappel *nt* **II.** *vi* <-pp-> klappern **clip earring** *n* Ohrklipp *m,* Ohrklips *m* **clip joint** *n* (*fam*) Nepplokal *nt pej fam* **clip-on** **I.** *adj* ansteckbar; **~ earring** Ohrklipp *m,* Ohrklips *m;* **~ sunglasses** Sonnenschutzgläser *ntpl* zum Aufstecken **II.** *n* Klips *m;* (*bow-tie*) Selbstbinder *m veraltend;* (*sunglasses*) Sonnenschutzgläser *ntpl* zum Aufstecken
clip-on earring *n* Ohrklips *m,* Ohrklipp *m*
clipped [klɪpt] *adj* ❶ (*trimmed*) gestutzt
❷ (*cut short*) *way of speaking* abgehackt; *style* knapp
clipper ['klɪpəʳ, AM -ɚ] *n* ❶ NAUT (*hist*) Klipper *m* (*schnelles Segelschiff*)
❷ AVIAT Clipper *m*
clippers ['klɪpəz, AM -ɚz] *npl* Schere *f*
clipping ['klɪpɪŋ] *n* **grass ~s** das gemähte Gras; **nail ~s** abgeschnittene Nägel; **newspaper ~** Zeitungsausschnitt *m,* Clipping *nt fachspr*
clique [kli:k, AM *also* klɪk] *n + sing/pl vb* (*pej*) Clique *f,* Klüngel *m pej*
cliquish ['kli:kɪʃ, AM *also* klɪk-] *adj* (*pej*), **cliquy** ['kli:ki, AM *also* klɪki] *adj* (*pej*) cliquenhaft, klüngelhaft *pej*
clitoral ['klɪtərəl, AM -t̬ɚ-] *adj inv* klitoral
clitoridectomy <*pl* -mies> [ˌklɪtərɪ'dektəmi] *n* Klitorisentfernung *f,* Klitoridektomie *f fachspr*
clitoris ['klɪtərɪs, AM -t̬ɚəs] *n* Klitoris *f,* Kitzler *m*
Cllr *n abbrev of* **Councillor** Ratsmitglied *nt*
cloak [kləʊk, AM kloʊk] **I.** *n* ❶ (*garment*) Umhang *m*
❷ (*fig: cover for secret*) Deckmantel *m;* **under the ~ of darkness** im Schutz der Dunkelheit
II. *vt* ■**to ~ sth** etw verhüllen; **to be ~ed in mist** in Nebel gehüllt sein; **to be ~ed in secrecy** geheim gehalten werden
cloak-and-dagger *adj* ❶ (*of melodramatic adventure*) Mantel-und-Degen-; ■**to be ~** abenteuerlich sein ❷ (*secret*) *meeting* geheim; *intrigue* undurchsichtig; **~ operation** Nacht-und-Nebel-Aktion *f*
cloakroom *n* ❶ (*room for leaving coats*) Garderobe *f* ❷ BRIT (*euph: toilet in public building*) Toilette *f;* **the gents/ladies ~** die Herren-/Damentoilette
clobber ['klɒbəʳ, AM 'klɑ:bɚ] **I.** *vt* ❶ (*fam: strike repeatedly*) ■**to ~ sb [with sth]** jdn [mit etw *dat*] verprügeln; **to ~ sb one** (*fam*) jdm eine scheuern [*o* kleben] *fam*
❷ (*fig fam: punish*) ■**to ~ sb** jdn bestrafen
❸ (*fam: harm*) ■**to ~ sb** jdm schaden; **sb gets ~ed with the costs of sth** die Kosten einer S. *gen* schröpfen jdn
❹ (*fam: defeat heavily*) ■**to ~ sb** jdn vernichtend schlagen
II. *n no pl* BRIT, AUS (*fam*) Zeug *nt oft pej fam,* Kram *m fam*
cloche [klɒʃ, AM kloʊʃ] *n* ❶ (*for plants*) Glasschutz *m;* (*of plastic*) Abdeckfolie *f*
❷ (*bell-shaped hat*) Glockenhut *m*
clock [klɒk, AM klɑ:k] **I.** *n* ❶ (*for time measuring*) Uhr *f;* **alarm ~** Wecker *m;* **the ~ chimes** [*or* **strikes**] **...** die Uhr schlägt ...; **the ~ says ...** die Uhr zeigt ... [an]; **to put** [*or* **turn**] **the ~ back** die Uhr zurückstellen; **to put** [*or* **turn**] **the ~ forward** [*or* BRIT **on**] die Uhr vorstellen; **to put** [*or* **turn**] **the ~s back** (*fig*) die Zeit zurückdrehen; ***the court's decision will put the ~s back fifty years*** dieses Gerichtsurteil wirft die Rechtsprechung um fünfzig Jahre zurück; **to have** [*or* **keep**] **one's eye on the ~, to watch the ~** ständig auf die Uhr gucken; **to run against the ~** auf Zeit laufen; **to set a ~** eine Uhr stellen; **to work against the ~** gegen die Zeit arbeiten; **to work according to** [*or* **by**] **the ~** die Arbeitszeit genau einhalten; **round** [*or* **around**] **the ~** rund um die Uhr *fam*
❷ (*speedometer, mileometer*) Tachometer *m o nt,* Tacho *m o nt fam*
II. *vt* ❶ (*measure speed*) ■**to ~ sb at sth** ***he was ~ed at 10 seconds for the 100 metres*** er lief die 100 Meter in 10 Sekunden; ■**to ~ sb doing sth** ***the police ~ed him doing 80 mph*** die Polizei blitzte ihn mit 128 km/h
❷ (*run or travel at speed of*) ■**to ~ sth** ***this car can ~ 240 kmh*** dieses Auto hat bis zu 240 Sachen drauf *fam;* ***he ~ed 10 seconds in the 100 metres*** er lief die 100 Meter in 10 Sekunden
❸ (*fam: hit, strike*) ■**to ~ sb [one]** jdm eine kleben [*o* schmieren] *fam*
◆**clock in** *vi* ❶ (*record arrival time*) stechen *fam,* den Arbeitsbeginn registrieren
❷ (*fig fam: arrive*) ankommen, eintreffen; (*without hurry*) eintrudeln *fam*
◆**clock out** *vi* ❶ (*record departure time*) stechen *fam,* das Arbeitsende registrieren
❷ (*fig fam: leave work*) Feierabend machen
◆**clock up** *vt* ■**to ~ up** ↔ **sth** ❶ (*travel a specific distance*) etw fahren
❷ *esp* BRIT (*attain*) *victory, medal* etw für sich *akk* verbuchen können
clockface *n* Zifferblatt *nt*
clocking-in time ['klɒkɪŋɪn,-, AM 'klɑ:k-] *n* Stechzeit *f* (*spätester Zeitpunkt, an dem man sich am Arbeitsplatz registriert haben muss*)
clock radio *n* Radiowecker *m* **clock timer** *n* Zeitschaltuhr *f* **clock tower** *n* Uhrenturm *m*
clock-watcher *n* (*pej*) *jd, der ständig auf die*

Uhr sieht **clock-watching** *n no pl (pej)* dauerndes Auf-die-Uhr-Sehen

clockwise ['klɒkwaɪz, AM 'klɑːk-] **I.** *adj usu attr, inv* im Uhrzeigersinn; **to turn sth in a ~ direction** etw im Uhrzeigersinn drehen
II. *adv* im Uhrzeigersinn; **to move/turn ~** sich *akk* im Uhrzeigersinn bewegen/drehen

clockwork **I.** *n no pl* Uhrwerk *nt;* ***everything is going like ~*** alles läuft wie am Schnürchen *fam;* **~ toy** Spielzeug *nt* zum Aufziehen; **regular as ~** pünktlich wie ein Uhrwerk; ***my daughter always calls me on Friday evenings, regular as ~*** meine Tochter ruft mich immer freitagabends an, ich kann fast die Uhr danach stellen
II. *adj* präzise, exakt; **with ~ precision** mit der Präzision eines Uhrwerks

clod [klɒd, AM klɑːd] *n* ❶ *(of earth, clay)* Klumpen *m*
❷ *(dated: stupid person)* Trottel *m pej fam*

clodhopper *n* ❶ *(fam: large heavy shoe)* Quadratlatschen *pl hum fam* ❷ *(fam: clumsy or awkward person)* Tollpatsch *m fam,* Trampel *m o nt meist pej fam* **clodhopping** *adj* ❶ *(fam: heavy) shoes* klobig ❷ *(fam: boorish)* plump; *(awkward)* ungeschickt; *(clumsy)* schwerfällig

clog [klɒg, AM klɑːg] **I.** *n* Holzschuh *m;* *(modern kind)* Clog[s] *m[pl]*
▸ PHRASES: **to pop one's ~** BRIT *(sl)* den Löffel abgeben *fam,* abkratzen *derb*
II. *vi* <-gg-> ■**to ~ [up]** *pipe* verstopfen
III. *vt* <-gg-> ■**to ~ sth ↔ up** etw verstopfen; **to ~ [up] the drains** den Abfluss verstopfen

clog-dance *n* Holzschuhtanz *m*

clogged [klɒgd, AM klɑːgd] *adj drain* verstopft

cloister ['klɔɪstəʳ, AM -ɚ] *n usu pl* Kreuzgang *m*

cloistered ['klɔɪstəd, AM -ɚd] *adj* ❶ *(of a cloister)* **a ~ court** ein [Kloster]hof *m* mit einem Kreuzgang
❷ *(secluded)* weltabgeschieden; *(sheltered)* [klösterlich] behütet; **to lead a ~ life** in einer Welt für sich *akk* leben

clone [kləʊn, AM kloʊn] **I.** *n* ❶ *(produced asexually)* Klon *m*
❷ *(pej: imitation)* Kopie *f oft pej*
❸ TECH Nachbau *m*
II. *vt* ■**to ~ sth/sb** jdn/etw klonen

cloning ['kləʊnɪŋ, AM 'kloʊn-] *n no pl* Klonen *nt;* **reproductive ~** Klonen *nt* von Menschen; **therapeutic ~** therapeutisches Klonen

clonk [klɒŋk, AM klɑːŋk] **I.** *vi* klirren, scheppern, klappern
II. *vt (fam)* ■**to ~ sb/sth** jdm/etw eins überziehen *fam,* in jdn/etw reinhauen *fam*

close¹ [kləʊs, AM kloʊs] **I.** *adj usu pred* ❶ *(short distance)* nah[e]; ***let's go to the ~st pub*** lasst uns in das nächste Pub gehen!; ■**to be ~ to sth** in der Nähe einer S. *gen* liegen; ***our guest-house was ~ to the sea*** unsere Pension war nicht weit vom Meer entfernt; **~ combat** Nahkampf *m;* **~ to the ground** dicht über dem Boden; **in ~ proximity** in unmittelbarer Nähe; **at ~ quarters** aus der Nähe [betrachtet]; **at ~ range** aus kurzer Entfernung; **~ together** nahe [*o* dicht] beieinander
❷ *(near)* **to be ~ to exhaustion** total erschöpft sein; **to be ~ to perfection** so gut wie perfekt sein; **to be ~ to tears** den Tränen nahe sein
❸ *(near in time)* nahe [bevorstehend]; ***it's ~ to X-Mas*** Weihnachten steht vor der Tür; ***war is ~*** ein Krieg steht unmittelbar bevor; **~ together** nahe [*o* dicht] beieinander
❹ *(intimate)* ■**to be ~ to sb** jdm [sehr] nahe stehen; ***my brother and I have always been very ~*** mein Bruder und ich standen uns schon immer sehr nahe; ***… because of their ~ links with terrorist groups …*** wegen ihrer engen Verbindung zu Terrorgruppen; **~ bond** enges Band; **~ co-operation** enge Zusammenarbeit; **just ~ family** nur die nähsten Verwandten; **~ friend** enger Freund/enge Freundin; **~ friendship** enge Freundschaft; **~ links** eine enge Verbindung; **~ relatives** nahe Verwandte
❺ *(little space between)* eng; **~ handwriting** enge Schrift; **ten pages of ~ print** zehn eng bedruckte Seiten; **~ ranks** geschlossene Reihen; **~ weave** dichtes Gewebe
❻ *(fig: dense)* **~ argument** stichhaltiges Argument; **~ reasoning** geschlossene Argumentation
❼ *(almost equal)* knapp; ***the race is going to be a ~ contest*** das wird ein Kopf-an-Kopf-Rennen!; ***the election was too ~ a call*** der Ausgang der Wahl war völlig offen; **~ race** Kopf-an-Kopf-Rennen *nt*
❽ *(similar)* **to be ~st equivalent to sth** etw *dat* am nächsten kommen; **~ resemblance** große Ähnlichkeit; **to bear a ~ resemblance to sb/sth** jdm/etw sehr ähnlich sehen/sein
❾ *(exact)* genau; **to play ~ attention to sb** jdm gut zuhören; **to play ~ attention to sth** genau auf etw *akk* achten; **to keep a ~ eye on sth** etw gut im Auge behalten
❿ *(secret)* verschwiegen; ***she's very ~ about her relationship*** was ihre Beziehung angeht, ist sie sehr verschwiegen; **~ secret** großes Geheimnis
⓫ *(airless, stifling)* schwül; *(in room)* stickig
⓬ *(mean)* knauserig *pej*
⓭ *(almost)* **~ to [*or* on] …** nahezu …, fast …; **~ to midnight** kurz vor Mitternacht
⓮ LING **~ vowel** geschlossener Vokal
▸ PHRASES: **to be ~ to the <u>bone</u>** der Wahrheit ziemlich nahe kommen; **that was a ~ <u>call</u>!** das war knapp!; **to hold [*or* keep] one's <u>cards</u> ~ to one's chest** sich *dat* nicht in die Karten sehen lassen; **that was too ~ for <u>comfort</u>!** das ging gerade nochmal gut!; *(distance)* ***she lives too ~ for comfort*** sie wohnt näher als ihr lieb ist; **that was a ~ <u>shave</u>!** das war knapp! *fam;* **to have had a ~ <u>shave</u>** gerade noch davongekommen sein
II. *adv (near in location)* nahe; *(near in time)* nahe [bevorstehend]; ***please come ~r*** kommen Sie doch näher!; ***the election is getting ~*** die Wahlen stehen unmittelbar vor der Tür; ***she came ~ to getting that job*** fast hätte sie die Stelle bekommen; **to come ~ to blows** beinahe handgreiflich werden; **to be ~ at hand** *person* in Reichweite sein; *event* unmittelbar bevorstehen; **to come ~ to tears** den Tränen nahe kommen; **to come ~ to the truth** der Wahrheit [ziemlich] nahe kommen; **to get ~ to sb/sth** jdm/etw nahe kommen; **to hold sb ~** jdn fest an sich drücken; **on looking ~r** bei genauerem Hinsehen; ■**~ by** in der Nähe; ***the little child stood ~ by his mother*** das kleine Kind stand dicht bei seiner Mutter; ■**from ~ up** aus der Nähe; ■**~ together** dicht beieinander; ***please stand ~ together*** können Sie vielleicht noch ein bisschen aufrücken?; ***these appointments are too ~ together*** diese Termine liegen einfach zu dicht aufeinander
▸ PHRASES: **to sail ~ to the <u>wind</u>** sich *akk* hart an der Grenze des Erlaubten bewegen
III. *vi* ❶ ■**to ~ on sb/an animal** sich *akk* jdm/einem Tier bedrohlich nähern
❷ STOCKEX *(reach a price)* ***shares ~d at 15 dollars*** die Aktien erreichten eine Schlussnotierung von 15 Dollar
IV. *n* BRIT Hof *m;* *(in street names) Straßenname für Sackgassen;* *(around cathedral)* Domhof *m;* SCOT *schmaler, meist offener Durchgang oder Hof*

close² [kləʊz, AM kloʊz] **I.** *vt* ❶ *(shut)* ■**to ~ sth** etw schließen; **to ~ a book** ein Buch zumachen; **to ~ a company/factory/shop** einen Betrieb/eine Fabrik/einen Laden schließen; **to ~ the curtains** die Vorhänge zuziehen; **to ~ the door/one's mouth/the window** die Tür/seinen Mund/das Fenster zumachen; **to ~ one's ears** *(fig)* sich *akk* taub stellen; **to ~ one's eyes** seine Augen zumachen [*o* schließen]; **to ~ one's eyes to sth** *(fig)* die Augen vor etw *dat* verschließen; **to ~ a plant/railway line** ein Werk/eine Bahnstrecke stilllegen; **to ~ ranks** die Reihen schließen; ***the party has ~d ranks on the issue*** die Partei nimmt dem Thema gegenüber eine geschlossene Stellung ein; **to ~ a road** eine Straße sperren; ECON, FIN **to ~ an account** ein Konto auflösen
❷ *(bring to an end)* ***the matter is ~d*** der Fall ist abgeschlossen; ***the performance was ~d with 'Auld Lang Syne'*** die Aufführung endete mit dem Lied ‚Auld Lang Syne'; **to ~ a bank account** ein Konto auflösen; **to ~ a case** LAW einen Fall abschließen; ***case ~d*** *also* LAW der Fall ist abgeschlossen; **to ~ a deal** einen Handel [ab]schließen; **to ~ a discussion** eine Diskussion beenden; ***let's ~ this discussion with a brief summary*** lassen Sie mich diese Diskussion mit einer kurzen Zusammenfassung abschließen; **to ~ a meeting** eine Besprechung beenden
❸ *(make smaller)* ■**to ~ sth** etw schließen; **to ~ the gap between x and y** die Kluft zwischen x und y überwinden
❹ ELEC **to ~ a circuit** einen Stromkreis schließen
❺ COMPUT **to ~ a file** eine Datei zumachen [*o* schließen]
▸ PHRASES: **to ~ the stable <u>door</u> after the horse has bolted** den Brunnen erst zudecken, wenn das Kind hineingefallen ist *prov*
II. *vi* ❶ *(shut) wound* sich schließen; *door, window, lid* zugehen; *shop, bank* schließen; ***her eyes ~d in tiredness*** vor Müdigkeit fielen ihr die Augen zu; ***this box doesn't ~ properly*** diese Kiste geht nicht richtig zu
❷ *(shut down)* schließen; *shop* zumachen; *factory also* stilllegen
❸ *(end)* zu Ende gehen; *meeting* schließen; *play* abgesetzt werden; STOCKEX ***the pound ~d at $1.62*** das Pfund schloss mit 1,62 Dollar
❹ *(approach)* sich *akk* nähern; ***the tanks ~d to within 50 metres of the frontline*** die Panzer kamen bis auf 50 Meter an die Front heran
III. *n* ❶ *no pl (end)* Ende *nt,* Schluss *m;* **to bring [*or* draw] sth to a ~** etw beenden; **to come to a ~** zu Ende gehen, enden; **to draw to a ~** sich dem Ende zuneigen; **at the ~ of business** bei Geschäftsschluss; **at the ~ of trading** bei Börsenschluss
❷ STOCKEX Börsenschluss *m;* **by the ~** bei Börsenschluss
❸ *(in cricket)* ■**the ~** *Ende des Spieltages beim Cricket*
❹ MUS Kadenz *f*

◆**close down** **I.** *vi shop, business* schließen, zumachen; *factory* stillgelegt werden, den Betrieb einstellen; BRIT TV, RADIO Sendeschluss haben
II. *vt* ■**to ~ down ↔ sth** etw schließen; **to ~ down a factory** eine Fabrik stilllegen; **to ~ down a shop** einen Laden zumachen

◆**close in** *vi* ❶ *(come near)* aufrücken, immer näher kommen; ■**to ~ in on sb/sth** sich *akk* jdm/etw immer mehr nähern; *(surround)* jdn/etw umzingeln; **to ~ in for the kill** zum Todesstoß ansetzen; *(fig)* zum entscheidenden Schlag ausholen *fig*
❷ *(start) darkness* hereinbrechen; *(end) days* kürzer werden
❸ METEO ***the weather has ~d in*** es hat zugezogen

◆**close off** *vt usu passive* ■**to ~ off ↔ sth** etw absperren [*o* abriegeln]; ■**to be ~d off** abgesperrt sein; *road* gesperrt sein; **to ~ off a road** eine Straße sperren; **to ~ off a room** ein Zimmer verriegeln

◆**close out** **I.** *vt* ❶ *(prevent from entering)* ■**to ~ out ↔ sth** *sound, light* etw aussperren; ***she closed out the light*** sie verdunkelte das Zimmer
❷ AM *(bring to an end)* ■**to ~ out ↔ sth** *conversation* etw beenden
❸ AM *(get rid)* ■**to ~ out ↔ sth** etw abstoßen
II. *vi* ECON, FIN eine Kauf-/Verkaufsposition schließen

◆**close up** **I.** *vi* ❶ *(shut) flower, oyster, wound* sich schließen
❷ MIL *troops* aufrücken
❸ *(get nearer) people* zusammenrücken, aufschließen
❹ *(become blank) face* sich versteinern
❺ *(lock up)* abschließen
II. *vt* ■**to ~ up ↔ sth** ❶ *(shut securely)* etw abschließen
❷ *(shut completely) firm, shop* etw schließen

◆**close with** *vi* ■**to ~ with sb** *boxer* mit jdm ringen; ***the man ~d with him in hand-to-hand fighting*** der Mann fing ein Handgemenge mit ihm an

close-by I. *adj pred* in der Nähe
II. *adv* in der Nähe
close company *n* BRIT ECON Gesellschaft *f* mit geringer Mitgliederzahl **close corporation** *n* AM ECON personenbezogene Aktiengesellschaft **close-cropped** *adj* kurz geschnitten; ~ **hair** Stoppelfrisur *f*, Meckischnitt *m fam*
closed [kləʊzd, AM kloʊzd] *adj* ❶ (*not open*) geschlossen, zu *fam*; **a ~ book** (*fig*) ein Buch *nt* mit sieben Siegeln *fig*; **behind ~ doors** (*fig*) hinter verschlossenen Türen *fig*
❷ LAW, POL (*not public*) nicht öffentlich
closed circuit television *n* interne Fernsehanlage; (*for surveillance*) Fernsehüberwachungsanlage *f* **closed economy** *n* Staatshandel *m* **closed fund** *n* geschlossener [Investment]fonds **closed market** *n* geschlossener Markt
close-down *n* [Geschäfts]schließung *f*; *of a factory* Stilllegung *f*; TV, RADIO Sendeschluss *m*
closed season *n* Schonzeit *f* **closed session** *n* LAW geschlossene [*o* nicht öffentliche] Sitzung **closed shop** *n* Closed Shop *m*, Unternehmen *nt* mit Gewerkschaftszwang
close-ended, AM **closed-end** *adj inv* ECON, FIN mit im Voraus festgesetzter Emissionshöhe *nach n* **close-fitting** *adj* eng anliegend [*o* sitzend]; ■**to be ~** eng anliegen **close-grained** *adj* feinkörnig; ~ **wood** [*or* **timber**] fein gemasertes Holz **close-knit** *adj* eng verbunden; ***they're such a ~ village*** in der Gemeinde kennt jeder jeden
closely ['kləʊsli, AM 'kloʊ-] *adv* ❶ (*intimately*) eng; **to be ~ linked** eng miteinander verbunden sein
❷ (*carefully*) **a ~ guarded secret** ein sorgfältig gehütetes Geheimnis
closely held *adj* ECON, FIN im Besitz von nur wenigen Aktionären *nach n, präd*
closeness ['kləʊsnəs, AM 'kloʊ-] *n* ❶ *no pl* (*nearness*) Nähe *f*
❷ *no pl* (*intimacy*) Vertrautheit *f*, Intimität *f*
❸ BRIT (*airlessness*) Schwüle *f*; (*stuffiness*) Stickigkeit *f*; *of the weather* Schwülheit *f*
◆**close off** *vi* ECON, FIN abschließen
close-out AM I. *n* Räumungsverkauf *m*, Ausverkauf *m* II. *adj attr, inv* Räumungs-; ~ **sale** Räumungsverkauf *m* [wegen Geschäftsaufgabe] **close-run** ['kləʊsrʌn, AM 'kloʊs] *adj inv* knapp **close season** *n* AM HUNT Schonzeit *f*; BRIT SPORTS Saisonpause *f* **close-set** *adj* dicht beieinander liegend; ~ **eyes** eng zusammenstehende Augen
closet ['klɒzɪt, AM 'klɑ:-] I. *n esp* AM (*cupboard*) [Wand]schrank *m*; (*for storage*) Abstellraum *m*; (*for food*) Vorratsraum *m*; **a ~ alcoholic** ein heimlicher Trinker/eine heimliche Trinkerin
► PHRASES: **to come out of the ~** seine Homosexualität bekennen, sich *akk* outen
II. *adj attr* heimlich
III. *vt* ❶ (*stay shut away*) **to ~ oneself in one's room** sich *akk* in seinem Zimmer einschließen; **to ~ oneself in one's study** sich *akk* im Arbeitszimmer vergraben
❷ *usu passive* ■**to be ~ed with sb** mit jdm hinter verschlossenen Türen tagen
close-up *n* Nahaufnahme *f*
closing ['kləʊzɪŋ, AM 'kloʊ-] I. *adj usu attr, inv* End-, Schluss-; **the ~ phase of a project** die Endphase eines Projekts; ~ **remarks** abschließende Worte; ~ **speech** Schlussrede *f*
II. *n* ❶ (*bringing to an end*) Beenden *nt kein pl*, Schließen *nt kein pl*; (*action of closing*) Schließung *f*
❷ (*end of business hours*) Geschäftsschluss *m*, Ladenschluss *m*; **Sunday ~** BRIT Geschlossenbleiben *nt* der Geschäfte an Sonntagen; **early ~** früher Geschäfts-/Ladenschluss
closing balance *n* ECON Endsaldo *m* **closing date** *n* Schlusstermin *m*; (*for competition*) Einsendeschluss *m*; (*for work due*) Abgabetermin *m* (**for** für +*akk*) **closing down** *n* Schließung *f* **closing-down sale** *n* Räumungsverkauf *m*, Ausverkauf *m* **closing out** *n* ECON, FIN Beendigung *f* eines Terminkontrakts **closing price** *n* Schlussnotierung *f* **closing stock** *n* ECON Schlussbestand *m*
closing time *n* (*for shop*) Ladenschluss *m*; (*for staff*) Feierabend *m*; (*of pub*) Sperrstunde *f*, Polizeistunde *f*
closure ['kləʊʒəʳ, AM 'kloʊʒɚ] I. *n* ❶ (*of shop, institution*) Schließung *f*; *of street* Sperrung *f*; **the ~ of a pit** die Stilllegung einer Grube
❷ (*end*) **to have ~** etw verarbeiten; ***do we have ~ about this affair?*** ist diese Sache endlich gegessen?; ~ **motion** POL Antrag *m* auf Schluss der Debatte
II. *vt* POL **to ~ the debate** die Debatte schließen
clot [klɒt, AM klɑ:t] I. *n* ❶ (*semi-solid lump*) Klumpen *m*; [**blood**] ~ [Blut]gerinnsel *nt*
❷ BRIT (*dated or hum fam: stupid person*) Dummkopf *m pej*, Trottel *m pej*
II. *vi* <-tt-> *blood, liquid* gerinnen, koagulieren *fachspr*; **an anti-[blood] ~ting agent** ein Blutverdünnungsmittel *nt*
cloth [klɒθ, AM klɑ:θ] I. *n* ❶ *no pl* (*woven material*) Tuch *nt*, Stoff *m*
❷ (*for cleaning*) Wischtuch *nt*, Lappen *m*; **dish~** Spültuch *nt*, Spüllappen *m*
❸ (*clergy*) Geistlichkeit *f*; **a man of the ~** ein Geistlicher *m*
► PHRASES: **to cut one's coat according to one's ~** (*prov*) sich *akk* nach der Decke strecken
II. *n modifier* (*tablecloth, bag, jacket*) Stoff-; ~ **jacket** Textiljacke *f*
cloth cap I. *n* BRIT [wollene] Schirmmütze
II. *adj* BRIT Arbeiter-; ■**to be ~** proletenhaft sein *pej*; **the ~ mentality** die [typische] Arbeitermentalität
clothe [kləʊð, AM kloʊð] *vt* ❶ (*dress*) ■**to ~ sb** jdn anziehen [*o* [be]kleiden]; (*fit with clothes*) jdn einkleiden; **fully/partially ~d** vollständig/teilweise bekleidet; **~d all in white** ganz in Weiß [gekleidet]
❷ (*fig: fit with*) ■**to ~ sth** etw bedecken [*o geh* bekleiden]
cloth-ears *n* BRIT (*dated or pej fam*) Doofmann *m pej fam*
clothes [kləʊ(ð)z, AM kloʊ(ð)z] *npl* Kleider *ntpl*; (*collectively*) Kleidung *f kein pl*; **designer ~** Modellkleider *ntpl*; **to put one's ~ on** sich *akk* anziehen; **to take one's ~ off** sich *akk* ausziehen
clothes basket *n* Wäschekorb *m* **clothes brush** *n* Kleiderbürste *f* **clothes-hanger** *n* Kleiderbügel *m* **clothes horse** *n* ❶ (*for drying clothing*) Wäscheständer *m* ❷ (*pej fam: slavish fashion fan*) Modefreak *m* **clothes line** *n* Wäscheleine *f* **clothes-moth** *n* [Kleider]motte *f* **clothes peg** *n* BRIT, **clothes pin** *n* AM Wäscheklammer *f* **clothes rack** *n* Kleiderständer *m* **clothes shop** *n* Kleidergeschäft *nt*
clothier ['kləʊðiəʳ, AM 'kloʊsðiɚ] *n* Wirkwarenhändler(in) *m(f)*
clothing ['kləʊðɪŋ, AM 'kloʊ-] *n no pl* Kleidung *f*; **an article** [*or* **item**] **of ~** ein Kleidungsstück *nt*; **food and ~** Essen und Kleidung
► PHRASES: **a wolf in sheep's ~** ein Wolf *m* im Schafspelz
clothing industry *n* Bekleidungsindustrie *f*
clotted cream [,klɒtɪd'-] *n* BRIT *dicker Rahm, der von langsam erhitzter Milch abgeschöpft wird*
cloture ['kloʊtʃɚ] *n* AM LAW Antrag *m* auf Schluss der Debatte
cloud [klaʊd] I. *n* ❶ (*in sky*) Wolke *f*; **cirrus ~** Federwolke *f*, Zirruswolke *f*; **cumulus ~** Kumuluswolke *f*; **rain ~** Regenwolke *f*; **stratus ~** Schichtwolke *f*, Stratuswolke *f*
❷ (*mass*) **~ of dust/smoke/tear gas** Staub-/Rauch-/Tränengaswolke *f*; *of insects* Schwarm *m*; (*fig*) ***the ~ of suspicion hanging over his head*** der auf ihm lastende Verdacht
► PHRASES: **to have one's head in the ~s** mit seinen Gedanken ganz woanders sein; **a ~ on the horizon** ein Wölkchen am Horizont; ***the only ~ on the horizon is my in-laws coming to stay in December*** nur der Besuch meiner Schwiegereltern im Dezember liegt mir auf der Seele; **every ~ has a silver lining** (*prov*) jedes Unglück hat auch sein Gutes; **to be on ~ nine** (*dated*) im siebten Himmel schweben; **to be under a ~** keinen guten Ruf haben
II. *vt* ❶ (*fig: obscure*) ■**to ~ sth** etw vernebeln; **to ~ an issue** eine Angelegenheit verschleiern; **to ~ sb's memory** jds Erinnerungsvermögen trüben
❷ (*fig: make sad*) **to ~ sb's spirit** jdn betrüben
III. *vi face* sich verdüstern
◆**cloud over** *vi* ❶ (*become cloudy*) ***the sky has ~ed over*** der Himmel ist bewölkt [*o* bedeckt]; ***it always ~s over like this in the afternoon*** es zieht sich am Nachmittag immer so zu *fam*
❷ (*become gloomy*) sich *akk* verdüstern; *face* sich *akk* verfinstern
❸ (*become misty*) *eyes* sich *akk* mit Tränen füllen, feucht werden
cloud bank *n* Wolkenbank *f*, Wolkenwand *f* **cloudburst** *n* Wolkenbruch *m* **cloud-capped** *adj* wolkenverhangen; ~ **hills/mountains** wolkenverhangene Hügel/Berge **cloud chamber** *n* NUCL Nebelkammer *f* **cloud cover** *n* Wolkendecke *f* **cloud cuckoo land** *n* (*pej*) Wolkenkuckucksheim *nt*; **to live in ~** auf dem Mond leben
clouded ['klaʊdɪd] *adj* ❶ (*cloudy*) bewölkt, bedeckt
❷ (*not transparent*) *liquid* trüb
❸ (*confused*) *mind* vernebelt, getrübt
cloudiness ['klaʊdɪnəs] *n no pl* ❶ (*opaqueness*) Trübung *f*
❷ (*cloud cover*) Wolkigkeit *f*
❸ (*tearfulness*) Tränen *pl*
cloudless ['klaʊdləs] *adj* wolkenlos, klar
cloudy ['klaʊdi] *adj* ❶ (*overcast*) bewölkt, bedeckt
❷ (*not transparent*) *liquid* trüb
clout [klaʊt] I. *n* ❶ (*fam: hit*) Schlag *m*; **to get a ~ round the ears** eins hinter die Ohren kriegen *fam*; **to give sb a ~** jdm eine runterhauen *fam*; **to give sth a ~** auf etw *akk* schlagen; ***give Thomas a good ~ on the head if he keeps pestering you like that*** gib Thomas einmal richtig eins auf den Deckel, wenn er dich dauernd so ärgert *fam*
❷ *no pl* (*power*) Schlagkraft *f*; **political ~** politische Macht; **to have ~** Einfluss haben; ***she's got quite a bit of ~ around here*** sie hat hier eine Menge Einfluss
II. *vt* (*fam*) ■**to ~ sb** jdm eine schmieren *fam*; ***I'll ~ you round the head if you say that again!*** du kriegst gleich eins auf den Deckel, wenn du das nochmal sagst! *fam*; ■**to ~ sth** auf etw *akk* schlagen
clove¹ [kləʊv, AM kloʊv] *n* ~ **of garlic** Knoblauchzehe *f*
clove² [kləʊv, AM kloʊv] *n* Gewürznelke *f*; **ground ~s** gemahlene Nelken
clove³ [kləʊv, AM kloʊv] *pt of* **cleave**
cloven ['kləʊvᵊn, AM 'kloʊ-] *pp of* **cleave**
cloven hoof *n of devil* Pferdefuß *m* **cloven-hooved** *adj inv* paarhufig **cloven-hooved animal** *n* Paarhufer *m*
clover ['kləʊvəʳ, AM 'kloʊvɚ] *n no pl* Klee *m*; **four-leaf ~** vierblättriges Kleeblatt
► PHRASES: **to be in ~** wie Gott in Frankreich leben
cloverleaf *n* BOT, TRANSP Kleeblatt *nt*
clown [klaʊn] I. *n* ❶ (*entertainer*) Clown *m*
❷ (*funny person*) Kasper *m hum fam*, Witzbold *m hum fam*; (*ignorant person*) Trottel *m pej*, Dummkopf *m pej*
II. *vi* ■**to ~ around** [*or* **about**] herumalbern, herumblödeln *fam*
clownish ['klaʊnɪʃ] *adj* clownhaft, albern; ~ **behaviour** Clownerie *f*, Albernheit *f*
cloy [klɔɪ] *vt* ■**to ~ sth** etw sättigen
cloying ['klɔɪɪŋ] *adj* (*liter*) ❶ (*pej: too sweet*) übermäßig süß; ~ **pastry** extrem süßes Teilchen; ~ **perfume** widerwärtig süßliches Parfüm
❷ (*pej: insincerely sweet*) süßlich; ***her ~ manner*** ihr süßliches Gehabe
❸ (*pej: emotionally excessive*) übersteigert, exzessiv; ~ **sentimentality** übertriebene Sentimentalität
cloyingly ['klɔɪɪŋli] *adv* (*pej*) übermäßig; ~ **sweet** furchtbar süß
cloze test ['kləʊztest, AM 'kloʊz] *n* Lückentest *m*
club [klʌb] I. *n* ❶ (*group*) Klub *m*, Verein *m*; **golf/squash/tennis ~** Golf-/Squash-/Tennisklub *m*; **member of the ~** Klubmitglied *nt*; **to join a ~**

C

einem Verein beitreten; ***join the ~!*** (*fam*) du [also] auch!; **welcome to the ~!** willkommen im Klub!, gratuliere!
❷ SPORTS (*team*) [Sport]verein *m*, Club *m*; **volleyball ~** Volleyballverein *m*
❸ SPORTS (*bat*) Schläger *m*; **golf ~** Golfschläger *m*
❹ (*weapon*) Knüppel *m*, Keule *f*; **wooden ~** Holzkeule *f*
❺ CARDS Kreuz *nt*, Eichel *f*; **queen of ~s** Kreuzdame *f*
❻ (*disco*) Diskothek *f*, Klub *m*
▶ PHRASES: **to be in the ~** BRIT (*dated sl*) in anderen Umständen sein
II. *vt* <-bb-> ■**to ~ sb/sth** auf jdn/etw einknüppeln; **to ~ sb/an animal to death** jdn/ein Tier erschlagen [*o* totschlagen]; **to ~ sb to the ground** jdn niederknüppeln
◆**club together** *vi persons* sich *akk* zusammentun; (*put money together*) zusammenlegen

clubbable ['klʌbəbl̩] *adj* gesellig

clubbing ['klʌbɪŋ] *n no pl* **to go ~** in die Disko gehen, clubben gehen *sl*

club car *n* AM Zugrestaurant *nt* **club foot** *n* MED Klumpfuß *m* **clubhouse** *n* Klubhaus *nt*, Vereinshaus *nt* **clubland** ['klʌblænd] *n no pl* BRIT (*sl*) *britische Klubszene* **clubman** <*pl* -men> ['klʌbmən] *n* Klubmitglied *nt* **club member** *n* Klubmitglied *nt*, Vereinsmitglied *nt* **club sandwich** *n* Klubsandwich *nt*, Doppeldecker *m fam*
club soda *n* AM Sodawasser *nt*

cluck [klʌk] **I.** *vi* gackern; (*fig*) glucken, bemuttern
II. *vt* **to ~ disapproval** seinen Unwillen äußern

clue [klu:] **I.** *n* ❶ (*evidence*) Hinweis *m*, Anhaltspunkt *m*; (*hint*) Tipp *m*; (*in criminal investigation*) Spur *f*; **to give sb a ~** jdm einen Tipp geben; **to not leave a ~** keine Spuren hinterlassen; **to search** [*or* **look**] **for ~s** nach Hinweisen suchen
❷ (*fig: secret*) Schlüssel *m* (**to** zu +*dat*); **the ~ to longevity** das Geheimnis des Altwerdens
❸ (*idea*) Ahnung *f*; **to have a ~ [about sth]** eine Ahnung [von etw *dat*] haben; ***I haven't a ~!*** [ich hab'] keine Ahnung!
II. *vt* AM ■**to ~ sb in [on sth]** jdn [über etw *akk*] informieren
◆**clue up** *vt* AUS ■**to ~ sb up [on sth]** jdn [über etw *akk*] informieren

clued up ['klu:dʌp] *adj* BRIT, AUS ■**to be ~ up on** [*or* **about**] **sth** über etw *akk* im Bilde sein *fam*

clueless ['klu:ləs] *adj* (*fam*) ahnungslos; ■**to be ~ about sth** von etw *dat* keine Ahnung haben

clump [klʌmp] **I.** *n* ❶ (*group*) Gruppe *f*; **~ of bushes** Gebüsch *nt*; **~ of trees** Baumgruppe *f*; **to grow in ~s** in Gruppen wachsen
❷ (*lump*) Klumpen *m*; **~ of mud/soil** Dreck-/Erdklumpen *m*
❸ *no pl* (*heavy sound*) Sta[m]pfen *nt*, Trampeln *nt*
II. *vt* ❶ (*group*) ■**to ~ sb together** ***she tends to ~ people together in groups*** sie neigt dazu, die Menschen in Gruppen einzuteilen
❷ BRIT (*fam: clout*) ■**to ~ sb** jdm eine schmieren *fam*
❸ AM **to ~ the garbage** den Müll auf einen Haufen werfen
III. *vi* ❶ (*group*) ■**to ~ together** sich *akk* zusammenballen; **the crowd ~ed together** die Gruppe drängte sich zusammen
❷ (*walk noisily*) ■**to ~ around** herumtrampeln; (*lifting feet high*) herumstapfen

clumpy <-ier, -iest> ['klʌmpi] *adj* klobig

clumsily ['klʌmzɪli] *adv* unbeholfen

clumsiness ['klʌmzɪnəs] *n* Ungeschicktheit *f*, Schwerfälligkeit *f*; ***~ is his middle name*** er ist die Ungeschicktheit in Person

clumsy ['klʌmzi] *adj* ❶ (*bungling*) ungeschickt, unbeholfen; **~ attempt** plumper Versuch; **~ idiot** Tolpatsch *m hum fam*
❷ (*ungainly*) **to look ~** plump [*o* klobig] wirken
❸ (*unwieldy*) unförmig, klobig; **~ to use** unhandlich
❹ LIT schwerfällig, unbeholfen; **~ verse** plumper Vers

clung [klʌŋ] *pp, pt of* **cling**

clunk [klʌŋk] *n* dumpfes Geräusch; **to shut with a ~** zuschnappen; **to make a ~** klacken

clunky *adj attr* (*fig: ungraceful*) plump, hölzern *fig*

cluster ['klʌstəʳ, AM -ɚ] **I.** *n* Bündel *nt*; *of people* Traube *f*; *of gems* Büschel *nt*; *of eggs* Gelege *nt*; *of islands* Gruppe *f*; *of mushrooms* Büschel *nt*; *of consonants, vowels* Cluster *m*; **~ of bees** Bienenschwarm *m*; **~ of people** Menschentraube *f*; **~ of stars** Sternhaufen *m*; COMPUT Cluster *m*
II. *vi* ■**to ~ around sth** sich *akk* um etw *akk* scharen; ■**to ~ together** sich *akk* aneinander kauern

cluster bomb *n* Splitterbombe *f*, Streubombe *f*
cluster fuck *n* (*vulg*) furchtbares Durcheinander

clustering ['klʌstᵊrɪŋ, AM -ɚ-] *n* COMPUT Gruppierung *f*

clutch [klʌtʃ] **I.** *vi* ■**to ~ at** [*or* **onto**] **sth** sich *akk* an etw *akk* klammern
II. *vt* ■**to ~ sth/sb** etw/jdn umklammern; **to ~ sb's hand** jds Hand umklammern
III. *n* ❶ *usu sing* AUTO (*transmission device*) Kupplung *f*; **to let the ~ out** auskuppeln; **to push the ~ in** einkuppeln
❷ (*set*) **~ of eggs** Gelege *nt*; (*fig: group*) Schar *f*; **~ of students** eine Schar Studenten
❸ (*control*) **to fall into the ~es of sb/sth** jdm/etw in die Hände fallen [*o fam* ins Netz gehen]; **to get out of sb's ~s** sich *akk* aus jds Klauen befreien *fig fam*

clutch bag *n* Unterarmtasche *f* **clutch hitter** *n* AM SPORTS *sehr zuverlässiger Schläger im Baseball*

clutter ['klʌtəʳ, AM -t̬ɚ] **I.** *n no pl* ❶ (*mess*) Durcheinander *nt*, Unordnung *f*; ***he always leaves his office in a ~*** er hinterlässt in seinem Büro immer ein Schlachtfeld *hum*
❷ (*unorganized stuff*) Kram *m*
II. *vt* ■**to ~ sth** etw durcheinander bringen; ***don't ~ up your mind with useless details!*** belaste dich nicht mit sinnlosen Einzelheiten!

cluttered ['klʌtəd, AM -t̬ɚd] *adj* durcheinander, wirr; **~ desk** vollgepackter Schreibtisch; (*fig*) ***my mind is quite ~ at the moment*** ich habe im Moment den Kopf voller Gedanken; ***their house is ~ with kid's toys*** ihr Haus ist mit Kinderspielzeug übersät

cm <*pl* -> *n abbrev of* **centimetre** cm

CM *n abbrev of* **central memory** Zentralspeicher *m*

CME *n* ECON, FIN *abbrev of* **Chicago Mercantile Exchange** *see* **Chicago**

Cmnd *n* LAW *abbrev of* **command papers** Regierungsvorlagen *fpl*

c'mon [kə'mɒn, AM -'mɑ:n] (*fam*) *see* **come on**

CND [ˌsi:en'di:] *n, adj abbrev of* **Campaign for Nuclear Disarmament** *Kampagne für atomare Abrüstung*

CNN [ˌsi:en'en] *n no pl abbrev of* **Cable News Network** CNN *kein art*

CO [ˌsi:'əʊ, AM -'oʊ] *n* MIL *abbrev of* **Commanding Officer** Befehlshaber(in) *m(f)*

Co[1] *n* [kəʊ, AM koʊ] *no pl abbrev of* **company**: **Miller and ~** Miller & Co

Co[2] *n* GEOG *abbrev of* **county**

c/o ['keəʳɒv, AM 'kerɑ:v] *abbrev of* **care of** c/o, bei

coach [kəʊtʃ, AM koʊtʃ] **I.** *n* ❶ BRIT (*private bus*) [Omni]bus *m*, Reisebus *m*; **by ~** mit dem Bus
❷ (*horse-drawn carriage*) Kutsche *f*, Karosse *f*
❸ (*railway carriage*) [Eisenbahn]wagen *m*, Waggon *m*
❹ (*teacher*) Nachhilfelehrer(in) *m(f)*, Privatlehrer(in) *m(f)*; **geography ~** Erdkundelehrer(in) *m(f)*; SPORTS Trainer(in) *m(f)*; (*about life*) persönlicher Betreuer/persönliche Betreuerin, Coach *m fachspr*
II. *vt* ❶ SPORTS ■**to ~ sb** jdn trainieren; ***he ~es boxing*** er gibt Boxunterricht
❷ (*help to learn*) ■**to ~ sb** jdm Nachhilfe geben; **to ~ sb for an exam** jdn auf ein Examen vorbereiten
III. *vi* trainieren

coachbuilder *n* BRIT AUTO Karosseriebauer(in) *m(f)*

coach house *n* Wagenschuppen *m*

coaching ['kəʊtʃɪŋ, AM 'koʊtʃ-] *n no pl* ❶ SPORTS Training *nt*
❷ (*teaching*) Nachhilfe *f*, [Privat]unterricht *m*; **extra ~** Nachhilfeunterricht *m*; (*about life*) Coaching *nt fachspr*

coaching staff *n* SPORTS Trainingspersonal *nt*

coachload ['kəʊtʃləʊd, AM 'koʊtʃloʊd] *n + sing/pl vb* Wagenladung *f* **coachman** *n* Kutscher *m*

coach section *n no pl* AM AVIAT (*economy class seating area*) Touristenklasse *f* **coach station** *n* BRIT Busbahnhof *m* **coachwork** *n no pl* BRIT AUTO Karosserie *f*

coagulate [kəʊ'ægjəleɪt, AM koʊ'-] **I.** *vi blood* gerinnen; *sauce* eindicken; *albumin* hart werden
II. *vt* **to ~ blood** Blut gerinnen lassen

coagulation [kəʊˌægjə'leɪʃᵊn, AM koʊˌ-] *n no pl of blood* Gerinnung *f*; *of albumin* Hartwerden *nt*, Festwerden *nt*; *of sauce* Eindicken *nt*

coal [kəʊl, AM koʊl] *n* Kohle *f*; (*piece of coal also*) Stück *nt* Kohle; **to mine ~** Kohle abbauen
▶ PHRASES: **to carry** [*or* **take**] **~s to Newcastle** Eulen nach Athen tragen *prov*; **to drag** [*or* **haul**] **sb over the ~s** jdm die Leviten lesen

coal bed *n* Kohlenflöz *nt* **coal-black** *adj* kohlrabenschwarz **coal box** *n* Kohlenkasten *m* **coal bunker** *n* Kohlenbunker *m*

coalesce [kəʊə'les, AM koʊ-] **I.** *vi* (*form*) sich *akk* verbinden, eine Verbindung eingehen; (*fig*) sich vereinigen, zusammengehen
II. *vt* COMPUT ■**to ~ sth** etw vereinigen

coalescence [kəʊə'lesᵊn(t)s, AM koʊ-] *n no pl* (*form*) Vereinigung *f*, Verbindung *f*

coal face *n* ❶ (*mine*) Streb *m* ❷ BRIT, AUS (*fig*) **at the ~** vor Ort **coal field** *n* Kohle[n]revier *nt* **coal-fired** *adj* kohlebeheizt; **~ central-heating** Kohle[n]heizung *f*

coalition [ˌkəʊə'lɪʃᵊn, AM ˌkoʊ-] *n* POL Koalition *f*; **government by ~** Koalitionsregierung *f*; **government ~** Regierungskoalition *f*; **to form a ~** eine Koalition bilden

coalman <*pl* -men> ['kəʊlmæn, AM 'koʊl] *n* Kohlenmann *m*

coal mine *n* Kohlenbergwerk *nt*, Kohlengrube *f*
coal miner *n* Bergmann *m*, Grubenarbeiter *m*, Kumpel *m fam* **coal mining** *n* Kohle[n]bergbau *m*
coal scuttle *n* Kohleneimer *m*, Kohlenkasten *m*
coal tar *n* [Stein]kohlenteer *m*

coarse [kɔ:s, AM kɔ:rs] *adj* ❶ (*rough*) grob; **~ features** grobe [*o* derbe] Gesichtszüge; **~ sand** grober [*o* grobkörniger] Sand; **~ skin** raue Haut
❷ (*vulgar*) vulgär, derb; **~ invective** wüste Beschimpfung; **~ joke** unanständiger Witz

coarsely ['kɔ:sli, AM 'kɔ:rs-] *adv* vulgär, primitiv; **to behave ~** sich *akk* ungehobelt benehmen

coarsen ['kɔ:sᵊn, AM 'kɔ:rs-] **I.** *vt* ■**to ~ sth** etw rau machen
II. *vi voice* rau werden

coarseness ['kɔ:snəs, AM 'kɔ:rs-] *n no pl* ❶ (*roughness*) *of cloth* Grobheit *f*, Rauheit *f*
❷ (*rudeness*) Grobheit *f*, Derbheit *f*

coast [kəʊst, AM koʊst] **I.** *n* Küste *f*; **three miles off the ~** drei Meilen vor der Küste; **on the east/west ~** an der Ost-/Westküste; **~ to ~** von Küste zu Küste
▶ PHRASES: **the ~ is clear** die Luft ist rein *fig*
II. *vi* dahinrollen; *bicycle* im Freilauf fahren; *automobile* im Leerlauf fahren; *ship* die Küste entlangfahren; (*fig*) ohne Anstrengung vorankommen; **to ~ down the hill** den Berg hinunterrollen; **to be ~ing along** mühelos [*o* spielend] vorankommen

coastal ['kəʊstᵊl, AM 'koʊ-] *adj inv* Küsten-; **~ resort** Küstenbadeort *m*; **~ strip** Küstenstreifen *m*; **~ town** Küstenstadt *f*

coaster ['kəʊstəʳ, AM 'koʊstɚ] *n* ❶ (*boat*) Küstenmotorschiff *nt*
❷ (*table mat*) Untersetzer *m*; **cork ~** Korkuntersetzer *m*
❸ AM TRANSP Fußstütze *f*; **~ brake** Rücktrittbremse *f*

coastguard *n* ❶ (*person*) Küstenwache *f*; **to work as a ~** bei der Küstenwache arbeiten ❷ (*organization*) ■**the ~** die Küstenwacht [*o* Küstenwache]
coastline *n no pl* Küste[nlinie] *f* **coast-to-coast** *adj* landesweit; **~ flight** ein Flug *m* von Küste zu Küste

coat [kəʊt, AM koʊt] **I.** *n* ❶ (*outer garment*) Mantel *m;* **leather** ~ Ledermantel *m;* **to do one's ~ up** sich *dat* seinen Mantel überziehen; **to get** [*or* **put**] **one's ~ on** sich *dat* seinen Mantel anziehen; **to turn one's ~** (*fig*) sein Mäntelchen nach dem Wind hängen
❷ (*animal's fur*) Fell *nt,* Pelz *m; of birds* Gefieder *nt*
❸ (*layer*) Schicht *f;* ~ **of chocolate** Schokoladenüberzug *m;* ~ **of dust/varnish** Staub-/Lackschicht *f;* ~ **of paint** Farbanstrich *m;* **the first** ~ der erste Anstrich; **to give sth a** ~ etw *dat* einen Anstrich geben
II. *vt* ■**to** ~ **sth** [**with sth**] etw [mit etw *dat*] überziehen; **to ~ sth with breadcrumbs** etw panieren; **to ~ sth with chocolate** etw mit einer Schokoladenglasur überziehen; **to ~ sth with paint** etw [an]streichen
coated ['kəʊtɪd, AM 'koʊṱ-] *adj* überzogen; *tongue* belegt; *textiles* imprägniert; *glass* getönt; *wire* isoliert; ***your trousers are ~ in mud!*** deine Hose starrt vor Dreck!; ***her face was ~ in make-up*** sie hatte sich das Gesicht zugekleistert
-coated ['kəʊtɪd, AM 'koʊṱ-] *in compounds* ❶ (*having such a coat*) **rough~** rau; **smooth~** zarthäutig
❷ (*covered with*) **plastic~** kunststoffbeschichtet; **plastic~ wire** isolierter Draht; **sugar~** mit Zuckerguss; **sugar~ almonds** gebrannte Mandeln
coat hanger *n* Kleiderbügel *m* **coat hook** *n* Kleiderhaken *m*
coati [kəʊ'ɑːti, AM koʊ'ɑːṱi] *n* Nasenbär *m*
coating ['kəʊtɪŋ, AM 'koʊṱ-] *n* Schicht *f,* Überzug *m; of paint* Anstrich *m; see also* **coat I 3**
coat of arms *n* Wappen *nt;* **family** ~ Familienwappen *nt* **coat peg** *n* BRIT Kleiderhaken *m* **coat-tails** *npl* Frackschöße *pl,* Rockschöße *pl veraltend*
▶ PHRASES: **to ride** [*or* **hang**] **on sb's ~** auf der Erfolgswelle eines anderen mitschwimmen
co-author [kəʊ'ɔːθəʳ, AM koʊ'ɑːθɚ] **I.** *n* Koautor(in) *m(f),* Mitautor(in) *m(f)*
II. *vt* ■**to ~ sth** etw gemeinsam verfassen
coax [kəʊks, AM koʊks] *vt* ■**to ~ sb to do** [*or* **into doing**] **sth** jdn dazu bringen [*o* überreden], etw zu tun; **to ~ a smile out of sb** jdm ein Lächeln entlocken; **to ~ £10 out of sb** jdm 10 Pfund abschwatzen *fam*
co-axial cable [kəʊ'æksiəl-, AM koʊ'-] *n* COMPUT Koaxialkabel *m*
coaxing ['kəʊksɪŋ, AM 'koʊks-] **I.** *n no pl* Zuspruch *m;* ***with a little ~ the engine started*** mit ein wenig Fingerspitzengefühl kam der Motor in Gang
II. *adj* schmeichelnd, schmeichlerisch
coaxingly ['kəʊksɪŋli, AM 'koʊks-] *adv* schmeichelnd
cob [kɒb, AM kɑːb] *n* ❶ (*nut*) *see* **cobnut** Haselnuss *f*
❷ (*horse*) Haflinger *m*
❸ BRIT (*bread*) Laib *m*
❹ (*swan*) männlicher Schwan
❺ (*corncob*) *see* **corncob** Kolben *m*
❻ BRIT (*for building walls*) Strohlehm *m*
cobalt ['kəʊbɔːlt, AM 'koʊ-] *n no pl* Kobalt *nt*
cobalt blue *n* Kobaltblau *nt*
cobber ['kɒbəʳ] *n* AUS (*dated fam*) Kumpel *m fam;* ***how is it, ~?*** wie geht's, altes Haus?
cobble¹ ['kɒbl̩, AM 'kɑːbl̩] **I.** *n* Kopfstein *m,* Pflasterstein *m*
II. *vt* **to ~ a road** [*or* **street**] eine Straße [mit Kopfstein] pflastern
cobble² ['kɒbl̩, AM 'kɑːbl̩] *vt* (*dated*) **to ~ shoes** Schuhe flicken
◆**cobble together** *vt* ■**to ~ together** ○ **sth** etw zusammenschustern *fam;* **to ~ together an essay** einen Aufsatz zusammenschreiben; **to ~ a meal together** eine Mahlzeit zusammenrühren
cobbled ['kɒbl̩d, AM 'kɑːbl̩d] *adj* ~ **streets** Straßen *fpl* mit Kopfsteinpflaster
cobbler ['kɒbləʳ, AM 'kɑːblɚ] *n* [Flick]schuster *m*
cobblestone *n* Kopfstein *m,* Pflasterstein *m*
cobnut *n* Haselnuss *f*
cobol, COBOL ['kəʊbɒl, AM 'koʊbɔːl] *n no pl* COMPUT COBOL *nt;* **to programme in** ~ in COBOL programmieren
cobra ['kəʊbrə, AM 'koʊ-] *n* Kobra *f*
cobweb ['kɒbweb, AM 'kɑːb-] *n* (*web*) Spinnennetz *nt;* (*single thread*) Spinn[en]webe *f*
cobwebbed ['kɒbwebd, AM 'kɑːb] *adj inv* mit Spinnweben verhangen
coca ['kəʊkə, AM 'koʊ-] *n* Kokabaum *m*
Coca-Cola® *n* Coca-Cola® *f o nt*
cocaine [kə(ʊ)'keɪn, AM koʊ'-] *n no pl* Kokain *nt;* **to be addicted to ~** kokainsüchtig sein
coccyges ['kɒksaɪdʒiːz, AM 'kɑːk-] *n pl of* **coccyx**
coccyx <*pl* -es *or* -yges> ['kɒksɪks, AM 'kɑːk-, *pl* -saɪdʒiːz] *n* Steißbein *nt*
cochineal [ˌkɒtʃɪ'niːl, AM 'kɑːtʃəniːl] *n no pl* Koschenille *f*
cochlea <*pl* -e *or* -s> ['kɒkliə, AM 'kɑːk-, *pl* -liiː] *n* ANAT Schnecke *f*
cochleae ['kɒkliiː, AM 'kɑːk-] *n pl of* **cochlea**
cochlear ['kɒkliəʳ, AM 'kɑːkliɚ] *adj inv* MED Schnecken-, kochleär *fachspr*
cock [kɒk, AM kɑːk] **I.** *n* ❶ (*male chicken*) Hahn *m*
❷ (*vulg: penis*) Schwanz *m vulg*
❸ *no pl* BRIT (*vulg: nonsense*) Scheiß *m vulg*
❹ BRIT (*dated fam: form of address*) Kumpel *m fam*
II. *n modifier* ORN männlich; ~ **pheasant/sparrow** Fasanen-/Sperlingmännchen *nt*
III. *vt* ❶ (*turn*) **to ~ one's ear** seine Ohren spitzen; **to ~ one's hat** seinen Hut schief aufsetzen; **to ~ one's head** den Kopf auf die Seite legen
❷ (*ready gun*) **to ~ a gun** den Hahn spannen
❸ (*express disrespect*) **to ~ a snook at sth** über etw *akk* lästern
◆**cock up** *vt* BRIT (*sl*) ■**to ~ up** ○ **sth** etw versauen *sl*
cockade [kɒ'keɪd, AM kɑː'-] *n* Kokarde *f*
cock-a-doodle-doo [ˌkɒkəduːdl̩'duː, AM ˌkɑːk-] **I.** *n* Kikeriki *nt;* **to go ~** (*childspeak*) kikeriki machen *Kindersprache* **II.** *vi* (*childspeak*) kikeriki machen *Kindersprache* **cock-a-hoop** *adj inv* BRIT (*dated fam*) ■**to be ~** ganz aus dem Häuschen sein *fam* **cock-a-leekie** [ˌkɒkə'liːki, AM ˌkɑːk-] *n* Hühnersuppe *f* mit Lauch
cock-and-bull story *n* Lügenmärchen *nt,* Lügengeschichte *f;* **to come up with a ~** ein Lügenmärchen auftischen; **to give sb a ~** jdm eine Lügengeschichte erzählen
cockatoo <*pl* -s *or* -> [ˌkɒkə'tuː, AM 'kɑːkətuː] *n* Kakadu *m;* **Australian ~** australischer Kakadu
cockatrice ['kɒkətraɪs, AM 'kɑːkə] *n see* **basilisk** Basilisk *m*
cockchafer ['kɒkˌtʃeɪfəʳ, AM 'kɑːkˌtʃeɪfɚ] *n* Maikäfer *m* **cockcrow** *n* Hahnenschrei *m;* **to rise at ~** beim ersten Hahnenschrei aufstehen
cocked [kɒkt, AM kɑːkt] *adj* aufwärts gerichtet; *hat* aufgestülpt; ~ **hat** Dreispitz *m*
cocker ['kɒkəʳ, AM 'kɑːkɚ], **cocker spaniel** *n* Cockerspaniel *m*
cockerel ['kɒkᵊrᵊl, AM 'kɑːkɚᵊl] *n* junger Hahn; (*fig*) junger Mann
cockeyed ['kɒkaɪd, AM 'kɑːk-] *adj* ❶ (*fam: not straight*) schief, krumm
❷ (*ridiculous*) *idea, plan* lächerlich, verrückt
❸ *esp* AM (*dated fam: drunk*) betrunken, blau *fam*
cock fight *n* Hahnenkampf *m*
cockiness ['kɒkinəs, AM 'kɑːk-] *n* Großspurigkeit *f*
cockle ['kɒkl̩, AM 'kɑːkl̩] *n* Herzmuschel *f*
Cockney ['kɒkni, AM 'kɑːk-] **I.** *n* ❶ (*person*) Cockney *m*
❷ (*dialect*) Cockney *nt* (*im Osten Londons gesprochener Dialekt*)
II. *adj inv* ~ **accent** Cockneyakzent *m*
Cockney rhyming slang *n Art des Sprechens in Reimen im Cockneydialekt*
cock-of-the-walk *n* (*dated or pej*) Gockel *m hum pej fam,* eingebildeter Fatzke *pej sl;* **to be the ~** die Szene beherrschen
cockpit ['kɒkpɪt, AM 'kɑːk-] *n* ❶ (*pilot's area*) Cockpit *nt,* Pilotenkanzel *f;* **a four-person ~** ein 4-Mann-Cockpit *nt*
❷ *usu sing* (*area of fighting*) Kampfplatz *m;* ~ **of Europe** Kriegsschauplatz *m* Europa
cockroach ['kɒkrəʊtʃ, AM 'kɑːkroʊtʃ] *n* Küchenschabe *f,* Kakerlak *m,* Kakerlake *f fam;* **~-infested** mit Kakerlaken verseucht
cockscomb ['kɒkskəʊm, AM 'kɑːkskoʊm] *n* ORN, ZOOL Hahnenkamm *m*
cocksure ['kɒkʃʊəʳ, AM 'kɑːkʃʊr] *adj* (*convinced*) todsicher, fest überzeugt; (*pej fam: self-confident*) arrogant, anmaßend; **to be ~ of oneself** sich *dat* seiner Sache völlig sicher sein
cocktail ['kɒkteɪl, AM 'kɑːk-] *n* ❶ (*drink*) Cocktail *m*
❷ (*mixture*) Gemisch *nt,* Mischung *f;* ~ **of drink and drugs** Alkohol- und Drogencocktail *m;* ~ **of gases** Gasgemisch *nt*
❸ (*dish*) Cocktail *m;* **fruit ~** Obstsalat *m;* (*canned food*) Früchtecocktail *m;* **seafood/shrimp ~** Meeresfrüchte-/Krabbencocktail *m*
cocktail cabinet *n* Hausbar *f* **cocktail dress** *n* Cocktailkleid *nt* **cocktail lounge** *n* Cocktailbar *f* **cocktail stick** *n* Spießchen *nt,* Partystick *m*
cock-teaser *n* (*vulg sl*) Demivierge *f veraltend*
cock-up ['kɒkʌp, AM 'kɑːk-] *n* (*sl*) Mist *m fam,* Schlamassel *m fam;* **to make a ~ with** [*or* **of**] **sth** bei etw *dat* Scheiße bauen *sl;* ***what a ~!*** so ein Mist! *fam*
cocky ['kɒki, AM 'kɑːki] *adj* (*fam*) großspurig, aufgeblasen *pej fam*
cocoa ['kəʊkəʊ, AM 'koʊkoʊ] *n no pl* ❶ (*chocolate powder*) Kakao *m,* Kakaopulver *nt*
❷ (*hot drink*) Kakao *m;* **a mug of ~** ein Becher *m* Kakao
cocoa butter *n* Kakaobutter *f*
coconut ['kəʊkənʌt, AM 'koʊ-] *n* Kokosnuss *f;* **a slice of ~** ein Stück *nt* Kokosnuss, eine Kokosnussspalte *bes* ÖSTERR; **grated ~** Kokosraspel *fpl,* Kokosette *nt* ÖSTERR
coconut butter *n* Kokosfett *nt,* Kokosbutter *f* **coconut matting** *n* Kokosmatte *f,* Kokosläufer *m* **coconut milk** *n* Kokosmilch *f* **coconut oil** *n* Kokosöl *nt* **coconut palm** *n* Kokospalme *f* **coconut shy** *n* BRIT Wurfbude *f;* **to play a ~** eine Runde Dosen werfen
cocoon [kə'kuːn] **I.** *n* Kokon *m*
II. *vt* ■**to ~ sb against** [*or* **from**] **sth** jdn von etw *dat* abschirmen [*o* fernhalten]
cocooning *n no pl* Cocooning *nt* (*Zurückziehen in die eigenen vier Wände*)
cod <*pl* – *or* -s> [kɒd, AM kɑːd] *n* Kabeljau *m; in Baltic* Dorsch *m*
COD [ˌsiːəʊ'diː, AM -oʊ'-] *n no pl* ❶ *abbrev of* **cash on delivery**
❷ AM *abbrev of* **collection on delivery** p. Nachn.
coda ['kəʊdə, AM 'koʊ-] *n* MUS Koda *f*
coddle ['kɒdl̩, AM 'kɑːdl̩] *vt* ❶ (*cook gently*) ■**to ~ sth** etw langsam köcheln lassen; **to ~ eggs** Eier pochieren
❷ (*treat tenderly*) ■**to ~ sb** jdn verhätscheln
code [kəʊd, AM koʊd] **I.** *n* ❶ (*ciphered language*) Kode *m,* Code *m,* Chiffre *f;* **to break** [*or* **crack**] **a ~** einen Kode entschlüsseln; **to decipher a ~** einen Kode entziffern; **to write sth in ~** etw verschlüsseln [*o* kodieren]
❷ LAW (*collection of laws*) Gesetzbuch *nt;* (*set of rules*) Kodex *m;* **the Highway C~** Straßenverkehrsordnung *f;* ~ **of honour** Ehrenkodex *m;* **the penal ~** Strafgesetzbuch *nt*
II. *vt* **to ~ a message** eine Nachricht chiffrieren [*o* verschlüsseln] [*o* kodieren]
CODEC *n* COMPUT *abbrev of* **coder/decoder** Codierer/Decodierer *m*
coded ['kəʊdɪd, AM 'koʊd] *adj inv* verschlüsselt
co-defendant *n* LAW Mitbeklagte(r) *f(m)*
codeine ['kəʊdiːn, AM 'koʊ-] *n* ❶ *no pl* (*pain-relieving drug*) Kodein *nt*
❷ (*tablet*) Schmerztablette *f*
code name *n* Deckname *m* **code-named** *adj* ***the mission is ~ 'Ice-breaker'*** der Einsatz trägt den Decknamen ‚Eisbrecher' **code number** *n* Kodenummer *f,* Geheimnummer *f;* ADMIN Kennziffer *f;* FIN Bankleitzahl *f* **code of conduct** *n* Verhaltenskodex *m;* ADMIN Verwaltungsvorschrift[en] *f[pl]*

code of practice *n* Verhaltensregeln *fpl;* **to abide by the ~** sich *akk* an die Richtlinien halten
coder ['kəʊdəʳ, AM 'koʊdɚ] *n* (*computer programmer*) Programmierer(in) *m(f)*
co-determination [ˌkəʊdɪtɜ:mɪ'neɪʃən, AM ˌkoʊdɪtɜ:r-] *n* Mitbestimmung *f*
code word *n* Kodewort *nt;* COMPUT Kennwort *nt,* Passwort *nt*
codex <*pl* -dices> ['kəʊdeks, *pl* -dɪsi:z, AM 'koʊ-, *pl* -dəsi:z] *n* Kodex *m*
codger ['kɒdʒəʳ, AM 'kɑ:dʒɚ] *n* (*hum pej fam*) alter Knacker *hum o pej fam*
codices ['kəʊdɪsi:z, AM 'koʊdəsi:z] *n pl of* **codex**
codicil ['kəʊdɪsɪl, AM 'kɑ:dəsəl] *n* Testamentsnachtrag *m,* Kodizill *nt fachspr;* **to add a ~ to a will** ein Kodizill zu einem Testament hinzufügen
codification [ˌkəʊdɪfɪ'keɪʃən, AM ˌkɑ:-] *n* LAW ❶ (*legal code*) Kodifizierung *f* von Gesetzen
❷ (*to make Act of Parliament*) Vereinigung *f* von Gesetzen
codify ['kəʊdɪfaɪ, AM 'kɑ:-] *vt* ■**to ~ sth** LAW etw kodifizieren; **to ~ grammar** LING Grammatikregeln festlegen
coding ['kəʊdɪŋ, AM 'koʊd] *n* ❶ (*assigning a code*) Kodierung *f,* Verschlüsselung *f,* Chiffrierung *f*
❷ (*the assigned code*) Kodierung *f*
❸ BIOL (*coding genetically*) Kode *m*
codling[1] ['kɒdlɪŋ, AM 'kɑ:d-] *n* BRIT Kochapfel *m*
codling[2] ['kɒdlɪŋ, AM 'kɑ:d-] *n* junger Kabeljau; (*in Baltic*) junger Dorsch
codling moth *n* Apfelwickler *m*
cod liver oil *n* Lebertran *m*
codpiece ['kɒdpi:s, AM 'kɑ:d-] *n* Hosenbeutel *m hist*
co-driver ['kəʊdraɪvəʳ, AM 'koʊdraɪvɚ] *n* Beifahrer(in) *m(f)*
codswallop ['kɒdzˌwɒləp] *n no pl* BRIT, AUS (*fam*) Quatsch *m fam,* Stuss *m fam;* **a load of ~** eine Menge Blödsinn; ***what a load of ~!*** was für ein Schwachsinn! *fam*
co-ed [ˌkəʊ'ed, AM ˌkoʊ-] SCH, UNIV **I.** *adj inv* (*fam*) koedukativ, gemischt; **~ school** gemischte Schule; **to go ~** gemischten Unterricht einführen
II. *n* (*dated fam: at school/college*) Schülerin *f;* (*at university*) Studentin *f*
co-education [ˌkəʊedʒu:'keɪʃən, AM ˌkoʊ-] *n no pl* Koedukation *f*
co-educational [ˌkəʊedʒu:'keɪʃənəl, AM ˌkoʊ-] *adj inv* koedukativ, gemischt; **~ institution/school** gemischte Einrichtung/Schule
coefficient [ˌkəʊɪ'fɪʃənt, AM ˌkoʊ-] *n* MATH, PHYS Koeffizient *m,* Faktor *m*
coequal [ˌkəʊ'i:kwəl, AM ˌkoʊ-] **I.** *n* (*form*) Gleichrangige(r) *f(m),* Ebenbürtige(r) *f(m)*
II. *adj inv* (*form*) gleichrangig, ebenbürtig
coerce [kəʊ'ɜ:s, AM koʊ'ɜ:rs] *vt* (*form*) ■**to ~ sb into doing sth** jdn dazu zwingen, etw zu tun; **to ~ sb into sth** jdn zu etw *dat* zwingen
coercion [kəʊ'ɜ:ʃən, AM koʊ'ɜ:rʒən] *n no pl* (*form*) Zwang *m;* LAW Nötigung *f;* **to do sth under ~** unter Zwang handeln
coercive [kəʊ'ɜ:sɪv, AM koʊ'ɜ:r-] *adj* zwingend *attr,* Zwangs-; **~ measures** Zwangsmaßnahmen *fpl;* **~ power** Zwangsgewalt *f*
coercivity [ˌkəʊɜ:'sɪvəti, AM ˌkoʊɜ:r'sɪvəṭi] *n* COMPUT Koerzitivkraft *f*
coeval [kəʊ'i:vəl, AM koʊ-] (*form liter*) **I.** *n* Zeitgenosse, -in *m, f;* POL, UNIV Mitstreiter(in) *m(f)*
II. *adj inv* zeitgenössisch; **to be ~** (*having same date*) aus der gleichen Zeit stammen; (*having same origin*) zeitlich parallel entstanden sein
coexist [ˌkəʊɪg'zɪst, AM ˌkoʊ-] *vi* koexistieren *geh,* nebeneinander bestehen [*o* existieren]
coexistence [ˌkəʊɪg'zɪstən(t)s, AM ˌkoʊ-] *n no pl* Koexistenz *f geh;* **peaceful ~** friedliches Miteinander, friedliche Koexistenz
coexistent [ˌkəʊɪg'zɪstənt, AM ˌkoʊ-] *adj* koexistent *geh,* nebeneinander bestehend
coextensive [ˌkəʊɪks'tensɪv, AM ˌkoʊ] *adj inv* entsprechend
C of E ['si:əvi:] *n abbrev of* **Church of England**
coffee ['kɒfi:, AM 'kɑ:-] *n* ❶ (*hot drink*) Kaffee *m;* **a cup of ~** eine Tasse Kaffee; **a black ~** ein schwarzer Kaffee, eine Tasse schwarzer Kaffee; ***do you take your ~ white?*** trinken Sie Ihren Kaffee mit Milch?; ***can I get you a ~?*** soll ich dir einen Kaffee holen?; **fresh ~** (*roasted*) frisch gerösteter Kaffee; (*made*) frisch gebrühter Kaffee; **instant ~** Instantkaffee *m*
❷ (*colour*) Kaffeebraun *nt*
► PHRASES: **to** [**wake up and**] **smell the ~** (*fam: come to one's senses*) zu sich *dat* kommen *fig*
coffee bar *n* Café *nt* **coffee bean** *n* Kaffeebohne *f;* **to grind ~s** Kaffeebohnen mahlen **coffee break** *n* Kaffeepause *f;* **to have a ~** eine Kaffeepause machen **coffee cake** *n* ❶ BRIT, AUS (*cake*) Mokkakuchen *m* ❷ AM, AUS (*sweet bread*) Stuten *m* **coffee-colored** AM, **coffee-coloured** *adj* kaffeebraun, kaffeefarben **coffee cup** *n* Kaffeetasse *f* **coffee-grinder** *n* Kaffeemühle *f* **coffee grounds** *npl* Kaffeesatz *m kein pl* **coffee house** *n* Café *nt,* Kaffeehaus *nt* **coffee klatch** *n* AM Kaffeeklatsch *m* **coffee machine** *n* Kaffeemaschine *f,* Kaffeeautomat *m* **coffee mill** *n* Kaffeemühle *f* **coffee morning** *n* BRIT Morgenkaffee *m* (*Wohltätigkeitsveranstaltung*) **coffee pot** *n* Kaffeekanne *f* **coffee shop** *n* (*for drinking*) Café *nt;* (*for selling*) Kaffeegeschäft *nt* **coffee table** *n* Couchtisch *m,* Beistelltisch *m* **coffee-table book** *n* Bildband *m,* Hochglanzband *m*
coffer ['kɒfəʳ, AM 'kɑ:fɚ] *n* ❶ (*box*) Truhe *f,* Kiste *f;* (*for money*) Schatulle *f,* Kassette *f*
❷ (*money reserves*) ■**the ~s** *pl* die Rücklagen *pl;* *of the state* Staatssäckel *nt fam*
cofferdam ['kɒfədæm, AM 'kɑ:fɚ-] *n* Caisson *m*
coffin ['kɒfɪn, AM 'kɑ:-] *n* Sarg *m;* BRIT, AUS TECH Transportbehälter *m*
co-financing [ˌkəʊ'faɪnæn(t)sɪŋ, AM ˌkoʊ'-] *n* ECON, FIN Kofinanzierung *f,* gemeinsame Finanzierung
cog [kɒg, AM kɑ:g] *n* ❶ (*part of wheel*) Zahn *m*
❷ (*wheel*) Zahnrad *nt*
❸ (*fig pej: minor, yet necessary part*) **to be just a ~ in a** [*or* **the**] **machine** nur ein Rädchen im Getriebe sein *fig*
cogency ['kəʊdʒən(t)si, AM 'koʊ-] *n no pl* (*form*) *of an argument, reasoning* Stichhaltigkeit *f; of a document, description* Überzeugungskraft *f; of writing style* Stringenz *f geh*
cogeneration [ˌkəʊdʒenə'reɪʃən, AM ˌkoʊ-] *adj attr, inv* Kombinations-; **~ plant** Kombinationskraftwerk *nt*
cogent ['kəʊdʒənt, AM 'koʊ-] *adj* (*form*) stichhaltig, überzeugend; **~ argument** stichhaltiges [*o* triftiges] Argument; **~ evidence** hieb- und stichfester Beweis; **~ reason** Logik *f;* **~ reasoning** logisches [*o* folgerichtiges] Denken; **~ speech** gut durchdachte Rede
cogently ['kəʊdʒəntli, AM 'koʊ-] *adv* (*form*) stichhaltig, überzeugend; **to argue ~ for sth** schlüssig für etw *akk* argumentieren
cogitate ['kɒdʒɪteɪt, AM 'kɑ:dʒə-] *vi* (*form or hum*) ■**to ~ about** [*or* **on**] [*or* **upon**] **sth** über etw *akk* nachdenken
cogitation [ˌkɒdʒɪ'teɪʃən, AM ˌkɑ:dʒə-] *n* (*hum also form*) Nachdenken *nt,* Nachsinnen *nt geh*
cognac ['kɒnjæk, AM 'koʊnjæk] *n* Cognac *m*
cognate ['kɒgneɪt, AM 'kɑ:g-] LING **I.** *adj* [ur]verwandt (**with** mit +*dat*); **~ languages** [*or* **words**] urverwandte Sprachen [*o* Wörter]
II. *n* verwandtes Wort; **false ~** Faux ami *m,* falscher Freund
cognition [kɒg'nɪʃən, AM kɑ:g'-] *n* (*form*)
❶ (*thought*) Erkennen *nt*
❷ *no pl* (*mental processes*) Erkenntnis *f*
❸ (*realization*) Wahrnehmung *f*
cognitive ['kɒgnətɪv, AM 'kɑ:gnəṭɪv] *adj attr* (*form*) kognitiv *geh*
cognitive psychology *n* kognitive Psychologie
cognitive therapy *n* Kognitionstherapie *f*
cognizance ['kɒgnɪzən(t)s, AM 'kɑ:gnə-] *n no pl* (*form*) LAW ❶ (*awareness*) Kenntnis[nahme] *f;* **to take ~ of sth** etw zur Kenntnis nehmen, von etw *dat* Kenntnis nehmen
❷ (*jurisdiction*) Zuständigkeit *f,* Befugnis *f;* **to take ~ of sth** für etw *akk* zuständig sein
cognizant ['kɒgnɪzənt, AM 'kɑ:gnə-] *adj* (*form*)
❶ (*aware*) in Kenntnis, unterrichtet; **to be ~ of the facts** die Fakten kennen
❷ (*having jurisdiction*) zuständig
cognomen [kɒg'nəʊmen, AM kɑ:g'noʊ-] *n*
❶ (*nickname*) Spitzname *m,* Beiname *m*
❷ (*ancient Roman's family name*) Familienname *m,* Zuname *m*
cognoscenti [ˌkɒnjə(ʊ)'ʃenti, AM ˌkɑ:g'nə'ʃenti] *npl* (*form liter*) Kenner(innen) *mpl(fpl)*
cogwheel ['kɒgwi:l, AM 'kɑ:g-] *n* Zahnrad *nt*
cohabit [kəʊ'hæbɪt, AM koʊ-] *vi* (*form*) ■**to ~** [**with sb**] [mit jdm] zusammenleben; LAW [mit jdm] in eheähnlicher Gemeinschaft leben
cohabitant [kəʊ'hæbɪtənt, AM koʊ'hæbɪṭənt] *n* (*form*) Lebensgefährte(in) *m(f)*
cohabitation [kəʊˌhæbɪ'teɪʃən, AM koʊˌ-] *n no pl* Zusammenleben *nt;* LAW eheähnliche Gemeinschaft
cohabitee [kəʊhæbɪ'ti:, AM koʊ-] *n* (*form*) Lebensgefährte(in) *m(f)*
cohabiter [kəʊ'hæbɪtəʳ, AM koʊ'hæbɪṭɚ] *n* LAW in eheähnlicher Gemeinschaft Lebende(r) *f(m)*
co-heir [ˌkəʊ'eəʳ, AM 'koʊer] *n* LAW Miterbe(in) *m(f)*
co-heiress [ˌkəʊ'eəres, AM 'koʊerəs] *n* LAW Miterbin *f*
cohere [kə(ʊ)'hɪəʳ, AM koʊ'hɪr] *vi* (*form*) *ideas* zusammenhängen; *system, work* in sich *dat* geschlossen sein
coherence [kə(ʊ)'hɪərən(t)s, AM koʊ'hɪr-] *n no pl of ideas* Zusammenhang *m* (**between** zwischen +*dat*); *of system, work* Geschlossenheit *f*
coherent [kə(ʊ)'hɪərənt, AM koʊ'hɪr-] *adj ideas* zusammenhängend; *system, work* in sich *dat* geschlossen; *idea, words* verständlich; **~ argument** schlüssiges Argument; **~ speech/story** zusammenhängende Rede/Geschichte; **~ bundle** PHYS kohärentes Bündel
coherently [kə(ʊ)'hɪərəntli, AM koʊ'hɪr-] *adv ideas* zusammenhängend; *system, work* in sich *dat* geschlossen; **to speak ~** verständlich sprechen
cohesion [kə(ʊ)'hi:ʒən, AM koʊ'-] *n no pl* Zusammenhalt *m,* Zusammenhang *m,* Kohäsion *f geh;* **lack of ~** mangelnder Zusammenhalt
Cohesion Fund *n* EU Kohäsionsfonds *m*
cohesive [kə(ʊ)'hi:sɪv, AM koʊ'-] *adj* geschlossen, zusammenhängend; **~ forces** vereinte Kräfte; **~ group** geschlossene Gruppe
cohesiveness [kə(ʊ)'hi:sɪvnəs, AM koʊ'-] *n no pl* (*in physics*) Kohäsionskraft *f,* Bindekraft *f;* (*in group*) Zusammenhalt *m,* Zusammenhang *m,* Geschlossenheit *f*
cohort ['kə(ʊ)hɔ:t, AM 'koʊhɔ:rt] *n* ❶ (*subgroup*) [Personen]gruppe *f;* **age ~** Altersgruppe *f;* **among the younger ~** unter den Jüngeren
❷ *esp* AM (*pej: crony*) ■**~s** *pl* Konsorten *pl pej fam*
coif [kɔɪf] *n* ❶ REL Haube *f*
❷ HIST (*worn under armour*) Helmkappe *f*
coiffed [kɔɪft, AM kwɑ:ft] *adj* (*esp hum*) frisiert; **to have one's hair ~** sich *dat* das Haar frisieren lassen; **to look ~** frisch frisiert aussehen
coiffeur [kwɒ'fɜ:ʳ, AM kwɑ:fɜ:r] *n* Friseur *m,* Coiffeur *m geh*
coiffure [kwɒ'fjʊəʳ, AM kwɑ:fjʊr] *n* (*form*) Frisur *f,* Haartracht *f;* **a 1950s ~** eine Frisur aus den 50er Jahren
coil [kɔɪl] **I.** *n* ❶ (*wound spiral*) Rolle *f;* ELEC Spule *f;* **~ of rope** Rolle *f* Seil; **~ of smoke** (*fig*) Rauchsäule *f*
❷ (*fam: contraceptive*) Spirale *f*
❸ (*lock of hair*) Locke *f*
II. *vi* ■**to ~ around sth** sich *akk* um etw *akk* winden
III. *vt* ■**to ~ sth** etw aufwickeln [*o* aufrollen]; ***she ~ed her hair into a neat bun*** sie drehte ihr Haar zu einem hübschen Knoten; ■**to ~ oneself around sth** sich *akk* um etw *akk* winden
coiled [kɔɪld] *adj* gewunden; **~ spring** Sprungfeder

f, Spiralfeder *f*

coin [kɔɪn] **I.** *n* Münze *f*, Geldstück *nt;* **denomination of ~** Münzeinheit *f;* **gold ~** Goldmünze *f;* **to exchange ~s for notes** Münzen in Geldscheine umtauschen; ***ten pounds in 20p ~s*** zehn Pfund in 20-Pence-Stücken; **counterfeit ~s** Falschgeld *nt;* **to mint ~s** Münzen prägen; **to take** [*or* **accept**] **~s** Münzen annehmen
II. *vt* **to ~ a motto** ein Motto prägen
▸ PHRASES: **to ~** **it** [**in**] BRIT, **to ~** **money** AM (*fam*) Geld scheffeln *fam;* **to ~ a** **phrase** ... ich will mal so sagen ...; ***I was, to ~ a phrase, gobsmacked*** ich war ganz einfach platt *fam*

coinage ['kɔɪnɪʤ] *n* ❶ *no pl* (*set of coins*) Münzen *fpl*, Hartgeld *nt;* (*act*) Prägung *f*, Prägen *nt;* **bronze/silver ~** Bronze-/Silbermünzen *fpl*
❷ (*invented word*) Neuschöpfung *f*, Prägung *f*

coin-box telephone *n* Münzfernsprecher *m*

coincide [ˌkəʊɪn'saɪd, AM ˌkoʊ-] *vi* ■**to ~** [**with sth**] *subjects, ideas* [mit etw *dat*] übereinstimmen; *events* [mit etw *dat*] zusammenfallen; ***our views ~ on a range of subjects*** wir sind in vielen Dingen einer Meinung

coincidence [kəʊ'ɪn(t)sɪdən(t)s, AM koʊ-] *n* ❶ (*instance*) Zufall *m;* (*chance*) Glück *nt*, Fügung *f geh;* ***what a ~!*** was für ein Zufall!; **by ~** durch Zufall; **pure ~** reiner Zufall
❷ (*agreement*) Übereinstimmung *f;* *of events* Zusammenfallen *nt*

coincidence circuit *n*, **coincidence element** *n* ELEC Koinzidenzschaltung *f*, UND-Schaltung *f*

coincident [kəʊ'ɪn(t)sɪdənt, AM koʊ-] *adj* ❶ (*occupying same time*) zusammentreffend; **~ events** gleichzeitig geschehende Ereignisse; (*occupying same space*) zusammenfallend
❷ (*in harmony with*) übereinstimmend; ■**to be ~ with sth** mit etw *dat* übereinstimmen

coincidental [kəʊˌɪn(t)sɪ'dəntəl, AM koʊˌɪn(t)sɪ'dənṭəl] *adj* zufällig; ***it was purely ~ that ...*** es war purer Zufall, dass ...; ***what a ~ meeting*** was für ein Zufall, dass wir uns getroffen haben

coincidentally [kəʊˌɪn(t)sɪ'dəntəli, AM koʊˌɪn(t)sɪ'dənṭəli] *adv* zufällig[erweise]

coir [kɔɪəʳ, AM kɔɪr] *n no pl* Coir *nt*

coital ['kəʊɪtəl, AM 'koʊə-] *adj inv* Koitus-, Beischlaf-; **~ position** [Sex]stellung *f*

coitus ['kəʊɪtəs, AM 'koʊəṭəs] *n no pl* (*form*) Geschlechtsverkehr *m;* MED Koitus *m;* LAW Beischlaf *m*

coitus interruptus [ˌkəʊɪtəsɪntə'rʌptəs, AM ˌkoʊəṭəsɪnṭə'-] *n* Koitus interruptus *m*

cojones [kə'hoʊneɪz] *npl* **to have ~** *esp* AM (*fam*) Mumm [*o* Courage] haben

coke [kəʊk, AM koʊk] *n no pl* ❶ (*fuel*) Koks *m*
❷ (*sl*) Kokain *nt*, Koks *m sl; see also* **cocaine**

Coke® [kəʊk, AM koʊk] *n short for* **Coca Cola** Coke *f fam*

col *n abbrev of* **column** Sp.

Col *n abbrev of* **colonel**

cola ['kəʊlə, AM 'koʊ-] *n* Cola *nt o f fam;* **types of ~** Colasorten *fpl;* ■**~s** *pl* Colagetränke *ntpl*, Colalimonaden *fpl*

COLA *n* AM ECON, FIN *acr for* **cost-of-living allowance** Lebenshaltungskostenzuschuss *m*

colander ['kʌləndəʳ, 'kɒ-, AM -ɚ, 'kɑː-] *n* Sieb *nt*, Seiher *m*

cold [kəʊld, AM koʊld] **I.** *adj* ❶ (*not warm*) kalt; **a nice ~ beer** ein schönes, kühles Bier; **~ food** kalte Gerichte; **as ~ as ice** eiskalt; **bitterly ~** bitterkalt; **to be** [*or* **feel**] **~** frieren; ***I'm ~*** mir ist kalt; **to get ~** zu frieren beginnen; **to go ~** kalt werden; COMPUT **~ boot** [*or* **start**] Kaltstart *m;* **~ standby** Cold-Standby-System *nt*
❷ (*fig: not friendly*) kalt, kühl; ***his ~ blue eyes*** seine kühlen blauen Augen
❸ (*unprepared, unannounced*) unvorbereitet
❹ **~ call** *of insurance salesman* unangemeldeter Vertreterbesuch
▸ PHRASES: **to have/get ~** **feet** kalte Füße bekommen *fig fam;* **to pour** [*or* **throw**] **~** **water** **on sth** etw *dat* einen Dämpfer versetzen *fam*
II. *n* ❶ (*low temperature*) Kälte *f;* **to be blue with ~** vor Kälte ganz blau sein; **to shiver with ~** vor Kälte zittern
❷ MED (*illness*) Erkältung *f;* (*runny nose*) Schnupfen *m;* **to get a stinking** [*or* **streaming**] **~** BRIT, AUS (*fam*) eine saumäßige Erkältung bekommen *fam;* **to catch** [*or* **get**] **a ~** sich *akk* erkälten; **to have a ~** erkältet sein
▸ PHRASES: **to** **leave** **sb/sth** **out** **in the ~** jdn/etw im Regen stehen lassen *fam*

cold bag *n* BRIT Kühltasche *f* **cold-blooded** *adj* ❶ (*ectothermic*) kaltblütig; **~ animal** Kaltblüter *m*
❷ (*extremely evil*) kaltblütig, unbarmherzig **cold-bloodedly** [ˌkəʊld'blʌdɪdli, AM ˌkoʊld] *adv* kaltblütig **cold call** *n* Anmache *f fam;* ECON unangemeldeter Vertreterbesuch **cold comfort** *n* schwacher Trost **cold cream** *n* Cold Cream *f* (*halbfette Feuchtigkeitscreme*) **cold cuts** *npl* Aufschnitt *m kein pl* **cold-eyed** *adj* ***she gave him a ~ stare*** sie blickte ihn kalt an **cold fish** *n* (*pej: insensitive person*) Eisblock *m fig;* (*sullen, morose*) Brummbär *m fam*, Griesgram *m pej* **cold frame** *n* Frühbeet *nt* **cold front** *n* Kaltfront *f* **cold-hearted** *adj* kaltherzig, hartherzig

coldish ['kəʊldɪʃ, AM 'koʊld-] *adj* kühl

coldly ['kəʊldli, AM 'koʊld-] *adv* kalt, kühl; **to say sth ~** etw abweisend sagen

coldness ['kəʊldnəs, AM 'koʊld-] *n no pl* Kälte *f*, Kühle *f;* **~ of manner** Reserviertheit *f*, Distanziertheit *f*

cold shower *n* (*hum*) **to take a ~** eine kalte Dusche nehmen; (*fig*) sich *akk* [wieder] abregen [*o* beruhigen] **cold snap** *n* kurze Kälteperiode, Kälteeinbruch *m* **cold sore** *n* MED Herpes *m*, Bläschenausschlag *m;* ■**~s** *pl* Herpesbläschen *ntpl* **cold start** *n* AUTO, COMPUT Kaltstart *m* **cold storage** *n* Kühllagerung *f;* **to put sth in ~** etw kühl lagern; (*fig*) etw auf Eis legen *fig* **cold store** *n* Kühlhalle *f*, Kühlhaus *nt* **cold sweat** *n* kalter Schweiß; **to put sb in a ~** jdn in Angst und Schrecken versetzen **cold truth** *n* nackte Wahrheit **cold turkey** *n* (*sl*) sofortiger Totalentzug, kalter Entzug *fam;* **to go through ~** [*or* AM **to quit ~**] eine radikale Entziehungskur machen **cold war** *n* POL kalter Krieg **cold wave** *n* ❶ METEO (*cold snap*) Kältewelle *f*
❷ (*dated: permanent wave*) Kaltwelle *f veraltet;* **to get a ~** sich *dat* eine Kaltwelle machen lassen

coleslaw ['kəʊlslɔː, AM 'koʊlslɑː] *n no pl* Krautsalat *m*, Kohlsalat *m*

colic ['kɒlɪk, AM 'kɑː-] *n no pl* Kolik *f*

colicky ['kɒlɪki, AM 'kɑː-] *adj* kolikartig; ■**to be ~** an Koliken leiden; **~ baby** *Baby, das an Koliken leidet*

coliseum [ˌkɒlɪ'siəm, AM ˌkɑːlə] *n see* **colosseum**

colitis [kɒ'laɪtəs, AM koʊː'laɪṭəs] *n no pl* Dickdarmentzündung *f*, Kolitis *f fachspr;* **ulcerative ~** geschwürige Dickdarmentzündung

collaborate [kə'læbəreɪt] *vi* ❶ (*work together*) ■**to ~** [**with sb**] [mit jdm] zusammenarbeiten; ■**to ~ on sth** zusammen [*o* gemeinsam] an etw *dat* arbeiten
❷ (*pej: aid enemy*) ■**to ~ with sb** mit jdm kollaborieren

collaboration [kəˌlæbəˈreɪʃən] *n* ❶ (*working with sb*) Zusammenarbeit *f;* **to do sth in ~ with sb** etw in Zusammenarbeit mit jdm tun
❷ *no pl* (*aiding enemy*) Kollaboration *f*

collaborationist [kəˌlæbəˈreɪʃənɪst] *n* (*pej*) Kollaborateur(in) *m(f)*

collaborative [kə'læbərətɪv, AM -əṭɪv] *adj* zusammenarbeitend; **~ effort** gemeinsame Anstrengung

collaboratively [kə'læbərətɪv] *adv* gemeinsam, im Team

collaborator [kə'læbəreɪtəʳ, AM -ṭɚ] *n* ❶ (*colleague*) Mitarbeiter(in) *m(f);* **female ~** Mitarbeiterin *f*
❷ (*pej: traitor*) Kollaborateur(in) *m(f);* **Nazi ~** Nazispitzel *m*

collage ['kɒlɑːʒ, AM kə'lɑːʒ] *n* ❶ (*arrangement of objects*) Collage *f;* **~ of photos/postcards** Foto-/Postkartencollage *f*
❷ (*art style*) Collage[ntechnik] *f*

collagen ['kɒlədʒən, AM 'kɑː-] *n no pl* Kollagen *nt*

collagen implant *n* ❶ (*cosmetic operation*) Kollagenimplantation *f* ❷ (*inserted material*) Kollagenimplantat *nt* **collagen injection** *n* Kollageninjektion *f*

collapse [kə'læps] **I.** *vi* ❶ (*fall down*) *things, buildings* zusammenbrechen, einstürzen; *people* zusammenbrechen, kollabieren *geh;* **to ~ with laughter** [**at a joke**] (*fig*) sich *akk* [über einen Witz] kaputtlachen *fam*
❷ (*fail*) zusammenbrechen; *enterprise* zugrunde gehen; *government* stürzen, zu Fall kommen; *hopes* sich *akk* zerschlagen; *plans, talks* scheitern; *prices* einbrechen; *property market* zusammenbrechen; *society* zerfallen; ***his whole world had ~d*** für ihn war eine Welt zusammengebrochen
II. *n* ❶ (*act of falling down*) Einsturz *m;* **~ of a bridge/building** Einsturz *m* einer Brücke/eines Gebäudes
❷ (*failure*) Zusammenbruch *m;* **to be on the brink** [*or* **verge**] **of ~** kurz vor dem Aus stehen; **~ of a business** Zusammenbruch *m* eines Unternehmens; **~ of confidence** Verlust *m* der Glaubwürdigkeit; **~ of one's marriage** Scheitern *nt* einer Ehe; **~ of prices** Preissturz *m;* MED Kollaps *m;* **to suffer a mental/nervous ~** einen Nervenzusammenbruch erleiden

collapsed [kə'læpst] *adj* MED zusammengebrochen, kollabiert *geh*

collapsible [kə'læpsɪbl] *adj* zusammenklappbar, zusammenlegbar; **~ chair** Klappstuhl *m*

collar ['kɒləʳ, AM 'kɑːlɚ] **I.** *n* ❶ (*piece around neck*) Kragen *m;* **fur ~** Pelzkragen *m;* **wide ~** halsferner Kragen
❷ (*restraining band*) Halsband *nt;* **cat's/dog's ~** Katzen-/Hundehalsband *nt;* BRIT (*leash*) Hundeleine *f;* **to put one's dog on a ~** seinen Hund an die Leine nehmen
❸ (*necklace*) Halsband *nt*, Kollier *nt;* **diamond ~** Diamantkollier *nt*
❹ ZOOL (*fur area around neck*) Mähne *f*
❺ ECON, FIN Zinsbegrenzung *f* nach oben und nach unten
II. *vt* (*fam*) ■**to ~ sb** jdn schnappen *fam;* (*fig*) jdn in ein Gespräch verwickeln

collar bone *n* Schlüsselbein *nt;* **to break** [*or* **fracture**] **one's ~** sich *dat* das Schlüsselbein brechen

collate [kə'leɪt] **I.** *vt* ■**to ~ sth** ❶ (*analyse*) etw vergleichen
❷ (*arrange in order*) etw zusammenstellen
II. *vi photocopier* ordnen, sortieren

collateral [kə'lætərəl, AM kə'læṭ-] **I.** *n* FIN [zusätzliche] Sicherheit, Nebensicherheit *f;* **to use** [*or* **put up**] [*or* **offer**] **sth as** [**a**] **~** etw als Sicherheit anbieten
II. *adj* ❶ (*parallel*) gleichzeitig, parallel; **~ agreement** beidseitiges Abkommen
❷ (*form: descended in different line*) seitlich, kollateral *fachspr;* **~ relatives** Verwandte *pl* einer Seitenlinie
❸ (*subordinate*) nebensächlich; FIN zusätzlich; **~ insurance** Zusatzversicherung *f*

collateral acceptance *n* FIN Avalakzept *nt* **collateral bond** *n* FIN wertpapiergesicherte Schuldverschreibung **collateral contract** *n* Nebenvertrag *m* **collateral damage** *n* Nebenschaden *m*, Kollateralschaden *m* **collateral issue** *n* LAW Nebenfrage *f*

collateralize [kə'lætərəlaɪz, AM -'læṭ-] *vt* ECON, FIN ■**to ~ sth** *loan* etw *dat* Sicherheit leisten

collateral loan *n* FIN Lombardkredit *m*, Lombarddarlehen *nt*

collaterally [kə'lætərəli, AM kə'læṭ-] *adv* kollateral *fachspr;* **~ related** in einer Seitenlinie verwandt

collation [kə'leɪʃən] *n* ❶ (*comparing*) Vergleich *m*, Kollationieren *nt;* (*arranging*) Ordnen *nt*, Sortieren *nt*
❷ (*dated form: light meal*) Imbiss *m*, Kollation *f veraltet*

collator [kəˈleɪtəʳ, AM -t̬ɚ] *n* COMPUT Sortierer *m;* (*device*) Kartenmischer *m*

colleague [ˈkɒliːɡ, AM ˈkɑː-] *n* [Arbeits]kollege, -in *m, f,* Mitarbeiter(in) *m(f)*

collect¹ [ˈkɒlekt, AM ˈkɑːlekt] *n* REL Kirchengebet *nt*

collect² [kəˈlekt] **I.** *adj* AM TELEC (*paid for by receiving party*) ~ **call** R-Gespräch *nt*

II. *adv* AM *inv* (*on cost of receiving party*) **to call** ~ ein R-Gespräch führen

III. *vi* ❶ (*gather*) sich *akk* versammeln; (*accumulate*) sich *akk* ansammeln

❷ (*gather money*) sammeln; ***we're ~ing for the homeless*** wir sammeln für Obdachlose

IV. *vt* ❶ (*gather*) ■**to ~ sth** etw einsammeln; **to ~ coins/stamps** Münzen/Briefmarken sammeln; **to ~ dust** den Staub anziehen; (*no use*) [nur] ein Staubfänger sein; **to ~ money** Geld sammeln

❷ (*pick up*) ■**to ~ sb/sth** jdn/etw abholen; ***I'll ~ you from the station*** ich hole dich vom Bahnhof ab

❸ (*form: regain control*) ■**to ~ oneself** sich *akk* sammeln; **to ~ one's thoughts** [*or* **wits**] seine Gedanken ordnen, sich *akk* sammeln

◆**collect up** *vt* **to ~ up one's belongings** sein Hab und Gut zusammenpacken; **to ~ up empty bottles** leere Flaschen aufsammeln; **to ~ up tickets** Fahrscheine einsammeln

collectable [kəˈlektəbl̩] **I.** *adj* sammelbar

II. *n* Sammlerstück *nt,* Sammelobjekt *nt*

collectables, collectibles [kəˈlektəbl̩z] *npl* ECON, FIN Sammlerstücke *ntpl*

collect call *n* AM R-Gespräch *nt;* **to accept a ~** ein R-Gespräch annehmen; **to make a ~** ein R-Gespräch anmelden

collected [kəˈlektɪd] *adj* beherrscht, gelassen, ruhig

collectible *adj, n see* **collectable**

collection [kəˈlekʃᵊn] *n* ❶ ■**~s** *pl* (*money gathered*) Sammlung *f;* (*in church*) Kollekte *f;* **to have** [*or* **hold**] **a ~ for charity** für einen wohltätigen Zweck sammeln

❷ (*objects collected*) Sammlung *f;* **~ of art/coins/stamps** Kunst-/Münz-/Briefmarkensammlung *f;* (*crowd of people*) Ansammlung *f;* (*fig: large number*) Auswahl *f,* Sortiment *nt;* **a ~ of toothbrushes** eine Auswahl an Zahnbürsten

❸ (*range of clothes*) Kollektion *f;* **spring/winter ~** Frühjahrs-/Winterkollektion *f*

❹ (*act of getting*) *of mail* Abholung *f;* ***the photos are ready for ~*** die Fotos liegen zur Abholung bereit; **rubbish ~** Müllabfuhr *f;* BRIT (*from letterbox*) [Briefkasten]leerung *f*

❺ FIN **~s** Einzug *m,* Inkasso *nt;* **tax ~** Steuereinziehung *f;* **debt ~** Schuldeneintreibung *f;* **debt collection agency** Inkassobüro *nt;* **bills for ~** fällige Inkassowechsel

collection-only check *n* FIN Verrechnungsscheck *m*

collective [kəˈlektɪv] **I.** *adj* gemeinsam, kollektiv; **~ action** Gemeinschaftsaktion *f;* **~ decision** gemeinsame Entscheidung; **~ interests** Gesamtinteressen *ntpl;* **~ leadership** kollektive Führung; **~ opinion** Mehrheitsmeinung *f*

II. *n* Gemeinschaft *f,* Gruppe *f;* POL Kollektiv *nt;* ECON Genossenschaftsbetrieb *m,* Produktionsgenossenschaft *f;* LING Sammelbegriff *m,* Kollektivum *nt fachspr*

collective bargaining *n* Tarifverhandlungen *fpl;* **to engage in ~** in Tarifverhandlungen einsteigen

collective farm *n* landwirtschaftliche Produktionsgenossenschaft

collectively [kəˈlektɪvli] *adv* alle zusammen

collective noun *n* LING Sammelbegriff *m,* Kollektivum *nt fachspr*

collective responsibility *n* LAW Kollektivverantwortung *f*

collective wage agreement *n* ECON Lohntarifvertrag *m*

collectivism [kəˈlektɪvɪzᵊm, AM -tə-] *n no pl* Kollektivismus *m*

collectivist [kəˈlektɪvɪst] **I.** *adj* kollektivistisch

II. *n* Kollektivist(in) *m(f)*

collectivize [kəˈlektɪvaɪz] *vt* ■**to ~ sth** etw kollektivieren

collector [kəˈlektəʳ, AM -ɚ] *n* ❶ (*of objects*) Sammler(in) *m(f);* **stamp ~** Briefmarkensammler(in) *m(f)*

❷ (*of payments*) Gebühreneintreiber(in) *m(f); of cash* Kassierer(in) *m(f);* **tax ~** Steuereintreiber(in) *m(f)*

❸ ELEC Stromabnehmer *m*

collector's item *n,* **collector's piece** *n* Liebhaberstück *nt,* Sammlerstück *nt*

collect transfer *vt* COMPUT ■**to ~ sth** etw sammelnd laden

colleen [ˈkɒliːn, kɒˈliːn] *n* IRISH [junges] Mädchen; ***good day to you,* ~** guten Tag, mein Mädchen

college [ˈkɒlɪdʒ, AM ˈkɑː-] *n* ❶ (*school*) Gymnasium *nt;* (*privately funded*) Kolleg *nt;* **art ~** Kunstakademie *f;* **to drop out of ~** vom Kolleg [*o* Gymnasium] abgehen; BRIT, AUS (*children's private school*) Privatschule *f;* **Cheltenham Ladies' C~** *private Mädchenschule in Cheltenham;* (*boarding school*) Internatsschule *f*

❷ (*university*) Universität *f,* Hochschule *f;* (*privately funded*) Akademie *f,* College *nt;* **to go to ~** auf die Universität gehen, studieren

❸ BRIT (*division of university*) College *nt;* **to go to** [*or* **be at**] **a ~** die Universität besuchen, studieren; (*members of college*) College *nt*

❹ AM (*university faculty*) Fakultät *f,* Fachbereich *m;* **I attended the C~ of Arts and Sciences** ich habe an der kunst- und naturwissenschaftlichen Fakultät studiert; (*college building*) Universitätsgebäude *nt,* Hochschulgebäude *nt*

❺ *esp* BRIT (*collegiate group*) Kollegium *nt,* Kammer *f;* **~ of Medicine** Ärztekollegium *nt;* **~ of Physicians** Ärztekammer *f,* Ärztebund *m*

college graduate *n* AM Hochschulabsolvent(in) *m(f)*

collegiate [kəˈliːdʒiət, AM -dʒɪt] *adj* College-, Hochschul-; **~ theatre** Theatergruppe *f* der Universität; **~ sports** Hochschulsport *m;* ***Cambridge is a ~ university*** die Universität von Cambridge ist in mehrere Colleges untergliedert

collide [kəˈlaɪd] *vi* ■**to ~** [**with sb/sth**] mit jdm/etw zusammenstoßen; ■**to ~ into sb** auf jdn auffahren; ***the bike ~d into a tree*** das Fahrrad fuhr gegen einen Baum

collie [ˈkɒli, AM ˈkɑː-] *n* Collie *m*

collier [ˈkɒliəʳ, AM ˈkɑːljɚ] *n* (*form*) ❶ MIN Bergmann *m fam,* Kohlenarbeiter *m*

❷ (*ship*) Schleppkahn *m,* Kohlenschiff *nt*

colliery [ˈkɒljəri, AM ˈkɑːljɚi] *n* Bergwerk *nt,* Grube *f,* Zeche *f*

collision [kəˈlɪʒᵊn] *n* Zusammenstoß *m,* Zusammenprall *m,* Kollision *f geh;* **head-on ~** Frontalzusammenstoß *m;* **~ of interests** (*fig*) Interessenskonflikt *m;* **~ of opinions** Meinungsverschiedenheit *f;* **a ~ between two vehicles** ein Zusammenstoß *m* von zwei Fahrzeugen; **to be in ~** kollidieren, zusammenstoßen; **to come into ~ with sth** mit etw *dat* zusammenstoßen; *ships* in eine Kollision mit etw *dat* geraten

collision course *n* Kollisionskurs *m;* **to be on a ~** (*fig*) auf Konfrontationskurs sein

collision detection *n* Zusammenstoßerkennung *f;* **carrier sense multiple access-~** Verfahren *nt* zum Schutz davor, dass nicht mehrere Sender in einem Netz gleichzeitig senden

collocate [ˈkɒləkeɪt, AM ˈkɑːl-] **I.** *vi* LING ■**to ~** [**with sth**] [mit etw *dat*] kollokieren *fachspr*

II. *n* Kollokator *m fachspr*

collocation [ˌkɒləˈkeɪʃᵊn, AM ˌkɑːl-] *n* LING Kollokation *f fachspr*

colloquial [kəˈləʊkwiəl, AM -ˈloʊ-] *adj* umgangssprachlich; **~ expression/writing** umgangssprachlicher Ausdruck/Schreibstil; **~ language** Umgangssprache *f;* **~ way of saying sth** umgangssprachliche Ausdrucksweise

colloquialism [kəˈləʊkwiəlɪzᵊm, AM -ˈloʊ-] *n* umgangssprachlicher Ausdruck, Kolloquialismus *m fachspr*

colloquially [kəˈləʊkwiəli, AM -ˈloʊ-] *adv* umgangssprachlich

colloquium <*pl* -quia> [kəˈləʊkwiəm, AM ˈloʊ] *n* Kolloquium *nt*

colloquy [ˈkɒləkwi, AM ˈkɑː-] *n* (*dated also form*) Konversation *f,* Unterredung *f geh*

collude [kəˈluːd] *vi* ■**to ~ with sb** mit jdm unter einer Decke stecken

collusion [kəˈluːʒᵊn] *n no pl* geheime Absprache; **to act in ~ with sb** mit jdm gemeinsame Sache machen

collusive [kəˈluːsɪv] *adj* heimlich verabredet, abgekartet *fam;* **~ action** LAW [unerlaubte] in geheimer Absprache erfolgte Handlung; **~ behaviour** vorher verabredetes Verhalten

collywobbles [ˈkɒliwɒbl̩z, AM ˈkɑːliwɑː-] *npl* (*hum fam*) **to have the ~** Muffensausen haben *hum sl;* ***driving with you gives me the ~*** wenn ich mit dir fahre, bekomme ich ein flaues Gefühl in der Magengegend

Colo. AM *abbrev of* **Colorado**

cologne [kəˈləʊn, AM -ˈloʊn] *n no pl* (*aftershave*) Rasierwasser *nt;* (*perfume*) Parfum *nt,* Eau de Cologne *nt*

colon [ˈkəʊlɒn, AM ˈkoʊlən] *n* ❶ ANAT (*intestine part*) Dickdarm *m*

❷ LING (*punctuation mark*) Doppelpunkt *m*

colon cancer *n* MED Darmkrebs *m;* **risk of ~** Darmkrebsrisiko *nt*

colonel [ˈkɜːnᵊl, AM ˈkɜr-] *n* MIL Oberst *m;* ■**C~** Herr Oberst

Colonel Blimp [ˌkɜːnᵊlˈblɪmp] *n esp* BRIT (*dated or pej*) *Personifizierung des wertkonservativen Engländers*

colonial [kəˈləʊniəl, AM -ˈloʊ-] **I.** *adj* ❶ (*relating to a colony*) kolonial, Kolonial-; **~ dependency** koloniale Abhängigkeit; **~ power** Kolonialmacht *f;* **~ rule** Kolonialherrschaft *f*

❷ *esp* AM HIST (*of colonial times*) **C~ architecture** Kolonialstil *m,* im Stil der Kolonialzeit; **C~ furniture** Möbel *ntpl* aus der Kolonialzeit

II. *n* ❶ (*inhabitant of colony*) Kolonist(in) *m(f)*

❷ (*esp pej: former inhabitant*) ehemaliger Kolonialbesitzer/ehemalige Kolonialbesitzerin

colonialism [kəˈləʊniəlɪzᵊm, AM -ˈloʊ-] *n no pl* Kolonialismus *m*

colonialist [kəˈləʊniəlɪst, AM -ˈloʊ-] **I.** *n* Kolonialist(in) *m(f)*

II. *adj* kolonialistisch; **~ ideology** Kolonialismus *m;* **~ powers** kolonialistische Kräfte

colonial mentality *n* kolonialistische Gesinnung

colonic irrigation [kəˌlɒnɪkɪrɪˈɡeɪʃᵊn, AM -ˌlɑː-] *n no pl* Kolon-Hydrotherapie *f*

colonist [ˈkɒlənɪst, AM ˈkɑː-] *n* Kolonist(in) *m(f),* Siedler(in) *m(f)*

colonization [ˌkɒlənaɪˈzeɪʃᵊn, AM ˌkɑːlənɪ-] *n no pl esp* AM Kolonisation *f,* Kolonisierung *f*

colonize [ˈkɒlənaɪz, AM ˈkɑː-] *vt* **to ~ a country** ein Land kolonisieren

colonized [ˈkɒlənaɪzd, AM ˈkɑːlə] *npl* ■**the ~** das kolonisierte Volk

colonizer [ˈkɒlənaɪzəʳ, AM ˈkɑːlənaɪzɚ] *n* Kolonisator *m;* (*with emphasis on power*) Kolonialherr *m*

colonnade [ˌkɒləˈneɪd, AM ˌkɑː-] *n* ARCHIT Säulengang *m,* Kolonnade *f geh*

colonoscopy <*pl* -pies> [ˌkɒlənˈɒskəpi, AM ˌkoʊlənˈɑːs-] *n* Darmspiegelung *f*

colony [ˈkɒləni, AM ˈkɑː-] *n* ❶ (*territory*) Kolonie *f,* Kolonialgebiet *nt*

❷ (*group of colonists*) Siedlung *f;* **the British ~ in Spain** die britische Kolonie in Spanien

❸ (*group with shared interest*) Kolonie *f,* Klub *m;* **nudist ~** FKK-Kolonie *f*

❹ ZOOL (*group living together*) Kolonie *f;* **~ of ants/termites** Ameisen-/Termitenstaat *m;* **~ of bacteria** Bakterienkultur *f;* **~ of bees** Bienenvolk *nt*

colophon [ˈkɒləfən, AM ˈkɑːlə] *n* HIST Kolophon *nt*

color *n, adj, vt, vi* AM *see* **colour**

Colorado beetle [ˌkɒləˈrɑːdəʊˈ-, AM ˌkɑːləˈrædoʊ-] *n,* **Colorado potato beetle** *n* Kartoffelkäfer *m*

colorant [ˈkʌlᵊrənt] *n* AM, AUS *see* **colourant**

coloration [ˌkʌləˈreɪʃᵊn] *n no pl* (*presence of colour*) Färbung *f;* (*colour pattern*) Farbgebung *f;*

camouflaged ~ Tarnfarbe *f*
coloratura [ˌkɒlərəˈtjʊərə, AM ˌkʌləˈtʊrə] *n* MUS Koloratur *f;* (*soprano*) Koloratursopran *m,* Koloratursängerin *f*
color commentary *n modifier* lebendig
colorist [ˈkʌlərɪst] *n* AM, AUS *see* **colourist**
colossal [kəˈlɒsəl, AM -lɑː-] *adj* (*big*) ungeheuer, riesig; ~ **statue** gewaltige Statue; (*outrageous*) riesig, kolossal *fam;* ~ **amount** [**of money**] gigantische Summe, Unsumme *f;* ~ **cheek** unglaubliche Frechheit [*o* Dreistigkeit]; ~ **task** Mammutaufgabe *f*
colosseum [ˌkɒlɪˈsiəm, AM ˌkɑːlə] *n* Coliseum *nt*
colossi [kəˈlɒsaɪ, AM -lɑː-] *n pl of* **colossus**
Colossians [ˌkɒlərəˈtjʊərə, AM ˌkʌləˈtʊrə] *npl* Kolosser
colossus <*pl* -es *or* colossi> [kəˈlɒsəs, AM -lɑː-, *pl* -aɪ] *n* ❶ (*large statue*) Koloss *m;* **marble** ~ Marmorkoloss *m;* **C~ of Rhodes** der Koloss von Rhodos ❷ (*large building*) Koloss *m,* Gebäudekomplex *m;* **the Bundesbank** ~ das gigantische Bundesbankgebäude
❸ (*influential person*) Gigant(in) *m(f);* ~ **of the literary world** Literaturpapst, Literaturpäpstin *m, f*
colostomy [kəˈlɒstəmi, AM ˈlɑː] **I.** *n* <*pl* -ies> MED ❶ (*surgical operation*) Kolostomie *f fachspr,* Kolonfistelung *f*
❷ (*opening so formed*) Kolostomie *f fachspr,* Kunstafter *m*
II. *n modifier* Kolostomie-
colostrum [kəˈlɒstrəm, AM ˈlɑː] *n no pl* Vormilch *f,* Kolostrum *nt*
colour [ˈkʌləʳ], AM **color** [-ɚ] **I.** *n* ❶ (*red, blue etc*) Farbe *f;* ***what ~ is her hair?*** was hat sie für eine Haarfarbe?; ~ **photos** Farbfotos *ntpl;* **favourite** ~ Lieblingsfarbe *f;* **rich jewel ~s** satte, leuchtende Farben; **primary** ~ Grundfarbe *f,* Primärfarbe *f fachspr;* **to be ablaze with** [*or* **be a riot of**] ~ in allen Farben erstrahlen; **to add** [**a splash of**] ~ **to the garden** dem Garten ein wenig Farbe verleihen; **to come** [*or* **be available**] **in a** ~ in einer Farbe erhältlich sein; **to give** [*or* **lend**] **sth** ~, **to give** [*or* **lend**] ~ **to sth** etw *dat* [mehr] Farbe verleihen; *food* etw *dat* Würze verleihen
❷ (*vigour*) Farbe *f;* **to add some** [*or* **a little**] ~ **to sth** etw ein wenig auflockern [*o* lebendig machen]; **to give** [*or* **lend**] ~ **to a story** eine Geschichte glaubwürdig erscheinen lassen
❸ (*dye*) Färbemittel *nt,* Farbstoff *m*
❹ (*ruddiness of complexion*) Gesichtsfarbe *f;* ***she hasn't much*** ~ sie sieht so blass aus; **to have** ~ **in one's cheeks** gerötete Wangen haben; **to have a high** [*or* AM **a lot of**] ~ (*look healthy*) eine gesunde Gesichtsfarbe haben; (*look feverish*) [ganz] rot im Gesicht sein
❺ (*skin colour*) Hautfarbe *f*
❻ SCH, UNIV ■**~s** *pl* Sportabzeichen *nt;* **to be awarded one's ~s for a sport, to gain** [*or* **get**] **one's ~s for a sport** sein Sportabzeichen bekommen
❼ (*flag*) ■**~s** *pl* Fahne *f,* Flagge *f;* **regimental ~s** Regimentsfahne *f;* **to display one's ~s** Farbe bekennen; **to salute the ~s** die Fahne grüßen
► PHRASES: **to see sb in their** __**true**__ **~s** jdn näher kennen lernen; **to show one's** __**true**__ **~s** sein wahres Gesicht zeigen; **to** __**pass**__ **with flying ~s** glänzend abschneiden
II. *vt* ■**to** ~ **sth** ❶ (*change colour of*) etw färben; **to** ~ **one's hair** sich *dat* die Haare färben; **to** ~ **a room blue** ein Zimmer blau streichen
❷ (*distort*) etw beeinflussen; (*misrepresent*) etw beschönigen; **to** ~ **an attitude/a judgment** eine Haltung/ein Urteil beeinträchtigen; **~ed report** gefärbter Bericht
III. *vi face* rot werden, erröten *geh; leaves* sich *akk* verfärben; **to** ~ **with embarrassment** vor Verlegenheit rot werden
◆**colour in** *vt* ■**to** ~ **in** ↔ **sth** etw ausmalen
◆**colour up** *vi* rot werden, erröten *geh*
colourant [ˈkʌlərənt] *n* BRIT, AUS Färbemittel *nt*
colour bar *n* Rassenschranke *f* **colour blind** *adj* farbenblind; **to be** ~ **to a colour** eine Farbe nicht richtig wahrnehmen können **colour blindness** *n no pl* Farbenblindheit *f* **colour-coded** *adj inv* ***the books are all*** ~ alle Bücher sind mit einer Farbkennzeichnung versehen
colour consultant *n* Farbberater(in) *m(f)*
coloured [ˈkʌləd], AM **colored** [-ɚd] *adj* ❶ (*having colour*) farbig, bunt; ~ **drawing** Farbzeichnung *f;* ~ **ink** farbige Tinte; ~ **pencil** [*or* **crayon**] Buntstift *m,* Farbstift *m*
❷ (*often pej: dark-skinned*) farbig
❸ SA (*of mixed race*) gemischtrassig; ~ **population** Mischlinge *pl*
Coloured [ˈkʌləd], AM **Colored** [-ɚd] *n* ❶ (*dated: person of dark-skinned race*) Farbige(r) *f(m)*
❷ SA (*person of mixed race*) Mulatte, -in *m, f,* Mischling *m*
-coloured [ˈkʌləd], AM **-colored** [-ɚd] *in compounds* **amber-~** bernsteinfarben; **chocolate-~** schokoladenbraun; **flesh-~** fleischfarben; **gold-~** goldfarben; **peach-~** pfirsichfarbig; **brightly-~** leuchtend bunt; **multi-~** bunt, mehrfarbig
colour-fast *adj* farbecht **colour filter** *n* PHOT Farbfilter *m o nt*
colourful [ˈkʌləfəl], AM **colorful** [-lɚ-] *adj* ❶ (*full of colour*) *paintings* farbenfroh, farbenprächtig, farbenfreudig; *clothing* bunt, farbig
❷ (*vivid*) lebendig, lebhaft; ~ **description** anschauliche Schilderung; ~ **pageant** abwechslungsreiches Historienspiel
❸ (*interesting*) [bunt] schillernd; **to have a** ~ **past** eine bewegte Vergangenheit haben; ~ **part of town** belebter Stadtteil; ~ **personality** schillernde Persönlichkeit
❹ (*euph: vulgar*) ~ **language** schlüpfrige Sprache
colourfully [ˈkʌləfəli], AM **colorfully** [-lɚ-] *adv* ❶ (*with colours*) farbenfroh, bunt, farbig; **to be dressed** ~ bunte Kleider tragen
❷ (*vividly*) lebendig, lebhaft; (*interestingly*) auffallend, schillernd; **to describe sth** ~ etw anschaulich schildern
colour guard *n* MIL Fahnenwache *f,* Fahnenabordnung *f*
colouring [ˈkʌlərɪŋ], AM **coloring** *n no pl* ❶ (*complexion*) Gesichtsfarbe *f,* Teint *m*
❷ (*colour-changing chemical*) Farbstoff *m;* **artificial ~s** künstliche Färbemittel
colouring book *n* Malbuch *nt*
colourist [ˈkʌlərɪst] *n* BRIT, AUS ❶ (*artist, designer*) Farbenkünstler(in) *m(f)*
❷ (*hairdresser*) Färber(in) *m(f)*
colourless [ˈkʌlələs], AM **colorless** [-lɚ-] *adj* ❶ (*having no colour*) farblos; (*pale*) blass
❷ (*bland*) farblos, grau, langweilig; **a grey,** ~ **city** eine graue, triste Stadt; ~ **style of writing** nüchterner Schreibstil
colour photography *n no pl* Farbfotografie *f* **colour printing** *n* Farbdruck *m* **colour scheme** *n* Farbzusammenstellung *f,* Farbgebung *f* **colour slide** *n* Farbdia *nt* **colour supplement** *n esp* BRIT Farbbeilage *f* **colour television** *n* ❶ *no pl* (*broadcasting*) Farbfernsehen *nt* ❷ (*set*) Farbfernseher *m,* Farbfernsehgerät *nt* **colourway** *n* BRIT Farbkombination *f*
colt [kəʊlt, AM koʊlt] *n* [Hengst]fohlen *nt;* (*fig*) Grünschnabel *m*
Colt® [kəʊlt, AM koʊlt] *n* Colt *m*
coltish [ˈkəʊltɪʃ, AM ˈkoʊltɪʃ] *adj* ausgelassen, übermütig; **young and** ~ jung und ungestüm
coltsfoot *n* Huflattich *m*
columbine [ˈkɒləmbaɪn, AM ˈkɑː-] *n* Akelei *f*
column [ˈkɒləm, AM ˈkɑː-] *n* ❶ (*pillar*) Säule *f,* Pfeiler *m;* **Nelson's C~** *Denkmal am Trafalgar Square in London;* **stone** ~ Steinsäule *f*
❷ (*narrow vertical shape*) Röhre *f;* ~ **of smoke** Rauchsäule *f;* **spinal** ~ ANAT Wirbelsäule *f,* Rückgrat *nt*
❸ MIL, NAUT (*formation*) Kolonne *f;* **to march in ~s of four** in Viererreihen marschieren
❹ TYPO Kolumne *f,* Textspalte *f*
❺ (*article*) Kolumne *f,* Spalte *f;* **fashion/gossip** ~ Mode-/Klatschspalte *f;* **political** ~ politischer Kommentar
❻ (*vertical row*) Kolonne *f,* Reihe *f;* ~ **of figures** Zahlenreihe *f,* Zahlenkolonne *f*
columnist [ˈkɒləmnɪst, AM ˈkɑː-] *n* Kolumnist(in) *m(f)*
coma [ˈkəʊmə, AM ˈkoʊ-] *n* MED Koma *nt;* **to be in a** ~ im Koma liegen; **to go** [*or* **fall**] **into a** ~ ins Koma fallen; **to wake up out of one's** ~ aus dem Koma erwachen
comatose [ˈkəʊmətəʊs, AM ˈkoʊmətoʊs] *adj* ❶ (*in a coma*) bewusstlos, komatös *fachspr*
❷ (*fam: coma-like*) apathisch; ~ **state** Apathie *f*
comb [kəʊm, AM koʊm] **I.** *n* ❶ (*for hair*) Kamm *m;* (*hair-arranging device*) Kämmchen *nt*
❷ ZOOL Kamm *m*
II. *vt* ❶ (*tidy with a comb*) ■**to** ~ **sth** etw kämmen; **to** ~ **one's hair** sich *dat* [die Haare] kämmen; ■**to** ~ **sth out** etw auskämmen
❷ (*search thoroughly*) ■**to** ~ **sth** etw durchkämmen [*o* durchforsten]; **to** ~ **an apartment for clues** eine Wohnung nach Hinweisen durchsuchen; **to** ~ **a book** ein Buch sichten
combat I. *n* [ˈkɒmbæt, AM ˈkɑːm-] *no pl* ❶ (*wartime fighting*) Kampf *m;* **hand-to-hand** ~ Nahkampf *m;* **in** ~ im Kampf; **to die in** ~ fallen
❷ (*battle*) Schlacht *f,* Gefecht *nt;* **the** ~ **between good and evil** der Kampf zwischen gut und böse
II. *vt* <-tt- *or* -t-> [ˈkɒmbæt, AM kəmˈbæt] ■**to** ~ **sth** *crime, disease* etw bekämpfen; **to** ~ **a desire** [*or* **an urge**] gegen ein Verlangen ankämpfen
combat aircraft *n* Kampfflugzeug *nt*
combatant [ˈkɒmbətənt, AM kəmˈbætənt, ˈkɑːm-] *n* Kämpfer(in) *m(f),* Kombattant(in) *m(f) geh;* (*member of armed forces*) Angehörige(r) *f(m)* der Streitkräfte; (*fighting in war*) Frontkämpfer(in) *m(f),* Kriegsteilnehmer(in) *m(f)*
combat boots *npl* Springerstiefel *mpl* **combat fatigue** *n no pl* (*loss of motivation*) Kriegsmüdigkeit *f;* (*mental disorder*) Kriegstrauma *nt,* Kriegsneurose *f;* **to suffer from** ~ unter einem Kriegstrauma leiden
combative [ˈkɒmbətɪv, AM kəmˈbæt̬ɪv, ˈkɑːm-] *adj* (*competitive*) angriffslustig, streitlustig, aggressiv; (*pugnacious*) kampfbereit; ~ **mood** [*or* **spirit**] Angriffslust *f,* Streitlust *f,* Aggressivität *f;* ~ **spirit** (*fig*) Kampfgeist *m*
combat jacket *n* Bomberjacke *f*
combats *npl short for* **combat trousers** Armeehose *f* **combat zone** *n* Kampfgebiet *nt,* Kampfzone *f*
comber [ˈkəʊməʳ, AM ˈkoʊmɚ] *n* Brecher *m,* Sturzwelle *f*
combination [ˌkɒmbɪˈneɪʃən, AM ˌkɑːmbəˈ-] *n* ❶ (*mixture of things*) Kombination *f; of events* Verkettung *f;* ***green is a ~ of blue and yellow*** grün ist eine Mischung aus blau und gelb; ~ **of circumstances** Verkettung *f* von Umständen; ~ **of colours** Farbkombination *f,* Farbzusammenstellung *f;* ~ **of flavours** Geschmackskombination *f;* **the right** ~ **of intelligence and charm** die ideale Kombination aus Herz und Verstand; ~ **of letters** Buchstabenreihe *f*
❷ (*sequence of numbers*) [Zahlen]kombination *f*
❸ (*togetherness*) **in** ~ zusammen, gemeinsam
combination lock *n* Zahlenschloss *nt,* Kombinationsschloss *nt*
combine [kəmˈbaɪn] **I.** *vt* ■**to** ~ **sth** [**with** [*or* **and**] **sth**] etw [mit etw *dat*] verbinden [*o* kombinieren]; ~ ***all the ingredients in a large pot ...*** geben Sie alle Zutaten in einen großen Topf ...; **to** ~ **business with pleasure** das Angenehme mit dem Nützlichen verbinden; **to** ~ **family life with a career** Familie und Karriere unter einen Hut bringen *fam;* **to** ~ **forces against sb/sth** alle Kräfte gegen jdn/etw sammeln [*o* vereinigen]
II. *vi* ❶ (*mix together*) sich *akk* verbinden; ***oil and water don't*** ~ Wasser und Öl lassen sich nicht vermischen
❷ (*add up*) zusammenwirken; ***everything ~d to give me the illusion that she loved me*** alles sprach einfach dafür, dass sie mich liebte
❸ (*work together*) ■**to** ~ **against sb** sich *akk* gegen

C

jdn verbünden

combined [kəm'baɪnd] *adj* vereint, gemeinsam; ~ **efforts** vereinte Anstrengungen; **a ~ total of $2268** eine Gesamtsumme von $2268

combine harvester *n* Mähdrescher *m*

combining form *n* LING Wortbildungselement *nt*, Affix *nt fachspr*

combo ['kɒmbəʊ, AM 'ka:mboʊ] *n + sing/pl vb* (*fam*) Combo *f*; **jazz** ~ Jazzcombo *f*, kleine Jazzband

combustible [kəm'bʌstəbl̩] *adj* (*form*) ❶ (*highly flammable*) brennbar, entflammbar; **highly ~ material** leicht entzündliches Material
❷ (*excitable*) reizbar, erregbar

combustion [kəm'bʌstʃ^ə^n] *n no pl* ❶ (*burning*) Verbrennung *f*; ~ **of fuel** Treibstoffverbrennung *f*
❷ CHEM (*rapid oxidation*) Oxidation *f*

combustion chamber *n* CHEM *of jet engine* Brennkammer *f*; *of internal-combustion engine* Verbrennungsraum *m*

come [kʌm]

I. INTRANSITIVE VERB II. TRANSITIVE VERB III. NOUN

I. INTRANSITIVE VERB

<came, come> ❶ (*move towards*) kommen; ~ ***here a moment*** kommst du mal einen Moment [her]?; ***careful, a car's coming!*** Achtung, da kommt ein Auto!; ***my sister came rushing out of the train*** meine Schwester stürmte aus dem Zug; ***coming!*** ich komme!; ***have you ~ straight from the airport?*** kommen Sie direkt vom Flughafen?; ***did you ~ here by car?*** sind Sie mit dem Auto gekommen?; ***she's ~ 500 km to be here with us tonight*** sie ist 500 km gereist, um heute Abend bei uns zu sein; ~ ***to sunny Bridlington for your holidays!*** machen Sie Urlaub im sonnigen Bridlington!; **to ~ into a room/building** in ein Zimmer/Gebäude kommen; ■**to ~ towards sb** auf jdn zugehen
❷ (*arrive*) ankommen; ***has she ~ yet?*** ist sie schon da?; ***Christmas is coming*** bald ist Weihnachten; ***morning has not yet*** ~ es ist noch nicht Morgen; ***Christmas only ~s once a year*** Weihnachten ist nur einmal im Jahr; ***how often does the post ~?*** wie oft kommt die Post?; ~ ***Monday morning you'll regret …*** Montagmorgen wirst du es bereuen, dass …; ~ ***March, I will have been married for two years*** im März bin ich zwei Jahre verheiratet; ***I think the time has ~ to …*** ich denke, es ist an der Zeit, …; ***how's your headache? — it ~s and goes*** was machen deine Kopfschmerzen? – mal besser, mal schlechter; **in days to ~** in Zukunft; **to ~ to sb's rescue** jdm zu Hilfe kommen; **to ~ as a surprise** überraschend kommen; **the year to ~** das kommende [*o* nächste] Jahr; **in years to ~** in der Zukunft
❸ (*go for a purpose*) ■**to ~ and do sth** [vorbei]kommen, um etw zu tun; ~ ***and visit us sometime*** komm doch mal vorbei; ***I'll ~ and pick you up in the car*** ich hole dich dann mit dem Auto ab; ***dad, ~ and see what I've done*** Papa, schau [mal], was ich gemacht habe; ***I've ~ to read the gas meter*** ich soll den Gaszähler ablesen; ■**to ~ for sb/sth** jdn/etw abholen; ***your father will ~ for you at 4 o'clock*** dein Vater kommt dich um 16 Uhr abholen; ***the police have ~ for you*** die Polizei will Sie sprechen
❹ (*accompany someone*) mitkommen; ***are you coming or staying?*** kommst du oder bleibst du noch?; ***would you like to ~ for a walk?*** kommst du mit spazieren?; ***are you coming to the cinema tonight?*** kommst du heute Abend mit ins Kino?; ***do you want to ~ to the pub with us?*** kommst du mit einen trinken?
❺ (*originate from*) herrühren, stammen; ***where is that awful smell coming from?*** wo kommt dieser schreckliche Gestank her?; ***his voice came from the bathroom*** seine Stimme drang aus dem Badezimmer; ***he ~s of a farming family*** er stammt aus einer Familie mit langer Tradition in der Landwirtschaft; ***does that quote ~ from Shakespeare?*** stammt das Zitat von Shakespeare?; **to ~ from Italy/a wealthy family** aus Italien/einer wohlhabenden Familie stammen
❻ (*in sequence*) ***Z ~s after Y*** Z kommt nach Y; ***Monday ~s before Tuesday*** Montag kommt vor Dienstag; ***the article ~s before the noun*** der Artikel steht vor dem Substantiv
❼ (*in competition*) ***he ~s first in the list of the world's richest men*** er führt die Liste der reichsten Männer an; ***Paul came far behind*** Paul kam nur unter „ferner liefen"; **to ~ first/second** BRIT, AUS Erste(r)/Zweite(r) werden; **to ~ from behind** aufholen
❽ (*have priority*) **to ~ before sth** wichtiger als etw sein; **to ~ first** [bei jdm] an erster Stelle stehen
❾ (*happen*) geschehen; ***how exactly did you ~ to be naked in the first place?*** wie genau kam es dazu, dass Sie nackt waren?; ~ ***to think of it …*** wenn ich es mir recht überlege, …; ~ ***what may*** komme, was wolle; ***how did the window ~ to be open?*** wieso war das Fenster offen?; ***you could see it coming*** das war ja zu erwarten; ***how ~?*** wieso?; ***how ~ you missed the train?*** wie kommt's, dass du den Zug verpasst hast?
❿ (*be, become*) **to ~ under bombardment/pressure/suspicion** unter Beschuss/Druck/Verdacht geraten; **to ~ under criticism** in die Kritik geraten; **to ~ into fashion** in Mode kommen; **to ~ into money/property/a title** zu Geld/Besitz/einem Titel kommen; **to ~ into office** sein Amt antreten; **to ~ into power** an die Macht kommen; **to ~ loose** sich [ab]lösen; **to ~ open** sich *akk* öffnen; *door* aufgehen; ***how did that phrase ~ to mean that?*** wie kam dieser Ausdruck zu dieser Bedeutung?; ***I've ~ to like him more and more*** ich finde ihn immer netter; ***I've finally ~ to agree with you*** du hast mich überzeugt; ***your shoelaces have ~ undone*** deine Schnürsenkel sind aufgegangen; ***all my dreams came true*** all meine Träume haben sich erfüllt; ***everything will ~ right in the end*** am Ende wird alles gut werden; ***nothing came of it*** daraus ist nichts geworden; ***his hair ~s [down] to his shoulders*** seine Haare reichen ihm bis auf die Schultern
⓫ (*be available*) erhältlich sein; (*exist*) vorkommen, existieren; ***the vase ~s in a red box*** die Vase wird in einem roten Karton geliefert; ***how would you like your coffee? — as it ~s, please*** wie trinken Sie Ihren Kaffee? – schwarz, bitte; **sth ~s in different sizes/colours** etw ist in unterschiedlichen Größen/Farben erhältlich, etw gibt es in unterschiedlichen Größen/Farben; **to ~ cheap[er]** billig[er] sein *fam*
⓬ (*progress*) weiterkommen; ***we've ~ a long way*** wir haben viel erreicht
⓭ (*sl: have orgasm*) kommen *sl*
▶ PHRASES: ~ **again?** [wie] bitte?; **to ~ clean about sth** etw beichten; **to be as stupid as they ~** dumm wie Stroh sein; **to ~ unstuck** BRIT, AUS *plan* schief gehen; *speaker* stecken bleiben; *person* baden gehen *fam*; *project* in die Binsen gehen *fam*; ~, ~! ach, ich bitte dich! *fam*; **he/she had it coming [to himself/herself]** (*fam*) das hat er/sie sich selbst zu verdanken!; **I don't know whether I'm coming or going** ich weiß nicht, wo mir der Kopf steht *fam*; **don't ~ it [with me]**! sei nicht so frech [zu mir]!; **… and ~ to that …** … und da wir gerade davon sprechen, … *fam*

II. TRANSITIVE VERB

(*esp pej: behave like*) **to ~ the heavy father [with sb]** [bei jdm] den strengen Vater herauskehren; **to ~ the poor little innocent [with sb]** [bei jdm] die Unschuldige/den Unschuldigen spielen; ***don't ~ that game with me!*** komm mir jetzt bloß nicht so! *fam*

III. NOUN

no pl (*vulg: semen*) Soße *f vulg*

◆**come about** *vi* ❶ (*happen*) passieren; ***how did the problem ~ about in the first place?*** wie kam es überhaupt zu diesem Problem?; ***it came about that he died the day after winning a million*** er starb nur einen Tag nach seinem Millionengewinn
❷ NAUT beidrehen

◆**come across** *vi* ❶ (*be evident*) *feelings* zum Ausdruck kommen, rüberkommen *fam*
❷ (*create an impression*) wirken; ***she ~s across really well on television*** sie macht sich im Fernsehen wirklich gut; ***how did her explanation ~ across?*** wie ist ihre Erklärung angekommen?
❸ (*hand over*) ■**to ~ across with sth** etw rausrücken *fam*; *information* mit etw *dat* rausrücken
❹ (*per chance*) ■**to ~ across sb** jdm [zufällig] begegnen, jdm über den Weg laufen; ■**to ~ across sth** [zufällig] auf etw *akk* stoßen; ***have you ever ~ across anything like this before?*** ist dir so etwas schon einmal begegnet?

◆**come along** *vi* ❶ (*hurry*) ~ ***along!*** jetzt komm [endlich]!
❷ (*go too*) mitgehen, mitkommen; ***I'm going to the Picasso exhibition — why don't you ~ along*** ich gehe zu der Picassoausstellung – komm' doch mit; ***I'll ~ along later*** ich komme später nach
❸ (*arrive*) ankommen; *job, opportunity* sich bieten
❹ (*progress*) Fortschritte machen; *person* sich *akk* gut machen; ***how is the project coming along?*** wie geht's mit dem Projekt voran?; ***how's the chicken coming along?*** ist das Hühnchen bald fertig?

◆**come apart** *vi* auseinander fallen, kaputtgehen *fam*

◆**come around** *vi see* **come round**

◆**come at** *vi* ❶ (*attack*) ■**to ~ at sb** auf jdn losgehen; ***the ball came right at me*** der Ball kam genau auf mich zu
❷ (*discover*) ■**to ~ at sth** etw herausfinden
❸ (*tackle*) **to ~ at a problem** ein Problem angehen

◆**come away** *vi* ❶ (*dated: leave*) weggehen; ***I had to ~ away from the party early*** ich musste die Party früh verlassen
❷ (*become detached*) sich lösen
❸ (*be left*) **to ~ away with the feeling that …** mit dem Gefühl gehen, dass …

◆**come back** *vi* ❶ (*return*) zurückkommen; ~ ***back and visit us, won't you?*** kommen Sie doch mal wieder bei uns vorbei!; ***the rain is coming back again*** es regnet schon wieder; ***and now to ~ back to your question . . .*** um auf Ihre Frage zurückzukommen …; **to ~ back to a question/topic** auf eine Frage/ein Thema zurückkommen; **to ~ back from war** aus dem Krieg zurückkehren; ■**to ~ back to sb** zu jdm zurückkehren
❷ (*be remembered*) *name* wieder einfallen; *memories* wieder zurückkommen
❸ (*return to fashion*) wieder in Mode kommen; *artist* ein Come-back haben; ***flared trousers have ~ back*** Schlaghosen sind wieder in
❹ *esp* AM (*reply*) ■**to ~ back at sb with sth** jdm etw entgegnen; **to ~ back at sb with a vengeance** es jdm [so richtig] heimzahlen
❺ SPORTS (*catch up*) aufholen

◆**come between** *vi* **to ~ between two people** zwischen zwei Leute treten; ***nothing ~s between Jim and his exercise*** nichts kann Jim von seinem Training abhalten; ***his work always seems to ~ between him and his family*** seine Arbeit scheint immer zwischen ihm und seiner Familie zu stehen; ***don't let one little quarrel ~ between you!*** lasst euch nicht durch einen kleinen Streit auseinander bringen!

◆**come by** *vi* ❶ (*visit*) vorbeischauen, vorbeikommen; **to ~ by for a coffee** auf einen Kaffee vorbeikommen; **to ~ by the house** *esp* AM vorbeikommen, vorbeischauen
❷ (*meet*) ■**to ~ by sb** jdm über den Weg laufen; ■**to ~ by sth** [zufällig] auf etw *akk* stoßen; *see also* **come across**
❸ (*obtain*) ■**to ~ by sth** etw kriegen *fam*; ***how did you ~ by that black eye?*** wie bist du denn zu dem blauen Auge gekommen?; **to ~ by an idea** auf eine Idee kommen

◆**come down** *vi* ❶ (*move down*) [herunter]fallen;

snow, rain fallen; *trousers* rutschen; *plane* [not]landen; (*crash*) abstürzen; ***after several encores, the curtain finally came down for the last time*** nach mehreren Zugaben fiel schließlich der letzte Vorhang
❷ (*collapse*) einstürzen; ***the building will have to ~ down*** das Gebäude muss abgerissen werden
❸ (*move downstairs*) [die Treppe] herunterkommen [*o* heruntergehen]
❹ (*visit south*) runterkommen *fam*
❺ (*become less*) *prices, cost, inflation* sinken; *prices, cost also* fallen; **to ~ down a few pounds** ein paar Pfund nachlassen
❻ (*lose rank*) sinken, absteigen; ***he's ~ down*** er ist ganz schön tief gesunken
❼ (*handed down*) *tradition* überliefert werden
❽ (*fam: stop feeling* [*positive*] *effect*) ■**to ~ down from sth** *drugs* von etw *dat* [wieder] runterkommen *fam*
❾ (*depend on*) ■**to ~ down to sth** auf etw *akk* ankommen
❿ (*amount to*) ■**to ~ down to sth** auf etw *akk* hinauslaufen; ***it all ~s down to money in the end*** letzten Endes ist doch alles eine Geldfrage
⓫ (*reach decision*) **to ~ down on the side of sb/sth** sich *akk* für jdn/etw entscheiden
⓬ BRIT UNIV (*leave*) [von der Universität] abgehen, die Universität abschließen [*o* verlassen]
⓭ (*be taken ill*) ■**to ~ down with sth** sich *dat* etw eingefangen haben
⓮ (*rebuke*) ■**to ~ down on sb** [**for doing sth**] jdn [wegen einer S. *gen*] rankriegen *fam;* **to ~ down on sb like a ton of bricks** (*fam*) mit jdm Schlitten fahren *fam*
⓯ (*be removed*) ***those pictures will have to ~ down*** diese Bilder müssen runter *fam*

◆**come forth** *vi* (*with information*) sich *akk* melden

◆**come forward** *vi* ❶ (*volunteer*) sich *akk* [bei der Polizei] melden; ***all those willing to volunteer please ~ forward*** alle Freiwilligen bitte melden; ■**to ~ forward to do sth** sich *akk* [dazu] bereit erklären, etw zu tun
❷ (*suggest*) **to ~ forward with a suggestion** [*or* **proposal**] einen Vorschlag machen

◆**come in** *vi* ❶ (*enter*) hereinkommen; (*into room, apartment*) eintreten; ***do ~ in*** komm doch rein; ***~ in!*** herein!
❷ (*arrive*) ankommen, eintreffen; *ship* einlaufen; *train* einfahren; *plane* landen; *fruit, vegetables* geerntet werden; *supplies* eintreffen; *tide, sea* kommen, hereinbrechen; *money* reinkommen *fam; news, information, results, call* hereinkommen; ***reports are just coming in of a major oil spillage*** soeben erreichen uns Berichte von einer großen Ölpest; **to get more money coming in** mehr Geld reinbekommen *fam;* **to have £20,000 coming in every year** 20.000 Pfund im Jahr verdienen *fam*
❸ (*become fashionable*) im Kommen sein, in Mode kommen
❹ + *adj* (*be*) **to ~ in handy** gelegen kommen; **to ~ in useful** sich *akk* als nützlich erweisen
❺ (*play a part*) ***where do I ~ in?*** welche Rolle spiele ich dabei?; ***and that's where you ~ in*** und hier kommst du dann ins Spiel; ***and here's where experience ~s in*** und hier ist es dann wichtig, dass man eine gewisse Erfahrung hat
❻ (*begin to participate*) sich *akk* einschalten; ■**to ~ in on sth** sich *akk* an etw *dat* beteiligen
❼ (*be positioned*) **to ~ in first/second** Erste(r)/Zweite(r) werden
❽ POL ans Ruder kommen *fam*
❾ (*radio communication*) ***~ in, bravo four*** Bravo Four, bitte melden!
❿ (*be subjected to*) ■**to ~ in for sth** etw erregen; **to ~ in for criticism** (*suffer from criticism*) Kritik einstecken müssen; (*cause criticism*) Kritik hervorrufen

◆**come into** *vi* ❶ (*inherit*) **to ~ into money** Geld erben
❷ (*be involved*) ***love doesn't ~ into it — I'm marrying for money*** Liebe spielt dabei keine Rolle – ich heirate des Geldes wegen; ***where do I ~ into it?*** was habe ich damit zu tun?

◆**come near to** *vi* ■**to ~ near to doing sth** drauf und dran sein, etw zu tun

◆**come off** *vi* ❶ (*fam: succeed*) Erfolg haben, gelingen, klappen *fam; attempts* glücken; ***his jokes didn't ~ off*** seine Witze gingen in die Hose *fam*
❷ (*take place*) stattfinden; ***their marriage didn't ~ off*** aus ihrer Hochzeit wurde nichts
❸ (*end up*) abschneiden; **to always ~ off worse** immer den Kürzeren ziehen; **to ~ off with a few scratches** mit ein paar Kratzern davonkommen
❹ (*become detached*) *handle, knob* abgehen; ***does the hood ~ off?*** lässt sich ist die Kapuze abnehmen?; ***my lipstick came off on his collar*** mein Lippenstift färbte auf seinen Kragen ab
❺ (*removeable*) *stain* rausgehen
❻ (*fall* [*from horse*]) [he]runterfallen
❼ (*stop being performed*) *play, film, show* abgesetzt werden
❽ AM (*complete*) ***the company was coming off one of its best years ever*** die Firma hatte einen ihrer besten Jahresabschlüsse gemacht
❾ (*fam: have orgasm*) kommen *fam*
❿ (*fall*) **to ~ off a horse** vom Pferd fallen
⓫ (*get over*) **to ~ off an injury** sich *akk* von einer Verletzung erholen
⓬ *esp* BRIT (*stop taking*) ■**to ~ off sth** mit etw *dat* aufhören; **to ~ off the alcohol** mit dem Trinken aufhören
► PHRASES: **~ off it!** (*fam*) jetzt mach aber mal halblang! *fam*

◆**come on** *vi* ❶ ***~ on!*** (*hurry*) komm jetzt!, mach schon! *fam;* (*expression of encouragement*) komm schon!
❷ (*expression of annoyance*) ***~ on!*** jetzt hör aber auf!
❸ (*improve*) vorankommen, Fortschritte machen; ***how's your English coming on?*** wie geht's mit deinem Englisch voran?; ***how's your broken leg? — oh, it's coming on*** was macht dein gebrochenes Bein? – ah, schon wieder besser
❹ *esp* AM (*fam: express sexual interest*) ■**to ~ on to sb** jdn anbaggern *fam;* **to ~ on stong** ganz schön rangehen *fam*
❺ (*appear*) *actor, performer* auftreten
❻ (*begin*) *film, programme* anfangen, beginnen; (*start to work*) *heating, lights* angehen; *night, darkness* hereinbrechen; ***what time does the news ~ on?*** wann kommen die Nachrichten?; ***the rain came on*** es begann zu regnen; ***I've a cold coming on*** ich kriege eine Erkältung; **to have a headache/bad temper coming on** Kopfschmerzen/schlechte Laune kriegen *fam*
❼ LAW *case* verhandelt werden
❽ (*see accidently*) ■**to ~ on sth** [zufällig] auf etw *akk* stoßen
❾ (*age*) ***he's coming on fifty*** er wird fünfzig
❿ (*begin discussing*) **to ~ on to a subject** [*or* **topic**] ein Thema anschneiden
⓫ *see* **come upon**

◆**come out** *vi* ❶ (*go outside*) herauskommen; (*go out socially*) ausgehen; ***can Zoe ~ out to play?*** kommt Zoe raus zum Spielen?; ***the police watched him ~ out of the house*** die Polizei beobachtete ihn, wie er das Haus verließ; **to ~ out of prison** aus dem Gefängnis kommen
❷ (*be released*) *book, magazine* herauskommen; (*onto the market*) auf den Markt kommen; *results* bekannt gegeben werden; *film* anlaufen
❸ (*become known*) *news* bekannt werden, herauskommen
❹ (*end up*) herauskommen *fam;* ***my cooking always ~s out a mess*** was ich auch koche, es schmeckt immer schrecklich; ***these figures have ~ out wrong*** diese Zahlen haben sich als falsch herausgestellt; ***your painting has ~ out really well*** Ihr Gemälde ist wirklich gut geworden; ***she came out of the divorce settlement a rich woman*** sie ging aus der Scheidung als reiche Frau hervor
❺ PHOT [gut] herauskommen; ***damn, the photo hasn't ~ out*** Mist, das Foto ist nichts geworden! *fam*
❻ (*express opinion*) **to ~ out in favour of/against sth** sich *akk* für/gegen etw *akk* aussprechen
❼ (*tell*) ■**to ~ out with sth** *truth, facts* mit etw *dat* herausrücken *fam;* **to ~ out with good ideas** gute Ideen vorbringen; **to ~ out with a remark** eine Bemerkung loslassen *fam*
❽ (*result*) ***a lot of good films came out of that period*** aus dieser Zeit stammen viele gute Filme; ***a lot of inventions came out of his tireless research*** sein unermüdliches Forschen führte zu vielen Erfindungen
❾ (*appear*) *sun, buds, flowers* herauskommen, rauskommen *fam; stars* zu sehen sein
❿ (*in contest*) **to ~ out top** [*or* **best**]/**the winner** Beste(r)/Sieger(in) werden
⓫ BRIT (*strike*) **to ~** [**on strike**] in Streik treten
⓬ (*reveal homosexuality*) sich *akk* outen *sl;* ■**to ~ out to sb** sich *akk* jdm gegenüber outen; ■**to ~ out about sth** *alcoholism, mental illness, AIDS, homosexuality* etw bekannt geben
⓭ (*remove itself*) *tooth* herausfallen; ***can you get this cork to ~ out of the bottle?*** bekommst du den Korken aus der Flasche heraus?
⓮ (*fade*) *stain, mark, colour* herausgehen *fam*
⓯ (*break out*) ausbrechen; **to ~ out in a rash/spots** einen Ausschlag/Pickel bekommen
⓰ (*resolve*) *riddle* sich lösen lassen; MATH *problems* aufgehen
⓱ BRIT (*dated: make debut*) debütieren
⓲ (*seem*) ***I didn't mean to be rude — it just came out that way*** ich wollte nicht unhöflich sein – es klang nur so
► PHRASES: **it will all ~ out in the wash** (*prov: be revealed*) am Ende wird alles rauskommen; (*be all right*) am Ende wird schon alles gut gehen

◆**come over** *vi* ❶ (*to a place*) [her]überkommen; (*to sb's home*) vorbeischauen *fam;* ***~ on over and have a drink with us*** komm doch rüber und trink was mit uns; ***her son is coming over from America this summer*** ihr Sohn kommt diesen Sommer aus Amerika herüber; ***we'll ~ over at six*** wir kommen um sechs
❷ + *adj* BRIT, AUS (*feel*) **to ~ over dizzy/peculiar** sich *akk* [plötzlich ganz] benommen/komisch fühlen; ■**sth ~s over sb** etw überkommt jdn; ***I don't know what came over me*** ich weiß wirklich nicht, was in mich gefahren ist
❸ (*change point of view*) **to ~ over to sb's side** auf jds Seite überwechseln; **to ~ over to sb's point of view** sich *akk* jds Standpunkt anschließen
❹ (*create impression*) wirken; **to ~ over as arrogant/as a bit of a bore** arrogant/langweilig wirken; **to ~ over as a genius** ein Genie zu sein scheinen
❺ (*be evident*) [*negative*] *feelings* durchscheinen

◆**come round** *vi esp* BRIT, AUS ❶ (*visit sb's home*) vorbeikommen, vorbeischauen
❷ (*regain consciousness*) [wieder] zu sich *dat* kommen; **to ~ round from** [**the**] **anaesthetic** aus der Narkose erwachen
❸ (*change one's mind*) seine Meinung ändern, es sich *dat* anders überlegen; **to ~ round to sb's point of view/way of thinking** sich *akk* jds Standpunkt/Auffassung anschließen
❹ (*recur, arrive*) *a holiday, party, month* kommen; *memo, letter* hereinkommen; ***our party is coming round soon*** bald ist ja unsere Party!; ***by the time January ~s round, I expect to be engaged*** ich denke, im Januar werde ich bereits verlobt sein; ***Christmas only ~s round once a year*** Weihnachten ist nur einmal im Jahr; ***I hope to be teaching by the time the spring semester ~s round*** ich hoffe, dass ich unterrichten werde, wenn das Sommersemester beginnt
❺ (*calm down*) wieder vernünftig werden, sich *akk* wieder beruhigen

◆**come through** *vi* ❶ (*survive*) durchkommen; (*fig*) ***do you think we'll ~ through all right?***

denkst du, dass wir das unbeschadet überstehen werden?; ■to ~ **through sth** etw überleben

❷ BRIT, AUS (*arrive*) *results, visa* eintreffen, ankommen; *call* eingehen; ***my visa/divorce still hasn't ~ through*** mein Visum/meine Scheidung ist noch nicht durch *fam*

❸ (*show*) *one's nervousness, excitement, charm* durchkommen; ***you mustn't let your nervousness ~ through in public*** du darfst der Öffentlichkeit nicht zeigen, dass du nervös bist

◆**come to** *vi* ❶ (*regain consciousness*) [wieder] zu sich *dat* kommen

❷ NAUT beidrehen

❸ (*amount to*) ■**to ~ to sth** sich *akk* auf etw *akk* belaufen; ***that ~s to £25*** das macht 25 Pfund; ***how much does the total ~ to?*** wie viel macht das insgesamt?

❹ (*reach*) ■**to ~ to sth** ***we came to a nice castle*** wir kamen an ein schönes Schloss; ***what are things coming to*** [*or* ***is the world coming to***]? wo soll das alles nur hinführen?; ***this has ~ to be common nowadays*** heutzutage ist das nichts Besonderes mehr; ***what if you lose your job? — well, if it ~s to that, …*** was, wenn du deine Arbeit verlierst? – wenn es dazu kommt, …; ***it has ~ to my attention that …*** mir ist aufgefallen, dass …; ***a lot of new ideas came to me this morning*** heute Morgen sind mir viele neue Ideen gekommen; ***writing ~s naturally to me*** Schreiben fiel mir noch nie schwer; ***what's his name again? — ah, it'll ~ to me later*** wie heißt er noch mal? – na ja, es wird mir schon noch einfallen; ***he won't ~ to any harm so long as …*** ihm wird nichts passieren, solange …; ***he will never ~ to much*** er wird es nie zu viel bringen; ***it ~s to the same thing*** das läuft auf dasselbe raus; **to ~ to the conclusion …** zu dem Schluss kommen, dass …; **to have ~ to a decision** eine Entscheidung getroffen haben; **to ~ to an end** zu Ende gehen; **to ~ to the point** zum Punkt [*o* zur Sache] kommen; **to ~ to rest** zum Stehen kommen; (*settle down*) zur Ruhe kommen; **to ~ to nothing** zu nichts führen

❺ (*concern*) ■**to ~ to sth** ***when it ~s to travelling …*** wenn's ums Reisen geht, …; ***when it ~s to modern jazz, very few people know more than Phil Schaap*** in Sachen moderner Jazz kennt sich kaum einer besser aus als Phil Schaap

◆**come together** *vi people* zusammenkommen; *events* zusammenfallen

◆**come under** *vi* ❶ (*be listed under*) ■**to ~ under sth** unter etw *dat* stehen; ***soups ~ under 'starters'*** Suppen sind als Vorspeisen aufgeführt; ***what exactly ~s under 'printed matter'?*** was fällt eigentlich alles unter den Begriff ‚Gedrucktes'?

❷ (*subject to*) **to ~ under fire/sb's influence** unter Beschuss/jds Einfluss geraten; **to have ~ under new management** *shop* unter neuer Leitung stehen

❸ (*be responsibility of*) **sth ~s under the department of …** für etw *akk* ist die Abteilung für … zuständig; ***complaints don't ~ under our department*** für Beschwerden ist unsere Abteilung nicht zuständig

◆**come up** *vi* ❶ (*to higher place*) hochkommen; *sun, moon* aufgehen; ***do you ~ up to Edinburgh often?*** kommen Sie oft nach Edinburgh?

❷ (*study*) ***my sister came up to Cambridge last year*** meine Schwester studiert seit letztem Jahr in Cambridge

❸ (*be mentioned*) aufkommen; *topic* angeschnitten werden; *name* erwähnt werden

❹ LAW *case* verhandelt werden; *accused* vor Gericht kommen

❺ (*happen*) passieren; ***please let me know if something ~s up*** gib mir bitte Bescheid, wenn irgendwas passiert

❻ (*present itself*) **to ~ up for sale** zum Verkauf stehen

❼ (*vacant*) *job* frei werden

❽ (*on television*) ***coming up next on BBC 2 …*** und auf BBC 2 sehen Sie als Nächstes …

❾ (*of plants*) herauskommen

❿ (*after polishing*) *colour* herauskommen

▶ PHRASES: **to have ~ up in the world** vornehm geworden sein; (*achieved sth*) es zu was gebracht haben

◆**come up against** *vi* ■**to ~ up against sth** *problems* auf etw *akk* stoßen; ■**to ~ up against sb** (*in sports*) auf jdn treffen; (*sb opposing your ideas*) an jdn geraten

◆**come up to** *vi* ❶ (*reach*) ■**to ~ up to sth** bis zu etw *dat* reichen; ***he doesn't even ~*** [***up***] ***to my chest!*** er geht mir nicht einmal bis zur Brust!

❷ (*meet*) ■**to ~ up to sb's standards** jds Anforderungen genügen; **to ~ up to sb's expectations** jds Erwartungen entsprechen

❸ (*approach*) ■**to ~ up to sb** auf jdn zukommen; ***my dad is coming up to retirement*** mein Vater steuert auf die Rente zu; ***it's coming up to five o'clock*** es geht auf fünf Uhr zu

◆**come up with** *vi* ❶ (*think of*) ■**to ~ up with sth** auf etw *akk* kommen; **to ~ up with an answer/an idea** eine Antwort/eine Idee haben; **to ~ up with information** Informationen liefern; **to ~ up with a solution** eine Lösung finden; **to ~ up with a suggestion** einen Vorschlag vorbringen; ***I'll let you know if I ~ up with something*** ich geb dir Bescheid, wenn mir was einfällt

❷ (*provide*) ■**to ~ up with sth** *money* etw beschaffen

❸ (*get abreast*) ■**to ~ up with sb** jdn einholen

◆**come upon** *vi* ❶ (*by chance*) ■**to ~ upon sth** [zufällig] auf etw *akk* stoßen; ■**to ~ upon sb** [zufällig] jdm begegnen

❷ (*attack*) ■**to ~ upon sb** jdn überfallen; *disaster* über jdn hereinbrechen

comeback [ˈkʌmbæk] *n* ❶ (*return*) Come-back *nt;* **to make** [*or* **stage**] **a ~** ein Come-back starten; *clothes* wieder in Mode kommen; **to have made a ~** *clothes* wieder [voll] in sein *sl*

❷ (*retort*) Reaktion *f;* ***she insulted me so badly that I had no ~ of any kind*** sie hat mich derart beleidigt, dass ich gar nichts erwidern konnte

COMECON [ˈkɒmɪkɒn, AM ˈkɑːmɪkɑːn] *n no pl, + sing/pl vb* ECON, FIN (*hist*) *short for* **Council for Mutual Economic Assistance** COMECON *m*

comedian [kəˈmiːdiən] *n* ❶ (*actor*) Komödienschauspieler(in) *m(f)*, Komödiant(in) *m(f)*; (*person telling jokes*) Komiker(in) *m(f)*; **stand-up ~** Entertainer(in) *m(f)*

❷ (*funny person*) Clown *m hum*, Witzbold *m hum*, Spaßvogel *m hum;* **class ~** Klassenclown *m pej*, Klassenkasper *m pej*

comedic [kəˈmiːdɪk] *adj* humoristisch

comedienne [kəˌmiːdiˈen] *n* ❶ (*actress*) Komödienschauspielerin *f*, Komödiendarstellerin *f*, Komödiantin *f;* (*female comedian*) Komikerin *f*

❷ (*funny female*) Clown *m hum*, Spaßvogel *m hum;* **class ~** Klassenclown *m*, Klassenkasper *m*

comedown [ˈkʌmdaʊn] *n no pl* (*fam*) ❶ (*anticlimax*) Enttäuschung *f*

❷ (*decline in status*) Abstieg *m*, Niedergang *m*

comedy [ˈkɒmədi, AM ˈkɑː-] *n* ❶ THEAT, LIT (*amusing work*) Komödie *f*, Lustspiel *nt*

❷ (*funny situation*) Theater *nt*, Komödie *f*

comedy of manners <*pl* comedies of manners> *n* Comedy of Manners *f*, Sittenstück *nt* (*Komödientyp in der englischen Restaurationszeit des 17. Jh.*)

come-hither [ˌkʌmˈhɪðəʳ, AM ðɚ] **I.** *adj inv* (*dated fam*) verführerisch

II. *n usu sing* (*dated fam*) Aufmunterung *f*

comeliness [ˈkʌmlɪnəs] *n no pl* Attraktivität *f*, Ansehnlichkeit *f;* **~ of a woman** Reize *mpl* einer Frau

comely [ˈkʌmli] *adj* (*dated*) *woman* attraktiv, ansehnlich

come-on [ˈkʌmɒn, AM -ɑːn] *n esp* AM (*fam*) ❶ (*expression of sexual interest*) Anmache *f fam;* **to give sb the** [*or* **a**] **~** jdn anmachen [*o* anbaggern] *sl*

❷ (*enticement*) Verlockung *f*, Anreiz *m*, Köder *m*

comer [ˈkʌməʳ, AM -ɚ] *n* junges Talent

comestibles [kəˈmestɪbl̩z] *npl* (*form or hum*) Nahrungsmittel *pl*, Lebensmittel *pl;* **wholesale ~** Massennahrungsmittel *pl*

comet [ˈkɒmɪt, AM ˈkɑː-] *n* Komet *m;* **~ Hale Bopp** der Komet Hale Bopp

come-uppance [kʌmˈʌpən(t)s] *n no pl* (*hum fam*) **to get one's ~** die Quittung kriegen, sein Fett abkriegen *sl*

comfit [ˈkʌmfɪt] *n* (*dated*) Konfekt *nt*

comfort [ˈkʌm(p)fət, AM -fɚt] **I.** *n* ❶ *no pl* (*comfortable feeling*) Komfort *m*, Behaglichkeit *f*, Bequemlichkeit *f;* ***the deadline is getting too close for ~*** der Termin rückt bedrohlich näher; **to live in ~** komfortabel leben

❷ *no pl* (*consolation*) Trost *m;* **cold ~** ein schwacher Trost; **to be a** [*or* **some**] **~** [**to sb**] ein Trost *m* [für jdn] sein; **to find ~ in sth** in etw *dat* Trost finden; **to give sb no ~ that …** für jdn kein Trost sein, dass …; **to take ~ from the fact that …** sich *akk* damit trösten, dass …

❸ (*pleasurable things in life*) ■**~s** *pl* Komfort *m kein pl*, Annehmlichkeiten *fpl;* **creature ~s** leibliches Wohl

II. *vt* ■**to ~ sb** jdn trösten

comfortable [ˈkʌm(p)ftəbl̩, AM -fɚt̬əbl̩] *adj* ❶ (*offering comfort*) *atmosphere* behaglich; *clothes, furniture, position* bequem; *house, hotel, room* komfortabel; *income, pension* ausreichend; *temperature* angenehm

❷ (*at ease*) **to be** [*or* **feel**] **~** sich *akk* wohl fühlen; ***are you ~?*** sitzt du bequem?; **to feel ~ with sth** mit etw zufrieden sein; **to make oneself ~** es sich *dat* bequem machen; ***make yourself ~*** mach es dir bequem

❸ MED (*not in dangerous condition*) wohlauf *geh;* ***the patient is ~*** der Patient hat keine Beschwerden

❹ (*financially stable*) bequem, sorgenfrei; **to live a ~ life** in gesicherten Verhältnissen leben; **to make a ~ living** ein komfortables Einkommen haben

❺ SPORTS (*substantial*) beachtlich, deutlich; **to have a ~ lead** deutlich in Führung liegen

comfortably [ˈkʌm(p)ftəbli, AM -fɚt̬əbli] *adv* ❶ (*in a comfortable manner*) bequem; ***can you see ~ with those glasses on?*** sehen Sie gut mit dieser Brille?; **to sleep ~** gut schlafen

❷ (*easily*) leicht; ***we should be able to drive there ~ in an hour*** in einer Stunde dürften wir problemlos dort sein

❸ (*in financially stable manner*) ***they are ~ off*** es geht ihnen [finanziell] gut; **to live ~** sorgenfrei leben

❹ (*substantially*) deutlich; **to lead ~** deutlich führen [*o* in Führung liegen]

comforter [ˈkʌm(p)fətəʳ, AM -fɚt̬ɚ] *n* ❶ AM (*duvet*) Oberbett *nt*, Deckbett *nt*

❷ (*person*) Tröster(in) *m(f)*

❸ *esp* BRIT (*baby's dummy*) Schnuller *m*

comfort food *n* (*sweets*) Süßigkeiten *fpl;* (*cakes etc*) Süßspeisen *fpl;* (*crisps etc*) Knabberkram *m fam*

comforting [ˈkʌm(p)fətɪŋ, AM -fɚt̬ɪŋ] *adj thought* beruhigend, tröstlich; *word* tröstend *attr*, ermutigend; *warmth* wohlig

comfortingly [ˈkʌm(p)fətɪŋli, AM -fɚt̬ɪŋli] *adv* **~ warm** wohltuend warm; **to smile ~ at sb** jdn wohlwollend anlächeln; **to wink ~ at sb** jdm aufmunternd zuzwinkern

comfortless [ˈkʌm(p)fətləs, AM -fɚt-] *adj* (*form*) *furniture, clothes* unbequem; *hotel* ohne Komfort; *person, room* ungemütlich; *prospect* düster, trostlos, unerfreulich; *thought* unangenehm

comfort letter *n* COMM Bonitätsbestätigung *f*

comfort station *n* AM öffentliche Toilette **comfort stop** *n* AUS Rast *f;* **to take a ~** Rast machen

comfy [ˈkʌm(p)fi] *adj* (*fam*) *furniture, clothes* bequem; *hotel, room* gemütlich

comic [ˈkɒmɪk, AM ˈkɑː-] **I.** *n* ❶ (*cartoon magazine*) Comicheft *nt;* ■**~s** *pl* Comics *mpl*

❷ (*funny person*) Clown *m hum*, Witzbold *m hum*

❸ (*comedian*) Komiker(in) *m(f)*

II. *adj* komisch, lustig; **~ play** Komödie *f*

comical ['kɒmɪkᵊl, AM 'kɑː-] *adj* komisch, lustig; ***do I look ~ in this hat?*** sehe ich mit diesem Hut komisch aus?

comically ['kɒmɪkᵊli, AM 'kɑː-] *adv* komisch, lustig; **to act** [*or* **behave**] ~ herumalbern *fam*

comic book *n* AM Comicbuch *nt* **comic opera** *n* MUS komische Oper **comic strip** *n* Comic *m* (*in einer Zeitung*)

coming ['kʌmɪŋ] **I.** *adj attr, inv* (*next*) kommend; (*approaching*) herannahend; ***I'll be back this ~ Friday*** nächsten Freitag bin ich zurück; ~ **difficulties** bevorstehende Schwierigkeiten; **the ~ elections** die anstehenden Wahlen; **the ~ generation** die kommende Generation; ~ **storm** nahender Sturm; **the ~ year** das kommende [*o* nächste] Jahr
II. *n* ① *no pl* (*arrival*) Ankunft *f*; **the ~ of the Messiah** REL das Nahen des Messias
② (*approaching*) **~s and goings** ein Kommen und Gehen *nt*

coming out <*pl* comings out> *n* Outing *nt*, Coming-out *nt* **coming-out** [kʌmɪŋ'aʊt] *n modifier* Outing-, Coming-out-

COMIT index *n* ECON, FIN *Preisindex der Börse in Mailand*

comity of nations [ˌkɒmɪti-, AM 'kɑːməṭi-] *n no pl* ① LAW, POL Einvernehmen *nt* der Nationen
② (*acknowledgement of other laws*) Anerkennung *f* ausländischer Gesetze und Gerichtsentscheidungen
③ AM (*deferring to other courts*) Achtung *f* der Zuständigkeit von Gerichten anderer Bundesstaaten [*o* des Bundesgerichts]

comma [ˌkɒmə, AM 'kɑːmə] *n* Komma *nt*; ~ **rule** Kommaregel *f*; **to put a** ~ ein Komma setzen

comma bacillus <*pl* -li> *n* BIOL, MED Kommabazillus *m*

command [kə'mɑːnd, AM -'mænd] **I.** *vt* ① (*order*) ■**to ~ sb** jdm einen Befehl geben [*o geh* erteilen]; ■**to ~ sb to do sth** jdm befehlen, etw zu tun
② MIL (*be in charge*) ■**to ~ sth** den Oberbefehl über etw *akk* haben; **to ~ a company** eine Einheit leiten; **to ~ a ship** ein Schiff befehligen
③ (*be able to ask*) **to ~ the prices** die Preise diktieren
④ (*have at disposal*) ■**to ~ sth** über etw *akk* verfügen
⑤ (*form: inspire*) ■**to ~ sth** etw gebieten *geh*; ***she ~s my utmost admiration*** sie hat meine volle Bewunderung; **to ~ sb's sympathy** jds Mitleid erwecken; **to ~ sb's respect** jdm Respekt einflößen
⑥ (*form: give*) **to ~ a view** einen Ausblick bieten [*o geh* gewähren]
II. *vi* Befehle erteilen [*o* geben]
III. *n* ① (*order*) Befehl *m*; **the Royal C~** BRIT königliche Order; **to give a ~** einen Befehl erteilen [*o* geben]; **to obey a ~** einen Befehl ausführen; **at my ~** auf meinen Befehl
② *no pl* (*authority*) Kommando *nt*; **to take ~ of a force** das Kommando über eine Truppe übernehmen; **to have ~ over** [*or* **be in ~ of**] **a regiment/fleet** ein Regiment/eine Flotte befehligen; ■**to be at sb's ~** (*hum*) jdm zur Verfügung stehen; **under sb's ~** unter jds Kommando
③ *no pl* (*control*) Kontrolle *f*; ■**to be in ~** [**of oneself**] sich *akk* unter Kontrolle haben; ■**to be in ~ of sth** etw unter Kontrolle [*o fam* im Griff] haben; **to have sth at one's ~** über etw *akk* verfügen
④ + *sing/pl vb* MIL (*military district*) ■**C~** Befehlsbereich *m*; (*troops*) Kommando *nt*
⑤ COMPUT (*instruction*) Befehl *m*; **invalid ~** ungültiger Befehl; **to type a ~** einen Befehl eingeben
⑥ *no pl* (*knowledge*) Beherrschung *f*; **to have a ~ of a language** eine Sprache beherrschen

commandant ['kɒməndænt, AM 'kɑː-] *n* MIL Kommandant(in) *m(f)*; **C~-in-Chief** Oberbefehlshaber(in) *m(f)*; **~ of the Marine Corps** Marinekommandant(in) *m(f)*

commandeer [ˌkɒmən'dɪəʳ, AM ˌkɑːmən'dɪr] *vt* ■**to ~ sth** etw beschlagnahmen

commander [kə'mɑːndəʳ, AM -'mændɚ] *n* ① MIL (*officer in charge*) Kommandant(in) *m(f)*, Befehlshaber(in) *m(f)*
② BRIT MIL, NAUT (*naval officer*) Fregattenkapitän(in) *m(f)*
③ BRIT (*assistant chief constable*) Kommandeur(in) *m(f)* der Londoner Polizei

commander-in-chief *n* MIL Oberbefehlshaber(in) *m(f)*; **~ of the Army** Oberbefehlshaber(in) *m(f)* der Truppen

commanding [kə'mɑːndɪŋ, AM -'mænd-] *adj inv* ① (*authoritative*) gebieterisch, Befehls-; ~ **manner** gebieterische Art *pej*; ~ **tone** Befehlston *m pej*
② (*dominant*) *position* beherrschend; *person* befehlend, gebietend
③ (*considerable*) beachtlich, deutlich

commandingly [kə'mɑːndɪŋli, AM 'mæn] *adv* ① (*imposingly*) beherrschend, dominierend
② (*perfunctorily*) Ehrfurcht einflößend

commanding officer *n* MIL befehlshabender Offizier/befehlshabende Offizierin, Offizier(in) *m(f)* vom Dienst

commandment [kə'mɑːn(d)mənt, AM -'mæn(d)-] *n* ① REL (*divine rule*) ■**C~** Gebot *nt*; **the Ten C~s** die Zehn Gebote
② (*liter: order*) Gebot *nt*, Weisung *f*; **to obey a ~** ein Gebot befolgen

command module *n* AVIAT Kommandokapsel *f*

commando <*pl* -s *or* -es> [kə'mɑːndəʊ, AM -'mændoʊ] *n* MIL ① + *sing/pl vb* (*group of soldiers*) Kommando *nt*, Kommandotrupp *m*; **to join a ~** einem Kommando beitreten
② (*member of commando*) Angehörige(r) *f(m)* eines Kommandotrupps

Command papers *npl* LAW Regierungsvorlagen *pl* **command performance** *n* FILM, THEAT [königliche] Galavorstellung *f* (*auf besonderen Wunsch hin*) **command post** *n* MIL Kommandoposten *m*, Befehlsstand *m*

comme il faut [ˌkɒmiːl'fəʊ, AM 'kʌmiːl'foʊ] *adj inv, pred* (*hum form*) ■**to not be ~** sich nicht gehören

commemorate [kə'meməreɪt] *vt* ■**to ~ sb/sth** einer Person/einer S. *gen* gedenken

commemoration [kəˌmemə'reɪʃᵊn] *n no pl* Gedenken *nt*; **in ~ of sb** zum Gedenken an jdn; **in ~ of sth** zur Erinnerung an etw *akk*

commemorative [kə'memᵊrətɪv, AM -əṭɪv] *adj* Gedenk-, Gedächtnis-; **~ issue of a stamp** Gedächtnisausgabe *f* einer Briefmarke; ~ **plaque** Gedenktafel *f*; ~ **service** Gedenkgottesdienst *m*; ~ **statue** Gedenkstatue *f*

commemorative stamp *n* Gedenkmarke *f*

commence [kə'men(t)s] *vi* (*form*) beginnen, anfangen

commencement [kə'men(t)smənt] *n* (*form*) ① (*beginning*) Beginn *m*, Anfang *m*; **date of ~** LAW Datum *nt* des Inkrafttretens [eines Gesetzes]; **~ of a flight** Abflug *m*, Start *m*; **~ of a journey** Reiseantritt *m*, Reisebeginn *m*
② AM SCH, UNIV (*graduation ceremony*) Abschlussfeier *f*, Entlassungsfeier *f*

commend [kə'mend] *vt* ① (*praise*) ■**to ~ sb/sth** [**on** [*or* **for**] **sth**] jdn/etw [für etw *akk* [*o* wegen einer S. *gen*]] loben
② (*recommend*) ■**to ~ sth** [**to sb**] [jdm] etw empfehlen; ***the hotel has little to ~ it*** das Hotel ist nicht sehr empfehlenswert; ***'highly ~ed'*** ‚sehr empfehlenswert'

commendable [kə'mendəbl] *adj* lobenswert, löblich

commendably [kə'mendəbli] *adv* vorbildlich, lobenswert; **to behave ~** sich *akk* vorbildlich verhalten

commendation [ˌkɒmen'deɪʃᵊn, AM ˌkɑːmən'-] *n* ① *no pl* (*praise*) Lob *nt*; (*official*) Belobigung *f*; **to receive ~ for sth** eine Belobigung für etw *akk* erhalten
② (*honour*) Auszeichnung *f*, Ehrung *f*; **to receive a ~ for sth** eine Auszeichnung für etw *akk* erhalten, für etw *akk* ausgezeichnet werden

commendatory [kə'mendətᵊri, AM -tɔːri] *adj* *remark* lobend *attr*, anerkennend *attr*; ~ **gesture** Geste *f* der Anerkennung

commensurable [kə'men(t)ʃᵊrəbl, AM -sɚəbl] *adj* MATH vergleichbar, kommensurabel *geh*

commensurate [kə'men(t)ʃᵊrət, AM -sɚət] *adj* (*form*) ■**to be ~ with sth** etw *dat* angemessen sein, etw *dat* entsprechen

commensurately [kə'menʃᵊrətli, AM ʃɚət] *adv* entsprechend

comment ['kɒment, AM 'kɑː-] **I.** *n* Kommentar *m*, Bemerkung *f* (**about/on** über +*akk*); **no ~** kein Kommentar; **fair ~** sachliche Kritik; **to make a ~** eine Stellungnahme abgeben; **to refrain from ~** sich *akk* eines Kommentars enthalten
II. *vi* sich *akk* äußern, einen Kommentar abgeben; ■**to ~ on sth** etw kommentieren, sich *akk* zu etw *dat* äußern; **to refuse** [*or* **decline**] **to ~ on sth** sich *akk* zu etw *dat* nicht äußern wollen, zu etw *dat* keine Stellung nehmen; ■**to ~ that …** bemerken [*o* anmerken], dass …

commentary ['kɒmentᵊri, AM 'kɑːmenteri] *n* Kommentar *m* (**on** über +*akk*); LAW Erläuterungswerk *nt*, Kommentar *m*; ***he always gives a running ~ on what's happening*** er muss dauernd zu allem seinen Senf dazugeben *fam*; **political/literary ~** politischer/literarischer Kommentar; **to provide ~** Bericht erstatten

commentary box *n* TV, RADIO Kommentatorenkabine *f*

commentate ['kɒmənteɪt, AM 'kɑː-] *vi* TV, RADIO ■**to ~ on sth** etw kommentieren; ***she ~s on the tennis each year at Wimbledon*** sie berichtet jedes Jahr vom Tennis aus Wimbledon

commentator ['kɒmənteɪtəʳ, AM 'kɑːmənteɪṭɚ] *n* TV, RADIO Kommentator(in) *m(f)*, Reporter(in) *m(f)*; **radio ~** Radiokommentator(in) *m(f)*, Radioreporter(in) *m(f)*

commerce ['kɒmɜːs, AM 'kɑːmɜːrs] *n* Handel *m*; **the world of ~** [**and industry**] die Geschäftswelt

commercial [kə'mɜːʃᵊl, AM -'mɜːr-] **I.** *adj* ① (*relating to commerce*) kaufmännisch, Handels-; ***the ~ future of the company …*** die geschäftliche Zukunft des Unternehmens …; ~ **empire** Handelsimperium *nt*; ~ **organization** Handelsorganisation *f*; ~ **success** kommerzieller Erfolg; ~ **venture** Handelsunternehmen *nt*
② (*pej: profit-orientated*) *production, movie, record* kommerziell, profitorientiert
③ RADIO, TV (*paid for by advertisements*) Privat-; ~ **radio** (*advertisements*) Werbefunk *m*; (*financed by adverts only*) kommerzieller Rundfunk; ~ **television** (*advertisements*) Werbefernsehen *nt*; (*financed by adverts only*) kommerzielles Fernsehen, Privatfernsehen *nt*
④ (*available to general public*) ~ **product** Massenprodukt *nt*
II. *n* Werbespot *m*; (*TV or radio advertisement*) Fernseh-/Radiowerbung *f*

commercial bank *n* AM Geschäftsbank *f* **commercial bill** *n* Warenwechsel *m*, Handelswechsel *m* **commercial break** *n* RADIO, TV Werbepause *f* **Commercial Court** *n* BRIT LAW Handelsgericht *nt*

commercialism [kə'mɜːʃᵊlɪzᵊm, AM -'mɜːr-] *n no pl* Kommerzialisierung *f*; (*in connection with art, literature*) Kommerz *m*

commercialization [kəˌmɜːʃᵊlaɪ'zeɪʃᵊn, AM -ˌmɜːrʃə-] *n no pl* Kommerzialisierung *f*, Vermarktung *f*; **~ of football** die Kommerzialisierung des Fußballs

commercialize [kə'mɜːʃᵊlaɪz, AM -'mɜːrʃə-] *vt esp* AM ■**to ~ sth** etw kommerzialisieren [*o* vermarkten]

commercial lawyer *n* Jurist(in) *m(f)* [*o* Spezialist(in) *m(f)*] für Handelsrecht

commercially [kə'mɜːʃᵊli, AM -'mɜːr-] *adv* ① (*on the market*) kommerziell, geschäftlich; **to succeed ~** auf dem Markt bestehen können; **to fail ~** sich *akk* auf dem Markt nicht halten können
② (*for public consumption*) auf dem Markt; ~ **available** im Handel erhältlich

commercial paper *n* kurzfristige Schuldtitel **commercial property** *n* Industrieimmobilien *pl*, gewerblich genutzte Gebäude **commercial vehicle** *n* Nutzfahrzeug *nt*, gewerbliches Fahrzeug

commie ['kɒmi, AM 'kɑːmi] **I.** *n* (*pej dated sl*) Rote(r) *f(m) sl* (*Bezeichnung für einen Kommunisten*)
II. *adj inv* (*pej dated sl*) rot *sl*

commingle [kə'mɪŋl] (*liter*) **I.** *vi* ■**to ~ [with sb/sth]** sich *akk* [mit jdm/etw] vermischen
II. *vt usu passive* ■**to ~ sth with sth** etw mit etw *dat* vermischen

commis <*pl* -> ['kɒmi, AM ˌkɑː'mi] *n,* **commis chef** *n* Hilfskoch, Hilfsköchin *m, f*

commiserate [kə'mɪzəreɪt] *vi* ■**to ~ with sb** mit jdm mitfühlen

commiseration [kəˌmɪzə'reɪʃən] *n* ❶ *no pl* (*sympathy*) Mitgefühl *nt,* Anteilnahme *f;* ***she gave me a look of ~*** sie blickte mich mitfühlend an
❷ (*expression of sympathy*) ■**~s** *pl* Beileid *nt kein pl;* ***I offered her my ~s*** ich sprach ihr mein Beileid aus; ***~s on losing the match!*** tut mir Leid, dass Sie das Spiel verloren haben!

commissar [ˌkɒmɪ'sɑːr, AM ˌkɑːmə'sɑːr] *n* POL Kommissar(in) *m(f)*

commissariat [ˌkɒmɪ'seəriət, AM ˌkɑːmə'ser-] *n + sing/pl vb* MIL Intendantur *f*

commissary ['kɒmɪsəri, AM 'kɑːməseri] *n* MIL ❶ (*person*) Intendant(in) *m(f)*
❷ AM (*shop*) *spezieller Laden für Soldaten*

commission [kə'mɪʃən] **I.** *vt* ❶ (*order*) ■**to ~ sth** etw in Auftrag geben; ■**to ~ sb [to do sth]** jdn beauftragen[, etw zu tun]
❷ *usu passive* MIL ■**to be ~ed as sth** zu etw *dat* ernannt werden
II. *n* ❶ (*order*) Auftrag *m;* **to take/carry out a ~** einen Auftrag annehmen/ausführen
❷ (*system of payment*) Provision *f;* **to get [a] ~ on sth** für etw *akk* Provision bekommen [*o* erhalten]; **to take a ~** Provision verlangen; ECON **broker's ~** Maklerprovision *f*
❸ *+ sing/pl vb* (*investigative body*) Kommission *f,* Ausschuss *m;* **C~ of the European Union** EU-Kommission; **Law C~** ständiger Rechtsausschuss; **Royal C~** königlicher Untersuchungsausschuss; **fact-finding ~** Untersuchungskommission *f,* Untersuchungsausschuss *m;* **special ~** Sonderkommission *f;* **to set up [***or* **establish] [***or* **appoint] a ~** eine Kommission einsetzen [*o* bilden]
❹ (*appointment*) Ernennung *f;* MIL Offizierspatent *nt;* **to get a [***or* **one's] ~** zum Offizier ernannt werden; **to have a ~ in the armed forces** Offizier *m* der Streitkräfte sein; **to resign one's ~** aus dem Offiziersdienst ausscheiden
❺ *no pl* LAW (*form: perpetration*) Verübung *f;* **the ~ of a crime/murder** das Begehen eines Verbrechens/Mordes
❻ *no pl* NAUT, AVIAT **in/out of ~** *car, lift, machine* in/außer Betrieb; *battleship* in/außer Dienst; (*fig*) außer Gefecht *hum;* **to have been put out of ~** aus dem Verkehr gezogen worden sein

commission agency *n* Kommissionsgeschäft *nt*

commission agent *n* ECON Kommissionär(in) *m(f)*

commissionaire [kəˌmɪʃən'eər] *n esp* BRIT Portier(in) *m(f)*

commission broker *n* AM Kommissionsmakler(in) *m(f)*

commissioned officer *n* Offizier(in) *m(f)*

commissioner [kə'mɪʃənər, AM -ər] *n* ❶ (*appointed person*) Beauftragte(r) *f(m),* Bevollmächtigte(r) *f(m)*
❷ (*member of commission*) Kommissionsmitglied *nt,* Ausschussmitglied *nt;* EU EU-Kommissar *m;* **the C~s of the Inland Revenue** Aufsichtsbehörde des Finanzamts; **~ for oaths** Notar *m, Anwalt, der befugt ist, Eide abzunehmen*
❸ (*of the police*) Polizeipräsident(in) *m(f)*
❹ (*person in charge*) Verantwortliche(r) *f(m);* **police ~** Polizeikommandeur *m;* **~ in charge of the London police force** Polizeipräsident(in) *m(f)* von London; **the ~ of Major League Baseball** der/die Vorsitzende des Major League Baseball

commission house *n* Brokerhaus *nt*

commit <-tt-> [kə'mɪt] **I.** *vt* ❶ (*carry out*) ■**to ~ sth** etw begehen; ***the newspaper is being sued for allegedly ~ting libel*** die Zeitung wird wegen angeblicher Verleumdung verklagt; **to ~ a crime/sin** ein Verbrechen/eine Sünde begehen; **to ~ an offence** eine strafbare Handlung begehen; **to ~ suicide** Selbstmord begehen
❷ (*bind*) **to ~ money to a project** Geld für ein Projekt bereitstellen; **to ~ soldiers to the defence of a region** Soldaten zur Verteidigung eines Gebietes entsenden; ■**to ~ oneself to sth** sich *akk* etw *dat* voll und ganz widmen; **to ~ oneself to a relationship** sich *akk* auf eine Beziehung einlassen; ■**to ~ oneself to doing sth** sich *akk* verpflichten, etw zu tun
❸ (*institutionalize*) ■**to ~ sb** jdn einweisen; **to ~ sb to prison** jdn ins Gefängnis einweisen; ***he's been ~ted to prison for fraud*** er ist wegen Betrugs inhaftiert worden; **to ~ sb to a hospital** jdn in ein Krankenhaus einweisen [lassen]
❹ (*entrust*) **to ~ sth to memory** sich *dat* etw einprägen; **to ~ sth to paper** etw zu Papier bringen
II. *vi* (*bind oneself*) ■**to ~ to sth** sich *akk* auf etw *akk* festlegen; **to ~ to a course of action** einen einmal eingeschlagenen Weg weiterverfolgen; **to ~ oneself on an issue** sich *akk* in einer Frage festlegen

commitment [kə'mɪtmənt] *n* ❶ *no pl* (*dedication*) Engagement *nt;* ***I'm afraid of ~*** ich habe Bindungsängste; **~ to nuclear disarmament** Engagement *nt* für atomare Abrüstung
❷ (*obligation*) Verpflichtung *f* (**to** gegenüber *+dat*); ***I had other ~s*** ich hatte anderweitige Verpflichtungen; **to make a ~ to do sth** versprechen etw zu tun; ***with absolutely no ~ to buy!*** es besteht keinerlei Kaufzwang!; **to have family ~s** familiäre Verpflichtungen haben
❸ (*sending to hospital*) Einweisung *f,* Unterbringung *f;* (*sending to prison*) Einlieferung *f,* Überstellung *f geh*
❹ ECON, FIN Absichtserklärung *f*

commitment fee *n* Bereitstellungskommission *f*

committal [kə'mɪtəl, AM -t̬əl] *n no pl* ❶ (*committing a crime*) Begehen *nt,* Verüben *nt*
❷ (*sending to hospital*) Einweisung *f,* Unterbringung *f*
❸ LAW (*sending to prison*) Einlieferung *f,* Überstellung *f geh,* Inhaftierung *f;* **~ for trial** Übergabe *f* der Sache an eine höhere Instanz; **~ for sentence** Überweisung *f* an eine höhere Instanz zur Aburteilung

committal order *n* LAW Haftanordnung *f* **committal proceedings** *npl* LAW gerichtliche Voruntersuchung **committal warrant** *n* LAW Nachricht *f* zum Strafantritt, Einlieferungsbefehl *m*

committed [kə'mɪtɪd, AM -'mɪt̬ɪd] *adj* ❶ (*obliged*) verpflichtet, gebunden; ■**to be ~ to sth** auf etw *akk* festgelegt sein; ■**to be ~ to do/doing sth** verpflichtet sein, etw zu tun
❷ (*dedicated*) engagiert; **~ Christian** überzeugter Christ/überzeugte Christin; ■**to be ~ to sth** sich *akk* für etw *akk* engagieren; ***she doesn't seem very ~ to the idea*** sie scheint von der Sache nicht besonders überzeugt zu sein; ■**to be ~ to doing sth** sich *dat* zur Aufgabe machen, etw zu tun

committee [kə'mɪti, AM -'mɪt̬i] *n + sing/pl vb* Ausschuss *m,* Komitee *nt;* **C~ of the Whole House** BRIT LAW Unterhausausschuss *m* zur Prüfung von Gesetzesentwürfen; **C~ of Privileges** LAW Ausschuss *m* zur Untersuchung von Privilegien; **Public Accounts C~** LAW Rechnungsprüfungsausschuss *m;* **C~ of Ways and Means** LAW Finanzausschuss *m;* **~ meeting** Ausschusssitzung *f;* **~ member** Ausschussmitglied *nt;* **select ~** Sonderausschuss *m;* **standing ~** ständiger Ausschuss; **to be [***or* **sit] on a ~** in einem Ausschuss [*o* Komitee] sein [*o* sitzen], einem Ausschuss [*o* Komitee] angehören; **to form [***or* **set up] a ~** einen Ausschuss [*o* ein Komitee] bilden

committeeman *n* AM Regionalpolitiker *m* **Committee Stage** *n* LAW *Prüfung eines Gesetzesentwurfes im dafür zuständigen Ausschuss* **committeewoman** *n* AM Regionalpolitikerin *f*

commode [kə'məʊd, AM -'moʊd] *n* ❶ (*chair with toilet*) Leibstuhl *m,* Toilettenstuhl *m*
❷ (*chest of drawers*) [dekorative] Kommode

commodification [kəˌmɒdɪfɪ'keɪʃən, AM -ˌmɑː-] *n* Kommodifikation *f*

commodify [kə'mɒdɪfaɪ, AM -'mɑː-] *vt* ■**to ~ sb** jdn kommodifizieren

commodious [kə'məʊdiəs, AM -'moʊ-] *adj* (*form*) geräumig; **a ~ chair** ein bequemer Sessel

commodities market [kə'mɒdətizˌmɑːkɪt, AM -'mɑːdət̬izˌmɑːr-] *n* (*products*) Warenmarkt *m;* (*raw materials*) Rohstoffmarkt *m*

commodity [kə'mɒdəti, AM -'mɑːdət̬i] **I.** *n* ❶ (*product*) Ware *f;* (*raw material*) Rohstoff *m;* **hard ~** metallischer Rohstoff; **soft ~** Lebensmittelrohstoff *m*
❷ (*beneficial quality*) [unerlässliche] Eigenschaft
II. *n modifier* (*products*) Waren-; (*raw materials*) Rohstoff-

commodity dealer *n* Warenhändler(in) *m(f)*

commodity exchange *n* STOCKEX Warenbörse *f;* (*raw materials*) Rohstoffbörse *f* **Commodity Exchange** *n* AM Warenbörse *f* [in New York] **commodity futures** *npl* STOCKEX Warentermingeschäft *nt* **commodity market** *n* STOCKEX Warenbörse *f* **commodity market** *n* (*products*) Warenmarkt *m;* (*raw materials*) Rohstoffmarkt *m*

commodore ['kɒmədɔːr, AM 'kɑːmədɔːr] *n* ❶ (*in navy*) Kommodore *m*
❷ (*of yacht club*) Präsident(in) *m(f)* eines Jachtklubs

common ['kɒmən, AM 'kɑː-] **I.** *adj* <-er, -est *or* more ~, most ~> ❶ (*often encountered*) üblich, gewöhnlich; **a ~ name** ein gängiger [*o* weit verbreiteter] Name; **a ~ saying** ein verbreiteter Spruch
❷ (*normal*) normal; ***it is ~ practice ...*** es ist allgemein üblich ...; **~ courtesy/decency** ein Gebot *nt* der Höflichkeit/des Anstands; ***it's ~ courtesy ...*** es gehört sich einfach ...; **~ salt** Kochsalz *nt*
❸ (*widespread*) weit verbreitet; ***it is ~ knowledge that ...*** es ist allgemein bekannt, dass ...; **a ~ ailment** ein weit verbreitetes Übel; **a ~ disease** eine weit verbreitete Krankheit
❹ *inv* (*shared*) gemeinsam; **~ area** allgemeiner Bereich; **by ~ assent/consent** mit allgemeiner Zustimmung/Einwilligung; **~ bathroom** Gemeinschaftsbad *nt;* **to make ~ cause with sb** mit jdm gemeinsame Sache machen; **for the ~ good** für das Gemeinwohl; **to be on ~ ground with sb** jds Ansichten teilen; **~ interests** gemeinsame Interessen; **~ property** (*held jointly*) Gemeinschaftseigentum *nt;* (*known by most people*) Allgemeingut *nt;* **tenancy in ~** Bruchteilsgemeinschaft *f;* **in ~** gemeinsam; **to have sth in ~ [with sb]** etw [mit jdm] gemein haben; ***we've got a lot of interests in ~*** wir haben viele gemeinsame Interessen
❺ ZOOL, BOT *sparrow, primrose* gemein
❻ <-er, -est> (*pej: vulgar*) vulgär; **a ~ slut** eine ordinäre Schlampe *pej fam*
❼ (*ordinary*) einfach; **a ~ criminal** ein gewöhnlicher Verbrecher/eine gewöhnliche Verbrecherin *pej;* **a ~ thief** ein gemeiner Dieb/eine gemeine Diebin
❽ (*low-ranking*) einfach, gemein *veraltend;* **a ~ labourer** ein einfacher Arbeiter/eine einfache Arbeiterin; **the ~ man** der Normalbürger [*o* Durchschnittsbürger]; **~ people** einfache Leute; **a ~ soldier** ein einfacher Soldat
II. *n* Gemeindeland *nt;* (*park*) öffentliche Grünfläche, Anger *m* DIAL; (*fields and woods*) Allmende *f*

Common Agricultural Policy *n* EU Gemeinsame Agrarpolitik

commonalty ['kɒmənəlti, AM 'kɑːmə] *npl* HIST ■**the ~** das gemeine Volk *kein pl*

common assault *n* LAW Bedrohung *f,* unqualifizierte Gewaltandrohung **common carrier** *n* ❶ TRANSP (*carrying goods*) Spedition *f,* Transportunternehmen *nt;* (*carrying passengers*) öffentliches Verkehrsunternehmen ❷ AM TELEC Telefongesellschaft *f* **common cold** *n no pl* ■**the ~** die [einfache] Erkältung, der Schnupfen *fam* **Common Defence Policy** *n* EU Gemeinsame Verteidigungs-

politik **common denominator** *n* ❶ MATH Hauptnenner *m,* gemeinsamer Nenner; **lowest ~** kleinster gemeinsamer Nenner ❷ *(shared feature)* gemeinsamer Nenner *fig,* Gemeinsamkeit *f*
common dividend *n* AM ECON, FIN Dividende *f* von Stammaktien **common divisor** *n* gemeinsamer Teiler [*o* Divisor]
commoner ['kɒmənəʳ, AM 'kɑːmənɚ] *n* Bürgerliche(r) *f(m),* Nichtadelige(r) *f(m)*
Common Era *n* christliche Zeitrechnung **Common External Tarif** *n* EU Gemeinsamer Außenzoll **common factor** *n* gemeinsamer Teiler [*o* Divisor] **common land** *n* Gemeindeland *nt;* AM *(park)* öffentliche Grünfläche, Anger *m* DIAL; *(field)* Allmende *f* **common law** *n no pl* LAW ❶ *(law according to court decisions)* nicht kodifiziertes Recht ❷ BRIT *(system of laws)* [ungeschriebenes englisches] Gewohnheitsrecht **common-law** *adj inv* LAW **~ marriage** eheähnliche Gemeinschaft, Konsensehe *f;* **~ husband/wife** Lebensgefährte *m/* Lebensgefährtin *f*
commonly ['kɒmənli, AM 'kɑː-] *adv* ❶ *(often)* häufig; *(usually)* gemeinhin; **a ~ held belief** eine weit verbreitete Annahme; **~ *known as ...*** oft auch ... genannt
❷ *(pej: vulgarly)* gewöhnlich, vulgär *geh*
common management information protocol *n* COMPUT Common Management Information Protocol *nt* **Common Market** *n (hist)* ▪**the ~** der Gemeinsame Markt *fam; see also* **European Community, European Union common noun** *n* Gattungsbegriff *m,* Appellativum *nt fachspr* **common nuisance** *n* LAW grober Unfug **common-or-garden** *adj attr* BRIT *(fam)* stinknormal *sl,* Allerwelts- *fam;* **a ~ animal/plant** ein gemeines Tier/ eine gemeine Pflanze; **a ~ topic** ein Wald- und Wiesenthema *nt fam,* ein Allerweltsthema *nt fam* **common ownership** *n* LAW Miteigentum *nt* **commonplace** I. *adj* ❶ *(normal)* alltäglich, normal; ▪**to be ~** gang und gäbe sein ❷ *(pej: trite)* banal *pej,* platt *pej* II. *n* Gemeinplatz *m pej,* Banalität *f pej,* Plattitüde *f geh* **common pricing** *n* Preisabsprache *f* **common room** *n* BRIT SCH, UNIV Gemeinschaftsraum *m,* Aufenthaltsraum *m;* **junior/ senior ~** Gemeinschaftsraum *m* für Studierende/ Lehrkräfte
commons ['kɑːmənz] *npl* AM *(common room)* ▪**the ~** der Aufenthaltsraum [*o* Gemeinschaftsraum]
Commons ['kɒmənz, AM 'kɑː-] *n + sing/pl vb* POL ▪**the ~** das Unterhaus; *see also* **House of Commons**
common seal *n* Gesellschaftssiegel *nt* **common sense** I. *n no pl* gesunder Menschenverstand II. *n modifier (attitude, solution)* vernünftig; **a ~ approach** ein praktischer Ansatz
commonsensical [ˌkɒmən'sen(t)sɪkəl, AM ˌkɑː-] *adj* vernünftig
Common Serjeant [-sɑːdʒənt] *n* LAW ranghöherer Barrister **common stockholder** *n* FIN Stammaktionär(in) *m(f)* **common stocks** *npl* AM STOCKEX Stammaktien *fpl* **common time** *n no pl* MUS Viervierteltakt *m* **common touch** *n no pl* **to have the ~** *(person)* nicht abgehoben sein *fig* **Common Transport Policy** *n* EU Gemeinsame Verkehrspolitik
commonweal ['kɒmənwiːl, AM 'kɑːm] *n no pl (old) see* **commonwealth:** ▪**the ~** das Gemeinwesen
commonwealth *n* ❶ POL Staat *m,* Republik *f*
❷ *(form: group)* Interessengemeinschaft *f*
Commonwealth I. *n* ❶ *(international organisation)* ▪**the ~** das [*o* ÖSTERR, SÜDD der] Commonwealth; *see also* **Commonwealth of Nations**
❷ *(hist: under Cromwell)* ▪**the ~** *die englische Republik unter Cromwell*
II. *n modifier* Commonwealth-; **the C~ Games** die Commonwealth-Spiele *pl*
Commonwealth of Nations *n* ▪**the ~** das [*o* ÖSTERR, SÜDD der] Commonwealth
commorientes *npl* Kommorienten *pl,* gleichzeitig Versterbende
commotion [kə'məʊʃən, AM -'moʊ-] *n usu no pl* ❶ *(fuss)* Theater *nt* (**over** um +*akk*); ***what's all this ~*** was soll der ganze Wirbel
❷ *(noisy confusion)* Spektakel *m;* **to cause a ~** Chaos verursachen
communal ['kɒmjʊnəl, kə'mjuː-, AM kə'mjuː-, 'kɑːmjə-] *adj* ❶ *(shared)* gemeinsam; **~ bathroom/kitchen** Gemeinschaftsbad *nt/*-küche *f;* **~ facilities** Gemeinschaftseinrichtungen *fpl;* **~ ownership** Gemein[schafts]eigentum *nt;* **~ property** Allgemeinbesitz *m*
❷ *(of racial communities)* Rassen-; **~ *riots have once again broken out between the two ethnic groups*** zwischen den beiden ethnischen Gruppen kam es erneut zu Ausschreitungen; **~ violence** Gewalt *f* zwischen ethnischen Gruppen
❸ *(of religious communities)* Gemeinde-; **~ prayer** Gemeinschaftsgebet *nt*
❹ *(of a commune)* Kommunen-; **~ living** Leben *nt* in einer Kommune
communally ['kɒmjʊnəli, kə'mjuː-, AM kə'mjuː-, 'kɑːmjə-] *adv* gemeinschaftlich, gemeinsam
commune¹ ['kɒmjuːn, AM 'kɑː-] *n + sing/pl vb* ❶ *(group)* Kommune *f;* ***she joined a women's ~*** sie ist einer Frauenkommune beigetreten
❷ ADMIN, POL Gemeinde *f,* Kommune *f geh*
commune² [kə'mjuːn] *vi (liter)* ▪**to ~ with sb** Zwiesprache mit jdm halten *geh;* **to ~ with God** Zwiesprache mit Gott halten *geh;* **to ~ with nature** im Dialog mit der Natur stehen
communicable [kə'mjuːnɪkəbl] *adj emotion, thoughts, information* vermittelbar; **~ disease** *(contagious)* übertragbare Krankheit
communicant [kə'mjuːnɪkənt] *n* REL Kommunikant(in) *m(f)*
communicate [kə'mjuːnɪkeɪt] I. *vt* ❶ *(pass on)* ▪**to ~ sth** [to sb] [jdm] etw mitteilen; *information, ideas, knowledge, thoughts* [jdm] etw vermitteln; **to ~ information** Informationen übermitteln; **to ~ knowledge** Wissen vermitteln; **to ~ sth by** [*or* **through**] [*or* **in**] **writing** etw schriftlich mitteilen
❷ MED **to ~ a disease to sb** eine Krankheit auf jdn übertragen
II. *vi* ❶ *(give information)* kommunizieren, sich *akk* verständigen; **to ~ with one's hands** sich *akk* mit den Händen verständigen
❷ *(be in touch)* ▪**to ~ with sb** mit jdm in Verbindung stehen; *(socially)* sich *akk* verstehen; ▪**to ~ with each other** miteinander sprechen [*o* kommunizieren]; **to ~ by phone/radio** telefonisch/über Funk kommunizieren
❸ *(form: connect)* ▪**to ~ with sth** mit etw *dat* verbunden sein
❹ REL die Kommunion empfangen
communication [kəˌmjuːnɪ'keɪʃən] *n no pl* ❶ *(being in touch)* Kommunikation *f,* Verständigung *f;* ***there's very little ~ between them*** die beiden haben sich sehr wenig zu sagen; **breakdown in ~** Zusammenbruch *m* der Kommunikation; **~ gap** Informationslücke *f;* **means of ~** Kommunikationsmittel *nt*
❷ *(passing on) of ideas, knowledge, thoughts* Vermittlung *f; of information* Übermittlung *f; of emotions* Ausdruck *m*
❸ *(form: thing communicated)* Mitteilung *f,* Benachrichtigung *f;* **privileged ~** LAW der Rechtsverfolgung entzogene Mitteilungen
❹ MED *of a disease* Übertragung *f* (**to** auf +*akk*)
❺ *(connection)* Verbindung *f* (**between** zwischen +*dat*)
communication cord *n* BRIT RAIL Notbremse *f*
communications [kəˌmjuːnɪ'keɪʃənz] I. *npl* ❶ RADIO, TELEC Fernmeldewesen *nt kein pl,* Telekommunikation *f kein pl*
❷ TRANSP Verkehrsnetz *nt,* Verkehrswege *mpl;* **rail and road ~** Schienen- und Straßennetz *nt*
❸ + *sing vb* UNIV Kommunikationswissenschaften *fpl*
II. *n modifier* Kommunikations-; **~ channel** Kommunikationswege *mpl;* **~ network** Kommunikationsnetz *nt,* Nachrichtennetz *nt;* **~ system** Kommunikationssystem *nt,* Nachrichtensystem *nt;* **~ zone** Fernmeldebereich *m*
communication science *n* Kommunikationswissenschaft *f* **communications satellite** *n* Nachrichtensatellit *m* **communication studies** *npl* Kommunikationswissenschaften *fpl*
communicative *adj* [kə'mjuːnɪkətɪv, AM *esp* -nəkeɪt̬ɪv] ❶ *(of person)* mitteilsam, gesprächig; **~ ability** Kommunikationsfähigkeit *f;* **~ skills** kommunikatives Talent
❷ *(in language teaching)* **the ~ approach** der kommunikative Ansatz
communicator [kə'mjuːnɪkeɪtəʳ, AM -t̬ɚ] *n* kommunikativer Mensch
communion [kə'mjuːniən, AM -njən] *n no pl (liter)* ❶ *(union)* ▪**~ with sb/sth** [tiefe] Verbundenheit mit jdm/etw; **spiritual ~** eine spirituelle Verbindung; **in ~ with God/nature** in Zwiesprache mit Gott/der Natur
❷ *(religious community)* Gemeinde *f,* Glaubensgemeinschaft *f;* **the Anglican ~** die anglikanische Kirche
Communion [kə'mjuːniən, AM -njən] *n* REL Kommunion *f;* **to take one's First ~** Erstkommunion feiern; **to give sb Holy ~** jdm die heilige Kommunion spenden; **to go to ~** zur Kommunion gehen
communion of saints *n* Gemeinschaft *f* der Heiligen
communiqué [kə'mjuːnikeɪ, AM kəˌmjuːni'keɪ] *n* Kommuniqué *nt;* **to issue a ~** ein Kommuniqué herausgeben
communism ['kɒmjənɪzəm, AM 'kɑː-] *n no pl* Kommunismus *m;* ▪**under ~** unter dem Kommunismus
communist ['kɒmjənɪst, AM 'kɑː-] I. *n* Kommunist(in) *m(f)*
II. *adj* kommunistisch; **~ government** kommunistische Regierung; **C~ Manifesto** Kommunistisches Manifest; **C~ Party** Kommunistische Partei
community [kə'mjuːnəti, AM -nət̬i] I. *n* ❶ ADMIN Gemeinde *f;* **~ home** kommunales Kinderheim; **~ policing** Zusammenarbeit *f* zwischen Bürgern und Kontakt[bereichs]beamten; **the local ~** die hiesige Gemeinde
❷ *(group)* **the business ~** die Geschäftswelt, die Geschäftsleute *pl;* **the international ~** die Völkergemeinschaft; **the Jewish ~** die jüdische Gemeinde; **the scientific ~** die Wissenschaftler *pl*
❸ *no pl (togetherness)* Gemeinschaft *f;* **a sense of ~** ein Gemeinschaftsgefühl *nt*
❹ *no pl (public)* ▪**the ~** die Allgemeinheit, die Öffentlichkeit; **to serve the ~** der Allgemeinheit dienen
❺ ECOL *(of plants)* Flora *f; (of animals)* Fauna *f;* **Kenya's wildlife ~** die Tierwelt Kenias
II. *n modifier* Gemeinde-; **~ hospital** Kommunalkrankenhaus *nt;* **~ organization** Kommunalverband *m*
Community [kə'mjuːnəti, AM -nət̬i] *n* ▪**the** [**European**] **~** die [europäische] Gemeinschaft; *see also* **European Community**
community antenna television *n* TV Kabelfernsehen *nt* **community center** AM, **community centre** *n* Gemeindezentrum *nt* **community charge** *n* BRIT *(hist) Kopfsteuer zur Finanzierung der Stadt- und Gemeindeverwaltungen* **community chest** *n* AM Wohltätigkeitsfond *m* [aus privaten Zuwendungen], Sammlung *f* für wohltätige Zwecke **community college** *n* AM *teilsubventioniertes zweijähriges College;* BRIT ≈ Volkshochschule *f* **Community law** *n* EU Gemeinschaftsrecht *nt* **Community legislation** *n* LAW Bestimmungen der Europäischen Union **community property** *n* LAW Gesamtgut *nt* [bei Gütergemeinschaft] **community service** *n no pl* gemeinnützige Arbeit; **to perform ~** gemeinnützige Arbeit verrichten **community service order** *n* LAW Verurteilung *f* zu gemeinnütziger Arbeit **community singing** *n no pl* gemeinsames Singen **community spirit** *n no pl* Gemeinschaftsgeist *m* **community worker** *n* Sozialarbeiter(in) *m(f)*
commutable [kə'mjuːtəbl, AM -t̬ə-] *adj* ❶ *dis-*

C

tance durch Pendeln zurücklegbar; ***the journey is too long to be*** ~ man fährt zu lange, als dass man pendeln könnte
❷ LAW umwandelbar, abänderbar; **a ~ punishment** [*or* **sentence**] eine umwandelbare Strafe, ein abänderbares Strafmaß
commutation [ˌkɒmjuːˈteɪʃᵊn, AM ˌkɑːmjə-] *n* ❶ LAW Strafumwandlung *f*, Strafmilderung *f*
❷ FIN Abfindung *f;* **~ payment** Abfindungszahlung *f*
commutation ticket *n* AM RAIL Zeitkarte *f*
commutator [ˈkɒmjuːteɪtəʳ, AM ˌkɑːmjəteɪt̬ɚ] *n* ELEC Kommutator *m fachspr,* Stromwender *m fachspr*
commute [kəˈmjuːt] **I.** *n (fam)* Pendelstrecke *f;* ***it's an hour's ~ to work*** ich fahre eine Stunde zur Arbeit
II. *vi* pendeln; **to ~ from Brighton to London** [*or* **between Brighton and London**] zwischen Brighton und London pendeln; **to ~ by train** mit dem Zug pendeln
III. *vt (form)* ❶ FIN *(exchange)* ■**to ~ sth** etw umwandeln
❷ LAW *(reduce)* **to ~ a punishment/sentence** ein Strafmaß herabsetzen
commuter [kəˈmjuːtəʳ, AM -t̬ɚ] **I.** *n* Pendler(in) *m(f)*
II. *n modifier* Pendel-; **~ traffic** Pendelverkehr *m*
commuter belt *n* städtischer Einzugsbereich
commuter train *n* Pendlerzug *m*
comp[1] [kɒmp, AM kɑːmp] *n* ❶ *short for* **competition**
❷ BRIT *short for* **compositor**
comp[2] [kɒmp, AM kɑːmp] *vt* ■**to ~ sth** etw verschenken; ■**to ~ sb in sth** jdn in etw *akk* hineinschleusen
compact[1] **I.** *adj* [kəmˈpækt] ❶ *(dense)* kompakt; *body also* gedrungen; *sand, snow, soil* fest; **of ~ build** von gedrungener Statur; **a ~ cluster of houses** eine eng verbaute Häusergruppe; **~ style** knapper Stil
❷ *(small)* kompakt; **~ camera** Kompaktkamera *f;* **a ~ office** ein kleines Büro
II. *vt* [kəmˈpækt] *(form)* ■**to ~ sth** *(by a person)* *sand, soil, snow* etw festtreten; *(by a vehicle)* etw festfahren
III. *n* [ˈkɒmpækt, AM ˈkɑː-] ❶ *(cosmetics)* Puderdose *f*
❷ AM, AUS AUTO Kompaktwagen *m*
compact[2] [ˈkɒmpækt, AM ˈkɑː-] *n (form)* ❶ *(contract)* Vertrag *m,* Pakt *m*
❷ *(formal agreement)* Übereinkunft *f,* Vereinbarung *f;* **to make a ~** eine Übereinkunft schließen
compact disc, AM *also* **compact disk** *n* Compactdisc *f*
compactly [kəmˈpæktli] *adv* kompakt; **a ~ written text** ein knapp geschriebener Text; **~ built** kompakt gebaut
compactness [kəmˈpæktnəs] *n no pl* Kompaktheit *f; of style* Knappheit *f*
compactor [kəmˈpæktəʳ] *n* AM ❶ *(in construction)* Straßenwalze *f*
❷ *(for waste)* Verdichtungsgerät *nt*
companding [kəmˈpændɪŋ] *n* COMPUT *abbrev of* **compressing and expanding** Kompandierung *f*
compandor [kəmˈpændəʳ, AM -ɚ] *n* COMPUT *abbrev of* **compressor/expander** Kompandierer *m*
Companies Act *n* ■**the Companies Act** BRIT *Gesetze über Aktiengesellschaften* **Companies House** *n* BRIT *britische Gesellschaftsregistrierbehörde* **Companies Registration Office** *n* BRIT *britische Gesellschaftsregistrierbehörde*
companion [kəmˈpænjən] **I.** *n* ❶ *(person accompanying sb)* Begleiter(in) *m(f);* *(associate)* Gefährte, -in *m, f,* Kamerad(in) *m(f) veraltend;* *(euph: sexual partner)* Liebhaber(in) *m(f);* *(fig)* ***hunger was his constant*** ~ er wurde ständig von Hunger geplagt; **close ~** enger Freund/enge Freundin; **constant ~** ständiger Begleiter/ständige Begleiterin; **drinking ~** Saufkumpan *m fam;* **travelling ~** Reisebegleiter(in) *m(f)*
❷ *(dated: for single woman)* Gesellschafterin *f*
❸ *(dated: matching item)* Gegenstück *nt,* Pendant *nt geh*
❹ *(reference book)* Ratgeber *m,* Führer *m*
II. *n modifier* **~ volume** Begleitband *m*
companionable [kəmˈpænjənəbl̩] *adj* angenehm; **a ~ person** ein umgänglicher Mensch; **a ~ silence** eine wohltuende Stille
companionably [kəmˈpænjənəbli] *adv* freundschaftlich
companion-in-arms *n* MIL Waffengefährte *m geh*
companion planting *n* Partnerpflanzung *f*
companion set *n* Kaminbesteck *nt*
companionship [kəmˈpænjənʃɪp] *n no pl (company)* Gesellschaft *f;* *(friendship)* Kameradschaft *f*
companionway *n* NAUT Niedergang *m*
company [ˈkʌmpəni] **I.** *n* ❶ COMM Firma *f,* Unternehmen *nt;* **Adams and C~** Adams & Co.; **car ~** Autofirma *f;* **Registrar of Companies** *(official)* Registerbevollmächtigter *m;* *(list)* **register of companies** [*or* **companies' register**] Firmenregister *m;* **close ~** Personengesellschaft *f;* **shipping ~** Reederei *f;* **to set up a ~** eine Firma gründen
❷ *no pl (companionship)* Gesellschaft *f;* ***she bought two dogs for*** ~ sie kaufte sich zwei Hunde, um Gesellschaft zu haben; **dull/poor ~** langweilige/wenig unterhaltsame Gesellschaft; **good/interesting ~** angenehme/interessante Gesellschaft; **present ~ excepted** die Anwesenden ausgenommen; **to be in ~** in Gesellschaft sein; **to be in good ~** sich *akk* in guter Gesellschaft befinden; **to enjoy one's own ~** *(iron)* gern allein [*o* für sich *akk*] sein; **to keep sb ~** jdm Gesellschaft leisten; **to keep ~ [with sb]** mit jdm Umgang haben [*o* verkehren]; ***he's been keeping bad*** ~ er befindet sich in schlechter Gesellschaft; **in the ~ of** in Gesellschaft von, begleitet von; ***I travelled in the ~ of two friends*** ich reiste in Gesellschaft von zwei Freunden
❸ *no pl (visitors)* Besuch *m kein pl,* Gäste *mpl;* **to expect/have ~** Gäste erwarten/haben
❹ THEAT Schauspieltruppe *f,* Ensemble *nt*
❺ MIL Kompanie *f*
❻ BRIT, CAN **[Girl] Guide ~** Pfadfinderinnentruppe *f*
❼ BRIT *(in the city of London)* Gesellschaft *f,* Wohltätigkeitsorganisation *f*
II. *n modifier (director, earnings)* Firmen-; **~ headquarters** Firmensitz *m;* **~ policy** Firmenpolitik *f;* **~ profits** Gesellschaftsgewinne *mpl*
company car *n* Firmenwagen *m* **company housing** *n no pl* Firmenwohnungen *fpl* **company law** *n* Unternehmensrecht *nt* **company man** *n (usu pej)* firmenhöriger Mitarbeiter; ■**to be a ~** der Firma hörig sein, mit der Firma verheiratet sein **company member** *n* ECON Gesellschafter(in) *m(f)* **company prospectus** *n* STOCKEX Emissionsprospekt *m* **company secretary** *n* ECON Prokurist(in) *m(f)* **company town** *n Stadt mit einem einzelnen Unternehmen als Hauptarbeitgeber*
comparable [ˈkɒmpᵊrəbl̩, AM ˈkɑː-] *adj* vergleichbar (**to/with** mit +*dat*)
comparably [ˈkɒmpᵊrəbli, AM ˈkɑːm] *adv inv* vergleichbar
comparative [kəmˈpærətɪv, AM -ˈperət̬ɪv] **I.** *n* Komparativ *m*
II. *adj* ❶ *inv* LING **~ form** Komparativ *m,* erste Steigerungsform
❷ *(involving comparison)* vergleichend *attr;* ***there's a ~ rise this year in the number of babies born*** dieses Jahr wurden im Vergleich mehr Babys geboren; **~ law** vergleichende Rechtswissenschaft; **~ linguistics** vergleichende Sprachwissenschaft; **~ literature** vergleichende Literaturwissenschaft, Komparatistik *f fachspr;* **~ research** vergleichende Forschung; **a ~ study** eine vergleichende Studie
❸ *(relative)* relativ
comparatively [kəmˈpærətɪvli, AM -ˈperət̬ɪv-] *adv* ❶ *(relatively)* verhältnismäßig, relativ; **~ *speaking, this computer is easy to use*** dieser Computer ist vergleichsweise einfach zu bedienen
❷ *(by comparison)* im Vergleich; **to analyse/judge sth ~** etw durch einen Vergleich analysieren/bewerten
comparator [kəmˈpærətəʳ, AM -ˈperət̬ɚ] *n* COMPUT Vergleicher *m*
compare [kəmˈpeəʳ, AM -ˈper] **I.** *vt* ❶ *(look for differences)* ■**to ~ sth/sb** etw/jdn vergleichen (**with** mit +*dat*); **~d with** [*or* **to**] verglichen mit *dat;* **to ~ prices** Preise vergleichen
❷ *(liken)* ■**to ~ sb/sth [with sb/sth]** jdn/etw [mit jdm/etw] vergleichen; ***instant coffee can't be ~d with freshly ground coffee*** zwische Instantkaffee und frisch gemahlenem Kaffee liegt ein himmelweiter Unterschied
❸ LING *adjective, adverb* steigern
▶ PHRASES: **to ~ notes on sth** Meinungen über etw *akk* austauschen
II. *vi* vergleichbar sein; ***last year's weather just doesn't*** ~ das Wetter im letzten Jahr war einfach unvergleichlich; **to ~ favourably** vergleichsweise gut abschneiden; ***the hotel ~d favourably with the one we stayed in last year*** das Hotel war dieses Jahr um einiges besser als das, in dem wir letztes Jahr wohnten
III. *n no pl (liter)* **beyond ~** unvergleichlich
comparison [kəmˈpærɪsᵊn, AM -ˈper-] *n* ❶ *(contrast)* Vergleich *m;* **by ~ with** verglichen mit *dat;* **to bear** [*or* **stand**] **~ with sb/sth** einem Vergleich mit jdm/etw gewachsen sein [*o* standhalten]; **to draw** [*or* **make**] **a ~** einen Vergleich anstellen
❷ *(similarity)* Vergleich *m;* **there's no ~** das ist gar kein Vergleich!
compartment [kəmˈpɑːtmənt, AM -ˈpɑːrt-] *n* ❶ RAIL [Zug]abteil *nt,* Coupé *nt* ÖSTERR; **first class ~** Erste[r]-Klasse-Abteil *nt*
❷ *(section)* Fach *nt;* **freezer ~** Gefrierfach *nt,* Tiefkühlfach *nt;* **inner/sleeping ~** *(in a tent)* Innenraum *m*/Schlafbereich *m*
compartmentalize [ˌkɒmpɑːtˈmentᵊlaɪz, AM kəmpɑːrtˈment̬ə-] *vt* ■**to ~ sth** etw aufgliedern; **to ~ one's life** *(fig)* die unterschiedlichen Bereiche seines Lebens getrennt halten
compass <*pl* -es> [ˈkʌmpəs] *n* ❶ *(for showing direction)* Kompass *m;* ***they took a ~ reading*** sie lasen den Kompass ab; **~ needle** Kompassnadel *f*
❷ *(for drawing circles)* Zirkel *m*
❸ *no pl (form liter: range)* Umfang *m,* Rahmen *m;* MUS Tonumfang *m* (**of** +*gen*); **to be beyond the ~ of sb's brain/powers** jds [geistigen] Horizont/Kräfte übersteigen
compasses [ˈkʌmpəsɪz] *npl* **[a pair of] ~** Zirkel *m*
compassion [kəmˈpæʃᵊn] *n no pl* Mitgefühl *nt,* Mitleid *nt;* **to feel** [*or* **have**] **~ for** [*or* **towards**] **sb** Mitleid mit jdm haben; **to show ~ for** [*or* **towards**] **sb** Mitgefühl für jdn zeigen; **with ~** voller Mitgefühl
compassionate [kəmˈpæʃᵊnət] *adj* mitfühlend, voller Mitgefühl
compassionate leave *n no pl* Sonderurlaub *m* aus familiären Gründen; **to grant ~** Sonderurlaub bewilligen
compassionately [kəmˈpæʃᵊnətli] *adv* voller Mitgefühl
compassion fatigue *n no pl* Nachlassen *nt* der [öffentlichen] Hilfsbereitschaft
compass rose *n* Windrose *f*
compatibility [kəmˌpætəˈbɪləti, AM -ˌpæt̬əˈbɪlət̬i] *n no pl* Vereinbarkeit *f;* COMPUT, MED Kompatibilität *f fachspr;* ***many marriages break down because of a lack of ~ between the two partners*** viele Ehen zerbrechen, weil die Partner nicht zueinander passen
compatible [kəmˈpætɪbl̩, AM -ˈpæt̬-] *adj* ❶ *(of people or animals)* ■**to be ~** zusammenpassen; ***cats are not ~ with birds*** Katzen vertragen sich nicht mit Vögeln
❷ *(of colours)* ■**to be ~** zusammenpassen; ***the curtains aren't ~ with the carpet*** die Vorhänge beißen sich mit dem Teppich *fam*
❸ MED *(of blood groups)* kompatibel
❹ COMPUT kompatibel
❺ *(consistent)* vereinbar (**with** mit +*dat*)
compatibly [kəmˈpætɪbli, AM -ˈpæt̬-] *adv* aufeinander abgestimmt

compatriot [kəm'pætriət, AM -'peɪ-] *n* (*form*) Landsmann, Landsmännin *m, f*

compel <-ll-> [kəm'pel] *vt* ❶ (*force*) ■**to ~ sb to do sth** jdn [dazu] zwingen, etw zu tun; **to feel ~led** [**to do sth**] sich *akk* gezwungen [*o* genötigt] sehen[, etw zu tun]
❷ (*form: cause to happen*) ■**to ~ sth** *person* etw erzwingen; *circumstances* etw erforderlich machen; **to ~ attention** Aufmerksamkeit erregen

compellability [kəm,pelə'bɪləti, AM -əţi] *n* LAW Zwang *m*

compellable [kəm'peləbl] *adj* LAW **a ~ witness** aussagepflichtiger Zeuge

compelling [kəm'pelɪŋ] *adj circumstances, evidence, reason* zwingend; *film, painting, performance* fesselnd; **~ desire** unwiderstehliches Verlangen

compellingly [kəm'pelɪŋli] *adv* ❶ (*irresistibly*) unwiderstehlich
❷ (*convincingly*) überzeugend
❸ (*overwhelmingly*) überwältigend

compendia [kəm'pendiə] *n pl of* **compendium**

compendium <*pl* -s *or* -dia> [kəm'pendiəm, *pl* -diə] *n* Handbuch *nt*, Kompendium *nt geh*

compensate ['kɒmpənseɪt, AM 'kɑ:m-] **I.** *vt* ■**to ~ sb for sth** jdn für etw *akk* [finanziell] entschädigen
II. *vi* kompensieren *geh;* ■**to ~ for sth** etw ausgleichen [*o fam* wettmachen] [*o fachspr* kompensieren]

compensating ['kɒmpənseɪtɪŋ, AM 'kɑ:m-] *adj* ausgleichend *attr;* ***it was a difficult job, but there were ~ rewards*** es war zwar ein schwieriger Job, doch entschädigte der Lohn für den Aufwand

compensation [,kɒmpən'seɪʃən, AM ,kɑ:m-] **I.** *n no pl* ❶ (*monetary amends*) Entschädigung[sleistung] *f*, Schadenersatz *m;* **~ for loss of earnings** Verdienstausfallentschädigung *f;* **to claim** [*or* **seek**] **~** Schadenersatzansprüche geltend machen, [finanzielle] Entschädigung fordern
❷ (*recompense*) Entschädigung *f;* **in ~** als Ersatz, zum Ausgleich
II. *n modifier* ❶ (*monetary amends*) **~ claim** Schadenersatzanspruch *m*
❷ AM (*salary*) **~ package** Pauschalabfindung *f*, Gesamtvergütung *f*

compensation deal *n* Kompensationsgeschäft *nt*

compensation fund *n* FIN Ausgleichsfonds *m*

compensation order *n* LAW Urteil *nt* auf Schadenersatz

compensatory [,kɒmpən'seɪtəri, AM kəm'pen(t)sətɔ:ri] *adj inv* ECON, FIN kompensatorisch; **~ damages** ausgleichender Schadenersatz; **~ financing** Ausgleichsfinanzierung *f*

compère ['kɒmpeəʳ] **I.** *n* BRIT (*fam*) Conférencier *m*
II. *vt* BRIT (*fam*) **to ~ a show** eine Show moderieren

compete [kəm'pi:t] *vi* ❶ (*measure oneself with*) ■**to ~ for sth** [**with sb**] [gegen jdn] um etw *akk* wetteifern [*o* kämpfen]; ***you just can't ~ with him*** man kann sich mit ihm einfach nicht messen; (*fig*) ***turn the music down — I'm not competing with that noise*** dreh die Musik leiser – ich schreie nicht gegen diesen Lärm an
❷ SPORTS antreten; ***are you competing in the 100 metres?*** nimmst du an dem 100-Meter-Rennen teil?; **to ~ for a medal/money/a prize** um eine Medaille/Geld/einen Preis kämpfen
❸ COMM **to ~ for customers** um Kunden kämpfen

competence ['kɒmpɪtən(t)s, AM 'kɑ:m-], **competency** ['kɒmpɪtən(t)si, AM 'kɑ:m-] *n no pl* ❶ (*ability*) Fähigkeit *f*, Kompetenz *f;* ***I don't doubt his ~ as a nuclear physicist*** ich zweifle seine Fähigkeiten als Atomphysiker nicht an; ***he reached a reasonable level of ~ in his English*** sein Englisch erreichte ein recht gutes Niveau; **~ test** Befähigungsprüfung *f;* **to have the ~ to do sth** kompetent genug sein, um etw zu tun
❷ LAW (*of a court*) Zuständigkeit *f;* **to be within the ~ of the court** in den Zuständigkeitsbereich des Gerichts fallen
❸ LAW (*state of a witness*) Wertigkeit *f* der Zeugenaussage

competent ['kɒmpɪtənt, AM 'kɑ:m-] *adj* ❶ (*capable*) *teacher, writer* fähig; (*qualified*) kompetent; ***I'm not ~ to make that decision*** ich bin nicht befähigt, diese Entscheidung zu treffen
❷ (*adequate*) ausreichend; ***he speaks quite ~ German*** er spricht recht gutes Deutsch
❸ LAW zuständig; **~ authority** zuständige Behörde; **~ witness** zulässiger Zeuge/zulässige Zeugin

competently ['kɒmpɪtəntli, AM 'kɑ:m-] *adv* gekonnt

competition [,kɒmpə'tɪʃən, AM ,kɑ:m-] *n* ❶ *no pl* (*state of competing*) Konkurrenz *f*, Wettbewerb *m;* **fierce ~** ein harter Kampf; ■**to be in ~ with sb** mit jdm konkurrieren, in Konkurrenz [*o* im Wettbewerb] zu jdm stehen; ***she's no ~*** sie ist keine Konkurrenz
❷ COMM Konkurrenz *f;* **unfair ~** unlauterer Wettbewerb
❸ (*contest*) Wettbewerb *m;* **beauty ~** Schönheitswettbewerb *m;* **diving/swimming ~** Tauch-/Schwimmwettbewerb *m;* **to enter a ~** an einem Wettbewerb teilnehmen, bei einem Wettbewerb mitmachen

competitive [kəm'petɪtɪv, AM -'peţəţɪv] *adj* ❶ (*characterized by competition*) konkurrierend *attr;* (*eager to compete*) kampfbereit; ***acting is very ~*** in der Schauspielerei herrscht harte Konkurrenz; ***you're very ~! it's meant to be a friendly match*** du bist sehr aggressiv! das soll ein Freundschaftsspiel sein; **~ spirit** Wettkampfgeist *m;* **~ sports** Leistungssport *m*
❷ (*able to compete*) konkurrenzfähig, wettbewerbsfähig; **~ bidding** Ausschreibungswettbewerb *m;* **~ edge** Wettbewerbsvorteil *m*, Wettbewerbsvorsprung *m*

competitive devaluation *n* ECON, FIN Abwertung *f* aus Wettbewerbsgründen

competitively [kəm'petɪtɪvli, AM -'peţəţɪv-] *adv* ❶ (*ambitiously*) wettbewerbsorientiert; ***he approaches his job very ~*** er ist in seinem Job sehr ehrgeizig
❷ (*ably*) wettbewerbsfähig; ***our products are ~ priced*** die Preise unserer Produkte sind konkurrenzfähig
❸ (*in competition*) in Wettkämpfen; ***she plays bridge ~*** sie spielt Bridge auf Wettkampfbasis

competitiveness [kəm'petɪtɪvnəs, AM -'peţəţɪv-] *n no pl* ❶ (*ambition*) Konkurrenzdenken *nt*
❷ (*ability to compete*) *of companies, prices* Wettbewerbsfähigkeit *f*

competitor [kəm'petɪtəʳ, AM -'peţəţɚ] *n* ❶ COMM Konkurrent(in) *m(f)*, Mitbewerber(in) *m(f)*
❷ (*one who competes*) [Wettkampf]gegner(in) *m(f);* (*participant*) [Wettbewerbs]teilnehmer(in) *m(f)*

compilation [,kɒmpɪ'leɪʃən, AM ,kɑ:mpə-] *n* ❶ *no pl* (*act of compiling*) Zusammenstellung *f*
❷ (*collection*) Sammlung *f*
❸ COMPUT **~ error** Kompilierfehler *m;* **~ time** Kompilierzeit *f*

compile [kəm'paɪl] *vt* ■**to ~ sth** ❶ (*put together*) *list, table, dictionary* etw erstellen
❷ (*gather*) *facts, information* etw zusammentragen [*o* sammeln]
❸ COMPUT etw kompilieren *fachspr*

compiler [kəm'paɪləʳ, AM -ɚ] *n* ❶ (*one who compiles*) Sammler(in) *m(f)*
❷ COMPUT Compiler *m fachspr*

complacence [kəm'pleɪsən(t)s], **complacency** [kəm'pleɪsən(t)si] *n no pl* (*pej*) Selbstzufriedenheit *f meist pej*, Selbstgefälligkeit *f pej*

complacent [kəm'pleɪsənt] *adj* (*pej*) selbstzufrieden *meist pej*, selbstgefällig *pej*

complacently [kəm'pleɪsəntli] *adv* selbstzufrieden *meist pej*, selbstgefällig *pej*

complain [kəm'pleɪn] *vi* klagen, sich *akk* beklagen; ■**to ~ about sth** sich *akk* über etw *akk* beklagen; ■**to ~ that ...** sich *akk* darüber beklagen, dass ...; ■**to ~ to sb** sich *akk* bei jdm beklagen; ***stop ~ing!*** hör auf zu jammern! *fam;* ***how are things? — oh, can't ~*** wie geht's? – oh, ich kann mich nicht beklagen; ***she's been ~ing of a bad back*** sie klagt über Rückenschmerzen

complainant [kəm'pleɪnənt] *n* LAW ❶ (*complainer*) Beschwerdeführer(in) *m(f)*
❷ (*plaintiff*) Kläger(in) *m(f)*

complainingly [kəm'pleɪnɪŋli] *adv* klagend

complaint [kəm'pleɪnt] *n* ❶ (*expression of displeasure*) Beschwerde *f*, Klage *f;* **to have cause** [*or* **grounds**] **for ~** Grund zur Klage haben; **to lodge** [*or* **make**] **a ~** Beschwerde einlegen; ■**a ~ against sb** eine Beschwerde gegen jdn
❷ LAW (*claim*) Klageschrift *f;* **to lodge** [*or* **make**] **a ~ against sb** jdn verklagen; AM gegen jdn Anzeige erstatten
❸ COMM, LAW Mängelrüge *f*, Reklamation *f;* **~s procedure** Beschwerdeverfahren *nt;* **Police C~s Committee** Ausschuss *m* zur Untersuchung polizeilicher Vergehen; **to lodge** [*or* **make**] **a ~** eine Mängelrüge erheben
❹ (*illness*) Leiden *nt*, Beschwerden *fpl;* **heart ~** Herzleiden *nt*

complaisance [kəm'pleɪzən(t)s, AM -sən(t)s] *n no pl* (*form liter*) Entgegenkommen *nt*, Zuvorkommenheit *f*

complaisant [kəm'pleɪzənt, AM -sənt] *adj* (*form liter*) gefällig, entgegenkommend

compleat [kəm'pli:t] *adj* (*old*) *see* **complete**

complement ['kɒmplɪmənt, AM 'kɑ:m-] **I.** *vt* ■**to ~ sth** etw ergänzen [*o* abrunden]; **to ~ each other** sich *akk* [gegenseitig] ergänzen; ***strawberries and cream ~ each other perfectly*** Erdbeeren und Sahne passen wunderbar zusammen
II. *n* ❶ (*accompaniment*) Ergänzung *f*
❷ LING Ergänzung *f*
❸ *no pl* **a full ~ of staff** eine komplette Ersatzmannschaft

complementary [,kɒmplɪ'mentəri, AM ,kɑ:mplə'menţəi] *adj* ❶ (*complementing each other*) einander ergänzend *attr;* **~ needs** sich *akk* ergänzende Bedürfnisse; **~ products** ergänzende Produkte, Kuppelprodukte *ntpl fachspr;* **~ services** Zusatzleistungen *fpl*
❷ (*making complete*) ergänzend

complementary angle *n* MATH Komplementwinkel *m fachspr* **complementary colour** *n* Komplementärfarbe *f* **complementary medicine** *n no pl* BRIT alternative Heilkunde [*o* Medizin]

complete [kəm'pli:t] **I.** *vt* ■**to ~ sth** ❶ (*add what is missing*) *collection, set* etw vervollständigen; *form, questionnaire* etw [vollständig] ausfüllen; ***all she needed to ~ her happiness was a baby*** alles, was ihr zu ihrem Glück noch fehlte, war ein Baby
❷ (*finish*) etw fertig stellen [*o* zu Ende bringen]; **to ~ a conveyance** LAW eine Eigentumsübertragung abschließen; **to ~ a course** einen Kurs absolvieren; **to ~ one's studies** sein Studium zu Ende bringen
II. *adj* ❶ (*with nothing missing*) vollständig, komplett; **a ~ set** ein vollständiges Set; **the ~ works of Shakespeare** Shakespeares gesammelte Werke; ***sun, sand and romance — their holiday was ~*** Sonne, Sand, Romantik – ihr Urlaub war vollkommen
❷ *pred* (*finished*) *book* fertig
❸ (*including*) **~ with** inklusive; **~ with batteries** inklusive Batterien
❹ *attr* (*total*) absolut, komplett; ***the man's a ~ fool!*** der Mann ist ein Vollidiot! *fam;* ***it was a ~ surprise*** es war eine völlige Überraschung; **~ blank** völlige Leere; **~ breakdown** totaler Zusammenbruch; **~ coverage** (*in insurance*) volle Deckung [*o* Risikoübernahme]; **in ~ darkness** in völliger Dunkelheit; **the ~ gentleman** der perfekte Gentleman; **~ mastery** vollkommene Beherrschung; **~ paralysis** vollständige Lähmung; **~ protein** vollwertiges Eiweiß; **~ silence** absolute Stille; **a ~ stranger** ein völlig Fremder/eine völlig Fremde; **~ and utter** total *fam*

completed [kəm'pli:tɪd, AM -ţɪd] *adj* vollendet; **a recently ~ shopping centre** ein kürzlich fertig gestelltes Einkaufszentrum

completely [kəm'pli:tli] *adv* völlig; **~ certain** absolut sicher; **to be ~ convinced** der vollen Überzeugung sein; **to devote oneself ~ to sth** sich *akk* etw *dat* ganz [und gar] widmen; **to disappear ~** spurlos verschwinden

completeness [kəm'pli:tnəs] *n no pl* Vollständigkeit *f*

completion [kəm'pli:ʃᵊn] *n no pl* Fertigstellung *f;* ***you'll be paid on ~ of the project*** die Bezahlung erfolgt nach Abschluss des Projekts; **~ of a conveyance** LAW Vertragsabschluss *m* [bei Eigentumsübertragung]; **~ statement** LAW Abschlussrechnung *f* nach Vertragsabschluss; **to near ~** kurz vor dem Abschluss [*o* vor der Fertigstellung] stehen

completion date *n* (*in production*) Fertigstellungstermin *m;* (*in sales*) Abschlusstermin *m* (*Tag, an dem der Verkauf besiegelt wird*)

complex I. *adj* ['kɒmpleks, AM kɑ:m'pleks] komplex; (*complicated*) kompliziert; *issue, matter, personality, problem* vielschichtig; *plot, theory* verwickelt, verstrickt; **~ carbohydrate/molecule** komplexes Kohlenhydrat/Molekül; **~ network of roads** verästeltes Straßennetz

II. *n* <*pl* -es> ['kɒmpleks, AM 'kɑ:m-] ❶ ARCHIT Komplex *m;* **apartment ~** AM Wohnkomplex *m;* **housing ~** Wohnhausanlage *f;* **sports and leisure ~** Sport- und Freizeitzentrum *nt;* **shopping ~** Einkaufszentrum *nt*

❷ PSYCH Komplex *m;* ***he's got a ~ about being bald*** er hat einen Komplex wegen seiner Kahlköpfigkeit; ***I've got a real ~ about spiders*** ich kann Spinnen partout nicht ausstehen; **guilt/inferiority ~** Schuld-/Minderwertigkeitskomplex *m;* **persecution ~** Verfolgungswahn *m;* **weight ~** Komplex *m* aufgrund von Gewichtsproblemen; **to give sb a ~** (*fam*) bei jdm Komplexe verursachen

complexion [kəm'plekʃᵊn] *n* ❶ (*skin colour*) Teint *m;* **clear/spotty ~** reine/unreine Haut; **dark/fair/pale ~** dunkler/heller/blasser Teint; **healthy ~** gesunde Gesichtsfarbe

❷ (*character*) Schattierung *f,* Couleur *f geh; of people* Gesinnung *f*

▸ PHRASES: **to put a __different__/__new__ ~ on sth** etw in einem anderen/neuen Licht erscheinen lassen

complexity [kəm'pleksəti, AM -əṭi] *n* ❶ *no pl* (*intricacy*) Komplexität *f,* Vielschichtigkeit *f*

❷ (*complication*) Kompliziertheit *f*

complex sentence *n* LING Satzgefüge *nt* **complex word** *n* LING Kompositum *nt*

compliance [kəm'plaɪən(t)s] *n no pl* (*form*) ❶ (*conformity*) Übereinstimmung *f;* **declaration of ~** LAW *Erklärung der Richtigkeit von Angaben im Sinne des Companies Act zur Gesellschaftsgründung;* **in ~ with sb's desire** wunschgemäß; **in ~ with the law** gesetzeskonform; **in ~ with sb's order/request/wishes** gemäß jds Befehl/Anfrage/Wünschen; **in ~ with the regulations** unter Einhaltung der Bestimmungen

❷ (*pej: obeyance*) Willfährigkeit *f pej geh,* Gefügigkeit *f*

compliance department *n* ECON, FIN *Aufsichtsorgan in Brokerhäusern, das über Einhaltung der Börsenordnung wacht* **compliance officer** *n* ECON, FIN Angehöriger *m*/Angehörige *f* des Aufsichtsorgans eines Brokerhauses

compliant [kəm'plaɪənt] *adj* (*form*) gefügig; **~ with safety regulations** den Sicherheitsbestimmungen entsprechend; ■**not ~ with** LAW nicht übereinstimmend mit

complicate ['kɒmplɪkeɪt, AM 'kɑ:mplə-] *vt* ■**to ~ sth** (*make more difficult*) etw [ver]komplizieren [*o* [noch] komplizierter machen]; (*make worse*) etw verschlimmern; ***to ~ matters ...*** um die Dinge noch komplizierter zu machen ...

complicated ['kɒmplɪkeɪtɪd, AM 'kɑ:mpləkeɪṭɪd] *adj plan, story* kompliziert; *situation, person* schwierig

complication [,kɒmplɪ'keɪʃᵊn, AM ,kɑ:mplə'-] *n* Komplikation *f;* ***~s arose*** Komplikationen sind aufgetreten

complicit [kəm'plɪsɪt] *adj inv* verschwörerisch; ■**to be ~ in sth** an etw *dat* beteiligt sein

complicity [kəm'plɪsəti, AM -əṭi] *n* LAW *no pl* (*form*) Mittäterschaft *f,* Komplizenschaft *f* (**in** bei +*dat*); **~ in a crime** Beteiligung *f* an einem Verbrechen

compliment ['kɒmplɪmənt, AM 'kɑ:mplə-] I. *n* ❶ (*expression of approval*) Kompliment *nt;* ***my ~s to the chef!*** mein Kompliment an die Köchin!; ***that he survived the accident is a ~ to the skill of the medical team*** dass er den Unfall überlebt hat, macht dem Ärzteteam alle Ehre; **to pay sb a ~** jdm ein Kompliment machen; ***he paid me the ~ of trusting me with his secret*** er erwies mir die Ehre, mich in sein Geheimnis einzuweihen; **to repay** [*or* **return**] **a ~** ein Kompliment erwidern; **to take sth as a ~** etw als Kompliment auffassen

❷ (*form*) **with ~s** mit den besten Empfehlungen *geh,* zur gefälligen Kenntnisnahme *geh;* **to supply drinks with one's ~s** eine Runde ausgeben

▸ PHRASES: **~s of the __season__** frohes Fest; **to be __fishing__ for ~s** auf Komplimente aus sein

II. *vt* ■**to ~ sb** jdm ein Kompliment machen; ***I must ~ you on your handling of a very difficult situation*** ich muss Ihnen dazu gratulieren, wie Sie die schwierige Situation gemeistert haben

complimentary [,kɒmplɪ'mentᵊri, AM 'kɑ:mpləmenṭᵊi] *adj* ❶ (*expressing a compliment*) schmeichelhaft; **to be ~ about sb/sth** sich über jdn/etw schmeichelhaft äußern, von jdm/etw begeistert sein

❷ (*free, without charge*) Frei-, Gratis-; **~ ticket** Freikarte *f*

compliment slip *n* COMM Kurzantwortkarte *f*

compline ['kɒmplɪn, AM 'kɑ:m] *n* Komplet *nt*

comply [kəm'plaɪ] *vi* sich *akk* fügen; ■**to ~ with sth** etw befolgen; ***there are serious penalties for failure to ~ with the regulations*** bei Regelverstößen drohen strenge Strafen; **to ~ with the law/the rules** das Gesetz/die Regeln einhalten; **to refuse to ~ with an order** sich *akk* weigern, einem Befehl Folge zu leisten; **to ~ with the regulations** die Bestimmungen erfüllen

component [kəm'pəʊnənt, AM -'poʊ-] *n* Teil *m;* TECH [Bau]element *nt,* Komponente *f; of a diet* Bestandteil *m;* **key ~** zentraler Bestandteil, Schlüsselkomponente *f*

component parts *npl* Einzelteile *ntpl,* Komponenten *fpl*

comport [kəm'pɔ:t, AM -'pɔ:rt] *vr* (*form*) ■**to ~ oneself** sich *akk* verhalten; ***he ~ed himself well in the interview*** er hat sich bei dem Interview gut gehalten

comportment [kəm'pɔ:tmənt, AM -'pɔ:rt-] *n no pl* (*dated*) Verhalten *nt*

compose [kəm'pəʊz, AM -'poʊz] I. *vi* komponieren

II. *vt* ❶ MUS, LIT (*produce*) ■**to ~ sth** etw komponieren; **to ~ a play/poem** ein Theaterstück/Gedicht verfassen

❷ (*write*) ■**to ~ sth** etw abfassen; **to ~ a letter** einen Brief aufsetzen

❸ *usu passive* (*comprise*) ■**to be ~d of sth** aus etw *dat* bestehen, sich *akk* aus etw *akk* zusammensetzen

❹ (*calm, collect*) ■**to ~ sth** etw ordnen; ■**to ~ oneself** sich *akk* beruhigen; ***she tried hard to ~ her features into a smile*** sie versuchte angestrengt, sich zu einem Lächeln zu zwingen; **to ~ differences** (*form*) Differenzen beilegen; **to ~ one's thoughts** seine Gedanken ordnen [*o* sammeln]

❺ TYPO ■**to ~ sth** etw setzen

composed [kəm'pəʊzd, AM -'poʊzd] *adj* (*collected*) gefasst, beherrscht; (*calm*) ruhig

composedly [kəm'pəʊzɪdli, AM -'poʊz-] *adv* (*collectedly*) gefasst, beherrscht; (*calmly*) ruhig

composer [kəm'pəʊzəʳ, AM -'poʊzɚ] *n* Komponist(in) *m(f)*

composite ['kɒmpəzɪt, AM kəm'pɑ:zɪt] I. *n* ❶ (*mixture*) Gemisch *nt;* ***the photography was a ~*** das Foto war eine Montage

❷ (*building material*) Verbundmaterial *nt,* Verbundwerkstoff *m*

❸ COMPUT **~ display** Kombinationsbildschirm *m;* **~ video** Farbbildsignalgemisch *nt;* **~ video signal** Farbmischsignal *nt*

II. *adj* zusammengesetzt; **~ photograph/picture** Foto-/Bildmontage *f*

composite circuit *n* ELEC kombinierter Schaltkreis **composite index** *n* STOCKEX Börsenbarometer *nt*

composition [,kɒmpə'zɪʃᵊn, AM ,kɑ:m-] *n* ❶ *no pl* (*in music*) Komponieren *nt;* (*in literature*) Verfassen *nt;* (*subject of study*) Kompositionslehre *f;* ***is this poem of your own ~?*** hast du dieses Gedicht selbst verfasst?

❷ (*piece of music*) Komposition *f*

❸ (*arrangement*) Gestaltung *f;* (*of painting, picture*) Komposition *f geh*

❹ (*short essay*) Aufsatz *m* (**on** über +*akk*)

❺ *no pl* (*make-up*) *of a group* Zusammenstellung *f;* CHEM Zusammensetzung *f*

❻ *no pl* TYPO Satz *m*

compositional [,kɒmpə'zɪʃᵊnᵊl, AM ,kɑ:m] *adj inv* kompositorisch, Kompositions-

compositor [kəm'pɒzɪtəʳ, AM -'pɑ:zɪṭɚ] *n* [Schrift]setzer(in) *m(f);* **electronic ~** elektronische Setzmaschine

compos mentis [,kɒmpəs'mentɪs, AM ,kɑ:mpəs'menṭəs] *adj pred* LAW (*sane*) zurechnungsfähig, geistig gesund; (*hum*) ***he's rarely ~ before ten o'clock in the morning*** vor 10 Uhr morgens ist er in der Regel noch nicht ansprechbar

compost ['kɒmpɒst, AM 'kɑ:mpoʊst] I. *n no pl* Kompost *m*

II. *n modifier* **~ heap/pile** Komposthaufen *m*

III. *vt* ■**to ~ sth** etw kompostieren

composure [kəm'pəʊʒəʳ, AM -'poʊʒɚ] *n no pl* Fassung *f,* Beherrschung *f;* **to lose one's ~** die Fassung verlieren; **to regain one's ~** seine Fassung wiedergewinnen

compôte ['kɒmpəʊt, AM 'kɑ:mpoʊt] *n* Kompott *nt;* **fruit ~** Fruchtkompott *nt*

compound¹ I. *vt* [kəm'paʊnd, AM *esp* kɑ:m'-] ■**to ~ sth** ❶ (*make worse*) etw verschlimmern; **to ~ a problem** ein Problem verstärken [*o* vergrößern]

❷ (*mix*) *materials, substances* etw mischen

❸ *usu passive* (*constitute*) sich *akk* aus etw *dat* zusammensetzen, aus etw *dat* bestehen

❹ ECON, FIN ■**to ~ sth** etw durch Vergleich erledigen, einen Vergleich schließen, to **~ an offence;** LAW ein Verfahren gegen Geldauflage einstellen

II. *vi* [kəm'paʊnd, AM kɑ:m'-] LAW sich *akk* vergleichen; **to ~ with one's creditors** mit seinen Gläubigern einen Vergleich schließen

III. *n* ['kɒmpaʊnd, AM 'kɑ:m-] ❶ (*combination*) Mischung *f,* Kombination *f*

❷ CHEM Verbindung *f;* **nitrogen ~** Stickstoffverbindung *f*

IV. *adj* COMPUT **~ logical element** zusammengesetztes logisches Element; **~ statement** zusammengesetzte Anweisung *f*

compound² ['kɒmpaʊnd, AM 'kɑ:m-] *n* MIL Truppenlager *nt;* **embassy ~** Botschaftsgelände *nt;* **family ~** Familiensitz *m;* **prison ~** Gefängnishof *m*

compound eye *n* ZOOL Facettenauge *nt* **compound fracture** *n* MED offener Bruch, komplizierte Fraktur *fachspr* **compound interest** *n no pl* FIN Zinseszins *m* **compound leaf** *n* BOT aus Teilblättern zusammengesetztes Blatt **compound noun** *n* LING Kompositum *nt* **compound verb** *n* LING zusammengesetztes Verb

comprehend [,kɒmprɪ'hend, AM ,kɑ:m-] I. *vi* (*also form*) begreifen, verstehen

II. *vt* ■**to ~ sth** ❶ (*understand completely*) etw begreifen [*o* verstehen]

❷ (*form: comprise*) etw umfassen

comprehensibility [,kɒmprɪhen(t)sə'bɪləti, AM ,kɑ:mprəhen(t)sə'bɪləṭi] *n no pl* Verständlichkeit *f*

comprehensible [,kɒmprɪ'hen(t)səbḷ, AM ,kɑ:m-] *adj* verständlich (**to** für +*akk*)

comprehensibly [,kɒmprɪ'hen(t)səbli, AM ,kɑ:m-] *adv* verständlich

comprehension [,kɒmprɪ'hen(t)ʃᵊn, AM ,kɑ:m-] I. *n no pl* Verständnis *nt;* **to be beyond sb's ~** jdm unbegreiflich [*o* unverständlich] sein

II. *n modifier* **listening/reading ~ test** Hör-/Lese-

verständnistest *m*
comprehensive [ˌkɒmprɪˈhen(t)sɪv, AM ˌkɑːmprə-] **I.** *adj* umfassend, global; ~ **answer** ausführliche Antwort; ~ **coverage** volle Deckung; ~ **list** vollständige Liste; **fully** ~ allumfassend **II.** *n* BRIT Gesamtschule *f; see also* **comprehensive school**
comprehensive insurance *n no pl* AUTO Vollkaskoversicherung *f*
comprehensively [ˌkɒmprɪˈhen(t)sɪvli, AM ˌkɑːmprə-] *adv* umfassend; ***the plan has been ~ rejected*** der Plan wurde in allen Punkten abgelehnt; **a ~ illustrated book** ein reich bebildertes Buch
comprehensiveness [ˌkɒmprɪˈhensɪvnəs, AM ˌkɑːmprə] *n no pl* Umfang *m*
comprehensive school **I.** *n* BRIT Gesamtschule *f;* **to attend** [*or* **go to**] ~ eine Gesamtschule besuchen, auf eine Gesamtschule gehen **II.** *n modifier* Gesamtschul-; ***I had a ~ education*** ich habe eine Gesamtschule besucht; ~ **pupil** Schüler(in) *m(f)* an einer Gesamtschule
compress¹ [kəmˈpres] *vt* ■**to ~ sth** ❶ (*squeeze together*) etw zusammendrücken [*o* zusammenpressen]; **to ~ air/a gas** Luft/ein Gas komprimieren; ■**to ~ clothes into a bag** Kleidung in eine Tasche stopfen *fam* ❷ (*condense*) etw zusammenfassen (**into** in +*dat*)
compress² <*pl* -es> [ˈkɒmpres, AM ˈkɑːm-] *n* Kompresse *f,* Wickel *m;* **cold/hot** ~ kalter/heißer Wickel
compressed [kəmˈprest] *adj* komprimiert
compressed air *n no pl* Druckluft *f,* Pressluft *f*
compression [kəmˈpreʃᵊn] **I.** *n no pl* (*process of compressing*) Kompression *f,* Verdichtung *f,* Komprimierung *f;* (*in writing*) knapper Stil; COMPUT **data** ~ Datenverdichtung *f;* **disk ~ software** Festplattenkomprimierungssoftware *f* **II.** *n modifier* **high/low ~ engine** hoch-/niedrigverdichteter Motor
compressor [kəmˈpresəʳ, AM -ɚ] *n* Kompressor *m,* Verdichter *m;* COMPUT Verdichter *m;* (*program or device*) Verdichtungsprogramm *nt;* **audio** ~ Tonkompressor *m*
comprise [kəmˈpraɪz] *vt* (*form*) ■**to ~ sth** aus etw *dat* bestehen
compromise [ˈkɒmprəmaɪz, AM ˈkɑːm-] **I.** *n* Kompromiss *m;* **to agree to a ~** einem Kompromiss zustimmen, sich *akk* auf einen Kompromiss einigen; **to make a ~** einen Kompromiss schließen [*o* eingehen]; **to reach** [*or* **arrive at**] **a ~** zu einem Kompromiss gelangen; **to work out a ~** einen Kompromiss ausarbeiten **II.** *vi* Kompromisse [*o* einen Kompromiss] eingehen; ***after long negotiations they ~d at $3500*** nach langen Verhandlungen einigten sie sich auf $3500 **III.** *vt* (*pej*) ■**to ~ sth** etw *dat* schaden; ■**to ~ oneself** sich *akk* kompromittieren, seinem [eigenen] Ansehen schaden; **to ~ one's beliefs/principles** seiner Überzeugung/seinen Prinzipien untreu werden; **to ~ one's reputation** seinem Ruf schaden
compromising [ˈkɒmprəmaɪzɪŋ, AM ˈkɑːm-] *adj* kompromittierend
comptometer [ˌkɒmpˈtɒmɪtəʳ, AM ˌkɑːmpˈtɑːmɪt̬ɚ] *n* COMPUT automatische Zählmaschine
comptroller [kənˈtrəʊləʳ, AM -ˈtroʊlɚ] *n* Rechnungsprüfer(in) *m(f),* Controller(in) *m(f);* **C~ and Auditor Genereal** BRIT LAW Rechnungsprüfer des Rechnungshofes; ~ **of the Currency** AM ECON, FIN Präsident(in) *m(f)* der US-Bankenaufsichtsbehörde
compulsion [kəmˈpʌlʃᵊn] *n no pl* ❶ (*irresistible urge*) Zwang *m;* ■**to have a ~** [**to do sth**] den Drang haben[, etw zu tun]; **driven by some kind of inner ~** von einem inneren Zwang getrieben ❷ *no pl* (*force*) Druck *m;* **under ~** unter Druck [*o* Zwang]; ***don't feel under any ~ to take me with you*** Sie brauchen sich nicht verpflichtet zu fühlen, mich mitzunehmen
compulsive [kəmˈpʌlsɪv] *adj* ❶ (*obsessive*) zwanghaft; ***he is a ~ smoker*** er ist nikotinsüchtig; ~ **gambling** krankhafter Spieltrieb; ~ **eating disorder** krankhafte Essstörung; ~ **liar** notorischer Lügner/notorische Lügnerin ❷ (*captivating*) fesselnd; ***her latest book is a ~ read*** ihr letztes Buch muss man einfach gelesen haben; ~ **reading** Pflichtlektüre *f;* ~ **viewing** TV Pflichttermin *m* (*TV*); **utterly** ~ überaus faszinierend
compulsively [kəmˈpʌlsɪvli] *adv* ❶ (*obsessively*) zwanghaft; ***she smokes ~*** sie ist süchtig nach Zigaretten; **to clean ~** einen Putzfimmel haben *pej;* **to eat ~** zwanghaft essen; **to exercise** [*or* **work**] ~ wie besessen trainieren/arbeiten *fam;* **to lie ~** notorisch lügen; **to talk ~** ständig reden müssen ❷ (*captivatingly*) fesselnd, faszinierend; ~ **readable/viewable** unbedingt lesenswert/sehenswert
compulsiveness [kəmˈpʌlsɪvnəs] *n no pl* Zwanghaftigkeit *f*
compulsorily [kəmˈpʌlsᵊrᵊli] *adv* zwangsweise
compulsory [kəmˈpʌlsᵊri] *adj* verpflichtend, obligatorisch *geh,* Pflicht-; ~ **attendance** Anwesenheitspflicht *f;* ~ **education** [*or* **schooling**] [allgemeine] Schulpflicht; ~ **by law** gesetzlich vorgeschrieben; ~ **retirement** Zwangspensionierung *f;* ~ **military service** [allgemeine] Wehrpflicht; ~ **subject** Pflichtfach *nt;* ~ **vaccination** Pflichtimpfung *f*
compulsory liquidation *n* COMM Zwangsliquidation *f* **compulsory purchase** *n* COMM Enteignung *f* **compulsory purchase order** *n* LAW Enteignungsbeschluss *m*
compulsory winding up order *n* COMM Zwangsliquidationsbeschluss *m*
compunction [kəmˈpʌŋ(k)ʃᵊn] *n no pl* Schuldgefühle *ntpl,* Gewissensbisse *mpl;* ■**to have no ~ about sth** keine Skrupel wegen einer S. *gen* haben
computation [ˌkɒmpjəˈteɪʃᵊn, AM ˌkɑːm-] *n* Berechnung *f,* Kalkulation *f*
computational [ˌkɒmpjəˈteɪsᵊnᵊl, AM ˌkɑːm] *adj inv* ❶ MATH rechnerisch ❷ COMPUT Computer-
compute [kəmˈpjuːt] *vt* ■**to ~ sth** etw berechnen [*o* errechnen] ❷ AM **that doesn't** ~ das ergibt keinen Sinn, das ist unlogisch
computer [kəmˈpjuːtəʳ, AM -t̬ɚ] *n* Computer *m,* Rechner *m;* **to do sth by** [*or* **on**] ~ etw mit dem Computer bearbeiten; **to record sth on ~** etw mit dem Computer erfassen
computer-aided *adj,* **computer-assisted** *adj* COMPUT computergestützt **computer-aided design** [kəmˌpjuːtəʳeɪdɪddɪˈzaɪn, AM t̬ɚ] *n,* **computer-assisted design** [kəmˌpjuːtəʳəsɪstɪddɪˈzaɪn, AM t̬ɚ] *n no pl see* **CAD** computergestützter Entwurf
computerate [kəmˌpjuːtᵊrət, AM -t̬ɚ-] *adj* **to be ~** sich *akk* mit Computern auskennen
computer-based [kəmˌpjuːtəˈbeɪst, AM t̬ɚ] *adj inv* computerisiert **computer card** *n* Computerregister *nt* **computer center** AM, **computer centre** *n* Rechenzentrum *nt* **computer-controlled** [kəmˌpjuːtəkənˈtrəʊld, AM t̬ɚkənˈtroʊld] *adj inv* elektronisch **computer crime** *n* ❶ *no pl* (*phenomenon*) Computerkriminalität *f* ❷ (*act*) Straftat *f* mit dem Computer, Computerverbrechen *nt* **computer dating** *n no pl* Partnertreff *m* via Computer **computer fraud** *n* LAW Computerbetrug *m* **computer freak** *n* Computerfreak *m* **computer game** *n* Computerspiel *nt* **computer-generated** [ˌkɒmpjuːtəˈdʒenəreɪtɪd, AM ˌkɑːmpjuːt̬ɚ-] *adj inv* computeranimiert, computergeneriert **computer graphics** *n + sing/pl vb* Computergrafik *f* **computer hardware** *n no pl* [Computer]hardware *f*
computerization [kəmˌpjuːtᵊraɪˈzeɪʃᵊn, AM -t̬ɚɪ-] *n no pl* ❶ (*computer storage*) Computerisierung *f;* ~ **of data** elektronische Datenspeicherung ❷ (*equipping with computers*) Ausrüstung *f* mit Computern, Umstellung *f* auf EDV
computerize [kəmˈpjuːtᵊraɪz, AM -t̬əraɪz] **I.** *vt* ■**to ~ sth** ❶ (*store on computer*) etw [im Computer] speichern ❷ (*equip with computers*) etw computerisieren [*o* auf EDV umstellen] **II.** *vi* auf EDV umstellen
computer-literate *adj* mit EDV-Kenntnissen; **to be ~** sich *akk* mit Computern auskennen **computer network** *n* Rechnernetz *nt,* Netzwerk *nt* **computer program** *n* Computerprogramm *nt* **computer programmer** *n* Programmierer(in) *m(f)* **computer science** *n no pl* Informatik *f;* ~ **course** Informatikkurs *m* **computer scientist** *n* Informatiker(in) *m(f)* **computer search** *n* Recherche *f* am Computer; **to conduct a ~** per Computer recherchieren **computer simulation** *n* Computersimulation *f* **computer software** *n no pl* [Computer]software *f* **computer system** *n* Computersystem *nt* **computer tomography** *n* MED Computertomographie *f* **computer virus** *n* Virus *m* **computer work-station** *n* Computerarbeitsplatz *m*
computing [kəmˈpjuːtɪŋ, AM -t̬ɪŋ] *n no pl* ❶ (*calculating*) Berechnen *nt,* Kalkulieren *nt* ❷ COMPUT EDV *f;* **distributed** [*or* **community**] ~ Rechnen *nt* in einem Netzwerk; **distributed-~ network** Netzwerk *nt*
comrade [ˈkɒmreɪd, AM ˈkɑːmræd] *n* ❶ (*dated: friend*) Kamerad(in) *m(f)* ❷ POL [Partei]genosse, -in *m, f;* ***dear ~s ...*** liebe Genossinnen, liebe Genossen … ❸ (*fellow trade-unionist*) [Gewerkschafts]genosse, -in *m, f*
comrade-in-arms <*pl* comrades-in-arms> *n* Kriegskamerad *m,* Waffenbruder *m geh*
comradely [ˈkɒmreɪdli, AM ˈkɑːmræd-] *adj* kameradschaftlich
comradeship [ˈkɒmreɪdʃɪp, AM ˈkɑːmræd-] *n no pl* Kameradschaft *f;* **spirit of ~** Kameradschaftsgeist *m*
con¹ [kɒn, AM kɑːn] **I.** *vt* <-nn-> (*fam*) **to ~ one's way into a building** sich *akk* in ein Gebäude einschleichen; ■**to ~ sb** jdn reinlegen *fam;* ■**to ~ sb into doing sth** jdn [mit Tricks] dazu bringen, etw zu tun; **to ~ sb into believing** [*or* **thinking**] **that ...** jdm weismachen wollen [*o* vorschwindeln], dass …; ■**to ~ sb out of sth** [*or* **sth out of sb**] *money, savings* jdm etw abluchsen *fam,* jdn um etw *akk* bringen *fam* **II.** *n* ❶ (*trick*) Schwindel *m kein pl,* Bauernfängerei *f kein pl;* ***it's just a ~!*** das ist alles ein ausgemachter Schwindel! ❷ (*sl: convict*) Knacki *m sl,* Knastbruder *m fam* ❸ LAW (*sl: sentencing*) Verurteilung *f*
con² [kɒn, AM kɑːn] *n usu pl* (*fam: disadvantage*) **the pros and ~s** das Für und Wider, das Pro und Kontra
Con *adj abbrev of* **conservative I 3**
con artist *n* Schwindler(in) *m(f);* (*high-class pretender*) Hochstapler(in) *m(f)*
concatenate [kənˈkætəneɪt, AM -ˈkæt̬ə-] *vt* COMPUT ■**to ~ sth** etw verketten; **~d data set** verkettete Dateien
concatenation [kənˌkætəˈneɪʃᵊn, AM -ˌkæt̬ə-] *n* Verkettung *f*
concave [ˈkɒnkeɪv, AM kɑːnˈkeɪv] *adj* nach innen gewölbt, konkav *geh;* ~ **lens** Konkavlinse *f*
concavity [kɒnˈkævəti, AM kɑːnˈkævət̬i] *n no pl* SCI Konkavität *f fachspr*
conceal [kənˈsiːl] *vt* ■**to ~ sth** [**from sb**] etw [vor jdm] verbergen [*o* verheimlichen]; **to ~ evidence** Beweismaterial zurückhalten [*o* unterschlagen]; **to ~ information from sb** jdm Informationen vorenthalten; **to ~ one's surprise** seine Überraschung verbergen; **to ~ the truth** die Wahrheit verschweigen
concealed [kənˈsiːld] *adj* verborgen, versteckt; ~ **entrance** verborgener Eingang; ~ **lighting** indirekte Beleuchtung; ~ [**security**] **camera** versteckte [Überwachungs]kamera
concealer [kənˈsiːləʳ, AM -ɚ] *n* (*stick*) Abdeckstift *m;* (*cream*) Abdeckcreme *f*
concealment [kənˈsiːlmənt] *n no pl* Verheimlichung *f; of evidence, information* Verschweigen *nt,* Zurückhalten *nt; of feelings* Verbergen *nt;* ~ **of**

assets COMM Vermögensverschleierung *f;* ~ **of birth** LAW Personenstandsunterdrückung *f,* Verletzung *f* der Anzeigepflicht (*bei Geburt eines Kindes*); **to watch sth from a place of** ~ etw von einem Versteck aus beobachten

concede [kən'si:d] **I.** *vt* ❶ (*acknowledge*) ■**to** ~ **sth** etw zugeben [*o* einräumen]; **to** ~ **defeat** eine Niederlage eingestehen, sich *akk* geschlagen geben
❷ (*surrender*) ■**to** ~ **sth** *authority, power* etw aufgeben; **to** ~ **independence to a country** einem Land die Unabhängigkeit zugestehen; **to** ~ **a territory** ein Gebiet abtreten
❸ (*grant*) ■**to** ~ **sth** *privilege, right* etw einräumen
❹ SPORTS **to** ~ **a goal** ein Tor kassieren *fam;* **to** ~ **a match/point** ein Spiel/einen Punkt abgeben
II. *vi* sich *akk* geschlagen geben, kapitulieren

conceit [kən'si:t] *n* ❶ *no pl* (*vanity*) Einbildung *f;* **to be full of** ~ schrecklich eingebildet sein *fam*
❷ (*liter: elaborate metaphor*) Konzetto *nt meist pl fachspr*

conceited [kən'si:tɪd, AM -t̬-] *adj* (*pej*) eingebildet; ***without wishing to sound*** ~ ***...*** ohne eingebildet klingen zu wollen, ...

conceivable [kən'si:vəbl̩] *adj* vorstellbar, denkbar; ***it's hardly*** ~ ***that ...*** es ist kaum vorstellbar, dass ...; **by every** ~ **means** mit allen [nur] erdenklichen Mitteln; **in every** ~ **place** an jedem erdenklichen Ort; **the best plan** ~ der denkbar beste Plan

conceivably [kən'si:vəbli] *adv inv* möglicherweise; ~ **the best/worst** der/die/das denkbar Beste/Schlechteste

conceive [kən'si:v] **I.** *vt* ❶ (*conceptualize*) ■**to** ~ **sth** auf etw *akk* kommen, sich *dat* etw einfallen lassen; **to** ~ **an idea/a plan** eine Idee/einen Plan haben
❷ (*create*) ■**to** ~ **sth** etw entwerfen [*o* konzipieren]
❸ (*imagine*) ■**to** ~ **sth** sich *dat* etw vorstellen
❹ (*become pregnant with*) **to** ~ **a baby/child** ein Baby/Kind empfangen
II. *vi* ❶ (*imagine*) ■**to** ~ **of sth** sich *dat* etw vorstellen; ■**to** ~ **of sb/sth as sth** jdn/etw für etw *akk* halten
❷ (*devise*) ■**to** ~ **of sth** auf etw *akk* kommen; **to** ~ **of an idea for sth** eine Idee für etw *akk* haben
❸ (*become pregnant*) empfangen

conceived [kən'si:vd] *adj* **ill-/well-**~ schlecht/gut durchdacht

concentrate ['kɒn(t)s^ə^ntreɪt, AM 'kɑ:n(t)-] **I.** *vi* ❶ (*focus one's thoughts*) ■**to** ~ [**on sth**] sich *akk* [auf etw *akk*] konzentrieren
❷ (*come together*) sich *akk* sammeln
II. *vt* ❶ (*focus*) ***the police are concentrating their search in the area around the school*** die Polizei konzentriert ihre Suche auf das Gebiet um die Schule herum; **to** ~ **one's mind on sth** sich *akk* auf etw *akk* konzentrieren; **to** ~ **one's thoughts on sth** seine Gedanken auf etw *akk* konzentrieren
❷ (*accumulate*) ■**to** ~ **sth** etw konzentrieren [*o* ansammeln]; ***most of the country's population is*** ~***d in the north*** der Großteil der Bevölkerung ballt sich im Norden; **to** ~ **forces/troops** Streitkräfte/Truppen zusammenziehen [*o* konzentrieren]
❸ CHEM ■**to** ~ **sth** etw konzentrieren
III. *n* ❶ CHEM, FOOD Konzentrat *nt;* **fruit juice/tomato** ~ Fruchtsaft-/Tomatenkonzentrat *nt*
❷ GEOL angereichertes Erz

concentrated ['kɒn(t)s^ə^ntreɪtɪd, AM 'kɑ:n(t)s^ə^ntreɪt̬-] *adj* ❶ (*focused*) konzentriert; **a** ~ **attack** ein geballter Angriff; **to make a** ~ **effort** eine gezielte Anstrengung unternehmen
❷ (*not diluted*) konzentriert; ~ **juice** Saftkonzentrat *nt;* ~ **solution** CHEM konzentrierte Lösung

concentration [ˌkɒn(t)s^ə^n'treɪʃ^ə^n, AM ˌkɑ:n(t)-] *n* ❶ *no pl* (*mental focus*) Konzentration *f* (**on** auf +*akk*); **powers of** ~ Konzentrationsfähigkeit *f;* **intense** ~ äußerste Konzentration; **to lose** [**one's**] ~ sich *akk* nicht mehr konzentrieren können
❷ (*accumulation*) Konzentrierung *f,* Zusammenballung *f; of cases* Häufung *f; of troops* Zusammenziehung *f;* ~**s of police** verstärktes Polizeiaufgebot; ~ **of power** Machtkonzentration *f*
❸ CHEM Konzentration *f;* ~ **of lead** Bleigehalt *m*

concentration camp *n* Konzentrationslager *nt*

concentration span *n* Konzentrationsspanne *f*

concentric [kən'sentrɪk] *adj* konzentrisch

concept ['kɒnsept, AM 'kɑ:n-] *n* ❶ (*abstract idea*) Vorstellung *f,* Idee *f* (**of** von +*dat*); ***I don't think you have any*** ~ ***of what this means*** ich glaube, du verstehst überhaupt nicht, was das bedeutet; ~ **of beauty** Schönheitsbegriff *m,* Schönheitsideal *nt*
❷ (*plan*) Entwurf *m,* Konzept *nt,* Plan *m* (**of** für +*akk*); **to grasp a** ~ ein Konzept [*o* eine Idee] begreifen

concept car *n* Konzeptauto *nt fachspr* (*futuristisches Automodell*)

conception [kən'sepʃ^ə^n] *n* ❶ (*basic understanding*) Vorstellung *f;* ***she has a*** ~ ***of people as being basically good*** sie hält die Menschen für grundsätzlich gut
❷ (*idea*) Idee *f,* Konzept *nt;* (*creation*) Konzeption *f,* Entwurf *m;* ~ **of the world** Weltbild *nt*
❸ *no pl* BIOL Empfängnis *f,* Konzeption *f fachspr*

conceptual [kən'septʃuəl] *adj* konzeptuell *geh;* (*reflecting concepts also*) begrifflich

conceptualism [kən'septʃu:əlɪz^ə^m] *n no pl* PHILOS Konzeptualismus *m*

conceptualization [kənˌseptʃu:əlaɪ'zeɪʃ^ə^n, AM tʃu^ə^lɪ'] *n* Konzeptualisierung *f geh*

conceptualize [kən'septʃuəlaɪz] **I.** *vi* [begrifflich] denken
II. *vt* ■**to** ~ **sth** etw begrifflich erfassen

conceptually [kən'septʃu:əli] *adv* konzeptuell *geh*

conceptual model *n* COMPUT konzeptionelles Modell

concern [kən'sɜ:n, AM -'sɜ:rn] **I.** *vt* ❶ (*apply to*) ■**to** ~ **sb** jdn angehen [*o* betreffen]; (*affect*) jdn betreffen; ■**to** ~ **oneself with sth** (*take an interest in*) sich *akk* mit etw *dat* befassen; ***you don't need to*** ~ ***yourself with this matter*** Sie brauchen sich um diese Angelegenheit nicht zu kümmern
❷ (*be about*) ■**to** ~ **sb/sth** von jdm/etw handeln; ■**to be** ~**ed with sth** von etw *dat* handeln, etw [thematisch] behandeln
❸ (*worry*) ■**to** ~ **sb** jdn beunruhigen; ■**to** ~ **oneself** sich *dat* Sorgen machen; ■**to be** ~ **about sth** sich *dat* um etw *akk* Sorgen machen
► PHRASES: **as far as I'm** ~**ed** was mich anbelangt [*o* betrifft]; **to whom it may** ~ *formelhafte Anrede bei amtlichen Verlautbarungen, die keinen konkreten Adressaten haben*
II. *n* ❶ (*matter of interest*) Anliegen *nt,* Interesse *nt;* ***it's no*** ~ ***of mine!*** das geht mich [doch] nichts an!; ***that's none of your*** ~ das geht dich nichts an; ***the company's sole*** ~ ***is to ...*** die alleinige Sorge des Unternehmens liegt darin, ...; **major** ~ Hauptanliegen *nt,* Hauptinteresse *nt;* ■**to be of** ~ **to sb** für jdn von Interesse [*o* Bedeutung] sein
❷ (*worry*) Sorge *f,* Besorgnis *f* (**about** um +*akk*); ***his*** ~ ***to appear ...*** sein [eifriges] Bemühen, ... zu wirken; ~ ***for the safety of the two missing teenagers is growing*** die Sorge um die beiden vermissten Teenager wächst beständig; ***my*** ~ ***is that you're not getting your work done*** ich mache mir Sorgen, dass du deine Arbeit nicht erledigt bekommst; ***I have a matter of some*** ~ ***that I would like to talk to you about*** es gibt da ein Problem, über das ich gern mit Ihnen sprechen würde
❸ COMM Konzern *m,* Unternehmen *nt;* **family** ~ Familienunternehmen *nt;* **a going** ~ ein florierendes Unternehmen; **industrial** ~ Industriekonzern *m*

concerned [kən'sɜ:nd, AM -'sɜ:rnd] *adj* ❶ *inv, pred* (*involved*) betroffen; ***I'd like to thank everyone*** ~ ich möchte allen Beteiligten danken; ***it was quite a shock for all*** ~ es war für alle Betroffenen ein ziemlicher Schock; ***I'm not very good where money is*** ~ in Geldangelegenheiten bin ich nicht sonderlich gut; ***her job is something*** ~ ***with computers*** ihre Arbeit hat irgendwie mit Computern zu tun; **the parties** ~**ed** die Beteiligten
❷ (*worried*) ■**to be** ~ [**about** [*or* **for**] **sb**] [um jdn] besorgt sein; ■**to be** ~ [**about** [*or* **for**] **sth**] [wegen einer S. *gen*] beunruhigt sein; ***I'm a bit*** ~ ***about your health*** ich mache mir Gedanken um deine Gesundheit; ***aren't you*** ~ ***that she might tell somebody?*** haben Sie keine Angst, dass sie es jemandem erzählen könnte?; ***he was*** ~ ***to hear that ...*** er vernahm mit Sorge, dass ...; ~ **parents** besorgte Eltern

concernedly [kən'sɜ:nɪdli, AM -'sɜ:rn-] *adv* besorgt, beunruhigt

concerning [kən'sɜ:nɪŋ, AM -'sɜ:rn-] *prep* (*form*) bezüglich +*gen*

concert ['kɒnsət, AM 'kɑ:nsɚt] **I.** *n* ❶ MUS Konzert *nt;* **to give a** ~ ein Konzert geben; **in** ~ live
❷ (*form*) **in** ~ gemeinsam; *voices* im Chor; **in** ~ **with sb** in Übereinstimmung [*o* Abstimmung] mit jdm; **to act in** ~ zusammenarbeiten
II. *n modifier* (*hall, pianist*) Konzert-; ~ **band** [konzertierende] Musikkapelle; ~ **performance** Konzert *nt;* ~ **tour** [Konzert]tournee *f;* ~ **version** Konzertstück *nt*

concerted [kən'sɜ:tɪd, AM -'sɜ:rt̬ɪd] *adj usu attr* ❶ (*joint*) gemeinsam, gemeinschaftlich; POL konzertiert *geh;* ~ **attack** vereinter Angriff; ~ **exercise** gemeinsame Übung
❷ (*resolute*) *attempt, effort* entschlossen

concert-goer *n* Konzertgänger(in) *m(f),* Konzertbesucher(in) *m(f)* **concert grand** *n* Konzertflügel *m*

concerti [kən'tʃeəti, AM -'tʃert̬i] *n* MUS *pl of* **concerto**

concertina [ˌkɒn(t)sə'ti:nə, AM 'kɑ:n(t)sɚ-] **I.** *n* Konzertina *f fachspr,* Ziehharmonika *f*
II. *vi* BRIT, AUS sich *akk* [ziehharmonikaförmig] zusammenschieben
III. *vt* BRIT, AUS ■**to** ~ **sth** etw zusammendrücken [*o* zusammenschieben]

concertina file *n* BRIT Schriftenordner *m* (*mit halbkreisförmig angeordneten Fächern zum Auffächern*) **concertina fold** *n* COMPUT Zickzackfaltung *f* **concertina wire** *n* MIL Stacheldrahtrolle *f* (*zum verhaumäßigen Auseinanderziehen*)

concertmaster *n esp* AM Konzertmeister(in) *m(f)*

concerto <*pl* -s *or* -ti> [kən'tʃeətəʊ, *pl* -ti, AM -'tʃert̬oʊ, *pl* -t̬i] *n* Konzert *nt,* Concerto *nt fachspr;* **Mozart's** ~ **for flute** Mozart-Konzert *nt* für Querflöte

concert pitch *n* MUS Kammerton *m*
► PHRASES: **to be at** ~ in Höchstform sein

concession [kən'seʃ^ə^n] *n* ❶ (*compensation*) Zugeständnis *nt;* **as a** ~ als Ausgleich
❷ (*compromise*) Zugeständnis *nt;* **to make a** ~ [**to sb**] ein Zugeständnis [an jdn] machen
❸ (*consideration*) Berücksichtigung *f kein pl;* **to make no** ~ **to sth** auf etw *akk* keine Rücksicht nehmen
❹ (*admission of defeat*) Eingeständnis *nt* [einer Niederlage]
❺ ECON Konzession *f,* Lizenz *f;* **to have a** ~ **to sell goods** eine Verkaufskonzession haben
❻ LAW ~ **of land** Landverleihung *f*

concessionaire [kənˌseʃ^ə^n'eə^r^, AM -'er] *n* ECON, LAW Konzessionär(in) *m(f),* Konzessionsinhaber(in) *m(f)*

concessionary [kən'seʃ^ə^n^ə^ri, AM -ʃ^ə^neri] *adj* ❶ ECON Konzessions-, lizensiert
❷ (*reduced*) ~ **price** [*or* **rate**]/**ticket** verbilligter Preis/verbilligtes Ticket

concessive [kən'sesɪv] *adj* Zugeständnisse machend *attr*

concessive clause [kənˌsesɪv'klɔ:z, AM -klɑ:z] *n* LING Konzessivsatz *m fachspr*

conch <*pl* -es> [kɒn(t)ʃ, AM kɑ:ŋk, kɑ:ntʃ] *n* Trompetenschnecke *f;* (*mythology*) Tritonshorn *nt*

conchie ['kɒnʃi] **I.** *n* ❶ AUS (*fam: overly conscientious person*) Streberling *m pej fam*
❷ BRIT (*pej fam: conscientious objector*) Kriegsdienstverweigerer *m*
II. *adj* AUS (*fam*) übereifrig, streberhaft *pej*

concierge [ˌkɒnsi'eəʒ, AM koʊn'sjerʒ] *n* ❶ (*hotel employee*) Rezeptionist(in) *m(f)*
❷ (*resident caretaker*) Hausmeister(in) *m(f),* Concierge *m o f*

conciliate [kənˈsɪlieɪt] **I.** *vi* schlichten; **to ~ between two sides involved** zwischen zwei Konfliktparteien vermitteln
II. *vt* ❶ (*placate*) ■**to ~ sb** jdn besänftigen [*o* beschwichtigen]
❷ (*dated: reconcile*) **to ~ views/theories** Ansichten/Theorien miteinander in Einklang bringen
conciliation [kənˌsɪliˈeɪʃən] *n no pl* (*form*) ❶ (*reconciliation*) Besänftigung *f,* Beschwichtigung *f*
❷ (*mediation*) Schlichtung *f*
conciliation board *n* Schlichtungskommission *f,* Schlichtungsstelle *f* **Conciliation Service** *n* LAW *see* **Advisory, Conciliation and Arbitration Service**
conciliator [kənˈsɪlieɪtəʳ, AM ṭɚ] *n* Vermittler(in) *m(f)*
conciliatory [kənˈsɪliətəri, AM -tɔːri] *adj* versöhnlich; (*mediating*) beschwichtigend
concise [kənˈsaɪs] *adj* präzise, exakt; *answer, writing also* kurz und bündig; *style also* knapp
concisely [kənˈsaɪsli] *adv* prägnant, kurz und bündig, präzise
conciseness [kənˈsaɪsnəs] *n,* **concision** [kənˈsɪʒən] *n no pl* Prägnanz *f,* Knappheit *f*
conclave [ˈkɒŋkleɪv, AM ˈkɑːn-] *n* (*form*) ❶ COMM, POL Klausur[tagung] *f*
❷ REL Konklave *nt*
conclude [kənˈkluːd] **I.** *vi* enden, schließen; ***"well, that's all I have to say," he ~d*** „so, mehr habe ich nicht zu sagen", meinte er abschließend
II. *vt* ❶ (*finish*) ■**to ~ sth [with sth]** *speech* etw [mit etw *dat*] [ab]schließen [*o* beenden]
❷ (*determine*) ■**to ~ sth** etw beschließen; ***we talked all night, but nothing was ~d*** wir redeten die ganze Nacht, kamen aber zu keinem Ergebnis
❸ (*infer*) ■**to ~ [from sth] that ...** [aus etw *dat*] schließen [*o* schlussfolgern], dass ...
❹ LAW **to ~ an agreement/a peace treaty** ein Abkommen/einen Friedensvertrag schließen; **to ~ a contract** einen Vertrag abschließen
concluding [kənˈkluːdɪŋ] *adj* abschließend; **~ chapter/remark** Schlusskapitel *nt/*-bemerkung *f;* **~ episode** letzte Episode
conclusion [kənˈkluːʒən] *n* ❶ (*end*) Abschluss *m;* *of a story* Schluss *m;* **in ~** zum Abschluss, abschließend
❷ (*decision*) Entschluss *m;* **to come to a ~** einen Beschluss fassen; **to reach a ~** zu einem Entschluss gelangen
❸ (*inference*) Schluss *m,* Schlussfolgerung *f;* **to come to/draw** [*or* **reach**] **the ~ that ...** zu dem Schluss kommen/gelangen, dass ...
❹ COMM Abschluss *m;* **~ of a contract/deal** Vertrags-/Geschäftsabschluss *m*
❺ LAW **~ of fact** Tatsachenfeststellung *f;* **~ of law** rechtliche [Schluss]folgerung, Rechtsfolgerung *f*
conclusive [kənˈkluːsɪv] *adj* ❶ (*convincing*) *arguments, facts* schlüssig, überzeugend
❷ (*decisive*) eindeutig; **~ evidence** stichhaltiges Beweismaterial; **~ proof** eindeutiger Beweis; **~ test** beweiskräftiger Test
conclusively [kənˈkluːsɪvli] *adv* ❶ (*convincingly*) *argue* schlüssig; *demonstrate* überzeugend
❷ (*decisively*) *show* eindeutig; *prove* stichhaltig
concoct [kənˈkɒkt, AM -ˈkɑːkt] *vt* ❶ (*mix*) **to ~ a dish** ein Gericht zusammenstellen; **to ~ a drink** ein Getränk mixen
❷ (*devise*) ■**to ~ sth** (*in a story, tale*) sich *dat* etw ausdenken; (*as excuse, explanation, lie*) sich *dat* etw zurechtbasteln *fam;* **to ~ a plan** einen Plan aushecken
concoction [kənˈkɒkʃən, AM -ˈkɑːk-] *n* ❶ (*dish*) Kreation *f;* (*drink also*) Gebräu *nt hum o pej*
❷ (*fabrication*) **a ~ of lies** ein Lügengewebe *nt*
concomitant [kənˈkɒmɪtənt, AM -ˈkɑːməṭənt] **I.** *adj* einhergehend; ■**to be ~ with sth** von etw *dat* begleitet werden, mit etw *dat* einhergehen; **~ circumstances** Begleitumstände *mpl*
II. *n* (*form*) Begleiterscheinung *f*
concomitantly [kənˈkɒmɪtəntli, AM -ˈkɑːməṭənt-] *adv* begleitend
concord [ˈkɒŋkɔːd, AM ˈkɑːnkɔːrd] *n no pl* (*form*) ❶ (*harmony*) Eintracht *f;* **to live in ~ [with sb]** [mit jdm] in Eintracht leben
❷ LING Kongruenz *f fachspr*
concordance [kənˈkɔːdən(t)s, AM -ˈkɔːr-] LIT **I.** *n* Konkordanz *f fachspr;* **a Bible/Shakespeare ~** eine Bibel-/Shakespearekonkordanz; **a ~ to Keats** eine Konkordanz zu den Werken von Keats
II. *vt* ■**to ~ sth** etw in einer Konkordanz erfassen
concordat [kɒnˈkɔːdæt, AM kənˈkɔːr-] *n* REL Konkordat *nt*
concourse [ˈkɒnkɔːs, AM ˈkɑːnkɔːrs] *n* ❶ (*place*) Halle *f;* **station ~** Bahnhofshalle *f*
❷ (*crowd*) Menschenmenge *f*
concrete [ˈkɒŋkriːt, AM ˈkɑːn-] **I.** *n no pl* Beton *m;* **reinforced ~** Stahlbeton *m,* Eisenbeton *m*
▸ PHRASES: **to be cast** [*or* **set**] **in ~** fest ausgemacht sein; ***these regulations are set in ~*** an diesen Bestimmungen gibt es nichts zu rütteln
II. *n modifier* (*block, bridge, slab*) Beton-; **~ path** betonierter Weg
III. *adj idea, suggestion, term* konkret; *evidence, proof* eindeutig
IV. *vt* ■**to ~ sth** etw betonieren; ■**to ~ sth ⊂ over** etw zubetonieren
concrete jungle *n* Betonwüste *f*
concretely [kɒnˈkriːtli, AM kɑːnˈ] *adv* konkret
concrete mixer *n* Betonmischmaschine *f* **concrete noun** *n* LING Konkretum *nt fachspr* **concrete poetry** *n no pl* LIT konkrete Poesie *fachspr*
concretion [kɒnˈkriːʃən, AM kɑːnˈ] *n* GEOL Konkretion *f,* Verschmelzung *f fachspr;* MED *also* Konkrement *nt*
concubine [ˈkɒŋkjuːbaɪn, AM ˈkɑːŋ-] *n* (*hist*) Konkubine *f veraltet*
concupiscence [kənˈkjuːpɪsən(t)s, AM *esp* kɑːn-] *n no pl* (*liter or dated*) [sinnliche] Begierde, Lüsternheit *f,* Konkupiszenz *f fachspr*
concur <-rr-> [kənˈkɜːʳ, AM -ˈkɜːr] *vi* ❶ (*agree*) übereinstimmen; **to ~ with sb's opinion** jds Meinung zustimmen; ■**to ~ with sb [in** [*or* **on**] **sth]** jdm [in etw *dat*] beipflichten; ■**to ~ with one another** sich *dat* einig sein; ■**to ~ that ...** sich *dat* einig sein, dass ...
❷ (*form: happen simultaneously*) zusammentreffen, sich gleichzeitig ereignen
concurrence [kənˈkʌrən(t)s] *n no pl* (*form*) ❶ (*agreement*) Übereinstimmung *f,* [wechselseitiges] Einverständnis
❷ (*simultaneous occurrence*) Zusammentreffen *nt*
concurrent [kənˈkʌrənt] *adj* ❶ (*simultaneous*) gleichzeitig; ■**to be ~ with sth** gleichzeitig mit etw *dat* stattfinden
❷ (*together*) gemeinsam
❸ (*in agreement*) übereinstimmend *attr*
concurrently [kənˈkʌrəntli] *adv* ❶ (*simultaneously*) gleichzeitig
❷ (*together*) gemeinsam
❸ (*in agreement*) übereinstimmend *attr*
concurrent silence *n* LAW gleichzeitig zu verbüßende Freiheitsstrafe
concuss [kənˈkʌs] *vt usu passive* ■**to be ~ed** eine Gehirnerschütterung erleiden; (*have concussion*) eine Gehirnerschütterung haben
concussion [kənˈkʌʃən] *n no pl* Gehirnerschütterung *f;* **mild ~** leichte Gehirnerschütterung; **to receive a ~** eine Gehirnerschütterung erleiden; **to suffer [from] a ~** eine Gehirnerschütterung haben
condemn [kənˈdem] *vt* ❶ (*censure*) ■**to ~ sb/sth** jdn/etw verurteilen; ■**to ~ sb for sth** jdn wegen einer S. *gen* verurteilen
❷ LAW ■**to ~ sb [to sth]** jdn [zu etw *dat*] verurteilen; ***poverty had ~ed him from birth to a life of crime*** (*fig*) die Armut hatte ihn von Geburt an zu einem Leben voller Verbrechen verdammt; **to be ~ed to death** zum Tode verurteilt werden; ■**to ~ sb to do sth** jdn dazu verurteilen, etw zu tun
❸ (*declare unsafe*) ■**to ~ sth** etw für unbrauchbar erklären; *food* etw für den Verzehr als ungeeignet erklären; **to ~ a building** ein Gebäude für unbewohnbar erklären
condemnation [ˌkɒndemˈneɪʃən, AM ˌkɑːn-] *n* ❶ (*reproof*) Verurteilung *f,* Verdammung *f*
❷ (*legal act*) Verurteilung *f*
❸ (*declaration as unsafe*) Untauglichkeitserklärung *f*
❹ LAW (*forfeiting property*) Beschlagnahme *f,* Enteignung *f*
condemnatory [kənˈdemnətəri, AM -tɔːri] *adj* verurteilend, aburteilend; **~ glance** [*or* **look**] [äußerst] missbilligender Blick; **~ speech** vernichtende Rede; **~ tone** abfälliger Ton
condemned [kənˈdemd] *adj* ❶ (*sentenced to death*) [zum Tode] verurteilt
❷ (*declared unsafe*) *food* nicht für den Verzehr geeignet; **~ building** unbewohnbares [*o* abbruchreifes] Gebäude
condemned cell *n* Todeszelle *f*
condensation [ˌkɒndenˈseɪʃən, AM ˈkɑːn-] *n* ❶ *no pl* (*process*) *of a liquid* Kondensation *f;* *of a gas* Verdichtung *f*
❷ *no pl* (*droplets*) Kondenswasser *nt,* Kondensat *nt*
❸ *of a text* Verkürzung *f,* Zusammenfassung *f*
condense [kənˈden(t)s] **I.** *vt* ❶ (*concentrate*) **to ~ a gas** ein Gas komprimieren; **to ~ a liquid** eine Flüssigkeit eindicken
❷ (*form droplets from*) ■**to ~ sth** etw kondensieren
❸ (*shorten*) **to ~ a text** einen Text zusammenfassen
II. *vi* kondensieren
condensed [kənˈden(t)st] *adj* ❶ (*concentrated*) konzentriert
❷ (*expressed briefly*) verkürzt, komprimiert
condensed milk *n no pl* Kondensmilch *f,* Dosenmilch *f*
condenser [kənˈden(t)səʳ, AM -ɚ] *n* CHEM Kondensator *m fachspr*
condenser lens *n* PHYS Sammellinse *f*
condescend [ˌkɒndɪˈsend, AM ˌkɑːn-] *vi* ❶ (*liter: patronize*) ■**to ~ to sb** jdn herablassend behandeln
❷ (*usu hum: lower oneself*) ■**to ~ to do sth** sich *akk* herablassen, etw zu tun *bes hum iron*
condescending [ˌkɒndɪˈsendɪŋ, AM ˌkɑːn-] *adj* herablassend; ***he's ~ to his staff*** er behandelt seine Angestellten von oben herab
condescendingly [ˌkɒndɪˈsendɪŋli, AM ˌkɑːn-] *adv* gönnerhaft
condescension [ˌkɒndɪˈsenʃən, AM ˌkɑːn-] *n no pl* herablassende Haltung
condiment [ˈkɒndɪmənt, AM ˈkɑːndə-] *n* (*spice*) Gewürz *nt;* (*sauce*) Soße *f*
condition [kənˈdɪʃən] **I.** *n* ❶ (*state*) Zustand *m;* **he is in bad/good ~** er ist in schlechter/guter Verfassung [*o* schlecht/gut in Form]; **in mint** [*or* **perfect**] **~** in tadellosem Zustand; **in peak ~** in Höchstform [*o* Topform]; **in a terrible ~** in einem furchtbaren Zustand; ■**to be out of ~** nicht in Form sein; ■**to be in no ~ to do sth** nicht in der Verfassung sein, etw zu tun
❷ MED Leiden *nt;* ***he's got a heart ~*** er ist herzkrank
❸ (*circumstances*) ■**~s** *pl* Bedingungen *fpl,* Verhältnisse *ntpl;* **weather ~s** Wetterbedingungen *fpl;* **in** [*or* **under**] **good/bad ~s** unter guten/schlechten Bedingungen; **working ~s** Arbeitsbedingungen *fpl*
❹ EU **~s for participation** Eintrittsbedingungen *fpl*
❺ (*stipulation*) Bedingung *f,* Kondition *f;* **~ precedent** LAW aufschiebende Bedingung; **~ subsequent** LAW auflösende Bedingung; **to make** [*or* **set**] **a ~** eine Bedingung stellen; ■**on the ~ that ...** unter der Bedingung, dass ...
II. *vt* ❶ *usu passive* PSYCH, SOCIOL ■**to ~ sb/an animal [to do sth]** jdn/ein Tier konditionieren[, etw zu tun] *fachspr;* ■**to be ~ed** konditioniert sein; **~ed reflex** [*or* **response**] konditionierter Reflex
❷ (*accustom*) ■**to ~ sb to sth** jdn an etw *akk* gewöhnen
❸ (*use conditioner*) **to ~ one's hair** eine Pflegespülung machen
conditional [kənˈdɪʃənəl] **I.** *adj* ❶ (*subject to a stipulation*) bedingt, vorbehaltlich; (*dependent*)

C

abhängig; ■**to be ~ [up]on sth** von etw *dat* abhängen; **~ acceptance/offer** Annahme *f*/Angebot *nt* unter Vorbehalt, bedingte Annahme/bedingtes Angebot; **~ discharge** LAW bedingte Strafaussetzung; **~ promise** vorbehaltliches Versprechen
2 LING abhängig, bedingt
II. *n* LING ■**the ~** der Konditional *fachspr*
conditionality [ˌkəndɪʃᵊn'æləti, AM -ət̬i] *n no pl* ECON, FIN Konditionalität *f*
conditionally [kən'dɪʃᵊnᵊli] *adv* unter [*o* mit] Vorbehalt
conditional sentence *n* LING Bedingungssatz *m*, Konditionalsatz *m fachspr*
conditioned [kən'dɪʃᵊnd] *adj* (*trained*) konditioniert; (*accustomed*) anerzogen; **~ reflex** konditionierter [*o* bedingter] Reflex
conditioner [kən'dɪʃᵊnəʳ, AM -ɚ] *n no pl* 1 (*for hair*) Pflegespülung *f*
2 (*for clothes*) Weichspüler *m*
conditioning [kən'dɪʃᵊnɪŋ] *n* PSYCH *no pl* Konditionierung *f fachspr*
condo ['kɑ:ndoʊ] *n* AM (*fam*) *abbrev of* **condominium** 1 (*owned apartment*) Eigentumswohnung *f*
2 (*apartment building*) Wohnblock *m* [mit Eigentumswohnungen]
condole [kən'dəʊl, AM -'doʊl] *vi* ■**to ~ with sb** jdm sein Beileid aussprechen, jdm kondolieren *geh*
condolence [kən'dəʊlən(t)s, AM -'doʊ-] *n* ■**~s** *pl* Beileid *nt kein pl*, Kondolenz *f geh;* **letter of ~** Beileidsschreiben *nt*, Kondolenzbrief *m geh;* **to offer one's ~s [to sb]** (*form*) [jdm] sein Beileid [*o* Mitgefühl] aussprechen
condom ['kɒndɒm, AM 'kɑ:ndəm] *n* Kondom *nt*
condominium [ˌkɒndə'mɪniəm, AM ˌkɑ:n-] *n* 1 AM (*owned apartment*) Eigentumswohnung *f;* (*apartment building*) Wohnblock *m* [mit Eigentumswohnungen]
2 POL Kondominium *nt fachspr*
condonation [ˌkɒndə(ʊ)'neɪʃᵊn, AM ˌkɑ:ndoʊ'-] *n* LAW Verzeihung *f*
condone [kən'dəʊn, AM -'doʊn] *vt* ■**to ~ sth** etw [stillschweigend] dulden [*o* hinnehmen]
condor ['kɒndɔ:ʳ, AM 'kɑ:ndɑ:r, -ɚ] *n* Kondor *m*
conduce [kən'dju:s, AM *esp* -'du:s] *vi* (*form*) ■**to ~ to sth** etw *dat* dienlich [*o* förderlich] sein *geh*
conducive [kən'dju:sɪv, AM *esp* -'du:-] *adj* dienlich, förderlich; ■**to be ~ to sth** etw begünstigen; ■**to not be ~ to sth** nicht förderlich für etw *akk* sein, etw *dat* nicht dienen
conduct I. *vt* [kən'dʌkt] 1 (*carry out*) **to ~ an experiment/an inquiry/a study** ein Experiment/eine Ermittlung/eine Studie durchführen; **to ~ one's private life** sein Privatleben gestalten; **to ~ negotiations** Verhandlungen führen; **to ~ a religious service** einen Gottesdienst abhalten
2 (*direct*) **to ~ a business/meeting** einen Betrieb/eine Besprechung leiten; **to ~ an orchestra** ein Orchester dirigieren; **to ~ traffic** [*or* BRIT **the traffic**] den Verkehr [um]leiten
3 (*guide*) ■**to ~ sb** jdn führen; **~ed tour** Führung *f*
4 ELEC **to ~ electricity/heat** Strom/Wärme leiten
5 (*form: behave*) ■**to ~ oneself** sich *akk* benehmen
II. *vi* [kən'dʌkt] MUS dirigieren
III. *n* ['kɒndʌkt, AM 'kɑ:n-] *no pl* 1 (*behaviour*) Benehmen *nt*, Verhalten *nt; of pupils* Betragen *nt;* **code of ~** Verhaltenskodex *m*
2 (*form: management*) Führung *f*, Leitung *f*
conductible [kən'dʌktəbl̩] *adj* ELEC leitbar
conduction [kən'dʌkʃᵊn] *n no pl* ELEC Leitung *f*
conductive [kən'dʌktɪv] *adj* ELEC leitend *attr*, leitfähig
conductivity [ˌkɒndʌk'tɪvəti, AM ˌkɑ:ndʌk'tɪvət̬i] *n no pl* ELEC Leitfähigkeit *f*
conductor [kən'dʌktəʳ, AM -ɚ] *n* 1 MUS Dirigent(in) *m(f); of choir also* [musikalischer] Leiter/[musikalische] Leiterin
2 PHYS, ELEC Leiter *m*, Konduktor *m fachspr*
3 BRIT (*on bus*) Schaffner(in) *m(f);* AM (*on train*) Zugführer(in) *m(f)*
conductress [kən'dʌktrəs] *n* BRIT Schaffnerin *f*
conduit ['kɒndjuɪt, AM 'kɑ:nduɪt] *n* 1 (*pipe*) [Rohr]leitung *f;* (*channel*) Kanal *m*
2 ELEC Kabelkanal *m*
cone [kəʊn, AM koʊn] *n* 1 MATH Kegel *m;* **~ of light** Lichtkegel *m;* **traffic ~** Leitkegel *m*, Pylon *m fachspr*
2 FOOD Hörnchen *nt;* **ice cream ~** Eistüte *f*
3 BOT Zapfen *m;* **fir ~** Tannenzapfen *m*
◆**cone off** *vt* ■**to ~ sth** ↷ **off** etw [mit Pylonen] absperren
coney ['kəʊni, AM 'koʊ-] *n* (*dated: cony*) Kaninchen *nt*
confab ['kɒnfæb, AM 'kɑ:n-] (*dated*) I. *n* (*fam*) [ungezwungene] Unterhaltung; **to have a ~ [about sth]** etw [kurz] bekakeln *fam*, einen kurzen Plausch [über etw *akk*] halten SÜDD, ÖSTERR
II. *vi* <-bb-> (*fam*) plaudern, klönen NORDD *fam*, plauschen SÜDD, ÖSTERR
confection [kən'fekʃᵊn] *n* (*form*) 1 (*sweet*) Naschwerk *nt*, Zuckerwerk ZIEL...:/ *nt veraltet*
2 (*article*) modischer Artikel
confectioner [kən'fekʃᵊnəʳ, AM -ɚ] *n* (*baker*) Konditor(in) *m(f);* (*retailer*) Süßwarenhändler(in) *m(f)*
confectioner's sugar *n* AM (*icing sugar*) Puderzucker *m*
confectionery [kən'fekʃᵊnᵊri, AM -ʃᵊneri] *n no pl* (*sweets*) Süßwaren *pl;* (*cakes and pastries*) Konditoreiwaren *pl;* (*chocolate*) Konfekt *nt*
confederacy [kən'fedᵊrəsi] *n + sing/pl vb* Konföderation *f*, Staatenbund *m;* ■**the C~** AM HIST die Konföderierten Staaten *pl* von Amerika
confederate [kən'fedᵊrət] I. *n* 1 (*ally*) Verbündete(r) *f(m)*, Bundesgenosse, -in *m, f*
2 (*accomplice*) Komplize, -in *m, f*
3 AM HIST Konföderierte(r) *f(m)*, Südstaatler(in) *m(f)*
II. *n modifier* (*goals, groups, policy*) Bündnis-; AM HIST ■**C~** (*army, course, soldiers, states*) Südstaaten-; **Confederate States** AM die Konföderierten Staaten [von Amerika]
confederation [kənˌfedəreɪʃᵊn] *n + sing/pl vb* 1 POL Bündnis *nt; of nations* Bund *m;* **~ of states** Staatenbund *m*
2 ECON Verband *m;* **C~ of British Industry** Britischer Industrieverband [*o* Unternehmerverband]
confer <-rr-> [kən'fɜ:ʳ, AM -'fɜ:r] I. *vt* ■**to ~ sth [up]on sb** *honours, titles* jdm etw verleihen; **to ~ power/rights on sb** jdm Macht/Rechte übertragen
II. *vi* ■**to ~ with sb** sich *akk* mit jdm beraten
conference ['kɒnfᵊrᵊn(t)s, AM 'kɑ:nfɚ-] *n* Konferenz *f*, Tagung *f* (**on** über +*akk*); **to be in ~ [with sb]** [mit jdm] in einer Besprechung sein; **to attend a ~** auf einer Konferenz sein; (*in future*) auf eine Konferenz gehen; **to convene a ~** eine Konferenz einberufen; **to hold a ~** eine Konferenz abhalten
conference call *n* Konferenzschaltung *f* **conference proceedings** *npl* Konferenzbericht *m* **conference room** *n* Konferenzraum *m* **conference table** *n* Konferenztisch *m*
conferment [kən'fɜ:mənt, AM 'fɜ:r] *n no pl* Verleihung *f*
confess [kən'fes] I. *vi* 1 (*admit*) zugeben, gestehen; ■**to ~ to sth** etw gestehen; ■**to ~ having done sth** gestehen, etw getan zu haben; **to ~ to a crime** ein Verbrechen gestehen; ■**to ~ to sb that ...** jdm gestehen, dass ...
2 REL beichten
II. *vt* 1 (*admit*) ■**to ~ sth** etw zugeben [*o* gestehen]; ***the director has ~ed himself puzzled by the company's losses*** der Direktor räumte ein, angesichts der Firmenverluste vor einem Rätsel zu stehen
2 REL ■**to ~ sth [to sb]** [jdm] etw beichten; **to ~ one's sins** seine Sünden *fpl* bekennen; **to ~ one's sins to a priest** einem Priester seine Sünden *fpl* beichten
confessed [kən'fest] *adj attr, inv* erklärte(r, s); **a ~ addict** *jd, der seine Sucht eingestanden hat;* **~ alcoholic/homosexual** bekennender Alkoholiker/Homosexueller/bekennende Alkoholikerin/Homosexuelle; **~ man-hater** erklärter Männerfeind/erklärte Männerfeindin
confessedly [kən'fesɪdli] *adv* zugegebenermaßen
confession [kən'feʃᵊn] *n* 1 (*admission*) Geständnis *nt; of a failure* Eingeständnis *nt;* **to have a ~ to make** etw gestehen [*o fam* beichten] müssen
2 (*admission of a crime*) Geständnis *nt;* **~ and avoidance** LAW Einrede *f* ohne Leugnung des Klageanspruchs; **to give** [*or* **make**] **a ~** ein Geständnis ablegen
3 REL Beichte *f;* **to go to ~** zur Beichte gehen
confessional [kən'feʃᵊnᵊl] *n* Beichtstuhl *m*
confessor [kən'fesəʳ, AM -ɚ] *n* Beichtvater *m*
confetti [kən'feti, AM -t̬i] *n no pl* Konfetti *nt;* **to shower sb with** [*or* **in**] **~** Konfetti auf jdn niederregnen lassen; **to be showered with ~** mit Konfetti überschüttet werden
confidant ['kɒnfɪdænt, AM 'kɑ:nfə-] *n* Vertraute(r) *f(m);* **a close** [*or* **intimate**] **~** ein enger Vertrauter/eine enge Vertraute
confidante ['kɒnfɪdænt, AM 'kɑ:nfə-] *n* Vertraute *f*
confide [kən'faɪd] *vt* 1 (*tell secrets*) ■**to ~ sth** etw gestehen; ■**to ~ [to sb] that ...** jdm anvertrauen, dass ...; (*confess*) [jdm] gestehen, dass ...
2 (*form: entrust*) **to ~ sth to sb's care** jdm etw in gutem Glauben anvertrauen; **to ~ sb to sb's care** jdn in jds Obhut geben
◆**confide in** *vi* ■**to ~ in sb** sich *akk* jdm anvertrauen
confidence ['kɒnfɪdᵊn(t)s, AM 'kɑ:nfə-] *n* 1 *no pl* (*trust*) Vertrauen *nt;* **breach of ~** Vertrauensbruch *m;* **~ vote** Vertrauensvotum *nt;* **vote of no ~** Misstrauensvotum *nt;* **to take sb into one's ~** jdn ins Vertrauen ziehen; **to win sb's ~** jds Vertrauen gewinnen; **in ~** im Vertrauen
2 (*secrets*) ■**~s** *pl* Vertraulichkeiten *fpl;* **to exchange ~s** Vertraulichkeiten austauschen
3 *no pl* (*faith*) Vertrauen *nt*, Zuversicht *f;* **to have every/much/no ~ in sb** volles [*o* vollstes]/großes/kein Vertrauen zu jdm haben; **to place** [*or* **put**] **one's ~ in sb/sth** sein Vertrauen in jdn/etw setzen, auf jdn/etw bauen
4 *no pl* (*self-assurance*) Selbstvertrauen *nt*, Selbstbewusstsein *nt;* **to have the ~ to do sth** das Selbstbewusstsein besitzen, etw zu tun; **to lack ~** kein Selbstvertrauen haben
confidence game *n* AM LAW Schwindel *m*, Betrug *m*, Bauernfängerei *f* **confidence man** *n* Trickbetrüger *m*, Schwindler *m*, Bauernfänger *m fam;* (*concerning social status*) Hochstapler *m* **confidence trick** *n* Trickbetrug *m kein pl*, Schwindel *m kein pl*, Bauernfängerei *f kein pl fam;* (*concerning social status*) Hochstapelei *f* **confidence trickster** *n* Trickbetrüger(in) *m(f)*, Schwindler(in) *m(f)*, Bauernfänger(in) *m(f) fam;* (*concerning social status*) Hochstapler(in) *m(f)*
confident ['kɒnfɪdᵊnt, AM 'kɑ:nfə-] *adj* 1 (*certain*) zuversichtlich; **to be confident about sth** in Bezug auf etw *akk* zuversichtlich sein; ■**to be ~ of sth** von etw *dat* überzeugt sein; ■**to be ~ that ...** zuversichtlich [*o* überzeugt] sein, dass ...
2 (*self-assured*) selbstsicher, selbstbewusst; ■**to be ~ in oneself** selbstbewusst sein
confidential [ˌkɒnfɪ'dən(t)ʃᵊl, AM ˌkɑ:nfə'-] *adj* vertraulich; ***he's got a very ~ manner*** er geht mit allem sehr vertraulich um; **strictly ~** streng vertraulich; **to keep sth ~** etw für sich *akk* behalten; **to treat sth as ~** etw vertraulich behandeln
confidential communication *n* LAW vertrauliche Mitteilung
confidentiality [ˌkɒnfɪdən(t)ʃi'æləti, AM ˌkɑ:nfədən(t)ʃi'ælət̬i] *n no pl* Vertraulichkeit *f*, Diskretion *f;* **to break ~** LAW die Vertraulichkeit brechen
confidentially [ˌkɒnfɪ'dən(t)ʃᵊli, AM ˌkɑ:nfə'-] *adv* vertraulich; **to tell sb sth ~** jdm etw im Vertrauen sagen
confidently ['kɒnfɪdᵊntli, AM 'kɑ:nfə-] *adv* 1 (*self-assuredly*) selbstbewusst, selbstsicher
2 (*with trust*) vertrauensvoll, zuversichtlich
confiding [kən'faɪdɪŋ] *adj* vertrauensvoll
confidingly [kən'faɪdɪŋli] *adv* vertrauensvoll

configuration [kənˌfɪgəˈreɪʃən, AM *and Brit also* -ˌfɪgjə-] **I.** *n* ❶ (*ordered arrangement*) Anordnung *f*, Gruppierung *f*; **the ~ of the stars** die Stellung der Sterne
❷ COMPUT Konfiguration *f*
❸ CHEM Struktur *f*, Gestalt *f*
II. *n modifier* COMPUT (*button, file, mode*) Konfigurations-

configure [kənˈfɪgəʳ, AM -ˈfɪgjɚ] *vt* ❶ COMPUT ■**to ~ sth** etw konfigurieren
❷ (*put together*) ■**to ~ sth** etw konfigurieren; ***the navy is configuring old merchant ships as troop transports*** die Navy funktioniert alte Handelsfrachter in Truppentransporter um

configured *adj* COMPUT **~-in** betriebsbereit konfiguriert; **~-off** [*or* **-out**] nicht konfiguriert

confine **I.** *vt* [kənˈfaɪn] ❶ (*restrict*) ■**to ~ sth to sth** *discussion, use* etw auf etw *akk* beschränken; ***you are asked to ~ your use of the telephone to business calls alone*** bitte nutzen Sie Ihr Telefon nur für geschäftliche Telefonate; ■**to be ~d to sth** auf etw *akk* beschränkt sein; ***it's an attitude which seems to be ~d to the upper classes*** eine solche Haltung wird anscheinend nur von den oberen Schichten vertreten
❷ (*shut in*) ■**to ~ sb** jdn einsperren; (*imprison also*) jdn inhaftieren; **~d to barracks** Kasernenarrest *m* haben; ***he was ~d to the house all day*** er war den ganzen Tag ans Haus gefesselt; **to be ~d to quarters** MIL Ausgangssperre haben
II. *n* [ˈkɒnfaɪn, AM ˈkɑːn-] ■**the ~s** *pl* die Grenzen *fpl*; **to be beyond the ~s of sb's understanding** jds Horizont überschreiten

confined [kənˈfaɪnd] *adj* beengt

confinement [kənˈfaɪnmənt] *n* ❶ *no pl* (*act of confining*) Einsperren *nt*; (*state of being confined*) Eingesperrtsein *nt*; (*restriction*) Gebundenheit *f*; (*imprisoning*) Inhaftierung *f*; (*imprisonment*) Haft *f*; **solitary ~** Einzelhaft *f*; **~ to quarters** MIL Ausgangssperre *f*
❷ MED (*dated*) Niederkunft *f veraltet geh*

confining [kənˈfaɪnɪŋ] *adj* einengend *attr*, einschränkend *attr*

confirm [kənˈfɜːm, AM -ˈfɝːm] **I.** *vt* ❶ (*verify*) ■**to ~ sth** etw bestätigen; ■**to ~ that …** bestätigen, dass …
❷ (*strengthen*) **to ~ sb's faith** jdn in seinem Glauben bestärken; **to ~ sb's feelings/suspicion** jds Gefühle/Verdacht erhärten; **to ~ sb's opinion** jds Meinung bekräftigen
❸ *usu passive* REL ■**to be ~ed** (*into Roman Catholic Church*) gefirmt werden; (*into Protestant Church*) konfirmiert werden
II. *vi* bestätigen; **to ~ by telephone/in writing** telefonisch/schriftlich bestätigen

confirmation [ˌkɒnfəˈmeɪʃən, AM ˌkɑːnfɚ-] *n* ❶ (*verification*) Bestätigung *f*; **letter of ~** schriftliche Bestätigung
❷ *no pl* (*corroboration*) *of news, a rumour* Bestätigung *f*; *of a suspicion* Erhärtung *f*
❸ REL (*into Roman Catholic Church*) Firmung *f*; (*into Protestant Church*) Konfirmation *f*

confirmation class *n* (*in Roman Catholic Church*) Firmunterricht *m*; (*in Protestant Church*) Konfirmandenstunde *f*

confirmatory [kənˈfɜːmətəri, AM ˈfɝːmətɔːri] *adj* bestätigend

confirmed [kənˈfɜːmd, AM -ˈfɝːmd] *adj attr* ❶ (*firmly established*) erklärt, ausgesprochen; **~ alcoholic** chronischer Alkoholiker/chronische Alkoholikerin; **~ atheist/non-smoker** überzeugter Atheist/Nichtraucher/überzeugte Atheistin/Nichtraucherin; **~ bachelor** eingefleischter Junggeselle; **~ invalid** Schwerbeschädigte(r) *f(m)*
❷ (*proved*) bestätigt

confiscate [ˈkɒnfɪskeɪt, AM ˈkɑːnfə-] *vt* ■**to ~ sth** [**from sb**] etw [von jdm] beschlagnahmen [*o geh* konfiszieren]

confiscation [ˌkɒnfɪˈskeɪʃən, AM ˌkɑːnfə'-] *n* Beschlagnahme *f*, Konfiszierung *f geh*

conflagrant [kənˈfleɪgrənt] *adj* brennend *attr*, feurig *a. fig*

conflagration [ˌkɒnfləˈgreɪʃən, AM ˌkɑːn-] *n* (*form*) Feuersbrunst *f geh*, Großbrand *m*; (*fig*) Katastrophe *f*

conflate [kənˈfleɪt] *vt* ■**to ~ sth** *texts, stories* etw zusammenfassen

conflation [kənˈfleɪʃən] *n* Verschmelzung *f*; *of texts* Zusammenfassung *f*

conflict **I.** *n* [ˈkɒnflɪkt, AM ˈkɑːn-] ❶ (*clash*) Konflikt *m*; **~ of interests** Interessenskonflikt *m*; **to be in ~ with sb** mit jdm im Streit liegen; **to come** [*or* **enter**] **into ~ with sb** mit jdm in Konflikt geraten
❷ (*battle*) Kampf *m*, Zusammenstoß *m*; ***there have been several ~s between the two countries*** zwischen den beiden Ländern gab es mehrere kämpferische Auseinandersetzungen
❸ LAW **C~ of Laws** Kollisionsrecht *nt*, Gesetzeskonflikt *m*
II. *vi* [kənˈflɪkt] ■**to ~ with sb** mit jdm im Konflikt liegen; **to ~ with each other** sich gegenseitig widersprechen; ■**to ~ with sth** im Widerspruch zu etw *dat* stehen

conflicting [kənˈflɪktɪŋ] *adj* widersprüchlich; **~ claims** entgegengesetzte [*o* kollidierende] Ansprüche *mpl*; **~ evidence** widersprüchliche Zeugenaussagen *fpl*; **~ interests** gegensätzliche Interessen *ntpl*

confluence [ˈkɒnfluən(t)s, AM ˈkɑːn-] *n of rivers* Zusammenfluss *m*

confluent [ˈkɒnfluənt, AM ˈkɑːn-] *adj* zusammenfließend

conflux [ˈkɒnflʌks, AM ˈkɑːn-] *n of rivers* Zusammenfluss *m*

conform [kənˈfɔːm, AM -ˈfɔːrm] *vi* sich *akk* einfügen [*o* anpassen]; (*agree*) übereinstimmen, konform gehen *geh*; ■**to ~ to** [*or* **with**] **sth** etw *dat* entsprechen; (*agree*) mit etw *dat* übereinstimmen [*o geh* konform gehen]

conformance [kənˈfɔːməns, AM ˈfɔːrm] *n see* **conformity** Übereinstimmung *f*

conformism [kənˈfɔːmɪzəm, AM -ˈfɔːrm-] *n no pl* Konformismus *m*

conformist [kənˈfɔːmɪst, AM -ˈfɔːr-] **I.** *n* Konformist(in) *m(f)*
II. *adj* konformistisch

conformity [kənˈfɔːməti, AM -ˈfɔːrməṭi] *n no pl* ❶ (*uniformity*) Konformismus *m*
❷ (*form: compliance*) ■**in ~ with sth** in Übereinstimmung mit etw *dat*; ***in ~ with your request …*** gemäß Ihrer Bitte …; **in ~ with the law** in Einklang mit dem Gesetz

confound [kənˈfaʊnd] **I.** *vt* ❶ (*astonish*) ■**to ~ sb** jdn verblüffen [*o* in Erstaunen versetzen]
❷ (*confuse*) ■**to ~ sb** jdn verwirren
❸ (*dated: overthrow*) ■**to ~ sth** *prediction, theory* etw über den Haufen werfen
II. *interj* **~ it!** verdammt [*o* verflixt] nochmal! *fam*

confounded [kənˈfaʊndɪd] *adj attr* (*dated fam*) verflixt *fam*, verflucht *fam*; **~ man!** verflixter Kerl! *fam*; **~ idiot** verdammter Idiot *pej fam*

confounding [kənˈfaʊndɪŋ] *adj* (*form*) verwirrend

confraternity [ˌkɒnfrəˈtɜːnəti, AM ˌkɑːnfrəˈtɝːnəṭi] *n* Bruderschaft *f*

confrere [ˈkɒnfreəʳ, AM kɑːnˈfrer] *n* Kollege, -in *m, f*

confront [kənˈfrʌnt] *vt* ❶ (*face*) ■**to ~ sth** etw *dat* begegnen; **to ~ a danger** einer Gefahr ins Auge sehen; **to ~ a difficulty/issue/problem** sich *akk* einer Schwierigkeit/einem Problem stellen; **to ~ an enemy** einem Feind entgegentreten
❷ *usu passive* (*compel to deal with*) jdn mit jdm/etw konfrontieren; ■**to be ~ed with** [*or* **by**] **sth** mit etw *dat* konfrontiert werden; ***when I was ~ed by the TV camera, …*** als ich der Fernsehkamera gegenüberstand, …; ***as she left the court, she was ~ed by an angry crowd*** als sie das Gericht verließ, traf sie auf eine wütende Menschenmenge; **to be ~ed with an accusation** sich *akk* einer Anschuldigung stellen müssen; **to be ~ed with a problem** vor ein Problem gestellt werden

confrontation [ˌkɒnfrʌnˈteɪʃən, AM ˌkɑːnfrən'-] *n* (*hostility*) Auseinandersetzung *f*, Konfrontation *f*; (*clash*) Zusammenstoß *m*; (*during inquiry*) Gegenüberstellung *f*; ***she actually enjoys ~*** sie geht gerne auf Konfrontationskurs

confrontational [ˌkɒnfrʌnˈteɪʃənəl, AM ˌkɑːnfrən'-] *adj* provokativ, herausfordernd

Confucian [kənˈfjuːʃən] *adj* REL konfuzianisch

Confucianism [kənˈfjuːʃənɪzəm] *n* REL Konfuzianismus *m*

confuse [kənˈfjuːz] *vt* ❶ (*perplex*) ■**to ~ sb** jdn verwirren [*o* durcheinander bringen]
❷ (*complicate, muddle*) ■**to ~ sth** etw [noch] verworrener machen
❸ (*misidentify*) ■**to ~ sb/sth with** [*or* **and**] **sb/sth** jdn/etw mit jdm/etw verwechseln; **to ~ dates/names** Termine/Namen durcheinander bringen

confused [kənˈfjuːzd] *adj* ❶ *people* verwirrt, durcheinander
❷ *situation* verworren, konfus

confusedly [kənˈfjuːzɪdli] *adv* verwirrt

confusing [kənˈfjuːzɪŋ] *adj* verwirrend

confusingly [kənˈfjuːzɪŋli] *adv* verwirrend

confusion [kənˈfjuːʒən] *n no pl* ❶ (*perplexity*) Verwirrung *f*
❷ (*mix-up*) Verwechslung *f*
❸ (*disorder*) Durcheinander *nt*, Wirrwarr *nt*; ***he threw everything into ~*** er brachte alles durcheinander; ■**to be in ~** durcheinander sein

confusion marketing *n no pl Vertrieb von Waren oder Dienstleistungen, bei dem sich Unternehmen den Markt teilen und sich der direkte Vergleich zwischen den Anbietern erschwert*

confute [kənˈfjuːt] *vt* (*form*) ■**to ~ sb/sth** jdn/etw widerlegen

conga [ˈkɒŋə, AM ˈkɑːn-] *n* Conga *f*

congeal [kənˈdʒiːl] *vi* erstarren; *glue* fest [*o* hart] werden; *blood* gerinnen

congealed [kənˈdʒiːld] *adj* erstarrt; *glue* fest [*o* hart] [geworden]; *blood* geronnen

congenial [kənˈdʒiːniəl, AM '-njəl] *adj* ❶ (*similar*) geistesverwandt, kongenial *geh*
❷ (*attractive*) angenehm; **~ character** ansprechendes Wesen; **~ people** sympathische Leute

congenital [kənˈdʒenɪtəl, AM -əṭəl] *adj inv* angeboren, kongenital *fachspr*; (*fig*) permanent; **~ abnormality/heart defect** angeborene Abnormität/angeborener Herzfehler; **~ defect** Geburtsfehler *m*; **~ liar** Gewohnheitslügner(in) *m(f)*

congenitally [kənˈdʒenɪtəli, AM əṭəli] *adv inv* von Geburt an *a. fig*

conger eel [ˌkɒŋəʳ-, AM ˈkɑːŋɚ-] *n* Meeraal *m*, Seeaal *m*

congested [kənˈdʒestɪd] *adj* ❶ (*overcrowded*) überfüllt; **~ road** [*or* **street**] verstopfte Straße; **~ town** über[be]völkerte Stadt
❷ MED verstopft; **~ arteries** verstopfte Arterien *fpl*; **~ lungs** Lungenstauung *f*; **to have a ~ nose** eine verstopfte Nase haben

congestion [kənˈdʒestʃən] *n no pl* (*overcrowding*) Überfüllung *f*; (*on roads, freeways*) Stau *m*; (*blockage*) Verstopfung *f*, Stauung *f*; **nasal ~** verstopfte Nase; COMPUT Überlastung *f*

congestive [kənˈdʒestɪv] *adj inv* MED kongestiv *fachspr*

conglomerate [kənˈglɒmərət, AM -ˈglɑːmərət] *n* ECON, GEOL Konglomerat *nt*; **industrial ~** Industriekonglomerat *nt*

conglomeration [kənˌglɒməˈreɪʃən, AM -ˌglɑːmə'-] *n* Ansammlung *f*

Congo [ˈkɒŋgəʊ, AM ˈkɑːŋgoʊ] *n* ■**the C~** der Kongo

Congolese [ˌkɒŋgə(ʊ)ˈliːz, AM ˌkɑːŋgə-] **I.** *adj* kongolesisch
II. *n* <*pl* -> ❶ (*person*) Kongolese, -in *m, f*
❷ *no pl* (*language*) Kongolesisch *nt*

congrats [kənˈgræts] *npl* (*fam*) *see* **congratulations**

congratulate [kənˈgrætʃʊleɪt, AM -ˈgrætʃə-] *vt* ■**to ~ sb** [**on sth**] (*wish well*) jdm [zu etw *dat*] gratulieren; (*praise, applaude*) jdm [zu etw *dat*] gratulieren, jdn [zu etw *dat*] beglückwünschen; (*be proud*) ■**to ~ oneself for** [*or* **on**] **sth** sich *akk* zu etw *dat* beglückwünschen; ***I ~ myself for giving up smok-***

ing ich bin stolz darauf, das Rauchen aufgegeben zu haben; ■**to be ~d for sth** für etw *akk* gelobt werden

congratulation [kən,grætʃʊ'leɪʃᵊn, AM -ə'-] *n no pl* Gratulation *f*, Glückwunsch *m;* **note of ~** Glückwunschschreiben *nt; **he sent her a note of ~ on her election victory*** er gratulierte ihr schriftlich zu ihrem Wahlsieg

congratulations [kən,grætʃʊ'leɪʃᵊnz, AM -ə'-] *npl* Glückwunsch *m*, Glückwünsche *mpl;* **~!** gratuliere!, Glückwunsch!; ~ ***on your graduation/ promotion!*** herzlichen Glückwunsch zur bestandenen Prüfung/zur Beförderung!; **[our] ~ to sb** [unsere] Glückwünsche an jdn; **to extend** [*or* **offer**] **one's ~ to sb** jdm gratulieren, jdn beglückwünschen

congratulatory [kən,grætʃʊ'leɪtᵊri, AM -'grætʃᵊlətɔ:ri] *adj* Glückwunsch-; **~ card** Glückwunschkarte *f* (**for/on** zu +*dat*); **~ remark** anerkennende Bemerkung; **~ speech** Festrede *f*

congregate ['kɒŋgrɪgeɪt, AM 'kɑ:ŋ-] *vi* sich *akk* sammeln; (*for event*) sich *akk* versammeln

congregation [,kɒŋgrɪ'geɪʃᵊn, AM ,kɑ:ŋ-] *n* + *sing/pl vb* 1 (*attending church*) [Kirchen]gemeinde *f*
2 (*of cardinals*) Kongregation *f*
3 (*conference*) Versammlung *f*
4 *no pl* (*gathering*) Ansammlung *f*, Auflauf *m*
5 *no pl* (*of people in cities*) Zusammenballung *f*

congregational [,kɒŋgrɪ'geɪʃᵊnᵊl, AM ,kɑ:ŋ-] *adj* Gemeinde-; **~ hymnal** Gemeindegesangbuch *nt*

Congregationalism [,kɒŋgrɪ'geɪʃᵊnᵊlɪzᵊm, AM ,kɑ:ŋ] *n no pl* Kongregationalismus

Congregationalist [,kɒŋgrɪ'geɪʃᵊnᵊlɪst, AM ,kɑ:ŋ] **I.** *n* Kongregationalist(in) *m(f)*
II. *adj inv* kongregationalistisch

congress ['kɒŋgres, AM 'kɑ:ŋ-] *n* Kongress *m;* (*conference*) Tagung *f;* **party ~** Parteikongress *m*, Parteitag *m;* **an annual/a biennial ~** eine jährliche/zweijährliche Tagung; **medical ~** Ärztekongress *m;* **musical ~** Musikertagung *f;* **to convene** [*or* **hold**] **a ~** einen Kongress veranstalten; (*a conference*) eine Tagung abhalten

Congress ['kɒŋgres, AM 'kɑ:ŋ-] *n* [**the US**] **C~** der [amerikanische] Kongress

congressional [kən'greʃᵊnᵊl, AM kəŋ'-] *adj inv* Kongress-; **~ actions/committee** Maßnahmen *fpl*/Ausschuss *m* des US-Kongresses; **~ district** Wahlbezirk *m* (*von Abgeordneten des US-Kongresses*); **~ elections** Abgeordnetenwahlen *fpl* (*für den US-Kongress*), Wahlen *fpl* zum US-Kongress; **~ hearings** Anhörungen *fpl* (*von Kongressmitgliedern*); **the C~ Record** LAW Protokoll *nt* der Kongressdebatten

congressman *n* [Kongress]abgeordneter *m* **congresswoman** *n* [Kongress]abgeordnete *f*

congruence ['kɒŋgru:ən(t)s, AM 'kɑ:ŋ-] *n no pl*
1 MATH Kongruenz *f fachspr*
2 (*correspondence*) Übereinstimmung *f* (**with** mit +*dat*)

congruent ['kɒŋgru:ənt, AM 'kɑ:ŋ-] *adj* 1 MATH kongruent *fachspr;* **~ triangles** kongruente Dreiecke *fachspr*
2 (*agreeing*) übereinstimmend; ■**to be ~ with sth** mit etw *dat* übereinstimmen

congruity [kɒŋ'gru:əti, AM kɑ:ŋ'gru:əṭi] *n no pl*
1 MATH Kongruenz *f fachspr*, Deckungsgleichheit *f fachspr*
2 (*agreement*) Übereinstimmung *f* (**with** mit +*dat*)

congruous ['kɒŋgruəs, AM 'kɑ:ŋ-] *adj* 1 (*math*) kongruent *fachspr*, deckungsgleich *fachspr*
2 (*agreeing*) übereinstimmend; ■**to be ~ with sth** mit etw *dat* übereinstimmen

conical ['kɒnɪkᵊl, AM 'kɑ:-] *adj* 1 (*cone-shaped*) konisch, kegelförmig
2 GEOG **~ projection** Kegelprojektion *f fachspr*
3 MATH **~ section** Kegelschnitt *m fachspr*

conifer ['kɒnɪfəʳ, AM 'kɑ:nəfɚ] *n* Nadelbaum *m*, Konifere *f fachspr*

coniferous [kə(ʊ)'nɪfᵊrəs, AM koʊ'-, kə'-] *adj* Nadel-; **~ forest** Nadelwald *m; **most of Canada's forests are ~*** in Canada gibt es überwiegend Nadelwälder; **~ tree** Nadelbaum *m*

conj *n abbrev of* **conjunction** Konj.

conjectural [kən'dʒektʃᵊrᵊl] *adj* mutmaßlich; **~ proof** Indizien; **sth is entirely ~** etw ist reine Vermutung

conjecture [kən'dʒektʃəʳ, AM -ɚ] **I.** *n* Mutmaßung *f*, Vermutung *f* (**about** über +*akk*); ***there's been a lot of ~ recently about the royal marriage*** in letzter Zeit wurde viel über die Hochzeit im Königshaus spekuliert
II. *vt* ■**to ~ sth** etw vermuten; ■**to ~ that …** vermuten [*o* mutmaßen], dass …
III. *vi* mutmaßen, Vermutungen anstellen

conjoin [kən'dʒɔɪn] *vt* (*form*) ■**to ~ sth** [**with sth**] [*or* **to ~ sth and sth**] etw mit etw *dat* verbinden [*o* verknüpfen]; **to be ~ed with sth** mit etw *dat* einhergehen

conjoined [kən'dʒɔɪnd] *adj inv* (*form*) verbunden; ***the past and the present are ~ in this author's imagination*** Vergangenheit und Gegenwart bilden in der Vorstellungswelt dieses Autors eine Einheit

conjoint [kən'dʒɔɪnt] *adj attr, inv* verbunden, vereint, Gemeinschafts-

conjugal ['kɒndʒʊgᵊl, AM 'kɑ:ndʒə-] *adj attr, inv* (*form*) ehelich, Ehe-; **~ bed** Ehebett *nt;* **~ happiness** Eheglück *nt;* **~ loyalty/visits/rights** eheliche Treue/Besuche/Rechte [und Pflichten]

conjugate ['kɒndʒʊgeɪt, AM 'kɑ:ndʒə-] LING **I.** *vi* konjugiert werden *fachspr*
II. *vt* **to ~ a verb** ein Verb konjugieren *fachspr*

conjugation [,kɒndʒʊ'geɪʃᵊn, AM ,kɑ:ndʒə'-] *n* LING
1 *no pl* (*variation*) Konjugation *f fachspr*, Beugung *f fachspr*
2 (*class*) Konjugation[sklasse] *f fachspr;* **irregular/regular ~** unregelmäßige/regelmäßige Konjugation[sklasse] *fachspr*

conjunct ['kɒndʒʌŋ(k)t, AM 'kɑ:n-] *n* COMPUT Variable *f* in der logischen UND-Funktion

conjunction [kən'dʒʌŋkʃᵊn] *n* 1 LING Konjunktion *f fachspr*, Bindewort *nt;* **coordinating/subordinating ~** beiordnende/unterordnende Konjunktion *fachspr*
2 (*combination*) *of events, features* Zusammentreffen *nt;* **an unfortunate ~ of circumstances** eine unglückliche Verkettung von Umständen; ■**in ~ with sth** in Verbindung mit etw *dat;* ■**in ~ with sb** zusammen [*o* gemeinsam] mit jdm; (*cooperation*) in Zusammenarbeit mit jdm
3 COMPUT UND-Funktion *f*

conjunctivitis [kən,dʒʌŋ(k)tɪ'vaɪtɪs, AM -tə'vaɪṭɪs] *n no pl* Bindehautentzündung *f*, Konjunktivitis *f fachspr*

conjure ['kʌndʒəʳ, AM 'kɒndʒɚ] **I.** *vi* zaubern
▶ PHRASES: **a <u>name</u> to ~ with** ein Name *m*, der Wunder wirkt
II. *vt* **to ~ sth from nothing/nowhere** etw aus dem Nichts hervorzaubern; **to ~ a rabbit from** [*or* **out of**] **a hat** einen Hasen aus dem Hut [hervor]zaubern; **to ~ spirits** Geister beschwören
◆**conjure up** *vt* ■**to ~ up** ⊃ **sth** 1 (*call upon*) etw beschwören; **to ~ up the spirits of the dead** die Geister der Toten [herbei]rufen
2 (*recall, suggest*) etw heraufbeschwören
3 (*fig: produce*) etw hervorzaubern; *a meal* etw zaubern

conjurer ['kʌndʒᵊrəʳ, AM 'kɒndʒɚɚ] *n* Zauberer, Zauberin *m, f*, Zauberkünstler(in) *m(f)*

conjuring ['kʌndʒᵊrɪŋ, AM 'kɒn-] *n no pl* Zaubern *nt*, Zauberei *f*

conjuring trick *n* Zaubertrick *m*

conjuror *n see* **conjurer**

conk [kɒŋk, AM kɑ:ŋk] **I.** *n* 1 BRIT, AUS (*hum sl: nose*) Zinken *m hum sl*, Riecher *m sl*
2 (*dated fam: head*) Birne *f sl*
II. *vt* (*hum fam*) ■**to ~ sb** jdn schlagen [*o fam* hauen]; **to ~ one's head on sth** sich *dat* den Kopf an etw *dat* anschlagen
◆**conk out** *vi* (*fam*) 1 (*fail, stop working*) den Geist aufgeben *fam*, streiken *fam*
2 (*tire out*) *person* umkippen *fam;* (*faint*) ohnmächtig werden
3 (*die*) ins Gras beißen *sl*

conker ['kɒŋkəʳ] *n* BRIT Rosskastanie *f;* ■**~s** + *sing vb* (*game*) *Spiel, bei dem zwei Spieler mit an Fäden befestigten Kastanien wechselseitig versuchen, die Kastanie des Gegenspielers zu treffen und zu zerstören*

con man *n* Schwindler *m pej;* (*promising marriage*) Heiratsschwindler *m*

conmanship ['kɒnmənʃɪp, AM 'kɑ:n-] *n no pl* Betrug *f*, Schwindel *f pej fam;* (*promised marriage*) Heiratsschwindel *m*

Conn. AM *abbrev of* **Connecticut**

connect [kə'nekt] **I.** *vi* 1 (*plug in*) ■**to ~** [**up**] **to sth** an etw *akk* angeschlossen werden; ***where does the cooker ~ to the electricity?*** wo ist der Anschluss für den Herd?; (*have contact*) *wires etc* Kontakt haben
2 (*form network*) ■**to ~ with sth** Anschluss an etw *akk* haben
3 AVIAT, RAIL ■**to ~ with sth** Anschluss an etw *akk* haben
4 (*feel affinity*) ■**to ~ with sb** sich auf Anhieb gut mit jdm verstehen *fam*
5 (*fam: hit*) treffen
6 (*join*) miteinander verbunden sein; ■**to ~ with sth** mit etw *dat* verbunden sein
II. *vt* 1 ELEC, COMPUT ■**to ~ sth** (*join*) etw verbinden (**to/with** mit +*dat*); (*plug in*) etw anschließen (**to/with** an +*akk*); ■**to ~ sth together** etw miteinander verbinden
2 *utility company* ■**to ~ sth/sb** etw/jdn anschließen (**to/with** an +*akk*); **to be ~ed to the mains** ELEC ans Stromnetz angeschlossen sein
3 (*make accessible*) ■**to ~ sth** eine Verbindung zu etw *dat* herstellen
4 (*associate, relate*) ■**to ~ sb/sth** jdn/etw miteinander in Zusammenhang [*o* Verbindung] bringen; ■**to ~ sb/sth with sth** jdn/etw mit etw *dat* in Verbindung [*o* Zusammenhang] bringen
5 TELEC (*put through*) ■**to ~ sb** jdn verbinden; ***could you ~ me with Paris please?*** könnten Sie mich bitte mit Paris verbinden?; ***I'll ~ you*** ich verbinde [Sie]

connected [kə'nektɪd] *adj pred, inv* 1 (*joined together*) ■**to be ~** verbunden sein (**to/with** mit +*dat*); (*plugged in*) angeschlossen sein (**to/with** an +*akk*)
2 (*related, being family*) ■**to be ~ to sb** mit jdm verwandt sein; ***I don't think he's ~ to that family*** ich glaube nicht, dass er mit dieser Familie verwandt ist; **to be ~ [to sb] by marriage** [mit jdm] verschwägert sein
3 (*having to do with*) ■**to be ~** miteinander in Zusammenhang stehen, zusammenhängen; ***the two murders seem to be ~ in some way*** zwischen den beiden Morden scheint es irgendeinen Zusammenhang zu geben; ■**to be ~ with sth** mit etw *dat* in Verbindung [*o* Zusammenhang] stehen, mit etw *dat* zusammenhängen
4 (*based*) ■**to be ~ to sth** auf etw *akk* bezogen sein

connected person *n* LAW Vertrauensperson *f*

connecting [kə'nektɪŋ] *adj attr, inv* **~ door** Verbindungstür *f;* **~ flight** Anschlussflug *m;* **~ link** Bindeglied *nt*

connecting rod *n* AUTO Kurbelstange *f fachspr*, Pleuelstange *f fachspr*

connection [kə'nekʃᵊn] *n* 1 *no pl* (*joining, link*) Verbindung *f* (**to/with** mit +*dat*); *to the mains, a telephone, a computer network* Anschluss *m* (**to** an +*akk*); **~ to the Internet** Internetanschluss *m;* **to get a ~** (*on phone*) [zu jdm] durchkommen; ***I'm always trying to ring you but I can never get a ~*** ich versuche nun schon länger, dich telefonisch zu erreichen, aber nie komme ich durch
2 TRANSP (*link*) Verbindung *f* (**between** zwischen +*dat*); (*connecting train, flight*) Anschluss *m;* ***there are good ~s from Manchester to Birmingham*** es gibt gute [Verkehrs]verbindungen von Manchester nach Birmingham; **railway ~** Eisenbahnver-

bindung; **poor ~s** schlechte Verbindungen; **to miss one's ~** seinen Anschluss verpassen
❸ (*people, contacts*) ■**~s** *pl* Beziehungen *fpl* (**with** zu +*dat*); **to have ~s** Beziehungen haben
❹ (*association*) ■**sb's ~ with sb** jds Beziehung zu jdm; ***what's his ~ with the girl?*** in welcher Beziehung steht er zu dem Mädchen?
❺ (*reference*) **in that/this ~** in diesem Zusammenhang; **in ~ with sth** im Zusammenhang mit etw *dat*
❻ (*causality*) ■**~ between sth** Zusammenhang *m* zwischen etw *dat; **there was no ~ between the two phenomena*** die beiden Phänomene hingen nicht zusammen
❼ (*conclusion*) ***... but I never made the ~ that they were sisters*** ...aber ich habe nie daraus geschlossen, dass sie Schwestern sein könnten

connective [kə'nektɪv] **I.** *n* LING Bindeglied *nt*
II. *adj inv* verbindend, Binde-

connective tissue [kə,nektɪv'-] *n no pl* MED Bindegewebe *nt*

connector [kə'nektəʳ, AM -ɚ] *n* ELEC Verbindungselement *nt*

connexion *n esp* BRIT (*dated*) *see* **connection**

conning tower ['kɒnɪŋ,taʊəʳ, AM 'kɑːnɪŋtaʊɚ] *n* MIL Kommandoturm *m*

connivance [kə'naɪvᵊn(t)s] *n no pl* stillschweigende Billigung, stillschweigendes Einverständnis; **~ at** [*or* **in**] **a crime** Mitwisserschaft *f* bei einem Verbrechen; **to be in ~ with sb** mit jdm gemeinsame Sache machen; ■**to do sth with the ~ of sb** etw mit jds Wissen tun

connive [kə'naɪv] *vi* ❶ (*conspire*) ■**to ~ with sb** sich *akk* mit jdm verschwören, mit jdm gemeinsame Sache machen
❷ (*condone*) ■**to ~ at sth** etw [stillschweigend] dulden, vor etw *dat* die Augen verschließen; **to ~ at a crime** einem Verbrechen Vorschub leisten; ■**to ~ in doing sth** sich *akk* verschwören, etw zu tun

conniving [kə'naɪvɪŋ] *adj* (*malicious*) boshaft; (*underhanded*) hinterhältig, tückisch; **~ bastard** (*pej*) hinterhältiger Schuft *pej*

connoisseur [,kɒnə'sɜːʳ, AM ,kɑːnə'sɜːr] *n* Kenner(in) *m(f)*, Connaisseur *m veraltend;* **art/wine ~** Kunst-/Weinkenner(in) *m(f)*; **ballet ~** Ballettexperte, -in *m, f;* **food ~** Gourmet *m*

connotation [,kɒnə(ʊ)'teɪʃᵊn, AM ,kɑːnə'-] *n* Konnotation *f fachspr;* **to have ~s of sth** *of a word* mit etw *dat* assoziiert werden

connotative ['kɒnəʊteɪtɪv, AM 'kɑːnə] *adj* mitmeinend, implizierend

connote [kə'nəʊt, AM -'noʊt] *vt* ■**to ~ sth** mit etw *dat* gleichbedeutend sein; ***to me chocolate ~s pleasure and indulgence*** Schokolade assoziiere ich mit Freude und Genuss

connubial [kə'njuːbiəl, AM -'nuː-] *adj inv* (*form*) ehelich, Ehe-; **~ bed** Ehebett *nt;* **~ bliss** Eheglück *nt;* **~ relations** Beziehung *f* zwischen den Ehepartnern

conquer ['kɒŋkəʳ, AM 'kɑːŋkɚ] **I.** *vt* ■**to ~ sth** ❶ MIL etw erobern; ■**to ~ sb** jdn besiegen
❷ (*win over*) etw erobern; **to ~ sb's heart** jds Herz erobern
❸ (*climb*) etw bezwingen
❹ (*overcome*) etw überwinden; **to ~ a disease** eine Krankheit besiegen; **to ~ a problem** ein Problem in den Griff bekommen
II. *vi* ▶ PHRASES: **I <u>came</u>, I saw, I ~ed** (*saying*) ich kam, sah und siegte

conqueror ['kɒŋkᵊrəʳ, AM 'kɑːŋkɚɚ] *n* ❶ MIL (*of sth*) Eroberer, Eroberin *m, f;* (*of sb*) Sieger(in) *m(f)* (**of** über +*akk*); **William the C~** William der Eroberer
❷ (*climber*) Bezwinger(in) *m(f)*

conquest ['kɒŋkwest, AM 'kɑːn-] *n* ❶ *no pl* MIL *of a thing* Eroberung *f; of a person* Sieg *m* (**of** über +*akk*)
❷ (*hum: sexual*) Eroberung *f fam;* **to make a ~ of sb** jdn erobern
❸ *no pl* (*climbing*) Bezwingung *f*
❹ *no pl* (*overcoming*) Überwindung *f*

conquistador <*pl* -s *or* -es> [kɒn'kɪstədɔːʳ, AM kɑːŋ'kɪstədɔːr] *n* [spanischer] Eroberer, Konquistador *m*

con rod *n* AUTO (*fam*) *short for* **connecting rod** Kurbelstange *f fachspr,* Pleuelstange *f fachspr*

Cons *short for* **conservative 3**

conscience ['kɒn(t)ʃᵊn(t)s, AM 'kɑːn-] *n* Gewissen *nt; **my ~ wouldn't let me do that*** das könnte ich mit meinem Gewissen nicht vereinbaren; **a matter** [*or* **question**] **of ~** eine Gewissensfrage; **to feel pangs** [*or* **a pang of**] **of ~** Gewissensbisse haben; **in all** [*or* **good**] **~** guten Gewissens; **a bad** [*or* **guilty**] **~** ein schlechtes Gewissen; **to have a guilty ~ about sth** wegen einer S. *gen* ein schlechtes Gewissen haben; **a clear/an easy ~** ein reines/ruhiges Gewissen; **to do sth with a clear ~** ruhigen Gewissens etw tun; **to appeal to/arouse sb's ~** jdm ins Gewissen reden; **sth is on one's ~** jd hat wegen einer S. *gen* ein schlechtes Gewissen; **to ease** [*or* **salve**] **one's ~** sein Gewissen beruhigen; **to have no ~ about doing sth** sich *dat* kein Gewissen daraus machen, etw zu tun; **to have sth on one's ~** etw auf dem Gewissen haben; **to have sb's death on one's ~** jdn auf dem Gewissen haben; **sth preys** [*or* **weighs**] **on sb's ~** jd hat wegen einer S. *gen* Gewissensbisse; **to prick** [*or* **stir**] **sb's conscience** an jds Gewissen appellieren

conscience clause *n* LAW Gewissensklausel *f fachspr* **conscience money** *n no pl Geld, mit dem man sich ein ruhiges Gewissen erkaufen will; **he paid his illegitimate children ~*** er zahlte seinen unehelichen Kinder Geld, um sein Gewissen zu beruhigen **conscience-stricken** *adj* schuldbewusst; ■**to be ~** [**over sth**] sich *akk* [wegen einer S. *gen*] schuldig fühlen

conscientious [,kɒn(t)ʃi'en(t)ʃəs, AM ,kɑːn-] *adj* ❶ (*thorough*) *person* gewissenhaft; (*with sense of duty*) pflichtbewusst; *work* gründlich, sorgfältig; ***Mary was ~ about her work*** Mary erledigte ihre Arbeit gründlich
❷ (*moral*) **on ~ grounds** aus Gewissensgründen; **~ objector** Kriegsdienstverweigerer, Kriegsdienstverweigerin *m, f*

conscientiously [,kɒn(t)ʃi'en(t)ʃəsli, AM ,kɑːn-] *adv* (*thoroughly*) gewissenhaft, sorgfältig; (*with sense of duty*) pflichtbewusst

conscientiousness [,kɒn(t)ʃi'en(t)ʃəsnəs, AM ,kɑːn-] *n no pl* (*thoroughness*) Gewissenhaftigkeit *f;* (*sense of duty*) Pflichtbewusstsein *nt*

conscious ['kɒn(t)ʃəs, AM 'kɑːn-] *adj* ❶ MED (*sentient*) ■**to be** [**fully**] **~** bei [vollem] Bewusstsein sein
❷ (*hum: awake*) wach
❸ (*deliberate*) bewusst; **a ~ decision** eine bewusste Entscheidung
❹ *after n* (*aware*) bewusst; **fashion/security ~** mode-/sicherheitsbewusst; **figure/health/weight ~** figur-/gesundheits-/gewichtsbewusst; **to be money ~** sparsam sein, sparsam mit dem Geld umgehen
❺ *pred* (*knowing, feeling*) ■**to be ~ of sth** sich *dat* einer S. *gen* bewusst sein; ***the tooth doesn't exactly hurt but I'm ~ of it all the time*** der Zahn schmerzt nicht richtig, aber ich spüre ihn die ganze Zeit; **sb is/becomes ~** [**of the fact**] **that ...** jdm ist/wird bewusst, dass ..., jd ist/wird sich *dat* der Tatsache bewusst, dass ...
❻ *pred* (*sensitive*) ■**to be ~ of sth** für etw *akk* empfänglich sein

conscious error *n* COMPUT bewusster Fehler

consciously ['kɒn(t)ʃəsli, AM 'kɑːn-] *adv* bewusst, absichtlich

consciousness ['kɒn(t)ʃəsnəs, AM 'kɑːn-] *n no pl* ❶ MED (*sentience*) Bewusstsein *nt;* **to lose ~** das Bewusstsein verlieren, bewusstlos werden; **to recover** [*or* **regain**] **~** das Bewusstsein wiedererlangen, wieder zu Bewusstsein kommen
❷ (*perception*) ■**sb's ~ of sth** jds Wissen um etw *akk;* **to enter into** [*or* **impinge on**] **sb's ~** in jds Bewusstsein eindringen, jds Bewusstsein erreichen; ■**sb's ~ that ...** das Bewusstsein, dass ...
❸ (*awareness*) *political, social* Bewusstsein *nt;* **health ~** Bewusstsein *nt* für die eigene Gesundheit; **to raise sb's political ~** jds politisches Bewusstsein erweitern

consciousness raising *n no pl* Bewusstwerdung *f,* Bewusstseinsbildung *f; **after all of the ~ the party did ...*** nach allem, was die Partei unternommen hatte, um mehr politisches Bewusstsein zu wecken ... **consciousness-raising** *adj attr, inv* bewusstseinsbildend

conscript I. *n* ['kɒnskrɪpt, AM 'kɑːn-] Wehrpflichtige(r) *m*
II. *adj* ['kɒnskrɪpt, AM 'kɑːn-] *attr, inv* eingezogen, einberufen; **~ army** Armee *f* von Wehrpflichtigen; **~ soldiers** Wehrpflichtige *pl*
III. *vt* [kən'skrɪpt] ■**to ~ sb** jdn einziehen [*o* einberufen]; **to be ~ed into the army** [zum Wehrdienst] einberufen werden; **to be ~ed into the navy** zur Marine eingezogen werden

conscription [kən'skrɪpʃᵊn] *n no pl* MIL Wehrpflicht *f;* (*act of conscripting*) Einberufung *f;* **universal ~** allgemeine Wehrpflicht; **to introduce ~** die Wehrpflicht einführen

consecrate ['kɒn(t)sɪkreɪt, AM 'kɑːn-] *vt* ❶ (*sanctify*) ■**to ~ sth** etw weihen
❷ (*ordain*) ■**to ~ sb** jdn weihen [*o fachspr* ordinieren]; **to be ~d priest** zum Priester geweiht werden
❸ (*form: dedicate*) **to ~ one's life to sth** sein Leben etw *dat* widmen [*o geh* weihen]
❹ (*fam: devote*) ■**to be ~d to sth** etw *dat* ganz gewidmet sein; ***the room was ~d to sport*** das Zimmer war eine einzige Huldigung an den Sport

consecrated ['kɒn(t)sɪkreɪtɪd, AM 'kɑːn-] *adj inv* geweiht; **~ bread** Laib *m* Christi; **to pass around the ~ bread** die Kommunion austeilen; **~ ground** heiliger Boden; **~ wine** Eucharistiewein *m*

consecration [,kɒn(t)sɪ'kreɪʃᵊn, AM ,kɑːn-] *n no pl* ❶ (*sanctification*) *of host* Weihe *f*
❷ (*ordination*) Ordination *f fachspr*

consecutive [kən'sekjʊtɪv, AM -jət̬ɪv] *adj inv* ❶ (*following*) *days, months* aufeinander folgend, hintereinander; *numbers* fortlaufend; ***the third ~ weekend that I've spent working*** schon das dritte Wochenende, an dem ich arbeite; ***this is the fifth ~ night that I haven't slept*** ich habe jetzt schon fünf Nächte hintereinander nicht geschlafen
❷ LING **~ clause** Konsekutivsatz *m fachspr*
❸ (*not simultaneous*) **~ interpreting** Konsekutivdolmetschen *nt*

consecutively [kən'sekjʊtɪvli, AM -jət̬ɪv-] *adv* hintereinander; **~ numbered** fortlaufend nummeriert

consecutive quotation *n* STOCKEX fortlaufende Notierung *f* **consecutive sentences** *npl* LAW mehrere nacheinander zu verbüßende Freiheitsstrafen

consensual [kən'sen(t)sjuəl, AM -'sen(t)ʃu-] *adj* (*form*) übereinstimmend; **~ acts** LAW einverständlicher Verkehr; **~ contract** Vertrag *m* im gegenseitigen Einvernehmen; ■**to be ~** in gegenseitigem Einvernehmen geschehen *geh*

consensus [kən'sen(t)səs] *n no pl* Übereinstimmung *f,* Konsens *m geh* (**among** unter +*dat*); **to be the general ~** die allgemeine Meinung sein; **there is a ~ that ...** es besteht Einigkeit darüber, dass ...; **to reach a ~ on sth** sich *akk* in etw *dat* einigen

consensus ad idem *n* LAW Einmütigkeit *f* **consensus politics** *n + sing vb* Politik *f* des Miteinander

consent [kən'sent] (*form*) **I.** *n no pl* Zustimmung *f,* Einwilligung *f;* **age of ~** LAW ≈ Ehemündigkeitsalter *nt fachspr;* **by common ~** nach allgemeiner Auffassung; **informed ~** erklärtes Einverständnis; **by mutual ~** im gegenseitigen Einverständnis; **to give one's ~** seine Zustimmung erteilen [*o* geben], seine Einwilligung geben; **to refuse** [*or* **withhold**] **one's ~** seine Zustimmung verweigern
▶ PHRASES: **<u>silence</u> means ~** (*prov*) Schweigen bedeutet Zustimmung
II. *vi* ■**to ~ to sth** etw *dat* zustimmen, in etw *dat* einwilligen; **to ~ to a marriage** sein Einverständnis zu einer Heirat geben; ■**to ~ to do sth** einwilligen [*o* sich bereit erklären], etw zu tun; ■**to ~ to sb doing sth** seine Einwilligung dazu geben [*o* darin

einwilligen], dass jd etw tut

consenting adult *n* mündiger Bürger/mündige Bürgerin

consent judgment *n* LAW einverständlich beantragtes Urteil, Prozessvergleich *m* **consent order** *n* LAW Beschluss *m* aufgrund der Zustimmung der beschwerten Partei

consequence ['kɒn(t)sɪkwən(t)s, AM 'kɑːn(t)-] *n* ❶ (*result*) Folge *f*, Konsequenz *f*; ***look at the ~s!*** schau dir das Resultat an!; **disastrous ~s** katastrophale [*o* verheerende] Folgen; **to accept** [*or* **face**] **the ~s** die Konsequenzen tragen müssen [*o* auf sich *akk* nehmen]; **to bear** [*or* **suffer**] [*or* **take**] **the ~s** die Konsequenzen tragen; **to have ~s for sb/sth** Konsequenzen für jdn/etw haben; **as a ~** folglich, daher; **as a ~ of sth** als Folge einer S. *gen;* **in ~** folglich; **in ~ of sth** infolge einer S. *gen;* **in ~ of which** infolgedessen
❷ *no pl* (*significance*) Bedeutung *f;* (*importance*) Wichtigkeit *f;* **of no/some ~** ([*un*]*important*) unwichtig/wichtig; ([*in*]*significant*) unbedeutend/bedeutend; ***she is a woman of no ~*** sie hat nichts zu sagen; **nothing of** [**any**] **~** nichts Besonderes [*o* von Bedeutung]

consequent ['kɒn(t)sɪkwənt, AM 'kɑːn(t)-] *adj attr* daraus folgend [*o* resultierend]; ***our use of harmful chemicals and the ~ damage to the environment is …*** dass wir schädliche Chemikalien benutzen und damit unsere Umwelt zerstören, ist …

consequential [ˌkɒn(t)sɪ'kwentʃəl, AM ˌkɑːn(t)-] *adj* ❶ *see* **consequent**
❷ LAW folgerichtig
❸ (*important*) wichtig

consequentially [ˌkɒnsɪ'kwenʃəli, AM ˌkɑːn] *adv* folgerichtig, demzufolge

consequently ['kɒn(t)sɪkwəntli, AM 'kɑːn(t)-] *adv* folglich, infolgedessen

conservancy <*pl* -ies> [kən'sɜːvən(t)si, AM sɜːr] *n* ❶ (*council*) Schutzbehörde, Instandhaltungsbehörde; **the Nature C~ Council** die Naturschutzbehörde
❷ *no pl* (*conservation*) Erhaltung *f*, Bewahrung *f*

conservation [ˌkɒn(t)sə'veɪʃən, AM ˌkɑːn(t)sə-] **I.** *n no pl* (*protection*) Schutz *m;* (*preservation*) Erhaltung *f;* **~ of energy/reserves/resources** Erhaltung *f* von Energie/Reserven/Ressourcen; **wildlife ~** Schutz *m* frei lebender Tiere
II. *n modifier* **~ area** Naturschutzgebiet *nt;* **~ technology** Umweltschutztechnik *f*

conservationist [ˌkɒn(t)sə'veɪʃənɪst, AM ˌkɑːn(t)sə-] **I.** *n* Umweltschützer(in) *m(f)*, Naturschützer(in) *m(f)*
II. *adj attr, inv* Umweltschutz-; **~ groups** Umweltschutzgruppen *fpl*

conservatism [kən'sɜːvətɪzəm, AM -'sɜːr-] *n no pl* ❶ (*conservative attitude*) konservative Einstellung
❷ POL ■**C~** Konservatismus *m*

conservative [kən'sɜːvətɪv, AM -'sɜːrvət̬ɪv] **I.** *adj* ❶ (*in dress, opinion*) konservativ; **to be ~ in one's views** in seinen Ansichten konservativ sein; **to be a ~ dresser** konservativ gekleidet sein
❷ (*low*) zurückhaltend, vorsichtig; **~ estimate** vorsichtige Schätzung
❸ POL ■**C~** konservativ; ***did you vote C~?*** haben Sie die Konservativen gewählt?; **the C~ Party** die Konservative Partei; REL **C~ Judaism** der konservative Judaismus
II. *n* POL ■**C~** Konservative(r) *f(m)*; **a staunch C~** ein überzeugter [*o* loyaler] Konservativer

conservatively [kən'sɜːvətɪvli, AM -'sɜːrvət̬ɪv-] *adv* konservativ; *estimate* vorsichtig

conservatoire [kən'sɜːvətwɑːr] *n* BRIT Konservatorium *nt*

conservator [kən'sɜːrvət̬ə] *n* AM ECON, FIN Vormund *m*

conservatory [kən'sɜːvətri, AM -'sɜːrvətɔːri] *n* ❶ (*for plants*) Wintergarten *m*
❷ MUS Konservatorium *nt*

conserve **I.** *vt* [kən'sɜːv, AM -'sɜːrv] ■**to ~ sth** ❶ (*save*) etw sparen; **to ~ energy** Energie sparen; **to ~ one's strength** seine Kräfte *fpl* schonen
❷ (*maintain*) etw erhalten [*o* bewahren]; (*protect*) etw schützen
II. *n* [kən'sɜːv, AM 'kɑːnsɜːrv] Eingemachtes *nt kein pl;* **apricot/strawberry ~** eingemachte Aprikosen/Erdbeeren

consider [kən'sɪdər, AM -ə] *vt* ❶ (*contemplate*) ■**to ~ sth** über etw *akk* nachdenken, sich *dat* etw *akk* überlegen; ***well, I'll consider it*** ich lasse es mir durch den Kopf gehen; ■**to ~ sb/sth for sth** jdn/etw für etw *akk* in Erwägung ziehen; **to be ~ed for a job** für einen Job in Erwägung gezogen werden; ■**to ~ doing sth** daran denken [*o* sich *akk* mit dem Gedanken tragen], etw zu tun; ■**to ~ how/what/where/why …** darüber nachdenken [*o* sich *dat* überlegen], wie/was/wo/warum …
❷ (*look at*) ■**to ~ sb/sth** jdn/etw betrachten; (*think of*) ■**to ~ sth/sb** an etw/jdn denken; (*take into account*) ■**to ~ sth** etw bedenken [*o* berücksichtigen]; ***you've got to ~ the time factor*** Sie dürfen den Zeitfaktor nicht aus dem Auge verlieren; **all things ~ed** alles in allem
❸ (*regard as*) ■**to ~ sb/sth** [**as** [*or* **to be**]] **sth** jdn/etw für etw *akk* halten, jdn/etw als etw *akk* betrachten; ***I ~ it a compliment/an honour/an insult …*** ich betrachte es als Kompliment/Ehre/Beleidigung…; ***~ yourself at home*** fühlen Sie sich wie zu Hause; ***~ yourself sacked!*** betrachten Sie sich als entlassen!; ***do you ~ her trustworthy?*** denkst du, man kann ihr vertrauen?; **to ~ sb a genius** jdn für ein Genie halten; **~ it done** schon erledigt! *fam;* **to ~ oneself lucky that …** sich *akk* glücklich schätzen können, dass …; ■**to be ~ed** [**to be**] **sth** als etw gelten; ■**to ~ that …** denken [*o* der Meinung sein], dass …

considerable [kən'sɪdərəbl] *adj* erheblich, beträchtlich

considerably [kən'sɪdərəbli] *adv* erheblich, beträchtlich; (*rather*) ziemlich

considerate [kən'sɪdərət] *adj* rücksichtsvoll; (*attentive*) aufmerksam; ■**to be ~ towards sb** gegenüber jdm rücksichtsvoll sein

considerately [kən'sɪdərətli] *adv* rücksichtsvoll, bedachtsam

consideration [kənˌsɪdər'eɪʃən] *n* ❶ *no pl* (*thought*) Überlegung *f;* **after careful ~** nach reiflicher Überlegung; **on careful ~ of sth** nach sorgfältiger Prüfung einer S. *gen;* **to deserve** [*or* **need**] [*or* **require**] **~** der Überlegung bedürfen *geh;* **to give sth one's ~** [*or* **~ to sth**] etw in Erwägung [*o* Betracht] ziehen; ■**to be under ~** geprüft werden
❷ *no pl* (*account*) **to take sth into ~** etw berücksichtigen [*o* bedenken], etw in Betracht ziehen
❸ (*factor*) Gesichtspunkt *m*, Faktor *m;* **to be motivated by political ~s** von politischen Überlegungen motiviert sein
❹ *no pl* (*regard*) Rücksicht *f;* ***you've got no ~ for others!*** du denkst immer nur an dich!; **out of/without ~ for sb/sth** aus/ohne Rücksicht auf jdn/etw
❺ (*dated or hum: payment*) **for a modest** [*or* **small**] **~** gegen ein geringes Entgelt
❻ LAW Gegenleistung *f;* **executed ~** erbrachte Gegenleistung; **executory ~** wechselseitiges Leistungsversprechen
► PHRASES: **in ~ of sth** als Dank für etw *akk*

considered [kən'sɪdəd, AM -'ərd] *adj* ❶ *opinion* wohl überlegt; ***it's my ~ opinion that …*** wenn ich es mir recht überlege, finde ich, dass …
❷ (*respected*) **well/highly ~** [hoch] geachtet

considering [kən'sɪdərɪŋ] **I.** *prep* ■**~ sth …** wenn man etw bedenkt …; **~ *her fear of heights …*** wenn man bedenkt, unter welcher Höhenangst sie leidet, …; ■**~ how/what …** wenn man bedenkt, wie/was …
II. *conj* ■**~ that …** wenn man bedenkt, dass …, dafür, dass …; ***her figure is wonderful ~*** [***that***] ***she eats so much chocolate*** dafür, dass sie so viel Schokolade isst, hat sie eine wundervolle Figur
III. *adv* ❶ (*all in all*) alles in allem; (*really*) eigentlich; ***he did very well in the course, ~*** alles in allem hat er den Kurs gut abgeschlossen; ***Harry wasn't feeling too bad, ~*** eigentlich fühlte sich Harry gar nicht so schlecht
❷ (*esp hum fam: surprisingly*) in Anbetracht der Umstände

consign [kən'saɪn] *vt* (*form*) ❶ (*send*) ■**to ~ sth to sb** etw an jdn senden; **to ~ goods/articles to sb** Waren/Artikel an jdn verschicken [*o* versenden]
❷ (*place*) **to ~ sb to sb's care** jdn in jds Obhut geben; **to be ~ed to the care of sb** unter jds Obhut stehen; **to be ~ed to poverty/oblivion** in Armut/Vergessenheit geraten; **to be ~ed to prison** ins Gefängnis kommen

consignee [ˌkɒnsaɪ'niː, AM ˌkɑːn-] *n* (*form*) Empfänger(in) *m(f)*, Konsignatar *m*, Konsignatär *m fachspr*

consigner [kən'saɪnər, AM -ə] *n* (*form*) Absender(in) *m(f)*, Konsignant *m fachspr*

consignment [kən'saɪnmənt] *n* ❶ (*goods being delivered*) Warensendung *f*
❷ *no pl* ECON **on ~** in Kommission; **goods on ~, ~ goods** Kommissionswaren *fpl;* **to ship sth on ~** in Konsignation liefern *fachspr*
❸ *no pl* (*placing*) ***her ~ to prison was reported in detail by the press*** die Presse hat ausführlich darüber berichtet, wie sie ins Gefängnis kam

consignment note *n* Frachtbrief *m*

consignor [kən'saɪnər, AM -ə] *n* COMM Absender(in) *m(f)*, Konsignant *m fachspr*

consist [kən'sɪst] *vi* ❶ (*comprise*) ■**to ~ of sth** aus etw *dat* bestehen
❷ (*form: derive from*) ■**to ~ in sth** in etw *dat* bestehen; ***the beauty of air travel ~s in its speed and ease*** das Schöne am Fliegen ist die Schnelligkeit und Bequemlichkeit; ***for her, happiness ~s in …*** für sie besteht Glück darin, …

consistency [kən'sɪstən(t)si] *n no pl* ❶ (*firmness*) Konsistenz *f;* ***melt the chocolate to a pouring ~*** die Schokolade zum Schmelzen bringen, bis sie flüssig wird
❷ *no pl* (*constancy*) Beständigkeit *f*, Konsistenz *f geh;* **sth lacks ~** etw *dat* mangelt es an Konsistenz *geh*
❸ (*logic*) Folgerichtigkeit *f*
❹ *no pl* (*in principles, aims*) Konsequenz *f*

consistency check *n* COMPUT Konsistenzprüfung *f*

consistent [kən'sɪstənt] *adj* ❶ (*compatible*) ■**to be ~ with sth** mit etw *dat* vereinbar sein; (*in correspondence*) mit etw *dat* übereinstimmen, etw *dat* entsprechen
❷ (*steady*) beständig; *way of doing sth* gleich bleibend; *improvement* stetig, ständig; (*in uniform manner*) einheitlich
❸ (*logical*) folgerichtig; **a ~ explanation** eine logische Erklärung
❹ (*in agreement with principles, aims*) konsequent

consistently [kən'sɪstəntli] *adv* ständig

consolation [ˌkɒnsə'leɪʃən, AM ˌkɑːn-] *n* ❶ *no pl* (*comfort*) Trost *m;* ***that's little*** [*or* ***not much***] ***~!*** (*iron*) das ist ein schwacher Trost! *iron;* ***my's ~ is that …*** was mich tröstet ist, dass …; **if it's** [**of**] **any ~, …** wenn es ein Trost für dich ist, …; ***it was some ~ to him to know that …*** es war tröstlich für ihn zu wissen, dass …; **there is** [**some**]**/no ~ in doing sth** es ist ein Trost [*o* tröstlich]/kein Trost, etw zu tun; **there is ~ in knowing that …** es ist tröstlich [*o* ein Trost] zu wissen, dass …; **for ~** zum Trost
❷ *no pl* (*act of consoling*) Trösten *nt;* **to offer words of ~** Worte des Trostes [*o* tröstende Worte] spenden
❸ (*comforter*) **as a ~ for sth** als Trost [*o hum* Trostpflaster] für etw *akk*
❹ (*support*) Trost *m*, Stütze *f;* **to be a ~ to sb** ein Trost *m* für jdn sein

consolation prize *n* Trostpreis *m*

consolatory [kən'sɒlətəri, AM -'sɑːlətɔːri] *adj* tröstend; **~ letter** Trostbrief *m*

console[1] [kən'səʊl, AM -'soʊl] *vt* ■**to ~ sb/oneself** [**with sth**] jdn/sich [mit etw *dat*] trösten; ■**to ~ sb for/on sth** jdn über etw *akk* hinwegtrösten; **to ~ oneself with the thought that …** sich *akk* mit dem Gedanken trösten, dass …

console² ['kɒnsəʊl, AM 'kɑːnsoʊl] *n* ❶ (*control desk*) Schaltpult *nt;* (*control panel*) Kontrollpult *nt*
❷ COMPUT Konsole *f*

consolidate [kən'sɒlɪdeɪt, AM -'sɑːlə-] **I.** *vi* ❶ (*improve*) sich *akk* festigen [*o geh* konsolidieren]
❷ (*unite*) sich *akk* zusammenschließen [*o* vereinigen]
❸ STOCKEX (*remain unchanged*) *price of stock* konsolidieren
II. *vt* ■**to ~ sth** ❶ (*improve*) etw festigen [*o geh* konsolidieren]; **to ~ a firm's position in the market** die Marktposition einer Firma konsolidieren *geh;* **to ~ one's hold on sth** seinen Einfluss auf etw *akk* festigen; **to ~ sb's relationship** jds Beziehung festigen
❷ (*unite*) etw vereinigen
❸ LAW etw vereinfachen, schon bestehende Gesetze verbinden

consolidated [kən'sɒlɪdeɪtɪd, AM -'sɑːlədeɪt̬-] *adj* vereint, konsolidiert *fachspr;* **the ~ power of a company** die geballte Macht eines Unternehmens

consolidated accounts *n* ECON Konzernabschluss *m* **consolidated balance sheet** *n* ECON konsolidierte Bilanz, Konzernbilanz *f* **consolidated fund** *n* BRIT FIN konsolidierter Staatsfonds *fachspr* **consolidated profit and loss account** *n* ECON konsolidierte Gewinn- und Verlustrechnung, Gewinn- und Verlustrechnung *f* eines Konzerns **consolidated stock** *n* ECON, FIN *see* **consols**

Consolidating Act *n* LAW Kodifizierungsgesetz *nt*

consolidation [kən,sɒlɪ'deɪʃən, AM -'sɑːlə-] *n no pl* ❶ (*improvement*) Festigung *f,* Konsolidierung *f*
❷ (*merging*) *companies* Fusion *f,* Zusammenschluss *m;* (*company*) konsolidierte Unternehmensgruppe
❸ FIN (*investing*) Konsolidierung *f*
❹ LAW Kodifikation *f;* (*hearing proceedings together*) Verbindung *f,* Zusammenfassung *f*

consols [kən'sɒlz] *npl* BRIT ECON, FIN Konsols *pl,* konsolidierte Staatsanleihen *pl*

consommé [kən'sɒmeɪ, AM ,kɑːn(t)sə'meɪ] *n no pl* Kraftbrühe *f,* Consommé *f o nt*

consonance ['kɒn(t)sənən(t)s, AM 'kɑːn(t)-] *n no pl* ❶ MUS Konsonanz *f fachspr*
❷ (*fig form: harmony*) ■**~ between sth** Einklang *m* [*o* Harmonie *f*] zwischen etw *dat;* (*correspondence*) **in ~ with sth** in Einklang *geh* [*o* Übereinstimmung] mit etw *dat*

consonant ['kɒn(t)sənənt, AM 'kɑːn(t)-] **I.** *n* Konsonant *m*
II. *adj* ■**to be ~ with sth** in Einklang mit etw *dat* sein *geh,* mit etw *dat* übereinstimmen

consonantal [,kɒnsən'æntəl, AM ,kɑːnsə'nænt̬əl] *adj inv* LING konsonantisch *fachspr*

consort **I.** *vi* [kən'sɔːt, AM -'sɔːrt] ■**to ~ together** miteinander verkehren; ■**to ~ with sb** mit jdm verkehren
II. *n* ['kɒnsɔːt, AM 'kɑːnsɔːrt] Gemahl(in) *m(f) geh,* Gatte, -in *m, f geh;* **prince ~** Prinzgemahl *m geh*

consortia [kən,sɔːtiə, AM -'sɔːrt̬iə] *n pl of* **consortium**

consortium <*pl* -s *or* -tia> [kən,sɔːtiəm, *pl* -tiə, AM -'sɔːrt̬iəm, *pl* -t̬iə] *n* ❶ ECON Konsortium *nt fachspr;* **~ of companies** Firmenkonsortium *nt fachspr,* Firmengruppe *f;* **to form a ~** ein Konsortium bilden
❷ LAW Recht *nt* der ehelichen Gemeinschaft

conspicuous [kən'spɪkjuːəs] *adj* (*noticeable*) auffallend; (*clearly visible*) unübersehbar; *person, behaviour, colour, clothes* auffällig; **to be ~ by one's absence** (*esp hum*) durch Abwesenheit glänzen *esp hum;* **~ beauty** außergewöhnliche Schönheit; **~ figure** exzellente Figur; **to look ~** auffallen

conspicuous consumption *n* Prestigekauf *m*

conspicuously [kən'spɪkjuːəsli] *adv* (*noticeably*) auffallend; (*clearly visible*) deutlich sichtbar

conspicuousness [kən'spɪkjuːəsnəs] *n no pl* Auffälligkeit *f;* ***the ~ of her white hat was really embarrassing*** es war schon direkt peinlich, wie ihr weißer Hut einem ins Auge stach

conspiracy [kən'spɪrəsi] *n* ❶ *no pl* (*secret planning*) Konspiration *f geh,* Verschwörung *f;* **~ to defraud** LAW Verabredung *f* zum Betrug *fachspr;* **~ to murder** Mordkomplott *nt*
❷ (*plot*) Komplott *nt,* Verschwörung *f* (**against** gegen +*akk*); ***there was a ~ to keep me out of the group*** es gab eine Verschwörung, mich aus der Gruppe rauszuhalten; **there is a ~ of silence about sth** [über etw *akk*] herrscht verabredetes Stillschweigen

conspiracy theory *n* Verschwörungstheorie *f*

conspirator [kən'spɪrətəʳ, AM -ət̬ɚ] *n* Verschwörer(in) *m(f)*

conspiratorial [kən,spɪrə'tɔːriəl] *adj* verschwörerisch; **to exchange ~ glances** verschwörerische Blicke austauschen

conspiratorially [kən,spɪrə'tɔːriəli] *adv* verschwörerisch; **to whisper ~** verschwörerisch tuscheln

conspire [kən'spaɪəʳ, AM -'spaɪɚ] *vi* (*also fig*) sich *akk* verschwören; ■**to ~ [together] to do sth** heimlich planen, etw zu tun; ■**to ~ against/with sb** sich *akk* gegen jdn/mit jdm verschwören; (*fig*) ***the weather had ~d to ruin their day*** das Wetter hatte sich gegen sie verschworen

constable ['kʌn(t)stəbl̩] *n* BRIT Polizist(in) *m(f),* [Polizei]wachtmeister(in) *m(f);* **police ~** Polizist *m;* **woman police ~** Polizistin *f*

constabulary [kən'stæbjʊləri] *n + sing/pl vb* BRIT Polizei *f kein pl*

constancy ['kɒn(t)stən(t)si, AM 'kɑːn(t)-] *n no pl* (*form: being unchanging*) Beständigkeit *f; of feelings* Unveränderlichkeit *f;* (*loyalty, faithfulness*) Treue *f;* (*perseverance*) **~ [of purpose]** Ausdauer *f*

constant ['kɒn(t)stənt, AM 'kɑːn(t)-] **I.** *n* MATH, PHYS Konstante *f fachspr,* konstante Größe *fachspr;* ***the fundamental ~s in life are birth and death*** Geburt und Tod sind die Grundkonstanten des Lebens
II. *adj attr* ❶ (*continuous*) dauernd, ständig, permanent; ***we had ~ rain*** es hat ununterbrochen geregnet; **~ bickering** unaufhörliches Gezänk; **~ chatter** permanentes Schwatzen; **~ noise** ständiger Lärm; **to have ~ pain** ständigen Schmerzen ausgesetzt sein; **~ scrutiny** Routineüberprüfungen *fpl;* **~ shelling** ununterbrochene Bombardierung; **~ surveillance** regelmäßige Überwachung
❷ (*unchanging*) beständig, gleich bleibend; *feelings* immer während; **~ amount/level** konstante Menge/konstantes Niveau; **~ support** unablässige Unterstützung; **~ temperature** gleich bleibende [*o* konstante] Temperatur
❸ (*loyal*) treu
❹ (*frequent*) fortwährend, unaufhörlich; **to be in ~ trouble with sb** ständig Probleme mit jdm haben; **~ use** ständiger Gebrauch

constantly ['kɒn(t)stəntli, AM 'kɑːn(t)-] *adv inv* ständig, dauernd, permanent; **to bicker ~** sich *akk* ununterbrochen zanken; **to complain ~** sich *akk* ständig beklagen

constellation [,kɒn(t)stə'leɪʃən, AM 'kɑːn(t)-] *n* ASTROL, ASTRON Sternbild *nt,* Konstellation *f fachspr*

consternation [,kɒn(t)stə'neɪʃən, AM ,kɑːn(t)stɚ'-] *n no pl* Bestürzung *f;* **a look of ~** eine bestürzte Miene; ***a look of ~ crossed his face*** er machte ein bestürztes Gesicht; **to cause ~** Bestürzung hervorrufen; **to fill sb with ~** jdn bestürzen; **in ~** bestürzt; ■**to sb's ~** zu jds Bestürzung, mit Bestürzung

constipate ['kɒn(t)stɪpeɪt, AM 'kɑːn(t)stə-] *vt* MED ■**to ~ sb** bei jdm zu Verstopfung führen; ***that will ~ me*** davon bekomme ich Verstopfung

constipated ['kɒn(t)stɪpeɪtɪd, AM 'kɑːn(t)stəpeɪt̬ɪd] *adj* verstopft; **to be/become [*or* get] ~** [eine] Verstopfung haben/bekommen; **mentally ~** (*fig*) gehemmt

constipation [,kɒn(t)stɪ'peɪʃən, AM ,kɑːn(t)stə-] *n no pl* Verstopfung *f,* Obstipation *f fachspr*

constituency [kən'stɪtjuən(t)si, AM -'stɪtʃu-] *n* ❶ POL (*area*) Wahlkreis *m;* (*voters also*) Wählerschaft *f* eines Wahlkreises
❷ + *sing/pl vb* (*supporters*) Anhängerschaft *f*

constituent [kən'stɪtjuənt, AM -'stɪtʃu-] **I.** *n* ❶ (*voter*) Wähler(in) *m(f)*
❷ (*part*) Bestandteil *m;* **basic [*or* essential] ~s** Grundbestandteile *mpl;* **main ~s** Hauptbestandteile *mpl*
II. *adj attr, inv* ❶ (*component*) einzeln, bildend, konstituierend *geh;* **the council's ~ members** die einzelnen Ratsmitglieder; **~ part** Bestandteil *m;* **the ~ parts of a sentence** die einzelnen Satzteile
❷ (*voting*) wählend
❸ POL *assembly, meeting* konstituierend *fachspr*

constitute ['kɒn(t)stɪtjuːt, AM 'kɑːn(t)stətuːt] *vt* ■**to ~ sth** ❶ (*make up*) etw ausmachen; ***women ~ about ten percent of Parliament*** etwa zehn Prozent der Parlamentsmitglieder sind Frauen
❷ (*form: be*) etw sein; **to ~ a threat to sth** eine Bedrohung für etw *akk* darstellen [*o* sein]
❸ (*establish*) etw einrichten

constitution [,kɒn(t)stɪ'tjuːʃən, AM ,kɑːn(t)stə'tuː-] *n* ❶ (*structure*) Zusammensetzung *f;* **genetic ~** genetische Struktur
❷ POL Verfassung *f;* **written/unwritten ~** geschriebene/ungeschriebene Verfassung; **under the ~** nach der Verfassung
❸ (*health*) Konstitution *f,* Verfassung *f;* **to have a strong/weak ~** eine gute/schwache Konstitution haben
❹ *no pl* (*establishment*) Einrichtung *f*
❺ LAW Satzung *f,* Statut *nt*

constitutional [,kɒn(t)stɪ'tjuːʃənəl, AM ,kɑːn(t)stə'tuː-] **I.** *adj* ❶ POL konstitutionell *fachspr,* verfassungsmäßig; **~ amendment** Verfassungsänderung *f;* **~ democracy/monarchy** konstitutionelle Demokratie/Monarchie *fachspr;* **~ law** Verfassungsrecht *nt;* **~ lawyer** ein auf Verfassungsrecht spezialisierter Jurist; **~ monarch** konstitutioneller Monarch *fachspr;* **~ right** Grundrecht *nt;* **to be not ~** verfassungswidrig sein; ■**it ist not ~ to do sth** es ist verfassungswidrig, etw zu tun
❷ (*physical*) konstitutionell *fachspr,* körperlich bedingt; **~ weakness** körperlich bedingte Schwäche
II. *n* (*hum dated*) Spaziergang *m;* **to go on one's ~** seinen Spaziergang machen

constitutionality [,kɑːn(t)stətuːʃən'æləti] *n no pl* AM Verfassungsmäßigkeit *f;* **to challenge [*or* question] the ~ of a law** die Verfassungsmäßigkeit eines Gesetzes in Frage stellen

constitutionalize [,kɒn(t)stɪ'tjuːʃənəlaɪz, AM ,kɑːn(t)stə'tuːʃənəl-] *vt* ■**to ~ sth** etw in der Verfassung verankern

constitutionally [,kɒn(t)stɪ'tjuːʃənəli, AM ,kɑːn(t)stə'tuː-] *adv* ❶ POL verfassungsgemäß
❷ (*physically*) konstitutionell *fachspr,* körperlich; ***he's just ~ weak*** er hat einfach eine schwache Konstitution; (*fig hum: by nature*) von Natur aus

constrain [kən'streɪn] *vt* ❶ (*restrict*) ■**to ~ sth** etw einschränken; **to ~ the development/progress of sth** die Entwicklung/den Fortschritt einer S. *gen* bremsen
❷ (*compel*) ■**to ~ sb** jdn zwingen
❸ (*liter: imprison*) ■**to ~ sb** jdn inhaftieren

constrained [kən'streɪnd] *adj* ❶ (*compelled*) **to feel ~ to do sth** sich *akk* gezwungen [*o* genötigt] fühlen, etw zu tun; ***don't feel ~ to do what he says*** lass dich von ihm nicht unter Druck setzen
❷ (*stiff*) gezwungen, steif; *laugh* unnatürlich

constraint [kən'streɪnt] *n* ❶ (*compulsion*) Zwang *m;* **the ~ of politeness** das Gebot der Höflichkeit; **under ~** unter Zwang
❷ (*restriction*) Beschränkung *f,* Einschränkung *f;* (*hindrance*) Behinderung *f;* **to impose ~s on sb/sth** jdm/etw Beschränkungen auferlegen *geh,* jdn/etw einschränken; **to place ~s on sth** etw *dat* Zwänge auferlegen
❸ *no pl* (*form: stiffness*) Gezwungenheit *f;* (*awkwardness*) Befangenheit *f;* **without ~** ungezwungen

constrict [kən'strɪkt] **I.** *vt* ❶ (*narrow*) ■**to ~ sth** *muscle* etw verengen; (*squeeze*) ■**to ~ sth** etw ein-

C

schnüren
❷ (*hinder*) ■**to ~ sth** etw behindern; **to ~ sb's movements** jds Bewegungsfreiheit einschränken
❸ (*restrict*) **to ~ sb** [*or* **sb's lifestyle**] jdn beengen [*o* einengen] [*o* einschränken]
II. *vi* sich *akk* zusammenziehen; ***he felt his throat ~*** er fühlte, wie es ihm die Kehle zu[sammen]schnürte

constriction [kənˈstrɪkʃᵊn] *n* ❶ *no pl* (*narrowing*) Verengung *f;* (*squeezing*) Einschnüren *nt;* (*tightness*) Enge *f;* ***he felt a ~ in his chest*** er hatte das Gefühl, dass ihm etwas die Brust einschnürte
❷ (*hindrance*) Behinderung *f*
❸ *usu pl* (*restriction*) Beschränkung *f,* Einschränkung *f*
❹ *no pl* (*being restricted*) Beengtheit *f,* Enge *f*

constrictive [kənˈstrɪktɪv] *adj* eng

constrictor [kənˈstrɪktəʳ, AM -ɚ] *n* ❶ (*boa*) Boa [constrictor] *f*
❷ ANAT ~ [**muscle**] Schließmuskel *m*

construct I. *n* [ˈkɒnstrʌkt, AM ˈkɑːn-] Gedankengebäude *nt,* [gedankliches] Konstrukt *fachspr;* ***his reputation is largely a media ~*** sein Ruf ist weitgehend ein Ergebnis der Berichterstattung durch die Medien
II. *vt* [kənˈstrʌkt] ❶ (*build*) ■**to ~ sth** etw bauen; **to ~ a dam** einen Damm errichten; ■**to ~ sth of/out of sth** etw aus etw *dat* bauen; ***the wall is ~ed of concrete*** die Wand ist aus Beton
❷ (*develop*) ■**to ~ sth** etw entwickeln; **to ~ an argument/a story** ein Argument/eine Geschichte aufbauen; **to ~ a theory** eine Theorie entwickeln [*o geh* konstruieren]
❸ LING **to ~ a sentence** einen Satz konstruieren *fachspr*

construction [kənˈstrʌkʃᵊn] *n* ❶ *no pl* (*act of building*) Bau *m;* ***a marvellous work of engineering and ~*** ein Meisterwerk der Ingenieur- und Baukunst; **the ~ industry** die Bauindustrie; **~ site** Baustelle *f;* **~ worker** Bauarbeiter(in) *m(f);* **to be under ~** im [*o* in] Bau sein; ***how long has the hotel been under ~?*** wie lange hat man an dem Hotel gebaut?
❷ (*how sth is built*) Bauweise *f*
❸ *object, machine* Konstruktion *f;* (*architectural feature*) Bau *m,* Bauwerk *nt;* (*building*) Gebäude *nt*
❹ (*development*) Entwicklung *f*
❺ LING Konstruktion *f fachspr;* **absolute/idiomatic ~** absolute/idiomatische Konstruktion *fachspr*
❻ (*interpretation*) Interpretation *f,* Deutung *f;* **to put the wrong ~ on sb's actions** jds Vorgehen falsch verstehen [*o* deuten]

constructional [kənˈstrʌkʃᵊnəl] *adj* baulich; **~ plan** Bauplan *m;* **~ technique** Bauweise *f*

constructive [kənˈstrʌktɪv] *adj* ❶ (*helpful*) konstruktiv *geh*
❷ ARCHIT, TECH Bau-; **~ plans** Baupläne *mpl*

constructive dismissal *n* ECON durch Arbeitgeber herbeigeführte Kündigung durch den Arbeitnehmer **constructive knowledge** *n* LAW gesetzlich unterstellte Kenntnis

constructively [kənˈstrʌktɪvli] *adv* konstruktiv *geh,* auf konstruktive Weise; ***use your energy a bit more ~*** setz mal deine Energie etwas sinnvoller ein

constructive notice *n* LAW zumutbare Kenntnis **constructive total loss** *n* fingierter [*o* angenommener] Totalverlust **constructive trust** *n* LAW fingiertes Treuhandverhältnis

constructor [kənˈstrʌktəʳ, AM -ɚ] *n* (*tech*) Konstrukteur(in) *m(f);* ARCHIT Erbauer(in) *m(f)*

construe [kənˈstruː] *vt* ❶ (*form: interpret*) ■**to ~ sth as sth** etw als etw *akk* deuten; **to ~ sth as an apology** etw als eine Entschuldigung verstehen; **to ~ sth as indecision** etw als Unentschlossenheit auslegen; ■**to ~ sth to be sth** etw als etw *akk* auffassen
❷ LING (*dated: analyse*) etw analysieren; **to ~ a sentence** einen Satz analysieren [*o* zerlegen]

consul [ˈkɒn(t)sᵊl, AM ˈkɑːn(t)-] *n* Konsul(in) *m(f)*

consular [ˈkɒn(t)sjuləʳ, AM ˈkɑːn(t)sjulɚ] *adj inv* konsularisch, Konsulats-; **in a ~ capacity** in der Eigenschaft als Konsul; **~ office** Konsulatsbüro *nt,* Amtszimmer *nt* des Konsuls

consulate [ˈkɒn(t)sjulət, AM ˈkɑːn(t)-] *n* ❶ (*building*) Konsulat *nt*
❷ + *sing/pl vb* (*staff*) Konsulatsbelegschaft *f*

consulate general <*pl* consulates general> *n* Generalkonsulat *nt*

consul general <*pl* consuls general> *n* Generalkonsul(in) *m(f)*

consult [kənˈsʌlt] **I.** *vi* sich *akk* beraten; ■**to ~ with sb** sich *akk* mit jdm beraten; ■**to ~ with sb about sth** etw mit jdm besprechen, sich *akk* mit jdm über etw *akk* beraten
II. *vt* ❶ (*ask*) ■**to ~ sb** [**about** [*or* **on**] **sth**] jdn [bezüglich einer S. *gen*] um Rat fragen; **to ~ a doctor/lawyer/specialist** einen Arzt/Anwalt/Spezialisten konsultieren *geh* [*o* zu Rate ziehen]
❷ (*look at*) ■**to ~ sth** etw heranziehen [*o* zu Rate ziehen]; ***I'll ~ my diary*** ich seh mal in meinem Kalender nach; **to ~ a dictionary** in einem Wörterbuch nachschlagen; **to ~ a list/map** in einer Liste/auf einer Karte nachsehen; **to ~ the oracle** das Orakel befragen; **to ~ one's watch** auf die Uhr sehen
❸ (*consider*) ■**to ~ sth** etw prüfen; **to ~ one's feelings/intuitions** auf sein Gefühl/seine Intuition hören; ***I have to ~ my feelings before ...*** ich muss erst mit mir zu Rate gehen, bevor ...

consultancy [kənˈsʌltᵊn(t)si] *n* ❶ *no pl* (*advice*) Beratung *f*
❷ (*firm*) Beratungsdienst *m;* **engineering ~** Ingenieurbüro *nt;* **financial ~** Finanzberater *m*

consultant [kənˈsʌltᵊnt] *n* ❶ (*adviser*) Berater(in) *m(f);* **computer ~** Computerexperte, -in *m, f,* Computerfachmann, Computerfachfrau *m, f;* **management ~** Unternehmensberater(in) *m(f);* **public relations ~** PR-Berater(in) *m(f);* **tax ~** Steuerberater(in) *m(f);* ■**~** [**to sb**] **for** [*or* **on**] **sth** [jds] Berater(in) *m(f)* für etw *akk;* **~ *for foreign investments*** Investitionsberater(in) *m(f)*
❷ BRIT MED Facharzt, Fachärztin *m, f;* **cancer ~** Krebsspezialist(in) *m(f);* ■**~ in sth** Spezialist(in) *m(f)* in etw *dat*

consultation [ˌkɒnsᵊlˈteɪʃᵊn, AM ˈkɑːn-] *n* ❶ *no pl* (*advice*) Beratung *f* (**with** mit + *dat,* **on** über + *akk*); **to be in ~** [**with sb**] sich *akk* [mit jdm] beraten; **to decide on sth in ~ with sb** etw in Absprache mit jdm entscheiden
❷ (*meeting*) Beratung *f,* Besprechung *f; with one's lawyer, accountant* Rücksprache *f* (**with** mit + *dat,* **about/on** über + *akk*)
❸ MED Konsultation *f;* **to have a ~ with sb** jdn konsultieren

consultative [kənˈsʌltətɪv, AM -t̬ətɪv] *adj attr, inv* beratend, Beratungs-; ***she works for the firm in a ~ capacity*** sie arbeitet als Beraterin für die Firma; **~ committee** Beratungsgremium *nt*

consulting [kənˈsʌltɪŋ] *adj attr, inv* beratend

consulting actuary *n* beratender Versicherungsmathematiker/beratende Versicherungsmathematikerin, Aktuar(in) *m(f)* **consulting hours** *npl* Sprechstunde *f* **consulting room** *n* Sprechzimmer *nt*

consumable [kənˈsjuːməbl̩, AM ˈsuː] *adj inv* verbrauchbar, Verbrauchs-; (*fig*) Gebrauchs-

consumables [kənˈsjuːməbl̩z, AM -ˈsuː-] *npl* Verbrauchsgüter *ntpl,* Konsumgüter *ntpl*

consume [kənˈsjuːm, AM -ˈsuːm] *vt* ❶ (*eat, drink*) ■**to ~ sth** etw konsumieren [*o* zu sich *dat* nehmen]; *food also* etw verzehren; (*hum*) etw vertilgen *hum fam*
❷ (*destroy*) ■**to ~ sth** *fire* etw zerstören [*o* vernichten]
❸ (*obsess*) **to be ~d by anger** von unbändigem Zorn erfüllt sein; **to be ~d by envy/jealousy** vor Neid/Eifersucht [fast] vergehen; **to be ~d by greed/hatred/guilt** von Gier/Hass/Schuld erfüllt sein; **to be ~d by passion for sb** sich *akk* vor Leidenschaft nach jdm verzehren
❹ (*use up*) ■**to ~ sth** etw verbrauchen; **to ~ energy/fuel** Energie/Benzin verbrauchen; **to ~ all one's money** sein ganzes Geld aufbrauchen
❺ (*buy*) ■**to ~ sth** etw kaufen

consumer [kənˈsjuːməʳ, AM -ˈsuːmɚ] **I.** *n* Verbraucher(in) *m(f),* Konsument(in) *m(f) fachspr*
II. *n modifier* (*advise, credit*) Verbraucher-; **~ demand** Nachfrage *f;* **~ legislation** Verbraucherschutzgesetze *pl;* **~ revolution** Veränderung *f* des Konsumverhaltens; **~ rights** Rechte *ntpl* des Verbrauchers

consumer durables *npl* Gebrauchsgüter *ntpl*

consumerism [kənˈsjuːmərɪzᵊm, AM -ˈsuːməɪ-] *n no pl* ❶ (*protection*) Verbraucherschutz *m*
❷ (*pej: attitude*) Konsumdenken *nt;* **rampant ~** ausufernder Konsum

consumerist [kənˈsjuːmerɪst, AM -ˈsuːmɚ-] *adj* (*pej*) Konsum-

consumer price index *n* AM, AUS Verbraucherpreisindex *m* **consumer protection** *n no pl* Verbraucherschutz *m* **consumer society** *n* Konsumgesellschaft *f*

consuming [kənˈsjuːmɪŋ, AM -ˈsuːm-] *adj attr, inv desire, passion* glühend, verzehrend *geh; ambition, interest* brennend

consummate I. *adj* [ˈkɒn(t)semət, kənˈsʌmət, AM ˈkɑːn(t)səmɪt] *attr* (*form*) vollendet, vollkommen; **~ athlete** Spitzensportler(in) *m(f);* **a ~ liar** ein ausgebuffter Lügner/eine ausgebuffte Lügnerin; **~ skill** unübertroffene Geschicklichkeit; **a ~ thief** ein Meisterdieb/eine Meisterdiebin
II. *vt* [ˈkɒn(t)səmeɪt, AM ˈkɑːn(t)sə-] (*form*) ■**to ~ sth** etw vollenden; **to ~ a marriage** LAW eine Ehe vollziehen

consummately [kənˈsʌmətli, AM ˈkɑːnsəmɪtli] *adv* vollkommen, restlos

consummation [ˌkɒn(t)səˈmeɪʃᵊn, AM ˌkɑːn(t)sə-] *n no pl* (*form*) ❶ (*completion*) Erfüllung *f; of a career* Höhepunkt *m*
❷ *of a marriage* Vollzug *m;* **non-~ of the marriage** Nichtvollzug *m* der Ehe

consumption [kənˈsʌm(p)ʃᵊn] *n no pl* ❶ (*using up*) Verbrauch *m;* (*using*) Konsum *m;* **energy/fuel ~** Energie-/Benzinverbrauch *m*
❷ (*eating, drinking*) Konsum *m; of food also* Verzehr *m;* **fat ~** Verzehr *m* von Fettmachern; **to be unfit for human ~** nicht zum menschlichen Verzehr geeignet sein
❸ (*purchase*) Verkauf *m*
❹ (*use*) **for internal ~** zur internen Nutzung
❺ *no pl* MED (*dated*) Schwindsucht *f veraltet*

consumptive [kənˈsʌm(p)tɪv] (*dated*) **I.** *n* MED Schwindsüchtige(r) *f(m) veraltet*
II. *adj inv* MED schwindsüchtig *veraltet*

cont *adj abbrev of* **continued** Forts.

contact [ˈkɒntækt, AM ˈkɑːn-] **I.** *n* ❶ *no pl* (*communication*) Kontakt *m,* Verbindung *f;* ***there isn't enough ~ between teachers and parents*** die Lehrer und Eltern tauschen sich nicht genügend aus; ***I'll get into ~ with him*** ich melde mich bei ihm; ***I couldn't get into ~ with him*** ich habe ihn nicht erreicht; **to have ~ with the** [**outside**] **world** Kontakt zur Außenwelt haben; **to be in ~** [**with sb**] [mit jdm] in Verbindung stehen; **to establish** [*or* **make**]/**maintain** [*or* **stay in**] **~ with sb** mit jdm in Kontakt kommen/bleiben; **to keep in ~ with sb** den Kontakt zu jdm aufrechterhalten; **to lose ~ with sb** den Kontakt zu jdm verlieren; **to make ~ with sb** sich *akk* mit jdm in Verbindung setzen, Kontakt zu jdm aufnehmen; *on the phone* jdn [telefonisch] erreichen
❷ (*person*) ***I've got a ~ in a printing firm*** ich habe Verbindungen zu [*o* ich kenne da jemanden in] einer Druckerei; **business ~s** Geschäftskontakte *mpl;* **international/professional/social ~s** internationale/berufliche/soziale Kontakte; ■**~s** *pl* (*connections*) Beziehungen *fpl;* ***you need ~s*** ohne Beziehungen geht nichts; **to build up ~s** Kontakte aufbauen; **to have ~s** Beziehungen [*o* Verbindungen] haben
❸ (*relationship*) Beziehung *f;* **to forge ~s with sb** mit jdm Kontakte eingehen
❹ *no pl* (*touch*) Kontakt *m;* [**physical**] **~** Berührung *f;* ***have you come into ~ with anyone with chickenpox?*** hatten Sie Kontakt mit jemandem,

der Windpocken hat?; **to be in/make ~ with sth** etw berühren; **to come into ~ with sth** (*also fig*) mit etw *dat* in Berührung kommen *a. fig;* ***don't let that glue come into ~ with your skin*** lassen Sie diesen Klebstoff nicht an Ihre Haut kommen; **on ~** bei Berührung
❺ ELEC Kontakt *m*
II. *vt* ■**to ~ sb** sich *akk* mit jdm in Verbindung setzen; (*get to by phone*) jdn [telefonisch] erreichen; ***can I ~ you by phone?*** sind Sie telefonisch zu erreichen?; ***if there is any way we can be of assistance please do not hesitate to ~ us*** falls Sie Hilfe brauchen, setzen Sie sich einfach mit uns in Verbindung; ***you can ~ me on*** [*or* AM ***at***] ***123 456*** sie erreichen mich unter der Nummer 123 456

contactable [kən'tæktəbl̩] *adj* erreichbar; *on the phone* telefonisch erreichbar

contact-breaker *n* ELEC Unterbrecher *m fachspr*
contact lens *n* Kontaktlinse *f* **contact man** *n* Kontaktperson *f*, V-Mann *m*, Verbindungsmann *m* **contact number** *n* Rufnummer *f* **contact print** *n* Kontaktabzug *m* **contact sport** *n Sportarten mit Körperkontakt wie z. B. American Football oder Rugby* **contact visit** *n Besuch im Gefängnis, bei dem Körperkontakt erlaubt ist*

contagion [kən'teɪdʒən] *n* ❶ *no pl* Ansteckung *f;* (*potential*) Ansteckungsgefahr *f;* **risk of ~** Ansteckungsgefahr *f*
❷ (*dated: disease*) ansteckende Krankheit
❸ (*bad influence*) schädlicher Einfluss

contagious [kən'teɪdʒəs] *adj* ❶ *disease* ansteckend, direkt übertragbar; *person* ansteckend; **a highly ~ infection** eine äußerst ansteckende Infektionskrankheit
❷ *emotion* ansteckend; ***her laughter is very ~*** ihr Lachen steckt alle an; **~ enthusiasm** ansteckende Begeisterung

contain [kən'teɪn] *vt* ■**to ~ sth** ❶ (*hold, have, include*) etw enthalten; ***a file ~ing a lot of important documents*** ein Aktenordner mit zahlreichen wichtigen Informationen; ***try to avoid foods which ~ a lot of fat*** versuchen Sie allzu fette Nahrungsmittel zu vermeiden; ■**to be ~ed in sth** in etw *dat* enthalten sein; ***the documents ~ed in the old box …*** die Dokumente, die sich in der alten Schachtel befanden, …
❷ (*limit*) etw in Grenzen halten; (*hold back*) etw aufhalten
❸ (*suppress*) etw zurückhalten; ■**to ~ oneself** sich *akk* zurückhalten; ***she could barely ~ herself*** sie konnte kaum an sich halten

container [kən'teɪnəʳ, AM -ɚ] *n* ❶ (*small*) Behälter *m*, Gefäß *nt;* **plastic ~** Plastikbehälter *m;* **unbreakable ~** unzerbrechliches Gefäß
❷ TRANSP (*large*) Container *m*

containerize [kən'teɪnəraɪz, AM -nəraɪz] *vt* ■**to ~ sth** etw in Container verpacken

container ship *n* Containerschiff *nt*

containment [kən'teɪnmənt] *n no pl* ❶ (*limit*) Eindämmung *f;* ***~ of crowd violence was the police's main concern*** das Hauptanliegen der Polizei war es, gewalttätige Ausschreitungen der Menge zu verhindern
❷ POL, MIL In-Schach-Halten *nt*

contaminant [kən'tæmɪnənt] *n* Verunreinigung *f;* **to be free of ~s** keine Verunreinigungen enthalten

contaminate [kən'tæmɪneɪt] *vt* ■**to ~ sth** etw verschmutzen [*o* verunreinigen]; *food* etw verseuchen; (*with radioactivity, disease-causing agents*) etw verseuchen; (*poison*) etw vergiften

contaminated [kən'tæmɪneɪtɪd, AM -t̬ɪd] *adj* verschmutzt, verunreinigt; *food* verseucht; (*by radioactivity, by disease-causing agents*) verseucht; (*poisoned*) vergiftet; ***the spinach is ~*** [***by toxic chemicals***] der Spinat weist chemische Rückstände auf

contamination [kən,tæmɪ'neɪʃən] *n no pl* Verunreinigung *f*, Verschmutzung *f; of food* Verseuchung *f;* (*by radioactivity, disease-causing agents*) Verseuchung *f;* (*by poison*) Vergiftung *f*

contango [kən'tæŋəʊ, AM -goʊ] *n no pl* ECON, FIN ❶ (*interest payment*) Reportgeschäft *nt;* **~ day** Reporttag *m*
❷ (*cash price*) Report *m*

contd *adj abbrev of* **continued** Forts.

contemnor [kən'temnəʳ, AM -ɚ] *n* LAW Störer(in) *m(f)* [der Orndung] im Gerichtssaal

contemplate ['kɒntəmpleɪt, AM 'kɑːn-] **I.** *vi* nachdenken
II. *vt* ■**to ~ sth** ❶ (*gaze at*) etw betrachten
❷ (*consider*) etw erwägen [*o* in Erwägung ziehen]; (*reflect upon*) über etw *akk* nachdenken; **to ~ suicide** an Selbstmord denken; ***he would never ~ suicide*** Selbstmord käme für ihn niemals in Frage; ■**to ~ doing sth** erwägen [*o* mit dem Gedanken spielen], etw zu tun
❸ (*intend, have in mind*) an etw *akk* denken; ***it's too awful to ~*** schon der bloße Gedanke daran ist einfach schrecklich; ■**to ~ doing sth** daran denken, etw zu tun

contemplation [,kɒntəm'pleɪʃən, AM 'kɑːn-] *n no pl* ❶ (*gazing*) Betrachtung *f*
❷ (*thought*) Nachdenken *nt* (**of** über +*akk*); **to be lost in ~** in Gedanken versunken sein
❸ REL Besinnung *f*, Kontemplation *f geh;* ***the nuns have an hour set aside for silent ~ every morning*** die Nonnen haben jeden Morgen eine Stunde Zeit zur inneren Einkehr

contemplative [kən'templətɪv, AM -t̬-] *adj* ❶ (*reflective*) *mood* nachdenklich
❷ REL besinnlich; *life* beschaulich, kontemplativ *geh*

contemplatively [kən'templətɪvli, AM -t̬-] *adv* ❶ (*reflectively*) nachdenklich; ***he gazed out of the window ~*** er sah ganz in Gedanken versunken aus dem Fenster
❷ REL kontemplativ *geh*, besinnlich

contemporaneous [kən,tempəˈreɪniəs] *adj* (*form*) aus derselben Zeit; (*occurring at the same time*) gleichzeitig stattfindend; ■**to be ~** aus derselben Zeit stammen; (*ocurring at the same time*) gleichzeitig stattfinden

contemporaneously [kən,tempəˈreɪniəsli] *adv* (*form*) zur gleichen Zeit; ***the two authors lived ~*** die beiden Autoren waren Zeitgenossen

contemporary [kən'tempərəri, AM -pəreri] **I.** *n* ❶ (*from same period*) Zeitgenosse, -in *m, f;* **to be a ~ of sb** ein Zeitgenosse *m*/eine Zeitgenossin von jdm sein
❷ (*of same age*) Altersgenosse, -in *m, f*
II. *adj attr* ❶ (*from same period*) zeitgenössisch; **~ accounts** zeitgenössische Berichte
❷ (*modern*) modern, zeitgenössisch; ***it still has a ~ feel to it*** es könnte ebenso gut aus der heutigen Zeit stammen

contempt [kən'tem(p)t] *n no pl* ❶ (*scorn*) Verachtung *f* (**for** für +*akk*); (*disregard*) Geringschätzung *f* (**for** +*gen*); **to be beneath ~** unter aller Kritik sein; **to conceal/show one's ~** seine Geringschätzung verbergen/zeigen; **to have ~ for sb/sth** Verachtung für jdn/etw empfinden; **to hold sb/sth in ~** jdn/etw verachten; **to treat sb/sth with ~** jdn/etw mit Verachtung strafen; ***you should treat those remarks with ~*** diesen Bemerkungen sollten Sie überhaupt keine Beachtung schenken
❷ LAW **~** [**of court**] Missachtung *f* [des Gerichts]; **~ of Parliament** [*or* **the House**] Missachtung *f* der Parlamentshoheit; **to be in ~** das Gericht [*o* die Würde] des Gerichts missachten; **to purge one's ~** sich für sein ungebührliches Verhalten entschuldigen

contemptible [kən'tem(p)təbl̩] *adj* verachtenswert

contemptibly [kən'tem(p)təbli] *adv* verachtenswert

contempt of court *n no pl see* **contempt 2**

contemptuous [kən'tem(p)tʃuəs] *adj* verächtlich; *look, remark also* geringschätzig; **to give sb a ~ look** jdn verächtlich anschauen; **to be very ~ of sb/sth** voller Verachtung [*o* Geringschätzung] auf jdn [herab]blicken

contemptuously [kən'tem(p)tʃuəsli] *adv* verächtlich, geringschätzig

contend [kən'tend] **I.** *vi* ❶ (*compete*) ■**to ~ against sb/sth** gegen jdn/etw kämpfen; ■**to ~** [**with sb**] **for sth** [mit jdm] um etw *akk* wetteifern; **to ~ for a title** um einen Titel kämpfen
❷ (*cope*) ■**to ~ with sth** mit etw *dat* fertig werden müssen; **to have sb/sth to ~ with** sich *akk* gegen jdn/etw behaupten müssen, es mit jdm/etw zu tun haben
II. *vt* ■**to ~ that …** behaupten, dass …; *lawyer* geltend machen, dass …

contender [kən'tendəʳ, AM -ɚ] *n* Kandidat(in) *m(f)*, Bewerber(in) *m(f)* (**for** für +*akk*); **to be a ~ for the championship title** ein Anwärter/eine Anwärterin auf den Meistertitel sein

contending [kən'tendɪŋ] *adj attr, inv* [wider]streitend, gegensätzlich

content¹ ['kɒntent, AM 'kɑːn-] *n* ❶ (*what is inside*) *of a container, text, film* Inhalt *m;* **table of ~s** Inhaltsverzeichnis *nt*
❷ (*amount contained*) *of a substance, an ingredient* Gehalt (**of an** +*dat*); **to have a high/low fat ~** einen hohen/niedrigen Fettgehalt [*o* Fettanteil] aufweisen
❸ *no pl* (*substance, meaning*) Gehalt *m;* ***it's a beautiful film, but it lacks ~*** es ist ein wunderschöner Film, aber sehr gehaltvoll ist er nicht

content² [kən'tent] **I.** *adj pred* zufrieden (**with** mit +*dat*); ■**to be** [**not**] **~ to do sth** etw [nicht] gerne tun
II. *vt* ■**to ~ sb** jdn zufrieden stellen; **to be easily ~ed** leicht zufrieden zu stellen sein; ■**to ~ oneself with sth** sich *akk* mit etw *dat* zufrieden geben [*o* begnügen]; **to ~ oneself with a simple life** mit einem einfachen Leben zufrieden sein
III. *n no pl* Zufriedenheit *f;* **to one's heart's ~** nach Herzenslust; **time of ~** sorgenfreie Zeit

contented [kən'tentɪd, AM -t̬-] *adj* zufrieden (**with** mit +*dat*); **to not be ~ until …** keine Ruhe geben, bis …

contentedly [kən'tentɪdli, AM -t̬-] *adv* zufrieden

contentedness [kən'tentɪdnəs, AM -t̬-] *n no pl* Zufriedenheit *f*

contention [kən'ten(t)ʃən] *n* ❶ *no pl* (*dispute*) Streit *m* (**about** um +*akk*, **between** zwischen +*dat*); **to be in ~** strittig [*o* umstritten] sein; (*up for discussion*) zur Debatte stehen
❷ (*quarrel*) Streit *m*, Auseinandersetzung *f* (**among** unter +*dat*)
❸ (*opinion*) Behauptung *f;* **it is sb's ~ that …** jd behauptet, dass …
❹ *no pl* SPORTS **to be in/out of ~ for sth** [noch] im/aus dem Rennen um etw *akk* sein; **to put sb out of ~ for the championship/promotion/the title** jdn aus dem Rennen um die Meisterschaft/den Aufstieg/den Titel werfen
► PHRASES: **bone of ~** Zankapfel *m*

contentious [kən'ten(t)ʃəs] *adj* ❶ (*controversial*) kontrovers *geh; issue* umstritten; *decision, matter, question also* strittig
❷ (*provocative*) provokatorisch
❸ (*heated*) hitzig; **~ debates** hitzige Debatten

contentiously [kən'tenʃəsli] *adv* Widerspruch hervorrufend

contentiousness [kən'ten(t)ʃəsnəs] *n no pl* ❶ (*controversy*) Kontroverse *f*
❷ (*argumentativeness*) Streitsucht *f*, Streitlust *f*
❸ (*heatedness*) Hitzigkeit *f*

contentment [kən'tentmənt] *n no pl* Zufriedenheit *f;* **pure ~** volle Zufriedenheit; **with ~** zufrieden

contents ['kɒntents, AM 'kɑːn-] **I.** *npl* ❶ (*inside*) Inhalt *m;* ***he poured the ~ of the bottle down the drain*** er goss die Flasche in den Abfluss; **complete with ~** mitsamt dem Inhalt; **to empty sth of its ~** etw ausleeren; **to empty a cupboard/a room of its ~** einen Schrank/ein Zimmer ausräumen
❷ (*text*) Inhalt *m;* [**table of**] **~** Inhaltsverzeichnis *nt*
II. *n modifier* **~ page** Inhaltsverzeichnis *nt*

contest I. *n* ['kɒntest, AM 'kɑːn-] ❶ (*event, competition*) Wettbewerb *m;* SPORTS Wettkampf *m;* **beauty ~** Schönheitswettbewerb *m;* **dance ~** Tanzturnier *nt;* **singing ~** Gesangswettbewerb *m;* **sports ~** Sportwettkampf *m;* **tennis ~** Tennisturnier *nt;* **to**

enter a ~ an einem Wettbewerb teilnehmen; SPORTS an einem Wettkampf teilnehmen; **to hold** [*or* **stage**] **a** ~ einen Wettbewerb veranstalten; SPORTS einen Wettkampf veranstalten
② *also* POL (*competing*) Wettstreit *m* (**for** um +*akk*); **a leadership** ~ ein Wettstreit *m* um die Führungsposition; **media** ~ Wettstreit *m* der Medien
③ (*dispute*) Streit *m;* (*fight*) Kampf *m* (**for** um +*akk*)
▶ PHRASES: **no** ~ ungleicher Kampf
II. *vt* [kən'test] ■**to ~ sth** ① (*compete for*) um etw *akk* kämpfen [*o* konkurrieren]
② POL (*compete in*) an etw *dat* teilnehmen; (*compete for*) für etw *akk* kandidieren; **to ~ the presidency** für das Amt des Präsidenten/der Präsidentin [*o* die Präsidentschaft] kandidieren; **to ~ a seat** um einen Wahlkreis kämpfen
③ (*dispute*) etw bestreiten; *decision, idea* etw in Frage stellen; (*challenge legality of*) etw anfechten; **to ~ claims/a will** Ansprüche/ein Testament anfechten; **to ~ a suit** einen Prozess [*o* ein Verfahren] anfechten

contestant [kən'testᵊnt] *n* ① (*of a competition*) Wettbewerbsteilnehmer(in) *m(f);* SPORTS Wettkampfteilnehmer(in) *m(f); in a quiz* Kandidat(in) *m(f)*
② POL Kandidat(in) *m(f)* (**for** für +*akk*); ~ **for the presidency** Präsidentschaftskandidat(in) *m(f)*

context ['kɒntekst, AM 'kɑːn-] *n* ① (*text*) Kontext *m;* (*circumstances*) *of a statement* Kontext *m,* Zusammenhang *m;* **to use** [*or* **quote**] [*or* **take**] **sth out of** ~ etw aus dem Zusammenhang [*o* Kontext] reißen
② (*situation, background*) Kontext *m geh,* Zusammenhang *m;* **historical** ~ historischer Kontext *geh;* **to see sth in** ~ etw im Kontext sehen *geh;* **in the ~ of sth** in Zusammenhang mit etw *dat;* ***viewed in the ~ of the current political situation, …*** vor dem Hintergrund der derzeitigen politischen Landschaft betrachtet …

contextual [kən'tekstjuəl, AM kən'tekstʃuəl] *adj attr* ① LING kontextuell *fachspr*
② (*form: in light of situation*) dem Zusammenhang entsprechend [*o* gemäß], kontextuell *geh;* ***the ~ view of this situation makes a revolution look likely*** wenn man diese Situation im Gesamtzusammenhang betrachtet, so scheint eine Revolution wahrscheinlich

contextualize [kən'tekstjuəlaɪz, AM kən'tekstʃu-] *vt* ■**to ~ sth** ① LING etw kontextualisieren *fachspr*
② (*form*) etw im Gesamtzusammenhang [*o geh* im [Gesamt]kontext] sehen; **to ~ a problem** ein Problem in seinen Zusammenhängen erfassen

contextually [kən'tekstjuəli, AM kən'tekstʃu-] *adv* ① LING kontextuell *fachspr*
② (*form: in the situation*) im Zusammenhang; ***seen ~, …*** als Ganzes und im Zusammenhang betrachtet …

contiguity [ˌkɒntɪ'gjuːəti, AM ˌkɑːnṭə'gjuəṭi] *n no pl* (*form*) ① (*vicinity*) Kontiguität *f veraltet geh; geographical* [unmittelbare] Nähe [*o* Nachbarschaft]
② (*succession*) [unmittelbare] Aufeinanderfolge

contiguous [kən'tɪgjuəs] *adj inv* (*form*) ① ■**to be ~** (*next to*) in unmittelbarer Nachbarschaft liegen; (*adjoining*) aneinander grenzen; (*touching*) sich *akk* berühren; ■**to be ~ to** [*or* **with**] **sth** (*next to*) in unmittelbarer Nachbarschaft zu etw *dat* liegen; (*adjoining*) an etw *akk* [an]grenzen; (*touching*) etw berühren; ***the two states are ~ with each other*** die beiden Staaten grenzen aneinander
② (*in time*) ■**to be ~** [unmittelbar] aufeinander folgen; ■**to be ~ to** [*or* **with**] **sth** unmittelbar auf etw *akk* folgen

continence ['kɒntɪnen(t)s, AM 'kɑːntᵊnən(t)s] *n no pl* ① MED Kontinenz *f fachspr*
② (*old: self-control*) Selbstbeherrschung *f;* (*chastity*) Enthaltsamkeit *f*

continent¹ ['kɒntɪnent, AM 'kɑːntᵊnənt] *n* ① (*land*) Kontinent *m,* Erdteil *m*
② *no pl* ■**the C~** Kontinentaleuropa *nt;* **on the C~** in Europa, auf dem Kontinent

continent² ['kɒntɪnent, AM 'kɑːntᵊnənt] *adj* ① MED ■**to be ~** seine Blase und Darmtätigkeit kontrollieren können
② (*old: chaste*) enthaltsam, keusch *veraltend*

continental [ˌkɒntɪ'nentᵊl, AM ˌkɑːntᵊ'nəntᵊl] I. *adj* ① *inv* kontinental, Kontinental-; ~ **land** Festland *nt;* ~ **waters** kontinentale Gewässer, Küstengewässer *nt* eines Kontinents
② (*European*) europäisch; **the ~ way of life** der europäische Lebensstil
II. *n* Europäer(in) *m(f)*

continental breakfast *n* kontinentales [*o* kleines] Frühstück **continental climate** *n no pl* Kontinentalklima *nt* **continental drift** *n* GEOL *no pl* Kontinentaldrift *f fachspr* **continental quilt** *n* BRIT Steppdecke *f;* (*with down*) Daunendecke *f* **continental shelf** *n* GEOL Kontinentalsockel *m fachspr,* Festland[s]sockel *m*

contingency [kən'tɪndʒᵊn(t)si] *n* (*form*) ① (*event*) Eventualität *f,* Möglichkeit *f;* **to provide for every ~** [*or* **all possible contingencies**] alle Möglichkeiten einplanen; **possible ~** möglicher Fall; **unforeseen ~** unvorhersehbare Eventualitäten
② (*provision*) Vorkehrung *f* (**against** gegen +*akk*)
③ (*expense*) Ausgabe *f*

contingency fund *n* FIN Eventualfonds *m fachspr* **contingency plan** *n* Alternativplan *m;* ***have you made any ~s?*** hast du dir irgendetwas anderes überlegt? **contingency reserve** *n* ECON Fonds *m* für unvorhergesehene Ausgaben, Feuerwehrfonds *m*

contingent [kən'tɪndʒᵊnt] I. *n* ① (*group*) Gruppe *f;* **feminist** ~ feministische Gruppierung
② MIL [Truppen]kontingent *nt,* Trupp *m*
II. *adj* ■**to be ~ [up]on sth** von etw *dat* abhängig sein

contingent expenses *n* ECON unvorhergesehene Sonderausgaben **contingent fee** *n* LAW Erfolgshonorar *nt* **contingent interest** *n no pl* AM LAW bedingtes Recht **contingent liability** *n* ECON Eventualverbindlichkeit *f* **contingent policy** *n* ECON Risikoversicherung *f*

continua [kən'tɪnjuə] *n pl of* **continuum**

continual [kən'tɪnjuəl] *adj* ständig, andauernd; (*without stopping*) ununterbrochen, pausenlos; ***I've had ~ problems with this car*** mit diesem Wagen habe ich nichts als Probleme gehabt; ~ **attacks** pausenlose Angriffe; ~ **interruptions** ständige [*o* permanente] [*o* andauernde] Unterbrechungen; **to have ~ pain** permanent Schmerzen haben

continually [kən'tɪnjuəli] *adv* ständig, [an]dauernd; ***they're ~ arguing*** sie streiten die ganze Zeit

continuance [kən'tɪnjuəns] *n no pl* ① (*remaining in existence or operation*) Fortbestehen *nt*
② (*time something lasts*) Fortdauer *f*
③ (*remaining in a particular condition*) Überdauern *nt,* Verbleiben *nt*

continuation [kənˌtɪnju'eɪʃᵊn] *n* ① *no pl* (*keeping up*) Fortsetzung *f,* Fortführung *f*
② *no pl* (*resuming*) Fortsetzung *f*
③ *no pl* (*going on*) Fortdauer *f*
④ (*sth continued*) Fortsetzung *f; of a river* Fortführung *f*

continue [kən'tɪnju] I. *vi* ① (*persist*) andauern; (*go on*) weitergehen; *rain, storm* anhalten, nicht nachlassen; (*in an activity*) weitermachen; ***despite our arguments he ~s to leave his dirty clothes on the floor*** trotz unserer Streitigkeiten lässt er die schmutzige Wäsche nach wie vor auf dem Boden liegen; ■**to ~ doing/to do sth** weiter[hin] etw tun; **to ~ fighting/playing/talking** [*or* **to fight/play/talk**] weiterkämpfen/-spielen/-reden; ■**to ~ with sth** mit etw *dat* fortfahren [*o* weitermachen]; ~ ***with the medicine until the symptoms disappear*** nehmen Sie das Medikament weiter, bis die Symptome verschwinden
② (*remain*) bleiben; **to ~ in office/power** weiter[hin] im Amt/an der Macht bleiben; ■**to ~ to be sth** [weiterhin] etw bleiben; ***he ~s to be an important member of the team*** er ist [*o* bleibt] nach wie vor ein wichtiges Mitglied der Mannschaft; ■**to ~ as sth** weiter als etw tätig sein
③ (*resume*) weitergehen; *an activity* weitermachen, fortfahren; *speaking, reading* fortfahren; ***may I ~?*** darf ich fortfahren?; ***he ~d by describing/explaining how …*** er fuhr fort, indem er beschrieb/erklärte, wie …; ~ **overleaf** Fortsetzung *f* umseitig; **to ~ on the next page** auf der nächsten Seite weitergehen; **to ~ on one's way** seinen Weg fortsetzen; ■**to ~ doing sth** weiter etw tun; **to ~ eating/reading** weiteressen/weiterlesen; ■**to ~ with sth** mit etw *dat* fortfahren [*o* weitermachen]
④ (*not end*) *path, road* weitergehen; (*travel*) **to ~ northwards** *person* in Richtung Norden weiterreisen
⑤ (*with direct speech*) fortfahren
II. *vt* ■**to ~ sth** ① (*keep up, carry on*) etw fortführen [*o* fortsetzen]; *an action* mit etw *dat* weitermachen [*o* fortfahren]; **to ~ one's career** seine Karriere weiterverfolgen; **to ~ one's education/studies** seine Ausbildung/Studien fortsetzen; **to ~ work** weiterarbeiten
② (*resume*) etw fortsetzen; **to be ~d on the next page** auf der nächsten Seite weitergehen

continued [kən'tɪnjuːd] *adj attr, inv* fortwährend; ***the ~ fighting in the city …*** die ununterbrochenen Kampfhandlungen in der Stadt…; **the ~ existence of sth** das Weiterbestehen einer S. *gen*

continuing [kən'tɪnjuːɪŋ] *adj attr, inv* ① (*continual*) ständig; ~ **stalemate** fortgesetzte Pattsituation
② SCH ~ **education** weiterführende Schulen

continuity [ˌkɒntɪn'juːəti, AM ˌkɑːntᵊn'uːəṭi] I. *n no pl* ① (*consistency*) Kontinuität *f geh*
② (*transition*) ■~ **between/with sth** Verbindung *f* zwischen/mit etw *dat*
③ (*stability*) Stabilität *f*
④ (*logic*) roter Faden; ***there is no ~ in your argument*** Ihre Argumentation ist nicht schlüssig
⑤ FILM, TV Drehbuch *nt,* Manuskript *nt*
II. *n modifier* ~ **boy/girl** Scriptboy *m*/-girl *nt;* ~ **error** Folgefehler *m*

continuo <*pl* -s> [kən'tɪnjuəʊ, AM juoʊ] *n* MUS *see* **basso continuo** Generalbass *m*

continuous [kən'tɪnjuəs] *adj attr, inv* ① (*permanent*) dauernd, ständig, ununterbrochen; (*steady*) kontinuierlich *geh,* stetig; (*unbroken*) durchgehend; *line also* durchgezogen; **a ~ low buzzing noise** ein ununterbrochener leiser Summton; ~ **pain** anhaltende Schmerzen; ~ **rain/sunshine** anhaltender Regen/Sonnenschein; ***we had ~ rain for the whole weekend*** es hat das ganze Wochenende ununterbrochen geregnet; **to be in ~ employment** durchgehend beschäftigt sein
② LING ~ **form** Verlaufsform *f fachspr*

continuous assessment *n* Probezeit *f*

continuously [kən'tɪnjuəsli] *adv inv* (*permanently*) dauernd, ständig, ununterbrochen; (*steadily*) kontinuierlich *geh,* stetig; ***it's been raining ~ for two days*** es regnet schon seit zwei Tagen ununterbrochen; **to work ~** pausenlos arbeiten

continuum <*pl* -nua *or* -s> [kən'tɪnjuəm, *pl* -njuə] *n* (*form*) SCI Kontinuum *nt fachspr*

contort [kən'tɔːt, AM -'tɔːrt] I. *vi* (*in pain*) sich *akk* verzerren; (*in displeasure*) sich *akk* verziehen; ***his face had ~ed with bitterness and rage*** seine Miene hatte sich vor Bitterkeit und Wut verzogen
II. *vt* ■**to ~ sth** ① (*deform*) etw verdrehen [*o* verrenken]; **to ~ one's body** sich *akk* verrenken; **a face ~ed by pain** ein schmerzverzerrtes Gesicht
② (*abuse*) etw verdrehen *pej fam;* **to ~ the truth/sb's words** die Wahrheit/jds Worte verdrehen *pej fam*

contorted [kən'tɔːtɪd, AM -'tɔːrṭɪd] *adj* ① (*awry*) verdreht; ~ **hands** verdrehte Hände; ~ **limbs** verrenkte [*o* verdrehte] Gliedmaßen
② (*false*) verdreht *pej fam*

contortion [kən'tɔːʃᵊn, AM -'tɔːr-] *n* ① *of an acrobat* Verrenkung *f,* Verdrehung *f;* **bodily ~s** Verrenkungen *fpl;* **facial ~s** Grimassen *fpl*
② *no pl* (*deforming*) *of a structure* Verdrehung *f*

contortionist [kən'tɔːʃᵊnɪst, AM -'tɔːr-] *n* ① (*acrobat*) Schlangenmensch *m*
② (*smooth talker*) Wortverdreher(in) *m(f) pej*

contour ['kɒntʊəʳ, AM 'kɑːntʊr] **I.** *n* ① *(outline)* Kontur[en] *f[pl]*, Umriss[e] *m[pl]*; **the ~s of the [human] body** die [Körper]konturen *pl;* **the ~ of sb's face** jds Profil
② GEOG Höhenlinie *f fachspr*
II. *vt* ■**to ~ sth** ① *(shape)* etw formen
② *(draw)* etw umreißen; ***he ~ed the face with light pencil lines*** er zeichnete den Umriss des Gesichts mit feinen Bleistiftstrichen

contoured ['kɒntʊəd, AM 'kɑːntʊrd] *adj inv* konturenreich, geschwunden; **a ~ seat** ein der Körperform angepasster Sitz

contour line *n* GEOG Höhenlinie *f fachspr* **contour map** *n* GEOG Höhenlinienkarte *f fachspr*

contra *vt (in bookkeeping)* **to ~ an entry** einen Eintrag zurückbuchen

contraband ['kɒntrəbænd, AM 'kɑːn-] **I.** *n no pl* Schmuggelware *f;* **~ of war** Kriegskonterbande *f*
II. *adj attr, inv alcohol, cargo, cigarettes* geschmuggelt; **~ goods** Schmuggelware *f*

contraception [ˌkɒntrə'sepʃᵊn, AM ˌkɑːn-] *n no pl* [Empfängnis]verhütung *f*, Kontrazeption *f fachspr;* **form** [*or* **method**] **of ~** Verhütungsmethode *f*

contraceptive [ˌkɒntrə'septɪv, AM ˌkɑːn-] **I.** *n* Verhütungsmittel *nt*, Kontrazeptiv[um] *nt fachspr*
II. *adj inv* empfängnisverhütend *attr,* kontrazeptiv *fachspr;* **~ device** empfängnisverhütendes Mittel; **~ method** Verhütungsmethode *f;* **~ pill** Antibabypille *f*, Pille *f fam*

contract¹ ['kɒntrækt, AM 'kɑːn-] **I.** *n* ① *(agreement)* Vertrag *m*, Kontrakt *m fachspr;* **exchange of ~s** Unterzeichnung *f* des Kaufvertrages *(bei Grundbesitz);* **~ of service** Arbeitsvertrag *m;* **~ for services** Dienstleistungsvertrag *m;* **a five-year ~** ein Vertrag *m* auf fünf Jahre; **by private ~** durch Privatvertrag; **temporary ~** Zeitvertrag *m;* **to abrogate a ~** einen Vertrag außer Kraft setzen; **to award a ~ to sb** jdm einen Vertrag zuerkennen; **to be bound by ~ [to do sth]** vertraglich verpflichtet sein[, etw zu tun]; **to be under ~ [to** [*or* **with**] **sb]** [bei jdm] unter Vertrag stehen; **to be under ~ to do sth** vertraglich verpflichtet sein, etw zu tun; **to break [the terms of] a ~** gegen die vertraglichen Bestimmungen verstoßen, einen Vertrag brechen; **to cancel/conclude/draw up a ~** einen Vertrag kündigen/abschließen/aufsetzen; **to enter into a ~** einen Vertrag [ab]schließen [*o* eingehen]; **to make a ~ with sb** einen Vertrag mit jdm [ab]schließen [*o* machen]; **to negotiate a ~** einen Vertrag verhandeln; **to repudiate a ~** einen Vertrag nicht anerkennen; **to sign a ~** einen Vertrag unterschreiben [*o geh* unterzeichnen]; **to sign a ~ to do sth** sich *akk* vertraglich verpflichten, etw zu tun; **to void a ~** einen Vertrag aufheben [*o* für nichtig erklären]; **to win the ~ [to do sth]** die Ausschreibung [für etw *akk*] gewinnen, den Vertrag [für etw *akk*] bekommen
② *(sl: agreement to kill sb)* Auftrag *m;* ***there is a ~ out for him*** auf seinen Kopf ist Geld ausgesetzt
II. *vi* ■**to ~ to do sth** vertraglich festlegen [*o* sich *akk* vertraglich verpflichten], etw zu tun; ■**to ~ into sth** BRIT sich *akk* vertraglich zu etw *dat* verpflichten; ■**to ~ with sb [for sth]** mit jdm [für etw *akk*] einen Vertrag abschließen; ■**to ~ with sb to do sth** mit jdm vertraglich vereinbaren, etw zu tun
III. *vt* ■**to ~ sth** etw vertraglich vereinbaren; ■**to ~ sb to do sth** jdn vertraglich dazu verpflichten, etw zu tun
◆**contract out** *vt* ■**to ~ out ↔ sth [to sb]** etw [an jdn] vergeben, etw [von jdm] außer Haus machen lassen

contract² [kən'trækt] **I.** *vi* ① *(shrink)* sich zusammenziehen; *pupils* sich verengen
② *(tense) muscle* sich *akk* zusammenziehen, kontrahieren *fachspr*
③ LING ■**to ~ to sth** zu etw *dat* verkürzt [*o* zusammengezogen] werden
II. *vt* ■**to ~ sth** ① *(tense) muscles, metal* etw zusammenziehen [*o fachspr* kontrahieren]; **to ~ one's muscles** die Muskeln anspannen
② *(ling)* etw verkürzen [*o* zusammenziehen]
③ *(catch)* **to ~ AIDS/a cold/smallpox** AIDS/eine Erkältung/die Pocken bekommen; **to ~ pneumonia/a virus** sich *dat* eine Lungenentzündung/einen Virus zuziehen

contractile [kən'træktaɪl, AM -tᵊl] *adj* MED kontraktil *fachspr*

contractile tissue *n* MED kontraktiles Gewebe *fachspr*

contraction [kən'trækʃᵊn] *n* ① *no pl (shrinkage)* Zusammenziehen *nt; of pupils* Verengung *f;* ***cold causes the ~ of the metal*** die Kälte führt dazu, dass das Metall sich zusammenzieht
② *no pl (tension) of a muscle* Kontraktion *f fachspr*
③ *usu pl of the uterus* Wehe[n] *f[pl];* ***she began having ~s*** bei ihr setzten die Wehen ein
④ LING Kontraktion *f fachspr*

contract killer *n* Auftragskiller(in) *m(f)* **contract law** *n* Vertragsrecht *nt* **contract note** *n* Ausführungsanzeige *f* **contract of employment** *n* Arbeitsvertrag *m*

contractor [kən'træktəʳ, AM 'kɑːntræktɚ] *n (person)* Auftragnehmer(in) *m(f); (firm)* beauftragte Firma; **building ~** Bauunternehmer *m*

contractual [kən'træktʃuᵊl] *adj attr, inv* vertraglich; **~ conditions** Vertragsbedingungen *fpl;* **to be under a ~ obligation to sb** bei jdm unter Vertrag stehen, vertraglich an jdn gebunden sein; **~ terms** Vertragsbestimmungen *fpl*

contractually [kən'træktʃuᵊli] *adv inv* vertraglich; **to be ~ bound/obliged [to do sth]** vertraglich gebunden/verpflichtet sein [etw zu tun] **contractual savings** *n* ECON, FIN Sparvertrag *m*

contradict [ˌkɒntrə'dɪkt, AM ˌkɑːn-] **I.** *vi* widersprechen
II. *vt* ① *(state the opposite)* ■**to ~ sb/sth** jdm/etw widersprechen; ■**to ~ oneself** sich *dat* [selbst] widersprechen
② *(be contrary)* ■**to ~ sth** im [*o* in] Widerspruch mit [*o* zu] etw *dat* stehen, etw *dat* widersprechen

contradiction [ˌkɒntrə'dɪkʃᵊn, AM ˌkɑːn-] *n* ① *no pl (statement of opposite)* Widerspruch *m* (**of** gegen +*akk*)
② *(being contrary)* Widerspruch *m;* ***isn't that a bit of a ~?*** widerspricht sich das nicht irgendwie?
③ *(action, statement)* Widersprüchlichkeit *f;* **a ~ in terms** ein Widerspruch in sich

contradictorily [ˌkɒntrə'dɪktᵊrᵊli, AM ˌkɑːn-] *adv* im Widerspruch dazu

contradictory [ˌkɒntrə'dɪktᵊri, AM ˌkɑːn-] *adj* widersprüchlich, sich widersprechend *attr;* **to be given ~ advice** widersprüchliche [*o* gegensätzliche] Ratschläge bekommen; **to give sb ~ signs** widersprüchliche Signale an jdn aussenden; ■**to be ~ to sth** etw *dat* widersprechen, im [*o* in] Widerspruch mit [*o* zu] etw *dat* stehen

contradistinction [ˌkɒntrədɪ'stɪŋ(k)ʃᵊn, AM ˌkɑːn-] *n no pl (form)* ■**in ~ to sth** im Gegensatz [*o* Unterschied] zu etw *dat*

contra entry *n* Gegenbuchung *f*

contraflow ['kɒntrəfləʊ, AM 'kɑːntrəfloʊ] *n no pl esp* BRIT Gegenverkehr *m;* **~ in force** [*or* **operation**] geltender Gegenverkehr

contraindication [ˌkɒntrəɪndɪ'keɪʃᵊn, AM ˌkɑːntrə-] *n* MED Gegenanzeige *f*, Kontraindikation *f fachspr*

contralti [kən'trælti] *n pl of see* **contralto**

contralto <*pl* -s *or* -ti> [kən'træltəʊ, AM -toʊ, *pl* -ti] *n* ① *(singer)* Altist(in) *m(f)*
② *(voice)* Alt *m*, Altstimme *f*

contra proferentem [ˌkɒntrəprɒfə'rentem, AM ˌkɑːntrəprɑː-] *n* LAW Unklarheiten in Geschäftsbedingungen gehen zu Lasten des Verfassers

contraption [kən'træpʃᵊn] *n* Apparat *m; (vehicle)* Kiste *f sl*, Vehikel *nt oft pej;* ***don't ask me how to use this ~*** frag mich bloß nicht, wie man dieses Ding benutzt *fam*

contrapuntal [ˌkɒntrə'pʌntᵊl, AM ˌkɑːn-] *adj* MUS kontrapunktisch *fachspr*

contrarily [kən'treərɪli, AM -'trer-] *adv* aus purem Widerspruchsgeist; *horse* widerspenstig

contrariness [kən'treərɪnəs, AM -'trer-] *n no pl (argumentativeness)* Widerspruchsgeist *m; (perversity)* Widerspenstigkeit *f*, Widerborstigkeit *f; (obstinacy)* Eigensinn *m*

contrary¹ ['kɒntrᵊri, AM 'kɑːntrəi] **I.** *n no pl* ■**the ~** das Gegenteil; **proof to the ~** Gegenbeweis *m;* **to think the ~** das [genaue] Gegenteil denken; **on** [*or* **quite**] **the ~** ganz im Gegenteil; **to the ~** gegenteilig; ***if I don't hear something to the ~ ...*** wenn ich nichts anderes [*o* Gegenteiliges] höre ...
II. *adj* ① *(opposite)* entgegengesetzt, gegenteilig; **~ to my advice/expectations** entgegen meinem Rat/meinen Erwartungen; **~ to [all] expectations** entgegen allen Erwartungen, wider Erwarten; **~ to common** [*or* **popular**] **opinion** im Gegensatz zur allgemeinen Meinung; ■**to be ~ to sth** im Gegensatz zu etw *dat* stehen; **to accept opinions ~ to one's own** gegenteilige Ansichten akzeptieren; **to put forward the ~ point of view** die gegenteilige Ansicht vertreten
② *(contradictory)* widersprüchlich

contrary² [kən'treəri, AM -'treri] *adj (argumentative)* widerspenstig, widerborstig; *(obstinate)* eigensinnig; ***he's just being ~*** er versucht einfach nur seinen Dickkopf durchzusetzen *fam*

contrast I. *n* ['kɒntrɑːst, AM 'kɑːntræst] ① *(difference)* Gegensatz *m*, Kontrast *m* (**between** zwischen +*dat*, **to/with** zu +*dat*); **a marked ~ between sth** ein spürbarer Gegensatz zwischen etw *dat;* **to make quite a ~** einen großen Gegensatz [*o* starken Kontrast] darstellen; **to be in stark ~ to sth** in krassem Gegensatz zu etw *dat* stehen; **to provide a ~ to sth** einen Kontrast zu etw *dat* liefern; **by** [*or* **in**] **~** im Gegensatz, dagegen; **in ~ to sth** im Gegensatz zu etw *dat;* ■**the ~ of sth with sth** der Kontrast [*o* Gegensatz] zwischen etw *dat* und etw *dat*
② TV [Bild]kontrast *m; (tone)* [Farb]kontrast *m*
II. *vt* [kən'trɑːst, AM -'træst] ■**to ~ sth** etw [einander] gegenüberstellen, etw [miteinander] vergleichen; ■**to ~ sth with sth** etw etw *dat* gegenüberstellen, etw mit etw *dat* vergleichen
III. *vi* [kən'trɑːst, AM -'træst] kontrastieren (**with** mit +*dat*); **to ~ sharply** scharf kontrastieren

contrast control *n* TV Kontrastregler *m*

contrasting [kən'trɑːstɪŋ, AM -'træst-] *adj attr* gegensätzlich; ***the survey shows the ~ attitudes between different age groups*** die Umfrage zeigt, wie unterschiedlich die Einstellungen verschiedener Altersgruppen sind; **~ colours/flavours** konträre Farben/Geschmacksrichtungen; **~ techniques** unterschiedliche Techniken

contrastive [kən'trɑːstɪv, AM -'træst-] *adj* LING kontrastiv *fachspr*

contrast medium *n* MED Kontrastmittel *nt fachspr*

contravene [ˌkɒntrə'viːn, AM ˌkɑːn-] *vt (form)* ■**to ~ sth** gegen etw *akk* verstoßen, etw verletzen; **to ~ a law** gegen ein Gesetz verstoßen, ein Gesetz übertreten [*o* verletzen]

contravention [ˌkɒntrə'venʃᵊn, AM ˌkɑːn-] *n (form)* Verstoß *m* (**of** gegen +*akk*); **to act in ~ of the regulations** gegen die Bestimmungen verstoßen; **to be in ~ of sth** LAW gegen etw *akk* verstoßen

contretemps <*pl* -> ['kɒntrətɑ̃ː(ŋ), AM 'kɑːntrətɑ̃ː] *n* Zwischenfall *m;* ***we had a slight ~ at the bar*** es kam zu einem kleinen Zwischenfall an der Bar; ■**~ with sb** kleine Meinungsverschiedenheit [*o* Auseinandersetzung] mit jdm

contribute [kən'trɪbjuːt, *Brit also* 'kɒntrɪbjuːt] **I.** *vi* ① ■**to ~ to** [*or* **towards**] **sth** *(give money, food, equipment)* etwas zu etw *dat* beisteuern; *(donate)* für etw *akk* spenden; **to ~ towards sb's leaving present** etwas zu jds Abschiedsgeschenk beisteuern, sich *akk* an jds Abschiedsgeschenk beteiligen; *(pay in) to pension etc* einen Beitrag leisten
② *(give help, support, ideas)* ■**to ~ to** [*or* **towards**] **sth** zu etw *dat* beitragen; ***if you're not contributing to the solution, you're contributing to the problem*** wer das Problem nicht angeht, macht es noch größer; ***he didn't ~ much to the meeting*** er hat nicht viel zur Besprechung beigetragen; **to ~ to community/society** einen gesellschaftlichen Beitrag leisten; **to ~ to the success of sth** zum Erfolg

C

einer S. *gen* beitragen
❸ PUBL ■**to ~ to sth** einen Beitrag für etw *akk* schreiben; (*regularly*) für etw *akk* schreiben
II. *vt* ❶ (*give*) ■**to ~ sth** [**to** [*or* **towards**] **sth**] *money, food, equipment* etw [zu etw *dat*] beisteuern; (*donate*) etw [für etw *akk*] spenden; *ideas, suggestions;* ■**to ~ sth** [**to sth**] etw [zu etw *dat*] beitragen
❷ (*submit*) ■**to ~ sth** [**to sth**] etw [zu etw *dat*] beisteuern, etw [für etw *akk*] liefern; **to ~ an article to a newspaper** einen Artikel für eine Zeitung schreiben

contribution [ˌkɒntrɪˈbjuːʃən, AM ˌkɑːn-] *n* ❶ (*money, food, equipment*) Beitrag *m* (**to/towards** zu +*dat*); (*donation*) Spende *f* (**to/towards** für +*akk*); **to make a ~ of £100,000 to sth** 100.000 Pfund zu etw *dat* beisteuern; (*donate*) 100.000 Pfund für etw *akk* spenden
❷ (*regular payment*) Beitrag *m;* **trade union ~** Gewerkschaftsbeitrag *m;* **voluntary ~s** freiwillige Beiträge
❸ (*advance, support, addition*) Beitrag *m* (**to** zu +*dat*); ***she didn't make much of a ~ at the meeting this morning*** sie hat nicht besonders viel zur Besprechung heute Morgen beigetragen; **to make a major** [*or* **an outstanding**] **~** einen bedeutenden [*o* erheblichen] Beitrag leisten, [erheblich] beitragen
❹ (*article, story*) **~ for** [*or* **to**] **a magazine/newspaper** Beitrag *m* für eine Zeitschrift/Zeitung

contribution of capital *n* ECON Kapitaleinlage *f,* Kapitaleinbringung *f*

contributor [kənˈtrɪbjuːtəʳ, AM -jət̬ɚ] *n* ❶ (*helper*) Mitwirkende(r) *f(m);* (*donor*) Spender(in) *m(f)*
❷ (*writer*) Mitarbeiter(in) *m(f)* (**to** bei +*dat*); **to be a regular ~ to a magazine** regelmäßig für eine Zeitschrift schreiben

contributory [kənˈtrɪbjuːtəri, AM -jətɔːri] **I.** *adj* ❶ (*joint*) **~ pension scheme** [*or* AM **plan**] beitragspflichtige Rentenversorgung; ***the company offers a ~ pension scheme*** die Firma bietet eine anteilige Zahlung der Rentenbeiträge
❷ (*causing*) **~ causes** mitverursachende Umstände; **to be a ~ cause of sth** eine der Ursachen für etw *akk* sein; **to be a ~ factor** ein Faktor unter vielen sein; **to be a ~ factor to sth** ein Faktor sein, der bei etw *dat* eine Rolle spielt [*o* der zu etw *dat* beiträgt]
II. *n* nachschusspflichtiger Aktionär/nachschusspflichtige Aktionärin

contributory negligence *n no pl* BRIT, AUS LAW Mitverschulden *nt;* **partial ~** Teilschuld *f*

con trick *n* (*sl*) *short for* **confidence trick** Betrug *m kein pl,* Schwindel *m kein pl*

contrite [kənˈtraɪt] *adj* (*form liter*) zerknirscht; **~ apology** reuevolle [*o* zerknirschte] Entschuldigung; **~ expression** zerknirschter [*o* reuiger] Gesichtsausdruck

contritely [kənˈtraɪtli] *adv* (*form liter*) zerknirscht, reuig *geh*

contrition [kənˈtrɪʃən] *n no pl* (*form liter*) Reue *f;* **act of ~** Buße *f*

contrivance [kənˈtraɪvən(t)s] *n* ❶ (*device*) Vorrichtung *f;* (*machine, gadget*) Apparat *m,* Gerät *nt;* (*makeshift*) Notbehelf *m*
❷ *no pl* (*devising*) Planung *f;* (*invention*) Erfindung *f;* (*imagination*) Erfindungsgabe *f,* Findigkeit *f*
❸ (*pej: plot*) [schlauer [*o* cleverer]] Plan; ***I'm sure it was a ~*** ich bin sicher, dass es ein abgekartetes Spiel war *fam*
❹ *no pl* (*pej: plotting*) Planung *f*

contrive [kənˈtraɪv] **I.** *vt* ■**to ~ sth** ❶ (*devise*) etw ersinnen *geh,* sich *dat* etw ausdenken; **to ~ a plan** einen Plan aushecken *fam* [*o geh* ersinnen]; **to ~ plans** Pläne schmieden
❷ (*arrange*) etw arrangieren; **to ~ a meeting** ein Treffen arrangieren
❸ (*make*) etw fabrizieren
II. *vi* ■**to ~ to do sth** es schaffen, etw zu tun

contrived [kənˈtraɪvd] *adj* (*pej: artificial*) *plot, story* gestellt, gekünstelt *pej;* ***his excuse sounded a bit ~*** seine Entschuldigung klang ein bisschen zu konstruiert; **~ smile** gezwungenes Lächeln

control [kənˈtrəʊl, AM -ˈtroʊl] **I.** *n* ❶ *no pl* (*command*) Kontrolle *f;* **to be in ~** [**of sth**] etw leiten [*o* unter Kontrolle haben]; **to be in full ~ of sth** völlig die Kontrolle über etw *akk* haben; **to be in full ~ of the siutation** Herr der Lage sein; **to be under ~** unter Kontrolle sein; **to be under the ~ of sb** unter jds Kommando [*o* Kontrolle] stehen; **to bring** [*or* **get**] **sth under ~** *fire* etw unter Kontrolle bringen; **to exert** [*or form* **exercise**] **~ over sb/sth** jdn/etw beherrschen; **to gain/take ~ of sth** die Herrschaft über etw *akk* gewinnen/übernehmen; **to get/go out of ~** außer Kontrolle geraten; **the car/fire went out of ~** das Auto/Feuer geriet außer Kontrolle; **to have ~ over sb** Kontrolle *f* über jdn haben; **to lose ~ over sth** die Kontrolle über etw *akk* verlieren; **to slip out of sb's ~** nicht mehr in jds Macht [*o* Händen] liegen; **to wrest ~ from sb** jdm die Kontrolle nehmen; **out of** [*or* **beyond**] **~** außer Kontrolle; **the situation is out of ~** die Situation ist außer Kontrolle; **to slip out of sb's ~** nicht mehr in jds Macht [*o* Händen] liegen
❷ (*restriction*) **birth ~** Geburtenkontrolle *f;* **rent ~s** Mietpreisbindung *f*
❸ *usu pl* (*rules*) ■**~s on sth** Kontrolle *f* einer S. *gen;* **to impose ~s on sth** Kontrollen einführen [*o* verordnen]
❹ *no pl* (*self-restraint*) Selbstbeherrschung *f;* **to be in ~ of one's emotions** Herr seiner Gefühle sein; **sb's ~ over her/his emotions** jds Kontrolle über seine/ihre Gefühle
❺ *usu pl* ECON Kontrolle *f;* **price ~s** Preiskontrollen *fpl;* **wage ~s** Gehaltskontrollen *fpl;* **to impose** [*or* **introduce**]**/tighten ~s on sth** Kontrollen einführen/konsolidieren
❻ (*checkpoint*) Kontrolle *f;* **customs/passport ~** Zoll-/Passkontrolle *f;* **to go through customs ~** die Zollkontrolle passieren *geh,* durch den Zoll gehen *fam*
❼ MED, SCI (*comparison*) Kontroll-; (*person*) Kontrollperson *f*
❽ TECH Schalter *m,* Regler *m;* **volume ~** Lautstärkeregler *m;* **to take over the ~s** die Kontrolle übernehmen
❾ (*base*) Basis *f;* **tower ~** Sicherheitskontrolle *f* am Flughafen
II. *vt* <-ll-> ❶ (*direct*) ■**to ~ sth** etw kontrollieren
❷ (*command*) ■**to ~ sb/sth** jdn/etw beherrschen; **to ~ one's dog/oneself** seinen Hund/sich *akk* unter Kontrolle haben
❸ TECH ■**to ~ sth** *temperature* etw regulieren
❹ (*curb*) ■**to ~ sth** etw zurückhalten; **to ~ one's anger** seinen Zorn mäßigen; **to ~ one's temper/urge** sein Temperament/Verlangen zügeln
❺ (*contain*) ■**to ~ sth** etw zurückhalten [*o* unter Kontrolle bringen]; **to ~ a disease** eine Krankheit eindämmen; **to ~ an epidemic** eine Epidemie stoppen
❻ ECON, LAW (*regulate*) ■**to ~ sth** etw regulieren [*o* kontrollieren] [*o* unter Kontrolle bringen]; **to ~ inflation** die Inflation eindämmen; **to ~ prices/spending** Preise/Ausgaben regulieren
► PHRASES: **to ~ the purse strings** das Geld zusammenhalten, den Daumen draufhalten *sl*
◆**control for** *vi* ■**to ~ for sth** *external factor* etw in Betracht ziehen

control board *n* Schalttafel *f* **control center** AM, **control centre** *n* Kontrollzentrum *nt* **control character** *n* COMPUT Steuerzeichen *nt fachspr* **control column** *n* Steuerknüppel *m* **control desk** *n* Schaltpult *nt,* Steuerpult *nt* **control freak** *n* (*sl*) Kontrollfreak *m sl* **control group** *n* MED Kontrollgruppe *f fachspr* **control key** *n* COMPUT Control-Taste *f,* Steuerungstaste *f*

controllable [kənˈtrəʊləbl, AM -ˈtroʊl-] *adj* kontrollierbar, steuerbar; **a ~ disease** eine Krankheit, die man in den Griff bekommen kann

controlled [kənˈtrəʊld, AM -ˈtroʊld] *adj* ❶ (*mastered*) kontrolliert, unter Kontrolle; *voice* beherrscht
❷ MED **~ drug** verschreibungspflichtiges Medikament; **~ substances** AM kontrollierte Drogen
❸ SCI **~ experiment/trial** kontrolliertes Experiment/kontrollierter Versuch

controller [kənˈtrəʊləʳ, AM -ˈtroʊlɚ] *n* ❶ (*director*) Leiter(in) *m(f);* (*of a radio station*) Intendant(in) *m(f);* (*supervisor*) Aufseher(in) *m(f)*
❷ TECH **temperature ~** Thermometer *nt*
❸ AVIAT **air-traffic** [*or* **flight**] **~** Fluglotse, -in *m, f*
❹ FIN Controller(in) *m(f);* AM ECON, FIN (*chief accountant*) Leiter(in) *m(f)* der Buchhaltung
❺ (*pej: power-wielder*) **to be a real ~** immer alles unter Kontrolle haben müssen

control lever *n* Schalthebel *m,* Steuerhebel *m;* AVIAT Steuerknüppel *m* **control light** *n* Kontrollleuchte *f,* Kontrolllampe *f*

controlling interest *n* ECON Mehrheitsbeteiligung *f fachspr* (**in** an +*dat*) **control panel** *n* Schalttafel *f;* (*desk*) Schaltpult *nt,* Steuerpult *nt;* COMPUT Bedienungspult *nt,* Betriebspult *nt* **control room** *n* Kontrollraum *m;* NAUT Kommandoraum *m;* MIL Operationszentrale *f* **control switch** *n* Steuerungsschalter *m,* Hilfsschalter *m* **control test** *n* Überprüfung *f* **control tower** *n* Tower *m,* Kontrollturm *m* **control unit** *n* COMPUT Steuereinheit *f,* Steuerwerk *nt fachspr*

controversial [ˌkɒntrəˈvɜːʃəl, AM ˌkɑːntrəˈvɜːr-] *adj* umstritten, kontrovers *geh; decision, matter, question also* strittig

controversially [ˌkɒntrəˈvɜːʃəli, AM ˌkɑːntrəˈvɜːr] *adv* auf kontroverse Art, nicht unumstritten

controversy [kənˈtrɒvəsi, ˈkɒntrəvɜːsi, AM ˈkɑːntrəvɜːrsi] *n* Kontroverse *f geh,* Auseinandersetzungen *fpl* (**over/surrounding** über/um +*akk*); ***a ~ surrounding the use of drugs in athletics*** eine Kontroverse zum Thema Drogen im Sport; **to cause bitter ~** zu erbitterten Auseinandersetzungen führen; **to stir up a fierce/heated ~** zu heftigen Kontroversen Anlass geben; **to arouse** [*or* **cause**]**/fuel ~** eine Auseinandersetzung entfachen; **to be beyond ~** unumstritten sein; **to be surrounded with ~** umstritten sein

controvert [ˌkɒntrəˈvɜːt, AM ˈkɑːntrəvɜːrt] *vt* ■**to ~ sth** ❶ (*dispute*) etw anfechten [*o* bestreiten]
❷ (*refute*) etw widerlegen, etw *dat* widersprechen

contuse [kənˈtjuːz, AM *esp* -ˈtuːz] MED **I.** *vi* sich *dat* eine Quetschung [*o* Prellung] zuziehen
II. *vt* ■**to ~ one's sth** sich *dat* etw quetschen [*o* prellen], sich *dat* eine Prellung an etw *dat* zuziehen

contusion [kənˈtjuːʒən, AM *esp* -ˈtuː-] *n* MED Quetschung *f,* Prellung *f,* Kontusion *f fachspr* (**to** an +*dat*); ***there was a large ~ to the right shoulder*** die rechte Schulter war geprellt

conundrum [kəˈnʌndrʌm] *n* ❶ (*puzzle*) Rätsel *nt;* (*problem*) Problem *nt;* **to pose a ~** ein Rätsel aufgeben
❷ (*pun*) Wortspiel *nt;* (*riddle*) Scherzfrage *f*

conurban [kɒnˈɜːbən, AM kɑːnˈɜːr-] *adj attr* in einem Ballungsgebiet, eines Ballungsgebiets

conurbation [ˌkɒnɜːˈbeɪʃən, AM ˌkɑːnɜːrˈ-] *n* (*form*) Ballungsraum *m,* Ballungsgebiet *nt*

convalesce [ˌkɒnvəˈles, AM ˌkɑːn-] *vi* genesen, sich *akk* erholen; ■**to ~ from sth** von etw *dat* genesen

convalescence [ˌkɒnvəˈlesən(t)s, AM ˌkɑːn-] *n* ❶ (*recovery*) Genesung *f* (**from** von +*dat*), Rekonvaleszenz *f fachspr*
❷ (*time*) Genesungszeit *f,* Rekonvaleszenz *f fachspr;* **to require** [**a**] **long** [**period of**] **~** eine lange Genesungszeit brauchen

convalescent [ˌkɒnvəˈlesənt, AM ˌkɑːn-] **I.** *n* Genesende(r) *f(m),* Rekonvaleszent(in) *m(f) fachspr*
II. *adj inv* ❶ *person* genesend; **to be ~** auf dem Besserungswege sein
❷ *attr for convalescents* Genesungs-, Rekonvaleszenz- *fachspr;* **to have a long ~ period** eine lange Genesungszeit brauchen

convalescent home *n,* **convalescent hospital** *n* Genesungsheim *nt*

convection [kənˈvekʃən] *n no pl* SCI Konvektion *f fachspr*

convection current *n* SCI Konvektionsströmung *f fachspr* **convection oven** *n* Heißluftherd *m*

convector [kənˈvektəʳ, AM -ɚ] *n,* **convector**

heater *n* Heizlüfter *m*

convene [kən'vi:n] (*form*) **I.** *vi* sich *akk* versammeln, zusammenkommen; *Congress, committee, cabinet* zusammentreten
II. *vt* ■**to ~ sb** *a group of people* jdn zusammenrufen [*o* versammeln]; ■**to ~ sth** etw einberufen; **to ~ a meeting of ministers** ein Ministertreffen einberufen

convener *n see* **convenor**

convenience [kən'vi:niən(t)s, AM -'vi:njən(t)s] *n* ❶ *no pl* (*usefulness*) Zweckmäßigkeit *f;* (*comfort*) Annehmlichkeit *f;* **for ~'s sake** aus praktischen Gründen; **at your earliest ~** möglichst bald, baldmöglichst; ■**the ~ of doing sth** die Annehmlichkeit, etw zu tun; **the ~ of having sth very close** die Annehmlichkeit, etw ganz in der Nähe zu haben; **at your ~** wenn [*o* wann immer] es Ihnen passt; **[just] for ~** [nur] aus Bequemlichkeit
❷ (*device*) Annehmlichkeit *f,* Komfort *m kein pl;* **modern ~s** moderner Komfort; **with all modern ~s** mit allem [*o* modernstem] Komfort

convenience food *n* Fertiggerichte *ntpl* **convenience store** *n* AM Laden *m* an der Ecke

convenient [kən'vi:niənt, AM -'vi:njənt] *adj* ❶ (*useful*) zweckmäßig, praktisch; (*suitable*) günstig; (*comfortable*) bequem; **~ excuse** passende Entschuldigung; ■**it is [very] ~ that ...** es ist [sehr] praktisch, dass ...; **to find it ~ to do sth** es praktisch finden, etw zu tun
❷ *date, time* passend, günstig; ***if it's ~ for you*** wenn es Ihnen passt; ***is Saturday ~ for you*** passt es Ihnen am Samstag?; **a ~ moment** [*or* **time**] ein günstiger [*o* passender] Zeitpunkt; **very ~ opening hours** sehr günstige Öffnungszeiten; ■**it is ~ for sb to do sth** es macht jdm keine Umstände, etw zu tun
❸ (*accessible*) günstig gelegen; ***the new flat is very ~ for the kids' school*** die neue Wohnung liegt sehr günstig, ganz in der Nähe der Schule der Kinder
❹ (*beneficial*) **to be ~ for sb** jdm gelegen kommen; ***his competitors injury was most ~ for him*** die Verletzung seines Konkurrenten kam ihm sehr gelegen

conveniently [kən'vi:niəntli, AM -'vi:njənt-] *adv* ❶ (*usefully*) praktisch; (*suitably*) günstig; **~ situated** [*or* **located**] günstig gelegen
❷ (*hum: deliberately*) günstigerweise

convenor [kən'vi:nəʳ] *n hochrangiger Gewerkschaftsfunktionär, der Gewerkschaftsversammlungen einberuft*

convent ['kɒnvənt, AM 'kɑ:n-] *n* [Nonnen]kloster *nt,* [Frauen]kloster *nt;* **to enter a ~** ins Kloster gehen

convention [kən'ven(t)ʃən] **I.** *n* ❶ (*custom*) Brauch *m,* Sitte *f;* (*social code*) Konvention *f;* **social ~s** gesellschaftliche Konventionen; **to break with the ~s** mit den Konventionen brechen; **to defy** [*or* **flout**] **~** sich *akk* nicht an die gesellschaftlichen Konventionen [*o geh* Gepflogenheiten] halten; **it's a ~ that ...** es ist üblich, dass ...; **~ dictates that ...** es ist Brauch [*o* Sitte], dass ...; **to be founded upon ~s** auf Konventionen gegründet sein
❷ (*agreement*) Abkommen *nt; of human rights* Konvention *f;* ***the ~ of the assembly was that ...*** die Versammlung gelangte zu der Übereinkunft, dass ...
❸ (*assembly*) [Mitglieder]versammlung *f;* **party ~** Parteiversammlung *f;* **annual ~** Jahrestreffen *nt;* **to hold a ~** eine Versammlung abhalten
❹ (*conference*) Tagung *f,* Konferenz *f;* (*meeting*) Versammlung *f;* ***he attended a ~ on human rights*** er besuchte eine Konferenz zum Thema Menschenrechte
II. *n modifier* **~ centre** Tagungszentrum *nt*

conventional [kən'ven(t)ʃənəl] *adj* ❶ (*traditional*) konventionell *geh;* (*unoriginal also*) traditionsgebunden; **~ attitudes** [*or* **opinions**] herkömmliche [*o* konventionelle] Ansichten, konventionelles Denken; **~ medicine** Schulmedizin *f*
❷ MIL konventionell *fachspr;* **~ war** konventionell geführter Krieg; **~ warfare/weapons** konventionelle Kriegsführung/Waffen

conventionality [kən,ven(t)ʃən'æləti, AM -əṭi] *n no pl* Konventionalität *f; of theory, technique* Herkömmlichkeit *f;* ***the ~ of this music*** die herkömmliche Art dieser Musik

conventionally [kən'venʃənəli] *adv dress, behave* konventionell; *written, built* traditionell

conventional memory *n no pl* COMPUT konventioneller Speicher *fachspr* **conventional wisdom** *n no pl* weit verbreitete Weisheit; ***the ~ about him is that he's a swindler*** er gilt allgemein als Schwindler

convent school *n* Klosterschule *f*

converge [kən'vɜ:dʒ, AM -'vɜ:rdʒ] *vi* ❶ *lines, roads* zusammenlaufen; (*meet*) zusammentreffen
❷ (*congregate*) **to ~ on a city** *tourists, fans* scharenweise in eine Stadt kommen [*o pej* einfallen]
❸ (*resemble*) sich *akk* einander annähern, konvergieren *geh*
❹ MATH *series* konvergieren *fachspr*

convergence [kən'vɜ:dʒən(t)s, AM -'vɜ:rdʒ-] *n no pl* ❶ (*resemblance*) Annäherung *f,* Konvergenz *f geh*
❷ *of lines, roads* Zusammenlaufen *nt;* (*meeting*) Zusammentreffen *nt;* **point of ~** Schnittpunkt *m*
❸ MATH *of a series* Konvergenz *f fachspr*

convergence criteria *n* EU Konvergenzkriterien *ntpl* **convergence phase** *n* EU Konvergenzphase *f* **convergence policy** *n* EU Konvergenzpolitik *f* **convergence programme** *n* EU Konvergenzprogramm *nt*

convergent [kən'vɜ:dʒənt, AM -'vɜ:rdʒ-] *adj attr* ❶ *lines* konvergent *geh*
❷ (*similar*) ähnlich, konvergierend *geh;* **~ opinions** konvergierende Meinungen
❸ MATH **~ series** konvergierende Reihe

conversant [kən'vɜ:sənt, AM -'vɜ:r-] *adj* ■**to be ~ with sth** mit etw *dat* vertraut sein

conversation [,kɒnvə'seɪʃən, AM ,kɑ:nvə-'-] *n* Gespräch *nt,* Unterhaltung *f,* Konversation *f geh* (**about** über +*akk*); **the art of ~** die Kunst der gepflegten Konversation [*o* Unterhaltung]; **fragments** [*or* **scraps**] **of a ~** Fetzen *mpl* einer Unterhaltung [*o* eines Gesprächs]; **telephone ~** Telefongespräch *nt;* **to be in ~ [with sb]** sich *akk* [mit jdm] unterhalten; **to be deep in ~ [with sb]** [mit jdm] ins Gespräch vertieft sein; **to carry on** [*or* **hold**] **a ~** sich *akk* unterhalten, eine Unterhaltung [*o* ein Gespräch] führen; **to get caught up in a ~** in ein Gespräch verwickelt werden; **to get into ~ with sb** mit jdm ins Gespräch kommen; **to have a ~ with sb** sich *akk* mit jdm unterhalten, ein Gespräch [*o* eine Unterhaltung] mit jdm haben; **to have an interesting ~ [with sb]** ein interessantes Gespräch [mit jdm] haben; **to make ~** sich *akk* unterhalten; (*small talk*) Konversation machen; **to run out of ~** sich *dat* nichts mehr zu sagen haben; ***we seem to have run out of ~ after two minutes*** offensichtlich ist uns schon nach zwei Minuten der Gesprächsstoff ausgegangen; **to strike up a ~ [with sb]** [mit jdm] ins Gespräch kommen

conversational¹ [,kɒnvə'seɪʃənəl, AM ,kɑ:nvə-'-] *adj* Gesprächs-, Unterhaltungs-; ***he had a relaxed and ~ style of writing*** er schrieb in einem lockeren und legeren Stil; **to have ~ skills** ein anregender Gesprächspartner/eine anregende Gesprächspartnerin sein; **~ tone** Plauderton *m*

conversational² *n* COMPUT, **conversational mode** *n* COMPUT Dialogbetrieb *m*

conversationalist [,kɒnvə'seɪʃənəlɪst, AM ,kɑ:nvə-'-] *n* ❶ (*entertainer*) guter Unterhalter/gute Unterhalterin
❷ (*talker*) guter Gesprächspartner/gute Gesprächspartnerin

conversationally [,kɒnvə'seɪʃənəli, AM ,kɑ:nvə-'-] *adv* im Plauderton

conversation piece *n* Gesprächsgegenstand *m* **conversation stopper** *n* (*fam*) ***that was a real ~*** da verstummten plötzlich alle

converse¹ [kən'vɜ:s, AM -'vɜ:r-] *vi* (*form*) sich *akk* unterhalten; ■**to ~ with sb** sich *akk* mit jdm unterhalten, ein Gespräch mit jdm führen

converse² ['kɒnvɜ:s, AM 'kɑ:nvɜ:rs] (*form*) **I.** *n* ■**the ~** das Gegenteil; ***the ~ applies here*** hier ist es umgekehrt
II. *adj* gegenteilig

conversely [kən'vɜ:sli, AM -'vɜ:r-] *adv* umgekehrt

conversion [kən'vɜ:ʃən, AM -'vɜ:rʒən] *n* ❶ *no pl* (*change of form or function*) ■**the ~ of sth into sth** die Umwandlung einer S. *gen* in etw *akk;* ARCHIT der Umbau einer S. *gen* zu etw *dat;* TECH die Umrüstung einer S. *gen* zu etw *dat*
❷ (*rooms, building*) Umbau *m*
❸ REL Konversion *f geh;* ■**~ to sth** Übertritt *m* [*o* Bekehrung *f*] zu etw *dat;* **sb's ~ to Buddhism/Islam** jds Übertritt zum Buddhismus/Islam
❹ (*changing beliefs or opinions*) Wandel *m;* **to undergo a ~** einen [inneren] Wandel durchmachen; POL einen Richtungswechsel vollziehen; ■**sb's ~ to sth** jds Bekehrung zu etw *dat*
❺ *no pl* (*calculation*) ■**the ~ of sth into sth** die Umrechnung einer S. *gen* in etw *akk;* **to work out the ~ of sth into sth** etw in etw *dat* umrechnen
❻ SPORTS Verwandlung *f*
❼ ECON, FIN (*of currency*) Konversion *f,* Wandlung *f;* **~ of funds** LAW Veruntreuung *f* von Geldern; **~ of notes and coins** EU Bargeldumstellung *f*

conversion charges *n* FIN Umrechnungsgebühren *fpl* **conversion discount** *n,* **conversion premium** *n* Konvertierungsprämie *f,* Wandelprämie *f* **conversion issue** *n* Konvertierungsemission *f* **conversion period** *n* Konvertierungszeitraum *m* **conversion rate** *n* EU **euro to national currency ~s** Umrechnungskurse *mpl* zwischen dem Euro und den nationalen Währungseinheiten; **irrevocable** [*or* **irrevocably fixed**] **~s** unwiderruflich festgesetzte Umrechnungskurse **conversion value** *n* Umstellungswert *m*

convert I. *n* ['kɒnvɜ:t, AM 'kɑ:nvɜ:rt] ❶ REL Bekehrte(r) *f(m),* Konvertit(in) *m(f) geh;* **to be a ~ to Buddhism** [*or* **a Buddhist ~**] zum Buddhismus übergetreten sein; **a ~ to Catholicism** ein/eine zum Katholizismus Übergetretener/Übergetretene; **to become a ~ to Islam** zum Islam übertreten
❷ POL ■**a ~ to sth** ein/eine zu etw *dat* Bekehrter/Bekehrte; **to become a ~ to socialism** ein überzeugter Sozialist/eine überzeugte Sozialistin werden
❸ (*to a way of living*) ■**a ~ to sth** ein Anhänger/eine Anhängerin einer S. *gen;* **to be a ~ to healthy living** zu einem gesunden Lebensstil stehen; **to be a ~ to vegeterianism** Vegetarier(in) *m(f)* sein
II. *vi* [kən'vɜ:t, AM -'vɜ:rt] ❶ REL übertreten; ***he ~ed to his wife's religion*** er nahm die Religion seiner Frau an
❷ (*change in function*) ■**to ~ [in]to sth** sich *akk* in etw *akk* [*o* zu etw *dat*] verwandeln lassen
III. *vt* [kən'vɜ:t, AM -'vɜ:rt] ❶ REL ■**to ~ sb [to sth]** jdn [zu etw *dat*] bekehren; **to ~ sb to Christianity** jdn zum Christentum bekehren
❷ (*change beliefs*) ■**to ~ sb [to sth]** jdn [zu etw *dat*] bekehren; (*persuade*) jdn [zu etw *dat*] überreden
❸ (*change in form or function*) ■**to ~ sth [into sth]** etw [in etw *akk*] umwandeln [*o* verwandeln]; ARCHIT etw [zu etw *dat*] umbauen; TECH etw [zu etw *dat*] umrüsten; ***couldn't we ~ the small bedroom into a second bathroom?*** könnten wir aus dem kleinen Schlafzimmer nicht ein zweites Badezimmer machen?; **to ~ the attic into an office** das Dachgeschoss zu einem Büro ausbauen; **to ~ energy into electricity** Energie in Elektrizität umwandeln
❹ (*calculate*) ■**to ~ sth into sth** etw in etw *akk* umrechnen; (*exchange*) *money* etw in etw *akk* umtauschen
❺ SPORTS ■**to ~ sth** etw verwandeln
❻ (*to a different fuel*) ■**to ~ sth [from sth] to sth** etw [von etw *dat*] auf etw *akk* umstellen; **to ~ a machine/street to natural gas** eine Maschine/Straße auf Erdgas umstellen

converted [kən'vɜ:tɪd, AM 'vɜ:rṭɪd] *adj inv* umgewandelt; *building* umgebaut, zweckentfremdet *a. pej*

converter [kən'vɜ:təʳ, AM -'vɜ:rṭə] *n* ❶ ELEC

C

Umwandler *m;* **AC/DC** ~ Stromgleichrichter *m;* **A/D** ~ A/D-Umwandler *m;* **current** ~ Stromwandler *m*
② AUTO Katalysator *m,* Kat *m fam*

convertibility [kənˌvɜːtəˈbɪləti, AM ˌvɜːrt̬əˈbɪlət̬i] *n no pl* ① *(changeability)* Umwandelbarkeit *f*
② *(of currency)* Umtauschbarkeit *f,* Konvertierbarkeit *f*

convertible [kənˈvɜːtɪbl̩, AM -ˈvɜːrt̬əbl̩] **I.** *n* Kabrio[lett] *nt,* Kabriole *nt* ÖSTERR
II. *adj* ① *(changeable)* verwandelbar; ~ **sofa** Bettsofa *nt; **is this sofa ~?*** lässt sich dieses Sofa in ein Bett verwandeln?
② FIN *(exchangeable)* konvertibel *fachspr,* konvertierbar *fachspr;* **a ~ currency** eine [frei] konvertierbare Währung *fachspr;* ■**to be ~ into sth** in etw *akk* konvertierbar sein *fachspr*

convertible bond *n* FIN Wandelanleihe *f,* Wandelschuldverschreibung *f* **convertible currency** *n* FIN [frei] konvertierbare Währung **convertible debenture** *n* BRIT FIN Wandelschuldverschreibung *f* **convertible loan stock** *n* BRIT FIN Wandelanleihe *f*

convertor *n see* **converter**

convex [ˈkɒnveks, AM ˈkɑːn-] *adj* konvex *fachspr;* ~ **lens** Konvexlinse *f fachspr;* ~ **mirror** Konvexspiegel *m*

convexity [kənˈveksəti, AM t̬i] *n* konvexe Form

convey [kənˈveɪ] *vt* ① *(transport)* ■**to ~ sth [somewhere]** etw [irgendwohin] befördern; **to ~ sth by sea** etw auf dem Seeweg befördern
② *(transmit)* ■**to ~ sth [to sb]** [jdm] etw überbringen; *(impart)* [jdm] etw vermitteln; *(make clear)* [jdm] etw deutlich machen; ***words cannot ~ how much I love him*** meine Liebe für ihn lässt sich nicht mit Worten ausdrücken; ***do ~ my apologies to him*** sag ihm bitte, wie Leid es mir tut; ***please ~ my compliments*** *[or* ***regards]*** ***to your father*** *(form)* grüßen Sie bitte Ihren Vater von mir; **to ~ one's condolences [to sb]** [jdm] sein Beileid aussprechen
③ *(indicate)* ■**to ~ to sb that …** jdm zu verstehen geben, dass …, jdm zeigen, dass …; **to ~ the right/wrong impression** einen richtigen/falschen Eindruck vermitteln
④ LAW *(transfer title)* **to ~ a property to a purchaser** einem Käufer Eigentum übertragen

conveyance [kənˈveɪən(t)s] *n* ① *no pl (form: transport)* Beförderung *f;* **form** *[or* **mode]** **of ~** Transportmittel *nt*
② *(form: vehicle)* Verkehrsmittel *nt;* **public ~** öffentliches Verkehrsmittel
③ *no pl (form: communication)* Übermittlung *f*
④ *no pl* LAW *(transfer)* Eigentumsübertragung *f,* Überschreibung *f;* **fraudulent ~** Vollstreckungsvereitelung *f* durch Eigentumsübertragung; ■**the ~ of sth to sb** die Überschreibung einer S. *gen* auf jdn
⑤ LAW *(document)* Übertragungsurkunde *f*

conveyancer [kənˈveɪən(t)səʳ, AM -sɚ] *n* LAW Notar(in) *m(f)* für Eigentumsübertragungen

conveyancing [kənˈveɪən(t)sɪŋ] *n no pl* LAW Aufsetzen *nt* eines Eigentumsübertragungssdokuments; *(law and procedure)* Eigentumsübertragungsverfahren *nt,* Überschreibung *f,* Eigentumsübertragung *f;* **do-it-yourself ~** Aufsetzen *nt* einer Übertragungsurkunde ohne notarielle Hilfe

conveyor *n,* **conveyer** [kənˈveɪəʳ, AM -ɚ] *n* ① *(bearer)* Überbringer(in) *m(f);* **to be the ~ of bad tidings** schlechte Nachrichten überbringen
② *see* **conveyor belt**

conveyor belt *n* Förderband *nt; (in assembly)* Fließband *nt; (at airport, for luggage)* Förderband *nt*

convict I. *n* [ˈkɒnvɪkt, AM ˈkɑːn-] Strafgefangene(r) *f(m),* Sträfling *m*
II. *vi* [kənˈvɪkt] auf schuldig erkennen *fachspr,* einen Schuldspruch fällen, verurteilen
III. *vt* [kənˈvɪkt] ■**to ~ sb** jdn verurteilen; ***he has twice been ~ed of robbery*** er ist zweimal wegen Raubes verurteilt worden; **to ~ sb for the murder of sb** jdn für den Mord an jdm verurteilen

convicted [kənˈvɪktɪd] *adj attr, inv* verurteilt; **~ed criminal** verurteilter Straftäter

conviction [kənˈvɪkʃᵊn] *n* ① *(judgement)* Verurteilung *f* (**for** wegen *+gen*); ***it was her first ~ for stealing*** sie wurde zum ersten Mal wegen Diebstahls verurteilt; **previous ~s** Vorstrafen *fpl;* **to have no/two previous ~s** nicht/zweifach vorbestraft sein; **to overturn a ~** eine Verurteilung aufheben
② *(belief)* Überzeugung *f;* **deep** *[or* **firm]/lifelong ~** tiefe [*o* feste]/unerschütterliche Überzeugung; **to have a deep ~ that …** der festen Überzeugung sein, dass …; **it is sb's [personal] ~ that …** jd ist der [persönlichen] Überzeugung [*o* Meinung], dass …; **political/religious ~s** politische/religiöse Anschauungen; **to be of strong ~s** feste Grundsätze haben; **sb/sth carries ~** jd/etw ist [*o* klingt] überzeugend; **sb/sth doesn't carry** *[or* **lacks]** **~** jdm/etw mangelt es an Überzeugung; **to have ~ about sth** von etw *dat* überzeugt sein; **by ~** überzeugt; **a socialist by ~** ein überzeugter Sozialist/eine überzeugte Sozialistin

convict settlement *n* Strafkolonie *f*

convince [kənˈvɪn(t)s] *vt* ■**to ~ sb [of sth]** jdn [von etw *dat*] überzeugen; ■**to ~ sb to do sth** jdn dazu bringen, etw zu tun; ■**to ~ sb that …** jdn [davon] überzeugen, dass …

convinced [kənˈvɪn(t)st] *adj* ① *(persuaded)* überzeugt; ■**to be ~ of sth** von etw *dat* überzeugt sein; ■**to be ~ that …** überzeugt sein, dass …
② *attr (of ones beliefs)* überzeugt; **a ~ Christian** ein überzeugter Christ/eine überzeugte Christin; **a ~ Socialist** ein überzeugter Sozialist/eine überzeugte Sozialistin

convincing [kənˈvɪn(t)sɪŋ] *adj* überzeugend; **~ argument** stichhaltiges [*o* überzeugendes] Argument; **~ evidence/proof** schlagender [*o* stichhaltiger] [*o* überzeugender] Beweis; **~ victory** *[or* **win]** überzeugender Sieg; **totally** *[or* **utterly]** **~** äußerst überzeugend; **to make sth ~** etw überzeugend darstellen

convincingly [kənˈvɪn(t)sɪŋli] *adv* überzeugend; **to argue very ~ in favour of sth** mit großer Überzeugung für etw *akk* sprechen

convivial [kənˈvɪviəl] *adj* ① *(sociable)* gesellig; *(hospitable)* gastlich
② *(lively, jovial)* heiter, fröhlich

conviviality [kənˌvɪviˈæləti, AM -ət̬i] *n no pl* ① *(sociability)* Geselligkeit *f*
② *(liveliness, joviality)* unbeschwerte Heiterkeit, Fröhlichkeit *f*

convivially [kənˈvɪviəli] *adv* ① *(sociably)* gesellig
② *(jovially)* fröhlich
③ *(enjoyably)* heiter

convocation [ˌkɒnvə(ʊ)ˈkeɪʃᵊn, AM ˌkɑːnvəˈ-] *n (form)* ① *no pl (arranging)* Einberufung *f*
② *(meeting)* Versammlung *f;* **to hold a ~** eine Versammlung abhalten

convoke [kənˈvəʊk, AM ˈvoʊk] *vt (form)* ■**to ~ sth** etw einberufen

convoluted [ˌkɒnvəˈluːtɪd, AM ˌkɑːnvəˈluːt̬-] *adj (form)* ① *(twisted)* verwickelt, verschlungen; **~ route** verzwickte Route
② *(difficult) sentences* verschachtelt; *plot* verschlungen
③ *(coiled)* gewunden; *(spiral)* spiralig

convolution [ˌkɒnvəˈluːʃᵊn, AM ˌkɑːn-] *n (form)* ① *usu pl (coil)* Windung *f*
② *usu pl (complexity)* Verschlungenheit *f kein pl;* **to have many ~s** *film, story* verworren sein
③ MED **~ of the brain** Krümmung *f* des Gehirns

convolvulus <*pl* – *or* -es> [kənˈvɒlvjʊləs, AM ˈvɑːlvjuː] *n* BOT Winde *f*

convoy [ˈkɒnvɔɪ, AM ˈkɑːn-] **I.** *n* ① *(by sea)* Konvoi *m,* Geleit *nt*
② *(by road)* Konvoi *m;* **~ of cars** Fahrzeugkonvoi *m;* **~ of trucks** Lkw-Konvoi *m;* **to form a ~** einen Konvoi bilden; **in ~** im Konvoi; ***shall we drive to the party in ~?*** sollen wir gemeinsam zur Party fahren?; **under ~** unter Geleitschutz
II. *vt* ■**to ~ sb** jdn eskortieren [*o* begleiten]; ***a couple of tanks ~ed the trucks across the border*** eine Gruppe von Panzern brachte die Lkws im Konvoi über die Grenze

convulse [kənˈvʌls] **I.** *vi* sich *akk* krümmen [*o* winden]; **to ~ in** *[or* **with]** **laughter** sich *akk* vor Lachen biegen [*o* ausschütten] *fam;* **to ~ in** *[or* **with]** **pain** sich *akk* vor Schmerzen winden [*o* krümmen]
II. *vt* ■**to ~ sth** etw erschüttern; ***a racking cough ~d her whole body*** sie wurde von einem fürchterlichen Husten geschüttelt; **to be ~d with laughter** sich *akk* vor Lachen biegen *fam*

convulsion [kənˈvʌlʃᵊn] *n usu pl* ① *(spasm)* Krampf *m;* **to go into ~s** Krämpfe bekommen
② *(quake)* Erschütterung *f;* ***the ~ of the earth shook the village*** das Dorf wurde von Erdbebenstößen erschüttert
③ *(unrest)* Aufruhr *m kein pl,* Unruhen *fpl*
④ *(laughter)* ■**~s** *pl* Lachkrämpfe *mpl;* **to collapse in** *[or* **go into]/to be in ~s** sich *akk* vor Lachen biegen *fam* [*o* schütteln]

convulsive [kənˈvʌlsɪv] *adj* Krampf-, krampfartig; *movement* krampfhaft; **~ illness** *eine Krankheit, zu deren Symptomen Muskelkrämpfe gehören;* **~ spasms** Muskelkrämpfe *mpl,* konvulsivische Zuckungen *fachspr*

convulsively [kənˈvʌlsɪvli] *adv* krampfartig, krampfhaft, konvulsivisch *geh*

cony [ˈkəʊni, AM ˈkoʊ-] *n (old)* ① *(rabbit)* Kaninchen *nt*
② *(fur)* Kaninchenfell *nt*

coo [kuː] **I.** *vi* ① *dove, baby* gurren
② *(talk softly)* ■**to ~ over sb/sth** liebevoll über jdn/etw sprechen
II. *vt* ■**to ~ sth** etw flüstern; **to ~ sweet nothings in sb's ear** jdm süße Worte ins Ohr flüstern
III. *n no pl* Gurren *nt,* Girren *nt*

cooee [ˈkuːi] *(fam)* **I.** *interj* hey!
II. *n* Rufweite *f*

cook [kʊk] **I.** *n* Koch, Köchin *m, f*
► PHRASES: **too many ~s spoil the broth** *[or* **soup]** *(prov)* viele Köche verderben den Brei *prov*
II. *vi* ① *(make meals)* kochen; ■**to ~ for sb** für jdn kochen
② *(in water)* kochen; *fish, meat* garen; *(fry, roast)* braten; *cake, pie* backen
③ AM *(fam: do well)* so richtig gut einschlagen *fam,* in Höchstform sein; *(be ready to go)* loslegen können *fam;* ***now we're ~in'!*** jetzt kann es losgehen! *fam*
► PHRASES: **what's ~ing?** *(sl)* was ist los? *fam*
III. *vt* ■**to ~ sth** ① *(make)* etw kochen [*o* machen]; *(prepare)* etw zubereiten [*o* kochen]; ***how do you ~ this fish/meat?*** wie wird dieser Fisch/dieses Fleisch zubereitet?; ***I don't ~ meat very often*** ich mache [*o* koche] nicht so oft Fleischgerichte; **to ~ lunch** das Mittagessen kochen [*o* machen]; ■**to ~ sb sth** *[or* **sth for sb]** jdm etw kochen, etw für jdn kochen; **to ~ a meal [for sb]** [für jdn] kochen
② *(heat)* etw kochen; *fish, meat* etw garen; *(fry, roast)* etw braten
③ *(fam: falsify)* etw frisieren *fam;* **to ~ the books** die Bücher fälschen [*o fam* frisieren]
► PHRASES: **to ~ sb's goose** *(fam)* jdn fertig machen *fam;* ***that's ~ed his goose, hasn't it*** damit ist er wirklich erledigt *fam*

◆**cook down** *vt* AM FOOD ■**to ~ down** ○ **sth** etw reduzieren

◆**cook up** *vt* ■**to ~ up** ○ **sth** ① *(prepare quickly)* etw auf die Schnelle zubereiten; ***he ~ed up a delicious omelette in no more than 10 minutes*** in nur zehn Minuten zauberte er ein köstliches Omelette auf den Tisch
② *(improvise)* **to ~ up a meal** eine Mahlzeit improvisieren
③ *(concoct)* sich *dat* etw ausdenken; **to ~ up an excuse/a story** eine Entschuldigung/Geschichte erfinden; **to ~ up a plan** einen Plan aushecken *fam*

cookbook *n* Kochbuch *nt*

cooked [kʊkt] *adj* ① *(not raw or cold)* gekocht; **~ food** gekochte Speisen; **a ~ meal/supper** eine warme Mahlzeit/ein warmes Abendessen; **~ vegetables** gekochtes Gemüse; ■**to be ~** *(cake, meat)* durch sein

❷ *pred* (*fam: in trouble*) ■**to be** ~ in einer ausweglosen Situation sein
cooked breakfast *n* Brit englisches Frühstück (*mit Speck, Eiern und Würstchen*)
cooker ['kʊkəʳ] *n* ❶ *esp* Brit (*stove*) Herd *m*
❷ Brit (*fam: apple*) Kochapfel *m*
cookery ['kʊkəri, Am -əi] **I.** *n no pl* ❶ (*cooking*) Kochen *nt;* **to be very skilled in** ~ ganz ausgezeichnet kochen
❷ Am (*cafe*) Gasthof *m*
II. *n modifier* Koch-; **to take a ~ course** einen Kochkurs machen
cookery book *n* Brit, Aus Kochbuch *nt*
cookhouse ['kʊkhaʊs] *n* Küchentrakt *m;* mil Feldküche *f*
cookie ['kʊki] *n esp* Am ❶ (*biscuit*) Keks *m,* Plätzchen *nt;* **chocolate-chip** ~ Schokokeks *m;* **coconut** ~ Kokosnussplätzchen *nt;* **peanut butter** ~ Erdnusskeks *m*
❷ Am (*fam: person*) Typ *m fam;* **a smart** ~ ein cleverer Bursche, ein schlaues Bürschchen; **a tough** ~ ein zäher Typ *fam;* ***Carrie's quite the tough*** ~ Carrie ist eine von der ganz zähen Sorte *fam*
❸ comput Cookie *nt fachspr*
▶ Phrases: **tough** ~**s!** Am Pech gehabt!; **that's the way the** ~ **crumbles** (*saying*) so ist das nun mal im Leben, tja, so kann's gehen *fam*
cookie-cutter ['kʊkikʌtəʳ] *adj attr, inv* Am identisch, Serien-
cooking ['kʊkɪŋ] **I.** *n no pl* Kochen *nt;* **to do the** ~ kochen; **to hate** ~ nicht gerne kochen
II. *n modifier* Koch-; ~ **chocolate** Blockschokolade *f;* ~ **foil** Brit Alufolie *f;* ~ **oil** Speiseöl *nt*
cooking apple *n* Kochapfel *m*
cookout *n esp* Am (*fam*) Grillparty *f;* **to have a** ~ eine Grillparty veranstalten
cookware ['kʊkweəʳ, Am wer] *n no pl* Kochgeschirr *nt*
cooky *n esp* Am *see* **cookie**
cool [ku:l] **I.** *adj* ❶ (*pleasantly cold*) kühl; (*unpleasantly cold*) kalt; ***store in a ~ and dry place*** kühl und trocken lagern
❷ (*clothing, material*) leicht, luftig
❸ *colour* kühl
❹ (*calm*) ruhig, gelassen, cool *sl;* (*level-headed*) besonnen; **to keep** [*or* **stay**] ~ ruhig [*o sl* cool] bleiben; **to keep a** ~ **head** (*sl*) einen kühlen Kopf bewahren; ~, **calm and collected** kühl, ruhig und besonnen; ■**to be** ~ **with sb/sth** (*to approve of*) kein Problem mit jdm/etw haben
❺ (*unfriendly*) kühl, unterkühlt; **a** ~ **reception/welcome** ein kühler Empfang; **to give sb a** ~ **reception** jdn kühl empfangen; ■**to be** ~ **towards sb** sich *akk* jdm gegenüber kühl [*o* abweisend] verhalten
❻ (*unfeeling*) kühl; (*not showing interest*) abweisend; ■**to be** ~ **about sth** etw *dat* abweisend gegenüberstehen
❼ (*fam: trendy, great*) cool *sl,* geil *sl;* **to look** ~ cool aussehen *sl*
❽ (*fam: considerable*) **a** ~ **amount** eine ganz schöne Summe; **a** ~ **£100,000** (*at least*) mindestens 100.000 Pfund
▶ Phrases: ~ **as a cucumber** völlig gelassen [*o sl* cool]
II. *interj* (*fam*) super *fam,* cool *sl,* geil *sl*
III. *n no pl* ❶ (*cold*) **to sit/stay in the** ~ im Kühlen sitzen/bleiben; ■**the** ~ **of sth** die Kühle einer S. *gen;* **in the** ~ **of the evening/night** in der Abendkühle/Kühle der Nacht
❷ (*calm*) Ruhe *f,* Gelassenheit *f;* **to keep one's** ~ die Ruhe bewahren, sich *akk* nicht aufregen, cool bleiben *sl;* **to lose one's** ~ die [*o* seine] Ruhe verlieren, sich *akk* aufregen
IV. *vi* ❶ (*lose heat*) abkühlen (**to** auf +*akk*); **to let sth** ~ **to room temperature** etw auf Zimmertemperatur abkühlen lassen
❷ (*die down*) nachlassen
V. *vt* ❶ (*make cold*) ■**to** ~ **sth** etw kühlen; (*cool down*) etw abkühlen
❷ (*sl: calm down*) [**just**] ~ ***it!*** reg dich ab! *fam;* ***just ~ it everyone, fighting won't solve anything*** ganz ruhig bleiben! ein Streit bringt überhaupt nichts
◆**cool down I.** *vi* ❶ (*lose heat*) abkühlen
❷ (*calm down*) sich *akk* beruhigen [*o fam* abregen]
II. *vt* ❶ (*calm*) ■**to** ~ **down** ⊂ **sb** jdn beruhigen
❷ (*reduce temperature*) ■**to** ~ **down** ⊂ **sth** etw abkühlen
◆**cool off** *vi* ❶ (*lose heat*) sich *akk* abkühlen
❷ (*calm down*) *person* sich *akk* beruhigen
❸ (*die down*) nachlassen, abkühlen *fig*
coolant ['ku:lənt] *n* mech Kühlflüssigkeit *f,* Kühlmittel *nt*
cool bag *n* Brit Kühltasche *f*
cooler ['ku:ləʳ, Am -ə] *n* ❶ (*box*) Kühlbox *f; for champagne* [Sekt]kühler *m*
❷ (*drink*) *mit Wein und Saft gemischtes Erfrischungsgetränk*
❸ (*sl: prison*) **the** ~ der Bau *fam*
cooler bag *n* Am Kühltasche *f*
coolheaded *adj* besonnen; **to remain** ~ einen kühlen Kopf behalten [*o* bewahren]
coolie ['ku:li] *n* (*pej! dated*) Kuli *m pej;* **to hire ~s** ungelernte [*o* billige] Arbeitskräfte einstellen
cooling ['ku:lɪŋ] *adj attr* ❶ (*making cool*) [ab]kühlend; **a** ~ **breeze** eine kühle Brise; **a** ~ **drink** ein erfrischendes [*o* kühlendes] Getränk; **to have a** ~ **effect** eine kühlende Wirkung haben; **to take a** ~ **swim in the river** ein kühles Bad im Fluss nehmen
❷ (*dying down*) nachlassend
cooling off period *n* econ, fin ❶ (*during industrial dispute*) Friedenspflicht *f*
❷ (*before retirement*) Überlegungsfrist *f*
❸ (*after signing life insurance*) Überdenkungsperiode [*o* -frist] *f*
cooling-off period *n Zeitraum für Schlichtungsvereinbarungen bei Streiks* **cooling time** *n* law Friedenspflicht *f* [bei Arbeitskämpfen]; (*to think about purchase*) Rücktrittsfrist *f* **cooling tower** *n* Kühlturm *m*
coolly ['ku:lli] *adv* (*coldly*) kühl, distanziert; (*in a relaxed manner*) cool *sl,* gelassen; **to receive sth rather** ~ (*indifferently*) etw ziemlich gleichgültig aufnehmen; (*in a relaxed manner*) etw ziemlich cool aufnehmen *sl*
coolness ['ku:lnəs] *n no pl* ❶ (*low temperature*) Kühle *f*
❷ (*unfriendliness*) Kühle *f,* Distanziertheit *f*
❸ (*relaxed manner*) coole Art *sl*
coomb(e) [ku:m] *n* Brit ❶ (*short valley*) Einschnitt *m*
❷ geol (*in limestone region*) Talmulde *f*
coon [ku:n] *n* ❶ (*racoon*) Waschbär(in) *m(f)*
❷ (*pej! sl: black*) Neger(in) *m(f) pej,* Nigger(in) *m(f) pej*
coop [ku:p] **I.** *n* Hühnerstall *m*
▶ Phrases: **to fly the** ~ sich *akk* aus dem Staub machen *fam*
II. *vt* ■**to** ~ **up** ⊂ **sb** jdn einsperren [*o* einschließen]; ■**to** ~ **up** ⊂ **an animal** ein Tier einsperren
co-op ['kəʊɒp, Am 'koʊɑ:p] *n abbrev of* **cooperative I**
cooped up *adj person* eingesperrt; *animals* zusammengepfercht
cooper ['ku:pəʳ, Am -ə] **I.** *n* Böttcher *m,* Küfer *m*
II. *vi* (*make barrels*) Fässer herstellen; (*repair barrels*) Fässer ausbessern
cooperate [kəʊ'ɒpəreɪt, Am koʊ'ɑ:pəreɪt] *vi* ❶ (*help*) kooperieren; (*comply also*) mitmachen
❷ (*act jointly*) kooperieren, zusammenarbeiten; ■**to** ~ **in sth** bei etw *dat* zusammenarbeiten; ■**to** ~ **with sb** mit jdm zusammenarbeiten [*o* kooperieren]; **to** ~ **fully** [*or* **closely**] **with sb** [**in sth**] [bei etw *dat*] eng mit jdm zusammenarbeiten; ***he ~d fully with the government in its investigation*** er hat die Regierung bei ihren Untersuchungen in jeder Hinsicht unterstützt; ■**to** ~ [**with sb**] **in doing sth** etw [mit jdm] zusammen tun
❸ (*hum: be suitable*) ***if the weather ~s ...*** wenn das Wetter mitmacht,...
cooperation [ˌkəʊɒpə'reɪʃən, Am ˌkoʊɑ:pə'-] *n no pl* ❶ (*assistance*) Kooperation *f,* Mitarbeit *f* (**in** bei +*dat*); **with sb's** ~ mit jds Hilfe
❷ (*joint work*) Zusammenarbeit *f,* Kooperation *f* (**in/between** bei/zwischen +*dat*); **to produce sth in** ~ **with sb** etw in Zusammenarbeit mit jdm herstellen
cooperative [kəʊ'ɒpərətɪv, Am koʊ'ɑ:pəət̬ɪv] **I.** *n* Genossenschaft *f,* Kooperative *f;* **farming** ~ landwirtschaftliche Genossenschaft
II. *adj* ❶ *attr, inv* econ genossenschaftlich, kooperativ; ~ **business** Unternehmen *nt* auf genossenschaftlicher Basis; ~ **farm** landwirtschaftliche Genossenschaft; ~ **society** Konsumgenossenschaft *f;* ~ **store** Konsum[laden] *m*
❷ (*willing*) kooperativ; **to be very** ~ sehr kooperativ [*o* entgegenkommend] sein
cooperatively [kəʊ'ɒpərətɪvli, Am koʊ'ɑ:pəət̬ɪvli] *adv* gemeinsam
cooperative processing *n* comput kooperative Verarbeitung
coopt *vt* ■**to** ~ **sth** etw übernehmen
co-opt [kəʊ'ɒpt, Am koʊ'ɑ:pt] *vt* ❶ (*vote in*) ■**to** ~ **sb** jdn kooptieren *geh;* ■**to** ~ **sb on to sth** jdn durch Kooptation in etw *akk* wählen *geh*
❷ (*integrate*) ■**to be ~ed into sth** in etw *akk* aufgenommen werden; ***the small bookstore in our area was ~ed into a large chain*** der kleine Buchladen in unserem Stadtviertel wurde von der großen Ladenkette geschluckt *pej fam*
coordinate I. *n* [kəʊ'ɔ:dɪnət, Am koʊ'ɔ:rdən-] ❶ *usu pl* math Koordinate *f fachspr*
❷ (*equal*) Gleichgestellte(r) *f(m),* Gleichrangige(r) *f(m);* ***since he was my ~, ...*** da er mir gleichgestellt war, ...
❸ ■**~s** *pl* fashion Kombination *f*
II. *vi* [kəʊ'ɔ:dɪneɪt, Am koʊ'ɔ:rdən-] ❶ (*act jointly*) gut zusammenarbeiten [*o* kooperieren]; **to** ~ **closely** eng zusammenarbeiten; ■**to** ~ **with sb** mit jdm zusammenarbeiten
❷ (*match*) zusammenpassen; ■**sth ~s with sth** etw passt zu etw *dat,* etw und etw passen zusammen
III. *vt* [kəʊ'ɔ:dɪneɪt, Am koʊ'ɔ:rdən-] ■**to** ~ **sth** etw koordinieren *geh; operations, schedules* etw aufeinander abstimmen
IV. *adj* [kəʊ'ɔ:dɪnət, Am koʊ'ɔ:rdən-] ❶ (*equal*) gleichwertig, gleichrangig; ~ **pay for men and women** gleicher Lohn für Männer und Frauen
❷ (*acting jointly*) aufeinander abgestimmt
❸ chem koordiniert *fachspr,* koordinativ *fachspr;* ~ **bond** koordinative Bindung *fachspr*
coordinate clause *n* nebengeordneter Satz; (*main clause also*) nebengeordneter Hauptsatz; (*subordinate clause also*) nebengeordneter Nebensatz
coordinated [kəʊ'ɔ:dɪneɪtɪd, Am koʊ'ɔ:rdəneɪt̬ɪd] *adj* ❶ *attack* koordiniert, geordnet
❷ (*matching*) aufeinander abgestimmt
coordination [kəʊˌɔ:dɪn'eɪʃən, Am koʊˌɔ:rdən'-] *n no pl* ❶ (*coordinating*) Koordination *f geh; of operations, schedules also* Abstimmung *f;* **central** ~ Federführung *f;* **the** ~ **of efforts** die gemeinsamen Anstrengungen
❷ (*cooperation*) Zusammenarbeit *f,* Zusammenwirken *nt geh* (**between** zwischen +*dat*)
❸ (*dexterity*) Sinn *m* für Koordination; **to not have much** ~ kein gutes Koordinationsgefühl besitzen; **to lack** ~ Koordinationsschwierigkeiten haben
coordinator [kəʊ'ɔ:dɪneɪtəʳ, Am koʊ'ɔ:rdəneɪtə] *n* Koordinator(in) *m(f);* **to act as central** [*or* **general**] ~ federführend sein
coot [ku:t] *n* ❶ (*bird*) Blässhuhn *nt,* Wasserhuhn *nt*
❷ Am (*fam: stupid person*) **old** ~ alter Esel *fam*
▶ Phrases: **as bald as a** ~ völlig kahl
cootie ['ku:t̬i] *n usu pl* Am (*fam*) Laus *f*
co-own [ˌkəʊ'əʊn, Am ˌkoʊ'oʊn] *vt* ■**to** ~ **sth** etw mitbesitzen
co-owner [ˌkəʊ'əʊnəʳ, Am ˌkoʊ'oʊnə] *n* Mitbesitzer(in) *m(f),* Miteigentümer(in) *m(f)*
co-ownership [ˌkəʊ'əʊnəʃɪp, Am ˌkoʊ'oʊnə-] *n* ❶ (*of a property*) Miteigentum *nt,* Mitbesitz *m*

C

② (*of shares*) Bruchteilseigentum *nt*

cop [kɒp, AM kɑːp] **I.** *n* ① (*fam: police officer*) Bulle *m sl;* **to play ~s and robbers** Räuber und Gendarm spielen
② *no pl* BRIT (*sl*) **to not be much ~** nicht besonders gut sein; ***was that film you went to see any ~?*** taugte der Film was, den ihr gesehen habt?
► PHRASES: **it's a fair ~** BRIT (*dated fam*) jetzt hat's mich [halt] erwischt *fam*
II. *n modifier* (*car, siren, uniform*) Bullen-
III. *vt* <-pp-> ① BRIT, AUS (*sl*) **to ~ it** (*be in trouble*) dran sein *fam;* (*get killed*) gekillt werden *fam;* ***you'll really ~ it if your parents find out*** du wirst wirklich Ärger kriegen, wenn's deine Eltern erfahren
② (*dated sl: receive*) ■**to ~ sth** etw bekommen; **to ~ the blame for sth** die Schuld für etw bekommen; **to ~ hold of sth** etw mit anpacken *fam;* **to ~ a [quick] look at sth** einen [kurzen] Blick auf etw *akk* werfen
③ (*sl: arrest*) ■**to ~ sb** jdn schnappen
④ AM LAW (*plead guilty*) **to ~ a plea** *sich schuldig bekennen und dafür eine mildere Strafe aushandeln*
► PHRASES: **to ~ a feel** (*fam!*) angrapschen; **~ a load of that!** kuck dir das mal an! *fam;* **to ~ a few Zs** AM (*sl*) sich *akk* aufs Ohr hauen *fam*
◆**cop out** *vi* (*sl*) ① (*change one's mind*) aussteigen *fam;* ■**to ~ out of sth** aus etw *dat* aussteigen
② (*let sb down*) ■**to ~ out on sb** jdn hängen lassen *fam*

co-partner [ˌkəʊˈpɑːtnəʳ, AM ˌkoʊˈpɑːrtnɚ] *n* Geschäftspartner(in) *m(f)*, Teilhaber(in) *m(f)*

co-partnership [ˌkəʊˈpɑːtnəʃɪp, AM ˌkoʊˈpɑːrtnɚ-] *n* Teilhaberschaft *f*

cope [kəʊp, AM koʊp] *vi* ① (*mentally*) zurechtkommen; ***he just couldn't ~ any longer*** er konnte einfach nicht mehr; **to ~ with children/difficult people** mit Kindern/schwierigen Personen fertig werden [*o* zurechtkommen]; **to ~ with a problem/job/situation** ein Problem/einen Job/eine Situation bewältigen; **to ~ with a difficult task** eine schwierige Aufgabe meistern
② (*physically*) gewachsen sein; ■**to ~ with sth** etw schaffen

copeck [ˈkəʊpek, AM ˈkoʊ] *n* (*rare*) *see* **kope(c)k**

Copenhagen [ˌkəʊpᵊnˈheɪgᵊn, -ˈhɑː-, AM ˈkoʊpᵊnˌheɪ-, -ˈhɑː-] *n* Kopenhagen *nt*

Copernican [kəʊˈpɜːnɪkᵊn, AM koʊˈpɜːr] *adj inv* kopernikanisch

copier [ˈkɒpiəʳ, AM ˈkɑːpiɚ] *n* ① (*for documents*) Kopiergerät *nt*, Kopierer *m fam;* (*for tapes*) Überspielgerät *nt*
② (*person*) Kopist(in) *m(f)*
③ (*usu childspeak fam: imitator*) Nachmacher(in) *m(f);* (*cheater*) Abgucker(in) *m(f) fam*

co-pilot [ˌkəʊˈpaɪlət, AM ˌkoʊ-] *n* Kopilot(in) *m(f)*

coping saw [ˈkəʊpɪŋ-, AM ˈkoʊpɪŋ-] *n* Laubsäge *f*

copious [ˈkəʊpiəs, AM ˈkoʊ-] *adj* ① (*many, much*) zahlreich, viel; ***the region has had ~ snow*** die Region hat reichlich Schnee gehabt; **~ amounts of beer/food/money** Unmengen von Bier/Essen/Geld; **~ notes** zahlreiche Notizen
② *pred* (*in thoughts or words*) überschwänglich, weitschweifig

copiously [ˈkəʊpiəsli, AM ˈkoʊ-] *adv* ausgiebig, reichlich; ***he was sweating ~*** er schwitzte sehr stark

cop-out [ˈkɒpaʊt, AM ˈkɑːp-] *n* (*sl*) ① (*evasive action*) Ausweichmanöver *m;* (*excuse*) Rückzieher *m*
② (*disappointment*) Enttäuschung *f*, schwache Vorstellung

copper [ˈkɒpəʳ, AM ˈkɑːpɚ] **I.** *n* ① *no pl* (*metal*) Kupfer *nt;* **made of ~** aus Kupfer
② (*sl: police officer*) Bulle *m sl*
③ *esp* BRIT (*sl: coins*) ■**~s** *pl* Kleingeld *nt kein pl*
④ (*colour*) Kupferrot *nt*
II. *n modifier* (*made of copper*) (*bracelet, kettle, pan, statue, wire*) Kupfer-; (*relating to copper*) (*deposit, mine, ore*) Kupfer-
III. *adj* kupferfarben, kupferrot
IV. *vt* ■**to ~ sth** etw kupfern

Copper Age *n* HIST ■**the ~** die Kupferzeit **copper beech** *n* Blutbuche *f* **copper-bottomed** *adj* BRIT (*fig*) *guarantee, investment* todsicher *fam* **copper-colored** AM, **copper-coloured** *adj* kupferfarben, kupferrot **coppernob** *n* BRIT (*fam*) Rotkopf *m fam* **copper ore** *n no pl* Kupfererz *nt* **copperplate** **I.** *n* ① ART (*engraving*) Kupferstichplatte *f;* (*print*) Kupferstechen *nt* ② *no pl* (*handwriting*) ≈ gestochene Handschrift **II.** *n modifier* **~ writing** ≈ gestochene Handschrift **copperplate printing** *n* TYPO Kupferdruck *m* **copper-plating** *n no pl* Verkupferung *f* **coppersmith** *n* Kupferschmied(in) *m(f)*

coppery [ˈkɒpᵊri, AM ˈkɑːpɚi] *adj* kupfern, kupferrot

coppice [ˈkɒpɪs, AM ˈkɑːp-] **I.** *n* zurückgeschnittenes Waldstück
II. *vt* HORT **to ~ trees/bushes** Bäume/Büsche stutzen [*o* zurückschneiden]

coprocessor [ˌkəʊˈprəʊsesəʳ, AM ˌkoʊˈprɑːsesɚ] *n* COMPUT Koprozessor *m*

co-produce [ˌkəʊprəˈdjuːs, AM ˌkoʊprəˈduːs] *vt* ■**to ~ sth** etw koproduzieren

co-production [ˌkəʊprəˈdʌkʃᵊn, AM ˌkoʊ-] *n* Koproduktion *f*

coprolalia [ˌkɒprə(ʊ)ˈleɪliə, AM ˌkɑːprəˈleɪːliə] *n no pl* PSYCH Koprolalie *f*

coprophilia [ˌkɒprə(ʊ)ˈfɪliə, AM ˌkɑːprəˈ-] *n no pl* Koprophilie *f*

copse [kɒps, AM kɑːps] *n* kleines Wäldchen

cop shop *n* (*dated sl*) [Polizei]revier *nt*

copter [ˈkɒptəʳ, AM ˈkɑːptɚ] *n* (*sl*) Hubschrauber *m*

Coptic [ˈkɒptɪk, AM ˈkɑːp-] *adj inv* koptisch; **the C~ Church** die koptische Kirche

copula [ˈkɒpjələ, AM ˈkɑːp-] *n* LING Kopula *f*, Satzband *nt*

copulate [ˈkɒpjəleɪt, AM ˈkɑːp-] *vi* kopulieren *geh*, sich *akk* paaren

copulation [ˌkɒpjəˈleɪʃᵊn, AM ˌkɑːp-] *n no pl* Kopulation *f geh*, Paarung *f*

copy [ˈkɒpi, AM ˈkɑːpi] **I.** *n* ① (*duplicate*) Kopie *f;* (*of a document*) Abschrift *f;* (*of a photo*) Abzug *m;* (*of a painting*) Kopie *f*, Reproduktion *f;* **carbon ~** Durchschlag *m;* **certified ~** beglaubigte Kopie; **to be a carbon ~ of sb** (*fig*) jdm wie aus dem Gesicht geschnitten sein; **a true ~** eine originalgetreue Kopie
② (*photocopy*) Kopie *f;* **to have [*or* get] a ~ done** eine Kopie machen lassen; **to make a ~** eine Kopie machen; **to make a ~ of sth** etw kopieren
③ (*issue*) *of book, magazine, newspaper* Exemplar *nt;* ***have you got a ~ of the latest Vogue magazine?*** hast du die neueste Vogue?; **hard ~** COMPUT (*printout*) [Computer]ausdruck *m*
④ *no pl* PUBL Manuskript *nt;* (*in advertising*) Werbetext *m;* ***disasters make good ~ for newspapers*** Katastrophen sind guter Stoff für Zeitungen; **clean ~** Reinschrift *f;* **to check/write ~** ein Manuskript gegenlesen/schreiben
II. *vt* <-ie-> ① (*duplicate*) ■**to ~ sth** etw kopieren; **to ~ a CD/record onto a cassette** eine CD/Platte auf [eine] Kassette überspielen; **to ~ a file onto a disk** eine Datei auf eine Diskette kopieren; ■**to ~ sth to sb** jdm etw kopieren; (*write down*) ■**to ~ sth** *from text* etw abschreiben; *from words* etw niederschreiben
② (*imitate*) ■**to ~ sb** jdn nachmachen; **to ~ a look/style** ein Aussehen/einen Stil nachahmen; **to ~ a picture** ein Bild abmalen; **to ~ an article/essay/sb's work** (*plagiarize*) einen Artikel/Aufsatz/jds Arbeit abschreiben
III. *vi* <-ie-> ① (*imitate*) nachahmen
② (*in school*) abschreiben
◆**copy down** *vt* ■**to ~ down** ⊂ **sth** (*from a text*) etw abschreiben; (*from sb's words*) etw niederschreiben
◆**copy in** *vt* ■**to ~ sb** ⊂ **in** jdm etw zur Kenntnis schicken
◆**copy out** *vt* ■**to ~ sth** ⊂ **out** (*from a text*) etw abschreiben; (*from sb's words*) etw niederschreiben

copybook **I.** *adj attr, inv* ① (*exemplary*) beispielhaft, ideal; **~ manoeuvre** [*or* AM **maneuver**] Bildermanöver *nt* ② (*conventional*) abgedroschen; **~ sentiments** unechte Gefühle **II.** *n* (*dated*) Schönschreibheft *nt* ► PHRASES: **to blot one's ~** BRIT seinen Ruf ruinieren **copycat** **I.** *n* (*usu childspeak pej fam*) Nachmacher(in) *m(f)*, Trittbrettfahrer(in) *m(f) fig;* (*of written work*) Abschreiber(in) *m(f);* ***you're just a ~*** du machst mir immer alles nach **II.** *adj attr, inv* imitiert, nachgemacht **copy date** *n* JOURN, PUBL Redaktionsschluss *m* **copydesk** *n* AM JOURN, PUBL Redaktionstisch *m* **copy-edit** *vt* JOURN, PUBL **to ~ an article/editorial** einen Artikel/Leitartikel redigieren; **to ~ a novel/story** einen Roman/eine Geschichte lektorieren; **to ~ a manuscript** ein Manuskript Korrektur lesen **copy editing** *n no pl* ① (*activity*) Manuskriptbearbeitung *f* ② (*department*) MEDIA Redaktion *f;* PUBL Lektorat *nt* **copy editor** *n* Manuskriptbearbeiter(in) *m(f);* (*press*) Redakteur(in) *m(f);* (*publishing house*) Lektor(in) *m(f)* **copying machine** *n* (*dated: Xerox machine*) Kopiermaschine *f*, Kopiergerät *nt*

copyist [ˈkɒpiɪst, AM ˈkɑːpi-] *n* Kopist(in) *m(f)*

copy protect COMPUT **I.** *n* Kopierschutz *m* **II.** *vt* ■**to ~ sth** den Kopierschutz einer S. *gen* aktivieren; ■**to be ~ed** kopiergeschützt sein **copy protected** *adj pred, inv*, **copy-protected** *adj attr, inv* COMPUT kopiergeschützt **copy protection** *n no pl* COMPUT Kopierschutz *m* **copy reader** *n* Manuskriptbearbeiter(in) *m(f);* (*press*) Redakteur(in) *m(f);* (*publishing house*) Lektor(in) *m(f)*

copyright [ˈkɒpiraɪt, AM ˈkɑːpi-] **I.** *n* Copyright *nt*, Urheberrecht *nt;* ***the publishers own the ~ on* [*or* *for*] *the play*** der Verlag hat das Copyright an dem Stück; ***this work is out of ~*** dieses Werk ist nicht [mehr] urheberrechtlich geschützt; **breach** [*or* **infringement**] **of ~** Verletzung *f* des Urheberrechts, Verstoß *m* gegen das Urheberrecht; **to be subject to ~** urheberrechtlich geschützt sein; **protected under** [*or* **by**] **~** urheberrechtlich geschützt; **work still in ~** urheberrechtlich geschütztes Werk
II. *vt* ■**to ~ sth** etw urheberrechtlich schützen
III. *adj* urheberrechtlich geschützt

copyrighted [ˈkɒpiraɪtɪd, AM ˈkɑːpiraɪt̬-] *adj* LAW urheberrechtlich [*o* verlagsrechtlich] geschützt

copyright holder *n* JOURN, LAW Urheber(in) *m(f)*, Urheberrechtsinhaber(in) *m(f)* **copyright law** *n* Urheberrecht *nt* **copyright notice** *n* Urheberrechtsvermerk *m* **copyright owner** *n* LAW Urheberrechtsinhaber(in) *m(f)*

copywriter *n* [Werbe]texter(in) *m(f)*

coquetry [ˈkɒkɪtri, AM ˈkoʊkə-] *n no pl* Koketterie *f*

coquette [kɒkˈet, AM koʊˈket] *n* kokette Frau

coquettish [kɒkˈetɪʃ, AM koʊˈket̬-] *adj* kokett

coquettishly [kɒkˈetɪʃli, AM koʊˈket̬-] *adv* kokett

cor [kɔːʳ] *interj* BRIT (*hum sl*) **~!** Mensch! *fam*, Mann! *fam;* **~ blimey!** (*dated*) ich werd verrückt! *fam*

coracle [ˈkɒrəkl, AM ˈkɔːr-] *n ovales, aus einem mit Leder bespannten Holzgerippe bestehendes Boot*

coral [ˈkɒrəl, AM ˈkɔːr-] **I.** *n no pl* Koralle *f;* **made of ~** Korallen-
II. *n modifier* (*bracelet, necklace, earring*) Korallen-
III. *adj* korallenrot

coral-colored AM, **coral-coloured** *adj* korallenrot **coral island** *n* Koralleninsel *f* **coral reef** *n* Korallenriff *nt* **Coral Sea** *n* ■**the ~** das Korallenmeer **coral snake** *n* Korallennatter *f*

cor anglais <*pl* cors anglais> [ˌkɔːˈrɒŋgleɪ, AM ˌkɔːrɑːŋˈ-] *n* Englischhorn *nt*

corbel [ˈkɔːbᵊl, AM ˈkɔːr-] *n* ARCHIT Kragstein *m*

cord [kɔːd, AM kɔːrd] **I.** *n* ① (*for parcel*) Schnur *f;* (*for curtain, trousers*) Kordel *f;* AM, AUS (*electrical cord*) Kabel *nt*
② ANAT (*umbilical cord*) Nabelschnur *f;* (*spinal cord*) Rückenmark *nt*
③ *no pl* (*corduroy*) Cordsamt *m*
④ (*trousers*) ■**~s** *pl* Cordhose *f*
⑤ (*of wood*) Klafter *m;* **a ~ of wood** ein Klafter *m* Holz
► PHRASES: **to cut the ~** (*fam*) sich *akk* abnabeln *fam*
II. *n modifier* (*jacket, jeans, shirt*) Cord-
III. *vt* ■**to ~ sth off** [*or* **to ~ off sth**] etw absperren

[*o* abriegeln]

cordage [ˈkɔːdɪdʒ, AM ˈkɔːrd-] *n no pl* NAUT Tauwerk *nt*

corded [ˈkɔːdɪd, AM ˈkɔːrd-] *adj inv* ① *clothing* gerippt
② *muscles* angespannt
③ **a ~ phone** ein Telefon *nt* mit Schnur

cordial [ˈkɔːdiəl, AM ˈkɔːrdʒəl] **I.** *adj* ① *(friendly)* freundlich, herzlich; ~ **relations** freundschaftliche Beziehungen
② *(form: strong)* heftig; ~ **dislike** tiefe Abneigung
II. *n* BRIT, AUS **lime/raspberry** ~ Limetten-/Himbeersirup *m;* AM Likör *m*

cordiality [ˌkɔːdiˈæləti, AM ˌkɔːrdʒiˈæləṭi] *n* ① *no pl (friendliness)* Herzlichkeit *f*
② *(pleasant remarks)* ■**cordialities** *pl* Freundlichkeiten *fpl;* **to exchange cordialities** Freundlichkeiten austauschen

cordially [ˈkɔːdiəli, AM ˈkɔːrdʒ-, -dʒəl-] *adv* ① *(in friendly way)* herzlich; *(in letter)* ~ ***yours, Dianne*** herzlichst, Dianne; **to speak** ~ **to sb** aufrichtig mit jdm sprechen
② *(strongly)* aus tiefstem Herzen; **to** ~ **dislike sb** jdn zutiefst verabscheuen

cordite [ˈkɔːdaɪt, AM ˈkɔːr-] *n no pl* Kordit *m*

cordless [ˈkɔːdləs, AM ˈkɔːr-] *adj inv* schnurlos; ~ **telephone** schnurloses Telefon

cordon [ˈkɔːdᵊn, AM ˈkɔːr-] **I.** *n* ① *of vehicles* Absperrung *f,* Sperrgürtel *m; of police, guards, soldiers* Kordon *m;* **police** ~ Polizeikordon *m*
② *(on uniform)* Kordon *m,* Ordensband *nt*
③ HORT Spalierobstbaum *m*
II. *vt* ■**to** ~ **off sth** [*or* **to** ~ **sth off**] etw absperren; **to** ~ **off onlookers/a crowd** Schaulustige/eine Menge abriegeln

cordon bleu [ˌkɔːdɔ̃ː(m)ˈblɜː, AM ˌkɔːrdɔ̃ːˈbluː] **I.** *adj inv* FOOD ① *(of highest class) cuisine, food, cook* erstklassig, exzellent
② *after n (method of preparation)* **chicken/veal** ~ Hühner-/Kalbs-Cordon bleu *nt*
II. *n* Meisterkoch, Meisterköchin *m, f*

cordoned off *adj pred, inv,* **cordoned-off** *adj attr, inv* abgesperrt, abgeriegelt

cordon sanitaire <*pl* cordons sanitaires> [ˌkɔːdɔ̃ː(n)sænɪˈteəʳ, AM kɔːrˌdɔ̃ːsɑːniˈter] *n* Quarantänesperre *f*

corduroy [ˈkɔːdjərɔɪ, AM ˈkɔːrdə-] **I.** *n* ① *no pl (material)* Cordsamt *m*
② *(trousers)* ■~**s** *pl* Cordhose *f*
II. *n modifier (jacket, jeans, shirt)* Cord-

cordwood *n no pl* Klafterholz *nt*

core [kɔːʳ, AM kɔːr] **I.** *n* ① *(centre) of apple, pear* Kernhaus *nt,* Kerngehäuse *nt;* GEOL *of rock* Innere[s] *nt; of planet* Mittelpunkt *m;* NUCL *(of reactor)* [Reaktor]kern *m;* **to be rotten to the** ~ völlig verfault sein
② *(central group) people* Kern *m;* **the hard** ~ der harte Kern *fam*
③ *(fig: central part)* Kern *m;* **to get to the** ~ **of a matter/issue** zum Kern einer Angelegenheit/eines Problems vordringen; *(completely)* **to be conservative/arrogant/a patriot to the** ~ durch und durch konservativ/arrogant/Patriot sein; **to be rotten to the** ~ bis ins Mark verdorben sein, durch und durch schlecht sein; **to be shocked to the** ~ bis ins Mark erschüttert sein
④ *(bore sample)* Bohrprobe *f*
⑤ ELEC *(of cable)* Leiter *m*
⑥ COMPUT *(for storing bits)* Kern *m*
II. *adj attr, inv (activity, message)* Haupt-; **the** ~ **issue** die zentrale Frage, der zentrale Punkt
III. *vt* **to** ~ **fruit** Früchte entkernen; *(in recipes)* ***peel and ~ the apples*** die Äpfel schälen und das Kerngehäuse entfernen [*o* ausschneiden]

core audience *n* Stammpublikum *nt* **core business** *n* Hauptgeschäftstätigkeit *f* **core curriculum** *n* SCH, UNIV Pflichtfach *nt* **core hours** *npl* Kernzeit *f*

co-religionist [ˌkəʊrɪˈlɪdʒᵊnɪst, AM ˌkoʊrə-] *n,* **coreligionist** [ˌkəʊrɪˈlɪdʒᵊnɪst, AM ˌkoʊrə-] *n* Glaubensgenosse, -in *m, f* **core memory** *n,* **core store** *n* COMPUT Hauptspeicher *m*

core sample *n* GEOL Kernprobe *f*

coresident [ˌkəʊˈrezɪdᵊnt, AM ˌkoʊ-] *adj* COMPUT co-resident

co-respondent [ˌkəʊrɪˈspɒndənt, AM ˌkoʊrɪˈspɑːn-] *n* LAW Mitbeklagte(r) *f(m) (in einem Scheidungsprozess)* **core time** *n* Kernzeit *f* **core vocabulary** *n no pl* Grundwortschatz *m*

Corfu [kɔːˈfuː, AM ˈkɔːrfuː] *n* Korfu *nt*

corgi [ˈkɔːgi, AM ˈkɔːr-] *n* Corgi *m*

coriander [ˌkɒriˈændəʳ, AM ˈkɔːriændɚ] *n no pl* Koriander *m*

Corinth [ˈkɒrɪnθ, AM ˈkɑː-] *n no pl* Korinth *nt*

Corinthian [kəˈrɪn(t)θiən] **I.** *adj inv* ARCHIT korinthisch
II. *n* REL ■~**s** + *sing vb* Korinther *pl*

cork [kɔːk, AM kɔːrk] **I.** *n* ① *no pl (material)* Kork *m*
② *(stopper)* Korken *m;* AM *(fig fam)* ***hey, put a ~ on it!*** he, halt die Klappe!
③ *(in fishing)* Schwimmer *m*
II. *n modifier (flooring, tile, board, tree)* Kork-
III. *vt* ① *(seal bottle)* **to** ~ **a bottle** eine Flasche zukorken
② AM *(fig fam)* ~ ***it!*** halt die Klappe! *fam*
◆**cork up** *vt* **to** ~ **up a bottle** eine Flasche zukorken; **to** ~ **up one's feelings** *(fig)* seine Gefühle unterdrücken

corkage [ˈkɔːkɪdʒ, AM ˈkɔːr-] *n no pl,* **cork charge** *n* AM Korkengeld *nt*

corked [kɔːkt, AM kɔːr-] *adj* korkig; ■**to be** ~ nach Kork schmecken, Kork haben

corker [ˈkɔːkəʳ, AM ˈkɔːrkɚ] *n (hum dated fam: person)* toller Kerl; *(thing)* tolle Sache; **a** ~ **of a goal/party** ein Spitzentor *nt*/eine Spitzenparty *fam;* **a** ~ **of a story** eine Bombenstory

corking [ˈkɔːkɪŋ] *adj attr, inv* BRIT *(dated fam)* Klasse-

cork oak *n* Korkeiche *f* **corkscrew** *n* Korkenzieher *m* **corkscrew curls** *npl* Korkenzieherlocken *fpl*

corky <-ier, -iest> [ˈkɔːki, AM ˈkɔːr] *adj* korkig

corm [kɔːm, AM kɔːrm] *n* BOT Knolle *f*

cormorant [ˈkɔːmᵊrənt, AM ˈkɔːr-] *n* ORN Kormoran *m*

corn¹ [kɔːn, AM kɔːrn] *n* ① *no pl* BRIT *(cereal in general)* Getreide *nt,* Korn *nt;* **field of** ~ Kornfeld *nt,* Getreidefeld *nt;* **sheaf of** ~ Getreidegarbe *f,* Getreidebündel *nt*
② *no pl* BRIT *(particular cereal)* Weizen *m;* SCOT Hafer *m;* AM, AUS *(maize)* Mais *m;* ~ **on the cob** Maiskolben *m*
③ BRIT *(single grain)* [Getreide]korn *nt*
④ *esp* AM *(sl: sth trite)* Banalität *f,* Kitsch *m*

corn² [kɔːn, AM kɔːrn] *n* MED *(on feet)* Hühnerauge *nt*
► PHRASES: **to tread on sb's** ~**s** BRIT jdm auf die Hühneraugen treten

Corn BRIT *abbrev of* **Cornwall**

cornball AM **I.** *n (fam: sentimental person)* ***he's such a*** ~ er ist so sentimental; *(in funny way)* er ist so ein Scherzkeks **II.** *adj attr (fam: trite, sentimental)* sentimental; *(unoriginal, outdated) joke* abgedroschen **Corn Belt** *n* AM GEOG ■**the** ~ der Maisgürtel **corn bread** *n no pl* AM Maisbrot *nt* **corn chip** *n usu pl* Maischip *m* **corncob** *n* Maiskolben *m* **corncob pipe** *n* AM Maiskolbenpfeife *f*

corn-colored AM, **corn-coloured** *adj inv* maisfarben, maisgelb

corncrake [ˈkɔːnkreɪk, AM ˈkɔːrn-] *n* Wachtelkönig *m* **corn crib** *n* AM AGR Maisspeicher *m* **corn dodger** *n* AM Maisfladen *m* **corn-dog** *n modifier aufgespießter, frittierter Hotdog umhüllt mit Maisteig* **corn dolly** *n* BRIT Strohpuppe *f*

cornea [ˈkɔːniə, AM ˈkɔːr-] *n* ANAT Hornhaut *f,* Kornea *f fachspr*

corneal [kɔːˈniᵊl, AM kɔːrˈ-] *n* Hornhaut-

corned beef [ˌkɔːndˈ-, AM ˌkɔːr-] *n no pl* Cornedbeef *nt,* gepökeltes Rindfleisch **corned beef hash** *n no pl* AM, AUS *Eintopfgericht aus Cornedbeef und Kartoffeln*

corner [ˈkɔːnəʳ, AM ˈkɔːrnɚ] **I.** *n* ① *(of road)* Ecke *f;* **on the** ~ **of a street** an einer Straßenecke; **just around the** ~ gleich um die Ecke; ***the summer holidays are just around the*** ~ *(fig)* die Sommerferien stehen vor der Tür; **to drive around the** ~ um eine Ecke biegen; **to take a** ~ eine Kurve nehmen; **to cut a** ~ eine Kurve schneiden
② *(corner part) of table* Kante *f; of page, picture* Rand *m; of a sheet, room* Ecke *f;* ***I searched every ~ of the desk*** ich haben den ganzen Schreibtisch abgesucht; ***we searched every ~ of the house*** wir suchten in allen [Ecken und] Winkeln des Hauses; ***do you have a spare ~ where I can put my things?*** hast du ein freies Eckchen, wo ich meine Sachen abstellen kann?; **to put a child in the** ~ ein Kind in die Ecke stellen; **to turn down** [*or* **fold**] **the** ~ **of a page** ein Eselsohr machen
③ *(area)* Gegend *f,* Ecke *f fam;* ***a quaint ~ of Germany*** eine malerische Gegend Deutschlands; **a distant** [*or* **remote**] [*or* **far**] ~ **of the earth** ein entlegener Winkel der Erde; **the four** ~**s of the world** [*or* **earth**] alle vier Himmelsrichtungen; **at every** ~ *(fig)* überall
④ *(periphery)* **out of the** ~ **of one's eye** aus dem Augenwinkel; ~ **of sb's mouth** jds Mundwinkel *hum*
⑤ *(fig: aspect)* Seite *f*
⑥ ECON **to have a** ~ **of the market** den Markt beherrschen
⑦ SPORTS *(in hockey, football)* Ecke *f,* Eckball *m;* BOXING *(area)* Ecke *f*
⑧ *(supporters)* ***the boxer was encouraged by his*** ~ der Boxer wurde von seiner Ecke unterstützt; **to be in sb's** ~ auf jds Seite stehen
► PHRASES: **to be in a tight** ~ in der Klemme stecken; **to cut** ~**s** *(financially)* Kosten sparen; *(in procedure)* das Verfahren abkürzen; **to drive** [*or* **box**] [*or* **force**] **sb into a** [**tight**] ~ jdn in die Enge treiben; **to get oneself into a** [**tight**] ~ sich *akk* [selbst] in Schwierigkeiten bringen; **to have turned the** ~ über den Berg sein
II. *adj attr, inv* Eck-; ~ **sofa/table** Ecksofa *nt*/Ecktisch *m;* **a** ~ **piece** ein Randstück *nt*
III. *vt* ① *(trap)* ■**to** ~ **sb** jdn in die Enge treiben; *(pursue)* jdn stellen
② COMM ■**to** ~ **sth** etw monopolisieren; **to** ~ **the market** den Markt beherrschen
IV. *vi vehicle* eine Kurve/Kurven nehmen; **to** ~ **well** gut in der Kurve liegen

-cornered [ˈkɔːnəd, AM ˈkɔːrnɚd] *in compounds* -eckig; **three**~ dreieckig

corner kick *n* SPORTS Eckball *m* **corner shop** *n* BRIT Tante-Emma-Laden *m fam* **cornerstone** *n* ARCHIT *(also fig)* Eckstein *m* **corner store** *n esp* CAN Tante-Emma-Laden *m,* Laden *m* an der Ecke **cornerwise** *adv inv* quer, diagonal

cornet [ˈkɔːnɪt, AM kɔːrˈnet] *n* ① MUS Kornett *nt*
② BRIT FOOD Waffeltüte *f;* ~ **of ice cream** Eistüte *f*

corn exchange *n* BRIT HIST Getreidebörse *f* **cornfed** [ˈkɔːnfed, AM ˈkɔːr] *adj inv* ① *(fed on grain)* [mit] Getreide gefüttert ② AM *(fam: well fed)* gut genährt **cornfield** *n* BRIT Getreidefeld *nt;* AM Maisfeld *nt* **cornflakes** *npl* Cornflakes *pl* **cornflour** *n no pl* BRIT, AUS Speisestärke *f,* Maisstärke *f,* Stärkemehl *nt* **cornflower** *n* Kornblume *f* **cornflower blue** *adj* kornblumenblau

cornice [ˈkɔːnɪs, AM ˈkɔːr-] *n* ARCHIT [Kranz]gesims *nt,* Kranzleiste *f*

Cornish [ˈkɔːnɪʃ, AM ˈkɔːr-] **I.** *adj inv* aus Cornwall, kornisch
II. *n* ① *no pl (language)* Kornisch *nt*
② *(people)* ■**the** ~ *pl* die Bewohner von Cornwall

Cornish cream *n no pl* BRIT *dicker Rahm von erhitzter Milch* **Cornish hen** *n kleines Brathuhn* **Cornishman** <*pl* -men> [ˈkɔːnɪʃmən, AM ˈkɔːr] *n* Bewohner(in) *m(f)* Cornwalls **Cornish pasty** *n* BRIT *Gebäck aus Blätterteig mit Fleischfüllung*

cornmeal *n no pl esp* AM *(fine)* Maismehl *nt;* *(coarse)* grobes Maismehl, Polenta *f* **cornmeal mush** *n no pl* AM Maisbrei *m*

corn oil *n no pl* Maiskeimöl *nt* **corn pone** *n* AM ausgebackenes Maisbrot **corn-poppy** *n* Klatschmohn *m* **corn roast** *n* CAN, AM *Picknick im*

Herbst, bei dem am offenen Feuer geröstete oder gekochte Maiskolben gegessen werden **cornrow** *n esp* AM ■ **~s** *pl Reihen von eng an der Kopfhaut geflochtenen Zöpfen* **cornstarch** *n no pl* AM (*cornflour*) Speisestärke *f*, Stärkemehl *nt* **corn syrup** *n no pl* AM Maisstärkesirup *m*, Glucosesirup *m*

cornucopia [ˌkɔːnjʊˈkəʊpiə, AM ˌkɔːrnəˈkoʊ-] *n* ❶ (*symbol of plenty*) Füllhorn *nt* ❷ (*fig: abundance*) Fülle *f* (**of** von +*dat*); **to be a ~ of information** eine sehr gute Informationsquelle sein

corn whiskey *n* AM Maiswhiskey *m*

corny [ˈkɔːni, AM ˈkɔːrni] *adj* (*fam: sentimental*) kitschig; (*dopey*) blöd

corolla [kəˈrəʊlə, AM ˈroʊ] *n* BOT Krone *f*, Korolla *f fachspr*

corollary [kəˈrɒlᵊri, AM ˈkɔːrəleri] *n* (*form*) logische Konsequenz

corona <*pl* -nae *or* -s> [kəˈrəʊnə, AM -ˈroʊ-, *pl* -niː] *n* ❶ ASTRON, ELEC Korona *f* ❷ BOT Krone *f* ❸ (*cigar*) Corona *f*

coronae [kəˈrəʊniː, AM -ˈroʊ-] *n pl of* **corona**

coronary [ˈkɒrənᵊri, AM ˈkɔːrəneri] **I.** *n* Herzinfarkt *m*; ***when he got the bill he nearly had a ~*** (*hum fam*) als er die Rechnung bekam, hätte er fast einen Herzinfarkt bekommen **II.** *adj inv* koronar, Herzkranz-; **~ arteries** Herzkranzarterien *fpl*, Herzkranzgefäße *ntpl*; **~ failure** Herzversagen *nt* **coronary heart disease** *n no pl* koronare Herzkrankheit **coronary thrombosis** *n* Koronarthrombose *f*

coronation [ˌkɒrəˈneɪʃᵊn, AM ˌkɔːr-] **I.** *n* Krönung[szeremonie] *f* **II.** *n modifier* (*ceremony, day, mug, robes*) Krönungs-

coroner [ˈkɒrənəʳ, AM ˈkɔːrᵊnɚ] *n* Coroner *m* (*Beamter, der unter verdächtigen Umständen eingetretene Todesfälle untersucht*); **~'s inquest** *Gerichtsverhandlung zur Feststellung der Todesursache aufgrund der Ermittlungsergebnisse des Coroners;* **~'s jury** *Untersuchungskommission bei nicht eindeutig natürlichen Todesfällen*

coronet [ˈkɒrənɪt, AM ˌkɔːrəˈnet] *n* kleine Krone, Diadem *nt*

coroutine [ˌkəʊruːˈtiːn, AM ˌkoʊ-] *n* COMPUT Co-Routine *f*

Corp¹ [kɔːp, AM kɔːrp] *n short for* **corporation**

Corp² *n abbrev of* **corporal**

corpora [ˈkɔːpᵊrə, AM ˈkɔːrpɚə] *n pl of* **corpus**

corporal [ˈkɔːpᵊrᵊl, AM ˈkɔːr-] *n* Unteroffizier *m*

corporal punishment *n* körperliche Züchtigung, Prügelstrafe *f*

corporate [ˈkɔːpᵊrət, AM ˈkɔːr-] *adj attr, inv* ❶ (*shared by group*) Gemeinschafts-; ***we are taking action for the ~ good*** wir handeln für das Gemeinwohl; **a ~ decision** eine gemeinsame Entscheidung; **~ identity** Corporate Identity *f*; **to take ~ responsibility** gemeinsam Verantwortung übernehmen ❷ (*of corporation*) körperschaftlich, korporativ *geh*; **~ financing** Unternehmensfinanzierung *f*; **~ lending** Darlehen *ntpl* an Firmen; **~ policy** Firmenpolitik *f*

corporate bond *n* AM FIN Industrieschuldverschreibung *f*

corporate culture *n* Unternehmenskultur *f* **corporate finance** *n* COMM Unternehmensfinanzen *pl* **corporate giant** *n* Riesenkonzern *m* **corporate image** *n* Unternehmensidentität *f* **corporate law** *n* Unternehmensrecht *nt*; AM Aktienrecht *nt* **corporate loan** *n* Firmenkredit *m*, Industrieschuldverschreibung *f*

corporately [ˈkɔːpᵊrətli, AM ˈkɔːr] *adv* ❶ COMM körperschaftlich, korporativ; **to be ~ owned** einer Firma *dat* gehören ❷ (*as a whole*) gemeinsam **corporate network** *n* Firmennetzwerk *nt* **corporate personality** *n* LAW Körperschaft *f* **corporate raider** *n* Unternehmensaufkäufer(in) *m(f)*

corporation [ˌkɔːpᵊrˈeɪʃᵊn, AM ˌkɔːrpəˈreɪ-] *n* ❶ (*business*) Unternehmen *nt*, Körperschaft *f*; **multinational ~** multinationale Gesellschaft; **a public ~** BRIT wirtschaftliche Unternehmung der öffentlichen Hand ❷ BRIT (*incorporated company*) öffentlich-rechtliche Körperschaft; AM (*company with limited liability*) [Kapital]gesellschaft *f* (*etwa entsprechend einer Gesellschaft mit beschränkter Haftung*) ❸ BRIT (*local council*) Stadtverwaltung *f*; **municipal ~** kommunale Körperschaft ❹ BRIT (*hum fam: big belly*) Schmerbauch *m*

corporation loan *n* BRIT ECON, FIN Kommunalanleihe *f*

corporation tax *n* FIN Körperschaftssteuer *f*; **Advance C~ Tax** Körperschaftssteuervorauszahlung *f*

corporatism [ˈkɔːpᵊrətɪzᵊm, AM ˈkɔːr] *n no pl* der Trend zur Bildung von Großunternehmen; ***the growth of ~*** die steigende Zahl der Großunternehmen; **a sense of ~** das Zusammenhörigkeitsgefühl [innerhalb eines Unternehmens]

corporeal [kɔːˈpɔːriəl, AM kɔːrˈ-] *adj* (*form liter*) körperlich, physisch; **~ hereditaments** LAW vererbbare materielle Gegenstände; **~ needs** materielle Bedürfnisse

corporeally [kɔːˈpɔːriəli, AM kɔːrˈ-] *adv* (*form liter*) körperlich

corps <*pl* -> [kɔːʳ, AM kɔːr] *n + sing/pl vb* ❶ MIL (*unit*) Korps *nt*; **medical ~** Sanitätstruppe *f*; **military ~** Armeekorps *nt*; **officer ~** Offizierskorps *nt* ❷ (*group*) Korps *nt*; **the diplomatic ~** das Diplomatische Korps

corps de ballet <*pl* -> [ˌkɔːdəˈbæleɪ, AM ˌkɔːrdəbælˈeɪ] *n + sing/pl vb* Ballettkorps *nt*, Balletttruppe *f*

corpse [kɔːps, AM kɔːrps] **I.** *n* Leiche *f*, Leichnam *m geh* **II.** *vi* THEAT (*sl*) es vermasseln *fam* (*als Schauspieler eine Aufführung vermasseln, indem man den Text vergisst oder plötzlich lachen muss*)

corpulence [ˈkɔːpjʊlən(t)s, AM ˈkɔːrpjə-] *n no pl* Korpulenz *f*

corpulent [ˈkɔːpjʊlənt, AM ˈkɔːrpjə-] *adj* (*euph*) korpulent

corpus <*pl* -pora *or* -es> [ˈkɔːpəs, *pl* -pᵊrə, AM ˈkɔːr-, *pl* -pɚə] *n* ❶ LIT (*collection*) Korpus *nt*, Sammlung *f*; (*complete works*) Gesamtwerk *nt* ❷ (*in linguistics*) Korpus *nt* ❸ (*main body*) Großteil *m* ❹ LAW Gesetzessammlung *f*, Korpus *nt*

Corpus Christi [-ˈkrɪsti] *n* Fronleichnam *m*

corpuscle [ˈkɔːpʌsl̩, AM ˈkɔːr-] *n* MED Blutkörperchen *nt*; **red/white ~s** rote/weiße Blutkörperchen

corpuscular [kɔːˈpʌskjələʳ, AM kɔːrˈpʌskjəlɚ] *adj inv* HIST Korpuskular-

corpus delicti [-dɪˈlɪktaɪ] *n* Corpus Delicti *nt*, Beweisstück *nt* **corpus legis** [-ˈledʒɪs] *n* LAW Corpus *nt* legis, Gesetzessammlung *f* römischen Rechts

corral [kəˈræl] AM **I.** *n* [Fang]gehege *nt*, Korral *m fachspr* **II.** *vt* <-ll-> **to ~ animals** Tiere in den Korral treiben; ■ **to ~ sth off** etw absperren

correct [kəˈrekt] **I.** *vt* ❶ (*put right*) ■ **to ~ sb/sth** jdn/etw korrigieren; ***I stand ~ed*** (*hum*) ich nehme alles zurück; **to ~ a bad habit** sich *dat* eine schlechte Gewohnheit abgewöhnen; **to ~ a watch** eine Uhr richtig stellen ❷ (*adjust*) ■ **to ~ sth** *figures, data* etw berichtigen; *an instrument* etw korrigieren **II.** *adj* ❶ (*accurate, true*) richtig, korrekt; ***you were ~ in advising us to sell the stocks*** du hattest Recht, uns den Verkauf der Aktien anzuraten; ***that is ~*** das stimmt ❷ (*proper*) korrekt, angemessen; ***he's a very ~ gentleman*** er weiß, was sich gehört; **to be ~ in one's dress** korrekt gekleidet sein

correction [kəˈrekʃᵊn] *n* ❶ (*change*) Korrektur *f*; ***~s in red ink*** Korrekturen mit roter Tinte ❷ *no pl* (*improvement*) Verbesserung *f*, Berichtigung *f*; **subject to ~** ohne Gewähr, Änderungen vorbehalten ❸ *no pl* (*punishment*) Maßregelung *f*, Züchtigung *f*

correctional [kəˈrekʃᵊnᵊl] *adj inv* AM, AUS LAW Besserungs-; **a ~ program** *ein Programm zur Erziehung bzw. Besserung junger Straftäter*

correctional center *n* AM, AUS, **correctional facility** *n* AM, AUS, **correctional institution** *n* AM, AUS Besserungsanstalt *f*, Strafanstalt *f*, Strafvollzugsanstalt *f*

correction fluid *n no pl* Korrekturflüssigkeit *f*

corrections [kəˈrekʃᵊnz] *npl* AM LAW (*form*) erzieherische Strafmaßnahmen

correction tape *n no pl* Korrekturband *nt*

corrective [kəˈrektɪv] **I.** *adj* ❶ (*counteractive*) korrigierend; **~ surgery** Korrekturoperation *f* ❷ LAW (*improving behaviour*) Besserungs-, erzieherisch **II.** *n* Abhilfe *f*, Korrektiv *nt geh*

correctly [kəˈrektli] *adv* korrekt, richtig; ***he has ~ asked if …*** er hat richtigerweise gefragt, ob …

correctness [kəˈrektnəs] *n no pl* Korrektheit *f*, Richtigkeit *f*

correlate [ˈkɒrəleɪt, AM ˈkɔːr-] **I.** *vt* ■ **to ~ sth with sth** etw mit [*o* zu] etw *dat* in Beziehung setzen **II.** *vi* sich *dat* entsprechen; ■ **to ~ with sth** mit etw *dat* in Beziehung stehen

correlation [ˌkɒrəˈleɪʃᵊn, AM ˌkɔːr-] *n* ❶ (*cause, result*) Wechselbeziehung *f*, Zusammenhang *m*; (*relationship*) Beziehung *f*, Zusammenhang *m*; ***there's a strong ~ between …*** es besteht ein enger Zusammenhang zwischen …; ***there's little ~ between wealth and happiness*** Reichtum und Glück haben wenig miteinander zu tun ❷ (*in statistics*) Korrelation *f*

correlative [kəˈrelətɪv, AM t̬ɪv] **I.** *adj inv* korrelativ, korrelierend **II.** *n* Korrelat *nt*

correspond [ˌkɒrɪˈspɒnd, AM ˌkɔːrəˈspɑːnd] *vi* ❶ (*be equivalent of*) entsprechen; (*be same as*) übereinstimmen; **to ~ closely/roughly to sth** etw *dat* genau/ungefähr entsprechen; ■ **to ~ with sth** mit etw *dat* übereinstimmen; ***his story didn't ~ with the witness' version*** seine Geschichte deckte sich nicht mit der Version des Zeugen ❷ (*write*) ■ **to ~ [with sb]** [mit jdm] korrespondieren

correspondence [ˌkɒrɪˈspɒndən(t)s, AM ˌkɔːrəˈspɑːn-] *n* ❶ (*relationship*) Beziehung *f* ❷ *no pl* (*letter-writing*) Korrespondenz *f*, Schriftverkehr *m*; **business ~** Geschäftskorrespondenz *f*; **to be in ~ with sb** mit jdm in Korrespondenz [*o* Briefwechsel] stehen; **to enter into ~ with sb** (*form*) einen Briefwechsel mit jdm führen *geh*

correspondence college *n* UNIV Fernhochschule *f* **correspondence column** *n* BRIT Leserbriefspalte *f* **correspondence course** *n* Fernkurs *m* **correspondence school** *n* Fernlehrinstitut *nt* **correspondence tray** *n* BRIT Fach *nt* für eingehende Post

correspondent [ˌkɒrɪˈspɒndənt, AM ˌkɔːrəˈspɑːn-] *n* ❶ (*of letters*) Briefeschreiber(in) *m(f)* ❷ (*journalist*) Berichterstatter(in) *m(f)*, Korrespondent(in) *m(f)*; **foreign ~** Auslandskorrespondent(in) *m(f)*; **special/war ~** Sonder-/Kriegsberichterstatter(in) *m(f)* ❸ (*equivalent*) Entsprechung *f*

correspondent bank *n* ECON, FIN Korrespondenzbank *f*

corresponding [ˌkɒrɪˈspɒndɪŋ, AM ˌkɔːrəˈspɑːn-] *adj* ❶ (*same*) entsprechend; **in the ~ period last year** im gleichen Zeitraum des letzten Jahres ❷ (*accompanying*) dazugehörig

correspondingly [ˌkɒrɪˈspɒndɪŋli, AM ˌkɔːrəˈspɑːn-] *adv* entsprechend

corridor [ˈkɒrɪdɔːʳ, AM ˈkɔːrɪdɚ, -dɔːr] *n* ❶ (*in building*) Flur *m*, Gang *m*, Korridor *m*; (*on train*) Korridor *m*, [Durch]gang *m*; (*fig*) **the ~s of power** die Schalthebel der Macht ❷ (*strip of land*) Korridor *m*; **the Polish ~** der polnische Korridor; AVIAT (*strip of air space*) Korridor *m*; **air ~** Luftkorridor *m*

corridor train *n* D-Zug *m*

corrie [ˈkɒri] *n* BRIT, ESP SCOT Gletschertopf *m*

corrigendum <*pl* -da> [ˌkɒrɪˈdʒendəm, AM ˌkɔːr-, *pl* -də] *n* LAW Berichtigung *f*
corroborate [kəˈrɒbəreɪt, AM -ˈrɑːbər-] *vt* **to ~ a story/theory** eine Geschichte/Theorie bekräftigen [*o* bestätigen]
corroborating [kəˈrɒbəreɪtɪŋ, AM -ˈrɑːbər-] *adj attr* bestätigend, erhärtend; **~ evidence/reports** erhärtende Beweise *mpl*/Berichte
corroboration [kəˌrɒbəˈreɪʃən, AM -ˌrɑːbəˈ-] *n* Bestätigung *f*, Beweis *m*; **in ~ of** zur Bestätigung [*o* Untermauerung] einer S. *gen*
corroborative [kəˈrɒbərətɪv, AM -ˈrɑːbəət̬ɪv] *adj* bestätigend, erhärtend; **to be ~ of sth** etw *akk* untermauern
corrode [kəˈrəʊd, AM -ˈroʊd] **I.** *vi metal* korrodieren, zerfressen werden
II. *vt* ■**to ~ sth** etw korrodieren [*o* zerfressen]; (*fig*) etw zerstören
corroded [kəˈrəʊdɪd, AM -ˈroʊd-] *adj* korrodiert, zerfressen; *metal* verrostet
corrosion [kəˈrəʊʒən, AM -ˈroʊ-] *n no pl* ❶ *of metal, stone* Korrosion *f*
❷ (*fig: deterioration*) Verfall *m*
corrosive [kəˈrəʊsɪv, AM -ˈroʊ-] **I.** *adj* ❶ (*destructive*) korrosiv; **~ acid** ätzende Säure
❷ (*fig: destructive*) *jealousy* zerstörerisch
II. *n* korrodierender Stoff
corrosively [kəˈrəʊsɪvli, AM -ˈroʊ-] *adv* korrodierend; **to act ~ on sth** eine zersetzende Wirkung auf etw *akk* haben
corrugated [ˈkɒrəgeɪtɪd, AM ˈkɔːrəgeɪt̬-] *adj inv* ❶ (*furrowed*) *iron, cardboard* gewellt
❷ BRIT (*rutted*) *road* zerfurcht, ausgefahren
corrugated cardboard *n no pl* Wellpappe *f* **corrugated iron** *n no pl* Wellblech *nt*
corrupt [kəˈrʌpt] **I.** *adj* ❶ (*dishonest*) korrupt; (*bribable*) bestechlich; **~ morals** verdorbener Charakter; **~ practices** unehrenhafte Praktiken
❷ (*ruined*) *text, manuscript* entstellt; *file* unlesbar; *disk* kaputt
II. *vt* ❶ (*debase ethically*) ■**to ~ sb** jdn korrumpieren; (*morally*) jdn [moralisch] verderben; **to ~ sb's morals** jds Charakter verderben
❷ (*change*) **to ~ English/French** Englisch/Französisch entstellen; **to ~ a text/sb's work** einen Text/jds Arbeit verfälschen
❸ (*influence by bribes*) ■**to ~ sb** jdn bestechen
❹ COMPUT (*spoil*) **to ~ a file** eine Datei ruinieren; **~ed file** fehlerhafte Datei
corruptible [kəˈrʌptəbl] *adj* ❶ (*dishonest*) korrumpierbar; (*bribable*) bestechlich
❷ (*easily influenced*) *young people* charakterlich [noch] nicht gefestigt, labil
corruption [kəˈrʌpʃən] *n* ❶ *no pl* (*action*) *of moral standards* Korruption *f*; *of a text* Entstellung *f*; *of computer file* Zerstörung *f*
❷ *no pl* (*dishonesty*) Unehrenhaftigkeit *f*; (*bribery*) Korruption *f*, Bestechung *f*
❸ LING (*changed form*) korrumpierte Form
❹ (*decay*) Zersetzung *f*, Fäulnis *f*
corruptly [kəˈrʌptli] *adv* mit unehrlichen Mitteln; LAW durch Bestechung; (*wrongly altered*) fälschlicherweise; **to be ~ involved with sb/sth** zu jdm/etw in einer korrupten Verbindung stehen; ***he ~ accepted gifts*** er ließ sich mit Geschenken bestechen
corsage [kɔːˈsɑːʒ, AM kɔːrˈ-] *n* ❶ (*flower pin*) Ansteckbukett *nt*
❷ (*bodice*) Mieder *nt*, Korsage *f*
corsair [ˈkɔːseəʳ, AM ˈkɔːrser] *n* Korsar *m*
cors anglais [ˌkɔːˈrɒŋgleɪ, AM ˌkɔːrɑːŋˈ-] *n pl of* **cor anglais**
corselet [ˈkɔːslət, AM ˈkɔːr] *n* ❶ HIST (*piece of armour*) Brustpanzer *m*
❷ *see* **corset**
corset [ˈkɔːsət, AM ˈkɔːr-] *n* ❶ (*undergarment*) Korsett *nt*; MED (*for bad back*) Stützkorsett *nt*
❷ (*fig: restriction*) Restriktion *f*
Corsica [ˈkɔːsɪkə, AM ˈkɔːr-] *n* Korsika *nt*
Corsican [ˈkɔːsɪkən, AM ˈkɔːr-] **I.** *adj inv* korsisch; **~ holiday** Urlaub *m* auf Korsika
II. *n* ❶ (*person*) Korse, -in *m, f*
❷ *no pl* (*language*) Korsisch *nt*
cortege [kɔːˈteɪʒ, AM kɔːrˈteʒ] *n* Leichenzug *m*
cortex <*pl* -tices> [ˈkɔːteks, *pl* -tɪsiːz, AM ˈkɔːr-, *pl* -t̬ɪsiːz] *n* Kortex *m fachspr*, Rinde *f*; **the cerebral/renal ~** die Hirn-/Nierenrinde
cortical [ˈkɔːtɪkəl, AM ˈkɔːrt̬ɪ] *adj inv* Rinden-, kortikal *fachspr*
cortices [ˈkɔːtɪsiːz, AM ˈkɔːr-] *n pl of* **cortex**
cortisol [ˈkɔːtɪsɒl, AM ˈkɔːrt̬əsɑːl] *n no pl* Cortisol *nt*, Hydrocortison *nt*
cortisone [ˈkɔːtɪzəʊn, AM ˈkɔːrt̬əzoʊn] *n no pl* Kortison *nt*
coruscant [kɒˈrʌskənt, AM kəˈ-] *adj* (*liter*) funkelnd *attr*
coruscate [ˈkɒrəskeɪt, AM ˈkɔːr-] *vi* (*liter*) *light* funkeln, glitzern; ***his speech ~d with wit*** (*fig*) seine Rede sprühte vor Witz
coruscating [ˈkɒrəskeɪtɪŋ, AM ˈkɔːrəskeɪt̬-] *adj* (*liter*) glitzernd; **~ wit** (*fig*) sprühender Geist
corvette [kɔːˈvet, AM kɔːr] *n* Korvette *f*
cos[1] *n* MATH *abbrev of* **cosine** cos.
cos[2] [kəz, kɒz] *conj* BRIT *short for* **because**
cos[3] [kɒs, kɒz] *n* BRIT, AUS Romagnasalat *m*, römischer Salat
Cosa Nostra [ˌkəʊzəˈnɒstrə, AM ˌkoʊsəˈnoʊ-] *n* Cosa Nostra *f*
cosh [kɒʃ, AM kɑːʃ] *esp* BRIT **I.** *n* (*fam*) Totschläger *m*
II. *vt* (*fam*) **to ~ sb [on [*or* over] the head]** jdm eins überziehen *fam*
co-signatory [ˌkəʊˈsɪgnətəri, AM ˌkoʊˈsɪgnətɔːri] *n* Mitunterzeichner(in) *m(f)*
cosily [ˈkəʊzɪli, AM ˈkoʊ-] *adv* gemütlich
cosine [ˈkəʊsaɪn, AM ˈkoʊ-] *n* MATH Kosinus *m*
cosiness [ˈkəʊzɪnəs, AM ˈkoʊ-] *n no pl* Gemütlichkeit *f*, Behaglichkeit *f*; *of relationship* Vertrautheit *f*
cos lettuce *n no pl esp* BRIT, AUS Romagnasalat *m*, römischer Salat
cosmetic [kɒzˈmetɪk, AM kɑːzˈmet̬-] **I.** *n* ❶ (*lipstick, rouge*) Kosmetik *f*
❷ (*various articles*) ■**~s** *pl* Kosmetika *ntpl*, Kosmetikartikel *mpl*
II. *adj* ❶ (*of beauty*) Kosmetik-; **~ cream** kosmetische Creme, Kosmetikcreme *f*
❷ (*fig: superficial*) kosmetisch; **~ changes/improvements** kosmetische Veränderungen/Verbesserungen
cosmetically [kɒzˈmetɪkli, AM kɑːzˈmet̬-] *adv* kosmetisch; **~ perfect** äußerlich perfekt
cosmetician [ˌkɒzməˈtɪʃən, AM ˌkɑːz-] *n* Kosmetiker(in) *m(f)*
cosmetic surgery *n no pl* kosmetische [*o* plastische] Chirurgie; **to have ~** sich *akk* einer Schönheitsoperation unterziehen
cosmic [ˈkɒzmɪk, AM ˈkɑːz-] *adj attr* (*of universe*) kosmisch; **~ dust** kosmischer Staub; (*large*) **of ~ proportions [*or* dimensions] [*or* scale]** von kosmischen Ausmaßen
cosmically [ˈkɒzmɪkli, AM ˈkɑːz-] *adv* kosmisch; **~ seen/speaking** kosmisch betrachtet/gesehen
cosmogony <*pl* -ies> [kɒzˈmɒgəni, AM kɑːzˈmɑː-] *n* Kosmogonie *f*
cosmography [ˌkɒzˈmɒgrəfi, AM ˌkɑːzˈmɑːg-] *n no pl* Kosmographie *f*
cosmologic(al) [ˌkɒzməˈlɒdʒɪkəl, AM ˌkɑːzməˈlɑː-] *adj inv* kosmologisch
cosmologist [ˌkɒzˈmɒlədʒɪst, AM ˌkɑːzˈmɑːl-] *n* Kosmologe, -in *m, f*
cosmology [ˌkɒzˈmɒlədʒi, AM ˌkɑːzˈmɑːl-] *n no pl* Kosmologie *f*
cosmonaut [ˈkɒzmənɔːt, AM ˈkɑːzmənɑːt] *n* Kosmonaut(in) *m(f)*
cosmopolitan [ˌkɒzməˈpɒlɪtən, AM ˌkɑːzməˈpɑːlɪt̬ən] **I.** *adj* kosmopolitisch
II. *n* Kosmopolit(in) *m(f)*
cosmos [ˈkɒzmɒs, AM ˈkɑːzmoʊs] *n no pl* Kosmos *m*, Weltall *nt*
Cossack [ˈkɒsæk, AM ˈkɑː-] **I.** *n* Kosak(in) *m(f)*
II. *adj inv* Kosaken-
cosset <-tt-> [ˈkɒsɪt, AM ˈkɑː-] *vt* ■**to ~ sb** jdn umsorgen [*o* verwöhnen]; ■**to be ~ted** verwöhnt werden; (*pej*) verhätschelt werden
cossie [ˈkɒzi] *n* BRIT, AUS (*fam*) Badeanzug *m*
cost [kɒst, AM kɑːst] **I.** *vt* ❶ <cost, cost> (*amount to*) ***to ~ £40/lots of money/nothing*** 40 Pfund/viel Geld/nichts kosten; ***how much does it ~?*** wie viel kostet es?; ***it'll ~ you to have your roof mended*** das Ausbessern deines Daches wird dich ganz schön was kosten; ***it ~ him dear to apologize*** es fiel ihm schwer, sich zu entschuldigen; ***it doesn't ~ anything to ask*** fragen kostet nichts; **to ~ a bundle** viel kosten; **to ~ a small fortune [*or* an arm and a leg] [*or* BRIT *also* a packet]** ein kleines Vermögen [*o fam* eine Stange Geld] kosten
❷ <cost, cost> (*cause loss of*) ***drinking and driving ~s lives*** Trunkenheit am Steuer fordert Menschenleben; **to ~ sb his/her patience** jds Geduld kosten; **to ~ [sb] time/energy** [jdn] viel Zeit/Energie kosten
❸ <-ed, -ed> (*calculate price*) ■**to ~ sth [out]** etw [durch]kalkulieren
II. *n* ❶ (*price*) Preis *m*, Kosten *pl* (**of** für +*akk*); ***this policy means that the ~ of goods will rise/fall again*** diese Politik bedeutet, dass die Kosten für Konsumgüter wieder steigen/fallen werden; **~s order** LAW Kostenentscheidung *f* [durch das Gericht]; **at no ~ to the state/consumers** ohne Kosten für den Staat/Verbraucher; **~ of borrowing [*or* money]** Kreditkosten *pl*; **~, insurance and freight** Kosten, Versicherung und Fracht; **fixed/taxed ~s** feststehende/festgesetzte Kosten; **at no extra ~** ohne Aufpreis; **at huge ~** für Unsummen; **to cover [*or form* defray] the ~ of sth** die Kosten von etw *dat* decken; **to cut the ~ of sth** den Preis von etw *dat* heruntersetzen; **to sell sth at ~** etw zum Selbstkostenpreis verkaufen
❷ (*fig: sacrifice*) Aufwand *m kein pl*; ***it may be less expensive but consider the ~ in time and effort*** es ist vielleicht günstiger, aber bedenke den Aufwand an Zeit und Bemühungen; **at the ~ of one's health** auf Kosten der Gesundheit; **at no ~ to the environment/quality** ohne Beeinträchtigung für die Umwelt/Qualität; **at all ~[s] [*or* at any ~] [*or* whatever the ~]** um jeden Preis, koste es, was es wolle; **at great personal ~** unter großen persönlichen Opfern; **to learn sth to one's ~** etw am eigenen Leib erfahren; **to know sth at one's ~** etw *akk* zu jds Leidwesen erfahren haben
❸ ■**~s** *pl* Kosten *pl* (**of** für +*akk*); LAW Prozesskosten *pl*; **to cut ~s** die Kosten senken; **the ~s incurred** die entstandenen [*o* angefallenen] Kosten
cost analysis *n* COMM Kostenanalyse *f*
co-star [ˌkəʊˈstɑːʳ, AM ˌkoʊˈstɑːr] **I.** *n* einer der Hauptdarsteller; **to be sb's ~** neben jdm die Hauptrolle spielen **II.** *vt* <-rr-> ■**to ~ sb** neben jdm die Hauptrolle spielen; ***the film ~s Paul Newman and Robert Redford*** der Film zeigt Paul Newman und Robert Redford in den Hauptrollen **III.** *vi* <-rr-> ■**to ~ with sb** an der Seite von jdm die Hauptrolle spielen **cost-benefit analysis** <*pl* -ses> *n* ECON Kosten-Nutzen-Analyse *f*, Kosten-Nutzen-Rechnung *f* **cost centre** *n* ECON Kostenstelle *f* **cost-conscious** *adj* kostenbewusst **cost-cutting** *adj attr* Kosten senkend, Kosten dämpfend; **a ~ exercise** ein Versuch *m*, Kosten zu senken; **~ programme [*or* AM program]** Sparprogramm *nt* **cost-effective** *adj* kostengünstig **cost-effectively** [ˌkɒstɪˈfektɪvli, AM ˌkɑːst] *adv* Kosten effektiv, Kosten sparend **cost-effectiveness** *n no pl* Rentabilität *f*, Kosteneffizienz *f*
coster [ˈkɒstəʳ, AM ˈkɑːstɚ] *n*, **costermonger** [ˈkɒstəˌmʌŋgəʳ, AM ˈkɑːstɚˌmʌŋgɚ] *n* BRIT (*dated*) Straßenhändler(in) *m(f)*
costing [ˈkɒstɪŋ, AM ˈkɑːst-] *n* ECON Kalkulation *f*, Kostenberechnung *f*
costing department *n* ECON Kostenbuchhaltung *f*, betriebliches Rechnungswesen
costive [ˈkɒstɪv, AM ˈkɑːst-] *adj* (*form*) verstopft
costliness [ˈkɒstlɪnəs, AM ˈkɑːst-] *n no pl of mistake* Kostspieligkeit *f*; *of machinery* hoher Kostenaufwand
costly [ˈkɒstli, AM ˈkɑːst-] *adj* kostspielig, teuer; **a ~**

C

mistake (*fig*) ein kostspieliger [*o* folgenschwerer] Fehler; ~ **delays/setbacks** kostspielige Verzögerungen/Rückschläge; **to prove** ~ sich *akk* als kostspielig herausstellen

cost of living *n no pl* Lebenshaltungskosten *pl* **cost-of-living** *adj attr, inv* ~ **increase** Teuerungszulage *f* **cost-of-living index** *n* AM, AUS (*retail price index*) Lebenshaltungsindex *m* **cost-plus** *adj* **to calculate on a** ~ **basis** unter Einbeziehung einer Gewinnspanne kalkulieren **cost price** *n* Selbstkostenpreis *m*; **at** ~ zum Selbstkostenpreis **cost-push** *adj* Kosten steigernd

cost-push inflation *n no pl* Kostendruckinflation *f*

costume ['kɒstjuːm, AM 'kɑːstuːm, -stjuːm] *n* ❶ (*national dress*) Tracht *f*; **historical** ~ historisches Kostüm; **national** ~ Landestracht *f*; **to dress in** [*or* **wear**] ~ Tracht tragen; **dressed in** ~ in Tracht
❷ (*decorative dress*) Kostüm *nt*; **Halloween** ~ Halloweenkostüm *nt*; **to wear a** [**clown/cowboy/witch**] ~ [als Clown/Cowboy/Hexe] verkleidet sein

costume ball *n* Kostümball *m* **costume drama** *n* Kostümfilm *m* **costume jewellery**, AM **costume jewelry** *n no pl* Modeschmuck *m* **costume party** *n* AM Kostümfest *nt*

costumier [kɒs'tjuːmiəʳ, -ei, AM kɑː'stuːmieɪ, -stjuː-] *n* ❶ (*costume hirer*) Kostümverleiher(in) *m(f)*
❷ (*for theatre*) Kostümier *m*

cosy ['kəʊzi, AM 'koʊ-] **I.** *adj* ❶ (*pleasant and comfortable*) gemütlich, behaglich, heimelig; (*nice and warm*) mollig warm; ~ **atmosphere** heimelige Atmosphäre; ~ **chat** gemütliche Plauderei; **a** ~ **relationship** eine traute Beziehung
❷ (*pej: convenient*) bequem *fig*; **to make a** ~ **arrangement** etw unter der Hand vereinbaren, mauscheln *fam*; **a** ~ **deal** ein Kuhhandel *m fam*
II. *n* **tea/egg** ~ Tee-/Eierwärmer *m*
III. *vi* <-ie-> ■**to** ~ **up to sb/sth** ❶ (*snuggle up to*) sich *akk* an jdn/etw anschmiegen
❷ (*make deal with*) mit jdm/etw einen Kuhhandel machen *fam*

cot¹ *n* MATH *abbrev of* **cotangent** Kotangens *m*

cot² [kɒt, AM kɑːt] *n* ❶ BRIT (*baby's bed*) Kinderbett *nt*
❷ AM (*camp bed*) Feldbett *nt*; (*fold-out bed*) Klappbett *nt*

cotangent [ˌkəʊ'tændʒənt, AM ˌkoʊ'-] *n* MATH Kotangens *m*

cot bumper *n* BRIT Polster *nt* (*für ein Kinderbett*) **cot death** *n* BRIT plötzlicher Kindstod

cote [kəʊt, AM koʊt] *n* ❶ *see* **dovecote** Taubenschlag *f*
❷ (*shelter for mammals*) Stall *m*

coterie ['kəʊtəri, AM 'koʊt̬əi] *n* Clique *f*; **a** ~ **of writers/intellectuals** ein Zirkel *m* von Schriftstellern/Intellektuellen

coterminous [ˌkəʊ'tɜːmɪnəs, AM ˌkoʊ'tɜːr-] *adj inv* ❶ (*sharing same border*) angrenzend; **to be** ~ **with a country** mit einem Land eine gemeinsame Grenze haben
❷ (*sharing time frame*) von gleicher Dauer

coterminously [ˌkəʊ'tɜːmɪnəsli, AM ˌkoʊ'tɜːr-] *adv inv* zeitgleich; **to run** ~ gleichzeitig stattfinden

cottage ['kɒtɪdʒ, AM 'kɑːt̬-] *n* ❶ (*small house*) Cottage *nt*, Hütte *f*; **country** ~ Landhaus *nt*; **thatched** ~ Landhaus mit Stroh-/Reetdach; (*additional house on property*) Gästehaus *nt*
❷ (*sl: for homosexuals*) Schwulentreff *m fam*

cottage cheese *n no pl* Hüttenkäse *m* **cottage industry** *n* BRIT Heimindustrie *f* **cottage loaf** *n esp* BRIT *runder Laib Brot* **cottage pie** *n* BRIT Fleisch-Kartoffel-Auflauf *m*

cottager ['kɒtɪdʒəʳ, AM 'kɑːt̬ɪdʒɚ] *n* Cottagebewohner(in) *m(f)*, Bewohner(in) *m(f)* eines kleinen Ferienhauses

cottaging ['kɒtɪdʒɪŋ, AM 'kɑːt̬-] *n no pl* (*sl*) *sexuelle Handlungen zwischen Männern in öffentlichen Toiletten*

cotter ['kɒtəʳ, AM 'kɑːtɚ] *n*, **cotter pin** *n* Splint *m*

cotter pin ['kɒtə-, AM 'kɑːt̬ɚ-] *n* Splint *m*

cotton ['kɒtᵊn, AM 'kɑː-] **I.** *n* ❶ (*plant*) Baumwolle *f*
❷ (*material*) Baumwolle *f*; **made of pure** ~ aus reiner Baumwolle
❸ (*thread*) Garn *nt*; **reel** [*or* AM **spool**] **of** ~ Garnrolle *f*
II. *n modifier* (*blouse, material, socks, sheets, trousers*) Baumwoll-
III. *vi* ❶ (*fam: understand*) ■**to** ~ **on** kapieren *fam*; ■**to** ~ **on to sth** etw kapieren
❷ AM (*like*) ■**to** ~ **to sth/sb** mit etw/jdm sympathisieren

cotton ball *n* AM Wattebällchen *nt* **cotton batting** *n no pl* AM (*cotton wool*) Watte *f* **cotton bud** *n* BRIT Wattestäbchen *nt* **cotton candy** *n no pl* AM (*candy floss*) Zuckerwatte *f* **cotton gin** *n* AGR Entkörnungsmaschine *f* **cotton-grower** *n* Baumwollpflanzer(in) *m(f)* **cotton mill** *n* Baumwollspinnerei *f* **cotton mouth** *n* AM (*fam*) ausgetrockneter Mund; **to have** ~ einen ausgetrockneten Mund haben **cotton pads** *npl* AM (*cotton wool pads*) Wattebäusche *mpl* **cotton-picking** **I.** *n no pl* Baumwollpflücken *nt* **II.** *adj attr, inv* AM verflucht *sl* **cotton print** *n* bedruckter Baumwollstoff **cotton seed** *n* Baumwollsamen *m* **cotton seed oil** *n no pl* Baumwollsamenöl *nt* **Cotton States** *npl* AM GEOG ■**the** ~ die Baumwollstaaten **cotton swab** *n* AM (*cotton bud*) Wattestäbchen *nt* **cotton tail** *n* AM (*fam*) Kaninchen *nt*, Karnickel *nt fam* **cotton wool** *n no pl* ❶ BRIT Watte *f* ❷ AM (*from raw cotton*) [Roh]baumwolle *f* ▶ PHRASES: **to wrap sb in** ~ BRIT jdn in Watte packen **cotton wool pads** *npl* BRIT, AUS Wattebäusche *mpl*

cottony ['kɒtᵊni, AM 'kɑː-] *adj* baumwollartig

couch¹ [kaʊtʃ] **I.** *n* <*pl* -es> Couch *f*, Sofa *nt*; **psychiatrist's** ~ Psychologencouch *f*; **to be on the** ~ (*fig*) in Therapie sein
II. *vt* ■**to** ~ **sth** etw formulieren; ***this form is all ~ed in legal terminology*** dieses Formular besteht nur aus juristischen Formulierungen; ***he ~ed his criticism in tactful phrases*** er fasste seine Kritik in taktvolle Sätze

couch² [kuːtʃ, kaʊtʃ] *n no pl* (*grass*) Schnürgras *nt*

couchette [kuː'ʃet] *n* BRIT RAIL Liege *f* (*in einem Schlafwagen*)

couch grass *n no pl* Schnürgras *nt* **couch potato** *n* (*fam*) Couchpotato *f*, Fernsehglotzer(in) *m(f)*

cougar ['kuːgəʳ, AM -ɚ] *n esp* AM Puma *m*

cough [kɒf, AM kɑːf] **I.** *n* Husten *m*; **a bad** [*or* **nasty**] ~ ein schlimmer Husten; **chesty** [*or* **hacking**] ~ tief sitzender Husten; **to give a** ~ (*as warning*) hüsteln; **to have a** ~ einen Husten haben; **to have smoker's** ~ Raucherhusten haben
II. *vi* ❶ *person* husten, sich *akk* räuspern
❷ *motor* stottern
❸ *esp* BRIT (*fam: reveal information*) singen *fam*
III. *vt* **to** ~ **blood** Blut husten
◆**cough up** **I.** *vt* ❶ (*bring up*) **to** ~ **up** ↔ **blood/phlegm** Blut/Schleim husten
❷ (*fam: pay reluctantly*) **to** ~ **up money** Geld herausrücken *fam*; ***you owe me money so come on, ~ it up!*** du schuldest mir Geld, also komm rüber damit!
II. *vi* (*fam: pay*) Geld herausrücken *fam*; (*give back*) [wieder] herausrücken, zurückgeben; BRIT (*admit*) [mit der Wahrheit] herausrücken

cough drop *n* Hustenpastille *f*, Hustenbonbon *nt* **coughing fit** *n* Hustenanfall *m* **cough medicine** *n no pl*, **cough mixture** *n* BRIT Hustensaft *m* **cough sweet** *n* BRIT Hustenbonbon *nt* **cough syrup** *n no pl* Hustensaft *m*

could [kʊd, kəd] *pt, subjunctive of* **can**

couldn't ['kʊdᵊnt] = **could not** *see* **can**

coulis <*pl* -> ['kuːli] *n* Fruchtsoße *f*; **with/on raspberry** ~ mit/auf Himbeersoße

coulisse [kuː'liːs] *n* THEAT Kulisse *f*

coulomb ['kuːlɒm, AM -lɑːm] *n* ELEC Coulomb *nt*

council ['kaʊn(t)sᵊl] *n* ❶ + *sing/pl vb* ADMIN Rat *m*; **borough** ~ Gemeinderat *m*; **local/town/city** ~ Gemeinde-/Stadtrat *m*; **Security C~** Sicherheitsrat *m*; **the United Nations Security C~** der Sicherheitsrat der Vereinten Nationen; **to be on the local** ~ im Gemeinderat sitzen, Gemeinderatsmitglied sein
❷ (*meeting*) Rat *m*; **to hold** ~ sich *akk* beraten, Rat halten
❸ LAW (*legislation*) **Order in C~** königlicher Erlass

council estate *n* BRIT Siedlung *f* mit Sozialwohnungen **council flat** *n* BRIT, **council house** *n* BRIT Sozialwohnung *f* **council housing** *n no pl* BRIT sozialer Wohnungsbau

councillor ['kaʊn(t)sᵊləʳ], AM **councilor** [-ɚ] *n* Ratsmitglied *nt*; **town** ~ Stadtrat, Stadträtin *m, f*

councilman *n* AM Ratsmitglied *nt*; **town** ~ Stadtrat *m* **council meeting** *n* Ratsversammlung *f* **Council of Europe** *n* Europarat *m* **Council of Ministers** *n* EU Ministerrat *m* **council of war** *n* Kriegsrat *m*; (*fig*) **to hold a** ~ Kriegsrat halten

councilor *n* AM *see* **councillor**

council tax *n no pl* BRIT Gemeindesteuer *f*

councilwoman *n* AM Ratsmitglied *nt*; **town** ~ Stadträtin *f*

counsel ['kaʊn(t)sᵊl] **I.** *vt* <BRIT -ll- *or* AM *usu* -l-> ❶ (*advise*) **to** ~ **caution/promptness** Vorsicht/Promptheit empfehlen; ■**to** ~ **sb about** [*or* **on**] **sth** jdn bei etw *dat* beraten; ■**to** ~ **sb against sth** jdm von etw *dat* abraten; (*be in therapy*) **to be ~ed for depression/drug addiction** wegen Depression/Drogenabhängigkeit in Behandlung sein
❷ (*form: promote*) ■**to** ~ **sth** zu etw *dat* raten
II. *n* ❶ *no pl* (*form: advice*) Rat[schlag] *m*; **to take** ~ **from sb** von jdm einen Rat annehmen
❷ (*lawyer*) Anwalt, Anwältin *m, f*; ~**'s advice** [*or* **opinion**] Rechtsgutachten *nt* [eines Barristers]; **Queen's C~** Kronanwalt *m*; ~ **for the defence** Verteidiger(in) *m(f)*; **leading** ~ führender Anwalt [unter mehreren Vertretern der jeweiligen Partei]
▶ PHRASES: **to keep one's own** ~ seine Meinung für sich *akk* behalten

counseling AM, **counselling** ['kaʊn(t)sᵊlɪŋ] **I.** *n no pl* psychologische Betreuung; **to be in** ~ in Therapie sein
II. *adj attr, inv* Beratungs-; ~ **service** Beratungsdienst *m*; **to offer a** ~ **service to sb** jdn psychologisch betreuen

counsellor ['kaʊn(t)sᵊləʳ], AM **counselor** [-ɚ] *n* ❶ (*advisor*) Berater(in) *m(f)*; **debt/financial** ~ Schulden-/Finanzberater(in) *m(f)*; **marriage** [**guidance**] ~ Eheberater(in) *m(f)*; **guidance** ~ AM (*for career*) Berufsberater(in) *m(f)* (*in der Schule*); (*for problems*) psychologischer Betreuer/psychologische Betreuerin
❷ AM (*lawyer*) Anwalt, Anwältin *m, f*

count¹ [kaʊnt] *n* Graf *m*

count² [kaʊnt] **I.** *n* ❶ (*totalling up*) Zählung *f*; POL Auszählung *f*; **to keep** ~ **of sth** etw genau zählen; **to lose** ~ beim Zählen durcheinanderkommen; (*fig*) den Überblick verlieren; **on the** ~ **of three/four/ten** bei drei/vier/zehn
❷ (*measured amount*) [An]zahl *f*, Ergebnis *nt*; SPORTS Punktestand *m*; **final** ~ Endstand *m*
❸ (*consideration*) Berücksichtigung *f*; **to take** [**no**] ~ **of sth** etw [nicht] berücksichtigen
❹ LAW Anklagepunkt *m*; **to be found guilty on two ~s of murder** des zweifachen Mordes für schuldig befunden werden; **to be found guilty on the first** ~ [*or* **all ~s**] im ersten Anklagepunkt [*o* in allen [Anklage]punkten] für schuldig befunden werden
❺ (*point*) Punkt *m*; (*reason*) Grund *m*; **to agree with sb on all ~s** mit jdm in allen Punkten übereinstimmen; **to be angry with sb on several ~s** auf jdn aus mehreren Gründen zornig sein; **to fail on a number of ~s** in einer Reihe von Punkten versagen
▶ PHRASES: **to be out for the** ~ BOXING ausgezählt werden; (*fig*) k.o. sein *fam*
II. *vt* ❶ (*number*) ■**to** ~ **sth** etw zählen; ***there'll be eight for dinner ~ing ourselves*** uns mitgerechnet sind wir acht zum Abendessen; ***I could ~ the number of times he's been on time on the fingers of one hand*** ich könnte die paar Mal, die er pünktlich war, an den Fingern einer Hand abzählen; **to** ~

one's change sein Wechselgeld nachzählen; **to ~ heads** [*or* AM *also* **noses**] abzählen; ■**to ~ sb/sth among sth** jdn/etw zu etw *dat* zählen; ECON, FIN (*include*) etw [mit]rechnen [*o* [mit]zählen]
❷ (*consider*) **to ~ sb as a friend** jdn als Freund betrachten [*o* zu seinen Freunden zählen]; **to ~ sth a success/failure** etw als Erfolg/Misserfolg verbuchen; **to ~ oneself lucky** [*or* **fortunate**] sich *akk* glücklich schätzen; **to ~ oneself unhappy** [*or* **unfortunate**] sich *akk* für unglücklich halten; ■**to ~ sth against sb** jdm etw verübeln
► PHRASES: **to ~ one's blessings** dankbar sein; **don't ~ your chickens before they're hatched** (*prov*) man soll den Tag nicht vor dem Abend loben *prov*; **to ~ the cost[s] [of sth]** (*consider effects*) die Folgen [einer S. *gen*] bedenken; (*suffer*) [etw] bereuen
III. *vi* ❶ (*number*) zählen
❷ (*be considered*) ***that has always ~ed among my favourite operas*** das hat schon immer zu meinen Lieblingsopern gezählt; ■**to ~ against sb** gegen jdn sprechen; ■**to be ~ed as sth** als etw gelten
❸ (*be of value*) zählen, wichtig sein; ***that's what ~s*** darauf kommt es an; ***this essay will count towards your final degree*** dieser Aufsatz geht in die Berechnung Ihrer Endnote ein; ■**to not ~** nicht zählen; ***his opinion doesn't ~ for anything here*** seine Meinung zählt hier nicht
◆**count down** *vi* rückwärts bis Null zählen; AEROSP den Countdown durchführen
◆**count in** *vt* ■**to ~ sb in** jdn mitrechnen; ***~ me in*** ich bin dabei
◆**count off** *vi* AM abzählen
◆**count on** *vi* ❶ (*depend on*) ■**to ~ on sb/sth** auf jdn/etw zählen; ■**to ~ on sb doing sth** [*or* **on sb to do sth**] sich *akk* darauf verlassen, dass jd etw tut
❷ (*reckon with*) ***I'm ~ing on getting away for a few days next week*** ich hoffe schwer, dass ich mir nächste Woche ein paar Tage freinehmen kann *fam*; ■**to ~ on sb doing sth** davon ausgehen, dass jd etw tut; ■**sb did not ~ on ...** jd hat nicht damit gerechnet, dass ...; ***I didn't ~ on it raining*** ich hätte nicht gedacht, dass es regnen würde
◆**count out I.** *vi* ❶ BRIT (*number off aloud*) abzählen
❷ (*in games*) auszählen
II. *vt* (*fam*) ■**to ~ sb out** jdn nicht einplanen; ***~ me out!*** ohne mich!; ***who wants to come swimming tomorrow? — ~ me out*** wer hat Lust, morgen mit schwimmen zu gehen? – ich nicht
◆**count up I.** *vt* ■**to ~ sth** ⊂ **up** etw zusammenzählen
II. *vi* **to ~ up to three/ten** bis drei/zehn zählen
◆**count upon** *vt* (*usu form*) *see* **count on**

countable ['kaʊntəbl, AM -ţə-] *adj* LING zählbar
countable noun *n* LING zählbares Substantiv
countdown ['kaʊntdaʊn] *n* Countdown *m* (to +*gen*)
countenance ['kaʊntənən(t)s] **I.** *n* ❶ (*form liter: face*) Angesicht *nt*, Antlitz *nt*; (*form: facial expression*) Gesichtsausdruck *m*, Gesichtszüge *mpl*; **to be of noble ~** edle Gesichtszüge haben
❷ (*approval*) Unterstützung *f*; **to give** [*or* **lend**] **~ to sth** (*form*) etw unterstützen
❸ *no pl* (*composure*) Haltung *f*; **to keep one's ~** (*form*) die Haltung bewahren; **to keep sb in ~** jdn beruhigen; **to be out of ~** fassungslos sein; **to put sb out of ~** jdn aus der Fassung bringen
II. *vt* (*form*) ■**to ~ sth** etw gutheißen; ■**to not ~ sth** etw nicht dulden [*o geh* billigen]
counter ['kaʊntər, AM -ţə] **I.** *n* ❶ (*service point*) Theke *f*; (*in shop*) [Laden]theke *f*, Ladentisch *m*; (*in bar, restaurant*) Theke *f*; (*in bank, post office*) Schalter *m*; [**kitchen**] **~** AM (*worktop*) [Küchen]arbeitsplatte *f*; **bargaining ~** Verhandlungsbasis *f*; **over the ~** rezeptfrei; **over-the-~ market** STOCKEX Freiverkehr[smarkt] *m* (*für nicht im offiziellen Börsenhandel zugelassene Aktien*); **under the ~** (*fig*) unterm Ladentisch
❷ (*person who counts*) Zähler(in) *m(f)*; (*machine that counts*) Zählwerk *nt*
❸ (*disc*) Spielmarke *f*
❹ (*factor*) Zähler *m*
II. *vt* **to ~ sb's arguments** jds Argumenten widersprechen; **to ~ sb's instructions/orders** jds Instruktionen/Befehle aufheben; **to ~ a loss/death/divorce** einen Verlust/Tod/eine Scheidung wettmachen [*o* ausgleichen]
III. *vi* (*oppose*) **to ~ with sth** mit etw *dat* kontern; SPORTS (*react by scoring*) kontern
IV. *adv inv* entgegen; **to act ~ to sth** etw *dat* zuwiderhandeln; **to run ~ to sth** etw *dat* zuwiderlaufen
counteract *vt* ■**to ~ sth** etw *dat* entgegenwirken; **to ~ a disease** eine Krankheit bekämpfen; **to ~ poison/a drug** Gift/eine Droge neutralisieren
counteraction [ˌkaʊntərˈækʃən, AM ţə-] *n no pl* Gegenwirkung *f* **counteractive** *adj* ❶ (*working against*) kontraproduktiv, entgegenwirkend *attr* ❷ (*neutralizing*) *to a drug, poison* neutralisierend *attr* **counterargument** *n* Gegenargument *nt* **counterattack I.** *n* Gegenangriff *m* **II.** *vt* ■**to ~ sb** jdn im Gegenzug angreifen **III.** *vi* zurückschlagen; SPORTS kontern **counterattraction** *n* konkurrierendes Freizeitangebot; ***video rental is now a major ~ to cinema-going*** Videoverleih ist heutzutage eine Hauptkonkurrenz zum Kino
counterbalance I. *n* ['kaʊntəˌbælən(t)s, AM -ţə-] Gegengewicht *nt*; (*fig*) **to be a ~** ausgleichend wirken **II.** *vt* [ˌkaʊntəˈbælən(t)s, AM -ţə-] ■**to ~ sth** etw ausgleichen; (*fig*) ein Gegengewicht zu etw *dat* darstellen **counterblast** *n* (*liter*) Gegenschlag *m* (to gegen +*akk*) **countercharge I.** *n* LAW Gegenklage *f* **II.** *vt* LAW ■**to ~ sth** gegen etw *akk* Gegenklage erheben **countercheck I.** *n* ❶ (*restraint*) Hemmnis *nt*, Sperre *f*; **to put a ~ on sth** (*fig*) etw begrenzen ❷ (*second check*) Gegenprüfung *f* **II.** *vt* ■**to ~ sth** etw gegenprüfen **counterclaim** ['kaʊntəkleɪm, AM ţə-] LAW **I.** *n* ❶ (*against plaintiff*) Widerklage *f* ❷ (*for damages*) Gegenanspruch *m*, Gegenforderung *f* **II.** *vi* eine Gegenforderung erheben; ■**to ~ that ...** dagegenhalten, dass ... **counterclockwise** *adj inv* AM (*anticlockwise*) linksläufig, gegen den Uhrzeigersinn **counterculture** *n* Gegenkultur *f* **counter-espionage** *n no pl* Spionageabwehr *f*, Gegenspionage *f* **counter-espionage service** *n* Spionageabwehrdienst *m*
counterfeit ['kaʊntəfɪt, AM -ţə-] **I.** *adj inv* gefälscht, nachgemacht; **~ money** Falschgeld *nt*
II. *vt* **to ~ money/a signature/a passport** Geld/eine Unterschrift/einen Pass fälschen [*o* nachmachen]; (*fig*) **to ~ pleasure/satisfaction/surprise/terror** Freude/Zufriedenheit/Überraschung/Angst vortäuschen
III. *n* Fälschung *f*
counterfeiter ['kaʊntəfɪtər, AM -ţəfɪţə] *n* Fälscher(in) *m(f)*; **~ of money** Falschmünzer(in) *m(f)*
counterfeiting *n* LAW Fälschung *f*
counterfoil *n* BRIT FIN [Kontroll]abschnitt *m*, Coupon *m* **counter-insurgency** *n Maßnahmen zur Bekämpfung aufständischer Gruppen* **counter-intelligence** *n* Spionageabwehr *f* **counter-intuitive** *adj* gegen die [eigene] Intuition
counter lunch *n* AM Imbiss *m*
countermand [ˌkaʊntəˈmɑːnd, AM -ţəˈmænd] *vt* ■**to ~ sth** etw rückgängig machen; ■**to ~ sb** jdm widersprechen; MIL **to ~ an order** einen Befehl widerrufen [*o* aufheben] **countermeasure** *n* Gegenmaßnahme *f* **counteroffensive** *n* Gegenoffensive *f*, Gegenangriff *m a. fig* **counter-offer** *n* Gegenangebot *nt* **counterpane** *n* Tagesdecke *f* **counterpart** *n* ❶ (*equivalent*) Gegenüber *nt*; (*complement*) Gegenstück *nt*, Pendant *nt*; POL Amtskollege, -in *m, f*; (*in management*) Gegenspieler(in) *m(f)* ❷ LAW (*copy*) Kopie *f* [*o* Duplikat *nt*] [einer Originalurkunde] **counterpoint** *n* MUS Kontrapunkt *m* **counterpoise** (*form*) **I.** *n* Gegengewicht *nt*; (*fig*) **to be a ~** ausgleichend wirken **II.** *vt* ■**to ~ sth** etw ausgleichen; (*fig*) ein Gegengewicht zu etw *dat* darstellen **counterproductive** *adj* kontraproduktiv; **to prove ~** sich *akk* als kontraproduktiv erweisen **counter-promise** *n* LAW Gegenversprechen *nt* **counterpurchase** *n* ECON, FIN Kompensationsgeschäft *nt* **counter-reformation** *n*, **Counter-Reformation** *n* REL ■**the ~** die Gegenreformation **counter-revolution** *n* Gegenrevolution *f*; **to stage a ~** eine Gegenrevolution inszenieren **counter-revolutionary** [ˌkaʊntərevəˈluːʃənəri, AM ˌkaʊnţərevəˈluːʃəneri] **I.** *adj inv* konterrevolutionär **II.** *n* <*pl* -ies> Konterrevolutionär(in) *m(f)* **countersign** *vt* **to ~ a will/cheque** [*or* AM **check**]**/document** ein Testament/einen Scheck/ein Dokument gegenzeichnen **countersignature** *n* Gegenunterschrift *f* **countersink** <-sank, -sunk> *vt usu passive* ■**to ~ sth [in sth]** *screw* etw [in etw *akk*] versenken **countersunk** *pp of* countersink **countertenor** *n* hoher Tenor **counter-terrorism** *n no pl* Terrorismusbekämpfung *f* **countertrade** *n no pl* ECON, FIN Gegengeschäfte *pl*
countervailing [ˌkaʊntəˈveɪlɪŋ, AM -ţə-] *adj attr, inv* ausgleichend **countervailing credit** *n* FIN Gegenakkreditiv *nt* **countervailing duty** *n* (*extra import duty*) Grenzausgleichabgabe *f*
counterweight *n* Gegengewicht *nt*
countess <*pl* -es> ['kaʊntɪs, AM -ţɪs] *n* Gräfin *f*
counting house ['kaʊntɪŋhaʊs] *n* HIST Kontor *nt*
counting perforator *n* TYPO Zählperforator *m*
countless ['kaʊntləs] *adj inv* zahllos, unzählig
countrified ['kʌntrɪfaɪd] *adj* ❶ (*rural*) ländlich; (*rural-looking*) rustikal; **~ area** ländliche Gegend
❷ (*pej: artificially rural*) auf rustikal gemacht
❸ (*pej: unsophisticated*) bäurisch; ***he is rather ~ in his ways*** er ist ein ziemlicher Bauer
country ['kʌntri] **I.** *n* ❶ (*nation*) Land *nt*; **~ of destination** Bestimmungsland *nt*; **the east/west of the ~** der Osten/Westen des Landes; **~ of origin** Herkunftsland *nt*; **native ~** Heimat *f*, Heimatland *nt*; **to die for one's ~** fürs Vaterland sterben
❷ *no pl* (*population*) ■**the ~** das Volk; **the whole ~** das ganze Land; **to go to the ~** BRIT POL Neuwahlen ausschreiben
❸ *no pl* (*rural areas*) ■**the ~** das Land; **town and ~** Stadt und Land; ■**in the ~** auf dem Land; **a weekend in the ~** ein Wochenende *nt* auf dem Land
❹ *no pl* (*land*) Land *nt*, Gebiet *nt*; **marshy ~** Sumpfgebiet *nt*; **open ~** freies Land; **rough ~** urwüchsige Landschaft; **the undiscovered ~** LIT das Reich des Todes *geh*; **across ~** (*not on roads*) querfeldein; (*avoiding towns*) über Land
❺ *no pl* (*music*) Countrymusik *f*
II. *n modifier* ❶ (*rural*) (*cottage, lane*) Land-; (*customs, ways*) ländlich; **~ life** Landleben *nt*; **~ village** bäuerliches Dorf
❷ MUS (*record, singer*) volkstümlich; **~ music** Countrymusik *f*
country and western *n no pl* Country- und Westernmusik *f* **country broker** *n* ECON, FIN Broker(in) *m(f)* außerhalb der Finanzmetropole **country bumpkin** *n* Bauerntölpel *m pej*; (*woman*) Bauerntrampel *m pej fam* **country club** *n* Country Club *m* (*nobler Club*) **country code** *n* BRIT ■**the ~** Verhaltensregeln *fpl* zum Schutz der Natur **country dance** *n* BRIT [englischer] Volkstanz **country folk** *npl* Landbevölkerung *f* **country house** *n* Landhaus *nt* **countryman** *n* ❶ (*of same nationality*) **fellow ~** Landsmann *m*; **countrymen and women** Landsleute *pl* ❷ (*from rural area*) Landbewohner *m* **country retreat** *n* Ferienhaus *nt* auf dem Land **country road** *n* Landstraße *f* **country seat** *n* Landsitz *m* **countryside** *n no pl* Land *nt*; (*scenery*) Landschaft *f*; **to live in the ~** auf dem Land leben **countrywide** *inv* **I.** *adj* landesweit **II.** *adv* im ganzen Land, über das ganze Land verteilt **countrywoman** *n* ❶ (*of same nationality*) **fellow ~** Landsmännin *f* ❷ (*from rural area*) Landbewohnerin *f*
county ['kaʊnti, AM -ţ-] **I.** *n* ❶ BRIT Grafschaft *f*; **C~ Antrim** die Grafschaft Antrim
❷ AM [Verwaltungs]bezirk *m*
II. *adj inv* BRIT (*pej*) der Landschickeria zugehörig *pej*; *accent, behaviour* vornehm
county borough *n* BRIT (*hist*) *Stadtbezirk mit grafschaftlichen Rechten* **county commissioner** *n*

C

Gemeindeaufsichtsbeamte(r) *f(m)*/Gemeindeaufsichtsbeamtin *f* **county council** *n + sing/pl vb* BRIT Grafschaftsrat *m*, Bezirksverwaltung *f* **county councillor** *n* BRIT Mitglied *nt* des Grafschaftsrats **county court** *n + sing/pl vb* ≈ Amtsgericht *nt;* BRIT Grafschaftsgericht *nt;* **C~ Court Rules** Richtlinien eines Grafschaftsgerichts **county library** *n* Bezirksbibliothek *f;* BRIT Grafschaftsbibliothek *f* **county seat** *n* AM Bezirkshauptstadt *f* **county town** *n* BRIT Hauptstadt *f* einer Grafschaft

coup [ku:] *n* ❶ *(unexpected achievement)* Coup *m*, Schlag *m;* **to bring** [*or* **pull**] **off a ~** einen Coup landen
❷ POL Staatsstreich *m*

coup de foudre <*pl* coups de foudre> [ˌku:də'fu:dr(ə)] *n* ❶ *(unforeseen event)* überraschendes Ereignis ❷ *(love at first sight)* Liebe *f* auf den ersten Blick **coup de grâce** <*pl* coups de grâce> [ˌku:də'grɑ:s] *n* Gnadenstoß *m;* **to give sb/sth/an animal the ~** jdm/etw/einem Tier den Gnadenstoß versetzen; ■**to be the ~ for sb/sth** *(fig)* jdm/etw den Rest geben *fam* **coup d'état** <*pl* coups d'état> [ˌku:der'tɑ:] *n* Staatsstreich *m;* **to launch a ~** einen Staatsstreich durchführen

coupé ['ku:peɪ, AM ku:'peɪ] *n* Coupé *nt*

couple ['kʌpl] **I.** *n* ❶ *no pl (a few)* ■**a ~ of ...** einige ..., ein paar ...; ***I've only had a ~ of drinks*** ich habe nur wenig getrunken; **every ~ of days** alle paar Tage; **for the last ~ of days** in den letzten Tagen; **in a ~ more minutes** in wenigen Minuten; **the next ~ of minutes** die nächsten Minuten; [**over**] **the past ~ of months** in den letzten Monaten, während der letzten Monate; **the first ~ of weeks** die ersten Wochen; **another ~ of ...** noch ein paar ...
❷ *+ sing/pl vb (two people)* Paar *nt;* **childless ~** kinderloses Paar; **courting** [*or* AM **dating**] **~** Liebespaar *nt;* **an elderly/a young ~** ein älteres/junges Paar; **to make a lovely ~** ein hübsches Paar abgeben; **a** [**newly**] **married ~** ein [frisch vermähltes] Paar; **same-sex ~** homosexuelles Paar
II. *vt* ❶ RAIL *(join)* **to ~ a car** [**to sth**] einen Waggon [an etw *akk*] kuppeln
❷ *usu passive (put together)* ■**to be ~d with sth** mit etw *dat* verbunden sein
III. *vi (old)* Geschlechtsverkehr haben

coupler ['kʌpləʳ, AM lɚ] *n* ❶ *(sth that connects two things)* Koppler *m*
❷ MUS *see* **acoustic coupler** Koppel *f*

couplet ['kʌplət] *n* Verspaar *nt;* **rhyming ~** Reimpaar *nt*

coupling ['kʌplɪŋ] *n* ❶ RAIL *(linking device)* Kupplung *f*
❷ *(linking)* Verknüpfung *f*, Verbindung *f*
❸ *no pl (old: sexual intercourse)* Geschlechtsverkehr *m*

coupon ['ku:pɒn, AM -pɑ:n] *n* ❶ *(voucher)* Bon *m*, Coupon *m*, Gutschein *m*
❷ BRIT *(for basic items)* Bezugsschein *m*, Wertmarke *f*
❸ *(return slip)* Rücksendeabschnitt *m*
❹ BRIT SPORTS *(entry form)* Wettschein *m;* FBALL Tippschein *m;* **football/pools ~** Totoschein *m*
❺ ECON, FIN Zinsschein *m*

coupon security *n* AM Rentenwerte *pl*

coupon sheet *n* FIN Kuponbogen *m*, Zinsbogen *m*

courage ['kʌrɪdʒ, AM *also* 'kɜ:r-] *n no pl* Mut *m*, Tapferkeit *f*, Courage *f;* **to have the ~ of one's convictions** für seine Überzeugungen eintreten, Zivilcourage haben; **to lack the ~ of one's convictions** keine Zivilcourage haben; **to show great ~** großen Mut beweisen; ■**to have the ~ to do sth** den Mut haben, etw zu tun; **to take** [*or* **summon up**] [*or* BRIT *also* **pluck up**] [**the**] **~ to do sth** seinen Mut zusammennehmen, um etw zu tun
▶ PHRASES: **to take one's ~ in both <u>hands</u>** seinen ganzen Mut zusammennehmen; **to get some <u>Dutch</u> ~** sich *dat* Mut antrinken

courageous [kə'reɪdʒəs] *adj* mutig, tapfer

courageously [kə'reɪdʒəsli] *adv* mutig, tapfer

courgette [kɔ:'ʒet, AM kʊr'-] *n esp* BRIT *(small marrow)* Zucchino *m*

courier ['kʊriəʳ, AM -ɚ] *n* ❶ *(delivery person)* Kurier(in) *m(f)*, Bote, -in *m, f*, Zusteller(in) *m(f);* **bike/motorcycle ~** Fahrrad-/Motorradbote, -in *m, f*
❷ *(tour guide)* Reiseführer(in) *m(f)*

courier service *n* Botendienst *m*, Kurierdienst *m*

course [kɔ:s, AM kɔ:rs] **I.** *n* ❶ *(of aircraft, ship)* Kurs *m;* **to change ~** den Kurs ändern; **to keep** [*or* **maintain**] **one's ~** seinen Kurs beibehalten; *(fig)* seiner Richtung treu bleiben; **to set** [**a**] **~ for Singapore** auf Singapur zusteuern; **to steer a ~** *(also fig)* einen Kurs steuern *a. fig;* **to steer a ~ between the islands** zwischen den Inseln durchsteuern; ***they are steering a middle ~ between communism and capitalism*** sie verfolgen einen gemäßigten Kurs zwischen Kommunismus und Kapitalismus; **to be off ~** nicht auf Kurs sein; *(fig)* aus der Bahn geraten sein; **to be driven off ~** [vom Kurs] abgetrieben werden; *(fig)* von seinen Plänen abgebracht werden; **to be on ~** auf Kurs sein; *(fig)* auf dem richtigen Weg sein; ***we're on ~ to finish the job by the end of the week*** wenn alles so weiterläuft, sind wir bis Ende der Woche mit der Arbeit fertig; ***they are on ~ for a resounding victory*** sie sind auf dem Weg zu einem haushohen Sieg
❷ *(of road)* Verlauf *m;* *(of river)* Lauf *m;* **to follow a straight/winding ~** gerade/kurvig verlaufen; **to change ~** einen anderen Verlauf nehmen
❸ *(way of acting)* **~** [**of action**] Vorgehen *nt;* ***of the three ~s open to us this seems most likely to lead to success*** von den drei Wegen, die uns offen stehen, scheint dieser am ehesten zum Erfolg zu führen; ***if they raise their prices we shall have to follow the same ~*** wenn sie ihre Preise erhöhen, werden wir das Gleiche tun müssen; **the best/wisest ~** das Beste/Vernünftigste; ***your best ~ would be to wait a week and then phone her again*** das Beste wäre, du würdest eine Woche warten und sie dann wieder anrufen
❹ *(development)* Verlauf *m;* **to change the ~ of history** den Lauf der Geschichte ändern; **to pervert the ~ of justice** den Lauf der Gerechtigkeit beeinflussen
❺ *(during)* **in the ~ of sth** im Verlauf [*o* während] einer S. *gen;* ***in the course of his speech*** in seiner Rede; **in the ~ of the next three or four weeks** in den nächsten drei bis vier Wochen; **in the normal** [*or* **ordinary**] **~ of events** normalerweise; **in the ~ of time** im Lauf[e] der Zeit
❻ *(certainly)* **of ~** natürlich; **of ~ not** natürlich nicht
❼ *(series of classes)* Kurs *m;* **cookery** [*or* **cooking**] **~** Kochkurs *m;* **retraining ~** Umschulungskurs *m;* **to do** [*or* **take**] **a ~** [**in sth**] einen Kurs [für etw *akk*] besuchen; **to go on a ~** BRIT einen Kurs besuchen; **to go away on a training ~** einen Lehrgang machen
❽ MED **~** [**of treatment**] Behandlung *f;* **~ of iron tablets** Eisenkur *f;* **a ~ of physiotherapy** [*or* AM *usu* **physical therapy**] eine physiotherapeutische Behandlung; **to put sb on a ~ of sth** jdn mit etw *dat* behandeln
❾ SPORTS Bahn *f*, Strecke *f;* **golf ~** Golfplatz *m;* **obstacle ~** Hindernisparcour *m*
❿ *(part of meal)* Gang *m;* **the fish/meat ~** der Fisch-/Fleischgang
⓫ *(layer)* Schicht *f*, Lage *f;* **damp-proof ~** Feuchtigkeitsdämmschicht *f*
▶ PHRASES: **to be <u>par</u> for the ~** normal sein; **in <u>due</u> ~** zu gegebener Zeit; **to <u>stay</u> the ~** [bis zum Ende] durchhalten; **to <u>take</u>** [*or* **run**] **its ~** seinen Weg gehen; **to let nature take its ~** nicht in die Natur eingreifen
II. *vt* HUNT **to ~ game** Wild hetzen
III. *vi* ❶ *(flow)* strömen, fließen; ***tears were coursing down his cheeks*** Tränen liefen ihm über die Wangen
❷ HUNT an einer Hetzjagd teilnehmen

course book *n esp* BRIT SCH Lehrbuch *nt*

courser ['kɔ:səʳ, AM 'kɔ:rsɚ] *n* ❶ *(hunter)* Teilnehmer(in) *m(f)* an einer Hetzjagd
❷ *(bird)* Gewöhnlicher Rennvogel

coursework *n no pl* SCH schriftliche Arbeit *(die bei der Prüfung in die Wertung eingeht)*

coursing ['kɔ:sɪŋ, AM 'kɔ:r] *n no pl* Hetzjagd *f*

court [kɔ:t, AM kɔ:rt] **I.** *n* ❶ *(judicial body)* Gericht *nt;* **~ *adjourned!*** die Verhandlung wird vertagt!; **C~ of Appeal** Berufungsgericht *nt;* **~ of first instance** Gericht *nt* erster Instanz; **C~ of Protection** BRIT Gericht *nt*, das das Vermögen von Entmündigten verwaltet; **High C~** [**of Justice**] BRIT Oberstes Zivilgericht; **International C~ of Justice** Internationaler Gerichtshof; **Supreme C~** [**of Judicature**] BRIT Oberster Gerichtshof für England und Wales; **Supreme C~** [**of the United States**] AM oberstes US Bundesgericht; **C~ of Session** SCOT Oberstes Gericht in Zivilsachen; **civil ~** Zivilgericht *nt;* **criminal ~** Strafgericht *nt;* **county ~** ≈ Amtsgericht *nt;* BRIT Grafschaftsgericht *nt;* **crown ~** BRIT Gericht *nt* für Strafsachen höherer Ordnung *(in England und Wales);* **~ of first instance** Gericht *nt* erster Instanz; **law ~** [*or* **~ of law**] Gericht *nt*, Gerichtshof *m;* **in a ~ of law** vor Gericht; **in open ~** in öffentlicher Verhandlung; **magistrates' ~** *erstinstanzliches Gericht für Strafsachen niederer Ordnung;* **by order of the ~** durch Gerichtsbeschluss; **to go to ~** vor Gericht gehen; **to reach an out-of-~ settlement** zu einem außergerichtlichen Vergleich kommen; **to settle** [**a case**] **out of ~** eine Sache außergerichtlich beilegen; **to take sb to ~** jdn vor Gericht bringen, gegen jdn gerichtlich vorgehen
❷ *(room)* Gerichtssaal *m;* ***silence in ~!*** Ruhe im Gerichtssaal!; **to appear in ~** vor Gericht erscheinen
❸ *(playing area)* [Spiel]platz *m;* **badminton/squash ~** Badminton-/Squashcourt *m;* **grass/hard ~** Rasen-/Hartplatz *m;* **tennis ~** Tenniscourt *m*, Tennisplatz *m*
❹ *(of king, queen)* Hof *m;* ■**at ~** bei Hof; **to be presented at ~** bei Hofe vorgestellt werden
❺ *(yard)* Hof *m;* ■**in the ~** auf dem Hof
❻ *(as street, building name)* **Meadow C~** Meadow Court
▶ PHRASES: **to put the <u>ball</u> in sb's ~** jdm den Ball zuwerfen
II. *vt* ❶ *(dated: woo)* ■**to ~ sb** jdn umwerben, jdm den Hof machen *veraltend*
❷ *(ingratiate oneself)* ■**to ~ sb** jdn hofieren, sich *akk* bei jdm einzuschmeicheln versuchen
❸ *(fig: try to gain)* ■**to ~ sth** sich *akk* um etw *akk* bemühen; ***he tried to ~ her approval for his plans*** er versuchte, sie für seine Pläne zu gewinnen; **to ~ popularity/sb's favour** Ruhm/jds Gunst suchen
❹ *(fig: risk)* ■**to ~ sth** etw herausfordern; **to ~ danger** mit der Gefahr spielen; **to ~ controversy/disaster** Streit/eine Gefahr heraufbeschwören
III. *vi (dated)* ein Liebespaar sein

court action *n* LAW gerichtliches Vorgehen **court card** *n* BRIT Bildkarte *f (beim Kartenspiel)* **court case** *n* Gerichtsverfahren *nt* **court correspondent** *n* Hofberichterstatter(in) *m(f)*

courteous ['kɜ:tiəs, AM 'kɜ:rt̬-] *adj* höflich

courteously ['kɜ:tiəsli, AM 'kɜ:rt̬-] *adv* höflich

courtesan [ˌkɔ:tɪ'zæn, AM 'kɔ:rt̬əzᵊn] *n (liter)* Kurtisane *f liter*

courtesy ['kɜ:təsi, AM 'kɜ:rt̬-] *n* ❶ *no pl (politeness)* Höflichkeit *f;* **to have the** [**common**] **~ to do sth** so höflich sein, etw zu tun; **to show** [**sb**] [**some**] **~** [jdm gegenüber] höflich [*o* entgegenkommend] sein
❷ *(courteous gesture)* Höflichkeit *f;* **an exchange of courtesies** ein Austausch *m* von Höflichkeiten
▶ PHRASES: [**<u>by</u>**] **~ of sb/sth** *(with the permission of)* mit freundlicher Genehmigung von jdm/etw; *(thanks to)* dank jdm/etw

courtesy bus *n* BRIT kostenfreier Bus *m* **courtesy call** *n* ❶ *(visit)* Anstandsbesuch *m;* **to pay a ~ on sb** jdm einen Anstandsbesuch abstatten ❷ *(euph)* *Anruf von einem Telefonverkäufer/einer Telefonverkäuferin, um neue Kunden zu werben* **cour-**

tesy light *n* AUTO Innenleuchte *f* **courtesy mirror** *n* AUTO Schminkspiegel *m* **courtesy title** *n* Ehrentitel *m*
court hearing *n* [Gerichts]verhandlung *f* **courthouse** *n* AM Gerichtsgebäude *nt;* **county/federal** ~ Bezirks-/Bundesgericht *nt*
courtier ['kɔːtiəʳ, AM 'kɔːrt̬iə-] *n* Höfling *m;* (*fig*) Schmeichler *m pej,* Schleimer *m pej*
courting couple *n + sing/pl vb* (*dated*) Liebespaar *nt;* BRIT (*euph*) Pärchen *nt* beim Liebesspiel
court jester *n* (*hist*) Hofnarr *m*
courtliness ['kɔːtlɪnəs, AM 'kɔːr-] *n no pl* Galanterie *f geh*
courtly ['kɔːtli, AM 'kɔːr-] *adj* galant *geh;* ~ **love** LIT höfische Liebe
court martial I. *n* <*pl* -s *or form* **courts martial**> ① (*court*) Kriegsgericht *nt;* BRIT Militärgericht *nt* ② (*trial*) Militärgerichtsprozess *nt* II. *vt* <BRIT -ll- *or* AM *usu* -l-> ■**to** ~ **sb** jdn vor ein Kriegsgericht [*o* Militärgericht] stellen **court of inquiry** *n* MIL Untersuchungsausschuss *m* **court order** *n* Gerichtsbeschluss *m,* gerichtliche Verfügung **courtroom** *n* Gerichtssaal *m* **courtroom drama** *n* Gerichtsstück *nt* **court ruling** *n* gerichtliche Entscheidung, Gerichtsentscheid *m*
courtship ['kɔːtʃɪp, AM 'kɔːr-] I. *n* ① (*period of wooing*) Zeit *f* der jungen Liebe
② *no pl* (*wooing*) Werben *nt* (**of** um +*akk*), Freien *nt veraltend* (**of** um +*akk*)
③ *no pl* (*to win support*) Werben *nt* (**of** um +*akk*)
④ *no pl* (*of controversy*) Heraufbeschwören *nt*
⑤ *no pl* ZOOL Werben *nt*
II. *n modifier* ZOOL (*behaviour, dance, ritual*) Paarungs-
court shoe *n* BRIT Pumps *m*
courts martial *n pl of* **court martial**
courtyard *n* Hof *m;* (*walled-in*) Innenhof *m;* ■**in the** ~ auf dem Hof
couscous ['kuːskuːs] *n* Couscous *m o nt*
cousin ['kʌzᵊn] *n* Vetter *m,* Cousin, Cousine *m, f;* **our American/European** ~**s** unsere amerikanischen/europäischen Cousins und Cousinen; **distant** ~ entfernter Cousin/entfernte Cousine; **second** ~ Cousin *m*/Cousine *f* zweiten Grades, Großcousin, Großcousine *m, f;* **a** ~ **once removed** Neffe, Nichte *m, f* zweiten Grades
cousinly ['kʌzᵊnli] *adj* vetterlich
couth [kuːθ] *adj* (*hum*) kultiviert
couture [kuː'tjʊəʳ, AM -'tʊr] *n* Couture *f*
couturier [kuː'tjʊərieɪ, AM -'tʊr-] *n* Couturier *m geh,* Modeschöpfer *m*
couturière [kuː'tjʊərieːʳ, AM -'tʊriər, -ˌtʊri'er] *n* Modeschöpferin *f*
cove¹ [kəʊv, AM koʊv] *n* GEOG kleine Bucht
cove² [kəʊv] *n* BRIT (*dated fam: man*) Bursche *m veraltend*
coven ['kʌvᵊn] *n + sing/pl vb* [**witches'**] ~ Hexenzirkel *m;* (*meeting also*) Hexensabbat *m*
covenant ['kʌvᵊnənt] I. *n* ① (*legal agreement*) vertragliches Abkommen; ~ **to repair** Instandsetzungsvertrag *m*
② REL Bündnis *nt;* **God's** ~ **with Abraham** Gottes Bündnis mit Abraham
③ (*clause*) Vertragsabrede *f;* **restrictive** ~ restriktive Vertragsklausel, einschränkende Vereinbarung
④ BRIT (*charity donation*) [vertragliche] Zusicherung einer regelmäßigen Spende
II. *vt* BRIT ■**to** ~ **sth** etw vertraglich vereinen
III. *vi* sich *akk* vertraglich verpflichten; ■**to** ~ **to do sth** vertraglich vereinbaren, etw zu tun
Coventry ['kɒvᵊntri, AM 'kʌv-] *n no pl* Coventry (*Stadt in England*)
► PHRASES: **to** <u>**send**</u> **sb to** ~ BRIT jdn schneiden *fig*
cover ['kʌvəʳ, AM -ə-] I. *n* ① (*spread*) Abdeckung *f;* (*flexible plastic case*) Plane *f;* (*for smaller objects*) Hülle *f;* (*cloth case*) Kleiderhülle *f;* (*protective top*) Deckel *m;* (*for bed*) [Bett]decke *f;* (*for armchair, sofa*) [Schon]bezug *m;* **cushion** ~ Kissenbezug *m;* **manhole** ~ Schachtdeckel *m;* **quilt** [*or* **duvet**] ~ Bettdeckenbezug *m*
② (*sheets*) ■**the** ~**s** *pl* das Bettzeug; ***Ann burrowed down beneath the*** ~***s*** Ann zog sich die Decke über den Kopf; ***he threw back the*** ~***s*** er warf die Bettdecke zurück
③ (*of a book*) Einband *m;* *of a magazine* Titelseite *f,* Cover *nt;* **hard** ~ gebundenes Buch, Hardcover *nt;* **soft** ~ Taschenbuch *nt;* **to read a book from** ~ **to** ~ ein Buch vom Anfang bis zum Ende lesen [*o* in einem durchlesen]
④ (*envelope*) Briefumschlag *m;* **under plain** ~ in neutralem Umschlag; **under separate** ~ mit getrennter Post
⑤ *no pl* (*shelter*) Schutz *m;* ***not many of the seats are under*** ~ nicht viele Sitze sind überdacht; (*concealed*) ***he ordered his men to stay under*** ~ er befahl seinen Männern, in ihren Verstecken zu bleiben; **under** ~ **of darkness** im Schutz der Dunkelheit; **to take** ~ **somewhere** sich *akk* irgendwo unterstellen; ***I took*** ~ ***behind a wall/in a ditch/under the table*** ich versteckte mich hinter einer Wand/in einem Graben/unter dem Tisch
⑥ *no pl* (*for animals to hide*) Dickicht *nt,* Unterholz *nt;* **to break** ~ aus dem [schützenden] Unterholz hervorbrechen
⑦ (*concealing true identity*) Tarnung *f;* **under** ~ **as** getarnt als; **to blow sb's** ~ jdn enttarnen [*o* auffliegen lassen]
⑧ *no pl* MIL Deckung *f;* (*from bombs, gun attacks*) Feuerschutz *m*
⑨ *no pl esp* BRIT (*insurance*) Versicherungsschutz *m,* Deckung *f;* ***do you have*** ~ ***against theft?*** sind Sie gegen Diebstahl versichert?; **to ask for additional** ~ zusätzliche Deckung verlangen; **full** ~ voller Versicherungsschutz; **third-party** ~ Haftpflichtversicherung *f;* **comprehensive** ~ Vollkaskoversicherung *f;* **to have** ~ versichert sein, Versicherungsschutz haben; **to operate without adequate** ~ keinen ausreichenden Versicherungsschutz haben
⑩ ECON, FIN (*security*) Abdeckung *f,* Absicherung *f;* ***do you have sufficient*** ~ ***for this loan?*** haben Sie ausreichende Sicherheiten für diesen Kredit?
⑪ *no pl* (*substitute*) Vertretung *f;* **to provide** ~ **for sb** jdn vertreten; **to provide emergency** ~ einen Notdienst aufrechterhalten, eine Notfallversorgung gewährleisten
⑫ MUS (*recording*) Coverversion *f*
► PHRASES: **never judge a** <u>**book**</u> **by its** ~ man sollte niemals nur nach dem Äußeren urteilen
II. *vt* ① (*put over*) ■**to** ~ **sth/sb** etw/jdn bedecken; (*against dust also*) etw überziehen; ***snow*** ~***ed the hills*** Schnee bedeckte die Hügel; ■**to be** ~**ed** [**in** [*or* **with**]] **sth** [mit etw *dat*] bedeckt sein; ***my hands are*** ~***ed in ink/mud/paint*** meine Hände sind voller Tinte/Schlamm/Farbe; ***how much of the Earth's surface is*** ~***ed by water?*** wie viel Prozent der Erdoberfläche liegt unter Wasser?; ~**ed with blood** voll Blut, blutig
② (*to protect*) ■**to** ~ **sth/sb** [**with sth**] etw/jdn [mit etw *dat*] abdecken; ***they*** ~***ed him with a blanket*** sie deckten ihn mit einer Decke zu; **to** ~ **one's eyes/face with one's hands** die Augen/das Gesicht mit den Händen bedecken
③ (*in order to hide*) ■**to** ~ **sth** etw verdecken; (*fig*) *one's confusion* etw überspielen
④ (*extend over*) ■**to** ~ **sth** sich *akk* über etw *akk* erstrecken; ***London*** ~***s 1579 square kilometres*** [*of land*] London erstreckt sich über 1579 Quadratkilometer; (*fig*) ***the new office will*** ~ ***the whole of Scotland*** das neue Büro ist für ganz Schottland zuständig
⑤ (*travel*) **to** ~ **a lot of ground** eine große Strecke zurücklegen; (*make progress*) gut vorankommen; (*be wide-ranging*) sehr umfassend sein; ***during the meeting we*** ~***ed a lot of ground*** wir sind bei der Sitzung gut vorangekommen; **to** ~ **20 kilometres in two hours** 20 km in zwei Stunden fahren
⑥ (*deal with*) ■**to** ~ **sth** sich *akk* mit etw *dat* befassen, etw behandeln; ***this leaflet*** ~***s what we've just discussed in more detail*** in der Broschüre finden Sie Informationen zu dem, was wir gerade ausführlich besprochen haben; ***do these parking restrictions*** ~ ***residents as well as visitors?*** gelten die Parkbeschränkungen sowohl für Anlieger als auch für Besucher?; ***the new regulations*** ~ ***precisely where and when protest marches can take place*** in den neuen Regelungen ist genau festgehalten, wo und wann Protestmärsche stattfinden dürfen
⑦ (*be enough for*) ■**to** ~ **sth** etw [ab]decken; **to** ~ **the costs** die Kosten decken; ***here's £20, will that*** ~ ***it?*** hier sind 20 Pfund, wird das reichen?
⑧ (*report on*) ■**to** ~ **sth** über etw *akk* berichten; ***the journalist was in Vietnam,*** ~***ing the war*** er war Kriegsberichterstatter in Vietnam
⑨ (*insure*) ■**to** ~ **sb/sth** [**against** [*or* **for**] **sth**] jdn/etw [gegen etw *akk*] versichern; ***are we*** ~***ed for accidental damage?*** sind wir gegen Unfallschäden versichert?; ***the damage was*** ~***ed by the insurance*** der Schaden wurde von der Versicherung bezahlt; **to be fully** ~**ed** vollen Versicherungsschutz haben
⑩ (*earn enough to pay*) etw [ab]decken [*o* sichern]; ***the dividend is*** ~***ed four times*** das Verhältnis Gewinn-Dividende ist 4:1
⑪ (*protect*) ■**to** ~ **oneself** [**against sth**] sich *akk* [gegen etw *akk*] absichern; ***she tried to*** ~ ***herself by saying that …*** sie versuchte sich damit herauszureden, dass …
⑫ MIL ■**to** ~ **sb/sth** jdn/etw decken; (*give covering fire*) jdm/etw Feuerschutz geben; ~ ***me!*** gib mir Deckung!; **to** ~ **sb's retreat** jds Rückzug decken
⑬ (*aim weapon at*) ■**to** ~ **sb** seine Waffe auf jdn/etw richten; ***hands up! I've got you*** ~***ed!*** Hände hoch! meine Waffe ist auf Sie gerichtet!
⑭ (*watch*) ■**to** ~ **sth** etw bewachen
⑮ (*do sb's job*) ■**to** ~ **sth** [**for sb**] etw [für jdn] übernehmen; ***could you*** ~ ***my shift for me tomorrow?*** könnten Sie morgen meine Schicht übernehmen?
⑯ (*adopt song*) **to** ~ **a song** einen Song covern *fachspr,* von einem Lied eine Coverversion aufnehmen
⑰ ZOOL **to** ~ **an animal** ein Tier decken
► PHRASES: **to** ~ **one's** <u>**back**</u> sich absichern *fig;* **to** ~ **oneself with** <u>**glory**</u> sich *akk* mit Ruhm bedecken; **to** ~ **a** <u>**multitude**</u> **of sins** viel Unschönes verbergen; **to** ~ **one's** <u>**tracks**</u> seine Spuren verwischen
III. *vi* **to** ~ **well/badly** *paint* gut/schlecht decken
◆**cover for** *vi* ■**to** ~ **for sb** ① (*do sb's job*) jds Arbeit übernehmen
② (*make excuses*) jdn decken
◆**cover over** *vt* ***the sky was*** ~***ed over with clouds*** der Himmel war mit Wolken bedeckt
◆**cover up** I. *vt* ① (*protect*) ■**to** ~ **up** ↔ **sb/sth** jdn/etw bedecken; ■**to** ~ **oneself up** (*when naked*) sich *akk* bedecken; (*dress warmly*) sich *akk* einmummeln; **to** ~ **oneself up warm** sich *akk* warm anziehen
② (*hide*) ■**to** ~ **up** ↔ **sth** etw verdecken; **to** ~ **up a spot** (*on face*) einen Pickel abdecken
③ (*keep secret*) ■**to** ~ **up** ↔ **sth** etw geheim halten [*o* vertuschen]
II. *vi* alles vertuschen; ■**to** ~ **up for sb** jdn decken
coverage ['kʌvᵊrɪdʒ] *n no pl* ① (*reporting*) Berichterstattung *f;* **election/sports** ~ Wahl-/Sportberichterstattung *f;* **to receive a lot of media** ~ ein großes Medienecho erhalten; **television** ~ **of an event** TV-Berichterstattung *f* über ein Ereignis
② (*dealing with*) Behandlung *f;* **to give comprehensive** ~ **of sth** etw ausführlich behandeln
③ AM (*insurance*) Versicherungsschutz *m,* Deckung *f*
coveralls *npl* AM Overall *m* **cover boy** *n* Coverboy *m,* Mann *m* auf dem Titelblatt **cover charge** *n* (*in a restaurant*) Kosten *pl* für das Gedeck; (*in a nightclub*) Eintritt *m*
covered ['kʌvəd, AM -ə-d] *adj inv* ① (*roofed over*) überdacht; ~ **wagon** Planwagen *m*
② (*insured*) versichert
covered bear *n* STOCKEX gedeckter Baissier
cover girl *n* Covergirl *nt,* Titelblattmädchen *nt*
covering ['kʌvᵊrɪŋ, AM -ə-] I. *n* Bedeckung *f;* **floor** ~ Bodenbelag *m;* **a light** ~ **of snow** eine dünne

C

Schneeschicht; **to put a fresh ~ on a wound** eine Wunde frisch verbinden

II. *adj attr* MIL Deckungs-, Schutz-; **~ fire** Feuerschutz *m*

covering letter *n* BRIT Begleitbrief *m* **covering note** *n* BRIT Begleitschreiben *nt*

coverlet ['kʌvələt, AM -ɚ-] *n* Tagesdecke *f*

cover letter *n* AM, AUS (*covering letter*) Begleitbrief *m* **cover model** *n* Covermodel *nt* (*auf dem Titelblatt einer Zeitschrift abgebildetes Model*) **cover note** *n* AM, AUS (*covering note*) Begleitschreiben *nt* **cover story** *n* Coverstory *f*, Titelgeschichte *f*

covert **I.** *adj* ['kʌvət, AM 'koʊvɜːrt] verdeckt, geheim; **~ glance** verstohlener Blick

II. *n* ['kʌvət, AM -vɚt] Dickicht *nt kein pl*, Unterholz *nt kein pl*

covertly ['kʌvətli, AM 'koʊvɜːrt-] *adv* verdeckt, geheim; **to operate ~** im Geheimen operieren

coverture ['kʌvətʃəʳ, AM -ɚtʃɚ] *n* LAW Ehestand *m* [einer Frau]

cover-up ['kʌvərʌp, AM -vɚ-] *n* Vertuschung *f*; ***there was a ~*** die Sache wurde vertuscht

cover version *n* Coverversion *f*

covet ['kʌvɪt] *vt* ■**to ~ sth/sb** etw/jdn begehren

covetable ['kʌvɪtəbl̩, AM -t̬-] *adj* begehrenswert

coveted ['kʌvɪtɪd, AM -t̬-] *adj* begehrt; **highly ~** äußerst begehrt

covetous ['kʌvɪtəs, AM -t̬-] *adj* begehrlich; **to cast ~ eyes on sth** begehrliche Blicke auf etw *akk* werfen; ■**to be ~ of sth** etw begehren; (*envious*) auf etw *akk* neidisch sein

covetously ['kʌvɪtəsli, AM -t̬-] *adv* begehrlich; **to look/glance ~** begehrlich blicken

covetousness ['kʌvɪtəsnəs, AM -t̬-] *n no pl* Begierde *f* (**of** nach +*dat*); (*envy*) Neid *m* (**of** auf +*dat*); (*greed*) Habgier *f* (**of** nach +*dat*); REL **~ *is one on the seven deadly sins*** Geiz ist eine der sieben Todsünden

cow¹ [kaʊ] *n* ❶ (*female ox*) Kuh *f*; **a herd of ~s** eine Kuhherde

❷ (*female mammal*) Weibchen *nt*; **elephant ~** Elefantenkuh *f*

❸ BRIT (*pej sl: stupid woman*) Kuh *f pej*; **stupid ~** dumme Kuh *pej*; AM (*pej fam: fat woman*) Fettsack *m*

❹ AUS (*fam: unpleasant thing*) ***it's been a ~ of a day*** das war ein blöder Tag; **a ~ of a job** ein Mistjob *m pej fam*; **a ~ of a trip** eine furchtbare Reise; **a fair ~** eine echte Dreckarbeit *fam*

► PHRASES: **until/till the ~s come home** bis in alle Ewigkeit; **to have a ~** AM (*fam*) ausrasten *fam*

cow² [kaʊ] *vt* ■**to ~ sb** jdn einschüchtern; ■**to be ~ed by sb/sth** durch jdn/etw eingeschüchtert werden; ***they refused to be ~ed into submission by the army*** sie ließen sich von den Militärkräften nicht in die Knie zwingen

coward ['kaʊəd, AM -ɚd] *n* Feigling *m*; **to be a miserable/terrible ~** ein elender/schrecklicher Feigling sein; **to be a moral ~** ein Duckmäuser sein *pej*, keine Zivilcourage haben; **to brand sb [as] a ~** jdn als Feigling hinstellen

cowardice ['kaʊədɪs, AM -ɚd-] *n no pl*, **cowardliness** ['kaʊədlɪnəs, AM -ɚd-] *n no pl* Feigheit *f*; **an act of [pure] ~** eine feige Tat; **moral ~** Duckmäuserei *f pej*

cowardly ['kaʊədli, AM -ɚd-] *adj* ❶ (*fearful*) feige; ■**to be ~** feige sein, sich *akk* feige verhalten

❷ (*mean*) feige; **a ~ attack** ein gemeiner [*o* hinterhältiger] Überfall

cowbell *n* Kuhglocke *f* **cowboy** **I.** *n* ❶ (*cattle hand*) Cowboy *m*; **to play ~s and Indians** ≈ Räuber und Gendarm spielen ❷ (*fam: dishonest tradesperson*) Pfuscher(in) *m(f) pej* **II.** *n modifier* (*boots, clothes, hat, music*) Cowboy-; **~ film** [*or* **movie**] Cowboyfilm *m*, Western *m* **cowcake** *n* AM Kuhfladen *m* **cowcatcher** *n* AM RAIL Schienenräumer *m* **cow chip** *n* AM getrockneter Kuhfladen **cowdung** *n no pl* Kuhdung *m*

cower ['kaʊəʳ, AM -ɚ] *vi* kauern; **to ~ behind sb/sth** sich *akk* hinter jdn/etw ducken

cowgirl *n* Cowgirl *nt* **cowhand** *n*, **cowherd** *n* Kuhhirt(in) *m(f)*, Rinderhirt(in) *m(f)* **cowhide** **I.** *n no pl* Rindsleder *nt* **II.** *n modifier* (*boots, jacket, saddle*) Rindsleder-, rindsledern; **~ waistcoat** Rindslederjacke *f*

cowl [kaʊl] *n* ❶ (*hood*) Kapuze *f*

❷ (*on chimney*) Schornsteinkappe *f*

❸ (*engine hood*) Motorhaube *f*

cowlick ['kaʊlɪk] *n* (*fam*) [Haar]tolle *f*

cowling ['kaʊlɪŋ] *n* AVIAT Motorhaube *f*

cowman *n* ❶ (*cowherd*) Rinderhirt *m*, Kuhhirt *m*

❷ AUS (*farm manager*) Rinderfarmer *m*

co-worker [ˌkəʊ'wɜːkəʳ, AM ˌkoʊ'wɜːrkɚ] *n* Mitarbeiter(in) *m(f)*; (*colleague*) Kollege, -in *m, f*

cow parsley *n no pl* BOT Bärenklau *m* **cowpat** *n* BRIT Kuhfladen *m* **cowpox** *n no pl* Kuhpocken *pl*

cowrie *n*, **cowry** ['kaʊri] *n* Kauri *m o f*; **~ shell** Kaurimuschel *f*

co-write <-wrote, -written> ['kəʊˌraɪt, AM 'koʊ,-] *vt* ■**to ~ sth [with sb]** etw [mit jdm] gemeinsam schreiben

co-writer ['kəʊˌraɪtəʳ, AM 'koʊˌraɪt̬ɚ] *n* Co-Autor(in) *m(f)*, Mitautor(in) *m(f)*

cowshed *n* Kuhstall *m* **cowslip** *n* ❶ BRIT (*primrose*) Schlüsselblume *f* ❷ AM (*marsh marigold*) Sumpfdotterblume *f*

cox [kɒks, AM kɑːks] **I.** *n* Steuermann *m* (*beim Rudern*)

II. *vi* [ein Ruderboot] steuern

III. *vt* **to ~ a rowing boat** ein Ruderboot steuern

coxcomb ['kɒkskəʊm, AM 'kɑːkskoʊm] *n* (*dated*) Geck *m veraltet*

coxless ['kɒksləs, AM 'kɑːks] *adj inv* ohne Steuermann *nach n*

coxswain ['kɒksᵊn, AM 'kɑːk-] *n* (*form*) Steuermann *m* (*beim Rudern*)

coy [kɔɪ] *adj* ❶ (*secretive*) geheimnistuerisch, verhalten; ■**to be ~ about sth** aus etw *dat* ein Geheimnis machen

❷ (*pretending to be shy*) geziert; ***come on, don't be so ~*** komm, zier dich nicht so; **a ~ glance** ein [gespielt] unschuldiger Blick

coyly ['kɔɪli] *adv* ❶ (*secretively*) geheimnistuerisch, verhalten

❷ (*flirtatiously*) mit gespielter Unschuld; ***she smiled ~*** sie lächelte kokett

coyness ['kɔɪnəs] *n no pl* ❶ (*secretiveness*) Zurückhaltung *f*; **without a hint of ~** ganz ohne Vorbehalt, völlig offen

❷ (*flirtatiousness*) Koketterie *f*

coyote [kɔɪ'əʊti, AM kaɪ'oʊt̬i] *n* ❶ (*animal*) Koyote *m*

❷ AM (*fam: in illegal immigration*) Schlepper *m*

coypu <*pl* -s *or* -> ['kɔɪpuː] *n* Fischotter *m*, Nutria *f fachspr*

cozily *adv* AM *see* **cosily**

cozy *adj* AM *see* **cosy**

◆**cozy up** *vi* AM (*fam*) ■**to ~ up to sb** sich *akk* bei jdm einschmeicheln *pej*

cozzie ['kɒzi] *n* BRIT, AUS (*fam*) *short for* **swimming costume** Badeanzug *m*

cp *abbrev of* **compare** vgl.

CP [ˌsiː'piː] *n* ECON, FIN *abbrev of* **commercial paper** kurzfristige Schuldtitel *pl*

CPI [ˌsiːpiː'aɪ] *n* AM ECON, FIN *abbrev of* **consumer price index** Verbraucherpreisindex *m*

CPU [ˌsiːpiː'juː] *n* COMPUT *abbrev of* **central processing unit** CPU *f*

crab¹ [kræb] **I.** *n* ❶ (*sea animal*) Krebs *m*

❷ *no pl* (*meat*) Krebsfleisch *nt*; **dressed ~** in der Schale angerichtetes Krebsfleisch

❸ ASTROL ■**the C~** (*Cancer*) Krebs *m*; **to be born under the C~** im Sternzeichen Krebs geboren sein

❹ (*tree*) Holzapfelbaum *m*

❺ (*sour apple*) Holzapfel *m*

❻ AM (*fam: person*) Nörgler(in) *m(f)*, Griesgram *m pej*

► PHRASES: **to <u>catch</u> a ~** SPORTS einen Krebs fangen

II. *n modifier* Krebs-; **~ meat** Krebsfleisch *nt*; **~ salad** Krebscocktail *m*

crab² <-bb-> [kræb] *vi* (*fam*) nörgeln; ■**to ~ about sth** über etw *akk* nörgeln; ***he can always find something to ~ about*** er hat immer etwas auszusetzen

crab apple *n* ❶ (*tree*) Holzapfelbaum *m* ❷ (*fruit*) Holzapfel *m* **crab-apple tree** *n* Holzapfelbaum *m*

crabbed [kræbd] *adj* ❶ (*too close together*) **~ writing** enge Schrift

❷ (*bad-tempered*) mürrisch, griesgrämig

crabbily ['kræbɪli] *adv* (*fam*) nörglerisch

crabbiness ['kræbɪnəs] *n no pl* (*fam*) Nörgelei *f*

crabby ['kræbi] *adj* (*fam*) nörglerisch

crabgrass *n no pl* AM Fingerhirse *f* **crab louse** *n* Filzlaus *f*

crabs [kræbz] *npl* Filzläuse *fpl*

crabwise *adv* seitwärts

crack [kræk] **I.** *n* ❶ (*fissure*) Riss *m*; ***there was a ~ in the teacup*** die Teetasse hatte einen Sprung; (*fig*) ***~s began to show in his facade of self-confidence*** in seinem aufgesetzten Selbstbewusstsein wurden Sprünge sichtbar; **hairline ~** Haarriss *m*

❷ (*narrow space*) Ritze *f*, Spalt *m*; **to open a door/window [just] a ~** eine Tür/ein Fenster [nur] einen Spalt öffnen

❸ (*sharp noise*) *of a breaking branch* Knacken *nt kein pl*; *of breaking ice* Krachen *nt kein pl*; *of a rifle* Knall *m*; **a loud ~ of thunder** ein lautes Donnerkrachen

❹ (*sharp blow*) Schlag *m*; **to give sb a ~ over the head** jdm eins überziehen [*o* über den Schädel geben]

❺ *no pl* (*illegal drug*) Crack *nt o m*; **~ house** (*fam*) Drogentreffpunkt *m*

❻ (*joke*) Witz *m*; **a cheap ~** ein schlechter Witz; **to make a ~ about sth** einen Witz über etw *akk* reißen

❼ (*fam: attempt*) Versuch *m*; ***it was her first ~ at [beating] the world record*** es war ihr erster Versuch, den Weltrekord einzustellen; **to have a ~ at sth** [*or* **to give sth a ~**] etw [aus]probieren

► PHRASES: **at the ~ of <u>dawn</u>** im Morgengrauen; **the ~ of <u>doom</u>** der Jüngste Tag; **to get/have a fair ~ of the <u>whip</u>** BRIT eine [echte] Chance bekommen/haben

II. *adj attr, inv* erstklassig, Super- *fam*; **~ marksman** Meisterschütze *m*; **~ shot** Meisterschütze, -in *m, f*; **~ regiment** Eliteregiment *nt*

III. *vt* ❶ (*break*) **to ~ a cup/glass/window** einen Sprung in eine Tasse/ein Glas/eine Fensterscheibe machen

❷ (*open*) ■**to ~ sth [open]** [*or* **to ~ [open] sth**] etw aufbrechen; ***come round and we'll ~ [open] a bottle together*** komm doch vorbei, dann machen wir eine Flasche auf; **to ~ an egg** ein Ei aufschlagen; **to ~ nuts** Nüsse knacken; **to ~ [open] a safe** (*fam*) einen Safe knacken *fam*

❸ (*solve*) ***I've ~ed it!*** ich hab's!; **to ~ a code/problem** einen Code/ein Problem knacken *fam*

❹ (*hit*) **to ~ sb on [*or* over] the head** jdm eins auf/über den Schädel geben; **to ~ one's head/elbow on sth** sich *dat* den Kopf/Ellbogen an etw *dat* anschlagen

❺ (*make noise*) **to ~ one's knuckles** mit den Fingern knacken; **to ~ a whip** mit einer Peitsche knallen

► PHRASES: **to ~ a <u>joke</u>** einen Witz reißen *fam*; **to ~ the <u>whip</u>** ein strengeres Regiment aufziehen

IV. *vi* ❶ (*break*) [zer]brechen, zerspringen; *lips, paintwork* aufspringen, rissig werden

❷ (*fam: break down*) zusammenbrechen; *relationship* zerbrechen; *facade* abbröckeln

❸ (*break down*) zusammenbrechen; ***his voice ~d with emotion*** seine Stimme versagte vor Rührung; **to ~ during interrogation** beim Verhör zusammenbrechen; **to ~ under pressure of work** unter der Arbeitslast zusammenbrechen

❹ (*make noise*) *breaking ice, thunder* krachen; *breaking branch* knacken; *shot, whip* knallen

► PHRASES: **to <u>get</u> ~ing** (*fam*) loslegen *fam*; ***I'd better get ~ing on writing these letters*** ich sollte mich endlich mal dranmachen, diese Briefe zu schreiben; ***get ~ing or we'll miss the train*** jetzt

aber los, sonst verpassen wir den Zug
◆**crack down** *vi* ■**to ~ down [on sb/sth]** [gegen jdn/etw] hart vorgehen [*o* energisch durchgreifen]
◆**crack into** *vi* (*fam*) **to ~ into a market** in einen Markt vordringen
◆**crack on** *vi* BRIT (*fam*) ■**to ~ on with sth** mit etw *dat* weitermachen
◆**crack up I.** *vi* (*fam*) ❶(*find sth hilarious*) lachen müssen
❷(*have nervous breakdown*) zusammenbrechen; (*go crazy*) durchdrehen *fam,* überschnappen *fam*
II. *vt* ❶(*assert*) ■**to ~ sth up to be sth** etw als etw *akk* herausstellen; ***they're always ~ing it up to be the best but I'm not so sure*** es wird immer in den Himmel gelobt, aber ich habe so meine Bedenken; ***this new washing powder is not all it's ~ed up to be*** das neue Waschpulver hält nicht alles, was es verspricht
❷(*amuse*) ■**sth ~s sb up** etw bringt jdn zum Lachen; ***every time I see her wearing that hat it ~s me up*** jedes Mal wenn ich sie mit diesem Hut sehe, könnte ich mich kaputtlachen
crackbrained *adj* (*fam*) bescheuert *fam,* bekloppt *fam* **crackdown** *n* scharfes Vorgehen (**on** gegen +*akk*)
cracked [krækt] *adj* ❶(*having cracks*) rissig; **a ~ cup/glass** eine gesprungene Tasse/ein gesprungenes Glas; **~ lips** aufgesprungene Lippen
❷ *pred* (*fam: crazy*) verrückt, bescheuert *fam*
cracked wheat *n no pl* Weizengrütze *f,* Bulgur *m*
cracker ['krækəʳ, AM -ɚ] *n* ❶(*dry biscuit*) Kräcker *m*
❷(*firework*) Kracher *m;* (*paper tube*) Knallbonbon *nt;* **to pull a ~** ein Knallbonbon aufziehen
❸ BRIT (*fam: excellent thing*) Knüller *m;* ***the horse ran a ~ of a race*** das Pferd lief ein Superrennen *fam*
❹ BRIT (*fam: attractive woman*) tolle Frau *fam;* ***she's a real ~*** sie ist einfach umwerfend
❺ AM (*pej!: Black English: white person*) Weiße(r) *f(m)*
crackerjack ['krækədʒæk, AM ɚ] **I.** *n* AM (*fam*) Knüller *m fam;* (*person*) Ass *nt fam*
II. *adj* (*dated*) ausgezeichnet, fantastisch
crackers ['krækəz, AM -ɚz] *adj pred* (*fam*) verrückt, bescheuert *fam*
crack head *n* (*sl: cocaine addict*) Kokser(in) *m(f) fam,* Giftler *m sl*
cracking ['krækɪŋ] *adj* BRIT (*fam*) ❶(*excellent*) toll *fam,* super *sl;* **to be in ~ form** in Topform sein
❷(*very fast*) **at a ~ pace** in einem atemberaubenden Tempo, mit einem Affenzahn *fam*
crackle ['krækḷ] **I.** *vi paper* knistern; *telephone line* knacken; ***the logs ~d in the fireplace*** das Kaminfeuer prasselte vor sich hin; (*fig*) ***the atmosphere ~d with tension*** die Atmosphäre knisterte vor Spannung
II. *vt* ■**to ~ sth** mit etw *dat* knistern
III. *n* (*on a telephone line, radio*) Knacken *nt kein pl; of paper* Knistern *nt kein pl; of fire also* Prasseln *nt kein pl*
crackling ['kræk|ɪŋ] *n* ❶ *no pl of paper* Knistern *nt;* (*of fire also*) Prasseln *nt;* (*on the radio*) Knacken *nt*
❷(*pork skin*) [Braten]kruste *f*
crackly ['krækḷi] *adj voice* brüchig; *telephone line* gestört; ***the phone line was very ~*** in der Telefonleitung knackte es häufig
crackpot I. *n* (*fam*) Spinner(in) *m(f) fam*
II. *adj* (*fam*) bescheuert *fam,* bekloppt *fam*
cracksman *n* (*sl*) LAW Safeknacker *m*
crack-up *n* (*fam*) Zusammenbruch *m*
cradle ['kreɪdḷ] **I.** *n* ❶(*baby's bed*) Wiege *f;* **the ~ of human evolution** (*fig*) die Wiege der Menschheit; **from the ~ to the grave** von der Wiege bis zur Bahre; **to rock a ~** eine Wiege schaukeln
❷(*framework*) Gerüst *nt* (*für Reparaturarbeiten*)
❸ BRIT (*hanging scaffold*) Hängebühne *f*
❹(*part of telephone*) Gabel *f*
▶ PHRASES: **the hand that rocks the ~ rules the world** (*saying*) die Hand an der Wiege regiert die Welt
II. *vt* ■**to ~ sb/sth** jdn/etw [sanft] halten; **to ~ sb's head on one's lap** jds Kopf in seinen Schoß betten; **to ~ sb in luxury** (*fig*) jdn in Luxus betten
cradle-snatcher *n* (*pej fam*) Kinderverzahrer *m* ÖSTERR *fam* (*Mann oder Frau mit wesentlich jüngerem Sexualpartner*)
craft¹ <*pl* -> [krɑːft, AM kræft] *n* TRANSP (*ship*) Schiff *nt;* (*boat*) Boot *nt;* (*plane*) Flugzeug *nt;* (*spaceship*) Raumschiff *nt*
craft² [krɑːft, AM kræft] **I.** *n* ❶(*trade*) Gewerbe *nt,* Zunft *f,* Handwerk *nt kein pl*
❷ *no pl* (*handicraft*) Handwerk *nt;* (*special skill*) Kunst *f;* ***as a poet her literary ~ is unquestioned*** als Dichterin steht ihr literarisches Können außer Frage; **the actor's ~** die Schauspielkunst; **the ~ of glass-blowing** die [Kunst der] Glasbläserei; **to know** [*or* **be master of**] **one's ~** sein Handwerk verstehen
❸(*handmade objects*) ■**~s** *pl* Kunsthandwerk *nt kein pl*
❹ *no pl* (*guile*) Heimtücke *f,* Hinterlist *f*
II. *vt usu passive* ■**to ~ sth** etw kunstvoll fertigen; **a beautifully ~ed silver brooch** eine kunstvoll gefertigte Silberbrosche; **a cleverly ~ed poem** ein geschickt verfasstes Gedicht
craft and design *n* SCH *no pl* Werken *nt,* Kunsterziehung *f* **craft fair** *n* Kunsthandwerksmarkt *m* **craft guild** *n* Handwerkszunft *f*
craftily ['krɑːftɪli, AM 'kræft-] *adv* schlau; (*with guile*) arglistig, hinterhältig
craftiness ['krɑːftɪnəs, AM 'kræft-] *n no pl* Gerissenheit *f;* (*guile*) Arglist *f*
craft shop *n* Kunstgewerbeladen *m* **craftsman** *n* gelernter Handwerker; **master ~** Handwerksmeister *m*
craftsmanship ['krɑːftsmənʃɪp, AM 'kræfts-] *n no pl* Kunstfertigkeit *f,* handwerkliches Können
craftsperson <*pl* -s *or* craftspeople> ['krɑːfts,pɜːsən, AM 'kræfts,pɜrːsən] *n* Handwerker(in) *m(f)*
craftswoman *n* gelernte Handwerkerin; **master ~** Handwerksmeisterin *f*
craft union *n* Handwerkergewerkschaft *f* **craftwork** *n no pl* Kunsthandwerk *nt* **craftworker** *n* Kunsthandwerker(in) *m(f)*
crafty ['krɑːfti, AM 'kræfti] *adj* schlau, gerissen; (*with guile*) arglistig, hinterhältig; **a ~ idea** eine pfiffige Idee
crag [kræg] *n* Felsmassiv *nt;* (*cliff*) Klippe *f*
craggy ['krægi] *adj* felsig; (*rough and uneven*) zerklüftet; **~ features** markante Gesichtszüge
crake [kreɪk] *n* Ralle *f*
cram <-mm-> [kræm] **I.** *vt* ■**to ~ sth in[to] sth** etw in etw *akk* stopfen; ***six children were ~med into the back of the car*** sechs Kinder saßen gedrängt auf dem Rücksitz des Autos; ***we've got an awful lot to ~ into the next half hour*** wir müssen in die nächste halbe Stunde einiges hineinpacken; **to ~ sb's head with facts** (*pej*) jdn mit Fakten überhäufen; **to ~ sth into one's mouth** sich *dat* etw in den Mund stopfen; **to ~ a sandwich down** sich *dat* ein Sandwich reinstopfen *fam*
II. *vi* lernen, büffeln *fam,* pauken *fam;* ■**to ~ for sth** für etw *akk* lernen [*o fam* büffeln] [*o fam* pauken]
◆**cram in** *vi,* **cram into** *vi* ■**to ~ in[to] sth** sich *akk* in etw *akk* hineinzwängen [*o* hineinquetschen]
cram-full *adj pred* voll gestopft, gerammelt [*o* bis zum Bersten] voll
crammed [kræmd] *adj* vollgestopft, gerammelt [*o* bis zum Bersten] voll *präd;* ■**to be ~ with** [*or* **full of**] **sth** bis zum Bersten [*o* gerammelt] voll mit etw *dat* sein
crammer ['kræməʳ, AM -ɚ] *n* ❶(*person*) [Ein]pauker *m fam*
❷ BRIT (*dated fam: book*) Paukbuch *nt fam;* (*school*) Paukschule *f fam*
cramp [kræmp] **I.** *n* [Muskel]krampf *m;* ***I have ~*** [*or* AM ***a ~***] ***in my foot*** ich habe einen Krampf im Fuß; **stomach ~s** Magenkrämpfe *mpl;* **to get ~** [*or* AM **~s**] einen Krampf bekommen
II. *vt* ■**to ~ sb** jdn einengen [*o* beschränken]
▶ PHRASES: **to ~ sb's style** (*fam*) jdn nicht zum Zug kommen lassen
cramped [kræmpt] *adj room, house* beengt; **~ accommodation** [*or* **surroundings**] beengte Wohnverhältnisse; **a ~ schedule** [*or* **timetable**] ein voller Zeitplan; **to be** [**rather**] **~ for space** [ziemlich] wenig Platz haben
crampon ['kræmpɒn, AM -pɑːn] *n* Steigeisen *nt*
cranberry ['krænbᵊri, AM -,beri] *n* Preiselbeere *f* **cranberry sauce** *n* Preiselbeergelee *nt;* **baked Camembert with ~** gebackener Camembert mit Preiselbeeren
crane [kreɪn] **I.** *n* ❶(*for lifting*) Kran *m*
❷(*bird*) Kranich *m*
II. *vt* **to ~ one's neck** den Hals recken
III. *vi* ■**to ~ forward** sich *akk* vorbeugen; ***she ~d over the heads of the crowd*** sie streckte ihren Kopf über die Menge
crane driver *n* Kranführer(in) *m(f)* **crane fly** *n* [Erd]schnake *f*
crania ['kreɪniə] *n pl of* **cranium**
cranial ['kreɪniəl] *adj inv* Schädel-, kranial *fachspr;* **~ fracture** Schädelfraktur *f;* **~ index** Kranialindex *m fachspr;* **~ nerves** Gehirnnerven *mpl*
craniosacral therapy [,kreɪniə(ʊ),seɪkrᵊl'-, AM -nioʊ,-] *n* Kraniosakraltherapie *f*
cranium <*pl* -s *or* -nia> ['kreɪniəm, *pl* -niə] *n* Schädel *m*
crank¹ [kræŋk] *n* (*sl: methamphetamine*) Crank *nt*
crank² [kræŋk] **I.** *n* (*fam*) ❶(*eccentric*) Spinner(in) *m(f) pej fam;* **health-food ~** Gesundheitsapostel *m pej;* **religious ~** religiöser Spinner/religiöse Spinnerin *pej*
❷ AM (*bad-tempered person*) Griesgram *m pej*
II. *n modifier* **~ call** Juxanruf *m;* **~ caller** Juxanrufer(in) *m(f)*
crank³ [kræŋk] **I.** *n* Kurbel *f*
II. *vt* ■**to ~ sth** *engine, gramophone, telephone* etw ankurbeln; **to ~ a handle** eine Kurbel drehen
◆**crank out** *vt* (*fam*) ■**to ~ out** ↻ **sth** etw produzieren
◆**crank up** *vt* ❶(*turn with crank*) ■**to ~ up** ↻ **sth** *engine, gramophone, telephone* etw ankurbeln
❷(*fam: increase*) **to ~ up the speed/pressure** die Geschwindigkeit/den Druck erhöhen; **to ~ the volume up on the radio** das Radio lauter stellen
crankcase *n* Kurbelgehäuse *nt* **crankshaft** *n* Kurbelwelle *f*
cranky ['kræŋki] *adj* (*fam*) ❶(*eccentric*) verschroben *pej*
❷ AM, AUS (*bad-tempered*) mürrisch, übellaunig
cranny ['kræni] *n* Ritze *f,* Spalte *f;* **in every nook and ~, in all nooks and crannies** in allen Ecken und Winkeln, überall
crap [kræp] **I.** *vi* <-pp-> (*fam!*) kacken *derb,* scheißen *derb*
II. *n usu sing* (*vulg*) Scheiße *f a. fig derb;* **a load of ~** ein Haufen *m* Scheiße *derb;* **to have** [*or* AM **take**] **a ~** kacken *derb,* scheißen *derb; see also* **shit**
III. *adj inv* (*fam!*) mies *pej fam;* ***he does ~ work*** seine Arbeit ist Scheiße *pej derb*
crape *n see* **crêpe**
crapper ['kræpəʳ, AM -ɚ] *n* (*vulg*) Scheißhaus *nt derb*
crappy ['kræpi] *adj* (*fam!*) Scheiß- *derb;* ■**to be** [**so**] **~** [so eine] Scheiße sein *pej derb*
craps [kræps] *npl + sing vb* AM Craps *nt* (*Würfelspiel*); **to shoot ~** Craps spielen
crash [kræʃ] **I.** *n* <*pl* -es> ❶(*accident*) Unfall *m;* **car ~** Autounfall *m;* **plane ~** Flugzeugabsturz *m*
❷(*noise*) Krach *m kein pl;* ■**with a ~** mit Getöse
❸ COMM (*collapse*) Zusammenbruch *m;* **stock market ~** Börsenkrach *m*
❹ COMPUT (*failure*) Absturz *m;* **computer ~** Computerabsturz *m*
II. *vi* ❶(*have an accident*) *driver, car* verunglücken; *plane* abstürzen; **to ~ on landing/take-off** beim Landen/Starten abstürzen
❷(*hit*) ■**to ~ into sth** auf etw *akk* aufprallen
❸(*collide with*) ■**to ~ into sb/sth** mit etw/jdm zusammenstoßen; **to ~ head-on** frontal zusammen-

stoßen
❹ (*make loud noise*) *cymbals, thunder* donnern; *door* knallen; (*move noisily*) poltern; ***the dog ~ed*** [*or* ***came ~ing***] ***through the bushes*** der Hund preschte durch die Büsche; ***the car ~ed through the roadblock*** das Auto krachte durch die Straßensperre; **to ~** [*or* **come ~ing**] **to the ground** auf den Boden knallen; ***the vase ~ed to the ground*** die Vase zerschellte am Boden; ■**to ~ against sth** gegen etw *akk* knallen *fam; waves* schlagen, klatschen
❺ COMM, STOCKEX (*collapse*) *stockmarket* zusammenbrechen; *company* pleite machen *fam*, in Konkurs gehen
❻ COMPUT (*fail*) abstürzen
❼ (*sl: sleep*) ■**to ~** [**out**] wegtreten *fam*
III. *vt* ❶ (*damage in accident*) ■**to ~ sth** etw zu Bruch fahren; **to ~ a plane** eine Bruchlandung machen
❷ (*make noise*) ■**to ~ sth** etw schmettern [*o* knallen]; ***she ~ed the vase against the wall*** sie knallte die Vase gegen die Wand
❸ (*fam: gatecrash*) **to ~ a party** uneingeladen zu einer Party kommen
crash barrier *n* BRIT, AUS Leitplanke *f* **crash course** *n* Intensivkurs *m*, Crashkurs *m* (**in** +*dat*) **crash diet** *n* radikale Abmagerungskur, Crashdiät *f*; **to go on a ~** eine radikale Abmagerungskur machen **crash helmet** *n* Sturzhelm *m*
crashing ['kræʃɪŋ] *adj attr, inv* (*fam*) völlig, total; ***he's a ~ bore*** er ist ein totaler Langweiler
crash-land *vi* bruchlanden, eine Bruchlandung machen **crash-landing** *n* Bruchlandung *f* **crash program** AM, **crash programme** *n* Intensivkurs *m* **crash-protected** *adj* COMPUT absturzgesichert **crash-test dummy** ['kræʃtest,dʌmi] *n* Dummy *m*, Autocrashpuppe *f*
crass [kræs] *adj* krass, grob; *behaviour* derb; **a ~ error of judgement** ein krasses Fehlurteil; **~ ignorance** haarsträubende Dummheit; **a ~ remark** eine grobe Bemerkung
crassly ['kræsli] *adv* krass, grob; **to behave ~** sich *akk* sehr rüde benehmen
crassness ['kræsnəs] *n no pl* Grobheit *f*; (*tactlessness*) Taktlosigkeit *f*, Mangel *m* an Feingefühl
crate [kreɪt] **I.** *n* ❶ (*open box*) Kiste *f*; (*for bottles*) [Getränke]kasten *m*; **a ~ of beer** ein Kasten *m* Bier; **packing ~** Versandkiste *f*
❷ (*hum fam: old car, plane*) Kiste *f hum fam*
II. *vt* ■**to ~ sth** [**up**] etw in eine Kiste einpacken
crater ['kreɪtəʳ, AM -t̬ɚ] **I.** *n* Krater *m*; **bomb ~** Bombentrichter *m*
II. *vi* (*sl*) stürzen; *prices* fallen
cratered ['kreɪtəd, AM -t̬ɚd] *adj* mit [vielen] Kratern versehen; ***the ~ surface of the moon*** die Oberfläche des Mondes, die von Kratern durchsetzt ist; ***the road is badly ~*** die Straße hat viele Schlaglöcher
cravat [krə'væt] *n* Halstuch *nt* (*für Männer*)
crave [kreɪv] **I.** *vt* ■**to ~ sth** etw begehren; **to ~ attention** sich *akk* nach Aufmerksamkeit sehnen
II. *vi* ■**to ~ for sth** sich *akk* nach etw *dat* sehnen
craven ['kreɪvᵊn] *adj* feige; **a ~ coward** ein unglaublicher Feigling
cravenly ['kreɪvᵊnli] *adv* feige, feigherzig *veraltet*
craving ['kreɪvɪŋ] *n* heftiges Verlangen (**for** nach +*dat*)
craw [krɔː, AM *also* krɑː] *n* BRIT (*fam*) ► PHRASES: **to stick in one's ~** jdm im Magen liegen *fam*
crawfish ['krɔːfɪʃ, AM *esp* 'krɑː-] *n* ❶ (*freshwater crayfish*) Flusskrebs *m*
❷ (*spiny lobster*) Languste *f*
crawl [krɔːl, AM *esp* krɑːl] **I.** *vi* ❶ (*go on all fours*) krabbeln; ■**to ~ somewhere** irgendwo[hin] krabbeln
❷ (*move slowly*) kriechen; **to ~ down/up sth** etw hinunter-/hinaufkriechen
❸ (*fam: be obsequious*) kriechen *pej*; ■**to ~** [**up**] **to sb** vor jdm kriechen *pej*
❹ (*fam: be overrun*) ■**to ~** [*or* **be ~ing**] **with sth** von etw *dat* wimmeln
► PHRASES: **to make sb's flesh ~** jdm Übelkeit verursachen
II. *n no pl* ❶ (*slow pace*) **to move at a ~** kriechen, im Schneckentempo fahren
❷ (*style of swimming*) Kraulen *nt kein pl*; **to do the ~** kraulen
crawler ['krɔːləʳ, AM 'krɑːlɚ] *n* ❶ (*very young child*) Krabbelkind *nt*; **to be a ~** im Krabbelalter sein
❷ (*pej fam: obsequious person*) Kriecher(in) *m(f) pej*, Schleimer(in) *m(f) pej fam*
crawler lane *n* (*fam*) Kriechspur *f*
crawling peg *n no pl* ECON, FIN Gleitparität *f*
crawl space *n* AM TECH Kriechboden *m*; (*for storage*) Zwischendecke *f*
crayfish *n* ❶ (*in freshwater*) Flusskrebs *m*
❷ (*spiny lobster*) Languste *f*
crayon ['kreɪɒn, AM -ɑːn] **I.** *n* Buntstift *m*; **wax ~s** Malkreiden *fpl*
II. *vt* ■**to ~** [**in**] **sth** [*or* **to ~ sth** [**in**]] etw [mit Buntstift] ausmalen
III. *vi* [mit Buntstift] malen
craze [kreɪz] *n* Mode[erscheinung] *f*, Fimmel *m pej fam*; ■**~ for sth** Begeisterung *f* für etw *akk*; ***that's the latest ~*** das ist der letzte Schrei
crazed [kreɪzd] *adj* wahnsinnig, verrückt; ***he became ~ with jealousy*** er wurde rasend vor Eifersucht
crazily ['kreɪzɪli] *adv* ❶ (*madly*) wie verrückt
❷ (*at crazy angle*) schief
craziness ['kreɪzɪnəs] *n no pl* Verrücktheit *f*
crazy ['kreɪzi] **I.** *adj* ❶ (*mad*) verrückt, wahnsinnig; **to** [**nearly**] **drive sb ~** jdn [fast] zum Wahnsinn treiben; **to go ~** verrückt werden
❷ (*very interested*) ■**to be ~ about sb/sth** nach jdm/etw verrückt sein; **car/football-~** verrückt nach Autos/Fußball *präd*
► PHRASES: **like ~** (*fam*) wie verrückt [*o* wild] *fam*
II. *n* AM (*sl*) Irre(r) *f(m)*, Verrückte(r) *f(m)*; **street ~** Verrückte(r) *f(m)* auf der Straße
crazy paving *n no pl* BRIT, AUS Mosaikpflaster *nt*
CRC [,siːɑː'siː, AM -ɑːr'-] *n abbrev of* **camera-ready copy** CRC *f*
creak [kriːk] **I.** *vi furniture* knarren; *door* quietschen; *bones* knirschen; **to ~ into action** *esp* BRIT (*fig*) langsam in Bewegung kommen, sich *akk* mühsam in Bewegung setzen
II. *n of furniture* Knarren *nt kein pl*; *of bones* Knirschen *nt kein pl*; *of a door* Quietschen *nt kein pl*
creakily ['kriːkɪli] *adv furniture* knarrend; *door* quietschend
creakiness ['kriːkɪnəs] *n no pl of furniture* Geknarre *nt*; *of a door* Gequietsche *nt*; *of bones* Geknirsche *nt*
creaky ['kriːki] *adj* ❶ (*squeaky*) *door* quietschend; *furniture* knarrend; ■**to be ~** *door* quietschen; *furniture* knarren
❷ (*fig: badly made*) schlecht gemacht; *plot, legal system* schwach
cream [kriːm] **I.** *n* ❶ *no pl* FOOD (*from milk*) Sahne *f*, Obers *nt* ÖSTERR; **strawberries/peaches and ~** Erdbeeren/Pfirsiche mit Sahne [*o* ÖSTERR Obers]; **clotted ~** BRIT *dicker Rahm von erhitzter Milch*; **double** [*or* **heavy**] **~** AM Crème double *f*; **single** [*or* **light**] **~** AM Kaffeesahne *f*, Kaffeeobers *nt* ÖSTERR
❷ FOOD (*soup, dessert*) Creme *f*; **~ of asparagus/mushroom soup** Spargel-/Pilzcremesuppe *f*; **salad ~** Salatcreme *f*
❸ FOOD (*sweet*) **chocolate ~** Praline *f* mit Cremefüllung, Cremehütchen *nt*; **orange/peppermint ~** Praline *f* mit Orangen-/Pfefferminzfüllung
❹ (*for body*) Creme *f*; **antiseptic ~** antiseptische Creme; **face/hand ~** Gesichts-/Handcreme *f*
❺ *no pl* (*colour*) Creme *nt*
► PHRASES: **the ~** [AM *also* **of the crop**] die Crème de la Crème; ***the ~ of this year's graduates/American society*** die Elite der diesjährigen Absolventen/der amerikanischen Gesellschaft
II. *n modifier* (*sauce, soup*) Creme-; **~ biscuits** cremegefüllte Kekse; **~ cake** Sahnetorte *f*; **to have a peaches-and-~ complexion** eine Pfirsichhaut haben
III. *adj inv* cremefarben
IV. *vt* ❶ (*beat*) ■**to ~ sth** etw cremig rühren; **~ *the butter and sugar together*** die Butter mit dem Zucker schaumig rühren; **~ed potatoes** Kartoffelpüree *nt*
❷ (*remove cream*) **to ~ milk** Milch entrahmen
❸ (*add cream*) ***do you ~ your coffee?*** möchten Sie Sahne in den Kaffee?
❹ (*apply lotion*) ■**to ~ sth** etw eincremen
❺ AM (*sl: beat up*) ■**to ~ sb** jdn zusammenschlagen *fam*
❻ AM (*fam: defeat*) ■**to ~ sb** jdn schlagen [*o* besiegen]
◆**cream off** *vt* ❶ (*take the best*) ■**to ~ off** ↻ **sth/sb** etw/jdn herauspicken
❷ (*make a profit*) ■**to ~ off** ↻ **sth** etw absahnen *fam*
cream cake *n* Sahnetorte *f* **cream cheese** *n* [Doppelrahm]frischkäse *m* **cream-colored** AM, **cream-coloured** *adj* cremefarben **cream cracker** *n* BRIT Kräcker *m* **cream deodorant** *n* Deocreme *f*
creamer ['kriːməʳ, AM -ɚ] *n* ❶ *no pl* (*dried milk substitute*) Kaffeeweißer *m*
❷ AM, AUS (*cream jug*) Sahnekännchen *nt*
❸ (*dairy machine*) Milchschleuder *f*, Entrahmungszentrifuge *f*
creamery ['kriːmᵊri, AM -ɚi] *n* Molkerei *f*
creaminess ['kriːmɪnəs] *n no pl* ❶ FOOD Cremigkeit *f*, cremige Konsistenz
❷ (*of skin*) Samtigkeit *f*
cream of tartar *n no pl* Weinstein *m* **cream puff** *n* AM ❶ (*pastry*) Windbeutel *m* ❷ (*fig: wimpy man*) Weichei *nt* **cream sherry** *n no pl* süßer Sherry **cream soda** *n* AM *Softdrink mit Vanillegeschmack* **cream tea** *n* BRIT *Tee mit Scones, Marmelade und Sahne*
creamy ['kriːmi] *adj* ❶ (*smooth and rich*) cremig, sahnig
❷ (*smooth*) **~ skin** samtweiche [*o* samtige] Haut
❸ (*off-white*) cremefarben
crease [kriːs] **I.** *n* ❶ (*fold*) [Bügel]falte *f*; *of a book* Eselsohr *nt*; *of a hat* Kniff *m*
❷ (*in cricket*) Spielfeldlinie *f*
II. *vt* (*wrinkle*) ■**to ~ sth** [**up**] etw zerknittern
III. *vi* knittern
◆**crease up** BRIT **I.** *vi* (*fam*) sich *akk* vor Lachen kugeln
II. *vt* (*fam*) ■**to ~ sb up** jdn zum Lachen bringen
crease-resistant *adj* bügelfrei, knitterfrei
create [kri'eɪt] **I.** *vt* ❶ (*make*) ■**to ~ sth** etw erschaffen [*o geh* kreieren]; ***who ~d the world?*** wer hat die Welt erschaffen?
❷ (*cause*) ■**to ~ sth** etw erzeugen [*o* produzieren]; ***unemployment ~s many social problems*** durch die Arbeitslosigkeit entstehen viele soziale Probleme; **to ~ confusion** Unruhe stiften; **to ~ an impression** einen Eindruck erwecken; **to ~ a precedent** einen Präzedenzfall schaffen; **to ~ a sensation** Aufsehen erregen
❸ (*form: give title*) ***he was ~ed first Earl of Cheshunt*** er wurde zum ersten Earl von Cheshunt ernannt
II. *vi* BRIT, AUS (*fam*) eine Szene machen *fam*
creation [kri'eɪʃᵊn] *n* ❶ *no pl* (*making*) [Er]schaffung *f*; (*founding*) Gründung *f*; **job/wealth ~** Schaffung *f* neuer Jobs/von Wohlstand
❷ (*product*) Produkt *nt*, Erzeugnis *nt*; FASHION Kreation *f*; (*of arts also*) Werk *nt*; ***the ~ of a diseased mind*** das Produkt eines kranken Gehirns; ***the latest ~s from Paris*** die neuesten Kreationen aus Paris
❸ *no pl* REL ■**the C~** die Schöpfung
❹ *no pl* (*the world*) die Welt [*o* Schöpfung]; **the wonders of ~** die Wunder der Schöpfung [*o* des Lebens]
creationism [kri'eɪʃᵊnɪzᵊm] *n no pl Lehre von der Weltschöpfung durch einen allmächtigen Schöpfer*
creationist [kri'eɪʃᵊnɪst] *n jd, der den biblischen Bericht von der Erschaffung der Welt wörtlich nimmt*
creative [kri'eɪtɪv, AM -t̬-] *adj* kreativ, schöpferisch;

~ **ability** [*or* **talent**] Kreativität *f;* ~ **imagination** lebhafte Fantasie; ~ **powers** kreative Kräfte

creative accountancy, creative accounting *n no pl* ECON, FIN Bilanzkosmetik *f*

creative accounting *n no pl* (*fam*) kreative Buchführung **creative director** *n* Kreativdirektor(in) *m(f)* **creative financing** *n no pl* ECON, FIN kreative Finanzierung

creatively [kri'eɪtɪvli, AM -t̬-] *adv* kreativ, schöpferisch, einfallsreich

creativeness [kri'eɪtɪvnəs, AM -t̬-] *n no pl,* **creativity** [,kri:eɪ'tɪvəti, AM -əṱi] *n no pl* Kreativität *f*

creative writing *n no pl* kreatives Schreiben

creator [kri'eɪtə^r, AM -t̬ɚ] *n* Schöpfer(in) *m(f);* ■**the C~** der Schöpfer, Gott *m*

creature ['kri:tʃə^r, AM -ɚ] *n* ① (*being*) Kreatur *f,* Lebewesen *nt;* ~ **from outer space** außerirdisches Wesen; **living** ~**s** Lebewesen *ntpl;* **mythical** ~ mythologisches Wesen
② (*person*) Kreatur *f,* Geschöpf *nt;* ***John is a weak*** ~ John ist ein Schwächling; ***you heartless ~!*** du herzlose Kreatur!; **a lovely** ~ ein wunderbares Geschöpf
③ (*pawn*) Werkzeug *nt;* **to be a** ~ **of habit** ein Gewohnheitstier sein

creature comforts *npl* (*fam*) leibliche Genüsse, leibliches Wohl

creche [kreʃ] *n* ① BRIT, AUS (*nursery*) Kinderkrippe *f*
② AM (*for foundlings*) Waisenhaus *nt*

cred [kred] *n no pl* BRIT (*fam*) *short for* **credibility** Glaubwürdigkeit *f;* [**street**] ~ Anerkennung *f* bei Altersgenossen

credence ['kri:dᵊn(t)s] *n no pl* (*form*) Glaube *m;* **to add** [*or* **lend**] ~ **to sth** etw glaubwürdig machen; **to give** [*or* **attach**] ~ **to sth** etw *dat* Glauben schenken

credential [krɪ'den(t)ʃᵊl] *vt* AM ■**to** ~ **sb** jdn zulassen

credentials [krɪ'den(t)ʃᵊlz] *npl* ① (*letter of introduction*) Empfehlungsschreiben *nt,* Referenzen *fpl;* (*for ambassador*) Beglaubigungsschreiben *nt;* **to present one's** ~ sein Empfehlungsschreiben vorlegen
② (*qualifications*) Qualifikation *f;* **to establish one's** ~**s** sich einen Ruf machen
③ (*documents*) Zeugnisse *ntpl*

credibility [,kredə'bɪləti, AM -əṱi] *n no pl* Glaubwürdigkeit *f;* **to lose** ~ die Glaubwürdigkeit verlieren

credibility gap *n* Unterschied *m* (*zwischen Versprechen und Handlungen*)

credible ['kredəbl̩] *adj* glaubwürdig; ***it's barely ~ that …*** es ist kaum zu glauben, dass …

credibly ['kredəbli] *adv* glaubwürdig

credit ['kredɪt] **I.** *n* ① *no pl* (*praise*) Ehre *f;* (*recognition*) Anerkennung *f;* (*standing*) Ansehen *nt;* ***all ~ to her for not telling on us*** alle Achtung, dass sie uns nicht verraten hat!; ***to her*** [***great***] ***~, she admitted she was wrong*** man muss es ihr hoch anrechnen, dass sie ihren Fehler zugegeben hat; ***she has a family, three books and a professorship to her*** ~ sie hat eine Familie, drei Bücher und eine Professur auf ihrer Habenseite zu verbuchen; **to be a** ~ **to sb/sth** [*or* **to do sb/sth** ~] jdm/etw Ehre machen; **to claim** ~ [**for sth**] [für etw *akk*] Anerkennung beanspruchen; **to gain** ~ an Ansehen gewinnen; **to get** ~ **for sth** für etw *akk* Anerkennung bekommen; **to give sb** ~ **for sth** jdm für etw *akk* Anerkennung zollen *geh;* ***I gave him ~ for better judgement than he showed*** ich hätte ihm ein besseres Urteilsvermögen zugetraut; **to give** ~ **to sth** einer S. *dat* Glauben schenken; **to take** [**the**] ~ [**for sth**] die [ganzen] Lorbeeren [für etw *akk*] einheimsen *fam,* es sich *dat* als Verdienst anrechnen, etw getan zu haben
② *no pl* COMM Kredit *m;* **to be in** ~ *esp* BRIT im Haben [*o* Plus] sein; **to buy/sell sth on** ~ etw auf Kredit [*o fam* Pump] kaufen/gegen Kredit verkaufen; **to give** [**sb**] ~ [jdm] Kredit geben; **to live on** ~ auf Pump leben *fam;* **to offer** ~ **on sth** auf etw *akk* Kredit bieten
③ FIN (*money in the bank*) Haben *nt;* **account in** ~ positives Konto; ~ **column** Guthabenspalte *f;* **debit**[**s**] **and** ~[**s**] Soll *nt* und Haben *nt;* ~ **entry** Gutschrift *f;* **letter of** ~ Akkreditiv *nt,* Kreditbrief *m;* **tax** ~ Steuergutschrift *f;* ~ **by way of bank guaranty** Avalkredit *m*
④ SCH Schein *m*
⑤ ■~**s** *pl* FILM, TV Abspann *m;* **to roll the** ~**s** den Abspann loslassen
► PHRASES: [**to give**] ~ **where** ~**'s** <u>**due**</u> (*saying*) Ehre, wem Ehre gebührt *prov*
II. *vt* ① (*give money to*) **to** ~ **sb/an account with a sum** [*or* **to** ~ **a sum to sb/an account**] jdm/einem Konto einen Betrag gutschreiben
② (*believe*) ■**to** ~ **sth** etw glauben; ***would you ~ it?!*** ist das zu glauben?!; ***her excuse took some ~ing*** ihre Entschuldigung war ziemlich unglaubwürdig; ■**to** ~ **sb with sth** jdm etw zutrauen; ■**to** ~ **sth with sth** etw *dat* etw zuschreiben

creditable ['kredɪtəbl̩, AM -t̬ə-] *adj action, effort* ehrenwert, rühmlich; *victory, defeat* verdient; ***our team came in a ~ third*** unsere Mannschaft kam auf einen verdienten dritten Platz

creditably ['kredɪtəbli, AM t̬ə] *adv* Glaubwürdigkeit *f*

credit account *n* BRIT Kundenkreditkonto *nt;* **to open a** ~ ein Kundenkreditkonto eröffnen **credit agency** *n* Kreditauskunftei *f,* ≈ Schufa *f* (*in Deutschland: Schutzgemeinschaft für allgemeine Kreditsicherung*) **credit balance** *n usu sing* FIN Guthaben *nt;* (*in accounting*) Habensaldo *m* **credit card** *n* Kreditkarte *f* **credit controller** *n* FIN für Kreditkontrolle zuständige(r) Angestellte *f(m)* **credit crunch** *n* AM (*credit squeeze*) Kreditrestriktion *f fachspr,* Kreditdrosselung *f fachspr* **credit entry** *n* Gutschrift *f,* Habenbuchung *f* **credit limit** *n* Kredit[höchst]grenze *f* **credit line** *n* ① (*acknowledgement of origin*) Quellenangabe *f* ② FIN Kreditrahmen *m;* **to establish** [*or* **open up**] **a** ~ **with a bank** einen Kreditrahmen mit einer Bank vereinbaren **credit note** *n* BRIT, AUS Gutschrift *f*

creditor ['kredɪtə^r, AM -t̬ɚ] *n* Gläubiger(in) *m(f),* Kreditor(in) *m(f) fachspr;* **judgment** ~ Vollstreckungsgläubiger *m;* **preferential** ~ bevorrechtigter Gläubiger; **secured** ~ gesicherter Gläubiger; **unsecured** ~ ungesicherter Gläubiger

creditor nation *n* ECON, FIN Gläubigernation *f*

credit rating *n* Kreditwürdigkeit *f kein pl* **credit risk** *n* FIN Kreditrisiko *nt,* Ausfallrisiko *nt* **credit side** *n* Habenseite *f* **credit squeeze** *n* BRIT, AUS Kreditrestriktion *f fachspr,* Kreditdrosselung *f fachspr* **credit standing** *n no pl* FIN Bonität *f,* Kreditwürdigkeit *f*

Crédit Suisse Index [,kredɪt'swɪs-] *n no pl* ECON, FIN ■**the** ~ *der Preisindex der Börse in Zürich* **credit terms** *npl* Kreditbedingungen *fpl* **credit union** *n* Kreditgenossenschaft *f* **credit worthiness** *n no pl see* **credit standing creditworthy** *adj* kreditwürdig

credo ['kreɪdəʊ, AM 'kri:doʊ] *n* Überzeugung *f,* Kredo *nt geh;* ■**the C~** REL das Glaubensbekenntnis [*o* Kredo]

credulity [krə'dju:ləti, AM -'du:ləṱi, -'dju:-] *n no pl* (*form*) Leichtgläubigkeit *f;* (*trustingness*) Gutgläubigkeit *f;* **to stretch** [*or* **strain**] **sb's** ~ jds Vertrauen auf die Probe stellen

credulous ['kredjʊləs, AM 'kredʒə] *adj* (*form*) leichtgläubig; (*trusting*) gutgläubig

credulousness ['kredjʊləsnəs, AM 'kredʒə-] *n no pl* (*form*) Leichtgläubigkeit *f;* (*trustingness*) Gutgläubigkeit *f*

creed [kri:d] *n* Überzeugung *f,* Kredo *nt geh;* ■**the C~** REL das Glaubensbekenntnis [*o* Kredo]

creek [kri:k] *n* ① BRIT (*coastal inlet*) kleine Bucht; (*narrow waterway*) Wasserlauf *m*
② AM, AUS (*stream*) Bach *m;* (*tributary*) Nebenfluss *m*
► PHRASES: **to be** <u>**up**</u> **the** ~ [**without a paddle**] (*fam*) in der Patsche sitzen *fam*

creel [kri:l] *n* ① (*spinning rack*) Spulengatter *nt,* Kantergestell *nt*
② (*large wicker fish basket*) Fischkorb *m*
③ (*angler's fishing basket*) Anglerkorb *m*
④ (*lobster basket*) Hummerkorb *m*

creep [kri:p] **I.** *n* (*fam*) ① (*unpleasant person*) Mistkerl *m fam*
② (*unpleasant feeling*) ■**the** ~**s** *pl* das Gruseln *kein pl;* ***I get the ~s when …*** es gruselt mich immer, wenn …; ***that gives me the ~s*** das ist mir nicht ganz geheuer
II. *vi* <crept, crept> ① (*move*) kriechen; *water level* steigen; ■**to** ~ **along** [dahin]kriechen; ***the traffic was ~ing along at a snail's pace*** der Verkehr bewegte sich im Schneckentempo voran; ■**to** ~ **into sth** in etw *akk* kriechen; (*fig*) ***doubts began to ~ into people's minds*** den Menschen kamen langsam Zweifel; ■**to** ~ **through sth** durch etw *akk* kriechen
② (*fig liter*) ***tiredness crept over her*** die Müdigkeit überkam sie

◆**creep in** *vi* sich *akk* hineinschleichen [*o* hereinschleichen]; (*fig*) *doubts, mistakes* einschleichen

◆**creep out** *vi* sich *akk* hinausschleichen

◆**creep up** *vi* ① (*increase steadily*) [an]steigen; *prices also* in die Höhe klettern
② (*sneak up on*) ■**to** ~ **up behind** [*or* **on**] **sb** sich *akk* an jdn anschleichen; (*fig*) ***a feeling of drowsiness slowly crept up on her*** ein Gefühl der Benommenheit überkam sie langsam; ***old age is ~ing up on me*** ich merke, dass ich langsam älter werde

creeper ['kri:pə^r, AM -ɚ] *n* BOT (*along ground*) Kriechgewächs *nt;* (*up a wall*) Kletterpflanze *f*

creeping ['kri:pɪŋ] *adj attr, inv* (*also fig*) schleichend; ~ **inflation/paralysis** schleichende Inflation/Lähmung

creeping plant *n* (*along ground*) Kriechgewächs *nt;* (*up a wall*) Kletterpflanze *f*

creepy ['kri:pi] *adj* (*fam*) grus[e]lig, schaurig

creepy crawlie [-'krɔ:li, AM -'kra:-] *n* AUS Bodenabsauggerät *nt* (*für den Swimmingpool*) **creepy-crawly** *n* (*fam or esp childspeak*) Krabbeltier *nt fam*

cremate [krɪ'meɪt, AM 'kri:meɪt] *vt* ■**to** ~ **sb** jdn verbrennen [*o* einäschern]

cremation [krɪ'meɪʃᵊn] *n* Einäscherung *f,* [Leichen]verbrennung *f*

crematorium <*pl* -s *or* -ria> [,kremə'tɔ:riəm, AM ,kri:mə'tɔ:r-, *pl* -riə] *n* Krematorium *nt*

crematory ['kremətᵊri, AM 'kri:mətɔ:ri] **I.** *n* AM (*crematorium*) Krematorium *nt*
II. *adj* Verbrennungs-; ~ **tradition** Brauch *m* der Einäscherung

crème de la crème <*pl* -> [,kremdəla:'krem] *n* das Beste vom Besten, die Crème de la Crème

crème de menthe [,kremdə'mɑ̃θ, AM 'ma:nt] *n no pl* FOOD Pfefferminzlikör *m,* Crème de menthe *f*

crème fraîche [,krem'freɪʃ] *n* Crème fraîche *f*

crenellated ['krenəleɪtɪd] *adj inv* HIST mit Zinnen versehen

crenellations ['krenəleɪʃᵊnz] *npl* Zinnenbildung *f,* Krenelierung *f geh*

Creole ['kri:əʊl, AM -oʊl] **I.** *n* ① (*person*) Kreole, -in *m, f*
② (*language*) Kreolisch *nt kein pl*
II. *adj* kreolisch

creosote ['kriəsəʊt, AM -sɔʊt] *n no pl* ① (*wood preservative*) Teeröl *nt*
② (*antiseptic*) Kreosot *nt*

crêpe [kreɪp] *n no pl* ① FOOD Crêpe *f*
② (*fabric*) Krepp *m*
③ (*rubber*) Kreppgummi *m;* ~**-soled shoes** Schuhe *mpl* mit Kreppsohle

crêpe de Chine [,krepdə'ʃi:n, ,kreɪp] *n no pl* Crêpe *m* de Chine *geh,* Seidenflor *m*

crêpe paper *n no pl* Krepppapier *nt*

crêperie ['kreɪpəri, krep-] *n* FOOD Crêperie *f*

crêpe rubber *n no pl see* **crêpe 2** Kreppgummi *nt*

crept [krept] *pp, pt of* **creep**

crepuscular [krə'pʌskjələ^r, AM jələ] *adj inv* ① (*of twilight*) dämmerig, Dämmerungs-
② ZOOL dämmerungsaktiv

crescendo [krɪ'ʃendəʊ, AM -doʊ] **I.** *n* ① MUS Cre-

scendo *nt*
❷ *(fig)* Anstieg *m;* **a rising ~ of criticism/violence** ein steter Anstieg der Kritik/Gewalt; **to reach a ~** einen Höhepunkt erreichen
II. *vi (reach a peak)* den Höhepunkt erreichen
III. *adj inv* MUS anschwellend, Crescendo- *fachspr*
crescent ['kresᵊnt] **I.** *n* ❶ *(moon)* Mondsichel *f*
❷ *(street) mondsichelförmig angelegte Straße;* ***they live at number 15, Park C~*** sie wohnen in der Park Crescent [Nr.] 15
❸ *(row of houses) mondsichelförmig gebaute Häuserreihe*
II. *adj* sichelförmig; **the ~ moon** der zunehmende Mond
cress [kres] *n no pl* Kresse *f*
crest [krest] **I.** *n* ❶ *(peak)* Kamm *m;* **~ of a hill** Hügelkuppe *f;* **~ of a mountain** Bergrücken *m;* **~ of a roof** Dachfirst *m;* **~ of a wave** Wellenkamm *m*
❷ ZOOL *of a cock* Kamm *m; of a bird* Schopf *m*
❸ *(helmet plume)* Federbusch *m (als Helmschmuck)*
❹ *(insignia)* Emblem *nt;* **family ~** Familienwappen *nt*
► PHRASES: **to be** [*or* **ride**] **on the ~ of a wave** [ganz] oben schwimmen *fig*
II. *vi* [hoch] aufwogen
crested ['krestɪd] *adj inv* ❶ *(tufted)* mit einem Kamm/Schopf/einer Haube versehen
❷ *(of waves)* gewellt, mit Wellenkamm *nach n*
❸ *(emblazoned)* mit Wappen [*o* Abzeichen] geziert
crestfallen *adj* niedergeschlagen
Cretaceous [krɪ'teɪʃəs] *adj* GEOL kreidehaltig; **the ~ period** die Kreidezeit
Cretan ['kri:tᵊn] *adj inv* GEOG, HIST kretisch
Crete [kri:t] *n* Kreta *nt*
cretin ['kretɪn, AM 'kri:-] *n (pej fam)* Schwachkopf *m pej fam*
cretinism ['kretɪnɪzᵊm, AM 'kri:tᵊn] *n no pl* ❶ MED *(dated)* Kretinismus *m fachspr*
❷ *(pej: stupidity)* Schwachsinn *m,* Kretinismus *m fig geh*
cretinous ['kretɪnəs, AM 'kri:tᵊn] *adj* ❶ MED *(dated)* kretinoid *geh*
❷ *(pej: stupid)* schwachsinnig *pej*
cretonne [kre'tɒn, AM kri:'tɑ:n] *n no pl* Kretonne *f*
Creutzfeldt-Jakob disease [ˌkrɔɪtsfelt'jækɒb-, AM -kəb-] *n* Creutzfeldt-Jakob-Syndrom *nt*
crevasse [krə'væs] *n* Gletscherspalte *f*
crevice ['krevɪs] *n* Spalte *f,* Spalt *m; (in face)* Furche *f*
crew[1] [kru:] **I.** *n + sing/pl vb* ❶ *(working team) of aircraft, ship* Crew *f,* Besatzung *f;* **ambulance/lifeboat ~** Rettungsmannschaft *f;* **camera/film ~** Kamera-/Filmteam *nt;* **ground ~** Bodenpersonal *nt;* **the ~ of a train** das Zugpersonal
❷ *(fam or esp pej: gang)* Bande *f fam;* **a motley ~** ein bunt zusammengewürfelter Haufen *fam*
❸ *(rowing)* Rudern *nt kein pl*
II. *vt* **to ~ a boat/plane** zur Mannschaft eines Boot[e]s/Flugzeugs gehören
III. *vi (act as crewmember)* Mannschaftsmitglied sein; ■**to ~ for sb** zu jds Mannschaft gehören
crew[2] [kru:] *vi esp* BRIT *pp, pt of* **crow**
crew coach *n* AM Trainer(in) *m(f)* der Rudermannschaft **crew cut** *n* Bürstenschnitt *m* **crewman** *n,* **crewmember** *n* Besatzungsmitglied *nt* **crew neck** *n* ❶ *(round neckline)* runder Ausschnitt
❷ *(sweater)* Pullover *m* mit rundem Ausschnitt; *(T-shirt)* T-Shirt *nt* mit rundem Ausschnitt **crew team** *n* AM Rudermannschaft *f*
crib [krɪb] **I.** *n* ❶ *esp* AM *(cot)* Gitterbett *nt;* REL Krippe *f*
❷ *(fam: plagiarized work)* Plagiat *nt geh*
❸ *(fam: crib sheet)* Spickzettel *m sl,* Schummler *m* ÖSTERR *sl*
II. *vt* <-bb-> *(pej fam)* ■**to ~ sth** etw abschreiben
III. *vi* <-bb-> *(pej fam)* abschreiben, spicken DIAL *sl,* schummeln ÖSTERR *fam;* ■**to ~ from sb** von jdm abschreiben
cribbage ['krɪbɪdʒ] *n no pl* Cribbage *nt (Kartenspiel)*
crib death *n* AM plötzlicher Kindstod
crib notes *n pl esp* AM, **crib sheet** *n* Spickzettel *m sl,* Schummelzettel *m* ÖSTERR *fam*
crick [krɪk] **I.** *n* Stich *m;* **to get a ~ in one's back/neck** einen steifen Rücken/Hals bekommen
II. *vt* ■**to ~ sth** sich *dat* etw verrenken; ***I ~ed my neck*** ich bekam einen steifen Hals
cricket[1] ['krɪkɪt] *n* ZOOL Grille *f*
cricket[2] ['krɪkɪt] *n no pl* SPORTS Kricket *nt*
► PHRASES: **that's simply not ~** BRIT *(dated or hum fam)* das ist einfach nicht die feine englische Art
cricket ball *n* Kricketball *m* **cricket bat** *n* Kricketschläger *m*
cricketer ['krɪkɪtəʳ, AM -ɚ] *n* Kricketspieler(in) *m(f)*
cricket field *n,* **cricket ground** *n* Kricketplatz *m*
cricketing ['krɪkɪtɪŋ] *adj inv* Kricket-
cricket match *n* Kricketspiel *nt* **cricket net** *n Bereich zum Üben des Kricketschlags* **cricket pitch** *n* Kricket[spiel]feld *nt* **cricket team** *n* Kricketmannschaft *f*
cried [kraɪd] *pp, pt of* **cry**
crier ['kraɪəʳ, AM -ɚ] *n* Ausrufer(in) *m(f)*
crikey ['kraɪki:] *interj* BRIT *(dated fam)* da schau her! *fam*
crim [krɪm] *n short for* **criminal** *(sl)* Gauner(in) *m(f) pej*
crime [kraɪm] *n* ❶ *(illegal act)* Verbrechen *nt;* **a ~ against humanity** ein Verbrechen *nt* gegen die Menschlichkeit; **the scene of the ~** der Tatort; **heinous/petty ~** abscheuliches/geringfügiges Verbrechen; **to be accused of/charged with a ~** eines Verbrechens angeklagt/beschuldigt werden; **to commit a ~** ein Verbrechen *nt* begehen
❷ *no pl, no art (criminal acts collectively)* Kriminalität *f;* **to lead a life of ~** das Leben eines/einer Kriminellen führen; **petty ~** Kleinkriminalität *f*
❸ *(shameful act)* Schande *f,* Sünde *f fig;* ***it would be a ~*** es wäre eine Schande
► PHRASES: **~ doesn't pay** Verbrechen zahlen sich nicht aus
Crimea [kraɪ'mi:ə] *n* GEOG ■**the ~** die Krim; **the ~n War** der Krimkrieg
Crimean [kraɪ'mi:ən] *adj inv* GEOG Krim-
crime-busting ['kraɪmbʌstɪŋ] *n (form)* Verbrechensbekämpfung *f* **crime-fighting** ['kraɪmfaɪtɪŋ] *n no pl* Verbrechensbekämpfung *f* **crime laboratory** *n* gerichtsmedizinisches Labor **crime of passion** *n* Verbrechen *nt* aus Leidenschaft **crime prevention** *n no pl* präventive Verbrechensbekämpfung *geh,* Verbrechensverhütung *f* **crime rate** *n* Kriminalitätsrate *f,* Verbrechenszahlen *fpl* **crime-ridden** *adj* ***this area is particularly ~-ridden*** dieses Gebiet hat eine besonders hohe Kriminalitätsrate **crime watch** *n* AM Bürgerwehr *f (zur Verbrechensbekämpfung)* **crime wave** *n* Welle *f* der Kriminalität, Verbrechenswelle *f* **crime writer** *n* Krimiautor(in) *m(f)*
criminal ['krɪmɪnᵊl] **I.** *n* Verbrecher(in) *m(f);* **a hardened ~** Gewohnheitsverbrecher(in) *m(f)*
II. *adj* ❶ *(illegal)* verbrecherisch, kriminell; *(punishable)* strafbar; **~ act** Straftat *f;* **~ action** Strafverfahren *nt,* strafrechtliche Verfolgung; **~ bankruptcy** Konkurs *m* durch verurteilte Straftaten; **~ behaviour** kriminelles Verhalten; **~ code** Strafgesetzbuch *nt;* **~ conspiracy** illegale Verschwörung; **~ court** Strafgericht *nt;* **with ~ intent** in verbrecherischer Absicht; **~ libel** strafbare Verleumdung; **a ~ offence** ein strafbares Vergehen; **the ~ population** die Kriminellen; **to have a ~ record** vorbestraft sein; **age of ~ responsibility** Strafmündigkeit *f*
❷ *(shameful)* schändlich; ***it's ~ to charge so much*** es ist ein Verbrechen, so viel Geld zu verlangen *fig fam;* ***the way we waste natural resources is ~*** es ist unverantwortlich, wie verschwenderisch wir mit den Naturschätzen umgehen; **a ~ waste of money** eine ungeheure Geldverschwendung
criminal conversation *n (dated, hist)* Ehebruch *m;* **to be involved in** [*or* **commit**] **~** Ehebruch begehen **criminal damage** *n* [Sach]schaden *m (durch Gewalteinwirkung)* **Criminal Injuries Compensation Board** *n* LAW Entscheidungsbehörde *f* für Verbrechensopfer **criminal investigation** *n* polizeiliche Ermittlung **Criminal Investigation Department** *n* BRIT Kriminalpolizei *f kein pl*
criminality [ˌkrɪmɪ'næləti, AM -ə'næləṭi] *n no pl* Kriminalität *f*
criminalization [ˌkrɪmɪnəlaɪ'zeɪʃᵊn, AM lɪ'] *n no pl* Kriminalisierung *f*
criminalize ['krɪmɪnᵊlaɪz, AM -nəlaɪz] *vt* ■**to ~ sb/sth** jdn/etw kriminalisieren
criminal justice system *n* Strafrechtssystem *nt* **criminal law** *n no pl* Strafrecht *nt* **criminal lawyer** *n* Anwalt, Anwältin *m, f* für Strafsachen; *(specialized in defence)* Strafverteidiger(in) *m(f)*
criminally ['krɪmɪnᵊli] *adv* strafbarerweise, strafrechtlich **criminal negligence** *n no pl, no art* [strafbare [*o* grobe]] Fahrlässigkeit **criminal offence** *n* LAW strafbare Handlung **criminal record** *n* Vorstrafenregister *nt;* ■**to have a ~** vorbestraft sein
criminologist [ˌkrɪmɪ'nɒlədʒɪst, AM -'nɑ:lə-] *n* Kriminologe, -in *m, f*
criminology [ˌkrɪmɪ'nɒlədʒi, AM -'nɑ:lə-] *n no pl* Kriminologie *f*
crimp [krɪmp] *vt* ■**to ~ sth** ❶ *(press into small folds)* etw kräuseln [*o* in Fältchen legen]; **to ~ pastry** den Teigrand andrücken
❷ **to ~ one's hair** *(make wavy)* sich *dat* das Haar wellen; *(make curly)* sich *dat* Locken ins Haar machen
crimplene® ['krɪmpli:n] *n no pl* knitterfreier Trevira®
crimson ['krɪmzᵊn] **I.** *n no pl* Purpur[rot] *nt,* Karmesin[rot] *nt*
II. *adj* purpurn, purpurrot; **to blush ~** knallrot werden *fam;* **to go** [*or* **turn**] **~ with rage** vor Wut puterrot anlaufen
cringe [krɪndʒ] *vi* ❶ *(cower)* sich *akk* ducken; ***she ~d away from the blow*** sie duckte sich, um dem Schlag auszuweichen; **to ~ back in terror** ängstlich zusammenzucken
❷ *(shiver)* schaudern; *(feel uncomfortable)* ***we all ~d with embarrassment*** das war uns allen furchtbar peinlich
cringe-making *adj* BRIT *(fam) dialogue* peinlich; *(ugly)* schauderhaft
cringing ['krɪndʒɪŋ] *adj* kriecherisch *pej*
crinkle ['krɪŋkḷ] **I.** *vt* ■**to ~ sth** etw [zer]knittern; ***be sure not to ~ the document*** achte darauf, das Dokument nicht zu knicken; **to ~ one's nose** die Nase rümpfen
II. *vi dress, paper* knittern; *face, skin* [Lach]fältchen bekommen
III. *n* [Knitter]falte *f; (in hair)* Krause *f;* ***there was a ~ of suspicion on Ann's forehead*** misstrauisch runzelte Ann die Stirn
crinkle-cut chips *npl* BRIT, AM **crinkle-cut French fries** *npl* Pommes frites *pl* mit Wellenschnitt
crinkled ['krɪŋkḷd] *adj hair* kraus; *paper, cloth* geknittert, Knitter-
crinkly ['krɪŋkli] *adj* ❶ *(full of wrinkles) paper* zerknittert; *skin* knittrig
❷ *(wavy and curly)* gekräuselt; **~ hair** Kraushaar *nt*
crinoline ['krɪnᵊlɪn] *n* ❶ HIST *(stiffened petticoat)* Krinoline *f,* Reifrock *m*
❷ *no pl (fabric used for stiffening)* Steifleinen *nt*
cripes [kraɪps] *interj (fam)* Gott [nein]! *fam*
cripple ['krɪpḷ] **I.** *n (dated or pej)* Krüppel *m; (fig pej)* Lahmarsch *m derb*
II. *vt* ❶ *(disable)* ■**to ~ sb** jdn zum Krüppel machen
❷ *(damage severely)* ■**to ~ sth** *armoured vehicle* gefechtsunfähig machen; **to ~ an attempt** einen Versuch zum Scheitern bringen; **to ~ a machine** eine Maschine kaputtmachen *fam*
❸ *(paralyze)* ■**to ~ sth** etw lahm legen
crippled ['krɪpḷd] *adj* verkrüppelt; **a ~ aeroplane** ein schrottreifes Flugzeug; **to be ~ with debt** von Schulden erdrückt werden *fig;* **to be ~ with rheumatism** von Rheuma geplagt sein

crippled leapfrog test *n* COMPUT Teilprüfung *f* im Bocksprungprogramm

crippling ['krɪpl̩ɪŋ] *adj debts* erdrückend; *pain* lähmend; **a ~ attack of malaria** ein schwerer Malariaanfall

crisis <*pl* -ses> ['kraɪsɪs, *pl* -si:z] *n* Krise *f;* ***education is in*** ~ das Bildungswesen steckt in einer Krise; **a ~ in** [*or* **of**] **confidence** eine Vertrauenskrise; **energy** ~ Energiekrise *f;* **a ~ situation** eine Krisensituation; **to come to a** ~ auf eine Krise zusteuern; **to go through a** ~ eine Krise durchmachen; **to resolve** [*or* **solve**] **a** ~ eine Krise überwinden

crisis center AM, **crisis centre** *n* Krisenzentrum *nt* **crisis management** *n no pl* Krisenmanagement *nt*

crisp [krɪsp] **I.** *adj* ❶ (*hard and brittle*) knusprig; ~ **bacon** knusprig gebratener Schinkenspeck; ~ **biscuits** knusprige Kekse *mpl* ÖSTERR *a. ntpl;* ~ **snow** knirschender Schnee
❷ (*firm and fresh*) frisch und knackig; ~ **apple/lettuce** knackiger Apfel/Salat
❸ (*stiff and smooth*) [*tablecloth*] *paper* steif; ~ **banknote** druckfrische Banknote
❹ (*bracing*) *air, morning* frisch; ~ ***mountain air*** frische, kühle Bergluft
❺ (*sharply defined*) *image* gestochen scharf
❻ FASHION *appearance* makellos
❼ (*quick and precise*) *manner, style* präzise; *answer, reply* knapp; **short and** ~ kurz und knapp
II. *n* ❶ *usu pl* BRIT (*potato* ~) Chip *m;* **burnt to a** ~ verkohlt
❷ AM (*crumble*) Obstdessert *nt* (*mit Streuseln überbacken*); **cherry ~s** ≈ Kirschtörtchen *ntpl*

crispbread *n* Knäckebrot *nt*

crisper ['krɪspəʳ, AM -ɚ] *n* Gemüsefach *nt* (*im Kühlschrank*)

crisply ['krɪspli] *adv* ❶ (*briskly*) spitz, scharf, knapp
❷ (*of hair*) kraus, gekräuselt
❸ (*of food*) knusprig, knackig

crispness ['krɪspnəs] *n no pl* ❶ (*briskness*) Flottheit *f,* Frische *f*
❷ (*rigidness*) Steifheit *f,* Steifigkeit *f*
❸ (*of hair*) Festigkeit *f*
❹ (*of food*) Knusp[e]rigkeit *f,* Knackigkeit *f*
❺ (*invigoratingness*) belebende [*o* aufmunternde] Wirkung

crispy ['krɪspi] *adj* (*approv*) knusprig; ~ **bacon** knusprig gebratener Schinkenspeck

criss-cross **I.** *vt* ■**to ~ sth** *bus, train* etw durchqueren; ■**to be ~ed by sth** ***this area of the city is ~ed by railway lines*** dieses Stadtviertel ist von Schienen durchzogen
II. *vi roads, railway tracks* sich *akk* kreuzen
III. *adj inv* überkreuz, Kreuz-; ~ **grille** Kreuzgitter *nt*

crit [krɪt] *n* (*fam*) ❶ *short for* **critic**
❷ *no pl short for* **criticism**

criterion <*pl* -ria> [kraɪ'tɪəriən, AM -'tɪriən, *pl* -riə] *n* Kriterium *nt*

critic ['krɪtɪk, AM -ţ-] *n* Kritiker(in) *m(f);* (*for books*) Rezensent(in) *m(f);* **a harsh** ~ ein scharfer Kritiker/eine scharfe Kritikerin

critical ['krɪtɪkəl, AM -ţ-] *adj* ❶ (*involving judgements*) kritisch; **to receive** [*or* **win**] ~ **acclaim** von den Kritikern gelobt [*o* positiv aufgenommen] werden; ~ **edition/evaluation** kritische Ausgabe/Bewertung; ~ **success** Erfolg *m* bei der Kritik
❷ (*fault-finding*) kritisch, missbilligend; ■**to be ~ of sb** an jdm etwas auszusetzen haben; **to look at** [*or* **judge**] **sth with a ~ eye** etw kritisch betrachten; **to be highly** [*or* **sharply**] ~ **of sth/sb** etw/jdm [äußerst] kritisch gegenüberstehen
❸ (*crucial*) entscheidend; ~ **factor/moment** entscheidender Faktor/Augenblick
❹ (*dangerous*) *condition, situation* kritisch; MED *also* lebensbedrohlich; **to be on the ~ list** ein Todeskandidat/eine Todeskandidatin sein
▸ PHRASES: **to go** ~ den Höhepunkt erreichen; PHYS *nuclear reactor* kritisch werden *fachspr*

critical angle *n* PHYS kritischer Winkel **critical error** *n* COMPUT kritischer Fehler

critically ['krɪtɪkəli, AM -ţ-] *adv* ❶ (*in an evaluating way*) kritisch; (*by the critics*) von Kritikerseite; ***the ~ acclaimed film …*** der Film, der von den Kritikern hochgelobt wurde, …
❷ (*negatively*) kritisch, missbilligend
❸ (*gravely*) bedenklich; **to be in a ~ bad condition** in einem bedenklich schlechten Zustand sein; **to be ~ ill** schwer [*o* ernsthaft] krank sein

critical mass *n* ❶ COMM (*as minimum*) *minimale Betriebsgröße, mit der das Überleben gesichert werden kann;* (*as maximum*) *maximale Betriebsgröße, die das Überleben gerade noch erlaubt*
❷ PHYS kritische Masse

criticism ['krɪtɪsɪzəm, AM -ţ-] *n* ❶ *no pl* (*fault-finding*) Kritik *f;* **to attract** ~ Kritik erregen; **to lay oneself open** [*or* **expose oneself**] **to** ~ sich *akk* der Kritik aussetzen; **to take** [*or* **accept**] ~ Kritik annehmen
❷ (*negative judgement*) Kritik *f;* **to have a few ~s of** [*or* **about**] **sth** zu etw *dat* einige kritische Anmerkungen haben
❸ *no pl* (*analytical evaluation*) Kritik *f;* **literary** ~ Literaturkritik *f*

criticize ['krɪtɪsaɪz, AM -ţ-] **I.** *vt* ■**to ~ sb/sth** jdn/etw kritisch beurteilen; ■**to ~ sb/sth for sth** jdn/etw wegen einer S. *gen* kritisieren
II. *vi* kritisieren

critique [krɪ'ti:k] *n* Kritik *f*

critter ['krɪtəʳ, AM ţɚ] *n* AM (*fam*) ❶ (*creature*) Lebewesen *nt,* Kreatur *f*
❷ (*person*) Typ *m fam*

CRO [ˌsi:ɑ:r'əʊ] *n* BRIT ECON, FIN *abbrev of* **Companies Registration Office** *britische Gesellschaftsregistrierbehörde*

croak [krəʊk, AM kroʊk] **I.** *vi* ❶ *crow, person* krächzen; *frog* quaken
❷ BRIT (*sl: inform on others*) singen *fam*
❸ (*sl: die*) abkratzen *derb,* den Löffel abgeben *fam*
II. *vt* ❶ (*speak with rough voice*) ■**to ~ sth** etw krächzen
❷ (*dated sl: kill*) ■**to ~ sb** jdn abmurksen [*o sl* kalt machen] *sl*
III. *n of a crow, person* Krächzen *nt kein pl; of a frog* Quaken *nt kein pl*

croaky ['krəʊki, AM 'kroʊki] *adj voice* heiser

Croat ['krəʊæt, AM 'kroʊ-] *n* ❶ (*person*) Kroate, -in *m, f*
❷ (*language*) Kroatisch *nt kein pl*

Croatia [krəʊ'eɪʃə, AM 'kroʊ-] *n* Kroatien *nt*

Croatian [krəʊ'eɪʃən, AM 'kroʊ-] **I.** *adj* kroatisch
II. *n* ❶ (*person*) Kroate, -in *m, f*
❷ (*language*) Kroatisch *nt kein pl*

croc [krɒk, AM krɑ:k] *n* (*fam*) *short for* **crocodile** Krokodil *nt*

crochet ['krəʊʃeɪ, AM kroʊ'ʃeɪ] **I.** *n no pl* Häkeln *nt;* (*work*) Häkelarbeit *f*
II. *vi* häkeln
III. *vt* ■**to ~ sth** etw häkeln

crocheted ['krəʊʃeɪd, AM kroʊ'ʃeɪd] *adj inv* gehäkelt

crochet hook *n,* **crochet needle** *n* Häkelnadel *f*

crock [krɒk, AM krɑ:k] *n* ❶ (*clay container*) [Ton]topf *m*
❷ (*dated or hum: worthless old person*) kauziger Alter/kauzige Alte *pej;* (*worthless old car*) Schrottkiste *f pej fam*
❸ *no pl* AM (*fam: nonsense*) ■**a** ~ ein absoluter Schwachsinn *pej fam*
▸ PHRASES: **a ~ of shit** AM (*vulg*) ein Haufen *m* Scheiße *pej derb*

crockery ['krɒkəri, AM 'krɑ:kɚi] *n no pl* Geschirr *nt*

crocodile <*pl* – *or* -s> ['krɒkədaɪl, AM 'krɑ:k-] *n* ❶ ZOOL Krokodil *nt;* ~ **skin** Krokodilleder *nt*
❷ BRIT (*fam: line of pupils*) Zweierreihe *f* (*von Schulkindern*)

crocodile clip *n* ELEC Krokodilklemme *f* **crocodile tears** *n pl* Krokodilstränen *fpl fam;* **to shed** ~ Krokodilstränen vergießen *fam*

crocus ['krəʊkəs, AM 'kroʊ-] *n* Krokus *m*

Croesus ['krisəs] *n* HIST (*also fig*) Krösus *m*

croft [krɒft, AM krɑ:ft] *n esp* SCOT (*small farm*) kleiner [gepachteter] Bauernhof; (*farmhouse*) kleines Bauernhaus

crofter ['krɒftəʳ, AM 'krɑ:ftɚ] *n esp* SCOT Kleinpächter(in) *m(f)*

crofting ['krɒftɪŋ, AM 'krɑ:ft] BRIT **I.** *n no pl* AGR Parzellenwirtschaft *f*
II. *n modifier* Kleinbauern-

croissant ['krwæsɑ̃(ŋ), AM krwɑ:'sɑ̃] *n* Croissant *nt*

crone [krəʊn, AM kroʊn] *n* (*liter or pej*) alte Hexe *pej*

crony ['krəʊni, AM 'kroʊni] *adj* (*esp pej fam*) Spießgeselle *m pej o hum fam,* Kumpan *m a. pej fam,* Haberer *m* ÖSTERR *fam*

cronyism ['krəʊniɪzəm, AM 'kroʊ-] *n no pl* (*esp pej*) Kumpanei *f oft pej fam,* Vetternwirtschaft *f pej,* Freunderlwirtschaft *f* ÖSTERR *pej fam*

crook [krʊk] **I.** *n* ❶ (*fam: rogue*) Gauner *m fam*
❷ *usu sing* (*curve*) Beuge *f; of arm* Armbeuge
❸ (*of a shepherd*) Hirtenstab *m;* (*of a bishop*) Bischofsstab *m,* Krummstab *m*
II. *adj* AUS (*fam*) ❶ (*ill*) krank; **to be ~ with a cold** erkältet sein; **to feel** ~ sich *akk* mies fühlen *fam;* **to go** ~ krank werden
❷ (*annoyed*) ■**to be ~ on sb** auf jdn wütend sein; **to go** ~ ausrasten *fam;* **to go ~ at sb** auf jdn wütend werden
❸ (*unsatisfactory*) *place, situation* schlecht, mies *fam;* (*out of order*) *car* kaputt *fam*
❹ (*illegal*) **a ~ thing** eine krumme Sache *fam*
III. *vt* (*dated*) ■**to ~ sth** etw krümmen [*o* biegen]; **to ~ one's arm** den Arm beugen; **to ~ one's finger** den Finger krümmen

crooked ['krʊkɪd] *adj* ❶ (*fig fam: dishonest*) unehrlich; *police officer, politician* korrupt *pej; salesman* betrügerisch
❷ (*not straight*) *teeth, grin* schief; *nose, lines, legs* krumm

crookedly ['krʊkɪdli] *adv* ❶ (*out of shape*) krumm, schief
❷ (*of a grin*) süßsäuerlich *fig*

croon [kru:n] **I.** *vt* ■**to ~ sth** mit schmachtender Stimme singen, schnulzen *pej fam;* ■**to ~ sth to oneself** etw vor sich *akk* hin summen
II. *vi* leise reden, in sanftem Flüsterton reden
III. *n* ❶ (*song*) sentimentaler Song, Schnulze *f pej fam*
❷ (*voice*) schmachtender Tonfall

crooner ['kru:nəʳ, AM -ɚ] *n* (*dated*) Schnulzensänger(in) *m(f) pej fam*

crop [krɒp, AM krɑ:p] **I.** *n* ❶ (*plant*) Feldfrucht *f;* (*harvest*) Ernte *f;* **to harvest the ~s** die Ernte einbringen
❷ (*group*) Gruppe *f;* ***this year's ~ of films*** die diesjährige Filmproduktion
❸ (*short hair cut*) Kurzhaarschnitt *m;* **a very short** ~ ein Bürsten[haar]schnitt *m;* **to give sb a close** ~ jdm einen Igelschnitt [*o veraltend fam* eine Meckifrisur] verpassen
❹ ORN Kropf *m*
❺ (*whip*) Reitgerte *f,* Reitpeitsche *f*
II. *vt* <-pp-> ■**to ~ sth** ❶ (*plant with crops*) etw bestellen [*o* bebauen]; ***the land here has been over~ped*** auf diesen Feldern wurde Raubbau getrieben
❷ (*cut short*) *sheep, horses* etw abgrasen [*o* abweiden] [*o* abfressen]; **to ~ a photo** ein Foto zurechtschneiden; **to have one's hair ~ped** sich *dat* das Haar kurz schneiden lassen
III. *vi* wachsen, gedeihen; **to ~ well** gut gedeihen [*o* wachsen]

◆**crop up** *vi* (*fam*) auftauchen *fig;* ***her name keeps ~ping up in conversation*** ihr Name taucht in den Gesprächen immer wieder auf; ***something's ~ped up*** es ist etwas dazwischengekommen

crop circle *n* Korn[feld]kreis *m* **crop dusting** *n* Schädlingsbekämpfung *f* (*durch Besprühen des Getreides*) **crop-eradication** [ˌkrɒpɪrædɪ'keɪʃən, AM ˌkrɑ:p-] *n no pl* (*marijuana destruction*) Drogenvernichtung *f*

cropped [krɒpt, AM krɑ:pt] *adj* FASHION kurz

C

cropper ['krɒpəʳ, AM 'krɑːpɚ] *n* AGR Nutzpflanze *f;* **a heavy ~** eine gut tragende Pflanze
❷ *no pl* (*sl*) **to come a ~** (*fail miserably*) auf die Nase fallen *fig;* (*fall from horse*) [vom Pferd] stürzen; (*have an accident*) einen [schweren] Autounfall haben

crop rotation *n* Fruchtfolge *f,* Fruchtwechsel *m* **crop spraying** *n* Schädlingsbekämpfung *f* (*durch Besprühen des Getreides*) **crop top** *n* FASHION bauchfreies Top

croquet ['krəʊkeɪ, AM 'kroʊ-] *n no pl* Krocket[spiel] *nt*

croquet lawn *n* Krocketrasen *m*

croquette [krɒ'ket, AM kroʊ'ket] *n* FOOD Krokette[n] *f[pl]*

cross [krɒs, AM krɑːs] **I.** *n* ❶ (*shape*) Kreuz *nt;* **to mark sth with a ~** etw ankreuzen; **to put** [*or* **place**] **a ~ on/next to sth** bei/neben etw *dat* ein Kreuz machen
❷ (*sign of Christianity*) Kreuz[zeichen] *nt;* **to make the sign of the ~** das Kreuzzeichen machen
❸ (*burden*) Kreuz *nt kein pl,* Leiden *nt;* **to bear a ~** ein Kreuz tragen
❹ (*medal*) Kreuz[abzeichen] *nt*
❺ SCI (*mixture*) Kreuzung *f;* (*fig*) Mischung *f*
❻ SPORTS Querschuss *m*
II. *adj* verärgert; ■**to be ~ about sth** über etw *akk* verärgert sein; ***she is ~ at being given all the boring jobs*** sie ist verärgert, weil sie immer die langweiligen Arbeiten bekommt; ■**to be ~ that …** verärgert sein, dass …; **to get ~** [**with sb**] [mit jdm] böse werden
III. *vt* ❶ (*go across*) *country, desert, valley* durchqueren; *equator, lake, mountains, river* überqueren; **to ~ the border** die Grenze passieren; **to ~ a road** über eine Straße gehen/fahren; **to ~ the threshold** die Schwelle überschreiten
❷ SPORTS (*pass across*) **to ~ the ball** den Ball cross spielen
❸ (*lie across each other*) **to ~ one's arms** die Arme verschränken; **to ~ one's legs** die Beine übereinander schlagen
❹ (*make sign of cross*) ■**to ~ oneself** sich *akk* bekreuz[ig]en
❺ (*oppose*) ■**to ~ sb** sich *akk* jdm widersetzen
❻ (*crossbreed*) ■**to ~ an animal with another animal** ein Tier mit einem anderen Tier kreuzen
❼ BRIT POL **to ~ the floor** [**of the House**] die Partei [*o* Fraktion] wechseln; **let's ~ that bridge when we come** [*or* **get**] **to it** wir werden uns mit diesem Problem beschäftigen, wenn es so weit ist *fam;* **to ~ a cheque** BRIT, AUS einen Scheck zur Verrechnung ausstellen; **to ~ one's fingers, to keep** [*or* **have**] **one's fingers ~ed** die Daumen drücken [*o fam* halten]; **to ~ sb's hand** [*or* **palm**] **with silver** jdm Geld in die Hand drücken *fam;* **~ my heart and hope to die** (*prov*) großes Ehrenwort *fam,* ich schwör's *fam;* **to ~ the line** (*go out of play*) ins Aus gehen; (*go into goal*) ins Tor gehen; (*cross the equator*) den Äquator passieren; **to ~ one's mind** jdm einfallen; ***it never actually ~ed my mind*** das ist mir gar nie in den Sinn gekommen; **to ~ sb's path** jdm über den Weg laufen; **to ~ paths with sb** jdn treffen; ***when did you last ~ paths with each other?*** wann seid ihr euch zuletzt über den Weg gelaufen?; **to ~ swords with sb** mit jdm die Klinge kreuzen *geh;* **to ~ wires** *usu passive* etwas falsch verstehen
IV. *vi* ❶ (*intersect*) sich *akk* kreuzen
❷ (*go across*) überqueren; (*by ferry*) übersetzen; ***look both ways before you ~*** schau' nach beiden Seiten bevor du rübergehst
❸ (*coincidentally cross paths*) sich *akk* treffen; ***our letters must have ~ed in the post*** unsere Briefe müssen sich auf dem Postweg gekreuzt haben; TELEC ***the lines are ~ed*** [*or* ***we've got a ~ed line***] da ist jemand in unserer Leitung
◆**cross off** *vt* ■**to ~ off** ○ **sb/sth** jdn/etw streichen; **to ~ sb's name off a list** jds Namen von einer Liste streichen
◆**cross out** *vt* ■**to ~ out** ○ **sth** etw ausstreichen [*o* durchstreichen]; **to ~ out one's name** seinen Namen durchstreichen
◆**cross over I.** *vi* hinübergehen; (*on a boat, ferry*) übersetzen; ***don't you dare ~ over on a red light!*** geh ja nicht bei Rot über die Straße!; ■**to ~ over to sth** zu etw *dat* hinübergehen; (*fig*) zu etw *dat* überwechseln
II. *vt* **to ~ over a border/river/road** eine Grenze/einen Fluss/eine Straße überqueren

cross-assembler *n* COMPUT Kreuzassemblierer *m*

crossbar *n* Querlatte *f; of goal* Torlatte *f; of bicycle* [Quer]stange *f* **crossbeam** *n* Querbalken *m* **cross-bench** *n* BRIT POL *Bank der Abgeordneten, die weder der Regierungs- noch der Oppositionspartei angehören* **cross-bencher** *n* BRIT POL *Abgeordneter/Abgeordnete, der/die weder der Regierungs- noch der Oppositionspartei angehört* **cross-border** *adj* **~ listing** ECON, FIN im Börsenhandel mehrerer Länder zugelassenes Wertpapier; **~ services** grenzüberschreitende Dienstleistungen **crossbow** *n* Armbrust *f* **crossbred** *adj inv* ZOOL, BOT gekreuzt; **~ dog** Mischlingshund *m* **crossbreed I.** *n* ZOOL, BOT Kreuzung *f;* (*half-breed*) Mischling *m* **II.** *vt* ■**to ~ sth** etw kreuzen (**with** mit +*dat*) **crosscheck I.** *vt* ■**to ~ sth** etw nachprüfen (**with** mit +*dat*); ***why don't you ~ your list against mine*** warum gleichst du deine Liste nicht mit meiner ab **II.** *vi* abklären; **to ~ with the authorities** bei den Behörden nachfragen

cross-compiler *n* COMPUT Kreuzkompilierer *m* **cross-country I.** *adj* Querfeldein-, Gelände-; **~ race** Geländerennen *nt;* **~ racer** Geländeläufer(in) *m(f);* **~ run** Geländelauf *m* **II.** *adv* ❶ (*across a country*) **to travel ~** quer durchs Land reisen ❷ (*across countryside*) querfeldein; **to hike/walk ~** querfeldein wandern/laufen **III.** *n* Geländelauf *m;* (*with bicycle*) Geländerennen *nt* **cross-country running** *n* Geländelauf *m* **cross-country skiing** *n no pl* Langlauf *m* **cross-court** *inv* **I.** *adj* TENNIS cross *fachspr;* **to hit a ~ forehand** eine Vorhand cross schlagen *fachspr* **II.** *adv* TENNIS cross *fachspr* **cross-cultural** *adj* interkulturell **cross-current** *n* (*of air*) Seitenwind *m;* (*of water*) Gegenströmung *f* **cross-disciplinary** [ˌkrɒsdɪsə'plɪnəri, AM ˌkrɑːsdɪsə'plɪneri] *adj* interdisziplinär **cross-dresser** [ˌkrɒs'dresɪŋ, AM ˌkrɑːs] *n* Transvestit *m* **cross-dressing** *n no pl* Transvestismus *m* **cross-examination** *n* Kreuzverhör *nt;* **under ~** im Kreuzverhör **cross-examine** *vt* ■**to ~ sb** jdn ins Kreuzverhör nehmen *a. fig;* (*be overly curious*) jdn ausfragen (**about** über +*akk*) **cross exchange** *n* AM (*cross rate*) Kreuzparität *f* **cross-eyed** *adj* schielend *attr;* ■**to be ~** schielen **cross-fertilization** *n no pl* ❶ BOT Kreuzbefruchtung *f* ❷ (*exchange*) *of ideas, customs* Austausch *m;* **cultural ~** Kulturaustausch *m* **crossfire** *n no pl* Kreuzfeuer *nt;* **to be caught in the ~** ins Kreuzfeuer geraten *a. fig* **cross-frontier** *adj trade* grenzüberschreitend **cross-grained** *adj person* querköpfig *fam; timber* quergefasert; **to become ~** widerspenstig werden **cross hairs** *npl* Fadenkreuz *nt* **cross-hatch** ['krɒshætʃ, AM 'krɑːs-] *vt* ■**to ~ sth** etw kreuzweise schraffieren **cross-hatching** ['krɒshætʃɪŋ, AM 'krɑːs-] *n no pl* Kreuzschraffur *f* **cross-head screw** *n* Kreuz[schlitz]schraube *f* **cross holding** *n* FIN gegenseitige Beteiligung, Kapitalverflechtung *f* **cross infection** *n* Kreuzinfektion *f*

crossing ['krɒsɪŋ, AM 'krɑːs-] *n* ❶ (*place to cross*) Übergang *m;* RAIL Bahnübergang *m;* (*crossroads*) [Straßen]kreuzung *f;* **border ~** Grenzübergang *m;* **pedestrian ~** Zebrastreifen *m*
❷ (*journey*) Überfahrt *f;* **the ~ of the Alps** die Überquerung der Alpen

crossing guard *n* AM Schülerlotse, -in *m, f*

cross-legged [ˌkrɒs'legd, -'legɪd, AM ˌkrɑːs'legəd, -'legd] **I.** *adj* **in a ~ position** mit gekreuzten Beinen **II.** *adv* **to sit ~** im Schneidersitz [da]sitzen

crossly ['krɒsli, AM 'krɑːs-] *adv* verärgert

cross matching *n no pl* MED Kreuzprobe *f* **crossover I.** *n modifier* (*album, music*) gemischt; **~ study** MED Kreuzstudie *f* **II.** *n* ❶ (*place*) Übergang *m,* Straßenüberführung *f;* RAIL Gleisverbindung *f* ❷ (*mixed styles*) [Stil]mix *m* **crosspatch** *n* (*hum dated fam*) Brummbär *m fam* **crosspiece** *n* (*beam*) Querbalken *m;* (*bar*) Querstück *nt* **crossply** ['krɒsplaɪ, AM 'krɑːs-] *n,* **crossply tyre** *n* Diagonalreifen *m* **cross pollination** *n* Fremdbestäubung *f* **cross-promotion** *n* Cross-Promotion *f,* produktübergreifende Werbekampagne **cross-purposes** *npl* ▸ PHRASES: **to be talking at ~** aneinander vorbeireden **cross-question** *vt* ■**to ~ sb** jdn ins Kreuzverhör nehmen *a. fig; see also* **cross-examine** **cross rate** *n* ECON, FIN Kreuzparität *f,* Usancekurs *m* **cross-refer** *vt* ■**to ~ sb** jdn verweisen (**to** auf +*akk*) **cross-reference I.** *n* Querverweis *m* (**to** auf +*akk*) **II.** *vt* COMPUT einen Querverweis machen **crossroads** <*pl* -> *n* Kreuzung *f;* (*fig*) Wendepunkt *m;* ■**at a** [*or* **the**] **~** am Scheideweg **cross-section** *n* ❶ (*cut*) Querschnitt *m;* **~ of a human heart** Querschnitt *m* durch ein menschliches Herz ❷ (*sample*) repräsentative Auswahl **cross-selling** *n no pl* ECON, FIN Leistungsverbund *m* **cross stitch** *n* Kreuzstich *m* **cross street** *n esp* AM Querstraße *f* **crosstalk** *n* ❶ TELEC (*interference*) Nebengespräch *nt* ❷ BRIT (*repartee*) Wortgefecht *nt* **cross-town I.** *adj* **the ~ bus service** der Busservice durch die Stadt **II.** *adv* ***he drove us ~*** er fuhr uns durch die Stadt **crosswalk** *n* AM (*pedestrian crossing*) Zebrastreifen *m,* Fußgängerübergang *m* **crossways** *adv* quer **crosswind** *n* Seitenwind *m* **crosswise I.** *adj* Quer- **II.** *adv* quer **crossword** *n,* **crossword puzzle** *n* Kreuzworträtsel *nt*

crostini [krɒ'stiːniː, AM krɑː'-] *npl* Crostini *mpl*

crotch [krɒtʃ, AM krɑːtʃ] *n* Unterleib *m; of trousers* Schritt *m;* (*in a tree, road, river*) Gabelung *f*

crotchet ['krɒtʃɪt, AM 'krɑːtʃət] *n esp* BRIT MUS Viertelnote *f*

crotchety ['krɒtʃɪti, AM 'krɑːtʃət̬i] *adj* (*fam*) *child* quengelig *fam*

crotchless ['krɒtʃləs, AM 'krɑːtʃ-] *adj* FASHION *panties* genitalienfrei

crouch [kraʊtʃ] **I.** *n usu sing* Hocke *f*
II. *vi* sich *akk* kauern
◆**crouch down** *vi* sich *akk* niederkauern

croup [kruːp] *n no pl* Krupp *m fachspr,* Kehlkopfdiphtherie *f fachspr;* **to suffer from ~** an Krupp leiden

croupier ['kruːpiəʳ, AM -ieɪ] *n* Croupier *m*

crouton ['kruːtɒn, AM -tɑːn] *n* FOOD Croûton *m*

crow[1] [krəʊ, AM kroʊ] *n* Krähe *f*
▸ PHRASES: **as the ~ flies** [in der] Luftlinie

crow[2] <crowed *or esp* BRIT crew, crowed *or esp* BRIT crew> [krəʊ, AM kroʊ] *vi* ❶ (*cry*) *baby, cock* krähen
❷ (*express happiness*) jauchzen, juchzen *fam;* (*gloatingly*) triumphieren; **to ~ with delight** vor Freude jubeln
◆**crow about** *vi,* **crow over** *vi* ■**to ~ about** [*or* **over**] **sth** mit etw *dat* prahlen [*o fam* angeben] [*o fam* protzen]

crowbar *n* Brecheisen *nt,* Brechstange *f*

crowd [kraʊd] **I.** *n* + *sing/pl vb* ❶ (*throng*) [Menschen]menge *f;* SPORTS, MUS Zuschauermenge *f;* **to draw a large ~** eine große Menschenmenge anlocken [*o* anziehen]
❷ (*fam: clique*) Clique *f;* **a bad ~** ein übler Haufen *fam*
❸ *no pl* (*multitude of people*) ■**the ~** die [breite] Masse; **to follow** [*or* **go with**] [*or* **move with**] **the ~** mit der Masse gehen; **to stand out from the ~** aus der Masse herausragen
II. *vt* ❶ (*fill*) **to ~ a stadium** ein Stadion füllen; **to ~ the streets** die Straßen bevölkern
❷ (*fam: pressure*) ■**to ~ sb** jdn [be]drängen
❸ (*force*) ■**to ~ sb into sth** jdn in etw *akk* hineinzwängen; ***they ~ed as many spectators as they could into the hall*** sie pferchten so viele Zuschauer wie eben möglich in die Halle
III. *vi* ■**to ~ into sth** sich *akk* in etw *akk* hineindrängen [*o* hineinquetschen]; ***hordes of commuters ~ed into the train*** Massen von Pendlern dräng-

ten sich in den Zug [hinein]

◆**crowd about** *vi*, **crowd around** *vi* sich *akk* versammeln; ■**to ~ around sb/sth** sich *akk* um jdn/etw scharen; ***the autograph seekers ~ed about the entrance to the movie studio*** die Autogrammjäger belagerten den Eingang des Filmstudios

◆**crowd in** *vi* [sich *akk*] hineindrängen; (*stream in*) hineinströmen; ■**to ~ in on sb** (*fig*) *worries, problems* auf jdn einstürmen

◆**crowd out** *vt* ■**to ~ out** ⊂⊃ **sb/sth** jdn/etw herausdrängen [*o* verdrängen]

◆**crowd round** *vi* BRIT sich *akk* versammeln

crowded ['kraʊdɪd] *adj* überfüllt; *schedule, timetable* übervoll; ■**~ out** (*fam*) gerammelt voll *fam*; **to feel ~** (*fam*) sich *akk* bedrängt fühlen

crowding out *n no pl* ECON, FIN Verdrängungseffekt *m*

crowd-puller *n* Massenattraktion *f*, Kassenfüller *m*

crown [kraʊn] **I.** *n* ❶ (*of a monarch*) Krone *f*; **~ of thorns** Dornenkrone *f*; **to wear the** [*or* **one's**] **~** die Krone tragen
❷ ■**the C~** (*monarchy*) die Krone; (*monarch*) der König/die Königin; **associate of the ~ Office** Geschäftsstellenbeamter *m*
❸ (*sporting title*) Meisterschaftstitel *m*
❹ (*top of head*) Scheitel *m*; (*of hill*) Kuppe *f*; (*of mountain*) Gipfel *m*; (*of a roof*) [Dach]first *m*; (*of a tooth, tree, hat*) Krone *f*
❺ BRIT (*hist: coin*) Krone *f*, Fünfschillingstück *nt*
II. *vt* ❶ (*as monarch*) ■**to ~ sb** jdn krönen
❷ SPORTS **to ~ sb world champion** jdn zum Weltmeister krönen; ***she's the newly ~ed world champion*** sie ist die frisch gebackene Weltmeisterin
❸ (*make perfect*) ■**to ~ sth** etw krönen [*o* glanzvoll abrunden]
❹ (*liter: top*) ■**to ~ sth** etw krönen
❺ (*fam: hit on head*) ■**to ~ sb** jdm eins überziehen [*o* aufs Dach geben] *fam*
❻ MED **to ~ teeth** Zähne überkronen
► PHRASES: **to ~ it all** BRIT, AUS (*iron*) als [*o* zur] Krönung des Ganzen *iron*

crown cap *n* Kronenverschluss *m* **crown colony** *n* Kronkolonie *f* **crown copyright** *n* Urheberrecht *nt* der Krone **crown cork** *n* Kron[en]korken *m* **crown court** *n* BRIT höheres Gericht für Strafsachen

crowned crane *n* ORN Kronenkranich *m*

crowned head *n* gekröntes Haupt; **Europe's ~s** Europas gekrönte Häupter

crowning ['kraʊnɪŋ] *adj inv* krönend; **the ~ achievement** die Krönung (**of** +*gen*)

crown jewels *npl* Kronjuwelen *ntpl o mpl* **crown land** *n* Kronkolonie *f* **Crown Lands** *npl* Ländereien oder Eigentum der Krone **crown prince** *n* Kronprinz *m* **crown princess** *n* Kronprinzessin *f* **crown privilege** *n* *Vorrecht der Krone oder Regierung, die Vorlage von Urkunden vor Gericht abzulehnen* **Crown Property** *n* Ländereien oder Eigentum der Krone **Crown Prosecution Service** *n* BRIT Staatsanwaltschaft *f* **crown prosecutor** *n* BRIT Staatsanwalt, Staatsanwältin *m, f* **crown witness** *n* Kronzeuge, -in *m, f*

crow's feet *npl* (*wrinkles*) Krähenfüße *mpl fam*

crow's nest *n* NAUT Krähennest *nt fachspr*, Ausguck *m*

CRT [ˌsiːɑːˈtiː, AM -ɑːr'-] *n* COMPUT *abbrev of* **cathode ray tube** Kathodenstrahlröhre *f*, Bildröhre *f*

crucial ['kruːʃᵊl] *adj* ❶ (*decisive*) entscheidend; (*critical*) kritisch; (*very important*) äußerst wichtig; **a ~ decision** eine richtungsweisende Entscheidung; ■**to be ~ to sth** für etw *akk* entscheidend sein; **a ~ moment** ein entscheidender Augenblick; **to prove ~ to sth** sich *akk* für etw *akk* als entscheidend erweisen
❷ BRIT (*sl: excellent*) super *sl*

crucially ['kruːʃᵊli] *adv* entscheidend; **~ important** von entscheidender Bedeutung

cruciate ligament [ˌkruːsiːət'-] *n* ANAT Kreuzband *nt*

crucible ['kruːsɪbl̩] *n* ❶ TECH (*melting pot*) Schmelztiegel *m*
❷ (*fig: severe test*) Feuerprobe *f*

crucifix ['kruːsɪfɪks] *n* Kruzifix *nt*

crucifixion [ˌkruːsə'fɪkʃᵊn] *n* HIST, REL Kreuzigung *f*; ■**the C~** die Kreuzigung Christi; **to execute sb by ~** jdn kreuzigen

cruciform ['kruːsɪfɔːm, AM -fɔːrm] *adj* (*form*) kreuzförmig, Kreuz-

crucify ['kruːsɪfaɪ] *vt* ■**to ~ sb** jdn kreuzigen; (*fig fam*) jdn lynchen *fig hum; author, play* verreißen *fig fam*

crud [krʌd] *n no pl* (*fam*) Dreck *m a. fig pej fam*

cruddy ['krʌdi] *adj* (*fam*) mies *fam*

crude [kruːd] **I.** *adj* ❶ (*rudimentary*) primitiv
❷ (*unsophisticated*) *attempt, forgery* plump; *idea* naiv; *letter* unbeholfen; *style* unkonventionell
❸ (*vulgar*) derb; *manners* rau, krud[e] *geh*
❹ (*unprocessed*) roh, Roh-; **~ oil** Rohöl *nt*
II. *n* Rohöl *nt*

crudely ['kruːdli] *adv* ❶ (*in a rudimentary way*) primitiv; **~ drawn** grob umrissen
❷ (*rudely*) rüde; **to behave ~** sich *akk* ungehobelt benehmen

crudeness ['kruːdnəs] *n*, **crudity** ['kruːdəti, AM -əṭi] *n no pl* ❶ (*lack of sophistication*) Rohheit *f*, Primitivität *f*
❷ (*vulgarity*) Derbheit *f*; ***we were shocked by the ~ of his behaviour*** wir waren schockiert über sein rüdes Benehmen

crudités ['kruːdɪteɪ, AM ˌkruːdɪ'teɪ] *npl* FOOD Rohkost *f kein pl*

cruel <BRIT -ll- *or* AM *usu* -l-> ['kruːəl] *adj* ❶ (*deliberately mean*) grausam; *remark* gemein; ■**to be ~ to sb** zu jdm grausam sein; **a ~ streak** eine üble Phase; **~ tyranny** blutige Tyrannei
❷ (*harsh*) hart; *disappointment* schrecklich; **a ~ wind** ein beißender Wind
► PHRASES: **to be ~ to be kind** (*saying*) jdm beinhart die Wahrheit sagen

cruelly ['kruːəlli] *adv* grausam

cruelty ['kruːəlti, AM -ṭ-] *n* Grausamkeit *f* (**to** gegen +*akk*); **an act of ~** eine grausame Tat; **~ to animals** Tierquälerei *f*; **~ to children** Kindesmisshandlung *f*; **to accuse sb of ~** jdn der Grausamkeit bezichtigen [*o* beschuldigen]

cruelty-free *adj esp* BRIT nicht an Tieren getestet

cruet ['kruːɪt] *n* ❶ BRIT Essig-/Ölfläschchen *nt*
❷ BRIT (*rack*) Menage *f*

cruise [kruːz] **I.** *n* Kreuzfahrt *f*; **to go on a ~** eine Kreuzfahrt machen
II. *vi* ❶ (*take a cruise*) eine Kreuzfahrt machen; (*ship*) kreuzen; **to ~ along the Seine** die Seine entlangschippern *fam*
❷ (*travel at constant speed*) *aeroplane* [mit Reisegeschwindigkeit] fliegen; *car* [konstante Geschwindigkeit] fahren
❸ (*sl: drive around aimlessly*) herumfahren *fam*; (*look for casual sex*) jdn aufreißen [gehen] *fam*; ***he's just cruising*** er ist ein Aufreißer *fam*
III. *vt* (*sl*) ■**to ~ sb** jdn aufreißen *fam*; **to ~ the bars/clubs/streets** in einer Bar/einem Klub/auf der Straße aufreißen gehen *fam*

cruise control *n* Temporegler *m*, Geschwindigkeitsregler *m*; **to come** [*or* **be equipped**] **with ~** mit einem Temporegler ausgestattet sein **cruise liner** *n* Kreuzfahrtschiff *nt* **cruise missile** *n* Marschflugkörper *m*

cruiser ['kruːzəʳ, AM -ɚ] *n* ❶ (*warship*) Kreuzer *m*
❷ (*pleasure boat*) Motoryacht *f*

cruiserweight ['kruːzəweɪt, AM zɚ] *n* BRIT *see* **light heavyweight** SPORTS Halbschwergewicht *nt*

cruise ship *n* Kreuzfahrtschiff *nt*

cruising ['kruːzɪŋ] *n* AM Herumfahren *nt kein pl fam*

cruising altitude *n* Reiseflughöhe *f* **cruising speed** *n* Reisegeschwindigkeit *f*

cruller ['krʌlɚ] *n* AM (*ring-shaped doughnut*) Spritzkuchen *m*; (*twisted doughnut*) *länglicher Berliner mit Zuckerglasur*

crumb [krʌm] **I.** *n* ❶ FOOD *of biscuit, cake* Krümel *m*, Brösel *m* ÖSTERR *a. nt*; *of bread also* Krume *f*
❷ (*fig*) **~s of news** bruchstückhafte Nachrichten; **a small ~ of comfort** ein kleiner Trost, ein kleines Trostpflaster *hum*; **a ~ of hope** ein Funke[n] *m* Hoffnung; **any ~ of hope** jedes Fünkchen Hoffnung; **a few ~s of wisdom** ein Fünkchen *nt* Weisheit
❸ *no pl* (*inside of bread*) Krume *f*
II. *interj* BRIT, AUS (*dated*) ■**~s!** ach du meine Güte! *fam*
III. *vt* FOOD ■**to ~ sth** etw panieren; **crispy ~ed** knusprig paniert

crumble ['krʌmbl̩] **I.** *vt* ■**to ~ sth** etw zerkrümeln [*o* zerbröseln]; (*break into bits*) etw zerbröckeln
II. *vi* ❶ (*disintegrate*) zerbröckeln, zerbröseln; **~ing plaster** brüchiger Gips
❷ (*fig*) *empire* zerfallen; *opposition* [allmählich] zerbrechen; *resistance* schwinden; *support* abbröckeln, allmählich abnehmen
III. *n* BRIT *mit Streuseln überbackenes Kompott*; **apple/peach ~** Apfel-/Pfirsichauflauf *m*

crumbly ['krʌmbli] **I.** *adj bread, cake* krümelig, bröselig; *brick, stone* bröckelig; **~ cheese** bröckeliger [*o* krümeliger] Käse
II. *n* BRIT (*fam: old person*) Grufti *m*

crummy ['krʌmi] *adj* (*fam*) mies *fam*; *carpet, house* schäbig; *idea* blöd *fam*; ***they live in a ~ house*** sie wohnen in einer richtigen Bruchbude *pej fam*; **a ~ job** eine miese Arbeit *fam*; **a ~ joint** ein heruntergekommener Laden *fam*; **to feel ~** sich *akk* mies fühlen *fam*

crumpet ['krʌmpɪt] *n* ❶ *esp* BRIT *flaches rundes Brötchen zum Auftoasten*
❷ *no pl* BRIT (*pej sl*) Mieze *f sl*; **to be a nice bit of ~** sehr sexy sein

crumple ['krʌmpl̩] **I.** *vt* ■**to ~ sth** etw zerknittern; **to ~ a dress/suit** [sich *dat*] ein Kleid/einen Anzug zerknittern [*o fam* zerknautschen]; **to ~ paper** Papier zerknüllen [*o* zusammenknüllen]
II. *vi* ❶ (*become dented*) [*part of*] *car, bike* eingedrückt werden
❷ (*become wrinkled*) *face* sich *akk* verziehen; ***her face ~d with laughter*** ihr Gesicht verzog sich zu einem Lachen
❸ (*collapse*) zusammenbrechen; **to ~ into a heap** völlig zusammenbrechen

◆**crumple up** *vt* ■**to ~ up** ⊂⊃ **sth** etw zusammenknüllen

crumple zone *n* BRIT, AUS AUTO Knautschzone *f*

crunch [krʌntʃ] **I.** *n* ❶ *usu sing* (*noise*) Knirschen *nt kein pl*
❷ *no pl* (*fam: difficult situation*) Krise *f*; **to find oneself in a ~** in einer Krise stecken
❸ (*abdominal exercise*) Crunch *m*
► PHRASES: **if it comes to the ~** (*fam*) wenn es hart auf hart kommt; **when it comes to the ~** (*fam*) wenn es darauf ankommt
II. *n modifier* (*time, period, situation*) stressig *fam*
III. *vt* FOOD ■**to ~ sth** etw geräuschvoll verzehren [*o fam* mampfen]
IV. *vi* ❶ *gravel, snow* knirschen
❷ FOOD ■**to ~ on sth** geräuschvoll in etw *akk* beißen

◆**crunch up** *vt* ■**to ~ up** ⊂⊃ **sth** etw zermalmen; ***the car was ~ed up into a small cube*** das Auto wurde zu einem kleinen Quader zusammengepresst

crunchy ['krʌntʃi] *adj cereal, toast* knusprig; *snow* verharscht; **~ peanut butter** Erdnussbutter *f* mit Erdnussstückchen

crusade [kruː'seɪd] **I.** *n* ❶ (*campaign*) Kreuzzug *m*, Kampagne *f* (**for** für +*akk*, **against** gegen +*akk*); **a moral ~ for racial equality** ein moralischer Kampf für Rassengleichheit; **a ~ against illiteracy/drug dealing** ein Kampf *m* gegen den Analphabetismus/Drogenhandel; **to start a ~** [**against sth**] eine Kampagne [*o* einen Kreuzzug] [gegen etw *akk*] starten
❷ HIST ■**the C~s** *pl* die Kreuzzüge *mpl*
II. *vi* ■**to ~ for/against sth** einen Kreuzzug für/gegen etw *akk* führen

crusader [kruː'seɪdəʳ, AM -ɚ] *n* ❶ (*campaigner*) ■**a ~ against sth** jd, der gegen etw *akk* zu Felde zieht
❷ HIST Kreuzritter *m*

C

crush [krʌʃ] **I.** *vt* ① *(compress)* ■**to ~ sth** etw zusammendrücken; *(causing serious damage)* etw zerquetschen; MED [sich *akk*] etw quetschen; **to ~ sb to death** jdn zerquetschen
② *(mash)* ■**to ~ sth** etw zerdrücken; ***~ the almonds into a fine powder*** die Mandeln fein mahlen; **to ~ an apple** einen Apfel fein zerkleinern; **to ~ a clove of garlic** eine Knoblauchzehe zerdrücken; **to ~ grapes** Trauben zerstampfen
③ *(break into pieces)* **to ~ ice** Eis zerstoßen
④ *(shock)* ■**to ~ sb** jdn [stark] erschüttern; ***he was completely ~ed by the news*** die Nachricht hat ihn furchtbar getroffen
⑤ *(defeat)* ■**to ~ sb/sth** jdn/etw vernichten [*o* unschädlich machen]; ***the army was determined to ~ all resistance*** die Armee war entschlossen, jeglichen Widerstand zu zerschlagen; **to ~ hopes** Hoffnungen zunichte machen; **to ~ an opponent** einen Gegner [vernichtend] schlagen; **to ~ a rebellion/riot** eine Rebellion/einen Aufstand niederschlagen
II. *n* ① *no pl (crowd)* Gewühl *nt,* Gedränge *nt*
② *(fam: temporary infatuation)* **to get a ~ on sb** sich *akk* in jdn verknallen *fam;* **to have a ~ on sb** in jdn verknallt [*o* verschossen] sein *fam*
③ *no pl (drink)* Fruchtsaft *m* mit zerstoßenem Eis; **orange ~** Orangensaft *m* mit zerstoßenem Eis

crush barrier *n* BRIT Absperrung *f*

crushed [krʌʃt] *adj* ① *(compressed)* zerdrückt; *(mashed)* zerquetscht, zermalmt
② *(broken into pieces)* **~ ice** zerstoßenes Eis
③ *(badly creased) clothes* zerknittert
④ *(emotionally hurt)* verletzt; **to feel ~** sich *akk* getroffen fühlen

crushing ['krʌʃɪŋ] *adj* schrecklich; **a ~ blow** ein harter [*o* furchtbarer] Schlag; **a ~ defeat** eine vernichtende Niederlage

crushingly ['krʌʃɪŋli] *adv* ① *(overwhelmingly)* überwältigend
② *(with great weight)* mit zermalmender Wucht

crust [krʌst] *n* ① FOOD *(outer layer) of pastry* Kruste; *of bread also* Rinde *f;* **a ~ of dirt** ein Schmutzrand *m;* **a dry ~** ein Stück *nt* hartes Brot
② GEOL [Erd]kruste *f*

crustacean [krʌs'teɪʃᵊn] *n* Krustentier *nt,* Krebstier *nt,* Krustazee *f fachspr*

crusted ['krʌstɪd] *adj* **to be ~ with sth** von etw *dat* verkrustet sein

crusty ['krʌsti] **I.** *adj* ① *bread* knusprig
② *(grumpy)* mürrisch, grantig; ***he's a ~ old bachelor*** er ist ein brummiger alter Junggeselle
II. *n* BRIT *(fam) junger Obdachloser, der die Tiere und die Natur liebt*
III. *n modifier* BRIT *(fam: close to nature, often without a home) (lifestyle)* naturnah

crutch [krʌtʃ] *n* ① MED Krücke *f;* **to be** [*or* **go about**] [*or* **walk**] **on ~es** auf Krücken gehen
② *no pl (source of support)* Stütze *f,* Halt *m;* ***after my husband died, my brother became an emotional ~ for me*** nach dem Tod meines Mannes gab mir mein Bruder seelischen Halt
③ ANAT, FASHION Unterleib *m; of trousers* Schritt *m*

crux [krʌks] *n no pl* Kernfrage *f;* **the ~ of the matter** der springende Punkt

cry <-ie-> [kraɪ] **I.** *n* ① *no pl (act of shedding tears)* Weinen *nt;* **to have a ~** sich *akk* ausweinen; ***have a good ~*** wein dich ruhig aus
② *(loud emotional utterance)* Schrei *m; (shout also)* Ruf *m;* ***they were wakened by cries of 'fire!'*** sie wachten auf, weil jemand [mehrmals] laut ‚Feuer!' schrie; **a ~ of pain/pleasure** ein Schmerzens-/Freudenschrei *m;* **to give** [*or* **utter**] **a ~** einen Schrei ausstoßen
③ *(appeal)* Ruf *m* (**for** nach +*dat*); **~ for help** Hilferuf *m,* Hilfeschrei *m*
④ *(slogan)* Parole *f*
⑤ ZOOL, ORN Schreien *nt kein pl,* Geschrei *nt kein pl*
▸ PHRASES: **to be a far ~ from sth** wenig mit etw *dat* zu tun haben, weit von etw *dat* entfernt sein; ***that's a far ~ from the truth*** das hat mit der Wahrheit ziemlich wenig zu tun; ***it's still a far ~ from what I expected of you*** das hätte ich nie von Ihnen erwartet; **to be in full ~** in ein eifriges Gespräch vertieft sein; HUNT *hounds* in voller Jagd sein; **to be in full ~ over sth** gegen etw *akk* Sturm laufen
II. *vi* weinen; *baby* schreien; ■**to ~ for sth** nach etw *dat* weinen; ***we all laughed until we cried*** wir alle lachten Tränen; **to ~ for joy** vor Freude weinen
▸ PHRASES: **it is no good ~ing over spilt** [*or* AM **spilled**] **milk** was passiert ist, ist passiert
III. *vt* ■**to ~ sth** ① *(shed tears)* etw weinen; ***she cried bitter tears*** sie vergoss bittere Tränen; **to ~ oneself to sleep** sich *akk* in den Schlaf weinen
② *(exclaim)* etw rufen [*o* schreien]; ***"help me!" he cried*** „Hilfe!" schrie er
▸ PHRASES: **to ~ one's eyes** [*or* **heart**] **out** sich *dat* die Augen ausweinen; **to ~ wolf** falschen Alarm geben; **to ~ foul** einen Regelverstoß [öffentlich] kritisieren; **to ~ foul at sth** etw [öffentlich] als Fehlverhalten kritisieren

◆**cry down** *vt* ① *(decry)* ■**to ~ down** ⊂ **sth** etw anprangern
② *(denigrate)* ■**to ~ down** ⊂ **sb/sth** jdn/etw schlecht machen [*o fam* heruntermachen]; **to ~ down objections** Einwände abtun

◆**cry off** *vi (fam)* einen Rückzieher machen, aussteigen *fam;* ***she usually says she'll be there and then cries off at the last minute*** sie sagt immer, sie würde kommen, und sagt dann in der letzten Minute doch ab

◆**cry out** **I.** *vi* ① *(shout)* aufschreien; ***she cried out in pain*** sie schrie vor Schmerz auf
② *(protest)* ■**to ~ out against sth** [lautstark] gegen etw *akk* protestieren, sich *akk* [lauthals] über etw *akk* beschweren
③ *(need)* ■**to ~ out for sth** nach etw *dat* schreien; ***I've never seen a car ~ out so badly for a wash*** ich habe noch nie ein Auto gesehen, das so dringend gewaschen werden müsste
▸ PHRASES: **for ~ing out loud** *(fam)* verdammt nochmal! *fam*
II. *vt* ■**to ~ out** ⊂ **sth** etw rufen; *(scream)* etw schreien

crybaby *n (pej fam)* Heulsuse *f pej fam*

crying ['kraɪɪŋ] **I.** *n no pl* Weinen *nt; (screaming)* Schreien *nt*
II. *adj attr, inv* dringend; ***there's a ~ need for a better education system*** eine Verbesserung des Bildungssystems ist dringend erforderlich
▸ PHRASES: **it's a ~ shame that ...** es ist jammerschade, dass ... *fam*

cryogenic [ˌkraiə(ʊ)'dʒenɪk, AM -ə'-] *adj attr, inv* Kälte erzeugend

cryogenic memory *n* PHYS supraleitender Speicher

cryogenics [ˌkraɪə(ʊ)'dʒenɪks, AM -ə'-] *n + sing vb* PHYS Kryogenik *f kein pl fachspr,* Tieftemperaturphysik *f kein pl*

cryosurgery [ˌkraɪə(ʊ)'sɜːdʒᵊri, AM -ə'sɜːr-] *n no pl* MED Kryochirurgie *f fachspr,* Kältechirurgie *f*

cryotherapy [ˌkraɪə(ʊ)'θerəpi, AM -ə'-] *n* MED Kryotherapie *f fachspr,* Kältetherapie *f*

crypt [krɪpt] *n* Krypta *f*

cryptanalysis [ˌkrɪptə'næləsɪs] *n* Kryptoanalyse *f*

cryptic ['krɪptɪk] *adj comment, remark* rätselhaft, kryptisch *geh; message also* geheimnisvoll, verschlüsselt; **~ crossword** *Kreuzworträtsel, bei dem man um die Ecke denken muss;* **~ look** unergründlicher Blick; **~ smile** Mona-Lisa-Lächeln *nt;* ■**to be ~ about sth** sich *akk* nur sehr vage zu etw *dat* äußern; ***the police were being very ~ about the condition of the hostages*** die Polizei äußerte sich nur sehr vorsichtig über den Zustand der Geiseln

cryptically ['krɪptɪkᵊli] *adv* kryptisch *geh,* rätselhaft; ***they spoke ~*** sie sprachen in Rätseln; ***I like movies which end ~*** ich mag Filme, die ungewiss ausgehen; **to hint ~ at sth** einen versteckten Hinweis auf etw *akk* geben

cryptogram ['krɪptə(ʊ)græm, AM -təgræm] *n* Geheimtext *m,* Kryptogramm *nt veraltet*

cryptographer [krɪp'tɒgrəfəʳ, AM 'tɑːgrəfɚ] *n* Entschlüsselungsexperte, -in *m, f*

cryptographic [ˌkrɪptə(ʊ)'græfɪk, AM -tə'-] *adj* kryptographisch; **~ algorithm** Chiffrieralgorithmus *m;* **~ key** Chiffrierschlüssel *m*

cryptography [krɪp'tɒgrəfi, AM -'tɑː-] *n no pl* Ver- und Entschlüsselungstechnik *f,* Kryptographie *f*

crystal ['krɪstᵊl] **I.** *n* ① CHEM, GEOL Kristall *m;* **ice ~** Eiskristall *m;* **quartz ~** Quarzkristall *m;* **salt ~** Salzkristall *m;* **snow ~** Schneekristall *m*
② *no pl (glass)* Kristallglas *nt;* **lead ~** Bleikristall *nt*
③ *(on a watch, clock)* [Uhr]glas *nt*
II. *adj inv* ① CHEM kristallin
② *(made of crystal)* Kristall-; **a ~ chandelier** ein Kristallleuchter *m*

crystal ball *n* Kristallkugel *f;* ***I haven't got a ~*** ich bin (doch) kein Hellseher **crystal clear** *adj* ① *(transparent) water* kristallklar ② *(obvious)* glasklar, völlig [*o* vollkommen] klar; ***it's all ~ to me now*** jetzt ist mir alles sonnenklar; ***the evidence is now ~*** der Beweis liegt nun ganz klar auf der Hand; ***she made it ~ that ...*** sie stellte unmissverständlich klar, dass ... **crystal-gaze** *vi* hellsehen

crystalline ['krɪstᵊlaɪn] *adj inv* ① CHEM kristallin
② *(liter: crystal clear)* kristallklar, klar wie ein Kristall

crystallization [ˌkrɪstᵊlaɪ'zeɪʃᵊn, AM -lɪ'-] *n no pl* CHEM Kristallisierung *f,* Kristallisation *f*

crystallize ['krɪstᵊlaɪz] **I.** *vi* CHEM kristallisieren; *feelings* fassbar [*o* greifbar] werden
II. *vt* ■**to ~ sth** etw herausbilden [*o* herauskristallisieren]; ***the event helped to ~ my thoughts*** das Ereignis half mir, meine Gedanken zu ordnen

crystallized fruit *n* kandierte Frucht

crystallography [ˌkrɪstᵊl'ɒgrəfi, AM təl'ɑːgrə] *n no pl* SCI Kristallographie *f fachspr*

CSA [ˌsiːes'eɪ] *n no pl abbrev of* **Child Support Agency** *staatliche Stelle, die sich mit Unterhaltszahlungen für Kinder befasst*

CSE [ˌsiːes'iː] *adj, n (old) see* **Certificate of Secondary Education** *ehemaliger Schulabschluss, den man mit 16 Jahren macht*

c-section ['siːˌsekʃᵊn] *n* MED Kaiserschnitt *m*

CSIS [ˌsiːesaɪ'es] *n abbrev of* **Canadian Security Intelligence Service** ≈BND *m, Geheimdienst Canadas*

ct *n abbrev of* **carat**

CT *n* ECON *abbrev of* **corporation tax** K.St. *f*

CTP *n* EU *abbrev of* **Common Transport Policy** GVP *f*

CTT [ˌsiːtiː'tiː] *n* LAW *abbrev of* **capital transfer tax**

cub [kʌb] *n* ① ZOOL Junge[s] *nt;* **a bear/wolf ~** ein Bären-/Wolfsjunge[s] *nt;* **a lion/tiger ~** ein Löwen-/Tigerbaby *nt*
② *(cub scout)* Wölfling *m*

Cuba ['kjuːbə] *n* Kuba *nt*

Cuban ['kjuːbən] **I.** *adj inv* kubanisch
II. *n* Kubaner(in) *m(f)*

cubbyhole ['kʌbihəʊl, AM -hoʊl] **I.** *n* Kämmerchen *nt,* Kabäuschen *nt* DIAL, [winziges] Kabuff DIAL *oft pej*
II. *n modifier* winzig

cube [kjuːb] **I.** *n* ① *(shape)* Würfel *m,* Kubus *m fachspr;* **ice ~** Eiswürfel *m*
② MATH Kubikzahl *f,* dritte Potenz
II. *vt* ■**to ~ sth** ① FOOD etw in Würfel schneiden; **to ~ the meat/potatoes** das Fleisch/die Kartoffeln in Würfel schneiden [*o* würfeln]
② MATH etw hoch drei nehmen; ***2 ~d equals 8*** 2 hoch 3 ist 8

cube farm *n (sl)* Großraumbüro *nt* mit Trennwänden **cube root** *n* MATH Kubikwurzel *f;* ***the ~ of 125 is 5*** die Kubikwurzel von 125 ist 5

cubic ['kjuːbɪk] *adj* ① *attr, inv* MATH Kubik-; **~ centimetre/foot/metre** Kubikzentimeter/-fuß/-meter *m*
② *(cube-shaped)* kubisch *fachspr,* würfelförmig

cubic capacity *n* MATH Kubikinhalt *m*

cubicle ['kjuːbɪkl] *n* ① *(changing room)* [Umkleide]kabine *f*
② *(sleeping compartment)* winziges Schlafzimmer, Schlafzelle *f; (tiny room)* Zelle *f*

cubiform ['kju:bɪfɔ:m, AM fɔ:rm] *adj inv* ARCHIT würfelförmig
cubism ['kju:bɪzᵊm] *n no pl* ART Kubismus *m*
cubist ['kju:bɪst] ART **I.** *n* Kubist(in) *m(f)*
II. *adj* kubistisch
cubit ['kju:bɪt] *n* HIST Elle *f hist*
cuboid ['kju:bɔɪd] *adj* quaderförmig
cub reporter *n* Nachwuchsreporter(in) *m(f)*; (*trainee*) Volontär(in) *m(f)* bei einer Zeitung **cub scout** *n* Wölfling *m*
cuckold ['kʊkəʊld, AM -oʊld] **I.** *n* (*pej dated*) gehörnter Ehemann, Hahnrei *m veraltend*
II. *vt* (*pej dated*) ■**to ~ sb** jdn betrügen [*o veraltend* zum Hahnrei machen], jdm Hörner aufsetzen
cuckoo ['kʊku:, AM *also* 'ku:ku:] **I.** *n* ORN Kuckuck *m*
II. *adj* (*fam*) übergeschnappt *fam*; ***you must be ~*** du musst doch völlig bekloppt sein *fam*; **to go ~** überschnappen *fam*
cuckoo clock *n* Kuckucksuhr *f* **cuckoo spit** *n no pl* ZOOL Kuckucksspeichel *m*
cucumber ['kju:kʌmbəʳ, AM -ɚ] *n* [Salat]gurke *f*
► PHRASES: **to be** [**as**] **cool as a ~** (*fam*) immer einen kühlen Kopf behalten, die Ruhe weg haben *fam*
cud [kʌd] *n no pl* wiedergekäutes Futter; **to chew the ~** wiederkäuen
► PHRASES: **to chew the ~** (*fam*) sinnieren
cuddle ['kʌdḷ] **I.** *n* [liebevolle] Umarmung, Liebkosung *f*; **to need plenty of ~s** sehr viel Zärtlichkeit brauchen; **to give sb a ~** jdn umarmen; ***come here and give me a ~*** komm her und drück mich ganz fest
II. *vt* ■**to ~ sb/sth** jdn/etw liebkosen [*o fam* knuddeln]
III. *vi* kuscheln
◆**cuddle up** *vi* (*fam*) sich *akk* aneinander kuscheln; ■**to ~ up to sb** sich *akk* an jdn kuscheln [*o* schmiegen]
cuddly ['kʌdḷi] *adj* (*approv*) knuddelig *fam*
cuddly toy *n* BRIT, AUS Schmusetier *nt*
cudgel ['kʌdʒᵊl] **I.** *n* Knüppel *m*; ***guards armed with ~s*** mit Polizeiknüppeln bewaffnete Wachposten
► PHRASES: **to take up** [**the**] **~s for/against sb/sth** BRIT, AUS für/gegen jdn/etw eine Lanze brechen
II. *vt* <BRIT -ll- *or* AM *usu* -l-> ■**to ~ sb** jdn niederknüppeln; ■**to ~ sb into doing sth** (*fig*) jdn zu etw *dat* zwingen
► PHRASES: **to ~ one's brains** sich *dat* das Hirn zermartern
cue [kju:] **I.** *n* ❶ THEAT Stichwort *nt*; (*fig also*) Signal *nt*, Zeichen *nt*; **to miss one's ~** sein Stichwort verpassen; **to take one's ~ from sb** (*follow sb's example*) jds Beispiel folgen; (*follow sb's advice*) jds Zeichen Folge leisten; **to take one's ~ from sth** sich *akk* von etw *dat* inspirieren lassen
❷ (*in billiards, snooker*) Queue *nt* ÖSTERR *a. m fachspr*, Billardstock *m*
❸ COMPUT Aufruf *m*
► PHRASES: [**right**] **on ~** wie gerufen
II. *vt* ■**to ~ in sb** [*or* **to ~ sb in**] jdm das Stichwort geben
cue ball *n* (*in billiards, snooker*) Billardkugel *f* **cue card** *n* TV Neger *m fachspr*
cuff [kʌf] **I.** *n* ❶ FASHION (*of sleeve*) Manschette *f*; ***I rolled back my ~s*** ich krempelte die Ärmel hoch
❷ AM, AUS FASHION (*of trouser leg*) [Hosen]aufschlag *m*
❸ (*blow*) Klaps *m fam*
❹ (*fam*) LAW ■**~s** *pl* Handschellen *fpl*; ***get the ~s on him!*** legen Sie ihm [die] Handschellen an!
► PHRASES: **off the ~** aus dem Stegreif
II. *vt* ■**to ~ sb** ❶ (*strike*) jdm einen Klaps geben *fam*
❷ (*fam: handcuff*) jdm Handschellen anlegen; ***with his hands ~ed behind his back*** mit auf dem Rücken gefesselten Händen
cuffed [kʌft] *adj inv* AM FASHION Stulpen-; **~ trousers** Hose *f* mit Aufschlag
cuff link *n* Manschettenknopf *m*
cuirass [kwɪ'ræs] *n* HIST Kürass *m*, Brustharnisch *m*
cuisine [kwɪ'zi:n] *n no pl* Küche *f*
cul-de-sac <*pl* -s *or* culs-de-sac> ['kʌldəsæk] *n* (*also fig*) Sackgasse *f a. fig*; **to come to a ~** [**with sth**] [bei etw *dat*] in eine Sackgasse geraten
culinarily [ˌkʌlɪ'neərɪli, AM -'ner-] *adv* kulinarisch
culinary ['kʌlɪnᵊri, AM -ləneri] *adj inv* kulinarisch; **~ delights** kulinarische Köstlichkeiten; **~ equipment** Küchengeräte *ntpl*; **~ implements** Kochutensilien *ntpl*
cull [kʌl] **I.** *vt* ❶ (*kill*) ■**to ~ an animal** ein Tier erlegen (*um den Bestand zu reduzieren*)
❷ (*select*) ■**to ~ sth** etw herausfiltern [*o* auswählen]
II. *n* Abschlachten *nt kein pl*; (*fig*) Abschuss *m kein pl*
cullet ['kʌlɪt] *n no pl* Glasbruch *m*
culm [kʌlm] *n* BOT Halm *m*
culminate ['kʌlmɪneɪt] *vi* ■**to ~ in sth** in etw *dat* gipfeln; ***their many years of research have finally ~d in a cure for the disease*** ihre jahrelangen Forschungen haben mit der Entdeckung eines Heilmittels für die Krankheit ihren Höhepunkt erreicht
culmination [ˌkʌlmɪ'neɪʃᵊn] *n no pl* Höhepunkt *m*
culottes [kju:'lɒts, AM ku:'lɑ:ts] *npl* Hosenrock *m*; ■**a pair of ~** ein Hosenrock *m*
culpability [ˌkʌlpə'bɪləti, AM -əṭi] *n no pl* (*form*) Schuld *f*; **to accept ~** die Schuld auf sich *akk* nehmen
culpable ['kʌlpəbḷ] *adj* (*form*) schuldig; **to hold sb ~ for sth** jdm die Schuld an etw *dat* geben
culpable homicide *n no pl* LAW Totschlag *m*; **to charge sb with ~** jdn wegen Totschlags anklagen; **to convict sb of ~** jdn wegen Totschlags verurteilen
culpable negligence *n no pl* LAW grobe Fahrlässigkeit
culprit ['kʌlprɪt] *n* Schuldige(r) *f(m)*, Täter(in) *m(f)*; (*hum*) Missetäter(in) *m(f)*
cult [kʌlt] *n* ❶ (*sect*) Kult *m*, Sekte *f*; **religious ~** religiöse Sekte
❷ (*fig: fad*) Kult *m*; **fitness ~** Fitnesskult *m*; **personality ~** Personenkult *m*
cult figure *n* Kultfigur *f* **cult following** *n* Fangemeinde *f*, Anhängerschaft *f*
cultivable ['kʌltɪvəbḷ, AM ṭə] *adj* bebaubar, kultivierbar
cultivate ['kʌltɪveɪt, AM -tə-] *vt* ❶ AGR (*grow*) ■**to ~ sth** etw anbauen; **to ~ crops** Getreide anbauen; **to ~ vegetables** Gemüse anbauen [*o* ziehen]
❷ AGR (*till*) **to ~ the land** das Land bestellen
❸ (*fig form*) ■**to ~ sth** etw entwickeln; **to ~ an accent** einen Akzent pflegen; **to ~ a career** eine Karriere fördern; **to ~ contacts/relationships** Kontakte/Beziehungen pflegen; **to ~ one's mind** seine geistigen Fähigkeiten steigern; **to ~ sb's mind** jdn geistig fördern; **to ~ one's reputation** etwas für seinen guten Ruf tun; **to ~ sb's talent** jds Talent fördern
cultivated ['kʌltɪveɪtɪd, AM -təveɪṭɪd] *adj* ❶ AGR *field* bestellt; *land, soil also* kultiviert, bebaut
❷ (*fig*) kultiviert, gebildet
cultivation [ˌkʌltɪ'veɪʃᵊn, AM -tə'-] *n no pl* AGR *of crops, vegetables* Anbau *m*; *of land* Bebauung *m*, Bestellung *m*; **to bring land under ~** Land bebauen [*o* kultivieren]
cultivator ['kʌltɪveɪtəʳ, AM -təveɪṭɚ] *n* AGR ❶ (*machine*) Kultivator *m fachspr*, Grubber *m fachspr*
❷ (*person*) Landwirt(in) *m(f)*
cultural ['kʌltʃᵊrᵊl] *adj* kulturell; **~ stereotype** Klischee *nt*; **~ anthropology** Kulturanthropologie *f*; **~ attaché** Kulturattaché *m*; **~ backwater** [*or* **desert**] Kulturwüste *f*; ***this town's a bit of a ~ desert!*** in dieser Stadt ist kulturell überhaupt nichts los!; **~ cringe** BRIT, AUS *Minderwertigkeitskomplex aufgrund kultureller Unterlegenheitsgefühle*; **~ exchange** Kulturaustausch *m*; **~ interest** Interesse *nt* für Kunst und Kultur; **~ revolution** Kulturrevolution *f*
culturally ['kʌltʃᵊrᵊli] *adv* kulturell, in kultureller Hinsicht; **~ diverse** multikulturell
culture ['kʌltʃəʳ, AM -tʃɚ] **I.** *n* ❶ SOCIOL Kultur *f*
❷ *no pl* ART, LIT, MUS Kultur *f*, Bildung *f*; **person of ~** kultivierter Mann/kultivierte Frau
❸ BIOL Zucht *f*, Züchtung *f*; (*of microorganisms*) Kultur *f*; **silkworm ~** Seidenraupenzucht *f*; **to grow a ~** eine [Bakterien]kultur anlegen
II. *vt* BIOL **to ~ cells/microorganisms** Zellen/Mikroorganismen züchten
cultured ['kʌltʃəd, AM -tʃɚd] *adj* kultiviert
cultured pearl *n* Zuchtperle *f*
culture gap *n große Kluft zwischen verschiedenen Bevölkerungsgruppierungen bedingt durch einen unterschiedlichen Lebensstil*; ***there's a ~ between many teenagers and their parents*** viele Teenager haben völlig andere Vorstellungen als ihre Eltern
culture shock *n* Kulturschock *m*; **to go through ~** einen Kulturschock erleben; **to suffer from ~** einen Kulturschock haben **culture vulture** *n* BRIT (*pej fam*) [Kunst- und] Kulturfreak *m fam*
culvert ['kʌlvət, AM vɚt] **I.** *n* [überwölbter] Abzugskanal; (*for cable*) unterirdische Leitung
II. *vt usu passive* ■**to ~ sth** etw durch einen Abzugskanal leiten
cum [kʌm, kʊm] *prep* ❶ FIN **~ all** einschließlich aller Rechte; **~ coupon** mit Coupon; **~ dividend** mit Dividende; **~ rights** einschließlich Bezugsrechte
❷ (*combined with*) **a playroom-~-study** ein Spiel- und Lernzimmer *nt*
cumbersome ['kʌmbəsəm, AM -bɚ-] *adj*, **cumbrous** ['kʌmbrəs] *adj luggage* unhandlich, sperrig; *clothing* unbequem; *style of writing* schwerfällig, umständlich; ***it's rather ~ having to carry all these cases around*** es ist wirklich beschwerlich, all diese Kisten herumschleppen zu müssen; **a ~ old computer** ein langsamer alter Computer
cumin ['kʌmɪn, 'kju:-] *n no pl* Kreuzkümmel *m*
cumin seed *n* Kreuzkümmelsamen *m*
cummerbund ['kʌməbʌnd] *n* FASHION Kummerbund *m*
cumulative ['kju:mjələtɪv, AM -ṭ-] *adj* gesamt, kumulativ *geh*; **~ evidence** LAW Häufung *f* von Beweismitteln; ***the ~ evidence was overwhelming*** die Fülle an Beweismaterial war überwältigend; **~ total** Gesamtbetrag *m*
cumulatively ['kju:mjələtɪvli, AM ṭɪv] *adv* alles in allem, kumulativ *geh*
cumulative preference share *n* FIN kumulative Vorzugsaktie
cumulonimbus <*pl* -bi> [ˌkju:mjələʊ'nɪmbəs, AM -loʊ'] *n* METEO Kumulonimbus *m fachspr*
cumulus <*pl* -li> ['kju:mjələs, *pl* li:] *n* METEO Kumulus *m fachspr*, Haufenwolke *f*
cuneiform ['kju:nɪfɔ:m, AM -nəfɔ:rm] *adj inv* keilförmig; LING Keil-; **~ characters** Keilschriftzeichen *ntpl*; **~ writing** Keilschrift *f*
cunnilingus [kʌnɪ'lɪŋgəs] *n no pl* Cunnilingus *m*
cunning ['kʌnɪŋ] **I.** *adj* ❶ (*ingenious*) *idea* clever, raffiniert; *person also* schlau, gerissen; *device* ausgeklügelt; ***it was ~ of the managing director to ...*** es war ziemlich clever von dem Geschäftsführer, ...; **to develop ~ defences** raffinierte Schutzmechanismen entwickeln; **a ~ look** ein listiger Blick; **a ~ plan** ein gerissener Plan
❷ AM (*cute*) süß, niedlich
► PHRASES: **to be as ~ as a fox** ein schlauer Fuchs sein
II. *n no pl* (*ingenuity*) Cleverness *f*, Gerissenheit *f fam*; **to show a bit of ~** sich *akk* klug anstellen
cunningly ['kʌnɪŋli] *adv* (*slyly*) schlau; (*ingeniously*) geschickt, clever, raffiniert
cunt [kʌnt] *n* (*vulg*) ❶ (*pej!: person*) Arsch *m vulg*; ***you*** [***stupid***] ***~!*** du blöde Sau! *derb*
❷ (*vagina*) Möse *f sl*, Fotze *f vulg*
cup [kʌp] **I.** *n* ❶ (*container*) Tasse *f*; **coffee/tea ~** Kaffee-/Teetasse *f*; **a cup of chocolate/coffee/tea** eine Tasse Schokolade/Kaffee/Tee; **egg ~** Eierbecher *m*; **paper/plastic ~** Papp-/Plastikbecher *m*
❷ *esp* AM (*measure*) *0,237 l*; **a ~ of flour/water** eine Tasse [voll] Mehl/Wasser
❸ SPORTS (*trophy*) Pokal *m*; (*championship*) Cup *m*; **the Davis C~** der Daviscup; **to play in the C~** an einem Pokalwettbewerb teilnehmen; **to win a ~**

C

einen Pokal gewinnen, Pokalsieger werden; **to win the World C~** den Weltcup gewinnen, Weltmeister werden
④ REL (*chalice*) Kelch *m*
⑤ BOT Kelch *m; of an acorn* Fruchtbecher *m*
⑥ FASHION (*part of bra*) Körbchen *nt;* (*size*) Körbchengröße *f;* **A/B/C** ~ Körbchengröße [*o* Cup] A/B/C
⑦ AM SPORTS Unterleibsschutz *m,* Schutz *m* für die Genitalien
⑧ *no pl* (*drink*) Punsch *m*
▶ PHRASES: **that's** [**just**]**/not my** ~ **of <u>tea</u>** (*fam*) das ist genau/nicht gerade mein Fall
II. *vt* <-pp-> **to** ~ **one's hands** mit den Händen eine Schale bilden; ***she ~ped her hands around her mug*** sie legte die Hände um den Becher; ***"Hallo!" he shouted, with his hands ~ped around his mouth*** „hallo!" rief er und legte dabei die Hände trichterförmig um den Mund; **to** ~ **sth in one's hands** etw in der hohlen Hand halten; ***she ~ped her chin in her hands*** sie stützte das Kinn in die Hand

cupboard ['kʌbəd, AM -ɚd] *n* (*for clothing*) Schrank *m,* Kasten *m* ÖSTERR; ***I'm afraid the ~ is bare*** (*for food*) ich fürchte, der [Vorrats]schrank ist leer; **kitchen** ~ Küchenschrank *m;* **built-in** ~ Einbauschrank *m*

cupboard love *n no pl* BRIT Geschmeichel *nt meist pej* **cupboard space** *n no pl* Stauraum *m*

cupcake *n* rundes Küchlein (*Muffin aus Rührteig*)

cup final *n* Pokalendspiel *nt,* Cupfinale *nt*

cupful <*pl* -s *or esp* AM cupsful> ['kʌpfʊl] *n* Tasse *f* (*0,237 l*)

cup holders *npl* Titelverteidiger *m*

cupid ['kju:pɪd] *n* ① *no pl* MYTH, REL (*Roman god*) ■**C~** Kupido *m,* Amor *m*
② (*naked winged child*) Amorette *f,* Putte *f*

cupidity [kju:'pɪdəti, AM -əţi] *n no pl* Habgier *f*

cupola ['kju:pᵊlə] *n* ARCHIT Kuppel *f*

cuppa ['kʌpə] *n esp* BRIT (*fam*) Tasse *f* Tee

cup tie *n* Pokalspiel *nt* **cup-tied** *adj inv* BRIT FBALL gesperrt

cur [kɜ:ʳ, AM kɜr] *n* (*liter or pej*) ① (*dog*) [gefährlicher] Köter *pej*
② (*person*) Kanaille *f pej,* fieser Hund *pej fam*

curability [ˌkjʊərə'bɪləti, AM ˌkjʊrə'bɪləţi] *n no pl* Heilbarkeit *f*

curable ['kjʊərəbḷ, AM 'kjʊr-] *adj* heilbar

curaçao ['kjʊərəsaʊ, AM 'kjʊrəsoʊ] *n no pl* Curaçao *m*

curare [kjʊ(ə)'rɑ:ri, AM kjʊ'rɑ:ri] *n no pl* Kurare *nt*

curate ['kjʊərət, AM 'kjʊr-] *n* REL Kurat *m,* Hilfsgeistlicher *m*
▶ PHRASES: **that film was a bit of a ~'s <u>egg</u>** streckenweise war der Film gar nicht so schlecht

curative ['kjʊərətɪʌ, AM 'kjʊrəţɪv] *adj* heilend, kurativ *fachspr;* ~ **medicine** Heilmittel *nt*

curator [kjʊə'reɪtəʳ, AM kjʊ'reɪţɚ] *n* Konservator(in) *m(f) geh*

curatorial [ˌkjʊərə'tɔ:riəl, AM 'kjʊrə] *adj inv* kuratorisch

curb [kɜ:b, AM kɜ:rb] I. *vt* ① (*restrain an animal*) **to** ~ **one's dog** AM seinen Hund an der Leine führen; **to** ~ **a horse** ein Pferd zügeln
② (*control*) ■**to** ~ **sth** etw zügeln; ***I'm having a tough time ~ing my appetite for sweets*** es fällt mir schwer, meinen Appetit auf Süßigkeiten zu bremsen; ***she couldn't ~ her passion*** sie konnte ihre Leidenschaft nicht im Zaum halten; **to** ~ **one's anger/impatience/temper** seinen Zorn/seine Ungeduld/sein Temperament zügeln; **to** ~ **the arms race** das Wettrüsten begrenzen; **to** ~ **expenditure** [*or* **expenses**] die Ausgaben senken [*o* reduzieren]; **to** ~ **inflation** die Inflation bremsen; **to** ~ **tax evasion** die Steuerhinterziehung eindämmen
③ (*hinder*) ■**to** ~ **sth** etw aufhalten
II. *n* ① (*control*) Beschränkung *f,* Einschränkung *f;* **to keep a** ~ **on sth** etw im Zaum [*o* in Schranken] halten; **to put a** ~ **on sth** etw zügeln; **to put a** ~ **on one's enthusiasm** seine Begeisterung zügeln
② (*of harness*) Kandare *f*
③ AM (*kerb*) Randstein *m*

curb cut *n* AM (*dropped kerb*) abgeschrägter Randstein **curb exchange** *n* STOCKEX *früherer Name der amerikanischen Wertpapierbörse* **curbside** AM I. *n no pl* (*kerbside*) Bordsteinkante *f* II. *adj attr, inv* (*kerbside*) Bordstein- **curbstone** *n* AM (*kerbstone*) Randstein *m,* Bordstein *m* **curd cheese** *n no pl esp* BRIT Quark *m,* Topfen *m* ÖSTERR

curdle [kɜ:dḷ, AM kɜ:rdḷ] I. *vi milk* gerinnen; *flour* klumpen; *liquid* stocken
▶ PHRASES: **to make sb's <u>blood</u>** ~ jdm das Blut in den Adern gerinnen [*o* stocken] lassen
II. *vt* ■**to** ~ **sth** etw gerinnen lassen
▶ PHRASES: **to** ~ **sb's <u>blood</u>** jdn zu Tode erschrecken; ***the strange sound ~d his blood*** der seltsame Laut ließ ihm das Blut in den Adern gefrieren

curds [kɜ:dz, AM kɜ:rdz] *npl* geronnene [*o* dicke] Milch

cure [kjʊəʳ, AM kjʊr] I. *vt* ① (*heal*) ■**to** ~ **sb** [**of sth**] jdn [von etw *dat*] heilen [*o* kurieren] *a. fig;* ***she's had great success curing her patients*** sie hat große Heilungserfolge bei ihren Patienten erzielt; *cancer* besiegen; **to** ~ **sb of a disease/an illness** jdn von einer Krankheit heilen
② (*preserve food*) ■**to** ~ **sth** etw haltbar machen; (*by smoking*) etw räuchern; (*by salting*) etw pökeln; (*by drying*) etw trocknen; (*using vinegar*) etw in Essig einlegen
▶ PHRASES: **what can't be ~d must be <u>endured</u>** (*saying*) was hilft's, wir können [ja doch] nichts dran ändern
II. *n* ① (*remedy*) [Heil]mittel *nt;* ***there is no known ~ for this disease*** gegen diese Krankheit gibt es kein Mittel; ***the best ~ for boredom is hard work!*** das beste Mittel gegen Langeweile ist harte Arbeit!; **to search** [*or* **look**] **for a** ~ [**for a disease**] nach einem Mittel [gegen eine Krankheit] suchen
② *no pl* (*recovery*) Heilung *f;* (*fig: solution*) Lösung *f;* ***she was beyond ~*** ihr war nicht mehr zu helfen

cure-all I. *n* Allheilmittel *nt* (**for** gegen +*akk*)
II. *adj* Allheil-; **a** ~ **wonder drug** ein Wundermittel *nt* gegen alles

cured ham *n* gepökelter Schinken

curfew ['kɜ:fju:, AM 'kɜ:r-] *n* Ausgangssperre *f;* ***what time is the ~?*** wann ist Sperrstunde?; **to break the** ~ sich *akk* nicht an die Ausgangssperre halten; **to impose** [*or* **enforce**]**/lift** [*or* **end**] **a** ~ eine Ausgangssperre verhängen/aufheben

Curia ['kjʊəriə, AM 'kjʊri-] *n* REL Kurie *f*

curie ['kjʊəri, AM 'kjʊri] *n* PHYS Curie *nt*

curio ['kjʊəriəʊ, AM 'kjʊrioʊ] *n* Kuriosität *f*

curiosity [ˌkjʊəri'ɒsəti, AM ˌkjʊri'ɑ:səţi] *n* ① *no pl* (*desire to know*) Wissbegier[de] *f,* Neugier[de] *f;* **to arouse** [*or* **develop**] [*or* **excite**] **sb's** ~ jds Neugier[de] wecken; **to burn with/die of** [*or* **with**] ~ vor Neugier brennen/fast umkommen *fam;* **to satisfy sb's** ~ jds Neugier[de] befriedigen; **out of** [*or* **from**] ~ aus Neugier
② (*object*) Kuriosität *f;* ***cars like mine are curiosities nowadays*** solche Wagen wie meiner sind heutzutage eine Rarität
▶ PHRASES: ~ **killed the <u>cat</u>** (*prov*) wer wird denn so neugierig sein?

curiosity value *n no pl* Seltenheitswert *m*

curious ['kjʊəriəs, AM 'kjʊri-] *adj* ① (*inquisitive*) neugierig, wissbegierig; **to be** ~ **to see sb/sth** neugierig [*o* gespannt] darauf sein, jdn/etw zu sehen; ■**to be** ~ **as to** [*or* **about**] **sth** neugierig auf etw *akk* sein; ***I was extremely ~ as to how they met*** ich wollte zu gerne wissen, wie sie sich kennen gelernt haben
② (*peculiar*) seltsam, merkwürdig, eigenartig; ***a ~ thing happened to me yesterday*** gestern ist mir etwas ganz Komisches passiert; ***how ~!*** wie seltsam!; ***what a ~ sight!*** welch ein seltsamer Anblick; ***he's a ~ sort*** er ist schon ein komischer Kauz

curiously ['kjʊəriəsli, AM 'kjʊri-] *adv* ① (*with curiosity*) neugierig, wissbegierig
② (*strangely*) seltsamerweise, merkwürdigerweise

curl [kɜ:l, AM kɜ:rl] I. *n* ① (*loop of hair*) Locke *f;* **to fall in ~s** in Locken herabfallen
② *no pl* (*curliness*) Welligkeit *f,* Wellung *f;* **to have a natural** ~ Naturlocken haben
③ (*spiral*) Kringel *m;* **~s of smoke** Rauchkringel *mpl*
④ SPORTS Hantelübung *f*
II. *vi* ① (*of hair*) sich *akk* locken [*o* kräuseln]; ***does your hair ~ naturally?*** hast du Naturlocken?
② (*of a leaf*) sich *akk* einrollen
③ (*of a plant*) sich *akk* winden [*o* schlingen]; ***some plants ~ round tree trunks*** einige Pflanzen ranken sich um Baumstämme
④ (*of a river*) ■**to** ~ [**through sth**] sich *akk* [durch etw *akk*] schlängeln
⑤ (*of lips*) sich *akk* [spöttisch] kräuseln; ***her lip ~ed at what he said*** bei seinen Worten schürzte sie verächtlich die Lippen
III. *vt* ① **to** ~ **one's hair** sich *dat* Locken drehen
② **to** ~ **one's lip** [verächtlich] die Lippen schürzen [*o* kräuseln]
③ **to** ~ **one's toes** die Zehen einziehen
④ **to** ~ **oneself into a ball** sich *akk* zusammenrollen
⑤ (*wrap*) ■**to** ~ **sth** [**round sth**] etw [um etw *akk*] herumwickeln; ***a new baby will automatically ~ its fingers round any object it touches*** ein Neugeborenes umklammert automatisch alle Objekte, die es berührt

◆**curl up** *vi* ① *leaf* sich *akk* einrollen; *animal, person also* sich *akk* zusammenrollen; *paper* sich *akk* wellen; **to** ~ **up in an armchair/in bed** sich in einen Sessel/ins Bett kuscheln
② BRIT (*with laughter*) sich *akk* vor Lachen biegen [*o* krümmen]
▶ PHRASES: **to** ~ **up and <u>die</u>** am liebsten im Erdboden versinken wollen

curler ['kɜ:ləʳ, AM 'kɜ:rlɚ] *n* Lockenwickler *m*

curlew ['kɜ:lju:, AM 'kɜ:rlu:] *n* ORN Brachvogel *m*

curlicue ['kɜ:lɪkju:, AM 'kɜ:r-] *n* Schnörkel *m*

curliness ['kɜ:lɪnəs, AM 'kɜ:r-] *n no pl* Welligkeit *f*

curling ['kɜ:lɪŋ, AM 'kɜ:r-] *n no pl* SPORTS Curling *nt fachspr,* Eisstockschießen *nt;* ~ **stone** Puck *m*

curling iron *n,* **curling tongs** *npl* Lockenstab *m,* Brennschere *f veraltend*

curly ['kɜ:li, AM 'kɜ:r-] *adj leaves* gewellt, gekräuselt; *hair also* lockig

curly-haired [ˌkɜ:lɪ'heəd, AM ˌkɜ:rlɪherd] *adj inv* lockenköpfig, mit lockigem Haar *nach n* **curly kale** *n no pl* Grünkohl *m*

currant ['kʌrᵊnt, AM 'kɜ:r-] *n* ① (*dried grape*) Korinthe *f;* ~ **bun** Korinthenbrötchen *nt*
② (*berry*) Johannisbeere *f,* Ribisel *f* ÖSTERR; ~ **bush** Johannisbeerstrauch *m,* Ribiselstrauch *m* ÖSTERR

currency ['kʌrᵊn(t)si, AM 'kɜ:r-] *n* ① (*money*) Währung *f;* ***the world's major currencies*** die wichtigsten Währungen der Welt; ~ **declaration** Deklaration *f* des mitgeführten Bargelds; ~ **of a euro-participating country** EU Teilnehmerwährung *f;* **blocked** ~ nicht frei konvertier- und transferierbare Währung; **free** ~ frei konvertierbare Währung; **hard/soft** ~ harte/weiche Währung; **bilateral conversion rates between participating currencies** EU bilaterale Kurse zwischen den Teilnehmerwährungen; **to buy/sell a** ~ Geld [einer anderen Währung] kaufen/verkaufen; **to exchange** ~ Geld [um]tauschen; [**foreign**] ~ Devisen *pl,* Valuta *pl*
② *no pl* (*acceptance*) [weite] Verbreitung *f,* Geläufigkeit *f;* **to enjoy wide** ~ weit verbreitet sein; **to gain** ~ sich *akk* verbreiten, um sich *akk* greifen; **to have** ~ verbreitet [*o* geläufig] sein

currency areas *n* FIN Währungsgebiete *ntpl* **currency backing** *n* FIN Währungsgarantie *f* **currency band** *n* FIN Währungsbandbreite *f* **currency basket** *n* FIN Währungskorb *m* **currency clause** *n* Währungsklausel *f* **currency conversion** *n* Währungsumstellung *f* **currency futures** *n* FIN Devisenterminkontrakt *m* **currency movements** *npl* Kursschwankungen *fpl* **currency reserves** *n* FIN Währungsreserven *fpl* **currency swap** *n* FIN Währungsswap *m,* Devisenswap *m* **currency unit** *n* FIN Währungseinheit *f*

current ['kʌrᵊnt, AM 'kɜːr-] **I.** *adj* jetzig, gegenwärtig; *periodical* aktuell; ~ **assets** ECON Umlaufvermögen *nt;* **to dress according to the ~ fashion** sich *akk* modisch kleiden; **the ~ issue** die letzte [*o* aktuelle] Ausgabe; ~ **liabilities** ECON laufende Verbindlichkeiten; **in ~ use** gebräuchlich; **the ~ vogue** die aktuelle [*o* herrschende] Mode; **the ~ year** dieses Jahr; **the ~ yield** der derzeitige Ertrag
II. *n* ① (*of air, water*) Strömung *f;* ~ **of air** Luftströmung *f;* **ocean ~s** Meeresströmungen *fpl;* **to swim against/with the ~** gegen/mit dem Strom schwimmen *a. fig*
② ELEC Strom *m*
③ (*fig: tendency*) Tendenz *f,* Trend *m;* **the ~ of events** der Strom der Ereignisse; ~ **of fashion** Modetrend *m;* **the ~ of opinion** der Meinungstrend; **to drift** [*or* **go**] [*or* **swim**] **with the ~** mit dem Strom schwimmen
current account *n* BRIT Girokonto *nt* **current affairs** *n,* **current events** *npl* POL Zeitgeschehen *nt kein pl* **current assets** *npl* FIN Umlaufvermögen *nt* **current cost accounting** *n no pl* Rechnungslegung *f* zum Wiederbeschaffungswert **current liabilities** *npl* FIN kurzfristige Verbindlichkeiten
currently ['kʌrᵊntli, AM 'kɜːr-] *adv inv* zur Zeit, gegenwärtig, momentan
current price *n* FIN Tagespreis *m,* Tageskurs *m* **current value** *n* Gegenwartswert *m* **current yield** *n no pl* laufende Rendite *fpl*
curricle ['kʌrɪkl, AM ˌkɜːr] *n* HIST Halbkutsche *f,* Kabriolett *nt hist*
curricular [kəˈrɪkjələʳ, AM -ɚ] *adj inv* SCH Lehrplan-, Studienplan-
curriculum <*pl* -la> [kəˈrɪkjələm, *pl* -lə] *n* Lehrplan *m;* **to be on the ~** auf dem Lehrplan stehen
curriculum vitae <*pl* -s *or* curricula vitae> [-ˈviːtaɪ] *n* Lebenslauf *m*
curried ['kʌrid, AM 'kɜːrid] *adj inv* Curry-; ~ **fish** Fisch *m* mit Curry[soße]
curry¹ ['kʌri, AM 'kɜːri] **I.** *n* Curry *nt o m,* Currygericht *nt;* **beef/lamb/vegetable ~** Rindfleisch-/Lamm-/Gemüsecurry *nt o m;* **chicken ~** Curryhuhn *nt;* ~ **paste** Currypaste *f;* ~ **powder** Currypulver *nt;* **hot/medium/mild ~** scharfes/mittelscharfes/mildes Curry
II. *vt* <-ie-> ■**to ~ sth** etw als Curry zubereiten
curry² <-ie-> ['kʌri, AM 'kɜːri] *vt* **to ~ a horse** ein Pferd striegeln
► PHRASES: **to ~ favour** [**with sb**] sich *akk* [bei jdm] einschmeicheln [*o* lieb Kind machen] [wollen]
curry-comb *n* Striegel *m*
curse [kɜːs, AM kɜːrs] **I.** *vi* fluchen; **cursing and swearing** schimpfend und fluchend
II. *vt* ■**to ~ sb/sth** ① (*swear at*) jdn/etw verfluchen; (*fig*) ***I could ~ her for losing my key!*** ich könnte sie auf den Mond schießen, weil sie meinen Schlüssel verloren hat! *fam*
② (*put a magic spell on*) jdn/etw verwünschen, einen Fluch über jdn/etw aussprechen; ***it seemed as if his family had been ~d*** es war, als ob ein Fluch auf seiner Familie lastete; (*dated fam*) ~ ***this dreadful traffic!*** dieser vermaledeite Verkehr aber auch! *veraltend fam*
III. *n* ① (*swear word*) Fluch *m;* ***he let out a blaring ~*** er fluchte ganz fürchterlich; **with a ~** fluchend
② (*magic spell*) Fluch *m;* **to put a ~ on sb** [*or* **put sb under a ~**] jdn verwünschen, einen Fluch über jdn aussprechen
③ (*cause of misery*) Fluch *m,* Plage *f*
④ (*hum fam: menstruation*) **to have the ~** seine Tage haben *fam*
cursed¹ ['kɜːsɪd, AM 'kɜːr-] *adj attr* (*annoying*) verflucht *pej fam,* verdammt *pej fam*
cursed² [kɜːst, AM kɜːrst] *adj* ① (*hum: under a curse*) verhext, verflucht *pej fam*
② (*fig: afflicted*) ■**to be ~ with sth** mit etw *dat* geschlagen sein; ***I get the feeling I'm ~ with bad luck*** so langsam habe ich das Gefühl, ich werde vom Pech verfolgt
cursive ['kɜːsɪv, AM 'kɜːr-] *adj inv* LIT kursiv; ~ **writing** Kursivschrift *f*
cursor ['kɜːsəʳ, AM 'kɜːrsɚ] *n* COMPUT Cursor *m*
cursorily ['kɜːsᵊrᵊli, AM 'kɜːr-] *adv glance* flüchtig; ***perhaps you could at least examine it ~?*** vielleicht könnten Sie zumindest einmal einen kurzen Blick darauf werfen?
cursory ['kɜːsᵊri, AM 'kɜːr-] *adj glance, look* flüchtig; *examination, inspection, remark* oberflächlich
curst [kʌrst] *adj* (*old*) *see* **cursed** verflucht *a. fig,* verwünscht *a. fig*
curt [kɜːt, AM kɜːrt] *adj* (*pej*) schroff, barsch; **to give sb a ~ refusal** jdm etw kurzerhand abschlagen; ■**to be ~ with sb** zu jdm kurz angebunden sein
curtail [kɜːˈteɪl, AM kɚ-] *vt* ■**to ~ sth** ① (*reduce*) etw kürzen; **to ~ expenditure** die Ausgaben kürzen; **to ~ output** die Produktion drosseln; **to ~ public spending** die öffentlichen Ausgaben kürzen; **to ~ sb's rights** jds Rechte beschneiden
② (*shorten*) etw verkürzen; **to ~ a holiday** einen Urlaub frühzeitig abbrechen; **to ~ a speech/visit** eine Rede/einen Besuch abbrechen
curtailment [kɜːˈteɪlmənt, AM kɚ-] *n* Beschränkung *f,* Beschneidung *f*
curtain ['kɜːtᵊn, AM 'kɜːr-] **I.** *n* ① (*across a window*) Vorhang *m,* Gardine *f;* **floor-length ~s** bodenlange Gardinen; **lace ~s** Tüllgardinen *fpl;* **to draw/open the ~s** die Vorhänge zuziehen/aufziehen
② (*fig: screen*) Schleier *m,* Vorhang *m;* **a ~ of rain** eine Regenwand; **a thick ~ of smoke** eine dicke Rauchwand
③ THEAT (*stage screen*) Vorhang *m;* ***the ~ rises*** [*or* ***goes up***] der Vorhang hebt sich [*o* geht auf]; ***the ~ falls*** der Vorhang senkt sich [*o* fällt]; ***most New York theatres have a 7.30 ~*** in den meisten New Yorker Theatern beginnt die Vorstellung um 19.30 Uhr; **the final ~** die letzte Vorstellung
► PHRASES: **it'll be ~s for him if he doesn't do what I tell him!** (*fam*) wenn er nicht tut, was ich ihm sage, dann kriegt er aber Probleme! *fam*
II. *vt* **to ~ a house** ein Haus mit Vorhängen ausstatten; **a ~ed window** ein Fenster *nt* mit Vorhängen
◆**curtain off** *vt* ■**to ~ off** ⊂ **sth** etw [durch einen Vorhang] abteilen; ***the nurse ~ed off the bed*** die Krankenschwester zog einen Vorhang vor das Bett
curtain call *n* THEAT Vorhang *m;* **to take a ~** vor den Vorhang treten[, um den Applaus entgegenzunehmen], einen Vorhang bekommen **curtain rail** *n* Vorhangschiene *f* **curtain raiser** *n* THEAT [kurzes] Vorspiel **curtain rod** *n* Vorhangstange *f* **curtain time** *n no pl* THEAT Vorstellungsbeginn *m*
curtilage ['kɜːtᵊlɪdʒ, AM 'kɜːrt̬ᵊl-] *n* LAW eingezäuntes Land eines Anwesens
curtly ['kɜːtli, AM 'kɜːrt-] *adv* brüsk, barsch, schroff; **to dismiss sb ~** jdn kurzerhand entlassen
curtness ['kɜːtnəs, AM 'kɜːrt-] *n no pl* Schroffheit *f,* Barschheit *f*
curtsey, curtsy ['kɜːtsi, AM 'kɜːrt-] **I.** *vi* knicksen, einen Knicks machen; ■**to ~ to sb** einen Knicks vor jdm machen, vor jdm knicksen
II. *n* [Hof]knicks *m;* **to make** [*or* **drop**] [*or* **bob**] **a ~ to sb** einen [Hof]knicks vor jdm machen
curvaceous [kɜːˈveɪʃəs, AM kɜːrˈ-] *adj woman* kurvenreich *hum fam,* üppig *fam*
curvature ['kɜːvətʃəʳ, AM 'kɜːrvətʃɚ] *n no pl* Krümmung *f;* ***the ~ of the earth's surface*** die Krümmung der Erdoberfläche; ~ **of the spine** Rückgratverkrümmung *f*
curve [kɜːv, AM kɜːrv] **I.** *n* ① (*bending line*) *of a figure, vase* Rundung *f,* Wölbung *f; of a road* Kurve *f;* **to make a ~** *road* eine Kurve machen; *river* einen Bogen [*o* eine Biegung] machen; **her ~s** ihre Kurven *hum fam*
② MATH Kurve *f*
③ (*curve ball in baseball*) Effetball *m fachspr*
II. *vi river, road* eine Kurve machen; *line* eine Kurve beschreiben; ***the path ~d upwards and downwards*** der Weg schlängelte sich hügelauf und hügelab; ***his mouth ~d into a smile*** sein Mund verzog sich zu einem Lächeln; **to ~ through the air** in einem hohen Bogen durch die Luft fliegen
III. *vt* ■**to ~ sth** etw biegen
curve ball *n* AM (*in baseball*) Effetball *m fachspr;* **to throw sb a ~** (*fig*) jdn überraschen
curved [kɜːvd, AM kɜːrvd] *adj* gebogen, geschwungen; ***the ~ line represents the temperature fluctuation*** die Kurve zeigt die Temperaturschwankungen; **a ~ surface** eine gewölbte Oberfläche
curvilinear [ˌkɜːvɪˈlɪniəʳ, AM ˌkɜːrvəˈlɪniɚ] *adj inv* bogenförmig, in Bogenlinie[n] verlaufend
curvy ['kɜːvi, AM 'kɜːrvi] *adj* kurvenreich; *line* krumm
cushion ['kʊʃᵊn] **I.** *n* ① (*pillow*) Kissen *nt,* Polster *m* ÖSTERR; ***she sank back against*** [*or* ***into***] ***the ~s*** sie sank in die Kissen zurück
② (*fig: buffer*) Puffer *m,* Polster *nt o* ÖSTERR *a. m;* **a ~ of air** ein Luftkissen *nt,* ein Luftpolster *m* ÖSTERR
II. *vt* ■**to ~ sth** etw dämpfen; (*fig*) *fall, blow* auffangen, dämpfen
cushioned ['kʊʃᵊnd] *adj* gepolstert, Polster-; ~ **seat** Polsterstuhl *m,* Polstersessel *m*
cushy ['kʊʃi] *adj* (*pej fam*) bequem; **a ~ class** eine lockere Stunde *fam;* **a ~ job** ein ruhiger [*o* gemütlicher] Job; **to have a ~ time** sich *dat* kein Bein ausreißen *fam*
► PHRASES: **to be on to a ~ number** BRIT eine ruhige Kugel schieben *fam*
cusp [kʌsp] *n* ① (*point*) Kurvenschnittpunkt *m,* Scheitelpunkt *m;* ■**to be at** [*or* **on**] **the ~** [**of sth**] (*fig*) sich *akk* am Kreuzungspunkt [*o* an der Schwelle] [von etw *dat*] befinden
② ASTROL Eintritt *m* in ein neues Sternkreiszeichen
cuspidor ['kʌspədɔːr] *n esp* AM (*spittoon*) Spucknapf *m*
cuss [kʌs] (*fam*) **I.** *vi* fluchen
II. *n* ① (*person*) Kauz *m;* ***you're a stupid, stubborn ~!*** du bist ein sturer [alter] Esel! *pej fam*
② (*curse*) Fluch *m*
► PHRASES: **to not give a** [**tinker's**] **~** BRIT keinen Pfifferling drauf geben *fam;* ***I don't give a tinker's ~ what she thinks*** es ist mir völlig schnuppe, was sie denkt *fam*
cussed [kʌst] *adj* (*pej fam*) ① (*stubborn*) stur
② (*annoying*) verflucht *pej fam,* verdammt *pej fam*
cussedly ['kʌsɪdli] *adv* (*pej fam*) ① (*stubbornly*) stur
② (*annoyingly*) verflucht *pej fam,* verdammt *pej fam*
cussedness ['kʌsɪdnəs] *n no pl* (*pej fam*) Sturheit *f;* **out of sheer** [*or* **pure**] **~** aus reiner Sturheit
cussword *n* (*sl*) Schimpfwort *nt*
custard ['kʌstəd, AM -tɚd] *n no pl* FOOD (*sauce*) ≈ Vanillesoße *f;* (*set*) ≈ Vanillepudding *m*
custard pie *n* ① FOOD ≈ Vanillecremetorte *f* ② FILM, TV *künstliche Sahnetorte, die jdm ins Gesicht geworfen wird* **custard powder** *n* BRIT, AUS Puddingpulver *nt* (*mit Vanillegeschmack*) **custard tart** *n* Puddingtörtchen *nt*
custodial [kʌsˈtəʊdiəl, AM -ˈtoʊ-] *adj inv* Wach-, Bewachungs-; ~ **duties** Dienst *m* als Aufseher; ~ **care** Obhut *f geh*
custodial establishment, custodial institution *n* LAW Strafanstalt *f* **custodial sentence** *n* Gefängnisstrafe *f;* **to give sb a ~** jdn zu einer Gefängnisstrafe verurteilen
custodian [kʌsˈtəʊdiən, AM -ˈtoʊ-] *n* ① (*keeper*) Aufseher(in) *m(f);* (*fig*) Hüter(in) *m(f);* **the ~ of the castle** der Aufseher/die Aufseherin des Schlosses; **the ~ of law and order** der Hüter/die Hüterin von Gesetz und Ordnung; **the ~ of public morals** der Wächter/die Wächterin über die öffentliche Moral; **the ~ of the museum** der Museumswärter/die Museumswärterin; **the ~ of the Queen's jewels** der Hüter/die Hüterin der königlichen Juwelen
② AM (*caretaker*) Hausmeister(in) *m(f)*
custody ['kʌstədi] *n no pl* ① (*guardianship*) Obhut *f geh,* Schutz *m;* LAW Sorgerecht *nt* (**of** für +*akk*); **to award** [*or* **give**] [*or* **grant**] **~ of a child to sb** jdm das Sorgerecht für ein Kind übertragen [*o* erteilen]; **to get** [*or* **receive**] **~** [**of sb/sth**] das Sorgerecht [für jdn/etw] bekommen [*o* erhalten]; ***the mother got ~*** [***of the child***] das Kind wurde der Mutter zugespro-

chen
② (*detention*) Haft *f,* Verwahrung *f;* **remand in** ~ Untersuchungshaft *f;* **to hold sb in** ~ jdn in Gewahrsam halten; **to remand sb in** ~ jdn in die Untersuchungshaft zurücksenden; **to take sb into** ~ jdn verhaften; **to take sb into protective** ~ jdn in Schutzhaft nehmen

custom ['kʌstəm] *n* ① (*tradition*) Brauch *m,* Sitte *f;* **local** ~ Gepflogenheit *f;* ***around here it's a local*** ~ ***to …*** hier [bei uns] ist es Brauch, …; **an ancient** ~ ein alter Brauch; ***in my country, it's the*** ~ ***to …*** in meinem Land ist es üblich, dass …; **a national/strange** ~ ein landesüblicher/seltsamer Brauch
② *no pl* (*usual behaviour*) Gewohnheit *f;* ***it is her*** ~ ***to …*** es ist ihre Gewohnheit, …; ■ **as is sb's** ~ wie es jds Gewohnheit ist
③ *no pl* (*clientele*) Kundschaft *f;* (*patronage*) **to withdraw one's** ~ [*or* **take one's** ~ **elsewhere**] anderswohin gehen; ***if we don't give good service, people will withdraw their*** ~ wenn wir keinen guten Service bieten, gehen die Kunden eben anderswohin

customarily [ˌkʌstə'merɪlɪ] *adv inv* normalerweise, üblicherweise

customary ['kʌstəməri, AM -meri] *adj* ① (*traditional*) ■ **to be** ~ **for sb to do sth** für jdn üblich sein, etw zu tun; ■ **as is** ~ wie es Brauch [*o* üblich] ist
② (*usual*) üblich; ***that's just his*** ~ ***politeness*** das ist [doch] nur seine übliche höfliche Art; [**at**] **the** ~ **hour** [um] die übliche Zeit

custom-built *adj inv* entsprechend den Kundenwünschen gefertigt; ***his car is*** ~ sein Auto ist eine Spezialanfertigung [*o* Sonderanfertigung] **custom clothes** *npl esp* AM maßgeschneiderte Kleidung

customer ['kʌstəməʳ, AM -ɚ] *n* ① (*buyer, patron*) Kunde, -in *m, f,* Käufer(in) *m(f);* **regular** ~ Stammkunde, -in *m, f;* **to serve a** ~ einen Kunden bedienen
② (*esp pej fam: person*) Typ *m fam;* ***she really is an odd*** ~ sie ist schon wirklich eine seltsame Person; **an awkward** ~ ein seltsamer Typ
▸ PHRASES: **the** ~ **is king** (*prov*) der Kunde ist König *prov;* **the** ~ **is always right** der Kunde hat immer Recht

customer number *n* Kundennummer *f* **customer service** *n usu pl* Kundendienst *m kein pl* **customer service counter** *n* Kundendienstschalter *m* **customer service department** *n* Kundendienst *m*

customize ['kʌstəmaɪz] *vt* ■ **to** ~ **sth** etw nach Kundenwünschen anfertigen; ***he*** ~***d his car*** er ließ seinen Wagen nach seinen Wünschen ausstatten

customized ['kʌstəmaɪzd] *adj* kundengerecht angefertigt

custom-made *adj inv* auf den Kunden zugeschnitten; **a** ~ **car** ein speziell angefertigter Wagen; **a** ~ **shirt** ein maßgeschneidertes Hemd; ~ **shoes** Schuhe *mpl* nach Maß, maßgefertigte Schuhe; **a** ~ **slipcover** ein Schonbezug *m* in Sonderanfertigung; ~ **suit** Maßanzug *m*

customs ['kʌstəmz] *npl* Zoll *m;* **to declare goods to** ~ Waren deklarieren [*o* zur Verzollung anmelden]; **to get** [*or* **go**] [*or* **pass**] **through** ~ durch den Zoll gehen; **to pay** ~ [**on sth**] Zoll [für etw *akk*] [be]zahlen

Customs and Excise Department *n + sing/pl vb* [britische] Behörde für Zölle und Verbrauchssteuern **customs broker** *n* Spediteur, der die Zollabfertigung übernimmt **customs clearance** *n* Zollabfertigung *f kein pl;* **to get** ~ **for sth** etw verzollt bekommen **customs declaration** *n* FIN Zollerklärung *f,* Zolldeklaration *f* **customs documents** *npl* Zollpapiere *ntpl* **customs dues** *npl,* **customs duties** *npl* Zollabgaben *fpl* **customs duty** *n no pl* Zoll *m,* Zollabgabe *f* **customs entry point** *n* Zollanmeldestelle *f* **customs examination** *n* Zollkontrolle *f;* **to be subjected to a** ~ sich *akk* einer Zollkontrolle unterziehen müssen, gefilzt werden *fam* **custom(s) house** *n* Zollamt *nt* **customs officer, customs official** *n* Zollbeamte(r) *m,* Zollbeamte [*o* -in] *f* **customs union** *n* EU Zollunion *f*

cut [kʌt]

I. NOUN	II. ADJECTIVE
III. INTERJECTION	IV. TRANSITIVE VERB
V. INTRANSITIVE VERB	

I. NOUN

① (*act*) Schnitt *m;* **to make a** ~ [**in sth**] [in etw *akk*] einen Einschnitt machen
② (*slice*) *of meat* Stück *nt; of bread* Scheibe *f,* Schnitte *f;* ***sirloin is the most expensive*** ~ ***of beef*** die Lende ist das teuerste Stück vom Rind; **cold** ~**s** Aufschnitt *m*
③ (*trim*) Schnitt *m;* ***her hair was in need of a*** ~ ihre Haare mussten geschnitten werden
④ (*fit*) [Zu]schnitt *m; of shirt, trousers* Schnitt *m*
⑤ (*wound*) Schnittwunde *f,* Schnitt *m;* **deep** ~ tiefe Schnittwunde; **to get a** ~ sich *akk* schneiden; ***where'd you get that*** ~***?*** wo hast du dich denn da geschnitten? *fam*
⑥ (*insult*) Beleidigung *f* (**at** für +*akk*)
⑦ *also* FIN (*fam: due, share*) [An]teil *m;* ***when am I going to get my*** ~***?*** wann bekomme ich meinen Anteil? *m*
⑧ (*decrease*) Senkung *f,* Herabsetzung *f;* ~ **in emissions** Abgasreduzierung *f;* ~ **in interest rates** Zinssenkung *f;* ~ **in prices** Preissenkung *f,* Ermäßigung *f;* ~ **in production** Produktionseinschränkung *f;* ~ **in staff** Personalabbau *m;* **to take a** ~ eine Kürzung hinnehmen; ***he took a*** ~ ***in salary*** er nahm eine Gehaltskürzung hin; ***many people have had to take a*** ~ ***in their living standards*** viele Menschen mussten sich mit einer Einschränkung ihres Lebensstandards abfinden
⑨ (*less spending*) ■ ~**s** *pl* Kürzungen *fpl,* Streichungen *fpl;* **budget** ~**s** Haushaltskürzungen *fpl;* **to make** ~**s in the budget** Abstriche am Etat machen
⑩ (*abridgement*) Schnitt *m,* Streichung *f;* **to make a** ~ **in a film** eine Szene aus einem Film herausschneiden; **to make** ~**s** Streichungen vornehmen
⑪ AM (*truancy*) Schwänzen *nt kein pl fam;* **to have a** ~ schwänzen *fam*
⑫ SPORTS **to give the ball a** ~ den Ball anschneiden
▸ PHRASES: **the** ~ **and** <u>**thrust**</u> **of sth** das Spannungsfeld einer S. *gen;* **to be a** ~ <u>**above**</u> **sb/sth** jdm/etw um einiges überlegen sein

II. ADJECTIVE

① (*removed*) abgeschnitten; (*sliced*) *bread* [auf]geschnitten; ~ **flowers** Schnittblumen *fpl*
② (*fitted*) *glass, jewel* geschliffen

III. INTERJECTION

FILM ~***!*** Schnitt!

IV. TRANSITIVE VERB

<-tt-, cut, cut> ① (*slice*) ■ **to** ~ **sth** etw schneiden; ***did you already*** ~ ***some bread?*** hast du schon etwas Brot aufgeschnitten?; **to** ~ **a hole in sth** ein Loch in etw *akk* schneiden; **to** ~ **sth to pieces** [*or* **shreds**] etw zerstückeln; **to** ~ **sth in[to] several pieces** etw in mehrere Teile zerschneiden; ***how can I*** ~ ***this cake in two pieces?*** wie kann ich diesen Kuchen halbieren?; **to** ~ **sb/sth free** jdn/etw losschneiden; (*from wreck*) jdn/etw herausschneiden; **to** ~ **sth loose** etw losschneiden; **to** ~ **sth open** etw aufschneiden; ■ **to** ~ **sb sth** [*or* **sth for sb**] jdm [*o* für jdn] etw schneiden; ***could you*** ~ ***me a slice of bread?*** könntest du mir eine Scheibe Brot abschneiden?; ■ **to** ~ **sth with sth** etw mit etw *dat* schneiden
② (*sever*) ■ **to** ~ **sth** etw durchschneiden; ***she nearly*** ~ ***an artery with the new hedge-trimmer*** sie durchtrennte fast eine Arterie mit der neuen elektrischen Heckenschere
③ (*trim*) ■ **to** ~ **sth** etw [ab]schneiden; **to** ~ **one's fingernails** sich *dat* die Fingernägel schneiden; **to** ~ **flowers** Blumen abschneiden; **to** ~ **the grass** den Rasen mähen; **to** ~ **sb's hair** jdm die Haare schneiden; **to have** [*or* **get**] **one's hair** ~ sich *dat* die Haare schneiden lassen
④ (*injure*) ■ **to** ~ **oneself/sb** [**with sth**] sich/jdn [mit etw *dat*] schneiden; ***I've*** ~ ***my hand on that glass*** ich habe mir die Hand an diesem Glas geschnitten; ***he*** ~ ***his head open*** er hat sich den Kopf aufgeschlagen
⑤ (*clear*) ■ **to** ~ **sth** *road, tunnel* etw bauen; *ditch, trench* etw graben; ***they're planning to*** ~ ***a road right through the forest*** sie planen, eine Straße mitten durch den Wald zu schlagen; **to** ~ **a swath through sth** eine Bahn durch etw *akk* schneiden
⑥ (*decrease*) ■ **to** ~ **sth** etw senken [*o* herabsetzen] [*o* reduzieren]; ***they should*** ~ ***class sizes to 30*** die Klassengröße sollte auf 30 Schüler verringert werden; **to** ~ **costs** die Kosten senken; **to** ~ **one's losses** weitere Verluste vermeiden; **to** ~ **overtime** die Überstunden reduzieren; **to** ~ **prices** die Preise herabsetzen [*o* senken]; **to** ~ **wages** die Löhne kürzen; ■ **to** ~ **sth by sth** etw um etw *akk* kürzen [*o* reduzieren]; ***our company is*** ~***ting its workforce by 20%*** unsere Firma baut 20% ihres Personals ab
⑦ (*break*) ■ **to** ~ **sth** etw unterbrechen; ***they*** ~ ***our supply lines*** sie schnitten uns unsere Versorgungslinien ab
⑧ (*abridge*) **to** ~ **a film** einen Film kürzen; **to** ~ **short** ↔ **sth** etw abbrechen; (*interrupt*) **to** ~ **sb short** jdn unterbrechen, jdm ins Wort fallen
⑨ (*remove*) **to be** ~ **from the team** aus dem Team entfernt werden; **to** ~ **a scene in a film** eine Szene aus einem Film herausschneiden
⑩ (*miss*) ■ **to** ~ **sth** etw auslassen; ***she decided to*** ~ ***some of her meetings*** sie entschied sich, einige ihrer Treffen nicht wahrzunehmen; **to** ~ **a class** [*or* **lesson**]**/school** eine [Unterrichts]stunde/die Schule schwänzen *fam*
⑪ (*turn off*) **to** ~ **the motor** [*or* **engine**] den Motor abstellen
⑫ (*fam: desist from*) ■ **to** ~ **sth** *behaviour* etw [unter]lassen; **to** ~ **the cackle** BRIT, AUS (*hum*) auf den Punkt kommen; **to** ~ **the crap** (*sl*) mit der Scheiße aufhören *derb*
⑬ (*shape*) **to** ~ **a diamond** einen Diamanten schleifen
⑭ AUTO **to** ~ **a corner** [**too sharply**] eine Kurve [zu scharf] schneiden
⑮ (*teethe*) **to** ~ **a tooth** einen Zahn bekommen, zahnen
⑯ CARDS **to** ~ **the cards** die Karten abheben
⑰ MUS **to** ~ **a record/CD** eine Platte/CD aufnehmen
⑱ COMPUT **to** ~ **and paste sth** etw ausschneiden und einfügen
⑲ MATH ■ **to** ~ **sth** etw schneiden
⑳ SPORTS **to** ~ **the ball** den Ball [an]schneiden
▸ PHRASES: **to** ~ <u>**capers**</u> (*dated*) Luftsprünge machen; **to** ~ **the** <u>**cheese**</u> AM (*fam*) einen fahren lassen *derb;* **you should** ~ **your** <u>**coat**</u> **according to your cloth** BRIT (*prov*) man muss sich *akk* nach der Decke strecken *prov;* **to be** ~ **from the same** <u>**cloth**</u> aus dem gleichen Holz geschnitzt sein; **to** ~ <u>**corners**</u> schnell und kostengünstig arbeiten; **to** ~ **a fine** [*or* **quite a**] <u>**figure**</u> [*or* BRIT <u>**dash**</u>] (*dated*) eine gute Figur machen; **to** ~ **the** <u>**ground**</u> **from under sb's feet** jdm den Boden unter den Füßen wegziehen; **to** ~ **no** [*or* **very little**] <u>**ice**</u> **with sb** keinen Eindruck auf jdn machen; **to be so thick that you can** ~ **it with a** <u>**knife**</u> zum Zerreißen gespannt sein; ***the tension was so thick in the air that you could*** ~ ***it with a knife*** die Atmosphäre war zum Zerreißen gespannt; **to** ~ **off one's** <u>**nose**</u> **to spite one's face** sich *akk* ins eigene Fleisch schneiden; **to** ~ **sb to the** <u>**quick**</u> [*or* <u>**heart**</u>] jdn ins Mark treffen; **to** ~ **sb some** <u>**slack**</u> AM mit jdm nachsichtig sein; **to** ~ **a long** <u>**story**</u> **short** der langen Rede kurzer Sinn, um es kurz zu machen; **to** ~ **one's** <u>**teeth**</u> [*or* <u>**eye-teeth**</u>] [**on sth**] sich *dat* die ersten Sporen [mit etw *dat*] verdienen; **to** ~ **sb** <u>**dead**</u> jdn schneiden; ***today in the store Martha*** ~ ***me dead*** heute im Supermarkt hat Martha mich keines Blickes gewürdigt; **to** ~ **it** [*or*

things] [a bit] fine [or close] [ein bisschen] knapp kalkulieren; to [not] ~ it [or Am also the mustard] [k]ein hohes Niveau erreichen

V. INTRANSITIVE VERB

<-tt-, cut, cut> ① (*slice*) *knife* schneiden
② (*slice easily*) *material* sich *akk* schneiden lassen
③ (*take short cut*) **to ~ over a field** eine Abkürzung über ein Feld nehmen; *see also* **cut across 2, cut over, cut through 3**
④ CARDS abheben; **to ~ for dealer** den Geber auslosen
⑤ Am (*fam: push in*) **to ~ [in line]** sich *akk* vordrängeln; **to ~ in front of sb** sich *akk* vor jdn drängeln; ***no ~ting!*** nicht drängeln!
⑥ COMPUT **to ~ and paste** ausschneiden und einfügen
⑦ (*withdraw*) ■**to ~ loose from sth** sich *akk* von etw *dat* trennen
▶ PHRASES: **to ~ to the chase** Am (*fam*) auf den Punkt kommen; **to ~ both** [*or* **two**] **ways** eine zweischneidige Sache sein; **to ~ loose** Am, Aus alle Hemmungen verlieren; ***she really ~s loose when she dances*** sie tobt sich beim Tanzen richtig aus; **to ~ and run** Reißaus nehmen, sich *akk* aus dem Staub machen

◆**cut across** *vi* ① (*to other side*) hinüberfahren
② (*take short cut*) ■**to ~ across sth** etw durchqueren; **to ~ across country** querfeldein fahren; **to ~ across a field** quer über ein Feld gehen
③ (*fig: affect*) **to ~ across different groups** quer durch verschiedene Gruppen gehen; **to ~ across party lines** parteiübergreifend sein; ***support ~s across party lines*** die Unterstützung geht quer durch alle Parteien

◆**cut ahead** *vi* Am ■**to ~ ahead [of sb]** [jdn] überholen

◆**cut along** *vi* (*dated*) sich *akk* auf die Socken machen *fam*

◆**cut away** *vt* ■**to ~ away** ⊂ **sth** etw wegschneiden

◆**cut back I.** *vt* ■**to ~ back** ⊂ **sth** ① HORT etw zurückschneiden [*o* stutzen]
② FIN, ECON etw kürzen [*o* verringern]; ***the President wants to ~ back defence spending by 10%*** der Präsident will die Verteidigungsausgaben um 10% reduzieren; **to ~ back benefits** die Leistungen beschneiden [*o* kürzen]; **to ~ back costs** die Kosten senken [*o* reduzieren]; **to ~ back production** die Produktion zurückschrauben
II. *vi* ① (*return*) zurückgehen, kehrtmachen
② (*reduce*) ■**to ~ back on sth** etw kürzen; **to ~ back on orders** weniger Aufträge erteilen; **to ~ back on spending** die Ausgaben reduzieren [*o* senken]; **to ~ back on wastage** weniger Abfall produzieren

◆**cut down I.** *vt* ① (*fell*) **to ~ down** ⊂ **a tree** einen Baum umhauen [*o* fällen]
② (*reduce*) ■**to ~ down** ⊂ **sth** etw einschränken; **to ~ down the labour force** die Belegschaft [*o* das Personal] abbauen; **to ~ down production** die Produktion zurückfahren; **to ~ down wastage** weniger Abfall produzieren
③ (*abridge*) ■**to ~ down** ⊂ **sth** etw kürzen; **to ~ a text down** einen Text zusammenstreichen
④ FASHION ■**to ~ down** ⊂ **sth** etw kürzen
▶ PHRASES: **to ~ sb down to size** (*fam*) jdn in seine Schranken verweisen
II. *vi* ■**to ~ down on sth** etw einschränken; **to ~ down on drinking/smoking** das Trinken/Rauchen einschränken; ***you should ~ down on fatty foods*** Sie sollten fettärmer essen

◆**cut in I.** *vi* ① (*interrupt*) unterbrechen, sich *akk* einmischen
② (*activate*) sich *akk* einschalten
③ AUTO einscheren; ***did you see that white car ~ in?*** hast du gesehen, wie das weiße Auto rübergezogen ist? *fam*; ■**to ~ in in front of sb** jdn schneiden; ■**to ~ in on sb/sth** sich *akk* vor jdn/etw setzen; ***that white car ~ in on us!*** das weiße Auto hat sich vor uns gedrängt!
④ (*take over*) ■**to ~ in on sb** jdn ablösen; ***she was dancing with Jack, when Tom suddenly ~ in*** sie tanzte gerade mit Jack, als Tom ihn plötzlich ablöste
⑤ (*jump queue*) sich *akk* vordrängeln; ■**to ~ in on** [*or* **in front of**] **sb** sich *akk* vor jdn drängeln
II. *vt* ■**to ~ sb in** ① (*share with*) jdn [am Gewinn] beteiligen
② (*include*) jdn teilnehmen lassen; (*in a game*) jdn mitspielen lassen; ***shall we ~ you in?*** willst du mitmachen?

◆**cut into** *vi* ■**to ~ into sth** ① (*slice*) etw anschneiden
② (*decrease*) etw verkürzen; ***the shopping ~s into her weekend*** das Einkaufen nimmt Zeit von ihrem Wochenende
③ (*interrupt*) etw unterbrechen; ***his words ~ into her thoughts*** seine Worte unterbrachen ihre Gedanken

◆**cut off** *vt* ① (*remove*) ■**to ~ off** ⊂ **sth** etw abschneiden; ■**to ~ sth off sth** etw von etw *dat* abschneiden; **to ~ the fat off a steak** das Fett von einem Steak wegschneiden
② (*sever*) ■**to ~ off** ⊂ **sth** etw abschneiden; ***his leg was ~ off by a machine*** sein Bein wurde von einer Maschine abgetrennt
③ (*silence*) ■**to ~ off** ⊂ **sb** jdn unterbrechen; **to ~ sb off in mid-sentence** [*or* **mid-flow**] jdm den Satz abschneiden
④ (*disconnect*) ■**to ~ off** ⊂ **sth** etw unterbinden; **to ~ off electricity** den Strom abstellen [*o* sperren]; **to ~ off the enemy's escape route** dem Feind den Fluchtweg abschneiden; **to ~ off sb's gas supply** jdm das Gas abdrehen; **to ~ off a phone conversation** ein Telefongespräch unterbrechen
⑤ (*isolate*) ■**to ~ off** ⊂ **sb/sth** jdn/etw abschneiden; **to be/get ~ off by sth** durch etw *akk* abgeschnitten sein/werden; ***they were ~ off by the snow*** sie waren durch den Schnee von der Außenwelt abgeschnitten; ■**to ~ oneself off [from sb]** sich *akk* [von jdm] zurückziehen [*o* fernhalten]; ***when his wife died, he ~ himself off from other people*** nach dem Tod seiner Frau lebte er ganz zurückgezogen
⑥ Am (*refuse drink*) ■**to ~ off** ⊂ **sb** jdm nichts mehr zu trinken geben
⑦ Am AUTO (*pull in front of*) ■**to ~ off** ⊂ **sb/sth** jdn/etw schneiden; **to get ~ off** geschnitten werden
▶ PHRASES: **to be ~ off in one's prime** in der Blüte seiner Jahre dahingerafft werden *geh*; **to ~ sb off with a shilling** [*or* **without a penny**] jdn enterben

◆**cut out I.** *vt* ① (*excise*) ■**to ~ out sth [from sth]** [*or* **sth out [of sth]**] etw [aus etw *dat*] herausschneiden; ***please ~ the soft spots out of the vegetables before you cook them*** schneide bitte die weichen Stellen aus dem Gemüse, bevor du es kochst
② (*from paper*) ■**to ~ out sth [from sth]** [*or* **sth out [of sth]**] etw [aus etw *dat*] ausschneiden
③ (*abridge*) ■**to ~ out** ⊂ **sth** etw streichen; **to ~ a scene out of a film** eine Szene aus einem Film streichen
④ (*eschew*) ■**to ~ out** ⊂ **sth** etw weglassen; ***since my heart attack, I've ~ fatty foods out altogether*** seit meinem Herzanfall verzichte ich ganz auf fettes Essen; ***if you ~ sugar out of your diet, you should lose weight*** wenn du Zucker von deinem Speiseplan streichst, müsstest du eigentlich abnehmen; **to ~ out all mention** [*or* **reference**] **of sth** etw überhaupt nicht erwähnen
⑤ (*fam: desist*) ■**to ~ out** ⊂ **sth** mit etw *dat* aufhören, etw beenden; **~ it** [*or* **that**] **out!** hör auf damit!, lass den Quatsch! *fam*
⑥ (*block*) **to ~ out the light** das Licht abschirmen; ***it's a beautiful tree, but it ~s out most of the light*** es ist ein schöner Baum, aber er nimmt uns das meiste Licht
⑦ (*exclude*) ■**to ~ out sb [from sth]** [*or* **sb out [of sth]**] jdn [von etw *dat*] ausschließen; **you can ~ me out!** ohne mich!
⑧ (*disinherit*) **to ~ sb out of one's will** jdn aus seinem Testament streichen
▶ PHRASES: **to have one's work ~ out** alle Hände voll zu tun haben; **to be ~ out for sth** für etw *akk* geeignet sein; ***I'm not ~ out to be a politician*** ich bin nicht zum Politiker geschaffen
II. *vi* ① (*stop operating*) sich *akk* ausschalten [*o* abschalten]; *plane's engine* aussetzen
② Am AUTO ausscheren; **to ~ out of traffic** plötzlich die Spur wechseln
③ Am (*depart*) sich *akk* davonmachen *fam*; ***he ~ out after dinner*** nach dem Essen schwirrte er ab *fam*

◆**cut over** *vi* **to ~ over a field/yard** die Abkürzung über ein Feld/einen Hof nehmen

◆**cut through** *vi* ■**to ~ through sth** ① (*slice*) etw durchschneiden
② (*cross*) etw durchschneiden [*o* durchqueren]; ***the path ~s through our orchard*** der Weg verläuft quer durch unseren Obstgarten
③ (*take short cut*) die Abkürzung über etw *akk* nehmen; ***we can ~ through my back yard*** wir können über meinen Hinterhof abkürzen
④ (*glide*) **to ~ through the water** das Wasser durchschneiden

◆**cut up I.** *vt* ① (*slice*) ■**to ~ up** ⊂ **sth** etw zerschneiden; ***could you ~ my meat up for me please, Daddy?*** kannst du mir das Fleisch klein schneiden, Papi?; **to ~ up a roast** einen Braten aufschneiden [*o* zerlegen]; **to ~ sth up into pieces** etw in Stücke zerschneiden
② (*injure*) ■**to ~ up** ⊂ **sb** jdm Schnittwunden zufügen
③ (*fig: sadden*) ■**to ~ sb up** jdn schwer treffen [*o* arg mitnehmen]; ***the divorce really ~ him up*** die Scheidung war ein schwerer Schlag für ihn; ■**to be ~ up [about sth]** [über etw *akk*] zutiefst betroffen sein
④ BRIT AUTO (*pull in front of*) ■**to ~ up** ⊂ **sb/sth** jdn/etw schneiden; **to get ~ up** geschnitten werden
II. *vi* Am sich *akk* danebenbenehmen, den Clown spielen *pej*
▶ PHRASES: **to ~ up rough** BRIT grob werden

cut-and-dried *adj inv* ① (*fixed*) abgemacht, festgelegt; **a ~ decision** eine klare Entscheidung
② (*simple*) eindeutig, klar; ***there is no ~ answer to this problem*** für dieses Problem gibt es kein Patentrezept

cut and paste *n* COMPUT Textumstellung *f*

cutaneous [kju:ˈteɪniəs] *adj inv esp* MED Haut-

cutaway [ˈkʌtəweɪ, AM ˈkʌt̬-] *adj inv* ① (*showing inside*) *diagram, drawing, model* Schnitt- ② FASHION **~ neckline** tiefer Ausschnitt

cutback [ˈkʌtbæk] *n* ECON Kürzung *f*, Abbau *m*, Einschränkung *f*; **~ in capacity** Kapazitätsabbau *m*; **~ in expenditure** Ausgabenkürzung *f*; **~ in production** Produktionsdrosselung *f*

cute <-r, -st> [kju:t] *adj* ① (*sweet*) *baby, puppy* süß, niedlich
② Am (*clever*) schlau, gerissen *pej*

cutely [ˈkju:tli] *adv* ① (*endearingly*) niedlich, süß *fig*
② Am (*fam: cleverly*) auf schlaue [*o* clevere] *fam* Art; ***the child was ~ named after their manager*** das Kind trug sinnigerweise den Namen ihres Geschäftsführers
③ Am (*fam: sexily*) prächtig, knackig *sl*

cuteness [ˈkju:tnəs] *n no pl* ① (*sweetness*) Niedlichkeit *f*
② (*cleverness*) Schlauheit *f*, Cleverness *f*

cutesy [ˈkju:tsi] *adj* Am (*pej fam*) kitschig *pej*

cutey *n esp* Am (*fam*) *see* **cutie**

cut flowers *npl* Schnittblumen *fpl*

cut glass I. *n no pl* Kristallglas *nt*, geschliffenes Glas **II.** *n modifier* (*vase*) Kristall-

cuticle [ˈkju:tɪkl̩, AM -t̬ə-] *n* Oberhaut *f*, Epidermis *f fachspr*; (*of nail*) Nagelhaut *f*

cutie [ˈkju:t̬i] *n* Am (*fam*), **cutiepie** [ˈkju:t̬ipaɪ] *n* Am (*fam: woman*) dufte Biene *fam*, flotter Käfer *fam*; (*man*) irrer Typ *fam*; ***hi there, ~!*** hallo, Süße!; **to be a real** [*or* **such a**] **~** *child* ein süßer Fratz sein; *animal* ein lieber [*o* süßer] Kerl sein

cutlass <*pl* -es> [ˈkʌtləs] *n* Entermesser *nt*

C

cutler ['kʌtləʳ, AM ər] *n* ❶ (*workman*) Messerschmied *m*
❷ (*producer*) Fabrikant *m* von Messerwaren
cutlery ['kʌtlᵊri] *n no pl* Besteck *nt*
cutlet ['kʌtlət] *n* ❶ (*meat*) Kotelett *nt;* (*boneless chop*) Schnitzel *nt;* **veal** ~ Kalbskotelett *nt*
❷ (*patty*) Frikadelle *f,* Hacksteak *nt;* **vegetable** ~ Gemüsebratling *m,* Gemüsefrikadelle *f*
cut lunch *n* AUS vorbereitetes Mittagessen
cutoff ['kʌtɒf, AM 'kʌt̬ɑːf] **I.** *n* ❶ (*limit*) Obergrenze *f,* Höchstgrenze *f*
❷ (*stop*) Beendigung *f;* ~ **of medical supplies** Einstellung *f* der medizinischen Hilfslieferungen
II. *n modifier* ~ **date** Endtermin *m*
cutoff frequency *n* ELEC Grenzfrequenz *f* **cutoff jeans** *n,* **cutoffs** *npl* abgeschnittene Jeans
cutout ['kʌtaʊt, AM 'kʌt̬-] **I.** *n* ❶ (*shape*) Ausschneidefigur *f,* Ausschneidemodell *nt* ❷ (*stereotype*) **cardboard** ~ [Reklame]puppe *f,* Pappfigur *f* ❸ (*switch*) Unterbrecher *m,* Sicherung *f,* Ausschalter *m* **II.** *adj inv* ausgeschnitten **cutout fuse** *n* Sicherungsautomat *m* **cutout switch** *n* Sicherungsschalter *m*
cut-price I. *adj attr, inv* ❶ (*product*) Billig-; *clothes* herabgesetzt; *ticket* ermäßigt; ~ **computer** verbilligter Computer ❷ (*store*) ~ **shop/supermarket** Billigladen/-supermarkt *m* **II.** *adv inv* zu Schleuderpreisen, ermäßigt; ***I bought my sofa*** ~ ich habe mein Sofa zu einem verbilligten Preis gekauft **cut-rate** *adj attr, inv* zu verbilligtem Tarif, herabgesetzt, verbilligt; ~ **offer** Billigangebot *nt,* Sonderangebot *nt*
cutsie *adj* AM (*pej fam*) *see* **cutesy**
cutsiepie ['kjuːtsipaɪ] *n* AM (*pej fam*) Tussi *f pej fam*
cutter ['kʌtəʳ, AM 'kʌt̬ər] *n* ❶ (*tool*) Schneidwerkzeug *nt,* Schneider *m,* Schneidemaschine *f;* **pizza** ~ Pizzaschneider *m*
❷ (*person*) [Zu]schneider(in) *m(f);* FILM Cutter(in) *m(f)*
❸ NAUT Kutter *m*
❹ (*in cricket*) Cutter *m*
cutthroat ['kʌtθraʊt, AM θroʊt] **I.** *n* (*dated: murderer*) Mörder *m,* Halsabschneider *m a. fig* **II.** *adj* mörderisch, gnadenlos, unbarmherzig; ***the advertising world is a very*** ~ ***business*** in der Werbebranche wird mit harten Bandagen gekämpft; ~ **competition** gnadenloser Konkurrenzkampf **cutthroat razor** *n* BRIT, AUS [offenes] Rasiermesser *nt*
cutting ['kʌtɪŋ, AM -t̬-] **I.** *n* ❶ JOURN Ausschnitt *m;* **press** ~ Zeitungsausschnitt *m*
❷ HORT Ableger *m*
II. *adj comment* scharf; *remark* beißend, spitz
cutting edge *n* ❶ (*blade*) Schneide *f*
❷ *no pl* (*latest stage*) vorderste Front; ▪**to be at the** ~ an führender Stelle [*o* vorderster Front] stehen
❸ *no pl* (*person*) Wegbereiter(in) *m(f)*
❹ *no pl* (*force*) Zugkraft *f*
❺ *no pl* (*eloquence*) Ausdruckskraft *f,* Eloquenz *f geh*
cuttlebone ['kʌtl-, AM 'kʌt̬l] *n no pl* Sepiaschale *f,* Schulp *m* **cuttlefish** <*pl* – *or* -es> *n* Tintenfisch *m,* Kuttelfisch *m*
cutup ['kʌt̬ʌp] *n* AM Kasper *m fam,* Witzbold *m fam,* Clown *m oft pej;* **class** ~ Klassenkasper *m,* Klassenclown *m*
CV [ˌsiː'viː] *n abbrev of* **curriculum vitae**
cwm *n* Kar *nt*
CWO [ˌsiːdʌbljuː'əʊ, AM -'oʊ] COMM *abbrev of* **cash with order** *see* **cash I**
cwt <*pl* – *or* -s> *abbrev of* **hundredweight**
cyan ['saɪæn] **I.** *n no pl* Zyanblau *nt*
II. *adj* blaugrün, zyanblau
cyanide ['saɪənaɪd] *n no pl* Zyanid *nt fachspr,* Blausäuresalz *nt*
cyber- ['saɪbə, AM -ər] *in compounds* Cyber-, Internet- **cybercafe** ['saɪbəkæfeɪ, AM -bər-] *n* Cybercafe *nt* **cybercrook** ['saɪbəkrʊk, AM -ər-] *n* Internetbetrüger(in) *m(f)* **cybermerchant** ['saɪbəmɜːtʃᵊnt, AM -ərmɜːr-] *n* Internethändler(in) *m(f)* **cybernaut** ['saɪbənɔːt, AM -ər-] *n* Cybernaut *m* **cybernetic** [ˌsaɪbə'netɪk, AM bər'net̬] *adj inv* PHYS kybernetisch *fachspr* **cybernetics** [ˌsaɪbə'netɪks, AM -bər'net̬-] *n + sing vb* Kybernetik *f kein pl* **cyberpunk** ['saɪbəpʌŋk] *n no pl* LIT Cyberpunk *m* **cybersex** ['saɪbəseks, AM -ər-] *n modifier* Cybersex *m* **cyber-shop** ['saɪbəʃɒp, AM -ʃɑːp] *vi* Internetgeschäft *nt* **cybershopper** ['saɪbəʃɒpəʳ, AM -ərʃɑːpər] *n* Cybershopper(in) *m(f)* (*jd, der über das Internet einkauft*) **cyberspace** ['saɪbəspeɪs, AM -bər-] *n* Cyberspace *m* **cyberspeed** ['saɪbəspiːd, AM -bər-] **I.** *n* ▪**at** ~ mit rasendem Tempo **II.** *n modifier* blitzschnell *fam* **cybersquatting** ['saɪbəskwɒtɪŋ, AM -bərskwɑːt̬-] *n no pl* INET Cybersquatting *nt fachspr* (*Registrierung von Markennamen als Webadressen, um sie weiterzuverkaufen*) **cyber-time** ['saɪbətaɪm, AM -ər-] *n no pl* Zeit *f* online **cyberventing** ['saɪbəventɪŋ, AM -bər-] *n no pl sich in dafür eingerichteten Chatforen seinem Ärger über seinen Chef Luft machen*
cyborg ['saɪbɔːg, AM bɔːrg] *n* LIT, FILM Cyborg *m*
cyclamen ['sɪkləmən, AM 'saɪklə-] *n* Alpenveilchen *nt,* Zyklame *f* ÖSTERR, SCHWEIZ
cycle¹ ['saɪkl] *short for* **bicycle I.** *n* [Fahr]rad *nt;* **racing** ~ Rennrad *nt*
II. *vi* Rad fahren, radeln *fam,* mit dem [Fahr]rad fahren
cycle² ['saɪkl] *n* ❶ (*sequence*) Zyklus *m,* Kreislauf *m;* ***the council holds its elections on a four-year*** ~ der Rat hält seine Wahlen in einem Turnus von vier Jahren ab; ~ **of life** Lebenskreislauf *m;* ~ **of materials** Materialkreislauf *m;* ~ **of the seasons** Zyklus *m* der Jahreszeiten; **sth occurs in ~s** etw vollzieht sich *akk* in Zyklen
❷ (*operation*) Arbeitsgang *m*
❸ (*collection*) Zyklus *m;* ~ **of poems/songs** Gedichte-/Liederzyklus *m*
cycle clip *n* Fahrradclip *m* **cycle helmet** *n* Fahrradhelm *m* **cycle lane** *n,* **cycle path** *n* [Fahr]radweg *m* **cycle rack** *n* Fahrradständer *m;* (*on car*) Fahrradträger *m,* Fahrradhalterung *f* **cycle shed** *n* BRIT Fahrradschuppen *m,* Fahrradunterstand *m* **cycle shop** *n* Fahrradladen *m,* Fahrradgeschäft *nt* **cycle shorts** *npl* Radlerhose *f* **cycle way** *n* [Fahr]radweg *m*
cyclical ['saɪklɪkᵊl, 'sɪk-] *adj* ❶ (*occurring in cycles*) zyklisch, periodisch; **to follow a** ~ **pattern** zyklisch verlaufen
❷ ECON, FIN ~ **stocks** zyklische Werte *pl*
cyclic redundancy check *n* COMPUT zyklische Blockprüfung, CRC-Prüfung *f*
cycling ['saɪklɪŋ] *n no pl* Radfahren *nt,* Radeln *nt fam;* SPORTS Radrennsport *m,* Rennradfahren *nt*
cycling helmet *n* Fahrradhelm *m;* **to wear a** ~ einen Fahrradhelm tragen [*o fam* aufhaben] **cycling shorts** *npl* Radlerhose *f* **cycling tour** *n* [Fahr]radtour *f*
cyclist ['saɪklɪst] *n* Radfahrer(in) *m(f),* Radler(in) *m(f) fam*
cyclone ['saɪkləʊn, AM -kloʊn] *n* ❶ METEO [tropischer] Wirbelsturm, Zyklon *m*
❷ AM, AUS (*fence*) **C~® fence** Maschendrahtzaun *m*
cyclonic [saɪ'klɒnɪk, AM 'klɑː] *adj inv* METEO Tiefdruck-
Cyclops <*pl* -ses *or* -es> ['saɪklɒps, *pl* saɪ'kləʊpiːz, AM -klɑːps, *pl* -'kloʊpiːz] *n* Zyklop *m*
cygnet ['sɪgnət] *n* junger Schwan, Schwanenjunge(s) *nt*
cylinder ['sɪlɪndəʳ, AM -ər] *n* ❶ MATH Zylinder *m*
❷ TECH (*roller*) Walze *f*
❸ (*vessel*) Flasche *f;* ~ **of gas** Gasflasche *f;* ~ **of oxygen** Sauerstoffflasche *f*
❹ AUTO Zylinder *m;* **six-~ engine** Motor *m* mit sechs Zylindern, Sechszylindermotor *m;* **to be firing on all four ~s** auf allen vier Zylindern laufen
cylinder capacity *n no pl* AUTO Hubraum *m*
cylinder head *n* AUTO Zylinderkopf *m*
cylindrical [sə'lɪndrɪkᵊl] *adj* zylindrisch, walzenförmig
cymbal ['sɪmbᵊl] *n usu pl* Beckenteller *m;* ▪**~s** Becken *nt,* Zimbel *f;* **clash** [*or* **crash**] **of ~s** Beckenschlag *m*
cymbalist ['sɪmbᵊlɪst] *n* Beckenschläger(in) *m(f)*
cynic ['sɪnɪk] *n* (*pej*) Zyniker(in) *m(f) pej*
cynical ['sɪnɪkᵊl] *adj* (*pej*) ❶ (*bitter*) zynisch *pej;* **to take a** ~ **view of sb/sth** jdm/etw gegenüber eine zynische Einstellung haben; **to be** [**deeply**] ~ **about sb/sth** sich *akk* [sehr] zynisch über jdn/etw äußern
❷ (*doubtful*) ▪**to be** ~ **about sb/sth** jdm/etw gegenüber misstrauisch [*o* skeptisch] sein
❸ (*exploitive*) skrupellos *pej*
cynically ['sɪnɪkᵊli] *adv* (*pej*) zynisch *pej*
cynicism ['sɪnɪsɪzᵊm] *n no pl* (*pej*) Zynismus *m pej*
cynosure ['saɪnəsjʊəʳ, AM -ʃʊr] *n* (*liter*) Anziehungspunkt *m,* Gegenstand *m* der Bewunderung; **to be the** ~ **of all eyes** alle Blicke auf sich *akk* ziehen
cypher *n see* **cipher**
cy-pres [ˌsiː'prəs] LAW **I.** *adj* so nahe wie möglich; ~ **doctrine** Änderung im anzunehmenden Sinn [eines Stiftungsgebers]
II. *adv* so nahe wie möglich
cypress ['saɪprəs] *n* Zypresse *f*
Cypriot ['sɪpriət] **I.** *n* Zypriote, -in *m, f*
II. *adj inv* zypr[iot]isch
Cyprus ['saɪprəs] *n no pl* Zypern *nt*
Cyrillic [sə'rɪlɪk] **I.** *n no pl* Kyrillisch *nt*
II. *adj inv alphabet* kyrillisch
cyst [sɪst] *n* MED Zyste *f*
cystic fibrosis [ˌsɪstɪkfaɪ'brəʊsɪs, AM -'broʊ-] *n no pl* Mukoviszidose *f,* zystische Fibrose
cystitis [sɪ'staɪtɪs, AM -t̬-] *n no pl* Blasenentzündung *f,* Zystitis *f fachspr*
cytological [ˌsaɪtəʊ'lɒdʒɪkᵊl, AM -t̬ə'lɑː-] *adj inv* BIOL zytologisch; ~ **research** Zellforschung *f*
cytologically [ˌsaɪtə(ʊ)'lɒdʒɪkᵊli, AM -t̬ə'lɑː-] *adv inv* BIOL zytologisch
cytologist [saɪ'tɒlədʒɪst, AM -'tɑː-] *n* BIOL Zellforscher(in) *m(f),* Zytologe, -in *m, f*
cytology [saɪ'tɒlədʒi, AM -'tɑː-] *n no pl* BIOL Zytologie *f,* Zellenlehre *f*
cytoplasm ['saɪtə(ʊ)plæzᵊm, AM -t̬ə-] *n no pl* BIOL Zytoplasma *nt,* Zellplasma *nt*
czar *n esp* AM *see* **tsar**
czarina *n esp* AM *see* **tsarina**
Czarist ['zɑːrɪst] HIST **I.** *adj inv* Zaren-, zaristisch
II. *n* Zarist(in) *m(f)*
Czech [tʃek] **I.** *n* ❶ (*person*) Tscheche, -in *m, f*
❷ *no pl* (*language*) Tschechisch *nt*
II. *adj inv* tschechisch
Czechoslovak [ˌtʃekəʊ'sləʊvæk, AM -oʊ'sloʊvɑːk] (*hist*) **I.** *adj inv* tschechoslowakisch *hist*
II. *n* Tschechoslowake, -in *m, f hist*
Czechoslovakia [ˌtʃekə(ʊ)slə(ʊ)'vækiə, AM -oʊsloʊ'vɑː-] *n no pl* (*hist*) die Tschechoslowakei
Czechoslovakian [ˌtʃekə(ʊ)slə(ʊ)'vækiən, AM -oʊsloʊ'vɑː-] (*hist*) **I.** *n* Tschechoslowake, -in *m, f*
II. *adj inv* tschechoslowakisch
Czech Republic *n no pl* ▪**the** ~ die Tschechische Republik, Tschechien *nt*

D

D <*pl* -'s>, **d** <*pl* 's *or* -s> [diː] *n* ❶ (*letter*) D *nt,* d *nt;* ~ **for David** [*or* AM **as in Dog**] D für Dora; *see also* **A 1.**
❷ MUS D *nt,* d *nt;* ~ **flat** Des *nt,* des *nt;* ~ **sharp** Dis *nt,* dis *nt; see also* **A 2.**
❸ (*school mark*) ≈ Vier *f,* ≈ ausreichend; *see also* **A 3.**
❹ (*Roman numeral*) D *nt,* d *nt*
❺ ECON, FIN **Schedule** ~ *zu versteuernde Einkünfte, die nicht aus Beschäftigungen kommen;* **Table** ~ *Mustersatzung im Gesetz über Aktiengesellschaften*
d *abbrev of* **died** gest.
'd [d] ❶ = **had** *see* **have**
❷ = **would** *see* **would**
DA [ˌdiː'eɪ] *n* AM LAW *abbrev of* **district attorney**

dab [dæb] **I.** *vt* <-bb-> ■**to ~ sth** [**with sth**] etw [mit etw *dat*] betupfen; **to ~ a bit of powder on sth** etwas Puder auf etw *akk* auftragen; **to ~ one's eyes** sich *dat* die Augen [trocken] tupfen; ■**to ~ sth from sth** etw von etw *dat* abtupfen
II. *vi* <-bb-> ■**to ~ at sth** etw betupfen; ***he was ~bing at his eyes with a handkerchief*** er trocknete sich die Augen mit einem Taschentuch
III. *n* ❶ (*spot*) Klecks *m,* Spritzer *m,* Tropfen *m;* ***just a ~ will do it*** ein bisschen reicht; **a ~ of butter** etwas Butter; **a ~ of ointment** ein Tupfer *m* Salbe; **a ~ of paint** ein Klecks *m* Farbe
❷ BRIT (*dated fam: fingerprints*) ■**~s** *pl* Fingerabdrücke *mpl*

dabble ['dæbl] **I.** *vi* dilettieren; ■**to ~ in** [*or* **with**] **sth** sich *akk* nebenbei mit etw *dat* beschäftigen; ***she ~d with several careers*** sie versuchte sich in mehreren Berufen
II. *vt* **to ~ one's feet/hands in water** mit den Füßen/Händen im Wasser planschen
III. *n no pl* Zwischenspiel *nt;* ***after a brief ~ in politics, he returned to the world of business*** nach einem kurzen Abstecher in die Politik kehrte er in die Wirtschaft zurück

dabbler ['dæblə^r, AM -ɚ] *n* Amateur(in) *m(f),* Dilettant(in) *m(f);* ■**to be a ~ in sth** etw dilettantisch tun; **to be a ~ in writing** ein Amateurschriftsteller *m*/eine Amateurschriftstellerin sein

dab hand *n* BRIT (*fam*) Könner(in) *m(f),* Profi *m fam,* Ass *nt fam;* ***you're a bit of a ~ in the kitchen*** du bist ja ein richtiger Kochkünstler; ■**to be a ~ at sth** ein [wahrer] Meister in etw *dat* sein; **to be a ~ at cricket** ein Kricketass sein *fam*

DAC, D/A converter *n* COMPUT *abbrev of* **digital to analogue converter** Digital-Analog-Umsetzer *m*

dace <*pl* -> [deɪs] *n* ZOOL Weißfisch *m*

dacha ['dætʃə, AM 'dɑː-] *n* Datscha *f,* Datsche *f*

dachshund ['dæksᵊnd, AM 'dɑːkshʊnd] *n* Dackel *m,* Dachshund *m*

Dacron® ['dækrɒn, AM 'deɪkrɑːn] *n no pl* AM (*terylene*) Dacron® *nt,* Terylene® *nt*

dactylic [dæk'tɪlɪk] *adj inv* LING daktylisch *fachspr*

DAD *n* COMPUT *abbrev of* **digital audio disk** digitale Tonplatte

dad [dæd] *n* (*fam*) Papa *m fam,* Vati *m fam;* **mum** [*or* AM **mom**] **and ~** Mama und Papa, Vati und Mutti; ■**D~** Papa, Vati

Dada ['dɑːdɑː] *n no pl* ART Dada *m*

daddy ['dædi] *n* (*fam*) ❶ (*childspeak: dad*) Vati *m fam,* Papi *m fam,* Papa *m fam;* **mummy** [*or* AM **mommy**] **and ~** Mami und Papi, Mama und Papa, Vati und Mutti; ■**D~** Vati, Papi, Papa
❷ (*fig*) ■**the ~ of sth** der Erfinder [*o* Vater] einer S. *gen*

daddy-long-legs <*pl* -> *n* (*fam*) ❶ (*crane fly*) Schnake *f*
❷ AM (*harvestman*) Weberknecht *m*

dado <*pl* -s> ['deɪdəʊ, AM doʊ] *n* ARCHIT ❶ (*part of a wall*) Paneel *nt*
❷ (*part of a pedestal*) Postamentwürfel *m*

daemon ['diːmən] *n* ❶ COMPUT Dämonprozess *m*
❷ (*old*) *see* **demon**

daff [dæf] *n* (*fam*) *see* **daffodil**

daffodil ['dæfədɪl] *n* Osterglocke *f,* Osterblume *f,* gelbe Narzisse

daffy ['dæfi] *adj,* **daft** [dɑːft, AM dæft] *adj* (*fam*) doof *pej sl,* blöd *fam,* bekloppt *sl;* ***this was a pretty ~ thing to do*** das war ziemlich bescheuert *sl;* ***don't be ~!*** mach keinen Quatsch! *fam;* ***you ~ idiot!*** du Vollidiot! *sl;* ***some of the suggested solutions were just plain ~*** einige der Lösungsvorschläge waren einfach schwachsinnig; ■**to be ~ about sb/sth** nach jdm/etw verrückt sein
► PHRASES: **to be as ~ as a brush** dumm wie Bohnenstroh sein

daftness ['dɑːftnəs, AM 'dæft-] *n no pl* Blödheit *f fam*

dag [dæg] *n* AUS (*fam*) ❶ (*ugly*) Zottel *m fam,* Zausel *m* DIAL *fam*
❷ (*dated: funny*) Scherzbold *m,* Witzbold *m*

dagger ['dægə^r, AM -ɚ] *n* ❶ (*knife*) Dolch *m*
❷ TYPO Kreuz *nt*
► PHRASES: **to be at ~s drawn with sb** mit jdm auf [dem] Kriegsfuß stehen; **to look ~s at sb** jdn mit Blicken durchbohren

dago <*pl* -es *or* -s> ['deɪgəʊ, AM -goʊ] *n* (*pej!*) Kanake *m pej sl*

daguerr(e)otype [də'gerə(ʊ)taɪp, AM -ətaɪp] *n* PHOT (*hist*) Daguerreotypie *f*

dahlia ['deɪliə, AM 'dæljə] *n* Dahlie *f*

Dáil [dɔɪl] *n,* **Dáil Éireann** [ˌdɔɪl'eərən, AM -'erən] *n no pl, + sing/pl vb* Dáil *f* (*das Unterhaus der Republik Irland*)

daily ['deɪli] **I.** *adj attr, inv* ❶ (*every day*) täglich; **on a ~ basis** tageweise; **one's ~ bread** (*fam*) sein tägliches Brot; **~ consumption** täglicher Verbrauch, Tagesverbrauch *m;* **~ grind** Alltagstrott *m;* **~ life/routine** Alltagsleben *nt*/-routine *f*
❷ FIN **~ interest** [*or* **interest calculated ~**] Tageszins *m*
II. *adv inv* jeden Tag, täglich; **twice ~** jeden Tag zweimal, zweimal täglich
III. *n* ❶ (*newspaper*) Tageszeitung *f;* **national ~** BRIT landesweite Tageszeitung
❷ BRIT (*dated fam: cleaner*) Reinemachefrau *f,* Putzfrau *f,* Reinigungskraft *f*

daily help <*pl* -> *n* BRIT (*dated*) *see* **daily III 2**

daily newspaper *n* Tageszeitung *f* **daily quotation** *n* FIN Tagesnotierung *f* **daily sales returns** *n* FIN Tagesumsatz *m*

Daimyo bond ['daɪmɪəʊ-, AM -oʊ-] *n* ECON, FIN Daimyo-Anleihe *f*

daintily ['deɪntɪli, AM -ţ-] *adv* zierlich, anmutig, reizend, nett

daintiness ['deɪntɪnəs, AM -ţɪ-] *n no pl* Zierlichkeit *f,* Anmut *f*

dainty ['deɪnti, AM -ţ-] **I.** *adj* ❶ (*delicate*) *child* fein, zart
❷ (*tasty*) *cake* appetitlich, lecker *fam*
II. *n usu pl* Leckerbissen *m*

daiquiri ['daɪkɪri, AM 'dækɚi] *n Cocktail aus Rum, Zitronensaft und Zucker*

dairy ['deəri, AM 'deri] **I.** *n* ❶ (*vendor*) Molkerei *f,* Molkereibetrieb *m*
❷ *esp* AM (*farm*) Milchbetrieb *m,* auf Milchwirtschaft spezialisierter Bauernhof
II. *n modifier* ❶ (*of milk*) Molkerei-; **~ produce** Molkereiprodukte *ntpl;* **~ products** Molkereierzeugnisse *ntpl*
❷ (*producing milk*) Milch-; **~ farmer** Milchbauer, Milchbäuerin *m, f;* **~ herd** Herde *f* Milchkühe; **~ industry** Milchindustrie *f;* **~ man** Milchmann *m*

dairying [deərɪŋ, AM der-] *n no pl* ❶ (*business*) Milchwirtschaft *f*
❷ (*activity*) Milchverarbeitung *f*

dairymaid *n* (*old*) Molkereiangestellte *f* **dairyman** *n* Molkereiangestellter *m*

dais ['deɪɪs] *n* Podium *nt*

daisy ['deɪziː] *n* Gänseblümchen *nt; see also* **fresh 9, push up I 3**

daisy chain *n* ❶ (*necklace, bracelet*) Kette *f* aus Gänseblümchen
❷ COMPUT Verkettung *f;* **~ bus** verkettete Busstruktur

daisy-chain *vt* COMPUT ■**to ~ sth** etw verketten

daisywheel *n* Typenrad *nt,* Typenscheibe *f*

Dalai Lama [ˌdælaɪ'lɑːme, AM ˌdɑːlaɪ'-] *n* Dalai-Lama *m*

dale [deɪl] *n* ❶ DIAL (*poet: valley*) Tal *nt;* **over hill and ~** über Berg und Tal
❷ GEOG ■**the D~s** *pl bergige Gegend in Nordengland*

dalliance ['dæliən(t)s] *n* ❶ (*esp hum: affair*) Liebelei *f,* Liebschaft *f,* Affäre *f,* Verhältnis *nt;* ■**to have a ~ with sb** mit jdm ein Verhältnis [*o* eine Affäre] haben
❷ *no pl* (*esp hum: flirting*) Geschäker *nt hum fam,* Flirt *m*
❸ (*fig: interest*) [kurze] Affäre *f*
❹ *no pl* (*wasting time*) Zeitverschwendung *f*

dally <-ie-> ['dæli] *vi* ❶ (*dated: dawdle*) [herum]trödeln *fam;* ■**to ~ over sth** *over tasks* mit etw *dat* trödeln *fam*
❷ (*consider*) **to ~ with the idea** mit der Idee spielen [*o* dem Gedanken liebäugeln]; **to ~ with the idea of doing sth** mit dem Gedanken spielen, etw zu tun
❸ (*old: flirt*) ■**to ~ with sb** mit jdm schäkern [*o* flirten]; **to ~ with sb's affections** mit jds Gefühlen spielen

Dalmatia [dæl'meɪʃe] *n no pl* HIST Dalmatien *nt*

dalmatian [dæl'meɪʃᵊn] *n* Dalmatiner *m*

dam [dæm] **I.** *n* [Stau]damm *m,* Deich *m*
II. *vt* <-mm-> **to ~ the river** den Fluss absperren [*o* dämmen]
◆**dam up** *vt* ❶ (*obstruct*) **to ~ up** ↔ **the river** den Fluss [auf]stauen
❷ (*suppress*) **to ~ up one's emotions** [*or* **feelings**] seine Gefühle unterdrücken

damage ['dæmɪdʒ] **I.** *vt* ■**to ~ sth** ❶ (*wreck*) etw *dat* schaden [*o* Schaden zufügen], etw [be]schädigen; **to be badly ~d** *building* schwer beschädigt sein
❷ (*blemish*) etw *dat* schaden; ***the scandal is damaging his good reputation*** der Skandal schadet seinem [guten] Ruf
II. *n no pl* ❶ (*destruction*) Schaden *m* (**to** an +*dat*), [Be]schädigung *f;* **to cause ~ to sth** etw beschädigen
❷ (*injury*) Schaden *m* (**to** an +*dat*); **to suffer brain ~** einen Gehirnschaden erleiden; **to do ~ to sb/sth** jdm/etw schaden [*o* Schaden zufügen]; **to do ~ to sb's pride** jds Stolz verletzen
❸ LAW Schaden *m;* **causing criminal ~** Verursachung *f* strafbarer Sachbeschädigung; **malicious ~** böswillige Sachbeschädigung
► PHRASES: **the ~ is done** es ist nun einmal passiert; **what's the ~?** (*hum fam*) was kostet der Spaß?

damaged ['dæmɪdʒd] *adj* ❶ (*destroyed*) beschädigt; **fire-~ goods** brandgeschädigte Waren; **badly ~** stark [*o* schwer] beschädigt
❷ (*injured*) verletzt
❸ (*blemished*) *reputation* befleckt
► PHRASES: **to be ~ goods** (*pej sl*) keine Jungfrau mehr sein

damage feasant *n* LAW Schadenstiftung *f* durch fremde Tiere **damage limitation** *n no pl* ❶ POL Schadensbegrenzung *f* ❷ MIL Vermeidung *f* von Verlusten

damages ['dæmɪdʒɪz] *npl* LAW Schaden[s]ersatz *m kein pl;* **measure of ~** Schadensbemessung *f;* **mitigation of ~** Herabsetzung *f* des Schadenersatzes; **aggravated ~** erhöhter Schadenersatz; **compensatory ~** ausgleichender Schadenersatz; **exemplary** [*or* **punitive**] **~** verschärfter Schadenersatz; **general ~** genereller Schadenersatz; **liquidated ~** bezifferter Schadenersatz; **nominal ~** nomineller Schadenersatz; **special ~** Schadenersatz *m* für einen konkreten Schaden; **to be awarded ~** [**over sth**] Schadensersatz [für etw *akk*] zugesprochen bekommen; **to claim ~** Anspruch auf Schadensersatz erheben

damaging ['dæmɪdʒɪŋ] *adj* ❶ (*destroying*) schädlich; **to have a ~ effect** [**on sth**] sich *akk* auf etw *akk* negativ auswirken; ■**to be ~ to sth** für etw *akk* schädlich sein
❷ (*disadvantageous*) *evidence, remark* nachteilig

damask ['dæməsk] **I.** *n no pl* Damast *m*
II. *n modifier tablecloth* damasten, Damast-, aus Damast

dambusters ['dæmbʌstəz, AM ɚz] *npl* HIST ■**the ~** *Bezeichnung für eine britische Bomberschwadron, die sich im 2. Weltkrieg auf die Zerstörung deutscher Staudämme konzentrierte*

dame [deɪm] *n* ❶ AM (*dated sl: woman*) Dame *f*
❷ BRIT (*title*) Freifrau *f,* Dame *f;* **D~ Fortune** Frau Fortuna *f;* **to make sb a D~** jdn zur Freifrau erheben
❸ BRIT (*pantomime*) komische Alte

dammit ['dæmɪt] *interj* (*sl*) verdammt!, verflucht!

damn [dæm] **I.** *interj* (*sl*) ■**~** [**it**]! verdammt!, verflucht!
II. *adj attr, inv* (*sl*) ❶ (*cursed*) Scheiß- *derb;* ***I can't get the ~ thing to work!*** ich bring dieses Scheiß-

D

ding nicht zum Laufen! *derb;* ~ **fool** [*or* **idiot**] Vollidiot *m sl*

❷ (*emph*) verdammt *sl;* **to be a ~ sight better** entschieden besser sein

▶ PHRASES: ~ **all** BRIT nicht die Bohne; **to know ~ all about sth** von etw *dat* überhaupt keine Ahnung haben

III. *vt* ❶ (*sl: curse*) ■**to ~ sb/sth** jdn/etw verfluchen; ~ **you!** hol dich der Teufel! *sl,* du kannst mich mal! *fam*

❷ *usu passive* (*condemn*) ■**to ~ sb/sth** jdn/etw verurteilen; **to ~ a novel** einen Roman verreißen; ■**to ~ sb for sth** jdn wegen einer S. *gen* verurteilen

❸ (*punish*) ■**to ~ sb** jdn verdammen

▶ PHRASES: **to ~ sb with faint praise** jdn auf die sanfte Art zerreißen; **as near as ~ it** (*fam*) so gut wie; ***it's not quite ten feet, but it's as near as ~ it*** es sind so gut wie zehn Fuß; **sb/sth be ~ed!** (*fam!*) der Teufel hol jdn/etw *sl;* **I'll be ~ed!** (*fam!*) nicht zu glauben!, das ist die Höhe!; **I'll be ~ed if I do that** das werde ich auf gar keinen Fall tun; ***I'm ~ed if I'm going to invite her*** es fällt mir nicht im Traum ein, sie einzuladen; **to be ~ed if one does and ~ed if one doesn't** die Wahl zwischen Pest und Cholera haben; **well I'm** [*or* **I'll be**] **~ed!** (*fam!*) mich tritt ein Pferd! *fam*

IV. *adv inv* (*fam!*) verdammt *sl;* ***I should know ~ well*** das will ich aber auch stark hoffen *fam*

V. *n no pl* (*fam!*) **sb does not give** [*or* **care**] **a ~ about sb/sth** jdm ist jd/etw scheißegal *sl*

damnable ['dæmnəbl] *adj* (*dated*) grässlich

damnably ['dæmnəbli] *adv* grässlich

damnation [dæm'neɪʃən] *n no pl* Verdammung *f,* Verdammnis *f geh;* **eternal ~** ewige Verdammnis

damned [dæmd] **I.** *adj attr, inv* (*fam!*) ❶ (*cursed*) Scheiß- *derb; see also* **damn II 1**

❷ (*emph: extreme*) verdammt *fam; see also* **damn II 2**

II. *adv inv* (*fam!*) verdammt; **to be ~ arrogant** verdammt arrogant sein; *see also* **damn IV**

III. *n* ■**the ~** *pl* die Verdammten *pl*

damnedest ['dæmdɪst] **I.** *adj attr, inv esp* AM verrückteste(r, s), bizarrste(r, s); ***that's the ~ excuse I ever heard!*** das ist die abgefahrenste Ausrede, die ich je gehört habe! *sl*

II. *n no pl* (*fam*) **to do** [*or* **try**] **one's ~** [**to do sth**] sich *dat* alle Mühe geben[, etw zu tun]

damning ['dæmɪŋ] *adj remark* vernichtend, belastend, erdrückend; **~ comment** vernichtender Kommentar; **~ evidence** erdrückende Beweise; **~ report** belastender Bericht

Damocles ['dæməkli:z] *n no pl* Damokles *m; see also* **sword**

damp [dæmp] **I.** *adj table, cloth* feucht, klamm

II. *n no pl* BRIT, AUS Feuchtigkeit *f;* **patch of ~** feuchter Fleck

III. *vt* ■**to ~ sth** etw befeuchten; **to ~ a cloth** ein Tuch anfeuchten; **to ~ shirts for ironing** Hemden zum Bügeln einsprengen [*o* einspritzen]

◆**damp down** *vt* **to ~ down** ↻ **a fire/flames** ein Feuer/Flammen ersticken; (*fig*) **to ~ down** ↻ **one's feelings** seine Gefühle unterdrücken; **to ~ down speculation** Spekulationen dämpfen; **to ~ down sb's spirits** jdm den Mut nehmen, jdn entmutigen

damp course *n* [Feuchtigkeits]dämmschicht *f,* Feuchtigkeitsisolierschicht *f,* Sperrschicht *f*

dampen ['dæmpən] *vt* ■**to ~ sth** ❶ (*wet*) etw befeuchten [*o* anfeuchten]; ***the rain had ~ed the tent*** das Zelt war vom Regen feucht geworden

❷ (*suppress*) etw dämpfen; **to ~ sb's enthusiasm** jdn entmutigen, jds Begeisterung einen Dämpfer aufsetzen; **to ~ one's expectations** seine Erwartungen zurückschrauben

❸ (*mute*) *sound* etw dämpfen

damper¹ ['dæmpəʳ, AM -pɚ] *n* (*fam*) Dämpfer *m;* **to put a ~ on sth** etw *dat* einen Dämpfer aufsetzen

damper² ['dæmpəʳ, AM -pɚ] *adj comp of* **damp I**

dampish ['dæmpɪʃ] *adj* [etwas] feucht

damply ['dæmpli] *adv* feucht

dampness ['dæmpnəs] *n no pl* Feuchtigkeit *f;* **~ in the air** Luftfeuchtigkeit *f*

damp-proof *vt* ■**to ~ sth** etw gegen Feuchtigkeit schützen **damp-proof course** *n see* **damp course** **damp squib** *n* BRIT, AUS (*fam*) Reinfall *m fam,* Pleite *f fam*

damsel ['dæmzəl] *n* (*dated liter*) Maid *f veraltet o hum;* **~ in distress** (*hum*) hilflose junge Dame

damselfly *n* Seejungfer *f*

damson ['dæmzən] *n* Haferpflaume *f,* Damaszenerpflaume *f*

dance [dɑ:n(t)s, AM dæn(t)s] **I.** *vi* ❶ (*to music*) tanzen; **to ~ all night** die ganze Nacht tanzen, die Nacht durchtanzen; **to go dancing** tanzen gehen; ■**to ~ to sth/with sb** zu etw *dat*/mit jdm tanzen

❷ (*skip*) herumtanzen, herumspringen, herumhüpfen; ***the flowers are dancing in the breeze*** die Blumen wiegen sich im Wind; ***the sunlight was dancing on the surface of the water*** das Sonnenlicht tänzelte auf der Wasseroberfläche

▶ PHRASES: **to ~ to sb's tune** nach jds Pfeife tanzen

II. *vt* ❶ (*partner*) ■**to ~ sb somewhere** mit jdm irgendwohin tanzen; ***he ~d her around the room*** er tanzte mit ihr durch den Raum

❷ (*perform*) **to ~ calypso/tango** Calypso/Tango tanzen; **to ~ a waltz** einen Walzer tanzen

▶ PHRASES: **to ~ attendance on sb** um jdn herumscharwenzeln

III. *n* ❶ (*to music*) Tanz *m;* **to have a ~ with sb** mit jdm tanzen

❷ (*steps*) Tanz *m;* **the next ~** der nächste Tanz; **slow ~** Schieber *m,* langsamer Tanz; *see also* **lead**

❸ (*ball*) Tanzparty *f,* Tanzabend *m,* Tanzveranstaltung *f,* Ball *m;* ***will you come to the ~ with me?*** gehst du mit mir auf den Ball?; **end-of-term dinner ~** Semesterabschlussball *m*

❹ *no pl* (*art*) Tanz *m;* **classical/modern ~** klassischer/moderner Tanz

danceable ['dɑ:n(t)səbl, AM 'dæn-] *adj* **sth is ~** *song* man kann zu etw *dat* tanzen

dance band *n* Tanzkapelle *f* **dance class** *n* Tanzunterricht *m,* Tanzstunde *f* **dance floor** *n* Tanzfläche *f,* Tanzparkett *nt,* Tanzboden *m* **dance hall** *n* Tanzsaal *m* **dance music** *n no pl* Tanzmusik *f*

dancer ['dɑ:n(t)səʳ, AM 'dæn(t)sɚ] *n* Tänzer(in) *m(f)*

dance studio *n* Tanzschule *f,* Tanzstudio *nt*

dancing ['dɑ:n(t)sɪŋ, AM 'dæn(t)s-] *n no pl* Tanzen *nt*

dancing master *n* Tanzlehrer(in) *m(f)* **dancing partner** *n* Tanzpartner(in) *m(f)* **dancing shoes** *npl* Tanzschuhe *mpl*

D and C [ˌdi:ənd'si:] *n* MED *abbrev of* **dilation and curettage** Dilation und Kürettage *f fachspr,* Ausschabung *f*

dandelion ['dændɪlaɪən, AM -də-] *n* Löwenzahn *m,* Pusteblume *f*

dander ['dændəʳ, AM -dɚ] *n* ▶ PHRASES: **to get** [*or* **have**] **one's ~ up** (*fam*) seine Borsten aufstellen *fam;* **to get sb's ~ up** (*fam*) jdn auf die Palme bringen *fam*

dandified ['dændɪfaɪd, AM -də-] *adj* (*pej hum*) herausgeputzt, geschniegelt *hum,* aufgedonnert *pej;* **~ appearance** sehr gepflegte Erscheinung

dandle ['dændl] *vt* (*dated*) ■**to ~ sb** jdn schaukeln; **to ~ a baby** [**on one's knee**] ein Baby [auf dem Knie] wiegen

dandruff ['dændrʌf, AM -drəf] *n no pl* [Kopf]schuppen *pl*

dandy ['dændi] **I.** *n* (*pej*) Dandy *m pej,* Geck *m pej*

II. *adj esp* AM (*dated*) ❶ (*overly stylish*) geckenhaft *pej,* geschniegelt *hum*

❷ (*very good*) prima *fam;* ***that's just ~!*** das ist großartig!; ***we had a ~ time*** wir hatten eine wunderschöne Zeit

Dane [deɪn] *n* Däne, -in *m, f*

dang [dæŋ] *adj inv* AM (*euph fam*) *see* **damn(ed)** verdammt *derb,* verflucht *derb*

danger ['deɪndʒəʳ, AM -dʒɚ] *n* ❶ *no pl* (*jeopardy*) [Lebens]gefahr *f;* **~! *keep out!*** Zutritt verboten! Lebensgefahr!; **a ~ to life and limb** eine Gefahr für Leib und Leben; ■**to be in ~** in Gefahr sein; ***I felt my life was in ~*** ich hatte Angst um mein Leben; **to be in ~ of extinction** vom Aussterben bedroht sein; ■**to be in ~ of doing sth** Gefahr laufen, etw zu tun

❷ (*risk*) Gefahr *f,* Bedrohung *f;* ■**to be a ~ to sb/sth** eine Gefahr für jdn/etw sein; ■**there is a ~ that ...** es besteht die Gefahr, dass ...

❸ *no pl* (*chance*) Gefahr *f,* Risiko *nt;* ***there is no ~ of that!*** (*hum*) diese Gefahr besteht nicht; ***there's no ~ of me going out with him!*** (*hum*) ich werde bestimmt nicht mit ihm ausgehen!

❹ *no pl* MED ■**to be out of ~** außer Gefahr [*o fam* über den Berg] sein

danger area *n* Gefahrenbereich *m,* Gefahrenzone *f;* ***stay out — this is a ~!*** Betreten verboten! Gefahrenzone! **danger list** *n* **to be on the ~** in Lebensgefahr schweben; **to be off the ~** über den Berg sein *fam* **danger money** *n no pl* BRIT, AUS Gefahrenzulage *f*

dangerous ['deɪndʒərəs] *adj* gefährlich, gefahrvoll; **~ drugs** gesundheitsgefährdende Drogen; **~ to health** gesundheitsgefährdend; ■**it is ~ to do sth** es ist gefährlich, etw zu tun

dangerously ['deɪndʒərəsli] *adv* gefährlich; **to live ~** gefährlich leben

dangle ['dæŋgl] **I.** *vi* ■**to ~ from** [*or* **off**] **sth** von etw *dat* herabhängen; ***she had big earrings dangling from her ears*** an ihren Ohren baumelten große Ohrringe

▶ PHRASES: **to keep sb dangling** jdn zappeln lassen

II. *vt* ❶ (*swing*) **to ~ one's feet** mit den Füßen baumeln; ***he ~d his feet in the warm water*** er ließ seine Füße im warmen Wasser baumeln

❷ (*tempt with*) ■**to ~ sth before** [*or* **in front of**] **sb** jdm etw [verlockend] in Aussicht stellen

dangling participle *n* LING *Partizip, das ein selbst nicht vorkommendes Nomen näher bestimmt*

dangly ['dæŋgli] *adj* herabhängend, baumelnd

Danish ['deɪnɪʃ] **I.** *n* <*pl* -es> ❶ *no pl* (*language*) Dänisch *nt,* das Dänische

❷ (*people*) ■**the ~** *pl* die Dänen

❸ AM (*cake*) *see* **Danish pastry**

II. *adj inv* dänisch

Danish pastry *n* Blätterteiggebäck *nt,* Plunder *nt*

dank [dæŋk] *adj* [unangenehm] feucht, nass[kalt]

dankness ['dæŋknəs] *n no pl* Feuchte *f,* Feuchtigkeit *f*

Danube ['dænju:b] *n no pl* ■**the ~** die Donau

dapper <-er, -est> ['dæpəʳ, AM -ɚ] *adj person* adrett, elegant, gepflegt

dapple ['dæpl] *vt* ■**to ~ sth** etw tüpfeln, etw sprenkeln

dappled ['dæpld] *adj horse, pony* scheckig, gefleckt, gescheckt; *light* gesprenkelt; **~ shade** Halbschatten *m*

DAR [ˌdi:eɪ'ɑ:ʳ, AM -'a:r] *n no pl abbrev of* **Daughters of the American Revolution**

Darby and Joan [ˌdɑ:biənd'dʒəʊn] *n* BRIT (*hum*) *Bezeichnung für älteres Ehepaar*

dare [deəʳ, AM der] **I.** *vt* ■**to ~ sb** [**to do sth**] jdn herausfordern[, etw zu tun]; ***I ~ you!*** trau dich!; ***I ~ you to ask him to dance*** ich wette, dass du dich nicht traust, ihn zum Tanzen aufzufordern; ***she was daring him to come any closer*** sie warnte ihn [davor], näher zu kommen

II. *vi* sich *akk* trauen; ■**to ~** [**to**] **do sth** riskieren [*o* wagen] [*o* sich *akk* trauen] etw zu tun; ***who ~s to do that?*** wer traut sich das?; ***do you ~ to tell him this?*** traust du dich, ihm das zu sagen?; **~ *he tell her this?*** traut er sich, ihr das zu sagen?; ***he ~[s] not ask her name*** er traut sich nicht, sie nach ihrem Namen zu fragen; ***he was under attack for daring to criticize the Prime Minister*** er wurde angegriffen, weil er es gewagt hatte, den Premierminister zu kritisieren; ■**to not ~** [**to**] **do sth** [*or form* **to ~ not do sth**] nicht wagen [*o* sich *akk* nicht trauen] etw zu tun; ***I don't ~ to think*** [*or* ***dare not think***] ***how much it's going to cost*** ich wage nicht daran zu denken, wie viel es kosten wird

▶ PHRASES: **~ I say** [**it**] ... (*dated or hum*) ich wage zu behaupten, ...; **who ~s wins** (*prov*) wer wagt, gewinnt *prov;* [**just** [*or* **don't**]] **you ~!** (*esp hum*) untersteh dich!; **how ~ you!** was fällt Ihnen ein!; **how ~ sb do sth** wie kann es jd wagen, etw zu tun; ***how ~ you use my car!*** was fällt dir ein, mein Auto zu benutzen!; *see also* **daresay**

III. *n* Mutprobe *f,* Wagnis *nt;* ***it's a ~!*** sei kein Frosch!; **to do sth** Brit **as** [*or* Brit, Aus **for**] [*or* Am **on**] **a ~** etw als Mutprobe tun

daredevil (*fam*) **I.** *n* Draufgänger(in) *m(f),* Teufelskerl *m*

II. *n modifier* tollkühn, waghalsig, verwegen; **~ stunt** halsbrecherischer Stunt; **to pull a ~ stunt** etwas total Wahnsinniges tun *fam*

daren't [deənt, Am dernt] = **dare not, dares not** *see* **dare I, II**

daresay *vi* ■**I ~** [*or* **dare say**] ich meine [*o* möchte sagen]; ***he gets paid a lot of money, but I ~*** [***that***] ***he earns it*** er bekommt viel Geld, aber meiner Meinung nach verdient er es auch

daring ['deərɪŋ, Am 'der-] **I.** *adj* ① (*brave*) *person* kühn, wagemutig; *crime* dreist; **~ rescue operation** riskante [*o* waghalsige] Rettungsaktion; ■**it is ~ to do sth** es ist kühn, etw zu tun

② (*provocative*) verwegen; *film* gewagt

③ (*revealing*) *dress, skirt* gewagt

II. *n no pl* Kühnheit *f,* Wagemut *m;* **to show ~** Mut beweisen [*o* zeigen]

daringly ['deərɪŋli, Am 'der-] *adv* ① (*bravely*) wagemutig, kühn

② (*provocatively*) herausfordernd, provozierend

dark [dɑːk, Am dɑːrk] **I.** *adj* ① (*unlit*) dunkel, finster, düster; ***it was too ~ to see properly*** es war schon so düster, dass man nichts mehr richtig erkennen konnte; ***what time does it get ~ in the summer?*** wann wird es im Sommer dunkel?; ***our bedroom was very ~*** in unserem Schlafzimmer war es sehr düster

② (*in colour*) *hair, skin, eyes* dunkel; **~ blue** dunkelblau; **tall, ~ and handsome** groß, dunkel und gut aussehend

③ *attr* (*sad*) dunkel; *days* finster; *vision* düster; **~ chapter** dunkles Kapitel; **~ predictions** düstere Vorhersagen; **to have a ~ side** Nachteile haben; **to look on the ~ side of things** schwarz sehen, pessimistisch sein

④ (*evil*) finster, düster; **~ look** finsterer Blick; **to have a ~ side** eine finstere [*o* dunkle] Seite haben

⑤ (*secret*) dunkel, verborgen, geheim[nisvoll]; **to keep sth ~** [**from sb**] etw [vor jdm] geheim halten

⑥ (*hum: remote*) tief; ***he lived somewhere in ~est Peru*** er lebte irgendwo im tiefsten Peru

⑦ Ling dunkel; **a ~ 'l'** ein dunkles ‚l'

► Phrases: **the ~est hour is just before the dawn** (*prov*) schlimmer kann es jetzt nicht mehr werden

II. *n no pl* ■**the ~** die Dunkelheit, das Dunkel; **to be afraid of the ~** Angst vor der Dunkelheit haben; **to see/sit in the ~** im Dunkeln sehen/sitzen; **to do sth before/after ~** etw vor/nach Einbruch der Dunkelheit tun

► Phrases: **a leap in the ~** ein Sprung *m* ins Ungewisse; **a shot** [*or* **stab**] **in the ~** ein Treffer *m* ins Schwarze; **to keep sb in the ~** [**about** [*or* **as to**] **sth**] jdn [über etw *akk*] im Dunkeln lassen; **to be** [**completely**] **in the ~** keine Ahnung haben

Dark Ages *npl* ① Hist ■**the ~** das frühe Mittelalter

② (*ignorance*) ■**the d~ a~** die schlimmen Zeiten; ***this takes us back to the ~*** das ist ein Rückschritt in finstere Zeiten **dark chocolate** *n no pl* Am, Aus (*plain chocolate*) Bitterschokolade *f,* bittere Schokolade **dark-coloured** <darker-, darkest-> *adj* dunkelfarben; **~ outfit** Kleidung *f* in dezenten [*o* gedeckten] Farben **Dark Continent** *n no pl* ■**the ~** Afrika *nt,* der schwarze Kontinent **dark current** *n* Elec Dunkelstrom *m*

darken ['dɑːkᵊn, Am 'dɑːr-] **I.** *vi* ① (*lose light*) *sky* dunkel werden, sich verdunkeln [*o* verfinstern]

② (*look angry*) *mood* sich verdüstern [*o* verfinstern]; ***his face ~ed in anger*** sein Gesicht verfinsterte sich vor Wut

II. *vt* ① (*shade*) ■**to ~ sth** etw verdunkeln; **to ~ a room** einen Raum abdunkeln

② (*spoil*) ***nuclear weapons ~ our planet*** Atomwaffen bedrohen das Leben auf der Erde

► Phrases: **never to ~ these/sb's doors again!** (*liter*) sich *akk* nie wieder blicken lassen *fam;* ***never ~ these doors again!*** lass dich hier bloß nicht wieder blicken! *fam*

darkened ['dɑːkᵊnd, Am 'dɑːr-] *adj attr, inv* verdunkelt; *room* abgedunkelt

dark glasses *npl* Sonnenbrille *f* **dark horse** *n* ① Brit, Aus (*talent*) unbekannte Größe, unbeschriebenes Blatt; ***Anna's such a ~*** Anna hat viele versteckte Talente ② Am (*victor*) erfolgreicher Außenseiter

darkie *n,* Am *usu* **darky** ['dɑːki, Am 'dɑːr-] *n* (*pej! dated sl*) Neger(in) *m(f) pej*

darkish ['dɑːkɪʃ, Am 'dɑːr-] *adj* ① (*dark-coloured*) dunkel[farben]

② (*of person*) dunkleren Typs *nach n*

③ (*of hair*) dunkel

④ (*dim*) trüb[e]

⑤ (*mysterious*) geheimnisvoll, dunkel *fig*

darkly ['dɑːkli, Am 'dɑːrk-] *adv* ① (*dimly*) dunkel, finster; ***he could be seen ~ on the foggy moor*** er war in dem nebligen Moor nur schwer zu erkennen

② (*sadly*) traurig

③ (*ominously*) böse; **to look at sb ~** jdn böse ansehen

dark matter *n no pl* Astron dunkle Materie *fachspr*

darkness ['dɑːknəs, Am 'dɑːrk-] *n no pl* ① (*no light*) Dunkelheit *f,* Finsternis *f;* ***the room was in complete ~*** der Raum war völlig dunkel; **to be plunged into ~** in Dunkelheit getaucht sein

② (*night*) Finsternis *f*

③ *of colour* Dunkelheit *f*

④ (*fig: sadness*) Düsterkeit *f;* ***moments of ~*** düstere Momente

⑤ (*fig: evil*) *of one's soul* Finsterkeit *f*

⑥ (*fig: secrecy*) Dunkelheit *f;* **to draw a veil of ~ across sth** den Schleier des Geheimnisses über etw *akk* breiten

darkroom *n* Dunkelkammer *f* **dark-skinned** <darker-, darkest-> *adj* dunkelhäutig

dark trace tube *n* Elec Dunkelschriftröhre *f*

darky *n* (*pej! dated sl*) *see* **darkie**

darling ['dɑːlɪŋ, Am 'dɑːr-] **I.** *n* ① (*beloved*) Liebling *m,* Schatz *m,* Schätzchen *nt;* ***oh, ~, I do love you*** Liebling, ich liebe dich

② (*lovable person*) Engel *m,* Schatz *m;* ***what a ~ you are to bring me some tea!*** das ist wirklich nett von dir, dass du mir Tee bringst!; ■**to be sb's ~** jds Liebling sein; ■**be a ~ and …** sei so lieb [*o* nett] und …, sei ein Schatz und …

③ (*fam: friendly term*) Schatz *m,* Schätzchen *nt;* ***here's your change, ~*** hier ist Ihr Wechselgeld, Schätzchen *fam*

II. *n modifier* ① (*beloved*) hübsch, reizend, entzückend; (*in a letter*) ***D~ Martha, …*** Liebe Martha, …

② (*pretty*) *cat* süß, goldig, lieb; **a ~ little cottage** ein reizendes kleines Landhaus

darn¹ [dɑːn, Am dɑːrn] **I.** *vt* **to ~ a hole** ein Loch stopfen

II. *n* gestopfte Stelle; ***the cardigan is full of ~s*** die Strickweste ist überall gestopft

darn² [dɑːn, Am dɑːrn] (*fam*) **I.** *interj* Mist! *fam,* verflixt! *fam,* zum Kuckuck! *fam;* ***~ it!*** verflixt noch mal! *fam,* verflixt und zugenäht! *fam,* so ein Mist! *fam*

II. *adj attr, inv* ***he was a ~ sight younger than Elizabeth*** er war ein ganzes Stück jünger als Elizabeth

III. *adv inv* verdammt *fam;* ***that's a ~ fine horse*** das ist ein verdammt schönes Pferd

IV. *n no pl* ***I don't give a ~!*** das ist mir völlig schnurz *fam*

darned [dɑːnd, Am dɑːrnd] *adj, adv inv see* **darn ² II, III**

darning ['dɑːnɪŋ, Am 'dɑːrn-] *n no pl* ① (*needlework*) Stopfen *nt;* ***his job of ~ is excellent*** er hat das Loch hervorragend gestopft

② *no pl* (*clothes*) ■**the ~** die Stopfsachen *fpl*

darning needle *n* Stopfnadel *f*

dart [dɑːt, Am dɑːrt] **I.** *n* ① (*weapon*) Pfeil *m;* **to fire a ~ at sb/sth** einen Pfeil auf jdn/etw abschießen; *see also* **darts**

② *usu sing* (*dash*) Satz *m,* Sprung *m;* **to make a ~ for sb/sth** auf jdn/etw losstürzen

③ (*pleat*) Abnäher *m;* **to make a ~** einen Abnäher machen

► Phrases: **to make a ~ at sth** sich *dat* einen Reim auf etw *akk* machen

II. *vi* ■**to ~ somewhere** irgendwohin flitzen [*o* sausen] *fam;* ***the fish ~ed through the water*** der Fisch schnellte durch das Wasser; ■**to ~ away** davonflitzen *fam;* ■**to ~ at sb** auf jdn losstürzen

III. *vt* **to ~ a glance** [*or* **look**] **somewhere** einen Blick irgendwohin werfen; **to ~ a look at sb** jdm einen Blick zuwerfen

◆**dart out** *vt no passive* ***the lizard ~ed out its tongue*** die Eidechse ließ ihre Zunge herausschnellen

dartboard *n* Dartscheibe *f*

darts [dɑːts, Am dɑːrtz] *n + sing vb* Darts *nt kein pl;* ***do you feel like a game of ~?*** hast du Lust, Darts zu spielen?; **to play ~** Darts spielen; *see also* **dart**

Darwinian [dɑː'wɪniən, Am dɑːr] Biol, Philos **I.** *adj inv* ① (*Darwinist*) darwinistisch ② (*by Darwin*) Darwin[i]sch **II.** *n* Darwinist(in) *m(f)* **Darwinism** ['dɑːwɪnɪzᵊm, Am 'dɑːr] *n no pl* Biol, Philos Darwinismus *m*

dash [dæʃ] **I.** *n* <*pl* -es> ① (*rush*) Hetze *f,* Hast *nt;* ***it was a mad ~*** wir mussten uns total abhetzen *fam;* **to make a ~ for the door/exit** zur Tür/zum Ausgang stürzen; ***she made a ~ for it*** sie rannte, so schnell sie konnte

② *esp* Am Sports Kurzstreckenlauf *m*

③ (*little bit*) kleiner Zusatz, kleine Beimengung; **a ~ of cinnamon/nutmeg/pepper** eine Messerspitze Zimt/Muskat/Pfeffer; **to add a ~ of colour to a dish** einem Gericht einen Farbtupfer hinzufügen; **a ~ of salt** eine Prise Salz; **a ~ of originality** ein Hauch *m* von Originalität, eine gewisse Originalität; **a ~ of rum** ein Schuss *m* Rum; **a ~ of yellow** ein Stich *m* ins Gelbe

④ (*punctuation*) Gedankenstrich *m*

⑤ (*flair*) Schwung *m,* Elan *m;* (*pluck*) Schneid *m*

⑥ (*morse signal*) [Morse]strich *m;* **dots and ~es** Morsezeichen *ntpl*

⑦ Auto (*fam: dashboard*) Armaturenbrett *nt*

II. *interj* Brit (*dated*) **~ it!** (*bother!*) verflixt!, Mist!; **~ it** [**all**]! (*expressing righteous indignation*) ich muss doch sehr bitten!

III. *vi* ① (*hurry*) stürmen, rasen *fam;* ***I've got to ~*** ich muss mich sputen *fam;* ***we ~ed along the platform and just managed to catch the train*** wir hasteten die Plattform entlang und haben den Zug noch so gerade gekriegt; **to ~ across the street/into the house** über die Straße/ins Haus flitzen *fam;* **to ~ out of the room** aus dem Zimmer stürmen; ■**to ~ about** [*or* **around**] herumrennen *fam;* ■**to ~ at sth** sich *akk* auf etw *akk* stürzen; ■**to ~ off** davonjagen, die Fliege machen *fam*

② (*strike forcefully*) schmettern; *waves also* peitschen

IV. *vt* ① (*strike forcefully*) ■**to ~ sth** [**against sth**] etw [gegen etw *akk*] schleudern [*o* schmettern]; ***he ~ed his hand against a rock*** er schlug sich die Hand an einem Felsen auf; **to ~ sth to pieces** etw zerschmettern [*o* in tausend Stücke schlagen]

② (*destroy*) ■**to be ~ed** zerstört [*o* vernichtet] werden; ***his spirits were ~ed by the ridicule of his classmates*** der Spott seiner Klassenkameraden hat ihn völlig geknickt; **to ~ sb's hopes** jds Hoffnungen zunichte machen

◆**dash off** *vt* ■**to ~ off** ↔ **sth** etw schnell erledigen; **to ~ off a report** einen Bericht runterreißen *fam;* **to ~ off a meal** ein Essen hinzaubern *fam*

dashboard *n* Armaturenbrett *nt,* Instrumentenbrett *nt*

dashed [dæʃt] **I.** *adv inv esp* Brit (*dated fam*) verflixt *fam*

II. *adj attr* gestrichelt; **~ line** gestrichelte Linie

dashing ['dæʃɪŋ] *adj* (*dated*) schneidig, forsch,

D

flott, fesch; ~ **young man** flotter junger Mann

dashingly [ˈdæʃɪŋli] *adv* (*dated*) charmant, flott

dastardly [ˈdæstədli, AM -tɚd-] *adj* (*liter*) *attack, plot, revenge* hinterhältig, heimtückisch; ~ **deeds** Gemeinheiten *fpl*

DAT [ˌdiːeɪˈtiː] *n abbrev of* **digital audio tape**

data [ˈdeɪtə, AM -t̬ə] *npl + sing/pl vb* Daten *pl;* **computer** ~ Computerdaten *pl;* **to collect** ~ Fakten sammeln; **to retrieve** ~ Daten abrufen [*o* aufrufen]; **to transfer** ~ Daten übertragen [*o* transferieren]

data archaeologist *n no pl* Datenarchivar(in) *m(f)* **data archaeology** *n no pl* COMPUT Datenarchivierung *f* **databank** *n* Datenbank *f* **database** *n* Datenbestand *m,* Datenbank *f* **data capture** *n no pl* Datenerfassung *f* **data carrier** *n* Datenträger *m* **data glove** *n* Datenhandschuh *m* (*Handschuh, der mit einer virtuellen Hand im Computer verbunden ist*) **datagram** *n* COMPUT Datagramm *nt* **data haven** *n* Datenoase *f* (*um unter Umgehung der Rechtsvorschriften Daten zu speichern*) **data item** *n* COMPUT [Daten]feld *nt* **data network** *n* Datennetzwerk *nt* **data processing** I. *n no pl* Datenverarbeitung *f* II. *n modifier* Datenverarbeitungs-

data protection *n no pl* BRIT Datenschutz *m* **Data Protection Act** *n* Datenschutzgesetz *nt* **Data Protection Registry, Data Protection Registrar's office** *n* BRIT Datenschutzbehörde *f*

data retrieval *n no pl* Datenaufruf *m,* Datenabruf *m* **data security** *n no pl* Datensicherheit *f,* Datenschutz *m* **Datastream** [ˈdeɪtəstriːm] *n no pl* BRIT FIN Datastream (*Onlinebörseninformationsdienst*) **data transfer** *n no pl* Datenübertragung *f,* Datentransfer *m*

datcha [ˈdætʃə, AM ˈdɑːtʃə] *n see* **dacha**

date¹ [deɪt] I. *n* ❶ (*calendar day*) Datum *nt;* ***do you know what today's ~ is?*** weißt du, welches Datum wir heute haben?; **closing** ~ letzter Termin; **at an early** ~ früh, frühzeitig; **expiry** [*or* AM **expiration**] ~ Verfallsdatum *nt;* **to be in** ~ *food* das Verfallsdatum noch nicht haben [*o* noch haltbar sein]; **out of** ~ überholt, nicht mehr aktuell; **to be out of** ~ *food* das Verfallsdatum haben

❷ (*the present*) **to** ~ bis jetzt/heute; **up to** ~ *technology* auf dem neuesten Stand; *fashion, style, slang* zeitgemäß; **interest to** ~ FIN Zinsen *pl* bis auf den heutigen Tag

❸ (*on coins*) Jahreszahl *f*

❹ (*business appointment*) Termin *m,* Verabredung *f;* ***it's a ~!*** abgemacht!; **to make a** ~ sich *akk* verabreden; ***shall we make it a ~?*** sollen wir es festhalten?

❺ (*booked performance*) Aufführungstermin *m*

❻ (*social appointment*) Verabredung *f;* (*romantic appointment*) Rendevouz *nt;* **a hot** ~ (*fam*) ein heißes Date *sl;* **to go out on a** ~ ausgehen; **to have a** ~ **with sb** mit jdm verabredet sein

❼ (*person*) Begleitung *f;* **a hot** ~ (*fam*) ein heißer Typ/eine heiße Frau *fam;* **to find** [*or* **get**] **a** ~ einen Partner [*o* Begleiter]/eine Partnerin [*o* Begleiterin] finden

II. *vt* ❶ (*have relationship*) ■**to** ~ **sb** mit jdm gehen *fam*

❷ (*establish the age of*) ■**to** ~ **sth** etw datieren; ***the expert ~d the pipe at 1862*** der Experte datierte die Pfeife auf das Jahr 1862

❸ (*reveal the age of*) ■**to** ~ **sb** jdn altersmäßig verraten; ***you went to Beach Boys concerts? that sure ~s you!*** du warst auf den Konzerten der Beach Boys? daran merkt man, wie alt du bist!

❹ (*put date on*) ■**to** ~ **sth** etw datieren; ***in reply to your letter ~d November 2nd, …*** unter Bezugnahme auf Ihren Brief vom 2. November … *form;* FIN **to** ~ **a cheque forward** einen Scheck vordatieren

III. *vi* ❶ (*have a relationship*) miteinander gehen *fam;* ***we think our daughter is still too young to*** ~ AM wir denken, unsere Tochter ist noch zu jung, um einen Freund zu haben

❷ (*go back to*) ■**to** ~ **from** [*or* **back to**] **sth** *style* auf etw *akk* zurückgehen; *tradition* von etw *dat* herrühren, aus etw *dat* stammen

❸ (*show its age*) veraltet wirken; (*go out of fashion*) aus der Mode kommen

date² [deɪt] *n* Dattel *f*

dated [ˈdeɪtɪd, AM -t̬ɪd] *adj* veraltet, überholt; ~ **ideas** rückständige Ideen

dated securities *n* FIN Wertpapiere *pl* mit festem Rückzahlungstermin **dated stocks** *n* FIN Wertpapiere *pl* mit festem Rückzahlungstermin

dateline *n* JOURN Datumszeile *f,* Kopfzeile *f* **date of bill** *n* FIN Fälligkeitstermin *m* eines Wechsels **date of commencement** *n* POL *Tag des Inkrafttretens eines vom Parlament gebilligten Gesetzes*

date rape *n* Vergewaltigung *f* durch eine dem Opfer bekannte Person

date-stamp *n* Datumsstempel *m*

dating agency *n* BRIT, **dating service** *n* AM, AUS Partnervermittlungsagentur *f*

dative [ˈdeɪtɪv, AM -t̬ɪv] I. *n no pl* LING ■**the** ~ der Dativ; **to be in the** ~ im Dativ stehen; **to take the** ~ den Dativ nach sich ziehen

II. *adj inv* **the** ~ **case** der Dativ

datum <*pl* data> [ˈdeɪtəm, AM t̬əm] *n* (*rare*) gegebener Faktor, festgestelltes Element

daub [dɔːb, AM *esp* dɑːb] I. *vt* ■**to** ~ **sth** etw beschmieren; **to** ~ **gel into one's hair** sich *akk* Gel in die Haare schmieren

II. *n* ❶ (*patch of liquid*) Spritzer *m;* ***to avenge himself, he painted his sister's dollhouse with ~s of glue*** um sich zu rächen, schmierte er das Puppenhaus seiner Schwester mit Klebstoff voll; ~ **of paint** Farbklecks *m*

❷ (*pej: bad painting*) Schmiererei *f pej fam,* Kleckserei *f pej fam*

❸ ARCHIT **wattle and** ~ mit Lehm beworfenes Flechtwerk

daughter [ˈdɔːtəʳ, AM ˈdɑːt̬ɚ] *n* Tochter *f a. fig*

daughter board *n* COMPUT Tochterplatine *f*

daughter-in-law <*pl* daughters-in-law> *n* Schwiegertochter *f* **daughter language** *n* LING Tochtersprache *f* **Daughters of the American Revolution** *n* Töchter *fpl* der Amerikanischen Revolution (*patriotische Frauenvereinigung in den USA*)

daunt [dɔːnt, AM *esp* dɑːnt] *vt usu passive* ■**to** ~ **sb** (*intimidate*) jdn einschüchtern; (*discourage*) jdn entmutigen; **nothing** ~**ed** *esp* BRIT unerschrocken, unverzagt

daunting [ˈdɔːntɪŋ, AM *esp* ˈdɑːnt-] *adj* (*intimidating*) erschreckend; (*discouraging*) entmutigend; **a** ~ **prospect** eine entmutigende Aussicht; **a** ~ **task** eine beängstigende Aufgabe

dauntless [ˈdɔːntləs, AM *esp* ˈdɑːnt-] *adj* (*liter*) furchtlos, unerschrocken, kühn

davenport [ˈdævᵊnpɔːt, AM pɔːrt] *n* ❶ BRIT (*desk*) ≈ Sekretär *m*

❷ AM (*sofa*) großes [Bett]sofa

davit [ˈdævɪt] *n* NAUT Davit *m,* Bootskran *m*

Davy Jones's locker [ˌdeɪviˌdʒəʊnzɪzˈ-, AM -ˌdʒoʊnzɪzˈ-] *n no pl* alles verschlingendes Meer *liter,* nasses Grab *veraltet liter* **Davy lamp** *n* [Gruben]sicherheitslampe *f,* davische Lampe

dawdle [ˈdɔːdl̩, AM *esp* ˈdɑː-] *vi* trödeln, bummeln *fam;* **to** ~ **around the stores** einen Bummel durch die Geschäfte machen; **to** ~ **over one's breakfast/work** beim Frühstück/bei der Arbeit herumtrödeln *fam*

dawdler [ˈdɔːdləʳ, AM ˈdɑːdlɚ] *n* Trödler(in) *m(f) pej fam,* Bummler(in) *m(f) pej fam,* Bummelant(in) *m(f) pej fam*

dawn [dɔːn, AM *esp* dɑːn] I. *n* ❶ *no pl* (*daybreak*) [Morgen]dämmerung *f,* Morgenröte *f liter;* **at** [**the break of**] ~ bei Tagesanbruch, im Morgengrauen; [**from**] ~ **to dusk** von morgens bis abends; ~ **breaks** der Tag bricht an

❷ (*fig: beginning*) *of an era, a period* Anfang *m,* Beginn *m*

II. *vi* ❶ (*start*) *day* anbrechen; (*fig*) *age, era, year* anbrechen, [herauf]dämmern *geh;* ***the day was just ~ing as the ship landed*** es dämmerte gerade, als das Schiff einlief; ***a new age ~ed with the invention of the steam engine*** mit der Erfindung der Dampfmaschine nahm ein neues Zeitalter seinen Anfang

❷ (*become apparent*) bewusst werden, dämmern *fam;* ***it suddenly ~ed on me that …*** auf einmal fiel mir siedend heiß ein, dass …

dawn chorus *n esp* BRIT, AUS Morgenkonzert *nt* der Vögel **dawn raid** *n* ❶ *esp* BRIT, AUS (*surprise morning attack*) Razzia *f* im Morgengrauen ❷ BRIT STOCKEX plötzlicher Aufkauf von Aktien; **to make a** ~ **on sth** einen Angriff auf etw *akk* starten

DAX index [dæks-] *n* ECON, FIN *abbrev of* **Deutscher Aktien Index** DAX *m*

day [deɪ] *n* ❶ (*24 hours*) Tag *m;* ***my birthday is ten ~s from now*** heute in zehn Tagen habe ich Geburtstag; ***what a ~!*** was für ein Tag!; ***you're forty if you're a ~*** du bist mindestens vierzig [Jahre alt]; ***you don't look a ~ over forty*** Sie sehen kein bisschen älter als vierzig aus; ***we're expecting the response any ~ now*** die Antwort kann jetzt jeden Tag kommen; **in a few ~s** [**time**] in einigen [*o* in ein paar] Tagen; **the** ~ **after tomorrow/before yesterday** übermorgen/vorgestern; **for a few ~s** auf ein paar Tage, für einige Tage; **from this** ~ **forth** von heute an; ~ **in** ~ **out** (*iron*) tagaus, tagein; **from one** ~ **to the next** von heute auf morgen; **one** ~ eines Tages; **from that** ~ **on**[**wards**] von dem Tag an; **the other** ~ neulich, vor einigen Tagen; **two ~s ago** vor zwei Tagen; ~ **after** ~ Tag für Tag, tagaus, tagein; ~ **by** ~ Tag für Tag; **from** ~ **to** ~ von einem Tag auf den nächsten, von Tag zu Tag; **to the** ~ auf den Tag genau; **to this** ~ bis heute; **some** ~ [irgendwann] einmal; **these ~s** in letzter Zeit; **one of these ~s** eines Tages; (*soon*) demnächst

❷ ECON, FIN (*work period*) Arbeitstag *m;* ***he works three ~s on, two ~s off*** er arbeitet drei Tage und hat dann zwei Tage frei; **all** ~ den ganzen Tag; **a full** ~ ein anstrengender Tag, ein Tag *m* randvoll mit Terminen; **to take a** ~ **off** einen Tag freinehmen; **to work an eight-hour** ~ einen achtstündigen Arbeitstag haben

❸ (*not night*) Tag *m;* **all** ~ [**long**] den ganzen Tag [über [*o* lang]]; **a sunny/wet** ~ ein sonniger/regnerischer Tag; **by** ~ tagsüber, während des Tages

❹ (*former time*) **in those ~s** damals; **in/since sb's** ~ zu/seit jds Zeit; ■**in the ~s before/of/when …** zur Zeit vor/des/, als …

▶ PHRASES: **in this** ~ **and age** heutzutage; **D~ of Atonement** [jüdisches] Versöhnungsfest; **at the end of the** ~ (*in the final analysis*) letzten Endes; (*in conclusion*) folglich; **the D~ of Judgment** der Jüngste Tag; **sth is like night and** ~ etw ist wie Tag und Nacht; **to end one's ~s in poverty** in Armut enden, seine Tage in Armut beschließen; **to pass the time of** ~ plaudern, plauschen SÜDD, ÖSTERR; **to be all in a ~'s work** zum Alltag gehören; **to have seen better ~s** schon bessere Tage gesehen haben; **the big** ~ der große Tag; **in all my born ~s** in meinem ganzen Leben; **until sb's dying** ~ bis an jds Lebensende; **sb's ~s** [**as sth**] **are numbered** jds Tage [als etw] sind gezählt; **from** ~ **one** von Anfang an, vom ersten Tag an; **to be one of those ~s** ein Unglückstag sein; **to call it a** ~ Schluss machen [für heute]; **to carry** [*or* **win**] **the** ~ den Sieg davontragen *geh;* **to have had one's** ~ seine [beste] Zeit gehabt haben; **to make sb's** ~ jds Tag retten; **to name the** ~ den Hochzeitstermin festsetzen, den Tag der Hochzeit festlegen; **those were the ~s** das waren noch Zeiten; **that will be the ~!** das möchte ich zu gern[e] einmal erleben! *fam*

daybed *n* ❶ (*for daytime rest*) Liegesofa *nt* ❷ AM Bettsofa *nt* **daybook** *n* ECON Journal *nt* **day boy** *n* BRIT SCH Externer *m* **daybreak** *n no pl* Tagesanbruch *m;* **at** ~ bei Tagesanbruch, im Morgengrauen **daycare** *n no pl of pre-schoolers* Vorschulkinderbetreuung *f; of the elderly* Altenbetreuung *f;* (*centre for pre-schoolers*) Kindertagesstätte *f;* (*for the elderly*) Altentagesstätte *f* **daycare center** AM, **daycare centre** *n* (*for children*) Kindertagesstätte *f;* (*for the elderly*) Altentagesstätte *f* **daydream** I. *vi* [mit offenen Augen] träumen, vor sich *akk* hinträumen **II.** *n* Tagtraum *m*, Wachtraum *m* **daydreamer** *n* Tagträumer(in) *m(f)*, verträumte Person **day girl** *n* BRIT SCH Externe *f* **Day-Glo®** ['deɪgləʊ, AM -gloʊ] *adj attr, inv* neonfarben, Neon-; ~ **yellow** Neongelb *nt* **day job** *n* (*hum fam*) Hauptberuf *m*, Brotberuf *m* ▸ PHRASES: **don't give up your** [*or* **the**] ~! (*as put-down*) Schuster, bleib bei deinen Leisten; (*as warning*) häng deinen Beruf nicht gleich an den Nagel *fam* **day laborer** AM, **day labourer** *n* Tagelöhner(in) *m(f)*

daylight *n no pl* Tageslicht *nt*; **in broad** ~ am helllichten Tag[e] ▸ PHRASES: **to knock** [*or* **beat**] **the living** ~**s out of sb** (*fam*) jdn windelweich schlagen *fam*; **to scare** [*or* **frighten**] **the living** ~**s out of sb** (*fam*) jdn zu Tode erschrecken; **to let** ~ **into sth** etw ans Licht [der Öffentlichkeit] bringen; **to see** ~ [allmählich] klar sehen; ***he saw*** ~ ihm ging ein Licht auf **daylight robbery** *n no pl* BRIT, AUS Nepp *m pej fam*, Wucher *m pej* **daylight saving time** *n* Sommerzeit *f* **day lily** *n* Taglilie *f*

day-long ['deɪlɒŋ] *adj attr, inv* den ganzen Tag [an]dauernd **day nursery** *n* Kindertagesstätte *f* **day order** *n* STOCKEX Tagesorder *f*, Tagesauftrag *m* **day patient** *n* MED Tagespatient(in) *m(f)* **day pupil** *n* BRIT SCH Externe(r) *f(m)* **day release I.** *n* BRIT [tageweise] Freistellung zur Weiterbildung (*berufliche Fortbildung im Rahmen eines bestehenden Arbeitsverhältnisses*) **II.** *n modifier* Fortbildungs-; ~ **course** bezahlter Fortbildungskurs **day return** *n* BRIT Tagesrückfahrkarte *f* **day school** *n* Tagesschule *f* [ohne Internat] **day shift** *n* Tagschicht *f* **day student** *n esp* AM, AUS Externe(r) *f(m)*; UNIV Student/Studentin, der/die zu Hause wohnt **daytime I.** *n no pl* Tag *m*, Tageszeit *f*; **in** [*or* **during**] **the** ~ tagsüber, bei Tag **II.** *n modifier* (*light, temperatures*) Tages- **day-to-day** *adj* ❶ (*daily*) [tag]täglich; (*normal*) alltäglich; **on a** ~ **basis** tageweise ❷ (*short-term*) **on a** ~ **basis** von einem Tag auf den nächsten; ~ **survival** der tägliche Kampf ums Überleben **day trader** *n* STOCKEX Tagesspekulant(in) *m(f)*

day training center AM, **day training centre** *n* LAW Tagesausbildungsstätte *f* **day trip** *n* Tagesausflug *m* **day tripper** *n* Tagesausflügler(in) *m(f)*

daze [deɪz] **I.** *n no pl* Betäubung *f*; **to be in a** ~ ganz betäubt [*o* benommen] sein; **to be walking around in a** ~ wie im Taumel umhergehen
II. *vt usu passive* ■**to be** ~**d** wie betäubt [*o* ganz benommen] sein

dazedly ['deɪzədli] *adv* betäubt, benommen

dazzle ['dæzl̩] **I.** *vt* ■**to** ~ **sb/an animal** [**with sth**] jdn/ein Tier [mit etw *dat*] blenden
II. *n no pl* ❶ (*brilliance*) Glanz *m*
❷ (*sudden brightness*) blendendes Licht

dazzling ['dæzlɪŋ] *adj* ❶ (*visually brilliant*) blendend *attr*; *diamond* funkelnd *attr*
❷ (*impressive*) blendend *attr*, überwältigend *attr*, umwerfend *attr*; *smile* strahlend *attr*; *success* glänzend *attr*

dazzlingly ['dæzlɪŋli] *adv* funkelnd; (*fig*) **to smile** ~ **at sb** jdn strahlend anlächeln

dB <*pl* -> *n abbrev of* **decibel**(s) dB *nt*

DC [ˌdiː'siː] *n no pl* ❶ ELEC *abbrev of* **direct current** Gleichstrom *m*
❷ *abbrev of* **District of Columbia** D.C.

DCC [ˌdiːsiː'siː] *n* ❶ *abbrev of* **digital compact cassette** DCC *f*
❷ *abbrev of* **deputy chief constable** stellvertretender Polizeichef

DCF [ˌdiːsiː'ef] *n* ECON, FIN *abbrev of* **discounted cash flow** diskontierter Cashflow

D-Day *n no pl, no art* ❶ (*hist*) Invasionstag *m*; ***the*** ~ ***landings began on June 6, 1944, when Allied forces invaded Normandy*** die Invasion begann am 6. Juni 1944, als die alliierten Streitkräfte in die Normandie einfielen
❷ (*fig: important target date*) der Tag X

DDT [ˌdiːdiː'tiː] *n* CHEM *no pl abbrev of* **dichloro-diphenyl-trichloroethane** DDT *nt*

deaccession [ˌdiːæk'seʃən] *vt* ■**to** ~ **sth** etw entlehnen

deacon ['diːkən] *n* Diakon(in) *m(f)*

deaconess [ˌdiːkə'nes] *n* Diakonisse *f*, Diakonissin *f*

deactivate [ˌdiː'æktɪveɪt] *vt* ■**to** ~ **sth** *alarm, motor* etw abschalten; CHEM etw desaktivieren *fachspr*; **to** ~ **a bomb** eine Bombe entschärfen

deactivation [diːˌæktɪ'veɪʃən] *n* ❶ (*action*) Inaktivierung *f fachspr*; *of alarm* Ausschalten *nt*; *of a bomb* Entschärfung *f*
❷ (*function*) Abschaltvorrichtung *f*

dead [ded] **I.** *adj* ❶ *inv* (*not alive*) tot; *plant* abgestorben, tot; ***she's been*** ~ ***for three years*** sie ist [schon] drei Jahre tot; **to be** ~ **on arrival** beim Eintreffen ins Krankenhaus bereits tot sein; ~ **body** Leiche *f*; **to drop** ~ tot umfallen; **to shoot sb** ~ jdn erschießen; **to be shot** ~ erschossen werden
❷ *inv* (*obsolete, not active*) *custom* ausgestorben; *feelings* erloschen; (*gone out*) *fire* erloschen, aus *fam*; *railway line* stillgelegt; ***acid rain has become a*** ~ ***issue*** über sauren Regen spricht heute keiner mehr; ***my cigarette is*** ~ meine Zigarette ist ausgegangen; (*no longer in use*) ***are these tins*** ~? brauchst du diese Dosen noch?; ~ **language** tote Sprache; ~ **volcano** erloschener Vulkan
❸ *inv* (*numb*) *limbs* taub; ***my legs have gone*** ~ meine Beine sind eingeschlafen
❹ *inv* (*with no emotion*) *voice* kalt; (*flat*) *sound* dumpf
❺ *inv* (*not bright*) *colour* matt, stumpf
❻ (*boring, deserted*) *city* tot, [wie] ausgestorben *präd*; *party* öde; *season* tot; ~ **performance** glanzlose Vorführung
❼ *inv* FIN ~ **capital** totes Kapital
❽ (*fig fam: exhausted*) tot *fam*, kaputt *fam*, erledigt *fam*; **to be** ~ **on one's feet** zum Umfallen müde sein
❾ *inv* (*not functioning*) *phone, radio, TV* tot; ***and then the phone went*** ~ und dann war die Leitung tot; ***the phone has gone*** ~ die Leitung ist tot; ***the line went*** ~ die Leitung brach zusammen
❿ *inv* (*fig: used up*) verbraucht; *battery* leer; *match* erloschen
⓫ *attr, inv* (*totally*) völlig, total, absolut; ***that remark was a*** ~ ***giveaway*** diese Bemerkung sagte alles; ***wow,*** ~ ***centre!*** hui, genau in die Mitte!; ~ **calm** METEO Windstille *f*; **to be in a** ~ **faint** in eine tiefe Ohnmacht gefallen sein; ~ **silence** Totenstille *f*; ***we sat in*** ~ ***silence*** keiner von uns sagte auch nur ein Wort; **to come to a** ~ **stop** zum völligen Stillstand kommen
⓬ *inv* (*fast asleep*) ■**to be** ~ tief und fest schlafen; **to be** ~ **to the world** fest eingeschlafen [*o fam* total weg] sein
⓭ *inv* SPORTS ~ **ball** toter Ball (*Ball, der ohne Bewertung ins Aus geht*)
▸ PHRASES: **over my** ~ **body** nur über meine Leiche *fam*; **to be** [**as**] ~ **as a doornail** [*or dated* **dodo**] mausetot sein *fam*; **to be a** ~ **duck** *thing* eine Schnapsidee sein; *person* eine Null sein *fam*; **you'll be** ~ **meat if you ever do that again** ich kill dich, wenn du das noch einmal machst! *sl*; ~ **men tell no tales** (*prov*) Tote reden nicht; **to be** ~ **from the neck** strohdoof sein *fam*; **to catch** [*or* **get**] [*or* **have**] **sb** ~ **to rights** jdn auf frischer Tat ertappen; **to be a** ~ **ringer for sb** ein Doppelgänger von jdm sein, für jdn durchgehen können; **to be** ~ **and buried** tot und begraben sein; **I wouldn't be seen** ~ **in that dress** so ein Kleid würde ich nie im Leben anziehen; **I wouldn't be seen** ~ **in that pub** in diese Kneipe würden mich keine zehn Pferde bringen
II. *adv* ❶ *inv* (*fam: totally*) absolut, total, völlig; ***I'm*** ~ ***beat*** ich bin todmüde; ***your analysis is*** ~ ***on target*** deine Analyse trifft genau ins Schwarze; ***you're*** ~ ***right*** du hast vollkommen [*o* absolut] Recht!; **"**~ ***slow"*** „Schritt fahren"; ~ **certain** todsicher *fam*; ~ **drunk** stockbetrunken; ~ **easy** *esp* BRIT kinderleicht; ~ **good** BRIT (*fam*) super *fam*; **to have been** ~ **lucky** Schwein gehabt haben *sl*; **to be** ~ **set against sth** absolut gegen etw *akk* sein; **to be** ~ **set on sth** etw felsenfest vorhaben; ~ **silent** totenstill; ~ **still** regungslos; ~ **tired** totmüde
❷ *inv* (*exactly*) genau; ***the town hall is*** ~ ***ahead*** die Stadthalle liegt direkt da vorne; **to be** ~ **in the centre** genau in der Mitte sein; ~ **on five o'clock** Punkt fünf; ~ **on target** genau im Ziel; ~ **on time** auf die Minute genau; **to be** ~ **on time** pünktlich wie die Maurer sein *fam*
▸ PHRASES: **to stop** ~ **in one's tracks** auf der Stelle stehen bleiben; **to stop sth** ~ **in its tracks** etw völlig zum Stillstand bringen; ***his political career was stopped*** ~ ***in its tracks*** seine politische Karriere fand ein jähes Ende; **to tell sb sth** ~ **straight** jdm unverblümt die Wahrheit sagen; **are you coming to the party? — ~ straight I am** gehst du auf die Party? – darauf kannst du wetten! *fam*
III. *n* ❶ (*people*) ■**the** ~ *pl* die Toten *pl*; (*fig*) ***you're making enough noise to wake the*** ~! bei dem Lärm kann man ja Tote aufwecken!; ***let the*** ~ ***bury the*** ~ lasst die Toten die Toten begraben; **to come back from the** ~ (*come back to life*) aus dem Jenseits zurückkommen, von den Toten zurückkehren; **to show** [**some**] **respect for the** ~ den Toten Respekt zollen [*o* erweisen]
❷ **to rise from the** ~ (*recover from an illness*) [von den Toten] auferstehen, wieder auferstehen *iron*; SPORTS sich *akk* fangen
❸ (*right in the middle*) **in the** ~ **of night** mitten in der Nacht; **in the** ~ **of winter** im tiefsten Winter

dead-ball line *n* SPORTS [Spielfeld]linie *f* **deadbeat** (*fam*) **I.** *n esp* AM, AUS (*lazy person*) Faulpelz *m pej fam*; (*chronic debtor*) Schnorrer(in) *m(f) pej fam*; (*feckless person*) Gammler(in) *m(f) pej fam*, Versager(in) *m(f) pej* **II.** *n modifier* AM **a** ~ **dad** *geschiedener Vater, der sich seiner Unterhaltspflicht entziehen will*; **a** ~ **debtor** ein säumiger [*o* zahlungsunwilliger] Schuldner/eine säumige [*o* zahlungsunwillige] Schuldnerin; **a** ~ **renter** ein säumiger Mieter/eine säumige Mieterin **deadbeat dad** *n* zahlungssäumiger Vater

dead bolt *n* TECH Schließriegel *m* **dead cat bounce** *n* STOCKEX letztes Aufbäumen *fig* **dead center** AM, **dead centre** *n* genaue Mitte

deaden ['dedən] *vt* ■**to** ~ **sth** ❶ (*numb*) *pain* etw abtöten [*o* betäuben] *a. fig*
❷ (*diminish*) etw dämpfen; ***rubber insulation is used to*** ~ ***the effect of the vibrations*** man verwendet Gummiisolierungen, um die Vibrationswirkung abzuschwächen; **to** ~ **the noise** den Lärm dämpfen

dead-end I. *n* Sackgasse *f a. fig*; **to reach a** ~ in eine Sackgasse geraten *a. fig*
II. *n modifier* (*not leading anywhere*) ohne Ausgang *nach n*; (*fig*) aussichtslos; ~ **job** Job *m* ohne Aufstiegschancen; **a** ~ **situation** eine ausweglose [*o* aussichtslose] Lage; ~ **street** Sackgasse *f*
III. *vi* enden

deadening ['dedənɪŋ] *adj* betäubend *attr*, abstumpfend *attr*

deadhead I. *n* ❶ (*dull person*) Hohlkopf *m pej*, Langweiler(in) *m(f) pej*
❷ AM (*person with free ticket*) Freikarteninhaber(in) *m(f)*
❸ *esp* BRIT BOT welke Blüte[n] *f[pl]*
❹ (*sl: fan of the Grateful Dead*) Deadhead *m sl*
II. *vt esp* BRIT BOT welke Blüten ausflücken/abschneiden (*als gärtnerische Maßnahme*)

dead heat *n* totes Rennen; ***the race ended in a*** ~ das Rennen ging unentschieden aus **dead letter** *n* ❶ (*undeliverable letter*) unzustellbarer Brief ❷ LAW toter Buchstabe (*noch bestehendes, aber nicht mehr angewandtes Gesetz*) **deadline** *n* letzter Termin (**for** für +*akk*), Deadline *f* (**for** für +*akk*); **to meet a** ~ einen Termin [*o* Stichtag] einhalten; **to miss a** ~ eine Frist versäumen [*o* verstreichen lassen]

deadliness ['dedlinəs] *n no pl* Tödlichkeit *f*; *of a substance* tödliche Wirkung

deadlock ['dedlɒk, AM -lɑːk] **I.** *n no pl* toter Punkt; ***the negotiations have come to a*** ~ die Verhandlungen haben sich festgefahren; **to break** [*or* **resolve**] **a** ~ einen toten Punkt überwinden; **to end in** ~ an einem toten Punkt enden

D

II. *vt usu passive* ***the talks have been ~ed for ten days*** seit zehn Tagen verlaufen die Gespräche ergebnislos

deadlocked *adj* festgefahren

deadly ['dedli] I. *adj* ❶ (*capable of killing*) tödlich; **a ~ look** ein tödlicher [*o* mörderischer] Blick
❷ (*total*) Tod-; **~ enemies** Todfeinde *mpl;* **in ~ earnest** todernst
❸ (*pej fam: very boring*) todlangweilig
▸ PHRASES: **the seven ~ sins** die sieben Todsünden *fpl*
II. *adv* ❶ (*deathly*) **~ pale** leichenblass
❷ (*absolutely*) sehr, schrecklich *fam,* tod-; **~ dull/serious** todlangweilig/-ernst

deadly nightshade *n* BOT Tollkirsche *f* **dead man's handle** *n,* **dead man's pedal** *n esp* RAIL SIFA-Schalttaste *f,* Totmannkurbel *f*

dead money *n* ECON, FIN totes Kapital

deadness ['dednəs] *n no pl* ❶ (*numbness*) Taubheit *f;* (*fig*) Leere *f,* Öde *f*
❷ (*death*) Tod *m*

dead-on [,ded'ɒn, AM -'ɑ:n] *adj* (*fam*) absolut richtig **deadpan** I. *adj of expression, face* ausdruckslos; ***he says the funniest things in the most ~ tone*** er erzählt die witzigsten Sachen in todernstem Ton; **~ humour** trockener Humor II. *vt* (*to joke without laughing*) ■**to ~ sth** etw trocken sagen **dead reckoning** *n no pl* NAUT gegisstes Besteck *fachspr* **Dead Sea** *n* ■**the ~** das Tote Meer **Dead Sea scrolls** *npl* REL Schriftrollen *fpl* von Qumran **deadweight** *n no pl* Eigengewicht *nt,* Totgewicht *nt fachspr;* ***the unconscious girl was a ~ to the fireman*** das bewusstlose Mädchen war furchtbar schwer für den Feuerwehrmann **dead wood** *n no pl* ❶ BOT totes Holz ❷ (*fam: useless person, thing*) Ballast *m*

deaf [def] I. *adj* (*unable to hear*) taub; (*hard of hearing*) schwerhörig; **to be ~ in one ear** auf einem Ohr taub sein; **to go ~** taub werden; ■**to be ~ to sth** (*fig*) taube Ohren für etw *akk* haben
▸ PHRASES: **to turn a ~ ear** sich *akk* taub stellen; **to fall on ~ ears** auf taube Ohren stoßen, kein Gehör finden; **to be** [**as**] **~ as a post** stocktaub sein II. *n* ■**the ~** *pl* die Tauben *fpl* **deaf aid** *n* BRIT Hörgerät *nt*

deafen ['defᵊn] *vt* ■**to ~ sb** jdn taub machen; (*fig*) jdn betäuben

deafening ['defᵊnɪŋ] *adj* ohrenbetäubend

deaf-mute *n* Taubstumme(r) *f(m)*

deafness ['defnəs] *n no pl* (*complete*) Taubheit *f;* (*partial*) Schwerhörigkeit *f*

deal¹ [di:l] *n no pl* Menge *f;* **a great** [*or* **good**] **~** eine Menge, ziemlich viel; **a great ~ of fun/work** eine Menge Spaß/Arbeit; **a good ~ of money/stress/time** ziemlich viel Geld/Stress/Zeit; **to be under a great ~ of pressure** unter sehr großem Druck stehen; **to feel** [*or* **be**] **a ~ better** (*dated*) sich *akk* schon wieder um vieles besser fühlen

deal² <-t, -t> [di:l] I. *n* ❶ (*in business*) Geschäft *nt,* Handel *m,* Deal *m sl;* ***we got a good ~ on that computer*** mit dem Rechner haben wir ein gutes Geschäft gemacht; ***I never make ~s*** ich lasse mich nie auf Geschäfte ein; **to do** [*or* **make**] **a ~ with sb** mit jdm ein Geschäft abschließen, mit jdm einen Deal machen *sl;* **to make sb a ~** [*or* AM **to make a ~ for sb**] jdm ein Angebot machen
❷ (*general agreement*) Abkommen *nt,* Abmachung *f;* ***it's a ~*** abgemacht; **to make** [*or* **do**] **a ~** [**with sb**] eine Vereinbarung [mit jdm] treffen; ***Mum made a ~ with me — if I do my homework, I can stay up to watch the film*** Mama schlug mir einen Handel vor – wenn ich meine Hausaufgaben mache, darf ich aufbleiben und den Film sehen
❸ (*treatment*) **a fair/raw** [*or* **rough**] **~** eine faire/ungerechte Behandlung; ***she got a raw ~ on her divorce*** bei ihrer Scheidung wurde ihr übel mitgespielt
❹ CARDS Geben *nt;* ***it's your ~*** du gibst
▸ PHRASES: **big ~!, what's the big ~?** (*fam*) was soll's? *fam,* na und? *fam;* **what's the ~** [**with sth**]? AM (*fam*) worum geht's eigentlich [bei etw *dat*]? *fam,* was ist los [mit etw *dat*]? *fam;* **what's your ~?** AM (*fam*) was hast du denn? *fam,* was ist mit dir los? *fam*
II. *vi* ❶ CARDS geben; ***whose turn is it to ~?*** wer gibt?
❷ (*sl: sell drugs*) Drogen verkaufen, dealen
III. *vt* ❶ (*give*) ■**to ~ sth** [**out**] etw verteilen; **to ~ sb a blow** jdm einen Schlag versetzen *a. fig;* **to ~ out blows** Hiebe austeilen; CARDS **to ~** [**out**] **cards** [*or* **to ~ cards out**] geben
❷ *esp* AM (*sell*) ■**to ~ sth** mit etw *dat* dealen

◆**deal in** I. *vi* ■**to ~ in sth** mit etw *dat* handeln
II. *vt* (*fam*) ■**to ~ sb in** jdn aufnehmen; CARDS jdm Karten geben; ***do you want to play on the company football team? — sure, ~ me in*** bist du interessiert, im Fußballteam der Firma mitzuspielen? – klar, du kannst auf mich zählen!

◆**deal with** *vi* ■**to ~ with sb/sth** ❶ (*handle*) sich *akk* mit jdm/etw befassen; ***I'll ~ with the car insurance*** ich kümmere mich um die Autoversicherung
❷ (*discuss, treat*) von jdm/etw handeln
❸ (*do business*) mit jdm/etw Geschäfte machen

dealer ['di:ləʳ, AM -ɚ] *n* ❶ COMM Händler(in) *m(f);* **antique ~** Antiquitätenhändler(in) *m(f);* **drug ~** [Drogen]dealer(in) *m(f),* Rauschgifthändler(in) *m(f)*
❷ CARDS [Karten]geber(in) *m(f)*

dealership ['di:ləʃɪp, AM -lɚ-] *n* Verkaufsstelle *f*

dealing ['di:lɪŋ] *n* ❶ ■**~s** *pl* (*transactions*) Geschäfte *ntpl,* [Geschäfts]verkehr *m kein pl,* [Geschäfts]verbindungen *fpl;* (*contact*) Umgang *m kein pl;* **to be involved in shady ~s** in dunkle Geschäfte verwickelt sein; **to have ~s with sb** Umgang mit jdm haben, mit jdm zu tun haben
❷ *no pl* (*way of behaving*) Verhalten *nt;* (*in business*) Geschäftsgebaren *nt*
❸ BRIT STOCKEX Effektenhandel *m;* **~ for** [*or* **within**] **the account** *Kauf und Verkauf des gleichen Wertpapieres innerhalb der gleichen Börsenhandelsperiode;* **~ by making a price** AM Kursnotierung *f* für jeden Abschluss
❹ CARDS Geben *nt*

dealing floor *n* STOCKEX *see* **trading floor**

deallocate [,di:'æləkeɪt] *vt* COMPUT ■**to ~ sth** etw freigeben

dealt [delt] *pt, pp of* **deal**

dean [di:n] *n* ❶ UNIV Dekan(in) *m(f)*
❷ REL Dekan *m,* Dekanin *f selten*

deanery <*pl* -ies> ['di:nᵊri] *n* REL Dekanat *nt*

dean's list *n* AM UNIV Bestenliste *f* (*an US-amerikanischen Universitäten semesterweise erstelltes Verzeichnis mit den Namen der jeweils besten Studenten*)

dear [dɪəʳ, AM dɪr] I. *adj* ❶ (*much loved*) lieb, teuer *geh;* (*lovely*) *baby, kitten* süß; *thing also* entzückend, reizend; **to do sth for ~ life** etw um des nackten Lebens willen tun; ■**to be ~ to sb** jdm viel bedeuten; **to be very ~ to sb** jdm lieb und teuer sein
❷ (*in letters*) ***D~ Mr Jones, …*** Sehr geehrter Herr Jones, … *form,* Lieber Herr Jones, …
❸ (*form: costly*) teuer; **~ money** teures Geld
II. *adv* sehr; **to cost sb ~** jdn teuer zu stehen kommen
III. *interj* (*dated fam*) **~, ~!** ach du liebe Güte! *fam;* ***~ me!*** du liebe Zeit! *fam;* ***oh ~!*** du meine Güte! *fam*
IV. *n* ❶ (*nice person*) Schatz *m,* Engel *m;* **to be** [**such**] **a ~** ein [echter] Schatz sein; ***be a ~ and go get grandma a blanket*** sei so lieb und hole [der] Oma eine Decke; **there's a ~** sei so lieb; **my ~** mein Schatz, mein Lieber/meine Liebe
❷ (*term of endearment*) Liebste(r) *f(m),* Liebling *m,* Schatz *m;* ***yes, ~est, anything you say*** (*iron hum*) ja, mein Teuerster/meine Teuerste, alles, was du willst *hum;* **my ~est** [mein] Liebling *m*

dearie ['dɪəri, AM 'dɪri] (*dated*) I. *n* Schätzchen *nt,* Liebling *m;* ***she's a ~*** sie ist ein Schatz
II. *interj* (*fam*) **~ me** ach du meine Güte! *fam;* **oh ~** ach je!

Dear John letter *n* Abschiedsbrief *m*

dearly ['dɪəli, AM 'dɪrli] *adv* von ganzem Herzen; **~ beloved** REL liebe Gemeinde, liebe Brüder und Schwestern im Herrn *fachspr;* **to pay ~ for sth** (*fig*) teuer für etw *akk* bezahlen *fig*

dearness ['dɪənəs, AM 'dɪr-] *n no pl* ❶ (*preciousness*) Kostbarkeit *f;* (*expensiveness*) hoher Preis
❷ (*sweetness*) Liebenswürdigkeit *f,* Freundlichkeit *f*

dearth [dɜ:θ, AM dɜ:rθ] *n no pl* (*form*) Mangel *m* (**of** an +*dat*); ***the organization suffers from a ~ of volunteers*** der Organisation mangelt es an Freiwilligen

deary *n see* **dearie**

death [deθ] I. *n* ❶ (*end of life*) Tod *m;* (*end*) Ende *nt,* Tod *m;* **to be bored to ~ with sth** sich *akk* mit etw *dat* zu Tode langweilen; **frightened to ~** zu Tode erschrocken; **to die a natural ~** eines natürlichen Todes sterben; **to be sick to ~ of sth** etw gründlich leid sein; ***I'm sick to ~ of all your complaints*** dein ewiges Klagen hängt mir zum Hals raus *fam;* **to be done** [*or* **discussed**] **to ~** zu Tode geritten werden; **to drink oneself to ~** sich *akk* zu Tode saufen *fam;* **to freeze to ~** erfrieren; **to laugh oneself to ~** sich *akk* totlachen; **to love sb to ~** jdn über alles lieben; **to be put to ~** getötet [*o* umgebracht] werden; **to worry sb** [*or fam* **have sb worried**] **to ~** jdn zu Tode ängstigen
❷ ECON **~ in service** (*insurance*) Versicherungszahlung *f* im Todesfall eines Betriebsangehörigen
▸ PHRASES: **to be at ~'s door** an der Schwelle des Todes stehen *geh;* **a duel to the ~** ein [Zwei]kampf *m* auf Leben und Tod; **to be the ~ of sb** jdn das Leben kosten, jdn [noch] ins Grab bringen; **to catch one's ~** [**of cold**] sich *dat* den Tod holen; **to look like ~ warmed up** [*or* AM **over**] wie eine Leiche auf Urlaub aussehen *fam;* **to be in at the ~** BRIT das Ende miterleben
II. *n modifier* (*march, rattle*) Todes-; **~ benefit** Hinterbliebenenrente *f*

deathbed I. *n* Totenbett *nt,* Sterbebett *nt;* **to be on one's ~** auf dem Sterbebett liegen
II. *n modifier* (*promise, scene*) Sterbe-; **~ confession** letzte Beichte; **~ statement** letzte Worte *ntpl*

death benefit *n* ECON, FIN Sterbegeld *nt* **death blow** *n* tödlicher Schlag, Todesstoß *m;* **to deal sb a ~** jdm einen Todesstoß versetzen; (*fig: severe shock*) harter Schlag **death certificate** *n* Sterbeurkunde *f,* Totenschein *m* **death-dealing** ['deθdi:lɪŋ] *adj inv* lebensbedrohlich **death-defying** *adj* todesmutig **death duties** *npl* BRIT (*fam*) Erbschaftssteuern *fpl* **death grant** *n* BRIT Sterbegeld *nt* **death knell** *n* ❶ (*fig: end*) Todesstoß *m* (**of/for** für +*akk*); **to sound** [*or* **toll**] **the ~ of** [*or* **for**] **sth** die Sterbeglocke für etw *akk* [ein]läuten ❷ (*old: bell*) Sterbeglocke *f,* Totenglocke *f*

deathless ['deθləs] *adj* (*liter*) unsterblich

deathly ['deθli] I. *adv* tödlich, toten-; **~ pale** totenbleich
II. *adj* tödlich, toten-; **~ hush** [*or* **silence**] Totenstille *f*

death mask *n* Totenmaske *f* **death penalty** *n* ■**the ~** die Todesstrafe; **to abolish** [*or* **do away with**] **the ~** die Todesstrafe abschaffen; **to receive** [*or* **get**] **the ~** zum Tode verurteilt werden; **to reintroduce** [*or* **reinstate**] **the ~** die Todesstrafe wieder einführen **death rate** *n* Sterblichkeitsziffer *f* **death row** *n esp* AM Todestrakt *m;* **to be on ~** im Todestrakt sitzen **death sentence** *n* ■**the ~** das Todesurteil; **to receive** [*or* **get**] **the ~** zum Tode verurteilt werden

death's head *n* Totenkopf *m*

death squad *n* (*pej*) Todesschwadron *f,* Todeskommando *nt* **death tax** *n* AM Erbschaftssteuer *f* **death threat** *n* Morddrohung *f* **death throes** *npl* Todeskampf *m kein pl* **death toll** *n* Zahl *f* der Todesopfer **death trap** *n* Todesfalle *f;* ***be careful — those icy stairs are a ~!*** gib Acht – die vereiste Treppe ist lebensgefährlich! **death warrant** *n* LAW Hinrichtungsbefehl *m;* (*fig*) Todesurteil *nt;* **to sign sb's ~** jds Todesurteil unterzeichnen [*o* unterschreiben] *a. fig* **deathwatch beetle** *n* Klopfkäfer *m* **death wish** *n* (*fam*) Todessehnsucht *f*

deb [deb] *n (fam) abbrev of* **debutante** Debütantin *f*

debacle [deɪˈbɑːkl̩, AM dɪˈ-] *n* Debakel *nt geh,* Katastrophe *f*

debar <-rr-> [ˌdiːˈbɑːʳ, AM -ˈbɑːr] *vt usu passive* ■**to be ~red from sth** von etw *dat* ausgeschlossen werden; ***he was ~red from practising his trade*** ihm wurde seine Geschäftslizenz entzogen

debase [dɪˈbeɪs] *vt* ❶ *(degrade)* ■**to ~ sth** etw herabsetzen; *(make trite) qualities* etw entwerten
❷ *(lower moral character)* ■**to ~ sb** jdn entwürdigen
❸ *(impair quality)* ■**to ~ sth** etw mindern [*o* verschlechtern]; **to ~ the currency** [*or* **coinage**] den Münzwert schmälern

debasement [dɪˈbeɪsmənt] *n no pl* ❶ *(degradation)* Herabsetzung *f*
❷ *(loss of meaning)* Entwertung *f,* Aushöhlung *f geh; of morals, attitudes* Verfall *m,* Verderbnis *f*
❸ *(deterioration)* Verschlechterung *f;* **~ of the currency** [*or* **coinage**] Münzverfälschung *f* (*Verwendung unedlen Materials bei der Herstellung*)

debatable [dɪˈbeɪtəbl̩, AM -t̬-] *adj* strittig, umstritten; ■**it's ~ whether ...** es ist fraglich, ob ...

debate [dɪˈbeɪt] **I.** *n* ❶ *no pl (open discussion)* Debatte *f,* Diskussion *f* (**over/about** über *+akk*); **public ~** öffentliche Debatte; **to be open to ~** sich *akk* [erst] noch erweisen müssen
❷ *(formal discussion)* Streitgespräch *nt,* Wortgefecht *nt,* Schlagabtausch *m*
II. *vt* ■**to ~ sth** etw diskutieren
III. *vi* ■**to ~ about sth** über etw *akk* diskutieren [*o* debattieren]; ■**to ~ whether ...** beraten [*o* überlegen], ob ...

debater [dɪˈbeɪtəʳ, AM -t̬ɚ] *n* Diskussionsredner(in) *m(f),* Debattierer(in) *m(f)*

debauch [dɪˈbɔːtʃ, AM *esp* -ˈbɑːtʃ] *(liter)* **I.** *vt* ■**to ~ sb** jdn [sittlich] verderben [*o geh* korrumpieren]
II. *n* Orgie *f,* Ausschweifungen *fpl*

debauched [dɪˈbɔːtʃt, AM *esp* -ˈbɑːtʃt] *adj* verkommen; *lifestyle* ausschweifend

debauchee [ˌdebɔːˈtʃiː, AM *esp* -bɑː-] *n (pej)* Wüstling *m pej,* Lüstling *m pej*

debauchery [dɪˈbɔːtʃəri, AM *also* -ˈbɑː-] *n no pl (pej)* Ausschweifungen *fpl*

debenture [dɪˈben(t)ʃəʳ, AM *esp* -ˈben(t)ʃɚ] *n* LAW ❶ BRIT *(document acknowledging a debt)* Schuldverschreibung *f fachspr,* Obligation *f fachspr;* **issue of ~s** Ausgabe *f* von Schuldverschreibungen; **register of ~s** Verzeichnis *nt* der Obligationäre
❷ BRIT *(secured fixed-interest bond)* [genehmigte] Inhaberschuldverschreibung *fachspr*
❸ AM *(unsecured loan)* ungesicherte Schuldverschreibung

debenture bonds *npl* ❶ BRIT gesicherte/ungesicherte Anleihe in gleicher Stückelung ❷ AM ungesicherte Anleihe **debenture capital** *n* FIN Anleihekapital *nt*

debenture holder *n* FIN Obligationär(in) *m(f)*

debenture issue *n* FIN Ausgabe *f* von Schuldverschreibungen

debenture register *n* FIN Verzeichnis *nt* der Obligationäre

debenture stock *n* FIN ❶ BRIT Anleihe *f* mit schwebender Belastung des Gesellschaftsvermögens ❷ AM Vorzugsaktie *f* erster Ordnung

debilitate [dɪˈbɪlɪteɪt] *vt* ■**to ~ sb/sth** jdn/etw schwächen

debilitating [dɪˈbɪlɪteɪtɪŋ, AM t̬ɪŋ] *adj* schwächend; **~ disease** schwächende Krankheit

debility [dɪˈbɪləti, AM -ət̬i] *n no pl* Schwäche *f*

debit [ˈdebɪt] **I.** *n* Debet *nt,* Soll *nt,* [Konto]belastung *f;* **to be in ~** im Minus sein
II. *vt* ■**to ~ sth** etw abbuchen; **to ~ an amount against sb[ʼs account]** jds Konto mit einem Betrag belasten

debit balance *n* FIN Sollsaldo *m* **debit card** *n* COMM Kundenkarte *f* **debit column** *n* Sollseite *f,* Debetseite *f*

debit entry *n* Lastschrift *f,* Sollbuchung *f* **debit side** *n* Sollseite *f,* Debetseite *f*

deblock [ˌdiːˈblɒk, AM -ˈblɑːk] *vt* COMPUT ■**to ~ sth** etw entblocken

debonair [ˌdebəˈneəʳ, AM -ˈner] *adj (approv dated form)* flott, lässig-elegant

debouch [dɪˈbaʊtʃ] *vi* seinen Weg nehmen, [ein]münden

de-bounce [ˌdiːˈbaʊn(t)s] *n* COMPUT Entprellen *nt*

debrief [ˌdiːˈbriːf] *vt* ■**to ~ sb** jdn [eingehend] befragen

debriefing [ˌdiːˈbriːfɪŋ] *n,* **debriefing session** *n* Einsatzbesprechung *f*

debris [ˈdebriː, ˈdeɪ-, AM dəˈbriː] *n no pl* Trümmer *pl,* Schutt *m;* **flying ~** umherfliegende [Bruch]teile

debt [det] *n* ❶ *(sth owed)* Schuld *f;* **a ~ of gratitude** eine Dankesschuld *geh*
❷ FIN ■**~s** *pl* Schulden *fpl;* *(borrowed to finance corporate activities)* Fremdkapital *nt;* **to pay back** [*or* **off**] **~s** Schulden abzahlen [*o* begleichen]; **to pay off a ~** eine Schuld begleichen; **to reschedule a ~** umschulden; **to run up a** [**huge**] **~** [enorme] Schulden machen
❸ *no pl (state of owing)* Schuld *f,* Verpflichtung *f;* **to be out of ~** schuldenfrei sein; **to be** [**heavily**] **in ~ to sb** [*or* **in sb's ~**] [große] Schulden bei jdm haben; *(fig)* [tief] in jds Schuld stehen; **to go** [*or* **run**] [**heavily**] **into ~** [enorme] Schulden machen, sich *akk* [stark] verschulden

debt collection *n no pl* Schuldeneintreibung *f,* Inkasso[verfahren] *nt fachspr* **debt collection** *adj attr, inv agent, service* Inkasso-; **~ agency** Inkassobüro *nt* **debt collector** *n* Schuldeneintreiber(in) *m(f),* Inkassobevollmächtigte(r) *f(m)* **debt-convertible bond** *n* ECON, FIN Wandelschuldverschreibung *f* **debt counselling** *n no pl* Schuldnerberatung *f* **debt-counselling service** *n* Schuldnerberatungsdienst *m* **debt criterion** *n* EU Schuldenkriterium *nt* **debt deferral** *n* Moratorium *nt* **debt factor** *n* FIN Factor *m* **debt of honour** *n* Ehrenschuld *f;* **to discharge a ~** eine Ehrenschuld tilgen

debtor [ˈdetəʳ, AM ˈdet̬ɚ] *n* Schuldner(in) *m(f),* Debitor(in) *m(f) fachspr;* **judgement ~** Vollstreckungsschuldner *m;* **reliable ~** vertrauenswürdiger [*o* zuverlässiger] Schuldner/vertrauenswürdige [*o* zuverlässige] Schuldnerin

debtor country *n,* **debtor nation** *n* Schuldnerstaat *m*

debt refunding, debt rescheduling *n* Umschuldung *f* **debt repayment** *n* Schuldenrückzahlung *f*

debt-service ratio *n* FIN Schuldendienstquote *f* **debt servicing** *n no pl* Schuldenrückzahlung *f,* Schuldendienst *m* **debt-strapped** [ˈdetstræpt] *adj* schuldengeplagt

debt swap *n* FIN Schuldenswap *m*

debug <-gg-> [ˌdiːˈbʌg] *vt* ■**to ~ sth** ❶ COMPUT bei etw *dat* die Fehler beseitigen; **to ~ a program** ein Programm auf Viren hin absuchen
❷ *(remove hidden microphones)* etw entwanzen
❸ AM *(remove insects)* etw gründlich [von Insekten] säubern; **to ~ a dog** einen Hund entlausen

debugger [ˌdiːˈbʌgəʳ, AM -ɚ] *n* COMPUT Debugger *m,* Fehlersuchprogramm *nt*

debunk [ˌdiːˈbʌŋk] *vt* ■**to ~ sth** etw entzaubern, etw *dat* den Nimbus nehmen *geh;* **to ~ a myth/theory** einen Mythos/eine Theorie stürzen

debut [ˈdeɪbjuː] **I.** *n of a performer* Debüt *nt; of a debutante erste Vorstellung einer jungen Dame bei Hof;* **to make one's ~** sein Debüt geben, debütieren
II. *n modifier* Debüt-; **~ album** Debütalbum *nt*
III. *vi* debütieren; ***she ~ed as a soloist with the New York Philharmonic at the age of 16*** mit 16 gab sie ihr Debüt als Solistin bei den New Yorker Philharmonikern

debutante [ˈdebjuːtɑ̃ːnt, AM -tɑːnt] *n* Debütantin *f a. fig*

Dec *n abbrev of* **December** Dez.

decade [ˈdekeɪd, dɪˈkeɪd] *n* Jahrzehnt *nt,* Dekade *f*

decadence [ˈdekədᵊn(t)s] *n no pl* Dekadenz *f,* Verfall *m*

decadent [ˈdekədᵊnt] *adj* ❶ *(morally declining) society* dekadent; *lifestyle also* maßlos
❷ *(sumptuous) richness* verschwenderisch; *(hum) dish* maßlos, üppig

decaf [ˈdiːkæf] *(fam)* **I.** *adj inv abbrev of* **decaffeinated** entkoffeiniert, koffeinfrei
II. *n abbrev of* **decaffeinated coffee** entkoffeinierter [*o* koffeinfreier] Kaffee

decaffeinated [dɪˈkæfɪneɪtɪd, AM -t̬ɪd] **I.** *adj inv* koffeinfrei, entkoffeiniert
II. *n (fam: coffee)* koffeinfreier Kaffee; *(any beverage)* koffeinfreies Getränk

decal [ˈdiːkæl] *n esp* AM, AUS Abziehbild *nt*

Decalogue [ˈdekəlɒg, AM -lɑːg] *n (form)* ■**the ~** der Dekalog *fachspr,* die Zehn Gebote

decamp [dɪˈkæmp] *vi (fam: leave secretly)* sich *akk* aus dem Staub machen *fam,* abhauen *fam; (abscond)* türmen *fam,* durchbrennen *fam*

decant [dɪˈkænt] *vt* ■**to ~ sth** FOOD etw umfüllen; BRIT *(fig fam)* ***visitors have to ~ themselves from the buses into small boats for the tour*** die Besucher müssen für die Tour von Bussen auf kleine Boote überwechseln

decanter [dɪˈkæntəʳ, AM -t̬ɚ] *n* Karaffe *f*

decapitate [dɪˈkæpɪteɪt] *vt* ■**to ~ sb** jdn köpfen [*o* enthaupten]; **to ~ an animal** einem Tier den Kopf abschlagen

decapitation [dɪˌkæpɪˈteɪʃᵊn] *n no pl* Enthauptung *f*

decathlete [dɪˈkæθliːt] *n* Zehnkämpfer(in) *m(f)*

decathlon [dɪˈkæθlɒn, AM -lɑːn] *n* Zehnkampf *m*

decay [dɪˈkeɪ] **I.** *n no pl* ❶ *(deterioration)* Niedergang *m,* Verfall *m;* **death and ~** Tod und Untergang; **to be in a**[**n advanced**] **state of ~** in einem Zustand des [fortgeschrittenen] Zerfalls sein; **environmental ~** Verfall *m* der Umwelt; **industrial ~** Untergang *m* der Industrie; **mental/moral ~** geistiger/moralischer Verfall; **urban ~** Verfall *m* der Städte, Niedergang *m* der Stadtkultur; **to fall into ~** verfallen
❷ BIOL Verwesung *f;* BOT Fäulnis *f;* PHYS *of radioactive substance* Zerfall *m;* **dental** [*or* **tooth**] **~** Zahnfäule *f*
II. *vi* ❶ *(deteriorate)* verfallen
❷ BIOL verwesen, verfaulen, faulen; BOT verblühen, absterben; PHYS zerfallen
III. *vt* ■**to ~ sth** etw zerstören [*o* ruinieren]; **to ~ wood** Holz morsch werden lassen

decd *adj inv abbrev of* **deceased** gest.

decease [dɪˈsiːs] *n no pl (form)* Ableben *nt form;* **upon sb's ~** bei jds Ableben

deceased [dɪˈsiːst] *(form)* **I.** *n* <*pl* -> ■**the ~** der/die Verstorbene; ■**the ~** *pl* die Verstorbenen *pl*
II. *adj inv* verstorben; **recently ~** kürzlich verstorben

deceit [dɪˈsiːt] *n* ❶ *no pl (misrepresentation)* Täuschung *f;* *(trickery)* Betrug *m;* **to practise ~** betrügen; **to obtain property by ~** Besitz betrügerisch erwerben
❷ *(act of deception)* Täuschungsmanöver *nt*

deceitful [dɪˈsiːtfᵊl] *adj* [be]trügerisch, hinterlistig

deceitfully [dɪˈsiːtfᵊli] *adv* hinterlistig, [be]trügerisch; **to obtain sth ~** etw auf betrügerischem Wege erreichen

deceitfulness [dɪˈsiːtfᵊlnəs] *n no pl* Hinterlist *f,* Falschheit *f* (**to** gegenüber *+dat*)

deceive [dɪˈsiːv] *vt* ■**to ~ sb** jdn betrügen [*o* täuschen]; ***the sound of the door closing ~d me into thinking they had gone out*** das Geräusch der zufallenden Tür ließ mich fälschlich annehmen, sie seien ausgegangen; ***for a moment she thought her eyes were deceiving her*** einen Augenblick lang traute sie ihren [eigenen] Augen nicht; ■**to ~ oneself** sich *akk* [selbst] täuschen, sich *dat* etwas vormachen *fam;* ■**to be ~d by sth** von etw *dat* getäuscht werden, sich *akk* von etw *dat* täuschen lassen

deceiver [dɪˈsiːvəʳ, AM -ɚ] *n (pej)* Betrüger(in) *m(f)*

decelerate [ˌdiːˈselᵊreɪt, AM -ləreɪt] **I.** *vi* sich *akk* verlangsamen; *vehicle, driver* langsamer fahren
II. *vt* ■**to ~ sth** etw verlangsamen

deceleration [ˌdɪseləˈreɪʃᵊn] *n* Verlangsamung *f*

December [dɪˈsembəʳ, AM -ɚ] *n* Dezember *m; see also* **February**

decency ['di:sᵊn(t)si] *n* ❶ *no pl* (*social respectability*) Anstand *m*, Schicklichkeit *f;* (*goodness*) Anständigkeit *f;* **to show a little ~** etwas Anstand zeigen; **to have the ~ to do sth** die Liebenswürdigkeit haben, etw zu tun
❷ (*approved behaviour*) ■**decencies** *pl* Anstandsformen *fpl;* ***I hate funerals, but you must observe the decencies*** ich hasse Beerdigungen, aber man muss eben die Form wahren
❸ AM (*basic comforts*) ■**decencies** *pl* Annehmlichkeiten *fpl*
decent ['di:sᵊnt] *adj* ❶ (*socially acceptable*) anständig, ordentlich
❷ (*good*) nett, freundlich; ***it was really ~ of you to help*** es wahr wirklich nett von Ihnen, zu helfen
❸ (*appropriate*) angemessen; **a ~ interval** ein angemessener Zeitraum; **to do the ~ thing** das [einzig] Richtige tun
❹ (*good-sized*) anständig, ordentlich; **a ~ helping** eine ordentliche Portion *fam*
❺ (*acceptable*) annehmbar
decently ['di:sᵊntli] *adv* ❶ (*in a civilized manner*) mit Anstand
❷ (*fittingly, appropriately*) richtig, gehörig
decentralization [di:ˌsentrᵊlaɪ'zeɪʃᵊn, AM -lɪ'-] *n no pl* Dezentralisierung *f*
decentralize [ˌdi:'sentrᵊlaɪz] I. *vt* ■**to ~ sth** etw dezentralisieren
II. *vi* dezentralisieren
decentralized [ˌdi:'sentrᵊlaɪzd] *adj* dezentral *geh*
deception [dɪ'sepʃᵊn] *n no pl* Täuschung *f*, Betrug *m;* **credit card ~** BRIT Kreditkartenbetrug *m*
deceptive [dɪ'septɪv] *adj* ❶ (*misleading*) täuschend, irreführend
❷ (*deceitful*) trügerisch
▶ PHRASES: **appearances can be ~** (*prov*) der Schein trügt *prov*
deceptively [dɪ'septɪvli] *adv* ❶ (*misleadingly*) irrig, täuschend
❷ (*deceitfully*) trügerisch
deceptiveness [dɪ'septɪvnəs] *n no pl* ❶ (*misleadingness*) Täuschung *f*
❷ (*deceitfulness*) Betrügerei *f*
decibel ['desɪbel] I. *n* Dezibel *nt*
II. *n modifier* (*measurement, level, range*) Dezibel-; **the ~ count/scale** die Dezibelzahl/-skala
decide [dɪ'saɪd] I. *vi* ❶ (*make a choice*) sich *akk* entscheiden; ***where are you going on vacation? — we haven't ~d yet*** wohin fahrt ihr in Urlaub? – wir haben uns noch nicht festgelegt; ***we haven't ~d on a name for the baby yet*** wir haben uns noch nicht entschieden, wie wir das Baby nennen werden; ■**to ~ against sth/sb** sich *akk* gegen etw/jdn entscheiden; ■**to ~ for** [*or* **in favour of**] [*or* **on**] **sth/sb** sich *akk* für etw/jdn entscheiden; ■**to ~ for oneself** für sich *akk* selbst entscheiden
❷ (*resolve*) beschließen; ■**to ~ to do sth** sich *akk* entschließen, etw zu tun; ***have you ~d about going to the beach yet?*** weißt du schon, ob du an den Strand gehst?
II. *vt* ❶ (*make a decision*) ■**to ~ sth** etw entscheiden [*o* bestimmen]; ***he ~d that he liked her*** er kam zu der Überzeugung, dass er sie mochte; **to ~ sb's destiny** [*or* **fate**] über jds Schicksal entscheiden; **to ~ a game/question** ein Spiel/eine Frage entscheiden
❷ (*bring to a decision*) ***this business about the letter ~d me*** die Sache mit dem Brief gab für mich den Ausschlag
decided [dɪ'saɪdɪd] *adj* (*definite*) entschieden, dezidiert *geh;* ***he walks with a ~ limp*** er humpelt auffällig; **a ~ advantage/disadvantage** ein klarer [*o* deutlicher] Vorteil/Nachteil; **~ case** LAW entschiedener Fall; **a ~ dislike** eine ausgesprochene Abneigung; **a ~ opinion** eine feste Meinung
decidedly [dɪ'saɪdɪdli] *adv* entschieden, deutlich
decider [dɪ'saɪdəʳ, AM -ɚ] *n* ❶ (*game*) Entscheidungsspiel *nt*
❷ (*point*) Entscheidungspunkt *m;* ***Jones scored the ~ in the final minute*** Jones landete in letzter Minute den entscheidenden Treffer
deciding [dɪ'saɪdɪŋ] *adj* entscheidend; **~ factor** entscheidender Faktor; **~ reason/vote** ausschlaggebender Grund/ausschlaggebende Stimme
deciduous [dɪ'sɪdjuəs] *adj inv* ***oak trees are ~*** Eichenbäume werfen alljährlich ihr Laub ab; **~ tree** Laubbaum *m*
decile ['desaɪl, AM 'dɪsˌaɪl] *n* ECON, FIN Zehntelstelle *f*, Dezil *nt*
decimal ['desɪmᵊl] *n* Dezimalzahl *f;* **to express** [*or* **write**] **sth as a ~** etw als Dezimalzahl schreiben
decimal currency *n* Dezimalwährung *f* **decimal fraction** *n* Dezimalbruch *m*
decimalization [ˌdesɪmᵊlaɪ'zeɪʃᵊn, AM -lɪ'-] *n no pl* Dezimalisierung *f form*, Umstellung *f* auf das Dezimalsystem
decimalize ['desɪmᵊlaɪz] *vt* ■**to ~ sth** *currency, number* etw auf das Dezimalsystem umstellen, etw dezimalisieren *form*
decimal place *n* Dezimalstelle *f;* **to calculate sth to three ~s** etw bis auf drei Dezimalstellen berechnen **decimal point** *n* Komma *nt* **decimal system** *n* Dezimalsystem *nt*
decimate ['desɪmeɪt] *vt* ■**to ~ sth** etw dezimieren; **to ~ the population** die Bevölkerung dezimieren; ■**to ~ sb** (*fig*) jdn vernichtend schlagen
decimonic ringing [ˌdesɪ'mɒnɪk, AM -'mɑ:-] *n* TELEC dezimonisches Läuten
decipher [dɪ'saɪfəʳ, AM -ɚ] *vt* ■**to ~ sth** etw entziffern; **to ~ a code** einen Code entschlüsseln
decipherable [dɪ'saɪfᵊrəbl] *adj* entzifferbar; (*fig*) enträtselbar
decision [dɪ'sɪʒᵊn] *n* ❶ (*choice*) Entscheidung *f* (**about/on** über +*akk*), Entschluss *m;* ***let me have your ~ by next week*** geben Sie mir bis nächste Woche Bescheid, wie Sie sich entschieden haben; **to come to** [*or* **reach**] **a ~** zu einer Entscheidung gelangen; **to make a ~** eine Entscheidung fällen [*o* treffen]; **to respect sb's ~** jds Entscheidung respektieren
❷ LAW Entscheidung *f*, Urteil *nt;* **to hand down a ~** ein Urteil fällen
❸ *no pl* (*resoluteness*) Entschiedenheit *f*, Entschlossenheit *f;* **to act with ~** entschlossen handeln
decision-maker *n* POL, ECON, MIL (*leader*) [aktiver] Entscheidungsträger/[aktive] Entscheidungsträgerin, Macher(in) *m(f) fam* **decision-making** *n no pl* Entscheidungsfindung *f;* **the ~ process** der Prozess der Entscheidungsfindung
decisive [dɪ'saɪsɪv] *adj* ❶ (*determining*) bestimmend; *battle, defeat, victory, progress* entscheidend; **to play a ~ part in sth** eine maßgebliche Rolle bei etw *dat* spielen
❷ (*firm*) *action, measure* entschlossen, resolut; *cut, progress* entschieden; ***"no," was his ~ reply*** „nein“, antwortete er mit Bestimmtheit
decisively [dɪ'saɪsɪvli] *adv* ❶ (*crucially*) entscheidend, maßgeblich
❷ (*firmly*) **to act/intervene ~** entschlossen handeln/eingreifen; **to reject sth ~** etw entschieden ablehnen
decisiveness [dɪ'saɪsɪvnəs] *n no pl* ❶ (*crucialness*) ausschlaggebende Bedeutung
❷ (*firmness*) Entschlossenheit *f;* **to show ~** Entschlossenheit zeigen
deck [dek] I. *n* ❶ (*on a ship*) Deck *nt;* **main ~** Hauptdeck *nt;* **to go below ~s** unter Deck gehen; **to go up on ~** an Deck gehen
❷ (*on a bus*) Deck *nt;* **the upper ~** das Oberdeck
❸ *esp* AM, AUS (*raised porch*) Veranda *f*, [Sonnen]terrasse *f*
❹ *esp* AM CARDS **~ of cards** Spiel *nt* Karten; *see also* **pack**
❺ MUS, ELEC Laufwerk *nt;* **cassette/tape ~** Kassetten-/Tapedeck *nt*
▶ PHRASES: **to have all hands on ~** jede erdenkliche Unterstützung haben; **to clear the ~s** klar Schiff machen *fam;* **to hit the ~** (*get down*) sich *akk* auf den Boden werfen; (*get going*) loslegen *fam*
II. *vt* ❶ *usu passive* (*adorn*) ■**to ~ sth** [**out**] etw [aus]schmücken; ***the room was ~ed with flowers*** das Zimmer war mit Blumen geschmückt; **to be ~ed** [**out**] **in one's best** [*or* **finery**] herausgeputzt sein
❷ (*sl: knock down*) ■**to ~ sb** jdm eine verpassen *fam*
deckchair *n* Liegestuhl *m;* (*on ship*) Deckchair *m*
▶ PHRASES: **sth is like rearranging** [*or* **moving**] **the ~s on the Titanic** BRIT etw ist völlig umsonst [*o* vergeblich] **deckhand** *n* Deckshelfer *m*, Decksmann *m* **deckhouse** *n* NAUT Deckshaus *nt*
declaim [dɪ'kleɪm] (*form*) I. *vt* ■**to ~ sth** etw deklamieren *geh*
II. *vi* deklamieren *geh*
declamation [ˌdeklə'meɪʃᵊn] *n* (*form*) ❶ *no pl* (*rhetorical art*) Deklamatorik *f geh*, Vortragskunst *f*
❷ (*speech*) Deklamation *f geh*, kunstgerechter Vortrag; ***~s against the press are common enough*** Ausfälle gegen die Presse sind gar nicht so selten
declamatory [dɪ'klæmətᵊri, AM -tɔ:ri] *adj* (*form*) deklamatorisch; *manner* theatralisch; *colours* schreiend *attr*
declarable [dɪ'kleərəbl̩, AM -'klerə-] *adj inv* (*form: taxable*) steuerpflichtig *form;* (*at customs*) zollpflichtig
declaration [ˌdeklə'reɪʃᵊn] *n* ❶ (*statement*) Erklärung *f*, Deklaration *f form; of a witness* Aussage *f;* **~ of income** Einkommensteuererklärung *f;* **~ of intent/love** Absichts-/Liebeserklärung *f;* **~ of war** Kriegserklärung *f;* **to make a ~** eine Erklärung abgeben
❷ CARDS Ansage *f*
declaration of association *n* FIN Gründungserklärung *f* einer Kapitalgesellschaft
declaration of income *n* ECON Einkommen[s]steuererklärung *f* **Declaration of Independence** *n no pl* (*hist*) ■**the ~** die Unabhängigkeitserklärung der USA
declarative [dɪ'klærətɪv, AM -'klerət̬ɪv] *adj* deklarativ; **~ statement** LING Aussagesatz *m*
declaratory judgment *n* LAW Feststellungsurteil *nt*
declare [dɪ'kleəʳ, AM -'kler] I. *vt* ❶ (*make known*) ■**to ~ sth** etw verkünden [*o* bekannt machen] [*o* kundtun]; **to ~ one's intention** seine Absicht kundtun; **to ~ one's love for sb** jdm eine Liebeserklärung machen; ***she ~d her love for tiramisu*** sie gestand, eine Schwäche für Tiramisu zu haben; **to ~ one's support for sth** seine Unterstützung für etw *akk* zusagen
❷ (*state*) ■**to ~ that ...** erklären, dass ...; **to ~ war on sb** jdm den Krieg erklären; **to ~ oneself** [**to be**] **bankrupt** sich *akk* für bankrott erklären; ***the country ~d independence in 1952*** das Land hat im Jahre 1952 seine Unabhängigkeit erklärt; ***I now ~ the Olympic Games open*** hiermit erkläre ich die Olympischen Spiele für eröffnet
❸ CARDS ■**to ~ sth** etw ansagen
❹ ECON (*for customs, tax*) ■**to ~ sth** etw deklarieren *form;* ***have you anything to ~?*** haben Sie etwas zu verzollen?; **to ~ goods** Waren verzollen; **to ~ one's income** sein Einkommen angeben
❺ (*pronounce*) ■**to ~ oneself** sich *akk* erklären, sich *akk* zu erkennen geben; **to ~ oneself in favour of sth** sich *akk* für etw *akk* aussprechen
II. *vi* ❶ (*make a statement*) ■**to ~ against/for sth** sich *akk* gegen/für etw *akk* aussprechen
❷ (*in cricket*) ein Spiel vorzeitig abbrechen
III. *interj* (*dated*) ***well, I*** [***do***] ***~!*** na so was!
declared [dɪ'kleəd, AM -'klerd] *adj inv* erklärt; **~ value** ECON, FIN angemeldeter [*o* angegebener] Wert
declassification [ˌdi:ˌklæsɪfɪ'keɪʃᵊn] *n no pl of information, documents* Freigabe *f*
declassify <-ie-> [ˌdi:'klæsɪfaɪ] *vt* ■**to ~ sth** *information, documents* etw freigeben
declension [dɪ'klen(t)ʃᵊn] *n* LING ❶ (*grammatical class*) Fall *m*, Kasus *m fachspr*
❷ *no pl* (*grammatical system*) Deklination *f fachspr*
decline [dɪ'klaɪn] I. *n* ❶ (*decrease*) Rückgang *m*, Abnahme *f;* **a ~ in the number of unemployed** ein Rückgang *m* der Arbeitslosenzahl; **to be on the** [*or* **in**] **~** im Rückgang befindlich sein, zurückgehen
❷ (*deterioration*) Verschlechterung *f;* **a rapid ~ in**

health ein schneller gesundheitlicher Verfall; **industrial** ~ Niedergang *m* der Industrie
II. *vi* ❶ (*diminish*) *interest, popularity* sinken, fallen, nachlassen, zurückgehen; *health* sich *akk* verschlechtern; *strength* abnehmen
❷ (*sink in position*) abfallen, sich *akk* neigen
❸ (*refuse*) ablehnen; **to ~ to comment on sth** jeden Kommentar zu etw *dat* ablehnen [*o* verweigern]
III. *vt* ■ **to ~ sth** ❶ (*refuse*) etw ablehnen; **to ~ an invitation/offer** eine Einladung/ein Angebot ablehnen [*o* ausschlagen]
❷ LING *noun, pronoun, adjective* etw deklinieren [*o* beugen]

declining years *npl* Lebensabend *m geh*; **in one's ~** im Alter

declivity <*pl* -ies> [dɪˈklɪvəti] *n* abschüssige Stelle, Abhang *m*

declutch [ˌdiːˈklʌtʃ] *vi* auskuppeln

decoction [dɪˈkɒkʃᵊn, AM -ˈkɑːk-] *n* ❶ (*activity*) Auskochen *nt*, Absieden *nt*
❷ (*product*) Absud *m*

decode [dɪˈkəʊd, AM -ˈkoʊd] *vt* ■ **to ~ sth** etw entschlüsseln [*o* dekodieren]

decoder [dɪˈkəʊdəʳ, AM -ˈkoʊdɚ] *n* ❶ (*device*) Decoder *m*, Dekodierer *m*
❷ (*person*) Dekodierer(in) *m(f)*

decoke [dɪˈkəʊk] BRIT **I.** *vt* ■ **to ~ sth** etw entrußen
II. *n* Entrußung *f*

décolletage [ˌdeɪkɒlˈtɑːʒ, AM -kɑːləˈ-] *n*, **décolleté** [ˌdeɪkɒlˈteɪ, AM -kɑːləˈ-] *n* [tiefer] Ausschnitt, Dekolletee *nt*

decolonization [diːˌkɒlənaɪˈzeɪʃᵊn, AM -ˌkɑːlə-] *n no pl* Entkolonialisierung *f*

decommission [ˌdiːkəˈmɪʃᵊn] *vt* ❶ MIL ■ **to ~ sb** jdn ausmustern
❷ (*remove from service*) ■ **to ~ sth** etw außer Dienst nehmen, etw ausrangieren; (*shut down*) etw stillegen

decompilation [ˌdiːkɒmpɪˈleɪʃᵊn, AM -ˌkɑːmpə-] *n* COMPUT Rückumsetzung *f*

decompose [ˌdiːkəmˈpəʊz, AM -ˈpoʊz] **I.** *vi* sich *akk* zersetzen [*o* auflösen]; (*rot*) verwesen
II. *vt* ■ **to ~ sth** ❶ PHYS, CHEM (*separate*) etw zerlegen [*o* [auf]spalten]
❷ (*decay*) etw zersetzen [*o* abbauen]

decomposition [ˌdiːkɒmpəˈzɪʃᵊn, AM -kɑːm-] *n no pl* ❶ (*separation*) Zerlegung *f*, Aufspaltung *f*; CHEM Abbau *m*
❷ (*state of decay*) Zersetzung *f*, Verwesung *f*, Fäulnis *f*

decompress [ˌdiːkəmˈpres] **I.** *vt* ■ **to ~ sth** (*remove pressure*) den Druck in etw *dat* ablassen; (*lessen pressure*) den Druck in etw *dat* verringern; COMPUT etw dekomprimieren *fachspr*; ***deep-sea divers must be ~ed slowly before coming to the surface*** Tiefseetaucher müssen beim Auftauchen langsam dekomprimieren
II. *vi* ❶ (*lose pressure*) dekomprimieren *fachspr*
❷ AM (*fam: recover*) sich *akk* erholen

decompression [ˌdiːkəmˈpreʃᵊn] *n no pl* (*of air pressure*) Druckverminderung *f*, Dekompression *f fachspr*; COMPUT Entpacken *nt fachspr*

decompression chamber *n* Dekompressionskammer *f* **decompression sickness** *n*, **decompression syndrome** *n no pl* Dekompressionskrankheit *f*

decongestant [ˌdiːkənˈdʒestᵊnt] *n* abschwellendes Mittel, Mittel, das die Atemwege frei macht

deconstruct [ˌdiːkənˈstrʌkt] *vt* ■ **to ~ sth** *a theory* etw dekonstruieren *geh*

deconstruction [ˌdiːkənˈstrʌkʃᵊn] *n no pl* Dekonstruktion *f*

decontaminate [ˌdiːkənˈtæmɪneɪt] *vt* ECOL, CHEM ■ **to ~ sth** etw entseuchen [*o fachspr* dekontaminieren]

decontamination [ˌdiːkəntæmɪˈneɪʃᵊn] *n no pl* ECOL, CHEM Dekontaminierung *f*, Entseuchung *f*

decontamination programme *n* ECOL, CHEM Dekontaminierungsprogramm *nt*, Entseuchungsprogramm *nt*

decontrol <-ll-> [ˌdiːkənˈtrəʊl, AM -troʊl] *vt* ECON ■ **to ~ sth** etw freigeben; **to ~ trade** Handelsbeschränkungen aufheben

decor [ˈdeɪkɔːʳ, AM ˈdeɪkɔːr] *n no pl* ❶ (*of room, house*) Ausstattung *f*, Einrichtung *f*; **interior ~** Inneneinrichtung *f*, Innenausstattung *f*
❷ THEAT Dekor *m o nt*

decorate [ˈdekəreɪt] **I.** *vt* ❶ (*adorn*) ■ **to ~ sth** [**with sth**] *room, tree* etw [mit etw *dat*] schmücken; **to ~ a cake/shop window** eine Torte/ein Schaufenster dekorieren
❷ (*paint*) ■ **to ~ sth** *room* etw streichen; (*wallpaper*) etw tapezieren; (*paint and wallpaper*) etw renovieren
❸ *usu passive* (*award a medal*) ■ **to be ~d** [**for sth**] [für etw *akk*] ausgezeichnet werden
II. *vi* (*paint*) streichen; (*wallpaper*) tapezieren

decoration [ˌdekəˈreɪʃᵊn] *n* ❶ (*for party*) Dekoration *f*; (*for Christmas tree*) Schmuck *m kein pl*; **for ~** zur Dekoration
❷ *no pl* (*process of decorating*) Dekorieren *nt*, Schmücken *nt*; (*with paint*) Streichen *nt*; (*with wallpaper*) Tapezieren *nt*
❸ (*medal*) Auszeichnung *f* (**for** für +*akk*)

decorative [ˈdekᵊrətɪv, AM -t̬ɪv] *adj* dekorativ; (*hum*) ***just sit there and look ~*** (*pej*) sitz einfach da und sieh nett aus *pej*

decoratively [ˈdekᵊrətɪvli, AM -t̬ɪv-] *adv* dekorativ

decorator [ˈdekᵊreɪtəʳ, AM -t̬ɚ] *n* BRIT Maler(in) *m(f)*; **painter and ~** *esp* AM Innenarchitekt(in) *m(f)*

decorous [ˈdekᵊrəs, AM -kɚ-] *adj* (*form*) *behaviour, manners* schicklich; **~ kiss** flüchtiger Kuss; **~ language** korrekte Ausdrucksweise

decorously [ˈdekᵊrəsli, AM -kɚ-] *adv* tadellos, schicklich

decorum [dɪˈkɔːrəm] *n no pl* (*form*) Schicklichkeit *f*; **to act** [*or* **behave**] **with ~** sich *akk* schicklich [*o* tadellos] benehmen

decoy [ˈdiːkɔɪ] **I.** *n* Lockvogel *m*; **to act as a ~** den Lockvogel spielen; **to use sb as a ~** jdn als Lockvogel benutzen
II. *vt* [dɪˈkɔɪ] ■ **to ~ sb into doing sth** jdn zu etw *dat* verleiten; ***the missiles were ~ed into going off course*** die Raketen konnten von ihrem Kurs abgelenkt werden

decoy duck *n* HUNT Lockvogel *m*

decrease **I.** *vi* [dɪˈkriːs, ˈdiːkriːs] *crime, unemployment, inflation* abnehmen, zurückgehen
II. *vt* [dɪˈkriːs, ˈdiːkriːs] ■ **to ~ sth** etw reduzieren; **to ~ costs** Kosten verringern [*o* reduzieren]; **to ~ prices/spending** Ausgaben/Preise senken; **to ~ production** die Produktion drosseln
III. *n* [ˈdiːkriːs] Abnahme *f*; *numbers* Rückgang *m*; **~ in births** Geburtenrückgang *m*; **~ in price** Preissenkung *f*; ■ **to be on the ~** rückläufig sein

decree [dɪˈkriː] **I.** *n* (*form*) Dekret *nt form*, Erlass *m*; **to govern by ~** auf dem Verordnungsweg regieren; **to issue a ~** ein Dekret erlassen, einen Erlass herausgeben
II. *vt* ■ **to ~ sth** etw verfügen; ***the new drug has been ~d unsafe*** das neue Medikament wurde als gesundheitsgefährend eingestuft; ■ **to ~ that ...** beschließen, dass ...

decree absolute <*pl* decrees absolute> *n* BRIT LAW endgültiges Scheidungsurteil **decree nisi** [-ˈnaɪsaɪ] *n* BRIT LAW vorläufiges Scheidungsurteil

decrepit [dɪˈkrepɪt] *adj chair, car* klapprig; *old person* klapprig *fam*; **a ~ building** ein heruntergekommenes [*o* verfallenes] Gebäude; **a ~ economy** eine heruntergekommene Wirtschaft

decrepitude [dɪˈkrepɪtjuːd, AM *esp* -tuːd] *n no pl* (*form*) heruntergekommener Zustand; *of a person* Klapprigkeit *f fam*

decriminalization [diːˌkrɪmɪnᵊlaɪˈzeɪʃᵊn, AM -nᵊlɪ-] *n no pl* Legalisierung *f*

decriminalize [diːˈkrɪmɪnᵊlaɪz] *vt* ■ **to ~ sth** etw legalisieren

decruit *vt* (*euph*) ■ **to ~ sb** jdn entlassen

decry <-ie-> [dɪˈkraɪ] *vt* (*form*) ■ **to ~ sth** [**as sth**] etw [als etw] anprangern

dedicate [ˈdedɪkeɪt] *vt* ❶ (*devote*) ■ **to ~ oneself to sth** sich *akk* etw *dat* widmen; ***he has ~d his life to scientific research*** er hat sein Leben in den Dienst der Forschung gestellt
❷ PUBL ■ **to ~ sth to sb** *book* jdm etw *akk* widmen
❸ REL **to ~ a church** [**to sb**] [jdm] eine Kirche weihen

dedicated [ˈdedɪkeɪtɪd, AM -t̬ɪd] *adj* ❶ (*hard-working*) *doctor, environmentalist, teacher* engagiert; ■ **to be ~ to sth** etw *dat* verschrieben sein; ***she's completely ~ to her work*** sie lebt nur für ihre Arbeit
❷ (*devoted*) **~ follower** treuer Anhänger/treue Anhängerin
❸ COMPUT ausschließlich zugeordnet, dediziert

dedication [ˌdedɪˈkeɪʃᵊn] *n* ❶ (*hard work*) Engagement *nt* (**to** für +*akk*)
❷ (*in book*) Widmung *f*; **to write a ~** eine Widmung schreiben
❸ REL Einweihung *f*, Weihe *f*

deduce [dɪˈdjuːs, AM *esp* -duːs] *vt* ■ **to ~ sth** etw folgern; ■ **to ~ that ...** folgern, dass; ■ **to ~ whether ...** feststellen, ob ...

deducible [dɪˈdjuːsəbl̩, AM *esp* -duːs-] *adj* (*form*) ableitbar; ■ **to be ~ from sth** sich aus etw *dat* ableiten lassen

deducing title [dɪˈdjuːsɪŋ-, AM -ˈduːs] *n* LAW Nachweis *m* des Eigentumtitels

deduct [dɪˈdʌkt] *vt* ■ **to ~ sth** [**from sth**] *points, expenses, commission* etw [von etw *dat*] abziehen

deductable AUS, **deductible** [dɪˈdʌktəbl̩] *adj inv* absetzbar, abzugsfähig

deduction [dɪˈdʌkʃᵊn] *n* ❶ (*inference*) Schlussfolgerung *f*; **to make a ~** eine Schlussfolgerung ziehen
❷ ECON (*subtraction*) Abzug *m*; **~s from salary** [*or* **at source**] [*or* **salary ~s**] Lohnabzüge *pl*; **tax ~s** (*from salary*) Steuerabzüge *pl*; AM (*tax offsets*) [von der Steuer] absetzbare Ausgaben *pl*

deductive [dɪˈdʌktɪv] *adj* deduktiv

deed [diːd] *n* ❶ (*action*) Tat *f*; **to do an evil ~** eine Untat begehen; **to do the dirty ~s for sb** für jdn die Drecksarbeit machen; **in word and ~** mit Wort und Tat; **to do a good ~** eine gute Tat vollbringen
❷ *usu pl* LAW Urkunde *f*, Dokument *nt*; **title ~s** Grundeigentumsurkunde *f*, ≈ Grundbucheintrag *m*

deed box *n* Dokumentenkassette *f*

deed of arrangement *n* ECON, FIN Vergleichsvereinbarung *f* [zwischen Schuldner und Gläubiger] **deed of assignment** *n* ECON, FIN Übereignungsurkunde *f*, Abtretungsurkunde *f* **deed of covenant** *n* ECON, FIN Vertragsurkunde *f*, Versprechensurkunde *f* **deed of partnership** *n* ECON, FIN Gesellschaftsvertrag *m* **deed of transfer** *n* ECON, FIN [Aktien]übertragungsurkunde *f*

deed poll *n* LAW *einseitige Rechtserklärung* (*besonders zur Namensänderung*); **to change one's name by ~** seinen Namen durch eine einseitige Rechtserklärung ändern

deejay [ˈdiːdʒeɪ] *n* (*fam*) Discjockey *m*, Diskjockey *m*

deem [diːm] *vt usu passive* (*form*) ■ **to be ~ed sth** als etw gelten [*o geh* erachtet werden]; ***the area has now been ~ed safe*** das Gebiet gilt jetzt als sicher; ■ **to ~ sb to have done sth** annehmen, dass jd etw getan hat

deep [diːp] **I.** *adj* ❶ (*not shallow*) *cut, hole, wound, lake, water* tief; ***the pond is 2 m ~*** der Teich ist 2 m tief; ***the snow was 1 m ~*** der Schnee lag einen Meter hoch
❷ (*full*) **to let out a ~ sigh** tief seufzen; **to take a ~ breath** tief Luft holen
❸ (*engrossed*) **to be ~ in conversation/thought** in ein Gespräch/in Gedanken vertieft sein; **to be in ~ thought** tief in Gedanken versunken sein
❹ (*extending back*) *wardrobe, closet* tief; ***they were standing four ~*** sie standen zu viert hintereinander
❺ (*located far back*) **~ in the forest/jungle** tief im Wald/Dschungel
❻ (*profound*) *coma, sadness, satisfaction, sleep* tief; ***you have my ~est sympathy*** herzliches Bei-

D

leid; ***I felt a ~ sense of irritation*** ich war sehr verärgert; ~ **admiration/interest** große Bewunderung/großes Interesse; **to have a ~ aversion to sth** gegen etw *akk* eine starke Abneigung haben; **to be ~ in debt** hoch verschuldet sein; **to be in ~ despair** total verzweifelt sein; **to be a ~ disappointment to sb** eine schwere Enttäuschung für jdn sein, jdn schwer enttäuschen; **to have ~ feelings for sb** für jdn tiefe Gefühle haben; **a ~ economic recession** ein starker Konjunkturrückgang; **with ~ regret** mit großem Bedauern; **to be in ~ trouble** in großen Schwierigkeiten stecken; **to have gained a ~er understanding of sth** jetzt ein besseres Verständnis einer S. *gen* haben

7 *book, discussion, meaning* tief; ***quantum physics is a bit ~ for me*** die Quantenphysik ist für mich schwer verständlich; ***that was a really ~ film*** der Film hatte wirklich Tiefgang

8 (*low*) *note, voice* tief

9 (*of colour*) **a ~ blue sky** ein tiefblauer Himmel; ~ **red** dunkelrot

► PHRASES: **to be in/get into ~ water [over sth]** [wegen einer S. *gen*] bis über beide Ohren in Schwierigkeiten stecken/geraten

II. *adv* 1 (*far down*) tief; ***the sadness I feel about her death runs*** ~ ich bin zutiefst über ihren Tod betrübt; **~-down** tief im Innersten; **~-down inside sb** tief in jds Innersten; **to breathe ~** tief atmen

2 (*far back*) ~ **in the [distant] past** vor sehr langer Zeit

► PHRASES: **still waters run ~** (*prov*) stille Wasser sind tief *prov*; **to [really] dig ~** sich *akk* [schwer] ins Zeug legen; **to go [*or* run] ~** *fear* tief sitzen

III. *n* (*liter*) ■**the ~** die Tiefe

deep discount bond *n* FIN Anleihe *f*, die mit einem niedrigen Coupon und einem hohen Disagio begeben wird

deep-discounted *adj attr, inv* ECON, FIN ~ **rights issue** Bezugsrechtemission *f* zu besonders günstigen Bedingungen

deepen ['di:pən] I. *vt* ■**to ~ sth** 1 (*make deeper*) *channel, hole* etw tiefer machen

2 (*intensify*) *feelings* etw vertiefen; **to ~ one's knowledge** sein Wissen vertiefen

II. *vi* 1 *water* tiefer werden

2 (*intensify*) *feelings, understanding* sich *akk* vertiefen; *budget deficit, economic crisis, recession* sich *akk* verschärfen

3 *tone, voice* tiefer werden

4 (*become darker*) *colour* intensiver [*o* dunkler] werden

deep end *n* Schwimmerbecken *nt*

► PHRASES: **to go off the ~ about sth** sich *akk* maßlos über etw *akk* aufregen; **to jump/be thrown in at the ~** ins kalte Wasser springen/gestoßen werden; **to throw sb in at the ~** jdn ins kalte Wasser werfen

deepening ['di:pənɪŋ] *adj* tiefer werdend *attr*

deep-freeze *n* Tiefkühlschrank *m*; (*chest*) Tiefkühltruhe *f* **deep-fried** *adj* fritiert **deep-frozen** *adj* tiefgefroren **deep-frozen foods** *n* Tiefkühlkost *f* **deep-fry** *vt* ■**to ~ sth** etw fritieren **deep kiss** *n* Zungenkuss *m* **deep-laid** *adj* raffiniert

deeply ['di:pli] *adv* 1 (*very*) *disappointed, discouraging, impressed* sehr, äußerst; ***I'm ~ grateful to you*** ich bin dir äußerst dankbar; **to be ~ appreciative of sth** etw sehr schätzen; **to be ~ insulted** zutiefst getroffen sein; **to be ~ interested in sth** an etw *dat* äußerst interessiert sein; **to ~ regret sth** etw sehr bereuen

2 (*far down*) *breathe, cut* tief; **to be ~ ingrained in sb** tief in jdm verwurzelt sein; **to inhale ~** tief einatmen

deepness ['di:pnəs] *n* Tiefe *f*

deep-rooted *adj* 1 (*established*) *affection, belief* tief; ~ **fear/prejudice** tief sitzende Angst/tief sitzendes Vorurteil; ~ **habit** feste Gewohnheit 2 BOT *tree* tief verwurzelt **deep sea** *n* Tiefsee *f* **deep-sea diver** *n* Tiefseetaucher(in) *m(f)* **deep-sea diving** *n* Tiefseetauchen *nt*; **to go ~** Tiefseetauchen gehen **deep-sea fishing** *n* Hochseefischen *nt*, Hochseefischerei *f*; **to go ~** Hochseefischen gehen **deep-seated** *adj* tief sitzend *attr*; ~ **hatred** tief sitzender Hass; ~ **tumour** tief sitzender Tumor **deep-set** *adj* ~ **eyes** tief liegende Augen **deep-six** *vt* AM (*fam: cause to disappear*) ■**to ~ sth** etw versenken **Deep South** *n* AM ■**the ~** der tiefe Süden **deep space** *n* ASTRON äußerer Weltraum *fachspr* (*außerhalb unseres Sonnensystems*); ■**in ~** in den Tiefen des Weltraums **deep structure** *n* LING Tiefenstruktur *f*

deer <*pl* -> [dɪəʳ, AM dɪr] *n* Hirsch *m*

deerskin *n no pl* (*of stags*) Hirschleder *nt*; (*of roes*) Rehleder *nt* **deerstalker** *n* Jagdmütze *f* (*Mütze mit Ohrklappen, Sherlock Holmes-Mütze*)

de-escalate [di:'eskəleɪt] I. *vt* ■**to ~ sth** etw entschärfen; **to ~ a conflict** einen Konflikt entschärfen

II. *vi* entschärfen

def *adj* AM (*sl: excellent*) korrekt *sl*

deface [dɪ'feɪs] *vt* ■**to ~ sth** etw verunstalten; **to ~ a building** ein Gebäude verschandeln

de facto [ˌdeɪ'fæktəʊ, AM -toʊ] I. *adv* (*form*) de facto *form*

II. *adj attr* (*form*) de facto *form*

III. *n* AUS Lebensgefährte, -in *m, f*

defaecate *vi* BRIT *see* **defecate**

defalcation [ˌdi:fæl'keɪʃən] *n no pl* ECON, FIN Veruntreuung *f*, Unterschlagung *f*

defamation [ˌdefə'meɪʃən] *n no pl* (*form*) Diffamierung *f*; ~ **of character** Rufmord *m*

defamatory [dɪ'fæmətəri, AM -tɔ:ri] *adj* (*form*) diffamierend; **a ~ speech** eine Schmährede; ~ **statement** beleidigende Äußerung, üble Nachrede

defame [dɪ'feɪm] *vt* (*form*) ■**to ~ sb** jdn verleugnen [*o geh* diffamieren]

defang [di:'fæŋ] *vt* (*fig*) ■**to ~ sth** etw entschärfen [*o* abschwächen]

default [dɪ'fɔ:lt, AM -'fa:lt] I. *vi* 1 FIN (*failure to pay*) in Verzug geraten; **to ~ on payments** mit Zahlungen in Verzug geraten

2 COMPUT ■**to ~ to sth** *program* sich automatisch auf den standardmäßig eingestellten Wert einstellen

II. *n* 1 *of contract* Nichterfüllung *f*, Vertragswidrigkeit *f*; **by ~** im Unterlassungsfall

2 (*failure to pay debt*) Versäumnis *nt*, Nichtzahlung *f*; ***the company is in ~*** die Firma befindet sich in Verzug; **in ~ of payment ...** bei Zahlungsverzug ...

3 *no pl* ■**by ~** automatisch; ***the copier always sets itself by ~ to make just one copy*** der Kopierer stellt sich automatisch auf eine einzige Kopie ein; ***he was elected by ~*** er wurde in Ermangelung anderer Kandidaten gewählt; **to win by ~** automatisch gewinnen (*ohne, dass man etwas dafür getan hat*)

4 (*form: absence*) ■**in ~ of sth** in Ermangelung einer S. *gen geh*

III. *n modifier* voreingestellt, Standard-; ~ **mechanism** Standardmechanismus *m*; ~ **option** Standardversion *f*; ~ **program** Standardprogramm *nt*

default action *n* LAW Klage *f* auf geschuldeten Geldbetrag

defaulter [dɪ'fɔ:ltəʳ, AM -'fa:ltɚ] *n* ECON, FIN säumiger Schuldner/säumige Schuldnerin

default judgement *n* Versäumnisurteil *nt*
default setting *n* COMPUT Standardeinstellung *f*
default summons *n* LAW Mahnbescheid *m*
default value *n* COMPUT Standardwert *m*

defeasance [dɪ'fi:zən(t)s] *n* LAW Aufhebung[sklausel] *f*, Verwirkung[sklausel] *f*, Annullierung *f*

defeat [dɪ'fi:t] I. *vt* 1 (*win over*) ■**to ~ sb/sth** *candidate, enemy, army* jdn/etw besiegen; ■**to ~ sb** (*at cards, chess, football*) jdn schlagen; ***this line of reasoning ~s me, I must admit*** (*fig*) diesem Argument kann ich leider nicht folgen; **to ~ sb's hopes** jds Hoffnungen zerschlagen; **to ~ a proposal** einen Vorschlag ablehnen

2 POL (*turn down*) ■**to be ~ed** *bill* abgelehnt werden; **to ~ an amendment** einen Antrag auf Gesetzesänderung ablehnen

3 (*destroy*) ■**to ~ sth** ***that ~s the purpose of this meeting*** dann verliert dieses Treffen seinen Sinn

II. *n* Niederlage *f*; **to admit [*or* concede]/suffer ~** eine Niederlage eingestehen/erleiden

defeated [dɪ'fi:tɪd, AM -t̬-] *adj attr candidate, team* unterlegen

defeatism [dɪ'fi:tɪzəm, AM -t̬-] *n no pl* (*pej*) Defätismus *m*, Defaitismus *m* SCHWEIZ

defeatist [dɪ'fi:tɪst, AM -tɪst] I. *adj* defätistisch, defaitistisch SCHWEIZ; **to have a ~ attitude** ein Schwarzseher/eine Schwarzseherin sein

II. *n* Defätist(in) *m(f)*, Defaitist(in) *m(f)* SCHWEIZ

defecate ['defəkeɪt] *vi* (*form*) den Darm entleeren, defäkieren *geh*

defecation [ˌdefə'keɪʃən] *n no pl* (*form*) Stuhlentleerung *f*, Defäkation *f geh*

defect I. *n* ['di:fekt] 1 (*in product*) Fehler *m*; **character ~** (*fig*) Charakterfehler *m*

2 TECH Defekt *m* (**in** an +*dat*)

3 MED **birth/speech ~** Geburts-/Sprachfehler *m*

II. *vi* [dɪ'fekt] POL ■**to ~ [to a country]** [in ein Land] überlaufen; **to ~ to the West** in den Westen flüchten

defection [dɪ'fekʃən] *n* Flucht *f*; POL Überlaufen *nt*, Wechsel *m*

defective [dɪ'fektɪv] I. *adj* 1 *goods* fehlerhaft

2 TECH *part, plug, wiring* defekt

3 MED ~ **hearing** mangelhaftes Hörvermögen; **to have a ~ heart valve** einen Herzklappenfehler haben

4 LING ~ **verb** defektives Verb

II. *n* (*pej*) Geistesgestörte(r) *f(m)*

defector [dɪ'fektəʳ, AM -ɚ] *n* POL Überläufer(in) *m(f)*

defence [dɪ'fen(t)s], AM **defense** *n* 1 (*of person*) Schutz *m* (**against** gegen +*akk*); (*of country*) Verteidigung *f*; ***all I can say, in ~ of my actions, is ...*** alles, was ich zu meiner Verteidigung vorbringen kann, ist, ...; ***he spoke in ~ of civil rights*** er verteidigte die Bürgerrechte; **ministry of ~** Verteidigungsministerium *nt*; **to come/rush to sb's ~** jdm zu Hilfe kommen/eilen; **to put up a stubborn ~** sich *akk* zäh verteidigen

2 LAW Verteidigung *f*; **witness for the ~** Zeuge, -in *m, f* der Verteidigung, Entlastungszeuge, -in *m, f*; **to conduct the ~** die Verteidigung führen

3 LAW (*arguments*) Klageerwiderung *f*, Einspruch *m*; **to file a ~** eine Klage beantworten

4 (*document*) Verteidigungsvorbringen *nt*, Klageerwiderung *f*

5 SPORTS Abwehr *f*; **to play in [*or* AM on] ~** Abwehrspieler/Abwehrspielerin sein; CHESS **to use a ~** eine Verteidigungsstellung einnehmen

6 PSYCH Abwehrmechanismus *m*

7 (*of body*) ■**~s** *pl* Abwehrkräfte *fpl*; **to build up one's ~s** MED seine Abwehrkräfte stärken

defence counsel *n* LAW Verteidiger(in) *m(f)*
defence document *n* ECON, FIN Verteidigungsschriftstück *nt* (*gegen ein Übernahmeangebot*)
defence lawyer *n* LAW Strafverteidiger(in) *m(f)*
defenceless [dɪ'fen(t)sləs] *adj* wehrlos, schutzlos; ■**to be ~ against sth** wehrlos gegenüber etw *dat* sein

defencelessness [dɪ'fen(t)sləsnəs] *n no pl* Wehrlosigkeit *f*

defence mechanism *n* ANAT, PSYCH Abwehrmechanismus *m* **Defence Minister** *n* Verteidigungsminister(in) *m(f)* **Defence Secretary** *n* Verteidigungssekretär(in) *m(f)*

defend [dɪ'fend] I. *vt* 1 (*protect*) ■**to ~ oneself/sth [against sb/sth]** sich *akk*/etw [gegen jdn/etw] verteidigen; (*fight off*) ■**to ~ oneself against sth** sich *akk* gegen etw *akk* wehren; **to ~ a currency** eine Währung stützen; **to ~ one's point of view** auf seinem Standpunkt beharren

2 (*support*) ■**to ~ sb/sth** jdn/etw unterstützen; **to ~ a policy** eine politische Linie verteidigen

3 LAW ■**to ~ sb** jdn verteidigen; **to ~ an action** sich *akk* auf eine Klage einlassen, einen Prozess in der Verteidigungsposition führen; **to ~ a lawsuit** einen Prozess als Beklagte *f*/Beklagter *m* führen

4 SPORTS **to ~ one's title** seinen Titel verteidigen

II. *vi* SPORTS verteidigen

defendable [dɪ'fendəbl] *adj esp* AM, AUS *see*

defensible
defendant [dɪˈfendənt] *n* LAW Angeklagte(r) *f(m)*; (*civil action*) Beklagte(r) *f(m)*
defended takeover *n* ECON, FIN angefochtene Übernahme
defender [dɪˈfendəʳ, AM -ɚ] *n* ❶ (*protector*) Beschützer(in) *m(f)*; (*supporter*) Verfechter(in) *m(f)* ❷ SPORTS Verteidiger(in) *m(f)*
defending champion *n* Titelverteidiger(in) *m(f)*
defense *n esp* AM *see* **defence**
defensible [dɪˈfen(t)səbl̩] *adj* ❶ (*capable of being defended*) wehrhaft; **to be easily ~** leicht zu verteidigen sein
❷ (*supportable*) vertretbar; (*justifiable*) gerechtfertigt; ■**to be ~** vertretbar sein
defensive [dɪˈfen(t)sɪv] **I.** *adj* ❶ (*intended for defence*) defensiv
❷ (*quick to challenge criticism*) defensiv
II. *n* Defensive *f*; **to be on the ~** in der Defensive sein; **to go on the ~** in die Defensive gehen
defensively [dɪˈfen(t)sɪvli] *adv* defensiv
defensiveness [dɪˈfen(t)sɪvnəs] *n no pl* defensives Verhalten; ~ ***is a sign of insecurity*** wenn jemand schnell auf die Barrikaden geht, ist das ein Anzeichen von Unsicherheit
defensive stocks *npl* ECON, FIN risikoarme Aktien
defer <-rr-> [dɪˈfɜːʳ, AM -ˈfɜːr] **I.** *vi* (*form*) ■**to ~ to sb/sth** sich *akk* jdm/etw beugen [*o* fügen]; **to ~ to sb's judgement** sich *akk* jds Urteil fügen
II. *vt* ■**to ~ sth** etw verschieben; FIN, LAW etw aufschieben; **to ~ a decision** eine Entscheidung vertagen
deference [ˈdefᵊrᵊn(t)s] *n no pl* (*form*) Respekt *m*; **to do sth in** [*or* **out of**] **~ to sb/sth** etw aus Respekt vor jdm/etw tun; **to pay** [*or* **show**] **~ to sb** jdm Respekt entgegenbringen; **to treat sb with ~** jdn respektvoll [*o* mit Respekt] behandeln
deferential [ˌdefᵊˈren(t)ʃᵊl] *adj* respektvoll; ■**to be ~ to** [*or* **towards**] **sb** sich *akk* respektvoll jdm gegenüber benehmen
deferentially [ˌdefᵊˈren(t)ʃᵊli] *adj* respektvoll; **to bow ~** sich *akk* respektvoll verbeugen
deferment [dɪˈfɜːmənt, AM -ˈfɜːr-] *n*, **deferral** [dɪˈfɜːrᵊl, AM -ˈfɜr-] *n* Aufschub *m*; LAW Vertagung *f*; **~ of sentence** LAW Aufschub *m* der Urteilsverkündung
deferred *adj* ECON, FIN **~ coupon note** [*or* **interest bond**] Obligationen *pl* mit aufgeschobener Verzinsung; **~ equity** Nachzugsaktien *pl*; **~ payment** (*later payment*) aufgeschobene Zahlung; (*instalment*) Ratenzahlung *f*; **~ ordinary shares** Nachzugsaktien *pl*; **~ tax** latente Steuer
deferred addressing *n* COMPUT indirekte [*o* ausgesetzte] Adressierung **deferred payment** *n* Ratenzahlung *f*; **to make ~s** in Raten bezahlen
defiance [dɪˈfaɪən(t)s] *n no pl* Auflehnung *f*, Aufsässigkeit *f* (**against** gegen +*akk*); ■**in ~ of sb/sth** jdm/etw zum Trotz
defiant [dɪˈfaɪənt] *adj* ❶ (*showing disobedience*) aufsässig, aufmüpfig *fam*; **to remain ~** uneinsichtig [*o* unnachgiebig] bleiben
❷ (*displaying defiance*) herausfordernd; **to be in a ~ mood** in Kampfstimmung sein; **to take a ~ stand** eine Protesthaltung einnehmen
defiantly [dɪˈfaɪəntli] *adv* aufsässig
defibrillator [diːˈfɪbrɪləɪtəʳ, AM -ţɚ] *n* MED Defibrillator *m*
deficiency [dɪˈfɪʃᵊn(t)si] *n* ❶ (*shortage, lack*) Mangel *m* (**in** an +*dat*); **vitamin ~** Vitaminmangel *m*; **to suffer from a ~ in** [*or* **of**] **sth** Mangel an etw *dat* leiden
❷ (*weakness, weak point*) Defizit *nt* (**in** in +*dat*)
❸ COMM Fehlbestand *m*; ECON, FIN Fehlbetrag *m*; **to make up a ~** einen Fehlbetrag ausgleichen
❹ AM LAW Nachtragsbewilligung *f*
deficiency disease *n* MED Mangelkrankheit *f*
deficient [dɪˈfɪʃᵊnt] *adj* unzureichend, mangelhaft; ■**to be ~ in sth** an etw *dat* mangeln; **to be mentally ~** geistig behindert sein
deficiently [dɪˈfɪʃᵊntli] *adv* unzureichend, mangelhaft

deficit [ˈdefɪsɪt] *n* Defizit *nt* (**in** in +*dat*); **to reduce** [*or* **cut**]/**run a ~** ein Defizit verringern/haben
defile¹ [dɪˈfaɪl] *vt* (*form: spoil, make dirty*) ■**to ~ sth** etw beschmutzen [*o* besudeln]; **to ~ a tomb/woman** ein Grab/eine Frau schänden
defile² [dɪˈfaɪl, ˈdiː-] **I.** *n* (*esp liter*) Hohlweg *m*
II. *vi* hintereinander marschieren
defilement [dɪˈfaɪlmənt] *n no pl* (*form liter*) *of tomb* Schändung *f*; *of shrine also* Entweihung *f*
definable [dɪˈfaɪnəbl̩] *adj* definierbar
define [dɪˈfaɪn] *vt* ❶ (*give definition*) ■**to ~ sth** [**as sth**] etw [als etw *akk*] definieren
❷ (*specify*) ■**to ~ sth** etw festlegen; **to ~ sb's rights** jds Rechte festlegen
❸ (*characterize*) ■**to be ~d by sth** *by one's job* über etw *akk* definiert werden
❹ (*clearly show in outline*) ■**to be ~d against sth** sich *akk* [deutlich] gegen etw *akk* abzeichnen
◆**define down** *vt* ■**to ~ sth ⇄ down** etw verharmlosen
defining moment [dɪˌfaɪnɪŋˈ-] *n* entscheidender Moment
definite [ˈdefɪnət] **I.** *adj evidence, proof* sicher; *place, shape, tendency, time limit* bestimmt; ***let's make the 9th*** **~** machen wir den 9. fest; ***is that ~?*** ist das sicher?; ***there's nothing ~ yet*** es steht noch nichts fest; ***one thing's ~, …*** eines ist sicher, …; ■**to be ~ about sth** sich *dat* einer S. *gen* sicher sein; **a ~ answer** eine klare [*o* eindeutige] Antwort; **a ~ decision** eine definitive Entscheidung; **a ~ increase** ein eindeutiger Zuwachs; **to have ~ opinions** feste Vorstellungen von etw *dat* haben; **a ~ improvement** eine eindeutige Verbesserung
II. *n* (*fam*) ***she's a ~ for the Olympic team*** sie wird auf jeden Fall in der Olympiamannschaft dabei sein; ***are you going to Helen's party? — it's a ~*** kommst du zu Helens Party? – auf jeden Fall!
definite article *n* LING bestimmter Artikel
definitely [ˈdefɪnətli] *adv* ❶ (*clearly*) eindeutig, definitiv; ***we're ~ going by car*** wir fahren auf jeden Fall mit dem Auto; **to decide sth ~** etw endgültig beschließen
❷ (*categorically*) mit Bestimmtheit; ***he stated his opinion most ~*** er äußerte ganz klar seine Meinung
definiteness [dɪˈfɪnətɪvnəs, AM ţɪv] *n no pl* Bestimmtheit *f*
definition [ˌdefɪˈnɪʃᵊn] *n* ❶ (*meaning*) Definition *f*, Erklärung *f*; **by ~** per Definition, per definitionem *geh*
❷ *no pl* (*clearness, distinctness*) Schärfe *f*; **to lack ~** unscharf sein; (*fig*) unklar sein
❸ (*of duties*) Definierung *f*, Festlegung *f*
definitive [dɪˈfɪnətɪv, AM -ţ-] *adj* ❶ (*conclusive*) endgültig; **~ proof** eindeutiger Beweis
❷ (*best, most authoritative*) ultimativ; ***this is the ~ guide to America*** das ist *der* Amerikaführer
definitively [dɪˈfɪnətɪvli, AM ţɪv] *adv* definitiv *geh*
deflate [dɪˈfleɪt] **I.** *vt* ❶ (*release air*) ■**to ~ sth** *balloon, ball* Luft aus etw *dat* ablassen
❷ (*reduce*) ■**to ~ sth** etw zunichte machen; **to ~ sb's hopes** jds Hoffnungen zunichte machen; **to ~ sb's reputation** jds Ruf schaden
❸ (*lose confidence*) ■**to be ~d** einen Dämpfer bekommen haben *fam*
❹ ECON, FIN ■**to ~ sth** etw deflationieren *fachspr*
II. *vi* Luft verlieren
deflated [dɪˈfleɪtɪd, AM -ţ-] *adj* ❶ (*without air*) **~ tyre** platter Reifen
❷ (*uncertain*) unsicher, zweifelnd; **to feel ~** sich *akk* unsicher fühlen
deflation [dɪˈfleɪʃᵊn] *n no pl* ECON, FIN ❶ (*reduction of money in circulation*) Deflation *f*
❷ (*fall*) Rückgang *m*
deflationary [dɪˈfleɪʃᵊnᵊri, AM -eri] *adj* deflationär
deflator [dɪˈfleɪtəʳ, AM -ţɚ] *n* ECON, FIN inflationsspezifischer Betrag
deflect [dɪˈflekt] **I.** *vt* ■**to ~ sb from doing sth** jdn davon abbringen, etw zu tun; ■**to ~ sth** etw ablenken; **to ~ the ball** den Ball abfälschen; **to ~ a blow** einen Schlag abwehren; **to ~ light** PHYS das Licht beugen; **to ~ a shot** einen Schuss abfälschen
II. *vi* ■**to ~ off sth** *ball* von etw *dat* abprallen
deflection [dɪˈflekʃᵊn] *n* Ablenkung *f*; SPORTS Abpraller *m*; ***the ball took a ~*** [***off a defender's leg***] der Ball war [am Bein eines Verteidigers] abgeprallt
deflower [diːˈflaʊəʳ, AM -ˈflaʊɚ] *vt* (*liter*) ■**to ~ sb** jdn entjungfern [*o geh* deflorieren]
defog <-gg-> [diːˈfɑːg] *vt* AM (*demist*) **to ~ the window/the windshield** das Fenster/die Windschutzscheibe freimachen
defogger [diːˈfɑːgɚ] *n* AM AUTO (*demister*) Gebläse *nt*
defoliant [diːˈfəʊliənt, AM -ˈfoʊ-] *n* Entlaubungsmittel *nt*
defoliate [diːˈfəʊlieɪt, AM -ˈfoʊ-] *vt* ■**to ~ sth** *plant, tree* etw entlauben
defoliation [diːˌfəʊliˈeɪʃᵊn, AM -ˌfoʊ-] *n no pl* Entlaubung *f*
deforce [dɪˈfɔːs, AM -ˈfɔːrs] *vt* LAW **to ~ land** widerrechtlich Grundbesitz entziehen
deforcement [dɪˈfɔːsmənt, AM -ˈfɔːrs-] *n* LAW widerrechtliche Entziehung von Grundbesitz, verbotene Eigenmacht
deforest [diːˈfɒrɪst, AM -ˈfɔːr-] *vt* ■**to ~ sth** etw abholzen
deforestation [diːˌfɒrɪˈsteɪʃᵊn, AM -ˌfɔːr-] *n no pl* Abholzung *f*, Entwaldung *f*
deform [dɪˈfɔːm, AM -ˈfɔːrm] **I.** *vt* ■**to ~ sth** etw deformieren; **to ~ sb's spine** jds Rückgrat verformen; ■**to be ~ed** *extremities* verkrüppelt sein; *face* entstellt sein
II. *vi* sich *akk* verformen
deformation [diːˌfɔːˈmeɪʃᵊn, ˈdefə-, AM -ˌfɔːrm-] *n no pl* Deformation *f*, Verformung *f*; **~ of one's bones** Knochenmissbildung *f*
deformed [dɪˈfɔːmd, AM -ˈfɔːrmd] *adj* verformt; MED missgebildet; **to be born ~** missgebildet zur Welt kommen
deformity [dɪˈfɔːməti, AM -ˈfɔːrməţi] *n* ANAT Missbildung *f*; *of moral disposition* Verderbtheit *f*
defragmentation [ˌdiːˌfrægmənˈteɪʃᵊn] *n* COMPUT Defragmentierung *f*
defraud [dɪˈfrɔːd, AM -ˈfrɑːd] *vt* ■**to ~ sb** [**of sth**] jdn [um etw *akk*] betrügen
defray [dɪˈfreɪ] *vt* (*form*) **to ~ the costs/sb's expenses** die/jds Kosten tragen [*o* übernehmen]
defrayal [dɪˈfreɪəl] *n*, **defrayment** [dɪˈfreɪmənt] *n* Übernahme *f*
defrock [diːˈfrɒk, AM -ˈfrɑːk] *vt* **to ~ a priest** einen Priester seines Amtes entheben
defrost [diːˈfrɒst, AM -ˈfrɑːst] **I.** *vt* ■**to ~ sth** etw auftauen; **to ~ a fridge** den Kühlschrank abtauen; **to ~ one's windscreen** seine Windschutzscheibe enteisen
II. *vi* auftauen; *fridge, freezer* abtauen
defroster [diːˈfrɒstəʳ, AM -ˈfrɑːstɚ] *n esp* AM AUTO Gebläse *nt*
deft [deft] *adj* geschickt, sicher; ■**to be ~ at sth** etw sehr geschickt tun können
deftly [ˈdeftli] *adv* geschickt
deftness [ˈdeftnəs] *n no pl* Geschicklichkeit *f*
defunct [dɪˈfʌŋ(k)t] *adj* (*form*) gestorben; (*hum*) hinüber *fam*; **a ~ idea** eine überholte Vorstellung; **a ~ institution** eine ausgediente Institution; **a ~ process** ein überholter Vorgang
defuse [diːˈfjuːz] *vt* ■**to ~ sth** etw entschärfen *a. fig*; **to ~ criticism** Kritik entkräften
defy <-ie-> [dɪˈfaɪ] *vt* ❶ (*disobey*) ■**to ~ sb/sth** sich *akk* jdm/etw widersetzen; (*fig: resist, withstand*) sich *akk* etw *dat* entziehen; **to ~ description** jeder Beschreibung spotten
❷ (*challenge, dare*) ■**to ~ sb** ***I ~ you to prove your accusations*** dann beweisen Sie doch erstmal Ihre Anschuldigungen
deg. *n abbrev of* **degree**
degauss [diːˈgaʊs] *vt* COMPUT entmagnetisieren
degausser [diːˈgaʊsəʳ, AM -ɚ] *n* COMPUT Entmagnetisierungsgerät *nt*
degearing [dɪˈgɪərɪŋ, AM -ˈgɪr-] *n no pl* ECON, FIN

D

Reduzierung *f* des Verschuldungsgrads

degeneracy [dɪˈdʒenᵊrəsi] *n no pl* Degeneration *f*

degenerate I. *vi* [dɪˈdʒenəreɪt] degenerieren; ■**to ~ into sth** zu etw *dat* entarten, in etw *akk* ausarten; **to ~ into violence** in Gewalt umschlagen
II. *adj* [dɪˈdʒenᵊrət] degeneriert
III. *n* [dɪˈdʒenᵊrət] *jd, der keine moralischen Werte mehr hat*

degeneration [dɪˌdʒenəˈreɪʃᵊn] *n no pl* Degeneration *f*

degenerative [dɪˈdʒenᵊrətɪv, AM -nəət̬ɪv] *adj* MED degenerativ

degenerative disease *n* MED degenerative Krankheit

degradation [degrəˈdeɪʃᵊn] *n no pl* ❶ *of person* Erniedrigung *f*
❷ *(deterioration) of health, conditions* Verschlechterung *f;* **environmental ~** [zunehmende] Schädigung der Umwelt

degrade [dɪˈgreɪd] **I.** *vt* ❶ *(debase, defile)* ■**to ~ sb/oneself** jdn/sich erniedrigen
❷ *(destroy)* ■**to ~ sth** *environment, area* etw angreifen; **to ~ an area of natural beauty** eine schöne Naturlandschaft verschandeln
❸ GEOL ■**to ~ sth** etw erodieren
❹ ELEC *radio signals* etw beeinträchtigen
❺ CHEM ■**to ~ sth** etw abbauen
❻ MIL *(in rank)* ■**to ~ sb** jdn degradieren
II. *vi* ❶ ELEC *(in quality)* beeinträchtigt werden
❷ CHEM ■**to ~ into sth** zu etw *dat* abgebaut werden

degrading [dɪˈgreɪdɪŋ] *adj* erniedrigend, entwürdigend

degree [dɪˈgriː] *n* ❶ *(amount)* Maß *nt;* *(extent)* Grad *m;* **to different ~s** in unterschiedlichem Maße, unterschiedlich stark; **a high ~ of skill** ein hohes Maß an Können; **to the last ~** im höchsten Grad; **by ~s** nach und nach; **to some ~** bis zu einem gewissen Grad
❷ MATH, METEO Grad *m*
❸ UNIV *(rank or title)* Abschluss *m;* **to do a ~ in sth** etw studieren; **to have a ~ in sth** einen Abschluss in etw haben; **to have a master's ~ in sth** *esp* AM, AUS einen Magister[titel] in etw haben
❹ LAW **prohibited ~s** verbotene Verwandschaftsgrade

dehumanize [ˌdiːˈhjuːmənaɪz] *vt* ■**to ~ sb** jdn entmenschlichen

dehumidifier [ˌdiːhjuːˈmɪdɪfaɪəʳ, AM -əfaɪɚ] *n* Entfeuchter *m*

dehydrate [ˌdiːhaɪˈdreɪt] **I.** *vt* ■**to ~ sth** etw *dat* das Wasser entziehen; **to ~ the body** den Körper austrocknen [*o fachspr* dehydrieren]; **to become ~d** austrocknen, dehydrieren *fachspr*
II. *vi* MED dehydrieren

dehydrated [ˌdiːhaɪˈdreɪtɪd, AM -t̬ɪd] *adj food* getrocknet; *skin* ausgetrocknet; **~ food** Trockennahrung *f*

dehydration [ˌdiːhaɪˈdreɪʃᵊn] *n no pl* MED Dehydration *f*

de-ice [ˌdiːˈaɪs] *vt* ■**to ~ sth** etw enteisen

de-icer [ˌdiːˈaɪsəʳ, AM -ɚ] *n no pl* ❶ *(for airplanes)* Enteisungsflüssigkeit *f;* *(for cars)* Defroster *m,* Enteiser *m*
❷ *(machine)* Enteisungsgerät *nt*

deictic [ˈdaɪktɪk] LING **I.** *adj inv* deiktisch
II. *n* Deiktikum *nt*

deification [ˈdeɪfɪkeɪʃᵊn, AM ˈdiːə-] *n no pl* Verehrung *f,* Vergötterung *f*

deify [ˈdeɪɪfaɪ, AM ˈdiː-] *vt* ❶ *(make into a god)* ■**to ~ sb/sth** jdn/etw als Gottheit verehren; **to ~ an emperor** einen Herrscher als Gottheit verehren
❷ *(worship like a god)* ■**to ~ sb** jdn vergöttern

deign [deɪn] *(pej)* **I.** *vi* ■**to ~ to do sth** sich *akk* [dazu] herablassen, etw zu tun
II. *vt (old)* ■**to ~ sth** sich *akk* zu etw *dat* herablassen

deindustrialization [ˌdiːɪndʌstriᵊlaɪˈzeɪʃᵊn, AM -lɪˈzeɪ-] *n no pl* Deindustrialisierung *f*

deism [ˈdeɪɪzᵊm, AM ˈdiː-] *n no pl* Deismus *m*

deist [ˈdeɪɪst] *n* Deist(in) *m(f)*

deity [ˈdeɪɪti, AM ˈdiːət̬i] *n* Gottheit *f*

Deity [ˈdeɪɪti, AM ˈdiːət̬i] *n no pl (form)* ■**the ~** Gott *m*

deixis [ˈdaɪksɪs] *n no pl* LING Deixis *f*

déjà vu [ˌdeɪʒɑːˈvuː] *n no pl* ❶ PSYCH Déjà-vu[-Erlebnis] *nt;* **to have a feeling** [*or* **sense**] **of ~** ein Déjà-vu[-Erlebnis] haben, das Gefühl haben, jdn/etw schon einmal gesehen zu haben
❷ *(pej: tediously familiar)* ***the movie has a strong sense of ~ about it*** bei dem Film hat man das Gefühl, ihn schon zigmal gesehen zu haben

deject [dɪˈdʒekt] *vt* ■**to ~ sb** jdn deprimieren

dejected [dɪˈdʒektɪd] *adj* niedergeschlagen

dejectedly [dɪˈdʒektɪdli] *adv* niedergeschlagen

dejection [dɪˈdʒekʃᵊn] *n no pl* Niedergeschlagenheit *f*

de jure [ˌdeɪˈdʒʊəreɪ, AM diːˈdʒʊri] **I.** *adv* LAW rechtmäßig, de jure *fachspr;* **to recognize sth ~** etw rechtmäßig [*o* de jure] anerkennen
II. *adj inv* LAW rechtmäßig, de jure *fachspr*

deke [diːk] *n* CAN *(in ice hockey) Täuschungsmanöver eines Spielers, um an einem anderen Spieler vorbeizukommen*
◆**deke out** *vi* sich *akk* schnell und unauffällig davonstehlen [*o* herausschleichen] [*o fam* davonmachen]

dekko [ˈdekəʊ] *n no pl* BRIT, AUS *(dated sl)* Blick *m;* **to have** [*or* **take**] **a ~ at sth** einen Blick auf etw *akk* werfen; ***come and have a ~*** schau mal

Del. AM *abbrev of* **Delaware**

delay [dɪˈleɪ] **I.** *vt* ❶ *(postpone)* ■**to ~ sth** etw verschieben
❷ *(hold up)* **to be ~ed** [**by 10 minutes**] [zehn Minuten] Verspätung haben; ***I was ~ed*** ich wurde aufgehalten
II. *vi* verschieben, aufschieben
III. *n* Verzögerung *f,* Verspätung *f;* ***we apologize for the ~*** wir bitten um Verständnis für die Verspätung; ***I apologize for my ~ in replying*** bitte entschuldigen Sie, dass ich Ihnen erst jetzt antworte; ■**without ~** unverzüglich

delayed [dɪˈleɪd] *adj attr* verspätet, verzögert; **a ~ flight/train** ein verspäteter Flug/Zug; **~ reaction** verzögerte Reaktion; **~ shock** Spätschock *m*

delayed-action *adj* zeitverzögert; **~ fuse** Zeitzünder *m*

delaying [dɪˈleɪɪŋ] *adj attr* verzögernd; **~ tactics** Verzögerungstaktiken *fpl*

del credere [ˌdelˈkredᵊreɪ, AM -əeɪ] *n* ECON, FIN **~ agent** Delkrederagent(in) *m(f)*

dele [ˈdiːliː] *n* Deleatur *nt,* Deleaturzeichen *nt*

delectable [dɪˈlektəbl̩] *adj food, drink* köstlich; *(esp hum) person* bezaubernd, reizend

delectation [ˌdɪlekˈteɪʃᵊn] *n no pl (form or hum)* Vergnügen *nt;* **for sb's ~** zu jds Vergnügen

delegate I. *n* [ˈdelɪgət] Delegierte(r) *f(m);* **to send a ~** einen Delegierten/eine Delegierte entsenden
II. *vt* [ˈdelɪgeɪt] ❶ *(appoint, send as representative)* ■**to ~ sb** jdn als Vertreter/Vertreterin [aus]wählen; ■**to ~ sb to do sth** jdn dazu bestimmen, etw zu tun; ***he was ~d to meet new arrivals*** man wählte ihn zur Begrüßung der Neuankömmlinge aus
❷ *(assign task)* ■**to ~ sth to sb** *power, authority, responsibility* etw auf jdn übertragen; ■**to ~ sb to do sth** jdn zu etw *dat* ermächtigen
III. *vi* [ˈdelɪgeɪt] delegieren

delegation [ˌdelɪˈgeɪʃᵊn] *n* ❶ + *sing/pl vb (group of delegates)* Delegation *f*
❷ *no pl of authority* Delegation *f*

delete [dɪˈliːt] **I.** *vt* ❶ *(in writing)* ■**to ~ sth** [**from sth**] etw [aus etw *dat*] streichen
❷ COMPUT ■**to ~ sth** etw löschen
II. *vi* löschen; ***please ~ as appropriate*** Nichtzutreffendes bitte streichen

delete key *n* COMPUT Löschtaste *f*

deleterious [ˌdelɪˈtɪəriəs, AM ˌdeləˈtɪri-] *adj (form)* schädlich; **to be ~ to sth** für etw *akk* schädlich sein; **to be ~ to one's health** gesundheitsschädlich sein

deleteriously [ˌdelɪˈtɪəriəsli, AM ˌdeləˈtɪri-] *adv (form)* schädlich

deletion [dɪˈliːʃᵊn] *n* ❶ *(act, item removed)* Löschung *f; of a file* Löschen *nt*
❷ *(item crossed out)* Streichung *f;* **to make a ~** etw streichen

delft [delft] *n no pl* Delfter Fayencen *pl*

deli [ˈdeli] *n (fam) short for* **delicatessen** Feinkostgeschäft *nt*

deliberate I. *adj* [dɪˈlɪbᵊrət] ❶ *(intentional)* bewusst, absichtlich; ***it wasn't ~*** es war keine Absicht; **a ~ decision** eine bewusste Entscheidung
❷ *(careful)* **a ~ movement** eine vorsichtige [*o* bedächtige] Bewegung
II. *vi* [dɪˈlɪbəreɪt] *(form)* [gründlich] nachdenken (**on** über +*akk*); **to ~ on a case** über einen Fall beraten
III. *vt* [dɪˈlɪbəreɪt] *(form)* ❶ *(discuss)* ■**to ~ sth** *question* etw beraten
❷ *(consider)* ■**to ~ whether …** überlegen, ob …

deliberately [dɪˈlɪbᵊrətli] *adv* absichtlich; **to do/say sth ~** etw in voller Absicht tun/sagen

deliberateness [dɪˈlɪbᵊrətnəs] *n no pl* ❶ *(intention)* Vorsätzlichkeit *f*
❷ *(consideredness)* Überlegtheit *f*

deliberation [dɪˌlɪbəˈreɪʃᵊn] *n* ❶ *no pl (slowness, carefulness)* Bedächtigkeit *f;* **to do sth with ~** etw mit Bedacht tun
❷ *(form: consideration)* Überlegung *f;* LAW Beratung *f;* ***after much ~, …*** nach gründlicher Überlegung …

deliberative [dɪˈlɪbᵊrətɪv, AM ˈlɪbəət̬ɪv] *adj inv* beratend

delicacy [ˈdelɪkəsi] *n* ❶ FOOD Delikatesse *f*
❷ *no pl (discretion)* Takt *m,* Feingefühl *nt;* ***that is a matter of some ~*** das ist eine ziemlich heikle Angelegenheit; **to behave with ~** Feingefühl an den Tag legen
❸ *no pl (fineness) of lace, china* Feinheit *f; of features* Zartheit *f; hands also* Zierlichkeit *f*
❹ *no pl of health* Zerbrechlichkeit *f*

delicate [ˈdelɪkət] *adj* ❶ *(sensitive) fabric, flower, equipment, instruments, plant* empfindlich; *china, vase* zerbrechlich; **~ china** zartes Porzellan
❷ *(tricky) problem, situation* heikel
❸ *(fine, deft, subtle) work, workmanship* fein; **~ cycle** *(in washing machine)* Feinwaschgang *m;* **to strike a ~ balance** ein Gleichgewicht vorsichtig bewahren
❹ *(prone to illness) person* anfällig, empfindlich; *health* zart; **to be in a ~ condition** *(old)* in anderen Umständen sein *veraltend*
❺ *beauty, flavour, hands, lace, pattern, scent, skin* zart; **~ aroma** zartes Aroma; **~ features** feine Gesichtszüge; **~ flavour** feiner Geschmack; **a ~ shade of pink** ein zartes Rosa

delicately [ˈdelɪkətli] *adv* ❶ *(carefully)* vorsichtig; **to handle sth ~** etw mit Vorsicht behandeln; **to phrase sth ~** etw vorsichtig formulieren
❷ *(lightly)* mild; **~ flavoured with …** *(with herbs, spices)* fein gewürzt mit …; **~ scented flowers** zart duftende Blumen

delicatessen [ˌdelɪkəˈtesᵊn] *n* Feinkostgeschäft *nt*

delicious [dɪˈlɪʃəs] *adj* ❶ *food* köstlich, lecker *fam;* **to taste ~** vorzüglich [*o* köstlich] schmecken
❷ *(fig: delightful)* **~ gossip** guter Klatsch

deliciously [dɪˈlɪʃəsli] *adv* köstlich, lecker; *(fig)* wunderbar

deliciousness [dɪˈlɪʃəsnəs] *n no pl* Köstlichkeit *f*

delight [dɪˈlaɪt] **I.** *n* Freude *f;* ***the ~s of being retired*** die Annehmlichkeiten des Ruhestandes; ***it's a ~ to watch her dance*** es ist eine Freude, ihr beim Tanzen zuzusehen; ***it's a ~ to the senses*** es erfreut die Sinne; ***much to my ~, …*** zu meiner großen Freude …; ***Alex takes*** [***great***] ***~ in teasing his sister*** Alex liebt es, seine Schwester zu ärgern; **to do sth with ~** etw mit Freuden tun; **to do sth in ~** etw vor Freude tun
II. *vt* ■**to ~ sb** jdn erfreuen
III. *vi* ■**to ~ in sth** Vergnügen bei etw *dat* empfinden; ■**to ~ in doing sth** es lieben, etw zu tun

delighted [dɪˈlaɪtɪd, AM -t̬-] *adj audience* hocherfreut; *smile* vergnügt; ■**to be ~ at** [*or* **by**] [*or* **with**] sth von etw *dat* begeistert sein; ■**to be ~ that …** begeistert [*o* hocherfreut] sein, dass …; ■**to be ~ to do sth** etw mit [großem] Vergnügen tun; ***I was ~ to meet you*** es hat mich sehr gefreut, Sie kennen zu lernen; **the ~ audience** das begeisterte Publikum

delightedly [dɪˈlaɪtɪdli, AM -t̬-] *adv* mit großer Freude; *applaud* begeistert

delightful [dɪˈlaɪtfəl] *adj* ❶ *meal, atmosphere, weather, book, concert* wunderbar; *evening, village* reizend
❷ *smile, person* charmant

delightfully [dɪˈlaɪtfəli] *adv sing, play an instrument* wunderbar; *peaceful* angenehm; **a ~ funny story** eine köstliche Geschichte

delimit [dɪˈlɪmɪt] *vt* (*form*) ■**to ~ sth** *power* etw einschränken; **to ~ a boundary** eine Grenze abstecken

delimitation [dɪˌlɪmɪˈteɪʃən] *n* Abgrenzung *f*

delimiter [dɪˈlɪmɪtəʳ, AM -t̬ɚ] *n* COMPUT Begrenzungssymbol *nt;* (*boundary*) Abgrenzung *f*

delineate [dɪˈlɪnieɪt] *vt* ❶ (*describe*) ■**to ~ sth** etw beschreiben
❷ (*mark*) **to ~ a boundary** eine Begrenzung aufzeigen

delineation [dɪˌlɪniˈeɪʃən] *n* (*form*) *of problem* Schilderung *f; of character* Beschreibung *f*

delinquency [dɪˈlɪnkwən(t)si] *n no pl* ❶ LAW (*illegal conduct*) Straffälligkeit *f,* Delinquenz *f fachspr;* **juvenile ~** Jugendkriminalität *f*
❷ (*form: neglect of duty*) Versäumnis *nt*
❸ AM ECON, FIN verspätete Zahlung

delinquent [dɪˈlɪnkwənt] **I.** *n* LAW Delinquent(in) *m(f),* Straffällige(r) *f(m);* **juvenile ~** jugendlicher Täter/jugendliche Täterin
II. *adj* ❶ (*unlawful*) delinquent *fachspr,* straffällig; **~ behaviour** kriminelles Verhalten
❷ *esp* AM (*form: late, in arrears*) ■**to be ~ in doing sth** *payments* mit etw *dat* überfällig [*o* im Rückstand] sein; **~ debt** überfällige Schuld

delirious [dɪˈlɪriəs] *adj* ❶ MED **to be ~** im Delirium sein [*o* liegen]
❷ (*extremely happy*) **~ crowd** taumelnde Menschenmenge; **~ with joy** außer sich *dat* vor Freude

deliriously [dɪˈlɪriəsli] *adv* ❶ (*incoherently*) irre, wirr; **to mutter ~** wirres Zeug reden
❷ (*extremely*) wahnsinnig; **~ happy** wahnsinnig glücklich, überglücklich

delirium [dɪˈlɪriəm] *n no pl* ❶ MED Delirium *nt*
❷ (*wild excitement*) Raserei *f,* Wahn *m*

delirium tremens [-ˈtremenz] *n* PSYCH Säuferwahnsinn *m,* Delirium tremens *nt fachspr*

delist [dɪˈlɪst] *vt* ECON, FIN ■**to ~ sth** die Börsennotierung von etw *dat* aufheben

deliver [dɪˈlɪvəʳ, AM -ɚ] **I.** *vt* ❶ (*bring*) ■**to ~ sth** *goods* etw liefern; (*by post*) etw zustellen; ***they ~ free*** [***of charge***] sie liefern frei Haus; **to ~ newspapers** Zeitungen austragen; (*by car*) Zeitungen ausfahren; **to ~ a message to sb** jdm eine Nachricht überbringen; **to ~ a summons** LAW jdn vorladen lassen
❷ (*recite*) **to ~ a lecture/a speech** eine Vorlesung/eine Rede halten; LAW (*pronounce*) **to ~ a verdict** ein Urteil verkünden
❸ (*direct*) **to ~ a blow to sb's head** jdm einen Schlag auf den Kopf geben; ***he ~ed a sharp rebuke to his son*** er hielt seinem Sohn eine gehörige Standpauke
❹ SPORTS (*throw, propel*) **to ~ a ball** einen Ball werfen; **to ~ a punch** BOXING einen Schlag landen
❺ (*give birth*) **to ~ a baby** ein Kind zur Welt bringen; (*aid in giving birth*) ein Kind entbinden; **to be ~ed of a baby** (*old*) von einem Kind entbunden werden
❻ (*form liter: save, liberate*) ■**to ~ sb from sth** jdn von etw *dat* erlösen; **~ *us from evil*** REL bewahre uns vor dem Bösen
❼ (*produce*) **to ~ a promise** ein Versprechen einlösen; **to ~ a vote** *esp* AM POL die gewünschte Anzahl von Stimmen erreichen
❽ (*hand over*) ■**to ~ sb/sth to sb** jdn/etw jdm ausliefern; **to ~ a town to the enemy** eine Stadt dem Feind ausliefern
❾ (*form: confidently express or recite*) ■**to ~ oneself of sth** etw von sich *dat* geben; **to ~ oneself of one's opinion** seine Meinung äußern
▶ PHRASES: **to ~ the goods** etw in die Tat umsetzen können; ***they couldn't ~ the goods*** sie haben mich/uns enttäuscht
II. *vi* ❶ (*supply*) liefern
❷ (*fulfil*) ■**to ~ on sth** etw einhalten [*o* erfüllen]

deliverable [dɪˈlɪvərəbl] *adj* haltbar, machbar; *promise* einhaltbar

deliverance [dɪˈlɪvərən(t)s] *n no pl* (*form liter*) Erlösung *f* (**from** von +*dat*)

deliverer [dɪˈlɪvərəʳ, AM -vəɚ] *n* (*form liter*) Erlöser *m,* Befreier *m*

delivery [dɪˈlɪvəri] *n* ❶ (*of goods*) Lieferung *f;* (*of mail*) Zustellung *f;* **~ time** Lieferzeit *f;* **to be for ~** zur Lieferung für jdn bestimmt sein; **to get a ~ of sth** eine Lieferung einer S. *gen* erhalten; ***we get two deliveries of mail a day*** wir bekommen zweimal am Tag Post; **to take ~ of sth** die Lieferung einer S. *gen* annehmen; **to pay for sth on ~** etw bei Lieferung bezahlen
❷ (*manner of speaking*) Vortragsweise *f*
❸ SPORTS Wurf *m*
❹ (*birth*) Entbindung *f*
❺ LAW Aushändigung *f,* Übergabe *f*

delivery address *n* Lieferungsanschrift *f* **delivery boy** *n* (*of newspapers, brochures*) Austräger *m* **delivery charges** *npl* Versandkosten *pl* **delivery man** *n* Ausfahrer *m,* Fahrer *m* **delivery month** *n* ECON, FIN Liefermonat *m* **delivery person** *n* Lieferant(in) *m(f),* Lieferer, -in *m, f* **delivery room** *n,* **delivery suite** *n,* **delivery unit** *n* Kreißsaal *m* **delivery van** *n* Lieferwagen *m*

dell [del] *n* (*liter*) bewaldetes Tal

delouse [diːˈlaʊs] *vt* ■**to ~ sb/an animal** jdn/ein Tier entlausen

Delphian [ˈdelfiən] *adj,* **Delphic** [ˈdelfɪk] *adj inv* HIST delphisch *a. fig*

delphinium [delˈfɪniəm] *n* BOT Rittersporn *m*

delta [ˈdeltə, AM -t̬ə] *n* GEOG Delta *nt*

delta shares *n,* **delta securities** *n,* **delta stocks** *npl* ECON, FIN Deltaaktien *fpl* **delta wing** *n* AVIAT Deltaflügel *m*

delude [dɪˈluːd] *vt* ■**to ~ sb** jdn täuschen; ■**to ~ sb/oneself** jdm/sich etwas vormachen

deluge [ˈdeljuːdʒ] **I.** *n* ❶ (*downpour*) Regenguss *m;* (*flood*) Flut *f;* **to get caught in a ~** von einem Regenguss überrascht werden; ■**the D~** REL die Sintflut
❷ (*great amount*) Flut *f;* **a ~ of complaints** eine Flut von Beschwerden
II. *vt* ■**to ~ sth** etw überfluten; ■**to be ~d** überflutet werden; ■**to ~ sb with sth** jdn mit etw *dat* überhäufen [*o* überschütten]; ■**to be ~d with sth** mit etw *dat* überschüttet werden

delusion [dɪˈluːʒən] *n* Täuschung *f;* **to suffer from** [*or* **be under**] [*or form* **labour under**] **the ~ that …** sich *dat* einbilden, dass …; **to suffer from ~s** PSYCH unter Wahnvorstellungen leiden; **~s of grandeur** Größenwahn *m*

delusive [dɪˈluːsɪv] *adj* trügerisch; **to give the ~ impression that …** den trügerischen Eindruck erwecken, dass …

delusively [dɪˈluːsɪvli] *adv* trügerisch

delusory [dɪˈluːsəri] *adj see* **delusive**

de luxe [dɪˈlʌks] *adj* Luxus-; **~ hotel** Luxushotel *nt*

delve [delv] *vi* ■**to ~** [**for sth**] [nach etw *dat*] suchen; **to ~ in one's pocket** in seiner Tasche kramen; **to ~ into sb's past** in jds Vergangenheit nachforschen; **to ~ into a subject** sich *akk* in ein Thema vertiefen

Dem. **I.** *n* AM POL *abbrev of* **Democrat** Demokrat(in) *m(f)*
II. *adj* AM POL *abbrev of* **Democratic party** Demokratisch

demagog *n esp* AM *see* **demagogue**

demagogic [ˌdeməˈgɒgɪk, AM -ˈgɑːdʒɪk] *adj* demagogisch

demagogically [ˌdeməˈgɒgɪkli, AM -ˈgɑːdʒɪkli] *adv* demagogisch

demagogue [ˈdeməgɒg, AM -gɑːg], AM *also* **demagog** *n* (*pej*) Demagoge, -in *m, f*

demagoguery [deməˈgɒgəri, AM -ˈgɑːgɚi] *n no pl,* **demagogy** [ˈdeməgɒgi, AM -gɑːgi] *n no pl* Demagogie *f*

demand [dɪˈmɑːnd, AM -ˈmænd] **I.** *vt* ❶ (*insist upon*) ■**to ~ sth** [**from sb**] etw [von jdm] verlangen [*o* fordern]; ***I ~ to see the person in charge*** ich will mit dem Verantwortlichen/der Verantwortlichen sprechen; ■**to ~ that …** verlangen, dass …; **to ~ discipline from sb** Disziplin von jdm fordern; **to ~ an explanation** eine Erklärung verlangen
❷ (*insist in being told*) ■**to ~ sth** etw unbedingt wissen wollen
❸ (*need*) ■**to ~ sth** etw erfordern; **to ~ a lot of concentration** ein hohes Maß an Konzentration erfordern
II. *n* ❶ (*insistent request*) Forderung *f* (**for** nach +*dat*); **~ for independence** Forderung nach Unabhängigkeit; **to do sth on ~** etw auf Verlangen tun; **to make a ~ that …** die Forderung stellen, dass …
❷ (*requirement*) Bedarf *m;* COMM (*for a product*) Nachfrage *f;* **supply and ~** Angebot und Nachfrage; **to be in ~** gefragt sein
❸ BRIT (*for payment*) Mahnung *f;* **to receive a** [**final**] **~ for sth** eine Mahnung für etw *akk* erhalten
❹ (*expectations*) **to make ~s on sb** Anforderungen *fpl* an jdn stellen; ***she's got many ~s on her time*** sie ist zeitlich sehr beansprucht

demand bill *n* FIN Sichtwechsel *m* **demand draft** *n* ECON, FIN Sichttratte *f* **demand feeding** *n* Stillen *nt* nach Bedarf

demanding [dɪˈmɑːndɪŋ, AM -ˈmænd-] *adj journey, work* anstrengend; *job, person, test, user* anspruchsvoll; **a very ~ child** ein sehr anstrengendes Kind; ■**to be ~ of sth** etw sehr intensiv beanspruchen; **to be ~ of sb's time** viel von jds Zeit beanspruchen

demanding with menaces *n* LAW [räuberische] Erpressung

demand note *n* ❶ ECON Zahlungsaufforderung *f*
❷ AM (*demand draft*) Wechsel *m* **demand-pull inflation** *n no pl* ECON, FIN Nachfrageinflation *f*

demarcate [ˈdiːmɑːkeɪt, AM -mɑːr-] *vt* ■**to ~ sth** etw abgrenzen; **to ~ responsibilities** Verantwortlichkeiten festlegen

demarcation [ˌdiːmɑːˈkeɪʃən, AM -mɑːr-], AM *also* **demarkation** *n* Grenze *f,* Abgrenzung *f,* Demarkation *f geh;* **line of ~** Grenzlinie *f;* MIL, POL Demarkationslinie *f*

demarcation dispute *n* BRIT, AUS Zuständigkeitsstreitigkeit[en] *f*[*pl*] (zwischen Gewerkschaften)

demarcation line *n* Abgrenzung *f;* MIL, POL Demarkationslinie *f*

démarche [ˈdeɪmɑːʃ, AM deɪˈmɑːrʃ] *n* LAW Demarche *f*

demark [diːˈmɑːrk] *vt esp* AM *see* **demarcate**

demarkation *n esp* AM *see* **demarcation**

dematerialize [ˌdɪməˈtɪəriəlaɪz] **I.** *vi* ❶ (*disintegrate*) sich *akk* in Luft auslösen, verschwinden
❷ (*become spiritualized*) entmaterialisieren
II. *vt* ■**to ~ sth** ❶ (*disintegrate*) etw auflösen [*o* verschwinden lassen]
❷ (*spiritualize*) etw entmaterialisieren

demean [dɪˈmiːn] *vt* ■**to ~ oneself/sb** sich/jdn erniedrigen

demeaning [dɪˈmiːnɪŋ] *adj* erniedrigend; ■**to be ~ to sb** jdn erniedrigen

demeanor [dɪˈmiːnɚ] AM, **demeanour** [-nəʳ] *n no pl* (*form: behaviour*) Verhalten *nt,* Gebaren *nt geh;* (*bearing*) Erscheinungsbild *nt*

demented [dɪˈmentɪd, AM -t̬-] *adj* verrückt, wahnsinnig

dementedly [dɪˈmentɪdli, AM -t̬-] *adv* verrückt; **to laugh ~** wie verrückt lachen

dementia [dɪˈmen(t)ʃə] *n no pl* MED Demenz *f*

demerara [deməˈreərə, AM -rɑːrə] *n,* **demerara sugar** *n no pl* brauner Zucker, Farinzucker *m*

demerge [dɪˈmɜːdʒ, AM -mɜːrdʒ] *vt* **to ~ a company** eine Firma entfusionieren

D

demerger [dɪˈmɜːdʒəʳ, AM -ˈmɜːrdʒɚ] *n* Entfusionierung *f*

demerit [ˌdiːˈmerɪt, AM dɪˈmer-] *n* ① (*fault*) Schwachpunkt *m*, Schwäche *f*; **to consider the merits and ~s of sth** die Stärken und Schwächen einer S. *gen* in Betracht ziehen
② AM SCH (*black mark*) Minuspunkt *m*

demesne [dɪmeɪn, -ˈmiːn] *n* LAW ① (*estate*) Gut *nt*; **to be held in ~** etw als Gutsbesitz haben
② (*hist: domain, realm*) [Hoheits]gebiet *nt*

demigod [ˈdemigɒd, AM -gɑːd] *n* Halbgott *m a. fig*

demigoddess [ˈdemigɒdes, AM -gɑːd-] *n* Halbgöttin *f a. fig*

demilitarization [diːˌmɪlɪtᵊraɪˈzeɪʃᵊn, AM -ţ-] *n* Entmilitarisierung *f*

demilitarize [diːˈmɪlɪtᵊraɪz, AM -ţ-] *vt* ■**to ~ sth** etw entmilitarisieren

demilitarized zone *n* entmilitarisierte Zone; **to create a ~** eine entmilitarisierte Zone einrichten

demimonde [ˈdemimɒnd, AM -mɑːnd] *n no pl* Halbwelt *f*

de minimis non curat lex LAW das Gericht befasst sich nicht mit Geringfügigem

demise [dɪˈmaɪz] *n no pl* ① (*form: person's death*) Ableben *nt*; (*fig*) *of a company* Niedergang *m*; **in the event of my ~** im Falle meines Ablebens
② LAW Verpachtung *f*

demise charter *n* Miete *f* [*o* Chartern *nt*] eines Schiffes ohne Besatzung, Bareboatcharter *f*

demist [dɪˈmɪst] *vt* BRIT **to ~ a window** eine Scheibe frei machen

demister [dɪˈmɪstəʳ] *n* BRIT AUTO Gebläse *nt*

demitasse [ˈdemitæs] *n esp* AM (*coffee*) ≈ Espresso *m*; (*coffee cup*) Mokkatasse *f*

demivolt(e) [ˈdemivɒlt, AM -vɑːlt] *n* SPORTS halbe Volte; **to perform a ~** eine halbe Volte reiten

demo[1] *n short for* **demographics** Bevölkerungsentwicklung *f*

demo[2] [ˈdeməʊ, AM -oʊ] (*fam*) **I.** *n* Demo *f fam*; **to go on a ~** auf eine [*o* zu einer] Demo gehen
II. *adj* Demo-
III. *vt* <-'d, -'d> (*fam: do a demonstration*) ■**to ~ sth** etw demonstrieren

demob [diːˈmɒb, AM -ˈmɑːb] **I.** *vt* MIL (*fam*) *short for* **demobilize** ① (*discharge from service*) ■**to ~ sb** jdn aus dem Kriegsdienst entlassen
② (*disband*) ■**to ~ sth** etw demobilisieren; **to ~ an army** ein Heer auflösen
II. *n* MIL (*fam*) *short for* **demobilization** ① (*discharging from service*) Demobilisierung *f veraltet*, Entlassung *f*
② (*disbanding*) Demobilisierung *f*; *of ships* Ausmusterung *f*

demobilization [diːˌməʊbᵊlaɪˈzeɪʃᵊn, AM -ˌmoʊbᵊlɪˈ-] *n* ① (*discharging from military service*) Demobilisierung *f veraltet*, Entlassung *f*
② (*act of disbanding*) Demobilisierung *f*; *of ships* Ausmusterung *f*

demobilize [diːˈməʊbəlaɪz, AM -ˌmoʊ-] **I.** *vt* ① (*discharge from military service*) jdn aus dem Kriegsdienst entlassen
② (*disband*) ■**to ~ sth** etw demobilisieren; **to ~ ships** Schiffe ausmustern
II. *vi* demobilisieren

democracy [dɪˈmɒkrəsi, AM -ˈmɑː-] *n* Demokratie *f*

democrat [ˈdeməkræt] *n* Demokrat(in) *m(f)*

Democrat [ˈdeməkræt] *n* AM POL Demokrat(in) *m(f)*

democratic [ˌdeməˈkrætɪk, AM -ţ-] *adj* demokratisch

democratically [ˌdeməˈkrætɪkᵊli, AM -ţ-] *adv* demokratisch

Democratic party *n* AM POL Demokratische Partei

democratization [dɪˌmɒkrətaɪˈzeɪʃᵊn, AM -mɑːkrəţɪ-] *n no pl* Demokratisierung *f*

democratize [dɪˈmɒkrətaɪz, AM -mɑːkrə-] *vt* ■**to ~ sth** etw demokratisieren

demodulation [dɪˌmɒdjəˈleɪʃᵊn, AM -ˌmɑːdʒ-] *n* COMPUT Demodulation *f*

demodulator [dɪˈmɒdjəleɪtəʳ, AM -ˈmɑːdʒəleɪţɚ] *n* COMPUT Demodulator *m*

demographer [dɪˈmɒgrəfəʳ, AM -mɑːgrəfɚ] *n* Demograph(in) *m(f)*

demographic [ˌdeməˈgræfɪk] *adj inv* demographisch

demographically [ˌdemə(ʊ)ˈgræfɪkᵊli, AM -məˈ-] *adv* demographisch

demographics [ˌdeməˈgræfɪks] *npl* Demographie *f*

demography [dɪˈmɒgrəfi, AM -mɑː-] *n no pl* Demographie *f*

demolish [dɪˈmɒlɪʃ, AM -mɑː-] *vt* ■**to ~ sth** ① (*destroy*) *building* etw abreißen; (*car in accident*) etw demolieren; (*in scrapyard*) etw verschrotten; **to ~ a wall** eine Wand einreißen
② (*refute, defeat*) etw zunichte machen; **to ~ an argument** ein Argument widerlegen; ■**to ~ sb** jdn niedermachen *fam*
③ (*fam: eat up*) etw verdrücken *fam*

demolition [ˌdeməlɪʃᵊn] *n* Abriss *m*; (*fig*) Widerlegung *f*

demolition derby *n* AM *Rennen, bei dem sich die Fahrzeuge gegenseitig rammen* **demolition worker** *n* Abbrucharbeiter(in) *m(f)*

demon [ˈdiːmən] **I.** *n* (*evil spirit*) Dämon *m*; **to exorcise** [*or* **drive out**] **a ~** einen Dämon austreiben; (*fig: wicked person*) Fiesling *m*
► PHRASES: **to work like a ~, to be a ~ for work** [*or* **~ worker**] (*fam*) wie ein Besessener/eine Besessene arbeiten
II. *n modifier* (*fam: very powerful*) (*backhand*) höllisch *fam*; **a ~ chess player** ein höllisch guter Schachspieler

demon alcohol *n esp* AM (*hum*), **demon drink** *n esp* BRIT (*hum*) ■**the ~** König *m* Alkohol *hum*

demonetization [ˌdiːˌmʌnɪtaɪˈzeɪʃᵊn, AM -ˌmɑːnətɪˈ-] *n no pl* Entwertung *f*, Außerkurssetzung *f*

demonetize [ˌdiːˈmʌnɪtaɪz, AM -ˈmɑːnə-] *vt* ECON, FIN ■**to ~ sth** *coin, note* etw entwerten [*o* einziehen]

demoniac [dɪˈməʊniæk, AM -moʊ-] *adj*, **demoniacal** [diːməˈnaɪəkᵊl] *adj* (*form*) ① (*evil, demonic*) teuflisch
② (*frenzied, raging*) besessen

demoniacally [diːməˈnaɪəkᵊli] *adv* (*form*) ① (*evilly*) teuflisch
② (*frenziedly*) besessen; **to behave ~** sich *akk* wie besessen aufführen

demonic [dɪˈmɒnɪk, AM -ˈmɑː-] *adj* ① (*devilish*) teuflisch
② (*evil*) bösartig
③ (*frenzied*) dämonisch

demonically [dɪˈmɒnɪkᵊli, AM -ˈmɑː-] *adv* ① (*by evil spirits*) **to be ~ possessed** von bösen Geistern/einem bösen Geist besessen sein
② (*cruelly*) bestialisch

demonize [ˈdiːmənaɪz] *vt* ■**to ~ sb** jdn verteufeln

demonology [ˌdiːməˈnɒlədʒi, AM ˈnɑːlə-] *n no pl* Dämonologie *f*

demonstrability [dɪˌmɒn(t)strəˈbɪləti, AM -ˌmɑːn(t)strəˈbɪləţi] *n no pl* Nachweisbarkeit *f*

demonstrable [dɪˈmɒn(t)strəbl̩, AM -ˈmɑːn(t)-] *adj* nachweislich

demonstrably [dɪˈmɒn(t)strəbli, AM -ˈmɑːn(t)-] *adv* nachweislich; ***that's ~ untrue!*** das lässt sich leicht widerlegen

demonstrate [ˈdemənstreɪt] **I.** *vt* ■**to ~ sth** ① (*show*) etw zeigen [*o* beweisen]; ■**to ~ that ...** zeigen, dass ...; ■**to ~ sth to sb** *machine, appliance, operation* jdm etw vorführen; (*show*) jdn etw zeigen; **to ~ one's appreciation** seine Anerkennung zeigen; **to ~ authority** Autorität demonstrieren; **to ~ enthusiasm** [**for sth**] Begeisterung [für etw *akk*] zeigen; **to ~ interest** [**in sth**] Interesse [an etw *dat*] zeigen; **to ~ one's knowledge** sein Wissen demonstrieren; **to ~ one's loyalty** seine Loyalität beweisen; **to ~ great skill** großes Können beweisen
② (*prove*) etw nachweisen
II. *vi* ■**to ~** [**for sth**] [für etw *akk*] demonstrieren; ■**to ~ against/in support of sth** gegen/für etw *akk* demonstrieren

demonstration [ˌdemənˈstreɪʃᵊn] *n* ① (*act of showing*) Demonstration *f*, Vorführung *f*; ***let me give you a ~ of how the camera works*** ich zeige dir mal, wie die Kamera funktioniert; **~ of forces** Machtdemonstration *f*
② (*open expression*) Ausdruck *m*; ***she gave him a hug as a ~ of her affection*** sie umarmte ihn als Zeichen ihrer Zuneigung
③ (*protest march*) Demonstration *f* (**against** gegen +*akk*, **for** für +*akk*); **to hold** [*or* **stage**] **a ~** eine Demonstration abhalten; **to take part in a ~** an einer Demonstration teilnehmen

demonstration model *n* Vorführmodell *nt*

demonstrative [dɪˈmɒn(t)strətɪv, AM dɪˈmɑːn(t)strəţɪv] *adj* ① (*form: illustrative*) schlüssig; ■**to be ~ of sth** etw veranschaulichen
② (*expressing feelings*) offen

demonstrative legacy *n* LAW beschränktes Gattungsvermächtnis

demonstratively [dɪˈmɒn(t)strətɪvli, AM -ˈmɑːn(t)strəţɪvli] *adv* offen

demonstrativeness [dɪˈmɒn(t)strətɪvnəs, AM -ˈmɑːn(t)strəţ-] *n no pl* Offenheit *f*

demonstrative pronoun *n* LING Demonstrativpronomen *nt*

demonstrator [ˈdemənstreɪtəʳ, AM -ţɚ] *n* ① (*of a product*) Vorführer(in) *m(f)*
② (*in a demonstration*) Demonstrant(in) *m(f)*

demoralization [dɪˌmɒrᵊlaɪˈzeɪʃən, AM -ˌmɔːrəlɪ-] *n no pl esp* AM Demoralisierung *f*

demoralize [dɪˈmɒrᵊlaɪz, AM -ˈmɔːr-] *vt esp* AM ■**to ~ sb** jdn demoralisieren

demoralizing [dɪˈmɒrəlaɪzɪŋ, AM ˈmɔːr] *adj* demoralisierend

demote [dɪˈməʊt, AM -ˈmoʊt] *vt* ■**to ~ sb** [**to sth**] jdn [zu etw *dat*] zurückstufen; MIL jdn [zu etw *dat*] degradieren

demotic [dɪˈmɒtɪk, AM -ˈmɑːţɪk] *adj* (*form*) volkstümlich, demotisch *fachspr*; **~ language** Umgangssprache *f*

demotion [dɪˈməʊʃᵊn, AM -ˈmoʊ-] *n* Degradierung *f*; **to be subjected to a ~** degradiert werden

demotivate [diːˈməʊtɪveɪt, AM -ˈmoʊ-] *vt* ■**to ~ sb** jdn demotivieren

demultiplex [ˌdiːˈmʌltipleks, AM -ˈmʌlţə-] *vt* COMPUT entmultiplexieren

demultiplexor [ˌdiːˈmʌltipleksəʳ, AM -ţəpleksɚ] *n* COMPUT Entmultiplexor *m*

demur [dɪˈmɜːʳ, AM -ˈmɜːr] **I.** *vi* <-rr-> (*form*) ■**to ~ at sth** Einwände gegen etw *akk* erheben; ■**to ~ at doing sth** sich *akk* davor sträuben, etw zu tun
II. *n no pl* Einwand *m*; **without ~** widerspruchslos

demure [dɪˈmjʊəʳ, AM -ˈmjʊr] *adj* ① (*shy*) [sehr] schüchtern, zurückhaltend; ***she gave him a ~ smile*** sie lächelte ihm schüchtern zu
② (*composed and reserved*) gesetzt

demurely [dɪˈmjʊəʳli, AM -ˈmjʊrli] *adv* schüchtern

demureness [dɪˈmjʊəʳnəs, AM -ˈmjʊrnəs] *n no pl* ① (*shyness*) Zurückhaltung *f*, Schüchternheit *f*
② (*composed reserve*) Gesetztheit *f*

demurrer [dɪˈmjʊəʳəʳ, AM -ˈmjʊrɚ] *n* LAW Einwendung *f* der mangelnden Schlüssigkeit

demystification [dɪˌmɪstɪfɪˈkeɪʃᵊn] *n no pl* Entmystifizierung *f*

demystify [diːˈmɪstɪfaɪ] *vt* ■**to ~ sth** etw enträtseln [*o* entmystifizieren]

demythologize [ˌdiːmɪˈθɒlədʒaɪz, AM -ˈθɑːlə-] *vt* ■**to ~ sth** etw entmythologisieren; **to ~ a legend** eine Legende entmythologisieren

den [den] *n* ① (*lair*) Bau *m*
② (*children's playhouse*) Verschlag *m*
③ (*study*) Arbeitszimmer *nt*; (*private room*) Bude *f fam*, gemütliches Zimmer; *esp* AM (*for hobbies*) Hobbyraum *m*
④ (*hum: evil place*) Lasterhöhle *f pej fam*; **~ of thieves** Räuberhöhle *f fam*

denationalization [diːˌnæʃᵊnᵊlaɪˈzeɪʃᵊn] *n* Privatisierung *f*

denationalize [ˌdiːˈnæʃᵊnᵊlaɪz] *vt* ■**to ~ sth** etw privatisieren

denature [dɪˈneɪθʃəʳ, AM tʃɚ] **I.** *vt* ■**to ~ sth** etw denaturieren
II. *vi* denaturieren
dendrite [ˈdendraɪt] *n* ANAT Dendrit *m fachspr*
deniable [dɪˈnaɪəbl̩] *adj* widerlegbar
denial [dɪˈnaɪəl] *n* ❶ (*statement*) Dementi *nt;* (*action*) Leugnen *nt kein pl;* ■**to be in ~ [about sth]** [etw] abstreiten; **~ of guilt** Unschuldsbekundung *f;* **to issue a ~** ein Dementi herausgeben
❷ *no pl* (*refusal*) Ablehnung *f,* Weigerung *f;* **~ of equal opportunities** Verweigerung *f* von Chancengleichheit; **~ of human rights** Nichtanerkennung *f* der Menschenrechte
❸ PSYCH **to be in ~** sich *akk* der Realität verschließen
denial of justice *n* LAW Rechtsverweigerung *f*
denier [ˈdeniəʳ, AM ˈdenjɚ] *n no pl* Denier *nt*
denigrate [ˈdenɪɡreɪt] *vt* ■**to ~ sb/sth** jdn/etw verunglimpfen *geh*
denigration [ˌdenɪˈɡreɪʃən] *n no pl* Verunglimpfung *f geh*
denim [ˈdenɪm] **I.** *n* ❶ *no pl* (*material*) Denim® *m,* blauer Jeansstoff
❷ (*fam: clothes*) ■**~s** *pl* Jeans *f[pl]*
II. *n modifier* (*jacket, shirt, skirt*) Jeans-
denitrification [dɪˌnaɪtrɪfɪˈkeɪʃən] *n no pl* CHEM Denitrifikation *f*
denizen [ˈdenɪzən] *n* (*liter or hum*) Bewohner(in) *m(f)*
Denmark [ˈdenmɑːk, AM -mɑːrk] *n* Dänemark *nt*
den mother *n* AM Herbergsmutter *f*
denominate [dɪˈnɒmɪneɪt, AM ˈnɑːmə] *vt* ❶ FIN ■**to be ~d in sth** in etw *akk* gestückelt sein
❷ (*form: call, name*) ■**to ~ sth sth** etw als etw bezeichnen
denomination [dɪˌnɒmɪˈneɪʃən, AM -ˌnɑːmə-] *n* ❶ (*religious group*) Konfessionsgemeinschaft *f*
❷ FIN (*unit of value*) Stückelung *f;* **coins of all ~s** Münzen in allen Größen [*o* jeglicher Wertbezeichnung]
denominational [dɪˌnɒmɪˈneɪʃənəl, AM -ˌnɑːmə-] *adj inv* Konfessions-; **~ group** Konfessionsgruppe *f*
denominator [dɪˈnɒmɪneɪtəʳ, AM -ˈnɑːməneɪt̬ɚ] *n* Nenner *m;* **common ~** gemeinsamer Nenner
denotation [diːnə(ʊ)ˈteɪʃən, AM -noʊˈ-] *n* (*marking*) Kennzeichnung *f;* (*sign*) Zeichen *nt*
denote [dɪˈnə(ʊ)t, AM -ˈnoʊt] *vt* ■**to ~ sth** etw bedeuten; **to ~ displeasure** Missfallen zum Ausdruck bringen
denouement [deɪˈnuːmɑ̃] *n* (*form*) Ende *nt;* *play, film* Ausgang *m*
denounce [dɪˈnaʊn(t)s] *vt* ❶ (*criticize*) ■**to ~ sth** etw anprangern
❷ (*accuse*) ■**to ~ sb as sth** jdn als etw *akk* entlarven; ■**to ~ sb to sb** jdn bei jdm denunzieren
de novo [deɪˈnəʊvəʊ, AM -ˈnoʊvoʊ] LAW von neuem
dense <-r, -st> [den(t)s] *adj* ❶ (*thick, compact*) dicht; **~ crowd** dichte Zuschauermenge; **~ fog** dichter Nebel; **~ print** enge Schrift
❷ (*complex*) anspruchsvoll, schwierig; **~ book** anspruchsvolles Buch
❸ (*fig fam: stupid*) dumm, dämlich *pej fam*
densely [ˈden(t)sli] *adv* dicht; **~ populated** dicht bevölkert; **~ wooded** dicht bewaldet
denseness [ˈden(t)snəs] *n no pl* Dichte *f*
density [ˈden(t)sɪti, AM -sət̬i] *n* ❶ (*compactness*) Dichte *f;* **population ~** Bevölkerungsdichte *f*
❷ PHYS Dichte *f;* **to be high/low in ~, to have a high/low ~** eine hohe/geringe Dichte besitzen
dent [dent] **I.** *n* ❶ (*hollow*) Beule *f,* Delle *f*
❷ (*fig: adverse effect*) Loch *nt;* ***that has made a big ~ in our savings*** das hat ein großes Loch in unsere Ersparnisse gerissen; ***that has really put a ~ in his self-confidence*** das hat sein Selbstbewusstsein angeschlagen
II. *vt* ❶ (*put a dent in*) ■**to ~ sth** etw einbeulen
❷ (*fig: have adverse effect on*) **to ~ sb's confidence** jds Selbstbewusstsein anknacksen *fam*
dental [ˈdentəl, AM -t̬-] *adj inv* Zahn-; **~ decay** Zahnfäule *f,* Karies *f*
dental floss *n no pl* Zahnseide *f;* **to use ~** Zahnseide verwenden **dental hygiene** *n no pl* Mundhygiene *f;* **to practise ~** Mundhygiene betreiben
dental nurse *n* MED Zahnarzthelfer(in) *m(f)* **dental practitioner** *n,* **dental surgeon** *n* Zahnarzt, Zahnärztin *m, f*
dentist [ˈdentɪst, AM -t̬-] *n* Zahnarzt, Zahnärztin *m, f*
dentistry [ˈdentɪstri, AM -t̬-] *n no pl* Zahnmedizin *f*
dentition [denˈtɪʃən] *n* ANAT Gebissanordnung *f*
dentures [ˈden(t)ʃəz, AM -ʃɚz] *npl* [Zahn]prothese *f;* **to clean ~** die Prothese reinigen; **to wear ~** eine Prothese tragen
denuclearize [ˌdiːˈnjuːkliəraɪz] *vt* ■**to ~ sth** etw atomwaffenfrei machen
denude [dɪˈnjuːd, AM *esp* -ˈnuːd] *vt* ■**to ~ sth** *vegetation* etw kahl werden lassen [*o* kahl machen]; **to ~ a country's defences** (*fig*) die Verteidigungsfähigkeit eines Landes beschneiden
denunciation [dɪˌnʌn(t)siˈeɪʃən] *n* ❶ (*condemnation*) *of a policy* Anprangerung *f*
❷ (*denouncing*) Denunziation *f*
deny <-ie-> [dɪˈnaɪ] *vt* ❶ (*declare untrue*) ■**to ~ sth** etw abstreiten [*o* zurückweisen]; ■**to ~ doing sth** abstreiten, etw getan zu haben; ■**to ~ that ...** abstreiten, dass ...; ***there's no ~ing that ...*** es lässt sich nicht bestreiten, dass ...; **to ~ an accusation** eine Anschuldigung zurückweisen
❷ (*refuse to grant*) ■**to ~ sth to sb** [*or* **sb sth**] jdm etw verweigern [*o geh* verwehren]; ***her request for time off work was denied*** ihre Bitte um Urlaub wurde abgelehnt; **to ~ sb access to sth** jdn den Zugang zu etw *dat* verweigern [*o geh* verwehren]
❸ (*do without*) ■**to ~ oneself sth** *a pleasure* sich *dat* etw versagen
❹ (*refuse to acknowledge*) ■**to ~ sth** etw bestreiten
❺ (*form: disown*) ■**to ~ sth** etw verleugnen
deodorant [diˈəʊdərənt, AM -ˈoʊ-] *n* Deo *nt,* Deodorant *nt*
deodorize [diˈəʊdəraɪz, AM -ˈoʊdə-] *vt* ■**to ~ sth** etw desodorieren
deoxyribonucleic acid [diˌɒksiraɪbəʊnjuːˌkleɪɪkˈæsɪd, AM dɪˌɑːksɪraɪboʊnuːˌkliːɪk] *n see* **DNA** Desoxyribonukleinsäure *f*
dep [dep] **I.** *n* ❶ *short for* **departure** *of train, road vehicles* Abf. *f;* *aircraft* Abfl. *m*
❷ CAN (*fam*) *short for* **dépanneur**
II. *vi short for* **depart** fährt ab; *ship, boat also* legt ab; *aircraft* startet, fliegt ab
dépanneur [deɪpæˈnɜːr] *n* CAN Tante-Emma-Laden *m,* Laden *m* an der Ecke
depart [dɪˈpɑːt, AM -ˈpɑːrt] **I.** *vi* ❶ (*leave*) fortgehen; *plane* abfliegen, starten; *train* abfahren; *ship* ablegen, abfahren
❷ (*differ*) ■**to ~ from sth** von etw *dat* abweichen; **to ~ from normal practice** von der üblichen Verfahrensweise abweichen
II. *vt* **to ~ this life** [*or* **earth**] aus diesem Leben scheiden
departed [dɪˈpɑːtɪd, AM -ˈpɑːrt̬-] (*form*) **I.** *adj inv* verstorben; **our [dear] ~ friends** unsere lieben Verstorbenen
II. *n pl* ■**the ~** die Verstorbenen [*o* Toten] *pl;* **to mourn the ~** um die Verstorbenen trauern; **to remember the ~** der Verstorbenen gedenken *geh*
department [dɪˈpɑːtmənt, AM -ˈpɑːrt-] *n* ❶ (*of university*) Institut *nt*
❷ (*of company, organization, shop*) Abteilung *f;* **personnel ~** Personalabteilung *f;* ***the furniture ~*** die Möbelabteilung
❸ BRIT POL (*of government*) Ministerium *nt;* **~ of Health and Social Security** Ministerium *nt* für Gesundheits- und Sozialwesen; **~ of Transport** Verkehrsministerium *nt*
❹ ADMIN Amt *nt*
❺ (*fig fam: field of expertise*) Zuständigkeitsbereich *m;* (*hum: category*) ***he's a bit lacking in the brain ~*** er ist nicht gerade der Hellste
departmental [ˌdiːpɑːtˈmentəl, AM -ˈpɑːrt-] *adj inv* ❶ UNIV Instituts-; **~ head** Institutsleiter(in) *m(f)*
❷ (*in company or organization*) Abteilungs-; **~ head** Abteilungsleiter(in) *m(f);* **~ meeting** Abteilungsbesprechung *f*
❸ POL Ministerial-
❹ ADMIN Amts-; **~ head** Amtsleiter(in) *m(f)*
departmentalism [ˌdiːpɑːtˈmentəlɪzəm, AM ˌdiːpɑːrtˈment̬əl] *n no pl* Abteilungsbildung *f*
departmentally [ˌdiːpɑːtˈmentəli, AM ˌdiːpɑːrtˈment̬əli] *adv inv* (*as department*) als Abteilung; (*within the department*) in der Abteilung; (*by the department*) von der Abteilung
departmental manager *n* ECON, FIN Abteilungsleiter(in) *m(f)*
Department of State *n* AM Außenministerium *nt*
department store *n* Kaufhaus *nt* **department store chain** *n* Kaufhauskette *f*
departure [dɪˈpɑːtʃəʳ, AM -ˈpɑːrtʃɚ] *n* ❶ (*on a journey*) Abreise *f;* *plane* Abflug *m;* *train, road vehicle* Abfahrt *f;* *ship* Ablegen *nt,* Abfahrt *f*
❷ (*act of leaving*) Abschied *m;* **~ from politics** Abschied *m* aus der Politik
❸ (*deviation, divergence*) Abweichung *f;* *from policy, strategy* Abkehr *f;* ***there can be no ~ from the rules*** es können keine Ausnahmen gemacht werden
departure gate *n* Flugsteig *m* **departure lounge** *n* Abfahrthalle *f;* AVIAT Abflughalle *f*
departure time *n* Abfahrtzeit *f;* AVIAT Abflugzeit *f*
depend [dɪˈpend] *vi* ❶ (*rely on circumstance*) ■**to ~ on sth** von etw *dat* abhängen; ***can you lend me some money? — that ~s — how much?*** kannst du mir Geld leihen? – kommt darauf an – wie viel?; ***the company's success ~s on getting that new account*** der Erfolg der Firma hängt davon ab, ob sie diesen neuen Kunden bekommt; ***that ~s on the weather*** das hängt vom Wetter ab; ■**~ing on ...** je nachdem, ...; ***~ing on the weather*** je nachdem, wie das Wetter ist, je nach Wetterlage
❷ (*get help from*) ■**to ~ on sb/sth** von jdm/etw abhängig sein; **to ~ heavily on sb** dringend auf jdn angewiesen sein; **to ~ on sb/sth for one's livelihood** finanziell auf jdn/etw angewiesen sein
❸ (*rely on*) ■**to ~ [up]on sb/sth** sich *akk* auf jdn/etw verlassen; (*hum*) ***you can ~ on her to be late*** sie kommmt *immer* zu spät!
dependability [dɪˌpendəˈbɪləti, AM -ət̬i] *n no pl* Zuverlässigkeit *f,* Verlässlichkeit *f*
dependable [dɪˈpendəbl̩] *adj* zuverlässig, verlässlich
dependably [dɪˈpendəbli] *adv* zuverlässig, verlässlich
dependance *n no pl* AM *see* **dependence**
dependant [dɪˈpendənt] *n* [finanziell] abhängige(r) Angehörige(r) *f(m)*
dependence [dɪˈpendən(t)s] *n no pl* Abhängigkeit *f;* **drug ~** Drogenabhängigkeit *f*
dependency [dɪˈpendən(t)si] *n* ❶ *no pl* Abhängigkeit *f;* *see also* **dependence**
❷ (*dependent state*) Territorium *nt;* ***Puerto Rico is a US ~*** Puerto Rico gehört zum Territorium der USA
dependent [dɪˈpendənt] **I.** *adj* ❶ *pred* (*contingent, conditional*) ■**to be ~ [up]on sth** von etw *dat* abhängen
❷ (*relying on*) abhängig; ■**to be ~ on sth** von etw *dat* abhängig sein; *help, goodwill* auf etw *akk* angewiesen sein; **to be ~ on drugs** drogenabhängig sein
❸ LAW finanziell abhängig
II. *n esp* AM *see* **dependant**
dependent clause *n* LING Nebensatz *m*
depersonalize [diˈpɜːsənəlaɪz, AM -ˈpɜːrs-] *vt usu passive* ■**to be ~d** depersonalisiert sein; ***the military has a way of depersonalizing people*** das Militär nimmt den Leuten die Persönlichkeit
depict [dɪˈpɪkt] *vt* (*form*) ■**to ~ sth [as sth]** etw [als etw *akk*] darstellen [*o* beschreiben]; ■**to ~ sb** jdn zeigen [*o* darstellen]
depiction [dɪˈpɪkʃən] *n* Darstellung *f;* **the ~ of violence on television** Gewaltdarstellung *f* im Fernsehen
depilator [ˈdepɪleɪtəʳ, AM -t̬ɚ] *n* Epilierer *m*
depilatory [dɪˈpɪlətəri, AM -tɔːri] **I.** *n* Enthaarungs-

D

mittel *nt;* **to use a ~** ein Enthaarungsmittel verwenden

II. *adj inv* Enthaarungs-; **~ substance** Enthaarungsmittel *nt*

depilatory cream *n* Enthaarungscreme *f*

deplane [diːˈpleɪn] *vi* AM AVIAT von Bord gehen

deplete [dɪˈpliːt] *vt* ■**to ~ sth** etw vermindern [*o* verringern]; ***these chemicals are thought to ~ the ozone layer*** diese Chemikalien stehen im Verdacht, die Ozonschicht abzubauen; **to ~ one's bank account/savings** (*hum*) sein Bankkonto/seine Ersparnisse plündern *hum*

depleted [dɪˈpliːtɪd, AM -t̬ɪd] *adj* verbraucht, erschöpft; *soil* ausgelaugt

depletion [dɪˈpliːʃən] *n* Abbau *m; of resources, capital* Erschöpfung *f;* **the ~ of the ozone layer** der Abbau der Ozonschicht

deplorable [dɪˈplɔːrəbl̩] *adj living conditions* erbärmlich; ***it seems ~ that …*** es ist ungeheuerlich, dass …

deplorably [dɪˈplɔːrəbli] *adv* entsetzlich

deplore [dɪˈplɔːʳ, AM -ˈplɔːr] *vt* ■**to ~ sth** ① (*disapprove*) etw verurteilen

② (*regret*) etw beklagen

deploy [dɪˈplɔɪ] *vt* ■**to ~ sth** etw einsetzen; **to ~ one's skill** seine Fähigkeiten einbringen; **to ~ troops** Truppen einsetzen

deployment [dɪˈplɔɪmənt] *n no pl* Einsatz *m;* **~ of troops** Truppeneinsatz *m*

depoliticization [ˌdiːpəˌlɪtɪsaɪˈzeɪʃən, AM -ˌlɪt̬ɪsɪ-] *n no pl* Entpolitisierung *f*

depoliticize [ˌdiːpəˈlɪtɪsaɪz, AM -t̬-] *vt esp* AM ■**to ~ sth** etw entpolitisieren

depone [dɪˈpəʊn, AM ˈpoʊn] *n* LAW unter Eid aussagender Zeuge

deponent [dɪˈpəʊnənt, AM -ˈpoʊ-] *n* LAW vereidigter Zeuge

depopulate [ˌdiːˈpɒpjəleɪt, AM -ˈpɑːp-] *vt usu passive* ■**to have been ~d** entvölkert worden sein

depopulation [diːˌpɒpjəˈleɪʃən, AM -ˌpɑːp-] *n no pl* Entvölkerung *f;* **~ of an area** Entvölkerung *f* einer Gegend

deport [dɪˈpɔːt, AM -ˈpɔːrt] *vt* ■**to ~ sb** jdn ausweisen; *prisoner* jdn deportieren; **to ~ sb back to his home country** jdn in sein Heimatland abschieben

deportation [ˌdɪpɔːˈteɪʃən, AM -pɔːrˈ-] *n* Ausweisung *f,* Abschiebung *f; of prisoner* Deportation *f*

deportation order *n* Ausweisungsbeschluss *m*

deportee [ˌdɪpɔːˈtiː, AM -pɔːrˈ-] *n* (*waiting to be deported*) Abzuschiebende(r) *f(m);* (*already deported*) Abgeschobene(r) *f(m)*

deportment [dɪˈpɔːtmənt, AM -ˈpɔːrt-] *n no pl* (*form*) Benehmen *nt*

depose [dɪˈpəʊz, AM -ˈpoʊz] **I.** *vt* ■**to ~ sb** jdn absetzen; **to ~ sb from the throne** jdn entthronen

II. *vi* LAW unter Eid aussagen [*o* zu Protokoll geben]

deposit [dɪˈpɒzɪt, AM -ˈpɑː-] **I.** *vt* ① (*leave, put down*) ■**to ~ sb** jdn absetzen; ■**to ~ sth** etw ablegen/abstellen; GEOL etw ablagern; **to ~ luggage** Gepäck deponieren

② (*pay into account*) ■**to ~ sth** etw einzahlen; (*pay as first instalment*) etw anzahlen; **to ~ money in one's account** Geld auf sein Konto einzahlen

③ (*leave as security*) ■**to ~ sth** etw als Sicherheit hinterlegen

II. *n* ① (*sediment*) Bodensatz *m;* (*layer*) Ablagerung *f;* (*underground layer*) Vorkommen *nt;* **~ of mud** Schlammschicht *f;* **oil ~s** Ölvorkommen *pl*

② FIN (*money put in bank*) Einzahlung *f,* Einlage *f;* **bank ~s** *pl* Bankeinlagen *fpl;* **certificate of ~** Einzahlungsbeleg *m;* **fixed ~** Festgeld *nt;* **~s at notice** Kündigungsgelder *pl;* **~ at 7 days' notice** Sparkonto *nt* mit 7-tägiger Kündigungsfrist

③ (*first instalment*) Anzahlung *f;* (*security*) Kaution *f; bottle* Pfand *nt;* **to forfeit** [*or* **lose**] **a ~** eine Anzahlung/eine Kaution verlieren; **to make a ~** eine Anzahlung machen; **to leave a ~** eine Anzahlung hinterlegen; **to leave sth as a ~** etw als Anzahlung hinterlegen; **on ~** als Guthaben

④ POL *Geld, das von einem aufgestellten Kandidaten gezahlt wird, das aber verfällt, wenn der Kandidat nicht genügend Stimmen erhält*

deposit account *n* BRIT Sparkonto *nt*

depositary [dɪˈpɑːzɪteri] *n* AM LAW Verwahrer *m,* Depot *nt,* Hinterlegungsstelle *f*

deposit bottle *n* AM Pfandflasche *f*

deposition [ˌdepəˈzɪʃən] *n* ① *no pl* (*form: removal from power*) Absetzung *f; dictator* Sturz *m;* **the ~ of a tyrant** der Sturz eines Tyrannen

② (*written statement*) Protokoll *nt;* **to file** [*or* **give**] **a ~** eine Aussage zu Protokoll geben; **to take a ~** eine Aussage aufnehmen

depositor [dɪˈpɒzɪtəʳ, AM -ˈpɑːzɪt̬ɚ] *n* Anleger(in) *m(f)*

depository [dɪˈpɒzɪtəri, AM -ˈpɑːzətɔːri] *n* ① (*warehouse*) Lagerhaus *nt;* **furniture ~** Möbellager *nt;* **~ for nuclear waste** Atommülllager *nt*

② FIN (*for money, documents*) Depotbank *f*

③ LAW Hinterlegungsstelle *f*

deposit slip *n* Einzahlungsbeleg *m*

deposit-taking business *n* FIN Passivgeschäft *nt*

deposit-taking institution *n* autorisierter Depositennehmer, Depositenbank *f*

depot [ˈdepəʊ, AM ˈdiːpoʊ] *n* ① (*storage building, storehouse*) Depot *nt*

② AM (*bus, train station*) Depot *nt*

deprave [dɪˈpreɪv] *vt* (*form*) ■**to ~ sb** jdn verderben

depraved [dɪˈpreɪvd] *adj* verdorben *geh,* verkommen

depravity [dɪˈprævəti, AM -ət̬i] *n no pl* Verdorbenheit *f,* Verderbtheit *f geh*

deprecate [ˈdeprəkeɪt] *vt* (*form*) ① (*show disapproval of*) ■**to ~ sth** etw missbilligen

② (*disparage*) ■**to ~ sb/sth** jdn/etw schlecht machen

deprecating [ˈdeprəkeɪtɪŋ, AM -t̬-] *adj* (*form*) ① (*strongly disapproving*) missbilligend; **~ stare** strafender [*o* tadelnder] Blick

② (*disparaging*) herablassend; (*apologetic*) entschuldigend *attr;* **~ smile** herablassendes Lächeln

deprecatingly [ˈdeprəkeɪtɪŋli, AM -t̬-] *adv* (*form*) ① (*disapprovingly*) missbilligend; **to stare ~ at sb** jdn strafend [*o* missbilligend] ansehen

② (*in a belittling manner*) herablassend; **to smile ~ at sb** jdn herablassend anlächeln

deprecation [ˌdeprəˈkeɪʃən] *n no pl* ① (*form: strong disapproval*) Missbilligung *f*

② (*belittling*) Herablassung *f;* **~ of sb's achievements** Herabsetzung *f* jds Errungenschaften

deprecatory [ˈdeprəkətəri, AM -tɔːri] *adj see* **deprecating**

depreciate [dɪˈpriːʃieɪt] **I.** *vi* an Wert verlieren

II. *vt* ■**to ~ sth** ① (*lower value*) etw entwerten, den Wert einer S. *gen* mindern

② FIN *assets* etw abschreiben

depreciation [ˌdɪpriːʃiˈeɪʃən] *n no pl* ① (*lowering of value*) Wertminderung *f,* Wertverlust *m;* **to allow for ~** den Wertverlust [*o* die Wertverminderung] bedenken/einkalkulieren

② FIN *of assets* Abschreibung *f; of currencies* Entwertung *f;* **accelerated ~** beschleunigte Abschreibung, Sonderabschreibung *f;* **annual ~** jährliche Abschreibung; **historic cost ~** Abschreibung *f* von den Anschaffungskosten; **replacement cost ~** Abschreibung *f* vom Wiederbeschaffungswert; **straight line ~** lineare Abschreibung

depreciation rate *n* FIN Abschreibungssatz *m*

depredation [ˌdeprəˈdeɪʃən] *n usu pl* Verheerung *f,* Verwüstung *f*

depress [dɪˈpres] *vt* ① (*sadden, deject*) ■**to ~ sb** jdn deprimieren

② (*reduce amount or activity*) ■**to ~ sth** etw drücken; **to ~ earnings** Einkünfte schrumpfen lassen; **to ~ the economy** die Wirtschaft belasten; **to ~ the prices** die Preise drücken

③ (*form: press down*) ■**to ~ sth** etw niederdrücken; **to ~ a button** einen Knopf/eine Taste drücken; **to ~ a pedal** auf ein Pedal treten

depressant [dɪˈpresənt] **I.** *n* Beruhigungsmittel *nt*

II. *adj* beruhigend; **~ effect** beruhigende Wirkung

depressed [dɪˈprest] *adj* ① (*sad, dejected*) deprimiert; **to be clinically ~** krankhaft depressiv sein; **to feel ~** sich *akk* niedergeschlagen fühlen; ■**to be ~ about** [*or* **by**] [*or* **over**] [*or* BRIT **at**] **sth** wegen einer S. *gen* deprimiert sein

② (*affected by economic depression*) **~ market** angespannte Marktlage; (*economically deprived*) heruntergekommen *fam*

③ MED (*pushed in*) **~ fracture of the skull** Schädelfraktur *f* mit Impression

depressing [dɪˈpresɪŋ] *adj* deprimierend; **~ weather** deprimierendes Wetter

depressingly [dɪˈpresɪŋli] *adv* deprimierend

depression [dɪˈpreʃən] *n* ① *no pl* (*sadness*) Depression *f;* **clinical ~** krankhafte Depression; **deep ~** tiefe Depression; **to have ~** eine Depression haben; **to suffer from ~** unter einer Depression/unter Depressionen leiden

② (*slump*) Wirtschaftskrise *f*

③ METEO (*area of low pressure*) Tiefdruckgebiet *nt*

④ (*hollow*) Mulde *f,* Vertiefung *f*

depressive [dɪˈpresɪv] **I.** *n* Depressive(r) *f(m)*

II. *adj* depressiv; **to suffer from a ~ disorder** an einer depressiven Störung leiden

depressurization [dɪˌpreʃəraɪˈzeɪʃən, AM -ˌpreʃəɪˈ-] *n no pl esp* AM AVIAT Druckverlust *m;* ***the ~ of the cabin*** der Druckverlust in der Kabine

depressurize [dɪˈpreʃəraɪz, AM -əraɪz] AVIAT **I.** *vt* ■**to ~ sth** den Druck bei etw *dat* verringern; ***the explosion instantly ~d the cabin*** durch die Explosion ging augenblicklich der Kabinendruck verloren

II. *vi* Druck verlieren

deprivation [ˌdeprɪˈveɪʃən] *n* Entbehrung *f;* **to suffer ~s** Entbehrungen erleiden

deprive [dɪˈpraɪv] *vt* ■**to ~ sb of sth** jdm etw entziehen [*o* vorenthalten]; **to ~ sb of his/her dignity** jdn seiner Würde berauben *geh;* **to ~ sb of freedom** jdn der Freiheit berauben *geh;* **to ~ sb of sleep** jdm den Schlaf entziehen

deprived [dɪˈpraɪvd] *adj* sozial benachteiligt, unterprivilegiert; **~ child** sozial benachteiligtes Kind

dept *n abbrev of* **department** Abt.

depth [depθ] *n* ① (*distance downward*) Tiefe *f;* ***what is the ~ of this part of the sea?*** wie tief ist das Meer hier?

② *no pl* (*distance from front to back*) Tiefe *f;* **~ of the shelf** Regaltiefe *f*

③ *no pl* (*profundity*) Tiefe *f;* ***he spoke with great ~ of feeling*** er erzählte tief gerührt; (*seriousness, profoundness*) Tiefgründigkeit *f,* Tiefe *f;* **~ of experience** Erfahrungsreichtum *m*

④ (*middle part*) ■**~s** *pl* Tiefe *f;* (*intense period*) Tiefpunkt *m;* ***the house is in the ~s of the forest*** das Haus liegt mitten im Wald; ***in the ~ of winter*** mitten im tiefsten Winter; **to be in the ~s of despair** zutiefst verzweifelt sein

⑤ (*liter: deepest part*) ■**the ~s** *pl* die Tiefen *pl;* **the ~s of the ocean** die Tiefen des Ozeans

⑥ (*profundity*) ■**~s** *pl* Tiefe *f,* Tiefgründigkeit *f kein pl;* (*serious qualities*) Talente *ntpl;* ***he has hidden ~s*** er hat verborgene Talente

⑦ *no pl* (*in detail*) **in ~** gründlich, genau

⑧ *no pl* (*lowness of pitch*) Tiefe *f*

⑨ *no pl* (*intensity of colour*) Tiefe *f,* Intensität *f*

► PHRASES: **to be out of** [*or* **beyond**] **one's ~** für jdn zu hoch sein *fam;* **to get** [*or* **go**] **out of one's ~** den Boden unter den Füßen verlieren; **to sink to a ~** [*or* **~s**] tief sinken

depth charge *n* Wasserbombe *f;* **to drop a ~** eine Wasserbombe werfen

deputation [ˌdepjəˈteɪʃən] *n + sing/pl vb* Abordnung *f;* ***they led a ~ to Parliament*** sie führten eine Abordnung vor das Parlament; **to receive a ~** eine Abordnung empfangen; **to send sb as part of a ~ to do sth** jdn mit einer Deputation schicken, um etw zu tun

depute [dɪpjuːt] *vt* (*form*) ① (*appoint*) ■**to ~ sb** [**to do sth**] jdn dazu abordnen[, etw zu tun]

② (*delegate*) ■**to ~ sth to sb** etw auf jdn übertragen; **to ~ the leadership to sb** jdm die Leitung übertragen

deputize ['depjətaɪz] *vi* ■**to** ~ **for sb** für jdn einspringen, jdn vertreten
deputy ['depjəti:, AM -t̬-] **I.** *n* Stellvertreter(in) *m(f);* AM LAW Stellvertreter *m* des Sheriffs; **to act as** ~ [**for sb**] als Stellvertreter/Stellvertreterin [für jdn] fungieren
II. *adj attr, inv* stellvertretend; ~ **manager** stellvertretender Geschäftsführer/stellvertretende Geschäftsführerin
deque *n* COMPUT *abbrev of* **double-ended queue** nach beiden Seiten offene Warteschlange
derail [dɪ'reɪl] **I.** *vt* ■**to be** ~**ed** entgleisen; **to** ~ **a train** einen Zug entgleisen lassen; **to** ~ **negotiations** (*fig*) Verhandlungen zum Scheitern bringen
II. *vi* entgleisen
derailment [dɪ'reɪlmənt] *n* Entgleisung *f;* (*fig*) *of negotiation* Scheitern *nt*
derange [dɪ'reɪndʒ] *vt* ■**to** ~ **sb** jdn geistig verwirren
deranged [dɪ'reɪndʒd] *adj* geistesgestört; ~ **personality** gestörte Persönlichkeit
derangement [dɪ'reɪndʒmənt] *n no pl* [Geistes]gestörtheit *f*
Derbs BRIT *abbrev of* **Derbyshire**
derby ['dɑ:bi, AM 'dɜ:rbi] *n* ① (*match between local teams*) Derby *nt;* **local** ~ Lokalderby *nt; esp* AM (*important contest*) Derby *nt*
② AM (*bowler hat*) Melone *f*
Derby ['dɑ:bi, AM 'dɜ:rbi] *n no pl* Derby *nt*
deregulate [di:'regju:leɪt] *vt* ■**to** ~ **sth** etw deregulieren
deregulation [di:ˌregju:'leɪʃᵊn] *n no pl* Deregulierung *f*
derelict ['derəlɪkt] **I.** *adj* verlassen; ~ **building** leer stehendes Gebäude; ~ **car** liegen gebliebenes Auto; ~ **site** brachliegendes Gelände; **to lie** ~ brachliegen; **to stand** ~ leer stehen
II. *n* ① (*form: homeless*) Obdachlose(r) *f(m)*
② LAW [treibendes] Wrack
dereliction [ˌderə'lɪkʃᵊn] *n* ① *no pl* (*dilapidation*) Verwahrlosung *f;* **to be in a state of** ~ völlig verwahrlost sein
② (*negligence*) Vernachlässigung *f;* ~ **of duty** [*or* **responsibility**] Pflichtvernachlässigung *f*
deride [dɪ'raɪd] *vt* (*form*) ■**to** ~ **sb** jdn verspotten, sich *akk* über jdn lustig machen
de rigueur [dərɪ'gɜ:ʳ, AM -'gɜ:r] *adj pred* (*form*) unabdingbar, unerlässlich; ***among kids it's*** ~ ***to be interested in computers*** unter Kindern ist es ein Muss, sich für Computer zu interessieren
derision [dɪ'rɪʒᵊn] *n no pl* Hohn *m,* Spott *m;* **to meet** [*or* **treat**] **sth with** ~ etw verhöhnen [*o* verspotten]
derisive [dɪ'raɪsɪv] *adj* spöttisch, höhnisch; ~ **laughter** hämisches Gelächter
derisively [dɪ'raɪsɪvli] *adv* spöttisch, höhnisch; **to laugh** ~ hämisch lachen
derisory [dɪ'raɪsᵊri] *adj* ① (*derisive*) spöttisch, höhnisch
② (*ridiculous*) lächerlich; ~ **amount** lächerliche Menge
derivation [ˌderɪ'veɪʃᵊn] *n* ① (*origin*) Ursprung *m,* Herkunft *f*
② (*process of evolving*) Ableitung *f,* Derivation *f fachspr*
derivative [dɪ'rɪvətɪv, AM -t̬-] **I.** *adj* (*pej*) nachgemacht, nachgeahmt
II. *n* Ableitung *f,* Derivat *nt fachspr;* ***petrol is a*** ~ ***of coal*** Benzin ist ein Kohlederivat
derivative action *n* LAW Aktionärsklage *f* **derivative instrument** *n* ECON, FIN abgeleitete Wertpapierart
derive [dɪ'raɪv] **I.** *vt* ■**to** ~ **sth from** [*or* **out of**] **sth** etw aus etw *dat* gewinnen; **sb** ~**s pleasure from doing sth** etw bereitet jdm Vergnügen
II. *vi* ■**to** ~ **from sth** sich von etw *dat* ableiten [lassen]
dermatitis [ˌdɜ:mə'taɪtɪs, AM ˌdɜ:rmə'taɪt̬əs] *n no pl* Hautreizung *f,* Dermatitis *f fachspr*
dermatologist [ˌdɜ:mə'tɒlədʒɪst, AM ˌdɜ:rmə'tɑ:l-] *n* Dermatologe, -in *m, f fachspr,* Hautarzt, Hautärztin *m, f*
dermatology [ˌdɜ:mə'tɒlədʒi, AM ˌdɜ:rmə'tɑ:l-] *n no pl* Dermatologie *f*
derogate ['derə(ʊ)geɪt, AM -rəgeɪt] *vi* (*form*) ■**to** ~ **from sth** ① (*detract from*) etw einschränken; **to** ~ **from sb's rights** jds Rechte beschneiden
② (*deviate from*) von etw *dat* abweichen
derogation [ˌderə(ʊ)'geɪʃᵊn, AM -rə'-] *n no pl*
① (*lessening*) Einschränkung *f*
② (*debasement*) Entwürdigung *f;* ***his rude acts were a*** ~ ***of his rank of colonel*** sein rüdes Verhalten war eine Schande für seinen Rang als Oberst
③ LAW Teilaufhebung *f,* Abbruch *m*
derogatory [dɪ'rɒgətᵊri, AM -'rɑ:gətɔ:ri] *adj* abfällig; ~ **remark** abfällige Bemerkung
derrick ['derɪk] *n* ① (*crane*) Lastkran *m;* **to operate a** ~ einen Lastkran bedienen
② (*framework over oil well*) Bohrturm *m*
derring-do [ˌderɪŋ'du:] *n no pl* (*dated*) Wagemut *m veraltend*
derv [dɜ:v] *n no pl* BRIT Diesel *m*
dervish ['dɜ:vɪʃ, AM 'dɜ:r-] REL **I.** *n* Derwisch *m*
II. *adj inv* Derwisch-; ~ **sect** Derwischsekte *f*
DES *n no pl* ① COMPUT *abbrev of* **data encryption standard** Datenverschlüsselungsnorm *f*
② BRIT (*hist*) *abbrev of* **Department of Education and Science** *ehemaliges Ministerium für Bildung und Wissenschaft*
desalinate [di:'sælɪneɪt] *vt* **to** ~ **water** Wasser entsalzen
desalination [di:ˌsælɪ'neɪʃᵊn] *n no pl* Entsalzung *f*
desalination plant *n* Entsalzungsanlage *f*
descale [di:'skeɪl] *vt* ■**to** ~ **sth** *kettle, heating system* etw entkalken
descant ['deskænt] *n* MUS Diskant *m;* **to sing a** ~ einen Diskant singen
descant recorder *n* Sopranflöte *f;* **to play a** ~ Sopranflöte spielen
descend [dɪ'send] **I.** *vi* ① (*go down*) *path* herunterführen; *person* heruntergehen
② (*fall*) herabsinken; ***darkness*** ~***ed*** Dunkelheit senkte sich herab *geh*
③ (*deteriorate*) ■**to** ~ **into sth** in etw *akk* umschlagen
④ (*lower oneself*) ***I never thought she would*** ~ ***to the level of stealing*** ich hätte nie geglaubt, dass sie so tief sinken würde, dass sie stiehlt
⑤ (*originate from*) ■**to** ~ **from sb/sth** von jdm/etw abstammen; *ideas* sich auf etw *akk* stützen
II. *vt* **to** ~ **a ladder/the stairs** eine Leiter/die Treppe hinuntersteigen
◆**descend on** *vi,* **descend upon** *vi* ① (*to visit unexpectedly*) ■**to** ~ [**up**]**on sb/sth** jdn/etw überfallen *a. hum*
② (*to make a sudden raid on*) ■**to** ~ [**up**]**on sth** etw stürmen
③ (*fig: come down upon*) ■**to** ~ [**up**]**on sb** jdn überkommen; ***silence*** ~***ed on the room*** Stille senkte sich über den Raum *geh*
descendant [dɪ'sendənt] *n* Nachkomme *m* (**of** +*gen*)
descended [dɪ'sendɪd] *adj pred, inv* ■**to be** ~ **from sb** von jdm abstammen
descender [dɪ'sendəʳ, AM də˞] *n* TYPO Unterlänge *f*
descending tops *npl* ECON, FIN absteigende Spitzen
descent [dɪ'sent] *n* ① (*landing approach*) [Lande]anflug *m*
② (*way, passage down*) Abstieg *m kein pl*
③ (*fig: decline*) Abrutsch *m*
④ *no pl* (*ancestry*) Abstammung *f;* **lineal** ~ Abstammung *f* in gerader Linie, direkte Abstammung; **to claim** ~ **from sb** behaupten, von jdm abzustammen; **to trace one's** ~ seine Abstammung zurückverfolgen; **by** ~ LAW durch gesetzliche Erbfolge
describe [dɪ'skraɪb] *vt* ① (*tell in words*) ■**to** ~ **sb/sth** [**to sb**] [jdm] jdn/etw beschreiben; **to** ~ **an attacker** einen Angreifer beschreiben; **to** ~ **an experience** eine Erfahrung schildern; **to** ~ **sb as stupid** jdn als dumm bezeichnen
② (*dated: draw*) **to** ~ **a circle** einen Kreis beschreiben; **to** ~ **a curve** eine Kurve ziehen; **to** ~ **a line** eine Linie ziehen
description [dɪ'skrɪpʃᵊn] *n* Beschreibung *f;* **to give an accurate/a detailed** ~ **of sb/sth** eine genaue/detaillierte Beschreibung von jdm/etw abgeben; **of every** ~ jeglicher Art; **to answer** [*or* **fit**] **a** ~ **of sb/sth** auf jds Beschreibung/die Beschreibung einer S. *gen* passen, der Beschreibung einer S./einer Person *gen* entsprechen; **to defy** [*or* **be beyond**] ~ jeglicher Beschreibung spotten; **to write a** ~ **of sb/sth** jdn/etw schriftlich schildern
descriptive [dɪ'skrɪptɪv] *adj* beschreibend, veranschaulichend; ***this passage is very*** ~ dieser Abschnitt enthält eine ausführliche Beschreibung; ~ **statistics** deskriptive Statistik
descriptively [dɪ'skrɪptɪvli] *adv* anschaulich, deskriptiv *fachspr*
descry <-ie-> [dɪ'skraɪ] *vt* (*poet*) ■**to** ~ **sth** etw wahrnehmen
desecrate ['desɪkreɪt] *vt* ■**to** ~ **sth** etw schänden [*o* entweihen]
desecration ['desɪkreɪʃᵊn] *n no pl* Schändung *f;* ~ **of a cemetary** Friedhofsschändung *f*
desegregate [di:'segrɪgeɪt] *vt* **to** ~ **armed forces/schools/universities** die Rassentrennung in der Armee/in der Schule/an der Universität aufheben
desegregation [di:'segrɪgeɪʃᵊn] *n no pl* Aufhebung *f* der Rassentrennung; ~ **of schools** Aufhebung *f* der Rassentrennung an Schulen
deselect [ˌdi:sə'lekt] *vt* BRIT ■**to** ~ **sb** jdn abwählen
desensitization [di:ˌsen(t)sɪtaɪ'zeɪʃᵊn, AM -sɪtɪ'-] *n no pl* ① (*making less sensitive*) Desensibilisierung *f geh,* Abstumpfung *f*
② MED Desensibilisierung *f fachspr*
desensitize [di:'sen(t)sɪtaɪz] *vt esp* AM ① (*make less sensitive to*) ■**to** ~ **sb** jdn abstumpfen
② MED ■**to** ~ **sb** jdn desensibilisieren *fachspr;* ■**to** ~ **sth** etw unempfindlich machen
desert[1] [dɪ'zɜ:t, AM dɪ'zɜ:rt] **I.** *vi* desertieren; **to** ~ **from the army** von der Armee desertieren; **to** ~ **to the enemy** zum Feind überlaufen
II. *vt* ① (*run away from duty*) ■**to** ~ **sth** etw verlassen; **to** ~ **the army** desertieren
② (*abandon*) ■**to** ~ **sb** [**for sb**] jdn [wegen einer Person *gen*] verlassen
③ (*fail*) ■**to** ~ **sb** jdn im Stich lassen; ***my courage*** ~***ed me*** mein Mut ließ mich im Stich
desert[2] ['dezət, AM -ət] **I.** *n* ① (*sandy expanse*) Wüste *f*
② (*fig: uninteresting place*) Wüste *f;* ***this town is a cultural/intellectual*** ~ diese Stadt ist eine kulturelle/intellektuelle Wüste
II. *n modifier* (*plant, sun, animal*) Wüsten-
desert boots *npl* Halbstiefel *mpl*
deserted [dɪ'zɜ:tɪd, AM -'zɜ:rt̬ɪd] *adj* verlassen; *of town* ausgestorben
deserter [dɪ'zɜ:təʳ, AM -'zɜ:rt̬ə˞] *n* Deserteur(in) *m(f)*
desertification [dɪˌzɜ:tɪfɪ'keɪʃᵊn, AM -ˌzɜ:rt̬ə-] *n no pl* Desertifikation *f fachspr,* Vordringen *nt* der Wüste
desertion [dɪ'zɜ:ʃᵊn, AM dɪ'zɜ:r-] *n* ① (*act of deserting*) Desertion *f,* Desertieren *nt;* (*fig: act of leaving an organization*) Austritt *m* (**from** aus +*dat*)
② *no pl* (*act of abandoning*) Verlassen *nt*
desert island *n* einsame Insel
deserts [dɪ'zɜ:tz, AM dɪ'zɜ:rtz] *npl* Quittung *f;* **to get one's** [**just**] ~ seine Quittung bekommen; ***we all get our just*** ~ ***in the end*** letztendlich bekommen wir alle unsere Quittung, wie man sich bettet, so liegt man *prov*
deserve [dɪ'zɜ:v, AM dɪ'zɜ:rv] *vt* (*merit*) ■**to** ~ **sth** etw verdienen; (*esp hum*) ***what have I done to*** ~ [***all***] ***this?*** womit habe ich das verdient?; **to** ~ **a break/medal** eine Pause/Medaille verdienen; **to** ~ **mention** erwähnenswert sein
► PHRASES: **one good turn** ~**s another** (*prov*) eine Hand wäscht die andere *prov*
deserved [dɪ'zɜ:vd, AM dɪ'zɜ:rvd] *adj* verdient, gerechtfertigt
deservedly [dɪ'zɜ:vɪdli, AM dɪ'zɜ:r-] *adv* verdienter-

maßen, gerechtfertigterweise; ~ **so** zu Recht; **to be ~ praised** verdientermaßen gelobt werden

deserving [dɪ'zɜːvɪŋ, AM dɪ'zɜːr-] *adj* ❶ (*meritorious*) verdienstvoll
❷ (*form: worthy*) ■ **to be ~ of sth** einer S. *gen* würdig sein; **a ~ cause** eine gute Sache

deserving poor *npl* ■ **the ~** die Bedürftigen *pl*

desiccated ['desɪkeɪtɪd, AM -t̬-] *adj inv* (*dried up*) vertrocknet; (*dried*) getrocknet; **~ coconut** geraspelte Kokosnuss; **~ skin** gegerbte Haut

desiccation [ˌdesɪ'keɪʃᵊn] *n no pl* Austrocknung *f*; **to protect sth from ~** etw vor dem Austrocknen schützen

desideratum <*pl* desiderata> [dɪˌzɪdᵊ'rɑːtəm, AM dɪˌsɪdə'rɑːt̬əm] *n* Erwünschtes *nt*, Desiderat *nt geh*

design [dɪ'zaɪn] **I.** *vt* ❶ (*plan*) ■ **to ~ sth** etw entwerfen; **to ~ books** Bücher gestalten; **to ~ cars** Autos konstruieren; **to ~ a dress** ein Kleid entwerfen
❷ (*intend*) ■ **to be ~ed for sb** für jdn konzipiert sein; ***these measures are ~ed to reduce pollution*** diese Maßnahmen sollen die Luftverschmutzung verringern
II. *vi* entwerfen, gestalten
III. *n* ❶ (*plan or drawing*) Entwurf *m*
❷ *no pl* (*art of creating designs*) Design *nt*; **to study ~** Design studieren
❸ (*arrangement of form, colour*) Design *nt* (**of** +*gen*); *of building* Bauart *f*; *of machine* Konstruktion *f*
❹ *no pl* (*intention*) Vorsatz *m*, Absicht *f*; **to do sth by ~** etw mit Absicht tun
❺ (*pattern*) Muster *nt*
❻ (*fam: dishonest intentions*) ■ **~s** *pl* Absichten *fpl*; (*hum*) **to have ~s on a championship** es auf einen Titel abgesehen haben
IV. *adj attr, inv* Konstruktions-; **~ fault** Konstruktionsfehler *m*; **~ feature** Konstruktionsmerkmal *nt*

designate ['desɪgneɪt] **I.** *vt* ■ **to ~ sb** [[**as**] **sth**] jdn [zu etw *dat*] ernennen; ■ **to ~ sb to do sth** jdn mit etw *dat* beauftragen; ■ **to ~ sth** [**as sth**] etw [zu etw *dat*] erklären; ■ **to ~ sth for sb** etw für jdn konzipieren; **to ~ one's successor** seinen Nachfolger ernennen
II. *adj inv, after n* designiert; ***the Governor ~*** der designierte Gouverneur

designation [ˌdesɪg'neɪʃᵊn] *n* ❶ (*title*) Bezeichnung *f*
❷ (*act of designating*) Festlegung *f*; **~ of sth as sth** Auszeichnung einer S. *gen* als etw

designedly [dɪ'zaɪnɪdli] *adv* vorsätzlich

designer [dɪ'zaɪnəʳ, AM -nɚ] **I.** *n* Designer(in) *m(f)*
II. *n modifier* (*dog, children*) Designer-; **~ jeans** Designerjeans *f*

designer drug *n* Designerdroge *f* **designer label clothes** *npl* Designerkleidung *f kein pl* **designer socialism** *n no pl* (*hum pej*) *die als bigott angesehene wohltätige Einstellung reicher Leute* **designer socialist** *n* (*hum pej*) *reiche Person, deren wohltätige Einstellung als bigott angesehen wird* **designer stubble** *n no pl* (*hum*) Dreitagebart *m*

designing [dɪ'zaɪnɪŋ] **I.** *n* Design *nt*
II. *adj* (*pej*) berechnend

desirability [dɪˌzaɪərə'bɪləti, AM dɪˌzaɪrə'bɪlət̬i] *n no pl* ❶ (*desirable quality*) erstrebenswerte Eigenschaft; ***people seem to disagree about the ~ of reform*** die Menschen scheinen sich uneins darüber zu sein, ob Reformen erstrebenswert sind
❷ (*sexual attractiveness*) Begehrtheit *f*; ***she need have no doubts about her ~*** sie braucht keine Zweifel in Bezug auf ihre Attraktivität zu hegen

desirable [dɪ'zaɪərəbl̩, AM dɪ'zaɪrəbl̩] *adj* ❶ (*worth having*) erstrebenswert; (*popular*) begehrt; ***the house is in a very ~ area of the city*** das Haus befindet sich in einer begehrten Wohngegend; (*beneficial*) ***computer literacy is ~ for this job*** für diesen Job sind Computerkenntnisse erwünscht; **~ aim** erstrebenswertes Ziel
❷ (*sexually attractive*) begehrenswert

desirably [dɪ'zaɪərəbli, AM dɪ'zaɪrəbli] *adv* erstrebenswert; **to be ~ situated** gut gelegen sein

desire [dɪ'zaɪəʳ, AM dɪ'zaɪɚ] **I.** *vt* ❶ (*want*) ■ **to ~ sth** etw wünschen; ***I ~ nothing other than to be left in peace*** ich will nichts weiter als in Ruhe gelassen werden; ***do you ~ me to leave?*** (*form*) möchten Sie, dass ich gehe?; ■ **to ~ that ...** (*form*) wünschen, dass ...; **to achieve the ~d effect** die gewünschte Wirkung erzielen
❷ (*esp liter: be sexually attracted to*) ■ **to ~ sb** jdn begehren
II. *n* ❶ (*strong wish*) Verlangen *nt*; (*stronger*) Sehnsucht *f*; (*request*) Wunsch *m*; **to express the ~ to do sth/that ...** den Wunsch äußern, etw zu tun/dass ...
❷ (*sexual need*) Begierde *f*, Lust *f*; **to be the object of sb's ~** das Objekt von jds Begierde sein; **to satisfy one's ~** seine Begierde befriedigen

desirous [dɪ'zaɪərəs, AM dɪ'zaɪrəs] *adj pred* (*form*) ■ **to be ~ of doing sth** den Wunsch haben, etw zu tun

desist [dɪzɪst] *vi* (*form*) einhalten *geh*; ■ **to ~ from doing sth** davon absehen, etw zu tun

desk [desk] *n* ❶ (*table for writing*) Schreibtisch *m*; **to arrive on** [*or* **land on**] **sb's ~** auf jds Schreibtisch landen; **to sit at one's ~** an seinem Schreibtisch sitzen; **to be stuck behind a ~** (*fam*) am Schreibtisch festsitzen
❷ (*service counter*) Schalter *m*; **to work on the ~** hinterm Schalter arbeiten
❸ (*till*) **cash** [*or* **pay**] **~** Kasse *f*
❹ AM (*bank department*) Abteilung *f*
❺ (*newspaper section*) Redaktion *f*; **the City ~** die Wirtschaftsredaktion

desk-bound *adj* schreibtischgebunden **desk clerk** *n* AM (*receptionist*) Rezeptionist(in) *m(f)* **desk job** *n* Schreibtischtätigkeit *f*; **to have a ~** einen Schreibtischjob haben *fam* **desktop I.** *adj attr, inv* Desktop-; **~ computer** Desktopcomputer *m* **II.** *n* Desktop *m* **desktop publishing** *n no pl* Desktoppublishing *nt*; **to do ~** Desktoppublishing betreiben

desolate ['desᵊlət] *adj* ❶ (*barren*) trostlos; **~ landscape/prospect** trostlose Landschaft/Aussicht
❷ (*unhappy*) niedergeschlagen; **to feel ~** sich *akk* niedergeschlagen fühlen; **to look ~** niedergeschlagen aussehen

desolated ['desᵊleɪtɪd, AM -t̬-] *adj pred* verzweifelt; **to feel ~** verzweifelt sein

desolately ['desᵊlətli] *adv* verzweifelt

desolating ['desᵊleɪtɪŋ, AM -t̬-] *adj* trostlos; **~ business** trostlose Angelegenheit

desolation ['desᵊleɪʃᵊn] *n no pl* ❶ (*barrenness*) Trostlosigkeit *f*; **~ of a landscape** Trostlosigkeit *f* einer Landschaft
❷ (*sadness, sorrow*) Verzweiflung *f*

despair [dɪ'speəʳ, AM -'sper] **I.** *n no pl* (*feeling of hopelessness*) Verzweiflung *f*; ***a sense of ~ seems to have settled on the team*** es scheint sich eine verzweifelte Stimmung in der Mannschaft auszubreiten; **to be in ~ about** [*or* **over**] **sth** über etw *akk* [*o* wegen einer S. *gen*] verzweifelt sein; **to do sth out of ~** etw aus Verzweiflung tun; **to drive sb to ~** jdn zur Verzweiflung bringen [*o* treiben]; **to be filled with ~** voller Verzweiflung sein; **to the ~ of sb** zu jds Verzweiflung
► PHRASES: **to be the ~ of sb** jds Sorgenkind sein
II. *vi* ■ **to ~** [**at** [*or* **over**] **sth**] [an etw *dat*] verzweifeln; ■ **to ~ of sb/sth** an jdm/etw verzweifeln; **to ~ of doing sth** die Hoffnung aufgeben, etw zu tun

despairing [dɪ'speərɪŋ, AM -'sperɪŋ] *adj* (*pej*) verzweifelt, hoffnungslos; **~ attitude** hoffnungslose Einstellung; **~ glance** verzweifelter Blick

despairingly [dɪ'speərɪŋli, AM -'sperɪŋli] *adv* verzweifelt, hoffnungslos

despatch [dɪ'spætʃ] *n, vt see* **dispatch**

despatch box *n* LAW Depeschenkassette *f*

desperado <*pl* -s *or* -es> [despə'rɑːdəʊ, AM -doʊ] *n* Desperado *m*, Galgenvogel *m*

desperate ['despᵊrət] *adj* ❶ (*reckless because of despair*) verzweifelt; **~ attempt** verzweifelter Versuch; **~ solution** drastische Lösung
❷ (*serious*) verzweifelt, extrem; (*great*) dringend; ***I'm in a ~ hurry*** ich hab's wahnsinnig eilig *fam*; **to be in ~ need of help** dringendst Hilfe brauchen; **~ poverty** äußerste Armut; **~ situation** verzweifelte Lage; **to be in ~ straits** in extremen Schwierigkeiten stecken *fam*
❸ *usu pred* (*having great need or desire*) ■ **to be ~ for sth** etw dringendst brauchen; ***I'm ~ for a drink!*** ich brauche jetzt schleunigst was zu trinken! *fam*

desperately ['despᵊrətli] *adv* ❶ (*in a desparate manner*) verzweifelt
❷ (*seriously, extremely*) äußerst; (*greatly*) enorm *fam*; ***I'm not ~ keen on watching football*** ich bin nicht sonderlich scharf auf Fußball *sl*; ***they ~ wanted a child*** sie wollten unbedingt ein Kind haben; **to be ~ ill** todkrank sein

desperation [ˌdespᵊ'reɪʃᵊn] *n no pl* ❶ (*hopelessness*) Verzweiflung *f*; **an act of ~** eine Verzweiflungstat; **to drive sb to ~** jdn zur Verzweiflung treiben; **in ~** aus Verzweiflung; **out of ~** aus Verzweiflung
❷ (*state of being desperate*) Verlangen *nt* (**for** nach +*dat*)

despicable [dɪ'spɪkəbl̩] *adj act, crime, person* abscheulich; *person also* verachtenswert; ***it was ~ of her to lie about her friend*** es war gemein von ihr, über ihren Freund zu lügen *fam*

despicably [dɪ'spɪkəbli] *adv* verachtenswert, abscheulich; **to behave ~** gemein sein *fam*

despise [dɪ'spaɪz] *vt* ■ **to ~ sb/sth** [**for sth**] jdn/etw [für etw *akk*] verachten; ***that's an offer not to be ~d*** dieses Angebot ist nicht zu verachten; **to ~ the government for its policies** die Regierung für ihre politische Linie verachten

despite [dɪ'spaɪt] *prep* ❶ (*in spite of*) ■ **~ sth** trotz einer S. *gen*; **~ the fact that ...** trotz [*o* ungeachtet] der Tatsache, dass ...
❷ (*against one's will*) **~ *himself, he laughed*** er konnte sich das Lachen nicht verkneifen

despoil [dɪ'spɔɪl] *vt* ■ **to ~ sth** etw plündern

despondency [dɪ'spɒndən(t)si, AM -'spɑːn-] *n no pl* Niedergeschlagenheit *f*

despondent [dɪ'spɒndənt, AM -'spɑːn-] *adj* niedergeschlagen, mutlos; **to become** [*or* **get**] [*or* **grow**] **~** niedergeschlagen sein, mutlos werden; **to feel ~ about sth** sich *akk* wegen einer S. *gen* niedergeschlagen fühlen; ***she felt ~ about ever finding a proper job*** sie hatte fast schon die Hoffnung aufgegeben, je einen richtigen Job zu finden

despondently [dɪ'spɒndəntli, AM -'spɑːn-] *adv* niedergeschlagen; **to shake one's head ~** mutlos den Kopf schütteln

despool [ˌdiː'spuːl] *vt* COMPUT übertragen

despot ['despɒt, AM -pət] *n* Despot *m*

despotic [de'spɒtɪk, AM des'pɑːt̬ɪk] *adj* despotisch

despotically [de'spɒtɪkli, AM des'pɑːt̬ɪkli] *adv* despotisch

despotic network *n* COMPUT zwangssynchronisiertes Netz

despotism ['despətɪzᵊm] *n no pl* Despotismus *m geh*, Tyrannei *f*

de-spun antenna [ˌdiː'spʌn] *n* COMPUT raumfeste Antenne

des res [ˌdez'rez] *n* BRIT (*hum fam*) *short for* **desirable residence**: ***this is a very ~ on the outskirts of town*** das ist eine super Hütte am Stadtrand *hum fam*

dessert [dɪ'zɜːt, AM dɪ'zɜːrt] *n* Nachtisch *m*, Dessert *nt geh*; **to have sth for ~** etw zum Nachtisch haben

dessert fork *n* Dessertgabel *f* **dessert menu** *n* Dessertkarte *f* **dessertspoon** *n* ❶ (*spoon for dessert*) Dessertlöffel *m*; (*spoon to go along with knife and fork*) Esslöffel *m* ❷ (*dessertspoonful*) **a ~ of sugar** ein Teelöffel *m* Zucker; **a ~ of cream** ein Kleks *m* Sahne **dessert wine** *n* Dessertwein *m*

destabilization [diːˌsteɪbᵊlaɪ'zeɪʃᵊn, AM -lɪ'-] *n no pl* Destabilisierung *f*; **~ of the economy** Destabilisierung *f* der Wirtschaft

destabilize [diː'steɪbᵊlaɪz] *vt* ■ **to ~ sth** etw destabilisieren [*o* aus dem Gleichgewicht bringen]; **to ~ a process** einen Prozess gefährden; **to ~ a regime** ein Regime unterwandern; **to ~ a region** eine Region destabilisieren

destabilizing [di:ˈsteɪbəlaɪzɪŋ] *adj attr* destabilisierend; ~ **effect** destabilisierende Wirkung

destination [ˌdestɪˈneɪʃən] *n* Ziel *nt; journey* Reiseziel *nt; letter, parcel* Bestimmungsort *m*

destined [ˈdestɪnd] *adj pred* ① (*intended*) ■ **to be ~ for sth** für etw *akk* bestimmt sein; ■ **to be ~ to do sth** dazu bestimmt sein, etw zu tun
② (*bound for*) bestimmt; ***customs officers have seized heroin ~ for New York*** Zollbeamte haben Heroin beschlagnahmt, das für New York bestimmt war
③ (*heading towards*) ■ **to be ~ for sth** für etw *akk* vorherbestimmt sein; ***she is ~ for an extremely successful career*** ihr steht eine sehr erfolgreiche Karriere bevor; ***these plans are ~ to fail*** diese Pläne sind zum Scheitern verurteilt
④ (*hum: meant to be*) vorherbestimmt

destiny [ˈdestɪni:] *n* Schicksal *nt;* ~ **of a nation** Schicksal *nt* einer Nation; **to be a victim of ~** ein Opfer *nt* des Schicksals sein; **to control** [*or* **determine**] [*or* **take charge of**] **one's ~** sein Schicksal lenken [*o* bestimmen]; **to escape one's ~** seinem Schicksal entfliehen; **to fight against ~** gegen das Schicksal ankämpfen; **to shape one's ~** sein Schicksal gestalten

destitute [ˈdestɪtju:t, AM *esp* -tu:t] **I.** *adj* mittellos; ~ **person** mittelloser Mensch
II. *n* ■ **the ~** *pl* die Bedürftigen *pl*

destitution [ˌdestɪˈtju:ʃən, AM *esp* -ˈtu:-] *n no pl* Armut *f*

destroy [dɪˈstrɔɪ] *vt* ① (*demolish*) ■ **to ~ sth** etw zerstören
② (*do away with*) ■ **to ~ sth** etw vernichten; **to ~ evidence** Beweise vernichten
③ (*kill*) ■ **to ~ sth** etw auslöschen *geh;* **to ~ a dog/horse** einen Hund/ein Pferd einschläfern; **to ~ a herd** eine Herde abschlachten
④ (*ruin*) ■ **to ~ sth** etw zunichte machen; **to ~ sb's reputation** jds Ansehen ruinieren
⑤ (*crush*) ■ **to ~ sb** jdn fertig machen; ***she was utterly ~ed when her boyfriend left her*** sie war völlig am Boden zerstört, als ihr Freund sie verließ *fam*

destroyer [dɪˈstrɔɪəʳ, AM -ɚ] *n* ① (*military ship*) Zerstörer *m*
② (*sth that destroys*) zerstörerische Macht; (*sb who destroys*) Vernichter(in) *m(f)*

destructible [dɪˈstrʌktəbl̩] *adj* zerstörbar

destruction [dɪˈstrʌkʃən] *n no pl* Zerstörung *f;* **child ~** LAW Kindestötung *f* durch Abtreibung; **mass ~** Massenvernichtung *f;* **to leave a trail of ~** eine Spur der Verwüstung hinterlassen

destructive [dɪˈstrʌktɪv] *adj* destruktiv *geh,* zerstörerisch

destructively [dɪˈstrʌktɪvli] *adv* destruktiv *geh,* zerstörerisch

destructiveness [dɪˈstrʌktɪvnəs] *n no pl* Zerstörungswut *f; of explosive* Sprengkraft *f*

desuetude [dɪˈsju:ɪtju:d, AM ˈdeswɪtu:d] *n no pl* (*form*) Ungebräuchlichkeit *f;* **to fall into ~** außer Gebrauch kommen

desulfurization *n no pl* AM *see* **desulphurization**

desulfurize *vt* AM CHEM *see* **desulphurize**

desulphurization [di:ˌsʌlfəraɪˈzeɪʃən], AM **desulfurization** [-rɪˈ-] *n no pl* CHEM Entsulfurisierung *f*

desulphurize [di:ˈsʌlfəraɪz], AM **desulfurize** *vt* CHEM ■ **to ~ sth** etw entschwefeln

desultorily [ˈdesəltərəli, AM -tɔ:r-] *adv* (*form liter*) halbherzig; **to applaud ~** verhalten applaudieren; **to converse ~** sich *akk* lustlos unterhalten

desultory [ˈdesəltəri, AM -tɔ:r-] *adj* (*form liter*) halbherzig; ~ **attempt** halbherziger Versuch

detach [dɪˈtætʃ] *vt* ■ **to ~ sth** *hood* etw abnehmen; (*without reattaching*) etw abtrennen

detachable [dɪˈtætʃəbl̩] *adj inv* abnehmbar; ~ **collar** abnehmbarer Kragen

detached [dɪˈtætʃt] *adj* ① *inv* (*separated*) abgelöst; **to become ~** sich *akk* ablösen
② (*disinterested, aloof*) distanziert; (*impartial*) unbeteiligt; ~ **observer** unbeteiligter Beobachter

detached house *n* Einzelhaus *nt,* freistehendes Haus

detachment [dɪˈtætʃmənt] *n* ① *no pl* (*disinterest, aloofness*) Distanziertheit *f*
② (*of soldiers*) Einsatztruppe *f,* Abteilung *f*

detail [ˈdi:teɪl, AM dɪˈteɪl] **I.** *n* ① (*item of information*) Detail *nt,* Einzelheit *f;* ***just one last ~ …*** nur noch eine Kleinigkeit …; **the full ~s** sämtliche Einzelheiten; **for further ~s …** Weiteres …; ***write in for further ~s*** schreiben Sie, um nähere Informationen zu erhalten; **all the gory ~s** (*hum*) alle pikanten Details; **sketchy ~s of** [*or* **about**] **sth** lückenhafte [*o* unvollständige] Angaben über etw *akk;* **to divulge** [*or* **disclose**] **~s** Einzelheiten enthüllen; **to give** [*or* **provide**] **~s about sth** nähere Angaben zu etw *dat* machen; **to go into ~** ins Detail [*o* Einzelne] gehen, auf die Einzelheiten eingehen; **in ~** im Detail [*o* Einzelnen], ausführlich; ***in graphic ~*** in aller Ausführlichkeit
② (*unimportant item*) Kleinigkeit *f,* Nebensache *f,* Nebensächlichkeit *f*
③ ■ **~s** *pl* (*sb's vital statistics*) Personalien *fpl form,* persönliche Daten
④ (*small feature*) Detail *nt,* das Einzelne; **to have an eye for ~** einen Blick fürs Detail haben
⑤ MIL (*schedule*) Tagesdienstplan *m;* **to announce the day's ~** den Tagesbefehl ausgeben
⑥ MIL (*special group*) Sonderkommando *nt,* Einsatzkommando *nt,* Sondertrupp *m*
II. *vt* ① (*explain*) **to ~ a plan** einen Plan ausführlich [*o* im Einzelnen] erläutern
② (*specify*) ■ **to ~ sth** etw einzeln aufführen
③ MIL ■ **to ~ sb to do sth** jdn dazu abkommandieren, etw zu tun

detailed [ˈdi:teɪld, AM dɪˈteɪld] *adj* detailliert, genau; *description, report* ausführlich; ~ **study** eingehende Studie [*o* Untersuchung]

detailed account *n* ECON, FIN detaillierte Rechnung

detain [dɪˈteɪn] *vt* ■ **to ~ sb** ① LAW jdn in Haft nehmen [*o* inhaftieren]; **to be ~ed in custody** in [Untersuchungs]haft gehalten werden; **to be ~ed at His/Her Majesty's pleasure** BRIT eine Haftstrafe von unbestimmter Dauer verbüßen (*in der Regel lebenslänglich*); **to ~ sb without trial** jdn ohne Gerichtsverfahren in Haft halten
② (*form: delay*) jdn aufhalten
③ SCH jdn nachsitzen lassen

detainee [ˌdi:teɪˈni:] *n* Häftling *m*

detainer [dɪˈteɪnəʳ, AM -ɚ] *n* LAW Inhaftierung *f*

detect [dɪˈtekt] *vt* ① (*catch in act*) ■ **to ~ sb doing sth** jdn bei etw *dat* ertappen [*o fam* erwischen]; **to ~ sb in a crime** jdn auf frischer Tat ertappen
② (*discover presence of*) ■ **to ~ sth** etw entdecken [*o* orten]; *a smell* etw bemerken; *a sound* etw wahrnehmen; *lead, disease* etw feststellen; ***do I ~ a note of sarcasm in your voice?*** höre ich da [etwa] einen sarkastischen Unterton aus deinen Worten heraus?; **to ~ a mine** eine Mine aufspüren

detectable [dɪˈtektəbl̩] *adj* (*able to be found*) feststellbar; (*discernible*) *change* wahrnehmbar, spürbar; ***the drug is ~ in the body up to three months after it has been taken*** das Mittel ist noch drei Monate nach seiner Einnahme im Körper nachweisbar

detection [dɪˈtekʃən] *n no pl* ① (*act of discovering*) Entdeckung *f; of cancer* Feststellung *f,* Erkennung *f*
② (*work of detective*) **crime ~** Aufdeckung *f* von Verbrechen

detection rate *n* LAW Aufklärungsquote *f*

detective [dɪˈtektɪv] *n* ① (*in police*) Kriminalbeamte(r) *m,* Kriminalbeamte [*o* -in] *f;* (*form of address*) **D~ Sergeant Lewis** Kriminalobermeister(in) *m(f)* Lewis
② (*private*) [Privat]detektiv(in) *m(f)*

detective agency *n* Detektivbüro *nt,* Detektei *f*

detective constable *n* BRIT Kriminalmeister(in) *m(f)* **detective film** *n* Kriminalfilm *m,* Krimi *m fam* **detective inspector** *n* BRIT Polizeiinspektor(in) *m(f),* Kriminalinspektor(in) *m(f)* **detective novel** *n* Kriminalroman *m,* Krimi *m fam* **detective sergeant** *n* BRIT Kriminalmeister(in) *m(f)* **detective story** *n* Kriminalroman *m;* (*single story also*) Detektivgeschichte *f,* Krimi *m fam* **detective superintendent** *n* BRIT Kriminalkommissar(in) *m(f)* **detective work** *n no pl* Ermittlungsarbeit *f;* (*fig*) Detektivarbeit *f*

detector [dɪˈtektəʳ, AM -ɚ] *n* Detektor *m;* **smoke ~** Rauchmelder *m*

detente [deɪˈtɑ̃nt, AM -ˈtɑ:nt] *n no pl* POL (*form*) Détente *f form,* Entspannung *f*

detention [dɪˈten(t)ʃən] *n* ① *no pl* (*state*) Haft *f*
② (*act*) Inhaftierung *f,* Festnahme *f*
③ *no pl* MIL Arrest *m*
④ SCH Nachsitzen *nt kein pl,* Arrest *m kein pl;* **to get** [*or* **have**] **~** nachsitzen müssen, Arrest bekommen
⑤ LAW (*wrongfully holding goods*) [widerrechtliche] Vorenthaltung [*o* Einbehaltung]

detention camp *n* Internierungslager *nt* **detention centre** *n* BRIT, **detention home** *n* AM Jugendstrafanstalt *f,* Jugendgefängnis *nt* **detention order** *n* LAW Haftbefehl *m*

deter <-rr-> [dɪˈtɜ:ʳ, AM -ˈtɜ:r] *vt* **to ~ an attack** einen Angriff verhindern; ■ **to ~ sb** jdn abschrecken; ***nothing will ~ him*** nichts wird ihn [davon] abhalten; ■ **to ~ sb from doing sth** jdn davon abschrecken [*o* abhalten], etw zu tun

detergent [dɪˈtɜ:dʒənt, AM -ˈtɜ:r-] *n* Reinigungsmittel *nt;* **laundry ~** Waschmittel *nt;* **liquid ~** [Geschirr]spülmittel *nt*

deteriorate [dɪˈtɪəriəreɪt, AM -ˈtɪriə-] *vi* ① (*become worse*) *condition, situation* sich *akk* verschlechtern; *sales* zurückgehen; *morals* verfallen; *tumour* entarten; *a discussion* an Niveau verlieren; ***the conflict seems to be deteriorating into a war*** der Konflikt scheint in einen Krieg auszuarten; ***the economy is slowly deteriorating*** mit der Wirtschaft geht es langsam bergab; **to ~ dramatically/markedly/steadily** sich *akk* dramatisch/merklich/stetig verschlechtern
② (*disintegrate*) *building, structure* verfallen, baufällig werden, verkommen *fam; leather, wood* sich *akk* zersetzen, verrotten; *food* verderben, vergammeln *fam*

deterioration [dɪˌtɪəriəˈreɪʃən, AM -ˌtɪriə-] *n no pl* ① (*worsening*) Verschlechterung *f; of morals* Zerfall *m*
② ECON, TECH Qualitätsverlust *m*
③ (*disintegration*) *of a building* Verfall *m,* Zerfall *m; of metal, wood* Zersetzung *f*

determinable [dɪˈtɜ:mɪnəbl̩, AM -ˈtɜ:r-] *adj* bestimmbar

determinant [dɪˈtɜ:mɪnənt, AM -ˈtɜ:r-] **I.** *n* ① (*determining factor*) entscheidender [*o* ausschlaggebender] Faktor
② MATH, BIOL Determinante *f*
II. *adj* entscheidend, ausschlaggebend

determinate [dɪˈtɜ:mɪnət, AM -ˈtɜ:r-] *adj* ① (*limited*) begrenzt, festgelegt
② (*of specific scope*) eindeutig, bestimmt, entschieden

determination [dɪˌtɜ:mɪˈneɪʃən, AM -ˌtɜ:r-] *n no pl* ① (*resolve*) Entschlossenheit *f,* Entschiedenheit *f;* **dogged/fierce/ruthless ~** zähe/wilde/rücksichtslose Entschlossenheit; **relentless ~** Unnachgiebigkeit *f;* **to have a ~ to do sth** die feste Absicht haben [*o* fest entschlossen sein], etw zu tun
② (*determining*) *of a cause* Feststellung *f; of a blood group* Bestimmung *f*

determinative [dɪˈtɜ:mɪnətɪv, AM dɪˈtɜ:rmɪneɪt̬ɪv] *adj pred* LAW maßgeblich, [rechts]erheblich

determine [dɪˈtɜ:mɪn, AM -ˈtɜ:r-] *vt* ① (*decide*) ■ **to ~ sth** etw entscheiden; ■ **to ~ that …** beschließen, dass …; ***it has yet to be ~d*** (*form*) eine Entscheidung darüber steht noch aus *form*
② (*find out*) ■ **to ~ sth** etw ermitteln [*o* feststellen]; **to ~ the cause of sth** den Grund einer S. *gen*

D

herausfinden; ■**to ~ that …** feststellen, dass …; (*give as result*) ergeben, dass …; ■**to ~ when/where/who/why …** herausfinden, wann/wo/wer/warum …
③ (*influence*) ■**to ~ sth** etw bestimmen; ***it will be ~d by how much money is available*** es wird davon abhängen, wie viel Geld uns zur Verfügung steht; **genetically ~d** genetisch festgelegt
④ (*cause to decide*) ■**to ~ sb to do sth** jdn veranlassen, etw zu tun

determined [dɪˈtɜːmɪnd, AM -ˈtɜːr-] *adj* entschlossen; ■**to be ~ to do sth** entschlossen sein, etw zu tun, etw unbedingt tun wollen; ***she is ~ that her daughter will study*** sie hat es sich in den Kopf gesetzt, dass ihre Tochter einmal studieren wird

determinedly [dɪˈtɜːmɪndli, AM -ˈtɜːr-] *adv* entschlossen; ***he was ~ polite despite the aggressive questioning*** trotz der aggressiven Befragung ließ er sich nicht in seiner Höflichkeit beirren

determiner [dɪˈtɜːmɪnəʳ, AM -ˈtɜːrmɪnɚ] *n* Bestimmungswort *nt*

determinism [dɪˈtɜːmɪnɪzᵊm, AM -ˈtɜːr-] *n no pl* PHILOS Determinismus *m*

determinist [dɪˈtɜːmɪnɪst, AM dɪˈtɜːr] PHILOS **I.** *n* Determinist(in) *m(f) fachspr*
II. *adj inv* deterministisch *fachspr*

deterministic [dɪˌtɜːmɪˈnɪstɪk, AM dɪˌtɜːr-] *adj inv see* **determinist II**

deterrence [dɪˈterᵊn(t)s] *n no pl* Abschreckung *f*

deterrent [dɪˈterᵊnt] **I.** *n* Abschreckung *f,* Abschreckungsmittel *nt* (**against** gegen +*akk*); **nuclear ~s** atomare Abschreckungsmittel; **to act** [*or* **serve**] **as a ~ to sb** eine abschreckende Wirkung auf jdn haben; ■**to be a ~** abschrecken
II. *adj* abschreckend, Abschreckungs-; **~ effect** abschreckende Wirkung; **~ sentence** abschreckende Strafe

detest [dɪˈtest] *vt* ■**to ~ sb/sth** jdn/etw verabscheuen [*o* hassen]; ***I ~ having to get up early in the morning*** ich hasse es, frühmorgens aufstehen zu müssen

detestable [dɪˈtestəbl̩] *adj* ① (*causing dislike*) abscheulich
② (*meriting dislike*) verabscheuungswürdig, verabscheuenswert

detestably [dɪˈtestəbli] *adv* auf abscheuliche Weise

detestation [ˌdiːtesˈteɪʃᵊn] *n no pl* (*form*) Abscheu *m* (**of** vor +*dat*); ***most people have a ~ of war*** die meisten Menschen verabscheuen den Krieg

dethrone [diːˈθrəʊn, AM dɪˈθroʊn] *vt* **to ~ a monarch** einen Monarchen/eine Monarchin absetzen [*o geh* entthronen]; ■**to ~ sb** (*fig*) jdn [aus seiner Machtstellung] verdrängen

detinue [ˈdetɪnjuː, AM -tᵊn-] *n* LAW [widerrechtliche] Vorenthaltung [von Besitz]

detonate [ˈdetᵊneɪt] **I.** *vi* ① (*explode*) detonieren *geh,* explodieren; **detonating ball/gas** Knallerbse *f*/-gas *nt*
② AUTO *engine* klopfen
II. *vt* ■**to ~ sth** etw detonieren [*o* explodieren] lassen, etw zur Detonation [*o* Explosion] bringen

detonation [ˌdetᵊnˈeɪʃᵊn] *n* ① (*explosion*) Detonation *f,* Explosion *f*
② (*knocking*) *of an engine* Klopfen *nt*

detonator [ˈdetᵊneɪtəʳ, AM -t̬ɚ] *n* ① (*device on bomb*) [Spreng]zünder *m,* Sprengkapsel *f,* Zündkapsel *f*
② CHEM Initialsprengstoff *m,* Detonator *m fachspr*

detour [ˈdiːtʊəʳ, AM -tʊr] *n* ① (*long way round*) Umweg *m;* **to make** [*or* AM **take**] **a ~** einen Umweg machen [*o* fahren]
② (*diversion*) Umleitung *f;* (*fig: from topic*) Abschweifung *f*

detox [ˌdiːˈtɒks, AM diːˈtɑːks] *n no pl* (*fam*) ① (*treatment*) *short for* **detoxification** Entzug *m fam*
② (*place*) *short for* **detoxification centre** Entziehungsanstalt *f*

detoxification [diːˌtɒksɪfɪˈkeɪʃᵊn, AM -ˌtɑːk-] *n no pl* ① (*remove poison*) Entgiftung *f,* Detoxikation *f fachspr*
② (*treatment for addiction*) Entzug *m fam,* Entziehung[skur] *f*

detoxification centre, AM **detoxification center** *n* ① (*for addicts*) Entziehungsanstalt *f,* Entziehungsklinik *f*
② (*for victims of poisoning*) Entgiftungszentrum *nt*

detoxification programme, AM **detoxification program** *n* Entziehungskur *f*

detoxify <-ie-> [ˌdiːˈtɒksɪfaɪ, AM diːˈtɑːk-] **I.** *vt* ① (*remove poison*) ■**to ~ sb/sth** jdn/etw entgiften
② (*treat addict*) ■**to ~ sb** jdn einer Entziehungskur unterziehen *geh*
II. *vi* ① *addict* sich *akk* einer Entziehungskur unterziehen, entziehen *fam*
② (*get rid of poison*) *body* sich *akk* selbst entgiften

detract [dɪˈtrækt] **I.** *vi* ■**to ~ from sth** etw beeinträchtigen, etw *dat* schaden [*o geh* Abbruch tun]; **to ~ from sb's achievements** jds Leistungen schmälern [*o* mindern]
II. *vt* ■**to ~ sb from sth** jdn von etw *dat* abbringen; **to ~ sb's attention from sth** jds Aufmerksamkeit von etw *dat* ablenken

detractor [dɪˈtræktəʳ, AM -ɚ] *n* ① (*critic*) Kritiker(in) *m(f)*
② (*slanderer*) Lästerer, Lästerin *m, f,* Verleumder(in) *m(f);* ■**~s** böse Zungen

detriment [ˈdetrɪmənt] *n no pl* ① (*harm, damage*) Schaden *m,* Nachteil *m;* ***… to the ~ of her studies*** … zum Nachteil ihres Studiums; **without ~ to sth** ohne Schaden für etw *akk*
② LAW Nachteil *m,* Beeinträchtigung *f;* **to the ~ of the plaintiff** dem Kläger zum Nachteil; **without ~** ohne Beeinträchtigung

detrimental [ˌdetrɪˈmentᵊl] *adj* schädlich; **to have a ~ effect on sth** sich *akk* nachteilig auf etw *akk* auswirken

detritus [dɪˈtraɪtəs, AM -t̬-] *n no pl* ① (*waste*) Unrat *m geh,* Abfälle *mpl*
② GEOL Geröll *nt,* Gesteinsschutt *m*
③ BIOL Schwebestoffe *mpl,* Bodensatz *m,* Detritus *m fachspr*

de trop [dəˈtrəʊ, AM -ˈtroʊ] *adj pred, inv* (*form*) überflüssig; **to feel oneself ~** sich *dat* überflüssig [*o fam* wie das fünfte Rad am Wagen] vorkommen

deuce [djuːs, AM *esp* duːs] **I.** *n no pl* ① CARDS Zwei *f;* (*dice*) Zwei *f,* zwei Augen
② TENNIS Einstand *m*
③ (*dated sl: devil*) Teufel *m sl;* **to be a ~ of a problem** ein vertracktes Problem sein *fam;* **how/what the ~ …** wie/was zum Teufel … *sl*
II. *interj* (*dated*) Teufel nochmal! *sl,* zum Kuckuck! *fam*

deus ex machina [ˌdeɪəseksˈmækɪnə, -ˈmɑː-] *n* THEAT Deus ex Machina *m;* (*fig*) Retter *m* in der Not

deuteragonist [ˌdjuːtəˈrægənɪst, AM ˌduːt̬-] *n* THEAT Deuteragonist(in) *m(f),* zweiter Schauspieler (*auf der altgriechischen Bühne*)

deuterium [djuːˈtɪəriəm, AM duːˈtɪr-] *n no pl* schwerer Wasserstoff, Deuterium *nt fachspr*

Deuteronomy [ˌdjuːtəˈrɒnəmi, AM ˌduːt̬əˈrɑːnə-] *n no pl* REL, LIT Fünftes Buch Mose, Deuteronomium *nt fachspr*

Deutschmark [ˈdɔɪtʃmɑːk, AM -mɑːrk] *n* (*hist*) Deutsche Mark, D-Mark *f*

devaluate [ˌdiːˈvæljueɪt] *vt see* **devalue**

devaluation [ˌdiːvæljuˈeɪʃᵊn] *n no pl* FIN Abwertung *f,* Devaluation *f fachspr*

devalue [ˌdiːˈvæljuː] *vt* ① (*reduce value*) ■**to ~ sth** etw abwerten; **to ~ sb's achievement** jds Leistung herabsetzen
② FIN **to ~ a currency** eine Währung abwerten [*o fachspr* devalvieren]

devastate [ˈdevəsteɪt] *vt* ■**to ~ sth** etw vernichten [*o* [völlig] zerstören]; **to ~ a crop/an enemy** eine Ernte/einen Feind vernichten; **to ~ the economy** die Wirtschaft zugrunde richten; **to ~ sb's hope/life** jds Hoffnung/Leben zerstören; **to ~ a region** eine Gegend verwüsten; (*fam*) ■**to ~ sb** jdn umhauen *fam;* ***he was utterly ~d when his wife left him*** er war völlig am Boden zerstört, als seine Frau ihn verließ

devastating [ˈdevəsteɪtɪŋ, AM -t̬-] *adj* ① (*also fig: destructive*) verheerend, vernichtend *a. fig;* ***their hopes of winning suffered a ~ blow*** ihre Hoffnungen wurden mit einem Schlag zunichte gemacht
② (*fig fam: overwhelming*) umwerfend *fam,* hinreißend; *charm, smile* unwiderstehlich; **sb's ~ wit** [*or* **humour**] jds entwaffnender Witz [*o* Humor]
③ (*fig fam: crushing*) *fact, news, result* niederschmetternd

devastatingly [ˈdevəsteɪtɪŋli, AM -t̬-] *adv* ① (*destructively*) entsetzlich, furchtbar; **~ cruel** entsetzlich grausam
② (*overwhelmingly*) wahnsinnig *fam,* schrecklich *fam,* unheimlich *fam;* **a ~ attractive man** ein wahnsinnig attraktiver Mann

devastation [ˌdevəˈsteɪʃᵊn] *n no pl* ① (*destruction*) Verwüstung *f,* Zerstörung *f;* **a trail of ~** eine Spur der Verwüstung
② (*of person*) Verzweiflung *f,* Niedergeschlagenheit *f;* **utter ~** völlige Verzweiflung

devein [ˌdiːˈveɪn] *vt* **to ~ a prawn/shrimp** den Darm von einer Garnele/einem Shrimp abziehen

develop [dɪˈveləp] **I.** *vi* ① (*grow*) sich *akk* entwickeln (**into** zu +*dat*); *abilities* sich *akk* entfalten; ***the whole affair might ~ into a scandal*** die ganze Sache könnte sich zu einem Skandal auswachsen
② (*come into being*) *friendship, misunderstanding* entstehen; *difficulties, doubts* auftreten
③ (*show*) sich *akk* zeigen, auftreten
④ PHOT *film* entwickelt werden
II. *vt* ① (*improve*) **to ~ an idea/a policy/a strategy** eine Vorstellung/eine Politik/eine Strategie entwickeln; **to ~ muscles** Muskeln bilden; **to ~ one's muscles** sich *dat* Muskeln antrainieren, seine Muskeln stärken; **to ~ one's skills/talents** seine Fähigkeiten/Talente weiterentwickeln
② (*create*) ■**to ~ sth** etw erarbeiten [*o* ausarbeiten]; **to ~ a drug/product/technology** ein Arzneimittel/ein Produkt/eine Technologie entwickeln; **to ~ a plan/programme** einen Plan/ein Programm ausarbeiten
③ (*show*) ■**to ~ sth** etw zeigen [*o* an den Tag legen]; ***she's ~ed some very strange habits*** sie hat einige sehr merkwürdige Gewohnheiten angenommen
④ (*suffer from*) ■**to ~ sth** etw bekommen [*o* entwickeln]; **to ~ an allergy to sth** eine Allergie gegen etw *akk* entwickeln
⑤ ARCHIT (*build*) **to ~ a land site** ein Gelände erschließen [und bebauen]; ***they are going to ~ this area into a shopping complex*** sie haben vor, auf diesem Gelände ein Einkaufszentrum zu errichten
⑥ PHOT **to ~ a film** einen Film entwickeln
⑦ MUS (*elaborate*) **to ~ a theme** ein Thema entwickeln [*o* durchführen]
⑧ CHESS **to ~ a piece** eine Figur [auf ein anderes Feld] ziehen

developed [dɪˈveləpt] *adj* ① (*advanced*) entwickelt; ***he's very highly ~ for his age*** er ist schon sehr weit für sein Alter; **~ country** hoch entwickeltes Land, Industrieland *nt;* **the ~ world** die Industrieländer *ntpl*
② ARCHIT **~ area** [*or* **land**] erschlossenes Bauland, baureifes Land

developer [dɪˈveləpəʳ, AM -ɚ] *n* ① PSYCH **late ~** Spätentwickler(in) *m(f)*
② (*person*) Bauunternehmer(in) *m(f);* (*company*) Baufirma *f,* Bauunternehmen *nt;* **property ~** (*person*) Bauunternehmer(in) *m(f);* (*company*) Bauträgerfirma *f*
③ PHOT Entwickler *m,* Entwicklerflüssigkeit *f*

developing [dɪˈveləpɪŋ] *adj attr, inv* sich *akk* entwickelnd; **~ decisions/ideas/plans** heranreifende Entscheidungen/Vorstellungen/Pläne

developing country *n,* **developing nation** *n* Entwicklungsland *nt* **developing tank** *n* Entwicklungsdose *f,* Entwicklungstank *m* **developing world** *n no pl* Entwicklungsländer *ntpl*

development [dɪˈveləpmənt] **I.** *n* ① *no pl* (*act,*

process) Entwicklung *f;* (*growth also*) Wachstum *nt;* **product** ~ Produktentwicklung *f;* **under-/over-**~ Unter-/Überentwicklung *f*
❷ (*new event*) Entwicklung *f;* **the new/latest ~s** die neuen/jüngsten Entwicklungen; ***have there been any new ~s?*** hat sich etwas Neues ergeben?
❸ *no pl* ARCHIT (*work*) Bau *m;* (*area*) Baugebiet *nt;* **housing** ~ Wohnungsbau *m;* **property** ~ Grundstückserschließung *f;* **new** ~ Neubaugebiet *nt*
❹ MUS *of a theme* Durchführung *f,* Entwicklung *f*
❺ CHESS (*moving*) Ziehen *nt*
II. *n modifier* Entwicklungs-; ~ **project** POL Entwicklungsprojekt *nt;* ARCHIT Erschließungsvorhaben *nt*

developmental [dɪˌveləp'mentᵊl, AM -t̬ᵊl] *adj process, stage* Entwicklungs-

development area *n* BRIT staatlich gefördertes strukturschwaches Gebiet

deviance ['di:viən(t)s] *n no pl* ❶ SOCIOL Abweichung *f;* ~ **from the norm** abweichendes Verhalten, Devianz *f fachspr*
❷ MATH Abweichung *f,* Summe *f* der Abweichungsquadrate

deviancy ['di:viənsi] *n* Abweichung *f*

deviant ['di:viənt] SOCIOL I. *n* **to be a** [**sexual/social**] ~ [im sexuellen/sozialen Verhalten] von der Norm abweichen
II. *adj behaviour* abweichend *attr,* deviant *fachspr;* ~ **career** Werdegang *m* der Abweichung

deviate I. *n* ['di:viət] SOCIOL von der Norm abweichende Person; **sexual/social** ~ von der sexuellen/sozialen Norm abweichende Person
II. *vi* ['di:vieɪt] ❶ (*diverge*) abweichen; POL [von der Parteilinie] abweichen, deviieren *fachspr* (**from** von +*dat*); **to** ~ **from the norm** von der Norm abweichen; ***this weather pattern ~s from the norm*** das Wetter ist für diese Jahreszeit unüblich
❷ (*go in another direction*) sich *akk* entfernen; **to** ~ **from the route** sich *akk* vom Weg entfernen, vom Weg abkommen; **to** ~ **from a rule** von einer Regel abweichen, sich *akk* nicht an eine Regel halten

deviation [ˌdi:vi'eɪʃᵊn] *n* ❶ SOCIOL Abweichung *f;* ~ **from the norm** Abweichung *f* von der Norm; **sexual/social** ~ Abweichung *f* von der sexuellen/sozialen Norm, sexuelle/soziale Devianz *fachspr;* POL Abweichen *nt* von der Parteilinie, Deviation *f fachspr*
❷ MATH, NAUT Abweichung *f,* Deviation *f fachspr;* NAUT *also* Fehlweisung *f*

deviationist [ˌdi:vi'eɪʃᵊnɪst] *n* POL Abweichler(in) *m(f),* Deviationist(in) *m(f) fachspr*

device [dɪ'vaɪs] *n* ❶ (*machine*) Gerät *nt,* Vorrichtung *f,* Apparat *m;* **bugging/hearing** ~ Abhör-/Hörgerät *nt*
❷ (*method*) Verfahren *nt,* Maßnahme *f;* **contraceptive** ~ Methode *f* der Empfängnisverhütung; **linguistic/stylistic** ~ Sprach-/Stilmittel *nt;* **literary/rhetorical** ~ literarischer/rhetorischer Kunstgriff; **marketing** ~ absatzförderndes Mittel
❸ (*bomb*) Sprengsatz *m;* **explosive/incendiary** ~ Spreng-/Brandsatz *m;* **nuclear** ~ atomarer Sprengkörper
▸ PHRASES: **to leave sb to their own ~s** jdn sich *dat* selbst überlassen

devil ['devᵊl] I. *n* ❶ *no pl* (*Satan*) ■**the D~** der Teufel; **to be possessed by the D~** vom Teufel besessen sein, den Teufel im Leib haben
❷ (*demon*) böser Geist, Dämon *m;* (*fig: wicked person*) Teufel(in) *m(f) fam,* Teufelsbraten *m pej fam,* Satansbraten *m pej fam;* ***he's a real ~*** er ist ein echtes Scheusal *fam*
❸ (*approv fam: sly person*) alter Fuchs *fam;* (*daring person*) Teufelskerl *m fam,* Draufgänger(in) *m(f) fam;* **be a** ~ nur zu *fam,* sei kein Frosch *fam;* **you** ~ du bist [mir] vielleicht so eine Marke *fam*
❹ (*affectionately*) **cheeky** ~ Frechdachs *m hum fam;* **little** ~ kleiner Schlingel *fam;* **lucky** ~ Glückskind *nt,* Glückspilz *m fam;* **poor** ~ armer Teufel [*o* Schlucker] [*o* Kerl] *fam*
❺ (*emphasizing*) **to be a ~ of a job** eine Heidenarbeit sein *fam;* **to have the ~ of a job** [*or* **time**] **doing sth** es verteufelt [*o* verdammt] schwer haben, etw zu tun *fam;* ***we had the ~ of a time trying to find the place*** es war verdammt schwierig für uns, den Ort zu finden; **how/what/where/who/why the ~ …?** wie/was/wo/wer/warum zum Teufel …? *fam*
❻ *esp* LAW (*junior assistant*) Assessor(in) *m(f)*
❼ BRIT (*machine*) Zerkleinerungsmaschine *f,* [Reiß]wolf *m*
❽ ZOOL [**Tasmanian**] ~ Tasmanischer Teufel, Beutelteufel *m*
▸ PHRASES: **to give the ~ his due** das muss man ihm/ihr lassen; ~ **take the hindmost** den Letzten beißen die Hunde *prov;* **needs must when the ~ drives** (*prov*) ob du willst oder nicht; **to be between the ~ and the deep blue sea** sich *akk* in einer Zwickmühle befinden *fam;* **go to the ~!** geh zum Teufel! *sl,* scher dich zum Teufel! *sl;* **there'll be the ~ to pay** das gibt Ärger; ***if he catches you doing that there'll be the ~ to pay*** wenn er dich dabei erwischt, ist die Hölle los; **to play the ~ with sb/sth** jdm/etw übel mitspielen, Schindluder mit jdm/etw treiben; **speak** [*or dated* **talk**] **of the ~** [**and he appears**] wenn man vom Teufel spricht[, ist er auch schon da], wenn man den Teufel nennt[, kommt er gerennt] SÜDD *prov,* man soll den Teufel nicht an die Wand malen; **like the ~** wie besessen [*o fam* wild]
II. *vi* LAW **to ~ for sb** für jdn als Anwaltsvertreter tätig sein

devilish ['devᵊlɪʃ] I. *adj* ❶ *plan, plot* teuflisch; *grin also* tückisch; *heat, mess* fürchterlich, furchtbar *fam,* schrecklich *fam*
❷ (*difficult*) *situation* verteufelt *fam; problem* vertrackt *fam,* verzwickt *fam;* ~ **job** Heidenarbeit *f*
II. *adv* BRIT (*dated: extremely*) *see* **devilishly 2**

devilishly ['devᵊlɪʃli] *adv* ❶ (*mischievously*) *smile, wink* teuflisch, diabolisch
❷ (*extremely*) schrecklich *fam,* verdammt *fam;* ~ **clever** [*or* **cunning**]**/handsome/hot** verdammt schlau/gut aussehend/heiß; ~ **cruel** schrecklich grausam; ~ **difficult** äußerst verzwickt

devil-may-care *adj attr* sorglos, leichtsinnig *pej;* ***she was always cheerful and had a ~ attitude about the future*** sie war stets fröhlich und machte sich keine Gedanken über die Zukunft

devilment ['devᵊlmənt] *n,* **devilry** ['devᵊlri] *n no pl* (*dated*) [grober] Unfug, böser Streich; **purely out of** ~ aus reinem Übermut; **to be up to** ~ Unfug im Sinn haben, etwas im Schilde führen

devil's advocate *n* Advocatus Diaboli *m;* **to play the** ~ den Advocatus Diaboli spielen **devil's food cake** *n* glasierte Schoko[laden]cremetorte **devils on horseback** *n* BRIT Backpflaumen *fpl* im Speckmantel auf Toast

devious ['di:viəs] *adj* ❶ (*dishonest*) *person* verschlagen, unaufrichtig; *scheme* krumm *fam*
❷ *attr* (*roundabout*) gewunden; **to take a ~ route** einen Umweg fahren

deviously ['di:viəsli] *adv* verschlagen, hinterhältig

deviousness ['di:viəsnəs] *n no pl* ❶ (*dishonesty*) Verschlagenheit *f,* Hinterhältigkeit *f*
❷ (*of a route*) Gewundenheit *f*

devise [dɪ'vaɪz] I. *vt* ■**to ~ sth** ❶ (*contrive*) etw erdenken [*o* ersinnen]; **to ~ a plot** [*or* **scheme**] einen Plan aushecken, ein Komplott schmieden *geh*
❷ LAW *property* über etw *akk* letztwillig verfügen, etw hinterlassen [*o* vermachen]
II. *n* LAW letztwillige Verfügung (*über Grundbesitz*)

devitalize [ˌdi:'vaɪtᵊlaɪz, AM -t̬ᵊl-] *vt* ■**to ~ sth** etw schwächen [*o* entkräften]; **to ~ an argument** ein Argument entkräften; **to ~ a programme/project** ein Programm/Projekt auslaufen lassen

devoid [dɪ'vɔɪd] *adj pred* ■**to be ~ of sth** ohne etw *akk* sein; ***he seems to be ~ of any compassion whatsoever*** ihm fehlt anscheinend jegliches Mitgefühl; **to be completely ~ of feeling/ornament/sense** völlig gefühl-/schmuck-/sinnlos sein

devoir [də'vwɑ:ʳ, AM -'vwɑ:r] *n* ❶ (*duty*) Pflicht *f;* **to do one's ~** seine Pflicht und Schuldigkeit tun *geh*
❷ *pl* (*respect*) **to pay one's ~s to sb** jdm seine Aufwartung machen *veraltet geh*

devolution [ˌdi:və'lu:ʃᵊn, AM ˌdevə'-] *n no pl* ❶ POL (*decentralization*) Dezentralisierung *f;* ~ **of authority** Delegierung *f* von Amtsgewalt
❷ LAW (*transference*) Übergang *m;* ~ **of an inheritance** Anfall *m* einer Erbschaft; ~ **of property/rights** Übergang *m* von Eigentum/Rechten

devolve [dɪ'vɒlv, AM -'vɑ:lv] I. *vi* ❶ (*be transferred*) *duty, functions* übergehen, übertragen werden; ***the responsibility ~s on her as soon as the boss leaves the office*** die Verantwortung geht auf sie über, sobald der Chef das Büro verlässt
❷ LAW (*become sb's property*) ■**to ~ on sb** auf jdn übergehen
II. *vt* (*form*) ■**to ~ sth** etw übertragen (**on/upon** auf +*akk*); **to ~ duties/rights/property** Pflichte/Rechte/Eigentum übertragen; **to ~ responsibility downward** Verantwortung nach unten weitergeben; ■**to ~ sth to sb** jdm etw übertragen, etw an jdn delegieren

Devon ['devᵊn] *n no pl* Devon *nt*

Devonian [dɪ'vəʊniən, AM -'voʊ-] I. *n* ❶ (*person*) Bewohner(in) *m(f)* von Devon[shire]
❷ *no pl* GEOL Devon *nt*
❸ ZOOL Devonrind *nt;* (*sheep*) Devonschaf *nt*
II. *adj inv* ❶ (*of Devon*) aus Devon[shire]
❷ GEOL devonisch; ~ **formation** Devon *nt*

devote [dɪ'vəʊt, AM -'voʊt] *vt* ■**to ~ sth to sb/sth** jdm/etw etw widmen; **to ~ one's time to sb/sth** jdm/etw seine Zeit opfern; ■**to ~ oneself to sth** sich *akk* etw *dat* widmen; **to ~ oneself to God** sein Leben Gott weihen

devoted [dɪ'vəʊtɪd, AM -'voʊt̬ɪd] *adj admirer* begeistert; *child, dog* anhänglich; *disciple, follower, friend* treu; *friendship, love* aufrichtig; *husband, mother* hingebungsvoll; *servant* ergeben *geh;* ■**to be ~ to sb/sth** jdm/etw treu ergeben sein; ***she is ~ to her job*** sie geht völlig in ihrer Arbeit auf

devotedly [dɪ'vəʊtɪdli, AM -'voʊt̬ɪd-] *adv* treu ergeben, hingebungsvoll

devotee [ˌdevə(ʊ)'ti:, AM -və'-] *n of an artist* Verehrer(in) *m(f); of a leader* Anhänger(in) *m(f); of a cause* Verfechter(in) *m(f); of music* Liebhaber(in) *m(f); of a sport* Fan *m fam*

devotion [dɪ'vəʊʃᵊn, AM -'voʊ-] *n no pl* ❶ (*loyalty*) Treue *f,* Ergebenheit *f*
❷ (*dedication*) Hingabe *f,* Aufopferung *f;* **selfless/unstinting ~ to a cause/duty** selbstlose/rückhaltlose Hingabe an eine Sache/Pflicht
❸ (*affection*) *of the husband, wife* Liebe *f,* innige Zuneigung; *of children* Anhänglichkeit *f; of an admirer* Verehrung *f,* Wertschätzung *f*
❹ REL Frömmigkeit *f,* Andacht *f;* ***she has a deep ~ to God*** sie ist sehr gottergeben

devotional [dɪ'vəʊʃᵊnᵊl, AM -'voʊ-] *adj book, exercise, picture* Andachts-; *congregation, prayer, worshipper* andächtig; *literature* erbaulich, Erbauungs-; *person, practice* fromm, religiös; ~ **articles** Devotionalien *fpl;* ~ **services** gottesdienstliche Handlungen

devour [dɪ'vaʊəʳ, AM -ɚ] *vt* ❶ (*eat*) ■**to ~ sth** etw verschlingen; (*fig*) **to ~ a book** ein Buch verschlingen
❷ (*consume*) ■**to ~ sth** etw vernichten [*o geh* verzehren]; ***the flames ~ed most of the documents*** die Flammen vernichteten den größten Teil der Unterlagen; (*fig*) **to be ~ed by jealousy/passion** sich *akk* vor Eifersucht/Leidenschaft verzehren *geh*

devouring [dɪ'vaʊərɪŋ, AM -ɚɪŋ] *adj attr* (*fig esp liter*) *ambition, hatred, passion* verzehrend *geh; curiosity* brennend; *fire* vernichtend

devout [dɪ'vaʊt] *adj* ❶ *Catholic, person* fromm, gläubig; (*fig: committed*) eifrig; *environmentalist, pacifist* [sehr] engagiert, erklärt; **to be a ~ believer in sth** fest von etw *dat* überzeugt sein
❷ (*sincere*) *prayers* inbrünstig, andächtig; *hope, wish* innig, sehnlich

devoutly [dɪ'vaʊtli] *adv* ❶ (*earnestly religious*) streng religiös; ***a ~ Catholic family*** eine streng katholische Familie
❷ (*sincerely*) **to pray ~** andächtig beten; **to hope ~** inständig [*o geh* inbrünstig] hoffen

dew [dju:, AM du:] *n no pl* Tau *m*
dewberry ['dju:bᵊri, AM 'du:beri, 'dju:-] *n* ❶ *(berry)* Brombeere *f* ❷ *(shrub)* Brombeerstrauch *m* **dewdrop** *n* ❶ *(drop of dew)* Tautropfen *m* ❷ BOT Zwergbrombeere *f*
Dewey decimal classification [ˌdju:i-, AM ˌdu:i-, ˌdju:i-] *n,* **Dewey system** *n no pl esp* AM Dewey-System *nt (System der Katalogisierung von Büchern für Bibliotheken)*
dewfall *n no pl* Taubildung *f,* Taufall *m;* ■**at** ~ *(poet liter)* in aller Frühe **dewlap** *n of a cow* Wamme *f; of a turkey* Hautlappen *m; of a fat person* Doppelkinn *nt; (from age)* Halsfalte *f*
deworm [ˌdi:'wɜ:m, AM -'wɜrm] *vt* ■**to ~ an animal** ein Tier entwurmen
dew point *n* PHYS Taupunkt *m*
dewy ['dju:i, AM *esp* 'du:i] *adj* ❶ *(covered with dew)* taufeucht; *morning* taufrisch
❷ *(moist) skin* feucht
dewy-eyed *adj* ❶ *(pej: naive)* naiv *pej,* blauäugig *fig pej*
❷ *(emotional)* mit feuchten Augen; **to get** [*or* **go**] ~ feuchte Augen bekommen
dexterity [dek'sterəti, AM -əṭi] *n no pl* ❶ *(of hands)* Geschicklichkeit *f*
❷ *(cleverness)* Gewandtheit *f; (of speech)* Redegewandtheit *f*
dexterous ['dekstᵊrəs] *adj* ❶ *(skilful) dancer* gewandt; *fingers, hands, person* geschickt, flink
❷ *(clever) orator, politician* gewandt; *mind, manager* findig
dexterously ['dekstᵊrəsli] *adv* ❶ *(skilfully)* geschickt
❷ *(cleverly)* gewandt
dextrose ['dekstrəʊs, AM -troʊs] *n no pl* Traubenzucker *m,* Dextrose *f fachspr*
dextrous ['dekstrəs] *adj see* **dexterous**
dextrously ['dekstrəsli] *adv see* **dexterously**
DFC [ˌdi:ef'si:] *n* BRIT MIL *abbrev of* **Distinguished Flying Cross** *Militärorden für Piloten*
DFE [ˌdi:ef'i:] *n no pl* BRIT *abbrev of* **Department for Education** Ministerium *nt* für Gesundheit und Soziales
dhal [dɑ:l] *n no pl* Dal *pl (Hindi für Hülsenfrüchte bzw. Gericht aus diesen)*
dharma ['dɑ:mə, AM 'dɑ:r-] *n no pl* Dharma *nt (im Buddhismus und Hinduismus überwiegend im Sinne von Gesetz/Pflicht verwendet)*
dhoti ['dəʊti, AM 'doʊṭi] *n* Lendentuch *nt (der Inder)*
dhow [daʊ] *n* NAUT D[h]au *f*
DHSS [ˌdi:eɪtʃes'es] *n no pl, + sing/pl vb* BRIT *(hist) abbrev of* **Department of Health and Social Security:** ■**the** ~ Ministerium *nt* für Gesundheit und Soziales
diabetes [ˌdaɪə'bi:ti:z, AM -ṭəs] *n no pl* Zuckerkrankheit *f,* Diabetes *m*
diabetic [ˌdaɪə'betɪk, AM -'beṭ-] **I.** *n* Diabetiker(in) *m(f),* Zuckerkranke(r) *f(m)*
II. *adj* ❶ *(having diabetes)* zuckerkrank, diabetisch *fachspr*
❷ *(for diabetics)* Diabetiker-, Diabetes-; ~ **chocolate/diet/food** Diabetikerschokolade/-diät/-kost *f*
diabolic [ˌdaɪə'bɒlɪk, AM -'bɑ:-] *adj* ❶ *(of Devil)* Teufels-
❷ *(evil)* teuflisch, diabolisch *geh*
diabolical [ˌdaɪə'bɒlɪkᵊl, AM -'bɑ:-] *adj* ❶ *(of Devil)* Teufels-
❷ *(evil)* teuflisch, diabolisch *geh*
❸ *(fam: very bad)* schrecklich *fam,* grässlich *fam*
diabolically [ˌdaɪə'bɒlɪkᵊli, AM -'bɑ:-] *adv* ❶ *(extremely)* wahnsinnig *fam,* unheimlich *fam,* fürchterlich *fam;* ~ **difficult** saumäßig schwer *sl;* ***he invented a ~ clever scheme*** er hat sich einen ungemein schlauen Plan ausgedacht; ***she is ~ cunning*** sie ist eine ganz Ausgebuffte *sl*
❷ *(wickedly)* diabolisch, teuflisch-boshaft
diachronic [ˌdaɪə'krɒnɪk, AM -'krɑ:-] *adj inv* LING diachron[isch]
diacritic [ˌdaɪə'krɪtɪk, AM -ṭ-] **I.** *adj attr, inv* LING diakritisch
II. *n* LING diakritisches Zeichen
diacritical [ˌdaɪə'krɪtɪkᵊl, AM -ṭ-] *adj inv* LING diakritisch
diadem ['daɪədem] *n* Diadem *nt*
diagnose ['daɪəgnəʊz, AM ˌdaɪəg'noʊs] **I.** *vi* diagnostizieren
II. *vt* ■**to ~ sth** ❶ MED etw diagnostizieren [*o* feststellen]; ***she was ~d as having diabetes*** man hat bei ihr Diabetes festgestellt
❷ *(discover)* etw erkennen; **to ~ a fault** [*or* **flaw**] einen Fehler [*o* Defekt] feststellen
diagnoses [ˌdaɪəg'nəʊsi:z, AM -'noʊ-] *n pl of* **diagnosis**
diagnosis <*pl* -ses> [ˌdaɪəg'nəʊsɪs, AM -'noʊ-, *pl* -si:z] *n* ❶ *of a disease* Diagnose *f;* **to make a ~** eine Diagnose stellen
❷ *of a problem* Beurteilung *f*
❸ BIOL Bestimmung *f,* Diagnose *fachspr*
diagnostic [ˌdaɪəg'nɒstɪk, AM -'nɑ:-] *adj* diagnostisch
diagnostician [ˌdaɪəgnɒs'tɪʃᵊn, AM nɑ:s'] *n* Diagnostiker(in) *m(f)*
diagnostics *npl* COMPUT Diagnostik *f;* **compiler ~** Kompiliererdiagnostik *f*
diagonal [daɪ'ægᵊnᵊl] **I.** *adj inv line* diagonal, schräg; ~ **stripe** Schrägstreifen *m*
II. *n* Diagonale *f*
diagonally [daɪ'ægᵊnᵊli] *adv inv* schräg, diagonal; **to live/sit ~ across from sb** jdm schräg gegenüber wohnen/sitzen
diagram ['daɪəgræm] **I.** *n* ❶ *(drawing)* schematische Darstellung [*o* Zeichnung], Schema *nt;* **wiring ~** Schaltplan *m,* Schaltbild *nt;* **to draw a ~** eine Skizze anfertigen
❷ *(chart)* Diagramm *nt,* graphische Darstellung, Schaubild *nt*
❸ MATH Diagramm *nt*
II. *vt* <-mm-> ■**to ~ sth** etw schematisch aufzeichnen
diagrammatic [ˌdaɪəgrə'mætɪk, AM -ṭ-] *adj* schematisch, diagrammatisch
diagrammatically [ˌdaɪəgrə'mætɪkli, AM -ṭ-] *adv* schematisch, diagrammatisch
dial [daɪəl, AM daɪ(ə)l] **I.** *n* ❶ *of clock* Zifferblatt; *of gauge, instrument* Skala *f,* Skale *f fachspr; of telephone* Wählscheibe *f,* Nummernscheibe *f;* RADIO, TV [Einstell]skala *f;* ~ **illumination** Skalenbeleuchtung *f*
❷ BRIT *(sl: face)* Visage *f pej sl*
II. *vi* <BRIT -ll- *or* AM *usu* -l-> wählen; **to ~ direct** durchwählen
III. *vt* **to ~ a number** eine Nummer wählen; ***you've just ~ed the wrong number*** Sie haben sich soeben verwählt; ***he ~ed the doctor's office*** er rief in der Arztpraxis an; **to ~ 999** [*or* AM **911**] den Notruf wählen
dialect ['daɪəlekt] **I.** *n* Dialekt *m,* Mundart *f*
II. *n modifier (dictionary, geography)* Dialekt-, Mundart-
dialectal [ˌdaɪə'lektᵊl] *adj* dialektal, mundartlich
dialectic [ˌdaɪə'lektɪk] **I.** *n no pl* Dialektik *f*
II. *adj* dialektisch
dialectical [ˌdaɪə'lektɪkᵊl] *adj* dialektisch
dialectical materialism *n* PHILOS dialektischer Materialismus, DIAMAT *m,* Diamat *m*
dialectician [ˌdaɪəlek'tɪʃᵊn] *n* Dialektiker(in) *m(f)*
dialectics [ˌdaɪə'lektɪks] *npl + sing vb see* **dialectic I**
dialling ['daɪəlɪŋ, AM 'daɪ(ə)l-] *n no pl* Wählen *nt;* **direct ~** Direktwahl *f,* Durchwahl *f*
dialling code *n* BRIT Vorwahl *f,* Ortsnetzkennzahl *f* **dialling tone** *n* BRIT Amtston *m,* Wählton *m*
dialog ['daɪəlɑ:g] AM, **dialogue** [-lɒg] *n* ❶ *(conversation)* [Zwie]gespräch *nt,* Dialog *m geh*
❷ LIT, THEAT, FILM Dialog *m*
❸ POL Gespräch *nt,* Unterredung *f,* Dialog *m geh;* **to engage in ~** sich *akk* an einem Dialog beteiligen, sich *akk* auf einen Dialog einlassen *geh;* **to enter into ~ with sb** in einen Dialog mit jdm [ein]treten *geh*
dialog box AM, **dialogue box** *n* COMPUT Dialogbox *f*
dial tone *n* AM, AUS Amtston *m,* Wählton *m*
dialup *n,* **dial-up service** *n* COMPUT Onlinedienst *m*
dialysis [daɪ'æləsɪs] *n no pl* ❶ MED *(of blood)* Blutwäsche *f,* [Hämo]dialyse *f fachspr*
❷ CHEM Dialyse *f fachspr,* Trennung *f*
diamanté [ˌdi:ə'mɑ̃(ŋ)teɪ, AM -'mɑ:nteɪ] **I.** *n no pl* Strass *m*
II. *adj inv brooch, earrings* Strass-
diameter [daɪ'æmətəʳ, AM -ṭɚ] *n* ❶ *(of pipe etc)* Durchmesser *m,* Diameter *m fachspr;* ***the pipe is 4 cm in ~*** das Rohr misst 4 cm im Durchmesser [*o* hat einen Durchmesser von 4 cm]
❷ *(of magnification)* Vergrößerung *f*
diametrically [daɪə'metrɪkᵊli] *adv inv* ❶ *(of or along a diameter)* diametrisch *fachspr*
❷ *(fig: completely)* ~ **opposed** völlig [*o geh* diametral] entgegengesetzt; ***their points of view are ~ opposed*** sie vertreten gegensätzliche Standpunkte
diamond ['daɪəmənd] **I.** *n* ❶ *(stone)* Diamant *m;* ■**~s** *pl* Diamanten *mpl,* Diamantschmuck *m;* **conflict** [*or* **blood**] **~s** Conflict Diamonds *mpl fig (afrikanische Edelsteine, mit deren Erlös Konfliktgruppen finanziert werden)*
❷ MATH Raute *f,* Rhombus *m*
❸ CARDS Karo *nt;* **ace/king of ~s** Karoass *nt*/-könig *m*
❹ *(tool)* [Glaser]diamant *m*
❺ *(in baseball)* Spielfeld *nt; (infield)* Innenfeld *nt*
▶ PHRASES: **a ~ in the rough** AM ein ungeschliffener Diamant; ***Rachel is a ~ in the rough*** Rachel ist ein Juwel, ihr fehlt nur der Schliff; **it was ~ cut ~** AM sie standen einander in nichts nach
II. *n modifier (brooch, necklace, ring)* Diamant-
diamond anniversary *n* diamantene Hochzeit
diamond cutter *n* Diamantschneider(in) *m(f),* Diamantschleifer(in) *m(f)* **diamond-encrusted** *adj inv* diamantbesetzt, mit Diamanten besetzt **diamond jubilee** *n esp* BRIT diamantenes [*o* sechzigjähriges] Jubiläum, Sechzigjahrfeier *f* **diamond mine** *n* Diamantenmine *f* **diamond wedding** *n* diamantene Hochzeit
diapason [ˌdaɪə'peɪzᵊn] *n* MUS ❶ *(range)* Diapason *m o nt fachspr*
❷ *(organ)* englisches Orgelregister; **open ~** Achtfuß-Prinzipal *nt;* **stopped ~** Achtfuß-Gedackt *m*
❸ *no pl (pitch standard)* Normalstimmton *m,* Kammerton *m; (rich sound)* voller [*o* volltönender] Klang; *(fig)* Zusammenklang *m,* Harmonie *f*
❹ *(tuning device)* Stimmpfeife *f*
diaper ['daɪəpəʳ, AM -ɚ] **I.** *n* ❶ AM *(nappy)* Windel *f;* **cloth ~** Stoffwindel *f;* **disposable ~** Wegwerfwindel *f,* Papierwindel *f*
❷ *(patterned fabric)* Jacquardgewebe *nt*
II. *vt* **to ~ a baby** ein Baby wickeln [*o* windeln]
diaper cover *n* AM Windelhose *f* **diaper rash** *n* AM *(nappy rash)* Windelausschlag *m* **diaper service** *n* AM Windelwaschdienst *m,* Windelservice *m o nt*
diaphanous [daɪ'æfᵊnəs] *adj (liter)* durchscheinend, [licht]durchlässig; ~ **cloth** durchsichtiger [*o* transparenter] Stoff
diaphragm ['daɪəfræm] *n* ❶ ANAT Zwerchfell *nt,* Scheidewand *f,* Diaphragma *nt fachspr*
❷ MECH, TECH Membran[e] *f*
❸ PHOT [Okular]blende *f*
❹ *(contraceptive)* [Scheiden]diaphragma *nt,* [Scheiden]pessar *nt*
diarist ['daɪərɪst] *n* Tagebuchschreiber(in) *m(f)*
diarrhea [ˌdaɪə'ri:ə] *esp* AM, **diarrhoea** [-'rɪə] *n no pl* Durchfall *m,* Diarrhö[e] *f fachspr*
diary ['daɪəri:] *n* ❶ *(book)* Tagebuch *nt;* **to keep a ~** [ein] Tagebuch führen
❷ *(schedule)* [Termin]kalender *m,* Taschenkalender *m*
diaspora [daɪ'æspᵊrə] *n no pl* ❶ *(of Jews)* **the D~** die Judenvertreibung; *(of other groups)* Verstreuung *f*
❷ *+ sing/pl vb (scattered ones)* Diaspora *f; (religous communities also)* Streugemeinde *f;* **D~ Jews** die Juden in der Diaspora; **the Christian ~** die in

der Diaspora lebenden Christen; **the Asian** ~ die im Ausland lebenden Asiaten

diatomic [daɪə'tɒmɪk, AM -'tɑ:-] *adj inv* CHEM zweiatomig, doppelatomig

diatonic [daɪə'tɒnɪk, AM -'tɑ:-] *adj inv* MUS diatonisch

diatribe ['daɪətraɪb] *n* (*form: verbal*) Schmährede *f;* (*written*) Schmähschrift *f;* LIT [gelehrte] Streitschrift, Diatribe *f fachspr;* **to launch into a** ~ eine Schmährede vom Stapel lassen *fam*

dibble ['dɪbl̩] **I.** *n* ❶ (*implement*) Pflanzholz *nt,* Setzholz *nt*
❷ AM (*sl: policeman*) Bulle *m sl*
❸ AM (*vulg: penis*) Schwanz *m vulg*
II. *vi* dibbeln *fachspr,* mit einem Setzholz Pflanzlöcher machen
III. *vt* ■**to** ~ **sth in** etw mit einem Setzholz einpflanzen; **to** ~ **the soil** mit einem Setzholz Pflanzlöcher in den Boden machen

dice [daɪs] **I.** *n* <*pl* -> ❶ (*object*) Würfel *m;* (*game*) Würfelspiel *nt;* **to load the** ~ die Würfel präparieren; (*fig*) mit gezinkten Karten spielen; **to play** ~ würfeln, ein Würfelspiel machen; **to roll** [*or* **throw**] **the** ~ würfeln, knobeln
❷ (*food*) Würfel *m*
► PHRASES: **no** ~! AM (*fam: refusal of request*) kommt [überhaupt] nicht in Frage *fam,* daraus wird nichts *fam;* (*of no use*) vergiss es *fam,* [das ist] völlig witzlos *fam;* (*having no luck*) keine Chance
II. *vi* würfeln
► PHRASES: **to** ~ **with death** mit seinem Leben spielen, sein Leben aufs Spiel setzen
III. *vt* ❶ (*cut*) ■**to** ~ **sth** etw würfeln [*o* in Würfel schneiden]
❷ AUS (*sl: reject*) ■**to** ~ **sb** jdn abweisen, jdm die kalte Schulter zeigen *fam*

dicey ['daɪsi] *adj* (*fam*) unsicher, riskant; *situation* prekär *geh*

dichotomizing search [daɪ'kɒtəmaɪzɪŋ-, AM -'kɑ:t̬ə-] *n* COMPUT eliminierende Suche, Einstichverfahren *nt*

dichotomy [daɪ'kɒtəmi, AM -'kɑ:t̬ə-] *n* (*form*)
❶ PHILOS Zweiteilung *f,* Dichotomie *f geh*
❷ BOT Aufspaltung *f,* Gabelung *f,* Dichotomie *f fachspr*

dichromatic [ˌdaɪkrə'mætɪk, AM -t̬ɪk] *adj inv*
❶ (*two-tone*) zweifarbig
❷ MED zweifarbensichtig, dichromatisch *fachspr*

dick [dɪk] *n* ❶ BRIT (*sl: chap*) Kerl *m fam,* Typ *m sl*
❷ (*pej!: stupid man*) Idiot *m pej,* Schwachkopf *m pej*
❸ AM (*pej sl: detective*) Schnüffler *m pej fam*
❹ (*vulg: penis*) Schwanz *m vulg*
❺ AM (*fam*) ~ **all** (*nothing*) einen [feuchten] Dreck *sl;* ***he doesn't know*** ~ ***all*** einen Dreck weiß er *sl*
❻ CAN (*sl*) ~ **all** (*nothing*) überhaupt nichts; ***last night I did*** ~ ***all*** gestern Abend habe ich überhaupt nichts gemacht

dickens ['dɪkɪnz] *n* (*dated fam*) **how/what/why the** ~ **...?** wie/was/warum zum Teufel ...? *sl*

Dickensian [dɪ'kenziən] *adj* LIT (*written by Dickens*) von Dickens; (*in Dickens' style*) in Dickensscher Manier; (*of Dickens' day*) wie zu Dickens' Zeiten

dicker ['dɪkəʳ] *vi esp* AM feilschen *pej,* schachern *pej* (**with** mit +*dat*)

dickey ['dɪki] *n* (*for shirt*) Hemdenbrust *f,* Vorhemd *nt,* Plastron *m o nt;* (*for blouse*) Bluseneinsatz *m*

dickey bow *n* BRIT (*fam*) Fliege *f,* Schleife *f,* Binder *m veraltend*

dickhead *n* (*vulg*) Hohlkopf *m pej,* Schwachkopf *m pej*

dickie *n see* **dickey**

dickie bow *n* BRIT (*fam*) *see* **dickey bow**

dicky[1] *n see* **dickybird**

dicky[2] ['dɪki] *adj* BRIT, AUS (*sl*) schlecht; ~ **heart** schwaches Herz

dickybird *n* ❶ BRIT (*childspeak: when taking photos*) Vögelchen *nt*
❷ *no pl* (*rhyming sl*) ***we haven't heard a*** ~ ***from Riza recently*** in der letzten Zeit haben wir von Riza überhaupt nichts gehört; **to not say a** ~ **to sb** jdm kein Sterbenswörtchen [*o* keinen Ton] verraten

dicky bow *n* BRIT (*fam*) *see* **dickey bow**

dicta ['dɪktə] *n pl of* **dictum**

Dictaphone® ['dɪktəfəʊn, AM -foʊn] *n* Diktaphon® *nt,* Diktiergerät *nt*

dictate [dɪk'teɪt, AM 'dɪk-] **I.** *vt* ■**to** ~ **sth** ❶ (*command*) etw befehlen [*o* anordnen] [*o geh* diktieren]
❷ (*make necessary*) etw bestimmen [*o* notwendig machen] [*o geh* diktieren]
❸ *a letter, memo* etw diktieren
II. *vi* ❶ (*command*) befehlen, anordnen; ■**to** ~ **to sb** jdm Vorschriften machen, jdn herumkommandieren *fam;* ***I will not be*** ~***d to in this manner!*** so lasse ich mich nicht herumkommandieren!
❷ (*to a secretary*) diktieren; **to** ~ **into a machine** in ein Gerät diktieren, auf Band sprechen

dictates ['dɪkteɪts] *npl* Gebot *nt kein pl; of fashion* Diktat *nt kein pl geh;* **to follow the** ~ **of one's conscience** der Stimme seines Gewissens folgen; **the** ~ **of fairness** das Gebot der Fairness

dictation [dɪk'teɪʃᵊn] *n* ECON, SCH Diktat *nt;* **to take** ~ ein Diktat aufnehmen

dictator [dɪk'teɪtəʳ, AM -t̬ɚ] *n* ❶ POL (*also fig*) Diktator *m pej;* ***my boss is a bit of a*** ~ mein Chef ist ein kleiner Diktator
❷ (*of text*) Diktierende(r) *f(m)*

dictatorial [ˌdɪktə'tɔ:riəl] *adj* diktatorisch; ~ **ruler** Gewaltherrscher(in) *m(f)*

dictatorship [dɪk'teɪtəʃɪp, AM -t̬ɚ-] *n* Diktatur *f;* **the** ~ **of General Franco** die Francodiktatur; **after many years of** ~ nach vielen Jahren der Diktatur

diction ['dɪkʃᵊn] *n no pl* ❶ (*of speaking*) Ausdrucksweise *f,* Redestil *m,* Diktion *f geh*
❷ (*of pronunciation*) Aussprache *f;* **to have good** ~ eine gute Aussprache haben

dictionary ['dɪkʃᵊnᵊri, AM -eri] **I.** *n* (*of words*) Wörterbuch *nt;* (*of facts*) Lexikon *nt;* **to look sth up in a** ~ etw in einem Wörterbuch nachschlagen
II. *n modifier* (*entry, use*) Wörterbuch-

dictum <*pl* -ta *or* -s> ['dɪktəm, *pl* -tə] *n* ❶ (*saying*) Diktum *nt geh,* [bedeutsamer] Ausspruch, geflügeltes Wort
❷ (*maxim*) Maxime *f,* Grundsatz *m*
❸ LAW richterliches Diktum *fachspr,* richterlicher Spruch

did [dɪd] *pt of* **do**

didactic [daɪ'dæktɪk] *adj* (*esp pej*) ❶ *method* didaktisch
❷ (*teaching a moral*) belehrend; ~ **novel** Bildungsroman *m;* ~ **play** Lehrstück *nt*
❸ (*pedantic*) schulmeisterlich *pej*

didactically [daɪ'dæktɪkli] *adv* (*also pej*) didaktisch, belehrend, schulmeisterlich *pej*

diddle ['dɪdl̩] (*fam*) **I.** *vt* (*cheat*) ■**to** ~ **sb** jdn übers Ohr hauen *fam;* ■**to** ~ **sb out of sth** jdm etw abgaunern *fam*
II. *vi* AM (*tinker*) ■**to** ~ [**around**] **with sth** an etw *dat* [he]rummachen *fam;* ***he*** ~***d with the washing machine but it still wouldn't work*** er hantierte an der Waschmaschine herum, sie wollte aber immer noch nicht laufen

diddly ['dɪdl̩i] *n* AM, **diddly-squat** *n* AM (*sl*) nichts, einen feuchten Kehricht *sl;* **to know** ~ einen Dreck wissen *sl,* keine Ahnung von Tuten und Blasen haben *sl*

diddums ['dɪdəmz] **I.** *interj* BRIT (*hum*) ❶ (*mock sympathy*) du Arme(r)
❷ (*childspeak: comfort*) heile, heile Segen *Kindersprache*
II. *n* armer Kleiner/arme Kleine

didgeridoo [ˌdɪdʒᵊri'du:] *n* MUS Didgeridoo *nt* (*Musikinstrument der australischen Aboriginals*)

didn't ['dɪdᵊnt] = **did not** *see* **do**

didst [dɪdst] *vt, vi* (*old*) *2nd pers. sing pt of* **do**

die[1] [daɪ] *n* ❶ <*pl* dice> (*for games*) Würfel *m*
❷ TECH (*for shaping*) [Press]form *f,* Matrize *f;* (*for forging*) Gesenk *nt,* Kokille *f;* (*for cutting*) Schneidwerkzeug *nt;* (*for stamping*) [Press]stempel *m;* ELEC Rohchip *m*
► PHRASES: **as straight** [*or* **true**] **as a** ~ grundehrlich; **the** ~ **is cast** die Würfel sind gefallen

die[2] <-y-> [daɪ] **I.** *vi* ❶ (*cease to live*) sterben, umkommen; ***she said she would finish the race or*** ~ ***in the attempt*** sie sagte, sie werde das Rennen tot oder lebend beenden; ***I'd rather*** ~ ***than ...*** lieber sterbe ich, als dass ...; **to almost** ~ **of boredom/embarrassment/laughter** (*fam*) vor Langeweile/Scham/Lachen fast sterben *fam;* ***we almost*** ~***d laughing*** wir hätten uns fast totgelacht; **to** ~ **of** [*or* **from**] **cancer/Aids** an Krebs/Aids sterben; **to** ~ **by one's own hand** (*liter*) Hand an sich *akk* legen *euph geh;* **to** ~ **of hunger** verhungern, hungers sterben *geh;* **to** ~ **in one's sleep** [sanft] entschlafen *euph geh;* **to** ~ **young** jung sterben, einen frühen Tod finden *geh;* ■**to** ~ **for sth** für etw *akk* sterben; **to** ~ **for one's beliefs** für seine Überzeugungen in den Tod gehen *geh*
❷ (*fig: end*) vergehen, [dahin]schwinden, erlöschen *geh; love* sterben; ***the secret will*** ~ ***with her*** sie wird das Geheimnis mit ins Grab nehmen
❸ (*fam: stop functioning*) kaputtgehen *fam; engine* stehen bleiben, verrecken *pej sl; battery* leer werden; *flames, lights* [v]erlöschen, ausgehen; ***he wore his jeans until they*** ~***d*** AM er trug seine Jeans, bis sie völlig hinüber waren *fam*
► PHRASES: **to** ~ **hard** (*person*) nicht aufgeben; (*beliefs, customs*) nicht totzukriegen sein *hum fam;* (*rumour*) sich *akk* lange halten; **never say** ~ nur nicht aufgeben; **do or** ~ ***to get the job I'll do or*** ~ ich werde alles geben, um die Stelle zu kriegen *fam;* ***it's do or*** ~ ***in this business venture*** bei diesem Geschäftsvorhaben geht es ums Ganze; **to be dying to do sth** darauf brennen, etw zu tun; ***I'm dying to hear the news*** ich bin wahnsinnig gespannt, die Neuigkeiten zu erfahren *fam;* **to be dying for sth** großes Verlangen nach etw *dat* haben; ***I'm dying for a cup of tea*** ich hätte jetzt zu gern eine Tasse Tee; **to be something to** ~ **for** (*fam*) unwiderstehlich gut sein; ***this chocolate cake is something to*** ~ ***for*** diese Schokoladentorte ist einfach köstlich
II. *vt* **to** ~ **a lonely death** einsam sterben; **to** ~ **a natural/violent death** eines natürlichen/gewaltsamen Todes sterben
► PHRASES: **to** ~ **the death** BRIT THEAT (*fam*) ein totaler Flop sein *fam*

◆**die away** *vi* schwinden, ersterben *geh; sobs* nachlassen, immer schwächer werden; *anger, enthusiasm, wind* sich *akk* allmählich legen, nachlassen; *sound* verhallen, verklingen

◆**die back** *vi flower, leaves, plant* absterben

◆**die down** *vi loud music, noise* leiser werden; *rain, wind* schwächer werden; *storm* sich legen; *excitement* abklingen

◆**die off** *vi species* aussterben; *customs* aussterben, in Vergessenheit geraten; *flower, leaves, plant* absterben

◆**die out** *vi* aussterben

die-cast **I.** *vt* ■**to** ~ **sth** etw spritzgießen [*o* druckgießen]
II. *adj inv* Spritzguss-, Druckguss-

diehard **I.** *n* (*pej*) Dickschädel *m pej fam,* Sturkopf *m pej fam;* POL Ewiggestrige(r) *f(m)*
II. *n modifier* (*reformer, critic*) unermüdlich; (*conservative, reactionary*) Erz-; (*cynic*) unverbesserlich

diesel ['di:zᵊl, AM *also* -sᵊl] **I.** *n no pl* ❶ (*fuel*) Dieselkraftstoff *m,* Diesel *m;* **to run on** ~ mit Diesel fahren
❷ (*vehicle*) Dieselfahrzeug *nt,* Diesel *m fam*
II. *n modifier* (*locomotive, power, tractor, train*) Diesel-

diesel-electric *adj inv* Diesel-Elektro- **diesel engine** *n* Dieselmotor *m* **diesel oil** *n* Dieselöl *nt,* Dieselkraftstoff *m*

diet[1] [daɪət] **I.** *n* ❶ (*food and drink*) Nahrung *f,* Ernährung *f;* ***they exist on a*** ~ ***of burgers and chips*** sie ernähren sich ausschließlich von Hamburgern und Pommes frites; **balanced/healthy/varied** ~ ausgewogene/gesunde/abwechslungsreiche Kost [*o* Ernährung]; **staple** ~ Hauptnahrungsmittel *ntpl*
❷ (*for medical reasons*) Diät *f,* Schonkost *f;* **strict** ~ strenge Diät; **to be on a** ~ auf Diät sein *fam;* **to put**

sb on a ~ jdm eine Diät verordnen, jdn auf Diät setzen *fam*
❸ (*for losing weight*) Diät *f,* Schlankheitskur *f;* **crash** ~ Radikalkur *f;* **to go on a** ~ eine Diät [*o* Schlankheitskur] machen; **calorie-controlled** ~ kalorienreduzierte Diät
❹ (*fig: routine*) Gewohnheit *f;* ***part of her therapy includes a ~ of fresh air*** zu ihrer Therapie gehört ein regelmäßiger Gang an die frische Luft; (*sth provided habitually*) **steady** ~ ewiges Einerlei *pej fam;* ***the television offers a ~ of comedies and old movies*** das Fernsehen bringt nur Komödien und alte Filme
II. *vi* Diät halten [*o* leben]
III. *vt* ■**to** ~ **sb** jdn auf Diät setzen *fam,* jdm eine Diät verordnen
IV. *n modifier* (*cola, ice cream, meal, soda*) Diät-

diet² [daɪət] *n* ❶ POL (*of province*) Landtag *m;* (*federal*) Bundestag *m,* Reichstag *m hist*
❷ (*assembly*) Versammlung *f*
❸ SCOT (*court session*) Gerichtstag *m,* Gerichtstermin *m*

dietary ['daɪətəri, AM -teri] **I.** *n* Diätplan *m,* Diätfahrplan *m fam,* Ernährungsplan *m*
II. *adj inv* ❶ (*of usual food*) Ernährungs-, Ess-; ~ **habits** Essgewohnheiten *fpl*
❷ (*of medical diet*) Diät-, diätetisch

dietary fibre, AM **dietary fiber** *n no pl* Ballaststoff *m,* [unverdauliche] Rohfasern *fpl*

dieter ['daɪətəʳ, AM -t̬ɚ] *n* Diätpatient(in) *m(f)*

dietetic [ˌdaɪə'tetɪk, AM -t̬] *adj inv* diätetisch

dietetics [ˌdaɪə'tetɪks, AM -t̬-] *n + sing vb* Ernährungslehre *f,* Diätkunde *f,* Diätetik *f fachspr*

dietician, dietitian [ˌdaɪə'tɪʃən] *n* Diätassistent(in) *m(f),* Ernährungsberater(in) *m(f)*

differ ['dɪfəʳ, AM -ɚ] *vi* ❶ (*be unlike*) ■**to** ~ [**from/in sth**] sich *akk* [von/in etw *dat*] unterscheiden; ***your taste in music ~s from hers*** du hast einen anderen Musikgeschmack als sie; **to** ~ **considerably/radically/significantly** sich *akk* beträchtlich/völlig/merklich unterscheiden
❷ (*not agree*) verschiedener Meinung sein, unterschiedliche Ansichten haben; LAW ***I beg to*** ~ ich bin anderer Ansicht; ■**to** ~ **with sb** anderer Meinung als jd sein

difference ['dɪfərən(t)s] *n* ❶ (*state*) Unterschied *m* (**between** zwischen *+dat*); ~ **in quality** Qualitätsunterschied *m*
❷ (*distinction*) Verschiedenheit *f;* ***there is a great ~ between theory and practice*** die Theorie unterscheidet sich sehr von der Praxis; ***try new Cremetti: the ice cream with a ~*** probieren Sie das neue Cremetti: das etwas andere Eis; **to make a** ~ einen Unterschied machen; **to make all the** ~ die Sache völlig ändern; **for all the** ~ **it** [*or* **that**] **will make** auch wenn sich dadurch nichts ändert; **to make all the** ~ **in the world** [*or* **a world of** ~] einen himmelweiten Unterschied machen; **to make a** ~ **to sth** etw verändern; ***the new wallpaper in the bedroom has made all the ~ to it*** durch die neue Tapete wirkt das Schlafzimmer jetzt ganz anders
❸ FIN Differenz *f;* **to make up the** ~ die Differenz ausgleichen, den Fehlbetrag decken; MATH (*after subtraction*) Rest *m*
❹ (*disagreement*) Meinungsverschiedenheit *f,* Differenz *f geh;* **to have a** ~ **of opinion** eine Meinungsverschiedenheit haben; **to put aside/settle** [*or* **resolve**] ~**s** Meinungsverschiedenheiten beiseite lassen/beilegen

different ['dɪfərənt] *adj* ❶ (*not the same*) anders *präd,* andere(r, s) *attr;* ***he seems to be ~ now that he's been to college*** er scheint sich geändert zu haben, seit er am College war
❷ (*distinct*) unterschiedlich, verschieden; ***she seems to wear something ~ every day*** sie scheint jeden Tag etwas anderes zu tragen; ■**to be** ~ **from sb/sth** sich *akk* von jdm/etw unterscheiden; ***Emily is entirely ~ from her sister*** Emily ist ganz anders als ihre Schwester
❸ (*unusual*) ausgefallen, ungewöhnlich; ***well, those purple shoes are certainly*** ~ deine lila Schuhe sind eher ein wenig ungewöhnlich, oder?; **to do something** ~ etwas Außergewöhnliches tun
► PHRASES: **to be as** ~ **as chalk and cheese** [*or esp* AM **night and day**] grundverschieden [*o* [so verschieden] wie Tag und Nacht] sein

differential [ˌdɪfə'ren(t)ʃəl] **I.** *n* ❶ (*difference*) Unterschied *m;* ECON Gefälle *nt;* **pay/price/tariff** ~ Einkommens-/Preis-/Tarifunterschied *m,* Lohn-/Preis-/Tarifgefälle *nt*
❷ MATH Differenzial *nt*
❸ AUTO, MECH Differenzial[getriebe] *nt,* Ausgleichsgetriebe *nt*
II. *adj* ❶ (*different*) unterschiedlich, ungleich; ~ **access** COMPUT selektiver Zugang [*o* Zugriff]; ~ **treatment** Ungleichbehandlung *f*
❷ ECON gestaffelt, Staffel-; ~ **tariff** Staffeltarif *m*
❸ MATH, MECH Differenzial-

differential calculus *n* Differenzialrechnung *f*

differential equation *n* Differenzialgleichung *f*

differential gear *n* Differenzialgetriebe *nt*

differentially [ˌdɪfə'ren(t)ʃəli] *adv* unterschiedlich

differentiate [ˌdɪfə'ren(t)ʃieɪt] **I.** *vi* unterscheiden, einen Unterschied machen; ***I'm not very good at differentiating between wines*** ich kann Weine nicht sehr gut voneinander unterscheiden
II. *vt* ■**to** ~ **sb/sth from sb/sth** jdn/etw von jdm/etw unterscheiden

differentiation [ˌdɪfəren(t)ʃi'eɪʃən] *n* ❶ (*showing differences*) Unterscheidung *f,* Differenzierung *f;* **to make a** ~ einen Unterschied machen, unterscheiden
❷ (*becoming different*) Differenzierung *f;* (*of specializing*) Spezialisierung *f;* ***the ~ of the foetal organs …*** die Ausbildung der einzelnen embryonalen Organe …
❸ ECON Produktdifferenzierung *f*

differently ['dɪfərəntli] *adv* verschieden, unterschiedlich

difficult ['dɪfɪkəlt] *adj* ❶ (*not easy*) *examination, language, task* schwierig, schwer; *case, problem, situation* schwierig; *choice, decision* schwer; ***this problem is ~ to deal with*** dieses Problem ist schwer in den Griff zu bekommen; ***it was ~ for her to say goodbye*** es fiel ihr schwer, sich zu verabschieden; ~ **climb** schwieriger Aufstieg; ~ **labour** schwere Geburt; **to find it** ~ **to do sth** es schwer finden, etw zu tun
❷ (*with hardship*) *age, position* schwierig; *life, time* schwer; *job, trip* beschwerlich
❸ (*not easy to please*) schwierig; ***the manager is ~ to deal with*** mit dem Manager ist nicht gut Kirschen essen *fam*
❹ (*complex*) *author, book, concept* schwierig, schwer verständlich

difficulty ['dɪfɪkəlti] *n* ❶ *no pl* (*effort*) Mühe *f;* **with** ~ mit Mühe, mühsam
❷ *no pl* (*problematic nature*) *of a task* Schwierigkeit *f*
❸ (*trouble*) Problem *nt,* Schwierigkeit *f;* ***a ~ has arisen*** es gibt da ein Problem; **to be fraught with difficulties** jede Menge Probleme mit sich *dat* bringen *fam;* **learning difficulties** Lernschwierigkeiten *fpl;* **to be in difficulties** in Schwierigkeiten sein; **to be in difficulties with sb** BRIT, AUS Unannehmlichkeiten mit jdm haben; **to encounter difficulties** auf Schwierigkeiten stoßen; **to have** ~ **doing sth** Schwierigkeiten dabei haben, etw zu tun; ***she has been having great ~ finding a job*** es war sehr schwer für sie, eine Stelle zu finden

diffidence ['dɪfɪdən(t)s] *n no pl* ❶ (*shyness*) Schüchternheit *f,* Mangel *m* an Selbstvertrauen; ***with great ~, he asked her …*** ganz schüchtern fragte er sie, …
❷ (*modesty*) Zurückhaltung *f,* Bescheidenheit *f*

diffident ['dɪfɪdənt] *adj* ❶ (*shy*) zaghaft, schüchtern
❷ (*modest*) zurückhaltend, bescheiden

diffidently ['dɪfɪdəntli] *adv* ❶ (*shyly*) zaghaft, schüchtern
❷ (*modestly*) zurückhaltend, bescheiden

diffract [dɪ'frækt] *vt* PHYS ■**to** ~ **sth** etw beugen

diffraction [dɪ'frækʃən] *n no pl* PHYS Beugung *f,* Diffraktion *f fachspr*

diffuse I. *adj* [dɪ'fju:s] ❶ (*spread out*) *community* [weit] verstreut; ~ **light** diffuses Licht, Streulicht *nt*
❷ (*unclear*) *pain* diffus; ~ **murmuring** undeutliches Gemurmel
❸ (*verbose*) *explanation, report* weitschweifig; *prose, speech* langatmig
II. *vi* [dɪ'fju:z] ❶ (*disperse*) *knowledge* sich *akk* verbreiten; PHYS *gas* diffundieren *fachspr,* sich *akk* ausbreiten; *fluid* sich *akk* verbreiten [*o* verteilen]; ***oxygen ~s from the lungs into the bloodstream*** Sauerstoff dringt aus der Lunge in den Blutkreislauf
❷ PHYS (*intermingle*) sich *akk* vermischen
III. *vt* [dɪ'fju:z] ❶ (*disseminate*) ■**to** ~ **sth** etw verbreiten [*o* in Umlauf bringen]; **to** ~ **knowledge** Wissen verbreiten
❷ (*pour out*) ■**to** ~ **sth** etw ausgießen [*o* ausschütten]
❸ PHYS ■**to** ~ **sth into sth** etw in etw *akk* eindringen [*o fachspr* diffundieren] lassen; ***gas is ~d into the bladder*** in die Blase wird Gas eingebracht

diffusely [dɪ'fju:sli] *adv* ❶ (*in a dispersed manner*) verstreut
❷ (*verbosely*) langatmig, weitschweifig

diffuseness [dɪ'fju:snəs] *n no pl* Mangel *m* an Abgrenzung, Unklarheit *f,* Unschärfe *f*

diffuser [dɪ'fju:zəʳ, AM -ɚ] *n* ❶ (*for light*) [Licht]diffusor *m,* lichtstreuender Körper
❷ (*for airstream*) Diffusor *m,* Luftverteiler *f,* [Druckluft]belüfter *m*

diffusion [dɪ'fju:ʒən] *n no pl* Verbreitung *f;* SOCIOL Ausbreitung *f;* CHEM, PHYS Diffusion *f*

diffusor *n see* **diffuser**

dig [dɪg] **I.** *n* ❶ (*with shovel*) Grabung *f;* ARCHEOL Ausgrabung *f;* ARCHIT Erdarbeiten *pl;* **to go on a** ~ eine Ausgrabung machen
❷ (*thrust*) Stoß *m,* Puff *m fam;* ~ **in the ribs** Rippenstoß *m;* (*fig: cutting remark*) Seitenhieb *m* (**at** auf *+akk*); **to have** [*or* **make**] [*or* **take**] **a** ~ **at sb** gegen jdn sticheln
❸ *esp* BRIT (*fam*) ■~**s** *pl* [Studenten]bude *f fam;* **to live in** ~**s** ein möbliertes Zimmer [*o fam* eine eigene Bude] haben
II. *vi* <-gg-, dug, dug> ❶ (*break up ground*) graben; ■**to** ~ **for sth** nach etw *dat* graben; ■**to** ~ **into/through sth** sich *akk* in/durch etw *akk* graben
❷ (*poke*) graben, wühlen; ***her nails dug into his palm*** ihre Nägel gruben sich in seine Hand; ***I've got a stone in my shoe and it's ~ging into my foot*** in meinem Schuh ist ein Stein, der bohrt sich in meinen Fuß; **to** ~ **in one's pocket** in der Tasche graben [*o fam* [herum]wühlen]
❸ (*dated sl: understand*) schnallen *sl,* kapieren *fam;* ***you ~, man?*** alles klar, Junge? *fam*
► PHRASES: **to** ~ [**deeper**] **into one's pockets** [tiefer] in die eigene Tasche greifen; **to** ~ [**deeper**] **into one's resources** [*or* **savings**] [verstärkt] auf eigene Mittel/Ersparnisse zurückgreifen; **to** ~ **deeper** der Sache nachgehen [*o* auf den Grund gehen], tiefer bohren
III. *vt* <-gg-, dug, dug> ❶ (*with a shovel*) ■**to** ~ **sth** etw graben; **to** ~ **a canal/ditch** einen Kanal/Graben ausheben; **to** ~ **a hole** ein Loch buddeln *fam*
❷ ARCHEOL ■**to** ~ **sth** etw ausgraben [*o* freilegen]
❸ (*thrust*) ■**to** ~ **sb** jdm einen Stoß geben; **to** ~ **a pole into the ground** einen Pfahl in den Boden rammen; **to** ~ **sb in the ribs** jdn [mit dem Ellenbogen] anstoßen; **to** ~ **one's spurs into a horse** einem Pferd die Sporen geben
❹ (*dated sl: like*) ■**to** ~ **sth** auf etw *akk* stehen *sl*
❺ (*dated sl: understand a meaning*) ■**to** ~ **sth** etw schnallen *sl* [*o fam* kapieren]
► PHRASES: **to dig** [**up**] **the dirt about** [*or* **on**] **sb** jdn durch den Schmutz ziehen; **to** ~ **one's own grave** sich *dat* sein eigenes Grab schaufeln; **to** ~ **in one's heels** [*or* **toes**] [*or* **feet**] auf stur schalten, keinen Zentimeter nachgeben; **to** ~ **oneself into a hole** sich *dat* selbst eine Grube graben

♦**dig in** **I.** *vi* ① (*fam: begin eating*) reinhauen *fam,* zulangen *fam,* zuschlagen *fam;* ~ **in!** schlag zu!, hau rein!
② MIL sich *akk* eingraben [*o* verschanzen]
③ *usu passive* (*be established*) ■**to be dug in** sich *akk* eingerichtet [*o* eingelebt] haben; MIL sich *akk* verschanzt haben
II. *vt* **to** ~ **fertilizer** ↔ **in** Dünger untergraben
♦**dig out** *vt* (*also fig*) ■**to** ~ **out** ↔ **sth** etw ausgraben *a. fig,* etw herausholen
♦**dig over** *vt* ■**to** ~ **over** ↔ **sth** *dirt* etw umgraben
♦**dig up** *vt* ■**to** ~ **up** ↔ **sth** ① (*turn over*) etw umgraben
② (*remove*) etw ausgraben; ARCHEOL etw freilegen; **to** ~ **up weeds** Unkraut jäten
③ (*fig: find out*) etw herausfinden [*o* ausgraben]; **to** ~ **up information on sb/sth** etwas über jdn/etw herausfinden
digerati [ˌdɪdʒəˈrɑːti, AM -t̬-] *npl* Digerati, Computer-/Internetexperten, -innen *mpl, fpl fam*
digest **I.** *vi* [daɪˈdʒest] *food* sich *akk* verdauen lassen
II. *vt* [daɪˈdʒest] ■**to** ~ **sth** ① (*in stomach*) etw verdauen
② (*fig: understand*) etw verarbeiten [*o* verdauen]
③ CHEM (*decompose*) etw auflösen [*o fachspr* digerieren]
III. *n* [ˈdaɪdʒest] Auswahl *f* (**of** aus +*dat*), Überblick *m* (**of** über +*akk*); LAW Fallsammlung *f* [in Auszügen]; ~ **of findings** Zusammenstellung *f* von Ergebnissen; LAW Sammlung [*o* Auswahl] *f* von Gerichtsentscheidungen
digestible [dɪˈdʒestəbl̩] *adj* verdaulich, bekömmlich
digestion [dɪˈdʒestʃən] *n* Verdauung *f,* Digestion *f fachspr*
digestive [daɪˈdʒestɪv] **I.** *adj inv* Verdauungs-, digestiv *fachspr; disorder, enzymes, juices, tract* Verdauungs-
II. *n* verdauungsfördendes Mittel, Digestivum *nt fachspr*
digestive biscuit *n* Vollkornkeks *m* **digestive system** *n* Verdauungssystem *nt*
digger [ˈdɪgəʳ, AM -ɚ] *n* ① (*machine*) Bagger *m;* (*gardening tool*) Grabschaufel *f;* AGR Tiefkulturpflug *m,* Rodepflug *m;* **mechanical** ~ Grabmaschine *f,* Grabgerät *nt*
② (*sb who digs*) Gräber(in) *m(f),* Erdarbeiter(in) *m(f);* ARCHEOL Ausgräber(in) *m(f);* MIN Bergmann *m;* AUS (*gold miner*) Goldgräber(in) *m(f)*
③ AUS (*fam: buddy*) Kumpel *m fam*
④ AUS, NZ (*fam: soldier*) [australischer/neuseeländischer] Soldat
diggings [ˈdɪgɪŋz] *npl* ① (*excavated earth*) [Erd]aushub *m kein pl*
② (*mine*) [Gold]mine *f,* [Gold]bergwerk *nt*
③ BRIT (*dated fam: lodgings*) [Studenten]bude *f fam*
digit [ˈdɪdʒɪt] *n* ① MATH Ziffer *f;* **three-~ number** dreistellige Zahl
② (*finger*) Finger *m;* (*toe*) Zehe *f*
digital [ˈdɪdʒɪtəl, AM -t̬əl] *adj inv* digital, Digital-; ~ **editing** (*editing movies using the computer*) digitale Bearbeitung
digital audio disk *n* COMPUT digitale Tonplatte
digital audio tape *n* digitales Tonband **digital cash** *n no pl* elektronisches Geld, Plastikgeld *nt fam* **digital clock** *n* Digitaluhr *f*
digitalis [ˌdɪdʒɪˈteɪlɪs, AM -ˈtælɪs] *n no pl* ① PHARM Digitalis *nt*
② BOT Digitalis *f fachspr,* Fingerhut *m*
digitally [ˈdɪdʒɪtəli, AM -t̬əli] *adv inv* digital
digital watermark *n* digitales Wasserzeichen
digitigrade [ˈdɪdʒɪtɪgreɪd] **I.** *n* ZOOL Zehengänger *m*
II. *adj* ZOOL auf Zehen gehend
digitize [ˈdɪdʒɪtaɪz] *vt* ■**to** ~ **sth** etw digitalisieren
diglossia [ˌdaɪˈglɒsiə, AM -ˈglɑː-] *n no pl* Diglossie *f*
dignified [ˈdɪgnɪfaɪd] *adj* ① (*with dignity*) *conduct, person, speech* würdig, würdevoll; *manners* fein; *silence* ehrfürchtig
② (*worthy of respect*) ehrwürdig, Achtung gebietend
dignify <-ie-> [ˈdɪgnɪfaɪ] *vt* ■**to** ~ **sth** etw Würde verleihen; ***it would be a crime to ~ this rhyme with the label of poetry*** es wäre eine Schande, diese Zeilen in den Rang eines Gedichts zu erheben; **to** ~ **an occasion** einem festlichen Ereignis Glanz verleihen
dignitary [ˈdɪgnɪtəri, AM -nəteri] *n* Würdenträger(in) *m(f)*
dignity [ˈdɪgnɪti, AM -t̬-] *n no pl* ① (*composure*) Würde *f;* **a man of** ~ ein Mann von würdevollem Auftreten; **to behave with great** ~ mit großer Würde auftreten
② (*worthiness*) Würde *f,* [menschliche] Größe; **human** ~ Menschenwürde *f;* **to die with** ~ mit Würde sterben
③ (*respect*) Ansehen *nt,* Achtung *f;* **to be beneath sb's** ~ unter jds Würde sein; **to stand on one's own** ~ Respekt fordern
digraph [ˈdaɪgrɑːf, AM græf] *n* LING Digraph *m fachspr*
digress [daɪˈgres] *vi* abschweifen; ■**to** ~ **from sth** von etw *dat* abschweifen [*o* abkommen]
digression [daɪˈgreʃən] *n* Abschweifung *f,* Exkurs *m;* ~ **on American history** Exkurs *m* über amerikanische Geschichte
digressive [daɪˈgresɪv] *adj* abschweifend
digs [dɪgz] *n see* **dig I 3**
dihedral [daɪˈhiːdrəl] **I.** *adj inv* zweiflächig, diedrisch
II. *n no pl* AVIAT V-Form *f,* V-Stellung *f*
dike *n see* **dyke**
dilapidated [dɪˈlæpɪdeɪtɪd, AM -t̬-] *adj house* verfallen, baufällig; *building, estate* heruntergekommen, verwahrlost; *car* klapprig, ramponiert *fam*
dilapidation [dɪˌlæpɪˈdeɪʃən] *n no pl of house* Verfall *m,* Baufälligkeit *f;* ***the farmhouse had fallen into a state of ~*** das Bauernhaus war baufällig geworden
dilate [daɪˈleɪt, AM ˈdaɪleɪt] **I.** *vi* sich *akk* weiten [*o* [aus]dehnen] [*o* erweitern]
II. *vt* ■**to** ~ **sth** etw weiten [*o* erweitern] [*o* ausdehnen]; ***this will ~ the arteries*** die Arterien werden dadurch weiter
♦**dilate on, dilate upon** *vi* (*form*) ■**to** ~ [**up**]**on sth** sich *akk* über etw *akk* auslassen
dilated [daɪˈleɪtɪd, AM ˈdaɪleɪt̬-] *adj* erweitert, ausgedehnt; ***after 20 hours of labour she was only 2 cm*** ~ nach 20 Stunden Wehen war der Muttermund erst 2 cm geöffnet; **with** ~ **eyes** mit aufgerissenen Augen
dilation [daɪˈleɪʃən] *n no pl* Erweiterung *f,* Ausdehnung *f*
dilatory [ˈdɪlətəri, AM -tɔːri] *adj* (*form*) langsam, saumselig *geh;* ***we apologize for being so ~ in dealing with your enquiry*** wir bitten die säumige Bearbeitung Ihrer Anfrage zu entschuldigen; ~ **motion** LAW Verzögerungsantrag *m;* ~ **plea** LAW dilatorische [aufschiebende] Einrede
dilberted [ˈdɪlbɚt̬ɪd] *adj* AM *pred* ■**to be** ~ ein Opfer seines/ihres Vorgesetzten sein
dildo <*pl* -s *or* -es> [ˈdɪldəʊ, AM -doʊ] *n* ① (*for sex*) Dildo *m*
② AM (*sl: idiot*) Trottel *m pej fam,* Rindvieh *nt pej*
dilemma [dɪˈlemə] *n* Dilemma *nt,* Zwangslage *f;* ***the President is in a ~ over how to tackle the crisis*** der Präsident steht bei der Lösung der Krise vor einem Dilemma; **to be caught in a** ~ sich in einem Dilemma befinden; **to be faced** [*or* **confronted**] **with a** ~ vor einem Dilemma stehen, in der Zwickmühle stecken; **to resolve a** ~ ein Dilemma ausräumen, aus einem Dilemma herauskommen; LAW eine Streitfrage regeln
dilettante [ˌdɪlɪˈtænti, AM -əˈtɑːnt] **I.** *n* <*pl* -s *or* -ti> [-taɪ] ① (*not expert*) Dilettant(in) *m(f) a. pej geh,* Amateur(in) *m(f),* Laie *m*
② ART (*old*) Kunstliebhaber(in) *m(f)*
II. *n modifier* (*approach, attitude*) dilettantisch, amateurhaft, laienhaft
dilettanti [ˌdɪlɪˈtænti, AM -taɪ] *n pl of* **dilettante**
diligence [ˈdɪlɪdʒən(t)s] *n no pl* ① (*effort*) Eifer *m*
② (*industriousness*) Fleiß *m*
diligent [ˈdɪlɪdʒənt] *adj* ① (*hard-working*) fleißig, eifrig; ***their lawyer was extremely ~ in preparing their case*** ihr Anwalt hat den Fall mit außergewöhnlichem Eifer vorbereitet
② (*painstaking*) sorgfältig, gewissenhaft (**about** mit +*dat*)
diligently [ˈdɪlɪdʒəntli] *adv* sorgfältig, gewissenhaft
dill [dɪl] *n no pl* Dill *m*
dill pickle *n* Essiggurke *f* **dill weed** *n no pl* Dill *m*
dillydally <-ie-> [ˈdɪliˌdæli] *vi* (*dated fam*) ① (*dawdle*) [herum]trödeln *meist pej fam*
② (*vacillate*) schwanken, zaudern
dilute [daɪˈluːt] **I.** *vt* ■**to** ~ **sth** ① (*mix*) etw verdünnen [*o* strecken] (**with** mit +*dat*)
② (*fig*) etw abschwächen [*o* mildern]; **to** ~ **fears** Ängste zerstreuen; **to** ~ **one's investment in a company** seine Investitionen *fpl* in eine Firma reduzieren; **to** ~ **a statement** einer Stellungnahme die Schärfe nehmen
II. *adj* verdünnt; ~ **colour** ausgebleichte [*o* verblasste] Farbe; ~ **light** schwaches Licht
diluted [daɪˈluːtɪd, AM -t̬-] *adj esp* AM *juice, chemical solution* verdünnt; *soup, sauce* gestreckt
dilution [daɪˈluːʃən] *n* ① *no pl* (*act*) Verdünnen *nt;* **by** ~ durch Verdünnen
② (*liquid*) Verdünnung *f,* verdünnte Lösung
③ *no pl* (*fig: weakening*) Verwässerung *f,* Abschwächung *f*
④ ECON, FIN ~ **of equity** [*or* **shareholding**] Wertminderung *f* von Aktien
diluvial [daɪˈluːviəl, AM dɪˈ-] *adj* sintflutartig
dim <-mm-> [dɪm] **I.** *adj* ① (*not bright*) schwach, trüb; ~ **glow** schwacher [*o* trüber] Schein; ~ **light** schwaches [*o* trübes] Licht; (*poorly lit*) düster, schumm[e]rig, dunkel; ~ **corner** dunkle Ecke; ~ **room** schummriges Zimmer
② (*indistinct*) undeutlich, verschwommen, schwach; ~ **memory** [*or* **recollection**] verschwommene Erinnerung; ~ **shape** verschwommene Konturen *fpl;* ~ **sound** leises Geräusch; ~ **view/vision** unscharfe Sicht
③ (*dull*) *colour* matt, trüb, blass
④ (*fig: slow to understand*) schwer von Begriff *fam,* beschränkt *fam,* begriffsstutzig
⑤ (*fig: unfavourable*) dunkel, ungünstig; ~ **prospects** trübe Aussichten; **to take a** ~ **view of sth** mit etw *dat* gar nicht einverstanden sein, von etw *dat* nichts halten
II. *vt* ■**to** ~ **sth** etw abdunkeln [*o* verdunkeln]; **to** ~ **the lights** das Licht dämpfen; AUTO **to** ~ **the headlights** abblenden
III. *vi lights* dunkler werden, verlöschen; *hopes* schwächer werden, schwinden
dim. *adj inv abbrev of* **diminuendo** dim.
dime [daɪm] *n* AM Dime *m,* Zehncentstück *nt*
► PHRASES: **a** ~ **a <u>dozen</u>** spottbillig; ***books like this are a ~ a dozen*** Bücher wie das sind Dutzendware *pej;* **she <u>hasn't</u> a** ~ sie ist total pleite [*o* abgebrannt] *fam*
dimension [ˌdaɪˈmen(t)ʃən, AM dɪˈ-] **I.** *n* ① (*measurements*) *of room* Dimension *f,* Abmessung *f;* ■~**s** *pl* (*size*) Ausmaß *nt,* Umfang *m kein pl;* **of large** [*or* **vast**] ~**s** von riesigen Ausmaßen, riesengroß
② (*aspect*) Dimension *f,* Aspekt *m;* ***these weapons add a new ~ to modern warfare*** durch diese Waffen erhält die moderne Kriegsführung eine [ganz] neue Dimension; ~ **of a problem** Bedeutung *f* eines Problems
③ MATH Dimension *f*
II. *vt* ■**to** ~ **sth** ① (*shape*) etw abmessen
② (*indicate size*) etw dimensionieren
-dimensional [ˌdaɪˈmen(t)ʃənəl, AM dɪˈ-] *in compounds* (*1-, 2-, 3-*) -dimensional
dimeter [ˈdɪmɪtəʳ, AM -ət̬ɚ] *n* LIT Dimeter *m*
diminish [dɪˈmɪnɪʃ] **I.** *vt* ① (*lessen*) ■**to** ~ **sth** etw vermindern [*o* verringern]; **to** ~ **sb's achievements** jds Leistungen schmälern [*o* herabwürdigen]; **to** ~ **a memory** eine Erinnerung beeinträchtigen; **to** ~ **sb's resolve** jdn verunsichern

❷ (*disparage*) ■to ~ **sb** jdn herabsetzen [*o* herabwürdigen]
II. *vi* sich *akk* vermindern; *pain* nachlassen, abklingen; *influence, value* abnehmen, zurückgehen; **to ~ [greatly] in value** [stark] an Wert verlieren
diminished capacity *n no pl* AM LAW verminderte Zurechnungsfähigkeit; **on grounds of ~** aufgrund verminderter Zurechnungsfähigkeit **diminished chord** *n* MUS vermindertes Intervall **diminished responsibility** *n no pl* verminderte Zurechnungsfähigkeit; **on grounds of ~** aufgrund verminderter Zurechnungsfähigkeit
diminishing returns *npl* abnehmende Skalenerträge; **the law of ~** Gesetz *nt* vom abnehmenden Ertragszuwachs, Ertragsgesetz *nt*
diminuendo [dɪˌmɪnju'endəʊ, AM -doʊ] MUS **I.** *n* <*pl* -s *or* -di> Diminuendo *nt*
II. *adv inv* diminuendo
III. *adj inv* diminuendo
IV. *vi* leiser werden
diminution [ˌdɪmɪ'nju:ʃən, AM -ə'nu:-] *n* ❶ *no pl* Verringerung *f*, Abnahme *f*, Verminderung *f*; ***there will be a temporary ~ in prospects*** die Möglichkeiten sind vorübergehend eingeschränkt
❷ MUS Diminution *f*
diminutive [dɪ'mɪnjətɪv, AM -t̬-] **I.** *adj* ❶ (*small*) winzig, klein
❷ (*indicating smallness*) diminutiv, Verkleinerungs-
II. *n* Diminutiv *nt*, Verkleinerungsform *f*
dimity ['dɪmɪti, AM əţi] *n no pl* FASHION geköperter Barchent
dimly ['dɪmli] *adv* ❶ (*not brightly*) schwach
❷ (*indistinctly*) undeutlich, unscharf
❸ (*vaguely*) **to remember sth ~** sich *akk* dunkel an etw *akk* erinnern
dimmer ['dɪməʳ, AM -ɚ] *n*, **dimmer switch** *n* Dimmer *m*, Helligkeitsregler *m*
dimness ['dɪmnəs] *n no pl* ❶ (*lack of light*) Trübheit *f*, Halbdunkel *nt*; *of a lamp* Mattheit *f*; *of a memory* Undeutlichkeit *f*; *of an outline* Unschärfe *f*; *of a room* Düsterkeit *f*
❷ (*lack of intelligence*) Beschränktheit *f*
dimple ['dɪmpl̩] **I.** *n* (*in cheeks, chin*) Grübchen *nt*; (*indentation*) Delle *f*; (*in water*) Kräuselung *f*
II. *vt* ***a smile ~d his cheeks*** als er lächelte, bekam er Grübchen in den Wangen
III. *vi* Grübchen bekommen
dimpled ['dɪmpl̩d] *adj* mit Grübchen; ■**to be ~** Grübchen haben
dim sim [ˌdɪm'sɪm] *n*, **dim sum** [-'sʌm] *n no pl* FOOD Dim Sim (*gefüllte chinesische Knödel*)
dimwit **I.** *n* (*pej sl*) Dummkopf *m pej*, Hohlkopf *m pej*
II. *interj* Blödmann *m fam*, Dummkopf *m fam*
dim-witted *adj* dusselig *fam*, dämlich *fam*, blöd *fam*, minderbemittelt *pej sl*, unterbelichtet *pej fam*
DIN *n* COMPUT *abbrev of* **deutsche Industrienorm** DIN
din [dɪn] **I.** *n no pl* Lärm *m*, Getöse *nt*; **the ~ of the traffic** der Verkehrslärm; **terrible ~** Höllenlärm *m*; **to make a ~** Krach machen
II. *vt* ■**to ~ sth into sb** jdm etw einbläuen [*o* einhämmern]
dinar ['di:nɑ:ʳ, AM di:'nɑ:r] *n* Dinar *m*; **Arab accounting ~** arabischer Verrechnungsdinar
dine [daɪn] *vi* (*form*) essen, speisen *geh*, dinieren *geh*
◆**dine off** *vi* ■**to ~ off sth** von etw *dat* leben, etw essen
◆**dine out** *vi* ❶ (*eat in restaurant*) auswärts essen [*o geh* speisen]; ***we're dining out tonight at a special little restaurant*** wir gehen heute Abend zum Essen in ein kleines Restaurant
❷ (*fig: be invited*) ■**to ~ out on sth** wegen etw *dat* zum Essen eingeladen werden; ***I've been dining out for months on the story*** die Geschichte hat mir monatelang Einladungen zum Essen verschafft
diner ['daɪnəʳ, AM -ɚ] *n* ❶ (*person*) Speisende(r) *f(m)*; (*in restaurant*) Gast *m*
❷ RAIL Speisewagen *m*
❸ AM *Restaurant am Straßenrand mit Theke und Tischen*
dinero [dɪ'neroʊ] *n no pl* AM (*fam*) Knete *f fam*, Zaster *m fam*
ding¹ [dɪŋ] **I.** *vi* läuten
II. *adv* **to go ~** läuten, klingeln
III. *n* Klingeln *nt*, Läuten *nt*
IV. *interj* Ring!
ding² [dɪŋ] *n* AUS (*sl*) Riesenparty *f fam*, Riesending *nt fam*
ding³ [dɪŋ] *n* **to get a ~** (*fam*) einen Kratzer [ins Auto] bekommen
ding-a-ling ['dɪŋəlɪŋ] **I.** *n* ❶ (*onomat*) Klingeling *nt*
❷ AM (*fam: stupid person*) Depp *m pej*
II. *adj attr* (*sl: stupid*) gaga
dingbat ['dɪŋbæt] *n* ❶ AM, AUS, NZ (*stupid person*) Dummkopf *m pej*, Trottel *m pej fam*
❷ AUS, NZ (*madness*) ■**~s** *pl* Irrsinn *m kein pl*, Wahnsinn *m kein pl*; **to give sb the ~s** jdn verrückt machen; **to end up with the ~s** ins Irrenhaus kommen, durchdrehen *fam*
ding-dong ['dɪŋdɒŋ, AM -dɑ:ŋ] **I.** *n no pl* ❶ (*onomat*) Bimbam *nt*
❷ *esp* BRIT, AUS (*fam: argument*) Krach *m fam*
❸ BRIT (*fam: party*) [Riesen]ding *nt fam*
II. *adj attr esp* BRIT, AUS (*fam*) heiß; **a ~ argument** ein heftiger Streit
III. *adv* **to go ~** klingeln, läuten
dinghy ['dɪŋgi, AM -ŋi] *n* Ding[h]i *nt*
dingle ['dɪŋgl̩] *n* (*poet liter*) tiefes bewaldetes Tal, tiefe waldige Schlucht
dingo <*pl* -es *or* -s> ['dɪŋgəʊ, AM -goʊ] *n* ❶ (*dog*) Dingo *m*, australischer Windhund
❷ AUS (*sl: coward*) Feigling *m*
dingy ['dɪdʒi] *adj* schmutzig, schmuddelig, schäbig; **~ colour** trübe Farbe
dining car ['daɪnɪŋ,-] *n* RAIL Speisewagen *m* **dining hall** *n* Speisesaal *m* **dining room** **I.** *n* (*in house*) Esszimmer *nt*; (*in hotel*) Speisesaal *m* **II.** *n modifier* (*table, window*) Esszimmer- **dining table** *n* Esstisch *m*
dink¹ [dɪŋk] *n acr for* **double income, no kids** kinderloser Doppelverdiener/kinderlose Doppelverdienerin
dink² [dɪŋk] *n* FBALL, TENNIS Stop[flug]ball *m*
dinky¹ ['dɪŋki] *adj* ❶ BRIT, AUS (*approv: pretty*) niedlich, schnuckelig, zierlich
❷ AM (*pej: small*) klein, unbedeutend; **~ apartment** enge Wohnung
dinky² ['dɪŋki] *n acr for* **double income, no kids** kinderloser Doppelverdiener/kinderlose Doppelverdienerin, Dink *m*
dinner ['dɪnəʳ, AM -ɚ] *n* ❶ (*evening meal*) Abendessen *nt*, Dinner *nt*; (*warm lunch*) Mittagessen *nt*; ***we've been invited to ~ at John and Mary's*** wir sind bei John und Mary zum Essen eingeladen; ***~'s ready!*** das Essen ist fertig!; **to finish ~** zu Ende essen; **to go out for ~** essen gehen; **to have ~** zu Abend/Mittag essen; **to have sb over for ~** jdn zum Essen haben; **to make ~** das Essen zubereiten; **for ~** zum Essen
❷ (*formal meal*) Diner *nt*, Festessen *nt*; **to hold a ~ [for sb]** [für jdn] ein [offizielles] Essen geben
► PHRASES: **I've written more books than you've had <u>hot</u> ~s!** ich habe schon mehr Bücher geschrieben, als du Briefe
dinner dance *n* [Abend]essen *nt* mit Tanz **dinner jacket** *n* Smoking *m*, Smokingjacke *f* **dinner lady** *n* BRIT SCH *servierende Aufseherin an Schulen* **dinner party** *n* Abendgesellschaft *f* [mit Essen], Diner *nt*; **to have** [*or* **give**] **a ~** ein Abendessen geben **dinner service** *n*, **dinner set** *n* Tafelservice *nt*, Speiseservice *nt* **dinner table** *n* (*in house*) Esstisch *m*; (*at formal event*) Tafel *f*; ***don't argue at the ~*** beim Essen streitet man nicht **dinnertime** *n no pl* Essenszeit *f*
dinosaur ['daɪnəsɔ:ʳ, AM -sɔ:r] *n* Dinosaurier *m*; (*fig: object*) Auslaufmodell *nt*; (*person*) Betonkopf *m pej*; ***this typewriter is a bit of a ~*** diese Schreibmaschine ist ein Überbleibsel aus einer vergangenen Epoche
DInsp *n* LAW *abbrev of* **detective inspector** Kriminalinspektor(in) *m(f)*
dint [dɪnt] **I.** *n* ❶ (*dent*) Beule *f*, Delle *f*
❷ (*old: blow*) Schlag *m*
► PHRASES: **<u>by</u> ~ of sth** durch etw *akk*
II. *vt* ■**to ~ sth** etw verbeulen [*o* einbeulen], eine Delle in etw *akk* machen
diocesan [daɪ'ɒsɪsən, -zən, AM -'ɑ:sə-] **I.** *adj inv* Diözesan-, Bistums-
II. *n* [Diözesan]bischof *m*
diocese ['daɪəsɪs, -sɪz] *n* Diözese *f*, Bistum *nt*
diode ['daɪəʊd, AM -oʊd] *n* Diode *f*
dioecious [daɪ'i:ʃəs] *adj inv* diözisch *fachspr*; BOT *also* zweihäusig; ZOOL *also* getrenntgeschlechtlich
Dionysiac [ˌdaɪə'nɪsiæk, -'nɪz-] *adj*, **Dionysian** [ˌdaɪə'nɪsiən, -'nɪz-, AM -'nɪʃ-] *adj* ❶ (*sensual*) dionysisch *geh*, rauschhaft, ekstatisch, wild begeistert
❷ *inv* (*of Dionysus*) dionysisch *geh* **Dionysius** [ˌdaɪə'naɪsiəs, AM 'nɪʃəs] *n no pl* HIST Dionysios *m*
diopter [daɪ'ɑ:ptɚ] AM, **dioptre** [-'ɒptəʳ] *n* Dioptrie *f*
dioptric [daɪ'ɒptrɪk, AM -'ɑ:p-] **I.** *adj* ❶ (*aiding sight*) durchsichtig
❷ (*refractive*) lichtbrechend
II. *n* ■**~s** *pl*, + *sing vb* Dioptrie *f*
diorama [ˌdaɪə'rɑ:mə, AM -'ræmə] *n* Diorama *nt*
diorite ['daɪəraɪt] *n no pl* Quarzgestein *nt*, Diorit *m*
dioxide [daɪ'ɒksaɪd, AM -'ɑ:k-] *n no pl* CHEM Dioxyd *nt*, Dioxid *nt fachspr*
dioxin [daɪ'ɒksɪn, AM -'ɑ:k-] *n* CHEM Dioxin *nt*
dip [dɪp] **I.** *n* ❶ (*dipping*) [kurzes] Eintauchen *kein pl*
❷ FOOD Dip *m*, Soße *f*
❸ (*brief swim*) kurzes Bad; **to go for a ~** mal schnell ins Wasser springen *fam*, kurz reinspringen *fam*
❹ (*cleaning liquid*) [Reinigungs]lösung *f*, Desinfektionslösung *f*
❺ (*brief study*) Ausflug *m*; **a ~ into politics** ein Ausflug *m* in die Politik
❻ (*downward slope*) Fallen *nt kein pl*; *road* Vertiefung *f*; (*drop*) Sinken *nt kein pl*, Senkung *f*; (*in skyline*) Abfallen *nt kein pl*, Neigung *f*; ***a sudden ~ in the temperature*** ein plötzlicher Temperatureinbruch
❼ ASTRON Neigung *f*, Depression *f fachspr*
❽ PHYS Inklination *f*, Neigungswinkel *m*
❾ GEOL [Ein]fallen *nt kein pl*
❿ (*sl: pickpocket*) Taschendieb(in) *m(f)*
⓫ AM (*sl: fool*) Dummkopf *m pej*, Tölpel *m pej*
⓬ (*candle*) gezogene Kerze
II. *vi* <-pp-> ❶ (*go down*) [ver]sinken; (*lower*) sich *akk* senken; ***the sun ~ped below the horizon*** die Sonne verschwand am Horizont
❷ (*decline*) fallen, sinken; ***the profits ~ped*** die Einnahmen gingen zurück
❸ (*slope down*) abfallen
❹ (*go under water*) eintauchen, untertauchen
III. *vt* <-pp-> ❶ (*immerse*) ■**to ~ sth** etw [ein]tauchen; ■**to ~ sth in[to] sth** etw in etw *akk* [ein]tauchen; FOOD etw in etw *akk* [ein]tunken
❷ (*put into*) ■**to ~ sth in[to] sth** etw in etw *akk* [hinein]stecken; (*put into and pull out*) **to ~ [one's hand] into sth** [mit der Hand] in etw *akk* hineingreifen [*o* hineinlangen]
❸ (*lower*) ■**to ~ sth** etw senken [*o* neigen]; **to ~ one's flag** die Flagge dippen
❹ BRIT, AUS (*dim*) **to ~ the headlights** [die Scheinwerfer] abblenden
❺ (*dye*) ■**to ~ sth** etw färben [*o* in Farbe tauchen]
❻ AGR (*wash*) **to ~ sheep** Schafe dippen [*o* in desinfizierender Lösung baden]
❼ (*make candle*) **to ~ candles** Kerzen ziehen
❽ (*baptize*) ■**to ~ sb** jdn taufen
► PHRASES: **to ~ one's <u>toe</u> in sth** seine Fühler nach etw *dat* ausstrecken
◆**dip in** *vi* zugreifen
◆**dip into** *vi* ❶ (*study casually*) ■**to ~ into sth** einen kurzen Blick auf etw *akk* werfen; **to ~ into a book** kurz in ein Buch hineinschauen; **to ~ into a subject** sich *akk* flüchtig mit einem Thema befassen

[*o* beschäftigen]
❷ (*spend*) ■**to ~ into sth** etw angreifen; **to ~ into one's reserves/savings** an seine Ersparnisse/Reserven gehen; **to ~ into one's pocket** [*or* **wallet**] tief in die Tasche greifen

diphtheria [dɪfˈθɪəriə, AM -ˈθɪriə] *n no pl* MED Diphtherie *f*

diphthong [ˈdɪfθɒŋ, AM -θɑːŋ] *n* LING Doppellaut *m*, Doppelvokal *m*, Diphthong *m fachspr*

diploid [ˈdɪplɔɪd] BIOL **I.** *adj inv* diploid
II. *n* diploide Zelle, diploider Organismus

diploma [dɪˈpləʊmə, AM -ˈploʊ-] *n* ❶ SCH, UNIV Diplom *nt*; **to hold a ~ in sth** ein Diplom in etw *dat* haben
❷ (*honorary document*) [Ehren]urkunde *f*

diplomacy [dɪˈpləʊməsi, AM -ˈploʊ-] *n no pl also* POL Diplomatie *f*; (*in managing relations*) Verhandlungsgeschick *nt*; **quiet ~** stille Diplomatie; **secret ~** Geheimdiplomatie *f*

diplomat [ˈdɪpləmæt] *n also* POL Diplomat(in) *m(f)*

diplomatic [ˌdɪpləˈmætɪk, AM -t̬-] *adj* diplomatisch; (*tactful also*) taktvoll; ***he gave a very ~ answer*** er antwortete sehr diplomatisch; **by ~ channels** auf diplomatischem Weg; **~ language** Diplomatensprache *f*; **to grant sb ~ status** jdn in den Diplomatenstand erheben

diplomatically [ˌdɪpləˈmætɪkli, AM -t̬-] *adv* diplomatisch; POL *also* auf diplomatischem Weg[e]

diplomatic bag *n* Diplomatenpost *m*, Kuriergepäck *nt* **diplomatic corps** *n* diplomatisches Korps **diplomatic immunity** *n no pl* diplomatische Immunität **diplomatic pouch** *n* AM Diplomatenpost *f*, Kuriergepäck *nt* **diplomatic relations** *npl* diplomatische Beziehungen; **to break off ~** die diplomatischen Beziehungen abbrechen **diplomatic service** *n no pl* diplomatischer Dienst

diplomatist [dɪˈpləʊmətɪst, AM -ˈploʊ-] *n see* **diplomat**

diplopia [dɪˈpləʊpiə, AM -ˈploʊ-] *n no pl* MED Doppeltsehen *nt*, Diplopie *f fachspr*

dipolar [daɪˈpəʊləʳ, AM -ˈpoʊlɚ] *adj inv* zweipolig

dipole [ˈdaɪpəʊl, AM -poʊl] *n* ❶ PHYS, CHEM, ELEC Dipol *m*
❷ (*aerial*) Dipolantenne *f*

dipper [ˈdɪpəʳ, AM -ɚ] *n* ❶ ORN Taucher *m*
❷ (*ladle*) Schöpflöffel *m*, [Schöpf]kelle *f*

dippy [ˈdɪpi] *adj* (*sl*) verrückt *fam*, übergeschnappt *fam*, meschugge *sl*

dipso [ˈdɪpsəʊ, AM -soʊ] *n* (*fam*) *short for* **dipsomaniac** Trunksüchtige(r) *f(m)*, Dipsomane, -in *m, f*

dipsomania [ˌdɪpsə(ʊ)ˈmeɪniə, AM -səˈ-] *n no pl* MED [periodisch auftretende] Trunksucht, Dipsomanie *f fachspr*

dipsomaniac [ˌdɪpsə(ʊ)ˈmeɪniæk, AM -səˈ-] *n* MED Trunksüchtige(r) *f(m)*, Dipsomane, -in *m, f*

dipstick *n* ❶ AUTO [Öl]messstab *m* ❷ (*fam: idiot*) Idiot(in) *m(f) pej*, Dummkopf *m pej* **dip switch** *n* BRIT AUTO Abblendschalter *m*

diptych [ˈdɪptɪk] *n* ART Diptychon *nt*

dire [ˈdaɪəʳ, AM -ɚ] *adj* ❶ (*dreadful*) entsetzlich, schrecklich, fuchtbar; **~ poverty** äußerste [*o* extreme] Armut; **~ situation** aussichtslose Situation; **to be in ~ straits** in einer ernsten Notlage sein
❷ (*ominous*) Unheil bringend [*o* verkündend] *attr*; **~ warning** unheilvolle Warnung
❸ *pred* (*fam: very bad*) grässlich *fam*, schauderhaft *pej fam*
❹ (*urgent*) dringend; **to be in ~ need of help** ganz dringend Hilfe brauchen

DirecPC [dɪˈrekpiːsiː] *n modifier* INET DirecPC-*fachspr*

direct [dɪˈrekt] **I.** *adj* ❶ (*without interruption*) direkt; **~ flight** Direktflug *m*; **a ~ train** ein durchgehender Zug; (*without detour*) **~ route** kürzester Weg
❷ (*without intervention*) unmittelbar, direkt; **~ link** Direktverbindung *f*; **~ negotiations** Direktverhandlungen *fpl*
❸ (*frank*) offen, direkt; ***I'll be ~ with you ...*** wenn ich ehrlich bin, ...; **~ manner** direkte Art; **~ question** direkte [*o* unverblümte] Frage
❹ (*lineal*) direkt; ***sie is a ~ descendant of Robert Peel*** sie stammt in direkter Linie von Robert Peel ab
❺ (*exact*) genau, glatt *fam*; **the ~ opposite of sth** das genaue [*o* komplette] Gegenteil von etw *dat*
❻ ASTRON rechtläufig
❼ LAW **~ evidence** unmittelbarer Beweis; **~ examination** Befragung *f* eines Zeugen durch die benennende Partei
II. *adv* ❶ (*with no intermediary*) direkt; **to dial ~** selbst wählen, durchwählen
❷ (*via direct route*) direkt, geradewegs; ***this train goes ~ to Rome*** dieser Zug fährt ohne Halt bis nach Rom durch; **to fly ~ to a city** ohne Zwischenlandung nach einer Stadt fliegen
III. *vt* ❶ (*control*) ■**to ~ sth** etw leiten [*o* führen]; **to ~ the traffic** den Verkehr regeln [*o* dirigieren]
❷ (*order*) ■**to ~ sb to do sth** jdn anweisen, etw zu tun
❸ (*aim*) ■**to ~ sth against sb** etw gegen jdn richten; ■**to ~ sth at/to sb** etw an jdn richten; ***was that remark ~ed at me?*** galt diese Bemerkung mir?; ***their efforts were ~ed towards helping the homeless*** mit ihrem Engagement wollten sie den Obdachlosen helfen; **to ~ sb's attention at sth** jds Aufmerksamkeit auf etw *akk* lenken; **to ~ a blow at sb** nach jdm schlagen; **to ~ a letter to sb** einen Brief an jdn adressieren
❹ (*threaten with weapon*) ■**to ~ sth at sth/sb** etw auf etw/jdn richten
❺ (*give directions*) ■**to ~ sb to sth** jdm den Weg zu etw *dat* zeigen [*o* sagen]; ***could you please ~ me to the train station?*** könnten Sie mir bitte den Weg zum Bahnhof zeigen?
❻ THEAT, FILM ■**to ~ sth** bei etw *dat* Regie führen; MUS etw dirigieren
IV. *vi* THEAT, FILM Regie führen; MUS dirigieren

direct access *n no pl* COMPUT Direktzugriff *m*, direkter Zugriff **direct action** *n no pl* POL direkte Aktion; ECON Arbeitskampfmaßnahme *f* **direct banking** *n no pl* Telebanking *nt* **direct business** *n* ECON, FIN direktes Versicherungsgeschäft **direct costs** *npl* Fixkosten, Gemeinkosten **direct current** *n no pl* ELEC Gleichstrom *m* **direct debit** *n no pl* BRIT, CAN Einzugsermächtigung *f*, Einzugsverfahren *nt*; ***I pay my electricity bill by ~*** ich lasse meine Stromrechnung abbuchen **direct debit authorization** *n* FIN Einzugsermächtigung *f* **direct debiting** *n no pl* FIN Lastschriftverfahren *nt*; **~ service** Abbuchungsverfahren *nt* **direct deposit** *n* Überweisungsauftrag *m*; **to pay by ~** per Überweisung bezahlen **direct dialling** *n no pl* Direktwahl *f*, Durchwahl *f* **direct discourse** *n no pl* AM (*direct speech*) direkte [*o* wörtliche] Rede **direct hit** *n* Volltreffer *m*

direction [dɪˈrekʃᵊn] *n* ❶ (*course taken*) Richtung *f*; ***he was going in the ~ of the bedroom*** er ging in Richtung Schlafzimmer; **sense of ~** Orientierungssinn *m*; **to lack ~** orientierungslos sein; **to move in a ~** sich *akk* in eine Richtung bewegen; **in opposite ~s** in entgegengesetzter Richtung; **in the right/wrong ~** in die richtige/falsche Richtung; **to give sb ~s** jdm den Weg beschreiben
❷ *no pl* (*supervision*) Leitung *f*, Führung *f*; **under sb's ~** unter jds Führung [*o* Leitung]
❸ *no pl* FILM, TV, THEAT Regie *f*; **under sb's ~** unter jds Regie, unter der Regie von jdm
❹ (*instructions*) ■**~s** *pl* Anweisungen *fpl*; LAW Instruktionen *fpl*, Rechtsbelehrung *f* [der Geschworenen]; (*orders given by judge*) prozessleitende Verfügungen; **to give** [*or* **issue**] **~s that ...** Anweisungen geben, dass ...
❺ (*tendency*) Richtung *f*, Tendenz *f*, Strömung *f*

directional [dɪˈrekʃᵊnᵊl] *adj inv* RADIO gerichtet, Peil-, Richt-; **~ radio** Richtfunk *m*

directionless [dɪˈrekʃᵊnləs] *adj* richtungslos, ziellos

directive [dɪˈrektɪv] *n* ❶ (*form*) [An]weisung *f*, Direktive *f geh*
❷ EU Richtlinie *f*, Direktive *f*

directly [dɪˈrektli] **I.** *adv* ❶ (*without interruption*) direkt, ohne Umwege; **to tell sb sth ~** jdm etw ohne Umschweife sagen
❷ (*exactly*) direkt, genau
❸ (*soon*) sofort, gleich, bald; ***I'll be with you ~*** ich bin gleich bei Ihnen
❹ (*frankly*) offen, aufrichtig, direkt
❺ (*immediately*) **~ after/before ...** unmittelbar danach/davor ...
II. *conj* sobald, sowie

direct mail *n no pl* Direktwerbung *f*, Directmailing *nt* **direct marketing** *n no pl* COMM Direktmarketing *nt*, Direktvertrieb *m* **direct method** *n no pl* LING direkte Methode

directness [dɪˈrektnəs] *n no pl* Direktheit *f*, Geradheit *f*

direct object *n* direktes Objekt, Akkusativobjekt *nt*

director [dɪˈrektəʳ, AM -ɚ] *n* ❶ *of company* Direktor(in) *m(f)*; *of information centre* Leiter(in) *m(f)*; **D~ of Public Prosecutions** LAW Leiter *m* der Anklagebehörde, [General]staatsanwalt *m*
❷ (*member of board*) Mitglied *nt* des Board of Directors; **board of ~s** Board *m* of Directors (*leitendes Gremium eines Unternehmens*)
❸ FILM, THEAT Regisseur(in) *m(f)*; *of orchestra* Dirigent(in) *m(f)*; *of choir* Chorleiter(in) *m(f)*

directorate [dɪˈrektᵊrət, AM -t̬ɚət] *n + sing/pl vb*
❶ ADMIN Direktion *f*, Direktorat *nt*; **fish and game ~** *Kommission für Fischen und Jagen*
❷ (*board*) Direktorium *nt*, Aufsichtsrat *m*

director general <*pl* -s> *n esp* BRIT Generaldirektor(in) *m(f)*; **D~ G~ of Fair Trading** Leiter *m* des Amtes für Verbraucherschutz

directorial [dɪˌrekˈtɔːriᵊl] *adj inv* ❶ (*of director*) direktorial, Direktor[en]-; (*managerial*) führend *attr*, leitend *attr*; **~ style** Führungsstil *m*
❷ FILM, TV, THEAT **his ~ debut** sein Debüt *nt* als Regisseur

directorship [dɪˈrektəʃɪp, AM -tɚ-] *n* Direktorenstelle *f*, Direktorenposten *m*; ***he holds several company ~s*** er ist an der Leitung verschiedener Unternehmen beteiligt

directory [dɪˈrektᵊri, AM -əri] *n* ❶ TELEC Telefonbuch *nt*; (*list*) Verzeichnis *nt*; **address ~** Adressbuch *nt*, Adressenverzeichnis *nt*; **business ~** Branchenverzeichnis *nt*; **commercial** [*or* **trade**] **~** ECON, FIN Branchenadressbuch *nt*; **telephone ~** Telefonbuch *nt*, Fernsprechbuch *nt*; **to look sth up in a ~** etw in einem Verzeichnis nachschlagen
❷ PUBL, MEDIA Inhaltsverzeichnis *nt*; COMPUT Verzeichnis *nt*, Ordner *m*

directory assistance *n no pl* AM, AUS, **directory enquiries** *npl* BRIT [Telefon]auskunft *f kein pl*, Fernsprechauskunft *f kein pl*

direct paper *n* ECON, FIN Schuldtitel *m* mit direkter Platzierung

direct-sales *n modifier* COMM Direktverkaufs-, im Direktverkauf *nach n*; **~ operation** Direktverkauf *m*

direct share ownership *n* ECON, FIN direkter Aktienbesitz **direct speech** *n no pl* direkte [*o* wörtliche] Rede **direct tax** *n* direkte Steuer

DirecTV [dɪˈrektiːviː] *n modifier* TV DirecTV-*fachspr*

dirge [dɜːdʒ, AM dɜːrdʒ] *n* Trauerlied *nt*, Grabgesang *m*

dirigible [ˈdɪrɪdʒəbl̩, AM -ədʒ-] **I.** *n* Zeppelin *m*, [lenkbares] Luftschiff
II. *adj* lenkbar

dirk [dɜːk, AM dɜːrk] *n* Dolch *m*, Dolchmesser *nt*

dirndl [ˈdɜːndl̩, AM ˈdɜːrn-] *n* ❶ (*traditional dress*) Dirndl[kleid] *nt*
❷ (*skirt*) Dirndlrock *m*

dirndl skirt *n* Dirndlrock *m*

dirt [dɜːt, AM dɜːrt] *n no pl* ❶ (*filth*) Schmutz *m*, Dreck *m*; **to be covered in ~** ganz schmutzig sein; **to live in ~** im Dreck leben; **to show ~** *of cloth etc* den Schmutz sehen lassen
❷ (*soil*) Erde *f*, Boden *m*; (*mud*) Schlamm *m*, Morast *m*
❸ (*obscenity*) obszöne [*o* vulgäre] Sprache, unflätige Reden *fpl*; ***don't talk ~*** rede nicht so obszön

daher

❹ (*rumour*) [üble] Verleumdung [*o* Nachrede], schmutzige Wäsche, Schmutz *m;* (*gossip*) Klatsch *m fam,* Tratsch *m fam; **the ~ on everyone*** der neueste Klatsch zu allen und jeden; **to dig for ~** nach Skandalen suchen

❺ (*fam: excrement*) Dreck *m,* Kot *m,* Scheiße *f fam;* **dog ~** Hundedreck *m,* Hundescheiße *f fam*

► PHRASES: **to eat ~** (*fam*) Beleidigungen schlucken, sich *akk* widerspruchslos demütigen lassen; **to treat sb like ~** jdn wie [den letzten] Dreck behandeln *fam*

dirtball *n* AM (*fam*) Arschloch *nt derb* **dirt bike** *n* Geländemotorrad *nt* **dirt cheap** *inv* **I.** *adj* (*fam*) spottbillig *fam* **II.** *adv* **to sell sth ~** etw verschleudern

dirtiness ['dɜːtɪnəs, AM 'dɜːr-] *n no pl* ❶ (*lack of cleanliness*) Schmutz *m,* Schmutzigkeit *f*

❷ (*vulgarity*) Unanständigkeit *f,* Obszönität *f*

dirt poor *adj inv* (*fam*) sehr arm **dirt road** *n* Schotterstraße *f,* unbefestigte Straße **dirt track** *n* BRIT, AUS ❶ (*path*) Feldweg *m;* (*road*) Schotterstraße *f,* unbefestigte Straße ❷ SPORTS Aschenbahn *f*

dirty ['dɜːti, AM 'dɜːr-] **I.** *adj* ❶ (*unclean*) dreckig, schmutzig; ***this is really a ~ job*** bei dieser Arbeit macht man sich ganz schön dreckig; MED **~ needle** benutzte Nadel

❷ (*squalid*) verwahrlost, dreckig

❸ (*fam: nasty*) gemein, hinterhältig; **a ~ trick** ein gemeiner Trick; (*dishonest*) gemein, hinterlistig; **~ liar** dreckiger Lügner/dreckige Lügnerin *pej;* **~ rascal** gerissener Gauner

❹ BRIT (*rainy and cold*) schlecht, unfreundlich; **~ weather** Sauwetter *nt fam,* Dreckwetter *nt fam*

❺ (*fam: lewd*) schmutzig, unanständig; **~ language** vulgäre [*o* obszöne] Sprache; **to have a ~ mind** eine schmutzige Fantasie haben

❻ (*unfriendly*) feindselig, abweisend; **to give sb a ~ look** jdm einen bösen Blick zuwerfen

❼ (*not pure*) schmutzig; **~ yellow** schmutzig gelb

► PHRASES: **to get one's hands ~** sich *dat* die Hände schmutzig machen

II. *adv inv* ❶ BRIT, AUS (*sl: very*) sehr, extrem; **~ great** [*or* **big**] riesig, verdammt groß *fam*

❷ (*dishonestly*) unfair, gemein; **to play ~** unfair spielen

❸ (*obscenely*) obszön; **to talk ~** sich *akk* vulgär ausdrücken

III. *vt* ■**to ~ sth** etw beschmutzen [*o meist pej* besudeln]; **to ~ one's hands** sich *dat* die Hände schmutzig machen

IV. *n no pl* BRIT, AUS (*fam*) ► PHRASES: **to do the ~ on sb** jdn [he]reinlegen *fam*

dirty bit *n* COMPUT Kennbit *nt* **dirty-blonde** *adj inv hair* dunkelblond **dirty float** *n* ECON, FIN schmutziges Floaten, beschränkt freigegebene Wechselkurse *pl* **dirty money** *n no pl* ❶ (*dishonestly acquired*) schmutziges Geld ❷ BRIT (*extra pay*) Schmutzzulage *f* **dirty old man** *n* (*fam*) geiler alter Bock *pej* **dirty tricks campaign** *n* POL, COMM hinterlistige Kampagne **dirty weekend** *n esp* BRIT (*fam*) Liebeswochenende *nt* **dirty word** *n* ❶ (*obscenity*) unanständiges Wort ❷ (*unliked word*) unpopuläres Wort **dirty work** *n no pl* Drecksarbeit *f;* **to do the ~ for sb** [*or* **sb's ~**] für jdn die Drecksarbeit machen *fam*

dis[1] <-ss-> *vt* AM (*sl*) *short for* **disrespect**: ■**to ~ sb** jdn dissen *sl,* über jdn herziehen, jdn verächtlich machen

dis[2] *vt see* **diss**

disability [ˌdɪsəˈbɪləti, AM -ət̬i] *n* ❶ (*incapacity*) Unfähigkeit *f kein pl,* Unvermögen *nt kein pl;* **~ benefit** Erwerbsunfähigkeitsrente *f;* **person under a ~** LAW Prozessunfähiger *m;* **mental/physical ~** geistige Behinderung/Körperbehinderung *f*

❷ *no pl* (*condition*) Behinderung *f*

❸ (*disadvantage*) Benachteiligung *f,* Einschränkung *f*

disable [dɪˈseɪbl̩] *vt* ■**to ~ sb** jdn arbeitsunfähig machen; **to ~ sb for life** jdn zum Invaliden machen; ■**to ~ sth** etw funktionsunfähig [*o* unbrauchbar] machen; COMPUT etw ausschalten [*o* sperren]

disabled [dɪˈseɪbl̩d] **I.** *adj* ❶ (*handicapped*) behindert; **~ person** Behinderter *m;* **mentally ~** geistig behindert; **physically ~** körperbehindert; **severely** [*or* **seriously**] **~** schwer behindert

❷ (*for the handicapped*) für Behinderte, Behinderten-

❸ LAW rechtsunfähig, geschäftsunfähig; ECON arbeitsunfähig, erwerbsunfähig

II. *n* ■**the ~** *pl* die Behinderten

disabled access *n no pl* behindertengerechter Zugang

disablement [dɪˈseɪbl̩mənt] **I.** *n no pl* Behinderung *f*

II. *n modifier* **~ pension** Arbeitsunfallrente *f*

disabling [dɪˈseɪbl̩ɪŋ] *adj* behindernd; ***he suffered from a ~ disease*** er erlitt eine Krankheit, die ihn zum Invaliden machte

disabling statute *n* LAW Gesetz *nt* zur Entziehung der Rechtsfähigkeit [*o* Geschäftsfähigkeit]

disabuse [ˌdɪsəˈbjuːz] *vt* (*form*) ■**to ~ sb of sth** jdn über etw *akk* eines Besseren belehren, jdn von etw *dat* abbringen

disadvantage [ˌdɪsədˈvɑːntɪdʒ, AM -ˈvæn-] **I.** *n* Nachteil *m,* Benachteiligung *f;* ***it will eventually work to her ~*** es wird schließlich zu ihrem Nachteil sein; **educational ~** Benachteiligung *f* in der Ausbildung; **major/minor ~** großer/kleiner Nachteil; **social ~** soziale Benachteiligung; **to be at a ~** im Nachteil sein; **to put** [*or* **place**] **sb at a ~** jdn benachteiligen

II. *vt* ■**to ~ sb** jdn benachteiligen

disadvantaged [ˌdɪsədˈvɑːntɪdʒd, AM -ˈvænt̬-] **I.** *adj* benachteiligt

II. *n* ■**the ~** *pl* die Benachteiligten

disadvantageous [ˌdɪsˌædvənˈteɪdʒəs, AM -vænˈ-] *adj* nachteilig, ungünstig; ■**to be ~ to sb** für jdn nachteilig [*o* von Nachteil] sein

disadvantageously [ˌdɪsædvənˈteɪdʒəsli, AM væn] *adv* zum Nachteil, mit nachteiliger Wirkung

disaffected [ˌdɪsəˈfektɪd] *adj* (*dissatisfied*) unzufrieden; (*estranged*) entfremdet

disaffection [ˌdɪsəˈfekʃən] *n no pl* (*dissatisfaction*) Unzufriedenheit *f* (**with** mit +*dat*); (*estrangement*) Entfremdung *f* (**with** von +*dat*)

disafforest [ˌdɪsəˈfɒrɪst, AM -ˈfɔːr-] *vt see* **deforest**

disagree [ˌdɪsəˈgriː] *vi* ❶ (*dissent*) nicht übereinstimmen; (*with plan, decision*) nicht einverstanden sein; (*with sb else*) uneinig [*o* anderer Meinung] sein; ***I strongly ~ with the decision*** ich kann mich der Entscheidung in keiner Weise anschließen

❷ (*quarrel*) sich *akk* streiten, eine Auseinandersetzung [*o* Meinungsverschiedenheit] haben

❸ (*not correspond*) nicht übereinstimmen, im Widerspruch stehen

❹ FOOD nicht zuträglich sein; ***I must have eaten something that ~d with me*** ich muss etwas gegessen haben, das mir nicht bekommt

disagreeable [ˌdɪsəˈgriːəbl̩] *adj* ❶ (*unpleasant*) unangenehm

❷ (*unamiable*) übellaunig, unsympathisch

disagreeably [ˌdɪsəˈgriːəbli] *adv* unangenehm

disagreement [ˌdɪsəˈgriːmənt] *n* ❶ *no pl* (*lack of agreement*) Uneinigkeit *f;* **to be in ~ about sth** sich *dat* über etw *akk* nicht einig sein

❷ (*argument*) Meinungsverschiedenheit *f,* Streit *m* (**over/about** um/über +*akk*)

❸ *no pl* (*discrepancy*) Diskrepanz *f*

disallow [ˌdɪsəˈlaʊ] *vt* ■**to ~ sth** ❶ (*rule out*) etw nicht erlauben; SPORTS etw nicht anerkennen [*o* nicht gelten lassen]; **to ~ a goal** ein Tor annullieren

❷ LAW etw ablehnen [*o* abweisen] [*o* zurückweisen]; **to ~ a claim** einen Anspruch zurückweisen [*o* abweisen], eine Forderung nicht anerkennen

disambiguate [ˌdɪsæmˈbɪgjueɪt] *vt* ■**to ~ sth** etw eindeutig darstellen, etw klären

disappear [ˌdɪsəˈpɪəʳ, AM -ˈpɪr] *vi* ❶ (*vanish*) verschwinden; *memory* schwinden; ***he seemed to ~ into thin air*** er schien, sich in Luft aufgelöst zu haben; **to ~ without a trace** spurlos verschwinden; **to ~ from view** [*or* **out of sight**] [dem Blick] entschwinden *geh,* verschwinden; ■**to ~ beneath/behind sth** unter/hinter etw *dat* verschwinden

❷ (*become extinct*) aussterben, verloren gehen; (*fig*) ***these craftsmen have all but ~ed*** solche Handwerker gibt es schon fast nicht mehr

disappearance [ˌdɪsəˈpɪərən(t)s, AM -ˈpɪr-] *n no pl* ❶ (*vanishing*) Verschwinden *nt*

❷ (*becoming extinct*) Aussterben *nt*

disappoint [ˌdɪsəˈpɔɪnt] *vt* ■**to ~ sb/sth** jdn/etw enttäuschen; **to ~ sb's expectations** jds Erwartungen enttäuschen [*o* nicht entsprechen]; **to ~ sb's hopes** jds Hoffnungen zunichte machen [*o* enttäuschen]

disappointed [ˌdɪsəˈpɔɪntɪd, AM -t̬-] *adj* enttäuscht (**at/about** über +*akk,* **in/with** mit +*dat*); ***I was ~ to learn that …*** ich war enttäuscht, als ich erfuhr, dass …

disappointedly [ˌdɪsəˈpɔɪntɪdli, AM -t̬-] *adv* enttäuscht

disappointing [ˌdɪsəˈpɔɪntɪŋ, AM -t̬-] *adj* enttäuschend; ***how ~!*** so eine Enttäuschung!

disappointingly [ˌdɪsəˈpɔɪntɪŋli, AM -t̬-] *adv* enttäuschend; **~, *she did not show up*** sie tauchte enttäuschenderweise nicht auf

disappointment [ˌdɪsəˈpɔɪntmənt] *n* Enttäuschung *f* (**in** über +*akk*); **to one's ~** zu jds Enttäuschung; ■**to be a ~ to sb** für jdn eine Enttäuschung sein; **to suffer a ~** eine Enttäuschung erleben

disapprobation [ˌdɪsæprə(ʊ)ˈbeɪʃən, AM -ˌæprəˈ-] *n no pl* (*form*) Missbilligung *f;* **to cause ~** Missfallen erregen

disapproval [ˌdɪsəˈpruːvəl] *n no pl* Missbilligung *f;* ***there was a hint of ~ in his voice*** in seiner Stimme schwang ein leichtes Missfallen

disapprove [ˌdɪsəˈpruːv] *vi* dagegen sein; ■**to ~ of sth** etw missbilligen; **to ~ of sb's behaviour** jds Verhalten kritisieren; ■**to ~ of sb** jdn ablehnen

disapproving [ˌdɪsəˈpruːvɪŋ] *adj* missbilligend

disapprovingly [ˌdɪsəˈpruːvɪŋli] *adv* missbilligend

disarm [dɪˈsɑːm, AM -ɑːrm] **I.** *vt* ❶ MIL ■**to ~ sb** jdn entwaffnen; **to ~ a bomb/mine** eine Bombe/Mine entschärfen

❷ (*weaken criticsm*) **to ~ a critic** einen Kritiker verstummen lassen; **to ~ criticism** Kritik entschärfen

❸ (*charm*) ■**to ~ sb** jdn entwaffnen [*o* freundlich stimmen]

❹ COMPUT ■**to ~ sth** etw deaktivieren

II. *vi* abrüsten

disarmament [dɪˈsɑːməmənt, AM -ɑːrm-] **I.** *n no pl* Abrüstung *f;* **nuclear ~** atomare Abrüstung

II. *n modifier* (*agreement, proposal*) Abrüstungs-; **in the ~ field** auf dem Gebiet der Abrüstung

disarmament talks *npl* Abrüstungsverhandlungen *fpl,* Abrüstungsgespräche *ntpl*

disarmer [dɪˈsɑːməʳ] *n* BRIT Rüstungsgegner(in) *m(f),* Abrüstungsbefürworter(in) *m(f)*

disarming [dɪˈsɑːmɪŋ, AM -ɑːrm-] *adj* (*approv*) entwaffnend, gewinnend; **~ candour** [*or* **frankness**] entwaffnende Offenheit; **~ smile** entwaffnendes [*o* charmantes] Lächeln

disarmingly [dɪsˈɑːmɪŋli, AM ˈɑːrm] *adv* entwaffnend

disarrange [ˌdɪsəˈreɪndʒ] *vt* ■**to ~ sth** etw durcheinander [*o* in Unordnung] bringen; **~d hair** zerzaustes Haar

disarray [ˌdɪsəˈreɪ] **I.** *n no pl* ❶ (*disorder*) Unordnung *f,* Durcheinander *nt;* **to be in** [**a state of**] **~** in [einem Zustand der] Unordnung sein; ***her hair was in ~*** ihr Haar war [ganz] zerzaust; **to throw sth into ~** etw durcheinander bringen

❷ (*confusion*) Verwirrung *f,* Wirrwarr *m*

II. *vt* ■**to ~ sth** etw in Unordnung bringen

disassemble [ˌdɪsəˈsembl̩] *vt* ■**to ~ sth** ❶ (*take apart*) auseinander nehmen, zerlegen

❷ COMPUT *program* zurückverwandeln

disassociate [ˌdɪsəˈsəʊsieɪt, AM -ˈsoʊʃi-] *vt see* **dissociate**

disaster [dɪˈzɑːstəʳ, AM -ˈzæstə-] *n* ❶ (*misfortune*) Katastrophe *f,* Unglück *nt,* Desaster *nt;* **air ~** Flugzeugunglück *nt,* Flugzeugkatastrophe *f;* **rail ~** Eisen-

bahnunglück *nt,* Zugunglück *nt;* **environmental** ~ Umweltkatastrophe *f;* **natural/global** ~ Naturkatastrophe *f*/globale Katastrophe
❷ *no pl* ***everything was going smoothly until ~ struck*** alles lief reibungslos, bis die Katastrophe ihren Lauf nahm; **to avert** ~ eine Katastrophe abwenden; **to spell** ~ **for sth** eine Katastrophe für etw *akk* bedeuten
❸ (*fam: failure*) Katastrophe *f;* ***the evening was a complete*** ~ der Abend war der totale Reinfall; ***as a teacher, he was a*** ~ als Lehrer war er absolut unfähig
disaster area *n* Katastrophengebiet *nt;* ***after the party, the house was a*** ~ (*fig hum*) nach dem Fest sah das Haus aus wie ein Schlachtfeld **disaster movie** *n* Katastrophenfilm *m*
disastrous [dɪˈzɑːstrəs, AM -ˈzæs-] *adj* ❶ (*causing disaster*) katastrophal, verheerend; **to have a** ~ **impact on sth** auf etw *akk* einen verhängnisvollen Einfluss haben; ■**to be** ~ **for sb/sth** für jdn/etw katastrophal sein, sich *akk* auf jdn/etw katastrophal auswirken
❷ (*unsuccessful*) unglückselig, verhängnisvoll; **a** ~ **attempt** ein unglücklicher Versuch
disastrously [dɪˈzɑːstrəsli, AM -ˈzæs-] *adv* katastrophal, verheerend; ***it all went*** ~ ***wrong*** es war eine Katastrophe
disavow [ˌdɪsəˈvaʊ] *vt* (*form*) ■**to** ~ **sth** etw verleugnen; **to** ~ **responsibility** die Verantwortung von sich *dat* weisen; **to** ~ **a rumour** ein Gerücht ableugnen
disavowal [ˌdɪsəˈvaʊᵊl] *n* Ableugnung *f,* Verleugnung *f;* POL Dementi *nt*
disband [dɪsˈbænd] **I.** *vi* sich *akk* auflösen
II. *vt* ■**to** ~ **sth** etw auflösen
disbar <-rr-> [dɪsˈbɑːʳ, AM -ˈbɑːr] *vt* LAW ■**to** ~ **sb** jdn aus der Anwaltschaft ausschließen, jdn von der Anwaltsliste streichen; ***he was*** ~***red for gross negligence*** ihm wurde aufgrund grober Fahrlässigkeit die Zulassung entzogen
disbelief [ˌdɪsbɪˈliːf] *n no pl* Unglaube *m,* Zweifel *m;* (*shock*) Fassungslosigkeit *f;* ***she shook her head in*** ~ sie schüttelte ungläubig den Kopf
disbelieve [ˌdɪsbɪˈliːv] (*form*) **I.** *vt* ■**to** ~ **sb** jdm nicht glauben; ■**to** ~ **sth** etw bezweifeln [*o* nicht glauben]
II. *vi* ■**to** ~ **in sth** an etw *akk* nicht glauben
disbeliever [ˌdɪsbɪˈliːvəʳ, AM -ɚ] *n* Zweifler(in) *m(f),* Ungläubige(r) *f(m)*
disburse [dɪsˈbɜːs, AM -ˈbɜːrs] *vt* **to** ~ **financial aid/money/funds** Finanzhilfe/Geld/Fondsmittel auszahlen
disbursement [dɪsˈbɜːsmənt, AM -ˈbɜːrs-] *n* Auszahlung *f*
disc [dɪsk], AM **disk** *n* ❶ (*shape, object*) Scheibe *f,* Platte *f;* MED Bandscheibe *f;* BRIT AUTO Parkscheibe *f*
❷ MUS [Schall]platte *f;* (*CD*) CD *f*
❸ COMPUT Diskette *f*
❹ (*in tarot*) ■~**s** *pl* Scheiben *f*
discard I. *vt* [dɪˈskɑːd, AM -kɑːrd] ❶ (*throw away*) ■**to** ~ **sth** etw wegwerfen; **to** ~ **a coat** einen Mantel ausziehen [*o* ablegen]; **to** ~ **an idea** eine Idee fallen lassen [*o* verwerfen]
❷ CARDS **to** ~ **a card** eine Karte abwerfen [*o* ablegen]
II. *vi* CARDS abwerfen
III. *n* [ˈdɪskɑːd, AM -skɑːrd] ❶ CARDS abgelegte [*o* abgeworfene] Karte
❷ (*reject*) Ausschuss *m kein pl*
disc brake *n* Scheibenbremse *f* **disc drive** *n* BRIT COMPUT *see* **disk drive**
discern [dɪˈsɜːn, AM -ˈsɜːrn] *vt* (*form*) ■**to** ~ **sth** ❶ (*recognize*) etw wahrnehmen
❷ (*understand*) etw erkennen
discernible [dɪˈsɜːnəbl̩, AM -ˈsɜːrn-] *adj* ❶ (*recognizable*) wahrnehmbar, erkennbar
❷ (*understandable*) erkennbar
discernibly [dɪˈsɜːnəbli, AM -ˈsɜːrn-] *adv* ❶ (*recognizably*) wahrnehmbar, erkennbar
❷ (*understandably*) erkennbar
discerning [dɪˈsɜːnɪŋ, AM -ˈsɜːrn-] *adj* (*approv: with good judgement*) urteilsfähig; ***these are wines for the*** ~ ***palate*** das sind Weine für den feinen Gaumen; ~ **critic** angesehener Kritiker/angesehene Kritikerin; (*insightful*) scharfsichtig; ~ **reader** kritischer Leser/kritische Leserin
discernment [dɪˈsɜːnmənt, AM -ˈsɜːrn-] *n no pl* ❶ (*good judgement*) Urteilskraft *f;* (*insight*) Scharfsinn *m,* feines Gespür
❷ (*act of discerning*) Wahrnehmung *f,* Erkennen *nt*
discharge I. *vt* [dɪsˈtʃɑːdʒ, AM -ɑːrdʒ] ❶ (*from confinement*) ■**to** ~ **sb** jdn freisprechen; **to** ~ **a patient from hospital** einen Patienten aus dem Krankenhaus entlassen; **to** ~ **a prisoner** einen Gefangenen freilassen [*o* entlassen]
❷ (*from employment*) ■**to** ~ **sb** jdn entlassen; MIL jdn verabschieden
❸ (*form: fire*) **to** ~ **rounds** [*or* **shots**] Schüsse abgeben [*o* abfeuern]; **to** ~ **a weapon** eine Waffe abfeuern
❹ (*emit*) ■**to** ~ **sth** etw von sich *dat* geben, etw absondern [*o* ausstoßen]; ***the wound is still discharging a lot of fluid*** die Wunde sondert immer noch viel Flüssigkeit ab; **to** ~ **a liquid** eine Flüssigkeit abgeben [*o* absondern]; **to** ~ **sewage** Abwasser ablassen [*o* ablaufen lassen]; **to** ~ **smoke/gas** Rauch/Gas ausstoßen [*o* ausströmen lassen]
❺ (*utter*) ■**to** ~ **sth** etw ausstoßen [*o* von sich *dat* geben]; **to** ~ **abuse** Beleidigungen von sich *dat* geben
❻ ECON, FIN (*pay off*) ■**to** ~ **sth** etw bezahlen [*o* begleichen]; **to** ~ **a debt** eine Schuld tilgen [*o* begleichen]; **to** ~ **one's liabilities** eine Schuld begleichen, eine Verbindlichkeit erfüllen; **to** ~ **a bankrupt** *person* einen Konkursschuldner/eine Konkursschuldnerin entlasten
❼ (*perform*) **to** ~ **one's duty** seiner Verpflichtung nachkommen, seine Pflicht erfüllen; **to** ~ **one's responsibility** seiner Verantwortung nachkommen, sich *akk* seiner Verantwortung stellen
❽ PHYS, ELEC ■**to** ~ **sth** etw entladen
❾ NAUT ■**to** ~ **sth** etw entladen [*o* ausladen]; **to** ~ **cargo** Ladung löschen; **to** ~ **a ship** ein Schiff entladen
❿ LAW (*cancel an order*) ■**to** ~ **sth** etw aufheben
II. *vi* [dɪsˈtʃɑːdʒ, AM -ɑːrdʒ] sich *akk* ergießen, ausströmen; *wound* eitern
III. *n* [ˈdɪstʃɑːdʒ, AM -ɑːrdʒ] ❶ *no pl of patient* Entlassung *f;* **absolute** ~ unbeschränkte Entlassung; ~ **from hospital/prison** Entlassung aus dem Krankenhaus/Gefängnis; *of employee* Kündigung *f,* Entlassung *f; of soldier* Abschied *m,* Entlassung *f;* **dishonourable** ~ MIL unehrenhafte Entlassung
❷ (*firing of gun*) Abfeuern *nt kein pl,* Abschießen *nt kein pl;* **accidental** ~ versehentliche Auslösung
❸ *of liquid* Ausstoß *m kein pl,* Ausströmen *nt kein pl*
❹ (*liquid emitted*) Ausfluss *m kein pl,* Absonderung *f;* **nasal** ~ Nasensekret *nt,* Nasenschleim *m;* **vaginal** ~ Scheidenausfluss *m,* Scheidensekret *nt*
❺ *of debt* Bezahlung *f,* Begleichung *f;* **final** ~ letzte Tilgungsrate; **in full** ~ **of a debt** Schuldentilgung *f* in voller Höhe
❻ *of duty* Erfüllung *f;* ~ **of one's duty** Pflichterfüllung *f;* ~ **by performance** Leistungserfüllung *f*
❼ PHYS, ELEC Entladung *f*
❽ (*unloading*) Entladung *f; of a cargo* Löschen *nt kein pl*
❾ LAW (*ending of contract*) *Erlöschen eines Vertrages* [*durch Erfüllung, Befreiung, Vertragsverletzung*]; ~ **by agreement** einverständliche Vertragsbeendigung; ~ **in** [*or* **of**] **bankruptcy** Konkursaufhebung *f,* Entlastung *f* eines Konkursschuldners; **conditional** ~ Strafaussetzung *f* zur Bewährung
Discharge Calendar *n* AM *einer der Sitzungskalender des Repräsentantenhauses*
disciple [dɪˈsaɪpl̩] *n* Anhänger(in) *m(f);* (*pupil*) Schüler(in) *m(f);* (*of Jesus*) Jünger *m*
disciplinarian [ˌdɪsəplɪˈneəriən, AM -ˈneri-] *n* Zuchtmeister(in) *m(f);* **to be a strict** ~ eiserne Disziplin verlangen
disciplinary [ˌdɪsəˈplɪnᵊri, AM ˈdɪsəplɪneri] *adj inv* Disziplinar-, disziplinarisch; **to take** ~ **action against sb** ein Disziplinarverfahren gegen jdn anstrengen; ~ **measures** Disziplinarmaßnahmen *fpl;* ~ **problems** Disziplinprobleme *ntpl*
disciplinary procedure *n no pl* Disziplinarverfahren *nt*
discipline [ˈdɪsəplɪn] **I.** *n* ❶ *no pl* (*control*) Disziplin *f;* (*rules*) Vorschriften *fpl,* Regeln *fpl*
❷ *no pl* (*self-control*) Selbstdisziplin *f;* (*for the mind*) [Gehirn]training *nt,* Gehirnjogging *nt*
❸ (*subject*) Disziplin *f,* [Studien]fach *nt*
II. *vt* ❶ (*have self-control*) ■**to** ~ **oneself** sich *akk* disziplinieren; ***I'm trying to*** ~ ***myself to eat less*** ich versuche mich daran zu gewöhnen, weniger zu essen
❷ (*punish*) ■**to** ~ **sb for sth** jdn für etw *akk* bestrafen [*o* züchtigen]
❸ (*drill*) ■**to** ~ **sb** jdn schulen [*o* ausbilden]; MIL jdn drillen
disciplined [ˈdɪsəplɪnd] *adj* diszipliniert, ordentlich
disc jockey *n* Diskjockey *m*
disclaim [dɪsˈkleɪm] *vt* ■**to** ~ **sth** ❶ (*form: deny*) etw abstreiten [*o* von sich *dat* weisen]; **to** ~ **responsibility for sth** die Verantwortung für etw *akk* ablehnen
❷ LAW auf etw *akk* verzichten; **to** ~ **one's inheritance** sein Erbe ausschlagen
disclaimer [dɪsˈkleɪməʳ, AM -ɚ] *n* ❶ (*form: of responsibility*) Dementi *nt,* Widerruf *m*
❷ LAW Verzichtserklärung *f;* (*clause*) Haftungsausschlussklausel *f*
disclose [dɪsˈkləʊz, AM -ˈkloʊz] *vt* ■**to** ~ **sth** ❶ (*reveal*) etw bekannt geben; **to** ~ **a secret/the truth** ein Geheimnis/die Wahrheit enthüllen
❷ (*uncover*) etw enthüllen *geh* [*o* aufdecken]
disclosure [dɪsˈkləʊʒəʳ, AM -ˈkloʊʒɚ] *n* (*form*) ❶ *no pl* (*act of disclosing*) *of secret* Enthüllen *nt geh; of information* Bekanntgeben *nt;* ECON, FIN ~ **of shareholding** Offenlegung *f* von Aktienbeteiligung
❷ (*revelation*) Enthüllung *f,* Aufdeckung *f;* **damaging** ~ folgenschwere Enthüllung
discman® *n* Discman *m*
disco [ˈdɪskəʊ, AM -koʊ] **I.** *n* ❶ *short for* **discotheque** (*place*) Disko[thek] *f;* BRIT (*disco equipment*) Diskothekenanlage *f;* (*dance event*) Disko *f,* Disco *f*
❷ *no pl short for* **disco music** Diskomusik *f,* Disco *m*
II. *n modifier* (*lighting*) Disko-
III. *vi* ❶ (*go to a disco*) in die Disko gehen
❷ (*dance*) Disco tanzen
discography <*pl* -ies> [dɪskˈɒgrəfi, AM ˈɑːg-] *n* MUS Tonträgerverzeichnis *nt,* Diskographie *f*
discolor [dɪˈskʌləʳ] AM, **discolour** [-əʳ] **I.** *vi* sich *akk* verfärben
II. *vt* ■**to** ~ **sth** etw verfärben
discoloration [dɪˌskʌləˈreɪʃᵊn] *n* (*ruining*) Verfärbung *f;* (*fading*) Entfärbung *f,* Farbverlust *m;* (*mark*) Fleck *m; of teeth* Verfärbung *f,* Fleck *m*
discoloured [dɪsˈkʌləd, AM ɚd] *adj* verfärbt; *textiles* verschossen
discomfit [dɪˈskʌm(p)fɪt] *vt* (*form*) ■**to** ~ **sb** (*cause embarrassment*) jdm Unbehagen bereiten, jdn in Verlegenheit bringen; (*cause inconvenience*) jdm Unannehmlichkeiten bereiten
discomfiture [dɪˈskʌm(p)fɪtʃəʳ, AM -ɚ] *n no pl* (*form*) Unbehagen *nt*
discomfort [dɪˈskʌm(p)fət, AM -fɚt] *n* ❶ *no pl* (*slight pain*) leichter Schmerz, Beschwerden *fpl* (**in** mit +*dat*)
❷ *no pl* (*mental uneasiness*) Unbehagen *nt*
❸ (*inconvenience*) Unannehmlichkeit *f*
disco music *n no pl* Diskomusik *f,* Disco *m*
discon [dɪsˈkɑːn] *n modifier* LAW *short for* **disorderly conduct** aufgrund ungebührlichen Verhaltens *nach n;* ***he was a*** ~ ***arrest*** er wurde aufgrund ungebührlichen Verhaltens verhaftet
disconcert [ˌdɪskənˈsɜːt, AM -ˈsɜːrt] *vt* ■**to** ~ **sb** jdn beunruhigen; (*unnerve*) jdn irritieren
disconcerting [ˌdɪskənˈsɜːtɪŋ, AM -ˈsɜːrt-] *adj* beunruhigend; (*unnerving*) irritierend

disconcertingly [ˌdɪskənˈsɜːtɪŋli, AM -ˈsɜːrt-] *adv* beunruhigend; (*unnervingly*) irritierend

disconnect [ˌdɪskəˈnekt] I. *vt* ELEC ① (*turn off*) ▪to ~ sth etw trennen [*o* abschalten]; ***while we were talking on the phone we suddenly got ~ed*** während des Telefongesprächs wurde die Verbindung plötzlich unterbrochen; ▪to ~ sb jdn nicht mehr versorgen
② (*cancel*) **to ~ electricity/gas** Strom/Gas abstellen; **to ~ the phone** (*customer*) das Telefon abmelden; (*company*) das Telefon abstellen
II. *n* [Kommunikations]lücke *f* (**between** zwischen +*dat*)

disconnected [ˌdɪskəˈnektɪd] *adj inv* ① (*turned off*) abgeschaltet, [ab]getrennt; (*left without supply*) abgestellt
② (*incoherent*) zusammenhang[s]los, unzusammenhängend

disconnection [ˌdɪskəˈnekʃᵊn] *n* Unterbrechung *f*, Trennung *f*; **a sense of ~** ein Gefühl *nt* der Ausgeschlossenheit (**from** von +*dat*)

disconsolate [dɪˈskɒn(t)sᵊlət, AM -ˈskɑːn(t)-] *adj* (*dejected*) niedergeschlagen, deprimiert; (*inconsolable*) unglücklich, untröstlich

disconsolately [dɪˈskɒn(t)sᵊlətli, AM -ˈskɑːn(t)-] *adv* niedergeschlagen, deprimiert

discontent [dɪskənˈtent] *n no pl* Unzufriedenheit *f*; **rumblings of ~** Entrüstungsstürme *mpl*; **widespread ~** weit verbreitete Unzufriedenheit

discontented [dɪskənˈtentɪd, AM -t̬-] *adj* unzufrieden (**with/about** mit +*dat*)

discontentedly [dɪskənˈtentɪdli, AM -t̬-] *adv* unzufrieden

discontentment [dɪskənˈtentmənt] *n no pl see* **discontent**

discontinuance [ˌdɪskənˈtɪnjuən(t)s] *n no pl*, **discontinuation** [ˌdɪskənˌtɪnjuˈeɪʃᵊn] *n* (*form*) Einstellung *f*, Aufgabe *f*; *of business relations* Abbruch *m*; *of a subscription* Abbestellung *f*

discontinue [ˌdɪskənˈtɪnjuː] (*form*) I. *vt* ▪to ~ sth ① (*stop providing*) etw abbrechen; **to ~ a product** ein Produkt auslaufen lassen; **to ~ service** eine Dienstleistung einstellen [*o* beenden]
② (*put an end to*) *one's visits* etw aufgeben; **to ~ medication** eine Behandlung abbrechen; **to ~ a subscription** ein Abonnement kündigen [*o* beenden]
II. *vi* aufhören

discontinued [ˌdɪskənˈtɪnjuːd] *adj inv* auslaufend; **~ model** Auslaufmodell *nt*

discontinuity [ˌdɪsˌkɒntɪˈnjuːəti, AM -ˌkɑːntᵊnˈuːət̬i] *n* (*form*) ① *no pl* (*lack of continuity*) Diskontinuität *f*, mangelnde Kontinuität
② (*in an account*) Bruch *m*; (*gap*) Lücke *f*

discontinuous [ˌdɪskənˈtɪnjuəs] *adj* ① (*incoherent*) unzusammenhängend, zusammenhang[s]los
② (*not continuing*) nicht kontinuierlich, mit Unterbrechungen *nach n*

discord [ˈdɪskɔːd, AM -kɔːrd] *n no pl* (*form*) ① (*disagreement*) Uneinigkeit *f*, Zwietracht *f geh*, Disharmonie *f geh*; ***the letter caused ~ between uncle and nephew*** der Brief führte zu Missklängen zwischen Onkel und Neffe; **to sound a note of ~** einen Misston anschlagen
② MUS Disharmonie *f*

discordance [dɪsˈkɔːdᵊns, AM ˈkɔːr] *n* ① (*incongruity*) fehlende Übereinstimmung, Missverhältnis *nt*
② (*conflict*) Uneinigkeit *f*, Meinungsverschiedenheit *f*
③ (*of sound*) Missklang *m*, Dissonanz *f*

discordant [dɪˈskɔːdᵊnt, AM -ˈskɔːrd-] *adj* ① (*disagreeing*) abweichend *attr*, sich *dat* widersprechend *attr*, entgegengesetzt; **to strike a ~ note** einen Misston anschlagen; **~ views** gegensätzliche Ansichten
② MUS disharmonisch, misstönend

discotheque [ˈdɪskətek] *n* ① (*place*) Diskothek *f*
② (*dance event*) Disko *f fam*
③ BRIT (*disco equipment*) Diskothekenanlage *f*

discount I. *n* [ˈdɪskaʊnt] ① (*reduction*) Rabatt *m*, Preisnachlass *m*; ***~s are available to club members*** Clubmitglieder erhalten einen Rabatt; **~ for cash** Skonto *nt o m*; **to give a ~** [einen] Rabatt geben [*o* gewähren]; ***will you give me a ~ for quantity?*** geben Sie mir einen Mengenrabatt?; **at a ~** mit Rabatt
② FIN (*less than sell value*) Disagio *nt*; **currency at a ~** Diskontwährung *f*; **shares which stand at a ~** Aktien, die unter pari sind
II. *vt* [dɪˈskaʊnt] ▪to ~ sth ① (*disregard*) etw unberücksichtigt lassen; **to ~ a possibility** eine Möglichkeit nicht berücksichtigen; **to ~ a testimony/an analysis** eine Aussage/Analyse nicht einbeziehen
② (*lower in price*) etw senken [*o* reduzieren]; **to ~ an article** einen Artikel herabsetzen; **to ~ a price** einen Preis reduzieren [*o* senken]
③ ECON, FIN ***shares are ~ing a rise in the dollar*** die Aktien nehmen eine Aufwertung des Dollar vorweg

discount broker *n* FIN Diskontmakler(in) *m(f)*, Wechselmakler(in) *m(f)*

discount card *n* Ermäßigungskarte *f* **discount credit** *n no pl* FIN Diskontkredit *m* **discount flight** *n* Billigflug *m* **discount market** *n* FIN Diskontmarkt *m* **discount rate** *n* FIN Diskontsatz *m* **discount store** *n* Discountladen *m*, Discountgeschäft *nt* **discount warehouse** *n* Discountkaufhaus *m*

discount window *n* AM Lombardfenster *nt*, Refinanzierungsstelle *f* einer Zentralbank

discourage [dɪˈskʌrɪdʒ, AM -ˈskɜːr-] *vt* ① (*dishearten*) ▪to ~ sb jdn entmutigen
② (*dissuade*) ▪to ~ sth von etw *dat* abraten; ▪to ~ sb from doing sth jdm davon abraten, etw zu tun
③ (*stop*) ▪to ~ sb jdn abhalten; ▪to ~ sb from doing sth jdn davon abhalten, etw zu tun

discouragement [dɪˈskʌrɪdʒmənt, AM -ˈskɜːr-] *n* ① *no pl* (*action*) Entmutigung *f*; (*feeling*) Mutlosigkeit *f*
② (*discouraging thing*) Hindernis *nt*, Beeinträchtigung *f*, Schwierigkeit *f*
③ *no pl* (*deterrence*) Abschreckung *f*; (*dissuasion*) Abraten *nt*

discouraging [dɪˈskʌrɪdʒɪŋ, AM -ˈskɜːr-] *adj* entmutigend

discouragingly [dɪsˈkʊrɪdʒɪŋli, AM kɜːrɪdʒ] *adv* auf entmutigende Weise, [eher] abschreckend

discourse I. *n* [ˈdɪskɔːs, AM -kɔːrs] (*form*) ① *no pl* (*communication*) Diskurs *m geh*, Kommunikation *f*, Unterhaltung *f*; LING **~ analysis** Diskursanalyse *f*
② (*lecture*) Vortrag *m*; (*written treatment*) Abhandlung *f*, Diskurs *m geh*
II. *vi* [dɪˈskɔːs, AM -ˈskɔːrs] ① (*lecture*) einen Vortrag halten; ▪to ~ [up]on sth über etw *akk* dozieren
② (*converse*) sprechen, sich *akk* unterhalten

discourteous [dɪˈskɜːtiəs, AM -ˈskɜːrt̬i-] *adj* (*form*) unhöflich

discourtesy [dɪˈskɜːtəsi, AM -ˈskɜːrt̬ə-] *n* (*form*) Unhöflichkeit *f*; (*act also*) Unhöflichkeit[sbezeugung] *f*

discover [dɪˈskʌvəʳ, AM -ɚ] *vt* ① (*find out*) ▪to ~ sth etw herausfinden [*o* entdecken] [*o* feststellen]; ▪to ~ that … herausfinden [*o* entdecken], dass …
② (*find first*) ▪to ~ sth etw entdecken; (*fig: talent-spot*) ▪to ~ sb jdn entdecken [*o* berühmt machen]
③ (*find*) ▪to ~ sth etw finden [*o* ausfindig machen]; ▪to ~ sb doing sth jdn bei etw *dat* ertappen

discoverer [dɪˈskʌvᵊrəʳ, AM -ɚɚ] *n* Entdecker(in) *m(f)*

discovery [dɪˈskʌvᵊri, AM -əri] *n* ① (*action of being discovered*) Entdeckung *f*; *of star, actor* [Neu]entdeckung *f*
② LAW Offenlegung *f* [*o* Bekanntgabe *f*] von Urkunden

discredit [dɪˈskredɪt] I. *vt* ① (*disgrace*) ▪to ~ sb/sth jdn/etw in Verruf [*o* Misskredit] bringen, jdn/etw diskreditieren
② (*cause to appear false*) ▪to ~ sth etw unglaubwürdig machen
③ (*disbelieve*) ▪to ~ sth etw anzweifeln [*o* bezweifeln], etw *dat* keinen Glauben schenken
II. *n no pl* ① (*disrepute*) Misskredit *m*, schlechter Ruf; ***this has brought ~ upon the whole school*** das hat dem Ruf der ganzen Schule geschadet; **to be to sb's ~** jdm keine Ehre machen
② (*sb, sth that discredits*) Schande *f* (**to** für +*akk*)

discreditable [dɪˈskredɪtəbḷ, AM -t̬ə-] *adj* schändlich, unehrenhaft, diskreditierend

discreditably [dɪˈskredɪtəbli, AM -t̬ə-] *adv* schändlich, unehrenhaft, diskreditierend

discredited [dɪsˈkredɪtɪd, AM ɪt̬ɪd] *adj* unglaubwürdig, diskreditiert *geh*

discreet [dɪˈskriːt] *adj* ① (*unobtrusive*) diskret; *colour, pattern* dezent; **~ elegance** unaufdringliche Eleganz
② (*tactful*) taktvoll

discreetly [dɪˈskriːtli] *adv* diskret; **~ dressed** dezent gekleidet

discrepancy [dɪˈskrepᵊn(t)si] *n* ① (*form*) Diskrepanz *f geh*, Widerspruch *m*, Unstimmigkeit *f*
② ECON, FIN **statistical ~** statistische Abweichung

discrepant [dɪˈskrepᵊnt] *adj* verschieden, [voneinander] abweichend *attr*

discrete [dɪˈskriːt] *adj* eigenständig

discretion [dɪˈskreʃᵊn] *n no pl* ① (*behaviour*) Diskretion *f*, Verschwiegenheit *f*, Zurückhaltung *f*; **to be the [very] soul of ~** die Diskretion in Person sein
② (*good judgement*) Klugheit *f*, Besonnenheit *f*, Umsicht *f*; **age of ~** LAW Alter *nt* der freien Willensbestimmung, Strafmündigkeit *f*; **to reach the age of ~** mündig werden; **to exercise one's ~** nach eigenem Ermessen handeln; **to leave sth to sb's ~** etw in jds Ermessen stellen, etw jds Entscheidung überlassen; **to use one's ~** nach eigenem Ermessen handeln; **at sb's ~** nach jds Ermessen; **to be at the ~ of sb** [*or* **at sb's ~**] in jds Ermessen stehen
③ (*freedom*) Belieben *nt*; *esp* LAW Ermessen *nt*; ***it is within his ~ to leave the country*** es steht ihm frei, das Land zu verlassen
► PHRASES: **~ is the better part of valour** (*prov*) Vorsicht ist die Mutter der Porzellankiste *prov fam*

discretionary [dɪˈskreʃᵊnᵊri, AM -eri] *adj* (*form*) willkürlich, beliebig, Ermessens-; **on a ~ basis** mit freiem Ermessensspielraum; **~ powers** Ermessensspielraum *m*, Entscheidungsgewalt *f*; **wide ~ power** unbeschränkte Vollmacht; **~ trust** uneingeschränktes Treuhandverhältnis

discretionary account *n* AM ECON, FIN treuhänderisch verwaltetes Konto **discretionary client** *n* ECON, FIN Kunde *m*/Kundin *f*, für dessen/deren Wertpapiere der Treuhänder freie Ermessensbefugnisse hat **discretionary funds** *npl* ECON, FIN frei verfügbare Mittel

discriminate [dɪˈskrɪmɪneɪt] I. *vi* ① (*differentiate*) unterscheiden, einen Unterschied machen
② (*be prejudiced*) diskriminieren; **to ~ in favour of sb** jdn bevorzugen [*o* begünstigen]; ▪to ~ against sb jdn diskriminieren [*o* benachteiligen]
II. *vt* ① (*tell apart*) ▪to ~ sth from sth etw von etw *dat* unterscheiden; (*twins, sth identical etc*) etw auseinander halten
② (*mark as distinctive*) ▪to ~ sb/sth from sb/sth jdn/etw von jdm/etw abheben

discriminating [dɪˈskrɪmɪneɪtɪŋ, AM -t̬-] *adj* (*approv form*) ① (*able to discern*) kritisch; **~ palate** feiner Gaumen *geh*
② (*having good taste*) anspruchsvoll

discrimination [dɪˌskrɪmɪˈneɪʃᵊn] *n no pl* ① (*prejudice*) Diskriminierung *f*, Benachteiligung *f*; **age ~** unterschiedliche Behandlung [*o* Benachteiligung] aufgrund des Alters; **positive** [*or* **reverse**] **~** Begünstigung *f* benachteiligter Schichten; **racial ~** Rassendiskriminierung *f*; **sexual ~, ~ on grounds of sex** Diskriminierung *f* aufgrund des Geschlechts
② (*taste*) [kritisches] Urteilsvermögen, Urteilskraft *f*
③ (*ability to differentiate*) Unterscheidung *f*

discriminatory [dɪˈskrɪmɪnətᵊri, AM -tɔːri] *adj* diskriminierend

discursive [dɪˈskɜːsɪv, AM -ˈskɜːr-] *adj* (*form*) ① (*esp pej*) abschweifend *attr*, weitschweifig
② LIT diskursiv, folgernd *attr*; **a ~ style** ein diskursiver Stil

discursively [dɪˈskɜːsɪvli, AM -ˈskɜːr-] *adv* (*esp pej*) abschweifend, weitschweifig

discus <*pl* -es> ['dɪskəs] *n* SPORTS Diskus *m;* (*event*) ■**the** ~ das Diskuswerfen

discuss [dɪ'skʌs] *vt* ■**to** ~ **sth** ❶ (*talk about*) etw besprechen; *best way of doing sth* über etw *akk* beraten; ***this booklet*** ~ ***es how to …*** in dieser Broschüre wird beschrieben, wie man …; ***there's nothing to*** ~ es gibt nichts zu besprechen; **to** ~ **a point/detail/topic** einen Punkt/ein Detail/ein Thema besprechen
❷ (*debate*) etw erörtern [*o* diskutieren]

discussion [dɪ'skʌʃ^ən] I. *n* Diskussion *f,* Erörterung *f;* ***the matter is open to*** ~ das Thema steht zur Diskussion; **to be under** ~ zur Diskussion stehen; ***the matter is still under*** ~ die Beratung ist noch nicht zu Ende; **to hold** [*or* **have**] **a** ~ eine Besprechung haben
II. *n modifier* Diskussions-; ~ **group** Diskussionsrunde *f*

discus thrower *n* Diskuswerfer(in) *m(f)* **discus throwing** *n no pl* Diskuswerfen *nt*

disdain [dɪs'deɪn] I. *n no pl* Verachtung *f;* **to show one's** ~ **of sb/sth** jdn/etw verschmähen [*o* verachten]
II. *vt* ■**to** ~ **sth** (*despise*) etw verachten [*o* gering schätzen]; (*reject*) etw verschmähen; **to** ~ **to do sth** zu stolz sein, etw zu tun; ***they*** ~***ed to speak with us*** es war unter ihrer Würde, mit uns zu sprechen

disdainful [dɪs'deɪnf^əl] *adj* (*form*) verächtlich, geringschätzig; ***a country once*** ~ ***of foreign authors*** ein Land, das einmal die ausländischen Autoren verachtet hat

disdainfully [dɪs'deɪnf^əli] *adv* abschätzig, verächtlich

disease [dɪ'zi:z] *n* ❶ MED Krankheit *f,* Leiden *nt;* **outbreak of** [**a**] ~ Ausbruch *m* einer Krankheit, Krankheitsbeginn *m;* **contagious** [*or* **infectious**]/**rare/common** ~ ansteckende/seltene/häufige Krankheit; **to catch** [*or* **contract**] **a** ~ sich *dat* eine Krankheit zuziehen, von einer Krankheit befallen werden
❷ *no pl* (*fig: adverse condition*) Gebrechen *nt,* Leiden *nt*

diseased [dɪ'zi:zd] *adj* ❶ *body part* krank, erkrankt; *plant* befallen
❷ (*abnormal*) krankhaft; **a** ~ **mind** ein kranker Verstand

disembark [ˌdɪsɪm'bɑ:k, AM -'bɑ:rk] *vi* von Bord gehen; ***the passengers*** ~***ed from the ferry*** die Passagiere verließen die Fähre

disembarkation [ˌdɪsɪmbɑ:'keɪʃ^ən, AM -bɑ:r'-] *n aircraft* Landung *f; of boat* Ausschiffung *f; of passengers* Aussteigen *nt kein pl; of cargo* Entladen *nt kein pl*

disembodied [ˌdɪsɪm'bɒdid, AM -'bɑ:did] *adj inv* körperlos; **a** ~ **voice** eine geisterhafte Stimme

disembowel <BRIT -ll- *or* AM *usu* -l-> [ˌdɪsɪm'baʊəl] *vt* ■**to** ~ **sb** jdm die Eingeweide entfernen; *by violence* jdm den Bauch aufschlitzen; ■**to** ~ **oneself** sich *dat* den Bauch aufschlitzen; **to** ~ **an animal** einem Tier die Eingeweide herausnehmen, ein Tier ausweiden

disenchant [ˌdɪsɪn'tʃɑ:nt, AM -'tʃænt] *vt* ■**to** ~ **sb** jdn desillusionieren [*o* ernüchtern]; ■**to** ~ **sth** etw entzaubern

disenchanted [ˌdɪsɪn'tʃɑ:ntɪd, AM -'tʃænt̬ɪd] *adj* desillusioniert, ernüchtert; (*disappointed*) enttäuscht

disenchantment [ˌdɪsɪn'tʃɑ:ntmənt, AM -'tʃænt-] *n no pl* Desillusionierung *f,* Enttäuschung *f,* Ernüchterung *f;* ***the public's*** ~ ***with social conditions*** die Unzufriedenheit der Bevölkerung mit den sozialen Verhältnissen

disenfranchise [ˌdɪsɪn'fræn(t)ʃaɪz] *vt* ■**to** ~ **sb** jdn entrechten; ECON jdm eine Konzession entziehen; POL jdm die Bürgerrechte aberkennen; **to** ~ **a town** einer Stadt das Recht nehmen, einen Abgeordneten ins Parlament zu entsenden

disenfranchised [ˌdɪsɪn'fræn(t)ʃaɪzd] *adj inv* entrechtet

disenfranchisement [ˌdɪsɪn'fræn(t)ʃɪzmənt, AM -(t)ʃaɪz-] *n no pl* LAW, POL Entziehung *f* des Wahlrechts; *of town* Aberkennung *f* des Rechts, einen Abgeordneten ins Parlament zu entsenden

disengage [ˌdɪsɪn'geɪdʒ] I. *vt* ❶ (*extricate*) ■**to** ~ **oneself** [**from sth**] sich *akk* [von etw *dat*] lösen [*o* befreien]
❷ MECH ■**to** ~ **sth** etw entkuppeln; **to** ~ **the clutch** auskuppeln
❸ MIL **to** ~ **troops** Truppen abziehen
II. *vi* ❶ (*become detached*) sich *akk* lösen [*o* frei machen]
❷ (*in fencing*) sich *akk* [aus der gegnerischen Bindung] lösen

disengagement [ˌdɪsɪn'geɪdʒmənt] *n no pl*
❶ MECH Lösung *f; of a clutch* Auskuppeln *nt*
❷ MIL Absetzen *nt*
❸ (*in fencing*) Befreiung *f*

disentangle [ˌdɪsɪn'tæŋgl] I. *vt* ❶ (*untangle*) ■**to** ~ **sth** etw entwirren [*o* entflechten]; **to** ~ **a rope** ein Seil entknoten [*o* entwirren]; (*fig*) ■**to** ~ **sth from sth** etw aus etw *dat* herauslösen; **to** ~ **hard facts from myth** die Tatsachen von den Legenden trennen
❷ (*get away*) ■**to** ~ **oneself from sth** sich *akk* von etw *dat* befreien [*o* lösen]
II. *vi* sich *akk* [voneinander] loslösen [*o* frei machen]

disestablish [ˌdɪsɪ'stæblɪʃ] *vt* (*form*) ■**to** ~ **sth** etw vom Staat trennen; **to** ~ **the Church** Kirche und Staat trennen

disestablishment [ˌdɪsɪ'stæblɪʃmənt] *n no pl* Trennung *f* [vom Staat]; **the** ~ **of the Church** die Trennung von Kirche und Staat

disfavor [ˌdɪs'feɪvə^r] AM, **disfavour** [-ə^r] I. *n no pl* Missbilligung *f,* Missfallen *nt;* **to be in** ~ **with sb** bei jdm in Ungnade stehen; **to fall into** ~ **with sb** bei jdm in Ungnade fallen; **to hold sb in** ~ jdm seine Gunst vorenthalten [*o* nicht gewähren]; **to look on sb with** ~ jdn mit Missfallen betrachten
II. *vt* ■**to** ~ **sb** jdn benachteiligen; ■**to** ~ **sth** etw missbilligen

disfiguration [dɪsˌfɪgə'reɪʃ^ən, AM -gjə'-] *n no pl* Entstellung *f,* Verunstaltung *f;* ***the*** ~ ***of the town continues*** die Stadt wird weiterhin verunstaltet

disfigure [dɪs'fɪgə^r, AM -gjə^r] *vt* ■**to** ~ **sb/sth** jdn/etw entstellen [*o* verunstalten]

disfigurement [dɪs'fɪgəmənt, AM -'fɪgjə-] *n no pl see* **disfiguration**

disfranchise [ˌdɪs'fræn(t)ʃaɪz] *vt see* **disenfranchise**

disgorge [dɪs'gɔ:dʒ, AM -'gɔ:rdʒ] I. *vt* ■**to** ~ **sth** etw ausspucken [*o* ausspeien] *a. fig*
II. *vi* sich *akk* ergießen; ***the river*** ~***s into the Black Sea*** der Fluss fließt in das Schwarze Meer

disgrace [dɪs'greɪs] I. *n no pl* ❶ (*shame*) Schande *f,* Schmach *f geh;* **to bring** ~ **on sb/sth** Schande über jdn/etw bringen
❷ (*sth or sb shameful*) Schande *f,* Schandfleck *m*
II. *vt* ■**to** ~ **sb** Schande über jdn bringen, jdm Schande bereiten; ***he has been*** ~***d*** er ist in Ungnade gefallen

disgraced [dɪs'greɪst] *adj* beschämt; ■**to be** ~ blamiert sein

disgraceful [dɪs'greɪsf^əl] *adj* schändlich, skandalös; ***it is*** ~ ***that …*** es ist ein Skandal [*o* eine Schande], dass …; ~ **behaviour** [*or* **conduct**] skandalöses Verhalten [*o* Benehmen]

disgracefully [dɪs'greɪsf^əli] *adv* schändlich; ***the unemployment pay is*** ~ ***low*** das Arbeitslosengeld ist erbärmlich niedrig

disgruntled [dɪs'grʌntl̩d, AM -t̬l̩d] *adj* verärgert (**with** über +*akk*), verstimmt

disgruntlement [dɪs'grʌntl̩mənt] *n no pl* Verstimmung *f,* Verärgerung *f,* Anstoßnahme *f geh*

disguise [dɪs'gaɪz] I. *vt* ❶ (*mask*) ■**to** ~ **oneself** [**as sb/sth**] sich *akk* [als jd/etw] verkleiden
❷ (*change appearance*) ■**to** ~ **sth** etw verschleiern [*o* unkenntlich machen]; **to** ~ **a fact** eine Tatsache verbergen [*o* verschleiern]; **to** ~ **one's voice** seine Stimme verstellen
❸ (*cover up*) ■**to** ~ **sth** etw verbergen [*o* verstecken]; **to** ~ **one's feelings** seine Gefühle verbergen; **to** ~ **a blemish** einen Fehler kaschieren [*o* verdecken]
II. *n* (*for body*) Verkleidung *f;* (*for face*) Maske *f;* **to put on a** ~ sich *akk* verkleiden; ***he put on a false beard as a*** ~ er tarnte sich mit einem falschen Bart; **to wear a** ~ verkleidet sein; **in** ~ verkleidet, getarnt

disguised [dɪs'gaɪzd] *adj* verkleidet, maskiert; **to be** ~ **as a cowboy** als Cowboy verkleidet [*o* maskiert] sein; (*fig*) verborgen, verschleiert; ***with barely*** ~ ***anger*** mit kaum verhülltem Ärger; ~ **tax** versteckte Steuer

disgust [dɪs'gʌst] I. *n no pl* ❶ (*revulsion*) Abscheu *m,* Ekel *m;* **to be filled with** ~ **at sth** von etw *dat* angewidert sein; **sth fills sb with** ~ etw ekelt jdn an; **to step back in** ~ [**from sth**] angeekelt [*o* angewidert] [von etw *dat*] zurückweichen; **to turn away** [**from sth**] **in** ~ sich *akk* angeekelt [*o* angewidert] [von etw *dat*] abwenden
❷ (*indignation*) Empörung *f,* Entrüstung *f* (**at** über +*akk*); [**much**] **to sb's** ~ [sehr] zu jds Entrüstung; **to express one's** ~ [**at sth**] seine Entrüstung [*o* Empörung] über etw *akk* zum Ausdruck bringen; **to hide one's** ~ **at sth** seine Empörung über etw *akk* verbergen; **in** ~ entrüstet, empört; **to do sth in** ~ etw tun aus Empörung darüber, dass …
II. *vt* ■**to** ~ **sb** ❶ (*sicken*) jdn anwidern [*o* anekeln]
❷ (*appal*) jdn entrüsten [*o* empören]

disgusted [dɪs'gʌstɪd] *adj* ❶ (*sickened*) angeekelt, angewidert
❷ (*indignant*) empört; ■**to be** ~ **at sth** über etw *akk* entrüstet [*o* empört] sein; ■**to be** ~ **at** [*or* **with**] **sb for** [**not**] **doing sth** darüber empört sein, dass jd etw [nicht] tut; ■**to be** ~ **that …** darüber empört sein, dass …

disgustedly [dɪs'gʌstɪdli] *adv* empört, entrüstet

disgusting [dɪs'gʌstɪŋ] *adj* ❶ (*unacceptable*) empörend; ■**it is** ~ **how/that …** es ist empörend, wie/dass …
❷ (*repulsive*) widerlich, widerwärtig

disgustingly [dɪs'gʌstɪŋli] *adv* ❶ (*repulsively*) widerlich, ekelhaft
❷ (*iron: unbelievably*) unglaublich; ***his grades are*** ~ ***good*** seine Noten sind unverschämt gut *fam*

dish [dɪʃ] I. *n* <*pl* -es> ❶ (*for serving*) Schale *f;* AM (*plate*) Teller *m;* **deep** ~ Schüssel *f;* **to put sth in** [*or* **on**] **a** ~ etw in eine Schüssel tun; **to serve sth in** [*or* **on**] **a** ~ etw in einer Schüssel servieren
❷ (*crockery*) ■**the** ~**es** *pl* das Geschirr *kein pl;* **the dirty** ~**es** das schmutzige [*o* dreckige] Geschirr; **to do** [*or* **wash**] **the** ~**es** [ab]spülen, abwaschen; **to stack the** ~**es** das Geschirr stapeln
❸ (*meal*) Gericht *nt;* **favourite** ~ Lieblingsgericht *nt,* Leibgericht *nt;* **main** ~ Hauptspeise; **sweet** ~ Süßspeise *f;* **fish** ~ Fischgericht *nt;* **side** ~ Beilage *f*
❹ TELEC Schüssel *f,* Antenne *f fam;* **satellite** ~ Parabolantenne *f,* Satellitenschüssel *f fam*
❺ (*approv sl: man*) toller Typ *fam;* (*woman*) klasse Frau *fam*
II. *vt* ❶ (*serve*) ■**to** ~ **sth** etw anrichten
❷ (*dated sl*) ■**to** ~ **sb** jdn ruinieren; ■**to** ~ **sth** etw zunichte machen; **to** ~ **sb's chances** [**of sth**] jds Chancen [auf etw *akk*] zunichte machen
► PHRASES: **to** ~ **the dirt on sb** jdn öffentlich bloßstellen
III. *vi* AM (*fam: gossip*) klatschen, tratschen; ■**to** ~ **about sth** etw breittreten *pej fam,* sich *akk* über etw *akk* auslassen

◆**dish out** *vt* ❶ (*give freely*) ■**to** ~ **out** ◌ **sth** [**to sb**] etw großzügig [an jdn] verteilen; **to** ~ **out punishment** [be]strafen; **to** ~ **it out** austeilen *fam;* (*fight*) kräftig zuschlagen; ***he can*** ~ ***it out but can't take it*** austeilen kann er, aber einstecken nicht
❷ (*serve*) ■**to** ~ **sth** ◌ **out for sb** [*or* **sb out sth**] jdm etw servieren; ***could you*** ~ ***me out some more potatoes, please?*** würdest du mir bitte noch ein paar Kartoffeln geben?

◆**dish up** (*fam*) I. *vt* ■**to** ~ **up** ◌ **sth** ❶ (*serve*) etw auftischen *fam;* ~ ***it up, I'm starving*** bring das Essen, sonst verhungere ich noch!
❷ (*fig: produce*) etw bieten
II. *vi* anrichten; ***I'm ready to*** ~ ***up*** es kann ange-

D

richtet werden

dishabille ['dɪsæb'i:l, AM -ə'bi:l] *n no pl* FASHION Zerzaustheit *f*, Ungepflegtheit *f*; **look of ~** Schmuddellook *m*

dish aerial *n* BRIT Parabolantenne *f*, Satellitenschüssel *f fam*

disharmonious [ˌdɪshɑ:'məʊniəs, AM -hɑ:r'moʊ-] *adj* (*form*) disharmonisch

disharmony [dɪs'hɑ:məni, AM -'hɑ:r-] *n no pl* (*form*) Disharmonie *f*; **undercurrents of ~** unterschwellige Missstimmung; **to stir up ~** Missstimmung erzeugen

dishcloth *n* Geschirrtuch *nt*

dishearten [dɪs'hɑ:tᵊn, AM -'hɑ:r-] *vt* ■**to ~ sb** jdn entmutigen; ■**to be ~ed by sth** durch etw *akk* entmutigt werden; ■**to be ~ed at sth** durch etw *akk* entmutigt sein [*o* den Mut verlieren]

disheartening [dɪs'hɑ:tᵊnɪŋ, AM -'hɑ:r-] *adj* entmutigend; (*disappointing*) enttäuschend

disheveled [dɪ'ʃevᵊld], AM *usu* **dishevelled** *adj* unordentlich; **~ hair** zerzauste Haare

dish liquid *n* AM [Geschirr]spülmittel *nt*

dishonest [dɪ'sɒnɪst, AM -'sɑ:n-] *adj* ① (*deceitful*) unehrlich; (*lying*) verlogen; **morally ~** moralisch unlauter; ■**to be ~ about sth** bei etw *dat* nicht ehrlich sein; ***he's been ~ about his past*** er hat über seine Vergangenheit gelogen; ■**to be ~ in sth** bei etw *dat* betrügen
② (*misleading*) täuschend *attr*; **a ~ account of events** eine irreführende Darstellung der Ereignisse

dishonestly [dɪ'sɒnɪstli, AM -'sɑ:n-] *adv* auf unehrliche [*o* betrügerische] Art und Weise; **to act ~** unredlich handeln

dishonesty [dɪ'sɒnɪsti, AM -'sɑ:n-] *n* ① *no pl* (*deceitfulness*) Unehrlichkeit *f*, Unaufrichtigkeit *f*, Verlogenheit *f*
② (*deceitful act*) Unredlichkeit *f*

dishonor *vt, n* AM *see* **dishonour**

dishonorable *adj* AM *see* **dishonourable**

dishonour [dɪ'sɒnəʳ], AM **dishonor** [-'sɑ:nɚ] (*form*) **I.** *n no pl* ① (*shame, disgrace*) Schande *f* (**to** für +*akk*); **to bring ~ on sb** jdm Schande bereiten; **to face ~** mit der Schande leben
② FIN **notice of ~** *Mitteilung, dass eine Rechnung aussteht*
II. *vt* ① (*disgrace*) ■**to ~ sb/sth** dem Ansehen einer Person/einer S. *gen* schaden
② (*not respect*) **to ~ an agreement** eine Abmachung verletzen, gegen eine Abmachung verstoßen; **to ~ one's principles** gegen seine Prinzipien verstoßen; **to ~ a promise** sich *akk* nicht an ein Versprechen halten, ein Versprechen nicht einlösen

dishonourable [dɪ'sɒnərəbl̩], AM **dishonorable** [-'sɑ:nɚ-] *adj* ehrlos, unehrenhaft; **to receive a ~ discharge [for sth]** [wegen einer S. *gen*] unehrenhaft entlassen werden

dishpan *n* AM (*sink*) Spülbecken *nt* **dishpan hands** *npl* AM Spülhände *fpl* **dish rack** *n* AM (*plate rack*) Geschirrständer *m* **dishrag** *n* AM (*dishcloth*) Geschirrtuch *nt* **dish soap** *n* AM Geschirrspülmittel *nt* **dish towel** *n esp* AM Geschirrtuch *nt* **dishwasher** *n* ① (*machine*) Geschirrspülmaschine *f*; **to load/unload** [*or* **empty**] **the ~** die Geschirrspülmaschine einräumen/ausräumen; **to run the ~** die Geschirrspülmaschine laufen lassen ② (*person*) Tellerwäscher(in) *m(f)*; (*hum*) Geschirrspülmaschine *f hum*

dishwashing liquid *n* AM Geschirrspülmittel *nt*

dishwater *n no pl* (*also fig*) Spülwasser *nt*

dishy ['dɪʃi] *adj* BRIT, AUS (*sl*) sexy *fam*

disillusion [dɪsɪ'lu:ʒᵊn] **I.** *vt* ■**to ~ sb** jdn desillusionieren [*o* ernüchtern]; ***I hate [or am sorry] to ~ you, but ...*** ich möchte dir ja nicht deine Illusionen rauben, aber ...
II. *n no pl* Ernüchterung *f*, Desillusionierung *f*

disillusioned [dɪsɪ'lu:ʒᵊnd] *adj* desillusioniert; ■**to be ~ with sb/sth** von jdm/etw enttäuscht sein

disillusionment [dɪsɪ'lu:ʒᵊnmənt] *n no pl* Ernüchterung *f*, Enttäuschung *f* (**with** über +*akk*)

disincentive [dɪsɪn'sentɪv, AM -t̬-] **I.** *n* Entmutigung *f*; **to be** [*or* **act as**] **a ~ to sth** sich *akk* abschreckend auf etw *akk* auswirken
II. *adj* entmutigend; **to have a ~ effect on sb** auf jdn entmutigend wirken

disinclination [ˌdɪsɪnklɪ'neɪʃᵊn] *n no pl* (*aversion*) Abneigung *f*; (*reluctance*) Unlust *f*; **to feel** [*or* **have**] **a strong ~ to do sth** eine starke Abneigung dagegen haben, etw zu tun

disinclined [ˌdɪsɪn'klaɪnd] *adj pred* abgeneigt; ■**to be ~ to do sth** nicht gewillt sein, etw zu tun

disinfect [ˌdɪsɪn'fekt] *vt* ■**to ~ sth** etw desinfizieren

disinfectant [ˌdɪsɪn'fektᵊnt] **I.** *n* Desinfektionsmittel *nt*; **a powerful ~** ein starkes Desinfektionsmittel
II. *adj* desinfizierend; **~ products** Desinfektionsmittel *ntpl*

disinfection [ˌdɪsɪn'fekʃᵊn] *n no pl* Desinfizierung *f*

disinflation [ˌdɪsɪn'fleɪʃᵊn] *n no pl* ECON Desinflation *f fachspr*; (*reduction*) Inflationsrückgang *m*; (*measures against*) Inflationsbekämpfung *f*

disinformation [ˌdɪsɪnfə'meɪʃᵊn, AM -fɚ-] *n no pl* Fehlinformation *f*; **to spread ~** Fehlinformationen verbreiten

disingenuous [ˌdɪsɪn'dʒenjuəs] *adj* (*form*) unaufrichtig; **~ look** verschlagener Blick; **~ manner** verlogene Art; **~ smile** verlogenes Lächeln

disingenuously [ˌdɪsɪn'dʒenjuəsli] *adv* unaufrichtig

disinherit [ˌdɪsɪn'herɪt] *vt* ■**to ~ sb** jdn enterben

disinheritance [ˌdɪsɪn'herɪtᵊns, AM t̬ᵊns] *n no pl* Enterbung *f*

disintegrate [dɪ'sɪntɪgreɪt, AM -t̬ə-] **I.** *vi* ① (*break apart*) zerfallen
② (*be divided*) ■**to ~ into sth** *empire* in etw *akk* zerfallen
③ (*fig*) *marriage* zerbrechen; **to ~ into chaos** sich *akk* in Chaos auflösen
④ (*fam: break down*) einen Nervenzusammenbruch kriegen *fam*
⑤ NUCL *atom* sich *akk* in seine Bestandteile auflösen
II. *vt* NUCL **to ~ an atom** ein Atom in seine Bestandteile auflösen

disintegration [dɪˌsɪntɪ'greɪʃᵊn, AM -t̬ə'-] *n no pl* ① (*breaking apart*) Auseinanderbröckeln *nt*; *of cells* Zerstörung *f*
② (*loss of cohesion*) Zerfall *m*, Auflösung *f*
③ (*worsening*) *of services* Verschlechterung *f*
④ *of personality* Verfall *m*
⑤ NUCL Auflösung *f* in seine Bestandteile

disinter <-rr-> ['dɪsɪn'tɜ:ʳ, AM -'tɜ:r] *vt* ① (*form: dig up*) ■**to ~ sb** jdn ausgraben; (*exhume*) jdn exhumieren
② (*fig*) ■**to ~ sth** etw wiederentdecken [*o hum* ausgraben]

disinterest [dɪ'sɪntrəst, -trɪst, AM -trɪst] *n no pl* ① (*impartiality*) Desinteresse *nt* (**with** an +*dat*)
② (*indifference*) Gleichgültigkeit *f* (**in** gegenüber +*dat*)

disinterested [dɪ'sɪntrəstɪd, -trɪst-, AM -trɪst-] *adj* ① (*impartial*) neutral, unparteiisch; **~ advice** objektiver Rat; **~ judgement** gerechtes Urteil; **~ observer** neutraler Beobachter; **~ party** Unbeteiligte(r) *f(m)*
② (*uninterested*) desinteressiert

disinterestedly [dɪ'sɪntrəstɪdli, -trɪst-, AM -trɪst-] *adv* ① (*impartially*) gerecht, unparteiisch
② (*indifferently*) desinteressiert

disinterestedness [dɪs'ɪntrəstɪdnəs, AM -trɪstɪd-] *n no pl* ① (*unselfishness*) Uneigennützigkeit *f*, Selbstlosigkeit *f*
② (*lack of concern*) Desinteresse *f*

disintermediation [ˌdɪsɪntəmi:di'eɪʃᵊn, AM -ɪntɚ-] *n no pl* ECON, FIN Industrieclearing *nt* ohne Kreditinstitutbeteiligung

disinterment [ˌdɪsɪn'tɜ:mənt, AM -tɜ:r-] *n no pl* Ausgrabung *f*

disinvest [dɪsɪn'vest] FIN **I.** *vi* desinvestieren *fachspr*, Anlagekapital zurückziehen; ■**to ~ from sth** sich *akk* aus etw *dat* zurückziehen
II. *vt* **to ~ shares** Aktien zurückziehen

disinvestment [dɪsɪn'vestmənt] *n no pl* FIN Desinvestition *f fachspr*, Zurückziehung *f* von Anlagekapital

disjecta membra [dɪsˌdʒektə'membrə] *npl* (*liter: written fragments*) geschriebene Fragmente

disjointed [dɪs'dʒɔɪntɪd, AM -t̬-] *adj* ① (*not coherent*) zusammenhanglos, unzusammenhängend *attr*
② (*disunited*) zerrissen

disjunct [dɪs'dʒʌŋ(k)t] *adj* LING disjunkt

disjunctive [dɪs'dʒʌŋtɪvli] *adj* ① (*lacking connection*) getrennt, nicht zusammenhängend
② LING, PHILOS disjunktiv *fachspr*

disk [dɪsk] *n* ① COMPUT Diskette *f*; **back-up ~** Sicherungsdiskette *f*; **fixed** [*or* **hard**] **~** Festplatte *f*; **floppy ~** Floppydisk *f*; **removable ~** Wechseldatenträger *m*
② AM *see* **disc**

disk box *n* Diskettenbox *f* **disk drive** *n* COMPUT Laufwerk *nt*; **fixed ~** Plattenlaufwerk *nt*; **floppy ~** Diskettenlaufwerk *nt* (*für Floppydisks*)

diskette [dɪ'sket] *n* COMPUT Diskette *f*; *see also* **disk 1**

diskless ['dɪskləs] *adj* COMPUT plattenlos; **~ operating system** plattenloses Betriebssystem

disk operating system *n* COMPUT Plattenbetriebssystem *nt* **disk space** *n* COMPUT Diskettenspeicher *m*; (*hard disk drive*) Plattenspeicher *m*

dislike [dɪs'laɪk] **I.** *vt* ■**to ~ sb/sth** jdn/etw nicht mögen [*o fam* leiden können]; (*not condone*) ■**to ~ sth** etw missbilligen; ■**sb ~s sth** jdm missfällt etw; **to deeply** [*or* **heartily**] [*or* **intensely**] **~ sb/sth** jdn/etw zutiefst hassen; ■**to ~ doing sth** etw nicht gern tun
II. *n* Abneigung *f*; **likes and ~s** Vorlieben und Abneigungen; **a hearty** [*or* **strong**] **~ of** [*or* **for**] **sth** eine tiefe [*o* starke] Abneigung gegen etw *akk*; **to show** [*or* **have**] **a ~ of** [*or* **for**] **sth** eine Abneigung gegen etw *akk* haben [*o* hegen]; **to take a[n instant] ~ to sb/sth** jdn/etw [spontan] unsympathisch finden

dislik(e)able [dɪs'laɪkəbl̩] *adj* unsympathisch

dislocate ['dɪslə(ʊ)keɪt, AM dɪs'loʊ-] *vt* ① (*disturb normal position of*) ■**to ~ sth** *joint* sich *dat* etw ausrenken [*o* verrenken]; **to ~ one's shoulder** sich *dat* die Schulter auskugeln
② *usu passive* (*disrupt*) ■**to be ~d by sth** durch etw *akk* beeinträchtigt werden
③ *usu passive* (*misused*) ■**to have been ~d** zweckentfremdet worden sein

dislocated ['dɪslə(ʊ)keɪtɪd, AM dɪs'loʊkeɪt̬ɪd] *adj* ① *joint* verrenkt, ausgerenkt; *shoulder* ausgekugelt
② (*put out of place*) deplatziert; (*misused*) zweckentfremdet

dislocation [ˌdɪslə(ʊ)'keɪʃᵊn, AM -loʊ'-] *n* ① *of joint* Verrenkung *f*; *of shoulder* Auskugeln *nt kein pl*
② *no pl* (*fig: disturbance*) Störung *f*
③ (*displacement*) Verlagerung *f*

dislodge [dɪ'slɒdʒ, AM -'lɑ:dʒ] *vt* ① (*loosen up*) ■**to ~ sth** etw lösen; ***the earthquake ~d stones from the walls*** durch das Erdbeben lösten sich Steine aus den Wänden
② (*fig*) ■**to ~ sb** jdn verdrängen; **to ~ the enemy from town** den Feind aus der Stadt verdrängen

disloyal [dɪ'slɔɪəl] *adj* ■**~ [to sb/sth]** [jdm/etw gegenüber] illoyal

disloyalty [dɪ'slɔɪəlti] *n no pl* Illoyalität *f* (**to** gegenüber +*dat*); **to demonstrate ~ to sb/sth** jdm gegenüber illoyal sein

dismal ['dɪzməl] *adj* ① (*gloomy*) düster; *mood also* trist; **~ expression** finsterer Gesichtsausdruck
② (*dreary*) trostlos; **~ outlook** trübe Aussicht; **~ weather** trübes Wetter
③ (*fam: pitiful*) kläglich; **a ~ failure** ein großer Reinfall; **~ truth** bittere Wahrheit; **~ weather** grässliches [*o* scheußliches] Wetter

dismally ['dɪzməli] *adv* ① (*gloomily*) düster; **to look ~** finster blicken
② (*drearily*) hoffnungslos; (*melancholically*) freudlos; (*grey*) trostlos
③ (*fam: pitifully*) schrecklich, furchtbar

dismantle [dɪ'smæntl̩, AM -t̬l̩] **I.** *vi* zerlegbar sein, sich zerlegen lassen

II. *vt* ① (*take apart*) ■**to ~ sth** etw zerlegen
② (*fig: do away with*) ■**to ~ sth** etw demontieren
dismantling *n no pl of border controls, trade barriers* Abbau *m*
dismay [dɪ'smeɪ] **I.** *n no pl* Entsetzen *nt*, Bestürzung *f* (**at/with** über +*akk*); **to sb's [great]** ~ zu jds [großer] Bestürzung; ***she discovered, to her ~, that ...*** bestürzt entdeckte sie, dass ...; **to be filled with** ~ entsetzt sein; **to watch in** [*or* **with**] ~ **as ...** mit Entsetzen [*o* Bestürzung] zusehen, wie ...
II. *vt* ■**to ~ sb** jdn schockieren; ***it ~ed us that ...*** wir waren bestürzt darüber, dass ...
dismayed [dɪ'smeɪd] *adj* bestürzt; *expression* betroffen (**at/with** über +*akk*)
dismaying [dɪ'smeɪɪŋ] *adj* bestürzend
dismember [dɪ'smembəʳ, AM -ɚ] *vt* ■**to ~ sb** jdn zerstückeln; ■**to ~ an animal** ein Tier zerlegen; (*fig*) **to ~ a country** ein Land zersplittern
dismembered [dɪ'smembəd, AM -bɚd] *adj* verstümmelt
dismemberment [dɪ'smembə-, AM -bɚmənt] *n no pl* ① (*chopping off*) Verstümmelung *f*
② (*fig*) Zersplitterung *f*
dismiss [dɪ'smɪs] *vt* ① (*ignore*) ■**to ~ sb/sth [as sth]** jdn/etw [als etw *akk*] abtun; **to ~ an idea** eine Idee aufgeben; **to ~ a thought [from one's mind]** einen Gedanken [wieder] fallen lassen, sich *dat* einen Gedanken aus dem Kopf schlagen *fam*
② (*send away*) ■**to ~ sb** jdn wegschicken; *class* jdn gehen lassen; MIL **~ed!** wegtreten!
③ (*sack*) ■**to ~ sb** jdn entlassen
④ LAW **to ~ a [court] case/an indictment [for lack of evidence]** einen Prozess/ein Verfahren [mangels Beweisen] einstellen; **to ~ a charge** eine Klage abweisen
dismissal [dɪ'smɪsᵊl] *n* ① *no pl* (*disregard*) Abtun *nt*; **to meet with** ~ auf Ablehnung stoßen
② (*the sack*) Entlassung *f* (**from** aus +*dat*); **curt** [*or* **summary**] ~ fristlose Kündigung; **unfair** ~ sozial ungerechtfertigte Entlassung
③ *of an assembly* Auflösung *f*
④ LAW *of a case* Abweisung *f*; *of the accused* Entlassung *f*
dismissive [dɪ'smɪsɪv] *adj* geringschätzig; ■**to be ~ of sth** etw geringschätzig abtun
dismissively [dɪ'smɪsɪvli] *adv* geringschätzig, verächtlich; **to wave one's hand** ~ eine verächtliche Handbewegung machen
dismount [dɪ'smaʊnt] **I.** *vi* absteigen; **to ~ from a bike/horse/motorcycle** von einem Fahrrad/Pferd/Motorrad absteigen
II. *vt* ■**to ~ sth** etw abmontieren; **to ~ a drive** COMPUT ein Laufwerk deaktivieren; **to ~ a tape** COMPUT ein Band entladen
disobedience [ˌdɪsə(ʊ)'bi:diən(t)s, AM -sə'-] *n no pl* Ungehorsam *m* (**to** gegenüber +*dat*); ~ **to orders** Missachtung *f* von Befehlen; **civil** ~ passiver Widerstand, ziviler [*o* bürgerlicher] Ungehorsam; **wilful** ~ vorsätzlicher Ungehorsam
disobedient [ˌdɪsə(ʊ)'bi:diənt, AM -sə'-] *adj* ungehorsam; ■**to be ~ to[wards] sb** jdm nicht gehorchen
disobediently [ˌdɪsə(ʊ)'bi:diəntli, AM -sə'-] *adv* ungehorsam
disobey [ˌdɪsə(ʊ)'beɪ, AM -sə'-] **I.** *vt* ■**to ~ sb** jdm nicht gehorchen; ***I won't have you ~ing me!*** ich dulde mir gegenüber keinen Ungehorsam!; **to ~ orders** Befehle nicht befolgen; ■**to ~ rules** sich *akk* nicht an die Regeln halten
II. *vi* ungehorsam sein
disoblige [ˌdɪsə'blaɪdʒ] *vt* (*form*) ■**to ~ sb** jdm nicht hilfreich [*o* behilflich] sein
disobliging [ˌdɪsə'blaɪdʒɪŋ] *adj* (*form*) ungefällig, nicht hilfreich [*o* behilflich]
disorder [dɪ'sɔ:dəʳ, AM -ɔ:rdɚ] *n* ① *no pl* (*disarray*) Unordnung *f*; **state of** ~ chaotischer Zustand; **to be in** ~ in Unordnung sein; **to retreat in** ~ MIL sich *akk* ungeordnet zurückziehen; **to throw sth into** ~ etw in Unordnung bringen [*o* durcheinander bringen]
② MED [Funktions]störung *f*; **brain** ~ Störung *f* der Gehirnfunktion; **circulatory** ~ Kreislaufstörung *f*; **digestive** [*or* **intestinal**] ~ Verdauungsstörung *f*; **kidney** ~ Nierenleiden *nt*; **mental** ~ Geistesstörung *f*; **neurotic** ~ Neurose *f*; **personality** ~ Persönlichkeitsstörung *f*; **respiratory** ~ Störung *f* der Atemwege; **skin** ~ Hautirritation *f*
③ *no pl* (*riot*) Aufruhr *m*; **civil** ~ Bürgerunruhen *fpl*; **public** ~ öffentliche Unruhen
disordered [dɪs'ɔ:dəd, AM 'ɔ:rdɚd] *adj* unordentlich; *health* gestört; ***my stomach is*** ~ ich habe mir den Magen verdorben
disorderly [dɪ'sɔ:dəli, AM -ɔ:rdɚli] *adj* ① (*untidy*) unordentlich; **to keep a ~ house** LAW ein Bordell treiben; ~ **life** unorganisiertes Leben
② (*unruly*) aufrührerisch; **drunken and ~ conduct** Trunkenheit *f* und ordnungswidriges Verhalten
disorganization [dɪˌsɔ:gənaɪ'zeɪʃən, AM -ɔ:rgənɪ-] *n no pl* Desorganisation *f*, schlechte Organisation; (*chaos*) Durcheinander *nt*
disorganized [dɪ'sɔ:gənaɪzd, AM -ɔ:r-] *adj* schlecht organisiert; **to be a ~ mess** ein einziges Durcheinander sein; ~ **person** unordentliche Person
disorientate [dɪ'sɔ:rɪənteɪt] *vt*, AM *usu* **disorient** [dɪ'sɔ:rɪənt] *vt usu passive* ① (*lose bearings*) **to be/get** [*or* **become**] **[totally] ~d** [völlig] die Orientierung verloren haben/verlieren
② (*be confused*) ■**to be ~d** orientierungslos sein; ***she became ~d as to time and place*** sie verlor jegliches Raum- und Zeitgefühl; **to make sb feel ~d** jdn verwirren
disorientating [dɪ'sɔ:rɪənteɪtɪŋ] *adj*, AM *usu* **disorienting** [dɪ'sɔ:rɪəntɪŋ] *adj* ① (*confusing*) verwirrend
② (*strange*) merkwürdig
disorientation [dɪsˌɔ:rɪən'teɪʃᵊn] *n no pl* Richtungslosigkeit *f*, Desorientierung *f*
disown [dɪ'səʊn, AM -soʊn] *vt* ■**to ~ sb** ① (*sever ties*) jdn verstoßen
② (*repudiate*) jdn verleugnen; (*hum also*) jdn nicht mehr kennen *hum*
disparage [dɪ'spærɪdʒ, AM -per-] *vt* ■**to ~ sb/sth** jdn/etw diskreditieren *geh*
disparagement [dɪ'spærɪdʒmənt, AM -per-] *n no pl* (*snub*) Herabsetzung *f*; (*denigration*) Verunglimpfung *f*; (*abuse*) Schmähung *f*
disparaging [dɪ'spærɪdʒɪŋ, AM -per-] *adj* geringschätzig, verächtlich; ~ **remark** spöttische Bemerkung; **to make ~ remarks about sb** sich *akk* abschätzig über jdn äußern
disparagingly [dɪ'spærɪdʒɪŋli, AM -per-] *adv* geringschätzig, verächtlich; **to speak ~ of sb/sth** abschätzig über jdn/etw sprechen
disparate [dɪ'spᵊrət] *adj* (*form*) [grund]verschieden; ~ **natures** unvereinbare Charaktere
disparity [dɪ'spærəti, AM -t̬i] *n* Disparität *f geh*, Ungleichheit *f kein pl*
dispassion [dɪs'pæʃᵊn] *n no pl* Gelassenheit *f*, Leidenschaftslosigkeit *f*
dispassionate [dɪ'spæʃᵊnət] *adj* objektiv, sachlich, nüchtern
dispassionately [dɪ'spæʃᵊnətli] *adv* nüchtern, sachlich; **to look at sth** ~ etw nüchtern betrachten; ***... but speaking ~ ...*** ... nüchtern gesehen, ... jedoch ...
dispatch [dɪ'spætʃ] **I.** *n* <*pl* -es> ① (*something sent*) Lieferung *f*, Sendung *f*; ~ **of clothing** Kleidersendung *f*
② *no pl* (*sending*) Verschicken *nt*, Versenden *nt*; *of a person* Entsendung *f*
③ (*press report*) [Auslands]bericht *m*
④ MIL (*report*) [Kriegs]bericht; **to be mentioned in ~es** rühmend erwähnt werden
▶ PHRASES: **to <u>do</u> sth with** ~ (*dated form*) etw prompt erledigen
II. *vt* ① (*send*) ■**to ~ sth somewhere** etw irgendwohin senden [*o* schicken]; **to ~ a letter/telegram** einen Brief/ein Telegramm aufgeben; ■**to ~ sb** jdn entsenden; ■**to be ~ed to a place** an einen Ort entsandt werden
② (*hum: devour*) **to ~ food** Essen verputzen *fam*
③ (*hum: kill*) ■**to ~ sb/an animal** jdn/ein Tier ins Jenseits befördern *fam* [*o* zur Strecke bringen]
④ (*deal with*) **to ~ a problem/task** ein Problem/eine Aufgabe erledigen [*o* lösen]
dispatch box *n* ① (*box*) Depeschenkassette *f*
② BRIT ■**the D~ B~** *Rednerstand im britischen Unterhaus*
dispatch rider *n* BRIT Kurier *m*, Eilbote, -in *m, f*
dispel <-ll-> [dɪ'spel] *vt* **to ~ sb's doubts** jds Zweifel zerstreuen [*o* vertreiben] [*o* verscheuchen]; **to ~ a fear** eine Befürchtung zerstreuen; **to ~ an idea** eine Idee verwerfen; **to ~ a myth** einen Mythos zerstören; **to ~ sb's sorrows** jds Kummer vertreiben
dispensable [dɪ'spen(t)səbl̩] *adj* entbehrlich
dispensary [dɪ'spen(t)sᵊri] *n* ① (*room*) [Krankenhaus]apotheke *f*
② (*clinic*) Dispensarium *nt*
dispensation [dɪˌspen'seɪʃᵊn] *n* (*form*) ① *no pl* (*permission*) Befreiung *f*; REL Dispens *f*; **papal** ~ päpstlicher Erlass; **special** ~ Sondergenehmigung *f*
② (*system*) System *nt*
③ *no pl* (*handing out*) Verteilen *nt*, Verteilung *f*; *of medication also* Ausgabe *f*
④ LAW Rechtsprechung *f*
dispense [dɪ'spens] **I.** *vt* ① (*provide*) ■**to ~ sth [to sb/sth]** etw [an jdn/etw] austeilen [*o* verteilen]; **to ~ advice** [gute] Ratschläge erteilen; **to ~ wisdom** Weisheiten von sich *dat* geben
② (*prepare*) **to ~ medicine** Medizin ausgeben
③ LAW **to ~ justice** Recht sprechen
II. *vi* ① (*do without*) ■**to ~ with sth** auf etw *akk* verzichten; **to ~ with sb's services** auf jds Dienste verzichten können
② (*form: exempt*) ■**to not be able to ~ with sth** nicht ohne etw *akk* auskommen können
dispenser [dɪ'spensəʳ, AM -ɚ] *n* ① (*machine*) Automat *m*; **drinks/cash** ~ Getränke-/Geldautomat *m*; **paper towel** ~ Automat *m* für Papierhandtücher; **soap** ~ Seifenspender *m*
② (*provider*) Verteiler(in) *m(f)*; *of funds* Vergabestelle *f*
dispensing chemist [dɪˌspen(t)sɪŋ'-] *n* BRIT, AUS Apotheker(in) *m(f)*; ■**~'s** Apotheke *f* **dispensing machine** *n* Automat *m* **dispensing optician** *n* BRIT Optiker(in) *m(f)*; **at the ~'s** beim Optiker
dispersal [dɪ'spɜ:səl, AM -pɜ:r-] *n no pl* ① (*scattering*) Zerstreuung *f*; *of a crowd* Auflösung *f*; (*migration*) Verbreitung *f*
② (*breakup*) Auseinandergehen *nt kein pl*; ***she was disappointed in the quick ~ of the audience after the concert*** sie war enttäuscht, dass sich die Zuschauermenge nach dem Konzert so schnell auflöste
③ (*spread*) Verstreutheit *f*; ***the ~ of his family all over the world made it difficult to get together for Christmas*** da seine Familie über die ganze Welt zerstreut war, war es schwierig, an Weihnachten zusammenzukommen
dispersant [dɪ'spɜ:sənt, AM -pɜ:r-] *n* Dispersionsmittel *nt*, Dispergens *nt fachspr*; **oil** ~ Öldispergator *m fachspr*
disperse [dɪ'spɜ:s, AM -pɜ:rs] **I.** *vt* ① (*dispel*) ■**to ~ sth** *mist* etw auflösen; **to ~ a crowd** eine [Menschen]menge zerstreuen [*o* auflösen]
② (*distribute*) **to ~ seeds** Samen verteilen
③ (*clear*) ■**to ~ sth** *oil slick* etw auflösen
④ PHYS **to ~ light** Licht streuen
II. *vi* ① *crowd* auseinander gehen, sich *akk* verlaufen
② (*thin out*) *mist* sich *akk* auflösen
dispersed [dɪ'spɜ:st, AM -pɜ:rst] *adj* verstreut; *group of people* zerstreut
dispersion [dɪ'spɜ:ʃᵊn, AM -pɜ:rʒ-] *n no pl* ① (*form: distribution*) Verteilung *f*
② (*spread*) Verbreitung *f*
③ PHYS Streuung *f*
dispirit [dɪ'spɪrɪt] *vt* ■**to ~ sb** jdn entmutigen, jdm den Schwung nehmen
dispirited [dɪ'spɪrɪtɪd, AM -t̬-] *adj* niedergeschlagen, entmutigt; (*depressed*) deprimiert; ■**sb is ~ by sth** etw hat jdn entmutigt
dispiritedly [dɪ'spɪrɪtɪdli, AM -t̬-] *adv* deprimiert,

D

entmutigt
dispiriting [dɪˈspɪrɪtɪŋ, AM -t̬-] *adj* deprimierend; ■**to be ~ to sb** jdn entmutigen
displace [dɪˈspleɪs] *vt* ❶ (*force out*) ■**to ~ sb** jdn vertreiben; ■**to be ~d** vertrieben werden
❷ (*replace*) ■**to ~ sth/sb** etw/jdn ersetzen [*o* ablösen], an die Stelle von etw/jdm treten
❸ (*fam: force from office*) ■**to ~ sb** jdn ausbooten *fam*
❹ PHYS **to ~ air/water** Luft/Wasser verdrängen
displaced person *n* Vertriebene(r) *f(m)*
displacement [dɪˈspleɪsmənt] *n no pl* ❶ (*expulsion*) Vertreibung *f*
❷ (*relocation*) Umsiedlung *f*
❸ (*replacement*) Ablösung *f*
❹ PHYS, NAUT Verdrängung *f*, verdrängtes Flüssigkeitsvolumen
❺ AUTO Hubraum *m*
displacement activity *n* Ersatzbefriedigung *f*
display [dɪˈspleɪ] **I.** *vt* ■**to ~ sth** ❶ (*on a noticeboard*) etw aushängen; **to ~ sth in a shop window** etw in einem Schaufenster auslegen
❷ (*demonstrate*) etw zeigen; **to ~ one's ignorance** seine Unwissenheit nicht verbergen; **to ~ one's power** seine Macht demonstrieren; **to ~ self-control** gefasst sein
❸ (*flaunt*) etw zur Schau stellen
❹ TYPO etw hervorheben
II. *n* ❶ (*in a museum, shop*) Auslage *f*; **to be/go on ~** ausgestellt sein/werden
❷ (*performance*) Vorführung; **firework** BRIT [*or* AM, AUS **fireworks**] ~ Feuerwerk *nt*
❸ (*demonstration*) Bezeigung *f geh*, Demonstration *f*; **~ of anger** Wutausbruch *m*; **to make a public ~ of grief** öffentlich seinen großen Kummer zeigen
❹ COMPUT Display *nt*; **17-inch ~** 17-Zoll-Bildschirm *m*; **colour ~** Farbmonitor *m*
❺ (*ostentation*) Großspurigkeit *f*; **to make** [*or* **put on**] **a ~** großspurig tun *fam*
display case *n*, **display cabinet** *n* Vitrine *f*; **~ of glass** Glasvitrine *f* **display type** *n no pl* TYPO Blockschrift *f* **display window** *n* Schaufenster *nt*
displease [dɪˈspliːz] *vt* ■**to ~ sb** jdm missfallen; ■**to be ~d by** [*or* **with**] [*or* **at**] **sth** mit etw *dat* unzufrieden sein; **to be highly** [*or* **greatly**] **~d** sehr verärgert sein
displeasing [dɪˈspliːzɪŋ] *adj* ärgerlich; **~ sensation** unangenehmes Gefühl
displeasure [dɪˈspleʒəʳ, AM -ʒɚ] *n no pl* Missfallen *nt* (**at** über +*akk*); **to incur sb's ~** jds Missfallen erregen; **much to sb's ~** sehr zu jds Missfallen *dat*
disport [dɪˌspɔːt, AM -spɔːrt] *vt* (*old or hum*) ■**to ~ oneself** sich *akk* vergnügen
disposable [dɪˈspəʊzəbl̩, AM -ˈspoʊ-] **I.** *adj* ❶ *articles* Wegwerf-; **~ razor** Einwegrasierer *m*; **~ towel** Einmalhandtuch *nt*
❷ (*dismissible*) unbedeutend
❸ FIN verfügbar, disponibel; **~ assets** disponibles [*o* frei verfügbares] Vermögen
II. *n* ■**~s** *pl* Wegwerfartikel *mpl*
disposable camera *n* Einmalkamera *f*, Wegwerfkamera *f* **disposable income** *n no pl* verfügbares Einkommen; **high/low ~** hohes/niedriges verfügbares Einkommen **disposable lenses** *n pl* Wegwerflinsen *fpl*
disposal [dɪˈspəʊzəl, AM -ˈspoʊ-] *n* ❶ *no pl* Beseitigung *f*; *of waste* Entsorgung *f*; **~ of garbage** Müllabfuhr *f*
❷ AM *im Spülbecken angebrachter Müllschlucker*
❸ *no pl of a rival* Sieg (**of** über +*akk*)
❹ (*control*) Verfügung *f*; **to have sth at one's ~** etw zu seiner [freien] Verfügung haben; **to place** [*or* **put**] **sth at sb's ~** jdm etw zur Verfügung stellen; ■**to be at sb's ~** zu jds Verfügung stehen
disposal site *n* Müllhalde *f*, Müllkippe *f*; **~ for nuclear waste** Atommüllendlager *nt*
dispose [dɪˈspəʊz, AM -ˈspoʊ-] *vt* (*form*) ■**to ~ sb to[wards] sb** jdn für jdn gewinnen [*o* einnehmen]; ■**to ~ sb to[wards] sth** jdn zu etw *dat* bewegen; ■**to ~ sb to do sth** jdn [dazu] bewegen, etw zu tun; ***whatever ~d you to do that?*** was in aller Welt hat dich nur dazu bewogen?
◆**dispose of** *vi* ❶ (*get rid of*) ■**to ~ of sb/sth** jdn/etw beseitigen; ■**to ~ of sth** (*sell*) etw veräußern
❷ (*deal with*) ■**to ~ of sth** etw erledigen [*o* regeln]; ***ok, that's ~d of*** so, das wäre erledigt
❸ (*fam: kill*) ■**to ~ of sb** jdn um die Ecke bringen *fam*, jdn beseitigen *fam*
❹ (*fam: consume*) ■**to ~ of sth** etw verputzen *fam*
❺ (*have*) ■**to ~ of sth** *time, money* über etw *akk* verfügen
❻ (*defeat*) ■**to ~ of sb** jdn besiegen
disposed [dɪˈspəʊzd, AM -ˈspoʊ-] *adj pred* (*form*) geneigt; **to be** [*or* **feel**] **~ to do sth** geneigt sein, etw zu tun; **to not be** [*or* **feel**] **~ to do sth** keine große Lust haben, etw zu tun; **to be** [*or* **feel**] **~ towards sb/sth** jdm/etw wohlgesonnen sein
disposition [ˌdɪspəˈzɪʃən] *n* ❶ (*nature*) Art *f*, Charakter *m*; **to have** [*or* **be of**] **a cheerful ~** eine Frohnatur sein; **to have** [*or* **be of**] **a gloomy ~** ein depressiver Typ sein; **to have** [*or* **be of**] **a sunny ~** ein sonniges Gemüt haben
❷ (*tendency*) Veranlagung *f* (**to** zu +*dat*); **to have the ~ to do sth** die Veranlagung dazu haben, etw zu tun
❸ LAW Verfügung *f*
dispossess [ˌdɪspəˈzes] *vt usu passive* (*form*) ■**to have been ~ed** enteignet worden sein; ***they ~ed him of his house*** sein Haus wurde enteignet
dispossessed [ˌdɪspəˈzest] (*form*) **I.** *adj inv* enteignet
II. *n* ■**the ~** *pl* die Enteigneten *pl*; **the poor and the ~** die Armen und die Besitzlosen
dispossession [ˌdɪspəˈzeʃən] *n no pl* (*form*) Enteignung *f*
disproof [dɪsˈpruːf] *n* Gegenbeweis *m*
disproportion [ˌdɪsprəˈpɔːʃən, AM -ˈpɔːr-] *n no pl* (*form*) Missverhältnis *nt*
disproportionate [ˌdɪsprəˈpɔːʃənət, AM -ˈpɔːr-] *adj* ❶ (*unequal*) ■**to be ~ to sth** zu etw *dat* in keinem Verhältnis stehen
❷ (*unwarranted*) unangemessen, unangebracht
disproportionately [ˌdɪsprəˈpɔːʃənətli, AM -ˈpɔːr-] *adv* ❶ (*unequally*) ungleich
❷ (*too much*) unverhältnismäßig; **a ~ large amount of sth** unverhältnismäßig viel von etw *dat*
disprove [dɪˈspruːv] *vt* ■**to ~ sth** etw widerlegen
disputable [dɪˈspjuːtəbl̩, AM -t̬-] *adj* strittig, fraglich; ***I think that's ~*** darüber lässt sich streiten; **~ point** strittiger Punkt; **~ statements** fragwürdige Aussagen
disputably [dɪˈspjuːtəbli, AM -t̬-] *adv* disputabel *geh*, fragwürdig
disputant [ˈdɪspjʊtənt] *n* Gesprächsgegner(in) *m(f)*, Kontrahent(in) *m(f)*
disputation [ˌdɪspjʊˈteɪʃən, AM -ˈspjuː-] *n* (*form or old*) ❶ *no pl* (*disputing*) Kontroverse *f*
❷ (*argument*) Disput *m geh*, Streitgespräch *nt*
disputatious [ˌdɪspjʊˈteɪʃəs, AM -ˈspjuː-] *adj* (*form or dated*) streitsüchtig
dispute I. *vt* [dɪˈspjuːt] ❶ (*argue*) ■**to ~ sth** sich *akk* über etw *akk* streiten; **to be hotly ~d** heftig diskutiert werden
❷ (*oppose*) ■**to ~ sth** etw bestreiten [*o* anzweifeln]; ■**to ~ [that] ...** bestreiten, dass ...
❸ SPORTS **to ~ the lead** um die Führungsposition kämpfen
II. *vi* [dɪˈspjuːt] ■**to ~ [with sb] over sth** [mit jdm] über etw *akk* streiten
III. *n* [dɪˈspjuːt, ˈdɪspjuːt] ❶ (*argument*) Debatte *f*, Streit *m*, Disput *m* (**over** über +*akk*); ***that is open to ~*** darüber lässt sich streiten; **pay ~** Lohnverhandlung *f*; **territorial ~** Gebietsverhandlungen *fpl*; **trade ~** Handelsstreitigkeiten *pl*; (*between management and workers*) Arbeitsstreitigkeiten *pl*, Arbeitskampf *m*; **to settle** [*or* **resolve**] **a ~** [**over sth**] einen Streit [um etw *akk*] beilegen; **to stir up a ~** [**about sth**] einen Streit [über etw *akk*] entfachen; ■**to be in ~ with sb over sth** mit jdm über etw *akk* streiten
❷ *no pl* (*doubt*) Zweifel; **to be open to ~** fragwürdig bleiben; **to be in/beyond ~** zur Debatte/außer Frage stehen; **beyond ~** zweifelsohne
disputed [dɪˈspjuːtɪd, AM -t̬-] *adj* ❶ (*controversial*) umstritten
❷ LAW angefochten
disqualification [dɪˌskwɒlɪfɪˈkeɪʃən, AM -kwɑːlə-] *n* ❶ (*act of being disqualified*) Ausschluss *m* (**from** von +*dat*); SPORTS Disqualifikation *f* (**from** von +*dat*)
❷ LAW (*revocation of permission*) Entzug *m* der Fahrerlaubnis
❸ LAW (*rule*) Unfähigkeit *f* zur Bekleidung eines Amtes
disqualify <-ie-> [dɪˈskwɒlɪfaɪ, AM -kwɑːlə-] *vt* ❶ (*expel*) ■**to ~ sb** [**from sth**] jdn [von etw *dat*] ausschließen; SPORTS jdn [von etw *dat*] disqualifizieren; ■**to ~ sb for doing sth** jdn wegen einer S. *gen* disqualifizieren [*o* sperren]
❷ LAW **to ~ sb from driving** jdm den Führerschein entziehen; ***she was fined heavily for driving while disqualified*** wegen Fahrens ohne Führerschein wurde sie mit einer hohen Geldstrafe belegt
❸ (*exempt*) **to ~ sb for military service** jdn ausmustern
disquiet [dɪˈskwaɪət] (*form*) **I.** *n no pl* Besorgnis *f* (**about** um +*akk*, **over** über +*akk*), Unruhe *f*; **growing ~** wachsende Besorgnis; **to allay sb's ~** jds Besorgnis zerstreuen; **to fill sb with ~** jdn besorgen
II. *vt* ■**to ~ sb** jdn beunruhigen
disquieting [dɪˈskwaɪətɪŋ, AM -t̬-] *adj* (*form*) ❶ (*worrying*) beunruhigend, Besorgnis erregend
❷ (*unnerving*) nervtötend
disquisition [ˌdɪskwɪˈzɪʃən] *n* (*form*) Abhandlung *f* (**on** über +*akk*)
disregard [ˌdɪsrɪˈgɑːd, AM -gɑːrd] **I.** *vt* ■**to ~ sth/sb** etw/jdn ignorieren [*o* nicht beachten]
II. *n no pl* Gleichgültigkeit *f* (**for** gegenüber +*dat*); (*for a rule, the law*) Missachtung *f*; **wilful ~ for sth** vorsätzliche Missachtung von etw *dat*; **to show ~ for sth** gegenüber etw *dat* Gleichgültigkeit an den Tag legen
disrepair [ˌdɪsrɪˈpeəʳ, AM -per] *n no pl* Baufälligkeit *f*; **to fall into ~** verfallen
disreputable [dɪsˈrepjətəbl̩, AM -t̬-] *adj* verrufen, zwielichtig
disreputably [dɪsˈrepjətəbli, AM -t̬-] *adv* unehrenhaft; **to dress ~** sich *akk* anrüchig kleiden; **to live ~** ein anrüchiges Leben führen
disrepute [ˌdɪsrɪˈpjuːt] *n* Verruf *m kein pl*; **to bring sb/sth into ~** [**with sb**] jdn/etw [bei jdm] in Verruf bringen; **to fall into ~** in Verruf geraten
disrespect [ˌdɪsrɪˈspekt] **I.** *n no pl* Respektlosigkeit *f* (**for** gegenüber +*dat*); ***no ~ to your boss, but ...*** ohne deinem Chef zu nahe treten zu wollen, aber ...; **a gesture of ~** eine respektlose Geste; **to intend** [*or* **mean**] **no ~ for sth** etw *dat* gegenüber nicht respektlos sein wollen; **to not mean** [**to show**] **any ~** nicht unhöflich sein wollen; **to show sb ~** jdm gegenüber respektlos sein, jdm keinen Respekt zollen *geh*; **to show** [**a deep** [*or* **profound**]] **~** [völlig] respektlos sein
II. *vt* AM (*fam*) ■**to ~ sb** jdn beleidigen
disrespectful [ˌdɪsrɪˈspektfəl] *adj* respektlos
disrespectfully [ˌdɪsrɪˈspektfəli] *adv* respektlos
disrobe [dɪsˈrəʊb, AM -roʊb] *vi* (*form*) [seine Robe] ablegen; (*hum*) sich *akk* freimachen
disrupt [dɪsˈrʌpt] *vt* ■**to ~ sth** ❶ (*disturb*) etw stören; (*bring to a standstill*) *transport system* etw zum Erliegen bringen; **to ~ sb's concentration** jds Konzentration stören; **to ~ a meeting/the class** eine Versammlung/den Unterricht stören
❷ (*form: destroy*) etw zerstören
disruption [dɪsˈrʌpʃən] *n* ❶ (*interruption*) Unterbrechung *f*; **to cause a ~** zu einer Unterbrechung führen
❷ *no pl* (*disrupting*) Störung *f*; **~ of traffic** Verkehrsbehinderung *f*
disruptive [dɪsˈrʌptɪv] *adj* störend; **~ influence** Störelement *nt*; (*person*) Unruhestifter *m pej*; ■**to be ~ to sth** für etw *akk* kontraproduktiv sein
disruptively [dɪsˈrʌptɪvli] *adv* **to behave ~** stören

diss [dɪs] *vt* AM (*sl*) ■**to ~ sb** jdn schneiden *fam*
dissatisfaction [dɪsˌsætɪsˈfækʃᵊn, AM -t̬əs-] *n no pl* Unzufriedenheit *f* (**with** mit +*dat*); **growing ~** wachsende Unzufriedenheit; **to express** [*or* **voice**] **~ with sth** seine Unzufriedenheit über etw *akk* äußern; **to feel ~ with sth** mit etw *dat* unzufrieden sein
dissatisfied [dɪsˈsætɪsfaɪd, AM -t̬əs-] *adj* unzufrieden (**with** mit +*dat*)
dissect [dɪˈsekt, daɪ-] *vt* ① (*cut open*) ■**to ~ sb/sth** jdn/etw sezieren
② (*fig: analyse*) ■**to ~ sth** etw analysieren
dissection [dɪˈsekʃᵊn, daɪ-] *n* ① *no pl* (*dissecting*) Sezieren *nt*
② (*instance*) Sektion *f*
③ (*fig*) Analyse *f*; ***it was just a casual comment — it wasn't meant for ~!*** es war nur so eine Bemerkung – wir brauchen das jetzt nicht Stunden auszudiskutieren
dissed [dɪst] *adj attr* (*sl*) gedisst *sl*, schlecht gemacht
disseisin [dɪsˈsiːzɪn] *n* LAW widerrechtlicher Entzug des Grundbesitzes
dissemble [dɪˈsembl̩] **I.** *vi* sich *akk* verstellen
II. *vt* **to ~ one's feelings/an intention** seine Gefühle/eine Absicht verbergen [*o* verheimlichen]
disseminate [dɪˈsemɪneɪt] *vt* (*form liter*) ■**to ~ sth** etw verbreiten
dissemination [dɪˌsemɪˈneɪʃᵊn] *n no pl* (*form liter*) Verbreitung *f*
dissension [dɪˈsen(t)ʃᵊn] *n* (*form*) Meinungsverschiedenheit[en] *m*[*pl*], Differenz[en] *f*[*pl*]; **~ within** [*or* BRIT **among**] **a group** Differenzen *fpl* innerhalb einer Gruppe *gen*; **to sow** [*or* **stir up**] **~** zu Meinungsverschiedenheiten führen
dissent [dɪˈsent] **I.** *n no pl* ① (*disagreement*) Meinungsverschiedenheit *f*; ***there is some ~ on this issue*** in dieser Angelegenheit ist man sich uneinig
② (*protest*) Einwand *m*, Widerspruch *m*; **voice of ~** Gegenstimme *f*; **to brook** [*or* **tolerate**] **no ~** keinen Widerspruch dulden
II. *vi* dagegen stimmen; (*disagree*) anderer Meinung sein, differieren; ■**to ~ from sth** mit etw *dat* nicht übereinstimmen
dissenter [dɪˈsentəʳ, AM -t̬ɚ] *n* Andersdenkende(r) *f(m)*; POL Dissident(in) *m(f)*
dissentient [dɪˈsenʃᵊnt] **I.** *adj* abweichend, anders denkend
II. *n* Andersdenkende(r) *f(m)*; *vote* Gegenstimme *f*
dissenting [dɪˈsentɪŋ, AM -t̬ɪŋ] *adj opinion* abweichend *attr*; **~ group** Splittergruppe *f*; **~ judgment** abweichendes Urteil; **~ voice** Gegenstimme *f*
dissertation [ˌdɪsəˈteɪʃᵊn, AM -sɚ-] *n* Dissertation *f*, Doktorarbeit *f* (**on** über +*akk*); **master's ~** BRIT ≈ Magisterarbeit *f*; **to write a ~** eine Dissertation schreiben, promovieren
disservice [dɪsˈsɜːvɪs, AM -sɜːr-] *n no pl* **to do oneself/sb a ~** [*or* **to do a ~ to oneself/sb**] sich/jdm einen schlechten Dienst erweisen
dissidence [ˈdɪsɪdᵊn(t)s] *n no pl* Meinungsverschiedenheit *f*; POL Kritik *f* an der Regierung
dissident [ˈdɪsɪdᵊnt] **I.** *n* Dissident(in) *m(f)*; **political ~** Regimekritiker(in) *m(f)*
II. *adj inv* regimekritisch
dissimilar [dɪsˈsɪmɪləʳ, AM -lɚ] *adj* unterschiedlich
dissimilarity [dɪsˌsɪmɪˈlærəti, AM -ˈlerət̬i] *n* Unterschied *m* (**between** zwischen +*dat*)
dissimulate [dɪsˈsɪmjəleɪt] (*liter*) **I.** *vt* ■**to ~ sth** etw verbergen
II. *vi* sich *akk* verstecken
dissimulation [dɪˌsɪmjəˈleɪʃᵊn] *n no pl* ① (*concealment*) Verheimlichung *f*
② (*dissembling*) Verstellung *f*, Heuchelei *f*
dissipate [ˈdɪsɪpeɪt] **I.** *vi* ① (*disperse*) allmählich verschwinden; *a crowd, mist* sich *akk* auflösen
② (*die down*) verschwinden, sich *akk* in Luft auflösen *fam*
II. *vt* ■**to ~ sth** ① (*disperse*) *oil spill* etw auflösen
② (*squander*) etw verschwenden
dissipated [ˈdɪsɪpeɪtɪd, AM -t̬-] *adj* (*form liter*) **~ behaviour** zügelloses Verhalten; **~ energy** verschwendete [*o* vergeudete] Energie; **~ life** ausschweifendes Leben
dissipation [ˌdɪsɪˈpeɪʃᵊn] *n* (*form*) ① (*squandering*) Verschwendung *f*, Vergeudung *f*; **~ of money/time** Geld-/Zeitverschwendung *f*
② (*indulgence*) Übermäßigkeit *f*; **a life of ~** ein ausschweifendes Leben; **sexual ~** ausschweifendes Sexualleben
dissociate [dɪˈsəʊsieɪt, AM -soʊ-] *vt* ■**to ~ sth from sth** etw getrennt von etw *dat* betrachten; ■**to ~ oneself from sb/sth** sich *akk* von jdm/etw distanzieren
dissociation [dɪˌsəʊsiˈeɪʃᵊn, AM -soʊ-] *n no pl* ① (*separation*) Trennung *f* (**of** von +*dat*, **between** zwischen +*dat*)
② CHEM Dissoziation *f fachspr* (**of** von +*dat*), Aufschluss *m fachspr* (**of** +*gen*)
dissolute [ˈdɪsəluːt] *adj* (*liter*) *life* ausschweifend; *person* zügellos
dissolutely [ˈdɪsəluːtli] *adv* (*liter*) ausschweifend; **to behave ~** sich *akk* zügellos aufführen; **to live ~** ein lasterhaftes Leben führen
dissoluteness [ˈdɪsəluːtnəs] *n no pl* (*liter*) Zügellosigkeit *f*
dissolution [ˌdɪsəˈluːʃᵊn] *n* ① *no pl* (*annulment*) *of marriage, parliament* Auflösung *f*
② (*liter: debauchery*) Ausschweifung *f*; **to lead a life of ~** ein ausschweifendes Leben führen
dissolve [dɪˈzɒlv, AM -zɑːlv] **I.** *vi* ① (*be absorbed*) sich *akk* auflösen
② (*subside*) **to ~ in**[**to**] **giggles** loskichern; **to ~ in**[**to**] **laughter** loslachen; **to ~ in**[**to**] **tears** in Tränen ausbrechen
③ (*dissipate*) verschwinden; *tension* sich *akk* lösen
④ FILM (*fade out*) ■**to ~ into sth** auf etw *akk* überblenden
II. *vt* ① (*liquefy*) ■**to ~ sth** [**in sth**] etw [in etw *dat*] [auf]lösen
② (*annul*) ■**to ~ sth** etw auflösen; **to ~ a marriage** eine Ehe scheiden; **to ~ parliament** das Parlament auflösen
dissonance [ˈdɪsᵊnən(t)s] *n no pl* ① MUS Dissonanz *f*
② (*disagreement*) Unstimmigkeit *f*
dissonant [ˈdɪsᵊnənt] *adj* ① MUS dissonant
② (*clashing*) nicht harmonierend; **~ opinions** nicht übereinstimmende Meinungen
dissuade [dɪˈsweɪd] *vt* (*form*) ■**to ~ sb** [**from sth**] jdn [von etw *dat*] abbringen; ■**to ~ sb from doing sth** jdn davon abbringen, etw zu tun
distaff [ˈdɪstɑːf, AM tæf] *n* [Spinn]rocken *m*
distance [ˈdɪstᵊn(t)s] **I.** *n* ① (*route*) Strecke *f*; ***it's only a short ~ away from here*** es ist nicht weit von hier; **braking ~** Bremsweg *m*; **over long ~s** über weite Strecken; **to keep at a safe ~** Sicherheitsabstand halten; **to close** [**up**] **the ~** [**to sth**] den Abstand [zu etw *dat*] verringern; **to cover long ~s** lange Strecken zurücklegen
② (*linear measure*) Entfernung *f*; ***what's the ~ between Madrid and Barcelona?*** wie weit sind Madrid und Barcelona voneinander entfernt?; ***you've come from quite a long ~, haven't you?*** du kommst von weiter her, stimmt's?; **within driving/walking ~** mit dem Auto/zu Fuß erreichbar; ***he lives within walking ~ of work*** er kann zu Fuß zu Arbeit gehen; **within shouting ~** in Rufweite
③ *no pl* (*remoteness*) Ferne *f*; ***they sped off into the ~*** sie brausten davon; **to look off into the ~** in die Ferne blicken; **in the ~** in der Ferne; **from** [*or* **at**] **a distance** von weitem
④ (*period*) Zeitraum *m*; ***in a ~ of 5 years*** innerhalb von fünf Jahren
⑤ (*fig: aloofness*) Distanz *f kein pl* (**between** zwischen +*dat*); **to keep one's ~** auf Distanz bleiben; **to keep one's ~ from sb/sth** sich *akk* von jdm/etw fern halten
⑥ SPORTS (*length of race*) Entfernung *f*, Distanz *f*; (*number of rounds*) Zahl *f* der Runden
► PHRASES: **within spitting ~** (*fam*) aus kürzester Distanz; **to go the ~** bis zum Ende durchhalten
II. *vt* ■**to ~ oneself from sb/sth** sich *akk* von jdm/etw distanzieren
distance learning *n no pl* Fernunterricht *m*; **~ course** Fernkurs *m* **distance runner** *n* Langstreckenläufer(in) *m(f)*
distant [ˈdɪstᵊnt] *adj* ① (*far away*) fern; ***she could hear the ~ sound of fireworks exploding*** sie konnte von fern das Geräusch explodierender Feuerwerkskörper hören; ***the village lay two miles ~*** das Dorf war zwei Meilen entfernt; **in the not-too-~ future** in nicht allzu ferner Zukunft; **~ lands** ferne Länder *ntpl*; **from the dim and ~ past** aus der fernen Vergangenheit; **at some ~ point in the future** irgendwann einmal; **~ relative** entfernte(r) Verwandte(r) *f(m)*
② (*aloof*) unnahbar; ■**to be ~ with sb** jdm gegenüber distanziert sein
③ (*absent*) *look* abwesend
distantly [ˈdɪstᵊntli] *adv* ① (*far away*) in der Ferne, weit entfernt; ***she heard her mother calling her ~*** sie hörte, wie ihre Mutter sie von fern rief
② (*loftily*) distanziert, kühl, reserviert
③ (*absently*) abwesend
④ (*not closely*) **to be ~ related** entfernt [miteinander] verwandt sein
distaste [dɪˈsteɪst] *n no pl* Widerwille *m* (**for** gegen +*akk*); (*repulsion*) Abscheu *f* (**for** vor +*dat*); **much to sb's ~** sehr zu jds Abscheu; **with ~** mit Widerwillen
distasteful [dɪˈsteɪstfᵊl] *adj* abscheulich; (*tasteless*) geschmacklos; ■**to be ~ to sb** sich *akk* jdm gegenüber abscheulich verhalten
distastefully [dɪˈsteɪstfᵊli] *adv* ① (*unpleasantly*) abscheulich, widerlich; (*tastelessly*) geschmacklos
② (*disdainfully*) verachtungsvoll
distastefulness [dɪˈsteɪstfᵊlnəs] *n no pl* Widerwärtigkeit *f*
distemper [dɪˈstempəʳ, AM -ɚ] *n* ① (*of dogs*) Staupe *f*; (*of horses*) Druse *f*
② (*paint*) Temperafarbe *f*
distend [dɪˈstend] MED **I.** *vt usu passive* ■**to be ~ed** aufgebläht sein
II. *vi* sich *akk* [auf]blähen
distension [dɪˈstenʃᵊn] *n no pl* MED [Auf]blähung *f*
distil <-ll-> [dɪˈstɪl], AM, AUS **distill** *vt* ■**to ~ sth** ① CHEM etw destillieren
② (*fig*) etw zusammenfassen
distillation [ˌdɪstɪˈleɪʃᵊn] *n* ① *no pl* CHEM Destillation *f*; **~ process** Destillationsverfahren *nt*
② (*fig*) Quintessenz *f*; (*person*) Verkörperung *f* (**of** +*gen*)
distilled [dɪˈstɪld] *adj* ① CHEM destilliert; **~ water** destilliertes Wasser
② (*summarized*) zusammengefasst; **a ~ version of the events** eine komprimierte Fassung der Ereignisse
distiller [dɪˈstɪləʳ, AM -ɚ] *n* ① (*company*) Destillerie *f*
② (*person*) Destillateur *m*, Brenner *m*; **bootleg ~** Schwarzbrenner *m*
distillery [dɪˈstɪlᵊri] *n* Brennerei *f*, Destillerie *f*; **whisky ~** Whiskybrennerei *f*
distinct [dɪˈstɪŋ(k)t] *adj* ① (*different*) verschieden; ■**to be ~ from sth** sich *akk* von etw *dat* unterscheiden, unterschiedlich sein; **as ~ from sth** im Unterschied zu etw *dat*
② (*perceivable*) deutlich; **~ words** deutliche Worte
③ *attr* (*marked*) eindeutig; **to get the ~ impression that ...** den nachhaltigen Eindruck bekommen, dass ...
distinction [dɪˈstɪŋ(k)ʃᵊn] *n* ① (*difference*) Unterschied *m* (**between** zwischen +*dat*); **class ~s** Klassenunterschiede *mpl*; **~ without a difference** *künstlich geschaffener Unterschied, wo eigentlich gar keiner besteht*; **clear** [*or* **sharp**] **~** deutlicher Unterschied; **to blur a ~** Unterschiede verwischen; **to draw** [*or* **make**] **a ~ between sth** zwischen etw *dat* unterscheiden [*o* einen Unterschied machen]
② *no pl* (*eminence*) **of** [**great**] **~** von hohem Rang [*o* herausragender Bedeutung]
③ *no pl* (*honour*) Ehre *f*; ***she has the ~ of being one of the few people to ...*** sie hat die Ehre, zu

D

den wenigen Menschen zu gehören, die …; **to hold the dubious** [*or* **doubtful**] ~ **of doing sth** die etwas zweifelhafte Ehre besitzen, etw zu tun
④ (*award*) Auszeichnung *f;* **to be granted a** ~ eine Auszeichnung verliehen bekommen
⑤ BRIT SCH *die bestmögliche Note;* ■ **with** ~ ausgezeichnet; **to gain a** ~ **in sth** in etw *dat* die bestmögliche Note bekommen; **to pass** [**an exam**] **with** ~ [ein Examen] mit Auszeichnung bestehen

distinctive [dɪˈstɪŋ(k)tɪv] *adj* ① (*special*) charakteristisch, unverwechselbar
② (*distinguishing*) ~ **feature** Unterscheidungsmerkmal *nt*

distinctively [dɪˈstɪŋtɪvli] *adv* deutlich, ausgeprägt

distinctiveness [dɪˈstɪŋ(k)tɪvnəs] *n no pl* Besonderheit *f;* (*characteristic feature*) Unverwechselbarkeit *f*

distinctly [dɪˈstɪŋ(k)tli] *adv* deutlich, klar; ***I ~ told you not to do that*** ich habe dir das ausdrücklich verboten; **to ~ remember having done sth** sich *akk* genau daran erinnern, etw getan zu haben

distinctness [dɪˈstɪŋ(k)tnəs] *n no pl* ① (*clarity*) Deutlichkeit *f*
② (*difference*) Verschiedenheit *f* (**from** von +*dat*)

distinguish [dɪˈstɪŋgwɪʃ] **I.** *vi* ■ **to** ~ **between sth and sth** zwischen etw *dat* und etw *dat* unterscheiden
II. *vt* ① (*tell apart*) ■ **to** ~ **sb/sth from sb/sth** jdn/etw von jdm/etw unterscheiden; **to** ~ **a case** LAW den Unterschied zu einem Präzedenzfall herausstellen; **to be able to** ~ **good from evil** Gut von Böse voneinander unterscheiden können
② (*characterize*) ■ **to** ~ **sb/sth from sb/sth** jdn/etw von jdm/etw unterscheiden; (*positively*) jdn/etw von jdm/etw abheben; ***it's the range of his voice that ~es him from other tenors*** sein Stimmumfang hebt ihn von anderen Tenören ab
③ (*discern*) ■ **to** ~ **sth** etw ausmachen [*o* erkennen] [können]
④ (*excel*) ■ **to** ~ **oneself in sth** sich *akk* in etw *dat* auszeichnen [*o* einen Namen machen]

distinguishable [dɪˈstɪŋgwɪʃəbl] *adj* unterscheidbar; **to be clearly** [*or* **plainly**] ~ leicht zu unterscheiden sein; ■ **to be** ~ **from sb/sth** von jdm/etw zu unterscheiden sein

distinguished [dɪˈstɪŋgwɪʃt] *adj* ① (*eminent*) hervorragend, ausgezeichnet, von hohem Rang; ■ **to be** ~ **for sth** sich *akk* durch etw *akk* auszeichnen
② (*stylish*) distinguiert *geh*

distinguishing [dɪˈstɪŋgwɪʃɪŋ] *adj* charakteristisch, kennzeichnend; ~ **feature** besonderes Kennzeichen

distort [dɪˈstɔːt, AM -ɔːrt] *vt usu passive* ① (*out of shape*) ■ **to** ~ **sth** etw verzerren; ■ **to be ~ed** *face* entstellt sein; **to** ~ **sound** den Ton verzerren
② (*fig*) **to** ~ **the facts/a statement/the truth** die Tatsachen/eine Aussage/die Wahrheit verdrehen; **to** ~ **history/a result** die Geschichte/ein Ergebnis verfälschen

distorted [dɪˈstɔːtɪd, AM -ɔːrt̬-] *adj* ① (*twisted*) *face* entstellt; *parts of the body* verformt; ~ **in agony** schmerzverzerrt
② (*fig*) verfälscht, verzerrt; **to have a** ~ **idea/image of sth** eine völlig verzerrte Vorstellung/ein völlig verzerrtes Bild von etw *dat* haben; **to give a** ~ **impression** einen falschen Eindruck vermitteln

distortion [dɪˈstɔːʃᵊn, AM -ɔːr-] *n* ① (*twisting*) Verzerrung *f; of a face* Entstellung *f;* (*on CDs*) Klirrfaktor *m*
② (*fig*) ~ **of the truth/facts** Verdrehung *f* der Wahrheit/Tatsachen

distract [dɪˈstrækt] *vt* ■ **to** ~ **sb** [**from sth**] jdn [von etw *dat*] ablenken; **to** ~ **sb's attention** [**away**] **from sth** jds Aufmerksamkeit von etw *dat* ablenken; **to be easily ~ed** leicht abzulenken sein; ■ **to** ~ **oneself** [**by doing sth**] sich *akk* ablenken[, indem man etw tut]

distracted [dɪˈstræktɪd] *adj* verwirrt, zerstreut; (*worried*) besorgt

distractedly [dɪˈstræktɪdli] *adv* (*confusedly*) zerstreut; (*excitedly*) aufgeregt, wie von Sinnen; (*worriedly*) verzweifelt

distracting [dɪˈstræktɪŋ] *adj* ① (*disturbing*) störend; **sb finds sth** ~ jdn stört etw
② (*stopping sb from concentrating*) ■ **to be** ~ **for sb** jdn ablenken

distraction [dɪˈstrækʃᵊn] *n* ① (*disturbance*) Störung *f;* **sb finds sth a** ~ etw stört jdn
② (*diversion*) Ablenkung *f* (**from** von +*dat*); **a welcome** ~ eine willkommene Ablenkung
③ (*entertainment*) Zerstreuung *f,* Zeitvertreib *m*
④ *no pl* (*confusion*) Aufregung *f;* ***they were in a state of extreme ~ when their daughter went missing*** sie waren extrem verzweifelt, als ihre Tochter vermisst wurde
▸ PHRASES: **to drive sb to** ~ jdn zum [*o* in den] Wahnsinn treiben; **to love sb to** ~ jdn wahnsinnig lieben

distrain [dɪˈstreɪn] LAW **I.** *vi* die Pfändung vornehmen
II. *vt* ■ **to** ~ **sb/sth** jdn/etw pfänden; **to** ~ **goods** Waren beschlagnahmen [*o* in Besitz nehmen]

distraint [dɪˈstreɪnt] *n no pl* LAW Pfändung *f,* Zwangsvollstreckung *f*

distraught [dɪˈstrɔːt, AM -ɑːt] *adj* verzweifelt, außer sich *dat;* ■ **to be** ~ **at** [*or* **over**] **sth** über etw *akk* außer sich *dat* sein; **to be** ~ **with pleasure** vor Freude ganz aus dem Häuschen sein *fam*

distress [dɪˈstres] **I.** *n no pl* ① (*pain*) Schmerz *m,* Leid *nt;* (*anguish*) Kummer *m,* Sorge *f* (**at** über +*akk*); **to be in** ~ in Sorge sein; **to be a source of** ~ **to sb** jdm Anlass zur Sorge geben
② (*despair*) Verzweiflung *f*
③ (*exhaustion*) Erschöpfung *f;* **to be in** ~ MED in Atemnot sein; **to show signs of** ~ Anzeichen der Erschöpfung zeigen
④ (*emergency*) Not *f;* **economic/financial** ~ ökonomische/finanzielle Not; **to be in** ~ in Not [geraten] sein; **to relieve** ~ Not lindern; **vessels in** ~ Schiffe *ntpl* in Seenot
⑤ LAW Beschlagnahme *f,* Inbesitznahme *f*
II. *vt* ■ **to** ~ **sb** jdn quälen; ■ **to** ~ **oneself** sich *dat* Sorgen machen; **to be deeply ~ed** äußerst unglücklich sein

distress call *n* NAUT Notsignal *nt;* **to send out a** ~ ein Notsignal senden

distressed [dɪˈstrest] *adj* ① (*unhappy*) bekümmert; ***I was deeply ~ to learn of your loss*** mit tiefem Bedauern erfuhr ich von Ihrem Verlust
② (*shocked*) erschüttert (**at** über +*akk*); **deeply** ~ zutiefst erschüttert
③ (*in difficulties*) ■ **to be** ~ in Not sein; ~ **area** Notstandsgebiet *nt*

distressing [dɪˈstresɪŋ] *adj,* AM *also* **distressful** [dɪˈstresfᵊl] *adj* ① (*worrying*) Besorgnis erregend, erschreckend; ***it is very ~ that …*** es ist erschreckend, dass …; **deeply** ~ zutiefst erschreckend
② (*painful*) schmerzlich; **to be deeply** ~ **for sb** sehr schmerzlich für jdn sein

distressingly [dɪˈstresɪŋli] *adv* bedauerlicherweise, leider; ~ **little** herzlich wenig; **to yowl** ~ *dog* jämmerlich [*o* erbärmlich] jaulen

distress rocket *n* NAUT Notrakete *f* **distress signal** *n* Notsignal *nt*

distributary [dɪˈstrɪbjutᵊri, AM -jəteri] *n* GEOG Flussarm *m* eines Deltas

distribute [dɪˈstrɪbjuːt, *Brit also* ˈdɪstrɪ-] *vt* ① (*share*) ■ **to** ~ **sth** [**among sb**] etw [unter jdm] verteilen; ■ **to** ~ **sth between sb** etw unter jdm aufteilen; ■ **to** ~ **sth to sb** etw an jdn verteilen; **to** ~ **sth fairly** etw gerecht verteilen; **to** ~ **food among the poor** Nahrung *f* an die Armen verteilen
② (*spread*) ■ **to** ~ **sth** etw verteilen; **to** ~ **sth evenly** etw gleichmäßig verteilen; **to be widely ~d** weit verbreitet sein
③ ECON ■ **to** ~ **sth** *goods* etw vertreiben; **to be ~d worldwide** weltweit vertrieben werden
④ (*occur*) ■ **to be ~d somewhere** irgendwo verbreitet sein; ***these birds are mainly ~d in marshes and river valleys*** diese Vögel sind hauptsächlich in Sümpfen und Flussgegenden verbreitet

distributed profits *n* ECON, FIN ausgeschüttete Gewinne **distributed system** [dɪˌstrɪbjuːtɪdˈ, AM -t̬ɪdˈ-] *n* COMPUT verteiltes System

distribution [ˌdɪstrɪˈbjuːʃᵊn] *n no pl* ① (*sharing*) Verteilung *f;* ~ **of assets** FIN Verteilung *f* des Vermögens; **equitable/even** ~ gerechte/gleichmäßige Verteilung
② (*scattering*) Verbreitung *f*
③ ECON Vertrieb *m;* ~ **of goods** Warenaustausch *m,* Warenverkehr *m*
④ (*occurrence*) Vorkommen *nt*
⑤ LING Distribution *f;* **complementary** ~ komplementäre Distribution
⑥ MATH **normal** ~ Normalverteilung *f*
⑦ ECON, FIN ~ **of income** Gewinnausschüttung *f*

distribution area *n* ECON Absatzgebiet *nt* **distribution board** *n* ELEC Verteiler *m,* Verteilungstafel *f fachspr* **distribution channel** *n* ECON Vertriebsweg *m,* Absatzweg *m* **distribution list** *n* ECON Verteiler *m,* Verteilerliste *f* **distribution network** *n* ECON Vertriebsnetz *nt* **distribution rights** *npl* Vertriebsrechte *ntpl;* ■ **the** ~ das Vertriebsrecht **distribution system** *n* ECON Vertriebsnetz *nt*

distributive [dɪˈstrɪbjətɪv, AM -t̬-] *adj* ① ECON ~ **industries** vertreibende Industrien
② LING, MATH distributiv

distributor [dɪˈstrɪbjətəʳ, AM -t̬ɚ] *n* ① (*marketer*) Vertreiber *m;* (*company*) Vertriebsgesellschaft *f;* **film/record** ~ Film-/Plattenanbieter *m*
② AUTO Verteiler *m,* Zündverteiler *m fachspr*

district [ˈdɪstrɪkt] *n* ① (*area*) Gebiet *nt;* (*within a town/country*) Bezirk *m*
② AM ■ **the D~** *Distrikt Columbia mit der Hauptstadt Washington*
③ ADMIN [Verwaltungs]bezirk *m*

district attorney *n* AM Staatsanwalt, Staatsanwältin *m, f;* (*state prosecuting attorney*) Staatsanwalt *m*/Staatsanwältin *f* eines Einzelstaates, Bezirksstaatsanwalt, Bezirksanwältin *m, f* **district council** *n* BRIT Bezirksamt *nt* **district court** *n* AM [Bundes]bezirksgericht *nt* **district nurse** *n* BRIT Gemeindeschwester *f*

distrust [dɪˈstrʌst] **I.** *vt* ■ **to** ~ **sb/sth** jdm/etw misstrauen; **to be deeply/widely ~ed** sehr wenig Vertrauen genießen
II. *n no pl* Misstrauen *nt;* **a** [**deep**] ~ **of sb/sth** ein [tiefes] Misstrauen gegenüber jdm/etw; **mutual** ~ gegenseitiges Misstrauen; **to encounter sth with deep** ~ etw *dat* mit großem Misstrauen begegnen

distrustful [dɪˈstrʌstfᵊl] *adj* misstrauisch; ***she's a woman of ~ nature*** sie ist sehr misstrauisch; **to be** [**deeply**] ~ **of sth** etw *dat* gegenüber [äußerst] misstrauisch sein, einer S. *dat* [sehr] misstrauen

disturb [dɪˈstɜːb, AM -tɜːrb] **I.** *vt* ① (*interrupt*) ■ **to** ~ **sb/sth** jdn/etw stören; **to** ~ **the peace** die öffentliche Sicherheit und Ordnung stören, Unruhe stiften
② (*worry*) ■ **to** ~ **sb** jdn beunruhigen; ■ **to be ~ed by sth** von etw *dat* beunruhigt werden
③ (*disarrange*) ■ **to** ~ **sth** etw durcheinander bringen; ***no frown ever ~ed his placid countenance*** ruhig wie er war, verzog er nie auch nur eine Miene; **to** ~ **sb's hair** jds Haare zerzausen
II. *vi* stören; ***"do not ~"*** „bitte nicht stören"

disturbance [dɪˈstɜːbᵊn(t)s, AM -tɜːrb-] *n* ① *no pl* (*annoyance*) Belästigung *f;* **to cause** ~ **to sb** jdn stören
② (*distraction*) Störung *f;* ~ **of the peace** Störung *f* des Friedens
③ (*riot*) Tumult *m;* **to cause** [*or* **create**] [*or* **make**] **a** ~ Unruhe stiften; **to quell** [*or* **put down**] **a** ~ Unruhen unterdrücken
④ PSYCH **mental** ~ geistige Verwirrung

disturbed [dɪˈstɜːbd, AM -tɜːr-] *adj* ① (*worried*) beunruhigt; ■ **to be** ~ **about** [*or* **at**] **sth** über etw *akk* beunruhigt sein; ■ **to be** ~ **that …** beunruhigt sein, dass …
② PSYCH [geistig] verwirrt; ~ **behaviour** gestörtes Verhalten; **emotionally/mentally** ~ emotional/psychisch gestört

disturbing [dɪˈstɜːbɪŋ, AM -tɜːr-] *adj* ① (*causing worry*) beunruhigend, Besorgnis erregend; ■ **to be** ~

to sb für jdn erschreckend sein; ***the following programme contains scenes that may be ~ to some viewers*** einige Zuschauer könnten an Szenen des folgenden Programms Anstoß nehmen
❷ (*annoying*) störend

disturbingly [dɪ'stɜːbɪŋli, AM -tɜːr-] *adv* beunruhigend, Besorgnis erregend

disunite [ˌdɪsjuː'naɪt] *vt* ■**to ~ sth** etw entzweien [*o* spalten]

disunited [ˌdɪsjuː'naɪtɪd, AM -t̬-] *adj* entzweit, gespalten *fig;* **a ~ nation** eine gespaltene Nation; **a ~ party** eine gespaltene Partei

disunity [dɪs'juːnɪti, AM -ɪt̬i] *n no pl* Uneinigkeit *f* (**among** unter +*dat*)

disuse [dɪs'juːs] *n no pl* Nichtgebrauch *m;* **to fall into ~** nicht mehr benutzt werden

disused [dɪs'juːzd] *adj inv* ungenutzt, nicht gebraucht; *building* leer stehend; **a ~ warehouse** ein stillgelegtes Lagerhaus

disyllabic [ˌdaɪsɪ'læbɪk] *adj* LING zweisilbig

ditch [dɪtʃ] **I.** *n* <*pl* **-es**> Graben *m;* **a deep/shallow ~** ein tiefer/flacher Graben; **to dig a ~** einen Graben ausheben; **irrigation ~** Bewässerungsgraben *m*
II. *vt* ❶ (*discard*) ■**to ~ sth** etw wegwerfen; **to ~ a getaway car** ein Fluchtauto [einfach] stehen lassen; **to ~ a proposal** einen Plan aufgeben
❷ (*get away from*) ■**to ~ sb/sth** jdm/etw entwischen
❸ (*sack*) ■**to ~ sb** jdn entlassen [*o fam* feuern]
❹ (*end relationship*) ■**to ~ sb** jdm den Laufpass geben *fam*
❺ (*to land*) **to ~ a plane** eine Maschine im Bach landen *sl*
III. *vi* AVIAT *plane* auf dem Wasser landen

ditchwater *n no pl* abgestandenes Wasser in einem Graben
► PHRASES: [**as**] **dull as ~** stinklangweilig *sl*

dither ['dɪðə^r, AM -ɚ] **I.** *n no pl* (*pej*) ❶ (*indecision*) Unentschlossenheit *f*
❷ (*agitation*) Aufregung *f;* **to be in** [*or* **all of**] **a ~** [**about sth**] [über etw *akk*] ganz aufgeregt sein, [wegen etw *dat*] ganz aus dem Häuschen sein *fam*
II. *vi* (*pej*) ❶ (*be indecisive*) unentschlossen sein, zögern, schwanken; ***she's still ~ing over whether to …*** sie ist sich immer noch nicht schlüssig darüber, ob …
❷ (*be nervous*) nervös [*o* fahrig] sein; ■**to ~ about** unkonzentriert sein
III. *vt* COMPUT ■**to ~ sth** etw dithern *fachspr;* **to ~ colours** Farben mischen [*o fachspr* dithern]

ditherer ['dɪðᵊrə^r, AM -ɚɚ] *n* (*pej*) Zauderer *m*

dithery ['dɪðᵊri] *adj* (*pej*) ❶ (*indecisive*) unentschlossen
❷ (*nervous*) fahrig, nervös

dithyramb ['dɪθɪræm] *n* LIT Dithyrambus *m fachspr*

ditransitive [ˌdaɪ'trænsɪtɪv, AM -sət̬ɪv] *adj inv* LING ditransitiv *fachspr*

ditsy ['dɪtsi] *adj* AM (*fam*) schusselig, hirnlos *pej fam*

ditto ['dɪtəʊ, AM 'dɪt̬oʊ] **I.** *adv inv* (*likewise*) dito, ebenso; (*me too*) ich auch; ***that goes ~ for me*** AM das Gleiche gilt für mich
II. *n* LING Wiederholungszeichen *nt*

dittogram ['dɪtəʊgræm, AM -t̬oʊ-] *n* COMPUT Dittographie *f*

ditto mark *n see* **ditto II**

ditty ['dɪti, AM 'dɪt̬i] *n* [banales] Liedchen; **a popular ~** ein leichtes Liedchen; **to sing a ~** ein Liedchen singen

diuretic [ˌdaɪjʊə'retɪk, AM -jə'ret̬-] MED **I.** *n* harntreibendes Mittel, Diuretikum *nt fachspr*
II. *adj* harntreibend, diuretisch *fachspr;* **~ effect** harntreibende Wirkung

diurnal [ˌdaɪ'ɜːnᵊl, AM -'ɜːr-] *adj inv* SCI ❶ (*daily*) Tages-, täglich wiederkehrend *attr;* **~ temperature fluctuations** tägliche Temperaturschwankungen
❷ (*opp: nocturnal*) tagaktiv; **~ flowers** *nur am Tag blühende Blumen*

diurnally [ˌdaɪ'ɜːnᵊli, AM -'ɜːr-] *adv inv* SCI tagsüber

diva ['diːvə] *n* Diva *f;* (*admired woman*) Berühmtheit *f;* **opera ~** Operndiva *f*

divan [dɪ'væn] *n* Diwan *m,* Ottomane *f veraltet*

divan bed *n* Bettcouch *f*

dive [daɪv] **I.** *n* ❶ (*into water*) [Kopf]sprung *m;* **to execute a ~** einen [Kopf]sprung machen; **a swallow** BRIT [*or* AM **swan**] **~** ein Schwalbensprung; **a crash ~** ein Schnelltauchmanöver
❷ *of a plane* Sturzflug *m*
❸ (*sudden movement*) ■**to make a ~ for sth** einen [Hecht]sprung nach etw *dat* machen; **to make a ~ at sb** auf jdn/etw zuspringen
❹ (*drop in price*) [Preis]sturz *m;* **to take a ~** fallen; *profits* sinken
❺ (*setback*) **to take a ~** einen Schlag erleiden; ***her reputation took a ~*** ihr Ruf bekam einen Kratzer
❻ (*fam: dingy place*) [anrüchige] Kneipe, Spelunke *f*
❼ FBALL Schwalbe *f;* BOXING **to take a ~** ein K.O. vortäuschen
II. *vi* <dived *or* AM **dove**, dived *or* AM **dove**>
❶ (*into water*) einen Kopfsprung ins Wasser machen; (*underwater*) tauchen; ■**to ~ off sth** von etw *dat* [herunter]springen; ■**to ~ for sth** nach etw *dat* tauchen; **to ~ for pearls** nach Perlen tauchen
❷ *plane, bird* einen Sturzflug machen
❸ (*move quickly*) verschwinden; ■**to ~ for sth** nach etw *dat* hechten; ■**to ~ after sb/sth** jdm/etw nachstürzen [*o* nacheilen]; **to ~ through the open window** durch das offene Fenster abhauen *fam;* **to ~ for cover** [*or* **safety**] schnell in Deckung gehen
❹ *prices, shares* fallen
◆**dive in** *vi* [mit dem Kopf voran] ins Wasser springen
◆**dive into** *vi* ■**to ~ into sth** ❶ (*plunge*) in etw *akk* hineinspringen; **to ~ head first into sth** kopfüber [*o* mit dem Kopf voran] in etw *akk* hineinspringen
❷ (*move quickly*) sich *akk* schnell in etw *akk* hineinbegeben; **to ~ into a car** schnell in ein Auto einsteigen
❸ (*do rashly*) sich *akk* in etw *akk* stürzen; **to ~ into a sexual relationship with sb** mit jdm eine [schnelle] sexuelle Beziehung eingehen
❹ (*do committedly*) *work, project* sich *akk* in etw *akk* stürzen
❺ (*reach into*) in etw *akk* hineinfassen; ***she ~d into her bag*** sie fischte in ihrer Tasche herum *fam;* **to ~ into a pocket** in eine Tasche hineinfassen

dive-bomb *vt* ■**to ~ sth** etw im Sturzflug bombardieren

dive bomber *n* Sturzbomber *m*

diver ['daɪvə^r, AM -ɚ] *n* ❶ (*in ocean, lake*) Taucher(in) *m(f);* **police ~** Polizeitaucher(in) *m(f);* SPORTS Turmspringer(in) *m(f)*
❷ (*animal*) Taucher *m*

diverge [daɪ'vɜːdʒ, AM dɪ'vɜrdʒ] *vi* ❶ (*separate*) auseinander gehen; ***their paths ~d*** ihre Wege trennten sich; ■**to ~ from sth** von etw *dat* abweichen
❷ (*not follow*) ■**to ~ from sth** von etw *dat* abweichen
❸ (*differ*) auseinander gehen; ■**to ~ from sth** von etw *dat* abweichen; **to ~ dramatically** stark voneinander abweichen; **to ~ dramatically from sth** stark von etw *dat* abweichen, sich *akk* stark von etw *dat* unterscheiden
❹ MATH divergieren *fachspr*

divergence [daɪ'vɜːdʒən(t)s, AM dɪ'vɜr-] *n* ❶ (*difference*) Divergenz *f geh* (**of** von +*dat*), Auseinandergehen *nt;* **~s of opinion** Meinungsverschiedenheiten *fpl*
❷ (*deviation*) Abweichung *f* (**from** von +*dat*); **a ~ from previous trends** eine Abweichung von den vorherigen Trends

divergent [daɪ'vɜːdʒənt, AM dɪ'vɜr-] *adj* ❶ (*differing*) abweichend; ■**to be ~ from sth** von etw *dat* abweichen; **to be widely ~** sehr unterschiedlich sein, weit auseinander gehen; **to hold widely ~ opinions** weit auseinander gehende Meinungen haben
❷ MATH divergierend *fachspr,* divergent *fachspr*

divers ['daɪvəz, AM -vɚz] *adj attr* (*old*) diverse, mehrere *attr*

diverse [daɪ'vɜːs, AM 'dɪvɜːrs] *adj* ❶ (*varied*) vielfältig, breit gefächert; **culturally** [*or* **ethnically**] **~** multikulturell
❷ (*not alike*) unterschiedlich

diversification [daɪˌvɜːsɪfɪ'keɪʃᵊn, AM dɪˌvɜːr-] *n no pl* ECON ❶ *of services* Diversifizierung *f fachspr,* Diversifikation *f fachspr;* **~ in manufacturing** Erweiterung *f* des Produktionsprogramms
❷ *of business* Streuung *f,* Verteilung *f* (**into** auf +*akk*); **~ into new markets** Erschließung *f* neuer Märkte

diversification of investment *n* ECON, FIN Streuung *f* von Anlagen

diversify <-ie-> [daɪ'vɜːsɪfaɪ, AM dɪ'vɜːr-] **I.** *vi* ❶ (*become varied*) vielfältiger werden; **to ~ into new markets** sich *akk* in neue Märkte ausdehnen
❷ (*expand activities*) ■**to ~ into sth** sich auf etw *akk* umstellen
II. *vt* ■**to ~ sth** etw umfangreicher machen; **to ~ a programme** ein Programm erweitern

diversion [daɪ'vɜːʃᵊn, AM dɪ'vɜːr-] *n* ❶ *no pl* (*rerouting*) Verlegung *f;* **traffic ~** Umleitung *f*
❷ (*distraction*) Ablenkung *f;* (*entertainment*) Unterhaltung *f;* **to create a ~** ein Ablenkungsmanöver inszenieren

diversionary [daɪ'vɜːʃᵊnᵊri, AM dɪ'vɜːrʒᵊneri] *adj* ablenkend *attr,* Ablenkungs-; **a ~ tactic** ein Ablenkungsmanöver

diversity [daɪ'vɜːsəti, AM dɪ'vɜːrsət̬i] *n no pl* Vielfalt *f;* **~ of opinion** Meinungsvielfalt *f;* **ethnic and cultural ~** ethnische und kulturelle Vielfalt

divert [daɪ'vɜːt, AM dɪ'vɜːrt] **I.** *vt* ❶ (*reroute*) ■**to ~ sth** etw verlegen [*o* umleiten]; **to ~ a line** eine Strecke verlegen; **to ~ traffic** den Verkehr umleiten
❷ (*reallocate*) ■**to ~ sth** etw für einen anderen Zweck verwenden; ■**to ~ sth into sth** etw für etw *akk* verwenden; ***additional staff have been ~ed into the department*** es wurden zusätzlich Arbeitskräfte für die Abteilung abgestellt; **to ~ funds** Finanzmittel anders einsetzen
❸ (*distract*) ■**to ~ sth from sth** von etw *dat* ablenken; **to ~ sb's attention away from sth** jds Aufmerksamkeit von etw *dat* ablenken
❹ (*amuse*) ■**to ~ sb** jdn unterhalten [*o* zerstreuen]
II. *vi* umdrehen, die Richtung ändern

diverting [daɪ'vɜːtɪŋ, AM dɪ'vɜːrt-] *adj* amüsant, unterhaltsam; **a ~ book** ein unterhaltsames Buch

divest [daɪ'vest, AM dɪ'-] **I.** *vt* ❶ (*deprive*) ■**to ~ sb of sth** jdn einer S. *gen* berauben
❷ (*relieve*) ■**to ~ sb of sth** jdm etw abnehmen; (*steal*) jdm etw stehlen; ■**to ~ oneself of sth** sich *akk* einer Sache *gen* entledigen
❸ *esp* AM (*sell*) ■**to ~ sth** etw verkaufen, sich *akk* einer S. *gen* entledigen *form*
II. *vi esp* AM ❶ (*sell*) verkaufen
❷ (*pull out*) ■**to ~ from sth** aus etw *dat* ausscheiden, sich *akk* aus etw *dat* zurückziehen
III. *vt* ❶ (*doff*) ■**to ~ oneself of sth** etw ablegen [*o* ausziehen]
❷ (*rid*) ■**to ~ oneself of sth** etw aufgeben [*o* ablegen], sich *akk* einer S. *gen* entäußern *form*
❸ (*sell*) ■**to ~ oneself of sth** etw verkaufen, sich *akk* einer S. *gen* entledigen *form*

divestiture [daɪ'vestɪtʃə^r, AM dɪ'vestɪtʃɚ] *n,*
divestment [daɪ'vestmənt, AM dɪ'-] *n no pl*
❶ (*deprivation*) Entblößung *f,* Entkleidung *f;* (*fig*) Beraubung *f;* **the ~ of privileges** der Verlust von Privilegien
❷ (*doffing*) Ablegen *nt*
❸ AM *of investments* Verkauf *m,* Veräußerung *f; of a company* Abstoßung *f*

divi <*pl* **-s**> ['dɪvi] *n* BRIT (*fam*) *see* **divvy**

dividable [dɪ'vaɪdəbl] *adj inv* AM (*divisible*) MATH teilbar

divide [dɪ'vaɪd] **I.** *n* ❶ (*gulf*) Kluft *f* (**between** zwischen +*dat*)
❷ (*boundary*) Grenze *f;* **continental ~** Kontinentalsperre *f*
❸ AM (*watershed*) Wasserscheide *f*
► PHRASES: **to cross the Great D~** die Schwelle des

D

Todes überschreiten
II. *vt* ❶ (*split*) ■**to ~ sth** etw teilen
❷ (*share*) ■**to ~ sth** etw aufteilen; **to ~ sth equally [between** [*or* **among**] **sb]** etw zu gleichen Teilen [untereinander] aufteilen; ***Britain is to ~ the development costs with Germany and France*** England, Deutschland und Frankreich sollen die Entwicklungskosten gemeinsam tragen
❸ MATH ■**to ~ sth by sth** etw durch etw *akk* teilen; ***10 ~d by 2 equals 5*** 10 geteilt durch 2 ist 5
❹ (*separate*) ■**to ~ sth from sth** etw von etw *dat* trennen, etw gegen etw *akk* abgrenzen; ■**to ~ sb** jdn entzweien [*o* auseinander bringen]; ***they refused to let the distance ~ them*** sie ließen sich durch die Entfernung nicht auseinander bringen; ***the fence ~s our field from our neighbour's*** der Zaun grenzt unser Grundstück von dem unseres Nachbarn ab
❺ (*allocate*) ■**to ~ sth** etw zuteilen; ***she ~s her time between her apartment in New York and her cottage in Yorkshire*** sie verbringt ihre Zeit abwechselnd in ihrem Apartment in New York und ihrem Landhaus in Yorkshire
❻ (*disunite*) ■**to ~ sb/sth** jdn/etw spalten; **to ~ a nation** eine Nation spalten; ■**to be ~d over** [*or* **on**] **sth** über etw *akk* verschiedene Ansichten haben, [sich *dat*] in etw *dat* uneinig sein
❼ BRIT POL **to ~ the House** durch Hammelsprung abstimmen
III. *vi* ❶ (*split*) sich *akk* teilen; **to ~ equally** [*or* **evenly**] in gleiche Teile zerfallen; ***the vote is expected to ~ equally for and against the proposal*** man erwartet, dass ebenso viele für wie gegen den Vorschlag stimmen werden
❷ MATH dividieren
❸ (*separate*) ***their paths ~d*** ihre Wege trennten sich
❹ BRIT POL im Hammelsprung abstimmen
❺ (*disagree*) nicht übereinstimmen
▶ PHRASES: **to ~ and rule** [*or* **conquer**] teilen und herrschen

◆**divide into I.** *vi* ❶ (*split up*) ■**to ~ into sth** sich *akk* in etw *akk* [auf]teilen; **to ~ into groups** sich *akk* in Gruppen aufteilen
❷ MATH ***3 ~s into 9 with no remainder*** 9 ist durch 3 ohne Rest teilbar
II. *vt* ❶ (*split up*) ■**to ~ sth into sth** etw in etw *akk* aufteilen; ***~ the pastry into four equal parts!*** teile das [Kuchen]stückchen in vier gleiche Teile auf!
❷ (*math*) ***50 ~d into 10 is 5*** 50 geteilt durch 10 ist 5

◆**divide off** *vt* ■**to ~ off ↔ sth** etw [ab]teilen; ■**to ~ sth off into sth** etw in etw *akk* unterteilen

◆**divide up I.** *vt* ■**to ~ up ↔ sth** ❶ (*split up*) etw aufteilen
❷ (*share*) *see* **divide II 2**
❸ (*partition*) etw teilen
II. *vi* sich teilen

divided [dɪˈvaɪdɪd] *adj* ❶ (*undecided*) hin- und hergerissen; **to be ~ over sth** sich *dat* über etw *akk* noch nicht einig sein
❷ (*in disagreement*) uneinig; ■**to be ~ over sth** über etw *akk* uneinig sein

divided highway *n* AM, AUS Schnellstraße *f*

dividend [ˈdɪvɪdend] *n* ❶ FIN Dividende *f*, Gewinnanteil *m;* ■**cum ~** mit [*o* cum] Dividende; ■**ex ~** ohne [*o* ex] Dividende; **distribution of ~s** Ausschüttung *f;* **to declare a ~** eine Dividende erklären [*o* beschließen]; **to maintain the ~** Dividenden in gleicher Höhe ausschütten; **to pass** [*or* AM **omit**] **the ~** keine Dividende ausschütten, die Dividende ausfallen lassen; **to pay ~s** Dividenden auszahlen
❷ (*benefit*) zusätzlicher Vorteil; **to pay ~s** sich *akk* bezahlt machen
❸ MATH Dividend *m; of fraction* Zähler *m*

dividend cover *n* FIN Dividendendeckung *f* [im Verhältnis zum Gewinn]

dividend forecast *n* STOCKEX Dividendenprognose *f*

dividend warrant *n* BRIT FIN Dividendenzahlungsanweisung *f*, Coupon *m*

dividend yield *n* FIN Dividendenertrag *m*, Dividendenrendite *f*

dividers [dɪˈvaɪdəz, AM -dɚz] *npl* Zirkel *m;* **a pair of ~** ein Zirkel *m*

dividing line *n* Trennlinie *f;* **to mark a ~** eine Trennlinie markieren; **to cross the ~** die Trennlinie überschreiten; **to draw a ~ between sth and sth** (*fig*) eine Grenze zwischen etw *dat* und etw *dat* ziehen, zwischen etw *dat* und etw *dat* unterscheiden

divination [ˈdɪvɪˈneɪʃən] *n no pl* Wahrsagerei *f;* **powers of ~** hellseherische Kräfte; **to possess powers of ~** hellseherische Kräfte haben

divine [dɪˈvaɪn] **I.** *adj* ❶ *inv* (*of God*) göttlich, Gottes-; **~ intervention** Gottes Hilfe; **to pray for ~ intervention** um Gottes Hilfe beten; **~ judgement** göttliches Urteil; **~ test** göttliche Prüfung; **a ~ right** ein heiliges Recht; **the ~ right of kings** (*hist*) das Königtum von Gottes Gnaden *hist;* **the ~ will** der Wille Gottes
❷ *inv* (*sacred*) heilig; **~ liturgy** heilige Liturgie; **~ service** Gottesdienst *m*
❸ *inv* (*godly*) göttlich
❹ (*splendid*) himmlisch; ***it's simply ~!*** es ist einfach himmlisch!; **~ voice** göttliche [*o* begnadete] Stimme
II. *vt* ■**to ~ sth** ❶ (*guess*) etw erraten [*o* erahnen]; ■**to ~ from sb/sth that …** jdm/etw ansehen, dass …; ■**to ~ that/what …** erraten [*o* ahnen], dass/was …; **to ~ the future** die Zukunft vorhersehen
❷ (*search for*) mit einer Wünschelrute nach etw *dat* suchen
III. *vi* ■**to ~ for sth** mit einer Wünschelrute nach etw *dat* suchen
IV. *n* ❶ *no pl* ■**the D~** die Göttlichen [*o* Heiligen]
❷ (*member of clergy*) Geistliche(r) *f(m);* (*theologian*) Theologe, -in *m, f*

divinely [dɪˈvaɪnli] *adv* göttlich, himmlisch; **to sing ~** wie ein junger Gott singen

diviner [dɪˈvaɪnəʳ, AM -ɚ] *n* Wünschelrutengänger(in) *m(f);* (*of future*) Wahrsager(in) *m(f)*

diving [ˈdaɪvɪŋ] *n no pl* ❶ (*into water*) Tauchen *nt;* SPORTS Turmspringen *nt*
❷ (*underwater*) Tauchen *nt;* **to go ~** tauchen gehen

diving bell *n* Taucherglocke *f;* **to breath through the ~** durch die Taucherglocke atmen **diving board** *n* Sprungbrett *nt;* **to spring** [*or* **jump**] **from** [*or* **off**] **the ~** vom Sprungbrett springen **diving suit** *n* Taucheranzug *m*

divining rod *n* Wünschelrute *f;* **to hold out the ~** die Wünschelrute ausrichten

divinity [dɪˈvɪnəti, AM -ət̬i] *n* ❶ *no pl* (*godliness*) Göttlichkeit *f;* (*godly nature*) göttliche Natur
❷ (*god*) Gottheit *f*
❸ *no pl* (*dated*) Theologie *f;* **~ student** Theologiestudent(in) *m(f)*

divisible [dɪˈvɪzəbl̩] *adj inv* ■**to be ~ by sth** durch etw *akk* teilbar sein; ***5 is ~ by 5 and 1*** 5 ist durch 5 und 1 teilbar

division [dɪˈvɪʒən] *n* ❶ *no pl* (*sharing*) Verteilung *f;* **~ of the tasks** Aufgabenverteilung *f*
❷ *no pl* (*breakup*) Teilung *f*
❸ (*section*) Teil *m;* **the main ~s of sth** die Hauptbestandteile einer S. *gen*
❹ (*disagreement*) Meinungsverschiedenheit *f;* **to have a ~ of opinion** anderer Meinung sein; **~ within a party** Gespaltenheit *f* innerhalb einer Partei
❺ (*difference*) Kluft *f;* **the ~ between the rich and the poor** die Kluft zwischen Reich und Arm
❻ (*border*) Grenze *f*, Trennlinie *f*
❼ *no pl* MATH Division *f*, Dividieren *nt*, Teilen *nt;* **to do ~** dividieren
❽ MIL (*unit*) Division *f;* ***an infantry ~*** eine Infanteriedivision
❾ (*department*) Abteilung *f*
❿ (*league*) Liga *f;* **first/second/third ~** erste/zweite/dritte Liga; **to be in the first ~** erstklassig sein
⓫ BRIT POL Abstimmung *f* durch Hammelsprung
⓬ LAW (*main section*) [Gerichts]abteilung *f*, Kammer *f*, Senat *m*
⓭ (*company*) Tochtergesellschaft *f*

divisional [dɪˈvɪʒənəl] *adj inv* Abteilungs-; MIL Divisions-; SPORTS Liga-; **~ manager** Abteilungsleiter(in) *m(f);* **~ commander** Abteilungskommandant *m;* **to play in ~ competitions** bei verschiedenen Wettbewerben mitmachen

divisional court *n* LAW Abteilungsgericht *nt*, Rechtsmittelkammer *f* **divisional judge** *n* LAW Richter *m* in einer Gerichtsabteilung

division lobby *n* BRIT *Abstimmungsraum im britischen Parlament* **division of labour** *n no pl* Arbeitsteilung *f* **division sign** *n* Teilungszeichen *nt*

divisive [dɪˈvaɪsɪv] *adj* entzweiend; **to be a ~ element within the family** ein Streitpunkt innerhalb der Familie sein; **~ issue** Streitfrage *f;* **to be a highly ~ issue** ein höchst kontroverses Thema sein

divisiveness [dɪˈvaɪsɪvnəs] *n no pl* Gespaltenheit *f*

divisor [dɪˈvaɪzəʳ, AM -zɚ] *n* MATH Divisor *m*, Teiler *m;* (*of fraction*) Nenner *m;* **greatest common ~** größter gemeinsamer Nenner

divorce [dɪˈvɔːs, AM -ˈvɔːrs] **I.** *n* ❶ LAW Scheidung *f;* ***what are the chances of a marriage ending in ~?*** wie hoch ist die Wahrscheinlichkeit, dass eine Ehe geschieden wird?; **a ~ by mutual consent** Scheidung in gegenseitigem Einvernehmen; **to file** [*or* **sue sb**] **for ~** gegen jdn die Scheidung einreichen, sich scheiden lassen; **to get a ~ [from sb]** sich *akk* [von jdm] scheiden lassen; **to grant a ~** in eine Scheidung einwilligen, einer Scheidung zustimmen
❷ *no pl* (*separation*) Trennung *f;* ***a ~ between the arts and the sciences*** eine Kluft zwischen den Künsten und der Wissenschaft
II. *n modifier* Scheidungs-; **~ petition** Scheidungsantrag *m;* **~ proceedings** Scheidungsprozess *m;* **~ settlement** Beilegung *f* der Scheidung
III. *vt* ❶ (*annul marriage*) ■**to ~ sb** sich *akk* von jdm scheiden lassen; ■**to get** [*or form* **be**] **~d [from sb] [for sth]** [von jdm] [wegen einer S. *gen*] geschieden werden
❷ (*distance*) ■**to ~ sth** etw voneinander trennen; ■**to ~ oneself from sth** sich *akk* selbst von etw *dat* trennen [*o* distanzieren]
IV. *vi* sich *akk* scheiden lassen

divorcé [dɪˈvɔːseɪ, AM -ˈvɔːrs-] *n* Geschiedener *m*

divorced [dɪˈvɔːst, AM -ˈvɔːrst] *adj inv* ❶ (*ceased to be married*) geschieden
❷ (*out of touch*) ■**to be ~ from sth** keinen Bezug zu etw *dat* haben; **to be ~ from the real world** realitätsfern sein

divorcée [dɪˈvɔːseɪ, AM -ˈvɔːrs-] *n* Geschiedene *f*

divorcee [dɪˈvɔːsiː, AM -ˈvɔːrsiː] *n* Geschiedene(r) *f(m);* **female ~** geschiedene Frau

Divorce Registry *n* LAW für Scheidungen zuständiges Gericht in London

divot [ˈdɪvət] *n* ❶ SCOT (*roof turf*) [Gras]sode *f*, Grasnarbe *f*
❷ SPORTS *vom Golfschläger ausgehacktes Rasenstück*

divulge [daɪˈvʌldʒ, AM *usu* dɪˈ-] *vt* ■**to ~ sth** etw enthüllen [*o* verraten] [*o* preisgeben]; **to ~ information to the press** Informationen an die Presse weitergeben; ■**to ~ how/that …** verraten, wie/dass …

divvy <*pl* -ies> [ˈdɪvi] *n* BRIT (*fam*) FIN Dividende *f*

divvy up <-ie-> [ˌdɪviˈʌp] *vt esp* AM (*fam*) ■**to ~ sth up** [*or* **up sth**] **[between sb]** etw [unter jdm] aufteilen; ***we divvied up the cake between us*** wir haben den Kuchen unter uns aufgeteilt

dixie [ˈdɪksi] *n* MIL Kochkessel *m*

Dixieland [ˈdɪksilænd] *n no pl* MUS Dixie[land] *m*

DIY [ˌdiːaɪˈwaɪ] *n no pl* BRIT, AUS *abbrev of* **do-it-yourself** Heimwerken *nt;* **~ store** Baumarkt *m;* **to do some ~** heimwerken

dizzily [ˈdɪzɪli] *adv* Schwindel erregend; **to be ~ above sth** weit über etw *dat* liegen

dizziness [ˈdɪzɪnəs] *n no pl* Schwindel *m;* **spell of ~** Schwindelanfall *m*

dizzy [ˈdɪzi] **I.** *adj* ❶ (*unsteady*) schwindlig; ***the medication made her ~*** von dem Medikament wurde ihr schwindlig; **~ spells** Schwindelanfälle *mpl;* **to suffer ~ spells** unter Schwindelanfällen lei-

den; ~ **with happiness/excitement** schwindlig vor Freude/Aufregung
❷ *(vertiginous)* Schwindel erregend; **a ~ height** eine Schwindel erregende Höhe
❸ *(rapid)* atemberaubend; **~ progress** atemberaubender Fortschritt
❹ *(fam: silly)* dumm, einfältig; **a ~ blonde** eine naive Blondine
II. *vt* <-ie-> ■**to ~ sb** jdn verwirren; ***her nearness dizzied him*** ihre Nähe verwirrte ihn

dizzying ['dɪziɪŋ] *adj* ❶ *(vertiginous)* Schwindel erregend
❷ *(rapid)* **~ speed** [*or* **pace**] atemberaubende Geschwindigkeit
❸ *(confusing)* verwirrend

dizzyingly ['dɪziɪŋli] *adv* in Schwindel erregender Weise; *(confusingly)* verwirrend

DJ [ˌdiː'dʒeɪ] *n* ❶ *abbrev of* **disc jockey** DJ *m;* **to work as a ~** als DJ arbeiten
❷ BRIT *abbrev of* **dinner jacket**

DLitt [ˌdiː'lɪt] *n abbrev of* **Doctor of Letters** ≈ Dr. phil.

DLL [ˌdiːel'el] *n* COMPUT *abbrev of* **dynamic link library** DLL *f*

DM [ˌdiː'em], **D-Mark** ['dɔɪtʃmɑːk, AM -mɑrk] *n* ECON, FIN *(hist) abbrev of* **Deutschmark**

DMs [ˌdiː'emz] *npl (fam) abbrev of* **Doc Martens**

DNA [ˌdiːen'eɪ] *n no pl* BIOL *abbrev of* **deoxyribonucleic acid** DNS *f*

DNA vaccine *n* DNS-Impfstoff *m*

D notice ['diːˌnəʊtɪs] *n* BRIT *Anweisung der Regierung, etwas als Staatsgeheimnis zu behandeln*

do [duː]

I. AUXILIARY VERB	II. TRANSITIVE VERB
III. INTRANSITIVE VERB	IV. NOUN

I. AUXILIARY VERB

<does, did, done> ❶ *(negating verb)* ***Frida ~esn't like olives*** Frida mag keine Oliven; ***I ~n't want to go yet!*** ich will noch nicht gehen!; ***I ~n't smoke*** ich rauche nicht; ***it ~esn't matter*** das macht nichts; ***~n't*** [***you***] ***speak to me like that!*** sprich nicht so mit mir!; ***~n't be silly*** sei nicht albern!; BRIT, AUS ***~n't let's argue about it*** lasst uns deswegen nicht streiten
❷ *(forming question)* ***~ you like children?*** magst du Kinder?; ***did he see you?*** hat er dich gesehen?; ***what did you say?*** was hast du gesagt?; ***~ you/~es he/she indeed*** [*or* ***now***]***?*** tatsächlich?; ***~ I like cheese? — I love cheese!*** ob ich Käse mag? – ich liebe Käse!
❸ *(for emphasis)* ***~ come to our party*** ach komm doch zu unserer Party; ***may I join you? — please ~!*** kann ich mitkommen? – aber bitte!; ***boy, did he yell!*** der hat vielleicht geschrien! *fam;* ***so you ~ like beer after all*** du magst also doch Bier; ***you ~ look tired*** du siehst wirklich müde aus; ***~ shut up, Sarah*** halte bloß deinen Mund, Sarah; ***~ tell me!*** sag's mir doch!; ***~ I/~es he/she ever!*** und ob!
❹ *(inverting verb)* ***not only did I speak to her, I even …*** ich habe nicht nur mit ihr gesprochen, sondern auch …; ***little ~es she know*** sie hat echt keine Ahnung; *(not yet)* sie ahnt noch nichts; *(form)* ***never did I hear such a terrible noise*** noch nie habe ich so ein schreckliches Geräusch gehört
❺ *(replacing verb)* ***she runs much faster than he ~es*** sie läuft viel schneller als er; ***he said he wouldn't come, but fortunately he did*** er meinte, dass er nicht kommen würde, aber glücklicherweise tat er es dann doch; ***~ you like Chopin? — yes, I ~/no, I ~n't*** mögen Sie Chopin? – ja/nein; ***who ate the cake? — I did!/ didn't!*** wer hat den Kuchen gegessen? – ich!/ich nicht!; ***I don't like Chinese food — nor*** [*or* ***neither***] ***~ I/I ~*** ich esse nicht gerne Chinesisch – ich auch nicht/ich schon; ***… so ~ I …*** ich auch; ***so you don't like her — I ~!*** du magst sie also nicht – doch!
❻ *(requesting affirmation)* ***you don't understand the question, ~ you?*** Sie verstehen die Frage nicht, stimmt's?; ***you do understand what I mean, ~n't you?*** du verstehst [doch], was ich meine, oder?
❼ *(expressing surprise)* ***so they really got married, did they?*** dann haben sie also wirklich geheiratet!

II. TRANSITIVE VERB

<does, did, done> ❶ *(perform)* ■**to ~ sth** etw tun [*o* machen]; ***what shall I ~ now?*** was soll ich jetzt machen?; ***just ~ it!*** mach's einfach!; ***what are you ~ing over the weekend?*** was machst du am Wochenende?; ***haven't you got anything better to ~?*** hast du nichts Besseres zu tun?; ***justice must be done*** Gerechtigkeit muss sein; ***he ~es nothing but complain*** er beklagt sich echt den ganzen Tag lang *fam;* ***what have you done to her?*** was hast du mit ihr gemacht?; ***what are these toys ~ing here?*** was macht das [ganze] Spielzeug hier?; ***what's the front door ~ing open?*** warum steht die Haustür offen?; ***what on earth are you ~ing*** [***there***]! was um alles in der Welt machst du denn da?; ***I'm sorry, it simply can't be done before next weekend*** tut mir Leid, aber vor dem nächsten Wochenende geht es einfach nicht; ***that was a stupid thing to ~*** das war dumm!; ***what have you done with my coat?*** wo hast du meinen Mantel hingetan?; **to ~ one's best** sein Bestes tun [*o* geben]; **to ~ business with sb** mit jdm Geschäfte machen *fam;* **to ~ lunch** *esp* AM auswärts zu Mittag essen; **to ~ nothing of the sort** nichts dergleichen tun
❷ *(undertake)* ■**to ~ sth with sb/oneself** etw mit jdm/sich anfangen; ***what am I going to ~ with myself while you are away?*** was soll ich nur die ganze Zeit machen, wenn du nicht da bist
❸ *(help)* ■**to ~ sth for sb** etw für jdn tun; ***what can I ~ for you?*** was kann ich für Sie tun?; ***you never ~ anything for me!*** du tust nie was für mich!; ***can you ~ anything for my bad back, doctor?*** können Sie was gegen meine Rückenbeschwerden tun, Herr Doktor?; ***these pills have done nothing for me*** diese Pillen haben mir überhaupt nicht geholfen
❹ *(use for)* ■**to ~ sth with sth** etw mit etw *dat* tun; ***what are you going to ~ with that hammer?*** was hast du mit dem Hammer vor?; ***what should we ~ with this box?*** was sollen wir mit dieser Kiste machen?
❺ *(job)* **to ~ sth for a living** mit etw *dat* seinen Lebensunterhalt verdienen; ***what ~es your mother ~?*** was macht deine Mutter beruflich?
❻ *(take action)* ■**to ~ sth about sth** etw gegen etw *akk* tun; ***I know I drink too much, but I can't ~ anything about it*** ich weiß, dass ich zu viel trinke, aber ich kann nichts dagegen tun; ***what is to be done about that?*** was kann man dagegen tun?; ***~n't just stand there, ~ something!*** stehen Sie doch nicht nur so rum, tun Sie was!
❼ *(deal with)* ■**to ~ sth** etw machen [*o* erledigen]; ***if you ~ the washing up, …*** wenn du abspülst, …; ***let me ~ the talking*** überlass mir das Reden; ***today we're going to ~ Chapter 4*** heute beschäftigen wir uns mit Kapitel 4; ***I found someone to ~ the garden wall*** ich habe jemanden gefunden, der die Gartenmauer bauen wird; **to ~ one's homework** [seine] Hausaufgaben machen; **to ~ the shopping** einkaufen
❽ *(learn)* ■**to ~ sth** ***have you ever done any Chinese?*** hast du jemals Chinesisch gelernt?; ***Diane did History at London University*** Diane hat an der London University Geschichte [im Hauptfach] studiert
❾ *(solve)* ■**to ~ sth** *riddle* etw lösen; **to ~ a crossword** ein Kreuzworträtsel lösen [*o fam* machen]; ***can you ~ this sum for me?*** kannst du das für mich zusammenrechnen?
❿ *(fam: finish)* ■**to be done** ***are you done?*** bist du jetzt fertig? *fam*
⓫ *(produce)* ■**to ~ sth for sb** [*or* **sb sth**] etw für jdn machen; ***can you ~ me 20 photocopies of this report?*** kannst du mir diesen Bericht 20 mal abziehen?
⓬ *(tidy)* **to ~ the dishes** das Geschirr abspülen; **to ~ one's nails** *(varnish)* sich *dat* die Nägel lackieren; *(cut)* sich *dat* die Nägel schneiden; **to ~ one's shoes** seine Schuhe putzen; **to ~ one's teeth** sich *dat* die Zähne putzen
⓭ *(arrange)* **to ~ a bow tie** eine Schleife binden; **to ~ flowers** Blumen arrangieren; **to get one's hair done** zum Friseur gehen; ***where ~ you get your hair done?*** zu welchem Friseur gehst du?
⓮ *(visit)* ■**to ~ sth** etw besichtigen; **to ~ India** eine Indienreise machen; **to ~ Nice** sich *dat* Nizza ansehen
⓯ AUTO **to ~ 100 km/h** 100 fahren *fam*
⓰ *(travel)* **to ~ Paris to Bordeaux in five hours** in fünf Stunden von Paris nach Bordeaux fahren
⓱ *(suffice)* ■**to ~ sb** jdm genügen; ***that'll ~ me nicely, thank you*** das reicht mir dicke, danke! *fam;* ***I only have diet cola — will that ~ you?*** ich habe nur Diätcola – trinkst du die auch?
⓲ *(provide)* ■**to ~ sth** ***this pub only ~es food at lunchtime*** in diesem Pub gibt es nur zur Mittagszeit etwas zu essen; ***~ you ~ travel insurance as well?*** bieten Sie auch Reiseversicherungen an?; ***sorry, we ~n't ~ hot meals*** tut mir Leid, bei uns gibt es nur kalte Küche
⓳ *(cook)* **to ~ the cooking** kochen; ***how long should the carrots be done for?*** wie lange müssen die Karotten kochen?; ***could you ~ me something without fish?*** könntest du mir etwas ohne Fisch kochen?
⓴ *(cause)* ■**to ~ sb sth** jdm etw tun; **to ~ sb a favour** jdm einen Gefallen tun; **to ~ sb good** jdm gut tun; ***it would ~ you good to get some fresh air*** es würde dir gut tun, etwas frische Luft zu schnappen; **to ~ sb harm** jdm schaden; *see also* **credit, honour, justice**
㉑ *esp* BRIT *(serve)* ■**to ~ sb** jdn drannehmen; ***but he said he'd ~ me next*** aber er sagte, dass ich als Nächste drankäme!
㉒ *(treat well)* **to ~ sb well** jdn verwöhnen; **to ~ oneself well** es sich *dat* gut gehen lassen
㉓ *(act)* ■**to ~ sth** *play* etw aufführen; **to ~ a role** eine Rolle spielen; ***who did James Bond before Roger Moore?*** wer hat James Bond vor Roger Moore gespielt?
㉔ *(impersonate)* ■**to ~ sb/sth** jdn/etw nachmachen; ***he ~es a brilliant Churchill*** er kann Churchill wunderbar nachmachen; *(fig)* ***I hope she won't ~ a Helen and get divorced six months after her wedding*** ich hoffe, sie macht es nicht wie Helen und lässt sich sechs Monate nach ihrer Hochzeit wieder scheiden
㉕ *(fam sl: rob)* ■**to ~ sth** in etw *dat* einen Bruch machen *sl*
㉖ *(fam: cheat)* ■**to ~ sb** jdn übers Ohr hauen *fam;* ***he did me for a thousand quid for that car*** er hat mir einen Tausender für das Auto abgeknöpft
㉗ *(fam: be in jail)* **to ~ 5 years** [**for sth**] [wegen einer S. *gen*] fünf Jahre sitzen; ***if you're not careful, you'll end up ~ing time again*** wenn du nicht vorsichtig bist, musst du wieder sitzen
㉘ *esp* BRIT *(fam: punish)* ■**to ~ sb** jdn fertig machen *fam;* **to get done for sth** *(by the police)* wegen einer S. *gen* von der Polizei angehalten werden; *(by a court)* für etw *akk* verurteilt werden
㉙ *(fam: take drugs)* ■**to ~ sth** ***how long have you been ~ing heroin?*** wie lange nimmst du schon Heroin?
㉚ *(translate)* **to be done into French/German** *book* ins Französische/Deutsche übersetzt worden sein; **to ~ a translation** übersetzen
㉛ *(exhaust)* ■**to have done sb** ***this last climb has really done me*** diese letzte Tour hat mir wirklich den Rest gegeben
㉜ *(fam: impress)* **sth ~es nothing for sb** etw reißt jdn nicht gerade vom Hocker *fam;* ***Bach has never done anything for me*** Bach hat mich noch nie sonderlich vom Hocker gerissen *fam;* ***that film really did something to me*** dieser Film hat mich wirklich beeindruckt; *(excite sexually)* ***you really ~ something to me, you know*** du machst mich echt

an, weißt du [das] *fam*

㉝ [*euph fam: have sex*] ■**to ~ it with sb** mit jdm schlafen *euph; **how old were you when you first did it?*** wie alt warst du bei deinem ersten Mal?

㉞ [*don't mention*] ~***n't good morning me!*** komm mir nicht mit guten Morgen!

► PHRASES: **what's done cannot be undone** (*prov*), **what's done is done** (*saying*) was passiert ist, ist passiert; **that ~es it!** so, das war's jetzt!; **that's done it!** jetzt haben wir die Bescherung! *fam*

III. INTRANSITIVE VERB

<does, did, done> ① [*behave*] **to ~ right** [*or* **the right thing**] das Richtige tun; **to ~ well to do sth** gut daran tun, etw zu tun; **to ~ as one pleases** tun, was einem Spaß macht; ~ ***as I ~*** mach's wie ich *fam;* ~ ***as you're told*** tu, was man dir sagt

② [*fare*] **sb is ~ing badly/fine** [*or* **all right**] [*or* **well**] jdm geht es schlecht/gut; ***mother and baby are ~ing well*** Mutter und Kind sind wohlauf; ***how is your mother ~ing?*** wie geht es deiner Mutter?; ***how is Mary ~ing in her new job?*** wie geht es Mary in ihrem neuen Job?; ***you could ~ better*** du könntest besser sein; (*perform*) du könntest es besser machen; ***George has done well for himself*** George hat es für seine Verhältnisse weit gebracht; ***our daughter is ~ing well at school*** unsere Tochter ist gut in der Schule; **to be ~ing well out of sth** erfolgreich mit etw *dat* sein

③ [*fam: finish*] ***have you done?*** bist du fertig?; ***have you done with those scissors yet?*** brauchst du die Schere noch?; ***I haven't done with you yet*** ich bin noch nicht fertig mit dir

④ [*be acceptable, suffice*] passen, in Ordnung sein; ***that'll ~*** das ist o.k. so; ***will £10 ~?*** reichen 10 Pfund?; ***this kind of behaviour just won't ~!*** so ein Verhalten geht einfach nicht an!; ***do you think this will ~ for a blanket?*** glaubst du, das können wir als Decke nehmen?; ***that'll ~ as a cushion*** das geht [erstmal] als Kissen; ***this will ~ just fine as a table*** das wird einen guten Tisch abgeben; ***this will have to ~ for a meal*** das muss als Essen genügen; ***will this room ~?*** ist dieses Zimmer o.k. für Sie?; ***it ~n't ~ to criticize your parents*** seine Eltern kritisiert man nicht; ***will it ~ if I get those books to you by Friday?*** reicht es, wenn ich dir die Bücher bis Freitag bringe?; ***we'll make ~ with $100*** 100 Dollar müssen reichen; ***that will never ~*** das geht einfach nicht; ■**to ~** [**for sb**] sich *akk* [für jdn] eignen

⑤ [*fam: happen*] ***this town is so boring — there's never anything ~ing*** diese Stadt ist so langweilig – nie tut sich was

► PHRASES: **it isn't done** BRIT es ist nicht üblich; **that will ~** jetzt reicht's aber!; ~ **unto others as you would they should ~ unto you** (*prov*) was du nicht willst, das man dir tut, das füg auch keinem andern zu *prov;* **how ~ you ~?** (*form or dated: as introduction*) angenehm; **what's ~ing?** (*fam*) was ist los?

IV. NOUN

① *esp* BRIT, AUS [*fam: party*] Fete *f fam;* **a big ~** eine Riesenfete *fam*

② BRIT [*sl: swindle*] Schwindel *m fam*

③ BRIT [*fam: treatment*] **fair ~s** gleiches Recht für alle

④ AM [*sl*] ***that's some ~ you've got!*** das ist ja eine Frisur, die du da hast!

⑤ *no pl* [*droppings*] **dog ~** Hundehäufchen *nt*

⑥ [*allowed, not allowed*] **the ~s and ~n'ts** was man tun und was man nicht tun sollte

◆**do away** *vi* ① (*discard*) ■**to ~ away with sth** etw loswerden; **to ~ away with rules** Regeln abschaffen

② (*fam: kill*) ■**to ~ away with sb** jdn um die Ecke bringen *fam;* ■**to be done away with by sb** von jdm um die Ecke gebracht werden *fam*

◆**do by** *vi* **to ~ badly/well by sb** (*form*) jdn schlecht/gut behandeln; **to be hard done by** vom Schicksal stiefmütterlich behandelt werden

► PHRASES: **do as you would be done by** BRIT (*saying*) was du nicht willst, das man dir tut, das füg auch keinem andern zu *prov*

◆**do down** *vt* ■**to ~ down ↔ sb** jdn schlecht machen; ■**to ~ down ↔ sb for** [**not**] **doing sth** jdn für etw, das er/sie [nicht] tut, [he]runtermachen *fam;* ■**to ~ down ↔ sth** etw heruntermachen

◆**do for** *vi* ① BRIT (*fam: ruin*) ■**to ~ for sth** etw ruinieren; ■**to ~ for sb** jdn fertig machen *fam;* ■**to be done for** fertig sein *fam;* (*tired*) müde sein

② BRIT (*dated: clean*) ■**to ~ for sb** bei jdm putzen

◆**do in** *vt* (*sl*) ① (*kill*) ■**to ~ in ↔ sb** jdn kaltmachen *fam;* ■**to ~ oneself in** sich *akk* umbringen

② (*tire*) ■**to ~ in ↔ sb** jdn schaffen *fam*

③ (*injure*) ■**to ~ in ↔ sth** sich *dat* etw verletzen

◆**do out** *vt* ① BRIT (*fam: tidy*) ■**to ~ out ↔ sth** etw putzen und aufräumen

② (*adorn, decorate*) ■**to ~ sth ↔ out with sth** etw mit etw *dat* dekorieren [*o* schmücken]; ***they did the living room out with balloons*** sie schmückten das Wohnzimmer mit Ballons; ***the bathroom has been done out in pale yellow*** das Badezimmer ist in Hellgelb gehalten

◆**do out of** *vt* ■**to ~ sb out of sth** jdn um etw *akk* bringen; *inheritance* jdn um etw *akk* prellen

◆**do over** *vt* ① *esp* BRIT, AUS (*fam: beat*) ■**to ~ over ↔ sb** jdn zusammenschlagen *fam*

② BRIT (*fam: rob*) ■**to ~ over ↔ sth** etw ausrauben

③ (*fam: redecorate*) ■**to ~ over ↔ sth** etw neu herrichten

④ AM (*fam: redo*) ■**to ~ sth over** etw noch einmal machen

◆**do up I.** *vt* ① (*close*) ■**to ~ up ↔ sth** *dress* etw zumachen; **to ~ up one's shoes** seine Schuhe zubinden; **to ~ up a zip** einen Reißverschluss zuziehen

② (*adorn*) ■**to ~ up ↔ sth** etw herrichten; **to ~ up a house** ein Haus renovieren; **to ~ up a room** ein Zimmer ausstatten

③ (*dress*) ■**to ~ oneself up** sich *akk* zurecht machen

④ (*hair*) **to ~ up one's hair** sich *dat* die Haare hochstecken

⑤ (*wrap*) ■**to ~ up ↔ sth in sth** etw in etw *akk* einpacken; **to ~ sth up in paper** etw in Papier einschlagen; ■**to ~ up ↔ sth with sth** etw mit etw *dat* einpacken

II. *vi dress* zugehen *fam,* zugemacht werden *fam*

◆**do with** *vi* ① BRIT (*fam: bear*) ■**sb can't** [*or* **cannot**] **~** [*or* **be ~ing**] **with sth** jd kann etw nicht ertragen; ***I can't ~ with all this shouting and screaming*** ich kann das Geschreie nicht mehr ertragen; ***I really can't ~ with you behaving like this*** ich finde es unerträglich, wie du dich benimmst!

② BRIT (*fam: need*) ■**sb could ~ with sth** jd könnte etw brauchen; ***I could ~ with a sleep*** ich könnte jetzt etwas Schlaf gebrauchen; ***I could ~ with a cup of tea*** eine Tasse Tee wäre jetzt schön

③ (*be related to*) ■**to be** [*or* **have**] **to ~ with sth** mit etw *dat* zu tun haben, um etw *akk* gehen; ***why did you want to talk to me? — it's to ~ with a complaint*** warum wollten Sie mich sprechen? – es geht um eine Beschwerde; **to be** [*or* **have**] **nothing to ~ with sth** mit etw *dat* nichts zu tun haben; **what's that got to ~ with it?** was hat das damit zu tun?

④ (*be involved with*) **to have nothing/something/a lot to ~ with sth** nichts/etwas/viel mit etw *dat* zu tun haben; ***what's that got to ~ with it?*** was hat das damit zu tun?

⑤ (*deal with*) ■**to be** [*or* **have**] **to ~ with sth** von etw *dat* handeln; ***what's your book about? — it's to ~ with human behaviour*** worum geht es in deinem Buch? – es geht um menschliches Verhalten

⑥ (*refuse contact*) **to not have anything** [**more**] **to ~ with sb** nichts [mehr] mit jdm zu tun haben

⑦ (*not concern*) **sth has nothing to ~ with sb** etw geht jdn nichts an; ***it has nothing to ~ with you what my son does*** was mein Sohn macht, geht dich nichts an; ***it's my decision — it's nothing to ~ with you!*** das ist meine Entscheidung – das geht dich nichts an!

◆**do without** *vi* ■**to ~ without sth** ① (*not have*) ohne etw *akk* auskommen

② (*prefer not to have*) auf etw *akk* verzichten *a. iron*

doable ['duːəbl] *adj* machbar

dob <-bb-> [dɒb] **I.** *vt* AUS (*fam*) ■**to ~ sb in to sb** jdm von jdm erzählen; ***Helen ~bed me in to Mum*** Helen erzählte Mutter von mir

II. *vi* AUS (*fam*) ■**to ~ on sb** jdm berichten

◆**dob in** *vt* AUS (*fam*) ■**to ~ in ↔ sb to do sth** jdn zu etw *dat* verdonnern

dobber ['dɒbəʳ] *n* AUS (*fam*) Informant(in) *m(f)*

Doberman ['dəʊbəmən, AM 'doʊbəʳ] *n,* **Doberman pinscher** ['pɪnʃəʳ, AM 'pɪnʃəʳ] *n* ZOOL Dobermann *m*

doc [dɒk, AM dɑːk] *n* (*fam*) *short for* **doctor** Arzt, Ärztin *m, f*

docile ['dəʊsaɪl, AM 'dɑːsəl] *adj* sanftmütig; ***a cheap and ~ workforce*** eine billige und willige Arbeiterschaft; **~ horse** lammfrommes Pferd

docilely ['dəʊsaɪlli, AM 'dɑːsəlli] *adv* folgsam, gelehrig

docility [dəʊ'sɪləti, AM dɑː'sɪləṭi] *n no pl* Sanftmut *f; of animal* Zahmheit *f*

dock[1] [dɒk, AM dɑːk] **I.** *n* ① (*wharf*) Dock *nt;* ■**the ~s** *pl* die Hafenanlagen *pl;* **to be in ~** im Hafen liegen; **at the ~s** an den Docks; **dry/floating ~** Trocken-/Schwimmdock *nt;* **to go into ~** anlegen

② AM (*pier*) Kai *m;* **onto the ~** auf dem Kai

► PHRASES: **in ~** BRIT, AUS in Reparatur

II. *vi* ① NAUT anlegen, ins Dock gehen

② AEROSP andocken; ■**to ~ with sth** an etw *akk* andocken

III. *vt* ■**to ~ sth** etw eindocken; AEROSP etw aneinander koppeln

dock[2] [dɒk, AM dɑːk] *n no pl esp* BRIT ■**the ~** die Anklagebank; **to be in the ~** auf der Anklagebank sitzen; **~ brief** Beauftragung *f* eines [im Gericht anwesenden] Anwaltes mit der Verteidigung

► PHRASES: **to be in the ~** Schwierigkeiten bekommen

dock[3] [dɒk, AM dɑːk] *vt* ① (*reduce*) ■**to ~ sth by sth** etw um etw *akk* verringern; ■**to ~ sth from sth** etw von etw *dat* abziehen; ***they ~ed ten dollars from her wages*** sie haben zehn Dollar von ihrem Lohn abgezogen; **to ~ pay by 20%** das Gehalt um 20% kürzen

② (*cut off*) **to ~ an animal** einem Tier den Schwanz kupieren

dock[4] [dɒk, AM dɑːk] *n* BOT *no pl* Ampfer *m,* Bitterkraut *nt*

docker ['dɒkəʳ, AM 'dɑːkəʳ] *n* (*fam*) Hafenarbeiter(in) *m(f),* Werftarbeiter(in) *m(f)*

docket ['dɒkɪt, AM 'dɑːkɪt] **I.** *n* ① BRIT, AUS (*delivery note*) Lieferschein *m;* **to sign the ~** den Lieferschein gegenzeichnen

② AM LAW Terminplan *m*

③ AM (*agenda*) Tagesordnung *f;* ■**to be on the ~** an der Tagesordnung sein

④ AM COMPUT [Vorgehens]erklärung *f*

II. *vt* ① (*list*) ■**to ~ sth** etw in einen Lieferschein eintragen

② (*classify*) ■**to ~ sb/sth as sth** jdn/etw als etw *akk* klassifizieren

docking ['dɒkɪŋ, AM 'dɑːkɪŋ] *n no pl* ① NAUT Eindocken *nt,* Anlegen *nt*

② AEROSP Ankoppeln *nt,* Kopplung *f*

③ (*reducing*) Kürzung *f;* **~ of wages** Lohnkürzungen *fpl*

dockland BRIT **I.** *n* Hafenviertel *nt;* ■**the ~s** *pl* das Hafenviertel **II.** *n modifier* (*community*) Hafenviertel- **dockside** *n no pl* ■**the ~** der [Fracht]hafen **dockworker** *n* Hafenarbeiter *m,* Werftarbeiter *m* **dockyard** *n* Werft *f*

Doc Martens [ˌdɒk'mɑːtɪnz, AM ˌdɑːk'mɑːrtənz] *npl* (*fam*) Doc Martens *pl*

doctor ['dɒktəʳ, AM 'dɑːktəʳ] **I.** *n* ① (*medic*) Arzt, Ärztin *m, f;* ***good morning, D~ Smith*** guten Morgen, Herr/Frau Doktor Smith; **to be at the ~'s** beim

Arzt/bei der Ärztin sein; **to go to the ~'s** zum Arzt/zur Ärztin gehen; **to see a ~ [about sth]** einen Arzt/eine Ärztin [wegen einer S. *gen*] aufsuchen; **~'s certificate** Attest *nt*, ärztliche Bescheinigung; **company ~** (*medic*) Werksarzt, Werksärztin *m, f*
❷ (*academic*) Doktor *m*
▶ PHRASES: **~'s orders** (*esp hum*) ärztliche Anweisung; **to be just what the ~ ordered** genau das Richtige sein
II. *vt* ❶ (*pej: falsify*) ■**to ~ sth** etw fälschen
❷ (*poison*) ■**to ~ sth [with sth]** etw [mit etw *dat*] vergiften
❸ AM (*add alcohol to*) ■**to ~ sth** etw mit Alkohol versetzen
❹ *usu passive* BRIT, AUS (*fam: neuter*) **to ~ an animal** ein Tier kastrieren [*o* sterilisieren]

doctoral ['dɒktᵊrᵊl, AM 'dɑːk-] *adj attr, inv* Doktor-; **~ programme** Doktorenprogramm *nt;* **~ degree** Doktorgrad *m;* **~ work** Doktorarbeit *f*, Promotion *f*

doctoral dissertation *n*, **doctoral thesis** *n* Doktorarbeit *f*, Promotion *f*

doctorate ['dɒktᵊrət, AM 'dɑːk-] *n* Doktor *m*, Doktortitel *m;* **to receive one's ~** seinen Doktortitel erhalten; **~ in science/philosophy** Doktor[titel] *m* in Naturwissenschaften/Philosophie; **honorary ~** Ehrendoktorwürde *f;* **to award [*or* grant] a ~** die Doktorwürde verliehen bekommen

doctored ['dɒktəd, AM 'dɑːktɚd] *adj* gefälscht; **~ evidence** gefälschtes Beweismittel

doctor's office *n* Praxis *f;* **to wait at the ~** in der Praxis warten

doctrinaire [ˌdɒktrɪ'neəʳ, AM ˌdɑːktrə'ner] *adj* (*pej form*) doktrinär

doctrinal [dɒk'traɪnᵊl, AM 'dɑːktrɪ-] *adj inv* (*form*) lehrmäßig, Lehr-, dogmatisch; **~ statements** dogmatische Aussagen; **~ theory** reine Lehre

doctrine ['dɒktrɪn, AM 'dɑːk-] *n* ❶ *no pl* (*set of beliefs*) Doktrin *f*, Lehre *f;* **the ~ of predestination** die Prädistinationslehre; **military ~** Militärdoktrin *f*
❷ (*belief*) Grundsatz *m*, Lehrmeinung *f;* **a basic/sound ~** ein fundierter Grundsatz; **to apply a ~** nach einem Grundsatz handeln; **to disprove a ~** einen Grundsatz widerlegen; **to preach a ~** einen Grundsatz vertreten

docudrama ['dɒkjuːˌdrɑːmə, AM 'dɑːk-] *n short for* **drama documentary** Dokumentarspiel *nt;* TV Dokumentarfilm *m*

document ['dɒkjəmənt, AM 'dɑːk-] **I.** *n* Dokument *nt;* **list of ~s** LAW Verzeichnis *nt* des schriftlichen Beweismaterials; **travel ~s** Reisedokumente *pl*, Reisepapiere *pl;* **confidential ~** vertrauliches Dokument; **restricted/secret/top-secret ~** geheimes Dokument; **to classify a ~** ein Dokument für geheim erklären; **to draw up/file a ~** ein Dokument aufsetzen/abheften
II. *vt* ■**to ~ sth** etw dokumentieren [*o* belegen]; **to be well-~ed** gut dokumentiert sein

documentary [ˌdɒkjə'mentᵊri, AM ˌdɑːkjə'mentɚi] **I.** *n* Dokumentation *f*, Dokumentarfilm *m* (**on** über +*akk*)
II. *adj attr* ❶ (*factual*) dokumentarisch, Dokumentar-
❷ *inv* (*official*) urkundlich, Urkunden-; **~ evidence [*or* proof]** Urkundenbeweis *m*

documentary acceptance credit *n* ECON, FIN Rembourskredit *m* **documentary credit**, **documentary letter of credit** *n* AM FIN Dokumentenakkreditiv *nt*

documentation [ˌdɒkjəmen'teɪʃᵊn, AM ˌdɑːk-] *n no pl* ❶ (*proof*) schriftlicher [*o* dokumentarischer] Nachweis; **strong/weak ~** starker/schwacher Nachweis; **to provide ~ for sth** den Nachweis für etw *akk* liefern
❷ (*manual*) Informationsmaterial *nt*
❸ (*papers*) Ausweispapiere *pl;* **proper ~** einwandfreie Ausweispapiere; **the relevant ~** die nötigen Ausweispapiere
❹ (*classification*) Anordnung *f*

dodder ['dɒdəʳ, AM 'dɑːdɚ] *vi* (*fam*) wacklig gehen; **to ~ along** dahinwackeln

doddering ['dɒdᵊrɪŋ, AM 'dɑːd-] *adj*, **doddery** ['dɒdᵊri, AM 'dɑːdɚi] *adj* (*fam*) zittrig, tattrig *fam;* **a ~ old man** ein Tattergreis *m;* **~ [old] fool** vertrottelter [alter] Opa *pej fam*

doddle ['dɒdl] *n no pl* BRIT (*fam*) ■**to be a ~** ein Kinderspiel sein

dodge [dɒdʒ, AM dɑːdʒ] **I.** *vt* ■**to ~ sth** ❶ (*duck*) etw *dat* ausweichen
❷ (*evade*) sich *akk* entziehen; **to ~ a question** eine Frage ausweichend beantworten; **to ~ work** sich *akk* vor der Arbeit drücken; ■**to ~ doing sth** um etw *akk* herumkommen
II. *vi* ausweichen, zur Seite gehen
III. *n* (*fam*) Ausweichmanöver *nt;* ***that's just another ~ to get out of doing work*** das ist nur ein erneuter Versuch, sich vor der Arbeit zu drücken; **tax ~** Steuertrick *m*

◆**dodge around** *vi* ■**to ~ around with sb** BRIT (*sl*) mit jdm herumhängen [*o* abhängen]

Dodgem® ['dɒdʒəm, AM 'dɑːdʒ-] *n*, **Dodgem car®** *n* Autoscooter *m;* **to go on the ~s** Autoscooter fahren; *see also* **bumper car**

dodger ['dɒdʒəʳ, AM 'dɑːdʒɚ] *n* (*pej*) Drückeberger(in) *m(f);* **to be a draft ~** sich *akk* vor dem Militärdienst drücken; **tax ~** Steuerhinterzieher(in) *m(f)*

dodgy ['dɒdʒi, AM 'dɑːdʒi] *adj esp* BRIT, AUS (*fam*) ❶ (*unreliable*) zweifelhaft; **~ weather** unbeständiges [*o* unzuverlässiges] Wetter
❷ (*dishonest*) unehrlich; **a ~ businessman** ein zweifelhafter [*o* zwielichtiger] Geschäftsmann
❸ (*risky*) riskant; **to sound ~** riskant klingen
❹ (*poor*) armselig

dodo <*pl* -s *or* -es> ['dəʊdəʊ, AM 'doʊdoʊ] *n* ❶ (*hist*) Dodo *m*
❷ (*pej: idiot*) Dummkopf *m pej*
▶ PHRASES: **to be as dead as a [*or* the] ~** (*dated*) völlig überholt sein; (*dull*) tote Hose sein

Dod's Parliamentary Companion [dɒdz-] *n* LAW Dods Parlamentsführer *m*

doe [dəʊ, AM doʊ] *n* ❶ (*deer*) Hirschkuh *f*, [Reh]geiß *f*
❷ (*hare or rabbit*) Häsin *f*

doe-eyed *adj inv* ■**to be ~** rehbraune Augen haben

doer ['duːəʳ, AM 'duːɚ] *n* (*approv*) Macher *m*

does [dʌz, dəz] *vt, vi, aux vb 3rd pers. sing of* **do**

doeskin **I.** *n no pl* Hirschleder *nt*
II. *n modifier* hirschledern, aus Hirschleder *nach n;* **~ gloves** hirschlederne Handschuhe

doesn't [dʌzᵊnt] = **does not** *see* **do I, II**

doff [dɒf, AM dɑːf] *vt* (*liter*) ■**to ~ sth** etw ausziehen; **to ~ one's hat** den Hut abnehmen [*o* ablegen]; **to ~ one's hat to sb** vor jdm den Hut ziehen
▶ PHRASES: **to ~ its hat to sth** etw *dat* seinen Respekt erweisen; ***the song ~s its hat to the best soul traditions*** das Lied ist eine Hommage an die besten Soul-Traditionen

dog [dɒg, AM dɑːg] **I.** *n* ❶ (*canine*) Hund *m;* ***good ~!*** braver Hund!; **breed of ~** Hunderasse *f*, Hundezüchtung *f;* **bird ~** Hühnerhund *m;* **hunting ~** Jagdhund *m;* **police ~ handler** Polizeihundführer(in) *m(f);* **to breed/keep ~s** Hunde züchten/halten; **to walk the ~** den Hund ausführen
❷ *pl* (*fam: dog races*) ■**the ~s** das Hunderennen
❸ (*pej: nasty man*) Hund *m;* ***the [dirty] ~!*** der [gemeine] Hund! *fam;* (*ugly woman*) Vogelscheuche *f pej*, Schreckschraube *f pej*
❹ (*catch*) Klammer *f*
❺ (*sl: failure*) Flop *m*, Pleite *f;* ***these tiny computers were ~s*** diese winzigen Computer waren ein Flop
❻ BRIT (*sl: mess*) **~'s dinner** Schweinerei *f*, Pfusch *m*
▶ PHRASES: **a ~'s breakfast** BRIT (*fam*) Pfusch *m fam*, Schlamperei *f fam;* **to make a ~'s breakfast of sth** etw verpfuschen; **to not have a ~'s chance [with sb]** (*fam*) nicht die geringste Chance [bei jdm] haben; **every ~ has its day** (*prov*) auch ein blindes Huhn findet mal ein Korn *fam;* **to be done [*or* dressed] [*or* got] up like a ~'s dinner** BRIT (*fam*) wie ein Papagei angezogen sein; **a ~'s life** ein Hundeleben *fam;* **to lead a ~'s life** ein erbärmliches Leben führen; **a ~ in the manger** ein Neidhammel *pej sl;* **[the] lucky ~** [der] Glückspilz *fam;* **~ eat ~** jeder gegen jeden; **to fight like cat and ~** unerbittlich kämpfen; **to go to the ~s** vor die Hunde gehen *fam;* **why keep a ~ and bark yourself?** (*prov*) warum etwas selbst machen, wenn man jdn hat, der dafür bezahlt wird?; **to put on the ~** AM, AUS (*fam*) sich *akk* aufspielen; **to turn ~ on sb** AUS (*fam*) jdn verpfeifen; **like a ~** wie ein Hund
II. *n modifier* Hunde-; **~ food** Hundefutter *nt;* **~ hairs** Hundehaare *pl*
III. *vt* <-gg-> ■**to ~ sb/sth** ❶ (*follow*) jdn/etw ständig verfolgen; **to ~ sb's every step** jdm auf Schritt und Tritt folgen; **to ~ sb with questions** jdn mit Fragen verfolgen
❷ (*beset*) jdn/etw begleiten; ***technical problems ~ged our trip from the outset*** auf unserer Reise hatten wir von Anfang an ständig technische Probleme

dog biscuit *n* Hundekuchen *m* **dogcart** *n* (*hist*) Dogcart *m*, Einspänner *m* **dogcatcher** *n* Hundefänger *m* **dog collar** *n* ❶ (*of a dog*) Hundehalsband *nt* ❷ (*fam: of a vicar*) Halskragen *m* eines Geistlichen **dog days** *npl* ❶ (*weather*) Hundstage *pl* ❷ (*slump*) schlechte Zeiten; ***these are ~ for British film production*** dies sind schlechte Tage für die britische Filmproduktion **dog-eared** *adj attr* verknickt; ■**to be ~** Eselsohren haben **dog-eat-dog** **I.** *adj attr* ***it's a ~ world*** es ist eine mörderische Welt **II.** *adv* **to fight ~** jeder gegen jeden kämpfen **dog-end** *n* (*fam*) ❶ (*butt*) Stummel *m* ❷ (*worst part*) dickes Ende **dogfight** *n* ❶ MIL Luftkampf *m;* **to engage in a ~** in einen Luftkampf verwickelt sein ❷ (*between dogs*) Hundekampf *m* ❸ (*brawl*) Schlägerei *f;* **to get in a ~** in eine Schlägerei verwickelt werden ❹ (*struggle*) Streit *m* **dogfish** *n* Hundshai *m*

dogged ['dɒgɪd, AM 'dɑːg-] *adj* verbissen, zäh; **~ determination** wilde Entschlossenheit

doggedly ['dɒgɪdli, AM 'dɑːg-] *adj* beharrlich

doggedness ['dɒgɪdnəs, AM 'dɑːg-] *n no pl* Beharrlichkeit *f*, Hartnäckigkeit *f*

doggerel ['dɒgᵊrᵊl, AM 'dɑːgɚᵊl] *n no pl* Knittelvers *m*

doggie ['dɒgi, AM 'dɑːgi] *n*, **doggy** *n* (*childspeak*) Wauwau *m Kindersprache*

doggo ['dɒgəʊ, AM 'dɑːgoʊ] *adv inv* (*dated fam*) **to lie ~** mucksmäuschenstill sein *fam*, sich *fam* nicht mucken

doggone ['dɑːgɑːn] AM **I.** *adj attr, inv* (*fam*) verdammt; ***where'd I put my ~ glasses?*** wo habe ich verdammt noch mal meine Brille hingelegt?
II. *interj* (*fam*) **~ [it]!** verdammt noch mal!

doggy *n see* **doggie**

doggy bag *n Beutel für Speisereste;* ***I'll have to ask for a ~*** ich muss mir den Rest einpacken lassen

doggy paddle *n*, AM, AUS *also* **dog paddle** *n hundeartige Schwimmbewegungen;* **to do the ~** Hundepaddeln machen

doghouse *n* AM Hundehütte *f*
▶ PHRASES: **to be in the ~** in Ungnade gefallen sein

dogie ['doʊgi] *n* AM *mutterloses Kalb*

dogleg *n* scharfe Kurve

doglike ['dɒglaɪk, AM 'dɑːg] **I.** *adj* ❶ (*like a dog*) hundeartig, hundeähnlich
❷ (*slavish*) hündisch *pej*
II. *adv* wie ein Hund, wie die Hunde

dogma ['dɒgmə, AM 'dɑːg-] *n* (*pej*) ❶ (*belief*) Dogma *nt*, Lehrmeinung *f;* ■**the ~ that ...** die Lehrmeinung [*o* das Dogma], dass ...; **to reject a ~** eine Lehrmeinung ablehnen
❷ *no pl* (*doctrine*) Dogma *nt;* **political/religious ~** politisches/religiöses Dogma

dogmatic [dɒg'mætɪk, AM dɑːg'mæt̬-] *adj* (*pej*) dogmatisch; ■**to be ~ about sth** in etw *dat* sehr dogmatisch sein

dogmatically [dɒg'mætɪkᵊli, AM dɑːg'mæt̬-] *adv* (*pej*) dogmatisch

dogmatism ['dɒgmətɪzᵊm, AM 'dɑːg-] *n no pl* (*pej*) Dogmatismus *m*

dogmatist ['dɒgmətɪst, AM 'dɑːg-] *n* (*pej*) Dogmatiker(in) *m(f)*

do-gooder *n* (*esp pej*) Weltverbesserer, Weltverbesserin *m, f* **dog paddle** *n see* **doggy paddle** **dog rose** *n* Hundsrose *f,* eurasische Wildrose **dogsbody** *n* BRIT, AUS (*fam*) Kuli *m fig;* **the general** ~ das Mädchen für alles; **to be sick of being the general** ~ es satt haben, das Mädchen für alles zu sein **dog tag** *n* ① AM MIL (*sl: identity disc*) Erkennungsmarke *f fam* ② (*for dog*) Hundemarke *f* **dog-tired** *adj* (*fam*) hundemüde *fam* **dogwood** *n* Hartriegel *m*

doily ['dɔɪli] *n* Zierdeckchen *nt,* Platzdeckchen *nt;* **lace** ~ Spitzendeckchen *nt*

doing ['duːɪŋ] *n* ① *no pl* (*sb's work*) **to be sb's** ~ jds Werk sein; ***that's all your*** ~ daran bist allein du schuld; **to take some** [*or* **a lot of**] ~ ganz schön anstrengend sein *fam*
② *pl* (*activities*) ■~**s** Tätigkeiten *fpl,* Tun *nt kein pl;* ***there have been a great many*** ~***s and goings-on lately*** in letzter Zeit hat sich einiges getan; ***she knows nothing of his*** ~***s*** sie weiß nicht, was er treibt *fam*
③ (*droppings*) **dogs'** ~ Hundehäufchen *nt*

doings ['duːɪŋz] *n sing* BRIT Dingsbums *nt fam*

do-it-yourself [ˌduːɪtjɔː'self, AM -jə'-] *n no pl see* **DIY**

Dolby® ['dɒlbi, AM 'daːl-, 'doʊl-] **I.** *n no pl* Dolby[-System] *nt*
II. *adj inv* Dolby-; ~ **sound** Dolby Sound *m*

doldrums ['dɒldrəmz, AM 'doʊl-] *npl* (*old*) Kalmen *fpl,* Kalmenzone *f,* Kalmengürtel *m*
► PHRASES: **to be in the** ~ (*be in low spirits*) deprimiert [*o* niedergeschlagen] sein, Trübsal blasen *fam;* (*be in stagnant state*) eine Flaute durchmachen, in einer Flaute stecken

dole [dəʊl, AM doʊl] **I.** *n* ■**the** ~ das Arbeitslosengeld, die Arbeitslosenunterstützung, die Stütze *fam;* **to be** [*or* **go**] **on the** ~ Arbeitslosengeld bekommen, stempeln gehen *fam;* (*fig*) arbeitslos sein
II. *n modifier* Arbeitslosen-; ~ **money** Arbeitslosengeld *nt,* Arbeitslosenunterstützung *f,* Stempelgeld *nt fam;* **to exist on one's** ~ **money** vom Arbeitslosengeld leben
III. *vt* ■**to** ~ [**out**] **sth** [*or* **sth** [**out**]] etw sparsam austeilen [*o* verteilen] (**to** an +*akk*)

doleful ['dəʊlfəl, AM 'doʊl-] *adj* trübselig; *expression* traurig; *story* rührselig; ~ **lyric** sentimentaler Liedtext

dolefully ['dəʊlfəli, AM 'doʊl-] *adv* traurig, niedergeschlagen

dole-out *n* (*pej*) Essen *nt* für Arme **dole queue** *n* BRIT Schlange *f* von Arbeitslosen

doli capax [ˌdɒlɪ'kæpæks, AM ˌdaː-], **doli incapax** LAW strafmündig, strafunmündig

doll [dɒl, AM daːl] **I.** *n* ① (*toy*) Puppe *f*
② (*approv dated fam: attractive woman*) Puppe *f sl*
③ AM (*approv fam: kind woman*) Schatz *m fam;* (*kind man*) prima Kerl; **be a** ~ **and ...** sei [doch bitte] so lieb und ...
II. *vt* ■**to** ~ **oneself up** sich *akk* herausputzen [*o fam* in Schale werfen] [*o pej* aufdonnern]

dollar ['dɒlər, AM 'daːlə] **I.** *n* Dollar *m*
II. *n modifier* (*amount, rate*) Dollar-; ~ **account** Dollarkonto *nt;* ~**-denominated cheque** auf Dollar ausgestellter Scheck; ~ **gap/reserves** Dollarlücke *f*/-reserven *fpl;* ~ **value** Wert *m* des Dollars

dollar bill *n* Dollarnote *f,* Dollarschein *m*

dollar cost averaging *n* AM ECON, FIN Kursdurchschnittsverfahren *nt* **dollar diplomacy** *n no pl* Dollardiplomatie *f* **dollar sign** *n* Dollarzeichen *nt*

doll corner *n* AM Spielecke *f* **dollhouse** *n* AM (*doll's house*) Puppenhaus *nt*

dollop ['dɒləp, AM 'daːl-] *n* FOOD Klacks *m kein pl fam,* Schlag *m kein pl fam;* **a** ~ **of brandy** ein Schuss *m* Brandy; **a** ~ **of whipped cream** ein Klacks *m* [*o* Klecks *m*] Schlagsahne

doll's carriage *n* AM Puppenwagen *m* **doll's house** *n* BRIT, AUS Puppenhaus *nt* **doll's pram** *n* BRIT, AUS Puppenwagen *m*

dolly ['dɒli, AM 'daːli] *n* ① (*childspeak: doll*) Püppchen *nt*
② TRANSP [Transport]wagen *m;* FILM Kamerawagen *m,* Dolly *m fachspr;* RAIL (*locomotive*) Schmalspurrangierlokomotive *f;* (*small railway waggon*) Rollfahrzeug *nt;* TECH fahrbares Montagegestell

dolly bird *n* BRIT (*dated fam*) Mieze *f sl,* Puppe *f sl*
dolly mixtures *npl* BRIT Bonbonmischung *f*

dolmen ['dɒlmen, AM 'doʊl-] *n* ARCHEOL Dolmen *m*

dolomite ['dɒləmaɪt, AM 'doʊ] *n no pl* Dolomit *m*

Dolomites ['dɒləmaɪts, AM 'doʊ] *npl* ■**the** ~ die Dolomiten *pl*

dolorous ['dɒlərəs, AM 'doʊlə-] *adj* (*liter*) traurig, wehmütig

dolphin ['dɒlfɪn, AM 'daːl-] *n* Delphin *m;* **bottlenosed** ~ Großer Tümmler

dolphinarium <*pl* -s *or* dolphinaria> [ˌdɒlfɪn'eəriəm, AM ˌdaːlfɪneri-] *n* Delphinarium *nt*

dolt [dəʊlt, AM doʊlt] *n* (*pej*) Tollpatsch *m pej,* Tölpel *m pej*

doltishly ['dəʊltɪʃli, AM 'doʊl-] *adv* tölpelhaft

domain [də(ʊ)'meɪn, AM doʊ'-] *n* ① (*area*) Reich *nt,* Gebiet *nt;* LAW Grundbesitz *m kein pl;* **private** ~ Privateigentum *nt;* **public** ~ (*common property*) öffentliches Eigentum, Gemeingut *nt geh;* (*belonging to state*) Staatsländereien *pl,* staatlicher Grundbesitz; **to be in the public** ~ der Allgemeinheit zugänglich sein
② (*sphere of influence*) Bereich *m,* Gebiet *nt fig,* Domäne *f fig;* **a man's** ~ Männersache *f;* **to be in the public** ~ (*be no private property*) der Öffentlichkeit zugänglich sein; (*be generally known*) allgemein bekannt sein
③ COMPUT Domäne *f;* TELEC Domain *f*

domain name *n* COMPUT Domänenname *m,* Internetadresse *f;* TELEC Domain-Name *m*

dome [dəʊm, AM doʊm] **I.** *n* ① (*rounded roof*) Kuppeldach *nt,* Kuppel *f;* **inner/outer** ~ Innen-/Außengewölbe *nt*
② (*liter: dome-like shape*) Gewölbe *nt fig; of a hill* Kuppe *f;* **the** ~ **of the sky** das Himmelsgewölbe [*o* Himmelszelt] [*o* Firmament] *liter*
③ (*fam: head*) Glatze *f*
II. *n modifier* Kuppel-; ~ **light** AUTO Deckenlicht *nt;* ~ **nut** TECH Hutmutter *f;* ~ **roof** Kuppeldach *nt*

domed [dəʊmd, AM doʊmd] *adj inv* gewölbt, kuppelförmig; ~ **ceiling** Kuppeldach *nt*

Domesday Book ['duːmzdeɪ-] *n* LAW Domesday Book *nt*

domestic [də'mestɪk] **I.** *adj* ① (*of the household*) häuslich, Haus-; ~ **bliss** häusliches Glück; ***they lived in*** ~ ***bliss*** sie führten ein glückliches Familienleben; ~ **commitments** familiäre Verpflichtungen; ~ **discord** häusliche Zwietracht; ~ **relations court** Familiengericht *nt;* **to be in** ~ **service** als Hausangestellte(r) arbeiten; ~ **violence** Gewalt *f* in der Familie; ~ **work** Hausarbeit *f*
② (*fond of home*) häuslich; ***he is a*** ~ ***man*** er ist ein häuslicher Typ
③ *inv* (*a country's own*) Inlands-, inländisch; ~ **affairs** innere [*o* innenpolitische] Angelegenheiten; ~ **airline** Inlandsfluggesellschaft *f;* ~ **considerations** innenpolitische Erwägungen; ~ **economic policy** Binnenwirtschaftspolitik *f;* ~ **mail** Inlandspost *f;* ~ **market** Binnenmarkt *m,* Inlandsmarkt *m;* ~ **public opinion** politische Meinung im Land; ~ **policy** Innenpolitik *f;* ~ **product** einheimisches Produkt [*o* Erzeugnis]; **gross** ~ **product** Bruttoinlandsprodukt *nt;* ~ **trade** Binnenhandel *m;* ~ **wines** einheimische Weine
II. *n* (*dated*) Domestik *m veraltet,* Hausangestellte(r) *f(m)*

domestically [də'mestɪkli] *adv* ① (*relating to home life*) häuslich; **to be** ~ **inclined** häuslich veranlagt sein
② (*within a country*) im Inland; ***that would be unacceptable both*** ~ ***and internationally*** das wäre sowohl auf Inlands- als auch Auslandsebene inakzeptabel

domestic animal *n* Haustier *nt* **domestic appliance** *n* [elektrisches] Haushaltsgerät

domesticate [də'mestɪkeɪt] *vt* ① (*tame*) ■**to** ~ **an animal** ein Tier zähmen [*o geh* domestizieren]
② (*accustom to home life*) ■**to** ~ **sb** jdn häuslich machen

domesticated [də'mestɪkeɪtɪd, AM keɪṭɪd] *adj* (*hum*) häuslich

domestication [dəˌmestɪ'keɪʃən] *n no pl* Domestikation *f a. hum*

domestic disturbance *n* (*euph*) Ehekrach *m,* häusliche Querelen *pl geh* **domestic flight** *n* Inlandsflug *m* **domestic help** *n no pl* Hausangestellte(r) *f(m),* Haushaltshilfe *f*

domestic interest rates *n* ECON, FIN Inlandszinssätze *pl*

domesticity [ˌdəʊmes'tɪsəti, AM ˌdoʊmes'tɪsəṭi] *n no pl* ① (*fondness for home life*) Häuslichkeit *f*
② (*home and family life*) häusliches Leben; **to settle into** ~ häuslich werden, sich *akk* der Familie widmen

domestic premises *npl* LAW Privathaus *nt,* Privatwohnung *f,* Privathaushalt *m* **domestic proceedings** *npl* LAW familienrechtliches Verfahren **domestic science** *n* Hauswirtschaftslehre *f*

domicile ['dɒmɪsaɪl, AM 'daːmə-] *n* (*form*) Wohnsitz *m form,* Wohnort *m;* LAW ständiger Wohnsitz; **breach of** ~ Hausfriedensbruch *m;* **change of** ~ Wohnsitzänderung *f;* ~ **of choice** gewählter Wohnsitz; ~ **of origin** ursprünglicher Wohnsitz

domiciled ['dɒmɪsaɪld, AM 'daːmə-] *adj pred, inv* ① (*form*) *person* wohnhaft *form,* ansässig; **to be** ~ **in ...** seinen Wohnsitz in ... haben, in ... ansässig sein; ***he was*** ~ ***in Saudi Arabia*** er lebte in Saudi-Arabien
② FIN **bills** ~ **in France** in Frankreich zahlbare Wechsel

domiciliary [ˌdɒmɪ'sɪliəri, AM ˌdaːmə'sɪlieri] *adj* Haus-; ~ **nurse** Heimhilfe *f*

dominance ['dɒmɪnən(t)s, AM 'daːmə-] *n no pl* ① (*superior position*) Vormachtstellung *f,* dominierende Position; MIL Vormacht *f;* **Canada's** ~ **in the air** Kanadas Luftüberlegenheit *f;* **China's** ~ **on land** Chinas Vormacht *f* zu Lande
② (*being dominant*) Dominanz *f,* Vorherrschen *nt* (**over** über +*akk*)

dominant ['dɒmɪnənt, AM 'daːmə-] **I.** *adj* ① (*masterful, controlling*) dominierend *attr,* vorherrschend *attr; group* tonangebend; *issue* beherrschend; *personality* dominierend; ~ **male** männliches Leittier; **the** ~ **military power in the region** die stärkste Militärmacht in der Region; ~ **position** beherrschende Stellung
② BIOL (*not recessive*) dominant, überlagernd *attr;* ~ **characteristic/gene** dominantes Merkmal/Gen
③ MUS dominant, Dominant-; ~ **seventh** Dominantseptakkord *m*
④ LAW ~ **tenement** herrschendes Grundstück
II. *n* MUS Dominante *f*

dominate ['dɒmɪneɪt, AM 'daːmə-] **I.** *vt* ① (*have control*) ■**to** ~ **sb/sth** jdn/etw beherrschen [*o* dominieren]; ***they*** ~***d the rest of the match*** sie gingen für den Rest des Spieles in Führung; **to be** ~**d by ambition** vom Ehrgeiz beherrscht sein; **to be** ~**d by envy/greed** von Neid/Gier erfüllt sein; **to be** ~**d by fear** voller Angst sein; **to** ~ **sb's thoughts** jds Denken beherrschen
② (*be the biggest, etc*) ■**to** ~ **sth** etw beherrschen *fig;* ***the group*** ~***d the pop charts*** die Gruppe führte die Hitlisten an
③ PSYCH (*pej: browbeat*) ■**to** ~ **sb** jdn dominieren *pej*
II. *vi* dominieren; ■**to** ~ **over sb/sth** über jdn/etw herrschen, jdn/etw beherrschen

dominating ['dɒmɪneɪtɪŋ, AM 'daːməneɪṭ-] *adj* ① (*tending to dominate*) dominierend *attr*
② *attr* (*most important*) vorherrschend, dominierend; ~ **feature** hervorstechendes Merkmal, vorherrschende Eigenschaft

domination [ˌdɒmɪ'neɪʃən, AM ˌdaːmə'-] *n no pl* ① (*state of dominating*) [Vor]herrschaft *f;* **world** ~ Weltherrschaft *f;* ■**to be under the** ~ **of sb/sth** von jdm/etw beherrscht werden
② (*controlling position*) Vormachtstellung *f;* ***their*** ~ ***of the market for computer operating systems*** ihre marktbeherrschende Stellung, was Com-

puterbetriebssysteme anbelangt

dominatrices [ˌdɒmɪˈneɪtrɪsiːz, AM ˌdɑːməˈ-] *n pl of* **dominatrix**

dominatrix <*pl* -trices> [ˌdɒmɪˈneɪtrɪks, AM ˌdɑːməˈ-, *pl* -trɪsiːz] *n* ❶ (*in sadomasochism*) Domina *f*
❷ (*pej: powerful woman*) dominante Frau; POL Despotin *f pej;* (*like a man*) Mannweib *nt pej*

domineer [ˌdɒmɪˈnɪəʳ, AM ˌdɑːməˈnɪr] *vi* sich *akk* aufspielen *pej fam;* ■**to ~ over sb** jdn tyrannisieren; POL despotisch über jdn herrschen; ***she ~s over her husband*** sie hat ihren Ehemann unter dem Pantoffel *fam*

domineering [ˌdɒmɪˈnɪərɪŋ, AM ˌdɑːməˈnɪr-] *adj* (*pej*) herrschsüchtig, tyrannisch; POL despotisch; **~ management style** herrischer Führungsstil

Dominican [dəˈmɪnɪkən, AM doʊˈ-] **I.** *adj inv* ❶ REL Dominikaner-; **~ friar** [*or* **monk**] Dominikaner[mönch] *m;* **~ nun** [*or* **sister**] Dominikanerin *f,* Dominikanernonne *f*
❷ (*relating to Dominican Republic*) dominikanisch
II. *n* ❶ REL Dominikaner(in) *m(f)*
❷ (*inhabitant of the Dominican Republic*) Dominikaner(in) *m(f)*

dominion [dəˈmɪnjən] *n* ❶ *no pl* (*form: sovereignty*) Herrschaft *f;* ■**to have ~ over sb/sth** die Herrschaft über jdn/etw haben, über jdn/etw herrschen; **to be under Dutch ~** unter holländischer Herrschaft stehen
❷ (*realm*) Herrschaftsgebiet *nt;* POL Hoheitsgebiet *nt*
❸ POL, HIST ■**D~** Dominion *nt;* **the D~ of Canada** das Dominion Kanada

Dominion *n* Dominion *nt* (*selbständiges Land des Commonwealth*)

domino <*pl* -es> [ˈdɒmɪnəʊ, AM ˈdɑːmənoʊ] *n*
❶ (*piece*) Dominostein *m*
❷ (*game*) ■**~es** + *sing vb, no art* Domino[spiel] *nt;* **to play ~es** Domino spielen

domino effect *n no pl* Dominoeffekt *m*

don¹ [dɒn, AM dɑːn] *n* ❶ BRIT (*university teacher, esp at Oxford or Cambridge*) [Universitäts]dozent(in) *m(f)*
❷ AM (*sl: mafia boss*) Mafiaboss *m fam*

don² <-nn-> [dɒn, AM dɑːn] *vt* (*liter*) ■**to ~ sth** etw anziehen; **to ~ one's hat** seinen Hut aufsetzen

donate [də(ʊ)ˈneɪt, AM ˈdoʊneɪt] **I.** *vt* ■**to ~ sth [to sb]** [jdm] etw spenden; **to ~ blood/money** Blut/Geld spenden; **to ~ money to charity** Geld für wohltätige Zwecke spenden; **to ~ time [to sth]** [für etw *akk*] Zeit aufwenden
II. *vi* spenden; **to ~ to a charity organization** für eine karitative Einrichtung spenden; LAW eine Schenkung machen

donatio mortis causa [dəʊˈnɑːtiəʊ-, AM doʊˈnɑːtioʊ-] LAW Schenkung *f* wegen bevorstehenden Todes

donation [də(ʊ)ˈneɪʃᵊn, AM doʊˈ-] *n* ❶ (*contribution*) [Geld]spende *f,* Zuwendung *f;* (*endowment*) Stiftung *f;* LAW Schenkung *f;* **~s to political parties** Parteispenden *fpl;* **charitable ~s** Spenden *fpl* für wohltätige Zwecke; **to make a ~** LAW eine Schenkung machen; **to make a ~ of sth to sb** jdm etw zum Geschenk machen
❷ *no pl* (*act of donating*) Spenden *nt;* **~ of blood** Blutspenden *nt;* **~ of food** Spenden *nt* von Nahrungsmitteln; **~ of money** Spenden *nt* von Geld; **~ of time** Opfern *nt* von Zeit

done [dʌn] *pp of* **do**

donee [də(ʊ)ˈniː, AM doʊ-] *n* LAW Spendenempfänger *m,* Schenkungsempfänger *m,* Beschenkter *m*

doner kebab [ˈdɒnəkɪbæb, AM ˌdoʊnəˈkɪˈbɑːb] *n* Döner[kebab] *m*

dong *n* ❶ (*sound of bell*) Bimbam *nt*
❷ FIN (*currency*) Dong *m*
❸ (*sl: penis*) Teil *nt fam*

dongle [ˈdɒŋɡl, AM ˈdɑːŋ-] *n* COMPUT Dongle *nt fachspr* (*Hardwarekomponente zur Sperre des Zugangs zu einem PC*)

Don Juan [ˌdɒnˈdʒuːən, AM ˌdɑːnˈ(h)wɑːn] *n* Don Juan *m fig*

donkey [ˈdɒŋki, AM ˈdɑːŋ-] *n* ❶ (*animal*) Esel *m*
❷ (*pej fam: person*) [sturer] Esel *pej fam*
► PHRASES: **to talk the hind legs off a ~** (*prov*) jdm ein Ohr abquatschen *fam*

donkey jacket *n* BRIT *gefütterte, wasserdichte Jacke* **donkey's years** *npl* (*fam*) eine Ewigkeit *fam;* ***she's been in the same job for ~*** sie arbeitet schon ewig im gleichen Job; ***I haven't seen you in ~!*** dich habe ich ja seit einer Ewigkeit nicht gesehen! **donkey work** *n no pl* (*fam*) Dreck[s]arbeit *f fam,* Schwerarbeit *f*

donnish [ˈdɒnɪʃ, AM ˈdɑːn-] *adj* gelehrt, gebildet; **~ tone** belehrender Tonfall *pej*

donor [ˈdəʊnəʳ, AM ˈdoʊnɚ] *n* (*contributor*) Spender(in) *m(f);* (*for large sums*) Stifter(in) *m(f);* LAW Schenker(in) *m(f),* Schenkungsgeber(in) *m(f);* (*gift giver*) Geber(in) *m(f);* **blood/organ ~** Blut-/Organspender(in) *m(f);* **sperm ~** Samenspender *m;* **anonymous ~** anonymer Spender/anonyme Spenderin

donor card *n* Organspenderausweis *m*

don't [dəʊnt, AM doʊnt] *see* **do not** *see* **do I, II**

donut *n* AM, AUS *see* **doughnut**

doodad [ˈduːdæd] *n* AM, AUS Dings[bums] *nt kein pl fam*

doodah [ˈduːdɑː] *n* BRIT, AUS Dings[bums] *nt kein pl fam,* Dingsda *nt kein pl fam*
► PHRASES: **to be all of a ~** ganz aus dem Häuschen sein *fam*

doodle [ˈduːdl] **I.** *vi* vor sich *akk* hinkritzeln
II. *n* Gekritzel *nt kein pl pej,* Kritzelei *f pej*

doodlebug [ˈduːdlbʌɡ] *n* BRIT (*fam*) V1[-Bombe] *f*

doofus [ˈduːfəs] *n* AM (*fam*) Blödmann *m fam,* Doofie *m fam*

doohickey [ˈduːˌhɪki] *n* AM Dings[bums] *nt kein pl fam,* Dingsda *nt kein pl fam*

doolally [duːˈlæli] *adj* (*fam*) ❶ (*crazy*) durchgeknallt *fam*
❷ (*exciting, great*) abgehoben *fig fam*

doom [duːm] **I.** *n* ❶ (*grim destiny*) Verhängnis *nt kein pl,* [schlimmes] Schicksal; ***he met his ~*** (*liter*) sein Schicksal ereilte ihn *liter o hum;* **portent of ~** [böses] Zeichen des Schicksals
❷ (*disaster*) Unheil *nt;* ***the newspapers are always full of ~ and gloom these days*** (*iron hum*) die Zeitungen sind heutzutage voll von Katastrophenmeldungen; **prophet of ~** Schwarzseher(in) *m(f) pej,* Pessimist(in) *m(f);* **impending ~** drohendes Unheil
❸ (*dated: the Last Judgement*) das Jüngste Gericht; **until the crack of ~** bis zum Jüngsten Tag
II. *vt* ■**to ~ sb [to sth]** jdn [zu etw *dat*] verdammen [*o* verurteilen]; ***mounting debts ~ed the factory to closure*** wachsende Schulden machten die Schließung der Fabrik unumgänglich

doomed [duːmd] *adj* ❶ (*destined to end badly*) verdammt, verloren; ***this is a ~ city*** diese Stadt ist dem Untergang geweiht *geh;* ***this is a city ~ to dereliction*** diese Stadt ist dem Verfall preisgegeben *geh;* **to be ~ to failure** zum Scheitern verurteilt sein
❷ (*condemned*) verurteilt; **~ person** Verurteilte(r) *f(m)*

doomsday [ˈduːmzdeɪ] **I.** *n no pl* der Jüngste Tag; ■**till** [*or* **until**] **~** bis zum Jüngsten Tag; (*fig: endlessly*) bis jd schwarz wird *fam;* ***you could talk till ~, but they will never change their minds*** da kannst du reden, bis du schwarz wirst, sie werden ihre Meinung niemals ändern
II. *n modifier* apokalyptisch, [Welt]untergangs-

door [dɔːʳ, AM dɔːr] *n* ❶ (*entrance*) Tür *f;* **back/front ~** Hinter-/Vordertür *f;* **main ~** Haupteingang *m;* **patio ~** Terrassentür *f;* **revolving/sliding ~** Dreh-/Schiebetür *f;* **swing ~** Pendeltür *f,* Schwingtür *f;* **to shut** [*or* **slam**] **the ~ to sb's face** jdm die Tür vor der Nase zuschlagen; **behind closed ~s** hinter verschlossenen Türen; **to answer the ~** [auf das Läuten [hin]] die Tür aufmachen; **to be on the ~** Türsteher sein; **to knock at** [*or* **on**] **the ~** an die Tür klopfen; **to lay sth at sb's ~** (*fig*) jdm etw anlasten [*o* zur Last machen], jdn für etw *akk* verantwortlich machen; **to open/shut** [*or* **close**] **the ~** die Tür aufmachen/schließen; **to see** [*or* **show**] **sb to the ~** jdn zur Tür bringen; **to show sb the ~** (*form*) jdm die Tür weisen *form,* jdn hinauswerfen *fam;* ***show him the door*** zeig ihm, wo es hinausgeht *fam;* **to slip through the ~** durch die Tür schlüpfen [*o* entwischen]; ■**at the ~** an der Tür; ***someone is at the ~*** da ist jemand an der Tür; **out of ~s** im Freien, draußen
❷ (*house*) **two ~s away** zwei Häuser weiter; **two ~s down/up** zwei Häuser die Straße runter/rauf *fam;* **next ~** nebenan; ***the people next ~*** die Leute von nebenan; **~ to ~** von Tür zu Tür [*o* Haus zu Haus]
❸ (*room*) **two ~s down/up** zwei Zimmer den Gang hinunter/hinauf; ***his office is the third ~ on the left*** sein Büro ist die dritte Tür links
❹ (*fig: means of access/opportunity*) Tür *f fig,* Zugang *m fig;* **to have a foot in the ~** einen Fuß in der Tür haben *fig;* **to close the ~ on** [*or* **to**] **sth** etw unmöglich machen [*o* ausschließen]; **to leave the ~ open to sth** die Tür für etw *akk* offen lassen [*o* halten] *fig;* **to open the ~ to sth** etw ermöglichen, etw *dat* Tür und Tor öffnen *pej;* ***these discussions may well open the ~ to a peaceful solution*** diese Gespräche sind vielleicht der Auftakt zu einer friedlichen Lösung; **to shut** [*or* **slam**] **the ~ in sb's face** jdn abweisen
► PHRASES: **to shut** [*or* **close**] **the stable** [*or* **barn**] **~ after the horse has bolted** (*prov*) den Brunnen zudecken, wenn das Kind schon hineingefallen ist

doorbell *n* Türklingel *f,* Türglocke *f*

do-or-die [ˌduːɔːˈdaɪ, AM -ɔːrˈ-] *adj attr* aufs Ganze gehend

doorframe *n* Türrahmen *m* **door jamb** *n* (*doorpost*) Türpfosten *m* **doorkeeper** *n* Portier *m* **doorknob** *n* Türknauf *m,* Türgriff *m* **doorknocker** *n* Türklopfer *m* **doorman** *n* Portier *m* **doormat** *n* ❶ (*thing*) Fußmatte *f,* Abtreter *m,* Fußabstreifer *m bes* SÜDD ❷ (*pej: person*) Waschlappen *m fig pej* **doornail** *n* (*fam*) Türnagel *m;* **as dead as a ~** mausetot *fam* **door plate** *n* Türschild *nt* **doorpost** *n* Türpfosten *m* **door prize** *n* AM *Preis, der unter den Besuchern einer öffentlichen Veranstaltung verlost wird* **doorstep I.** *n* ❶ (*step outside a house door*) Türstufe *f;* ***don't keep her on the ~, invite her in*** lass sie nicht in der Tür stehen, bitte sie herein; **to have sth right on the ~** (*fig*) etw direkt vor der Haustür haben *fig;* ***there's a lovely park right on our ~*** direkt vor unserer Haustür ist ein wunderschöner Park ❷ BRIT (*sl: thick slice of bread*) dicke Scheibe Brot **II.** *vt* <-pp-> BRIT JOURN (*fam*) ■**to ~ sb** jdm [vor der Haustür] auflauern; ***he complained about being constantly ~ped by the press*** er beschwerte sich darüber, dass sein Haus ständig von Journalisten belagert war **doorstop** *n* Türstopper *m,* Türanschlag *m* **door to door** *adv* von Haus zu Haus; **to sell sth ~** etw an der Haustür verkaufen **door-to-door** *adj attr, inv* von Haus zu Haus; ***the police made ~ enquiries*** die Polizei ließ bei ihren Ermittlungen kein Haus aus; **~ canvassing** Kundenwerbung *f* an der Haustür, Klinkenputzen *nt pej fam;* **~ salesman** Vertreter *m,* Hausierer *m pej;* **~ selling** Verkauf *m* an der Haustür, Haustürgeschäft *nt* **doorway** *n* [Tür]eingang *m;* **to stand in the ~** in der Tür stehen

doozie [ˈduːzi] *n esp* AM (*fam*) Kapriole *f,* starkes Stück; ***he delivered himself of another ~*** er hat sich wieder ganz schön was geleistet

dope [dəʊp, AM doʊp] **I.** *n* ❶ *no pl* (*fam: illegal drug*) Rauschgift *nt,* Droge *f,* Stoff *m sl;* LAW Suchtmittel *nt;* **~ fiend** AM (*dated*) Rauschgiftsüchtige(r) *f(m);* **to smoke ~** Haschisch [*o* Marihuana] rauchen; **to take ~** Drogen [*o* Rauschgift] nehmen
❷ SPORTS Dopingmittel *nt,* Dopingpräparat *nt*
❸ (*sl: stupid person*) Trottel *m fam,* Idiot *m fam*
❹ *no pl* (*sl: information*) [vertrauliche] Informationen, Geheimtips *mpl;* **to give sb the ~ on** [*or* **about**] **sth** jdm Insiderinformationen über etw *akk* geben
❺ AVIAT Spannlack *m,* Zellonlack *m*
❻ (*thick lubricant*) Schmiere *f,* Schmiermittel *nt*
❼ (*petrol*) Additiv *nt,* Zusatz[stoff] *m*
❽ ELEC Dotiermittel *nt,* Dotierungsstoff *m*

D

⑨ AM (*sl: ace*) Ass *nt;* ■**to be** ~ ein Ass sein
II. *adj* AM (*sl: Black English: good*) super *fam,* cool *sl*
III. *vt* ① SPORTS ■**to ~ sb** jdm Dopingmittel verabreichen, jdn dopen *fam;* **to ~ a racehorse** ein Rennpferd dopen
② (*add drugs to*) ■**to ~ sth** etw präparieren *fam;* ***he must have ~d her drink*** er muss ihrem Getränk ein Betäubungsmittel beigemischt haben
◆**dope up** *vt* (*fam*) ■**to ~ up** ↔ **sb** jdn unter Drogen setzen; ■**to be ~d up** unter Drogen stehen

doped [dəʊpt, AM doʊpt] *adj* ■**to be** ~ unter Drogen stehen; SPORTS gedopt sein

dope peddler *n* (*dated fam*) Dealer(in) *m(f) sl,* Drogenhändler(in) *m(f)* **dope test** *n* Dopingkontrolle *f,* Dopingtest *m;* **to take/pass a ~ test** sich *akk* einer Dopingkontrolle unterziehen/einen Dopingtest bestehen

dopey ['dəʊpi, AM 'doʊpi] *adj* ① (*half stupefied*) benommen, benebelt *fam*
② (*pej: silly*) blöd *fam,* doof *pej sl*

doping ['dəʊpɪŋ, AM 'doʊp-] **I.** *n no pl* SPORTS Doping *nt;* **case of** ~ Dopingfall *m*
II. *n modifier* Doping-

doppelgänger ['dɒpəlˌgeŋəʳ, AM 'dɑːpəlˌgeŋɚ] *n* Doppelgänger(in) *m(f)*

Doppler effect ['dɒpləʳ-, AM 'dɑːplɚ-] *n* PHYS Dopplereffekt *m*

dopy *adj see* **dopey**

do-rag ['duːræg] *n* (*sl*) *Stück Stoff, z. B. Taschentuch, Schal, das männliche Schwarze auf dem Kopf zum Schutz ihrer Frisur oder als Zeichen der Gruppenzugehörigkeit tragen*

Doric ['dɒrɪk, AM 'dɔːr-] *adj inv* dorisch; ~ **column** dorische Säule

dork [dɔːk, AM dɔːrk] *n* AM, AUS (*pej sl*) Trottel *m pej fam,* Dummkopf *m pej fam*

dorm [dɔːm, AM dɔːrm] *n short for* **dormitory**
① (*sleeping quarters*) Schlafsaal *m*
② *esp* AM (*student housing*) Studentenwohnheim *nt*

dormancy ['dɔːmənsi, AM 'dɔːr] *n no pl* ① (*state of sleep*) Schlafzustand *m;* (*fig: state of rest*) Ruhezustand *m*
② BIOL (*of plants*) Ruhezeit *f*
③ MED Latenz *f geh*

dormant ['dɔːmənt, AM 'dɔːr-] *adj* ① (*inactive*) *volcano* untätig; ~ **account** umsatzloses Konto; ~ **capital** ECON totes Kapital; ~ **talents** brachliegende Talente; ~ **title** LAW ruhender Rechtstitel; **to lie** ~ (*fig*) schlummern; FIN unverzinslich sein
② BOT, BIOL (*alive but not currently growing*) ■**to be** ~ ruhen; **to lie** ~ schlafen; *seeds* ruhen

dormant partner *n* COMM stiller Gesellschafter

dormer ['dɔːməʳ, AM 'dɔːrmɚ] *n,* **dormer window** *n* Mansardenfenster *nt,* [stehendes] Dachfenster

dormitory ['dɔːmɪtəri, AM 'dɔːrmətɔːri] *n* ① (*sleeping quarters*) Schlafsaal *m*
② *esp* AM (*student hostel*) Studentenwohnheim *nt*

dormitory suburb *n* AUS, **dormitory town** *n* BRIT Wohnvorort *m,* Schlafstadt *f*

Dormobile® ['dɔːməbiːl, AM 'dɔːr-] *n* Campingbus *m,* Wohnmobil *nt*

dormouse ['dɔːmaʊs, AM 'dɔːr-] *n* Haselmaus *f*

dorsal ['dɔːsəl, AM 'dɔːr-] *adj attr, inv* Rücken-, dorsal *fachspr*

dorsal fin *n* Rückenflosse *f*

dory ['dɔːri] *n* ① (*fish*) **John D~** Heringskönig *m,* Petersfisch *m*
② AM NAUT (*fishing boat*) Dory *nt* (*kleines Ruderboot*), Langkieler *f fachspr*

DOS [dɒs, AM dɑːs] *n no pl, no art acr for* **disk operating system** DOS *nt*

dosage ['dəʊsɪdʒ, AM 'doʊ-] *n* (*size of dose*) Dosis *f;* (*giving of medicine*) Dosierung *f;* **a high/low** ~ eine hohe/niedrige Dosierung; **to increase/decrease the** ~ die Dosis erhöhen/herabsetzen

dose [dəʊs, AM doʊs] **I.** *n* ① (*dosage*) Dosis *f;* **a large/small/lethal** ~ eine starke/schwache/tödliche Dosis; **in small ~s** (*fig*) in kleinen Dosen [*o* Mengen] *fig;* ***she's very nice, but only in small ~s*** sie ist sehr nett, aber nur, wenn man sie nicht lange ertragen muss; **to go through sb like a ~ of salts** bei jdm eine stark abführende Wirkung haben; **like a ~ of salts** (*fig sl*) in null Komma nichts *fam;* ***the medicine went through me like a ~ of salts*** das Medikament hat bei mir sofort angeschlagen [*o* gewirkt]
② NUCL Dosis *f;* ~ **of radiation** Strahlendosis *f,* Bestrahlungsdosis *f*
③ (*fam: amount or unit of something unpleasant*) Dosis *f fig,* Portion *f;* ***she's got a nasty ~ of flu*** die Grippe hat sie schwer erwischt *fam*
④ (*sl: case of gonorrhoea*) Tripper *m sl*
II. *vt* ■**to ~ sb with sth** jdn mit etw *dat* [medizinisch] behandeln, jdm etw geben [*o geh* verabreichen]
◆**dose up** *vt* ■**to ~ up** ↔ **sb** [**with sth**] jdm hohe Dosen [von etw *dat*] verabreichen; ■**to ~ up** ↔ **oneself** [**with sth**] hohe Dosen [von etw *dat*] [ein]nehmen

dosh [dɒʃ] *n no pl* BRIT, AUS (*sl: money*) Knete *f sl,* Moos *nt sl,* Kies *m sl*

doss [dɒs] **I.** *n no pl* BRIT (*sl*) Kinderspiel *nt fam*
II. *vi* BRIT, AUS (*fam*) pennen *fam*
◆**doss about** BRIT, **doss around** *vi* BRIT rumhängen *fam;* ***he doesn't do anything but ~ about*** er liegt ständig nur auf der faulen Haut
◆**doss down** *vi* BRIT sich *akk* aufs Ohr hauen *fam,* pennen *fam;* ***I'll ~ down on the camp bed*** ich hau mich einfach auf die Campingliege

dosser ['dɒsəʳ] *n* ① BRIT (*pej sl*) Penner(in) *m(f) pej sl,* Obdachlose(r) *f(m),* Stadtstreicher(in) *m(f)*
② BRIT (*pej sl*) Faulenzer(in) *m(f) pej,* Faulpelz *m pej fam*

dosshouse *n* BRIT (*sl*) Penne *f sl,* Obdachlosenheim *nt,* Nachtasyl *nt*

dossier ['dɒsieɪ, AM 'dɑːs-] *n* Dossier *nt,* Akte *f*

dost [dʌst] (*old*) *2nd pers. sing present of* **do**

dot [dɒt, AM dɑːt] **I.** *n* ① (*tiny round mark*) Punkt *m;* (*on material*) Tupfen *m;* **at two o'clock on the** ~ [*or* **on the ~ of two o'clock**] (*fig*) Punkt zwei Uhr; ***the plane landed on the ~ of two o'clock*** das Flugzeug landete auf die Sekunde genau um zwei Uhr
② (*diacritic*) Punkt *m*
③ (*signal*) Punkt *m;* **~s and dashes** (*morse code*) kurze und lange Signale
► PHRASES: **in the year** ~ BRIT, AUS (*dated*) vor ewigen Zeiten, Anno dazumal *fam*
II. *vt* <-tt-> ① (*make a dot*) ■**to ~ sth** etw mit einem Punkt versehen, einen Punkt auf etw *akk* setzen; **to ~ one's** [*or* **the**] **i's and cross one's** [*or* **the**] **t's, to ~ every i and cross every t** sehr penibel [*o* peinlich genau] sein
② *usu passive* (*have many of*) ■**to be ~ted with sth** mit etw *dat* übersät sein; ***the countryside is ~ted with beautiful ancient churches*** überall auf dem Land findet man schöne alte Kirchen

dotage ['dəʊtɪdʒ, AM 'doʊt̬-] *n no pl* Altersschwäche *f,* Senilität *f geh;* ■**to be in one's** ~ senil sein; (*hum: be old*) tatterig sein *fam*

dot bomb *n* COMM (*sl*) gescheiterte Dotcom-Firma

dotcom ['dɒtkɒm, AM 'dɑːtkɑːm] **I.** *n* INET Dotcom-Firma *f* **II.** *adj inv* INET auf dem Dotcom-Markt *nach n,* im E-Commerce *nach n* **dotcommer** [dɒt'kɒməʳ, AM dɑːt'kɑːmɚ] *n* INET *jd, der eine Dotcom-Firma leitet oder dafür arbeitet*

dote [dəʊt, AM doʊt] *vi* ① (*love very much*) ■**to ~ on** [*or* **upon**] **sb** in jdn [ganz] vernarrt sein
② (*pej: adore excessively*) ■**to ~ on** [*or* **upon**] **sb/sth** jdn/etw abgöttisch lieben

doth [dʌθ] (*old*) *3rd pers. sing present of* **do**

doting ['dəʊtɪŋ, AM 'doʊt̬-] *adj attr* vernarrt; ***the ~ father with the baby on his knee*** der Vater mit seinem abgöttisch geliebten Baby auf den Knien

dot-matrix [ˌdɒt'meɪtrɪks, AM ˌdɑːt] *n modifier* Punktmatrix-

dot-matrix printer *n* COMPUT Matrixdrucker *m,* Rasterdrucker *m*

dotted line [ˌdɒtɪd'-, AM ˌdɑːt̬-] *n* gepunktete [*o* punktierte] Linie; ***tear along the*** ~ trennen Sie den Abschnitt an der gepunkteten Linie ab; **to sign on the** ~ unterschreiben, seine/ihre Unterschrift leisten *form* **dotted swiss** *n no pl* AM Tupfenmull *m,* Punktmull *m,* Tupfenmusselin *m*

dottiness ['dɒtɪnəs, AM 'dɑːt̬-] *n no pl* Schrulligkeit *f;* ***the sheer ~ of the suggestion made us all burst out laughing*** der Vorschlag war so komisch, dass wir alle in Gelächter ausbrachen

dotty ['dɒti, AM 'dɑːt̬i] *adj* verschroben *pej,* schrullig *fam,* kauzig; ~ **idea** verrückte Idee; **to be ~ about sb/sth** (*dated*) in jdn/etw vernarrt [*o* nach jdm/etw verrückt] sein, voll auf jdn/etw stehen *sl;* **to go** ~ vertrotteln *fam*

double ['dʌbl] **I.** *adj inv* doppelt, Doppel-, zweifach; ***the word 'cool' has a ~ 'o' in the middle*** das Wort ‚cool' wird mit zwei ‚o' in der Mitte geschrieben; ***Sabina's telephone number is ~ three, one, five*** Sabinas Telefonnummer ist zweimal die drei, eins, fünf; ***we have a ~ problem because time is short and several staff have recently left*** wir haben zwei Probleme: die Zeit ist knapp und mehrere Mitarbeiter haben uns vor kurzem verlassen; ***having twins usually means ~ trouble for the parents*** Zwillinge sind für die Eltern in der Regel auch eine doppelte Belastung; ***most of the photos on this roll are ~ exposures*** die meisten Fotos auf diesem Film sind doppelt belichtet; ~ **chimneys** Doppelkamine *mpl;* ~ **daffodil/narcissus/primrose** BOT gefüllte Osterglocke/Narzisse/Pfingstrose; ~ **door** (*door with two parts*) Flügeltür *f,* zweiflügelige Tür; (*twofold door*) Doppeltür *f;* SPORTS ~ **dribble** Doppeldribbeln *nt;* ~ **life** Doppelleben *nt;* **to have a ~ meaning** doppeldeutig sein; ~ **pneumonia** doppelseitige Lungenentzündung; **to be ~ the price** doppelt so teuer sein; ~ **sheet** Doppelbettlaken *nt;* ~ **whisky** doppelter Whisky
II. *adv* doppelt, zweifach; **to be bent** ~ sich *akk* krümmen; ***after half an hour bent ~ weeding the garden, …*** nachdem sie eine halbe Stunde in gebückter Haltung Unkraut gejätet hatte, …; ***they were bent ~ with laughter*** sie krümmten [*o* bogen] sich vor Lachen; **to charge sb** ~ jdm das Doppelte berechnen; **to see** ~ doppelt sehen
III. *n* ① (*double quantity of sth*) Doppelte *nt,* Zweifache *nt;* ***can I get you a Scotch? — make it a ~, please!*** darf ich Ihnen einen Scotch bringen? – ja, einen Doppelten, bitte!
② (*duplicate person*) Doppelgänger(in) *m(f),* Ebenbild *nt;* FILM Double *nt;* ***he was your absolute ~*** er war dir wie aus dem Gesicht geschnitten
③ TENNIS, SPORTS ■**~s** *pl* Doppel *nt;* **men's/women's ~s** Herren-/Damendoppel *nt;* **mixed ~s** gemischtes Doppel
④ SPORTS (*two-base hit in baseball*) Double *nt*
► PHRASES: **I'll bet you ~ or nothing** [*or* **quits**] **that …** BRIT ich wette mit dir um das Doppelte, dass …; **on** [*or* **at**] **the** ~ MIL (*or fam*) im Laufschritt, im Eiltempo; ***get my dinner and be back here on the ~!*** bring mir auf der Stelle mein Abendessen!
IV. *vt* ■**to ~ sth** ① (*make twice as much/many*) etw verdoppeln; **to ~ the stakes** den Einsatz verdoppeln
② (*make two layers*) etw doppelt nehmen; **to ~ grocery bags** zwei Einkaufstüten ineinander stecken
V. *vi* ① (*increase twofold*) sich *akk* verdoppeln
② (*serve a second purpose*) doppelt verwendbar sein, eine Doppelfunktion haben; THEAT eine Doppelrolle spielen; ***the kitchen table ~s as my desk when I'm writing*** wenn ich schreibe, wird der Küchentisch zu meinem Schreibtisch
◆**double back** *vi* umkehren, kehrtmachen; ■**to ~ back on oneself** einen Haken schlagen
◆**double over** *vi* sich *akk* biegen [*o* krümmen]; **to ~ over in pain** sich *akk* vor Schmerzen krümmen; *see also* **double up 1**
◆**double up** *vi* ① (*bend over*) sich *akk* biegen [*o* krümmen]; **to ~ up with laughter** sich *akk* biegen [*o* kringeln] vor Lachen; **to ~ up with pain** sich *akk* vor Schmerzen krümmen

❷ (*share room*) ■**to ~ up with sb [in sth]** [etw] mit jdm teilen [*o* gemeinsam nutzen]; ***we've had to ~ up in the offices*** je zwei von uns mussten sich ein Büro teilen

double act *n* ❶ (*performance*) Doppelconference *f* ❷ (*pair of entertainers*) Paar *nt* **double agent** *n* Doppelagent(in) *m(f)* **double-barreled** AM, **double-barrelled** *adj* ❶ (*having two barrels*) doppelläufig; ~ **shotgun** Doppelflinte *f*, doppelläufiges Gewehr
❷ AM, AUS (*having two purposes*) zweideutig; ***it was a ~ question*** die Frage war zweideutig
❸ *esp* BRIT (*hyphenated*) ~ **name** Doppelname *m* **double bass** *n* Kontrabass *m* **double bed** *n* Doppelbett *nt* **double bill** *n* FILM, THEAT Doppelveranstaltung *f*, Doppelprogramm *nt* **double bind** *n* Dilemma *nt*, Zwickmühle *f*; **to be caught in a ~** sich *akk* in einem Dilemma befinden, in einer Zwickmühle stecken *fam* **double-blind** *adj* PSYCH Doppelblind-; ~ **test** Doppelblindversuch *m* **double bluff** *n* doppelter Bluff **double-book** *vt* ■**to ~ sth** etw doppelt reservieren; **to ~ a flight** einen Flug zweimal buchen; **to ~ a room/a seat** ein bereits vergebenes Zimmer/einen bereits vergebenen Sitzplatz reservieren; **to ~ a ticket** eine Fahrkarte doppelt ausstellen **double-breasted** *adj inv* zweireihig, doppelreihig; ~ **suit** Zweireiher *m* **double-check** *vt* ■**to ~ sth** (*verify again*) etw noch einmal überprüfen [*o* ein zweites Mal kontrollieren]; ■**to ~ that …** nochmals nachsehen, ob…; (*verify in two ways*) etw zweifach überprüfen [*o* kontrollieren] **double chin** *n* Doppelkinn *nt*

double-click I. *vt* COMPUT ■**to ~ sth** etw doppelt [*o* zweimal] anklicken; **to ~ the mouse** mit der Maus zweimal klicken II. *vi* COMPUT doppelklicken, doppelt klicken **double cream** *n no pl* Schlagsahne *f* **double-cross** I. *vt* ■**to ~ sb** mit jdm ein falsches [*o* doppeltes] Spiel treiben, jdn hintergehen [*o fam* linken]; ***I'm trusting you John — don't ~ me*** ich vertraue dir, John – hau mich nicht übers Ohr *fam* II. *n* <*pl* -es> falsches Spiel, Doppelspiel *nt* **double-crosser** *n* (*pej*) falscher Hund *pej sl* **double currency** *n* ECON, FIN Doppelwährung *f* **double-date** I. *n* AM Verabredung *f* zweier Paare, Pärchentreff *m*; ***we could make it a ~ with Jenny and Joe*** wir könnten doch zu viert mit Jenny und Joe hingehen; **to go on a ~** sich *akk* mit einem anderen Paar treffen [*o* verabreden] II. *vi* AM mit einem anderen Paar ausgehen III. *vt* ■**to ~ sb** sich *akk* noch mit jemand anderem treffen; ***she is double-dating me*** sie trifft sich außer mit mir noch mit einem anderen **double-dealer** *n* (*pej*) Betrüger(in) *m(f)*, falscher Fuffziger *pej fam* **double-dealing** I. *n no pl* (*pej*) Betrug *m*, Betrügerei *f*, [betrügerische] Machenschaften *pej* II. *adj attr* (*pej*) betrügerisch, hinterhältig *fam* **double-decker** *n* ❶ (*bus*) Doppeldecker *m*; ~ **bus** Doppeldecker[bus] *m*, Doppelstockomnibus *m* ❷ AM (*sandwich*) doppeltes Sandwich, Doppeldecker *m fam* **double-decker sandwich** *n* AM doppeltes Sandwich, Doppeldecker *m fam* **double-dip** <-pp-> *vi* AM, AUS ECON Bezüge [*o* Leistungen] [zu Unrecht] doppelt erhalten, doppelt abkassieren *pej fam* **double-dipper** *n* AM Eiswaffel *f* mit zwei Kugeln Eis **double-dipping** *n no pl* AM, AUS doppeltes Abkassieren *fam* **double Dutch** *n no pl* ❶ (*fam: incomprehensible words*) Kauderwelsch *nt*; ***it sounds like ~ to me*** ich verstehe nur Bahnhof *fam* ❷ AM (*jump rope style*) Seilhüpfen *nt* [*o* Seilspringen *nt*] mit zwei Seilen **double-edged** *adj* ❶ (*fig: negative and positive*) zweischneidig *fig*; ~ **compliment** zweideutiges Kompliment ❷ (*two cutting edges*) *sword* zweischneidig **double entendre** [ˌduːblɑ̃nˈtɑ̃ndr(ə), AM ˌdʌblɑnˈtɑːndrə] *n* Doppeldeutigkeit *f*, Zweideutigkeit *f* **double-entry** *n* doppelte Buchführung; ~ **accounting/bookkeeping** doppelte Abrechnung/ Buchführung **double fault** I. *n* TENNIS Doppelfehler *m* II. *vi* TENNIS einen Doppelfehler machen **double feature** *n* FILM Doppelprogramm *nt*, Programm *nt* mit zwei Hauptfilmen **double-glaze** *vt* ■**to ~ sth** etw doppelt verglasen [*o* isolierverglasen] **double-glazing** *n no pl* Doppelverglasung *f*, Isolierverglasung *f* **double-header** *n esp* AM SPORTS Doppelspieltag *m*, Doppelveranstaltung *f* (*zwei Spiele derselben Mannschaften an einem Tag*); **to play a ~** zweimal hintereinander gegen dieselbe Mannschaft antreten **double helix** *n* BIOL, CHEM Doppelhelix *f*, Doppelspirale *f* **double honours** *n* BRIT *zwei gleichzeitig in verschiedenen Studienfächern erworbene 'honours degrees'* **double jeopardy** *n* AM doppelte Strafverfolgung (*wegen desselben Delikts*) **double-jointed** *adj* äußerst gelenkig, sehr beweglich **double negative** *n* LING doppelte Verneinung **double option** *n* FIN Stellage *f*, doppelte Option **double-page spread** *n* JOURN Doppelseite *f* **double-park** I. *vi* in zweiter Reihe parken II. *vt* **to ~ a vehicle** ein Fahrzeug in der zweiten Reihe parken **double play** *n* (*in Baseball*) Doppelaus *nt*

double-quick I. *adv* sehr schnell, blitzschnell; ***I'll be there ~*** bin ich in null Komma nichts da *fam* II. *adj* sofortige(r, s); ~ **response** blitzschnelle Antwort; **in ~ time** in null Komma nichts *fam*

double reed I. *n* MUS (*reed part*) doppeltes Rohrblatt; (*instrument*) Doppelrohrblattinstrument *nt* II. *adj attr, inv* MUS mit zwei Rohrblättern; ~ **instrument** Instrument *nt* mit zwei Rohrblättern, Doppelrohrblattinstrument *nt* **double room** *n* Doppelzimmer *nt* **double-sided** *adj inv* doppelseitig **double-space** *vt* ■**to ~ sth** etw mit doppeltem Zeilenabstand [*o* zweizeilig] schreiben **double-spaced** *adj inv* mit doppeltem Zeilenabstand **double-spacing** *n no pl* doppelter Zeilenabstand **doublespeak** *n no pl* (*pej*) Doppelzüngigkeit *f pej* **double spread** *n* JOURN Doppelseite *f* **double standard** *n* ❶ SOCIOL Doppelmoral *f kein pl*; **to apply ~s** mit zweierlei Maß messen ❷ ECON Doppelwährung *f* **double stop** *n* MUS Doppelgriff *m*

doublet [ˈdʌblət] *n* ❶ FASHION (*hist*) Wams *nt hist* ❷ LING Dublette *f*
❸ COMPUT Dyade *f*, Zwei-Bit-Byte *nt*

double take *n* verzögerte Reaktion; ■**to do a ~** zweimal hinschauen **double-talk** *n no pl* (*pej*) Doppelzüngigkeit *f pej*, doppelzüngiges Gerede *pej* **double taxation** *n* Doppelbesteuerung *f* **double taxation agreement** *n*, **double taxation treaty** *n* LAW Doppelbesteuerungsabkommen *nt* **double-team** *vt* AM ■**to ~ sb** jdn durch zwei Abwehrspieler/Abwehrspielerinnen decken **double-think** *n no pl* zwiespältiges [*o* widersprüchliches] Denken **double time** *n no pl* ❶ (*double pay*) doppelter Stundenlohn; **to be paid ~** den doppelten Stundenlohn erhalten ❷ MIL Schnellschritt *m*, Laufschritt *m* **double vision** *n no pl* MED Doppeltsehen *nt*, Diplopie *f fachspr*; ***she suffered from ~ after hitting her head*** nachdem sie sich den Kopf angeschlagen hatte, sah sie alles doppelt **double whammy** *n* (*fam*) zweifacher Schlag *fig*, doppeltes Pech *fam*

doubloon [dʌbˈluːn] *n* HIST Dublone *f*

doubly [ˈdʌbli] *adv inv* doppelt, zweifach; ***you'd better make ~ sure that everything is switched off*** sieh lieber zweimal nach, ob alles ausgeschaltet ist

doubt [daʊt] I. *n* ❶ *no pl* (*lack of certainty*) Zweifel *m* (**about** an +*dat*); ***there seems to be some ~ about the facts*** es scheint noch einige Zweifel zu geben, was die Fakten betrifft; ■**to be in ~** fraglich [*o* zweifelhaft] sein; ***the future of the project is in ~*** die Zukunft des Projekts ist ungewiss; ■**to be in ~ about sth** über etw *akk* im Zweifel sein, sich *dat* über etw *akk* unschlüssig sein; **not a shadow of a ~** nicht der geringste Zweifel; **no ~** zweifellos, ohne Zweifel; **open to ~** fraglich, unsicher; **beyond reasonable ~** LAW jeden Zweifel ausschließend, zweifelsfrei; **proof of guilt beyond all reasonable ~** Schuldbeweis *m*, der jeden Zweifel ausschließt; **without a ~** ohne jeden Zweifel, zweifellos; **to cast ~ on sth** etw in Zweifel ziehen
❷ (*feeling of uncertainty*) Unsicherheit *f*, Ungewissheit *f*; ***I'm having ~s about going to Africa*** ich bin mir noch unschlüssig, ob ich nach Afrika gehen soll; **to have one's ~s about sth** seine Zweifel an etw *dat* haben; **to have one's ~s that …** bezweifeln, dass…; **to raise ~s about sth** Zweifel an etw *dat* aufkommen lassen
❸ *no pl* (*lack of belief*) Zweifel *m*, Bedenken *pl*; ***I never had any ~ [that] you would win*** ich habe nie im Geringsten daran gezweifelt, dass du gewinnen würdest
II. *vt* ❶ (*be unwilling to believe*) ■**to ~ sb** jdm misstrauen; ■**to ~ sth** Zweifel an etw *dat* haben, etw bezweifeln; ***she ~ed the evidence of her own eyes*** sie traute ihren eigenen Augen nicht
❷ (*call in question*) ■**to ~ sb** jdm nicht glauben; ■**to ~ sth** etw anzweifeln [*o* bezweifeln] [*o* in Frage stellen]; **to ~ sb's abilities** an jds Fähigkeiten zweifeln; **to ~ the authenticity of a document** Zweifel an der Echtheit eines Dokuments haben; **to ~ sb's authority** jds Autorität in Frage stellen; **to ~ sb's sincerity** [*or* **veracity**] Zweifel an jds Aufrichtigkeit haben
❸ (*feel uncertain*) ■**to ~ that …** bezweifeln, dass …; ■**to ~ whether** [*or* **if**] **…** zweifeln, ob …

doubter [ˈdaʊtəʳ, AM -t̬ɚ] *n* Zweifler(in) *m(f)*, Skeptiker(in) *m(f)*

doubtful [ˈdaʊtfᵊl] *adj* ❶ (*expressing doubt*) zweifelnd, skeptisch; ***the expression on her face was ~*** sie blickte skeptisch; ~ **person** Skeptiker(in) *m(f)*
❷ (*uncertain, undecided*) unsicher, unschlüssig; ■**to be ~ about sth** über etw *akk* im Zweifel sein, sich *dat* über etw *akk* unschlüssig sein
❸ (*unlikely*) fraglich, ungewiss; ***it was ~ that the money would ever be found again*** es war unwahrscheinlich, dass das Geld jemals wieder gefunden würde; ■**to be ~ whether** [*or* **if**] **…** zweifelhaft sein, ob …, nicht sicher sein, ob …
❹ (*questionable*) fragwürdig, zweifelhaft; ***this is in ~ taste at best*** dies zeugt doch von recht fragwürdigem Geschmack; ~ **advantage** zweifelhafter Vorteil, zweifelhaftes Privileg; ~ **distinction** fragwürdige Auszeichnung; ~ **honour** zweifelhafte Ehre

doubtfully [ˈdaʊtfᵊli] *adv* zweifelnd, voller Zweifel; ***she looked at me ~*** sie sah mich skeptisch an

doubting Thomas <*pl* -es> [ˌdaʊtɪŋˈtɒməs, AM -t̬ɪŋˈtɑːm-] *n* (*apostle*) ungläubiger Thomas *a. fig*, ewiger Zweifler *m*

doubtless [ˈdaʊtləs] *adv inv* sicherlich; ***~ you have heard the news already*** Sie haben die Neuigkeiten bestimmt schon gehört

douche [duːʃ] I. *n* ❶ (*water jet*) Dusche *f*; MED Spülung *f*
❷ (*device*) Dusche *f*, Brause *f*; MED Spülapparat *m*, Irrigator *m fachspr*
II. *vi* sich *akk* duschen; MED eine Spülung machen
III. *vt* ■**to ~ sth** etw [ab]duschen; MED etw [aus]spülen

dough [dəʊ, AM doʊ] *n* ❶ (*for baking*) Teig *m*; **bread/pastry/yeast ~** Brot-/Torten-/Hefeteig *m*
❷ *no pl esp* AM (*sl: money*) Kohle *f sl*, Zaster *m sl*, Knete *f sl*

doughboy [ˈdəʊbɔɪ, AM ˈdoʊ-] *n* ❶ (*boiled dumpling*) Kloß *m*, Knödel *m* SÜDD, ÖSTERR; (*fried dumpling*) Krapfen *m* ❷ AM (*fam: US infantryman*) Landser *m* **doughnut** [ˈdoʊnʌt] *n* Donut *m*, Doughnut *m*; **iced** [*or* AM **glazed**] ~ glasierter Donut, Donut *m* mit Zuckerguss; ~ **hole** AM *Gebäck, das aus dem Innenstück eines Donut hergestellt wird*

doughty [ˈdaʊti, AM -t̬-] *adj* (*liter*) tapfer, kühn

doughy [ˈdəʊi, AM ˈdoʊi] *adj* ❶ (*dough-like*) teigig, teigartig; *bread, cake* nicht richtig durchgebacken
❷ (*fig: pale and flabby*) teigig *fig*; (*pale*) *face* käsig; (*puffy*) schwammig, aufgedunsen

doula [ˈduːlə] *n* Doula *f* (*Frau, die andere Frauen während und nach der Schwangerschaft unterstützt*)

dour [ˈdʊəʳ, ˈdaʊəʳ, AM ˈdʊr, ˈdaʊɚ] *adj person, character* mürrisch, verdrießlich; *face* düster; *expression* finster; *struggle* hart[näckig]

dourly [ˈdʊəli, ˈdaʊəli, AM ˈdʊrli, ˈdaʊɚ-] *adv* mürrisch, verdrossen

douse [daʊs] *vt* ❶ (*drench*) ■**to ~ sth in** [*or* **with**] **sth** *liquid, petrol* etw über etw *akk* schütten, etw

D

mit etw *dat* übergießen
❷ (*extinguish*) ■**to ~ sth** etw ausmachen; *fire* etw löschen; ~ ***the light!*** mach das Licht aus!

dove¹ [dʌv] **I.** *n* ❶ (*bird*) Taube *f*
❷ POL (*peaceful person*) Taube *f fig*
II. *n modifier* Tauben-; ~ **droppings** Taubendreck *m;* ~ **population** Taubenbestand *m*

dove² [doʊv] *vi esp* AM *pt of* **dive**

dovecot(e) [ˈdʌvkɒt, AM -kɑːt] *n* Taubenschlag *m*

dove-gray AM, **dove-grey** *adj* taubengrau

doveish [ˈdʌvɪʃ] *adj* LAW gemäßigt

dovetail [ˈdʌvteɪl] **I.** *vi* ■**to ~ with** [*or* **into**] **sth** mit etw *dat* übereinstimmen, genau zu etw *dat* passen; ***their plans ~ed conveniently with ours*** ihre und unsere Pläne waren perfekt aufeinander abgestimmt
II. *vt* ❶ (*join together*) ■**to ~ sth** *in wood* etw verschwalben [*o* durch einen Schwalbenschwanz verbinden]; *in metal* etw verzinken [*o* mit einem Zinken versehen]; ■**to ~ sth with sth** etw mit etw *dat* verzahnen
❷ (*fig*) ■**to ~ sth with** [*or* **into**] **sth** etw an etw *akk* anpassen [*o* mit etw *dat* koordinieren]; **to ~ dates** Termine aufeinander abstimmen
III. *n* (*wood*) Schwalbenschwanz *m;* (*metal*) Zinken *m*

dovetail joint *n* (*wood*) Schwalbenschwanzverbindung *f;* (*metal*) Zinkung *f*

dowager [ˈdaʊədʒəʳ, AM -ɚ] **I.** *n* ❶ (*widow of high rank*) [adlige] Witwe
❷ (*dignified old woman*) würdevolle alte Dame, Patriarchin *f,* Matrone *f*
II. *adj after n, inv* verwitwet; ~ **duchess** Herzoginwitwe *f;* ~ **queen** [*or* **queen ~**] Königinwitwe *f*

dowager's hump *n* (*fam*) Altersbuckel *m,* Alterskyphose *f fachspr*

dowdy [ˈdaʊdi] *adj* (*pej*) ohne jeden Schick *nach n pej;* ***she wears ~ clothes*** ihrer Kleidung fehlt jede Eleganz

dowel [ˈdaʊəl] *n* (*in wood*) [Holz]dübel *m,* [Holz]stift *m;* (*in stone*) [Wand]dübel *m*

dower house [ˈdaʊəhaʊs, AM ˈdaʊɚ-] *n* BRIT *kleineres Haus auf einem Landsitz, das für die Witwe gebaut wird*

Dow Jones Average [ˌdaʊdʒəʊnzˈ-, AM -joʊnzˈ-] *n,* **Dow Jones Industrial Average** *n* Dow Jones [Index] *m* **Dow Jones Index** *n no pl* Dow-Jones-Index *m*

down¹ [daʊn]

I. ADVERB	**II.** PREPOSITION
III. ADJECTIVE	**IV.** TRANSITIVE VERB
V. NOUN	**VI.** INTERJECTION

I. ADVERB

❶ (*in/to a lower position*) hinunter, hinab; (*towards sb*) herunter, herab; ***the baby falls ~ constantly*** das Baby fällt ständig hin; ***get ~ off that table!*** komm sofort von diesem Tisch herunter!; ***the leaflet slipped ~ behind the wardrobe*** die Broschüre ist hinter dem Kleiderschrank hinuntergerutscht; ***you'll have to come further ~*** [***the steps***] du musst noch ein Stück treppab gehen; **"~!"** (*to dog*) „Platz!"; **to be** [*or* **lie**] **face ~** auf dem Bauch [*o* mit dem Gesicht nach unten] liegen; **to put ~ sth** etw hinstellen
❷ *inv* (*in the south*) im Süden, unten *fam;* (*towards the south*) in den Süden, runter *fam;* ***things are much more expensive ~*** [***in the***] ***south*** unten im Süden ist alles viel teurer; ***how often do you come ~ to Cornwall?*** wie oft kommen Sie nach Cornwall runter? *fam*
❸ *inv* (*away from centre*) außerhalb; ***my parents live ~ in Worcestershire, but they come up to London occasionally*** meine Eltern leben außerhalb in Worcestershire, aber sie kommen gelegentlich nach London; ***he has a house ~ by the harbour*** er hat ein Haus draußen am Hafen; ~ **our way** hier in unserem Viertel [*o* unserer Gegend]
❹ (*in/to a weaker position*) unten; ***she's certainly come ~ in the world!*** da muss es mit ihr ganz schön bergab gegangen sein! *fam;* **to be ~ on one's luck** eine Pechsträhne haben; ***she's been ~ on her luck recently*** in letzter Zeit ist sie vom Pech verfolgt; **to be ~ to sth** nur noch etw haben; **to be ~ with sth** an etw *dat* erkrankt sein; ***she's ~ with flu*** sie liegt mit einer Grippe im Bett; **to come** [*or* **go**] **~ with sth** an etw *dat* erkranken, etw bekommen *fam;* **to hit** [*or* **kick**] **sb when he's ~** jdn treten, wenn er schon am Boden liegt *fig*
❺ SPORTS im Rückstand; ***Milan were three goals ~ at half-time*** zur Halbzeit lag Mailand [um] drei Tore zurück; ***he quit the poker game when he was only $50 ~*** er hörte mit dem Pokerspiel auf, als er erst 50 Dollar verloren hatte
❻ (*in time*) ***Joan of Arc's fame has echoed ~*** [***through***] ***the centuries*** Jean d'Arcs Ruhm hat die Jahrhunderte überdauert; ~ **to the last century** bis ins vorige Jahrhundert [hinein]; **to come ~** *myths* überliefert werden; **to pass** [*or* **hand**] **sth ~** etw weitergeben [*o* überliefern]
❼ (*at/to a lower amount*) niedriger; ***the pay offer is ~ 2% from last year*** das Lohnangebot liegt 2% unter dem vom Vorjahr; ***the number of students has gone ~*** die Zahl der Studierenden ist gesunken; **to get the price ~** den Preis drücken [*o* herunterhandeln]
❽ (*in/to a weaker condition*) herunter; ***let the fire burn ~*** lass das Feuer herunterbrennen; ***settle ~, you two*** gebt mal ein bisschen Ruhe ihr zwei; **to turn the music/radio ~** die Musik/das Radio leiser stellen [*o* machen]; **to water a drink ~** ein Getränk verwässern
❾ (*including*) bis einschließlich; **from sb/sth ~ to sb/sth** von jdm/etw bis hin zu jdm/etw; ***the entire administration has come under suspicion, from the mayor ~*** das gesamte Verwaltungspersonal, angefangen beim Bürgermeister, ist in Verdacht geraten
❿ (*on paper*) **to have sth ~ in writing** [*or* **on paper**] etw schriftlich haben; ***do you have it ~ in writing or was it just a verbal agreement?*** haben Sie das schwarz auf weiß oder war es nur eine mündliche Vereinbarung? *fam;* **to copy sth ~** etw niederschreiben [*o* zu Papier bringen]; **to get** [*or* **put**] **sb ~ for sth** jdn für etw *akk* vormerken; ***we've got you ~ for five tickets*** wir haben fünf Karten für Sie vorbestellt; **to put sth ~** etw aufschreiben [*o* niederschreiben]; **to write sth ~** etw niederschreiben [*o* schriftlich niederlegen]
⓫ (*swallowed*) hinunter; **to get sth ~** etw [hinunter]schlucken; ***she couldn't get the pill ~*** sie brachte die Tablette nicht hinunter *fam;* ***you'll feel better once you've got some hot soup ~*** du wirst dich besser fühlen, wenn du ein bisschen heiße Suppe gegessen hast; **to keep sth ~** MED etw bei sich *dat* behalten
⓬ (*thoroughly*) gründlich; **to nail sth ~** etw festnageln; **to wash/wipe sth ~** etw von oben bis unten waschen/wischen; ***he washed the car ~ with soapy water*** er wusch den Wagen gründlich mit Seifenlauge
⓭ (*already finished*) vorbei; ***two lectures ~, eight to go*** zwei Vorlesungen haben wir schon besucht, es bleiben also noch acht
⓮ (*as initial payment*) als Anzahlung; **to pay** [*or* **put**] **£100 ~** 100 Pfund anzahlen
⓯ (*attributable*) ■**to be ~ to sth** auf etw *akk* zurückzuführen sein; ***the problem is ~ to her inexperience, not any lack of intelligence*** es liegt an ihrer Unerfahrenheit, nicht an mangelnder Intelligenz; **to be** [*or* AM *also* **come**] **~ to sb** jds Sache sein; ***it's all ~ to you now to make it work*** nun ist es an Ihnen, die Sache in Gang zu bringen
⓰ (*reduce to*) **to come ~ to sth** auf etw *akk* hinauslaufen; **what the problem comes ~ to is this: …** die entscheidende Frage ist: …; ***well, if I bring it ~ to its simplest level, …*** also, stark vereinfacht könnte man sagen, …
⓱ (*in crossword puzzles*) senkrecht
⓲ (*sl: okay*) ■**to be ~ with sth** mit etw *dat* o.k. gehen *fam*
▸ PHRASES: ~ **to the ground** völlig, ganz und gar, total *fam;* ***that suits me ~ to the ground*** das ist genau das Richtige für mich

II. PREPOSITION

❶ (*in a downward direction*) ■~ **sth** etw hinunter [*o* herunter]; ***my uncle's in hospital after falling ~ some stairs*** mein Onkel ist im Krankenhaus, nachdem er die Treppe heruntergefallen ist; **up and ~ the stairs** die Treppe rauf und runter; ***she poured the liquid ~ the sink*** sie schüttete die Flüssigkeit in den Abfluss
❷ (*downhill*) hinunter, hinab; **to go ~ the hill/mountain** den Hügel/Berg hinuntergehen; ***I walked ~ the hill*** ich ging den Hügel hinab
❸ (*along*) ■~ **sth** etw hinunter [*o* entlang]; ***go ~ the street towards the river*** gehen Sie die Straße entlang zum Fluß; ***her office is ~ the corridor on the right*** ihr Büro ist weiter den Gang entlang auf der rechten Seite; ***we drove ~ the motorway as far as Bristol*** wir fuhren die Schnellstraße hinunter bis nach Bristol; ***they sailed the boat ~ the river*** sie segelten mit dem Boot flußabwärts; ***I ran my finger ~ the list of ingredients*** ich ging mit dem Finger die Zutatenliste durch; ***her long red hair reached most of the way ~ her back*** ihre langen roten Haare bedeckten fast ihren ganzen Rücken; ~ **town** stadteinwärts; ***I went ~ town*** ich fuhr in die Stadt hinein; **~ one's way** in jds Gegend; ***they speak with a peculiar accent ~ his way*** in seiner Ecke haben die Leute einen besonderen Akzent; **up and ~ sb/sth** bei jdm/etw auf und ab
❹ (*through time*) ■~ **sth** durch etw hindurch, über etw hinweg; ~ **the generations** über Generationen hinweg; ~ **the centuries** durch die Jahrhunderte hindurch; ~ **the ages** von Generation zu Generation; ~ **the road** [*or* **line**] [*or* **track**] auf der ganzen Linie *fig,* voll und ganz *fig*
❺ BRIT, AUS (*fam: to*) ■~ **sth** zu [*o* in] etw *dat;* ***I went ~ the pub with my mates*** ich ging mit meinen Freunden in die Kneipe; **to go ~ the shops** einkaufen gehen
❻ FOOD (*inside*) ■**sth ~ sb** etw in jdm; ***you'll feel better once you've got some hot soup ~ you*** du fühlst dich gleich besser, wenn du ein bisschen heiße Suppe gegessen hast
▸ PHRASES: **to go ~ the drain** [*or* **toilet**] [*or* **tube**[**s**]] [*or* **plughole**] [*or* BRIT *also* **pan**] [*or* AUS **gurgler**] für die Katz sein; ***we don't want all their hard work to go ~ the drain*** ich möchte nicht, dass ihre harte Arbeit ganz umsonst ist

III. ADJECTIVE

<more ~, most ~> ❶ *inv* (*moving downward*) abwärts führend, nach unten *nach n;* **the ~ escalator** die Rolltreppe nach unten
❷ *pred* (*fam: unhappy, sad*) niedergeschlagen, deprimiert, down *fam;* ***I've been feeling a bit ~ this week*** diese Woche bin ich nicht so gut drauf *fam*
❸ (*fam: unhappy with*) ■**to be ~ on sb** jdn auf dem Kieker haben *fam*
❹ *pred, inv* (*not functioning*) außer Betrieb; ***the computer will be ~ for an hour*** der Computer wird für eine Stunde abgeschaltet; ***I'm afraid the*** [***telephone***] ***lines are ~*** ich fürchte, die Telefonleitungen sind tot
❺ *inv* BRIT (*dated: travelling away from the city*) stadtauswärts fahrend *attr;* ~ **platform** Bahnsteig *m* für stadtauswärts fahrende Züge
❻ (*sunk to a low level*) niedrig; ***the river is ~*** der Fluss hat [*o geh* führt] Niedrigwasser

IV. TRANSITIVE VERB

❶ BOXING, SPORTS (*knock down*) ■**to ~ sb** jdn zu Fall bringen; BOXING jdn niederschlagen [*o sl* auf die Bretter schicken]
❷ (*shoot down*) ■**to ~ sth** etw abschießen [*o fam* runterholen]
❸ *esp* BRIT **to ~ tools** (*cease work*) mit der Arbeit aufhören; (*have a break*) die Arbeit unterbrechen;

(*during strike*) die Arbeit niederlegen; ***the printers are threatening to ~ tools*** die Drucker drohen mit Arbeitsniederlegungen
❹ AM, AUS SPORTS (*defeat*) ■**to ~ sb** jdn schlagen [*o fam* fertig machen]
❺ (*swallow [quickly]*) ■**to ~ sth** *food* etw verschlingen [*o* herunterschlingen]; *drink* etw hinunterschlucken [*o fam* hinunterkippen] [*o fam* runterschütten]; ***he'd ~ed four beers*** er hatte vier Bier gekippt *fam*

V. NOUN

❶ (*bad fortune*) Tiefpunkt *m,* schlechte Zeit; **ups and ~s** Auf und Ab *nt;* ***well, we've had our ups and ~s*** wir haben schon Höhen und Tiefen durchgemacht
❷ (*fam: dislike*) Groll *m;* ■**to have a ~ on sb** jdn auf dem Kieker haben *fam;* ***why do you have a ~ on him?*** was hast du gegen ihn?
❸ AM FBALL Versuch *m;* ***it's second ~ and seven yards to go*** es ist der zweite Versuch, und es sind noch sieben Yards

VI. INTERJECTION

~ ***with taxes!*** weg mit den Steuern!; ~ ***with the dictator!*** nieder mit dem Diktator!

down² [daʊn] **I.** *n no pl* ❶ (*soft feathers*) Daunen *fpl,* Flaumfedern *fpl*
❷ (*soft hair or fluff*) [Bart]flaum *m,* feine Härchen
II. *n modifier* Daunen-; ~ **jacket/quilt** Daunenjacke *f*/-decke *f*
down³ [daʊn] *n esp* BRIT Hügelland *nt,* [baumloser] Höhenzug; ■**the ~s** *pl* die Downs (*an der Südküste Englands*)
down-and-out I. *adj attr* ❶ (*destitute*) heruntergekommen *fam,* erledigt *fam;* ~ **lifestyle** Pennerleben *nt pej sl* ❷ BOXING k.o. **II.** *n* (*pej*) Penner(in) *m(f) pej sl* **down at heel** *adj pred,* **down-at-heel** *adj attr building* heruntergekommen *fam; clothes* schäbig, abgerissen *fam; appearance* ungepflegt **downbeat I.** *adj* (*fam*) ❶ (*pessimistic*) pessimistisch, düster ❷ (*not showing interest*) gleichgültig; (*bored*) gelangweilt ❸ (*unexciting*) ungezwungen, locker; ***the actual signing of the treaty was a ~ affair*** die eigentliche Vertragsunterzeichnung verlief in einer lockeren Atmosphäre **II.** *n* MUS erster [betonter] Taktteil **downcast** *adj* ❶ (*sad*) niedergeschlagen, deprimiert; ***you're looking a little ~ this morning*** du wirkst heute Morgen ein bisschen gedrückt; ***she still feels ~ at times*** manchmal ist sie immer noch ganz mutlos ❷ (*looking down*) gesenkt; ~ **eyes** niedergeschlagene Augen; ~ **look** gesenkter Blick
downer ['daʊnəʳ, AM -ɚ] *n* ❶ (*sl: depressing experience*) deprimierendes Erlebnis, harter Schlag *fig*
❷ (*fam: sedative*) Beruhigungsmittel *nt,* Tranquilizer *m fachspr,* Downer *m sl*
downfall *n* ❶ (*ruin*) Untergang *m,* Fall *m fig;* **the ~ of the government** der Sturz der Regierung
❷ (*cause of ruin*) Ruin *m;* ***drinking was his ~*** das Trinken hat ihn ruiniert **downgrade I.** *vt* ❶ (*reduce in status*) ■**to ~ sb** jdn degradieren; ■**to ~ sth** etw herunterstufen [*o* niedriger einstufen] ❷ (*disparage*) ■**to ~ sb/sth [to sth]** jdn/etw [als etw *akk*] abtun; **to ~ the importance of sth** die Bedeutung einer S. *gen* herunterspielen **II.** *n* ❶ (*case of demotion*) Degradierung *f* ❷ *esp* AM (*downward slope*) Gefälle *nt,* Gefällstrecke *f*
downhearted *adj* niedergeschlagen, niedergedrückt, mutlos **downhill I.** *adv* (*downwards*) bergab, abwärts; **to go ~** *person* heruntergehen; *vehicle* herunterfahren; *road, path* bergab führen [*o* gehen]; (*fig*) ***the first week was okay, but it's all gone ~ since then*** die erste Woche war in Ordnung, aber seither hat sich alles verschlechtert; ***he is going ~*** es geht bergab mit ihm **II.** *adj* ■**to be ~** bergab führen, abschüssig sein, abfallen; ***the route is all ~ from here to the finish*** von hier bis zum Ziel geht es nur noch bergab; ~ **hike** Abstieg *m;* (*fig*) **the ~ course of the economy** die Talfahrt der Wirtschaft; **to be ~ [all the way]** leichter [*o* einfacher] werden **downhill skiing** *n no pl* Abfahrtslauf *m* **down-home** *adj* bodenständig; ■**to be ~** auf dem Boden bleiben
Downing Street ['daʊnɪŋ,-] *n no art* **[10]** ~ Downing Street *f* [Nr. 10] (*Wohnsitz des englischen Premierministers*); (*fig*) die britische Regierung
download *vt* COMPUT ■**to ~ sth [to sth]** etw [auf etw *akk*] herunterladen
downloadable *adj* COMPUT fernladbar, hinunterladbar **downmarket I.** *adj* weniger anspruchsvoll, für den Massenmarkt *nach n;* ~ **product** Billigprodukt *nt,* Massenprodukt *nt;* ~ **tabloid newspaper** Massenblatt *nt,* Boulevardzeitung *f* **II.** *adv* auf den Massenmarkt ausgerichtet; ***the company has decided to go ~*** die Firma hat beschlossen, sich dem Massenmarkt zuzuwenden **down payment** *n* Anzahlung *f;* **to make [*or* put] a ~ on sth** eine Anzahlung für etw *akk* leisten **downpipe** *n esp* BRIT [Regen]fallrohr *nt* **downplay** *vt* ■**to ~ sth** etw herunterspielen [*o geh* bagatellisieren] **downpour** *n* Regenguss *m,* Platzregen *m;* **torrential** ~ Wolkenbruch *m*
downright I. *adj* ❶ *attr* (*complete*) völlig, absolut; ***it is a ~ disgrace*** es ist eine ausgesprochene Schande; ~ **lie** glatte Lüge; ~ **nonsense** kompletter Unsinn
❷ (*straightforward*) offen, ehrlich; ***her manner is direct and ~*** sie hat eine direkte und offenherzige Art
II. *adv* (*completely*) ausgesprochen, völlig, ganz und gar; ***these working conditions are ~ dangerous*** diese Arbeitsbedingungen sind schlichtweg gefährlich; ***she's being ~ difficult*** sie ist ausgesprochen schwierig; **to refuse sth ~** etw glatt ablehnen
downriver I. *adj* flussabwärts [*o* stromabwärts] gelegen; **the ~ ford** die flussabwärts gelegene Furt **II.** *adv* flussabwärts, stromabwärts **downshifter** [daʊnʃɪftəʳ, AM -ɚ] *n* Aussteiger(in) *m(f)* **downside** *n no pl* Kehrseite *f,* Schattenseite *f*
downside factor *n* ECON, FIN Verlustfaktor *m* **downside risk** *n* ECON, FIN Kursrisiko *nt* nach unten **downsize** *vi* ECON Personal abbauen, sich *akk* verkleinern **downsizer** *n* ECON Unternehmen, das Personal abbaut (*als Rationalisierungsmaßnahme*) **downsizing I.** *n* ❶ *no pl* (*staff reduction*) Personalabbau *m,* Stellenabbau *m* ❷ (*cut in staff*) Entlassungswelle *f,* Kündigungswelle *f,* Rationalisierung *f* **II.** *adj attr, inv* sich *akk* verkleinernd; ~ **company** Unternehmen, das Personal abbaut **downspout** *n* AM (*downpipe*) [Regen]fallrohr *nt* **Down's Syndrome** *n* Down-Syndrom *nt,* Trisomie 21 *f,* Mongolismus *m fam* **downstage I.** *adv* zum vorderen Teil der Bühne [hin]; **to move ~** sich *akk* auf der Bühne nach vorne bewegen **II.** *adj* im vorderen Bühnenabschnitt *nach n,* im Vordergrund der Bühne *nach n* **downstairs I.** *adv inv* treppab, die Treppe hinunter, nach unten; ***there's a man ~*** unten steht ein Mann; **to go ~** nach unten [*o* hinunter] gehen **II.** *adj inv* ❶ (*one floor down*) im unteren Stockwerk; ***there's a ~ bathroom*** unten gibt es ein Badezimmer; ***our ~ neighbours are delightful people*** die Nachbarn unter uns sind reizende Leute ❷ (*on the ground floor*) im Erdgeschoss [*o* Parterre] **III.** *n no pl* Erdgeschoss *nt,* Parterre *nt* **downstream I.** *adv* stromabwärts, flussabwärts **II.** *adj* stromabwärts [*o* flussabwärts] gelegen; ~ **voyage** Reise *f* flussabwärts
downswing *n* ❶ (*downward trend*) Abwärtstrend *m; in figures* Rückgang *m* ❷ (*recession*) Abschwung *m,* Konjunkturrückgang *m* ❸ *no pl* (*in golf*) Abwärtsschwingen *nt,* Abschwung *m*
downtick *n* AM STOCKEX leichter Kursabfall; (*share*) Aktie *f* mit leicht fallender Tendenz; (*transaction lower than previous rate*) Kursabschlag *m*
downtime *n no pl* COMPUT, MECH Ausfallzeit *f*
down-to-earth *adj* nüchtern, sachlich; ~ **plan** realistischer Plan; ***she's a ~ sort of woman*** sie steht mit beiden Beinen fest auf der Erde
downtown AM **I.** *n no pl, no art* Innenstadt *f,* Stadtmitte *f,* [Stadt]zentrum *nt,* Geschäftsviertel *nt* **II.** *adv* in der Innenstadt, im [Stadt]zentrum; ***shall we eat ~ tonight?*** sollen wir heute in der Stadt essen?; **to go/ride ~** in die Innenstadt [*o* ins [Stadt]zentrum] gehen/fahren **III.** *n modifier* Innenstadt-; ~ **crime** Verbrechen *nt* in der Innenstadt; ~ **scene** Großstadtszene *f;* ~ **stores** Läden *mpl* in der Innenstadt [*o* im Zentrum]; ~ **traffic** Verkehr *m* im Zentrum, Innenstadtverkehr *m* **downtrodden** *adj* unterdrückt, geknechtet *geh* **downturn** *n* ECON Rückgang *m,* Abwärtstrend *m;* **economic ~** Konjunkturabschwung *m;* **to take a ~** sinken, abflauen; *prices* fallen **down under** BRIT, AM **I.** *adv* (*fam: Australia*) in [*o* nach] Australien; (*New Zealand*) in [*o* nach] Neuseeland **II.** *n* Australien *nt;* (*New Zealand*) Neuseeland *nt*

downward ['daʊnwəd, AM -wɚd] **I.** *adj inv* nach unten [gerichtet]; **to be on a ~ trend** sich *akk* im Abwärtstrend befinden, zurückgehen; ***at last inflation is on a ~ path*** endlich ist die Inflation[srate] rückläufig
II. *adv esp* AM *see* **downwards**
downwards ['daʊnwədz, AM -wɚdz] *adv inv* ❶ (*in/toward a lower position*) abwärts, nach unten, hinunter; ***the road slopes gently ~*** die Straße fällt sanft ab; ***the water filters ~ through the rock*** das Wasser sickert durch den Felsen nach unten; **to lie face ~** mit dem Gesicht nach unten [*o* auf dem Bauch] liegen
❷ (*to a lower number*) nach unten; ***casualty figures were revised ~*** die Zahl der Gefallenen wurde nach unten korrigiert; **children of six and ~** Kinder mit sechs Jahren und darunter
downwind I. *adv* mit dem Wind, in Windrichtung; **to be ~ of sb** sich *akk* in jds Windschatten befinden **II.** *adj* in Windrichtung [liegend]; ~ **side** windabgewandte Seite; ***hunters always approach an animal from the ~ side*** Jäger pirschen sich immer nur gegen die Windrichtung an ein Tier heran
downy ['daʊni] *adj* ❶ (*fluffy*) mit feinen Härchen; *hair* flaumig
❷ BRIT (*sl: knowing, clever*) clever *fam,* gerissen *fam;* ***he's a ~ old bird*** er ist ein gerissener alter Fuchs *fam*
dowry ['daʊri] *n* Mitgift *f kein pl veraltend,* Aussteuer *f kein pl*
dowse¹ [daʊz] *vi* mit einer Wünschelrute suchen; **to find sth by dowsing** etw mit Hilfe einer Wünschelrute aufspüren
dowse² [daʊz] *vt see* **douse**
dowser ['daʊzəʳ, AM -ɚ] *n* [Wünschel]rutengänger(in) *m(f)*
dowsing ['daʊzɪŋ] **I.** *n no pl* Wünschelrutengehen *nt*
II. *adj* ~ **rod** Wünschelrute *f*
doyen ['dɔɪen] *n* Altmeister *m,* Nestor *m geh,* Doyen *m fig geh;* ~ **of the diplomatic corps** Doyen *m* des diplomatischen Korps
doyenne [dɔɪ'en] *n* Altmeisterin *f,* Nestorin *f geh,* Doyenne *f geh*
doyl(e)y ['dɔɪli] *n see* **doily**
doze [dəʊz, AM doʊz] **I.** *n* Nickerchen *nt kein pl fam;* **to fall into a ~** einnicken *fam,* wegdösen *fam;* **to have a ~** ein Nickerchen machen [*o* halten] *fam*
II. *vi* dösen *fam*
◆**doze off** *vi* eindösen *fam,* einnicken *fam*
dozen ['dʌzᵊn] *n* Dutzend *nt;* **half a ~ [*or* a half ~]** ein halbes Dutzend; **two/several ~ people** zwei/mehrere Dutzend Leute; **~s of times** (*very often*) x-mal *fam;* **by the ~** zu Dutzenden, dutzendweise
► PHRASES: **to talk nineteen to the ~** reden wie ein Wasserfall
dozily ['dəʊzɪli, AM 'doʊz-] *adv* schläfrig, verschlafen; **to murmur sth ~** etw halb im Schlaf murmeln
doziness ['dəʊzɪnəs, AM 'doʊz-] *n no pl* ❶ (*condition of feeling dozy*) Schläfrigkeit *f,* Müdigkeit *f*
❷ BRIT (*fam: stupidity*) Dummheit *f,* Stupidität *f*
dozy ['dəʊzi, AM 'doʊzi] *adj* ❶ (*drowsy, sleepy*) schläfrig, verschlafen
❷ BRIT (*fam: stupid*) dumm, schwer von Begriff *pej fam;* ~ **idiot** Trottel *m pej fam,* Döskopp *m* NORDD *pej fam*
dp *n,* **DP** *n* COMPUT *see* **data processing** DV, Daten-

verarbeitung *f*

DPhil [ˌdiːˈfɪl] *n abbrev of* **Doctor of Philosophy** Dr. phil.

dpi, d.p.i. COMPUT *see* **dots per inch** Punkte *pl* pro Inch

DPP [ˌdiːpiːˈpiː] *n* BRIT *abbrev of* **Director of Public Prosecutions** Oberstaatsanwalt, Oberstaatsanwältin *m, f*

Dr *n abbrev of* **doctor** Dr.

drab <-bb-> [dræb] *adj* trist, langweilig; ~ **colours** trübe Farben; ~ **existence** eintöniges Leben, freudloses Dasein *geh;* ~ **person** farblose Person; ~ **surroundings** trostlose Umgebung

drably [ˈdræbli] *adv* trist *geh*

drabness [ˈdræbnəs] *n no pl* Tristheit *f,* Düsterkeit *f; of life* Eintönigkeit *f,* Monotonie *f; of surroundings* Trostlosigkeit *f*

drachma <*pl* -s *or* -> [ˈdrækmə] *n* Drachme *f*

draconian [drəˈkəʊniən, AM -ˈkoʊ-] *adj* drakonisch, hart

draft [drɑːft, AM dræft] **I.** *n* ❶ (*preliminary version*) Entwurf *m;* **first** ~ erster Entwurf, Konzept *nt;* **preliminary** ~ Vorentwurf *m;* **rough** ~ Rohfassung *f,* Rohentwurf *m*
❷ *no pl esp* AM (*military conscription*) Einberufung *f,* Einziehung *f;* ~ **card** Einberufungsbescheid *m;* ~ **order** Einberufungsbefehl *m*
❸ *no pl esp* AM (*conscripted persons*) Wehrpflichtige *mpl,* Rekruten *mpl*
❹ *esp* BRIT ECON, FIN Zahlungsanweisung *f,* [gezogener] Wechsel, Tratte *f fachspr;* **bank** ~ Bankwechsel *m,* Banktratte *f;* **banker's** ~ Bankscheck *m;* ~ **at sight** Sichtwechsel *m*
❺ AM *see* **draught**
II. *n modifier* ❶ (*preliminary*) Entwurfs-; ~ **contract/law** Vertrags-/Gesetzentwurf *m;* ~ **letter** Entwurf *m* eines Briefes [*o* Schreibens]; **to be still in the ~ stages** sich *akk* noch im Entwurfsstadium befinden
❷ *esp* AM (*relating to military conscription*) Einberufungs-; ~ **board** Wehrersatzbehörde *f,* Musterungskommission *f;* **district ~ board** Kreiswehrersatzamt *nt;* ~ **exemption** Befreiung *f* vom Wehrdienst
III. *vt* ❶ (*prepare*) ■**to ~ sth** etw entwerfen [*o* skizzieren]; **to ~ a bill** [*or* **law**] einen Gesetzentwurf verfassen; **to ~ a contract** einen Vertrag aufsetzen; **to ~ a plan** einen Plan entwerfen; **to ~ a proposal** einen Vorschlag ausarbeiten
❷ *esp* AM MIL ■**to ~ sb** jdn einziehen [*o* einberufen]; **to ~ sb into the army** jdn zum Wehrdienst einberufen

◆**draft in** *vt* BRIT ■**to ~ in ↔ sb** jdn als Aushilfe [*o* als Aushilfskraft] einstellen

draft dodger *n esp* AM (*conscientious objector*) Wehrdienstverweigerer, -in *m, f;* (*shirker*) Drückeberger(in) *m(f) pej*

draftee [ˌdrɑːfˈtiː, AM ˌdræf-] *n esp* AM Wehrpflichtige(r) *f(m)*

drafter [ˈdrɑːftəʳ, AM ˈdræftɚ] *n* ECON, FIN Verfasser(in) *m(f)*

drafting [ˈdrɑːftɪŋ, AM ˈdræ-] *n no pl* ECON, FIN Verfassen *nt,* Formulieren *nt*

draftsman *n* AM, AUS *see* **draughtsman** **draftswoman** *n* AM, AUS *see* **draughtswoman**

drafty *adj* AM *see* **draughty**

drag [dræg] **I.** *n* ❶ *no pl* PHYS Widerstand *m;* AVIAT Luftwiderstand *m,* Strömungswiderstand *m;* NAUT Wasserwiderstand *m*
❷ *no pl* (*impediment*) Hemmschuh *m fig,* Hindernis *nt;* ■**to be a ~ on sb** ein Klotz an jds Bein sein, für jdn eine Last sein; ■**to be a ~ on sth** etw behindern, einer S. *dat* im Wege stehen
❸ *no pl* (*fam: bore*) langweilige Sache; ***that's a bit of a ~ — we've run out of coffee*** das ist ja echt ätzend – wir haben keinen Kaffee mehr *sl;* ***the party was an awful ~*** die Party war so was von stinklangweilig *sl*
❹ *no pl* (*fam: cross dress*) Frauenklamotten *fpl fam,* Fummel *m sl;* ■**to be in ~** Frauenkleider tragen, einen Fummel anhaben *sl*
❺ (*fam: inhalation of smoke*) Zug *m*
▸ PHRASES: **the main ~** AM (*fam*) die Hauptstraße
II. *adj attr, inv* transvestitisch, Transvestiten-; ~ **artist** *Künstler, der in Frauenkleidern auftritt*
III. *vt* <-gg-> ❶ (*pull along the ground*) ■**to ~ sb/sth somewhere** jdn/etw irgendwohin ziehen [*o* schleifen] [*o* zerren]; **to ~ one's heels** [*or* **feet**] schlurfen; (*fig*) sich *dat* Zeit lassen; ***the government is ~ging its heels over this issue*** die Regierung lässt die Sache schleifen; **to ~ sb's name through the mud** [*or* **mire**] jds Namen durch den Dreck [*o* Schmutz] ziehen; **to ~ sth behind one** etw hinter sich *dat* herziehen; **to ~ oneself somewhere** sich *akk* irgendwohin schleppen
❷ (*take sb somewhere unwillingly*) ■**to ~ sb somewhere** jdn irgendwohin schleifen [*o* zerren]; ***we had to ~ him out of the bar*** wir mussten ihn aus der Bar herausholen; ***I don't want to ~ you away if you're enjoying yourself*** ich will dich hier nicht wegreißen, wenn du dich gerade amüsierst *fam*
❸ (*bring up*) **to ~ sth into the conversation** etw aufs Tapet bringen *fam,* das Thema auf etw *akk* lenken
❹ (*involve*) ■**to ~ sb into sth** jdn in etw *akk* hineinziehen [*o* verwickeln]; ***don't ~ me into your argument!*** lasst mich bitte aus eurem Streit heraus!
❺ (*force*) ■**to ~ sth out of sb** etw aus jdm herausbringen [*o* herausholen]; ***you never tell me how you feel — I always have to ~ it out of you*** du sagst mir nie, wie du dich fühlst – ich muss dir immer alles aus der Nase ziehen; **to ~ a confession/the truth out of sb** jdm ein Geständnis/die Wahrheit entlocken
❻ (*search*) **to ~ a lake/river** einen See/Fluss absuchen
❼ COMPUT ■**to ~ sth** etw [ver]schieben; ~ **and drop** ziehen und ablegen
IV. *vi* <-gg-> ❶ (*trail along*) schleifen
❷ (*pej: proceed tediously*) sich *akk* [da]hinziehen [*o pej* dahinschleppen], schleppend [*o* zäh] vorangehen *pej;* ***this meeting is really starting to ~*** dieses Treffen zieht sich allmählich ziemlich in die Länge; **to ~ to a close** schleppend zu Ende gehen
❸ AM (*fam: feel unwell*) sich *akk* schlapp fühlen
❹ AM (*sl: race in cars*) ein Rennen fahren [*o fam* machen], sich *dat* ein Rennen liefern

◆**drag along** *vi* ■**to ~ along ↔ sth** etw wegschleppen [*o* wegzerren]; ■**to ~ along ↔ sb** jdn mitschleppen; **to ~ oneself along** sich *akk* dahinschleppen

◆**drag apart** *vt* ■**to ~ sb apart** jdn auseinander zerren; *fighting parties* jdn trennen

◆**drag down** *vt* ■**to ~ sb down** ❶ (*force sb to a lower level*) jdn herunterziehen [*o* nach unten ziehen] *fig;* ***when he argues, he always ends up ~ging others down to his level*** wenn er sich streitet, zieht er die anderen am Ende immer auf sein Niveau herunter; ■**to ~ sb down with oneself** jdn mit sich *dat* reißen
❷ (*make sb depressed*) jdn zermürben [*o fam* fertig machen]

◆**drag in** *vt* **to ~ in ↔ sb** jdn hineinziehen [*o* hineinbringen]; ■**to ~ in ↔ sth** etw aufs Tapet bringen *fam*

◆**drag on** *vi* (*pej*) sich *akk* [da]hinziehen [*o fig* dahinschleppen] [*o* in die Länge ziehen] *pej;* **to ~ on for hours** sich *akk* stundenlang hinziehen

◆**drag out** *vt* ■**to ~ out ↔ sth** ❶ (*protract*) etw in die Länge ziehen [*o* hinausziehen]
❷ (*liter: suffer through*) sich *akk* durch etw *akk* schleppen; **to ~ out a weary life** vor sich *akk* hinleben; **to ~ out one's days** sein Leben fristen

◆**drag up** *vt* ❶ (*mention sth*) ■**to ~ up ↔ sth** etw wieder ausgraben *fig*
❷ *esp* BRIT (*pej: raise children*) **to ~ up ↔ a child** ein Kind lieblos aufziehen

dragee [dræʒˈeɪ] *n* dragierte [*o* mit Zucker überzogene] Mandel

drag lift *n* Schlepplift *m* **dragnet** *n* ❶ (*systematic search*) Ringfahndung *f* ❷ (*fishing net*) Schleppnetz *nt*

dragoman <*pl* -s *or* -men> [ˈdrægəʊmən, AM goʊ] *n* Dragoman *m*

dragon [ˈdrægᵊn] *n* ❶ (*mythical creature*) Drache *m,* Lindwurm *m liter o hum*
❷ (*woman*) Drachen *m oft pej fam*
❸ AUS (*lizard*) Eidechse *f*

dragonfly *n* Libelle *f*

dragoon [drəˈguːn] **I.** *n* (*hist*) Dragoner *m hist*
II. *vt* ■**to ~ sb into doing sth** jdn zwingen, etw zu tun, jdm etw aufzwingen

drag queen *n* Transvestit *m,* Tunte *f pej sl* **drag race** *n* AUTO, SPORTS Dragsterrennen *nt,* Beschleunigungsrennen *nt*

dragster [ˈdrægstəʳ, AM -ɚ] *n* AUTO, SPORTS Dragster *m*

drain [dreɪn] **I.** *n* ❶ (*pipe*) Rohr *nt;* (*under sink*) Abfluss *m,* Abflussrohr *nt;* (*at roadside*) Gully *m;* ~ **in the road** Kanalisationsrohr *nt,* Abwasserleitung *f;* **to be down the ~** (*fig*) für immer [*o* unwiederbringlich] verloren sein; **to go down the ~** (*fig*) vor die Hunde gehen *fam;* **to throw sth down the ~** (*fig*) etw zum Fenster hinauswerfen *fig*
❷ (*plumbing system*) ■**~s** *pl* Kanalisation *f*
❸ (*constant outflow*) Belastung *f;* ■**to be a ~ on sth** eine Belastung für etw *akk* darstellen [*o* sein]; ***looking after her elderly mother is quite a ~ on her energy*** die Pflege ihrer alten Mutter zehrt sehr an ihren Kräften; **brain ~** Braindrain *m,* Abwanderung *f* von Wissenschaftlern/Wissenschaftlerinnen [ins Ausland]
❹ BRIT (*fam*) **to laugh like a ~** sich *akk* halb totlachen
II. *vt* ❶ (*remove liquid*) ■**to ~ sth** etw entwässern; *liquid* etw ablaufen lassen; *vegetables* etw abgießen; **to ~ marshes/soil** Sümpfe/Boden entwässern [*o fachspr* dränieren]; **to ~ noodles/rice** Nudeln/Reis abtropfen lassen; **to ~ a pond** einen Teich ablassen [*o* trockenlegen]; **to ~ an abscess** MED einen Abszess drainieren
❷ (*form: empty*) ■**to ~ sth** etw austrinken; **to ~ a bottle** eine Flasche leeren [*o* leer trinken]; **to ~ one's glass** sein Glas austrinken [*o* leeren]
❸ (*exhaust*) ■**to ~ sb** jdn [völlig] auslaugen [*o* erschöpfen]
❹ (*deplete*) ■**to ~ sth of sb** jdn einer S. *gen* berauben *geh*
III. *vi* ❶ (*flow away*) ablaufen, abfließen
❷ (*permit drainage*) entwässert [*o* trocken] werden; ***the soil had got too hard and wouldn't ~ properly*** der Boden war zu hart geworden und das Wasser konnte nicht richtig ablaufen
❸ (*become dry*) abtropfen
❹ (*vanish gradually*) dahinschwinden; ***the colour ~ed from her face*** die Farbe wich aus ihrem Gesicht

◆**drain away** *vi liquid* ablaufen, abfließen; *energy, fear, strength, tension* nachlassen, [dahin]schwinden

◆**drain off** *vt* ■**to ~ off ↔ sth** *water* etw abgießen; **to ~ off noodles/rice** Nudeln/Reis abtropfen lassen

drainage [ˈdreɪnɪdʒ] **I.** *n no pl* ❶ (*water removal*) Entwässerung *f*
❷ (*system*) Kanalisation *f,* Abwasserkanäle *mpl;* (*system*) Entwässerungssystem *nt;* (*in fields, etc*) Dränage *f*
❸ (*material drained off*) abgeleitete Flüssigkeit; (*sewage*) Abwasser *nt*
II. *n modifier* Entwässerungs-; ~ **area** GEOG Einzugsgebiet *nt,* Entwässerungsgebiet *nt;* ~ **channel** Abzugsgraben *m,* Entwässerungsgraben *m;* ~ **system** Schmutzwassersystem *nt,* Schmutzwassernetz *nt;* NAUT Lenzanlage *f*

drainage basin *n* GEOG Einzugsgebiet *nt,* Entwässerungsgebiet *nt*

drainboard *n* AM (*draining board*) Ablauf *m,* Abtropfbrett *nt*

drained [dreɪnd] *adj* erschöpft, fix und fertig *fam,* k.o. *fam;* ***you look compeletely ~*** du siehst total erledigt aus *fam*

drainer [ˈdreɪnəʳ] *n* BRIT, **draining board** *n*

Abtropfgefäß *nt*, Abtropfbrett *nt*
drainpipe *n* ❶ (*for sewage*) Abflussrohr *nt*, Abwasserleitung *f*; (*for rainwater*) Regenrohr *nt* ❷ ■ ~s *pl* (*trousers*) Röhrenhose *f* **drainpipe trousers** *npl* Röhrenhose *f*
drake [dreɪk] *n* Enterich *m*, Erpel *m*
dram [dræm] *n esp* SCOT **a ~ of whisky** ein Schluck *m* Whisky; ***would you care for a wee ~?*** wie wär's mit einem kleinen Schluck?
drama ['drɑːmə] **I.** *n* ❶ *no pl* (*theatre art*) Schauspielerei *f*, Schauspielkunst *f*
❷ *no pl* (*dramatic literature*) Drama *nt*, dramatische Literatur
❸ (*play, theatrical piece*) Drama *nt*, Schauspiel *nt*; **television ~** Fernsehspiel *nt*; **historical ~** historisches Stück
❹ *no pl* (*dramatic quality*) Dramatik *f*; ***the situation was packed with ~*** die Situation war hoch dramatisch
❺ (*dramatic event*) Drama *nt fig*; **to make a ~ out of sth** aus etw *dat* ein Drama machen
II. *n modifier* Theater-, Schauspiel-; **~ critic** Theaterkritiker(in) *m(f)*; **~ teacher** Schauspiellehrer(in) *m(f)*
drama documentary *n* FILM, TV Dokumentarspiel *nt* **drama group** *n* Theatergruppe *f*; **amateur ~** Laienspielgruppe *f* **drama school** *n* Schauspielschule *f*; **to go to ~** die Schauspielschule besuchen
dramatic [drə'mætɪk, AM -ţ-] *adj* ❶ (*in theatre*) Theater-; **~ artist** Bühnenschauspieler(in) *m(f)*, Theaterschauspieler(in) *m(f)*; **~ production** Bühnenbearbeitung *f*, Inszenierung *f*; **~ reading** Schauspiellesung *f*; **~ work** [Theater]stück *nt*; **~ irony** LIT tragische Ironie; **~ monologue** LIT dramatischer Monolog; **~ poetry** LIT dramatische Dichtung
❷ (*action-filled*) dramatisch; **~ climax** dramatischer Höhepunkt; **~ spectacle** dramatisches Schauspiel
❸ (*pej: theatrical*) theatralisch *pej*; ***she looked rather ~*** sie wirkte ziemlich theatralisch; **~ gesture** theatralische Geste
❹ (*very noticeable*) dramatisch, spektakulär; ***there's been a ~ rise in unemployment*** die Arbeitslosigkeit ist drastisch angestiegen
❺ (*sudden and exciting*) *development* dramatisch; *change* einschneidend
dramatically [drə'mætɪkəli, AM -ţ-] *adv* ❶ (*relating to the theatre*) schauspielerisch; ***it's an interesting idea, but I don't think it will work ~*** es ist eine interessante Idee, aber ich glaube nicht, dass sich das auf der Bühne umsetzen lässt
❷ (*pej: exaggeratedly*) theatralisch *pej*
❸ (*strikingly*) dramatisch, beträchtlich
❹ (*suddenly and excitingly*) dramatisch, drastisch; ***your life changes ~ when you have a baby*** ein Kind stellt dein Leben total auf den Kopf; ***the political situation has been developing ~*** die politische Situation hat sich dramatisch zugespitzt
dramatics [drə'mætɪks, AM -ţ-] *npl* ❶ + *sing vb* (*art of acting*) Dramaturgie *f*; **amateur ~** Laientheater *nt*
❷ (*usu pej: exaggerated behaviour*) theatralisches Getue *pej*, Theatralik *f*
dramatis personae [ˌdrɑːmətɪspɜː'səʊnaɪ, -niː, AM -ţɪspə'soʊ-, ˌdræm-, -niː] *n* + *sing vb* ❶ (*characters*) Personen *pl* der Handlung (*eines Theaterstücks*); (*actors*) Besetzung *f*
❷ (*listing*) Rollenverzeichnis *nt*
dramatist ['dræmətɪst, AM -ţ-, 'drɑːm-] *n* Dramatiker(in) *m(f)*, Bühnenautor(in) *m(f)*
dramatization [ˌdræmətaɪ'zeɪʃən, AM -ţɪ'-, ˌdrɑːm-] *n* ❶ (*dramatizing of a work*) Dramatisierung *f*; THEAT Bühnenbearbeitung *f*; FILM Kinobearbeitung *f*; TV Fernsehbearbeitung *f*
❷ *no pl* (*usu pej: exaggeration*) Dramatisieren *nt meist pej*; ***she has a tendency toward ~*** sie neigt dazu, alles zu dramatisieren
dramatize ['dræmətaɪz, AM *also* 'drɑːm-] **I.** *vt* ■ **to ~ sth** ❶ (*adapt*) etw bearbeiten; ***the novel is currently being ~d for TV*** der Roman wird derzeit für das Fernsehen bearbeitet
❷ (*usu pej: exaggerate*) etw dramatisieren [*o fam* hochspielen] *pej*
II. *vi novel* sich *akk* bearbeiten lassen
drank [dræŋk] *pt of* **drink**
drape [dreɪp] **I.** *vt* ❶ (*cover loosely*) ■ **to ~ sth** [**in** [*or* **with**] **sth**] etw [mit etw *dat*] bedecken [*o* behängen]
❷ (*place on*) ■ **to ~ sth** [**around/over**] **sth** etw [um/über etw *akk*] drapieren; ***she ~d the silk scarf around her bare shoulders*** sie legte sich das Seidentuch anmutig um die bloßen Schultern; ***I saw him last night in the pub with some woman ~d all over him*** ich habe ihn gestern Abend in der Kneipe gesehen, in enger Umschlingung mit einer Frau
II. *vi* herabhängen, herabfallen; ***clothes in woollen fabrics ~ well*** Kleider aus Wollstoffen fallen schön
III. *n* ❶ *no pl* (*way of hanging*) Fall *m*
❷ (*fold*) ■ ~s *pl* Falten *fpl*
❸ *esp* AM (*curtains*) ■ ~s *pl* Vorhänge *mpl*, Gardinen *fpl*
draper ['dreɪpəʳ] *n* BRIT (*dated*) Textilkaufmann, Textilkauffrau *m, f*, Stoffhändler(in) *m(f) veraltet*; **~'s shop** Textilgeschäft *nt*
drapery ['dreɪpəri] *n* ❶ *no pl* (*loosely arranged fabric*) Behang *m*
❷ *no pl* BRIT (*dated: cloths*) Stoffe *mpl*, Textilien *fpl*; ***you'll find ~ on the second floor*** die Textilwaren finden Sie im ersten Stock
❸ AM, AUS (*heavy curtains*) ■ **draperies** *pl* [schwere] Vorhänge
drastic ['dræstɪk] *adj* drastisch; ***isn't that a bit ~?*** ist das nicht ein bisschen übertrieben?; **~ action** rigoroses Durchgreifen; **~ cuts** drastische Kürzungen; **~ change** radikale [*o* einschneidende] Veränderung; **to take ~ measures** drastische Maßnahmen ergreifen
drastically ['dræstɪkli] *adv* drastisch, rigoros; **to change one's diet ~** seine Ernährung von Grund auf umstellen
drat [dræt] *interj* (*dated fam*) verflixt! *fam*, verdammt! *fam*
dratted ['drætɪd] *adj attr* (*dated fam*) verflucht *pej sl*, verdammt *pej sl*
draught [drɑːft], AM *usu* **draft** [dræft] **I.** *n* ❶ (*air current*) [Luft]zug *m kein pl*; ***there's a ~ every time that door is opened*** jedes Mal, wenn die Tür aufgeht, zieht es; **to feel the ~** (*fig*) in der Klemme sitzen *fam*; ***he's feeling the ~ right now*** ihm geht allmählich das Geld aus; **to sit in a ~** im Zug sitzen
❷ (*form: act of drinking*) Zug *m kein pl*, Schluck *m kein pl*; **a ~ of beer** ein Schluck Bier
❸ PHARM (*dated*) Dosis *f*
❹ *no pl* **on ~** vom Fass; **beer on ~** Fassbier *nt*, Bier *nt* vom Fass
❺ (*of ship*) Tiefgang *m kein pl*
❻ BRIT, AUS (*game*) ■ ~s *pl* Damespiel *nt*, Dame; **to play ~** Dame spielen
II. *adj attr, inv* ❶ (*in cask*) vom Fass, Fass-; **~ beer** Bier *nt* vom Fass, Fassbier *nt*
❷ (*used for pulling loads*) Zug-; **~ animal** Zugtier *nt*
draught board *n* BRIT, AUS Damebrett *nt*
draughtsman *n*, AM *usu* **draftsman** ❶ (*in technical drawing*) technischer Zeichner, Konstruktionszeichner *m*
❷ (*skilled drawer*) Zeichner *m*
❸ BRIT, AUS (*game*) Damestein *m*
❹ LAW Entwerfer *m*, Urkundenverfasser *m*; **costs ~** Kostensachbearbeiter *m*; **parliamentary ~** Jurist, der Gesetzesentwürfe formuliert
draughtsmanship ['drɑːf(t)smənʃɪp], AM *usu* **draftsmanship** ['dræf(t)s-] *n no pl* zeichnerisches Können; ***his ~ is excellent*** seine zeichnerischen Fähigkeiten sind hervorragend
draughtswoman, AM *usu* **draftswoman** *n* ❶ (*job*) technische Zeichnerin, Konstruktionszeichnerin *f*
❷ (*skilled drawer*) Zeichnerin *f*
draughty ['drɑːfti], AM *usu* **drafty** ['dræfti] *adj* zugig; ***it's a bit ~ in here*** hier zieht es ein bisschen

draw [drɔː, AM *also* drɑː]

I. NOUN **II.** TRANSITIVE VERB
III. INTRANSITIVE VERB

I. NOUN

❶ (*celebrity*) Publikumsmagnet *m*, Attraktion *f*; (*popular film, play, etc*) Kassenschlager *m*, Publikumserfolg *m*
❷ (*power*) Anziehungskraft *f*, Attraktivität *f*; ***an auction has more ~ than a jumble sale*** eine Versteigerung lockt mehr Menschen an als ein Flohmarkt
❸ (*drawn contest*) Unentschieden *nt*; **to end in a ~** unentschieden enden [*o* ausgehen]
❹ (*drawing lots*) Verlosung *f*, Tombola *f*; ***it's just the luck of the ~*** man muss es eben so nehmen, wie es kommt
❺ (*drawing gun*) Ziehen *nt*; **to be quick on the ~** schnell ziehen können; (*fig*) schlagfertig sein
❻ (*inhalation*) Zug *m*; ***he had a quick ~ on his cigarette and tossed it away*** er zog noch einmal kurz an seiner Zigarette und warf sie dann weg

II. TRANSITIVE VERB

<drew, -n> ❶ (*make a picture*) ■ **to ~ sb/sth** jdn/etw zeichnen; **to ~ a line** einen Strich [*o* eine Linie] ziehen; ***I ~ the line there*** (*fig*) da ist bei mir Schluss; **to ~ a map/sketch** eine Karte/Skizze anfertigen; **to ~ a picture of sth** (*fig*) das Bild einer S. *gen* zeichnen *fig*; **to ~ sth to scale** etw maßstabsgetreu zeichnen
❷ (*depict*) ■ **to ~ sth** etw darstellen [*o* beschreiben]; ***the plot is exciting, but the characters haven't been very well ~n*** die Handlung ist spannend, aber die Charaktere sind nicht gut herausgearbeitet
❸ (*pull*) ■ **to ~ sth** etw ziehen; ***he drew his coat tightly around his shoulders*** er zog sich den Mantel fest um die Schultern; ***the little boat was ~n into the whirlpool*** das kleine Boot wurde in den Strudel hineingezogen; ***he drew her into a tender embrace*** er zog sie mit einer zärtlichen Umarmung an sich; **to ~ the blinds** [*or* AM *also* **shades**] (*open*) die Jalousien [*o* Rollläden] hochziehen; (*close*) die Jalousien [*o* Rollläden] herunterlassen; **to ~ the curtains** (*pull together*) die Vorhänge zuziehen; (*pull apart*) die Vorhänge aufziehen; **to ~ sb aside** [*or* **to one side**] jdn beiseite nehmen; **to ~ sb into** [**an**] **ambush** jdn in einen Hinterhalt locken
❹ (*attract*) ■ **to ~ sb** jdn anlocken [*o* anziehen]; ■ **to ~ sth** etw auf sich *akk* ziehen [*o* lenken]; ***you're ~ing a lot of curious looks in that hat*** mit diesem Hut ziehst du eine Menge neugieriger Blicke auf dich; **to ~** [**sb's**] **attention** [**to sb/sth**] [jds] Aufmerksamkeit [auf jdn/etw] lenken; ***she waved at him to ~ his attention*** sie winkte ihm zu, um ihn auf sich aufmerksam zu machen; **to ~ attention to oneself** Aufmerksamkeit erregen; **to ~ a cheer from the crowd** die Menge zum Jubeln bringen; **to ~ sb's fire** jds Kritik auf sich *akk* ziehen; ■ **to feel ~n to** [*or* **toward**[**s**]] **sb** sich *akk* zu jdm hingezogen fühlen; ***her eyes were immediately ~n to the tall blond man*** der große Blonde zog sofort ihre Blicke auf sich
❺ (*involve in*) ■ **to ~ sb into sth** jdn in etw *akk* hineinziehen [*o* verwickeln]; **to ~ sb into an argument/discussion** jdn in eine Auseinandersetzung/Diskussion hineinziehen; **to ~ sb into a conversation** jdn in eine Unterhaltung verwickeln
❻ (*attract*) ■ **to ~ sth** etw hervorrufen; ***her speech drew an angry response*** ihre Rede hat für Verärgerung gesorgt; **to ~ applause** Beifall ernten; **to ~ criticism** Kritik erregen [*o* hervorrufen]; ■ **to ~ sth from sb** jdn zu etw *dat* veranlassen; ***his performance drew a gasp of amazement from the audience*** bei seiner Darbietung verschlug es dem Publikum den Atem; **to ~ a confession from sb** jdm ein Geständnis entlocken
❼ (*formulate*) **to ~ an analogy** eine Parallele ziehen [*o geh* Analogie herstellen]; **to ~ a comparison** einen Vergleich anstellen; ***you can't really ~ a***

comparison between the two cases man kann die beiden Fälle wirklich nicht miteinander vergleichen; **to ~ a conclusion** [*or* **an inference**] einen Schluss ziehen, zu einer Schlussfolgerung kommen; **to ~ a distinction [between sth]** etw auseinander halten [*o* voneinander unterscheiden]; **to ~ a parallel** eine Parallele ziehen

8 (*pull out*) **to ~ a weapon** eine Waffe ziehen; ***I couldn't believe it when she drew a knife on me*** ich war völlig perplex, als sie ein Messer zückte *fam*

9 MED (*extract*) **to ~ blood** Blut fließen lassen; ***he bit me so hard that it drew blood*** er biss mich so fest, dass ich blutete; **to ~ first blood** den ersten Treffer erzielen *a. fig;* **to ~ a tooth** (*dated*) einen Zahn ziehen

10 CARDS **to ~ a card [from the deck]** eine Karte [vom Stapel] abheben [*o* ziehen]

11 (*get from source*) ■**to ~ sth [from sb/sth]** etw [von jdm/etw] beziehen [*o* erhalten] [*o* bekommen]; ***he drew much of his inspiration from his travels*** einen Großteil seiner Anregungen holte er sich auf seinen Reisen; ***the university ~s its students from all 50 states*** die Studenten der Universität kommen aus allen 50 Bundesstaaten

12 (*earn*) ■**to ~ sth** etw beziehen; (*receive*) etw bekommen [*o* erhalten]; ***this investment will ~ 10% interest*** diese Investition bringt 10% Zinsen; **to ~ pay** [*or* **a salary**] ein Gehalt beziehen; **to ~ a pension** Rente bekommen [*o* beziehen]; **to ~ unemployment benefit/a wage** Arbeitslosengeld/einen Lohn bekommen [*o* erhalten]

13 (*select by chance*) ■**to ~ sth** etw ziehen [*o* auslosen]; ***we're about to ~ the winning card*** wir ziehen jetzt gleich den Hauptgewinn; ***Real Madrid has ~n Juventus in the football quarter finals*** als Gegner von Real Madrid im Fußballviertelfinale wurde Juventus Turin ausgelost; **to ~ lots for sth** um etw *akk* losen, etw auslosen; ***they drew lots for it*** sie losten darum

14 (*obtain water*) **to ~ water** Wasser holen; ***she drew water from the well*** sie schöpfte Wasser aus dem Brunnen; **to ~ sb's bath** jds Badewasser einlassen

15 (*pour*) **to ~ a beer** ein Bier zapfen

16 FIN (*withdraw*) **to ~ money/£500 from one's account** Geld/500 Pfund von seinem Konto abheben; **to ~ a cheque on sb/sth** einen Scheck auf jdn/etw ausstellen

17 (*inhale*) **to ~ a breath** Luft [*o* Atem] holen; ***she drew a deep breath*** sie holte [einmal] tief Luft; **to ~ breath** (*fig*) verschnaufen, eine Verschnaufpause einlegen

18 NAUT ***the ship ~s 20 feet of water*** das Schiff hat sechs Meter Tiefgang

19 SPORTS (*stretch a bow*) **to ~ a bow** einen Bogen spannen

20 (*disembowel*) **to ~ fowl/game** (*at butcher's*) ein Tier ausnehmen; (*after hunt*) ein Tier ausweiden

► PHRASES: **to ~ a bead on sb/sth** auf jdn/etw zielen; **to ~ a blank** eine Niete ziehen, kein Glück haben; ***she had spent all morning searching but had ~n a blank*** sie hatte den ganzen Morgen gesucht – doch ohne Erfolg; **to ~ the line at sth** bei etw *dat* die Grenze ziehen; ***I ~ the line there*** da ist bei mir Schluss; **to ~ a veil over sth** über etw *akk* den Mantel des Schweigens breiten; **~n and quartered** (*hist*) gestreckt und gevierteilt

III. INTRANSITIVE VERB

<drew, -n> 1 (*make pictures*) zeichnen

2 (*proceed*) sich *akk* bewegen; *vehicle, ship* fahren; ***the train slowly drew into the station*** der Zug fuhr langsam in den Bahnhof ein; **to ~ alongside sth** mit etw *dat* gleichziehen, an etw *akk* herankommen; ***as we drew alongside the black Fiat I recognized the driver*** als wir mit dem schwarzen Fiat auf gleicher Höhe waren, erkannte ich den Fahrer; **to ~ apart** sich *akk* voneinander trennen; ***the embracing couple drew apart*** das eng umschlungene Pärchen löste sich voneinander; **to ~ away** wegfahren; **to ~ away from sth** BRIT sich *akk* von etw *dat* entfernen; **to ~ level with sb/sth** mit jdm/etw gleichziehen; ***slowly Paul drew level with the BMW*** allmählich holte Paul den BMW ein

3 (*approach [in time]*) **to ~ to a close** [*or* **an end**] sich *akk* seinem Ende nähern, zu Ende gehen; **to ~ near** [*or* **nearer**] näher rücken [*o* kommen]; ***Christmas is ~ing nearer*** Weihnachten rückt [immer] näher

4 (*make use of*) ■**to ~ on sb** auf jdn zurückkommen, jdn in Anspruch nehmen; ■**to ~ on sth** auf etw *akk* zurückgreifen, von etw *dat* Gebrauch machen, etw in Anspruch nehmen; ***like most writers, she ~s on personal experience in her work*** wie die meisten Schriftsteller schöpft sie bei ihrer Arbeit aus persönlichen Erfahrungen; **to ~ on funds** auf [Geld]mittel zurückgreifen; **to ~ on sb's knowledge** jdn als Kenner zu Rate ziehen, sich *dat* jds Wissen zunutze machen

5 (*inhale*) **to ~ on one's cigarette/pipe** an seiner Zigarette/Pfeife ziehen

6 (*draw lots*) losen, das Los entscheiden lassen; ■**to ~ for sth** um etw *akk* losen, etw durch das Los entscheiden lassen

7 SPORTS (*tie*) unentschieden spielen; ***Coventry drew 1–1 with Manchester United in the semifinals*** im Halbfinale trennten sich Coventry und Manchester United 1:1 unentschieden

◆**draw back I.** *vi* zurückweichen; (*fig*) sich *akk* zurückziehen

II. *vt* ■**to ~ sb back to sth** jdn veranlassen, auf etw *akk* zurückzukommen; ***what drew you back to teaching after so many years in business?*** was hat Sie dazu bewogen, sich nach so vielen Jahren im Geschäftsleben wieder dem Lehrberuf zuzuwenden?; **to ~ sb back to a place** jdn veranlassen, an einen Ort zurückzukehren

◆**draw down** *vt* ■**to ~ down ○ sth** etw hervorrufen; ***her behaviour drew down the disapproval of the church*** mit ihrem Verhalten erregte sie heftiges Missfallen bei der Kirche; ***his careless remark drew down the anger of his mother-in-law*** mit seiner unbedachten Bemerkung zog er sich den Zorn seiner Schwiegermutter zu

◆**draw in I.** *vi* 1 (*arrive and stop*) *train* einfahren; *car* anhalten

2 (*shorten*) *days* kürzer werden

II. *vt* 1 (*involve*) ■**to ~ sb in** jdn hineinziehen; ***I really don't want to be drawn in*** ich möchte da wirklich nicht [mit] hineingezogen werden

2 (*inhale*) **to ~ in a [deep] breath** [tief] Luft [*o* Atem] holen, [tief] einatmen

► PHRASES: **to ~ in one's horns** einen Rückzieher machen; (*scale back*) seine Ziele etwas zurückschrauben; **to ~ in the reins** die Zügel anziehen

◆**draw off** *vt* 1 (*excess liquid*) ■**to ~ off ○ sth** *liquid* etw ablassen; **to ~ off beer** Bier abzapfen; **to ~ off wine** Wein abfüllen; **to ~ off blood** MED Blut abnehmen

2 (*take off*) **to ~ boots/gloves ○ off** Stiefel/Handschuhe ausziehen

◆**draw on** *vi* 1 (*put on*) **to ~ on boots/gloves** Stiefel/Handschuhe anziehen

2 (*pass slowly*) *evening, summer* vergehen; ***as the evening drew on, …*** im Verlauf des Abends …; ***as time drew on, …*** mit der Zeit …

3 (*form: approach [in time]*) näher kommen, nahen *geh;* ***winter ~s on*** der Winter naht

◆**draw out I.** *vt* 1 (*prolong*) ■**to ~ out ○ sth** etw in die Länge ziehen; **to ~ out a discussion** eine Diskussion hinausziehen [*o* in die Länge ziehen]; **to ~ out the vowels** die Vokale dehnen

2 (*pull out sth*) ■**to ~ out ○ sth** etw herausziehen [*o* herausholen]; **to ~ out a pistol** eine Pistole ziehen [*o* zücken]

3 FIN (*withdraw*) ■**to ~ out ○ sth** etw abheben; ***Mike drew $1000 out of his current account*** Mike hob 1000 Dollar von seinem Girokonto ab

4 (*persuade to talk*) ■**to ~ sb out** jdn dazu bringen, aus sich *dat* herauszugehen; ***the interviewer manages to ~ people out [of themselves]*** dem Interviewer gelingt es, die Menschen aus der Reserve zu locken

II. *vi* 1 (*depart*) *train* ausfahren; *car, bus* herausfahren; ***the train drew out of the station*** der Zug verließ den Bahnhof

2 (*lengthen*) *days* länger werden

◆**draw together I.** *vt* ■**to ~ sb together** jdn zusammenbringen, zu einer Annäherung zwischen jdm führen; ***unfortunately, the death of their son did not ~ them together*** der Tod ihres Sohnes brachte sie einander leider nicht näher; ■**to ~ sth together** etw zusammenziehen; ***she drew the folds of her skirt together and ascended the stairs*** sie raffte ihren Rock zusammen und stieg die Treppe hinauf

II. *vi* zusammenrücken; **to ~ closer together** enger [*o* näher] zusammenrücken

◆**draw up I.** *vt* 1 (*draft*) ■**to ~ up sth** etw aufsetzen; **to ~ up the agenda** die Tagesordnung aufstellen [*o* festsetzen]; **to ~ up a codicil** einen Testamentsnachtrag abfassen [*o* ausarbeiten]; **to ~ up a constitution** eine Satzung abfassen; **to ~ up a contract** einen Vertrag abschließen; **to ~ up a curriculum** [*or* **syllabus**] einen Lehrplan aufstellen; **to ~ up guidelines** Richtlinien festlegen; **to ~ up a list** eine Liste aufstellen; **to ~ up a plan** einen Plan entwerfen [*o* ausarbeiten]; **to ~ up a proposal/questionnaire** einen Vorschlag/Fragebogen ausarbeiten; **to ~ up a protocol** ein Protokoll aufnehmen; **to ~ up a report** einen Bericht erstellen [*o* abfassen] [*o* ausarbeiten]; **to ~ up a will** ein Testament errichten

2 (*pull toward one*) ■**to ~ up ○ sth** etw heranziehen [*o* zu sich *dat* ziehen]; ***~ up a chair!*** hol dir doch einen Stuhl!; ***could you ~ up an extra chair, please?*** könnten Sie bitte noch einen Stuhl dazustellen?; ***he drew the blanket up to his chin*** er zog sich die Bettdecke bis ans Kinn

3 (*stand up*) **to ~ oneself up [to one's full height]** (*straighten up*) sich *akk* [zu seiner vollen Größe] aufrichten

II. *vi* 1 (*arrive*) *car* vorfahren; *train* einfahren; ***the limousine drew up to the hotel entrance*** die Limousine fuhr vor dem Hoteleingang vor; ***just ~ up here and I'll get out*** fahr einfach hier ran, dann steige ich aus *fam;* ■**to ~ up with sb** jdn einholen

2 MIL *troops* aufmarschieren; ***the band drew up before the reviewing stand*** die Kapelle stellte sich vor der [Parade]tribüne auf; **to ~ up in full array** in voller Uniform aufmarschieren

drawback *n* Nachteil *m;* ***there are several ~s to your plan*** dein Plan hat einige Haken *fam* **drawbridge** *n* Zugbrücke *f* **drawdown** *n* ECON, FIN [Kredit]inanspruchnahme *f*

drawee [ˌdrɔːˈiː, AM ˌdrɑː-] *n* ECON Trassat *m fachspr,* Bezogene(r) *f(m)*

drawer¹ [ˈdrɔːʳ, AM ˈdrɔːr] *n* Schublade *f;* **chest of ~s** Kommode *f*

► PHRASES: **to be out of the top ~** (*dated*) zu den oberen Zehntausend gehören

drawer² [ˈdrɔːəʳ, AM ˈdrɑːɚ] *n* 1 (*of a cheque*) Aussteller(in) *m(f),* Trassant *m fachspr*

2 (*sb who draws*) Zeichner(in) *m(f)*

drawers [ˈdrɔːz, AM ˈdrɔːrz] *npl* (*dated fam: for men*) Unterhose *f;* (*for women*) Schlüpfer *m*

drawing [ˈdrɔːɪŋ, AM *also* ˈdrɑː-] *n* 1 *no pl* (*art*) Zeichnen *nt;* **the art of ~** die Zeichenkunst

2 (*picture*) Zeichnung *f;* **pen-and-ink/pencil ~** Tusche-/Bleistiftzeichnung *f;* **to make a ~** eine Zeichnung anfertigen

3 (*outline*) Skizze *f,* Entwurf *m*

4 (*technical diagram*) technische Zeichnung, Maßzeichnung *f;* **mechanical ~** technische Zeichnung

drawing board *n* Reißbrett *nt,* Zeichenbrett *nt;* **to go back to the ~** (*fig*) noch einmal von vorn anfangen **drawing pin** *n* BRIT, AUS Reißnagel *m,* Reißzwecke *f* **drawing rights** *npl* FIN Ziehungsrechte *ntpl* **drawing room** *n* (*dated form*) Wohnzimmer *nt,* Salon *m veraltend geh*

drawings *npl* LAW [Privat]entnahmen *nt*

drawl [drɔːl, AM *also* drɑːl] **I.** *n* schleppende Spra-

che, gedehnte Sprechweise; **Texas** ~ breites Texanisch
II. *vi* schleppend [*o* gedehnt] sprechen
III. *vt* ■**to** ~ **sth** etw dehnen [*o* gedehnt [*o* breit] [aus]sprechen]

drawn [drɔːn, AM *also* drɑːn] **I.** *pp of* **draw**
II. *adj* ① (*showing tiredness and strain*) abgespannt; **to look tired and** ~ müde und abgespannt aussehen
② FOOD (*melted*) ~ **butter** Buttersoße *f*
③ SPORTS unentschieden; ~ **game** [*or* **match**] Unentschieden *nt*

drawn out *adj pred,* **drawn-out** *adj attr* lang gezogen, ausgedehnt; ~ **affair** langwierige Angelegenheit

drawstring *n* Kordel *f* zum Zuziehen, Zugband *nt*

drawstring pants *npl* Tunnelzughose *f*

dray [dreɪ] *n* Rollwagen *m,* Tafelwagen *m*

dray horse *n* Zugpferd *nt*

dread [dred] **I.** *vt* ① (*fear greatly*) ■**to** ~ **sth** sich *akk* vor etw *dat* sehr fürchten, vor etw *dat* große Angst haben; ■**to** ~ **doing sth** große Angst haben, etw zu tun; ■**to** ~ **that …** sich *akk* sehr davor fürchten, dass …, große Angst davor haben, dass …; ***I** ~ **to think what would happen if …*** ich wage gar nicht daran zu denken, was geschehen würde, wenn …
② (*look forward to with fear*) ■**to** ~ **sth** vor etw *dat* Angst haben, sich *akk* vor etw *dat* fürchten; ***he's ~ing his driving test*** er hat Angst vor der Fahrprüfung; ■**to** ~ **doing sth** Angst davor haben, etw zu tun; ***I'm ~ing having to ring her*** ich traue mich gar nicht, sie anzurufen
II. *n no pl* Furcht *f,* [große] Angst; **to be** [*or* **stand**] [*or* **live**] **in** ~ **of sth** in [ständiger] Angst vor etw *dat* leben; **to fill sb with** ~ jdn mit Angst und Schrecken erfüllen
III. *adj attr* (*liter*) fürchterlich, schrecklich, furchtbar; **the** ~ **spectre of civil war** das Schreckgespenst eines Bürgerkrieges

dreaded [ˈdredɪd] *adj attr* ① (*form: feared*) gefürchtet
② (*hum iron*) gefürchtet *hum iron;* ***I've got my** ~ **cousin coming to stay!*** mein schrecklicher Cousin kommt zu Besuch!

dreaded lurgy *n* BRIT, AUS (*hum iron fam*) ■**the** ~ eine lästige Krankheit (*als Ausrede für etwas*)

dreadful [ˈdredfᵊl] *adj* ① (*awful*) schrecklich, furchtbar; ~ **accident** schlimmer Unfall; ~ **atrocity** entsetzliche Gräueltat; ~ **mistake** furchtbarer Fehler
② (*of very bad quality*) miserabel, erbärmlich, mies *fam*
③ (*disagreeable*) schrecklich *fam,* furchtbar *fam;* ~ **annoyance** großes Ärgernis; **a** ~ **bore** ein entsetzlich langweiliger Mensch; ~ **bother** [*or* **nuisance**] schreckliche [*o* lästige] Plage

dreadfully [ˈdredfᵊli] *adv* ① (*in a terrible manner*) schrecklich, entsetzlich; ***she behaved*** ~ sie hat sich furchtbar aufgeführt
② (*very poorly*) mies *fam,* grauenhaft *fam;* ***David dances*** ~ David ist ein miserabler Tänzer
③ (*extremely*) schrecklich, furchtbar; ***he was** ~ **upset*** er hat sich furchtbar aufgeregt; ***I'm** ~ **sorry*** es tut mir schrecklich Leid

dreadnought [ˈdrednɔːt] *n* ① HIST (*battleship*) Dreadnought *m*
② (*old: heavy overcoat*) dicker Mantel

dreads [dredz] *npl,* **dreadlocks** *npl* Dreadlocks *pl*

dream [driːm] **I.** *n* ① (*during sleep*) Traum *m;* **bad/pleasant** ~ schlimmer [*o* schlechter]/schöner Traum; **recurring** ~ [immer] wiederkehrender Traum; ■**to have a** ~ [**about sth**] [von etw *dat*] träumen
② (*daydream*) Traum *m,* Träumerei *f;* ■**to be in a** ~ vor sich *akk* hinträumen, mit offenen Augen träumen
③ (*aspiration*) [Wunsch]traum *m;* ***win the house of your ~s*** gewinnen Sie das Haus Ihrer Träume!; **the** ~ **of independence** der Traum von der Unabhängigkeit; **a** ~ **come true** ein in Erfüllung gegangener Traum
④ (*fam: perfect thing, person*) Traum *m fam;* ***his new girlfriend is a** ~**!*** seine neue Freundin ist einfach perfekt!; ***this is a** ~ **of a house*** das ist ein Traum von einem Haus; ***he's got a** ~ **of an apartment*** er hat eine traumhafte Wohnung; **to go/run/work/play like a** ~ wie eine Eins fahren/funktionieren/spielen
► PHRASES: **in your ~s!** du träumst wohl!, nie im Leben!
II. *adj* ① (*ideal*) Traum-; ~ **holiday/house** Traumurlaub *m*/-haus *nt;* **to be** [**living**] **in a** ~ **world** (*pej*) in einer Traumwelt leben *pej*
② (*relating to dreams*) Traum-; ~ **sequence** FILM Traumsequenz *f;* ~ **time** AUS MYTH Traumzeit *f*
III. *vi* <dreamt *or* dreamed, dreamt *or* dreamed> ① (*during sleep*) träumen; ■**to** ~ **about** [*or* **of**] **sb/sth** von jdm/etw träumen; ***what did you** ~ **about last night?*** wovon hast du letzte Nacht geträumt?
② (*fantasize*) ■**to** ~ **of** [*or* **about**] **sth** von etw *dat* träumen; ~ **on!** (*iron*) träum [nur schön] weiter! *iron*
③ (*consider*) ■**to not** ~ **of sth** nicht [einmal] im Traum an etw *akk* denken; ***I wouldn't** ~ **of asking him for money!*** es würde mir nicht im Traum einfallen, ihn um Geld zu bitten
IV. *vt* <dreamt *or* dreamed, dreamt *or* dreamed> ① (*during sleep*) ■**to** ~ **that …** träumen, dass …
② (*imagine*) ■**to** ~ **sth** etw träumen; ***I must have ~t it*** das muss ich wohl geträumt haben
③ (*consider possible*) **to never** ~ **that …** nicht im Traum daran denken, dass …

◆**dream away** *vt* ■**to** ~ **away** ⇔ **sth** ***she's just ~ing away the time*** sie verbringt ihre Zeit mit Träumen

◆**dream up** *vt* ■**to** ~ **up** ⇔ **sth** sich *dat* etw ausdenken

dreamboat *n* (*approv dated fam*) Traummann, Traumfrau *m, f fam,* Schwarm *m*

dreamer [ˈdriːməʳ, AM -ɚ] *n* ① (*person who dreams*) Träumer(in) *m(f)*
② (*pej: impractical person*) Träumer(in) *m(f) pej,* Traumtänzer(in) *m(f) pej*

dreamily [ˈdriːmɪli] *adv* verträumt

dreaminess [ˈdriːmɪnəs] *n no pl* ① (*daydreaming*) Verträumtheit *f*
② (*dreamlike quality*) Träumerei *f*

dreamland *n* (*fam*) Traumland *nt*

dreamless [ˈdriːmləs] *adj* traumlos

dreamlike *adj* traumhaft

dreamt [drem(p)t] *pt, pp of* **dream**

dream team *n* Dreamteam *nt* **dream ticket** *n* POL ideale Besetzung, ideales Team

dream world *n* Traumwelt *f;* **to live in a** ~ (*pej*) in einer Traumwelt leben *pej*

dreamy [ˈdriːmi] *adj* ① (*gorgeous*) zum Träumen; ***the film opens with a** ~ **shot of a sunset*** der Film beginnt mit einem traumhaft schönen Sonnenuntergang
② (*daydreaming*) verträumt; **to get a** ~ **expression on one's face** einen verträumten Gesichtsausdruck bekommen
③ (*approv sl: delightful, wonderful*) traumhaft *fam;* ***I think your brother is just*** ~ ich finde, dein Bruder ist ein echter Schatz

drear [drɪəʳ, AM drɪr] *adj* (*liter*) trübselig; *see also* **dreary**

drearily [drɪərɪli, AM drɪr-] *adv* ① (*depressingly*) trübsinnig *pej,* düster
② (*monotonously*) eintönig, langweilig *pej,* monoton

dreariness [drɪərɪnəs, AM drɪr-] *n no pl* ① (*depressing quality*) Trübseligkeit *f pej,* Tristheit *f pej;* ***the area is noted for the** ~ **of its weather*** die Gegend ist bekannt für ihr trübes Wetter
② (*monotony*) Eintönigkeit *f,* Monotonie *f;* ***he lamented the** ~ **of his life*** er beklagte sich über sein eintöniges Leben

dreary [drɪəri, AM drɪri] *adj* ① (*depressing*) trostlos *pej,* düster; ***the village looked grey and*** ~ das Dorf wirkte grau und trostlos; **a** ~ **day** ein trister [*o* trüber] Tag
② (*bleak*) eintönig, langweilig *pej,* monoton

dreck *n* (*sl*) Mist *m fam,* Dreck *m*

dredge¹ [dredʒ] **I.** *n* ① (*machinery*) Bagger *m;* (*boat*) Schwimmbagger *m,* Nassbagger *m*
② (*net*) Schleppnetz *nt*
II. *vt* ■**to** ~ **sth** ① (*dig out*) etw ausbaggern; **to** ~ **a canal/lake/river** einen Kanal/See/Fluss ausbaggern [*o* nassbaggern] [*o* schlämmen]
② (*search*) etw absuchen

◆**dredge up** *vt* ■**to** ~ **up** ⇔ **sth** ① (*bring to surface*) etw heraufholen
② (*fig: remember*) etw ans Licht zerren [*o* wieder ausgraben]; ***don't let's** ~ **all that up again*** lasst uns das nicht alles wieder aufrühren; **to** ~ **up painful memories** schmerzliche Erinnerungen wecken [*o* wachrufen]

dredge² [dredʒ] *vt* FOOD ■**to** ~ **sth with** [*or* **in**] **sth** etw mit etw *dat* bestreuen [*o* bestäuben]; ~ ***the meat in flour before searing*** wenden Sie das Fleisch vor dem Anbraten kurz in Mehl

dredger¹ [ˈdredʒəʳ, AM -ɚ] *n* (*machine*) Bagger *m;* (*boat*) Schwimmbagger *m,* Nassbagger *m*

dredger² [ˈdredʒəʳ, AM -ɚ] *n* FOOD Streuer *m*

dregs [dregz] *npl* ① (*drink sediment*) [Boden]satz *m kein pl; of coffee* Kaffeesatz *m kein pl;* **to drink sth** [**down**] **to the** ~ etw bis auf den letzten Tropfen austrinken
② (*pej: worst part*) Abschaum *m kein pl pej;* **the** ~ **of society** der Abschaum der Gesellschaft

drench [dren(t)ʃ] *vt* ■**to** ~ **sb/sth** jdn/etw durchnässen; **to get ~ed to the skin** nass bis auf die Haut werden; **to be ~ed in sweat** schweißgebadet sein

drenched [dren(t)ʃt] *adj* völlig durchnässt; ***you're** ~**!*** du bist ja vollkommen durchnässt!; ~ **in blood** blutgetränkt; ~ **in tears** in Tränen aufgelöst

drenching [ˈdrenʃɪŋ] *n* Durchnässen *nt kein pl*

Dresden china [ˌdrezdᵊnˈtʃaɪnə] **I.** *n no pl* Dresdener Porzellan *nt*
II. *n modifier* aus Dresdener Porzellan *nach n*

dress [dres] **I.** *n* <*pl* -es> ① (*woman's garment*) Kleid *nt;* **party** ~ Partykleid *nt;* **long/short** ~ langes/kurzes Kleid; **sleeveless/strapless** ~ ärmelloses/trägerloses Kleid
② *no pl* (*clothing*) Kleidung *f;* **evening** ~ Abendkleidung *f;* **casual** ~ legere Kleidung; **ceremonial** ~ Staat *m;* **formal** ~ Gesellschaftskleidung *f;* **traditional** ~ Tracht *f*
II. *vi* ① (*put on clothing*) sich *akk* anziehen
② (*wear clothing*) sich *akk* kleiden; ***he always ~es fairly casually*** er ist immer ziemlich leger angezogen; **to** ~ **for dinner** sich *akk* zum Abendessen umziehen
III. *vt* ① (*put on clothing*) ■**to** ~ **sb/oneself** jdn/sich *akk* anziehen
② FOOD (*add a dressing*) **to** ~ **a salad** einen Salat anmachen; **to** ~ **vegetables** Gemüse mit einer Soße übergießen
③ (*treat a wound*) **to** ~ **an injury/a wound** eine Verletzung/Wunde verbinden [*o* versorgen]
④ FASHION (*prepare carefully*) ■**to** ~ **sth** etw zurechtmachen; **to** ~ **sb's hair** jds Haare frisieren
⑤ (*decorate*) ■**to** ~ **sth** etw dekorieren [*o* schmücken]; **to** ~ **shop windows** Schaufenster dekorieren; ■**to** ~ **sb** jdn herausputzen

◆**dress down I.** *vi* sich *akk* leger anziehen
II. *vt* ■**to** ~ **down** ⇔ **sb** jdn zurechtweisen [*o fam* herunterputzen], jdm eins auf den Deckel geben *fam;* ***he got ~ed down for nothing*** er wurde wegen nichts zur Schnecke gemacht *fam*

◆**dress up I.** *vi* ① (*wear nice clothes*) sich *akk* herausputzen [*o* schick anziehen]; (*wear formal clothes*) sich *akk* fein machen [*o* elegant anziehen]
② (*disguise oneself*) sich *akk* verkleiden [*o* kostümieren]; ***the children are ~ing up as pirates*** die Kinder verkleiden sich als Piraten; ■**to** ~ **up in sth** sich *akk* mit etw *dat* kostümieren
II. *vt* ① (*dress nicely*) ■**to** ~ **oneself up** sich *akk*

herausputzen [*o* schick anziehen]; (*dress formally*) sich *akk* fein machen [*o* elegant anziehen]
② (*wear costume*) ■**to ~ sb/oneself up** [**as sb/sth**] jdn/sich [als jdn/etw] verkleiden [*o* kostümieren]
③ (*improve*) ■**to ~ sth ⊂ up** etw verschönern; ***I ~ed the pizza up with a few extra tomatoes*** ich verzierte die Pizza mit ein paar zusätzlichen Tomaten; **to ~ up a story** eine Geschichte ausschmücken
④ (*make seem better*) ■**to ~ sth ⊂ up** etw beschönigen; ***the data had been ~ed up a bit so the stockholders wouldn't be alarmed*** die Zahlen waren etwas schöngefärbt, um die Aktionäre nicht zu verschrecken
dressage ['dresɑːʒ, AM drə'sɑːʒ] *n no pl, no art* Dressur *f*, Dressurreiten *nt*
dress circle *n* THEAT erster Rang **dress coat** *n* Frack *m* **dress code** *n* ① (*accepted standard*) Kleiderordnung *f* ② (*required standard*) Bekleidungsvorschriften *fpl*
dressed [drest] *adj* ① *pred, inv* (*clothed*) angezogen, angekleidet *geh*; ***I'm not ~ yet*** ich bin noch nicht angezogen; **to get ~** sich *akk* anziehen
② (*in a specified manner*) gekleidet; **badly/well ~** schlecht/gut gekleidet; **simply/smartly ~** einfach/elegant gekleidet; **to be ~ to kill** aufgedonnert sein *pej fam*; **to be ~ up** elegant gekleidet sein; ***we all got ~ up for the wedding*** wir machten uns alle fein für die Hochzeit; ■**to be ~ for sth** für etw *akk* passend gekleidet sein; ■**to be ~ in sth** etw tragen; ***was he the one who was ~ in that awful suit?*** war das der in dem schrecklichen Anzug?
③ *inv* FOOD (*tossed with a dressing*) angemacht
dressed crab *n* farcierter [*o* mit einer Farce gefüllter] Krebs
dresser ['dresəʳ, AM -ɚ] *n* ① (*person*) **to be a sloppy/snappy/stylish ~** jd sein, der sich salopp/flott/elegant kleidet
② THEAT (*actor's assistant*) Garderobier, Garderobiere *m, f*
③ (*sideboard*) Anrichte *f*, Büfett *nt*
④ AM, CAN (*chest of drawers*) [Frisier]kommode *f*, Toilettentisch *m*
dressing ['dresɪŋ] *n* ① *no pl* (*of clothes*) Tragen *nt* von Kleidung
② (*for salad*) [Salat]soße *f*, Dressing *nt*; **French ~** French Dressing *nt*; **garlic/herb ~** Knoblauch-/Kräutersoße *f*; **salad ~** Salatsoße *f*, Salatdressing *nt*
③ (*for injury*) Verband *m*
dressing-down *n* (*fam*) Zurechtweisung *f*, Standpauke *f fam*; **to get a ~** zurechtgewiesen werden, eins auf den Deckel kriegen *fam*; **to get off with a severe ~** mit einer ernsten Verwarnung davonkommen; **to give sb a ~** jdm eine Standpauke halten *fam*, jdn zusammenstauchen *fam* **dressing gown** *n* Morgenmantel *m veraltend*, Bademantel *m* **dressing room** *n* (*in house*) Ankleideraum *m*; (*in theatre*) [Künstler]garderobe *f*; SPORTS Umkleidekabine *f* **dressing table** *n* Frisierkommode *f*, Toilettentisch *m*
dressmaker *n* [Damen]schneider(in) *m(f)* **dressmaking** I. *n no pl* Schneidern *nt*; ***my aunt does a lot of ~*** meine Tante schneidert sehr viel [selbst]
II. *adj attr, inv* Schneider-; **~ and tailoring shop** Damen- und Herrenschneiderei *f* **dress parade** *n* ① MIL Parade *f* in Galauniform ② FASHION Modenschau *f* **dress rehearsal** *n* THEAT Generalprobe *f* **dress sense** *n no pl* Sinn *m* für Mode **dress shirt** *n* Smokinghemd *nt*, Anzughemd *nt* **dress suit** *n* Abendanzug *m*, Smoking *m* **dress uniform** *n* Galauniform *f*, Paradeuniform *f*; **full-~** große Galauniform
dressy ['dresi] *adj* (*fam*) ① (*stylish*) elegant, schick; **to be a ~ person** immer gut angezogen sein
② (*requiring formal clothes*) vornehm; **~ affair** [*or* **occasion**] besonderer Anlass, besondere Gelegenheit
drew [druː] *pt of* **draw**
dribble ['drɪbl] I. *vi* ① *baby, child* sabbern *fam*, geifern *pej*
② (*trickle*) *tap* tropfen
③ (*fig: arrive in small numbers*) kleckerweise eintreffen *fam*; ***people have started to ~ into the stadium*** die Leute kommen nach und nach ins Stadion
④ (*in basketball*) dribbeln
II. *vt* ① (*let drop*) ■**to ~ sth** etw tropfen lassen, etw träufeln
② SPORTS **to ~ a ball** mit einem Ball dribbeln
III. *n* ① *no pl* (*saliva*) Sabber *m fam*, Geifer *m*
② (*droplet*) Tropfen *m*
③ SPORTS Dribbeln *nt kein pl*, Dribbling *nt kein pl*
dribbler ['drɪbləʳ, AM -ɚ] *n* SPORTS Dribbler(in) *m(f)*, Dribbelkünstler(in) *m(f)*
dribbling ['drɪblɪŋ] *n no pl* SPORTS Dribbling *nt*
driblet ['drɪblət] *n* [kleiner] Tropfen, Tröpfchen *nt*; **in ~s** tröpfchenweise, in kleinen Mengen
dribs [drɪbz] *npl* **in ~ and drabs** (*persons*) in kleinen Gruppen, kleckerweise *fam*; (*things*) in kleinen Mengen, kleckerweise *fam*
dried [draɪd] I. *pt, pp of* **dry**
II. *adj attr, inv* getrocknet, Trocken-; **~ fish** getrockneter Fisch; (*cod*) Stockfisch *m*; **~ flowers** Trockenblumen *fpl*; **~ fruit** Dörrobst *nt*, Backobst *nt*; **~ milk** Trockenmilch *f*, Milchpulver *nt*; **~ mushrooms/peas** getrocknete Pilze/Erbsen
dried up *adj pred*, **dried-up** *adj attr* ausgetrocknet; **~ old maid** (*pej*) vertrocknete alte Jungfer *pej*
drift [drɪft] I. *vi* ① (*be moved*) treiben; *mist, fog, clouds* ziehen; *balloon* schweben; ***we let ourselves ~ downstream*** wir ließen uns flussabwärts treiben; **to ~ out to sea** aufs offene Meer hinaustreiben
② (*move aimlessly*) [ziellos] herumwandern; ***after the meeting, people ~ed away in twos and threes*** nach der Versammlung schlenderten die Leute in Zweier- und Dreiergrüppchen davon
③ (*progress casually*) sich *akk* treiben lassen; ***she just seems to ~ from one boyfriend to another*** sie scheint von einer Beziehung in die nächste zu schlittern; ***the talk ~ed aimlessly from one subject to another*** man kam vom Hundertsten ins Tausendste; **to ~ into crime** in die Kriminalität abdriften; **to ~ into a situation** in eine Situation hineingeraten; **to ~ with the tide** mit dem Strom schwimmen
④ (*pile up*) Verwehungen bilden, angeweht werden; ***snow had ~ed against the garage door*** vor der Garagentür war Schnee angeweht worden
⑤ FIN *prices* leicht nachgeben, schwächer notieren; ***cotton prices ~ed in the first quarter*** Baumwollpreise gaben im ersten Quartal leicht nach
II. *n* ① (*slow movement*) Strömen *nt*; **the ~ of unemployed youth** der Zustrom arbeitsloser Jugendlicher; **~ from the land** Landflucht *f*
② (*slow trend*) Tendenz *f*, Strömung *f*, Trend *m*; **downward ~** Abwärtstrend *m*; ***the downward ~ in copper prices*** der Preisverfall bei Kupfer
③ (*mass*) Wehe *f*, Verwehung *f*; **~ of snow** Schneewehe *f*, Schneeverwehung *f*; **~ of sand** Sandwehe *f*, Haufen *m* Flugsand
④ (*central meaning*) Kernaussage *f*; (*train of thought*) Gedankengang *m*; **to catch** [*or* **follow**] [*or* **get**] **sb's ~** verstehen, was jd sagen will
◆**drift about, drift along** *vi* **to ~ along** [*or* **about**] **with the crowd** mit dem Strom schwimmen, mit der Herde laufen
◆**drift apart** *vi* einander fremd werden, sich *akk* auseinander leben
◆**drift around** *vi* sich *akk* [willenlos] treiben lassen
◆**drift off** *vi* einschlummern, in Schlaf sinken, eindösen *fam*; **to ~ off to sleep** einschlafen, vom Schlaf übermannt werden
drifter ['drɪftəʳ, AM -ɚ] *n* ziellos dahinlebender Mensch, Gammler(in) *m(f) meist pej*; **to be a ~** sich *akk* treiben lassen
drift ice *n no pl* Treibeis *nt*
drifting ['drɪftɪŋ] *adj attr* Treib-; **~ clouds** dahinziehende Wolken; **~ mine** MIL Treibmine *f*; **~ snow** Schneeverwehungen *fpl* **drift net** *n* NAUT Treibnetz *nt* **drift sand** *n no pl* Treibsand *m* **driftwood** *n no pl* Treibholz *nt*
drill¹ [drɪl] I. *n* Bohrer *m*, Bohrgerät *nt*; **electric ~** [Hand]bohrmaschine *f*; **pneumatic ~** Pressluftbohrer *m*, Druckluftbohrer *m*
II. *vt* ① (*in building*) ■**to ~ sth** etw durchbohren; **to ~ a hole/well** ein Loch/einen Brunnen bohren; **to ~ a tooth** bohren
② (*sl: shoot*) ■**to ~ sb** jdm eine Kugel verpassen *fam*; **to ~ sb full of holes** jdn durchlöchern *fam*
III. *vi* bohren; ■**to ~ through sth** etw durchbohren; **to ~ for oil** nach Öl bohren
IV. *n modifier* Bohr-; **~ bit** Bohrspitze *f*, Bohrmeißel *m*; **~ chuck** [*or* **head**] Bohrfutter *nt*; **~ ship** Bohrschiff *nt*
drill² [drɪl] I. *n* ① *no pl* (*training*) hartes Training; MIL Drill *m kein pl*; **to do rifle ~** Schießübungen machen
② (*exercise*) Übung *f*; **fire ~** (*for firemen*) Feuerwehrübung *f*; (*for others*) Probe[feuer]alarm *m*; **to do spelling ~s** Buchstabierübungen machen
③ (*fam: routine procedure*) **what's the ~?** wie geht das?, wie wird das gemacht?; **to know the ~** wissen, wie es geht, den Bogen raushaben *fam*
II. *vt* MIL, SCH ■**to ~ sb** jdn drillen; ***he ~ed the children in what they should say*** er bläute den Kindern ein, was sie sagen sollten
III. *vi* MIL exerzieren
IV. *n modifier* MIL Drill-; **~ ground** Exerzierplatz *m*
drilling ['drɪlɪŋ] *n no pl* Bohren *nt* **drilling rig** *n* (*on land*) Bohrturm *m*; (*offshore*) Bohrinsel *f*
drill sergeant *n* MIL Ausbilder *m*
drily ['draɪli] *adv* ① (*with dry humour*) trocken
② (*coldly*) kühl
drink [drɪŋk] I. *n* ① *no pl* (*liquid nourishment*) Trinken *nt*; **to have no food or ~** nichts zu essen und zu trinken haben
② (*amount*) Getränk *nt*; ***can I get you a ~?*** kann ich Ihnen etwas zu trinken bringen?; **a ~ of coffee/juice/milk** ein Schluck *m* Kaffee/Saft/Milch; **soft ~** Softdrink *m*, alkoholfreies Getränk; **to fill** [*or* **top off**] **sb's ~** jdm nachschenken; **to have a ~** etw trinken
③ *no pl* (*alcohol*) Alkohol *m*; ***he came home smelling of ~*** er kam mit einer [Alkohol]fahne nach Hause
④ (*alcoholic drink*) Drink *m*, Gläschen *nt*; ***I do like a ~ occasionally*** hin und wieder trinke ich schon mal ganz gern ein Schlückchen; ***have we got time for a quick ~?*** haben wir noch Zeit für ein schnelles Gläschen?; ■**~s** *pl* Getränke *ntpl*; ***come for ~s on Saturday*** kommen Sie doch am Samstag auf einen Drink vorbei; ***whose turn is it to buy the ~s?*** wer gibt die nächste Runde aus?
⑤ *no pl* (*excessive alcohol consumption*) Trinken *nt*, Saufen *nt fam*; **~ *was his ruin*** der Alkohol war sein Verderben; **to drive sb to ~** jdn zum Trinker/zur Trinkerin machen; **to take to ~** mit dem Trinken anfangen, sich *dat* das Trinken angewöhnen
⑥ (*fam*) ■**the ~** das Meer
II. *vi* <drank, drunk> ① (*consume liquid*) trinken
② (*consume alcohol*) [Alkohol] trinken; **to ~ heavily** viel trinken, saufen *sl*; **to ~ moderately** [*or* **in moderation**] maßvoll [*o* in Maßen] trinken; **to ~ and drive** unter Alkoholeinfluss [*o* nach dem Trinken] fahren; ■**to ~ to sb/sth** auf jdn/etw trinken [*o* anstoßen]; ***I'll ~ to that*** darauf trinke ich; (*fig*) dem kann ich nur zustimmen
③ (*pej: have alcohol problem*) trinken *pej*; ***her husband ~s*** ihr Mann ist ein Trinker; **to ~ like a fish** saufen *sl*, sich *akk* voll laufen lassen *fam*; ***he ~s like a fish*** er säuft wie ein Loch *sl*
III. *vt* <drank, drunk> ① (*consume beverage*) ■**to ~ sth** etw trinken; ***what would you like to ~?*** was möchten Sie trinken?; **to ~ a bottle of wine/a glass of water** eine Flasche Wein/ein Glas Wasser trinken; **to ~ one's fill** seinen Durst löschen; **to ~ one's soup** seine Suppe essen
② (*consume alcohol*) ■**to ~ sth** etw trinken; **to ~ a toast to sb/sth** auf jdn/etw trinken; **to ~ sb under the table** jdn unter den Tisch trinken; **to ~ oneself to death** sich *akk* zu Tode saufen [*o* totsaufen] *sl*; **to ~ oneself into a stupor** sich *akk* bis zur Besinnungslosigkeit betrinken

❸ (*absorb moisture*) ■**to ~ sth** etw aufsaugen; ***my car ~s petrol*** mein Auto schluckt viel Benzin *fam;* **to ~ water** Wasser [ver]brauchen; ***these plants ~ amazing amounts of water*** diese Pflanzen brauchen erstaunlich viel Wasser

◆**drink down** *vt* ■**to ~ down ↔ sth** etw auf einen Zug austrinken [*o* schnell hinuntertrinken]

◆**drink in** *vt* ■**to ~ in ↔ sth** etw [begierig] in sich *akk* aufnehmen; ***they paused to ~ in the beauty of the view*** sie machten Halt, um den schönen Ausblick auf sich wirken zu lassen; ***they drank in the words of their leader*** sie hingen ihrem Anführer an den Lippen

◆**drink off** *vt* ■**to ~ off ↔ sth** etw [in einem Zug] austrinken [*o* leeren]

◆**drink up I.** *vi* austrinken, leer trinken
II. *vt* ■**to ~ up ↔ sth** etw austrinken [*o* leeren]

drinkable ['drɪŋkəbl] *adj* trinkbar; **~ water** Trinkwasser; **~ wine** süffiger Wein

drink-driver *n* BRIT betrunkener Autofahrer/betrunkene Autofahrerin **drink-driving** *n no pl* BRIT, AUS Trunkenheit *f* am Steuer

drinker ['drɪŋkəʳ, AM -ɚ] *n* ❶ (*of fluids*) Trinkende(r) *f(m),* Trinker(in) *m(f);* **~ of coffee/tea** Kaffee-/Teetrinker(in) *m(f)*
❷ (*of alcohol*) Trinker(in) *m(f);* (*alcoholic*) Alkoholiker(in) *m(f);* **to be a light ~** wenig [*o* kaum] [Alkohol] trinken; **hard** [*or* **heavy**]**/moderate ~** starker/maßvoller Trinker/starke/maßvolle Trinkerin

drinking ['drɪŋkɪŋ] **I.** *n no pl* ❶ (*consumption*) Trinken *nt;* ***this water is not for ~*** das ist kein Trinkwasser
❷ (*of alcohol*) Trinken *nt;* **~ *and driving is dangerous*** Alkohol am Steuer ist gefährlich; **to do a lot of ~** viel [Alkohol] trinken
II. *adj* ❶ (*for drinking from*) Trink-; **~ cup/glass** Trinkbecher *m/*-glas *nt*
❷ (*relating to alcohol*) Trink-; **~ bout** Sauftour *f fam;* **~ habits** Trinkgewohnheiten *fpl*

drinking fountain *n* Trinkwasserbrunnen *m*

drinking problem *n* AM, AUS (*pej: of person*) Alkoholproblem *nt;* (*of society*) Alkoholmissbrauch *m;* **to have a ~** ein Alkoholproblem haben **drinking song** *n* Trinklied *nt* **drinking straw** *n* Strohhalm *m,* Trinkhalm *m* **drinking-up time** *n* BRIT *die letzten zehn Minuten vor der Sperrstunde* **drinking water** *n no pl* Trinkwasser *nt* **drinking-water supply** *n* Trinkwasserversorgung *f;* **subterranean ~** unterirdischer Trinkwasservorrat; **to poison the ~** das Trinkwasser vergiften

drink problem *n* BRIT, AUS (*pej: of person*) Alkoholproblem *nt;* (*of society*) Alkoholmissbrauch *m*

drinks cabinet *n* Hausbar *f* **drinks machine** *n* Getränkeautomat *m* **drinks trolley** *n* Servierwagen *m*

drip [drɪp] **I.** *vi* <-pp-> (*continually*) tropfen; (*in individual drops*) tröpfeln
II. *vt* <-pp-> ■**to ~ sth** etw [herunter]tropfen lassen; **to ~ blood** Blut verlieren
III. *n* ❶ *no pl* (*act of dripping*) Tropfen *nt; of rain* Tröpfeln *nt*
❷ (*drop*) Tropfen *m*
❸ MED Tropf *m;* **to be on a ~** am Tropf hängen, eine Infusion bekommen
❹ (*pej sl: foolish person*) Flasche *f pej fam,* Null *f pej fam*

drip-dry I. *vt* <-ie-> **to ~ clothes** Kleidung tropfnass aufhängen
II. *adj* bügelfrei, knitterfrei

dripping ['drɪpɪŋ] **I.** *adj inv* ❶ (*dropping drips*) tropfend; ■**to be ~** tropfen
❷ (*extremely wet*) klatschnass, triefend; ***Jim was ~ with sweat*** Jim lief der Schweiß herunter
❸ (*hum iron: be covered with sth*) ■**to be ~ with sth** über und über mit etw *dat* behängt sein *hum iron*
II. *adv* **to be ~ wet** klatschnass [*o* patschnass] [*o* vollkommen durchnässt] sein
III. *n* Bratenfett *nt,* Schmalz *nt*

drippy ['drɪpi] *adj* (*pej sl*) ❶ (*stupid*) dumm *pej,* doof *pej fam*
❷ (*sentimental*) rührselig *pej,* kitschig *pej,* schmalzig *pej*

drive [draɪv] **I.** *n* ❶ (*act of driving*) Fahrt *f,* Fahren *nt;* **to go for a ~** eine [Spazier]fahrt machen; **to go for a ~ in the new car** eine Spritztour mit dem neuen Wagen machen; **to take sb out for a ~** jdn auf eine Spazierfahrt mitnehmen, mit jdm spazieren fahren
❷ (*distance driven*) Fahrt *f,* [Fahr]strecke *f;* ***they live a day's ~ north of us*** sie wohnen eine Tagesfahrt nördlich von uns
❸ (*driveway*) Fahrstraße *f,* Fahrweg *m;* (*car entrance*) Einfahrt *f;* (*approaching road*) Zufahrt[sstraße] *f,* Zufahrtsweg *m;* (*to large building*) Auffahrt *f*
❹ *no pl* MECH, TECH (*transmission*) Antrieb *m;* **all-wheel ~** Allradantrieb *m;* **front-wheel ~** Vorderradantrieb *m,* Frontantrieb *m;* AUTO Steuerung *f,* Lenkung *f;* **left-/right-hand ~** Links-/Rechtssteuerung *f*
❺ *no pl* (*energy*) Tatkraft *f,* Dynamik *m,* Energie *f;* PSYCH Trieb *m;* ***she lacks ~*** es fehlt ihr an Elan; **sex ~** Geschlechts-/Sexualtrieb *m,* Libido *f geh;* **to have ~** Schwung [*o* Elan] haben; ***he has the ~ to succeed*** mit seiner Energie wird er es schaffen
❻ (*vigorous campaign*) Aktion *f,* Kampagne *f;* **to organize a ~ to collect money** eine Sammelaktion organisieren; **economy ~** Sparmaßnahmen *fpl;* **to be on an economy ~** Sparmaßnahmen durchführen; **fund-raising ~** Spenden[sammel]aktion *f;* **membership/recruitment ~** Anwerbungskampagne *f,* Mitgliederwerbeaktion *f*
❼ TENNIS, SPORTS (*powerful stroke*) Treibschlag *m,* Treibball *m,* Drive *m*
❽ COMPUT Laufwerk *nt;* **disk ~** Diskettenlaufwerk *nt;* **CD-ROM ~** CD-ROM-Laufwerk *nt*
❾ AGR (*of animals*) Treiben *nt;* **cattle ~** Viehtrieb *m*
II. *vt* <drove, -n> ❶ (*operate vehicle*) ■**to ~ sth** *car, truck* etw fahren; *racing car* etw steuern; *coach* etw lenken; **to ~ an automatic** einen Wagen mit Automatik fahren
❷ (*use vehicle*) ■**to ~ sth** etw fahren; **to ~ a sports car/Porsche** einen Sportwagen/Porsche fahren
❸ (*provide transport*) ■**to ~ sb** jdn fahren; ***I drove my daughter to school*** ich fuhr meine Tochter zur Schule
❹ (*force movement*) ■**to ~ an animal** *mule, ox* ein Tier antreiben; ■**to be driven from a place** aus einem Ort vertrieben werden; (*fig*) ***he ~s himself too hard*** er mutet sich zu viel zu
❺ (*propel*) ■**to ~ sth somewhere** etw irgendwohin treiben; ***the rain was ~n against the windows by the wind*** der Wind peitschte den Regen gegen die Fenster
❻ (*cause to become*) treiben; ***he ~s me crazy*** er macht mich wahnsinnig; ***what drove you to do that?*** was hat Sie dazu gebracht, das zu tun?
❼ (*force into a state*) ■**to ~ sb/sth** [**somewhere**] jdn/etw [irgendwohin] treiben; ***the government has ~n the economy into deep recession*** die Regierung hat die Wirtschaft in eine tiefe Rezession gestürzt; ***a succession of scandals eventually drove the minister out of office*** eine Reihe von Skandalen zwang den Minister schließlich zur Amtsniederlegung; (*hum*) ***banning boxing would simply ~ the sport underground*** ein Verbot des Boxsports würde nur dazu führen, dass dieser Sport heimlich weiter betrieben wird; **to ~ sb to drink** jdn zum Trinken bringen; **to ~ sb to suicide** jdn in den Selbstmord treiben; ■**to ~ sb to do sth** jdn dazu treiben [*o* bewegen] [*o* bringen], etw zu tun; ***it was the arguments that drove her to leave home*** wegen der Streitereien verließ sie schließlich ihr Zuhause
❽ (*render*) **to ~ sb mad** [*or* **crazy**] [*or* **insane**] jdn verrückt machen; ***it's driving me mad!*** das macht mich nochmal wahnsinnig!; **to ~ an animal wild** ein Tier wild machen; **to ~ sb wild** jdn heiß machen *fam*
❾ (*hit into place*) ■**to ~ sth into sth** etw in etw *akk* schlagen [*o* treiben]; **to ~ a post into the ground** einen Pfosten in den Boden rammen; ■**to ~ sth between sth** etw mit etw *dat* spalten; **to ~ a wedge between two people** einen Keil zwischen zwei Menschen treiben
❿ (*provide power*) ■**to ~ sth** *engine* etw antreiben
⓫ (*in golf*) **to ~ a ball** einen Ball treiben
► PHRASES: **to ~ a hard bargain** hart verhandeln; ***you want £2000 for that? you certainly ~ a hard bargain!*** 2000 Pfund wollen Sie dafür? das ist ja wohl total überzogen! *fam;* **to ~ a coach and horses through sth** etw auseinandernehmen *fig;* **to ~ one's message** [*or* **point**] **home** seinen Standpunkt klarmachen
III. *vi* <drove, -n> ❶ (*operate vehicle*) fahren; ***who was driving at the time of the accident?*** wer saß zur Zeit des Unfalls am Steuer?; ***someone drove into the back of his car yesterday*** jemand ist ihm gestern hinten ins Auto gefahren; **to ~ fast/slowly/carefully** schnell/langsam/vorsichtig fahren; **to learn to ~** [Auto] fahren lernen, den Führerschein machen
❷ (*travel by automobile*) mit dem Auto fahren; ***are you going by train? — no, I'm driving*** fahren Sie mit dem Zug? – nein, mit dem Auto; ***I always ~ to work*** ich fahre immer mit dem Auto zur Arbeit; **to ~ on/past** weiter-/vorbeifahren
❸ (*function*) fahren, laufen

◆**drive at** *vi* ■**to be driving at sth** auf etw *akk* hinauswollen; ***what are you driving at?*** worauf wollen Sie hinaus?

◆**drive away I.** *vt* ❶ (*force to leave*) ■**to ~ away ↔ sb/sth** jdn/etw vertreiben [*o* wegjagen]; **to ~ away suspicions** Bedenken zerstreuen
❷ (*in vehicle*) ■**to ~ sb away** jdn wegfahren [*o* wegbringen]
II. *vi* wegfahren, fortfahren

◆**drive off I.** *vt* ■**to ~ off ↔ sb/sth** jdn/etw vertreiben [*o* verjagen]; **to ~ off an attack** einen Angriff zurückschlagen [*o* abwehren]
II. *vi* wegfahren, abfahren; ***they drove off to the registry to get married*** sie machten sich auf den Weg zum Standesamt, um zu heiraten

◆**drive out** *vt* ■**to ~ out ↔ sb/sth** jdn/etw hinausjagen [*o* vertreiben]; **to ~ out an evil spirit** einen bösen Geist austreiben

◆**drive up I.** *vt* ■**to ~ up sth** etw hochtreiben; **to ~ up prices** die Preise hochtreiben
II. *vi* vorfahren

drive belt *n* Treibriemen *m,* Transmissionsriemen *m* **drive-by** *adj attr, inv* **~ killing/murder** Anschlag *m/*Mord *m* von einem vorbeifahrenden Auto aus **drive-by shooting** *n Schießerei aus dem fahrenden Auto heraus* **drive-in** *esp* AM, AUS **I.** *adj attr, inv* Drive-in-, Auto-; **~ window** Autoschalter *m* **II.** *n* ❶ (*restaurant*) Drive-in *nt,* Drive-in-Restaurant *nt* ❷ (*cinema/movie*) Autokino *nt* **drive-in bank** *n esp* AM, AUS Bank *f* mit Autoschalter **drive-in cinema** *n,* **drive-in movie** *n esp* AM, AUS Autokino *nt* **drive-in restaurant** *n esp* AM, AUS Drive-in *nt,* Drive-in-Restaurant *nt*

drivel ['drɪvᵊl] *n no pl* (*pej*) Gefasel *nt pej fam,* Geschwätz *nt pej;* **to talk ~** Blödsinn [*o* Quatsch] daherreden *fam*

drivelling ['drɪvᵊlɪŋ], AM *usu* **driveling** *adj attr, inv* (*pej*) **~ idiot** Volltrottel *m pej fam,* Spinner *m pej fam;* ■**to be ~** Blödsinn daherreden *pej fam*

driven ['drɪvᵊn] **I.** *pp of* **drive**
II. *adj* ❶ (*very ambitious*) ehrgeizig, rührig, geschäftig; ***like most of the lawyers that I know, Rachel is ~*** wie die meisten Anwälte, die ich kenne, will auch Rachel hoch hinaus
❷ (*powered*) betrieben, angetrieben; **electrically ~** elektrisch angetrieben, mit elektrischem Antrieb
❸ *attr* (*propelled by sth*) [voran]getrieben
► PHRASES: **to be as pure as the ~ snow** so unschuldig wie ein Engel sein

-driven *in compounds* betrieben; **gas-/petrol-/steam-~** gas-/benzin-/dampfbetrieben; **propeller-/wind-~** mit Propeller-/Windantrieb; **market-~** ECON marktorientiert

driver ['draɪvəʳ, AM -ɚ] *n* ❶ *of car* [Auto]fahrer(in) *m(f); of lorry* [Lastwagen]fahrer(in) *m(f); of locomo-*

D

tive Führer(in) *m(f); of coach* Kutscher(in) *m(f);* **bus/taxi** ~ Bus-/Taxifahrer(in) *m(f)*
❷ *(golf club)* Driver *m*

driver's ed *n (fam) short for* **driver's education program** ❶ *(from an early age)* Verkehrserziehung *f,* Verkehrserziehungsprogramm *nt* ❷ *(driving school)* Fahrschule *f* **driver's education** *n no pl* AM Fahrunterricht *m* **driver's licence** *n* BRIT, AUS, **driver's license** *n* AM Führerschein *m* **driver's seat** *n* AM, AUS *(driving seat)* Fahrersitz *m;* **to be in the** ~ *(fig)* die Zügel in der Hand haben

drive shaft *n* MECH, TECH Antriebswelle *f;* AUTO Kardanwelle *f*

drive-through AM **I.** *adj attr, inv* Drive-through-
II. *n* Durchfahrt *f*

driveway *n* ❶ *(car entrance)* Einfahrt *f*
❷ *(approach road)* Zufahrt[sstraße] *f,* Zufahrtsweg *m; (to large building)* Auffahrt *f*

driving ['draɪvɪŋ] **I.** *n (of vehicle)* Fahren *nt;* ~ **while under the influence of alcohol** AM Fahren *nt* unter dem Einfluss von Alkohol; **careless** ~ fahrlässiges Fahren; **drunk** ~ Trunkenheit *f* am Steuer; ~ **while intoxicated** AM Fahren *nt* in betrunkenem Zustand; **reckless** ~ rücksichtsloser Fahrstil
II. *adj* ❶ *(on road)* Fahr-; ~ **conditions** Straßenverhältnisse *pl*
❷ *(lashing)* stürmisch; ~ **rain** peitschender Regen; ~ **snow** Schneetreiben *nt*
❸ *(powerfully motivating)* treibend *attr;* ~ **ambition** starker Ehrgeiz

driving force *n no pl* treibende Kraft, Triebfeder *f fig;* ▪**to be the** ~ **behind sth** die treibende Kraft hinter etw *dat* sein **driving instructor** *n* Fahrlehrer(in) *m(f)* **driving lesson** *n* Fahrstunde *f;* ▪~**s** *pl* Fahrunterricht *m kein pl;* ***our son is taking ~s*** unser Sohn macht gerade den Führerschein **driving licence** *n* BRIT Führerschein *m,* Fahrerlaubnis *f form* **driving mirror** *n* Rückspiegel *m;* **to check in the** ~ in den Rückspiegel blicken [*o* schauen] **driving pool** *n* Fuhrpark *m* **driving range** *n (in golf)* Drivingrange *nt* **driving school** *n* Fahrschule *f* **driving seat** *n* BRIT Fahrersitz *m;* **to be in the** ~ *(fig)* die Zügel in der Hand haben **driving test** *n* Fahrprüfung *f;* **to fail one's** ~ die Fahrprüfung nicht bestehen, durch die Fahrprüfung fallen *fam;* **to take one's** ~ die Fahrprüfung machen [*o* ablegen], den Führerschein machen *fam;* **to pass one's** ~ die Fahrprüfung bestehen, durch die Fahrprüfung kommen *fam*

drizzle ['drɪzl] **I.** *n no pl* ❶ *(light rain)* Nieselregen *m,* Sprühregen *m,* Nieseln *nt*
❷ *(small amount of liquid)* ein paar Spritzer [*o* Tropfen]
II. *vi* nieseln
III. *vt* FOOD ▪**to** ~ **sth [over sth]** etw [über etw *akk*] träufeln

drizzly ['drɪzl̩i] *adj* Niesel-, Sprüh-; ***it was a ~ afternoon*** es hat den ganzen Nachmittag genieselt

droll [drəʊl, AM droʊl] *adj* drollig, komisch; **to look at sb with a** ~ **expression** jdn verschmitzt anblicken; ~ **remark** witzige [*o* lustige] Bemerkung

drolly ['drəʊli, AM 'droʊli] *adv* drollig, komisch

dromedary [drɒmədᵊri, AM drɑːmaderi] *n* Dromedar *nt*

drone [drəʊn, AM droʊn] **I.** *n no pl* ❶ *(sound) of a machine* Brummen *nt; of insects* Summen *nt; of a person* monotone Stimme, Geleier *nt pej*
❷ *(male bee)* Drohne *f; (fig pej)* Schmarotzer(in) *m(f) pej*
❸ MUS Bass[ton] *m*
II. *vi* ❶ *(make sound)* summen; *aircraft, engine* brummen
❷ *(speak monotonously)* monoton [*o* eintönig] sprechen, leiern *pej;* **to** ~ **on** in monotonem Tonfall reden

drool [druːl] **I.** *vi* ❶ *(dribble)* sabbern *fam,* geifern
❷ *(fig: feel desire)* **to make sb** ~ jdn verrückt machen *fam,* jdm den Kopf verdrehen; ▪**to** ~ **over sb/sth** von jdm/etw hingerissen sein; ***I can sit for hours, ~ing over recipes*** ich kann stundenlang dasitzen und voller Begeisterung in Rezepten schmökern; ***Astrid ~s over Mulder*** Astrid findet Mulder zum Anbeißen
II. *n no pl* ❶ *(saliva)* Sabber *m fam,* Geifer *m*
❷ *(pej: senseless talk)* Geschwätz *nt pej,* Gefasel *nt pej fam,* Gewäsch *nt pej fam*

droop [druːp] **I.** *vi* ❶ *(hang down)* schlaff herunterhängen; *flowers* die Köpfe hängen lassen; *eyelids* zufallen; ***her breasts are starting to ~*** sie bekommt eine Hängebrust *fam;* ***my spirits ~ at the prospect of work on Monday*** *(fig)* bei der Aussicht auf die Arbeit am Montag sinkt meine Stimmung
❷ *(lack energy)* schlapp sein; *(after work, match, etc)* fertig [*o* erledigt] sein *fam*
II. *n* ❶ *(hang)* Herunterhängen *nt kein pl; of body* Gebeugtsein *nt kein pl; of eyelids* Schwere *f kein pl*
❷ BRIT *(sl: impotence)* Erektionsunfähigkeit *f,* Schlappe *f fam;* **performance-anxiety** ~ die Angst, keinen hochzukriegen *fam*

drooping ['druːpɪŋ] *adj attr, inv* [herunter]hängend; ~ **branches** herabhängende Äste; ~ **eyelids** schwere Augenlider

droopy ['druːpi] *adj (fam)* ❶ *(hanging down)* [schlaff] herabhängend *attr;* ***Clive has a long ~ moustache*** Clive hat einen langen nach unten hängenden Schnurrbart
❷ *(dejected)* mutlos, niedergeschlagen; *(exhausted)* schlapp, matt

drop [drɒp, AM drɑːp]

I. NOUN	II. TRANSITIVE VERB
III. INTRANSITIVE VERB	

I. NOUN

❶ *(vertical distance)* Gefälle *nt; (difference in level)* Höhenunterschied *m;* ***there's a ~ of two metres from the window to the ground*** die Distanz zwischen Fenster und Boden beträgt zwei Meter; **a sheer** ~ ein steiles Gefälle
❷ *(decrease)* Rückgang *m,* Fall *m;* ***the ~ in magazine subscriptions is causing concern*** die Abnahme der Zeitschriftenabonnements ist Besorgnis erregend; ~ **in temperatures** Temperaturrückgang *m*
❸ *(by aircraft)* Abwurf *m;* ***the supplies were delivered by air ~*** die Vorräte wurden mit dem Fallschirm abgeworfen; **food/letter** ~ Futter-/Postabwurf *m;* ~ **of medical supplies** Abwurf *m* von medizinischen Versorgungsgütern
❹ *of liquid* Tropfen *m;* ~ **of rain/water** Regen-/Wassertropfen *m;* ~**s of paint** Farbspritzer *mpl;* ~ **by** ~ tropfenweise; ▪~**s** *pl* MED Tropfen *mpl*
❺ *(fam: drink)* Schluck *m fam,* Gläschen *nt fam;* ***a ~ more juice/whisky/wine*** noch einen Schluck Saft/Whisky/Wein; ***wine anyone? — just a ~ for me please*** will jemand Wein? – für mich bitte nur ganz wenig; **to have had a** ~ **too much [to drink]** ein Glas über den Durst getrunken haben *hum fam,* einen sitzen haben *fam;* **to have** [*or* **take**] **a** ~ sich *dat* einen genehmigen *hum fam;* **to like a wee** ~ BRIT ganz gerne mal einen Schluck trinken; **to not touch a** ~ keinen Tropfen anrühren
❻ *(boiled sweet)* Bonbon *m o nt;* **fruit** ~ Fruchtbonbon *nt*
❼ *(collection point)* [Geheim]versteck *nt*
❽ *(execution by hanging)* ▪**the** ~ *(dated fam)* [Tod *m* durch] Erhängen *nt;* ***he's for the ~*** er soll gehängt werden
► PHRASES: **at the** ~ **of a** **<u>hat</u>** im Handumdrehen, prompt; **a** ~ **in the** **<u>ocean</u>** ein Tropfen *m* auf den heißen Stein *fig;* **to** **<u>get</u>** [*or* **<u>have</u>**] **the** ~ **on sb** jdm zuvorkommen

II. TRANSITIVE VERB

<-pp-> ❶ *(cause to fall)* ▪**to** ~ **sth** etw fallen lassen; ***leaflets were ~ped on the town*** über der Stadt wurden Flugblätter abgeworfen; **to** ~ **anchor** Anker werfen, den Anker auswerfen, vor Anker gehen; **to** ~ **ballast/a bomb** Ballast/eine Bombe abwerfen; **to** ~ **a bombshell** *(fig)* eine Bombe platzen lassen *fig fam;* **to** ~ **a depth charge** eine Wasserbombe abschießen; **to** ~ **a stitch** eine Masche fallen lassen
❷ *(lower)* ▪**to** ~ **sth** etw senken; ***you can ~ your arm now, Claire*** du kannst deinen Arm jetzt herunternehmen, Claire; **to** ~ **one's eyes** die Augen niederschlagen [*o geh* senken]; **to** ~ **prices** die Preise senken; **to** ~ **one's voice** die Stimme senken
❸ *(fam: send)* **to** ~ **sth in the post** [*or* AM **mail**] etw in die Post tun *fam;* **to** ~ **sb a line/postcard** jdm ein paar Zeilen/eine [Post]karte schreiben; **to** ~ **a letter into a mailbox** AM einen Brief einwerfen
❹ *(dismiss)* **to** ~ **sb [from his job]** jdn entlassen
❺ *(give up)* ▪**to** ~ **sth** etw aufgeben [*o fig* fallen lassen]; ***I'm going to ~ aerobics next year*** nächstes Jahr höre ich mit Aerobic auf; ***let's ~ the subject*** lassen wir das Thema; **to** ~ **an allegation/charges** eine Behauptung/die Anklage fallen lassen; **to** ~ **a course** aus einem Kurs aussteigen *fam;* **to** ~ **a demand** von einer Forderung abgehen; **to** ~ **everything** alles stehen und liegen lassen; **to let it** ~ es auf sich *dat* beruhen lassen
❻ *(abandon)* ▪**to** ~ **sb** jdn fallen lassen *fig,* mit jdm nichts mehr zu tun haben wollen; *(end a relationship)* mit jdm Schluss machen *fam;* **to** ~ **sb like a hot brick** [*or* **potato**] *(fig)* jdn wie eine heiße Kartoffel fallen lassen *fam*
❼ SPORTS **to** ~ **sb from a team** jdn aus einer Mannschaft ausschließen
❽ *(leave out)* ▪**to** ~ **sth** etw weglassen; **to** ~ **one's aitches** [*or* **h's**] BRIT, AUS den Buchstaben ‚h' [im Anlaut] nicht aussprechen [*o fam* verschlucken] *(euphemistisch für jemanden, der zur Unterschicht gehört)*
❾ *(fam: tell indirectly)* **to** ~ **[sb] a hint** [*or* **some hints**] [jdm gegenüber] eine Anspielung [*o* Andeutung] machen; ***I've been dropping hints that I would like to be invited*** ich habe durchblicken lassen, dass ich gerne eingeladen werden würde *fam;* **to** ~ **a remark** eine Bemerkung fallen lassen; **to** ~ **a word in sb's ear [about sth]** einmal mit jdm [über etw *akk*] sprechen; ***don't worry — I've ~ped a word in his ear*** mach dir keine Sorgen, ich habe ihn schon bearbeitet *fam*
► PHRASES: **to** ~ **the** **<u>ball</u>** AM einen Schnitzer machen; **to** ~ **a** **<u>brick</u>** [*or* BRIT **<u>clanger</u>**] ins Fettnäpfchen treten *hum fam;* **to** ~ **one's** **<u>guard</u>** *(cease being careful)* unvorsichtig sein; *(allow sb to get closer)* seine Reserviertheit aufgeben; **to** ~ **a** **<u>name</u>**, **to** **<u>name</u>**-~ *bekannte Persönlichkeiten beiläufig erwähnen und so tun, als würde man sie gut kennen, um andere zu beeindrucken;* **to** ~ **sb** **<u>right</u>** **in it** *(fam)* jdn [ganz schön] reinreiten *fam;* **to** **<u>let</u>** **it** ~ **that ...** beiläufig erwähnen, dass ...; *(make known)* etw durchblicken lassen

III. INTRANSITIVE VERB

<-pp-> ❶ *(descend)* [herunter]fallen; **to** ~ **into a chair** in einen Sessel fallen [*o* sinken]; ***when he heard that he wasn't going to be invited his jaw ~ped*** als er hörte, dass er nicht eingeladen war, klappte ihm der Unterkiefer herunter; ***the curtain ~ped*** THEAT der Vorhang ist gefallen; *(fig)* ***the curtain has ~ped on communist rule*** über die kommunistische Herrschaft ist endgültig der Vorhang gefallen
❷ *(become lower)* *land* sinken; *water level* fallen, sich *akk* senken; *prices, temperatures* sinken, zurückgehen, fallen
❸ *(fam: become exhausted)* umfallen, umsinken; **to** ~ **with exhaustion** [*or* **tiredness**] vor Erschöpfung umfallen; **to be fit** [*or* **ready**] **to** ~ zum Umfallen müde sein; **to** ~ **[down] dead** tot umfallen; ~ ***dead!*** *(fam)* scher dich zum Teufel! *fam;* ***people are ~ping like flies here*** *(fam)* die Leute fallen hier um wie die Fliegen *fam*
► PHRASES: **the** **<u>penny</u>** ~**ped** *esp* BRIT der Groschen ist gefallen *fam*

◆**drop away** *vi* ❶ *(decrease)* sich *akk* verringern; *interest, support* sinken
❷ *(become lower)* *land* [steil] abfallen

◆**drop back** *vi* ① (*lose position*) zurückfallen
② (*concede position*) sich *akk* zurückfallen lassen
◆**drop behind** *vi* zurückfallen; ■**to ~ behind in sth** mit etw *dat* im Rückstand sein [*o fam* hinterherhinken]; ***she ~ped behind in her schoolwork*** sie hat in der Schule den Anschluss verloren
◆**drop by** *vi* (*fam*) vorbeischauen *fam,* vorbeikommen *fam*
◆**drop in** *vi* (*fam*) vorbeischauen *fam,* vorbeikommen *fam;* ■**to ~ in on sb** bei jdm vorbeischauen *fam;* ***he doesn't mind people ~ping in on him*** es stört ihn nicht, wenn Leute einfach unangemeldet bei ihm hereinschneien *fam*
◆**drop into** *vi* ① (*visit briefly*) **to ~ into a bar/a shop** in eine Bar/ein Geschäft hineingehen
② (*revert to*) ■**to ~ into sth** in etw *akk* [ver]fallen; ***she tends to ~ into her dialect when she gets excited*** sie verfällt immer in ihren Dialekt, wenn sie aufgeregt ist
◆**drop off** I. *vt* (*fam*) ■**to ~ sth ↔ off** etw abliefern; ■**to ~ sb ↔ off** jdn absetzen; *passengers* jdn aussteigen lassen; ***where do you want to be ~ped off?*** wo soll ich dich absetzen?
II. *vi* ① (*fall off*) abfallen; ***in autumn the leaves ~ off the trees*** im Herbst fallen die Blätter von den Bäumen
② (*decrease*) sich *akk* verringern, zurückgehen; *support, interest* nachlassen
③ (*fam: fall asleep*) einschlafen; **to ~ off to sleep** einnicken *fam,* einschlafen
◆**drop out** *vi* ① (*give up membership*) ausscheiden; ***was he thrown out or did he ~ out?*** wurde er rausgeworfen oder ist er von sich aus ausgetreten?; **to ~ out of a course/school/university** einen Kurs/die Schule/das Studium abbrechen
② *of society* aussteigen *fam*
③ LING ausgelassen [*o* weggelassen] werden; ***words like 'thee' have ~ped out of modern English*** Wörter wie ‚thee' sind aus dem Neuenglischen verschwunden
◆**drop round** BRIT I. *vi* (*fam*) vorbeischauen *fam,* vorbeikommen *fam*
II. *vt* (*fam*) ■**to ~ sth round** etw vorbeibringen *fam*

---

drop cloth *n* AM (*dust sheet*) Staubdecke *f* **drop-dead** I. *adv* wahnsinnig *fam;* **~ gorgeous** [*or* **handsome**] wahnsinnig gut aussehend *fam* II. *adj attr* (*approv*) umwerfend *fam,* atemberaubend **drop-down menu** *n* COMPUT Pull-down-Menü *nt fachspr* **drop earrings** *npl* Ohrringe *mpl* in Tropfenform **drop goal** *n* (*in football, rugby*) Dropgoal *nt* **drop in** *n* COMPUT Störsignal *nt* **drop-in center** AM, **drop-in centre** *n,* **drop-in facility** *n* Beratungsstelle *f* **drop kick** *n* SPORTS (*in American football*) Dropkick *m fachspr;* (*in rugby*) Sprungtritt *m fachspr* **drop-leaf table** *n* Klapptisch *m*
droplet ['drɒplət, AM 'drɑːp-] *n* Tröpfchen *nt*
droplock bond *n* ECON, FIN *Wertpapier, das variabel verzinslich emittiert wurde, aber zu einem festverzinslichen Titel wird, wenn das Zinsniveau eine bestimmte Untergrenze erreicht hat*
dropout *n* ① (*from university*) [Studien]abbrecher(in) *m(f);* AM (*from school*) [**high school**] ~ Schulabgänger(in) *m(f)*
② (*from conventional lifestyle*) Aussteiger(in) *m(f) fam*
③ COMPUT (*incorrect magnetization*) Ausfall *m*
④ COMPUT (*loss of signals*) Signalausfall *m*
dropper ['drɒpəʳ, AM 'drɑːpɚ] *n* Tropfenzähler *m,* Tropfer *m*
droppings ['drɒpɪŋz, AM 'drɑːp-] *npl of horse, sheep* Mist *m;* (*of horse also*) Pferdeäpfel *mpl; of mice, rats* Dreck *m kein pl;* **bird** ~ Vogeldreck *m;* **sheep** ~ Schafmist *m*
drop shot *n* TENNIS Stopp[ball] *m fachspr*
dropsy <*pl* -ies> ['drɒpsi, AM 'drɑːp] *n* (*dated*) *see* **oedema** Ödem *m*
dross [drɒs, AM drɑːs] *n no pl* Schrott *m fig fam,* Müll *m fig fam;* **human** ~ (*pej*) Abschaum *m pej*
drought [draʊt] *n* ① *no pl* (*aridity*) Trockenheit *f,* Dürre *f*
② (*dry period*) Dürre[periode] *f*
drove¹ [drəʊv, AM droʊv] I. *n* ① *of animals* Herde *f;* **a ~ of cattle** eine Herde Rinder [*o* Rinderherde]
② (*many*) ■**~s** *pl* (*fam*) *of people* Scharen *fpl* (**of** von +*dat*); **in** [*or* BRIT **in their**] **~s** in Scharen *fpl*
II. *vt* **to ~ cattle/sheep** Vieh/Schafe treiben
drove² [drəʊv, AM droʊv] *pt of* **drive**
drover ['drəʊvəʳ, AM 'droʊvɚ] *n* Viehtreiber(in) *m(f)*
drown [draʊn] I. *vt* ① (*kill*) ■**to ~ sb/an animal** jdn/ein Tier ertränken; (*cause to die*) ■**to be ~ed** ertrinken; **to look like a ~ed rat** (*fam*) pudelnass sein *fam*
② (*cover*) ■**to ~ sth** etw überfluten; ***he ~s his food in ketchup*** (*fig*) er tränkt sein Essen in Ketchup
③ (*make inaudible*) ■**to ~ sth** etw übertönen
▸ PHRASES: **a ~ing man will clutch at a straw** (*prov*) ein Ertrinkender klammert sich an jeden Strohhalm; **to ~ one's sorrows in drink** seinen Kummer [*o* seine Sorgen] im Alkohol ertränken
II. *vi* ① (*die*) ertrinken
② (*fig fam: have too much*) **to ~ in sth** in etw *dat* ertrinken *fig*
◆**drown out** *vt* ■**to ~ out ↔ sth** etw übertönen; ■**to ~ out ↔ sb** jdn niederschreien [*o* übertönen]
drowse [draʊz] *vi* dösen *fam,* dämmern
drowsily ['draʊzɪli] *adv* schläfrig
drowsiness ['draʊzɪnəs] *n no pl* Schläfrigkeit *f;* **to cause** ~ müde [*o* schläfrig] machen
drowsy ['draʊzi] *adj* schläfrig; (*after waking up*) verschlafen
drub <-bb-> [drʌb] *vt* ■**to ~ sb/sth** ① (*hit or beat repeatedly*) jdn/etw verprügeln
② (*fam: defeat thoroughly*) jdn/etw vernichtend schlagen
drubbing ['drʌbɪŋ] *n usu sing* (*fam*) ① SPORTS (*defeat*) Niederlage *f;* **to get** [*or* **receive**] **a severe** ~ eine schwere Niederlage erleiden *fam*
② (*beating*) [Tracht *f*] Prügel, Abreibung *f fam;* **to give sb a ~** jdm eine Tracht Prügel verpassen; **to be given a ~ by sb** von jdm [eine Tracht] Prügel beziehen; **to take a ~** Prügel beziehen [*o* einstecken] *fam*
drudge [drʌdʒ] I. *n* Kuli *m pej,* Arbeitstier *nt fig, oft pej*
II. *vi* schuften *fam,* sich *akk* [ab]plagen [*o* abrackern] *fam*
drudgery ['drʌdʒəri, AM -ɚi] *n no pl* Schufterei *f fam,* Plackerei *f fam*
drug [drʌg] I. *n* ① (*medicine*) Medikament *nt,* Arznei *f,* Arzneimittel *nt;* **to be on/take ~s** [**for sth**] Medikamente [gegen etw *akk*] [ein]nehmen
② (*narcotic*) Droge *f,* Rauschgift *nt;* **controlled ~s** illegale Drogen; **dangerous ~s** gesundheitsgefährdende Drogen; **to be on** [*or fam* **do**] [*or* **take**] **~s** Drogen nehmen, drogensüchtig [*o* rauschgiftsüchtig] sein
③ (*fig: something addictive*) Droge *f fig*
II. *vt* <-gg-> ① MED (*sedate*) ■**to ~ sb** jdm Beruhigungsmittel verabreichen; **to be ~ged to the eyeballs** (*fam*) mit Medikamenten voll gepumpt sein *fam*
② (*secretly*) ■**to ~ sb** jdn unter Drogen setzen
drug abuse *n* Drogenmissbrauch *m* **drug addict** *n* Drogenabhängige(r) *f(m),* Drogensüchtige(r) *f(m)* **drug addiction** *n no pl* Drogenabhängigkeit *f,* Drogensucht *f* **drug baron** *n esp* BRIT Drogenboss *m* **drug charge** *n* Anklage *f* wegen Drogenbesitzes; **to be on ~s** wegen Drogenbesitzes angeklagt sein **drug company** *n* Arzneimittelhersteller *m* **drug consumption** *n no pl* Drogenkonsum *m* **drug culture** *n* Drogenszene *f* **drug dealer** *n* Drogenhändler(in) *m(f),* Dealer(in) *m(f)* **drug dependency** *n no pl* Drogenabhängigkeit *f*
drugged [drʌgd] *adj pred* ■**to be** ~ ① MED (*sedated*) betäubt sein
② (*with illegal substances*) unter Drogen stehen
druggie ['drʌgi] I. *n* (*pej sl: heroin addict*) Fixer(in) *m(f) fam;* (*user of hashish or marijuana*) Kiffer(in) *m(f) sl;* (*cocain addict*) Kokser(in) *m(f) sl*
II. *n modifier* (*attitude, boyfriend, talk*) Fixer- *sl;* **~ haze** Drogennebel *m;* **~ world** Drogenszene *f*
druggist ['drʌgɪst] *n* AM (*pharmacist*) Apotheker(in) *m(f)*
druggy ['drʌgi] *adj* (*sl*) auf dem Trip *sl,* auf Drogen *nach n*
drug lord *n* AM Drogenboss *m* **drug manufacturer** *n* Arzneimittelhersteller *m* **drug overdose** *n* Überdosis *f* Drogen **drug peddler** *n* (*pej fam*), **drug pusher** *n* (*pej fam*), **drugs dealer** *n* BRIT Drogenhändler(in) *m(f),* Dealer(in) *m(f)* **drugs overdose** *n* BRIT Überdosis *f* Drogen **drug squad** *n,* **drugs squad** *n* BRIT Drogenfahndung *f* **drugstore** *n* AM Drogerie *f* **drug taking** *n no pl* Einnahme *f* von Drogen **drug testing** *n no pl* Drogentest *m* **drug therapy** *n* medikamentöse Behandlung **drug traffic** *n* Drogenhandel *m* **drug trafficker** *n* Drogenhändler(in) *m(f)* **drug trafficking** *n no pl* Drogenhandel *m* **drug user** *n* Drogenabhängige(r) *f(m)*
druid ['druːɪd] *n* Druide *m*
drum [drʌm] I. *n* ① MUS Trommel *f;* **bass** ~ Basstrommel *f;* **beat of a ~** Trommelschlag *m;* **bongo** ~ Bongotrommel *f;* **roll of ~s** Trommelwirbel *m;* **snare** ~ kleine Trommel, Militärtrommel *f;* **steel** ~ Steeldrum *f;* ■**~s** *pl* (*drum kit*) Schlagzeug *nt*
② (*sound*) **~ of hooves** Pferdegetrappel *nt*
③ (*for storage*) Trommel *f;* **oil** ~ Ölfass *nt;* **~ of pesticide** Pestizidbehälter *m*
④ (*machine part*) Trommel *f*
⑤ (*eardrum*) Trommelfell *nt*
▸ PHRASES: **to bang** [*or* **beat**] **the ~** [**for sb/sth**] [für jdn/etw] die [Werbe]trommel rühren *fam*
II. *vi* <-mm-> ① MUS trommeln; (*on a drum kit*) Schlagzeug spielen
② (*strike repeatedly*) ■**to ~ on sth** auf etw *akk* trommeln; ***she ~med impatiently on the table*** sie trommelte ungeduldig [mit den Fingern] auf den Tisch; ***the rain ~med loudly on the tin roof*** der Regen trommelte laut auf das Blechdach
III. *vt* <-mm-> (*fam*) ① (*make noise*) **to ~ one's fingers** [**on the table**] [mit den Fingern] auf den Tisch trommeln
② (*repeat*) ■**to ~ sth into sb** jdm etw einhämmern *fam*
◆**drum out** *vt* ■**to ~ sb out of sth** [*or* **out sb from sth**] jdn aus etw *dat* ausstoßen, jdn [mit Schimpf und Schande] aus etw *dat* jagen; **to ~ sb out of office** jdn hinauswerfen *fam*
◆**drum up** *vt* (*fam*) **to ~ up business** Geschäfte anbahnen; **to ~ up clients** Kunden auftreiben; **to ~ up enthusiasm** Begeisterung entfachen *geh;* **to ~ up support for sb/sth** Unterstützung für jdn/etw suchen [*o* organisieren]
drumbeat *n* Trommelschlag *m* **drum brake** *n* TRANSP Trommelbremse *f* **drumhead** I. *n* MUS [Trommel]fell *nt,* Schlagfell *nt fachspr* II. *adj attr, inv* provisorisch; **~ court martial** Standgericht *nt* **drum kit** *n esp* BRIT Schlagzeug *nt* **drum machine** *n* Trommelsynthesizer *m,* Drum Machine *f* **drum major** *n* Tambourmajor *m* **drum majorette** *n esp* AM Tambourmajorin *f*
drummer ['drʌməʳ, AM -ɚ] *n* ① MUS Trommler(in) *m(f);* (*playing the drums*) Schlagzeuger(in) *m(f)*
② *esp* AM (*dated: travelling salesman*) Vertreter(in) *m(f),* Handlungsreisende(r) *f(m) fachspr*
drum roll *n* Trommelwirbel *m* **drum set** *n* AM (*drum kit*) Schlagzeug *nt* **drumstick** *n* ① MUS Trommelstock *m,* Trommelschlägel *m* ② FOOD Keule *f,* Schlegel *m* SÜDD, ÖSTERR
drunk [drʌŋk] I. *adj* ① (*inebriated*) betrunken; ***he was charged with being ~ and disorderly*** er wurde wegen Erregung öffentlichen Ärgernisses durch Trunkenheit angeklagt; **~ driving** Trunkenheit *f* am Steuer; **~ and disorderly** betrunken und öffentliches Ärgernis erregend; **to be ~ as a lord** [*or* **skunk**] (*fam*) total blau [*o* voll] sein *fam;* **to be blind** [*or fam* **dead**] ~ stockbetrunken *fam* [*o sl* stockbesoffen] sein; **to get ~** sich *akk* betrinken; **to be/get ~ on sth** von etw *dat* betrunken sein/werden; (*fig*) **punch** ~ betäubt, benommen

D

2 (*fig: overcome*) trunken *poet;* ■**to be ~ with sth** trunken vor etw *dat* sein; **to be ~ with joy** freudetrunken [*o* trunken vor Freude] sein *poet;* **to be ~ with success** vom Erfolg berauscht sein *poet*
II. *n* (*pej*) 1 (*person*) Betrunkene(r) *f(m);* (*addicted drinker*) Trinker(in) *m(f)*
2 (*fam: drinking spree*) **to be/go on a ~** eine Kneipentour machen *fam*
III. *vt, vi pp of* **drink**
drunkard ['drʌŋkəd, AM -ɚd] *n* (*pej*) Betrunkene(r) *f(m);* (*addicted drinker*) Trinker(in) *m(f)*
drunken ['drʌŋkᵊn] *adj attr* (*pej*) 1 *person* betrunken, versoffen *sl;* **~ bum** (*fam*) versoffener Penner *sl,* Trunkenbold *m veraltend fam*
2 (*involving alcohol*) **~ brawl** Streit *m* zwischen Betrunkenen; **~ driving** AM LAW Trunkenheit *f* am Steuer; **~ orgy** Trinkgelage *nt meist hum,* Saufgelage *nt pej fam;* **in a ~ stupor** im Vollrausch
drunkenly ['drʌŋkᵊnli] *adv* betrunken
drunkenness ['drʌŋkᵊnnəs] *n no pl* 1 (*state*) Betrunkenheit *f*
2 (*addiction*) Trunksucht *f*
dry [draɪ] **I.** *adj* <-ier, -iest *or* -er, -est> 1 (*not wet*) trocken; ***the kettle has boiled ~*** das ganze Wasser im Kessel ist verdampft; **to be [as] ~ as a bone, to be bone-~** (*fam*) knochentrocken [*o* staubtrocken] sein *fam;* **~ bread** trockenes Brot; **to go ~** austrocknen
2 *hair, skin* trocken
3 *river, well, pond* ausgetrocknet; **to go** [*or* **run**] **~** austrocknen; **to run ~** *source* versiegen
4 METEO trocken; *climate also* niederschlagsfrei; *soil also* dürr
5 (*lacking lubrication*) trocken; **~ cough** trockener Husten; **~ throat** trockene Kehle
6 (*without alcohol*) alkoholfrei; **~ bar** Bar *f* ohne Alkoholausschank; **~ party** Fest *nt* ohne alkoholische Getränke; **~ state** Staat *m* mit Alkoholverbot
7 (*not sweet*) *drink* trocken; *wine also* herb
8 (*pej: uninteresting*) *speech, writing* trocken, nüchtern; (*cold*) kühl; **as ~ as dust** sterbenslangweilig, stinklangweilig *fam*
9 (*approv: understated*) trocken; **~ [sense of] humour** [*or* AM **humor**]**/wit** trockener Humor
► PHRASES: **to <u>bleed</u> sb ~** jdn ausnehmen; **to <u>come</u> up ~** AM erfolglos sein; **to <u>run</u> ~** unproduktiv werden
II. *n* <*pl* **dries** *or* -s> 1 (*inside*) ■**the ~** das Trockene; ***come into the ~*** komm ins Trockene
2 (*drought*) Dürre *f*
3 AM (*fam: prohibitionist*) Prohibitionist(in) *m(f),* Alkoholgegner(in) *m(f)*
III. *vt* <-ie-> ■**to ~ sth** etw trocknen; *fruit, meat* etw dörren; (*dry out*) etw austrocknen; (*dry up*) etw abtrocknen; **~ *your eyes!*** wisch dir die Tränen ab!; (*stop crying*) hör auf zu weinen!; **to ~ the dishes** [das Geschirr] abtrocknen; **to ~ flowers** Blumen trocknen; **to ~ one's hands** sich *dat* die Hände abtrocknen; **to ~ the laundry** die Wäsche trocknen; ■**to ~ oneself** sich *akk* abtrocknen
IV. *vi* <-ie-> 1 (*lose moisture*) trocknen; **to put sth out to ~** etw zum Trocknen raushängen
2 (*dry up*) abtrocknen
3 THEAT (*fam: forget one's lines*) stecken bleiben
◆**dry off I.** *vt* ■**to ~ off** ⊂ **sb/sth/oneself** jdn/etw/sich abtrocknen
II. *vi* trocknen
◆**dry out I.** *vi* 1 (*become moistureless*) austrocknen
2 (*stop drinking*) *alcoholic* trocken werden *fam;* (*sober up*) *drunk person* ausnüchtern
II. *vt* ■**to ~ sth** ⊂ **out** etw austrocknen; (*leave to dry*) etw trocknen [lassen]
◆**dry up I.** *vi* 1 (*become dry*) austrocknen; *source, spring, well* versiegen
2 (*dry the dishes*) abtrocknen
3 (*evaporate*) *liquid* trocknen
4 (*fig: stop talking*) den Faden verlieren; (*on stage*) stecken bleiben *fam*
5 (*fig: run out*) *funds* schrumpfen; *source* versiegen *fig; supply* ausbleiben; *conversation* versiegen *fig*

II. *vt* ■**to ~ up** ⊂ **sth** 1 (*after washing-up*) etw abtrocknen
2 (*dry out*) etw austrocknen
III. *interj* (*fam!: shut up!*) halt die Klappe! *sl*
dryad ['draɪæd] *n* Dryade *f meist pl,* Waldnymphe *f*
dry cell *n* ELEC Trockenelement *nt fachspr,* Trockenzelle *f fachspr* **dry cell battery** *n* Trockenbatterie *f fachspr* **dry-clean** *vt* ■**to ~ sth** etw chemisch reinigen; '**~ *only*'** ‚chemisch reinigen' **dry cleaner's** *n* Reinigung *f* **dry cleaning** *n no pl* [chemische] Reinigung **dry dock** *n* Trockendock *nt;* **to be in ~** im Trockendock liegen
dryer ['draɪəʳ, AM -ɚ] *n* 1 (*for laundry*) [Wäsche]trockner *m*
2 (*for hair*) Fön *m;* (*overhead*) Trockenhaube *f*
dry-eyed *adj* trockenen Auges *geh* **dry fly** *n* (*in fishing*) Trockenfliege *f* **dry-fly fishing** *n no pl* Fischen *nt* mit Trockenfliegen **dry goods** *npl* AM (*haberdashery*) Kurzwaren *pl;* (*drapery*) Stoffe *pl,* Textilwaren *pl* **dry ice** *n no pl* Trockeneis *nt*
drying ['draɪɪŋ] *n,* **drying up** *n no pl of dishes* Abtrocknen *nt*
dry land *no pl n* Festland *nt;* **to be back on ~** wieder festen Boden unter den Füßen haben
dryly ['draɪli] *adv* trocken
dry measure *n* Trockenmaß *nt*
dryness ['draɪnəs] *n no pl* 1 (*not wetness*) Trockenheit *f*
2 (*drought*) Dürre *f*
3 *of alcohol* Trockenheit *f*
4 (*pej: tedium, monotony*) Nüchternheit *f,* Trockenheit *f*
dry rot *n no pl* 1 (*in timber*) Hausschwamm *m,* Holzschwamm *m* 2 (*in plants*) Trockenfäule *f* **dry run** *n* MIL Trockenübung *f;* (*fig*) Probe *f;* THEAT Generalprobe *f* **dry-shod I.** *adj* mit trockenen Schuhen **II.** *adv* trockenen Fußes *geh* **drystone wall** *n* BRIT Trockensteinmauer *f*
DSc *n abbrev of* **Doctor of Science** Dr.rer.nat.
DSC [ˌdiːesˈsiː] *n* BRIT *abbrev of* **Distinguished Service Cross** *Auszeichnung für besondere Dienste*
DSO [ˌdiːesˈəʊ] *n* BRIT *abbrev of* **Distinguished Service Order** *Auszeichnung für besondere Verdienste*
DTI [ˌdiːtiːˈaɪ] *n* ECON, FIN *abbrev of* **Department of Trade and Industry** ≈ Wirtschaftsministerium *nt*
D to A converter *n* COMPUT *abbrev of* **digital to analogue converter** Digital-Analog-Umsetzer *m*
DTP [ˌdiːtiːˈpiː] *n abbrev of* **desktop publishing** DTP *nt*
DTs [ˌdiːˈtiːz] *npl* (*fam*) *abbrev of* **delirium tremens**
D-type flip-flop *n* COMPUT Einheit *f* mit bistabiler Schaltung
dual ['djuːəl, AM *esp* 'duːᵊl] *adj attr, inv* (*double*) doppelte(r, s), Doppel-; (*two different*) zweierlei; ***his visit had a ~ function*** mit seinem Besuch bezweckte er zweierlei; **~ ownership** ECON Miteigentümerschaft *f,* Teilhaberschaft *f;* **~ role** Doppelrolle *f*
dual carriageway *n* BRIT ≈ Schnellstraße *f* (*Straße mit jeweils zwei Fahrbahnen in jede Richtung, getrennt durch Mittelstreifen*) **dual citizenship** *n* doppelte Staatsbürgerschaft [*o* Staatsangehörigkeit] **dual controls** *npl* AUTO doppelte Bedienungsvorrichtung (*bei Fahrschulwagen*); AVIAT Doppelsteuerung *f* **dual currency accounting** *n* EU doppelte Währungsbuchhaltung **dual currency bond** *n* FIN Doppelwährungsanleihe *f* **dual currency phase** *n* EU Doppelwährungsphase *f* **dual-deck** *adj* **~ CD recorder** Doppeldeck *nt* **dual-fuel** *n* mit zwei verschiedenen Brennstoffen *nach n*
dualism ['djuːəlɪzᵊm, AM *esp* 'duːəl-] *n no pl* (*form*) Dualismus *m*
dualist ['djuːəlɪst, AM 'duː] **I.** *n* Dualist(in) *m(f)*
II. *adj inv* dualistisch
dualistic [ˌdjuːəˈlɪstɪk, AM ˌduː] *adj inv* dualistisch
duality [djuˈæləti, AM duˈæləṭi, dju-] *n* (*form*) Dualität *f geh*
dual listing *n* STOCKEX Notierung *f* einer Aktie an zwei Börsen

dual nationality *n* doppelte Staatsbürgerschaft [*o* Staatsangehörigkeit], Doppelstaatsbürgerschaft **dual personality** *n* gespaltene Persönlichkeit **dual pricing** *n* FIN räumliche Preisdifferenzierung **dual-purpose** *adj attr* zweifach verwendbar; ***a ~ treatment to fight dandruff and restore damaged hair*** ein Shampoo gegen Schuppen und zugleich eine Kur für geschädigtes Haar
dub¹ <-bb-> [dʌb] *vt* 1 (*confer knighthood*) **to ~ sb a knight** jdn zum Ritter schlagen
2 (*fig: give sb a name*) ■**to ~ sb [as] sth** jdn etw nennen
dub² [dʌb] *n no pl* 1 MUS *Musikstil aus der Karibik mit ungewöhnlichem Rhythmus*
2 LIT *moderne Poesie mit einem an die karibische Musik angelehnten Rhythmus*
dub³ <-bb-> [dʌb] *vt* ■**to ~ sth** *film* etw synchronisieren; **to ~ sth into English** etw ins Englische übersetzen
◆**dub in** *vt* ■**to ~ sth** ⊂ **in** etw einspielen; (*copy a recording*) etw überspielen
◆**dub over I.** *vi* synchronisieren
II. *vt usu passive* ■**to be ~bed over** unterlegt sein; *voice* synchronisiert sein
dubbed [dʌbd] *adj film* synchronisiert; **to be ~bed into English** ins Englische übersetzt sein
dubbin ['dʌbɪn] *n no pl* Lederfett *nt*
dubbing ['dʌbɪŋ] *n* 1 FILM Synchronisation *f*
2 *no pl* (*dubbin*) Lederfett *nt*
dubious ['djuːbiəs, AM *esp* 'duː-] *adj* 1 (*pej: questionable, doubtful*) zweifelhaft, ungewiss; **~ claims** fragwürdige Behauptungen; **~ distinction/honour** [*or* AM **honor**] fragwürdige Auszeichnung/Ehre
2 (*untrustworthy*) dubios *geh,* fragwürdig, zweifelhaft; (*ambiguous*) fragwürdig, zweifelhaft; **~ characters/methods** zweifelhafte Charaktere/Methoden; **~ undertaking** bedenkliches Unternehmen
3 (*unsure, doubtful*) unsicher; ***I'm still a bit ~*** ich habe immer noch Zweifel; **to have a ~ expression on one's face** zweifelnd dreinschauen; **to be/feel ~ about sth** (*doubt*) an etw *dat* zweifeln; (*doubtful*) **to be/feel ~ about** [*or* **as to**] **whether ...** bezweifeln, ob ...; (*be unsure*) sich *dat* nicht sicher sein, ob ..., noch nicht wissen [*o* sich *dat* unschlüssig [darüber] sein], ob ...; ***he was ~ about where he should go on holiday*** er ist sich noch unschlüssig, wohin er in Urlaub fahren sollte
dubiously ['djuːbiəsli, AM 'duː-] *adv* fragwürdig; **to say sth** etw zweifelnd sagen
ducal ['djuːkᵊl, AM *esp* 'duː-] *adj inv* herzoglich, Herzogs-
ducat ['dʌkət] *n* (*hist*) Dukaten *m*
duchess <*pl* -es> ['dʌtʃɪs] *n* Herzogin *f*
duchy ['dʌtʃi] *n* Herzogtum *nt*
duck [dʌk] **I.** *n* 1 (*bird*) Ente *f*
2 *no pl* (*meat*) Ente *f,* Entenfleisch *nt;* **Peking ~** Pekingente *f*
3 SPORTS (*in cricket*) **to be out for** [*or* **to make**] **a ~** keinen Punkt erzielen; **to break a ~** den ersten Punkt erzielen
4 *no pl* BRIT (*dated fam*) Schatz *m fam,* Schätzchen *nt fam*
► PHRASES: **sth is water off a ~'s <u>back</u> to sb** etw perlt [*o* prallt] an jdm ab *fig;* **to have one's ~s in a <u>row</u>** AM bereit sein; **to take to sth like a ~ to <u>water</u>** (*fam*) bei etw *dat* gleich in seinem Element sein; ***he took to fatherhood like a ~ to water*** er war der geborene Vater
II. *vi* 1 (*lower head*) **to ~ [down]** sich *akk* ducken; **to ~ [down] out of sight** sich *akk* ducken, um nicht gesehen zu werden
2 (*plunge*) **to ~ in** [*or* **under**] **water** [unter]tauchen
3 (*hide quickly*) sich *akk* verziehen *fam,* verschwinden; **to ~ out of sight** sich *akk* verstecken
III. *vt* 1 (*lower quickly*) **to ~ one's head** den Kopf einziehen; **to ~ one's head in** [*or* **under**] **water** den Kopf unter Wasser tauchen
2 (*avoid*) ■**to ~ sth** etw *dat* ausweichen; ***he managed to ~ the blows*** es gelang ihm, den Schläge auszuweichen; (*fig*) ■**to ~ sth** etw *dat* auswei-

chen; (*shirk*) sich *akk* vor etw *dat* drücken *fam;* **to ~ one's duties/responsibility** sich *akk* vor seinen Pflichten/vor der Verantwortung drücken; **to ~ an issue** einer Frage ausweichen

◆**duck out** *vi* (*fam*) ■**to ~ out [of sth]** sich *akk* [vor etw *dat*] drücken

duck à l'orange [ˌdʌkɑːlə'rɔ̃(ŋ)ʒ] *n* Ente *f* à l'orange **duck-billed platypus** *n* Schnabeltier *nt* **duckboards** *npl* Lattenrost *m*

duckie *n, adj see* **ducky**

ducking ['dʌkɪŋ] *n no pl* [Unter]tauchen *nt;* ***the boat turned over and we all got a ~*** das Boot kenterte und wir wurden alle bis auf die Haut nass; **to give sb a ~** jdn untertauchen [*o* tunken] **ducking stool** *n* (*hist*) Tauchstuhl *m hist*

duckling ['dʌklɪŋ] *n* ❶ (*animal*) Entenküken *nt,* Entlein *nt,* Entchen *nt*

❷ (*meat*) junge Ente

ducks [dʌks] *n* BRIT (*dated fam*) Schatz *m fam,* Schätzchen *nt fam*

ducks and drakes *n Spiel, bei dem man Steine über die Wasseroberfläche springen lässt* **duck soup** *n no pl* AM (*fam: an easy task*) **to be ~ [for sb]** [für jdn] ein Kinderspiel sein **duckweed** *n no pl* Wasserlinse *f,* Entengrün *nt,* Entengrütze *f*

ducky ['dʌki] (*dated*) **I.** *n* BRIT (*fam*) Schatz *m fam,* Schätzchen *nt fam*

II. *adj esp* AM (*fam: charming*) entzückend; (*excellent*) toll *fam,* super *fam*

duct [dʌkt] *n* ❶ (*pipe*) [Rohr]leitung *f,* Rohr *nt;* **air ~** Luftkanal *m,* Luftschacht *m*

❷ ANAT Kanal *m,* Gang *m;* **ear ~** Gehörgang *m;* **tear ~** Tränenkanal *m*

ductile ['dʌktaɪl, AM *esp* -tɪl] *adj* (*spec*) duktil *fachspr;* (*bendable also*) verformbar; (*stretchable also*) dehnbar

ductless gland [ˌdʌktləs'-] *n* ANAT, MED endokrine Drüse *fachspr*

dud [dʌd] (*fam*) **I.** *n* ❶ (*bomb*) Blindgänger *m;* (*non-functioning object*) **to be a ~** nicht funktionieren; ***this pen is a ~*** dieser Füller taugt nichts

❷ (*failure*) Reinfall *m fam*

❸ (*person*) Versager *m,* Niete *f fam,* Blindgänger *m sl*

❹ (*clothes*) ■**~s** *pl* (*fam*) Klamotten *pl*

❺ (*fam: banknote*) Blüte *f fam*

II. *adj inv* ❶ (*useless, worthless*) schlecht, mies

❷ (*forged*) gefälscht, falsch; **~ cheque** gefälschter Scheck; (*bouncing*) ungedeckter [*o fam* fauler] Scheck

dude [duːd] *n esp* AM (*fam*) ❶ (*smartly dressed urbanite*) feiner Pinkel *pej fam* ❷ (*fellow, chap*) Typ *m fam,* Kerl *m fam;* ***hey, ~, how's it going?*** na, wie geht's, Mann? *fam* **dude ranch** *n* AM Ferienranch *f*

dudgeon ['dʌdʒᵊn] *n no pl* (*form*) Empörung *f,* Verärgerung *f;* **in ~** aufgebracht, wütend; **in high ~** äußerst empört

due [djuː, AM *esp* duː] **I.** *adj inv* ❶ *pred* ECON, FIN (*payable*) *bill, loan* fällig; ***our loan is ~ for repayment on August 1*** wir müssen unser Darlehen bis zum 1. August zurückzahlen; **~ bills** (*actual bills*) fällige Rechnungen *pl;* (*debts owing*) Schuldanerkenntnis *nt,* Zahlungsverpflichtung *f;* **~ date** Fälligkeitstermin *m,* Fälligkeitstag *m;* **to fall ~** fällig werden, zu zahlen sein

❷ *pred* (*rightly owing*) ■**to be ~ to sb** jdm zustehen; ***our thanks are ~ to everyone who gave so generously*** unser Dank gilt allen großzügigen Spendern

❸ *pred* (*entitled to*) ■**sb is ~ sth** jdm steht etw zu; ***I'm still ~ seven days' paid holiday*** mir stehen immer noch sieben Tage bezahlter Urlaub zu; **to be ~ money from sb** von jdm noch Geld zu bekommen haben

❹ *attr* (*appropriate*) gebührend, angemessen; **without ~ care and attention** BRIT, AUS LAW fahrlässig; ***he was found by the court to have been driving without ~ care and attention*** das Gericht befand ihn des fahrlässigen Verhaltens im Straßenverkehr für schuldig; **with ~ care/caution** mit der nötigen Sorgfalt/Vorsicht; **after ~ consideration** nach reiflicher Überlegung; **with ~ diligence** mit der erforderlichen Sorgfalt; **with [all] ~ respect** bei allem [gebotenen] Respekt; **to treat sb with the respect ~ to him/her** jdn mit dem nötigen Respekt behandeln

❺ *pred* (*expected*) fällig; ***what time is the next bus ~ [to arrive/leave]?*** wann kommt/fährt der nächste Bus?; ***we're not ~ to arrive for another two hours*** wir kommen erst in zwei Stunden an; ***their baby is ~ in January*** sie erwarten ihr Baby im Januar; ***when are you ~?*** wann ist es denn so weit?

❻ *attr* (*form*) **in ~ course** zu gegebener Zeit; **at the ~ time** zur rechten Zeit; **the ~ process of the law** ordnungsgemäßes [*o* ordentliches] Verfahren

❼ (*because of*) ■**~ to sth** wegen [*o* auf Grund] einer S. *gen;* **~ *to circumstances beyond our control …*** auf Grund unvorhersehbarer Umstände …; ■**to be ~ to sb/sth** jdm/etw zuzuschreiben sein; ***it is ~ to him that we have to start all over again*** seinetwegen müssen wir wieder ganz von vorne anfangen; ***it is ~ to her that we won the big order*** wir haben es ihr zu verdanken, dass wir den großen Auftrag bekommen haben

II. *n* ❶ (*fair treatment*) ***she feels that equal pay for equal work is simply her ~*** sie hält gleiche Bezahlung für gleiche Arbeit einfach nur für gerecht [*o* recht und billig]; **to give sb his/her ~** jdm Gerechtigkeit widerfahren lassen *geh;* ***to give her her ~, she worked under very difficult conditions*** man muss fairerweise zugeben, dass sie unter sehr schwierigen Bedingungen gearbeitet hat

❷ (*fees*) ■**~s** *pl* Gebühren *pl;* *of members* [Mitglieds]beitrag *m;* **annual ~s** Jahresbeitrag *m*

❸ (*debts*) ■**~s** *pl* Schulden *pl;* (*obligations*) Verpflichtungen *pl;* **to pay one's ~s** (*meet debts*) seine Schulden bezahlen; (*meet obligations*) seinen Verpflichtungen nachkommen; (*undergo hardship for collective goal*) seine Schuldigkeit tun

III. *adv inv, before adv* **~ north** genau [*o* direkt] nach Norden

duel ['djuːəl, AM *esp* 'duː-] **I.** *n* ❶ (*hist: formal fight*) Duell *nt hist;* **to challenge sb to a ~** jdn zum Duell fordern; **to fight a ~** ein Duell austragen; **to fight a ~ over sb** sich *akk* wegen einer Person *gen* duellieren

❷ (*struggle*) Duell *nt geh;* **~ of wits** intellektueller Schlagabtausch; **~ of words** Wortgefecht *nt,* Rededuell *nt;* **to be locked in a ~ for sth** verbissen um etw *akk* kämpfen

II. *vi* <BRIT -ll- *or* AM *usu* -l-> (*hist*) sich *akk* duellieren *hist*

dueling *adj* AM *see* **duelling**

duelist *n* AM *see* **duellist**

duelling ['djuːəlɪŋ], AM **dueling** [*esp* 'duː-] *adj attr, inv* sich *akk* bekämpfend, in Fehde liegend *geh*

duellist ['djuːəlɪst], AM **duelist** [*esp* 'duː-] *n* ❶ (*hist*) Duellant *m hist*

❷ (*person in close contest*) Gegner *m*

duet [dju'et, AM *esp* du'-] *n* (*for instruments*) Duo *nt;* (*for voices*) Duett *nt*

duff [dʌf] **I.** *adj* BRIT (*fam*) mies *pej fam*

II. *n* AM (*fam*) Hintern *m fam;* ***get off your ~*** beweg deinen Hintern *sl*

III. *vt* AUS ■**to ~ animals** *Tiere stehlen und mit neuen Brandzeichen versehen;* ■**to ~ sb** jdn bescheißen [*o* abzocken] *sl;* ■**to ~ sth** etw abzocken *sl,* sich *dat* etw ergaunern (*indem man Preisschilder vertauscht oder das Aussehen eines Gegenstandes so verändert, dass er billiger erscheint*)

◆**duff up** *vt* BRIT (*fam*) ■**to ~ sb** ↻ **up** jdn zusammenschlagen *fam*

duffel bag ['dʌfᵊl,-] *n* Matchbeutel *m;* NAUT Seesack *m* **duffel coat** *n* Dufflecoat *m*

duffer ['dʌfəʳ, AM -ɚ] *n* (*dated*) Dummkopf *m pej;* **to be a ~ at physics** eine Niete in Physik sein *fam*

dug [dʌg] **I.** *pt, pp of* **dig**

II. *n usu pl* Zitze *f*

dugout *n* ❶ MIL Schützengraben *m*

❷ SPORTS (*in football*) überdachte Trainerbank; AM (*in baseball*) überdachte Spielerbank

❸ AM, AUS (*canoe*) Einbaum *m*

duh [dɑː] *interj* AM [ja] klar *fam,* sicher *fam*

DUI [ˌdiːjuː'aɪ] BRIT LAW *abbrev of* **driving under the influence** Trunkenheit *f* am Steuer

duke [djuːk, AM duːk] *n* Herzog *m*

dukedom ['djuːkdəm, AM 'duːk-] *n* ❶ *no pl* (*rank*) Herzogswürde *f*

❷ (*land*) Herzogtum *nt*

dulcet ['dʌlsɪt] *adj attr* (*liter*) wohlklingend, angenehm

dulcimer ['dʌlsɪməʳ, AM -ɚ] *n* Hackbrett *nt,* Zimbal *nt*

D

dull [dʌl] **I.** *adj* ❶ (*pej: boring*) langweilig, eintönig, fade; **as ~ as ditchwater** stinklangweilig *sl;* **~ life** eintöniges Leben; **~ routine** stumpfsinnige Routine; **deadly [*or* terribly] ~** todlangweilig

❷ ECON, FIN **~ market** flauer Markt

❸ (*not bright, shiny*) *animal's coat* glanzlos, stumpf; *sky* bedeckt, grau; *weather* trüb; *colour* matt; *light* schwach, trübe, matt; TYPO matt

❹ (*indistinct, muted*) dumpf; **~ ache/thud** dumpfer Schmerz/Schlag

❺ *esp* AM (*not sharp*) stumpf

❻ (*dated: not intelligent*) beschränkt *pej;* (*slow-witted*) begriffsstutzig; **~ pupil** langsamer Schüler

II. *vt* ■**to ~ sth** ❶ (*lessen*) etw schwächen [*o* trüben]; **to ~ the pain** den Schmerz betäuben

❷ (*desensitize*) etw abstumpfen [*o* stumpf werden lassen]

dullard ['dʌləd, AM -ɚd] *n* (*pej dated*) Dummkopf *m pej*

dullness ['dʌlnəs] *n no pl* ❶ (*pej: tedium*) Langweiligkeit *f,* Eintönigkeit *f;* *of a routine* Stumpfsinn *m*

❷ ECON, FIN *of market* Flaute *f,* Stagnation *f*

❸ METEO Trübheit *f liter*

❹ (*of pain*) Dumpfheit *f*

❺ *of a knife* Stumpfheit *f*

❻ (*stupidity*) Beschränktheit *f pej;* (*slow-wittedness*) Begriffsstutzigkeit *f pej;* (*apathy*) Stumpfsinnigkeit *f;* (*sluggishness*) Trägheit *f*

dullsville ['dʌlzvɪl] *n no pl esp* AM (*pej fam*) **to be ~** todlangweilig sein

dully ['dʌlli] *adv* ❶ (*pej: boringly*) langweilig; *play music* ohne Schwung *nach n*

❷ (*not brightly*) matt, trübe

❸ (*not intensely*) *feel, ache* dumpf

duly ['djuːli, AM *esp* 'duː-] *adv inv* ❶ (*appropriately*) gebührend, in angemessener Weise; ***he ~ apologized*** er entschuldigte sich gebührend

❷ (*punctually*) pünktlich; (*straightaway*) prompt; (*at the expected time*) wie erwartet

dumb [dʌm] *adj inv* ❶ (*mute*) stumm; **deaf and ~** taubstumm

❷ (*tongue-tied*) stumm, sprachlos; ***she was struck ~ with amazement/fear*** es verschlug ihr vor Staunen/Angst die Sprache; **~ approval** stillschweigende Zustimmung

❸ (*pej fam: stupid*) dumm, blöd *fam,* doof *fam;* ***are they brave or just ~?*** ist das jetzt Mut oder einfach nur Dummheit?; **to act [*or* play] ~** sich *akk* dumm stellen *fam*

◆**dumb down** *esp* AM **I.** *vt* (*usu pej fam: make easy*) ■**to ~ sth** ↻ **down** etw vereinfachen [*o* verflachen] (*das geistige Niveau so weit herunterschrauben, dass eine breite Masse erreicht wird*); ***they told him to ~ down his message*** sie legten ihm nahe, sich einfacher auszudrücken

II. *vi* (*usu pej fam: become easier*) immer simpler werden; (*become superficial*) *newspaper* immer seichter werden

dumbbell *n* ❶ SPORTS Hantel *f*

❷ AM (*pej fam: dummy*) Dummkopf *m pej*

dumbed-down [ˌdʌmd'daʊn] *adj attr* vereinfacht, verflacht

dumbfound *vt* ■**to ~ sb** jdn verblüffen [*o* sprachlos machen] **dumbfounded** *adj* sprachlos, verblüfft

dumbly ['dʌmli] *adv inv* stumm

dumbness ['dʌmnəs] *n no pl* ❶ (*inability to speak*) Stummheit *f*

❷ (*stupidity*) Dummheit *f,* Blödheit *f fam*

dumbo <*pl* -s> ['dʌmbəʊ, Am boʊ] *n* Dummkopf *m pej*

dumbshow *n no pl esp* Brit (*fam*) Zeichensprache *f;* **to use ~** sich *akk* der Zeichensprache bedienen

dumbsize *vt* ■**to ~ sth** ○ **down** *company* die Belegschaft derartig reduzieren, dass nicht mehr effektiv gearbeitet werden kann **dumbstricken** *adj,* **dumbstruck** *adj* sprachlos, verblüfft **dumb terminal** *n* COMPUT nichtprogrammierbare Datenstation **dumb waiter** *n* Speiseaufzug *m,* stummer Diener **dum-dum** *n,* **dum-dum bullet** *n* Dumdum[geschoss] *nt* **dumfound** *vt see* **dumbfound**

dummy ['dʌmi] **I.** *n* ❶ (*mannequin*) Schaufensterpuppe *f;* (*crash test ~*) Dummy *m;* (*doll*) [**ventriloquist's**] ~ [Bauchredner]puppe *f;* **to stand there like a stuffed ~** (*fam*) wie ein Ölgötze dastehen *pej fam*
❷ (*substitute*) Attrappe *f*
❸ Brit, Aus (*for baby*) Schnuller *m*
❹ (*pej: fool*) Dummkopf *m pej*
❺ CARDS (*in bridge*) Strohmann *m*
❻ LAW Gesetzesvorlage *f* in erster Lesung
II. *adj attr, inv* (*duplicate*) nachgemacht; (*not real*) unecht; (*false*) falsch; **~ ammunition** Übungsmunition *f;* (*blank cartridge*) Platzpatronen *fpl*
III. *vi* Am (*fam*) ■**to ~ up** dichthalten *fam,* kein Sterbenswörtchen sagen *fam*

dummy run *n esp* Brit ❶ MIL Übung *f*
❷ (*tryout, rehearsal*) Probe *f;* (*of apparatus*) Probelauf *m*

dump [dʌmp] **I.** *n* ❶ (*for rubbish*) Müll[ablade]platz *m;* (*fig pej: messy place*) Dreckloch *nt fam;* (*badly run place*) Sauladen *m pej fam*
❷ (*storage place*) Lager *nt,* Depot *nt;* **ammunition ~** Munitionslager *nt*
❸ COMPUT Speicherabzug *m fachspr*
❹ (*fam!: faeces*) Scheiße *f derb;* **to have** [*or* **take**] **a ~** ein Ei legen *derb*
II. *vt* ❶ *waste* ■**to ~ sth** (*unload*) etw abladen; (*deposit*) etw abstellen; (*throw away*) etw wegwerfen; ***toxic chemicals continue to be ~ed in the North Sea*** es werden nach wie vor giftige Chemikalien in die Nordsee gekippt
❷ (*put down carelessly*) ■**to ~ sth** etw hinknallen *fam;* (*fam: leave*) etw lassen; ***where can I ~ my coat?*** wo kann ich meinen Mantel lassen?; **to ~ sth on the table/in the corner** etw auf den Tisch/in die Ecke knallen *fam*
❸ (*fam: abandon*) ■**to ~ sth** *plan, project* etw fallen lassen; *sth unwanted* etw loswerden, sich *akk* einer S. *gen* entledigen; ***the criminals ~ed the car and fled on foot*** die Verbrecher entledigten sich des Autos und flohen zu Fuß
❹ (*fam: leave sb*) ■**to ~ sb** jdn verlassen *fig,* jdm den Laufpass geben *fam*
❺ COMPUT ■**to ~ sth** etw ausgeben *fachspr*
❻ ECON (*sell*) ■**to ~ sth on sb** etw an jdn verschleudern [*o* zu Schleuderpreisen an jdn verkaufen]
III. *vi* ❶ (*fam!: defecate*) scheißen *derb*
❷ *esp* Am (*fam: treat unfairly*) ■**to ~ on sb** jdn fertig machen *fam,* auf jdm herumtrampeln *fig fam;* (*disparage, condemn*) ■**to ~ on sb/sth** jdn/etw schlecht machen *fam,* jdn/etw in den Schmutz ziehen, über jdn/etw herziehen *fam*

dumper ['dʌmpəʳ] *n* ❶ Aus (*in surfing*) Brecher *m,* Riesenwelle *f*
❷ Brit (*truck*) Kipper *m*

dumper truck *n* Brit Kipper *m*

dumping ['dʌmpɪŋ] *n no pl* ECON Dumping *nt fachspr*

dumping ground *n* Müll[ablade]platz *m* **dumping price** *n* ECON Dumpingpreis *m*

dumpling ['dʌmplɪŋ] *n* Knödel *m,* Kloß *m*

dumps [dʌmps] *npl* (*fam*) Niedergeschlagenheit *f kein pl;* **to be** [**down**] **in the ~** niedergeschlagen [*o sl* down] sein

Dumpster® ['dʌmpstɚ] *n* Am (*container*) Container *m*

dump truck *n* Am (*dumper truck*) Kipper *m*

dumpy ['dʌmpi] *adj* untersetzt, pummelig *fam*

dun¹ [dʌn] *adj inv* graubraun

dun² [dʌn] **I.** *vt* <-nn-> ■**to ~ sb** jdn mahnen; **to be ~ned for one's debts** wegen Schulden verfolgt werden, die Schuldeneintreiber am Hals haben *fam*
II. *n* Zahlungsaufforderung *f,* Mahnung *f*

dunce [dʌns] *n* (*pej: poor pupil*) schlechter Schüler, schlechte Schülerin; (*stupid person*) Dummkopf *m pej;* **to be a ~ at sth** schlecht [*o* eine Niete] in etw *dat* sein

dunce cap *n esp* Am, **dunce's cap** *n* (*hist*) *Spotthut, der schlechten Schülern aufgesetzt wurde, meistens aus Papier bestand und die Aufschrift ‚ich bin ein Esel' trug*

dunderhead ['dʌndəhed, Am -dɚ-] *n* (*pej dated fam*) Dummkopf *m pej,* Schwachkopf *m pej*

dunderheaded *adj* dumm, einfältig

dune [dju:n, Am *esp* du:n] *n* Düne *f*

dune buggy *n* Strandbuggy *m*

dung [dʌŋ] *n no pl* Dung *m*

dungarees [ˌdʌŋgəˈri:z] *npl esp* Brit (*overall*) Latzhose *f;* Am (*denim trousers*) Jeans[hose] *f*

dungeon ['dʌndʒən] *n* Verlies *nt,* Kerker *m;* (*fig: dark place*) Loch *nt pej sl*

dunghill *n* Misthaufen *m;* (*fig pej: disagreeable place*) Loch *nt pej sl*

dunk [dʌŋk] **I.** *vt* ❶ (*dip into*) ■**to ~ sth in sth** etw in etw *akk* [ein]tunken DIAL [*o* [ein]tauchen]
❷ (*in basketball*) **to ~ the ball** *einen Punkt mit einem Wurf direkt in den Korb erzielen, bei dem die Hände über dem Rand bleiben*
II. *n* **to go for a ~** (*fam*) eintauchen, schwimmen gehen

dunno [də'nəʊ, Am -'noʊ] (*sl*) = **don't know** *see* **know**

dunny ['dʌni] *n* Aus (*fam*) Klo *nt fam*

duo ['dju:ə(ʊ), Am 'du:oʊ, 'dju:-] *n* ❶ (*pair*) Duo *nt*
❷ MUS (*duet*) Duett *nt,* Duo *nt*

duodena [ˌdju:ə(ʊ)'di:nə, Am ˌdu:ə'-, ˌdju:-] *n pl of* **duodenum**

duodenal [ˌdju:ə(ʊ)'di:nəl, Am ˌdu:ə'-, ˌdju:-] *adj inv* MED Zwölffingerdarm-, duodenale(r, s) *fachspr;* **~ ulcer** Zwölffingerdarmgeschwür *nt*

duodenum <*pl* -na *or* -s> [ˌdju:ə(ʊ)'di:nəm, Am ˌdu:ə'-, ˌdju:ə'-, *pl* -nə] *n* Zwölffingerdarm *m,* Duodenum *nt fachspr*

dupe [dju:p, Am *esp* du:p] **I.** *n* (*tricked person*) Betrogene(r) *f(m),* Gelackmeierte(r) *f(m) hum fam;* (*victim*) Opfer *nt*
II. *vt usu passive* ■**to be ~d** betrogen werden; ***they were ~d by drug smugglers into carrying heroin for them*** sie wurden von Drogenschmugglern als Heroinkuriere benutzt, ohne dass sie sich dessen bewusst waren

duple ['dju:pl, Am 'du:] *adj inv* MUS doppelt, zweifach

duplex ['dju:pleks, Am *esp* 'du:-] **I.** *n* <*pl* -es>
❶ Am, Aus Doppelhaus *nt*
❷ Am (*flat having two floors*) Maisonette[wohnung] *f*
II. *adj* doppelt, Doppel-

duplicate I. *vt* ['dju:plɪkeɪt, Am *esp* 'du:-] ❶ (*replicate*) ■**to ~ sth** eine zweite Anfertigung von etw *dat* machen; (*repeat an activity*) etw noch einmal machen; ***parenthood is an experience that nothing else can ~*** (*fig*) die Erfahrung, Vater oder Mutter zu sein, kann durch nichts ersetzt werden
❷ (*copy*) etw nachmachen; (*photocopy*) etw kopieren; **to ~ a device** ein Gerät nachbauen
II. *vi of a bookkeeping entry* ■**to ~ with sth** miteinander übereinstimmen
III. *adj* ['dju:plɪkət, Am 'du:-] *attr, inv* Doppel-, Zweit-; **~ key** Nachschlüssel *m*
IV. *n* ['dju:plɪkət, Am 'du:-] Duplikat *nt,* Zweitschrift *f,* Kopie *f; of a document* Zweitausfertigung *f,* Zweitschrift *f;* **~ [of a] receipt** Quittungsduplikat *nt;* **in ~** in zweifacher [*o* doppelter] Ausfertigung

duplicate bridge *n Bridgeart, bei der das Spiel mit derselben Kartenverteilung, aber mit anderen Spielern wiederholt wird*

duplicating ['dju:plɪkeɪtɪŋ, Am 'du:plɪkeɪţ-] *n no pl* ECON, FIN Kopieren *nt*

duplicating machine *n* Kopiergerät *nt,* Kopierer *m fam* **duplicating paper** *n* Saugpostpapier *nt,* Matrizenpapier *nt*

duplication [ˌdju:plɪ'keɪʃən, Am *esp* ˌdu:-] *n no pl* Verdoppelung *f;* **~ of work** doppelte Arbeit

duplicator ['dju:plɪkeɪtəʳ, Am 'du:plɪkeɪţɚ, 'dju:-] *n* Kopiergerät *nt,* Kopierer *m fam*

duplicitous [dju:'plɪsɪtəs, Am du:'plɪsəţəs] *adj* doppelzüngig *pej*

duplicity [djʊ'plɪsəti, Am du:'plɪsəţi, dju:-] *n no pl* (*pej form: speech*) Doppelzüngigkeit *f pej;* (*action*) falsches [*o* doppeltes] Spiel, Doppelspiel *nt*

Dur Brit *abbrev of* **Durham**

durability [ˌdjʊərə'bɪləti, Am ˌdʊrə'bɪləţi, ˌdjʊr-] *n no pl* ❶ (*endurance*) Dauerhaftigkeit *f,* Dauer *f*
❷ *of a product* Haltbarkeit *f; of a machine* Lebensdauer *f*

durable ['djʊərəbl, Am 'dʊrə-, 'djʊrə-] *adj*
❶ (*hard-wearing*) strapazierfähig, haltbar
❷ (*long-lasting*) dauerhaft; **~ goods** langlebige Gebrauchsgüter; **~ peace** dauerhafter Friede

duration [ˌdjʊ(ə)'reɪʃən, Am ˌdʊ'-, ˌdjʊ'-] *n no pl* Dauer *f; of a film* Länge *f;* **a stay of two years' ~** ein zweijähriger Aufenthalt; **for the ~** (*until this situation ends*) bis zum Ende; (*dated: until the war ends*) für die Dauer des Krieges; ***I suppose we're stuck with each other for the ~*** sieht so aus, als müssten wir es bis auf weiteres miteinander aushalten

duress [djʊ'res, Am *esp* dʊ'-] *n no pl* (*form*) Zwang *m,* Nötigung *f;* **under ~** unter Zwang

Durex® ['djʊəreks] *n* Brit Gummi *m sl,* Kondom *nt*

during ['djʊərɪŋ, Am 'dʊr-, 'djʊr-] *prep* ❶ (*in time of*) während +*gen;* **~ *World War Two*** während des Zweiten Weltkriegs
❷ (*weekdays*) **~ the week** während [*o* unter] der Woche

durned [dɜ:rnd] *adj, adv esp* Am (*rare*) *see* **darn² II, III**

dusk [dʌsk] *n no pl* [Abend]dämmerung *f;* **~ *is falling*** es dämmert; **after/at ~** nach/bei Einbruch der Dunkelheit

dusky ['dʌski] *adj* ❶ (*dark-hued*) dunkel; **~ blue** dunkelblau
❷ (*usu pej! dated: dark-skinned*) dunkelhäutig

dust [dʌst] **I.** *n no pl* Staub *m;* **coal ~** Kohlenstaub *m;* **particle of ~** Staubpartikel *nt;* **to collect** [*or* **gather**] **~** Staub ansammeln; **to be covered in ~** staubbedeckt [*o* staubig] sein; *furniture, objects* völlig verstaubt sein
► Phrases: **to throw ~ in sb's eyes** jdm Sand in die Augen streuen *fig;* **to allow the ~ to settle, to let the ~ settle, to wait till the ~ has settled** [ab]warten, bis sich die Wogen wieder geglättet haben; **to bite the ~** ins Gras beißen *fig fam;* **to eat sb's ~** Am (*fam*) von jdm abgehängt werden *fam;* ***eat my ~!*** versuch mitzuhalten, wenn du kannst!; **to leave sb/sth in the ~** etw/jdn weit übertreffen; **to lick the ~** im Staub kriechen *fig;* **you couldn't see him for [the] ~** und weg war er auch schon! *fam;* **to turn to ~** (*liter*) zu Staub werden *fig liter*
II. *vt* ❶ (*clean*) ■**to ~ sth** *objects, furniture* etw abstauben; *rooms, buildings* in etw *dat* Staub wischen
❷ (*spread over finely*) ■**to ~ sth** [**with sth**] etw [mit etw *dat*] bestäuben; (*using grated material*) etw [mit etw *dat*] bestreuen; **to ~ crops** Getreide bestäuben; **to ~ sth with insecticide** etw mit einem Schädlingsbekämpfungsmittel besprühen
III. *vi* Staub wischen

◆**dust down** *vt* Brit, Aus ❶ (*return to use*) ■**to ~ sth** ○ **down** etw wieder benutzen
❷ (*fam: criticize*) ■**to ~ down** ○ **sb** jdn zusammenstauchen *fam*

◆**dust off** *vt* ■**to ~ sth** ○ **off** ❶ (*dust*) etw entstauben [*o* abstauben]
❷ (*return to use*) etw wieder benutzen

dustball *n* Am (*fam*) Wollmaus *f hum* **dustbin** *n esp* Brit Mülleimer *m;* (*big container*) Mülltonne *f* **dustbin liner** *n esp* Brit Müllbeutel *m* **dustbin lorry** *n* Brit Müllwagen *m* **dust bowl** *n* Trockengebiet *nt;* ■**the Dust Bowl** (*hist*) die Dust Bowl (*Gebiet der USA, in dem um 1930 große Trockenheit und Bodenerosion herrschte, was einen Massenexodus zur Folge hatte*) **dust bunny** *n* AM (*fam*) Wollmaus *f hum* **dustcart** *n* BRIT Müllwagen *m* **dust cloth** *n* AM Staubtuch *nt* **dustcoat** *n* Kittel *m* **dust cover** *n* (*for furniture*) Schonbezug *m;* (*for devices*) Abdeckhaube *f;* (*on a book*) Schutzumschlag *m;* (*for clothes*) Staubschutz *m kein pl*

duster ['dʌstəʳ, AM -ɚ] *n* Staubtuch *nt;* **feather** ~ Staubwedel *m*

dusting ['dʌstɪŋ] *n no pl* ❶ (*layer*) Schicht *f,* [dünner] Belag [*o* Überzug]; ***there was a ~ of snow on the lawn*** auf dem Rasen lag eine dünne Schneeschicht
❷ (*cleaning*) Staubwischen *nt,* Abstauben *nt;* **to give sth a ~** *objects, furniture* etw abstauben; *rooms, buildings* in etw *dat* Staub wischen

dust jacket *n* Schutzumschlag *m* **dustman** *n* BRIT Müllmann *m* **dust mop** *n* Staubbesen *m* **dustpan** *n* Schaufel *f;* ~ **and brush** Schaufel *f* und Besen *m* **dust sheet** *n* BRIT Staubdecke *f* **dust storm** *n* Staubsturm *m* **dust-up** *n* (*fam*) ❶ (*fight*) Schlägerei *f* ❷ (*dispute*) Krach *m fam,* Streit *m*

dusty ['dʌsti] *adj* ❶ (*covered in dust*) staubig; *objects, furniture* verstaubt
❷ (*colour*) stumpf, matt; ~ **brown** graubraun; ~ **pink** altrosa
❸ (*unexciting*) trocken, uninteressant
❹ BRIT (*brusque*) ~ **answer** schroffe Antwort

Dutch [dʌtʃ] **I.** *adj* holländisch, niederländisch
II. *n* ❶ *no pl* (*language*) Holländisch *nt,* Niederländisch *nt*
❷ (*people*) ■**the** ~ *pl* die Holländer [*o* Niederländer] *pl*
III. *adv* **to go** ~ getrennte Kasse machen

Dutch cap *n* BRIT Pessar *nt* **Dutch courage** *n no pl* (*fam*) angetrunkener Mut; **to give oneself** ~ sich *dat* Mut antrinken **Dutch elm disease** *n no pl* Ulmensterben *nt* **Dutchman** *n* Holländer *m,* Niederländer *m* ► PHRASES: **if ... I'm a ~** BRIT wenn ..., [dann] bin ich der Kaiser von China **Dutch oven** *n* AM Schmortopf *m* **Dutch treat** *n no pl* (*fam*) *Unternehmung in der Gruppe, bei der getrennte Kasse gemacht wird* **Dutchwoman** *n* Holländerin *f,* Niederländerin *f*

dutiable ['dju:tiəbl̩, AM 'du:t̬i-, 'dju:t̬i-] *adj inv* zollpflichtig

dutiful ['dju:tɪfəl, AM 'du:t̬ɪ-, 'dju:t̬ɪ-] *adj* ❶ *person* pflichtbewusst; (*obedient*) gehorsam
❷ *act* pflichtschuldig; ***after the speech, there were a few ~ cheers*** nach der Rede gab es ein paar lahme Jubelrufe *fam*

dutifully ['dju:tɪfəli, AM 'du:t̬ɪ-, 'dju:t̬ɪ-] *adv* pflichtbewusst; (*obediently*) gehorsam

duty ['dju:ti, AM 'du:t̬i, 'dju:t̬i] **I.** *n* ❶ *no pl* (*obligation*) Pflicht *f,* Verpflichtung *f;* (*moral responsibility*) Schuldigkeit *f,* Pflicht *f;* ***he has a ~ to visit his mother more than once a year*** er ist moralisch verpflichtet, seine Mutter öfter als nur einmal im Jahr zu besuchen; ***you have a ~ to yourself to take a holiday now and then*** du bist es dir schuldig, hin und wieder Urlaub zu nehmen; **to do sth out of** ~ etw aus Pflichtbewusstsein tun; **to do one's** ~ seine Pflicht tun; **to do one's ~ by sb** jdm gegenüber seine Pflicht erfüllen [*o* tun]; **to entrust sb with a** ~ (*form*) jdn mit einer Aufgabe betrauen; **to make it one's ~ to do sth** es sich *dat* zur Pflicht machen, etw zu tun
❷ (*task, function*) Aufgabe *f,* Pflicht *f*
❸ *no pl* (*work*) Dienst *m;* **night** ~ Nachtdienst *m;* **point** ~ Verkehrsdienst *m;* **to do ~ for sb** jdn vertreten, für jdn einspringen; **to report for** ~ sich *akk* zum Dienst melden; **to be suspended from** ~ vom Dienst suspendiert sein; **on/off** ~ im/nicht im Dienst; **to be off** ~ [dienst]frei haben; **to be on** ~ Dienst haben; **to come/go on** ~ seinen Dienst antreten
❹ (*revenue*) Zoll *m* (**on** auf +*akk*); **customs duties** Zollabgaben *pl;* **to be free of** ~ zollfrei sein; **to pay ~ on sth** etw verzollen
II. *n modifier* (*nurse, officer*) diensthabende(r, s)

duty-bound *adj* ■**to be ~ to do sth** verpflichtet sein, etw zu tun; **to feel [oneself] ~ to do sth** sich *akk* verpflichtet fühlen, etw zu tun **duty call** *n* Pflichtbesuch *m,* Höflichkeitsbesuch *m* **duty-free** **I.** *adj* zollfrei **II.** *n* ■**~s** *pl* zollfreie Waren **duty-free shop** *n* Duty-free-Shop *m* **duty of care** *n* LAW Sorgfaltspflicht *f* **duty-rated** *adj* COMPUT bezogen auf die Nutzleistung **duty roster** *n* Dienstplan *m* **duty sergeant** *n* Polizeibeamte(r) *f(m)* vom Dienst **duty solicitor** *n* LAW abrufbereiter Pflichtverteidiger im Magistrates' Court

duvet ['dju:veɪ, 'du:-, AM du:'veɪ, dju:'-] *n esp* BRIT Steppdecke *f;* (*with down also*) Daunendecke *f*

duvet cover *n esp* BRIT Bettbezug *m*

DV [ˌdi:'vi:] *n abbrev of* **digital video** DV *nt*

DVD [ˌdi:vi:'di:] *abbrev of* **digital video disk** **I.** *n* DVD *f*
II. *n modifier* (*film*) DVD-, auf DVD *nach n*

DVD player *n* DVD-Player *m*

DVLA [ˌdi:vi:el'eɪ] *n no pl abbrev of* **Driver and Vehicle Licensing Agency** Kfz-Steuer- und Führerscheinbehörde *f*

dwarf [dwɔ:f, AM dwɔ:rf] **I.** *n* <*pl* -s *or* dwarves>
❶ (*small person*) Zwerg(in) *m(f)*
❷ (*imaginary creature*) Zwerg *m*
II. *n modifier* (*conifer, lemur, hippo*) winzige(r, s), Zwerg-
III. *vt* ■**to ~ sb/sth** jdn/etw überragen; (*fig*) jdn/etw in den Schatten stellen *fig*

dwarf star *n* ASTRON Zwerg[stern] *m fachspr*

dwarves [dwɔ:vz, AM dwɔ:rvz] *n pl of* **dwarf**

dweeb [dwi:b] *n* AM (*sl*) Schwachkopf *m fam*

dwell <dwelt *or* -ed, dwelt *or* -ed> [dwel] *vi* (*form*) wohnen, leben; ■**to ~ with sb** bei jdm wohnen
◆**dwell on** *vi,* **dwell upon** *vi* ■**to ~ on** [*or* **upon**] **sth** bei etw *fig* verweilen *geh;* **to ~ on** [*or* **upon**] **a subject** auf einem Thema herumreiten *sl*

dweller ['dweləʳ, AM -ɚ] *n* (*form*) Bewohner(in) *m(f)*

dwelling ['dwelɪŋ] *n* (*form*) Wohnung *f* **dwelling house** *n* Wohnhaus *nt*

dwelt [dwelt] *pp, pt of* **dwell**

DWI [ˌdi:ˌdʌbl̩ju:'aɪ] *n* AM *abbrev of* **driving while under the influence of alcohol** *see* **driving I**

dwindle ['dwɪndl̩] *vi* abnehmen, schwinden *geh;* (*numbers*) zurückgehen; *money, supplies* schrumpfen; ***the circulation has ~d to 5,000*** die Auflage ist auf 5000 gesunken

dwindling ['dwɪndl̩ɪŋ] *adj* schwindende(r, s) *attr geh,* Schwund-, abnehmende(r, s) *attr; number* sinkende(r, s)

dyad ['daɪæd] *n see* **doublet**

dyadic operation [daɪ'ædɪk-] *n* COMPUT dyadische Operation

dye [daɪ] **I.** *vt* ■**to ~ sth** etw färben
II. *n* Färbemittel *nt,* Farbstoff *m;* (*for hair*) Haarfärbemittel *nt*

dyed-in-the-wool *adj attr, inv* Erz-; ~ **prejudices** tief sitzende Vorurteile; **a ~ reactionary** ein unverbesserlicher [*o* eingefleischter] Reaktionär; ~ **opinions** [*or* **views**] unbeugsame Ansichten

dyer [daɪəʳ, AM daɪɚ] *n* Färber(in) *m(f)*

dyestuff ['daɪstʌf] *n* Farbstoff *m* **dye-works** *n* Färberei *f*

dying ['daɪɪŋ] *adj attr, inv* ❶ *person, animal* sterbend; (*fig: failing*) hoffnungslos, nicht mehr zu rettende(r, s); (*fig: becoming less important*) aussterbend; ~ ***traditions*** fast verschwundene Bräuche
❷ (*when sb dies*) **to my ~ day** bis an mein Lebensende; **sb's ~ words** jds letzte Worte

dyke [daɪk] *n* ❶ (*wall*) Deich *m,* Damm *m*
❷ (*drainage channel*) [Abfluss]graben *m,* Kanal *m*
❸ (*pej! sl: lesbian*) Lesbe *f fam*

dynamic [daɪ'næmɪk] *adj* ❶ (*energetic, forceful*) dynamisch
❷ *attr, inv* MUS dynamisch *fachspr*
❸ *attr* PHYS dynamisch *fachspr*

dynamically [daɪ'næmɪkli] *adv* dynamisch

dynamics [daɪ'næmɪks] *n* ❶ *no pl* PHYS Dynamik *f fachspr;* (*in sciences*) **atmospheric** ~ atmosphärische Dynamik *fachspr;* **chemical** ~ chemische Dynamik *fachspr;* **population** ~ Bevölkerungsdynamik *f fachspr*
❷ (*fig*) *of change, growth* Dynamik *f;* **group** ~ Gruppendynamik *f*
❸ MUS Dynamik *f fachspr*

dynamism ['daɪnəmɪzəm] *n no pl* ❶ (*quality*) Dynamik *f*
❷ PHILOS Dynamismus *m fachspr*

dynamite ['daɪnəmaɪt] **I.** *n no pl* ❶ (*explosive*) Dynamit *nt*
❷ (*fig fam: sth potentially shocking, dangerous*) Dynamit *nt fig,* Zündstoff *m fig;* **political** ~ politischer Zündstoff; **to be** ~ brisant sein
❸ (*fig fam: sth/sb fantastic, sensational*) **to be** ~ eine Wucht sein *sl*
II. *vt* ■**to ~ sth** etw mit Dynamit sprengen
III. *n modifier* (*fig fam*) explosiv

dynamo ['daɪnəməʊ, AM -moʊ] *n* ❶ *esp* BRIT (*generator*) Dynamo *m; of a car* Lichtmaschine *f*
❷ (*fig: person*) Energiebündel *nt fam*

dynastic [dɪ'næstɪk, AM daɪ'-] *adj inv* dynastisch

dynasty ['dɪnəsti, AM 'daɪ-] *n* Dynastie *f*

d'you [dʒu:, dju:, dʒə, djə] (*fam*) = **do you** *see* **do**

dysentery ['dɪsəntəri, AM -teri] *n no pl* Ruhr *f,* Dysenterie *f fachspr*

dysfunction [dɪs'fʌŋ(k)ʃən] *n* ❶ MED Funktionsstörung *f*
❷ TECH Störung *f,* Defekt *m*

dysfunctional [dɪs'fʌŋ(k)ʃənəl] *adj* ❶ MED funktionsgestört
❷ *esp* SOCIOL gestört; ~ **family** gestörte Familie, Problemfamilie *f*

dyslexia [dɪ'sleksiə] *n no pl* Legasthenie *f*

dyslexic [dɪ'sleksɪk] *adj* legasthenisch

dyspepsia [dɪ'spepsiə] *n no pl* MED Verdauungsstörung *f,* Dyspepsie *f fachspr*

dyspeptic [dɪ'speptɪk] **I.** *adj* ❶ *inv* MED dyspeptisch *fachspr;* ~ **disorders** Verdauungsstörungen *fpl*
❷ (*fig liter: pessimistic*) pessimistisch; (*bad-tempered*) missgestimmt *geh*
II. *n* MED Dyspeptiker(in) *m(f) fachspr,* Verdauungsstörungen *pl*

E

E <*pl* -'s>, **e** <*pl* -'s *or* -s> [i:] *n* ❶ (*letter*) E *nt,* e *nt;* ~ **for Edward** [*or* AM **as in Easy**] E für Emil; *see also* **A 1.**
❷ MUS E *nt,* e *nt;* ~ **flat** Es *nt,* es *nt;* ~ **sharp** Eis *nt,* eis *nt; see also* **A 2.**
❸ (*school mark*) ≈ Fünf *f,* ≈ mangelhaft; *see also* **A 3.**

e- *in compounds* INET, COMPUT e-, elektronisch

E¹ *n* ❶ FIN **Table** ~ Mustersatzung *f* des Companies Act; **Schedule** ~ [zu versteuernde] Einkünfte aus nicht selbständiger Arbeit
❷ LAW ~ **list** *Liste der Häftlinge, bei denen Ausbruchsgefahr besteht*

E² [i:] **I.** *n* ❶ *no pl abbrev of* **east** O
❷ (*fam: drug*) *abbrev of* **ecstasy** Ecstasy *f;* **to do** [*or* **take**] ~ Ecstasy nehmen [*o sl* einwerfen]
II. *vi* (*sl: to take ecstasy*) Ecstasy nehmen
III. *adj abbrev of* **eastern**

each [i:tʃ] **I.** *adj attr, inv* jede(r, s); ***he shook the hand of ~ man he saw*** er schüttelte jedem, den er sah, die Hand; ***it's about 500 miles ~ way to my parent's house*** zum Wohnort meiner Eltern sind es ungefähr 500 Meilen in eine Richtung; ~ **and every house/person** jedes einzelne Haus/jeder Einzelne; ~ **and every one of us** jede(r) Einzelne von uns; ~ ***one of the books*** jedes einzelne Buch; ~ **one of you** jede(r) Einzelne von euch

II. *pron* ① (*every person*) jede(r, s); ***we have invited 50 guests and ~ is supposed to bring a date with them*** wir haben 50 Gäste eingeladen, die alle in Begleitung kommen sollen; **they/we etc. ~ ...** jede(r) von ihnen/uns etc. ...; ***give the kids ~ one piece of candy*** gib jedem Kind ein Bonbon; ***they ~ have their own personality*** jeder von ihnen hat seine eigene Persönlichkeit; ***we ~ wanted the bedroom with the window*** wir wollten alle das Schlafzimmer mit dem Fenster; ***he gave us ~ $100 to spend as we like*** er gab jedem von uns 100 Dollar zur freien Verfügung; ***he said he loved ~ of his five wives in different ways*** er sagte, er liebte jede seiner fünf Frauen auf andere Weise; **~ of us** jede(r) von uns
② (*every thing*) jede(r, s); ***the cows were milked and ~ was sent out to graze afterwards*** die Kühe wurden gemolken und danach alle wieder auf die Weide geschickt; ***there are five leaflets — please take one of ~*** hier sind fünf Broschüren — nehmen Sie bitte von jeder eine; ***~ of the five satellites have their own orbit*** jeder der fünf Satelliten hat seine eigene Umlaufbahn
▶ PHRASES: **~ to his** [*or* **their**] **own** BRIT jedem das Seine
III. *adv inv* ***the bill comes to £79, so that's about £10 ~*** die Rechnung beläuft sich auf 79 Pfund, das sind dann für jeden ungefähr 10 Pfund; ***give the kids one cookie ~ and then no more sweets until after dinner*** gib jedem Kind einen Keks, und dann keine Süßigkeiten mehr bis nach dem Abendessen; ***those toy cars cost $3.50 ~*** die Spielzeugautos kosten 3,50 Dollar das Stück
each other *pron after vb* einander; ***the couple looked at ~ and smiled*** die beiden sahen einander an und lächelten; ***they're always wearing ~'s clothes*** sie tauschen immer die Kleidung; ***why are you arguing with ~?*** warum streitet ihr euch?; **to be made for ~** füreinander bestimmt sein
each-way BRIT I. *adj inv* auf Sieg oder Platz; **~ bet** Sieg- oder Platzwette *f;* ***I put a £10 ~ bet on Yogi Bear*** ich habe 10 Pfund auf Sieg oder Platz für Yogi Bear gesetzt
II. *adv inv* **to bet ~** auf Sieg oder Platz setzen
eager <-er, -est *or* more ~, most ~> ['iːgəʳ, AM -ɚ] *adj* ① (*hungry*) begierig; ▪**to be ~ for sth** auf etw *akk* begierig sein, nach etw *dat* gierig sein; ***the crowd were ~ for blood*** die Menge wollte Blut sehen
② (*enthusiastic*) eifrig, einsatzfreudig; ▪**to be ~ to do sth** (*keen*) etw unbedingt tun wollen, darauf erpicht sein, etw zu tun *geh;* (*trying hard*) eifrig bemüht sein, etw zu tun; **to be ~ to learn** lernbegierig [*o* lerneifrig] sein
③ (*expectant*) *face, eyes* erwartungsvoll; **~ anticipation** gespannte Erwartung
eager beaver *n* (*fam*) Arbeitstier *nt oft pej*
eagerly ['iːgəli, AM -ɚ-] *adv* ① (*hungrily*) [be]gierig
② (*enthusiastically*) eifrig
③ (*expectantly*) **to be ~ awaited** mit Spannung erwartet werden
eagerness ['iːgənəs, AM -ɚ-] *n no pl* Eifer *m;* **~ to learn** Lerneifer *m,* Lernbegierde *f;* **~ to succeed** Erfolgswille *m;* **to have** [*or* **show**] **no ~ for sth** (*not want to do*) nicht erpicht auf etw *akk* sein; (*not be enthusiastic*) sich *akk* nicht für etw *akk* begeistern, für etw *akk* keine Begeisterung zeigen
eagle ['iːgl̩] *n* Adler *m*
eagle eye *n* Adlerauge *nt;* **to have an ~** Adleraugen haben **eagle-eyed** *adj* scharfsichtig; ▪**to be ~** Adleraugen haben
ear¹ [ɪəʳ, AM ɪr] *n* ANAT Ohr *nt;* **~, nose and throat specialist** Hals-Nasen-Ohren-Arzt, Hals-Nasen-Ohren-Ärztin *m, f,* HNO-Arzt, HNO-Ärztin *m, f;* **to have good ~s** gute Ohren [*o* ein feines Gehör] haben; **to grin/smile from ~ to ~** von einem Ohr zum anderen grinsen/strahlen *fam*
▶ PHRASES: **to be up to one's ~s in debt/work** bis über die Ohren in Schulden/Arbeit stecken; **to have** [*or* **keep**] **an ~ to the ground** auf dem Laufenden bleiben [*o* sein]; **to be all ~s** ganz Ohr sein; **to listen with half an ~** [nur] mit halbem Ohr zuhören; **to go in one ~ and out the other** zum einen Ohr hinein- und zum anderen wieder hinausgehen *fam;* **to keep one's ~s open** die Ohren offen halten; **to be out on one's ~** (*fam*) rausgeflogen sein *fam;* [**to give sb**] **a thick ~** *esp* BRIT jdm ein paar hinter die Ohren geben *fam,* jdm eine runterhauen *fam;* **sb's ~s are burning** jdm klingen die Ohren *hum fam;* **to close one's ~s to sth** etw ignorieren; **sb's ~s are flapping** jd spitzt die Ohren *fam;* **to gain the ~ of sb** bei jdm Gehör finden; **to have an ~ for sth** für etw *akk* ein Gehör haben, ein [feines] Ohr für etw *akk* haben; **sb has sth coming out of their ~s** (*fam*) etw hängt jdm zum Hals[e] [he]raus *fam;* **to have the ~ of sb** jds Vertrauen haben
ear² [ɪəʳ, AM ɪr] *n* AGR Ähre *f*
earache ['ɪəreɪk, AM 'ɪr-] *n no pl* Ohrenschmerzen *mpl* **earbashing** *n no pl* (*fam*) **to get an ~** einen Anschiss *sl* [*o fam* was zu hören] bekommen; **to give sb an ~** jdm eine Standpauke halten *fam* **eardrops** *npl* Ohrentropfen *mpl* **eardrum** *n* Trommelfell *nt*
eared [ɪəd, AM ɪrd] *adj inv* -ohrig, mit Ohren *nach n*
earflaps *npl* Ohrenschützer *mpl* **earful** *n no pl* (*fam*) ① (*rebuke*) Anschiss *m sl;* **to get an ~** was zu hören *fam* [*o sl* einen Anschiss] bekommen; **to give sb an ~** jdm eine Standpauke halten *fam* ② (*insults*) **to get an ~** eine Flut von Beschimpfungen über sich *akk* ergehen lassen müssen; **to give sb an ~** jdn beschimpfen **earhole** ['ɪəhəʊl, AM 'ɪrhoʊl] *n* (*fam*) Ohr *nt* **ear infection** *n* Ohrenentzündung *f*
earl [ɜːl, AM ɜːrl] *n* Graf *m*
earldom ['ɜːldəm, AM 'ɜːrl-] *n* ① (*rank*) Grafenstand *m,* Grafenwürde *f;* **to be awarded an ~** einen Grafentitel verliehen bekommen, in den Grafenstand erhoben werden
② (*lands*) Grafschaft *f*
earlier ['ɜːliəʳ, AM 'ɜːrliɚ] I. *adj comp of* **early** früher; **at an ~ date** früher
II. *adv comp of* **early** früher; ***we can't deliver the goods ~ than Monday*** wir können nicht vor [*o* frühestens am] Montag liefern; **~ in the day** früher am Tag; **~ on** [**today**] vorhin; **~** [**on**] **this evening/morning** vorhin [heute Abend/Morgen]; **~** [**on**] **this week/year** vor ein paar Tagen/Monaten
earliest ['ɜːlɪɪst, AM 'ɜːr-] I. *adj inv superl of* **early**: ▪**the ~ ...** der/die/das früheste ...; **at the ~ possible date** sobald wie [irgend] möglich; **at the ~** [**possible**] **opportunity** bei der erstbesten Gelegenheit; **sb's ~ years** jds früheste Kindheit
II. *adv inv superl of* **early** zuerst; ***who arrived ~?*** wer kam als Erster?; ***the ~ I can come is Monday*** ich kann frühestens am Montag kommen; **at the ~** frühestens
earliness ['ɜːlɪnəs, AM 'ɜːr-] *n no pl* ① (*in good time*) Frühzeitigkeit *f;* ***her ~ in perceiving that her husband had suffered a stroke significantly aided his recovery*** sie erkannte sofort, dass ihr Mann einen Schlaganfall hatte, was wesentlich zu seiner Genesung beitrug
② (*prematureness*) Voreiligkeit *f*
earlobe *n* Ohrläppchen *nt*
early <-ier, -iest *or* more ~, most ~> ['ɜːli, AM 'ɜːr-] I. *adj* ① (*in the day*) früh; ***she usually has an ~ breakfast*** sie frühstückt meistens zeitig; **~ edition** Morgenausgabe *f;* **the ~ hours** die frühen Morgenstunden; **in the ~ morning** am frühen Morgen; **~ morning call** Weckruf *m;* **~ riser** Frühaufsteher(in) *m(f)*
② (*of a period*) früh, Früh-; ***she is in her ~ thirties*** sie ist Anfang dreißig; **in the ~ afternoon** am frühen Nachmittag; **at an ~ age** in jungen Jahren; **from an ~ age** von klein auf; **in the ~ 15th century** Anfang [*o* zu Beginn] des 15. Jahrhunderts; **~ education** Früherziehung *f,* Vorschulerziehung *f;* **to score an ~ goal** ein frühes Tor erzielen; **~ potatoes** Frühkartoffeln *fpl;* **~ returns** erste Wahlergebnisse; **~ Romantic** Frühromantiker(in) *m(f);* **~ stage** Anfangsstadium *nt,* Frühstadium *f*
③ *attr* (*form: prompt*) schnell, baldig; ***~ payment appreciated*** um baldige Zahlung wird gebeten
④ (*ahead of expected time*) vorzeitig; (*comparatively early*) [früh]zeitig; ***I took an ~ train home from work today*** ich habe heute nach der Arbeit einen früheren Zug genommen; ***you are ~*** du bist früh dran *fam;* **to have an ~ dinner/lunch** früh zu Abend/Mittag essen; **to have an ~ night** früh schlafen [*o* zu Bett] gehen; **~ parole** vorzeitige [Haft]entlassung; **~ retirement** vorzeitiger [*o* vorgezogener] Ruhestand; **to take ~ retirement** vorzeitig in den Ruhestand gehen
⑤ *attr* (*first*) erste(r, s), frühe(r, s); **the ~ Christians** die ersten Christen; **the E~ Church** die Urkirche; **the ~ masters** ART die frühen Meister
II. *adv* ① (*in the day*) früh, zeitig; **to get up** [*or* **rise**] **~** früh aufstehen
② (*in good time*) vorzeitig; **to arrive ~** zeitig eintreffen
③ (*ahead of expected time*) vorzeitig; (*prematurely*) zu früh; (*comparatively early*) [früh]zeitig; ***the plane landed 20 minutes ~*** das Flugzeug landete 20 Minuten früher [als geplant]; **to die ~** früh sterben
④ (*of a period*) früh; ***I'll call you ~ next Monday/tomorrow*** ich rufe dich Montag/morgen Vormittag an; **~** [**on**] **in life** früh im Leben; **~ in the week** Anfang der Woche; **~ in October** Anfang Oktober; **~ next week** Anfang nächster Woche
early bird *n* (*hum*) Frühaufsteher(in) *m(f)* ▶ PHRASES: **the ~ catches the worm** (*prov*) Morgenstund' hat Gold im Mund *prov* **Early Childhood Education** *n no pl* AM Kleinkindpädagogik *f form* **early-closing day** *n* BRIT ***today is ~*** heute haben die Geschäfte nachmittags geschlossen **early day motion** *n* POL frühzeitiger Antrag [im Unterhaus] **early music** *n* frühe [*o* alte] Musik **early warning** *adj usu attr* Frühwarn-; **~ system** Frühwarnsystem *nt* **early withdrawal** *n* ECON, FIN Vorschusszinsen *pl*
earmark I. *vt usu passive* ① (*mark*) ▪**to ~ sth** etw kennzeichnen ② (*allocate*) ▪**to ~ sth for sth** etw für etw *akk* vorsehen [*o* bestimmen]; **to ~ money for sth** Geld für etw *akk* bereitstellen II. *n* Kennzeichen *nt,* Merkmal *nt;* ***this has all the ~s of another one of his hare-brained schemes*** das sieht wieder ganz nach einer seiner hirnverbrannten Ideen aus *fam* **earmuffs** *npl* Ohrenschützer *mpl*
earn [ɜːn, AM ɜːrn] I. *vt* ① (*be paid*) ▪**to ~ sth** etw verdienen [*o* einnehmen]; **to ~ one's daily bread** [**as a waiter**] sein Brot [*o fam* seine Brötchen] [als Kellner] verdienen; **to ~ a living** [*or* **one's livelihood**] seinen Lebensunterhalt verdienen
② (*yield*) ▪**to ~ sb sth** jdm etw einbringen; ***at 10% interest, £10,000 in the bank will ~ you £1,000 a year*** bei 10% Zinsen tragen dir 10.000 Pfund auf der Bank 1.000 Pfund im Jahr ein
③ (*deserve*) ▪**to ~ sth** etw verdienen; ***I feel I've ~ed a few weeks off*** ich glaube, ich habe mir ein paar Wochen Urlaub verdient; ▪**to ~ sb sth** jdm etw einbringen; ***the president's speeches ~ed him many friends*** mit seinen Reden hat sich der Präsident viele Freunde gemacht; **to ~ sb nothing but criticism** jdm nichts als Kritik einbringen; **to ~ sb's respect** jds Respekt gewinnen
II. *vi* verdienen
earned income *n* FIN Arbeitseinkommen *nt;* **wife's ~ allowance** Freibetrag *m* für Erwerbseinkommen der Ehefrau
earner ['ɜːnəʳ, AM 'ɜːrnɚ] *n* ① (*person*) Verdiener(in) *m(f)*
② (*fam: income source*) Einnahmequelle *f,* Verdienstquelle *f;* **to be a nice little ~** ganz schön was einbringen *fam*
earnest ['ɜːnɪst, AM 'ɜːr-] I. *adj* ① (*serious*) ernst
② (*determined*) ernsthaft, ernstlich; **~ attempt** ernst gemeinter Versuch; **~ desire** aufrichtiges Verlangen
II. *n no pl* ① (*resolution*) Ernst *m;* **to be in** [**deadly**] **~** es [tod]ernst meinen
② (*seriousness*) Ernst *m,* Ernsthaftigkeit *f;* **in ~** (*with seriousness*) ernsthaft; (*completely*) richtig
③ (*earnest money*) Handgeld *nt*
earnestly ['ɜːnɪstli, AM 'ɜːr-] *adv* ernsthaft

earnest money *n no pl* AM Handgeld *nt*
earnestness ['ɜ:nɪstnəs, AM 'ɜ:r-] *n no pl* Ernst *m,* Ernsthaftigkeit *f;* ***he explained in all ~ that …*** er behauptete allen Ernstes, dass …
earning capacity *n* BRIT, **earning power** *n* AM *no pl* ECON, FIN Verdienstmöglichkeiten *fpl*
earning potential *n* ECON, FIN *of person* Erwerbsfähigkeit *f; of share* Ertragsfähigkeit *f*
earning power *n no pl* Ertragskraft *f*
earnings ['ɜ:nɪŋz, AM 'ɜ:r-] *npl* ① (*salary, wages*) Einkommen *nt,* Verdienst *m; of a business* Ertrag *m;* **attachment of ~** Lohnpfändung *f,* Gehaltspfändung *f;* **immoral ~** (*form*) unehrenhafte Einkünfte *form;* **invisible ~** unsichtbare Einkünfte, Einkünfte *pl* aus unsichtbaren Leistungen
② (*income from interest, dividends*) Gewinn *m,* Profit *m,* Ertrag *m;* **~ per share** Gewinn *m* pro Aktie; **~ yield** Kurs-Gewinn-Verhältnis *nt;* **gross ~** Bruttoeinkommen *nt,* Bruttoeinnahmen *pl;* **retained ~** einbehaltene Gewinne
earnings credit *n* AM FIN Bonus *m* auf Kontoführungsgebühren bei Gehaltskonten **earnings per share** *n* AM FIN Gewinn *m* pro Aktie; **fully-diluted ~** Gewinn *m* je Aktie unter Annahme einer Gewinnverbreiterung **earnings-related** *adj inv* einkommensbezogen, verdienstbezogen; **~ pension** verdienstbezogene [*o* einkommensbezogene] Rente
earphone *n* Kopfhörer *m;* **[a pair of] ~s** Kopfhörer *m* **earpiece** *n* Hörer *m* **ear-piercing** I. *adj* ohrenbetäubend; **~ scream** markerschütternder Schrei II. *n no pl* Ohrlochstechen *nt* **earplug** *n usu pl* Ohrenstöpsel *nt,* Ohropax® *nt kein pl* **earring** *n* Ohrring *m;* **clip-on ~s** Klipps *mpl;* **stud ~** Ohrstecker *m* **earshot** *n no pl* **[with]in/out of ~** in/außer Hörweite **ear-splitting** *adj* ohrenbetäubend
earth [ɜ:θ, AM ɜ:rθ] I. *n* ① *no pl* (*planet*) Erde *f;* ***how on ~ did this happen?*** wie, um alles in der Welt, konnte das passieren? *fam;* ***nothing on ~ would make me sell my house*** um nichts in der Welt würde ich mein Haus verkaufen; ***nothing on ~ will make me change my mind*** keine Macht der Welt kann mich dazu bringen, meine Meinung zu ändern; **to look like nothing [else] on ~** wie nicht von dieser Welt aussehen; **what/who/where/why on earth …** was/wer/wo/warum um alles in der Welt … *fam;* **on ~** auf Erden *liter o hum*
② *no pl* (*soil*) Erde *f,* Boden *m*
③ *no pl* BRIT, AUS ELEC Erdung *f,* Erdungsleitung *f*
④ (*of an animal*) Bau *m*
▶ PHRASES: **to bring sb back [down] to ~** jdn wieder auf den Boden der Tatsachen zurückholen; **to come back [down] to ~** auf den Boden der Tatsachen zurückkommen; **to be down to ~** (*not pretentious*) ein natürlicher und umgänglicher Mensch sein; (*practical*) mit beiden Beinen fest auf dem Boden stehen; **to charge/cost/pay the ~** BRIT ein Vermögen verlangen/kosten/bezahlen; **to go to ~** BRIT untertauchen; **the ~ moved** (*iron or hum fam*) die Erde bebte *iron*
II. *vt* BRIT ■**to ~ sth** etw erden
◆**earth up** *vt* ■**to ~ sth ↔ up** ① (*cover with earth*) etw mit Erde bedecken
② AM (*fig: find*) etw ausgraben [*o* finden]; ***wherever did you ~ that up?*** wo hast du denn das ausgegraben?
earthbound *adj* ① *inv* (*on earth*) erdgebunden
② (*fig: without imagination*) fantasielos, unoriginell
③ *inv* (*towards earth*) erdwärts **earth color** AM, **earth colour** *n* Erdfarbe *f*
earthen ['ɜ:θən, AM 'ɜ:r-] *adj inv* irden
earthenware I. *n no pl* Tonwaren *pl,* Steingut *nt*
II. *n modifier* (*pot, vase*) Steingut-, Ton-, aus Ton; **~ tile** Keramikkachel *f*
earthiness ['ɜ:θɪnəs, AM 'ɜ:r-] *n no pl* ① (*honesty*) Ehrlichkeit *f;* (*directness*) Direktheit *f*
② (*pej: coarseness*) Derbheit *f,* ungehobeltes Benehmen
earthling ['ɜ:θlɪŋ, AM 'ɜ:r-] *n* Erdbewohner(in) *m(f),* Erdling *m hum*
earthly ['ɜ:θli, AM 'ɜ:r-] I. *adj inv* ① (*on Earth*) irdisch, Erden-; **sb's ~ belongings** (*form*) jds irdische Güter; **~ existence** Erdenleben *nt geh,* irdisches Leben; **~ paradise** Paradies *nt* auf Erden
② (*fam: possible*) möglich; ***there is no ~ reason why …*** es gibt nicht den geringsten Grund, warum …; **to not have an ~ chance [of doing sth]** nicht die geringste Chance haben[, etw zu tun]; **to not make an ~ difference** nicht den geringsten Unterschied machen; **to be of no ~ use to sb** jdm nicht im Geringsten nützen
II. *n* BRIT (*fam*) **to not have an ~ [of doing sth]** nicht die geringste Chance haben[, etw zu tun]
earth mother *n* ① REL Erdmutter *f,* Erdgöttin *f* ② (*approv fam: woman*) Vollweib *nt fam* **earthquake** *n* Erdbeben *nt;* (*fig*) Erschütterung *f* **earthquake zone** *n* Erdbebengebiet *nt* **earth science** *n* Geowissenschaft[en] *f[pl]* **earth-shaking** *adj,* **earth-shattering** *adj* welterschütternd, weltbewegend **earth tone** *n* Erdfarbe *f* **earth tremor** *n* leichtes Erdbeben **earthward** *inv* I. *adj* erdwärts gerichtet; **~ descent** Landeanflug *m* II. *adv* erdwärts, auf die Erde zu **earthwards** *adv inv* erdwärts, auf die Erde zu **earth wire** *n usu sing* BRIT, AUS Erdung *f,* Erdungsleitung *f* **earthwork** *n* ① *usu pl* (*fortification*) Erdwall *m* ② *no pl* (*moving of soil*) Erdarbeiten *pl* **earthworm** *n* Regenwurm *m*
earthy <-ier, -iest *or* more ~, most ~> ['ɜ:θi, AM 'ɜ:r-] *adj* ① *smell, touch* erdig
② (*direct*) direkt
③ (*pej: coarse*) derb, vulgär; **~ [sense of] humour** derber Humor
earwax *n no pl* Ohrenschmalz *m* **earwig** *n* ① (*Dermaptera*) Ohrwurm *m* ② AM (*centipede*) *kleiner Hundertfüßer*
ease [i:z] I. *n no pl* ① (*effortlessness*) Leichtigkeit *f,* Mühelosigkeit *f;* ***for ~ of access*** um einen besseren Zugang zu ermöglichen; **to do sth with ~** etw mit Leichtigkeit tun
② (*comfort*) Bequemlichkeit *f;* **a life of ~** ein angenehmes Leben; **to put sb's mind at ~** jdn beruhigen; **to be [*or* feel] at [one's] ~** sich *akk* wohl fühlen
③ (*uninhibitedness*) Unbefangenheit *f;* **[*stand*] *at ~!*** MIL rührt euch!; **to be at [one's] ~** unbefangen sein; **to feel at [one's] ~** sich *akk* wohl fühlen; **to put [*or* set] sb at [their] ~** jdm die Befangenheit nehmen
④ FIN *of securities prices* Nachgeben *nt,* Abbröckeln *nt*
II. *vt* ① (*relieve*) **to ~ sb's conscience** jdn beruhigen; **to ~ pain** Schmerzen lindern; **to ~ a problem** ein Problem entschärfen; **to ~ the strain** die Belastung mindern; **to ~ the tension** die Anspannung lösen; (*fig*) die Lage entspannen
② (*free*) **to ~ sb of a burden** jdn von einer Last befreien; (*hum fam*) **to ~ sb of their money** jdn um sein Geld erleichtern
③ (*move*) ■**to ~ sth into sth** etw behutsam in etw *akk* einführen; ***she ~d the key into the lock*** vorsichtig steckte sie den Schlüssel ins Schloss; ***I ~d myself through the crowd*** ich schob mich durch die Menge
III. *vi* (*lessen*) nachlassen; *tension, situation* sich *akk* beruhigen [*o* entspannen]; (*relax*) *prices* nachlassen, nachgeben
◆**ease off** *vi* ① (*decrease*) nachlassen
② (*work less*) **to ~ off [at work]** [auf der Arbeit] kürzer treten *fam*
◆**ease out** *vt* ■**to ~ sb ↔ out** jdn rausekeln *fam;* **to ~ sb out of power** jdn aus dem Sessel heben
◆**ease up** *vi* ① (*abate*) nachlassen
② (*relax*) sich *akk* entspannen
③ (*wind down*) nachlassen; **to ~ up on the accelerator** Gas wegnehmen *fam,* vom Gas gehen *fam*
④ (*be less severe*) ■**to ~ up on sb** zu jdm weniger streng sein, jdn sanfter anfassen *fam*
easel ['i:zəl] *n* Staffelei *f*
easement ['i:zmənt] *n* LAW **affirmative ~** positive Grunddienstbarkeit; **negative ~** negative Grunddienstbarkeit
easily ['i:zɪli] *adv* ① (*without difficulty*) leicht; (*effortlessly also*) mühelos; ***she passed her exam ~*** sie bestand ihr Examen mit Leichtigkeit; **to be ~ impressed/shaken** leicht zu beeindrucken/erschüttern sein; **to win ~** spielend gewinnen
② (*quickly*) schnell; **to tan ~** schnell bräunen [*o* braun werden]
③ (*by far*) ■**to be ~ the … +** *superl* ganz klar [*o* bei weitem] der/die/das … sein; ***Venice is ~ the most beautiful city in Europe*** Venedig ist zweifellos die schönste Stadt Europas
④ (*probably*) [sehr] leicht; ***his guess could ~ be wrong*** seine Vermutung könnte genauso gut falsch sein; **~ possible** gut möglich
⑤ (*at least*) gut und gern[e] *fam,* locker *sl*
easiness ['i:zɪnəs] *n no pl* ① (*lack of difficulty*) Leichtigkeit *f;* (*effortlessness also*) Mühelosigkeit *f; of a question* Einfachheit *f*
② (*quickness*) Leichtigkeit *f,* Schnelligkeit *f*
③ (*comfortableness*) Bequemlichkeit *f;* (*being trouble-free*) Unbeschwertheit *f*
easing ['i:zɪŋ] *n* Verminderung *f; of a headache, pain* Linderung *f; of political tension* Entspannung *f*
east [i:st] I. *n no pl* ① (*compass point*) Osten *m;* ***the wind comes from the ~*** der Wind kommt aus [*o* von] Ost [*o* östlicher Richtung]; **to be/lie 10 km to the ~ of sth** 10 km östlich einer S. *gen* sein/liegen; **from/to the ~** nach/von Osten
② (*part of a country, region, town*) ■**the E~** der Osten; ***'Birmingham E~'*** ‚Birmingham-Ost'
③ (*hist: Eastern bloc*) ■**the E~** der Osten, der Ostblock *hist*
④ (*Asia*) ■**the E~** der Osten [*o* Orient]; **the Near/Middle/Far ~** der Nahe/Mittlere/Ferne Osten
II. *adj* östlich, Ost-; **E~ Berlin** Ostberlin *nt;* **the E~ Side** AM *der Ostteil von Manhattan;* **~ Stuttgart** Stuttgart-Ost; **~ wind** Ostwind *m*
III. *adv* ostwärts, nach Osten; **~ of Heidelberg/the town centre** [*or* AM **downtown**] östlich von Heidelberg/der Innenstadt; **to face ~** nach Osten liegen
eastbound *adj inv* nach Osten; **~ train** Zug *m* in Richtung Osten **East Coast** *n* ■**the ~** die Ostküste **East End** *n* ■**the ~** das [Londoner] Eastend **East Ender** *n Bewohner(in) des Londoner Eastend*
Easter ['i:stər, AM -ə] *n no art* ① REL Ostern, Osterfest *nt;* **at/over ~** an/über Ostern
② (*season*) Ostern, Osterzeit *f*
③ LAW Gerichtstermine *pl* vom 15. April bis 8. bzw 13. Mai, Vorlesungszeit *f* vom 15. April bis 8. bzw. 13. Mai
Easter Day *n* Ostersonntag *m* **Easter egg** *n* Osterei *nt* **Easter holidays** *npl* Osterferien *pl*
Easter Island *n* Osterinsel *f*
easterly ['i:stəli, AM -ə-] I. *adj* ① (*location*) östlich, Ost-; ***he lives on the ~ edge of the town*** er wohnt am östlichen Stadtrand
② (*direction*) Ost-; **to travel in an ~ direction** Richtung Osten fahren; **~ wind** Wind *m* aus östlicher Richtung
II. *n* Ostwind *m*
eastern ['i:stən, AM -ən] *adj* ① *location* östlich, Ost-; **E~ Europe** Osteuropa *nt;* **~ hemisphere** östliche Hemisphäre; **the ~ seaboard** AM die Ostküste
② (*Asian*) asiatisch; **E~ architecture** orientalische Baukunst
③ (*hist: communist*) Ost-; **the E~ bloc** der Ostblock *hist*
④ REL **the E~ church** die Ostkirche, die griechisch-orthodoxe Kirche
easterner ['i:stənər, AM -ənə] *n Bewohner(in) des Ostens eines Landes;* AM Oststaatler(in) *m(f)*
easternmost ['i:stənməʊst, AM -ənmoʊst] *adj* ■**the ~ …** der/die/das östlichste … **Eastern Standard Time** *n,* **Eastern Time** *n* AM Ostküstenzeit *f*
Easter Sunday *n* Ostersonntag *m;* **on ~** am Ostersonntag
east-facing *adj* nach Osten; ■**to be ~** nach Osten liegen [*o* gehen] **East Germany** *n no pl* ① (*east-

ern part of Germany) Ostdeutschland *nt* ② (*hist: German Democratic Republic*) Ostdeutschland *nt hist,* DDR *f hist* **eastward** *inv* **I.** *adj* östlich, nach Osten **II.** *adv* ostwärts, nach Osten **eastwards** *adv* ostwärts, nach Osten

easy <-ier, -iest *or* more ~, most ~> ['iːzi] **I.** *adj* ① (*not difficult*) leicht, einfach; ***would a ten o'clock appointment be easier for you?*** würde Ihnen ein Termin für 10 Uhr besser passen?; ***the house is ~ to find*** das Haus ist leicht zu finden; ***he is ~ to get on with*** mit ihm kann man gut auskommen; ***it's ~ for you to laugh*** du hast gut lachen; ~ **access** leichter Zugang; **to be ~ game** [*or* **meat**] [*or* **mark**] [*or* **prey**] [**for sb**] (*sl*) leichte Beute [für jdn] sein *fam;* **to be as ~ as falling off a log** [*or* **as pie**] [*or* **as anything**] (*fam*) kinderleicht sein *fam;* ~ **money** (*fam*) leicht verdientes Geld; FIN leichtes Geld, billiges Geld; **to be within ~ reach** leicht erreichbar sein; ~ **solution** einfache Lösung; **to be the easiest thing in the world** (*fam*) die einfachste Sache [von] der Welt sein; **to be an ~ touch** (*fam*) leichtgläubig sein; **to be far from ~** alles andere als leicht sein; **~-peasy** BRIT (*fam or usu childspeak*) kinderleicht *fam;* **to be ~ to annoy** [*or* **upset**]/**please** leicht erregbar/zufrieden zu stellen sein; **to be easier said than done** (*fam*) leichter gesagt als getan sein; **it is ~ to see that ...** es ist offensichtlich, dass ...; ECON, FIN ***the loan is repayable in ~ payments*** das Darlehen ist unter erleichterten Bedingungen zurückzuzahlen
② (*effortless*) leicht, mühelos; ~ **walk** bequemer Spaziergang
③ (*trouble-free*) angenehm; (*comfortable*) bequem; ~ **life** sorgloses [*o* unbeschwertes] Leben
④ (*not worried*) ~ **conscience** [*or* **mind**] ruhiges Gewissen; **to be ~ in one's mind** beruhigt sein; **to not feel ~ about sth** sich *akk* bei etw *dat* nicht wohl fühlen
⑤ (*fam: indifferent*) ***I'm ~*** mir ist es egal *fam*
⑥ (*relaxed*) entspannt; ■**to be ~ about sth** etw leicht nehmen; ~ **charm** ungezwungener Charme; **at an ~ pace** in gemütlichem Tempo; **on ~ terms** ECON zu günstigen Bedingungen; **a woman of ~ virtue** (*dated*) Freudenmädchen *nt veraltet*
⑦ (*pleasing*) angenehm; **to be ~ on the ear/eye** angenehm für das Ohr/Auge sein
⑧ (*pej: simplistic*) [zu] einfach, simpel *oft pej*
⑨ STOCKEX (*lower priced*) ***share prices are easier*** die Aktienpreise sind günstiger; COMM ~ **market** Käufermarkt *m*
▶ PHRASES: **to be on ~ street** (*dated fam*) in guten Verhältnissen leben
II. *adv* ① (*cautiously*) vorsichtig, sachte; ***~ does it*** (*fam*) immer langsam [*o* sachte], Vorsicht ist die Mutter der Porzellankiste *prov;* **to go ~ on** [*or* **with**] **sth** (*fam*) sich *akk* bei etw *dat* zurückhalten, mit etw *dat* sparsam umgehen; ***go ~ on the cream*** nimm nicht so viel Sahne; **to go ~ on sb** (*fam*) nicht zu hart mit jdm umgehen
② (*in a relaxed manner*) ***take it ~!*** nur keine Aufregung!, immer mit der Ruhe!; **to take things** [*or* **it**] ~ (*fam: for one's health*) sich *akk* schonen; (*rest*) sich *dat* keinen Stress machen *fam*
③ (*fam*) ~ **come,** ~ **go** wie gewonnen, so zerronnen
III. *interj* (*fam*) locker *sl;* ***my car can do 250 kph, ~!*** mein Auto fährt locker 250 km/h! *sl*

easy-care *adj inv* pflegeleicht **easy chair** *n* Sessel *m* **easy-going** *adj* (*approv: straightforward*) unkompliziert; (*relaxed*) gelassen, locker; ~ **attitude** Gelassenheit *f* **easy listening** *n no pl* Unterhaltungsmusik *f* **easy money policy** *n* FIN Politik *f* des billigen Geldes **easy payment plan** *n* günstige Rückzahlungsbedingungen (*bei Ratenkauf*) **easy-peasy** [ˌiːzi'piːzi] *adj inv* BRIT (*fam*) babyleicht *fam* **easy-to-use** *adj attr* benutzerfreundlich, anwenderfreundlich

eat <ate, eaten> [iːt] **I.** *vt* ① (*consume*) ■**to ~ sth** etw essen; *animal* etw fressen; ***have you ~en?*** hast du [schon] gegessen?; ***don't be afraid of the boss, he won't ~ you*** hab keine Angst vor dem Chef, er wird dich schon nicht [auf]fressen *fam;* **to ~ breakfast** frühstücken; **to ~ one's fill** sich *akk* satt essen; **to ~ lunch/supper** zu Mittag/Abend essen; **to ~ a meal** etwas essen, eine Mahlzeit einnehmen *geh*
② AM (*fig fam: accept costs*) ■**to ~ sth** etw hinnehmen [*o fam* schlucken] [müssen]
▶ PHRASES: **to ~ sb for breakfast** (*fam*) jdn zum Frühstück verspeisen *fam;* ***our boss ~s people like you for breakfast*** unser Boss ist Leuten wie dir haushoch überlegen; **I'll ~ my hat if ...** ich fresse einen Besen, wenn ... *sl;* ~ **your heart out** (*hum fam*) platze ruhig vor Neid *fam;* **to ~ one's heart out** (*fam*) sich *akk* [vor Kummer] verzehren *geh;* **to ~ like a horse** wie ein Scheunendrescher essen *sl;* [**I'm so hungry**] **I could ~ a horse** (*esp hum fam*) [ich bin so hungrig,] ich könnte ein ganzes Pferd verdrücken *fam;* **to ~ sb out of house and home** jdm die Haare vom Kopf fressen *hum fam;* **to ~ humble pie** [*or* AM, AUS *also* **crow**] (*fam*) zu Kreuze kriechen; **to ~ one's words** seine Worte zurücknehmen; **what's ~ing you?** (*fam*) was bedrückt [*o* quält] dich?, was hast du denn?
II. *vi* essen; (*fam*) **to ~ for comfort** aus Frust essen *fam*
▶ PHRASES: **she has them ~ing out of her hand** sie fressen ihr aus der Hand *fam;* **you are what you ~** (*prov*) der Mensch ist, was er isst *prov*

◆**eat away** **I.** *vt* ■**to ~ sth ↔ away** ① *usu passive* (*erode*) etw zerfressen [*o* zersetzen]; *river, sea* etw auswaschen; GEOL etw abtragen [*o fachspr* erodieren]
② MED etw zerfressen
③ (*ruin*) etw allmählich zerstören
II. *vi* ■**to ~ away at sth** ① (*erode*) etw zerfressen [*o* zersetzen], an etw *dat* fressen; *river, sea* etw auswaschen; GEOL etw abtragen [*o fachspr* erodieren]
② (*undermine*) etw untergraben

◆**eat in** *vi* zu Hause essen

◆**eat into** *vi* ① (*dig into*) ■**to ~ into sth** sich *akk* in etw *akk* hineinfressen
② (*corrode*) ■**to ~ into sth** etw angreifen [*o* befallen]
③ (*use up*) ■**to ~ into sth** *money, resources* etw angreifen; ***inflation was ~ing into her savings*** die Inflation ließ ihre Ersparnisse zusammenschmelzen
④ (*trouble*) ■**to ~ into sb/sth** an jdm/etw nagen; ***jealousy ~s into the soul*** Eifersucht frisst sich in die Seele

◆**eat out** *vi* auswärts essen, essen gehen; **to ~ out in a Chinese restaurant** chinesisch essen gehen

◆**eat up** **I.** *vt* ① (*finish*) ■**to ~ sth ↔ up** etw aufessen; *animal* etw auffressen
② (*erode*) ■**to ~ sth ↔ up** etw zerfressen; GEOL etw abtragen [*o fachspr* erodieren]
③ (*plague*) ■**to be ~en up by** [*or* **with**] **sth** von etw *dat* verzehrt [*o* gequält] werden; **to be ~en up with envy** vor Neid vergehen [*o fam* platzen]
④ (*consume*) ■**to ~ sth ↔ up** *money, resources* etw verschlingen; *petrol* etw schlucken [*o fam* fressen]
II. *vi* aufessen; *animals* auffressen

eatable ['iːtəbl, AM 'iːt̬-] *adj* essbar, genießbar

eaten ['iːtᵊn] *pp of* **eat**

eater ['iːtəʳ, AM -t̬ɚ] *n* ① (*person*) Esser(in) *m(f);* **to be a big/small ~** ein guter/schlechter Esser/eine gute/schlechte Esserin sein
② *esp* BRIT (*fam: apple*) Essapfel *m*

eatery ['iːt̬ɚi] *n esp* AM Restaurant *nt,* Esslokal *nt*

eating ['iːtɪŋ, AM -t̬-] *adj attr, inv* ① *place* Ess-, Speise-; ~ **house** Restaurant *nt*
② (*consumption*) Ess-; ~ **habits** Essgewohnheiten *fpl*

eating apple *n* Speiseapfel *m* **eating disorder** *n* Essstörung *f* **eating out** *n no pl* Essengehen *nt*

eats [iːts] *npl* (*fam*) Häppchen *ntpl*

eau de cologne [ˌəʊdəkə'ləʊn, AM ˌoʊdəkə'loʊn] *n no pl* Eau de Cologne *nt,* Kölnischwasser *nt*

eaves [iːvz] *npl* Dachvorsprung *m*

eavesdrop <-pp-> ['iːvzdrɒp, AM -drɑːp] *vi* [heimlich] lauschen; ■**to ~ on sb/sth** jdn/etw belauschen

eavesdropper ['iːvz'drɒpəʳ, AM -drɑːpɚ] *n* Lauscher(in) *m(f)*

eavestrough ['iːvstrɒf] *n* CAN (*gutter*) Dachrinne *f,* Regenrinne *f*

ebb [eb] **I.** *n no pl* ① (*of the sea*) Ebbe *f;* **on the ~** bei Ebbe
② (*fig*) **the ~ and flow of sth** das Auf und Ab einer S. *gen;* **the ~ and flow of married life** die Höhen und Tiefen des Ehelebens; **to be at a low ~** auf einem Tiefstand sein; *funds* knapp bei Kasse sein *fam*
II. *vi* ① *sea, tide* zurückgehen
② (*lessen*) schwinden, nachlassen

◆**ebb away** *vi* ① *sea, tide* zurückgehen
② (*lessen*) *strength* nachlassen; *respect* sinken

ebb tide *n* Ebbe *f*

EBD [ˌiːbiː'diː] *n abbrev of* **electronic brakeforce distribution** EBV *f*

Ebonics *n + sing vb* Black English *nt* (*Oberbegriff für das gesprochene Englisch der Schwarzen in Amerika*)

ebony ['ebᵊni] **I.** *n no pl* Ebenholz *nt*
II. *n modifier* (*cabinet, carving, table*) Ebenholz-, aus Ebenholz
III. *adj* (*liter: colour*) schwarz [wie Ebenholz]

eBook ['iːbʊk] *n* INET, COMPUT E-Book *nt* (*digitalisiertes Buch*)

EBRD [ˌiːbiːɑː'diː, AM -ɑːr'-] *n* ECON, FIN *abbrev of* **European Bank for Reconstruction and Development**

ebullience [ɪ'bʌliən(t)s, AM ɪ'bʊlj-] *n no pl* (*approv*) Überschwänglichkeit *f*

ebullient [ɪ'bʌliənt, AM ɪ'bʊlj-] *adj* (*approv*) überschwänglich, überschäumend; **to be in an ~ mood** ausgelassen sein

ebulliently [ɪ'bʌliəntli, AM ɪ'bʊlj-] *adv* überschwänglich, überschäumend; ***he behaved ~*** er war ausgelassen

EC [ˌiː'siː] *n no pl* (*hist*) *abbrev of* **European Community** EG *f hist*

e-car ['iːkɑːʳ, AM -kɑːr] *n short for* **electric car** Elektroauto *nt*

ECB *n abbrev of* **European Central Bank** EZB *f*

eccentric [ɪk'sentrɪk] **I.** *n* Exzentriker(in) *m(f)*
II. *adj* ① (*unconventional*) exzentrisch *geh;* ~ **clothes** ausgefallene Kleidung
② *circle, orbit* exzentrisch

eccentrically [ɪk'sentrɪkᵊli] *adv* exzentrisch *geh,* überspannt *pej*

eccentricity [ˌeksen'trɪsəti, AM -əţi] *n* ① *usu pl* (*traits*) exzentrische Verhaltensweise, Überspanntheit *f pej*
② *no pl* (*unconventionalness*) Exzentrizität *f geh,* Exzentrik *f geh,* Überspanntheit *f pej*

ecclesiastic [ɪˌkliːzi'æstɪk] (*form*) **I.** *n* Geistliche(r) *m*
II. *adj inv* kirchlich, geistlich

ecclesiastical [ɪˌkliːzi'æstɪkᵊl] *adj inv* (*form*) kirchlich, geistlich; ~ **court** Kirchengericht *nt;* ~ **history** Kirchengeschichte *f*

eccrine ['ekrɪn] *adj inv* ekkrin *fachspr;* ~ **gland** ekkrine Drüse *fachspr*

ECE [ˌiːsiː'iː] *n no pl* AM *abbrev of* **Early Childhood Education**

ECG [ˌiːsiː'dʒiː] *n abbrev of* **electrocardiogram** EKG *nt*

echelon ['eʃəlɒn, AM -lɑːn] *n* ① (*level*) Rang *m*
② MIL (*formation*) Staffel[formation] *f*

echidna [ek'ɪdnə, AM iː'kɪd-] *n* [australischer] Schnabeligel

echo ['ekəʊ, AM -oʊ] **I.** *n* <*pl* -es> ① (*reverberation*) Echo *nt*
② (*fig: close imitation*) Anklang *m* (**of** an +*akk*)
▶ PHRASES: **to cheer sb to the ~** *esp* BRIT jdm brausenden Beifall spenden
II. *vi* ① *sound* [wider]hallen; ■**to ~ against sth** von etw *dat* widerhallen; **to ~ down** [**through**] **the ages** (*fig*) aus längst vergangenen Zeiten nachhallen
② *place* [wider]hallen
③ (*fig: repeat*) wiederholen
III. *vt* ■**to ~ sth** ① (*copy*) etw wiedergeben; (*reflect*) etw widerspiegeln

❷ (*resemble*) etw *dat* ähneln, an etw *akk* erinnern
❸ (*repeat sb's words*) etw wiederholen

echo chamber *n* Hallraum *m*, schallharter Raum **echo sounder** *n* Echolot *nt*

ECL *n* COMPUT *abbrev of* **emitter coupled logic** emittergekoppelte Logik

éclair [eɪˈkleəʳ, AM -ˈkler] *n* Eclair *nt*

eclectic [ekˈlektɪk] **I.** *adj* eklektisch *oft pej geh;* ~ **blend** bunte Mischung
II. *n* Eklektiker(in) *m(f) oft pej geh*

eclectically [ekˈlektɪkəli] *adv* (*form*) eklektisch *oft pej geh*

eclecticism [ekˈlektɪsɪzəm, AM -təs-] *n no pl* (*form*) Eklektizismus *m oft pej geh*

eclipse [ɪˈklɪps] **I.** *n* ❶ (*of the sun, moon*) Finsternis *f fachspr,* Eklipse *f fachspr;* **lunar/solar** ~ Mond-/Sonnenfinsternis *f;* **total/partial** ~ **of the sun** totale/partielle Sonnenfinsternis
❷ *no pl* (*fig: decline*) Niedergang *m;* **to be in** ~ in der Versenkung verschwunden sein; **to go into** ~ [in der Versenkung] verschwinden
II. *vt* ❶ *usu passive* (*obscure*) **to** ~ **the sun/moon** die Sonne/den Mond verfinstern
❷ (*fig: overshadow*) ■**to** ~ **sth** etw in den Hintergrund drängen; ■**to** ~ **sb** jdn in den Schatten stellen

eco- [iːkə(ʊ)-, AM ekoʊ, iː-] *in compounds* (*product*) Öko-; (*environmental*) **sth is an** ~**-hazard** etw ist umweltschädlich; ~**-horror** Umweltkatastrophe *f*

ECOFIN Council [ˈekəʊfɪn-] *n* EU ECOFIN-Rat *m*

eco-friendly <more ~, most ~> *adj* umweltfreundlich **eco-label** *n* Umweltetikett *nt,* blauer Engel

ecological [ˌiːkəˈlɒdʒɪkəl, AM -ˈlɑːdʒ-] *adj* ökologisch; ~ **catastrophe** [*or* **disaster**] Umweltkatastrophe *f;* ~ **issues** Umweltfragen *fpl;* ~ **research** Umweltforschung *f*

ecologically [ˌiːkəˈlɒdʒɪkəli, AM -ˈlɑːdʒ-] *adv* ökologisch; ~ **friendly** umweltfreundlich; ~ **harmful** umweltfeindlich, umweltschädlich; ~ **sound** ökologisch unbedenklich, umweltverträglich

ecologist [iːˈkɒlədʒɪst, AM -ˈkɑːl-] *n* ❶ (*expert*) Ökologe, -in *m, f*
❷ POL Umweltbeauftragte(r) *f(m)*

ecology [iːˈkɒlədʒi, AM -ˈkɑːl-] *n no pl* ❶ (*system*) Ökologie *f*
❷ (*science*) Ökologie *f*

ecology movement *n* Umweltbewegung *f,* Öko-Bewegung *f* **ecology party** *n* Umweltpartei *f,* Öko-Partei *f* **ecology tax** *n* Umweltsteuer *f,* Öko-Steuer *f*

e-commerce [ˌiːˈkɒmɜːs, AM -ˈkɑːmɜːrs] *short for* **electronic commerce I.** *n no pl* E-Commerce *m* (*Vertrieb von Waren oder Dienstleistungen über das Internet*)
II. *n modifier* (*site*) E-Commerce-

econometric [iːˌkɒnəˈmetrɪk, AM -ˌkɑːn-] *adj inv* (*spec*) ökonometrisch *fachspr*

econometrics [iːˌkɒnəˈmetrɪks, AM -ˌkɑːn-] *n no pl* (*spec*) Ökonometrie *f fachspr*

economic [ˌiːkəˈnɒmɪk, AM -ˈnɑːm-] *adj* ❶ *attr, inv* POL, ECON ökonomisch, Wirtschafts-, wirtschaftlich; ~ **aid** [*or* **assistance**] Wirtschaftshilfe *f;* ~ **development** wirtschaftliche Entwicklung; ~ **downturn** Konjunkturabschwächung *f;* ~ **forecast** Wirtschaftsprognose *f;* ~ **geography** Wirtschaftsgeographie *f;* ~ **progress** wirtschaftlicher Fortschritt; ~ **self-sufficiency** Autarkie *f,* wirtschaftliche Unabhängigkeit; ~ **system** Wirtschaftssystem *nt;* ~ **upturn** Konjunkturaufschwung *f;* ~ **warfare** Wirtschaftskrieg *m*
❷ (*profitable*) rentabel, profitabel

economical [ˌiːkəˈnɒmɪkəl, AM -ˈnɑːm-] *adj* ❶ (*cost-effective*) wirtschaftlich, ökonomisch; *car* sparsam
❷ (*thrifty*) sparsam; (*pej*) knaus[e]rig *pej fam;* **to be** ~ **with the truth** (*hum*) mit der Wahrheit hinter dem Berg halten

economically [ˌiːkəˈnɒmɪkəli, AM -ˈnɑːm-] *adv* ❶ (*thriftily*) sparsam; **to use sth** ~ mit etw *dat* sparsam umgehen; ~ **written** prägnant geschrieben
❷ *inv* POL, ECON wirtschaftlich, ökonomisch; **to be** ~ **viable** wirtschaftlich überlebensfähig sein

Economic and Monetary Union *n* EU Wirtschafts- und Währungsunion *f*

Economic and Social Committee *n* EU Wirtschafts- und Sozialausschuss *m*

economic cohesion *n* EU wirtschaftlicher Zusammenhalt **economic divergence** *n* EU ökonomischer Unterschied **economic policy cooperation** *n* EU wirtschaftspolitische Zusammenarbeit

economic reform *n* Wirtschaftsreform *f*

economics [ˌiːkəˈnɒmɪks, AM -ˈnɑːm-] *n + sing vb* ❶ (*science*) Wirtschaftswissenschaft[en] *f[pl];* (*management studies*) Betriebswirtschaft *f;* **socialist** ~ die sozialistische Wirtschaftslehre
❷ (*economic aspects*) wirtschaftlicher Aspekt

economist [ɪˈkɒnəmɪst, AM -ˈkɑːn-] *n* Wirtschaftswissenschaftler(in) *m(f);* (*in industrial management*) Betriebswirtschaftler(in) *m(f),* Betriebswirt(in) *m(f)*

economize [ɪˈkɒnəmaɪz, AM -ˈkɑːn-] *vi* sparen; ■**to** ~ **on sth** an etw *dat* sparen

economy [ɪˈkɒnəmi, AM -ˈkɑːn-] *n* ❶ (*system*) Wirtschaft *f*
❷ (*thriftiness*) Sparsamkeit *f kein pl;* **for the purposes of** ~ aus Ersparnisgründen; **to make economies** Einsparungen machen, Sparmaßnahmen durchführen
❸ *no pl* (*sparing use of sth*) Ökonomie *f,* Wirtschaftlichkeit *f;* ~ **of language** prägnante Ausdrucksweise

economy class *n* Touristenklasse *f* **economy drive** *n* Sparmaßnahmen *fpl;* **to be on an** ~ (*fam*) auf dem Spartrip sein *fam* **economy pack** *n,* **economy size** *n* Sparpackung *f,* Haushaltspackung *f* **economy-size(d)** *adj attr, inv* Spar-; ~ **pack** Sparpackung *f*

ecosystem [ˈiːkə(ʊ)-, AM ˈekoʊˌ-] *n* Ökosystem *nt* **ecotourism** *n* Ökotourismus *m* **eco-tourist** *n* Ökotourist(in) *m(f)* **eco-warrior** *n* militanter Umweltschützer/militante Umweltschützerin

ECP [ˌiːsiːˈpiː] *n* ECON, FIN *abbrev of* **Eurocommercial paper**

ecru [ˈeɪkruː] **I.** *n no pl* Ekrü *nt*
II. *adj* ekrü

ecstasy [ˈekstəsi] *n* ❶ (*bliss*) Ekstase *f,* Verzückung *f;* **in** ~ in Ekstase; **in an** ~ **of jealousy** in einem Anfall von Eifersucht; **to be in/go into ecstasies** in Ekstase sein/geraten
❷ *no pl* (*sl: drug*) ■**E**~ Ecstasy *f*

ecstatic [ɪkˈstætɪk, AM -t̬-] *adj* ekstatisch, verzückt; **to not exactly be** ~ **about** [*or* **at**] [*or* **over**] **sb/sth** (*iron fam*) von jdm/etw nicht gerade entzückt sein *iron fam*

ecstatically [ɪkˈstætɪkəli, AM -t̬-] *adv* ekstatisch, verzückt; **to be** ~ **happy** überglücklich sein, außer sich *dat* vor Freude sein

ECT [ˌiːsiːˈtiː] *n abbrev of* **electro-convulsive therapy** Elektroschocktherapie *f*

ectomorph [ˈektəʊmɔːf, AM toʊmɔːrf] *n* ANAT ektomorpher Mensch

ectomorphic [ˌektə(ʊ)ˈmɔːfɪk, AM -toʊˈmɔːr-] *adj* ektomorph *fachspr,* schlankwüchsig

ectopic[1] [ekˈtɒpɪk, AM ˈtɑː] *adj* MED ektopisch

ectopic[2] [ekˈtɒpɪk, AM ˈtɑː] *n see* **ectopic pregnancy** Bauchhöhlenschwangerschaft *f,* Extrauteringravidität *f fachspr*

ectopic pregnancy [ekˌtɒpɪkˈpregnən(t)si, AM -ˌtɑːp-] *n* MED ektopische Schwangerschaft *fachspr,* Eileiterschwangerschaft *f*

ectoplasm [ˈektəʊplæzəm, AM -toʊ-] *n no pl* BIOL Ektoplasma *nt fachspr*

ECU [ˈekjuː, ˈeɪkjuː, AM ˈeɪkuː] *n abbrev of* **European Currency Unit** ECU *m o f*

Ecuador [ˈekwədɔːʳ, AM -dɔːr] *n no pl* Ekuador *nt,* Ecuador *nt*

Ecuadorean [ˌekwəˈdɔːriən] *adj inv* ecuadorianisch

Ecuadorian [ˈekwədɔːriən] **I.** *n* Ekuadorianer(in) *m(f),* Ecuadorianer(in) *m(f)*
II. *adj inv* ekuadorianisch, ecuadorianisch

ecumenical [ˌiːkjʊˈmenɪkəl, AM ˌek-] *adj inv* (*form*) ökumenisch; **E~ Council** + *sing/pl vb* Ökumenisches Konzil; ~ **service** ökumenischer Gottesdienst

ecumenically [ˌekjʊˈmenɪkəli] *adv* ökumenisch

ecumenicism [ˌiːkjʊˈmenɪsɪzəm, AM ˌek-] *n no pl* (*form*) Ökumenismus *m fachspr,* ökumenische Bewegung

eczema [ˈeksɪmə, AM -sə-] *n no pl* Ekzem *nt geh,* [Haut]ausschlag *m*

ed. I. *n* ❶ *abbrev of* **editor** Hrsg.
❷ *abbrev of* **edition** Ausg.
II. *vt abbrev of* **edited** hrsg.

Edam [ˈiːdæm, AM -dəm] *n* Edamer [Käse] *m*

E-day *n* EU Stichtag *m* (*an dem der Euro eingeführt wurde*)

eddy [ˈedi] **I.** *vi* <-ie-> wirbeln; *water* strudeln
II. *n* Wirbel *m; of water* Strudel *m*

edelweiss <*pl* -> [ˈeɪdəlvaɪs] *n* Edelweiß *nt*

edema [ɪˈdiːmə] *n no pl* AM MED Ödem *nt fachspr*

Eden [ˈiːdən] *n no pl* (*also fig*) Eden *nt a. fig,* Paradies *nt a. fig;* **the garden of** ~ der Garten Eden

edge [edʒ] **I.** *n* ❶ (*boundary*) Rand *m; of a lake* Ufer *nt;* **at the** ~ **of the road** am Straßenrand; **the** ~ **of the table** die Tischkante
❷ (*fig: threshold*) Rand *m,* Schwelle *f;* **to be on the** ~ **of collapse/a catastrophe** am Rande des Zusammenbruchs/einer Katastrophe stehen
❸ (*blade*) Schneide *f;* (*sharp side*) Kante *f,* Rand *m;* **rounded/sharp** ~ abgerundete/scharfe Kante; **to put an** ~ **on sth** etw schärfen [*o* schleifen]; **to take the** ~ **off sth** etw stumpf machen
❹ *no pl* (*intensity*) Heftigkeit *f;* (*sharpness*) Schärfe *f;* ***his apology took the*** ~ ***off her anger*** seine Entschuldigung besänftigte ihren Ärger; ***there's an*** ~ ***to her voice*** sie schlägt einen scharfen Ton an; **to take the** ~ **off sb's appetite** jdm den Appetit nehmen
❺ (*nervousness*) **to be on** ~ nervös [*o* gereizt] sein; ***her nerves are on*** ~ sie ist nervös; **to set** [*or* **put**] **sb's teeth on** ~ jdm auf die Nerven gehen *fam*
❻ (*superiority*) ■**the** ~ Überlegenheit *f;* **to have the** ~ **over sb** jdm überlegen sein, jdm gegenüber im Vorteil sein
► PHRASES: **to live on the** ~ ein extremes [*o* exzentrisches] Leben führen
II. *vt* **to** ~ **one's way forward** sich *akk* langsam vorwärts bewegen; **to** ~ **one's hand near to sth** seine Hand einer S. *dat* [langsam] nähern
III. *vi* sich *akk* schieben
◆**edge down** *vi* FIN *share prices* schwächer tendieren, leicht fallen
◆**edge forward** *vi* langsam voranrücken
◆**edge out** *vt* ■**to** ~ **out** ↔ **sb** jdn hinausdrängen
◆**edge up** *vi* (*creep higher*) allmählich [*o* langsam] ansteigen; *share prices* stärker tendieren, leicht steigen; **to** ~ **up 10%** um 10% ansteigen; **to** ~ **up to 5%** auf 5% ansteigen

edged [edʒd] *adj inv* ■**to be** ~ **with sth** von etw *dat* umrandet sein; *coat* mit etw *dat* besetzt sein; *table cloth* mit etw *dat* eingefasst sein

-edged [edʒd] *in compounds* **dull-**~ stumpf; **sharp-**~ scharf; **single-/two-** [*or* **double-**] ~ ein-/zweischneidig

edge notched card *n* Kerblochkarte *f*

edge trimmer *n* Rasenschneidegerät *nt*

edgeways [ˈedʒweɪz] *adv,* **edgewise** [ˈedʒwaɪz] *adv inv* (*with edge foremost*) mit der Kante voran; (*sideways*) seitlich; **to not get a word in** ~ (*fam*) nicht zu Wort kommen; **to see sth** ~ [**on**] etw von der Seite sehen

edgily [ˈedʒɪli] *adv* nervös, gereizt

edginess [ˈedʒɪnəs] *n no pl* Nervosität *f,* Angespanntheit *f*

edging [ˈedʒɪŋ] *n* Umrandung *f; of a tablecloth, dress* Borte *f; of a lawn, garden* Einfassung *f*

edgy [ˈedʒi] *adj* (*fam*) nervös, gereizt

EDI [ˌiːdiːˈaɪ] *n* ECON, FIN *abbrev of* **electronic data interchange** *elektronischer Datenaustausch* (*von einer Firma zu einer anderen*)

edible [ˈedɪbl] *adj* essbar, genießbar; ~ **mushroom** Speisepilz *m*

edict [ˈiːdɪkt] *n* (*form*) Edikt *nt hist,* Erlass *m,* Verordnung *f*

edification [ˌedɪfɪ'keɪʃᵊn] *n no pl (form)* Erbauung *f geh o a. iron;* **for sb's ~** zu jds Erbauung *geh*

edifice ['edɪfɪs] *n* ① *(form: building)* Gebäude *nt* ② *(fig: structure)* Gebäude *nt,* Gefüge *nt*

edify <-ie-> ['edɪfaɪ] *vt (form)* ■**to ~ sb** ① *(uplift)* jdn erbauen *geh* ② *(educate)* jdn erbauen [*o* innerlich bereichern] *geh*

edifying ['edɪfaɪɪŋ] *adj (hum: enjoyable)* erbaulich *geh o a. iron,* erhebend *geh*

edit ['edɪt] *vt* ① *(modify for publication)* ■**to ~ sth** etw redigieren; **to ~ copy** einen Beitrag bearbeiten ② COMPUT **to ~ a file** eine Datei editieren *fachspr* ③ *(be editor of)* ■**to ~ sth** etw herausgeben [*o* edieren]; **to ~ a newspaper** eine Zeitung herausgeben ④ FILM, TV, RADIO ■**to ~ sth** etw cutten [*o* schneiden]

◆**edit down** *vt* ■**to ~ down** ○ **sth** etw kürzen; FILM, TV, RADIO etw zusammenschneiden

◆**edit out** *vt* ■**to ~ out** ○ **sth** PUBL, JOURN etw [heraus]streichen [*o fam* weglassen]; FILM, TV, RADIO etw herausschneiden

editing ['edɪtɪŋ, AM -t̬-] *n no pl* ① *of a text* Bearbeiten *nt,* Redigieren *nt* ② *of a film, tape* Bearbeiten *nt,* Schneiden *nt,* Cutten *nt*

edition [ɪ'dɪʃᵊn] *n* ① *(issue)* Ausgabe *f; (version)* Ausgabe *f,* Edition *f fachspr;* **early ~ of a paper** Morgenausgabe *f* einer Zeitung; **first ~** Erstausgabe *f;* **hardback ~** gebundene Ausgabe; **paperback ~** Taschenbuchausgabe *f* ② *(broadcast)* Folge *f* ③ *(simultaneously published books)* Auflage *f; of a newspaper, magazine also* Ausgabe *f;* **limited ~** limitierte Auflage; **second/third ~** zweite/dritte Auflage ④ AM *(of an event)* Auflage *f;* ***the 77th ~ of the Indianapolis 500*** die 77. Indianapolis 500 ⑤ *(clone)* Ausgabe *f hum*

editor ['edɪtəʳ, AM -t̬ə] *n* ① *(of a newspaper, magazine)* Herausgeber(in) *m(f)* ② *(of a press department)* Redakteur(in) *m(f); (of a publishing department)* [Verlags]redakteur(in) *m(f);* **the city ~** Wirtschaftsredakteur *m;* **sports ~** Sportredakteur(in) *m(f)* ③ *(of a book)* Herausgeber(in) *m(f)* ④ FILM Cutter(in) *m(f)*

editorial [ˌedɪ'tɔːriəl, AM -ə'-] **I.** *n* Leitartikel *m* **II.** *adj attr, inv* ① *(of a press or publishing department)* Redaktions-, redaktionell; **~ decisions** redaktionelle Entscheidungen; **~ staff** + *sing/pl vb* Redaktion *f* ② *(reflecting opinions of editors)* **~ article** Leitartikel *m;* **~ opinion** Auslegung *f* von Fakten ③ *(regulatory)* zensierend, regulierend; **to exercise ~ control** Zensur ausüben

editorial board *n + sing/pl vb* Chefredaktion *f*

editorialize [ˌedɪ'tɔːriᵊlaɪz, AM -ə'tɔːriə-] *vi* JOURN seine eigene Meinung vertreten

editorially [ˌedɪ'tɔːriəli, AM ˌedə] *adv inv* redaktionell

editor-in-chief [ˌedɪtərɪn'tʃiːf, AM -t̬əɪn'-] *n (at newspaper)* Chefredakteur(in) *m(f); (at publishing house)* Herausgeber(in) *m(f)*

editorship ['edɪtəʃɪp, AM t̬ə] *n* Leitung *f*

EDP [ˌiːdiː'piː] *n no pl abbrev of* **electronic data processing** EDV *f*

EDT [ˌiːdiː'tiː] *n no pl abbrev of* **Eastern Daylight Time** *östliche Sommerzeit (in den USA und Kanada)*

educable ['edʒʊkəbl] *adj* einer Bildung zugänglich

educate ['edʒʊkeɪt] *vt* ① *(teach knowledge)* ■**to ~ sb** jdn unterrichten; *(train)* jdn ausbilden; **to be ~d at Oxford** in Oxford auf die [*o* zur] Schule gehen; ***I was ~d in the private school system*** ich habe Privatschulen besucht ② *(enlighten)* ■**to ~ sb** jdn aufklären; **to ~ the public** die Öffentlichkeit aufklären [*o* informieren]; ■**to ~ sb about** [*or* **in**] [*or* **on**] **sth** jdn über etw *akk* aufklären ③ *(rare: bring up)* ■**to ~ sb** jdn erziehen

educated ['edʒʊkeɪtɪd, AM -t̬-] *adj* ① *(schooled)* gebildet; **highly ~** hochgebildet; **to be Cambridge-/Oxford-/Harvard-~** in Cambridge/ Oxford/Harvard studiert haben ② *(cultivated)* kultiviert

educated guess *n* wohl begründete Vermutung [*o* Annahme]; **to make an ~** eine fundierte Vermutung äußern

education [ˌedʒʊ'keɪʃᵊn] *n no pl* ① *(teaching knowledge)* Bildung *f; (training)* Ausbildung *f;* ***he received most of his ~ at home*** er wurde größtenteils zu Hause unterrichtet; **science ~** naturwissenschaftlicher Unterricht, Unterricht *m* in den naturwissenschaftlichen Fächern ② *(knowledge)* Bildung *f;* **to have a gap in one's ~** eine Bildungslücke haben; **classical/literary ~** klassische/literarische Bildung ③ *(system)* Erziehungswesen *nt; (schools, colleges, universities)* Bildungswesen *nt* ④ *(study of teaching)* Pädagogik *f,* Erziehungswissenschaft *f*

educational [ˌedʒʊ'keɪʃᵊnᵊl] *adj* ① *attr, inv* SCH, UNIV Bildungs-, pädagogisch; **~ background** schulischer Werdegang; **~ establishment** Bildungsanstalt *f;* **~ film** Lehrfilm *m;* **~ institution** Bildungseinrichtung *f;* **~ psychology** Schulpsychologie *f;* **~ qualifications** schulische Qualifikationen; **~ standards** Bildungsniveau *nt;* **~ system** Bildungswesen *nt* ② *(enlightening)* lehrreich; **an ~ experience** eine lehrreiche Erfahrung; **an ~ journey** eine Bildungsreise ③ *(raising awareness)* bewusstseinsbildend; **~ campaign** Informationskampagne

educationalist [ˌedʒʊ'keɪʃᵊnᵊlɪst] *n* Erziehungswissenschaftler(in) *m(f),* Pädagoge, -in *m, f*

educationally [ˌedʒʊ'keɪʃᵊnᵊli] *adv* pädagogisch, erzieherisch; **~ *I think Stuttgart has the edge over Cologne*** ich glaube, dass Stuttgart Köln im Hinblick auf die Bildungseinrichtungen überlegen ist; **~ disadvantaged** lernbehindert

education correspondent *n* Berichterstatter(in) *m(f)* für den Sektor Bildungswesen

educationist [ˌedʒʊ'keɪʃᵊnɪst] *n* Erziehungswissenschaftler(in) *m(f),* Pädagoge, -in *m, f*

education lobby *n + sing/pl vb* Bildungslobby *f*

educative ['edʒʊkətɪv, AM -keɪt̬ɪv] *adj* erzieherisch, pädagogisch; **~ toys** pädagogisch wertvolles Spielzeug

educator ['edʒʊkeɪtəʳ, AM -t̬ə] *n esp* AM Erzieher(in) *m(f),* Pädagoge, -in *m, f geh; (teacher)* Lehrer(in) *m(f)*

Edwardian [ed'wɔːdiən, AM -'wɑːr-] **I.** *adj inv* aus der Zeit Edwards VII., edwardianisch **II.** *n* Edwardianer(in) *m(f)*

EEA [ˌiːiː'eɪ] *n* ECON, FIN *abbrev of* **European Economic Area**

EEC [ˌiːiː'siː] *n no pl (hist) abbrev of* **European Economic Community** EWG *f hist*

EEG [ˌiːiː'dʒiː] *n abbrev of* **electroencephalogram** EEG *nt*

eek [iːk] *interj (esp hum fam)* ih, igitt

eel [iːl] *n* Aal *m;* **jellied ~s** Aal *m* in Aspik; **to be like** [*or* **slippery as**] **an ~** aalglatt [*o* glatt wie ein Aal] sein *pej*

eemie ['iːmi] *n* AM *(fam!: early-morning erection)* morgendliche Erektion

EEMU *n abbrev of* **European Economic and Monetary Union** EWWU *f;* **~-participating country** EWWU-Teilnehmerland *nt,* EWWU-Teilnehmerstaat *m*

e'er [eəʳ, AM er] *adv (poet) see* **ever**

eerie <-r, -st> ['ɪəri, AM 'ɪri] *adj* unheimlich

eerily ['ɪərɪli, AM 'ɪr-] *adv* unheimlich

eeriness ['ɪərɪnəs, AM 'ɪr-] *n no pl* Unheimlichkeit *f*

eery *adj see* **eerie**

eff [ef] *vi* BRIT *(euph fam!)* fluchen, schimpfen; **to ~ and blind** *(esp hum)* fluchen

◆**eff off** *vi* BRIT *(euph fam!)* **~ *off!*** verpiss dich! *sl,* hau ab! *fam*

efface [ɪ'feɪs] *vt* ① *(also fig: erase)* ■**to ~ sth** etw auslöschen *a. fig;* **to ~ the memory of sth** die Erinnerung an etw *akk* auslöschen ② *(be humble)* ■**to ~ oneself** zurückhaltend sein, sich *akk* zurückhalten

effect [ɪ'fekt] **I.** *n* ① *(consequence)* Auswirkung *f* ([**up**]**on** auf +*akk*), Folge *f* ([**up**]**on** für +*akk*); **the overall ~** das Gesamtresultat ② *no pl (influence)* Einfluss *m* (**on** auf +*akk*) ③ *no pl (force)* Wirksamkeit *f;* LAW [Rechts]kraft *f,* Gültigkeit *f;* **to come into ~** in Kraft treten, wirksam werden; **to remain in ~** wirksam [*o* in Kraft] bleiben; **to take ~** *(come into force) laws, regulations* in Kraft treten, wirksam werden; *(start to work) medicine, anaesthetic* Wirkung zeigen, wirken; **with ~ from 1st January** *(form)* mit Wirkung vom 1. Januar *form* ④ *(result)* Wirkung *f; (success)* Erfolg *m;* ***talking to him had no ~ because he got drunk again*** mit ihm zu sprechen war umsonst, denn er betrank sich wieder; **to good ~** mit Erfolg ⑤ *no pl (esp pej: attention-seeking)* **for ~** aus Effekthascherei *pej;* ***she uses bad language for ~*** sie gebraucht ordinäre Ausdrücke, um sich in Szene zu setzen *fam* ⑥ *(essentially)* **in ~** eigentlich, in Wirklichkeit ⑦ *(summarizing)* **to say something to the effect that …** sinngemäß sagen, dass …; ***she said she was unhappy or words to that ~*** sie sagte, sie sei unglücklich, oder etwas in der Art; ***I received a letter to the ~ that my contract had run out*** ich erhielt einen Brief des Inhalts, dass mein Vertrag abgelaufen war ⑧ *(sounds, lighting)* ■**~s** *pl* Effekte *mpl;* **light/ sound ~s** Licht-/Klangeffekte *mpl* ⑨ *(spec: belongings)* ■**~s** *pl* Eigentum *nt kein pl,* Vermögen *nt kein pl,* Effekten *pl fachspr;* **personal ~s** Gegenstände *mpl* des persönlichen Gebrauchs **II.** *vt* ■**to ~ sth** etw bewirken; **to ~ a breakthrough** einen Durchbruch erzielen; **to ~ a change** eine Änderung herbeiführen; **to ~ a cure** eine Heilung bewirken; **to ~ a merger** fusionieren; **to ~ a reform** eine Reform durchführen

effective [ɪ'fektɪv] *adj* ① *(competent)* fähig, kompetent; ***he was an ~ speaker*** er war ein guter Redner ② *(achieving the desired effect)* wirksam, effektiv; *(successful)* erfolgreich; **~ medicine** wirksames Medikament; ***the medicine was ~ in lowering the fever*** das Medikament hat das Fieber gesenkt; ***the treatment hasn't been very ~*** die Behandlung hat wenig Wirkung gezeigt ③ *(real)* tatsächlich, wirklich; ***she's in ~ control of the office*** sie ist die eigentliche Leiterin der Geschäftsstelle ④ *(operative)* gültig; *law* [rechts]wirksam; **to become ~** *law* [rechts]wirksam werden, in Kraft treten ⑤ *(striking)* effektvoll, wirkungsvoll

effective exchange rate *n* FIN effektiver Wechselkurs

effectively [ɪ'fektɪvli] *adv* ① *(efficiently)* wirksam, effektiv; *(successfully)* erfolgreich ② *(essentially)* eigentlich, tatsächlich

effectiveness [ɪ'fektɪvnəs] *n no pl* Wirksamkeit *f,* Effektivität *f*

effective price *n* FIN tatsächlicher Preis

effective rate *n* FIN Effektivzins *m*

effective yield *n* ECON, FIN Effektivertrag *m,* Effektivrendite *f*

effectual [ɪ'fektʃuəl, AM -tʃuː-] *adj (form)* ① *(effective)* wirksam ② *(in effect)* wirklich, tatsächlich, eigentlich

effectually [ɪ'fektʃuəli, AM -tʃuː-] *adv (form)* ① *(efficiently)* effektiv, wirksam; *(successfully)* erfolgreich ② *(in practice)* in Wirklichkeit, tatsächlich

effectuate [ɪ'fektʃueɪt, AM -tʃuː-] *vt (form)* ■**to ~ sth** etw bewirken; **to ~ a change** eine Änderung herbeiführen

effeminacy [ɪ'femɪnəsi] *n no pl (pej)* unmännliches Verhalten

effeminate [ɪ'femɪnət] *adj (pej)* unmännlich, weibisch *pej,* effeminiert *geh*

effervesce [ˌefə'ves, AM -ə'-] *vi* ① *(spec: bubble)*

sprudeln
❷ (*fig approv*) *person* vor Temperament sprudeln [*o* überschäumen]

effervescence [ˌefəˈvesən(t)s, AM -ɚˈ-] *n no pl* ❶ *of a liquid* Sprudeln *nt*
❷ (*fig approv*) *of a person* übersprudelndes [*o* überschäumendes] Temperament

effervescent [ˌefəˈvesənt, AM -ɚˈ-] *adj* ❶ *inv* (*giving off gas*) sprudelnd *attr;* ~ **drink** sprudelndes [*o geh* moussierendes] Getränk; ~ **tablet** Brausetablette *f*
❷ (*fig approv*) *person* sprudelnd *attr,* überschäumend; ■**to be** ~ vor Temperament sprudeln [*o* überschäumen]

effete [ɪˈfiːt] *adj* (*liter*) ❶ (*pej: weak*) weichlich *pej,* verweichlicht *pej*
❷ (*exhausted*) erschöpft, entkräftet
❸ (*pej: effeminate*) weibisch *pej*

efficacious [ˌefɪˈkeɪʃəs] *adj* (*form*) wirksam; (*successful*) erfolgreich; ~ **medicine** wirksames Medikament

efficacy [ˈefɪkəsi] *n* (*form*) Wirksamkeit *f*

efficiency [ɪˈfɪʃən(t)si] *n* ❶ *no pl* (*proficiency*) *of a company* Leistungsfähigkeit *f; of a system* Effizienz *f geh,* Leistungsfähigkeit *f; of a person* Tüchtigkeit *f; of a method* Wirksamkeit *f,* Effizienz *f geh*
❷ *no pl* (*frugality*) Wirtschaftlichkeit *f,* Effizienz *f geh;* **energy** ~ sparsame Energieverwendung
❸ (*spec: of a machine, an engine*) Wirkungsgrad *m fachspr*
❹ AM (*apartment*) kleines Apartment

efficiency apartment *n* AM kleines Apartment

efficient [ɪˈfɪʃənt] *adj* ❶ (*productive*) leistungsfähig, effizient *geh;* ~ **person** fähige [*o* tüchtige] Person
❷ (*economical*) wirtschaftlich

efficiently [ɪˈfɪʃəntli] *adv* effizient *geh*

effigy [ˈefɪdʒi] *n* Bild[nis] *nt;* **to burn/hang sb in** ~ jdn symbolisch verbrennen/hängen

effing [ˈefɪŋ] *adj attr, inv* BRIT (*euph fam!*) verdammt *fam,* Scheiß- *derb*

efflorescense [ˌeflɔːˈresən(t)s, AM -ləˈ-] *n no pl* ❶ BOT Blüte *f*
❷ (*liter*) *of a trend* Blüte[zeit] *f*

effluence [ˈefluəns] *n* Abfluss *m*

effluent [ˈefluənt] *n* Abwasser *nt*

effluvium <*pl* -via> [ɪˈfluːviəm] *n* Erguss *m*

efflux <*pl* -es> [ˈeflʌks] *n* ECON, FIN Abfluss *m*

effort [ˈefət, AM -ɚt] *n* ❶ (*exertion*) Mühe *f,* Anstrengung *f;* ***despite all my ~s, he is still smoking*** trotz all meiner Bemühungen raucht er immer noch; **to be worth the** ~ die Mühe wert sein; **it is an** ~ **[for sb] to do sth** es kostet [jdn] Mühe, etw zu tun; **to make an** ~ **[to do sth]** sich *akk* anstrengen [*o* sich *dat* Mühe geben][, etw zu tun]
❷ (*trying*) Bemühung *f,* Bemühen *nt kein pl geh;* **to make an** ~ **[to do sth]** sich *akk* bemühen [*o* sich *dat* Mühe geben][, etw zu tun]; **to not make any** ~ **to do sth** sich *dat* nicht die geringste Mühe geben [*o* sich *akk* nicht bemühen], etw zu tun
❸ (*outcome*) Versuch *m;* ***that's a fairly poor*** ~ das ist eine ziemlich schwache Leistung

effortless [ˈefətləs, AM -ɚt-] *adj* ❶ (*easy*) mühelos, leicht; ~ **charm** ungezwungener Charme; ~ **grace** natürliche Grazie
❷ (*undemanding*) unkompliziert, einfach

effortlessly [ˈefətləsli, AM -ɚt-] *adv* mühelos, ohne Anstrengung

effortlessness [ˈefətləsnəs, AM -ɚt-] *n no pl* Mühelosigkeit *f*

effrontery [ɪˈfrʌntəri, AM efˈrʌnt̬ɚi] *n no pl* (*form*) Unverfrorenheit *f geh,* Unverschämtheit *f;* **to have the** ~ **to do sth** die Unverschämtheit [*o* Unverfrorenheit] besitzen, etw zu tun

effusion [ɪˈfjuːʒən] *n* (*liter*) ❶ (*outburst*) Gefühlsausbruch *m*
❷ (*esp pej: of feelings*) Erguss *m pej*

effusive [ɪˈfjuːsɪv] *adj* (*form*) überschwänglich

effusively [ɪˈfjuːsɪvli] *adv* (*form*) überschwänglich

effusiveness [ɪˈfjuːsɪvnəs] *n no pl* Überschwänglichkeit *f*

EFL [ˌiːefˈel] *n no pl abbrev of* **English as a Foreign Language** Englisch *nt* als Fremdsprache

EFT [ˌiːefˈtiː] *n no pl abbrev of* **electronic funds transfer** elektronischer Zahlungsverkehr, elektronische Kontoabbuchung

EFTA *n,* **Efta** [ˈeftə] *n no pl,* + *sing/pl vb acr for* **European Free Trade Association** EFTA *f*

e.g. [ˌiːˈdʒiː] *abbrev of* **exempli gratia** z. B.

egalitarian [ɪˌgælɪˈteəriən, AM -ˈteri-] **I.** *n* Verfechter(in) *m(f)* des Egalitarismus
II. *adj* egalitär *geh;* ***the party's principles are basically*** ~ die Prinzipien der Partei beruhen im Wesentlichen auf dem Gleichheitsgedanken

egalitarianism [ɪˌgælɪˈteəriənɪzəm, AM -ˈteri-] *n no pl* Egalitarismus *m geh*

e-generation [ˈiːdʒenəreɪʃən] *n* Computergeneration *f,* Internetgeneration *f;* ■**to be** ~ ein Kind des elektronischen Zeitalters sein *fig*

egg [eg] **I.** *n* ❶ (*food*) Ei *nt;* **[half] a dozen** ~**s** ein [halbes] Dutzend Eier; **quail's** ~**s** Wachteleier *ntpl;* **beaten** ~ geschlagenes Ei; **hard-boiled/soft-boiled** ~ hart/weich gekochtes Ei; **to lay an** ~ ein Ei legen
❷ (*cell*) Eizelle *f*
❸ (*shape*) Ei *nt;* **chocolate** ~ Schokoladenei *nt*
► PHRASES: **to put all one's** ~**s in one basket** alles auf eine Karte setzen; **to be left with** ~ **on one's face** dumm dastehen *fam;* **it's like teaching your grandmother to suck** ~**s** (*fam*) da will das Ei [*o* Küken] [mal] wieder klüger sein als die Henne *hum fam;* **to be a bad** ~ (*fam*) ein Gauner *m* sein; **as sure as** ~**s is** ~**s** BRIT (*fam*) das ist so sicher wie das Amen in der Kirche
II. *vt* ■**to** ~ **sb** ◯ **on** jdn anstacheln

egg-and-spoon race *n* Eierlaufen *nt kein pl* **egg cell** *n* Eizelle *f* **egg cup** *n* Eierbecher *m* **egghead** *n* (*hum fam*) Eierkopf *m oft pej fam,* Egghead *m oft hum geh* **eggplant** *n esp* AM, AUS Aubergine *f* **egg roll** *n* AM (*spring roll*) Frühlingsrolle *f* **eggshell** *n* Eierschale *f* **egg spoon** *n* Eierlöffel *m* **egg timer** *n* Eieruhr *f* **egg whisk** *n* Schneebesen *m* **egg white** *n no pl* Eiweiß *nt;* **beaten** ~ Eischnee *m*

eggy [ˈegi] *adj pred* (*fam*) **to smell/taste** ~ nach Ei riechen/schmecken

egg yolk *n* Eigelb *nt,* Eidotter *m*

EGM [ˌiːdʒiːˈem] *n* ECON, FIN *abbrev of* **extraordinary general meeting**

ego [ˈiːgəʊ, AM -oʊ] *n* ❶ PSYCH Ego *nt fachspr,* Ich *nt fachspr*
❷ (*self-esteem*) Selbstbewusstsein *nt kein pl,* Ego *nt kein pl fam;* **to bolster** [*or* **boost**] **sb's** ~ jds Ego stärken *fam*

egocentric [ˌiːgə(ʊ)ˈsentrɪk, AM -goʊˈ-] *adj* (*esp pej*) egozentrisch *geh,* ichbezogen

egocentrically [ˌiːgə(ʊ)ˈsentrɪkəli, AM -goʊˈ-] *adv* (*esp pej*) egozentrisch *geh,* ichbezogen

egocentricity [ˌiːgəʊsenˈtrɪsəti, AM -goʊsenˈtrɪsət̬i] *n no pl* Egozentrik *f geh,* Ichbezogenheit *f*

egoism [ˈiːgəʊɪzəm, AM -goʊ-] *n no pl* ❶ (*pej: egotism*) Egoismus *m,* Egotismus *m geh*
❷ (*ethical theory*) Egotismus *m fachspr*

egoist [ˈiːgəʊɪst, AM -goʊ-] *n* (*pej*) Egoist *m,* Egotist *m*

egoistic [ˌiːgəʊˈɪstɪk, AM -goʊˈ-] *adj* (*pej*) egoistisch

egomania [ˌiːgə(ʊ)ˈmeɪniə, AM -goʊˈ-] *n no pl* Egomanie *f geh*

egomaniac [ˌiːgə(ʊ)ˈmeɪniæk, AM -goʊˈ-] *n* (*pej*) Egomane, -in *m, f geh*

egotism [ˈiːgəʊtɪzəm, AM -goʊ-] *n no pl* Egoismus *m,* Egotismus *m geh*

egotist [ˈiːgəʊtɪst, AM -goʊ-] *n* (*pej*) Egoist(in) *m(f),* Egotist(in) *m(f) geh*

egotistic [ˌiːgəʊˈtɪstɪk, AM -goʊˈ-] *adj* (*pej*) egoistisch

ego trip *n* Egotrip *m sl;* **to be on an** ~ auf dem Egotrip sein *sl*

egregious [ɪˈgriːdʒəs] *adj* (*pej form*) unerhört, ungeheuerlich; ~ **error** krasser [*o* grober] Fehler

egret [ˈiːgrət, AM gret] *n* Silberreiher *m*

Egypt [ˈiːdʒɪpt] *n no pl* Ägypten *nt*

Egyptian [ɪˈdʒɪpʃən] **I.** *n* Ägypter(in) *m(f)*
II. *adj inv* ägyptisch

Egyptology [ˌiːdʒɪpˈtɒlədʒi, AM ˈtɑːlə] *n no pl* Ägyptologie *f*

eh [eɪ] *interj* (*fam*) ■~? (*expressing confusion*) was? *fam,* hä? *fam;* (*expressing surprise also*) wie bitte?; (*asking for repetition*) wie bitte?, was? *fam;* (*inviting response to statement*) nicht [wahr]?; ***... — ~? what are you talking about?*** ... – hä? wovon sprichst du überhaupt?; ***... — ~! why didn't you tell me sooner?*** ... – was? warum hast du [mir] das nicht früher gesagt?; ***I got the job, that's good, ~?*** ich habe den Job, ist das nicht toll? *fam*

EIB [ˌiːaɪˈbiː] *n* ECON, FIN *abbrev of* **European Investment Bank**

eider [ˈaɪdəʳ, AM -ɚ] *n* Eiderente *f*

eiderdown [ˈaɪdədaʊn, AM -dɚ-] *n* ❶ (*feathers*) [Eider]daunen *fpl*
❷ (*quilt*) Daunenbett *nt,* Federbett *nt*

eidetic [aɪˈdetɪk, AM -t̬-] PSYCH **I.** *adj* eidetisch *fachspr*
II. *n* Eidetiker(in) *m(f) fachspr*

eight [eɪt] **I.** *adj* ❶ (*number*) acht; ~ ***times three is 24*** acht mal drei ist 24; ***that costs £~*** das kostet acht Pfund; ***the number ~ goes to the station*** die Linie acht fährt zum Bahnhof; ***the score is ~ three*** es steht acht zu drei; ***there are ~ of us*** wir sind [zu] acht; ***they're sold in packets of ~*** das wird in einer Achterpackung verkauft; ***after ringing the bell ~ times we ...*** nachdem wir achtmal geklingelt hatten, ...; **in chapter** ~ in Kapitel acht, im achten Kapitel; **a family of** ~ eine achtköpfige Familie; ~ **and a quarter/half** achteinviertel/achteinhalb; ~ **times the amount of ...** achtmal so viel ...; **one in** ~ **[people]** jeder Achte; **in** ~ **[different] colours/sizes** in acht [verschiedenen] Farben/Größen; **to bet at** ~ **to one** acht zu eins wetten
❷ (*age*) acht; ***a boy of ~*** ein achtjähriger Junge; **to be/turn** ~ **[years old]** acht [Jahre alt] sein/werden; **at the age of** ~ [*or* **at** ~ **[years old]**] [*or* **aged** ~] mit acht Jahren, im Alter von acht Jahren *geh*
❸ (*time*) **to be** ~ **[o'clock]** acht [Uhr] sein; **at** ~ **[o'clock]** um acht [Uhr]; **[at] about** [*or* **around**] ~ **[o'clock]** gegen acht [Uhr]; **ten/twenty [minutes] past** [*or* AM *usu* **after**] ~ **[o'clock]** zehn/zwanzig [Minuten] nach acht [Uhr]; **ten/twenty [minutes] to** [*or* AM *usu* **before**] ~ **[o'clock]** zehn/zwanzig [Minuten] vor acht [Uhr]; **just** [*or* **shortly**] **after/before** ~ **[o'clock]** kurz nach/vor acht [Uhr]; **half past** ~ [*or* BRIT *fam* **half** ~] halb neun; **at** ~ **thirty** um halb neun, um acht Uhr dreißig; **at** ~ **twenty/forty-five** um zwanzig nach acht [*o* acht Uhr zwanzig]/Viertel vor neun [*o* drei viertel neun] [*o* acht Uhr fünfundvierzig]
II. *n* ❶ (*number, symbol*) Acht *f*
❷ SPORTS (*boat*) Achter *m;* (*crew also*) Achtermannschaft *f;* ■~**s** *pl* Achterrennen *nt;* **number** ~ (*rugby union forward*) Stürmer *m;* **last** [*or* **final**] ~ TENNIS die letzten Acht; **to skate a figure of** ~ **[on the ice]** [auf dem Eis] eine Acht laufen
❸ BRIT (*clothing size*) [Kleidergröße] 34; AM (*clothing size*) [Kleidergröße] 38; BRIT (*shoe size*) [Schuhgröße] 41; AM (*shoe size*) [Schuhgröße] 39
❹ CARDS Acht *f;* ~ **of clubs/hearts** Kreuz-/Herz-Acht *f*
❺ (*public transport*) ■**the** ~ die Acht
► PHRASES: **to be behind the** ~ **ball** AM im Nachteil sein; **to have one past the** ~ BRIT (*sl*) einen über den Durst getrunken haben *fam*

eight-day *adj attr* achttägig

eighteen [eɪˈtiːn] **I.** *adj* ❶ (*number, age*) achtzehn; ***there are ~ of us*** wir sind achtzehn [*o* zu achtzehnt]; *see also* **eight I 1, 2**
❷ (*time*) ~ **hundred hours** *spoken* achtzehn Uhr; **1800 hrs** *written* 18:00; **at** ~ **twenty/thirty** um achtzehn Uhr zwanzig [*o* 18:20] [*o* zwanzig nach sechs]/dreißig [*o* 18:30] [*o* halb sieben]; *see also* **eight I 3**
II. *n* ❶ (*number, symbol*) Achtzehn *f;* **in the** ~ **twenties** in den zwanziger Jahren des neunzehnten

Jahrhunderts
② BRIT FILM ~ **certificate** [Alters]freigabe *f* ab 18 Jahren; **to be given an ~ certificate** ab 18 [Jahren] freigegeben sein
eighteenth [eɪ'ti:nθ] **I.** *adj inv* achtzehnte(r, s)
II. *n* ■**the ~** der/die/das Achtzehnte
eight-figure *adj* ~ **number** achtstellige Zahl
eighth [eɪtθ] **I.** *adj inv* achte(r, s); ***you're the ~ person to put your name down*** du bist der Achte, der sich einträgt; ~ **grade** AM achte Klasse; **every ~ person** jeder Achte; **in ~ place** an achter Stelle; **the ~ largest ...** der/die/das achtgrößte ...
II. *n no pl* ① (*order*) ■**the ~** der/die/das Achte; **to be ~ [in line]** als Achter an der Reihe [*o fam* dran] sein; **to be/finish ~ [in a race]** [bei einem Rennen] Achter sein/werden [*o* als Achter ins Ziel kommen]
② (*date*) ■**the ~ [of the month]** *spoken* der Achte [des Monats]; ■**the 8th [of the month]** *written* der 8. [des Monats]; **on the ~ of February** am achten Februar
③ (*in titles*) **Henry the E~** *spoken* Heinrich der Achte; **Henry VIII** *written* Heinrich VIII.
④ (*fraction*) Achtel *nt*
III. *adv inv* achtens
eighthly ['eɪtθli] *adv* achtens
eighth note *n* AM MUS Achtelnote *f*, Achtel *nt*
eight-hour *adj attr* achtstündig; ~ **day** Achtstundentag *m* **eight hundred I.** *adj* achthundert **II.** *n* Achthundert *f*; **800 number** AM ≈ 0130-Nummer *f* (*gebührenfreie Telefonnummer*)
eightieth ['eɪtiəθ, AM -t̬i-] **I.** *adj inv* achtzigste(r, s); *see also* **eighth I**
II. *n* ① (*order*) ■**the ~** der/die/das Achtzigste; *see also* **eighth II 1**
② (*fraction*) Achzigstel *nt*
eight-page *adj attr* achtseitig **eight-part, eight-piece** *adj attr* achtteilig **eight-sided** *adj attr* achtseitig **eight-storey** *adj* BRIT, AM **eight-story** *adj attr* achtstöckig **eight thousand I.** *adj* achttausend **II.** *n* Achttausend *f*
eighty ['eɪti, AM -t̬i] **I.** *adj* achtzig; *see also* **eight I 1, 2**
II. *n* ① (*number*) Achtzig *f*
② (*age*) **to be in one's eighties** in den Achtzigern sein; **to be in one's early/mid/late eighties** Anfang/Mitte/Ende achtzig sein
③ (*decade*) ■**the eighties** *pl* die achtziger [*o* 80er] Jahre, die Achtziger; **in the eighties** in den Achtzigern
④ (*temperature*) **to be in the eighties** um die 30 Grad Celsius warm sein
⑤ (*fam: speed*) achtzig; **to do** [*or* **drive**] ~ achtzig fahren, mit achtzig Sachen fahren *fam*
eight-year *adj attr* achtjährig **eight-year-old I.** *adj attr* achtjährig, acht Jahre alt **II.** *n* Achtjährige(r) *f(m)*; ***she learnt to ride as an ~*** sie lernte mit acht Jahren reiten
eighty-track disk *n* COMPUT Platte *f* mit 80 Spuren
eighty-year *adj attr war* achtzigjährig **eighty-year-old I.** *adj attr* achtzigjährig, achtzig Jahre alt **II.** *n* Achtzigjährige(r) *f(m)*
Eire ['eərə, AM 'erə] *n* Eire *nt*, Irland *nt* (*amtlicher Name für die Republik Irland 1937–1949*)
either ['aɪðər, 'i:-, AM 'i:ðɚ, 'aɪ-] **I.** *conj* ~ **... or ...** entweder ... oder ...; ~ ***you leave now or I call the police!*** entweder Sie gehen jetzt oder ich rufe die Polizei!
II. *adv inv* ① (*introducing alternative*) ~ **... or ...** entweder ... oder ...; ***available in ~ black or white*** in Schwarz oder Weiß erhältlich; ***I'm going to buy ~ a new camera or a new video*** ich kaufe entweder eine neue Kamera oder einen neuen Videorekorder
② + *neg* (*indicating similarity*) ***I haven't been to the cinema for ages — I haven't been ~*** ich bin seit Ewigkeiten nicht [mehr] im Kino gewesen – ich auch nicht; ***I don't eat meat and my husband doesn't ~*** ich esse kein Fleisch und mein Ehemann auch nicht; ***it won't do any harm, but won't really help ~*** es schadet nicht, hilft aber auch nicht wirklich
③ + *neg* (*moreover*) ***they do really good food at that restaurant and it's not very expensive ~*** das Essen in diesem Restaurant ist wirklich gut – und nicht einmal sehr teuer
III. *adj attr, inv* ① (*each of two*) beide; ***unfortunately I was sitting at the table with smokers on ~ side of me*** leider saß ich an dem Tisch zwischen zwei Rauchern; ***the road was straight with fields of grass on ~ side*** die Straße war gerade und auf beiden Seiten von Wiesen umgeben
② (*one of two*) eine(r, s) [von beiden]; ~ ***person would be fine for the job*** jede(r) der beiden wäre für den Job geeignet; ***there were no children of ~ marriage*** aus den beiden Ehen stammen keine Kinder; ~ **way** [*or* **in ~ case**] so oder so
IV. *pron no pl* (*any one of two*) beide(s); ***we have beer and wine — would you like ~?*** wir haben Bier und Wein – was hättest du lieber?; ***you can have ~ of the two chocolates*** welche der beiden Pralinen hättest du gerne?; ~ **of you** eine(r) von euch beiden
either-or *adj* Entweder-Oder-; ~ **situation** Entweder-Oder-Situation *f*
ejaculate [ɪ'dʒækjəleɪt] **I.** *vi* ejakulieren
II. *vt* ■**to ~ sth** ① (*dated: utter suddenly*) etw ausrufen [*o* ausstoßen]
② (*eject semen*) etw ausspritzen [*o* ejakulieren]
III. *n* [ɪ'dʒækjələt] Ejakulat *nt fachspr*, Samen *m*
ejaculation [ɪˌdʒækjə'leɪʃən] *n* ① (*process of ejaculating*) Ejakulation *f fachspr*, Samenerguss *m*
② (*dated: sudden outburst*) Ausbruch *m*
③ (*cry*) Ausruf *m*
eject [ɪ'dʒekt] **I.** *vt* ① (*kick out*) ■**to ~ sb** jdn hinauswerfen [*o* hinausbefördern] (**from** aus +*dat*); LAW jdn zwangräumen, bei jdm eine Zwangsräumung durchführen, jdn zur Räumung zwingen
② TECH ■**to ~ sth** etw auswerfen; ***the VCR ~ed the cassette*** der Videorekorder gab die Kassette aus
II. *vi* AVIAT den Schleudersitz betätigen
ejecta [ɪ'dʒektə] *npl esp* GEOG, ASTRON Auswurf *m*, Auswurfmaterial *nt*
ejection [ɪ'dʒekʃən] *n no pl* ① (*kicking out*) *of a person* Hinauswurf *m*
② TECH Auswerfen *nt*; AVIAT *of a pilot* Hinausschleudern *nt*
③ LAW [Zwangs]räumung *f*
ejection seat *n* Schleudersitz *m*
ejectment [ɪ'dʒektmənt] *n* LAW **action of ~** Räumungsklage *f*
ejector [ɪ'dʒektər, AM -ɚ] *n* Auswerfer *m*, Ejektor *m fachspr*
ejector seat *n* Schleudersitz *m*
eke [i:k] *vt* ■**to ~ sth** ↻ **out** *food* etw strecken; **to ~ out a miserable existence** ein armseliges Dasein fristen; **to ~ out a living** sich *akk* mehr schlecht als recht durchschlagen
elaborate I. *adj* [ɪ'læbərət, AM -ɚət] ① (*not simple*) *design, pattern* kompliziert, raffiniert; *clothes, decorations* kunstvoll [gearbeitet]; *style of writing* ausgefeilt; *banquet* aufwendig, üppig
② (*very detailed*) ausführlich, detailliert; *plan* ausgeklügelt; *preparations* sorgfältig
II. *vi* [ɪ'læbəreɪt, AM -ɚeɪt] ins Detail gehen; ■**to ~ on sth** etw näher ausführen [*o* ausführlich behandeln], auf etw *akk* ausführlich eingehen
elaborately [ɪ'læbərətli, AM -ɚət-] *adv* ① (*detailed*) ausführlich; ~ **planned** sorgfältig geplant
② (*ornate*) kunstvoll, kompliziert; ~ **decorated** kunstvoll verziert
elaboration [ɪˌlæbə'reɪʃən] *n* ① *no pl* (*detail work*) Ausfeilung *f*, Ausarbeitung *f*
② (*explanation*) [nähere] Ausführung, Erklärung *f*
élan [eɪ'lɑ̃(ŋ), AM -'lɑ:n] *n no pl* (*approv liter*) Elan *m*, Schwung *m*
eland [i:'lənd] *n* Elenantilope *f*
elapse [ɪ'læps] *vi time* vergehen, verstreichen *geh*
elapsed time *n* COMPUT Gesamtverarbeitungszeit *f*
elastane [ɪ'læsteɪn] *n modifier* Elastan-, aus Elastan *nach n*
elastic [ɪ'læstɪk] **I.** *adj* ① (*stretchable*) elastisch, dehnbar; **to have ~ properties** elastisch sein
② (*fig: adaptable*) flexibel, anpassungsfähig
③ (*fig: buoyant*) *person* seelisch robust; ***he has an ~ personality*** er ist nicht unterzukriegen
④ ECON (*variable*) *currency* elastisch
II. *n* ① (*material*) elastisches Material, Gummi *m*
② (*band*) Gummiband *nt*, Gummi *m fam*
elasticated [ɪ'læstɪkeɪtɪd, AM -t̬-] *adj* BRIT elastisch; **with an ~ waist** mit [einem] Gummizug in der Taille
elastic band *n* Gummiband *nt*
elasticity [ˌɪlæs'tɪsəti, AM -ət̬i] *n no pl* ① (*quality of being elastic*) Elastizität *f*, Dehnbarkeit *f*
② (*fig: flexibility*) Flexibilität *f*; *of a law* Auslegbarkeit *f*
③ ECON Anpassungsfähigkeit *f*, Elastizität *f fachspr*
elasticized [ɪ'læstɪsaɪzd] *adj* AM elastisch
Elastoplast® [ɪ'læstə(ʊ)plɑ:st] *n no pl* BRIT Hansaplast® *nt*
elate [ɪ'leɪt] *vt* ■**to ~ sb** jdn begeistern [*o* [hoch] erfreuen] [*o* in Hochstimmung versetzen]
elated [ɪ'leɪtɪd, AM -t̬-] *adj* **to be ~ at** [*or* **by**] **sth** über etw *akk* hocherfreut sein, aufgrund einer S. *gen* in Hochstimmung sein
elation [ɪ'leɪʃən] *n no pl* Hochstimmung *f*, Begeisterung *f*; **to experience a sense of ~** in Hochstimmung sein
elbow ['elbəʊ, AM -boʊ] **I.** *n* ① (*arm joint*) Ell[en]bogen *m*
② (*clothing covering elbow*) Ellbogen *m*
③ (*fig: in a pipe, river*) Knie *nt*; (*in a road, river*) Biegung *f*, Krümmung *f*
► PHRASES: **to give sb the ~** jdm den Laufpass geben *fam*; **[out] at the ~s** (*clothes*) durchgewetzt, abgetragen; (*person*) heruntergekommen; **to be at sb's ~** (*close at hand*) in jds [unmittelbarer] Nähe sein; (*working closely with sb*) eng mit jdm zusammenarbeiten
II. *vt* ■**to ~ sb** jdm mit dem Ellbogen einen Stoß versetzen; **to ~ sb out** jdn hinausdrängeln; ***she ~ed him in the ribs*** sie stieß ihm den Ellbogen in die Rippen
elbow grease *n* Muskelkraft *f*, Schmalz *nt fam*; **to use some ~, to put some [real] ~ into it** (*fam*) sich *akk* [ordentlich] ins Zeug legen *fam*; ***"come on, use some ~!"*** „los, Leute, etwas mehr Einsatz bitte!" **elbow room** *n* ① (*space to move*) Ellbogenfreiheit *f* ② (*fig: freedom of action*) Bewegungsfreiheit *f fig*, Spielraum *m*
elder[1] ['eldər, AM -ɚ] **I.** *n* ① (*older person*) Ältere(r) *f(m)*; ***listen to the advice of your ~s*** hör auf den Rat der Älteren [*o* von Leuten, die älter sind als du]
② (*older brother, sister*) ***she is my ~ by three years*** sie ist drei Jahre älter als ich
③ (*respected person*) Älteste(r) *f(m)*; **village ~** Dorfälteste(r) *f(m)*
④ REL **church ~** [*or* **E~**] [Kirchen]älteste(r) *f(m)*
II. *adj attr, inv* ältere(r, s); POL ~ **statesman/stateswoman** erfahrener Politiker [*o* Staatsmann]/erfahrene Politikerin
elder[2] ['eldər, AM -ɚ] *n* BOT Holunder *m*
elderberry ['eldəˌberi, AM -ɚˌ-] *n* ① (*berry*) Holunderbeere *f* ② (*tree*) Holunder[strauch] *m* **elderberry wine** *n* Holunder[beer]wein *m*
elderflower ['eldəˌflaʊər, AM dɚˌflaʊɚ] *n* Holunderblüte *f*
elderly ['eldəli, AM -ɚli] **I.** *adj* ältere(r, s) *attr*, ältlich
II. *n* ■**the ~** *pl* ältere Menschen, Senioren
elder tree *n* Holunderstrauch *m*
eldest ['eldɪst] **I.** *adj inv* älteste(r, s)
II. *n no pl* ■**the ~** der/die Älteste
eldest hand *n* CARDS Vorhand *f*
El Dorado *n*, **eldorado** [ˌeldə'rɑ:dəʊ, AM -doʊ] *n* Eldorado *nt*
elect [ɪ'lekt] **I.** *vt* ① (*choose someone by voting*) ■**to ~ sb** jdn wählen; **to ~ sb as a representative** jdn zum Stellvertreter wählen; **to ~ sb to a committee** jdn in ein Gremium [*o* einen Ausschuss] wählen; **to be ~ed chairman/president** zum Vorsitzenden/Präsidenten gewählt werden; **the president ~** der designierte Präsident; **~ed body** gewähltes Gremium; **~ed official** Wahlbeamte(r) *m*, Wahl-

beamte [*o* -in] *f*

❷ (*opt for*) ■**to** ~ **to do sth** sich *akk* [dafür] entscheiden, etw zu tun; ***he ~ed to follow the second plan*** er entschied sich für die Durchführung des zweiten Plans

II. *n pl* REL ■**the** ~ die Auserwählten

electable [ɪ'lektəbl̩] *adj* wählbar

election [ɪ'lekʃən] *n* ❶ (*voting event*) Wahl *f;* **to hold an** ~ eine Wahl durchführen

❷ (*form: choose*) **to make an** ~ eine Wahl treffen

❸ LAW (*choice of taking benefit*) Wahlvermächtnis *f*

election address *n* Wahlrede *f* **election booth** *n* Wahlkabine *f* **election campaign** *n* Wahlkampf *m,* Wahlkampagne *f* **election day** *n,* **Election Day** *n* AM Wahltag *m*

electioneer [ɪˌlekʃə'nɪəʳ, AM -'nɪr] **I.** *n* Wahlhelfer(in) *m(f)*

II. *vi* Wahlkampf betreiben [*o* machen]; **to** ~ **for sb** für jdn als Wahlhelfer arbeiten

electioneering [ɪˌlekʃə'nɪərɪŋ, AM -'nɪr-] *n no pl* Wahlkampf *m,* Wahlkampagne *f;* (*pej*) Wahlpropaganda *f pej*

election manifesto *n* Wahlprogramm *nt*

election platform *n* Wahlprogramm *nt*

election returns *npl* (*report*) Wahlberichte *mpl;* (*counts*) Wahlergebnisse *ntpl*

elective [ɪ'lektɪv] *adj inv* ❶ (*appointed by election*) gewählt; (*based on voting*) Wahl-

❷ (*optional, not necessary*) wahlfrei, fakultativ, Wahl-; ~ **subject** SCH, UNIV Wahlfach *nt;* ~ **surgery** MED elektive Operation, Operation *f* zum Zeitpunkt der [eigenen] Wahl

❸ (*selective concern*) ~ **affinity** Wahlverwandtschaft *f geh*

elective dictatorship *n* (*pej*) gewählte Diktatur

elector [ɪ'lektəʳ] *n* ❶ (*voter*) Wähler(in) *m(f),* Wahlberechtigte(r) *f(m);* **register of** ~**s** Wählerliste *f*

❷ AM (*member of electoral college*) Wahlmann *m*

❸ (*hist: German prince*) ■**E**~ Kurfürst *m*

electoral [ɪ'lektərəl] *adj attr, inv* Wahl-, Wähler-

electoral college *n* ❶ (*electors of a leader*) Wahlausschuss *m*

❷ (*of US president*) Wahlmännergremium *nt*

electorally [ɪ'lektərəli] *adv inv* in Bezug auf die Wahlen; **to be** ~ **damaging** sich *akk* wahltaktisch [*o* auf die Wahl] negativ auswirken

electoral register *n,* **electoral roll** *n* Wählerliste *f,* Wählerverzeichnis *nt*

electorate [ɪ'lektərət] *n* ■**the** ~ die Wählerschaft [*o* Wähler]

Electra complex [ɪ'lektrəˌ] *n* PSYCH Elektrakomplex *m fachspr*

electret [ɪ'lektrɪt] *n* COMPUT [Ferro]dielektrikum *nt*

electric [ɪ'lektrɪk] *adj* ❶ (*powered by electricity*) elektrisch, Elektro-; ~ **blanket** Heizdecke *f;* ~ **current** elektrischer Strom; ~ **guitar** E-Gitarre *f;* ~ **motor** Elektromotor *m*

❷ (*involving or conveying electricity*) Strom-; ~ **bill** Stromrechnung *f*

❸ (*fig: exciting*) elektrisierend; *atmosphere* spannungsgeladen; *performance* mitreißend

electrical [ɪ'lektrɪkəl] *adj inv* elektrisch, Elektro-; ~ **circuit** [elektrischer] Stromkreis; ~ **device** Elektrogerät *nt;* ~ **fittings** Elektroinstallationen *fpl*

electrical engineer *n* (*without univ degree*) Elektrotechniker(in) *m(f);* (*with univ degree*) Elektroingenieur(in) *m(f)* **electrical engineering** *n* Elektrotechnik *f*

electrically [ɪ'lektrɪkəli] *adv inv* elektrisch

electricals [ɪ'lektrɪkəlz] *npl* STOCKEX Elektrizitätsaktien *pl,* Elektrowerte *pl*

electrical storm *n* Gewitter *nt,* Gewittersturm *m*

electric blue *n no pl* metallisches Hellblau

electric-blue [ɪˌlektrɪk'blu:] *adj attr, inv* hellblaumetallic[farben]

electric chair *n* LAW elektrischer Stuhl **electric charge** *n* PHYS elektrische Ladung **electric eel** *n* Zitteraal *m* **electric eye** *n* ELEC Photozelle *f* **electric fence** *n* elektrischer Zaun, Elektrozaun *m* **electric field** *n* ELEC elektrisches Feld **electric fire** *n,* AM **electric heater** *n* [elektrischer] Heizofen, Heizstrahler *m,* Elektroheizgerät *nt*

electrician [ˌelɪk'trɪʃən, ˌi:lek'-, AM ɪˌlek'-, ˌi:lek'-] *n* (*without univ degree*) Elektriker(in) *m(f),* Elektroinstallateur(in) *m(f);* (*with univ degree*) Elektrotechniker(in) *m(f)*

electricity [ˌelɪk'trɪsəti, ˌi:lek'-, AM ɪˌlek'trɪsət̬i, ˌi:lek'-] *n no pl* Elektrizität *f,* [elektrischer] Strom; **heated/lit by** ~ elektrisch beheizt/beleuchtet; **powered by** ~ mit Elektroantrieb, elektrisch angetrieben

electricity meter *n* Stromzähler *m;* **to read the** ~ den Stromzähler ablesen **electricity pylon** *n* Hochspannungsmast *m*

electric mirror *n* (*rear-view mirror*) automatisch abblendbarer Spiegel; (*side mirror*) elektrisch einstellbarer Spiegel **electric organ** *n* elektrische Orgel **electric ray** *n* Zitterrochen *m* **electric razor** *n* [Elektro]rasierer *m fam*

electrics [ɪ'lektrɪks] *npl* BRIT Elektrik *f,* elektrische Ausstattung [*o* Ausrüstung]

electric shock *n* Stromschlag *m,* [elektrischer] Schlag; MED Elektroschock *m* **electric storm** *n* Gewitter *nt,* Gewittersturm *m* **electric window** *n* elektrischer Fensterheber

electrification [ɪˌlektrɪfɪ'keɪʃən] *n no pl* Elektrifizierung *f;* (*fig*) Elektrisierung *f fig,* Begeisterung *f*

electrify [ɪ'lektrɪfaɪ] *vt* ❶ TECH ■**to** ~ **sth** etw elektrifizieren

❷ (*fig: imbue with excitement*) ■**to** ~ **sb** jdn elektrisieren [*o* begeistern]

electrifying [ɪ'lektrɪfaɪɪŋ] *adj* (*fig*) elektrisierend, begeisternd

electro- [ɪ'lektrə(ʊ)-, AM -troʊ-] *in compounds* (*surgery, shock*) Elektro-

electroanalysis *n* Elektroanalyse *f* **electrocardiogram** *n* Elektrokardiogramm *nt,* EKG *nt,* Ekg *nt* **electrocardiograph** *n* Elektrokardiograph *m* **electrochemical** *adj inv* elektrochemisch **electroconvulsive therapy** *n no pl* BRIT Elektroschocktherapie *f*

electrocute [ɪ'lektrəkju:t] *vt* ■**to** ~ **sb** (*kill*) jdn durch einen Stromschlag töten; (*execute*) jdn auf dem elektrischen Stuhl hinrichten

electrocution [ɪˌlektrə'kju:ʃən] *n* ❶ (*death*) Tötung *f* durch Stromschlag

❷ LAW Hinrichtung *f* durch den elektrischen Stuhl

electrode [ɪ'lektrəʊd, AM -troʊd] *n* Elektrode *f*

electroencephalogram [-en'sefələ(ʊ)græm, AM -əloʊ-] *n* Elektroenzephalogramm *nt,* EEG *nt*

electroencephalograph [-en'sefələ(ʊ)grɑ:f, AM -əloʊgræf] *n* Elektroenzephalograph *m*

electroluminescence [ɪˌlektrə(ʊ)ˌlu:mɪ'nesən(t)s, AM -troʊˌlu:mə'-] *n* ELEC Elektrolumineszenz *f* **electroluminescent** [ɪˌlektrə(ʊ)ˌlu:mɪ'nesənt, AM -troʊˌlu:mə'-] *adj* COMPUT elektrolumineszent; ~ **display** Elektrolumineszenzanzeige *f* **electroluminescing** [ɪˌlektrə(ʊ)ˌlu:mɪ'nesɪŋ, AM -troʊˌlu:mə'-] *adj* ELEC elektrolumineszierend

electrolysis [ˌelɪk'trɒləsɪs, ˌi:lek'-, AM ɪˌlek'trɑ:l-, ˌi:lek'-] *n no pl* CHEM, PHYS Elektrolyse *f;* MED Elektroresektion *f*

electrolyte [ɪ'lektrəlaɪt] *n* BIOL, CHEM Elektrolyt *m*

electromagnet *n* Elektromagnet *m* **electromagnetic** *adj inv* elektromagnetisch **electromagnetically** *adv* ELEC elektromagnetisch **electromagnetic radiation** *n* elektromagnetische Strahlung **electromagnetic spectrum** *n* elektromagnetisches Spektrum **electromagnetic wave** *n* elektromagnetische Welle [*o* Schwingung]

electromagnetism *n no pl* Elektromagnetismus *m* **electromotive force** *n* elektromotorische Kraft

electron [ɪ'lektrɒn, AM -trɑ:n] *n* Elektron *nt*

electronic [ˌelek'trɒnɪk, ˌi:lek'-, AM ɪˌlek'trɑ:n-, ˌi:lek'-] *adj inv* elektronisch; ~ **calculator** Elektronenrechner *m;* ~ **data processing** elektronische Datenverarbeitung; ~ **guitar** Elektrogitarre *f,* E-Gitarre *f;* ~ **organ** elektronische Orgel

electronically [ˌelek'trɒnɪkli, ˌi:lek'-, AM ɪˌlek'trɑ:n-, ˌi:lek'-] *adv inv* elektronisch

electronic art *n* kinetische Kunst, Electronic Art *f*

electronic banking *n* ECON, FIN elektronische Abwicklung von Bankgeschäften **electronic brakeforce distribution** *n,* **EBD** *n* elektronische Bremskraftverteilung **electronic cottage** *n* BRIT Telearbeitsplatz *m* **electronic countermeasure** *n* MIL elektronische Abwehrmaßnahme [*o* Gegenmaßnahme] **electronic flash** *n* PHYS, PHOT Elektronenblitz *m* **electronic funds transfer** *n* elektronischer Zahlungsverkehr **electronic intelligence** *n* ❶ (*obtaining secrets from computers*) elektronische Nachrichtenbeschaffung ❷ (*artificial intelligence*) elektronische Intelligenz **electronic mail** *n* (*system*) elektronische Post, Mailboxsystem *nt;* (*single message*) elektronischer Brief, E-Mail *f; see also* **e-mail** **electronic nose** *n* elektronischer Geruchssensor **electronic publishing** *n* ❶ (*publishing*) elektronische Publikation, Electronic Publishing *nt* ❷ (*texts*) Publikationen *fpl* auf elektronischen Datenträgern

electronics [ˌelek'trɒnɪks, ˌi:lek'-, AM ɪˌlek'trɑ:n-, ˌi:lek'-] *n + sing/pl vb* ❶ (*electronic circuits*) Elektronik *f*

❷ UNIV, SCI Elektronik *f kein pl*

electronic superhighway *n* elektronische Datenautobahn **electronic tagging** *n* LAW elektronische Fußfessel **electronic text** *n* elektronischer [*o* maschinell lesbarer] Text **electronic town hall** *n,* **electronic town-meeting** *n* elektronisches Stadtforum, Telediskussionsforum *nt* für lokale Belange **electronic warfare** *n* elektronische Krieg[s]führung

electron microscope *n* Elektronenmikroskop *nt*

electron tube *n* Elektronenröhre *f*

electroplate [ɪ'lektrə(ʊ)pleɪt, AM -troʊ-] **I.** *vt usu passive* ■**to** ~ **sth** etw galvanisieren; ~**d cutlery** versilbertes Besteck

II. *n* Galvanisierung *f,* galvanischer Überzug

electroscope [ɪ'lektrə(ʊ)skəʊp, AM -troʊskoʊp] *n* Elektroskop *nt*

electrosensitive [ɪˌlektrə(ʊ)'sen(t)sɪtɪv, AM -troʊ'sen(t)sət̬ɪv] *adj* COMPUT ~ **paper** elektrosensitives Papier; ~ **printing** elektrosensitives Drucken

electroshock therapy [ɪˌlektrə(ʊ)ʃɒk'-, AM -troʊʃɑ:k'-] *n no pl* AM Elektroschocktherapie *f,* Elektroschockbehandlung *f*

electrostatic [ɪˌlektrə(ʊ)'stætɪk, AM -troʊ'stæt̬-] *adj inv* elektrostatisch

electrotherapy [ɪˌlektrə(ʊ)'θerəpi, AM -troʊ'-] *n* Elektrotherapie *f*

eleemosynary [ˌelii:'mɒsɪnəri, AM ˌelɪ'mɑ:səneri] *adj* LAW wohltätig, karitativ

elegance ['elɪgən(t)s] *n no pl* Eleganz *f*

elegant ['elɪgənt] *adj* elegant

elegantly ['elɪgəntli] *adv* elegant

elegiac [ˌelɪ'dʒaɪək, AM *also* ɪ'li:dʒi:æk] *adj* LIT elegisch; ~ **poetry** elegische Gedichte

elegy ['elɪdʒi] *n* LIT Elegie *f,* Klagegedicht *nt*

element ['elɪmənt] *n* ❶ CHEM Element *nt,* Grundstoff *m*

❷ ELEC (*heating part of appliance*) Heizelement *nt*

❸ (*part of a group of people*) Element *nt*

❹ (*rough weather*) ■**the** ~**s** *pl* die Elemente [*o* Naturgewalten]; **to battle against the** ~**s** gegen die Naturgewalten ankämpfen; **to brave** [*or* **face**] **the** ~**s** den Elementen trotzen

elemental [ˌelɪ'mentəl, AM -ə'ment̬əl] *adj* ❶ (*form liter: basic, natural*) elementar, natürlich; ~ **desire** natürliches Verlangen; **the** ~ **forces** die Naturkräfte [*o geh* Urgewalten]; ~ **needs** elementare Bedürfnisse, Grundbedürfnisse *pl*

❷ (*fig: strong and basic*) elementar, urgewaltig; ***he shouted at her in ~ fury*** rasend vor Wut schrie er sie an; ~ **strength** urwüchsige Kraft

elementary [ˌelɪ'mentəri, AM -ə'ment̬əi] *adj* elementar, grundlegend; ***they failed to take ~ precautions*** sie haben nicht einmal die einfachsten Vorsichtsmaßnahmen getroffen; ~ **course** Grundkurs *m;* ~ **mathematics** die Grundlagen der Mathematik; ~ **mistake** grober Fehler; ~ **science** elementare Naturwissenschaften *fpl;* ~ **education** AM Ele-

mentarunterricht *m*
elementary particles *n pl* Elementarteilchen *pl*
elementary school *n* Grundschule *f*
elephant ['elɪfənt] *n* Elefant *m*
elephantiasis [ˌelɪfən'taɪəsɪs] *n* MED Elephantiasis *f fachspr*
elephantine [ˌelɪ'fəntaɪn] *adj* ❶ (*huge*) massig, riesenhaft
❷ (*clumsy*) plump, schwerfällig
elephant seal *n* Seeelefant *m*
elevate ['elɪveɪt] *vt* ❶ (*lift*) ■**to ~ sth** etw [empor]heben [*o* anheben]; (*raise*) etw erhöhen
❷ (*fig: increase importance*) ■**to ~ sb/sth to sth** jdn/etw zu etw *dat* erheben; ***they ~d the band members to the status of gods*** sie behandelten die Bandmitglieder wie Götter
elevated ['elɪveɪtɪd, AM -t̬-] *adj* ❶ (*raised*) erhöht, höher liegend, hoch gelegen; **~ road** Hochstraße *f*
❷ MED (*form*) **~ blood-pressure** erhöhter Blutdruck
❸ (*important*) gehoben; **to hold an ~ position** eine gehobene Position einnehmen; **to have an ~ idea of oneself** von sich *dat* selbst sehr eingenommen sein
❹ LIT *language, style* gehoben; **~ thoughts** erhabene Gedanken
elevated railroad *n* AM Hochbahn *f*
elevation [ˌelɪ'veɪʃᵊn] *n* (*form*) ❶ (*height*) Höhe *f*; (*above sea level*) *of mountain* Höhe *f* über dem Meeresspiegel
❷ (*raised area*) [Boden]erhebung *f*; (*hill*) Anhöhe *f*
❸ (*rise*) Beförderung *f*; (*to peerage*) Erhebung *f*
elevator ['elɪveɪt̬ɚ] *n* AM Aufzug *m*, Fahrstuhl *m*, Lift *m*
elevator music *n no pl* (*pej*) [Hintergrund]gedudel *nt pej* **elevator operator** *n* Fahrstuhlführer(in) *m(f)*, Liftboy *m*
eleven [ɪ'levᵊn] **I.** *adj* ❶ (*number*) elf; ***after ringing the bell ~ times we …*** nachdem wir elfmal geklingelt hatten, …; **a family of ~** eine elfköpfige Familie; **~ and a quarter/half** elfeinviertel/elfeinhalb; **~ times the amount of …** elfmal so viel …; **one in ~ [people]** jeder Elfte; *see also* **eight 1**
❷ (*age*) elf; ***a boy of ~*** ein elfjähriger Junge; *see also* **eight 2**
❸ (*time*) **to be ~ [o'clock]** elf [Uhr] sein; **half past ~** [*or* BRIT *fam* **half ~**] halb zwölf; **at ~ thirty** um halb zwölf, um elf Uhr dreißig; **at ~ forty-five** um Viertel vor zwölf [*o* drei viertel zwölf]; *see also* **eight 3**
II. *n* ❶ (*number, symbol*) Elf *f*
❷ FBALL ■**the ~** die Elf; **the second ~** die zweite Mannschaft
❸ BRIT (*shoe size*) [Schuhgröße] 44; AM (*shoe size*) [Schuhgröße] 42
❹ CARDS Elf *f*; **~ of clubs/hearts** Kreuz-/Herz-Elf *f*
❺ (*public transport*) ■**the ~** die Elf
eleven-plus *n* BRIT SCH *Prüfung der 11-jährigen Schüler vor dem Wechsel an eine weiterführende Schule*
elevenses [ɪ'levᵊnzɪz] *npl* BRIT (*fam*) zweites Frühstück
eleventh [ɪ'levᵊnθ] **I.** *adj* elfte(r, s); *see also* **eighth I**
II. *n* ❶ (*order*) **the ~** der/die/das Elfte *f(m)*; *see also* **eighth II 1**
❷ (*date*) **the ~ [of the month]** *spoken* der Elfte [des Monats]; **the 11th [of the month]** *written* der 11. [des Monats]; **on the ~ of February** am elften Februar
❸ (*in titles*) ■**the E~** der/die Elfte; *see also* **eighth II 3**
❹ (*fraction*) Elftel *nt*
III. *adv inv* elftens
eleventh hour *n* **at the ~** im letzten Augenblick [*o* Moment], in letzter Minute, fünf vor zwölf *fig*
elf <*pl* elves> [elf] *n* Elf *m*, Elfe *f*
elfin ['elfɪn] *adj* elfenhaft, elfisch
elicit [ɪ'lɪsɪt] *vt* ❶ (*obtain*) ■**to ~ sth from sb** jdm etw entlocken
❷ (*provoke*) **to ~ criticism/controversy/an immune response** Kritik/Kontroversen/eine Immunreaktion hervorrufen
elide [ɪ'laɪd] **I.** *vt* ■**to ~ sth** ❶ *esp* LING (*omit*) etw auslassen, etw elidieren *fachspr*
❷ (*merge*) etw verschmelzen, etw ineinander aufgehen lassen
II. *vi* verschmelzen
eligibility [ˌelɪdʒə'bɪləti, AM -ət̬i] *n no pl* ❶ (*for a job*) Eignung *f*; (*fitness*) Qualifikation *f*
❷ (*entitlement*) Berechtigung *f*
❸ POL Wählbarkeit *f*
eligible ['elɪdʒəbl̩] *adj* ❶ (*qualified*) ■**to be ~** in Frage kommen; ■**to be ~ for** [*or* **to**] **sth** für etw *akk* qualifiziert [*o* geeignet] sein; **to be ~ for promotion** für eine Beförderung in Frage kommen
❷ (*entitled*) zu etw *dat* berechtigt sein; ***he is not ~ to enter the competition*** er ist für den Wettkampf nicht zugelassen [*o* teilnahmeberechtigt]; **to be ~ to early retirement/maternity leave** Anspruch auf Frühpensionierung/Mutterschaftsurlaub haben
❸ POL **~ for election** wählbar; **~ to vote** wahlberechtigt
❹ (*desirable*) **~ bachelor** begehrter Junggeselle
eligible bill *n* ECON, FIN rediskontfähiger Wechsel
eligible liabilities *n* ECON, FIN Bankeinlagen *pl* mit einer Laufzeit von weniger als zwei Jahren **eligible paper** *n* ECON, FIN rediskontfähiger Wechsel
eliminate [ɪ'lɪmɪneɪt] *vt* ❶ (*eradicate*) ■**to ~ sth** etw beseitigen [*o* entfernen] [*o geh* eliminieren]; **to ~ poverty** die Armut besiegen; **to ~ prejudice** Vorurteile ausräumen
❷ (*exclude from consideration*) ■**to ~ sth** etw ausschließen
❸ SPORTS ■**to ~ sb** jdn sperren; **to ~ sb from further participation** jdn von der weiteren Teilnahme ausschließen
❹ (*euph sl: murder*) ■**to ~ sb** jdn eliminieren [*o* beseitigen] [*o* ausschalten] *euph sl*
❺ BIOL (*discharge waste*) ■**to ~ sth** etw ausscheiden
elimination [ɪˌlɪmɪ'neɪʃᵊn] *n no pl* Beseitigung *f*, Eliminierung *f geh*; *of diseases, racism* Ausmerzen *nt*; **process of ~** Ausleseverfahren *nt*, Selektionsprozess *m*
elimination tournament *n* AM Ausscheidungswettkampf *m*
eliminator [ɪ'lɪmɪneɪtə', AM -t̬ɚ] *n* ❶ BRIT (*sports*) Ausscheidungskampf *m*
❷ ELEC Sperrkreis *m*
ELINT *n*, **Elint** [ɪ'lɪnt, AM 'elɪnt] *n acr for* **electronic intelligence**
elision [ɪ'lɪʒᵊn] *n* ❶ *no pl esp* LING (*ommitting*) Auslassung *f*, Elision *f fachspr*
❷ *no pl* (*merging*) Verschmelzung *f*
elite [ɪ'li:t] **I.** *n* ❶ (*the best*) Elite *f*
❷ (*iron: rich people*) ■**the ~** *pl* die oberen Zehntausend
II. *adj* Elite-
elitism [ɪ'li:tɪzᵊm, AM -t̬-] *n no pl* Elitedenken *nt pej*, elitäres Denken *pej*
elitist [ɪ'li:tɪst, AM -t̬-] *adj* (*pej*) elitär *pej*
elixir [ɪ'lɪksə', AM -ɚ] *n* Elixier *nt*, Zaubertrank *m*
Elizabethan [ɪˌlɪzə'bi:θᵊn] **I.** *adj inv* elisabethanisch
II. *n* Elisabethaner(in) *m(f)*, Zeitgenosse, -in *m, f* von Königin Elisabeth I. von England
elk <*pl* – *or* -s> [elk] *n* Elch *m*
elk-hound *n* [schwedischer] Elchhund, Jämthund *m*
ellipse [ɪ'lɪps] *n* MATH Ellipse *f*
ellipsis <*pl* -ses> [ɪ'lɪpsɪs, *pl* -si:z] *n* ❶ LIT, LING Ellipse *f*
❷ TYPO Auslassungszeichen *nt*, Auslassung *f*
elliptic(al) [ɪ'lɪptɪk(ᵊl)] *adj* ❶ MATH elliptisch
❷ LIT, LING elliptisch, unvollständig
elliptically [ɪ'lɪptɪkᵊli] *adv* ❶ MATH elliptisch
❷ LIT, LING elliptisch
elm [elm] *n* Ulme *f*
elocution [ˌelə'kju:ʃᵊn] *n no pl* ❶ (*art of rhetoric*) Vortragskunst *f*, Redekunst *f*
❷ (*method of speaking*) Sprechtechnik *f*
elongate ['i:lɒŋgeɪt, AM ɪ'lɑ:ŋ-] **I.** *vt* ■**to ~ sth** etw strecken [*o* verlängern]
II. *vi* länger werden
elongated ['i:lɒŋgeɪtɪd, AM ɪ'lɑ:ŋgeɪt̬-] *adj* ❶ (*extra length added*) verlängert; (*stretched*) [lang] gestreckt
❷ (*shape*) länglich
elongation [ˌi:lɒŋ'geɪʃᵊn, AM -lɑ:ŋ'-] *n* (*adding extra length*) Verlängerung *f*; (*stretching*) Strecken *nt*; **the ~ of a vowel** die Dehnung eines Vokals
elope [ɪ'ləʊp, AM -oʊp] *vi* ■**to ~ [with sb]** [mit jdm zusammen] weglaufen [*o fam* ausreißen] [*o fam* durchbrennen]
elopement [ɪ'ləʊpmənt, AM -oʊp-] *n* Weglaufen *nt*, Durchbrennen *nt fam*, Ausreißen *nt fam*
eloquence ['eləkwən(t)s] *n* Sprachgewandtheit *f*, Wortgewandtheit *f*, Redegewandtheit *f*, Eloquenz *f geh*
eloquent ['eləkwənt] *adj* sprachgewandt, wortgewandt, redegewandt, eloquent *geh*
eloquently ['eləkwəntli] *adv* sprachgewandt, wortgewandt, redegewandt, eloquent *geh*
else [els] *adv inv* ❶ (*other*) **everybody ~** alle anderen; **someone ~** jemand anders; **anyone** [*or* **anybody**] **~?** sonst noch jemand?; ***has anyone ~ seen my bag?*** hat [vielleicht] sonst jemand meine Tasche gesehen?; ***where ~ should I look?*** wo könnte ich sonst noch nachsehen?; ***I didn't know what ~ to say*** ich wusste nicht, was ich noch sagen sollte
❷ (*something different*) **something ~** etwas anderes
❸ (*otherwise*) andernfalls, sonst; **… or ~ …!** …, sonst …!; ***you'd better go now, ~ you'll miss the bus*** du solltest besser gehen, sonst verpasst du noch den Bus
else rule *n* COMPUT ELSE-Regel *f*
elsewhere ['els(h)weə', AM -(h)wer] *adv inv* woanders, anderswo; ***let's go ~!*** lass uns woandershin gehen!
ELT [ˌi:el'ti:] *n abbrev of* **English Language Teaching** ELT *m* (*Unterricht des Englischen als Fremdsprache*)
elucidate [ɪ'lu:sɪdeɪt] (*form*) **I.** *vt* ■**to ~ sth** etw erklären [*o* erläutern]; **to ~ a mystery** ein Geheimnis aufklären
II. *vi* sich *akk* [auf]klären
elucidation [ɪˌlu:sɪ'deɪʃᵊn] *n* Erklärung *f*, Erläuterung *f*; **to need ~** einer Erklärung bedürfen
elucidatory [ɪˌlu:sɪdeɪtᵊri, AM tɔ:ri] *adj* erklärend, erläuternd
elude [ɪ'lu:d] *vt* ❶ (*escape*) ■**to ~ sb** jdm entkommen; **to ~ capture** der Gefangennahme entgehen
❷ (*fig: not be evident*) ■**to ~ sb/sth** sich *akk* jdm/etw entziehen; ***the final solution continued to ~ him*** es wollte ihm einfach keine endgültige Lösung einfallen; **to ~ comprehension** [völlig] unverständlich sein; **to ~ sb's memory** jdm entfallen sein
elusive [ɪ'lu:sɪv] *adj* ❶ (*evasive*) ausweichend; ***he was a very ~ person*** er war so jemand, der ständig auswich
❷ (*difficult to obtain*) schwer fassbar; **~ meaning** schwer definierbare Bedeutung; **~ memory** schlechtes Gedächtnis, schwache Erinnerung; **~ thought** flüchtiger Gedanke
❸ (*avoiding pursuit*) schwer zu fassen
elusively [ɪ'lu:sɪvli] *adv* ausweichend
elusiveness [ɪ'lu:sɪvnəs] *n no pl* ausweichendes Verhalten, Ausweichen *nt*; ***there was some ~ about her answers*** ihre Antworten waren recht ausweichend
elves [elvz] *n pl of* **elf**
Elysian fields [ɪˌlɪziən'-, AM -'lɪʒən'-] *n*, **Elysium** [ɪ'lɪziəm, AM *also* -ʒiəm] *n* (*liter*) Elysium *nt liter*, elysäische Gefilde *liter*; (*fig*) Paradies *nt fig*, Himmel *m* [auf Erden]; **to be in ~** sich *akk* wie im Paradies fühlen
'em [əm] *pron* (*fam*) *short for* **them**
emaciated [ɪ'meɪsieɪtɪd, -ʃieɪ-, AM -sieɪt̬ɪd] *adj* [stark] abgemagert, ausgezehrt, ausgemergelt
emaciation [ɪˌmeɪʃi'eɪʃᵊn, AM *usu* -si'-] *n no pl* [starke] Abmagerung, Auszehrung *f*, Ausmergelung *f*

e-mail ['i:meɪl] **I.** *n abbrev of* **electronic mail** E-Mail *f;* **to send** [**sb**] **an** ~ [jdm] eine E-Mail senden; **to receive** [*or* **get**] **an** ~ eine E-Mail bekommen
II. *vt* ■**to** ~ **sb sth** jdm etw [e-]mailen [*o* per E-mail schicken]

emanate ['emәneɪt] **I.** *vi* (*form: originate*) ■**to** ~ **from sb/sth** *heat, light* von jdm/etw ausstrahlen; *aroma, odour* von jdm/etw ausgehen; *documents* von jdm/etw stammen; ***light* ~*d from the back room*** aus dem Hinterzimmer schien Licht
II. *vt* ■**to** ~ **sth** etw ausstrahlen; **to** ~ **confidence** Zuversicht verströmen; **to** ~ **joy** Freude verbreiten; **to** ~ **an order** einen Befehl erteilen

emanation [,emә'neɪʃᵊn] *n* (*form*) Ausstrahlen *nt; of gas, odour, steam* Ausströmen *nt*

emancipate [ɪ'mæn(t)sɪpeɪt] *vt* ❶ SOCIOL ■**to** ~ **oneself from sb/sth** sich *akk* von jdm/etw emanzipieren [*o* unabhängig machen]; ■**to** ~ **sb from sth** jdn von etw *dat* befreien [*o* frei machen]
❷ POL jdn befreien [*o* unabhängig machen]; **to** ~ **a slave** einen Sklaven/eine Sklavin freilassen

emancipated [ɪ'mæn(t)sɪpeɪtɪd, AM -t̬-] *adj inv* ❶ SOCIOL emanzipiert
❷ POL frei; ~ **slave** freigelassener Sklave/freigelassene Sklavin

emancipation [ɪ,mæn(t)sɪ'peɪʃᵊn] *n no pl* ❶ SOCIOL Emanzipation *f,* Emanzipierung *f*
❷ POL Befreiung *f;* ~ **of a slave** Freilassung eines Sklaven/einer Sklavin

emasculate [ɪ'mæskjʊleɪt] *vt usu passive* ❶ (*weaken*) ■**to** ~ **sb/sth** jdn/etw entkräften [*o* schwächen]
❷ (*make unmanly*) ■**to** ~ **sb** jdn entmannen [*o* kastrieren]; ***he felt* ~*d by the girl's ridicule*** er fühlte sich durch den Spott des Mädchens in seiner Mannesehre gekränkt

emasculation [ɪ,mæskjʊ'leɪʃᵊn] *n no pl* (*form*) ❶ (*weakening*) Schwächung *f,* Entkräftung *f; of a plan* Verwässerung *f*
❷ (*castration*) Entmannung *f,* Kastration *f*

embalm [ɪm'bɑ:m, em'-, AM *esp* -em'-] *vt* ■**to** ~ **sb/sth** jdn/etw [ein]balsamieren; **to be** ~**ed in sth** (*fig*) in etw *dat* fortleben

embalmer [ɪm'bɑ:mәʳ, em'-, AM -em'bɑ:mɚ, ɪm'-] *n* Einbalsamierer(in) *m(f)*

embankment [ɪm'bæŋkmәnt, em'-, AM *esp* em-] *n* Damm *m; of a road* [Straßen]damm *m,* Böschung *f; of a river* Uferbefestigung *f,* Uferdamm *m,* Deich *m;* **railway** ~ Bahndamm *m*

embargo [ɪm'bɑ:gәʊ, em'-, AM em'bɑ:rgoʊ, ɪm-] **I.** *n* <*pl* -es> Embargo *nt;* **arms** ~ Waffenembargo *nt,* Waffenausfuhrverbot *nt;* **trade** ~ Handelsembargo *nt;* **to lay** [*or* **place**] **an** ~ **on sth** ein Embargo über etw *akk* verhängen; **to lift** [*or* **raise**] **an** ~ **from sth** ein Embargo für etw *akk* aufheben
II. *vt* ■**to** ~ **sth** über etw *akk* ein Embargo verhängen, etw einem Embargo unterwerfen

embark [ɪm'bɑ:k, em'-, AM em'bɑ:rk, ɪm'-] *vi* ❶ (*board*) sich *akk* einschiffen
❷ (*begin*) ■**to** ~ **on** [*or* **upon**] **sth** etw in Angriff nehmen [*o* anfangen]

embarkation [,embɑ:'keɪʃᵊn, AM -bɑ:r'-] *n of passengers, cargo* Einschiffung *f; of cargo* Verladung *f*

embarkation card *n* Bordkarte *f*

embarrass [ɪm'bærәs, AM em'ber-] *vt* ■**to** ~ **oneself/sb** sich *akk* [selbst]/jdn in Verlegenheit [*o* eine peinliche Lage] bringen

embarrassed [ɪm'bærәst, AM em'ber-] *adj* verlegen, peinlich berührt; **to be financially** ~ in finanziellen Schwierigkeiten stecken; **to feel** ~ verlegen sein; ***I feel so* ~ *about it*** das ist mir so peinlich; **to look** [*or* **seem**] ~ verlegen wirken [*o* aussehen]; **to make sb feel** ~ jdn verlegen machen

embarrassing [ɪm'bærәsɪŋ, AM em'ber-] *adj* peinlich; *generosity* beschämend; *situation* unangenehm, peinlich

embarrassingly [ɪm'bærәsɪŋli, AM em'ber-] *adv* peinlich; ~, ***he had forgotten to congratulate her*** peinlicherweise hatte er vergessen, ihr zu gratulieren

embarrassment [ɪm'bærәsmәnt, AM em'ber-] *n* (*instance*) Peinlichkeit *f;* (*feeling*) Verlegenheit *f;* ***she blushed with*** ~ sie wurde rot vor Verlegenheit; ■**to be an** ~ [**to sb**] [jdm] peinlich sein; ***you were a real* ~ *to me this evening!*** ich habe mich heute Abend deinetwegen echt geschämt!; ***he is an* ~ *to his family*** er blamiert seine Familie; **to cause sb** ~ jdn verlegen machen; **to cause** ~ **to sb** jdn in Verlegenheit bringen

embassy ['embәsi] *n* ❶ (*building*) Botschaftsgebäude *nt,* Botschaft *f*
❷ (*staff*) Botschaftspersonal *nt,* Botschaft *f*

embattled [ɪm'bætl̩d, em'-, AM em'bæt̬l̩d, ɪm'-] *adj* ❶ (*ready to fight*) kampfbereit
❷ (*fortified*) befestigt
❸ (*having to fight*) ~ **government** attackierte Regierung; **to feel** ~ sich *akk* [stark] bedrängt fühlen

embed <-dd-> [ɪm'bed, em'-, AM *esp* em'-] *vt* ■**to** ~ **sth in**[**to**] **sth** etw in etw *akk* einlassen [*o* einbetten]; (*fig*) etw in etw *akk* verankern *fig;* ***the idea seems* ~*ded in his mind*** die Idee scheint ihm nicht mehr aus dem Kopf zu gehen; **to** ~ **sth in cement** etw einzementieren

embedded [ɪm'bedɪd, em'-, AM *esp* em'-] *adj* [fest] eingelassen; (*fig*) verankert *fig,* verwurzelt *fig;* ~ **in concrete** einbetoniert; **to be firmly** ~ **in sth** fest in etw *dat* verwurzelt sein

embedded code *n* COMPUT eingebetteter Code; ~ **command** eingebetteter Befehl; ~ **computer** [*or* **system**] eingebettetes System

embellish [ɪm'belɪʃ, em'-, AM *esp* em'-] *vt* ❶ (*decorate*) ■**to** ~ **sth** etw schmücken [*o* verzieren]
❷ (*fig: add to*) **to** ~ **a story** eine Geschichte ausschmücken; **to** ~ **the truth** die Wahrheit beschönigen

embellishment [ɪm'belɪʃmәnt, em'-, AM *esp* em'-] *n* ❶ (*beautiful adornment*) Verschönerung *f;* (*decoration*) Verzierung *f*
❷ (*addition to*) *of a story* Ausschmückung *f; of the truth* Beschönigung *f*

embers ['embәz, AM 'embɚz] *npl* Glut *f*

embezzle [ɪm'bezl̩, em'-, AM *esp* em'-] *vt* ■**to** ~ **sth** *money* etw veruntreuen [*o* unterschlagen]

embezzlement [ɪm'bezl̩mәnt, em'-, AM *esp* em'-] *n no pl* Unterschlagung *f,* Veruntreuung *f*

embezzler [ɪm'bezl̩әʳ, em'-, AM em'bezl̩ɚ, ɪm'-] *n* Veruntreuer(in) *m(f)*

embitter [ɪm'bɪtәʳ, em'-, AM em'bɪt̬ɚ, ɪm'-] *vt usu passive* ❶ (*make bitter*) ■**to** ~ **sb** jdn verbittern
❷ (*make worse*) ■**to** ~ **sth** etw verschlimmern; **to** ~ **relations** die Beziehungen trüben; **to** ~ **the fight** den Kampf verschärfen

emblazon [ɪm'bleɪzᵊn, em'-, AM *esp* em'-] *vt usu passive* ■**to** ~ **sth** [**with sth**] etw [mit etw *dat*] verzieren [*o* schmücken]; **a logo was** ~**ed on the t-shirt** auf dem T-Shirt prangte ein Logo; ■**to** ~ **sth across sth** etw mit etw *dat* versehen; ***the author's name was* ~*ed across the dust-jacket*** der Name des Autors prangte auf dem Buchumschlag

emblem ['emblәm] *n* Emblem *nt,* Symbol *nt; of a political party, country* Wahrzeichen *nt;* (*in heraldry*) Wappenbild *nt*

emblematic [,emblә'mætɪk, AM -t̬-] *adj* (*form*) symbolisch, sinnbildlich (**of** für +*akk*)

emblematically [,emblә'mætɪkli, AM -t̬-] *adv* (*form*) symbolisch, sinnbildlich

emblements ['emblәmәnts] *npl* LAW Feldfrüchte *pl,* Ernteertrag *m,* Ernte *f* auf dem Halm

embodiment [ɪm'bɒdɪmәnt, em'-, AM em'bɑ:d-, ɪm'-] *n no pl* ❶ (*incarnation*) Verkörperung *f,* Inbegriff *m;* (*she is the* ~ *of virtue*) sie ist die Tugend selbst
❷ (*incorporation*) Eingliederung *f,* Einverleibung *f,* Aufnahme *f*

embody [ɪm'bɒdi, em'-, AM em'bɑ:di, ɪm'-] *vt* ■**to** ~ **sth** ❶ (*show*) etw zum Ausdruck bringen [*o* ausdrücken]
❷ (*be incarnation of*) etw darstellen [*o* verkörpern]
❸ (*incorporate*) etw aufnehmen

embolden [ɪm'bәʊldᵊn, em'-, AM em'boʊl-, ɪm'-] *vt* (*form*) ■**to** ~ **oneself** sich *dat* selbst Mut machen; ■**to** ~ **sb to do sth** jdn dazu ermutigen, etw zu tun; ■**to be** ~**ed** ermutigt werden

emboldening [ɪm'bәʊldᵊnɪŋ, AM em'boʊ-] *n* COMPUT halbfettes Drucken

embolism ['embәlɪzᵊm] *n* MED Embolie *f*

emboss [ɪm'bɒs, em'-, AM em'bɑ:s, ɪm'-] *vt usu passive* ■**to** ~ **sth** etw prägen; ~**ed letter paper** geprägtes Briefpapier

embrace [ɪm'breɪs, em'-, AM *esp* em'-] **I.** *vt* ❶ (*hug, clasp*) ■**to** ~ **sb** jdn umarmen [*o* in die Arme schließen]; ■**to** ~ **sth** etw umfassen [*o* umklammern]
❷ (*fig: eagerly accept*) ■**to** ~ **sth** etw [bereitwillig] übernehmen; **to** ~ **an idea** eine Idee aufgreifen; **to** ~ **an offer** ein Angebot [gern] annehmen; **to** ~ **the opportunity** die Gelegenheit ergreifen [*o* wahrnehmen]
❸ (*fig: adopt*) sich *dat* etw zu eigen machen; ***he* ~*d the cause of the natives*** er machte die Sache der Eingeborenen zu seiner eigenen
II. *n* Umarmung *f*

embracery [ɪm'breɪsᵊri, AM em'breɪseri] *n* LAW Bestechung *f* von Geschworenen

embrasure [ɪm'breɪʒәʳ, AM em'breɪʒɚ] *n* ❶ ARCHIT Laibung *f*
❷ MIL Schießscharte *f*

embrocation [,embrә(ʊ)'keɪʃᵊn, AM -broʊ'-] *n* Einreibemittel *nt,* Liniment *nt fachspr*

embroider [ɪm'brɔɪdәʳ, em'-, AM em'brɔɪdɚ, ɪm'-] **I.** *vi* sticken
II. *vt* ❶ (*by needlework*) ■**to** ~ **sth** [**onto sth**] etw [auf etw *akk*] sticken; **to** ~ **a cloth** ein Tuch besticken [*o* mit einer Stickerei verzieren]
❷ (*fig: embellish*) ■**to** ~ **sth with sth** etw mit etw *dat* ausschmücken; ■**to** ~ **on sth** etw ausschmücken

embroidered [ɪm'brɔɪdәd, AM em'brɔɪdɚd] *adj inv* ❶ (*decorated with patterns*) mit Stickerei[en] versehen
❷ (*decorating as a pattern*) [auf]gestickt

embroidery [ɪm'brɔɪdᵊri, AM em'brɔɪdәri] *n* ❶ (*craft*) Stickerei *f;* **to be good at** ~ gut sticken können
❷ *no pl* (*fig: fictitious additions*) Ausschmückungen *fpl*

embroil [ɪm'brɔɪl, em'-, AM *esp* em'-] *vt* ■**to** ~ **sb in sth** jdn in etw *akk* hineinziehen [*o* verwickeln]; ■**to** ~ **oneself in sth** sich *akk* in etw *akk* einmischen; ■**to be/become** ~**ed in sth** in etw *akk* verwickelt sein/werden

embryo ['embriәʊ, AM -oʊ] *n* Embryo *m o* ÖSTERR *a. nt*

embryologist [,embri'ɒlәdʒɪst, AM -'ɑ:l-] *n* MED Embryologe, -in *m, f*

embryology [,embri'ɒlәdʒi, AM -'ɑ:l-] *n no pl* Embryologie *f*

embryonic [,embri'ɒnɪk, AM -'ɑ:n-] *adj* embryonal, embryonisch; (*fig*) unentwickelt, unausgereift; ***the project is still in its* ~ *stage*** das Projekt steckt noch in den Kinderschuhen

emcee [,em'si:] AM **I.** *n* (*compère*) Conférencier *m;* TV Showmaster *m*
II. *vt* (*compère*) ■**to** ~ **sth** etw als Conférencier leiten [*o bes* ÖSTERR konferieren]
III. *vi see* **MC**

emend [ɪ'mend, i:'-] *vt* ■**to** ~ **sth** etw berichtigen [*o* verbessern] [*o* korrigieren]

emendation [,i:men'deɪʃᵊn, ,emen'-] *n* (*form*) Verbesserung *f,* Berichtigung *f,* Korrektur *f*

emerald ['emᵊrᵊld] *n* ❶ (*stone*) Smaragd *m*
❷ (*colour*) Smaragdgrün *nt*

emerald green *n no pl* Smaragdgrün *nt* **Emerald Isle** *n* ■**the** ~ (*liter*) die Grüne Insel (*Irland*)

emerge [ɪ'mɜ:dʒ, i:'-, AM ɪ'mɜ:rdʒ, i:'-] *vi* ❶ (*come out*) ■**to** ~ **from sth** aus etw *dat* herauskommen; ■**to** ~ **from behind/beneath** [*or* **under**] **sth** hinter/unter etw *dat* hervorkommen
❷ (*from liquid*) auftauchen, an die [Wasser]oberfläche kommen; **to** ~ **from the sea** aus dem Meer auftauchen
❸ (*fig: become known*) herauskommen, sich *akk* herausstellen; *truth* an den Tag kommen
❹ (*fig: become famous*) in Erscheinung treten, auf-

treten
❺ (*be started*) entstehen; ***at the end of the war, the country ~d as a new democracy*** nach dem Krieg wurde der Staat als Demokratie neu gegründet
❻ (*fig: make it through*) herauskommen; **to ~ unscathed from a scandal** aus einem Skandal unbeschadet hervorgehen

emergence [ɪ'mɜːdʒən(t)s, iː'-, AM ɪ'mɜːr-, iː'-] *n no pl* ❶ (*appearance*) Auftauchen *nt* (**from** aus +*dat*), Hervortreten *nt*, Hervorkommen *nt*
❷ (*from liquid*) Auftauchen *nt*
❸ (*taking place*) *of circumstances* Auftreten *nt*, Eintreten *nt*
❹ (*becoming known*) *of facts* Bekanntwerden *nt*
❺ (*becoming prominent*) *of a book, etc* Erscheinen *nt; of a person, group* Bekanntwerden *nt; of a product* Verbreitung *f*
❻ (*birth*) *of ideas, trends* Aufkommen *nt; of a country* Entstehung *f*, Gründung *f*
❼ (*survival*) Hervorgehen *nt* (**from** aus +*dat*)

emergency [ɪ'mɜːdʒən(t)si, iː'-, AM ɪ'mɜːr-, iː'-] **I.** *n* ❶ (*extreme situation*) Notfall *m*, Notlage *f*; **in case of ~** im Notfall; **medical ~** medizinischer Notfall
❷ POL Ausnahmezustand *m*, Notstand *m*; **to declare** [*or* **proclaim**] **a state of ~** den Ausnahmezustand erklären [*o* ausrufen]; **to lift the state of ~** den Ausnahmezustand aufheben
❸ AM (*emergency room*) Notaufnahme *f*, Unfallstation *f*
II. *n modifier* (*landing, meeting*) Not-; **~ aid** Soforthilfe *f*; **~ measures** POL Notstandsmaßnahmen *pl*; **to take ~ measures** Krisenmaßnahmen ergreifen

emergency brake *n* AM Notbremse *f* **emergency call** *n* Notruf *m* **emergency cord** *n* AM RAIL Notbremse *f* **emergency credit** *n* ECON, FIN Stützungskredit *m* **emergency exit** *n* Notausgang *m*; TRANSP Notausstieg *m* **emergency powers** *npl* Notstandsermächtigung *f*, Ermächtigung *f* zur Anwendung außerordentlicher Maßnahmen **emergency reserves** *npl* Notfonds *m* **emergency room** *n* AM Notaufnahme *f*, Unfallstation *f* **emergency services** *n pl* Notdienst *m*, Bereitschaftsdienst *m* **emergency stop** *n* Notbremsung *f*, Vollbremsung *f*

emergent [ɪ'mɜːdʒənt, AM ɪ'mɜːr-] *adj attr* ❶ (*newly formed*) *democracy, nation* aufstrebend, jung
❷ (*successful*) *author* aufstrebend
❸ (*rising out*) *island, rock, tree* aufragend
❹ (*urgent*) *danger* akut

emeritus [ɪ'merɪtəs, AM -ət̬əs] *adj after n, inv* emeritiert; **professor ~** Professor *m* emeritus

emery ['emᵊri] *n no pl* Schmirgel *m*

emery board *n* Nagelfeile *f* **emery paper** *n* Schmirgelpapier *nt*, Sandpapier *nt*

emetic [ɪ'metɪk, AM -t̬-] **I.** *adj* ❶ MED Brechreiz erregend, emetisch *fachspr*
❷ (*fig*) Ekel erregend
II. *n* Brechmittel *nt*, Emetikum *nt fachspr*

EMF [ˌiːem'ef] *n* ❶ ELEC, PHYS *abbrev of* **electromotive force** EMK *f*
❷ *no pl* FIN, POL *abbrev of* **European Monetary Fund** EWF *m*

EMI [ˌiːem'aɪ] *n* ❶ FIN, POL *abbrev of* **European Monetary Institute** EWI *nt*
❷ COMPUT *abbrev of* **electromagnetic interference** elektromagnetische Störung

emigrant ['emɪgrənt] *n* Auswanderer, -in *m, f*, Emigrant(in) *m(f)*

emigrate ['emɪgreɪt] *vi* auswandern; (*esp for political reasons*) emigrieren

emigration [ˌemɪ'greɪʃᵊn] *n* Auswanderung *f*; (*esp for political reasons*) Emigration *f*

emigré *n*, **émigré** ['emɪgreɪ] *n* Emigrant(in) *m(f)*

eminence ['emɪnən(t)s] *n no pl* hohes Ansehen; **to achieve** [*or* **win**] **~** [**as sth**] (*become respected*) [als etw] zu hohem Ansehen gelangen, sich *dat* ein hohes Ansehen [als etw] verschaffen; (*become famous*) [als etw] berühmt werden

Eminence ['emɪnən(t)s] *n* REL Eminenz *f*; **your ~** Eure Eminenz

éminence grise <*pl* éminences grises> [ˌemɪnən(t)s'griːz, AM ˌeɪmiːnɑːn-] *n* graue Eminenz

eminent ['emɪnənt] *adj attr* bedeutend, berühmt, [hoch] angesehen

eminent domain *n* LAW Enteignungsrecht *nt* [des Staates]

eminently ['emɪnəntli] *adv* überaus, ausgesprochen, außerordentlich; ***the film is ~ forgettable*** den Film kann man getrost vergessen; **~ memorable** absolut unvergesslich

emir [em'ɪəʳ, AM -'ɪr] *n* ▪E~ Emir *m*

emirate ['emɪrət, AM em'ɪreɪt] *n* Emirat *nt*; **the United Arab E~s** die Vereinigten Arabischen Emirate

emissary ['emɪsᵊri, AM -seri] *n* Emissär(in) *m(f)*, Abgesandte(r) *f(m)*

emission [ɪ'mɪʃᵊn, iː'-] *n* ❶ (*giving off*) Emission *f*, Abgabe *f*; *of fumes* Emission *f*, Ausstoß *m*; *of gas* Ausströmen *nt*; *of light* Ausstrahlen *nt*, Abgabe *f*; *of heat* Abgabe *f*, Abstrahlung *f*; *of sounds* Abgabe *f*; *of liquid* Ausströmen *nt*, Ausfließen *nt*, Auslaufen *nt*; *of an odour* Ausströmen *nt*, Verströmen *nt*; *of rays* Aussendung *f*, Emission *f*; *of sparks* Versprühen *nt*; *of steam* Ablassen *nt*
❷ (*utterance*) Äußerung *f*; *of a cry of joy, pain* Ausstoßen *nt*
❸ (*slow seepage*) Absonderung *f*; (*steady flow*) Strahl *m*; (*in spurts*) Spritzer *m*

emit <-tt-> [ɪ'mɪt, iː-] *vt* ▪**to ~ sth** ❶ (*give off*) etw abgeben [*o* emittieren]; **to ~ fumes/smoke** Abgase/Rauch ausstoßen; **to ~ gas** Gas verströmen; **to ~ heat/radiation/a sound** Hitze/Strahlung/ein Geräusch abgeben; **to ~ liquid** Flüssigkeit absondern [*o* abscheiden]; **to ~ an odour** [*or* AM **odor**] einen Duft verströmen; **to ~ rays** Strahlen aussenden; **to ~ sparks** Funken [ver]sprühen; **to ~ steam** Dampf ablassen
❷ (*utter*) etw von sich *dat* geben [*o* äußern]; **to ~ a cry of joy/pain** einen Freuden-/Schmerzensschrei ausstoßen; **to ~ a groan** [auf]stöhnen; **to ~ a loud guffaw** schallend [*o* laut] lachen; **to ~ a squeal** einen Schrei ausstoßen
❸ (*seep slowly*) etw absondern; (*flow steadily*) etw ausströmen; (*in spurts*) etw ausspritzen

Emmy ['emi] *n* AM TV Emmy *m* (*amerikanischer Fernsehpreis*)

emollient [ɪ'mɒliənt, iː'-, AM -'mɑːljənt, iː'-] **I.** *n* ❶ CHEM Weichmacher *m*
❷ MED Linderungsmittel *nt*
II. *adj inv* lindernd, beruhigend; (*fig*) sanft, beruhigend; **~ words** besänftigende Worte

emolument [ɪ'mɒljumənt, AM -'mɑːl-] *n* (*form: compensation*) Vergütung *f*; (*fee*) Honorar *nt*; (*salary*) Bezüge *mpl*, Einkünfte *fpl*

emote [ɪ'məʊt, AM 'moʊt] *vi esp* THEAT Emotionen spielen lassen, sich *akk* in die Rolle hineinsteigern

emoticon [ɪ'məʊtɪkɒn, AM -'moʊtɪkɑːn] *n* INET Emoticon *nt* (*bei Kommunikation via Internet verwendete Zeichenkombination, die eine Gefühlsäußerung wiedergibt*)

emoting [ɪ'məʊtɪŋ, AM -'moʊt-] *n no pl* Gefühlsausdruck *m*, Ausdrücken *nt* von Emotionen

emotion [ɪ'məʊʃᵊn, AM -'moʊ-] *n* Gefühl *nt*, Emotion *f*; **to be driven by ~** sich *akk* von seinen Gefühlen leiten lassen; **to be overcome by** [*or* **with**] **~** von [seinen] Gefühlen überwältigt [*o* übermannt] werden

emotional [ɪ'məʊʃᵊnᵊl, AM -'moʊ-] *adj* ❶ (*involving emotion*) emotional, emotionell; *decision* gefühlsmäßig; *speech* gefühlsbetont; *voice* gefühlvoll; ***he doesn't want ~ involvement with anyone*** er will sich auf niemanden gefühlsmäßig einlassen; **~ charge** emotionale Angespanntheit; **~ experience** erregende Erfahrung; **to have an ~ impact on sb** jdn emotional berühren; **~ reception** herzlicher Empfang; **to make an ~ appeal to sb** an jds Gefühle appellieren; **to suffer an ~ collapse** einen Nervenzusammenbruch erleiden
❷ PSYCH *development* seelisch; **~ blackmail** psychologische Erpressung; **to use ~ blackmail** against sb** jdn psychisch unter Druck setzen; **~ character** [*or* **disposition**] leichte Erregbarkeit; **~ person** leicht erregbare Person

emotionalism [ɪ'məʊʃᵊnᵊlɪzᵊm, AM -'moʊ-] *n no pl* ❶ (*pej: being too emotional*) Rührseligkeit *f pej*, Gefühlsduselei *f pej*
❷ (*full of emotion*) *of lyrics, words* Emotionalität *f*, Gefühlsbetontheit *f*

emotionally [ɪ'məʊʃᵊnᵊli, AM -'moʊ-] *adv* ❶ (*involving emotion*) emotional, gefühlsmäßig; **to be ~ involved with sb/sth** sich *akk* jdm/etw sehr verbunden fühlen; **to get ~ involved with sb** sich *akk* emotional auf jdn einlassen
❷ PSYCH **~ constipated** [emotional] gehemmt; **~ disturbed** seelisch gestört, blockiert

emotionally charged *adj* emotionsgeladen

emotionless [ɪ'məʊʃᵊnləs, AM -'moʊ-] *adj* emotionslos, gefühllos; *face* ausdruckslos; *voice* gleichgültig

emotive [ɪ'məʊtɪv, AM -'moʊt̬-] *adj* emotional, gefühlsbetont; LING, PSYCH emotiv *fachspr*; **~ term** [*or* **word**] Reizwort *nt*

emotively [ɪ'məʊtɪvli, AM -'moʊt̬-] *adv* emotional, gefühlsbetont

empanel [ɪm'pænᵊl, -em'-], AM *usu* **impanel** [em'-, ɪm'-] *vt* LAW ▪**to ~ sb** jdn in die Geschworenenliste eintragen [*o* als Geschworenen einsetzen]; **to ~ a jury** eine Geschworenenliste aufstellen

empathetic [empə'θetɪk, AM -'θet̬-] *adj* einfühlsam, einfühlend; PSYCH empathisch

empathize ['empəθaɪz] *vi* ▪**to ~ with sb** sich *akk* in jdn einfühlen [*o* hineinversetzen]

empathy ['empəθi] *n no pl* Einfühlungsvermögen *nt*; PSYCH Empathie *f fachspr*

emperor ['empᵊrəʳ, AM -ɚ] *n* Kaiser *m*

emperor moth *n* Kleines Nachtpfauenauge **emperor penguin** *n* Kaiserpinguin *m*

emphasis <*pl* -ses> ['em(p)fəsɪs] *n* ❶ (*importance*) Betonung *f*, Bedeutung *f*; **to lay** [*or* **place**] [**great**] **~ on sth** [großen] Wert [*o* [großes] Gewicht] auf etw *akk* legen, etw [sehr] betonen; **to place** [**far**] **greater ~ on sth** etw stärker akzentuieren, einen stärkeren Akzent auf etw *akk* legen
❷ LING (*accent*) Betonung *f*, Akzent *m*

emphasize ['em(p)fəsaɪz] *vt* ❶ (*put emphasis on*) ▪**to ~ sth** etw betonen [*o* hervorheben]; ***he ~d that all the people taking part in the research were volunteers*** er legte Wert auf die Feststellung, dass alle Probanden freiwillig teilnahmen
❷ (*put accent*) ▪**to ~ sth** etw betonen
❸ (*make stand out*) ▪**to ~ sth** etw hervorheben

emphatic [ɪm'fætɪk, em'-, AM em'fæt̬-, ɪm'-] *adj* ❶ (*strong*) nachdrücklich, emphatisch *geh*; **~ denial** [*or* **rejection**] entschiedene [*o* energische] Ablehnung
❷ (*insistent*) eindringlich, nachdrücklich; ***she was ~ in her rejection of the accusation*** sie wies die Anschuldigung mit Entschiedenheit zurück; ***he's most ~ that he should talk to you*** er besteht darauf, dass er unbedingt mit dir reden muss
❸ (*decisive*) ausdrücklich, bestimmt; **~ victory** deutlicher [*o* klarer] Sieg

emphatically [ɪm'fætɪkli, em'-, AM em'fæt̬-, ɪm'-] *adv* mit Nachdruck, nachdrücklich, ausdrücklich, emphatisch *geh*; **to ~ reject sth** etw entschieden [*o* energisch] zurückweisen

emphysema [ˌem(p)fɪ'siːmə, AM -fə'siː-, -'ziː-] *n no pl* MED Emphysem *nt fachspr*

empire ['empaɪəʳ, AM -ɚ] *n* Imperium *nt*, [Welt]reich *nt*; (*fig*) Imperium *nt*; **economic/financial ~** Wirtschafts-/Finanzimperium *nt*

empire builder *n* ❶ (*augmenter of an empire*) Architekt *m* eines Weltreiches *fig* ❷ (*power seeker*) *Person oder Organisation, die auf Erweiterung des eigenen Machtbereichs bedacht ist* **empire-building** *n no pl* ❶ (*strengthening of a state*) Aufbau *m* eines Staatsgebildes ❷ (*fig: strengthening of own power*) *tätiges Streben nach Machtzuwachs*

empirical [ɪm'pɪrɪkᵊl, -em'-, AM em'-, ɪm'-] *adj* erfahrungsmäßig; SCI empirisch

empirically [ɪm'pɪrɪkᵊli, em'-, AM *esp* em'-] *adv* SCI

empirisch
empiricism [ɪm'pɪrɪsɪzᵊm, em'-, AM *esp* em'-] *n no pl* SCI Empirie *f;* PHILOS Empirismus *m*
empiricist [ɪm'pɪrɪsɪst, em'-, AM *esp* em'-] *n* SCI Empiriker(in) *m(f);* PHILOS Empirist(in) *m(f)*
emplacement [ɪm'pleɪsmənt, AM em'-] *n* MIL Geschützstand *m,* Stellung *f*
emplane [ɪm'pleɪn, AM em'-] **I.** *vt* ■**to ~ sb/sth** jdn/etw an Bord nehmen
II. *vi* an Bord gehen
employ [ɪm'plɔɪ, AM em'-] **I.** *vt* ① (*pay to do work*) ■**to ~ sb** [**as sth**] jdn [als etw *akk*] beschäftigen; (*take into service*) jdn [als etw *akk*] einstellen [*o* anstellen]; ***they ~ twenty staff*** sie haben zwanzig Angestellte; ***she's ~ed as an editor with Klett Publishing*** sie arbeitet als Redakteurin beim Klett Verlag; **to be ~ed with a company** bei einer Firma arbeiten; ■**to ~ sb to do sth** jdn beauftragen [*o* engagieren], etw zu tun
② (*fig*) ■**to ~ sth** (*put to use*) etw einsetzen; (*use*) etw anwenden; **to ~ one's intellect** seinen Verstand gebrauchen; **to ~ one's time** seine Zeit nutzen; ■**to ~ oneself in** [*or* **with**] **doing sth** damit beschäftigt sein, etw zu tun
II. *n no pl* (*form or dated*) Beschäftigung *f;* ■**to be in the ~ of sb** [*or* **in sb's ~**] bei jdm beschäftigt sein
employable [ɪm'plɔɪəbl, AM em'-] *adj* ① (*to be hired*) vermittelbar; ***a university degree would make him more ~*** mit einem Universitätsabschluss hätte er auf dem Arbeitsmarkt bessere Chancen
② (*usable*) *method, technique* anwendbar, verwendbar
employed **I.** *adj* ECON, FIN ① (*in paid work*) ***he is not gainfully ~*** er ist nicht erwerbstätig; **self-~** selbständig
② (*used profitably*) arbeitend, Gewinn bringend angelegt; **return on capital ~** Rentabilität *f* des Kapitaleinsatzes
II. *n* ECON, FIN ■**the ~** *pl* die Arbeitnehmer; **the self-~** die Selbständigen
employee [ɪm'plɔɪiː, AM em'-] **I.** *n* Angestellte(r) *f(m);* (*vs employer*) Arbeitnehmer(in) *m(f),* Beschäftigte(r) *f(m);* ■**~s** *pl* (*in company*) Belegschaft *f;* (*vs employers*) Arbeitnehmerschaft *f,* Arbeitnehmer *pl;* **to be an ~ of a bank/of the university** bei einer Bank/an der Universität angestellt sein
II. *n* ECON, FIN **~ share** [*or* AM **stock**] **ownership plan** Belegschaftsaktienfonds *m*
employee buyout *n* ECON Aufkauf *m* durch die Belegschaft
employer [ɪm'plɔɪəʳ, AM em'plɔɪɚ] *n* Arbeitgeber(in) *m(f);* **~s and employees** Arbeitgeber und Arbeitnehmer; **~s' federation** [*or* **association**] Arbeitgeberverband *m*
employer's contribution *n* ECON Arbeitgeberanteil *m* **employer's liability** *n* LAW Unternehmerhaftpflicht *f* **employer's organization** *n,* **employer's association** *n* ECON, FIN Arbeitgeberverband *m*
employment [ɪm'plɔɪmənt, AM em'-] *n no pl* ① (*having work*) Beschäftigung *f;* (*taking on*) Anstellung *f,* Einstellung *f;* **conditions of ~** Arbeitsvertragsbedingungen *pl;* **security of ~** Arbeitsplatzsicherheit *f;* **full ~** Vollbeschäftigung *f;* **full-time ~** Ganztagsbeschäftigung *f;* **part-time ~** (*part of day*) Halbtagsbeschäftigung *f;* (*part of week*) Teilzeitbeschäftigung *f;* **temporary ~** Zeitarbeit *f;* **to be in ~** BRIT (*form*) erwerbstätig sein; **to be in sb's ~** [*or* **in the ~ of sb**] bei jdm angestellt sein; **to be out of ~** erwerbslos sein; **to be without ~** ohne Arbeit [*o* erwerbslos] sein; **to find sb alternative ~** für jdn eine andere Stelle finden; **to give ~ to sb** jdn beschäftigen; **to take up ~ with a company** bei einer Firma eine Stelle annehmen; **level of ~** Beschäftigungsgrad *m* ② (*profession*) Beruf *m,* Tätigkeit *f,* Beschäftigung *f;* ***what's your ~?*** was sind Sie von Beruf? ③ (*fig: use*) *of skill* Anwendung *f; of means* Einsatz *m; of a concept* Verwendung *f*
employment bureau *n* Stellenvermittlung *f,* Arbeitsvermittlungsstelle *f* **employment contract** *n* ECON Arbeitsvertrag *m* **employment exchange** *n* BRIT (*dated*), **employment office** *n* BRIT Arbeitsamt *nt*
emporia [em'pɔːriə] *n pl of* **emporium**
emporium <*pl* -s *or* -ia> [em'pɔːriəm, *pl* -riə] *n* (*shop*) Kaufhaus *nt,* Warenhaus *nt;* (*market*) Handelszentrum *nt*
empower [ɪm'paʊəʳ, AM em'paʊɚ] *vt* ① (*make mentally stronger*) ■**to ~ oneself/sb** sich/jdn [mental] stärken [*o* aufbauen]
② (*give ability*) ■**to ~ sb to do sth** jdn befähigen, etw zu tun; (*authorize*) jdn ermächtigen [*o* autorisieren], etw zu tun
empowerment [ɪm'paʊəmənt, AM em'paʊɚ-] *n no pl* Bevollmächtigung *f; of minorities, the underprivileged* Stärkung *f,* Unterstützung *f*
empress <*pl* -es> ['emprəs] *n* Kaiserin *f*
emptily ['em(p)tɪli] *adv* leer; **to look ~ at sb/sth** jdn/etw ausdruckslos ansehen
emptiness ['em(p)tɪnəs] *n no pl* Leere *f*
empty ['em(p)ti] **I.** *adj* ① (*with nothing inside*) leer; (*with no people*) *ship, train* leer; *house, flat* leer stehend *attr; castle* unbewohnt; (*without cargo*) unbeladen; (*unfurnished*) unmöbliert; (*not taken*) *chair* frei; ***the larder was ~ of food*** in der Speisekammer waren keine Lebensmittel mehr; ***you shouldn't drink alcohol on an ~ stomach*** du solltest auf nüchternen Magen keinen Alkohol trinken; **~ of people** menschenleer; **to stare into ~ space** ins Leere starren
② FOOD nährstoffarm; **~ calories** wertlose Kalorien
③ (*fig: without purpose, meaning*) leer, nichts sagend; ***her life felt ~*** ihr Leben fühlte sich leer an; **to lead an ~ existence** ein armseliges Leben führen; **~ gestures/promises/threats/words** leere Gesten/Versprechungen/Drohungen/Worte; **~ talk** hohles Gerede
II. *vt* <-ie-> ■**to ~ sth** etw [ent]leeren; ***he emptied the bath*** er ließ das Wasser aus der Badewanne; ***he emptied the contents of the tin into the saucepan*** er schüttete den Inhalt der Dose in den Kochtopf; **to ~ one's bladder/bowels** seine Blase/seinen Darm entleeren; **to ~ a bottle** eine Flasche ausleeren; **to ~ a house** ein Haus räumen; (*hum*) *burglar* ein Haus leer räumen; **to ~ sth into the sink** etw in den Ausguss schütten
III. *vi* <-ie-> sich *akk* leeren; *water* auslaufen; *river* münden
IV. *n* ■**empties** *pl* Leergut *nt*
♦**empty out** **I.** *vt* ■**to ~ out** ⟲ **sth** etw ausleeren; ***she emptied her bag out onto the desk*** sie leerte den Inhalt ihrer Tasche auf den Tisch
II. *vi* sich *akk* leeren
empty-handed *adj* mit leeren Händen; **to return ~** (*fig*) unverrichteter Dinge zurückkehren **empty-headed** *adj* hohl[köpfig], strohdumm *fam* **empty nest** *n* (*fig*) *Haushalt, aus dem die erwachsenen Kinder ausgezogen sind* **empty-nester** *n* AM *Elternteil in einem Haushalt, aus dem die erwachsenen Kinder bereits ausgezogen sind*
empurple [ɪm'pɜːpl, AM em'pɜːr-] *vt* ① (*make angry*) ■**to ~ sb** jdn in Rage bringen
② (*make purple*) ■**to ~ sth** etw violett färben; (*make red*) etw purpurrot färben
em rule ['emruːl] *n* BRIT [verlängerter] Gedankenstrich (*in der Breite eines ‚m'*)
EMS [ˌiːem'es] *n no pl* ECON *abbrev of* **European Monetary System** EWS *nt*
EMU [ˌiːem'juː] *n see* **European Monetary Union** EWU *f*
emu <*pl* – *or* -s> ['iːmjuː] *n* Emu *m*
EMU [ˌiːem'juː] *n no pl* ECON *abbrev of* **economic and monetary union** EWU *f*
emulate ['emjəleɪt] *vt* ① (*copy*) ■**to ~ sb/sth** jdm/etw nacheifern
② COMPUT ■**to ~ sth** etw emulieren *fachspr*
emulation [ˌemjə'leɪʃᵊn] *n no pl* Nacheifern *nt,* Nachahmen *nt;* COMPUT Emulation *f fachspr*
emulous ['emjələs] *adj* ① (*seeking to emulate*) ■**to be ~ of sth** etw *dat* nacheifern
② (*by spirit of rivalry*) konkurrierend, wetteifernd; **~ actions** Nachahmungsversuche *pl*
emulsifier [ɪ'mʌlsɪfaɪəʳ, AM -ɚ] *n* Emulgator *m*
emulsify <-ie-> [ɪ'mʌlsɪfaɪ] **I.** *vt* ■**to ~ sth** etw zu einer Emulsion verbinden, *fachspr* emulgieren
II. *vi* eine Emulsion bilden, emulgieren *fachspr*
emulsion [ɪ'mʌlʃᵊn] *n* ① (*mixture*) Emulsion *f*
② BRIT (*paint*) Dispersionsfarbe *f*
enable [ɪ'neɪbl] *vt* ① (*give the ability*) ■**sth ~s sb to do sth** etw ermöglicht jdm, etw zu tun
② COMPUT ■**to ~ sth** etw aktivieren
enabler [ɪ'neɪbləʳ, AM -ɚ] *n Person oder Organisation, die etwas ermöglicht;* COMPUT Enabler *m fachspr*
enabling act [ɪ'neɪblɪŋ,-] *n* LAW, POL Ermächtigungsgesetz *nt;* AM (*legalizing the unlawful*) Anpassungsgesetz *nt,* gesetzliche Sonderregelung
enabling legislation *n,* **enabling statute** *n* Ermächtigungsgesetz *nt*
enact [ɪ'nækt] *vt* ① LAW ■**to ~ sth** etw erlassen [*o* gesetzlich verordnen]; **to ~ legislation** Gesetze erlassen; ■**to ~ that ...** verfügen, dass ...; ■**to be ~ed** *legislation* Gesetzeskraft erlangen
② (*carry out*) **to ~ a plan** einen Plan ausführen
③ THEAT **to ~ a part/role** einen Part/eine Rolle spielen; **to ~ a play** ein Stück aufführen
④ (*fig*) ■**to be ~ed** *scene* sich abspielen
enactment [ɪ'næktmənt] *n* ① LAW Verfügung *f,* Erlass *m,* gesetzliche Bestimmung; (*carrying out a legislation*) Verabschiedung *f*
② *no pl* (*carrying out*) *of a plan* Ausführung *f*
③ THEAT (*performance*) Aufführung *f*
enamel [ɪ'næmᵊl] **I.** *n* ① (*substance*) Email *nt,* Emaille *f fam*
② (*part of tooth*) Zahnschmelz *m*
③ (*paint*) Emaillelack *m,* Glasur *f*
II. *n modifier* Emaille-
III. *vt* <BRIT -ll- *or* AM *usu* -l-> ■**to ~ sth** etw emaillieren; ■**~led** emailliert
enamelled [ɪ'næmᵊld] *adj inv* emailliert, Email-
enamor *vt* AM *see* **enamour**
enamored *adj pred* AM *see* **enamoured**
enamour [ɪ'næməʳ], AM **enamor** [-ɚ] *vt usu passive* ■**to be ~ed of** [*or* **with**] **sb/sth** (*taken by*) von jdm/etw [besonders] angetan sein; (*infatuated with*) in jdn/etw verliebt sein
enamoured [ɪ'næməʳd], AM **enamored** [-ɚd] *adj pred* ■**to be ~ with** [*or* **of**] **sth** von etw *dat* begeistert sein; ■**to be ~ with** [*or* **of**] **sb** in jdn verliebt sein
enantiomorph [ɪ'næntiə(ʊ)mɔːf, AM -oʊmɔːrf] *n* ① (*mirror image*) Spiegelbild *nt*
② CHEM Enantiomer *nt fachspr,* Spiegelbildisomer *nt fachspr,* enantiomorphe Form *fachspr*
en bloc [ˌɑ̃ː(m)'blɒk, AM ɑ̃ː(m)'blɑːk] *adv inv* im Ganzen, als Ganzes, en bloc
encamp [ɪn'kæmp, AM en'-] **I.** *vt* ■**to be ~ed** das Lager aufgeschlagen haben
II. *vi* sein Lager aufschlagen; MIL [ein] Lager beziehen
encampment [ɪn'kæmpmənt, AM en'-] *n* (*place*) Lager *nt;* (*living in camp*) Lagern *nt*
encapsulate [ɪn'kæpsjəleɪt, AM en'-] *vt* ■**to ~ sth** ① (*totally enclose*) PHARM etw in Kapseln abfüllen; (*put capsule around*) etw ummanteln; ***the nuclear waste was ~d in concrete*** der Atommüll wurde in Beton eingeschlossen
② (*fig: express the essence*) etw zusammenfassen; **to ~ an atmosphere** eine Stimmung einfangen
encapsulated [ɪn'kæpsjəleɪt, AM en'-] *adj* COMPUT verkapselt
encapsulation [ɪnˌkæpsjə'leɪʃᵊn, AM enˌ-] *n* ① (*enclose*) *of waste material* Ummantelung *f,* Verkapselung *f; of nuclear waste* Einschließen *nt;* (*in capsule*) Einkapseln *nt;* PHARM Abfüllen *nt* in Kapseln
② LIT Zusammenfassung *f,* geraffte Darstellung
③ (*fig*) *of an atmosphere* Einfangen *nt kein pl*
encase [ɪn'keɪs, AM enˌ-] *vt usu passive* ■**to be ~d** ummantelt [*o* verkleidet] sein; *cake* überzogen sein; ■**to be ~d** [**in sth**] *waste* [in etw *dat*] eingeschlossen sein; **a diamond ~d in pure gold** ein Diamant *m* in reines Gold gefasst; **to be ~d in plaster** eingegipst sein
encash [ɪn'kæʃ] *vt* ECON, FIN ■**to ~ sth** *cheque* etw

einlösen
encashable [ɪnˈkæʃəbl̩] *adj inv* ECON, FIN einlösbar
encashment [ɪnˈkæʃmənt] *n* ECON, FIN Einlösung *f,* Inkasso *nt*
encephalitis [ˌenkefəˈlaɪtɪs, AM enˌsefəˈlaɪt̬ɪs] *n* MED Enzephalitis *f fachspr,* Gehirnentzündung *f*
encephalogram [enˈkefələgræm, AM enˈsefəloʊ-] *n* MED Enzephalogramm *nt fachspr,* Röntgenaufnahme *f* des Gehirns
encephalograph [enˈkefələgrɑːf, AM enˈsefəloʊgræf] *n* MED Enzephalograph *m fachspr*
encephalon <*pl* -la> [enˈkefəlɒn, AM enˈsefəlɑːn, *pl* -lə] *n* ANAT Enzephalon *nt fachspr,* Gehirn *nt*
enchain [ɪnˈtʃeɪn, AM en'-] *vt* ❶ (*chain up*) ■**to ~ sb** jdn in Ketten legen; **to ~ a dog** einen Hund an die Kette legen
❷ (*hold fast*) ■**to ~ sb** jdn fesseln; **to ~ sb's attentions** jds Aufmerksamkeit fesseln; **to ~ sb's emotions** jdn faszinieren
❸ (*fig: impede*) ■**to ~ sb** jdn behindern [*o* einschränken]
enchant [ɪnˈtʃɑːnt, AM enˈtʃænt] *vt* ■**to ~ sb [with sth]** (*delight*) jdn [mit etw *dat*] entzücken [*o* bezaubern]; (*bewitch*) jdn [mit etw *dat*] verzaubern
enchanted [ɪnˈtʃɑːntɪd, AM enˈtʃænt̬ɪd] *adj* (*delighted*) entzückt; (*liter: bewitched*) verzaubert; **~ forest** [*or* **wood**] Zauberwald *m*
enchanter [ɪnˈtʃɑːntəʳ, AM enˈtʃænt̬ɚ] *n* (*dated*) Zauberer *m*
enchanting [ɪnˈtʃɑːntɪŋ, AM enˈtʃænt̬-] *adj* bezaubernd, entzückend, hinreißend
enchantingly [ɪnˈtʃɑːntɪŋli, AM ˈtʃæn] *adv* bezaubernd, entzückend
enchantment [ɪnˈtʃɑːntmənt, AM enˈtʃænt-] *n* (*delight*) Entzücken *nt;* (*charm*) Zauber *m,* Liebreiz *m geh o veraltend*
enchantress <*pl* -es> [ɪnˈtʃɑːntrɪs, AM enˈtʃænt-] *n* (*sorceress*) Zauberin *f,* Magierin *f;* (*alluring female*) bezaubernde Frau
enchilada [ˌentʃɪˈlɑːdə] *n* Enchilada *f*
encipher [ɪnˈsaɪfəʳ, AM enˈsaɪfɚ] *vt* ■**to ~ sth** etw chiffrieren [*o* verschlüsseln]
encircle [ɪnˈsɜːkl̩, AM enˈsɜːr-] *vt* ■**to ~ sb/sth** (*enclose*) jdn/etw umgeben; (*make a circle around*) jdn/etw einkreisen; MIL jdn/etw einkesseln; ***the M25 ~s London*** die M25 führt ringförmig um London herum; **to ~ the enemy** den Feind umzingeln [*o* einschließen]
encirclement [ɪnˈsɜːkl̩mənt, AM enˈsɜːr-] *n* Einkreisung *f;* ARCHIT Umschließung *f;* MIL Umzingelung *f,* Einkesselung *f*
encl. **I.** *adj abbrev of* **enclosed** Anl.
II. *n abbrev of* **enclosure** Anl.
enclave [ˈenkleɪv] *n* Enklave *f*
enclitic [ɪnˈklɪtɪk, AM enˈklɪt̬ɪk] LING **I.** *adj* enklitisch *fachspr*
II. *n* Enklitikon *nt fachspr*
enclose [ɪnˈkləʊz, AM enˈkloʊz] *vt* ■**to ~ sth** ❶ (*surround*) etw umgeben; (*shut in*) etw einschließen; TECH etw einschließen [*o* einkapseln]; **to ~ sth in brackets** etw einklammern; **to ~ sth with a fence** etw einzäunen [*o* einfrieden]
❷ (*include in same envelope*) etw beilegen [*o* beifügen]; ***please find ~d …*** in der Anlage [*o* beiliegend] senden wir Ihnen …
enclosed [ɪnˈkləʊzd, AM enˈkloʊzd] *adj* (*separated*) abgegrenzt; (*surrounded by fence*) eingezäunt, eingefriedet; (*shut in*) eingeschlossen; **~ order** REL geschlossener Orden; **in ~ spaces** in geschlossenen Räumen
enclosure [ɪnˈkləʊʒəʳ, AM enˈkloʊʒɚ] *n* ❶ (*enclosed area*) eingezäuntes [*o* eingefriedetes] Grundstück, Einfriedung *f;* (*for keeping animals*) Gehege *nt;* (*paddock*) Koppel *f*
❷ (*act of enclosing*) Einfriedung *f;* (*with fence*) Einzäunung *f,* Einzäunen *nt,* Umzäunung *f,* Umzäunen *nt;* LAW Privatisierung *f* durch Einfriedung
❸ BRIT SPORTS Zuschauerbereich *m;* **Royal E~** *Zuschauerbereich für die königliche Familie*
❹ (*enclosed item*) Anlage *f*
encode [ɪnˈkəʊd, AM enˈkoʊd] *vt* ■**to ~ sth** ❶ (*put into code*) etw kodieren [*o* chiffrieren]; COMPUT etw kodieren
❷ LING etw enkodieren *fachspr*
encoder [ɪnˈkəʊdəʳ, AM enˈkoʊdɚ] *n* ❶ (*sb, sth that encodes*) Chiffrierer(in) *m(f),* Verschlüss[e]ler(in) *m(f)* ❷ COMPUT Codeumsetzer *m;* **colour ~** Farbumsetzer *m* **encoding** *n* COMPUT Umsetzung *f;* **binary ~** binäre Umsetzung
encomia [ɪnˈkəʊmiə, AM enˈkoʊ-] *n pl of* **encomium**
encomiast [ɪnˈkəʊmiæst, AM enˈkoʊ-, *pl* -miə] *n* ❶ (*pej: flatterer*) Schönredner(in) *m(f) pej,* Schmeichler(in) *m(f) a. pej*
❷ (*eulogist*) Lobredner(in) *m(f)*
encomium <*pl* -s *or* -ia> [ɪnˈkəʊmiəm, AM enˈkoʊ-, *pl* -miə] *n* (*dated form*) Laudatio *f geh,* Lobrede *f*
encompass [ɪnˈkʌmpəs, AM en'-] *vt* ■**to ~ sth** etw umfassen [*o* beinhalten]; ***the festival ~es all forms of art*** auf dem Festival wird jede Art von Kunst angeboten
encore [ˈɒŋkɔːʳ, AM ˈɑːnkɔːr] *n* Zugabe *f;* **to call for/receive an ~** eine Zugabe verlangen/bekommen; **to do sth as** [*or* **for**] **an ~** etw als Zugabe spielen; **to give an ~** eine Zugabe geben; **for an ~** (*fig*) obendrein; ***… and then for an ~ he dropped our pizzas on the carpet!*** … und dann fielen ihm auch noch unsere Pizzen auf den Teppich!
encore marriage *n no pl* Zweitehe *f*
encounter [ɪnˈkaʊntəʳ, AM enˈkaʊnt̬ɚ] **I.** *vt* ❶ (*experience*) ■**to ~ sb/sth** auf jdn/etw treffen [*o* stoßen]; **to ~ danger** in Gefahr geraten; **to ~ difficulties/resistance** auf Probleme/Widerstand stoßen
❷ (*unexpectedly meet*) ■**to ~ sb** jdn [unerwartet] treffen, jdm begegnen
II. *n* [Zusammen]treffen *nt,* Begegnung *f* (**between** zwischen +*dat*); SPORTS Aufeinandertreffen *nt,* Begegnung *f;* MIL Zusammenstoß *m;* **chance ~** zufällige Begegnung; **verbal ~** Wortgefecht *nt*
encourage [ɪnˈkʌrɪdʒ, AM enˈkɜːr-] *vt* ❶ (*give courage*) ■**to ~ sb** jdm Mut zusprechen [*o* machen]; (*give confidence*) jdn ermutigen [*o* bestärken]; (*give hope*) jdn unterstützen [*o* bestärken]
❷ (*urge*) ■**to ~ sb to do sth** jdn [dazu] ermuntern, etw zu tun; (*advise*) jdm [dazu] raten, etw zu tun
❸ (*support*) ■**to ~ sb/sth** jdn/etw unterstützen [*o* fördern]; ■**to ~ sb** SPORTS jdn anfeuern
❹ (*make more likely*) ■**to ~ sth** etw fördern [*o* begünstigen]
encouraged [ɪnˈkʌrɪdʒd, AM enˈkɜːr-] *adj* ■**to be ~ by sb** von jdm ermutigt werden; ■**to be ~ by sth** durch etw *akk* [neuen] Mut schöpfen; **to feel ~ by sth** sich *akk* durch etw *akk* ermutigt [*o* bestärkt] fühlen
encouragement [ɪnˈkʌrɪdʒmənt, AM enˈkɜːr-] *n no pl* (*incitement*) Ermutigung *f;* (*urging*) Ermunterung *f;* SPORTS Anfeuerung *f;* (*support*) Unterstützung *f,* Förderung *f;* **to be a great ~ to sb** jdm großen Auftrieb geben; **to give sb ~** jdn ermutigen [*o* ermuntern]; **to give** [**positive**] **~ to sth** etw fördern [*o* unterstützen]
encouraging [ɪnˈkʌrɪdʒɪŋ, AM enˈkɜːr-] *adj* ermutigend; ***he took her interest as an ~ sign*** ihr Interesse machte ihm Hoffnung; ***I found my teacher very ~*** meine Lehrerin hat mir sehr viel Mut gemacht
encouragingly [ɪnˈkʌrɪdʒɪŋli, AM enˈkɜːr-] *adv* ermutigend
encroach [ɪnˈkrəʊtʃ, AM enˈkroʊ-] *vi* ■**to ~** [**up**]**on sb** zu jdm vordringen; ***exam time is ~ing upon us*** der Prüfungszeitraum rückt immer näher; ■**to ~** [**up**]**on sth** in etw *akk* eindringen; *troops* in etw *akk* vordringen; **to ~** [**up**]**on sb's rights** in jds Rechte eingreifen, jds Rechte beschneiden; **to ~ on sb's time** jds Zeit [über Gebühr] in Anspruch nehmen
encroachment [ɪnˈkrəʊtʃmənt, AM enˈkroʊ-] *n* ❶ (*incursion*) Übergriff *m* (**on** auf +*akk*); (*interference*) Eingriff *m* (**on** in +*akk*); (*intrusion*) Eindringen *nt* (**on** in +*akk*); **an ~ on human rights** eine Verletzung der Menschenrechte
❷ (*gradual approach*) Vordringen *nt;* **the ~ of old age** das [unaufhaltsame] Fortschreiten des Alters
❸ (*on time*) Beanspruchung *f*
encrust [ɪnˈkrʌst, AM en'-] *vt* ■**to ~ sth** etw überkrusten; ■**to ~ sth with** [*or* **in**] **sth** *jewelry* etw mit etw *dat* besetzen
encrustation *n* AM, AUS *see* **incrustation**
encrusted [ɪnˈkrʌstɪd, AM en'-] *adj* überkrustet; **~ with dirt/cement/earth** schmutz-/zement-/erdverkrustet; **to be ~ in gold** mit Gold überzogen sein; **a diamond-~ brooch** eine diamantenbesetzte Brosche; **to be ~ with jewels** [ganz] mit Edelsteinen besetzt sein
encrypt [ɪnˈkrɪpt, AM en'-] *vt usu passive* COMPUT, TV ■**to be ~ed** verschlüsselt sein
encryption [ɪnˈkrɪpʃᵊn, AM en'-] *n no pl* TV Verschlüsselung *f;* COMPUT *also* Kodierung *f*
encumber [ɪnˈkʌmbəʳ, AM enˈkʌmbɚ] *vt usu passive* ■**to be ~ed with** [*or* **by**] **sth** (*be burdened*) mit etw *dat* belastet sein; (*be impeded*) durch etw *akk* behindert sein; **to be ~ed with debts** völlig verschuldet sein
encumbrance [ɪnˈkʌmbrən(t)s, AM en'-] *n* ❶ (*burden*) Belastung *f;* *of debts* Last *f;* (*impediment*) Behinderung *f,* Hindernis *nt;* **to be without ~** ohne Anhang sein
❷ (*mortgage*) Belastung *f;* ■**~s** *pl* Hypothekenschulden *pl;* **free from ~s** schuldenfrei, lastenfrei
encyclical [ɪnˈsɪklɪk, AM en'-] REL **I.** *n* Enzyklika *f*
II. *adj* enzyklisch; **~ letter** Enzyklika *f*
encyclop(a)edia [ɪnˌsaɪkləˈpiːdiə, AM en'-] *n* Lexikon *nt,* Enzyklopädie *f geh*
encyclop(a)edic [ɪnˌsaɪkləˈpiːdɪk, AM en'-] *adj* universal, enzyklopädisch *geh*
end [end] **I.** *n* ❶ (*last, furthest point*) Ende *nt*
❷ (*final part, finish*) Ende *nt,* Schluss *m*
❸ (*completion*) **at the ~ of six months** nach Ablauf von sechs Monaten
❹ (*surface bounding extremities*) Ende *nt;* TECH Stirnseite *f,* Stirnfläche *f*
❺ *usu pl* (*aims*) Ziel *nt,* Absicht *f;* (*purpose*) Zweck *m;* **to use sth for commercial ~s** etw zu kommerziellen Zwecken einsetzen; **to achieve one's ~s** seine Ziele erreichen
❻ (*death*) Ende *nt,* Tod *m;* **sudden/untimely ~** plötzliches/vorzeitiges Ende; **sb is nearing his/her ~** mit jdm geht es zu Ende
❼ (*small leftover piece*) Rest *m,* Ende *nt;* *of a candle, cigarette* Stummel *m*
❽ SPORTS (*either half of a pitch*) [Spielfeld]hälfte *f;* (*player in American Football*) *am nächsten an den Seitenlinien stehender Spieler*
❾ COMPUT (*button on keyboard*) ‚Ende'
❿ (*fig: matter of concern*) Teil *m;* ***I'm taking care of my ~ of the plan and hope he's taking care of his*** ich kümmere mich um meinen Teil des Plans und hoffe, dass er sich um seinen kümmert; ***stick to your ~ of the deal!*** halte dich an deinen Teil der Abmachung!
⓫ (*position*) ■**~ on** ***the table faced him ~ on*** er stand vor der kurzen Tischkante; ***place the table ~ on against the wall*** stell den Tisch mit der schmalen Seite an die Wand
▶ PHRASES: **at the ~ of the <u>day</u>** (*when everything is considered*) letzten Endes; (*finally, eventually*) schließlich, zum Schluss; **to reach the ~ of the <u>line</u>** [*or* **<u>road</u>**] am Ende sein; **~ of <u>story</u>** Schluss, aus, fertig *fam;* ***he deserved to be punished, ~ of story*** er hat die Strafe verdient und Schluss *fam;* [**and**] **that's the ~ of the <u>story</u>** [*or* **<u>matter</u>**] und jetzt Schluss damit!; **to be at the ~ of one's <u>tether</u>** [*or* AM **<u>rope</u>**] am Ende [seiner Kräfte] sein; **it's not the ~ of the <u>world</u>** davon geht die Welt nicht unter; **to come to a <u>bad</u>** [*or* BRIT **<u>sticky</u>**] **~** ein schlimmes Ende nehmen; **to <u>hold</u>** [*or* **<u>keep</u>**] **one's ~ up** sich *akk* nicht unterkriegen lassen *fam;* **the ~ <u>justifies</u> the means** (*prov*) der Zweck heiligt die Mittel *prov;* **to <u>meet</u> one's ~** den Tod finden *geh;* **to make** [**both**] **~s <u>meet</u>** mit seinem Geld zurechtkommen, über die Runden kommen *fam;* **to <u>put</u> an ~ to oneself/it all** mit seinem Leben/dem Ganzen Schluss machen; **that would please Granny <u>no</u> ~** darüber

würde sich Oma unglaublich freuen; no ~ of trouble reichlich Ärger; in the ~ (*when everything is considered*) letzten Endes; (*finally, eventually*) schließlich, zum Schluss; **to become an ~ in itself** [zum] Selbstzweck werden; **to this ~** zu diesem Zweck
II. *vt* ❶ (*finish*) ■**to ~ sth** etw beenden [*o* zu Ende bringen]; **to ~ up one's speech with the words ...** seine Rede mit den Worten ... [be]schließen
❷ (*make stop*) ■**to ~ sth** etw beenden, etw *dat* ein Ende setzen [*o* machen]
III. *vi* ❶ (*result in*) ■**to ~ in sth** in etw *dat* enden; **to ~ in divorce** mit der Scheidung enden; **to ~ in a draw** unentschieden ausgehen; **to ~ in a fight** mit einer Schlägerei enden
❷ (*finish*) enden
◆**end up** *vi* ***most of this meat will ~ up as dog food*** ein Großteil dieses Fleisches wird zu Hundefutter verarbeitet; ***after travelling around the world, she ~ed up teaching English as a foreign language*** nachdem sie durch die Welt gereist war, unterrichtete sie schließlich Englisch als Fremdsprache; **to ~ up in love with sb** sich *akk* [schließlich] in jdn verlieben; **to ~ up a rich man** ein reicher Mann werden; **to ~ up in prison** im Gefängnis landen *fam;* **to ~ up a prostitute** als Prostituierte enden; **to ~ up homeless** [schließlich] auf der Straße landen *fam;* **to ~ up penniless** [schließlich] ohne einen Pfennig dastehen *fam*
endanger [ɪnˈdeɪndʒəʳ, AM enˈdeɪndʒɚ] *vt* ■**to ~ sb/sth** jdn/etw gefährden
endangered species [ɪnˌdeɪndʒədˈ-, AM enˈdeɪndʒɚdˈ-] *n* vom Aussterben bedrohte Tierart
en dash [ˈendæʃ] *n* BRIT Bindestrich *m* (*in der Breite eines ‚n'*)
endear [ɪnˈdɪəʳ, AM enˈdɪr] *vt* ■**to ~ sb/oneself to sb** jdn/sich bei jdm beliebt machen
endearing [ɪnˈdɪəʳɪŋ, AM enˈdɪr-] *adj* lieb[enswert], reizend; **an ~ smile** ein gewinnendes Lächeln
endearingly [ɪnˈdɪəʳɪŋli, AM enˈdɪr-] *adv* lieb[enswert], reizend; **to smile ~** gewinnend lächeln
endearment [ɪnˈdɪəʳmənt, AM enˈdɪr-] *n* Zärtlichkeit *f;* **terms of ~** Koseworte *ntpl,* Kosenamen *mpl;* **words of ~** liebe [*o* zärtliche] Worte
endeavor [enˈdevɚ] AM, **endeavour** [ɪnˈdevəʳ] BRIT **I.** *vi* ■**to ~ to do sth** sich *akk* bemühen [*o* anstrengen], etw zu tun
II. *n* Anstrengung *f,* Bemühung *f;* (*striving*) Bestreben *nt;* **to make every ~ to do sth** alle Anstrengungen unternehmen, [um] etw zu tun
endemic [enˈdemɪk] *adj* BIOL, MED endemisch *fachspr; plant, animal* einheimisch; **to be ~ in certain regions** *diseases* nur in bestimmten Regionen auftreten; *plants* nur in bestimmten Regionen verbreitet sein
endermic [enˈdɜːmɪk, AM -ˈdɜːr-] *adj* MED endermal *fachspr*
endgame [ˈen(d)geɪm] *n* Endspiel *nt;* (*fig*) Finale *nt*
ending [ˈendɪŋ] *n* ❶ (*last part*) Ende *nt,* Schluss *m; of a day* Abschluss *m; of a story, book* Ausgang *m;* **happy ~** Happyend *nt*
❷ LING Endung *f*
endive [ˈendaɪv, -dɪv, AM ˈendaɪv] *n* ❶ (*plant*) Endivie *f*
❷ AM (*chicory*) Chicorée *m*
endless [ˈendləs] *adj* (*without end*) endlos; (*innumerable*) unzählig; (*infinite*) unendlich; (*going on too long*) endlos, unendlich lang; ***the play seemed ~*** das Stück schien kein Ende zu nehmen
endlessly [ˈendləsli] *adv* (*infinitely*) endlos; (*incessantly*) unaufhörlich, ununterbrochen
end line *n* (*in basketball, football*) Endlinie *f* **endmost** *adj* letzte(r, s)
endocrine [ˈendə(ʊ)kraɪn, AM -dəkrɪn] *adj* MED endokrin *fachspr;* **~ gland** endokrine Drüse
endocrinology [ˌendəʊkraɪˈnɒlədʒi, AM doʊkrɪˈnɑː] *n no pl* SCI, MED Endokrinologie *f fachspr*
endogamy [ɪnˈdɒgəmi, AM enˈdɑːg-] *n* SOCIOL Endogamie *f fachspr*
endogenous [ɪnˈdɒdʒənəs, AM enˈdɑːdʒə-] *adj* endogen *fachspr*
endometriosis [ˌendəʊˌmiːtrɪˈəʊsɪs, AM -doʊˌmiːtrɪˈoʊ-] *n* Endometriose *f fachspr*
endomorph [ˈendə(ʊ)mɔːf, AM -doʊmɔːrf] *n* endomorph *fachspr;* MED *also* pyknisch *fachspr*
endorphin [enˈdɔːfɪn, AM -ˈdɔːr-] *n* MED, BIOL Endorphin *nt*
endorse [ɪnˈdɔːs, AM enˈdɔːrs] *vt* ❶ FIN ■**to ~ sth** etw indossieren [*o* girieren] *fachspr;* **to ~ a cheque** einen Scheck auf der Rückseite unterschreiben [*o fachspr* indossieren]
❷ *usu passive* BRIT (*record driving offence*) ■**to be ~d** eine Strafe auf dem Führerschein vermerkt bekommen
❸ (*declare approval for*) ■**to ~ sth** etw billigen [*o* gutheißen]; (*promote*) etw unterstützen
❹ LAW ■**to ~ sth** den Inhalt einer Urkunde auf der Vorderseite vermerken
endorsee [ˌendɔːˈsiː, AM -dɔːrˈ-] *n* FIN Indossat[ar] *m fachspr,* Girat[ar] *m fachspr*
endorsement [ɪnˈdɔːsmənt, AM enˈdɔːrs-] *n* ❶ (*support*) *of a plan* Billigung *f;* (*quotable recommendation*) Befürwortung *f,* Unterstützung *f;* ***the ~ of the running shoes by a famous athlete doubled the sales figures*** dadurch dass der berühmte Sportler die Turnschuhe gelobt hatte, verdoppelten sich die Verkaufszahlen
❷ FIN Indossament *nt fachspr;* (*act*) Indossierung *f fachspr*
❸ (*note on insurance policy*) Nachtrag *m,* Zusatz *m*
❹ BRIT LAW (*record of offence*) Strafvermerk *m* (*im Führerschein*)
endorser [ɪnˈdɔːsəʳ, AM enˈdɔːrsɚ] *n* FIN Indossant *m fachspr,* Girant *m fachspr*
endoscope [ˈendə(ʊ)skəʊp, AM -doʊskoʊp] *n* MED Endoskop *nt*
endoscopic [ˌendə(ʊ)ˈskɒpɪk, AM -doʊˈskɑːp-] *adj* endoskopisch; **~ sympathectomy** endoskopische Sympathektomie [*o* Grenzstrangsektion] *fachspr*
endoscopy [enˈdɒskəpi, AM -ˈdɑː-] *n* MED Endoskopie *f*
endoskeleton [ˌendəʊˈskelɪtᵊn, AM -doʊˈ-] *n* BIOL, MED Endoskelett *nt fachspr,* Knochen- und Knorpelskelett *nt*
endosperm [ˈendəʊspɜːm, AM -doʊspɜːrm] *n* BOT Endosperm *nt fachspr,* Nährgewebe *nt*
endow [ɪnˈdaʊ, AM enˈ-] *vt* ❶ (*give income to*) ■**to ~ sb/sth** jdn/etw über eine Stiftung finanzieren; **to ~ sb with money** jdm Geld stiften; **to ~ a prize** einen Preis stiften
❷ (*give feature*) ■**to be ~ed with sth** mit etw *dat* ausgestattet sein, etw besitzen; ***this is one of the best-~ed universities in the world*** diese Universität gehört zu den finanziell am besten ausgestatteten der Welt; **to be ~ed with great beauty** mit großer Schönheit ausgestattet sein; **to be ~ed with brains** [*or* **intelligence**] intelligent sein; **to be well-~ed** (*hum*) viel Holz vor der Hütte haben *hum*
endowment [ɪnˈdaʊmənt, AM enˈ-] *n* ❶ FIN (*permanent income*) finanzielle Ausstattung, Stiftung *f;* ■**~s** *pl* Stiftungsgelder *pl*
❷ (*asset possessed*) Ausstattung *f;* (*natural talent*) Begabung *f*
❸ BIOL **genetic ~** genetisches Erbgut
endowment assurance *n,* AM **endowment insurance** *n* FIN Versicherung *f* auf Erlebensfall **endowment mortgage** *n* BRIT FIN Hypothekendarlehen *nt* mit Lebensversicherung **endowment policy** *n* FIN Lebensversicherungspolice *f*
endpaper *n* TYPO Vorsatzblatt *nt,* Vorsatz *m* **endpoint** *n usu sing* ❶ (*finish*) Endpunkt *m* ❷ CHEM Umschlagspunkt *m* **end product** *n* Endprodukt *nt;* (*fig*) Resultat *nt,* Ergebnis *nt* **end result** *n* Endergebnis *nt* **end-run** [ˈendrʌn] *adj attr* AM taktisch **end run** *n* AM SPORTS *Lauf des ballführenden Spielers beim American Football* **end-stopped** *adj* LIT **~ verse** *durch eine Sprechpause gekennzeichnetes Versende* **end table** *n* Beistelltisch *m*
endue [ɪnˈdjuː, AM enˈduː] *vt* (*liter*) ■**to ~ sth/sb with sth** etw/jdn mit etw *dat* versehen [*o liter* begaben]; ***he was ~d with profound knowledge*** er verfügte über ein profundes Wissen, er war mit einem profunden Wissen begabt *liter*
endurable [ɪnˈdjʊərəbl̩, AM enˈdʊrə-, -djʊr-] *adj* erträglich; ***the pain became no longer ~*** der Schmerz wurde unerträglich
endurance [ɪnˈdjʊərᵊn(t)s, AM enˈdʊrᵊn(t)s, -djʊr-] *n no pl* (*ability to withstand*) Ausdauer *f;* (*staying power*) Durchhaltevermögen *nt;* (*patience*) Geduld *f;* TECH Dauerleistung *f*
endurance test *n* (*long-lasting strain*) Belastungsprobe *f,* Belastungstest *m;* TECH (*fatigue test*) Ermüdungsversuch *m,* Verschleißprüfung *f,* Dauertest *f*
endure [ɪnˈdjʊəʳ, AM enˈdʊr, -djʊr] **I.** *vt* ■**to ~ sth/sb** (*tolerate*) etw/jdn ertragen; ***I can't ~ him*** ich kann ihn nicht ausstehen; (*suffer*) ■**to ~ sth** etw erleiden; ***I can't ~ that a moment longer*** ich halte das keinen Moment länger aus
II. *vi* (*form*) fortdauern, bestehen, Bestand haben *geh*
enduring [ɪnˈdjʊəʳɪŋ, AM enˈdʊr-, -djʊr-] *adj* (*lasting*) dauerhaft, beständig; (*patient*) geduldig; **~ memories** bleibende Erinnerungen
enduro [ɪnˈdjʊəʳəʊ, AM enˈdʊroʊ, -djʊr-] *n* Langstrecken-Motorradrennen *nt,* Enduro-Rennen *nt*
end user *n* ❶ ECON Endverbraucher(in) *m(f),* Konsument(in) *m(f)* ❷ COMPUT Anwender(in) *m(f),* Benutzer(in) *m(f);* (*computer illiterate*) Endbenutzer(in) *m(f),* Endkunde, -in *m, f* **end user certificate** *n* ECON (*to prevent breach of copyright*) *Endverbrauchernachweis zur Verhinderung von Raubkopien;* (*by private arms dealers*) Endverbleibsbestätigung *f* **endways** *adv,* AM *also* **endwise** *adv inv* (*with end foremost*) längs; (*with end uppermost*) hochkant; (*with end facing viewer*) mit der Schmalseite [*o* dem Ende] nach vorn; (*end to end*) mit den Enden aneinander **end zone** *n* AM (*in American football*) Endzone *f*
enema <*pl* -s *or* -ta> [ˈenɪmə, *pl* ɪˈnemətə] *n* MED Klistier *nt fachspr,* Einlauf *m*
enemy [ˈenəmi] **I.** *n* Feind(in) *m(f);* **to be in the hands of the ~** in die Hände des Feindes geraten sein; **an ~ to reform** Reformgegner(in) *m(f);* **~ of the state** Staatsfeind(in) *m(f)*
II. *n modifier* MIL feindlich; **~ action** Feindeinwirkung *f;* **~ country** Feindesland *nt geh;* **~ desertion** Fahnenflucht des Feindes; **to be in ~ hands** in den Händen des Feindes sein
energetic [ˌenəˈdʒetɪk, AM -ɚˈdʒeţ-] *adj* ❶ (*full of energy*) voller Energie *präd,* energiegeladen, schwungvoll; (*resolute*) energisch
❷ (*euph: overactive*) anstrengend
energetically [ˌenəˈdʒetɪkᵊli, AM -ɚˈdʒeţ-] *adv* voller Energie, energiegeladen, schwungvoll; ***he ~ pursued his goals*** energisch verfolgte er seine Ziele
energetics [ˌenəˈdʒetɪks, AM -ɚˈdʒeţ-] *n + sing vb* PHYS Energetik *f*
energize [ˈenədʒaɪz, AM ˈenɚ-] *vt* ❶ ELEC ■**to ~ sth** etw unter Strom setzen
❷ (*fig*) ■**to ~ sb** jdm neue Energie [*o* neuen Schwung] geben; **to ~ the economy** die Wirtschaft ankurbeln
energy [ˈenədʒi, AM ˈenɚ-] *n* ❶ *no pl* (*vigour*) Energie *f,* Kraft *f;* ***I haven't got the ~ to go out tonight*** ich bin heute zu schlapp, um auszugehen; **to conserve one's ~** seine Kräfte schonen, mit seinen Kräften haushalten; **to be bursting** [*or* **brimming**] **with ~** vor Energie nur so sprühen; **to be full of ~** voller Energie stecken
❷ (*totality of individual's power*) Tatkraft *f,* Energie *f;* **to channel** [*or* **direct**] [**all**] **one's energies into sth** [all] seine Kräfte auf etw *akk* konzentrieren, seine Energie in etw *akk* reinstecken; **to concentrate one's energies on sth** all seine Energie für etw *akk* aufwenden
❸ SCI Energie *f;* **~ crisis** Energiekrise *f;* **sources of ~** Energiequellen *pl*
energy bar *n* AM Energieriegel *m* **energy conservation** *n no pl* Energieeinsparung *f,* Energiesparen *nt;* TECH Energieerhaltung *f* **energy efficient** *adj* energiesparend *attr,* sparsam im Energie-

E

verbrauch *präd* **energy-efficient** *adj food, drink* Energie spendend *attr;* ■**to be ~** Energie spenden **energy-intensive** [ˌenədʒɪn'tensɪv, AM ˌenɚ-] *adj* energieaufwendig **energy-saving** [ˌenədʒi'seɪvɪŋ, AM ˌenɚ-] *adj* energiesparend **energy shares** *npl* Aktien *pl* im Energiesektor

enervate ['enəveɪt, AM 'enɚ-] *vt* (*liter*) ■**to ~ sb** (*physically*) jdn entkräften [*o* schwächen]; (*mentally*) jdn entnerven; ***the humidity ~s me*** die Feuchtigkeit macht mir zu schaffen

enervating ['enəveɪtɪŋ, AM 'enɚ-] *adj* (*liter*) strapazierend

enfant terrible <*pl* enfants terribles> [ˌɑ̃:(n)fɑ̃:(n)ter'i:bl(ə), AM ˌɑ:nfɑ:nter'-] *n* (*liter*) Enfant terrible *nt*

enfeeble [ɪn'fi:bl̩, AM en'-] *vt* (*form*) ■**to ~ sb** jdn schwächen; ■**to ~ sth** etw schwächen [*o* entkräften]

enfeebled [ɪn'fi:bl̩d, AM en'-] *adj* (*form*) geschwächt; *person also* entkräftet

enfold [ɪn'fəʊld, AM en'foʊld] *vt* (*liter*) ■**to ~ sb** jdn umarmen; ■**to ~ sb in** [*or* **with**] **sth** jdn in etw *dat* einhüllen; ***the mists ~ed the mountaintop*** (*fig*) der Gipfel war in Wolken gehüllt; **to ~ sb in one's arms** jdn in seine Arme schließen

enforce [ɪn'fɔ:s, AM en'fɔ:rs] *vt* ■**to ~ sth** ❶ (*impose*) etw durchsetzen [*o* erzwingen]; ***it is difficult to ~ the speed limit*** es ist schwierig, die Geschwindigkeitsbegrenzung durchzusetzen; **to ~ the law** dem Gesetz Geltung verschaffen; **to ~ a regulation** eine Regelung durchsetzen; **to ~ one's rights** seine Rechte einklagen
❷ (*give force to*) etw *dat* Nachdruck verleihen
❸ FIN **to ~ a debt** eine Schuld beitreiben

enforceable [ɪn'fɔ:səbl̩, AM en'fɔ:r-] *adj* durchsetzbar; LAW vollziehbar, vollstreckbar; ***the law is not always ~*** das Gesetz kann man nicht immer erzwingen

enforcement [ɪn'fɔ:smənt, AM en'fɔ:r-] *n no pl* Erzwingung *f; of a regulation* Durchsetzung *f; of a rule* Durchführung *f; of a law* Vollziehung *f,* Vollstreckung *f*

enforcement notice *n* BRIT LAW Vollstreckungsbescheid *m*

enfranchise [ɪn'fræn(t)ʃaɪz, AM en'-] *vt* (*form*) ■**to ~ sb** jdm das Wahlrecht verleihen; ■**to be ~ed** wahlberechtigt sein

enfranchisement [ɪn'fræn(t)ʃɪzmənt, AM en'-fræn(t)ʃaɪz-] *n no pl* (*form*) Verleihung *f* des Wahlrechts; **leasehold ~** Erwerbsrecht *nt* des Eigentums an einem Grundstück durch den Pächter; **to be given ~** das Wahlrecht erhalten [*o* verliehen bekommen]

engage [ɪn'geɪdʒ, AM en'-] **I.** *vt* ❶ (*employ*) ■**to ~ sb** jdn anstellen [*o* einstellen]; **to ~ an actor** einen Schauspieler engagieren; **to ~ a lawyer** sich *dat* einen Anwalt nehmen; **to ~ the services of sb** jds Dienste in Anspruch nehmen
❷ BRIT (*form: hire*) ■**to ~ sb** jdn anstellen; *company* jdn beauftragen
❸ (*form: hold interest*) ■**to ~ sb** jds Aufmerksamkeit in Anspruch nehmen; (*fascinate*) jdn faszinieren [*o* begeistern]; ■**to ~ oneself in sth** sich *akk* mit etw *dat* beschäftigen
❹ (*involve*) **to ~ sb in a conversation** jdn in ein Gespräch verwickeln; **to ~ sb in flirtation** einen Flirt mit jdm anfangen
❺ (*busy oneself*) ■**to be ~d in sth** sich *akk* mit etw *dat* befassen; COMM ***the company is ~d in international trade*** das Unternehmen ist im Welthandel tätig
❻ (*put into use*) **to ~ the clutch** einkuppeln; **to ~ a gear** einen Gang einlegen, in einen Gang schalten; **to ~ the automatic pilot** den Autopiloten einschalten
❼ MIL ■**to ~ sb** jdn angreifen
❽ TECH ■**to be ~d** ***the cogs ~d with one another*** die Zähne griffen ineinander
❾ LAW (*commission*) ■**to ~ sb to do sth** *contract* jdn zu etw *dat* verpflichten
❿ BRIT (*dated: reserve*) ■**to ~ sth** etw anmieten; *hotel room* etw reservieren
II. *vi* ❶ (*involve self with*) ■**to ~ in sth** sich *akk* an etw *dat* beteiligen; **to ~ in combat with sb** in eine Kampfhandlung mit jdm treten; **to ~ in conversation** sich *akk* unterhalten; **to ~ in a dogfight** einen Luftkampf führen; **to ~ in espionage/propaganda/smuggling** Spionage/Propaganda/Schmuggel betreiben; **to ~ in politics** sich *akk* politisch engagieren [*o* betätigen]; **to be ~d in trade with sb** mit jdm Handel treiben
❷ MIL angreifen; **to ~ with the enemy/hostile forces** den Feind/die gegnerischen Streitkräfte angreifen
❸ TECH eingreifen, einrasten; ■**to ~ with each other** *cogs* ineinander greifen
❹ (*form: promise*) ■**to ~ to do sth** sich *akk* verpflichten, etw zu tun

engagé [ˌɑ̃'gæʒeɪ] *adj* (*form*) [gesellschaftlich] engagiert

engaged [ɪn'geɪdʒd, AM en'-] *adj inv* ❶ *pred esp* BRIT (*busy*) beschäftigt; *toilet* besetzt; ***the line is ~*** es ist besetzt; **to be otherwise ~** anderweitig beschäftigt sein; (*have other appointments*) schon was anderes vorhaben
❷ (*to be married*) verlobt; **to get** [*or* **become**] **~** [**to sb**] sich *akk* [mit jdm] verloben; **the ~ couple** die Verlobten *pl*

engaged signal *n* AUS, **engaged tone** *n* BRIT Besetztzeichen *nt*

engagement [ɪn'geɪdʒmənt, AM en'-] *n* ❶ (*appointment*) Verabredung *f,* Termin *m;* ***I have a previous*** [*or* ***prior***] **~** ich habe schon eine Verabredung; **social ~** gesellschaftliche Verpflichtung
❷ MIL Kampfhandlung *f,* Gefecht *nt*
❸ (*formal agreement to marry*) Verlobung *f* (**to** mit +*dat*); **to announce the ~ of sb** jds Verlobung verkündigen
❹ TECH Ineinandergreifen *nt kein pl*
❺ ECON, FIN **to break an ~ to do sth** eine Verbindlichkeit nicht erfüllen

engagement book *n* BRIT, **engagement diary** *n* BRIT Terminkalender *m* **engagement ring** *n* Verlobungsring *m*

engaging [ɪn'geɪdʒɪŋ, AM en'-] *adj* (*approv*) bezaubernd; **~ look** ansprechendes Äußeres; **~ manner** einnehmende Art; **~ person** sympathische Person; **~ smile** gewinnendes [*o* bezauberndes] Lächeln

engender [ɪn'dʒendəʳ, AM en'dʒendɚ] *vt* (*form*) ❶ (*give rise to*) ■**to ~ sth** etw erzeugen [*o* hervorrufen]; ***her latest book has ~ed a lot of controversy*** ihr letztes Buch ist sehr umstritten
❷ (*old: beget*) **to ~ a child** ein Kind zeugen

engine ['endʒɪn] *n* ❶ (*mechanical power source*) Maschine *f,* Motor *m; of aircraft* Triebwerk *nt;* **diesel/petrol ~** Diesel-/Benzinmotor *m;* **jet ~** Düsen[strahl]triebwerk *nt*
❷ RAIL Lok[omotive] *f*

-engined ['endʒɪnd] *in compounds* (*multi-, single-*) -motorig; **diesel-~** mit Dieselmotor *nach n;* **electric-~** elektrisch angetrieben, mit Elektromotor *nach n;* **jet-~** mit Düsenantrieb *nach n;* **petroleum-~** mit Verbrennungsmotor *nach n;* **twin-~** zweimotorig

engine driver *n esp* BRIT Lok[omotiv]führer(in) *m(f)*

engineer [ˌendʒɪ'nɪəʳ, AM -'nɪr] **I.** *n* ❶ (*qualified in engineering*) Ingenieur(in) *m(f);* (*in navy*) [Schiffs]ingenieur(in) *m(f);* (*on merchant ship*) Maschinist(in) *m(f);* (*maintains machines*) [Wartungs]ingenieur(in) *m(f);* (*controls engines*) Techniker(in) *m(f);* MIL Technischer Offizier; **civil/electrical/mechanical ~** Bau-/Elektro-/Maschinenbauingenieur(in) *m(f)*
❷ (*pej: contriver*) Arrangeur(in) *m(f)* (**of** von +*dat*)
❸ AM (*engine driver*) Lok[omotiv]führer(in) *m(f)*
II. *vt* ■**to ~ sth** ❶ *usu passive* (*construct precisely*) etw konstruieren; **to ~ a bridge/street** eine Brücke/Straße bauen
❷ (*pej: skilfully contrive*) etw arrangieren; ***how did you manage to ~ that invitation to the party?*** wie bist du bloß an diese Einladung zu der Party gekommen?; **to ~ a coup** einen Coup vorbereiten; **to ~ a meeting** ein Treffen arrangieren; **to ~ a plan** [*or* **scheme**] einen Plan aushecken [*o* entwickeln]

engineering [ˌendʒɪ'nɪəʳɪŋ, AM -'nɪrɪŋ] *n no pl* ❶ (*science*) Technik *f;* **a masterpiece of ~** ein Meisterwerk *nt* der Technik
❷ UNIV (*subject*) Technik *f,* Ingenieurwissenschaft *f;* (*mechanical engineering*) Maschinenbau *m;* **to be in ~** Ingenieur/Ingenieurin sein
❸ *of a building* Konstruktion *f*
❹ (*organizing*) Organisation *f,* Arrangement *nt*

engineering works *npl* Maschinenfabrik *f*

engine room *n* NAUT Maschinenraum *m*

England ['ɪŋglənd] *n* England *nt*

english ['ɪŋglɪʃ] *n* AM SPORTS Effet *m o selten nt;* **to put some ~ on the ball** der Kugel einen leichten Effet geben

English ['ɪŋglɪʃ] **I.** *n* ❶ *no pl* (*language*) Englisch *nt;* ***do you speak ~?*** sprechen Sie Englisch?; **the King's/Queen's ~** die englische Hochsprache
❷ (*people*) ■**the ~** *pl* die Engländer *pl*
II. *adj* englisch; **~ department** UNIV Anglistisches Institut, Institut *nt* für Anglistik

English breakfast *n typisch englisches Frühstück mit Frühstückszerealien, Spiegeleiern, gebratenen Tomaten, Pilzen, Speck, Würstchen sowie Toast und Marmelade* **English horn** *n* MUS Englischhorn *nt* **Englishman** *n* Engländer *m* ▶ PHRASES: **an ~'s home is his castle** BRIT (*prov*) für den Engländer ist sein Haus wie eine Burg **English saddle** *n sehr flacher Reitsattel* **Englishwoman** *n* Engländerin *f*

engorge [ɪn'gɔ:dʒ, AM en'gɔ:rdʒ] *vt* ❶ (*consume greedily*) ■**to ~ sth** etw [gierig] verschlingen
❷ *usu passive* MED **to become ~d** [an]schwellen; ***when you blush your cheeks have become ~d with blood*** beim Erröten füllen sich die Wangen mit Blut

engorgement [ɪn'gɔ:dʒmənt, AM en'gɔ:rdʒ-] *n no pl* MED Schwellung *f; of blood* Blutfülle *f; of the lung* Anschoppung *f*

engrave [ɪn'greɪv, AM en'-] *vt* ■**to ~ sth** etw [ein]gravieren; (*on stone*) etw einmeißeln; (*on wood*) etw einschnitzen; (*fig*) sich *dat* etw einprägen; **to be ~d on** [*or* **in**] **one's memory** unauslöschlich in jds Gedächtnis eingebrannt sein

engraver [ɪn'greɪvəʳ, AM en'greɪvɚ] *n* (*cutter*) Graveur(in) *m(f),* Steinschneider(in) *m(f);* (*for stone*) Steinhauer(in) *m(f);* (*for wood*) Holzschneider(in) *m(f);* **~ on copper** Kupferstecher(in) *m(f)*

engraving [ɪn'greɪvɪŋ, AM en'-] *n* ❶ (*from engraved surface*) Stich *m;* (*from wood*) Holzschnitt *m*
❷ (*design*) Gravierung *f,* Gravur *f*
❸ *no pl* (*act*) Gravieren *nt;* (*art*) Gravierkunst *f*

engross [ɪn'grəʊs, AM en'groʊs] *vt* ❶ (*absorb attention*) ■**to ~ sb** jdn fesseln [*o* in seinen Bann ziehen]
❷ LAW **to ~ a document** (*write*) eine Urkunde ausfertigen; (*make fair copy*) eine Reinschrift einer Urkunde anfertigen

engrossed [ɪn'grəʊst, AM en'groʊst] *adj* versunken, vertieft; ■**to be ~ in** [*or* **by**] **sth** in etw *akk* vertieft [*o* versunken] sein; **~ bill** gedruckte Gesetzesvorlage; **to be ~ in conversation** ins Gespräch vertieft sein; ■**to be ~ with sth** völlig versunken in etw *akk* sein

engrossing [ɪn'grəʊsɪŋ, AM en'groʊ-] *adj* fesselnd, spannend

engrossment *n* LAW Ausfertigung *f* [von Urkunden]; (*legal document*) Urkunde *f;* **~ paper** Urkundenpapier *nt*

engulf [ɪn'gʌlf, AM en'-] *vt* ■**to ~ sb** jdn umringen; ■**to ~ sth** etw verschlingen; ***the house was ~ed in flames*** das Haus stand in Flammen

enhance [ɪn'hɑ:n(t)s, AM -'hæn(t)s] *vt* ■**to ~ sth** (*improve*) etw verbessern; (*intensify*) etw hervorheben; **to ~ one's chances** seine Chancen erhöhen [*o* verbessern]; **to ~ one's eyebrows/eyes** seine Augenbrauen/Augen betonen; **to ~ sb's memory** jds Erinnerungen [wieder] lebendig werden lassen; **to ~ the price of sth** etw verteuern

enhancement [ɪn'hɑ:n(t)smənt, AM -'hæn(t)s-] *n*

(*improvement*) Verbesserung *f;* (*intensification*) Verstärkung *f;* (*increase*) Steigerung *f,* Erhöhung *f*

enhancer [ɪn'hɑːn(t)səʳ, AM -'hæn(t)sɚ] *n* Verstärker *m;* ***music can be a good mood*** ~ Musik kann die Stimmung enorm heben; **flavour** ~ Geschmacksverstärker *m*

enharmonic [ˌenhaː'mɒnɪk, AM -hɑːr'mɑːnɪk] *adj* MUS enharmonisch *fachspr*

enigma [ɪ'nɪgmə] *n* Rätsel *nt*

enigmatic(al) [ɪ'nɪgmætɪk(ᵊl), AM -mæţ-] *adj* rätselhaft, geheimnisvoll

enigmatically [ɪ'nɪgmætɪkᵊli, AM -mæţ-] *adv* rätselhaft

enjamb(e)ment [ɪn'dʒæm(b)mənt, AM en'-] *n* LIT Enjambement *nt*

enjoin [ɪn'dʒɔɪn, AM en'-] *vt* (*form*) **to ~ caution/silence on sb** jdn eindringlich zur Vorsicht/Ruhe mahnen; ■**to ~ sb to do sth** jdn eindringlich zu etw *dat* ermahnen; ■**to ~ sb from doing sth** AM LAW jdm gerichtlich untersagen, etw zu tun; ***she was ~ed from driving for six months*** ihr wurde die Fahrerlaubnis für sechs Monate entzogen; ■**to ~ that ...** [mit Nachdruck] fordern, dass ...

enjoy [ɪn'dʒɔɪ, AM en'-] *vt* ❶ (*get pleasure from*) ■**to ~ sth** etw genießen; ***did you ~ your holiday?*** hatten Sie einen schönen Urlaub?; ***he ~ed his meal*** ihm hat das Essen sehr gut geschmeckt; ***did you ~ the film?*** hat dir der Film gefallen?; **to ~ the company of sb** gern[e] mit jdm zusammen sein; ■**to ~ doing sth** etw gern[e] tun; ***I really ~ed talking to you*** es war wirklich nett, sich mit dir zu unterhalten
❷ (*have sth positive*) ■**to ~ sth** ***from childhood on she's always ~ed popularity*** von Kindheit an hat sie immer im Rampenlicht gestanden; **to ~ an advantage** einen Vorteil genießen; **to ~ sb's confidence** jds Vertrauen genießen; **to ~ good health** sich *akk* guter Gesundheit erfreuen; **to ~ the right to do sth** berechtigt sein, etw zu tun
❸ (*have fun*) ■**to ~ oneself** sich *akk* amüsieren; ~ ***yourself!*** viel Spaß!; ***the waiter said "~ yourself!"*** der Kellner wünschte uns guten Appetit

enjoyable [ɪn'dʒɔɪəbl̩, AM en'-] *adj* angenehm, nett; *evening also* amüsant; *film, book, play* unterhaltsam

enjoyably [ɪn'dʒɔɪəbli, AM en'] *adv* erfreulich, Spaß machend

enjoyment [ɪn'dʒɔɪmənt, AM en'-] *n no pl* Vergnügen *nt,* Spaß *m* (**of** an +*dat*); **quiet ~ of land** LAW ungestörter Grundbesitz; **to get real ~ out of doing sth** großen Spaß daran finden, etw zu tun; ***I got a lot of ~ from this book*** ich habe dieses Buch sehr genossen

enkephalin [en'kef(ə)lɪn] *n* BIOL, CHEM, MED Enkephalin *nt fachspr*

enkindle [ɪn'kɪndl̩, AM en'-] *vt* (*liter*) ■**to ~ sth** ❶ (*start*) etw entflammen; **to ~ a fire** ein Feuer entzünden [*o* entfachen] *geh*
❷ (*arouse*) **to ~ the flame of passion within sb** in jdm das Feuer der Leidenschaft entzünden *geh;* **to ~ a lust for adventure in sb** in jdm die Abenteuerlust wecken; **to ~ sb's passion** jds Leidenschaft entfachen

enlarge [ɪn'lɑːdʒ, AM en'lɑːrdʒ] **I.** *vt* ■**to ~ sth** ❶ (*make bigger*) etw vergrößern; (*expand*) etw erweitern [*o* ausdehnen]; **to ~ one's kitchen** seine Küche ausbauen; **to ~ one's vocabulary** seinen Wortschatz vergrößern [*o* erweitern]
❷ PHOT etw vergrößern; **to ~ a negative** eine Vergrößerung vom Negativ machen
II. *vi* ❶ (*expatiate*) ■**to ~ [up]on sth** sich *akk* zu etw *dat* ausführlich äußern [*o* auslassen]
❷ (*get bigger*) sich vergrößern

enlarged [ɪn'lɑːdʒd, AM en'lɑːrdʒd] *n* erweitert; MED [an]geschwollen; ~ **edition** erweiterte Ausgabe

enlargement [ɪn'lɑːdʒmənt, AM en'lɑːrdʒ-] *n* ❶ *no pl* (*act of making bigger*) Vergrößerung *f;* (*act of expanding*) Erweiterung *f,* Ausdehnung *f;* (*act of making higher*) Erhöhung *f*
❷ PHOT Vergrößerung *f*

enlarger [ɪn'lɑːdʒəʳ, AM en'lɑːrdʒɚ] *n* PHOT Vergrößerungsapparat *m*

enlighten [ɪn'laɪtᵊn, AM en'-] *vt* ❶ (*give spiritual insight*) ■**to ~ sb** jdn erleuchten
❷ (*explain the true facts*) ■**to ~ sb [about [*or* on] sth]** jdn [über etw *akk*] aufklären; ***let me ~ you on this*** lass mich es dir erklären

enlightened [ɪn'laɪtᵊnd, AM en'-] *adj* (*approv*) aufgeklärt; ~ **self-interest** *gewisse Eigennützigkeit, von der jedoch alle Seiten profitieren*

enlightening [ɪn'laɪtᵊnɪŋ, AM en'-] *adj* aufschlussreich

enlightenment [ɪn'laɪtᵊnmənt, AM en'-] *n no pl*
❶ REL Erleuchtung *f*
❷ PHILOS ■**the E~** die Aufklärung
❸ (*information*) erhellende [*o* aufklärende] Information; **to give sb ~ on sth** jdn über etw *akk* aufklären

enlist [ɪn'lɪst, AM en'-] **I.** *vi* MIL sich *akk* melden; **to ~ in the army** in die Armee eintreten
II. *vt* ■**to ~ sb** *supporter* jdn anwerben; *soldier also* jdn einziehen; *recruit* jdn einstellen; ***he ~ed her help in making the posters*** er konnte sie dafür gewinnen, bei der Anfertigung der Poster zu helfen; **to ~ sb's support** jds Unterstützung gewinnen

enlisted man *n* AM (*sailor*) Matrose *m;* (*soldier*) [gemeiner] Soldat **enlisted woman** *n* AM (*female sailor*) Matrosin *f;* (*female soldier*) [gemeine] Soldatin

enlistment [ɪn'lɪstmənt, AM en'-] *n* MIL (*entering the army, navy*) Meldung *f;* (*being recruited by the state*) Einziehung *f; of recruits* Anwerbung *f,* Einstellung *f; of support* Gewinnung *f*

enliven [ɪn'laɪvᵊn, AM en'-] *vt usu passive* ■**to ~ sth** etw beleben [*o* in Schwung bringen]; ■**to be ~ed** aufgelockert werden; **to ~ sb** jdm Auftrieb geben; **to ~ one's phantasy** jds Fantasie anregen; **to ~ a party** Stimmung in eine Party bringen

en masse [ɑ̃(m)'mæs, AM ɑːn'-] *adv inv* (*all together*) alle zusammen, gemeinsam; (*in a crowd*) in der Masse; **to resign ~** geschlossen zurücktreten; **to vote ~ for sth** einstimmig für etw *akk* stimmen

enmesh [ɪn'meʃ, AM en'-] *vt* ■**to be/become ~ed in sth** sich *akk* in etw *akk* verfangen haben/verfangen; ■**to ~ oneself in sth** (*fig*) sich *akk* in etw *akk* verstricken

enmity ['enməti, AM -ţ-] *n* Feindschaft *f*

ennoble [ɪ'nəʊbl̩, AM en'oʊ-] *vt* ❶ (*liter*) ■**to ~ oneself** sich *akk* selbst erheben *geh*
❷ (*make member of nobility*) ■**to ~ sb** jdn adeln [*o* in den Adelsstand erheben]

ennobling [ɪ'nəʊblɪŋ, AM en'oʊ-] *adj* erhebend

ennui ['ɑ̃ːnwiː, AM ˌɑːn'wiː] *n no pl* (*liter*) Ennui *m o nt geh,* Langeweile *f;* (*mental weariness*) [Lebens]überdruss *m*

enology *n* AM *see* **oenology**

enormity [ɪ'nɔːməti, AM -'nɔːrməţi] *n* ❶ *no pl* (*daunting magnitude*) *of a damage* ungeheures Ausmaß; *of a task* ungeheure Größe
❷ (*form: extreme evil*) Abscheulichkeit *f; of crime also* Ungeheuerlichkeit *f*

enormous [ɪ'nɔːməs, AM -'nɔːr-] *adj* enorm; *size* riesig; *mountain* gewaltig; ~ **crowd** riesige [Menschen]menge; ~ **difficulties** ungeheure Schwierigkeiten; ~ **luck** riesiges [*o* enormes] Glück

enormously [ɪ'nɔːməsli, AM -'nɔːr-] *adv* enorm, ungeheuer; ***I liked her ~*** ich hatte sie wahnsinnig gern; ~ **grateful/hard** unglaublich dankbar/schwer; ~ **pleased** hocherfreut

enormousness [ɪ'nɔːməsnəs, AM -'nɔːr-] *n no pl* enorme Größe; *of a person* Riesenhaftigkeit *f*

enosis [ɪ'nəʊsɪs, AM -oʊ-] *n no pl* POL Enosis *f fachspr*

enough [ɪ'nʌf] **I.** *adj inv* ❶ *attr* (*sufficient*) genügend, ausreichend, genug; ***there are 25 textbooks per class — that should be ~*** wir haben 25 Lehrbücher pro Klasse – das dürfte reichen; ***there's ~ room for everyone*** es ist genügend Platz für alle da; ***there was just ~ room for two cars*** es war gerade Platz genug für zwei Autos; ***Chris had cooked ~ food to feed an army*** Chris hat genug Essen gekocht, um eine ganze Armee zu verköstigen; ***too much work and not ~ people to do it*** zu viel Arbeit und nicht genug Leute, um sie zu erledigen; (*form*) ***there will be time ~ to tell you when we meet*** es ist genug Zeit, dir zu sagen, wann wir uns treffen
❷ *attr* (*more than is wanted*) genug, genügend; ***don't you have ~ problems already?*** hast du nicht schon genug Probleme?; ***you've had quite ~ time!*** du hattest doch wohl Zeit genug!; ***we've got ~ problems without that*** wir haben auch so schon genug Probleme; ***I've got problems ~ of one's own*** ich habe selbst genug Probleme
► PHRASES: **to give sb ~ rope to hang themselves** jdm zu viele Freiheiten lassen
II. *adv inv* ❶ (*adequately*) genug, genügend, ausreichend; ***are you warm ~?*** ist es dir warm genug?; ***is the water hot ~ yet?*** ist das Wasser schon heiß genug?; (*form*) ***would you be good ~ to take my bag upstairs for me?*** wären Sie so freundlich, mir meine Tasche nach oben zu tragen?; ***I can't run fast ~ to keep up with you*** ich laufe nicht schnell genug, um mit dir Schritt halten zu können; **to be experienced ~ for a job** ausreichend Erfahrung für einen Job haben; **to be stupid ~ to believe sb** dumm genug sein, jdm zu glauben
❷ (*quite*) ziemlich; ***he seems nice ~*** er scheint recht nett zu sein; ***he's bad ~, but his brother is far worse*** er ist schon schlimm genug, aber sein Bruder ist noch viel schlimmer; ***curiously ~, there is no mention of him*** seltsamerweise wird er überhaupt nicht erwähnt; **funnily ~** komischerweise; **to be pretty ~** recht hübsch sein; **strangely [*or* oddly] ~** merkwürdigerweise
III. *interj* **~!** jetzt reicht es aber! *fam*
IV. *pron no pl* ❶ (*sufficient quantity*) genug, ausreichend; ***there's ~ for everybody*** es ist für alle genug da; ***we had almost ~ but one or two people didn't get any ice cream*** wir hatten fast genug, nur ein oder zwei Leute bekamen kein Eis; ***it had looked tight but in the end there was just ~ to go around*** es hatte eng ausgesehen, aber schlussendlich kamen wir gerade durch; ***sometimes there is not quite ~ for a second cup*** manchmal reicht es nicht ganz für eine zweite Tasse; ***you've had ~ [to eat]*** du hast genug gehabt!; ***watching five minutes of the movie was ~ to see that it was going to be bad*** nach fünf Minuten war klar, dass der Film schlecht war; ***I know ~ about art to ...*** ich weiß genug über Kunst, um ...; ***she has ~ to do at work to keep her occupied for the next two years*** sie hat genügend Arbeit, um für die nächsten zwei Jahre beschäftigt zu sein; **more than ~** mehr als genug; **to have ~ to eat and drink** genügend zu essen und zu trinken haben
❷ (*too much*) ***half an hour in his company is quite ~*** eine halbe Stunde in seiner Gesellschaft ist mehr als genug; ***you've had quite ~ to eat already*** du hast wirklich schon genug gegessen; (*fig*) ***I've had ~ of your excuses/lies!*** ich habe die Nase voll von deinen Entschuldigungen/Lügen! *fam;* ***I've had ~ — I'm going home*** mir reicht's – ich gehe nach Hause; ***~ is ~*** genug ist genug!; ***that's ~!*** jetzt reicht es!; ***you've made ~ of a mess already*** du hast bereits genug Unheil angerichtet; ***~ of this*** [AM ***already***]! genug davon! *fam;* **to have seen/heard ~** genug gesehen/gehört haben; **more than ~** mehr als genug; **to have ~ and to spare** mehr als genug haben *fam*
► PHRASES: **~ is as good as a feast** (*prov*) irgendwann muss man [auch mal] zufrieden sein; **it's ~ to make a saint swear** es ist zum aus der Haut fahren *fam;* **~ said** (*don't mention it further*) es ist alles gesagt; (*I understand*) ich verstehe schon

en passant [ˌɑ̃ː(m)'pæsɑ̃ː(ŋ), AM ˌɑːnpɑː'sɑ̃ːn] *adv inv* ❶ (*in passing*) en passant *geh,* [ganz] beiläufig, nebenbei; **to say sth ~** etw beiläufig erwähnen
❷ CHESS en passant; **to take a pawn ~** einen Bauern en passant schlagen

enplane *vt, vi see* **emplane**

enprint ['enprɪnt] *n* BRIT PHOT Fotografie *f* (*im Standardformat*)

enquire [ɪn'kwaɪəʳ, AM en'kwaɪɚ] *esp* BRIT **I.** *vi* ❶ (*ask for information*) sich *akk* erkundigen;

'Saturday staff needed — ~ within' ‚Aushilfspersonal für samstags gesucht – Näheres im Geschäft'; ▪**to ~ about sth** nach etw *dat* fragen, sich *akk* nach etw *dat* erkundigen; ▪**to ~ after** [*or* **for**] **sb** sich *akk* nach jdm erkundigen, nach jdm fragen; **to ~ after sb's health** sich *akk* nach jds Gesundheit erkundigen; ▪**to ~ of sb whether …** (*form*) bei jdm nachfragen, ob …, sich *akk* bei jdm erkundigen, ob …; ▪**to ~ whether/when/what/where …** fragen [*o* sich *akk* erkundigen], ob/wann/was/wo …
❷ (*investigate*) Nachforschungen anstellen; ▪**to ~ into sth** etw untersuchen; **to ~ into a matter** eine Angelegenheit untersuchen
II. *vt* (*form*) ▪**to ~ sth** [**of sb**] sich *akk* [bei jdm] nach etw *dat* erkundigen, [jdn] nach etw *dat* fragen; ***he ~d the time from a passer-by*** er fragte einen Passanten nach der Uhrzeit

enquirer [ɪn'kwaɪərəʳ, AM en'kwaɪərɚ] *n* (*asking person*) Fragesteller(in) *m(f)*, Fragende(r) *f(m)*; BRIT (*policeman*) Untersuchungsbeamte, -in *m, f*

enquiring [ɪn'kwaɪərɪŋ, AM en'kwaɪɚ-] *adj* (*quizzical*) fragend; **to give sb an ~ look** jdm einen fragenden Blick zuwerfen; **~ mind** forschender Geist

enquiringly [ɪn'kwaɪərɪŋli, AM en'kwaɪɚ-] *adv* fragend; **to look at sb ~** jdn fragend ansehen

enquiry [ɪn'kwaɪəri, AM en'-] *n* ❶ (*question*) Anfrage *f*, Erkundigung *f*; **on ~** auf Anfrage
❷ (*investigation of facts*) Untersuchung *f*; **to make an ~ into** [*or* **about**] **sth** Nachforschungen *fpl* über etw *akk* anstellen; (*ask*) sich *akk* nach etw *dat* erkundigen
❸ LAW (*official investigation*) Untersuchung *f*; (*by the police*) Ermittlung *f*, Nachforschung *f*; **to hold an ~** eine Untersuchung durchführen; **to make enquiries** Nachforschungen anstellen
❹ COMPUT Anfrage *f*; (*accessing data*) Abfrage *f*

enrage [ɪn'reɪdʒ, AM en'-] *vt* ▪**to ~ sb** jdn wütend machen

enraged [ɪn'reɪdʒd, AM en'-] *adj* wütend, aufgebracht

enrapture [ɪn'ræptʃəʳ, AM en'ræptʃɚ] *vt* ▪**to ~ sb** jdn entzücken; **to ~ sb with one's charm** jdn durch seinen Charme bezaubern

enraptured [ɪn'ræptʃəd, AM en'ræptʃɚd] *adj* (*liter*) entzückt, hingerissen; ▪**to be ~ by** [*or* **with**] **sth** von etw *dat* entzückt sein

enrich [ɪn'rɪtʃ, AM en'-] *vt* ❶ (*improve quality*) ▪**to ~ sth** etw bereichern
❷ (*add to the contents*) ▪**to ~ sth** [**with sth**] *food* etw [mit etw *dat*] anreichern; **to ~ a collection** eine Sammlung bereichern
❸ (*make richer*) ▪**to ~ oneself** sich *akk* bereichern; ▪**to ~ sb** jdn reich machen
❹ PHYS ▪**to ~ sth** [**with sth**] etw [mit etw *dat*] anreichern

enriched [ɪn'rɪtʃt, AM en'-] *adj* angereichert; ***we were greatly ~ by this trip*** diese Reise war für uns eine große Bereicherung; **~ fuel** TECH angereicherter Brennstoff; **~ with vitamins** mit Vitaminen angereichert

enrichment [ɪn'rɪtʃmənt, AM en'-] *n no pl* Bereicherung *f*; *of food, soil* Anreicherung *f*

enrol <-ll-> [ɪn'rəʊl], AM *usu* **enroll** [en'roʊl] **I.** *vi* sich *akk* einschreiben; (*at university*) sich *akk* einschreiben [*o* immatrikulieren]; MIL sich *akk* melden; **to ~ for** [*or* **in**] **a course** sich *akk* für einen Kurs anmelden; **to ~ at university/a college** sich *akk* an der Universität/einem College einschreiben [*o* immatrikulieren]
II. *vt* ▪**to ~ sb** (*at college, university*) jdn aufnehmen; *worker* jdn einstellen; *soldier* jdn anwerben

enrolled bill *n* AM LAW formgerecht erlassenes Gesetz

enrollment [en'roʊlmənt] AM, **enrolment** [ɪn'rəʊl-] *n* ❶ (*act of enrolling*) Einschreibung *f*; (*at university*) Immatrikulation *f*; (*for a course*) Anmeldung *f*; (*in the army*) Eintritt *m*
❷ AM (*number of students*) Studentenzahl *f*

en route [ˌɑ̃:(n)'ru:t, AM ˌɑ:n'-] *adv inv* unterwegs, auf der Reise; **~ *from London to Tokyo*** auf dem Weg von London nach Tokyo

en rule ['enru:l] *n* BRIT Bindestrich *m* (*in der Breite eines ‚n'*)

ensconce [ɪn'skɒn(t)s, AM en'skɑ:n(t)s] *vt* ▪**to ~ oneself somewhere** es sich *dat* irgendwo bequem machen, sich *akk* irgendwo niederlassen *fam*; ***I ~d myself in a deep armchair*** ich machte es mir in einem großen Sessel gemütlich

ensemble [ɑ̃:(n)'sɑ̃:(m)bəl, AM ɑ:n'sɑ:m-] *n* ❶ MUS, THEAT Ensemble *nt*
❷ FASHION Ensemble *nt*

enshrine [ɪn'ʃraɪn, AM en'-] *vt* ▪**to ~ sth** etw bewahren; *rights* etw wahren; **to ~ the memory of sth** das Andenken an etw *akk* wahren; **~d in tradition** in der Tradition verankert

enshroud [ɪn'ʃraʊd, AM en'-] *vt* (*liter*) ▪**to ~ sth** etw einhüllen [*o* verhüllen]; (*fig*) etw umgeben; ***a mist ~ed the land for three days*** das Land lag drei Tage in Nebel gehüllt; **to be ~ed in thick clouds** in dichten Wolken verborgen liegen; **~ed in secrecy** in Geheimnisse gehüllt

ensign ['ensaɪn] *n* MIL ❶ (*flag*) Flagge *f*, Hoheitszeichen *nt*, Banner *nt*; (*naval flag*) Schiffsflagge *f*, Nationalflagge *f*
❷ (*standard-bearer*) Fähnrich *m*

enslave [ɪn'sleɪv, AM en'-] *vt* ▪**to ~ sb** jdn zum Sklaven machen; ***he was ~d by her beautiful eyes*** (*fig*) ihre schönen Augen machten ihn total willenlos

enslavement [ɪn'sleɪvmənt, AM en'-] *n no pl* Versklavung *f*

ensnare [ɪn'sneəʳ, AM en'sner] *vt* (*liter*) ▪**to ~ sb/an animal** jdn/ein Tier fangen; ▪**to be ~d in sth** sich *akk* in etw *dat* verfangen haben *a. fig*; ▪**to ~ sb** (*fig*) jdn umgarnen

ensue [ɪn'sju:, AM en'su:] *vi* folgen; ▪**to ~ from sth** aus etw *dat* folgen, sich *akk* aus etw *dat* ergeben

ensuing [ɪn'sju:ɪŋ, AM en'su:-] *adj attr, inv* [darauf] folgend *attr*, nachfolgend *attr*

en suite [ˌɑ̃:(n)'swi:t, AM ˌɑ:n'-] **I.** *adv* **room with a bathroom ~** Zimmer *nt* mit eigenem Bad **II.** *n* Zimmer *nt* mit Bad **en suite bathroom** *n* angeschlossenes Badezimmer

ensure [ɪn'ʃɔ:ʳ, AM en'ʃʊr] *vt* ▪**to ~ sth** (*secure*) etw sicherstellen; (*guarantee*) etw garantieren; ***this victory ~d them a place in the World Cup final*** durch diesen Sieg sicherten sie sich die Teilnahme am Endspiel der WM; **to ~ security** die Sicherheit gewährleisten; ▪**to ~ that …** sicherstellen [*o* gewährleisten], dass …

ENT [ˌi:en'ti:] *n no pl abbrev of* **ear, nose and throat** HNO *nt*

entablature [en'tæblətʃəʳ, AM -ɚ] *n* ARCHIT Gebälk *nt*

entablement [en'tæbləmənt] *n* ARCHIT horizontale Plattform (*über dem Sockel einer Statue*)

entail [ɪn'teɪl, AM en'-] **I.** *vt* ❶ (*involve*) ▪**to ~ sth** etw mit sich bringen [*o* nach sich ziehen]; **to ~ some risk** mit einem gewissen Risiko verbunden sein
❷ (*necessitate*) ▪**to ~ doing sth** es erforderlich machen, etw zu tun; ***that would ~ …*** das würde bedeuten, …
II. *n* ECON, FIN festgelegte Erbfolge für Grundbesitz, Fideikommiss *nt*

entangle [ɪn'tæŋgl, AM en'-] *vt usu passive* ❶ (*catch up*) ▪**to ~ oneself** sich *akk* verfangen; **to get** [*or* **become**] **~d in sth** sich *akk* in etw *dat* verfangen; ***his legs got ~d in the ropes*** er verhedderte sich mit den Beinen in den Seilen
❷ (*involve*) ▪**to ~ oneself in sth** sich *akk* in etw *akk* verstricken; **to get sb ~d in sth** jdn in etw *akk* hineinziehen [*o* verwickeln]; **to get oneself ~d in sth** sich *akk* in etw *akk* verwickeln
❸ (*confuse*) ▪**to ~ sb** jdn verwirren [*o* durcheinander bringen]; ▪**to become ~d** verwirrt werden; **to get sth ~d with sth** etw mit etw *dat* durcheinander bringen

entanglement [ɪn'tæŋglmənt, AM en'-] *n* ❶ (*catching up*) Verfangen *nt*, Verheddern *nt*
❷ (*involvement*) Verwicklung *f*, Verstrickung *f*
❸ (*messy situation*) Durcheinander *nt kein pl*; **emotional ~s** gefühlsmäßige Verwicklungen

entasis <*pl* -ses> ['entəsɪs, *pl* -si:z] *n* ARCHIT Entase *f fachspr*, Entasis *f fachspr*

entente *n*, **entente cordiale** [ˌɑ̃:(n)'tɑ̃:(n)tkɔ:di'ɑ:l, AM ɑ:n'tɑ:ntkɔ:r-] *n* POL Bündnis *nt*, Entente *f*; **the ~ cordiale** HIST die Entente cordiale

enter ['entəʳ, AM -ɚ] **I.** *vt* ▪**to ~ sth** ❶ (*go into*) in etw *akk* hineingehen; (*penetrate*) in etw *akk* eindringen; ***alcohol ~s the bloodstream through the stomach wall*** Alkohol gelangt durch die Magenwand in den Blutkreislauf; **to ~ a building/room** ein Gebäude/Zimmer betreten; **to ~ a phase** in eine Phase eintreten
❷ (*insert*) *data, numbers* etw eingeben; (*insert into a register*) etw eintragen; (*register for*) an etw *dat* teilnehmen, sich *akk* an etw *dat* beteiligen
❸ (*join*) etw *dat* beitreten, in etw *akk* eintreten; ▪**to ~ sb for sth** jdn für etw *akk* anmelden; **to ~ the college** sein Studium [am College] beginnen; **to ~ the priesthood** Priester werden; **to ~ school** in die Schule kommen
❹ (*make known*) etw einreichen; **to ~ an action against sb** gegen jdn Klage erheben [*o* einreichen]; **to ~ appearance** die Verteidigungsbereitschaft dem Gericht schriftlich anzeigen; **to ~ a bid** ein Gebot abgeben; **to ~ a claim/counterclaim** einen Rechtsanspruch/Gegenanspruch geltend machen; **to ~ judgment for sb** in jds Namen ein Urteil erlassen [*o* eintragen]; **to ~ a protest** Protest einlegen
▶ PHRASES: **to ~ the fray** (*start fighting*) sich *akk* ins Getümmel stürzen; (*join a quarrel*) sich *akk* in einen Streit einmischen
II. *vi* ❶ THEAT auftreten, die Bühne betreten
❷ (*register*) anmelden; ▪**to ~ for sth** sich *akk* für etw *akk* [an]melden
❸ (*bind oneself to*) **to ~ into an alliance/marriage** ein Bündnis/die Ehe schließen; **to ~ into conversation with sb** mit jdm ein Gespräch anknüpfen [*o* anfangen]; **to ~ into discussion** sich *akk* an einer Diskussion beteiligen; **to ~ into negotiations** in Verhandlungen eintreten, Verhandlungen aufnehmen; ***due to the new targets various other factors ~ into the plan*** aufgrund der neuen Zielvorgaben müssen verschiedene zusätzliche Faktoren berücksichtigt werden; ***the plaintiff ~ed judgment*** für den Kläger erging ein Versäumnisurteil
❹ (*begin*) ▪**to ~** [**up**]**on sth** etw beginnen; **to ~ upon a career as sth** eine Laufbahn als etw einschlagen; **to ~ on a new phase** in ein neues Stadium treten
▶ PHRASES: **to ~ into the spirit of things** innerlich bei etw *dat* dabei sein

enteric [en'terɪk] *adj inv* MED Darm-, Unterleibs-, enteral *fachspr*

entering ['entərɪŋ, AM -ɚ-] *n no pl* ECON, FIN Eintragung *f*

enteritis [ˌentə'raɪtɪs, AM -t̬-] *n no pl* MED Dünndarmentzündung *f*, Enteritis *f fachspr*

enter key *n* COMPUT Eingabetaste *f*

enterprise ['entəpraɪz, AM -t̬ɚ-] *n* ❶ (*bold undertaking*) Vorhaben *nt*, Unternehmen *nt*; ***the original ~ was to raise the money by giving a concert*** ursprünglich war geplant, das Geld durch ein Konzert einzuspielen
❷ *no pl* (*eagerness to risk something new*) Unternehmungsgeist *m*, Risikofreude *f*; **to show ~ in doing sth** die Initiative zu etw *dat* ergreifen
❸ (*business firm*) Unternehmen *nt*, Betrieb *m*, Firma *f*; **commercial ~** gewerbliches Unternehmen, Wirtschaftsunternehmen *nt*; **free ~** freies Unternehmertum; **private ~** Privatwirtschaft *f*; **to start an ~** ein Unternehmen gründen

Enterprise Allowance Scheme *n* BRIT ECON *Programm zur staatlichen Bezuschussung bei Unternehmensgründung* **enterprise culture** *n esp* BRIT Unternehmenskultur *f* **enterprise network** *n* COMPUT Unternehmensnetzwerk *nt* **enterprise zone** *n esp* BRIT wirtschaftliches Fördergebiet

enterprising [ˈentəpraɪzɪŋ, AM -t̬ɚ-] *adj* (*adventurous*) unternehmungslustig, risikofreudig; (*ingenious*) einfallsreich, erfindungsreich; ~ **businessman** rühriger Geschäftsmann; ~ **idea** kühne Idee
enterprisingly [ˈentəpraɪzɪŋli, AM ˈent̬ɚ-] *adv* mit Unternehmungslust, mit Wagemut
entertain [ˌentəˈteɪn, AM -t̬ɚˈ-] **I.** *vt* ❶ (*amuse*) ■**to ~ sb** jdn unterhalten; ***I ~ed the child while his mom was speaking on the phone*** ich habe mich mit dem Kind beschäftigt, während seine Mutter telefonierte
❷ (*invite*) ■**to ~ sb** jdn zu sich *dat* einladen; (*give meal*) jdn bewirten
❸ (*have*) **to ~ doubts/a suspicion** Zweifel/einen Verdacht hegen; **to ~ the hope that …** die Hoffnung haben, dass …; **to ~ an offer** ein Angebot in Erwägung ziehen; **to ~ an opinion** eine Meinung haben; **to ~ a plan** einen Plan schmieden; **to ~ a thought** sich *akk* mit einem Gedanken tragen; ***I don't know how I ever ~ed the thought that he was interested in me*** ich weiß wirklich nicht, wie ich nur darauf kommen konnte, zu denken, dass er an mir interessiert sei
II. *vi* ❶ (*amuse*) unterhalten
❷ (*give hospitality to guests*) Gäste haben
entertainer [ˌentəˈteɪnəʳ, AM -t̬ɚˈteɪnɚ] *n* Entertainer(in) *m(f)*
entertaining [ˌentəˈteɪnɪŋ, AM -t̬ɚˈ-] **I.** *adj* unterhaltsam; **an ~ evening** ein reizender Abend; **an ~ speaker** ein gewitzter [*o* gewandter] Redner
II. *n no pl* **to do a lot of ~** häufig jdn bewirten
entertainingly [ˌentəˈteɪnɪŋli, AM -t̬ɚˈ-] *adv* unterhaltsam; **an ~ silly film** eine unterhaltsame Komödie
entertainment [ˌentəˈteɪnmənt, AM -t̬ɚˈ-] *n* Unterhaltung *f;* **to get a lot of ~ from sth** etw sehr unterhaltsam finden; **to provide some ~** für ein wenig Unterhaltung sorgen
entertainment allowance *n* COMM Aufwandsentschädigung *f,* Bewirtungsentschädigung *f* **entertainment expenses** *npl* Bewirtungsspesen *pl,* Bewirtungskosten *pl*
enthalpy [ˈenθəlpi] *n* PHYS Enthalpie *f fachspr*
enthral <-ll-> [ɪnˈθrɔːl], AM *usu* **enthrall** [enˈ-] *vt* ■**to ~ sb** jdn packen [*o* fesseln]
enthralling [ɪnˈθrɔːlɪŋ, AM enˈ-] *adj* fesselnd, packend, spannend
enthrone [ɪnˈθrəʊn, AM enˈθroʊn] *vt* (*form*) ❶ (*install on throne*) ■**to ~ sb** jdn inthronisieren *geh;* **to ~ a bishop** einen Bischof feierlich einsetzen [*o geh* inthronisieren]
❷ (*fig*) **to sit ~d** thronen
enthronement [ɪnˈθrəʊnmənt, AM enˈθroʊn-] *n* Thronbesteigung *f,* Inthronisierung *f geh,* Inthronisation *f geh*
enthuse [ɪnˈθjuːz, AM enˈθuːz] **I.** *vi* schwärmen; ■**to ~ about** [*or* **over**] **sth** von etw *dat* schwärmen [*o* begeistert sein]
II. *vt* ■**to ~ sb** [**with sth**] jdn [für etw *akk*] begeistern
enthusiasm [ɪnˈθjuːziæzᵊm, AM enˈθuː-] *n* Enthusiasmus *m,* Begeisterung *f* (**for** für +*akk*); **to show ~ for sth** für etw *akk* Begeisterung zeigen, sich *akk* für etw *akk* begeistern; **to not work up any ~ for sth** sich *akk* für etw *akk* einfach nicht begeistern können
enthusiast [ɪnˈθjuːziæst, AM enˈθuː-] *n* Enthusiast(in) *m(f);* **a bird ~** ein begeisterter Vogelkundler/eine begeisterte Vogelkundlerin; **a model-aircraft ~** ein Fan von Modellflugzeugen; **a train ~** ein Eisenbahnfreund *m*/eine Eisenbahnfreundin
enthusiastic [ɪnˈθjuːziæstɪk, AM enˈθuː-] *adj* enthusiastisch, begeistert; ■**to be ~ about sth** von etw *dat* begeistert sein; ***you don't seem very ~ about the party*** du scheinst nicht gerade Lust zu haben, auf die Party zu gehen; **to be less than ~ about sth** von etw *dat* nicht gerade begeistert sein; ■**to become ~ about sth** sich *akk* für etw *akk* begeistern
enthusiastically [ɪnˈθjuːziæstɪkᵊli, AM enˈθuː-] *adv* enthusiastisch, begeistert, mit Begeisterung

entice [ɪnˈtaɪs, AM enˈ-] *vt* ■**to ~ sb** [**away from sth**] jdn [von etw *dat* weg]locken; ***he was ~d away from his profession*** er wurde aus seiner Stellung abgeworben; ■**to ~ sb to do sth** jdn dazu verleiten [*o* verführen], etw zu tun
enticement [ɪnˈtaɪsmənt, AM enˈ-] *n* ❶ (*allurement*) Verlockung *f,* Verführung *f;* (*means, lure*) Lockmittel *nt*
❷ LAW Abwerbung *f*
enticing [ɪnˈtaɪsɪŋ, AM enˈ-] *adj* verlockend; **an ~ smile** ein verführerisches Lächeln
enticingly [ɪnˈtaɪsɪŋli, AM enˈ-] *adv* verlockend; *smile* verführerisch
entire [ɪnˈtaɪəʳ, AM enˈtaɪɚ] *adj attr, inv* (*whole*) gesamt, ganz; (*complete*) vollständig
entirely [ɪnˈtaɪəʳli, AM enˈtaɪɚli] *adv inv* ganz, total, völlig; ***this is ~ his fault*** das ist ausschließlich sein Fehler; **to do sth ~ for sb's benefit** etw nur jdm zuliebe tun; **to devote oneself/one's time ~ to sb/sth** sich/seine Zeit ausschließlich jdm/etw widmen; **to agree ~ with sb** mit jdm völlig übereinstimmen, jdm absolut zustimmen; **to disagree ~** eine völlig [*o* ganz] andere Meinung vertreten
entirety [ɪnˈtaɪ(ə)rəti, AM enˈtaɪrət̬i] *n no pl* Gesamtheit *f;* ***I've never read this book in its ~*** ich habe diese Buch nie ganz gelesen
entitle [ɪnˈtaɪtl, AM enˈtaɪt̬l] *vt usu passive* ■**to ~ sb to do sth** jdn dazu berechtigen, etw zu tun; ■**to be ~d to do sth** dazu berechtigt sein, etw zu tun; ***I feel ~d to a nap after working so hard*** ich glaube, nach der harten Arbeit habe ich mir ein Nickerchen verdient; ***he is ~d to a discount*** er hat Anspruch auf Rabatt; **~d to vote** stimmberechtigt, wahlberechtigt
entitlement [ɪnˈtaɪtlmənt, AM enˈtaɪt̬l-] *n no pl* (*right*) Berechtigung *f* (**to** zu +*dat*); (*claim*) Anspruch *m* (**to** auf +*akk*); **holiday ~** Urlaubsanspruch *m;* **pension ~** Rentenanspruch *m*
entitlement issue *n* AUS FIN Bezugsrechtsemission *f*
entity [ˈentɪti, AM -t̬i] *n* ❶ (*independently existing thing*) Einheit *f;* **single/separate ~** eigenständige Einheit
❷ LAW Einheit *f,* Rechtspersönlichkeit *f;* **legal ~** juristische Person
❸ PHILOS Wesen *nt,* Existenz *f*
entomb [ɪnˈtuːm, AM enˈ-] *vt* (*form liter*) ■**to ~ sb** jdn beisetzen [*o* bestatten]; ■**to be ~ed in sth** in etw *dat* eingeschlossen sein
entomologist [ˌentəˈmɒlədʒɪst, AM -t̬əˈmɑːlə-] *n* ZOOL Entomologe, -in *m, f fachspr,* Insektenkundler(in) *m(f)*
entomology [ˌentəˈmɒlədʒi, AM -t̬əˈmɑːlə-] *n no pl* ZOOL Entomologie *f fachspr,* Insektenkunde *f*
entomophilous [ˌentəˈmɒfɪləs, AM -ˈmɑːfə-] *adj* BIOL entomogam *fachspr,* entomophil *fachspr,* insektenblütig
entourage [ˈɒntʊrɑːʒ, AM ˌɑːntʊˈrɑːʒ] *n* Gefolge *nt*
entrails [ˈentreɪlz] *npl* Eingeweide *pl,* Innereien *pl;* (*fig*) Inneres *nt*
entrain [ɪnˈtreɪn, AM enˈ-] **I.** *vt* ■**to ~ sth** ❶ (*carry along in flow*) etw mitführen; (*fig*) etw nach sich ziehen
❷ (*put in train*) etw in den Zug verladen
II. *vi* [in den Zug] einsteigen
entrance[1] [ˈentrən(t)s] *n* ❶ (*door*) Eingang *m;* (*for vehicle*) Einfahrt *f;* **back/front/side ~** Hinter-/Vorder-/Seiteneingang *m*
❷ (*act of entering*) Eintritt *m,* Eintreten *nt kein pl;* THEAT Auftreten *nt kein pl,* Betreten *nt* der Bühne; ***she likes to make an ~*** sie setzt sich gerne in Szene; **to make one's ~** THEAT auftreten
❸ (*right to enter*) Eintritt *m,* Einlass *m;* (*right to admission*) Aufnahme *f;* **to gain ~ to a university** an einer Universität aufgenommen werden; **to grant/refuse ~ to sb** jdm den Zutritt gewähren/verweigern
entrance[2] [ɪnˈtrɑːn(t)s, AM enˈtræn(t)s] *vt* (*delight*) ■**to ~ sb** jdn entzücken; ■**to be ~d by sth** von etw *dat* hingerissen sein; **~d with joy** außer sich *dat* vor Freude

entrance examination *n* Aufnahmeprüfung *f* **entrance fee** *n* (*for admittance*) Eintritt *m,* Eintrittsgeld *nt,* ÖSTERR *a.* Entree *nt;* (*for competition entry*) Teilnahmegebühr *f;* (*for membership*) Aufnahmegebühr *f* **entrance form** *n* Antragsformular *nt;* (*for competition*) Teilnahmeformular *nt* **entrance hall** *n* Eingangshalle *f* **entrance requirement** *n* Aufnahmebedingung *f* **entrance ticket** *n* Eintrittskarte *f* **entrance visa** *n* Einreisevisum *nt*
entrancing [ɪnˈtrɑːn(t)sɪŋ, AM enˈtræn(t)s-] *adj* bezaubernd, hinreißend
entrant [ˈentrənt] *n* (*in a room*) Eintretende(r) *f(m);* (*in a contest*) Teilnehmer(in) *m(f);* (*starting to work*) Berufsanfänger(in) *m(f);* (*for exam*) Prüfling *m;* (*in organization*) neues Mitglied
entrap <-pp-> [ɪnˈtræp, AM enˈ-] *vt* ■**to ~ sb** ❶ (*trap*) jdn fangen
❷ (*fig*) jdm eine Falle stellen; ■**to ~ sb into doing sth** jdn dazu verleiten, etw zu tun
entrapment [ɪnˈtræpmənt, AM enˈ-] *n* LAW (*form*) Provozieren *nt* einer strafbaren Handlung
entreat [ɪnˈtriːt, AM enˈ-] *vt* ■**to ~ sb to do sth** jdn anflehen [*o* inständig bitten], etw zu tun
entreaty [ɪnˈtriːti, AM enˈtriːt̬i] *n* inständige [*o* flehentliche] Bitte, Flehen *nt;* **to make an ~ to sb** jdn inständig bitten; **to make an ~ to sb to do sth** jdn inständig darum bitten, dass er/sie etw macht
entrée [ˈɑ̃ː(n)treɪ, AM ˈɑːn-] *n* ❶ BRIT (*before main meal*) Vorspeise *f,* Entree *nt geh*
❷ AM (*main course*) Hauptgericht *nt*
❸ *no pl* (*right of admission*) Zutritt *m;* **to gain ~ [in]to sth** Zutritt zu etw *dat* erhalten; **to gain ~ into the higher social circles** in die höheren Gesellschaftskreise eintreten
entrench [ɪnˈtren(t)ʃ, AM enˈ-] *vt usu passive* ■**to ~ itself** *prejudice, racism* sich *akk* festsetzen; ■**to ~ oneself** MIL sich *akk* verschanzen [*o* eingraben]
entrenched [ɪnˈtren(t)ʃt, AM enˈ-] *adj* ❶ (*pej: ingrained*) verwurzelt; *idea, prejudice, racism* festgesetzt; *behaviour, word* eingebürgert; *attitudes* etabliert; **~ habit** alte Gewohnheit; **firmly ~** fest verankert; **to become ~** *attitudes, behaviour, word* sich *akk* einbürgern; *idea, prejudice, racism* sich *akk* festsetzen
❷ MIL verschanzt
❸ LAW **~ clause** verfassungsrechtliche Schutzklausel
entrenchment [ɪnˈtren(t)ʃmənt, AM enˈ-] *n* ❶ MIL Schützengraben *m,* Verschanzung *f*
❷ *no pl* (*deep rootedness*) Verwurzelung *f,* Verankerung *f*
entre nous [ˌɑ̃ː(n)trəˈnuː, AM ˌɑːn-] *adv inv* (*form or hum*) unter uns, im Vertrauen; **strictly ~** streng vertraulich; ***he told me — and this is strictly ~ — that …*** er sagte mir, – und das bleibt unter uns – dass …
entrepôt [ˈɑ̃trəpəʊ, AM ˈɑːntrəpoʊ] *n* ECON Umschlagplatz *m*
entrepreneur [ˌɒntrəprəˈnɜːʳ, AM ˌɑːntrəprəˈnɜːr] *n* Unternehmer(in) *m(f)*
entrepreneurial [ˌɒntrəprəˈnɜːriəl, AM ˌɑːntrəprəˈnɜːr-] *adj* unternehmerisch, Unternehmer-
entrepreneurship [ˌɒntrəprəˈnɜːrʃɪp, AM ˌɑːntrəprəˈnɜːr-] *n* Unternehmertum *nt*
entropy [ˈentrəpi] *n no pl* PHYS Entropie *f fachspr*
entrust [ɪnˈtrʌst, AM enˈ-] *vt* ■**to ~ sth to sb** [*or* **sb with sth**] jdm etw anvertrauen; **to ~ sth/sb into sb's care** etw/jdn in jds Obhut geben; **to ~ a task to sb** jdn mit einer Aufgabe betrauen
entry [ˈentri] *n* ❶ (*act of entering*) Eintritt *m;* (*by car*) Einfahrt *f;* (*into a country*) Einreise *f;* (*into an organization or activity*) Aufnahme *f,* Beitritt *m;* THEAT Auftritt *m;* **"no ~"** „Zutritt verboten"; **forcible ~** gewaltsames Eindringen
❷ (*entrance*) Eingang *m;* (*to car park etc.*) Einfahrt *f*
❸ (*right of membership*) Zugang *m,* Zutritt *m* (**into** zu +*dat*)
❹ (*recorded item*) Eintrag *m,* Eintragung *f;* (*in dictionary*) Eintrag *m*

E

❺ (*submitted item for competition*) Einsendung *f;* (*submitted solution*) Lösung *f;* (*number*) Teilnehmerzahl *f;* **the winning** ~ der Beitrag/die Einsendung, der/die gewonnen hat
❻ LAW *of land* Inbesitznahme *f,* Besitzergreifung *f*
❼ (*in bookkeeping*) **credit** ~ Gutschrift *f,* Habenbuchung *f;* **debit** ~ Lastschrift *f,* Sollbuchung *f;* **contra** ~ Gegenbuchung *f;* **to contra an** ~ einen Eintrag zurückbuchen
❽ LAW ~ **of appearance** schriftliche Anzeige der Verteidigungsbereitschaft; ~ **of judgment** Eintragung *f* des Urteils

entry charge *n,* **entry fee** *n* (*for admittance*) Eintritt *m,* Eintrittsgeld *nt,* ÖSTERR *a.* Entree *nt;* (*for competition entry*) Teilnahmegebühr *f;* (*for membership*) Aufnahmegebühr *f* **entry form** *n* Antragsformular *nt;* (*for competition*) Teilnahmeformular *nt*

entryism ['entrɪɪzəm] *n no pl* POL (*pej*) *Eintreten in eine Organisation zwecks bewusster Einflussnahme*

entry-level I. *n* Anfängerniveau *nt* II. *n modifier* ❶ (*suitable for beginner*) Anfänger-, Einsteiger-; ~ **computer** Computer *m* für Einsteiger; **an** ~ **human being** ein ganz normaler Mensch ❷ AM (*most lowly employed*) am unteren Ende der Beschäftigungsskala *nach n* **entry permit** *n* (*permit to pass*) Passierschein *m;* (*into a country*) Einreiseerlaubnis *f,* Einreisegenehmigung *f* **entryphone** *n* BRIT [Tür]sprechanlage *f* **entry qualifications** *npl* Zulassungsanforderungen *fpl* **entry regulations** *n Bedingungen, die erfüllt sein müssen, um Eintritt zu erlangen* **entry test** *n* Zulassungstest *m* **entry visa** *n* Einreisevisum *nt;* **multiple** ~ **visa** Visum *nt* zur mehrmaligen Einreise **entryway** *n* AM (*passage*) Eingang *m;* (*for vehicles*) Einfahrt *f*

entwine [ɪn'twaɪn, AM *esp* en'-] *vt* ❶ (*weave, twist*) ■**to** ~ **sth** etw [miteinander] verflechten; **to** ~ **flowers in one's hair** sich *dat* Blumen ins Haar flechten; ~**d initials/letters** [miteinander] verschlungene Initialen/Buchstaben
❷ (*surround*) ■**to** ~ **sb/sth** jdn/etw umschlingen; ■**to** ~ **around sth** *plant* sich *akk* um etw *akk* ranken
❸ (*fig: connect*) ■**to be** ~**d** [**together**] miteinander verbunden [*o* verknüpft] sein

E number *n* BRIT EU E-Nummer *f*

enumerate [ɪ'nju:məreɪt, AM ɪ'nu:mər-] *vt* ■**to** ~ **sth** etw aufzählen

enumerated type *n* COMPUT Nummerierungstyp *m*

enumeration [ɪˌnju:mə'reɪʃən, AM ɪˌnu:mə'reɪ-] *usu sing n* Aufzählung *f*

enunciate [ɪ'nʌn(t)sieɪt] I. *vi* sich *akk* artikulieren; **to** ~ **clearly** deutlich sprechen
II. *vt* ■**to** ~ **sth** ❶ (*pronounce*) etw aussprechen [*o geh* artikulieren]; **to** ~ **a sound** einen Laut bilden
❷ (*formulate*) etw formulieren; **to** ~ **a theory** eine Theorie aufstellen

enunciation [ɪˌnʌn(t)si'eɪʃən] *n usu sing* ❶ (*pronunciation*) Aussprache *f,* Artikulation *f geh;* **clear/poor** ~ deutliche/schlechte Aussprache
❷ (*expression*) Formulierung *f*

envelop [ɪn'veləp, en'-, AM en'-, ɪn'-] *vt* ■**to** ~ **sth in sth** etw in etw *akk* einhüllen [*o* einwickeln]; ***after her death, he was*** ~***ed by gloom*** (*fig*) nach ihrem Tod umgab ihn eine tiefe Trauer; **to** ~ **sb in one's arms** jdn in seine Arme schließen

envelope ['envələʊp, AM -loʊp] *n* Briefumschlag *m,* Kuvert *nt*
► PHRASES: **on the back of an** ~ unter Zeitdruck, Hals über Kopf; **to push one's own** ~ (*sl*) seine Grenzen erproben

enviable ['enviəbl] *adj* beneidenswert

enviably ['enviəbli] *adv* beneidenswert

envious ['enviəs] *adj* neidisch; ■**to be** ~ **of sb/sth** auf jdn/etw neidisch sein; ~ **person** Neidhammel *m pej fam*

enviously ['enviəsli] *adv* neidisch, neiderfüllt *geh;* **to look** ~ **at sth** etw voller Neid betrachten

environment [ɪn'vaɪ(ə)rənmənt, AM en'vaɪrən-] *n* ❶ (*surroundings*) Umgebung *f*
❷ (*social surroundings*) Milieu *nt,* [soziales] Umfeld, [persönliche] Umgebung; **family** ~ familiäre Verhältnisse, Familienverhältnisse *ntpl;* **heredity and** ~ Vererbung *f* und Sozialisierung *f;* **home** ~ häusliches Milieu, häusliche Verhältnisse; **professional** ~ berufliches Umfeld; **working** ~ Arbeitsumfeld *nt*
❸ *no pl* (*natural surroundings*) ■**the** ~ die Umwelt

environmental [ɪnˌvaɪ(ə)rən'mentəl, AM enˌvaɪrən'mentəl] *adj inv* Umwelt-; ~ **damage** Umweltschäden *mpl;* ~ **forecasting** [*or* **planning**] Umweltplanung *f;* ~ **impact** Einfluss *m* auf die Umwelt; **negative** ~ **impact** Umweltbelastung *f;* ~ **law/pollution** Umweltgesetz *nt*/-verschmutzung *f;* ~ **studies** Umweltforschung *f*

environmental health *n* Umwelthygiene *f*

environmental health officer *n* ≈ Beamte(r) *m*/Beamte [*o* -in] *f* des Gewerbeaufsichtsamts

environmentalism [ɪnˌvaɪ(ə)rən'mentəlɪzəm, AM enˌvaɪrən'mentəl-] *n no pl* ❶ (*protection of environment*) Umweltschutz *m;* (*movement*) Umweltschutzbewegung *f*
❷ (*conscience*) Umweltbewusstsein *nt*

environmentalist [ɪnˌvaɪ(ə)rən'mentəlɪst, AM enˌvaɪrən'mentəl-] *n* Umweltschützer(in) *m(f)*

environmentally [ɪnˌvaɪ(ə)rən'mentəli, AM enˌvaɪrən'mentəli] *adv* ~ **damaging** umweltschädlich, umweltbelastend, umweltzerstörend; ~ **sound** umweltfreundlich, umweltschonend, umweltverträglich

environmental shares *npl* ECON, FIN Aktien *fpl* auf dem Umweltsektor **environmental stress** *n* Elektrosmog *m*

environment-friendly *adj* umweltfreundlich, umweltverträglich, umweltschonend

environs [ɪn'vaɪ(ə)rənz, AM en'vaɪrənz] *npl* (*form*) Umgebung *f kein pl,* Umland *nt kein pl*

envisage [ɪn'vɪzɪdʒ, en'-, AM en'-, ɪn'] *vt,* **envision** [ɪn'vɪʒən, AM en'-] *vt esp* AM ■**to** ~ **sth** sich *dat* etw vorstellen; ***it's hard to*** ~ ***how it could have happened*** es ist schwer vorstellbar, wie das passieren konnte; ■**to** ~ **that ...** hoffen, dass ...; ■**to** ~ **doing sth** vorhaben [*o geh* gedenken], etw zu tun; ■**to** ~ **sb doing sth** sich *dat* vorstellen, dass jd etw tut

envoy ['envɔɪ, AM 'ɑ:n-] *n* (*diplomat*) Gesandte(r) *f(m);* (*authorized representative*) Bevollmächtigte(r) *f(m);* **government** ~ Regierungsgesandte(r) *f(m);* **special** ~ Sonderbeauftragte(r) *f(m)*

envy ['envi] I. *n no pl* ❶ (*feeling*) Neid *m* (**of** auf +*akk*); **to feel** ~ **towards sb** auf jdn neidisch sein
❷ (*enviable person/thing*) ***he's the*** ~ ***of the school with his new car*** die ganze Schule beneidet ihn um sein neues Auto
► PHRASES: **to be green with** ~ grün [*o* blass] vor Neid sein
II. *vt* <-ie-> ■**to** ~ **sb sth** [*or* **sb for sth**] jdn um etw *akk* beneiden, jdm etw neiden *geh*

enzyme ['enzaɪm] *n* Enzym *nt,* Ferment *nt*

EOC [ˌi:əʊ'si:] *n no pl,* + *sing/pl vb abbrev of* **Equal Opportunities Commission** *Behörde, die für die Gleichstellung* (*in Bezug auf Arbeit, Lohn etc.*) *der Frau Sorge trägt*

eon *n* AM *see* **aeon**

EP [ˌi:'pi:] *n* ❶ *abbrev of* **extended play** EP *f*
❷ POL *abbrev of* **European Parliament** EP *nt*

EPA [ˌi:pi:'eɪ] *n no pl* AM *abbrev of* **Environmental Protection Agency** *staatliche Organisation zur Bekämpfung von Umweltverschmutzung*

epaulet(te) [ˌepə'let] *n* Epaulette *f,* Schulterstück *nt*

epée ['epeɪ, AM eɪ'peɪ] *n* SPORTS [Fecht]degen *m*

ephemera [ɪ'femərə, AM -ə·ə] *npl* ❶ (*objects of short-term interest*) vorübergehende Erscheinungen, Eintagsfliegen *fpl fig*
❷ ZOOL, BOT (*plants*) kurzlebige Pflanzen; (*insects*) Eintagsfliegen *fpl,* Ephemeriden *fpl fachspr*

ephemeral [ɪ'femərəl, AM -ə·əl] *adj* ❶ (*fig: short-lived*) kurzlebig *fig,* vorübergehend
❷ *inv* ZOOL, BOT kurzlebig, ephemer *fachspr;* ~ **insects** Eintagsfliegen *fpl,* Ephemeriden *fpl fachspr*

epic ['epɪk] I. *n* (*poem*) Epos *nt,* Heldengedicht *nt;* (*novel*) Epos *nt;* FILM Filmepos *nt*
II. *adj* ❶ *inv* episch *fachspr,* erzählend; ~ **drama** episches Drama; ~ **poem** erzählendes Gedicht, Epos *nt;* ~ **poet** Epiker(in) *m(f);* ~ **poetry** Epik *f,* erzählende Dichtung
❷ (*fig: long, difficult and important*) schwierig und abenteuerlich; ~ **achievement** Heldentat *f;* ~ **journey** abenteuerliche Reise; ~ **struggle** heroischer Kampf
❸ (*fig: very large*) monumental; ~ **proportions** unvorstellbare Ausmaße

epicene ['epɪsi:n] *adj* ❶ BIOL beiderlei Geschlechts; ~ **feature** androgynes Merkmal
❷ (*fig: sexually indeterminate*) geschlechtslos *fig*

epicenter ['epɪsentə·] AM, **epicentre** [-tər] *n* Epizentrum *nt*

epicure ['epɪkjʊər, AM -kjʊr] *n* (*form liter*) Gourmet *m geh,* Feinschmecker(in) *m(f)*

epicurean [ˌepɪkjʊə'ri:ən, AM -kjʊr'i:-] I. *adj* (*form liter*) epikur[e]isch *geh; meal* superb *geh;* ~ **tastes** Gourmetgeschmack *m*
II. *n* (*form liter*) Epikureer *m geh,* Genussmensch *m*

epicycle ['epɪsaɪkəl, AM 'epə-] *n* ❶ MATH Epizykel *m*
❷ ASTRON (*hist*) Planetenumlaufbahn *f*

epidemic [ˌepɪ'demɪk, AM -ə'-] I. *n* Epidemie *f,* Seuche *f;* ~ **of cholera/flu/typhoid** [*or* **cholera/flu/typhoid** ~] Cholera-/Grippe-/Typhusepidemie *f;* (*fig*) ~ **of unemployment** grassierende Arbeitslosigkeit
II. *adj inv* epidemisch, seuchenartig; ~ **disease** Epidemie *f,* Seuche *f;* ~ **proportions** horrende [*o* erschreckende] Ausmaße; **to become** ~ sich *akk* seuchenartig ausbreiten, zu einer Epidemie werden

epidemiological [ˌepɪˌdi:miə'lɒdʒɪkəl, AM -əˌdi:miə'lɑ:dʒ-] *adj inv study* epidemiologisch

epidemiologist [ˌepɪˌdi:mi'ɒlədʒɪst, AM əˌdi:mi'ɑ:lə] *n* MED Epidemiologe, -in *m, f fachspr*

epidemiology [ˌepɪˌdi:mi'ɒlədʒi, AM -əˌdi:mi'ɑ:l-] *n* Epidemiologie *f*

epidermis <*pl* -mes> [ˌepɪ'dɜ:mɪs, AM -ə'dɜ:r-, *pl* -mi:z] *n* (*spec*) Oberhaut *f,* Epidermis *f fachspr*

epidural [ˌepɪ'djʊərəl, AM -ə'dʊr-] *n* Epiduralanästhesie *f fachspr*

epiglottis [ˌepɪ'glɒtɪs, AM -ə'glɑ:t̬-] *n* Kehldeckel *m,* Epiglottis *f fachspr*

epigram ['epɪgræm, AM -pə-] *n* Epigramm *nt,* Sinngedicht *nt*

epigrammatic [ˌepɪgrə'mætɪk, AM -pəgrə'mæt̬-] *adj* ❶ LIT epigrammatisch *geh*
❷ (*sharp-witted*) kurz und treffend, scharf pointiert, epigrammatisch *geh;* ~ **humour** scharfsinniger Humor

epigraph ['epɪgrɑ:f, AM -əgræf] *n* LIT Epigraph *nt geh,* Inschrift *f*

epilepsy ['epɪlepsi] *n no pl* Epilepsie *f*

epileptic [ˌepɪ'leptɪk] I. *n* Epileptiker(in) *m(f)*
II. *adj inv* ~ **fit** [*or* **seizure**] epileptischer Anfall

epilog ['epəlɑ:g] AM, **epilogue** [-ɪlɒg] *n* ❶ LIT Epilog *m,* Nachwort *nt*
❷ THEAT Epilog *m,* Nachspiel *nt*

epinephrine [ˌepɪ'nefri:n, AM ˌepə'nefrɪn] *n no pl* Adrenalin *nt,* Epinephrin *nt*

epiphany [ɪ'pɪfəni, AM -fəni] *n* ❶ REL Erscheinung *f;* **to experience an** ~ eine Erscheinung haben
❷ LIT Auflösung *f,* Aufklärung *f*

Epiphany [ɪ'pɪfəni, AM -fəni] *n* Dreikönigsfest *nt,* Erscheinungsfest *nt*

episcopacy [ɪ'pɪskəpəsi] *n* ❶ (*Church government*) Episkopat *nt*
❷ (*bishops*) ■**the** ~ das Episkopat

episcopal [ɪ'pɪskəpəl] *adj inv* episkopal *fachspr,* bischöflich, Bischofs-

Episcopal [ɪ'pɪskəpəl] *adj inv* AM, SCOT **the** ~ **Church** die Episkopalkirche

Episcopalian [ɪˌpɪskə'peɪliən] I. *adj inv* AM, SCOT ■**to be** ~ der Episkopalkirche angehören; ~ **priest** Priester *m* der Episkopalkirche; ~ **service** Gottesdienst *m* [*o* Messe *f*] nach der Liturgie der Episkopalkirche
II. *n* Mitglied *nt* der Episkopalkirche, Episkopale *m*

of

episcope ['epɪskəʊp, AM -əskoʊp] *n* COMPUT Epidiaskop *nt*

episode ['epɪsəʊd, AM -əsoʊd] *n* ① (*event*) Ereignis *nt,* Vorfall *m,* Vorkommnis *nt;* **unfortunate** ~ bedauerlicher Vorfall
② (*part of story*) Episode *f,* Folge *f*

episodic [ˌepɪ'sɒdɪk, AM -'sɑːd-] *adj* ① (*occasional*) flüchtig, vorübergehend; ~ **love affair** kurze [Liebes]affäre
② LIT, MEDIA (*consisting of episodes*) episodisch, episodenhaft

epistemic [ˌepɪ'stiːmɪk] *adj inv* PHILOS erkenntnisbezogen, epistemisch *fachspr*

epistemological [ɪˌpɪstɪmə'lɒdʒɪkᵊl, AM -'lɑːdʒ-] *adj* PHILOS (*form*) erkenntnistheoretisch, epistemologisch *fachspr*

epistemologically [ɪˌpɪstɪmə'lɒdʒɪkᵊli, AM -'lɑːdʒ-] *adv* PHILOS (*form*) erkenntnistheoretisch, epistemologisch *fachspr*

epistemology [ɪˌpɪstə'mɒlədʒi, AM -'mɑːl-] *n no pl* PHILOS (*form*) Erkenntnistheorie *f,* Epistemologie *f fachspr*

epistle [ɪ'pɪsl] *n* ① (*hum iron: letter*) Epistel *f hum*
② LIT Epistel *f fachspr*

Epistle [ɪ'pɪsl] *n* ① (*in Bible*) Epistel *f,* Apostelbrief *m;* **St Paul's** ~ **to the Romans** der Brief des Apostels Paulus an die Römer
② (*during service*) Epistel *f,* [gottesdienstliche] Lesung

epistolary [ɪ'pɪstᵊlᵊri, AM -leri] *adj inv* ① (*in letters*) ~ **correspondence** Briefwechsel *m*
② LIT Brief-; ~ **novel** Briefroman *m;* ~ **style** Briefstil *m*

epitaph ['epɪtɑːf, AM -ətæf] *n* ① (*inscription*) Grabinschrift *f,* Epitaph *nt geh*
② (*words*) Totengedicht *nt*

epitaxial layer [ˌepɪ'tæksiəl-] *n* COMPUT epitaxiale Schicht

epitaxy ['epɪtæksi] *n* COMPUT Epitaxie *f*

epithet ['epɪθet] *n* ① LING Epitheton *nt fachspr,* Beiwort *nt,* Attribut *nt*
② (*addition to name*) Beiname *m;* (*nickname*) Spitzname *m*
③ BIOL Epitheton *nt*

epitome [ɪ'pɪtəmi, AM -t̬-] *n usu sing* Inbegriff *m,* Verkörperung *f;* **the** ~ **of elegance** die Eleganz selbst [*o* in Person]; **the** ~ **of extravagance** die personifizierte Extravaganz

epitomize [ɪ'pɪtəmaɪz, AM -t̬-] *vt* ■**to** ~ **sth** (*typify*) etw verkörpern; (*contain*) etw repräsentieren, beispielhaft für etw *akk* stehen; ***he ~s the absent-minded professor*** er ist der typische zerstreute Professor

epoch ['iːpɒk, AM 'epək] *n* Epoche *f;* **glacial** ~ Eiszeit *f;* **historical** ~ geschichtlich bedeutsame Epoche; **to move into a new** ~ in ein neues Zeitalter eintreten; **to mark an** ~ ein Wendepunkt [*o* Meilenstein] [in der Geschichte] sein; **to usher in an** ~ eine Epoche einläuten

epochal ['iːpɒkᵊl, AM 'epək-] *adj* ① (*having to do with an epoch*) Epochen-, der Epoche *nach n*
② (*very important*) epochemachend, epochal *geh;* ~ **event** bahnbrechendes Ereignis

epoch-making *adj discovery* epochal *geh,* epochemachend, revolutionär

eponym ['epənɪm] *n* LING Eponym *nt*

eponymous [ɪ'pɒnɪməs, AM ɪ'pɑːnə-] *adj attr, inv* namensgebend

EPOS ['iːpɒs, AM pɑːs] *n acr for* **electronic point of sale** *elektronische Kasse*

epoxy [ɪ'pɒksi, AM ɪ'pɑːk-] **I.** *n no pl* ① (*strong glue*) Kompaktkleber *m,* Epoxydharz *nt*
② CHEM Epoxydgruppe *f*
II. *vt* <-ie-> AM ■**to** ~ **sth** etw mit Epoxydharz kleben

epoxy resin *n* ① *no pl* (*type of strong glue*) Epoxydharz *nt,* EP-Harz *nt*
② CHEM (*synthetic resin*) Kunstharz *nt,* Epoxydharz *nt*

eps, EPS *n* ECON, FIN *abbrev of* **earnings per share**

Epsom salts ['epsəm,-] *npl* Bittersalz *nt kein pl*

equable ['ekwəbl] *adj temperament* gleichmäßig, ausgeglichen; *climate* gemäßigt; **to have an** ~ **disposition** ausgeglichen sein

equably ['ekwəbli] *adv* ① (*calmly*) gelassen, gleichmütig
② (*uniformly*) gleichmäßig; **to enforce laws** ~ bei der Anwendung von Gesetzen keine Unterschiede machen

equal ['iːkwəl] **I.** *adj inv* ① (*the same*) gleich; ~ ***pay for*** ~ ***work*** gleiche Bezahlung bei gleicher Arbeit; ~ **in number** zahlenmäßig gleich; **of** ~ **size** gleich groß; **on** ~ **terms** unter gleichen Bedingungen; ~ **in volume** vom Umfang her gleich; ■**to be** ~ **to sth** etw *dat* gleich sein; ***one litre is*** ~ ***to 1.76 imperial pints*** ein Liter entspricht 1,76 ips.
② (*same in amount*) gleich viel; (*same in size*) gleich groß; ***Robert made an*** ~ ***division of the prize money among the winners*** Robert teilte das Preisgeld gleichmäßig unter den Gewinnern auf; **to have** ~ **reason to do sth** gleichermaßen Grund haben, etw zu tun
③ (*equal in status*) gleich[berechtigt]; ***all men are created*** ~ alle Menschen sind gleich; **on** ~ **footing** gleichgestellt; ~ **status for men and women** Gleichstellung *f* von Mann und Frau; ~ **treatment** Gleichbehandlung *f*
④ *pred* (*able to do*) ■**to be** ~ **to sth** für etw *akk* geeignet [*o* zu etw *dat* fähig] sein; **to be** ~ **to a task** einer Aufgabe gerecht werden [*o* gewachsen sein]; **to prove** ~ **to sth** sich *akk* etw *dat* gewachsen zeigen
▶ PHRASES: **all <u>things</u> being** ~ (*if other factors are the same*) unter ansonsten gleichen Bedingungen; (*if all goes well*) wenn nichts dazwischenkommt
II. *n* Gleichgestellte(r) *f(m),* Ebenbürtige(r) *f(m);* ***he does not consider his brother to be his intellectual*** ~ er glaubt, sein Bruder sei ihm geistig unterlegen; ***she was the*** ~ ***of any opera singer*** sie konnte sich mit jeder Opernsängerin messen; ***this author is without*** ~ dieser Autor sucht seinesgleichen *geh;* **to have no** ~ unübertroffen sein
III. *vt* <BRIT -ll- *or* AM *usu* -l-> ① MATH ■**to** ~ **sth** etw ergeben [*o* sein]; ***three plus four*** ~***s seven*** drei plus vier ist gleich [*o fam* macht] sieben
② (*match*) ■**to** ~ **sth** an etw *akk* herankommen, etw *dat* gleichkommen; ***we raised $500 for charity last year and we're hoping to*** ~ ***that this year*** wir haben letztes Jahr 500 Dollar für wohltätige Zwecke gesammelt und hoffen, dass uns das in diesem Jahr wieder gelingt
③ SPORTS **to** ~ **a world record** einen Weltrekord erreichen

equality [ɪ'kwɒləti, AM -ɑːlət̬i] *n no pl* ① (*same rights*) Gleichberechtigung *f;* ~ **between men and women/the sexes** Gleichberechtigung *f* von Mann und Frau/der Geschlechter; ~ **of opportunity** Chancengleichheit *f;* **racial** ~ Rassengleichheit *f*
② (*sameness*) Gleichheit *f*

equalization [ˌiːkwᵊlaɪ'zeɪʃᵊn, AM -lɪ'-] *n* Gleichmachung *f;* ~ **of voting rights** gleiches Wahlrecht [für alle]

equalize ['iːkwᵊlaɪz, AM -kwəl-] **I.** *vt* ■**to** ~ **sth** etw gleichmachen; **to** ~ **incomes/standards** Einkommen/Standards einander angleichen [*o* gleichstellen]; **to** ~ **the pressure/the temperature** den Druck/die Temperatur ausgleichen; ECON, FIN **to** ~ **dividends** Dividenden ausgleichen [*o* angleichen]
II. *vi* BRIT, AUS SPORTS ausgleichen, den Ausgleich erzielen

equalizer ['iːkwəlaɪzəʳ] *n* BRIT, AUS Ausgleichstor *nt,* Ausgleichstreffer *m;* **to score an** ~ den Ausgleich[streffer] erzielen

equally ['iːkwəli] *adv* ebenso; ~ **good** gleich gut; **to contribute** ~ **to sth** gleichermaßen zu etw *dat* beitragen; **to divide** [*or* **share**] **sth** ~ etw gleichmäßig [*o* zu gleichen Teilen] aufteilen

equal opportunities *npl* BRIT, **equal opportunity** AM **I.** *n* Chancengleichheit *f*
II. *n modifier* ~ **employer** *Arbeitgeber, der Chancengleichheit praktiziert* **Equal Opportunities Commission** *n* Kommission *f* für die Gleichberechtigung am Arbeitsplatz **equal opportunities programme** *n* Chancengleichheitsplan *m* **equal rights** *npl* gleiche Rechte, Gleichberechtigung *f;* ~ **before the law** Gleichheit *f* vor dem Gesetz; ~ **under the law** im Gesetz verankerte [*o* gesetzlich verbürgte] Gleichberechtigung **Equal Rights Amendment** *n* AM *US-Verfassungszusatzartikel zur Gleichberechtigung* **equal(s) sign** *n* MATH Gleichheitszeichen *nt*

equanimity [ˌekwə'nɪməti, AM -ət̬i] *n no pl* Gleichmut *m,* Gelassenheit *f;* **to disturb sb's** ~ jdn aus dem Gleichgewicht bringen; **to receive sth with** ~ etw gelassen aufnehmen; **to regain one's** ~ sein [inneres] Gleichgewicht wiedererlangen; **to view sth with** ~ etw *dat* mit Gelassenheit entgegensehen

equate [ɪ'kweɪt] **I.** *vt* ■**to** ~ **sth with sth** etw mit etw *dat* gleichsetzen
II. *vi* ■**to** ~ **to sth** etw *dat* entsprechen

equation [ɪ'kweɪʒᵊn] *n* ① MATH Gleichung *f*
② (*fig: connection, balance*) Ausgleich *m;* ***managing the economy is a complex*** ~ ***of controlling inflation and reducing unemployment*** Wirtschaftspolitik besteht in einem komplizierten Balanceakt zwischen Inflationsbekämpfung und Senkung der Arbeitslosigkeit
▶ PHRASES: **the other <u>side</u> of the** ~ die Kehrseite der Medaille

equator [ɪ'kweɪtəʳ, AM -t̬ɚ] *n no pl* Äquator *m;* **to be** [*or* **lie**] **on the** ~ am Äquator liegen

equatorial [ˌekwe'tɔːriəl] *adj inv* äquatorial, Äquatorial-; ~ **Africa** Äquatorialafrika *nt;* ~ **climate** äquatoriales Klima

equerry ['ekwəri, AM -wɚ-] *n* ① (*royal aide*) Kammerherr *m,* persönlicher Diener; **to be appointed as an** ~ **to sb** zu jds persönlichem Diener ernannt werden
② (*in charge of horses*) königlicher Stallmeister

equestrian [ɪ'kwestriən] **I.** *adj inv* Reit[er]-; ~ **event[s]** Reitveranstaltung *f;* ~ **statue** Reiterstandbild *nt,* Reiterstatue *f*
II. *n* Reiter(in) *m(f)*

equestrianism [ɪ'kwestriənɪzᵊm] *n no pl* SPORTS Reitkunst *f*

equidistant [ˌiːkwɪ'dɪstᵊnt] *adj inv* ■~ **from sth** [**and sth**] gleich weit von etw *dat* [und etw *dat*] entfernt; ■**to be** ~ **between sth and sth** [in der Mitte] zwischen etw *dat* und etw *dat* liegen

equilateral [ˌiːkwɪ'lætᵊrᵊl, AM -'læt̬-] *adj inv* MATH *triangle* gleichseitig

equilibrium [ˌiːkwɪ'lɪbriəm] *n no pl* Gleichgewicht *nt;* **inner** ~ inneres Gleichgewicht; **to lose/maintain one's** ~ (*physical balance*) sein Gleichgewicht verlieren/halten; (*equanimity*) die Ruhe verlieren/bewahren

equine ['ekwaɪn, 'iːk-, AM *esp* 'iːk-] *adj* ① (*having to do with horses*) Pferde-; ~ **disease** Pferdekrankheit *f*
② (*horse-like*) pferdeähnlich; ~ **face** Pferdegesicht *nt pej*

equinoctial [ˌiːkwɪ'nɒkʃᵊl, ˌek-, AM -'nɑːk-] *adj inv* (*spec*) äquinoktial *fachspr;* ~ **gales** Äquinoktialstürme *mpl fachspr;* ~ **line** Himmelsäquator *m*

equinox <*pl* -es> ['iːkwɪnɒks, 'ek-, AM -nɑːks] *n* Äquinoktium *nt fachspr,* Tagundnachtgleiche *f kein pl;* **autumn/spring** [*or* **vernal**] ~ Herbst-/Frühjahrs-Tagundnachtgleiche *f*

equip <-pp-> [ɪ'kwɪp] *vt* ① (*provide with*) ■**to** ~ **sb/sth with sth** jdn/etw mit etw *dat* ausstatten; *with special equipment* jdn/etw mit etw *dat* ausrüsten; ■**to** ~ **oneself with sth** sich *akk* mit etw *dat* ausrüsten
② (*fig: prepare*) ■**to** ~ **sb for sth** jdn für etw *akk* rüsten, jdm das [geistige] Rüstzeug für etw *akk* geben; **to** ~ **sb with skills** jdm Fähigkeiten vermitteln

equipage ['ekwɪpɪdʒ] *n* ① *no pl* (*old: equipment*) Ausrüstung *f,* Equipierung *f veraltet*
② HIST (*carriage*) Equipage *f*

equipment [ɪ'kwɪpmənt] *n no pl* ❶ *(supplies)* Ausrüstung *f,* Ausstattung *f;* **camping** ~ Campingausrüstung *f;* **first-aid** ~ Erste-Hilfe-Ausrüstung *f;* **household** ~ Hausrat *m;* **office** ~ Büroausstattung *f*
❷ *(form: act of equipping)* Ausstattung *f,* Ausrüstung *f*

equipped [ɪ'kwɪpt] *adj* ❶ *(fitted out with equipment)* ausgestattet; *(with special equipment)* ausgerüstet; **to be** ~ **with sth** über etw *akk* verfügen; **well-/poorly-**~ gut/schlecht ausgestattet [*o* ausgerüstet]
❷ *(fig: prepared)* ■**to be** ~ **to do sth** auf etw *akk* vorbereitet sein, für etw *akk* gerüstet sein; **to be well-**~ gut vorbereitet sein; ***she's well-~ for this job*** sie bringt gute Voraussetzungen für diesen Job mit

equitable ['ekwɪtəbl̩, AM -t̬-] *adj treatment* gerecht, fair; ~ **jurisdiction** Billigkeitsgerichtsbarkeit *f;* ~ **lien** Sicherungspfandrecht *nt;* ~ **mortgage** auf Equityrecht beruhende Hypothek, formlose Hypothek

equitably ['ekwɪtəbli, AM -t̬-] *adv* gerecht, fair

equity[1] ['ekwɪti, AM -t̬-] *n* STOCKEX ❶ FIN ■**equities** *pl (stocks, shares)* Stammaktien *fpl,* Dividendenpapiere *ntpl;* **equities market** Aktienmarkt *m;* **equities trade** Aktienhandel *m;* ~ **of redemtion** Tilgungsrecht [*o* Auslösungsrecht] *nt* des Hypothekenschuldners
❷ *no pl (block of stock)* Anteilskapital *nt; (value of stock)* Eigenkapital *nt*
❸ *(right to receive dividends)* Dividendenanspruch *m*

equity[2] ['ekwɪti, AM -t̬-] *n no pl (form)* ❶ *(fairness, justice)* Gerechtigkeit *f,* Fairness *f*
❷ LAW Billigkeitsrecht *nt,* billiges [*o* natürliches] Recht
❸ *(neutrality)* Unparteilichkeit *f*

equity accounting *n* ECON Bilanzierung *f* von Beteiligungen nach der Equitymethode **equity capital** *n no pl* STOCKEX Eigenkapital *nt,* Beteiligungskapital *nt* **equity earnings** *n* ECON Beteiligungskapital *nt* **equity finance** *n* ECON Aktienfinanzierung *f* **equity fund** *n* ECON Beteiligungsfonds *m* **equity gearing** *n* ECON Verhältnis *nt* zwischen Fremd- und Eigenkapital, Verschuldungsgrad *m* **equity kicker** *n* AM ECON Attraktivermachen *nt* einer Wertpapieremission **equity share** *n* BRIT STOCKEX Stammaktie *f* **equity sweetener** *n* ECON Attraktivermachen *nt* einer Wertpapieremission

equivalence [ɪ'kwɪvələn(t)s] *n no pl (correspondence)* Entsprechung *f; (equivalent meaning)* Äquivalenz *f,* Bedeutungsgleichheit *f;* ***there's a general ~ between the two concepts*** die beiden Konzepte stimmen im Großen und Ganzen überein

equivalent [ɪ'kwɪvələnt] **I.** *adj inv* äquivalent *geh,* entsprechend; ■**to be** ~ **to sth** etw *dat* entsprechen; ***is $50 ~ to about £30?*** sind 50 Dollar ungefähr soviel wie 30 Pfund?; ■**to be** ~ **to doing sth** genauso sein, als ob man etw tun würde; ***this is ~ to writing …*** genauso gut könnte man schreiben, …
II. *n* Äquivalent *nt geh* (**for/of** für +*akk*), Entsprechung *f;* ***there is no English ~ for 'bon appetit'*** im Englischen gibt es keinen entsprechenden Ausdruck für ‚bon appetit'

equivocal [ɪ'kwɪvəkəl] *adj* ❶ *(ambiguous)* zweideutig, doppeldeutig; ~ **meaning** unklare Bedeutung
❷ *(questionable)* fragwürdig, zweifelhaft; **to place sb in an** ~ **position** jdn in ein zweifelhaftes Licht rücken

equivocally [ɪ'kwɪvəkəli] *adv* in zweideutiger Weise, unklar

equivocate [ɪ'kwɪvəkeɪt] *vi (form)* doppeldeutige Aussagen machen, ausweichen

equivocation [ɪˌkwɪvə'keɪʃən] *n no pl* Ausflucht *f,* doppeldeutige Aussage; ■**without** ~ ohne Ausflüchte

ER [ˌiː'ɑːʳ, AM -'ɑːr] *n* ❶ *abbrev of* **Elizabeth Regina** ER
❷ *abbrev of* **emergency room**

er [ɜːʳ, AM ɜːr] *interj (fam)* äh[m] *fam*

era ['ɪərə, AM 'ɪrə, 'erə] *n* Ära *f,* Epoche *f;* **Communist** ~ Ära *f* [*o* Zeitalter *nt*] des Kommunismus; **bygone** ~ vergangene Zeit; **post-war** ~ Nachkriegszeit *f;* **to usher in an** ~ eine neue Zeit [*o* Ära] einläuten

ERA [ˌiːɑːr'eɪ] *n* AM POL *abbrev of* **Equal Rights Amendment**

eradicate [ɪ'rædɪkeɪt] *vt* ■**to** ~ **sth** etw ausrotten [*o* ausmerzen]; **to** ~ **a disease** eine Krankheit ausrotten; **to** ~ **a tree** einen Baum entwurzeln [*o* ausreißen]

eradication [ɪˌrædɪ'keɪʃən] *n no pl* Ausrottung *f*

erase [ɪ'reɪz, AM -eɪs] *vt* ■**to** ~ **sth** ❶ *(remove completely)* etw entfernen; **to** ~ **a deficit/gains/losses** ein Defizit/Gewinne/Verluste ausgleichen; **to** ~ **a file** eine Datei löschen; **to** ~ **sb's memories** jds Erinnerungen auslöschen
❷ *(rub out) letter, mark, word* etw ausradieren; **to** ~ **the blackboard** AM die Tafel wischen

erase character *n* COMPUT Nullzeichen *nt*

eraser [ɪ'reɪzəʳ, AM -sɚ] *n esp* AM *(rubber)* Radiergummi *m,* Radierer *m fam; (sponge)* [Tafel]schwamm *m;* ~ **tool** COMPUT Radierer; *see also* **rubber**

erasure [ɪ'reɪʒəʳ, AM -ʃɚ] *n esp* AM Löschung *f*

ERDF [ˌiːɑːdiː'ef, AM -ɑːr-] *n* ECON, FIN *abbrev of* **European Regional Development Fund** EFRE *m*

ere [eəʳ, AM er] **I.** *prep (old liter)* ehe, bevor; ~ **now** bisher; ~ **long** binnen kurzem
II. *conj (old liter)* ehe, bevor

erect [ɪ'rekt] **I.** *adj* ❶ *(upright)* aufrecht, gerade; ~ **carriage** aufrechter Gang; **to stand** ~ gerade stehen; MIL strammstehen
❷ ANAT erigiert *geh;* ~ **penis** erigierter Penis, steifes Glied
II. *vt* ■**to** ~ **sth** ❶ *(build, construct)* etw errichten [*o* erbauen]
❷ *(put up)* etw aufstellen [*o* aufrichten]

erectile [ɪ'rektaɪl, AM -təl] *adj* ANAT schwellfähig, erektil *fachspr;* ~ **tissue** Schwellkörper *m*

erection [ɪ'rekʃən] *n* ❶ *no pl (construction)* Errichtung *f,* Bau *m*
❷ *(usu hum: building)* Bauwerk *nt; (other than building)* Konstruktion *f*
❸ *(erect penis)* Erektion *f*

erg [ɜːg, AM ɜːrg] *n* PHYS Erg *nt*

ergo ['ɜːgəʊ, AM 'ergoʊ] *adv inv (form)* also, ergo *geh*

ergonomic [ˌɜːgə'nɒmɪk, AM ˌɜːrgə'nɑːm-] *adj* ergonomisch

ergonomically [ˌɜːgə'nɒmɪkli, AM ˌɜːrgə'nɑːm-] *adv* ergonomisch

ergonomics [ˌɜːgə'nɒmɪks, AM ˌɜːrgə'nɑːm-] *n no pl* ❶ + *sing vb (science)* Arbeitswissenschaft *f,* Ergonomie *f*
❷ *(design)* ergonomische Gestaltung, Ergonomie *f*

Erin ['erɪn] *n no pl (poet or old)* Irland *nt*

ERM [ˌiːɑːrˈem, AM -ɑːr-] *n no pl* EU *abbrev of* **Exchange Rate Mechanism**

ermine ['ɜːmɪn, AM 'ɜːr-] *n* ❶ *(type of stoat)* Hermelin *nt*
❷ *no pl (fur)* Hermelin *m*

erode [ɪ'rəʊd, AM ɪ'roʊd] **I.** *vt* ■**to** ~ **sth** ❶ GEOL etw auswaschen [*o fachspr* erodieren]
❷ CHEM etw zerfressen
❸ *(fig: undermine)* **to** ~ **sb's confidence** jds Vertrauen untergraben
II. *vi* ❶ GEOL erodieren; *soil* abtragen
❷ *(fig: disappear) belief* abnehmen, [dahin]schwinden

◆**erode away** *vi* GEOL sich *akk* auflösen, zerfallen, verwittern

erogenous [ɪ'rɒdʒɪnəs, AM ɪ'rɑːdʒ-] *adj* erogen; ~ **zone** erogene Zone

erosion [ɪ'rəʊʒən, AM ɪ'roʊ-] *n no pl* ❶ GEOL Erosion *f,* Abtragung *f;* **soil/wind** ~ Boden-/Winderosion *f;* ~ **by water** Auswaschung *f*
❷ *(fig: dwindling)* [Dahin]schwinden *nt;* ~ **of confidence** Vertrauensverlust *m;* ~ **of the purchasing power** Schwinden *nt* [*o* Abnahme *f*] der Kaufkraft

erosive [ɪ'rəʊsɪv, AM 'roʊ] *adj* abtragend, erosiv; *(fig)* untergrabend, auflösend

erotic [ɪ'rɒtɪk, AM ɪ'rɑːt̬-] *adj* erotisch; ~ **film** Erotikfilm *m*

erotica [ɪ'rɒtɪkə, AM ɪ'rɑːt̬-] *n no pl (form)* Erotika *pl*

erotically [ɪ'rɒtɪkəli, AM ɪ'rɑːt̬-] *adv* erotisch; ***she licked her lips ~*** sie leckte sich aufreizend die Lippen

eroticism [ɪ'rɒtɪsɪzəm, AM ɪ'rɑːt̬-] *n no pl* Eroti[zi]smus *m*

eroticize [ɪ'rɒtɪsaɪz, AM ɪ'rɑːt̬ə-] *vt* ■**to** ~ **sth** etw erotisieren

err [ɜːʳ, AM ɜːr] *vi (form)* einen Fehler machen, sich *akk* irren; **to** ~ **on the side of sth** sich *akk* zugunsten einer S. *gen* irren; **to** ~ **on the side of caution** übervorsichtig sein; ***I decided to ~ on the side of caution and make twenty copies*** ich habe mir gedacht, lieber zu viel als zu wenig, und deshalb gleich zwanzig Kopien gemacht
▸ PHRASES: **to** ~ **is human** *(prov)* Irren ist menschlich *prov;* **to** ~ **is human to forgive divine** *(prov)* Irren ist menschlich, Vergeben göttlich

errand ['erənd] *n* ❶ *(short journey to perform a task)* Besorgung *f; (to deliver message)* Botengang *m;* **to go on an** ~ etw erledigen; **to go on ~s** Besorgungen machen; **to have an** ~ **to run** *(for oneself)* etw erledigen müssen; *(for somebody else)* einen Auftrag ausführen [*o* einen Botengang machen] müssen; **to have some ~s to run** [*or* **do**] Besorgungen machen müssen; **to run** [*or* **do**] **an** ~ etwas erledigen
❷ *(act of bringing help)* ~ **of mercy** Rettungsaktion *f;* **to go on an** ~ **of mercy for sb** jdm zu Hilfe kommen

errand boy *n (dated)* Laufbursche *m veraltend o pej,* Botenjunge *m*

errant ['erənt] *adj attr, inv (form)* ❶ *(travelling)* umherziehend; *see also* **knight-errant**
❷ *(stray)* irrend; *sheep* verirrt; *(fig)* sündig
❸ *(hum iron: unfaithful) husband, wife* treulos, auf Abwegen *nach n hum*

errata [er'ɑːtə, AM -t̬-] *n pl of* **erratum**

erratic [er'ætɪk, AM -t̬-] *adj* ❶ *(inconsistent, unsteady)* sprunghaft, launenhaft, unberechenbar
❷ *(wandering)* [umher]wandernd
❸ *(irregular)* unregelmäßig, ungleichmäßig; MED unregelmäßig auftretend, erratisch *fachspr;* ~ **pulse** unregelmäßiger Puls
❹ GEOL erratisch *fachspr*

erratically [er'ætɪkəli, AM -t̬-] *adv* ❶ *(inconsistently)* unberechenbar, launenhaft
❷ *(aimlessly)* **to drive** ~ ziellos herumfahren
❸ *(irregularly)* unregelmäßig, ungleichmäßig; ***the machine is working ~*** die Maschine läuft ungleichmäßig; **to play** ~ unkonzentriert spielen

erratum <*pl* -ta> [er'ɑːtəm, ɪr'-, *pl* -tə, AM -t̬əm, *pl* -t̬ə] *n (spec form)* Druckfehler *m*

erratum slip *n (spec)* Druckfehlerverzeichnis *nt*

erring ['ɜːrɪŋ] *adj attr, inv* irrend, fehlend *veraltet*

erroneous [ɪ'rəʊniəs, AM ə'roʊ-, ɪ'roʊ-] *adj* falsch, irrig; ~ **assumption** irrige Annahme; ~ **conclusion** Fehlschluss *m;* **to prove to be** ~ sich *akk* als falsch erweisen

erroneously [ɪ'rəʊniəsli, AM ə'roʊ-, ɪ'roʊ-] *adv* fälschlicherweise, irrtümlich, aus Versehen

error ['erəʳ, AM -ɚ] *n* ❶ *(mistake)* Fehler *m,* Irrtum *m;* ~ **of judgment** Fehleinschätzung *f,* Fehlurteil *nt;* **to do sth in** ~ etw aus Versehen [*o* versehentlich] tun
❷ *(failure)* **human** ~ menschliches Versagen
❸ AM SPORTS Fehlpass *m*
▸ PHRASES: **to see the** ~ **of one's ways** sich *dat* seine eigenen Fehler eingestehen, seine Fehler einsehen; **to show sb the** ~ **of his/her ways** jdn auf seine Fehler hinweisen

error message *n* COMPUT Fehlermeldung *f* **error-prone** *adj* fehleranfällig **error rate** *n* Fehlerquote *f,* Fehlerrate *f*

ersatz ['ɜːsæts, AM 'erzɑːts] *adj inv (pej)* Ersatz-; ~

chocolate Diätschokolade *f,* fettarme Schokolade; ~ **coffee** Kaffeeersatz *m,* Malzkaffee *m;* ~ **sugar** Süßstoff *m*

Erse [ɜːs, AM ɜːrs] *n no pl* Gälisch *nt*

erstwhile [ˈɜːst(h)waɪl, AM ˈɜːrs-] *adj attr, inv* (*dated form*) ehemalige(r, s), frühere(r, s)

erudite [ˈerʊdaɪt, AM *esp* -jə-] *adj* gebildet, gelehrt, belesen; *book* gelehrt

erudition [ˌerʊˈdɪʃᵊn, AM -juːˈ-] *n no pl* Bildung *f,* Gelehrsamkeit *f geh*

erupt [ɪˈrʌpt] *vi* ❶ (*burst out*) *volcano, quarrel* ausbrechen; *person* explodieren *fig;* **to ~ with anger** einen Wutanfall bekommen; **to ~ into violence** gewalttätig werden
❷ (*appear suddenly*) plötzlich auftauchen [*o* zum Vorschein kommen]
❸ (*spec*) MED *teeth* durchbrechen; *rash* ausbrechen; ***her back ~ed in small red spots*** überall auf ihrem Rücken bildeten sich plötzlich kleine rote Flecken

eruption [ɪˈrʌpʃᵊn] *n* (*also fig*) Ausbruch *m a. fig,* Eruption *f;* MED [Haut]ausschlag *m;* **volcanic ~** Vulkanausbruch *m*

erysipelas [ˌerɪˈsɪpᵊləs] *n no pl* MED [Wund]rose *f,* Erysipel *nt fachspr*

ESC [ˌiːesˈsiː] *n abbrev of* **Economic and Social Committee** WSA *m*

escalate [ˈeskəleɪt] **I.** *vi* eskalieren, sich *akk* ausweiten; *incidents* stark zunehmen, sich *akk* häufen; ***their disagreement has ~d into a major feud*** ihre Meinungsverschiedenheit hat sich zu einem handfesten Streit ausgewachsen
II. *vt* ■**to ~ sth** etw ausweiten

escalating [ˈeskəleɪtɪŋ, AM -t̬-] *adj attr prices* steigend, zunehmend

escalation [ˌeskəˈleɪʃᵊn] *n* Eskalation *f,* Steigerung *f;* **~ of violent crime** Zunahme *f* der Gewaltverbrechen; **~ of fighting** Ausweitung *f* der Kämpfe; **~ of prices** Preisanstieg *m;* **~ in tension** Verschärfung *f* der Spannung

escalator [ˈeskəleɪtəʳ, AM -t̬ɚ] *n* ❶ (*moving stairs*) Rolltreppe *f;* **the down/up ~** die Rolltreppe nach unten/oben
❷ LAW **~ [clause]** Gleitklausel *f;* **under the ~ clause** gemäß der Gleitklausel

escalope [ˈeskəlɒp, AM ˌeskəˈloʊp] *n* Schnitzel *nt*

escapade [ˌeskəˈpeɪd] *n* Eskapade *f*

escape [ɪˈskeɪp, esˈ-] **I.** *vi* ❶ (*get free, flee*) [ent]fliehen, entkommen; ■**to ~ from sb** jdm entkommen
❷ COMPUT **to ~ from a program** ein Programm verlassen
► PHRASES: **to ~ with one's life** mit dem Leben davonkommen
II. *vt* ❶ (*avoid*) ■**to ~ sth** etw *dat* entkommen; ***we won't ~ paying the local rate*** wir werden nicht darum herumkommen, die Gemeindesteuer zu zahlen; ***there's no escaping death and taxes*** am Tod und an den Steuern kommt keiner vorbei; ***there's no escaping the fact that …*** eines ist sicher – …
❷ (*not be observed or remembered*) ■**to ~ sth** etw *dat* entgehen; ***I'm afraid your name ~s me*** ich fürchte, ich habe Ihren Namen vergessen; **to ~ sb's attention** [*or* **notice**] jds Aufmerksamkeit entgehen
❸ (*be emitted*) ■**to ~ sb** jdm entfahren [*o* entschlüpfen]; ***a cry ~d him*** ihm entfuhr ein Schrei
III. *n* ❶ (*act of escaping*) Flucht *f;* **~ from a prison** Ausbruch *m* aus einem Gefängnis; **to make [good] one's ~ from sth** aus etw *dat* [ent]fliehen [*o* ausbrechen]
❷ (*avoidance*) Entkommen *nt,* Entrinnen *nt;* **to have a narrow ~** gerade noch einmal davongekommen sein; ***what a hair's-breadth ~!*** das ist ja gerade noch mal gut gegangen!
❸ (*leakage*) Austreten *nt,* Entweichen *nt;* (*of gas, smoke*) Ausströmen *nt*
❹ LAW **~ clause** Rücktrittsklausel *f*
❺ COMPUT **~ character** ESC-Zeichen *nt,* Codeumschaltung *f;* **~ codes** ESC-Codes *pl;* **~ key** ESC-Taste *f,* Codeumschaltungstaste *f*
► PHRASES: **there's no ~** daran führt kein Weg vorbei

escape artist *n* Entfesselungskünstler(in) *m(f)*

escapee [ɪˌskeɪˈpiː, eˌs-] *n* Flüchtling *m,* Entflohene(r) *f(m)*

escape hatch *n* NAUT Notluke *f,* Notausstieg *m*

escape key *n* COMPUT Escape-Taste *f*

escapement [ɪˈskeɪpmənt] *n* COMPUT Schrittschaltung *f; of clock* Hemmung *f,* Hemmmechanismus *m*

escape route *n* Fluchtweg *m* **escape velocity** *n no pl* AEROSP Fluchtgeschwindigkeit *f,* Entweichgeschwindigkeit *f*

escapism [ɪˈskeɪpɪzᵊm, esˈ-] *n no pl* (*pej*) Realitätsflucht *f pej,* Eskapismus *m geh o fachspr*

escapist [ɪˈskeɪpɪst, esˈ-] **I.** *n* (*pej*) Eskapist(in) *m(f) geh o fachspr*
II. *adj* (*pej*) eskapistisch *geh o fachspr;* **~ literature** *unrealistische, eine Fantasiewelt vorgaukelnde Literatur*

escapologist [ˌeskəˈpɒlədʒɪst, AM -ˈpɑːl-] *n* Entfesselungskünstler(in) *m(f)*

escapology [ˌeskəˈpɒlədʒi, AM -ˈpɑːl-] *n no pl* Entfesselungskunst *f*

escarpment [ɪˈskɑːpmənt, esˈ-, AM esˈkɑːrp-] *n* Steilhang *m,* Böschung *f*

eschatological [ˌeskətəˈlɒdʒɪkᵊl, AM -t̬əˈlɑːdʒ-] *adj* REL eschatologisch *fachspr;* **~ questions** Endzeitfragen *fpl*

eschatologically [ˌeskətəˈlɒdʒɪkᵊli, AM -t̬əˈlɑːdʒ-] *adv* REL eschatologisch *fachspr*

eschatology [ˌeskəˈtɒlədʒi, AM -ˈtɑːl-] *n no pl* REL Eschatologie *f fachspr*

eschew [ɪsˈtʃuː, esˈ-, AM *esp* esˈ-] *vt* (*form*) ■**to ~ sth** ❶ (*renounce*) auf etw *akk* verzichten
❷ (*deliberately avoid*) etw [ver]meiden, sich *akk* von etw *dat* fernhalten

escort I. *vt* [ɪˈskɔːt, esˈ-, AM esˈkɔːrt, ɪˈs-] ■**to ~ sb** jdn eskortieren [*o geh* geleiten]; MIL, NAUT jdm Geleitschutz geben; **to ~ sb to safety** jdn in Sicherheit bringen
II. *n* [ˈeskɔːt, AM -kɔːrt] ❶ (*official companion*) [offizieller] Begleiter/[offizielle] Begleiterin, Begleitung *f*
❷ *no pl* (*guard*) Eskorte *f,* Begleitschutz *m;* **police ~** Polizeieskorte *f;* **under police ~** unter Polizeischutz; **under the ~ of sb** in jds Begleitung, begleitet von jdm; ***the ambassador attended the reception under the ~ of diplomats from the host country*** der Botschafter kam zum Empfang begleitet von Diplomaten des Gastgeberlandes
❸ (*companion for the evening*) Begleitung *f*
❹ (*paid social companion*) Begleiter(in) *m(f);* (*paid female companion*) Hostess *f*

escort agency *n,* **escort service** *n* Begleitservice *m,* Hostessenagentur *f* **escort duty** *n* Geleitdienst *m;* **to be on ~** als Geleitschutz eingesetzt sein

escrow [ˈeskrəʊ, AM -roʊ] *n no pl* ❶ FIN **~ [account]** Treuhandkonto *nt,* Anderkonto *nt fachspr;* ***the money was placed in ~*** das Geld lag auf einem Treuhandkonto; **~ agreement** Treuhandvertrag *m*
❷ (*deed*) treuhänderisch hinterlegte Vertragsurkunde

escrow account *n* FIN Anderkonto *nt* **escrow agreement** *n* ECON Treuhandvertrag *m*

escutcheon [ɪˈskʌtʃᵊn] *n* (*old*) Wappen *nt;* **family ~** Familienwappen *nt*
► PHRASES: **to be a blot on sb's ~** ein Fleck auf jds weißer Weste sein

ESDI *n* COMPUT *abbrev of* **enhanced small device interface** erweiterte Kleingerätschnittstelle

Eskimo <*pl* -s *or* -> [ˈeskɪməʊ, AM -kəmoʊ] *n* ❶ (*people*) Eskimo, Eskimofrau *m, f*
❷ *no pl* (*language*) Eskimosprache *f; see also* **Inuit**

ESL [ˌiːesˈel] *n no pl abbrev of* **English as a Second Language** Englisch als Zweitsprache

ESN [ˌiːesˈen] *adj* (*dated*) *abbrev of* **educationally subnormal** lernbehindert

ESOP [ˈiːsɒp, AM -sɑːp] *n* ECON, FIN *abbrev of* **employee share ownership plan** Belegschaftsaktienfonds *m*

esophagus *n* AM ANAT *see* **oesophagus**

esoteric [ˌesə(ʊ)ˈterɪk, AM ˌesəˈ-] *adj* esoterisch *geh;* **~ taste** (*fig hum*) exotischer Geschmack

ESP [ˌiːesˈpiː] *n no pl abbrev of* **extrasensory perception**

esp *adv abbrev of* **especially** bes.

espadrille [ˈespədrɪl] *n* Espadrille *f*

especial [ɪˈspeʃᵊl, esˈ-] *adj attr* (*form*) besondere(r, s); **~ difficulties** spezielle Probleme

especially [ɪˈspeʃᵊli, esˈ-] *adv* ❶ (*particularly*) besonders; ***I chose this ~ for your new house*** ich habe das extra für Ihr neues Haus ausgesucht; ***I'm ~ pleased to meet you*** ich freue mich ganz besonders, Sie kennen zu lernen
❷ (*in particular*) vor allem, hauptsächlich

Esperanto [ˌespᵊrˈæntəʊ, AM -pəˈræntoʊ] *n no pl* Esperanto *nt*

espionage [ˈespiənɑːʒ] *n no pl* Spionage *f;* **industrial ~** Industriespionage *f*

esplanade [ˌespləˈneɪd, -nɑːd, AM ˈesplənɑːd, -neɪd] *n* (*dated*) Strandpromenade *f,* Esplanade *f geh*

espousal [ɪˈspaʊzᵊl, esˈ-] *n no pl* (*form*) Parteinahme *f,* Eintreten *nt* (**of** für +*akk*)

espouse [ɪˈspaʊz, esˈ-] *vt* ❶ (*form: adopt*) ■**to ~ sth** für etw *akk* Partei ergreifen [*o* eintreten], sich *akk* für etw *akk* einsetzen
❷ (*dated: betroth*) ■**to ~ sb** jdn ehelichen; ■**to ~ sb to sb** jdn mit jdm vermählen *geh;* ■**to ~ oneself to sb** sich *akk* mit jdm verloben

espresso [esˈpresəʊ, AM -soʊ] *n* ❶ *no pl* (*strong coffee*) Espresso *m*
❷ (*cup of coffee*) Espresso *m kein pl*
❸ (*coffee machine*) Espressomaschine *f*

esprit de corps [esˌpriːdəˈkɔːʳ, AM -ˈkɔːr] *n no pl* Teamgeist *m;* MIL Korpsgeist *m*

espy <-ie-> [ɪˈspaɪ, esˈ-] *vt* (*dated form*) ■**to ~ sb/sth** jdn/etw erspähen [*o* entdecken]

Esq *n abbrev of* **Esquire**

Esquire [ɪˈskwaɪəʳ, esˈ-, AM esˈkwaɪɚ, ɪˈs-] *n* ❶ BRIT (*dated: title of courtesy*) **Richard Smith, Esq.** Herrn Richard Smith
❷ AM LAW (*dated: for lawyers*) ***address it to my lawyer, Steven A. Neil, Esq*** adressieren Sie ihn an meinen Anwalt, Herrn Rechtsanwalt Steven A. Neil

essay¹ [ˈeseɪ] *n* Essay *m o nt* (**on** über +*akk*)

essay² [esˈeɪ] *vt* (*dated*) ■**to ~ sth** etw versuchen [*o* ausprobieren]

essayist [ˈeseɪɪst] *n* Essayist(in) *m(f)*

essence¹ [ˈesᵊn(t)s] *n no pl* ❶ PHILOS Essenz *f geh,* Wesen *nt,* Substanz *f*
❷ (*gist*) Wesentliche(s) *nt,* Quintessenz *f geh;* **the ~ of the problem** der Kern des Problems; **to be of the ~** ausschlaggebend [*o* von entscheidender Bedeutung] sein; ***time is of the ~ here*** die Zeit ist hier entscheidend; **in ~** im Wesentlichen
❸ (*epitome*) **the [very] ~ of stupidity** der Inbegriff der Dummheit

essence² [ˈesᵊn(t)s] *n* ❶ (*fragrance*) Essenz *f,* Duftstoff *m;* (*concentrated*) Konzentrat *nt;* (*extract*) Auszug *m,* Extrakt *m;* **~ of violets** Veilchenextrakt *m*
❷ (*in food*) Aroma *nt*

essential [ɪˈsen(t)ʃᵊl] **I.** *adj* ❶ (*indispensable*) unbedingt erforderlich, unentbehrlich, unverzichtbar; ***it is ~ to record the data accurately*** eine genaue Aufzeichnung der Daten ist unabdingbar; **~ vitamins** lebensnotwendige [*o* lebenswichtige] [*o fachspr* essenzielle] Vitamine; ■**to be ~ to** [*or* **for**] **sb/sth** für jdn/etw von größter Wichtigkeit sein; ***it is ~ [that] our prices remain competitive*** unsere Preise müssen unbedingt wettbewerbsfähig bleiben
❷ (*fundamental*) essenziell; *element* wesentlich; *difference* grundlegend; **~ component** Grundbestandteil *m;* **~ subject** zentrales Thema
II. *n usu pl* ■**the ~s** *pl* die Grundlagen, das Wesentliche *kein pl,* die wichtigsten Punkte; ***I regard my car as an ~*** mein Auto ist für mich absolut unverzichtbar; **the ~s of Spanish** die Grundzüge des Spanischen; **the bare ~s** das [Aller]nötigste; **to be reduced to its ~s** auf das Wesentliche reduziert werden

essentialist [ɪˈsen(t)ʃᵊlɪst] *adj* essenziell, wesentlich; **an ~ movement** eine bahnbrechende Bewegung

essentially [ɪˈsen(t)ʃᵊli] *adv inv* ❶ (*basically*) im

Grunde [genommen] [*o* Prinzip] [*o* Wesentlichen]; **to be ~ correct** im Großen und Ganzen richtig sein
❷ (*mainly*) hauptsächlich, in erster Linie; ~ ***I need to know ...*** ich muss vor allem wissen, ...

essential oil *n* Duftöl *nt,* ätherisches Öl **essential services** *npl* Grundversorgung *f kein pl* (*mit Wasser, Gas und Strom*)

est *adj abbrev of* **estimated**

Est *adj abbrev of* **established** gegr.

establish [ɪ'stæblɪʃ, es'-] **I.** *vt* ❶ (*found, set up*) ■**to ~ sth** etw gründen; **to ~ an account** ein Konto eröffnen; **to ~ a beachhead** einen Brückenkopf errichten; **to ~ a commission** eine Kommission bilden; **to ~ a dictatorship** eine Diktatur errichten; **to ~ a home/a household** ein Heim/einen Haushalt gründen; **to ~ a new home** sich *dat* ein neues Zuhause einrichten; **to ~ a hospital** ein Krankenhaus errichten; **to ~ a rule/theory** eine Regel/Theorie aufstellen; **to ~ oneself in business** sich *akk* geschäftlich durchsetzen [*o* etablieren]
❷ (*begin*) ■**to ~ sth** etw einführen; **to ~ contact with sb** mit jdm Kontakt [*o* Fühlung] aufnehmen; **to ~ relations** Verbindungen herstellen; **to ~ a relationship with sb** eine Beziehung zu jdm aufbauen; **to ~ the rule of law** Recht und Ordnung herstellen; **to ~ ties** Kontakte knüpfen
❸ (*set*) ■**to ~ sth** etw schaffen [*o* herstellen]; ***we have ~ed parity with wages in other companies*** wir haben im Lohnniveau mit anderen Firmen gleichgezogen; **to ~ a criterion** ein Kriterium festlegen; **to ~ a norm** eine Norm definieren; **to ~ a policy** eine politische Linie einschlagen; **to ~ a precedent** einen Präzedenzfall schaffen; **to ~ priorities** Prioritäten setzen; **to ~ a quota** eine Quote festlegen; **to ~ a standard/terminology** einen Maßstab/eine Terminologie festlegen; **to ~ a world record** einen Weltrekord aufstellen
❹ (*secure, make firm*) ■**to ~ sth** etw durchsetzen; **to ~ one's authority over sb** [*or* **supremacy**] sich *dat* Autorität gegenüber jdm verschaffen; **to ~ a monopoly** ein Monopol errichten; **to ~ order** für Ordnung sorgen; **to ~ one's reputation as a sth** sich *dat* einen Namen als etw machen; **to ~ one's rights** seine Rechte geltend machen
❺ (*demonstrate*) ■**to ~ sth** etw zeigen [*o* demonstrieren]; **to ~ one's superiority to sb/sth** sich *akk* jdm/etw gegenüber als überlegen erweisen; ■**to ~ sb/oneself as sth** ***her latest book has ~ed her as one of our leading novelists*** ihr jüngstes Buch zeigt, dass sie eine unserer führenden Romanautorinnen ist; ***he's ~ed himself as a dependable source of information*** er hat sich als verlässliche Informationsquelle erwiesen
❻ (*prove*) ■**to ~ sth** etw nachweisen; ***we've ~ed that ...*** wir haben festgestellt, dass ...; **to ~ a claim** einen Anspruch nachweisen; **to ~ the constitutionality of a law** die Verfassungsmäßigkeit eines Gesetzes feststellen; **to ~ the facts** den Sachverhalt klären; **to ~ the truth** die Wahrheit herausfinden; **to ~ where/whether ...** feststellen, wo/ob ...; ■**to ~ that ...** herausfinden, dass ...
❼ (*declare*) **to ~ one's residence** (*form*) sich *akk* niederlassen, seinen Wohnsitz begründen *form*
II. *vi* gedeihen, aufblühen

established [ɪ'stæblɪʃt, es'-] *adj attr* ❶ (*standard*) bestehend; ***it is ~ practice ...*** es ist üblich, ...; ***there are ~ procedures for dealing with emergencies*** es gibt feste Verfahrensweisen, nach denen in Notfällen vorgegangen wird; ~ **institution** feste Einrichtung; ~ **law** geltendes Recht; ~ **use** [behördlich anerkannte] lang bestehende Grundstücksnutzung
❷ (*proven*) nachgewiesen; ~ **fact** gesicherte [*o* feststehende] Tatsache
❸ (*accepted*) anerkannt, akzeptiert; ~ **authority** anerkannte Autorität; ***Shakespeare is part of the ~ canon in English literature*** Shakespeare gehört zu den Standardwerken der englischen Literatur
❹ (*founded*) gegründet; ~ **in 1990** 1990 gegründet

established church *n* Staatskirche *f* **established post** *n* feste Beamtenstelle, Planstelle *f* **established religion** *n* Staatsreligion *f*

establishment [ɪ'stæblɪʃmənt, es'-] *n* ❶ (*business*) Unternehmen *nt,* Firma *f;* **business ~** Geschäftsbetrieb *m;* **family ~** Familienunternehmen *nt*
❷ + *sing/pl vb* ECON, FIN (*staff*) Personalbestand *m;* ***office with an ~ of fifteen*** Büro *nt* mit fünfzehn Mitarbeitern; **to be on the ~** zum Personal gehören, fest angestellt sein
❸ (*organization*) Organisation *f,* Einrichtung *f,* Institut *nt;* **educational ~** Bildungseinrichtung *f,* Schule *f;* **financial ~** Finanzierungsgesellschaft *f;* **religious ~** Religionsgemeinschaft *f*
❹ *no pl* (*ruling group*) ■**the ~** das Establishment; **the political ~** das politische Establishment, die politisch einflussreichen Kreise; **to be/revolt against the ~** gegen das Establishment sein/rebellieren
❺ (*act of setting up*) Gründung *f,* Errichtung *f;* **the ~ of new areas of employment** die Schaffung neuer Arbeitsbereiche

establishment charges *n* ECON Verwaltungsgemeinkosten *pl*

estate [ɪ'steɪt, es'-] *n* ❶ (*landed property*) Grundbesitz *m;* (*piece of land*) [großes] Grundstück, Anwesen *nt;* (*with buildings*) Gut *nt;* **country ~** Landgut *nt*
❷ LAW (*personal property*) [Privat]vermögen *nt,* Vermögensmasse *f;* (*of deceased person*) Erbmasse *f,* Nachlass *m;* **personal ~** bewegliches Vermögen, Mobiliarvermögen *nt;* **real ~** Immobilien *fpl,* Grundbesitz *m;* **to leave one's entire ~ to sb** jdm sein gesamtes Vermögen hinterlassen [*o* vererben]
❸ BRIT (*group of buildings*) Siedlung *f;* **council ~** Wohnviertel *nt* mit Sozialwohnungen; **housing ~** [Wohn]siedlung *f;* **industrial ~** Industriegebiet *nt;* **trading ~** Gewerbegebiet *nt,* Industriegebiet *nt*
❹ (*political class*) Stand *m,* Klasse *f;* **the first ~** der erste Stand [*o* Klerus]; **the fourth ~** (*hum*) die Zunft der Journalisten [*o* Presse]
❺ (*dated: state*) Stand *m;* **to reach man's ~** in den Mannesstand treten *veraltet;* **the holy ~ of matrimony** der heilige Stand der Ehe *geh;* **of high/low ~** (*old*) von hohem/niedrigem Stand
❻ BRIT (*car*) Transporter *m,* [großer] Kombi
❼ (*interest in land*) Besitzrecht *nt*

estate agency *n* BRIT Maklerbüro *nt,* Immobilienbüro *nt* **estate agent** *n* BRIT [Immobilien]makler(in) *m(f),* Grundstücksmakler(in) *m(f)* **estate car** *n* BRIT [großer] Kombi **estate duty** *n* BRIT, **estate tax** *n* Erbschaftssteuer *f*

esteem [ɪ'sti:m, es'-] **I.** *n no pl* Ansehen *nt,* Achtung *f;* **to be held in high/low ~** hohes/geringes Ansehen genießen; **to hold sb in high/low ~** jdn hoch/gering schätzen; **to fall/rise in sb's ~** in jds Ansehen sinken/steigen
II. *vt* ❶ *usu passive* (*respect*) ■**to ~ sth** etw [hoch] schätzen [*o* achten]; **highly ~ed** sehr [*o geh* hoch] geschätzt
❷ (*dated form: consider*) ■**to ~ sb sth** jdn für etw *akk* halten, jdn als etw *akk* ansehen [*o geh* erachten]; ***I would ~ it a favour if you would accompany me*** Sie würden mir einen großen Gefallen erweisen, wenn Sie mich begleiten würden; **to ~ it an honour to do sth** es als eine Ehre betrachten, etw zu tun

ester ['estəʳ, AM tɚ] *n* CHEM Ester *m fachspr*

esthete *n* AM *see* **aesthete**

esthetic *adj* AM *see* **aesthetic**

estimable ['estɪməbl̩] *adj* (*form*) bewundernswert, schätzenswert

estimate I. *vt* ['estɪmeɪt] ■**to ~ sth** etw [ein]schätzen; ***government sources ~ a long-term increase in rail fares*** Regierungskreise rechnen langfristig mit einem Anstieg der Bahnpreise; ***the journey is ~d to have taken a week*** die Reise hat schätzungsweise eine Woche gedauert; ■**to ~ that ...** schätzen [*o* annehmen], dass ...
II. *n* ['estɪmət, AM -mɪt] Schätzung *f,* Veranschlagung *f;* ECON Kostenvoranschlag *m;* **~ of expenditure** Voranschlag *m* der Ausgaben; **conservative ~** vorsichtige Einschätzung; **rough** [*or* AM **ballpark**] **~** grobe Schätzung; **at a rough ~** grob geschätzt

estimated ['estɪmeɪtɪd, AM -t̬-] *adj* geschätzt; **~ costs** geschätzte [*o* voraussichtliche] Kosten; **~ figure** Schätzung *f;* **~ time of arrival, ETA** voraussichtliche Ankunftszeit; **~ time of departure, ETD** (*train*) voraussichtliche Abfahrtszeit; (*plane*) voraussichtliche Abflugzeit

estimation [ˌestɪ'meɪʃᵊn] *n no pl* ❶ (*opinion*) Einschätzung *f,* Meinung *f;* **in my ~** meiner Ansicht [*o* Meinung] nach
❷ (*esteem*) Achtung *f,* Ansehen *nt;* ***he went down/up in my ~*** er ist in meiner Achtung gesunken/gestiegen

estimator ['estɪmeɪtəʳ, AM t̬ɚ] *n* MATH ❶ (*sb who estimates*) Schätzer(in) *m(f)*
❷ (*statistical relevance*) Berechnungsfaktor *m*

estoppel [ɪ'stɒpᵊl, AM es'tɑ:-] *n* LAW **~ of** [*or* **by**] **record** Unzulässigkeit *f* einer Einrede aufgrund eines bereits existierenden Urteils; **~ by deed** Unzulässigkeit *f* einer Einrede gegen Tatschen, die urkundlich belegt sind; **~ by conduct** [*or* **in pais**] Unzulässigkeit *f* der Rechtsausübung aufgrund eines Widerspruches gegenüber eigenem Verhalten

estovers [ɪ'stəʊvəz, AM es'toʊvɚz] *npl* LAW Holzgerechtigkeit *f*

estrange [ɪ'streɪndʒ, es'-] *vt* ■**to ~ sb from sb/sth** jdn jdm/etw entfremden

estranged [ɪ'streɪndʒd, es'-] *adj inv* ❶ (*alienated*) entfremdet; ***they are ~*** sie sind einander fremd geworden, sie haben sich auseinander gelebt
❷ (*living apart*) ■**to be ~** getrennt leben; **~ husband** getrennt lebender Ehemann; **~ wife** getrennt lebende Ehefrau
❸ (*unamicably separated*) ■**to be ~ from sb** mit jdm zerstritten sein

estrangement [ɪ'streɪndʒmənt, es'-] *n* Entfremdung *f* (**from** von +*dat*)

estreat [ɪ'stri:t, AM es'tr-] *vt* ■**to ~ sth** eine Abschrift aus einem Gerichtsprotokoll anfordern; **~ed recognizance** verwirkte Kaution wegen Nichterscheinens vor Gericht

estrogen *n* AM *see* **oestrogen**

estrus ['ɜstrəs] *n* AM *see* **oestrus**

estuarine ['estjʊəraɪn, AM -tʃu:-] *adj* (*spec*) Mündungs-, estuarin *fachspr;* **~ species** *Tiere, die im Mündungsgebiet eines Flusses leben*

estuary ['estjʊəri, AM -tʃu:eri] *n* Flussmündung *f,* Mündungsgebiet *nt*

E. Sussex BRIT *abbrev of* **East Sussex**

ET [ˌi:'ti:] *n* ❶ *abbrev of* **extraterrestrial**
❷ *abbrev of* **Eastern Time** Ostküstenzeit *f*

ETA [ˌi:ti:'eɪ] *n abbrev of* **estimated time of arrival** voraussichtliche Ankunft

e-tailer ['i:teɪləʳ, AM -ɚ] *n* E-Tailer *m,* Internethändler *m,* Internetvertriebsunternehmen *nt*

e-tailing ['i:teɪlɪŋ] *adj attr* übers Internet vertreibend; **~ company** Internethändler *m,* Internetvertriebsunternehmen *nt*

et al. [et'æl, AM et'ɑ:l] *adv abbrev of* **et alii** et al.

etc. *adv abbrev of* **et cetera** usw., etc.

et cetera [ɪt'setᵊrə, AM -'set̬ɚə] *adv* und so weiter, et cetera

etch [etʃ] *vt* ■**to ~ sth** etw ätzen; (*in copper*) etw kupferstechen; (*in other metals*) etw radieren; **to be ~ed on sb's memory** [*or* **mind**] (*fig*) in jds Gedächtnis eingebrannt [*o* eingegraben] sein

etcher ['etʃəʳ, AM -ɚ] *n* Ätzer(in) *m(f);* (*in copper*) Kupferstecher(in) *m(f);* (*in other metals*) Radierer(in) *m(f)*

etching ['etʃɪŋ] *n* ❶ (*result of etching*) Ätzung *f;* (*artwork*) Radierung *f;* (*in copper*) Kupferstich *m*
❷ *no pl* (*process*) Ätzen *nt;* (*in copper*) Kupferstechen *nt;* (*in other metals*) Radieren *nt*

eternal [ɪ'tɜ:nᵊl, AM ɪ'tɜ:r-] *adj inv* ❶ (*lasting forever*) ewig, immer während; **~ flame** ewiges Licht; **~ life** ewiges Leben; **~ student** (*fig*) ewiger Student/ewige Studentin *hum;* **~ triangle** (*fig*) Dreiecksverhältnis *nt*
❷ (*pej fig: incessant*) ewig *fam,* ständig, unaufhörlich; **~ complaints** endlose Klagen

► PHRASES: hope springs ~ [in the human breast] (*saying*) der Mensch hofft, solange er lebt

eternally [ɪˈtɜːnəli, AM ɪˈtɜːr-] *adv inv* ❶ (*fig: forever*) ewig, immer; **to be ~ grateful** ewig dankbar sein
❷ (*pej fig: incessantly*) unaufhörlich, ununterbrochen, ständig *fam*

eternity [ɪˈtɜːnəti, AM ɪˈtɜːrnət̬i] *n no pl* ❶ REL (*immortality*) Ewigkeit *f*; **for all ~** bis in alle Ewigkeit
❷ (*fig: very long time*) ■**an ~** eine Ewigkeit; **to seem like an ~** wie eine Ewigkeit erscheinen; **to wait an ~ for sb** endlos lange auf jdn warten

ethanol [ˈeθənɒl, AM -nɑːl] *n no pl* Äthanol *nt*, Äthylalkohol *m*

ether [ˈiːθəʳ, AM -ɚ] *n no pl* ❶ CHEM, MED Äther *m*
❷ MEDIA, RADIO (*fig old*) Äther *m*; **through the ~** durch den Äther

ethereal [ɪˈθɪəriəl, AM ɪˈθɪr-] *adj* ätherisch; **~ being** ätherisches [*o* himmlisches] Wesen

ethereally [ɪˈθɪəriəli, AM ɪˈθɪr-] *adv* ätherisch; **~ beautiful** überirdisch schön

ethic [ˈeθɪk] *n* ❶ *usu pl* (*morality*) Moral *f*, Ethos *nt*; **breach of ~s** Verstoß *m* gegen die Moral; **code of ~s** Moralkodex *m*; **professional ~s** Berufsethos *nt*, Standesehre *f*
❷ *sing* (*system of moral beliefs*) Ethik *f*, Moralphilosophie *f*, Sittenlehre *f*; **Protestant work ~** protestantische Arbeitsethik

ethical [ˈeθɪkəl] *adj* ethisch

ethically [ˈeθɪkəli] *adv* ethisch; **~ questionable** moralisch fragwürdig

ethicist [ˈeθɪsɪst] *n* Ethiker(in) *m(f)*

ethics [ˈeθɪks] *n + sing vb* Ethik *f*; *see also* **ethic**

Ethiopia [ˌiːθiˈəʊpiə, AM -ˈoʊp-] *n no pl* Äthiopien *nt*

Ethiopian [ˌiːθiˈəʊpiən, AM -ˈoʊp-] **I.** *n* Äthiopier(in) *m(f)*
II. *adj* äthiopisch

Ethiopic [ˌiːθiˈɒpɪk, AM -ˈɑːp-] **I.** *n no pl* Äthiopisch *nt*
II. *adj inv* äthiopisch

ethnic [ˈeθnɪk] **I.** *adj* ❶ *inv* (*ethnological*) ethnisch, Volks-; ***the ~ Chinese*** die Volkschinesen; **~ minority** ethnische Minderheit; **~ slur** rassistische Äußerung
❷ (*national*) landesüblich, einheimisch; **~ costumes** Landestrachten *fpl*
❸ (*exotic*) exotisch; **~ food** exotische Gerichte
II. *n* AM, AUS Eingeborene(r) *f(m)*

ethnically [ˈeθnɪkəli] *adv* ethnisch; **~ discreet** ethnisch abgeschottet

ethnic cleansing *n* (*euph*) ethnische Säuberung *euph*

ethnicity [eθˈnɪsəti, AM -ət̬i] *n no pl* (*form*) Ethnie *f fachspr*

ethnocentric [ˌeθnə(ʊ)ˈsentrɪk, AM -noʊˈ-] *adj* (*pej*) ethnozentrisch

ethnographer [eθˈnɒgrəfəʳ, AM -ˈnɑːgrəfɚ] *n* Ethnograph(in) *m(f)*, Völkerkundler(in) *m(f)*

ethnographic(al) [ˌeθnə(ʊ)ˈgræfɪk(əl), AM -noʊˈ-] *adj inv* ethnographisch

ethnographically [ˌeθnə(ʊ)ˈgræfɪkəli, AM -noʊˈ-] *adv inv* ethnographisch

ethnography [eθˈnɒgrəfi, AM -ˈnɑːg-] *n* ❶ *no pl* (*study*) Ethnographie *f*, beschreibende Völkerkunde
❷ (*ethnographical book*) Ethnographie *f*

ethnologic(al) [ˌeθnə(ʊ)ˈlɒdʒɪk(əl), AM -noʊˈlɑːdʒ-] *adj inv* ethnologisch

ethnologically [ˌeθnə(ʊ)ˈlɒdʒɪkəli, AM -noʊˈlɑːdʒ-] *adv inv* ethnologisch

ethnologist [eθˈnɒlədʒɪst, AM -ˈnɑːl-] *n* Ethnologe, -in *m, f*

ethnology [eθˈnɒlədʒi, AM -ˈnɑːl-] *n no pl* Ethnologie *f*, vergleichende Völkerkunde

ethologist [ɪˈθɒlədʒɪst, AM ˈθɑːlə] *n* Verhaltensforscher(in) *m(f)*, Ethologe, -in *m, f*

ethology [ɪˈθɒlədʒi, AM ˈθɑːlə] *n no pl* Verhaltensforschung *f*, Ethologie *f*

ethos [ˈiːθɒs, AM -θɑːs] *n no pl* Gesinnung *f*, Ethos *nt geh*; **working-class ~** Ethos *nt* der Arbeiterklasse

ethyl alcohol *n* Äthylalkohol *m*

ethylene [ˈeθɪliːn, AM əliːn] *n no pl* CHEM Äthylen *nt fachspr*

etiolated [ˈiːtiə(ʊ)leɪtɪd, AM -əleɪt̬ɪd] *adj* BOT etioliert *fachspr*, vergeilt

etiology *n no pl* MED *see* **aetiology**

etiquette [ˈetɪket, AM ˈet̬ɪkɪt] *n no pl* Etikette *f*; **breach of ~** Verstoß *m* gegen die Etikette; **court ~** Hofetikette *f*, Hofzeremoniell *nt*; **legal ~** Berufsethos *nt* der Anwälte; **social ~** gesellschaftliche Umgangsformen

Eton collar *n steifer weißer Kragen, den die Eton Schüler über dem Mantelkragen tragen* **Eton crop** *n* Bubikopf *m* (*von Frauen in den zwanziger Jahren getragene Kurzhaarfrisur*) **Etonian** [iːˈtəʊniən, AM ˈtoʊ] **I.** *adj inv* Eton betreffend **II.** *n* Schüler *m* von Eton College

e-travel [ˈiːˌtrævəl] *n modifier* E-Travel-, Online-Reise-; **~ agency** Online-Reisebüro *nt*

Etruscan [ɪˈtrʌskən] **I.** *adj* (*hist*) etruskisch
II. *n* (*hist: person*) Etrusker(in) *m(f)*; (*language*) Etruskisch *nt*

et seq. LAW *abbrev of* **et sequenter** und folgende

etymological [ˌetɪməˈlɒdʒɪkəl, AM ˌet̬ɪməˈlɑːdʒ-] *adj inv* LING etymologisch

etymologically [ˌetɪməˈlɒdʒɪkəli, AM ˌet̬ɪməˈlɑːdʒ-] *adv inv* LING etymologisch

etymologist [ˌetɪˈmɒlədʒɪst, AM ˌet̬ɪˈmɑːl-] *n* LING Etymologe, -in *m, f*

etymology [ˌetɪˈmɒlədʒi, AM ˌet̬ɪˈmɑːl-] *n* LING ❶ *no pl* (*study*) Etymologie *f*
❷ (*of word*) Etymologie *f*

EU [ˌiːˈjuː] *n abbrev of* **European Union** EU *f*

eucalypti [ˌjuːkəlˈɪptiː] *n pl of* **eucalyptus**

eucalyptus <*pl* -es *or* -ti> [ˌjuːkəlˈɪptəs, *pl* -tiː] *n* Eukalyptus *m*; **~ tree** Eukalyptusbaum *m*

eucalyptus oil *n no pl* Eukalyptusöl *nt*

Eucharist [ˈjuːkərɪst] *n no pl* REL ■**the ~** die Eucharistie, das [heilige] Abendmahl; **to celebrate/receive the ~** die Eucharistie feiern/empfangen

Eucharistic [ˌjuːkəˈrɪstɪk] *adj inv* REL eucharistisch

Euclid [ˈjuːklɪd] *n no pl* MATH, HIST Euklid *m* **Euclidean** [juːˈklɪdiən] *adj inv* MATH euklidisch

eugenic [juːˈdʒenɪk] *adj* MED eugenisch

eugenics [juːˈdʒenɪks] *n + sing vb* MED Eugenik *f kein pl*

eulogist [ˈjuːlədʒɪst] *n* Lobredner(in) *m(f)*

eulogistic [ˌjuːləˈdʒɪstɪk] *adj* lobend, rühmend, preisend

eulogize [ˈjuːlədʒaɪz] **I.** *vt* (*form*) ■**to ~ sb/sth** jdn/etw loben [*o* rühmen] [*o* preisen] *geh*
II. *vi* (*form*) **to ~ over sb/sth** eine Lobrede auf jdn/etw halten

eulogy [ˈjuːlədʒi] *n* ❶ *esp* AM (*funeral oration*) Grabrede *f*
❷ (*speech of praise*) Lobrede *f*, Eloge *f geh*; **to deliver** [*or* **pronounce**] **a ~** eine Lobrede halten

EU member state *n* EU-Mitgliedsstaat *m*

eunuch [ˈjuːnək] *n* ❶ (*castrated man*) Eunuch *m*, Kastrat *m*
❷ (*fig pej: ineffective person*) Versager(in) *m(f)*, Niete *f fam*; **intellectual ~** intellektueller Tiefflieger *sl*

euphemism [ˈjuːfəmɪzəm] *n* ❶ (*paraphrase*) Euphemismus *m geh*
❷ *no pl* (*use of paraphrase*) Beschönigung *f*, Euphemismus *m geh*

euphemistic [ˌjuːfəˈmɪstɪk] *adj* beschönigend, euphemistisch *geh*

euphemistically [ˌjuːfəˈmɪstɪkəli] *adv* beschönigend, euphemistisch *geh*

euphonious [juːˈfəʊniəs, AM -ˈfoʊ-] *adj* (*form*) wohlklingend *geh*, euphonisch *fachspr*

euphonium [juːˈfəʊniəm, AM -ˈfoʊ-] *n* MUS Baritonhorn *nt*, Euphonium *nt fachspr*

euphony [ˈjuːfəni] *n no pl* (*form*) Euphonie *f fachspr*, Wohlklang *m geh*

euphoria [juːˈfɔːriə] *n no pl* Hochstimmung *f*, Euphorie *f geh*

euphoric [juːˈfɔːrɪk] *adj* euphorisch *geh*

euphorically [juːˈfɔːrɪkəli] *adv* euphorisch *geh*

Euphrates [juːˈfreɪtiːz, AM t̬iːz] *n no pl* Euphrat *m*

Eurasia [jʊ(ə)ˈriəʒə, AM jʊˈreɪ-] *n no pl* Eurasien *nt*

Eurasian [jʊ(ə)ˈriəʒən, AM jʊˈreɪ-] **I.** *adj inv* eurasisch
II. *n* Eurasier(in) *m(f)*

Euratom [jʊ(ə)ˈrætəm, AM jʊˈræt̬-] *n no pl, no art abbrev of* **European Atomic Energy Community** Euratom *f*

EU regulation *n* EU-Verordnung *f*

eureka [jʊ(ə)ˈriːkə, AM jʊˈ-] *interj* (*hum*) ■**~!** heureka! *geh*

eurhythmics, AM *esp* **eurythmics** [jʊ(ə)ˈrɪðmɪks, AM jʊˈ-] *n + sing vb* Eurhythmie *f*

euro *n* EU Euro *m*; **introduction of the ~** Einführung *f* des Euros; **transition** [*or* **changeover**] **to the ~** Übergang *m* zum Euro; **fixing** [**of**] **the conversion rate of the ~** Festsetzung *f* des Euro-Wertes; **~ coins and notes** Euro-Münzen und -Banknoten; **phase of dual pricing in national currency and ~** Phase *f* der doppelten Preisauszeichnung in nationalen Währungseinheiten und in Euro; **law on the introduction of the ~** Euro-Einführungsgesetz *nt*

Euro- [ˈjʊərəʊ, AM ˈjʊroʊ] *in compounds* ECON, FIN Euro-; **~-MP** Europaabgeordnete(r) *f(m)*

Eurobond *n* ECON, FIN Eurobond *m*, Euroanleihe *f* **eurocent** *n* Eurocent *m* **Eurocentric** [ˌjʊərəʊˈsentrɪk, AM ˌjʊroʊˈ-] *adj* (*pej*) eurozentrisch *pej* **Eurocheque** *n* Euroscheck *m* **Eurocommercial paper** *n* ECON, FIN *erstklassiges, kurzfristiges, ausländisches Geldmarktpapier* **Eurocrat** [ˈjʊərə(ʊ)kræt, AM ˈjʊrə-] *n* (*usu pej*) Eurokrat(in) *m(f)* **eurocredit** *n* ECON, FIN Eurokredit *m* **Eurocurrency** *n* Euro-Währung *f* **eurodeposit** *n* ECON, FIN Eurodollareinlage *f* **Eurodollar** *n* Eurodollar *m* **euroequity** *n* ECON, FIN international gehandelte Aktie **Euroland** *n no pl* (*fam*) Eurozone *f* **Euromarket** *n no pl* ECON, FIN ■**the ~** der Euromarkt **Euro-MP** *n* Europaabgeordnete(r) *f(m)*, Mitglied *nt* des Europaparlaments **Euronet** [ˈjʊərə(ʊ)net, AM ˈjʊroʊnet -] *n* TELEC Euronet *nt* **euronote** *n* ECON, FIN kurzfristiger Eurowährungsinhaberschuldschein **euro-option** *n* ECON, FIN Eurooption *f*

Europe [ˈjʊərəp, AM ˈjʊrəp] *n no pl* Europa *nt*

European [ˌjʊərəˈpiən, AM ˌjʊrəˈ-] **I.** *adj* europäisch
II. *n* Europäer(in) *m(f)*

European Bank for Reconstruction and Development *n* ECON, FIN Europäische Bank für Wiederaufbau und Entwicklung **European Central Bank** *n* Europäische Zentralbank; **Executive Board of the ~** Direktorium der Europäischen Zentralbank **European Commission** *n* Europäische Kommission **European Community** *n no pl* (*hist*) ■**the ~** die Europäische Gemeinschaft **European Council** *n* Europäischer Rat **European Court of Auditors** *n* Europäischer Rechnungshof **European Court of Human Rights** *n* Europäischer Gerichtshof für Menschenrechte **European Court of Justice** *n* Europäischer Gerichtshof **European currency unit** *n* Europäische Währungsunion **European Economic and Monetary Union** *n* Europäische Wirtschafts- und Währungsunion **European Economic Area** *n* ECON, FIN Europäisches Wirtschaftsgebiet **European Economic Community** *n no pl* (*hist*) ■**the ~** die Europäische Wirtschaftsgemeinschaft **European Free Trade Association** *n no pl, + sing/pl vb* ECON, FIN ■**the ~** die Europäische Freihandelsgemeinschaft **European Investment Bank** *n* Europäische Investitionsbank **European Monetary Institute** *n* Eurpäisches Wirtschaftsinstitut **European monetary system** *n no pl* ■**the ~** das Europäische Währungssystem **European Parliament** *n no pl* ■**the ~** das Europaparlament **European Police Office** *n* Europäisches Polizeiamt **European Regional Development Fund** *n* Europäischer Fonds für Regionale Entwicklung **European Single Market** *n* Europäischer Binnenmarkt **European System of Central**

Banks *n* Europäisches System der Zentralbanken
European Union *n no pl* ▪**the ~** die Europäische Union
Euro-sceptic *n* Euroskeptiker(in) *m(f)*
Eurotrash [ˈjʊrətræʃ] *n* AM *(fam)* ***Jill thinks her new boyfriend is really cool, but he's just ~*** Jill findet ihren neuen Freund echt cool, aber er lässt immer den Europäer raushängen *sl*
Eurovision [ˈjʊərəʊvɪʒən, AM ˈjʊrə] *n no pl, + sing/pl vb* Eurovision *f*
euroyen [ˈjʊərəʊjen, AM ˈjʊroʊ-] *n* ECON, FIN Euroyen *m*
eurozone *n* Eurozone *f;* **~ countries** Länder *ntpl* der Eurozone
Eustachian tube [juːˌsteɪʃən-, AM -ˈsteɪʃənˌ-] *n* ANAT Eustachische Röhre *fachspr,* Ohrtrompete *f*
euthanasia [ˌjuːθəˈneɪziə, AM -ʒə] *n no pl* Euthanasie *f,* Sterbehilfe *f*
EU treaty *n* EU-Vertrag *m*
evacuate [ɪˈvækjueɪt] **I.** *vt* ❶ *(in an emergency)* ▪**to ~ sb** jdn evakuieren; ▪**to ~ sth** *building, house* etw räumen; **to ~ sb from a place** jdn aus einem Ort evakuieren; **to ~ sb to a place** jdn an einen sicheren Ort bringen
❷ *(euph or spec)* **to ~ one's bowels** seinen Darm entleeren, Stuhlgang haben
II. *vi* sich *akk* in Sicherheit bringen; MIL sich *akk* zurückziehen
evacuation [ɪˌvækjuˈeɪʃən] *n* ❶ *(of people)* Evakuierung *f; (of area, building)* Räumung *f;* **~ of victims** Bergung *f* von Opfern; MIL Verlegung *f,* Abtransport *m;* **~ of the army** Abzug *m* der Armee
❷ *(euph or spec)* **~ of the bowels** [Darm]entleerung *f,* Stuhlgang *m*
evacuee [ɪˌvækjuˈiː] *n* Evakuierte(r) *f(m)*
evade [ɪˈveɪd] *vt* ▪**to ~ sth** etw *dat* ausweichen; **to ~ the draft** sich *akk* der Einberufung zum Militär entziehen; **to ~ responsibility** sich *akk* einer Verantwortung entziehen; ▪**to ~ doing sth** etw umgehen; ▪**to ~ sb** jdn meiden, jdm aus dem Weg gehen *fam;* **to ~ the police** der Polizei entgehen; **to ~ the tax authorities** das Finanzamt umgehen
evaluate [ɪˈvæljueɪt] *vt* ▪**to ~ sth** etw bewerten; *a value* etw berechnen; ***we need to ~ how the new material stands up to wear and tear*** wir müssen feststellen, wie das neue Material auf Verschleiß reagiert; **to ~ a loan** ein Darlehen festsetzen; **to ~ the results** die Ergebnisse auswerten; ▪**to ~ sb** jdn beurteilen; ▪**to ~ whether …** beurteilen, ob …
evaluation [ɪˌvæljuˈeɪʃən] *n* Schätzung *f; of damages* Festsetzung *f; of an experience* Einschätzung *f; of a treatment* Beurteilung *f; of a book* Bewertung *f;* **job ~** Arbeitsplatzbewertung *f*
evaluative [ɪˈvæljuətɪv, AM -t̬ɪv] *adj (form)* bewertend; **~ test** Einstufungstest *m*
evaluative abstract *n* COMPUT gewertete Kurzdarstellung
evanescence [ˌiːvəˈnesən(t)s, AM ˌevə'-] *n no pl (form)* Vergänglichkeit *f*
evanescent [ˌiːvəˈnesənt, AM ˌevə'-] *adj (form)* vergänglich; **an ~ boom** ein kurzzeitiger Boom
evangelical [ˌiːvænˈdʒelɪkəl] **I.** *n* Mitglied *nt* der evangelischen Kirche
II. *adj* evangelisch; *(fig)* missionarisch
evangelicalism [ˌiːvænˈdʒelɪkəlɪzəm] *n no pl* evangelische Lehre
evangelism [ɪˈvændʒəlɪzəm] *n no pl* Verkündigung *f* des Evangeliums
evangelist [ɪˈvændʒəlɪst] *n* Wanderprediger(in) *m(f)*
Evangelist [ɪˈvændʒəlɪst] *n* Evangelist *m;* **the four ~s** die vier Evangelisten
evangelistic [ɪˌvændʒəˈlɪstɪk] *adj* missionarisch
evangelize [ɪˈvændʒəlaɪz, AM -dʒə-] **I.** *vt* ▪**to ~ sb** jdn zum Christentum bekehren
II. *vi* das Evangelium predigen; *(fig)* eine Predigt halten; ▪**to ~ about sth** über etw *akk* predigen
evaporate [ɪˈvæpəreɪt, AM -pər-] **I.** *vt* ▪**to ~ sth** etw verdampfen lassen, etw verdunsten
II. *vi* verdunsten; *(fig)* schwinden, sich in Luft auflösen
evaporated milk *n no pl* Kondensmilch *f*
evaporation [ɪˌvæpəˈreɪʃən] *n no pl* Verdampfung *f,* Verdunstung *f*
evasion [ɪˈveɪʒən] *n* ❶ *(prevarication)* Ausweichen *nt;* **excuses and ~s** Entschuldigungen und Ausflüchte
❷ *no pl (avoidance)* Umgehung *f;* ***for me that was just an ~ of responsibility*** meiner Meinung nach wollte er/sie keine Verantwortung übernehmen; **fare ~** Schwarzfahren *nt;* **tax ~** Steuerhinterziehung *f*
evasive [ɪˈveɪsɪv] *adj* **to take ~ action** ein Ausweichmanöver machen; **to be very good at ~ answers** um etw *akk* gut herumreden können; **an ~ statement** eine Ausrede; ▪**to be ~** ausweichen
evasively [ɪˌveɪsɪvli] *adv* ausweichend; **to behave very ~** ständig ausweichen
evasiveness [ɪˈveɪsɪvnəs] *n no pl* ausweichendes Verhalten; ***he was well-known for his ~*** er war dafür bekannt, nie klar Stellung zu beziehen
eve [iːv] *n no pl* ❶ *(day before)* Vorabend *m;* **on the ~ of the election** am Vorabend der Wahl
❷ *(old: evening)* Abend *m*
Eve [iːv] *n no art* Eva *f; (fig)* Evastochter *f hum*
even [ˈiːvən] **I.** *adv* ❶ *(unexpectedly)* selbst; ***~ Chris was there*** selbst Chris war da
❷ *(indeed)* sogar; ***it might ~ take a year*** es könnte unter Umständen ein Jahr dauern; ***I never cry, not ~ when I hurt myself really badly*** ich weine nie, noch nicht mal, wenn ich mir sehr wehtue; ***he declined ~ to consider the idea*** er lehnte es schon ab, die Idee überhaupt in Erwägung zu ziehen
❸ *(despite)* selbst; **~ *now I can't believe it*** ich kann es noch immer nicht ganz glauben; ***… but ~ then he managed to make a mess of it*** … und trotzdem hat er es geschafft, alles durcheinander zu bringen; **~ if …** selbst wenn …; **~ so …** trotzdem …; ***I had a terrible headache but ~ so I went to the concert*** ich hatte fürchterliche Kopfschmerzen, bin aber dennoch ins Konzert gegangen; **~ though …** selbst wenn …; **~ *though he left school at 16, …*** obwohl er mit sechzehn bereits von der Schule abging, …
❹ *(as intensifier)* nahezu; ***I find his habits rather unpleasant, disgusting ~*** ich finde seine Gewohnheiten ziemlich unangenehm, um nicht zu sagen abstoßend
❺ *+ comp (all the more)* noch; **~ colder/faster** noch kälter/schneller
II. *adj* ❶ *(level)* eben; *two surfaces* auf gleicher Höhe; *(fig)* ausgeglichen; **to bring a boat onto an ~ keel** ein Boot in eine waagrechte Position bringen; **to put sth on an ~ keel** *(fig)* etw wieder auf die Beine bringen *fig;* **an ~ row** eine gerade Reihe; **an ~ surface** eine glatte Oberfläche
❷ *(equal)* gleich [groß]; *(size, amount)* gleich groß; ***the odds are quoted as ~ money*** die Gewinnquote steht fünfzig fünfzig; **there is an ~ chance of sth** die Chancen für etw *akk* stehen fünfzig zu fünfzig; ***there's an ~ chance of rain*** es sieht ganz nach Regen aus; **an ~ contest** ein ebenbürtiger Wettkampf; **an ~ distribution of wealth** eine gleichmäßige Verteilung des Reichtums; **an ~ game** ein ausgeglichenes Spiel; **to be on ~ terms** gleichgestellt sein; **to get ~ with sb** jdm etw heimzahlen
❸ *(regular)* gleichmäßig; **to walk at an ~ pace** in gleichmäßigem Tempo gehen; **to work at an ~ rate** im regelmäßigen Rhythmus arbeiten; **to walk with ~ steps** gleichmäßigen Schrittes gehen; **to have an ~ temper** ausgeglichen sein
❹ *(fair)* günstig; **an ~ bargain** ein Schnäppchen; **to distribute sth with an ~ hand** etw gleich verteilen; ▪**to be ~ [with sb]** [mit jdm] quitt sein
❺ *inv* MATH gerade; **an ~ number** eine gerade Zahl; **an ~ page** eine Seite mit gerader Zahl
III. *vt* ❶ *(level)* **to ~ a floor/surface** einen Fußboden ebnen/eine Oberfläche glätten
❷ *(equalize)* ▪**to ~ sth** etw ausgleichen; **to ~ the score** das Gleichgewicht wiederherstellen; ▪**to ~ out** ↔ **sth** etw ausgleichen
❸ *(balance out)* ▪**to ~ up** ↔ **sth** etw ausgleichen; *(give parity to)* aufeinander abgestimmt werden; ***that should ~ things up a bit*** das sollte alles etwas ausgleichen
IV. *vi* sich ausgleichen; *prices* sich einpendeln
even-handed *adj* gerecht; **to give ~ treatment to sb** jdn unvoreingenommen behandeln
even-handedly *adv inv* gleichermaßen, unterschiedslos; *(unbiased)* unparteiisch
evening [ˈiːvnɪŋ] **I.** *n* Abend *m;* ***have a nice ~*** schönen Abend! *fam;* ***I only get one ~ off a week*** ich habe nur einen Abend in der Woche frei; **all ~** den ganzen Abend; **on Friday ~** am Freitagabend; **on Friday ~s** freitagabends; **this/tomorrow ~** heute/morgen Abend; **in the ~** am Abend; **in the ~s** abends
II. *n modifier (edition, meal, walk)* Abend-; **~ service** Abendgottesdienst *m*
evening class *n* Abendkurs *m* **evening dress** *n* ❶ *(dress)* Abendkleid *nt* ❷ *no pl (outfit)* **to wear ~** Abendkleidung tragen **evening gown** *n* Abendkleid *nt* **evening newspaper** *n,* **evening paper** *n* Abendzeitung *f* **evening primrose** *n* BOT Nachtkerze *f* **evening primrose oil** *n* Nachtkerzenöl *nt*
evenings [ˈiːvnɪŋz] *adv inv esp* AM abends
evening school *n* Abendschule *f* **evening star** *n* Abendstern *m*
evenly [ˈiːvənli] *adv* ❶ *(placidly)* gelassen; **to state sth ~** etw gelassen [*o* in einem ruhigen Ton] erklären
❷ *(equally)* gleichmäßig; ***their chances of victory are ~ balanced*** sie haben gleich große Chancen auf einen Sieg; **to divide sth ~** etw gleichmäßig aufteilen; **to be ~ matched** einander ebenbürtig sein
evenness [ˈiːvənnəs] *n no pl* Ebenheit *f*
evens [ˈiːvənz] BRIT **I.** *adj attr, inv (in betting)* **an ~ bet** eine eins zu eins Wette; *(fig: fifty-fifty)* ausgewogen; **the chances are ~** die Chancen stehen fünfzig zu fünzig
II. *adv* **to bet ~ on the favourite** den doppelten Wetteinsatz für den Favoriten zurückbekommen
III. *n* **to lay ~** den Einsatz verdoppeln; **to quote at ~** die Gewinnquote mit 1:1 ansetzen; **to win at ~** eins zu eins gewinnen
evensong *n no pl esp* BRIT Abendgottesdienst *m,* Abendandacht *f* **even-steven** [-ˈstiːvən] *adj pred, inv (fam)* ▪**to be ~** quitt sein
event [ɪˈvent] *n* ❶ *(occurrence)* Ereignis *nt;* **series of ~s** Reihe *f* von Vorfällen; **social ~** gesellschaftliches Ereignis; **sporting ~** Sportveranstaltung *f;* **to be swept along by the tide [*or* course] of ~s** von der Wucht der Ereignisse mitgerissen werden
❷ *(case)* Fall *m;* ***in that ~ I'll phone you*** falls es so ist, rufe ich dich an; ***we had expected to arrive late but in the ~ we were actually early*** wir hatten uns darauf eingestellt, zu spät zu kommen, aber waren dann doch zu früh dran; **in the ~ that …** falls …; **in the ~ of sb's death/an explosion** im Falle jds Todes/einer Explosion; **in any [*or* either] ~ [*or* BRIT *also* at all ~s]** auf jeden Fall, in jedem Fall, auf alle Fälle; **to be wise after the ~** es im Nachhinein besser wissen
❸ SPORTS Wettkampf *m*
event-driven *adj* COMPUT anreizgesteuert
even-tempered *adj (approv)* ausgeglichen
eventer [ɪˈventəʳ, AM t̬ɚ] *n* BRIT SPORTS Militaryreiter(in) *m(f)*
eventful [ɪˈventfəl] *adj* ereignisreich
eventide [ˈiːvəntaɪd] *n (poet)* Abendzeit *f;* ***~ rolled in*** der Abend brach an
eventing [ɪˈventɪŋ, AM t̬ɪŋ] *n no pl* BRIT SPORTS *(horse-riding discipline)* Military
event planner *n* Veranstaltungsplaner(in) *m(f),* Event-Manager(in) *m(f)*
eventual [ɪˈventʃuəl] *adj attr, inv* ❶ *(final)* schließlich; **the ~ cost** die letztendlichen Kosten
❷ *(possible)* etwaig; ***we remain optimistic about an ~ agreement*** wir glauben, dass eine Übereinkunft doch noch möglich ist
eventuality [ɪˌventʃuˈæləti, AM -t̬i] *n inv* Möglichkeit *f,* Eventualität *f;* **for all eventualities** für alle Eventualitäten; **for any ~** für alle Fälle; **in that ~** in

diesem Fall

eventually [ɪ'ventʃuəli] *adv inv* ❶ (*finally*) schließlich; ***the bus ~ came*** der Bus kam endlich ❷ (*some day*) irgendwann; (*with time*) nach und nach; (*at one point in future*) eines Tages

ever ['evəʳ, AM -ɚ] *adv inv* ❶ (*at any time*) jemals; ***nothing ~ happens here in the evenings*** hier ist abends nie was los; ***have you ~ been to London?*** bist du schon einmal in London gewesen?; ***nobody has ~ heard of this book*** keiner hat je etwas von diesem Buch gehört; ***if ~ somebody was guilty, then that scumbag was*** dieser Mistkerl war todsicher schuldig; ***it was a brilliant performance if ~ there was one*** dies war eine wahrhaft ausgezeichnete Darbietung; ***if ~ you're in Dubai, …*** solltest du je in Dubai sein, …; ***he rarely, if ~ does any cleaning*** er putzt kaum, wenn überhaupt je; **hardly ~** kaum; **to hardly ~ do sth** etw so gut wie nie tun; **as good as ~** so gut wie eh und je; **worse/happier than ~** schlimmer/glücklicher als je zuvor; **never ~** (*fam*) nie im Leben, niemals ❷ (*always*) ***they lived happily ~ after*** sie lebten glücklich bis ans Ende ihrer Tage; (*in fairy tales*) und wenn sie nicht gestorben sind, dann leben sie noch heute; ***Yours ~, Chris*** BRIT (*dated*) Viele Grüße, dein Chris; **~ better** immer besser; **as ~** wie gewöhnlich; **~ since …** seitdem … ❸ (*of all time*) ***the biggest trade fair ~*** die größte Handelsmesse, die es je gab; ***the first performance ~*** die allererste Darbietung ❹ (*as intensifier*) ***how ~ could anyone …?*** wie kann jemand nur …?; ***what ~ have you done to him?*** was hast du ihm bloß angetan?; ***when ~ are we going to get this finished?*** wann haben wir das endlich fertig?; ***where ~ have I …?*** wohin habe ich nur …?; AM, AUS (*for emphasis*) ***am I ~!*** und wie!; ***was she ~ a fast runner!*** sie war wirklich eine schnelle Läuferin; *see also* **whoever** ❺ *esp* BRIT (*fam: exceedingly*) ***Mark got ~ so drunk last night*** Mark war gestern Abend wahnsinnig betrunken; ***thank you ~ so much*** tausend Dank

everglade ['evəgleɪd, AM 'evɚ-] *n* Sumpfgebiet *nt;* ■**the E~s** *pl* die Everglades *pl* **evergreen** I. *n* (*plant, shrub*) immergrüne Pflanze; (*tree*) immergrüner Baum II. *adj* immergrün; **~ forest** Nadelwald *m;* **~ tree** Nadelbaum *m;* (*fig*) immer aktuell; **an ~ performer** ein bewährter Künstler; **~ song** Evergreen *m* **ever-increasing** *adj inv* ständig zunehmend *attr;* **~ demand for sth** ständig wachsende Nachfrage nach etw *dat* **everlasting** *adj inv* ❶ (*undying*) immerwährend; ***an ~ place in history*** ein fester Platz in der Geschichte; **~ glory** unvergänglicher Ruhm; **~ gratitude** ewige Dankbarkeit; **the key to ~ happiness** der Schlüssel zum dauerhaften Glück ❷ (*pej: unceasing*) endlos; **~ lectures** stundenlange Vorträge **everlastingly** [ˌevə'lɑːstɪŋli, AM ɚ'læstɪŋ] *adv* unaufhörlich, unablässig, endlos **evermore** *adv inv* (*liter*) immerfort; **for ~** für alle Ewigkeit; **to live on for ~** ewig fortleben **ever-present** *adj inv* allgegenwärtig; **~ threat** ständige Bedrohung

every ['evri] *adj* ❶ (*each*) jede(r, s); ***he seemed to dog her ~ step*** er folgte ihr auf Schritt und Tritt; **to cater to sb's ~ wish** auf alle Wünsche einer Person *gen* eingehen ❷ (*as emphasis*) ganz und gar; **~ bit** ganz genauso; **~ bit as … as …** genauso … wie …; **to have ~ chance that …** die besten Chancen haben, dass …; **to be ~ inch a gentleman** von Kopf bis Fuß ein Gentleman sein; **to be ~ inch a liberal** durch und durch liberal sein; **to know ~ nook and cranny of an area** jeden Winkel eines Gebiets kennen; **to have ~ reason to do sth** allen Grund haben, etw zu tun; **~ which way** *esp* AM (*sl*) in alle Richtungen; **to attend to sb's ~ whim and fancy** jdm jeden Wunsch von den Augen ablesen

everybody ['evriˌbɒdi, AM -ˌbɑːdi], **everyone** I. *pron indef, + sing vb* (*all people*) jede(r); ***surely ~ agrees that …*** sicher stimmt jeder zu, dass …; ***if you don't have enough to share with ~, …*** wenn du nicht genug hast, um mit allen zu teilen, …; ***~ in favour of this proposal please raise their hand*** alle, die für diesen Vorschlag sind, heben die Hand; ***~ had expected her to …*** jeder hatte erwartet, dass sie …; ***goodbye, ~*** auf Wiedersehen alle miteinander; ***it's not ~'s cup of tea*** das liegt nicht jedem; ***I've received replies from ~ but Jane*** alle außer Jane haben mir geantwortet; **~ else** alle anderen; ***I'm sorry, but you'll just have to wait your turn like ~ else*** es tut mir Leid, aber Sie müssen wie alle anderen warten, bis Sie dran sind II. *interj* ~ ich bitte um Ihre Aufmerksamkeit

everyday ['evrideɪ] *adj* alltäglich; ***death was an ~ occurrence back then*** damals war man täglich mit dem Tod konfrontiert; **to be an ~ event** gang und gäbe sein; **~ language** Alltagssprache *f;* **to write sth in ~ language** etw verständlich formulieren; **~ life** Alltagsleben *nt;* **~ topic** Allerweltsthema *nt;* **to attend in ~ wear** (*Brit*) in Alltagsklamotten erscheinen *fam;* **a word in ~ use** ein umgangssprachlich verwendetes Wort

Everyman *n no pl* jedermann; ***the main character in the film is an ~*** die Hauptrolle des Films handelt von Otto Normalverbraucher

everyone ['evriwʌn] *pron see* **everybody**

everyplace ['evripleɪs] AM I. *adv inv* (*everywhere*) überallhin II. *n no pl* (*everywhere*) überall

everything ['evriθɪŋ] *pron indef* ❶ (*all things*) alles; ***he taught me ~ I know*** er brachte mir alles bei, was ich weiß; (*for sale*) ***~ must go!*** alles muss raus!; ***we will do ~ in our power to prevent a war*** wir werden alles tun, das in unser Macht steht, um einen Krieg zu verhindern; ***the doctors did ~ possible to save her life*** die Ärzte versuchten alles Menschenmögliche, um ihr Leben zu retten; ***we did ~ we could*** wir taten alles, was in unserer Macht stand; ***why do you always have to reduce ~ to sex?*** warum läuft bei dir immer alles auf Sex raus?; ***he reduces ~, even tragic things, to a joke*** er zieht alles, sogar Tragisches, ins Komische; ***~ from caviar to cut glass was on sale*** alles von Kaviar bis zu geschliffenem Glas stand zum Verkauf; ***you can see ~ from alligators to zebras at the zoo*** im Zoo sieht man alle Tiere von Alligatoren bis Zebras; **to blame ~ on sth/sb** [*or* **sb/sth for ~**] etw/jdm die ganze Schuld geben; **anything and ~** jede Kleinigkeit ❷ (*the most important thing*) ***time is ~ — don't waste it*** Zeit ist alles – vergeude sie nicht; ***money isn't ~*** Geld ist nicht alles; **to be ~ [to sb]** [jdm] alles sein; ***getting rich is ~ to her*** sie möchte nur reich werden ❸ (*current situation*) alles; ***have you been crying? is ~ all right?*** hast du geweint? ist alles in Ordnung?; ***how's ~?*** wie steht's?; **despite** [*or* **in spite of**] **~** trotz allem
► PHRASES: **we've reduced prices on ~ but** [*or* **exept**] **the <u>kitchen</u> sink** (*hum*) wir haben alles reduziert; **~ <u>comes</u> to him who waits** (*prov*) mit Geduld kommt jeder ans Ziel; **to <u>have</u> ~** reich gesegnet sein; **the charity <u>had</u> nothing to do with helping the needy and ~ to do with making its administrators rich** die Fürsorge wollte nicht den Bedürftigen helfen, sondern nur ihre Angestellten reich machen; **<u>and</u> ~** (*fam*) und allem drum und dran *fam*

everywhere ['evri(h)weəʳ, AM -wer] I. *adv inv* überall; ***reasonable people ~ …*** jeder vernünftige Mensch auf dieser Welt …; **~ in the world** auf der ganzen Welt; **~ else** überall sonst; **to look ~ for sth** überall nach etw *dat* suchen; **to travel ~** überallhin reisen II. *n no pl* allerorts

evict [ɪ'vɪkt] *vt* **to ~ sb** (*from their home*) jdm kündigen; (*forcefully*) jdn zur Räumung seiner Wohnung zwingen; (*from a pub*) jdn rausschmeißen; ***tenants who fall behind in their rent risk being ~ed*** Mieter, die ihre Miete nicht zahlen, riskieren auf die Straße gesetzt zu werden

eviction [ɪ'vɪkʃən] I. *n* Zwangsräumung *f;* ***a court order for the ~ of the squatters*** ein gerichtlich bestätigter Räumungsbefehl gegen die Squatter II. *adj attr, inv* **~ notice/order** Räumungsbescheid *m*/-befehl *m*

evidence ['evɪdən(t)s] I. *n no pl* ❶ (*proof*) Beweis[e] *m*[*pl*]; ***where is your ~?*** kannst du das beweisen?; ***is there any scientific ~ that …?*** lässt es sich irgendwie wissenschaftlich beweisen, dass …?; ***there is growing ~ that …*** es gibt zunehmend Anhaltspunkte dafür, dass …; **to believe the ~ of one's eyes** seinen eigenen Augen trauen; **all the ~** alle Anhaltspunkte; **documentary ~** dokumentarische Beweise; **to have documentary ~ of sth** stichfeste Belege für etw *akk* haben; **further ~** weitere Anhaltspunkte; ■**on the ~ of sth** BRIT aufgrund einer S. *gen;* **on the ~ of recent developments** BRIT in Anbetracht der jüngsten Entwicklungen; ***on the ~ of their past encounters*** im Hinblick auf ihre letzten Begegnungen ❷ LAW Beweisstück *nt;* **rule of ~** Beweisregeln *pl;* **circumstantial ~** Indizienbeweis *m;* **convincing ~** überzeugende Beweise; **direct ~** unmittelbarer Beweis; **documentary ~** urkundliche Beweise; **forensic ~** gerichtlicher Beweis; **fresh ~** neues Beweismaterial; **insufficient ~** unzureichende Beweise; **oral ~** mündliche Aussage; **Queen's/King's ~** Aussage *f* eines Kronzeugen; **to plant ~** Beweismaterial unterschieben; **to turn Queen's/King's ~** BRIT als Kronzeuge auftreten; **to give State's** [*or* **Queen's**] **~ against sb** BRIT als Kronzeuge gegen jdn aussagen; **written ~** schriftliches Beweismaterial; **to find no ~ of sth** keinen Anhaltspunkt für etw *akk* haben; **to give ~ [on sth]** [über etw *akk*] aussagen; **to give ~ [against sb]** [gegen jdn] aussagen; **to give ~ in sb's favour** zugunsten von jdm aussagen; **to turn state's ~** als Kronzeuge [*o* Belastungszeuge] aussagen ❸ (*be present*) Offenkundigkeit *f;* ***few police were in ~ outside the courtroom*** außerhalb des Gerichtssaals war nur ein geringes Polizeiaufgebot zu erkennen; ■**to be [much] in ~** [deutlich] sichtbar sein II. *vt* **to ~ interest in sth** Interesse an etw *dat* zeigen; ■**to be ~d by sth** *esp* AM (*show, prove*) sich *akk* in etw *dat* ausdrücken; **as ~d by sth** LAW wie durch etw *akk* nachgewiesen, wie etw zeigt

evident ['evɪdənt] *adj* offensichtlich; ***from the smell it was ~ that …*** der Geruch ließ darauf schließen, dass …; ***it only became ~ the following morning*** es war erst am nächsten Morgen zu erkennen; ■**to be ~ in sth** in etw *dat* zu erkennen sein, sich *akk* in etw *dat* zeigen; ■**to be ~ to sb** für jdn deutlich sichtbar sein

evidently ['evɪdəntli] *adv* ❶ (*clearly*) offensichtlich ❷ (*form: so it seems*) ganz offensichtlich; **~ not** offensichtlich nicht

evil ['iːvəl] I. *adj* böse; **the ~ day** [*or* **hour**] (*hum*) die Stunde der Wahrheit; **to put off the ~ hour** der Stunde der Wahrheit aus dem Wege gehen; **the ~ hour is upon sb** jdm droht die Stunde der Wahrheit; **to use one's ~ influence on sb** auf jdn einen schlechten Einfluss ausüben; **a thoroughly ~ man** ein ausgesprochen gehässiger Mann; **~ odour** [*or* AM **odor**] übler Gestank; **to be of ~ repute** einen schlechten Ruf genießen; **~ spirit[s]** böse Geister; **to have an ~ tongue** eine bösartige Zunge haben II. *n* Übel *nt;* LIT das Böse; **an aura of ~** eine Aura des Bösen; **to blame sb for all the ~s of the past** jdn für alles Schlechte der Vergangenheit verantwortlich machen; **good and ~** Gut und Böse; **the lesser ~** das geringere Übel; **the lesser of two ~s** das kleinere von zwei Übeln; **social ~** soziale Missstände

evildoer *n* Übeltäter(in) *m(f)* **evil eye** *n* (*fig*) ■**the ~** der böse Blick

evilly ['iːvəli] *adv* schlimm, übel, böse

evil-minded *adj* (*pej*) bösartig **evil-tempered** *adj* (*pej*) jähzornig

evince [ɪ'vɪn(t)s] *vt* ■**to ~ sth** etw bekunden; **to ~ a desire to do sth** den Wunsch äußern, etw zu tun; **to ~ interest** Interesse zeigen; **to ~ a willingness**

to do sth die Bereitschaft zeigen, etw zu tun

eviscerate [ɪ'vɪsəreɪt] *vt* (*form*) ■**to ~ an animal/sb** ein Tier ausnehmen/jdm die inneren Organe entfernen; (*fig: remove beautiful/valuable part*) ■**to ~ sth** etw einer S. *gen* berauben *geh*

evisceration [ɪ,vɪsə'reɪʃən] *n no pl* (*of animals*) Ausweidung *f*; (*of humans*) Entfernen *nt* der Eingeweide

evocation [,evə(ʊ)'keɪʃən, AM ,evə'-] *n* (*form*) Heraufbeschwören *nt*

evocative [ɪ'vɒkətɪv, AM ɪ'vɑːkət̬ɪv] *adj* evokativ; *melodie* sinnträchtig; **an ~ image** ein plastisches Bildnis; ■**to be ~ of sth** an etw *akk* erinnern; **to be ~ of a decade** Erinnerungen an ein [bestimmtes] Jahrzehnt wachrufen

evocatively [ɪ'vɒkətɪvli, AM ɪ'vɑːkət̬-] *adv* evokativ; **to read ~** etw anschaulich vortragen; **to write ~ of sth** etw in plastischer Weise beschreiben

evoke [ɪ'vəʊk, AM -'voʊk] *vt* ■**to ~ sth** etw hervorrufen; *a mental image* an etw *akk* erinnern; **to ~ a memory** eine Erinnerung wachrufen; **to ~ a smile** ein Lächeln bewirken; ***seeing the pictures of himself as a baby ~d a smile*** als er sich selbst als Baby auf den Bildern sah, musste er lächeln; **to ~ a suspicion** einen Verdacht erregen

evolution [,iːvə'luːʃən, AM ,evə'-] *n no pl* Evolution *f*; *of animals* Entwicklung *f* [von Tieren]; (*fig*) Entwicklung *f*

evolutionary [,iːvə'luːʃənəri, AM ,evə'luːʃəneri] *adj* evolutionär; ***change should be ~ and not revolutionary*** (*fig*) die Änderungen sollten sich Schritt für Schritt und nicht drastisch vollziehen

evolve [ɪ'vɒlv, AM -'vɑːlv] **I.** *vi* (*develop*) entwickeln; *animals* sich entwickeln; *a species, theory* sich herausbilden; ***how do we know that humans ~d from apes?*** woher wissen wir, dass der Mensch vom Affen abstammt?
II. *vt* ■**to ~ sth** etw entwickeln; **to ~ new forms of life** neue Formen des Lebens herausbilden

ewe [juː] *n* Mutterschaf *nt*; **~'s milk** Schafsmilch *f*

ewer ['juːəʳ, AM -ɚ] *n* Wasserkrug *m*

ex¹ *prep* ❶ COMM (*out of, from*) ab; **price ~ warehouse/works** Preis ab Lager/Werk
❷ (*without*) ohne; STOCKEX **~ all** ausschließlich aller Rechte; **~ cap** ex [*o* ohne] Berichtigungsaktien, ex Gratisaktien; **share quoted ~ div[idend]** ex Dividende notierte Aktie; **~ rights** ex [*o* ohne] Bezugsrechte

ex² <*pl* -es> [eks] *n* (*fam: lover*) Ex-Freund(in) *m(f)*; (*spouse*) Ex-Mann, Ex-Frau *m, f*

ex- [eks] *in compounds* ehemalig; **~prisoner** ehemaliger Häftling; **~husband** Ex-Mann *m*; **~communist** Ex-Kommunist(in) *m(f)*; **~wife** Ex-Frau *f*

exacerbate [ɪg'zæsəbeɪt, AM -'zæsɚ-] *vt* ■**to ~ sth** etw verschlimmern; *drought, crisis* etw verschärfen; **to ~ relations** Beziehungen trüben; **to ~ tension** Spannungen vertiefen

exacerbation [ɪg,zæsə'beɪʃən, AM -,zæsɚ'-] *n no pl* Verschlimmerung *f*; *of crisis etc* Verschärfung *f*; **~ of a problem** Verschlechterung *f* eines Problems

exact [ɪg'zækt] **I.** *adj* ❶ (*precise*) genau; ***£7.30 to be ~*** 7 Pfund und dreißig Pence, um genau zu sein; **the ~ circumstances** die genauen Umstände; **the ~ description of a person** die exakte Beschreibung einer Person; **to be the ~ equivalent of sth** etw *dat* genau entsprechen; **to be ~ in one's evaluation** eine exakte Beurteilung abgeben; **to have the ~ fare ready** das Fahrgeld genau abgezählt bereithalten; **the ~ opposite** ganz im Gegenteil; **to be ~ in one's reporting** genauestens Bericht erstatten; **an ~ science** eine exakte Wissenschaft
❷ (*same*) **at the ~ same moment** genau in dem Moment; **the ~ one** genau der/die/das
II. *vt* ■**to ~ sth** etw fordern; (*pej*) etw abverlangen; **to ~ tremendous concentration** ein erhebliches Maß an Konzentration erfordern; **to ~ obedience** Gehorsam fordern; **to ~ a high price from sb** einen hohen Preis von jdm fordern; **to ~ revenge on sb** an jdm Rache üben; ■**to ~ sth from sb** etw von jdm fordern; ■**to be ~ed by sth** durch etw *akk* verursacht werden

exacting [ɪg'zæktɪŋ] *adj* anstrengend; **sb is very ~** jd verlangt sehr viel; **to conform to ~ safety standards** genauen Sicherheitsnormen entsprechen

exact interest *n* AM ECON, FIN Zinsen *pl* auf der Basis von 365 Tagen

exaction [ɪg'zækʃən] *n* (*form*) ❶ *no pl* (*action of demanding*) [An]forderung *f*
❷ (*act of extortion*) Eintreibung *f*, erpresste Abgabe

exactitude [ɪg'zæktɪtjuːd, AM -tətuːd, -tjuːd] *n no pl* (*form*) Genauigkeit *f*

exactly [ɪg'zæktli] *adv* ❶ (*precisely*) genau; ***we started going out with each other ~ four years ago today*** heute sind wir seit genau vier Jahren zusammen; ***this song sounds ~ like all his other songs*** dieses Lied unterscheidet sich nicht im Geringsten von seinen anderen Liedern; **~!** ganz genau!; **~ the same** genau dasselbe; ***if I had my life again, I'd do ~ the same things*** wenn ich nochmal zu leben hätte, würde ich alles nochmal ganz genauso machen; **to not ~ agree to sth** etw *dat* nicht gerade zustimmen; ***he didn't ~ agree with my proposal, but …*** er stimmte meinem Vorschlag nicht gerade zu, aber …; **to do ~ that** genau das tun; **how/what/when/where/who ~ …** [*or* **~ how/what/when/where/who …**] wie/was/wann/wo/wer genau …; ***what ~ do you want from life?*** was erwartest du eigentlich vom Leben?
❷ (*hardly*) ■**not ~** eigentlich nicht; ***he's not ~ good-looking but …*** eigentlich sieht er gar nicht gut aus, aber …; **to be not ~ the epitome of sth** (*iron*) etw *dat* nicht gerade entsprechen

exactness [ɪg'zæktnəs] *n* Genauigkeit *f*

exaggerate [ɪg'zædʒəreɪt, AM -dʒər-] **I.** *vt* ■**to ~ sth** etw übertreiben; **to ~ the effect of sth** die Wirkung von etw *dat* verstärken; **to ~ a situation** eine Situation übertrieben darstellen; **to ~ sth grossly** [*or* **wildly**] etw stark übertreiben
II. *vi* übertreiben; **let's not ~!** bloß nicht übertreiben!

exaggerated [ɪg'zædʒəreɪtɪd, AM -dʒəreɪt̬ɪd] *adj* übertrieben; ***he has an ~ idea of his own importance*** er nimmt sich selbst viel zu wichtig; **to pay ~ attention to sb** jdm übertriebene Aufmerksamkeit schenken; **wildly ~ claims** vollkommen überzogene Forderungen; **to attach ~ importance to sth** etw *dat* übertriebene Aufmerksamkeit schenken; **greatly ~** stark übertrieben

exaggeratedly [ɪg'zædʒəreɪtɪdli, AM -dʒəreɪt̬ɪd-] *adv* übertrieben

exaggeration [ɪg,zædʒər'eɪʃən] *n* Übertreibung *f*; ***it's not an ~ to say that …*** es ist nicht übertrieben, wenn man behauptet, dass …; ***it's a bit of an ~ to say that she's beautiful*** sie als schön zu bezeichnen wäre wohl ein bisschen übertrieben; **to have a tendency to ~** zu Übertreibungen neigen

exalt [ɪg'zɔːlt] *vt* ❶ (*praise*) ■**to ~ sb** jdn preisen; ***the new book about JFK does not exactly ~ him*** das neue Buch über John F. Kennedy ist nicht gerade eine Lobeshymne; **to ~ sth as a virtue** etw als eine Tugend preisen
❷ (*promote*) jdn [in einen Stand] erheben

exaltation [,egzɔːl'teɪʃən] *n no pl* Begeisterung *f*

exalted [ɪg'zɔːltɪd] *adj* ❶ (*elevated*) hoch; **to rise to an ~ post** zu einem hohen Posten aufsteigen; **~ rank** hoher Rang
❷ (*overjoyed*) überschwänglich; ■**to be ~** überschwänglich reagieren; ***we were absolutely ~ when …*** wir waren vor Freude vollkommen aus dem Häuschen, als …

exam [ɪg'zæm] *n* Prüfung *f*; **to fail an ~** durch eine Prüfung fallen; **to take an ~** eine Prüfung machen

examination [ɪg,zæmɪ'neɪʃən] **I.** *n* ❶ (*test*) Prüfung *f*; UNIV Examen *nt*; **to fail an ~** durch eine Prüfung fallen; **to pass/sit/take an ~** eine Prüfung bestehen/ablegen/machen
❷ (*investigation*) Untersuchung *f*; **customs ~** ECON Zollkontrolle *f*; **~ of the evidence** Überprüfung *f* der Beweismittel; **research ~** Forschungsuntersuchungen; **on closer ~** bei genauerer Überprüfung; **to be under ~** untersucht werden; ***the evidence is still under ~*** die Beweismittel werden immer noch geprüft
❸ MED Untersuchung *f*; **to undergo a medical ~** sich *akk* ärztlich untersuchen lassen; **post-mortem ~** Obduktion *f*, Autopsie *f*; **to have** [*or* **undergo**] **an ~** sich *akk* einer Untersuchung unterziehen
❹ (*questioning*) *suspect, prisoner* Vernehmung *f*, Verhör *nt*; *witness* Zeugenvernehmung *f*; **direct ~** AM erste Zeugenvernehmung (*durchgeführt von dem Anwalt der benennenden Partei*); **to conduct the ~ of a witness** die Zeugenvernehmung durchführen; **to undergo an ~** vernommen [*o* verhört] werden
II. *n modifier* (*questions, results, certificate*) Prüfungs-; **~ paper** Prüfungsunterlagen *pl*

examination board *n* Prüfungsausschuss *m*

examine [ɪg'zæmɪn] *vt* ❶ (*test*) ■**to ~ sb** [**in sth**] jdn [in etw *dat*] prüfen; ■**to be ~d** geprüft werden
❷ (*scrutinize*) ■**to ~ sth** etw untersuchen [*o* prüfen]; ***the council is to ~ ways of reducing traffic*** der Stadtrat versucht Wege zur Reduzierung des Verkehrs zu finden; **to ~ credentials/methods** Referenzen/Methoden überprüfen; **to ~ the effects of sth** die Auswirkungen von etw *dat* untersuchen
❸ LAW ■**to ~ sb** jdn verhören [*o* vernehmen]; **to ~ the accused** den Angeklagten verhören; **to ~ experts** Experten anhören; ■**to ~ sb on sth** jdn zu etw *dat* befragen [*o* hinzuziehen]
❹ MED ■**to ~ sb/sth** jdn/etw untersuchen; **to ~ one's breasts** [**for lumps**] jds Brust [auf Knoten] abtasten

examinee [ɪg,zæmɪ'niː] *n* Examenskandidat(in) *m(f)*

examiner [ɪg'zæmɪnəʳ, AM -ɚ] *n* ❶ SCH, UNIV Prüfer(in) *m(f)*
❷ MED **medical ~** Gerichtsmediziner(in) *m(f)*
❸ IRISH ECON, FIN (*corporate administrator*) [vom Gericht bestimmter] Verwalter/[vom Gericht bestimmte] Verwalterin

examining board *n* Prüfungsausschuss *m*

examining justice *n*, **examining magistrate** *n* LAW Untersuchungsrichter *m*

example [ɪg'zɑːmpl, AM -'zæm-] *n* ❶ (*illustration*) Beispiel *nt*; ***this painting is a marvellous ~ of her work*** dieses Bild verdeutlicht ihre Arbeit auf wunderbare Art und Weise; ***that was a perfect ~ of …*** das war ein perfektes Beispiel für …; **to give** [*or* **quote**] [**sb**] **an ~** [**of sth**] [jdm] ein Beispiel [für etw *akk*] geben; **for ~** zum Beispiel
❷ (*model*) Beispiel *nt*; **to set a good ~ to sb** jdm als Vorbild dienen; **to be a shining ~ for sth** ein leuchtendes Beispiel für etw *akk* sein; **to follow sb's ~** in die Fußstapfen einer Person *gen* treten; **to make an ~ of sb** an jdm ein Exempel statuieren; ***the judge made an ~ of him and gave him the maximum sentence*** der Richter belegte ihn exemplarisch mit der Höchststrafe

exasperate [ɪg'zæspəreɪt, AM -pər-] *vt* ■**to ~ sb** (*infuriate*) jdn zur Verzweiflung bringen; (*irritate*) jdn verärgern [*o fam* auf die Palme bringen]; ■**to be ~d by** [*or* **at**] **sth** über etw *akk* verärgert sein

exasperated [ɪg'zæspəreɪtɪd, AM -pəreɪt̬ɪd] *adj* (*irritated*) verärgert; (*infuriated*) aufgebracht; **to show an ~ reaction to sth** sehr aufgebracht auf etw *akk* reagieren; **to say sth in an ~ voice** etw in einem ärgerlichen Tonfall sagen; **to look ~** einen ärgerlichen Gesichtsausdruck haben; ■**to be ~ at** [*or* **by**] **sth** über etw *akk* verärgert sein

exasperatedly [ɪg'zæspəreɪtɪdli, AM -pəreɪt̬ɪd-] *adv* verärgert; ***…, he spluttered ~*** …, zischte er aufgebracht; **to talk ~ of sth** aufgebracht über etw *akk* berichten

exasperating [ɪg'zæspəreɪtɪŋ, AM -pəreɪt̬ɪŋ] *adj* ärgerlich; **sth is really ~** etw bringt jdn auf die Palme

exasperatingly [ɪg'zæspəreɪtɪŋli, AM -pəreɪt̬ɪŋ-] *adv* zum Verzweifeln; ***they are ~ slow in processing any application*** es ist zum Verzweifeln, wie langsam sie Anträge bearbeiten; **to be ~ obstinate** zum Verzweifeln stur sein

exasperation [ɪg,zæspə'reɪʃən] *n no pl* Verzweiflung *f* (**at** über +*akk*); **to feel deep ~** zutiefst verzweifelt sein; **to drive sb to ~** jdn vollkommen zur Verzweiflung bringen; **in ~** verärgert, verzweifelt; ***he stormed out of the meeting in ~*** er stürmte völlig frustriert aus der Konferenz

ex cathedra [ˌekskəˈθiːdrə] **I.** *adj inv* ❶ (*form: unchallengeable*) maßgeblich; **~ pronouncement** unumstößliche Erklärung
❷ REL ex cathedra
II. *adv inv* (*form*) autoritativ; ***when the pope says something he speaks ~*** alles was der Papst sagt, ist von maßgebender Bedeutung

excavate [ˈekskəveɪt] **I.** *vt* ■**to ~ sth** ❶ ARCHEOL etw ausgraben; **to ~ a burial place** ein Grab ausheben; **to ~ a site** Ausgrabungen auf einem Gelände machen; **~d site** Ausgrabungsgelände *nt*
❷ (*dig*) etw ausheben; **to ~ a hole/tunnel** ein Loch/einen Tunnel graben
❸ *esp* BRIT (*fig: expose*) etw offen legen; **to ~ details of sb's private life** Einzelheiten aus jds Privatleben an die Öffentlichkeit bringen
II. *vi* Ausgrabungen machen

excavation [ˌekskəˈveɪʃən] *n* ARCHEOL Ausgrabung *f;* (*digging*) Ausheben *nt;* **~ of a tumulus** Aushebung *f* eines Hügelgrabs; **the ~ of a tunnel** das Graben eines Tunnels; **to carry out an ~** eine Ausgrabung durchführen; **to take part in an ~** an einer Ausgrabung teilnehmen

excavation site *n* Ausgrabungsstätte *f*

excavator [ˈekskəveɪtəʳ, AM -t̬ɚ] *n* Bagger *m*

exceed [ɪkˈsiːd] *vt* ■**to ~ sth** etw übersteigen; (*outshine*) etw übertreffen; ***the total current must not ~ 13 amps*** es dürfen nicht mehr als 13 Ampere Strom fließen; ECON, FIN ***he has ~ed his credit limit*** er hat seinen Kredit überzogen; **to ~ the ceiling** (*fig*) die Höchstgrenze überschreiten; **to ~ sb's wildest dreams** jds kühnste Träume übertreffen; **to ~ sb's wildest expectations** all jds Erwartungen bei weitem übertreffen; **to ~ a quota** eine Quote übersteigen; **to ~ one's powers** LAW seine Befugnisse überschreiten; **to ~ the speed limit** die Geschwindigkeitsgrenze überschreiten

exceedingly [ɪkˈsiːdɪŋli] *adv* äußerst; **~ difficult** extrem schwierig; **~ good** überdurchschnittlich gut; **~ unpleasant** höchst unangenehm; **to disturb sb ~** (*old*) jdn aufs Äußerste beunruhigen

excel <-ll-> [ɪkˈsel] **I.** *vi* sich *akk* auszeichnen; ■**to ~ at** [*or* **in**] **sth** sich *akk* bei etw *dat* hervortun; ***I've never ~led at diving*** ich war noch nie ein guter Taucher; ***she ~s in debates*** sie schlägt sich hervorragend bei Diskussionen; **to ~ at chess** im Schachspielen ein As sein *fam;* **to ~ at French** im Französischen eine Leuchte sein *fam*
II. *vt* ■**to ~ oneself** sich *akk* selbst übertreffen

excellence [ˈeksəlᵊn(t)s] *n no pl* Vorzüglichkeit *f;* *of a performance* hervorragende Qualität; **academic ~** (*of a university*) ausgezeichnetes akademisches Niveau

Excellency [ˈeksəlᵊn(t)si] *n* Exzellenz *f;* **His/Her ~** Seine/Ihre Exzellenz; [**Your**] **~** [Eure] Exzellenz

excellent [ˈeksəlᵊnt] *adj* (*approv*) ausgezeichnet; ***the fall in interest rates is ~ news for borrowers*** der niedrigere Zinssatz kommt Kreditnehmern wie gerufen; **in ~ condition** in einem ausgezeichneten Zustand; **to have ~ facilities** über ausgezeichnete Einrichtungen verfügen; **to be in ~ form** in Topform sein *fam;* **to achieve an ~ grade** eine überdurchschnittlich gute Zensur bekommen; **to make an ~ impression on sb** einen sehr guten Eindruck bei jdm hinterlassen; **to have an ~ name** einen hervorragenden Ruf besitzen; **~ performance** hervorragende Leistung; **~ qualifications** sehr gute Qualifikationen; **to be of ~ quality** von hervorragender Qualität sein; **to have an ~ record** ausgezeichnete Leistungen vorweisen; **to have an ~ reputation for sth** in außergewöhnlichem Maße für etw bekannt sein; **to achieve ~ results** hervorragende Ergebnisse erzielen; **to have ~ taste** einen auserwählten Geschmack besitzen; **to be an ~ traveller** ein erfahrener Reisender sein; ■**~!** ausgezeichnet!, hervorragend!

excellently [ˈeksəlᵊntli] *adv* ausgezeichnet; **to work ~** hervorragende Arbeit leisten; *computers, machines* hervorragend funktionieren

except [ɪkˈsept] **I.** *prep* ■**~** [**for**] außer +*dat;* ***the museum is open daily ~ Mondays*** das Museum ist täglich geöffnet, außer montags; **~ for the fact that ...** außer [*o* abgesehen von] der Tatsache, dass ...
II. *conj* ❶ (*only, however*) doch, nur; ***I would come to see you ~ I haven't any time*** ich würde dich ja gerne besuchen kommen, nur ich habe keine Zeit
❷ (*besides*) außer; ***we can do nothing ~ appeal to their conscience*** wir können nur an ihr Gewissen appellieren
III. *vt* (*form*) ■**to ~ sb/sth from sth** jdn/etw von etw *dat* ausschließen; ***I ~ no one from this criticism*** keiner ist von dieser Kritik ausgeschlossen; **to be ~ed from a fine/tax** eine Geldstrafe/eine Steuer nicht bezahlen müssen; **to be ~ed from a law** von einem Gesetz ausgenommen sein

excepted [ɪkˈseptɪd] *adj after n* außer; ***Peter ~, ...*** außer Peter ...; **errors and omissions ~** ECON, FIN Irrtümer und Auslassungen vorbehalten; **present company ~** Anwesende ausgenommen; (*in insurance policy*) **~ persons** ausgenommene Personen

excepting [ɪkˈseptɪŋ] *prep* außer +*dat;* **not ~** nicht ausgenommen; **always ~** natürlich mit Ausnahme

exception [ɪkˈsepʃən] *n* Ausnahme *f;* ***you must report here every Tuesday without ~*** du musst dich hier ausnahmslos jeden Dienstag melden; **to make/be an ~** eine Ausnahme machen/sein; **to take ~** [**to sth**] Anstoß *m* [an etw *dat*] nehmen; ***I take great ~ to your last comment*** deine letzte Bemerkung verbitte ich mir *geh;* **with the ~ of ...** mit Ausnahme von ...
▶ PHRASES: **the ~ proves the rule** (*prov*) die Ausnahme bestätigt die Regel *prov*

exceptionable [ɪkˈsepʃənəbl̩] *adj* (*form*) anfechtbar; (*not appropriate*) unschicklich; ***many people find that sort of newspaper article highly ~*** viele Leute nehmen starken Anstoß an solch einem Zeitungsartikel; **an ~ programme** [*or* AM **program**] ein anstößiges Programm; **an ~ speech** eine ungebührliche Rede

exceptional [ɪkˈsepʃənəl] *adj* (*approv*) außergewöhnlich; ***she has ~ qualities as a pianist*** sie ist eine ganz hervorragende Pianistin; ***her ~ pallor attracted me*** mir gefiel ihre auffallende Blässe; **an ~ case** ein ungewöhnlicher Fall; **~ circumstances** außergewöhnliche Umstände; **~ needs payment** außergewöhnliche Sozialleistungen

exceptional items *npl* ECON, FIN einmalige Aufwendungen

exceptionally [ɪkˈsepʃənəli] *adv* (*approv*) außergewöhnlich; **to be ~ clever/cold** ungewöhnlich intelligent/kalt sein; **to be ~ talented** überdurchschnittliches Talent besitzen

excerpt **I.** *n* [ˈeksɜːpt, AM -sɜːrpt] Auszug *m,* Exzerpt *nt form* (**from** aus +*dat*)
II. *vt* [ekˈsɜːpt, AM -ˈsɜːrpt] *usu passive esp* AM ■**to be ~ed from sth** (*from a collection*) aus etw *dat* stammen; ***this passage of text has been ~ed from her latest novel*** diese Textpassage wurde ihrem letzten Roman entnommen

excess [ɪkˈses, ek-] **I.** *n* <*pl* -es> ❶ *no pl* (*overindulgence*) Übermaß *nt;* ***another night of ~ yesterday?*** hast mal wieder maßlos über die Stränge geschlagen gestern Abend?; **an ~ of alcohol** ein Übermaß an Alkohol; **~ of jurisdiction** LAW Kompetenzüberschreitung *f* eines Richters/einer Richterin
❷ (*surplus*) Überschuss *m;* ***an ~ of enthusiasm is not always a good thing*** allzuviel Enthusiasmus ist nicht immer gut; **to have an ~ of energy** überschüssige Energie besitzen; ■**to do sth to ~** bei etw *dat* übertreiben; **to make love to ~** sich exzessiv lieben; **to eat to ~** übermäßig viel essen; **in ~ of ...** mehr als ...
❸ (*insurance*) Selbstbehalt *m*
II. *adj attr* ❶ (*additional*) Überschuss *m;* **~ amount** Mehrbetrag *m;* **~ capacity** Überkapazität *f;* **~ charge** Zusatzgebühr *f;* **~ income** Mehreinkommen *nt;* **~ production** Überschussproduktion *f;* **~ supply** Überangebot *nt*
❷ (*surplus*) überschüssig; **~ alcohol in the blood** zu hoher Blutalkoholgehalt; **~ allowance** Zusatzbewilligung *f;* **~ fare** Zuschlag *m;* **~ fat** überschüssiges Fett

excess baggage *n,* **excess luggage** *n no pl* Übergepäck *nt*

excesses [ɪkˈsesɪz, ek-] *npl* ❶ (*outrageousness*) Exzesse *mpl;* **to commit ~** Exzesse begehen
❷ (*overabundance*) Unmenge *f;* ***as for shoes her ~ were well known*** es war bekannt, dass sie eine Unmenge von Schuhen besaß

excessive [ɪkˈsesɪv, ek-] *adj* übermäßig; ***~ exercise can cause health problems*** zu viel Sport kann Gesundheitsschäden verursachen; **~ claim** übertriebene Forderung; **~ spending** überhohe Ausgaben; **~ taxation** Übersteuerung *f;* **~ violence** übermäßige Gewalt[anwendung]; **~ zeal** Übereifer *m*

excessively [ɪkˈsesɪvli, ek-] *adv* übermäßig; ***he behaved ~ at the party*** er benahm sich auf der Party total daneben; **~ high salaries** überzogene Gehälter; **to not be ~ bright** nicht gerade eine Leuchte sein; **~ direct/rigorous** allzu direkt/streng; **~ persistent** übertrieben hartnäckig

excess liquidity *n no pl* ECON, FIN Überliquidität *f*

exchange [ɪksˈtʃeɪndʒ, eks-] **I.** *vt* ❶ (*trade*) ■**to ~ sth** [**for sth**] etw [gegen etw *akk*] austauschen; *in a shop* etw [gegen etw *akk*] umtauschen; **to ~ apartments** einen Wohnungstausch vornehmen
❷ (*interchange*) ■**to ~ sth** etw austauschen; **to ~ addresses/greetings/opinions** Adressen/Grüße/Meinungen austauschen; **to ~ banter with sb** mit jdm herumalbern; **to ~ looks** Blicke wechseln; **to ~ words** einen Wortwechsel haben
II. *n* ❶ (*trade*) Tausch *m;* ***he gave me some tomatoes in ~ for a lift into town*** er gab mir ein paar Tomaten und dafür nahm ich ihn mit in die Stadt; **~ of contracts** Vertragsabschluss *m;* **~ of letters** Briefwechsel *m;* **~ of proposals** Austausch *m* von Vorschlägen
❷ FIN, ECON Währung *f;* **foreign ~** Devisen *fpl;* (*money*) ausländische Zahlungsmittel; **rate of ~** Wechselkurs *m;* **rate of ~ of the dollar** Wechselkurs *m* des Dollars; **~ regulations** Devisenbestimmungen *fpl*
❸ STOCKEX (*shares market*) Börse *f;* **commodity ~** Warenbörse *f;* **Stock E~** Börse *f;* **London International Financial Futures and Options E~** *Internationale Londoner Finanzterminbörse;* **Baltic International Freight and Futures E~** *Londoner Börse für Warentermingeschäfte;* **London Metal E~** *Londoner Metallbörse*
❹ (*interchange*) Wortwechsel *m;* ***there was a brief ~ between the two leaders*** die beiden Führungskräfte tauschten sich kurz aus; **~ of blows** Schlagabtausch *m;* **~ of fire** Feuergefecht *nt,* Schusswechsel *m;* **~ of threats** gegenseitige Drohungen; **bitter ~** erbitterter Wortwechsel
III. *adj attr, inv* **~ conditions** Wechselbedingungen *fpl;* **~ market** Devisenmarkt *m;* **~ teacher** Austauschlehrer(in) *m(f);* **~ value** Tauschwert *m*

exchangeable [ɪksˈtʃeɪndʒəbl̩, eks-] *adj inv* austauschbar; *goods* umtauschbar; **~ currency** Tauschwährung *f;* **~ token** einlösbarer Gutschein

exchange broker *n* Devisenmakler(in) *m(f)*

exchange control *n* FIN Devisenbewirtschaftung *f,* Devisenkontrolle *f;* ***the government has imposed ~s*** die Regierung hat Beschränkungen im freien Devisenverkehr eingeführt; **to lift ~s** Devisenbeschränkungen aufheben **exchange cross rates** *n* FIN Usancekurs *m* **exchange dealer** *n* ECON, FIN Devisenmakler(in) *m(f)* **Exchange Equalization Account** *n* FIN Währungsausgleichsfonds *m* **exchange rate** *n* Wechselkurs *m,* Devisenkurs *m;* **~ fluctuations** Wechselkursschwankungen *fpl;* **~ parity** Wechselkursparität *f;* **~ stability** Wechselkursstabilität *f;* **~ system** Wechselkurssystem *nt;* **~ swap** Wechselkurstauschgeschäft *nt* **Exchange Rate Mechanism** *n* Wech-

E

selkursmechanismus *m* **exchange restrictions** *npl* ECON, FIN Devisenbewirtschaftung *f,* Devisenkontrolle *f* **exchange risk** *n* Wechselkursrisiko *nt* **exchange student** *n* SCH Austauschschüler(in) *m(f);* UNIV Austauschstudent(in) *m(f)* **exchange transaction** *n* Devisengeschäft *nt*

exchequer [ɪksˈtʃekər, eks-, AM -ər] *n no pl* BRIT Finanzministerium *nt*

Exchequer [ɪksˈtʃekər, eks-] *n no pl* BRIT ECON, FIN ■**the** ~ ❶ (*government funds*) der Fiskus
❷ (*government account*) die Staatskasse
❸ + *sing/pl vb* (*government department*) das Finanzministerium [*o* Schatzamt]; **Chancellor of the** ~ Finanzminister(in) *m(f),* Schatzkanzler(in) *m(f);* ~ **stocks** britische Staatstitel

excise[1] [ˈeksaɪz] **I.** *n no pl* FIN Verbrauchssteuer *f;* ~ **on alcohol** Alkoholsteuer *f;* **local** ~ örtliche Verbrauchssteuer; **to increase** [*or* **raise**]**/lower** ~ die Verbrauchssteuer erhöhen [*o* anheben]/senken; **Customs and E~** Behörde *f* für Zölle und Verbrauchssteuern
II. *adj attr* ~ **duty** [**on sth**] Verbrauchssteuern [für etw *akk*]; ~ **duty on beer** Biersteuer *f;* ~ **law** Verbrauchssteuergesetz *nt;* ~ **regulations** verbrauchssteuerrechtliche Bestimmungen

excise[2] [ekˈsaɪz] *vt* ■**to** ~ **sth** (*remove*) etw entfernen (**from** von +*dat*); *from list* etw streichen; FILM etw herausschneiden; **to** ~ **a chapter** ein Kapitel herausnehmen; **to** ~ **a tumour** [*or* AM **tumor**] einen Tumor entfernen

Excise Department *n* BRIT ECON Behörde *f* für Zölle und Verbrauchssteuern

exciseman <*pl* -men> *n* HIST Steuereinnehmer *m*

excision [ekˈsɪʒən] *n* MED Entfernung *f*

excitable [ɪkˈsaɪtəbl̩, ek-, AM -t̬ə-] *adj* erregbar; **to have an** ~ **temper** reizbar sein

excite [ɪkˈsaɪt, ek-] *vt* ❶ (*stimulate*) ■**to** ~ **sb** jdn erregen; (*make enthusiastic*) jdn begeistern; **to** ~ **an audience** ein Publikum begeistern; **to be** ~**d about an idea** von einer Idee begeistert sein; **to be** ~**d about a prospect/discovery** eine Aussicht/eine Entdeckung aufregend finden
❷ (*awaken*) ■**to** ~ **sth** etw hervorrufen; **to** ~ **sb's curiosity** jds Neugierde wecken; **to** ~ **feelings** Gefühle verursachen; **to** ~ **sb's imagination** jds Fantasie anregen; **to** ~ **passion** Leidenschaft hervorrufen; **to** ~ **speculation** zu Spekulationen führen

excited [ɪkˈsaɪtɪd, ek-, AM -t̬ɪd] *adj* aufgeregt; (*enthusiastic*) begeistert; (*sexually*) erregt; **to be** ~ **about sth** (*in present*) von etw *dat* begeistert sein; (*in near future*) sich auf etw *akk* freuen; **nothing to get** ~ **about** nichts Weltbewegendes [*o* Besonderes]; ***the progress made is nothing to get ~ about*** es sind keine überwältigenden Fortschritte gemacht worden

excitedly [ɪkˈsaɪtɪdli, ek-, AM -t̬ɪd-] *adv* aufgeregt; **to talk** ~ erregt sprechen

excitement [ɪkˈsaɪtmənt, ek-] *n* ❶ (*strong arousal*) Aufregung *f;* ~ **of anticipation** angespannte Erwartungshaltung; **to be in a state of** ~ in heller Aufregung sein; **what ~!** wie aufregend!
❷ *no pl* (*stimulation*) Erregung *f;* (*commotion*) Aufruhr *m;* (*agitation*) Aufregung *f;* ***if you want ~ you should try parachuting*** wenn du Aktion haben willst, solltest du Fallschirmspringen versuchen

exciting [ɪkˈsaɪtɪŋ, ek-, AM -t̬ɪŋ] *adj* (*approv*) *discovery, life* aufregend; *development, match, story* spannend; (*stimulating*) anregend; **to have an** ~ **life** ein aufregendes Leben führen

excitingly [ɪkˈsaɪtɪŋli, ek-, AM -t̬ɪŋli] *adv* (*approv*) aufregend; *describe, tell, write* spannend

excl. I. *adj abbrev of* **exclusive** exkl.
II. *prep abbrev of* **excluding** exkl.

exclaim [ɪksˈkleɪm, eks-] **I.** *vi* aufschreien; **to** ~ **in delight** vor Freude aufschreien
II. *vt* ■**to** ~ **that ...** ausrufen, dass ...; ***he ~ed that his pocket had been picked*** er sei beraubt worden, schrie er

exclamation [ˌekskləˈmeɪʃən] *n* Ausruf *m;* ~ **of anger** Wutschrei *m;* ~**s of happiness** Freudengeschrei *nt*

exclamation mark *n,* **exclamation point** *n* Ausrufezeichen *nt*

exclamatory [ɪksˈklæmətəri, AM tɔːri] *adj* lautstark

exclude [ɪksˈkluːd, eks-] *vt* ❶ (*keep out*) ■**to** ~ **sb/sth** [**from sth**] jdn/etw [von etw *dat*] ausschließen; **to** ~ **sb from a club** jdn für einen Verein nicht zulassen; **to be** ~**d from school** von der Schule ausgeschlossen sein
❷ (*leave out*) ***the price ~s local taxes*** im Preis sind die Kommunalsteuern nicht inbegriffen; **to** ~ **a possibility** eine Möglichkeit ausschließen

excluding [ɪksˈkluːdɪŋ, eks-] *prep* ausgenommen +*gen*

exclusion [ɪksˈkluːʒən, eks-] *n* Ausschluss *m* (**from** von +*dat*); ■**to the** ~ **of sb** unter Ausschluss einer Person *gen;* ~ **order** Ausschließung *f* aus dem Familienheim

exclusionary [ɪksˈkluːʒənəri, eks-, AM -neri] *adj* ausschließend; ~ **area** Ausschlusszone *f;* ~ **rule** AM LAW Ausschließungsregel *f;* ~ **zone** abgegrenzte Zone

exclusion zone *n* Sperrgebiet *nt*

exclusive [ɪksˈkluːsɪv, eks-] **I.** *adj* ❶ (*excluding*) ausschließlich; ***is the total ~ of service charge?*** ist das Bedienungsgeld nicht im Gesamtpreis enthalten?; **to be mutually** ~ nicht zu vereinbaren sein, einander ausschließen
❷ (*limited to*) exklusiv; ***this room is for the ~ use of our guests*** dieser Raum ist nur für unsere Gäste bestimmt; ~ **interview** Exklusivinterview *nt;* ~ **license** Alleinlizenz *f;* ~ **privilege** alleiniges Privileg; ~ **right** Exklusivrecht *nt;* ■**to be** ~ **to sb** auf jdn beschränkt sein; ***these items are ~ to the outlets we own*** diese Waren sind nur an unseren Verkaufsstellen zu erhalten
❸ (*select*) vornehm; ~ **clientele/membership** exklusive Kundschaft/Mitgliedschaft; **in** ~ **circles** in besseren Kreisen
❹ (*sole*) einzig; ***singing is not her ~ interest outside work*** außerhalb ihrer Arbeit interessiert sie sich nicht nur fürs Singen; ~ **occupation** einzige Beschäftigung
II. *n* MEDIA Exklusivbericht *m*

exclusively [ɪksˈkluːsɪvli, eks-] *adv* ausschließlich, exklusiv; **to be** ~ **owned by sb** sich im alleinigen Besitz von jdm befinden

exclusiveness [ɪksˈkluːsɪvnəs, eks-] *n no pl* ❶ (*being limited*) Ausschließlichkeit *f*
❷ (*luxuriousness*) Exklusivität *f*

exclusivity [ˌeksklʊˈsɪvəti, AM -ət̬i] *n no pl* Exklusivität *f;* **sb's** ~ jds exklusives Verhalten

excommunicate [ˌekskəˈmjuːnɪkeɪt] *vt* ■**to** ~ **sb** jdn exkommunizieren, jdn aus der Kirchengemeinschaft ausschließen

excommunication [ˌekskəˌmjuːnɪˈkeɪʃən] *n* Exkommunikation *f;* **to risk** ~ den Ausschluss aus der Kirchengemeinschaft riskieren

excoriate [ekˈskɔːrieɪt] *vt* (*form*) ■**to** ~ **sth** etw heftig angreifen; *idea* etw verurteilen; **to** ~ **a book** eine vernichtende Kritik über ein Buch schreiben

excrement [ˈekskrəmənt] *n* (*form*) Kot *m,* Exkremente *ntpl*

excrescence [ɪkˈskresən(t)s, ek-] *n* MED Wucherung *f;* (*fig pej*) Auswuchs *f*

excreta [ɪkˈskriːtə, ek-, AM -t̬ə] *n no pl* (*form or spec*) Exkrete *ntpl fachspr,* Ausscheidungen *fpl*

excrete [ɪkˈskriːt, ek-] **I.** *vt* ■**to** ~ **sth** etw ausscheiden; *secretion* etw absondern
II. *vi* Exkremente ausscheiden

excretion [ɪkˈskriːʃən, ek-] *n* (*form*) ❶ (*matter*) Exkret *nt fachspr*
❷ *no pl* (*act*) Ausscheidung *f,* Exkretion *f fachspr*

excruciating [ɪkˈskruːʃieɪtɪŋ, ek-, AM -t̬ɪŋ] *adj* ❶ (*painful*) schmerzhaft; **to have an** ~ **attack of sth** von etw *dat* stark befallen sein; **to have an** ~ **pain** fürchterliche Schmerzen haben; **to suffer from** [**an**] ~ **pain** unter fürchterlichen Schmerzen leiden; ~ **suffering** entsetzliches Leiden
❷ (*fig*) qualvoll; **in** ~ **detail** in allen qualvollen Einzelheiten

excruciatingly [ɪkˈskruːʃieɪtɪŋli, ek-, AM -t̬ɪŋ-] *adv* entsetzlich, furchtbar; *funny* wahnsinnig; ~ **boring** todlangweilig; ~ **difficult** extrem schwierig; ~ **funny** urkomisch; ~ **long** überlang; ~ **painful** entsetzlich schmerzhaft

exculpate [ˈekskʌlpeɪt] *vt* (*form*) ■**to** ~ **sb** [**from sth**] jdn [von etw *dat*] freisprechen

exculpatory [ekˈskʌlpətəri, AM -tɔːri] *adj inv* (*form*) entlastend

excursion [ɪkˈskɜːʃən, eks-, AM -ˈskɜːrʒ-] *n* Ausflug *m;* **annual** ~ Jahresausflug *m;* **to go on** [*or* **make**] **an** ~ einen Ausflug machen; (*fig*) Abstecher *m;* **to make an** ~ einen Abstecher machen

excursionist [ɪkˈskɜːʃənɪst, AM ˈskɜːrʒən] *n* Ausflügler(in) *m(f)*

excursion ticket *n* verbilligte Fahrkarte **excursion train** *n* Sonderzug *m*

excusable [ɪkˈskjuːzəbl̩, ek-] *adj* verzeihlich, entschuldbar

excuse I. *vt* [ɪkˈskjuːz, ek-] ❶ (*forgive*) ■**to** ~ **sth** etw entschuldigen; (*make an exception*) über etw *akk* hinwegsehen; ~ ***the mess in my room*** entschuldige bitte meine Unordnung; ***please ~ me for arriving late*** entschuldigen Sie bitte mein Zuspätkommen; **to** ~ **sb's behaviour** jds Verhalten rechtfertigen; **to** ~ **sb's lateness** über jds Unpünktlichkeit hinwegsehen; ■**to** ~ **sb** [**for**] **sth** jdm etw entschuldigen; ***many of the war criminals were ~d their crimes*** vielen Kriegsverbrechern wurden ihre Verbrechen nicht angerechnet; ■**to** ~ **sb from sth** jdn von etw *dat* befreien; ***may I be ~d from cricket practice?*** dürfte ich dem Cricket-Training fernbleiben?
❷ (*attract attention*) ~ **me!** entschuldigen Sie bitte!, Entschuldigung!; (*beg pardon*) [ich bitte vielmals um] Entschuldigung; ***my name is Dedijer — ~ me?*** mein Name ist Dedijer – wie bitte?; (*on leaving*) [***if you'll***] ~ ***me*** wenn Sie mich jetzt entschuldigen würden; ***may I be ~d?*** dürfte ich mal auf die Toilette gehen?
II. *n* [ɪkˈskjuːs, ek-] ❶ (*reason*) Entschuldigung *f,* Grund *m;* ***please make my ~s at Thursday's meeting*** entschuldige mich bitte bei der Sitzung am Donnerstag
❷ (*pej: justification*) Ausrede *f;* (*cause, reason*) Anlass *m;* ***there is no ~ for their behaviour*** ihr Verhalten lässt sich nicht entschuldigen; **poor** ~ schlechte Ausrede; **to look for an** ~ nach einer Ausrede suchen; **to make an** ~ sich *akk* entschuldigen; ***I make no ~s for my views*** ich entschuldige meine Ansichten nicht; **to be always making** ~**s** sich *akk* immer herausreden
❸ (*fam: poor example*) ■**an** ~ **for sth** eine armselige Ausführung von etw *dat;* ***it was a miserable ~ for a meal*** das war ein jämmerliches Essen

ex-directory [ˌeksdəˈrektəri] BRIT, AUS **I.** *adj inv* ~ **number** Geheimnummer *f;* ■**to be** ~ nicht im Telefonbuch stehen
II. *adv inv* **to go** ~ eine Geheimnummer beantragen

exeat [ˈeksiæt] *n* BRIT UNIV, SCH (*or form*) Beurlaubung *f*

exec [ɪgˈzek, eg-] *n* (*fam*) *short for* **executive** leitender Angestellter/leitende Angestellte, Geschäftsführer(in) *m(f);* ***he's a young ~ with a Porsche and five credit cards*** er ist ein Jungmanager mit einem Porsche und fünf Kreditkarten

execrable [ˈeksɪkrəbl̩] *adj* (*pej form*) scheußlich, grässlich, abscheulich; **an** ~ **meal** ein abscheuliches Essen; **an** ~ **show** eine miserable Show

execrably [ˈeksɪkrəbli] *adv* (*pej*) scheußlich, abscheulich; **to behave** ~ sich *akk* widerlich benehmen; **to perform sth** ~ etw miserabel aufführen; **to treat sb** ~ jdn scheußlich behandeln

execrate [ˈeksɪkreɪt] *vt* (*form*) ■**to** ~ **sth** etw verabscheuen; **to** ~ **a symbol** ein Symbol verfluchen

execration [ˌeksɪˈkreɪʃən] *n* ❶ (*great loathing*) Abscheu *m*
❷ (*old: curse*) Fluch *m,* Verwünschung *f*

executable file *n* COMPUT ausführbare Datei **executable form** *n* COMPUT ausführbare Form

executant [ɪgˈzekjətənt] *n* (*form*) Ausführende(r) *f(m); music* Vortragende(r) *f(m)*

execute ['eksɪkju:t] *vt* ❶ (*form: carry out*) ■**to ~ sth** etw durchführen; **to ~ a manoeuvre** [*or* AM **maneuver**] ein Manöver ausführen; **to ~ an order** einen Befehl ausführen; **to ~ a plan** einen Plan ausführen [*o* durchführen]; **to ~ a play** ein Stück aufführen; **to ~ a somersault** einen Purzelbaum schlagen
❷ LAW **to ~ sb's will** das Testament von jdm vollstrecken
❸ (*kill*) ■**to ~ sb** jdn hinrichten

execution [ˌeksɪ'kju:ʃᵊn] *n* ❶ *no pl* (*carrying out*) Durchführung *f;* **the ~ of an idea** die Verwirklichung einer Idee; **the ~ of a duty** die Wahrnehmung einer Pflicht; **to put** [*or* **carry**] **a plan into ~** einen Plan ausführen; **the ~ of a sonata** die Ausführung einer Sonate
❷ (*killing*) Hinrichtung *f,* Exekution *f form*
❸ LAW **stay of ~** Vollstreckungsaufschub *m*

executioner [ˌeksɪ'kju:ʃᵊnəʳ, AM -ɚ] *n* Scharfrichter *m*

executive [ɪg'zekjətɪv, eg-, AM -t̬ɪv] **I.** *n* ❶ (*manager*) leitender Angestellter/leitende Angestellte; **advertising ~** Werbemanager(in) *m(f);* **bank ~** Bankmanager(in) *m(f);* **junior/senior ~** untere/höhere Führungskraft
❷ + *sing/pl vb* (*body*) Exekutive *f;* (*committee*) Vorstand *m;* **~ of the party** Parteivorstand *m;* **~ of the union** Gewerkschaftsvorstand *m;* **local ~** örtliche Exekutive; **national ~** Nationalexekutive *f*
❸ (*in law office*) **legal ~** [qualifizierter] Mitarbeiter in einem Anwaltsbüro
❹ (*section of government*) **the E~** die Exekutive, die vollziehende Gewalt; AM (*president*) der Präsident
II. *adj attr* ❶ (*administrative*) Exekutiv-; **~ branch** Exekutivzweig *m;* **~ committee** [geschäftsführender] Vorstand *m;* **~ council** Ministerrat *m*
❷ (*managerial*) **~ car** Vorstandswagen *m;* **~ decisions** Führungsentscheidungen *fpl;* **~ editor** Chefredakteur(in) *m(f);* **~ powers** ausübende Gewalt, Exekutivgewalt *f;* **~ producer** leitender Produzent/leitende Produzentin; **~ secretary** Direktionssekretär(in) *m(f);* **~ skills** Führungsfähigkeiten *fpl;* **~ suite** Vorstandsetage *f; in a hotel* Chefsuite *f;* **~ share option scheme** *Optionen, die leitenden Angestellten auf Aktien ihrer Unternehmungen eingeräumt werden*

executive clemency *n* AM Begnadigung *f* durch den Präsidenten **executive director** *n* geschäftsführender Direktor/geschäftsführende Direktorin **executive document** *n* AM dem Senat vom Präsidenten zur Zustimmung vorgelegter [Staats-]Vertrag **executive order** *n* Exekutivorder *f,* Vollzugsanordnung *f* **executive privilege** *n* AM Vorrecht *nt* des Präsidenten [, bestimmte Informationen nicht offen zu legen] **executive session** *n* AM Geheimsitzung *f* [des Senats]

executor [ɪg'zekjətəʳ, eg-, AM -t̬ɚ] *n* LAW Testamentsvollstrecker(in) *m(f);* **the ~ of the will** der Vollstrecker/die Vollstreckerin des Testaments; **literary ~** literarischer Testamentsvollstrecker

executory [ɪg'zekjətᵊri, AM -tɔ:ri] *adj* LAW **~ consideration** wechselseitiges Leistungsversprechen

executrix <*pl* -trices> [ɪg'zekjətrɪks, *pl* -traɪsi:z] *n* LAW Testamentsvollstreckerin *f*

EXE file *n* COMPUT EXE-Datei *f*

exegesis <*pl* -geses> [ˌeksɪ'dʒi:sɪs, *pl* -si:z] *n* ❶ (*critical interpretation*) Auslegung *f,* Exegese *f fachspr*
❷ (*fig*) Einschätzung *f*

exegetical [ˌeksɪ'dʒetɪkᵊl, AM 'dʒet̬] *adj* auslegend, exegetisch *geh*

exemplar [ɪg'zemplɑːʳ, eg-, AM -ɚ] *n* (*approv*) Musterbeispiel *nt*

exemplary [ɪg'zemplᵊri, eg-] *adj* (*approv*) vorbildlich; ***his tact was*** **~** er erwies einen beispielhaften Takt; **~ damages** (*form*) über den verursachten Schaden hinausgehende Entschädigung; **~ persistence** bewundernswerte Ausdauer; **~ punishment** exemplarische Strafe; **~ restraint** beachtliche Beherrschung

exemplification [ɪgˌzemplɪfɪ'keɪʃᵊn, eg-, AM -plə-] *n* Erläuterung *f* durch Beispiele; **~ of an adage** Verdeutlichung *f* eines Sprichworts; **~ of an idea** Veranschaulichung *f* einer Idee

exemplify <-ie-> [ɪg'zemplɪfaɪ, eg-] *vt* ■**to ~ sth** *person* etw erläutern; *thing* etw veranschaulichen; **to ~ a fashion** eine Mode darstellen; **to ~ a strategy** eine Strategie verdeutlichen

exempt [ɪg'zempt, eg-] **I.** *vt* ■**to ~ sb/sth from sth** jdn/etw von etw *dat* befreien; **to ~ sb from military service** jdn vom Militärdienst freistellen
II. *adj inv* befreit; ■**to be ~ from sth** von etw *dat* befreit sein; ***goods ~ from this tax*** von dieser Steuer ausgenommene Waren; **~ from duty** gebührenfrei; **~ from excise** von der Verbrauchssteuer ausgenommen

exemption [ɪg'zempʃᵊn, eg-] *n* ❶ *no pl* (*exempting*) Befreiung *f* (**from** von +*dat*); **~ clause** Freizeichnungsklausel *f;* **to be granted ~ from a payment** von einer Zahlung befreit werden; **~ from military service** Freistellung *f* vom Militärdienst; **~ from taxes** Steuerfreiheit *f*
❷ (*dispensation*) Erlass *m;* **tax ~** Steuerbefreiung

exercise ['eksəsaɪz, AM -sɚ-] **I.** *vt* ❶ (*physically*) ■**to ~ sth** etw trainieren; **to ~ a dog** einen Hund spazieren führen; **to ~ a horse** ein Pferd bewegen; **to ~ one's muscles/memory** seine Muskeln/sein Gedächtnis trainieren
❷ (*form: mentally*) **to ~ sb's mind** jdn sehr beschäftigen
❸ (*form: use*) ■**to ~ sth** etw üben; **to ~ one's authority** seine Autorität ausüben; **to ~ caution** Vorsicht walten lassen; **to ~ common sense** den gesunden Menschenverstand benutzen; **to ~ control over sth** Kontrolle über etw *akk* ausüben; **to ~ discretion in a matter** eine Angelegenheit mit Diskretion behandeln; **to ~ leadership** die Leitung innehaben; **to ~ an option** ein Optionsrecht ausüben; **to ~ one's power** seine Macht in Anspruch nehmen; **to ~ one's privilege** von seinem Privileg Gebrauch machen; **to ~ one's right** sein Recht geltend machen; **to ~ self-denial** sich *akk* selbst verleugnen; **to ~ self-discipline** Selbstdisziplin ausüben; **to ~ tact** mit Takt vorgehen; **to ~ one's veto** sein Vetorecht einlegen
II. *vi* trainieren
III. *n* ❶ (*physical exertion*) Bewegung *f;* (*training*) Übung *f;* **breathing ~** Atemübung *f;* **outdoor ~** Bewegung *f* im Freien; **physical ~** körperliche Bewegung; **to do ~s** Gymnastik machen; **to do leg ~s** Beinübungen machen; **to take ~** sich *akk* bewegen; ***you really should take more*** **~** du solltest dich wirklich mehr sportlich betätigen
❷ (*practice*) Übung *f;* SCH, UNIV Aufgabe *f;* **written ~s** schriftliche Übungen
❸ MIL Übung *f;* **to take part in an ~** an einer Übung teilnehmen; **a military ~** eine militärische Übung; **a naval ~** eine Marineübung; **tactical ~s** taktische Übungen
❹ *usu sing* (*act*) Aufgabe *f;* (*iron*) Meisterstück *nt iron fam;* **damage limitation ~** Versuch *m* der Schadensbegrenzung; ■**an ~ in sth** ein Paradebeispiel für etw *akk;* **an ~ in compromise** ein wahrhafter Kompromiss
❺ *no pl* (*use*) Ausübung *f;* **the ~ of tolerance** die Gewährung von Toleranz
❻ STOCKEX **~ of an option** Ausübung *f* einer Option
❼ ECON (*fiscal year*) Geschäftsjahr *nt*
❽ *esp* AM ■**~s** *pl* Feierlichkeiten *fpl;* **graduation ~s** Abschlussfeierlichkeiten *fpl;* **inauguration ~s** Einweihungsfeierlichkeiten *fpl*
IV. *n modifier* (*programme, session, studio*) Trainings-; **~ class** Fitnessklasse *f;* **~ video** Übungsvideo *nt*

exercise bicycle *n,* **exercise bike** *n* Heimfahrrad *nt* **exercise book** *n* Heft *nt* **exercise date** *n* STOCKEX Ausübungstag *m,* Erklärungstag *m,* Zeitpunkt *m* der Ausübung einer Option

exercise price *n* STOCKEX Basispreis *m,* Ausübungskurs *m*

exerciser ['eksəsaɪzəʳ, AM -sɚsaɪzɚ] *n* Trainingsgerät *nt;* COMPUT Testgerät *nt*

exercycle® ['eksəsaɪkl̩, AM -sɚ-] *n* Exercycle® *nt,* Hometrainer *m*

exert [ɪg'zɜ:t, eg-, AM -'zɜ:rt] *vt* ❶ (*utilize*) ■**to ~ sth** etw ausüben; **to ~ control** Kontrolle ausüben; **to ~ [one's] influence** [seinen] Einfluss geltend machen
❷ (*labour*) ■**to ~ oneself** sich *akk* anstrengen

exertion [ɪg'zɜ:ʃᵊn, eg-, AM -'zɜ:r-] *n* ❶ *no pl* (*utilization*) Ausübung *f*
❷ (*strain*) Anstrengung *f;* **to be a major ~** eine größere Anstrengung sein; **physical ~** körperliche Anstrengung

exfoliant [eks'fəʊliənt, AM -'foʊ-] *n* ❶ (*cosmetic*) Rubbelcreme *f,* Peeling *nt*
❷ (*of skin, bark*) Exfoliant *nt*

exfoliate [eks'fəʊlieɪt, AM -'foʊ-] **I.** *vi skin, bark* sich *akk* abschälen; (*fig: changing*) sich *akk* entwickeln
II. *vt* ■**to ~ sth** etw abrubbeln; **to ~ one's face** ein Peeling machen

exfoliating cream *n* Rubbelcreme *f,* Peeling *nt*

exfoliation [eksˌfəʊli'eɪʃᵊn, AM -ˌfoʊ-] *n no pl* Haut[ab]schälung *f*

ex gratia [eksˌgreɪʃə] *adj inv* (*form*) freiwillig; **~ payment** Kulanzzahlung *f*

exhalation [ˌeks(h)ə'leɪʃᵊn] *n* Ausatmen *nt*

exhale [eks'heɪl] **I.** *vt* **to ~ a gas/scent** Gas ausstoßen/Duft verströmen; **to ~ smoke** Rauch ausatmen; (*fig: exude*) **to ~ charisma** Charisma verbreiten; **to ~ charm** Charme ausstrahlen
II. *vi* ausatmen

exhaust [ɪg'zɔ:st, eg-, AM *esp* -'zɑ:st] **I.** *vt* ❶ (*tire*) ■**to ~ sb** jdn ermüden; ■**to ~ oneself** sich *akk* strapazieren
❷ (*use up*) ■**to ~ sth** etw erschöpfen; **to ~ sb's patience** jds Geduld erschöpfen; **to ~ a topic** ein Thema erschöpfend behandeln
II. *n* ❶ *no pl* (*gas*) Abgase *ntpl*
❷ (*tailpipe*) Auspuff *m*
III. *adj* **~ fumes** Abgase *ntpl*

exhausted [ɪg'zɔ:stɪd, eg-, AM *esp* -'zɑ:st-] *adj* (*very tired*) erschöpft; (*used up also*) aufgebraucht; **~ reserves/supplies** aufgebrauchte Reserven/Vorräte; **~ soil** ausgelaugter Boden

exhaustible [ɪg'zɔ:stəbl̩, eg-, AM *esp* -'zɑ:st-] *adj* erschöpfbar

exhausting [ɪg'zɔ:stɪŋ, eg-, AM *esp* -'zɑ:st-] *adj* anstrengend

exhaustion [ɪg'zɔ:stʃᵊn, eg-, AM *esp* -'zɑ:st-] *n no pl* Erschöpfung *f;* **to suffer from ~** an einem Erschöpfungszustand leiden

exhaustive [ɪg'zɔ:stɪv, eg-, AM *esp* -'zɑ:st-] *adj* erschöpfend; **~ inquiry** eingehende Erkundigung; **an ~ list** eine vollständige Liste; **~ probe** tief gehende Nachforschung; **an ~ report** ein ausgiebiger Bericht; **~ research** tief greifende Forschung; **an ~ study** eine detaillierte Untersuchung; **~ treatment of a subject** ausgiebige Behandlung eines Themas

exhaustively [ɪg'zɔ:stɪvli, eg-, AM *esp* -'zɑ:st-] *adv* erschöpfend; **to document sth ~** etw eingehend dokumentieren; **to list sth ~** etw vollständig auflisten; **to treat a subject ~** ein Thema ausgiebig behandeln

exhaustive search *n* COMPUT erschöpfende Suche

exhaust pipe *n* Auspuffrohr *nt* **exhaust system** *n* Abgasanlage *f; of car* Auspuff *m; of train* Abgasleitung *f*

exhibit [ɪg'zɪbɪt, eg-] **I.** *n* ❶ (*display*) Ausstellungsstück *nt*
❷ LAW (*evidence*) Beweisstück *nt*
II. *vt* ❶ (*display*) ■**to ~ sth** etw ausstellen; **to ~ a parking ticket in the car window** einen Parkschein in der Winschutzscheibe auslegen; **to ~ one's works** seine Werke ausstellen
❷ (*manifest*) ■**to ~ sth** etw zeigen; ***your son ~s some talent for languages*** Ihr Sohn ist recht sprachbegabt; **to ~ belligerency** Streitlust an den Tag legen; **to ~ bias** voreingenommen sein; **to ~ bravery** Mut beweisen; **to ~ rudeness** unhöflich sein; **to ~ shame** sich *akk* schämen

III. *vi* ausstellen
exhibition [ˌeksɪˈbɪʃᵊn] *n* (*display*) Ausstellung *f* (**about** über +*akk*); (*performance*) Vorführung *f;* ***an ~ of skill and strength*** eine Darstellung von Kunstfertigkeit und Stärke; **~ of paintings** Gemäldeausstellung *f;* ■**to be on ~** ausgestellt werden
▶ PHRASES: **to make an ~ of oneself** (*pej*) sich *akk* zum Gespött machen
exhibitioner [ˌeksɪˈbɪʃᵊnəʳ, AM ɚ] *n* BRIT UNIV Stipendiat(in) *m(f)*
exhibitionism [ˌeksɪˈbɪʃᵊnɪzᵊm] *n no pl* Exhibitionismus *m a. fig*
exhibitionist [ˌeksɪˈbɪʃᵊnɪst] *n* ❶ PSYCH Exhibitionist(in) *m(f)*
❷ (*attention-seeker*) exhibitionistische Person
exhibition match *n* Schaukampf *m*
exhibitor [ɪgˈzɪbɪtəʳ, eg-, AM -t̬ɚ] *n* Aussteller(in) *m(f)*
exhilarate [ɪgˈzɪlᵊreɪt, eg'-, AM -lər-] *vt* ■**to ~ sb** ❶ (*thrill*) jdn berauschen [*o geh* in ein Hochgefühl versetzen]; ***they were both ~d by the motorbike ride*** sie waren beide von der Motorradfahrt begeistert
❷ (*delight*) *news* jdn froh machen [*o geh* freudig erregen]
❸ (*energize*) *brisk air* jdn beleben [*o* erfrischen]
exhilarated [ɪgˈzɪlᵊreɪtɪd, eg'-, AM -t̬-] *adj* ❶ (*thrilled*) begeistert; **to feel ~** ein Hochgefühl haben
❷ (*delighted*) fröhlich gestimmt, freudig erregt
❸ (*energized*) belebt, erfrischt
exhilarating [ɪgˈzɪlᵊreɪtɪŋ, eg'-, AM -t̬-] *adj* ❶ (*thrilling*) berauschend; (*exciting*) aufregend; **the ~ sense of freedom** das berauschende Gefühl der Freiheit
❷ (*delighting*) hinreißend
❸ (*energizing*) belebend, erfrischend
exhilaration [ɪgˌzɪlᵊrˈeɪʃᵊn, egˌ-] *n no pl* Hochstimmung *f,* Hochgefühl *nt;* (*excitement*) überschwängliche Freude; **the ~ of liberty/speed** der Freiheitsrausch/Geschwindigkeitsrausch; **the ~ of seeing sb again** die übergroße Wiedersehensfreude
exhort [ɪgˈzɔːt, eg'-, AM -ˈzɔːrt] *vt* (*form*) ■**to ~ sb to do sth** jdn ermahnen, etw zu tun, jdn zu etw *dat* anhalten
exhortation [ˌegzɔːˈteɪʃᵊn, AM -zɔːr'-] *n* ❶ *no pl* (*exhorting*) Ermahnung *f* (**to** zu +*dat*)
❷ (*address*) [dringender] Appell (**to** zu +*dat*)
exhumation [ˌeks(h)juːˈmeɪʃᵊn] *n no pl* Exhumierung *f,* Exhumation *f selten*
exhume [eksˈ(h)juːm, AM egˈzuːm] *vt* ■**to ~ sb** jdn exhumieren
exigence [ˈeksɪdʒən(t)s] *n,* **exigency** [ˈeksɪdʒən(t)si] *n* (*form*) ❶ (*urgent needs*) ■**exigenc[i]es** *pl* Anforderungen *fpl; of situation* Erfordernisse *ntpl*
❷ *no pl* (*emergency*) Notlage *f;* POL kritische [*o* zugespitzte] Lage
❸ *no pl* (*extreme urgency*) Dringlichkeit *f*
exigent [ˈeksɪdʒənt] *adj* (*form*) ❶ (*demanding*) anspruchsvoll; **an ~ father** ein fordernder Vater; **an ~ manager** ein Manager *m*/eine Managerin mit hohen Ansprüchen
❷ (*urgent*) dringend, dringlich; **an ~ issue** ein brennendes Problem; **an ~ necessity** eine zwingende Notwendigkeit
exiguous [egˈzɪgjuəs] *adj* gering, dürftig *pej;* **~ reserves** knappe Vorräte
exile [ˈeksaɪl] I. *n* ❶ *no pl* (*banishment*) Exil *nt,* Verbannung *f* (**from** aus +*dat*); **to be in ~** im Exil leben; **to go into ~** ins Exil gehen
❷ (*person*) Verbannte(r) *f(m),* Exilierte(r) *f(m) form;* ***he's been a political ~ from his homeland*** er musste aus politischen Gründen ins Exil gehen; **tax ~** Steuerflüchtling *m*
❸ REL ■**the E~** die Babylonische Gefangenschaft
II. *vt* ■**to ~ sb** jdn verbannen [*o* ins Exil schicken] [*o form* exilieren]; **the ~d author** der im Exil lebende Schriftsteller/die im Exil lebende Schriftstellerin, der Exilschriftsteller/die Exilschriftstellerin
exist [ɪgˈzɪst, eg'-] *vi* ❶ (*be*) existieren, bestehen; ***I will find it, if such a thing ~s*** wenn es so etwas gibt, dann finde ich es; ***the realities of poverty ~ for a great many people across the globe*** Armut ist weltweit für sehr viele Menschen Realität; ***there still ~s a shadow of doubt*** es bestehen immer noch kleine Zweifel
❷ (*live*) leben, existieren; (*survive*) überleben; ■**to ~ on sth** von etw *dat* leben; ***few people can ~ without water for long*** nur wenige Menschen können längere Zeit ohne Wasser auskommen
❸ (*occur*) vorkommen; ***some species only ~ in this area of forest*** einige Tierarten finden sich nur in diesem Waldgebiet
existence [ɪgˈzɪstᵊn(t)s, eg'-] *n* ❶ *no pl* (*state*) Existenz *f,* Bestehen *nt;* ***this is the only one in ~*** das ist das einzige Exemplar, das es [davon] gibt; **the continued ~ of sth** der Fortbestand einer S. *gen;* **to be in ~** existieren, bestehen; ***there are three different versions of that manuscript in ~*** von diesem Manuskript gibt es drei verschiedene Fassungen; **to come into ~** entstehen; **to go out of ~** verschwinden, zu bestehen aufhören
❷ (*life*) Leben *nt,* Existenz *f;* **means of ~** Lebensgrundlage *f,* Existenzgrundlage *f;* **a miserable/pitiful ~** ein elendes/kümmerliches Dasein
existent [ɪgˈzɪstᵊnt, eg-] *adj inv* existent, bestehend *attr,* vorhanden; **the only ~ copy** die einzig vorhandene Kopie
existential [ˌegzɪˈsten(t)ʃᵊl] *adj* ❶ BIOL existenziell *fachspr*
❷ PHILOS existenzialistisch *fachspr;* **the ~ philosopher** der Existenzialphilosoph/die Existenzialphilosophin
existentialism [ˌegzɪˈsten(t)ʃᵊlɪzᵊm] *n no pl* Existenzphilosophie *f,* Existenzialismus *m fachspr*
existentialist [ˌegzɪˈsten(t)ʃᵊlɪst] I. *n* Existenzialist(in) *m(f)*
II. *adj* existenzialistisch
existing [ɪgˈsɪstɪŋ, eg-] *adj attr, inv* existierend, bestehend; **under the ~ conditions** unter den gegebenen Umständen; **the ~ laws** die geltenden Gesetze; **the ~ rules** die gegenwärtigen [*o* gültigen] Bestimmungen
exit [ˈeksɪt, ˈegz-] I. *n* ❶ (*way out*) Ausgang *m;* **emergency ~** Notausgang *m;* **fire ~** Notausgang *m,* Feuertreppe *f*
❷ (*departure*) Weggehen *nt kein pl,* Abgang *m;* (*from room*) Hinausgehen *nt kein pl;* **to make an ~** weggehen, einen Abgang machen *fam; from room* hinausgehen; ***you made a dramatic ~*** dein Abgang war dramatisch
❸ (*road off*) Ausfahrt *f,* Abfahrt *f;* **to take an ~** eine Ausfahrt nehmen
❹ THEAT Abgang *m;* **to make one's ~ [from the stage]** [von der Bühne] abgehen
II. *vt* ■**to ~ sth** *building, road* etw verlassen; COMPUT *program* etw verlassen
III. *vi* ❶ (*leave*) hinausgehen, einen Abgang machen *fam;* ***he ~ed without a word*** er verließ wortlos den Raum
❷ (*leave road*) eine Ausfahrt [*o* Abfahrt] nehmen
❸ (*leave the stage*) abgehen; ***~ Ophelia*** Ophelia [tritt] ab
exit documents *npl,* **exit permit** *n* Ausreisegenehmigung *f,* Ausreiseerlaubnis *f* **exit poll** *n* Wählerbefragung *f* (*nach Verlassen des Wahllokals*) **exit visa** *n* Ausreisevisum *nt*
exodus [ˈeksədəs] *n* <*pl* -es> ❶ (*mass departure*) Auszug *m,* Exodus *m geh;* ***there is always an ~ to the coast at holiday times*** während der Ferienzeit setzt immer eine Völkerwanderung zur Küste ein; **mass ~** Massenabwanderung *f,* Massenflucht *f;* **general ~** allgemeiner Aufbruch
❷ REL ■**E~** Zweites Buch Mose, Exodus *m fachspr*
ex officio [ˌeksəˈfɪʃiəʊ, AM -oʊ] *inv* I. *adv* ADMIN (*form*) von Amts wegen, ex officio *geh;* **to attend sth ~** an etw *dat* in amtlicher Funktion teilnehmen
II. *adj* ADMIN (*form*) amtlich, von Amts wegen *nach n;* **to be an ~ member of a body** amtliches Mitglied eines Gremiums sein
exonerate [ɪgˈzɒnᵊreɪt, eg-, AM -ˈzɑːnər-] *vt* ■**to ~ sb [from sth]** jdn [von etw *dat*] freisprechen; (*partially*) jdn [von etw *dat*] entlasten; **to ~ sb from a duty/task** jdn von einer Verpflichtung/Aufgabe entbinden
exoneration [ɪgˌzɒnəˈreɪʃᵊn, eg-, AM -ˌzɑːnə'-] *n no pl* Entlastung *f; from duty, task* Entbindung *f* (**from** von +*dat*)
exorbitance [ɪgˈzɔːbɪtᵊn(t)s, eg-, AM -ˈzɔːrbət̬-] *n no pl* Maßlosigkeit *f,* Unverhältnismäßigkeit *f*
exorbitant [ɪgˈzɔːbɪtᵊnt, eg-, AM -ˈzɔːrbət̬-] *adj* überhöht, exorbitant *geh;* **~ demands** maßlose [*o* übertriebene] Forderungen; **~ price** überhöhter [*o pej* unverschämter] Preis, Wucherpreis *m pej*
exorbitantly [ɪgˈzɔːbɪtᵊntli, AM ˈzɔːrbət̬ᵊnt] *adv* exorbitant *geh,* außerordentlich
exorcism [ˈeksɔːsɪzᵊm, AM -sɔːr-] *n* ❶ *no pl* (*driving out*) Exorzismus *m fachspr; of evil spirits* Austreibung *f* böser Geister (*durch Beschwörung*), Geisterbeschwörung *f; of the devil* Teufelsaustreibung *f*
❷ (*particular case*) **to perform an ~** eine Geister-/Teufelsaustreibung durchführen
exorcist [ˈeksɔːsɪst, AM -sɔːr-] *n* Exorzist(in) *m(f) fachspr; of evil spirits* Geisterbeschwörer(in) *m(f); of devil* Teufelsaustreiber(in) *m(f)*
exorcize [ˈeksɔːsaɪz, AM -sɔːr-] *vt* ❶ (*expel*) ■**to ~ sth** etw exorzieren *fachspr;* **to ~ the spirits** die Geister beschwören [*o geh* bannen]
❷ (*free*) ■**to ~ sb/sth** *evil spirits* jdm/etw die bösen Geister austreiben; *the devil* jdm/etw den Teufel austreiben
❸ (*fig*) ■**to ~ sth** *experience* etw [aus dem Gedächtnis] streichen; **to ~ the memory of sth** die Erinnerung an etw *akk* löschen
exoskeleton [ˌeksəʊˈskelɪtᵊn, AM -soʊˈskelə-] *n* ZOOL Ektoskelett *nt fachspr,* Außenskelett *nt*
exotic [ɪgˈzɒtɪk, eg-, AM -ˈzɑːt̬-] I. *adj* exotisch; (*fig*) fremdländisch; **~ fruit** exotische Früchte *fpl;* **~ holidays** Urlaub *m* in exotischen Ländern
II. *n* Exot(in) *m(f)*
exotica [ɪgˈzɒtɪkə, eg-, AM -ˈzɑːt̬-] *npl* Exotika *pl fachspr,* fremdländische Kunstwerke
exotically [ɪgˈzɒtɪkᵊli, eg-, AM -ˈzɑːt̬-] *adv* exotisch; **~ named** mit exotischem [*o* ausgefallenem] Namen *nach n*
exotic dancer *n* Stripteasetänzer(in) *m(f),* Stripper(in) *m(f) fam*
exoticism [ɪgˈzɒtɪsɪzᵊm, eg-, AM -ˈzɑːt̬ə-] *n no pl* Exotik *f;* **the lure of ~** der Reiz des Exotischen
expand [ɪkˈspænd, ek-] I. *vi* ❶ (*increase*) zunehmen, expandieren; *population, trade* wachsen; *horizon, knowledge* sich *akk* erweitern
❷ ECON expandieren; ***our company is ~ing into other markets*** unsere Firma dringt in weitere Märkte vor
❸ PHYS (*swell*) *gas, liquids, metal* sich *akk* ausdehnen, expandieren
❹ (*become sociable*) aus sich *dat* herausgehen, locker werden
II. *vt* ■**to ~ sth** ❶ (*make larger*) *business, trade* etw erweitern [*o* ausweiten] [*o* ausdehnen]; **to ~ one's exports** den Export ausdehnen; **to ~ the programme** das Programm erweitern; **to ~ one's retail operations** den Einzelhandel ausweiten
❷ PHYS *gas, liquids, metal* etw ausdehnen
❸ (*elaborate*) *reasoning, arguments* etw weiter ausführen; **to ~ a concept/idea** ein Konzept/eine Idee ausarbeiten
◆**expand on, expand upon** *vi* ■**to ~ [up]on sth** etw weiter ausführen [*o* erläutern]
expandable [ɪkˈspændəbl̩, ek-] *adj material* dehnbar; *business, project* entwicklungsfähig; *installation, system* ausbaufähig; **~ bag** elastische Tasche; **~ documentation** erweiterungsfähige Dokumentation
expanded polystyrene *n no pl* CHEM schaumfähiges Polystyrol *fachspr*
expander [ɪkˈspændəʳ, AM ɚ] *n* Expander *m*
expanse [ɪkˈspæn(t)s, ek-] *n* weite Fläche, Weite *f;* ***vast ~s of sand and pine*** ein riesiges Gebiet mit Sand und Pinien; **~ of grass/lawn** ausgedehnte Grün-/Rasenfläche; **the ~ of the prairie/sea** die

Weite der Prärie/des Meeres

expansion [ɪk'spæn(t)ʃᵊn, ek-] *n* ❶ *no pl* (*increase*) *of knowledge* Erweiterung *f; of territory, rule* Expansion *f; of population, trade* Wachstum *nt,* Zunahme *f;* ~ ***into new areas of research might be possible*** ein Vorstoß in neue Forschungsgebiete könnte möglich sein
❷ *no pl* ECON Expansion *f fachspr,* Erweiterung *f;* **a company geared towards** ~ ein wachstumsorientiertes Unternehmen
❸ *no pl* PHYS *of gas, metal* Ausdehnung *f,* Expansion *f fachspr*
❹ (*elaboration*) Erweiterung *f,* erweiterte Darstellung

expansionary [ɪk'spæn(t)ʃᵊnᵊri, ek-, AM -neri] *adj* expansionistisch

expansion board *n,* **expansion card** *n* Erweiterungsplatine *f*

expansionism [ɪk'spæn(t)ʃᵊnɪzᵊm, ek-] *n no pl* (*pej*) Expansionspolitik *f,* Expansionsbestrebungen *pl;* ~ **in business** Expansionsbestrebungen *pl* in der Wirtschaft; **policy of** ~ Expansionspolitik *f*

expansionist [ɪk'spæn(t)ʃᵊnɪst] **I.** *adj* expansionistisch, Expansions-; ~ **policy** Expansionspolitik *f*
II. *n* Expansionspolitiker(in) *m(f)*

expansion joint *n* Dehnungsfuge *f fachspr*

expansive [ɪk'spæn(t)sɪv] *adj* ❶ (*approv: sociable*) umgänglich, mitteilsam; (*effusive*) überschwänglich; ~ **gratitude/speech** überschwängliche Dankbarkeit/Ausdrucksweise; ~ **nature/personality** offenes Wesen/aufgeschlossene Persönlichkeit
❷ (*broad*) weit; *area* ausgedehnt; **an** ~ **gesture** eine weit ausholende Geste; **an** ~ **view** ein weiter Blick
❸ ECON expandierend *attr; business, trade* expansiv
❹ (*elaborated*) ausführlich, detailliert; **an** ~ **critique** eine eingehende Kritik; **an** ~ **report** ein umfassender Bericht

expansively [ɪk'spæn(t)sɪvli] *adv* ❶ (*approv: effusively*) überschwänglich; **to throw open one's arms** ~ die Arme freudig ausbreiten
❷ (*broadly*) weit; **to gesture/wave** ~ mit weit ausholenden Bewegungen gestikulieren/winken
❸ (*in detail*) ausführlich, detailliert; **to speak** ~ **about sth** in aller Ausführlichkeit über etw *akk* sprechen

expansiveness [ɪk'spæn(t)sɪvnəs] *n no pl* ❶ (*approv: effusiveness*) Überschwänglichkeit *f*
❷ (*detailed nature*) Ausführlichkeit *f*

ex parte [eks'pɑ:teɪ, AM -'pɑ:r-] LAW **an** ~ **application** Antrag *m* [nur] einer Partei

expat [,eks'pæt] *n* (*fam*) *short for* **expatriate** im Ausland Lebende(r) *f(m)*

expatiate [ek'speɪʃieɪt] *vi* (*pej form*) ■**to** ~ [**up**]**on sth** sich *akk* über etw *akk* verbreiten *pej form,* sich *akk* [lang und breit] über etw *akk* auslassen *pej fam*

expatiation [ek,speɪʃi'eɪʃᵊn] *n* (*form*) [weitschweifige] Erörterung ([**up**]**on** +*gen*)

expatriate (*form*) **I.** *n* [ɪk'spætriət, ek'-, AM ek'speɪ-, ɪk'-] ❶ (*person living abroad*) [ständig] im Ausland Lebende(r) *f(m)*
❷ (*foreigner*) Ausländer(in) *m(f);* **proportion of** ~**s** Ausländeranteil *m*
❸ (*exile*) im Exil Lebende(r) *f(m) a. hum,* Exilant(in) *m(f) geh*
II. *n* [ɪk'spætriət, AM ek'speɪ-] *modifier* ❶ (*of people abroad*) Exil-, Auslands-, im Ausland lebend *attr;* **German** ~ im Ausland lebende(r) Deutsche(r), Auslandsdeutsche(r) *f(m) veraltend*
❷ (*of foreigners*) Ausländer-; ~ **community** Ausländergemeinde *f;* ~ **worker** ausländischer Arbeiter/ausländische Arbeiterin
III. *vt* [ɪk'spætrieɪt, ek'-, AM ek'speɪ-, ɪk'-] ■**to** ~ **sb** jdn ausbürgern [*o fachspr* expatriieren]
IV. *vi* [ɪk'spætrieɪt, ek'-, AM ek'speɪ-, ɪk'] (*move abroad*) seinen Wohnsitz ins Ausland verlegen, im Ausland ansässig werden

expatriation *n* LAW Ausbürgerung *f*

expect [ɪk'spekt, ek-] *vt* ❶ (*anticipate*) ■**to** ~ **sb/sth** jdn/etw erwarten, mit jdm/etw rechnen; ***as was to be*** ~***ed, grandma was fine*** wie erwartet ging es Oma gut; ***that was to be*** ~***ed*** das war zu erwarten, damit musste man rechnen; ***I*** ~***ed as much*** damit habe ich gerechnet, ich habe nichts anderes erwartet; **to half** ~ **sth** fast mit etw *dat* rechnen, fast von etw *dat* ausgehen; ***we were half*** ~***ing you to not come back*** wir haben Sie eigentlich schon nicht mehr zurückerwartet; **it is to be** ~**ed that …** man kann davon ausgehen [*o* damit rechnen], dass …; ■**to** ~ **to do sth** damit rechnen, etw zu tun
❷ (*demand*) ■**to** ~ **sth of** [*or* **from**] **sb** etw von jdm erwarten; ***I*** ~***ed better of you than that*** von dir habe ich mir eigentlich mehr erhofft; ***what can you*** ~ ***at that price!*** für den Preis kann man das nicht erwarten!; ■**to** ~ **sb to do sth** erwarten, dass jd etw tut; ***borrowers are*** ~***ed to return their books on time*** Entleiher müssen ihre Bücher rechtzeitig zurückgeben
❸ (*fam: suppose*) ■**to** ~ **sth** etw glauben [*o* denken]; ***don't you think? — I*** ~ ***so/not*** glaubst du? – ich denke schon/nicht; ■**to** ~ [**that**] … glauben [*o* annehmen], [dass] …; ***I*** ~ ***that it is somewhere in your bedroom*** ich schätze, es ist irgendwo in deinem Schlafzimmer; ***I*** ~ ***you'd like a rest*** Sie möchten sich sicher ausruhen
❹ (*wait for*) ■**to** ~ **sb/sth** jdn/etw erwarten; ***is someone*** ~***ing you?*** werden Sie erwartet?; **to be** ~**ing a baby** ein Kind erwarten; ■**to** ~ **sb/sth to do sth** erwarten, dass jd/etw etw tut; ***we*** ~***ed the letter to arrive yesterday*** wir haben den Brief für gestern erwartet; ***so, we may*** ~ ***to see you next Thursday*** wir dürfen Sie also am nächsten Donnerstag erwarten
► PHRASES: **I'll** ~ **you when I see you** (*fam*) wenn du kommst, bist du da *fam;* ~ **me when you see me** (*fam*) wenn ich komme, bin ich da *fam*

expectancy [ɪk'spektᵊn(t)si, ek-] *n no pl* Erwartung *f;* **air of** ~ erwartungsvolle Atmosphäre; ***there was an air of*** ~ ***in her eyes*** sie hatte einen erwartungsvollen Blick in den Augen; **life** ~ Lebenserwartung *f;* **look of** ~ erwartungsvoller Blick

expectant [ɪk'spektᵊnt, ek-] *adj* ❶ (*awaiting*) erwartungsvoll
❷ *attr* (*expecting a baby*) ~ **mother** werdende Mutter, Schwangere *f;* ~ **parents** werdende Eltern

expectantly [ɪk'spektᵊntli] *adv* erwartungsvoll; **to pause** ~ eine erwartungsvolle Pause machen; **to wait** ~ gespannt warten

expectation [,ekspek'teɪʃᵊn] *n* ❶ (*act of expecting*) Erwartung *f;* **to be in** ~ **of sth** in Erwartung einer S. *gen* sein *geh,* mit etw *dat* rechnen
❷ (*thing expected*) Erwartung *f;* ~ **of life** Lebenserwartung *f;* **to have great** ~**s for sb/sth** große Erwartungen in jdn/etw setzen; **to be beyond** [**all**] ~[**s**] die [*o* alle] Erwartungen übertreffen; **to live** [*or* **come**] **up to sb's expectations** jds Erwartungen erfüllen [*o* entsprechen]; **against** [*or* **contrary to**] [**all**] ~[**s**] entgegen den [*o* allen] Erwartungen, wider [alles] Erwarten *geh*
❸ (*prospect*) Aussicht[en] *f*[*pl*] (**of** auf +*akk*); ■~**s** *pl* (*of inheriting money*) ausstehendes Erbe

expectorant [ɪk'spektᵊrᵊnt, ek-] *n* schleimlösendes Mittel, Expektorans *nt fachspr*

expectorate [ɪk'spektᵊreɪt, ek-] *vi* (*form*) *phlegm* [Schleim] abhusten, expektorieren *fachspr; blood* [Blut] husten [*o fam* spucken]

expedience [ɪk'spi:diən(t)s, ek-] *n,* **expediency** [ɪk'spi:diən(t)si, ek-] *n no pl* ❶ (*suitability*) Zweckmäßigkeit *f,* Zweckdienlichkeit *f;* (*advisability*) Ratsamkeit *f;* ~ ***requires that we raise the fees*** aus Sachzwängen müssen wir die Gebühren anheben
❷ (*pej: personal advantage*) Eigennutz *m pej,* Berechnung *f;* **to act on the basis of** ~ aus Eigeninteresse handeln

expedient [ɪk'spi:diənt, ek-] **I.** *adj* ❶ (*useful*) zweckmäßig, zweckdienlich; (*advisable*) ratsam, angebracht; **to take** ~ **measures** geeignete Maßnahmen ergreifen [*o* treffen]
❷ (*pej: advantageous*) eigennützig *pej,* berechnend; **to take** ~ **action** eigennützig handeln
II. *n* ❶ (*measure*) Maßnahme *f,* Vorgehen *nt;* ***before deciding, we took the*** ~ ***of asking friends for advice*** bevor wir uns entschieden, fragten wir Freunde um Rat
❷ (*resource*) [Hilfs]mittel *nt,* [Not]lösung *f;* **to do sth as an** ~ sich *dat* mit etw *dat* behelfen; ***the company is having to cut jobs as an*** ~ zur Not wird die Firma Stellen streichen müssen

expediently [ɪk'spi:diəntli, ek-] *adv* zweckmäßig, sachgemäß; **to act** ~ angemessen handeln

expedite ['ekspɪdaɪt] *vt* ■**to** ~ **sth** ❶ (*hasten*) etw beschleunigen [*o* vorantreiben]
❷ (*carry out*) etw schnell erledigen [*o* ausführen]; **to** ~ **one's duties** seine Aufgaben zügiger erledigen

expedition [,ekspɪ'dɪʃᵊn] *n* ❶ (*journey*) [Forschungs]reise *f,* Expedition *f fachspr;* MIL Feldzug *m;* **shopping** ~ Einkaufstour *f;* **to be on an** ~ sich *akk* auf einer Expedition befinden; **to go on an** ~ eine Forschungsreise unternehmen
❷ *no pl* (*form: swiftness*) Schnelligkeit *f;* **with the greatest possible** ~ schnellstmöglich

expeditionary [,ekspɪ'dɪʃᵊnᵊri, AM eri] *adj attr, inv* Expeditions- **expeditionary force** [,ekspɪ'dɪʃᵊnᵊri,-, AM -neri,-] *n* MIL Expeditionskorps *nt fachspr*

expeditious [,ekspɪ'dɪʃəs] *adj* (*form*) ❶ (*swift*) prompt, schnell; ■**to be** ~ **in doing sth** etw zügig erledigen
❷ (*swiftly done*) schnell durchführbar

expeditiously [,ekspɪ'dɪʃəsli] *adv* (*form*) prompt, schnell

expel <-ll-> [ɪk'spel, ek-] *vt* ❶ (*force to leave*) ■**to** ~ **sb** [**from sth**] *member* jdn [aus etw *dat*] ausschließen [*o geh* ausstoßen]; **to** ~ **sb** [**from a country**] jdn ausweisen [*o* des Landes verweisen]; **to** ~ **sb from school/university** jdn von der Schule/Universität verweisen [*o fachspr* relegieren]
❷ (*force out*) ■**to** ~ **sb** [**from sth**] jdn [aus etw *dat*] vertreiben [*o* verjagen]; ■**to** ~ **sth** [**from sth**] *odour, smell* etw [aus etw *dat*] vertreiben
❸ (*eject*) ■**to** ~ **sth** *breath, gas* etw ausstoßen; *liquid* etw austreiben

expend [ɪk'spend, ek-] *vt* ❶ (*spend*) ■**to** ~ **sth** [**on sth**] *time, effort* etw [für etw *akk*] aufwenden; **to** ~ **money** Geld ausgeben [*o* verwenden]
❷ (*use up*) ■**to** ~ **sth** etw aufbrauchen; **to** ~ **resources** Rohstoffe verbrauchen

expendable [ɪk'spendəbl̩, ek-] *adj inv* ❶ (*dispensable*) entbehrlich; (*unnecessary*) überflüssig
❷ (*not reused*) zum Verbrauch *nach n;* ~ **materials** Verbrauchsmaterial *nt;* ~ **pack** Einwegpackung *f;* ~ **supplies** Verbrauchsgüter *pl*

expenditure [ɪk'spendɪtʃəʳ, ek-, AM -ɚ] *n* ❶ *no pl* (*spending*) *of money* Ausgabe *f;* (*using*) *of energy, resources* Verbrauch *m* (**of** von +*dat*), Aufwand *m* (**of** an +*dat*); ~ **in manpower** Personalaufwand *m;* ~ **of strength** Kraftaufwand *m;* ~ **of time** Zeitaufwand *m;* **capital** ~ Investitionen *pl;* (*major costs*) Ausgaben der öffentlichen Hand
❷ (*sum spent*) Ausgaben *pl* (**on** für +*akk*), Aufwendungen *pl* (**on** für +*akk*)

expense [ɪk'spen(t)s, ek-] *n* ❶ (*payment*) [Geld]ausgabe *f,* [finanzielle] Aufwendungen
❷ *no pl* (*cost*) [Un]kosten *pl,* Ausgaben *pl;* **at great** ~ mit großen Kosten, unter großem Kostenaufwand; **to go to great** ~ sich *akk* in Unkosten stürzen; **at one's own** ~ auf eigene Kosten; **to be worth the** ~ die Kosten lohnen; **to put sb to** ~ jdm Kosten verursachen; **to put sb to the** ~ **of sth** jdm die Kosten für etw *akk* zumuten; (*fig*) jdm etw zumuten; ***I don't want to put you to the*** ~ ***of coming to the airport to meet me*** es ist wirklich nicht nötig, dass Sie mich am Flughafen abholen
❸ (*reimbursed money*) ■~**s** *pl* Spesen *pl;* ***please detail any*** ~***s incurred*** bitte führen Sie alle entstandenen Auslagen auf; **to be on** ~**s** BRIT auf Spesen gehen; **to put sth on** ~**s** etw auf die Spesenrechnung setzen
❹ (*fig*) **at sb's** ~ [*or* **at the** ~ **of sb**] auf jds Kosten; **at the** ~ **of sth** auf Kosten einer S. *gen*
► PHRASES: **all** ~[**s**] **paid** ohne Unkosten; ***his com-***

pany sent him to Boston, all ~s paid seine Firma schickte ihn auf Geschäftskosten nach Boston; **no ~[s] spared** [die] Kosten spielen keine Rolle
expense account I. *n* Spesenkonto *nt,* Spesen[ab]rechnung *f;* **to put sth on one's ~** etw auf seine Spesenrechnung setzen II. *n modifier* (*life, meal*) auf Spesen *nach n* **expense allowance** *n* Aufwandsentschädigung *f*
expensive [ɪk'spen(t)sɪv, ek-] *adj* teuer; **~ film production** aufwendige Filmproduktion; **~ hobby** kostspieliges Hobby; **to be an ~ mistake for sb** jdn teuer zu stehen kommen; **to have ~ tastes** einen teuren Geschmack haben
expensively [ɪk'spen(t)sɪvli, ek-] *adv* teuer; **~ staged play** aufwendig inszeniertes Stück; **to be ~ dressed** teure Kleidung tragen; **~ priced** teuer
experience [ɪk'spɪəriən(t)s, ek-, AM -'spɪr-] I. *n* ❶ *no pl* (*practical knowledge*) Erfahrung *f;* **~ of life** Lebenserfahrung *f;* **driving ~** Fahrpraxis *f;* **professional ~** Berufserfahrung *f;* **to learn by ~** durch Erfahrung lernen; ***the best way to learn is by ~*** aus Erfahrung wird man klug; **from my own ~** aus eigener Erfahrung; **to know sth from ~** etw aus Erfahrung wissen; ■**to have ~ in sth** *field* Erfahrung in etw *dat* haben; ■**to have ~ of sth** Erfahrung mit [*o* in] etw *dat* haben
❷ (*particular instance*) Erfahrung *f,* Erlebnis *nt;* ***enjoy the real coffee ~*** erleben Sie den wahren Kaffeegenuss!; ***that can be a painful ~*** das kann ganz schön wehtun; **~ of pain** Schmerzempfinden *nt;* **to have an ~** eine Erfahrung machen
► PHRASES: **to put sth down to ~** etw als Erfahrung abbuchen [*o* betrachten]
II. *vt* ■**to ~ sth** ❶ (*undergo*) etw erleben; (*endure*) etw kennen lernen, etw erfahren; *hard times* etw durchmachen [*o fam* mitmachen]; **to ~ difficulties** auf Schwierigkeiten stoßen
❷ (*feel*) etw empfinden [*o* fühlen]; **to ~ a loss** einen Verlust erleiden
experienced [ɪk'spɪəriən(t)st, ek-, AM -'spɪr-] *adj* (*approv*) erfahren; **an ~ eye** ein geschultes Auge; **someone ~** *applicant* jemand mit mehr Erfahrung; ■**to be ~ at** [*or* **in**] **sth** Erfahrung in etw *dat* haben, in etw *dat* erfahren sein
experiential [ɪkˌspɪəri'en(t)ʃəl, ek-, AM -ˌspɪr-] *adj* empirisch; **~ knowledge** praktische Erfahrung
experiment I. *n* [ɪk'sperɪmənt, ek-] Experiment *nt,* Versuch *m* (**on** an/mit +*dat*); **to do** [*or* **conduct**] **an ~** ein Experiment [*o* einen Versuch] machen; **by ~** mithilfe eines Versuchs; ***we can only find the best solution by ~*** die beste Lösung können wir nur durch Ausprobieren herausfinden
II. *vi* [ɪk'sperɪment] experimentieren; ■**to ~ with sth** mit etw *dat* [herum]experimentieren, etw ausprobieren; ■**to ~ on sb/sth** an jdm/etw Versuche machen; **to ~ on animals** Tierversuche machen
experimental [ɪkˌsperɪ'mentəl, ekˌ-, AM *esp* ekˌ-] *adj* ❶ (*for experiment*) Versuchs-; **~ laboratory** Versuchslabor *nt;* **to be still at the ~ stage** sich *akk* noch im Versuchsstadium befinden
❷ (*using experiments*) experimentell, Experimentier-; **~ physics** Experimentalphysik *f fachspr;* **~ psychology** experimentelle Psychologie *fachspr;* **~ researcher** Experimentalforscher(in) *m(f);* **~ theatre** Experimentiertheater *nt fachspr;* **to be purely ~** rein experimentell sein
❸ (*fig: provisional*) vorläufig; **on an ~ basis** versuchsweise
experimentalist [ɪkˌsperɪ'mentəlɪst, ek-, AM ekˌsperɪ'menṭ-, ɪkˌ-] *n* Experimentator(in) *m(f) fachspr*
experimentally [ɪkˌsperɪ'mentəli, ek-, AM ekˌsperɪ'menṭ-] *adv* ❶ (*by experiment*) experimentell; **to prove sth ~** etw experimentell nachweisen
❷ (*as experiment*) versuchsweise; **to be tried ~** versuchsweise eingesetzt werden
experimentation [ɪkˌsperɪmen'teɪʃən, ek-] *n no pl* ❶ (*doing experiments*) Experimentieren *nt*
❷ (*fig: trying out*) Ausprobieren *nt,* Experimentieren *nt;* **~ with drugs** Drogenexperimente *ntpl*
experimenter [ɪk'sperɪmentəʳ, ek-, AM -ṭə-] *n* Neuerer, Neuerin *m, f,* Vordenker(in) *m(f)*
expert ['ekspɜːt, AM -spɜːrt] I. *n* Experte, -in *m, f,* Fachmann, Fachfrau *m, f;* LAW Sachverständige(r) *f(m);* **gardening ~** Fachmann, Fachfrau *m, f* für Gartenbau; **with the eye of an ~** mit fachmännischem Blick; **the help of an ~** fachkundige Hilfe; **the foremost ~** der führende Experte/die führende Expertin; **to call in an ~** einen Experten/eine Expertin hinzuziehen; **among ~s** in der Fachwelt, unter Fachleuten; ■**to be an ~ at doing sth** ein Experte *m*/eine Expertin in etw *dat* sein, sich *akk* in etw *dat* gut auskennen; ■**to be an ~ on** [*or* **in**] **sth** Experte/Expertin für etw *akk* sein, fachkundig in etw *dat* sein; ***he is an ~ on that subject*** er ist ein Fachmann auf diesem Gebiet
II. *adj* ❶ (*specialist*) fachmännisch, eines Fachmanns/einer Fachfrau *nach n;* (*skilled*) erfahren; (*clever*) geschickt; ***he's an ~ orator*** er ist ein gewandter Redner; **~ analysis** fachkundige Analyse; **~ hands** erfahrene Hände; **~ swimmer** erfahrener Schwimmer/erfahrene Schwimmerin
❷ (*excellent*) ausgezeichnet; ***she is an ~ liar*** sie ist eine perfekte Lügnerin; ■**to be ~ at sth** sehr gut in etw *dat* sein; ■**to be ~ at** [*or* **in**] **doing sth** wissen, wie man etw macht
expert advice *n no pl* fachmännischer Rat; **to offer ~** fachmännischen Rat erteilen; **to seek ~** fachmännischen Rat einholen, einen Fachmann/eine Fachfrau zu Rate ziehen
expertise [ˌekspɜː'tiːz, AM -spɜːr'-] *n no pl* (*knowledge*) Fachkenntnis *f,* Sachverstand *m* (**in** in +*dat*); (*skill*) Geschick *nt* (**in** bei +*dat*), Können *nt;* ***I have no sewing ~*** vom Nähen verstehe ich nichts
expert knowledge *n no pl* Fachkenntnis *f,* Fachwissen *nt*
expertly ['ekspɜːtli, AM -spɜːr-] *adv* (*with expert knowledge*) fachmännisch; (*skilfully*) geschickt, gekonnt; (*brilliantly*) meisterhaft; **to tune a machine ~** eine Maschine ordnungsgemäß einstellen
expert opinion *n* Expertenmeinung *f;* LAW Sachverständigengutachten *nt* **expert system** *n* COMPUT Expertensystem *nt* **expert witness** *n* LAW Sachverständige(r) *f(m),* Gutachter(in) *m(f)*
expiate ['ekspieɪt] *vt* (*form*) ■**to ~ sth** etw sühnen *geh* [*o* büßen]
expiation [ˌekspi'eɪʃən] *n* (*form*) Sühne *f geh,* Buße *f geh;* **to do sth in ~** [**of** [*or* **for**] **sth**] etw als Sühne [*o* Buße] [für etw *akk*] tun
expiatory ['ekspiətəri, AM -tɔːri] *adj attr* Sühne-; **~ sacrifice** Sühneopfer *nt*
expiration [ˌekspɪ'reɪʃən, AM -ə'-] *n no pl* ❶ (*spec: exhalation*) Ausatmung *f,* Exspiration *f fachspr*
❷ (*running out*) Ablauf *m;* **the ~ of a subscription/visa** der Ablauf eines Abonnements/Visums
expiration date *n* Verfallsdatum *nt;* ***what's the ~ on these eggs?*** wann laufen diese Eier ab?
expire [ɪk'spaɪəʳ, AM -ə-] I. *vi* ❶ (*become invalid*) *licence, period* ablaufen, enden; *contract* auslaufen, enden; *coupon, ticket* verfallen; *lease, passport* ablaufen, ungültig werden; *drugs, food* ablaufen, das Verfallsdatum überschreiten *geh*
❷ (*form: die*) verscheiden *geh;* (*fig fam*) den Geist aufgeben *fam*
II. *vt* (*spec: exhale*) ■**to ~ sth** etw ausatmen
expiry [ɪk'spaɪ(ə)ri, AM -'spaɪri] *n no pl* ❶ (*running out*) Ablauf *m;* **date of ~** *of drugs, food* Verfallsdatum *nt;* *of credit card, passport* Ablaufdatum *nt;* ■**before/on the ~ of sth** vor/nach Ablauf einer S. *gen*
❷ (*form: death*) Verscheiden *nt euph geh*
expiry date *n* Verfallsdatum *nt; see also* **expiration date**
explain [ɪk'spleɪn, ek'-] I. *vt* ❶ (*make understandable*) ■**to ~ sth** [**to sb**] [jdm] etw erklären; *reason, motive* [jdm] etw erläutern; ***our guide ~ed where the cathedral was*** unser Führer erklärte uns den Weg zur Kathedrale
❷ (*give reasons*) ■**to ~ sth** etw erklären; *secret* etw aufklären; ***no one has been able to ~ the accident*** niemand hat bisher eine Erklärung für den Unfall; ***please could you ~ why you're so late?*** könntest du mir bitte erklären, warum du so spät kommst?; ■**to ~ that ...** erklären, dass...
❸ (*make clear*) ■**to ~ oneself** sich *akk* [deutlich] ausdrücken; ***please ~ yourself more clearly*** bitte drücken Sie sich etwas genauer aus
❹ (*justify*) ■**to ~ oneself** sich *akk* rechtfertigen; ***you'd better ~ yourself*** du solltest mir das erklären
II. *vi* eine Erklärung geben; ***I just can't ~*** ich kann es mir einfach nicht erklären; ***let me ~*** lassen Sie es mich erklären
◆**explain away** *vt* ■**to ~ away ⊂ sth** ❶ (*dispel doubts*) eine [einleuchtende] Erklärung für etw *akk* haben, sich *dat* etw erklären
❷ (*pej: minimize*) etw bagatellisieren [*o fam* abtun]
explainable [ɪk'spleɪnəbl̩, ek'-] *adj* erklärlich; **to be ~** sich *akk* erklären lassen
explanation [ˌeksplə'neɪʃən, ek'-] *n* ❶ (*clarifying statement*) Erklärung *f;* *of reason, motive* Erläuterung *f;* **to give** [**sb**] **an ~ for** [*or* **of**] **sth** [jdm] etw erklären [*o* erläutern]; **to need an ~** einer Erklärung *f* [*o* Erläuterung *f*] bedürfen
❷ (*reason*) Erklärung *f;* LAW Aussage *f;* **to give** [**sb**] **an ~ for** [*or* **of**] **sth** [jdm] eine Erklärung für etw *akk* geben, [jdm] etw erklären
❸ *no pl* (*act of explaining*) Erklärung *f;* **in ~** [**of sth**] [*or* **by way of ~** [**for sth**]] als Erklärung [für etw *akk*]
explanatory [ɪk'splænətəri, ek'-, AM -tɔːri] *adj* erklärend *attr;* *footnotes, statement* erläuternd *attr;* **~ diagram** Schaubild *nt* zur Erläuterung
expletive [ɪk'spliːtɪv, ek'-, AM 'eksplət̬-] I. *n* ❶ (*form: swear word*) Kraftausdruck *m,* Fluch *m;* **to let out a row** [*or* **string**] **of ~s** einen Schwall von Flüchen loslassen, laut drauflosfluchen; **~ deleted** (*im Deutschen meist durch ‚...' gekennzeichnete Streichung eines vulgären Ausdrucks*)
❷ LING Füllwort *nt,* Expletivum *nt fachspr*
II. *n modifier* (*word*) Füll-
explicable [ɪk'splɪkəbl̩, ek'-] *adj* erklärbar
explicably [ɪk'splɪkəbli, ek'-] *adv* erklärlicherweise, verständlicherweise
explicate ['eksplɪkeɪt] *vt* (*form*) ■**to ~ sth** ❶ (*elaborate*) etw ausführen
❷ (*make clear*) etw [im Einzelnen] erläutern [*o* darlegen] [*o geh* explizieren]
explication [ˌekspl'keɪʃən] *n no pl* (*form*) ❶ (*elaboration*) Ausführung *f*
❷ (*clarification*) Erklärung *f,* Erläuterung *f*
explicit [ɪk'splɪsɪt, ek'-] *adj* ❶ (*precise*) klar, deutlich; *agreement, consent, order* ausdrücklich; ***could you please be more ~?*** könnten Sie bitte etwas deutlicher werden?; ***she made no ~ mention of her plans*** sie erwähnte ihre Pläne nicht ausdrücklich; **~ directions** klare Anweisungen; ■**to be ~ about sth** etw offen [*o* unverhohlen] aussprechen
❷ (*detailed*) eindeutig; (*with sexual details*) eindeutig; *film, picture, sex* freizügig; *pornography* unverhüllt
explicit address *n* COMPUT absolute Adresse
explicitly [ɪk'splɪsɪtli, ek'-] *adv* ❶ (*precisely*) [klar und] deutlich; **to tell sb sth ~** jdm etw ausdrücklich sagen
❷ (*outspokenly*) unverhohlen; (*sexually explicit*) freizügig, explizit *geh*
explicitness [ɪk'splɪsɪtnəs, ek'-] *n no pl* Klarheit *f,* Deutlichkeit *f;* **sexual ~** sexuelle Freizügigkeit
explode [ɪk'spləʊd, ek'-, AM -oʊd] I. *vi* ❶ (*blow up*) explodieren; *bomb* explodieren, hochgehen *fam;* *tyre* platzen
❷ (*fig: give vent*) sich *akk* entladen, explodieren *fam;* (*lose temper*) in die Luft gehen *fam;* ***the peaceful protest ~d into a riot*** die friedliche Protestkundgebung schlug in öffentlichen Aufruhr um; **to ~ in** [*or* **with**] **anger** [*or* **fury**] [*or* **rage**] vor Wut platzen [*o* in die Luft gehen] *fam;* **to ~ into giggles** plötzlich loskichern; **to ~ in laughter/tears** in Gelächter/Tränen ausbrechen; ■**to ~ at sb** auf jdn losgehen
❸ (*fig: grow rapidly*) *population* explodieren, explosionsartig zunehmen [*o* wachsen]
II. *vt* ■**to ~ sth** ❶ (*blow up*) etw zur Explosion

bringen; *bomb* etw zünden; *container* etw sprengen, etw zum Bersten bringen; *ball* etw zum Platzen bringen [*o* platzen lassen]
❷ (*refute*) etw widerlegen; **to ~ a theory** eine Theorie ad absurdum führen *geh* [*o fam* über den Haufen werfen]
❸ (*show details*) *diagram, drawing* etw [in Einzelteile] aufgelöst [perspektivisch] darstellen
▶ PHRASES: **to ~ a myth** einen Mythos zerstören, mit einem Mythos aufräumen *fam*

exploded view [ɪkˌspləʊdɪd'-, ek'-, AM -oʊd-] *n* Explosionsdarstellung *f,* [perspektivische] Darstellung der Einzelteile

exploding [ɪk'spləʊdɪŋ, ek'-, AM -oʊd-] *adj inv* (*also fig*) explodierend; **~ population** explosionsartig wachsende [*o* zunehmende] Bevölkerung

exploit I. *n* ['eksplɔɪt] Heldentat *f a. hum,* Großtat *f*
II. *vt* [ɪk'splɔɪt, ek'-] ❶ (*pej: take advantage*) ■**to ~ sb** *worker* jdn ausbeuten; *person, friend* jdn ausnutzen; ■**to ~ sth** *good-naturedness, situation, weakness* etw ausnutzen; **to ~ a colony** eine Kolonie ausbeuten
❷ (*utilize*) ■**to ~ sth** etw nutzen, sich *dat* etw zunutze machen; *resources* etw ausbeuten

exploitable [ɪk'splɔɪtəbl̩, ek'-, AM -t̬ə-] *adj* ❶ (*pej: vulnerable*) ■**to be ~** *workforce* auszubeuten sein; *perosn, friend* auszunutzen sein
❷ (*profitable*) nutzbar, verwertbar; ***he has a very ~ talent*** aus seinem Talent lässt sich viel machen; **to be commercially ~** kommerziell verwertbar sein

exploitation [ˌeksplɔɪ'teɪʃən] *n no pl* ❶ (*pej: taking unfair advantage*) *of workforce* Ausbeutung *f; of person, situation, weakness* Ausnutzung *f;* **the ~ of employees** die Ausbeutung der Arbeitnehmerschaft
❷ (*profitable use*) Nutzung *f,* Verwertung *f; of resources* Ausbeutung *f*

exploitative [ɪk'splɔɪtətɪv, ek'-, AM -t̬ət̬ɪv] *adj* (*pej*) ausbeuterisch *pej;* **~ tactics** Ausbeutungstaktik *f*

exploiter [ɪk'splɔɪtəʳ, ek'-, AM -t̬ɚ] *n* (*pej*) Ausbeuter(in) *m(f) pej*

exploration [ˌeksplə'reɪʃən, AM -splɔːr'eɪ-] *n* ❶ (*journey*) Erforschung *f,* Exploration *f fachspr; of enclosed space* Erkundung *f;* **voyage of ~** Entdeckungsreise *f*
❷ (*examination*) Untersuchung *f* (**of** von +*dat*); **to carry out a full ~ of sth** etw eingehend untersuchen [*o geh* einer eingehenden Untersuchung unterziehen]
❸ *no pl* (*searching*) Suche *f* (**for** nach +*dat*)

exploratory [ɪk'splɒrətəri, ek-, AM -'splɔːrətɔːri] *adj* Forschungs-, Erkundungs-; *drilling, well* Probe-, Versuchs-; **~ expedition** Forschungsexpedition *f;* **~ talks** Sondierungsgespräche *ntpl;* **~ test** MED Voruntersuchung *f;* **~ operation** MED explorativer Eingriff *fachspr*

explore [ɪk'splɔːʳ, ek'-, AM -'splɔːr] I. *vt* ■**to ~ sth** ❶ (*investigate*) etw erforschen [*o* erkunden] [*o fachspr* explorieren]
❷ (*examine*) etw untersuchen; **to ~ one's feelings** in sich *akk* hineinfühlen; **to ~ sb's past** jds Vergangenheit überprüfen
II. *vi* ❶ (*investigate*) sich *akk* umschauen, etw in Erfahrung bringen; **to go exploring** auf Erkundung[stour] gehen
❷ (*look for*) **to ~ for gold/treasure** auf Gold-/Schatzsuche gehen

explorer [ɪk'splɔːrəʳ, ek'-, AM -'splɔːrɚ] *n* Forscher(in) *m(f),* Forschungsreisende(r) *f(m)*

Explorer Scout *n* AM Pfadfinder *m*

explosion [ɪk'spləʊʒən, ek'-, AM -'sploʊ-] *n* ❶ (*blowing up*) Explosion *f;* **bomb/gas ~** Bomben-/Gasexplosion *f*
❷ (*noise*) Explosion *f,* Knall *m;* **an ~ of applause** (*fig*) tosender [*o* donnernder] Applaus
❸ (*fig: outburst*) Ausbruch *m; **there is an ~ of public protest*** plötzlich entlädt sich öffentlicher Protest; **~ of anger** Wutausbruch *m*
❹ (*fig: rapid growth*) Explosion *f; **there has been an ~ in demand for computers in the last few years*** in den letzten Jahren ist die Nachfrage nach Computern explosionsartig angestiegen; **population ~** Bevölkerungsexplosion *f*
❺ (*refutal*) Widerlegung *f;* **an ~ of a theory** die Verwerfung einer Theorie

explosive [ɪk'spləʊsɪv, ek'-, AM -'sploʊ-] I. *adj* ❶ (*able to blow up*) explosiv; *of reaction* Explosions-; **~ force** Sprengkraft *f;* **~ mixture** explosives Gemisch; **~ substance** Explosivstoff *m;* **highly ~** hochexplosiv
❷ (*fig: very loud*) ohrenbetäubend; **an ~ clap of thunder** ein ohrenbetäubender Donnerschlag; **an ~ cough** ein bellender Husten
❸ (*fig: volatile*) explosiv; *issue, situation* [hoch] brisant; *person* aufbrausend, jähzornig *pej;* **to have an ~ temper** cholerisch sein, zu Wutausbrüchen neigen
II. *n* ❶ *usu pl* (*substance*) Sprengstoff *m*
❷ LING [Ex]plosivlaut *m fachspr,* Verschlusslaut *m fachspr*

explosive device *n* Sprengkörper *m*

explosively [ɪk'spləʊsɪvli, ek'-, AM -'sploʊ-] *adv* ❶ (*by blowing up*) explosiv; **to react ~** *flame, gas* verpuffen
❷ (*fig: with sudden outburst*) heftig; **to bark ~ at sb** jdn anschnauzen; **to laugh ~** schallend lachen; **to react ~** explodieren, heftig reagieren
❸ (*fig: rapidly*) explosionsartig; **to grow ~** explosionsartig ansteigen [*o* wachsen]

explosiveness [ɪk'spləʊsɪvnəs, ek'-, AM -'sploʊ-] *n no pl* (*fig*) Explosivität *f; of an issue, situation* Brisanz *f; of a person* Jähzorn *m; of sb's temper* aufbrausende Art

Expo ['ekspəʊ, AM -spoʊ] *n short for* **exposition** Expo *f fam*

exponent [ɪk'spəʊnənt, ek'-, AM -'spoʊ-] *n* (*approv*) ❶ (*representative*) Vertreter(in) *m(f),* Exponent(in) *m(f);* (*advocate*) Verfechter(in) *m(f);* (*performer*) Interpret(in) *m(f); **she is a leading ~ of cello-playing*** sie ist eine führende Cellointerpretin; **an ~ of communism** ein Verfechter *m*/eine Verfechterin des Kommunismus
❷ MATH Exponent *m fachspr,* Hochzahl *f*

exponential [ˌekspə(ʊ)'nen(t)ʃəl, AM -spoʊ'-] *adj inv* ❶ MATH exponentiell, Exponential-; **~ function** Exponentialfunktion *f*
❷ (*extremely fast*) exponentiell; **an ~ increase in world population** ein sprunghafter Anstieg der Weltbevölkerung

exponential curve *n* MATH Exponentialkurve *f fachspr* **exponential growth** *n* exponentielles Wachstum

exponentially [ˌekspə(ʊ)'nen(t)ʃəli, AM -spoʊ'-] *adv inv* ❶ MATH exponentiell
❷ (*extremely quickly*) exponentiell; **to rise ~** steil [nach oben] ansteigen

export I. *vt* [ɪk'spɔːt, ek'-, AM -'spɔːrt] ■**to ~ sth** ❶ (*sell abroad*) etw exportieren [*o* ausführen]; ***some cultural values have been ~ed all over the world*** (*fig*) einige kulturelle Werte haben weltweite Verbreitung gefunden
❷ COMPUT etw exportieren
II. *vi* [ɪk'spɔːt, AM -'spɔːrt] exportieren, ausführen
III. *n* ['ekspɔːt, ek'-, AM -spɔːrt] ❶ *no pl* (*selling abroad*) Export *m,* Ausfuhr *f;* **~ of capital** FIN Kapitalausfuhr *f;* **for ~** für den Export
❷ (*product*) Exportartikel *m*
IV. *n* ['ekspɔːt, AM -spɔːrt] *modifier* Export-

exportable [ɪk'spɔːtəbl̩, ek'-, AM -'spɔːrt̬-] *adj* exportfähig; **to be highly ~** für den Export sehr gut geeignet sein

exportation [ˌekspɔː'teɪʃən, AM -spɔːr'-] *n no pl* Export *m,* Ausfuhr *f;* **for ~** für den Export [bestimmt]

export ban *n* Exportverbot *nt,* Ausfuhrverbot *nt*
export business *n* ❶ (*company*) Exportgeschäft *nt* ❷ *no pl* (*branch*) Exportgeschäft *nt;* **to be in the ~** in der Exportbranche [*o* im Export] tätig sein
export duty *n* Ausfuhrzoll *m,* Exportzoll *m*

exporter [ɪk'spɔːtəʳ, AM -'spɔːrt̬ɚ] *n* Exporteur *m;* (*person*) Exporthändler(in) *m(f);* (*company*) Exportgeschäft *nt;* (*country*) Exportland *nt,* Ausfuhrland *nt*

export goods *npl* Exportgüter *pl,* Exportartikel *mpl* **export licence** *n* Ausfuhrgenehmigung *f,* Exportlizenz *f* **export market** *n no pl* Exportmarkt *m* **export marketing** *n no pl* Exportmarketing *nt* **export permit** *n* Ausfuhrerlaubnis *f,* Exporterlaubnis *f* **export regulations** *npl* Ausfuhrbestimmungen *fpl* **export surplus** *n no pl* Exportüberschuss *m* **export trade** *n no pl* Exporthandel *m,* Außenhandel *m*

exposé [ek'spəʊzeɪ, ɪk-, AM ˌekspoʊ'zeɪ] *n* ❶ (*informative report*) Exposé *nt,* Darstellung *f*
❷ (*revealing report*) Enthüllung *f,* Aufdeckung *f;* **an ~ of corruption/scandal** die Aufdeckung einer Korruptionsaffäre/eines Skandals; **a shocking ~** eine schockierende Enthüllung

expose [ɪk'spəʊz, ek'-, AM -'spoʊz] *vt* ❶ (*lay bare*) ■**to ~ sth** *bone, foundations* etw freilegen; *nerves* etw bloßlegen
❷ (*leave vulnerable to*) ■**to ~ sb/sth to sth** jdn/etw etw *dat* aussetzen; **to ~ sth to cold/heat** etw der Kälte/Hitze aussetzen; **to ~ sb to danger** jdn einer Gefahr aussetzen; **to ~ sb to ridicule** (*fig*) jdn dem Spott [*o* der Lächerlichkeit] preisgeben
❸ (*reveal*) ■**to ~ sth** etw offenbaren; *scandal, treachery, plot* etw aufdecken [*o* enthüllen]; ■**to ~ sb** jdn entlarven
❹ (*put in contact*) ■**to ~ sb to sth** jdn mit etw *dat* vertraut machen; ■**to be ~d to sth** etw *dat* ausgesetzt sein, mit etw *dat* in Berührung kommen
❺ (*show genitals*) ■**to ~ oneself [to sb]** sich *akk* [vor jdm] entblößen
❻ PHOT ■**to ~ sth** etw belichten; **to over-/under~ sth** etw über-/unterbelichten
❼ LAW (*abandon*) ■**to ~ sb/an animal** jdn/ein Tier aussetzen

exposed [ɪk'spəʊzd, ek'-, AM -'spoʊzd] *adj* ❶ (*unprotected*) ungeschützt, exponiert *geh;* **~ position** exponierte Lage; ***the house is in a very ~ position*** das Haus steht völlig frei; **to be ~ to rain/wind** dem Regen/Wind ausgesetzt sein; **to feel ~** sich *akk* schutzlos [ausgeliefert] fühlen
❷ (*bare*) freigelegt; *part of body* unbedeckt, entblößt *geh*
❸ PHOT belichtet

exposition [ˌekspə(ʊ)'zɪʃən, AM -pə'-] *n* ❶ (*form: explanation*) Darlegung *f,* Ausführung[en] *f[pl]* (**of** zu +*dat*); (*commentary*) Kommentar *m* (**of** zu +*dat*)
❷ *no pl* (*clarification*) Erklärung *f,* Erläuterung *f*
❸ (*public show*) Ausstellung *f*
❹ LIT, MUS (*introduction*) Exposition *f fachspr*

expository [ɪk'spɒzɪtəri, ek'-, AM -'spɑːzətɔːri] *adj attr* erklärend

ex post facto [ˌekspəʊst'fæktəʊ, AM -poʊst'fæktoʊ] LAW rückwirkend, retrospektiv

expostulate [ɪk'spɒstʃəleɪt, ek'-, AM -'spɑːs-] *vi* (*form*) [heftig] protestieren; ■**to ~ on** [*or* **about**] **sth** sich *akk* vehement gegen etw *akk* aussprechen; (*stronger*) etw scharf verurteilen; ■**to ~ with sb about sth** (*protest*) eine [heftige] Auseinandersetzung mit jdm wegen etw *dat* haben; (*criticize*) jdm [ernste] Vorhaltungen wegen einer S. *gen* machen *geh*

expostulation [ɪkˌspɒstʃə'leɪʃən, ek'-, AM -ˌspɑːs-] *n* (*form: protest*) [heftiger] Protest; (*criticism*) [ernste] Vorhaltung[en]

exposure [ɪk'spəʊʒəʳ, ek'-, AM -'spoʊʒɚ] *n* ❶ (*being unprotected*) Aussetzung *f kein pl; **you should always limit your ~ to the sun*** man sollte sich den Sonnenstrahlen immer nur eine begrenzte Zeit aussetzen; **~ to radiation** MED Bestrahlung *f;* **indecent ~** LAW unsittliche Entblößung
❷ *no pl* (*contact with elements*) Ausgesetztsein *nt;* **to die of/suffer from ~** an Unterkühlung sterben/leiden
❸ *no pl* (*revelation*) *of a person* Entlarvung *f; of a plot, scheme* Aufdeckung *f; of an affair* Enthüllung *f*
❹ *no pl* (*media coverage*) Berichterstattung *f* [in den Medien], Publicity *f;* **to get lots of ~** ganz groß herauskommen, große Beachtung finden

❺ PHOT (*contact with light*) Belichtung *f;* (*duration*) Belichtungszeit *f*
❻ PHOT (*shot*) Bild *nt,* Aufnahme *f*
❼ (*position*) Lage *f;* ***the room has a northern ~*** das Zimmer geht nach Norden
❽ *no pl* (*contact*) Kontakt *m,* Berührung *f* (**to** mit +*dat*)
❾ ECON (*risk assessment*) Verlustrisiko *nt*

exposure meter *n* PHOT Belichtungsmesser *m*

expound [ɪk'spaʊnd, ek'-] **I.** *vt* (*form*) ❶ (*explain*) ■**to ~ sth** etw darlegen [*o* [näher] ausführen]
❷ (*interpret*) ■**to ~ sth** etw erläutern [*o* im Einzelnen erklären]; **to ~ the Bible** die Bibel auslegen
II. *vi* ■**to ~ on sth** etw darlegen [*o* [näher] ausführen]

express [ɪk'spres, ek'-] **I.** *vt* ❶ (*communicate*) ■**to ~ sth** etw ausdrücken [*o geh* zum Ausdruck bringen]; (*say*) etw aussprechen; ***there are no words to ~ what that means to me*** was das für mich bedeutet, lässt sich nicht in Worte fassen; ***he is not able to ~ properly what he means*** er kann nie richtig sagen, was er meint; **to ~ one's thanks** seinen Dank zum Ausdruck bringen; ■**to ~ oneself** sich *akk* ausdrücken; ***children often ~ themselves in painting*** Kinder drücken ihre Gefühle oft in Bildern aus
❷ (*reveal*) ■**to ~ sth** etw ausdrücken [*o geh* offenbaren]; ***her eyes ~ed deep sadness*** aus ihren Augen sprach eine tiefe Traurigkeit; **to ~ one's feelings** seine Gefühle zeigen
❸ MATH (*symbolize*) ■**to ~ sth as sth** etw als etw *akk* darstellen
❹ (*squeeze out*) ■**to ~ sth** etw ausdrücken [*o* [aus]pressen]
❺ (*send quickly*) ■**to ~ sth to sb** [*or* **sb sth**] jdm etw per Express [*o* als Eilsendung] schicken
II. *adj attr* ❶ *inv* (*rapid*) express, Eil-; **by ~ delivery** per Eilzustellung, als Eilsendung [*o* Eilsache]
❷ (*precise*) klar, bestimmt; (*explicit*) ausdrücklich; **~ command** ausdrücklicher Befehl; **~ instructions** klare Anweisungen; **~ intention** [*or* **purpose**] bestimmte Absicht; **for the ~ purpose** eigens zu dem Zweck; **~ warranty** COMM ausdrücklich erklärte Garantie
III. *adv* **to send sth ~** etw per Express [*o* als Eilsache] schicken
IV. *n* ❶ (*train*) Express[zug] *m,* Schnellzug *m,* D-Zug *m;* **the Orient E~** der Orient-Express
❷ *no pl* (*messenger*) Eilbote, -in *m, f;* **by ~** per Eilboten; (*delivery*) per Express
❸ AM (*company*) Spedition *f,* Transportunternehmen *nt*

express bus *n* Überlandbus *m* **express company** *n* AM Spedition *f,* Transportunternehmen *nt*

expressed [ɪk'sprest, ek'-] *adj attr, inv* ausdrücklich; **~ wish** ausdrücklicher Wunsch

express highway *n* AUS Schnell[verkehrs]straße *f;* (*in town*) Stadtautobahn *f*

expression [ɪk'spreʃᵊn, ek'-] *n* ❶ *no pl* (*showing*) Ausdruck *m,* Äußerung *f;* **~ of individuality** Ausdruck *m* von Individualität; **to find ~ in sth** in etw *dat* seinen Ausdruck finden; **to give ~ to sth** etw zum Ausdruck bringen, etw *dat* Ausdruck verleihen *geh*
❷ (*demonstration*) Ausdruck *m kein pl,* Zeichen *nt;* ***as an ~ of his love*** zum Zeichen seiner Liebe; **an ~ of gratitude/sympathy** ein Ausdruck *m* [*o* Zeichen *nt*] der Dankbarkeit/Sympathie
❸ *no pl* (*oral communication*) Äußerung *f;* **freedom of ~** Freiheit *f* der Meinungsäußerung; **mode of ~** Ausdrucksweise *f*
❹ (*phrase*) Ausdruck *m,* Wendung *f*
❺ (*facial look*) [Gesichts]ausdruck *m,* Miene *f;* ***I could tell from her ~ that …*** ich konnte es ihrem Gesicht ansehen, dass …; **to have a glum ~** ein mürrisches Gesicht machen
❻ (*emotion*) Gefühlsausdruck *m,* [Gefühls]regung *f;* **without ~** ausdruckslos
❼ *no pl* MUS Ausdruck *m,* Gefühl *nt;* **with great ~** sehr ausdrucksvoll
❽ MATH Ausdruck *m*

Expressionism [ɪk'spreʃᵊnɪzᵊm, ek'-] *n no pl* Expressionismus *m*

Expressionist [ɪk'spreʃᵊnɪst, ek'-] **I.** *n* Expressionist(in) *m(f)*
II. *adj* expressionistisch

expressionistic [ɪkˌspreʃə'nɪstɪk, ek'-] *adj* expressionistisch

expressionless [ɪk'spreʃᵊnləs, ek'-] *adj* ❶ (*showing no emotion*) ausdruckslos; **an ~ face/voice** eine ausdruckslose Miene/Stimme
❷ MUS ausdruckslos, ohne Gefühl *nach n*

expressionlessly [ɪk'spreʃᵊnləsli, ek'-] *adv* ausdruckslos, ohne eine Miene zu verziehen *fam*

expression line *n* Fältchen *nt* **expression mark** *n* MUS Vortragsbezeichnung *f fachspr*

expressive [ɪk'spresɪv, ek'-] *adj* ❶ (*showing feeling*) ausdrucksstark, ausdrucksvoll, expressiv *geh;* **an ~ face** ein ausdrucksvolles Gesicht; **an ~ shrug** ein viel sagendes Achselzucken; **an ~ voice** eine ausdrucksstarke Stimme
❷ (*indicative*) ■**to be ~ of sth** etw ausdrücken; **to be ~ of joy/sorrow** Freude/Trauer ausdrücken

expressively [ɪk'spresɪvli, ek'-] *adv* ausdrucksvoll, expressiv *geh*

expressiveness [ɪk'spresɪvnəs, ek'-] *n no pl* Ausdruckskraft *f; of emotions* Ausdrucksfähigkeit *f*

express lane *n* (*for overtaking*) Schnellspur *f,* Überholspur *f;* (*in supermarket*) Schnellkasse *f* **express letter** *n* Eilbrief *m*

expressly [ɪk'spresli, ek'-] *adv* ❶ (*explicitly*) ausdrücklich; **to prohibit sth ~** etw ausdrücklich untersagen
❷ (*particularly*) extra, eigens *geh;* ***I came ~ to see you*** ich bin eigens gekommen, um dich zu sehen

expresso *n see* **espresso**

express service *n* Expressdienst *m;* (*for mail*) Schnelltransport *m,* Eilzustellung *f* **express train** *n* Express[zug] *m,* Schnellzug *m,* D-Zug *m*
expressway *n* AM, AUS Schnellstraße *f*

expropriate [ɪk'sprəʊprieɪt, ek'-, AM -'sproʊ-] *vt* ❶ (*dispossess*) ■**to ~ sth** etw enteignen; ■**to ~ sb** jdn enteignen; ■**to ~ sb from sth** jds etw enteignen
❷ (*appropriate*) ■**to ~ sth** sich *dat* etw [widerrechtlich] aneignen; **to ~ funds** Gelder veruntreuen; **to ~ ideas** fremde Ideen übernehmen *euph,* geistigen Diebstahl begehen

expropriation [ɪkˌsprəʊpri'eɪʃᵊn, ek'-, AM -ˌsproʊ-] *n* ❶ (*dispossessing*) Enteignung *f,* Expropriation *f fachspr*
❷ (*appropriation*) [widerrechtliche] Aneignung; *of funds* Veruntreuung *f*

expropriator [ɪk'sprəʊprieɪtəʳ, ek'-, AM -'sproʊpieɪt̬ɚ] *n* Enteigner(in) *m(f),* Expropriateur(in) *m(f) fachspr*

expulsion [ɪk'spʌlʃᵊn, ek'-] *n no pl from a club* Ausschluss *m* (**from** aus +*dat*); *from a country* Ausweisung *f* (**from** aus +*dat*); *from home* Vertreibung *f* (**from** aus +*dat*); *from school/university* Verweisung *f,* Relegation *f fachspr*

expunge [ɪk'spʌn(d)ʒ, ek'-] *vt* (*form*) ■**to ~ sth** etw [aus]streichen [*o geh* tilgen]; (*fig*) etw löschen; **to ~ sb/sth from a list** jdn/etw von [*o* aus] einer Liste streichen; **to ~ a registration** eine Eintragung löschen; **to ~ sth from one's memory** etw aus seinem Gedächtnis streichen

expurgate ['ekspəgeɪt, AM -spɚ-] *vt* ■**to ~ sth** *text* etw [von anstößigen Stellen] reinigen [*o pej* zensieren]

expurgated ['ekspəgeɪtɪd, AM -spɚgeɪt̬-] *adj* [von anstößigen Stellen] gereinigt, zensiert *pej;* **~ version** bereinigte Fassung

expurgation [ˌekspə'geɪʃᵊn, AM -spɚ'-] *n* ❶ (*censored version*) bereinigte [*o pej* zensierte] Fassung
❷ *no pl* (*censorship*) Zensur *f*

exquisite [ɪk'skwɪzɪt, ek'-] *adj* ❶ (*very fine*) erlesen, exquisit; **~ manners** ausgesuchtes Benehmen; **an ~ painting** ein ausnehmend schönes Gemälde; **an ~ piece of china** ein [aus]erlesenes Stück Porzellan; **to have ~ taste** einen exquisiten [*o* feinen] Geschmack haben; **showing ~ taste** von erlesenem Geschmack *nach n;* **an ~ view** ein bezaubernder Ausblick
❷ (*intense*) außerordentlich; **an ~ pain** ein bohrender Schmerz; **an ~ pleasure** ein köstliches [*o* königliches] Vergnügen
❸ (*precise*) ausgeprägt; **~ timing** ausgeprägtes Zeitgefühl

exquisitely [ɪk'skwɪzɪtli, ek'-] *adv* ❶ (*beautifully*) vorzüglich; **an ~ behaved child** ein äußerst wohlerzogenes Kind; **an ~ crafted piece of furniture** ein kunstvoll angefertigtes Möbelstück; **an ~ furnished house** ein geschmackvoll [*o* ausnehmend schön] eingerichtetes Haus
❷ (*intensely*) außerordentlich; **an ~ painful sensation** ein außerordentlich starker [*o* heftiger] Schmerz; **~ sensitive** äußerst [*o* überaus] empfindlich

exquisiteness [ɪk'skwɪzɪtnəs, ek'-] *n no pl* ❶ (*fineness*) Erlesenheit *f,* Ausgesuchtheit *f;* (*perfection*) Vollendung *f*
❷ (*intensity*) Intensität *f;* **the ~ of the pain** die Heftigkeit des Schmerzes

ex-serviceman *n* ehemaliger Militärangehöriger, Veteran *m* **ex-servicewoman** *n* ehemalige Militärangehörige

ext. *n abbrev of* **extension** DW

extant [ek'stænt, AM 'ekstᵊnt] *adj inv* (*form*) [noch] vorhanden [*o* existent]; ***he is the most famous writer ~*** er ist der berühmteste noch lebende Schriftsteller

extemporaneous [ɪkˌstempə'reɪniəs, ek'-] *adj inv* improvisiert, unvorbereitet; **an ~ speech** eine Rede aus dem Stegreif; **an ~ translation** eine Stegreifübersetzung

extemporaneously [ɪkˌstempə'reɪniəsli, ek'-] *adv* unvorbereitet, aus dem Stegreif; ***they asked her to say a few words ~*** man bat sie um ein paar formlose Worte; **to speak ~** aus dem Stegreif sprechen

extemporarily [ɪk'stempᵊrərɪli, ek'-, AM -pərer-] *adv see* **extemporaneously**

extemporary [ɪk'stempᵊrəri, ek'-, AM -pəreri] *adj see* **extemporaneous**

extempore [ɪk'stempᵊri, ek'-, AM -pəri] **I.** *adj inv* unvorbereitet, Stegreif-; **to give an ~ speech** eine Rede aus dem Stegreif halten, extemporieren *geh*
II. *adv* unvorbereitet, aus dem Stegreif, ex tempore *geh;* **to perform ~** improvisieren

extemporize [ɪk'stempᵊraɪz, ek'-, AM -pər-] *vi* etw aus dem Stegreif tun, extemporieren *geh;* (*perform*) improvisieren

extend [ɪk'stend, ek'-] **I.** *vt* ❶ (*stretch out*) ■**to ~ sth** etw ausstrecken; **to ~ one's fingers** seine Finger ausstrecken; **to ~ one's hand to sb** jdm die Hand entgegenstrecken [*o geh* reichen]; **to ~ a line/rope** eine Leine/ein Seil spannen
❷ (*prolong*) ■**to ~ sth** *credit, visa* etw verlängern
❸ (*pull out*) ■**to ~ sth** etw verlängern; *ladder, table* etw ausziehen; *landing gear* etw ausfahren; *sofa* etw ausklappen
❹ (*expand*) ■**to ~ sth** etw erweitern [*o* vergrößern]; *influence, business* etw ausdehnen [*o* ausbauen]
❺ (*increase*) ■**to ~ sth** etw vergrößern [*o* verstärken]; **to ~ public awareness of sth** die Öffentlichkeit für etw *akk* sensibilisieren; **to ~ one's commitment** seine Bemühungen *fpl* verstärken, sich *akk* stärker engagieren
❻ (*build*) ■**to ~ sth** [**to sth**] etw [an etw *akk*] anbauen; **to ~ one's house** sein Haus ausbauen; **to ~ a road/track** eine Straße/Fahrspur ausbauen
❼ (*offer*) ■**to ~ sth to sb** jdm etw erweisen [*o* zuteil werden lassen]; *credit, protection* jdm etw gewähren; **to ~ money to sb** FIN jdm Geld zur Verfügung stellen; **to ~ one's thanks to sb** jdm seinen Dank aussprechen; **to ~ a welcome to sb** jdn willkommen heißen
❽ (*strain*) ■**to ~ sb** jdn [bis an seine Leistungsgrenze] fordern; ■**to ~ oneself** sich *akk* verausgaben
II. *vi* ❶ (*stretch*) sich *akk* erstrecken, sich *akk* ausdehnen; *over period of time* sich *akk* hinziehen *pej,*

dauern; ***the fields ~ into the distance*** die Felder dehnen sich bis in die Ferne aus; ***rain is expected to ~ to all parts of the country by this evening*** bis heute Abend soll der Regen alle Landesteile erreicht haben; ***the last party ~ed throughout the night*** die letzte Party dauerte die ganze Nacht; ■**to ~ beyond sth** über etw *akk* hinausgehen; **to ~ for miles** sich *akk* meilenweit hinziehen
❷ (*include*) sich erstrecken; ■**to ~ to sb/sth** *restrictions* für jdn/etw gelten; ***his concern doesn't ~ as far as actually doing something*** seine Besorgnis geht nicht so weit, dass er tatsächlich etwas unternimmt

extendable [ɪk'stendəbl̩, ek'-] *adj* ❶ (*prolongable*) *lease, passport, contract* verlängerbar; ~ **deadline** verlängerbare Frist; ~ **sentence** verlängerte Strafe
❷ (*telescopic*) ausziehbar; ~ **ladder** Ausziehleiter *f*
❸ (*stretchable*) ausdehnbar
❹ (*make longer*) ausziehbar

extended [ɪk'stendɪd, ek'-] *adj* ❶ (*prolonged*) verlängert; **an ~ holiday** ein ausgedehnter Urlaub
❷ (*comprehensive*) umfassend, erweitert; ~ **coverage** erweiterter Versicherungsschutz; **an ~ news bulletin** ein umfassender [*o* ausführlicher] Bericht

extended credit *n no pl* ❶ (*long-term credit*) langfristiger Kredit ❷ AM (*from the Federal Reserve*) erweiterter Kredit **extended family** *n* Großfamilie *f*

extensible [ɪk'sten(t)səbl̩, ek'-] *adj see* **extendable**

extension [ɪk'sten(t)ʃᵊn, ek'-] **I.** *n* ❶ *no pl* (*stretching out*) *of extremities* Ausstrecken *nt; of muscles* Dehnung *f,* Streckung *f*
❷ (*lengthening*) Verlängerung *f;* ~ **table** Ausziehtisch *m*
❸ *no pl* (*expansion*) Erweiterung *f,* Vergrößerung *f; of influence, power* Ausdehnung *f,* Ausbau *m;* ~ **of business** Geschäftserweiterung *f;* **the ~ of police powers** die Verstärkung [*o* der Ausbau] von Polizeikräften; ~ **of time** LAW Fristverlängerung *f,* Nachfrist *f;* **by ~** des Weiteren, im weiteren Sinne
❹ (*prolongation*) *of a credit, time, a visa* Verlängerung *f;* ~ **of payment** Zahlungsaufschub *m*
❺ COMPUT Verlängerung *f,* Erweiterung *f;* ~ **cable** Verlängerungskabel *nt;* ~ **memory** Nebenspeicher *m;* **filename ~** Extension *f* beim Dateinamen
❻ (*added piece*) Anbau *m; of a building* Erweiterungsbau *m* (**to** an +*akk*); ***we're building an ~ to our house*** wir bauen gerade an
❼ (*phone line*) Nebenanschluss *m,* Nebenstelle *f;* (*number*) [Haus]apparat *m*
❽ *no pl* (*offering*) Bekundung *f*
❾ (*scope*) Umfang *m*
❿ (*logic*) Bedeutungsumfang *m,* Extension *f fachspr*
II. *n modifier* AM, AUS UNIV (*extramural*) Fern-; ~ **course** Fernlehrgang *m,* Fernstudienkurs *m*

extension cord *n* AM, AUS (*extension lead*) Verlängerungskabel *nt* **extension ladder** *n* Ausziehleiter *f* **extension lead** *n* BRIT Verlängerungskabel *nt*

extensive [ɪk'sten(t)sɪv, ek'-] *adj* ❶ (*large*) weit, ausgedehnt; ~ **grounds** weitläufiges Gelände; ~ **journey** ausgedehnte Reise; ~ **property** ausgedehnte Ländereien; ~ **tracts of land** weite Landstriche
❷ (*far-reaching*) weitreichend; ~ **political influence** weitreichender politischer Einfluss
❸ (*large-scale*) umfangreich, ausführlich; ***the royal wedding received ~ coverage in the newspapers*** über die königliche Hochzeit wurde in den Zeitungen ausführlich berichtet; ~ **knowledge** breites [*o* umfassendes] Wissen; ~ **repairs** umfangreiche Reparaturarbeiten; **to make ~ use of sth** von etw *dat* großen Gebrauch machen
❹ (*severe*) schwer; ~ **bombing** schweres [*o* großflächiges] Bombardement; ~ **damage** beträchtlicher [*o* erheblicher] Schaden
❺ AGR extensiv *fachspr*

extensively [ɪk'sten(t)sɪvli, ek'-] *adv* ❶ (*for the most part*) weitgehend; **to be ~ rebuilt** weitgehend wiederaufgebaut werden
❷ (*considerably*) beträchtlich, erheblich; **to be ~ damaged** erheblich beschädigt werden
❸ (*thoroughly*) gründlich; (*in detail*) ausführlich; **to be ~ researched** genau untersucht werden; **to use sth ~** von etw *dat* ausgiebig Gebrauch machen

extent [ɪk'stent, ek'-] *n* ❶ *no pl* (*size*) *of an area, a city, a park* Größe *f,* Ausdehnung *f;* (*length*) *of a river* Länge *f*
❷ *no pl* (*range*) Umfang *m;* **the ~ of knowledge** der Wissensumfang
❸ *no pl* (*amount*) Ausmaß *nt,* Umfang *m; of a sum* Höhe *f;* ***the company is in debt to the ~ of a million pounds*** die Firma ist mit einer Million Pfund verschuldet; **the ~ of a credit** die Höhe eines Kredits; **the ~ of destruction** das Ausmaß der Zerstörung
❹ (*degree*) Grad *m kein pl,* Maß *nt kein pl;* **to a certain ~** in gewissem Maße; **to a great** [*or* **large**] ~ in hohem Maße, weitgehend; **to the same ~ as ...** in gleichem Maße wie ...; **to some ~** bis zu einem gewissen Grad; **to go to the ~ of doing sth** so weit gehen, etw zu tun; **to an ~** bis zu einem gewissen Grad, in gewissem Maße; **to such an ~ that ...** dermaßen [*o* derart], dass ...; ***the car was damaged to such an ~ that it could not be repaired*** der Wagen war so stark beschädigt, dass er nicht repariert werden konnte; **to that ~** in diesem Punkt, insofern; **to what ~** in welchem Maße, inwieweit

extenuate [ɪk'stenjueɪt, ek'-] *vt* (*form*) ■**to ~ sth** etw beschönigen [*o* verharmlosen]; **to ~ sb's behaviour** jds Verhalten entschuldigen [*o* rechtfertigen]; **to ~ sb's guilt** jds Schuld mindern

extenuating [ɪk'stenjueɪtɪŋ, ek'-, AM -t̬-] *adj attr* (*form*) mildernd; **to allow ~ circumstances** mildernde Umstände zubilligen

extenuation [ɪkˌstenju'eɪʃᵊn, ek'-] *n no pl* (*form*) Beschönigung *f,* Verharmlosung *f;* **in ~ of sb/sth** als Entschuldigung [*o* mildernder Umstand] für jdn/etw

exterior [ɪk'stɪəriəʳ, ek'-, AM -'stɪriɚ] **I.** *n* ❶ (*outside surface*) *of a wall* Außenseite *f; of a building* Außenfront *f,* Außenwände *fpl;* **on the ~** (*fig*) äußerlich
❷ (*outward appearance*) das Äußere, äußere Erscheinung; ***she has a tough ~*** sie hat ein hartes Auftreten
❸ FILM Außenaufnahme *f*
II. *adj* Außen-; ~ **paint** Farbe *f* für den Außenanstrich; ~ **shots** Außenaufnahmen *fpl;* ~ **walls** Außenwände *fpl;* ■**~ to sth** außerhalb einer S. *gen*

exterminate [ɪk'stɜːmɪneɪt, ek'-, AM -'stɜːr-] *vt* ■**to ~ sb/sth** *people, sect, species* jdn/etw ausrotten; *civilization, city, enemy* jdn/etw vernichten; *vermin, weeds* etw vertilgen [*o* vernichten]; (*fig*) *evil, superstition* etw ausrotten

extermination [ɪkˌstɜːmɪ'neɪʃᵊn, ek'-, AM -ˌstɜːr-] *n no pl* Ausrottung *f,* Vernichtung *f; of vermin, weeds* Vertilgung *f*

exterminator [ɪk'stɜːmɪneɪtəʳ, ek'-, AM -'stɜːrmɪneɪt̬ɚ] *n* ❶ (*person*) Kammerjäger(in) *m(f)*
❷ (*poison*) Insektenvertilgungsmittel *nt*

external [ɪk'stɜːnᵊl, ek'-, AM -'stɜːr-] *adj inv* ❶ (*exterior*) äußerlich; *angle, pressure, world* Außen-; ■**to be ~ to sth** außerhalb einer S. *gen* liegen; ~ **appearance** Aussehen *nt;* ~ **calm/similarity** äußerliche Ruhe/Ähnlichkeit
❷ COMM (*outside of company*) ~ **growth** externes Wachstum
❸ (*from the outside*) äußere(r, s), von außen *nach n,* extern *geh*
❹ (*on body surface*) äußerlich; ~ **injury** äußer[lich]e Verletzung; **for ~ use only** PHARM nur zur äußerlichen Anwendung
❺ (*foreign*) ausländisch, auswärtig, Außen-; ~ **affairs** auswärtige Angelegenheiten, Außenpolitik *f;* ~ **exchange** ECON Devisenkurs *m;* ~ **relations** auswärtige Beziehungen, Auslandsbeziehungen *fpl*
❻ UNIV per Fernstudium *nach n;* ~ **degree** Abschluss *m* eines Fernstudiums
❼ ECON ~ **auditing** außerbetriebliche Revision
❽ COMPUT extern, außerhalb; ~ **device** Hardwareteil *m;* (*device allowing communications*) Peripheriegerät *nt;* ~ **disk drive** externes Plattenlaufwerk; ~ **memory** Speicher *m;* ~ **modem** externes Modem; ~ **storage** [*or* **store**] Zubringerspeicher *m*

external account *n* FIN Ausländerkonto *nt* **external debt** *n* FIN Auslandsschulden *pl* **external examination** *n* externe Prüfung **external examiner** *n* externer Prüfer/externe Prüferin **external indebtedness** *n no pl* FIN Auslandsverschuldung *f*

externalization [ɪkˌstɜːnᵊlaɪ'zeɪʃᵊn, ek'-, AM -'stɜːrnᵊlɪ'-] *n* ❶ (*expression*) *of emotions* Äußerung *f,* Ausdruck *m*
❷ PSYCH *of a conflict, a difficulty* Verlagerung *f* nach außen, Externalisierung *f fachspr,* Projektion *f fachspr*

externalize [ɪk'stɜːnᵊlaɪz, ek'-, AM -'stɜːr-] *vt* ■**to ~ sth** ❶ (*express*) *emotions* etw äußern
❷ PSYCH *conflict, difficulty* etw nach außen verlagern [*o fachspr* externalisieren] [*o fachspr* projizieren]

external loan *n* FIN Auslandsanleihe *f*

externally [ɪk'stɜːnᵊli, ek'-, AM -'stɜːr-] *adv inv* äußerlich; (*to the outside*) nach außen; (*from the outside*) von außen; (*on the outside*) außen; ~ ***she appeared calm*** nach außen hin wirkte sie gelassen

externals [ɪk'stɜːnᵊlz, ek'-, AM -'stɜːr-] *npl* (*also pej*) Äußerlichkeiten *fpl a. pej,* Nebensächlichkeiten *fpl pej*

external student *n* Externe(r) *f(m)* **external world** *n no pl* Außenwelt *f; of phenomena* Welt *f* der Erscheinungen

exterritorial [ˌeksterɪ'tɔːriəl] *adj inv see* **extraterritorial**

extinct [ɪk'stɪŋkt, ek'-] *adj inv* ❶ (*died out*) *animal, plant, species* ausgestorben; *dynasty, empire, people* untergegangen; **an ~ language** eine tote Sprache; **to become ~** aussterben
❷ (*no longer active*) *fire, love, volcano* erloschen; **an ~ firm** COMM eine gelöschte Firma; **to become ~** erlöschen
❸ (*abolished*) *custom, practice* abgeschafft, verloren gegangen; **an ~ law** ein aufgehobenes Gesetz; **an ~ right** LAW ein erloschenes [*o* untergegangenes] Recht

extinction [ɪk'stɪŋkʃᵊn, ek'-] *n no pl* ❶ (*dying out*) Aussterben *nt; of a dynasty, an empire, a people* Untergang *m;* (*deliberate act*) Ausrottung *f,* Auslöschung *f;* (*fig*) *of traces* Verschwinden *nt; of memories* Auslöschung *f;* **to be in danger of** [*or* **threatened with**] ~ vom Aussterben bedroht sein
❷ (*becoming inactive*) *of fire, passion, volcano* Erlöschen *nt; of a firm* Löschung *f*
❸ (*abolition*) Abschaffung *f; of a law* Aufhebung *f; of a right* Erlöschen *nt,* Untergang *m;* **the ~ of a debt** COMM die Tilgung einer Schuld

extinguish [ɪk'stɪŋgwɪʃ, ek'-] *vt* ■**to ~ sth** ❶ (*put out*) *fire* etw [aus]löschen [*o fam* ausmachen]; **to ~ a candle/the light** eine Kerze/das Licht ausmachen [*o geh veraltend* löschen]
❷ (*destroy*) etw auslöschen; *firm* etw löschen; **to ~ sb's love/passion** jds Liebe/Leidenschaft erlöschen lassen; **to ~ the memory of sth** die Erinnerung an etw *akk* auslöschen
❸ (*fig: abolish*) *custom, practice* etw abschaffen; LAW etw aufheben; **to ~ a debt** COMM eine Schuld tilgen

extinguisher [ɪk'stɪŋgwɪʃəʳ, ek'-, AM -ɚ] *n* Feuerlöscher *m,* Löschgerät *nt*

extinguishment [ɪk'stɪŋgwɪʃmənt] *n* LAW Löschung *f,* Aufhebung *f*

extirpate ['ekstɜːpeɪt, AM -stɚ-] *vt* (*form*) ■**to ~ sb/sth** *people, sect, species* jdn/etw [mit Stumpf und Stiel] ausrotten; *evil, heresy, prejudice* etw ausmerzen *geh; hair, plant* etw [mit der Wurzel] ausreißen; MED *growth* etw entfernen [*o fachspr* exstirpieren]; **to ~ an enemy** einen Feind vernichten; **to ~ ignorance** (*fig*) [dem Zustand] der Unwissenheit ein Ende bereiten *geh*

extirpation [ˌekstɜː'peɪʃᵊn, AM -stɚ'-] *n no pl* (*form*) *of a people, a sect, a species* Ausrottung *f; of heresy, prejudice* Ausmerzung *f geh;* MED *of a growth* Entfernung *f,* Exstirpation *f fachspr;* **the ~ of**

an enemy die Vernichtung eines Feindes; the ~ of ignorance (*fig*) die Beseitigung der Unwissenheit

extol <-ll-> [ɪk'stəʊl, ek'-, AM -'stoʊl] *vt* (*form*) ■to ~ sth etw rühmen [*o geh* [lob]preisen]; ■to ~ sb as sb/sth jdn als jdn/etw feiern [*o geh* preisen]; to ~ sb as a hero jdn als Held feiern [*o* verehren]; to ~ the virtues of sb/sth die Vorzüge einer Person/einer S. *gen* preisen

extort [ɪk'stɔːt, ek'-, AM -'stɔːrt] *vt* ■to ~ sth from sb ① (*get with force*) etw von jdm erzwingen [*o* erpressen]; to ~ a confession from sb von jdm ein Geständnis erpressen [*o* erzwingen]; to ~ money from sb Geld von jdm erpressen [*o fam* aus jdm herausholen]
② (*get with effort*) jdm etw abringen [*o* abnötigen], jdn zu etw *dat* bewegen *fam;* to ~ a promise from sb jdm ein Versprechen abringen [*o* abnötigen]; to ~ a secret from sb jdm ein Geheimnis entlocken

extortion [ɪk'stɔːʃᵊn, ek'-, AM -'stɔːr-] *n no pl* ① (*coercion*) Erzwingung *f; of money* Erpressung *f*
② (*demand*) *of money* überhöhte [*o* überzogene] Forderung, Wucher *m pej;* ~ racket [Schutzgeld]erpressung *f,* verbrecherische Erpressung

extortionate [ɪk'stɔːʃᵊnət, ek'-, AM -'stɔːr-] *adj* (*pej*) ① (*exorbitant*) maßlos, übermäßig; (*sum*) Wucher-, horrend; ~ credit bargain Wucherkreditgeschäft *nt;* to make ~ demands of [*or* on] sb übersteigerte [*o* übertrieben hohe] Erwartungen an jdn stellen; ~ prices horrende [*o fam* astronomische] Preise, Wucherpreise *mpl pej*
② (*using force*) erpresserisch; ~ methods Erpressermethoden *fpl*

extortionately [ɪk'stɔːʃᵊnətli, ek'-, AM -'stɔːr-] *adv* (*pej*) maßlos, übermäßig

extortioner [ɪk'stɔːʃᵊnəʳ, ek'-, AM -'stɔːrʃᵊnɚ] *n* (*pej*) ① (*coercing person*) Erpresser(in) *m(f)*
② (*usurer*) Wucherer, Wucherin *m, f*

extortionist [ɪk'stɔːʃᵊnɪst, ek'-, AM -'stɔːr-] **I.** *n see* **extortioner**
II. *adj see* **extortionate**

extra ['ekstrə] **I.** *adj inv* zusätzlich; ***I'll take some ~ clothes*** ich nehme noch Ersatzkleidung mit; ***we have an ~ bed — you can stay overnight if you want to*** wir haben noch ein Bett frei – wenn du willst, kannst du hier übernachten; ***I'll need some ~ time/money for the job*** für die Arbeit brauche ich etwas mehr Zeit/Geld; to take ~ care besonders vorsichtig sein; ~ charge Aufschlag *m,* Aufpreis *m;* to make an ~ effort sich *akk* besonders anstrengen; to work ~ hours [*or* long days] Überstunden machen; ~ income zusätzliches Einkommen, Nebeneinkommen *nt;* ■to be ~ extra gehen; ***packing is*** ~ die Verpackung geht extra
II. *adv inv* ① (*more*) mehr; a [little] bit ~ ein [kleines] bisschen mehr; to charge/pay ~ einen Aufpreis verlangen/bezahlen; to cost ~ gesondert berechnet werden; postage and packing ~ zuzüglich Porto und Versand
② (*especially*) besonders; ***I'll try ~ hard this time*** ich werde mich diesmal ganz besonders anstrengen; ~ large besonders groß; (*too large*) übergroß
III. *n* ① ECON (*perk*) Zusatzleistung *f,* Sonderleistung *f;* AUTO Extra *nt;* lots of little ~s eine Menge kleiner Extras
② (*charge*) Aufschlag *m,* Aufpreis *m*
③ (*actor*) Statist(in) *m(f),* Komparse, -in *m, f*
④ SPORTS (*additional run*) zusätzlicher Run

extra- ['ekstrə] *in compounds* ① (*outside*) außer-
② (*more than usual*) extra-, besonders

extra charge *n* Zuschlag *m,* Aufpreis *m*

extract I. *vt* [ɪk'strækt, ek'-] ① (*remove*) ■to ~ sth [from sth] *cork, splinter, stopper* etw [aus etw *dat*] [heraus]ziehen; to ~ a bullet eine Kugel entfernen; to ~ papers from a folder einem Ordner Unterlagen entnehmen; to ~ a tooth einen Zahn ziehen [*o fachspr* extrahieren]
② (*obtain*) ■to ~ sth [from sth] *resources* etw [aus etw *dat*] gewinnen [*o fachspr* extrahieren]; to ~ iron ore Eisenerz gewinnen; to ~ oil Erdöl fördern; ■to ~ sth from sb *secret* jdm etw entlocken; to ~ a confession from sb jdm ein Geständnis abringen; to ~ information from sb Informationen aus jdm herausquetschen *fam;* to ~ money from sb Geld aus jdm herausholen *fam*
③ (*select*) to ~ sth from a text etw aus einem Text [heraus]ziehen, etw exzerpieren *geh*
④ MATH to ~ the root [from sth] die Wurzel [aus etw *dat*] ziehen
II. *n* ['ekstrækt] ① (*excerpt*) Auszug *m,* Exzerpt *nt geh* (from aus +*dat*)
② COMM (*from official register*) Auszug *m*
③ (*derived substance*) Extrakt *m,* Auszug *m*
④ *no pl* (*concentrate*) Extrakt *m,* Essenz *f;* malt/vanilla ~ Malz-/Vanilleextrakt *m*

extraction [ɪk'strækʃᵊn, ek'-] *n* ① *no pl* (*removal*) *of a cork, splinter, stopper* Herausziehen *nt; of bullet* Entfernen *nt*
② (*obtainment*) *of resources* Gewinnung *f,* Abbau *m; of oil* Förderung *f; of secret* Entlocken *nt; of confession* Abringen *nt*
③ (*tooth removal*) [Zahn]ziehen *nt,* Extraktion *f fachspr*
④ *no pl* (*family origin*) Herkunft *f,* Abstammung *f*

extractor [ɪk'stræktəʳ, ek'-, AM -ɚ] *n* ① (*squeezer*) [Saft]presse *f,* Entsafter *m*
② (*centrifuge*) Trockenschleuder *f*
③ MED Geburtszange *f;* (*in dentistry*) Zahn[wurzel]zange *f*
④ (*fan*) Dunstabzug *m*
⑤ (*gun part*) Auswerfer *m,* Auszieher *m*

extractor fan *n* Dunstabzug *m* **extractor hood** *n* Dunstabzugshaube *f*

extracurricular [ˌekstrəkə'rɪkjələʳ, AM -ɚ] *adj inv* ① SCH, UNIV außerhalb des Stundenplans [*o* Lehrplans] *nach n,* extracurricular *fachspr*
② (*fig*) außerplanmäßig; ~ course Wahlkurs *m*

extracurricular activities *npl* ① SCH, UNIV Wahlveranstaltungen *fpl,* extracurriculare Veranstaltungen *fachspr;* (*in spare time*) Freizeitbeschäftigung[en] *f[pl]*
② (*hum: sexual activities*) Liebschaften *fpl,* amouröse Abenteuer *hum*

extraditable ['ekstrədaɪtəbl, AM -t̬-] *adj inv offence* zur Auslieferung führend *attr; offender* auszuliefernd *attr,* auszuliefern *präd;* an ~ crime ein mit Auslieferung belegtes Verbrechen; an ~ offender ein auszuliefernder Straftäter/eine auszuliefernde Straftäterin

extradite ['ekstrədaɪt] *vt* to ~ sb [from Germany to Great Britain] jdn [von Deutschland an Großbritannien] ausliefern; to ~ an offender from one state to another state AM einen Straftäter von einem Bundesstaat an einen anderen überstellen

extradition [ˌekstrə'dɪʃᵊn] *n no pl* Auslieferung *f;* AM Überstellung *f*

extradition treaty *n* Auslieferungsvertrag *m*

extramarital [ˌekstrə'mærɪtᵊl, AM -'merət̬ᵊl] *adj inv* außerehelich

extramarital affairs *npl* außereheliche Beziehungen

extramural [ˌekstrə'mjʊərᵊl, AM -'mjʊr-] *adj inv* ① *esp* BRIT (*outside university*) außeruniversitär, außerhalb der Universität *nach n*
② (*by correspondence*) Fernstudien-; (*part-time*) Teilzeit-; ~ courses Fern[studien]kurse *mpl*

extraneous [ɪk'streɪniəs] *adj* ① (*external*) äußere(r, s), von außen *nach n;* MED körperfremd; CHEM Fremd-; ~ substance Fremdstoff *m*
② (*form: unrelated*) nicht dazugehörig, sachfremd; ~ issues/matters sachfremde Fragestellungen/Angelegenheiten; an ~ remark eine unpassende [*o geh* deplatzierte] Bemerkung
③ (*irrelevant*) unwichtig, irrelevant, ohne Belang *form*

extraordinaire [ɪkˌstrɔːdɪ'neəʳ, AM ˌstrɔːrdə'ner] *n after n* (*fam*) der Sonderklasse *nach n fam*

extraordinarily [ɪk'strɔːdᵊnᵊrᵊli, AM -'strɔːrdᵊnerɪli] *adv* (*remarkably*) außerordentlich; (*unusually*) ungewöhnlich; (*positive*) ungemein

extraordinary [ɪk'strɔːdᵊnᵊri, AM -'strɔːrdᵊneri] *adj* ① (*remarkable*) außerordentlich, außergewöhnlich; (*unusual*) ungewöhnlich; an ~ feat eine herausragende Leistung; an ~ success ein erstaunlicher Erfolg
② (*strange*) merkwürdig, seltsam; (*approv*) erstaunlich; an ~ coincidence ein merkwürdiges Zusammentreffen
③ (*additional*) außerordentlich; ~ resolution außerordentlicher Beschluss

extraordinary ambassador *n* Sonderbotschafter(in) *m(f)* **extraordinary general meeting** *n* COMM außerordentliche Hauptversammlung **extraordinary items** *n* COMM (*on a balance sheet*) Sonderposten *pl* **extraordinary meeting** *n* Sondersitzung *f,* außerordentliche Versammlung

extra pay *n no pl* (*beyond regular pay*) Zulage *f;* (*from odd jobs*) Zusatzeinkommen *nt;* to get ~ eine Zulage bekommen

extrapolate [ɪk'stræpəleɪt] **I.** *vt* ■to ~ sth etw erschließen [*o* ableiten]; MATH etw extrapolieren *fachspr;* to ~ a trend from a survey einen Trend aus einer Umfrage ableiten
II. *vi* ■to ~ from sth to sth von etw *dat* auf etw *akk* schließen

extrapolation [ɪkˌstræpə'leɪʃᵊn] *n no pl* Ableitung *f,* Folgerung *f;* MATH Extrapolation *f fachspr*

extrasensory [ˌekstrə'sen(t)sᵊri] *adj inv* übersinnlich; ~ powers übersinnliche Kräfte

extrasensory perception *n* übersinnliche Wahrnehmung

extra-special *adj* (*fam*) ganz speziell

extraterrestrial [ˌekstrətə'restriəl] **I.** *adj* außerirdisch, extraterrestrisch *geh;* ~ being außerirdisches Wesen; ~ life forms außerirdische Lebensformen
II. *n* Außerirdische(r) *f(m),* außerirdisches [Lebe]wesen

extraterritorial [ˌekstrəterɪ'tɔːriəl] *adj inv* exterritorial; to have ~ rights LAW diplomatischen Status genießen

extraterritoriality [ˌekstrəterɪtɔːri'æləti, AM -ət̬i] *n* LAW Exterritorialität *f*

extra time *n no pl* BRIT, AUS SPORTS [Spiel]verlängerung *f;* ***they had to play*** ~ sie mussten nachspielen

extravagance [ɪk'strævəgən(t)s] *n* ① *no pl* (*unrestrained excess*) Verschwendungssucht *f;* (*lifestyle*) extravaganter Lebensstil
② *no pl* (*excessive expenditure*) Verschwendung *f*
③ (*unnecessary treat*) Luxus *m kein pl,* Extravaganz[en] *f[pl];* ***chocolate is my only*** ~ Schokolade ist das Einzige, was ich mir gönne
④ *no pl* (*exaggeration*) Übertriebenheit *f; of a claim, demand* Maßlosigkeit *f,* Überspanntheit *f*

extravagant [ɪk'strævəgənt] *adj* ① (*flamboyant*) *person, style* extravagant
② (*luxurious*) *meal, vegetation* üppig; to lead an ~ life ein Leben im Luxus führen; ~ lifestyle aufwendiger Lebensstil; to have ~ tastes einen teuren Geschmack haben
③ (*wasteful*) verschwenderisch
④ (*excessively expensive*) extravagant; *hobbies* teuer, kostspielig
⑤ (*exaggerated*) übertrieben; *claims, demands* maßlos, überspannt

extravagantly [ɪk'strævəgəntli] *adv* ① (*luxuriously*) verschwenderisch; (*flamboyantly*) extravagant; ***the table was laid out*** ~ der Tisch war reich gedeckt; to be dressed ~ extravagant gekleidet sein; to be furnished ~ teuer eingerichtet sein; to live ~ ein aufwendiges Leben führen
② (*wastefully*) verschwenderisch; ***he spends his money*** ~ er gibt sein Geld mit vollen Händen aus
③ (*lavishly*) aufwendig, mit großem Aufwand
④ (*exaggeratedly*) in übertriebener Weise, maßlos; *gesture* wild

extravaganza [ɪkˌstrævə'gænzə] *n* ① (*fanciful composition*) opulente Veranstaltung; LIT fantastische Dichtung; MUS fantastische Komposition; film/musical ~ aufwendige Film-/Musicalproduktion
② THEAT Ausstattungsstück *nt*

extravert *n, adj see* **extrovert**

extreme [ɪk'striːm] **I.** *adj* ① (*utmost*) äußerste(r, s); ~ caution äußerste [*o* größte] Vorsicht; ~ cold/heat extreme Kälte/Hitze; ~ difficulties extreme [*o*

ungeheure] Schwierigkeiten; **to feel ~ discomfort** sich *akk* höchst [*o* äußerst] unbehaglich fühlen; **~ distress** größte Not; **to feel ~ pain** extreme Schmerzen haben; **with ~ pleasure** mit größtem Vergnügen; **~ relief** außerordentliche Erleichterung; **~ weather** extreme Wetterverhältnisse; **in his ~ youth** in seiner frühesten Jugend
❷ (*most remote*) äußerste(r, s); **in the ~ north** im äußersten Norden
❸ (*radical*) radikal, extrem; **to be ~ in one's views** radikale [*o* extreme] Ansichten vertreten
II. *n* ❶ (*furthest end*) *of a field* äußerstes Ende
❷ (*fig: furthest extent*) Extrem *nt;* **to go from one ~ to the other** von einem Extrem ins andere fallen; **to drive sb to ~s** jdn zum Äußersten treiben; **at the ~** im äußersten Fall, im Extremfall
❸ (*utmost*) **in the ~** äußerst; **to be disappointed in the ~** zutiefst enttäuscht sein; **to be surprised in the ~** aufs Höchste überrascht sein

extremely [ɪk'stri:mli] *adv* äußerst, höchst; ***I'm ~ sorry*** es tut mir außerordentlich Leid; **~ confusing/dull** äußerst [*o* höchst] verwirrend/langweilig; **to be ~ good-looking** äußerst gut aussehend sein

extreme sport I. *n* ❶ (*individual*) Extremsportart *f*
❷ (*collective*) ■**~s** *pl* Extremsport *m kein pl*
II. *n modifier* Extremsport-; **~ event** Extremsportveranstaltung *f*

extremism [ɪk'stri:mɪzᵊm] *n no pl* Extremismus *m;* **political ~** politischer Extremismus

extremist [ɪk'stri:mɪst] **I.** *n* Extremist(in) *m(f)*
II. *adj* radikal; **to have ~ tendencies** zum Extremismus neigen

extremity [ɪk'streməti, AM -əţi] *n* ❶ (*furthest end*) äußerstes Ende; ***the southern ~ of the estate*** die südliche Grenze des Anwesens
❷ (*hands and feet*) ■**extremities** *pl* Gliedmaßen *fpl,* Extremitäten *fpl geh*
❸ (*fig: near the limit*) Äußerste(s) *nt;* ***a decision of that type is at the ~ of a judge's powers*** eine solche Entscheidung bewegt sich gerade noch am Rande dessen, was ein Richter entscheiden kann

extricate ['ekstrɪkeɪt] *vt* (*form*) ■**to ~ sb/sth from sth** jdn/etw aus etw *dat* befreien; ■**to ~ oneself from sth** sich *akk* aus etw *dat* befreien; **to ~ oneself from a ticklish situation** sich *akk* aus einer heiklen Situation herauswinden

extrication [ˌekstrɪ'keɪʃᵊn] *n no pl* Befreiung *f;* (*fig*) *of a victim* Rettung *f*

extrinsic [ek'strɪnsɪk] *adj inv* extrinsisch

extrinsic evidence [eks'trɪn(t)sɪk-] *n* LAW *Beweis, der nicht aus einer Urkunde ableitbar ist*

extroversion [ˌekstrə'vɜ:ʃᵊn, AM 'ekstrəvɜ:ʒᵊn] *n no pl* ❶ (*social confidence*) Weltoffenheit *f*
❷ PSYCH (*concern with external things*) Extrovertiertheit *f*

extrovert ['ekstrəvɜ:t, AM -vɜrt] **I.** *n* extravertierter Mensch; **to be an ~** extravertiert sein
II. *adj* extravertiert; **~ behaviour** Extravertiertheit *f,* extravertiertes Verhalten

extroverted ['ekstrəvɜ:tɪd, AM -vɜrţɪd] *adj* extravertiert

extrude [ɪk'stru:d] *vt* ■**to ~ sth** *feeler, proboscis* etw ausstrecken; *glue, toothpaste* etw herauspressen [*o* herausdrücken]; *metal* etw strangpressen [*o fachspr* fließpressen]; *molten rock* etw ausstoßen [*o* auswerfen] [*o* herausschleudern]; *plastic* etw formpressen [*o fachspr* extrudieren]

extruded [ɪk'stru:dɪd] *adj tube* ausgepresst, ausgedrückt; *metal* fließgepresst *fachspr,* stranggepresst *fachspr;* **~ dough** Spritzteig *m;* **~ snacks** *zu verschiedenen Formen gepresste Snacks aus Kartoffelteig oder Maisbrei*

extrusion [ɪk'stru:ʒᵊn] *n no pl* ❶ (*squeezing out*) Herauspressen *nt,* Herausdrücken *nt*
❷ (*shaping*) *of metal* Strangpressen *nt fachspr,* Fließpressen *nt fachspr; of plastic* Formpressen *nt fachspr,* Extrudieren *nt fachspr*

exuberance [ɪg'zju:bᵊrᵊn(t)s, AM ɪg'zu:-] *n no pl of a person* Überschwänglichkeit *f,* Ausgelassenheit *f,* überschäumende Lebensfreude; *of feelings* Überschwang *m;* **to sing with real ~** mit wahrer Begeisterung singen

exuberant [ɪg'zju:bᵊrᵊnt, AM ɪg'zu:-] *adj* ❶ (*lively*) *person* überschwänglich, ausgelassen; *painting* lebendig; *dancing* schwungvoll, temperamentvoll; *mood* überschäumend; **young and ~** jung und dynamisch
❷ (*fig: luxuriant*) üppig; **~ growth** üppiger Wuchs

exuberantly [ɪg'zju:bᵊrᵊntli, AM 'zu:] *adv* ❶ (*with lively energy and excitement*) überschwänglich
❷ (*of an imaginative artistic style*) üppig

exude [ɪg'zju:d, AM ɪg'zu:d] *vt* ■**to ~ sth** etw ausscheiden; *aroma, smells* etw verströmen; **to ~ confidence/vitality** (*fig*) Zuversicht/Vitalität ausstrahlen; **to ~ pus/sweat** Eiter/Schweiß absondern; **to ~ resin** Harz absondern, harzen

exult [ɪg'zʌlt] *vi* frohlocken *geh,* jubeln; ■**to ~ at** [*or* **in**] [*or* **over**] **sth** über etw *akk* jubeln [*o geh* frohlocken]; **to ~ over sb's defeat/misfortune** sich *akk* über jds Niederlage/Missgeschick freuen; **to ~ over an enemy** über einen Feind triumphieren

exultant [ɪg'zʌltᵊnt] *adj attr* jubelnd; **~ crowd** jubelnde Menge; **~ cheer** Jubelruf *m;* **~laugh** triumphierendes Lachen; **~ mood** ausgelassene Stimmung

exultantly [ɪg'zʌltᵊntli] *adv* jubelnd; **to smile ~** triumphierend lächeln; **to throw up one's arms ~** jubelnd die Arme hochreißen

exultation [ɪgˌzʌl'teɪʃᵊn] *n no pl* Jubel *m,* Frohlocken *nt veraltend geh* (**at** über +*akk*)

eye [aɪ] **I.** *n* ❶ (*visual organ*) Auge *nt;* ***her ~s flashed with anger*** ihre Augen blitzten vor Zorn; ***he had tears in his ~s*** ihm standen Tränen in den Augen; **to blink one's ~s [in amazement/disbelief]** [erstaunt/ungläubig] [drein]schauen, [große] Augen machen; **to close one's ~s tightly** die Augen zu[sammen]kneifen; **to close one's ~s to sth** seine Augen vor etw *dat* verschließen; **to cross one's ~s** nach innen schielen; **to roll one's ~s** die Augen rollen [*o* verdrehen]; **to rub one's ~s [in amazement/disbelief]** sich *dat* [erstaunt/ungläubig] die Augen reiben
❷ (*needle hole*) Öhr *nt;* **the ~ of a needle** das Nadelöhr
❸ (*storm centre*) Auge *nt;* **the ~ of a storm** das [windstille] Zentrum [*o* der Kern] eines Sturms; **the ~ of the hurricane** das Auge des Wirbelsturms
❹ BOT (*bud site*) *potato* Auge *nt; flower* Knospenansatz *m*
► PHRASES: **to have an ~ for the main chance** BRIT, AUS (*fam*) [immer nur] auf den eigenen Vorteil bedacht sein; **to have ~s in the back of one's head** (*fam*) seine Augen überall haben, sich nichts entgehen lassen; **a sight for sore ~s** ein erfreulicher [*o* wohltuender] Anblick sein; **his ~s were too big for his stomach** (*hum*) seine Augen waren größer als sein Mund; **an ~ for an ~, a tooth for a tooth** (*prov*) Auge um Auge, Zahn um Zahn *prov;* **not to be able to take one's ~s off sb/sth** (*fam*) kein Auge von jdm/etw abwenden können, jdn/etw nicht mehr aus den Augen lassen können; **to be all ~s** ganz aufmerksam zusehen, etw/jdn mit den Augen verfolgen; **to give sb a black ~** jdm ein blaues Auge verpassen *fam;* **as far as the ~ can** [*or* **could**] **see** so weit das Auge reicht [*o* reichte]; **to have a good** [*or* **keen**] **~ for sth** ein Auge [*o* einen Blick] für etw *akk* haben; **to do sth with one's ~s open** (*fam*) etw mit offenen Augen [*o* vollem Bewusstsein] tun; **to keep one's ~s open** [*or* **peeled**] [*or* BRIT *fam* **skinned**] die Augen offen halten *fam;* **with one's ~s shut** (*fig fam*) mit geschlossenen Augen, blind; **to be able to do sth with one's ~s shut** (*fam*) etw mit geschlossenen Augen [*o fam* im Schlaf] tun können; **to go around with one's ~s shut** blind durch die Gegend laufen; **[right] before/under one's very ~s** [direkt] vor/unter jds Augen; **to not bat an ~** nicht mit der Wimper zucken; **to not believe one's ~s** seinen Augen nicht trauen; **to clap** [*or* **lay**] [*or* **set**] **~s on sb/sth** (*fam*) jdn/etw zu Gesicht bekommen *fam;* **to get/keep one's ~ in** BRIT *in ball games* Ballgefühl bekommen/haben; **to have one's ~ on sb/sth** (*fam: watch*) jdn/etw im Auge haben, auf jdn/etw ein wachsames Auge haben; (*desire*) ein Auge auf jdn/etw geworfen haben; **to keep an** [*or* **one's**] **~ on sb/sth** (*fam*) ein Auge auf jdn/etw haben; **to keep an ~ out for sb/sth** (*fam*) nach jdm/etw Ausschau halten; **to make ~s at sb** (*fam*) jdm [schöne] Augen machen; **there's more to her/it than meets the ~** in ihr/dahinter steckt mehr, als man zuerst denkt; **to see ~ to ~ with sb on sth** mit jdm einer Meinung über etw *akk* sein; **in sb's ~s** [*or* **in the ~s of sb**] in jds Augen, nach jds Ansicht; **to be one in the ~ for sb** BRIT (*fam*) ein Schlag ins Kontor für jdn sein *fam;* **to sb's ~** in jds Augen, jds Ansicht nach; **I'm up to my ~s in work** (*fam*) ich stecke bis über beide Ohren [*o* zum Hals] in Arbeit *fam*
II. *vt* <-d, -d, -ing *or* eying> ■**to ~ sb/sth** ❶ (*look at carefully*) jdn/etw genau betrachten [*o pej* beäugen]; ***she ~d him up and down*** sie musterte ihn von oben bis unten; **to ~ sb/sth curiously/suspiciously/thoughtfully** jdn/etw neugierig/argwöhnisch/nachdenklich betrachten
❷ (*look at desiringly*) jdn/etw mit begehrlichen Blicken betrachten *geh* [*o* begehren]; **to ~ sb/sth appreciatively** jdm/etw anerkennende Blicke zollen *geh*

◆**eye up** *vt* ❶ (*look at carefully*) ■**to ~ up** ⊂ **sb/sth** jdn/etw prüfend ansehen [*o* in Augenschein nehmen] [*o pej* beäugen]; **to ~ sb/sth up curiously/thoughtfully/warily** jdn/etw neugierig/nachdenklich/argwöhnisch betrachten
❷ (*look at with desire*) ■**to ~ up** ⊂ **sb/sth** jdn/etw mit begehrlichen Blicken betrachten *geh*
❸ (*look at covetously*) ■**to ~ up** ⊂ **sb** jdn mit Blicken verschlingen, jdn aufdringlich ansehen

eyeball I. *n* Augapfel *m* ► PHRASES: **to be drugged to the ~s** völlig zu sein *sl;* **[to be] ~ to ~ [with sb]** (*fam*) [jdm] Auge in Auge [gegenüberstehen]; **to be up to one's ~s in work** bis über beide Ohren in Arbeit stecken *fam* **II.** *vt* (*fam*) ❶ (*watch intently*) ■**to ~ sb** jdn mit einem durchdringenden Blick ansehen ❷ (*measure approximately*) ■**to ~ sth** etw nach Augenmaß einschätzen **eyebrow** *n* Augenbraue *f;* **bushy ~s** buschige [*o* dichte] Augenbrauen; **to pluck one's ~s** sich *dat* die Augenbrauen zupfen; **to raise one's ~s** die Augenbrauen hochziehen; (*fig*) die Stirn runzeln **eye-catcher** *n* Blickfang *m* **eye-catching** *adj* auffällig; ■**to be ~** auffallend sein, ins Auge fallen [*o* springen] **eye contact** *n no pl* Blickkontakt *m;* **to avoid ~ [with sb]** Blickkontakt [mit jdm] vermeiden, jds Blick[en] ausweichen; **to keep/make ~ [with sb]** Blickkontakt [mit jdm] halten/aufnehmen **eyeful** *n* **to get an ~ of dust/soapy water** Staub/Seifenlauge ins Auge bekommen ► PHRASES: **to be an ~** (*fam*) etw fürs Auge sein *fam;* ***she's quite an ~*** sie sieht toll aus *fam;* **to get an ~ of sth** (*fam*) einen [verstohlenen] Blick auf etw *akk* werfen; ***we should have got an ~ of the contract*** wir hätten uns den Vertrag einmal ansehen sollen **eyeglass** *n* (*dated*) Augenglas *nt veraltet* **eyeglasses** *npl* AM (*spectacles*) Brille *f* **eyelash** *n* Wimper *f;* **false ~es** falsche [*o* künstliche] Wimpern; **long ~es** lange Wimpern **eyelash curler** *n* Wimpernformer *m* **eyelet** ['aɪlət] *n* Öse *f* **eye-level** *n* **at ~** in Augenhöhe; **to place sth at ~** etw in Augenhöhe anbringen **eyelid** *n* Augenlid *nt* **eyeliner** *n no pl* Eyeliner *m* **eye-opener** *n* (*fig*) ■**to be an ~ for sb** (*enlightening*) jdm die Augen öffnen; (*startling*) alarmierend für jdn sein; ***seeing her son's friend smoking a joint was a real ~ for Mrs Drake*** Mrs. Drake fiel aus allen Wolken, als sie den Freund ihres Sohnes einen Joint rauchen sah **eye-opening** *adj experiment* aufschlussreich, erhellend **eyepatch** *n* Augenklappe *f* **eyepiece** *n* Okular *nt* **eye shadow** *n no pl* Lidschatten *m* **eyesight** *n no pl* Sehvermögen *nt,* Sehkraft *f,* Augenlicht *nt geh;* **bad/good/keen ~** schlechte/gute/scharfe Augen; **failing ~** nachlassende Sehkraft; **to have poor ~** schlecht sehen; **to lose one's ~** das Augenlicht verlieren *geh* **eye socket** *n* Augenhöhle *f* **eyesore** *n* (*fig*) Schandfleck *m;* ***the new building is an ~*** das neue Gebäude sieht ein-

E

fach scheußlich aus **eyestrain** *n no pl* Überanstrengung *f* [*o* Ermüdung *f*] der Augen; MED Asthenopie *f fachspr*

Eyetie ['aɪtaɪ] *n* (*pej! sl*) Itaker(in) *m(f) pej*, Spaghettifresser(in) *m(f) pej*

eyetooth *n* (*tooth*) Augenzahn *m*, oberer Eckzahn; (*fig*) ***I'd give my eyeteeth for that*** ich würde alles darum geben ► PHRASES: **to cut one's eyeteeth** AM erwachsen werden; **to cut one's eyeteeth on a career** erste Erfahrungen in einem Beruf sammeln **eyewash** *n* ① *no pl* PHARM Augenwasser *nt* ② *no pl* (*fam: silly nonsense*) Blödsinn *m fam*, Quatsch *m fam*; (*empty statements*) leeres Gerede; (*pretentious nonsense*) Augenwischerei *f pej* **eyewitness** *n* Augenzeuge, -in *m, f* **eyewitness account** *n* Augenzeugenbericht *m*

eying ['aɪɪŋ] *vt present participle of* **eye**

eyrie ['ɪəri, AM 'eri] *n* ORN Horst *m*

F

F <*pl* -'s>, **f** <*pl* -'s *or* -s> [ef] *n* ① (*letter*) F *nt*, f *nt*; **~ for Frederick** [*or* AM **as in Fox**] F für Friedrich; *see also* **A 1.**

② MUS F *nt*, f *nt*; **~ flat** Fes *nt*, fes *nt*; **~ sharp** Fis *nt*, fis *nt*; *see also* **A 2.**

③ (*school mark*) ≈ Sechs *f*, ≈ ungenügend, F; *see also* **A 3.**

④ FIN **Schedule F~** (*zu versteuernde*) *Erträge von Dividenden und sonstigen Ausschüttungen*

F *adj after n abbrev of* **Fahrenheit**

fa [fɑ:] *n* MUS Fa *nt*

FA [ˌef'eɪ] *n no pl abbrev of* **Football Association**: ■**the ~** ≈ der DFB; **~ Cup** ≈ DFB-Pokal *m*

fab [fæb] *adj inv* (*esp hum fam*) *short for* **fabulous** toll *fam*, dufte *fam*

fable ['feɪbl] *n* ① (*story*) Fabel *f*

② (*genre*) Sage *f*

③ (*plan of literary work*) Plot *m*

④ (*made-up story*) Märchen *nt*

fabled ['feɪbl̩d] *adj attr, inv* ① (*approv: famous*) legendär

② (*mythical*) sagenumwoben; **~ creature** Fabelwesen *nt*

fabric ['fæbrɪk] *n* ① *no pl* (*textile*) Stoff *m*; **cotton ~** Baumwollstoff *m*; **fine/hard-wearing ~** feiner/strapazierfähiger Stoff; **high-quality ~** Qualitätsstoff *m*; **woollen ~** Wollstoff *m*

② *no pl* (*underlying structure*) Gefüge *nt*, Struktur *f*; **the ~ of society** die Gesellschaftsstruktur [*o* soziale Struktur]

③ *of building* Bausubstanz *f*

fabricate ['fæbrɪkeɪt] *vt* ① (*make*) ■**to ~ sth** *furniture, toys* etw herstellen [*o geh* fertigen]

② (*pej: make up*) ■**to ~ sth** etw erfinden; **to ~ an excuse** sich *dat* eine Ausrede ausdenken; **~d fact** LAW erfundene Tatsache

③ (*forge*) **to ~ banknotes/a document/a signature** Geldscheine/ein Dokument/eine Unterschrift fälschen

fabrication [ˌfæbrɪ'keɪʃᵊn] *n* ① *no pl* (*act*) Herstellung *f*, Fertigung *f*

② *no pl* (*pej: result*) Erfindung *f pej*; (*untrue story*) Märchen *nt*, Lügengeschichte *f*; **complete ~** reine Erfindung

③ (*fake*) Fälschung *f*

fabulous ['fæbjələs] *adj* ① (*terrific*) fabelhaft, sagenhaft, fantastisch, toll *fam*; **~ prizes** sagenhafte Preise; **to look absolutely ~** einfach fabelhaft aussehen *fam*

② *inv* (*dated: mythical*) Fabel-; **~ beast** Fabeltier *nt*; **~ creature** Fabelwesen *nt*

fabulously ['fæbjələsli] *adv* fabelhaft, sagenhaft, toll *fam*; **~ rich** unvorstellbar reich; **~ wealthy** unglaublich wohlhabend

façade [fə'sɑ:d] *n* ① (*front*) Fassade *f*, Vorderseite *f*, Front *f*

② (*fig: false appearance*) Fassade *f*; ***he wears a ~ of happiness*** sein Glück ist nur gespielt; **to maintain an amiable ~** nach außen hin freundlich bleiben

face [feɪs] **I.** *n* ① (*countenance*) Gesicht *nt*, Antlitz *nt geh*; **to have a puzzled expression on one's ~** ein ratloses Gesicht machen; **a smile on sb's ~** ein Lächeln in jds Gesicht; **to keep a smile on one's ~** [immerzu] lächeln; **a fierce ~** eine grimmige Miene; **a happy ~** eine strahlende Miene, ein glückliches Gesicht; **a sad ~** eine traurige Miene, ein trauriges Gesicht; **a smiling ~** ein lächelndes Gesicht; **to tell sth to sb's ~** jdm etw ins Gesicht sagen

② *no pl* (*presence*) Angesicht *nt*; ***she left home in the ~ of strong opposition from her parents*** sie ist trotz starken Widerstands von Seiten ihrer Eltern ausgezogen; ***he maintained, in ~ of all the facts, that he had told the truth*** obwohl alle Tatsachen dagegen sprachen, behauptete er, die Wahrheit gesagt zu haben; **to show courage in the ~ of the enemy** Mut im Angesicht des Feindes [*o* vor dem Feind] zeigen; **in the ~ of danger** angesichts der Gefahr

③ (*of a building*) Fassade *f*, Vorderfront *f*, Stirnseite *f*; (*of a clock, watch*) Zifferblatt *nt*; **the west ~ of a building** die Westseite eines Gebäudes; **the north ~ of a mountain** die Nordflanke [*o* Nordseite] eines Berges

④ (*fig: aspect*) Seite *f*, Erscheinungsform *f*

⑤ (*surface*) Oberfläche *f*

⑥ (*good reputation*) Ansehen *nt*, Gesicht *nt*; **to lose/save ~** sein Gesicht verlieren/wahren

► PHRASES: **to have a ~ like the back** [**end**] **of a bus** (*fam*) potthässlich aussehen *fam*; **to disappear** [*or* **be wiped**] **off the ~ of the earth** [plötzlich] vom Erdboden verschwinden, wie vom Erdboden verschluckt sein; **a ~ like thunder** ein wütendes [*o* finsteres] Gesicht, eine finstere Miene *geh*; **sb's ~ falls** [*or* **drops**] jd ist sichtlich enttäuscht; ***her ~ fell when she opened the letter*** sie war sichtlich enttäuscht, als sie den Brief öffnete; **sb's ~ fits** BRIT (*fam*) jd ist allem Anschein nach der Richtige/die Richtige; **get out of my ~!** AM (*sl*) lass mich in Frieden [*o* Ruhe]!; **to be in sb's ~** AM (*sl: impede*) jdm in die Quere kommen *fam*; (*bother*) jdm auf den Geist gehen *fam*; **on the ~ of it** auf den ersten Blick, oberflächlich betrachtet

II. *vt* ① (*point towards*) ■**to ~ sb/sth** sich *akk* jdm/etw zuwenden, den Blick auf jdn/etw richten *akk*; ***please ~ me when I'm talking to you*** schau mich bitte an, wenn ich mit dir rede; **to ~ the audience** sich dem Publikum zuwenden

② (*confront*) ■**to ~ sth** *death, a situation* etw *dat* ins Auge sehen; **to ~ a charge** angeklagt sein, sich *akk* vor Gericht zu verantworten haben; **to ~ criticism** sich einer Kritik stellen; **to ~ the facts** den Tatsachen ins Auge sehen [*o* blicken]; **to ~ one's fears/problems** zu seinen Ängsten/Problemen stehen; **to ~ a charge of theft** LAW sich wegen Diebstahls vor Gericht verantworten müssen

③ (*bear*) ■**to ~** [**doing**] **sth** sich *akk* in der Lage sehen, etw zu tun; ***she can't ~ seeing him so soon after their breakup*** sie sieht sich außerstande, ihn so kurz nach ihrer Trennung wiederzusehen; ***he can't ~ work today*** er ist heute nicht imstande zu arbeiten

④ (*require attention*) ■**to ~ sb/sth** sich *akk* jdm/etw stellen; ***the main question facing us at present is …*** die größte Frage, die sich uns gegenwärtig stellt, ist …; ■**to be ~d by sth** vor etw *dat* stehen, sich *akk* etw *dat* gegenübersehen; ***we were ~d by a flooded cellar*** wir standen vor einem überfluteten Keller; ■**to ~ sb with sth** jdn mit etw *dat* konfrontieren; ■**to be ~d with sth** mit etw *dat* konfrontiert werden; ***they are ~d with financial penalties*** sie müssen mit Geldstrafen rechnen

⑤ ARCHIT ■**to ~ sth in** [*or* **with**] **sth** etw mit etw *dat* verkleiden; **to ~ sth in** [*or* **with**] **wood/bricks** etw mit Holz verkleiden [*o* verschalen]/mit Ziegelsteinen verblenden

► PHRASES: **to ~ the music** (*fam*) für etw *akk* geradestehen *fam*, sich *akk* etw *dat* stellen, die Konsequenzen von etw *dat* tragen [müssen]; ***you had better go in and ~ the music now*** geh lieber gleich rein und stell dich der Sache

III. *vi* **to ~ towards** [*or* **on**] **the garden/sea** nach dem Garten/zum Meer [hin] [*o* Richtung Garten/Meer] liegen; ***his bedroom ~s south*** sein Schlafzimmer geht nach Süden

◆**face about** *vi* kehrtmachen

◆**face down** *vt* AM ■**to ~ down** ⊃ **sb** ① (*pej: threaten*) jdn einschüchtern [*o* unsicher machen]

② (*confront*) jdm [energisch] entgegentreten, jdn in seine Schranken weisen

◆**face out** *vt* BRIT ■**to ~ out** ⊃ **sth** etw durchstehen

◆**face up** *vi* ■**to ~ up to sth** etw *dat* ins Auge sehen; ***I've ~d up to the knowledge that I'll never be a great writer*** ich habe mich damit abgefunden, dass ich nie eine große Schriftstellerin sein werde; ■**to not ~ up to sth** etw nicht wahrhaben wollen; **to ~ up to one's problems** sich *akk* seinen Problemen stellen

facecloth *n* Waschlappen *m* **face cream** *n no pl* Gesichtscreme *f*

faceless ['feɪsləs] *adj inv* (*pej*) gesichtslos, anonym

facelift *n* [Face]lifting *nt*, Gesichtsstraffung *f*; (*fig*) Renovierung *f*; **to have a ~** sich *akk* liften lassen **face mask** *n* Gesichtsmaske *f* **face pack** *n* Gesichtspackung *f*, Gesichtsmaske *f*; **to apply a ~** eine Gesichtsmaske auftragen **face powder** *n no pl* Gesichtspuder *m*; **to apply ~** Gesichtspuder auftragen **face-saving** *adj* **a ~ compromise/gesture/tactic** ein Kompromiss/eine Geste/eine Taktik, um das Gesicht zu wahren

facet ['fæsɪt] *n* ① (*side of cut gem*) Facette *f*, Schleiffläche *f*

② (*fig: aspect*) Seite *f*; *of a problem* Aspekt *m*; *of a personality* Facette *f*

faceted ['fæsɪtɪd, AM ɪṭɪd] *adj inv* ① (*of sides*) facettiert; **~ eye** Facettenauge *nt*

② (*of aspects*) -schichtig

faceted code ['fæsɪtɪd-, AM -ṭɪd-] *n* COMPUT Facettencode *m*

face time *n no pl* ① (*fam: for meeting*) Zeit *f* für ein persönliches Treffen

② (*for interview*) Zeit *f* für ein persönliches Gespräch

facetious [fə'si:ʃəs] *adj* (*usu pej*) ① (*pretendedly witty*) *comments, remarks* [gewollt] witzig *pej*; ■**to be ~ about sth** über etw *akk* witzeln [*o* spötteln], sich *akk* über etw *akk* mokieren *geh*

② (*frivolous*) leichtfertig, oberflächlich, ohne den nötigen Ernst *präd*; ***he is a ~ kind of guy*** ihm fehlt es am nötigen Ernst

facetiously [fə'si:ʃəsli] *adv* witzelnd; (*pej*) spöttisch *pej*, mokant *pej geh*

facetiousness [fə'si:ʃəsnəs] *n no pl* (*usu pej*) ① (*pretended wittiness*) [ständiges] Gewitzel [*o* Witzeln] [*o* Geblödel]

② (*frivolousness*) Oberflächlichkeit *f*, Mangel *m* an Ernst

face-to-face *adv* persönlich; **to come ~ with sth** direkt mit etw *dat* konfrontiert werden, etw am eigenen Leib erfahren; **to come ~ with real pain** Schmerzen am eigenen Leib erfahren; **to speak** [*or* **talk**] **to sb ~** mit jdm persönlich sprechen **face value** *n* ① FIN Nennwert *m*, Nominalwert *m*

② (*apparent value*) **to take sb at** [**his/her**] **~** jdm [erst einmal] glauben; **to take sth at** [**its**] **~** etw für bare Münze nehmen; ***I took the offer at ~*** ich habe das Angebot unbesehen angenommen **face washer** *n* AUS Waschlappen *m*

facial ['feɪʃᵊl] **I.** *adj inv* Gesichts-; **~ expression** Gesichtsausdruck *m*; **~ hair** Barthaare *ntpl*; **~ injury** Verletzung *f* im Gesicht; **to bear a strong ~ resemblance to sb** jdm wie aus dem Gesicht geschnitten sein

II. *n* [kosmetische] Gesichtsbehandlung; **to get a ~** sich *dat* einer Gesichtsbehandlung unterziehen

facially ['feɪʃᵊli] *adv inv* vom Gesicht her

facile <-r, -st *or* more ~, most ~> ['fæsaɪl, AM -sɪl] *adj* ❶ (*effortless*) mühelos; *method* einfach; *victory* leicht
❷ *person* oberflächlich
❸ (*unrestrained*) *style* flüssig, gewandt; ~ **wit** reger Geist; **to have a ~ wit** sehr geistreich sein
❹ (*pej: superficially easy*) [allzu] einfach; ***it would be easy, but ~, to …*** man würde es sich einfach, ja zu einfach machen, …

facilitate [fə'sɪlɪteɪt] *vt* ■**to ~ sth** ❶ (*make easier*) *process, work* etw erleichtern; ***this would ~ matters a lot*** das würde die Sache doch sehr erleichtern
❷ (*enable*) etw ermöglichen; **to ~ an enterprise/a project** ein Unternehmen/Projekt fördern

facilitator [fə'sɪlɪteɪtəʳ, AM -t̬ə˞] *n* Vermittler(in) *m(f)*

facility [fə'sɪlɪti, AM -əṱi] *n* ❶ *no pl* (*ease*) Leichtigkeit *f,* Mühelosigkeit *f;* ~ **of style** stilistische Gewandtheit; **to learn sth with great** ~ etw mit großer Leichtigkeit lernen
❷ (*natural ability*) Begabung *f* (**for** für +*akk*); ~ **for languages** Sprachbegabung *f;* **to have a ~ for memorizing numbers** ein gutes Zahlengedächtnis haben
❸ (*extra feature*) Funktion *f,* Möglichkeit *f;* **memory** ~ TELEC Speicherfunktion *f*
❹ FIN (*credit facility*) Fazilität *f;* ~ [**arrangement**] **fee** Provision *f* für eine Kreditgarantie oder andere Fazilitäten; **overdraft** ~ Überziehungskredit *m;* **a bank account with an overdraft** ~ ein Bankkonto *nt* mit Überziehungsmöglichkeit
❺ *esp* AM (*building*) Einrichtung *f,* Anlage *f;* **holiday** ~ Ferienanlage *f;* **military** ~ militärische Anlage; **research** ~ Forschungszentrum *nt*
❻ (*equipment and buildings*) ■**facilities** *pl* Einrichtungen *fpl,* Anlagen *fpl;* **medical facilities** medizinische Einrichtungen; **sports facilities** Sportanlagen *fpl;* **toilet facilities** Toiletten *fpl*
❼ ■**facilities** *pl* (*services*) **catering facilities** gastronomisches Angebot; **medical facilities** medizinische Versorgung; **shopping facilities** Einkaufsmöglichkeiten *fpl*

facing ['feɪsɪŋ] *n* ❶ (*outer layer: in wood*) Verkleidung *f;* (*in bricks*) Verblendung *f*
❷ *no pl* FASHION (*reinforcement*) Versteifungsband *nt;* (*decoration*) Besatz *m;* (*on sleeve*) Aufschlag *m*

facsimile [fæk'sɪməli] *n* ❶ (*copy*) Reproduktion *f,* Faksimile *nt fachspr*
❷ *no pl* TELEC (*method of transmission*) Bildübertragung *f,* Faksimileübertragung *f fachspr;* (*transmitted image*) Faksimile *nt fachspr,* Telefax *nt,* Fernkopie *f*

fact [fækt] *n* ❶ *no pl* (*truth*) Wirklichkeit *f,* Wahrheit *f,* Übereinstimmung *f* mit den Tatsachen [*o* Fakten]
❷ (*single truth*) Tatsache *f,* Faktum *nt geh;* **matters of** ~ Tatsachen *pl;* **the bare** [*or* **hard**] [*or* **plain**] **~s** die nackten Tatsachen; **the ~ [of the matter] is that …** Tatsache ist [*o* es stimmt], dass …
► PHRASES: **~s and figures** Fakten und Zahlen, genaue Daten; **to be a ~ of life** die harte Wahrheit sein; **to know the ~s of life** wissen, worauf es im Leben ankommt; **to tell sb the ~s of life** jdn über den Ernst des Lebens aufklären; **to tell a child the ~s of life** (*euph fam*) ein Kind sexuell aufklären; **in ~** [*or* **as a matter of ~**] [*or* **in point of ~**] genau genommen

fact-finding *adj inv* Untersuchungs-; ~ **committee** Untersuchungsausschuss *m,* ~ *delegation,* Ermittlungskommission *f,* Untersuchungsausschuss *m;* ~ **mission** Erkundungsmission *f a. iron;* ~ **study** klärende Untersuchung; ~ **tour** Informationsreise *f*

faction ['fækʃən] *n* POL ❶ (*esp pej: dissenting part*) [Splitter]gruppe *f;* **radical** ~ radikaler Flügel; (*group*) radikale Splittergruppe; **to split into ~s** in Splittergruppen zerfallen
❷ (*party within parliament*) Fraktion *f*
❸ *no pl* (*disagreement*) interne Unstimmigkeiten

factional ['fækʃənəl] *adj* POL Gruppen-; ~ **interests** Gruppeninteressen *ntpl;* ~ **leaders** Anführer von Splittergruppen

factionalism ['fækʃənəlɪzəm] *n no pl* POL ❶ (*grouping*) [parteiinterne] Gruppenbildung; (*pej*) Parteigeist *m*
❷ (*disagreement*) innere Zerspaltenheit

factious ['fækʃəs] *adj* aufwieglerisch

factitious [fæk'tɪʃəs] *adj inv* (*form*) ❶ (*produced artificially*) künstlich herbeigeführt; ~ **demand/needs** künstlich hervorgerufene Nachfrage/Bedürfnisse; ~ **tastes and values** künstlich beeinflusste Geschmacks- und Wertvorstellungen
❷ (*false*) falsch, unecht, nachgemacht; (*affected*) unnatürlich *pej; laughter* gekünstelt *pej; enthusiasm* geheuchelt; **a wholly ~ story** eine völlig konstruierte Geschichte

factoid ['fæktɔɪd] *n* ❶ (*assumption*) allgemeine Annahme, weltläufige Meinung
❷ AM (*brief fact*) Nachrichtenfetzen *m;* (*trivial fact*) nebensächliches Detail, Kinkerlitzchen *pl fam*

factor ['fæktəʳ, AM -tə˞] *n* ❶ (*influence*) Faktor *m,* Umstand *m;* ***that was not a ~ in my decision*** das hat bei meiner Entscheidung keine Rolle gespielt; **contributory ~** fördernder Umstand; **to be a contributing ~ in sth** zu etw *dat* beitragen; **to be a crucial ~ in sth** etw entscheidend beeinflussen; **decisive** [*or* **key**]/**unknown** ~ entscheidender/unbekannter Faktor; **to be a major ~ in sth** auf etw *akk* einen großen Einfluss haben
❷ MATH Faktor *m;* ***two is a ~ of six*** sechs ist durch zwei teilbar; **by a ~ of four** um das Vierfache
❸ (*for suncream*) [Lichtschutz]faktor *m;* **a ~ four sunscreen** eine Sonnencreme mit Schutzfaktor vier
❹ TRANSP **load ~** (*in bus, plane or train*) Auslastung *f,* Kapazitätsfaktor *m*

factorize ['fæktəraɪz, AM -tə-] *vt* MATH ■**to ~ sth** etw in Faktoren zerlegen [*o fachspr* faktorisieren]

factors of production *npl* COMM Produktionsfaktoren *pl*

factory ['fæktəri] *n* Fabrik *f;* (*plant*) Werk *nt;* **car ~** Autofabrik *f;* ~ **inspector** Gewerbeaufsichtsbeamte(r) *m,* Gewerbeaufsichtsbeamte [*o* -in] *f;* ~ **manager** Betriebsleiter(in) *m(f);* **shoe/textile ~** Schuh-/Textilfabrik *f;* ~ **worker** Fabrikarbeiter(in) *m(f);* **to work in** [*or* **at**] **a ~** in einer Fabrik arbeiten

factory-farmed *adj inv* BRIT, AUS aus Massentierhaltung *nach n;* ~ **eggs** Eier *ntpl* aus Legebatterien

factory farming *n no pl* BRIT, AUS [voll] automatisierte Viehhaltung [*o* Viehzucht] **factory floor** *n* (*place*) Fertigungsfläche *f* (*eines Fabrikationsbetriebes*); (*workers*) Belegschaft *f* **factory gate price** *n* BRIT Fabrikpreis *m* **factory ship** *n* Fabrikschiff *nt*

factotum [fæk'təʊtəm, AM -'toʊt̬əm] *n* (*form*) Faktotum *nt;* **to be a general ~** (*hum*) Mädchen für alles sein *fam*

factsheet *n* Informationsblatt *nt* (**on** zu +*dat*)

factual ['fæktʃʊəl, AM -tʃu:əl] *adj inv* ❶ (*based on fact*) sachlich, auf Tatsachen beruhend; ~ **account** Tatsachenbericht *m;* ~ **information** Sachinformationen *fpl*
❷ (*actual*) tatsächlich

factually ['fæktʃʊəli, AM -tʃu:əli] *adv inv* sachlich; ~ **correct** sachlich korrekt

faculty ['fækəlti, AM -t̬i] *n* ❶ (*university department*) Fakultät *f,* Fachbereich *m;* **the F~ of Arts/Law/Science** die philosophische/juristische/naturwissenschaftliche Fakultät
❷ *no pl* AM SCH Lehrkörper *m,* Lehrerkollegium *nt;* UNIV [Lehrkörper *m* einer] Fakultät; (*all professors at university*) Professorenkollegium *nt;* **business/law ~** Lehrpersonal *nt* im Fachbereich Betriebswirtschaftslehre/Rechtswissenschaften; **the lower/upper school ~** die Lehrer *pl* der Sekundarstufe I/II
❸ (*natural ability*) Fähigkeit *f,* Vermögen *nt kein pl;* **to be in command** [*or* **possession**] **of all one's mental faculties** im Vollbesitz seiner geistigen Kräfte sein; **to have** [**all**] **one's faculties** im [Voll]besitz seiner [geistigen] Kräfte sein
❹ (*skill*) Talent *nt,* Begabung *f* (**for** für +*akk*)
❺ LAW Dispens *m*

faculty lounge *n* AM Lehrerzimmer *nt* **faculty meeting** *n* AM SCH Lehrerkonferenz *f;* **to attend a ~** an einer Lehrerkonferenz teilnehmen

Faculty of Advocates *n* LAW Anwaltskammer *f*

faculty parking *n no pl* AM SCH Lehrerparkplatz *m;* UNIV Parkplatz *m* für Universitätsangehörige

fad [fæd] *n* (*fam: fashion*) Modeerscheinung *f;* (*esp pej: craze*) Fimmel *m fam;* ***brown rice was the food ~ of the 70s*** Naturreis war das Modenahrungsmittel in den siebziger Jahren; ***there was a ~ for wearing ripped jeans a few years ago*** vor einigen Jahren war es in, zerschlissene Jeans zu tragen; **the latest ~** der letzte Schrei

faddily ['fædɪli] *adv* BRIT (*esp pej fam*) dem neuesten Trend [*o* der neuesten Mode] folgend, trendig

faddish ['fædɪʃ] *adj* (*esp pej fam*) *see* **faddy**

faddishly ['fædɪʃli] *adv* (*esp pej fam*) *see* **faddily**

faddism ['fædɪzəm] *n no pl* (*esp pej fam*) Begeisterung *f* für jede neue Mode[welle]; **food ~** modische Essgewohnheiten

faddist ['fædɪst] *n* (*esp pej fam*) ■**to be a ~** jede neue Modewelle mitmachen; ***she's a health-food ~*** sie ist voll auf dem Reformkosttrip

faddy ['fædi] *adj* (*esp pej fam*) wählerisch; *person* exzentrisch *pej,* launenhaft *pej; interest* kurzfristig, vorübergehend; ■**to be ~ about sth** bei etw *dat* wählerisch sein

fade [feɪd] **I.** *vi* ❶ (*lose colour*) ausbleichen, verblassen
❷ (*lose intensity*) nachlassen; *light* schwächer werden; (*at end of day*) dunkel werden; *sound* verklingen; *smile* vergehen, [ver]schwinden; *suntan* verbleichen
❸ (*disappear*) ■**to ~ from sth** von etw *dat* verschwinden; FILM, TV *picture* ausgeblendet werden; ***day slowly ~d into night*** der Tag ging langsam in die Nacht über; **to ~ from the picture** [*or* **scene**] von der Bildfläche verschwinden *fam;* **to ~ from sight** [*or* **view**] aus dem Blickfeld verschwinden
❹ (*fig*) schwinden *geh; memories* verblassen; **to ~ fast** (*liter: weaken and die*) dahinwelken *euph liter,* dahinsiechen; (*fall asleep*) am Einschlafen sein
❺ (*fam: to lose vitality*) abschlaffen *fam,* müde werden; ***we're fading, so we have coffee in the hotel café*** wir sind ziemlich fertig, wir trinken jetzt erst mal einen Kaffee im Hotelcafé
II. *vt* ■**to ~ sth** etw ausbleichen

◆**fade away** *vi* ❶ (*disappear gradually*) *courage, hope* schwinden *geh; memories* verblassen; *dreams, plans* zerrinnen *geh; beauty* verblühen
❷ (*liter: weaken and die*) dahinwelken *euph liter,* dahinsiechen

◆**fade in** FILM, TV **I.** *vi picture* eingeblendet werden
II. *vt* ■**to ~ in** ○ **sth** etw einblenden

◆**fade out I.** *vi* ausgeblendet werden; **to ~ out of sb's life** aus jds Leben verschwinden
II. *vt* ■**to ~ out** ○ **sb/sth** jdn/etw ausblenden

faded ['feɪdɪd] *adj carpet, wallpaper* ausgeblichen; *colour* verblichen; *flower, leaf* welk; (*fig*) *memory* verblasst; *beauty* verblüht

fade-out ['feɪdaʊt] *n* Ausblenden *nt kein pl*

faecal ['fi:kəl], AM **fecal** *adj inv* (*form*) Kot-, Fäkal- *geh;* ~ **contamination** Verunreinigung *f* durch Fäkalien; ~ **matter** Kot *m; of human beings* Stuhl *m;* ~ **sample** Kotprobe *f*

faeces ['fi:si:z], AM **feces** *npl* (*form*) Fäkalien *fpl geh,* Exkremente *ntpl geh,* Kot *m kein pl*

Faeroe ['feərəʊ, AM 'feroʊ] *n see* **Faroe**

faff [fæf] *vi* BRIT (*pej fam*) ■**to ~ about** [*or* **about**] herummachen *fam;* ***stop ~ing around*** komm endlich mal zu Potte *fam*

faffiness ['fæfɪnəs] *n no pl* BRIT [übertriebenes] Getue, Aufheben *nt*

fag [fæg] **I.** *n* ❶ BRIT, AUS (*fam: cigarette*) Kippe *f fam,* Glimmstängel *m fam*
❷ *no pl esp* BRIT, AUS (*fam: bother*) Schinderei *f*
❸ *esp* AM (*pej sl: homosexual*) Schwule(r) *m sl,* Homo *m sl*
❹ BRIT SCH (*dated*) Diener *m* (*Schüler einer Privatschule, der einem älteren Mitschüler bestimmte Dienste leisten muss*)
II. *vt* <-gg-> *passive esp* BRIT, AUS (*fam*) ■**sb can't be ~ged to do sth** jd lässt sich *akk* nicht zwingen,

F

etw zu tun
III. *vi* <-gg-> BRIT SCH (*dated*) [einem älteren Mitschüler] Dienste leisten
◆**fag out** *vt esp* BRIT, AUS (*fam*) ■**to ~ sb ⊂ out** jdn völlig fertig machen [*o* schaffen] *fam;* ■**to be ~ged out** fix und fertig [*o sl* ausgepowert] sein *fam*
fag end *n* ❶ BRIT, AUS (*fam: cigarette butt*) Kippe *f fam,* Stummel *m fam*
❷ (*fig: last portion*) letzter Rest (**of** von +*dat*)
fagged [fægd] *adj esp* BRIT, AUS (*fam*) geschafft *fam,* fertig *fam,* fix und alle *sl,* völlig k.o. *sl*
faggot ['fægət] *n* ❶ *esp* AM (*pej sl*) Schwule(r) *m fam,* Homo *m sl*
❷ *usu pl* (*dated: bundle of sticks*) Reisigbündel *nt*
❸ *usu pl* BRIT (*meatball*) Leberknödel *m*
fag hag *n esp* AM (*pej sl*) *mit Homosexuellen verkehrende Frau*
fagot *n* AM *see* **faggot**
Fahrenheit ['færənhaɪt, AM *also* 'fer-] *n* Fahrenheit *nt;* [**at**] ***80 degrees*** ~ [bei] 80 Grad Fahrenheit; **in** ~ in Fahrenheit
fail [feɪl] **I.** *vi* ❶ (*not succeed*) *person* versagen, scheitern; *attempt, plan* scheitern, fehlschlagen, missglücken; ***I tried to persuade him to come, but I ~ed*** ich habe versucht, ihn zum Kommen zu überreden, aber ich habe es nicht geschafft; ***this method never ~s*** diese Methode funktioniert immer; ***we ~ed in our efforts to find a compromise*** wir haben uns vergeblich um einen Kompromiss bemüht; ***he ~ed to convince the jury*** es ist ihm nicht gelungen, die Jury zu überzeugen; **to ~ completely** [*or* **utterly**] [*or* **miserably**] kläglich scheitern; **to be doomed to** ~ zum Scheitern verurteilt sein; **if all else ~s** zur Not, wenn alle Stricke reißen *fam*
❷ (*not do*) ■**to ~ to do sth** versäumen, etw zu tun; ***she ~ed to arrive on time*** sie kam nicht pünktlich; **to ~ in one's duty** [**to sb**] seiner Pflicht [jdm gegenüber] nicht nachkommen; **to ~ to attend a meeting** an einem Treffen nicht teilnehmen; **to ~ to appreciate sth** etw nicht zu schätzen wissen
❸ (*not be able to do*) nicht umhin können *geh;* ***you couldn't ~ to be impressed by their efficiency*** man war unweigerlich von ihrer Effizienz beeindruckt; ***they surely can't ~ to notice that …*** es kann ihnen nicht entgangen sein, dass …; ***this trick never ~s to amuse the children*** dieser Trick bringt die Kinder immer zum Lachen; **I ~ to see** [*or* **understand**] **what/why/how …** ich verstehe nicht, was/warum/wie …
❹ SCH, UNIV durchfallen; **to ~ on a subject** in einem Fach durchfallen; **to ~ dismally** mit Pauken und Trompeten durchfallen *fam*
❺ TECH, TRANSP (*stop working*) *brakes* versagen; *generator, pump* ausfallen
❻ (*become weaker, stop*) nachlassen; *health* schwächer werden; *heart, voice* versagen; ***my courage ~ed*** der Mut verließ mich; **to be ~ing fast** im Sterben liegen
❼ (*go bankrupt*) Bankrott gehen
❽ AGR *harvest, yield* ausfallen
II. *vt* ❶ (*not pass*) **to ~ a course/subject** einen Kurs/ein Fach nicht bestehen; **to ~ an exam/a test** bei einer Prüfung/einem Test durchfallen; **to ~ an interview** bei einem Bewerbungsgespräch versagen; **to ~ one's driving test** bei der Fahrprüfung durchfallen
❷ (*give failing grade*) ■**to ~ sb** *candidate* jdn durchfallen lassen
❸ (*let down*) ■**to ~ sb** jdn im Stich [*o fam* hängen] lassen; ***my courage ~ed me*** mich verließ der Mut; ***words ~ me*** mir fehlen die Worte
III. *n* negative Prüfungsarbeit; ***John got four ~s in his exams*** John ist bei seinen Prüfungen in vier Fächern durchgefallen; ***is this one a pass or a ~?*** hat dieser Kandidat bestanden oder ist er durchgefallen?
► PHRASES: **without** ~ auf jeden Fall, ganz sicher
failed [feɪld] *adj attr, inv person, marriage* gescheitert; *writer also* erfolglos; ~ **attempt** fehlgeschlagener [*o* missglückter] Versuch; ~ **policy** gescheiterte Politik
failing ['feɪlɪŋ] **I.** *adj attr, inv* angeschlagen, angegriffen; ~ **eyesight** Sehschwäche *f;* **to be in ~ health** eine angeschlagene [*o* angegriffene] Gesundheit haben; **in the ~ light** in der Dämmerung *geh*
II. *n* Schwachstelle *f;* ***his one big ~ is that …*** er hat einen großen Fehler: …
III. *prep* mangels *geh* +*gen;* ~ ***sufficient aid*** mangels ausreichender Hilfe; ~ ***a more positive attitude …*** wenn wir nicht alle eine positivere Haltung einnehmen, …; ~ ***prompt payment*** bei nicht termingerechter Zahlung; ~ ***instructions to the contrary*** falls keine gegenteiligen Instruktionen erfolgen; ■~ **that** ansonsten, wenn das nicht geht; ***give her a book, or ~ that, buy her something to wear*** schenk ihr ein Buch, oder ansonsten, etwas zum Anziehen; **all else** ~ wenn alle Stricke reißen
fail-safe *adj inv* abgesichert; **a ~ system** ein Sicherungssystem *nt;* ~ **device** [*or* **mechanism**] Sicherheitsmechanismus *m*
failure ['feɪljə^r, AM -ə˞] *n* ❶ *no pl* (*lack of success*) Scheitern *nt,* Versagen *nt;* ***the thought of ~*** der Gedanke, versagen zu können; ~ **rate** Durchfallquote *f;* **to be doomed to** ~ zum Scheitern verurteilt sein; **to end in** ~ scheitern
❷ COMM (*bankruptcy*) **commercial** ~ kommerzieller Misserfolg, kommerzielle Pleite
❸ (*unsuccessful thing*) Misserfolg *m;* **to be an utter** ~ ein totaler Reinfall [*o fam* Flop] sein *m; person* Versager(in) *m(f);* ***I'm a bit of a ~ at making cakes*** ich bin im Kuchenbacken nicht besonders geschickt
❹ *no pl* (*omission*) Unterlassung *f;* ~ **to pay a bill** COMM Nichtbezahlen *nt* einer Rechnung; ~ ***to report an accident is a criminal offence*** es ist ein Vergehen, einen Unfall nicht zu melden
❺ TECH, ELEC (*breakdown*) Versagen *nt kein pl;* ~ **of brakes** Bremsversagen *nt;* ~ **of the engine/system** Ausfall *m* des Motors/Systems; ANAT **heart/liver/kidney** [*or* **renal**] ~ Herz-/Leber-/Nierenversagen *nt;* **electrical** ~ Kurzschluss *m*
❻ ECON (*bankruptcy*) **business** [*or* **company**]/**bank** ~ Bankrott *m* einer Firma/Bank
❼ AGR **crop** ~ Missernte *f*
fain [feɪn] *adv* (*old*) **I would ~ do sth** es verlangt mich danach, etw zu tun *liter,* ich möchte etw tun
faint [feɪnt] **I.** *adj* ❶ (*slight*) *light, colour, smile, voice* matt; *sound* leise; *scent* zart, dezent; *smell* schwach; ***there was only a ~ taste of vanilla in the pudding*** der Pudding schmeckte nur schwach nach Vanille; ***I had a ~ memory of him*** ich hatte eine schwache Erinnerung an ihn; ***I have a ~ suspicion that …*** ich habe den leisen Verdacht, dass …; ***I have a ~ idea*** [*or* ***notion***] ***that I've heard that name before*** ich meine, [mich daran erinnern zu können], den Namen schon einmal gehört zu haben; ***there's not the ~est hope*** es besteht nicht die leiseste Hoffnung; **to bear a ~ resemblance to sb** jdm ein wenig ähnlich sehen; **to not make the ~est attempt to do sth** nicht im Traum daran denken, etw zu tun; **a ~ chance** [*or* **possibility**] eine geringe Chance; ~ **pattern** zartes Muster; ~ **signs of a recovery in the economy** erste Anzeichen einer Erholung der Wirtschaft; **to not have the ~est** [**idea**] (*fam*) nicht die geringste Ahnung haben; **not in the ~est, not the ~est bit** nicht im Geringsten
❷ (*unclear*) *line* undeutlich; ***I could see the ~ outline of the headland through the haze*** ich konnte die Umrisse der Landspitze durch den Dunst schwach erkennen
❸ *pred* (*physically weak*) schwach; ***he was ~ with hunger*** er fiel fast um vor Hunger *fam*
II. *vi* ohnmächtig werden; ***he ~s at the sight of blood*** beim Anblick von Blut wird er ohnmächtig; **to ~** [**dead**] **away** auf der Stelle umfallen, umkippen *fam*
III. *n* **to fall** [**down**] **in a** [**dead**] ~ ohnmächtig umfallen
faint-hearted *adj* zaghaft; **to not be for the ~** nichts für schwache Nerven sein
fainting fit *n* Ohnmachtsanfall *m;* **to have a ~** ohnmächtig werden
faintly ['feɪntli] *adv* ❶ (*weakly*) leicht, schwach; ***the room smelled ~ of disinfectant*** das Zimmer roch leicht nach Desinfektionsmittel
❷ (*not clearly*) schwach, sacht *geh;* **to talk ~** leise sprechen, wispern; **to be ~ visible** schwach zu sehen sein; **to see** [*or* **glimpse**] [*or* **make out**] **sth ~** etw erspähen; **to glimpse sth ~ in the distance** etw in der Ferne erspähen
❸ (*slightly*) leicht, etwas; ***she seemed ~ embarrassed to see us there*** es war ihr scheinbar etwas unangenehm, uns dort zu sehen; ***if the talk had been even ~ informative, …*** wenn das Gespräch auch nur annähernd informativ gewesen wäre, …; **not** [**even**] ~ **funny** überhaupt nicht komisch; **to ~ resemble sth** entfernt an etw *akk* erinnern
faintness ['feɪntnəs] *n no pl* ❶ (*indistinctness*) *of a handwriting* Unleserlichkeit *f; of a signal* Verzerrtheit *f; of a sound, outline, image* Unschärfe *f*
❷ (*dizziness*) Ohnmacht *f;* **feeling of ~** Ohnmachtsgefühl *nt*
fair[1] [feə^r, AM fer] **I.** *adj* ❶ (*just and equal*) gerecht; **a ~ deal/trial** ein fairer Handel/Prozess; ~ **dealing** FIN geordneter Effektenhandel; LAW (*legal quoting*) legales Zitat [eines kleinen Auszuges] aus einem urheberrechtlich geschützten Werk; (*fair trading*) lauterer Wettbewerb; **a ~ hearing** LAW eine faire Anhörung; ~ **price** annehmbarer Preis; **to not get one's ~ share** zu kurz kommen; ***poor Fred's had more than his ~ share of trouble this week*** der arme Fred hat diese Woche mehr als genug Ärger gehabt; ~ **wage** angemessener Lohn
❷ (*reasonable*) berechtigt; (*in accordance with rule*) fair; ***the point she's making is a ~ one*** ihr Einwand ist berechtigt; ~ ***enough*** na schön, o.k. *fam;* (*after suggestion*) dagegen ist nichts einzuwenden; ***and that seems ~ enough to me*** und das halte ich nur für recht und billig; ***it's a ~ enough comment to make*** der Einwand ist durchaus berechtigt; ***it's only ~ that …*** es ist nur [zu] gerecht, dass …; ***to be ~, …*** zugegeben, …; ~ **contest** fairer Wettbewerb; ~ **question** berechtigte Frage; ~ **use** LAW *legale Benutzung z.B. eines Zitates, ohne das Copyright einholen zu müssen;* ■**to be ~ with sb** sich *akk* jdm gegenüber fair verhalten; ■**to not be ~ on sb** jdm gegenüber nicht fair sein
❸ *attr, inv* (*quite large*) ziemlich; ***we've had a ~ amount of rain*** es hat ziemlich viel geregnet; ***there's still a ~ bit of work to do*** es gibt noch einiges zu tun
❹ (*reasonably good*) ziemlich gut; ***she's got a ~ chance of winning this year*** ihre Chancen, dieses Jahr zu gewinnen, stehen ziemlich gut; ***there's a ~ prospect of …*** es sieht ganz so aus, als ob …; **to have a ~ idea of sth** sich *dat* etw vorstellen können
❺ *pred, inv* (*average*) mittelmäßig; ~ **to middling** so lala *hum fam*
❻ (*light, blond*) ~ **complexion** heller Teint; ~ **hair** blondes Haar; ~ **skin** helle Haut
❼ METEO (*pleasant and dry*) ~ **weather** schönes [und trockenes] Wetter; BRIT (*fig*) ***everything seems set ~*** alles scheint gut zu laufen
❽ (*old: beautiful*) liebreizend *veraltet;* ***mirror, mirror on the wall, who is the ~est of them all?*** Spieglein, Spieglein an der Wand, wer ist die Schönste im ganzen Land?; **the ~**[**er**] **sex** (*dated or hum*) das schöne Geschlecht; *esp* BRIT **to do sth with one's own ~ hand** (*hum*) etw mit eigenen Händen tun; **to sign a letter with one's own ~ hand** einen Brief eigenhändig unterschreiben
► PHRASES: **it's a ~ cop** *esp* BRIT [oh je], jetzt hat's mich erwischt!; **to give sb a ~ crack of the whip** [*or* AM *also* **a ~ shake**] jdm eine faire Chance geben; ~ **dinkum** AUS (*fam*) ernst gemeint; ~ **go** AUS sei[d] fair; **by ~ means or foul** koste es, was es wolle; **he made a ~ old mess of it** (*dated fam*) er machte alles nur noch schlimmer; **that machine makes a ~ old noise** diese Maschine macht vielleicht einen Lärm; **~'s ~**, BRIT **~ do's** (*fam*) sei [doch] fair; ***~'s ~, it was you who suggested coming here in the***

first place du musst [schon] zugeben, dass du die Idee hattest, hierher zu kommen; ~ ***do's, mate, we've all paid the same money*** gleiches Recht für alle, wir haben alle dieselbe Summe bezahlt
II. *adv* **to play** ~ fair sein; SPORTS fair spielen
▸ PHRASES: ~ **and square** [ganz] klar; ***I told them ~ and square ...*** ich sagte ihnen klar und deutlich, ...; BRIT, AUS (*in emphasis*) ***he hit me ~ and square on the nose*** er schlug mir voll auf die Nase

fair² [feəʳ, AM fer] *n* ❶ (*funfair*) Jahrmarkt *m*, Rummelplatz *m*, Rummel *m* DIAL, BES NORDD
❷ (*trade, industry*) Messe *f;* (*agriculture*) [Vieh]markt *m;* **autumn** ~ Herbstmesse *f;* **the Bristol Antiques F~** die Antiquitätenmesse von Bristol; **a county/state** ~ AM *ein Markt in einem US-County/US-Bundesstaat;* **a local craft** ~ ein Kunsthandwerkmarkt *m;* **the Frankfurt [Book] F~** die Frankfurter Buchmesse; **trade** ~ Messe *f*

fair copy *n* Reinschrift *f;* **to make a** ~ **of a text** einen Text ins Reine schreiben **fair game** *n no pl* Freiwild *nt;* **to be** ~ **between August and December** zwischen August und Dezember zum Abschuss freigegeben sein; ■**to be** ~ **for sb** (*fig*) für jdn Freiwild sein **fairground** *n* ❶ (*for roller coaster etc*) Rummelplatz *m fam* ❷ (*for trade fair*) Messegelände *nt* **fair-haired** <fairer-, fairest- *or* more ~, most ~> *adj* blond

fairing ['feərɪŋ, AM 'fer-] *n* AVIAT, NAUT Verkleidung *f*

fairish ['feərɪʃ, AM 'fer-] *adj inv* ❶ (*considerable*) beträchtlich, ziemlich *fam;* ***there's a ~ wind blowing*** es bläst ein recht starker Wind
❷ (*blond, pale*) hell; ~ **complexion** heller Teint; ~ **hair** dunkelblondes Haar
❸ (*quite good*) gering; ***her chances are*** ~ ihre Aussichten sind so lala *fam*

fairisle *adj,* **Fair Isle** ['feərˌaɪl, AM 'ferˌ-] *adj inv im spezifischen Muster der Shetlandinseln gestrickt;* ~ **sweater** Shetlandpullover *m*

fairly ['feəli, AM 'ferli] *adv* ❶ *inv* (*quite, rather*) ziemlich, recht; ***I saw her ~ recently*** ich habe sie vor kurzem [noch] gesehen; **to know sb** ~ **well** jdn recht gut kennen
❷ (*justly*) fair; **to allocate sth** ~ etw gerecht verteilen
❸ *inv* (*liter: actually*) geradezu, förmlich *geh;* ***the dog ~ flew out of the door to greet him*** der Hund flog nahezu durch die Tür, um ihn zu begrüßen
▸ PHRASES: ~ **and squarely** *esp* BRIT, AUS einzig und allein

fair market value *n* ECON, FIN Marktwert *m*

fair-minded <fairer-, fairest- *or* more ~, most ~> *adj* unvoreingenommen

fairness ['feənəs, AM 'fer-] *n no pl* ❶ (*justice*) Fairness *f*, Gerechtigkeit *f;* **the** ~ **of a decision** die Gerechtigkeit einer Entscheidung; **lack of** ~ Mangel *m* an Gerechtigkeit; **sense of** ~ Gerechtigkeitsempfinden *nt;* **in [all]** ~ fairerweise, zugegeben[ermaßen]; ***in ~ to John, you must let him have his say*** seid John gegenüber fair und lasst ihm seine Meinung; (*accept in sb's favour*) ***in ~ to Diana, she has at least told you the truth*** man muss Diana zugute halten, dass sie dir wenigstens die Wahrheit gesagt hat
❷ *of hair, skin* Helligkeit *f*
❸ (*old: beauty*) Liebreiz *m geh*

fair play *n no pl* Fairplay *nt* (**between** zwischen +*dat*) **fair-sized** *adj inv* recht groß **fair-skinned** <fairer-, fairest- *or* more ~, most ~> *adj* hellhäutig **fair value** *n* ECON, FIN Marktwert *m* **fairway** *n* ❶ (*in golf*) Fairway *nt* ❷ (*for shipping*) Fahrrinne *f* **fair-weather fan** *n* Schönwetterfähnchen *nt fig* (*Fan, der sich nur in Erfolgszeiten für eine Mannschaft interessiert*) **fair-weather friend** *n Freund(in), der/die nur in guten Zeiten zu einem hält*

fairy ['feəri, AM 'feri] *n* ❶ (*imaginary creature*) Fee *f;* **the** ~ **king/queen** der König/die Königin der Feen; **a good/wicked** ~ eine gute/böse Fee
❷ (*pej! sl: homosexual*) Tunte *f pej sl*

fairy bread *n* AUS *no pl Butterbrot mit bunten Zuckerstreuseln, typisch australische Leckerei für Kinder* **fairy cake** *n* BRIT *kleines Törtchen* **fairy godmother** *n* (*in stories*) Märchenfee *f;* (*fig: in real life*) gute Fee; **to play** ~ **to sb** für jdn der rettende Engel sein **fairy lamps** *npl* BRIT [*bunte*] *Lichterkette u. a. für den Weihnachtsbaum* **fairyland** *n* ❶ *no pl* (*home of fairies*) Feenreich *nt;* (*pej: realm of fantasy*) Märchenwelt *f*, Fantasiewelt *f;* ***his argument belongs to*** ~ sein Argument ist utopisch
❷ (*place of beauty*) Paradies *nt;* (*from snow*) ***a white*** ~ eine weiße Märchenlandschaft **fairy lights** *npl* BRIT, AUS [*bunte*] *Lichterkette u. a. für den Weihnachtsbaum* **fairy story** *n,* **fairy tale** *n* ❶ (*story for children*) Märchen *nt;* **book of** ~**s** Märchenbuch *nt*
❷ (*also fig: lie, deception*) Märchen *nt;* **to tell sb a** ~ jdm ein Märchen erzählen *euph* **fairy-tale** *adj inv* (*from a fairy story*) Märchen-; ~ **character** Märchenfigur *f;* ~ **element/motif** märchenhaftes Element/Motiv; (*approv: special, magical*) Märchen-, Traum-; ~ **atmosphere** magische Atmosphäre; **to create a** ~ **effect** einen magischen Effekt auslösen; **a** ~ **wedding** eine Märchenhochzeit; **a** ~ **romance** eine Bilderbuchromanze

fait accompli <*pl* faits accomplis> [ˌfeɪtə'kɒmpliː, *pl* ˌfeɪz-, AM -əkɑː'mpliː, *pl* ˌfeɪt-] *n* Fait accompli *nt geh*, vollendete Tatsachen; **to present sb with a** ~ jdn vor vollendete Tatsachen stellen

faith [feɪθ] *n* ❶ *no pl* (*confidence, trust*) Vertrauen *nt;* **an act of** ~ eine Vertrauenssache; **to have unshakeable** ~ **in sb** unerschütterliches Vertrauen in jdn haben; **to have** ~ vertrauen, Vertrauen haben; ***you must have ~ that ...*** du musst darauf vertrauen, dass ...; **to have [complete]** ~ **in sb/sth** zu jdm/etw [volles] Vertrauen haben; **to lose** ~ **in sb/sth** das Vertrauen zu jdm/etw verlieren; **to put** [*or* **place**] **[one's]** ~ **in sb/sth** auf jdn/etw vertrauen; ***he placed complete ~ in his old friend's honesty*** er war völlig von der Ehrlichkeit seines alten Freundes überzeugt; **to restore [sb's]** ~ **in sb/sth** [jds] Vertrauen in jdn/etw wiederherstellen; **to shake sb's** ~ **in sth** jds Vertrauen in etw *akk* erschüttern
❷ REL (*in God*) Glaube *m* (**in** an +*akk*); (*religion*) Bekenntnis *nt*, Glaube *m;* ***have ~, hope and charity*** verwirkliche Glauben, Hoffnung und Großzügigkeit; **the Christian** ~ der christliche Glaube; **the true** ~ der wahre Glaube; **to keep the** ~ am Glauben festhalten, sich *dat* den Glauben bewahren; (*fig*) den Mythos aufrechterhalten; **to lose one's** ~ seinen Glauben verlieren; **to practise** [*or* AM **practice**] **a** ~ eine Religion praktizieren; **to renounce one's** ~ seinem Glauben abschwören
❸ *no pl* (*promise*) **to break** ~ **with sb** jdm gegenüber wortbrüchig werden; **to break** ~ **with one's principles** seine Prinzipien über Bord werfen; **to keep** ~ **with sb/sth** jdm/etw gegenüber Wort halten; (*continue to support*) jdn/etw weiterhin unterstützen
❹ (*sincerity*) **to act in good/bad** ~ in gutem/bösem Glauben handeln

faith cure *n* Heilung *f* durch Gesundbeten

faithful ['feɪθᵊfᵊl] **I.** *adj* ❶ (*form: loyal*) treu; ~ **companion** (*dog*) treuster Freund, treuer Gefährte; **to be sb's** ~ **companion** (*fig: object*) jdm gute Dienste leisten; ~ **customer** Stammkunde, -in *m, f;* ■**to be** ~ **to sb/sth** jdm/etw treu sein; **to be** ~ **to one's principles** seinen Prinzipien treu bleiben
❷ REL (*stalwart*) gläubig; ~ **believer** [*or* **follower**] treuer Anhänger/treue Anhängerin (**of** von +*dat*); ~ **Christian** gläubiger Christ/gläubige Christin
❸ (*accurate*) originalgetreu; **a** ~ **account** ein detaillierter Bericht; ~ **sound reproduction** MUS originalgetreue Tonwiedergabe; ■**to be** ~ **to sth** einer S. *dat* gerecht werden
II. *n* ■**the** ~ *pl* (*religious believers*) die Gläubigen *pl;* (*supporters*) die Anhänger *pl;* **the party** ~ die Parteifreunde *pl*

faithfully ['feɪθᵊfᵊli] *adv* ❶ (*loyally*) treu; **to promise** ~ **to do sth** hoch und heilig versprechen, etw zu tun; **to serve sb** ~ jdm treue Dienste leisten *geh;* **Yours f~** BRIT, AUS (*in business letters*) mit freundlichen Grüßen, hochachtungsvoll *geh*
❷ (*exactly*) genau; *reproduce* originalgetreu

faithfulness ['feɪθfᵊlnəs] *n no pl* ❶ (*loyalty*) Loyalität *f* (**to** gegenüber +*dat*), Treue *f;* **to put sb's** ~ **to the test** jds Treue auf die Probe stellen; ~ **in marriage** eheliche Treue
❷ (*accuracy*) Genauigkeit *f;* **the** ~ **of a translation** die Texttreue einer Übersetzung

faith healer *n* Gesundbeter(in) *m(f)* **faith healing** *n no pl* Gesundbeten *nt*

faithless ['feɪθləs] *adj* (*unfaithful*) untreu; (*disloyal*) treulos

faithlessly ['feɪθləsli] *adv* treulos; **to betray sb** ~ jdn hintergehen

faithlessness ['feɪθləsnəs] *n no pl* Untreue *f*

faits accomplis [ˌfeɪzə'kɒmpliː, AM ˌfeɪtəkɑː'mpliː] *n pl of* **fait accompli**

fake [feɪk] **I.** *n* ❶ (*counterfeit object*) Fälschung *f;* (*of a gun*) Attrappe *f*
❷ (*impostor*) Hochstapler(in) *m(f);* (*feigning illness*) Simulant(in) *m(f)*
II. *adj inv* ❶ (*imitated from nature*) *flowers, fur, leather* Kunst-; *flowers also* künstlich; ~ **blood** blutrote Flüssigkeit; ~ **jewel** imitiertes Juwel; **a** ~ **tan** Solariumsbräune *f*
❷ (*counterfeit*) ~ **antique** falsche Antiquität; **a** ~ **passport** ein gefälschter Pass
III. *vt* ❶ (*make a copy*) ■**to** ~ **sth** *antique, painting, document* etw fälschen
❷ (*pretend*) ■**to** ~ **sth** *a feeling* etw vortäuschen; *an illness* etw simulieren; ***they ~d astonishment*** sie taten so, als seien sie sehr erstaunt; **to** ~ **an orgasm** einen Orgasmus vortäuschen
IV. *vi* (*pretend*) markieren *fam*, so tun als ob, nur so tun

faker ['feɪkəʳ, AM -ɚ] *n* (*profession*) Fälscher(in) *m(f);* (*of fake emotions*) Schauspieler(in) *m(f) pej*

fakir ['feɪkɪəʳ, AM fɑː'kɪr] *n* Fakir *m*

falafel *n see* **felafel**

falcon ['fɔːlkᵊn, AM 'fæl-] *n* Falke *m*

falconer ['fɔːlkᵊnəʳ, AM 'fælkᵊnɚ] *n* Falkner(in) *m(f)*

falconry ['fɔːlkᵊnri, AM 'fæl-] *n no pl* Falknerei *f*

Falkland Islands ['fɔːklənd,-] *npl,* **Falklands** *npl* ■**the** ~ die Falklandinseln *pl;* **the** ~ **War** der Falklandkrieg

fall [fɔːl, AM *esp* fɑːl]

I. NOUN **II.** INTRANSITIVE VERB
III. TRANSITIVE VERB

I. NOUN

❶ (*drop from a height*) Fall *m*, Sturz *m;* ***she broke her leg in the ~*** sie brach sich bei dem Sturz ihr Bein; **to break sb's** ~ jds Sturz abfangen; **to have a** ~ stürzen, hinfallen; **to take a** ~ stürzen; (*from a horse*) vom Pferd fallen
❷ METEO Niederschlag *m;* **[heavy]** ~**s of rain/snow** [heftige] Regen-/Schneefälle
❸ (*landslide*) ~ **of earth/rock** Erd-/Felsrutsch *m*
❹ SPORTS (*in wrestling*) Schultersieg *m*
❺ (*downward movement*) *of a leaf* Herabfallen *nt kein pl geh;* (*drop*) *of a blade, axe, guillotine* Herunterfallen *nt kein pl; of the level of a liquid* Absinken *nt kein pl*
❻ (*downward slope*) Gefälle *nt;* THEAT ***the audience roared at the ~ of the curtain*** das Publikum brüllte, als der Vorhang fiel; ~ **of ground water levels** Absinken *nt* des Grundwasserspiegels; **the rise and** ~ **of the tide** Flut und Ebbe; **at the** ~ **of the tide** bei Ebbe
❼ (*decrease*) Nachlassen *nt kein pl;* (*in numbers, support, rate, prices*) Sinken *nt;* ~ **in pressure** METEO Fallen *nt* des Luftdrucks; **sharp** ~ **in temperature** deutlicher Temperaturrückgang
❽ (*defeat, overthrow*) *of a city* Einnahme *f;* **the** ~ **of Constantinople** die Eroberung Konstantinopels; **the** ~ **of the Roman Empire** der Untergang des Römischen Reiches; ~ **of a government/regime/dictator** Sturz *m* einer Regierung/eines Regimes/

F

eines Diktators; **the ~ of the Berlin Wall/Iron Curtain** der Fall der Berliner Mauer/des Eisernen Vorhangs; ***... after the president's ~ from power*** ... nach der Entmachtung des Präsidenten
⑨ AM *(autumn)* Herbst *m*
⑩ *(waterfall)* ■**~s** *pl* Wasserfall *m;* **[the] Niagara F~s** die Niagarafälle *pl*
⑪ *no pl* REL ■**the F~ [of Man]** der Sündenfall
▸ PHRASES: **as innocent as Adam before the F~** *(saying)* so unschuldig wie Adam vor dem Sündenfall; **to take a** [*or* **the**] **~ for sb/sth** AM für jdn/etw Schuld auf sich *akk* nehmen, einstehen

II. ADJECTIVE

attr, inv AM *(in autumn)* Herbst-, herbstlich; **~ plowing** Wintersaat *f;* **~ sun** Herbstsonne *f;* **~ weather** Herbstwetter *nt;* *(of autumn)* Herbst-; **~ clothing** Herbstkleidung *f;* **~ collection** Herbstkollektion *f*

III. INTRANSITIVE VERB

<fell, fallen> ① *(drop down from a height)* [herunter]fallen, [hinunter]fallen; *curtain* fallen; ***the snow had been ~ing all day*** es hatte den ganzen Tag über geschneit; ***more rain had ~en overnight*** über Nacht hatte es noch mehr geregnet; ***the bridge collapsed and fell into the river*** die Brücke brach zusammen und stürzte ins Wasser; *(fig)* ***the task of telling her the bad news fell on me*** ich hatte die Aufgabe, ihr die schlechten Nachrichten zu übermitteln; ***it fell on Henry to take the final decision*** es war Henrys Aufgabe, eine endgültige Entscheidung zu treffen; **to ~ into sb's arms** jdm in die Arme fallen; ***they fell into each other's arms*** sie fielen sich in die Arme; **to ~ into bed** ins Bett fallen; **to ~ to one's death** in den Tod stürzen; **to ~ out of one's dress** *(fig fam)* aus allen Wolken fallen *hum fam;* **to ~ to the ground/on the floor** auf den Boden fallen; **to ~ from a window** aus dem Fenster fallen; **to ~ downstairs** die Treppe hinunterfallen [*o* herunterfallen]
② *(from an upright position)* hinfallen; *tree, post, pillar* umfallen; ***he fell badly*** er stürzte schwer; **to ~ under a bus/train/truck** unter einen Bus/Zug/Lastwagen kommen; **to ~ at a fence** *horse* in einem Hindernis hängen bleiben; **to ~ to one's knees** auf die Knie fallen; **to ~ [down] dead** tot umfallen; **to ~ flat on one's face** [vornüber] aufs Gesicht fallen *fam*
③ *(fig: fail or get no response) joke, plan, suggestion* nicht ankommen; *(fig: be embarrassingly unsuccessful)* auf die Schnauze fallen *pej sl; thing, scheme* danebengehen *fam*
④ *(land)* herunterkommen; *light, bomb, shadow, gaze* fallen; *(fig)* ***we haven't decided yet where the cuts will ~*** wir haben noch nicht entschieden, was von den Kürzungen betroffen sein wird; ***we don't at this stage know where the blame will ~*** zum jetzigen Zeitpunkt wissen wir noch nicht, wer die Schuld trägt; ***the blows continued to ~ on him*** die Schläge prasselten weiter auf ihn nieder; ***the axe looks likely to ~ on 500 jobs*** 500 Stellen werden wahrscheinlich gestrichen werden; ***suspicion immediately fell on him*** der Verdacht fiel sofort auf ihn; ***silence fell on the group of men*** Schweigen überkam die Männern; LING ***the accent ~s on the second syllable*** der Akzent liegt auf der zweiten Silbe
⑤ *(become lower, decrease) demand, numbers, prices, standard* sinken; *prices* fallen; METEO *temperature, pressure* fallen, sinken; *barometer* fallen; ***the temperature could well ~ below zero this evening*** die Temperatur könnte heute Abend auf unter Null absinken; ***water supplies have fallen to danger levels*** der Wasservorrat ist auf einen gefährlich niedrigen Level abgesunken; ***the attendance fell well below the expected figure*** die Besucherzahlen blieben weit hinter den erwarteten Zahlen zurück; **to ~ to a whisper** in einen Flüsterton verfallen
⑥ *(move to a lower position)* in einer Tabelle/in den Charts fallen; **to ~ to the bottom of the league table** ganz unten auf der Tabelle stehen; **to ~ in sb's estimation** bei jdm im Ansehen sinken
⑦ *(be defeated or overthrown)* gestürzt werden, untergehen; *(be conquered) a city, town* eingenommen werden, fallen; *person* zerbrechen; **to ~ to pieces** *plan, relationship* in die Brüche gehen; *person* zerbrechen; **to ~ from power** seines Amtes enthoben werden; ■**to ~ to sb** jdm in die Hände fallen; ***Basildon finally fell to Labour at the last election*** Basildon fiel in der letzten Wahl Labour zu
⑧ *(liter: die in battle)* fallen
⑨ REL *(do wrong, sin)* von Gott abfallen
⑩ *(happen at a particular time)* ***Easter ~s early/late this year*** Ostern ist dieses Jahr früh/spät; **to ~ on a Monday/Wednesday** auf einen Montag/Mittwoch fallen
⑪ *(happen)* ***darkness ~s early in the tropics*** in den Tropen wird es früh dunkel; ***night was already ~ing*** es begann bereits dunkel zu werden
⑫ *(belong)* ***this matter ~s outside the area for which we are responsible*** diese Sache fällt nicht in unseren Zuständigkeitsbereich; ***any offence committed in this state ~s within the jurisdiction of this court*** für jedes Vergehen, das in diesem Staat begangen wird, ist die Rechtsprechung dieses Gerichts zuständig; **to ~ into a category/class** in eine Kategorie/Klasse gehören; ***the text ~s into three categories*** der Text gliedert sich in drei Kategorien; **to ~ outside sth** nicht zu etw *dat* gehören; **to ~ within sth** zu etw *dat* gehören
⑬ *(hang down)* herabhängen *geh,* fallen; ***her hair fell to her waist*** ihr Haar reichte ihr bis zur Taille
⑭ *(slope, go downward) cliff* [steil] abfallen
⑮ + *n* **to ~ prey** [*or* **victim**] **to sb/sth** jdm/etw zum Opfer fallen
⑯ + *adj (become)* **to ~ asleep** einschlafen; **to ~ due** fällig sein; **to ~ foul of sb** mit jdm Streit bekommen; **to ~ foul of a law** [*or* **regulation**] ein Gesetz übertreten; **to ~ ill** [*or* **sick**] krank werden; **to ~ open** *a book, magazine* aufklappen; **to ~ silent** verstummen; **to ~ vacant** *a room* frei werden; *a position, post* vakant werden
⑰ *(enter a particular state)* ■**to ~ for sb** sich *akk* in jdn verknallen *sl;* ***they all fell into hysterics*** sie kringelten sich alle vor Lachen; ***he fell into a reflective mood*** er fing an zu grübeln; **to ~ into debt** sich *akk* verschulden; **to ~ into disrepute** in Misskredit geraten; **to ~ into disrepair** [*or* **decay**] verkommen; **to ~ into disuse** nicht mehr benutzt werden; **to ~ into error/sin** REL sich *akk* versündigen; **to ~ out of favour** [*or* AM **favor**] **[with sb]** [bei jdm] nicht mehr gefragt sein *fam;* **to ~ into the habit of doing sth** sich *dat* angewöhnen, etw zu tun; **to ~ under the influence of sb/sth** unter den Einfluss einer Person/einer S. *gen* geraten; **to ~ in love [with sb/sth]** sich *akk* [in jdn/etw] verlieben; **to ~ out of love [with sb/sth]** nicht mehr [in jdn/etw] verliebt sein; **to have fallen under the spell of sb/sth** von jdm/etw verzaubert sein; **to ~ into a/sb's trap** *(fig)* [jdm] in die Falle gehen; ***I was afraid that I might be ~ing into a trap*** ich hatte Angst, in eine Falle zu laufen; *(fig)* ***they fell into the trap of overestimating their own ability to deal with the situation*** sie haben ihre eigene Fähigkeit, mit der Situation umzugehen, völlig überschätzt
⑱ *(be deceived by)* ■**to ~ for sth** auf etw *akk* hereinfallen
⑲ *(old)* **to ~ among thieves** unter die Räuber fallen *veraltet*
⑳ *(attack)* ■**to ~ on sb** über jdn herfallen
㉑ *(form: be responsibility of)* ***the worst job fell to me*** die schlimmste Arbeit musste ich erledigen; ***clearing up fell to Tim and Stephen*** für das Aufräumen waren Tim und Stephen zuständig; ***it ~s to the committee to ...*** es ist Aufgabe des Komitees, ...; ■**to ~ under sth** zu etw *dat* gehören; ***that side of the business ~s under my department*** dieser Geschäftsteil fällt in meinen Zuständigkeitsbereich; *(be classified)* ***that ~s under the heading ...*** das fällt unter die Rubrik ...
㉒ *(liter: embrace)* ■**to ~ on sb** jdn in die Arme schließen *liter;* ***they fell on each other*** sie fielen sich in die Arme
▸ PHRASES: **to ~ on deaf ears** auf taube Ohren stoßen; **sb's face fell** jdm fiel das Gesicht herunter *fam,* jd macht ein langes Gesicht; **to ~ on stony ground** auf felsigen Grund fallen *liter;* **to ~ into the hands** [*or* **clutches**] **of sb** jdm in die Hände fallen; **to ~ in** [*or* **into**] **line [with sth]** sich *akk* [an etw *akk*] anpassen; **to ~ into place** sich von selbst ergeben; *(making sense)* Sinn machen; **to ~ on hard times** harte Zeiten durchleben; **to ~ short [of sth]** etw nicht erreichen; **to ~ short of sb's expectations** hinter jds Erwartungen zurückbleiben

◆**fall about** *vi* BRIT, AUS *(fam)* ■**to ~ about [laughing]** sich *akk* schütteln vor Lachen *fam*

◆**fall apart** *vi* ① *(disintegrate)* auseinander fallen, sich *akk* in seine Bestandteile auflösen *fam; clothing* ausfransen; *furniture* auseinander brechen
② *(fig: fail)* sich *akk* auflösen; *marriage* in die Brüche gehen; *deal* in die Hose gehen *fam*
③ *(fig fam: have emotional problems)* zusammenbrechen *fam;* ***he fell apart when his wife died*** als seine Frau starb, brach für ihn eine Welt zusammen

◆**fall away** *vi* ① *(become detached) plaster, rock* abbröckeln
② *(slope downward) land* abfallen
③ *(decrease)* nachlassen, abnehmen; *sound* verebben *geh; attendance* sinken
④ *(disappear) negative factor, feeling* [ver]schwinden; *supporter* abfallen

◆**fall back** *vi* ① *(move backwards)* zurückgehen, zurückweichen *geh*
② MIL *(retreat)* sich *akk* zurückziehen
③ SPORTS *(not stay in leading position)* zurückfallen
④ *(decrease)* sinken; **to ~ back by 15%** um 15% sinken
⑤ *(as back-up)* ■**to ~ back [up]on sth** auf etw *akk* zurückgreifen; ***if the worst comes to the worst I can ~ back on my parents*** wenn es hart auf hart kommt, kann ich mich immer an meine Eltern wenden

◆**fall behind I.** *vi* ① *(become slower)* zurückfallen
② *(achieve less)* zurückbleiben; *(at school)* hinterherhinken *sl*
③ *(fail to do sth on time)* hinterherhinken; ■**to ~ behind with sth** mit etw *dat* in Verzug geraten
④ SPORTS *(have lower score than opponent)* zurückfallen, in Rückstand geraten
II. *vt* ① *(become slower)* ■**to ~ behind sb** hinter jdn zurückfallen; **to ~ behind schedule** nicht in der Zeit liegen
② *(achieve less)* ■**to ~ behind sb/sth** hinter jdm/etw zurückbleiben
③ SPORTS ■**to have fallen behind sb** hinter jdm liegen

◆**fall down** *vi* ① *(from upright position) person* hinfallen; *object* umfallen; **to ~ down a cliff/the steps** [*or* **the stairs**] die Klippen/die Treppe [*o* ÖSTERR Stiegen] hinunterfallen; **to ~ down a hole/shaft** in ein Loch/einen Schacht hineinfallen
② *(collapse)* einstürzen; *tent* zusammenfallen; ■**to be ~ing down** *building* abbruchreif sein
③ *(be unsatisfactory)* scheitern; ***their ideas are good, what they ~ down on is implementing them effectively*** ihre Ideen sind gut, aber es hapert an der effektiven Umsetzung

◆**fall in** *vi* ① *(drop in the water)* ins Wasser fallen, hineinfallen
② *(collapse)* einstürzen; ***the ceiling fell in on them*** die Decke stürzte über ihnen ein
③ MIL *(form a line)* [in Reih und Glied] antreten; ■**to ~ in alongside** [*or* **beside**] **sb** sich *akk* jdm anschließen; ■**to ~ in behind sb** hinter jdm herlaufen
④ *(agree to)* ■**to ~ in with sth** mit etw *dat* einverstanden sein; **to ~ in with an idea** einer Idee zustimmen
⑤ *(become friendly with)* ■**to ~ in with sb** sich *akk* jdm anschließen; *(become acquainted with)* jds Bekanntschaft machen

◆**fall off I.** *vi* ① *(decrease)* zurückgehen; *number* sinken

❷ (*decline*) abfallen, absteigen
❸ (*become detached*) herunterfallen; *wallpaper* sich *akk* [los]lösen
II. *vt* **to ~ off a horse/bicycle** vom Pferd/Fahrrad fallen; **to ~ off the table/roof** vom Tisch/Dach [hinunter]fallen; ***bits keep ~ing off my car*** von meinem Auto fallen ständig Teile ab
◆**fall out** *vi* ❶ (*drop out*) herausfallen; *teeth, hair* ausfallen; **to ~ out of a window/vehicle** aus dem Fenster/einem Fahrzeug fallen
❷ (*fam: quarrel*) ■**to ~ out [with sb]** sich *akk* [mit jdm] [zer]streiten
❸ MIL (*move out of line*) wegtreten
❹ (*happen, turn out*) sich *akk* ergeben; ***in the end, things fell out rather more favourably for us than we had anticipated*** am Ende sah es für uns besser aus, als wir angenommen hatten
◆**fall over** *vi* ❶ (*drop*) *person* hinfallen; *object* umfallen
❷ (*trip*) ■**to ~ over sth** über etw *akk* fallen; **to ~ over one's own feet** über seine eigenen Füße stolpern; **to ~ over a step** über eine Stufe stolpern
❸ (*fam: be very eager*) ■**to ~ [AM all] over oneself to do sth** sich *akk* darum reißen, etw zu tun *fam*, alles dafür tun, etw zu tun
◆**fall through** *vi* scheitern; *plan* ins Wasser fallen *fam*
◆**fall to** *vi* (*liter*) loslegen; (*start working*) sich *akk* an die Arbeit machen; (*start eating*) reinhauen *fam*; ■**to ~ to doing sth** beginnen [*o* anfangen], etw zu tun

fallacious [fəˈleɪʃəs] *adj* (*form*) abwegig *geh*; ***it is quite ~ to argue that …*** es ist eine ziemlich irrige Ansicht, dass …
fallaciously [fəˈleɪʃəsli] *adv* (*form*) fälschlicherweise; **to argue/reason ~ that …** fehl in der Annahme gehen, dass … *geh*
fallaciousness [fəˈleɪʃəsnəs] *n no pl* Abwegigkeit *f geh*; **~ of an argument/claim/assertion** Unhaltbarkeit *f* eines Arguments/einer Behauptung/einer Annahme
fallacy [ˈfæləsi] *n* ❶ (*false belief*) Trugschluss *m*, Irrtum *m*; **a common ~** ein weit verbreiteter Irrtum; **a complete ~** ein absoluter Blödsinn *fam*; **it is a ~ to suppose [*or* think] that …** es ist ein Irrtum anzunehmen, dass …
❷ *no pl* (*form: false reasoning*) Denkfehler *m*, Unlogik *f*; **~ of an argument** Fehlschluss *m*
fallback [ˈfɔːlbæk, AM *esp* ˈfɑːl-] I. *n* Ersatz *m*; *person* Vertretung *f*
II. *adj attr, inv* Ersatz-; **~ plan** Ersatzplan *m*; **a ~ proposal** ein Kompromissvorschlag *m*
fallen [ˈfɔːlən, AM *esp* ˈfɑːl-] I. *adj inv* ❶ *attr* (*on the ground*) **~ apple** abgefallener Apfel; **~ arches** MED Senkfüße *mpl*; **~ leaf** heruntergefallenes Blatt; **~ leaves** Laub *nt*; **~ tree** umgestürzter Baum
❷ *attr* (*overthrown*) **a ~ politician/dictator** ein gestürzter Politiker/Diktator; (*disgraced*) **a ~ idol** ein einstiges Idol; **a ~ woman** (*old*) ein gefallenes Mädchen *veraltet*
❸ REL (*sinful*) sündig; **a ~ angel** ein gefallener Engel
II. *n* (*liter*) ■**the ~** *pl* die Gefallenen *pl*; **a monument to the ~** ein Denkmal *nt* für die Gefallenen
faller [ˈfɔːləʳ, AM -ɚ] *n* ❶ BRIT *Pferd, das in einem Jagdrennen über ein Hindernis fällt*
❷ AM (*lumberjack*) Holzfäller *m*
fall guy *n* (*sl*) Prügelknabe *m fam*
fallibility [ˌfæləˈbɪləti, AM -ət̬i] *n no pl* Fehlbarkeit *f*; **human ~** die menschliche Fehlerhaftigkeit
fallible [ˈfæləbl] *adj* fehlbar; *method, object, system* fehleranfällig
falling [ˈfɔːlɪŋ, AM *esp* ˈfɑːl-] *adj attr, inv* ❶ (*falling down*) *rocks* herabfallend; *trees* umstürzend; **~ masonry** bröckelndes Mauerwerk
❷ (*declining, decreasing*) sinkend; ***~ standards in schools*** das sinkende [Lern]niveau in den Schulen; **~ interest rates** fallende Zinsen; **~ membership** zurückgehende Mitgliederzahl; **~ population** sinkende Bevölkerungszahl; FIN **~ pound/dollar/yen** der fallende [*o* sinkende] Kurs des Pfundes/Dollars/Yen
falling-off <*pl* fallings-off> *n* Rückgang *m* (**in** bei +*dat*) **falling-out** <*pl* fallings-> *n* Streit *m*; **to have a ~ [with sb] [over sth]** sich *akk* [mit jdm] [über etw *akk*] streiten **falling sickness** *n no pl* MED (*old*) Fallsucht *f veraltet*, Epilepsie *f* **falling star** *n* ASTROL Sternschnuppe *f*
fall-off *n no pl* Rückgang *m*, Abfall *m* (**in** +*gen*); *of team* Abstieg *m*
fallopian tube [fəˌləʊpiənˈ-, AM -ˌloʊpiənˈ-] *n* ANAT, MED Eileiter *m*
fallout *n no pl* ❶ NUCL radioaktive Strahlung
❷ (*consequences*) ■**the ~** die Konsequenzen *fpl*, die Nachwirkungen *fpl* (**from** +*gen*) **fallout shelter** *n* Atombunker *m*
fallow [ˈfæləʊ, AM -loʊ] *adj inv* ❶ AGR (*not planted*) brachliegend *attr*; **a ~ field** ein Brachfeld *nt*, eine Brache; **to lie ~** brachliegen
❷ (*unproductive*) still, ruhig; **a ~ period** eine ruhige Zeit
fallow deer *n* Damwild *nt kein pl*
false [fɔːls, AM *esp* fɑːls] I. *adj* ❶ *inv* (*untrue, incorrect*) falsch; ***is that true or ~?*** stimmt das oder nicht?; ***her whole theory is based on a ~ premise*** ihre ganze Theorie geht von falschen Voraussetzungen aus; **a ~ alarm** ein falscher Alarm; **a ~ dawn [of hope]** eine trügerische Hoffnung; **~ friend** LING falscher Freund; **to raise ~ hopes** falsche Hoffnungen wecken; **to have a ~ idea of sth** falsche Vorstellungen von etw *dat* haben; **to give sb a ~ impression** jdm einen falschen Eindruck vermitteln; **~ imprisonment** LAW unrechtmäßige Verhaftung; **a ~ move [*or* step]** eine unbedachte Bewegung; ***one ~ move and I'll shoot!*** eine falsche Bewegung und ich schieße!; **to make a ~ move, to take a ~ step** (*wrong action*) unbedacht [*o* unüberlegt] handeln; **~ pregnancy** MED, PSYCH Scheinschwangerschaft *f*; **a ~ rib** ANAT eine falsche Rippe; **a ~ start** SPORTS ein Fehlstart *m a. fig*; **to turn out [*or* prove] to be ~** sich *akk* als falsch erweisen
❷ *inv* (*artificial*) *beard, moustache, eyelashes, teeth* falsch; **a ~ bottom** ein doppelter Boden (*in einem Behälter*)
❸ *inv* (*fake*) *name, address, identity* falsch; ***thou shalt not bear ~ witness*** REL du sollst kein falsches Zeugnis geben; **~ accounting** LAW, FIN Unterschlagung *f*; **~ claim [*or* information]** falsche Angaben *fpl*; **under ~ colours [*or* AM colors]** (*liter*) unter falscher Flagge; **~ evidence** LAW Falschaussage *f*; **to give ~ evidence in court** vor Gericht falsch aussagen; **to give ~ information** falsche Angaben machen; **under ~ pretences** unter Vorspiegelung falscher Tatsachen
❹ (*insincere*) *person, smile, laugh, manner, modesty* falsch, unehrlich; **~ optimism** trügerischer Optimismus; (*intending to deceive*) **a ~ front** (*fig*) eine Fassade; **to put on [*or* up] a ~ front** sich *dat* einen gewissen Anschein geben; ***they put up a ~ front of friendly concern*** sie gaben vor, sehr besorgt zu sein; **to be in a ~ position** in der Bredouille sein *fam*; **to put sb in a ~ position** jdn in die Bredouille bringen *fam*
❺ (*esp liter: disloyal*) untreu; ***he turned out to be a ~ friend*** er war mir ein schöner Freund *hum iron*; ■**to be ~ to sb/sth** jdm/etw untreu werden; ***you have been ~ to your principles*** du hast deine Prinzipien verraten
II. *adv* (*old*) **to play sb ~** jdn betrügen
falsehood [ˈfɔːls(h)ʊd, AM ˈfɑːlshʊd] *n* ❶ *no pl* (*not truth*) Unwahrheit *f*; *of a person* Falschheit *f*
❷ (*form: lie*) Unwahrheit *f euph geh*; **injurious [*or* malicious] ~** LAW Rufschädigung *f*; **to tell a ~** die Unwahrheit sagen
falsely [ˈfɔːlsli, AM *esp* ˈfɑːl-] *adv* ❶ (*wrongly*) fälschlicherweise; (*untruthfully*) zu Unrecht; **to be ~ accused of sth** zu Unrecht einer S. *dat* beschuldigt werden
❷ (*insincerely*) **~ cheerful/optimistic** gespielt munter/optimistisch; ***… he said, smiling ~ …,*** sagte er mit aufgesetztem Lächeln
false market *n* COMM verfälschter Markt
falseness [ˈfɔːlsnəs, AM *esp* ˈfɑːl-] *n no pl* ❶ (*inaccuracy*) *of statement, report* Unkorrektheit *f*; (*untruthfulness*) *of claim, accusation* Unhaltbarkeit *f*
❷ (*insincerity*) Falschheit *f*, Verlogenheit *f*
falsetto [fɒlˈsetəʊ, AM fɔːlˈset̬oʊ] MUS I. *n* ❶ (*voice*) Kopfstimme *f*, Falsett *nt fachspr*; **to speak in a high ~** im Falsett sprechen
❷ (*person*) Falsettist *m*
II. *adj inv part, passage* Falsett-; **~ voice** Falsettstimme *f*, Kopfstimme *f*
III. *adv inv* **to sing ~** Falsettstimme singen
falsies [ˈfɔːlsiːz, AM *esp* ˈfɑːl-] *npl* (*fam*) BH-Einlage *f*
falsification [ˌfɔːlsɪfɪˈkeɪʃᵊn, AM *esp* ˌfɑːl-] *n no pl* Fälschung *f*, Falsifikation *f geh*; **~ of accounts** Fälschung *f* von Konten oder Unterlagen; **~ of evidence** Fälschung *f* von Beweismaterial
falsify <-ie-> [ˈfɔːlsɪfaɪ, AM *esp* ˈfɑːl-] *vt* ■**to ~ sth** etw fälschen
falsity [ˈfɔːlsəti, AM -ət̬i] *n no pl* ❶ (*incorrectness*) *of statement, report* Unkorrektheit *f*; *of claim, accusation* Unhaltbarkeit *f*
❷ (*insincerity*) Falschheit *f*, Verlogenheit *f*
falter [ˈfɔːltəʳ] I. *vi* ❶ *speaker, voice, conversation* stocken
❷ (*fig: lose strength*) nachlassen; ***their courage never ~ed for a second*** ihr Mut verließ sie nicht eine Sekunde lang; ***her friends never ~ed in their belief in her*** ihre Freunde verloren nie den Glauben an sie; (*hesitate*) zögern; **without ~ing** ohne zu zögern
❸ (*movement*) seinen Schritt verlangsamen; (*move unsteadily*) schwanken; *horse* straucheln
II. *vt* **to ~ an apology [*or* an excuse]/a question [out]** eine Entschuldigung/eine Frage stammeln
faltering [ˈfɔːltᵊrɪŋ] *adj attr* ❶ (*hesitant*) *words* zögerlich; *step, voice* stockend; **in a ~ voice** mit stockender Stimme; **with ~ steps** mit stockendem Schritt
❷ *inv* (*lose strength*) zögerlich; **the ~ economy** die stagnierende Wirtschaft
falteringly [ˈfɔːltᵊrɪŋli] *adv* stockend; (*hesitantly*) zögerlich; **to say [*or* speak] ~** stockend sprechen
fame [feɪm] *n no pl* ❶ (*being famous*) Ruhm *m*; **~ and fortune** Ruhm und Reichtum; **to be of Hollywood ~** ein Hollywoodstar sein; **worldwide ~** Weltruhm *m*; **to win [*or* achieve] ~** berühmt werden, Ruhm erlangen *geh*
❷ (*reputation*) Ruf *m*, Ansehen *nt*; ***his main claim to ~ is that he was one of Beethoven's early teachers*** er erlangte vor allem als einer von Beethovens frühen Lehrern Berühmtheit
famed [feɪmd] *adj* berühmt; ***their ~ efficiency*** ihre sprichwörtliche Effizienz; ■**to be ~ for sth** (*be known*) für etw *akk* bekannt sein; (*be famous*) für etw *akk* berühmt sein
familial [fəˈmɪliəl] *adj attr, inv* Familien-, familial *fachspr*, innerhalb einer Familie *nach n*; **~ relationship [*or* tie]/duties** familiäre Bindung/Verpflichtungen
familiar [fəˈmɪliəʳ, AM -jɚ] I. *adj* ❶ (*well-known*) vertraut; ***this looks ~ to me*** das kommt mir irgendwie bekannt vor; **~ faces** bekannte Gesichter; ***his face has become ~*** man kennt sein Gesicht
❷ (*acquainted*) ■**to be ~ with sth/sb** etw/jdn kennen; ***yours is not a name I'm ~ with*** Ihr Name kommt mir nicht bekannt vor; **to become [*or* get] [*or* grow] ~ with sth/sb** mit etw/jdm vertraut werden, sich *akk* an etw *akk* gewöhnen
❸ (*informal*) vertraulich; **~ name [*or* term]** gebräuchliche Bezeichnung; **to be on ~ terms [with sb]** (*be friends*) [mit jdm] befreundet sein; **the ~ form** LING die Du-Form; **~ form of address** vertrauliche Anrede
❹ (*too friendly*) allzu vertraulich; ■**to be/get ~ with sb** mit jdm vertraut sein/werden; **to get too ~ with sb** zu vertraulich mit jdm werden *fam*
II. *n* ❶ (*witch's companion*) Schutzgeist *m*
❷ (*old: close friend*) enger Freund/enge Freundin
familiarity [fəˌmɪliˈærəti, AM -ˈerət̬i] *n no pl*

F

❶ (*well-known*) Vertrautheit *f; of home* Geborgenheit *f*
❷ (*knowledge*) Kenntnis *f;* **her ~ with pop music** ihr Wissen im Bereich Popmusik; ~ ***with French law*** Kenntnisse *fpl* in französischem Recht
❸ (*overfriendly*) Vertraulichkeit *f;* **excessive ~** allzu große Vertraulichkeit
► PHRASES: ~ **breeds contempt** (*prov*) allzu große Vertrautheit erzeugt Verachtung

familiarization [fəˌmɪliəraɪ'zeɪʃən, AM -jərɪ'-] *n no pl* Vertrautwerden *nt*

familiarize [fə'mɪliəraɪz, AM -jər-] *vt* ■**to ~ oneself/sb with sth** sich/jdn mit etw *dat* vertraut machen; **to ~ oneself with working methods** sich *akk* einarbeiten

familiarly [fə'mɪliəli, AM -jə-] *adv* ~ **known as ...** besser bekannt als ...

familiar spirit *n* Schutzgeist *m*

family ['fæməli] **I.** *n* ❶ + *sing/pl vb* (*relations*) Familie *f;* **a ~ of robins/squirrels** eine Rotkehlchen-/Eichhörnchenfamilie; **a ~ of four/six** eine vier-/sechsköpfige Familie; LING Sprachfamilie *f;* **the Indo-European ~** die indo-europäische Sprachfamilie
❷ *no pl, + sing/pl vb* (*family members*) Familie *f;* ***we've got ~ coming to visit*** wir bekommen Familienbesuch; **a friend of the ~, a ~ friend** ein Freund *m*/eine Freundin der Familie; **nontraditional ~** unkonventionelle Familie; **to keep sth in the ~** (*not sell*) etw in Familienbesitz behalten; **to keep a secret in the ~** ein Geheimnis für sich *akk* behalten; **to have [got] ~** eine Familie haben; ***she's got ~ in the States*** sie hat Verwandte in den Staaten; **to start a ~** eine Familie gründen; ■**to be ~** zur Familie gehören; **to be [like] one of the ~** [praktisch] zur Familie gehören
❸ + *sing/pl vb* (*lineage*) Familie *f,* Vorfahren *mpl;* ***they're one of the old county families*** sie gehören zu den alteingesessenen Familien dieses Bezirks; **to run in the family** *talent, character* in der Familie liegen
❹ BIOL Familie *f;* **the cat/rose ~** die Familie der Katzen/Rosen
❺ (*employees, staff*) Belegschaft *f,* Familie *f fig;* **the Acme ~** die Belegschaft [*o* Familie] von Acme
❻ (*sl: group of gangsters*) Clan *m*
II. *adj attr, inv* ❶ (*involving family*) Familien-; ~ **business** [*or* **firm**] Familienunternehmen *nt;* ~ **celebration** [*or* **party**] Familienfeier *f;* ~ **council** Familienrat *m;* ~ **feud** [*or* **quarrel**] Familienfehde *f geh,* familiäre Streitigkeiten *fpl;* **to settle down to ~ life** eine Familie gründen; ~ **likeness** Familienähnlichkeit *f;* ~ **reunion** Familientreffen *nt*
❷ (*including children*) Familien-; ~ **entertainment** Familienspaß *m;* (*film, programme*) Unterhaltung für die ganze Familie; ~ **fare** Familienpreis *m;* ~ **hotel** Familienhotel *nt;* ~ **rate** Familienrabatt *m;* ~ **show** Familiensendung *f;* ~ **ticket** Familienkarte *f;* ~ **viewing** Familienfernsehen *nt*
► PHRASES: **to be in the ~ way** (*dated fam*) in anderen Umständen sein *euph veraltend fam*

family allowance *n* BRIT (*dated*) ≈ Kindergeld *nt* **family Bible** *n* [Familien]stammbuch *nt* **family circle** *n no pl* Familienkreis *m* **family company** *n* Familienunternehmen *nt* **family credit** *n no pl* BRIT ≈ Kindergeld *nt* (*britische Einrichtung zur Unterstützung von finanzschwachen Familien*) **Family Division** *n* BRIT ■**the ~** das Familiengericht (*Abteilung des High Court of Justice in England und Wales*) **family doctor** *n* Hausarzt, Hausärztin *m, f* **family law** *n* Familienrecht *nt* **family man** *n* ❶ (*homeloving*) Familienmensch *m* ❷ (*with family*) Familienvater *m* **family name** *n* Nachname *m,* Familienname *m* **family planning** *n no pl* Familienplanung *f;* **a ~ clinic** Familienberatungsstelle *f* **family saloon** *n* BRIT Kombi *m,* Familienkutsche *f fam* **family-sized** *adj inv* Familien-, Groß-; ~ **jar** Familiendose *f;* ~ **pack[et]** Familienpackung *f,* Großpackung *f* **family therapy** *n no pl* PSYCH Familientherapie *f* **family tree** *n* Familienstammbaum *m* **family values** *n* der Wertbegriff der Familie, die Werte Ehe und Familie

famine ['fæmɪn] *n* ❶ (*shortage of food*) Hungersnot *f;* **the Irish F~** *große Hungersnot in Irland im 19. Jahrhundert*
❷ *no pl* (*starvation*) Hungertod *m;* **to die of ~** verhungern

famished ['fæmɪʃt] *adj pred* (*fam*) ■**to be** [*or* **feel**] ~ ausgehungert sein, vor Hunger umfallen *fam*

famous ['feɪməs] *adj* berühmt; **to become ~** berühmt werden; ■**to be ~ for sth** für etw *akk* berühmt sein
► PHRASES: ~ **last words** (*fam*) wer's glaubt wird selig!

famously ['feɪməsli] *adv* ❶ (*well-known*) bekanntermaßen, bekanntlich
❷ (*dated fam: very friendly*) **to get on ~** sich *akk* blendend verstehen

fan¹ [fæn] *n* (*enthusiast*) Fan *m;* (*admirer*) Bewunderer, Bewunderin *m, f;* ■**to be a ~ of sb/sth** ein Fan von jdm/etw sein; ***I'm a great ~ of your work*** ich schätze Ihre Arbeit sehr; **a Beatles ~** ein Fan *m* von den Beatles; **a football/tennis/baseball ~** ein Fußball-/Tennis-/Baseballfan *m;* ~ **of a star/pop group** Fan *m* eines Stars/einer Popgruppe

fan² [fæn] **I.** *n* ❶ (*hand-held*) Fächer *m*
❷ (*electrical*) Ventilator *m;* **ceiling ~** Deckenventilator *m*
II. *vt* <-nn-> ❶ (*cool*) ■**to ~ sb/oneself** jdm/sich Luft zufächeln
❷ (*burn better*) **to ~ fire/flames** ein Feuer/Flammen anfachen *geh;* **to ~ fears/passions/resentment** (*fig: heighten*) Ängste/Leidenschaften/Ablehnung entfachen *geh* [*o* schüren]

◆**fan out I.** *vi* ❶ (*spread out*) sich *akk* in alle Richtungen verteilen; (*search*) ausschwärmen
❷ (*fan-shaped*) auffächern; ***the streets ~ out from the main square*** die Straßen gehen vom Hauptplatz in alle Richtungen auseinander
II. *vt* ■**to ~ sth** ⇄ **out** *cards, feathers* fächerförmig ausbreiten

fan-assisted oven *n* Umluftherd *m*

fanatic [fə'nætɪk, AM -t̬-] **I.** *n* ❶ (*pej: obsessed*) Fanatiker(in) *m(f);* **right-wing ~** Rechtsextreme(r) *f(m),* Rechtsextremist(in) *m(f)*
❷ (*enthusiast*) Begeisterte(r) *f(m),* Fan *m,* Freak *m sl;* **fellow ~** Mitbegeisterte(r) *f(m);* **a fitness/film/sports ~** ein Fitness-/Film-/Sportfan *m*
II. *adj* fanatisch; *see also* **fanatical**

fanatical [fə'nætɪkəl, AM -t̬-] *adj* ■**to be ~ about sth** ❶ (*obsessed*) von etw *dat* besessen sein; ~ **support** bedingungslose Unterstützung
❷ (*enthusiastic*) von etw *dat* total begeistert sein, auf etw *akk* total abfahren *sl;* ***she's a bit ~ about tidiness*** sie hat einen Reinlichkeitsfimmel *fam*

fanatically [fə'nætɪkəli, AM -t̬-] *adv* fanatisch, extrem; **to be ~ determined to do sth** wild entschlossen sein, etw zu tun *fam*

fanaticism [fə'nætɪsɪzəm, AM -t̬-] *n no pl* (*pej*) Fanatismus *m pej*

fan belt *n* AUTO Keilriemen *m*

fanciable ['fæn(t)siəbl] *adj* BRIT (*fam*) hübsch, gut aussehend, attraktiv, fesch ÖSTERR *fam*

fancied ['fæn(t)sid] *adj attr* ❶ *inv* (*imaginary*) eingebildet, vermeintlich
❷ SPORTS, POL (*tipped to win*) favorisiert

fancier ['fæn(t)siəʳ, AM -ɚ] *n* SPORTS Züchter(in) *m(f);* **pigeon ~** Taubenzüchter(in) *m(f)*

fanciful ['fæn(t)sifəl] *adj* ❶ (*unrealistic*) unrealistisch, aus der Luft gegriffen; ~ **notion[s]** Fantasterei[en] *f[pl] pej;* ***someone's been filling his head with ~ notions*** jemand hat ihm einen Floh ins Ohr gesetzt *fam*
❷ (*elaborate*) *design, style* aufwendig
❸ *person* überspannt *pej,* versponnen *pej fam;* ***am I just being ~?*** bilde ich mir das nur ein?

fancifully ['fæn(t)sifəli] *adv* ❶ (*unrealistically*) großartig *pej*
❷ (*elaborately*) ~ **decorated/embroidered** aufwendig geschmückt/bestickt

fan club *n + sing/pl vb* Fanclub *m*

fancy ['fæn(t)si] **I.** *vt* <-ie-> ❶ *esp* BRIT (*want, like*) ■**to ~ sth** Lust auf etw *akk* haben; ***I'm not sure I ~ the idea of going there*** ich weiß nicht, ob mir der Gedanke gefällt, dort hinzufahren; **to ~ the prospect of doing sth** davon begeistert sein, etw zu tun; ■**to ~ doing sth** etw gern tun
❷ *esp* BRIT (*be attracted*) ■**to ~ sb** eine Schwäche für jdn haben; ***I always liked her without ever really ~ing her*** ich mochte sie immer, ohne dass ich je was von ihr wollte; ■**to ~ oneself** BRIT (*pej*) sich *akk* toll vorkommen
❸ (*imagine as winner*) ***who do you ~ to win the Cup this year?*** wer, glaubst du, wird dieses Jahr den Cup gewinnen?; ***I didn't ~ his chances of ever getting his novel published*** ich habe nicht daran geglaubt, dass er seinen Roman jemals veröffentlichen würde; **to ~ a horse/team/candidate** ein Pferd/ein Team/einen Kandidaten favorisieren
❹ *esp* BRIT (*imagine*) ■**to ~ [that] ...** denken, dass ...; ***she fancies herself a rebel*** sie hält sich für eine Rebellin; ***I used to ~ myself captaining a great ocean liner*** ich habe mir früher immer vorgestellt, einen großen Ozeandampfer zu steuern; (*dated*) ***there's rather more to this than meets the eye, I ~*** ich denke, da steckt mehr dahinter; ~ [***that***]! stell dir das [mal] vor!; ~ ***seeing you again!*** schön, dich wiederzusehen!; ~ ***seeing you here!*** das ist aber eine Überraschung, dich hier zu sehen!; ~ ***you knowing old Ben!*** das ist ja nicht zu glauben, dass du den alten Ben auch kennst!; ~ ***saying that to you of all people!*** [unglaublich,] dass man das ausgerechnet zu dir gesagt hat!
II. *n* ❶ *no pl* (*liking*) Vorliebe *f;* ***ok, whatever tickles your ~*** ok, wenn's dich anmacht! *fam;* **sb has taken a ~ to sth/sb** etw hat es jdm angetan; ***Laura's taken a ~ to Japanese food*** Laura findet japanisches Essen gerade ganz toll; ***I've taken a ~ to that old car of yours*** mittlerweile gefällt mir dein altes Auto echt gut; **to have taken sb's ~** es jdm angetan haben
❷ *no pl* (*imagination*) Fantasie *f;* **flight of ~** Fantasterei *f pej*
❸ (*whimsical idea*) **an idle** [*or* **a vain**] ~ Fantasterei *f pej;* ***these are just idle fancies of yours*** das existiert doch nur in deiner Fantasie; ***he only comes when the ~ takes him*** er kommt nur, wenn er Lust dazu hat; **to have a ~ that ...** das Gefühl haben, dass ...
❹ BRIT ■**fancies** *pl kleine süße Kuchen, die gewöhnlich gefroren und verziert sind*
III. *adj* ❶ (*elaborate*) *decoration, frills* aufwendig, pompös; (*fig*) *talk* ausschweifend; ***never mind the ~ phrases, just give us the facts*** reden Sie nicht lange drum herum, geben Sie uns die Fakten; ~ **footwork** FBALL gute Beinarbeit; (*fig*) ***she did some ~ footwork to get out of a tight corner*** sie zog sich geschickt aus der Affäre
❷ (*whimsical*) *notions* versponnen *pej fam;* ~ **ideas** Fantastereien *fpl pej;* ***don't you go filling his head with ~ ideas*** setz ihm keinen Floh ins Ohr *fam*
❸ (*fam: expensive*) Nobel- *pej fam;* ***I keep away from the ~ shops*** ich meide die teuren Nobelgeschäfte; ~ **car** Nobelkarosse *f fam,* Luxusschlitten *m sl;* ~ **place** teures Pflaster *fam;* ~ **prices** astronomische Preise

fancy dress *n no pl esp* BRIT, AUS Verkleidung *f,* Kostüm *nt;* **to go/come in ~** verkleidet sein; **to wear ~** sich *akk* verkleiden **fancy-dress** *adj attr, inv esp* BRIT Kostüm-; ~ **ball** Kostümball *m;* ~ **party** Kostümfest *nt* **fancy-free** *adj pred* sorglos; **to be [footloose and] ~** frei und ungebunden sein **fancy goods** *npl esp* BRIT Nippes *pl,* Nippsachen *pl* **fancy man** *n* (*dated or pej fam: lover*) Liebhaber *m* **fancy woman** *n* (*dated or pej fam: lover*) Geliebte *f* **fancywork** *n no pl* (*needlework*) Spitze *f;* (*round the edge*) Spitzenbesatz *m*

fandango [fæn'dæŋgəʊ, AM -goʊ] *n* Fandango *m*

fanfare ['fænfeəʳ, AM -fer] *n* Fanfare *f*

fanfold *n* COMPUT Zickzackfaltung *f*

fang [fæŋ] *n of a dog, wolf* Fang *m,* Fangzahn *m; of a snake* Giftzahn *m;* ~ **of a vampire** Vampirzahn *m*

fan heater *n* Heizlüfter *m* **fanlight** *n* Oberlicht *nt;* **a semicircular** ~ ein halbrundes Oberlicht **fan mail** *n no pl* Fanpost *f*

Fannie Mae [ˌfæni'meɪ] *n* AM ECON, FIN (*fam*) *short for* **Federal National Mortgage Association** Bundeshypothekenvereinigung *f*

fanny ['fæni] *n* ① BRIT, AUS (*vulg: female genitals*) Fotze *f vulg,* Möse *f derb*
② AM, AUS (*sl: backside*) Hintern *m fam*

fanny pack *n* AM (*bumbag*) Gürteltasche *f*

fan oven *n* Umluftherd *m* **fan-shaped** *adj* fächerförmig

fantabulous [fæn'tæbjələs] *adj* (*sl*) spitzenmäßig *sl*

fantail ['fænteɪl] *n* Pfautaube *f*

fantasia [fæn'teɪziə, AM -ʒə] *n* MUS Fantasie *f,* Fantasia *f fachspr*

fantasist ['fæntəsɪst] *n* Fantast(in) *m(f)*

fantasize ['fæntəsaɪz, AM -t̬-] **I.** *vi* fantasieren, sich *dat* etw vorstellen
II. *vt* ■**to** ~ **that …** davon träumen, dass …

fantastic [fæn'tæstɪk] *adj* ① (*fam: wonderful*) fantastisch *fam;* ***we had an absolutely ~ time on holiday*** unsere Ferien waren total super *sl;* ***they've won a prize? ~!*** sie haben etwas gewonnen? toll!; ***I've just had a ~ idea!*** ich habe eine Superidee! *fam;* **a ~ opportunity** eine einzigartige Gelegenheit; **to look ~** *person* umwerfend aussehend
② (*fam: extremely large*) enorm; ***a ~ amount of money*** ein Haufen *m* Geld *fam;* **to take a ~ effort to do sth** unwahrscheinlich viel Mühe kosten, etw zu tun
③ (*not real, strange*) Fantasie-; ~ **animal** Fabeltier *nt;* ~ **figure/image** Fantasiegestalt *f*/Fantasiebild *nt*
④ (*unbelievable*) unwahrscheinlich; (*unreasonable*) unsinnig, abstrus; **by the most ~ coincidence** durch absoluten Zufall; **a ~ plan** ein absurder Plan

fantastical [fæn'tæstɪkəl] *adj* (*liter*) fantastisch *liter;* ~ **account** [*or* **tale**] fantastische Erzählung

fantastically [fæn'tæstɪkəli] *adv* ① (*extremely*) unwahrscheinlich *fam,* unglaublich *pej;* ~ **arrogant** unglaublich arrogant; ~ **rich** unvorstellbar reich
② (*fam: wonderfully well*) ganz wunderbar; ***everything's going ~*** es läuft alles ausgesprochen gut; ***we were treated ~*** wir wurden hervorragend behandelt
③ (*strange shapes*) ~ **carved/shaped** bizarr geschnitzt/geformt

fantasy ['fæntəsi, AM -t̬-] *n* ① (*pleasant fancy*) Vorstellung *f;* ***Steve's favourite ~ was that …*** Steve träumte am liebsten davon, …; **sexual ~** sexuelle Fantasie[n] *f[pl]*; ■**to have fantasies about sth** [*or* **doing sth**] von etw *dat* träumen
② (*pej: unreal, imagined thing*) Hirngespinst *nt pej*
③ *no pl* (*unreal, imagined things*) Einbildung *f;* **a world of ~** eine Traumwelt
④ *no pl* (*literary genre*) Fantasy *f*
⑤ (*imagination*) Fantasie *f;* ***it's a product of your ~*** es ist ein Produkt Ihrer Fantasie
⑥ MUS Fantasie *f,* Fantasia *f fachspr*

fantasyland *n* Fabelwelt *f* **fantasy world** *n* Traumwelt *f*

fan vaulting *n no pl* ARCHIT Fächergewölbe *nt*

fanzine ['fænzi:n] *n* Fanmagazin *nt,* Fanzeitschrift *f*

far <farther *or* further, farthest *or* furthest> [fɑ:ʳ, AM fɑ:r] **I.** *adv* ① (*a long distance*) von weit her; ***have you come very ~?*** kommen Sie von weit her?; ***do you have ~ to travel to work?*** haben Sie es weit zu Ihrer Arbeitsstelle?; ***it's too ~ to walk*** es ist zu weit zu Fuß; ***I can take you as ~ as Bristol*** ich kann Sie bis Bristol mitnehmen; ***we've come so ~, we can't turn back now*** wir sind so weit gekommen, wir können jetzt nicht umkehren; ***~ be it from me to blame anyone, it was a total accident*** ich will unter keinen Umständen jemanden beschuldigen, es war ein Unfall; ***she doesn't live ~ from here*** sie wohnt nicht weit von hier; ***how ~ are we from the campsite now?*** wie weit ist es noch bis zum Campingplatz?; ***~ above, a hawk circled in the sunshine*** weit oben kreiste ein Habicht im Sonnenschein; ***you can see how ~ up the wall the water came during the flood*** man kann sehen, wie hoch das Wasser während der Flut an der Mauer stieg; (*liter*) ***a traveller from some ~ distant land*** ein Reisender aus einem fernen Land; ***we're ~ from happy with the situation*** wir sind alles andere als zufrieden mit der Situation; **as ~ as the eye can see** so weit das Auge reicht; ~ **from home** fern der Heimat; **to be fairly ~ down the list** ziemlich weit unten auf der Liste stehen; ~ **away from here** weit weg von hier; ***how ~ away is it?*** wie weit weg ist es?; ~ **and wide** weit und breit; **to come from ~ and wide** von überall her kommen; ~ **from it** weit gefehlt; ***Jim selfish? ~ from it!*** Jim egoistisch? alles nur das nicht!
② (*distant in time*) ***some time ~ in the past/future*** irgendwann in ferner Vergangenheit/Zukunft; ***one day, perhaps ~ in the future, you'll regret what you've done*** irgendwann einmal wirst du bereuen, was du getan hast; ***your birthday's not ~ away*** bis zu deinem Geburtstag ist es nicht mehr lang; ***as ~ back as I can remember*** so weit ich mich erinnern kann; ***we warned you about this as ~ back as 1977*** wir haben Sie bereits 1977 davor gewarnt; ***it probably dates from as ~ back as the end of the last century*** es geht wahrscheinlich sogar bis auf das Ende des letzten Jahrhunderts zurück; ***so ~ everything's been going according to plan*** so weit lief [bisher] alles nach Plan; ***only one of the escaped prisoners has so ~ been recaptured*** bisher wurde nur einer der entflohenen Gefangenen wieder gefasst; ***any problems? — not so ~*** Probleme? – bis jetzt nicht; ***he's not ~ off seventy*** er wird bald siebzig; ***we're not ~ off finishing now*** es dauert nicht mehr lange und wir sind fertig; **to work ~ into the night** bis spät in die Nacht hinein arbeiten; **so ~ so good** so weit, so gut
③ (*in progress*) ***how ~ have you got? — I'm on page 17*** wie weit bist du? – ich bin jetzt auf Seite 17; ***how ~ have you got with your new play?*** wie weit bist du mit deinem neuen Stück gekommen?; ***if you can get as ~ as drafting the letter tonight …*** wenn du vielleicht bis heute Abend noch einen groben Entwurf des Briefes aufsetzen kannst, …; **to not get very ~ with sth** [*or* **doing sth**] mit etw *dat* nicht besonders weit kommen; **to not get very ~ with sb** bei jdm nicht viel erreichen; ***she tried to talk him round, but she didn't get very ~ with him*** sie versuchte ihn zu überreden, kam aber nicht sonderlich weit
④ *inv* (*much*) ~ **better/nicer/warmer** viel besser/netter/wärmer; ~ **more difficult** viel schwieriger; ~ **too expensive** viel zu teuer; **by ~** bei weitem, mit Abstand; ***it would be better by ~ to resist the temptation*** es wäre viel besser, der Versuchung zu widerstehen; ***your entry was ~ and away the best*** dein Auftritt war einsame Spitze *fam;* BRIT ***I'd ~ prefer to go with you*** ich würde viel lieber mit dir gehen; ***I'd ~ rather stay at home*** ich würde viel lieber zu Hause bleiben; ***she'd ~ sooner go on her own*** sie würde viel lieber allein gehen
⑤ (*connecting adverbial phrase*) ***as ~ as I can, I try and avoid using my car*** soweit es mir möglich ist, benutze ich mein Auto nicht; ***I use public transport as ~ as possible*** ich benutze so oft wie möglich öffentliche Verkehrsmittel; ***as ~ as I can see …*** so wie ich es beurteilen kann, …; ***he isn't coming today as ~ as I know*** soweit ich weiß, kommt er heute nicht,; ***as ~ as I'm concerned …*** wenn es nach mir geht …; ***as ~ as Bob is concerned, he's one hell of a nice fellow*** Bob? Bob ist ein wirklich netter Kerl!; ***he's a good mechanic, but that's as ~ as it goes*** er ist ein guter Mechaniker, aber das ist auch alles
► PHRASES: **sb will go ~** jd wird es zu etwas bringen; **sth won't go very ~** etw wird nicht lange vorhalten; ***a hundred pounds won't go very ~ if you're going abroad for two weeks*** mit hundert Pfund kommt man nicht weit, wenn man für zwei Wochen ins Ausland geht; **to go too ~** zu weit gehen; **to not trust sb as ~ as one could throw him/her** jdm nicht über den Weg trauen
II. *adj attr* ① (*further away*) ***at the ~ end of the room*** am anderen Ende des Raumes; **the ~ bank of the river** das jenseitige Ufer des Flusses
② (*extreme*) **the ~ left/right** [**of a party**] die extreme Linke/Rechte [einer Partei]
③ (*distant*) **a ~ country** (*liter*) ein fernes Land *liter;* **in the ~ distance** in weiter Ferne
► PHRASES: **to be a ~ cry from sth/sb** mit etw/jdm nicht zu vergleichen sein

farad ['færəd, AM 'fer-] *n* ELEC Farad *nt*

Faraday cage ['færədeɪ-, AM 'fer-] *n* COMPUT Faradaykäfig *m*

faraway [ˌfɑ:rə'weɪ] *adj attr, inv* ① (*distant*) *location* fern; *sound, voice* weit entfernt [*o fam* weg]; **a ~ land** [*or* **country**] ein fernes Land *liter*
② (*dreamy*) *look* verträumt, abwesend

farce [fɑ:s, AM fɑ:rs] *n* ① THEAT Farce *f;* **a Feydeau ~** eine Farce von Feydeau
② (*situation*) Farce *f pej geh*

farcical ['fɑ:sɪkəl, AM 'fɑ:rs-] *adj* ① THEAT (*like a farce*) farcenhaft
② (*pej: ridiculous*) grotesk *geh,* absurd

farcically ['fɑ:sɪkəli, AM 'fɑ:rs-] *adv* (*pej: ridiculously*) grotesk *geh*

fare [feəʳ, AM fer] **I.** *n* ① (*money*) Fahrpreis *m;* ***~s, please!*** die Fahrkarten bitte!; **bus/train/taxi ~** Bus-/Bahn-/Taxifahrpreis *m;* **single/return ~** Einzel-/Rückfahrkarte *f;* **to pay the** [*or* **one's**] **~** den Fahrpreis bezahlen
② (*traveller in a taxi*) Taxifahrgast *m*
③ *no pl* (*food*) Kost *f;* **boarding-school ~** Internatsessen *nt;* **traditional British ~** traditionelle britische Küche
II. *vi* (*form: get on*) [er]gehen; ***how did you ~ in your exams?*** wie ist es dir bei der Prüfung gegangen?; HORT gedeihen; **to ~ badly/well** schlecht/gut ergehen

Far East *n no pl* ■**the ~** der Ferne Osten **Far Eastern** *adj inv* fernöstlich

fare stage *n* BRIT ① (*section of bus route*) Fahrzone *f*
② (*bus stop*) Zonengrenze *f*

farewell [ˌfeə'wel, AM ˌfer'-] **I.** *interj* (*form*) leb wohl *geh;* ***~, until we meet again*** leb wohl, bis bald; **to bid** [*or* **say**] **~ to sb/sth** sich *akk* von jdm/etw verabschieden
II. *n* Lebwohlsagen *nt kein pl veraltet geh,* Verabschieden *nt kein pl;* **to bid sb a fond ~** sich *akk* herzlich von jdm verabschieden; **to bid sb a last ~** von jdm Abschied nehmen
III. *n modifier* (*dinner, gift, kiss*) Abschied[s]-; **~ hug** Umarmung *f* zum Abschied; **a ~ party** eine Abschiedsparty

fare zone *n* Tarifzone *f* (*für öffentliche Verkehrsmittel*)

far-fetched *adj* weit hergeholt **far-flung** *adj usu attr* (*liter*) ① (*widely spread*) weitläufig; *network* weit verzweigt ② (*remote*) abgelegen **far-gone** *adj usu pred* ① (*advanced stage*) tief; ***the night was ~*** es war tiefe Nacht; **a ~ romance** eine innige Liebesbeziehung ② (*drunk*) stark angetrunken, besoffen *sl*

farinaceous [ˌfærɪ'neɪʃəs, AM ˌfer-] *adj inv* (*spec*) mehlhaltig

farm [fɑ:m, AM fɑ:rm] **I.** *n* Bauernhof *m;* **chicken ~** Hühnerfarm *f;* **health ~** Schönheitsfarm *f;* **trout ~** Forellenzucht *f*
II. *vt* **to ~ land/a number of acres** Land/eine Anzahl Hektar bebauen
III. *vi* Land bebauen; ***the family still ~s in Somerset*** die Familie hat immer noch Farmland in Somerset
◆**farm out** *vt* **to ~ out** ◌ **work** [**to sb**] Arbeit [an jdn] abgeben; **to ~ out** ◌ **children** [**to sb**] BRIT [jdm] Kinder anvertrauen

farm animal *n* Nutztier *nt*

farmer ['fɑ:məʳ, AM 'fɑ:rməʳ] *n* Bauer, Bäuerin *m, f,* Farmer(in) *m(f);* **a Wiltshire ~** ein Bauer *m*/eine

F

Bäuerin aus Wiltshire

farmhand *n* Landarbeiter(in) *m(f)* **farmhouse** I. *n* Bauernhaus *nt* II. *adj attr, inv* Bauern-; ~ **cheese** Bauernkäse *m;* ~ **cheddar** Cheddar *m* nach Bauernart

farming ['fɑ:mɪŋ, AM 'fɑ:r-] *n no pl* Ackerbau und Viehzucht

farmland *n no pl* Ackerland *nt* **farm produce** *n* *Obst und Gemüse vom Bauernhof* **farmstead** ['fɑ:rmsted] *n* AM Farm *f,* Gehöft *nt* **farmworker** *n* Landarbeiter(in) *m(f)* **farmyard** *n* Hof *m*

faro ['feərəʊ, AM 'feroʊ] *n no pl* Phar[a]o *nt* (*Kartenspiel*)

Faroe ['feərəʊ, AM 'feroʊ] *n* GEOG ■**the** ~ **Islands** [*or* **the** ~**s** *pl*] die Färöer Inseln *fpl;* ■**the** ~**s** die Färöer *ntpl* **Faroese** ['feərəʊi:z, AM 'feroʊ] *adj inv* GEOG färöisch, Färöer-

far-off I. *adj* ❶ (*distant*) *place, country* fern *geh;* (*remote*) [weit] entfernt; ***you're not*** ~ ***with this answer*** (*fig*) du liegst mit dieser Antwort nicht schlecht; **a** ~ **country** ein weit entferntes Land ❷ (*time*) **a** ~ **time** eine lang vergangene Zeit; (*future*) eine ferne Zukunft; ***lunch isn't*** ~ wir essen bald zu Mittag II. *adv* weit entfernt; *in the distance* in der Ferne **far-out** *adj* ❶ (*fam: strange*) abstrus; *music* abgedreht *sl* ❷ AM (*dated sl: wonderful*) toll *fam,* super *sl;* ***you got the job?*** ~**!** du hast die Stelle bekommen? toll!

farrago <*pl* -s *or* AM -es> [fə'rɑ:gəʊ, AM -goʊ] *n* (*pej*) Quatsch *m fam*

far-reaching *adj* weitreichend, umfassend

farrier ['færiəʳ] *n* BRIT Hufschmied(in) *m(f)*

far-right *adj* POL rechtsextrem

farrow ['færəʊ, AM 'feroʊ] I. *n* Wurf *m*
II. *vi* ferkeln
III. *vt* **to** ~ **piglets** ferkeln

far-seeing *adj decision, move, policy* weitsichtig; *person* vorausschauend, umsichtig **far-sighted** *adj* ❶ (*shrewd*) *decision, move, policy* weitsichtig; *person* vorausschauend, umsichtig ❷ AM, AUS (*longsighted*) weitsichtig

fart [fɑ:t, AM fɑ:rt] I. *n* ❶ (*fam!: gas*) Furz *m derb;* **to do** [*or* **let off**] **a** ~ furzen *derb*
❷ (*pej sl: unpleasant person*) Sack *m pej sl;* **a boring/stupid old** ~ ein langweiliger/dummer alter Sack *pej sl;* **silly** ~ blöder Idiot *pej fam*
II. *vi* (*fam!*) furzen *derb*
◆**fart about** BRIT, **fart around** *vi* herumhängen *fam,* herumlungern *sl;* ■**to** ~ **about with sth** mit etw *dat* herumhantieren *fam;* (*meddle with*) an etw *dat* herumfummeln *sl*

farther ['fɑ:ðəʳ, AM 'fɑ:rðɚ] I. *adv comp of* **far** weiter ❶ (*at, to a greater distance*) weiter entfernt; ***how much*** ~ ***is it to the airport?*** wie weit ist es noch zum Flughafen?; ***it was*** ~ ***than expected to the shops*** der Weg zu den Geschäften war weiter als erwartet; ***could you stand*** ~ ***off?*** könnten Sie etwas zur Seite gehen?; ~ **away** weiter weg; ~ **down/up** [**sth**] weiter unten/oben; ~ **east/west/north/south** weiter östlich/westlich/nördlich/südlich; ~ **on along the road** weiter die Straße entlang
❷ (*at, to a more advanced point*) ~ **back** weiter zurück
❸ (*additional*) weitere(r, s); *see also* **further**
II. *adj comp of* **far** weiter; **at the** ~ **end** am anderen Ende; **to the** ~ **side** zum anderen Ufer

farthest ['fɑ:ðɪst, AM 'fɑ:r-] I. *adv superl of* **far** am weitesten; **the** ~ **east/west/north/south** am weitesten östlich/westlich/nördlich/südlich
II. *adj superl of* **far** am weitesten; **the** ~ **place** der am weitesten entfernte Ort

farthing ['fɑ:ðɪŋ, AM 'fɑ:r-] *n* (*hist*) ❶ (*coin*) *alte britische Münze mit dem Wert eines Viertel-Penny*
❷ (*fig dated: small value*) Tand *m veraltet;* **to not be worth a** ~ keinen Pfifferling wert sein *fam;* **to not care a** ~ völlig gleichgültig sein

FAS [,efer'es] *npl* AM ECON, FIN *abbrev of* **Federal Accounting Standards** *staatliche Grundsätze des Rechnungswesens*

fascia ['feɪʃə, AM 'fæʃiə] *n* ❶ BRIT (*dated: dashboard*) Armaturenbrett *nt*
❷ (*above shop*) Ladenschild *nt*
❸ ARCHIT Faszie *f*

fascia plate *n* COMPUT Frontplatte *f*

fascicle ['fɑsɪkl] *n,* **fascicule** ['fɑsɪkju:l] *n* ❶ LIT [Teil]lieferung *f,* Einzelheft *nt*
❷ (*files*) Aktenbündel *nt*

fascinate ['fæsɪneɪt, AM -sᵊn-] *vt* ■**to** ~ **sb** jdn faszinieren

fascinated ['fæsɪneɪtɪd, AM -sᵊneɪţɪd] *adj* fasziniert

fascinating ['fæsɪneɪtɪŋ, AM -sᵊneɪţɪŋ] *adj* faszinierend; ***it's been*** ~ ***to talk to you*** es war sehr anregend, sich mit Ihnen zu unterhalten; ***she's a*** ~ ***person to watch*** es ist faszinierend, sie zu beobachten

fascinatingly ['fɑsɪneɪtɪŋli] *adv* in faszinierender Weise

fascination [,fæsɪ'neɪʃᵊn, AM -sᵊn'eɪ-] *n no pl* ❶ (*strong interest*) Faszination *f,* Begeisterung (**with/for** für +*akk*); **to listen/watch in** ~ fasziniert zuhören/zusehen
❷ (*attraction*) Anziehungskraft *f;* **to hold** [*or* **have**] **a** ~ **for sb** jdn faszinieren [*o* anziehen]; ***Mahler's music has always held a particular*** ~ ***for me*** Mahlers Musik hat mich immer ganz besonders angezogen

fascism *n no pl,* **Fascism** ['fæʃɪzᵊm] *n no pl* Faschismus *m*

fascist, Fascist ['fæʃɪst] I. *n* ❶ (*party member*) Faschist(in) *m(f)*
❷ (*pej: overbearing person*) Tyrann *m pej;* (*woman*) Dragoner *m pej sl*
II. *adj* ❶ (*politics*) faschistisch
❷ (*pej: repressive*) tyrannisch *pej*

fascistic [fæʃ'ɪstɪk] *adj* ❶ (*politics*) faschistisch
❷ (*pej: repressive*) tyrannisch *pej*

fashion ['fæʃᵊn] I. *n* ❶ (*popular style*) Mode *f;* ***there's a*** ~ ***for denim overalls*** Jeansoveralls sind im Moment in Mode; **to be the** ~ schick [*o* Mode] sein *fam;* ***long curly hair is the*** ~ ***this summer*** diesen Sommer trägt man langes gelocktes Haar; **to be all the** ~ der [absolute] Renner sein *fam;* **to be dressed in the latest** ~ nach der neuesten Mode gekleidet sein; **to be in** ~ in Mode [*o* modern] sein; **to be out of** ~ aus der Mode [*o* unmodern] sein; ***old-world courtesy is out of*** ~ ***these days*** altväterliche Höflichkeit ist heutzutage nicht mehr gefragt; **to go out of** ~ aus der Mode kommen, unmodern werden
❷ (*newly designed clothes*) ■~**s** *pl* Mode *f,* Kollektion *f;* **the latest Paris** ~**s** die neueste Pariser Mode; **the spring** ~**s** die Frühjahrsmode
❸ *no pl* (*industry*) Modebranche *f;* **the world of** ~ die Modewelt; **Italian** ~ die italienische Mode[branche]
❹ (*manner*) ■**to do sth in a certain** ~ etw auf eine bestimmte Art und Weise tun; ***why is he scratching his nose in that peculiar*** ~**?** warum kratzt er sich so an der Nase?; ***she held the fork in her right hand, American*** ~ sie hielt die Gabel in der rechten Hand, wie es für einen Amerikaner typisch ist; **after a** ~ einigermaßen; ***the machine works, after a*** ~ die Maschine funktioniert einigermaßen; ***I can cook, after a*** ~ ich kann so halbwegs kochen
II. *vt* ■**to** ~ **sth** etw fertigen *geh;* (*fig: create*) etw ausarbeiten

fashionable ['fæʃᵊnəbl̩] *adj* modisch; *person* extravagant; (*for stylish people*) schick[imicki] *sl,* Schickeria- *sl;* ■**to be/become** ~ in Mode [*o fam* in] sein/werden, in Mode kommen; **a suit of a** ~ **cut** ein modisch geschnittener Anzug; ~ **restaurant** Schickerialokal *nt sl;* **a** ~ **couple** ein Paar *nt* aus dem Jetset

fashionably ['fæʃᵊnəbli] *adv* modisch; **to be** ~ **dressed** modisch gekleidet sein

fashion-conscious *adj* modebewusst **fashion designer** *n* Modedesigner(in) *m(f),* Modeschöpfer(in) *m(f)* **fashion house** *n* Modehaus *nt,* Modesalon *m* **fashion industry** *n* ■**the** ~ die Modeindustrie [*o* Modebranche]

fashionista [fæʃᵊn'i:stə] *n* (*follower, buyer*) Modefreak *m;* (*designer*) Modepapst, Modepäpstin *m, f;* (*journalist*) Trendjournalist(in) *m(f)*

fashion magazine *n* Modezeitschrift *f* **fashion model** *n* Model *nt* **fashion parade** *n* Modenschau *f* **fashion show** *n* Modenschau *f* **fashion victim** *n* (*pej*) Modepuppe *f pej fam;* ***she hasn't got her own style, she's just a*** ~ sie hat keinen eigenen Stil, sie folgt immer nur der neuesten Mode

fast[1] [fɑ:st, AM fæst] I. *adj* ❶ (*moving quickly*) schnell; **to be a** ~ **driver/runner** schnell fahren/laufen
❷ (*performing quickly*) schnell; **to be a** ~ **reader/typist/worker** schnell lesen/tippen/arbeiten
❸ (*short*) schnell
❹ *attr* (*permitting speed*) schnell; ***can you tell me the*** ~***est way to get from here to Gloucester?*** können Sie mir sagen, wie man von hier am schnellsten nach Gloucester kommt?; ~ **train** Schnellzug *m,* D-Zug *m*
❺ PHOT ~ **film** lichtempfindlicher Film; ~ **shutter speed** kurze Belichtungszeit
❻ *pred* (*ahead of time*) ■**to be** ~ *clock, watch* vorgehen
❼ *pred, inv* (*firm*) ■**to be** ~ fest sein; **to make** ~ [**to sth**] NAUT [an etw *dat*] anlegen; **to make sth** ~ [**to sth**] etw [an etw *dat*] festmachen
❽ *inv* (*permanent*) ~ **colour** [*or* AM **color**] waschechte Farbe
❾ (*pej dated: bad*) unmoralisch; ~ **living** flottes Leben, lockerer Lebenswandel; ~ **woman** leichtlebige Frau
► PHRASES: **to be a** ~ **worker** (*fam*) schnell arbeiten, ein Draufgänger/eine Draufgängerin sein *fam; see also* **pull**
II. *adv* ❶ (*at speed*) schnell; ***it all happened so*** ~ es ging alles so schnell; ***not so*** ~**!** nicht so schnell!; **as** ~ **as one's legs would carry one** so schnell seine Beine ihn trugen; **to be** ~ **approaching sth** rasch auf etw *akk* zugehen; ***the time is*** ~ ***approaching when …*** der Zeitpunkt rückt schnell näher, an dem …
❷ (*soon*) schnell, bald
❸ *inv* (*firmly*) fest; ***the glue had set and my hand was stuck*** ~ der Leim war getrocknet und meine Hand klebte fest; **to cling on** ~ **to sth** sich *akk* an etw *dat* festhalten; **to stand** ~ ausharren, standhalten
❹ *inv* **to be/lie** ~ **asleep** tief schlafen
► PHRASES: **to hold** ~ **to an idea/a principle** an einer Idee/einem Prinzip festhalten; **to play** ~ **and loose with sb** (*dated*) mit jdm ein falsches Spiel treiben; **to play** ~ **and loose with sth** (*dated*) mit etw *dat* Schindluder treiben *fam*

fast[2] [fɑ:st, AM fæst] I. *vi* fasten
II. *n* Fastenzeit *f;* **to break one's** ~ das Fasten brechen

fast-acting *adj pain-killer* schnell wirkend *attr;* ■**to be** ~ schnell wirken **fast and furious** I. *adj final* rasant II. *adv* rasant **fastback** *n* AUTO ❶ (*car*) Auto *nt* mit Fließheck ❷ (*rear*) Fließheck *nt* **fastball** *n* AM (*in baseball*) Fastball *m* **fast breeder** *n,* **fast breeder reactor** *n* schneller Brüter

fasten ['fɑ:sᵊn, AM 'fæs-] I. *vt* ❶ (*close*) ■**to** ~ **sth** etw schließen [*o fam* zumachen]; **to** ~ **a button/coat** einen Knopf/Mantel zumachen; **to** ~ **one's seat belt** sich *akk* anschnallen
❷ (*secure*) ■**to** ~ **sth** etw befestigen; ■**to** ~ **sth on/to sth** etw an etw *dat* befestigen; (*with glue*) etw an etw *dat* festkleben; (*with rope*) etw an etw *dat* festbinden
► PHRASES: **to** ~ **one's eyes** [*or* **gaze**] **on sb/sth** den Blick auf jdn/etw heften, jdn/etw [mit den Augen] fixieren
II. *vi* ❶ (*close*) geschlossen werden, sich *akk* schließen lassen; ***the zip won't*** ~ der Reißverschluss geht nicht mehr zu; ***the door*** ~***s with a bolt*** die Tür wird mit einem Riegel verschlossen; ***this dress*** ~***s at the back/with a zip*** dieses Kleid wird hinten/mit einem Reißverschluss zugemacht
❷ (*focus*) ■**to** ~ [**up**]**on sth** sich *akk* auf etw *akk*

konzentrieren
❸ (*follow*) ■**to ~ on to** [*or* **onto**] **sb** jdm folgen
◆**fasten down** *vt* ■**to ~ down** ⊂ **sth** etw befestigen; ***they steal anything that's not actually ~ed down*** sie stehlen alles, was nicht niet- und nagelfest ist
◆**fasten on** *vt* ■**to ~ on** ⊂ **sth** etw befestigen [*o fam* festmachen]; *see also* **fasten II 2, 3**
◆**fasten together** *vt* ■**to ~ together** ⊂ **sth** etw miteinander verbinden; *sheets of paper* etw zusammenheften
◆**fasten up I.** *vt* ■**to ~ up** ⊂ **sth** *dress, coat* etw zumachen *fam; buttons* etw zuknöpfen
II. *vi dress, coat* zugemacht [*o* geschlossen] werden
fastener ['fɑːsᵊnəʳ, AM 'fæsᵊnɚ] *n* Verschluss *m; on door, window* Verriegelung *f;* **snap ~** Druckknopf *m;* **zip ~** Reißverschluss *m*
fastening ['fɑːsᵊnɪŋ, AM 'fæs-] *n* Verschluss *m*
fast food *n no pl* Fast Food *nt,* Fastfood *nt* **fast-food** *n modifier* (*chain, freak*) Fastfood-; **~ restaurant** Fastfood-Restaurant *nt,* Schnellgaststätte *f*
fast-forward I. *vt* **to ~ a tape/video** eine Kassette/ein Video vorspulen **II.** *vi* vorspulen **III.** *n* Vorspultaste *f* **fast-growing** *adj business* schnell wachsend, sich schnell etablierend
fastidious [fæs'tɪdiəs] *adj* ❶ (*correct*) anspruchsvoll, wählerisch; **~ taste** anspruchsvoller Geschmack; **to be very ~ about sth** über etw *akk* eine sehr genaue Vorstellung haben; **to be very ~ about doing sth** sehr sorgsam darauf bedacht sein, etw zu tun
❷ (*cleanly*) pingelig
fastidiously [fæs'tɪdiəsli] *adv* mit peinlicher Genauigkeit, sorgfältig; **~ clean** peinlich sauber
fastidiousness [fæs'tɪdiəsnəs] *n no pl* Genauigkeit *f,* Pedanterie *f pej;* **the studied ~ of sb's clothes** jds sorgfältig ausgesuchte Kleidung; **the ~ of sb's taste** jds anspruchsvoller Geschmack
fasting ['fɑːstɪŋ, AM 'fæst-] *n no pl* Fasten *nt*
fast lane *n* Überholspur *f* ▸ PHRASES: **life in the ~** Leben *nt* auf der Überholspur, exzessive [*o* ausschweifende] Lebensweise **fast link** *n* Schnellverbindung *f* **fast-moving** *adj* ❶ (*exciting*) spannend ❷ (*selling*) schnell verkäuflich
fastness <*pl* -es> ['fɑːstnəs, AM 'fæst-] *n* ❶ *no pl* (*permanence*) Beständigkeit *f;* **colour** [*or* AM **color**] **~** Farbechtheit *f*
❷ (*liter: refuge*) Festung *f;* **mountain ~** Bergfeste *f*
fast-paced *adj novel* temporeich, tempogeladen
fast-talk *vt esp* AM (*pej*) ■**to ~ sb into sth/doing sth** jdn beschwatzen, etw zu tun *fam;* **to ~ one's way into sth** sich *dat* etw erschwatzen; **to ~ one's way out of a situation** sich *akk* aus einer Situation herausreden **fast-talker** *n* (*pej*) Überredungskünstler(in) *m(f),* Schwätzer(in) *m(f) pej* **fast-talking** *adj attr, inv* (*pej*) beredsam **fast track** *n* Sprungbrett *nt fig;* ***~ to the top*** Sprungbrett *nt* nach oben **fast-track I.** *adj attr, inv* Sprungbrett-, Karriere fördernd **II.** *vt* ■**to ~ sth** etw beschleunigen
FAT *n* COMPUT *abbrev of* **file allocation table** FAT
fat [fæt] **I.** *adj* <-tt-> ❶ (*fleshy*) dick, fett *pej; animal* fett; **~ stock** Mastvieh *nt;* **to get** [*or* **grow**] **~** dick werden
❷ (*thick*) dick; **~ wallet** dicke Brieftasche
❸ *attr* (*substantial*) fett; **~ profits** fette Gewinne
❹ *attr, inv* (*fam: little*) ***~ chance we've got of being invited*** die Chancen stehen schlecht, dass wir eingeladen werden; ***a ~ lot he cares about what happens to us!*** er schert sich einen Dreck darum, was mit uns passiert! *sl;* ***a ~ lot of use you are!*** du bist mir eine schöne Hilfe!
▸ PHRASES: **the opera ain't over until the ~ lady sings** (*prov*) das ist noch nicht das Ende
II. *n* ❶ *no pl* (*body tissue*) Fett *nt;* **layer of ~** Fettschicht *f*
❷ *no pl* (*food*) Fett *nt;* **animal/vegetable ~** tierisches/pflanzliches Fett
▸ PHRASES: **the ~ is in the fire** (*fam*) der Teufel ist los; **ye shall eat the ~ of the land** REL (*saying*) ihr sollt das Fett des Landes essen; **to live off the ~ of the land** in Saus und Braus leben
fatal ['feɪtᵊl, AM -t̬ᵊl] *adj inv* ❶ (*lethal*) tödlich; ***this illness is ~ in almost all cases*** diese Krankheit führt fast immer zum Tod; **~ accident/dose** tödlicher Unfall/tödliche Dosis; **~ blow** Todesstoß *m*
❷ (*disastrous*) fatal, verhängnisvoll; ■**to be ~ to sth** für etw *akk* fatal sein
❸ (*liter: fateful*) schicksalhaft
fatal error *n* COMPUT unkorrigierbarer Abbruchfehler
fatalism ['feɪtᵊlɪzᵊm, AM -t̬ᵊl-] *n no pl* Fatalismus *m*
fatalist ['feɪtᵊlɪst, AM -t̬ᵊl-] *n* Fatalist(in) *m(f)*
fatalistic [ˌfeɪtᵊl'ɪstɪk, AM -t̬ᵊl-] *adj* fatalistisch
fatalistically [ˌfeɪtᵊl'ɪstɪkli, AM -t̬ᵊl-] *adv* mit Fatalismus; ***he shrugged ~*** schicksalsergeben zuckte er mit den Achseln
fatality [fə'tæləti, AM -əṱi] *n* Todesopfer *nt*
fatally ['feɪtᵊli, AM -t̬ᵊli] *adv inv* ❶ (*mortally*) tödlich; **~ ill** sterbenskrank
❷ (*disastrously*) hoffnungslos; ***his reputation was ~ damaged*** sein Ansehen war für immer geschädigt
fat ass *n* AM (*pej fam!*) Fettsack *m pej sl* **fat cat** *n esp* AM (*fam*) Bonze *m pej fam* **fat content** *n no pl* Fettgehalt *m*
fate [feɪt] *n* ❶ *usu sing* (*destiny*) Schicksal *nt,* Geschick *nt,* Los *nt;* **to decide sb's ~** über jds Schicksal entscheiden; **to decide one's own ~** sein Schicksal selbst bestimmen [*o* in die Hand nehmen]; **to leave sb to his/her ~** jdn seinem Schicksal überlassen; **to meet one's ~** den Tod finden; **to seal sb's ~** jds Schicksal besiegeln; **to share** [*or* **suffer**] **the same ~** dasselbe Schicksal erleiden
❷ *no pl* (*power*) Schicksal *nt;* **it must be ~** das muss Schicksal sein; **~ ordained** [*or* **decreed**] **that …** das Schicksal wollte es, dass …; *see also* **tempt 3, twist III 4**
▸ PHRASES: **a ~ worse than death** (*unpleasantness*) Unerfreulichkeit *f;* (*old: pregnancy*) *illegitime Schwangerschaft*
fated ['feɪtɪd, AM -t̬ɪd] *adj pred, inv* vom Schicksal bestimmt; ***you're obviously ~ to be the odd one out*** du scheinst offensichtlich zum Außenseiter verdammt zu sein; ***it seemed ~ that we should get married*** wir schienen füreinander bestimmt zu sein; ■**it was ~ that …** das Schicksal wollte es, dass …
fateful ['feɪtfᵊl] *adj* schicksalhaft; *decision* verhängnisvoll
Fates [feɪts] *npl* ■**the ~** die Parzen *fpl*
fat farm *n esp* AM (*fam*) Erholungsfarm *f* für Fettleibige **fat-free** *adj yogurt, diet* fettfrei **fathead** *n* (*fam*) Schafskopf *m fam,* Blödmann *m fam* **fatheaded** *adj* (*fam*) idiotisch *fam,* blöd *fam*
father ['fɑːðəʳ, AM -ɚ] **I.** *n* ❶ (*parent*) Vater *m;* **on one's ~'s side** väterlicherseits; **like ~, like son** wie der Vater, so der Sohn; **from ~ to son** vom Vater auf den Sohn; **to be like a ~ to sb** zu jdm wie ein Vater sein; (*form: form of address*) Vater *m*
❷ (*founder*) Vater *m*
❸ (*senior*) [dienst]ältestes Mitglied; **the ~ of the House** BRIT das dienstälteste Mitglied des britischen Unterhauses
❹ *pl* (*liter: ancestors*) ■**~s** Ahnen *mpl*
▸ PHRASES: **how's your ~** BRIT (*euph fam*) was macht dein Sexualleben
II. *vt* **to ~ a child** ein Kind zeugen
Father ['fɑːðəʳ, AM -ɚ] *n* ❶ (*priest*) Pater *m,* Pfarrer *m,* Pastor *m;* **~ O'Casey/Jack** Pater *m* O'Casey/Jack
❷ (*God*) Vater *m;* **God the ~** Gott Vater; **our ~ who** [*or* **which**] **art in heaven** Vater unser im Himmel
❸ (*early writer*) **the ~s of the Church** die Kirchenväter
Father Christmas *n esp* BRIT der Weihnachtsmann **father confessor** *n* Beichtvater *m* **father figure** *n* Vaterfigur *f* **father file** *n* COMPUT Vaterdatei *f*
fatherhood ['fɑːðəhʊd, AM -ɚ-] *n no pl* Vaterschaft *f*
fathering ['fɑːðᵊrɪŋ] *n no pl* Vatersein *nt*
father-in-law <*pl* fathers-in-law *or* BRIT *also* -s> *n* Schwiegervater *m* **fatherland** *n* Vaterland *nt*
fatherless ['fɑːðələs, AM -ɚ-] *adj inv* vaterlos; **to have a ~ childhood** ohne Vater aufwachsen
fatherly ['fɑːðᵊli, AM -ɚli] *adj* väterlich, wie ein Vater
Father Time *n* ■[**Old**] **~** Kronos, Vater *m* des Zeus
fathom ['fæðəm] **I.** *n* Faden *m* (*= ca. 1,8 m*)
II. *vt* ❶ (*understand*) ■**to ~ sb/sth** jdn/etw begreifen; ***we haven't yet ~ed why/how …*** wir sind noch nicht dahinter gekommen, warum/wie …
❷ NAUT (*sound*) ■**to ~ sth** etw ausloten
◆**fathom out** *vt* ■**to ~ out** ⊂ **sb/sth** jdn/etw verstehen; ***we're still trying to ~ out why/how …*** wir versuchen immer noch herauszukriegen, warum/wie …
fathomless ['fæðəmləs] *adj inv* (*esp liter*) ❶ (*deep*) *ocean, depths* unergründlich
❷ (*complex*) *mystery* unbegreiflich
fatigue [fə'tiːg] **I.** *n* ❶ *no pl* (*tiredness*) Ermüdung *f,* Erschöpfung *f;* **combat ~** Kampfesmüdigkeit *f;* **donor ~** (*hum*) Nachlassen *nt* der Spendenfreudigkeit; **to suffer from ~** unter Erschöpfung leiden
❷ (*form: effort*) Anstrengung *f,* Strapaze[n] *f*[*pl*]
❸ *no pl* TECH (*failure*) Ermüdung *f;* **metal ~** Metallermüdung *f*
❹ *usu pl* MIL (*chore*) Arbeitsdienst *m;* **cookhouse ~** Küchendienst *m;* **~ dress** Drillichanzug *m;* **~ duty** Arbeitsdienst *m*
❺ MIL ■**~s** *pl* (*uniform*) Arbeitskleidung *f kein pl*
II. *vt* ❶ (*tire*) ■**to ~ sb** jdn ermüden
❷ TECH (*strain*) ■**to ~ sth** *metal* etw ermüden
III. *vi* ermüden
fatless ['fætləs] *adj* fettfrei
fatness ['fætnəs] *n no pl* Beleibtheit *f,* Korpulenz *f geh;* **the ~ of sb's stomach/thighs** jds dicker Bauch/dicke Oberschenkel
fatso <*pl* -s *or* -es> ['fætsəʊ, AM -soʊ] *n* (*pej hum fam*) Dickerchen *nt pej hum fam,* Fettsack *m pej sl*
fatted ['fætɪd, AM -t̬ɪd] *adj* gemästet; *see also* **kill**
fatten ['fætᵊn] *vt* ❶ (*feed*) ■**to ~ an animal** ein Tier mästen; ■**to ~ sb** (*hum*) jdn herausfüttern
❷ (*increase*) **to ~ one's profits** seine Profite erhöhen
◆**fatten up** *vt* ■**to ~ up** ⊂ **an animal** ein Tier mästen; ■**to ~ up** ⊂ **sb** (*hum*) jdn herausfüttern
fattening ['fætᵊnɪŋ] *adj* **to be ~** dick machen
fatty ['fæti, AM -t̬ɪ] **I.** *adj* ❶ (*containing fat*) *food* fetthaltig, fett
❷ (*consisting of fat*) Fett-; **~ tissue** Fettgewebe *nt*
II. *n* (*pej hum fam*) Dickerchen *nt hum fam*
fatty acid *n* Fettsäure *f* **fatty degeneration** *n no pl* Verfettung *f*
fatuity [fə'tjuːəti, AM -'tuːət̬i] *n no pl* (*form*) Albernheit *f,* Lächerlichkeit *f*
fatuous ['fætjuəs, AM -tʃu-] *adj* (*form*) albern, dumm, bescheuert *sl*
fatuously ['fætjuəsli, AM -tʃu-] *adv* (*form*) dümmlich
fatuousness ['fætjuəsnəs, AM -tʃu-] *n no pl* (*form*) Albernheit *f,* Lächerlichkeit *f*
fatwa ['fætwɑː] *n* Fetwa *nt,* Rechtsgutachten *nt* (*im Islam*)
faucet ['fɑːsɪt] *n* AM (*tap*) Wasserhahn *m;* **to turn a ~ on/off** einen Wasserhahn auf-/abdrehen
fault [fɔːlt, AM *also* fɑːlt] **I.** *n* ❶ *no pl* (*responsibility*) Schuld *f;* ***it's all your ~*** das ist ganz allein deine Schuld, nur du bist schuld daran; ***it's your own ~*** du bist selbst schuld daran; ***it's the ~ of the judicial system that cases take so long to come to trial*** es liegt am Rechtssystem, dass Fälle so spät zur Verhandlung kommen; **to find ~ with sb/sth** etw an jdm/etw auszusetzen haben; **the ~ lies in sth** es liegt an etw *dat,* etw ist schuld; **the ~ lies with sb/sth** die Schuld liegt bei jdm/etw; ***the ~ lay with the organizers*** Schuld hatten die Organisatoren; **to be at ~** die Schuld tragen, schuld sein; **through no ~ of sb's own** ohne jds eigenes Verschulden
❷ (*weakness*) Fehler *m,* Schwäche *f;* ***we all have ~s*** wir haben alle unsere Fehler; ***our electoral system has its ~s*** unser Wahlsystem hat seine Schwä-

F

chen; ***she was generous to a*** ~ sie war zu großzügig; **a ~ in sb's character** jds Charakterfehler; **his/her main** ~ seine/ihre größte Schwäche
❸ (*mistake*) Fehler *m*
❹ (*defect*) Fehler *m*, Defekt *m*; ***there seems to be a ~ on the line*** es scheint eine Störung in der Leitung zu geben; **electrical/technical** ~ elektrischer/technischer Defekt, elektrische/technische Störung
❺ GEOL (*rift*) Verwerfung *f*
❻ TENNIS Fehler *m*; **double** ~ Doppelfehler *m*; **foot** ~ Fußfehler *m*; **to call a** ~ einen Fehler anzeigen; ~ ***called!*** Fehler!
II. *vt* ■**to ~ sb/sth** [einen] Fehler an jdm/etw finden; ***you can't ~ her arguments*** gegen ihre Argumente ist nichts einzuwenden; ***you can't ~ him on his logic*** an seiner Logik ist nichts auszusetzen
III. *vi* TENNIS ■**to ~ [on sth]** [bei etw *dat*] einen Fehler machen

fault-finder *n* ❶ (*person*) Nörgler(in) *m(f) pej* ❷ ELEC Fehlersuchgerät *nt* **fault-finding I.** *n no pl* ❶ (*criticism*) Nörgelei *f pej* ❷ ELEC Fehlersuche *f*
II. *adj attr, inv* nörglerisch *pej* **fault-indicator** *n* ELEC Störungsmelder *m*

faultless [ˈfɔːltləs] *adj* (*approv*) *French, Spanish* fehlerfrei; *performance also* fehlerlos, einwandfrei

faultlessly [ˈfɔːltləsli] *adv* fehlerlos, einwandfrei

fault line *n* ❶ GEOL Verwerfungslinie *f*
❷ (*division*) Streitgegenstand *m*

faulty [ˈfɔːlti] *adj* ❶ (*unsound*) fehlerhaft; ~ **logic** falsche Logik
❷ (*defect*) defekt

faun [fɔːn, AM *esp* fɑːn] *n* Faun *m*

fauna [ˈfɔːnə, AM *esp* ˈfɑː-] *n no pl,* + *sing/pl vb* Fauna *f*

faux-fur [ˌfəʊˈfɜːʳ, AM ˌfoʊˈfɝ] *n modifier* Webpelz-, aus Webpelz *nach n;* ~ **coat** Webpelz[mantel] *m*
faux pas <*pl* -> [ˌfəʊˈpɑː, AM ˌfoʊˈ-] *n* Fauxpas *m kein pl;* **to commit** [*or* **make**] **a** ~ einen Fauxpas begehen

fave [feɪv] *esp* BRIT *short for* **favourite I.** *adj attr, inv* (*fam*) (*number*) Lieblings-
II. *n* (*fam*) ❶ (*most-liked*) *person* Liebling *m*
❷ (*contestant*) Favorit(in) *m(f)*
❸ (*privileged person*) Liebling *m*

favor *n, vt* AM *see* **favour**
favorable *adj* AM *see* **favourable**
favorably *adv* AM *see* **favourably**
favored *adj* AM *see* **favoured**
favorite *adj, n* AM *see* **favourite**
favoritism *n no pl* AM *see* **favouritism**

favour [ˈfeɪvəʳ], AM **favor** [-ɚ] **I.** *n* ❶ *no pl* (*approval*) Befürwortung *f;* **to come down** [*or* **out**] **in ~ of sth** sich *akk* für etw *akk* aussprechen; **to decide in ~ of sth** sich *akk* für etw *akk* entscheiden; **to speak in ~ of sth** für etw *akk* sprechen; **to vote in ~ of sth** für etw *akk* stimmen; ■**to be in** ~ dafür sein; ***all those in ~, please raise your hands*** alle, die dafür sind, heben bitte die Hand; ■**to be in ~ of sth** für etw *akk* sein, etw befürworten
❷ *no pl* (*preference*) Bevorzugung *f;* **to gain** [*or* **win**] **sb's** ~ [*or* **~ with sb**] jds Gunst erlangen, jdn für sich *akk* gewinnen; **to show ~ to sb** jdn bevorzugen
❸ *no pl* (*popularity*) Gunst *f;* **to find ~ with sb** bei jdm Gefallen finden; **to return to** [*or* **get back into**] ~ **[with sb]** wieder beliebt werden; ***his style has now returned to*** ~ sein Stil ist jetzt wieder gefragt; ***he's trying to get back into*** ~ er versucht, sich wieder beliebt zu machen; ■**to be in ~ [with sb]** [bei jdm] hoch im Kurs stehen; **to be/fall** [*or* **go**] **out of** ~ *person* in Ungnade sein/fallen; *object* aus der Mode sein/kommen
❹ *no pl* (*advantage*) **to decide in ~ of sth** sich *akk* für etw *akk* entscheiden; **to find in ~ of sb** für jdn entscheiden; **to have sth in one's** ~ etw als Vorteil haben; **to reject** [*or* **turn down**] **sb/sth in ~ of sb/sth** jdn/etw gegenüber jdm/etw den Vorzug geben; **to rule in sb's** ~ SPORTS für jdn entscheiden; ■**to be in sb's** ~ zu jds Gunsten sein; ***you must stand a good chance, there are so many things in your*** ~ du hast sicherlich eine Gute Chance, so viele Dinge sprechen für dich; ***the wind was in our*** ~ der Wind war günstig für uns; ***bank error in your*** ~ Bankirrtum zu Ihren Gunsten
❺ (*kind act*) Gefallen *m kein pl;* ***I'm not asking for ~s*** ich bitte nicht um Gefälligkeiten; ***do it as a ~ to me*** tu es mir zuliebe; **to ask sb [for] a** ~ [*or* **to ask a ~ of sb**] jdn um einen Gefallen bitten; **to dispense ~s to sb** jdm Gefälligkeiten erweisen; **to do sb a** ~ [*or* **a ~ for sb**] jdm einen Gefallen tun; **to not do sb/oneself any ~s** jdm/sich *dat* keinen Gefallen tun; **to grant sb a** ~ jdm einen Gefallen tun
❻ AM (*present*) kleines Geschenk; **party** ~ kleines Geschenk (*das auf einer Party verteilt wird*)
❼ *pl* (*dated: sex*) ■**~s** Gunst *f veraltet o hum,* Liebesdienste *mpl;* **to be free with one's ~s** freizügig sein, nicht mit seinen Reizen geizen
▸ PHRASES: **do me a ~!** *esp* BRIT (*fam*) tu mir einen Gefallen! *fam*
II. *vt* ❶ (*prefer*) ■**to ~ sth** etw vorziehen [*o* bevorzugen]; **to ~ an explanation/a theory** für eine Erklärung/eine Theorie sein, eine Erklärung/eine Theorie vertreten
❷ (*approve*) ■**to ~ sth** etw gutheißen; ■**to ~ doing sth** es gutheißen, etw zu tun
❸ (*benefit*) ■**to ~ sb/sth** jdn/etw begünstigen
❹ (*be partial*) ■**to ~ sb** jdn bevorzugen; SPORTS jdn favorisieren; **to ~ one person above the other** eine Person einer anderen vorziehen
❺ (*form: bestow*) ■**to ~ sb with sth** jdm etw huldvoll gewähren *geh;* ***he has not yet ~ed me with an explanation*** (*iron*) er war noch nicht so gnädig, mir eine Erklärung zu geben
❻ (*look like*) ■**to ~ sb** jdm ähneln; ***I ~ my grandmother*** ich schlage nach meiner Großmutter

favourable [ˈfeɪvᵊrəbl], AM **favorable** *adj* ❶ (*approving*) *response* positiv, zustimmend; **to make a ~ impression [on sb]** einen sympathischen Eindruck [auf jdn] machen; **to view sth in a ~ light** etw mit Wohlwollen betrachten
❷ (*advantageous*) *circumstances, prognosis* günstig; ■**~ to sb/sth** für jdn/etw günstig, zum Vorteil einer Person/einer S. *gen;* **on ~ terms** COMM zu sehr günstigen Bedingungen

favourably [ˈfeɪvᵊrəbli], AM **favorably** *adv* ❶ (*approvingly*) positiv, wohlwollend; **to be ~ disposed towards sb** jdm gewogen sein *geh;* **to be ~ inclined** nicht abgeneigt sein
❷ (*pleasingly*) **to compare ~ with sb/sth** im Vergleich zu jdm/etw gut abschneiden; **to impress sb** ~ jdn positiv beeindrucken
❸ (*advantageously*) vorteilhaft, günstig; ***things didn't turn out ~ for us*** die Dinge entwickelten sich nicht in unserem Sinn

favoured [ˈfeɪvəd], AM **favored** [-ɚd] *adj* ❶ (*preferred*) bevorzugt
❷ (*privileged*) begünstigt; ~ **customer** Kunde, -in *m, f* mit besonderen Vergünstigungen

favourite, AM **favorite** [ˈfeɪvᵊrɪt] **I.** *adj attr, inv colour, songs, books etc* Lieblings-; ~ **son** AM POL *amerikanischer Präsidentschaftskandidat, der beim Nationalkonvent von Delegierten seines Heimatstaates nominiert wird*
II. *n* ❶ (*best-liked*) *person* Liebling *m;* ***Sinatra's been a ~ of mine ever since I was a teenager*** schon seit meiner Teenagerzeit ist Sinatra einer meiner Lieblingsstars; *thing;* ***which one's your ~ out of these three?*** welches von den dreien magst du am liebsten?; ***I'd like to play you a particular ~ of mine*** ich möchte dir ein Stück vorspielen, das ich besonders gerne mag; ■**to be a ~ with sb** bei jdm sehr beliebt sein
❷ (*contestant*) Favorit(in) *m(f);* ***Brazil are ~s to win the World Cup*** die Brasilianer haben die größten Aussichten, die Weltmeisterschaft zu gewinnen
❸ (*privileged person*) Liebling *m,* Günstling *m pej*

favouritism, AM **favoritism** [ˈfeɪvᵊrɪtɪzᵊm] *n no pl* (*pej*) Begünstigung *f,* Vetternwirtschaft *f*

fawn¹ [fɔːn, AM *esp* fɑːn] **I.** *n* ❶ (*deer*) Rehkitz *nt,* Hirschkalb *nt*
❷ (*brown*) Rehbraun *nt*
II. *adj* rehbraun

fawn² [fɔːn, AM *esp* fɑːn] *vi* (*pej*) ■**to ~ [up]on sb** vor jdm katzbuckeln *pej; dog* jdn umschwänzeln; ■**to ~ over sb/sth** um jdn/etw ein Getue machen *pej fam,* jdn/etw hofieren *pej*

fawning [ˈfɔːnɪŋ, AM *esp* ˈfɑːn-] *adj inv* (*pej*) kriecherisch *pej;* ~ **review** schmeichelhafte Rezension

fax [fæks] **I.** *n* ❶ (*machine*) Fax[gerät] *nt;* ■**by** ~ per Fax; **to send sth by** ~ etw faxen [*o* per Fax senden]
❷ (*document*) Fax *nt*
II. *vt* ■**to ~ [sb] sth** [*or* **sth to sb**] jdm etw faxen; ■**to ~ sth through** [*or* **over**] **to sb** jdm etw durchfaxen

fax machine *n* Fax[gerät] *nt* **fax modem** *n* COMPUT Faxmodem *nt*

faze [feɪz] *vt usu passive esp* AM, AUS (*fam*) ■**to ~ sb** jdn aus der Fassung bringen

FBI [ˌefbiːˈaɪ] *n no pl abbrev of* **Federal Bureau of Investigation:** ■**the** ~ das FBI

FBI agent *n* FBI-Agent(in) *m(f)*

FC [ˌefˈsiː] *n* BRIT *abbrev of* **Football Club** FC *m*

FCB *n* COMPUT *abbrev of* **file control block** FCB

FCC *n* AM *abbrev of* **Federal Communications Commission** Medienkontrollbehörde *f*

FCL [ˌefsiːˈel] COMM *abbrev of* **full container load** Vollcontainerladung *f*

FD [ˌefˈdiː] *n* COMPUT *abbrev of* **floppy disk**

FDA [ˌefdiːˈeɪ] *n no pl* AM *abbrev of* **Food and Drug Administration:** ■**the** ~ *Amt, das für die Zulassung von Lebensmittelzusätzen und Arzneimitteln zuständig ist*

FDD [ˌefdiːˈdiː] *n* COMPUT *abbrev of* **floppy disk drive** Diskettenlaufwerk *nt*

fealty [ˈfiːlti] *n no pl* HIST Lehnstreue *f;* **to swear [an oath of] ~ to sb** jdm Lehnstreue schwören

fear [fɪəʳ, AM fɪr] **I.** *n* ❶ *no pl* (*dread*) Angst *f,* Furcht *f* (**of** vor +*dat*); **to put the ~ of God into sb** jdm einen heiligen Schrecken einjagen; ~ **of heights** Höhenangst *f;* **in ~ of one's life** in Todesangst; **in ~ and trembling** zitternd vor Angst; **to go in ~ of sth** in ständiger Angst vor etw *dat* leben; **to have a ~ of sth** vor etw *dat* Angst haben; ■**for ~ of doing sth** aus Angst, etw zu tun; ■**for ~ that** [*or liter* **lest**] **...** aus Angst, dass ...; ■**to be in ~ of sth** vor etw *dat* Angst haben; ***he was in ~ of his life*** er fürchtete um sein Leben; ■**to do sth out of** ~ etw aus Angst tun; *see also* **strike**
❷ (*worry*) Sorge *f kein pl,* Befürchtung *f;* ■**there are ~s that ...** es gibt Befürchtungen, dass ...; **~s for sb's life/safety** Sorge *f* um jds Leben/Sicherheit; **sb's worst ~s** jds schlimmste Befürchtungen
❸ *no pl* (*old: respect*) Ehrfurcht *f;* ~ **of God** [*or* **the Lord**] Gottesfurcht *f*
▸ PHRASES: **without ~ or favour** völlig unparteiisch; **no ~!** BRIT, AUS (*fam*) bestimmt nicht!; **there's no** [*or* **isn't any**] **~ of that!** das ist nicht zu befürchten!; ***there isn't any ~ of your getting lost*** du brauchst keine Angst zu haben, dass du dich verirrst
II. *vt* ❶ (*dread*) ■**to ~ sb/sth** jdn/etw fürchten; ***what do you ~ most?*** wovor hast du am meisten Angst?; **to have nothing to** ~ nichts zu befürchten haben; ■**to ~ doing/to do sth** Angst davor haben [*o* sich *akk* davor fürchten], etw zu tun
❷ (*form: regret*) ■**to ~ [that] ...** befürchten, dass ...
❸ (*old: respect*) **to ~ God** Gott fürchten
III. *vi* ❶ (*form: worry*) ■**to ~ for sb/sth** sich *dat* um etw *akk* Sorgen machen; **to ~ for sb's life/sanity** um jds Leben/Verstand fürchten; **never ~, ~ not** (*dated*) keine Angst
❷ (*liter: be afraid*) sich *akk* fürchten

feared [fɪəd, AM fɪrd] *adj* gefürchtet

fearful [ˈfɪəfᵊl, AM ˈfɪr-] *adj* ❶ *pred* (*anxious*) ängstlich; ■**to be ~ of sb/sth** Angst vor jdm/etw haben; ***she was ~ of what he might say*** sie hatte Angst davor, was er sagen würde; ~ ***of causing a scene, he said nothing*** aus Angst, eine Szene auszulösen, sagte er nichts; ■**to be ~ that ...** Angst haben, dass ...
❷ *usu attr* (*terrible*) *consequences, accident* schrecklich
❸ *attr* (*dated fam: great*) *argument* furchtbar *fam,*

fürchterlich *fam*
fearfully [ˈfɪəfᵊli, AM ˈfɪr-] *adv* ① (*anxiously*) ängstlich, angsterfüllt
② (*dated: very*) furchtbar *fam*; ***I'm ~ sorry*** es tut mir schrecklich Leid
fearfulness [ˈfɪəfᵊlnəs, AM ˈfɪr-] *n no pl* ① (*anxiety*) Ängstlichkeit *f*
② (*frightfulness*) Furchtbarkeit *f*, Entsetzlichkeit *f*
fearless [ˈfɪələs, AM ˈfɪr-] *adj* furchtlos; ■**to be ~ of sth** ohne Angst vor etw *dat* sein
fearlessly [ˈfɪələsli, AM ˈfɪr-] *adv* furchtlos, unerschrocken
fearlessness [ˈfɪələsnəs, AM ˈfɪr-] *n no pl* Furchtlosigkeit *f*
fearsome [ˈfɪəsəm, AM ˈfɪr-] *adj* (*form or hum*) Furcht einflößend, Furcht erregend
fearsomely [ˈfɪəsəmli, AM ˈfɪr-] *adv* Furcht erregend
feasance [ˈfiːzən(t)s] *n* AM LAW Erfüllung *f*
feasibility [ˌfiːzəˈbɪləti, AM -ət̬i] *n no pl* Machbarkeit *f*; *of plan, project* Durchführbarkeit *f*; ***I'm doubtful about the ~ of financing this project with private capital*** ich zweifle daran, dass es möglich sein wird, das Projekt mit Privatkapital zu finanzieren
feasibility study *n* Machbarkeitsstudie *f*, Durchführbarkeitsstudie *f*, Projektstudie *f*
feasible [ˈfiːzəbl̩] *adj* ① (*practicable*) durchführbar; ~ **objective** realisierbares Ziel; **financially/politically** ~ finanziell/politisch möglich; **technically** ~ technisch machbar
② (*possible*) möglich; ***it's quite ~ that …*** es ist ziemlich wahrscheinlich, dass …
③ (*fam: plausible*) glaubhaft
feasibly [ˈfiːzəbli] *adv* durchaus; ***he could quite ~ attack someone*** es ist sehr gut möglich, dass er jemanden angreift
feast [fiːst] **I.** *n* ① (*meal*) Festmahl *nt*, Festessen *nt*
② (*presentation*) [Hoch]genuss *m*; **a ~ for the ear** ein Ohrenschmaus *m fam*; **a ~ for the eye, a visual ~** eine Augenweide
③ *esp* REL (*holiday*) Feiertag *m*; **the ~ of the Passover** das Passahfest; **the F~ of St James** das Fest des hl. Jakobus; **movable ~** beweglicher Feiertag
II. *vi* schlemmen; ■**to ~ on** [*or* **off**] **sth** sich *akk* an etw *dat* gütlich tun *geh*
III. *vt* ■**to ~ sb** jdn festlich bewirten
► PHRASES: **to ~ one's eyes on sth** sich *akk* am Anblick einer S. *gen* weiden *geh*
feast day *n esp* REL Feiertag *m*
feasting [ˈfiːstɪŋ] *n no pl* Schlemmerei *f*
feat [fiːt] *n* ① (*brave deed*) Heldentat *f*, Großtat *f*; **heroic ~** Heldentat *f*
② (*skill*) [Meister]leistung *f*; ~ **of engineering** technische Großtat; ~ **of organization** organisatorische Meisterleistung; ~ **of skill** Kunststück *nt*; **to be no mean ~** keine schlechte Leistung sein
feather [ˈfeðəʳ, AM -ɚ] **I.** *n* Feder *f*; **an eagle['s]/a peacock['s] ~** eine Adler-/Pfauenfeder; **tail/wing ~** Schwanz-/Schwungfeder *f*; **to ruffle its ~s** seine Federn zersausen
► PHRASES: **a ~ in sb's cap** etwas, worauf jd stolz sein kann; **in fine ~** (*dated: in good spirits*) in blendender Laune; (*in top form*) in Hochform; **as light as a ~** federleicht; **you could have knocked me down with a ~** (*fam*) ich war total platt *fam*
II. *n modifier* (*pillow*) Feder-
III. *vt* **to ~ an oar** SPORTS ein Ruder flach drehen; **to ~ a propeller** AVIAT einen Propeller auf Segelstellung bringen
► PHRASES: **to ~ one's [own] nest** (*esp pej*) seine Schäfchen ins Trockene bringen *fam*
featherbed <-dd-> *vt* (*pej*) ■**to ~ sb** jdn protegieren; ■**to ~ sth** etw subventionieren **featherbedding** *n no pl* (*pej*) ① (*subsidization*) Subventionierung *f* ② (*overemployment*) Überbesetzung *f* mit Arbeitskräften **feather boa** *n* Federboa *f* **featherbrained** *adj* (*fam*) schwachköpfig, schwachsinnig **feather duster** *n* Staubwedel *m*
feathered [ˈfeðəd, AM -ɚd] *adj inv* gefiedert; **our ~ friends** (*hum: birds*) unsere gefiederten Freunde
feather edge *n* scharfe Kante, Falzung *f* **feather pillow** *n* Federkissen *nt* **feather quilt** *n* Federbett *nt* **feather stitch** *n* Hexenstich *m* **featherweight I.** *n* BOXING Federgewicht *nt* **II.** *n modifier* BOXING Federgewichts- **featherweight boxer** *n* Federgewichtler *m*
feathery [ˈfeðᵊri] *adj* (*covered with feathers*) gefiedert; (*like a feather*) fed[e]rig; *cake* locker; ~ **leaves** federförmige Blätter; ~ **snowflakes** dicke Schneeflocken
feature [ˈfiːtʃəʳ, AM -ɚ] **I.** *n* ① (*aspect*) Merkmal *nt*, Kennzeichen *nt*, Charakteristikum *nt*; **key ~** Hauptmerkmal *nt*; **the best ~ of sb/sth** das Beste an jdm/etw; **distinguishing ~** besonderes Merkmal, Unterscheidungsmerkmal *nt*; **redeeming ~** ausgleichendes Moment, Lichtblick *m*; **regular ~** fester Bestandteil; **the worst ~ of sb/sth** die negativste Eigenschaft einer Person/einer S. *gen*; **to make a ~ of sth** (*in room*) etw zu einem Blickfang machen; (*event*) etw zu einer Attraktion machen
② (*equipment*) Ausrüstung *f*; **special ~** Besonderheit *f*; (*in a car*) Extra *nt*; **standard ~** serienmäßiges Zubehörteil
③ *usu pl* (*land*) Besonderheit *f*; **landscape ~** landschaftliche Besonderheit
④ (*of face*) ■**~s** *pl* Gesichtszüge *mpl*; **to have regular/strong ~s** regelmäßige/ausgeprägte Gesichtszüge haben
⑤ (*report*) Sonderbeitrag *m* (**on** +*gen*)
⑥ (*film*) Spielfilm *m*; **double ~** zwei Spielfilme in einem; **main ~** Hauptfilm *m*
II. *vt* ① (*show*) ■**to ~ sth** etw aufweisen; ***the new model ~s air-conditioning as standard*** das neue Modell ist serienmäßig mit einer Klimaanlage ausgestattet
② (*star*) ■**to ~ sb** jdn in der Hauptrolle zeigen
③ (*exhibit*) ■**to ~ sth** etw groß herausbringen; *in an exhibition* etw ausstellen [*o* zeigen]
④ (*report*) ■**to ~ sth** über etw *akk* groß berichten
⑤ (*advertise*) **to ~ a product** für ein Produkt besonders werben
III. *vi* ① (*appear*) ■**to ~ somewhere** irgendwo erscheinen [*o* vorkommen]; ***a good salary ~s high on the list of things she wants from a job*** ein gutes Gehalt steht ganz oben auf der Liste der Dinge, die sie von einer Stelle erwartet; ■**to ~ in sth** *in one's plans* in etw *dat* vorkommen
② (*act*) **to ~ in a film** in einem Film [mit]spielen
feature article *n* Feature *nt*, Sonderbeitrag *m* **feature film** *n* Spielfilm *m* **feature-length** *adj inv* mit [*o* von] Spielfilmlänge *nach n*
featureless [ˈfiːtʃələs, AM -ɚ-] *adj* ① *land* ohne Besonderheiten *nach n*
② (*dull*) nichts sagend; **to be pretty ~** ziemlich nichts sagend sein
feature presentation *n* AM FILM Spielfilm *m* **feature writer** *n* Feuilletonist(in) *m(f)* **featuring** *adv* ~ **…** in den Hauptrollen …
Feb *n abbrev of* **February** Febr.
febrile [ˈfiːbraɪl, AM ˈfebrɪl, fiːbrɪl] *adj* (*liter*) *intensity* fiebrig
February [ˈfebruᵊri, AM -ruːeri] **I.** *n* Februar *m*, Feber *m* ÖSTERR; **at the beginning of** [*or* **in early**] **~** Anfang Februar; **at the end of** [*or* **in late**] **~** Ende Februar; **in the middle of ~, in mid-~** Mitte Februar; **in the first/second** [*or* **latter**] **half of ~** in der ersten/zweiten Februarhälfte; **during the course of ~** im Laufe des Februars [*o* des Monats Februar]; **for the whole of ~** den ganzen Februar über; **every ~** jeden Februar; **last/next/this ~** vergangenen [*o* letzten]/kommenden [*o* nächsten]/diesen Februar; **to be ~** Februar sein [*o* haben]; ***it's ~ already*** wir haben [*o* es ist] schon Februar; **to be in/schedule for ~** in den Februar fallen/legen; **in/during [the month of] ~** im [Monat] Februar; **until [well] into ~** bis in den Februar hinein; **on ~ 14** [*or* BRIT *also* **14th ~**] am 14. Februar; ***on Friday, ~ 14*** am Freitag, dem [*o* den] 14. Februar; ***Dorothee's birthday is on ~ 12*** Dorothee hat am 12. Februar Geburtstag; ***Hamburg, ~ 14, 2000*** Hamburg, den 14. Februar 2000; **to fall on/to schedule for ~ 14** auf den 14. Februar fallen/legen
II. *n modifier* **the ~ issue** *magazine* die Februarausgabe
fecal *adj inv* AM *see* **faecal**
feces *npl* AM *see* **faeces**
feckless [ˈfekləs] *adj* (*form*) ① (*idle*) nutzlos; *person* nichtsnutzig
② (*careless*) verantwortungslos
fecund [ˈfekənd, AM *esp* ˈfiː-] *adj* (*form*) *earth, animal* fruchtbar; (*fig*) ~ **imagination** lebhafte Fantasie
fecundity [fɪˈkʌndəti, AM -ət̬i] *n no pl* (*form*) Fruchtbarkeit *f*
fed[1] [fed] *pt, pp of* **feed**
fed[2] [fed] AM **I.** *adj inv* ECON, FIN (*fam*) *abbrev of* **federal**: ~ **funds rate** Tagesgeldsatz *m*
II. *n no pl, + sing/pl vb* (*fam*) ECON, FIN *abbrev of* **Federal Reserve Board**
Fed [fed] *n* AM (*fam*) ① (*federal police*) FBI-Agent(in) *m(f)*
② (*bank*) ■**the ~** der Zentralbankrat
fedayeen [ˌfedɑːˈjiːn] *npl* MIL Fedajin *m*
federal [ˈfedᵊrᵊl, AM -ɚᵊl] *adj inv* ① (*of independent states*) föderativ; ~ **republic/state** Bundesrepublik *f*/-staat *m*; **the F~ Republic of Germany** die Bundesrepublik Deutschland; ~ **system** föderalistisches System
② (*of central government*) Bundes-, bundesstaatlich; **at ~ level** auf Bundesebene; **under ~ law** nach Bundesrecht
Federal Bureau of Investigation *n* LAW FBI, Bundeskriminalamt *nt* **federal court** *n* Bundesgericht *nt* **federal credit agencies** *npl* FIN Bundeskreditbehörden *pl* **federal funds** *npl* FIN *täglich fällige Forderungen gegenüber der Federal Reserve Bank* **Federal Home Loan Mortgage Corporation** *n no pl, + sing/pl vb* AM ECON, FIN ■**the ~** *größtes Realkreditinstitut in den USA* **Federal Home Loans Banks** *npl* AM ECON, FIN Zentralbanksystem *nt* der Sparkassen in den USA
federalism [ˈfedᵊrᵊlɪzᵊm, AM -ɚᵊl-] *n no pl* Föderalismus *m*
federalist [ˈfedᵊrᵊlɪst, AM -ɚᵊl-] **I.** *n* Föderalist(in) *m(f)*
II. *adj* föderalistisch
federalize [ˈfedᵊrᵊlaɪz, AM -ɚəl-] *vt* ■**to ~ sth** ① (*unite*) *states* etw zu einer Föderation [*o* einem Staatenbund] zusammenschließen
② (*control*) *states* etw unter bundesstaatliche Kontrolle bringen
Federal Reserve *n no pl, + sing/pl vb* AM ECON, FIN ■**the ~** die Bundesaufsicht der US-Banken **Federal Reserve Bank** *n* AM Bundeszentralbank *f* **Federal Reserve Board** *n* AM Zentralbankrat *m* **Federal Reserve System** *n* AM Zentralbankensystem *nt* **Federal Reserve Wire System** *n* AM ECON, FIN *elektronisches Kommunikationssystem im Zentralbanksystem der USA* **Federal Trade Commission** *n no pl, + sing/pl vb* AM ECON, FIN ■**the ~** die Wettbewerbsaufsichtsbehörde, das Kartellamt
federate [ˈfedᵊreɪt, AM -əreɪt] **I.** *vt* ■**to ~ sth** *states* etw zu einer Föderation [*o* einem Staatenbund] zusammenschließen
II. *vi* sich *akk* zu einem Staatenbund zusammenschließen
federation [ˌfedᵊrˈeɪʃᵊn, AM -əˈreɪ-] *n* ① (*group*) Föderation *f*, Bundesstaat *m*
② ECON, FIN (*group of companies*) Verband *m*, Syndikat *nt*
③ *no pl* (*uniting*) Föderation *f*, politischer Zusammenschluss
Federation of European Stock Exchanges *n* STOCKEX Europäischer Börsenverband
FedEx® [ˈfedeks] *vt* ■**to ~ sth** etw mit Boten verschicken
fedora [fɪˈdɔːrə, AM fəˈ-] *n* Filzhut *m*
fed up *adj pred* (*fam*) ■**to be ~ up** ① (*angry*) sauer sein *fam*; ■**to be ~ up about sth** wegen einer S. *gen* sauer sein *fam*; ■**to be ~ up with sb/sth** von jdm/etw die Nase voll haben *fam*, jdn/etw satt haben *fam*; ***I'm ~ up with being treated as a***

child ich habe es satt, wie ein Kind behandelt zu werden
❷ (*disappointed*) enttäuscht sein
❸ (*bored*) sich *akk* langweilen
▶ PHRASES: **to be ~ up to the [back] teeth with sb/sth** *esp* BRIT, AUS jdn/etw gründlich satt haben *fam*
fee [fiː] *n* ❶ (*charge*) Gebühr *f;* **contingent ~** Erfolgshonorar *nt;* **director's ~s** Verwaltungsratsbezüge *pl;* **doctor's/lawyer's ~** Arzt-/Rechtsanwaltshonorar *nt;* **member ~** Mitgliedsbeitrag *m;* **school ~s** Schulgeld *nt;* **tuition ~s** Studiengebühren *fpl;* **legal/medical ~s** Rechts-/Arztkosten *pl;* **to charge/receive a ~ for sth** für etw *akk* eine Gebühr berechnen/einziehen
❷ *no pl* LAW Eigentumsrecht *nt;* **estate in ~ [simple]** unbeschränkt vererbbarer Grundbesitz; **~ simple** freier Eigenbesitz; **~ tail** Grundbesitz *m* mit Erbbeschränkungen
feeble <-r, -st> ['fiːbl̩] *adj* ❶ (*weak*) schwach; **~ light** schwaches Licht; **old and ~** alt und gebrechlich
❷ (*bad*) *joke, excuse* lahm; **~ attempt** müder Versuch; **~ performance** schwache Vorstellung
feeble-minded *adj* ❶ (*retarded*) geistig zurückgeblieben
❷ (*stupid*) schwachsinnig *pej fam*
feebleness ['fiːbl̩nəs] *n no pl* ❶ (*weakness*) Schwäche *f*
❷ (*badness*) Schwäche *f pej,* Kläglichkeit *f pej;* ***the ~ of her attempts*** ihre müden Versuche
feebly ['fiːbli] *adv* ❶ (*weakly*) schwach
❷ (*badly*) schwach *pej*
feed [fiːd] **I.** *n* ❶ *no pl* (*fodder*) Futter *nt;* **cattle ~** Viehfutter *nt;* **to be off its ~** die Nahrungsaufnahme verweigern; *animal* nicht fressen wollen
❷ (*meal*) *for baby* Mahlzeit *f; for animals* Fütterung *f;* ***the baby had a ~ an hour ago*** das Baby ist vor einer Stunde gefüttert worden
❸ TECH (*supply*) Zufuhr *f;* **paper/petrol ~** Papier-/Benzinzufuhr *f*
❹ COMPUT **continuous ~** Endlospapiereinzug *m;* **sheet ~** Einzelblatteinzug *m*
II. *vt* <fed, fed> ❶ (*give food to*) ■**to ~ sb** jdm zu essen geben; ***the baby's old enough now to ~ herself*** das Baby ist jetzt alt genug, allein zu essen; **to ~ an animal** ein Tier füttern; **to ~ a baby** ein Baby füttern; (*breast-feed*) ein Baby stillen; (*with bottle*) einem Baby die Flasche geben; **to ~ a plant** eine Pflanze düngen; ■**to ~ sb sth** jdm etw zu essen geben; ■**to ~ an animal sth** einem Tier etw zu fressen geben; ■**to ~ an animal on sth** ein Tier mit etw *dat* füttern, einem Tier etw zu fressen geben; ■**to ~ sth to an animal** etw an ein Tier verfüttern; ■**to ~ an animal with sth** ein Tier mit etw *dat* füttern
❷ (*provide food for*) ■**to ~ sb** jdn satt machen; (*support*) *a family* jdn ernähren; ***this amount of pasta is not going to ~ ten people*** diese Menge Nudeln reicht nicht für zehn Personen; **to ~ hungry mouths** hungrige Mäuler stopfen
❸ (*supply*) ***the river is fed by several smaller streams*** der Fluss wird von einigen kleineren Flüssen gespeist; ***~ the vegetables into the machine*** füllen Sie das Gemüse in das Gerät ein; **to ~ data into a computer** Daten in einen Computer eingeben
❹ (*thread*) ■**to ~ sth somewhere** etw irgendwohin führen; **to ~ a rope through sth** ein Seil durch etw *akk* fädeln
❺ (*stoke*) **to ~ the fire/furnace** das Feuer/den Ofen schüren
❻ (*fam: insert coins*) **to ~ a parking meter/slot machine** Münzen in eine Parkuhr/einen Spielautomaten einwerfen
❼ (*give*) ■**to ~ sth to sb** [*or* **sb sth**] jdn mit etw *dat* versorgen; ***I think they've been ~ing us false information*** ich glaube, man hat uns falsche Informationen gegeben
❽ THEAT **to ~ sb a line** jdm ein Stichwort geben
❾ SPORTS ■**to ~ sb** jdm [den Ball] zuspielen
▶ PHRASES: **to ~ sb a line** (*fam*) jdm einen Bären aufbinden; **to be fed to the lions** den Löwen zum Fraß vorgeworfen werden
III. *vi* <fed, fed> ❶ (*eat*) *animal* weiden; *baby* gefüttert werden
❷ (*enter*) ■**to ~ into sth** *a river* in etw *akk* münden
◆**feed off, feed on** *vi* ❶ (*eat*) ■**to ~ on** [*or* **off**] **sth** sich *akk* von etw *dat* ernähren
❷ (*fig: increase*) ■**to ~ on** [*or* **off**] **sth** von etw *dat* genährt werden
◆**feed up** *vt* ■**to ~ up** ○ **sb** jdn aufpäppeln *fam;* ■**to ~ up** ○ **an animal** ein Tier mästen
feedback *n no pl* ❶ (*opinion*) Feedback *nt* (**from** von +*dat*), Rückmeldung *f* (**from** von +*dat*); **positive/negative ~** positives/negatives Feedback
❷ (*return*) Rückkopplung *f* (**from** an +*akk*) **feedbag** *n* AM (*nosebag*) Futtersack *m*
feeder ['fiːdəʳ, AM -ɚ] *n* ❶ (*eater*) Esser(in) *m(f);* **to be a fussy/messy/noisy ~** beim Essen heikel sein/kleckern/schmatzen
❷ BRIT (*bib*) Babylätzchen *nt*
❸ (*device*) Zuführapparat *m;* ELEC Versorgungsleitung *f,* Zuleitung *f;* COMPUT automatische Papierzuführung
❹ (*river*) Zufluss *m*
feeder line *n* ❶ RAIL Zubringerstrecke *f* ❷ AVIAT Zubringerlinie *f* **feeder road** *n* Zubringerstraße *f* **feeder school** *n* BRIT *Grundschule, von der eine höhere Schule ihre Schüler bekommt*
feeding bottle *n* Fläschchen *nt* **feeding frenzy** *n* Futterstreit *m* **feeding ground** *n* Fressplatz *m* **feeding time** *n* Fütterungszeit *f* ▶ PHRASES: **to be like ~ at the zoo** wie im Irrenhaus zugehen *fam*
feel [fiːl] **I.** *vt* <felt, felt> ❶ (*experience*) ■**to ~ sth** etw fühlen; ***she felt a tingling sensation in her finger*** sie spürte ein Kribbeln im Finger; ***what do you ~ about the new arrangement?*** was hältst du von der neuen Regelung?; ***by midday we'd really begun to ~ the heat*** ab Mittag litten wir richtig unter der Hitze; ***she ~s the cold rather more than most people*** sie ist bedeutend kälteempfindlicher als die meisten Menschen; **to ~ anger/jealousy** wütend/eifersüchtig sein; **to ~ it in one's bones [that ...]** es im Gefühl haben[, dass ...]; **to ~ joy** sich *akk* freuen; **to ~ nothing for sb** für jdn nichts empfinden; ***do you still ~ anything for Robert?*** hast du noch etwas für Robert übrig?
❷ (*think, believe*) ■**to ~ sth** etw meinen [*o* glauben]; **to ~ that ...** der Meinung sein, dass ...; **to ~ it appropriate/necessary/right to do sth** es für angebracht/notwendig/richtig halten, etw zu tun
❸ (*touch*) ■**to ~ sth** etw fühlen; ***I felt her forehead*** ich fühlte ihre Stirn; ***I had to ~ my way along the wall*** ich musste mich die Wand entlangtasten; (*fig*) ***they're ~ing their way towards a solution*** sie tasten sich an eine Lösung heran
II. *vi* <felt, felt> ❶ + *adj/n* (*have a sensation or emotion*) ***perhaps you ~ more your old self again after a good holiday*** vielleicht bist du nach einem richtigen Urlaub wieder ganz der Alte; ***my mouth ~s very dry*** mein Mund fühlt sich ganz trocken an; ***my eyes ~ really sore with all this smoke*** meine Augen brennen richtig von all diesem Rauch; ***~ free to help yourself to some more coffee*** schenken Sie sich ruhig noch Kaffee nach; ***~ free to call again any time you like*** du kannst gern jederzeit wieder anrufen; ***it ~s awful to tell you this*** ich fühle mich ganz schrecklich dabei, dir das zu sagen; ***we shouldn't be doing this, it ~s all wrong somehow*** wir sollten das nicht tun, ich habe ein ganz schlechtes Gefühl dabei; ***how do you ~ about that decision?*** was sagst du zu dieser Entscheidung?; (*fam*) ***she felt as if she were young again*** sie hatte das Gefühl, wieder jung zu sein; ***how does it ~ to be world champion?*** wie fühlt man sich als Weltmeister?; ***I ~ like nothing on earth this morning*** ich fühle mich heute hundeelend; ***what does it ~ like?*** was für ein Gefühl ist das?; **to ~ one's age** sein Alter spüren; **to ~ angry/glad/sad** wütend/froh/traurig sein; **to ~ better/ill/well** sich *akk* besser/krank/wohl fühlen; **to ~ certain** [*or* **convinced**] [*or* **sure**] sich *dat* sicher sein; **to ~ foolish/an idiot** sich *dat* dumm/wie ein Idiot vorkommen; ***you made me ~ a real idiot*** du hast mir das Gefühl gegeben, ein richtiger Idiot zu sein; **to ~ good/bad** sich *akk* gut/schlecht fühlen; **sb ~s hot/cold** jdm ist heiß/kalt; **sb ~s hungry/thirsty** jd ist hungrig/durstig; **to ~ safe** sich *akk* sicher fühlen; ■**to ~ for sb** mit jdm fühlen
❷ + *adj* (*seem*) scheinen; ***the bag felt heavy*** die Tasche kam mir schwer vor; ***how do the shoes ~?*** was für ein Gefühl hast du in den Schuhen?
❸ (*use hands to search*) tasten; **to ~ along sth** etw abtasten; ■**to ~ for sth** nach etw *dat* tasten
❹ (*fam: want*) ■**to ~ like sth** zu etw *dat* Lust haben; ■**to ~ like doing sth** Lust haben, etw zu tun
III. *n* ❶ *no pl* (*texture*) ***I can't stand the ~ of wool*** ich hasse das Gefühl von Wolle [auf der Haut]; ***you can recognize high-quality leather simply by the ~ of it*** hochwertiges Leder können Sie schon beim Anfassen erkennen; ***the material has a nice ~ to it*** das Material fühlt sich gut an
❷ *no pl* (*act of touching*) Berühren *nt,* Anfassen *nt;* ***she had a ~ around in the bottom of the trunk*** sie tastete den Boden der Truhe ab; (*fam*) ***she let me have a ~*** ich durfte sie berühren
❸ *no pl* (*character, atmosphere*) Ambiente *nt,* Flair *nt;* **a ~ of mystery** eine geheimnisvolle Atmosphäre
❹ *no pl* (*natural talent*) Gespür *nt;* **to have a ~ for sth** ein Gespür für etw *akk* haben; **to get the ~ of sth** ein Gespür für etw *akk* bekommen
◆**feel out** *vt* (*fam*) ■**to ~ sb** ○ **out** jdn aushorchen
◆**feel up I.** *vt* (*fam*) ■**to ~ sb up** jdn begrapschen *pej fam*
II. *vi* ■**to ~ up to sth** sich *akk* einer S. *dat* gewachsen fühlen; ■**to ~ up to doing sth** Lust haben, etw zu tun
feeler ['fiːləʳ, AM -ɚ] *n usu pl* Fühler *m*
▶ PHRASES: **to put out ~s** seine Fühler ausstrecken
feeler gauge *n* TECH Fühlerlehre *f*
feelgood *adj attr, inv* ein Wohlgefühl erzeugend; **a ~ movie** ein Film *m,* der gute Laune macht **feelgood factor** *n* Faktor *m* des allgemeinen Wohlbefindens
feeling ['fiːlɪŋ] *n* ❶ (*emotion*) Gefühl *nt;* ■**sb's ~s for sb** jds Gefühle für jdn; ***I wanted to spare his ~s*** ich wollte ihn nicht kränken; ***no hard ~s!*** (*don't be angry*) nicht böse sein!; (*no offence meant*) nichts für ungut!; **mixed ~s** gemischte Gefühle; ***I have mixed ~s about letting her go on her own*** es ist mir nicht ganz wohl dabei, wenn ich sie allein gehen lasse; **to hurt sb's ~s** jds Gefühle verletzen
❷ (*sensation*) Gefühl *nt* (**of** +*gen*/von +*dat*); **dizzy ~** Schwindelgefühl *nt;* **to have a ~ of sth** etw verspüren; ***I had a ~ of sheer elation*** ich war einfach begeistert; ***when he died, I had this enormous ~ of loss*** als er starb, fehlte er mir so sehr
❸ (*reaction*) Gefühl *nt;* **bad ~** [*or* AM **~s**] böses Blut; **to cause bad ~** [*or* AM **~s**] böses Blut verursachen
❹ (*impression*) Gefühl *nt,* Eindruck *m;* ***it's just a ~*** es ist nur so ein Gefühl; ***I got the ~ that I wasn't welcome*** ich hatte den Eindruck, nicht willkommen zu sein; **to have the distinct/strong ~ that ...** das bestimmte/starke Gefühl haben, dass ...
❺ (*opinion*) Meinung *f,* Ansicht *f* (**about/on** über +*akk*); ***what are your ~s about the present crisis?*** wie denken Sie über die derzeitige Krise?; **to have strong ~s about sth** strenge Ansichten über etw *akk* haben
❻ *no pl* (*passion*) Gefühl *nt,* Emotion *f;* **with ~** gefühlvoll; ***one more, please, with ~*** bitte noch einmal, mit Gefühl
❼ *no pl* (*touch*) Gefühl *nt;* **to lose the ~ in one's arm/leg** das Gefühl in seinem Arm/Bein verlieren
❽ *no pl* (*atmosphere*) Stimmung *f;* **~ of tension** angespannte Stimmung; **welcoming ~** einladende Atmosphäre
❾ *no pl* (*talent*) ■**to get/have a ~ for sth** für etw *akk* ein Gespür bekommen/haben; **~ for language** Sprachgefühl *nt*
❿ *no pl* (*character*) Ambiente *nt,* Flair *nt*
feelingly ['fiːlɪŋli] *adv* mitfühlend

fee-paying *adj inv* BRIT, AUS gebührenpflichtig; ~ **school** Privatschule *f*
feet [fi:t] *n pl of* **foot**
feign [feɪn] *vt* ■**to** ~ **sth** etw vortäuschen; ■**to** ~ **that ...** vortäuschen, dass ...
feigned [feɪnd] *adj inv* vorgetäuscht; ~ **indifference** gespielte Gleichgültigkeit
feint [feɪnt] SPORTS **I.** *vi* täuschen, fintieren *fachspr;* ***Callas ~ed to pass the ball*** Callas täuschte an, den Ball zuzuspielen; **to** ~ **left/right** links/rechts antäuschen
II. *vt* ■**to** ~ **sth** etw antäuschen
III. *n* Finte *f*, Täuschungsmanöver *nt;* **to make a** ~ ein Täuschungsmanöver machen
feisty ['faɪsti] *adj* ❶ *(active) person* resolut, entschlossen
❷ *(aggressive)* lebhaft
felafel [fə'lɑ:fᵊl] *n* FOOD Falafel *f*
feldspar ['feldspɑ:ʳ, AM -spɑ:r] *n no pl* Feldspat *m*
felicitations [fɪ,lɪsɪ'teɪʃᵊnz] *npl (hum)* Glückwünsche *mpl* (**on** zu +*dat*)
felicitous [fɪ'lɪsɪtəs, AM -t̬əs] *adj (liter form)* ❶ *(pleasing)* glücklich; ~ **choice** glückliche Wahl
❷ *(suited) description, phrase* treffend
felicitously [fɪ'lɪsɪtəsli, AM -t̬əs-] *adv (liter form)* treffend
felicity [fɪ'lɪsəti, AM -əṯi] *n (liter form)* ❶ *no pl (fortune)* Glückseligkeit *f*; **dubious** ~ zweifelhaftes Glück
❷ *(phrase)* sprachlicher Glücksgriff, treffender Ausdruck
❸ *no pl (suitability)* Trefflichkeit *f*
❹ *no pl (ability)* Fähigkeit *f* sich treffend auszudrücken; **linguistic** ~ Sprachgewandtheit *f*
feline ['fi:laɪn] **I.** *adj* ❶ *(of cat family) species* Katzen-; **our** ~ **friends** *(hum)* unsere Freunde, die Katzen
❷ *(approv: catlike)* katzenartig; ~ **eyes** Katzenaugen *ntpl*
II. *n* ZOOL *(form)* Katze *f*
fell[1] [fel] *pt of* **fall**
fell[2] [fel] **I.** *vt* ❶ *(cut down)* ■**to** ~ **sth** etw fällen
❷ *(knock down)* ■**to** ~ **sb** jdn niederstrecken
II. *n* ❶ NBRIT, SCOT *(land)* Hochmoor *nt (in Nordengland und Schottland)*
❷ *(old: skin)* Fell *nt*
III. *adj (old: evil)* fürchterlich
▶ PHRASES: **at** [*or* **in**] [*or* **with**] **one** ~ **swoop** auf einen Streich
fella ['felə] *n (fam)* Typ *m sl; see also* **fellow I 1, 2**
fellah <*pl* **fellahin**> ['felə] *n* Fellache, -in *m, f*
fellate [fel'eɪt] *vt* ■**to** ~ **sb** jdn fellationieren *geh*
fellatio [fə'leɪʃiəʊ, AM -oʊ] *n no pl* Fellatio *f*
feller ['feləʳ, AM -ɚ] *n (fam)* Typ *m sl; see also* **fellow I 1, 2**
fellow ['feləʊ, AM -oʊ] **I.** *n* ❶ *(fam: man)* Kerl *m fam;* ***he's not the sort of ~ who makes friends easily*** er ist nicht der Typ, der sich leicht mit jdm anfreundet; **old** ~ *esp* BRIT *(dated)* alter Knabe *fam*
❷ *(fam: boyfriend)* Freund *m*, Typ *m*
❸ BRIT *(scholar)* Fellow *m*, Mitglied *nt* eines College
❹ *(award-holder)* Fellow *m;* **research** ~ Forschungsstipendiat(in) *m(f)*
❺ *(expert)* Fellow *m*, Mitglied *nt*
❻ *usu pl (colleague)* Kollege, -in *m, f*
❼ *usu pl (contemporary)* Zeitgenosse, -in *m, f*, Mitmensch *m*
II. *adj attr, inv* ~ **being/citizen** Mitmensch *m*/Mitbürger(in) *m(f);* ~ **countryman** Landsmann *m*, Landsmännin *f;* ~ **countrymen** Landsleute *pl;* ~ **student** Kommilitone, -in *m, f;* ~ **sufferer** Leidensgenosse, -in *m, f;* ~ **worker** Arbeitskollege, -in *m, f*
fellow feeling *n* Zusammengehörigkeitsgefühl *nt*, Gefühl *nt* der Verbundenheit **fellow men** *npl* Mitmenschen *mpl*
fellowship ['felə(ʊ)ʃɪp, AM -oʊ-] *n* ❶ *(group)* Gesellschaft *f*
❷ *no pl (dated: comradeship)* Kameradschaft *f*
❸ *(studentship)* Fellowship *f*
❹ *(award)* Stipendium *nt;* **research** ~ Forschungsstipendium *nt*
❺ *(membership)* Mitgliedschaft *f*
fellow traveller, AM *usu* **fellow traveler** *n* ❶ *(traveller)* Mitreisende(r) *f(m)*
❷ *(supporter)* Mitläufer(in) *m(f) pej*, Sympathisant(in) *m(f)*
fellow-traveller *n* ❶ *(traveller)* Mitreisende(r) *f(m)*, Reisegefährte, -in *m, f*
❷ *(sympathizer)* Sympathisant(in) *m(f)*
felon ['felən] *n* LAW [Schwer]verbrecher(in) *m(f)*
felonious [fə'ləʊniəs, AM -'loʊ-] *adj (old)* verbrecherisch
felony ['feləni] *n esp* AM [Schwer]verbrechen *nt*, schweres Verbrechen; ~ **charge** Anklage *f* wegen eines Schwerverbrechens
felspar ['felspɑ:ʳ, AM -spɑ:r] *n no pl* Feldspat *m*
felt[1] [felt] *pt, pp of* **feel**
felt[2] [felt] **I.** *n no pl* Filz *m*
II. *n modifier (hat)* Filz-
felt-tip *n*, **felt-tip pen** *n* Filzstift *m*
felucca [fə'lʌkə] *n* NAUT Feluke *f*
fem [fem] *adj* ❶ *(sex) abbrev of* **female** weibl.
❷ LING *abbrev of* **feminine** fem.
female ['fi:meɪl] **I.** *adj inv* ❶ *(sex)* weiblich
❷ TECH Innen-; ~ **connector** [Stecker]buchse *f;* ~ **part** hohles Gegenstück
II. *n* ❶ *(animal)* Weibchen *nt*
❷ *(woman)* Frau *f; (pej!)* Weibsstück *nt pej fam*
female genital mutilation *n* weibliche Beschneidung
femaleness ['fi:meɪlnəs] *n no pl* Weiblichkeit *f*
female suffrage *n no pl* Frauenstimmrecht *nt*
feme covert [,fi:m'kəʊvət, AM ,fem'kʌvɚt] LAW verheiratete Frau **feme sole** [,fi:m'səʊl, AM ,fem'soʊl] LAW unverheiratete Frau
femidom® ['femɪdɒm] *n* BRIT *(condom)* Femidom *nt*
feminazi [,femɪ'nɑ:zi] *n* aggressive Feministin
feminine ['femɪnɪn] **I.** *adj* ❶ *(pretty)* feminin
❷ *(of women) company* weiblich; ~ **hygiene** Damenhygiene *f*
❸ *inv* LING feminin
II. *n* Femininum *nt;* **in the** ~ in der femininen Form
feminine rhyme *n* LIT weiblicher [*o* klingender] Reim
femininity [,femɪ'nɪnəti, AM -əṯi] *n no pl* Weiblichkeit *f*
feminism ['femɪnɪzᵊm] *n no pl* Feminismus *m*
feminist ['femɪnɪst] **I.** *n* Feminist(in) *m(f)*
II. *adj inv movement, literature, issues* feministisch
feminization [,femɪnaɪ'zeɪʃᵊn, AM -nɪ'-] *n no pl* Feminierung *f*
feminize ['femɪnaɪz] *vt* ■**to** ~ **sth** etw verweiblichen [*o* weiblich[er] machen]
femme fatale <*pl* **femmes fatales**> [,fæmfə'tɑ:l, AM ,femfə'tæl] *n* Femme fatale *f*
femora ['femᵊrə, fi:, AM 'fem-] *n* ANAT *pl of* **femur**
femur <*pl* -s *or* -mora> ['fi:məʳ, *pl* 'femᵊrə, 'fi:, AM -ɚ, *pl* -mɚə] *n* ANAT Oberschenkelknochen *m*, Femur *m fachspr*
fen [fen] *n* BRIT Sumpfland *nt;* **the F~s** *die Niederungen in East Anglia*
fence [fen(t)s] **I.** *n* ❶ *(barrier)* Zaun *m;* **to put up a** ~ einen Zaun errichten
❷ *(in horse race)* Hindernis *nt*
❸ *(dated sl: criminal)* Hehler(in) *m(f)*
▶ PHRASES: **to** __**come**__ **off the** ~ Partei ergreifen; **to** __**mend**__ [**one's**] **~s** [**with sb**] seine Beziehungen [zu jdm] in Ordnung bringen; **to** __**sit**__ [*or* __**be**__] **on the** ~ neutral bleiben
II. *vi* ❶ *(fight)* fechten; ■**to** ~ **with sb** mit jdm fechten
❷ *(form: evade)* ausweichen, Ausflüchte machen; ■**to** ~ **with sb** jdm ausweichend antworten
III. *vt* ❶ *(put fence around)* ■**to** ~ **sth** etw einzäunen
❷ *(sell stolen goods)* ■**to** ~ **sth** mit etw *dat* hehlen
◆**fence in** *vt* ❶ *(enclose)* ■**to** ~ **in** ⊂ **sth** etw einzäunen
❷ *(pej: limit)* ■**to** ~ **sb** ⊂ **in** jdn einschränken
◆**fence off** *vt* ■**to** ~ **off** ⊂ **sth** etw absperren
fence post *n* Zaunpfahl *m*
fencer ['fen(t)səʳ, AM -ɚ] *n* Fechter(in) *m(f)*
fencing ['fen(t)sɪŋ] **I.** *n no pl* ❶ SPORTS Fechten *nt*
❷ *(barrier)* Einzäunung *f*
❸ *(materials)* Einzäunungsmaterial *nt*
II. *n modifier (foil, mask, tournament)* Fecht-
fend [fend] **I.** *vi (care)* ■**to** ~ **for oneself** für sich *akk* selbst sorgen
II. *vt* ❶ *(defend)* ■**to** ~ **off sb/sth** jdn/etw wegstoßen; **to** ~ **off attackers/a blow** Angreifer/einen Schlag abwehren
❷ *(evade)* **to** ~ **off criticism** Kritik zurückweisen; **to** ~ **off a question** einer Frage ausweichen
fender ['fendəʳ, AM -ɚ] *n* ❶ *(frame)* Kamingitter *nt*
❷ AM *(wing)* Kotflügel *m*
❸ NAUT Fender *m fachspr*
fender bender *n* AM *(fam)* Unfall *m* mit Blechschaden
fenestration [,fenɪ'streɪʃᵊn] *n no pl* ARCHIT Fenstergestaltung *f*, Fensterwerk *nt*
feng shui [,feŋ'ʃu:i, AM ,fʌŋ'ʃweɪ] **I.** *n* Feng-Shui *nt (chinesische Kunst der harmonischen Lebens- und Wohnraumgestaltung)*
II. *n modifier* Feng-Shui-
fennel ['fenᵊl] *n no pl* Fenchel *m*
fenugreek ['fenjʊgri:k, AM -ju:-] *n no pl* Bockshornklee *m*
feoff [fi:f] *n* LAW *see* **fief**
feral ['ferᵊl] *adj inv animals* wild [geworden], ungezähmt
ferment **I.** *vt* [fə'ment, AM fɚ'-] ■**to** ~ **sth** ❶ *(change)* etw fermentieren
❷ *(form: rouse)* etw anzetteln; **to** ~ **rebellion** den Aufstand schüren
II. *vi* [fə'ment, AM fɚ'-] ❶ *(change)* gären
❷ *(form: develop)* gären
III. *n* ['fɜ:ment, AM 'fɜ:r-] *no pl (form)* Erregung *f*, Unruhe *f*
fermentation [,fɜ:men'teɪʃᵊn, AM ,fɜ:r-] *n no pl* Gärung *f*
fern [fɜ:n, AM fɜ:rn] *n* Farn *m*
ferocious [fə'rəʊʃəs, AM -'roʊ-] *adj dog, headache* wild; ~ **argument** heftige Auseinandersetzung; ~ **battle** [*or* **fighting**] heftiger Kampf; ~ **competition** harter Wettbewerb; ~ **criticism** scharfe Kritik; ~ **heat** brütende Hitze; ~ **temper** hitziges Temperament
ferociously [fə'rəʊʃəsli, AM -'roʊ-] *adv* ❶ *(fiercely)* wild; **to criticize sb/sth** ~ jdn/etw heftig kritisieren; **to defend sb/sth** ~ jdn/etw erbittert verteidigen; **to snarl** ~ grimmig fauchen
❷ *esp* BRIT *(hum: fast)* wie wild *fam*
ferociousness [fə'rəʊʃəsnəs, AM -'roʊ-] *n*, **ferocity** [fə'rɒsəti, AM -'rɑ:səṯi] *n no pl of animal, person* Wildheit *f*, Grausamkeit *f; of attack* Heftigkeit *f*, Wucht *f; of storm, wind* Heftigkeit *f*
ferret ['ferɪt] **I.** *n* Frettchen *nt*
II. *vi (fam)* ❶ *(search)* wühlen; ■**to** ~ [**around** [*or* **about**]] **in sth** [**for sth**] in etw *dat* [nach etw *dat*] wühlen
❷ *(hunt with ferrets)* **to go ~ing** mit Frettchen auf die Jagd gehen
◆**ferret out** *vt* ■**to** ~ **out** ⊂ **sth** etw herausfinden; ■**to** ~ **out** ⊂ **sb** jdn aufstöbern
ferric ['ferɪk] *adj inv* Eisen-
ferric oxide ['ferɪk] *n*, **ferrite** ['feraɪt] *n* CHEM Eisenoxid *nt*
Ferris wheel ['ferɪs,-] *n esp* AM, AUS *(big wheel)* Riesenrad *nt*
ferrite core ['feraɪt] *n* ELEC Ferritkern *m*, Magnetkern *m*
ferroconcrete [,ferə(ʊ)'kɒŋkri:t, AM -oʊ'kɑ:ŋ-] TECH **I.** *n no pl* Stahlbeton *m*
II. *n modifier (tank, support, bridge, structure)* Stahlbeton-
ferrous ['ferəs] *adj inv* CHEM Eisen-
ferrule ['feru:l, AM -rᵊl] *n* Zwinge *f*
ferry ['feri] **I.** *n* Fähre *f;* **car/train** ~ Auto-/Eisenbahnfähre *f;* **on the** [*or* **by** [**the**]] ~ mit der Fähre
II. *vt* <-ie-> ■**to** ~ **sb/sth somewhere** ❶ *(across water)* jdn/etw irgendwohin übersetzen; **to** ~ **sb**

F

across to the island/shore jdn auf die Insel/ans andere Ufer übersetzen
❷ (*transport*) jdn/etw irgendwohin befördern; **to ~ sb about** jdn herumfahren [*o pej fam* herumkutschieren]

ferry boat *n* Fährschiff *nt* **ferry crossing** *n* Überfahrt *f* mit der Fähre **ferryman** *n* Fährmann *m* **ferry port** *n* Fährhafen *m* **ferry service** *n* Fährbetrieb *m*

fertile ['fɜːtaɪl, AM 'fɜːrt̬əl] *adj* ❶ (*of soil, life form*) fruchtbar
❷ (*esp liter: inventive*) schöpferisch, kreativ; **~ imagination** lebhafte Fantasie
▶ PHRASES: **to be ~ ground for sth** ein fruchtbarer Boden für etw *akk* sein

fertility [fə'tɪləti, AM fɚ'tɪlət̬i] *n no pl* ❶ *of soil* Fruchtbarkeit *f*
❷ *of life form* Fruchtbarkeit *f*, Fertilität *f fachspr*
❸ (*liter: inventiveness*) Fruchtbarkeit *f*, Kreativität *f*

fertility drug *n* Fruchtbarkeitspille *f* **fertility rate** *n* Fruchtbarkeitsrate *f* **fertility rite** *n* Fruchtbarkeitsritual *nt* **fertility symbol** *n* Fruchtbarkeitssymbol *nt* **fertility treatment** *n* Fruchtbarkeitsbehandlung *f*

fertilization [,fɜːtɪlaɪ'zeɪʃən, AM ,fɜːrt̬əlɪ'-] *n no pl* Befruchtung *f*

fertilize ['fɜːtɪlaɪz, AM 'fɜːrt̬əl-] *vt* ❶ (*enrich*) ■ **to ~ sth** etw düngen
❷ *life form* ■ **to ~ sb/sth** jdn/etw befruchten

fertilizer ['fɜːtɪlaɪzəʳ, AM 'fɜːrt̬əlaɪzɚ] *n* Dünger *m*

fervency ['fɜːvən(t)si, AM 'fɜːr-] *n no pl* (*form*) *see* **fervour**

fervent ['fɜːvənt, AM 'fɜːr-] *adj* (*form*) ❶ (*intense*) *hope, prayer* inbrünstig *geh*
❷ (*devoted*) *supporter, admirer* glühend

fervently ['fɜːvəntli, AM 'fɜːr-] *adv* (*form*) inbrünstig *geh*

fervid ['fɜːvɪd, AM 'fɜːr-] *adj* (*form*) *see* **fervent**

fervour ['fɜːvəʳ], AM **fervor** ['fɜːrvɚ] *n no pl* (*form*) Leidenschaft *f*, Inbrunst *f geh*; ***he lacks any real ~ for the cause*** er begeistert sich nicht wirklich für die Sache

fest *n short for* **festival** Festival *nt*

fester ['festəʳ, AM -ɚ] *vi* ❶ (*suppurate*) eitern; **~ing sore** eitrige Wunde
❷ (*run down*) herunterkommen *fam*, verkommen, verwahrlosen
❸ (*embitter*) *anger* gären; **~ing conflict** schwelender Konflikt

festival ['festɪvəl] *n* ❶ (*holy day*) Fest *nt*
❷ (*event*) Festival *nt*; **the Salzburg F~** die Salzburger Festspiele; **folk/pop/rock ~** Folk-/Pop-/Rock-festival *nt*; **to hold a ~** ein Fest veranstalten

festive ['festɪv] *adj* festlich; **~ mood** Feststimmung *f*

festive season *n* ■ **the ~** die Festzeit

festivity [fes'tɪvəti, AM -ət̬i] *n* ❶ (*celebrations*) ■ **festivities** *pl* Feierlichkeiten *fpl*, Fest *nt*
❷ *no pl* (*festiveness*) Feststimmung *f*, Festlaune *f*
❸ (*festival*) Fest *nt*

festoon [fes'tuːn] I. *n* Girlande *f*
II. *vt* ■ **to ~ sth** etw mit Girlanden schmücken; **to ~ sth with flowers/lights** etw mit Blumengirlanden/Lichterketten schmücken

feta ['fetə, AM 'fet̬ə] *n*, **feta cheese** *n no pl* FOOD Feta[-käse] *m*

fetal *adj inv esp* AM *see* **foetal**

fetch [fetʃ] I. *n* COMPUT Abruf *m*
II. *vt* ❶ (*get*) ■ **to ~ sth** etw holen; *dog* etw apportieren; ■ **to ~ sb** jdn holen; **to ~ sb from the station** jdn vom Bahnhof abholen; ■ **to ~ sb sth** [*or* **sth for sb**] jdm etw holen
❷ (*sell*) **to ~ a price** einen Preis erzielen
❸ (*dated fam: hit*) **to ~ sb a blow** jdm einen Schlag [*o* Hieb] versetzen
III. *vi* **~!** (*to dog*) bring [es] her!; **to ~ and carry [for sb]** [jds] Handlanger sein

◆**fetch up** (*fam*) I. *vi esp* AM ■ **to ~ up somewhere** irgendwo landen *fam*
II. *vt* BRIT ■ **to ~ up** ↔ **sth** etw erbrechen

fetching ['fetʃɪŋ] *adj* (*hum dated*) *clothes* bezaubernd

fetchingly ['fetʃɪŋli] *adv* (*hum*) bezaubernd

fête [feɪt] I. *n* BRIT, AUS Fest *nt*; **church/school/village ~** Kirchen-/Schul-/Dorffest *nt*; **to hold a ~** ein Fest veranstalten
II. *vt usu passive* ■ **to ~ sb** jdn feiern

fetid ['fetɪd, AM -t̬ɪd] *adj air* übel riechend *attr*; *water* stinkend *attr*; **~ smell** übler Geruch

fetidness ['fetɪdnəs, 'fiːtɪd-, AM 'fet̬ɪd-, 'fiːt̬ɪd-] *n no pl* Gestank *m*

fetish ['fetɪʃ, AM -t̬-] *n* ❶ (*obsession*) Fetisch *m*; **to have a shoe ~** [*or* **a ~ for shoes**] ein Schuhfetischist/eine Schuhfetischistin sein; **to make a ~ of sth** etw zum Fetisch erheben
❷ REL (*talisman*) Fetisch *m*

fetishism ['fetɪʃɪzəm, AM 'fet̬-] *n no pl* ❶ (*obsession*) Fetischismus *m*
❷ REL (*belief*) Fetischkult *m*, Fetischismus *m*

fetishist ['fetɪʃɪst, AM 'fet̬-] *n* Fetischist(in) *m(f)*

fetishistic [,fetɪ'ʃɪstɪk, AM ,fet̬-] *adj* ❶ (*obsessed*) fetischistisch
❷ REL fetischistisch

fetishize ['fetɪʃaɪz, AM 'fet̬-] *vt* ■ **to ~ sth/sb** etw/jdn fetischisieren [*o* zum Fetisch erheben] *geh*

fetlock ['fetlɒk, AM -lɑːk] *n* Fessel *f*, Fesselgelenk *nt*

fetter ['fetəʳ, AM -ɚ] *vt usu passive* ■ **to ~ sb**
❶ (*chain*) jdn fesseln; **to ~ a horse** ein Pferd anbinden
❷ (*liter: restrict*) jdn einschränken; **to be ~ed by superstition** im Aberglauben befangen sein

fetters ['fetəz, AM -ɚz] *npl* ❶ (*chains*) Fußfesseln *fpl*
❷ (*esp liter: restrictions*) Fesseln *fpl*, Beschränkungen *fpl*; **the ~ of a mortgage** die Belastung durch eine Hypothek

fettle ['fetl̩, AM 'fet̬l̩] *n no pl* (*fam*) **to be in fine ~** in guter Verfassung sein; ***oh, she's in fine ~*** oh, ihr geht es bestens

fetus *n esp* AM *see* **foetus**

feu [fjuː] *n* SCOT LAW Dauerpacht *f*

feud [fjuːd] I. *n* Fehde *f* (**between** zwischen +*dat*, **over** wegen +*gen*, **with** mit +*dat*); **family ~** Familienfehde *f*; ■ **to have a ~ with sb** mit jdm in Fehde liegen
II. *vi* ■ **to ~ [with sb] [over sth]** [mit jdm] [wegen einer S. *gen*] in Fehde liegen

feudal ['fjuːdəl] *adj inv monarchy* feudal, Feudal-; **the ~ system** das Feudalsystem

feudalism ['fjuːdəlɪzəm] *n no pl* Feudalismus *m*

feuding ['fjuːdɪŋ] *adj attr, inv* verfeindet

fever ['fiːvəʳ, AM -ɚ] *n* ❶ (*temperature*) Fieber *nt kein pl*; **to have [a]** [*or* **be running a**] **~** Fieber haben
❷ (*disease*) Fieberkrankheit *f*
❸ (*excitement*) Aufregung *f*; **election/football ~** Wahl-/Fußballfieber *nt*; **a ~ of excitement** fieberhafte Erregung; ■ **to be in a ~** [ganz] aufgeregt sein; **at a ~ pitch** fieberhaft

fevered ['fiːvəd, AM -ɚd] *adj* ❶ (*ill*) *eyes* fiebrig
❷ (*excited*) *brain* aufgeregt, fieberhaft; **~ imagination** übersteigerte Fantasie

feverish ['fiːvərɪʃ] *adj* ❶ (*ill*) fiebrig
❷ (*frantic*) fieberhaft

feverishly ['fiːvərɪʃli] *adv* fieberhaft, hektisch

fever pitch *n no pl* Siedepunkt *m*; ■ **at ~** auf dem Siedepunkt [*o* Höhepunkt]; **to rise to ~** den Höhepunkt erreichen; **to work at ~** fieberhaft arbeiten

few [fjuː] I. *adj* ❶ *attr, inv* (*some*) einige; ***there are a ~ sandwiches left over from the party*** es sind noch ein paar Sandwiches von der Feier übrig; ***I've got to get a ~ things*** ich muss ein paar Dinge kaufen; ***may I ask a ~ questions?*** darf ich ein paar Fragen stellen?; ***I'll be ready in just a ~ minutes*** ich bin gleich fertig; ***can I have a ~ words with you?*** kann ich mal kurz mit dir sprechen?; **every ~ days/minutes/weeks** alle paar Tage/Minuten/Wochen
❷ (*emph: not many*) wenige; ***he is among the very ~ people I can trust*** er gehört zu den ganz wenigen Leuten, denen ich vertrauen kann; ***so ~ people attended the party that it was embarrassing*** auf der Party waren so wenige Leute, dass es peinlich war; ***there are only a ~ days left before we leave for France*** in ein paar Tagen fahren wir nach Frankreich; ***there are ~ things in this world that give me more pleasure than a long bath*** nur weniges auf der Welt bereitet mir mehr Vergnügen als ein langes Bad; ***~er people smoke these days than used to*** heute rauchen weniger Menschen als früher; ***the benefits of this scheme are ~*** dieser Plan hat nur wenige Vorteile; ***he's a man of ~ words*** er sagt nie viel; (*form*) ***I've warned him on no ~er than five occasions*** ich habe ihn schon mindestens fünf Mal gewarnt; ***his fiction has caused not a ~ readers to see red*** bei seinen Romanen sehen nicht wenige Leser rot; **as ~ as ...** nur ...
❸ *attr, inv* (*many*) viele; ***I know a ~ people who ...*** ich kenne einige Leute, die ...; BRIT ***she put on a good ~ pounds over Christmas*** sie hat über Weihnachten einige Pfunde zugelegt; **quite a ~ [people]** ziemlich viele
▶ PHRASES: **to be ~ and far between** dünn gesät sein; ***such opportunities are ~ and far between*** solche Gelegenheiten gibt es nicht oft; **precious ~ ...** (*fam*) reichlich wenig ... *fam*
II. *pron* ❶ (*small number*) **a ~ *of these apples*** ein paar von diesen Äpfeln; ***many believe it but only a ~ are prepared to say*** viele glauben es, aber nur wenige sagen es; **a ~ of us/you/them** einige von uns/euch/ihnen
❷ (*emph: not many*) wenige; **~ *can remember back that far*** nur wenige können sich so weit zurückerinnern; ***not many showed up and the ~ who did left early*** es kamen nicht viele, und die paar, die kamen, gingen bald; **~ *if any still believe that ...*** kaum einer glaubt heute noch, dass ...; ***only some ~ master more than ten languages*** nur ein paar wenige sprechen mehr als zehn Sprachen; **~ *of the houses in the village made it through the hurricane*** nur wenige Häuser in dem Ort überstanden den Hurrikan; **~ *of them actually got an interview*** nur wenige wurden zu einem Gespräch eingeladen; ***there were too ~ of us to charter the plane*** wir waren nicht genug, um das Flugzeug chartern zu können; **not a ~** nicht wenige; ***though she's young, her talents are not a ~*** obwohl sie jung ist, hat sie viele Talente
❸ (*many*) **a good ~** BRIT ziemlich viele; **quite a ~** eine ganze Menge
▶ PHRASES: **precious ~** herzlich wenig +*akk*; **to have had a ~** einen sitzen haben *fam*; **to have had a ~ too many** etwas zu viel getrunken haben
III. *n* ❶ (*elite*) ■ **the ~** *pl* die Auserwählten; ***only the ~ can say they've dined with the Queen*** nur wenige Auserwählte können von sich sagen, dass sie mit der Queen gespeist haben
❷ (*minority*) ■ **the ~** *pl* die Minderheit; ***I was one of the lucky ~ who ...*** ich gehörte zu den wenigen Glücklichen, die ...; **one of the fortunate** [*or* **happy**] **~** eine(r) der wenigen Glücklichen
❸ BRIT HIST ■ **the F~** *pl* RAF-Piloten (*Zitat aus einer Rede von Winston Churchill*)

fey [feɪ] *adj* (*liter*) ❶ (*strange*) schrullig, hellseherisch
❷ (*insincere*) übersinnlich

feyness ['feɪnəs] *n no pl* (*liter*) Schrulligkeit *f fam*

fez <*pl* -zzes> [fez] *n* Fes *m*

ff *n* ❶ *abbrev of* **[and] the following pages** ff.
❷ MUS *abbrev of* **fortissimo** ff

FHSA [,efeɪtʃes'eɪ] *n* + *sing/pl vb* BRIT *abbrev of* **Family Health Services Authority** ≈ Gesundheitsamt *nt*

fiancé [fi'ɑ̃ː(n)seɪ, AM ,fiɑːn'seɪ] *n* Verlobte(r) *m*

fiancée [fi'ɑ̃ː(n)seɪ, AM ,fiɑːn'seɪ] *n* Verlobte *f*

fiasco <*pl* -s *or esp* AM -es> [fi'æskəʊ, AM -oʊ] *n* Fiasko *nt*; **to be a complete** [*or* **total**] **~** ein einziges Fiasko sein; **to end in a ~** in einem Fiasko enden

fiat ['faɪæt, AM 'fiət] *n* (*form*) [formelle] Genehmigung [*o* Erlaubnis]

fiat money *n no pl* ECON, FIN ungedecktes Geld

fib [fɪb] (*fam*) I. *vi* <-bb-> schwindeln; ■ **to ~ to sb** jdn anschwindeln

II. *n* Schwindelei *f;* **to tell a** ~ schwindeln, flunkern
fibber ['fɪbəʳ, AM -ɚ] *n (fam)* Schwindler(in) *m(f),* Flunkerer *m fam*
fiber *n* AM *see* **fibre**
fiberglass *n no pl* AM *see* **fibreglass**
FIBOR *n* ECON, FIN *acr for* **Frankfurt Interbank Offered Rate** *Referenzsatz für internationale Banken, die in Frankfurt tätig sind*
fibre ['faɪbəʳ], AM **fiber** [-ɚ] *n* ❶ *(thread)* Faden *m;* *(for cloth)* Faser *f*
❷ *(cloth, material)* Faser *f;* **artificial** [*or* **man-made**] ~ Kunstfaser *f,* Chemiefaser *f;* **natural** ~ Naturfaser *f*
❸ ANAT Faser *f,* Fiber *f fachspr;* **muscle** ~ Muskelfaser *f*
❹ *no pl (fig: strength)* **moral** ~ Rückgrat *nt*
❺ *no pl* FOOD Ballaststoffe *mpl*
► PHRASES: **with every** ~ **of one's being** mit jeder Faser [seines Herzens] *geh;* ***she wanted to win the race with every*** ~ ***of her being*** sie war fest entschlossen, alles zu tun, um das Rennen zu gewinnen
fibreboard ['faɪbəbɔ:d, AM bɚbɔ:rd] *n no pl* Holzfaserplatte *f* **fibreglass**, AM **fiberglass** *n no pl* ❶ *(plastic)* glasfaserverstärkter Kunststoff
❷ *(fabric)* Glasfaser *f* **fibre optic cable** *n* TELEC, MED faseroptisches Kabel *fachspr,* Glasfaserkabel *nt* **fibre optics** I. *n + sing vb* TELEC, COMPUT Glasfasertechnik *f,* Lichtwellenleitertechnik *f fachspr;* MED, PHYS, CHEM [Glas]faseroptik *f fachspr* II. *n modifier* TELEC, COMPUT *(cable, technology)* Glasfaser-; MED, PHYS, CHEM Faseroptik- *fachspr* **fibre-tip pen** *n* BRIT Filzstift *m*
fibro ['faɪbrəʊ] *n* AUS ❶ *no pl (material)* Asbestzement *m,* Eternit *m*
❷ *(house) mit Asbestzement erstelltes Haus*
fibroid ['faɪbrɔɪd] MED I. *adj* faserartig
II. *n* Fibrom *nt fachspr*
fibrous ['faɪbrəs] *adj* fas[e]rig
fibula <*pl* -s *or* -lae> ['fɪbjələ, *pl* -li:] *n* ANAT Wadenbein *nt*
fibulae ['fɪbjəli:] *n pl of* **fibula**
fiche <*pl* -s *or* -> ['fi:ʃ] *n* [Mikro]fiche *m o nt*
fickle ['fɪkl] *adj (pej)* ❶ *(vacillating)* wankelmütig *pej geh;* *(moody)* launisch *pej*
❷ METEO ~ **weather** unbeständiges [*o* wechselhaftes] Wetter
❸ *(not loyal)* ~ **lover** untreuer Liebhaber
fickleness ['fɪk|nəs] *n no pl* ❶ *(moodiness)* Launenhaftigkeit *f*
❷ *of the weather* Unbeständigkeit *f pej geh*
❸ *(lack of loyalty)* Untreue *f*
fiction ['fɪkʃən] I. *n* ❶ *no pl* LIT Erzählliteratur *f,* Prosaliteratur *f;* **work of** ~ *(long)* Roman *m;* *(short)* Erzählung *f;* **light** ~ Unterhaltungsliteratur *f*
❷ *(fabrication)* Erfindung *f,* Fiktion *f geh,* Märchen *nt fam;* ***at work she managed to keep up the*** ~ ***that she had a university degree*** bei der Arbeit konnte sie das Märchen aufrecht erhalten, sie habe einen Universitätsabschluss *fam*
❸ *(falsehood)* kleine Unaufrichtigkeit; ***he maintains the*** ~ ***that he is still cohabiting with his wife*** er tut so, als würde er noch mit seiner Ehefrau zusammenleben; **legal** ~ Rechtsfiktion *f,* juristische Fiktion; **polite** ~ Notlüge *f*
II. *n modifier* Literatur-; ~ **author** Romanautor(in) *m(f);* ~ **book** Roman *m;* ~ **writer** Prosaschriftsteller(in) *m(f)*
fictional ['fɪkʃənəl] *adj* erfunden, fiktiv *geh;* ~ **autobiography** fiktive Autobiografie
fictionalization [,fɪkʃənəlaɪ'zeɪʃən, AM -lɪ'-] *n* LIT Fiktionalisierung *f geh*
fictionalize ['fɪkʃənəlaɪz] *vt* **to** ~ **a biography** eine Biografie als Fiktion darstellen
fiction of law *n* Gesetzesfiktion *f,* Rechtsfiktion *f*
fictitious [fɪk'tɪʃəs] *adj* ❶ *(false)* falsch
❷ *(imaginary)* [frei] erfunden, fiktiv *geh;* ~ **character** fiktive [*o* erfundene] Person; ***some of the characters in the book are*** ~ einige der Figuren im Buch sind frei erfunden
fictitious assets *npl* ECON, FIN Scheinaktiva *pl*
ficus ['fi:kəs] *n* BOT Ficus *m*

fiddle ['fɪdl] I. *n* ❶ MUS *(fam)* Geige *f,* Fi[e]del *f hum o pej;* **to play the** ~ Geige spielen
❷ *esp* BRIT *(fam: fraud)* Betrug *m kein pl,* Schwindel *m kein pl;* ***this is some sort of*** ~ hier ist was faul *fam;* **to be on the** ~ faule Geschäfte machen *fam,* krumme Dinger drehen *fam*
❸ BRIT *(fam: task)* kniff[e]lige Angelegenheit; ***it's a real*** ~ ***to assemble because of all the small parts*** all die kleinen Teile machen das Zusammensetzen ganz schön schwierig *fam*
► PHRASES: **sb's face is as long as a** ~ *esp* BRIT *(fam)* jd macht ein Gesicht wie drei Tage Regenwetter *fam;* **to be** [**as**] **fit as a** ~ kerngesund sein; **to play first/second** ~ die erste/zweite Geige spielen *fam;* **to play second** ~ **to sb** in jds Schatten stehen
II. *interj* AM *(dated)* Unsinn *m fam,* Quatsch *m fam*
III. *vt (fam)* ■**to** ~ **sth** ❶ *(falsify)* etw frisieren *fam;* *(manipulate)* etw manipulieren; **to** ~ **the accounts/books** die Rechnungen/Bücher frisieren *fam;* **to** ~ **it** [*or* **things**] **so that ...** es so hindrehen [*o* hinbiegen], dass ... *fam*
❷ *(obtain fraudulently)* [sich *dat*] etw ergaunern; **to** ~ **money out of a company** ein Unternehmen um Geld betrügen *fam*
IV. *vi* ❶ *(finger)* herumfummeln *fam;* ■**to** ~ **with sth** an etw *dat* herumspielen [*o* herumfummeln] *fam;* *(play)* mit etw *dat* herumspielen *fam*
❷ *(tinker)* herumbasteln *fam;* ■**to** ~ **with sth** an etw *dat* herumhantieren [*o* herumfummeln] [*o* herumbasteln] *fam*
❸ MUS *(fam)* geigen, fiedeln *hum o pej*
► PHRASES: **to** ~ **while Rome burns** den Kopf in den Sand stecken
◆**fiddle about, fiddle around** *vi* ❶ *(waste time)* herumtrödeln *fam*
❷ *(finger)* herumfummeln *fam;* ■**to** ~ **about** [*or* **around**] **with sth** an etw *dat* herumspielen [*o* herumfummeln] *fam;* *(play)* mit etw *dat* herumspielen *fam*
❸ *(tinker)* herumbasteln *fam;* ■**to** ~ **about** [*or* **around**] **with sth** an etw *dat* herumhantieren [*o* herumfummeln] [*o* herumbasteln] *fam*
fiddle-faddle ['fɪdl,fædl] *(dated)* I. *n no pl* Unfug *m*
II. *interj* Unsinn *m fam,* Quatsch *m fam*
III. *vi* ■**to** ~ **about** dummes Zeug reden *pej fam*
fiddler ['fɪdləʳ, AM -ɚ] *n (fam)* ❶ MUS Geiger(in) *m(f)*
❷ BRIT *(swindler)* Betrüger(in) *m(f),* Gauner(in) *m(f) pej*
fiddlestick ['fɪdlstɪk] I. *n* MUS *(fam)* Geigenbogen *m*
II. *interj (dated)* ■~**s** Unsinn *m fam,* Quatsch *m fam*
fiddling ['fɪdlɪŋ] I. *adj* ❶ *(insignificant)* läppisch *pej,* belanglos; *(small)* geringfügig; *(narrow-minded)* kleinkariert *pej fam,* kleinlich *pej;* ~ **restrictions** kleinliche Einschränkungen
❷ *attr (swindling)* betrügerisch
II. *n no pl* Geigen *nt,* Geigespielen *nt*
fiddly <-ier, -iest *or* more ~, most ~> ['fɪdli] *adj* BRIT *(fam)* kniff[e]lig; ***repairing something as small as a watch is a very*** ~ ***job*** die Reparatur einer Armbanduhr ist eine sehr diffizile Angelegenheit
fidelity [fɪ'deləti, AM -əṭi] *n no pl (form)* ❶ *(loyalty)* Treue *f* (**to** gegenüber +*dat*)
❷ *(sexual loyalty)* Treue *f;* **marital** ~ eheliche Treue
❸ *(exactness)* [Werk]treue *f,* Genauigkeit *f;* ~ **to detail** Detailtreue *f;* ~ **of translation** Worttreue *f*
fidget ['fɪdʒɪt] I. *n* ❶ *(person)* Zappelphilipp *m pej fam*
❷ *(condition)* ■**the** ~**s** *pl* nervöse Unruhe; ***she's got*** [***a bad case of***] ***the*** ~***s today*** sie ist heute extrem unruhig [*o* nervös] [*o fam* zapp[e]lig]
II. *vi* ❶ *(move)* zappeln, herumzappeln *fam;* ***stop*** ~***ing!*** hör auf so rumzuzappeln! *fam*
❷ *(play)* ■**to** ~ **with sth** mit etw *dat* herumspielen *fam*
❸ *(be eager, restless)* ■**to** ~ **to do sth** brennen, etw zu tun, darauf aus sein, etw zu tun
III. *vt* ■**to** ~ **sb** jdn nervös machen

◆**fidget about, fidget around** *vi* herumzappeln *fam*
fidgety ['fɪdʒəti, AM -ɪṭi] *adj* unruhig, nervös, zapp[e]lig *fam*
fiduciary [fɪ'dju:ʃiəri, AM -'du:ʃieri] ECON, FIN I. *n* Treuhänder(in) *m(f)*
II. *adj inv* ❶ *(involving trust)* treuhänderisch, Treuhand-; ~ **deposits** treuhänderisch verwaltete Einlagen
❷ *(old: held or given in trust)* fiduziarisch
fie [faɪ] *interj (old or hum)* pfui! *hum*
fief [fi:f] *n (hist)* Lehen *nt hist;* *(fig)* Machtbereich *m*
field [fi:ld] I. *n* ❶ *(meadow)* Wiese *f;* *(pasture)* Weide *f;* *(for crops)* Feld *nt,* Acker *m;* **to cut across the** ~**s** quer über die Felder gehen
❷ *(for sports)* Spielfeld *nt,* Platz *m;* **to take the** ~ einlaufen
❸ *(expanse)* [weite] Fläche; **ice/snow** ~ Eis-/Schneefläche *f*
❹ *of deposits* Feld *nt;* **coal** ~ Kohleflöz *m;* **gas/oil** ~ Gas-/Ölfeld
❺ *(battlefield)* Schlachtfeld *nt;* *(scene)* ~ **of battle** Kriegsschauplatz *m;* **to take the** ~ ins Feld ziehen; **in the** ~ an der Front
❻ *(working area)* Arbeitsbereich *m,* Einsatzgebiet *nt*
❼ *(area of knowledge)* Arbeitsfeld *nt,* Gebiet *nt,* Bereich *m;* **to be first in the** ~ der/die Beste auf dem Gebiet sein; **to be outside sb's** ~ außerhalb jds Kompetenzbereich liegen, nicht mehr in jds Ressort *nt* fallen
❽ COMPUT Datenfeld *nt fachspr*
❾ + *sing/pl vb (contestants)* [Teilnehmer]feld *nt;* ***once again Jones finished ahead of the*** ~ wieder einmal gewann Jones vor dem Rest des Feldes; ***we have a strong*** ~ ***this afternoon*** wir haben heute Nachmittag eine starke Besetzung
❿ *(side in cricket)* Fängerpartei *f;* *(player)* Fänger(in) *m(f)*
⓫ PHYS Feld *nt;* **gravitational** ~ Schwerefeld *nt fachspr,* Gravitationsfeld *nt fachspr;* **magnetic** ~ Magnetfeld *nt*
⓬ MATH Feld *nt*
► PHRASES: **to leave the** ~ **clear for sb** jdm das Feld überlassen; ***John's transfer left the*** ~ ***clear for Judy to get the job*** weil John versetzt wurde, konnte sich Judy um seinen Job bewerben
II. *n modifier* Feld-; ~ **interview** Befragung *f;* ~ **observations** Freilandbeobachtungen *fpl,* Feldbeobachtungen *fpl*
III. *vi* als Fänger spielen *m*
IV. *vt* ❶ *(stop)* **to** ~ **the ball** den Ball fangen
❷ *(have playing)* **to** ~ **a team** ein Team aufs Feld schicken; *(fig)* **to** ~ **a group of experts** eine Expertengruppe zusammenstellen
❸ *(offer as candidate)* ■**to** ~ **sb** jdn aufstellen
❹ *(display)* **to** ~ **an army** eine Armee aufmarschieren lassen
❺ *(handle)* **to** ~ **questions** Fragen abblocken [*o* parieren]; **to** ~ **telephone calls** Telefonanrufe abweisen
field artillery *n no pl* MIL Feldartillerie *f fachspr*
field day *n* ❶ *(opportunity)* **to have a** ~ seinen großen Tag haben ❷ MIL *(exercise)* Manöver *nt;* *(parade)* Truppenparade *f* ❸ AM, AUS SCH, SPORTS [Schul]sportfest *nt*
fielder ['fi:ldəʳ, AM -ɚ] *n* SPORTS *(stopping the ball)* Fänger(in) *m(f);* *(playing on the field)* Feldspieler(in) *m(f)*
field events *npl* SPORTS technische Disziplinen, Sprung- und Wurfdisziplinen *fpl* **field glasses** *npl* Feldstecher *m,* Fernglas *nt* **field goal** *n* AM *(American football)* Feldtor *nt;* *(basketball)* Feldkorb *m* **field hockey** *n no pl* AM [Feld]hockey *nt* **field hospital** *n* MIL Feldlazarett *nt* **field marshal** *n* BRIT MIL Feldmarschall *m* **field mouse** *n* Feldmaus *f* **field officer** *n* AM MIL Stabsoffizier(in) *m(f)* **field of vision** <*pl* fields of vision> *n* Gesichtsfeld *nt,* Blickfeld *nt;* *(fig)* Horizont *m* **fieldsman** *n* SPORTS *(stopping the ball)* Fänger *m;*

F

(*playing on the field*) Feldspieler *m* **field sports** *npl* Sport *m* im Freien (*bes Jagen und Fischen*) **field test** *n* Feldversuch *m* **field-test** *vt* ■**to ~ sth** etw in einem Feldversuch [*o* in der Praxis] erproben [*o* testen] **field trial** *n* Feldversuch *m* **field trip** *n* Exkursion *f* **fieldwork** *n no pl* ❶ (*collecting data*) Feldarbeit *f*, Feldforschung *f* ❷ MIL Feldbefestigung *f* **fieldworker** *n* (*gathering data*) Feldforscher(in) *m(f)*; (*interviewer*) Befrager(in) *m(f)*, Interviewer(in) *m(f)*; (*representative*) Außendienstmitarbeiter(in) *m(f)*

fiend [fi:nd] *n* ❶ (*demon*) Dämon *m*
❷ (*Satan*) ■**the ~** der Teufel [*o* Satan]
❸ (*pej: evil person*) Scheusal *nt pej*
❹ (*annoying person*) Nervensäge *f sl*
❺ (*fig fam: enthusiast*) Fanatiker(in) *m(f)*; ***she's a ~ for chocolate*** sie ist ganz verrückt auf Schokolade *fam*; **fresh-air ~** Frischluftfanatiker(in) *m(f)*

fiendish ['fi:ndɪʃ] *adj* ❶ (*pej: cruel*) grausam, unmenschlich; (*sadistic*) teuflisch, gemein
❷ (*complex*) verzwickt *fam*; (*cunning*) gerissen *fam*, schlau
❸ BRIT (*exceptional*) *difficulty, problem* höllisch *fam*, teuflisch *fam*; **~ costs** horrende Kosten; **to be in a ~ hurry** es tierisch eilig haben *fam*

fiendishly ['fi:ndɪʃli] *adv* ❶ (*diabolically*) teuflisch
❷ BRIT (*exceptionally*) höllisch *fam*, teuflisch *fam*

fiendishness ['fi:ndɪʃnəs] *n no pl* (*pej*) ❶ (*cruelty*) Grausamkeit *f*
❷ (*nasty trick*) teuflische Bosheit

fierce [fɪəs, AM fɪrs] *adj* ❶ (*hostile*) heftig, ungestüm *geh*; **~ attack** scharfer Angriff; **~ combat** [*or* **fighting**] erbitterter Kampf; **~ competition** erbarmungslose [*o* scharfe] Konkurrenz; **~ opposition** entschlossener Widerstand; **~ struggle** heftiger Streit
❷ (*untamed*) *animal* wild
❸ (*intense*) stark, intensiv; **~ debate/discussion** hitzige Debatte/Diskussion; **~ hate** wilder [*o* blinder] Hass; **~ jealousy** heftige [*o* blinde] Eifersucht; **~ love** leidenschaftliche Liebe
❹ (*destructive*) heftig, stürmisch; **~ weather** stürmisches Wetter; **~ winds** tobende [*o* kräftige] Winde
❺ AM (*fam: difficult*) schwer, schwierig
▸ PHRASES: <u>**something**</u> **~** AM (*fam*) unbedingt; ***I need a cold drink something ~*** ich muss unbedingt etwas Kaltes trinken

fiercely ['fɪəsli, AM 'fɪrs-] *adv* ❶ (*hostilely*) wild
❷ (*very*) extrem; (*intensely*) ausgesprochen, äußerst; **a ~ competitive school system** ein äußerst konkurrenzorientiertes Schulsystem
❸ (*destructively*) heftig

fierceness ['fɪəsnəs, AM 'fɪrs-] *n no pl* ❶ (*hostility*) Wildheit *f*
❷ (*intensity*) Intensität *f*
❸ (*destructiveness*) Heftigkeit *f*

fieri facias [ˌfaɪəraɪ'feɪʃiæs, AM -ri:'feɪʃiəs] LAW **writ of ~** Vollstreckungsbefehl *m*

fiery ['faɪ(ə)ri, AM -ɚi] *adj* ❶ (*consisting of fire*) glühend, brennend; ***~ tongues were playing about the house*** rote Flammen züngelten an dem Haus empor
❷ (*spicy*) *food* scharf, feurig
❸ (*bright*) feuerrot, glutrot
❹ (*passionate*) leidenschaftlich, hitzig; **~ lover** feuriger Liebhaber
❺ (*angry*) hitzig; ***he has a ~ temper*** er ist ein Hitzkopf

fiesta [fi'estə] *n* ❶ (*holiday*) Fiesta *f*, Feiertag *m*
❷ (*event*) Fiesta *f*, Fest *nt*

fi. fa. LAW *abbrev of* **fieri facias**

FIFA ['fi:fə] *n no pl, + sing/pl vb* FBALL *abbrev of* **Fédération internationale de football association** FIFA *f*

fife [faɪf] MUS **I.** *n* ❶ (*instrument*) Querpfeife *f*
❷ (*player*) [Quer]pfeifer(in) *m(f)*
II. *vi* [auf der Querpfeife] pfeifen

FIFO ['faɪfəʊ, AM -foʊ] *adj, adv* COMPUT, ECON, FIN *acr for* **first in first out**

fifteen [fɪf'ti:n] **I.** *adj* ❶ (*number, age*) fünfzehn; ***there are ~ of us*** wir sind fünfzehn [*o* zu fünfzehnt]; *see also* **eight I 1, 2**
❷ (*time*) **~ hundred hours** *spoken* fünfzehn Uhr; **1500 hours** *written* 15:00; **at ~ thirty** um fünfzehn Uhr dreißig [*o* 15:30] [*o* halb vier]; *see also* **eight I 3**
II. *n* ❶ (*number, symbol*) Fünfzehn *f*
❷ + *sing/pl vb* BRIT (*in rugby union*) Rugbymannschaft *f*
❸ BRIT FILM **~ certificate** [Alters]freigabe *f* ab 15 Jahren; **to be given a ~ certificate** ab 15 [Jahren] freigegeben sein

fifteenth [fɪf'ti:nθ] **I.** *adj inv* fünfzehnte(r, s)
II. *n* ❶ (*in date, order*) ■**the ~** der/die/das Fünfzehnte
❷ (*fraction*) Fünfzehntel *nt*

fifth [fɪfθ] **I.** *adj inv* fünfte(r, s); **every ~ person** jeder Fünfte; *see also* **eighth I**
II. *n* ❶ (*order*) ■**the ~** der/die/das Fünfte; *see also* **eighth II 1**
❷ (*date*) **the ~ [of the month]** der Fünfte [des Monats]; *see also* **eighth II 2**
❸ (*title*) ■**the F~** der/die Fünfte; *see also* **eighth II 3**
❹ (*fraction*) Fünftel *nt*
❺ (*gear*) fünfter Gang; **to change** [*or* AM **shift**] **to ~** in den fünften Gang schalten
❻ MUS Quinte *f fachspr*
❼ AM (*fam: measure*) **a ~ of a gallon** ein Dreiviertelliter *m*; (*bottle*) **a ~ of whisky** eine Dreiviertelliterflasche Whisky
❽ AM LAW (*fam*) **to plead** [*or* **take**] **the F~** die Aussage verweigern
III. *adv inv* fünftens

fifth column *n + sing/pl vb* POL fünfte Kolonne **fifth columnist** *n* POL Mitglied *nt* der fünften Kolonne **fifth generation** *n* COMPUT **~ computer** Computer *m* der fünften Generation

fiftieth ['fɪftiəθ] **I.** *adj inv* fünfzigste(r, s); *see also* **eighth I**
II. *n* ❶ (*order*) ■**the ~** der/die/das Fünfzigste; *see also* **eighth II 1**
❷ (*fraction*) Fünfzigstel *nt*
III. *adv inv* fünzigstens

fifty ['fɪfti] **I.** *adj inv* fünfzig; *see also* **eight I 1, 2**
II. *n* ❶ (*number*) Fünfzig *f*
❷ (*age*) **to be in one's fifties** in den Fünfzigern sein; **to be in one's early/mid/late fifties** Anfang/Mitte/Ende Fünfzig sein
❸ (*decade*) ■**the fifties** *pl* die fünfziger [*o* 50er] Jahre, die Fünfziger
❹ (*temperature*) **to be in the fifties** um die fünfzig Grad [Fahrenheit] haben
❺ (*fam: speed*) fünfzig [Stundenkilometer]; **to do ~** (*fam*) fünfzig fahren
❻ (*banknote*) Fünfziger *m*

fifty-cent piece *n* Fünfzig-Cent-Münze *f*, Fünfzig-Cent-Stück *nt* **fifty-fifty** *inv* **I.** *adj* (*fam*) halbe-halbe *präd fam*, fifty-fifty *präd fam*; ***we should share the work on a ~ basis*** jeder von uns sollte die Hälfte der Arbeit machen *fam*; ***there's only a ~ chance*** die Chancen stehen nur fifty-fifty *fam*
II. *adv* halbe-halbe *fam*, fifty-fifty *fam*; ***let's go ~!*** lass uns halbe-halbe [*o* fifty-fifty] machen! *fam*

fig[1] [fɪg] *n* ❶ FOOD Feige *f*
❷ (*tree*) Feigenbaum *m*, Feige *f*
▸ PHRASES: **to be not <u>worth</u> a ~** (*fam*) keine müde Mark [*o* keinen Pfifferling] wert sein *fam*; **to not <u>care</u>** [*or* **<u>give</u>**] **a ~ about** [*or* **for**] **sb/sth** (*dated fam*) sich *akk* keinen Deut um jdn/etw scheren; ***she doesn't care a ~ for him*** er ist ihr vollkommen gleichgültig; ***I don't care a ~ about that!*** das kümmert mich nicht die Bohne! *fam*

fig[2] [fɪg] (*fam*) **I.** *n no pl* ❶ (*dress*) Aufmachung *f*, Kleidung *f*; **in full ~** in vollem Staat
❷ (*condition*) Form *f*, Verfassung *f*; **to be in great ~** hervorragend in Form sein
II. *vt* <-gg-> (*dated*) ■**to ~ sb out** jdn herausputzen

fig[3] [fɪg] **I.** *n abbrev of* **figure** Abb. *f*
II. *adj inv abbrev of* **figurative** fig.

figgy pudding *n* BRIT Rosinenpudding *m*

fight [faɪt] **I.** *n* ❶ (*violent combat*) Kampf *m* (**against/for** gegen/um +*akk*); (*brawl*) Rauferei *f*; (*involving fists*) Schlägerei *f*; **to give up without a ~** kampflos aufgeben
❷ BOXING Kampf *m*, Fight *m*
❸ MIL Gefecht *nt* (**against** gegen +*akk*)
❹ (*struggle, resistance*) Kampf *m* (**against/for** gegen/um +*akk*)
❺ (*quarrel*) Streit; **to have a ~ on one's hands** Ärger am Hals haben *fam*
❻ *no pl* (*inclination*) Kampfgeist *m*; **to knock** [*or* **take**] **the ~ out of sb** jdm seinen Kampfgeist nehmen; **to show some ~** (*defend oneself*) Widerstand leisten, sich *akk* zur Wehr setzen; (*show appetite for fighting*) Kampfgeist demonstrieren, sich *akk* kampflustig zeigen
▸ PHRASES: **~ or <u>flight</u>!** friss oder stirb! *fam*; **to <u>put up</u> a [good] ~** sich *akk* [tapfer] zur Wehr setzen; **to put up a ~ about sth** sich *akk* gegen etw *akk* wehren
II. *vi* <fought, fought> ❶ (*combat violently*) kämpfen; ***the children were ~ing in the playground*** die Kinder rauften sich auf dem Spielplatz; **to ~ like cats and dogs** wie Hund und Katze sein; ■**to ~ against/for sth/sb** gegen/für etw/jdn kämpfen; ■**to ~ with each other** miteinander kämpfen
❷ (*wage war*) kämpfen; **to ~ to the death** auf Leben und Tod kämpfen; **to ~ to the bitter end** bis zum bitteren Ende kämpfen; **to ~ to the finish** bis zum Schluss [*o* letzten Augenblick] kämpfen; ■**to ~ on** weiterkämpfen, den Kampf fortsetzen; ■**to ~ against/for sb/sth** gegen/für jdn/etw kämpfen; **to ~ for the winning side** für die Sieger kämpfen; ■**to ~ with sb** (*battle against*) gegen jdn kämpfen; (*battle on same side*) an jds Seite kämpfen
❸ (*quarrel*) sich *akk* streiten; ■**to ~ about sb/sth** sich *akk* über jdn/etw [*o* wegen einer Person/einer S. *gen*] streiten; ■**to ~ over sth/sb** sich *akk* um etw/jdn streiten
❹ (*struggle*) kämpfen; **to ~ at** [*or* **in**] **an election** bei einer Wahl kandidieren; **to ~ to clear one's name** um seinen guten Ruf kämpfen; ■**to ~ against sth** gegen etw *akk* [an]kämpfen, etw bekämpfen; ■**to ~ against sb** gegen jdn [an]kämpfen; ■**to ~ for sth** um etw *akk* kämpfen; **to ~ for breath** nach Luft ringen; **to ~ for a cause** für eine Sache kämpfen; **to ~ for life** um sein Leben kämpfen
❺ BOXING boxen; ■**to ~ against sb** gegen jdn boxen
III. *vt* <fought, fought> ❶ (*wage war*) ■**to ~ sb/sth** gegen jdn/etw kämpfen; **to ~ a delaying action** den Feind im Kampf hinhalten; **to ~ a battle** eine Schlacht schlagen; **to ~ a duel** ein Duell austragen, sich *akk* duellieren
❷ (*dated: manoeuvre*) **to ~ ships/troops** Schiffe/Truppen kommandieren
❸ (*struggle to extinguish*) **to ~ a fire** ein Feuer bekämpfen, gegen ein Feuer ankämpfen
❹ (*strive to win*) **to ~ an action** einen Prozess durchkämpfen; **to ~ a case in** [*or* **through**] **the courts** einen Fall vor Gericht durchfechten; (*strive to beat*) ■**to ~ sb for sth** gegen jdn wegen einer S. *gen* einen Prozess führen
❺ (*struggle against, resist*) ■**to ~ sth** etw bekämpfen, gegen etw *akk* [an]kämpfen; **to ~ crime** das Verbrechen bekämpfen; **to ~ a disease** gegen eine Krankheit ankämpfen; ■**to ~ sb** gegen jdn [an]kämpfen
❻ (*in boxing*) ■**to ~ sb** gegen jdn boxen
❼ (*battle*) **to ~ one's way [out of sth]** sich *dat* den Weg [aus etw *dat*] freikämpfen; **to ~ one's way through the crowd** sich *dat* einen Weg durch die Menge bahnen; **to ~ one's way to the top** sich *akk* an die Spitze kämpfen
▸ PHRASES: **to ~ a losing <u>battle</u>** auf verlorenem Posten kämpfen; **to ~ one's <u>corner</u>** BRIT seinen Standpunkt verfechten; **to ~ <u>fire</u> with fire** mit den gleichen Waffen kämpfen; **to not be able to ~ one's <u>way</u> out of a brown paper bag** absolut bescheuert sein *fam*; **to ~ <u>shy</u> of sb/sth** jdm/etw aus dem Weg

gehen

◆**fight back** **I.** *vi* zurückschlagen; (*defend oneself*) sich *akk* zur Wehr setzen; (*struggle, resist*) sich *akk* wehren

II. *vt* ■**to ~ back** ○ **sth** etw unterdrücken [*o* zurückhalten], gegen etw *akk* ankämpfen; **to ~ back the** [*or* **one's**] **tears** gegen die Tränen ankämpfen, die Tränen unterdrücken [*o* zurückhalten]

◆**fight down** *vt see* **fight back II**

◆**fight off** *vt* ① (*hit*) ■**to ~ off** ○ **sb** jdn abwehren; **to ~ off a reporter** einen Reporter abwimmeln *pej*

② (*master*) ■**to ~ off** ○ **sth** etw bekämpfen, gegen etw *akk* [an]kämpfen; **to ~ off a cold/depression** gegen eine Erkältung/Depression ankämpfen

◆**fight out** *vt* ■**to ~ it out** es ausfechten; (*compete also*) es austragen; **~ *it out between you!*** (*fam*) macht das unter euch aus!

fightback *n* BRIT *esp* SPORTS (*also fig*) Gegenwehr *f*, Zurückschlagen *nt*

fighter ['faɪtəʳ, AM -t̬ɚ] *n* ① (*boxer*) Boxer(in) *m(f)*, Fighter(in) *m(f)*

② (*plane*) Jäger *m*, Kampfflugzeug *nt*

③ (*one who fights*) Kämpfer(in) *m(f)*

④ (*one who resists*) Kämpfernatur *f*

fighter airplane *n* Kampfflugzeug *nt*, Jäger *m* **fighter-bomber** *n* Jagdbomber *m* **fighter pilot** *n* Jagdflieger(in) *m(f)*

fighting ['faɪtɪŋ, AM -t̬-] **I.** *n no pl* ① (*hostilities*) Kämpfe *mpl*, Gefechte *ntpl*; ***the ~ on the Eastern Front lasted for four years*** die Kämpfe an der Ostfront dauerten vier Jahre an

② (*fist fights*) Schlägereien *fpl*, Prügeleien *fpl*

II. *adj attr, inv* kämpferisch, streitlustig; ***they were in a ~ mood*** sie waren kämpferisch gestimmt

fighting chance *n* reelle Chance; ***although the odds are against us we do have a ~ of getting a mortgage*** obwohl unsere Chancen schlecht stehen, besteht die Möglichkeit, dass wir ein Hypothekendarlehen bekommen; **there's a ~ that ...** es gibt eine reelle Chance, dass ... **fighting fit** *adj pred* topfit *fam* **fighting spirit** *n no pl* Kampfgeist *m* **fighting talk** *n no pl*, **fighting words** *npl* (*fam*) Kampfparolen *fpl*

fig leaf *n* Feigenblatt *nt*; (*fig*) Tarnung *f*, Feigenblatt *nt*

figment ['fɪgmənt] *n* Fantasieprodukt *nt*, Hirngespinst *nt pej*; **to be a ~ of sb's** [*or* **the**] **imagination** reine [*o* pure] Einbildung sein; ***this is a ~ of her imagination*** das bildet sie sich nur ein

figurative ['fɪgjərətɪv, AM -jɚət̬ɪv] *adj inv* ① (*metaphorical*) bildlich; LING figurativ *fachspr*; **~ expression** bildlicher Ausdruck; **~ meaning** übertragene Bedeutung; **~ sense** übertragener [*o fachspr* figurativer] Sinn

② ART gegenständlich

figuratively ['fɪgjərətɪvli, AM -jɚət̬-] *adv inv* bildlich, figurativ *fachspr*; **to express sth ~** etw bildlich ausdrücken; **to be used ~** im übertragenen Sinn [*o fachspr* figurativ] gebraucht sein; **~ speaking** bildlich gesprochen

figure ['fɪgəʳ] **I.** *n* ① (*silhouette of body*) Gestalt *f*; (*personality*) Persönlichkeit *f*; (*in novel*) Gestalt *f*; **a ~ of fun** [*or* AM *usu* **ridicule**] eine Spottfigur [*o pej fam* Witzfigur]; **to be a mother ~ to sb** für jdn die Mutterrolle einnehmen; **to cut an elegant/a sorry ~** eine elegante/traurige Figur abgeben

② (*shape of body*) Figur *f*; **a fine ~ of a man** (*dated or hum*) ein Bild *nt* von einem Mann; **a fine ~ of a woman** eine stattliche Frau; **to be ~-conscious** figurbewusst sein; **to get one's ~ back** seine alte Figur wiederbekommen; **to keep one's ~** schlank bleiben

③ MATH (*digit*) Ziffer *f*; (*numeral*) Zahl *f*; ***he is good at ~s*** er ist ein guter Rechner; **column of ~s** Zahlenreihen *pl*; **to have a head for ~s** sich *dat* Zahlen gut merken können; **double/single ~s** zweistellige/einstellige Zahlen; **to run into double ~s** im zweistelligen Bereich liegen; ***his income runs into five ~s*** [*or* ***he has a five-~ income***] er hat ein fünfstelliges Einkommen; **to put a ~ on sth** etw in Zahlen ausdrücken; **in four/five ~s** vier-/fünfstellig; **in round ~s** rund [gerechnet]; **to work out the ~s** Kalkulationen vornehmen

④ (*amount of money, cash*) Betrag *m*; **a high** [*or* **large**] **~** ein hoher Preis; *amount* eine hohe Summe; **sales ~s** Verkaufszahlen *pl*, Absatzzahlen *pl*

⑤ (*bookkeeping, economic data*) ■**the ~s** *pl* ***Ms Smith, could you bring in the ~s for the Miller contract?*** Frau Schmitt, könnten Sie das Zahlenmaterial für den Miller-Vertrag bringen?; **unemployment ~s** Arbeitslosenzahlen *pl*

⑥ (*illustration, representation*) Abbildung *f*; (*diagram*) Diagramm *nt*

II. *vt* ① *esp* AM (*think, reckon*) ■**to ~ sth** (*anticipate, envisage*) etw voraussehen; (*predict*) etw voraussagen; (*estimate*) etw schätzen

② (*comprehend, work out*) ■**to ~ sth/sb** etw/jdn verstehen; ■**to ~ why/who/how ...** verstehen, warum/wer/wie ...; ***can you ~ how to open this box?*** hast du eine Ahnung, wie der Kasten aufgeht?

III. *vi* ① (*feature*) eine Rolle spielen; (*appear*) erscheinen, auftauchen; (*he ~d prominently in my plans*) er spielte eine bedeutende Rolle in meinen Plänen; ***where does pity ~ in your scheme of things?*** welche Rolle spielt Mitleid in deiner Weltordnung?

② *esp* AM (*count on*) ■**to ~ on sth** mit etw *dat* rechnen

③ (*make sense*) ***that*** [*or* ***it***] **~s** *esp* AM das hätte ich mir denken können; ***it doesn't ~*** das passt nicht zusammen

④ (*fam: imagine*) **go ~** stell dir vor

◆**figure out** *vt* ① (*fam: comprehend*) ■**to ~ out** ○ **sth** etw herausfinden; ***I can't ~ out why he did it*** ich kann mir nicht erklären, warum er es tat; ***can you ~ out how to open this box?*** weißt du, wie man diese Schachtel aufmacht?; **to ~ out a problem** ein Problem lösen

② (*fam: calculate*) ■**to ~ out** ○ **sth** etw ausrechnen

③ (*understand*) ■**to ~ out** ○ **sb** jdn verstehen [*o* begreifen]

◆**figure up** *vi* zusammenzählen; ***the holiday in Spain ~s up to $200*** die Urlaubskosten in Spanien belaufen sich auf 200 Dollar

-figure ['fɪgəʳ, AM -jɚ] *in compounds* -stellig; **a four/five/six-~ salary** ein vier-/fünf-/sechsstelliges Gehalt

figure eight *n* AM SPORTS (*figure of eight*) Achter *m* **figurehead** ['fɪgəhed, AM -jɚ-] *n* (*also fig*) Galionsfigur *f a. fig* **figure-hugging** *adj inv* hauteng **figure of eight** <*pl* figures of eight> *n* BRIT, AUS SPORTS Achter *m* **figure of speech** <*pl* figures-> *n* (*rhetorical device*) Redefigur *f*, Redensart *f*; (*simile*) Redewendung *f*; ***it's just a ~*** (*fam*) das habe ich nur so gesagt *fam* **figure-skater** *n* Eiskunstläufer(in) *m(f)* **figure-skating** *n no pl* Eiskunstlauf *m*

figurine ['fɪgjəri:n, AM ˌfɪgju:'ri:n] *n* ART Figurine *f fachspr*, Statuette *f*

Fijian [fi:'dʒi:ən] **I.** *adj inv* Fidschi-, der Fidschi-Inseln *nach n*

II. *n* Fidschi-Insulaner(in) *m(f)*

filament ['fɪləmənt] *n* ① (*fibre*) Faden *m*, Faser *f*

② ELEC Glühfaden *m*

③ BOT Filament *nt fachspr*, Staubfaden *m*

filbert ['fɪlbət, AM -bɚt] *n* ① (*tree*) Haselnussstrauch *m*

② (*nut*) Haselnuss *f*

filch [fɪltʃ] *vt* (*fam*) ■**to ~ sth** etw mitgehen lassen *fam*, etw mopsen *fam*

file¹ [faɪl] **I.** *n* ① (*folder*) [Akten]hefter *m*; (*hardback with a spine*) [Akten]ordner *m*; (*loose-leaf*) [Akten]mappe *f*; **box ~** kastenförmiger Aktenordner; ***you'll find it in the ~s under C*** das muss in den Akten unter C sein

② (*information, database*) Akte *f* (**on** über +*akk*); **the Reg Jones ~** die Akte Reg Jones; **to place sth on ~** etw zu den Akten nehmen; **to keep a ~ on sb/sth** eine Akte über jdn/etw führen; **to open** [*or* **start**] **a ~** eine Akte anlegen

③ (*records*) ■**~s** *pl* Unterlagen *fpl*, Akten *fpl*; ***your report will be put into our ~s*** wir werden ihren Bericht zu unseren Akten nehmen; **to be in** [*or* **on**] **sb's ~** in jds Akten [*o* Unterlagen] sein

④ COMPUT Datei *f*; **to copy/delete/save a ~** eine Datei kopieren/löschen/speichern

► PHRASES: **to keep sth on ~** etw aufbewahren

II. *n modifier* **~ copy** Aktenkopie *f*

III. *vt* ① (*put in folder*) ■**to ~ sth** etw ablegen; (*not loose also*) etw abheften; ***we ~ these reports under country of origin*** wir ordnen diese Berichte unter dem Ursprungsland ein; ***these scripts are ~d according to the author's last name*** diese Texte werden nach dem Nachnamen des Autors archiviert

② (*submit*) **to ~ a bid** ein Angebot abgeben; **to ~ a claim for sth** einen Anspruch auf etw *akk* erheben; ***claims were ~d for enormous damages against tobacco companies*** die Zigarettenindustrie wurde mit enormen Schadenersatzforderungen konfrontiert; **to ~ a petition** einen Antrag stellen; **to ~ a petition in bankruptcy** (*one's own*) Konkurs anmelden; (*sb else's*) Konkurs beantragen; **to ~ a protest** Einspruch einlegen; **to ~ a suit against sb/sth** eine Klage gegen jdn/etw einreichen; **to ~ a tax return** eine Steuererklärung abgeben

③ JOURN **to ~ a copy/report/story** ein Manuskript/einen Bericht/eine Geschichte einsenden

IV. *vi* LAW ■**to ~ for sth** auf etw *akk* klagen; **to ~ for bankruptcy** einen Konkursantrag stellen, Konkurs anmelden; **to ~ for divorce** die Scheidung beantragen

◆**file away** *vt* ■**to ~ away** ○ **sth** etw zu den Akten legen; (*fig*) etw im Gedächtnis behalten

file² [faɪl] **I.** *n* ① (*line*) Reihe *f*; **a ~ of children** eine Reihe Kinder; **in ~** in Reih und Glied; **in single ~** im Gänsemarsch; **to stand in single ~** in Reihe stehen

② + *sing/pl vb* MIL Abteilung *f*

③ CHESS Reihe *f*

II. *vi* ■**to ~ into sth** nacheinander in etw *akk* [herein]kommen; ***hundreds of tourists ~d past the monument*** Hunderte von Touristen defilierten an dem Denkmal vorbei; ***the visitors ~d through the entrance to the ticket offices*** die Besucherschlange reichte durch den Eingang bis zum Kartenschalter

file³ [faɪl] **I.** *n* (*tool*) Feile *f*

II. *vt* (*smooth*) ■**to ~ sth** etw feilen; **to ~ one's nails** sich *dat* die Nägel feilen; ■**to ~ sth down** etw abfeilen

◆**file away, file off** *vt* ■**to ~ away** [*or* **off**] ○ **sth** etw abfeilen

◆**file through** *vi* ■**to ~ through sth** etw durchfeilen

file cabinet *n* AM Aktenschrank *m* **file extension** *n* COMPUT Datei[namen]erweiterung *f*, Dateikennung *f* **file manager** *n* COMPUT Dateimanager *m* **file name** *n* COMPUT Dateiname *m* **file server** *n* COMPUT File Server *m fachspr*

filet ['fɪleɪ, AM fɪ'leɪ] *n* ① FOOD *see* **fillet**

② *no pl* (*net*) Filetarbeit *f*, Netzstickerei *f*

filet mignon *n no pl* FOOD Filet mignon *nt*

filial ['fɪliəl] *adj attr, inv* (*form*) ① (*of a son, daughter*) Kindes-; **~ duty** Kindespflicht *f geh*; (*of a son also*) Sohnespflicht *f geh*; **~ obedience/respect** kindlicher Gehorsam/Respekt; **~ piety** kindliche Ergebenheit

② BIOL Filial- *fachspr*; **~ generation** Filialgeneration *f fachspr*

filibuster ['fɪlɪbʌstəʳ, AM -ɚ] **I.** *n esp* AM ① (*obstruction*) Verschleppung *f*, Obstruktion *f geh*

② (*obstructing person*) Dauerredner(in) *m(f)*

II. *vi esp* AM Obstruktion betreiben *geh*

III. *vt* **to ~ legislation/a measure** ein Gesetz/eine Maßnahme [durch Verschleppung] zu Fall bringen

filibustering ['fɪlɪbʌstərɪŋ] *n no pl esp* POL Filibustern *nt*, Obstruktionismus *nt*, Verschleppungstaktik *f* (*durch endloses Redenhalten*)

filigree ['fɪlɪgri:] **I.** *n no pl* Filigran *nt*, Filigranarbeit *f*

II. *n modifier* Filigran-; **~ ornament** feingliedrige Verzierungen; **~ silverwork** sorgfältige Silberarbeit

filing ['faɪlɪŋ] *n* ① *no pl* (*archiving*) Ablage *f*; ***her job involves*** ~ zu ihren Aufgaben gehört auch die Ablage
② (*registration*) Einreichung *f*; **bankruptcy** ~ Konkursanmeldung *f*
③ *no pl* COMPUT Archivierung *f*
filing cabinet *n* ① (*furniture*) Aktenschrank *m* ② (*container for file cards*) Karteikasten *m* **filing clerk** *n* Archivangestellte(r) *f(m)*, Registrator(in) *m(f)*
filings ['faɪlɪŋz] *npl* (*particles*) [Feil]späne *mpl*; **iron** ~ Eisenspäne *mpl*
filing system *n* ECON Ablagesystem *nt*; COMPUT Archivierungssystem *nt*
Filipino [ˌfɪlɪ'piːnəʊ, AM noʊ] **I.** *adj inv* philippinisch
II. *n* <*pl* -s> Philippino, Philippina *m, f*, Bewohner(in) *m(f)* der Philippinen
fill [fɪl] **I.** *n* ① (*bearable amount*) **to drink one's** ~ seinen Durst stillen; **to eat one's** ~ sich *akk* satt essen; **to have one's** ~ **of sth** von etw *dat* genug haben
② (*space full*) Füllung *f*; ~ **of gasoline** [*or* **petrol**] Tankfüllung *f*; **a** ~ **of tobacco** eine Pfeife Tabak; **to have had one's** ~ **of sth** genug von etw *dat* haben
③ *no pl* (*material*) Verfüllung *f*, Aufschüttung *f*
II. *vt* ① (*make full*) ■**to** ~ **sth** etw füllen; **to** ~ **a bottle** eine Flasche [voll] füllen [*o* abfüllen]; **to** ~ **a pipe** eine Pfeife stopfen
② (*occupy to capacity*) ■**to** ~ **sth** etw füllen; **to** ~ **a stadium** ein Stadion füllen
③ (*seal, block*) ■**to** ~ **sth** [**with sth**] etw [mit etw *dat*] füllen; **to** ~ **a cavity** [*or* **hole**] ein Loch füllen; **to** ~ **a crack** einen Spalt [*o* Riss] verspachteln; **to** ~ **a tooth** einen Zahn plombieren
④ FOOD ■**to** ~ **sth** [**with sth**] etw [mit etw *dat*] füllen; ~ ***the mushrooms with the prepared stuffing*** die Pilze mit der vorbereiteten Füllung füllen
⑤ (*pervade*) ■**to** ~ **sth** etw erfüllen; ***happy sounds*** ~***ed the room*** der Raum war mit [*o* von] fröhlichen Klängen erfüllt; ***a strong sweet smell*** ~***ed the air*** ein starker, süßer Geruch lag in der Luft
⑥ (*cause to feel*) ■**to** ~ **sb with sth** jdn mit etw *dat* erfüllen *geh*; **to** ~ **sb with fear** jdn mit Furcht erfüllen *geh*
⑦ NAUT **to** ~ **a sail** ein Segel aufblähen
⑧ (*appoint to hold*) **to** ~ **a vacancy/job/position** [**with sb**] eine freie Stelle/Position [mit jdm] besetzen
⑨ (*carry out duties of*) **to** ~ **a role/position** eine Rolle/Position übernehmen
⑩ (*utilize*) ■**to** ~ **the day/time** [**with sth**] den Tag/die Zeit [mit etw *dat*] ausfüllen [*o* verbringen]; **to** ~ **the day/time** [**by**] **watching television** den Tag/die Zeit mit Fernsehen verbringen; (*bridge*) **to** ~ **time** die Zeit überbrücken
⑪ (*satisfy*) **to** ~ **a need** einen Bedarf [ab]decken; **to** ~ **a gap** [*or* **need**] **in the market** in eine Marktlücke stoßen, eine Marktlücke schließen; **to** ~ **an order** einen Auftrag ausführen; **to** ~ **a prescription** AM eine Medizin zubereiten; **to** ~ **a vacuum** [*or* **void**] eine Lücke schließen
⑫ (*satiate*) ■**to** ~ **sb** jdn sättigen [*o* satt machen]; (*fig*) jdn zufrieden stellen
III. *vi* ① (*make full*) sich *akk* füllen; ■**to** ~ **with sth** sich *akk* mit etw *dat* füllen; ***their eyes*** ~***ed with tears*** sie hatten Tränen in den Augen, ihnen traten [die] Tränen in die Augen; ***the buckets were quickly*** ~***ing with water*** die Eimer waren schnell voller Wasser
② AM ECON, FIN ~ **or kill** [einen/den Börsenauftrag] unverzüglich ausführen oder stornieren, [eine/die Option] ausüben oder aufgeben
◆**fill in I.** *vt* ① (*inform*) ■**to** ~ **in** ↔ **sb** [**on sth**] jdn [über etw *akk*] informieren [*o* unterrichten]
② BRIT (*fam: hit*) ■**to** ~ **in** ↔ **sb** jdn zusammenschlagen [*o* krankenhausreif schlagen] *fam*
③ (*seal*) ■**to** ~ **in** ↔ **sth** etw [aus]füllen; **to** ~ **in a hole with putty/cracks in the plaster** ein Loch mit Kitt/Risse im Putz zuspachteln [*o* verspachteln]
④ ART ■**to** ~ **in** ↔ **sth** etw ausmalen
⑤ (*complete*) ■**to** ~ **in** ↔ **sth** etw ausfüllen; **to** ~ **in a form** ein Formular ausfüllen
⑥ (*enter*) ■**to** ~ **in** ↔ **sth** etw eintragen; ***please*** ~ ***in your name and address*** bitte Namen und Anschrift eintragen
⑦ (*occupy*) ■**to** ~ **in the time** [**by**] **doing sth** die Zeit mit etw *dat* ausfüllen [*o* verbringen]; (*bridge*) **to** ~ **in the time** die Zeit überbrücken
II. *vi* ■**to** ~ **in** [**for sb**] [für jdn] einspringen
◆**fill out I.** *vt* ■**to** ~ **out** ↔ **sth** etw ausfüllen; **to** ~ **out a form** ein Formular ausfüllen
II. *vi* (*expand*) sich *akk* ausdehnen; (*gain weight*) fülliger werden
◆**fill up I.** *vt* ① (*render full*) ■**to** ~ **up** ↔ **sth** etw voll füllen; **to** ~ **up a bucket with water** einen Eimer mit Wasser [voll] füllen
② (*occupy entire space*) ■**to** ~ **up** ↔ **sth** etw ausfüllen; ***the painting*** ~***s up the entire wall*** das Bild füllt die gesamte Wand aus
③ BRIT (*fill in*) ■**to** ~ **up** ↔ **sth** etw ausfüllen; **to** ~ **up a document** ein Dokument ausfüllen
④ AUTO **to** ~ **up a car/the petrol** [*or* AM **gas**] **tank** ein Auto voll tanken/den Tank voll machen; ***I*** ~***ed up the car with diesel fuel*** ich tankte das Auto mit Diesel voll; ~ ***it up with unleaded, please!*** einmal bleifrei voll tanken, bitte!
⑤ (*occupy*) ***after her death he*** ~***ed up his timetable with as many appointments as possible to take his mind off the tragedy*** nach ihrem Tod traf er jeden Tag so viele Verabredungen wie möglich, um sich von der Tragödie abzulenken; **to** ~ **up the day with appointments** den Tag mit Terminen voll packen *fam*; **to** ~ **up one's time** sich *dat* viel vornehmen
⑥ FOOD ■**to** ~ **up** ↔ **sb** jdn satt bekommen; ■**to** ~ **oneself up** sich *akk* voll stopfen *fam*
II. *vi* ① (*become full*) sich *akk* füllen; ■**to** ~ **up with sth** sich *akk* mit etw *dat* füllen; ***the hall*** ~***ed up with visitors*** die Halle füllte sich mit Besuchern
② AUTO [voll] tanken
filled gold *n no pl* Golddoublé *nt* **filled milk** *n no pl mit Pflanzenöl verstärkte Magermilch*
filler ['fɪləʳ, AM -ɚ] *n* ① (*sb that fills*) Abfüller(in) *m(f)*
② (*sth that fills*) Füllvorrichtung *f*; (*funnel*) Trichter *m*
③ *no pl* (*for cracks*) Spachtelmasse *f*; **wood** ~ Porenfüller *m*
④ (*for adding bulk*) Füllmaterial *nt*, Füllmittel *nt*; **foam** ~ Schaumfüllstoff *m*
⑤ JOURN, TV, RADIO Lückenfüller *m*
⑥ LING Füllwort *nt*
⑦ *no pl* AM (*tobacco*) Tabak *m*
filler cap *n* Tankdeckel *m*, Tankverschluss *m*
fillet¹ ['fɪleɪ, 'fɪlɪt, AM fɪ'leɪ, 'fɪlɪt] *n* FOOD Filet *nt*
fillet² ['fɪlɪt] **I.** *n* ① (*headband*) Stirnband *nt*
② (*separating mouldings*) Leiste *f*, Rippe *f*; (*between flutes*) Kannelüre *f fachspr*
③ TYPO, PUBL Filet *nt fachspr*, [Buch]zierstreifen *m*; (*tool*) Filete *f fachspr*
④ (*on walls, furniture, windows*) Hohlkehle *f*, Deckleiste *f*
II. *vt* ① (*remove bones*) **to** ~ **a fish** einen Fisch entgräten
② (*cut into pieces*) **to** ~ **fish/meat** Fisch/Fleisch filetieren
fillet steak *n* Filetsteak *nt*
filling ['fɪlɪŋ] **I.** *n* ① (*material*) Füllmasse *f*, Füllmaterial *nt*
② (*for dental cavities*) Füllung *f*, Plombe *f veraltend*
③ FOOD Füllung *f*; (*in a sandwich*) Belag *m*
II. *adj* sättigend
filling station *n* Tankstelle *f*
fillip ['fɪlɪp] **I.** *n* ① *usu sing* (*stimulus*) Ansporn *m kein pl*; (*boost*) Auftrieb *m*; **to give sb a** ~, **to provide a** ~ **for** [*or* **to**] **sb** (*encourage*) jdn anspornen; (*give a boost*) jdm Auftrieb geben; **to give sth a** ~, **to provide a** ~ **for** [*or* **to**] **sth** (*stimulate*) etw beleben [*o fam* in Schwung bringen]; (*give a boost*) etw *dat* Auftrieb geben; ***the news gave the stock market a big*** ~ die Meldungen führten zu einer deutlichen Belebung des Aktienmarkts
② (*dated: flick*) Schnipser *m*, Schnalzer *m*
③ (*strike*) Klaps *m*
II. *vt* ① (*dated: flick*) ■**to** ~ **sth** mit etw *dat* schnipsen [*o* schnalzen]
② (*strike*) ■**to** ~ **sb/sth** jdm/etw einen Klaps geben
③ (*stimulate*) ■**to** ~ **sth** etw beleben [*o fam* in Schwung bringen]; (*encourage*) ■**to** ~ **sb** jdn anspornen; **to** ~ **sb's memory** jds Gedächtnis auf die Sprünge helfen *fam*
fill-up ['fɪlʌp] *n* ① (*making full*) Auftanken *nt*, Volltanken *nt*
② (*filler*) Füller *m*, Füllmaterial *nt pej*
filly ['fɪli] *n* ① ZOOL Stutenfohlen *nt*, junge Stute
② (*dated: girl*) Bienchen *nt hum veraltend*
film [fɪlm] **I.** *n* ① (*motion picture*) Film *m*; ***she's had a long career in*** ~***s*** sie hat eine lange Filmkarriere hinter sich; **to get into the** ~**s** zum Film gehen; **to make** [*or* **shoot**] **a** ~ einen Film drehen; **to see** [*or* **watch**] **a** ~ sich *dat* einen Film ansehen
② *no pl* (*for cameras*) Film *m*; **a roll of** ~ eine Rolle Film; **to develop a roll of** ~ einen Film entwickeln; **to catch** [*or* **record**] **sth on** ~ etw auf Film festhalten; **to run out of** ~ keinen Film mehr haben
③ (*layer*) Schicht *f*, Film *m*; ~ **of grease/oil** Schmier-/Ölfilm *m*
④ (*sheet*) Folie *f*; **plastic** ~ Kunststofffolie *f*, Plastikfolie *f*
II. *n modifier* (*actor, career, industry, producer*) Film-; ***Hollywood is the*** ~ ***capital of the world*** Hollywood ist die Filmhauptstadt der Welt; ~ **buff** Filmfan *m*; ~ **censorship** Filmzensur *f*; ~ **scenario** FILM Szenario *nt fachspr*
III. *vt* ① (*photograph*) ■**to** ~ **sb/sth** jdn/etw filmen; (*shoot*) **to** ~ **a scene** eine Szene drehen
② (*reproduce*) **to** ~ **a book** ein Buch verfilmen
IV. *vi* ① (*make a movie*) filmen, drehen
② (*transfer to film*) **to** ~ **well/badly** *book, story* sich *akk* gut/schlecht verfilmen lassen; *person* fotogen/nicht fotogen sein; ***this story*** ~***s well*** diese Geschichte eignet sich gut zum Verfilmen
◆**film over** *vi* (*become tearful*) ***suddenly, her eyes*** ~***ed over*** [**with tears**] plötzlich traten Tränen in ihre Augen *akk*; (*haze*) anlaufen, beschlagen
film archives *npl* Filmarchiv *nt* **film camera** *n* Filmkamera *f* **film clip** *n* [Film]ausschnitt *m* **film credits** *npl* [Film]abspann *m* **film critic** *n* Filmkritiker(in) *m(f)* **film director** *n* Filmregisseur(in) *m(f)* **filmgoer** *n* Kinobesucher(in) *m(f)*; (*regular*) Kinogänger(in) *m(f)* **filmgoing** *n no pl* Kinobesuch *m*; ~ ***is for her something of a luxury*** ins Kino zu gehen ist für sie fast schon Luxus
filmic ['fɪlmɪk] *adj* (*form*) filmisch *attr*, Film-
filminess ['fɪlmɪnəs] *n no pl* ① (*translucence*) Durchsichtigkeit *f*
② (*haziness*) Verschwommenheit *f*; ***there was a*** ~ ***in her eyes*** sie hatte ganz verschwommene Augen
filming ['fɪlmɪŋ] *n no pl* ① (*making of a film*) Dreharbeiten *fpl*; ~ ***is taking place in the Spanish countryside*** die Dreharbeiten finden in Spanien auf dem Land statt; ***after three weeks of*** ~ ***there is not a great deal more that a director can teach the actors*** nach drei Wochen Dreharbeiten kann der Regisseur den Schauspielern nicht viel mehr Neues vermitteln
② (*making into a film*) **the** ~ **of a book** die Verfilmung eines Buchs
film-maker *n* Filmemacher(in) *m(f)* **film-making** *n no pl* Filmproduktion *f* **film noir** *n* ① *no pl* (*genre*) Film noir *m* ② (*film*) düsterer Film
filmography [fɪlm'ɒgrəfi, AM -'ɑːgrə-] *n* Filmografie *f*
film producer *n* Filmproduzent(in) *m(f)* **film projector** *n* [Film]projektor *m* **film rental** *n* ① (*price*) [Film]leihgebühr *f* ② (*company*) Filmverleih *m* **film rights** *npl* Filmrechte *pl* **film script** *n* Drehbuch *nt*, Skript *nt* **film set** *n* ① (*model*) Filmkulisse *f*, Dekoration *f* ② (*location*) Drehort *m*, Filmset *nt* **film speed** *n* ① (*sensitivity*) Lichtempfindlichkeit *f*, Filmempfindlichkeit *f* ② (*pace*) Laufgeschwindigkeit *f*, Frequenz *f* **film star** *n* Filmstar

m **film starlet** *n* (*dated*) Filmsternchen *nt,* [Film]starlet *nt hum pej* **filmstrip** *n* FILM, TECH Filmstreifen *m,* Bildstreifen *m; esp* SCH (*sequence*) Filmabschnitt *m;* (*scene*) Filmszene *f* **film studio** *n* Filmstudio *nt,* Filmatelier *nt*

filmy ['fɪlmi] *adj* ❶ (*translucent*) hauchdünn, durchscheinend; ~ **textile** durchsichtiger Stoff
❷ (*hazy*) trüb; ~ **gaze** verschleierter Blick; ~ **mist/smoke** leichter Nebel/Rauch

filofax® *n* BRIT, **Filofax**® ['faɪlə(ʊ)fæks] *n* BRIT Filofax® *m,* Terminplaner *m*

filo pastry [ˌfaɪləʊ'-, AM ˌfiːloʊ'-] *n no pl,* **filo dough** *n no pl* griechischer Blätterteig *f*

filter ['fɪltəʳ, AM -ɚ] **I.** *n* ❶ (*porous device*) Filter *m;* **water** ~ Wasserfilter *m;* (*for coffee*) Kaffeefilter *m,* Filtertüte *f*
❷ (*for light*) Filter *m o nt;* **light** ~ Lichtfilter *m,* optischer Filter
❸ (*for frequencies*) Frequenzfilter *m*
❹ BRIT **[traffic]** ~ (*lane*) Abbiegespur *f;* (*light*) grünes Licht für Abbieger
❺ COMPUT, INET Filter *m*
II. *n modifier* Filter-; ~ **program** COMPUT Filterprogramm *nt fachspr*
III. *vt* ❶ (*process, purify*) ■**to** ~ **sth** etw filtern [*o bes fachspr* filtrieren]
❷ (*extract*) ■**to** ~ **sth from sth** etw aus etw *dat* herausfiltern
❸ (*fig: select*) **to** ~ **calls/people** Anrufe/Leute selektieren [*o* auswählen]
IV. *vi* ❶ BRIT AUTO **to** ~ **left/right** sich *akk* links/rechts einordnen
❷ (*get*) ■**to** ~ **into/out of sth** *liquid* in etw *akk*/aus etw *dat* sickern; *light, sound* in etw *akk*/aus etw *dat* dringen
◆**filter down I.** *vi* durchsickern; ***news ~ed down to us during the day*** die Neuigkeiten sind im Lauf des Tages bis zu uns durchgesickert
II. *vt* ■**to** ~ **down** ⟲ **sth [to sb]** etw [zu jdm] durchsickern lassen
◆**filter in** *vi* ❶ (*become known*) durchsickern
❷ BRIT AUTO sich *akk* einfädeln
◆**filter out I.** *vi* ❶ (*leak*) durchsickern
❷ (*leave*) nacheinander herausgehen [*o* herauskommen]
II. *vt* ■**to** ~ **sth** ⟲ **out [from sth]** etw [aus etw *dat*] herausfiltern
◆**filter through** *vi light* durchscheinen, durchschimmern; *liquid* durchsickern; *sound* durchdringen; (*fig*) *news, reports* durchsickern

filter bed *n* ❶ (*sewage treatment plant*) Kläranlage *f,* Klärbecken *nt* ❷ (*filtering layer*) Filterschicht *f,* Filterbett *nt* **filter coffee** *n no pl,* **filtered coffee** *n no pl* Filterkaffee *m* **filter lane** *n* BRIT Abbiegespur *f* **filter paper** *n esp* BRIT Filterpapier *nt* **filter tip** *n* ❶ (*cigarette*) Filterzigarette *f* ❷ (*filter*) Filter *m* **filter-tipped cigarette** *n* Filterzigarette *f*

filth [fɪlθ] *n no pl* ❶ (*dirt*) Dreck *m,* Schmutz *m;* (*faeces*) Kot *m*
❷ (*pej: obscenity*) Schmutz *m pej,* Schund *m pej fam*
❸ (*foul language*) Obszönitäten *fpl,* Ausdrücke *mpl geh,* Schweinereien *fpl pej fam*
❹ + *sing/pl vb* BRIT (*pej! sl: police*) ■**the** ~ die Bullen *pl pej sl*

filthily ['fɪlθɪli] *adv* ❶ (*disgustingly*) widerlich *pej,* ekelhaft *pej fam*
❷ (*very*) schrecklich *fam,* furchtbar *fam;* ~ **rich** stinkreich *sl*

filthiness ['fɪlθɪnəs] *n no pl* Schmutzigkeit *f fam*

filthy ['fɪlθi] **I.** *adj* ❶ (*dirty*) schmutzig, dreckig *fam,* verdreckt *pej fam*
❷ (*bad-tempered*) furchtbar; ***he was in a ~ mood*** er hatte furchtbare Laune; ***he's got a ~ temper*** er hat ein aufbrausendes Temperament; ~ **look** vernichtender Blick; BRIT (*fam: unpleasant*) *night, afternoon* scheußlich, furchtbar; ~ **weather** Schmuddelwetter *nt fam*
❸ (*pej fam: obscene*) schmutzig *pej,* unanständig; ~ **language** obszöne [*o geh* unflätige] Sprache; ~ **mind** schmutzige Fantasie *pej;* ~ **habit** (*pej*) widerliche Angewohnheit *pej*
► PHRASES: ~ **lucre** schnöder Mammon *iron geh*
II. *adv* (*fam*) schrecklich *fam,* furchtbar *fam;* ~ **rich** stinkreich *sl*

filtration [fɪl'treɪʃᵊn] *n no pl* Filterung *f,* Filtrierung *f,* Filtration *f fachspr*

filtration plant *n,* **filtration unit** *n* Filteranlage *f,* Filtrationsanlage *f fachspr*

FIMBRA ['fɪmbrə] *n* ECON, FIN *acr for* **Financial Intermediaries, Managers and Brokers Regulatory Association** *Aufsichtsvereinigung für Finanzmakler, Finanzverwalter und Makler*

fin [fɪn] **I.** *n* ❶ (*appendage*) Flosse *f*
❷ (*flipper*) [Schwimm]flosse *f*
❸ AVIAT Seitenflosse *f;* AUTO Heckflosse *f;* NAUT Kielflosse *f,* Ruderflosse *f*
❹ AM (*dated sl: money*) Fünfdollarschein *m*
II. *vi* <-nn-> schwimmen
III. *vt* <-nn-> ■**to** ~ **sth** etw mit Flossen versehen

finagle [fɪ'neɪgl] (*fam*) **I.** *vt* ❶ (*cheat*) ■**to** ~ **sb out of sth** jdn um etw *akk* betrügen
❷ (*fam: obtain*) ■**to** ~ **sth** [sich *dat*] etw ergaunern, etw für sich *akk* rausholen
II. *vi* ■**to** ~ **around** herumgaunern *fam;* ■**to** ~ **over sth** sich *akk* mit etw *dat* herumschlagen

final ['faɪnᵊl] **I.** *adj inv* ❶ *attr* (*last*) letzte(r, s); ***in the ~ analysis the client has the freedom to refuse the offer*** letzten Endes hat der Kunde die Freiheit, das Angebot abzulehnen; ~ **chapter** Schlusskapitel *nt;* ~ **closing date** letzter Schlusstag; ~ **date for payment** letzter Zahlungstermin; ~ **instalment** [*or* AM **installment**] [*or* **part**] letzte Rate, Abschlusszahlung *f;* ~ **phase** [*or* **stage**] Endphase *f;* ~ **product** Endprodukt *nt;* **to be in the ~ stages** sich *akk* im Endstadium befinden; ***the game was in the ~ stages*** das Spiel befand sich in der Schlussphase; **to give sth the ~ touch, to put the ~ touches to sth** etw *dat* den letzten Schliff geben; ~ **result** Endergebnis *nt*
❷ (*decisive*) entscheidend; ~ **decision** endgültige Entscheidung; ~ **judgment** rechtskräftiges Urteil; **to have the ~ say [on sth]** [bei etw *dat*] das letzte Wort haben
❸ (*indisputable*) endgültig, definitiv; **that's ~!** (*fam*) und damit basta! *fam;* ***you're not going on that holiday and that's ~!*** du machst diesen Urlaub nicht und damit basta! *fam*
II. *n* ❶ (*concluding match*) Endspiel *nt,* Finale *nt;* **to get** [*or* **go**] **[through] to the ~** ins Finale kommen
❷ (*final stage*) ■**~s** *pl* Finale *nt*
❸ BRIT (*series of exams*) ■**~s** *pl* [Schluss]examen *nt;* **to take one's ~s** Examen machen
❹ AM (*exam*) Abschlussprüfung *f*
❺ PUBL, JOURN, MEDIA Spätausgabe *f*
❻ MUS Schlusssatz *m*

final demand *n* FIN letzte Mahnung [*o* Zahlungsaufforderung] **final discharge** *n* ECON, FIN Tilgungsrate *f* **final dividend** *n* FIN [Ab]schlussdividende *f*

finale [fɪ'nɑːli, AM -'næli] *n* Finale *nt;* **grand** ~ großes Finale; (*fig*) [krönender] Abschluss; ***the ovations were a rousing ~ to the match*** der Applaus war ein fulminanter Abschluss für das Spiel

final exam *n* AM (*last test*) Abschlussprüfung *f;* (*written test*) Abschlussklausur *f;* ***when is your algebra ~?*** wann schreibst du deine Algebraprüfung?

finalist ['faɪnᵊlɪst] *n* ❶ UNIV Examenskandidat(in) *m(f)*
❷ SPORTS Finalteilnehmer(in) *m(f),* Finalist(in) *m(f)*

finality [fɪ'næləti, AM faɪ'næləṭi] *n* ❶ *no pl* (*irreversible conclusion*) Endgültigkeit *f*
❷ *no pl* (*determination*) Entschiedenheit *f,* Bestimmtheit *f*
❸ (*final act*) abschließende Handlung

finalization [ˌfaɪnᵊlaɪ'zeɪʃᵊn, AM -lɪ'-] *n no pl*
❶ (*conclusion*) endgültiger Abschluss
❷ (*agreement*) endgültige Festlegung

finalize ['faɪnᵊlaɪz] *vt* ■**to** ~ **sth** ❶ (*complete*) etw zum Abschluss [*o* unter Dach und Fach] bringen
❷ (*agree on*) etw endgültig festlegen; **to** ~ **plans** Pläne endgültig ausarbeiten

finally ['faɪnᵊli] *adv inv* ❶ (*at long last*) schließlich; (*expressing relief*) endlich
❷ (*lastly*) zum Schluss
❸ (*in conclusion*) abschließend, zum Schluss
❹ (*conclusively*) endgültig; (*decisively*) bestimmt, entschieden

final solution *n* (*hist*) ■**the** ~ die Endlösung *euph hist*

finance ['faɪnæn(t)s] **I.** *n* ❶ *no pl* (*money management*) Finanzwirtschaft *f,* Finanzwesen *nt,* Geldwesen *nt;* **corporate** ~ Unternehmensfinanzen *pl,* Betriebsfinanzen *pl;* **personal** ~ private Finanzen *pl;* **public** ~ Staatsfinanzen *pl*
❷ *no pl* (*money*) Geldmittel *pl,* Geld *nt;* **to raise ~** Geld aufbringen [*o* beschaffen]
❸ FIN ■**~s** *pl* (*assets*) Finanzen *pl;* (*fam: personal cash flow situation*) Finanzlage *f kein pl;* ***my ~s are quite low at the moment*** ich habe zurzeit nicht gerade viel Geld; ***my ~s won't run to a new car this year*** BRIT, AUS (*fam*) ich kann mir in diesem Jahr keine neues Auto leisten
II. *n modifier* ECON, FIN ~ **charge** Finanzierungskosten *pl;* ~ **house deposits** Einlagen *pl* von Banken bei Finanzierungsgesellschaften
III. *vt* ■**to** ~ **sb/sth** jdn/etw finanzieren

finance bill *n* ECON, FIN ❶ BRIT (*listing chancellor's budget*) jährlicher Haushaltsgesetzentwurf ❷ (*short-term credit bill*) Finanzwechsel *m* **finance company** *n,* **finance house** *n* Finanzierungsgesellschaft *f;* BRIT Kundenkreditbank *f*

financial [faɪ'næn(t)ʃᵊl] *adj inv* finanziell, Finanz-; (*fiscal*) Fiskal-; (*monetary*) Geld-; ***we've hired an attorney to look after her ~ affairs*** wir haben einen Anwalt mit der Verwaltung ihres Vermögens beauftragt; ~ **adviser** [*or esp* AM **advisor**] Finanzberater(in) *m(f);* ~ **difficulties** finanzielle Schwierigkeiten; ~ **institution** Finanz[ierungs]institut *nt;* ~ **intermediary** Finanzintermediär *m,* Kapitalsammelstelle *f;* ~ **resources** Geldmittel *pl;* ~ **success** finanzieller Erfolg; ~ **supermarket** Finanzsupermarkt *m*

financial adviser *n* FIN Finanzberater(in) *m(f)* **financial assets** *npl* ECON, FIN finanzielle Aktiva [*o* Vermögenswerte] **financial compensation** *n* ECON, FIN Finanzausgleich *m* **financial futures** *npl* Finanztermingeschäfte *pl*

financial futures contract *n* STOCKEX Finanzterminkontrakt *m* **financial instrument** *n* ECON, FIN Finanzpapier *nt,* Finanztitel *m* **Financial Intermediaries, Managers and Brokers Regulatory Association** *n no pl,* + *sing/pl vb* ECON, FIN ■**the** ~ *Selbstüberwachungsorganisation der Londoner City für Treuhänder, Finanz- und andere Makler*

financially [faɪ'næn(t)ʃᵊli] *adv inv* finanziell; **to be ~ dependent on sb/sth** von jdm/etw finanziell abhängig sein; ~ **sound** finanziell gesund; **to be ~ viable** finanziell rentabel sein; ~ **weak** kapitalschwach

financial markets *npl* Finanzmärkte *mpl*

financials *npl* ECON, FIN *see* **financial futures**

Financial Secretary to the Treasury *n* BRIT Staatssekretär(in) *m(f)* für Finanzen **Financial Services Act** *n* ECON, FIN Bestimmungen *fpl* des britischen Finanzsektors **Financial Statement** *n* BRIT ■**the** ~ Stellungnahme *f* der Regierung zur Finanzpolitik **Financial Times** *n* ECON, FIN ~ **Actuaries Share Indices** Aktienindex *m* der Financial Times; ~ **All-Share Index** Aktienindex *m* der Financial Times; ~ **Industrial Group Share Index** Industrieaktienindex *m* der Financial Times; ~**-Stock Exchange 100 Share Index** Aktienindex *m* der Financial Times; ~ **500 Share Index** Aktienindex *m* der Financial Times **financial year** *n* BRIT (*business year*) Geschäftsjahr *nt;* (*fiscal year*) Finanzjahr *nt,* Rechnungsjahr *nt*

financier [faɪ'næn(t)sɪəʳ, AM fɪ'næn(t)sɪɚ] *n* ❶ (*expert*) Finanzexperte, -in *m, f*
❷ (*capitalist*) Geldgeber(in) *m(f),* Finanzier *m*

F

finch <*pl* -es> [fɪn(t)ʃ] *n* Fink *m*

find [faɪnd] **I.** *n* ① (*approv: asset, bargain*) Fund *m;* (*approv: person previously undiscovered*) Entdeckung *f*
② (*discovery, location*) Fund *m*
II. *vt* <found, found> ① (*chance upon, come across*) ■**to ~ oneself somewhere** ***when we woke up we found ourselves in Calais*** als wir aufwachten, befanden wir uns in Calais; **to ~ happiness with sb** mit jdm glücklich werden; **to ~ support** Unterstützung finden
② (*track down, search for*) ■**to ~ sth/sb** etw/jdn finden; ***the bullet found its mark*** die Kugel fand ihr Ziel; ***I wish I could ~ more time to do the reading*** ich wünschte, ich hätte mehr Zeit für die Lektüre; ***she found her boyfriend a job*** sie besorgte ihrem Freund eine Stelle; **to ~ excuses** Ausreden finden; **to ~ a place/town/village on a map** eine Stelle/eine Stadt/ein Dorf auf einer Karte finden; **to ~ no reason** [*or* **cause**] **why ...** keinen Grund sehen, warum ...; **to~ a replacement for sb/sth** Ersatz für jdn/etw finden; **to ~ the strength** [**to do sth**] die Kraft finden[, etw zu tun]; **to ~ the truth** die Wahrheit finden; **to ~ a use for sth** für etw *akk* Verwendung finden; ■**to ~ oneself** zu sich *dat* selbst finden; ■**to ~ what/where/who ...** herausfinden, was/wo/wer ...
③ (*acquire, get*) ■**to ~ sth** etw aufbringen; *money* etw auftreiben *fam*
④ MATH **to ~ the cube root of eight** die Kubikwurzel aus acht finden
⑤ (*experience*) ■**to ~ sb/sth** [**to be sth**] jdn/etw [als etw *akk*] empfinden; (*observe*) ■**to ~ sb/sth** jdn/etw antreffen [*o* vorfinden]; (*perceive*) jdn/etw sehen; ***do you also ~ Clive to be a nuisance?*** findest du auch, dass Clive total lästig ist?; ***Linda found living in Buenos Aires a fascinating experience*** für Linda war es eine faszinierende Erfahrung, in Buenos Aires zu leben
⑥ + *adj* (*in certain state*) ■**to ~ sb/sth ...** jdn/etw ... [auf]finden; ***she was found unconscious*** sie wurde bewusstlos aufgefunden; ***one day I found myself homeless*** eines Tages war ich plötzlich obdachlos; **to ~ oneself alone** auf einmal alleine sein; **to ~ sb guilty/innocent** LAW jdn für schuldig/unschuldig erklären
⑦ (*ascertain, discover*) ■**to ~ that ...** feststellen, dass ...; (*come to realize*) sehen, dass ...; ***you will ~ that I am right*** Sie werden schon sehen, dass ich Recht habe; ***I eventually found her reading a newspaper in the library*** ich fand sie schließlich Zeitung lesend in der Bibliothek
⑧ (*exist*) ■**to ~ sth** etw [vor]finden; ***you won't ~ many people cycling to work in New York*** du wirst nicht viele Leute finden, die in New York mit dem Rad zur Arbeit fahren
► PHRASES: **to ~ fault with sb/sth** an jdm/etw etwas auszusetzen haben; **to ~ one's feet** Fuß fassen; **to ~ one's tongue** die Sprache wiederfinden; **to ~ it in oneself** [*or* **one's heart**] **to do sth** es fertig bringen, etw zu tun
III. *vi* <found, found> ■**to ~ against sb/sth** gegen jdn/etw entscheiden; ■**to ~ for sb/sth** zu Gunsten einer Person/einer S. *gen* entscheiden
► PHRASES: **seek and you shall ~** (*prov*) wer such[e]t, der findet
♦**find out I.** *vt* ① (*detect*) ■**to ~ out ⊂ sb** jdn erwischen [*o* ertappen]; **to ~ out a thief** einem Dieb auf die Schliche kommen
② (*discover*) ■**to ~ out ⊂ sth** etw herausfinden [*o* herausbekommen]; ■**to ~ out when/where/who ...** herausfinden [*o* herausbekommen], wann/wo/wer ...; ■**to ~ out that ...** herausfinden [*o* herausbekommen], dass ...
II. *vi* dahinterkommen; ■**to ~ out about sb/sth** (*get information*) sich *akk* über jdn/etw informieren [*o* erkundigen]; (*learn*) über jdn/etw etwas erfahren

finder ['faɪndəʳ, AM -ɚ] *n* ① (*person*) *of sth lost* Finder(in) *m(f); of sth unknown* Entdecker(in) *m(f)*
② (*telescope*) Sucherteleskop *nt,* Sucherfernrohr *nt*
③ (*of a camera*) Sucher *m*
► PHRASES: **~s keepers**[**, losers weepers**] (*fam*) wer's findet, dem gehört's *fam*

finder's fee *n* ECON, FIN Vermittlungsprovision *f,* Finderlohn *m*

fin de siècle <fins de siècle> [ˌfɛ̃(n)də'sjekl, AM ˌfɛ̃ndəsi'eklə] *n* Ende *nt* eines Jahrhunderts, Jahrhundertwende *f;* (*end of the 19th century*) Fin de Siècle *nt kein pl*

fin-de-siècle [ˌfɛ̃(n)də'sjekl, AM ˌfɛ̃ndəsi'eklə] *adj attr, inv* ① ART, LIT Fin-de-Siècle-; **~ art** die Kunst des Fin de Siècle
② (*decadent*) [Welt]untergangs-, Endzeit-; **~ feel** Endzeitstimmung *f*

finding ['faɪndɪŋ] *n* ① (*discovery*) Entdeckung *f*
② (*result of inquiry*) [Urteils]spruch *m,* Entscheidung *f; usu pl* (*result of investigation*) Ergebnis *nt;* (*statement*) Feststellung *f,* Befund *m;* ***the ~ was that the evidence is inadmissible*** das Gericht hat entschieden, dass die Beweise nicht zulässig sind
③ AM (*tools*) ■**~s** *pl* Handwerkszeug *nt kein pl*
④ LAW ■**~s** *pl* **the ~ of a commission of enquiry** die Ergebnisse einer Untersuchungskommission

fine¹ [faɪn] **I.** *adj* ① *pred, inv* (*acceptable, satisfactory*) in Ordnung *fam,* gut; ***seven's ~ by me*** sieben [Uhr] passt mir gut; (*iron*) ***that's all fine, but ...*** das ist schön und gut, aber ...
② (*admirable, excellent*) glänzend, ausgezeichnet, hervorragend; *performance, player* großartig; ***the ~st English painting of its time*** das beste englische Gemälde seiner Zeit; ***the ~st wines in the world*** die erlesensten Weine der Welt; **a ~ example** ein gutes Beispiel; **~ food** ausgezeichnetes Essen
③ (*iron: unpleasantly intense, nasty*) schön *iron fam,* fein; (*iron*) ***I had a ~ time repairing your car*** ich hatte meine helle Freude daran, dein Auto zu reparieren; **~ words** schöne Worte *iron*
④ (*slender, cut small*) fein; *slice* dünn; **~ features** (*approv*) feine Gesichtszüge
⑤ (*cloudless, pleasant*) schön; **~ weather** schönes Wetter
⑥ (*distinguished, noble*) edel *geh; manners* fein; *house* vornehm; (*sophisticated*) verfeinert; ***he appealed to my ~r feelings*** er appellierte an meine edleren Gefühle; **~ character** edler Mensch
⑦ (*understated*) fein; (*ingenious*) scharfsinnig; (*fig*) ***there's a ~ line between genius and madness*** Genie und Wahnsinn liegen oft nah beieinander; **~ distinction** feiner Unterschied; **~ nuance** feine Nuance; **~r points** Feinheiten *pl;* ***not to put too ~ a point on it ...*** um ganz offen zu sein ...
II. *adv* ① *inv* (*acceptably, all right*) fein, [sehr] gut, prima *fam;* **to feel ~** sich *akk* gut fühlen; **to suit sb ~** jdm [sehr] gut passen; **to work ~** gut funktionieren
② (*thinly*) fein; ***the garlic wasn't cut ~ enough*** der Knoblauch war nicht fein genug geschnitten
► PHRASES: **to cut sth ~** etw mit Mühe und Not erreichen

fine² [faɪn] **I.** *n* (*punishment*) Geldstrafe *f;* **heavy/small ~** hohe/niedrige Geldstrafe; (*for minor offences*) Geldbuße *f,* Bußgeld *nt*
II. *vt* ■**to ~ sb** [**for sth**] jdn [wegen einer S. *gen*] zu einer Geldstrafe verurteilen; (*for minor offences*) gegen jdn [wegen einer S. *gen*] ein Bußgeld verhängen; ***FIFA ~d the club $50,000 for bribing the referee*** die FIFA verurteilte den Klub zu einer Geldstrafe von 50.000 Dollar für die Bestechung des Schiedsrichters

fine art *n no pl,* **fine arts** *npl* schöne Künste; ***she's a great lover of ~*** sie ist eine große Liebhaberin der schönen Künste; **to get** [*or* **have**] **sth down** [*or* **off**] **to a ~** (*fig*) etw zu einer wahren Kunst entwickeln

fine-grained *adj* ① (*detailed*) eingehend, detailgenau
② (*consisting of small particles*) feinkörnig

finely ['faɪnli] *adv* ① (*elegantly*) elegant, fein
② (*delicately, subtly*) fein; **a ~ balanced decision** ein wohl bedachter [*o geh* wohl erwogener] Entschluss; **to have ~ chiselled** [**facial**] **features** ein fein geschnittenes Gesicht [*o* Profil] haben; **~ tuned** fein eingestellt
③ (*small*) fein; **~ ground** fein gemahlen

fineness ['faɪnnəs] *n no pl* (*lightness*) Feinheit *f;* (*thinness, slenderness*) Zierlichkeit *f,* Dünnheit *f;* (*sharpness*) Schärfe *f;* (*approv: delicacy, ornateness*) Feinheit *f;* (*elegance*) Eleganz *f;* (*beauty*) Schönheit *f;* (*exactness*) Genauigkeit *f;* (*exclusiveness*) Vornehmheit *f;* (*purity*) Reinheit *f*

fine print *n no pl* ■**the ~** das Kleingedruckte

finery ['faɪnᵊri, AM -ɚi] *n no pl* (*clothing*) Staat *m veraltend fam;* (*appearance*) Pracht *f;* ***we watched the stars arriving for the awards ceremony dressed up in all their ~*** wir beobachteten, wie die Stars prachtvoll gekleidet [*o veraltend* in vollem Staat] zur Preisverleihung erschienen

fines herbs [ˌfi:n'eəb, AM -'zerb] *npl* Fines Herbes *pl,* fein gehackte Kräuter *pl* (*Petersilie, Schnittlauch, Estragon und Thymian*)

finesse [fɪ'nes] **I.** *n no pl* ① (*delicacy*) Feinheit *f,* Finesse *f geh*
② (*skill*) Geschick *nt,* Gewandtheit *f*
③ (*manipulation*) Kunstgriff *m,* Kniff *m*
④ CARDS Schneiden *nt*
II. *vt* ① (*achieve with skill*) ■**to ~ sth** etw deichseln [*o* drehen] *fam*
② (*trick*) ■**to ~ sb/sth** jdn/etw austricksen
③ CARDS **to ~ a card** eine Karte schneiden

fine-tooth comb *n,* **fine-toothed comb** *n* fein gezahnter Kamm
► PHRASES: **to examine** [*or* **go through**] [*or* **go over**] **sth with a ~** etw sorgfältig unter die Lupe nehmen *fam*

fine-tune *vt* ■**to ~ sth** etw fein [*o* genau] abstimmen; (*fig*) **to ~ the economy** die Wirtschaftsfaktoren genau aufeinander abstimmen

f'ing ['efɪŋ] *adv* (*fam!*) verdammt *fam,* verflucht *fam*

finger ['fɪŋgəʳ, AM -ɚ] **I.** *n* ① ANAT Finger *m;* ***the attendance at the poetry reading was dismal — the audience could be counted on the ~s of one hand*** das Interesse an der Gedichtlesung war enttäuschend – die Besucher konnte man an einer Hand abzählen; ***if you ever lay a ~ on him, you're in trouble!*** wenn du ihm auch nur ein Haar krümmst, bekommst du Ärger! *fam;* **first** [*or* **index**] **~** Zeigefinger *m;* **middle** [*or* **second**] **~** Mittelfinger *m;* **ring ~** [*or* **third**] Ringfinger *m;* **little ~** kleiner Finger
② (*glove part*) Fingerling *m*
③ *of alcohol* Fingerbreit *m*
④ (*object*) schmaler Streifen, längliches Stück; **a ~ of bread** ein Streifen *m* [*o* Stück *nt*] Brot
► PHRASES: **to have a ~ in every pie** überall die Finger drin [*o* im Spiel] haben *fam;* **to have** [*or* **put**] **a ~ in the pie** AM die Hand im Spiel haben, mitmischen; **the ~ of suspicion** die Verdachtsmomente *pl;* ***the ~ of suspicion is pointing right at him*** die Verdachtsmomente weisen direkt auf ihn; **to be all ~s and thumbs** BRIT, AUS (*fam*) zwei linke Hände haben; **to have one's ~s in the till** sich *akk* bedienen *euph,* in die Kasse greifen *euph fam;* **to catch sb with their ~s in the till** jdn beim Griff in die Kasse ertappen *euph fam;* **to twist sb around one's little ~** (*fam*) jdn um den [kleinen] Finger wickeln *fam;* **to keep one's ~s crossed** [**for sb**] [jdm] die Daumen drücken *fam;* **to get** [*or* **pull**] **one's ~ out** BRIT, AUS (*fam*) sich *akk* ranhalten *fam,* Dampf dahinter machen *fam;* **to give sb the ~** AM (*fam*) jdm den Stinkefinger zeigen *fam;* **to not lift** [*or* **raise**] **a ~** keinen Finger rühren [*o* krumm machen] *fam;* ***he never lifts a ~ when it comes to cooking or washing up*** er kümmert sich überhaupt nicht um Kochen und Abspülen; **to put one's ~ on sth** den Finger auf etw *akk* legen; (*fig*) etw genau ausmachen; ***something seemed to be wrong but I couldn't put my ~ on exactly what it was*** irgendwas schien falsch zu sein, aber ich konnte nicht genau sagen, was es war; **to put the ~ on sb** (*fam*) jdn verpfeifen *fam*
II. *vt* ① (*touch*) ■**to ~ sth** etw anfassen [*o* berühren]; (*feel, play with*) etw befingern *sl,* an etw *dat* herumfingern *fam*

② (*vulg: fondle*) ■**to ~ sb** jdn befummeln *pej fam*
③ (*play upon*) **to ~ an instrument** mit den Fingern spielen; **to ~ the strings** in die Saiten greifen
④ (*fam: inform on*) ■**to ~ sb [to sb]** jdn [bei jdm] verpfeifen *pej fam; **his brother ~ed him for arson*** sein Bruder hat ihn wegen Brandstiftung verpfiffen
⑤ AM (*choose*) ■**to ~ sb for sth** jdn für etw *akk* aussuchen
⑥ (*play*) **to ~ a passage** eine Passage spielen
⑦ (*mark*) **to ~ music** Musik mit einem Fingersatz versetzen

fingerboard *n of string instruments* Griffbrett *nt; of keyboard instruments* Klaviatur *f; of an organ* Manual[e] *nt* **finger bowl** *n* Fingerschale *f* **finger buffet** *n* kaltes Buffet

-fingered ['fɪŋgəd, AM -ɚd] *in compounds* **five~/two~** mit fünf/zwei Fingern *nach n*

finger food *n no pl* Fingerfood *nt*

fingering ['fɪŋgᵊrɪŋ, AM -ɚ-] *n* MUS ① *no pl* (*technique*) Fingertechnik *f*
② (*marking*) Fingersatz *m*

fingermark *n* Fingerabdruck *m* **fingernail** *n* Fingernagel *m* **finger painting** *n* Malen *nt* mit Fingern **finger-pointing** *n no pl* Schuldzuweisungen *fpl* **fingerprint** I. *n* ① (*mark*) Fingerabdruck *m;* **to take sb's ~s** von jdm die Fingerabdrücke nehmen, jdm die Fingerabdrücke abnehmen ② (*characteristic*) unverwechselbares Kennzeichen II. *vt* ■**to ~ sb** von jdm die Fingerabdrücke nehmen, jdm die Fingerabdrücke abnehmen **fingertip** *n* Fingerspitze *f* ▶ PHRASES: **to be sth to one's ~s** BRIT, AUS durch und durch etw sein; ***she is French to the very ~s*** sie ist durch und durch Französin; **to have sth at one's ~s** etw perfekt [*o fam* aus dem Effeff] beherrschen

finicky ['fɪnɪki] *adj* (*pej*) ① (*fussy*) wählerisch, heikel DIAL *fam*
② BRIT (*fiddly*) kniff[e]lig, verzwickt, vertrackt; **~ job** komplizierte [*o* kniff[e]lige] Angelegenheit

finish ['fɪnɪʃ] I. *n* ① (*conclusion of race*) Endspurt *m,* Finish *nt;* (*point at which race ends*) Ziel *nt;* **close ~** Kopf-an-Kopf-Rennen *nt;* **to be in at the ~** in der Endrunde sein
② (*final stage*) Ende *nt;* **from start to ~** von Anfang bis Ende
③ STOCKEX Börsenschluss *m*
④ (*result, outcome*) Ergebnis *nt;* **close ~** POL knappes Ergebnis
⑤ (*surface*) Oberflächenbeschaffenheit *f*
⑥ (*workmanship*) Verarbeitung *f*
⑦ (*final treatment*) letzter Schliff; (*sealing, varnishing*) Finish *nt; of fabric* Appretur *f; of furniture* Politur; *of coatings* letzte Schicht, Überzug *m*
▶ PHRASES: **a fight to the ~** (*hard fought throughout*) ein Kampf *m* bis aufs Messer *fam;* (*decisive result*) ein Kampf *m* bis zur Entscheidung
II. *vi* ① (*cease, conclude*) enden, aufhören; ***I'm going to ~ with a new song*** ich werde mit einem neuen Lied schließen
② (*stop talking*) zum Ende kommen; **to ~ on an optimistic note** mit einer optimistischen Anmerkung schließen; ***have you quite ~ed?*** (*iron*) bist du endlich fertig? *fam*
③ (*to come to the end of sth*) fertig werden; **to ~ first/second** als Erster/Zweiter fertig sein; SPORTS Erster/Zweiter werden
④ (*come to an end*) enden, zu Ende gehen
⑤ (*stop using*) ■**to ~ with sth** etw nicht mehr brauchen; (*end involvement in*) mit etw *dat* fertig sein *fam;* ***I'm ~ed with politics*** ich bin mit der Politik fertig *fam*
⑥ (*conclude dealings with*) ■**to ~ with sb** mit jdm fertig sein *fam;* (*conclude love relationship*) mit jdm Schluss machen
III. *vt* ① (*bring to end*) ■**to ~ sth** etw beenden; **to ~ a sentence** einen Satz zu Ende sprechen; ■**to ~ doing sth** mit etw *dat* fertig sein; ***have you ~ed reading?*** hast du zu Ende gelesen?; **to ~ reading a book** ein Buch zu Ende lesen [*o* fertig lesen] [*o* auslesen]; ***they ~ed the concert with their first hit*** sie ließen das Konzert mit ihrem ersten Hit ausklingen
② (*complete education*) **to ~ college/school** das College/die Schule abschließen
③ (*bring to completion*) etw fertig stellen; (*give final treatment*) etw *dat* den letzten Schliff geben
④ (*stop*) ■**to ~ sth** mit etw *dat* aufhören; ***I ~ work at 5 p.m. every day*** ich mache jeden Tag um 5 Uhr Feierabend
⑤ FOOD ■**to ~ sth** (*eat*) etw aufessen; (*drink*) etw austrinken

◆**finish off** I. *vt* ① (*get done*) ■**to ~ sth** ↔ **off** etw fertig stellen; ***I want to ~ off this essay soon*** ich möchte diesen Aufsatz bald fertig schreiben
② (*make nice*) ■**to ~ sth** ↔ **off** etw *dat* den letzten Schliff geben
③ FOOD ■**to ~ sth** ↔ **off** (*eat*) etw aufessen; (*drink*) etw austrinken
④ (*beat*) ■**to ~ sb off** jdn bezwingen; (*tire out*) jdn schaffen [*o* fertig machen] *fam;* AM (*sl: murder*) jdn erledigen *fam* [*o sl* alle machen]
II. *vi* ① (*end*) abschließen; ***dinner was delicious — let's ~ off with a coffee*** das Abendessen war vorzüglich – trinken wir doch einen Kaffee zum Abschluss
② (*get work done*) zum Abschluss kommen; ***if we don't ~ off today, …*** wenn wir heute nicht fertig werden, …

◆**finish up** I. *vi* ① (*get work done*) fertig werden; ***I have to ~ up before I can leave*** ich kann erst gehen, wenn ich fertig bin; ***let's ~ up with the dishes so we can go to bed*** bringen wir den Abwasch hinter uns, damit wir zu Bett gehen können
② *esp* BRIT, AUS (*end up*) enden; **to ~ up bankrupt/drunk/ruined** am Ende bankrott/betrunken/ruiniert sein; ***if you drive like that, you'll ~ up dead*** wenn du so fährst, bist du irgendwann tot; ■**to ~ up doing sth** ***I ~ed up spending more than I had planned*** am Ende gab ich mehr aus, als ich geplant hatte; **to ~ up at home/in California/on a farm** sich *akk* zu Hause/in Kalifornien/auf einer Farm wieder finden; **to ~ up in debt/trouble** am Ende in Schulden/Schwierigkeiten stecken; **to ~ up in hell/hospital/jail** in der Hölle/im Krankenhaus/im Gefängnis landen *fam*
II. *vt* ■**to ~ up** ↔ **sth** (*eat*) etw aufessen; (*drink*) etw austrinken

finished ['fɪnɪʃt] *adj inv* ① *pred* (*done*) fertig, beendet; ■**to be ~ with sth** mit etw *dat* fertig sein
② (*completed*) fertig; ***the ~ product*** das Endprodukt; **half-~** halb fertig
③ (*of refined workmanship*) vollendet, vollkommen, makellos; **beautifully/masterfully ~** wunderbar/meisterhaft bearbeitet; **~ wooden surface** ebenmäßige Holzoberfläche; **~ metal surface** polierte Metalloberfläche
④ (*used up*) verbraucht, aufgebraucht; ***the juice is ~ and so are the cookies*** der Saft ist leer und Plätzchen sind auch keine mehr da
⑤ (*worn out*) erschöpft, erledigt *fam;* ***after that run yesterday, I was ~*** nach dem Lauf war ich gestern fix und fertig
⑥ (*ruined*) erledigt *fam;* **career** zu Ende

finishing ['fɪnɪʃɪŋ] *adj attr* Schluss-, abschließend; ***the ~ stroke to the detective story was that …*** als krönender Abschluss des Krimis stellte sich heraus, dass …

finishing line *n,* **finishing post** *n* SPORTS Ziellinie *f* **finishing school** *n* Mädchenpensionat *nt* **finishing tape** *n* SPORTS Ziellinie *f* **finishing touch** *n* letzter Schliff; **to put the ~es to** [*or* AM, AUS **on**] **sth** einer Sache *dat* den letzten Schliff geben

finite ['faɪnaɪt] *adj* ① (*limited*) begrenzt; **a ~ number of possibilities** eine begrenzte Anzahl an Möglichkeiten; MATH endlich; **~ number** endliche Zahl
② *inv* LING finit; **~ form** Personalform *f*

finito [fɪ'ni:təʊ, AM -oʊ] *adj pred, inv* (*fam: completed, accomplished*) finito *fam;* (*over and done with*) aus und vorbei; ***if you don't finish this one on time you're ~*** wenn du dieses Mal nicht rechtzeitig fertig wirst, ist es ein für alle Mal vorbei

fink [fɪŋk] I. *n* AM, AUS (*pej fam!*) ① (*informer*) Spitzel *m pej;* (*tattletale*) Lästermaul *nt pej*
② (*spoiler of fun*) Spielverderber(in) *m(f) pej*
③ (*strikebreaker*) Streikbrecher(in) *m(f)*
II. *vi* AM (*sl*) ■**to ~ on sb** (*betray*) jdn verpfeifen *pej sl;* (*tattletale*) über jdn lästern *pej*
◆**fink out** *vi* AM (*sl*) einen Rückzieher machen, abspringen *fam,* aussteigen *sl*

Finland ['fɪnlənd] *n* Finnland *nt*

Finn [fɪn] *n* Finne, -in *m, f*

Finnish ['fɪnɪʃ] I. *n* Finnisch *nt*
II. *adj* finnisch; ***the ~ people*** die Finnen

fiord [fjɔ:d, AM fjɔ:rd] *n* Fjord *m*

fir [fɜ:ʳ, AM fɜ:r] *n* (*tree*) Tanne *f;* (*wood*) Tannenholz *nt*

fir-cone *n* BRIT Tannenzapfen *m*

fire ['faɪəʳ, AM -ɚ] I. *n* ① *no pl* (*flame*) Feuer *nt,* Flamme *f;* ***don't play with ~!*** spiel nicht mit dem Feuer!; **open ~** Lagerfeuer *nt*
② (*on hearth*) [Herd]feuer *nt;* **open ~** Kaminfeuer *nt;* **to light a ~** Feuer *nt* machen
③ (*stove*) Ofen *m;* **to put** [*or* **switch**] [*or* **turn**] **the ~ on** den Ofen anmachen; BRIT (*heating appliance*) Heizgerät *nt;* **electric ~** Elektroofen *m;* **gas ~** Gasofen *m;* **open ~** offener Kamin
④ *no pl* (*destructive burning*) Brand *m;* **~!** Feuer!; ***the library was destroyed by ~*** die Bibliothek ist völlig abgebrannt; **to be on ~** brennen, in Flammen stehen; **to catch ~** Feuer fangen, in Brand geraten; **to set sb/sth on ~, to set ~ to sb/sth** jdn/etw anzünden [*o* in Brand stecken]
⑤ (*conflagration*) Feuersbrunst *f,* Großfeuer *nt,* Großbrand *m;* ***he lost his house in a ~ recently*** sein Haus ist vor kurzem bei einem Großfeuer heruntergebrannt; **forest ~** Waldbrand *m;* **to put out the ~** das Feuer löschen
⑥ *no pl* (*hail of bullets*) Feuer *nt,* Beschuss *m;* ■**to be under ~** beschossen werden; MIL unter Feuer stehen; **to come under ~ from sb** von jdm unter Beschuss genommen werden, von jdm beschossen werden; **to come under ~ for sth** (*fig*) wegen einer S. *gen* unter Beschuss geraten *a. fig fam;* (*shooting*) Schießen *nt;* **in the line of ~** in der Schusslinie; **covering ~** Feuerschutz *m;* **killed by enemy/friendly ~** von feindlichem/eigenem Feuer getötet; **to cease ~** das Feuer einstellen; **to open ~ on sb** das Feuer auf jdn eröffnen; **to return ~** das Feuer erwidern
⑦ *no pl* (*fervour*) Feuer *nt;* LIT Glut *f;* (*burning passion*) Leidenschaft *f;* (*enthusiasm*) Begeisterung *f;* ***he is filled with the ~ of youth and his convictions*** er ist voller jugendlicher Leidenschaft und Begeisterung für seine Überzeugungen; ■**to be on ~** begeistert sein; ***my heart is on ~ for her*** mein Herz sehnt sich nach ihr
▶ PHRASES: **to have ~ in one's** [*or* **the**] **belly** (*have ambition*) Ehrgeiz haben; (*have enthusiasm*) begeisterungsfähig sein; **~ and brimstone** REL Hölle und Verdammnis; (*fig*) Tod und Verderben; **to breathe ~ and brimstone** Gift und Galle spucken [*o* speien]; **to pull the chestnuts** [*or* **fat**] **out of the ~** BRIT die Kastanien aus dem Feuer holen *fig fam;* **to jump out of the frying pan and into the ~** (*prov*) vom Regen in die Traufe kommen; **to get on like a house on ~** hervorragend miteinander auskommen; **there's no smoke without a ~** (*prov*) wo Rauch ist, ist auch Feuer *prov;* **to go through ~ and water for sb** (*dated*) für jdn durchs Feuer gehen *fig;* **to set the world** [*or esp* BRIT **Thames**] **on ~** die Welt erschüttern; **to hang ~** auf sich warten lassen; **to play with ~** mit dem Feuer spielen *fig*
II. *n modifier* Feuer-; **~ control** Brandschutz *m;* MIL Feuerleitung *f;* **~ damage** Brandschaden *m,* Feuerschaden *m;* **~ precautions** Brandschutz *m,* Brandschutzmaßnahmen *fpl;* **~ prevention** Brandschutz *m,* Brandprävention *f;* **~ regulations** Feuerschutzbestimmungen *pl;* **~ risk** Brandrisiko *nt,* Feuergefahr *f*
III. *vt* ① (*bake in kiln*) ■**to ~ sth** etw brennen
② (*shoot*) ■**to ~ sth** etw abfeuern; **to ~ a broadside** eine Breitseite abgeben; **to ~ a bullet** [*or* **shot**]

F

einen Schuss abgeben; ***he ~d a warning shot into the air*** er feuerte einen Warnschuss in die Luft ab; **to ~ a gun at sb/sth** auf jdn/etw schießen; (*fig*) **to ~ questions at sb** jdn mit Fragen bombardieren; **to ~ a round** [*or* **volley**] einen Schuss [*o* eine Salve] abgeben; **to ~ a salute** Salut schießen
❸ (*launch*) ■**to ~ sth** etw abschießen [*o* abfeuern]; ***bazookas were ~d almost every day that month at Sarajevo*** in diesem Monat wurde Sarajevo fast jeden Tag mit Bazookas beschossen; **to ~ a rocket** eine Rakete zünden [*o* abfeuern]
❹ (*dismiss*) ■**to ~ sb** jdn feuern [*o* rausschmeißen] *fam;* ***this company uses a hire and ~ strategy*** diese Firma stellt ein und entlässt schnell
❺ (*excite, electrify*) ■**to ~ sb** jdn begeistern [*o* in Begeisterung versetzen]; (*inspire*) jdn anregen [*o geh* inspirieren]; ***it ~d me with enthusiasm for literature*** es weckte die Begeisterung für Literatur in mir; **to ~ sb's imagination** jds Fantasie beflügeln
IV. *vi* ❶ (*shoot*) feuern, schießen; ***without warning he started to ~ into the crowd*** er schoss ohne Vorwarnung in die Menge; ■**to ~ at sb/sth** auf jdn/etw feuern [*o* schießen]
❷ (*start up*) zünden; (*be operating*) funktionieren; **to ~ on all four cylinders** auf allen vier Zylindern laufen; (*fig*) voll funktionstüchtig sein; ***coffee might help — I'm not firing on all four cylinders today*** vielleicht hilft ja ein Kaffee – ich bin heute nicht so ganz da *fam*
◆**fire away** *vi* (*fam*) losschießen *fam;* ***I have a few questions — ~ away!*** ich habe ein paar Fragen – fangen Sie an!
◆**fire off** *vt* ■**to ~ sth** ⇄ **off** etw abfeuern [*o* abschießen]; **to ~ off a gun** eine Schusswaffe abfeuern; **to ~ off a bullet** [*or* **shot**] einen Schuss abgeben, abfeuern
◆**fire up** *vt* (*fam*) ❶ (*excite, inspire*) ■**to ~ sb** ⇄ **up** jdn begeistern (**about** für +*akk*)
❷ (*start*) ■**to ~ sth** ⇄ **up** etw zünden

fire alarm *n* ❶ (*instrument*) Feuermelder *m;* **to sound the ~** den Feuermelder auslösen; ***if the ~ goes off leave the building quickly and calmly*** wenn der Feuermelder Alarm gibt, verlassen Sie das Gebäude schnell und in Ruhe ❷ (*sound*) Feueralarm *m* **fire alarm system** *n* Feuermeldeanlage *f,* Brandmeldeanlage *f* **firearm** *n* Schusswaffe *f,* Feuerwaffe *f* **firearms certificate** *n* Waffenschein *m* **fireball** *n* ❶ (*ball of flame*) Feuerball *m* ❷ ASTRON Feuerkugel *f* ❸ METEO Kugelblitz *m* **fire blanket** *n* ❶ (*covering*) Feuerlöschdecke *f* ❷ (*apparatus*) Feuerpatsche *f* **firebomb I.** *vt* ■**to ~ sth** eine Brandbombe auf etw *akk* werfen **II.** *n* Brandbombe *f* **firebombing** *n* Brandbombenanschlag *m;* ***their offices were destroyed by ~ing*** ihre Büros wurden durch einen Brandanschlag zerstört **firebrand** *n* Brandfackel *f;* (*fig*) Aufwiegler(in) *m(f),* Unruhestifter(in) *m(f)* **firebreak** *n* Feuerschneise *f,* Brandschneise *f* **firebrick** *n* Schamottestein *m,* feuerfester Stein **fire brigade** *n* BRIT Feuerwehr *f* **firebug** *n* Brandstifter(in) *m(f),* Feuerteufel *m fam* **fire certificate** *n* Brandschutzbescheinigung *f* **firecracker** *n* Kracher *m,* Knallkörper *m;* (*fig*) **a ~ of an idea** eine zündende Idee, eine umstrittene [*o* heftig diskutierte] Idee; **a ~ of a policy** eine kontroverse Politik; **a ~ of a politician** ein entflammter Politiker/eine entflammte Politikerin, ein aufrührerischer Politiker/eine aufrührerische Politikerin **fire damage** *n* Brandschaden *m* **firedamp** *n no pl* (*sl*) Grubengas *nt,* Schlagwetter *nt* **fire department** *n* AM (*fire brigade*) Feuerwehr *f* **fire detection system** *n* Brandmeldeanlage *f,* Feuermeldeanlage *f* **fire door** *n* Brandschutztür *f* **fire drill** *n* (*for firemen*) Feuerwehrübung *f;* (*for others*) Feueralarmübung *f* **fire-eater** *n* Feuerschlucker(in) *m(f)* **fire engine** *n* Feuerwehrauto *nt,* [Feuer]löschfahrzeug *nt* **fire escape** *n* (*staircase*) Feuertreppe *f,* Nottreppe *f;* (*ladder*) Feuerleiter *f,* Rettungsleiter *f* **fire exit** *n* Notausgang *m* **fire exit route** *n* Fluchtweg *m* **fire extinguisher** *n* Feuerlöscher *m* **firefight** *n* MIL Feuergefecht *nt* **firefighter** *n* Feuerwehrmann, Feuerwehrfrau *m, f* **firefighting I.** *n no pl* Brandbekämpfung *f* **II.** *adj attr, inv* Feuerwehr-, Lösch-; **~ equipment** [Feuer]löscheinrichtung *f* **firefly** *n* Leuchtkäfer *m,* Glühwürmchen *nt fam* **fireguard** *n* (*in front of fireplace*) Kamingitter *nt;* (*person*) Brandwache *f* **fire hazard** *n* Brandrisiko *nt,* Brandgefahr *f;* **to be a ~** ein Brandrisiko darstellen **fire hose** *n* Feuerwehrschlauch *m,* [Feuer]löschschlauch *m* **fire house** *n* AM Feuerwache *f* **fire hydrant** *n* Hydrant *m* **fire-insurance** *n* Feuerversicherung *f,* Brandversicherung *f* **fire-irons** *npl* Kaminbesteck *nt* **firelight** *n no pl* Schein *m* des Feuers; **lit by ~** im Feuerschein, vom Feuer erleuchtet **firelighter** *n* Feueranzünder *m* **fireman** *n* Feuerwehrmann *m* **fireplace** *n* Kamin *m* **fire-plug** *n* Hydrant *m* **firepower** *n no pl* (*amount of ammunition*) Feuerkraft *f;* (*fig: aggressive potential*) Schlagkraft *f* **fireproof I.** *adj* feuerfest, brandsicher; ELEC feuersicher; MECH feuerfest, feuersicher; **~ building board** Feuerschutzplatte *f;* **~ coating** Brandschutzbeschichtung *f;* **~ material** feuerbeständiges Material, feuerfester Stoff; **~ pottery** feuerfeste Töpferwaren; **~ wall** Brandmauer *f* **II.** *vt* ■**to ~ sth** etw feuerfest machen **fire-raiser** *n* BRIT Brandstifter(in) *m(f)* **fire-raising** *n no pl* BRIT Brandstiftung *f* **fire sale** *n* ECON, FIN Abverkauf *m* brandgeschädigter Waren **fire-screen** *n* AM, AUS Kamingitter *nt,* Schutzgitter *nt* **fireside** *n* [offener] Kamin; ■**by the ~** am Kamin; (*fig dated*) häuslicher Herd **fireside chat** *n,* **fireside address** *n* Plauderei *f* am Kamin; POL, MEDIA Fernsehansprache *f* (*eines Staatsoberhaupts vor einem offenen Kamin*) **fire starter** *n esp* AM [Feuer]anzünder *m* **fire station** *n* Feuerwache *f* **firestorm** *n* Feuersturm *m* **firetrail** *n* AUS Feuerschneise *f* **firetrap** *n* ❶ (*inflammable area*) feuergefährdeter Bereich ❷ (*place in a fire*) Feuerfalle *f* **fire wall** *n* ❶ ARCHIT Brandmauer *f,* Feuermauer *f* ❷ COMPUT Firewall *f fachspr* **fire warden** *n* AM ❶ (*watchman*) Brandwache *f,* Feuerwache *f* ❷ (*professional firefighter*) Feuerwehrmann, Feuerwehrfrau *m, f;* (*voluntary firefighter*) Feuerwehrhelfer(in) *m(f);* ***he was a volunteer ~*** er war bei der freiwilligen Feuerwehr **firewater** *n no pl* (*hum fam*) Feuerwasser *nt fam* **firewoman** *n* Feuerwehrfrau *f* **firewood** *n no pl* Brennholz *nt* **firework** *n* ❶ (*explosive*) Feuerwerkskörper *m;* **to let** [*or* AM **set**] **off ~s** Feuerwerkskörper anzünden [*o* abbrennen] ❷ ■**~s** *pl* (*display*) Feuerwerk *nt;* (*fig*) [Riesen]krach *m kein pl fam;* ***there'll be ~s if I get home too late*** wenn ich zu spät heimkomme, fliegen die Fetzen

firing ['faɪərɪŋ, AM 'faɪɚ-] *n* ❶ *no pl* (*shooting*) *of a gun* Abfeuern *nt; of a rocket* Abschießen *nt; of a shot* Abgeben *nt,* Abfeuern *nt;* **~ practice** Schießübung *f*
❷ *no pl* (*in a kiln*) Brennen *nt*
❸ (*dismissal from work*) Rauswurf *m fam,* Rausschmiss *m fam*

firing line *n* Feuerlinie *f;* (*fig also*) Schusslinie *f;* ■**in** [*or* AM **on**] **the ~** in der Schusslinie (**of** +*gen*) **firing range** *n* Schussweite *f,* Reichweite *f* **firing squad** *n* (*at execution*) Exekutionskommando *nt;* (*at funeral*) Ehrensalutkommando *nt*

firm¹ [fɜːm, AM fɜːrm] *n* Firma *f,* Unternehmen *nt;* **~ of lawyers** [Rechts]anwaltsbüro *nt,* [Rechts]anwaltskanzlei *f;* **small ~** kleine Firma; **state-owned ~** staatliches Unternehmen

firm² [fɜːm, AM fɜːrm] **I.** *adj* ❶ (*steady*) stabil, fest; ***keep a ~ hold of the railing*** halten Sie sich am Geländer fest
❷ (*secure*) sicher, robust; ***the pole is ~ in its base*** der Pfosten ist gut befestigt; COMM *currency, market, shares* stabil
❸ (*strong*) fest, stark; **~ grip** fester Griff; **to have a ~ grip on sth** etw fest in der Hand haben; **with a ~ hand** mit starker Hand; **~ handshake** kräftiger [*o* fester] Händedruck
❹ (*strict*) entschieden, streng; ■**to be ~ with sb** gegenüber jdm bestimmt auftreten; ***love and a ~ hand are keys to successful childrearing*** Liebe und Disziplin sind die Grundlagen jeder erfolgreichen Kindererziehung
❺ (*thorough*) zuverlässig, sicher; **~ basis** sichere Grundlage; **~ understanding** feste Vereinbarung
❻ (*sure*) fest, sicher; ***we're appealing to the government for a ~ commitment to help the refugees*** wir fordern die Regierung dazu auf, eine definitive Zusage zur Unterstützung der Flüchtlinge abzugeben; ***some still claim that there is no ~ evidence linking smoking with cancer*** manche Leute behaupten noch immer, es gebe keine eindeutige Verknüpfung zwischen Rauchen und Krebs; **~ offer** verbindliches Angebot; ECON, FIN, STOCKEX **~ order** (*irrevocable*) Festauftrag *m,* feste Bestellung; (*to broker*) *Kundenauftrag zum Kauf oder Verkauf von Wertpapieren zu einem bestimmten Termin;* **~ sale** Festkauf *m*
❼ (*hard*) fest, hart; **~ ground** fester Boden
❽ (*staunch*) standhaft, beständig; **~ ally** enger Verbündeter/enge Verbündete; **~ friend** enger Freund/enge Freundin; (*resolute*) entschlossen; **to be a ~ believer in sth** fest an etw *akk* glauben; ***~ in the belief that they could never be caught they didn't bother to hide the clues*** fest davon überzeugt, niemals gefasst zu werden, kümmerten sie sich nicht darum, die Hinweise zu beseitigen
II. *adv* fest; **to hold ~** standhaft bleiben, nicht nachgeben; **to stand ~** eine feste Haltung einnehmen; (*fig*) unnachgiebig sein; **to stand ~ in sth** unerschütterlich bei etw *dat* bleiben; **to stay ~ in sth** bei etw *dat* standhaft bleiben
III. *vi* sich *akk* stabilisieren [*o* festigen]; FIN *bonds* festeren tendieren, anziehen; ***eurobonds have been ~ing lately*** Euroanleihen tendieren seit einiger Zeit fester
◆**firm up I.** *vt* ECON, FIN ■**to ~ sth** ⇄ **up** etw festmachen, etw abschließen; **to ~ up a deal** (*fig*) ein Geschäft unter Dach und Fach bringen *fig*
II. *vi* endgültig festlegen; *negotiations* konkret werden; *date* fest vereinbaren

firmament ['fɜːməmənt, AM 'fɜːrm-] *n no pl* (*liter*) ■**the ~** das Firmament *poet,* der Himmel

firmly ['fɜːmli, AM 'fɜːrm-] *adv* ❶ (*securely*) fest, sicher; ***sometimes it takes more courage to admit you are wrong than to stand ~*** manchmal braucht man mehr Mut, einen Fehler einzugestehen, als auf etwas zu beharren; **to be attached/held ~** fest angebracht [*o* gut befestigt] sein
❷ (*strongly*) fest; **to grip/hold sth ~** etw fest halten; **to shake sb's hand ~** jdm kräftig die Hand schütteln; (*with decision*) **to insist sth ~** auf etw *dat* fest beharren; **to say sth ~** etw mit Entschiedenheit sagen
❸ (*strictly*) entschieden, bestimmt; **to deal ~ with sb/sth** jdm/etw gegenüber bestimmt auftreten; **to reprimand sb ~** jdn entschieden zurechtweisen [*o* scharf tadeln]
❹ (*resolutely*) fest, bestimmt; ***we are ~ committed to reducing unemployment*** wir sind fest entschlossen, die Arbeitslosigkeit zu verringern; **to believe ~ that ...** fest glauben, dass ...; (*unchangingly*) entschlossen, fest; ***his beliefs are ~ rooted in the Bible*** sein Glaube ist tief in der Bibel verwurzelt

firmness ['fɜːmnəs, AM 'fɜːrm-] *n no pl* ❶ (*hardness*) Härte *f;* (*solidity*) Festigkeit *f,* Stabilität *f*
❷ (*strictness*) Strenge *f;* (*strength of will*) Entschlossenheit *f,* Entschiedenheit *f*
❸ ECON, FIN Stabilität *f,* Festigkeit *f,* Beständigkeit *f*

firmware *n no pl* COMPUT Festprogramm[e] *nt[pl],* Firmware *f fachspr*

first [fɜːst, AM fɜːrst] **I.** *adj* erste(r, s); **at ~ appearance** auf den ersten Blick; **in the ~ flush of youth** in der ersten Jugendblüte *poet;* ***he's no longer in the ~ flush of youth*** er ist nicht mehr ganz taufrisch *hum;* **~ half** ECON, FIN erstes Halbjahr; **~ impressions** der erste Eindruck; **~ option** [*or* **refusal**] Vorkaufsrecht *nt;* **F~ Reading** POL erste Lesung; **it won't be the ~ time that ...** es wäre nicht das erste Mal, dass ...; **for the ~ time** zum ersten Mal; **~ thing** als Allererstes; ***I'll do that ~***

thing tomorrow ich mache das morgen als Allererstes; *it was the ~ thing that came into my head* es war das Erstbeste, das mir einfiel; **the ~ ever** (*fam*) der/die/das Allererste; *when was the ~ ever radio broadcast made?* wann wurde die allererste Rundfunksendung gemacht?
► PHRASES: ~ **among equals** Primus inter pares *geh;* **in the ~ place** (*at beginning*) zunächst [einmal], an erster Stelle; (*from the beginning*) von vornherein; (*most importantly*) in erster Linie; **to not know the ~ thing about sth** von etw *dat* keinen blassen Schimmer haben *fam;* ~ **things ~** eins nach dem anderen; **to take ~ things ~** Prioritäten setzen
II. *adv* ❶ (*before doing something else*) zuerst, als Erstes; ■ ~ **of all** zu[aller]erst; ■ ~ **off** (*fam*) erst [einmal]
❷ (*before other things, people*) als Erste(r, s); **head ~** mit dem Kopf voraus, **to leave ~** als Erster gehen
❸ (*rather*) lieber; *I would die ~* (*fam*) lieber [*o* eher] würde ich sterben
► PHRASES: ~ **come ~ served** (*prov*) wer zuerst kommt, mahlt zuerst *prov;* ~ **and foremost** vor allem; ~ **and last** in erster Linie
III. *n* ❶ (*that before others*) ■**the ~** der/die/das Erste; ■**to be the ~ to do sth** etw als Erster/Erste tun; *he was one of the ~ to climb this mountain* er hat als einer der Ersten diesen Berg bestiegen
❷ (*of monarchs*) **William the F~** Wilhelm der Erste
❸ (*start*) ■**at ~** anfangs, zuerst; **from the [very] ~** von Anfang an
❹ (*top-quality product*) Spitzenerzeugnis *nt;* (*achievement*) Errungenschaft *f; this new surgical technique is a ~ for Britain* diese neue Operationstechnik sichert Großbritannien einen Spitzenplatz
❺ BRIT UNIV Eins *f; she's got a ~ in English* sie hat Englisch mit einer Eins [*o* [der Note] ‚sehr gut'] bestanden
❻ AUTO der erste Gang; **to put the car in ~** den ersten Gang einlegen

First *adj attr, inv* AM ~ **baby/cat** Baby *nt*/Katze *f* des Präsidenten; **the ~ couple** der Präsident und die First Lady; **the ~ marriage** die Ehe des Präsidenten

first aid I. *n* erste Hilfe; **to give** [*or* **render**] **sb ~** jdm erste Hilfe leisten; *he had to be given ~ for his injuries* er benötigte erste Hilfe für seine Verletzungen **II.** *n modifier* (*room, teacher, treatment*) Erste-Hilfe-; ~ **certificate** Erste-Hilfe-Schein *m* **first aid box** *n* Verbandskasten *m* **first-aider** *n jd, der erste Hilfe leistet/leisten kann* **first aid kit** *n* Erste-Hilfe-Ausrüstung *f* **first base** *n* AM (*in baseball*) erste Base; (*fig*) **to get to ~** etwas erreichen; (*phase one*) erste Stufe; *his weak proposal won't even make it to ~ with the directors* sein schwacher Vorschlag kommt bei den Direktoren nicht einmal in die Vorauswahl; (*kiss*) jdn küssen; *he couldn't even get to ~ with his date* (*fig*) er konnte bei ihr überhaupt nicht landen *fig* **first-born I.** *adj* erstgeboren **II.** *n* Erstgeborene(r) *f(m)* **first chair** *n* MUS Stimmführer(in) *m(f); she's ~ in the cellos* sie ist die erste Cellistin

first-class *adj* ECON, FIN ~ **mail** BRIT (*fastest*) Briefpost *f* erster Klasse; AM (*for letters and postcards*) Briefpost *f* **first class** *n* erste Kategorie; TRANSP erste Klasse; ECON Klasse A **first-class I.** *adj* ❶ (*best quality*) Erste[r]-Klasse-; ~ **article** Spitzenerzeugnis *nt*, Spitzenprodukt *nt;* ~ **compartment** Erste[r]-Klasse-Abteil *nt;* ~ **mail** bevorzugt beförderte Post; BRIT [bevorzugt beförderte] Inlandspost; AM Briefpost *f;* ~ **restaurant** Restaurant *nt* der Spitzenklasse ❷ (*approv: wonderful*) erstklassig, erstrangig **II.** *adv* erster Klasse; **to travel ~** erster Klasse reisen **first class degree** *n* BRIT (*form*) Spitzenexamen *nt*, erstklassiges Examen **first cousin** *n* Cousin *m*/Cousine *f* ersten Grades **first-day cover** *n* Ersttagsbrief *m* **first-degree burn** *n* (*dated*) Verbrennung *f* ersten Grades **first-degree murder** *n* AM schwerer Mord **first edition** *n* Erstausgabe *f* **First Fleet** *n* AUS (*hist*) *Flotte, mit der die ersten europäischen Einwanderer nach Australien kamen* **first fleeter** *n* AUS (*hist*) *Abkömmling der ersten europäischen Einwanderer in Australien* **first floor** *n* BRIT (*floor above ground level*) erster Stock, erste Etage; AM (*floor at ground level*) Erdgeschoss *nt*, Parterre *nt* **first fruit** *n* (*fig*) erste Ergebnisse; ART Erstlingswerk *nt;* BIOL Erstlinge *mpl* **first gear** *n* AUTO erster Gang; **to put a car into ~** in einem Auto den ersten Gang einlegen, ein Auto in den ersten Gang schalten **first generation** *n* COMPUT ~ **computer** Computer *m* der ersten Gerneration; ~ **image** Quelldokument *nt*, Ursprungsdokument *nt* **first-hand I.** *adj attr* aus erster Hand *nach n* **II.** *adv* aus erster Hand **first in first out** *n* ECON, FIN (*redundancy policy*) Personalpolitik *f* nach der FIFO-Methode; (*accounting policy*) FIFO-Abschreibungsmethode *f;* COMPUT FIFO-Methode *f* **first lady** *n* AM ■**the ~** die First Lady **first language** *n* Muttersprache *f* **first-level address** *n* COMPUT Erstadresse *f* **first light** *n no pl* Tagesanbruch *m*, Morgengrauen *nt; to wait until ~* bis zum Tagesanbruch warten; **at ~** bei Tagesanbruch, im Morgengrauen

firstly ['fɜːs(t)li, AM 'fɜːr-] *adv inv* erstens

first mate *n* NAUT Erster Offizier/Erste Offizierin *m/f* **first name** *n* Vorname *m*, Rufname *m form;* **to call sb by their ~** jdn beim Vornamen nennen [*o* mit dem Vornamen anreden] **first-name basis** *n no pl* **to be on/get onto a ~ [with sb]** [jdn] mit dem Vornamen anreden; (*address familiarly*) [mit jdm] per du sein; *they are on a ~* sie duzen sich **first-name terms** *npl* AM *we are on ~ now* wir reden uns jetzt mit dem Vornamen an; (*familiar form of address*) wir duzen uns jetzt **first night** *n* THEAT Premiere *f*, Uraufführung *f* **first offender** *n* LAW Ersttäter(in) *m(f)*, nicht Vorbestrafte(r) *f(m)* **first officer** *n* NAUT Erster Offizier/Erste Offizierin **first-past-the-post** *adj* BRIT ❶ (*winner of race*) Erste(r) *f(m)*, Sieger(in) *m(f); my horse was ~* mein Pferd wurde Erster ❷ POL (*not proportional*) Mehrheits-; ~ **electoral system** Mehrheitswahlrecht *nt* **first person** *n* LING **the ~ [singular/plural]** die erste Person [Singular/Plural]; **to write in the ~** in der ersten Person schreiben **first principles** *npl* Grundprinzipien *ntpl* **first-rate** *adj* (*approv*) erstklassig, hervorragend, ausgezeichnet **first refusal** *n* LAW Vorkaufsrecht *nt; he has the ~* er besitzt das Vorkaufsrecht; **right of ~** Vorkaufsrecht *nt;* **to offer** [*or* **give**] **sb the ~ on sth** jdm das Vorkaufsrecht auf etw *akk* einräumen **first school** *n* BRIT Grundschule *f* **first sergeant** *n* AM Hauptfeldwebel *m* **first strike** *n* MIL Erstschlag *m* **first-strike** *adj attr, inv* Erstschlags-; ~ **capability** Erstschlagsfähigkeit *f* **first-time buyer** *n jd, der zum ersten Mal ein eigenes Haus/eine eigene Wohnung kauft* **first violin** *n* (*first violinist*) erste Geige; (*leader of an orchestra*) Konzertmeister(in) *m(f);* **to play ~ in an orchestra/a quartet** in einem Orchester/Quartett die erste Geige spielen **First World War** *n* Erster Weltkrieg **first year** *adj attr* UNIV im ersten Studienjahr *nach n;* **to be ~ student** im ersten Jahr seines Studiums sein; **to be ~ med/MBA student** AM Medizin/BWL im ersten Jahr studieren

firth [fɜːθ] *n* SCOT Förde *f*, Meeresarm *m*

fir tree *n* Tanne *f*

fiscal ['fɪskəl] *adj inv* ECON, FIN fiskalisch, steuerlich, Finanz-, Steuer-; ~ **agent** *Bank, die die technische Abwicklung einer Emission übernimmt;* ~ **drag** Progressionsbremse *f;* ~ **law** Steuerrecht *nt;* ~ **measures** finanzpolitische Maßnahmen; ~ **policy** Finanzpolitik *f*

fiscally ['fɪskəli] *adv* fiskalisch; *raising the interest rates would be ~ unsound at this juncture* eine Erhöhung der Zinssätze wäre zu diesem Zeitpunkt fiskalpolitisch unklug

fiscal year *n* (*for management*) Geschäftsjahr *nt;* (*for public finance*) Haushaltsjahr *nt*, Etatjahr *nt;* BRIT (*for taxation*) Steuerjahr *nt*

fish [fɪʃ] **I.** *n* <*pl* -es *or* -> ❶ (*animal*) Fisch *m*
❷ *no pl* (*as food*) Fisch *m*
❸ (*person*) **a cold ~** ein kalter Fisch *fam o pej;* **an odd** [*or* **queer**] **~** ein komischer Kauz
► PHRASES: **to be a small ~ in a big pond** nur einer von vielen sein; **there are [plenty] more ~ in the sea** (*a lot of other people*) es gibt noch andere auf der Welt; (*a lot of other opportunities*) es gibt noch andere Möglichkeiten auf der Welt; **like a ~ out of water** wie ein Fisch auf dem Trockenen; **to have bigger** [*or* **other**] **~ to fry** Wichtigeres [*o* Besseres] zu tun haben; **to drink like a ~** wie ein Loch saufen *fam*
II. *vi* ❶ (*catch fish*) fischen; (*with rod*) angeln; **to ~ for bass/perch/trout** auf Barsche/Flussbarsche/Forellen angeln *fachspr*
❷ (*look for*) ■**to ~ in sth** in etw *dat* herumsuchen; *she ~ed in her purse for the keys* sie kramte in ihrer Handtasche nach den Schlüsseln; ■**to ~ for sth** (*fig*) nach etw *dat* suchen; *he ~ed for information on her whereabouts* er ist auf Informationen über ihren Aufenthaltsort aus; **to ~ for compliments** sich *dat* gerne Komplimente machen lassen
► PHRASES: **to ~ or cut bait** AM (*decide*) eine Entscheidung fällen; (*marry*) sich *akk* für jdn entscheiden; **to ~ in troubled waters** im Trüben fischen
III. *vt* **to heavily ~ a lake/ocean/sea** einen See/Ozean/ein Meer intensiv befischen
◆**fish out** *vt* ❶ (*fish too much*) ■**to ~ out** ◌ **sth** *with fishing boat* etw leer fischen; *with rod* etw leer angeln
❷ (*remove*) ■**to ~ out** ◌ **sb/sth** jdn/etw herausfischen *fam; the police ~ed another corpse out of the river today* die Polizei zog heute eine weitere Leiche aus dem Fluss; (*extract/find with difficulty*) ■**to ~ sth out** etw hervorkramen *fam*, etw heraussuchen

fish and chips *n esp* BRIT Fisch *m* mit Pommes frites **fish and chip shop** *n esp* BRIT Fischimbiss *m* **fishbone** *n* [Fisch]gräte *f* **fishbowl** *n* AM [Gold]fischglas *nt* **fishcake** *n* Fischfrikadelle *f*

fisher ['fɪʃəʳ, AM -ɚ] *n* (*liter*) Fischer *m;* ~ **of men** Menschenfischer *m* **fisherman** *n* (*professional*) Fischer *m;* (*for hobby*) Angler *m* **fisherwoman** *n* Fischerin *f*

fishery ['fɪʃəri] *n* (*industry*) Fischerei[wirtschaft] *f;* (*fishing*) Fischfang *m*, Fischerei *f;* (*fishing-grounds*) Fischereizone *f*, Fischfanggebiet *nt;* **offshore ~** Küstenfischgründe *mpl*

fish-eye lens *n* PHOT Fischauge *nt* **fish farm** *n* Fischzuchtanlage *f* **fish finger** *n* BRIT, AUS Fischstäbchen *nt* **fish-hook** *n* Angelhaken *m*

fishing ['fɪʃɪŋ] *n no pl* ❶ (*catching fish*) Fischerei *f*, Fischen *nt;* **salmon ~** Lachsfischen *nt;* (*with rod*) Angeln *nt*
❷ (*looking for*) Suche *f;* ~ **for compliments** Suche *f* nach Komplimenten; ~ **for information** Informationssuche *f*

fishing boat *n* Fischerboot *nt*, Fischereifahrzeug *nt* **fishing expedition** *n* ❶ (*for industry*) Fangfahrt *f;* (*for sport*) Angelausflug *m* ❷ (*information search*) Recherche *f;* (*under false pretences*) Schnüffeltour *f fam o pej* **fishing gear** *n no pl* Angelausrüstung *f* **fishing grounds** *npl* Fischgründe *pl* **fishing lake** *n* Fischweiher *m* **fishing-line** *n* Angelleine *f*, Angelschnur *f* **fishing net** *n* Fisch[er]netz *nt* **fishing pole** *n* AM Angelrute *f* **fishing port** *n* Fischereihafen *m* **fishing rod** *n* Angel[rute] *f* **fishing season** *n* (*for industry*) Fangsaison *f;* (*for sport*) Angelsaison *f* **fishing smack** *n* Fischkutter *m* **fishing-tackle** *n no pl* (*for industry*) Fischereigeräte *ntpl;* (*for sport*) Angelgeräte *ntpl* **fishing trip** *n* Angeltour *f*, Angelausflug *m* **fishing village** *n* Fischerdorf *nt*

fish kettle *n* Fischkessel *m* **fish knife** *n* Fischmesser *nt* **fish market** *n* Fischmarkt *m* **fishmonger** *n esp* BRIT Fischhändler(in) *m(f);* ■**the ~'s** (*shop*) Fischgeschäft *nt*, Fischhandlung *f;* (*at market*) Fischstand *m* **fishnet** *n* ❶ (*net*) Fisch[er]netz *nt* ❷ *no pl* (*material resembling nets*) Netz *nt* **fishnet stockings** *n*, **fishnet tights** *npl* Netzstrümpfe *pl* **fishpond** *n* Fischteich *m* **fish slice** *n* (*for frying*) Wender *m; esp* BRIT (*for serving*) Fischvorlegemesser *nt* **fish stick** *n* AM (*fish finger*) Fischstäbchen *nt* **fish story** *n* (*about the sea*) Seemannsgarn *nt;* (*tall tale*) Räuberpistole *f*

F

fish tank *n* (*at home*) Aquarium *nt;* (*public aquarium*) Ozeanarium *nt;* (*for breeding*) Fischteich *m*
fishwife *n* (*dated or pej*) Fischweib *nt veraltend,* Marktweib *nt meist pej sl;* **to shout/swear like a ~** keifen/fluchen wie ein Marktweib *pej sl*
fishy ['fɪʃi] *adj* ① (*tasting of fish*) fischig; **~ smell** Fischgeruch *m;* ***there is a ~ smell in here*** hier riecht es nach Fisch; (*like fish*) fischartig, fischähnlich
② (*pej fam: dubious*) verdächtig, zweifelhaft; **~ excuse** faule Ausrede *fam;* ***there is something ~ about that*** daran ist irgendetwas faul *fam*
fissile ['fɪsaɪl, AM -sɪl] *adj inv* spaltbar; **~ material** spaltbares Material, Spaltmaterial *nt*
fission ['fɪʃᵊn, AM *also* -ʒ-] **I.** *n no pl* ① PHYS [Kern]spaltung *f,* Fission *f fachspr;* **~ product** Spaltprodukt *nt*
② BIOL [Zell]teilung *f,* Fission *f fachspr*
③ (*fig: splitting*) Spaltung *f,* Teilung *f*
II. *vi* PHYS sich *akk* spalten; BIOL sich *akk* teilen
fissionable ['fɪʃᵊnəbl̩, AM *also* -ʒ-] *adj inv* spaltbar, spaltfähig
fission bomb *n* Atombombe *f*
fissure ['fɪʃəʳ, AM -ɚ] *n* ① (*cleavage*) Spalte *f,* Spalt *m;* (*fig: split*) Riss *m;* (*long split*) Furche *f*
② (*deep crack*) tiefer Spalt, tiefe Spalte; (*in glacier*) Gletscherspalte *f;* (*in earth*) Erdspalte *f*
③ (*tiny crack*) Riss *m,* Sprung *m;* **~ in the rock** Felsspalte *f*
④ (*fig*) Spaltung *f;* POL **there is a ~ in the party** durch die Partei geht ein Riss
fissured ['fɪʃəd, AM ɚd] *adj* gespalten, rissig
fist [fɪst] *n* Faust *f;* **to clench one's ~s** die Fäuste ballen; **to go for sb with one's ~** auf jdn mit geballter Faust losgehen; **to shake one's ~ at sb** jdm mit der Faust drohen
fist-fight *n* Schlägerei *f;* BOXING Boxkampf *m* **fistful** *n* Handvoll *f;* (*fig*) Vielzahl *f*
fisticuffs ['fɪstɪkʌfs] *npl* (*old or hum*) Handgreiflichkeiten *pl;* **to resort to ~** handgreiflich werden; ***the quarrel ended in ~*** der Streit endete in einer Schlägerei; BOXING Boxen *nt,* Faustkampf *m geh*
fit¹ [fɪt] *n* ① (*attack*) Anfall *m;* **epileptic ~** epileptischer Anfall
② (*brief spell of sickness*) Anfall *m;* **coughing ~** Hustenanfall *m*
③ (*fig fam: outburst of rage*) [Wut]anfall *m;* **to have** [*or* **throw**] **a ~** einen Anfall bekommen *fam,* Zustände kriegen *fam*
④ (*burst*) **~ of laughter** Lachkrampf *m;* **to be in ~s of laughter** sich *akk* kaputtlachen *fam;* **to get the audience in ~s** das Publikum zum Lachen bringen
⑤ (*caprice, mood*) Anwandlung *f;* **in a ~ of generosity** in einer Anwandlung von Großzügigkeit
► PHRASES: **by** [*or* **in**] **~s and starts** (*erratically*) sporadisch; (*in little groups*) stoßweise
fit² [fɪt] **I.** *adj* <-tt-> ① (*suitable*) geeignet; ***they served a meal ~ for a king*** sie trugen ein königliches Mahl auf; **to be ~ for human consumption** zum Verzehr geeignet sein; **to be ~ for human habitation** bewohnbar sein; **to be no ~ way to do sth** kein geeigneter [*o* tauglicher] Weg sein, etw zu tun; **to be ~ to eat** essbar [*o* genießbar] sein
② (*qualified*) geeignet; **that's all sb's ~ for** (*fam*) das ist alles, wozu jd taugt
③ (*up to*) fähig; ***she's not ~ for this responsibility*** sie ist dieser Verantwortung nicht gewachsen; **to be ~ for military service/the tropics** wehrdienst-/tropentauglich sein; ■**to be** [**not**] **~ to do sth** nicht fähig [*o* in der Lage] sein, etw zu tun; **to be ~ to travel** reisetauglich sein; **to be ~ to work** arbeitsfähig sein
④ (*appropriate*) angebracht; **to do what one sees** [*or* **thinks**] **~** tun, was man für richtig hält
⑤ (*worthy*) würdig; **to be not ~ to be seen** sich *akk* nicht sehen lassen können
⑥ (*ready, prepared*) bereit; ■**to be ~ to do sth** nahe daran sein, etw zu tun; **to be ~ to drop** zum Umfallen müde sein
⑦ (*healthy*) fit; **to keep ~** sich *akk* fit halten
⑧ BRIT (*sl: physically alluring*) geil *sl*
► PHRASES: **to be** [**as**] **~ as a fiddle** [*or* BRIT *also* **flea**] (*fam: merry*) quietschvergnügt sein *fam;* (*healthy*) fit wie ein Turnschuh sein *fam;* **to laugh ~ to burst** (*fam*) vor Lachen beinahe platzen *fam;* **to be ~ to be tied** AM [vor Wut] kochen *fam*
II. *n no pl* ① FASHION Sitz *m,* Passform *f;* **bad/good/perfect ~** schlechter/guter/tadelloser Sitz; ***these shoes are a good ~*** diese Schuhe passen gut
② (*tech*) Passung *f*
III. *vt* <BRIT -tt- *or* AM *usu* -t-> ① (*be appropriate*) ■**to ~ sb/sth** sich *akk* für jdn/etw eignen; ***he should ~ the sales job perfectly*** er müsste die Verkäuferstelle perfekt ausfüllen
② (*correspond with*) ■**to ~ sth** etw *dat* entsprechen; ***the punishment should always ~ the crime*** die Strafe sollte immer dem Vergehen angemessen sein; ***the key ~s the lock*** der Schlüssel passt ins Schloss; ***the description ~ted the criminal*** die Beschreibung passte auf den Täter; **to ~ sb's plans** in jds Pläne passen
③ (*make correspond*) ■**to ~ sth to sth** etw etw *dat* anpassen; ***he had to ~ his plans to the circumstances*** er musste sich mit seinen Plänen nach den Gegebenheiten richten
④ FASHION ■**to ~ sb** jdm passen; **to ~ a dress/a suit on sb** jdm ein Kleid/ein Kostüm anprobieren
⑤ (*mount*) ■**to ~ sth** etw montieren; **to ~ a bulb** eine Glühbirne einschrauben
⑥ (*shape as required*) ■**to ~ sth** etw anpassen
⑦ (*position as required*) ■**to ~ sth** etw einpassen
⑧ (*supply*) ■**to ~ sth with sth** etw mit etw *dat* versehen [*o* ausstatten]
► PHRASES: **to ~ the bill** seinen Zweck erfüllen
IV. *vi* <BRIT -tt- *or* AM *usu* -t-> ① (*be correct size*) passen; FASHION *also* sitzen; **to ~ like a glove** wie angegossen passen [*o* sitzen]; ■**to ~ into sth** in etw *akk* hineinpassen
② (*accord*) *facts* übereinstimmen, zusammenpassen
③ (*have required characteristics*) ■**to ~ into sth** zu etw *dat* passen; (*adapt*) sich *akk* in etw *akk* einfügen; ***how do you ~ into all this?*** was für eine Rolle spielen Sie in dem Ganzen?
► PHRASES: **if the shoe** [*or* BRIT *also* **cap**] **~s, wear it** wem der Schuh passt, der soll ihn sich anziehen *fig*
◆**fit in I.** *vi* ① (*get on well in group*) sich *akk* einfügen; **to ~ in with a team** sich *akk* in ein Team einfügen
② (*conform, correspond*) dazupassen; ■**to ~ in with sth** (*match*) zu etw *dat* passen; (*be compatible*) mit etw *dat* vereinbar sein; ***this doesn't ~ in with my plans*** das passt mir nicht in den Plan
II. *vt* ① (*make time for*) ■**to ~ sb ↔ in** jdn einschieben; (*for treatment, talks*) jdm einen Termin geben; ■**to ~ sth ↔ in** etw einschieben; **to ~ sth in one's schedule** etw in seinem Terminkalender unterbringen
② (*put down as*) ■**to ~ sb in** [**somewhere**] jdn [irgendwo] einordnen
◆**fit out** *vt* ■**to ~ sb/sth ↔ out** (*equip*) jdn/etw ausstatten; (*for a purpose, task*) jdn/etw ausrüsten; ***they will ~ her out with a suitable dress*** sie werden sie mit einem passenden Kleid ausstatten
◆**fit up** *vt* ① (*position furnishings somewhere*) ■**to ~ sth ↔ up** *room* etw einrichten (**as** als)
② (*provide necessary equipment*) ■**to ~ sb ↔ up** jdn ausstatten [*o* ausrüsten]
③ BRIT (*sl: frame, rig accusations*) ■**to ~ sb up** jdn anschwärzen *pej fam*
fitful ['fɪtfᵊl] *adj* unbeständig; **~ breath** unregelmäßige Atmung; **~ gusts of wind** vereinzelte Windböen; **~ progress** sprunghafter Fortschritt; **~ sleep** unruhiger Schlaf; **~ weather** unbeständiges [*o* launenhaftes] Wetter; **~ working** stoßweises Arbeiten
fitfully ['fɪtfᵊli] *adv* unbeständig; ***the wind blew ~*** der Wind blies ab und zu; **to breathe ~** unregelmäßig atmen; **to sleep ~** unruhig schlafen; **to work ~** stoßweise [*o* sporadisch] arbeiten
fitment ['fɪtmənt] *n* (*part of equipment*) Zubehörteil *nt; esp* BRIT (*piece of furniture*) Einrichtungsgegenstand *m*
fitness ['fɪtnəs] *n no pl* ① (*competence*) Eignung *f,* Tauglichkeit *f* (**for** für +*akk*); **~ for purpose** ECON Zweckdienlichkeit *f,* Eignung *f*
② (*good health*) Gesundheit *f;* (*good condition*) Fitness *f;* **physical ~** [körperliche] Fitness
③ (*class*) Fitnesstraining *nt;* **~ class/training** Fitnesstraining *nt*
fit-out *n* Ausrüstung *f*
fitted ['fɪtɪd, AM -t̬ɪd] *adj attr, inv* (*adapted, suitable*) passend, geeignet; (*tailor-made*) maßgeschneidert; **~ carpet** [*or* **carpeting**] BRIT Teppichboden *m*
fitted kitchen *n* BRIT Einbauküche *f* **fitted sheet** *n* Spannbetttuch *nt*
fitter ['fɪtəʳ, AM -t̬ɚ] *n* ① (*tailor's aid*) Zuschneider(in) *m(f)*
② (*person maintaining machinery*) [Maschinen]schlosser(in) *m(f);* (*of engines*) Monteur(in) *m(f);* (*of pipes*) Installateur(in) *m(f)*
fitting ['fɪtɪŋ, AM -t̬-] **I.** *n* ① (*fixtures*) ■**~s** *pl* Ausstattung *f;* **bathroom ~s** Badezimmereinrichtung *f;* **electric light ~s** Beleuchtungskörper *mpl,* Leuchte *f;* BRIT, AUS (*movable furnishing items*) Einrichtungsgegenstände *pl*
② (*of clothes*) Anprobe *f;* ***I'm having the final ~ of my wedding dress today*** ich probiere heute zum letzten Mal mein Hochzeitskleid an
II. *adj* (*form*) passend, geeignet; ***it is ~ that we should remember those who died*** es schickt sich, dass wir die Toten in Erinnerung behalten; **a ~ comment** eine treffende Bemerkung; **a ~ end** ein passender [Ab]schluss; **a ~ occasion** eine günstige Gelegenheit
fittingly ['fɪtɪŋli, AM -t̬-] *adv* passend[erweise]; **to behave ~** sich *akk* schicklich benehmen; **to dress ~** sich *akk* passend anziehen; **to end ~** angemessen enden; **to remark ~ that...** treffend bemerken, dass...
five [faɪv] **I.** *adj* ① (*number*) fünf; ***they're sold in packets of ~*** das wird in einer Fünferpackung verkauft; ***after ringing the bell ~ times we ...*** nachdem wir fünfmal geklingelt hatten, ...; **the ~ senses** die fünf Sinne *pl;* **a family of ~** eine fünfköpfige Familie; **~ and a quarter/half** fünfeinviertel/fünfeinhalb; **~ times the amount of ...** fünfmal so viel ...; **one in ~** [**people**] jeder Fünfte; *see also* **eight 1**
② (*age*) fünf; ***a boy of ~*** ein fünfjähriger Junge; *see also* **eight 2**
③ (*time*) **to be ~** [**o'clock**] fünf [Uhr] sein; **half past ~** [*or* BRIT *fam* **half ~**] halb sechs; **at ~ thirty** um halb sechs, um fünf Uhr dreißig; **at ~ forty-five** um Viertel vor sechs [*o* drei viertel sechs]; *see also* **eight 3**
II. *n* ① (*number, symbol*) Fünf *f;* **to have a ~ o'clock shadow** am Nachmittag bereits wieder einen Bartschatten haben
② BRIT (*shoe size*) [Schuhgröße] 38; AM (*shoe size*) [Schuhgröße] 36
③ CARDS Fünf *f;* **~ of clubs/hearts** Kreuz-/Herz-Fünf *f*
④ (*public transport*) **the ~** die Fünf
⑤ (*group of five*) Fünfergruppe *f*
⑥ (*greeting*) **gimme ~!** *esp* AM (*fam*) *Aufforderung zur Begrüßung o nach einem Erfolg die Hand hochzuheben, so dass man mit der eigenen Hand dagegenschlagen kann*
⑦ (*5 minutes*) **to give oneself ~, to have** [*or* **take**] **~** (*fam*) sich *dat* eine kurze Pause genehmigen *hum fam*
⑧ BRIT (*currency note*) Fünfpfundnote *f;* AM (*currency note*) Fünfdollarschein *m*
five-and-dime *n* AM, **five-and-dime store** *n* AM Billigladen *m* **five-a-side** [ˌfaɪvə'saɪd] SPORTS **I.** *n no pl* Fußball *m* mit Fünfermannschaften **II.** *adj* mit fünf Spielern pro Mannschaft **fivefold I.** *adj* fünffach; ***there has been a ~ fall in the value of money*** das Geld ist nur noch ein Fünftel wert **II.** *adj* fünffach; **to increase ~** um das Fünffache zunehmen, sich *akk* verfünffachen
fiver ['faɪvəʳ, AM -ɚ] *n* (*fam*) ① BRIT (*£5 note*) Fünfpfundnote *f;* (*£5*) fünf Pfund
② AM (*$5 bill*) Fünfdollarschein *m;* (*$5*) fünf Dollar

fives [faɪvz] *n + sing vb* BRIT *ein dem Squash ähnliches Spiel*

fives court *n* BRIT *ein Raum, in dem ein dem Squash ähnliches Spiel gespielt wird*

five star *adj attr* (*approv*) Fünf-Sterne-; ~ **hotel** Fünf-Sterne-Hotel *nt*

fix [fɪks] **I.** *n* ❶ *usu sing* (*fam: dilemma*) Klemme *f fam,* Patsche *f fam;* **to be in a** ~ in der Klemme [*o* Patsche] sitzen *fam;* ***this was something of a*** ~ es war schon ein Dilemma; ***he's in a real ~ — he's got two meetings booked for three o'clock*** er steckt in einer echten Zwangslage – er hat zwei Besprechungen für drei Uhr eingetragen
❷ (*sl: dosage of injectable narcotics*) **a** ~ **of amphetamine** eine Ladung Amphetamine *fam;* **a** ~ **of cocaine/heroin** ein Schuss *m* Kokain/Heroin *sl*
❸ NAUT, AVIAT (*position*) Position *f,* Standort *m;* (*determination of position*) Standortbestimmung *f,* Ortung *f;* ***do we still have a ~ on that plane?*** haben wir die Position dieses Flugzeuges noch?; **to take a** ~ **on a plane/ship** ein Flugzeug/Schiff orten
II. *vt* ❶ (*fasten*) ■**to** ~ **sth** etw festmachen [*o* befestigen]; ■**to** ~ **sth to sth** etw an etw *dat* anbringen; **to** ~ **a picture to the wall** ein Bild an der Wand aufhängen; (*fig*) **to** ~ **sth in one's mind** sich *dat* etw einprägen; **to** ~ **the blame on sb** die Schuld auf jdn schieben
❷ (*decide*) ■**to** ~ **sth** etw festlegen [*o* festsetzen]; **to** ~ **a border** [*or* **boundary**]**/a price/a time** eine Grenze/einen Preis/eine Zeit festlegen; ***so can we ~ two o'clock tomorrow for the presentation?*** können wir dann die Präsentation für morgen zwei Uhr ansetzen?; ***the rent is ~ed at £750 a month*** die Miete wurde auf £750 pro Monat festgesetzt
❸ (*arrange*) ■**to** ~ **sth** etw arrangieren; **to** ~ **a trip** einen Ausflug organisieren
❹ (*repair*) ■**to** ~ **sth** etw reparieren; (*put to rights*) etw in Ordnung bringen; **to** ~ **a blowout** *esp* AM eine Reifenpanne beheben, einen Platten [*o* ÖSTERR Patschen] richten *bes* SÜDD, SCHWEIZ; **to** ~ **sb's flat** BRIT jds Wohnung sauber machen
❺ (*fam: improve appearance of*) ■**to** ~ **oneself** sich *akk* zurechtmachen; **to** ~ **one's hair** sich *akk* frisieren
❻ *esp* AM (*fam: make food ready*) ■**to** ~ **sth** etw zu essen machen; ***shall I ~ you sth?*** soll ich dir was zu essen machen?
❼ (*fam: manipulate crookedly*) **to** ~ **a ballot/a fight/a race** eine Wahl/einen Kampf/ein Rennen manipulieren; **to** ~ **the jury** die Geschworenen bestechen
❽ (*sl: take revenge on*) ■**to** ~ **sb** es jdm heimzahlen *fam*
❾ (*sl: inject narcotics*) ■**to** ~ **sth** [sich *dat*] etw spritzen *fam*
❿ ART, PHOT **to** ~ **the colour** die Farbe fixieren
⓫ BIOL, MED ■**to** ~ **sth** etw präparieren
⓬ (*concentrate*) **to** ~ **one's eyes/one's thoughts on sth** die Augen/seine Gedanken auf etw *akk* richten; ***she could not ~ her thoughts upon anything*** sie konnte keinen klaren Gedanken fassen; ***his eyes were ~ed on the distant yacht*** er hatte den Blick auf die Yacht in der Ferne gerichtet
⓭ (*stare at*) ■**to** ~ **sb/sth** jdn/etw fixieren [*o* anstarren]; ***he ~ed me with a stare of disapproval*** er durchbohrte mich mit missbilligenden Blicken
⓮ MIL **to** ~ **the bayonet** das Seitengewehr aufpflanzen
⓯ AM (*fam: sterilize*) **to** ~ **an animal** ein Tier sterilisieren
III. *vi* ❶ (*sl*) *drugs* fixen *fam,* drücken *sl*
❷ (*fam: make definite*) ■**to** ~ **on** [*or* **upon**] **sth** sich *akk* auf etw *akk* festlegen
◆**fix up** *vt* ❶ (*supply*) ■**to** ~ **sb** ↔ **up** [**with sth**] jdn [mit etw *dat*] versorgen; ■**to** ~ **sb** ↔ **up with sb** [*or* **up sb with sb**] für jdn mit jdm eine Verabredung arrangieren; ***his roommate ~ed him up with a date*** sein Zimmergenosse hat ihm eine Verabredung arrangiert
❷ (*arrange*) ■**to** ~ **up sth** etw arrangieren; ***shall we ~ up a time for our next meeting?*** sollen wir eine Zeit für unser nächstes Treffen vereinbaren?
❸ (*construct out of necessity*) **to** ~ **up a tent** ein Zelt aufschlagen
❹ (*fam: mend, restore*) ■**to** ~ **sth** ↔ **up** etw in Ordnung bringen; **to** ~ **up a house** ein Haus renovieren

fixated [fɪk'seɪtɪd, AM -t̬ɪd] *adj pred* fixiert; ■**to be** ~ **on** [*or* **with**] **sth** auf etw *akk* fixiert sein; ***the boss is ~ with automating the office*** der Chef ist ganz darauf versessen, das Büro zu automatisieren

fixation [fɪk'seɪʃᵊn] *n* ❶ PSYCH Fixierung *f* (**with** auf +*akk*); **mother** ~ Mutterfixierung *f*
❷ ECON, FIN Fixing *nt*

fixative ['fɪksətɪv, AM -t̬ɪv] *n* Fixiermittel *nt;* **denture** ~ Haftcreme *f*

fixed [fɪkst] *adj* ❶ *inv* (*unmoving*) fest, unbeweglich; ~ **gaze** starrer Blick
❷ (*unchanging*) fest[gesetzt], unveränderlich; ~ **idea** fixe Idee; PSYCH Zwangsvorstellung *f;* ~ **opinion** vorgefasste Meinung
❸ (*permanent*) fest, beständig; **to be of** [*or* **have**] **no** ~ **abode** [*or* **address**] keinen festen Wohnsitz haben
❹ (*same amount*) fest; ~ **allowance** fester Zuschuss; ECON Fixum *nt;* ~ **costs** Fixkosten *pl;* ~ **deposit** Festgeld *nt;* ~ **exchange rate** fester Wechselkurs; ~ **income** festes Einkommen, feste Einkünfte; ~ **rate** Festsatz *m;* ~ **rate loan** Festzinskredit *m;* ~ **repayment terms** feste Rückzahlungskonditionen
❺ (*decided on*) fest; ~ **plans** feste Pläne; ~ **term** *of a contract* festgesetzte Dauer (*eines Vertrages*)
❻ *pred, inv esp* BRIT (*having an appointment*) verabredet; ***can you have dinner with us on Friday? — how are you ~?*** kannst du am Freitag zum Essen zu uns kommen? – wie sieht es da bei dir aus? *fam;* ***how are you ~ for Saturday evening?*** hast du am Samstagabend schon etwas vor?
❼ *pred, inv* (*having money*) gut versorgt; ***how are you ~ for cash?*** wie steht's bei dir mit Geld?

fixed assets *npl,* **fixed capital** *n no pl* FIN Anlagevermögen *nt;* (*unmovable assets*) feste Anlagen

fixed charge *n* ECON, FIN ❶ ■~**s** Fixkosten *pl,* gleichbleibende Belastungen ❷ (*linked to assets*) dingliche Sicherung (*an Grundstücken, Gebäuden oder Maschinen*) **fixed-interest** *adj* ECON, FIN ~ **investments** festverzinsliche Kapitalanlagen; ~ **securities** festverzinsliche Werte, Wertpapiere *pl* mit festem Zinssatz

fixedly ['fɪksɪdli] *adv inv* starr, unbeweglich

fixed-price *n* ECON, FIN ~ **agreement** Festpreisvereinbarung *f;* ~ **offer for sale** Festpreiszeichnungsofferte *f* **fixed star** *n* ASTRON Fixstern *m* **fixed-term** *adj* ~ **deposits** Festgeldanlagen *fpl* **fixed-wing** *adj attr, inv* AVIAT mit starren Flügeln *nach n*

fixer ['fɪksəʳ, AM -ɚ] *n* ❶ (*fam: person organizing illegally*) Schieber(in) *m(f);* (*person dealing illegally*) Dealer(in) *m(f)*
❷ CHEM Fixiermittel *nt,* Fixierer *m*
❸ ECON, FIN Fixer(in) *m(f)*

fixing ['fɪksɪŋ] *n no pl* ECON, FIN ❶ (*regular meeting*) [Preis]feststellung *f;* **gold** ~ Goldfixing *nt*
❷ (*illegal agreement*) **price** ~ Preisabsprache *f*

fixing bath *n* PHOT Fixierbad *nt*

fixity ['fɪksəti, AM -əţi] *n no pl* (*form*) Beständigkeit *f;* ~ **of purpose** Zielstrebigkeit *f*

fixture ['fɪkstʃəʳ, AM -ɚ] *n* ❶ (*immovable object*) Inventarstück *nt,* eingebautes Teil; **bath** ~**s** Badezimmerarmaturen *pl;* ~**s and fittings** bewegliches und unbewegliches Inventar *form;* **light** ~ Lampe *f fam;* TECH Beleuchtungskörper *m;* **to be a permanent** ~ (*fig hum*) zum [lebenden] Inventar gehören *fig hum*
❷ *esp* BRIT, AUS (*sporting contest*) [Sport]veranstaltung *f;* (*with players*) Spiel *nt;* ~ **list** Spielplan *m*

fizz [fɪz] **I.** *vi* ❶ (*bubble*) sprudeln
❷ (*make sound*) zischen
II. *n no pl* ❶ (*bubbles*) Sprudeln *nt;* ***the tonic water has lost its*** ~ in dem Tonic Water ist keine Kohlensäure mehr
❷ (*champagne*) Schampus *m fam;* (*effervescent drink*) Sprudel *m;* (*sweet bubbly lemonade*) Brause[limonade] *f veraltend fam,* Limonade *f*
❸ (*sibilant 's' sound*) Zischen *nt*

fizziness ['fɪzɪnəs] *n no pl* starkes Sprudeln

fizzle ['fɪzḷ] *vi* zischen
◆**fizzle out** *vi fireworks, enthusiasm* verpuffen; *attack, campaign, plan* im Sand verlaufen; *interest* stark nachlassen [*o* zurückgehen]; ***the concert began promisingly but then ~d out*** das Konzert begann viel versprechend, hat die Erwartungen aber nicht erfüllt

fizzy ['fɪzi] *adj* (*bubbly*) sprudelnd *attr;* **to be** ~ sprudeln; (*carbonated*) kohlensäurehaltig; ~ **drink** Getränk *nt* mit Kohlensäure; (*water*) Sprudel *m;* (*cola*) Cola *f;* (*lemonade*) Limonade *f*

fjord [fjɔːd, AM fjɔːrd] *n* Fjord *m*

Fla. AM *abbrev of* **Florida**

flab [flæb] *n no pl* (*pej fam*) Speck *m hum fam,* Fett *nt*

flabbergast ['flæbəgɑːst, AM -ɚgæst] *vt usu passive* (*fam*) ■**to be ~ed** völlig platt sein *fam;* ***I was ~ed*** mir blieb die Spucke weg *fam*

flabbergasted ['flæbəgɑːstɪd, AM -ɚgæst-] *adj* (*fam*) total von den Socken *fam;* ***she gave me a ~ look*** sie warf mir einen verstörten Blick zu

flabbiness ['flæbɪnəs] *n no pl* (*pej fam*) ❶ (*lack of firmness*) Schlaffheit *f;* (*fam*) *of arms, thighs* Wabbeligkeit *f fam*
❷ (*fig: ineffectiveness*) *of a person* Schlappheit *f,* Schwäche *f; of a minister* Konturlosigkeit *f; of a debate* Schwammigkeit *f; of a department* Ineffizienz *f*

flabby ['flæbi] *adj* ❶ (*flaccid*) schwabbelig *fam;* ~ **thighs** wabbelige [Ober]schenkel *fam*
❷ (*pej: feeble*) schlapp *fam;* ~ **leadership** kraftlose Führung; (*weak*) schwach; ~ **argument** schwammiges Argument *pej*

flaccid ['flæksɪd, 'flæsɪd] *adj* (*form*) ❶ (*not firm*) schlaff
❷ (*fig: lacking power*) schlapp *fam,* lasch *fam;* (*weak*) schwach; ~ **performance** schwache Leistung; ~ **rhetoric** schlechte Ausdrucksweise

flack¹ *n no pl* (*fam*) Medienheini *m fam o pej*

flack² *n no pl see* **flak**

flag¹ [flæg] **I.** *n* (*flagstone*) [Stein]platte *f;* (*also for floor*) Fliese *f*
II. *vt* ■**to** ~ **sth** (*pave*) etw mit Steinplatten belegen; (*also for floor*) etw fliesen [*o* mit Fliesen belegen]

flag² [flæg] *n* BOT Schwertlilie *f*

flag³ [flæg] **I.** *n* ❶ (*pennant, standard*) Fahne *f;* (*national, on ship*) Flagge *f;* ~ **of truce** Parlamentärflagge *f;* **to fly** [*or* **show**] [*or* **wave**] **the** ~ (*fig*) Flagge zeigen *fig;* **to keep the** ~ **flying** (*fig*) die Fahne hochhalten *fig;* **to raise** [*or* **hoist**] **a** ~ (*raise a pennant*) eine Fahne hissen; (*raise a national flag*) eine Flagge hissen; **to wave a** ~ eine Fahne schwenken
❷ (*marker*) Markierung *f;* (*bookmark*) Lesezeichen *nt;* (*tab*) Karteireiter *m*
❸ ECON, FIN *Ausdruck der Chartisten für eine Periode der Konsolidierung*
► PHRASES: **to put out the ~s** [*or* **the ~s out**] BRIT drei Kreuze machen *fig fam;* ***we won — let's put out the ~s and party*** wir haben gewonnen – jetzt können wir aufatmen und feiern
II. *vt* <-gg-> ❶ (*docket, mark*) ■**to** ~ **sth** etw markieren [*o* kennzeichnen]; *computer data* etw markieren; ***we'll ~ the records of interest in the database*** wir markieren die betreffenden Datensätze in der Datenbank
❷ (*signal to*) **to** ~ **a taxi** ein Taxi anhalten
III. *vi* <-gg-> *enthusiasm* abflauen; *interest, strength* nachlassen, abnehmen; *child, person* ermüden; *vigour* erlahmen
◆**flag down** *vt* ■**to** ~ **down** ↔ **sb/sth** jdn/etw anhalten; ***the police ~ged him down for speeding*** die Polizei hat ihn wegen zu hoher Geschwindigkeit angehalten

flag day *n* BRIT *Tag, an dem für wohltätige Zwecke gesammelt wird*

Flag Day *n* AM *Jahrestag der amerikanischen*

F

Nationalflagge

flagellant ['flædʒələnt] *n* (*form*) ❶ REL Flagellant(in) *m(f)*, Geißler(in) *m(f)*
❷ (*in sex*) Flagellant(in) *m(f)*

flagellate ['flædʒəleɪt] *vt* (*form*) ❶ REL ▪**to ~ sb/oneself** jdn/sich geißeln
❷ (*in sex*) ▪**to ~ sb** jdn züchtigen; (*with whip*) jdn [aus]peitschen

flagellation [ˌflædʒə'leɪʃən] *n no pl* (*form*) ❶ REL Geißelung *f*; PSYCH Flagellation *f fachspr*
❷ (*in sex*) Züchtigung *f*; (*with whip*) [Aus]peitschen *nt*

flagging ['flægɪŋ] *adj attr* AM nachlassend, erlahmend *geh*; **~ sales** Absatzrückgang *m*

flag of convenience <*pl* flags of convenience> *n* Billigflagge *f*

flagon ['flægən] *n* (*old*) ❶ (*serving container*) Kanne *f*; **~ of wine** Bocksbeutel *m*
❷ (*drinking container*) Krug *m*

flagpole *n* Fahnenstange *f*, Fahnenmast *m*, Flaggenmast *m*

flagrancy ['fleɪgrən(t)si] *n* ❶ (*barefaced audacity*) Schamlosigkeit *f*; ***the ~ of his disregard for authority shocked his parents*** seine schamlose Missachtung jeder Autorität schockierte seine Eltern; (*shameless openness*) Unverhohlenheit *f*, Unverfrorenheit *f*
❷ (*shocking horror*) Schändlichkeit *f*; **the ~ of the action/crime** die Ungeheuerlichkeit der Tat/des Verbrechens

flagrant ['fleɪgrənt] *adj* (*blatant*) offenkundig; (*unconcealed*) unverhohlen; (*scandalous*) ungeheuerlich; **a ~ breach of trust** ein eklatanter Vertrauensbruch; **a ~ misuse of privilege** ein offenkundiger Missbrauch von Privilegien; **a ~ waste of resources** eine skandalöse Verschwendung von Ressourcen

flagrantly ['fleɪgrəntli] *adv* (*blatantly*) offenkundig, eklatant; (*unconcealedly*) unverhohlen, unverfroren; (*scandalously*) ungeheuerlich, skandalös

flagship I. *n* ❶ (*thing of quality*) Flaggschiff *nt fig*, Aushängeschild *nt fig* ❷ (*vessel*) Flaggschiff *nt*
II. *adj attr, inv* führend; **~ company** Vorzeigeunternehmen *nt*; **~ model** Topmodell *nt*; **~ product** Spitzenprodukt *nt*; **~ store** Hauptgeschäft *nt* **flagstaff** *n* Fahnenstange *f*, Fahnenmast *m*, Flaggenmast *m* **flagstone** *n* (*paving stone*) [Stein]platte *f*; (*also for floor*) Fliese *f* **flag-waving** I. *n* Hurrapatriotismus *m pej veraltend* II. *adj* naiv patriotisch

flail [fleɪl] I. *n* Dreschflegel *m*
II. *vi* heftig um sich *akk* schlagen; ▪**to ~ about** herumfuchteln; **to ~ away at sb/sth** wild auf jdn/etw einschlagen
III. *vt* ▪**to ~ sth** etw dreschen; **to ~ one's arms** wild mit den Armen fuchteln; **to ~ the air/water [with one's arms/legs]** [mit den Armen/Beinen] in der Luft/im Wasser herumschlagen

flair [fleəʳ, AM fler] *n no pl* (*approv*) ❶ (*natural talent*) Talent *nt*, Veranlagung *f*; **to have a ~ for sth** für etw *akk* Talent haben; **to have a ~ for music** musikalisch veranlagt sein; **to have a ~ for languages** sprachbegabt sein
❷ (*panache*) Eleganz *f*; **to dress with ~** sich *akk* elegant anziehen; **to have ~** Stil [*o* Geschmack] haben

flak [flæk] *n no pl* ❶ (*shooting*) Flakfeuer *nt*; (*guns*) Flak *f*
❷ (*criticism*) scharfe Kritik; **to receive [*or* get] ~ about [*or* for] sth** wegen einer S. *gen* unter Beschuss geraten *fig*; **to take ~ [from sb]** [von jdm] scharf kritisiert werden; (*significant opposition*) Gegenwehr *f*, Widerstand *m*; **to come [*or* run] into ~** auf Gegenwehr [*o* Widerstand] stoßen

flake [fleɪk] I. *n* ❶ *of bread* Brösel *m*; *of chocolate* Raspel *f*; *of metal* Span *m*; *of pastry* Krümel *m*; *of plaster* Klümpchen *nt*; *of wallpaper* Fetzen *m*; *of wood* Splitter *m*; **~s of skin** [Haut]schuppe *f*; **~ of snow** Schneeflocke *f*; **soap ~** Seifenflocke *f*
❷ *esp* AM (*pej fam: odd person*) Spinner(in) *m(f)* *pej fam*; (*forgetful person*) vergesslicher Mensch; ▪**to be a ~** vergesslich sein
❸ *no pl* (*sl: cocaine*) Koks *m sl*; (*crack*) Crack *nt*
II. *vi* ❶ *skin* sich *akk* schuppen [*o* schälen]; *paint* abblättern; *wood* absplittern; *plaster* abbröckeln
❷ AM (*fam: forget*) nicht dran denken *fam*; ***don't ~!*** denk dran!; (*be absentminded*) zerstreut sein; ***don't depend on her — she'll ~ on you every time!*** verlass dich nicht auf sie – die lässt dich doch sowieso immer im Stich!
❸ (*fam: quit, back out*) aussteigen *fam*

◆**flake off** *vi paint* abblättern; *skin* sich *akk* schuppen [*o* schälen]

◆**flake out** *vi* (*fam*) ❶ BRIT (*lose consciousness*) umkippen *fam*; (*pass out*) aus den Latschen kippen *sl*
❷ BRIT (*fall asleep*) einpennen *sl*; (*be exhausted*) zusammenklappen; ▪**to be ~d out** fix und fertig sein *fam*
❸ AM (*fam: forget*) nicht dran denken *fam*; ***don't ~ out!*** denk dran!; (*be absentminded*) zerstreut sein; ***if you promised to do it, don't ~ out on me and forget!*** wenn du es mir versprochen hast, dann vergiss es nicht und denk dran!

flak jacket *n* kugelsichere Weste

flaky ['fleɪki] *adj* ❶ (*with layers*) flockig; *pastry* blättrig; *paint* bröcklig; *skin* schuppig
❷ *esp* AM (*fam: odd*) verdreht *fam*, merkwürdig; (*eccentric*) exzentrisch, skurril; (*forgetful*) zerstreut, vergesslich
❸ COMPUT unberechenbar, launisch

flaky pastry *n no pl* Blätterteig *m*

flambé ['flɑ̃(m)beɪ, AM flɑːm'beɪ] I. *vt* ▪**to ~ sth** etw flambieren
II. *adj after n* flambiert; **steak ~** flambiertes Steak

flamboyance [flæm'bɔɪən(t)s] *n no pl* ❶ (*extravagance*) Extravaganz *f*
❷ (*showiness*) Grellheit *f*
❸ (*approv: excitement*) Aufregung *f*

flamboyant [flæm'bɔɪənt] *adj* ❶ (*ostentatious*) extravagant; **~ colours** [*or* AM **colors**] prächtige Farben; **~ gesture** großartige Geste; **~ lifestyle** aufwendiger Lebensstil
❷ (*conspicuously coloured*) grell; (*showy*) auffällig, auffallend

flamboyantly [flæm'bɔɪəntli] *adv* ❶ (*ostentatiously*) extravagant; ***the theater set live quite ~*** das Leben im Theatermilieu ist ziemlich hemmungslos
❷ (*with conspicuous colours*) grell; (*showily*) auffällig; ***she was ~ dressed*** sie war auffallend angezogen

flame [fleɪm] I. *n* ❶ (*fire*) Flamme *f*; **naked ~** offene Flamme; ▪**to be in ~s** in Flammen stehen; **to burst into ~** in Brand geraten; **to go up in ~s** in Flammen aufgehen
❷ (*fig*) *passion* Flamme *f fig geh*, Feuer *nt*; (*fig: ardour*) Glut *f geh*, Hitze *f*; **~ of freedom** Freiheitsliebe *f*; **~s of love/lust** Feuer *nt* der Liebe/Lust *fig geh*; **~s of passion** Glut *f* der Leidenschaft *geh*
❸ INET beleidigende E-Mail
❹ (*dated sl: sweetheart*) Flamme *f fam*; **his old high school ~** seine alte Flamme aus der Schulzeit
❺ (*failure*) Misserfolg *m*
II. *vi* ❶ (*blaze*) brennen, lodern; (*be brightly coloured*) leuchten
❷ (*fig: become red*) glühen; ***her cheeks ~d*** sie errötete; **to ~ red** rot leuchten
❸ (*fig: burn with passion*) glühen *fig*; ***seeing the damage made the hatred ~ within her*** als sie den Schaden sah, flammte der Hass in ihr auf
❹ AM (*pej fam: act gay*) sich *akk* tuntig aufführen *fam o pej*
III. *vt* (*sl*) ▪**to ~ sb** COMPUT jdn per E-Mail beleidigen

◆**flame up** *vi person* in Wut geraten, aufbrausen; *anger, hate* aufflammen *fig*, auflodern *fig*

flamenco [flə'meŋkəʊ, AM -oʊ] I. *n* Flamenco *m*
II. *n modifier* (*cafe, dancer*) Flamenco-; **~ music** Flamenco *m*

flameout *n* AM Misserfolg *m* **flameproof** *adj* feuerfest, feuersicher; **~ textiles** flammensichere Textilien

flamer ['fleɪmɚ] *n* AM (*pej fam*) Tunte *f sl o pej*

flame retardant *n* Flammschutzmittel *nt* **flame-thrower** *n* MIL Flammenwerfer *m*

flaming ['fleɪmɪŋ] I. *adj attr* ❶ (*fig: angry*) glühend; **to fly into a ~ rage** in helle Wut geraten
❷ (*fig: passionate*) heftig, leidenschaftlich
❸ (*bright*) hell; **a ~ orange/red** ein flammendes Orange/Rot
❹ *inv* BRIT (*fam!: intensifier*) verdammt *fam*; ***put that down, you ~ idiot*** lass das sein, du Vollidiot! *fam o pej*; ***this ~ pencil always breaks!*** dieser blöde Bleistift bricht dauernd ab! *fam*
❺ (*pej fam: homosexual*) tuntig
II. *n no pl* INET, COMPUT *heftiges Beleidigen beim Chatten im Internet*

flamingo <*pl* -s *or* -es> [flə'mɪŋgəʊ, AM -oʊ] *n* Flamingo *m*

flammable ['flæməbl] *adj* AM leicht entflammbar [*o* entzündlich]; **highly ~** feuergefährlich

flan [flæn] I. *n* ❶ (*with fruit*) Obsttorte *f*; (*salty*) *Pastete mit Käse oder Schinken*
❷ AM (*custard pie*) *Kuchen mit einer Füllung aus Vanillepudding*; (*in slapstick*) Sahnetorte *f*
II. *vt* (*fam*) ▪**to ~ sb** jdn mit Sahnetorte bewerfen

flange [flændʒ] *n* ❶ (*connecting rim*) Flansch *m*; **~ of a pipe** Rohrflansch *m*
❷ (*around rail wheels*) Spurkranz *m*

flanged [flændʒd] *adj inv* [an]geflanscht; *wheel* mit Radkranz versehen

flank [flæŋk] I. *n* ❶ (*hip to rib area*) Seite *f*; (*of an animal*) Weiche *f*, Flanke *f*
❷ MIL Flanke *f*, Flügel *m*
❸ (*side*) Seite *f*
II. *vt* ▪**to ~ sb/sth** jdn/etw flankieren; ***bodyguards ~ed the president*** der Präsident wurde von Bodyguards flankiert

flank attack *n* MIL Flankenangriff *m*

flannel ['flænəl] I. *n* ❶ *no pl* (*felty woollen material*) Flanell *m*
❷ BRIT (*facecloth, washcloth*) Waschlappen *m*
❸ *no pl* BRIT (*fam: verbose hedging*) Geschwafel *nt pej fam*, Gelaber *nt fam o pej*
❹ ▪**~s** *pl* (*trousers*) Flanellhose *f*; AM (*underwear*) Flanellunterwäsche *f kein pl*
II. *vt* <-ll-> BRIT, AUS (*fam*) ▪**to ~ sb** (*deceive*) jdn einwickeln *fam*; (*flatter*) jdm schmeicheln
III. *vi* <-ll-> BRIT, AUS (*fam: deceive*) schummeln *fam*, mogeln *fam*; (*flatter*) Süßholz raspeln *fam*

flannelet(te) [ˌflænəl'et] *n no pl* Baumwollflanell *m*

flap [flæp] I. *vt* <-pp-> **to ~ one's wings** mit den Flügeln schlagen; (*in short intervals*) mit etw *dat* flattern
II. *vi* <-pp-> ❶ (*fly*) flattern; ***the geese have ~ped slowly out of sight*** die Gänse sind langsam davongeflattert; *wings* schlagen; *door* klappern
❷ (*flutter*) flattern; ***the sails ~ped in the wind*** die Segel flatterten im Wind
❸ *esp* BRIT (*pej fam: fuss*) sich *akk* aufregen, die Nerven verlieren; ***don't ~!*** reg dich nicht auf!; ▪**to ~ about [*or* around]** nervös auf und ab laufen
III. *n* ❶ (*flutter*) Flattern *nt*; (*with wings*) Flügelschlag *m*, Flattern *nt*
❷ (*noise*) Flattern *nt*
❸ (*overlapping part*) *of cloth* Futter *nt*; *of shoe* Lasche *f*; **~ of flesh** Fleischfetzen *m*; **pocket ~** Taschenklappe *f*; **~ of skin** Hautlappen *m*
❹ AVIAT Landeklappe *f*
❺ (*pej fam: commotion*) helle Aufregung; (*panic*) Panik *f*; ▪**to be in a ~** schrecklich aufgeregt sein *fam*; **to get in [*or* into] a ~** sich *akk* furchtbar aufregen *fam*; ***what was the big ~ about?*** warum waren denn alle so aus dem Häuschen? *fam*
► PHRASES: **to cause a ~** [einen Sturm der] Entrüstung auslösen

flapjack ['flæpdʒæk] *n* ❶ *esp* BRIT, AUS (*chewy cake*) Haferkeks *m*
❷ *esp* AM (*pancake*) Pfannkuchen *m*

flapper ['flæpəʳ, AM -ɚ] *n* (*fam or dated*) *emanzipierte Frau der 20er-Jahre*

flare [fleəʳ, AM fler] I. *n* ❶ (*fire*) Aufflackern *nt kein pl*, Auflodern *nt kein pl*; (*light*) Lichtschein *m*
❷ (*light signal*) Lichtsignal *nt*; (*smoke and fire signal*) Leuchtfeuer *nt*

❸ (*signaling device*) Leuchtrakete *f;* (*from pistol*) Leuchtkugel *f*
❹ *usu sing* (*wide area*) ausgestellter Schnitt; (*of trousers*) Schlag *m*
❺ ■~s *pl* (*bell-bottoms*) Schlaghose *f*
II. *vi* ❶ (*burn up*) aufflammen, auflodern; (*light up*) aufleuchten, aufblitzen
❷ (*broaden at end*) *trousers, skirt* aufweiten
❸ (*open more*) sich *akk* blähen; ***the horse's nostrils ~d*** die Nüstern des Pferdes blähten sich
III. *vt* ❶ (*widen at end*) **to ~ a skirt/sleeves/trouser legs** einen Rock/Ärmel/Hosenbeine ausstellen
❷ (*open*) **to ~ one's nostrils** die Nasenflügel aufblähen
◆**flare up** *vi* ❶ (*become alight*) aufflammen, auflodern
❷ (*fig: intensify*) aufflammen *fig,* auflodern *fig,* aufflackern *fig;* ***violence ~d up again*** Gewalt flammte wieder auf
❸ (*fig: rise*) ausbrechen; ***once tempers have ~d up they seem to take hours to cool down*** wenn sich die Gemüter erst einmal erhitzt haben, dauert es Stunden, bis sie sich wieder beruhigen; (*burst with anger*) aus der Haut fahren *fam*
❹ (*fig: get mad*) aufbrausen
❺ (*fig: break out*) *disease, epidemic* [wieder] ausbrechen
flared [fleəd, AM flerd] *adj skirt, sleeve* ausgestellt; *trousers* mit Schlag
flare-up ['fleərʌp, AM 'fler-] *n* ❶ MIL Auflodern *nt fig,* Aufflammen *nt fig,* Aufflackern *nt fig;* **the ~ of protests/riots/violence** das Ausbrechen der Proteste/Unruhen/Gewalt; ***they hoped another ~ wouldn't disturb the peace process*** sie hofften, dass der Friedensprozess nicht durch weitere Unruhen gestört wird
❷ MED [erneuter] Ausbruch; ***he had a ~ of his old back injury*** sein altes Rückenleiden brach wieder aus
flash [flæʃ] **I.** *n* <*pl* -es> ❶ (*light*) [Licht]blitz *m,* Aufblitzen *nt kein pl,* Aufleuchten *nt kein pl; of jewellery, metal* [Auf]blitzen *nt kein pl,* [Auf]blinken *nt kein pl;* **~ of light** Lichtblitz *m;* **~ of lightning** Blitz *m;* **to give sb a ~** AUTO jdm Lichthupe machen *fam*
❷ (*flame*) *of an explosion* Stichflamme *f*
❸ (*fig: feeling*) Blitz *m;* **~ of anger/temper** Wut-/Temperamentsausbruch *m;* **~ of hope** Hoffnungsstrahl *m;* **~ of inspiration** [*or* **wit**] Geistesblitz *m;* **~ of intuition** plötzliche Eingebung; **~ of pity** Aufwallung *f* von Mitleid
❹ (*glimpse*) **to catch a ~ of sth** einen Blick von etw *dat* erhaschen; **to give sth a ~** einen Blick auf etw *akk* werfen
❺ (*moment*) Augenblick *m,* Moment *m;* **for a ~** einen Augenblick [*o* Moment] lang
❻ MEDIA (*bulletin*) Kurzmeldung *f*
❼ AM ELEC (*fam: lamp*) Taschenlampe *f*
❽ PHOT (*light*) Blitz *m,* Blitzlicht *nt;* **a built-in ~** ein eingebauter Blitz; **to use a ~** [**for sth**] [etw] blitzen [*o* mit Blitzlicht fotografieren]
❾ BRIT MIL (*insignia*) [Uniform]besatz *m,* [Uniform]abzeichen *nt meist pl,* [Kragen]spiegel *m meist pl,* [Schulter]streifen *m meist pl*
❿ FILM, TV (*insert*) [kurze] Einblendung *fachspr;* (*interference*) [kurzzeitige] Bildstörung *fachspr*
⓫ MECH, TECH (*excess material*) [starker] Grat, überfließendes Material *fachspr; in casting* Gussgrat *m fachspr; in forging* Schmiedegrat *m fachspr; in pressing* Pressgrat *m fachspr*
⓬ MED (*sl: effect*) *drug addict* Flash *m sl*
► PHRASES: **a ~ in the <u>pan</u>** (*pej: short-lived effect*) ein Strohfeuer *nt pej,* eine Eintagsfliege *pej;* (*miss*) ein Schuss *m* in den Ofen *pej fam;* (*sl: in sexual act*) unvollendeter Quickie *fam;* **<u>like</u> a ~** blitzartig, wie der Blitz; **<u>quick</u> as a ~** blitzschnell, wie ein geölter Blitz; **<u>in</u> a ~** in Sekundenschnelle, im Nu [*o* Handumdrehen]; **to be <u>back</u> in a ~** sofort [*o* gleich] wieder da sein
II. *adj* (*esp pej fam*) ❶ (*showy*) *clothing* [sehr] auffällig, protzig *pej fam;* **a ~ car** ein protziges Auto *pej fam;* **~ outfit** protzige Aufmachung
❷ (*pretentious*) großspurig, großkotzig *pej fam;* **a ~ Harry** BRIT ein Protz [*o pej fam* feiner Pinkel] [*o pej sl* Großkotz] *m*
III. *vt* ❶ (*signal*) **to ~ a light** ein Licht aufleuchten lassen; **to ~ a light at sb** (*in a car*) jdm Lichthupe machen *fam; with a torch* jdn anleuchten; **to ~ a message** eine Nachricht blinken; **to ~ a mirror** [**at sb**] [jdn] mit einem Spiegel blenden
❷ (*look*) **to ~ a glance/smile at sb** jdm einen Blick/ein Lächeln zuwerfen
❸ (*communicate*) ■**to ~ sth** *message, news* etw übermitteln [*o* durchgeben]
❹ (*fig pej fam: show*) ■**to ~ sth about** [*or* **around**] *one's car, success* mit etw *dat* protzen; **to ~ one's money around** mit dem Geld [nur so] um sich *akk* werfen, den reichen Mann markieren *pej fam;* **to ~ a credit card/money/a wallet** eine Kreditkarte/Geld/eine Brieftasche zücken *fam*
IV. *vi* ❶ (*shine*) blitzen; AUTO Lichthupe machen; ***the lightning ~ed*** es blitzte; ***Jane's eyes ~ed with rage*** Janes Augen funkelten vor Zorn
❷ (*fig: appear*) kurz [*o* plötzlich] auftauchen; ***a smile ~ed across her face*** ein Lächeln huschte über ihr Gesicht; ***a thought ~ed through her mind*** ein Gedanke schoss ihr durch den Kopf; ***my whole life ~ed before me*** mein ganzes Leben lief im Zeitraffer vor mir ab
❸ (*move*) ■**to ~ by** [*or* **past**] vorbeirasen *fam,* vorbeiflitzen *fam;* ***the time is just ~ing past*** die Zeit rast nur so dahin
❹ (*fam: expose genitals*) ■**to ~** [**at sb**] *male* sich *akk* [jdm] exhibitionistisch zeigen
◆**flash back** *vi in memory* [plötzlich] wiederkommen; ■**to ~ back to sth** sich *akk* plötzlich [wieder] an etw *akk* erinnern
flashback *n* ❶ FILM, LIT Flashback *m fachspr,* Rückblende *f fachspr* ❷ CHEM (*flame*) [Flammen]rückschlag *m,* [Flammen]durchschlag *m fachspr;* ELEC *in rectifier* Rückzündung *f,* Durchzündung *f fachspr*
flashbulb *n* PHOT Blitz[licht]lampe *f,* Blitzlicht *nt*
flash card *n* SCH Zeigekarte *f* **flash cube** *n* PHOT Blitzwürfel *m*
flasher ['flæʃər, AM -ər] *n* ❶ AUTO (*device*) Lichthupe *f fachspr;* (*signal*) Lichthupensignal *nt*
❷ (*fam: exhibitionist*) *male* Exhibitionist *m,* Blitzer *m fam*
flash flood *n* flutartige Überschwemmung, Sintflut *f fig fam* **flash-fry** *vt* **to ~ a steak** ein Steak kurz [an]braten **flashgun** *n* PHOT Blitzlicht *nt,* [Elektronen]blitz[licht]gerät *nt fachspr*
flashily ['flæʃɪli] *adv* (*esp pej fam*) ❶ (*showily*) [sehr] auffällig, protzig *pej fam;* **~ dressed** auffällig gekleidet
❷ (*pretentiously*) großspurig *pej,* großkotzig *pej fam;* **to act** [*or* **behave**] **~** großspurig [*o* großkotzig] auftreten, sich *akk* protzig geben
flashiness ['flæʃɪnəs] *n no pl* (*esp pej fam*) ❶ (*showiness*) *of appearance, clothing* [übertriebene] Auffälligkeit, Protzigkeit *f pej fam*
❷ (*pretentiousness*) *of behaviour* Großspurigkeit *f pej,* Großkotzigkeit *f pej fam*
flashing ['flæʃɪŋ] **I.** *n* ARCHIT Dichtungsblech *nt fachspr*
II. *adj inv* aufleuchtend, [auf]blinkend; *lightning* zuckend
flashlight *n* ❶ (*signal*) Blinklicht *nt; in lighthouse* Leuchtfeuer *nt* ❷ AUTO (*device*) Blinklicht *nt,* Lichthupe *f fachspr;* (*lamp*) Scheinwerfer *m,* Suchlicht *nt fachspr* ❸ PHOT (*artificial light*) Blitzlicht *nt fachspr* ❹ *esp* AM (*torch*) Taschenlampe *f* **flashpoint** *n* ❶ CHEM Flammpunkt *m fachspr* ❷ (*fig: stage*) Siedepunkt *m,* Höhepunkt *m* ❸ (*fig: situation*) kritische Lage ❹ (*fig: trouble spot*) Unruheherd *m,* Krisenherd *m,* Pulverfass *nt fam*
flashy ['flæʃi] *adj* (*esp pej fam*) ❶ (*showy*) [sehr] auffällig, protzig *pej fam;* **~ jewellery** protziger Schmuck
❷ (*pretentious*) großspurig *pej,* großkotzig *pej fam;* **~ people** Schickimickis *pl pej fam,* Schickeria *f kein pl pej fam*
flask [flɑːsk, AM flæsk] *n* ❶ (*bottle*) *for liquids* [bauchige] Flasche; *for wine* Ballonflasche *f; for spirits* Flachmann *m fam; for carrying* kleine Flasche, Taschenflasche *f; for travelling* Feldflasche *f,* Reiseflasche *f;* **thermos ~®** Thermosflasche® *f;* **a ~ of whisky** ein Fläschchen *nt* Whisky
❷ CHEM [Glas]kolben *m,* [Glas]ballon *m,* Destilliergefäß *nt fachspr;* **conical** [*or* **Erlenmeyer**] **~** Erlenmeyerkolben *m fachspr*
❸ (*container*) *for gunpowder* Pulverflasche *f,* Pulverhorn *nt; for nuclear fuel, radioactive waste* Transportbehälter *m,* Kastor *m fachspr;* **vacuum ~** Vakuumkolben *m fachspr*
❹ MECH, TECH (*frame*) *in casting* [Form]kasten *m fachspr*
flat[1] [flæt] **I.** *adj* <-tt-> ❶ (*not raised, horizontal*) *inclination* flach; (*even*) *floor, ground* flach; *ground, path, territory* eben; *face, nose* platt; ***people used to believe that the earth was ~*** früher glaubten die Menschen, die Erde sei eine Scheibe; **~ hand** flache [*o* offene] Hand; **~ heel/shoe** flacher Absatz/Schuh; **to be** [**as**] **~ as a pancake** *ground* topfeben sein; (*fam*) *woman* flach wie ein [Bügel]brett sein *fam;* **~ roof** flaches Dach, Flachdach *nt*
❷ (*shallow*) *cup, plate* flach
❸ (*smooth*) glatt; *surface* eben
❹ *attr, inv* (*fig: absolute*) entschieden, kategorisch, glatt *fam;* **to be met with ~ denial** [*or* **refusal**] auf entschiedene [*o fam* glatte] Ablehnung stoßen, rundweg abgelehnt werden *fam*
❺ (*also fig pej: dull*) langweilig, lahm *pej fam,* öd[e] *pej fam; of conversation, writing* geistlos, flach *pej*
❻ (*monotone*) *voice* ohne Modulation *nach n,* ausdruckslos *pej;* LIT (*lacking delineation*) *character* eindimensional *fachspr,* einfach gestrickt *fam;* (*lacking depth, contrast*) *of a photo, picture* flach, kontrastarm
❼ (*not shiny*) *of colour, paint, varnish* matt, stumpf
❽ (*tasteless*) *cooking* fad[e]; *drinks* schal, abgestanden; **to go ~** schal werden
❾ BRIT, AUS (*exhausted*) *battery* leer
❿ (*deflated*) platt; **~ tyre** platter Reifen, Plattfuß *m fam*
⓫ COMM, ECON (*not active*) *business, market prices* flau, lustlos *fachspr;* **~ market** flauer [*o* ruhiger] Markt, lustlose Börse
⓬ *pred* AM (*fam: without funds*) pleite *fam*
⓭ MUS (*lower in pitch*) *note* [um einen Halbton] erniedrigt; *key* mit B-Vorzeichen *nach n;* (*below intended pitch*) *string, voice* zu tief [gestimmt]; **E ~ major** Es-Dur
⓮ *attr, inv* COMM (*fixed*) einheitlich, Einheits-, Pauschal-; **~ charge** Pauschale *f fachspr;* **~ fee** Pauschalgebühr *f,* Pauschalhonorar *nt fachspr;* **~ price/tariff** Einheitspreis/Einheitstarif *m fachspr;* **~ rate** Einheitssatz *m,* Pauschalsatz *m fachspr;* **~ yield** Umlaufrendite *f*
► PHRASES: **and <u>that's</u> ~** und dabei bleibt es [*o fam* damit basta]
II. *adv* <-tt-> ❶ (*horizontally*) flach; **to fall ~ on one's face** der Länge nach hinfallen; **to lie ~ on one's back** flach [*o* lang hingestreckt] auf dem Rücken liegen
❷ (*levelly*) platt; **to fold sth ~** *napkin, sheet* etw zusammenfalten; *ironing, napkin, tablecloth* etw zusammenlegen; *deckchair* etw zusammenklappen; **to knock** [*or* **lay**] **sth ~** *building, wall* etw platt walzen [*o* einebnen] [*o a. fig* dem Erdboden gleichmachen]
❸ *inv* (*fam: absolutely*) rundheraus, glattweg; ***she told him ~ that she would not go to the show*** sie sagte ihm klipp und klar, dass sie nicht zu der Show gehen werde; **to be ~ against the rules** eindeutig gegen die Regeln verstoßen
❹ *inv* (*fam: completely*) völlig, total *fam;* **to be ~ broke** total [*o* völlig] pleite sein *fam;* **to be ~ out** völlig alle [*o* total erledigt] sein *fam*
❺ (*fam: exactly*) genau
❻ MUS (*below intended pitch*) *sing, play* zu tief
► PHRASES: **in no <u>time</u> ~** (*fam*) in Sekundenschnelle [*o fam* null Komma nichts]; **to <u>fall</u> ~** (*fail*) *attempt,*

effort scheitern, danebengehen *fam; stage performance* durchfallen; *joke* nicht ankommen *fam*

III. *n* ❶ (*level surface*) flache Seite; *of a knife, sword* Breitseite *f;* ~ **of the hand** Handfläche *f;* ***he hit me with the ~ of his hand*** er schlug mich mit der flachen Hand

❷ (*level ground*) Fläche *f,* Ebene *f;* ***most of the path is on the ~*** der größte Teil des Weges ist eben

❸ GEOG (*land*) Flachland *nt,* Niederung *f fachspr;* ■**the ~s** *pl ground* die Ebenen *fpl fachspr; seafloor* die Untiefen *fpl,* die Sandbänke *fpl fachspr;* **the mud ~s** *pl* die Sumpfebene *fachspr;* **the salt ~s** *pl* die Salzwüste *fachspr*

❹ MUS (*sign*) Erniedrigungszeichen *nt fachspr,* b *nt;* (*tone*) [um einen halben Ton] erniedrigter Ton *fachspr*

❺ BRIT SPORTS (*horse race*) Flachrennen *nt fachspr;* (*season*) Saison *f* für Flachrennen

❻ THEAT (*scenery*) Schiebewand *f,* Kulisse *f fachspr*

❼ *esp* BRIT, AUS (*tyre*) Platte(r) *m,* Plattfuß *m fam*

flat² [flæt] *n* BRIT, AUS [Etagen]wohnung *f,* Mietwohnung *f;* **company ~** Firmenwohnung *f,* Dienstwohnung *f;* ■**~s** *pl* Wohnblock *m,* Mietblock *m*

flat-bottomed *adj attr, inv* NAUT *boat* flach, mit Flachkiel *nach n* **flatcar** *n* RAIL Flachwaggon *m* **flat-chested** *adj attr, inv woman* flachbrüstig, flachbusig **flat feet** *npl* MED, ANAT Plattfüße *mpl fachspr* **flatfish** *n* Plattfisch *m* **flat-footed** *adj* ❶ *attr, inv* ANAT, MED plattfüßig *fachspr;* **to be ~** Plattfüße haben ❷ *attr, inv* AM (*explicit*) entschieden, kategorisch; **a ~ denial** eine entschiedene Ablehnung ❸ (*unskilful*) linkisch, unbeholfen, plump *pej;* **~ style** schwerfälliger Stil ► PHRASES: **to catch sb ~** (*fam*) jdn [völlig] umhauen **flathead** *n* ❶ (*fish*) Platy *m* ❷ <*pl* – *or* -s> AM (*Indian tribe*) ■**the F~** die Flachkopf-Indianer *pl* ❸ AM (*sl: stupid person*) Flachkopf *m pej fam* **flat-hunting** *n no pl* BRIT Wohnungssuche *f* **flat iron** *n* (*hist*) Bügeleisen *nt*

flatlet ['flætlət] *n* BRIT Kleinwohnung *f,* kleine Mietwohnung

flatly ['flætli] *adv* ❶ (*dully*) ausdruckslos, lahm *pej fam*

❷ *inv* (*absolutely*) kategorisch, glatt[weg]; **to ~ deny sth** etw strikt leugnen

flatmate *n* BRIT Mitbewohner(in) *m(f)*

flatness ['flætnəs] *n no pl* ❶ (*horizontality*) *of an inclination, roof* Flachheit *f;* (*levelness*) *of a ground, territory, track* Ebenheit *f;* (*evenness*) *of a face, nose* Plattheit *f; of a heel, shoe* Flachheit *f;* (*smoothness*) *of a rug, surface* Glätte *f*

❷ (*absoluteness*) *of a denial, refusal* Entschiedenheit *f,* Deutlichkeit *f*

❸ (*also fig pej: dullness*) *of a conversation, performance* Langweiligkeit *f,* Geistlosigkeit *f,* Flachheit *f pej; of a joke, remark* Geschmacklosigkeit *f,* Abgeschmacktheit *f; of a colour, paint, varnish* Mattheit *f,* Stumpfheit *f; of a photo, picture* Flachheit *f,* Kontrastmangel *m; of a voice* Klanglosigkeit *f,* Tonlosigkeit *f;* LIT *of a character* Eindimensionalität *f fachspr*

❹ (*tastelessness*) *of food* Fadheit *f; of drinks* Schalheit *f,* Abgestandenheit *f*

❺ ECON (*inactivity*) *of business, a market* Flauheit *f,* Lustlosigkeit *f fachspr*

flat out *adv* (*fam*) ❶ AM (*absolutely*) total, völlig, glattweg *fam;* **to be ~ mad** völlig ausgerastet sein *fam*

❷ (*vigorously*) voll, mit Volldampf *fam,* volle Pulle *sl;* **to tackle sth ~** voll an etw *akk* rangehen *fam;* **to work ~** mit Volldampf [*o* volle Pulle] arbeiten

❸ (*fast*) mit Vollgas; **to drive ~** mit Vollgas fahren

flat-out [ˌflæt'aʊt] *adj* AM (*fam*) ❶ (*absolute*) total, völlig, glatt *fam;* **a ~ lie** eine glatte Lüge; **~ madness** totaler Wahnsinn ❷ (*vigorous*) mit voller Kraft [*o* vollem Einsatz] *nach n;* **a ~ commitment** volles Engagement; **to make a ~ effort** alles geben *fam* ❸ (*fast*) mit Vollgas *nach n fam;* **to drive at ~ speed** mit Vollgas fahren **flat panel, flat screen** I. *n* (*monitor*) Flachbildschirm *m;* (*tv*) Fernsehgerät *nt* mit Flachbildschirm

II. *n modifier* (*monitor, display*) Flachbildschirm-, mit Flachbildschirm *nach n;* **15-inch ~ monitor** 15-Zoll-Flachbildschirm *m*

flats *npl* flache Schuhe

flat screen *n* Flachbildschirm *m*

flatten ['flætᵊn] *vt* ❶ (*level*) ■**to ~ sth** *roof, slope* etw flach machen [*o* abflachen]; *ground, path, road* etw eben machen [*o* planieren]; *dent* etw ausbeulen; *board, cloth, surface* etw glätten; ***he folded the bag and ~ed it*** er faltete die Tüte und strich sie glatt; ■**to ~ oneself against sth** sich *akk* platt gegen etw *akk* drücken

❷ (*knock down*) ■**to ~ sth** *building, wall* etw einebnen [*o fam* platt walzen] [*o a. fig* dem Erdboden gleichmachen]; **to ~ a tree** *storm* einen Baum umlegen [*o* umknicken]; ■**to ~ sb** (*fam*) *boxer, wrestler* jdn niederstrecken [*o* flachlegen]; (*fig: defeat*) jdn fertig machen *fam;* (*fig: depress*) jdn niederschmettern [*o* am Boden zerstören]

❸ MUS **to ~ a note** eine Note [um einen Halbton] erniedrigen; **to ~ a string** eine Saite tiefer stimmen

◆**flatten out** I. *vi* ❶ (*become flatter*) *inclination* flach[er] werden; *ground, path* eben[er] werden

❷ AVIAT (*fly level*) *plane* sich *akk* fangen, ausschweben

❸ (*stabilize*) *demand, inflation* sich *akk* abflachen; *prices, numbers* auf dem gleichen Stand [*o* unverändert] bleiben

II. *vt* ❶ (*make flatter*) ■**to ~ out** ⊂ **sth** etw ebnen; *blanket, map, tablecloth* etw ausbreiten; *dent* etw ausbeulen; *paper, bag* etw glatt streichen

❷ (*make equal*) **to ~ out a difference/variation** eine Differenz/Abweichung ausgleichen

flatter¹ ['flætəʳ, AM -t̬ɚ] *vt* ❶ (*praise*) ■**to ~ sb** jdm schmeicheln; **to feel ~ed** sich *akk* geschmeichelt fühlen

❷ (*also euph: represent favourably*) ■**to ~ sb** jdm schmeicheln *euph,* jdn gut aussehen lassen; ***the photo ~s her*** das Foto schmeichelt ihr

❸ (*show to advantage*) ■**to ~ sth** *lips, nose, skin* etw [gut] zur Geltung bringen; ***short skirts don't ~ me*** kurze Röcke stehen mir nicht

❹ (*pej: imagine*) ***don't ~ yourself!*** bilde dir ja nichts ein!; ■**to ~ oneself [that] …** sich *dat* etw [darauf] einbilden, [dass] … *pej;* ***you're ~ing yourself if you think she'll go out with you*** du machst dir selbst etwas vor, wenn du denkst, dass sie mit dir ausgeht

► PHRASES: **to ~ to deceive** einen falschen Eindruck erwecken, ein falsches Bild geben

flatter² *adj comp of* **flat**

flattered ['flætəd, AM -t̬ɚd] *adj* geschmeichelt; **to be ~** sich *akk* geschmeichelt fühlen

flatterer ['flætᵊrəʳ, AM -t̬ɚɚ] *n* Schmeichler(in) *m(f)*

flattering ['flætᵊrɪŋ, AM -t̬ɚ-] *adj* ❶ (*complimentary*) schmeichelhaft, schmeichlerisch *pej;* **~ remarks/words** schmeichlerische [*o* schmeichelhafte] Bemerkungen/Worte; **in a ~ voice** in schmeichlerischem Ton

❷ (*also euph: enhancing*) schmeichelhaft *a. euph,* vorteilhaft; ***that suit is very ~*** dieser Anzug steht Ihnen gut

flatteringly ['flætᵊrɪŋli, AM 'flæt̬] *adv* schmeichelhaft

flattery ['flætᵊri, AM -t̬əri] *n no pl* Schmeicheleien *pl* ► PHRASES: **~ will get you nowhere** (*prov*) mit Schmeicheleien erreicht man nichts

flat-top *n* ❶ AM (*fam: aircraft carrier*) Flugzeugträger *m* ❷ (*sl: man's hairstyle*) Rappo *m fam* **flat TV** *n* Fernsehgerät *nt* mit Flachbildschirm

flatulence ['flætjələn(t)s, AM 'flætʃə-] *n no pl* (*form*) ❶ MED Blähung[en] *f[pl],* Flatulenz *f fachspr;* **to cause ~** Blähungen verursachen; **to suffer from ~** an Blähungen leiden, Blähungen haben

❷ (*fig pej: pretentiousness*) *of style* Schwülstigkeit *f pej; of rhetoric, speech* Aufgeblähtheit *f pej*

flatulent ['flætjələnt, AM 'flætʃə-] *adj* (*form*) ❶ MED blähend *attr,* flatulent *fachspr;* **to become ~** an Blähungen leiden, Blähungen haben

❷ (*fig pej: pretentious*) *style* schwülstig *pej; rhetoric, speech* aufgebläht *pej*

flatware *n no pl* ❶ (*dishes*) [flaches] [Ess]geschirr ❷ AM (*cutlery*) Besteck *nt;* **silver ~** Silberbesteck *nt*

flatworm *n* Plattwurm *m*

flaunt [flɔːnt, AM flɑːnt] *vt* (*esp pej*) ■**to ~ sth** *money, wealth* etw zur Schau stellen *pej,* mit etw *dat* protzen *pej fam;* ***when you've got it, ~ it*** (*fam*) wer [es] hat, der hat [es] *fam;* ■**to ~ oneself** sich *akk* in Szene setzen *pej,* seine Show abziehen *fam*

flautist ['flɔːtɪst, AM 'flɑːt̬-, 'flaʊ-] *n* Flötist(in) *m(f) fachspr*

flavor *n* AM *see* **flavour**

flavorful *adj* AM *see* **flavourful**

flavoring *n* AM *see* **flavouring**

flavorless *adj* AM *see* **flavourless**

flavorsome *adj* AM *see* **flavoursome**

flavory *adj* AM *see* **flavoury**

flavour ['fleɪvəʳ], AM **flavor** [-ɚ] I. *n* ❶ (*taste*) [Wohl]geschmack *m,* Aroma *nt;* (*particular taste*) *of ice cream, lemonade* Geschmacksrichtung *f,* Sorte *f;* ***the soup lacked ~*** die Suppe schmeckte fade [*o fam* gerade heraus]; **to add ~ to sth** etw *dat* Geschmack verleihen

❷ (*fig: characteristic*) Einschlag *m,* eigene Note, Fluidum *nt geh*

❸ (*fig: quality*) Anflug *m,* Anstrich *m pej,* Touch *m pej;* **a city with a cosmopolitan ~** eine Stadt mit weltmännischer Atmosphäre; **nostalgic ~** nostalgischer Touch, Anflug *m* von Nostalgie

❹ *esp* AM (*substance*) Aroma *nt,* Geschmacksstoff *m*

❺ (*fam*) **~ of the month** (*ice cream*) Eis *nt* des Monats; (*favourite person or thing*) die derzeitige Nummer eins *fam*

II. *vt* ■**to ~ sth** *dish, soup* etw würzen [*o* abschmecken]

-flavoured ['fleɪvəd], AM **-flavored** [-ɚd] *in compounds* mit …-geschmack *nach n;* **chocolate/fruit-~** mit Schokoladen-/Fruchtgeschmack *nach n;* **chocolate-~ ice cream** Schokoladeneis *nt*

flavourful ['fleɪvəfᵊl], AM **flavorful** [-vɚ-] *adj* ❶ (*odorous*) wohlriechend, aromatisch

❷ (*tasty*) wohlschmeckend, geschmackvoll, aromatisch

flavouring ['fleɪvᵊrɪŋ], AM **flavoring** [-vɚ-] *n* Aroma *nt,* Geschmacksstoff *m;* **artificial ~s** künstliche Aromen; **vanilla ~** Vanillearoma *nt*

flavourless ['fleɪvələs], AM **flavorless** [-vɚ-] *adj* ❶ (*without physical taste*) *liquid, medicine* geschmacklos, geschmacksneutral; (*not tasty*) ohne Geschmack *nach n;* ***these grapes are completely ~*** diese Weintrauben schmecken nach gar nichts

❷ (*fig pej: flat*) geschmacklos *pej; person* farblos *pej,* fad[e] *pej;* **~ platitudes** geschmacklose Platitüden

flavoursome ['fleɪvəsəm], AM **flavorsome** [-vɚ-] *adj see* **flavoury**

flavoury ['fleɪvᵊri], AM **flavory** [-əi] *adj* schmackhaft, aromatisch; **~ tea** aromatischer Tee

flaw [flɔː, AM flɑː] I. *n* ❶ (*fault*) Fehler *m,* Mangel *m;* MECH, TECH *of machine* Defekt *m,* [Fabrikations]fehler *m; in casting* Gussblase *f,* Lunker *m fachspr;* **beauty without ~** makellose Schönheit; **~ in material** Materialfehler *m;* **the ~s of** [*or* **in**] **a plan/an argument** die Schwachstellen *fpl* eines Plans/in einer Argumentation; **to have a ~ in one's character** einen Charakterfehler haben

❷ (*break*) *in china, glass* Sprung *m; in floor, wall* Riss *m,* Spalt *m; in pipe* Bruch *m*

❸ LAW *of a contract, will* Formfehler *m*

II. *vt* ■**to ~ sth** etw beeinträchtigen; *brick, material* etw brüchig [*o* rissig] machen; *body, face* etw verunstalten [*o* entstellen]; ***our holiday was ~ed by heavy rains*** unser Urlaub wurde von schweren Regenfällen getrübt

flawed [flɔːd, AM flɑːd] *adj* ❶ (*faulty*) fehlerhaft, mangelhaft; *machine* defekt; *diamond* unrein; ***his argument is deeply ~*** seine Argumentation hat große Schwachstellen; **~ reasoning** mangelnde Beweisführung

❷ (*broken*) *china, glass* gesprungen; *floor, wall* rissig, brüchig; *pipe* gebrochen

flawless ['flɔ:ləs, AM 'flɑ:-] *adj inv pronunciation, workmanship* fehlerlos, fehlerfrei; *beauty, style* makellos; *behaviour, character* einwandfrei, untadelig; ~ **diamond** lupenreiner Diamant; ~ **performance** vollendete Aufführung

flax [flæks] *n no pl* ① (*plant*) Flachs *m*
② (*thread*) Flachsgarn *nt*

flaxen ['flæksᵊn] *adj* ① (*of flax*) flächse[r]n, Flachs-
② (*fig liter: coloured like flax*) flachsfarben; ~ **haired** flachsblond

flay [fleɪ] *vt* ① (*strip off*) ■**to** ~ **sth** *animal* ein Tier [ab]häuten, einem Tier die Haut [*o* das Fell] abziehen; *lumber, timber* etw abschälen [*o* abrinden]; **to** ~ **a rabbit** HUNT einen Hasen abbalgen, einem Hasen den Balg abziehen *fachspr*
② (*fig: punish*) ■**to** ~ **sb** jdn auspeitschen, jdm das Fell gerben *fam*
③ (*fig: criticize*) ■**to** ~ **sb/sth** jdn/etw heruntermachen *fam;* **to** ~ **a book/film/play** ein Buch/einen Film/ein Stück zerreißen
► PHRASES: **to** ~ **sb alive** (*criticize*) kein gutes Haar an jdm lassen; (*punish*) jdm eine gehörige Tracht Prügel verpassen

flea [fli:] *n* Floh *m*
► PHRASES: **to get a** ~ **in one's ear** (*be criticized*) eins übergebügelt [*o* einen eingeschenkt] bekommen *fam;* (*be rejected*) eine Abfuhr bekommen, abblitzen *fam;* (*be humiliated*) wie ein begossener Pudel dastehen *fam;* **to go away** [*or* **leave**] **with a** ~ **in one's ear** wie ein begossener Pudel abziehen *fam;* **to send sb away** [*or* **off**] **with a** ~ **in their ear** (*criticize*) jdm eins überbügeln [*o* einen einschenken] *fam;* (*reject*) jdm eine Abfuhr erteilen, jdn abblitzen lassen *fam;* (*humiliate*) jdn wie einen begossenen Pudel dastehen lassen *fam*

fleabag *n* ① (*pej sl: dirty person or animal*) verwahrloster Streuner, Flohfänger *m pej fam;* (*disliked person*) Ekel *nt pej,* Mistkerl *m pej fam;* (*disliked animal*) Mistvieh *nt pej fam* ② AM (*pej fam: cheap hotel*) Absteige *f pej fam;* (*run-down place*) Bruchbude *f pej fam* ③ AM (*pej fam: worthless horse*) Schindmähre *f pej,* Klepper *m pej* ④ AM (*pej fam: bed*) Flohkiste *f fam;* (*sleeping bag*) Flohsack *m fam* **fleabite** *n* ① (*bite*) Flohstich *m* ② (*fig fam: wound*) [kleine] Schramme, geringfügige Verletzung ③ (*fig fam: small problem*) Kleinigkeit *f,* Klacks *m fam* **fleabitten** *adj* ① (*bitten*) voller Flohbisse *präd* ② *esp* BRIT (*fig pej fam: shabby*) verlottert *pej fam,* lausig *pej fam* **flea circus** *n* Flohzirkus *m* **flea collar** *n* Flohhalsband *nt* **flea market** *n* Flohmarkt *m,* Trödel[markt] *m* **fleapit** *n* BRIT (*dated fam*) Flohkino *nt fam*

fleck [flek] I. *n* ① (*speck*) Fleck[en] *m,* Tupfen *m;* (*blotch*) [Schmutz]fleck *m;* ***his hair was dark, with ~s of grey*** er hatte dunkles, stellenweise graues Haar; ~ **of colour** Farbfleck *m,* Farbtupfen *m;* ~ **of light** Lichtfleck *m*
② (*bit*) *of dust* Teilchen *nt,* Partikel *f geh; of mud, paint* Spritzer *m*
③ (*freckle*) Leberfleck *m;* ■~**s** *pl* Sommersprossen *fpl*
II. *vt* (*liter*) ■**to** ~ **sth** etw sprenkeln; *textiles* etw [farblich] mustern; *hair, yarn* etw melieren; ■**to be** ~**ed** gesprenkelt [*o* gefleckt] sein; *textiles* gemustert sein; *hair, yarn* meliert sein; ***the bird's chest is ~ed with red*** die Brust des Vogels ist rot gesprenkelt

flecked [flekt] *adj* gesprenkelt, gefleckt; *textiles* farblich gemustert; *hair, yarn* meliert

flection *n* AM *see* **flexion**

fled [fled] *vt, vi pp, pt of* **flee**

fledged [fledʒd] *adj inv* ① (*able to fly*) *bird* flügge *präd,* flugfähig; *insect* geflügelt
② (*fig: mature*) *child* flügge *fam; person* ausgebildet, fertig; **to be fully** ~ [völlig] selbständig sein; **newly** ~ **dancer** frisch gebackener Tänzer/frisch gebackene Tänzerin

fledg(e)ling ['fledʒlɪŋ] I. *n* ① (*bird*) Jungvogel *m,* [gerade] flügge gewordener Vogel
② (*fig, usu pej: inexperienced person*) Grünschnabel *m meist pej fam*
II. *adj* unerfahren, neu, Jung-; ~ **business** neu gegründetes Unternehmen; ~ **democracy/republic** junge Demokratie/Republik; ~ **manager** Jungmanager(in) *m(f);* ~ **player** Nachwuchsspieler(in) *m(f)*

flee <fled, fled> [fli:] I. *vi* ① (*run away*) fliehen; (*seek safety*) flüchten; ***she fled from the room in tears*** sie rannte weinend aus dem Zimmer; **to** ~ **to the country** sich *akk* aufs Land flüchten; **to** ~ **from justice** sich *akk* der Strafverfolgung entziehen
② (*fig: fade*) vergehen, schwinden; ***all our dreams have fled*** (*liter*) all unsere Träume sind dahin *liter*
II. *vt* ① (*avoid*) ■**to** ~ **sb/sth** *adversary, danger* vor jdm/etw fliehen [*o* flüchten], jdm/etw entfliehen *geh*
② (*leave*) ■**to** ~ **sth** *country, home* aus etw *dat* fliehen, etw fluchtartig verlassen
③ (*liter: abandon*) ■**to** ~ **sth** *city, people, society* etw fliehen *liter*

fleece [fli:s] I. *n* ① (*coat*) *of sheep* Schaffell *nt,* Vlies *nt*
② (*quantity shorn*) Schur *f*
③ *no pl* (*fabric*) Flausch *m,* weicher Wollstoff; ~ **gloves** Handschuhe *mpl* aus weicher Wolle
II. *vt* ① (*shear*) **to** ~ **a sheep** ein Schaf scheren
② (*fig pej fam: cheat*) ■**to** ~ **sb** jdn schröpfen *pej fam;* **to** ~ **sb of money** jdm Geld abknöpfen *pej,* jdn um sein Geld bringen

fleecy ['fli:si] *adj* ① (*like fleece*) flauschig; ~ **clouds** Schäfchenwolken *fpl;* ~ **towel** flauschiges Handtuch
② (*of fleece*) [Schaf]fell-; ~ **lining** Fellfutter *nt*

fleet¹ [fli:t] *n + sing/pl vb* ① NAUT (*of ships*) Flotte *f,* Staffel *f;* **fishing/merchant** ~ Fischerei-/Handelsflotte *f;* **a peace-keeping** ~ eine Friedensflotte; **a** ~ **of warships** ein Geschwader *nt* von Kriegsschiffen, eine Kriegsflotte; ■**the F**~ die Marine
② AVIAT (*group of planes*) Staffel *f,* Geschwader *nt*
③ (*group of vehicles*) Fuhrpark *m,* Flotte *f fig;* **a** ~ **of cars** ein Wagenpark *m; when moving* eine Autokolonne *f;* **a** ~ **of trucks** ein Lastwagen[fuhr]park *m*

fleet² [fli:t] *adj* (*liter*) flink, schnell; **to be** ~ **of foot** schnell zu Fuß sein

fleet admiral *n* ① AM (*naval officer*) Großadmiral *m*
② BRIT Oberbefehlshaber *m* [*o* Oberkommandierender *m*] der Flotte

fleeting ['fli:tɪŋ, AM -t̬-] *adj* flüchtig, vergänglich; ~ **beauty** vergängliche Schönheit; ~ **encounter/glance** flüchtige Begegnung/flüchtiger Blick; ~ **idea** [*or* **thought**] plötzlicher Einfall; **for a** ~ **moment** für einen kurzen Augenblick; ~ **opportunity** kurzfristige Gelegenheit; ~ **smile** flüchtiges Lächeln; ~ **time** schnell vergehende Zeit; ~ **visit** Kurzbesuch *m,* Stippvisite *f fam*

fleetingly ['fli:tɪŋli, AM -t̬-] *adv* (*briefly*) kurz; (*transiently*) flüchtig

fleetness ['fli:tnəs] *n no pl* (*liter*) ① (*quickness*) Flinkheit *f,* Schnelligkeit *f*
② (*transience*) Flüchtigkeit *f*

Fleet Street *n no pl* BRIT ① *+ sing/pl vb* (*media*) das [britische] Zeitungswesen, die [britische] Presse
② (*quarter*) die Fleet Street

Fleet Streeter *n* BRIT [Zeitungs]journalist(in) *m(f)*

Fleming ['flemɪŋ] *n* Flame, Flämin *m, f*

Flemish ['flemɪʃ] I. *adj* flämisch
II. *n* ① *no pl* (*language*) Flämisch *nt*
② (*people*) ■**the** ~ *pl* die Flamen *pl*

flesh [fleʃ] I. *n no pl* ① (*substance*) *of animals, humans* Fleisch *nt; of fruit* [Frucht]fleisch *nt,* Fruchtmark *nt;* (*old: meat*) Fleisch *nt*
② (*also fig: fat*) Fett *nt;* (*corpulence*) [Körper]fülle *f,* Korpulenz *f geh;* **to be in** ~ fett sein *pej,* gut im Futter stehen *euph fam;* **to lose** ~ abnehmen, abspecken *fam;* **to put on** ~ zunehmen, [Fett] ansetzen *fam;* **to put** ~ **on sth** (*fig*) *argument, idea, plan* etw *dat* mehr Substanz [*o* Form] geben
③ (*fig: human body*) ■**the** ~ der [menschliche] Körper [*o geh* Leib]; **all** ~ die gesamte Menschheit; **one** ~ (*fig*) ein Leib und eine Seele
④ REL (*fig, usu pej: human nature*) ■**the** ~ das Fleisch *geh;* **desires of the** ~ fleischliche [*o* sinnliche] Begierden *geh;* **pleasures of the** ~ Freuden *fpl* des Fleisches *geh,* sinnliche Freuden; **sins of the** ~ fleischliche Sünden *meist pej*
⑤ (*fig, also pej: skin*) [nacktes] Fleisch, [nackte] Haut; ***he stripped down to his bare*** ~ er zog sich bis auf die Haut aus
► PHRASES: **to be** [**only**] ~ **and blood** auch [nur] ein Mensch sein; **more than** ~ **and blood can bear** [*or* **stand**] [einfach] nicht zu ertragen; **one's own** ~ **and blood** sein eigen[es] Fleisch und Blut; **to have/want one's pound of** ~ seinen vollen Anteil bekommen/wollen; **the spirit is willing but the** ~ **is weak** (*saying*) der Geist ist willig, aber das Fleisch ist schwach *prov;* **to be a thorn in sb's** ~ jdm ein Dorn im Auge sein; **to go the way of all** ~ (*saying*) den Weg allen Fleisches gehen *prov;* **to make one's** ~ **crawl** [*or* **creep**] eine Gänsehaut bekommen; **to press the** ~ AM POL (*fam*) [Wähler]hände schütteln; **in the** ~ *in person* live, in Person; *alive* [quick]lebendig
II. *vt* ① (*embody*) ■**to** ~ **sth** etw verkörpern
② HUNT **to** ~ **a hawk/hound** einen Falken/Jagdhund Wild schmecken lassen *fachspr;* **to** ~ **a hide** eine Tierhaut abschaben [*o* ausfleischen]
◆**flesh out** *vt* ■**to** ~ **out** ↔ **sth** *draft, paper, study* etw ausarbeiten [*o* ausgestalten]; *assumption, thesis* etw untermauern [*o* zusätzlich belegen]; **to** ~ **out a character** eine Figur mit mehr Leben füllen [*o* lebendig gestalten]

flesh-colored AM, **flesh-coloured** *adj* fleischfarben **flesh-eating** *adj* Fleisch fressend

flesher ['fleʃəʳ] *n* SCOT (*butcher*) Metzger(in) *m(f),* Fleischer(in) *m(f) bes* NORDD

fleshings ['fleʃɪŋz] *npl* [blickdichte fleischfarbene] Strumpfhose

fleshly ['fleʃli] *adv* (*liter*) ① *inv* (*physical*) körperlich, leiblich
② (*fig, usu pej: sensual*) *desires, pleasures, sins* fleischlich, sinnlich *a. pej*
③ (*fig: worldly*) irdisch, menschlich

fleshpot *n* ① (*vessel*) Fleischtopf *m* ② (*fig: good life*) ■**the** ~**s** *pl* das Wohlleben [*o* süße Leben] ③ (*fig, also pej: place*) ■**the** ~**s** *pl* das Vergnügungsviertel, die Lasterhöhlen *fpl pej* **flesh-tone** *adj* AM (*flesh-coloured*) fleischfarben **flesh wound** *n* Fleischwunde *f*

fleshy ['fleʃi] *adj* ① (*also fig euph: plump*) *person* beleibt, füllig, korpulent *euph,* fett *pej; arm, hand* fleischig *oft pej*
② (*succulent*) *fruit* fleischig, saftig
③ (*colour*) *skin* fleischfarben

fleur-de-lis <*pl* fleurs-de-lis> *n,* **fleur-de-lys** <*pl* fleurs-de-lys> [ˌflɜ:də'li:, AM ˌflɜ:r-] *n* ① BOT (*flower*) Schwertlilie *f fachspr*
② (*hist: device*) [heraldische] Lilie *hist*
③ (*hist: arms of France*) bourbonische Lilie *hist*

flew [flu:] *vt, vi pp, pt of* **fly**

flex¹ [fleks] I. *vt* ■**to** ~ **sth** ① (*bend*) *arms, knees* etw beugen; *metal strap* etw biegen
② (*tighten*) *muscles* etw [an]spannen; **to** ~ **one's ankle** seinen Fuß strecken
II. *vi* ① (*bend*) *arms, limbs, knees* sich *akk* beugen; *metal strap* sich *akk* biegen
② (*tighten*) *muscles* sich *akk* [an]spannen
► PHRASES: **to** ~ **one's muscles** seine Muskeln spielen lassen; (*fig*) Stärke demonstrieren

flex² <*pl* -es> [fleks] *n* [Anschluss]kabel *nt;* **a piece of** ~ ein Kabel *nt,* eine Schnur

flexecutive [flek'zekjətɪv] *n jd, der hinsichtlich der Arbeitszeit und des Arbeitsortes flexibel ist*

flexibility [ˌfleksɪ'bɪləti, AM -ət̬i] *n no pl* ① (*pliability*) Biegsamkeit *f; of body* Beweglichkeit *f,* Gelenkigkeit *f; of joints, limbs* Biegsamkeit *f,* Beweglichkeit *f; of material* Elastizität *f;* (*fig*) *of a person* Nachgiebigkeit *f a. pej*
② (*also fig: adaptability*) *of an arrangement, policy, schedule* Flexibilität *f; of a person* Flexibilität *f,* [geistige] Beweglichkeit, Anpassungsfähigkeit *f*

flexible ['fleksɪbl̩] *adj* ① (*pliable*) biegsam; *body* gelenkig; *joints, limbs* biegsam, beweglich; (*fig*) *person* nachgiebig *a. pej;* ~ **leather** geschmeidiges

Leder; ~ **material** biegsames [*o* elastisches] Material ❷ (*also fig: adaptable*) *arrangement, policy, schedule* flexibel; *person* flexibel, beweglich, anpassungsfähig; ~ **car** wendiger Wagen; ~ **working hours** gleitende [*o* flexible] Arbeitszeit, Gleitzeit *f*

flexibly [ˈfleksɪbli] *adv material* elastisch; *person, arrangement* flexibel; **to organize a schedule** ~ ein Programm flexibel gestalten; **to respond** ~ flexibel reagieren

flexion [ˈflekʃᵊn], AM **flection** *n* ❶ (*curve*) Biegung *f*
❷ LING Beugung *f*, Flexion *f fachspr*

flexitime [ˈfleksitaɪm] *n no pl* Gleitzeit *f*, gleitende Arbeitszeit; **to work** [*or* **be on**] ~ gleitende Arbeitszeit haben

flexor [ˈfleksəʳ, AM -ɚ] *n*, **flexor muscle** *n* Beuger *m*

flibbertigibbet [ˌflɪbətiˈdʒɪbɪt, AM -bət̬iˈ-] *n* (*pej dated: talkative person*) Klatschmaul *nt pej fam*, Plaudertasche *f hum o pej fam*; (*flighty person*) Flattergeist *m pej fam*; (*light-headed person*) Luftikus *m pej fam*, Leichtfuß *m pej fam*

flick [flɪk] **I.** *n* ❶ (*blow*) [kurzer [*o* leichter]] Schlag, Klaps *m*
❷ *sing* (*sound*) *of fingers* Schnipsen *nt*, Schnalzen *nt*; *of tongue* Schnalzen *nt*; *of switch* Klicken *nt*; *of whip* Schnalzen *nt*, Knallen *nt*
❸ (*movement*) kurze [*o* schnelle] Bewegung; ***at the ~ of a switch, the room was in darkness*** ein Knipser und schon war es dunkel im Zimmer; ***he gave the room a ~ with the duster*** er ging mal eben mit dem Staubtuch durch das Zimmer; **a ~ of the wrist** eine kurze [*o* schnelle] Drehung des Handgelenks
❹ BRIT (*dated fam: movie*) Film *m*, Streifen *m fam*; ■**the ~s** *pl* (*cinema*) Kintopp *m o nt kein pl* DIAL *veraltet fam*
► PHRASES: **a ~ of a switch** ein Kinderspiel; **with a ~ of a switch** im Handumdrehen, in null Komma nichts *fam*
II. *vt* ❶ (*strike*) ■**to ~ sb/sth** jdm/etw einen [leichten] Schlag versetzen; ***horses ~ their tails to make flies go away*** Pferde schlagen mit dem Schweif, um Fliegen zu verjagen
❷ (*move*) ■**to ~ sth** etw mit einer schnellen [*o* kurzen] Bewegung ausführen; ***you hit a squash ball by ~ing your wrist*** man schlägt einen Squashball mit einer schnellen Drehung des Handgelenks; **to ~ channels** (*fam*) durch die Kanäle zappen; **to ~ a knife** [**open**] ein Messer aufschnappen lassen; **to ~ the light switch** [**on/off**] das Licht an-/ausknipsen
❸ (*remove*) ■**to ~ sth** etw wegwedeln [*o* wegfegen]; *with fingers* etw wegschnippen [*o* wegschnippen]
❹ (*produce sound*) **to ~ one's fingers** mit den Fingern schnipsen [*o* schnalzen]; **to ~ one's tongue** mit der Zunge schnalzen; **to ~ a whip** mit einer Peitsche schnalzen [*o* knallen]
III. *vi* sich *akk* schnell [und ruckartig] bewegen; ELEC *arc* flattern *fachspr*; ***I saw her eyes ~ away towards the door*** ich sah, wie ihr Blick zur Tür schnellte

◆**flick off** *vt* ■**to ~ off** ↔ **sth** etw wegwedeln [*o* wegfegen]; *with fingers* etw wegschnippen [*o* wegschnipsen]

◆**flick out I.** *vt* ■**to ~ out** ↔ **sth** etw herausschnellen [*o* hervorschnellen]; *tongue* etw herausschnalzen; *claws* etw herausfahren
II. *vi* hervorschießen; *claws* plötzlich hervorkommen; *tongue* hervorschnellen

◆**flick over** *vi* (*fam*) ■**to ~ over sth** *page, report* etw überfliegen, einen [flüchtigen] Blick auf etw *akk* werfen

◆**flick through** *vi* (*fam*) ■**to ~ through sth** *book, pages, report* etw [schnell] durchblättern

flicker [ˈflɪkəʳ, AM -ɚ] **I.** *vi* ❶ (*shine unsteadily*) *candle, fire, light* flackern; *TV* flimmern; (*move unsteadily*) *eyes* unruhig sein; *eyelids* zucken; *flag* flattern; *tongue* züngeln
❷ (*fig: appear*) aufkommen; *hope* aufflackern; ***a look of horror ~ed across her face*** ihr stand plötzlich das Entsetzen ins Gesicht geschrieben; ***the thought ~ed into my head that …*** der Gedanke schoss mir durch den Kopf, dass …
II. *vt* **to ~ an eyelid** mit dem Augenlid zucken
III. *n* ❶ (*movement*) *of a candle, fire, light* Flackern *nt kein pl*; *of TV pictures* Flimmern *nt kein pl*; *of eyelids* Zucken *nt kein pl*; *of flag* Flattern *nt kein pl*
❷ (*fig: appearance*) Anflug *m*; **a ~ of hope** ein Hoffnungsschimmer *m*

flickering [ˈflɪkᵊrɪŋ, AM -ɚ-] *adj* (*also fig*) *candle, fire, light* flackernd *attr*; **a ~ hope** (*fig*) eine aufflackernde Hoffnung; ~ **image** flimmerndes Bild; ~ **shape** zuckendes Etwas

flick knife *n* BRIT, AUS Klappmesser *nt*

flier [ˈflaɪəʳ, AM -ɚ] *n* ❶ (*bird*) Vogel *m*; (*insect*) Fluginsekt *nt*; **to be a good/bad ~** ein guter/schlechter Flieger sein
❷ (*pilot*) Flieger(in) *m(f)*, Pilot(in) *m(f)*; (*traveller*) [Stamm]fluggast *m*; **frequent ~** Vielflieger(in) *m(f) fam*; **to be a good/poor ~** das Fliegen gut/schlecht vertragen
❸ (*trapeze artist*) Trapezkünstler(in) *m(f)*, Springer(in) *m(f)*
❹ (*fig: fast horse*) Renner *m fam*; AM (*fig fam: fast vehicle*) Flitzer *m fam*; (*coach*) Expressbus *m*; (*train*) Expresszug *m*
❺ (*leaflet*) Flugblatt *nt*; *in commerce* Handzettel *m*, Reklamezettel *m*; *of police* Steckbrief *m*
❻ AM STOCKEX (*fig fam: venture*) Spekulationsgeschäft *nt*
❼ AM (*fig fam: jump*) Riesensatz *m fam*
❽ ARCHIT (*step*) Absatz *m fachspr*; ■**~s** *pl* Außentreppe *f*, Freitreppe *f*

flies [flaɪz] *npl* BRIT Reißverschluss *m*

flight¹ [flaɪt] *n* ❶ *sing* (*action*) Fliegen *nt*; (*single instance*) *of a ball, bird, plane* Flug *m*; **to take ~** auffliegen; **in ~** im Flug
❷ (*extent*) Flug *m*; (*distance*) Flugstrecke *f*; ***a ~ of five hours*** ein fünfstündiger Flug
❸ (*journey*) Flug *m*; ***we were booked on the same ~*** wir hatten denselben Flug gebucht; **long-distance ~** Langstreckenflug *m*; **space ~** Weltraumflug *m*; **to call a ~** einen Flug aufrufen
❹ + *sing/pl vb* (*group*) *of birds* Schwarm *m*, Schar *f geh*; *of migrating birds* [Vogel]zug *m*; *of aircraft* [Flieger]staffel *f*; *of insects* Schwarm *m*; **a ~ of geese** eine Gänseschar; **a ~ of swallows** ein Schwalbenschwarm *m*; **to be in the first** [*or* **top**] **~** (*fig*) zur ersten Garnitur [*o* Spitze] gehören; ***she's in the top ~ of actresses*** sie gehört mit zu den Spitzenschauspielerinnen
❺ (*series*) **a ~** [**of stairs**] eine [geradläufige] Treppe; ***we live three ~s up*** wir wohnen drei Treppen hoch; **a ~ of hurdles** eine Hürdenreihe
❻ (*also hum: whim*) Höhenflug *m*; **a ~ of fancy** ein geistiger Höhenflug; (*imaginative idea*) ein kühner Gedanke, eine tolle Idee *fam*; (*crazy idea*) eine Schnapsidee *a. hum fam*
❼ SPORTS *in darts* Befiederung *f*

flight² [flaɪt] *n* Flucht *f*; ~ **of investment** ECON Kapitalflucht *f*; **to be in full ~** mitten auf der Flucht sein; **to put sb to ~** jdn in die Flucht schlagen; **to take** [**to**] **~** (*dated*) die Flucht ergreifen

flight attendant *n* Flugbegleiter(in) *m(f)*, Steward, Stewardess *m, f veraltend* **flight bag** *n* Schultertasche *f* **flight control** *n* (*external*) Flugsicherung *f*; (*internal*) [Flug]steuerung *f* **flight controller** *n* Fluglotse, -in *m, f* **flight deck** *n* ❶ (*on carrier*) Flugdeck *nt* ❷ (*compartment*) Cockpit *nt*, Kanzel *f* **flight engineer** *n* Flug[zeug]ingenieur(in) *m(f)* **flight feather** *n* Schwungfeder *f*

flightily [ˈflaɪtɪli, AM -t̬-] *adv* (*usu pej*) ❶ (*moodily*) launisch *pej*, flatterhaft *pej*, kapriziös *pej geh*
❷ (*light-headedly*) gedankenlos, fahrig *pej*, wirr *pej*
❸ (*carelessly*) leichtsinnig *pej*

flightiness [ˈflaɪtɪnəs, AM -t̬-] *n no pl* (*usu pej*) ❶ (*moodiness*) Launenhaftigkeit *f pej*, Flatterhaftigkeit *f pej*
❷ (*light-headedness*) *of words* Gedankenlosigkeit *f pej*; *of movements* Fahrigkeit *f pej*; *of promises* Leichtherzigkeit *f pej*; *of thoughts* Wirrheit *f pej*
❸ (*carelessness*) Leichtsinn *m pej*

flightless [ˈflaɪtləs] *adj inv* flugunfähig; ***the ostrich is a ~ bird*** Strauße können nicht fliegen

flight lieutenant *n* BRIT Hauptmann *m* der Luftwaffe **flight mechanic** *n* Bordmechaniker(in) *m(f)* **flight number** *n* Flugnummer *f* **flight of capital** *n* ECON, FIN Kapitalflucht *f* **flight path** *n* *of an aircraft* Flugroute *f*; *of an object, spacecraft* Flugbahn *f* **flight recorder** *n* Flugschreiber *m* **flight simulator** *n* Flugsimulator *m* **flight-test** *vt* ■**to ~ sth** *aircraft, spacecraft* etw im Flug testen

flight to quality *n* ECON, FIN Flucht *f* in [Aktien]spitzenwerte

flighty [ˈflaɪti, AM -t̬-] *adj* (*usu pej*) ❶ (*moody*) launisch *pej*, flatterhaft *pej*, kapriziös *geh*
❷ (*light-headed*) *answer, words* gedankenlos *pej*; *promise* leichtherzig *pej*; *movements* fahrig *pej*; *thoughts* wirr *pej*
❸ (*careless*) leichtsinnig *pej*

flimflam [ˈflɪmflæm] *n no pl* (*fig pej fam*) ❶ (*nonsense*) Quatsch *m pej fam*, Blödsinn *m pej*
❷ (*talk*) Geschwätz *nt pej fam*
❸ (*deception*) Schwindel *m*, fauler Zauber *pej*

flimsily [ˈflɪmzɪli] *adv* notdürftig

flimsiness [ˈflɪmzɪnəs] *n no pl* ❶ (*inadequacy*) schlechte [*o* mindere] Qualität, Minderwertigkeit *f*
❷ (*fragility*) *of material* mangelnde Festigkeit; *of a structure* mangelnde Stabilität
❸ (*lightness*) *of a fabric, paper* Dünnheit *f*, Dünne *f*
❹ (*fig pej: weakness*) *of a performance* Dürftigkeit *f pej*; *of an excuse, pretext* Fadenscheinigkeit *f pej*

flimsy [ˈflɪmzi] **I.** *adj* ❶ (*inadequate*) schlecht, minderwertig
❷ (*fragile*) unsolide; ~ **construction** instabile Konstruktion; ~ **huts** windschiefe Hütten; ~ **structure** unsolider Bau
❸ (*light*) *dress, blouse* dünn, leicht
❹ (*fig pej: weak*) ~ **excuse** schwache [*o* fadenscheinige] Ausrede *pej*
II. *n* BRIT (*paper*) Durchschlagpapier *nt*; (*document*) Durchschlag *m*; **credit card ~** Kreditkartenkopie *f* auf Durchschlagpapier

flinch [flɪn(t)ʃ] *vi* ❶ (*wince*) [zusammen]zucken, zusammenfahren; ***she listened to the teacher's criticisms without ~ing*** sie hörte sich die Kritik des Lehrers an, ohne eine Miene zu verziehen
❷ (*avoid*) ■**to ~** [**away**] **from sth** vor etw *dat* zurückschrecken; *fire, syringe* vor etw *dat* zurückzucken; (*fig*) *responsibility, task* sich *akk* etw *dat* entziehen; ***we should not ~ from the facts*** wir sollten den Tatsachen ins Auge sehen; ■**to ~ from doing sth** *unpleasant jobs* davor zurückschrecken, etw zu tun

fling [flɪŋ] **I.** *n usu sing* ❶ (*also fig: throw*) [mit Schwung [*o* Wucht] ausgeführter] Wurf; **to give sth a ~** (*throw*) etw werfen; (*fig: give up*) etw hinwerfen [*o fam* hinschmeißen]
❷ (*fig: try*) Versuch *m*; **to give sth a ~** [*or* **to take a ~ at** [**doing**] **sth**] es mit etw *dat* versuchen; **to take a ~ at a novel/writing** sich *akk* an einem Roman/als Schriftsteller versuchen
❸ (*fig, usu euph fam: good time*) ausgelassene [*o* wilde] Zeit *oft euph*; **to have a** [*or* **one's**] **~** ausgelassen [*o* wild] feiern, einen draufmachen *fam*
❹ (*fig, usu euph fam: relationship*) **to have a ~ with sb** mit jdm etw haben *euph fam*; ***I had a few ~s in my younger days*** als ich noch jünger war, hatte ich ein paar Geschichten
❺ SCOT (*dance*) **Highland F~** Schottentanz *m*
II. *vt* <flung, flung> ❶ (*throw*) ■**to ~ sb/sth** jdn/etw werfen [*o* schleudern]; ***could you ~ the paper over here?*** könntest du mal die Zeitung rüberwerfen?; **to ~ a door/window open** eine Tür/ein Fenster aufstoßen [*o* aufreißen]; **to ~ sb to the ground** jdn zu Boden werfen; **to ~ sb into prison** jdn ins Gefängnis werfen [*o fam* stecken]
❷ (*move part of body*) ■**to ~ sth** etw werfen; ***they flung their arms*** [***a***]***round each other*** sie sind sich [*o* einander] um den Hals gefallen; **to ~ one's arms round sb's neck** jdm die Arme um den Hals werfen; **to ~ one's head back** den Kopf in den

Nacken werfen
③ (*fam: move violently*) ■**to ~ oneself at sb/sth** sich *akk* auf jdn/etw stürzen; **to ~ oneself at sb's feet** sich *akk* vor jds Füße werfen; ■**to ~ oneself into sth** sich *akk* in etw *akk* werfen [*o* fallen lassen]; ***she flung herself into bed*** sie ließ sich ins Bett fallen; **to ~ oneself in front of a train** sich *akk* vor einen Zug werfen
④ (*fig pej: express*) ■**to ~ sth at sb** *accusations, insults* jdm etw entgegenschleudern [*o* an den Kopf werfen]; **to ~ sth in sb's teeth** jdm etw an den Kopf werfen [*o* ins Gesicht sagen]
⑤ (*fig: get involved*) ■**to ~ oneself into sth** sich *akk* in [*o* auf] etw *akk* stürzen; ■**to ~ oneself at sb** sich *akk* jdm an den Hals werfen *pej fam*
◆**fling away** *vt* ■**to ~ away** ○ **sth** ① (*discard*) etw wegwerfen [*o fam* wegschmeißen]
② (*fig: waste*) *money* etw verschleudern; *time* etw vergeuden
◆**fling off I.** *vt* ① (*also fig: remove*) ■**to ~ off** ○ **sth** *coat, jacket* etw abwerfen; *blanket, sheet* etw wegstoßen; **to ~ off a burden/yoke** (*fig*) eine Last/ein Joch abwerfen; **to ~ off scruples** (*fig*) Bedenken über Bord werfen
② (*rid*) ■**to ~ off** ○ **sb** *attacker, pursuer* jdn abschütteln
③ (*fig pej: write quickly*) ■**to ~ off** ○ **sth** *essay, letter* etw hinhauen *pej fam; poem* etw herunterrasseln *pej fam*
④ (*say quickly*) ■**to ~ off** ○ **sth** *hint, insult, remark* etw fallen lassen
II. *vi* davonstürzen, abzischen *fam;* ***he flung off in a temper*** er zischte wütend ab
◆**fling on** *vt* (*fam*) ■**to ~ on** ○ **sth** *clothes* sich *dat* etw überwerfen [*o* überziehen] *fam*
◆**fling out I.** *vt* (*fam*) ① (*throw away*) ■**to ~ out** ○ **sth** etw wegschmeißen [*o fam* ausrangieren]
② (*fam: expel*) ■**to ~ out** ○ **sb** jdn hinauswerfen [*o fam* rausschmeißen]
③ (*fig: utter*) ■**to ~ out** ○ **sth** etw hervorstoßen
II. *vi of a room, house* hinausstürzen
◆**fling up** *vt* **to ~ up one's arms** [**for joy**] [jubelnd] die Arme hochreißen; **to ~ up one's hands** [**in horror**] [entsetzt] die Hände über dem Kopf zusammenschlagen
flint [flɪnt] *n* ① (*stone*) Feuerstein *m*, Flint[stein] *m veraltet;* (*in cigarette lighter*) [mit Zereisen legierter] Feuerstein; (*in old gun*) [Feuer]stein *m;* **~ tools** Werkzeuge *ntpl* aus Feuerstein
② (*substance*) harte Substanz, hartes Material
③ (*pej*) **to have a heart like ~** ein Herz aus Stein haben *pej;* **to skin a ~** ein Pfennigfuchser sein *pej fam;* **to be as hard as ~** hartherzig [*o fam* knallhart] sein *pej*
flint glass *n no pl* Flintglas *nt* **flintlock** ['flɪntlɒk, AM lɑːk] **I.** *n* Steinschloss[gewehr] *nt* **II.** *n modifier* Steinschloss-
flinty ['flɪnti, AM -t̬-] *adj* ① (*composed of flint*) aus Feuerstein *nach n*
② (*containing flint*) feuersteinhaltig
③ (*fig pej: unyielding*) hart[herzig], gefühllos; (*impervious*) abweisend, unzugänglich *pej;* ***the headmaster has a rather ~ manner*** der Direktor ist ziemlich abweisend
flip[1] [flɪp] **I.** *vt* <-pp-> ① (*throw*) ■**to ~ sth** etw werfen; **to ~ a coin** eine Münze werfen
② (*remove*) ■**to ~ sth** etw [weg]schnippen [*o* [weg]schnipsen]
③ (*strike*) ■**to ~ sb/sth** jdm/etw einen Klaps geben; **to ~ one's fingers** mit den Fingern schnippsen; **to ~ a switch** einen Knopf drücken [*o* Schalter anknipsen]
④ (*turn over*) ■**to ~ sth** etw umdrehen; **to ~ a book open** ein Buch aufschlagen; **to ~ a pancake** einen Pfannkuchen wenden
⑤ (*manipulate*) ■**to ~ sb to do sth** jdn so bearbeiten, dass er etw tut; ***will they be able to ~ them to testify against higher-ups?*** werden sie sie umdrehen können und dazu bringen, gegen die höheren Tiere auszusagen?
► PHRASES: **to ~ sb the bird** AM (*fam*) jdm einen Vogel zeigen *fam;* **to ~ one's lid** [*or* **top**] [*or* AM *also* **stack**] (*sl*) durchdrehen *fam*, ausrasten *sl*, ausflippen *fam*
II. *vi* <-pp-> ① (*strike*) [leicht] schlagen
② (*move*) sich *akk* ruckartig bewegen; *seal* robben
③ (*jump*) einen Salto machen
④ (*turn over*) sich *akk* [schnell] [um]drehen, eine [schnelle] [Um]drehung machen; ***the car ~ped and crashed into a wall*** der Wagen überschlug sich und krachte gegen eine Mauer; ***the pages of my book ~ped over in the wind*** der Wind verblätterte die Seiten in meinem Buch
⑤ (*sl: go mad*) durchdrehen *fam*, ausrasten *sl*, ausflippen *fam;* (*fig: be enthusiastic*) ganz [*o* völlig] aus dem Häuschen sein *fam*
III. *n* ① (*throw*) Wurf *m;* **~ of a coin** Werfen *nt* einer Münze
② (*also fig: movement*) Ruck *m*, schnelle [*o* kurze] Bewegung; **to have a** [**quick**] **~ through sth** (*fig*) etw im Schnellverfahren tun; ***could you have a ~ through my files?*** könnten Sie mal kurz meine Akten durchgehen?
③ (*fam: short flight*) kurzer [Rund]flug; (*trip by car*) Spritztour *f fam;* (*short walk*) kurze [*o* kleine] Runde; **to do** [*or* **go for**] **a ~** eine kurze Runde drehen
④ (*snap*) *of fingers* Schnipser *m*, Schnippen *nt kein pl*
⑤ SPORTS Salto *m*, Überschlag *m;* **backward ~** Salto *m* rückwärts
◆**flip out** *vi* ausflippen *fam*
◆**flip through** *vi* (*fig fam*) ■**to ~ through sth** *book, pages, file* etw [schnell] durchblättern
flip[2] [flɪp] *n* (*egg-nog*) Flip *m*
flip chart *n* Flipchart *m o nt* (*an einer Stelltafel aufklappbare Schaubilder*)
flip-flop *n* ① *usu pl* (*shoe*) [Gummi- [*o* Plastik-]]sandale *f*, Gummilatsche *f pej fam;* (*for beach, swimming pool*) Badesandale *f*, Badelatsche *f pej fam*
② AM SPORTS (*jump*) Flic[k]flac[k] *m fachspr*
③ ELEC (*circuit*) [bistabile] Kippschaltung *fachspr;* (*switch*) Ein-Aus-Schalter *m*, Kippschalter *m fachspr*
④ (*fig fam: change*) [plötzliche] Kehrtwende *f* (**on** hinsichtlich +*gen*); *in attitude, belief, policy* plötzlicher Gesinnungswandel
flippancy ['flɪpᵊn(t)si] *n no pl* ① (*frivolousness*) Leichtfertigkeit *f*, Oberflächlichkeit *f*
② (*disrespectfulness*) vorlaute [*o* kecke] Art, Schnodd[e]rigkeit *f fam*, Flapsigkeit *f fam*
flippant ['flɪpᵊnt] *adj* ① (*frivolous*) leichtfertig, oberflächlich
② (*disrespectful*) vorlaut, flapsig *fam*, schnodd[e]rig *pej fam*
flippantly ['flɪpᵊntli] *adv* ① (*frivolously*) leichtfertig, oberflächlich
② (*disrespectfully*) vorlaut, flapsig *fam*, schnodd[e]rig *pej fam*
flipper ['flɪpəʳ, AM -ɚ] *n* ① ZOOL (*limb*) [Schwimm]flosse *f fachspr*
② (*swimming aid*) Schwimmflosse *f*
③ (*dated sl: hand*) Flosse *f fam*
flipping ['flɪpɪŋ] (*sl*) **I.** *adj* echt *fam*, verflixt *fam;* ***it's a ~ nuisance!*** das ist echt ärgerlich!
II. *adv* echt *fam*, verflixt *fam;* ***she was ~ tired of his excuses*** sie hatte seine Ausreden bis oben satt; ***you'll do as you're ~ well told!*** du tust gefälligst das, was man dir sagt!; ***what a ~ awful film!*** ein echt schrecklicher Film!
III. *n no pl* (*of opinions*) Umschwenken *nt fig* (**on** bei +*dat*)
flippy *n* COMPUT Flippy *m*, doppelseitig beschreibbare, umzudrehende Diskette
flip side *n* ① (*back*) *of a record* B-Seite *f*
② (*effect*) *of an activity, policy* Kehrseite *f*
flirt [flɜːt, AM flɜːrt] **I.** *vi* ① (*act playfully*) flirten; ■**to ~ with sb** mit jdm flirten
② (*fig: consider*) ■**to ~ with sth** mit etw *dat* spielen [*o* liebäugeln]; **to ~ with the idea of doing sth** mit dem Gedanken spielen, etw zu tun
③ (*fig pej: risk*) ■**to ~ with sth** [leichtfertig] mit etw *dat* spielen; ***you know you're ~ing with disaster if you invite Aunt Fern to the wedding*** dir ist klar, dass du eine Katastrophe heraufbeschwörst, wenn du Tante Fern zur Hochzeit einlädst; **to ~ with danger/death** [leichtfertig] mit dem Feuer/Leben spielen
④ (*move*) sich *akk* schnell [*o* ruckartig] fortbewegen; *butterfly* flattern
II. *n* ① (*man*) [gern] flirtender Mann, Charmeur *m;* (*woman*) [gern] flirtende Frau, Kokette *f;* ***he's a dreadful ~*** er kann das Flirten nicht lassen
② (*motion*) kurze [*o* ruckartige] Bewegung; **with a ~ of one's hand** mit einer schnellen Handbewegung
flirtation [flɜːˈteɪʃᵊn, AM flɜːrˈ-] *n* ① (*behaviour*) Flirt *m;* ***a lot of ~ goes on in this office*** in diesem Büro wird viel geflirtet; **to have a ~** [**with sb**] [mit jdm] flirten; (*affair*) [mit jdm] etwas haben *euph*
② (*consideration*) [spielerische] Überlegung; (*risk*) [gefährliches] Spiel; ***we had a brief ~ with the idea of starting our own business*** wir haben mal kurz mit dem Gedanken geliebäugelt, eine eigene Firma zu gründen
flirtatious [flɜːˈteɪʃəs, AM flɜːrˈ-] *adj* kokett; **to be ~ with sb** mit jdm [herum]flirten
flirtatiously [flɜːˈteɪʃəsli, AM flɜːrˈ-] *adv* kokett; ***she danced with him very ~*** beim Tanzen flirtete sie heftig mit ihm
flirtatiousness [flɜːˈteɪʃəsnəs, AM flɜːrˈ-] *n no pl* Koketterie *f*, Flirten *nt kein pl*
flirty <-ier, -iest> ['flɜːti, AM 'flɜːrt̬i] *adj* ① (*coquet*) zum Flirten aufgelegt; *women* kokett; *men* schäkernd
② (*moving to and fro*) hin- und herschnellend
flit <-tt-> [flɪt] **I.** *vi* ① (*also fig: move*) huschen, flitzen; (*fly*) *bats, birds, butterflies* flattern; *bees* fliegen; *beetles, insects* schwirren; ■**to ~ about** [*or* **around**] herumflitzen; *bats, birds, butterflies* herumflattern; *bees* herumfliegen; *beetles, insects* herumschwirren; (*fig*) verfliegen; **to ~ from one thing to another** (*fig pej*) sich *akk* von einer Sache in die andere stürzen *pej;* **to ~ across** [*or* **into**] [*or* **through**] **one's mind** (*fig*) einem durch den Kopf schießen
② BRIT (*fig, also pej fam: escape*) abhauen, die Kurve kratzen *a. pej sl*
③ NBRIT, SCOT (*change home*) umziehen
II. *n* BRIT **to do a moonlight ~** sich *akk* bei Nacht und Nebel davonmachen *fam*
flitch <*pl* -es> [flɪtʃ] *n of bacon* Speckseite *f*
float [fləʊt, AM floʊt] **I.** *n* ① (*boat*) Floß *nt;* (*buoy*) Boje *f;* (*platform*) schwimmende Landebrücke; (*buoyant material*) *on a fishing line* [Kork]schwimmer *m; on a net* Schwimmkörper *m*
② TECH (*device*) *in a carburettor, cistern, on a seaplane* Schwimmer *m fachspr*
③ (*swimming aid*) Schwimmkork *m;* (*inflated bag*) Schwimmweste *f*
④ ANAT (*organ*) Schwimmblase *f fachspr*
⑤ (*vehicle*) *for goods* Lieferwagen *m; for festivities* Festzugswagen *m;* **carnival ~** Karnevalswagen *m;* **milk ~** Milch[ausliefer]wagen *m*
⑥ BRIT, AUS (*capital*) *as an advance* Spesenvorschuss *m*, Kostenvorschuss *m; as cheques, commercial papers* umlaufendes Geld; *as a loan* Startanleihe *f; in a till* Wechselgeldbetrag *m*, Wechselgeld *nt;* **cash ~** Wechselgeld *nt*
⑦ (*in exchange rates*) flexible Wechselkurse; **clean ~** sauberes Floaten, völlig freigegebene Wechselkurse *pl;* **dirty** [*or* **managed**] **~** schmutziges [*o* kontrolliertes] Floaten, beschränkt freigegebene Wechselkurse *pl*
⑧ ECON, STOCKEX (*starting a company*) Gesellschaftsgründung *f* durch Emission von Aktien an der Börse
⑨ THEAT (*lights*) ■**~s** *pl* Rampenlicht *nt kein pl*
⑩ COMPUT Speicherauszug *m* des gesamten Systems; **~ factor** Startadresse *f;* **~ relocate** Umsetzung *f* relativer in absolute Adressen
II. *vi* ① (*be buoyant*) schwimmen, oben bleiben
② (*move in liquid or gas*) *objects* treiben; *people* sich *akk* treiben lassen; ***the boat ~ed downstream*** das Boot trieb flussabwärts; **to ~ to the surface** an

die Oberfläche treiben
❸ (*fig: move graciously*) schweben *geh o iron*
❹ (*move in air*) clouds ziehen; *leaves* segeln; ***the sound of piano-playing ~ed from the open window*** aus dem offenen Fenster drang Klavierspiel nach draußen
❺ (*appear*) **to ~ across/into/through one's mind** jdm in den Sinn kommen
❻ ECON (*fluctuate*) *currency* frei konvertierbar sein; *exchange rate* schwanken, floaten *fachspr*
❼ (*also fig: move about*) herumziehen *fam*; *rumours* herumgehen; AM häufig den Wohnort wechseln; **to ~ from place to place** von Ort zu Ort ziehen
III. *vt* ❶ FIN (*launch*) **to ~ a business/company** ein Unternehmen/eine Gesellschaft gründen; **to ~ a loan** eine Anleihe auflegen; **to ~ shares** Aktien ausgeben [*o* in Umlauf bringen]
❷ ECON (*fluctuate*) **to ~ a currency** eine Währung freigeben [*o fachspr* floaten lassen]
❸ (*cause to move*) ■**to ~ sth** etw treiben [*o* schwimmen] lassen; **to ~ logs** Baumstämme flößen; **to ~ a ship** ein Schiff zu Wasser lassen
❹ (*introduce*) **to ~ an idea/plan** eine Idee/einen Plan in den Raum [*o* zur Diskussion] stellen
❺ (*test*) **to ~ an opinion** eine Meinung testen
◆**float about, float around** *vi* (*fig fam*) *rumour* in Umlauf sein, die Runde machen *fam*; *objects* [he]rumfliegen *fam*, [he]rumliegen *fam*; ***have you heard the rumours ~ing about that ...*** hat es sich schon bis zu dir herumgesprochen, dass ...; **to ~ around** [*or* **about**] **doing nothing** *person* sich *akk* in der Gegend herumtreiben *fam*

floatation *n see* **flotation**

floatel [flə(ʊ)ˈtel, AM floʊˈ-] *n* schwimmendes Hotel

floater [ˈfləʊtəʳ, AM ˈfloʊt̬ɚ] *n* ❶ (*insurance policy*) Versicherung *f* für bewegliches Eigentum; **office ~** Versicherung *f* für Büroeinrichtung
❷ AM ECON, FIN zinsvariabler Schuldtitel

floating [ˈfləʊtɪŋ, AM ˈfloʊt̬-] **I.** *adj attr, inv* ❶ (*in water*) schwimmend, treibend; *garden, hotel, restaurant* schwimmend; *body, crane, dock* Schwimm-; *anchor, ice* Treib-
❷ (*fluctuating*) *population* fluktuierend *geh*, wandernd, mobil; **~ workforce** Arbeiterschaft, die häufig den Arbeitsplatz wechselt
❸ FIN (*unfunded*) **~ assets** flüssige Aktiva *fachspr*; **~ capital** Umlaufvermögen *nt fachspr*; **~ debt [of a business]** schwebende [*o* kurzfristige] Schuld [eines Unternehmens] *fachspr*; **~ interest rate** gleitender [*o* variabler] Zinssatz *fachspr*; **~ liability** laufende Verbindlichkeit *fachspr*
❹ ECON, FIN (*variable*) **~ charge** schwebende Belastung; **~ rate** (*on loan*) variabler Zinssatz; (*on currency*) variabler Wechselkurs
❺ COMPUT, MATH Gleit-; **~ point** bewegliches Komma, Gleitkomma *nt*
❻ MED (*displaced*) Wander-; **~ kidney** Wanderniere *f fachspr*; **~ rib** freie Rippe *fachspr*
II. *n* ❶ (*founding*) **~ of a company** Gesellschaftsgründung *f* durch Aktienemission
❷ (*in exchange rates*) Floating *nt*; **~ assets** BRIT Umlaufvermögen *nt*; **the ~ of the pound** das Floaten [*o* die Wechselkursfreigabe] des Pfundes

floating bridge *n* ❶ (*bridge*) Pontonbrücke *f* ❷ (*ferry*) Kettenfähre *f* **floating dock** *n* Schwimmdock *nt* **floating light** *n* ❶ (*buoy*) Leuchtboje *f* ❷ (*ship*) Feuerschiff *nt* **floating voter** *n* Wechselwähler(in) *m(f)*

flock¹ [flɒk, AM flɑːk] **I.** *n + sing/pl vb* ❶ (*group of animals*) *goats, sheep* Herde *f*; *birds* Schar *f*, Schwarm *m*
❷ (*group of people*) Schar *f*, Horde *f pej*; REL Herde *f geh*, Gemeinde *f*, Schäfchen *ntpl fam*; **a ~ of sightseers/tourists** eine Besucherschar/Schar von Touristen
II. *vi* sich *akk* scharen; ***crowds of people ~ed to see the Picasso exhibition*** es kamen Scharen von Menschen, um die Picassoausstellung zu sehen; ■**to ~ around sb/sth** sich *akk* um jdn/etw scharen, jdn/etw umringen; ■**to ~ in/out of somewhere** irgendwo [scharenweise] hinein-/hinausströmen; ■**to ~ to sth** zu etw *dat* in Scharen kommen [*o* strömen]

flock² [flɒk, AM flɑːk] *n* ❶ (*tuft*) *of cotton, wool* [Woll]flocke *f*
❷ *no pl* (*material*) Reißwolle *f*; (*for coating*) Wollpulver *nt*, Wollstaub *m*; (*as stuffing*) Flockwolle *f*
❸ *no pl* (*fibre*) Velours *m*

flock wallpaper *n* Velourstapete *f*

floe [fləʊ, AM floʊ] *n* Eisscholle *f*, Treibeis *nt kein pl*

flog <-gg-> [flɒg, AM flɑːg] *vt* ❶ (*punish*) ■**to ~ sb** jdn prügeln [*o* züchtigen]; *with a whip* jdn auspeitschen (**for** wegen +*gen*)
❷ BRIT (*fam: sell*) ■**to ~ sth** etw verscheuern *fam* [*o sl* verkloppen]
► PHRASES: **to ~ sth to <u>death</u>** (*fam*) etw zum hundertsten Mal durchkauen [*o* zu Tode reiten] *pej fam*; **to ~ oneself to <u>death</u>** sich *akk* zu Tode rackern *fam*; **to ~ oneself into the <u>ground</u>** sich *akk* völlig verausgaben; **to be ~ging a dead <u>horse</u>** (*fam*) seine Kraft und Zeit verschwenden, offene Türen einrennen

flogging [ˈflɒgɪŋ, AM ˈflɑːg-] *n* Prügeln *nt kein pl*, Züchtigen *nt kein pl*; *with a whip* Auspeitschen *nt kein pl*

flood [flʌd] **I.** *n* ❶ (*flowing*) Überschwemmung *f*, Hochwasser *nt kein pl*; ***we had a ~ in the cellar*** wir hatten den Keller unter Wasser; ***when the snow melts, this little stream becomes a ~*** wenn der Schnee schmilzt, wird dieser kleine Bach ein reißender Fluss; **to be in full ~** (*fig*) *activity, discussion* in vollem Gang sein; ■**the F~** REL die Sintflut
❷ (*outpouring*) Flut *f*, Schwall *m*; ***a ~ of cheap imports came into the shops*** ein ganzer Schwung Billigimporte kam in die Läden; **to let out a ~ of abuse** eine Schimpfkanonade loslassen; **~ of calls/letters** eine Flut von Anrufen/Briefen; **~ of complaints** ein Haufen *m* Beschwerden; **~ of tears** Strom *m* von Tränen; **~ of words** Redeschwall *m*
❸ (*tide*) **~ [tide]** Flut *f*; **on the ~** bei [*o* mit der] Flut
► PHRASES: **<u>before</u> the F~** (*hum*) vorsintflutlich *hum*
II. *vt* ■**to ~ sth** ❶ (*overflow*) etw überschwemmen [*o* überfluten]; (*deluge*) *kitchen, bathroom* etw unter Wasser setzen; ***don't ~ the bathtub*** lass die Badewanne nicht überlaufen
❷ (*fig: overwhelm*) etw überschwemmen [*o* überfluten]; ***the calls for tickets ~ed the switchboard*** die Kartenanfragen führten zu einer völligen Überlastung der Telefonzentrale; **to be ~ed with joy** überglücklich sein; **to be ~ed with responses** mit Antworten überhäuft werden
❸ AUTO (*supply*) *carburettor, engine* etw absaufen lassen *fam*
❹ (*fill with water*) *a dam, submarine, valley* etw fluten *fachspr*; *a river* etw über die Ufer treten lassen
III. *vi* ❶ (*overflow*) *place* überschwemmt werden, unter Wasser stehen; *river* über die Ufer treten; *container, bathtub* überlaufen
❷ (*fig: pour*) strömen, sich *akk* ergießen *geh*; ■**to ~ into sb/sth** jdn/etw überschwemmen [*o* überfluten]; ***donations are ~ing into the relief fund*** Spenden gehen zu Tausenden bei dem Hilfsfonds ein; ***colour ~ed into her cheeks*** sie wurde ganz rot im Gesicht; ***anger ~ed into him*** Wut stieg in ihm hoch
◆**flood back** *vi* (*fig*) *memories* wiederaufkommen, hochsteigen
◆**flood in** *vi* (*also fig*) hereinströmen; *sunlight* hereinfluten
◆**flood out** *vt usu passive* ■**to be ~ed out** vom Hochwasser vertrieben werden, [wegen Hochwassers] obdachlos werden

flood control *n no pl* Hochwasserschutz *m* **flood damage** *n no pl* Hochwasserschaden *m* **flood disaster** *n* Überschwemmungskatastrophe *f*

flooded [ˈflʌdɪd] *adj* METEO (*submerged*) *fields, meadows, plains* überflutet, überschwemmt

floodgate *n* Schleusentor *nt*, Schleuse *f*; **to open the ~s to sth** (*fig pej*) etw *dat* Tür und Tor öffnen *pej*, die Schleusen öffnen *fig*

flooding [ˈflʌdɪŋ] *n no pl* Überflutung *f*, Überschwemmung *f*

floodlight **I.** *n* (*lamp*) Scheinwerfer *m*; (*light*) Scheinwerferlicht *nt*, Flutlicht *nt*; **under ~s** bei Flutlicht **II.** *vt* <-lit, -lit> ■**to ~ sth** *building* etw [mit Scheinwerfern] anstrahlen; *plaza, square* etw hell erleuchten [*o* beleuchten]; *stadium* etw mit Flutlicht ausleuchten **floodlighting** *n no pl* ❶ (*light*) Flutlichtanlage *f* ❷ (*illumination*) [helle] Beleuchtung **floodlit** *adj inv building* angestrahlt; *plaza, square* hell erleuchtet [*o* beleuchtet]; *stadium* in Flutlicht getaucht; **~ match** Spiel *nt* bei Flutlicht **flood plain** *n* GEOG Überschwemmungsgebiet *nt fachspr* **flood tide** *n* Flut *f a. fig*; **a ~ of calls/letters** eine Flut von Anrufen/Briefen

floor [flɔːʳ, AM flɔːr] **I.** *n* ❶ (*ground*) [Fuß]boden *m*; GEOG Boden *m*, Grund *m*; *of a mine, river, valley* Sohle *f fachspr*; **bathroom ~** Badezimmerboden *m*; **dance~** Tanzfläche *f*, Tanzparkett *nt*; **ocean** [*or* **sea**] **~** Meeresboden *m*, Meeresgrund *m*; **inlaid ~** Parkettboden *m*, Parkett *nt*; **tiled ~** gekachelter [*o* gefliester] Boden; **to take the ~** (*form: dance*) sich *akk* aufs Parkett begeben *geh o hum*
❷ (*storey*) Stock *m*, Stockwerk *nt*, Etage *f*; **ground ~** Erdgeschoss *nt*, Parterre *nt*; **first ~** BRIT erster Stock; AM Erdgeschoss *nt*; **on the third ~** im dritten Stock
❸ (*room*) Saal *m*; (*in parliament*) Sitzungssaal *m*, Plenarsaal *m*; (*in stock exchange*) Börsensaal *m*, Börsenparkett *nt*; (*people*) Auditorium *nt geh*; POL Plenum *nt geh*; **on the ~ of the House of Commons** im Sitzungssaal des Unterhauses; POL **to cross the ~** POL (*fig*) sich *akk* der Gegenpartei [*o* Opposition] anschließen
❹ (*area*) Bereich *m*, Sektor *m*; **to work on the factory/trading ~** im Industriebereich/auf dem Handelssektor arbeiten; (*production area*) **the factory ~** die Fabrikhalle; **on the shop ~** im Betrieb; (*of broking house*) **dealing** [*or* **trading**] **~** *Geschäftsstelle einer Brokerfirma zur Abwicklung des Effektenhandels mit elektronischer Datenverbindung zum Börsenplatz*
❺ (*minimum*) Mindestpreis *m*; *of prices, wages* Minimum *nt*; ECON, FIN [Zins]untergrenze *f*; **to go** [*or* **drop**] **through the ~** ins Bodenlose fallen, in den Keller gehen *fam*; **to establish a ~ at an auction** bei einer Auktion den Mindestpreis festsetzen; **~ price** Mindestpreis *m*
► PHRASES: **to <u>give</u> sb the ~** POL jdm das Wort geben; **to <u>hold</u>** [*or* **<u>have</u>**] **the ~** POL das Wort haben; **to <u>take</u> the ~** das Wort ergreifen
II. *n modifier* ❶ (*leads, mat, space*) Boden-; **~ cover[ing]** [Fuß]bodenbelag *m*; **~ heating** Fußbodenheizung *f*
❷ AM STOCKEX **~ broker** Börsenmakler(in) *m(f)*; **~ trader** Eigenmakler(in) *m(f)*
III. *vt* ❶ (*cover*) **to ~ sth** *room, space* etw mit einem [Fuß]boden auslegen
❷ (*knock down*) ■**to ~ sb** jdn zu Boden schlagen [*o geh* niederstrecken]
❸ (*fig: confuse*) ■**to ~ sb** jdn umhauen *fig*; **to be completely ~ed** (*confused*) völlig platt [*o* geplättet] sein *fam*; (*sl: drunk*) stockbesoffen sein *sl*

floorboard *n* Diele *f*, Dielenbrett *nt* **floorcloth** *n* Putzlappen *m*, Wischlappen *m*

floored [flɔːd, AM flɔːrd] *adj inv* ■**to be ~ with sth** *carpeting* mit etw *dat* ausgelegt sein; *tiles* mit etw *dat* gefliest sein

flooring [ˈflɔːrɪŋ] *n no pl* ❶ (*space*) [Fuß]boden *m*
❷ (*material*) Boden[belag] *m*; **parquet ~** Parkettboden *m*; **stone ~** Steinboden *m*; **wooden ~** Holzboden *m*

floor lamp *n esp* AM (*standard lamp*) Stehlampe *f* **floor manager** *n of a store* Abteilungsleiter(in) *m(f)*; TV Aufnahmeleiter(in) *m(f)* **floor plan** *n* Grundriss *m* (*eines Stockwerks*) **floor polish** *n no pl* Bohnerwachs *nt* **floor show** *n* Varieteevorstellung *f*, Varieteenummer *f* **floor space** *n* Bodenfläche *f*; (*for storing*) Stellfläche *f*

floorwalker *n* AM (*shopwalker*) Abteilungsleiter(in) *m(f)*

floosie ['flu:zi] *n*, **floozie** *n*, **floozy** *n* (*pej or hum fam*) Flittchen *nt pej fam*

flop [flɒp, AM flɑ:p] **I.** *vi* <-pp-> ① (*move clumsily*) plumpsen *fam*, sich *akk* fallen lassen; ■**to ~ over** sich *akk* umwälzen; **to ~ into bed** sich *akk* ins Bett hauen *sl*
② (*drop*) fallen; ***the baby's head kept ~ping backwards*** der Kopf des Babys kippte immer wieder nach hinten
③ (*fail*) ein Flop [*o* ein Reinfall] [*o* eine Pleite] sein; *performance, play* durchfallen
II. *n* ① *no pl* (*movement, sound*) Plumps *m fam*; ***he fell with a ~ on the bed*** er ließ sich aufs Bett plumpsen
② *usu sing* (*fig pej fam: failure*) *business, enterprise* Flop *m fam*, Reinfall *m fam*, Pleite *f fam*; *person* Niete *f pej fam*; **to be a commercial ~** ein wirtschaftlicher Misserfolg sein
◆**flop down** *vi* (*fam*) sich *akk* plumpsen lassen *fam*, sich *akk* hinhauen *sl*

flophouse *n* AM (*fam*) Absteige *f fam*, Penne *f fam*, billige Pension

floppiness ['flɒpɪnəs, AM 'flɑ:p-] *n no pl* ① (*flexibility*) Biegsamkeit *f*, Weichheit *f*
② (*limpness*) *of a body, limb, rope* Schlaffheit *f*, Schlappheit *f fam*; *of clothing, trousers* Schlott[e]rigkeit *f*, Flatt[e]rigkeit *f*

floppy ['flɒpi, AM 'flɑ:pi] **I.** *adj* ① (*flexible*) biegsam, weich
② (*limp*) *body, limb, rope* schlaff, schlapp *fam*; *clothing, trousers* schlott[e]rig, flatt[e]rig; **~ ears** Schlappohren *ntpl*; **~ hair** [immer wieder] herabfallendes Haar; **~ hat** Schlapphut *m*
II. *n* COMPUT (*fam*) Floppydisk *f fachspr*, Diskette *f fachspr*

floppy disk *n* COMPUT [Floppy]disk *f fachspr*

flora ['flɔ:rə] *n no pl* ① BIOL (*plants*) Flora *f fachspr*, Pflanzenwelt *f*; **~ and fauna** Flora und Fauna
② BIOL (*treatise*) [systematische] Pflanzenabhandlung *fachspr*; *as a book* Pflanzenbestimmungsbuch (**of** über +*akk*)
③ MED (*microorganisms*) Flora *f fachspr*; **intestinal ~** Darmflora *f*

floral ['flɔ:rᵊl] *adj* ① *inv* (*of flowers*) Blumen-; **~ arrangement** Blumenarrangement *nt*, Blumengesteck *nt*; **~ display** Blumenschau *f*; **~ leaf** BOT Blütenblatt *nt fachspr*; **~ tribute** Blumengruß *m*
② *inv* (*patterned*) *curtain, dress* geblümt, mit Blumenmuster *nach n*; **~ wallpaper** Blumentapete *f*
③ (*like flowers*) *scent* blumig

Florence ['flɒrᵊn(t)s, AM 'flɔ:r-] *n no pl* Florenz *nt*

Florentine ['flɒrᵊntaɪn, AM 'flɔ:r-] **I.** *adj* florentinisch
II. *n* ① (*inhabitant of Florence*) Florentiner(in) *m(f)*
② (*pastry*) Florentiner *m*

florescence [flɔ:'resᵊn(t)s] *n* Blütenstand *m*, Floreszenz *f fachspr*

floret ['flɒrɪt, AM 'flɔ:r-] *n* ① BOT (*part*) *of a composite* Einzelblüte *f fachspr*; *of a broccoli, cauliflower* Röschen *nt fachspr*
② (*flower*) kleine Blume, Blümchen *nt*

florid ['flɒrɪd, AM 'flɔ:r-] *adj* ① (*form: ruddy*) kräftig rot; **~ complexion** kräftig rote [*o* gesunde] Gesichtsfarbe
② (*fig, usu pej: decorated*) überladen; *style* blumig *pej*; *prose, rhetoric* schwülstig, überschwänglich; *of music* figuriert *fachspr*; ***why does he always have to use such ~ rhetoric?*** warum muss er sich immer so geschwollen ausdrücken?; **~ architectural style** überladener [*o* überreich verzierter] Baustil
③ MED (*fig: developed*) *disease* voll ausgeprägt, florid *fachspr*; **a ~ flu** eine ausgewachsene Grippe *fam*

floridly ['flɒrɪdli, AM 'flɔ:r-] *adv* (*fig pej*) blumig *pej*, schwülstig *pej*; **~ figurative prose** bildüberfrachtete Prosa

florin ['flɒrɪn, AM 'flɔ:r] *n* ① BRIT HIST Zweischillingstück *nt*
② (*coin of precious metal*) Gulden *m*
③ (*Aruban currency*) Florin *m*

florist ['flɒrɪst, AM 'flɔ:r-] *n* Florist(in) *m(f)*, Blumenhändler(in) *m(f)*; ■**~'s** Blumengeschäft *nt*

floss [flɒs, AM flɑ:s] **I.** *n no pl* ① (*fibre*) *of silkworm* Kokonseide *f fachspr*; *of silk-cotton tree* Seidenbaumwolle *f fachspr*
② FASHION (*filaments*) ungezwirnte Seidenfäden *mpl fachspr*
③ FASHION (*waste*) Florettseide *f*, Flockseide *f fachspr*; *as yarn* Florettgarn *nt fachspr*
④ MED (*thread*) Zahnseide *f*
II. *vt* **to ~ one's teeth** seine Zähne mit Zahnseide reinigen

floss silk *n no pl* FASHION Florettseide *f fachspr*

flotation [fləʊ'teɪʃᵊn, AM floʊ'-] *n* ① ECON, FIN (*launching*) *of a business* Gründung *f*; *of a loan, shares* Ausgabe *f*; **stock-market ~** Börsengang *m*; **to launch a stock-market ~** [mit einem Wertpapier] an die Börse gehen
② *no pl* CHEM, TECH (*separation*) *of minerals* Schwimmaufbereitung *f*, Flotation *f fachspr*; **~ chamber** Schwimmkammer *f*
③ *no pl* (*being buoyant*) Schwimmen *nt*; (*buoyancy*) Schwimmfähigkeit *f*; PHYS Auftrieb *m fachspr*

flotel [flə(ʊ)'tel, AM floʊ'-] *n* schwimmendes Hotel

flotilla [flə(ʊ)'tɪlə, AM floʊ'-] *n* + *sing/pl vb* Flotille *f*

flotsam ['flɒtsəm, AM 'flɑ:t-] *n*, **flotsam and jetsam** *n no pl* ① (*wreckage*) Treibgut *nt*; (*ashore*) Strandgut *nt*
② (*useless items*) Krimskrams *m fam*, Krempel *m fam*
③ + *sing/pl vb* (*fig pej: vagrants*) [**human**] **~** [menschliches] Treibgut, gestrandete Existenzen *fpl pej*

flounce¹ [flaʊn(t)s] *vi* ① (*fling the body*) zappeln, zucken, sich *akk* ruckartig bewegen
② (*pej: move affectedly*) stolzieren, rauschen *pej*; ***mortally wounded, she ~d out of the room*** tief beleidigt rauschte sie aus dem Zimmer

flounce² [flaʊn(t)s] FASHION **I.** *n* Rüsche *f*, Volant *m*, Falbel *f fachspr*
II. *vt* ■**to ~ sth** etw falbeln [*o* fälbeln] *fachspr*; *blouse* etw mit Rüschen verzieren; *skirt* etw mit Volants versehen

flounced [flaʊnst] *adj inv* FASHION mit Volants besetzt

flouncy¹ ['flaʊn(t)si] *adj* (*affected*) stolzierend *attr*, rauschend *attr*; ***her ~ departure amused everybody*** ihr rauschender Abgang diente der allgemeinen Belustigung

flouncy² ['flaʊn(t)si] *adj* FASHION (*adorned*) Rüschen-, Volant-; **~ blouse** Rüschenbluse *m*; **~ skirt** Volantrock *m*

flounder¹ <*pl* – *or* -s> ['flaʊndəʳ, AM -ɚ] *n* (*flatfish*) Flunder *f*

flounder² ['flaʊndəʳ, AM -ɚ] *vi* ① (*move with difficulty*) stolpern; *in mud, snow* waten; *in water* [herum]rudern [*o* strampeln]
② (*fig: be in difficulty*) sich *akk* abmühen [*o fam* abzappeln] [*o fam* abstrampeln]; (*be confused*) nicht weiterwissen; ***her answer surprised him and he ~ed at first*** ihre Antwort überraschte ihn und er wusste zuerst nicht, was er sagen sollte; ■**to be ~ing** *organization* auf der Kippe stehen, sich *akk* in einer Krise befinden; *person* ins Schwimmen kommen; ***the job was new, and at the moment he was ~ing a bit*** die Arbeit war neu und im Augenblick war er etwas ins Schwimmen geraten
③ (*fig pej: proceed clumsily*) murksen *pej fam*, wursteln *pej fam*; ■**to ~ through sth** sich *akk* durch etw *akk* [durch]wursteln
◆**flounder about**, **flounder around** *vi* ① (*move with difficulty*) herumstolpern; *in mud, snow* herumwaten; *in water* herumrudern, herumstrampeln
② (*fig pej: act with difficulty*) sich *akk* herumquälen [*o* herumschlagen]

flour ['flaʊəʳ, AM -ɚ] **I.** *n no pl* ① (*ground grain*) Mehl *nt*
② (*ground matter*) [feines] Mehl, Pulver *nt*
II. *vt* ■**to ~ sth** ① (*cover*) *plate, dough* etw bemehlen [*o* mit Mehl bestäuben]; *cake pan, tin* etw mit Mehl ausstreuen
② AM (*grind*) *grain, wood* etw [zu Mehl [*o* zu Pulver] [*o* fein]] mahlen

flourish ['flʌrɪʃ, AM 'flɜ:r-] **I.** *vi* ① (*also fig: grow well*) *plants* blühen *a. fig*, gedeihen *a. fig geh*; (*fig*) *business, industry* blühen, florieren; ***the country's tourist industry is ~ing*** der Tourismus des Landes floriert
② (*fig: mature*) zu voller Blüte gelangen; ***rock 'n' roll ~ed in the 1950s*** der Rock 'n' Roll hatte seine Blütezeit in den fünfziger Jahren
II. *vt* (*wave*) ■**to ~ sth** mit etw *dat* herumfuchteln; (*display*) etw [mit großer Geste] schwingen *pej*; ***he arrived ~ing a bunch of flowers*** er kam an, mit einem Blumenstrauß winkend; **to ~ a baton** einen Taktstock schwingen
III. *n* ① (*also pej: movement*) schwungvolle Bewegung; (*gesture*) überschwängliche [*o* große] Geste *a. pej*; ***the team produced a late ~ scoring twice to clinch the match*** mit zwei entscheidenden Treffern brachte die Mannschaft gegen Ende noch einmal Bewegung ins Spiel
② (*decoration*) *in handwriting* Schnörkel *m*
③ (*expression*) blumiger Ausdruck *pej*, Ausschmückung *f*
④ MUS (*fanfare*) Fanfare *f*; (*passage*) Figuration *f fachspr*, Verzierung *f*

flourishing ['flʌrɪʃɪŋ, AM 'flɜ:r-] *adj* (*also fig*) *plants* prächtig, blühend; *business, market* blühend, florierend; **a ~ trade** ein blühender [*o* florierender] Handel; **~ tradition** blühende Tradition

flour mill *n* Getreidemühle *f*, Mahlmühle *f*

floury ['flaʊəri, AM -ɚi] *adj* ① (*covered with flour*) mehlig, voller Mehl *nach n*
② (*dry*) *potato* mehlig; *make-up* pulv[e]rig

flout [flaʊt] *vt* ■**to ~ sth** ① (*disregard*) etw [offen] missachten, sich *akk* [offen] über etw *akk* hinwegsetzen; **to ~ convention/tradition** sich *akk* Konventionen/Traditionen widersetzen; **to ~ a law/rule** ein Gesetz/eine Regel missachten
② (*disdain*) etw [öffentlich] verspotten, sich *akk* über etw *akk* lustig machen

flow [fləʊ, AM floʊ] **I.** *vi* ① (*also fig: stream*) fließen *a. fig*; *air, light, warmth* strömen *a. fig*; ***many rivers ~ into the Pacific Ocean*** viele Flüsse münden in den Pazifischen Ozean; ***the beer was ~ing*** das Bier floss in Strömen; ***the conversation began to ~*** die Unterhaltung kam in Gang; ***a wash of sympathy ~ed over him*** eine Welle des Mitgefühls stieg in ihn auf; ***her long red hair ~ed down over her shoulders*** ihr langes rotes Haar wallte über ihre Schultern; **to keep the money ~ing in** dafür sorgen, dass [weiterhin] Geld reinkommt *fam*
② (*fig: originate*) ■**to ~ from sth** von etw *dat* herrühren, sich *akk* aus etw *dat* ergeben; ***many benefits will ~ from our collaboration*** unsere Zusammenarbeit wird viel Gutes mit sich bringen
③ (*rise*) *tide* steigen, hereinkommen
II. *n usu sing* ① (*also fig: movement*) Fluss *m a. fig*, Strom *m a. fig*; **~ of goods** [*or* **supplies**] Güterverkehr *m*, Warenverkehr *m*; **~ of ideas/information** Ideen-/Informationsfluss *m*; **~ of traffic** Verkehrsfluss *m*; **~ of words/conversation** Rede-/Gesprächsfluss *m*; **~ of visitors** Besucherstrom *m*; **cut off** [*or* **stop**] **the ~** die Zufuhr [*o* den Zufluss] stoppen *a. fig*
② (*volume of fluid*) Durchflussmenge *f*
③ (*also fig: outpouring*) Ausfluss *m*; ***she tried to stem the ~ of blood*** sie versuchte das Blut zu stillen; **~ of capital** [*or* **funds**] Kapital[ab]wanderung *f*
▶ PHRASES: **to be in full ~** (*speaking*) mitten im Redefluss sein; (*acting*) voll in Fahrt [*o* dabei] sein; **to go** [*or* **move**] **against/with the ~** gegen den/mit dem Strom schwimmen
III. *adv* ■**in ~** fließend, im Fluss *nach n*; ***a mind in ~ can make an athlete seem invincible*** wenn Geist und Körper eine Einheit bilden, scheint ein Athlet unbesiegbar

flowchart *n*, **flow diagram** *n* Flussdiagramm *nt*

flower ['flaʊəʳ, AM -ɚ] **I.** *n* ① BOT (*plant*) Blume *f*; (*plant part*) Blüte *f*; ***no ~s by request*** wir bitten von Blumenspenden abzusehen; ***"say it with ~s"*** „lass Blumen sprechen"; **to be in ~** blühen, in Blüte

F

stehen *geh;* **to come into** ~ zu blühen beginnen
② (*fig liter: prime*) Blüte *f;* **in the** ~ **of** [**one's**] **youth** in der Blüte des [*o* seines] Lebens
II. *vi* ① (*also fig: be productive*) *plant, arts, place* blühen; *business, industry* blühen, gedeihen
② (*fig: mature*) zur Entfaltung kommen; *talent* in voller Blüte stehen

flower arrangement *n* Blumengesteck *nt* **flower arranging** *n no pl* Blumenbinden *nt* **flowerbed** *n* Blumenbeet *nt* **flower children** *npl* Blumenkinder *ntpl,* Hippies *mpl*

flowered ['flaʊəd, AM -əd] *adj* geblümt, mit Blumenmuster *nach n;* ~ **curtains** geblümte Vorhänge; ~ **wallpaper** Blumentapete *f*

flower garden *n* Blumengarten *m* **flower girl** *n* ① (*vendor*) Blumen[straßen]händlerin *f,* Blumenmädchen *nt* ② (*at weddings*) Blumenmädchen *nt,* Blumen streuendes Mädchen **flower head** *n* BOT Blütenköpfchen *nt,* Blütenstand *m*

flowering ['flaʊərɪŋ] *adj inv* blühend, Blüten-

flowering plant *n* Blütenpflanze *f,* Zierpflanze *f* **flowering season** *n* Blütezeit *f*

flower people *npl* Blumenkinder *pl* **flowerpot** *n* Blumentopf *m* **flower power** *n no pl* Flower-Power *f* **flower shop** *n* Blumengeschäft *m* **flower show** *n* Blumenschau *f*

flowery ['flaʊəri] *adj* ① (*patterned*) *clothes, material* geblümt, mit Blumenmuster *nach n*
② (*fig, also pej: ornate*) *language, speech, style* blumig *a. pej*
③ (*with flowers*) voller Blumen *nach n;* **a** ~ **meadow** eine Blumenwiese

flowing ['fləʊɪŋ, AM 'floʊ-] *adj* ① (*fluent*) *style, script* flüssig
② (*smooth*) flüssig; *line* fließend; ~ **movement** fließende Bewegung
③ (*unconfined*) *beard, hair* wallend *attr; clothing* fließend *attr;* **a** ~ **beard** ein wallender Bart [*o fam* Rauschebart]; **a** ~ **robe** ein fließendes Gewand

flown [fləʊn, AM floʊn] *vt, vi pp of* **fly**

flu [flu:] *short for* **influenza** I. *n no pl* (*illness*) Grippe *f;* **a wave of** ~ eine Grippewelle; **gastric** ~ Magengrippe *f;* **to catch** [*or* **get**] [**the**] ~ sich *dat* die Grippe holen [*o* eine Grippe einfangen] *fam*
II. *n modifier* (*epidemic, virus, symptoms*) Grippe-; ~ **shot** [*or* **vaccination**] Grippeimpfung *f*

flub <-bb-> [flʌb] *vt* (*fam*) ■**to** ~ **sth** etw vermasseln *fam*

◆**flub around** *vi* (*fam*) ■**to** ~ **around with sth** mit etw *dat* herummachen *fam,* an etw *dat* herumpfuschen *fam*

fluctuate ['flʌktʃueɪt] *vi numbers, prices, feelings* schwanken; ECON *business cycle, market* sich *akk* ständig verändern, fluktuieren *fachspr*

fluctuating ['flʌktʃueɪtɪŋ, AM -t̬ɪŋ] *adj* ECON, FIN fluktuierend, schwankend

fluctuation [ˌflʌktʃu'eɪʃən] *n of numbers, prices, feelings* Schwankung *f;* ECON *of business cycle, market* ständige Veränderung, Fluktuation *f fachspr;* ~ **in the exchange rate** Wechselkursschwankung *f;* ~ **in quality** Qualitätsschwankung *f;* ~ **in temperature** Temperaturschwankung[en] *f[pl]*

flue [flu:] *n* ① (*chimney*) Rauchfang *m,* Rauchabzug *m;* TECH Feuerzug *m,* Heizkanal *m*
② (*passage*) Abzugsrohr *nt,* Zug *m;* (*for air*) Luftkanal *m;* (*for boiler*) Flammrohr *nt*

flue gas *n* Rauchgas *nt,* Verbrennungsgase *ntpl*

fluency ['flu:ən(t)si] *n no pl of a conversation, movements, speech* Fluss *m; of script, style* Flüssigkeit *f; of articulation, rhetoric* Gewandtheit *f,* Eleganz *f; of foreign language* Beherrschung *f*

fluent ['flu:ənt] *adj foreign language* fließend, geläufig *präd; style* flüssig, elegant; *orator, rhetoric* gewandt; *movements* flüssig; ***the football match was scrappy with little*** ~ ***passing*** das Fußballspiel war nichts und das Passspiel war nicht sehr flüssig; **to be** ~ **in a language** eine Sprache fließend beherrschen [*o* sprechen]

fluently ['flu:əntli] *adv speak* flüssig, gewandt; *speak a foreign language* fließend, geläufig; *move* flüssig; ***he passed the ball*** ~ er spielte den Ball flüssig weiter; **to speak/write** ~ flüssig sprechen/schreiben

flue pipe *n* (*organ pipe*) Labialpfeife *f fachspr*

fluff [flʌf] I. *n no pl* ① (*particle*) Fusseln *pl,* Flusen *pl;* (*dust*) Staubflocke[n] *fpl*
② ORN, ZOOL (*fur or feathers*) *on young animals* Flaum *m*
③ (*fig pej fam: mistake*) Patzer *m pej fam*
④ AM (*fig pej fam: nonsense*) Blödsinn *m fam,* dummes Zeug *pej fam*
⑤ (*fig, usu pej fam: girl*) Mieze *f pej fam;* **a bit of** ~ ein Betthäschen *nt euph fam*
II. *vt* (*pej fam*) ■**to** ~ **sth** etw verpatzen [*o* vermasseln] *pej fam;* **to** ~ **an exam/a test** ein Examen/eine Prüfung verhauen [*o* versieben] *sl;* **to** ~ **one's driving test** durch die Fahrprüfung fallen; **to** ~ **a joke** einen Witz vermasseln; **to** ~ **one's lines** seinen Text verpatzen

◆**fluff up** *vt* ■**to** ~ **up** ↔ **sth** *feathers* etw aufplustern; *pillows* etw aufschütteln; (*fig*) etw auflockern

fluffiness ['flʌfɪnəs] *n no pl* ① (*softness*) *of feathers* Flaumigkeit *f; of towels* Flauschigkeit *f; of pillows* Weichheit *f*
② (*lightness*) *of food, hair* Lockerheit *f; of egg white* Schaumigkeit *f; of snow* Flockigkeit *f*

fluffy ['flʌfi] *adj* ① (*soft*) *feathers* flaumig; *pillows* flaumig weich; *towels* flauschig, kuschelweich; *animal* kuschelig [weich], flauschig; ~ **toy** Stofftier *nt,* Kuscheltier *nt*
② (*light*) *clouds* aufgelockert; *food, hair* locker; *egg white* schaumig; *snow* flockig; ~ **clothes** leichte Kleidung

fluid ['flu:ɪd] I. *n* Flüssigkeit *f;* CHEM (*gas, liquid*) Fluid *nt fachspr;* ***she's on*** ~**s** sie kann nur flüssige Nahrung zu sich nehmen; **loss of** ~**s** Flüssigkeitsverlust *m;* **bodily** ~**s** Körpersäfte *mpl*
II. *adj* ① (*liquid*) flüssig; CHEM *gas, liquid* flüssig, fluid *fachspr*
② (*fig: free-flowing*) ~ **movements** fließende [*o* flüssige] Bewegungen
③ (*fig: tending to change*) veränderlich, instabil; ~ **plan** vages Vorhaben; ~ **situation** ungewisse [*o* instabile] Lage

fluidity [flu'ɪdəti, AM -ət̬i] *n no pl* ① (*nature of movements*) Flüssigkeit *f,* Leichtigkeit *f*
② (*tendency to change*) Veränderlichkeit *f,* Instabilität *f;* **the** ~ **of a situation** die Ungewissheit einer Situation

fluid ounce *n* BRIT 28,41 cm^3; AM 29,57 cm^3

fluke[1] [flu:k] *n usu sing* (*fam: chance*) Dusel *m fam,* Schwein *fam;* ***it was just a*** ~ das war einfach nur Dusel; **by some amazing** ~ durch einen glücklichen Zufall

fluke[2] [flu:k] *n* ① <*pl* – *or* -s> ZOOL (*flatworm*) Plattwurm *m,* Trematode *f fachspr*
② <*pl* – *or* -s> ZOOL (*flatfish*) Flunder *f*
③ ANAT (*part of a whale's tail*) Fluke *f*
④ NAUT *of harpoon* Widerhaken *m*

fluk(e)y ['flu:ki] *adj* (*fam*) glücklich, zufällig; **a** ~ **result** ein glückliches Ergebnis; ~ **shot** Zufallstreffer *m*

flume [flu:m] *n* ① (*channel*) [Ablauf]kanal *m,* Abflussrinne *f*
② (*slide*) Klamm *f*

flummox ['flʌməks] *vt* (*fam*) ■**to** ~ **sb** jdn verwirren [*o* aus dem Konzept bringen]

flummoxed ['flʌməkst] *adj* (*fam*) verwirrt, perplex

flung [flʌŋ] *pp, pt of* **fling**

flunk [flʌŋk] *vt* AM (*fam*) **to** ~ **an exam** in einer Prüfung durchfallen *fam,* durch eine Prüfung rasseln *fam*

◆**flunk out** *vi* AM **to** ~ **out** [**of college/school**] von der Uni/Schule fliegen *fam* (*wegen schlechter Noten*)

funkey *n,* **flunky** ['flʌŋki] *n* Lakai *m oft pej*

fluorescence [flɔ:'resən(t)s] *n no pl* Fluoreszenz *f*

fluorescent [flɔ:'resənt] *adj* fluoreszierend; ~ **light** Neonlicht *nt;* ~ **tube** Leuchtstoffröhre *f*

fluoridate ['flɔ:rɪdeɪt, AM -rə-] *vt* ■**to** ~ **sth** etw fluoridieren [*o* fluorieren]; **to** ~ **water** Wasser mit Fluor anreichern

fluoridation [ˌflɔ:rɪ'deɪʃən, AM -rə'-] *n no pl* Fluoridierung *f,* Anreicherung *f* mit Fluor

fluoride ['flɔ:raɪd] *n no pl* Fluorid *nt*

fluorine ['flɔ:ri:n] *n no pl* CHEM Fluor *nt*

fluorocarbon [ˌflɔ:rə(ʊ)'kɑ:bən, AM -rə'kɑ:r-] *n* CHEM Fluorkohlen[wasser]stoff *m*

flurried ['flʌrid, AM 'flɜ:rid] *adj* aufgeregt, nervös; **to become** ~ sich *akk* aufregen

flurry ['flʌri, AM 'flɜ:ri] *n* ① (*swirl*) Schauer *m;* ~ **of snow** Schneeschauer *m*
② (*excitement*) Unruhe *f;* ~ **of excitement** große Aufregung; **to prompt a** ~ **of speculation** heftige Spekulationen auslösen

flush[1] [flʌʃ] *adj* ① (*flat*) eben, plan *geh;* ~ **with sth** mit etw *dat* auf gleicher Ebene
② *pred* (*fam: rich*) reich; **to feel** ~ sich *dat* reich vorkommen; **to be** ~ **with cash** gut bei Kasse sein *fam,* reichlich Bargeld zur Verfügung haben

flush[2] [flʌʃ] *n* (*in cards*) Flush *m*

flush[3] [flʌʃ] I. *vi* ① (*blush*) erröten, rot werden; **to** ~ **with embarrassment/pleasure** vor Verlegenheit/Freude *dat* erröten
② (*empty*) spülen; ***the toilet won't*** ~ die Spülung geht nicht
II. *vt* ① (*on toilet*) **to** ~ **the toilet** [hinunter]spülen; **to** ~ **sth down the toilet** etw die Toilette hinunterspülen
② (*purge*) ■**to** ~ **sth out of sth** etw aus etw *dat* spülen; ***you're supposed to drink a lot to*** ~ ***the toxins out of your system*** du musst viel trinken, um die Giftstoffe aus deinem Körper zu spülen
③ (*drive out*) ■**to** ~ **sb/an animal from** [*or* **out of**] **sth** jdn/ein Tier aus etw *dat* hinaustreiben
► PHRASES: **to** ~ **sth down the toilet** etw das Klo hinunterspülen *fam*
III. *n* ① *usu sing* (*blush*) Röte *f kein pl;* ~ **of anger** Zornesröte *f*
② (*emptying*) Spülen *nt kein pl*

◆**flush out** *vt* ① (*cleanse*) ■**to** ~ **out** ↔ **sth** etw ausspülen [*o* auswaschen]; ***his wife*** ~***ed out the catheter*** seine Frau wusch den Katheder aus
② (*drive out*) ■**to** ~ **out** ↔ **sb/an animal** jdn/ein Tier hinaustreiben; ***we used a dog to*** ~ ***out the rabbits*** wir trieben die Kaninchen mit Hilfe eines Hundes aus dem Bau
③ (*purge*) ■**to** ~ **out** ↔ **sth** etw entleeren

flushed [flʌʃt] *adj* rot im Gesicht, mit rotem Kopf; ~ **cheeks** gerötete Wangen; ~ **with anger** wutentbrannt; ~ **with joy** freudestrahlend; ~ **with success** triumphierend

fluster ['flʌstər, AM -ər] I. *vt* ■**to** ~ **sb** jdn nervös machen
II. *n no pl* ■**to be/get in a** ~ nervös [*o* aufgeregt] sein/werden

flustered ['flʌstəd, AM -əd] *adj* nervös, aufgeregt; **to look** ~ einen gehetzten Eindruck machen

flute [flu:t] *n* Flöte *f*

fluted ['flu:tɪd, AM -t̬-] *adj* gerillt; *edges* bogenförmig; *column* kanneliert; *paper* gewellt

flutey <-ier, -iest> [flu:ti] *adj see* **fluty**

fluting ['flu:tɪŋ, AM -t̬-] *n* Riffelung *f*

flutist ['flu:tɪst] *n* AM (*flautist*) Flötist(in) *m(f)*

flutter ['flʌtər, AM -t̬ər] I. *vi* ① (*quiver*) *heart, stomach* flattern
② (*flap*) *flags* flattern, wehen; *wings* flattern
③ (*fall*) ■**to** ~ **somewhere** irgendwohin flattern; *see also* **flutter down**
► PHRASES: **to make one's heart** ~ das Herz höher schlagen lassen
II. *vt* ■**to** ~ **sth** etw flattern lassen; ***the bird*** ~***ed its wings*** der Vogel schlug mit den Flügeln; **to** ~ **one's eyelashes/eyelids** (*hum*) mit den Wimpern/Augendeckeln klimpern *fam*
III. *n* ① *usu sing* BRIT, AUS (*fam: bet*) kleine Wette; **to have a** ~ ein paar Mark riskieren
② (*flapping*) Flattern *nt kein pl*
③ (*nervousness*) Aufregung *f;* **to put sth in a** ~ etw in Aufregung *akk* versetzen; **to be all of a** ~ völlig aus dem Häuschen sein *fam*

◆**flutter about, flutter around** *vi* ① (*fly*) herumflattern

❷ (*dash*) nervös herumgehen
◆**flutter down** *vi leaves* herabschweben
fluty <-ier, -iest> [flu:ti] *adj* flötentonartig, flötend
fluvial ['flu:viəl] *adj inv* GEOL Fluss-, fluvial *fachspr*
flux [flʌks] *n no pl* ❶ (*change*) Fluss *m;* **to be in a state of ~** sich *akk* ständig verändern, im Fluss sein ❷ CHEM (*solder*) Flussmittel *nt*
fly [flaɪ] **I.** *vi* <flew, flown> ❶ (*through the air*) fliegen; ***we're ~ing at 9000 metres*** wir fliegen in 9000 Meter Höhe; ***he flew across the Atlantic*** er überflog den Atlantik; ***we flew from Heathrow*** wir flogen von Heathrow ab; ■**to ~ [out] from** [*or* AM *also* **out of**] **somewhere** von irgendwo wegfliegen; ■**to ~ in sth** *plane, helicopter* in etw *dat* fliegen
❷ (*in the air*) flattern, wehen; ***the flag was ~ing at half-mast*** die Fahne wehte auf Halbmast
❸ (*speed*) ■**to ~ somewhere** irgendwohin sausen [*o* stürmen]; ***the door suddenly flew open*** die Tür flog plötzlich auf; ■**to ~ by** [*or* **past**] **sb** an jdm vorübersausen; *see also* **send**
❹ (*fam: leave*) sich *akk* sputen; ***I must ~*** ich muss mich sputen
❺ (*fam: be successful*) Erfolg haben, groß rauskommen; **to make sth ~ or flop** etw zu einem Renner oder einem Flop machen
▶ PHRASES: **to ~ in the face of logic/reason** gegen jede Logik/Vernunft verstoßen; **sb flies off the handle** jdm brennt die Sicherung durch *fam;* **time flies when you're having fun** (*prov*) wenn man Spaß hat, vergeht die Zeit wie im Flug; **to ~ high** AM im siebten Himmel sein; **to be ~ing low** (*dated or hum*) den Hosenschlitz offen haben
II. *vt* <flew, flown> ❶ (*pilot*) ■**to ~ sth** *a plane* etw fliegen
❷ (*transport*) ■**to ~ sb/sth somewhere** jdn/etw irgendwohin fliegen
❸ (*raise*) ■**to ~ sth** etw wehen lassen; **to ~ a flag** eine Fahne hissen; ***the ship was ~ing the Spanish flag*** das Schiff fuhr unter spanischer Flagge; **to ~ a kite** einen Drachen steigen lassen
❹ (*travel*) ***I usually ~ Lufthansa*** für gewöhnlich fliege ich mit Lufthansa
▶ PHRASES: **to ~ the coop** (*fam*) sich aus dem Staub machen; **to ~ a kite [for sth]** einen Versuchsballon steigen lassen; **go ~ a kite!** *esp* AM (*fam*) verzieh dich! *fam;* **to ~ the nest** (*fam*) das Nest verlassen
III. *n* ❶ (*insect*) Fliege *f*
❷ (*bait*) [künstliche] Fliege
❸ (*zip*) Hosenschlitz *m*
❹ AM (*flysheet*) Überdach *f,* Überzelt *nt*
▶ PHRASES: **the ~ in the ointment** (*fam*) das Haar in der Suppe; **to like [***or* **love] to be a ~ on the wall** gerne Mäuschen sein [*o* spielen]; **to drop [off] like flies** (*fam: collapse*) sterben wie die Fliegen *fam;* (*stop*) massenweise aufhören; **sb wouldn't harm [***or* **hurt] a ~** jd würde keiner Fliege etwas zuleide tun; **there are no flies on sb** jdn legt man nicht so leicht rein
IV. *adj* <-er, -est> (*fam*) ❶ BRIT (*sly*) gerissen; **to be ~ enough** gerissen genug sein
❷ AM (*sl: modern*) *clothing* cool *sl,* hip *sl,* in *fam,* schick; ■**to be ~** ein [*o* der] Hit sein
◆**fly about, fly around** *vi* ❶ (*circulate*) im Umlauf sein; ***there is a rumour ~ing about that ...*** es geht das Gerücht [um], dass ...
❷ (*travel*) herumfliegen
◆**fly at** *vi* ■**to ~ at sb/sth** auf jdn/etw losgehen
▶ PHRASES: **to ~ at sb's face** jdm ins Gesicht springen
◆**fly by** *vi* ❶ (*rush*) vorbeisausen; *see also* **fly I 3**
❷ (*elapse*) *holiday, time* wie im Flug vergehen
◆**fly in I.** *vi* einfliegen; ***my wife's ~ing in from New York tonight*** meine Frau kommt heute Abend mit dem Flugzeug aus New York
II. *vt* ■**to ~ in ↔ sth** etw einfliegen; ***the restaurant flies its fish in daily from Scotland*** das Restaurant lässt seinen Fisch täglich aus Schottland einfliegen
◆**fly into** *vi* **to ~ into a panic** in Panik geraten; **to ~ into a fury** [*or* **rage**] [*or* BRIT *also* **temper**] einen Wutanfall bekommen
◆**fly out I.** *vi* ausfliegen; ***he's ~ing out to Australia next week*** er fliegt nächste Woche nach Australien
II. *vt* ■**to ~ out ↔ sb/sth** jdn/etw ausfliegen
flyaway *adj* **~ hair** feines Haar **flyaway hair** *n* fliegendes Haar **flyback** *n* ELEC Rücklauf *m* **flyby** *n* ❶ (*approach*) Flyby *nt* ❷ AM (*flypast*) Vorbeiflug *m* **fly-by-night** *adj inv* (*pej fam*) *organization* zweifelhaft *pej;* **~ company** dubiose Firma **fly-by-wire** *n modifier* mit elektronischer Flugsteuerung *nach n* **flycatcher** *n* Fliegenschnäpper *m* **fly-drive holiday** *n* BRIT, AM **fly-drive vacation** *n* Fly- & -Drive-Urlaub *m*
flyer *n see* **flier**
fly-fishing *n no pl* Fliegenfischen *nt;* **to go ~** Fliegenfischen gehen
fly half <*pl* halves> *n* SPORTS (*in rugby*) Mittelfeldspieler *m*
flying ['flaɪɪŋ] **I.** *n no pl* Fliegen *nt;* **to be scared of ~** Angst vorm Fliegen haben
II. *adj attr, inv* ❶ (*winged*) *ant* Flug-, fliegend *attr* ❷ (*quick*) *glass* fliegend; **to take a ~ jump/leap** einen großen Satz machen
flying boat *n* Flugboot *nt* **flying buttress** *n* ARCHIT Strebebogen *m* **flying colours** *npl* ***she passed the test with ~ colours*** sie bestand die Prüfung mit Bravour
flying doctor *n* AUS fliegender Arzt
flying fish *n* fliegender Fisch **flying fox** *n* Flughund *m* **flying head** *n* COMPUT fliegender Lese-/Schreibkopf **flying picket** *n esp* BRIT mobiler Streikposten **flying saucer** *n* fliegende Untertasse **flying squad** *n* Überfallkommando *nt* (*der Polizei*) **flying start** *n* fliegender Start ▶ PHRASES: **to get** [*or* **be**] **off to a ~** einen glänzenden Einstand haben **flying time** *n* Flugzeit *f* **flying trapeze** *n see* **trapeze flying visit** *n* Stippvisite *f fam*
flyleaf *n* Vorsatzblatt *nt* **flyover** *n* ❶ BRIT (*bridge*) Überführung *f* ❷ AM (*flight*) Luftparade *f* **flypaper** *n* Fliegenpapier *nt* **flypast** *n* Luftparade *f* **flyposter** *n* BRIT ❶ (*bill*) nicht genehmigtes Plakat ❷ (*person*) illegaler Plakatierer, jd, der nicht genehmigte Plakate anbringt **flyposting** *n no pl* BRIT illegales Plakatieren **flyscreen** *n* AUS Fliegengitter *nt* **flysheet** *n* BRIT Überdach *nt,* Überzelt *nt* **flyspeck** *n* Fliegendreck *m kein pl* **fly spray** *n* Fliegenspray *m* **fly swat** *n,* **fly swatter** *n* Fliegenklatsche *f* **flytrap** *n* Insekten fressende Pflanze; **Venus ~** Venusfliegenfalle *f* **flyweight** *n* BOXING Fliegengewicht *nt* **flywheel** *n* TECH Schwungrad *nt*
FM [ˌefˈem] **I.** *n no pl abbrev of* **frequency modulation** FM; **on ~** auf FM
II. *n modifier radio [station]* FM-
FNMA [ˌefenemˈeɪ] *n* ECON, FIN *abbrev of* **Federal National Mortgage Association** Bundeshypothekenvereinigung *f*
FO [ˌefˈəʊ] *n no pl, + sing/pl vb abbrev of* **Foreign Office** ADMIN, POL AA *nt*
foal [fəʊl, AM foʊl] **I.** *n* Fohlen *nt;* ■**to be in** [*or* **with**] **~** trächtig sein
II. *vi* fohlen
foam [fəʊm, AM foʊm] **I.** *n no pl* ❶ (*bubbles*) Schaum *m;* **shaving ~** Rasierschaum *m*
❷ (*plastic*) Schaumstoff *m*
II. *n modifier* ❶ (*containing foam*) (*cushion, mattress, pillow*) Schaumstoff-
❷ (*foamed*) (*plastic, rubber*) Schaum-
III. *vi* schäumen
▶ PHRASES: **to be ~ing at the mouth** vor Wut schäumen [*o* fast platzen]
foam bath *n no pl* Schaumbad *nt* **foam plastic** *n no pl* Schaumstoff *m* **foam rubber** *n no pl* Schaumgummi *m*
foamy ['fəʊmi, AM 'foʊmi] *adj shampoo* schaumig
fob[1] [fɒb, AM fɑ:b] **I.** *n* ❶ (*chain*) Uhrband *nt,* Uhrkette *f*
❷ (*tab*) Schlüsselanhänger *m*
II. *vt* <-bb-> ■**to ~ off ↔ sb with sth** jdn mit etw *dat* abspeisen *fam;* ■**to ~ off ↔ sth on sb** jdm etw andrehen *fam*
fob[2] [ˌefəʊˈbi:, AM -oʊ'-] ECON *abbrev of* **free on board** fob *fachspr*
focaccia [fəˈkætʃe] *n* Focaccia *f* (*flaches Hefebrot mit Olivenöl und Kräutern*)
focal ['fəʊkəl, AM 'foʊ-] *adj* im Brennpunkt stehend *attr;* **~ figure** zentrale Figur
focal length *n* PHYS Brennweite *f* **focal point** *n* ❶ (*centre*) Brennpunkt *m,* Mittelpunkt *m;* **~ of a discussion/problem** Kernpunkt *m* einer Diskussion/eines Problems ❷ PHYS (*focus*) *of the lens* Brennpunkt *m*
foci ['fəʊsaɪ, AM 'foʊ-] *n* (*form*) *pl of* **focus**
focus ['fəʊkəs, AM 'foʊ-, *pl* -saɪ] **I.** *n* <*pl* -es *or form* -ci> ❶ (*centre*) Mittelpunkt *m* (**on** +*gen*), Brennpunkt *m* (**on** +*gen*); ***the main ~ of interest was ...*** das Hauptinteresse galt *dat* ...; **to be the ~ of attention** im Mittelpunkt stehen; **~ of discontent** Quelle *f* der Unzufriedenheit; **~ of a policy/programme** Schwerpunkt *m* einer Politik/eines Programms; **to bring sth in[to] ~** etw in den Brennpunkt rücken; **out of ~** unklar, unscharf
❷ PHYS Brennpunkt *m;* PHOT *of a lens* Fokus *m;* ■**to be in/out of ~** scharf/nicht scharf eingestellt sein
II. *vi* <-s- *or* -ss-> ❶ (*concentrate*) sich konzentrieren; ■**to ~ [up]on sth** sich *akk* auf etw *akk* konzentrieren
❷ (*see*) klar sehen; ■**to ~ on sth** auf etw *akk* fokussieren
❸ PHYS fokussieren
III. *vt* <-s- *or* -ss-> ❶ (*concentrate*) **to ~ one's attention on sth** seine Aufmerksamkeit auf etw *akk* konzentrieren; **to ~ one's energies on sth** seine Energien auf etw *akk* konzentrieren
❷ (*direct*) **to ~ a camera/telescope [on sb/sth]** eine Kamera/ein Teleskop scharf [auf jdn/etw *akk*] einstellen; **to ~ one's eyes on sb/sth** den Blick auf jdn/etw *akk* richten; ***all eyes were ~ed on the actress*** alle Augen waren auf die Schauspielerin gerichtet
focus group *n* (*in marketing*) [ausgewählte] Testgruppe
focus(s)ed ['fəʊkəst, AM 'foʊ-] *adj image* fokussiert *fachspr*
fodder ['fɒdər, AM 'fɑ:dər] *n no pl* ❶ (*food*) Futter *nt;* **~ crop** Futterpflanze *f*
❷ (*fam: material*) Stoff *m* (**for** für +*akk*); ***politicians are good ~ for comedians*** Politiker sind ein gefundenes Fressen für Komiker; **literary ~** Lesestoff *m*
foe [fəʊ, AM foʊ] *n* (*liter*) Feind *m*
FoE [ˌefəʊˈi:, AM -oʊ'-] *n no pl abbrev of* **Friends of the Earth** FoE
foetal ['fi:təl] BRIT, AM **fetal** *adj inv* fötal, fetal, Fötus-, Fetus-
foetid ['fi:tɪd, AM 'fet̬ɪd] *adj see* **fetid**
foetus ['fi:təs], AM **fetus** *n* Fötus *m,* Fetus *m*
fog [fɒg, AM fɑ:g] **I.** *n* ❶ (*mist*) Nebel *m;* **thick ~** dichter Nebel
❷ *no pl* (*complexity*) *of details* Schleier *m;* **a ~ of conditions** verworrene Zustände; **to be wrapped in the ~ of history** in den Nebel der Geschichte gehüllt sein
▶ PHRASES: **in a ~** (*fam*) ratlos; ***I felt in a ~ about what to do next*** ich war ratlos, was ich als Nächstes tun sollte
II. *vt* <-gg-> ■**to ~ sth** etw verschleiern; ***alcohol ~s his brain*** Alkohol benebelt sein Gehirn
◆**fog in** *vt usu passive* ■**to ~ in ↔ sth** etw einnebeln
◆**fog up I.** *vi* anlaufen, sich *akk* beschlagen
II. *vt* ■**to ~ up ↔ sth** *mirror* etw beschlagen [*o* verschleiern]
fog bank *n* Nebelbank *f* **fogbound** *adj inv* wegen Nebels geschlossen
fogey ['fəʊgi, AM 'foʊgi] *n* (*fam*) Mensch *m* mit verstaubten Ansichten *pej;* **old ~** alter Kauz *pej;* **young ~** *junger Mensch, der sich bewusst altmodisch gibt*
fogeyish ['fəʊgiɪʃ, AM 'foʊgi-] *adj* verknöchert *pej;* **to have a ~ attitude towards sth** verstaubte Ansichten über etw *akk* haben
foggy ['fɒgi, AM 'fɑ:gi] *adj* neblig
▶ PHRASES: **to not have the foggiest [idea** [*or*

F

notion]] (*fam*) keine blasse [*o* nicht die leiseste] Ahnung haben

foghorn *n* Nebelhorn *nt;* **to have a voice like a ~** [*or* **a ~ voice**] (*hum*) eine dröhnende Stimme haben

foglamp *n,* **foglight** *n* Nebelscheinwerfer *m*

fogy *n see* **fogey**

foible ['fɔɪbl] *n usu pl* Eigenart *f kein pl,* [kleine] Schwäche, Macke *f fam*

foil¹ [fɔɪl] *n* ❶ (*sheet*) Folie *f*
❷ (*contrast*) Hintergrund *m;* ***the cynical character in the play is the perfect ~ for the innocent William*** die zynische Figur in dem Stück ist das perfekte Gegenstück zum unschuldigen William
❸ (*sword*) Florett *nt*

foil² [fɔɪl] *vt* ■**to ~ sth** etw verhindern; **to ~ a coup** einen Coup vereiteln; **to ~ a plan** einen Plan durchkreuzen; ■**to ~ sb** jdn vereiteln; **~ed again!** (*hum*) wieder mal alles umsonst!

foist [fɔɪst] *vt* ■**to ~ sth** [**up**]**on sb** jdm etw aufzwingen

fold [fəʊld, AM foʊld] **I.** *n* ❶ (*crease*) Falte *f*
❷ (*pen*) Pferch *m*
❸ (*home*) Schoß *m;* **to go back** [*or* **return**] **to the ~** in den Schoß der Familie zurückkehren
❹ GEOL Falte *f*
II. *vt* ❶ (*bend*) ***we ~ed the car roof down*** wir schlugen das Verdeck zurück; **to ~ a letter** einen Brief zusammenfalten; **to ~ a piece of paper** ein Blatt Papier falten; **to ~ an umbrella** einen Schirm zusammenklappen
❷ (*wrap*) ***he ~ed his arms around her*** er schloss sie in die Arme; **to ~ one's arms** die Arme verschränken; **to ~ one's hands** seine Hände verschränken; **to ~ one's legs under one** seine Beine verschränken; ■**to ~ sb/sth in sth** jdn/etw in etw *akk* einwickeln
❸ (*make by folding*) ***she ~ed the newspaper into a hat*** sie faltete die Zeitung zu einem Hut
❹ (*mix*) **~ *the eggs into the melted chocolate*** heben Sie die Eier unter die geschmolzene Schokolade
III. *vi* ❶ (*bend*) zusammenklappen; ***the chairs ~ flat*** die Stühle lassen sich flach zusammenklappen
❷ (*fail*) eingehen *fam*
❸ (*admit defeat*) ■**to ~** sich *akk* beugen, nachgeben
◆**fold in** *vt* ■**to ~ in** ↻ **sth** ❶ (*crease*) etw falten
❷ (*mix*) etw untermischen
◆**fold up I.** *vt* ■**to ~ up** ↻ **sth** *clothes* etw zusammenfalten
II. *vi* zusammenfalten

-fold [fəʊld, AM foʊld] *in compounds* -fach; ***the problems are two~*** es gibt zweierlei Probleme

foldaway ['fəʊldəweɪ, AM 'foʊld-] *adj inv bed, table* Klapp-

folder ['fəʊldəʳ, AM 'foʊldɚ] *n* ❶ (*holder*) Mappe *f,* Schnellhefter *m*
❷ COMPUT Ordner *m*

folding ['fəʊldɪŋ, AM 'foʊld-] *adj inv* Klapp-; **~ bed** Klappbett *nt;* **~ door** Falttür *f*

fold-out *adj inv* Ausklapp-; **a ~ map** eine Faltkarte

foliage ['fəʊliɪdʒ, AM 'foʊ-] *n no pl* Laub *nt*

folic acid [ˌfɒlɪk'-, AM ˌfoʊ-] *n* Folsäure *f*

folio <*pl* -s> ['fəʊliəʊ, AM 'foʊlioʊ] **I.** *n* Foliant *m,* Folio *nt*
II. *vt* ■**to ~ sth** etw paginieren [*o* mit Seitenzahlen versehen]

folk [fəʊk, AM foʊk] **I.** *n* ❶ *pl* (*people*) Leute *pl;* **farming ~** Landvolk *nt;* **old/ordinary ~** alte/normale Leute
❷ *no pl* (*music*) Folk *m*
II. *n modifier* ❶ (*art*) [*art, club, singer*] Folk-
❷ (*traditional*) [*customs, culture, religion*] Volks-

folk dance *n* Volkstanz *m* **folk hero** *n* Volksheld *m* **folklore** *n no pl* Folklore *f,* Brauchtum *nt* **folk medicine** *n no pl* überlieferte Heilkunde **folk memory** *n* Erinnerung *f* des Volkes **folk music** *n no pl* Folk *m* **folk rock** *n no pl* Mischung *f* aus traditioneller und moderner Musik

folks [fəʊks, AM foʊks] *npl* ❶ AM *see* **folk I 1**
❷ (*fam: form of address*) Leute *pl fam*
❸ *esp* AM (*parents*) ■**the/one's ~** die/seine Eltern *fpl,* seine Leute *fam*

folk song *n* Volkslied *nt*

folksy ['fəʊksi, AM 'foʊ-] *adj* ❶ (*simple*) gesellig
❷ (*traditional*) folkloristisch

folk tale *n* Volkssage *f* **folk wisdom** *n no pl* Volksweisheit *f*

follicle ['fɒlɪkl, AM 'fɑː-] *n* Follikel *nt*

follow ['fɒləʊ, AM 'fɑːloʊ] **I.** *vt* ❶ (*take same route as*) ■**to ~ sb** jdm folgen; ***he was being ~ed*** er wurde verfolgt; ***Sophie always ~s what her sister does*** Sophie macht ihrer Schwester alles nach
❷ (*come/happen next*) ■**to ~ sth** auf etw *akk* folgen
❸ (*obey*) ■**to ~ sth** etw befolgen; ***he ~s the teachings of the Koran*** er hält sich an die Lehren des Koran; **to ~ ancient traditions** nach alten Bräuchen leben
❹ (*understand*) ■**to ~ sb/sth** jdm/etw folgen; ***his lecture was difficult to ~*** man konnte seinem Vortrag nur schwer folgen
❺ (*have an interest in*) ■**to ~ sth** etw verfolgen *fig*
► PHRASES: **~ your nose** (*fam: trust your instincts*) vertrau deinem Instinkt; (*go straight ahead*) immer der Nase nach; **to ~ suit** nachziehen *fam,* dasselbe machen
II. *vi* ❶ (*take same route as*) folgen
❷ (*come/happen next*) folgen
❸ (*likely to result*) folgen, sich *akk* ergeben; ■**to ~ from sth** aus etw *dat* folgen [*o* resultieren]; ***just because I agreed last time, it doesn't necessarily ~ that …*** nur weil ich das letzte Mal zugestimmt habe, heißt das noch lange nicht, dass …
◆**follow out** *vt* **to ~ out instructions/teachings** Anweisungen/Lehren befolgen
◆**follow through I.** *vt* ❶ (*study*) ■**to ~ sth through** sich *akk* bis ins Letzte mit etw *dat* auseinandersetzen
❷ (*see through to the end*) **to ~ sth through** etw durchziehen *fam;* ***the journalist ~ed the story through*** der Journalist verfolgte die Story bis zum Ende
II. *vi* SPORTS *movement* durchschwingen
◆**follow up** *vt* ❶ (*investigate*) ■**to ~ up** ↻ **sth** etw weiterverfolgen
❷ (*do next*) ■**to ~ up** ↻ **sth by** [*or* **with**] **sth** etw *dat* etw folgen lassen

follower ['fɒləʊəʳ, AM 'fɑːloʊɚ] *n* ❶ (*fan*) Anhänger(in) *m(f)*
❷ (*attendant*) Mitläufer(in) *m(f) pej*

following ['fɒləʊɪŋ, AM 'fɑːloʊ-] **I.** *adj attr, inv* folgende(r, s); ***we didn't arrive until the ~ day*** wir kamen erst am nächsten Tag an
II. *n* ❶ + *pl vb* (*listed*) ■**the ~** *persons* folgende Personen, die Folgenden; *objects* Folgendes, das Folgende; **in the ~** im Folgenden
❷ *usu sing,* + *sing/pl vb* (*fans*) Anhänger *mpl,* Gefolgschaft *f; of shop* treue Kundschaft; **a** [**large**] **~ among sb/sth** [viele] Anhänger unter jdm/etw
III. *prep* nach + *dat;* **~ *the dinner*** nach dem Essen

following wind *n* Rückenwind *m*

follow-my-leader *n* BRIT, AUS, AM **follow-the-leader** *n Kinderspiel, bei dem die Teilnehmer alles nachmachen müssen, was der Anführer vormacht*

follow-up I. *n* Fortsetzung *f* (**to** von + *dat*); **to do a ~ on sth** eine Fortsetzung von etw *akk* schreiben
II. *n modifier* [*visit, interviews*] Folge-; **~ treatment** Nachbehandlung *f*

folly ['fɒli, AM 'fɑːli] *n* ❶ *no pl* (*stupidity*) Dummheit *f,* Torheit *f;* ■**to be ~** töricht sein; ■**it is ~** [**for sb**] **to do sth** es ist töricht [von jdm], etw zu tun
❷ (*something stupid*) Dummheit *f,* Torheit *f*
❸ *esp* BRIT (*building*) [verschwenderischer] Prachtbau

foment [fəʊ'ment, AM foʊ'-] *vt* (*form*) ■**to ~ sth** zu etw *dat* aufhetzen, etw schüren *geh*

fond [fɒnd, AM fɑːnd] *adj attr* ❶ (*affectionate*) *smile* liebevoll; ■**to be ~ of sb/sth** jdn/etw gerne mögen; ■**to be ~ of doing sth** etw gerne machen
❷ (*tender*) zärtlich, liebevoll; **~ memories** teure Erinnerungen
❸ (*naive*) töricht, übertrieben; **~ hope** kühne Hoffnung

fondant ['fɒndənt, AM 'fɑː-] *n* Fondant *m o nt*

fondle ['fɒndl, AM 'fɑː-] *vt* ❶ (*lovingly*) ■**to ~ sb/sth** jdn/etw streicheln
❷ (*erotically*) ■**to ~ sb** jdn begrapschen *fam*

fondly ['fɒndli, AM 'fɑː-] *adv* ❶ (*lovingly*) liebevoll
❷ (*foolishly*) törichterweise

fondness ['fɒndnəs, AM 'fɑː-] *n no pl* Vorliebe *f* (**for** für + *akk*)

fondue ['fɒndjuː, AM fɑːn'duː] *n* Fondue *nt;* **cheese ~** Käsefondue *nt;* **meat ~** Fleischfondue *nt*

fondue set *n* Fonduegeschirr *nt,* Fondueset *nt*

font [fɒnt, AM fɑːnt] *n* ❶ (*basin*) Taufbecken *nt*
❷ (*type*) Schriftart *f*

fontanel [ˌfɒntə'nel] *n* AM, **fontanelle** [ˌfɑːntᵊn'el] *n* BRIT ANAT Fontanelle *f*

food [fuːd] *n* ❶ *no pl* (*nutrition*) Essen *nt,* Nahrung *f;* ***there was lots of ~ and drink at the party*** auf der Party gab es viel zu essen und zu trinken; **baby ~** Babynahrung *f;* **cat ~** Katzenfutter *nt;* **to be off one's ~** keinen Appetit haben
❷ (*foodstuff*) Nahrungsmittel *pl*
► PHRASES: **~ for thought** Stoff *m* zum Nachdenken

food additive *n* Nahrungsmittelzusatz[stoff] *m*

food chain *n* Nahrungskette *f*

foodie *n* ['fuːdi] (*fam*) Feinschmecker(in) *m(f),* Gourmet *m*

food poisoning *n no pl* Lebensmittelvergiftung *f*

food processor *n* Küchenmaschine *f* **food stamp** *n* AM Lebensmittelmarke *f* **foodstuff** *n* Nahrungsmittel *pl* **food supplies** *npl* Lebensmittellieferung *f*

fool [fuːl] **I.** *n* ❶ (*idiot*) Dummkopf *m;* ***you ~!*** du Idiot!; ***any ~ can do that*** jeder Idiot kann das machen *pej fam;* **to act** [*or* **play**] **the ~** sich *akk* dumm stellen; **to make a ~ of sb/oneself** jdn/sich lächerlich machen; **to be ~ enough to do sth** dumm genug sein, etw zu tun; **to be no** [*or* **no one's**] [*or* **nobody's**] **~** nicht blöd sein *fam;* ***he's no ~*** er ist nicht blöd *fam;* ***he's a ~ to think she still loves him*** er ist ein Idiot, wenn er glaubt, dass sie ihn noch immer liebt
❷ (*jester*) [Hof]narr *m*
❸ (*dessert*) *cremiges Fruchtdessert*
► PHRASES: **~s rush in where angels fear to tread** (*prov*) blinder Eifer schadet nur; **a ~ and his money are soon parted** (*prov*) Dummheit und Geld lassen sich nicht vereinen; **there's no ~ like an old ~** (*prov*) Alter schützt vor Torheit nicht *prov;* **more ~ you** *esp* BRIT selber schuld
II. *adj attr, inv esp* AM (*fam*) blöd *fam;* ***you've done some ~ things in your time*** du hast zu deiner Zeit so manchen Blödsinn getrieben
III. *vt* ■**to ~ sb** jdn täuschen [*o* zum Narren halten]; ***we weren't ~ed by his promises*** wir sind auf seine Versprechungen nicht hereingefallen; ■**to ~ oneself in doing sth** sich in etw *akk* täuschen; ■**to ~ sb into doing sth** jdn [durch einen Trick] dazu bringen, etw zu tun
► PHRASES: **you could have ~ed me** (*fam*) das kannst du mir nicht weismachen
IV. *vi* einen Scherz machen
◆**fool about, fool around** *vi* ❶ (*carelessly*) ■**to ~ around** [*or* **about**] **with sth** mit etw *dat* herumspielen; ■**to ~ around** [*or* **about**] **doing sth** seine Spielchen mit etw *dat* treiben
❷ (*amusingly*) herumblödeln *fam*
❸ (*idly*) seine Zeit verschwenden
❹ *esp* AM (*sexually*) ■**to ~ around with sb** es mit jdm treiben *sl*

foolery ['fuːlᵊri, AM -əri] *n* Dummheit *m,* Torheit *f*

foolhardiness ['fuːlˌhɑːdɪnəs, AM ˌhɑːr] *n no pl* Tollkühnheit *f,* Verwegenheit *f*

foolhardy ['fuːlˌhɑːdi, AM -ˌhɑːrdi] *adj* verwegen; **~ attempt** tollkühner Versuch; **to be ~ enough to do sth** verwegen genug sein, etw zu tun; ■**it is ~** [**of sb**] **to do sth** es ist tollkühn [von jdm], etw zu tun

foolish ['fuːlɪʃ] *adj* töricht; ***she was afraid that she would look ~*** sie hatte Angst, sich zu blamieren; ■**to be ~ to do sth** töricht sein, etw zu tun; ■**it**

is ~ [of sb] to do sth es ist töricht [von jdm], etw zu tun

foolishly ['fu:lɪʃli] *adv* töricht; (*at start of a sentence*) törichterweise

foolishness ['fu:lɪʃnəs] *n no pl* Dummheit *f;* ▪**it is ~ to do sth** es ist dumm, etw zu tun

foolproof *adj* idiotensicher *hum fam*

foolscap ['fu:lzkæp] **I.** *n no pl britisches Papierformat* (*330 x 200 mm*)

II. *adj inv* in britischem Papierformat (330 x 200 mm)

fool's errand *n* ▸ PHRASES: **to be a ~** vergebliche Liebesmühe sein **fool's gold** *n no pl* ❶ (*mineral*) Katzengold *nt* ❷ (*failure*) Reinfall *m,* Rohrkrepierer *m fam* **fool's paradise** *n* Traumwelt *f*

foot [fʊt] **I.** *n* <*pl* feet> [*pl* fi:t] ❶ (*limb*) Fuß *m;* ***what size are your feet?*** welche Schuhgröße haben Sie?; **to be [back] on one's feet** [wieder] auf den Beinen sein; **sb can barely** [*or* **hardly**] **put one ~ in front of the other** jd hat Schwierigkeiten beim Laufen; **to be fast** [*or* **quick**] **on one's feet** schnell auf seinen Beinen sein; **to drag one's feet** schlurfen; **to get** [*or* **rise**]/**jump** [*or* **leap**] **to one's feet** aufspringen; **to put one's feet up** die Füße hochlegen; **to set ~ in sth** einen Fuß in etw *akk* setzen; **at sb's feet** zu jds Füßen; **on ~** zu Fuß; *see also* **sweep**

❷ <*pl* foot *or* feet> (*length*) Fuß *m* (= *0,348 Meter*)

❸ <*pl* feet> (*base*) Fuß *m;* **at the ~ of one's bed** am Fußende des Betts; **at the ~ of the page** am Seitenende

❹ <*pl* feet> LIT (*poetry*) Versfuß *m*

▸ PHRASES: **the boot** [*or* **shoe**] **is on the other ~** die Situation ist umgekehrt; ***see, the boot is on the other ~ now*** siehst du, das Blatt hat sich gewendet; **to have a ~ in both camps** auf beiden Seiten beteiligt sein; **to have feet of clay** auch nur ein Mensch sein, seine Schwächen haben; **to get a ~ in the door** einen Fuß in die Tür kriegen *fam,* [mit einem Fuß] hineinkommen; **to put one's ~ to the floor** AM Gas geben; **to have one ~ in the grave** mit einem Bein im Grab stehen; **to have both feet on the ground** mit beiden Beinen fest auf der Erde stehen; **to get one's feet under the table** BRIT sich etablieren; **to have the world at one's feet** die Welt in seiner Macht haben; **to put one's best ~ forward** sich *akk* anstrengen; **to get off on the right/wrong foot** einen guten/schlechten Start haben; **to get one's feet wet** nasse Füße bekommen; **to never/not put** [*or* **set**] **a ~ wrong** nie einen Fehler machen; **to drag one's feet** herumtrödeln; **to fall** [*or* **land**] **on one's feet** Glück haben; **to put one's ~ down** (*insist*) ein Machtwort sprechen; *esp* BRIT (*accelerate*) Gas geben; **to put one's ~** [*or esp* AM **one's mouth**] **in it** ins Fettnäpfchen treten; **to run** [*or* **rush**] **sb off his/her feet** jdn beschäftigen; **to think on one's feet** eine schnelle Entscheidung treffen; **to be under sb's feet** zwischen jds Füßen herumlaufen; **my ~** (*dated*) so ein Quatsch! *fam*

II. *vt* ❶ (*fam: pay*) ▪**to ~ sth** etw bezahlen; **to ~ the bill** die Rechnung begleichen [*o* bezahlen]

❷ AM ECON (*add up*) **to ~ up an account** die Spalten eines Kontos addieren

footage ['fʊtɪdʒ, AM -t̬-] *n no pl* Filmmaterial *nt*

foot-and-mouth disease *n* Maul- und Klauenseuche *f*

football ['fʊtbɔ:l] **I.** *n* ❶ *no pl esp* BRIT (*soccer*) Fußball *m*

❷ *no pl* AM (*American football*) Football *m*

❸ (*ball*) Fußball/Football *m*

II. *n modifier* BRIT (*celebrity, commentator, field, pitch, season, stadium*) Fußball-; AM Football-

football boots *npl* BRIT Fußballschuhe *mpl* **football cleats** *npl* AM Stollen *mpl* **football club** *n* BRIT Fußballverein *m* **footballer** *n* BRIT Fußballspieler(in) *m(f);* AM Footballspieler(in) *m(f)* **football fan** *n* BRIT Fußballfan *m;* AM Footballfan *m* **football game** *n,* **football match** *n* BRIT Fußballspiel *nt;* AM Footballspiel *nt* **footballing** *adj attr* Fußball spielend, Fußball- **football player** *n see* **footballer football pools** *npl* BRIT *see* **pools** Fußballtoto *nt o m* **football supporter** *n see* **football fan football team** *n* BRIT Fußballmannschaft *f;* AM Footballteam *nt*

footboard *n* Trittbrett *nt* **foot brake** *n* Fußbremse *f* **footbridge** *n* Fußgängerbrücke *f* **footcare** *n no pl* Fußpflege *f* **foot-dragging** *n no pl* (*fam*) Verzögerung *f* (**on** +*gen*)

-footed ['fʊtɪd, AM -t̬-] *in compounds* -füßig

footer ['fʊtə^r, AM 'fʊt̬ɚ] *n* ❶ (*measured object*) ***he was a tall, sturdy six ~*** er war ein großer, kräftiger Mann von über ein Meter achtzig

❷ (*kick of a football*) Balltritt *m;* **a left-~** ein Schuss *m* mit dem linken Fuß

❸ BRIT (*fam*) *see* **footy** Fußballspielen *nt*

❹ TYPO Fußzeile *f*

-footer ['fʊtə^r, AM -t̬-] *in compounds* **to be a 40-~** 40 Fuß lang sein

footfall *n* (*liter*) Tritt *m,* Schritt *m;* ***I heard echoing ~s in the corridor*** ich hörte Schritte im Korridor hallen **foot fault** *n* TENNIS Fußfehler *m* **foothills** *npl* Vorgebirge *nt* **foothold** *n* Halt *m* [für die Füße] ▸ PHRASES: **to gain** [*or* **get**] [*or* **secure**] **a ~** [**in sth**] Fuß [in etw *dat*] fassen

footie ['fʊti] *n no pl* (*fam*) ❶ BRIT (*soccer*) *see* **football I 1**

❷ AUS (*rugby*) Rugby *nt*

footing ['fʊtɪŋ, AM -t̬-] *n no pl* ❶ (*foothold*) Halt *m;* **to lose one's ~** seinen Halt verlieren

❷ (*basis*) **on a commercial/an equal/a friendly ~** auf kommerzieller/gleicher/freundlicher Basis; **on a war ~** im Kriegszustand

footlights *npl* Rampenlicht *nt* **footling** ['fʊtlɪŋ] *adj task, complaint* albern, läppisch *fam* **footloose** *adj* ungebunden; **~ and fancy-free** frei und ungebunden

footloose funds *npl* vagabundierende Gelder *pl* **footman** *n* Lakai *m* **footmark** ['fʊtmɑ:k, AM mɑ:rk] *n see* **footprint** Fußabdruck *m,* Fußspur *f* **footnote** *n* ❶ (*reference*) Fußnote *f* (**to** zu +*dat*) ❷ (*addition*) Anmerkung *f* ❸ (*triviality*) Nebensächlichkeit *f* (**to** +*gen*); **a ~ to history** eine Nebensächlichkeit der Geschichte **footpath** *n* Fußweg *m* **foot pedal** *n* Fußpedal *nt* **footplate** *n* RAIL Führerstand *m* (*in Lokomotive*) **footprint** *n* Fußabdruck *m;* **to leave ~s in sth** Fußabdrücke in etw *dat* hinterlassen **footrest** *n* Fußstütze *f*

footsie ['fʊtsi] *n no pl* (*fam*) *see* **play**

Footsie ['fʊtsi] *n no pl* (*fam: FTSE 100*) Footsie[-Index]

footslog <-gg-> ['fʊtslɒg, AM -slɑ:g] *vi* (*fam*) ▪**to ~ somewhere** irgendwohin marschieren [*o fam* latschen]; **to ~ around shops** Geschäfte abklappern **footslogging** *n no pl* (*fam*) Marschieren *nt;* ***we had to do a lot of ~*** wir mussten weite Strecken zu Fuß zurücklegen **foot soldier** *n* Infanterist(in) *m(f)* **footsore** *adj* (*liter*) fußwund *geh;* ▪**to be ~** wunde Füße haben **footstep** *n* ❶ (*footfall*) Schritt *m* ❷ (*progress*) Schritt *m;* **the first ~ on the road to sth** der erste Schritt auf dem Weg zu etw *dat* ▸ PHRASES: **to dog sb's ~** jdm auf den Fersen sein; [**to follow** [*or* **tread**]] **in sb's ~** in jds Fußstapfen [treten] **footstool** *n* Fußbank *f,* Schemel *m* SÜDD, ÖSTERR **footway** *n* ❶ (*footpath*) Fußweg *m* ❷ BRIT (*form: pavement*) Bürgersteig *m* **footwear** *n no pl* Schuhe *mpl,* Schuhwerk *nt* **footwell** *n* AUTO Fußraum *m* **footwork** *n no pl* Beinarbeit *f* ▸ PHRASES: **fancy ~** (*fam*) Geschick *nt*

footy *n no pl* BRIT (*fam*) *see* **footie**

fop [fɒp, AM fɑ:p] *n* Geck *m pej veraltet*

foppish ['fɒpɪʃ, AM 'fɑ:p-] *adj* (*old or pej or hum*) *man* geckenhaft *veraltend; clothes* stutzerhaft

for [fɔ:^r, fə^r, AM fɔ:r, fɚ] **I.** *conj* (*liter or dated*) denn

II. *prep* ❶ *after vb, n* (*to give to*) für +*akk;* ***I bought a new collar ~ my dog*** ich kaufte ein neues Halsband für meinen Hund; *after adj;* ***there are government subsidies available ~ farmers*** für Bauern gibt es Zuschüsse vom Staat; ***this is a birthday present ~ you*** hier ist ein Geburtstagsgeschenk für dich; **to be [up] ~ grabs** noch zu haben sein; ***the last piece of cake is up ~ grabs — who wants it?*** ein Stück Kuchen ist noch da – wer möchte es?

❷ *after vb, n* (*in support of*) für +*akk;* ***I voted ~ the Greens at the last election*** bei der letzten Wahl habe ich für die Grünen gestimmt; ***they voted ~ independence in a referendum*** sie haben sich in dem Referendum für die Unabhängigkeit ausgesprochen; ***please donate — it's ~ a good cause*** spenden Sie bitte – es ist für einen guten Zweck; ***I'm all ~ sexual equality, but I still don't want my wife to work*** ich bin zwar für die Gleichberechtigung, aber ich möchte nicht, dass meine Frau arbeiten geht; **applause ~ sb** Applaus für jdn; **to be ~ sb/sth** für jdn/etw sein; ***his followers are still for him*** seine Anhänger unterstützen ihn noch immer; **to be ~ doing sth** dafür sein, dass etw getan wird; ***are you ~ banning smoking in public places?*** sind Sie dafür, das Rauchen in der Öffentlichkeit zu verbieten?; **to be all ~ sth** ganz für etw *akk* sein

❸ (*concerning*) für +*akk;* ***she felt sorry ~ the homeless people*** die Obdachlosen taten ihr Leid; ***they are responsible ~ marketing the product*** sie tragen die Verantwortung für den Vertrieb des Produkts; ***that jacket looks a bit big ~ you*** diese Jacke ist wohl etwas zu groß für dich; ***I can't run with you — you're far too fast ~ me!*** ich kann mit dir nicht laufen – du bist zu schnell für mich!; ***I'm happy ~ you that it finally worked out*** ich freue mich für dich, dass es endlich geklappt hat; ***you're not making it easy ~ me to tell you the news*** du machst es mir nicht gerade einfach, dir die Neuigkeiten zu erzählen; ***the coffee was too strong ~ me*** der Kaffee war mir zu stark; ***luckily ~ me, I already had another job*** zu meinem Glück hatte ich bereits eine andere Stelle; ***the admiration she felt ~ him soon died*** ihre Bewunderung für ihn war schnell verflogen; ***he felt nothing but contempt ~ her*** er fühlte nur noch Verachtung für sie; ***is this seat high enough ~ you?*** ist Ihnen dieser Sitz hoch genug?; ***she is preparing ~ her presentation*** sie bereitet sich auf ihre Präsentation vor; ***how are you doing for money?*** wie sieht es bei dir mit dem Geld aus?; ***Jackie's already left and, as ~ me, I'm going at the end of the month*** Jackie ist schon weg, und was mich angeht, ich gehe Ende des Monats; **to feel ~ sb** mit jdm fühlen; ***I feel ~ you but I can't do anything*** ich fühle mit dir, aber ich kann nichts tun

❹ *after vb, adj, n* (*to get*) ***she asked ~ a skateboard for her birthday*** sie wünschte sich ein Skateboard zum Geburtstag; **to hope for good news** auf gute Nachrichten hoffen; ***I've applied ~ a job*** ich habe mich um eine Stelle beworben; ***quick, send ~ a doctor!*** holen Sie schnell einen Arzt!; ***the little girl ran ~ her mother*** das kleine Mädchen lief zu ihrer Mutter; ***I had to run ~ the bus*** ich musste zum Bus laufen; ***she's looking ~ a way to finance the purchase*** sie sucht nach einer Möglichkeit, den Kauf zu finanzieren; ***I had to wait ~ him for 20 minutes*** ich musste 20 Minuten auf ihn warten; ***he did it ~ the fame*** er tat es, um berühmt zu werden; ***even though he's in this ~ the money, we still need him*** auch wenn er es wegen des Geldes tut, brauchen wir ihn; ***she's eager ~ a chance to show that she's a capable worker*** sie möchte gerne beweisen, dass sie eine fähige Mitarbeiterin ist; ***drug addicts have a need ~ more and more of their drug of choice*** Drogensüchtige brauchen immer mehr von ihrer Droge; ***oh ~ something to drink!*** hätte ich doch bloß etwas zu trinken!; ***oh ~ a strong black coffee!*** und jetzt einen starken schwarzen Kaffee!; **the demand ~ money** der Bedarf an Geld; **to fish ~ compliments** sich *dat* gerne Komplimente machen lassen; **to make a play ~ sb/sth** sich *akk* um jdn bemühen

❺ *after n, vb* (*on behalf, for the benefit of*) für +*akk;* ***he's an agent ~ models and actors*** er ist Agent für Models und Schauspieler; ▪**to do sth ~ sb** etw für jdn tun; ***these parents aren't speaking ~ everyone*** diese Eltern sprechen nicht für alle; ***she works ~ a charity*** sie arbeitet für eine soziale Einrichtung; next time you see them, say hi ~ me sag ihnen Grüße von mir, wenn du sie wieder siehst; the messenger was there ~ his boss der Bote war dort, um seinen Chef zu vertreten; a course ~ beginners in Russian ein Russischkurs für Anfänger; ■to do sth ~ oneself etw selbst tun

6 (*as ordered by*) ■to do sth ~ sb/sth etw für jdn/etw tun; they had to do extra work ~ their boss sie mussten noch mehr für ihren Chef arbeiten; I have some things to do ~ school ich muss noch etwas für die Schule machen

7 *after n, vb* (*employed by*) bei +*dat*; she is a tutor ~ the Open University sie ist Tutorin bei der Offenen Universität; to work ~ sb/sth bei jdm/etw arbeiten

8 *after vb, n, adj* (*for purpose of*) für +*akk*; what's that ~? wofür ist das?; what did you do that ~? wozu hast du das getan?; what do you use these enormous scissors ~? was machst du mit dieser riesigen Schere?; I need some money ~ tonight ich brauche ein wenig Geld für heute Abend; that's useful ~ removing rust damit kann man gut Rost lösen; the books are not ~ sale die Bücher sind nicht verkäuflich; they've invited us round ~ dinner on Saturday sie haben uns für Samstag zum Essen eingeladen; he is taking medication ~ his heart condition er nimmt Medikamente für sein Herz; if you can't sleep, you can take some pills ~ that wenn du nicht schlafen kannst, dann nimm doch ein paar Schlaftabletten; she needed to move closer ~ me to hear her sie musste näher zu mir rücken, damit ich sie verstehen konnte; take that out of your mouth — that's not ~ eating nimmt das aus dem Mund – das ist nicht zum Essen; ~ your information zu Ihrer Information; ~ the record der Ordnung halber; the spokesman told the press ~ the record that the president was in good health der Sprecher sagte der Presse für das Protokoll, dass der Präsident bei guter Gesundheit sei; bikes ~ rent Räder zu vermieten

9 *after vb, adj, n* (*because of*) wegen +*gen*, aus +*dat*; she did fifteen years in prison ~ murder sie war wegen Mordes fünfzehn Jahre im Gefängnis; I don't eat meat ~ various reasons ich esse aus verschiedenen Gründen kein Fleisch; I could dance and sing ~ joy! ich könnte vor Freude tanzen und singen!; he apologized ~ being late er entschuldigte sich wegen seiner Verspätung; she loved him just ~ being himself sie liebte ihn, weil er einfach er selbst war; Bob was looking all the better ~ his three weeks in Spain wegen seiner drei Wochen in Spanien sah Bob viel besser aus; (*form*) if it hadn't been ~ him, we wouldn't be here right now ohne ihn wären wir jetzt nicht hier; how are you? — fine, and all the better ~ seeing you! wie geht's? — gut, und wo ich dich sehe, gleich noch besser!; I could not see ~ the tears in my eyes ich konnte vor Tränen in den Augen gar nicht sehen; ~ fear of sth aus Angst vor etw *dat*; ~ lack of sth aus Mangel an etw *dat*; for that [*or* this] reason aus diesem Grund; the reason ~ his behaviour der Grund für sein Verhalten; be famous ~ sth für etw *akk* berühmt sein

10 *after vb, n* (*as destination*) nach +*dat*; this train is ~ Birmingham dieser Zug fährt nach Birmingham; he made ~ home in a hurry er rannte schnell nach Hause; the man went ~ him with his fists der Mann ging mit den Fäusten auf ihn los; just follow signs ~ the town centre folgen Sie einfach den Schildern in die Innenstadt

11 (*meaning*) to be ~ sth für etw *akk* stehen; A is ~ 'airlines' A steht für ‚Airlines'; to stand ~ sth etw bedeuten, für etw *akk* stehen; what does the M.J. stand ~? María José? was bedeutet M.J.? María José?; what's the Spanish word ~ 'vegetarian'? was heißt ‚vegetarian' auf Spanisch?

12 (*in return for*) für +*akk*; she paid a high price ~ loyalty to her boss sie hat einen hohen Preis für die Loyalität zu ihrem Chef gezahlt; I'll trade you this baseball card ~ that rubber ball ich gebe dir diese Baseball-Karte für diesen Gummiball; since we're friends, I'll do it ~ nothing da wir Freunde sind, mache ich es umsonst; that's ~ cheating on me! das ist dafür, dass du mich betrogen hast!; how much did you pay ~ your glasses? wie viel hast du für deine Brille gezahlt?

13 *after vb* (*charged as*) für +*akk*; she sold the house ~ quite a lot of money sie verkaufte das Haus für ziemlich viel Geld; you can buy a bestseller ~ about $6 Sie bekommen einen Bestseller schon für 6 Dollar; they sent a cheque ~ $100 sie schickten einen Scheck über 100 Dollar; not ~ a million dollars [*or* ~ all the world] um nichts in der Welt; I wouldn't go out with him ~ a million dollars ich würde für kein Geld der Welt mit ihm ausgehen

14 *after adj, n* (*compared with expected*) für +*akk*; the summer has been quite hot ~ England für England war das ein ziemlich heißer Sommer; she's very mature ~ her age sie ist für ihr Alter schon sehr weit entwickelt; warm weather ~ the time of year für diese Jahreszeit ein mildes Wetter; he's quite thoughtful ~ a man! für einen Mann ist er sehr zuvorkommend!

15 *after vb* (*amount of time*) I'm just going to sleep ~ half an hour ich lege mich mal eine halbe Stunde schlafen; my father has been smoking ~ 10 years mein Vater raucht seit 10 Jahren; he was jailed ~ twelve years er musste für zwölf Jahre ins Gefängnis; ~ the moment it's okay im Augenblick ist alles o.k.; ~ the next two days in den beiden nächsten Tagen; ~ a time eine Zeitlang; ~ a long time seit längerer Zeit; ~ such a long time that ... schon so lange, dass ...; ~ some time seit längerem; ~ the time being vorübergehend; ~ a while eine Zeitlang; play here ~ a while! spiele hier mal ein wenig!; ~ ever/eternity bis in alle Ewigkeit; this pact is ~ ever dieser Pakt gilt für immer und ewig

16 *after vb* (*distance of*) he always jogs ~ 5 kilometres before breakfast er joggt immer 5 Kilometer vor dem Frühstück; she wanted to drive ~ at least 100 kilometres sie wollte mindestens 100 Kilometer fahren

17 *after vb* (*on the occasion of*) he booked a table at the restaurant ~ nine o'clock er reservierte in dem Restaurant einen Tisch für neun Uhr; they set their wedding date ~ September 15 sie legten ihre Hochzeit auf den 15. September; we'll plan the party ~ next Friday wir planen die Party für nächsten Freitag; she finished the report ~ next Monday sie machte den Bericht bis zum nächsten Montag fertig; what did you buy him ~ Christmas? was hast du ihm zu Weihnachten gekauft?; ~ the first time zum ersten Mal; ~ the [very] last time zum [aller]letzten Mal; ~ the first/second time running im ersten/zweiten Durchlauf; at ... ~ ... um ... zu ...; to arrive at 8.00 ~ dinner at 8.30 um 8.00 Uhr zum Abendessen um 8.30 eintreffen

18 (*despite*) trotz +*gen*, ungeachtet +*gen*; ~ all that trotz alledem; ~ all his effort, the experiment was a failure trotz all seiner Anstrengungen war das Experiment ein Fehlschlag; ~ all I know/care soviel ich weiß; ~ all I know, Dubai could be in Africa soweit ich weiß, liegt Dubai in Afrika

19 (*per*) there is one teacher ~ every 25 students in our school auf 25 Schüler kommt in unserer Schule ein Lehrer; ~ every cigarette you smoke, you take off one day of your life für jede Zigarette, die du rauchst, wird dein Leben um einen Tag kürzer; she told me word ~ word what he said sie erzählte mir Wort für Wort, was sie gesagt hatte

20 (*duty of*) ■to [not] be ~ sb to do sth [nicht] jds Sache sein, etw zu tun; it's not ~ me to tell her what to do es ist nicht meine Aufgabe, ihr vorzuschreiben, was sie zu tun hat; the decision is not ~ him to make er hat diese Entscheidung nicht zu treffen

21 *after vb* (*as*) she thought it ~ a lie but didn't say anything sie glaubte, das sei eine Lüge, sagte aber nichts; I ~ one am sick of this bickering ich für meinen Teil habe genug von diesem Gezänk

► PHRASES: ~ Africa SA (*fam*) Unmengen; I've got homework ~ Africa ich habe zu Hause noch jede Menge Arbeit; an eye ~ an eye Auge für Auge; a penny ~ your thoughts ich gäbe was dafür, wenn ich wüsste, woran Sie gerade denken; ~ crying out loud um Himmels willen; to be [in] ~ it Schwierigkeiten bekommen; that's/there's sth ~ you (*pej*) das sieht etwas ähnlich; there's gratitude ~ you! und so was nennt sich Dankbarkeit!

forage ['fɒrɪdʒ, AM 'fɔːr-] I. *vi* ■to ~ [about [*or* around]] for food *person* nach etwas Essbarem suchen; *animal* nach Futter suchen
II. *n no pl* Viehfutter *nt*

foray ['fɒreɪ, AM 'fɔːr-] *n* 1 (*raid*) Beutezug *m*; to make a ~ auf Beutezug gehen; the soldiers made the first of several ~s into enemy-occupied territory die Soldaten unternahmen den ersten von mehreren Überfällen auf feindlich besetztes Gebiet
2 (*attempt*) Ausflug *m* (into in +*akk*); she made a brief ~ into acting before starting a career as a teacher sie wandte sich kurz der Schauspielerei zu, bevor sie eine Lehrerlaufbahn antrat
3 (*fam: visit*) Abstecher *m* (into in +*akk*)

forbad, forbade [fə'bæd, AM fɚ'-] *pt of* **forbid**

forbear[1] <forbore, forborne> [fɔː'beə', AM fɔːr'ber] I. *vi* (*form or dated*) ■to ~ from doing [*or* to do] sth darauf verzichten, etw zu tun; even his critics could scarcely ~ from congratulating him selbst seine Kritiker konnten kaum umhin, ihm zu gratulieren; the doctor said she was optimistic but forbore to make any promises die Ärztin sagte, sie sei optimistisch, nahm aber davon Abstand, irgendwelche Versprechungen zu machen *geh*
II. *vt* (*form or dated*) ■to ~ sth *a smile* sich *dat* etw verkneifen

forbear[2] *n usu pl see* **forebears**

forbearance [fɔː'beərən(t)s, AM fɔːr'ber-] *n no pl* (*dated form*) Nachsicht *f*, Geduld *f*

forbearing [fɔː'beərɪŋ, AM fɔːr'ber-] *adj* (*dated form*) nachsichtig

Forbes 500 [fɔːbz-, AM fɔrbz-] *n* ECON, FIN *Liste der 500 größten amerikanischen Unternehmen, ernannt von 'Forbes' Magazine*

forbid <-dd-, forbade *or old* forbad, forbidden> [fə'bɪd, AM fɚ'-] *vt* 1 (*legally*) ■to ~ sth etw verbieten
2 (*refuse*) ■to ~ sth (*form*) etw verbieten; ■to ~ sb sth [*or* sth to sb] (*form*) jdm etw verbieten; ■to ~ sb from doing sth, ■to ~ sb to do sth jdm verbieten, etw zu tun
► PHRASES: God [*or* heaven] ~ [that ...] Gott behüte [*o* bewahre] mich [davor, dass ..]

forbidden [fə'bɪdən, AM fɚ'-] I. *adj* verboten
► PHRASES: ~ fruit (*liter*) verbotene Früchte
II. *pp of* **forbid**

forbidding [fə'bɪdɪŋ, AM fɚ'-] *adj* abschreckend

forbiddingly [fə'bɪdɪŋli, AM fɚ'-] *adv* abschreckend; ~ cold ungemütlich kalt

forbore [fɔː'bɔː', AM fɔːr'bɔːr] *pt of* **forbear**

forborne [fɔː'bɔːn, AM fɔːr'bɔːrn] *pp of* **forbear**

force [fɔːs, AM fɔːrs] I. *n* 1 (*power*) Gewalt *f*, Stärke *f*; she slapped his face with unexpected ~ sie versetzte ihm eine unerwartet wuchtige Ohrfeige; by sheer ~ of numbers aufgrund zahlenmäßiger Überlegenheit; to use ~ Gewalt anwenden
2 PHYS (*influence effecting motion*) Kraft *f*; ~ of gravity Erdanziehungskraft *f*
3 (*large numbers*) ■in ~ in großer Zahl
4 (*influence*) Macht *f*; he was a powerful ~ in politics er war einflussreicher Politiker; the ~s of evil die Mächte des Bösen; the ~ of habit die Macht der Gewohnheit; from ~ of habit aus reiner Gewohnheit; the ~s of nature (*liter*) die Naturgewalten
5 (*validity*) Gültigkeit *f*; to have the ~ of law rechtsverbindlich sein; to be in/come into ~ in Kraft sein/treten; to put in ~ in Kraft setzen
6 (*group*) Truppe *f*; police ~ Polizei *f*; Air F~ Luftwaffe *f*; armed ~s Streitkräfte *fpl*

► PHRASES: **to combine** [*or* **join**] **~s** zusammenhelfen; **with combined ~s** mit vereinten Kräften; **a ~ to be reckoned with** ein nicht zu unterschätzender Faktor

II. *vt* ❶ (*compel*) ■**to ~ sb/oneself [to do sth]** jdn/sich zwingen[, etw zu tun]; ■**to ~ sth** etw erzwingen; **to ~ a smile** gezwungen lächeln, sich *akk* zu einem Lächeln zwingen; **to ~ words out of sb** jdm die Worte aus der Nase ziehen; ■**to ~ sb into sth** jdn zu etw *dat* zwingen; ■**to ~ sb into doing sth** jdn dazu zwingen, etw zu tun; ■**to ~ sth on sb** jdm etw aufzwingen

❷ (*use power*) ■**to ~ sth** etw mit Gewalt tun; **to ~ one's way** sich *dat* seinen Weg bahnen; ***the burglar ~d an entry*** der Einbrecher verschaffte sich mit Gewalt Zutritt

❸ (*break open*) ■**to ~ sth** *door, lock* etw aufbrechen

❹ (*artificially grow faster*) ■**to ~ sth** *fruit, vegetable* etw [zum Wachstum] treiben

► PHRASES: **to ~ sb's hand** jdn zum Handeln zwingen; **to ~ an issue** eine Entscheidung erzwingen

◆**force back** *vt* ■**to ~ back** ↻ **sth** *tears* etw unterdrücken

forced [fɔːst, AM fɔːrst] *adj inv* ❶ (*imposed*) erzwungen; **~ labour** Zwangsarbeit *f;* **~ march** Gewaltmarsch *m*

❷ (*emergency*) erzwungen; **~ landing** Notlandung *f*

❸ (*unnatural*) *laughter, smile* gezwungen

❹ **~ fruit/vegetables** getriebenes Obst/Gemüse

force-feed *vt* ❶ (*with food*) ■**to ~ sb [sth]** jdn [mit etw *dat*] zwangsernähren ❷ (*fig*) ***the whole nation was force-fed government propaganda about how well the country was doing*** die ganze Nation bekam ständig nur die Propaganda der Regierung zu hören, wie gut es dem Land ginge **force field** *n* (*in sci fi*) Kraftfeld *nt*

forceful [ˈfɔːsfəl, AM ˈfɔːrs-] *adj attack* kraftvoll; **~ personality** starke Persönlichkeit

forcefully [ˈfɔːsfəli, AM ˈfɔːrs-] *adv* kraftvoll; **to argue ~** überzeugend argumentieren

forcefulness [ˈfɔːsfəlnəs, AM ˈfɔːrs-] *n no pl* Stärke *f; of argument* Eindringlichkeit *f*

force majeure [ˌfɔːsmæʒˈɜːʳ, AM ˌfɔːrsmæˈʒɜːr] *n no pl* (*form*) ❶ (*unforeseeable circumstances*) höhere Gewalt

❷ (*superior strength*) überirdische Kraft

forceps [ˈfɔːseps, AM ˈfɔːr-] *npl* Zange *f;* **a pair of ~** eine Zange; **obstetric ~** gynäkologische Zange

forceps delivery *n* Zangengeburt *f*

forcible [ˈfɔːsəbl̩, AM ˈfɔːr-] *adj* ❶ (*violent*) *entry* gewaltsam; **~ entry** gewaltsames Eindringen; **~ feeding** Zwangsernährung *f*

❷ (*effective*) *appeal* eindrucksvoll, eindringlich

forcibly [ˈfɔːsəbli, AM ˈfɔːr-] *adv* gewaltsam, mit Gewalt

ford [fɔːd, AM fɔːrd] **I.** *n* Furt *f*

II. *vt* ■**to ~ sth** (*with vehicle*) etw durchqueren; (*on foot*) etw durchwaten

fordable [fɔːdəbl̩, AM fɔːr-] *adj* (*with vehicle*) durchquerbar; (*on foot*) durchwatbar

fore [fɔːʳ, AM fɔːr] **I.** *adj inv* vordere(r, s)

II. *n no pl* Vordergrund *m; of ship* Bug *m;* **to bring sb/sth to the ~** (*also fig*) jdn/etw in den Vordergrund rücken *a. fig;* **to come to the ~** (*also fig*) in den Vordergrund treten *a. fig;* ■**to be to the ~** (*also fig*) im Vordergrund stehen *a. fig*

III. *interj* (*golfer's warning*) Achtung!

fore- [ˈfɔːʳ, AM ˈfɔːr] *in compounds* Vorder-; **~wings** Vorderflügel *mpl*

fore and aft *adv inv* ❶ NAUT, AVIAT (*at bow and stern*) vorn und achtern

❷ NAUT (*along ship*) längsschiffs *fachspr*

forearm¹ [ˈfɔːʳɑːm, AM ˈfɔːrɑːrm] *n* Unterarm *m*

forearm² [fɔːʳˈɑːm, AM fɔːrˈɑːrm] *vt* (*liter*) ■**to ~ oneself [against sth]** sich *akk* [gegen etw *akk*] wappnen *geh*

forebears [ˈfɔːʳbeəʳs, AM ˈfɔːrbers] *npl* (*form*) Vorfahren *mpl,* Ahnen *mpl* **forebode** [fɔːʳˈbəʊd, AM fɔːrˈboʊd] *vt* (*liter*) ■**to ~ sth** etw prophezeien; ***there were several incidents during the voyage that seemed to ~ disaster*** es gab verschiedene Vorfälle während der Reise, die eine Katastrophe ankündeten; **to ~ evil** Unheil verkünden **foreboding** [fɔːʳˈbəʊdɪŋ, AM fɔːrˈboʊd-] **I.** *n* (*liter*) ❶ *no pl* (*anticipation*) [düstere] Vorahnung; ***there was a sense of ~ in the capital as if fighting might at any minute break out*** es hing eine düstere Vorahnung über der Hauptstadt, so als könnte jede Minute ein Kampf losbrechen ❷ (*presentiment*) [düstere] Prophezeiung; **to have a ~ [that] …** das [ungute] Gefühl haben, [dass] … **II.** *adj* unheilverkündend

forebrain [ˈfɔːbreɪn, AM ˈfɔːr] *n* ANAT Vorderhirn *nt* **forecast** [ˈfɔːʳkɑːst, AM ˈfɔːrkæst] **I.** *n* ❶ (*prediction*) Prognose *f* (**for** für *+akk*) ❷ *of weather* [Wetter]vorhersage *f* (**for** für *+akk*) **II.** *vt* <-cast *or* -casted, -cast *or* -casted> ■**to ~ sth** METEO etw vorhersagen; ECON etw prognostizieren; ■**to ~ that/what/who …** prophezeien, dass/was/wer …; ■**to be ~ to do sth** laut Vorhersage etw tun; ***she was ~ to win by three newspapers*** drei Zeitungen prophezeiten, dass sie gewinnen würde; ***environmentalists ~ that we humans will destroy the planet*** Umweltschützer sagen voraus, dass wir Menschen unseren Planeten zerstören werden **forecast dividend** *n* FIN zu erwartende Dividende **forecaster** [ˈfɔːʳkɑːstəʳ, AM ˈfɔːrkæstɚ] *n* ECON Prognostiker(in) *m(f);* STOCKEX Analyst(in) *m(f);* **economic ~** Konjunkturprognostiker(in) *m(f);* **a [weather] ~** ein Meteorologe *m*/eine Meteorologin **forecastle** [ˈfəʊksəl, AM ˈfoʊ-] *n* NAUT (*hist*) Vorderdeck *nt*

foreclose [fɔːʳˈkləʊz, AM fɔːrˈkloʊz] **I.** *vt* ❶ FIN (*take possession*) ■**to ~ sth** etw geltend machen; **to ~ a mortgage** eine Hypothekenforderung geltend machen ❷ (*form: rule out*) ■**to ~ sth** etw ausschließen; **to ~ a chance** eine Chance zunichte machen; **to ~ a possibility** eine Möglichkeit ausschließen **II.** *vi* FIN aufkündigen; **to ~ on a loan/mortgage** einen Kredit/eine Hypothek [gerichtlich] für verfallen erklären; ■**to ~ on sb** jdm eine Hypothek kündigen **foreclosure** [fɔːˈkləʊʒəʳ, AM fɔːrˈkloʊʒɚ] *n no pl* Zwangsvollstreckung *f;* **~ order nisi** LAW vorläufige Verfallserklärung; **~ order absolute** LAW endgültige Verfallserklärung **forecourt** *n* ❶ (*of building*) Vorhof *m;* **station ~** Bahnhofsplatz *m* ❷ (*in tennis*) Halfcourt *m fachspr* **foredeck** [ˈfɔːdek, AM ˈfɔːr-] *n* NAUT Vorderdeck *nt* **foredoomed** *adj* (*liter*) zum Scheitern verurteilt **forefathers** *npl* (*liter*) Ahnen *mpl,* Vorfahren *mpl* **forefinger** *n* Zeigefinger *m* **forefoot** *n* Vorderfuß *m* **forefront** *n no pl* vorderste Front; ***his team are at the ~ of scientific research into vaccines*** sein Team steht an der Spitze der wissenschaftlichen Erforschung von Impfstoffen

foregather *vi see* **forgather**

forego¹ <-went, -gone> *vt see* **forgo**

forego² <-went, -gone> [fɔːˈgəʊ, AM fɔːrˈgoʊ] *vi* (*old: precede*) vorausgehen, vorangehen

foregoing [fɔːˈgəʊɪŋ, AM fɔːrˈgoʊ-] (*form*) **I.** *adj attr, inv* vorhergehend

II. *n no pl* ■**the ~** das Vorangehende [*o* Vorhergehende]; ***I can testify to the ~ since I was actually present*** ich kann bezeugen, was gerade gesagt wurde, da ich tatsächlich dabei war; ***as must be clear from the ~, the situation is already grave*** wie sich aus dem gerade Gesagten ergibt, ist die Situation schon jetzt [sehr] ernst

foregone [fɔːˈgɒn, AM fɔːrˈgɑːn] *pp of* **forego**

foregone conclusion *n* ausgemachte Sache; ***the results of the coming election seem like a ~*** die kommenden Wahlergebnisse scheinen von vorn[e]herein festzustehen

foreground **I.** *n no pl* ❶ (*of painting*) Vordergrund *m;* **in the ~** im Vordergrund ❷ (*prominent position*) Mittelpunkt *m;* **to put oneself in the ~** sich *akk* in den Vordergrund drängen; ■**to be in the ~** im Vordergrund stehen **II.** *vt* ■**to ~ sth** etw hervorheben **forehand** **I.** *n* ❶ (*tennis shot*) Vorhand *f* ❷ *no pl* (*player's side*) Vorhandseite *f;* **to take a ball on the ~** einen Ball mit der Vorhand nehmen **II.** *adj attr, inv* SPORTS Vorhand-; **~ shot** Vorhandschlag *m* **forehead** [ˈfɒrɪd, AM ˈfɔːrhed] *n* Stirn *f*

foreign [ˈfɒrɪn, AM ˈfɔːrɪn] *adj* ❶ *inv* (*from another country*) ausländisch, fremd; **~ banks** Auslandsbanken *pl;* **~ countries** Ausland *nt kein pl;* **~ currency** Fremdwährung *f,* Devisen *pl;* **~ national** Ausländer(in) *m(f);* **~ notes and coins** Sorten; *pl;* **~ parts** (*hum*) Ausland *nt;* **~ soil** (*form*) fremder Boden; **to rest in ~ soil** in fremder Erde begraben sein [*o geh* ruhen]

❷ (*of other countries*) Außen-; **~ policy** Außenpolitik *f;* **~ relations** Auslandsbeziehungen *fpl;* **~ trade** Außenhandel *m;* **~ travel** Auslandsreise *f*

❸ *pred* (*not known*) unbekannt; ■**to be ~ to sb** jdm nicht bekannt sein; ***deception was ~ to her nature*** Täuschung war ihrem Wesen fremd

❹ *inv* (*not belonging*) fremd; **a ~ body** ein Fremdkörper *m*

foreign affairs *npl* Außenpolitik *f kein pl;* **Minister of F~** Außenminister(in) *m(f)* **foreign aid** *n no pl* Auslandshilfe *f* **Foreign and Commonwealth Office** *n no pl* BRIT ■**the ~** das Außenministerium **foreign bond** *n* FIN Fremdwährungsanleihe *f,* Auslandsanleihe *f* **foreign correspondent** *n* JOURN Auslandskorrespondent(in) *m(f)* **foreign currency** *n* **~ department** (*in bank*) Sortenabteilung *f;* **~ loan** Fremdwährungsanleihe *f*

foreigner [ˈfɒrɪnəʳ, AM ˈfɔːrɪnɚ] *n* ❶ (*from another country*) Ausländer(in) *m(f)* ❷ (*from another district*) Auswärtige(r) *f(m)* **foreign exchange** *n no pl* ❶ (*system*) Devisenkurs *m;* (*business*) Devisenhandel *m* ❷ (*currency*) Devisen *pl;* **~ swap** Devisen-Swapgeschäft *nt* **foreign-exchange** *adj attr, inv* Devisen-; **~ dealings** Devisenhandel *m;* **~ market** Devisenmarkt *m* **foreign exchange dealer** *n* FIN Devisenhändler(in) *m(f),* Devisenmakler(in) *m(f)* **foreign exchange dealing** *n* FIN Devisenhandel *m* **foreign language** *n* Fremdsprache *f a. fig;* ***legal documents are written in a ~ as far as most people are concerned*** Rechtsdokumente sind nach Meinung der meisten Menschen in einer absolut unverständlichen Sprache geschrieben **Foreign Legion** *n* ■**the ~** die Fremdenlegion **foreign minister** *n* Außenminister(in) *m(f)*

foreignness [ˈfɒrɪnəs, AM ˌfɔːrɪn-] *n no pl* ❶ (*from another country*) Fremdartigkeit *f*

❷ (*unfamiliarity*) Fremdheit *f;* ***the ~ of this concept to their culture is demonstrated by the fact that they have no word for it*** dass diese Vorstellung ihrer Kultur fremd ist, zeigt sich in der Tatsache, dass sie keine Bezeichnung dafür haben

Foreign Office *n no pl* BRIT ■**the ~** das Außenministerium; *see also* **Foreign and Commonwealth Office** **Foreign Secretary** *n* BRIT Außenminister(in) *m(f)* **foreign service** *n* BRIT *see* **diplomatic service**

foreknowledge [fɔːˈnɒlɪdʒ, AM fɔːrˈnɑːl-] *n no pl* (*form*) vorherige Kenntnis; ***she denied any ~ of the appointment*** sie leugnete, von der Verabredung gewusst zu haben; **to have ~ of sth** von etw *dat* im Voraus wissen; ***he always claimed to have had no ~ of the impending crisis*** er behauptete stets, keine Anzeichen von der bevorstehenden Krise wahrgenommen zu haben

foreland [ˈfɔːlənd, AM ˈfɔːr-] *n* (*cape*) Kap *nt;* (*peninsula*) Landzunge *f*

foreleg *n* Vorderbein *nt* **forelock** *n* Stirnlocke *f; of horse* Mähne *f;* **to touch** [*or* **tug**] **one's ~** (*also fig*) jdm seine Referenz erweisen, einen Diener machen ► PHRASES: **to take time by the ~** (*liter*) die Gelegenheit beim Schopf packen **foreman** *n* ❶ (*workman*) Vorarbeiter *m* ❷ LAW Vorsitzender *m,* Obmann *m* (*der Geschworenen*) **foremast** *n* NAUT Fockmast *m fachspr*

foremost [ˈfɔːməʊst, AM ˈfɔːrmoʊst] *inv* **I.** *adj* ❶ (*important*) führend; ***they were ~ among those seeking to bring about reforms*** sie waren federführend unter denjenigen, die versuchten, Reformen einzuleiten

❷ (*at the front*) vorderste(r, s)

II. *adv* ❶ (*position*) an vorderster Stelle *dat;* **first and ~** zuallererst; **to come** [*or* **rank**] **~ among sth**

F

an der Spitze einer S. *gen* stehen
❷ (*at the front*) zuerst; **feet/head** ~ mit den Füßen/dem Kopf voraus [*o* voran]; **to be carried out feet** ~ mit den Füßen zuerst hinausgetragen werden *fam*
forename *n* (*form*) Vorname *m*
forenoon [ˈfɔːnuːn, AM ˈfɔːr] *n usu sing* AM NAUT Vormittag *m*
forensic [fəˈren(t)sɪk] *adj inv* gerichtsmedizinisch, forensisch *fachspr;* ~ **evidence** Indizienbeweis *m*
forensic medicine *n no pl* Gerichtsmedizin *f*
forensics [fəˈren(t)sɪks] *n + sing vb* ❶ (*subject*) Kriminalistik *f*
❷ (*department*) gerichtsmedizinische Abteilung
forensic science *n* Kriminalistik *f*
foreordain [ˌfɔːrɔːˈdeɪn, AM ˌfɔːrɔːrˈ-] *vt* ■**to** ~ **sth** etw vorherbestimmen
forepaw *n* Vorderpfote *f* **foreperson** *n* Vorarbeiter(in) *m(f)* **foreplay** *n no pl* Vorspiel *nt* **forequarters** *npl* Vorderteil *nt* **forerunner** *n* ❶ (*version*) Vorläufer(in) *m(f)* (**of** +*gen*) ❷ (*sign*) Vorzeichen *nt,* Anzeichen *nt;* ■~ **of sth** Vorzeichen einer S. *gen* ❸ (*hist: messenger*) [Vor]bote, -in *m, f* **foresail** *n* NAUT Focksegel *nt fachspr*
foresaw [fɔːˈsɔː, AM fɔːrˈsɑ] *pt of* **foresee**
foresee <-saw, -seen> [fɔːˈsiː, AM fɔːrˈ-] *vt* ■**to** ~ **sth** etw vorhersehen [*o* voraussehen]; ***I don't ~ any difficulties*** ich sehe keine Schwierigkeiten; ■**to** ~ **that/how/what ...** vorhersehen, dass/wie/was ...
foreseeable [fɔːˈsiːəbl̩, AM fɔːrˈ-] *adj* absehbar; **in the** ~ **future** in absehbarer Zeit; **for the** ~ **future** in der nächsten Zeit
foreseen [fɔːˈsiːn, AM fɔːrˈ-] *pp of* **foresee**
foreshadow *vt usu passive* ■**to be** ~**ed** [**by sth**] [durch etw *akk*] angedeutet werden **foreshore** *n no pl* ❶ (*undeveloped land*) Uferland *nt* ❷ (*beach*) Strand *m* **foreshorten** *vt* ■**to** ~ **sth** ❶ ART etw perspektivisch verkürzen ❷ (*fig: make shorter*) etw verkürzen **foreshortened** *adj* ❶ ART perspektivisch verkürzt ❷ (*fig: reduced*) verkürzt **foreshortening** *n no pl* perspektivische Verkürzung **foresight** *n* ❶ *no pl* (*prediction*) Weitblick *m;* ■**to have the** ~ **to do sth** so vorausschauend sein, etw zu tun ❷ (*on a gun*) Korn *nt* **foreskin** *n* Vorhaut *f*
forest [ˈfɒrɪst, AM ˈfɔːrɪst] **I.** *n* ❶ (*area*) Wald *m;* **the Black F~** der Schwarzwald
❷ *no pl* (*woods*) Wald *m,* Holz *nt fachspr;* **deciduous** ~ Laubwald *m*
❸ *usu sing* (*cluster*) Wald *m fig;* ***when the teacher asked a question, a ~ of hands went up*** als die Lehrerin eine Frage stellte, gingen jede Menge Hände hoch; **a** ~ **of television aerials** BRIT ein Antennenwald *m*
II. *n modifier* (*animal, plant, region*) Wald-
forestall [fɔːˈstɔːl, AM fɔːrˈ-] *vt* ■**to** ~ **sth** etw *dat* zuvorkommen; **to** ~ **an attempt** einen Versuch abschmettern *fam;* **to** ~ **criticism** Kritik vorwegnehmen
forestay [ˈfɔːsteɪ, AM ˈfɔːr-] *n* NAUT Fockstag *nt fachspr*
forester [ˈfɒrɪstəʳ, AM ˈfɔːrɪstɚ] *n* Förster(in) *m(f)*
forest fire *n* Waldbrand *m* **forest fly** *n* Pferdelausfliege *f* **forest management** *n no pl* Forstwirtschaft *f* **forest ranger** *n esp* AM Förster(in) *m(f)*
forestry [ˈfɒrɪstri, AM ˈfɔːr-] *n no pl* Forstwirtschaft *f*
Forestry Commission *n* BRIT Forstbehörde *f*
foretaste [ˈfɔːteɪst, AM ˈfɔːr-] *n usu sing* Vorgeschmack *m;* ***we wanted to get a ~ of what it would be like to live without a car*** wir wollten schon mal einen Vorgeschmack davon bekommen, wie ein Leben ohne Auto aussehen würde; ***she read a poem as a ~ of her new collection*** sie las ein Gedicht vor, um auf ihren neuen Sammelband einzustimmen
foretell <-told, -told> [fɔːˈtel, AM fɔːrˈ-] *vt* ■**to** ~ **sth** etw vorhersagen; ■**to** ~ **how/what ...** vorhersagen, wie/was ...
forethought [ˈfɔːθɔːt, AM ˈfɔːrθɑt] *n no pl* Weitblick *m;* ■**to have the** ~ **to do sth** den Weitblick haben, etw zu tun
forever [fəˈrevəʳ, AM fɔːrˈevɚ] *adv inv* ❶ (*for all time*) ewig
❷ (*fam: long time*) **to last** [*or* **take**] ~ ewig dauern *fam*
❸ (*fam: continually*) ständig; ■**to be** ~ **doing sth** etw ständig machen
► PHRASES: **speak now or** ~ **hold your peace** (*saying*) sprich jetzt oder schweige für immer; **a thing of beauty is a joy** ~ BRIT (*saying*) etwas Schönes gewährt Freude ohne Unterlass *geh*
for evermore *adv,* **forever more** *adv,* AM **forevermore** *adv* auf immer [*o* alle Zeiten]
forewarn [fɔːˈwɔːn, AM fɔːrˈwɔːrn] *vt* ■**to** ~ **sb** jdn vorwarnen; ***there was no-one left in the village — they'd obviously been ~ed about the raid*** es war niemand mehr im Dorf – offensichtlich waren sie vor dem Angriff gewarnt worden; ■**to** ~ **sb** [**that**] ... jdn vorwarnen, dass ...
► PHRASES: ~**ed is forearmed** (*prov*) bist du gewarnt, bist du gewappnet
forewent [fɔːˈwent, AM fɔːrˈ-] *pt of* **forego**
forewing *n* ZOOL Vorderflügel *m* **forewoman** *n* ❶ (*worker*) Vorarbeiterin *f* ❷ *esp* AM LAW Vorsitzende *f,* Obfrau *f* (*der Geschworenen*) **foreword** *n* Vorwort *nt*
forex [ˈfɔːreks] *n short for* **foreign exchange** Devisen *pl*
forfaiting [ˈfɔːfɪtɪŋ, AM ˈfɔːr-] *n no pl* ECON, FIN Forfaitierung *f*
forfeit [ˈfɔːfɪt, AM ˈfɔːr-] **I.** *vt* ■**to** ~ **sth** etw einbüßen; ***I ~ed my lunchbreak in order to finish this report*** ich habe meine Mittagspause geopfert, um diesen Bericht zu beenden; **to** ~ **a bail/a deposit/money** eine Kaution/eine Anzahlung/Geld verlieren; **to** ~ **a chance** eine Chance verspielen; **to** ~ **a right** ein Recht verwirken *geh*
II. *n* ❶ (*penalty*) Pfand *nt;* **to pay a** ~ ein Pfand *nt* hinterlegen
❷ (*game*) ■~**s** *pl* Pfänderspiel *nt;* **to play** ~**s** Pfänderspiele machen
❸ LAW (*form: penalty*) Strafe *f*
III. *adj pred, inv* (*form*) verfallen; ■**to be** ~ [**to sb**] [an jdn] übergehen; ***the bail was ~*** die Kaution verfiel; ***a traitor's lands were ~ to the Crown*** die Ländereien eines Betrügers gingen an die Krone über
forfeiture [ˈfɔːfɪtʃəʳ, AM ˈfɔːrfə-] *n* LAW ❶ *no pl* (*loss*) *of property, money* Verlust *m;* (*of claim, right*) Verwirkung *f*
❷ (*penalty*) Beschlagnahme *f*
forgather [fɔːˈgæðəʳ, AM fɔːrˈgæðɚ] *vi* (*form*) zusammenkommen; ***the small crowd ~ed in the church*** die kleine Gruppe versammelte sich in der Kirche
forgave [fəˈgeɪv, AM fɚˈ-] *n pt of* **forgive**
forge [fɔːdʒ, AM fɔːrdʒ] **I.** *n* ❶ (*furnace*) Glühofen *m*
❷ (*smithy*) Schmiede *f*
II. *vt* ■**to** ~ **sth** ❶ (*copy*) etw fälschen
❷ (*heat and shape*) etw schmieden; **to** ~ **iron/metal** Eisen/Metall schmieden
❸ (*fig: form with effort*) etw mühsam schaffen; ***a new Britain ~d in the white heat of the technological revolution*** ein neues Großbritannien, das in der Glut der technologischen Revolution entstand; **to** ~ **a bond/link** eine Verbindung schaffen; **to** ~ **a career** eine Karriere schmieden
III. *vi* ■**to** ~ **somewhere** irgendwohin rasen; **to** ~ **into the lead** die Führung übernehmen
◆**forge ahead** *vi* ❶ (*progress*) [rasch] Fortschritte machen; ■**to** ~ **ahead with sth** mit etw *dat* vorankommen
❷ (*take lead*) die Führung übernehmen; ***he ~d ahead of the Finn to cross the line first*** er setzte sich vor dem Finnen an die Spitze und überquerte als erster die Ziellinie
forged [fɔːdʒd, AM fɔːr-] *adj* gefälscht
forger [ˈfɔːdʒəʳ, AM ˈfɔːrdʒɚ] *n* Fälscher(in) *m(f)*
forgery [ˈfɔːdʒəri, AM ˈfɔːr-] *n* ❶ (*copy*) Fälschung *f*
❷ *no pl* (*crime*) Fälschen *nt*
forget <-got, -gotten *or* AM *also* -got> [fəˈget, AM fɚˈ-] **I.** *vt* ❶ (*not remember*) ■**to** ~ **sb/sth** jdn/etw vergessen, sich *akk* nicht an jdn/etw erinnern
❷ (*omit to keep*) ■**to** ~ **sth** etw vergessen; ***she clean forgot our date*** sie hat unsere Verabredung glatt vergessen *fam;* ***my uncle forgot my birthday last year*** mein Onkel hat letztes Jahr meinen Geburtstag vergessen; ***I'd like to thank all my family, not ~ting my cousin Jerome*** ich möchte meiner ganzen Familie danken, nicht zu vergessen meinem Cousin Jerome; **to** ~ **an appointment** einen Termin vergessen [*o fam* verschwitzen]; ■**to** ~ **to do sth** vergessen, etw zu tun; ■**to** ~ [**that**]/**how/what/who ...** vergessen, dass/wie/was/wer ...
❸ (*leave behind*) ■**to** ~ **sth** etw vergessen [*o* liegen lassen]
❹ (*stop thinking about*) ■**to** ~ **sth/sb** etw/jdn vergessen, an etw/jdn nicht mehr denken; **to** ~ **the past** die Vergangenheit ruhen lassen; **to** ~ **one's quarrels** die Streitereien begraben; **forgive and** ~ vergeben und vergessen
❺ (*fam: give up*) ■**to** ~ **sth** etw aufgeben; ***you can ~ any ideas you may have of taking the day off*** Sie können es sich aus dem Kopf schlagen, dass Sie den Tag frei bekommen *fam;* ~ **it!** vergiss es!
❻ (*pej: disregard*) ■**to** ~ **sth** etw vergessen; ***have you forgotten your manners?*** wo sind deine Manieren?; **to** ~ **one's dignity** seine Würde fallen lassen; **and don't you** ~ **it!** lass dir das gesagt sein!
❼ (*form: behave badly*) ■**to** ~ **oneself** sich *akk* vergessen
II. *vi* ❶ (*not remember*) vergessen; ■**to** ~ **about sth/sb** jdn/etw vergessen; ■**to** ~ **about doing sth** vergessen, etw zu tun
❷ (*stop thinking about*) ■**to** ~ **about sth/sb** etw/jdn vergessen, an etw/jdn nicht mehr denken; **to** ~ **about a plan** einen Plan fallen lassen; ***I suggest we ~ all about it*** ich schlage vor, wir vergessen das alles; ■**to** ~ **about doing sth** sich *dat* etw aus dem Kopf schlagen *fam*
forgetful [fəˈgetfᵊl, AM fɚˈ-] *adj* ❶ (*unable to remember*) vergesslich
❷ *pred* (*form: oblivious*) ■**to be** ~ **of sth** etw vergessen; ***~ of the time, he hadn't even begun to get ready*** da er vergessen hatte, wie spät es war, hatte er noch nicht einmal begonnen, sich fertig zu machen
forgetfully [fəˈgetfᵊli, AM fɚˈ-] *adv* [ganz] in Gedanken
forgetfulness [fəˈgetfᵊlnəs, AM fɚˈ-] *n no pl* Vergesslichkeit *f*
forget-me-not *n* BOT Vergissmeinnicht *nt*
forgettable [fəˈgetəbl̩, AM fɚˈgeṭ-] *adj* unbedeutend; ***he scored a brilliant goal in an otherwise ~ match*** er schoss ein großartiges Tor in einem Spiel, das man ansonsten vergessen konnte
forging [ˈfɔːdʒɪŋ, AM ˈfɔːr-] *n* Schmiedearbeit *f*
forgivable [fəˈgɪvəbl̩, AM fɚˈ-] *adj* verzeihlich
forgivably [fəˈgɪvəbli, AM fɚˈ-] *adv* verständlicherweise
forgive <-gave, -given> [fəˈgɪv, AM fɚˈ-] **I.** *vt* ❶ (*cease to blame*) ■**to** ~ **sb** jdm vergeben [*o* verzeihen]; ■**to** ~ **sb** [**for**] **sth** jdm etw verzeihen; ***they've never ~n me for leaving them in the lurch that time*** sie haben mir nie verziehen, dass ich sie damals im Stich gelassen habe; **to** ~ **an insult/a sin** eine Beleidigung verzeihen/eine Sünde vergeben
❷ (*form: pardon*) ***please ~ me for asking*** verzeihen Sie bitte, dass ich frage; ***you could be ~n for thinking they were lovers, they behave as though they were*** es ist verständlich, dass du sie für ein Liebespaar hieltest, sie benehmen sich genau so; **may God** ~ **me** möge Gott mir vergeben; ~ **my ignorance/language** verzeihen Sie meine Unwissenheit/Ausdrucksweise; ~ **me** [**for**] **mentioning it** [*or* **my mentioning it**] tut mir Leid, dass ich es erwähne; ~ **me, but ...** Entschuldigung, aber ...
❸ (*not ask for payment*) **to** ~ **sb a debt** [*or* **payment**] jdm eine Schuld erlassen
► PHRASES: **to understand all is to** ~ **all** alles verste-

hen, heißt alles verzeihen
II. *vi* verzeihen, vergeben; **to ~ and forget** vergeben und vergessen
forgiven [fəˈgɪvᵊn, AM fɚˈ-] *pp of* **forgive**
forgiveness [fəˈgɪvnəs, AM fɚˈ-] *n no pl* ❶ (*pardon*) Vergebung *f* (**for** für +*akk*); **~ of one's sins** Vergebung *f* seiner Sünden *geh;* **to ask/beg [for] ~** um Vergebung bitten *geh*
❷ (*forgiving quality*) Versöhnlichkeit *f;* **to show ~** Versöhnungsbereitschaft zeigen
forgiving [fəˈgɪvɪŋ, AM fɚˈ-] *adj* nachsichtig; **~ nature/person** versöhnlicher Charakter/Mensch
forgo <-went, -gone> [fɔːˈgəʊ, AM fɔːrˈgoʊ] *vt* ■**to ~ sth** auf etw *akk* verzichten; **to ~ the chance** die Chance verpassen
forgone [fɔːˈgɒn, AM fɔːrˈgɑːn] *pp of* **forgo**
forgot [fəˈgɒt, AM fɚˈgɑːt] *pt of* **forget**
forgotten [fəˈgɒtᵊn, AM fɚˈgɑːt-] **I.** *pp of* **forget**
II. *adj* vergessen; ***some things are best ~ in the interests of a quiet life*** manche Dinge vergisst man besser im Interesse eines ruhigen Lebens
fork [fɔːk, AM fɔːrk] **I.** *n* ❶ (*cutlery*) Gabel *f*
❷ (*tool*) *garden* Gabel *f; farm* Heugabel *f,* Mistgabel *f*
❸ (*division*) Gabelung *f; branch* Astgabel *f;* ***take the left/right ~*** nehmen Sie die linke/rechte Abzweigung; **a ~ in the road/river** eine Straßen-/Flussgabelung
❹ *of bicycle* ■**~s** *pl* [Rad]gabel *f*
II. *vt* ❶ (*with tool*) ***he ~ed the fertilizer round the shrubs*** er verteilte den Dünger mit einer Gabel um die Büsche; ***the labourers were ~ing hay into the cart*** die Arbeiter luden mit einer Gabel Heu auf den Wagen
❷ (*with cutlery*) ***he was busy ~ing peas into his mouth*** er war damit beschäftigt, sich Erbsen mit der Gabel in den Mund zu schaufeln; ***she ~ed a slice of ham onto her plate*** sie holte sich mit der Gabel eine Scheibe Schinken auf den Teller; ***~ the meringue into peaks*** häufen Sie die Baisermasse mit der Gabel auf; ***she ~ed a pattern on the top of the cake*** sie zeichnete mit der Gabel Muster auf den Kuchen
III. *vi* ❶ (*also liter: divide*) sich *akk* gabeln
❷ (*go*) **to ~ left/right** nach links/rechts abzweigen
◆**fork out** (*fam*) **I.** *vi* ■**to ~ out [for sth]** [für etw *akk*] zahlen [*o fam* blechen]
II. *vt* **to ~ money out** ↔ **[for [*or* on] sth]** [für etw *akk*] Geld herausrücken [*o* lockermachen] *fam;* ***can you persuade him to ~ out the money for my trip to Alaska?*** kannst du ihn überreden, das Geld für meinen Alaska-Urlaub herauszurücken? *fam*
◆**fork over I.** *vi* AM, AUS (*fam*) ■**to ~ over [for sth]** [für etw *akk*] zahlen [*o fam* blechen]
II. *vt* ❶ (*turn*) ■**to ~ over** ↔ **sth** etw mit einer Gabel wenden; *bed* mit einer Gabel umgraben; *soil* mit einer Gabel lockern
❷ (*fam*) **to ~ over money [for sth]** [für etw *akk*] Geld herausrücken [*o* lockermachen] *fam; see also* **fork out II**
◆**fork up I.** *vi* (*fam*) ■**to ~ up [for sth]** [für etw [*o fam* blechen]] zahlen
II. *vt* ❶ (*put on fork*) ■**to ~ up** ↔ **sth** etw auf eine Gabel laden; ***she ~ed up the meringue into peaks*** sie häufte die Baisermasse mit der Gabel auf
❷ (*fig fam*) **to ~ up money [for sth]** [für etw *akk*] zahlen [*o fam* blechen]
forked [fɔːkt, AM fɔːrkt] *adj inv* gegabelt; **~ lightning** Linienblitz *m;* **~ tongue** gespaltene Zunge
► PHRASES: **to speak with a ~ tongue** mit gespaltener Zunge sprechen [*o* reden]
forkful [ˈfɔːkfʊl, AM ˈfɔːr-] *n* ■**a ~** eine Gabel voll
fork-lift *n,* **fork-lift truck** *n* Gabelstapler *m*
forlorn [fəˈlɔːn, AM fɔːrˈlɔːrn] *adj* ❶ (*alone*) einsam
❷ (*desolate*) verlassen; **~ place** trostlose Gegend
❸ *inv* (*despairing*) verzweifelt; **a ~ hope** verlorene Liebesmühe; **in the ~ hope** in der schwachen Hoffnung
forlornly [fəˈlɔːnli, AM fɔːrˈlɔːrn-] *adv* ❶ (*sadly*) unglücklich
❷ (*unsuccessfully*) vergeblich

form [fɔːm, AM fɔːrm] **I.** *n* ❶ (*type*) Form *f;* ***the medication is given in the ~ of an injection*** die Behandlung erfolgt in Form einer Spritze; ***we agreed on a ~ of words to ...*** wir einigten uns auf eine Formulierung, die ...; **a ~ of blackmail/disease/violence** eine Erpressungsart/Krankheitsform/Art von Gewalt; **~ of exercise** Sportart *f;* **~ of government** Regierungsform *f;* **a ~ of language** eine Sprachvariante; **~ of persuasion** Überredungskunst *f;* **in any [shape or] ~** in jeglicher Form; **~ of transport** Transportmittel *nt;* **a ~ of worship** eine Art der [Gottes]verehrung; **to take the ~ of sth** aus etw *dat* bestehen
❷ (*outward shape*) Gestalt *f; of an object* Umriss *m;* ***the lawn was laid out in the ~ of a figure eight*** der Rasen war in Form einer Acht angelegt; **to take ~** Form annehmen
❸ CHEM Form *f;* **in liquid/solid ~** in flüssiger/fester Form
❹ *no pl* ART, LIT, MUS Form *f*
❺ LING Form *f;* **the plural/singular/short ~ of a word** die Plural-/Singular-/Kurzform eines Wortes
❻ (*document*) Formular *nt;* **an application/entry ~** ein Bewerbungs-/Anmeldeformular *nt;* **to complete [*or* fill in] a ~** ein Formular ausfüllen
❼ *no pl* SPORTS (*of performance*) Form *f;* **to be in [*or* BRIT *also* on] [good/excellent/top] ~** in [guter/ausgezeichneter/Höchst-] Form sein; **on present ~** BRIT bei der derzeitigen Lage; ■**to be out of ~** nicht in Form sein
❽ *no pl* (*procedure*) Form *f;* **a matter of ~** eine Formsache; **for ~['s sake]** aus Formgründen; **to be bad ~** (*dated*) sich nicht gehören; **in due [*or* proper] ~** formgerecht; **to run true to ~** wie zu erwarten [ver]laufen; **to know the ~** BRIT den Brauch kennen; **what's the ~?** BRIT wie ist das übliche Verfahren?
❾ BRIT (*class*) Klasse *f;* (*secondary year group*) Schulstufe *f;* ***he's in the second ~ at the local comprehensive*** er geht in die Sekundarstufe I [*o bes* ÖSTERR 2. Klasse Mittelschule] der örtlichen Gesamtschule
❿ *no pl* BRIT (*sl: criminal record*) Vorstrafenregister *nt;* **to have ~** vorbestraft sein
⓫ BRIT (*dated: schoolbench*) [Schul]bank *f*
⓬ (*mould*) Gussform *f*
⓭ BRIT (*spec: hare's lair*) Lager *nt fachspr,* Sasse *f fachspr*
► PHRASES: **attack is the best ~ of defence** (*saying*) Angriff ist die beste Verteidigung
II. *vt* ❶ (*make shape*) ■**to ~ sth** etw bilden [*o* formen]; **to ~ a queue** eine Schlange bilden; ***they ~ed themselves into three lines*** sie stellten sich in drei Reihen auf; ***the clouds ~ed themselves into fantastic shapes*** die Wolken bildeten wunderbare Formen
❷ (*make*) ■**to ~ sth** etw formen; ***these islands were ~ed as a result of a series of underwater volcanic eruptions*** diese Inseln entstanden durch eine Reihe von Vulkanausbrüchen auf dem Meeresgrund
❸ (*set up*) **to ~ an alliance with sb** sich *akk* mit jdm verbünden; **to ~ a committee/government** ein Komitee/eine Regierung bilden; **to ~ a relationship** eine Verbindung eingehen; ***they ~ed themselves into a pressure group*** sie gründeten eine Pressuregroup
❹ LING **to ~ a sentence** einen Satz bilden
❺ (*form: influence*) ■**to ~ sth** etw prägen; **to ~ sb/[sb's] character** jdn/jds Charakter formen
❻ (*constitute*) ■**to ~ sth** etw bilden; **to ~ the basis of sth** die Grundlage einer S. *gen* bilden; **to ~ the core [*or* nucleus] of sth** den Kern einer S. *gen* bilden; **to ~ part of sth** Teil einer S. *gen* sein
III. *vi* sich *akk* bilden; *idea* Gestalt annehmen
◆**form up** *vi* MIL sich *akk* formieren; ■**to ~ up in sth** sich *akk* zu etw *dat* formieren
formal [ˈfɔːmᵊl, AM ˈfɔːr-] *adj* ❶ (*ceremonious*) förmell; **~ dress** Gesellschaftskleidung *f*
❷ (*serious*) förmlich; **~ person** förmliche Person; (*pej*) steife Person

❸ (*official*) offiziell; **~ education** ordentliche [Schul]bildung; **~ procedures** offizielles Verfahren
❹ (*laid out*) sorgfältig angelegt; **~ flower arrangement** symmetrisch angeordnetes Blumengesteck; **~ garden** architektonischer Garten
❺ (*nominal*) formal; **~ interest** höfliches Interesse
❻ (*form: of artistic form*) formal
formaldehyde [fɔːˈmældɪhaɪd, AM fɔːrˈ-] *n no pl* Formaldehyd *m*
formal documents *npl* ECON, FIN **~ documents** *förmlicher Schriftsatz, der alle Einzelheiten eines Übernahmeangebots aufführt*
formalin [ˈfɔːmᵊlɪn, AM ˈfɔːrmə-] *n no pl* CHEM Formalin *nt*
formalism [ˈfɔːmᵊlɪzᵊm, AM ˈfɔːr] *n* ❶ *no pl* (*exaggeration of formal aspects*) Formalismus *m,* [leeres] Formenwesen
❷ ART, LIT [ästhetischer] Formalismus
formalistic [ˌfɔːmᵊlˈɪstɪk, AM ˌfɔːr] *adj* formalistisch
formality [fɔːˈmæləti, AM fɔːrˈmæləṭi] *n* ❶ *no pl* (*ceremoniousness*) Förmlichkeit *f*
❷ *no pl* (*for form's sake*) Formalität *f;* **to be [just/merely] a ~** [eine] [reine] Formsache sein
❸ (*necessary activities*) ■**the formalities** *pl* die Formalitäten *fpl;* ECON, FIN **customs formalities** Zollformalitäten *pl*
formalize [ˈfɔːmᵊlaɪz, AM ˈfɔːrmə-] *vt* ❶ (*make official*) **to ~ an agreement/a procedure** eine Abmachung/ein Verfahren formell bekräftigen; ***they began as informal gatherings, but have become increasingly ~d in recent years*** sie fingen mit informellen Treffen an, aber in den letzten Jahren haben sie sich zunehmend regelmäßig getroffen
❷ (*give shape to*) **to ~ one's thoughts** seine Gedanken ordnen
formally [ˈfɔːmᵊli, AM ˈfɔːr-] *adv* ❶ (*ceremoniously*) formell
❷ (*officially*) offiziell
❸ (*for form's sake*) formal
format [ˈfɔːmæt, AM ˈfɔːr-] **I.** *n* ❶ (*of production*) Format *nt;* **two-colour ~** Zweifarbendruck *m*
❷ (*of organization*) Ablauf *m*
❸ COMPUT Format *nt*
II. *vt* <-tt-> COMPUT **to ~ a disk/a text** eine Diskette/einen Text formatieren
formation [fɔːˈmeɪʃᵊn, AM fɔːrˈ-] *n* ❶ *no pl* (*creation*) Bildung *f;* **process of ~** Entstehungsprozess *m*
❷ (*shape*) Formation *f;* **a cloud/rock ~** eine Wolkenbildung/Gesteinsformation
❸ *usu sing* MIL Formation *f;* **in battle ~** in Gefechtsformation; **in [close] ~** in [enger [*o* geschlossener]] Formation
formation dancing *n no pl* Formationstanz *m*
formation flying *n no pl* Formationsflug *m*
formative [ˈfɔːmətɪv, AM ˈfɔːrməṭɪv] *adj* prägend; **the ~ years** die prägenden [*o* entscheidenden] Jahre
formatter [ˈfɔːmætəʳ, AM ˈfɔːrmæṭɚ] *n* COMPUT Formatierungsprogramm *nt*
forme [fɔːm, AM fɔːr] *n* TYPO [Druck]form *f*
former [ˈfɔːməʳ, AM ˈfɔːrmɚ] **I.** *adj attr, inv* ❶ (*previous*) ehemalige(r, s), frühere(r, s); **to restore sth to its ~ glory** etw wieder in seinem alten Glanz erstrahlen lassen; **in a ~ life** in einem früheren Leben
❷ (*first of two*) erstere(r, s)
II. *n* ■**the ~** der/die/das Erstere
-former [ˈfɔːməʳ] *in compounds* BRIT SCH -klässler(in) *m(f);* **third/fourth ~** Dritt-/Viertklässler(in) *m(f)*
formerly [ˈfɔːməˈli, AM ˈfɔːrmɚ-] *adv inv* früher
form feed *n* COMPUT Papiereinzug *m*
Formica® [fɔːˈmaɪkə, AM fɔːrˈ-] *n no pl* Resopal® *nt*
formic acid [ˌfɔːmɪkˈ-, AM ˌfɔːr-] *n no pl* Ameisensäure *f,* Methansäure *f fachspr*
formidable [ˈfɔːmɪdəbl̩, AM ˈfɔːrmə-] *adj* ❶ (*difficult*) schwierig; (*enormous*) riesig; (*tremendous*) kolossal *fam;* **~ adversary** schwieriger Gegner/schwierige Gegnerin; **~ obstacle** ernstliches Hindernis; **~ opposition** erbitterter Widerstand; **~ person** Furcht erregende Person; **~ task** schwierige

Aufgabe
❷ (*powerful*) eindrucksvoll

formidably ['fɔːmɪdəbli, AM 'fɔːrmə-] *adv* ungeheuer; ***how will he succeed with these forces so ~ ranged against him?*** wie kann er Erfolg haben, wenn sich alles gegen ihn verschworen hat?

forming ['fɔːmɪŋ, AM 'fɔːr-] *n no pl* ECON, FIN Gründung *f*

formless ['fɔːmləs, AM 'fɔːr-] *adj* formlos

formlessness ['fɔːmləsnəs, AM 'fɔːr-] *n no pl* Formlosigkeit *f*, Gestaltlosigkeit *f*

form letter *n* Briefvorlage *f*, Standardbrief *m* **form room** *n* BRIT Klassenzimmer *nt* **form teacher** *n* BRIT Klassenlehrer(in) *m(f)*, Klassenvorstand *m* ÖSTERR

formula <*pl* -s *or* -e> ['fɔːmjələ, AM 'fɔːrmjʊ-, *pl* -liː] *n* ❶ (*rule*) Formel *f* (**for** für +*akk*); **a chemical/mathematical ~** eine chemische/mathematische Formel
❷ ECON (*recipe for product*) Formel *f*
❸ (*plan*) Rezept *nt fig*; **~ for success** Erfolgsrezept *nt*
❹ (*for book*) Schema *nt*
❺ (*of words*) Formel *f*; (*formulation*) Formulierung *f*
❻ *no pl* (*baby food*) Babymilchpulver *nt*

formulaic [ˌfɔːmjə'leɪɪk, AM ˌfɔːrmjʊ-] *adj* (*pej*) formelhaft

formula investing *n no pl* ECON, FIN Anlage *f* nach festen Kriterien

Formula One *n* Formel 1 *f*

formulate ['fɔːmjəleɪt, AM 'fɔːrmjʊ-] *vt* ■**to ~ sth** ❶ (*draw up*) etw ausarbeiten; **to ~ a law** ein Gesetz formulieren; **to ~ a theory** eine Theorie entwickeln
❷ (*articulate*) etw formulieren [*o* in Worte fassen]

formulation [ˌfɔːmjə'leɪʃᵊn, AM ˌfɔːrmjʊ'-] *n* ❶ *no pl* (*drawing up*) *of plan, strategy, theory* Entwicklung *f*; *of law* Fassung *f*
❷ (*articulation*) Formulierung *f*
❸ (*mixture*) Rezeptur *f*

formwork ['fɔːmwɜːk, AM 'fɔːrmwɜːrk] *n no pl* ARCHIT Verschalung *f*

fornicate ['fɔːnɪkeɪt, AM 'fɔːr-] *vi* (*old or hum*) ■**to ~** [**with sb**] [mit jdm] Unzucht treiben *veraltend*

fornication [ˌfɔːnɪ'keɪʃᵊn, AM ˌfɔːr-] *n no pl* (*old or hum*) Unzucht *f veraltend*

fornicator ['fɔːnɪkeɪtəʳ, AM 'fɔːrnɪkeɪt̬ɚ] *n* (*old*) Hurenbock *m pej fam*

for-profit [fə'prɒfɪt, AM fɚ'prɑː-] *adj attr* Gewinnerwirtschaftungs-

forsake <forsook, -n> [fə'seɪk, AM fɔːr'-] *vt* (*liter*) ❶ (*old: abandon*) ■**to ~ sb** jdn verlassen; ***his nerve forsook him*** er verlor die Nerven
❷ (*give up*) ■**to ~ sth** etw aufgeben
❸ (*old liter: leave*) ■**to ~ sth** etw verlassen; **like rats forsaking a sinking ship** wie Ratten das sinkende Schiff verlassen *prov*

forsaken [fə'seɪkᵊn, AM fɔːr'-] **I.** *pp of* **forsake**
II. *adj* (*neglected*) verwahrlost

forseeability [fɔːˌsiːə'bɪləti, AM fɔːrˌsiːə'bɪlət̬i] *n* LAW **~ test** Prüfung *f*, ob Fahrlässigkeit vorliegt

forsook [fə'sʊk, AM fɔːr'-] *pt of* **forsake**

forswear <-swore, -sworn> [fɔː'sweəʳ, AM fɔːr'swer] *vt* (*old: give up*) ■**to ~ sth** etw *dat* abschwören *geh*; ***during the boycott many citizens forswore the buying of goods from this country*** während des Boykotts lehnten es viele Bürger und Bürgerinnen strikt ab, Waren aus diesem Land zu kaufen

forswore [fɔː'swɔːʳ, AM fɔːr'swɔːr] *pt of* **forswear**

forsworn [fɔː'swɔːn, AM fɔːr'swɔːrn] *pp of* **forswear**

forsythia [fɔː'saɪθiə, AM fɔːr'sɪθ-] *n* BOT Forsythie *f*

fort [fɔːt, AM fɔːrt] *n* Fort *nt*, Festung *f*
▸ PHRASES: **to hold the ~** die Stellung halten

forte ['fɔːteɪ, AM 'fɔːr-] **I.** *n usu sing* Stärke *f*; ■**to not be sb's ~** nicht jds Stärke sein
II. *adv* MUS forte

forth [fɔːθ, AM fɔːrθ] *adv inv* ❶ (*form*) **to put ~ roots/shoots** Wurzeln treiben/Triebe hervorbringen
❷ [**and so on**] **and so ~** und so weiter [und so fort]; **back and ~** vor und zurück; **to go/set ~** hinausgehen/ausziehen; **to pace back and ~** auf und ab gehen
❸ (*form: forward*) nach vorne
❹ (*form: in time*) weiter; **from that day ~** von jenem Tag an

forthcoming [ˌfɔːθ'kʌmɪŋ, AM ˌfɔːr-] *adj* ❶ *attr, inv* (*planned*) bevorstehend
❷ (*coming out soon*) in Kürze erscheinend; **~ film** in Kürze anlaufender Film
❸ *pred, inv* (*available*) verfügbar; ■**to be ~** [**from sb**] [von jdm] zur Verfügung gestellt werden; ***no explanation for his absence was ~*** für seine Abwesenheit gab es keine Erklärung; ***the promised answer to this question has not yet been ~*** die versprochene Antwort auf diese Frage ist noch nicht erfolgt
❹ *pred* ■**to be ~** (*informative*) mitteilsam sein; (*helpful*) hilfsbereit sein; (*courteous*) zuvorkommend sein; ■**to be ~ about sth** über etw *akk* offen sprechen

forthright ['fɔːθraɪt, AM 'fɔːr-] *adj* direkt; ■**to be ~ about sth** unumwunden über etw *akk* sprechen

forthrightly ['fɔːθraɪtli, AM 'fɔːr-] *adv* offen, freimütig

forthrightness ['fɔːθraɪtnəs, AM 'fɔːr-] *n no pl* Freimütigkeit *f*; ***she's never forgiven Martin for his ~ about the quality of her work*** sie hat Martin nie seine offen geäußerte Meinung über die Qualität ihrer Arbeit verziehen

forthwith [ˌfɔːθ'wɪθ, AM ˌfɔːr-] *adv inv* (*form*) unverzüglich

forties ['fɔːtiz, AM 'fɔːrt̬iz] *npl* ❶ (*numbers*) ■**the ~** die Vierziger; ***the temperature seldom rises above the ~*** die Temperatur steigt selten über vierzig Grad Fahrenheit [an]; ■**in the ~** in den Vierzigern
❷ (*age*) ■**one's ~** die Vierziger; ***she must be in her ~*** sie muss in den Vierzigern sein; [**in**] **one's early/late ~** Anfang/Ende vierzig
❸ (*of century*) ■**the ~** die vierziger Jahre; **~' fashions/music** die Mode/Musik der vierziger Jahre
❹ GEOG ■**the F~** *Gebiet der Nordsee zwischen Schottland und Norwegen;* **the Roaring F~** *stürmisches Meergebiet zwischen dem 40. und 50. südlichen Breitengrad*

fortieth ['fɔːtiəθ, AM 'fɔːrt̬i-] **I.** *adj inv* vierzigste(r, s); *see also* **eighth I**
II. *n* ❶ (*order*) ■**the ~** der/die/das Vierzigste; *see also* **eighth II 1**
❷ (*fraction*) Vierzigstel *nt*
III. *adv inv* vierzigstens

fortification [ˌfɔːtɪfɪ'keɪʃᵊn, AM ˌfɔːrt̬ə-] *n* ❶ *no pl* (*reinforcing*) Befestigung *f*
❷ (*reinforcement*) ■**~s** *pl* Befestigungsanlagen *fpl*

fortified ['fɔːtɪfaɪd, AM 'fɔːrt̬ə-] *adj place* befestigt; *person* bestärkt; *food* angereichert

fortified wine *n* Dessertwein *m*

fortify <-ie-> ['fɔːtɪfaɪ, AM 'fɔːrt̬ə-] *vt* ❶ MIL ■**to ~ sth** [**with sth**] etw [mit etw *dat*] befestigen
❷ (*strengthen*) ■**to ~ oneself** [**with sth**] sich *akk* [mit etw *dat*] stärken; **to ~** [**sb's**] **confidence/resolve** (*form*) jds Selbstvertrauen/Entschlusskraft stärken
❸ *usu passive* (*enrich*) ■**to be fortified** [**with sth**] [mit etw *dat*] angereichert sein; ***the fruit drink is fortified with vitamin C*** der Fruchtsaft ist mit Vitamin C angereichert

fortissimo [fɔː'tɪsɪməʊ, AM fɔːr'tɪsəmoʊ] *adv* MUS fortissimo

fortitude ['fɔːtɪtjuːd, AM 'fɔːrt̬ətuːd, -tjuːd] *n no pl* (*form*) [innere] Stärke

Fort Knox [ˌfɔːt'nɒks, AM ˌfɔːrt'nɑːks] *n no pl* Fort Knox *nt*; ***their house is like ~*** (*hum*) ihr Haus wird bewacht wie Fort Knox

fortnight ['fɔːtnaɪt, AM 'fɔːrt-] *n usu sing esp* BRIT, AUS zwei Wochen, vierzehn Tage; **a ~'s holiday/stay** ein zweiwöchiger [*o* vierzehntägiger] Urlaub/Aufenthalt; **a ~ on Monday** [*or* BRIT *fam* **on Monday ~**] Montag in zwei Wochen [*o* vierzehn Tagen]; **in a ~**['**s time**] in zwei Wochen [*o* vierzehn Tagen]; **once a ~** [einmal] alle zwei Wochen [*o* vierzehn Tage]

fortnightly ['fɔːtnaɪtli, AM 'fɔːrt-] *inv* **I.** *adj* vierzehntägig
II. *adv* alle zwei Wochen [*o* vierzehn Tage]

fortress <*pl* -es> ['fɔːtrəs, AM 'fɔːr-] *n* Festung *f*

fortuitous [fɔː'tjuːɪtəs, AM fɔːr'tuːət̬əs] *adj* (*form*) zufällig

fortuitously [fɔː'tjuːɪtəsli, AM fɔːr'tuːət̬-] *adv* (*form*) zufällig

fortuitousness [fɔː'tjuːɪtəsnəs, AM fɔːr'tuːət̬-] *n no pl* (*form*) Zufälligkeit *f*

fortunate ['fɔːtʃᵊnət, AM 'fɔːr-] *adj* ❶ (*lucky*) glücklich; ***I feel I'm a very ~ person having so many choices*** ich schätze mich sehr glücklich, so viele Wahlmöglichkeiten zu haben; ■**to be ~** Glück haben; ***you're very ~ to have found such a pleasant house*** Sie können von Glück sagen, dass Sie so ein schönes Haus gefunden haben; ***we were particularly ~ in the weather*** wir hatten besonderes Glück mit dem Wetter; ■**it is ~** [**for sb**] **that …** es ist [jds] Glück, dass …; **to count oneself ~** sich *akk* glücklich schätzen
❷ (*well-off*) vom Glück begünstigt

fortunately ['fɔːtʃᵊnətli, AM 'fɔːr-] *adv inv* zum Glück; ***~ for him, the referee was looking the other way*** zu seinem Glück sah der Schiedsrichter gerade in die andere Richtung

fortune ['fɔːtʃuːn, AM 'fɔːrtʃən] *n* ❶ (*money*) Vermögen *nt*; **fame and ~** Ruhm und Reichtum; **a small ~** (*fam*) ein kleines Vermögen; **to be worth a ~** (*fam*) ein Vermögen wert sein; **to cost a ~** (*fam*) ein Vermögen kosten; **to make a/one's ~** zu Reichtum kommen, ein Vermögen machen
❷ *no pl* (*form: luck*) Schicksal *nt*; **a stroke of good ~** ein Glücksfall *m*; **good/ill ~** Glück/Pech *nt*; **to have the good ~ to do sth** das Glück haben, etw zu tun; **to read/tell sb's ~** jds Schicksal vorhersagen; **to seek one's ~** sein Glück suchen
❸ *no pl* (*liter: luck personified*) Glück *nt*, Fortuna *f geh*; ***~ always seems to be smiling on him*** Fortuna scheint ihm immer gewogen zu sein *geh*
❹ (*sb's fate*) ■**~s** *pl* Geschick *nt*; **the ~s of war** die Wechselfälle [*o* das Auf und Ab] des Krieges
▸ PHRASES: **the slings and arrows of** [**outrageous**] **~** BRIT die Stricke und Fallen des [entfesselten] Schicksals; **~ favours the brave** (*prov*) das Glück ist mit den Tüchtigen

fortune cookie *n* Glückskeks *m* ÖSTERR *a. nt*

Fortune 500 ['fɔːtʃuːn-, AM 'fɔːrtʃən-] *n* ECON, FIN *Liste der 500 größten amerikanischen Unternehmen, ernannt von 'Fortune' Magazine* **fortune hunter** *n* (*pej*) Mitgiftjäger *m pej veraltend* **fortune teller** *n* Wahrsager(in) *m(f)*

forty ['fɔːti, AM 'fɔːrt̬i] **I.** *adj* ❶ (*number*) vierzig; *see also* **eight I 1**
❷ (*age*) vierzig; ***he must be pushing ~*** (*fam*) er geht stark auf die Vierzig zu; **to be fair, fat and ~** BRIT den Zenith überschritten haben *geh*; *see also* **eight I 2**
▸ PHRASES: **to have** [*or* AM **take**] **~ winks** (*fam*) ein Nickerchen machen *fam*
II. *n* ❶ (*number*) Vierzig *f*
❷ (*age*) **to be in one's forties** in den Vierzigern sein; **to be in one's early/mid/late forties** Anfang/Mitte/Ende vierzig sein
❸ (*decade*) ■**the forties** *pl* die vierziger [*o* 40er] Jahre, die Vierziger
❹ (*temperature*) **to be in the forties** um die 40 Grad Fahrenheit kalt sein
❺ (*fam: speed*) vierzig; **to be doing** [*or* **driving**] **~** vierzig fahren

fortyish ['fɔːtiɪʃ, AM 'fɔːrt̬-] *adj pred* ■**to be ~** um die vierzig sein

forty-niner *n* Goldgräber *m* (*während des Goldrausches 1849 in Kalifornien*)

forty-track disk *n* COMPUT Diskette *f* mit 40 Spuren

forum ['fɔːrəm] *n* ❶ <*pl* -s> (*for discussion*)

Forum *nt;* **a ~ for debate** ein Diskussionsforum *nt*
❷ <*pl* fora> HIST (*in ancient Rome*) Forum *nt,* [Markt]platz *m*
❸ LAW Gerichtsstand *m*

forward [ˈfɔːwəd, AM ˈfɔːrwəd] **I.** *adv* ❶ (*towards front*) nach vorn[e]; ***the traffic moved ~ slowly*** der Verkehr bewegte sich langsam vorwärts; ***there was a general movement ~*** es gab eine allgemeine Vorwärtsbewegung; **to lean ~** sich *akk* vorlehnen; **to be backwards in coming ~** (*fig*) sich *akk* nur zögerlich melden
❷ (*fig: progress*) weiter; **a leap/step ~** ein Sprung/Schritt nach vorn[e]; **to be [no] further ~** [nicht] weiter sein
❸ (*close to front*) vorn[e]; ■**to be ~ of sth** vor etw *dat* liegen [*o* gelegen sein]; ***all the main cargo holds are ~ of the bridge*** alle Hauptfrachträume liegen vor der Brücke
❹ (*earlier in time*) ***we brought the starting time ~ an hour*** wir verlegten die Startzeit eine Stunde vor; **to put the clock/one's watch ~** die Uhr/seine Armbanduhr vorstellen
❺ (*form: onwards in time*) **from that day/time ~** von jenem Tag/jener Zeit an
II. *adj* ❶ *attr, inv* (*towards front*) Vorwärts-; **~ movement** Vorwärtsbewegung *f;* **~ gear** AUTO Vorwärtsgang *m;* **a ~ pass** SPORTS Vorpass *m*
❷ (*near front*) vordere(r, s)
❸ MIL (*close to enemy*) vordere(r, s)
❹ *attr, inv* (*of future*) voraus-; **~ look** Vorschau *f;* **~ planning** Vorausplanung *f*
❺ (*for future delivery*) Termin-; **~ buying** Terminkauf *m*
❻ (*also pej: bold*) vorlaut
❼ (*fig: judicious*) **~ step** Schritt *m* nach vorn
❽ HORT (*early*) frühe(r, s); (*nearing maturity*) frühreif
III. *n* SPORTS Stürmer(in) *m(f);* **centre ~** Mittelstürmer(in) *m(f)*
IV. *vt* ❶ (*pass on*) ■**to ~ sth [to sb]** etw [an jdn] weiterleiten; **"please ~"** „bitte nachsenden"
❷ (*form: send*) ■**to ~ sb sth [*or* sth to sb]** jdm etw senden
❸ (*form: help to progress*) ■**to ~ sth** etw vorantreiben; **to ~ sb's interests** jds Interessen vertreten

forwardation [ˌfɔːwəˈdeɪʃən, AM ˌfɔːrwə-] *n* ECON, FIN *Situation, in der der Kassapreis niedriger als der Preis für die Terminware ist*

forward buyer *n* STOCKEX Terminkäufer(in) *m(f)* **forward buying** *n no pl* STOCKEX Terminkauf *m* **forward coffee exchange** *n no pl* STOCKEX Kaffeeterminbörse *f* **forward commodity** *n* STOCKEX Terminware *f* **forward cotton exchange** *n no pl* STOCKEX Baumwollbörse *f* **forward cover** *n* STOCKEX Terminsicherung *f* **forward deal** *n,* **forward dealings** *n* STOCKEX Termingeschäft *nt* **forward delivery** *n* STOCKEX Terminlieferung *f* **forward exchange** *n* STOCKEX Devisenterminmarkt *m,* Devisenterminbörse *f;* **~ dealing** Devisenhandel *m*

forwarding address *n* Nachsendeadresse *f* **forwarding agent** *n* BRIT Spediteur(in) *m(f)*

forward-looking *adj* vorausschauend, zukunftsorientiert **forward margin** *n* FIN Spanne *f* zwischen Kassapreis und Terminpreis **forward market** *n* STOCKEX Terminmarkt *m*

forwardness [ˈfɔːwədnəs, AM ˈfɔːrwəd-] *n no pl* (*pej*) Dreistigkeit *f*

forward option *n* STOCKEX Terminoption *f* **forward purchase** *n* STOCKEX Terminkauf *m* **forward quotation** *n* STOCKEX Terminnotierung *f* **forward rate** *n* STOCKEX Terminkurs *m*

forwards [ˈfɔːwədz, AM ˈfɔːrwə-] *adv see* **forward**

forward sale *n* STOCKEX Terminverkauf *m* **forward securities** *npl* STOCKEX Terminpapiere *ntpl* **forward trading** *n no pl* STOCKEX Börsenterminhandel *m*

forwent [fɔːˈwent, AM fɔːr-] *pt of* **forgo**

Fosbury flop [ˈfɒzbəri-, AM ˈfɑːzbəri-] *n* (*high-jump style*) Fosburyflop *m*

fossick [ˈfɒsɪk] *vi* AUS, NZ (*fam*) ■**to ~ about in [*or* through] sth** in etw *dat* herumsuchen *fam*

fossil [ˈfɒsəl, AM ˈfɑː-] **I.** *n* ❶ GEOL Fossil *nt*
❷ (*pej fam: person*) Fossil *nt;* **an old ~** ein altes Fossil
II. *adj attr, inv* versteinert

fossil fuel *n* fossiler Brennstoff

fossilization [ˌfɒsəlaɪˈzeɪʃən, AM ˌfɑːsəlɪ-] *n no pl* Versteinerung *f,* Fossilisation *f geh*

fossilize [ˈfɒsəlaɪz, AM ˈfɑːsə-] **I.** *vi* versteinern, fossilisieren *geh*
II. *vt usu passive* ■**to be ~d** versteinert sein/werden

fossilized [ˈfɒsəlaɪzd, AM ˈfɑːsə-] *adj* ❶ *inv* (*turned into rock*) versteinert, fossilisiert *geh*
❷ (*pej fam: outdated*) verknöchert

foster [ˈfɒstəʳ, AM ˈfɑːstɚ] **I.** *vt* ❶ (*as family*) ■**to ~ sb** jdn aufziehen
❷ (*encourage development*) ■**to ~ sth [in sb]** etw [bei jdm] fördern; ***what is the best way to ~ democracy in former communist countries?*** wie kann man am besten die Demokratie in den ehemaligen kommunistischen Staaten begünstigen?
II. *vi* ein Kind in Pflege nehmen
III. *n modifier* (*brother, child, family, home, mother, parents*) Pflege-

fought [fɔːt, AM *esp* fɑːt] *pt, pp of* **fight**

foul [faʊl] **I.** *adj* ❶ (*dirty*) verpestet; **~ air** stinkende Luft; **~ smell/stench** fauler Geruch/Gestank; **~ taste** schlechter Geschmack; **~ water** schmutziges Wasser
❷ (*unpleasant*) grauenhaft, schrecklich; **~ mood [*or* temper]** fürchterliche Stimmung [*o* Laune]; ■**to be ~ to sb** abscheulich zu jdm sein
❸ (*morally objectionable*) schmutzig, unanständig; **by fair means or ~** auf faire oder unfaire Weise
❹ (*of words*) **~ word** Schimpfwort *nt;* ***she called him a lot of ~ names*** sie beschimpfte ihn heftig; **to have a ~ mouth** ein loses Maul haben *fam*
❺ (*old: wicked*) schändlich
❻ **to fall ~ of sb** mit jdm in Konflikt geraten
II. *n* SPORTS Foul *nt* (**on** an +*dat*)
III. *vt* ❶ (*pollute*) ■**to ~ sth** etw verschmutzen
❷ *esp* BRIT (*defecate on*) ■**to ~ sth** etw beschmutzen [*o geh* verunreinigen]
❸ SPORTS ■**to ~ sb** jdn foulen
❹ NAUT (*collide with*) ■**to ~ sth** etw rammen
▶ PHRASES: **to ~ one's own nest** das eigene Nest beschmutzen

◆**foul up I.** *vt* ■**to ~ up ↔ sth** ❶ *esp* BRIT (*block*) etw blockieren [*o* verklemmen]; (*entangle*) sich *akk* in etw *akk* verwickeln; ***something's got stuck inside and is ~ing up the mechanism*** irgendwas ist innen drin stecken geblieben und blockiert jetzt den Mechanismus; ***the seaweed ~ed up the propeller*** der Seetang verhedderte sich in der Schraube
❷ (*fam: spoil*) etw verpatzen [*o fam* vermasseln]
II. *vi* ❶ (*stop working*) sich *akk* aufhängen *fam*
❷ (*fam: spoil things*) Mist bauen *pej fam*

foulard [ˈfuːlɑː(d), AM fuːˈlɑːrd] *n* Halstuch *nt* aus Foulard [*o* Kunstseide], Foulard *nt* SCHWEIZ

foul ball *n* (*in baseball*) Aus-Schlag *m* **foul line** *n* (*in baseball*) *Linie vom Ziel über das 1. und 3. Mal bis zur Spielfeldgrenze*

foully [ˈfaʊlli] *adv* ❶ (*badly*) übel, schlimm
❷ (*indecently*) anstößig, gemein, unfair
❸ (*feloniously*) verbrecherisch, ruchlos *geh*

foul-mouthed *adj* unflätig

foulness [ˈfaʊlnəs] *n no pl* ❶ (*dirtiness*) Schmutzigkeit *f;* **~ of a smell** schlechter Geruch; (*stronger*) Gestank *m*
❷ (*unpleasantness*) Schlechtigkeit *f*
❸ (*coarseness*) Verdorbenheit *f*

foul play *n no pl* ❶ (*criminal activity*) Verbrechen *nt;* **~ is not suspected** ein Verbrechen wird ausgeschlossen ❷ SPORTS Foulspiel *nt,* unfaires Spiel

foul-up *n* Fehler *m*

found¹ [faʊnd] *pt, pp of* **find**

found² [faʊnd] *vt* ❶ (*establish*) ■**to ~ sth** etw gründen
❷ (*base*) ■**to ~ sth on sth** etw auf etw *dat* gründen; ***her lawyer accused the prosecution of ~ing its case on insufficient evidence*** ihre Anwältin beschuldigte die Anklage, den Fall auf ungenügenden Beweisen aufzubauen
❸ *usu passive* (*build*) ■**to be ~ed on sth** auf etw *dat* errichtet sein

found³ [faʊnd] *vt* ■**to ~ sth** etw gießen; (*melt*) etw [ein]schmelzen

foundation [ˌfaʊnˈdeɪʃən] *n* ❶ *usu pl* (*of building*) Fundament *nt;* **to lay the ~[s] [of [*or* for] sth]** das Fundament [zu etw *dat*] legen; **to shake sth to its ~s** etw in seinem Fundament erschüttern
❷ *usu pl* (*fig: basis*) Basis *f;* **to lay the ~[s] [of [*or* for] sth]** den Grundstein [zu etw *dat*] legen; **to shake sth to its ~s** etw in seinen Grundfesten erschüttern
❸ *no pl* (*evidence*) Grundlage *f;* **to have no [*or* be without] ~** der [*o* jeglicher] Grundlage entbehren *geh*
❹ *no pl* (*establishing*) Gründung *f*
❺ (*organization*) Stiftung *f*
❻ *no pl* (*of make-up*) Grundierung *f*

foundation course *n* BRIT SCH Grundkurs *m;* UNIV Einführungskurs *m* **foundation cream** *n no pl* Grundierung *f* **foundation garment** *n* Mieder *nt* **foundation stone** *n* Grundstein *m;* **to lay the ~** den Grundstein legen **foundation subject** *n* BRIT Pflichtfach *nt,* Pflichtgegenstand *m* ÖSTERR

founder [ˈfaʊndəʳ, AM -ɚ] **I.** *n* ❶ (*person who founds sth*) Gründer(in) *m(f);* ECON, FIN **~'s shares** Gründeraktien *pl*
❷ (*maker of metal objects*) Gießer(in) *m(f);* **iron ~** Eisengießer(in) *m(f)*
II. *vi* ❶ (*sink*) sinken
❷ (*fig: fail*) scheitern; ***they acted too late to prevent the project from ~ing*** man handelte zu spät, um das Projekt noch vor dem Scheitern zu bewahren

founder member *n* Gründungsmitglied *nt*

founding [ˈfaʊndɪŋ] *n no pl* Gründung *f*

founding father *n* Begründer *m* **Founding Fathers** *npl* ■**the ~** AM die Gründerväter **founding member** *n* Gründungsmitglied *nt* **founding mother** *n* Begründerin *f*

foundling [ˈfaʊndlɪŋ] *n* (*dated*) Findelkind *nt,* Findling *m*

foundry [ˈfaʊndri] *n* Gießerei *f*

fount [faʊnt] *n* ❶ (*source*) Quelle *f;* **to be the ~ of all knowledge/wisdom** (*hum*) die Quelle allen Wissens/aller Weisheit sein
❷ (*old liter*) Brunnen *m,* Born *m poet*

fountain [ˈfaʊntɪn, AM -tən] **I.** *n* ❶ (*ornamental jet*) Brunnen *m;* **drinking ~** Trinkbrunnen *m;* **the Trevi F~** der Trevibrunnen
❷ (*fig: spray*) Schwall *m;* **~ of water** Wasserstrahl *m*
❸ (*liter: source*) Quelle *f*
II. *vi* spritzen

fountainhead [ˈfaʊntɪnhed, AM tən] *n* (*also fig*) Quelle *f,* Ursprung *m* **fountain pen** *n* Füllfederhalter *m,* Füllfeder *f bes* ÖSTERR, SÜDD, SCHWEIZ

four [fɔːʳ, AM fɔːr] **I.** *adj* ❶ (*number*) vier; ***they're sold in packets of ~*** das wird in einer Viererpackung verkauft; ***after ringing the bell ~ times we …*** nachdem wir viermal geklingelt hatten, …; **a family of ~** eine vierköpfige Familie; **~ and a quarter/half** viereinviertel/viereinhalb; **~ times the amount of …** viermal so viel …; **one in ~ [people]** jeder Vierte; *see also* **eight 1**
❷ (*age*) vier; ***a boy of ~*** ein vierjähriger Junge; *see also* **eight 2**
❸ (*time*) **to be ~ [o'clock]** vier [Uhr] sein; **half past ~ [*or* BRIT *fam* half ~]** halb fünf; **at ~ thirty** um halb fünf, um vier Uhr dreißig; **at ~ forty-five** um Viertel vor fünf [*o* drei viertel fünf]; *see also* **eight 3**
II. *n* ❶ (*number, symbol*) Vier *f*
❷ (*in rowing*) Vierer *m;* (*four runs: cricket*) vier Punkte; **to hit a ~** vier Punkte erzielen
❸ BRIT (*clothing size*) [Kleidergröße] 30; AM (*clothing size*) [Kleidergröße] 34; BRIT (*shoe size*) [Schuhgröße] 37; AM (*shoe size*) [Schuhgröße] 35
❹ CARDS Vier *f;* **~ of clubs/hearts** Kreuz-/Herz-Vier

f
❺ (*public transport*) **the ~** die Vier
❻ (*group of four*) Vierergruppe *f;* ***get into ~s, please children!*** stellt euch bitte in Viererpaaren auf, Kinder!
❼ (*on hands and knees*) **to be on all ~s** auf allen Vieren sein; ***he was on all ~s and the children were riding on his back*** er war auf allen Vieren und die Kinder ritten auf seinem Rücken; ***we got down on all ~s to crawl through the gap in the hedge*** wir sind auf allen Vieren durch das Loch in der Hecke gekrochen

four-by-four *n* AM AUTO allrad-/vierradangetriebenes Auto **four-dimensional** *adj inv* vierdimensional **four-door** *adj* viertürig **four-eyes** *n + sing vb* (*hum pej! sl*) Brillenschlange *f hum pej fam* **fourfold** I. *adj* vierfach II. *adv* vierfach; **to increase ~** um das Vierfache steigen **four-footed** *adj inv* vierfüßig **four-handed** *adj inv* ❶ (*for four people*) für vier Personen *nach n;* ***bridge is a ~ game*** Bridge ist ein Spiel für vier Personen ❷ (*for two pianists*) vierhändig **four-leaf clover** *n,* **four-leaved clover** *n* vierblättriges Kleeblatt **four-legged** *adj inv* vierbeinig; **a ~ friend** (*euph*) ein vierbeiniger Freund **four-letter word** *n* ❶ (*swearword*) Schimpfwort *nt;* (*dirty word*) unanständiges Wort ❷ (*hum: taboo word*) Tabuwort *nt*

404 [ˌfɔːrəʊˈfɔːʳ, AM -oʊˈfɔːr] *adj pred* (*fam*) ratlos; ■**to be ~** keine Ahnung haben

four-pack *n* Viererpack *m* **four-ply** I. *n* vierfädige [Strick]wolle II. *adj of paper* vierlagig; *of wool* vierfädig **four-poster** *n,* **four-poster bed** *n* Himmelbett *nt* **fourscore** *adj* (*liter or old*) achtzig **four-seater** *n* Viersitzer *m* **foursome** *n* ❶ (*of people*) Vierergruppe *f,* Quartett *nt oft iron;* **to make up a ~** eine Vierergruppe bilden ❷ (*of golf players*) Vierer *m* **four-speed** *adj inv* mit Viergangschaltung *nach n;* **~ gearbox** Vierganggetriebe *nt* **four-square** *adj* ❶ (*solid*) *building* klotzig *pej; person, physique* robust ❷ (*resolute*) standhaft, unerschütterlich; **to be/stand ~ behind sb/sth** fest hinter jdm/etw stehen **four-star** *adj inv* Viersterne- **four-star petrol** *n no pl* BRIT Super[benzin] *nt* **four-stroke** *adj* Viertakt-; **~ engine** Viertaktmotor *m*

fourteen [ˌfɔːˈtiːn, AM ˌfɔːrˈ-] I. *adj* ❶ (*number, age*) vierzehn; ***there are ~ of us*** wir sind vierzehn [*o* zu vierzehnt]; *see also* **eight I 1, 2**
❷ (*time*) **~ hundred hours** *spoken* vierzehn Uhr; **1400 hours** *written* 14:00; **at ~ thirty** um vierzehn Uhr dreißig [*o* 14:30] [*o* halb drei]; *see also* **eight I 3**
II. *n* Vierzehn *f*

fourteenth [ˌfɔːˈtiːnθ, AM ˌfɔːrˈ-] I. *adj* vierzehnte(r, s)
II. *n* ❶ (*fraction*) Vierzehntel *nt*
❷ (*day of month*) ■**the ~** der Vierzehnte

fourth [fɔːθ, AM fɔːrθ] I. *adj* vierte(r, s)
II. *n* ❶ (*order*) **the ~** der/die/das Vierte *f(m); see also* **eighth II 1**
❷ (*date*) **the ~ [of the month]** *spoken* der Vierte [des Monats]; **the 4th [of the month]** *written* der 4. [des Monats]; **on the ~ of February** am vierten Februar; **the F~ of July** der vierte Juli (*Nationalfeiertag in den USA*)
❸ (*in titles*) **George the F~** George der Vierte; *see also* **eighth II 3**
❹ (*fraction*) Viertel *nt*
❺ AUTO (*fourth gear*) vierter Gang; ***you should be in ~ at this speed*** Sie sollten bei dieser Geschwindigkeit im vierten Gang fahren
❻ (*musical interval*) Quart[e] *f*
III. *adv* viertens; ***third, the product is too expensive and ~, it is out-of-date*** drittens ist das Produkt zu teuer und viertens ist es veraltet

fourth dimension *n no pl* ■**the ~** die vierte Dimension **Fourth Estate** *n no pl* ■**the ~** die Presse **fourth generation** *n* COMPUT **~ computer** Computer *m* der vierten Generation; **~ language** Programmiersprache *f* der vierten Generation

fourthly [ˈfɔːθli, AM ˈfɔːr-] *adv* viertens

fourth market *n* AM ECON, FIN vierter Markt

four-way stop *n* AM *mit Stopptafeln geregelte Kreuzung*

4WD *n abbrev of* **four-wheel drive**

four-wheel drive I. *n* Allrad-/Vierradantrieb *m* II. *adj inv* mit Allrad-/Vierradantrieb *nach n*

fowl <*pl* – *or* -s> [faʊl] *n* Geflügel *nt kein pl*

fowlpest [ˈfaʊlpest] *n no pl* Hühnerpest *f*

fox [fɒks, AM fɑːks] I. *n* ❶ (*animal*) Fuchs *m;* **a red/silver ~** ein Rot-/Silberfuchs *m*
❷ *no pl* (*fur*) Fuchspelz *m*
❸ (*fam: cunning person*) **an old ~** ein gerissener Kerl [*o* alter Fuchs] *fam*
❹ AM (*fam: sexy woman*) scharfe Braut *pej sl*
► PHRASES: **as cunning as a ~** schlau wie ein Fuchs
II. *vt* ❶ (*mystify*) ■**to ~ sb** jdn verblüffen
❷ (*trick*) ■**to ~ sb [into doing sth]** jdn täuschen[, damit er/sie etw macht]
❸ *usu passive* (*discolour*) ■**to be ~ed** fleckig sein/werden

FOX [fɒks, AM fɑːks] *n* ECON, FIN *acr for* **Futures & Options Exchange**

fox cub *n* Fuchswelpe *m* **foxglove** *n* BOT Fingerhut *m* **foxhole** *n* MIL Schützenloch *nt* **foxhound** *n* Foxhound *m* **foxhunt** *n* Fuchsjagd *f* **foxhunting** *n no pl* Fuchsjagd *f;* **to go ~** auf die Fuchsjagd gehen **foxtail** *n* HORT Fuchsschwanz *m* **fox terrier** *n* Foxterrier *m* **foxtrot** I. *n* Foxtrott *m* II. *vi* <-tt-> Foxtrott tanzen

foxy [ˈfɒksi, AM ˈfɑːksi] *adj* ❶ (*like fox*) fuchsig
❷ (*crafty*) gerissen *fam*
❸ AM (*fam: sexy*) sexy *fam*
❹ (*of paper*) fleckig

foyer [ˈfɔɪeɪ, AM ˈfɔɪɚ] *n* ❶ (*of public building*) Foyer *nt*
❷ AM (*of house*) Vorraum *m,* Diele *f*

Fr *n* ❶ REL *abbrev of* **Father** P.
❷ FIN *abbrev of* **franc** fr

fracas <*pl* – *or* AM -es> [ˈfrækɑː, *pl* -kɑz, AM ˈfreɪkəs, *pl* -ɪz] *n* ❶ (*fight*) Tumult *m*
❷ (*dispute*) hitzige Debatte

fractal [ˈfræktᵊl] I. *n* MATH Kurve *f*
II. *adj* Kurven-; **~ geometry** Kurvengeometrie *f*

fraction [ˈfrækʃᵊn] *n* ❶ (*number*) Bruchzahl *f,* Bruch *m*
❷ *usu sing* (*proportion*) Bruchteil *m;* **a ~ of an inch** eine Spur; **a ~ of a second** ein Bruchteil *m* einer Sekunde; **by a ~** um Haaresbreite
❸ (*a bit*) ***I suggest we shorten the sleeves a ~*** ich schlage vor, wir kürzen die Ärmel ein bisschen
❹ CHEM Fraktion *f*

fractional [ˈfrækʃᵊnᵊl] *adj inv* minimal

fractional certificate *n* ECON, FIN **~ certificate** Bruchteilsaktie *f*

fractionally [ˈfrækʃᵊnᵊli] *adv inv* minimal; ***the patient's chances are ~ better*** die Chancen der Patientin sind [nur] geringfügig besser

fractious [ˈfrækʃəs] *adj* reizbar, grantig SÜDD, ÖSTERR *fam;* **~ child** quengeliges Kind *fam*

fractiousness [ˈfrækʃəsnəs] *n no pl* Reizbarkeit *f,* Grant *m* SÜDD, ÖSTERR *fam*

fracture [ˈfræk(t)ʃəʳ, AM -ɚ] I. *vt* ❶ MED ■**to ~ sth** sich *dat* etw brechen; **to ~ one's leg** sich *dat* das Bein brechen
❷ (*hard material*) ■**to ~ sth** etw brechen
❸ (*fig: destroy*) **to ~ sth** etw auflösen; **to ~ an accord** ein Abkommen brechen
II. *vi* brechen
III. *n* ❶ MED Bruch *m,* Fraktur *f fachspr;* **hairline ~** Haarriss *m;* **a ~ of the skull** ein Schädelbruch *m*
❷ (*crack*) Riss *m*

fractured [ˈfræk(t)ʃəd, AM -tʃɚd] *adj* ❶ *inv* MED gebrochen; **~ skull** Schädelbruch *m*
❷ (*incorrect*) gebrochen; (*jerky*) holprig; **to speak ~ English** gebrochen Englisch sprechen

fragile [ˈfrædʒaɪl, AM -ᵊl] *adj* ❶ (*breakable*) zerbrechlich; (*on packages*) **"~"** „zerbrechlich"
❷ (*unstable*) brüchig; *agreement, peace, relationship* unsicher; ***happiness is a ~ thing*** das Glück ist eine unsichere Angelegenheit
❸ (*in health*) schwach; **to feel ~** sich *akk* schwach fühlen; (*fam: after overindulgence*) sich *akk* schlecht fühlen

fragility [frəˈdʒɪləti, AM -ət̬i] *n no pl* ❶ (*breakableness*) Zerbrechlichkeit *f*
❷ (*weakness*) Brüchigkeit *f;* (*of agreement*) Unsicherheit *f*
❸ (*delicacy*) Zartheit *f,* Fragilität *f geh*

fragment I. *n* [ˈfrægmənt] ❶ (*broken piece*) Splitter *m;* **to burst** [*or* **fly**] [*or* **shatter**] **into ~s** zerspringen, zersplittern; **to shatter** [*or* **smash**] **sth [in]to ~s** etw in Stücke schlagen
❷ (*incomplete piece*) Brocken *m*
❸ LIT, MUS (*uncompleted work*) Fragment *nt*
II. *vi* [frægˈmənt, AM ˈfrægmənt] ❶ (*break into pieces*) [zer]brechen; (*burst*) zerbersten
❷ (*fig: break up*) *relationship* zerbrechen; ***the party ~ed while in opposition*** die Partei zersplitterte, während sie in der Opposition war
III. *vt* [frægˈmənt, AM ˈfrægmənt] ■**to ~ sth** ❶ (*break into pieces*) etw in Stücke brechen
❷ (*fig: break up*) etw aufsplittern; ***various trends in modern society have combined to ~ the traditional family unit*** verschiedene Tendenzen der modernen Gesellschaft haben zur Auflösung der traditionellen Familieneinheit geführt

fragmentary [ˈfrægməntᵊri, AM -teri] *adj* bruchstückhaft, fragmentarisch; ***I have only a ~ knowledge of Swedish*** ich habe nur sehr rudimentäre Schwedischkenntnisse

fragmentation [ˌfrægmənˈteɪʃᵊn] *n no pl* (*fig*) *of group* Zersplitterung *f;* COMPUT Fragmentierung *f*

fragmentation bomb *n* MIL Splitterbombe *f*

fragmented [frægˈməntɪd, AM ˈfræg-] *adj* zersplittert

fragrance [ˈfreɪgrən(t)s] *n* ❶ (*smell*) Duft *m*
❷ (*perfume*) Parfüm *nt;* (*aftershave*) Rasierwasser *nt*

fragranced [ˈfreɪgrən(t)st] *adj* parfümiert

fragrance-free *adj inv* parfümfrei

fragrant [ˈfreɪgrənt] *adj* duftend

'fraid [freɪd] (*fam*) = **I'm afraid** *see* **afraid**

frail [freɪl] *adj* ❶ (*of old person*) gebrechlich; (*of voice*) schwach
❷ (*of construction*) schwach
❸ (*fig: not strongly based*) *of system* zerbrechlich; ***the evidence against him is too ~ for a successful prosecution*** die Beweislage gegen ihn ist zu dürftig für eine erfolgreiche Anklage; **~ hope** schwache Hoffnung
❹ (*liter: morally weak*) schwach

frailty [ˈfreɪlti, AM -t̬i] *n* ❶ *no pl* (*of old person*) Gebrechlichkeit *f*
❷ *no pl of object, structure* Zerbrechlichkeit *f*
❸ *no pl* (*moral weakness*) Schwachheit *f*
❹ (*moral flaw*) Schwäche *f*

frame [freɪm] I. *n* ❶ (*of picture*) Bilderrahmen *m;* ■**to be in the ~** (*fig: be centre of attention*) im Mittelpunkt stehen; (*be under suspicion*) unter Verdacht stehen
❷ (*of door, window*) Rahmen *m*
❸ (*of spectacles*) ■**~s** *pl* Brillengestell *nt*
❹ (*fig also: support*) Rahmen *m a. fig;* **a ~ of metal poles** ein Metallgestänge *nt;* **climbing ~** Klettergerüst *nt;* **walking** [*or* **zimmer**] **~** BRIT Laufgestell *nt,* Gehhilfe *f*
❺ (*body*) Körper *m,* Gestalt *f;* **sb's burly/large/slender ~** jds stämmiger/großer/schlanker Körper
❻ (*of film strip*) Bild *nt*
❼ (*for plants*) Frühbeet *nt;* **cold ~** Frühbeetkasten *m*
❽ (*for snooker balls*) [dreieckiger] Rahmen
❾ (*of snooker match*) Spiel *nt*
❿ (*liter or dated: nature of person*) Verfassung *f,* Zustand *m*
II. *vt* ❶ (*put in surround*) ■**to ~ sth** etw einrahmen
❷ (*act as surround*) ■**to ~ sth** etw umrahmen
❸ (*put into words*) ■**to ~ sth** etw formulieren
❹ (*fam: falsely incriminate*) ■**to ~ sb** jdm etwas anhängen

framed [freɪmd] *adj inv* ❶ (*in surround*) gerahmt
❷ (*fam: falsely incriminated*) verleumdet

frame house *n esp* AM Holzhaus *nt* **frame of**

mind <*pl* frames of mind> *n* Stimmung *f*, Verfassung *f*; ***I'm not in the right ~ at the moment*** ich bin im Moment nicht in der richtigen Stimmung
frame of reference <*pl* frames of reference> *n* Bezugsrahmen *m*, Bezugssystem *nt*
framer ['freɪmə^r, AM -ɚ] *n* ❶ (*of pictures*) Rahmer(in) *m(f)*
❷ (*writer*) Verfasser(in) *m(f)*
frame saw *n* Spannsäge *f* **frame-up** *n* (*fam*) abgekartetes Spiel **framework** *n* ❶ (*support*) Gerüst *nt*, Gestell *nt* ❷ (*fig: principle*) Rahmen *m*
franc [fræŋk] *n* Franc *m*; **Swiss ~** Schweizer Franken *m*
France [frɑːn(t)s, AM fræn(t)s] *n no pl* ❶ (*country*) Frankreich *nt*
❷ + *sing/pl vb* (*French team*) Frankreich; ***~ were leading 1–0 at half time*** Frankreich führte zur Halbzeit 1–0
franchise ['fræn(t)ʃaɪz] I. *n* ❶ ECON Franchise *nt* (**for** für +*akk*)
❷ POL (*right*) **universal ~** allgemeines Wahlrecht
II. *vt* ■**to ~ sth** etw auf Franchisebasis vergeben
franchisee [ˌfræn(t)ʃaɪ'ziː] *n*, **franchise holder** *n* Franchisenehmer(in) *m(f)*
franchiser ['fræn(t)ʃaɪzə^r, AM -ɚ] *n* Franchisegeber(in) *m(f)*
franchising ['fræn(t)ʃaɪzɪŋ] *n no pl* Franchising *nt*
Franciscan [fræn'sɪskən] REL I. *n* Franziskaner(in) *m(f)*
II. *adj inv* Franziskaner-; **~ friar** Franziskanermönch *m*
Franco- ['fræŋkəʊ, AM -koʊ] *in compounds* französisch-; **~-German** deutsch-französisch
francophile ['fræŋkə(ʊ)faɪl, AM -koʊ-] I. *adj* frankophil *geh*
II. *n* Frankophile(r) *f(m) geh*
francophobe ['fræŋkə(ʊ)fəʊb, AM -koʊfoʊb] I. *adj* franzosenfeindlich, frankophob *geh*
II. *n* Frankophobe(r) *f(m) geh*
francophone ['fræŋkəʊfəʊn, AM -koʊfoʊn] I. *adj* französischsprachig, frankophon *geh*
II. *n esp* CAN *Person, deren Muttersprache Französisch ist*
frangipani <*pl* -s> [ˌfrændʒɪ'pɑːni] *n* ❶ (*plant*) Frangipanibaum *m*
❷ *no pl* (*perfume from this plant*) Frangipaniduftstoff *m*
franglais ['frɑ̃ːŋgleɪ, AM frɑ̃ːn'gleɪ] *n no pl* LING Franglais *nt*
frank[1] [fræŋk] *adj* ❶ (*open*) aufrichtig; ■**to be ~ [with sb] [about sth]** ehrlich [zu jdm] [über etw *akk*] sein; **to be ~ [with you]** ehrlich gesagt
❷ MED (*obvious*) eindeutig
frank[2] [fræŋk] *vt* ■**to ~ sth** ❶ (*cancel stamp*) etw freistempeln
❷ (*mark for postage*) etw frankieren
frank[3] [fræŋk] *n* AM (*fam*) *short for* **frankfurter** Frankfurter *f*
Frankenfood ['fræŋkᵊnfuːd] *n* gentechnisch manipulierte Nahrungsmittel *pl*
Frankenstein ['fræŋkᵊnstaɪn] *n*, **Frankenstein's monster** *n* Frankenstein *m*
Frankfurt ['fræŋkfɜːt, AM -fɜːrt] *n* ECON, FIN **~ Interbank Offered Rate** Interbankenangebotssatz *m* am Finanzplatz Frankfurt
frankfurter ['fræŋkfɜːtə^r, AM -fɜːrt̬ɚ] *n* Frankfurter *f*
frankincense ['fræŋkɪnsen(t)s] *n no pl* Weihrauch *m*
franking ['fræŋkɪŋ] *n* ❶ *no pl* (*act of applying*) *to letter, parcel* Frankieren *nt*; **~ machine** Frankiermaschine *f*
❷ (*official mark*) Frankierung *f*
Frankish ['fræŋkɪʃ] *adj inv* fränkisch, Franken-
frankly ['fræŋkli] *adv* ❶ (*candidly*) offen
❷ *inv* **~ [speaking]** (*be frank*) ehrlich [*o* offen] gesagt
❸ *inv* (*in fact*) tatsächlich
frankness ['fræŋknəs] *n no pl* Offenheit *f*
frantic ['fræntɪk, AM -t̬-] *adj* ❶ (*distracted*) verzweifelt; **to be ~ with rage/worry** verrückt vor Zorn/Sorge sein *fam*; **to drive sb ~** jdn verrückt machen *fam*
❷ (*hurried*) hektisch; ***rescuers were engaged in a ~, all-night effort to reach the survivors*** die Retter waren die ganz Nacht verzweifelt damit beschäftigt, zu den Überlebenden vorzudringen
frantically ['fræntɪkᵊli, AM -t̬-] *adv* ❶ (*wildly*) wie wild *fam*
❷ (*desperately*) verzweifelt; **to be ~ busy** im Stress sein; **to work ~** hektisch arbeiten
frappé ['fræpeɪ, AM fræ'peɪ] *n* (*iced drink*) Frappee *nt*
frat [fræt] *n* AM (*fam*) *short for* **fraternity 3** Verbindung *f*
fraternal [frə'tɜːnᵊl, AM -'tɜːr-] *adj* ❶ (*brotherly*) brüderlich
❷ (*fig: friendly*) freundschaftlich
fraternally [frə'tɜːnᵊli, AM -'tɜːr-] *adv* brüderlich
fraternity [frə'tɜːnəti, AM -'tɜːrnət̬i] *n* ❶ *no pl* (*feeling*) Brüderlichkeit *f*; ***liberty, equality, ~*** Freiheit, Gleichheit, Brüderlichkeit
❷ + *sing/pl vb* (*group of people*) Vereinigung *f*, Zunft *f hum fam*; **the criminal/legal/medical ~** die Kriminellen *pl*/Juristen *pl*/Ärzteschaft *f*
❸ + *sing/pl vb* AM UNIV (*of male students*) Burschenschaft *f*
fraternization [ˌfrætᵊnaɪ'zeɪʃᵊn, AM -ɚnɪ'-] *n no pl* (*pej*) Verbrüderung *f*
fraternize ['frætənaɪz, AM -t̬ɚ-] *vi* ■**to ~ with sb** sich *akk* mit jdm verbrüdern; ***he accused the England team of fraternizing too much with the opposition*** er beschuldigte die englische Mannschaft, zu freundschaftlich mit dem Gegner zu sein; **to ~ with the enemy** sich *akk* mit dem Feind verbünden
fratricidal [ˌfrætrɪ'saɪdᵊl, AM -trə-] *adj inv* sich *akk* gegenseitig vernichtend; ***the civil war is just the latest outbreak of ~ strife in that area*** der Bürgerkrieg ist nur der jüngste Ausbruch der inneren Zerrissenheit in diesem Gebiet; ***in-party debate was reduced to ~ sniping*** die innerparteiliche Debatte reduzierte sich zum Schluss auf Angriffe untereinander
fratricide ['frætrɪsaɪd, AM -trə-] *n* ❶ *no pl* (*crime*) Geschwistermord *m*; (*by brothers*) Brudermord *m*; (*by sisters*) Schwestermord *m*
❷ (*criminal*) Geschwistermörder(in) *m(f)*; (*killing one's brother*) Brudermörder(in) *m(f)*; (*killing one's sister*) Schwestermörder(in) *m(f)*
❸ MIL *unabsichtliches Vernichten einer eigenen Einheit*
fraud [frɔːd, AM frɑːd] *n* ❶ *no pl* (*deceit*) Betrug *m*
❷ LAW [arglistige] Täuschung; ■**~s** *pl* Betrügereien *fpl*
❸ (*thing intended to deceive*) Schwindel *m pej fam*
❹ (*deceiver*) Betrüger(in) *m(f)*
Fraud Squad *n* + *sing/pl vb* BRIT Betrugsdezernat *nt*
fraudster ['frɔːdstə^r, AM 'frɑːdstɚ] *n* (*fam*) Betrüger(in) *m(f)*
fraudulence ['frɔːdjələn(t)s, AM 'frɑːdʒə-] *n no pl* ❶ (*deception*) Betrügerei *f*
❷ (*form: false nature*) Falschheit *f*
fraudulent ['frɔːdjələnt, AM 'frɑːdʒə-] *adj* ❶ (*involving fraud*) betrügerisch; **~ conveyance** Vermögensveräußerung *f* (*zur Vollstreckungsvereitelung*); **~ preference** Gläubigerbegünstigung *f*; **~ trading** betrügerisches Geschäftsgebaren
❷ (*false*) falsch; ***the fall in unemployment is based on a ~ manipulation of statistics*** der Rückgang der Arbeitslosenzahlen basiert auf einer arglistigen Manipulation der Statistik
fraudulently ['frɔːdjələntli, AM 'frɑːdʒə-] *adv* ❶ (*by fraud*) auf betrügerische [*o* in betrügerischer] Weise
❷ (*intentionally deceptive*) falsch; ***he had obtained entrance to the premises ~*** er hatte sich den Zugang zum Gebäude erschlichen
fraught [frɔːt, AM frɑːt] *adj* ❶ *pred* (*full*) **to be ~ with difficulties/problems** voller Schwierigkeiten/Probleme stecken
❷ (*tense*) [an]gespannt; *atmosphere, situation* stressig *fam*; *person* gestresst *fam*
fray [freɪ] I. *vi* ❶ (*come apart*) ausfransen; **to ~ at the edges** sich *akk* abnutzen [*o bes* SÜDD, ÖSTERR abnützen] *a. fig*
❷ (*become strained*) anspannen; ***tempers ~ed in the long traffic jam*** die Stimmung wurde in dem langen Verkehrsstau gereizt
II. *n* ■**the ~** die Auseinandersetzung; **to be ready for the ~** (*fig*) kampfbereit sein; **to enter [*or* join] the ~** sich *akk* einmischen
frayed [freɪd] *adj* ❶ *edges* ausgefranst
❷ *nerves* angespannt; *temper* gereizt
frazzle ['fræzl] *n no pl* (*fam*) ❶ (*worn-out condition*) [völlige] Erschöpfung; **a ~ of tangled nerves** ein Nervenbündel *nt fam*; **to wear oneself/sb to a ~** sich/jdn fix und fertig machen *fam*
❷ (*burned thing*) **to burn sth to a ~** etw völlig verkohlen
frazzled ['fræzld] *adj* (*fam*) ❶ (*exhausted*) erschöpft, ausgebrannt
❷ (*burned*) verkohlt; ***her back was totally ~ after she fell asleep in the sun*** ihr Rücken war völlig verbrannt, nachdem sie in der Sonne eingeschlafen war
freak [friːk] I. *n* ❶ (*abnormal thing*) etwas Außergewöhnliches; **a ~ of nature** eine Laune der Natur
❷ (*abnormal person*) Missgeburt *f*, Monstrosität *f fachspr*; (*fig hum*) Monster *nt hum*
❸ (*fanatic*) Fanatiker(in) *m(f)*, Irre(r) *f(m) fam*; **cleanliness ~** Sauberkeitsfreak *m sl*, Sauberkeitsfanatiker(in) *m(f)*
II. *n modifier* (*result, storm*) Ausnahme-; **~ accident** außergewöhnliches Missgeschick
III. *vi* (*fam*) ausflippen *fam*
IV. *vt* (*fam: scare, alarm*) ■**to ~ sb** jdn durchdrehen [*o* ausflippen] lassen *fam*; ***it really ~s me to think that …*** ich könnte ausflippen bei dem Gedanken, dass … *fam*
◆**freak out** (*fam*) I. *vi* ausflippen *fam*
II. *vt* ■**to ~ out** ⊂ **sb** jdn ausflippen lassen *fam*
freaked [friːkt] *adj* (*fam*) total erschrocken *fam*
freaking ['friːkɪŋ] *adj attr* AM (*euph fam*) Mist- *fam*
freakish ['friːkɪʃ] *adj* sonderbar; **~ weather conditions** verrücktes Wetter *fam*
freakishly ['friːkɪʃli] *adv* außergewöhnlich
freakishness ['friːkɪʃnəs] *n no pl* Absonderlichkeit *f*
freak show *n* Monstrositätenschau *f*, Monstrositätenkabinett *nt*
freaky ['friːki:] *adj* (*fam*) irre *fam*
freckle ['frekl] *n usu pl* Sommersprosse *f*
freckled ['frekld] *adj* sommersprossig
freckle-faced *adj* sommersprossig
freckly ['frekli] *adj* sommersprossig
Freddie Mac [ˌfrediː'mæk] *n* AM ECON, FIN (*fam*) *abbrev of* **Federal Home Loan Mortgage Corporation**
free [friː] I. *adj* ❶ (*not physically impeded*) frei; ***she left the court a ~ woman*** sie verließ das Gericht als freie Frau; **to break ~ [of [*or* from] sth]** (*also fig*) sich *akk* [aus etw *dat*] befreien; **to break [*or* cut] ~ [of [*or* from] sb]** (*also fig*) sich *akk* [von jdm] losreißen *a. fig*; **to go [*or* walk] ~** straffrei ausgehen; **to roam/run ~** frei herumlaufen; **to set sb/an animal ~** (*also fig*) jdn/ein Tier freilassen
❷ (*not restricted*) frei; ***am I ~ to leave now?*** kann ich jetzt gehen?; ***did you do this of your own ~ will?*** haben Sie das aus freiem Willen getan?; ***can I get myself a drink? — feel ~*** kann ich mir etwas zu trinken nehmen? – bedienen Sie sich; **~ choice** freie Wahl; **~ play** MECH Spielraum *m*; **to allow [*or* give] one's emotions ~ play [*or* ~ play to one's emotions]** seinen Gefühlen freien Lauf lassen; ECON (*without restriction*) **~ capital** freies Kapital; **~ reserves** freie Rücklagen; **~ movement of capital** freier Kapitalverkehr; **~ movement of labour** Freizügigkeit *f* für Arbeitnehmer und Selbständige
❸ POL frei; ***it's a ~ country!*** das ist ein freies Land!; **~ elections** freie Wahlen; **~ press** freie Presse; **~ speech** Redefreiheit *f*

F

❹ *pred* (*unaffected*) frei (**of/from** von +*dat*); **to be ~ of** [*or* **from**] **a disease** eine Krankheit losgeworden sein *fam;* ■**to be ~ of sb** jdn los sein *fam*
❺ *inv* (*not attached or entangled*) lose; ***when the tide rose, the boat floated ~ of the sandbank*** als die Flut einsetzte, kam das Boot von der Sandbank los; **to get/pull sth ~** etw freibekommen/losreißen; **to work** [**itself/sth**] **~** [sich/etw *akk*] lösen
❻ *pred* (*not busy*) *person* **to leave sb ~ to do sth** es jdm ermöglichen, etw zu tun; ■**to be ~** [**to do sth**] Zeit haben[, etw zu tun]
❼ *inv* (*not busy*) *of time* frei; ***I've got a ~ evening next Monday*** ich habe nächsten Montag einen freien Abend
❽ *inv* (*not occupied*) *of object* frei, unbesetzt; ***excuse me, is this seat ~?*** Entschuldigung, ist dieser Platz frei?; **to leave sth ~** etw freilassen
❾ PHYS (*independent*) frei, nicht gebunden
❿ *inv* (*costing nothing*) gratis; ***admission is ~*** der Eintritt ist frei; ***entrance is ~ for pensioners*** Rentner haben freien Eintritt; **~ of charge** kostenlos; **to be ~ of** [*or* **from**] **customs/tax** zoll-/steuerfrei sein; **~ issue** STOCKEX Emission *f* von Gratisaktien; **~ ticket** Freikarte *f*
⓫ (*generous*) freigiebig; ■**to be ~ with sth** mit etw *dat* großzügig sein; **to make ~ with sth** mit etw *dat* großzügig umgehen; (*help oneself*) sich *akk* großzügig einer S. *gen* bedienen
⓬ (*inexact*) frei, nicht wörtlich; **~ translation/version** freie Übersetzung
⓭ (*frank*) offen
▶ PHRASES: **to be as ~ as the air** [*or* **a bird**] frei wie ein Vogel sein; **the best things in life are ~** (*saying*) das Beste im Leben ist umsonst; **there's no such thing as a ~ lunch** nichts ist umsonst; **~ and easy** entspannt, locker
II. *adv inv* frei, gratis; **~ *of charge*** kostenlos; ***~, gratis, and for nothing*** (*hum*) gratis und umsonst; ***for ~*** (*fam*) gratis, umsonst
III. *vt* ❶ (*release*) ■**to ~ sb** *hostage* jdn freilassen; ■**to ~ sb** [**from sth**] *trapped person* jdn [von [*o* aus] etw *dat*] befreien; ■**to ~ sth** [**from sth**] *part of the body* etw [von etw *dat*] frei machen; ***he tried vainly to ~ his hands from the rope*** er versuchte vergebens, seine Hände aus dem Seil zu befreien
❷ (*relieve*) ■**to ~ sb/sth/oneself from** [*or* **of**] **sth** jdn/etw/sich von etw *dat* befreien [*o* frei machen]; **to ~ sb from a contract** jdn aus einem Vertrag entlassen
❸ (*make available*) **to ~ funds/a space** Gelder flüssig machen/Platz schaffen; ■**to ~ sb to do sth** jdm Freiraum geben, etw zu tun
❹ (*give free movement to*) ■**to ~ sth** *rusty bolt, cog, tap* etw lösen; ***we managed to ~ the propeller from the rope*** wir konnten den Propeller vom Seil losmachen
♦**free up** *vt* ■**to ~ up ↔ sth** *time* etw freimachen *akk*

-free [fri:] *in compounds* ❶ (*without*) -frei; **hassle-~** problemlos; **lead-~** bleifrei; **meat-~** fleischlos
❷ (*with no extra charge*) -frei; **interest-~** zinsfrei; **post-~** portofrei; **rent-~** mietfrei

free agent *n* (*fig*) eigener Herr; **to be a ~** sein eigener Herr sein **free-and-easy** *adj inv* zwanglos, ungeniert *geh* **free association** *n no pl* PSYCH freie Assoziation **freebase** *vi* (*sl*) Koks rauchen *sl* **freebasing** *n no pl* (*sl*) Rauchen *nt* von Koks *sl*

freebie ['fri:bi] (*fam*) **I.** *n* Werbegeschenk *nt*
II. *adj attr, inv* Gratis-

freeboard ['fri:bɔ:d, AM bɔ:rd] *n* NAUT Freibord *nt* **freebooter** *n* Freibeuter(in) *m(f)* **freeborn** *adj inv* freigeboren **Free Church** *n* BRIT Freikirche *f* **free collective bargaining** *n no pl* Tarifautonomie *f*

freedman <*pl* -men> ['fri:dmæn] *n* HIST Freigelassene(r) *f(m)*

freedom ['fri:dəm] *n* ❶ *no pl* (*at liberty*) Freiheit *f*
❷ *no pl* (*unrestricted*) Freiheit *f,* Unabhängigkeit *f;* ***if parents do not allow their children any ~, they will never learn to be independent*** wenn Eltern Kindern keine Freiheiten lassen, werden diese nie selbständig werden; **~ of action/movement** Handlungs-/Bewegungsfreiheit *f;* **~ of assembly** [*or* **meeting**] Versammlungsfreiheit *f;* **~ of association** Vereinsfreiheit *f,* Koalitionsfreiheit *f;* **~ of choice** Wahlfreiheit *f;* **~ of information** freier Informationszugang; **~ of the press** Pressefreiheit *f;* **~ of speech/thought** Rede-/Gedankenfreiheit *f;* **testamentary ~** Testierfreiheit *f;* ■[**to have**] **the ~ to do sth** die Freiheit [haben], etw zu tun; (*opportunity*) die Möglichkeit [haben], etw zu tun
❸ *no pl* (*unaffected*) **~ from persecution** Schutz *m* vor [politischer] Verfolgung *dat*
❹ (*right*) Grundrecht *nt*
❺ (*room for movement*) Bewegungsfreiheit *f*
❻ (*unrestricted use*) freie Verfügung; **to give sb the ~ of the city** jdm die Ehrenbürgerschaft verleihen; **to have the ~ of sb's garden/house** freien Zutritt zu jds Garten/Haus haben

freedom fighter *n* Freiheitskämpfer(in) *m(f)*
free enterprise *n no pl* freies Unternehmertum **free fall** *n no pl* freier Fall; **to go into ~** FIN (*fig*) ins Bodenlose fallen; ***the company's shares have gone into ~*** die Aktien des Unternehmens sind abgestürzt **freefalling** *adj inv* rapide verfallend **free fight** *n esp* BRIT (*also fig*) allgemeine Schlägerei **free flight** *n no pl* AEROSP Gleitflug *m* **free-floating** *adj* ungebunden; **~ anxiety** PSYCH unbegründete Angst; **~ voter** Wechselwähler(in) *m(f)* **Freefone®** ['fri:fəʊn] *n* BRIT gebührenfreie Telefonnummer **free-for-all** *n* ❶ (*quarrel*) allgemeines Gerangel *fam* ❷ (*uncontrolled situation*) Anarchie *f* **free-form** *adj* ART in freier Form *nach n;* **~ skating** Kür *f* **free hand** *n no pl* freie Hand; **to give sb/have a ~** [**to do sth**] jdm freie Hand lassen/freie Hand haben[, etw zu tun] **freehand** **I.** *adj* Freihand- **II.** *adv* freihändig **free-handed** *adj* freigebig, großzügig **freehold** **I.** *n* Eigentumsrecht *nt* (*an Grundbesitz*) **II.** *adj inv* Eigentums-; **~ flat** BRIT Eigentumswohnung *f;* **~ property** unbeschränkter Grundbesitz **III.** *adv inv* unter Eigentumsrecht **freeholder** *n* Eigentümer(in) *m(f)* **free house** *n* BRIT *Pub, das an keine Brauerei gebunden ist* **free jazz** *n no pl* Free Jazz *m* **free kick** *n* SPORTS Freistoß *m* **free labour** *n no pl* BRIT nicht gewerkschaftlich organisierte Arbeitnehmer *fpl* **freelance** ['fri:lɑ:n(t)s, AM -læn(t)s] **I.** *n* Freiberufler(in) *m(f)* **II.** *adj inv* freiberuflich; **to work ~** frei[beruflich] arbeiten **III.** *adv inv* freiberuflich **IV.** *vi* frei[beruflich] arbeiten **freelancer** ['fri:lɑ:n(t)səʳ, AM -læn(t)sɚ] *n* Freiberufler(in) *m(f)* **freeload** *vi* (*pej*) schnorren *fam;* ■**to ~ off sb** bei jdm schnorren *fam* **freeloader** *vi* (*pej*) Schnorrer(in) *m(f) fam* **freeloading** *n no pl* (*pej*) Schnorren *nt fam* **free love** *n* (*dated*) freie Liebe

freely ['fri:li] *adv* ❶ (*unrestrictedly*) frei; **~ available** frei zugänglich
❷ (*without obstruction*) ungehindert
❸ (*frankly*) offen
❹ (*generously*) großzügig
❺ (*willingly*) freiwillig

freeman *n* ❶ (*hist: not enslaved*) freier Mann
❷ (*honorary citizen*) Ehrenbürger *m* **free market** *n usu sing* ECON freier Markt **free-market economy** *n* ECON freie Marktwirtschaft **Freemason** *n* Freimaurer *m* **freemasonry** *n no pl* Zusammengehörigkeitsgefühl *nt* **Freemasonry** *n no pl* Freimaurerei *f* **free pardon** *n* BRIT Begnadigung *f;* **to grant a ~ to sb** jdn begnadigen **free pass** *n* ❶ (*official document*) Sonderausweis *m* ❷ (*for admission*) Freikarte *f;* (*for travel*) Freifahrkarte *f* **free period** *n* Freistunde *f* **Freephone** BRIT **I.** *n no pl* gebührenfreie Telefonnummer **II.** *adj attr, inv* gebührenfrei **free port** *n* Freihafen *m* **Freepost®** *n no pl* BRIT gebührenfreie Postsendung **free press** *n no pl* freie Presse **free radical** *n* CHEM freies Radikal **free-range** *adj inv* Freiland-; **~ chicken** Freilandhuhn *nt;* **~ eggs** Eier *ntpl* aus Freilandhaltung **freerider** *n* AM (*fam: fare dodger*) Trittbrettfahrer(in) *m(f)* **free sample** *n* Probepackung *f,* Gratisprobe *f* **freesheet** *n* BRIT Gratiszeitung *f,* kostenlose Zeitung

freesia ['fri:ziə, AM -ʒiə] *n* BOT Freesie *f*
free skating *n no pl* Kürlaufen *nt* **free speech** *n no pl* Redefreiheit *f;* **right to ~** Recht *nt* auf freie Meinungsäußerung **free spirit** *n* Freigeist *m* **free-spoken** *adj* (*dated*) offen; ■**to be ~** offen und ehrlich seine Meinung sagen **free-standing** *adj inv* ❶ (*not fixed*) frei stehend; **~ bookcase/wardrobe** frei stehender Bücherschrank/frei stehende Garderobe ❷ (*independent*) frei, unabhängig; **a ~ organization** eine unabhängige Organisation **freestyle** **I.** *n no pl* ❶ (*swimming style*) Freistil *m,* Freistilschwimmen *nt* ❷ (*swimming race*) Freistilwettschwimmen *nt* ❸ (*style of wrestling*) Freistil *m,* Freistilringen *nt* **II.** *adj attr, inv* Freistil-; **~ race** Freistilwettkampf *m* **freethinker** *n* Freidenker(in) *m(f)* **freethinking** *adj* freidenkerisch **free throw** *n* SPORTS Freiwurf *m* **free trade** *n no pl* ECON Freihandel *m* **free-trade** *adj attr, inv* Freihandels-; **~ agreement/area** Freihandelsabkommen *nt*/-zone *f* **free verse** *n no pl* freier Vers **free vote** *n* BRIT POL freie Abstimmung (*ohne Fraktionszwang*) **freeware** *n no pl* Gratissoftware *f,* Freeware *f* **freeway** *n* AM, AUS (*motorway*) Autobahn *f* **free wheel** *n* Freilaufrad *nt* **freewheel** *vi* **to ~** [**downhill**] im Freilauf [den Hügel hinunter]fahren **freewheeling** *adj* (*fam*) unbekümmert, sorglos **free will** **I.** *n no pl* freier Wille; ■**to do sth of one's own ~** etw aus freien Stücken tun **II.** *adj* freiwillig **freewoman** *n* ❶ (*hist: non-slave*) freie Frau ❷ (*citizen*) **~ of a city** Ehrenbürgerin *f* einer Stadt **free world** *n no pl* ■**the ~** die freie Welt

freeze [fri:z] **I.** *n* ❶ (*fam: cold weather*) Frost *m;* **big ~** harter Frost
❷ (*stoppage*) Einfrieren *nt fam;* **a pay** [*or* **wage**]**/price ~, a ~ on pay** [*or* **wages**]**/prices** ein Einfrieren *nt* der Preise/der Löhne *fam;* **~ on wages and prices** Lohn- und Preisstopp *m*
❸ (*still picture*) Standbild *nt;* (*device on video player*) Standbildfunktion *f*
II. *vi* <froze, frozen> ❶ (*become solid*) *water* gefrieren; *pipes* einfrieren; *lake* zufrieren; **to ~ solid** *water* festfrieren
❷ (*also fig: get very cold*) [sehr] frieren; **to ~ to death** erfrieren
❸ *impers* (*be below freezing point*) ■**it's freezing** es friert; ***it froze three nights in a row*** es gab drei Nächte hintereinander Frost
❹ (*store in freezer*) einfrieren
❺ (*be still*) erstarren; **~, *or I'll shoot!*** keine Bewegung oder ich schieße!
❻ (*be jammed*) *screw, nail* klemmen
III. *vt* <froze, frozen> ❶ (*turn to ice*) ■**to ~ sth** etw gefrieren lassen
❷ (*preserve*) ■**to ~ sth** etw einfrieren
❸ (*make sb stop*) ■**to ~ sb** jdn erstarren lassen; **to ~ sb with a look/stare** jdn mit einem Blick zum Erstarren bringen
❹ (*on a film*) **to ~ an action/image** ein Geschehnis/Bild festhalten; **to ~ a film** einen Film anhalten
❺ (*fix at particular level*) **to ~ a salary/programme** ein Gehalt/Programm einfrieren *fam*
❻ (*prevent from being used*) **to ~ an account** ein Konto einfrieren *fam;* ***his assets have been frozen by the court*** seine Vermögenswerte wurden vom Gericht blockiert
❼ (*anaesthetize*) ■**to ~ sth** etw vereisen
▶ PHRASES: **to** [**be cold enough to**] **~ the balls off a brass monkey** (*fam!*) so kalt sein, dass es einem die Eier abfriert *derb;* **to make sb's blood ~** [*or* **~ sb's blood**] jdm das Blut in den Adern gefrieren lassen *geh*
♦**freeze out** *vt* ■**to ~ out ↔ sb** [**of sth**] jdn [von etw *dat*] ausschließen
♦**freeze over** *vi* zufrieren; *water* frieren; *window* vereisen
♦**freeze up** *vi* ❶ (*block with ice*) *pipes* einfrieren
❷ (*jam*) klemmen

freeze-dried *adj inv* gefriergetrocknet **freeze-dry** *vt* ■**to ~ sth** etw gefriertrocknen **freeze-frame** *n* ❶ (*still picture*) Standbild *nt* ❷ (*device on video* *player*) Standbildfunktion *f* **freeze-out** *n* Ausschluss *m*

freezer ['fri:zəʳ, AM -ɚ] *n* Gefrierschrank *m;* **a chest/upright** ~ eine Gefriertruhe/ein Gefrierschrank *m*

freezer bag *n* ❶ (*for use in freezer*) Gefrierbeutel *m* ❷ BRIT (*cold bag*) Kühltasche *f* **freezer compartment** *n* Gefrierfach *nt* **freezer pack** *n* Kühlbeutel *m*

freeze-up *n* starker Frost

freezing ['fri:zɪŋ] I. *adj inv* (*very cold*) frostig; ■**it's** ~ es ist eiskalt; ***I'm*** ~ mir ist eiskalt
II. *n no pl* ❶ (*0°C*) Gefrierpunkt *m;* **above** ~ über dem Gefrierpunkt
❷ (*preserving*) Einfrieren *nt*

freezing cold *adj* eiskalt **freezing compartment** *n* Gefrierfach *nt* **freezing instructions** *npl* Gefrieranleitung *f* **freezing point** *n* Gefrierpunkt *m* **freezing rain** *n no pl* gefrorener Regen *m* **freezing works** *n + sing vb* AUS, NZ Kühlhaus *nt*

freight [freɪt] I. *n no pl* ❶ (*goods*) Frachtgut *nt*
❷ (*transportation*) Fracht *f;* **air/rail** ~ Luft-/Bahnfracht *f;* **to send sth by** ~ etw als Fracht senden
❸ (*charge*) Frachtgebühr *f*
❹ AM TRANSP (*freight train*) Güterzug *m*
II. *n modifier* (*for freight*) Fracht-
III. *adv inv* als Fracht; **to send sth** ~ etw als Fracht[gut] senden
IV. *vt usu passive* ❶ (*transport*) ■**to** ~ **sth** etw als Frachtgut befördern
❷ (*fig liter*) ■**to be ~ed with sth** mit etw *dat* beladen sein

freightage ['freɪtɪdʒ] *n* ❶ *no pl* (*transporting of goods*) Frachtbeförderung *f*
❷ (*goods*) Fracht *f*

freight car *n* AM Güterwagen *m*

freighter ['freɪtəʳ, AM -t̬ɚ] *n* ❶ (*ship*) Frachter *m*
❷ (*plane*) Frachtflugzeug *nt*

freight exchange, freight market *n* STOCKEX Frachtenbörse *f*

Freightliner® *n* BRIT RAIL Containergüterzug *m* **freight train** *n* AM Güterzug *m* **freight yard** *n* AM Güterbahnhof *m*

French [fren(t)ʃ] I. *adj* ❶ (*of France*) französisch; ~ **people** Franzosen *pl*
❷ (*of language*) Französisch-, französisch; ~ **class** Französischstunde *f;* ~ **grammar/verbs** französische Grammatik/Verben
II. *n* ❶ *no pl* (*language*) Französisch *nt;* ***excuse my ~!*** (*hum*) entschuldige meine Ausdrucksweise!
❷ (*people*) ■**the** ~ *pl* die Franzosen

French bean *n* BRIT Buschbohne *f,* Gartenbohne *f* **French bread** *n no pl* Baguette *nt,* französisches [Stangen]weißbrot **French-bread pizza** *n* überbackenes Baguette **French Canadian** I. *n* Frankokanadier(in) *m(f)* II. *adj* frankokanadisch **French chalk** *n no pl* Schneiderkreide *f* **French cuff** *n* FASHION doppelte Manschette **French doors** *npl esp* AM Verandatür *f* **French dressing** *n no pl* ❶ (*salad dressing*) Vinaigrette *f* ❷ AM (*American salad dressing*) American Dressing *nt* **French Foreign Legion** *n no pl* ■**the** ~ die Fremdenlegion **French fried potatoes** *npl,* **French fries** *npl* Pommes frites *pl* **French Guiana** *n no pl* Französisch Guayana *nt* **French horn** *n* MUS Waldhorn *nt* **French kiss** *n* Zungenkuss *m* **French knickers** *npl* Culotte *f,* French Knickers *pl* **French leave** *n no pl* (*dated*) **to take** ~ sich *akk* aus dem Staub machen *fam* **French letter** *n* BRIT, AUS (*old fam*) Pariser *m sl* **French loaf** *n* Baguette *nt* **Frenchman** *n* Franzose *m* **French manicure** *n* French Manicure *f* **French mustard** *n* BRIT französischer Senf **French plait** *n* französischer Zopf **French pleat** *n Frauenfrisur, bei der die Haare zurückgekämmt und in einer länglichen Rolle aufgesteckt werden* **French polish** BRIT, AUS I. *n no pl* Schellackpolitur *f* II. *vt* ■**to** ~ **sth** etw mit Schellackpolitur behandeln **French polisher** *n* BRIT, AUS Schellackpolierer(in) *m(f)* **French roll** *n see* **French pleat** **French seam** *n* Rechts-Links-Naht *f* **French-speaking** *adj inv* französischsprachig **French stick** *n* Baguette *nt* **French toast** *n no pl* armer Ritter **French window** *n usu pl* Verandatür *f* **Frenchwoman** *n* Französin *f*

Frenchy ['fren(t)ʃi] (*usu pej!*) I. *adj* (*fam*) [betont] französisch
II. *n* ❶ (*fam: sb from France*) Franzmann *m veraltend fam,* Franzose, Französin *m, f*
❷ (*French-Canadian*) Frankokanadier(in) *m(f)*
❸ BRIT (*dated fam: condom*) Pariser *m sl*

frenetic [frə'netɪk, AM -t̬-] *adj* hektisch; ~ **activity** fieberhafte Aktivität

frenetically [frə'netɪkəli, AM -t̬-] *adv* [wie] wild; **to work** ~ fieberhaft arbeiten

frenulum <*pl* -la> ['frenjələm] *n* Frenulum *nt fachspr*

frenzied ['frenzɪd] *adj* ❶ (*frantic*) fieberhaft
❷ (*emotionally wild*) ungestüm; ~ **attack** wilder Angriff; ~ **barking** wildes Gebell; **the** ~ **crowd** die aufgebrachte Menge; ~ **yell** durchdringender Schrei

frenziedly ['frenzɪdli] *adv* rasend, wie wild

frenzy ['frenzi] *n no pl* Raserei *f;* ***they whipped up the crowd into a ~ of excitement*** sie brachten die Menge zum Rasen; ***in a ~ of frustration, ...*** in einem wahren Anfall von Frustration ...; **a** ~ **of activity** eine fieberhafte Aktivität; **a media** ~ ein Medienspektakel *nt;* **jealous** ~ Eifersuchtswahn *m;* **to work oneself up into a** ~ sich *akk* in eine Raserei [hinein]steigern

frequency ['fri:kwən(t)si] *n* ❶ *no pl* (*rate*) Häufigkeit *f;* **with increasing** ~ immer öfter
❷ *no pl* (*number of occurrences*) häufiges Vorkommen; ***the ~ of terrorist attacks seems to have fallen recently*** in letzter Zeit scheint es nicht mehr so viele Angriffe von Terroristen gegeben zu haben
❸ RADIO Frequenz *f;* **high/low** ~ Hoch-/Niederfrequenz *f*

frequency band *n* RADIO Frequenzband *nt* **frequency modulation** *n* RADIO Frequenzmodulation *f*

frequent I. *adj* ['fri:kwənt] ❶ (*happening often*) häufig
❷ (*regular*) regelmäßig; ***I'm not a very ~ attender at club meetings*** ich besuche Clubsitzungen nicht sehr regelmäßig; ~ **flyer** Vielflieger(in) *m(f)*
II. *vt* [frɪ'kwent, AM 'fri:kwent] **to** ~ **a place** einen Ort häufig besuchen

frequenter [frɪ'kwentəʳ, AM 'fri:kwent̬ɚ] *n* häufiger Besucher/häufige Besucherin

frequent flyer *n modifier* Vielflieger-; **unlimited ~ miles** unbegrenzte Flugmeilen für Vielflieger

frequently ['fri:kwəntli] *adv* häufig

frequent-user *n modifier* für Vielnutzer *nach n*

frequent user *n* (*of drugs*) großer Konsument/große Konsumentin; *of train, tunnel, facility* häufiger Benutzer/häufige Benutzerin

fresco <*pl* -s *or* -es> ['freskəʊ, AM -oʊ] *n* ❶ (*painting*) Fresko *nt*
❷ *no pl* (*technique*) Freskomalerei *f*

fresh [freʃ] *adj* ❶ *attr* (*new*) neu; ***there has been ~ fighting between police and demonstrators*** es kam zu erneuten Auseinandersetzungen zwischen Polizei und Demonstranten; ***we need to get some ~ blood into our department*** wir brauchen frisches Blut in unserer Abteilung; **to make a** ~ **start** einen Neuanfang machen
❷ (*unused*) ungebraucht, neu
❸ (*recent*) frisch; ***the paint's still*** ~ die Farbe ist noch feucht; ***the shopkeeper said she was ~ out of soap*** die Ladenbesitzerin sagte, Seife sei gerade ausgegangen; ~ **snow** Neuschnee *m;* ~ **from the factory/oven** fabrik-/ofenfrisch; **to be** ~ **in sb's mind** jdm noch frisch im Gedächtnis sein; **to be ~ from New York** gerade von New York kommen; ~ **off the presses** druckfrisch; ~ **from the suppliers** frisch vom Lieferanten; **to be** ~ **from university** frisch von der Universität kommen
❹ (*not stale*) frisch; ~ **bread/fruit** frisches Brot/Obst
❺ *attr* (*not processed*) frisch; ~ **fish** frischer Fisch
❻ (*clean and pleasant*) frisch; **to be like a breath of ~ air** (*fig*) erfrischend [anders] sein; **to get a breath of ~ air** frische Luft schnappen; ~ **breath/smell** frischer Atem/Duft; ~ **taste** erfrischender Geschmack
❼ *usu pred* (*cool, windy*) frisch, kühl; ***it will be rather ~ tomorrow morning*** es wird morgen früh ziemlich frisch werden
❽ (*strong*) kräftig; ~ **breeze** frische Brise
❾ *pred* (*not tired*) ausgeruht; **as** ~ **as a daisy** putzmunter *fam*
❿ (*healthy-looking*) gesund; *skin* frisch
⓫ (*exciting*) frisch, neu
⓬ (*not salty*) ~ **water** Süßwasser *nt*
⓭ *usu pred* (*fam*) **to get ~ with sb** (*be disrespectful*) jdm frech kommen; (*make sexual advances*) jdm gegenüber zudringlich sein
⓮ AM (*sl: Black English*) megacool *sl*
▶ PHRASES: **to be neither fish, flesh nor good ~ meat** BRIT weder Fisch noch Fleisch sein

fresh- [freʃ] *in compounds* frisch-

freshen ['freʃən] I. *vt* ❶ (*make more pleasant*) **to ~ a room** einen Raum durchlüften; **to ~ one's lipstick/make-up** den Lippenstift/das Make-up auffrischen [*o* erneuern]
❷ *esp* AM **to ~ sb's drink/glass** jds Getränk/Glas auffüllen
II. *vi* frischer werden; *wind* auffrischen
◆**freshen up** I. *vt* ■**to ~ up** ↻ **sth** ❶ (*make cleaner*) etw frisch machen; ■**to ~ oneself up** sich *akk* frisch machen
❷ (*make pleasanter*) etw aufpeppen *fam*
❸ (*fig: make more interesting*) etw beleben
II. *vi* sich *akk* frisch machen

fresher ['freʃəʳ] *n* BRIT, AUS (*fam*) Studienanfänger(in) *m(f);* **~'s week** BRIT *erste Woche des neuen Studienjahres, in der die Studienanfänger in das Studentenleben eingeführt werden*

fresh-faced *adj* jugendfrisch

freshly ['freʃli] *adv* ❶ *inv* (*newly*) frisch; ~ **baked bread** frisch gebackenes Brot
❷ METEO (*strongly*) kräftig

freshman ['freʃmən] AM I. *n* ❶ (*fresher*) Studienanfänger *m*
❷ (*first-year high school student*) Gymnasiast *m* im ersten Jahr
❸ (*beginner*) Neuling *m*
II. *n modifier* frisch gebacken *hum fam*

freshman year *n* AM *erstes Jahr an der Universität*

freshness ['freʃnəs] *n no pl* ❶ (*pleasant quality*) Frische *f*
❷ (*newness*) Neuheit *f*

freshwater *adj attr, inv* Süßwasser-

fret[1] [fret] I. *vi* <-tt-> sich *dat* Sorgen machen; ■**to ~ about** [*or* **over**] **sth** sich *dat* über etw *akk* Gedanken machen
II. *vt* <-tt-> ❶ (*distress*) ■**to ~ sb** jdn beunruhigen; ***don't ~ yourself about it*** mach dir keine Sorgen darüber; ■**to ~** [**that**] ... (*worry*) sich *akk* sorgen, dass ...
❷ (*wear*) ■**to ~ sth** etw abnutzen; *sea, water* an etw *dat* nagen
III. *n esp* BRIT ■**to be in a ~** (*worry*) in Sorge sein, sich *dat* Sorgen machen; (*be upset*) aufgebracht sein; **to get into a** ~ sich *akk* aufregen

fret[2] [fret] *n* MUS Bund *m*

fret[3] [fret] *n* ARCHIT, ART gitterartige Verzierung

fretboard ['fretbɔ:d, AM -bɔ:rd] *n* MUS Griffbrett *nt*

fretful ['fretfəl] *adj* ❶ (*irritable*) quengelig *fam*
❷ (*anxious*) unruhig; ~ **voice** besorgte Stimme

fretfully ['fretfəli] *adv* unruhig; **to complain** ~ sich *akk* besorgt beklagen

fretfulness ['fretfəlnəs] *n no pl* Verdrießlichkeit *f,* mürrische Art

fretsaw ['fretsɔ:, AM -sɑ:] *n* Laubsäge *f*

fretted ['fretɪd, AM -t̬-] *adj inv* ❶ (*of instrument*) mit Bünden versehen; ~ **instrument** Zupfinstrument *nt*
❷ (*of notes*) gezupft
❸ ARCHIT, ART gitterartig verziert

fretwork ['fretwɜ:k, AM -wɜ:rk] *n no pl* (*in wood*)

Laubsägearbeit *f*
Freudian ['frɔɪdiən] *adj* freudianisch
Freudian slip *n* freudscher Versprecher *fam*
FRG [,efɑːʳ'dʒiː, AM -ɑːr'-] *n* (*hist*) *abbrev of* **Federal Republic of Germany**: ■**the** ~ die BRD
Fri *n abbrev of* **Friday** Fr.
friable ['fraɪəbl̩] *adj* (*form*) bröckelig
friar ['fraɪəʳ, AM -ɚ] *n* Mönch *m*
friar's balsam *n,* **friars' balsam** *n no pl benzoinhaltiges Mittel zum Inhalieren bei Erkältungen*
friary ['fraɪəri] *n* Mönchskloster *nt*
fricassee [,frɪkə'siː] *n* Frikassee *nt;* **chicken/veal** ~ Hühner-/Kalbsfrikassee *nt*
fricative ['frɪkətɪv, AM -t̬-] LING **I.** *adj* Reibe-, frikativ *fachspr*
II. *n* Reibelaut *m,* Frikativ *m fachspr*
friction ['frɪkʃᵊn] *n no pl* ❶ (*force*) Reibung *f*
❷ (*disagreement*) Reiberei[en] *f*[*pl*]
frictional ['frɪkʃᵊnᵊl] *adj* Reibungs-; ~ **electricity** Reibungselektrizität *f*
friction tape *n* AM Isolierband *nt*
Friday ['fraɪdeɪ] *n* Freitag *m; see also* **Tuesday**
fridge [frɪdʒ] *n* (*fam*) Kühlschrank *m*
fridge-freezer *n* (*esp* BRIT) kombinierter Kühl- und Gefrierschrank
fried [fraɪd] *adj* ❶ *inv* (*of food*) gebraten; ~ **chicken** Brathähnchen *nt;* ~ **potatoes** Bratkartoffeln *fpl*
❷ *pred esp* AM (*fam: exhausted*) ■**to be** ~ gerädert [*o* fertig] sein *fam*
fried egg *n* Spiegelei *nt*
friend [frend] *n* ❶ (*companion*) Freund(in) *m(f);* **bosom** ~ Busenfreund(in) *m(f);* **childhood** ~ Freund(in) *m(f)* aus der Kindheit; **a** ~ **of the family** [*or* **family** ~] ein Freund *m*/eine Freundin der Familie; **sb's best** ~ jds bester Freund/beste Freundin; **close** ~ enger Freund/enge Freundin; **our feathered/four-footed** ~**s** unsere gefiederten/vierbeinigen Freunde; **to be just good** ~**s** nur gute Freunde sein; **to be a** [**good**] ~ **to sb** jdm ein [guter] Freund/eine [gute] Freundin sein; **sb's old** ~ (*hum*) jds alter Freund/alte Freundin *fam;* **to make** ~**s** [**with sb**] sich *akk* [mit jdm] anfreunden, Freund gewinnen *geh;* **a** ~ **of mine/his/hers/yours** ein Freund *m*/eine Freundin von mir/ihm/ihr/dir; ■**to be** ~**s** [**with sb**] [mit jdm] befreundet sein
❷ (*form of address*) mein Freund/meine Freundin; **my honourable** ~ BRIT POL mein Herr Vorredner/meine Frau Vorrednerin; **my right honourable** ~ BRIT POL mein sehr verehrter Herr Kollege Abgeordneter/meine sehr verehrte Frau Kollegin Abgeordnete; **my learned** ~ BRIT LAW mein verehrter Herr Kollege/meine verehrte Frau Kollegin; **my noble** ~ BRIT POL mein verehrter Freund/meine verehrte Freundin
❸ (*sympathizer*) Freund(in) *m(f),* Befürworter(in) *m(f);* ***she's no*** ~ ***of the Socialists*** sie ist keine Anhängerin der Sozialisten; **to be a** ~ **of a society** unterstützendes Mitglied einer Gesellschaft sein
► PHRASES: **to have a** ~ **at court** [*or* **to have** ~**s in high places**] einen einflussreichen Freund [*o* einflussreiche Freunde] haben; **with** ~**s like these, who needs enemies?** wer braucht Feinde, wenn er Freunde wie diese hat?; **a** ~ **in need is a** ~ **indeed** (*prov*) ein Freund in der Not ist ein wahrer Freund; **how to win** ~**s and influence people** (*esp iron*) wie man sich *dat* Freunde und Einfluss verschafft; **what are** ~**s for?** wofür hat man Freunde?; **that's what** ~**s are for** dafür hat man Freunde
Friend [frend] *n* Quäker(in) *m(f);* **the Society of** ~**s** die Gemeinschaft der Quäker [*o* Gesellschaft der Freunde]
friendless ['frendləs] *adj inv* ohne Freund[e]
friendliness ['frendlɪnəs] *n no pl* Freundlichkeit *f;* **to show** ~ **towards** [*or* **to**] **sb** jdm freundlich gesinnt sein *geh*
friendly ['frendli] **I.** *adj* ❶ (*showing friendship*) freundlich; **to be on** ~ **terms with sb** mit jdm auf freundschaftlichem Fuß stehen; ■**to be** ~ **towards** [*or* **to**] **sb** zu jdm freundlich sein; ■**to be** ~ **with sb** mit jdm befreundet sein
❷ (*of place, atmosphere*) angenehm
❸ (*not competitive*) freundschaftlich; ~ **match** Freundschaftsspiel *nt*
❹ (*allied*) freundlich gesinnt; ~ **country** befreundetes Land
II. *n* BRIT SPORTS Freundschaftsspiel *nt*
friendly fire *n no pl* MIL Beschuss *m* durch die eigene Seite **friendly society** *n* BRIT Versicherungskasse *f*
friendship ['fren(d)ʃɪp] *n* ❶ (*relationship*) Freundschaft *f* (**with** mit +*dat*); **close/deep** ~ enge/tiefe Freundschaft; **to strike up a** ~ [**with sb**] [mit jdm] Freundschaft schließen, sich *akk* [mit jdm] anfreunden
❷ *no pl* (*feeling*) Freundschaftlichkeit *f;* **to hold out the hand of** ~ **to sb** jdm die Freundschaft anbieten; **the ties of** ~ die freundschaftlichen Bande *geh*
Friends of the Earth *npl* Friends of the Earth (*britische Umweltvereinigung*)
frier *n see* **fryer**
fries [fraɪz] *npl* AM Pommes frites *pl*
Friesian ['friːziən] *n* BRIT, AUS, **Friesland** ['friːzlənd] *n* SA [holstein-]friesisches Rind
frieze [friːz] *n* ARCHIT Fries *m*
frig¹ [frɪdʒ] *n* BRIT (*old*) *see* **fridge**
frig² [frɪg] (*vulg sl*) **I.** *n* (*exclamation*) ■~**!** Wichser! *pej derb*
II. *vi* <-gg-> ❶ (*have sex*) vögeln *vulg,* ficken *derb*
❷ (*masturbate*) *man* sich *dat* einen runterholen *vulg,* wichsen *derb*
III. *vt* <-gg-> ■**to** ~ **sb** jdn vögeln *vulg* [*o derb* ficken]
◆**frig about, frig around** *vi* (*fam!*) herumblödeln *fam*
frigate ['frɪgət] *n* MIL, NAUT Fregatte *f*
frigging ['frɪgɪŋ] *adj attr, inv* (*fam!*) verdammte(r, s) *fam;* ***don't drop the*** ~ ***thing*** lass das verdammte Ding nicht fallen *fam*
fright [fraɪt] *n* ❶ *no pl* (*feeling*) Angst *f;* **to take** ~ [**at sth**] [vor etw *dat*] Angst bekommen
❷ *usu sing* (*experience*) Schrecken *m;* **to get a** ~ erschrecken; **to give sb a** ~ jdn erschrecken, jdm einen Schrecken einjagen; **to have the** ~ **of one's life** zu Tode erschrecken, den Schock seines Lebens bekommen *fam*
❸ (*dated fam: of appearance*) Vogelscheuche *f;* **to look a** ~ scheußlich [*o* wie eine Vogelscheuche] aussehen *fam*
frighten ['fraɪtᵊn] **I.** *vt* ■**to** ~ **sb** jdn erschrecken, jdm Angst machen; **to** ~ **sb to death** jdn zu Tode erschrecken; **to** ~ **the life** [*or* **the** [**living**] **daylights**] **out of sb** jdn furchtbar erschrecken; **to** ~ **sb into silence/submission** jdn zum Schweigen/Aufgeben bringen; ■**to** ~ **sb out of doing sth** jdn von etw *dat* abschrecken
II. *vi* erschrecken; **to** [**not**] ~ **easily** [nicht] leicht Angst bekommen
◆**frighten away** *vt* ❶ (*scare off*) ■**to** ~ **away** ↔ **sb/an animal** jdn/ein Tier verscheuchen
❷ (*deter*) ■**to** ~ **away** ↔ **sb** jdn abschrecken
◆**frighten off** *vt* ■**to** ~ **sb** ↔ **off** [**sth**] jdn [von etw *dat*] abschrecken
frightened ['fraɪtᵊnd] *adj* verängstigt; ■**to be** ~ **of sth/sb** sich *akk* vor etw/jdm fürchten; ■**to be** ~ **of doing** [*or* **to do**] **sth** Angst [davor] haben, etw zu tun; ■**to be** ~ [**that**] ... Angst haben, [dass] ...; **to be** ~ **to death** zu Tode erschrocken sein
frighteners ['fraɪtᵊnəz] *npl* BRIT (*fam*) **to put the** ~ **on sb** jdm Angst einjagen
frightening ['fraɪtᵊnɪŋ] *adj* Furcht erregend, beängstigend
frighteningly ['fraɪtᵊnɪŋli] *adv* erschreckend
frightful ['fraɪtfᵊl] *adj* ❶ (*bad*) entsetzlich *a. fam*
❷ (*extreme*) schrecklich *a. fam,* furchtbar *a. fam;* **to get into** ~ **trouble** furchtbaren Ärger bekommen
frightfully ['fraɪtfᵊli] *adv* (*fam*) schrecklich *fam;* ***that's*** ~ ***decent of you*** das ist furchtbar nett von Ihnen *fam*
frigid ['frɪdʒɪd] *adj* ❶ (*of temperature*) eisig, saukalt *fam*
❷ (*sexually*) frigid[e]
❸ (*of manner*) frostig
frigidity [frɪ'dʒɪdəti, AM -t̬-] *n no pl* ❶ (*of sexuality*) Frigidität *f*
❷ (*of temperature*) Kälte *f*
❸ (*fig: of manner*) Kälte *f,* Frostigkeit *f*
frigidly ['frɪdʒɪdli] *adv* frostig
Frigid Zone *n* Polarzone *f*
frill [frɪl] *n* ❶ (*cloth*) Rüsche *f*
❷ (*paper*) [Papier]manschette *f*
❸ ZOOL Kragen *m*
❹ (*fig fam: extras*) ■~**s** *pl* Schnickschnack *m fam;* **no** ~**s** ohne Schnickschnack *fam*
frilled [frɪld] *adj* gekräuselt; ~ **skirt** Rüschenrock *m*
frilly ['frɪli] *adj* Rüschen-
fringe [frɪndʒ] **I.** *n* ❶ (*edging*) Franse *f;* ~ **of bushes/reeds** Busch-/Schilfgürtel *m*
❷ BRIT, AUS (*hair*) Pony *m*
❸ (*of area*) Rand *m;* **on the** ~ **of the wood** am Waldrand
❹ + *sing/pl vb* (*fig: of group, activity*) ***the radical*** ~ ***of the party*** der radikale Flügel der Partei; **on the** ~**s of society** am Rand der Gesellschaft; **the lunatic** ~ die Extremisten *mpl*
❺ BRIT ART ■**the** ~ die Alternativszene; ***the Bath Festival F***~ das Alternativfestival von Bath
II. *vt usu passive* ■**to** ~ **sth** *area, water* etw umgeben; *cloth* etw umsäumen
III. *adj inv* ❶ (*not mainstream*) Rand-; ~ **character** FILM, THEAT Nebenrolle *f;* ~ **medicine** BRIT Alternativmedizin *f*
❷ BRIT (*of art*) Alternativ-
fringe benefit *n* ECON Zusatzleistung *f*
fringed [frɪndʒd] *adj inv* umgrenzt; ***handkerchiefs*** ~ ***with lace*** spitzenumrandete Taschentücher; **to be** ~ **with flowers/hedges** (*fig*) von Blumen/Hecken umgeben sein
fringe dweller *n* AUS Bewohner(in) *m(f)* eines Armutsviertels (*am Rande einer Stadt*) **fringe theatre** *n no pl* BRIT Alternativtheater *nt*
frippery ['frɪpᵊri] *n* (*pej*) ❶ *no pl* (*decoration*) Tand *m veraltend;* (*knicknacks*) Kinkerlitzchen *pl fam*
❷ (*objects*) ■**fripperies** *pl* Firlefanz *m pej fam*
frisbee® ['frɪzbi] *n* ❶ (*toy*) Frisbee® *nt*
❷ *no pl* (*game*) Frisbeespiel *nt;* **to play** ~ Frisbee spielen
frisée ['friːzeɪ, AM friː'zeɪ] *n no pl* Frisee *m*
Frisian ['frɪziən, AM 'frɪʒᵊn] **I.** *adj inv* friesisch, Friesen-
II. *n* Friese, -in *m, f*
frisk [frɪsk] **I.** *vi* ■**to** ~ [**about**] herumtollen
II. *vt* ❶ (*search*) ■**to** ~ **sb** jdn abtasten; ■**to** ~ **sb for sth** jdn nach etw *dat* durchsuchen
❷ (*move back and forth*) ■**to** ~ **sth** [**about**] etw hin- und herbewegen; ***the cat*** ~***ed her tail about*** die Katze wedelte mit ihrem Schwanz herum; ***the pony*** ~***ed its ears*** das Pony stellte seine Ohren vor und zurück
III. *n* ❶ (*body search*) Durchsuchen *nt,* Filzen *nt fam*
❷ (*skip*) [Freuden]sprung *m*
friskily ['frɪskɪli] *adv* ausgelassen
friskiness ['frɪskɪnəs] *n no pl* Ausgelassenheit *f; of young animals* Verspieltheit *f*
frisky ['frɪski] *adj* ❶ (*energetic*) ausgelassen; ~ **horse** lebhaftes Pferd
❷ (*fam: sexually playful*) verspielt
frisson ['friːsɔ̃ː(ŋ), AM friː'soʊn] *n* Schauer *m*
frittata [frɪ'tɑːtə, AM -ɑːt̬ə] *n* FOOD Frittate *f*
fritter ['frɪtəʳ, AM -t̬ɚ] **I.** *n* Fettgebackenes *nt* (*mit Obst-/Gemüsefüllung*); **apple/corn** ~**s** ausgebackene Apfelscheiben/überbackener Mais
II. *vt* ■**to** ~ **away** ↔ **sth** etw vergeuden; *money* etw verschleudern; **to** ~ **away the day/time** den Tag/die Zeit vertrödeln *fam*
fritz [frɪts] *n no pl* **to go on the** ~ AM (*sl*) den Geist aufgeben *fam*
frivolity [frɪ'vɒləti, AM -'vɑːlɪt̬i] *n* ❶ *no pl* (*lack of seriousness*) Frivolität *f*

❷ (*activities*) ■**frivolities** *pl* Banalitäten *fpl*

frivolous ['frɪvələs] *adj* ❶ (*pej: silly*) leichtfertig; ~ **complaint** LAW leichtfertig erhobene Beschwerde; ~ **action** LAW leichtfertig erhobene Klage
❷ (*pej: unimportant*) belanglos
❸ (*not serious*) frivol; ***I want to spend this money on completely ~ things*** ich möchte das Geld für völlig verrückte Dinge ausgeben *fam*

frivolously ['frɪvələsli] *adv* leichtfertig

frivolousness ['frɪvələsnəs] *n no pl* ❶ (*silliness*) Leichtfertigkeit *f*
❷ (*irrelevance*) Bedeutungslosigkeit *f*

frizz [frɪz] **I.** *vt* **to ~ one's/sb's hair** das/jds Haar kräuseln
II. *vi hair* sich *akk* kräuseln
III. *n no pl* ❶ (*usu pej: curly state*) Krause *f*
❷ (*curly hairstyle*) Kraushaar *nt*, gekraustes Haar

frizzle ['frɪzl̩] **I.** *vt* ■**to ~ sth** etw brutzeln [*o* braten]
II. *n no pl* Brutzeln *nt*

frizzled ['frɪzl̩d] *adj* verbraten

frizzy ['frɪzi] *adj* gekräuselt

FRN [ˌefɑːr'en] *n* ECON, FIN *abbrev of* **floating rate note** *Schuldverschreibung mit variabler Verzinsung*

fro [frəʊ, AM froʊ] *adv* **to and ~** hin und her

frock [frɒk, AM frɑːk] *n* (*dated*) Kleid *nt*; **a posh ~** BRIT (*hum*) ein Ausgehkleid *nt*

frock coat *n* Gehrock *m*

frog¹ [frɒg, AM frɑːg] *n* (*animal*) Frosch *m*
▶ PHRASES: **~s and snails and puppy dogs' tails** (*saying*) lauter unangenehme Dinge; **to have a ~ in one's throat** einen Frosch im Hals haben *fam*

frog² [frɒg, AM frɑːg] *n* (*fastening*) Posamentenverschluss *m*

Frog [frɒg, AM frɑːg] (*pej!*) **I.** *n* (*fam*) Franzmann *m veraltend fam*
II. *adj* (*fam*) französisch

frogging ['frɒgɪŋ, AM 'frɑːg-] *n no pl* Posament *nt*

Froggy <*pl* -ies> ['frɒgi, AM 'frɑːgi] *n* BRIT (*pej fam*) Franzmann *m veraltet fam*, Franzose, Französin *m, f*

frogman *n* Froschmann *m* **frogmarch** *vt* ■**to ~ sb somewhere** jdn irgendwohin [fort]schleppen; ***soldiers ~ed several protesters away from the square*** Soldaten führten mehrere Demonstranten gewaltsam vom Platz ab **frogspawn** *n no pl* Froschlaich *m*

frolic ['frɒlɪk, AM 'frɑː-] **I.** *vi* <-ck-> ❶ (*play*) herumtollen
❷ (*be flirtatious*) [herum]flirten *fam*
II. *n usu pl* ❶ (*play*) Herumgetolle *nt*; (*fun*) Spaß *m kein pl*; **fun and ~s** Spaß und Vergnügen
❷ (*flirt*) Flirt *m*
❸ LAW **~ of his own** zum eigenen Vergnügen

frolicsome ['frɒlɪksəm, AM 'frɑː-] *adj* (*dated*) ausgelassen

from [frɒm, frəm, AM frɑːm, frəm] *prep* ❶ (*off*) von +*dat*; ***please get me that letter ~ the table*** gib mir bitte den Brief von dem Tisch; (*out of*) aus +*dat*; ***he took a handkerchief ~ his pocket*** er nahm ein Taschentuch aus seiner Hosentasche; *after vb*; ***I'm so happy that the baby eats ~ the table already*** ich bin so froh, dass das Baby jetzt schon am Tisch isst
❷ (*as seen from*) von *dat* … [aus]; ***you can see the island ~ here*** von hier aus kann man die Insel sehen; (*fig*) ***she was talking ~ her own experience of the problem*** sie sprach aus eigener Erfahrung mit dem Problem; **~ sb's point of view** aus jds Sicht
❸ *after vb* (*as starting location*) von +*dat*; ***the wind comes ~ the north*** der Wind kommt von Norden; **a flight leaving ~ the nearest airport** ein Flug vom nächstgelegenen Flughafen; *after n*; **the flight ~ Amsterdam** der Flug von Amsterdam; ***the water bubbled out ~ the spring*** das Wasser sprudelte aus der Quelle; ■**~ sth to sth** (*between places*) von etw *dat* nach etw *dat*; ***my dad goes often ~ Washington to Florida*** mein Vater reist oft von Washington nach Florida; (*indicating desultoriness*) von etw *dat* in etw *dat*; ***the woman walked ~ room to room*** die Frau lief vom einen Raum in den anderen
❹ (*as starting time*) von +*dat*, ab +*dat*; ***the price will rise by 3p a litre ~ tomorrow*** der Preis steigt ab morgen um 3 Pence pro Liter; **~ the thirteenth century** aus dem dreizehnten Jahrhundert; ■**~ sth to sth** von etw *dat* bis etw *dat*; ***the show will run ~ 10 a.m. to 2 p.m.*** die Show dauert von 10.00 Uhr bis 14.00 Uhr; **~ start to finish** vom Anfang bis zum Ende; **~ day to day** von Tag zu Tag, täglich; ***her strength improved steadily ~ day to day*** sie wurden jeden Tag ein bißchen stärker; **~ hour to hour** von Stunde zu Stunde, stündlich; **~ time to time** von Zeit zu Zeit, ab und zu; **~ that day** [*or* **time**] **on**[**wards**] von diesem Tag [an], seitdem; ***they were friends ~ that day on*** seit diesem Tag sind sie Freunde; **~ now/then on** von da an, seither; **as ~ …** *esp* BRIT ab … +*dat*; ***as ~ 1 January, a free market will be created*** ab dem 1. Januar haben wir einen freien Markt
❺ (*as starting condition*) bei +*dat*; ***prices start ~ £2.99*** die Preise beginnen bei 2,99 Pfund; ■**~ sth to sth** von etw *dat* auf etw *dat*; ***the number has risen ~ 25 to 200 in three years*** die Anzahl ist in drei Jahren von 25 auf 200 gestiegen; ***she translated into German ~ the Latin text*** sie übersetzte aus dem Lateinischen ins Deutsche; ***things went ~ bad to worse*** die Situation wurde noch schlimmer; **~ strength to strength** immer besser; ***she has gone ~ strength to strength*** sie eilte von Erfolg zu Erfolg; ***tickets will cost ~ $10 to $45*** die Karten kosten zwischen $10 und $45; **~ soup to nuts** alles zusammen; ***the whole dinner, ~ soup to nuts, costs $55*** das ganze Essen mit allem drum und dran kostet $55; ***anything ~ geography to history*** alles von A bis Z
❻ *after n* (*at distance to*) von +*dat*; ***we're about a mile ~ home*** wir sind ca. eine Meile von zu Hause entfernt; **a day's walk ~ her camping spot** eine Tageswanderung von ihrem Zeltplatz; ■**~ sth to sth** von etw *dat* zu etw *dat*; ***it's about two kilometres ~ the airport to your hotel*** der Flughafen ist rund zwei Kilomenter vom Hotel entfernt
❼ (*originating in*) ■**~ sth** aus +*dat*; ***though ~ working-class parents, he made it to the Fortune 500 list*** obwohl er als Arbeiterkind aufwuchs, ist er heute unter den 500 Reichsten der Welt; ***my mother is ~ France*** meine Mutter stammt aus Frankreich; ***I'm ~ New York*** ich komme aus New York; ***daylight comes ~ the sun*** das Tageslicht kommt von der Sonne
❽ *after vb* (*in temporary location*) von +*dat*, aus +*dat*; ***he hasn't returned ~ work yet*** er ist noch nicht von der Arbeit zurück; ***she called him ~ the hotel*** sie rief mich aus dem Hotal an; *after adj*; ***they're here fresh ~ the States*** sie sind gerade aus den USA angekommen; *after n*; ***his return ~ the army was celebrated*** seine Rückkehr aus der Armee wurde gefeiert; ■**sb ~ sth** von +*dat*; ***they sent someone ~ the local newspaper*** sie schickten jemanden von der örtlichen Zeitung
❾ *after vb* (*as source*) von +*dat*; ***can I borrow $10 ~ you?*** kann ich mir 10 Dollar von dir leihen?; ***the vegetables come ~ an organic farm*** das Gemüse kommt von einem Biobauernhof; *after n*; ■**sth ~ sb** [**to sb/sth**] etw von jdm (für jdn/etw); ***I wonder who this card is ~*** ich frage mich, von wem wohl diese Karte ist; ***this is a present ~ me to you*** das ist ein Geschenk von mir für dich
❿ (*made of*) ■**~ sth** aus etw *dat*; ***the seats are made ~ leather*** die Sitze sind aus Leder; *after n*; ***in America, most people buy toys ~ plastic*** in Amerika kaufen die meisten Leute Spielzeug aus Plastik
⓫ *after vb* (*removed from*) aus +*dat*; **to extract usable fuel ~ crude oil** verwertbaren Brennstoff aus Rohöl gewinnen; ***they took the child ~ its parents*** sie nahmen das Kind von seinen Eltern weg; *after adj*; ***he knows right ~ wrong*** er kann gut und böse unterscheiden; **sth** [**subtracted**] **~ sth** MATH etw minus etw *dat*; ***three ~ sixteen is thirteen*** sechzehn minus drei ist dreizehn
⓬ (*considering*) aufgrund +*gen*, wegen +*gen*; **to conclude ~ the evidence that** aufgrund des Beweismaterials zu dem Schluss kommen, dass; **to make a conclusion from sth** wegen etw *gen* zu einem Schluss kommen; **information obtained ~ papers and books** Informationen aus Zeitungen und Büchern; ***~ looking at the clouds, I would say it's going to rain*** wenn ich mir die Wolken so ansehe, würde ich sagen, es wird Regen geben
⓭ *after vb* (*caused by*) an +*dat*; ***he died ~ his injuries*** er starb an seinen Verletzungen; ***she suffers ~ arthritis*** sie leidet unter Arthritis; ■**to do sth ~ sth** etw aus etw *dat* tun; ***he did it ~ jealousy*** er hat es aus Eifersucht getan; ■**to do sth ~ doing sth** etw durch etw *akk* tun; ***she made her fortune ~ investing in property*** sie hat ihr Vermögen durch Investitionen in Grundstücke gemacht; *after adj*; **to get sick ~ salmonella** sich *akk* mit Salmonellen infizieren; *after n*; **to reduce the risk ~ radiation** das Risiko einer Verstrahlung reduzieren; ***they got a lot of happiness ~ hearing the news*** sie haben sich über die Neuigkeiten unheimlich gefreut
⓮ *after vb* (*indicating protection*) vor +*dat*; **to guard sb ~ sth** jdn vor etw *dat* schützen; ***they insulated their house ~ the cold*** sie dämmten ihr Haus gegen die Kälte; *after n*; ***they found shelter ~ the storm*** sie fanden Schutz vor dem Sturm
⓯ *after vb* (*indicating prevention*) vor +*dat*; ***the truth was kept ~ the public*** die Wahrheit wurde vor der Öffentlichkeit geheim gehalten; ***the bank loan saved her company ~ bankruptcy*** das Bankdarlehen rettete die Firma vor der Pleite; ***he saved him ~ death*** er rettete ihm das Leben; ***he has been banned ~ driving for six months*** er darf sechs Monate lang nicht Auto fahren; ■**~ doing sth** von etw *dat*; ***he boss tried to discourage her ~ looking for a new job*** ihr Chef versuchte, sie davon abzubringen, nach einem neuen Job zu suchen
⓰ *after vb* (*indicating distinction*) von +*dat*; ***conditions vary ~ one employer to another*** die Bedingungen sind von Arbeitgeber zu Arbeitgeber unterschiedlich; ***he knows his friends ~ his enemies*** er kann seine Freunde von seinen Feinden unterscheiden; *after adj*; ***his opinion could hardly be more different ~ mine*** unsere Meinungen könnten kaum noch unterschiedlicher sein
▶ PHRASES: **~ the bottom of one's heart** aus tiefstem Herzen

fromage frais [ˌfrɒmɑːʒ'freɪ, AM frəˌmɑːʒ'-] *n no pl* Frischkäse *m*

frond [frɒnd, AM frɑːnd] *n* Wedel *m*; **palm ~** Palmwedel *m*

front [frʌnt] **I.** *n* ❶ *usu sing* (*forward-facing part*) Vorderseite *f*; ***shall I lie on my ~ or my back?*** soll ich mich auf den Bauch oder auf den Rücken legen?; ***please turn round and face the ~*** bitte drehen Sie sich um und schauen Sie nach vorn; **~ of a building** Front *f* eines Gebäudes; **~ of a pullover** Vorderteil *m* eines Pullovers; **to put sth on back to ~** etw verkehrt herum anziehen; ■**from the ~** von vorne; **to lead from the ~** die Spitze anführen
❷ (*front area*) ■**the ~** der vordere Bereich; ***we want seats as near the ~ as possible*** wir wollen möglichst weit vorne sitzen; **the ~ of a crowd** die Spitze einer Menge; ■**at the ~** vorn[e]; ***she got us seats right at the ~*** sie hat uns Sitze in der vordersten Reihe besorgt
❸ (*ahead of*) ■**in ~** vorn[e]; ***the lady in the row in ~*** die Dame in der Reihe vor uns; ■**to be in ~** SPORTS in Führung liegen; ■**in ~ of sth/sb** vor etw/jdm; **in ~ of other people/the children/witnesses** vor anderen Menschen/den Kindern/Zeugen
❹ (*book cover*) [vorderer] Buchdeckel; (*first pages*) Anfang *m*
❺ THEAT (*in the auditorium*) ■**out ~** im Publikum; **to go out ~** vor den Vorhang treten
❻ (*fam: in advance*) ■**up ~** im Voraus
❼ (*fig: deception*) Fassade *f oft pej*; ***the restaurant is a ~ for a drug-smuggling gang*** das Restaurant dient nur als Deckadresse für eine Drogenschmugg-

lerbande; **to put on a bold** [*or* **brave**] ~ kühn [*o* mutig] auftreten
❽ MIL, METEO, POL Front *f;* ***the ~ for the Liberation of Palestine*** die palästinensische Befreiungsarmee; ■**the** ~ MIL die Front; **a cold/warm** ~ METEO eine Kalt-/Warmfront; **a united** ~ POL eine geschlossene Front
❾ (*area of activity*) Front *f;* **on the domestic/work** ~ an der Heim-/Arbeitsfront; **on the employment** ~ im Beschäftigungsbereich
❿ *usu sing* (*beside sea*) [Strand]promenade *f;* **the lake/river** ~ die Uferpromenade
⓫ *no pl* (*fam: impudence*) Unverschämtheit *f,* Frechheit *f*
II. *adj inv* ❶ (*at the front*) vorderste(r, s); ***I like sitting in the ~ seats at the cinema*** ich sitze gerne auf den vorderen Plätzen im Kino; ~ **leg** Vorderbein *nt;* ~ **teeth** Schneidezähne *mpl;* ~ **wheel** Vorderrad *nt*
❷ (*concealing*) Deck-; ~ **operation** Deckfirma *f*
III. *vt* ❶ (*face onto*) ■**to** ~ **sth** einer S. *dat* gegenüberliegen; ***all the apartments ~ the sea*** alle Wohnungen gehen zum Meer hinaus
❷ *usu passive* ARCHIT (*put a facade on*) ■**to be ~ed** verkleidet sein; **to be ~ed with timber** mit Holz verkleidet sein
❸ (*be head of*) ■**to** ~ **sth** einer S. *dat* vorstehen; **to** ~ **a department** eine Abteilung leiten
❹ TV (*be presenter*) ■**to** ~ **sth** etw moderieren
IV. *vi* ❶ (*face*) ***the house ~s north*** das Haus geht nach Norden [hinaus]; ***our cottage ~s onto the village green*** unser Häuschen liegt zur Dorfwiese hin
❷ (*be front man*) ■**to** ~ **for sth** für etw *akk* den Strohmann spielen

frontage [ˈfrʌntɪdʒ, AM -t̬-] *n* ❶ (*side of building*) [Vorder]front *f*
❷ (*direction*) Ausrichtung *f;* ***these apartments have a delightful dockside ~*** diese Wohnungen liegen wunderbar am Hafen
❸ (*land*) Grundstück *nt;* ***the accommodation is set in a garden with canal ~*** die Unterkunft befindet sich in einem Garten, der zum Kanal hin liegt

frontage road *n* AM (*service road*) Nebenfahrbahn *f*

frontal [ˈfrʌntəl, AM -t̬-] **I.** *adj attr, inv* Frontal-; ~ **assault** [*or* **attack**] Frontalangriff *m;* ~ **impact** Frontalzusammenstoß *m;* ~ **nudity** völlige Nacktheit; ~ **view** Vorderansicht *f*
II. *n* REL Antependium *nt fachspr,* Frontale *nt*

frontal lobe *n* ANAT Stirnlappen *m* **frontal lobotomy** *n* MED Frontotomie *f* **frontal system** *n* METEO Frontensystem *nt*

front bench *n* BRIT POL vordere Sitzreihe (*für führende Regierungs- und Oppositionspolitiker*)

front-bench *adj attr, inv* BRIT POL der führenden Fraktionsmitglieder *nach n;* ~ **team** politische Führungsmannschaft **frontbencher** *n* BRIT POL führender Politiker/führende Politikerin **front cover** *n* Titelseite *f* **front door** *n* Vordertür *f; of a house* Haustür *f* **front-end** **I.** *adj attr* ❶ AUTO Vorder- ❷ COMPUT Frontend- ❸ (*fam: of money*) Voraus-; ECON, FIN am Anfang der Laufzeit liegend; ~ **fee** Gebühren *pl,* die zu Beginn der Laufzeit fällig sind; ~ **loaded** Fälligkeit *f* anfallender Gebühren am Anfang der Laufzeit **II.** *n* COMPUT Front End *nt fachspr,* Emulator *m fachspr* **front garden** *n* Vorgarten *m*

frontier [frʌnˈtɪəʳ, AM -ˈtɪr] *n* ❶ (*boundry*) Grenze *f;* **internal** ~ Binnengrenze *f*
❷ *esp* AM (*outlying areas*) ■**the** ~ das Grenzland
❸ (*of knowledge*) Neuland *nt kein pl*

frontiersman *n* Grenzer *m* **frontierswoman** *n* Grenzerin *f*

frontispiece [ˈfrʌntɪspiːs, AM -t̬-] *n* Frontispiz *nt fachspr,* Titelbild *nt*

front line *n* ❶ MIL (*combat zone*) Frontlinie *f* ❷ (*fig: position*) vorderste Front; ***our undercover agents are in the ~ of the fight against drugs*** unsere verdeckten Ermittler kämpfen an vorderster Front gegen Drogen **front-line** *adj attr, inv* MIL Front- **front-line states** *npl* Länder, *die an Kriegsgebiete grenzen* **front loader** *n* Frontlader *m* **front man** *n* ❶ (*for illegal organization*) Strohmann *m* ❷ (*presenter*) Moderator *m* ❸ (*of pop group*) Leadsänger *m* **front money** *n no pl* ECON, FIN Vorauszahlung *f* **front-of-house** **I.** *n no pl* THEAT Organisation *f* **II.** *adj attr, inv* Organisations- **front page** *n* Titelseite *f;* **to make the** ~ auf die Titelseite kommen **front-page** *adj attr, inv* auf der Titelseite [*o* ersten Seite] *nach n;* ~ **story** Titelgeschichte *f* **front room** *n esp* BRIT Wohnzimmer *nt* **front-row forward** *n* (*in rugby*) Stürmer(in) *m(f)* **front-runner** *n* (*also fig*) Spitzenreiter(in) *m(f)* **front seat** *n* ❶ AUTO Vordersitz *m* ❷ (*theatre, cinema seat*) Platz *m* in den ersten Reihen; **to have a** ~ [**for sth**] (*fig*) [bei etw *dat*] einen Logenplatz haben *fig* **front-wheel drive** **I.** *n* Vorderradantrieb *m* **II.** *adj inv* mit Vorderradantrieb *nach n* **front woman** *n* ❶ (*for illegal organization*) Strohmännin *m* (**for** für +*akk*) ❷ (*presenter*) Moderatorin *f* ❸ (*of pop group*) Leadsängerin *f* **front yard** *n* Vorhof *m;* AM (*planted strip*) Vorgarten *m*

frosh [frɑːʃ] *n* AM (*fam: fresher*) Erstsemester *nt fam*

frost [frɒst, AM frɑːst] **I.** *n* ❶ (*cold period*) Frost *m;* **early/late** ~ früher/später Frost
❷ *no pl* (*sub-zero temperature*) Frost *m;* **12/15 degrees of** ~ 12/15 Grad minus [*o* unter Null]; **ground** ~ Bodenfrost *m*
❸ (*hoarfrost*) Raureif *m*
❹ (*of manner*) Frostigkeit *f*
II. *vt* ❶ (*cover with frost*) ■**to** ~ **sth** *tree, leaves, bush* etw mit Raureif überziehen
❷ AM (*cover with icing*) ■**to** ~ **sth** etw glasieren
❸ AM (*of streaks*) **to have one's hair ~ed** sich *dat* blonde Strähnchen machen lassen
❹ *usu passive* (*damage or kill by frost*) ■**to be ~ed** erfroren sein
❺ (*make opaque*) **to** ~ **glass** Glas mattieren; **~ed glass** Milchglas *nt*
◆**frost over, frost up** *vi* Raureif bilden; ***the lawn had ~ed over during the night*** auf dem Rasen hatte sich über Nacht Raureif gebildet

frostbite *n no pl* Erfrierung *f;* (*chilblain*) Frostbeule *f* **frostbitten** *adj person, toes, fingers* erfroren **frostbound** *adj* [hart] gefroren

frosted [ˈfrɒstɪd, AM ˈfrɑːs-] *adj inv* ❶ (*covered with frost*) mit Raureif bedeckt
❷ AM (*covered with icing*) glasiert
❸ (*opaque*) matt[iert]; ~ **glass** Milchglas *nt*

frostily [ˈfrɒstɪli, AM ˈfrɑːst-] *adv* frostig, eisig

frostiness [ˈfrɒstɪnəs, AM ˈfrɑːst-] *n no pl* ❶ (*of weather*) Eiseskälte *f*
❷ (*unfriendliness*) Frostigkeit *f;* (*of atmosphere*) kühle Atmosphäre

frosting [ˈfrɒstɪŋ, AM ˈfrɑːst-] *n no pl* ❶ (*of surface*) Mattierung *f*
❷ AM (*icing*) Glasur *f*

frost line *n* AM Frostgrenze *f*

frosty [ˈfrɒsti, AM ˈfrɑːsti] *adj* ❶ (*very cold*) frostig
❷ (*covered with frost*) vereist
❸ (*unfriendly*) frostig; *atmosphere* kühl

froth [frɒθ, AM frɑːθ] **I.** *n no pl* ❶ (*small bubbles*) Schaum *m*
❷ (*soft mass*) Stoffgebilde *nt*
❸ (*esp pej: light entertainment*) seichte Unterhaltung
► PHRASES: **to get into a** ~ durchdrehen, ausflippen *fam*
II. *vi* schäumen; **to** ~ **at the mouth** (*form bubbles*) Schaum vor dem Mund haben; (*fig: be very angry*) vor Wut schäumen
III. *vt* ■**to** ~ **sth** [**up**] etw aufschäumen; ***shake the drink before you serve it to ~ it up*** das Getränk vor dem Servieren durch Schütteln aufschäumen

frothy [ˈfrɒθi, AM ˈfrɑː-] *adj* ❶ (*of substance*) schaumig
❷ (*of entertainment*) seicht

frou-frou [ˈfruːfruː] *n* ❶ (*exaggerated clothing*) Flitter *m pej*
❷ *no pl* (*noise*) Rascheln *nt,* Rauschen *nt;* (*of wood, fire*) Knistern *nt*

frown [fraʊn] **I.** *vi* ❶ (*showing displeasure*) die Stirn runzeln; ■**to** ~ **at sb/sth** jdn/etw missbilligend ansehen; ■**to** ~ **on** [*or* **upon**] **sth** etw missbilligen; ***that sort of behaviour is definitely ~ed upon in polite society*** dieses Benehmen ist in der feinen Gesellschaft absolut verpönt
❷ (*in thought*) nachdenklich die Stirn runzeln; ■**to** ~ **at sth** etw nachdenklich betrachten
II. *n* Stirnrunzeln *nt kein pl;* ***she threw him a warning ~ as he prepared to scold the child*** sie warf ihm einen warnenden Blick zu, als er das Kind ausschimpfen wollte

frowsty [ˈfraʊsti] *adj* BRIT (*fam*) stickig, miefig *pej fam;* (*smelly*) muffig *fam*

frowsy *adj,* **frowzy** [ˈfraʊzi] *adj* BRIT ❶ (*unkempt*) ungepflegt
❷ (*stuffy*) stickig, miefig *pej fam;* (*smelly*) muffig *fam*

fro-yo [ˈfroʊjoʊ] *n short for* **frozen yogurt** Joghurteis *nt*

froze [frəʊz, AM froʊz] *pt of* **freeze**

frozen [frəʊzən, AM froʊz-] **I.** *pp of* **freeze**
II. *adj inv* ❶ (*of water*) gefroren
❷ (*of food*) [tief]gefroren
❸ (*fig: of person*) erfroren; ***you must be ~ — come inside*** dir muss [doch] eiskalt sein – komm rein
❹ ECON, FIN (*blocked by bank*) eingefroren *fam;* ~ **account** gesperrtes Konto; ~ **assets** eingefrorene Vermögenswerte [*o* Guthaben]; ~ **credits** eingefrorene Kredite

frozen shoulder *n no pl* steife Schulter

fructify <-ie-> [ˈfrʌktɪfaɪ, AM -tə-] (*form*) **I.** *vi* Früchte tragen
II. *vt* ■**to** ~ **sth** etw befruchten

fructose [ˈfrʌktəʊs, AM -oʊs] *n no pl* Fruchtzucker *m,* Fructose *f fachspr*

frugal [ˈfruːgəl] *adj* ❶ (*economical*) sparsam; *lifestyle* genügsam; ■**to be** ~ (*live modestly*) bescheiden leben; (*be economical*) sparsam sein (**with** mit +*dat*)
❷ (*of quantity*) karg, frugal; **a** ~ **portion** eine knapp bemessene Portion

frugality [fruːˈgæləti, AM -ət̬i] *n no pl* Genügsamkeit *f*

frugally [ˈfruːgəli] *adv* sparsam; **to live** ~ genügsam leben

fruit [fruːt] **I.** *n* ❶ *no pl* (*edible seedcase*) Frucht *f;* (*collectively*) Obst *nt;* **to bear** ~ Früchte tragen; ■**to be in** ~ reife Früchte tragen; ***the cherry tree in our garden is in ~*** an dem Kirschbaum in unserem Garten sind die Früchte reif
❷ (*type of fruit*) Frucht *f;* **the ~s of the earth** (*liter*) die Früchte des Feldes *geh*
❸ BOT (*seed-bearing part*) Frucht *f*
❹ (*fig: results*) Ergebnis *nt,* Frucht *f;* **to enjoy the ~s of one's labour** die Früchte seiner Arbeit genießen; **to bear** ~ *work* Früchte tragen
❺ (*liter*) **the** ~ **of the/his loins** die Frucht seiner Lenden *geh;* **the** ~ **of the/her womb** die Frucht ihres Leibes *geh*
❻ AM, AUS (*pej! sl: homosexual*) Warmer *m pej fam*
❼ (*dated fam: form of address*) **old** ~ alter Knabe *oft hum fam*
► PHRASES: **forbidden** ~ [**is sweetest**] (*saying*) verbotene Früchte [schmecken am besten]
II. *vi* [Früchte] tragen; ***over the last few years, our apple trees have been ~ing much earlier than usual*** in den letzten paar Jahren haben unsere Apfelbäume viel früher als sonst getragen

fruit bat *n* Flughund *m* **fruitcake** *n* ❶ *no pl* Früchtebrot *nt* ❷ (*fam!: eccentric*) Spinner(in) *m(f) pej fam* **fruit cocktail** *n* Früchtecocktail *m* **fruit cup** *n* ❶ BRIT (*drink*) [frisch gepresster] Fruchtsaft ❷ AM (*fruit salad*) Früchtebecher *m*

fruiterer [ˈfruːtərəʳ, AM -t̬ərɚ] *n esp* BRIT Obsthändler(in) *m(f)*

fruit fly *n* Fruchtfliege *f*

fruitful [ˈfruːtfəl] *adj* ❶ (*productive*) ertragreich; ~ **discussion** fruchtbare Diskussion

② (*liter: fertile*) fruchtbar; ***be ~ and multiply*** seid fruchtbar und mehret euch

fruitfully ['fru:tfəli] *adv* nützlich

fruitfulness ['fru:tfəlnəs] *n no pl* ① (*productivity*) Ergiebigkeit *f*
② (*liter: bearing fruit*) Fruchtbarkeit *f*

fruitiness ['fru:ti:nəs, AM -ţi:nəs] *n no pl* Fruchtigkeit *f; of voice* Timbre *nt*

fruition [fru'ɪʃən] *n no pl* Verwirklichung *f;* **to come to** [*or* **reach**] ~ verwirklicht werden

fruit knife *n* Obstmesser *nt*

fruitless ['fru:tləs] *adj* fruchtlos

fruitlessly ['fru:tləsli] *adv* erfolglos

fruitlessness ['fru:tləsnəs] *n no pl* Fruchtlosigkeit *f;* (*fig*) Erfolglosigkeit *f*

fruit machine *n* BRIT Spielautomat *m*

fruit salad *n no pl* Obstsalat *m* **fruit sugar** *n no pl* ① (*fructose*) Fruchtzucker *m* ② CAN (*fine sugar*) feiner Zucker **fruit tree** *n* Obstbaum *m*

fruity ['fru:ti, AM -ţi] *adj* ① (*of taste*) fruchtig
② (*of sound, voice*) klangvoll, sonor
③ (*fam: risqué*) anzüglich; ~ **remarks** schlüpfrige Bemerkungen

frump [frʌmp] *n* (*pej*) Vogelscheuche *f;* ***this dress makes me look a total ~*** in diesem Kleid sehe ich absolut unmöglich aus

frumpish ['frʌmpɪʃ] *adj,* **frumpy** ['frʌmpi] *adj* altmodisch; *woman* unattraktiv

frustrate [frʌs'treɪt, AM 'frʌstreɪt] *vt* ■**to ~ sb**
① (*annoy*) jdn frustrieren
② (*prevent*) jdn hindern; ***in his attempt to speed up operations he was ~d by the lack of computing facilities*** sein Versuch, die Operationen zu beschleunigen, war wegen der fehlenden Computerausstattung vergebens; ■**to ~ sth** etw zunichte machen

frustrated [frʌs'treɪtɪd, AM 'frʌstreɪţɪd] *adj* ① (*annoyed*) frustriert
② *attr* (*prevented*) gescheitert
③ *attr* (*sexually neglected*) unbefriedigt

frustrating [frʌs'treɪtɪŋ, AM 'frʌstreɪţɪŋ] *adj* frustrierend

frustratingly [frʌs'treɪtɪŋli, AM ţɪŋli] *adv* frustrierend[erweise]

frustration [frʌs'treɪʃən] *n* ① *no pl* (*annoyance*) Frustration *f*
② (*feeling*) Frustriertheit *f,* Niedergeschlagenheit *f kein pl;* ***she understood the ~s he was feeling*** sie verstand seine Enttäuschung
③ *no pl* (*prevention*) Vereitelung *f;* **the ~ of desires** die Nichterfüllung von Sehnsüchten

fry [fraɪ] I. *npl* junger Fisch
► PHRASES: <u>**small**</u> ~ kleine Fische *fam;* (*person*) kleiner Fisch *fam*
II. *vt* <-ie-> ① (*cook*) ■**to ~ sth** etw braten
② AM (*fam: execute*) ■**to ~ sb** jdn auf dem elektrischen Stuhl hinrichten
III. *vi* <-ie-> ① (*cook*) braten
② (*fig fam: get sunburnt*) schmoren *fig fam*
③ AM (*fam: be executed*) auf dem elektrischen Stuhl hingerichtet werden
◆**fry up** *vt* ■**to ~ up** ⊂ **sth** etw [auf]braten [*o* in der Pfanne aufwärmen]

fryer ['fraɪəʳ, AM -ɚ] *n* ① (*utensil*) Bratpfanne *f;* **deep-fat** ~ Friteuse *f*
② AM (*chicken*) Brathuhn *nt*

frying pan *n* Bratpfanne *f* ► PHRASES: **out of the ~ into the** <u>**fire**</u> vom Regen in die Traufe *fam* **fry-up** *n* BRIT (*fam*) Pfannengericht *nt;* ***shall we have a ~ of yesterday's leftovers for supper?*** sollen wir die Reste von gestern zum Abendessen aufbraten?

FT [ˌef'ti:] *n abbrev of* **Financial Times** Financial Times *f* (*Wirtschaftszeitung*)

ft *n* ① *abbrev of* **foot** ft
② *pl abbrev of* **feet** ft

FT Actuaries Share Indices *npl* ECON, FIN Aktienindizes *mpl* der Financial Times

f2f-sex *n* (*sl*) *short for* **face-to-face sex** bezeichnet die physische Begegnung zweier Menschen, im Gegensatz zu Cybersex

FTP *n* COMPUT *abbrev of* **file transfer protocol** FTP

fuchsia ['fju:ʃə] I. *n* ① (*plant*) Fuchsie *f*
② *no pl* (*colour*) Fuchsia *nt*
II. *adj inv* fuchsiafarben

fuck [fʌk] (*vulg sl*) I. *n* ① (*act, sexual partner*) Fick *m vulg*
② *no pl* (*used as expletive*) ***they screamed like ~ until someone heard them*** sie schrien wie wild, bis jemand sie hörte; ***who gives a ~ what they think?*** wen interessiert es schon, was sie denken?; ***shut the ~ up!*** halt verdammt noch mal das Maul! *derb;* ***for ~'s sake!*** zum Teufel! *sl;* ■**what/who/why/where the ~ ...** was/wer/warum/wo zum Teufel ... *fam*
II. *interj* Scheiße! *derb*
III. *vt* ① (*have sex with*) ■**to ~ sb** jdn vögeln *vulg;* ***go ~ yourself!*** verpiss dich! *sl,* schleich dich! *bes* SÜDD, ÖSTERR
② (*damn*) ■**to ~ sb/sth** jdn/etw verfluchen; ~ ***what she says*** scheiß doch auf das, was sie sagt; ~ ***that idea*** scheiß auf diese Idee; ~ ***the boss, this is between us*** zum Teufel mit dem Chef, das geht nur uns beide was an; [***oh***] ~ ***it!*** verdammte Scheiße! *derb;* ~ ***me!*** ich glaub, ich spinne! *sl;* ~ ***you!*** leck mich am Arsch! *derb*
IV. *vi* ① (*have sex*) ficken *vulg*
② (*play mind-games*) ■**to ~ with sb** jdn verscheißern [*o* verarschen] *derb*
◆**fuck about, fuck around** (*vulg sl*) I. *vi* herumgammeln *fam*
II. *vt* ■**to ~ sb** ⊂ **about** [*or* **around**] jdn verarschen *derb*
◆**fuck off** (*vulg sl*) I. *vi* sich *akk* verpissen *sl*
II. *vt* ■**to ~ sb off** jdn ankotzen *derb;* ***it really ~s me off when he says things like that*** es kotzt mich echt an, wenn er solche Sachen sagt
◆**fuck over** *vt* AM (*vulg sl*) ■**to ~ sb over** jdn ausnutzen
◆**fuck up** (*vulg sl*) I. *vt* ① (*make a mess of*) ■**to ~ up** ⊂ **sth** etw versauen *fam*
② (*psychologically disturb*) ■**to ~ up** ⊂ **sb** jdn fertig machen *fam;* ***she's been really ~ed up since her parents' divorce*** seit der Scheidung ihrer Eltern ist sie wirklich total fertig
II. *vi* Scheiß machen *pej derb;* ***please don't ~ up this time*** bau dieses Mal bitte keinen Scheiß *pej derb*

fuck all BRIT I. *n no pl* (*vulg sl*) ein Dreck *m fam;* ***I know sweet ~ about this subject*** ich weiß einen Scheißdreck von dieser ganzen Sache
II. *adj attr, inv* (*vulg sl*) ***it makes ~ difference who tells her*** es ist vollkommen scheißegal, wer es ihr sagt; ***they've got ~ idea what to do*** die haben keinen blassen Schimmer, was sie tun sollen *fam*

fucked [fʌkt] *adj pred, inv* (*vulg sl*) ① *esp* BRIT (*kaput*) im Arsch *derb;* ***the TV's ~*** der Fernseher ist im Arsch
② (*stymied*) aufgeschmissen *fam;* ***well, if the last bus has gone, we're ~!*** wenn der letzte Bus wirklich schon weg ist, dann sind wir ganz schön beschissen dran
③ (*exhausted*) am Ende *fam;* ***we walked fifteen miles and got home totally ~*** wir sind fünfzehn Meilen gelaufen und kamen total erledigt an

fucker ['fʌkəʳ, AM -ɚ] *n* (*vulg sl*) ① (*stupid person*) Arsch *m derb*
② (*problematic thing*) Dreck *m,* Scheiß *m derb;* ***you hold the ~ and I'll hit it*** du hältst den Scheiß, und ich schlage drauf *pej sl*

fuckhead *n* (*vulg sl*) Arsch *m derb*

fucking ['fʌkɪŋ] (*vulg sl*) I. *adj* verdammt *fam;* ~ ***hell!*** verdammte Scheiße! *derb* II. *adv* verdammt *fam;* ***he ran ~ fast*** er rannte verdammt schnell III. *n no pl* Ficken *nt vulg* **fuck-up** *n no pl* (*vulg sl*) ① (*mess*) Scheiße *f pej derb* ② (*person*) Tollpatsch *m* **fuckwit** *n esp* BRIT (*vulg sl*) Scheißkerl *m derb*

fuddle ['fʌdl] I. *vt* ■**to ~ sb** jdn verwirren
II. *n no pl* ① (*fam: confusion*) Verwirrung *f;* **be/get in a ~** durcheinander sein/kommen
② (*intoxication*) *of alcohol* Rausch *m,* Schwips *m*

fuddled ['fʌdld] *adj* ① (*confused*) verwirrt
② (*intoxicated*) benebelt, beschwipst

fuddy-duddy ['fʌdiˌdʌdi] (*fam*) I. *n* Grufti *m sl*
II. *adj* altmodisch

fudge [fʌdʒ] I. *n* ① *no pl* (*sweet*) Fondant *m o nt*
② *usu sing* (*pej: compromise*) [fauler] Kompromiss; (*evasion*) Ausweichmanöver *nt*
II. *vt* (*pej*) ■**to ~ sth** ① (*deal with evasively*) einer S. *dat* ausweichen; **to ~ an issue** einem Thema ausweichen
② (*falsify*) etw frisieren *fam*
III. *vi* (*pej*) ausweichen, sich *akk* drücken *pej*

fuel ['fju:əl, AM *also* fju:l] I. *n* ① *no pl* (*power source*) Brennstoff *m;* **nuclear ~ reprocessing plant** atomare Wiederaufbereitungsanlage
② (*petrol*) Benzin *nt;* **leaded/unleaded ~** verbleites/bleifreies Benzin
③ (*type of fuel*) Kraftstoff *m,* Treibstoff *m*
④ *no pl* (*fig: material*) Nahrung *f;* **to add ~ to the fire** [*or* **flames**] Öl ins Feuer gießen
II. *vt* <BRIT -ll- *or* AM *usu* -l-> ① *usu passive* (*provide with fuel*) ■**to be ~led** [**by sth**] [mit etw *dat*] betrieben werden; ***our central heating system is ~led by gas*** unsere Zentralheizung läuft mit Gas
② (*fig: increase*) ■**to ~ sth** etw nähren *geh;* **to ~ sb's hatred/resentment** jds Hass/Unmut schüren *geh;* **to ~ speculation** Spekulationen anheizen

fuel bill *n* Heizkosten *pl* **fuel capacity** *n no pl* Fassungsvermögen *nt* des Tanks **fuel consumption** *n no pl* Brennstoffverbrauch *m;* TRANSP Treibstoffverbrauch *m* **fuel element** *n* NUCL Brennelement *nt* **fuel gage** *n* AM, **fuel gauge** *n* Tankanzeige *f* **fuel-injected** *adj inv* mit Treibstoffeinspritzung *nach n,* Einspritz- **fuel injection** *n no pl* Treibstoffeinspritzung *f* **fuel-injection engine** *n* Einspritzmotor *m* **fuel oil** *n no pl* Heizöl *nt* **fuel pump** *n* Kraftstoffpumpe *f* **fuel rod** *n* NUCL Brennstab *m* **fuel tank** *n* Treibstofftank *m*

fug [fʌg] *n no pl* BRIT (*pej*) stickige Luft, Mief *m pej sl*

fuggy ['fʌgi] *adj* BRIT stickig

fugitive ['fju:dʒətɪv, AM -ţ-] I. *n* Flüchtige(r) *f(m);* **a ~ from justice** ein flüchtiger Rechtsbrecher/eine flüchtige Rechtsbrecherin; **a ~ from war** ein Kriegsflüchtling *m*
II. *adj* ① *attr, inv* (*escaping*) flüchtig; ~ **offender** flüchtiger Straftäter
② (*liter: fleeting*) vergänglich; ~ **impressions** flüchtige Eindrücke

fugue [fju:g] *n* MUS Fuge *f*

fulcrum <*pl* -s *or* -ra> ['fʊlkrəm, *pl* -krə] *n* ① (*of balance*) Drehpunkt *m*
② (*fig: central point*) Angelpunkt *m*

fulfil <-ll-> [fʊl'fɪl], AM, AUS **fulfill** *vt* ① (*satisfy*) ■**to ~ sth** etw erfüllen; **to ~ an ambition** ein Ziel erreichen; **to ~ one's potential** sein Potenzial ausschöpfen
② (*carry out*) ■**to ~ sth** einer S. *dat* nachkommen; **to ~ a contract/promise** einen Vertrag/ein Versprechen erfüllen; **to ~ a function/role** eine Funktion/Rolle einnehmen
③ (*make satisfied*) ■**sth ~s sb** etw erfüllt jdn; ■**to ~ oneself** sich *akk* verwirklichen
④ (*make come true*) **to ~ a prophecy** eine Prophezeiung erfüllen

fulfilled [fʊl'fɪld] *adj* ① (*of conditions*) erfüllt
② (*happy*) ausgefüllt; ~ **life** erfülltes Leben *geh*

fulfilling [fʊl'fɪlɪŋ] *adj* erfüllend; **a ~ sex life** ein befriedigendes Sexualleben

fulfillment [fʊl'fɪlmənt] AM, AUS, **fulfilment** *n no pl* Erfüllung *f*

full [fʊl] I. *adj* ① *usu pred* (*no space*) voll; *cinema, theatre* ausverkauft; ***her eyes were ~ of tears*** ihre Augen waren voller Tränen; **to be ~ to the brim** [**with sth**] bis zum Rand [mit etw *dat*] gefüllt sein; **to talk with one's mouth ~** mit vollem Mund sprechen; **to do sth on a ~ stomach** etw mit vollem Magen tun; **to be ~ to bursting** [**with sth**] [mit etw *dat*] zum Brechen [*o* brechend] voll sein; ***they kept packing people in until the hall was ~ to bursting*** man hat so lange immer wieder Leute reingelassen, bis die Halle zum Brechen voll war

❷ *pred* (*having a lot*) ***I couldn't speak, my heart was too*** ~ ich konnte nicht sprechen, denn mir ging das Herz über; ***she was ~ of praise for your work*** sie war voll des Lobes über deine Arbeit; ***he shot her a look ~ of hatred*** er warf ihr einen hasserfüllten Blick zu; **to be ~ of surprises** voller Überraschungen sein; **to be ~ of oneself** [*or* **one's own importance**] (*pej fam*) eingebildet sein
❸ *pred* (*after eating*) ■**to be** ~ satt sein; **to be ~ to the brim** [*or* **to bursting**] platzen *fam*
❹ (*omitting nothing*) voll, vollständig; ~ **employment** Vollbeschäftigung *f;* ~ **explanation** vollständige Erklärung; **the ~ form of a word** die Vollform eines Wortes; **to write one's ~ name and address** den Vor- und Zunamen und die volle Adresse angeben; **to give/write a ~ report** einen vollständigen Bericht geben/schreiben
❺ (*entire*) voll, vollständig; ***he was suspended on ~ pay*** er wurde bei vollen Bezügen freigestellt; ***they had a furious row outside their house in ~ view of their neighbours*** sie hatten eine wilde Auseinandersetzung vor dem Haus, direkt vor den Augen der Nachbarn; ~ **fare** voller Fahrpreis; **to be in ~ flow** in voller Fahrt sein; ~ **member** Vollmitglied *nt;* **~-price ticket** Fahrkarte *f* zum vollen Preis; **to be under ~ sail** NAUT mit vollen Segeln fahren; **to be in ~ swing** voll im Gang sein
❻ (*maximum*) voll; ***his headlights were on ~*** seine Scheinwerfer waren voll aufgeblendet; [**at**] ~ **blast** [*or* **volume**] mit voller Lautstärke; **to be in ~ cry** [**after sb/sth**] [jdn/etw] begeistert verfolgen; [**at**] ~ **speed** [*or* **tilt**] [*or* BRIT **pelt**] mit voller Geschwindigkeit; ~ **steam ahead** NAUT Volldampf voraus; **at ~ stretch** völlig durchgestreckt; (*fig*) mit vollen Kräften
❼ (*busy and active*) ausgefüllt
❽ *pred* (*preoccupied*) ■**to be ~ of sth** von etw *dat* völlig in Anspruch genommen sein; (*enthusiastic*) von etw *dat* ganz begeistert sein; ***did the kids enjoy their day at the beach? — oh yes, they're still ~ of it*** haben die Kinder den Tag am Strand genossen? – oh ja, sie sind noch immer ganz begeistert davon
❾ (*rounded*) voll; **for the ~er figure** für die vollschlanke Figur
❿ (*wide*) weit geschnitten; ~ **skirt** weiter Rock
⓫ (*rich and deep*) voll; ~ **voice** sonore Stimme; ~ **wine** vollmundiger Wein
▶ PHRASES: **to be ~ of beans** wie ein Sack [voller] Flöhe sein; **the wheel has** [*or* **things have**] **come ~ circle** der Kreis hat sich geschlossen; **to have one's hands ~** alle Hände voll zu tun haben; **to be ~ of the joys of spring** prächtig aufgelegt sein; **to be ~ of the milk of human kindness** vor Freundlichkeit [geradezu] überströmen
II. *adv inv* ❶ (*completely*) voll; **to be ~ on/off** *tap* voll auf-/abgedreht sein
❷ (*directly*) direkt
❸ (*very*) sehr; **to know ~ well** [**that ...**] sehr gut [*o* wohl] wissen, [dass ...]
III. *n* **in** ~ zur Gänze; **to the** ~ bis zum Äußersten

fullback *n* SPORTS ❶ (*defending player*) Außenverteidiger(in) *m(f)* ❷ (*near end of the field*) Schlussspieler(in) *m(f)* **full-blooded** *adj* ❶ (*vigorous*) kraftvoll ❷ (*wholehearted*) rückhaltlos ❸ *attr* (*of descent*) reinrassig **full-blown** *adj* ❶ (*developed*) ausgereift; ~ **disease** voll ausgebrochene Krankheit ❷ (*in bloom*) *flower* voll aufgeblüht **full board** BRIT **I.** *n no pl* Vollpension *f* **II.** *adj inv* mit Vollpension *nach n* **full-bodied** *adj* (*of food*) mächtig; (*of sound*) voll; ~ **wine** vollmundiger [*o fachspr* körperreicher] Wein **full bore** *adv esp* AM mit voller Geschwindigkeit **full-cream milk** *n no pl* Vollmilch *f* **full dress** *n no pl* MIL Galauniform *f* **full-dress** *adj* ❶ MIL Gala-; ~ **parade** Galaparade *f* ❷ *attr* (*fig: formal*) formell

fuller's earth [ˌfʊləz'-, AM -ɚz'-] *n no pl* Fullererde *f,* Bleicherde *f*

full face PHOT **I.** *adj attr* En-face- *fachspr* **II.** *adv* en face *fachspr;* ***she looked at the camera ~*** sie sah direkt in die Kamera **full-faced** *adj* vollgesichtig **full-fashioned** *adj* AM mit Passform *nach n;* ~ **stockings** Strümpfe *mpl* mit Passform **full-fledged** *adj* AM ❶ (*with feathers*) flügge ❷ (*developed*) ausgereift ❸ (*trained*) ausgebildet **full-frontal I.** *adj inv* ❶ *nudity, picture* völlig nackt ❷ (*extreme*) Frontal-; **a ~ attack against sth** ein Frontalangriff gegen etw *akk* **II.** *n* Nacktfoto *nt* **full-grown** *adj* ausgewachsen **full house** *n* ❶ THEAT volles [*o* ausverkauftes] Haus ❷ (*in poker*) Fullhouse *nt* **full-length I.** *adj inv* ❶ (*reaching floor*) ~ **gown** bodenlanges Abendkleid; ~ **mirror** großer Spiegel ❷ (*not short*) *film, play* abendfüllend; ~ **novel** längerer Roman **II.** *adv* **to lie/throw oneself ~ on the floor** sich *akk* der Länge nach auf den Boden legen/werfen **full listing** *n* ECON, FIN ~ **listing** Notierung *f* am Hauptaktienmarkt **full marks** *npl* ❶ (*in exam*) volle Punktzahl; **to get ~** [**for sth**] [für etw *akk*] die volle Punktzahl bekommen ❷ (*fig: praise*) Anerkennung *f,* Lob *nt;* ~ ***to her for all her selfless work*** alle Achtung für ihren selbstlosen Einsatz **full monty** *n* BRIT (*sl*) ■**the** ~ das volle Programm *fig* **full moon** *n* Vollmond *m* **full nelson** [-'nelsᵊn] *n* (*in wrestling*) Doppelnelson *m fachspr*

fullness ['fʊlnəs] *n no pl* ❶ (*being full*) Völle *f;* **feeling of** ~ Völlegefühl *nt;* **to speak out of the ~ of one's heart** aus dem Herzen sprechen
❷ (*completeness*) Vollständigkeit *f;* **in the ~ of time** zu gegebener Zeit
❸ (*roundedness*) Fülle *f*
❹ (*looseness*) Weite *f; of hair* Volumen *nt;* ~ **of a dress** weiter Schnitt eines Kleides
❺ (*richness*) Vollmundigkeit *f*

full-on *adj inv account, details* schonungslos **full on I.** *adj pred* **to have the heater/radio ~** den Ofen/das Radio voll aufgedreht haben **II.** *adv* **to hit sth ~** etw voll treffen **full-page** *adj* ganzseitig; ~ **advertisement** ganzseitige Anzeige **full-rigged** *adj* NAUT vollgetakelt **full-scale** *adj inv* ❶ (*same size as original*) in Originalgröße *nach n* ❷ (*all-out*) umfassend; **a ~ war** ein ausgewachsener Krieg **full-service bank** *n* AM ECON, FIN Bank *f* mit vollem Service **full-service banking** *n* AM ECON, FIN umfassender Bankservice **full-size(d)** *adj inv* ❶ (*life-sized*) lebensgroß ❷ (*of normal size*) normal [groß] **full stop** *n* ❶ BRIT, AUS (*punctuation mark*) Punkt *m* ❷ (*complete halt*) Stillstand *m;* **to come to a ~** zum Stillstand kommen ❸ BRIT (*no more to be said*) Schluss *m fam;* ***I'm not going to the party ~*** ich gehe nicht auf die Party und damit Schluss **full-term** *adj inv* ❶ MED voll ausgetragen ❷ UNIV die Vorlesungszeit betreffend **full-text search** *n* COMPUT Volltextrecherche *f fachspr* **full-throated** *adj* lauthals **full time** *n* SPORTS Spielende *nt* **full-time** *inv* **I.** *adj* ❶ (*not part-time*) Ganztags-, Vollzeit-; ~ **job** Vollzeitbeschäftigung *f* ❷ SPORTS End-; ~ **score** Endstand *m* **II.** *adv* ganztags **full title** *n* POL *of an Act of Parliament* Haupttitel *m* **full trial** *n* LAW Hauptverfahren *nt*

fully ['fʊli] *adv* ❶ (*completely*) völlig; ***I left, ~ intending to return within the month*** ich ging mit der vollen Absicht, während des Monats zurückzukommen; **to be ~ booked** ausgebucht sein
❷ (*in detail*) detailliert
❸ (*of time, amount*) voll; ~ ***two-thirds of the students were dissatisfied with their courses*** ganze zwei Drittel der Studierenden waren mit ihren Seminaren nicht zufrieden; ~ **ten hours** volle zehn [*o* zehn volle] Stunden

fully-fashioned *adj* mit Passform *nach n* **fully-fledged** *adj* BRIT, AUS ❶ (*with feathers*) flügge ❷ (*developed*) ausgereift ❸ (*trained*) ausgebildet **fully-grown** *adj esp* BRIT ausgewachsen

fulminate ['fʊlmɪneɪt] *vi* ■**to ~ against** [*or* **about**] **sth** über etw *akk* schimpfen, gegen etw *akk* wettern *fam*

fulmination [ˌfʊlmɪ'neɪʃᵊn] *n* Wettern *nt* (**against/about** gegen +*akk*), Schimpfen *nt* (**against/about** über +*akk*)

fulsome ['fʊlsəm] *adj* (*pej*) *praise* überschwänglich; *compliments, flattery* übertrieben; **to receive ~ praise** über den grünen Klee gelobt werden *fam*

fulsomely ['fʊlsəmli] *adv* (*pej*) überschwänglich; **to flatter sb ~** jdm übertrieben schmeicheln; **to thank sb ~** sich *akk* überschwänglich bei jdm bedanken

fulsomeness ['fʊlsəmnəs] *n no pl* (*pej form*) Überschwänglichkeit *f*

fumble ['fʌmbl] **I.** *vi* ❶ (*manipulate*) ■**to ~** [**around** [*or* **about**]] **with sth** an etw *dat* [herum]fingern, [ungeschickt] mit etw *dat* [herum]hantieren
❷ (*caress*) ■**to ~** [**around** [*or* **about**]] [herum]fummeln *fam*
❸ (*feel for*) ■**to ~ around** [*or* **about**] [herum]tasten; ■**to ~ for** [*or* **about**] **sth** nach etw *dat* tasten; ~ **around** [*or* **about**] **in the dark** im Dunkeln [umher]tappen; **to ~ in one's pockets** in seinen Taschen kramen
❹ (*in speech*) **to ~ for the right phrase/word** [krampfhaft] nach dem passenden Ausdruck/Wort suchen
❺ (*in American football*) den Ball fallen lassen, patzen *fam*
II. *vt* ❶ (*say wrong*) **to ~ one's lines/a speech** seinen Text/eine Rede stammeln
❷ SPORTS **to ~ the ball** [*or* **catch**] (*in American football*) den Ball verlieren; **to ~ a play** ein Spiel vermasseln *fam*
III. *n* SPORTS [Ballannahme]fehler *m*

fumble fingers <*pl* -> *n* AM (*hum fam*) Tollpatsch *m*

fumbler ['fʌmblə', AM -ɚ] *n* (*pej*) Tölpel *m pej,* Tollpatsch *m,* Stümper(in) *m(f) pej;* ■**to be a ~** zwei linke Hände haben

fume [fju:m] *vi* ❶ (*fig: rage*) vor Wut schäumen [*o fam* kochen], auf hundertachtzig sein *sl;* **to fuss** [*or* **fret**] **and ~** sich *akk* unnötig aufregen
❷ (*emit fumes*) Abgase produzieren

fume hood *n* CHEM Abzug *m*

fumes [fju:mz] *npl* ❶ (*unpleasant gas*) Dämpfe *mpl;* [**car**] **exhaust ~** [Auto]abgase *pl;* **petrol** [*or* AM **gasoline**] ~ Benzindämpfe *pl;* **to breathe poisonous ~** giftige Dämpfe einatmen; **to give off ~** Dämpfe abgeben
❷ (*smoke*) Rauch *m;* **cigar ~** Zigarrenrauch *m*

fumigate ['fju:mɪgeɪt] *vt* **to ~ a building/room** ein Gebäude/Zimmer ausräuchern

fumigation [ˌfju:mɪ'geɪʃᵊn] *n* ❶ *no pl* (*method*) Ausräuchern *nt*
❷ (*instance*) Ausräucherung *f*

fumigator ['fju:mɪgeɪtə', AM -t̬ɚ] *n* Kammerjäger(in) *m(f)*

fun [fʌn] **I.** *n no pl* Spaß *m;* ***it was good ~*** es hat viel Spaß gemacht; (*funny*) es war sehr lustig [*o* witzig]; ***it's no ~ having to work on Saturdays*** es ist nicht lustig, samstags arbeiten zu müssen; ***that sounds like ~*** das klingt gut; **to be full of ~** (*be active*) immer unternehmungslustig sein; (*be mischievous*) nur Dummheiten im Kopf haben; **to do sth for ~** [*or* **the ~ of it**] [*or* **the ~ of the thing**] etw nur [so] zum Spaß [*o* spaßeshalber] [*o fam* aus Jux und Tollerei] machen; **to do sth in ~** etw im [*o* zum] Spaß tun; ***I didn't mean what I said, it was only in ~*** ich hab's nicht so gemeint, das war doch nur Spaß; **to get a lot of ~ out of** [*or* **from**] **sth** viel Spaß an etw *dat* haben; ***children get a lot of ~ out of playing with water*** Kindern macht es großen Spaß, mit Wasser zu spielen; **to have** [**a lot of**] ~ [viel] Spaß haben, sich *akk* [gut [*o* köstlich]] amüsieren; ***have ~!*** viel Spaß!; ***have ~ on your vacation!*** schöne Ferien!; **to have ~ at sb's expense** sich *akk* auf jds Kosten amüsieren; **to make ~ of** [*or* **poke ~ at**] **sb** sich *akk* über jdn lustig machen; **to put the ~ back into sth** etw [doch noch] retten; **to spoil sb's/the ~** [**of sth**] jdm den/den Spaß [an etw *dat*] verderben; **to take the ~ out of sth** etw verderben; ***Rolf broke his leg when we went skiing and that took all the ~ out of it*** als wir im Skiurlaub waren, hat sich Rolf das Bein gebrochen, das hat uns den ganzen Spaß verdorben; ***like ~!*** (*fam*) Pustekuchen! *fam;* ***what ~!*** super! *fam*
▶ PHRASES: ~ **and games** das reine Vergnügen; **it's**

not all ~ and games being/doing sth (*not easy*) es ist nicht immer einfach, etw zu sein/zu tun; (*not fun*) es ist nicht immer lustig, etw zu sein/zu tun; (*iron*) **~ is ~ and work is work** (*prov*) erst die Arbeit, dann das Vergnügen
II. *adj attr* (*fam*) ❶ (*enjoyable*) *activity* lustig; **sth is a ~ thing to do** etw macht Spaß; ***going camping would be a real ~ thing to do*** ich hätte schrecklich Lust, campen zu gehen *fam*
❷ (*entertaining*) *person* lustig, witzig; ***she's a real ~ person*** (*fam*) sie ist echt witzig *fam*

function ['fʌŋ(k)ʃᵊn] **I.** *n* ❶ (*task*) *of a person* Aufgabe *f*, Pflicht *f*; *of the heart, a tool* Funktion *f*; ***in my ~ as mayor*** [in meiner Eigenschaft] als Bürgermeister; **to fulfil** [*or* **perform**] **the ~ of sth** zu etw *dat* dienen
❷ *usu sing* (*result*) ■**to be a ~ of sth** das Resultat einer S. *gen* sein, aus etw *dat* resultieren
❸ MATH Funktion *f*
❹ (*ceremony*) Feier *f*; (*social event*) Veranstaltung *f*; ***he has a lot of official ~s to attend*** er hat viele soziale Verpflichtungen; **social ~** Benefizveranstaltung *f*, Wohltätigkeitsveranstaltung *f*
II. *vi* funktionieren; ***the lungs ~ to supply the body with oxygen*** die Lungen versorgen den Körper mit Sauerstoff; ***I'm so tired today, I can barely ~*** ich bin heute so müde, dass ich zu nichts zu gebrauchen bin; ■**to ~ as sth** *thing* als etw dienen; *person* als etw fungieren; ***while the president has been ill, the vice president has been ~ing as the country's leader*** als der Präsident krank war, hat der Vizepräsident die Rolle des Staatsführers übernommen

functional ['fʌŋ(k)ʃᵊnᵊl] *adj* ❶ (*with purpose*) funktional; ■**to be ~** einen Zweck erfüllen; **~ shift** LING Funktionswechsel *m*
❷ (*operational*) funktionstüchtig; ■**to be ~** funktionieren
❸ MED Funktions-, funktionell; **~ disorder** Funktionsstörung *f*

functional illiteracy *n no pl* funktionaler Analphabetismus **functional illiterate** *n* funktionaler Analphabet/funktionale Analphabetin

functionalism ['fʌŋ(k)ʃᵊnᵊlɪzᵊm] *n no pl* Funktionalismus *m*

functionalist ['fʌŋ(k)ʃᵊnᵊlɪst] **I.** *n* Funktionalist(in) *m(f)*
II. *adj* funktionalistisch

functionally ['fʌŋ(k)ʃᵊnᵊli] *adv* funktional; **to be ~ equivalent to sth** dieselbe Funktion wie etw haben

functionary ['fʌŋ(k)ʃᵊnᵊri, AM -neri] *n* Funktionär(in) *m(f)*; **government/party ~** Regierungs-/Parteifunktionär(in) *m(f)*

function key *n* COMPUT Funktionstaste *f*

function word *n* LING Funktionswort *nt*

functus officio <*pl* functi officio> LAW seines Amtes entbunden

fund [fʌnd] **I.** *n* ❶ (*stock of money*) Fonds *m*; **contingency ~** Fonds *m* für außerordentliche Rückstellungen; **disaster ~** Notfonds *m*, Fonds *m* für Notfälle; **investment/trust ~** Investment-/Treuhandfonds *m*; **pension ~** Pensionsfonds *m*, Pensionskasse *f*; **sinking ~** Tilgungsfonds *m*, Amortisationsfonds *m*
❷ (*money invested*) Investmentfonds *m*; **managed ~** [*or* **~ of ~s**] Investitionsfonds *m* mit auswechselbarem Portefeuille
❸ (*money*) ■**~s** *pl* [finanzielle] Mittel, Geldmittel *pl*; (*available to spend*) verfügbares Kapital; **public ~s** öffentliche Mittel; **conversion of ~s** Veruntreuung *f* von Geldmitteln, Umleitung *f* von Geldmitteln für eigene Zwecke; **shareholders' ~s** Eigenkapital *nt*; **to allocate ~s to sb/sth** jdm/etw Gelder bewilligen; **to be in ~s** *person* gut bei Kasse sein *fam*; *institution* reichlich [Geld]mittel zur Verfügung haben; **to be short of** [*or* **low on**] **~s** über wenig Geld verfügen; ***I'm a bit low on ~s*** bei mir herrscht Ebbe in der Kasse *fam*; **to convert ~s to another purpose** Gelder veruntreuen; **to convert ~s to one's own use** Gelder veruntreuen [*o* umleiten]; **to disburse ~s to sb/sth** jdm/etw Gelder zuteilen, an jdn/etw Gelder verteilen; **to raise ~s** [**for sth**] [für etw *akk*] Geld [*o* Spenden] sammeln; **sb runs out of ~s** das Geld geht jdm aus
❹ (*fig: source*) Vorrat *m* (**of** an + *dat*); **a ~ of information/knowledge** eine Fülle von Informationen/Kenntnissen
II. *vt* ■**to ~ sth** (*finance*) etw finanzieren; (*invest*) in etw *akk* investieren; **to ~ a company** ein Unternehmen finanzieren; **to ~ a debt** einen Kredit konsolidieren; **to ~ debts** FIN Schulden fundieren [*o* in langfristige Schulden umwandeln]; **privately ~ed** frei finanziert

fundamental [ˌfʌndə'mentᵊl, AM -t̬ᵊl] *adj* grundlegend; ■**to be ~ to doing sth** für etw *akk* unabdingbar sein; **~ difference** wesentlicher Unterschied; **to be of ~ importance to sth** für etw *akk* von zentraler Bedeutung sein; **~ issues** Hintergrunddaten *pl*; **~ need/principle/right** Grundbedürfnis *nt*/-prinzip *nt*/-recht *nt*; **~ problem** grundsätzliches [*o* grundlegendes] Problem; **~ question** entscheidende Frage; **~ research** [*or* **analysis**] Grundlagenforschung *f*; **~ tenet** zentraler Lehrsatz

fundamental frequency *n* COMPUT Grundfrequenz *f*

fundamentalism [ˌfʌndə'mentᵊlɪzᵊm, AM -t̬ᵊl-] *n no pl* Fundamentalismus *m*

fundamentalist [ˌfʌndə'mentᵊlɪst, AM -t̬ᵊl-] **I.** *n* Fundamentalist(in) *m(f)*
II. *adj* fundamentalistisch

fundamentally [ˌfʌndə'mentᵊli, AM -t̬ᵊli] *adv* ❶ (*basically*) im Grunde [*o* Prinzip]; ***I believe that people are ~ good*** ich glaube, dass die Menschen im Grunde gut sind
❷ (*in all important aspects*) grundsätzlich, prinzipiell; ***I disagree ~ with what you're saying*** ich stimme dem, was du sagst, grundsätzlich nicht zu

fundamentals [ˌfʌndə'mentᵊlz, AM -t̬ᵊlz] *npl* Grundlagen *fpl*; ***let's get down to ~*** lasst uns zum Wesentlichen [*o* Eigentlichen] kommen

funded ['fʌndɪd] *adj inv* ECON, FIN fundiert; **~ debt** BRIT (*long-term debt*) fundierte Schulden *pl*; (*of British National Debt*) langfristige Verpflichtungen *pl*

fundholding ['fʌndhəʊldɪŋ] *n no pl* BRIT ≈ staatliches Krankenkassensystem

funding ['fʌndɪŋ] *n no pl* ECON, FIN (*financing*) Finanzierung *f*; **government ~** staatliche Finanzierung; **private ~** Privatfinanzierung *f*; (*loan conversion*) Fundieren *nt*, Konsolidieren *nt*

fund management *n* FIN Vermögensverwaltung *f*

fund-raiser *n* ❶ (*person*) Spendenbeschaffer(in) *m(f)*, Spendensammler(in) *m(f)* ❷ (*event*) Wohltätigkeitsveranstaltung *f*, Benefizveranstaltung *f*

fund-raising I. *adj attr, inv* Wohltätigkeits-, Benefiz-; **~ campaign** Spendenaktion *f*; **~ event** Wohltätigkeitsveranstaltung *f* **II.** *n no pl* Geldbeschaffung *f*

Funds *npl* BRIT (*government stocks*) ■**the ~** Staatspapiere *pl*

funeral ['fjuːnᵊrᵊl] **I.** *n* (*burial*) Begräbnis *nt*, Beerdigung *f*; **to attend a ~** auf eine Beerdigung gehen
▸ PHRASES: **that's your/his etc ~** (*fam*) [das ist] dein/sein etc. Pech [*o fam* Problem]
II. *n modifier* (*guests*) Trauer-; **~ preparations** Beerdigungsvorbereitungen *mpl*; **~ service** Trauergottesdienst *m*

funeral director *n* Bestattungsunternehmer(in) *m(f)* **funeral home** *n* AM (*funeral parlour*) Bestattungsunternehmen *nt* **funeral march** *n* MUS Trauermarsch *m* **funeral oration** *n* Trauerrede *f* **funeral parlor** *n* AM, **funeral parlour** *n* Bestattungsunternehmen *nt* **funeral procession** *n* Trauerzug *m* **funeral pyre** *n* Scheiterhaufen *m*

funereal [fjuː'nɪəriəl, AM -'nɪr-] *adj* ❶ *inv* (*of a funeral*) Beerdigungs-, Begräbnis-
❷ (*fig: slow and sad*) gedrückt; *music* getragen; **at a ~ pace** im Schneckentempo

funereally [fjuː'nɪəriəli, AM -'nɪr-] *adv* ***don't play this song so ~!*** spiel das Lied doch nicht so, als ob du auf einer Beerdigung wärst! *fam*

funfair *n* BRIT (*amusement park*) Vergnügungspark *m*; (*fair*) Jahrmarkt *m*, Kirmes *f* NORDD, MITTELD, Kir[ch]tag *m* ÖSTERR **fun-filled** *adj* ❶ (*enjoyable*) sehr schön ❷ (*funny*) sehr lustig [*o* unterhaltsam]

fungal ['fʌŋgᵊl] *adj inv* Pilz-; **~ disease** Pilzerkrankung *f*, Pilzkrankheit *f*

fungi ['fʌŋgaɪ] *n pl of* **fungus**

fungibility [ˌfʌndʒɪ'bɪləti, AM -əṭi] *n no pl* ECON, FIN Fungibilität *f*

fungible ['fʌndʒɪbl̩] *adj inv* ECON, FIN fungibel, vertretbar

fungible goods *npl*, **fungibles** *npl* LAW vertretbare Sachen

fungicide ['fʌŋgɪsaɪd, AM 'fʌndʒ-] *n* Fungizid *nt*

fungoid ['fʌŋgɔɪd] *adj inv* pilzähnlich, pilzartig

fungus <*pl* -es *or* -gi> ['fʌŋgəs, *pl* -gaɪ] *n* Pilz *m*; BOT, MED Fungus *m fachspr*

fun house *n* AM ≈ Geisterbahn *f*, ≈ Gruselkabinett *nt*

funicular [fjuː'nɪkjələʳ, AM -juːlɚ] *n*, **funicular railway** *n* Seilbahn *f*

funk [fʌŋk] **I.** *n no pl* ❶ AM, AUS (*fam: depression*) Tief *nt fam*; **to be in a** [**blue**] **~** deprimiert [*o fam* down] sein
❷ BRIT (*fam: panic*) Schiss *m fam*; **to be in blue ~** von blanker Panik ergriffen sein, riesigen Schiss haben *fam*
❸ (*music style*) Funk *m*
❹ AM (*pej: bad smell*) Gestank *m*
II. *vt esp* BRIT **to ~ it** kneifen *fam*
◆**funk up** *vt* ■**to ~ up** ⊂ **sth** *music* etw in Schwung bringen; *clothes* etw aufpeppen *sl*

funky ['fʌŋki] *adj* (*sl*) ❶ (*hip*) flippig *sl*; **~ clothes** abgefahrene [*o* flippige] Klamotten *sl*
❷ (*bluesy*) funkig *sl*
❸ (*pej: odd*) merkwürdig, komisch
❹ AM (*pej: stinking*) **~ smell** muffiger Geruch; **to smell ~** streng riechen
❺ BRIT (*cowardly*) ■**to be ~** Bammel haben *sl*

fun-loving *adj* lebenslustig

funnel ['fʌnᵊl] **I.** *n* ❶ (*tool*) Trichter *m*
❷ (*on train, ship*) Schornstein *m*
II. *vt* <BRIT -ll- *or* AM *usu* -l-> ❶ (*pour*) **to ~ sth into sth** etw [mit einem Trichter] in etw *akk* einfüllen
❷ (*fig: direct*) ■**to ~ sth to sb** jdm etw zuleiten; **to ~ information/money/weapons to sb** jdn mit Informationen/Geld/Waffen versorgen; ■**to ~ sth on sth** etw auf etw *akk* richten; **to ~ one's attention on sth** sich *akk* [voll und ganz] auf etw *akk* konzentrieren
III. *vi people* drängen; *liquids* fließen; *gases* strömen; ***the wind ~s down these narrow streets*** der Wind pfeift durch diese engen Gassen

funnel-web spider *n* Röhrenspinne *f*

funnies ['fʌniz] *npl* AM ■**the ~** *der Witzteil einer Zeitung*

funnily ['fʌnɪli] *adv* komisch, merkwürdig, seltsam; **~ enough** merkwürdigerweise, komischerweise

funny ['fʌni] **I.** *adj* ❶ (*amusing*) lustig, witzig, komisch; ***breaking your leg isn't ~*** es ist nicht lustig, sich das Bein zu brechen; ***there seems to be a ~ side to everything*** alles scheint auch seine komischen Seiten zu haben; **~ face** (*hum approv*) Kleine(r) *f(m) hum fam*; **a ~ joke** ein guter Witz; ■**to be ~** Spaß machen; ***are you trying to be ~ with me?*** willst du mich auf den Arm nehmen?; ***did you mean what you said or were you just being ~?*** war das, was du gesagt hast, ernst gemeint oder hast du nur Spaß gemacht?; ***very ~!*** (*iron*) wirklich komisch!
❷ (*strange*) komisch, merkwürdig, seltsam; ***a ~ thing happened to me*** mir ist etwas Komisches [*o* Merkwürdiges] passiert; ***the television's gone ~*** mit dem Fernseher stimmt etwas nicht; ***it must be ~ to be famous and have everyone looking at you*** es muss ein komisches Gefühl sein, wenn man berühmt ist und einen jeder anstarrt; **to have a ~ feeling that ...** so eine Ahnung haben, dass ...; **to have got ~ ideas** merkwürdige [*o* komische] Ideen haben; **to look ~** komisch aussehen
❸ (*dishonest*) verdächtig; ***there's something ~ going on here*** hier ist doch was faul *fam*; **~ business** krumme Sachen *sl*; **~ tricks** faule Tricks *sl*

F

❹ (*ill*) **sb feels/goes** ~ jdm ist/wird schlecht [*o* übel]; **to be a bit** ~ **in the head** ein bisschen verrückt [*o* nicht ganz richtig im Kopf] *fam* sein; **to go** ~ **in the head** verrückt werden
❺ (*fam: unfriendly*) komisch; (*disrespectful*) ***don't you try to be* ~ *with me!*** komm mir nicht auf diese Tour! *fam*
▸ PHRASES: ~ **ha-ha** or ~ **peculiar?** lustig oder merkwürdig?; ***she's a very* ~ *woman* — ~ *ha-ha or* ~ *peculiar?*** sie ist eine sehr komische Frau – meinst du mit komisch lustig oder merkwürdig?
II. *adv* (*fam*) komisch, merkwürdig
funny bone *n* (*fam*) Musikantenknochen *m* **funny farm** *n* (*hum fam*) Klapsmühle *f sl*, Irrenhaus *nt fam* **funny man** <*pl* -men> *n* Komiker *m* **funny money** *n no pl* Falschgeld *nt;* FIN krumme Wertpapiere *ntpl*
funny papers *npl* AM ■**the** ~ die Witzseiten
fun run *n* Wohltätigkeitslauf *m*
fur [fɜːʳ, AM fɜːr] I. *n* ❶ *no pl* (*on animal*) Fell *nt;* ~ **and feather** Haar- und Federwild *nt*
❷ FASHION Pelz *m;* **fake/real**~ künstlicher/echter Pelz; **fun** ~ Kunstpelz *m*
❸ HUNT ■~**s** Pelztiere *ntpl;* FASHION Pelze *mpl*, Rauchwaren *fpl*
❹ *no pl* (*in pipes, pots*) Kesselstein *m; on tongue* Belag *m* auf der Zunge; **to have** ~ **on one's tongue** eine belegte Zunge haben
▸ PHRASES: **the** ~ **flies** die Fetzen fliegen *fam;* ***the only reason Mark said that was to make the* ~ *fly*** Mark sagte das nur, um einen Riesenkrach zu provozieren *fam*
II. *n modifier* (*gloves, hat*) Pelz-; ~ **lining** Pelzbesatz *m*
III. *vi* <-rr-> ■**to** ~ **up** *kettle, pipes* verkalken
furbish [ˈfɜːbɪʃ, AM ˈfɜːr-] *vt* (*dated*) ■**to** ~ **sth**
❶ (*polish*) etw polieren [*o* abreiben]
❷ (*renovate*) etw renovieren; *see also* **refurbish**
fur coat *n* Pelzmantel *m* **fur farm** *n* Pelztierfarm *f*
furious [ˈfjʊəriəs, AM ˈfjʊr-] *adj* ❶ (*angry*) [sehr] wütend; ■**to be** ~ toben; ■**to be** ~ **with** [*or* **at**] **sb** wütend auf jdn sein; ■**to be** ~ **about** [*or* **at**] **sth** über etw *akk* erzürnt sein *geh*, sich *akk* über etw *akk* aufregen *fam;* **to have a** ~ **argument** [*or* **quarrel**] [*or* **row**] einen heftigen Streit haben, sich *akk* heftig streiten; ~ **outburst** heftiger Gefühlsausbruch; **to be in a** ~ **temper** sehr gereizt sein [*o* schlechte Laune haben]
❷ (*intense*) *debate, storm* heftig; *wind* stürmisch; **in a** ~ **effort** mit einer gewaltigen Anstrengung; **at a** ~ **pace** [*or* **speed**] in rasender Geschwindigkeit; **fast and** ~ rasant; ***the questions came fast and* ~ *from the reporters*** die Fragen der Reporter kamen Schlag auf Schlag
furiously [ˈfjʊəriəsli, AM ˈfjʊr-] *adv* ❶ (*angrily*) wütend; **to quarrel** ~ sich *akk* heftig streiten
❷ (*intensely*) heftig, wie wild *fam*
furiousness [ˈfjʊəriəsnəs, AM ˈfjʊr-] *n no pl*
❶ (*fury*) Wut *f*, Raserei *f fam*
❷ (*intenseness*) *of a storm* Heftigkeit *f*
furl [fɜːl, AM fɜːrl] *vt* **to** ~ **fabric/a flag/an umbrella** Stoff/eine Flagge/einen Regenschirm einrollen [*o* zusammenrollen]; **to** ~ **the sails** die Segel einholen
fur-lined jacket *n* Jacke *f* mit Pelzbesatz
furlong [ˈfɜːlɒŋ, AM ˈfɜːrlɑːŋ] *n* Achtelmeile *f*
furlough [ˈfɜːləʊ, AM ˈfɜːrloʊ] MIL I. *n* Urlaub *m;* **to be on** ~ auf [*o* in] Urlaub sein; **to go on** ~ in Urlaub gehen; **to grant sb a** ~ jdm Urlaub bewilligen
II. *vt* AM ■**to** ~ **sb** jdn beurlauben
furnace [ˈfɜːnɪs, AM ˈfɜːr-] *n* ❶ (*in smelting*) Hochofen *m*, Schmelzofen *m*
❷ (*in homes*) [Haupt]heizung *f;* **gas/oil** ~ Gas-/Ölheizung *f*
❸ (*fig: hot place*) Backofen *m fig fam*
furnish [ˈfɜːnɪʃ, AM ˈfɜːr-] *vt* ❶ (*provide furniture*) ■**to** ~ **sth** etw einrichten
❷ (*supply*) ■**to** ~ **sth** etw liefern; ■**to** ~ **sb with sth** jdn mit etw *dat* versorgen, jdm etw liefern; ■**to be** ~**ed with sth** mit etw *dat* ausgestattet sein
furnished [ˈfɜːnɪʃt, AM ˈfɜːr-] *adj house* eingerichtet; *apartment, flat, room* möbliert; **partly** ~ teilmöbliert
furnishing [ˈfɜːnɪʃɪŋ, AM ˈfɜːr] I. *n no pl* Einrichtung *f*
II. *n modifier* Einrichtungs-
furnishings [ˈfɜːnɪʃɪŋz, AM ˈfɜːr-] *npl* Einrichtung *f*
furniture [ˈfɜːnɪtʃəʳ, AM ˈfɜːrnɪtʃɚ] I. *n no pl* ❶ (*in a home*) Möbel *ntpl;* **piece** [*or* **item**] **of** ~ Möbelstück *nt;* **to be part of the** ~ (*fig*) zum Inventar gehören *fig fam;* **to treat sb as part of the** ~ jdn behandeln, als gehöre er zur Einrichtung
❷ (*fig: knowledge*) **mental** ~ geistiges Rüstzeug
II. *n modifier* (*store, salesman*) Möbel-
furniture polish *n no pl* Möbelpolitur *f* **furniture remover** *n* BRIT (*company*) Möbelspedition *f*, Umzugsunternehmen *nt;* (*person*) Möbelpacker(in) *m(f)* **furniture van** *n* Möbelwagen *m*
furor [ˈfjʊrɔːr] *n* AM, **furore** [fjʊ(ə)ˈrɔːri] *n no pl*
❶ (*excitement*) Wirbel *m* (**over** um +*akk*), Aufregung *f* (**over** über +*akk*); **to cause a** ~ für Wirbel [*o* Aufregung] sorgen
❷ (*uproar*) Aufruhr *m*
furphy [ˈfɜːfi] *n* AUS (*sl*) Gerücht *nt*
furred [fɜːd, AM fɜːrd] *adj* MED *tongue* belegt
furrier [ˈfʌriəʳ, AM ˈfɜːriɚ] *n* ❶ (*fur dealer*) Pelzhändler(in) *m(f)*
❷ (*fur dresser*) Kürschner(in) *m(f)*
furrow [ˈfʌrəʊ, AM ˈfɜːroʊ] I. *n* ❶ (*groove*) Furche *f*
❷ (*wrinkle*) Falte *f;* **with** ~**s in one's brow** mit gerunzelter Stirn
▸ PHRASES: **to have a hard** ~ **to plough** es schwer haben; **to plough a lonely** ~ allein auf weiter Flur stehen
II. *vt* ■**to** ~ **sth** etw pflügen; **to** ~ **one's brow** die Stirn runzeln [*o* in Falten legen]
furrowed [ˈfʌrəʊd, AM ˈfɜːroʊd] *adj* ~ **brow** [*or* **forehead**] gerunzelte Stirn
furry [ˈfɜːri] *adj* ❶ (*short fur*) pelzig; (*long fur*) wollig; ~ **tongue** belegte [*o* pelzige] Zunge
❷ (*fuzzy*) Plüsch-; ~ **toy** Kuscheltier *nt;* **to be soft and** ~ kuschelig weich sein
further [ˈfɜːðəʳ, AM ˈfɜːrðɚ] I. *adj comp of* **far**
❶ (*more distant*) weiter [entfernt], ferner; **at the** ~ **end of the room** am anderen Ende des Raums
❷ (*additional*) weiter; ~ **problems** noch mehr Probleme; ~ **use** weitere Verwendung; ***I've no* ~ *use for it*** ich kann es nicht mehr gebrauchen; **until** ~ **notice** bis auf weiteres
II. *adv comp of* **far** ❶ (*more distant*) weiter; ***we didn't get much* ~** wir sind nicht viel weiter gekommen; ***nothing could be* ~ *from my mind*** nichts liegt mir ferner; ~ **back** (*in place*) weiter zurück; (*in time*) früher; ~ **on** weiter; **a bit** ~ **on** [noch] etwas weiter
❷ (*to a greater degree*) weiter, außerdem; ***he's a nice person, but I wouldn't go any* ~ *than that*** er ist sehr nett, aber mehr möchte ich nicht sagen [*o* weiter möchte ich nicht gehen]; ***this mustn't go any* ~** sag es nicht weiter; ~ **and** ~ [immer] weiter, mehr und mehr; **to go** ~ **with sth** mit etw *dat* weitermachen; **to take sth** ~ mit etw *dat* weitermachen; (*pursue*) *matter* etw vertiefen [*o* weiterverfolgen]
❸ (*more*) [noch] weiter; ***I have nothing* ~ *to say in this matter*** ich habe zu dieser Sache nichts mehr zu sagen [*o* hinzuzufügen]; ~ **to your letter, …** BRIT, AUS (*form*) bezugnehmend auf Ihren Brief, …; **to not go any** ~ nicht weitergehen; ***we kissed, but we didn't go any* ~** wir haben uns geküsst, aber dabei blieb es auch; **to make sth go** ~ *food* etw strecken
III. *vt* (*promote*) ■**to** ~ **sth** etw fördern; **to** ~ **a cause** eine Sache voranbringen; **to** ~ **sb's interests** jds Interessen förderlich sein
furtherance [ˈfɜːðərən(t)s, AM ˈfɜːrðɚ-] *n no pl* (*form*) Förderung *f*
further education *n no pl* BRIT, AUS (*personal*) Weiterbildung *f;* (*professional*) Fortbildung *f;* **college of** ~ ≈ Kolleg *nt* (*zur beruflichen Weiterbildung*)
furthermore [ˌfɜːðəˈmɔːʳ, AM ˈfɜːrðɚmɔːr] *adv inv* außerdem, ferner
furthermost [ˈfɜːðəməʊst, AM ˈfɜːrðɚmoʊst] *adj attr, inv* fernste(r, s), äußerste(r, s)
furthest [ˈfɜːðɪst, AM ˈfɜːr-] I. *adj superl of* **far**
❶ (*most distant*) am weitesten entfernte(r, s)
❷ *attr* (*fig: most extreme*) extremste(r, s)
II. *adv superl of* **far** ❶ (*greatest distance*) am weitesten; ***prices have fallen* ~ *in the South*** im Süden sind die Preise am stärksten gefallen; ■**the** ~ ***that's the* ~ *I can see*** weiter [entfernt] erkenne ich nichts mehr; ***I wanted to be an actress but the* ~ *I ever got was selling ice-creams in a theatre*** eigentlich wollte ich Schauspielerin werden, aber ich habe es nur bis zur Eisverkäuferin am Theater gebracht
❷ (*to greatest extent*) am weitesten; ■**the** ~ ***that's the* ~ *I'll go*** (*when haggling*) das ist mein letztes Angebot
furtive [ˈfɜːtɪv, AM ˈfɜːrt̬-] *adj glance, look* verstohlen; *action* heimlich; *manner* verschlagen; **to have a** ~ **air** heimlichtuerisch wirken
furtively [ˈfɜːtɪvli, AM ˈfɜːrt̬-] *adv* (*secretly*) heimlich; (*slyly*) verschlagen *pej;* **to glance** [*or* **look**] ~ verstohlen blicken
furtiveness [ˈfɜːtɪvnəs, AM ˈfɜːrt̬-] *n no pl* Verstohlenheit *f;* (*secretiveness*) Heimlichkeit *f*, Heimlichtuerei *f pej*
fur trade *n no pl* Pelzhandel *m*, Fellhandel *m* **fur trader** *n* Pelzhändler(in) *m(f)*, Fellhändler(in) *m(f)* **fur trapper** *n* Fallensteller(in) *m(f);* (*in North America*) Trapper(in) *m(f)*
fury [ˈfjʊəri, AM ˈfjʊri] *n no pl* ❶ (*rage*) Wut *f*, Rage *f fam;* **fit of** ~ Wutanfall *m;* **in a** ~ wütend, zornig; **in a cold** ~ mit kalter Wut; **to fly into a** ~ in Rage kommen *fam;* **like** ~ wie verrückt *fam*
❷ (*intensity*) Ungestüm *nt; of a storm* Heftigkeit *f; of passion* Wildheit *f;* **to do sth in a** ~ etw ungestüm tun
furze [fɜːz, AM fɜːrz] *n no pl* Stechginster *m; see also* **gorse**
fuse [fjuːz] I. *n* ❶ (*in a house*) Sicherung *f;* ***the* ~ *has blown*** [*or* BRIT, AUS ***gone***] die Sicherung ist durchgebrannt
❷ (*device*) *of a bomb* Zündvorrichtung *f;* (*string*) Zündschnur *f*
▸ PHRASES: **sb has a short** ~ jd wird schnell wütend, [bei] jdm brennen schnell die Sicherungen durch *fam;* **to blow one's** ~ ausflippen *sl*, [vor Wut] explodieren *fam;* **to light the** ~ das Fass zum Überlaufen bringen *fig*
II. *vi* ❶ *esp* BRIT (*blow a fuse*) **a hairdryer/toaster** ~**s** bei einem Föhn/Toaster brennt die Sicherung durch; (*fig: stop working*) *brain* überlastet sein
❷ (*join together*) sich *akk* vereinigen; *metals, sperm with egg* verschmelzen; **to** ~ **together** miteinander verschmelzen
❸ ECON *companies* sich *akk* zusammenschließen, fusionieren
III. *vt* ■**to** ~ **sth** ❶ *esp* BRIT ELEC die Sicherung einer S. *gen* zum Durchbrennen bringen; ***the lights have* ~*ed*** die Sicherungen der Lampen sind durchgebrannt
❷ (*join together*) etw verbinden; (*with heat*) etw verschmelzen; ■**to** ~ **sth together** etw [miteinander] verschmelzen
❸ (*install a fuse*) **to** ~ **a bomb** eine Bombe mit einer Zündvorrichtung versehen
fuse box *n* Sicherungskasten *m*
fused [fjuːzd] *adj inv* ■**to be** ~ eine Sicherung haben
fuselage [ˈfjuːzəlɑːʒ, AM -səl-] *n* [Flugzeug]rumpf *m*
fusilier [ˌfjuːzəlˈɪəʳ] *n* BRIT (*hist*) Füsilier *m veraltet*, Infanterist(in) *m(f)*
fusillade [ˌfjuːzəˈleɪd, AM -səˈlɑːd] *n* Salve *f a. fig*, Bombardement *nt a. fig;* ~ **of bullets** Kugelhagel *m kein pl*
fusion [ˈfjuːʒən] *n* ❶ (*of metals*) Verschmelzung *f kein pl*, Verschmelzen *nt kein pl*
❷ (*fig: combination*) Verbindung *f*, Verschmelzung *f kein pl* (**of** von +*dat*)
❸ ECON *of companies* Zusammenschluss *m*, Fusion *f*

④ *no pl* PHYS Verschmelzung *f,* Fusion *f;* **nuclear** ~ Kernverschmelzung *f,* Kernfusion *f*
⑤ MUS Stilmix *m;* (*jazz and rock*) Jazzrock *m*
fusion bomb *n* Atombombe *f* **fusion reactor** *n* Fusionsreaktor *m*
fuss [fʌs] **I.** *n* ① (*excitement*) [übertriebene] Aufregung; ▪**to be in a** ~ in heller Aufregung sein
② (*attention*) [übertriebener] Aufwand, Getue *nt pej fam;* ***it's a lot of*** ~ ***about nothing*** das ist viel Lärm um nichts; **to make** [*or* **kick up**] [**such**] **a** ~ einen Aufstand machen *fam,* sich *akk* anstellen *fam;* **to make a** ~ **of** [*or* AM **over**] **sb** für jdn einen großen Aufwand betreiben; **to make a** ~ **about sth** um etw *akk* viel Aufhebens machen; ***I don't see what the*** ~ ***is about*** ich verstehe nicht, was der ganze Zirkus soll *fam*
II. *vi* (*be nervously active*) [sehr] aufgeregt sein; ***please, stop*** ~***ing*** hör bitte auf, so einen Wirbel zu machen; ▪**to** ~ **at sb** jdm keine Ruhe lassen; ▪**to** ~ **over sb/sth** (*treat with excessive attention*) für jdn/etw einen großen Aufwand betreiben; (*overly worry*) sich *dat* übertriebene Sorgen um jdn/etw machen; ▪**to** ~ **with sth** [hektisch] an etw *dat* herumhantieren; ▪**to be** ~**ed** (*be nervous*) hektisch sein; (*complain*) *baby* unruhig sein; *child* quängeln; *adult* sich *akk* aufregen
III. *vt* ▪**to** ~ **sb** jdn nicht in Ruhe lassen, jdm auf die Nerven gehen *pej fam*
fussbudget *n esp* AM (*fam*) Nörgler(in) *m(f) pej;* **to be a** ~ pedantisch [*o fam* pingelig] sein
fussed [fʌst] *adj pred* BRIT (*fam*) verärgert **fuss-free** *adj* (*fam*) problemlos, unkompliziert
fussily [ˈfʌsɪli] *adv* (*pej*) ① (*in picky way*) pingelig *pej fam;* (*with criticism*) nörgelig *pej,* mäkelig *pej*
② (*with much care*) penibel; *decorate* überladen
fussiness [ˈfʌsɪnəs] *n no pl* ① (*pickiness*) Pingeligkeit *f pej fam*
② (*decoration*) Überladenheit *f pej*
③ (*detail*) Übergenauigkeit *f*
fusspot *n* (*fam*) Nörgler(in) *m(f) pej;* **to be a** ~ penibel [*o fam* pingelig] sein
fussy [ˈfʌsi] *adj* ① *usu pred* (*pej: about clothes, neatness*) pingelig *pej fam;* (*about people*) [zu] wählerisch; (*about food*) mäkelig *pej,* heikel DIAL, schnäkig DIAL; ▪**to be** ~ **about sth** etw sehr genau nehmen; **he's/we're/they're not** ~ [**about sth**] (*not demanding*) er ist/wir sind/sie sind [bei etw] nicht wählerisch; BRIT (*indifferent*) ihm/uns/ihnen ist es egal [was/wie …]
② (*pej: overly-decorated*) *curtains, clothing* [zu] verspielt, überladen *pej*
③ (*overly-detailed*) *writing* ausgeklügelt
④ (*needing much care*) fisselig DIAL; ~ **job** Fisselarbeit *f* DIAL
fustian [ˈfʌstiən, AM -tʃən] **I.** *n* (*cloth*) Barchent *m*
II. *adj* ① (*of fustian cloth*) Barchent-
② (*fig pej: pompous*) pompös *pej,* bombastisch *pej; phrases* groß *pej*
fusty [ˈfʌsti] *adj* (*pej*) ① (*musty*) *smell, room* muffig *fam*
② (*fig: old-fashioned*) verstaubt *fig, oft pej; people* altmodisch
futile [ˈfjuːtaɪl, AM -t̬əl] *adj* ① (*in vain*) sinnlos; (*pointless*) nutzlos, zwecklos; ~ **attempt** vergeblicher Versuch; ~ **effort** vergebliches Bemühen; **to prove** ~ vergebens sein
② (*unimportant*) unsinnig, überflüssig; *idea, remark* unwichtig
futility [ˌfjuːˈtɪləti, AM -ət̬i] *n no pl* Sinnlosigkeit *f;* **an exercise in** ~ vergebliche Liebesmüh
futon [ˈfuːtɒn, AM -tɑːn] *n* Futon *m*
future [ˈfjuːtʃəʳ, AM -ɚ] **I.** *n usu sing* ① (*in time*) Zukunft *f;* ***nobody knows what the*** ~ ***holds*** niemand weiß, was die Zukunft bringt; **to have plans for the** ~ Zukunftspläne haben [*o geh* hegen]; **at some point in the** ~ irgendwann einmal; **to plan for the** ~ Pläne für die Zukunft machen, Zukunftspläne schmieden; ▪**in** [AM *usu* **the**] ~ in Zukunft; **in the** [**not too**] **distant/near** ~ in [nicht allzu] ferner/naher Zukunft
② LING ~ **tense** Futur *nt;* **to be in the** ~ **tense** im Futur stehen
③ (*prospects*) Zukunft *f,* Zukunftsaussichten *fpl;* ***she has a great*** ~ ***ahead of her*** sie hat eine große Zukunft vor sich; ***there's no*** ~ ***for this company*** diese Firma hat keine Zukunft; ***there's no*** ~ ***for me in this company*** in dieser Firma habe ich keine Aussichten; **to not have much of a** ~ keine [guten] Zukunftsaussichten haben; **to face an uncertain** ~ einer ungewissen Zukunft entgegengehen
II. *adj attr, inv* zukünftig, kommend, später; ~ **delivery** ECON Terminlieferung *f;* **for** ~ **delivery** für [*o* auf] zukünftige Lieferung; ~ **generations** kommende Generationen; ~ **husband** zukünftiger Ehemann; **in a** ~ **life** in einem Leben nach dem Tod; **for** ~ **reference** zur späteren Verwendung
future perfect *n no pl* vollendetes Futur, Futur *nt* II **future-proof** *adj* zukunftssicher
futures [ˈfjuːtʃəz, AM -ɚz] **I.** *npl* ① (*goods*) Terminwaren *fpl*
② STOCKEX [Waren]termingeschäfte, ntpl, Terminkontrakte *mpl;* **financial** ~ Finanztermingeschäfte *ntpl;* **to work in** ~ Warentermingeschäfte machen, mit Terminwaren handeln
II. *n modifier* ~ **commodity** Terminware *f;* [**commodity**] ~ **market** Terminbörse *f,* Terminmarkt *m*
Futures & Options Exchange *n Londoner Warenbörse* **futures contract** *n* Terminkontrakt *m* **futures deal** *n* Termingeschäft *nt* **futures exchange** *n* Terminbörse *f* **futures market** *n* Terminbörse *f,* Terminmarkt *m;* **financial** ~ Finanzterminbörse *f* **futures trader** *n* Warenterminhändler(in) *m(f)*
future tense *n no pl* Futur *nt;* **to be in the** ~ im Futur stehen
futurism [ˈfjuːtʃərɪzəm] *n no pl* Futurismus *m*
futurist [ˈfjuːtʃərɪst] **I.** *n* Futurist(in) *m(f)*
II. *adj* futuristisch
futuristic [ˌfjuːtʃəˈrɪstɪk] *adj* ① (*ultra-modern*) futuristisch
② (*fantasy*) Sciencefiction-
futurity <*pl* -ties> [fjuːˈtjʊərəti, AM ˈtʊrət̬i] *n* ① *no pl* (*future time*) Zukunft *f*
② (*future event*) zukünftiges Ereignis
fuze *n, vt* AM *see* **fuse**
fuzz [fʌz] *n no pl* ① (*fluff*) Fussel[n] *mpl*
② (*fluffy hair*) Flaum *m,* feine Härchen; **adolescent** ~ [Bart]flaum *m,* erster Bartwuchs; **peach** ~ Pfirsichhaut *f*
③ (*frizzy hair*) Wuschelhaare *ntpl;* (*beard*) Stoppeln *fpl*
④ (*distorted sound*) Unschärfen *fpl*
⑤ BRIT, AM (*dated sl: police*) ▪**the** ~ die Bullen *pl pej sl,* die Polypen *pl pej sl*
fuzzball *n* Staubwolke *f*
fuzzily [ˈfʌzɪli] *adv* undeutlich, unklar, verschwommen
fuzziness [ˈfʌzɪnəs] *n no pl* ① (*fluffiness*) Flauschigkeit *f*
② (*distortion*) *of an image* Unklarheit *f,* Undeutlichkeit *f,* Verschwommenheit *f; of a photograph* Unschärfe *f;* (*fig*) *of thinking* Wirrheit *f*
fuzzy [ˈfʌzi] **I.** *adj* ① (*fluffy*) flaumig; *skin* samtig
② (*frizzy*) wuschelig; *beard* stoppelig; (*curly*) lockig; ***my hair went*** ~ ***in the rain*** meine Haare lockten sich im Regen
③ (*distorted*) *image* unklar, verschwommen; *photograph* unscharf; *sound, reception* schlecht; ***my head is so*** ~ ich bin ganz benommen; ~ **memory** verschwommene Erinnerung
II. *n* ▪**the fuzzies** *pl* **to give sb the warm fuzzies** (*fam*) jdm das Gefühl von Wärme und Geborgenheit vermitteln
fuzzy-headed *adj usu pred* (*thinking unclearly*) nicht [ganz] klar [*o* wirr] im Kopf; (*from alcohol*) benebelt; **to feel a bit** ~ sich *akk* etw angeheitert fühlen **fuzzy logic** *n no pl* MATH, PHILOS Fuzzylogik *f* **fuzzy math** *n no pl* (*fam*) Rechenfehler *m,* faule Zahlen *pl fam*
F-word *n* (*euph fam*) ▪**the** ~ *euphemistische Abkürzung von 'fuck', ‚Scheiße', um eine vulgäre Ausdrucksweise zu vermeiden*
FX [ˌefˈeks] *npl* FILM (*sl*) Special Effects *pl*

G

G <*pl* -'s>, **g** <*pl* -'s *or* -s> [dʒiː] *n* ① (*letter*) G *nt,* g *nt;* ~ **for** [*or* AM *also* **as in**] **George** G für Gustav; *see also* **A 1.**
② MUS G *nt,* g *nt;* ~ **flat** Ges *nt,* ges *nt;* ~ **sharp** Gis *nt,* gis *nt;* **key of** ~ G-Schlüssel *m,* Violinschlüssel *m; see also* **A 2.**
g [dʒiː] *n* ① <*pl* -> *abbrev of* **gram** g
② <*pl* -'s> PHYS *abbrev of* **gravitational acceleration** g
G [dʒiː] **I.** *n* <*pl* -'s> AM, AUS (*fam*) *abbrev of* **grand** ≈ Tausender *m fam*
II. *adj inv* AM FILM *abbrev of* **General-Audience** Familien-, jugendfrei; ~ **movie** jugendfreier Film; **rated** ~ ohne Altersbeschränkung
Ga. AM *abbrev of* **Georgia**
gab [gæb] **I.** *vi* <-bb-> (*pej fam*) quatschen *pej fam,* schwätzen *pej fam*
II. *n* (*pej*) Gequassel *nt fam;* **to have the gift of the** ~ (*without interruption*) wie ein Wasserfall reden können; (*persuasive*) überzeugend reden können
gabardine [ˌgæbəˈdiːn, AM ˈgæbɚdiːn] *n* ① *no pl* (*cloth*) Gabardine *m o f*
② (*coat*) Gabardinemantel *m*
gabble [ˈgæbl̩] **I.** *vi* (*slur*) nuscheln *fam,* undeutlich sprechen; (*talk quickly*) quasseln *pej fam; goose* schnattern; **to** ~ **away** (*pej*) [drauflos] quasseln *pej fam;* **to** ~ **away at sb** auf jdn einreden, jdn vollquasseln *fam*
II. *vt* ▪**to** ~ **sth** (*quickly*) etw herunterrasseln; (*indistinctly*) etw nuscheln *fam;* **to** ~ **one's words** die Wörter verschlucken
III. *n no pl* (*slurred*) Gebrabbel *nt fam;* (*rapid*) Gequassel *nt fam; of geese* Geschnatter *nt*
gabby [ˈgæbi] *adj* (*fam*) geschwätzig *pej,* schwatzhaft *pej*
gaberdine *n see* **gabardine**
gable [ˈgeɪbl̩] *n* Giebel *m*
gabled [ˈgeɪbl̩d] *adj* gegiebelt, Giebel-
gab session *n* (*fam*) Plauderstündchen *nt*
gad [gæd] (*dated*) **I.** *vi* <-dd-> (*fam*) ▪**to** ~ **about** [*or* **around**] sich *akk* herumtreiben
II. *interj* (*fam or old*) ▪**by** ~**!** bei Gott!
gadabout [ˈgædəbaʊt] *n* (*dated*) Herumtreiber(in) *m(f) fam*
gadfly [ˈgædflaɪ] *n* ① (*insect*) Stechfliege *f,* Bremse *f*
② (*fig: person*) Nervensäge *f pej fam*
gadget [ˈgædʒɪt] *n* [praktisches] Gerät; ▪~**s** *pl* [praktische] Gerätschaften
gadgeteer [ˌgædʒɪˈtɪəʳ, AM -tɪr] *n* Technikfreak *m sl,* jd, der technische Spielereien liebt
gadgetry [ˈgædʒɪtri] *n no pl* Gerätschaften *fpl*
Gaelic [ˈgeɪlɪk, ˈgæl-] **I.** *n* Gälisch *nt,* das Gälische
II. *adj* gälisch
gaff [gæf] *n* NAUT Gaffel *f;* (*in fishing*) Landungshaken *m*
► PHRASES: **to blow the** ~ BRIT (*sl*) nicht dichthalten *fam,* die Klappe nicht halten können *sl;* **to blow the** ~ **on sth** etw ausplaudern *fam;* **to blow the** ~ **on sb** jdn verpfeifen *fam*
gaffe [gæf] *n* Fauxpas *m;* **to make a** ~ einen Fauxpas begehen
gaffer [ˈgæfəʳ, AM -ɚ] *n* ① BRIT (*fam: foreman*) Vorarbeiter *m;* (*fig*) Boss *m fam,* Chef *m fam*
② FILM, TV ≈ Filmtechniker *m*
③ BRIT (*fam: old man*) Opa *m pej o hum sl*
gag [gæg] **I.** *n* ① (*cloth*) Knebel *m*
② (*joke*) Gag *m,* Witz *m;* **opening** ~**s** Gags *mpl,* um das Publikum aufzuwärmen; **to do** [*or* **pull**] **a** ~ einen Witz reißen; **to do sth for** [*or* AM, AUS **as**] **a** ~ etw [nur] zum Spaß [*o fam* aus Jux] machen
II. *vt* <-gg-> *usu passive* ▪**to** ~ **sb** jdn knebeln;

(*fig*) jdm einen Maulkorb verpassen *fig*, jdn mundtot machen
III. *vi* <-gg-> ■**to ~** [**on sth**] [an etw *dat* herum]würgen

gaga ['gɑ:gɑ:] *adj pred* ❶ (*fam: senile*) senil, vertrottelt *fam;* **to go ~** senil werden
❷ (*fam: infatuated*) ■**to be ~ about** [*or* **over**] **sb/sth** verrückt nach jdm/etw sein; (*enthusiastic*) von jdm/etw hin und weg sein

gage *n, vt* AM *see* **gauge**

gagging order *n* (*fam*) Nachrichtensperre *f*

gaggle ['gægl̩] *n* (*geese*) **~ of geese** Gänseherde *f;* (*pej: people*) Horde *f pej*, Schar *f*

gag order *n*, **gag rule** *n* AM Maulkorberlass *m fam;* **to issue a ~** einen Maulkorberlass herausgeben *fam*

gaiety ['geɪəti, AM -ət̬i] *n* ❶ *no pl* Fröhlichkeit *f*, Frohsinn *m veraltend;* **forced ~** gezwungene [*o* gekünstelte] Fröhlichkeit
❷ *usu pl* (*dated: festivity*) Festlichkeiten *fpl*, Fest *nt;* **to take part in the gaieties** am Fest teilnehmen

gaily ['geɪli] *adv* ❶ (*happily*) fröhlich
❷ (*brightly*) freundlich, hell; **~ coloured** farbenfroh

gain [geɪn] **I.** *n* ❶ (*increase*) Anstieg *m kein pl; in speed* Erhöhung *f kein pl; in gen* Zunahme *f kein pl;* **weight ~** Gewichtszunahme *f;* **a ~ in numbers** ein zahlenmäßiger Zuwachs; **a ~ in height** eine Zunahme an Höhe; **a ~ in profits/business/productivity** eine Gewinn-/Geschäfts-/Produktivitätssteigerung
❷ ECON, FIN (*profit*) Gewinn *m;* **net ~** Nettogewinn *m*, Reingewinn *m;* **pre-tax ~** Vorsteuergewinn *m*
❸ (*achievement*) Gewinn *m kein pl;* (*advantage*) Vorteil *m;* **personal/political ~** persönlicher/politischer Vorteil; **to do sth for ~** etw zu seinem eigenen Vorteil tun; (*for money*) etw für Geld tun
❹ COMPUT Verstärkungsgrad *m*
II. *vt* ❶ (*obtain*) ■**to ~ sth** etw bekommen [*o* erlangen]; **to ~ access to a person/building** sich *dat* Zugang zu einer Person/einem Gebäude verschaffen; **to ~ acceptance/popularity** akzepiert/populär werden; **to ~ confidence** [*or* **self-confidence**] Selbstvertrauen entwickeln; **to ~ sb's confidence** jds Vertrauen erhalten; **to ~ control of sth** etw unter seine Kontrolle bekommen; **to ~ entrance/entry** [**to sth**] sich *dat* den Zutritt [zu etw *dat*] verschaffen; **to ~ entree into social circles** Zutritt zu gesellschaftlichen Kreisen erhalten; **to ~ experience** Erfahrungen sammeln; **to ~ freedom/independence** die Freiheit/Unabhängigkeit erlangen; **to ~ ground** (*progress*) *work* [an] Boden gewinnen; *disease* um sich *akk* greifen; *rumours* sich *akk* verbreiten; **to ~ ground** [**on sb**] (*catch up*) [im Vergleich zu jdm] aufholen; **to ~ an impression** einen Eindruck bekommen; **to ~ insight** [**into sth**] einen Einblick [in etw *akk*] bekommen, [etw] verstehen; **to ~ knowledge** sein Wissen erweitern, Wissen sammeln; **to ~ prestige** an Prestige gewinnen; **to ~ recognition** [*or* **respectability**] Anerkennung finden, anerkannt werden; **to ~ a reputation for being sth** sich *dat* einen Namen als etw machen; **to ~ success** Erfolg haben; **to ~ time** Zeit gewinnen; **to ~ a victory** einen Sieg erringen; ***you've got nothing to lose and everything to ~*** du hast nichts zu verlieren, aber alles zu gewinnen; ***what do you hope to ~ from the course?*** was versprechen Sie sich von diesem Kurs?; ***her performance ~ed her international fame*** durch ihre Leistung erlangte sie internationalen Ruhm; ***the party have ~ed a lot of support*** die Partei ist in der Sympathie der Wähler stark gestiegen
❷ (*increase*) **to ~ altitude** [an] Höhe gewinnen; **to ~ confidence/experience/competence** an Sicherheit/Erfahrung/Kompetenz zunehmen; **to ~ impetus** [*or* **momentum**] an Schwung [*o* Kraft] gewinnen; **to ~ strength** kräftiger werden, an Kraft zunehmen; **to ~ velocity** [*or* **speed**] schneller werden; **to ~ weight** zunehmen; ***my watch has ~ed about ten minutes over the last twenty-four hours*** meine Uhr geht jetzt innerhalb der letzten 24 Stunden 10 Minuten vor; ***the share index ~ed ten points*** der Aktienindex stieg um 10 Punkte an
❸ (*reach*) erreichen; **to ~ one's destination** sein Ziel erreichen
▶ PHRASES: **to ~ a foothold** Fuß fassen; **to ~ the upper hand** die Oberhand gewinnen; **nothing ventured, nothing ~ed** (*prov*) wer wagt, gewinnt
III. *vi* ❶ (*increase*) zunehmen; *prices, numbers* [an]steigen; *clock, watch* vorgehen; ***once she went off the diet she started ~ing again*** sobald sie mit der Diät aufhörte, nahm sie gleich wieder zu; ***the share index ~ed by ten points*** der Aktienindex stieg um 10 Punkte an; **to ~ in numbers** zahlenmäßig ansteigen; **to ~ in height** an Höhe gewinnen; **to ~ in weight** zunehmen; **to ~ in profits/business/productivity** Gewinn/Geschäft/Produktivität steigern
❷ (*profit*) profitieren; ■**to ~ from sth** von etw *dat* profitieren; ■**to ~ by doing sth** durch etw *akk* profitieren
❸ (*catch up*) ■**to ~ on sb** jdn mehr und mehr einholen; ***they're ~ing on us*** sie kommen immer näher *fam*

gainer ['geɪnəʳ, AM -ɚ] *n* Gewinner(in) *m(f)*

gainful ['geɪnfᵊl] *adj inv* Gewinn bringend; **~ employment** Erwerbstätigkeit *f*

gainfully ['geɪnfᵊli] *adv inv* Gewinn bringend; **~ employed** erwerbstätig; **to keep sb ~ employed** jdn [gegen Bezahlung] beschäftigen

gainsay <-said, -said> [ˌgeɪn'seɪ] *vt* (*form*) ■**to ~ sth** etw abstreiten [*o* leugnen]; ***there's no ~ing her brilliance as an actress*** ihre brillante schauspielerische Leistung lässt sich nicht leugnen

gait [geɪt] *n* Gang *m kein pl; of a horse* Gangart *f;* **to walk with a clumsy/slow ~** einen schwerfälligen/langsamen Gang haben

gaiter ['geɪtəʳ, AM -ɚ] *n usu pl* Gamasche *f*

gal¹ [gæl] *n* AM (*hum fam: girl*) Mädchen *nt*

gal² <*pl* – *or* -s> *n abbrev of* **gallon**

gala ['gɑ:lə, AM 'geɪlə, 'gælə] **I.** *n* ❶ (*social event*) Gala *f*
❷ BRIT (*competition*) Sportfest *nt*
II. *adj attr, inv* (*festive*) Gala-, [sehr] festlich; **~ affair/occasion** festliche Angelegenheit/Gelegenheit; **~ night** Galaabend *m;* **~ performance** Galavorstellung *f*

galactic [gə'læktɪk] *adj inv* galaktisch; **inter-~** intergalaktisch

galah [gə'lɑ:] *n* ❶ ORN Rosenkakadu *m*
❷ AUS (*sl: idiot*) Blödmann *m pej sl*, Dummkopf *m pej fam*

galaxy ['gæləksi] *n* ❶ (*star system*) Galaxie *f*
❷ (*the Milky Way*) ■**the ~** die Milchstraße
❸ (*fig: group*) erlesene Gesellschaft; ***the whole ~ of actors and musicians*** die ganze Schar prominenter Schauspieler und Musiker

gale [geɪl] *n* Sturm *m;* **~-force wind** Wind *m* mit Sturmstärke; **~s of laughter** stürmisches Gelächter

gale warning *n* Sturmwarnung *f*

Galicia [gə'lɪsiə, AM 'lɪʃə] *n no pl* Galizien *nt*

Galician [gə'lɪsiən, AM 'lɪʃən] *adj inv* galizisch

Galilean [ˌgælɪ'li:ən, AM ə'li:] **I.** *n* Galiläer(in) *m(f)*
II. *adj inv* galiläisch

Galilee ['gælɪli:, AM əli:] *n no pl* Galiläa *nt*

gall¹ [gɔ:l] **I.** *n* ❶ (*bile*) Galle *f*, Gallenflüssigkeit *f*
❷ (*something bitter*) Bitternis *f geh*, Bitterkeit *f;* **to be ~ and wormwood for sb** (*liter*) für jdn ausgesprochen bitter sein
❸ (*annoyance*) Ärger *m*
▶ PHRASES: **to have the ~ to do sth** die Frechheit besitzen etw zu tun
II. *vt* ■**sth ~s sb** etw ist bitter für jdn; ***it ~s him to*** [***have to***] ***take orders from a younger colleague*** es wurmt ihn, Anweisungen von einem jüngeren Kollegen entgegennehmen zu müssen *fam*

gall² *n* BRIT *abbrev of* **gallon**

gallant ['gælənt] **I.** *adj* ❶ (*chivalrous*) charmant, zuvorkommend, galant *veraltend geh*
❷ (*brave*) tapfer; **to make a ~ effort** sich *akk* tapfer [*o* wacker] schlagen *fam*
❸ (*fine*) prächtig; *horse* edel
II. *n* (*dated liter*) Stutzer *m pej veraltet*

gallantly ['gæləntli] *adv* ❶ (*with charm*) galant *veraltend geh*
❷ (*bravely*) tapfer
❸ (*politely*) höflich, zuvorkommend
❹ (*finely*) prächtig, stattlich

gallantry ['gæləntri] *n* ❶ *no pl* (*chivalry*) Zuvorkommenheit *f*, galantes Benehmen
❷ *no pl* (*courage*) Tapferkeit *f*
❸ (*polite deed*) charmante Geste

gall bladder *n* Gallenblase *f*, Galle *f*

galleon ['gæliən] *n* NAUT (*hist*) Galeone *f*

gallery ['gælᵊri] *n* ❶ (*for art*) Galerie *f;* (*for paintings*) Gemäldegalerie *f*
❷ (*balcony*) Balkon *m*, Galerie *f;* (*in church*) Empore *f*
▶ PHRASES: **to play to the ~** sich *akk* in Szene setzen

galley ['gæli] *n* ❶ (*kitchen*) *of a ship* Kombüse *f; of an airplane* Bordküche *f*
❷ (*hist: ship*) Galeere *f*
❸ *usu pl* TYPO **final ~** [Druck]fahne *f*

galley proof *n* TYPO (*dated*) [Druck]fahne *f* **galley slave** *n* Galeerensklave *m*

Gallic ['gælɪk] *adj* (*hist*) ❶ (*of Gaul*) gallisch; **the ~ Wars** die Gallischen Kriege
❷ (*typically French*) [sehr] französisch

galling ['gɔ:lɪŋ] *adj* kränkend, bitter; ***the defeat was ~ to his pride*** sein Stolz war durch die Niederlage zutiefst verletzt

gallivant ['gælɪvænt, AM -ləv-] *vi* (*fam*) ■**to ~ about** [*or* **around**] sich *akk* herumtreiben *pej*

gallivanting ['gælɪvæntɪŋ, AM -ləv-] *n no pl* Herumtreiberei *f pej*

gallon ['gælən] *n* Gallone *f;* **imperial/US ~** britische/amerikanische Gallone; ■**~s** (*fig*) Unmengen *fpl fam;* ***I drink ~s of milk*** ich trinke literweise Milch

gallop ['gæləp] **I.** *vi* ❶ (*run fast*) *horse* galoppieren; *rider* galoppieren, im Galopp reiten
❷ (*fig: hurry*) [schnell] laufen, eilen; ■**to ~ into sth** sich *akk* [Hals über Kopf] in etw *akk* stürzen
II. *vt* (*cause to gallop*) **to ~ a horse** ein Pferd galoppieren lassen
III. *n usu sing* Galopp *m;* **to break into a ~** in Galopp verfallen; **at a ~** (*fig*) sehr schnell, in einem Wahnsinnstempo *fam*

galloping ['gæləpɪŋ] *adj attr, inv* galoppierend; **~ inflation/tuberculosis** galoppierende Inflation/Schwindsucht

gallows ['gæləʊz, AM -loʊz] *n* Galgen *m;* **to send sb to the ~** jdn an den Galgen bringen

gallows bird *n* Galgenvogel *m fam* **gallows humour** *n no pl* Galgenhumor *m* **gallows tree** *n* (*dated*) Galgenbaum *m*

gallstone *n* Gallenstein *m*

Gallup poll® ['gæləp,-] *n* Meinungsumfrage *f*

galoot [gə'lu:t] *n* (*sl*) Muskelpaket *nt*, Zyklop *m*, Goliath *m*

galore [gə'lɔ:ʳ, AM -'lɔ:r] *adj inv, after n* im Überfluss

galoshes [gə'lɒʃɪz, AM -'lɑ:-] *npl* (*dated*) Galoschen *fpl*

galumph [gə'lʌm(p)f] *vi* (*fam*) [herum]trampeln *fam*

galumphing [gə'lʌm(p)fɪŋ] *adj attr, inv* (*fam*) ungeschickt, trottelig *fam*

galvanic [gæl'vænɪk] *adj* ❶ *inv* galvanisch
❷ (*sudden and dramatic*) unvermittelt

galvanize ['gælvənaɪz] *vt* ❶ (*coat with zinc*) ■**to ~ sth** etw galvanisieren
❷ (*fig: spur into action*) ■**to ~ sb** jdn elektrisieren; ■**to ~ sb into doing sth** jdn dazu veranlassen, etw schnell zu tun; **to ~ sb into action** jdn plötzlich aktiv werden lassen, jdm Beine machen *fam*

galvanized ['gælvənaɪzd] *adj inv* galvanisiert

galvanometer [ˌgælvə'nɒmɪtəʳ, AM 'nɑ:mət̬ɚ] *n* Galvanometer *nt*

gamba ['gæmbə, AM 'gɑ:mbə] *n see* **viola da gamba**

Gambia ['gæmbiə] *n* Gambia *nt*

Gambian ['gæmbiən] **I.** *adj inv* gambisch
II. *n* Gambier(in) *m(f)*

gambit ['gæmbɪt] *n* ❶ (*in chess*) Gambit *nt*

② (*fig: tactic*) Schachzug *m*, Manöver *nt*; **clever** ~ geschickter Schachzug; **opening** ~ Eröffnungsmanöver *nt*
③ (*remark*) **conversational** [*or* **opening**] ~ *Satz, mit dem man ein Gespräch anfängt*

gamble ['gæmbl̩] **I.** *n usu sing* Risiko *nt*, Wagnis *nt*; **business** ~ Geschäftsrisiko *nt*; **to take a** ~ etw riskieren [*o* wagen], ein Risiko eingehen
II. *vi* ① (*bet*) [um Geld] spielen, zocken *sl*; **to** ~ **at cards** um Geld Karten spielen; **to** ~ **on dogs/horses** auf Hunde/Pferde wetten; **to** ~ **on the stock market** [*or* **exchange**] an der Börse spekulieren
② (*take a risk*) ■**to** ~ **that ...** sich *akk* darauf verlassen, dass ...; ***I'm gambling that he'll forget my promise from last year*** ich spekuliere darauf, dass er mein Versprechen vom Vorjahr vergessen wird; ■**to** ~ **on sth** auf etw *akk* setzen; ***we're ~ing on the weather being good for our picnic*** wir verlassen uns darauf, dass das Wetter für unser Picknick gut sein wird; ■**to** ~ **with sth** etw aufs Spiel setzen
III. *vt* ■**to** ~ **sth** etw aufs Spiel setzen; **to** ~ **one's fortune/future/money** sein Vermögen/seine Zukunft/sein Geld aufs Spiel setzen; **to** ~ **everything on sb/sth** für jdn/etw alles aufs Spiel setzen
◆**gamble away** *vt* ■**to** ~ **away** ↔ **sth** etw verspielen

gambler ['gæmblə^r, AM -ɚ] *n* Spieler(in) *m(f)*; **compulsive** ~ Spielsüchtige(r) *f(m)*, Spieler(in) *m(f)*

gambling ['gæmblɪŋ] *n no pl* Glücksspiel *nt*

gambling casino *n* Spielkasino *nt* **gambling czar** *n* AM (*pej*) Spielkasinobesitzer(in) *m(f)* **gambling debt** *n* Spielschulden *fpl* **gambling den** *n* (*pej*) Spielhölle *f pej* **gambling house** *n* Spielkasino *nt* **gambling joint** *n* (*pej*) Spielhölle *f pej*

gambol <BRIT -ll- *or* AM *usu* -l-> ['gæmbᵊl] *vi* (*liter*) *animals, children* herumspringen; ■**to** ~ **about** [*or* **around**] herumtollen; **to** ~ **through the meadow** über die Wiese springen

game¹ [geɪm] **I.** *n* ① (*match*) Spiel *nt*; ***let's play a ~ of football/tennis*** lass uns Fußball/Tennis spielen; **board** ~ Brettspiel *nt*; **a** ~ **of chance** ein Glücksspiel *nt*; **a** ~ **of chess** eine Partie Schach; **computer** ~ Computerspiel *nt*; **party** ~ Gesellschaftsspiel *nt*; **a** ~ **of skill** (*tactics*) Taktikspiel *nt*; (*nimbleness*) Geschicklichkeitsspiel *nt*; **to win/lose a** ~ ein Spiel gewinnen/verlieren; **waiting** ~ Hinhaltetaktik *f*; **to play a waiting** ~ erst mal abwarten
② (*general play*) *children* Spiel *nt*; ***the children were playing a ~ of cops and robbers*** die Kinder spielten Räuber und Gendarm
③ SPORTS (*skill level*) **to play a good** [*or* **mean**] ~ ein gutes [*o* beachtliches] Spiel spielen; **to be off one's** ~ nicht zu seinem Spiel finden, schlecht spielen; **to be on one's** ~ gut in Form sein; ***my ~ is a bit off today*** ich bin heute nicht in Form
④ (*amusement*) Spiel *nt*; ***that's enough fun and ~s!*** Schluss jetzt mit den Scherzen!; **to be just a** ~ **to sb** für jdn nur ein Spiel sein
⑤ (*dishonest plan*) Spiel *nt*; ***what's your ~?*** was soll das?; ***he found out her little*** ~ er kam ihr auf die Schliche; **to be up to one's old ~s** es mit der alten Masche versuchen; **to play ~s with sb** mit jdm spielen; **to play sb's** ~ jds Spiel mitspielen; **to see through sb's** ~ jds Spiel durchschauen
⑥ ■**~s** *pl* (*organized*) Spiele *ntpl*; BRIT (*at school*) [Schul]sport *m*; **the Olympic ~s** die Olympischen Spiele
▶ PHRASES: **the** ~ **is not worth the candle** die Mühe lohnt sich nicht; **that's the name of the** ~ darum geht es *fam*; ***power is the name of the ~ in the business world*** in der Geschäftswelt geht es nur um Macht; **two can play at that game** was du kannst, kann ich schon lange; **the** ~ **is up** das Spiel ist aus; **to beat sb at his own** ~ jdn mit seinen eigenen Waffen schlagen; **to give the** ~ **away** alles verraten; **to make** [**a**] ~ **of sb** BRIT sich *akk* über jdn lustig machen; **to play the** ~ BRIT (*dated*) sich *akk* an die Spielregeln halten; **to be on the** ~ BRIT (*be a prostitute*) auf den Strich gehen; AM (*be a criminal*) seine Finger in unsauberen Geschäften haben
II. *adj* ① *usu pred* (*fam: willing*) ■**to be** ~ [**to do sth**] bereit sein[, etw zu tun]; **to be** ~ **for anything** zu allem bereit sein; ***I'm going for a drink — are you ~?*** ich gehe was trinken – bist du dabei?; AM (*sl*) ***she's a real ~ kid*** sie ist zu allem bereit
② (*fam: lame*) lahm, angeknackst *fam*
III. *vi* (*dated: gamble*) spielen

game² [geɪm] *n no pl* ① (*animal*) Wild *nt*; **big** ~ Großwild *nt*; **small** ~ kleine Wildtiere
② (*meat*) Wild *nt*, Wildbret *nt geh*
▶ PHRASES: **fair** ~ Freiwild *nt*

game bird *n* ■**~s** *pl* Federwild *nt kein pl* **Gameboy®** *n* Gameboy® *m* **game-cock** *n* Kampfhahn *m* **gamekeeper** *n* Wildhüter(in) *m(f)*, Wildheger(in) *m(f)* **game laws** *npl* Jagdgesetz *nt* **game licence** *n* Jagdschein *m*

gamely ['geɪmli] *adv* tapfer

game paddle *n* COMPUT Spielkonsole *f*, Steuerknüppel *m* **game park** *n* Wildpark *m* **game plan** *n* SPORTS [Spiel]taktik *f*, [Spiel]strategie *f*; ECON Taktik *f*, Strategie *f* **gameplay** *n no pl* Spielablauf *m* **game point** *n* (*in tennis*) Satzball *m*; (*in handball*) [entscheidender] Punkt **game reserve** *n* Wildschutzgebiet *nt*, Wildreservat *nt* **game room** *n* Spielzimmer *nt* **game show** *n* Spielshow *f*; (*quiz show*) Quizsendung *f*, Quizshow *f*; **TV** ~ Spielshow *f* [im Fernsehen]; (*quiz show*) Quizsendung *f* **game show host** *n* TV Moderator(in) *m(f)* einer Spielshow; (*in quiz show*) Moderator(in) *m(f)* einer Quizshow

gamesmanship ['geɪmzmənʃɪp] *n no pl Kunst, mit fraglichen Mitteln zu gewinnen, ohne tatsächlich gegen die Regeln zu verstoßen*

games port *n* Spieleport *m o nt* **games teacher** *n* BRIT Sportlehrer(in) *m(f)*

gamete ['gæmi:t] *n* Geschlechtszelle *f*, Gamet *m fachspr*

game theory *n no pl* MATH Spieltheorie *f fachspr* **game warden** *n* Jagdaufseher(in) *m(f)*

gamey ['geɪmi] *adj see* **gamy**

gamine [gæ'mi:n] (*approv*) **I.** *n* knabenhafte Frau
II. *adj* jungenhaft, knabenhaft, androgyn

gaming ['geɪmɪŋ] *n no pl* Spielen *nt* [um Geld]

gaming house *n* Spielkasino *nt* **gaming machine** *n* Spielautomat *m* **gaming table** *n* Spieltisch *m*

gamma ['gæmə] *n* ① (*in Greek alphabet*) Gamma *nt*
② BRIT SCH (*rare: school mark*) ≈ ‚befriedigend', ≈ Drei *f*

gamma globulin *n no pl* MED Gammaglobulin *nt fachspr* **gamma radiation** *n no pl*, **gamma rays** *npl* Gammastrahlen *mpl*

gammon ['gæmən] **I.** *n no pl esp* BRIT ① (*bacon*) leicht geräucherter Schinken; (*ham*) [gekochter] Schinken
② (*dated fam: nonsense*) Quatsch *m pej fam*, Blödsinn *m pej fam*
II. *interj* BRIT (*dated fam*) **~!** [so'n] Quatsch! *pej fam*, [so'n] Blödsinn! *pej fam*

gammy ['gæmi] *adj* BRIT (*fam*) lahm

gamut ['gæmət] *n* Spektrum *nt*; **the whole** ~ **of emotions** das ganze Spektrum der Gefühle; **to run the** ~ **of sth** (*experience the entire range*) die ganze Skala einer S. *gen* durchmachen; *all tasks* alle Stationen einer S. *gen* durchlaufen; *all aspects* alle Facetten einer S. *gen* kennen lernen

gamy ['geɪmi] *adj* ~ **taste** Wildgeschmack *m*; ***there was a ~ smell*** es roch nach Wild

gander ['gændə^r, AM -dɚ] *n* ① (*goose*) Gänserich *m*, Ganter *m* NORDD *fam*, Ganser[t] *m* SÜDD *fam*
② (*fam: look*) **to have** [*or* **take**] **a** ~ **at sth** einen kurzen Blick auf etw *akk* werfen
▶ PHRASES: **what's sauce** [*or* AM **good**] **for the goose is sauce** [*or* AM **good**] **for the** ~ (*prov*) was dem einen recht ist, ist dem anderen billig

G & T [ˌdʒi:ən(d)'ti:] *n abbrev of* **gin and tonic** Gin-Tonic *m*

gang [gæŋ] **I.** *n* (*group*) *of people* Gruppe *f*; *of criminals* Bande *f*; *of youths* Gang *f*; (*fam*) *of friends* Clique *f*, Haufen *m fam*; *of workers, prisoners* Kolonne *f*, Trupp *m*; ***the ~'s waiting for us, hurry up*** beeil dich, die Jungs warten auf uns *fam*; **chain** ~ aneinander gekettete Sträflingskolonne
II. *vi* ■**to** ~ **up** sich *akk* zusammentun [*o* zusammenschließen] *fam*; ■**to** ~ **up against** [*or* **on**] **sb** sich *akk* gegen jdn verbünden

gang-bang ['gæŋˌbæŋ] **I.** *n* (*fam: voluntarily*) *Gruppensex mit einer Frau und mehreren Männern*; (*rape*) Gruppenvergewaltigung *f*
II. *vt* ■**to** ~ **sb** jdn zum Opfer einer Gruppenvergewaltigung machen; (*sl*) ■**to be ~ed** *woman* von mehreren Männern überfallen und vergewaltigt werden

ganger ['gæŋə^r] *n* BRIT Vorarbeiter *m*, Vormann *m*

gangland ['gæŋlænd] **I.** *n usu sing* Unterwelt *f kein pl*, Gangstermilieu *nt*
II. *adj attr, inv* unterweltlich, Unterwelt-; ~ **feud** Bandenfehde *f*; ~ **killing** Mord *m* im Gangstermilieu; ~ **warfare** Bandenkrieg *m*

gangling ['gæŋglɪŋ] *adj* schlaksig

ganglion <*pl* -s *or* -lia> ['gæŋgliən, *pl* -liə] *n* MED ① (*nerve cells*) Nervenknoten *m*, Ganglion *nt fachspr*
② (*cyst*) Überbein *nt*
③ (*fig: center of activity*) Zentrum *nt*

gangplank *n* Landungssteg *m* **gang rape** *n* Gruppenvergewaltigung *f*

gangrene ['gæŋgri:n] *n no pl* ① MED Brand *m*, Gangrän *f fachspr*; **gas** ~ Gasbrand *m*, Gasödem *nt*, Gasgangrän *f fachspr*
② (*fig: moral corruption*) Krebsgeschwür *nt fig*

gangrenous ['gæŋgrɪnəs] *adj* ① (*with gangrene*) von Brand befallen, brandig [entzündet]
② *attr* (*fig: corrupt*) [alles] zersetzend

gangsta *n* (*sl*) ① (*nonconformist person*) Rebell(in) *m(f)* gegen die Normen der [weißen] Gesellschaft
② (*African-American rap star*) Gangsta *f o m*

gangsta rap ['gæŋ(k)stə,-, AM -stɚ-] *n no pl* Gangsta Rap *m sl*

gangster ['gæŋ(k)stə^r, AM -ɚ] *n* Gangster(in) *m(f)*, Verbrecher(in) *m(f)*

gangster film *n* Gangsterfilm *m*

gangsterism ['gæŋstərɪzᵊm] *n no pl* Gangstertum *nt*

gang war *n* Bandenkrieg *m* **gang warfare** *n no pl* Bandenkrieg *m* **gangway** **I.** *n* ① NAUT, AEROSP Gangway *f* ② (*gangplank*) Landungsbrücke *f*; (*ladder*) Fallreep *nt* ③ BRIT (*aisle*) [Durch]gang *m* **II.** *interj* (*fam*) **~!** Platz da! *fam*, Bahn frei! *fam*

ganja ['gændʒə, AM 'gɑ:n-] *n no pl* (*sl*) Marihuana *nt*, Gras *nt fam*

gannet ['gænɪt] *n* ① (*bird*) Tölpel *m*
② BRIT (*fam: person*) Raffzahn *m pej fam*, Gierhals *m pej fam*

gantry ['gæntri] *n* (*support*) Gerüst *nt*, Montageturm *m*; (*for a crane*) Krangerüst *nt*, Portal *nt*; *for a rocket* Abschussrampe *f*, Startrampe *f*; RAIL **signal** ~ Signalbrücke *f*

gaol [dʒeɪl] *n* BRIT (*dated*) *see* **jail**

gaolbird *n* BRIT (*dated*) *see* **jailbird** **gaolbreak** *n* BRIT (*dated*) *see* **jailbreak**

gaoler *n* BRIT (*dated*) *see* **jailer**

gap [gæp] *n* ① (*empty space*) Lücke *f*; **to leave some ~s** etwas Platz [frei]lassen
② (*fig: something missing*) Lücke *f fig*; (*inconsistency*) Ungereimtheit *f*; **credibility** ~ mangelnde Glaubwürdigkeit; ~ **in knowledge** Wissenslücke *f*; **market** ~ Marktlücke *f*; **to fill a** ~ eine Lücke schließen [*o* füllen] *fig*
③ (*in time*) Pause *f*, Unterbrechung *f*
④ (*difference*) Unterschied *m*; (*in attitude*) Kluft *f*; **age** ~ Altersunterschied *m*; **generation** ~ Generationsunterschied *m*; **to bridge/close the** ~ die Kluft überbrücken/überwinden; ***he must close the ~ between his income and his expenditures*** er muss die Lücke zwischen seinem Einkommen und seinen Ausgaben schließen
⑤ COMPUT (*space between recorded data*) Spalt *m*, Zwischenraum *m*

❻ COMPUT (*method*) Funkübertragungssystem *nt*

gape [geɪp] **I.** *vi* ❶ (*stare*) starren, glotzen *pej fam;* ■**to ~ at sb/sth** jdn/etw [mit offenem Mund] anstarren; ***what are you gaping at, idiot?*** was glotzt du denn so, du Idiot? *pej fam*
❷ (*hang open*) offen sein; *door, gate* offen stehen; ***Peter's jacket ~d at the seams*** die Nähte von Peters Jacke waren aufgeplatzt
II. *n* Starren *nt*

gaping ['geɪpɪŋ] *adj* weit geöffnet; *wound* klaffend; *hole, chasm* gähnend

gap-toothed *adj* (*with missing teeth*) mit Zahnlücken *nach n;* (*with irregular teeth*) mit schiefen Zähnen *nach n;* (*with spaces between teeth*) mit Lücken zwischen den Zähnen *nach n;* ■**to be ~** (*with missing teeth*) Zahnlücken haben; (*with irregular teeth*) schiefe Zähne haben; (*with spaces between teeth*) Lücken zwischen den Zähnen haben; **~ grin** schiefes Lächeln

garage ['gærɑːʒ, AM gə'rɑːʒ] **I.** *n* ❶ (*for cars*) Garage *f;* **one-car ~** einfache Garage; **two-car ~** Doppelgarage *f*
❷ BRIT, AUS (*petrol station*) Tankstelle *f*
❸ (*repair shop*) [Kfz-]Werkstatt *f*
❹ BRIT (*dealer*) Autohändler(in) *m(f)*
❺ STOCKEX (*Teil der New Yorker Börse*) Garage *f*
II. *vt* **to ~ a car** ein Auto in die Garage stellen
III. *vi* FIN Vermögenswerte transferieren [aus steuerlichen Gründen]

garage sale *n privater Flohmarkt in der Garage*

garb [gɑːb] (*liter*) **I.** *n no pl* Kleidung *f,* Gewand *nt geh;* **to be dressed in cook's/nun's ~** als Koch/Nonne gekleidet sein
II. *vt* ■**to ~ oneself** sich *akk* kleiden; ■**to be ~ed in sth** in etw *akk* gekleidet sein

garbage ['gɑːbɪdʒ, AM 'gɑːr-] *n no pl* ❶ AM, AUS, CAN (*rubbish*) Müll *m,* Abfall *m;* COMPUT **~ in, ~ out** Garbage in, Garbage out *sl;* ***there's nothing wrong with the software — it's a clear case of ~ in, ~ out*** mit der Software ist alles in Ordnung – wenn der Input Müll ist, taugt auch der Output nichts *fam;* **to take the ~ out** den Müll rausbringen *fam*
❷ (*pej: nonsense*) Blödsinn *m pej fam,* Quatsch *m pej fam,* Müll *m fig pej fam;* (*useless data*) Müll *m,* Schrott *m;* **to talk ~** Blödsinn reden *pej fam,* [nur] Müll erzählen *pej fam*
❸ AM (*sl: stuff*) Zeug[s] *nt pej fam;* (*junk*) Mist *m pej fam,* Müll *m fig pej fam;* (*bad literature*) Schund *m pej fam*
❹ (*radio interference*) Rauschen *nt*

garbage bag *n* AM, AUS, CAN (*dustbin bag*) Müllbeutel *m* **garbage can** *n* AM, CAN (*dustbin*) Mülleimer *m,* Abfalleimer *m* **garbage chute** *n esp* AM, CAN (*rubbish chute*) Müllschlucker *m* **garbage collection** *n no pl* AM (*waste collection*) Müllabfuhr *f* **garbage collector** *n* AM, CAN (*dustman*) Müllmann *m fam,* Müllwerker *m form* **garbage disposal** *n,* AM, CAN *also* **garbage disposer** *n* (*rubbish disposer*) Müllschlucker *m* **garbage dump** *n* AM, CAN (*rubbish dump*) Mülldeponie *f,* Müllabladeplatz *m* **garbageman** *n* AM, AUS, CAN (*dustman*) Müllmann *m fam,* Müllwerker *m form* **garbage truck** *n* AM, AUS, CAN (*dustbin lorry*) Müllwagen *m,* Müllauto *nt*

garbagy ['gɑːrbɪdʒi] *adj* AM, CAN (*pej: bad*) schlecht, niveaulos; (*messy*) unordentlich; (*dirty*) versifft *sl*

garbanzo [gɑː'bænzəʊ, AM gɑːr'bɑːnzoʊ] *n,* **garbanzo bean** *n* Kichererbse *f*

garble ['gɑːbl̩, AM 'gɑːr-] *vt* ■**to ~ sth** ❶ (*mix up*) etw durcheinander bringen; *words, message* etw verdrehen; (*distort*) etw verzerren; ***the fax seems to have been ~d in transmission*** das Fax ist anscheinend nicht richtig übertragen worden
❷ (*misrepresent*) etw verzerrt darstellen [*o pej fam* verdrehen]; **to ~ the facts** die Fakten verdrehen *pej fam*

garbled ['gɑːbl̩d, AM 'gɑːr-] *adj account, message* verworren; *data* fehlerhaft; *fax* unleserlich

garçon ['gɑːsɒn, AM gɑːr'sɔn] *n* Garçon *m veraltet;* **~!** Herr Ober! *veraltend*

Garda <*pl* Gardai> ['gɑːdə, AM 'gɑːr] *n* ❶ *no pl, + sing/pl vb* (*Irish police force*) ■**the ~** die [irische] Polizei
❷ (*policeman*) [irischer] Polizist, [irische] Polizistin

garden ['gɑːdᵊn, AM 'gɑːr-] **I.** *n* ❶ BRIT (*of house*) Garten *m;* **back ~** Garten *m* hinter dem Haus; **front ~** Vorgarten *m*
❷ (*planted area*) Garten *m;* **flower/vegetable ~** Blumen-/Gemüsegarten *m;* **herb** [*or* **kitchen**] **~** Kräutergarten *m;* **to plant a ~** einen Garten anlegen
❸ (*ornamental grounds*) ■**~s** *pl* Gartenanlage *f,* Park *m,* Gärten *mpl;* **botanical ~s** botanischer Garten; **public ~s** öffentliche Gartenanlage, öffentlicher Park
► PHRASES: **to lead sb up the ~ path** jdn an der Nase herumführen *fam,* jdn einen Bären aufbinden *fam*
II. *n modifier* (*furniture, hose, vegetable*) Garten-; **~ gnome** Gartenzwerg *m;* **~ plot** Gartenbeet *nt;* **~ produce** Gartenerzeugnisse *ntpl*
III. *vi* im Garten arbeiten, gärtnern

garden apartment *n* AM (*garden flat*) Souterrainwohnung *f* **garden centre** *n* BRIT, CAN Gartencenter *nt,* Gärtnereimarkt *m* **garden city** *n* BRIT Gartenstadt *f*

gardener ['gɑːdᵊnəʳ, AM 'gɑːrdᵊnɚ] *n* (*professional*) Gärtner(in) *m(f),* Gartenarbeiter(in) *m(f);* (*for pleasure*) Gärtner(in) *m(f)*

garden flat *n* BRIT Souterrainwohnung *f*

gardenia [gɑː'diːniə, AM gɑːr'-] *n* Gardenie *f*

gardening ['gɑːdᵊnɪŋ, AM 'gɑːr-] **I.** *n no pl* Gartenarbeit *f,* Gärtnern *nt;* **a book on ~** ein Buch *nt* über Gartenpflege; **to do ~** Gartenarbeit machen
II. *n modifier* Garten-; **~ tools** Gartengeräte *ntpl*

gardening leave *n no pl* BRIT *Beurlaubung bei voller Bezahlung um keinen Überlauf zum Konkurrenten zu gewährleisten*

Garden of Eden *n* ■**the ~** der Garten Eden; (*fig*) das Paradies **garden party** *n* [großes] Gartenfest, [große] Gartenparty **garden-variety** *adj attr, inv* AM alltäglich, banal, gewöhnlich

gargantuan [gɑː'gæntjuən, AM gɑːr'gæntʃu-] *adj* riesig, gewaltig; **~ debts** enormer Schuldenberg

gargle ['gɑːgl̩, AM 'gɑːr-] **I.** *vi* gurgeln; **to ~ with mouthwash/salt water** mit Mund-/Salzwasser gurgeln
II. *n no pl* ❶ (*act*) Gurgeln *nt*
❷ (*liquid*) Gurgelwasser *nt*
❸ BRIT (*sl: drink*) **to have a ~** sich *dat* einen [Kleinen] genehmigen *fam*

gargoyle ['gɑːgɔɪl, AM 'gɑːr-] *n* Wasserspeier *m*

garish ['geərɪʃ, AM 'ger-] *adj* (*pej*) knallig *fam,* knallbunt *fam;* ***her make-up looks downright ~*** sie sieht aus, als wäre sie in einen Farbtopf gefallen *fam;* **~ colours** schreiende [*o* grelle] Farben

garishly ['geərɪʃli, AM 'ger] *adv* grell

garishness ['geərɪʃnəs, AM 'ger-] *n no pl* (*pej*) Grellheit *f*

garland ['gɑːlənd, AM 'gɑːr-] **I.** *n* Kranz *m; for a Christmas tree* Girlande *f;* **~ of roses** Rosenkranz *m*
► PHRASES: **to win the ~** (*liter*) einen Preis bekommen, die Palme erringen *geh*
II. *vt* ■**to ~ sb** jdn bekränzen; *with flowers* jdm Blumenkränze umhängen

garlic ['gɑːlɪk, AM 'gɑːr-] **I.** *n no pl* Knoblauch *m;* **bulb of ~** Knoblauchknolle *f;* **clove of ~** Knoblauchzehe *f*
II. *n modifier* (*smell, sauce*) Knoblauch-; **to have ~ breath** nach Knoblauch riechen

garlic bread *n no pl* Knoblauchbrot *nt*

garlicky ['gɑːlɪki, AM 'gɑːr-] *adj* ■**to be ~** (*smell*) nach Knoblauch riechen; (*taste*) nach Knoblauch schmecken; ***he refuses to eat ~ food*** er isst nichts mit Knoblauch; **~ sauce/salad dressing** Soße *f*/Salatdressing *nt* mit Knoblauch

garlic press *n* Knoblauchpresse *f* **garlic salt** *n* Knoblauchsalz *nt*

garment ['gɑːmənt, AM 'gɑːr-] **I.** *n* Kleidungsstück *nt*
II. *n modifier* Textil-; **~ designer** Textildesigner(in) *m(f);* **~ industry** Bekleidungsindustrie *f*

garment bag *n* AM, CAN (*suit bag*) Reisetasche *f*

garner ['gɑːnəʳ, AM 'gɑːrnɚ] *vt* (*liter*) ■**to ~ sth** etw sammeln; **to ~ knowledge** Wissen erwerben

garnet ['gɑːnɪt, AM 'gɑːr-] **I.** *n* Granat *m*
II. *n modifier* (*bracelet, earrings, ring*) Granat-; **~ stone** Granat *m*

garnish ['gɑːnɪʃ, AM 'gɑːr-] **I.** *vt* ❶ FOOD ■**to ~ sth** etw garnieren; (*fig*) etw ausschmücken
❷ LAW ■**to ~ sb** einem Drittschuldner einen Pfändungsbeschluss zukommen lassen; **to ~ sb's earnings/wages** Einkünfte/Löhne von jdm pfänden
II. *n* <*pl* -es> Garnierung *f*

garotte *n, vt see* **garrotte**

garret ['gærət, AM 'ger-] *n* ARCHIT (*attic*) Dachboden *m;* (*attic room*) Dachkammer *f,* Mansarde *f*

garrison ['gærɪsᵊn, AM 'gerə-] **I.** *n* Garnison *f*
II. *n modifier* ❶ (*at the garrison*) **~ duty** Dienst *m* in der Garnison
❷ (*with a garrison*) **~ town** Garnisonsstadt *f*
III. *vt* ■**to be ~ed** in Garnison liegen; **to ~ a place** einen Ort mit einer Garnison belegen

garrote [gə'rɑːt] AM, **garrotte** [-'rɒt] **I.** *n* Gar[r]otte *f,* Halseisen *nt,* Würgschraube *f*
II. *vt* ■**to ~ sb** jdn erdrosseln; (*with a garrote*) jdn gar[r]ottieren [*o* durch die Gar[r]otte hinrichten]

garrulity [gæ'ruːləti, AM ge'ruːləṭi] *n no pl* (*talkativeness*) Schwatzhaftigkeit *f pej,* Redseligkeit *f;* (*wordiness*) Langatmigkeit *f*

garrulous ['gærᵊləs, AM 'ger-] *adj* (*talkative*) schwatzhaft *pej,* redselig; ■**to be ~** ein Schwätzer/eine Schwätzerin sein *pej;* (*wordy*) langatmig

garrulously ['gærᵊləsli, AM 'ger-] *adv* (*talkatively*) schwatzhaft *pej,* redselig; (*wordily*) langatmig

garrulousness ['gærᵊləsnəs, AM 'ger-] *n no pl* (*talkativeness*) Schwatzhaftigkeit *f pej,* Redseligkeit *f;* (*wordiness*) Langatmigkeit *f*

garter ['gɑːtəʳ, AM 'gɑːrṭɚ] **I.** *n* ❶ (*band*) Strumpfband *nt;* AM (*suspenders*) Strumpfhalter *m,* Strapse *mpl*
❷ BRIT **the Order of the G~** der Hosenbandorden
II. *vt* ■**to be ~ed** (*wear a band*) ein Strumpfband tragen; AM (*wear suspenders*) Strapse tragen

garter belt *n* AM, CAN Hüftgürtel *m,* Strapse *mpl*

garter snake *n* AM (*grass snake*) Ringelnatter *f*

garter stitch *n* [kraus] rechts gestricktes Muster

gas [gæs] **I.** *n* <*pl* -es *or* -sses> ❶ (*vapour*) Gas *nt*
❷ *no pl* (*fuel*) Gas *nt;* **natural ~** Erdgas *nt;* **to cut off the ~** das Gas abdrehen
❸ *no pl* MED (*fam: anaesthetic*) Lachgas *nt*
❹ *no pl* (*weapon*) [Gift]gas *nt;* **poison ~** Giftgas *nt;* **poison ~ attack** Giftgasangriff *m;* **to use ~** Giftgas einsetzen
❺ *no pl* AM, CAN (*fam: petrol*) Benzin *nt;* **high-octane ~** Super[benzin] *nt;* **leaded/unleaded ~** verbleites/bleifreies Benzin; **to get ~** tanken; **to step on the ~** aufs Gas treten *fam,* Gas geben; (*fig: hurry*) Gas geben *fam*
❻ *no pl* AM MED (*euph fam: flatulence*) Blähungen *fpl*
❼ *esp* AM (*fam: laugh*) **to be a ~** zum Brüllen [*o fam* Schreien] sein *fam*
II. *n modifier* (*grill, heater, stove*) Gas-, gasbetrieben
III. *vt* <-ss-> ■**to ~ sb** ❶ (*kill*) jdn vergasen
❷ MED (*sl: make unconscious*) jdn [mit Lachgas] betäuben
IV. *vi* <-ss-> (*dated fam*) quatschen *fam*
◆**gas up I.** *vt* AM, CAN **to ~ up** ↻ **a car** ein Auto auftanken
II. *vi* AM, CAN voll tanken

gasbag *n* (*pej sl*) Quasselstrippe *f pej fam* **gas chamber** *n* Gaskammer *f* **gas cooker** *n* BRIT Gasherd *m;* (*small device*) Gaskocher *m*

gaseous ['gæsiəs] *adj* gasförmig

gas field *n* [Erd]gasfeld *nt* **gas fire** *n* BRIT Gasofen *m* **gas-fired** *adj inv* gasbetrieben **gas fitter** *n* BRIT Gasinstallateur(in) *m(f)* **gas fittings** *npl* BRIT Gasleitungen *fpl* **gas furnace** *n* Gasofen *m* **gas gauge** *n* AM, CAN (*petrol gauge*) Benzinuhr *f* **gas guzzler** *n* AM, CAN (*fam*) Benzinfresser *m fam,* Benzinschlucker *m fam*

gash [gæʃ] **I.** *n* <*pl* -es> *on the body* tiefe Schnitt-

wunde; *in cloth* Schnitt *m*, Schlitz *m; in upholstery* tiefer Schlitz; *in a tree* [klaffende] Spalte; *in the ground* tiefe Kerbe
II. *vt* ■**to ~ sth** etw aufschlitzen; ■**to ~ sth open** *leg, arm* sich *dat* etw aufreißen; *head, knee, elbow* sich *dat* etw aufschlagen
gas heat *n* Am, **gas heating** *n no pl* [zentrale] Gasheizung **gas heater** *n* Am (*gas fire*) Gasofen *m* **gasholder** *n* Gascontainer *m*, Gasometer *m veraltend* **gas jet** *n* Gasdüse *f*
gasket ['gæskɪt] *n* Dichtung *f;* **to blow a ~** eine Dichtung platzen lassen; (*fig*) **sb blows a ~** bei jdm brennen die Sicherungen durch *fig fam*, jd wird [sehr] wütend
gas lamp *n* Gaslampe *f* **gaslight** *n* ① *no pl* (*system*) Gasbeleuchtung *f*, Gaslicht *nt* ② (*lamp*) Gaslampe *f*
gas lighter *n* (*for igniting*) Gasanzünder *m; for cigarettes* Gasfeuerzeug *nt*
gaslit ['gæslɪt] *adj inv* mit Gaslicht beleuchtet
gas main *n* Gas[haupt]leitung *f* **gasman** *n* Brit (*fam*) Gasableser(in) *m(f)*, Gasmann *m fam* **gas mark** *n* Brit Stufe *f* (*beim Gasherd*) **gas mask** *n* Gasmaske *f* **gas meter** *n* Gaszähler *m*, Gasuhr *f;* **to read the ~** den Gaszähler ablesen
gasoline ['gæsəli:n] **I.** *n* Am, Can (*petrol*) Benzin *nt;* **leaded/lead-free ~** verbleites/bleifreies Benzin
II. *n modifier* (*tank*) Benzin-; **~ tax** Kraftstoffsteuer *f*
gasometer [gæs'ɒmɪtəʳ, Am -'ɑ:məţɚ] *n* Gasometer *m veraltend*, [großer] Gasbehälter
gas oven *n* Gasherd *m;* **to put one's head in a ~ oven** den Gashahn aufdrehen *euph fam*, sich *akk* mit Gas vergiften
gasp [gɑ:sp, Am gæsp] **I.** *vi* ① (*pant*) keuchen; (*catch one's breath*) tief einatmen, hörbar die Luft einziehen; (*be surprised, shocked, in pain*) ■**sb ~s** jdm stockt der Atem, jdm bleibt die Luft weg *fam;* **to ~ for air** [*or* **breath**] [*or* **oxygen**] nach Luft schnappen; **sb ~s in amazement** [*or* **surprise**] jdm stockt vor Überraschung der Atem; **sb ~s in shock** jdm bleibt vor Schreck die Luft weg *fam*
② (*speak breathlessly*) nach Luft ringen
③ Brit (*fam: be thirsty*) ■**to be ~ing** durstig sein; (*very*) [fast] verdursten
II. *vt* ■**to ~ out** ⊂ **sth** etw [atemlos] hervorstoßen
III. *n* hörbares Lufteinziehen, plötzliches Luftholen; ***he gave a ~ of amazement*** ihm blieb vor Überraschung die Luft weg
▸ Phrases: **to be at one's <u>last</u> ~** in den letzten Zügen liegen; **to do sth to the <u>last</u> ~** etw bis zum letzten Atemzug tun
gas pedal *n* Am, Can (*accelerator*) Gaspedal *nt;* **to have a heavy foot on the ~** einen Bleifuß haben *fig fam*
gasper ['gɑ:spəʳ] *n* Brit (*dated fam*) Klimmstängel *m fam*
gas pipe *n* Gasleitung *f* **gas pump** *n* Am, Can (*petrol pump*) Zapfsäule *f;* **full-service ~** Zapfsäule *f* mit Bedienung; **self-service ~** Selbstbedienungszapfsäule *f* **gas ring** *n* Brit Gaskocher *m* **gas station** *n* Am, Can (*petrol station*) Tankstelle *f* **gas station operator** *n* Am, Can (*petrol station operator*) Tankwart(in) *m(f)* **gas stove** *n* Gasherd *m;* (*small device*) Gaskocher *m*
gassy ['gæsi] *adj* ① (*full of gas*) kohlensäurehaltig
② (*dated fam: wordy*) langatmig; (*talkative*) *person* redselig, geschwätzig *pej; language* wortreich, langatmig *pej*
gas tank *n* Am, Can (*petrol tank*) Benzintank *m*
gastric ['gæstrɪk] *adj inv* med Magen-, gastrisch *fachspr;* **~ juices** Magensäfte *mpl;* **~ ulcer** Magengeschwür *nt;* **~ upset** Magenprobleme *ntpl*
gastric flu *n* Darmgrippe *f*
gastritis [gæs'traɪtɪs, Am -ţəs] *n no pl* med Magenschleimhautentzündung *f*, Gastritis *f fachspr*
gastroenteritis [,gæstrəʊ,entə'raɪtɪs, Am -troʊ,enţə'raɪţəs] *n no pl* med Magen-Darm-Entzündung *f*, Magen-Darm-Katarrh *m fachspr*, Gastroenteritis *f fachspr*
gastroenterologist [,gæstrəʊ,entə'rɒlədʒɪst, Am -troʊ,enţə'rɑ:-] *n* med Gastroenterologe, -in *m, f*
gastroenterology [,gæstrəʊ,entə'rɒlədʒi, Am -troʊ,enţə'rɑ:-] *n no pl* med Gastroenterologie *f fachspr*
gastrointestinal [,gæstrəʊ,ɪntes'taɪnəl, Am -troʊ,ɪn'testənəl] *adj inv* anat, med Magen-Darm-, gastrointestinal *fachspr;* **to have ~ problems** Magen-Darm-Probleme [*o* Durchfall] haben *euph;* **the ~ tract** der Magen-Darm-Trakt
gastronome ['gæstrənəʊm, Am -noʊm] *n* Feinschmecker(in) *m(f)*, Gourmet *m*
gastronomic [,gæstrə'nɒmɪk, Am -'nɑ:-] *adj* kulinarisch
gastronomically [,gæstrə'nɒmɪkli, Am -'nɑ:-] *adv* kulinarisch
gastronomy [gæs'trɒnəmi, Am -'trɑ:-] *n no pl* Gastronomie *f*
gastroscope ['gæstrəskəʊp, Am -skoʊp] *n* med Gastroskop *nt fachspr*
gastroscopy [gæs'trɒskəpi, Am 'trɑ:s-] *n* med ① (*examination*) Gastroskopie *f fachspr;* **to do a ~** eine Gastroskopie machen
② *no pl* (*technique*) Gastroskopieren *nt fachspr*
gas turbine *n* Gasturbine *f* **gasworks** *n + sing vb* Gaswerk *nt*
gat [gæt] *vi, vt* (*old*) *pt of* **get**
gate [geɪt] **I.** *n* ① (*at an entrance*) Tor *nt; at a level-crossing* Schranke *f; at a canal lock* Schleusentor *nt; at an airport* Flugsteig *m*, Gate *nt;* (*of an animal pen*) Gatter *nt;* (*to a garden, courtyard*) Pforte *f;* **safety ~** Sicherheitstür *f*
② sports (*for horses*) **starting ~** Startmaschine *f*
③ (*spectators*) Zuschauerzahl *f*
④ *no pl* (*money*) Einnahmen *fpl*
⑤ comput (*of FET device*) Torschaltung *f*
⑥ (*in camera/projector*) Justiervorrichtung *f*
II. *vt usu passive* Brit ■**to be ~d** (*be confined*) Arrest bekommen; (*hist: at university*) in den Karzer geworfen werden *hist;* (*be under curfew*) Ausgehverbot *nt* bekommen
-gate *in compounds* Am -skandal, -affäre; **file~** Aktenskandal *m;* **Water~** Watergate *kein art*, die Watergateaffäre
gateau <*pl* -x> ['gætəʊ] *n esp* Brit Torte *f*
gatecrash (*fam*) **I.** *vt* (*attend uninvited*) **to ~ a meeting/a party** in eine Versammlung/Party reinplatzen *fam;* (*without paying*) ■**to ~ sth** sich *dat* ohne zu bezahlen Eintritt zu etw *dat* verschaffen
II. *vi* (*attend uninvited*) uneingeladen kommen; (*without paying*) sich *dat* ohne zu bezahlen Eintritt verschaffen **gatecrasher** *n* (*fam*) un[ein]geladener Gast
gated community *n Gemeinde mit Schranken am Eingang versehen*
gatehouse *n* Pförtnerhaus *nt* **gatekeeper** *n* Pförtner(in) *m(f); at a level-crossing* Schrankenwärter(in) *m(f)* **gate-legged table** *n*, **gate-leg table** *n* Klapptisch *m* (*mit hochklappbaren Seitenteilen*) **gate money** *n no pl* Brit, Aus Einnahmen *fpl* (*aus Eintrittskartenverkäufen*) **gatepost** *n* Torpfosten *m* ▸ Phrases: <u>**between**</u> **you and me and the ~** unter uns [gesagt] **gateway** *n* ① (*entrance*) Eingangstor *nt*, Toreinfahrt *f;* (*archway*) Torbogen *m* ② (*fig: means of access*) Tor *nt;* **the ~ to the North/West** das Tor zum Norden/Westen ③ comput Gateway *nt* **gateway drug** *n* Einstiegsdroge *f*
gather ['gæðəʳ, Am -ɚ] **I.** *vt* ① (*collect*) ■**to ~ sth** etw sammeln; ***we ~ed our things together*** wir suchten unsere Sachen zusammen; **to ~ berries/herbs/honey** Beeren/Kräuter/Honig sammeln; **to ~ the crops** die Ernte einbringen; **to ~ flowers** Blumen pflücken; **to ~ information** Informationen sammeln; (*by asking*) Informationen einholen; **to ~ intelligence** sich *dat* [geheime] Informationen beschaffen; **to ~ one's thoughts** seine Gedanken sammeln, nachdenken; (*accumulate*) **to ~ dirt** ein Schmutzfänger sein; **to ~ dust** (*also fig*) verstauben *a. fig*
② (*pull nearer*) **to ~ sb in one's arms** jdn in die Arme nehmen; ***she ~ed the blanket around her*** sie wickelte sich enger in die Decke
③ fashion ■**to ~ sth** etw kräuseln [*o* raffen]
④ (*increase*) **to ~ courage** seinen Mut zusammennehmen; **to ~ momentum** in Fahrt kommen *fam;* **to ~ speed** schneller werden; **to ~ one's strength** seine Kräfte sammeln
⑤ (*understand*) ■**to ~ sth** etw verstehen
⑥ (*believe*) ■**to ~ that ...** glauben, dass ...; ***Harry's not happy, I ~*** (*think*) wie ich die Sache sehe, ist Harry nicht glücklich; (*hear*) wie ich höre, ist Harry nicht glücklich
⑦ (*infer*) ■**to ~ from sth that ...** aus etw *dat* schließen, dass ...; (*read*) ***I didn't ~ much from his speech*** ich konnte seiner Rede nicht viel entnehmen
⑧ (*hear*) ■**to ~ that ...** gehört haben, dass ...; (*find out*) ■**to ~ from sb that ...** von jdm erfahren haben, dass ...
▸ Phrases: **to be ~ed to one's <u>fathers</u>** (*euph liter*) aus diesem Leben abberufen werden *geh*
II. *vi* ① (*come together*) sich *akk* sammeln; *people* sich *akk* versammeln; (*accumulate*) sich *akk* ansammeln; *clouds* sich *akk* zusammenziehen; *a storm* heraufziehen, sich *akk* zusammenbrauen; ***we are ~ed here today to ...*** wir haben uns heute hier versammelt, um ...; ***the clouds of war had been ~ing for several years*** schon seit einigen Jahren hatte der Krieg seine dunklen Schatten vorausgeworfen
② fashion **to ~ at the middle/sides** in der Mitte/an den Seiten gerafft sein
◆**gather around** *vi* (*fam*) zusammenkommen, sich *akk* versammeln; ■**to ~ around sb/sth** sich *akk* um jdn/etw [ver]sammeln
◆**gather in** *vt* (*bring to safety*) ■**to ~ in** ⊂ **sb/sth** jdn/etw in Sicherheit bringen; (*harvest*) ■**to ~ sth** ⊂ **in** etw ernten; **to ~ the crops/the harvest in** das Getreide/die Ernte einbringen
◆**gather round** *esp* Brit **I.** *vt* ■**to ~ sb round sth** jdn um etw *akk* versammeln
II. *vi* (*fam*) zusammenkommen, sich *akk* versammeln; ■**to ~ round sth/sb** sich *akk* um jdn/etw versammeln
◆**gather up** *vt* ■**to ~ up** ⊂ **sth** etw aufsammeln [*o* zusammensammeln]; **to ~ oneself up to one's full height** sich *akk* zu seiner vollen Größe aufrichten; **to ~ up one's skirt** seinen Rock [hoch]raffen
gathered ['gæðəd, Am -ɚd] *adj clothing* gekräuselt, gerafft
gatherer ['gæðərəʳ, Am ɚɚ] *n* Sammler(in) *m(f);* **tax ~** Steuereintreiber *m*
gathering ['gæðərɪŋ] **I.** *n* Treffen *nt*, Zusammenkunft *f*, Versammlung *f;* **a family ~** ein Familientreffen *nt;* **a social ~** ein gemütliches Beisammensein
II. *adj attr, inv clouds* heraufziehend; *storm* sich *akk* zusammenbrauend, heraufziehend; *darkness* zunehmend
gathers ['gæðəz, Am -ɚz] *npl* Kräuseln *fpl*, Kräusel *mpl*, Kräuselfalten *fpl*
gator ['geɪţɚ] *n* Am (*sl*) *short for* **alligator** Alligator *m*
GATT [gæt] *n no pl acr for* **General Agreement on Tariffs and Trade** GATT *nt*
gauche [gəʊʃ, Am goʊʃ] *adj* unbeholfen, linkisch
gaucheness ['gəʊʃnəs, Am 'goʊʃ] *n no pl* linkische Art
gaucherie ['gəʊʃəri, Am 'goʊʃeri] *n no pl* linkische Art
gaucho ['gaʊtʃəʊ, Am -tʃoʊ] *n* Gaucho *m*
gaudily ['gɔ:dɪli, Am gɑ:] *adv* grell
gaudiness ['gɔ:dinəs, Am 'gɑ:-] *n no pl* (*garishness*) Auffälligkeit *f;* (*tastelessness*) Kitschigkeit *f*
gaudy[1] ['gɔ:di, Am 'gɑ:-] *adj* (*tasteless*) kitschig; (*too bright*) knallig *fam*, knallbunt *fam;* **~ colours** grelle [*o* schreiende] Farben
gaudy[2] ['gɔ:di, Am 'gɑ:-] *n* Brit *alljährliches offizielles Essen für ehemalige Mitglieder eines College*
gauge [geɪdʒ] **I.** *n* ① (*device*) Messgerät *nt;* (*for tools*) [Mess]lehre *f fachspr;* (*for water level*) Pegel *m;* (*for rings*) Ringmaß *nt;* **fuel ~** Benzinuhr *f*, Benzinanzeige *f;* **heat ~** Temperaturanzeige *f;* **pressure ~** Druckmesser *m;* **rain ~** Niederschlagsmesser *m;*

G

tyre ~ Reifendruckmesser *m*
❷ (*thickness*) *of metal, plastic* Stärke *f; of a wire, tube* Dicke *f;* (*diameter*) *of a gun, bullet* Durchmesser *m,* Kaliber *nt*
❸ RAIL Spurweite *f;* **standard** ~ Normalspur *f* [*o* Regelspur *f*]; **narrow** ~ Schmalspur *f*
❹ (*fig: measure*) Maßstab *m* (**of** für +*akk*)
II. *vt* ■**to** ~ **sth** ❶ (*measure*) etw messen
❷ (*judge, assess*) etw beurteilen [*o* einschätzen]; (*estimate, guess*) etw [ab]schätzen

Gaul [gɔːl] *n no pl* GEOG ❶ (*ancient region of Europe*) Gallien *nt*
❷ (*native of Gaul*) Gallier(in) *m(f)*

Gaullism [ˈgɔːlɪzəm] *n no pl* Gaullismus *m*

Gaullist [ˈgɔːlɪst] **I.** *adj inv* gaullistisch
II. *n* Gaullist(in) *m(f)*

gaunt [gɔːnt, AM gɑːnt] *adj* ❶ (*thin*) hager, dünn; (*too thin*) abgemagert, dürr; (*from illness*) ausgemergelt; **a** ~ **face** ein hageres Gesicht
❷ (*desolate*) öde, karg

gauntlet [ˈgɔːntlət, AM ˈgɑːnt-] *n* Handschuh *m;* TECH Industriehandschuh *m;* MED Schutzhandschuh *m; for armour* Panzerhandschuh *m*
► PHRASES: **to run the** ~ Spießruten laufen; **to take up/throw down the** ~ den Fehdehandschuh aufnehmen/hinwerfen *geh*

gauntness [ˈgɔːntnəs, AM ˈgɑːnt-] *n no pl* (*thinness*) Hagerkeit *f;* (*extreme*) Abgemagertheit *f; from illness* Ausgemergeltsein *nt*

gauze [gɔːz, AM gɑːz] **I.** *n no pl* ❶ *also* MED (*fabric*) Gaze *f;* **cotton/silk** ~ Gaze *f* aus Baumwolle/Seide
❷ CHEM (*wire* ~) Gewebedraht *m* ❸ (*fig: haze*) [leichter] Dunst **II.** *n modifier* ❶ (*fabric*) Gaze-; ~ **pad** Gazetupfer *m;* ~ **scarf** Gazeschal *m* ❷ (*wire*) ~ **screen** [*or* **sieve**] Gazesieb *nt fachspr* **gauze bandage** *n* Gazeverband *m,* Mullverband *m*

gauzy [ˈgɔːzi, AM ˈgɑːzi] *adj* (*thin*) hauchdünn; (*transluscent*) durchscheinend

gave [geɪv] *pt of* **give**

gavel [ˈgævəl] **I.** *n* Hammer *m*
II. *vt* ■**to** ~ **down** ↔ **sb** jdn zur Ordnung rufen

gavotte [gəˈvɒt, AM -ˈvɑːt] *n* Gavotte *f*

Gawd [gɔːd, AM *also* gɑːd] *interj* (*euph fam*) Gott *m; **oh my ~!*** oh Gott! *fam*

gawk [gɔːk, AM gɑːk] *vi* (*fam*) glotzen *a. pej fam; **don't stand there ~ing!*** glotz nicht so blöd! *fam;* ■**to** ~ **at sb/sth** jdn/etw anstarren [*o fam* anglotzen]

gawky [ˈgɔːki, AM ˈgɑːki] *adj* (*lanky*) schlaksig; (*awkward*) linkisch; (*clumsy*) unbeholfen

gawp [gɔːp] *vi* BRIT *see* **gawk**

gay [geɪ] **I.** *adj* ❶ (*homosexual*) homosexuell, schwul *fam,* gay *sl;* ~ **activist** Mitglied *nt* der Schwulenbewegung, Schwulenrechtler(in) *m(f) sl;* ~ **bar** Schwulenlokal *nt;* ~ **community** Schwulengemeinschaft *f;* ~ **scene** Schwulenszene *f*
❷ (*cheerful*) fröhlich, heiter
II. *n* Homosexuelle(r) *m,* Schwule(r) *m fam*

gaydar [ˈgeɪdɑːr, AM -dɑːr] *n Fähigkeit von Homosexuellen, sich gegenseitig zu erkennen*

gay liberation *n no pl* (*dated*) Schwulenbewegung *f* **gay marriage** *n* ❶ *no pl* (*institution*) Ehe *f* zwischen Schwulen ❷ (*instance*) Schwulenhochzeit *f* **gay movement** *n no pl* Schwulenbewegung *f*

gayness [ˈgeɪnəs] *n no pl* (*fam*) Homosexualität *f*

gay pride *n no pl* Stolz *m,* schwul zu sein **gay rights** *npl* Schwulenrechte *ntpl* **gay rights activist** *n* Mitglied *nt* der Schwulenbewegung, Schwulenrechtler(in) *m(f) sl*

Gaza Strip [ˌgɑːzəˈstrɪp] *n no pl* ■**the** ~ der Gazastreifen

gaze [geɪz] **I.** *vi* starren; **to** ~ **into the distance/out of the window** ins Leere/aus dem Fenster starren; ■**to** ~ **around oneself** um sich *akk* schauen; ■**to** ~ **at** [*or dated* **on**] **sb/sth** jdn/etw anstarren; *admiringly* jdn/etw anhimmeln
II. *n* Blick *m;* **reproachful/steady** ~ vorwurfsvoller/unverwandter Blick; **to avert one's** ~ [**from sth/sb**] seinen Blick [von etw/jdm] abwenden; (*fig*) **to be exposed to the public** ~ im Licht der Öffentlichkeit stehen

gazebo [gəˈziːbəʊ, AM -boʊ] *n* Gartenlaube *f*

gazelle [gəˈzel] *n* Gazelle *f*

gazette [gəˈzet] *n* Blatt *nt,* Anzeiger *m;* **the Evening G~** das Abendblatt, der Abendanzeiger; (*hist*) Gazette *f veraltet o pej*

gazetteer [ˌgæzəˈtɪər, AM -ˈtɪr] *n* ❶ (*dictionary*) alphabetisches Ortsverzeichnis (*mit geographischen Angaben*)
❷ (*hist: publisher*) Zeitungsverleger(in) *m(f),* Zeitungsherausgeber(in) *m(f)*

gazillion [gəˈzɪljən] *n* (*fam*) Abertausend *kein art geh; **we've heard this opera a ~ times*** wir haben diese Oper schon x-mal [*o* etliche Male] gehört

gazpacho [gæsˈpætʃəʊ, AM gəˈspɑːtʃoʊ] *n no pl* Gazpacho *m o* ÖSTERR *a. nt*

gazump [gəˈzʌmp] *vt* BRIT, AUS (*fam*) ■**to** ~ **sb** *ein Haus, das jd kaufen will, entgegen mündlicher Zusage an einen Höherbietenden verkaufen*

gazumping [gəˈzʌmpɪŋ] *n no pl* LAW (*of a buyer*) das akzeptierte Angebot eines Käufers für ein Haus überbieten; (*of a seller*) vom Verkauf eines Hauses zugunsten eines höheren Angebotes zurücktreten

gazunder [gəˈzʌndər] *vt* BRIT (*fam*) **to** ~ **the seller** *beim Hauskauf betrügerisch den vereinbarten Preis drücken, indem man kurz vor Vertragsunterzeichnung dem Verkäufer einen niedrigeres Kaufangebot macht*

gazundering [gəˈzʌndərɪŋ] *n no pl* BRIT (*fam*) *betrügerische Praxis beim Hauskauf*

GB *n* <*pl* ->, **Gb** *n abbrev of* **Gigabyte** GByte *nt*

GB [ˌdʒiːˈbiː] *n abbrev of* **Great Britain** GB

GBH [ˌdʒiːbiːˈeɪtʃ] *n no pl* BRIT LAW *abbrev of* **grievous bodily harm**

GCE [ˌdʒiːsiːˈiː] *n* BRIT SCH (*dated*) *abbrev of* **General Certificate of Education** ≈ Mittlere Reife

G clef *n no pl* G-Schlüssel *m,* Violinschlüssel *m*

GCSE [ˌdʒiːsiːesˈiː] *n* BRIT *abbrev of* **General Certificate of Secondary Education** *Abschluss der Sekundarstufe*

g'day [gəˈdeɪ] *interj* AUS (*fam*) Tag *fam,* hi *fam,* hallo *fam*

GDP [ˌdʒiːdiːˈpiː] *n abbrev of* **gross domestic product** BIP *nt*

GDR [ˌdʒiːdiːˈɑːr, AM -ˈɑːr] *n* (*hist*) *abbrev of* **German Democratic Republic** DDR *f hist*

gear [gɪər, AM gɪr] **I.** *n* ❶ (*toothed wheel*) Zahnrad *nt*
❷ (*transmission*) ■**~s** *pl in a car* Übersetzung *f,* Getriebe *nt; on a bicycle* Gangschaltung *f*
❸ (*setting*) Gang *m;* **first/second/third** ~ erster/zweiter/dritter Gang; **high/low** ~ hoher/niedriger Gang; **to be in neutral** ~ im Leerlauf sein, ausgekuppelt sein; **to change** [*or* AM **shift**] **~s** [von einem Gang in den anderen] schalten; **to shift into high** [*or* **top**] ~ in den höchsten Gang schalten
❹ *no pl* (*fig: performance*) **to shift into high** ~ auf volle Touren kommen *fam;* **to be in low** ~ nicht in die Gänge kommen *fam;* **to operate in top** ~ optimal funktionieren; **to move** [*or* **step**] **up a** ~ einen Gang zulegen *fam*
❺ *no pl* (*equipment*) Ausrüstung *f,* Sachen *fpl fam;* (*clothes*) Kleidung *f,* Sachen *fpl fam;* (*trendy clothes*) Klamotten *fpl fam;* **riot** ~ Schutz[be]kleidung *f*
❻ (*sl: heroin*) Zeug *nt;* **to do** ~ (*sl*) auf Heroin sein *fam,* Heroin nehmen
► PHRASES: **to get one's arse** [*or* AM **ass**] **in** ~ (*fam!*) in die Gänge kommen *fam,* seinen Arsch hochkriegen [*o* bewegen] *derb;* **to be in/out of** ~ im/aus dem Lot sein *fig;* **to change** [*or* AM **shift**] **~s** (*change the subject*) das Thema wechseln; (*change tactics*) seine Taktik ändern
II. *vi* ■**to** ~ **down** runterschalten *fam;* (*fig*) es langsamer angehen lassen *fam*
III. *vt* **a highly-~ed company** ECON ein Unternehmen mit hohem Anteil an Fremdkapital

◆**gear to** *vi* ■**to** ~ **sth to sth** etw auf etw *akk* abstellen, etw auf etw *akk* ausrichten, etw an etw *akk* anpassen; **salary ~ed to the cost of living** Gehalt, das den Lebenshaltungskosten angepasst ist

◆**gear to, gear toward** AM, **gear towards** *vt* ❶ *usu passive* (*design to suit*) ■**to be ~ed to** [*or* **toward**] [*or* **towards**] **sb/sth** auf jdn/etw ausgerichtet sein; ***the workshops are ~ed towards helping people to become more employable*** die Workshops sind darauf zugeschnitten, die Chancen der Teilnehmer auf dem Arbeitsmarkt zu verbessern
❷ (*prepare*) ■**to** ~ **oneself to** [*or* **toward**] [*or* **towards**] **sth** sich *akk* auf etw *akk* einstellen

◆**gear up I.** *vi* ■**to** ~ **up for sth** sich *akk* für etw *akk* bereit machen, sich *akk* auf etw *akk* vorbereiten
II. *vt* ■**to** ~ **oneself up for sth** sich *akk* auf etw *akk* einstellen [*o* vorbereiten]; **to be all ~ed up to do sth** (*fam*) sich *akk* total darauf freuen, etw zu tun *fam*

gearbox *n* Getriebe *nt*

gearing [ˈgɪərɪŋ, AM ˈgɪr-] *n no pl* ❶ TECH (*transmission*) Getriebeabstufung *f,* Übersetzung[sstufe] *f,* Antrieb *m;* (*system*) *of gears* Getriebe *nt; of toothed wheels* Verzahnung *f,* Eingriff *m*
❷ BRIT FIN, ECON [**equity**] ~ Verhältnis *nt* zwischen Eigen- und Fremdkapital, Verschuldungsgrad *m;* **income** ~ Verhältnis *nt* von Finanzaufwendungen zum Gewinn nach Steuern, Zinsbelastung *f* der Gewinne; **high/low** ~ hoher/niedriger Verschuldungsgrad
❸ FIN (*borrowing money*) [festverzinsliche] Fremdkapitalaufnahme *f*

gear lever *n* BRIT, AUS, **gearshift** *n* AM, **gear stick** *n* Schalthebel *m,* Schaltknüppel *m*

gearwheel *n* Zahnrad *nt*

gecko <*pl* -es *or* -s> [ˈgekəʊ, AM -koʊ] *n* Gecko *m*

geddit [ˈgedɪt] *interj* BRIT (*fam*) ~? [na,] kapiert? *fam,* hat's geklingelt? *fam*

gee [dʒiː] *interj* AM, CAN (*fam*) Wahnsinn *fam,* Mannomann *fam,* wow *fam*

gee-gee [ˈdʒiːdʒiː] *n* BRIT (*childspeak*) Hottehü *nt Kindersprache*

geek [giːk] *n esp* AM (*pej fam*) Außenseiter(in) *m(f)*

geese [giːs] *n pl of* **goose**

gee up I. *interj* (*fam*) hü[ah]
II. *vt* BRIT (*fam*) ■**to** ~ **up** ↔ **sb** jdn auf Trab bringen *fam*

gee-whiz [ˌdʒiːˈwɪz] **I.** *interj* AM, AUS, CAN (*dated*) Mensch Meier *fam*
II. *adj* AM, AUS (*pej fam*) unkritisch, naiv

geezer [ˈgiːzər, AM -ər] *n* (*dated fam*) [**old**] ~ Alte(r) *m fam,* Opa *m oft pej o hum fam;* **funny old** ~ schrulliger Alter

Geiger counter [ˈgaɪgə,-, AM -ər,-] *n* Geigerzähler *m*

G8 I. *n abbrev of* **Group of 8**: ■**the** ~ die G8
II. *n modifier* G8-; ~ **countries** G8-Staaten; ~ **decision** Entscheidung *f* der G8; ~ **meeting** G8-Konferenz *f*

geisha [ˈgeɪʃə] *n,* **geisha girl** *n* Geisha *f*

gel [dʒel] **I.** *n* Gel *nt*
II. *vi* <-ll-> ❶ (*form a gel*) gelieren, fest werden
❷ (*fig: take form*) Form [*o* Gestalt] annehmen

gelatin [ˈdʒelətɪn] *esp* AM, AUS *also,* **gelatine** [ˈdʒelətiːn] *n no pl* Gelatine *f*

gelatinous [dʒəˈlætɪnəs, AM -ˈlætənəs] *adj* gelatinös, gallertartig

geld [geld] *vt* ■**to** ~ **an animal** ein Tier kastrieren

gelding [ˈgeldɪŋ] *n* ❶ (*animal*) kastriertes Tier; (*horse*) Wallach *m hist*
❷ (*man*) Kastrat *m veraltet*

gelignite [ˈdʒelɪgnaɪt] *n no pl* Plastiksprengstoff *m*

gem [dʒem] *n* ❶ (*jewel*) Edelstein *m,* Juwel *nt o m*
❷ (*person*) Schatz *m fam,* Engel *m fam; **you've been an absolute ~*** du bist ein Schatz [*o* Engel] *fam;* ■**to be a ~ of a …** ein Juwel von einem/einer … sein; ***our Mary is a real ~ of a cleaning woman*** unsere Putzfrau Mary ist eine wahre Perle
❸ (*very good thing*) Juwel *nt; painting, antique, book* Meisterwerk *nt;* (*clever remark*) **a** ~ [**of a remark**] eine schlaue Bemerkung; (*iron*) ein schlauer Spruch *pej iron fam;* ***that joke was a ~*** der Witz war Spitzenklasse *fam;* **a ~ of a car/house** ein klasse Auto/prunkvolles Haus

Gemini [ˈdʒemɪnaɪ, -niː] *n* ❶ *no art* (*sign of the*

zodiac) Zwillinge *pl;* **to be born under** ~ im [Stern]zeichen [der] Zwillinge geboren sein
❷ (*person*) Zwilling *m;* **to be a** ~ [ein] Zwilling sein

gemstone *n* Edelstein *m*

gen [dʒen] **I.** *n no pl* BRIT (*dated sl*) Informationen *fpl;* **to give sb the** ~ **about** [*or* **on**] **sth** jdn über etw *akk* informieren
II. *vi* <-nn-> BRIT (*dated sl*) ▪**to** ~ **up on sth** sich *akk* über etw *akk* informieren

Gen. *n abbrev of* General Gen.

gender [ˈdʒendəʳ, AM -dɚ] **I.** *n* ❶ (*male, female*) Geschlecht *nt*
❷ LING Genus *nt fachspr,* Geschlecht *nt*
II. *n modifier* Geschlechter-; ~ **balance** AM ausgewogenes Verhältnis der Geschlechter; ~ **question** Geschlechterfrage *f;* ~ **role** Geschlechterrolle *f*

gender bender *n* (*sl*) Transvestit *m* **gender gap** *n no pl* Geschlechtsunterschied *m* **gender-specific** *adj inv therapy, treatment* geschlechtsspezifisch

gene [dʒiːn] **I.** *n* Gen *nt;* **defective** ~ beschädigtes [*o* krankhaft verändertes] Gen
II. *n modifier* Gen-; ~ **test** Gentest *m*

genealogical [ˌdʒiːniəˈlɒdʒɪkəl, AM -ˈlɑː-] *adj* genealogisch; ~ **chart** [*or* **table**] Ahnentafel *f;* ~ **tree** Stammbaum *m*

genealogically [ˌdʒiːniəˈlɒdʒɪkəli, AM -ˈlɑː-] *adv* genealogisch

genealogist [ˌdʒiːniˈælədʒɪst] *n* Genealoge, -in *m, f,* Ahnenforscher(in) *m(f)*

genealogy [ˌdʒiːniˈælədʒi] *n* ❶ *no pl* (*subject*) Genealogie *f,* Ahnenforschung *f,* Geschlechterforschung *f*
❷ (*chart*) Ahnentafel *f*

gene bank *n* Genbank *f* **gene pool** *n* BIOL Genpool *m fachspr*

genera [ˈdʒenərə] *n pl of* **genus**

general [ˈdʒenərəl] **I.** *adj* ❶ (*widespread*) allgemein; *rain* verbreitet; ***the confusion was*** ~ es herrschte allgemeine Verwirrung; **the** ~ **feeling** das vorherrschende Gefühl; **a** ~ **idea** eine verbreitete Vorstellung; ~ **impression** Gesamteindruck *m;* **to be of** ~ **interest** von allgemeinem Interesse sein; **it is** ~ **practice to do sth** es ist allgemein üblich, etw zu tun; **the** ~ **reader** der Durchschnittsleser/die Durchschnittsleserin; **as a** ~ **rule** in der Regel, im Allgemeinen, normalerweise; **to be in** ~ **use** allgemein benutzt [*o* gebraucht] werden; **in** ~ im Allgemeinen, generell
❷ (*for everybody*) allgemein, generell; ***most of the soldiers lived in*** ~ ***quarters*** die meisten Soldaten lebten in der Kaserne; ***most of the books in this library are available for*** ~ ***circulation*** die meisten Bücher dieser Bücherei können von jedem ausgeliehen werden; ~ **amnesty** Generalamnestie *f;* ~ **meeting** Vollversammlung *f;* ~ **mobilization** Generalmobilmachung *f;* **for** ~ **use** für den allgemeinen [*o* normalen] Gebrauch; **to serve the** ~ **welfare** im öffentlichen Interesse sein
❸ (*unspecific*) allgemein; ~ **American** AM LING die amerikanische Standardsprache; ~ **cargo** Stückgut *nt,* Partiefracht *f fachspr;* ~ **costs** allgemeine Kosten; ~ **semantics** LING allgemeine Semantik
❹ (*wide*) allgemein; ***the school gives the children a*** ~ ***background*** die Schule vermittelt den Kindern einen allgemeinen Hintergrund; ~ **education** Ausbildung *f* in den Standardfächern
❺ (*not detailed*) allgemein; ~ **idea** ungefähre Vorstellung; **to talk in** ~ **terms** [nur] allgemein gültige Aussagen machen, nichts Spezifisches sagen
❻ *attr* (*main*) General-; ~ **comptroller** Hauptrechnungsprüfer(in) *m(f);* ~ **consulate** Generalkonsulat *nt;* ~ **contractor** Hauptunternehmer(in) *m(f)*
❼ *after n* (*in titles*) **Attorney G**~ Generalstaatsanwalt, Generalstaatsanwältin *m, f;* **Consul** ~ Generalkonsul(in) *m(f);* **Surgeon G**~ AM Gesundheitsminister(in) *m(f)*
II. *n* MIL General(in) *m(f);* ~ **in the Salvation Army** General(in) *m(f)* der Heilsarmee *f;* **four-star** ~ Viersternegeneral(in) *m(f)*

general agency *n* Generalagentur *f,* Generalvertretung *f* **general agent** *n* BRIT Generalagent(in) *m(f),* Generalvertreter(in) *m(f),* Handlungsbevollmächtigte(r) *f(m)* **General Agreement on Tariffs and Trade** allgemeines Zoll- und Handelsabkommen **general anaesthetic** *n no pl* Vollnarkose *f;* **under** ~ unter [Voll]narkose **General Assembly** *n no pl* UNO-Vollversammlung *f,* Generalversammlung *f* der UNO **general delivery** *n no pl* AM (*poste restante*) postlagernd **general director** *n* Generaldirektor(in) *m(f)* **general editor** *n* Hauptherausgeber(in) *m(f)* **general election** *n* Parlamentswahlen *fpl* **general endorsement** *n* FIN Blankogiro *nt fachspr,* Blankoindossament *nt fachspr* **general headquarters** *n* + *sing/pl vb* Generalhauptquartier *nt* **general hospital** *n* allgemeines Krankenhaus **general interest** *n no pl* **to be in the** ~ im öffentlichen Interesse sein

generalissimo [ˌdʒenərəˈlɪsɪməʊ, AM -əmoʊ] *n* MIL Generalissimus *m fachspr,* oberster Befehlshaber/oberste Befehlshaberin

generalist [ˈdʒenərəlɪst] **I.** *n* Generalist(in) *m(f),* vielseitiger Mensch
II. *adj* universalistisch, generalistisch

generality [ˌdʒenəˈrælɪti, AM -əṭi] *n* ❶ (*general statement*) Allgemeinheiten *fpl,* allgemeine Aussagen; **to talk in generalities** verallgemeinern; **to talk of generalities** sich *akk* über Allgemeines unterhalten
❷ *no pl* (*vagueness*) Allgemeingültigkeit *f,* Unbestimmtheit *f,* Schwammigkeit *f pej fam*
❸ *no pl* (*form: majority*) ▪**the** ~ die Mehrheit

generalization [ˌdʒenərəlaɪˈzeɪʃən, AM -lɪˈ-] *n* ❶ (*instance*) Verallgemeinerung *f;* **to make a sweeping** ~ (*esp pej*) voreilige Schlüsse ziehen
❷ *no pl* (*technique*) Abstraktion *f,* Generalisierung *f*

generalize [ˈdʒenərəlaɪz, AM -əlaɪz] **I.** *vi* verallgemeinern; ▪**to** ~ **about sth** etw verallgemeinern; ▪**to** ~ **from sth** (*make conclusions*) aus etw *dat* allgemeine Schlussfolgerungen ziehen [*o* ableiten]; (*deduce a rule*) von etw *dat* eine Regel ableiten
II. *vt usu passive* ❶ (*make a general statement*) ▪**to** ~ **sth** etw verallgemeinern [*o geh* generalisieren]
❷ (*make widespread*) ▪**to** ~ **sth** [**to sb**] [jdm] etw allgemein zugänglich machen

generalized [ˈdʒenərəlaɪzd, AM -əlaɪzd] *adj* ❶ (*widespread*) allgemein, [weit]verbreitet
❷ (*widely applicable*) allgemein, universalistisch; (*in education*) allgemein bildend
❸ MED (*in the whole body*) ganzkörperlich; ~ **myalgia** Muskelschmerzen *mpl* am ganzen Körper

general knowledge *n no pl* Allgemeinbildung *f,* Allgemeinwissen *nt*

generally [ˈdʒenərəli] *adv* ❶ (*usually*) normalerweise, im Allgemeinen
❷ (*mostly*) im Allgemeinen, im Großen und Ganzen; ***the proposal has received a*** ~ ***favourable reaction*** der Vorschlag stieß im Großen und Ganzen auf positive Resonanz
❸ (*in a general sense*) allgemein, generell; ~ **speaking** im Allgemeinen
❹ (*widely, extensively*) allgemein; **to be** ~ **available** der Allgemeinheit zugänglich sein; **it is** ~ **believed that …** es wird allgemein angenommen, dass …; **to be** ~ **known/understood** allgemein bekannt sein; **to be** ~ **reputed to be sth** allgemein als etw bekannt sein
❺ (*not in detail*) allgemein

general management *n no pl* ❶ (*managers*) Gesamtgeschäftsführung *f,* Gesamtvorstand *m*
❷ (*managing*) allgemeine Verwaltung, Gesamtgeschäftsführung *f* **general manager** *n* geschäftsführender Direktor **general partnership** *n* offene Handelsgesellschaft **General Post Office** *n* Hauptpost *f,* Hauptpostamt *nt* **general practice** *n no pl esp* BRIT, AUS Allgemeinmedizin *f;* **to be in** ~ Arzt/Ärztin für Allgemeinmedizin sein, praktischer Arzt/praktische Ärztin sein **general practitioner** *n* Arzt, Ärztin *m, f* für Allgemeinmedizin, praktischer Arzt/praktische Ärztin **general public** *n no pl* ▪**the** ~ die Allgemeinheit, die Öffentlichkeit **general-purpose** *adj attr, inv* Allgemein-, Universal-; ~ **cleaner** Allzweckreiniger *m;* ~ **dictionary** allgemeinsprachliches Wörterbuch; ~ **hall** Mehrzweckhalle *f;* ~ **spot remover** Universalfleckentferner *m*

generalship [ˈdʒenərəlʃɪp] *n no pl* Führung *f*

general staff *n* + *sing/pl vb* MIL Generalstab *m*
general store *n* AM, CAN Gemischtwarenladen *m*
general strike *n* Generalstreik *m* **general view** *n no pl* ▪**the** ~ die öffentliche [*o* allgemein verbreitete] Meinung; ***I do not subscribe to the*** ~ ***that …*** ich schließe mich nicht der allgemein verbreiteten Meinung an, dass …

generate [ˈdʒenəreɪt, AM -əreɪt] *vt* ▪**to** ~ **sth** ❶ (*bring about*) etw hervorrufen; **to** ~ **controversy/tension** Kontroversen/Spannungen hervorrufen, zu Kontroversen/Spannungen führen; **to** ~ **excitement/enthusiasm/interest** Aufregung/Begeisterung/Interesse hervorrufen; ***I'm afraid I can't*** ~ ***much enthusiasm for the idea*** ich fürchte, ich kann für diese Idee nicht sonderlich viel Begeisterung aufbringen
❷ (*create*) etw erzeugen; **to** ~ **electricity/energy** [**from sth**] [aus etw *dat*] Strom/Energie erzeugen; **to** ~ **fumes** Dämpfe entwickeln; **to** ~ **income** Gewinne erzielen; **to** ~ **jobs** Arbeitsplätze schaffen
❸ MATH, LING (*form*) etw generieren *fachspr*

generating station *n* Elektrizitätswerk *nt,* Kraftwerk *nt*

generation [ˌdʒenəˈreɪʃən] **I.** *n* ❶ (*set of people*) Generation *f;* ~ **X** Generation *f* X; **future** ~**s** kommende Generationen; **the next/older/younger** ~ die nächste/ältere/jüngere Generation; **from one** ~ **to the next, down the** ~**s** von einer Generation zur anderen; **for** ~**s** seit Generationen
❷ (*developmental stage*) Generation *f;* **the next** ~ **of computers** die nächste Computergeneration
❸ *no pl* (*production*) Erzeugung *f;* **electricity/energy** [*or* **power**] ~ Strom-/Energieerzeugung *f*
❹ COMPUT (*production*) *of images* Generierung *f*
❺ COMPUT (*version*) **first** ~ **backup** Backup *nt o m* der ersten Generation
II. *in compounds* **first-/second-/third-**~ der ersten/zweiten/dritten Generation *nach n;* **first- and second-**~ **immigrants** Einwanderer *pl* [*o* Immigranten *pl*] der ersten und zweiten Generation

generational [ˌdʒenəˈreɪʃənəl] *adj inv* Generations-

generation gap *n no pl* ▪**the** ~ der Generationskonflikt, der Generationsunterschied; **to bridge** [*or* **cross**] **the** ~ die Kluft zwischen den Generationen überbrücken **generation X** [ˌdʒenəreɪʃənˈeks] *n no pl* Generation X *f* (*Altersgruppe der etwa zwischen 1965 und 1975 Geborenen, denen Orientierungslosigkeit und Desinteresse unterstellt werden*)

generation-Xer [-ˈeksəʳ, AM -ɚ] *n* der Generation X Zugehörige(r)

generative [ˈdʒenərətɪv, AM -ṭ-] *adj* ❶ BIOL (*form*) generativ *fachspr,* Fortpflanzungs-
❷ LING generativ *fachspr;* ~ **grammar** generative Grammatik *fachspr;* ~ **linguistics** generative Sprachwissenschaft *fachspr*

generator [ˈdʒenəreɪtəʳ, AM -ṭɚ] *n* ❶ (*dynamo*) Generator *m*
❷ (*form: producer*) Erzeuger(in) *m(f);* ~ **of new ideas** Ideenlieferant(in) *m(f);* ~ **of income** Einkommensquelle *f*

generic [dʒəˈnerɪk] **I.** *adj* ❶ (*general*) artmäßig, gattungsmäßig; ***this is only a*** ~ ***picture of a bird*** dieses Bild ist nur exemplarisch für einen Vogel; ***the new types of engine all had a*** ~ ***problem*** die neuen Motorenmodelle hatten alle die für diese Baurt typischen Probleme; ~ **term** Oberbegriff *m;* BIOL Gattungsbegriff *m*
❷ *inv* (*ordinary*) unspezifisch; ***the band played fairly*** ~ ***heavy rock*** die Band spielte recht typischen Heavy Rock
❸ *inv esp* AM, AUS (*not name-brand*) markenlos, No-Name-
❹ COMPUT auswählbar
II. *n* ❶ *esp* AUS (*no-name product*) No-Name-Produkt *nt*

❷ PHARM Generikum *nt*

generically [dʒəˈnerɪkəli] *adv* allgemein

generic brand *n*, **generic label** *n* ❶ (*no-name product*) No-Name-Produkt *nt* ❷ PHARM Generikum *nt*

generosity [ˌdʒenəˈrɒsəti, AM -əṭi] *n no pl* ❶ (*being giving*) Großzügigkeit *f*, Freigebigkeit *f* ❷ (*kindness*) Großzügigkeit *f*

generous [ˈdʒenərəs] *adj* ❶ (*giving*) großzügig, freigebig; ***he is ~ in defeat/victory*** er ist ein guter [*o* fairer] Verlierer/fairer Gewinner; **~ contribution** großzügige Spende; **to be ~ with money/talents/time** großzügig [*o* freigebig] mit Geld/Talent/Zeit umgehen; **to have a ~ nature** großzügig sein ❷ (*kind*) wohlwollend, wohlmeinend ❸ (*ample*) großzügig; **a ~ helping** [*or* **portion**] eine große Portion; **a ~ tip** ein großzügiges Trinkgeld

generously [ˈdʒenərəsli] *adv* ❶ (*kindly*) großzügig[erweise] ❷ (*amply*) großzügig; **to be ~ cut** groß[zügig] geschnitten sein; **to ~ reimburse sb** jdn großzügig entschädigen; **to tip ~** reichlich Trinkgeld geben

genesis <*pl* -ses> [ˈdʒenəsɪs, *pl* -siːz] *n usu sing* (*form: origin*) Ursprung *m*; (*development*) Entstehung *f*, Genese *f fachspr*; (*history*) Entstehungsgeschichte *f*

Genesis [ˈdʒenəsɪs] *n* [**the Book of**] ~ die Genesis [*o* Schöpfungsgeschichte]

gene therapy *n usu sing* MED Gentherapie *f fachspr*

genetic [dʒəˈnetɪk, AM -ṭ-] *adj* genetisch, Erb-; **~ counselling** genetische Beratung; **~ defect** genetischer [*o* erblich bedingter] Defekt; **~ disease** Erbkrankheit *f*; **~ inheritance** genetisches Erbe; **~ susceptibility** genetisch [*o* erblich] bedingte Anfälligkeit

genetically [dʒəˈnetɪkəli, AM -ṭɪk-] *adv* genetisch; **~ altered** genetisch verändert; **~ engineered** gentechnisch verändert

genetically modified *adj inv crop, food, vegetable* genmanipuliert

genetic blueprint *n* genetischer Fingerabdruck **genetic code** *n* genetischer Code **genetic drift** *n no pl* BIOL genetische Abweichung **genetic elite** *n no pl* genetische Elite (*Menschen ohne genetische Defekte oder Erbkrankheiten*) **genetic engineering** *n no pl* Gentechnik *f*, Gentechnologie *f* **genetic fingerprint** *n* genetischer Fingerabdruck **genetic fingerprinting** *n no pl Identifizierung durch die Untersuchung von genetischen Fingerabdrücken* **genetic information** *n no pl* genetische Information, Erbinformation *f*

geneticist [dʒəˈnetɪsɪst, AM -ˈneṭə-] *n* Genetiker(in) *m(f)*

genetics [dʒəˈnetɪks, AM -ˈneṭɪks] *n no pl* Genetik *f*, Vererbungslehre *f*

genetic test *n no pl* Gentest *m* **genetic testing** *n no pl* Durchführung *f* von Gentests **genetic trait** *n* erbliches Merkmal; ***eye colour is a ~*** die Augenfarbe ist erblich bedingt **genetic underclass** *n no pl* genetische Unterschicht (*Menschen mit genetischen Defekten*)

Geneva Convention [dʒəˈniːvə-] *n*, **Geneva Conventions** *n* ■**the ~** die Genfer Konvention

genial [ˈdʒiːniəl] *adj* freundlich; *climate* angenehm

geniality [ˌdʒiːniˈæləti, AM -əṭi] *n no pl* Freundlichkeit *f*

genially [ˈdʒiːniəli] *adv* freundlich

genie <*pl* -nii *or* -s> [ˈdʒiːni, *pl* -niaɪ] *n* Geist *m* (*aus einer Flasche oder Lampe*)
▸ PHRASES: **to let the ~ out of the bottle** etw bewirken [*o* auslösen]

genital [ˈdʒenɪtəl, AM -əṭəl] *adj attr, inv* Genital-; **~ area** Genitalbereich *m*; **~ herpes** Herpes *m* [im Genitalbereich]; **~ hygiene** Intimhygiene *f*; **~ organs** Geschlechtsorgane *ntpl*; **~ sex** Geschlechtsverkehr *m*; **~ warts** Feigwarzen *fpl*

genitalia [ˌdʒenɪˈteɪliə] *npl* (*form*), **genitals** [ˈdʒenɪtəlz, AM -əṭəlz] *npl* Geschlechtsorgane *ntpl*, Genitalien *fpl*

genitive [ˈdʒenɪtɪv, AM -əṭɪv] **I.** *adj inv* **~ case** Genitiv *m*
II. *n* Genitiv *m*; **to be in the ~** im Genitiv stehen

genito-urinary [ˌdʒenɪtəʊˈ-, AM -əṭoʊˈ-] *adj inv* ANAT, MED urogenital *fachspr*; **~ system** Urogenitalsystem *nt fachspr*; **~ tract** Urogenitaltrakt *m fachspr*

genius <*pl* -es *or* -nii> [ˈdʒiːniəs, *pl* niaɪ] *n* ❶ (*person*) Genie *nt*; **to be a ~ with colour/money** ein Genie im Umgang mit Farben/Geld sein, genial mit Farben/Geld umgehen können *fam*; **to be a ~ with words** sich *akk* genial ausdrücken können; **a budding ~** ein zukünftiges Genie ❷ *no pl* (*intelligence, talent*) Genialität *f*; **a stroke of ~** eine geniale Idee, ein Geniestreich *m*; **to have a ~ for sth** eine [besondere] Gabe für etw *akk* haben; ***she has a ~ for raising money*** was das Geldsammeln anbetrifft, ist sie ein echtes Genie; **to show ~** von Genialität zeugen

Genoa [ˈdʒenəʊə, AM ˈdʒenəwə] *n no pl* Genua *nt*

genocidal [ˌdʒenəˈsaɪdəl] *adj* völkermordähnlich; ■**to be ~** einem Völkermord gleichen

genocide [ˈdʒenəsaɪd] *n no pl* Völkermord *m*, Genozid *m geh*; **to commit ~ [against sb]** Völkermord [an jdm] begehen

Genoese [ˌdʒenəʊˈiːz, AM oʊˈiːz] **I.** *adj inv* genuesisch
II. *n* <*pl* -> Genueser(in) *m(f)*

genome [ˈdʒiːnəʊm, AM -noʊm] *n* (*spec*) BIOL Genom *nt fachspr*

genomic [dʒiːˈnɒmɪk, AM -ˈnɑːmɪk] *adj* genomisch *fachspr*, des Genoms *nach n fachspr*, Erb-; **the ~ information** die Informationen *pl* des Genoms *fachspr*, die Erbinformationen *fpl*

genomics [dʒɪˈnɒmɪks, AM -ˈnɑːm-] *n + sing vb* Genforschung *f*

genotype [ˈdʒenə(ʊ)taɪp, AM -noʊ-] *n* BIOL Genotyp *m fachspr*

genre [ˈʒɑː(n)rə, AM ˈʒɑː(n)rə] **I.** *n* Genre *nt*, Gattung *f*
II. *adj attr, inv* LIT Genre-

genre painting *n* ❶ *no pl* Genremalerei *f* ❷ (*picture*) Genrebild *nt*

gent [dʒent] *n* (*hum fam*) *short for* **gentleman** Gentleman *m*; **city ~** BRIT Geschäftsmann *m*

genteel [dʒenˈtiːl] *adj* vornehm, elegant; **~ elegance** vornehme Eleganz; **~ poverty** stolze [*o* vornehme] Armut; **~ table manners** feine [*o* vornehme] Tischsitten

genteelly [dʒentiːli] *adv* ❶ (*refined*) fein ❷ (*well-bred*) vornehm

genteely [dʒenˈtiːli] *adv* vornehm, elegant

gentian [ˈdʒentiən] **I.** *n* ❶ (*plant*) Enzian *m* ❷ (*liqueur*) Enzian *m*
II. *n modifier* **~ bitter** Enzian *m*; **~ violet** Enzianviolett *nt*, Gentianaviolett *nt*

gentile [ˈdʒentaɪl] **I.** *n* Nichtjude, Nichtjüdin *m, f*
II. *adj inv* nichtjüdisch

gentility [dʒenˈtɪləti, AM -əṭi] *n no pl* (*high social class*) hohe gesellschaftliche Stellung; (*superiority*) Vornehmheit *f*; (*politeness*) [erlesene] Höflichkeit

gentle [ˈdʒentl, AM -ṭ-] *adj* ❶ (*tender*) sanft; (*considerate*) behutsam; **to be as ~ as a lamb** sanft wie ein Lamm sein, keiner Fliege was zuleide tun können; **~ touch** zärtliche [*o* sanfte] Berührung; **~ words** liebenswürdige Worte; ■**to be ~ with sb** behutsam mit jdm umgehen ❷ (*subtle*) sanft; **~ hint** zarter Wink; **~ humour** freundlicher Humor; **~ persuasion** sanfte Überredung; **~ reminder** vorsichtige [*o* sanfte] Ermahnung ❸ (*moderate*) sanft; **a ~ breeze** eine sanfte [*o* leichte] Brise; **~ exercise** nicht allzu anstrengende [*o* leichte] sportliche Betätigung; **~ motion** sanfte Bewegung; **a ~ slope** ein leichtes Gefälle ❹ (*old: high-born*) adelig, vornehm; **to be of ~ birth** von edler [*o* vornehmer] Herkunft sein; **~ reader** (*liter or hum*) verehrter Leser/verehrte Leserin

gentlefolk *npl* (*dated*) feine [*o* vornehme] Leute

gentleman **I.** *n* ❶ (*polite man*) Gentleman *m*; **a ~ of the old school** ein Kavalier *m* der alten Schule; **a perfect** [*or* **real**] **~** ein wahrer Gentleman, ein echter Kavalier; **to behave like a ~** sich *akk* wie ein Kavalier benehmen ❷ (*man*) Herr *m*; **~'s club** Herrenklub *m* ❸ (*to audience*) ■**gentlemen** *pl* meine Herren; **~ of the jury** meine Herren Geschworenen; **ladies and ~** meine Damen und Herren ❹ (*dated: of the upper class*) vornehmer Herr
II. *n modifier* **~ friend** (*dated*) Bekannte(r) *m fam*

gentleman farmer <*pl* gentlemen farmers> *n* Gutsbesitzer *m*

gentlemanly [ˈdʒentlmənli, AM ˈdʒenṭl-] *adj* gentlemanlike, ritterlich

gentleman's agreement *n* Gentleman's Agreement *nt*, Vereinbarung *f* auf Treu und Glauben

gentleman's gentleman *n* [Kammer]diener *m*

gentlemen's agreement *n* AM *see* **gentleman's agreement**

gentleness [ˈdʒentlnəs] *n no pl* Sanftheit *f*; (*consideration*) Behutsamkeit *f*

gentlewoman *n* (*dated*) vornehme Frau

gently [ˈdʒentli] *adv* ❶ (*kindly*) sanft; (*considerately*) behutsam; **to break the news ~ to sb** jdm etw schonend [*o* behutsam] beibringen ❷ (*moderately*) sanft; **~ rolling hills** sanfte Hügel ❸ (*carefully*) vorsichtig; ***~ does it!*** BRIT sachte sachte! *fam*; ***take it ~!*** BRIT sei vorsichtig!

gentrification [ˌdʒentrɪfɪˈkeɪʃən] *n no pl* Sanierung *f*; **to undergo ~** saniert werden

gentrify <-ie-> [ˈdʒentrɪfaɪ] *vt* **to ~ a [residential] area** eine Wohngegend sanieren

gentry [ˈdʒentri] *n no pl* BRIT (*dated*) ■**the ~** die Gentry, der niedere Adel; **landed ~** niederer Landadel

gents [dʒents] *n* BRIT, AUS (*hum fam: lavatory*) Herrentoilette *f*; ***'Gents'*** ‚Herren'

genuflect [ˈdʒenjʊflekt] *vi* niederknien, einen Kniefall machen; (*fig*) in die Knie gehen *fig*

genuflection [ˌdʒenjʊˈflekʃən] *n* ❶ (*instance*) Kniefall *m*; (*fig: sign of respect*) Verbeugung *f fig* (**to** vor +*dat*) ❷ *no pl* (*activity*) Niederknien *nt*; ***she bent her knees in ~*** sie kniete nieder

genuine [ˈdʒenjuɪn] *adj* ❶ (*not fake*) echt; **the ~ article** (*fam*) das Original ❷ (*sincere*) ehrlich; **~ laughter** natürliches Lachen; **~ pleasure/repentance** echte Freude/Reue; **in ~ surprise** ehrlich überrascht

genuinely [ˈdʒenjuɪnli] *adv* ❶ (*truly*) wirklich ❷ (*sincerely*) aufrichtig; **to ~ believe that …** ernsthaft glauben, dass …

genuineness [ˈdʒenjuɪnnəs] *n no pl* ❶ (*authenticity*) Echtheit *f* ❷ (*sincerity*) Aufrichtigkeit *f*, Ernsthaftigkeit *f*

genus <*pl* -nera> [ˈdʒenəs, *pl* -ərə] *n* BIOL Gattung *f*

Gen X [ˌdʒenˈeks] **I.** *n short for* **Generation X** Generation X *f* **II.** *n modifier short for* **Generation X** [aus] der Generation X *nach n* **Gen Y** *n short for* **Generation Y** Generation Y *f*, ≈ die heutige Jugend (*Altersgruppe der etwa zwischen 1975 und 1985 Geborenen*)

geocentric [ˌdʒiːə(ʊ)ˈsentrɪk, AM -oʊˈ-] *adj* geozentrisch

geochemist [ˌdʒiːə(ʊ)ˈkemɪst, AM -oʊˈ-] *n* Geochemiker(in) *m(f)*

geochemistry [ˌdʒiːə(ʊ)ˈkemɪstri, AM -oʊˈ-] *n no pl* Geochemie *f*

geodesic [ˌdʒiːə(ʊ)ˈdesɪk, AM ˌdʒiːəˈ-] *adj* GEOG geodätisch

geodesic dome *n* geodätische Kuppel; (*air hall*) Traglufthalle *f*

geodesy [dʒiːˈɒdɪsi, AM -ˈɑːdə-] *n no pl* Vermessungswesen *nt*, Geodäsie *f fachspr*

geographer [dʒiːˈɒgrəfəʳ, AM -ˈɑːgrəfɚ] *n* Geograph(in) *m(f)*

geographic(al) [ˌdʒiːə(ʊ)ˈgræfɪk(əl), AM ˌdʒiːəˈ-] *adj* geographisch

geographically [ˌdʒiːə(ʊ)ˈgræfɪkəli, AM ˌdʒiːəˈ-] *adv* geographisch

geography [dʒiːˈɒgrəfi, ˈdʒɒg-, AM dʒiːˈɑːg-] *n no pl* ❶ (*study*) Erdkunde *f*, Geographie *f*; **human ~** Humangeographie *f*; **physical/political ~** Geophysik/-politik *f* ❷ (*layout*) Geographie *f*, geographische Beschaffenheit; **~ of a building** geographische Ausrichtung

eines Gebäudes
geography book *n* Geographiebuch *nt* **geography lesson** *n* Geographiestunde *f* **geography teacher** *n* Geographielehrer(in) *m(f)*
geological [ˌdʒiːə(ʊ)ˈlɒdʒɪkəl, AM -əˈlɑːdʒ-] *adj* geologisch
geologically [ˌdʒiːə(ʊ)ˈlɒdʒɪkəli, AM -əˈlɑːdʒ-] *adv* geologisch
geologist [dʒiːˈɒlədʒɪst, AM -ˈɑːlə-] *n* Geologe, -in *m, f*
geology [dʒiːˈɒlədʒi, AM -ˈɑːlə-] *n no pl* ❶ *(study)* Geologie *f;* **historical/physical** ~ Geogeschichte/-physik *f*
❷ *(features)* geologische Beschaffenheit
geology teacher *n* Geologielehrer(in) *m(f)*
geomancy [ˈdʒiːəʊmænsi, AM əmænsi] *n no pl* Geomantie *f,* Geomantik *f*
geometric(al) [ˌdʒiːə(ʊ)ˈmetrɪk(əl), AM ˌdʒiːəˈ-] *adj* geometrisch
geometrically [ˌdʒiːə(ʊ)ˈmetrɪkəli, AM ˌdʒiːəˈ-] *adv* geometrisch; **to arrange sth** ~ etw regelmäßig anordnen
geometrician [ˌdʒiːə(ʊ)meˈtrɪʃən, AM ˌdʒiːəməˈ-] *n* Spezialist(in) *m(f)* für Geometrie, Geometer *m veraltet*
geometric progression *n* MATH geometrische Progression [*o* Folge] **geometric series** *n* MATH geometrische Reihe
geometry [dʒiːˈɒmɪtri, AM dʒiːˈɑːm-] *n no pl* ❶ *(field of mathematics)* Geometrie *f;* **the laws of** ~ Gesetze *ntpl* der Geometrie; **Euclidean** ~ euklidische Geometrie
❷ *(layout)* Aufbau *m;* ~ **of a DNA molecule** Aufbau *m* eines DNA-Moleküls
geomorphologic(al) [ˌdʒiːə(ʊ)ˌmɔːfəˈlɒdʒɪk(əl), AM -oʊˌmɔːrfəˈlɑːdʒ-] *adj* geomorphologisch
geomorphologist [ˌdʒiːə(ʊ)ˌmɔːˈfɒlədʒɪst, AM -oʊˌmɔːrˈfɑːl-] *n* Geomorphologe, -in *m, f*
geomorphology [ˌdʒiːə(ʊ)ˌmɔːˈfɒlədʒi, AM -oʊˌmɔːrˈfɑːl-] *n no pl* Geomorphologie *f*
geophysical [ˌdʒiːə(ʊ)ˈfɪzɪkəl, AM -oʊˈ-] *adj* geophysikalisch
geophysicist [ˌdʒiːə(ʊ)ˈfɪzɪsɪst, AM -oʊˈ-] *n* Geophysiker(in) *m(f)*
geophysics [ˌdʒiːə(ʊ)ˈfɪzɪks, AM -oʊˈ-] *n no pl* Geophysik *f*
geopolitical [ˌdʒiːə(ʊ)pəˈlɪtɪkəl, AM -oʊpəˈ-] *adj* geopolitisch
geopolitics [ˌdʒiːə(ʊ)ˈpɒlətɪks, AM -oʊˈpɑːl-] *n* ❶ + *sing vb (politics)* Geopolitik *f*
❷ + *sing/pl vb (political activity)* Geopolitik *f*
Geordie [ˈdʒɔːdi] BRIT I. *n* ❶ *(person) Person aus Tyneside, Nordengland*
❷ *no pl (dialect) Dialekt in Tyneside um Newcastle*
II. *adj* Tyneside-; ~ **accent** Tyneside-Akzent *m*
georgette [dʒɔːˈdʒet, AM dʒɔːrˈ] *n no pl* FASHION Georgette *m,* dünner Seidenkrepp
Georgia [ˈdʒɔːdʒə, AM ˈdʒɔːr-] *n* ❶ *(European country)* Georgien *nt*
❷ *(US state)* Georgia *nt*
Georgian [ˈdʒɔːdʒən, AM ˈdʒɔːr-] I. *adj* ❶ *(style)* georgianisch
❷ *(of Republic)* georgisch
❸ *(of US state)* in/aus/von Georgia
II. *n* ❶ *(native)* Georgier(in) *m(f); (language)* georgische Sprache
❷ *(native of US state)* Einwohner aus Georgia
geostationary [ˌdʒiːə(ʊ)ˈsteɪʃənəri, AM -oʊˈsteɪʃəneri] *adj,* **geosynchronous** [ˌdʒiːə(ʊ)ˈsɪŋkrənəs, AM -oʊˈ-] *adj* geostationär
geothermal [ˌdʒiːə(ʊ)ˈθɜːməl, AM -oʊˈθɜːr-] *adj* GEOL *fluids* geothermisch
geothermal power *n no pl* geothermische Energie **geothermal power station** *n* geothermisches Kraftwerk
geranium [dʒəˈreɪniəm] *n* Geranie *f,* Pelargonie *f*
gerbil [ˈdʒɜːbəl, AM ˈdʒɜːr-] *n* Wüstenspringmaus *f*
gerenuk [ˈgerənʊk] *n* Giraffengazelle *f*
geriatric [ˌdʒeriˈætrɪk] I. *adj* ❶ *(for old people)* geriatrisch; ~ **hospital** geriatrische Klinik; ~ **nursing** Altenpflege *f;* ~ **nurse** Altenpfleger(in) *m(f)*
❷ *(pej: decrepit)* altersschwach
II. *n* alter Mensch
geriatrician [ˌdʒeriəˈtrɪʃən] *n* Facharzt, Fachärztin *m, f* für Geriatrie
geriatrics [ˌdʒeriˈætrɪks] *n* + *sing vb* Altersheilkunde *f,* Geriatrie *f fachspr*
germ [dʒɜːm, AM dʒɜːrm] *n* ❶ *usu pl (microbe)* Keim *m;* **to spread ~s** Keime verbreiten
❷ BIOL *(gamete) see* **germ cell**
❸ *(tiny amount)* Körnchen *nt;* **a ~ of truth** ein Funken *m* Wahrheit
❹ *(rudiment)* **the ~ of an idea** der Ansatz einer Idee
German [ˈdʒɜːmən, AM ˈdʒɜːr-] I. *n* ❶ *(person)* Deutsche(r) *f(m)*
❷ *no pl (language)* Deutsch *nt*
II. *adj* deutsch
germane [dʒəˈmeɪn, AM dʒəˈ-] *adj (form)* relevant *geh* (**to** für +*akk*)
Germanic [dʒəˈmænɪk, AM dʒəˈ-] *adj* [indo]germanisch
Germanic language *n* indogermanische Sprache
germanium [dʒəˈmeɪniəm, AM dʒəˈ-] *n no pl* CHEM Germanium *nt*
Germanize [ˈdʒɜːmənaɪz, AM ˈdʒɜːr] I. *vt* ■ **to ~ sb/sth** jdn/etw eindeutschen, jdn/etw germanisieren
II. *vi* deutsch werden
German measles *n* + *sing vb* Röteln *pl;* **to catch** [*or* **come down with**] ~ Röteln bekommen; **to be vaccinated against** ~ gegen Röteln geimpft sein
German shepherd *n esp* AM *(Alsatian)* Schäferhund *m*
Germany [ˈdʒɜːməni, AM ˈdʒɜːr-] *n* Deutschland
germ cell *n* BIOL ❶ *(embryonic cell)* Keimzelle *f*
❷ *(gamete)* Geschlechtszelle *f,* Gamet *m fachspr*
germ-free *adj* keimfrei, steril; ~ **environment** sterile Umgebung
germicidal [ˌdʒɜːmɪˈsaɪdəl, AM ˌdʒɜːrmə-] *adj* keimtötend
germicide [ˌdʒɜːmɪˈsaɪd, AM ˌdʒɜːrmə-] *n* keimtötendes Mittel, Antiseptikum *nt fachspr*
germinal [ˈdʒɜːmɪnəl, AM ˈdʒɜːrmə-] *adj* ❶ *(of germs)* Keim-; ~ **properties** bakterielle Eigenschaften
❷ *(rudimentary) ideas* rudimentär *geh*
❸ *(creative)* produktiv
germinate [ˈdʒɜːmɪneɪt, AM ˈdʒɜːrmə-] I. *vi* ❶ BIOL *(start to grow)* keimen
❷ *(start to develop) idea* keimen, aufkeimen
II. *vt* BIOL ■ **to ~ sth** etw zum Keimen bringen
germination [ˌdʒɜːmɪˈneɪʃən, AM ˌdʒɜːrməˈ-] *n no pl* Keimen *nt*
germline engineering [ˈdʒɜːmlaɪn-, AM ˈdʒɜːrm-] *n no pl (as science)* Keimbahnmanipulation *f; (as therapy)* Keimbahntherapie *f*
germ warfare *n* bakteriologische Kriegsführung, Bakterienkrieg *m*
gerontological [ˌdʒerɒntəˈlɒdʒikəl, AM ˌdʒerəntəˈlɑːdʒ-] *adj* gerontologisch; ~ **nursing** Altenpflege *f*
gerontologist [ˌdʒerɒnˈtɒlədʒist, AM ˌdʒerənˈtɑːl-] *n* Gerontologe, -in *m, f*
gerontology [ˌdʒerɒnˈtɒlədʒi, AM ˌdʒerənˈtɑːl-] *n no pl* Altersforschung *f,* Gerontologie *f fachspr*
gerrymander [ˈdʒeriˌmændəʳ, AM -ɚ] I. *vi* POL die Wahlbezirksgrenzen manipulieren
II. *vt* ■ **to ~ sth** ❶ POL *(manipulate electoral boundaries)* **to ~ election/voting districts** Wahlkreisverschiebungen vornehmen
❷ *(turn to one's advantage)* etw zu seinem Vorteil manipulieren
gerrymandering [ˈdʒeriˌmændərɪŋ, AM -ɚɪŋ] *n no pl* Manipulation *f* von Wahlbezirksgrenzen, Wahlkreisschiebungen *fpl*
gerund [ˈdʒerənd] *n* LING Gerundium *nt;* **to put a verb in the** ~ ein Verb ins Gerundium setzen
gesso <*pl* -es> [ˈdʒesəʊ, AM -oʊ] *n* ART Gips *m*
gestalt [gəˈʃtælt, AM -ˈʃtɑːlt] *n usu sing* PSYCH Gestalt *f*
gestalt psychology *n no pl* Gestaltpsychologie *f* **gestalt psychotherapy** *n no pl* Gestalttherapie *f*
Gestapo [gesˈtɑːpəʊ, AM gəˈstɑːpoʊ] *n no pl,* + *sing/pl vb* ■ **the** ~ die Gestapo
gestate [dʒesˈteɪt, AM ˈdʒesteɪt] I. *vi* ❶ *(be pregnant) animal* trächtig sein, tragen; *human being* schwanger sein
❷ *(develop)* sich *akk* entwickeln
II. *vt* ■ **to ~ sth** ❶ *(carry in womb)* **to ~ a baby** ein Kind austragen
❷ *(develop) plan* in sich *dat* reifen lassen
gestation [dʒesˈteɪʃən] *n no pl* ❶ *(pregnancy) of humans* Schwangerschaft *f; of animals* Trächtigkeit *f*
❷ *(development)* Reifwerden *nt*
gestation period *n* ❶ *(period of gestation) of humans* Schwangerschaftsperiode *f; of animals* Tragezeit *f*
❷ *(development)* Reifeprozess *m*
gesticulate [dʒesˈtɪkjəleɪt] *vi (form)* gestikulieren; **to ~ frantically** [*or* **wildly**] wild gestikulieren
gesticulation [dʒesˌtɪkjəˈleɪʃən] *n (form)* Gestik *f*
gesture [ˈdʒestʃəʳ, AM -tʃɚ] I. *n* ❶ *(body movement)* Handbewegung *f,* Geste *f;* **a ~ of defiance** eine trotzige Geste; **to make a** ~ eine Handbewegung machen
❷ *(act)* Geste *f;* **a ~ of goodwill** eine Geste des guten Willens; **welcoming** ~ einladende Geste; **to make a ~ towards sth** einen Beitrag zu etw *dat* leisten
II. *vi* deuten; ***asked where the children were, she ~d vaguely in the direction of the beach*** auf die Frage, wo die Kinder seien, deutete sie vage zum Strand hin; ***he was gesturing that he needed help*** er gab zu verstehen, dass er Hilfe brauchte
III. *vt* ❶ *(beckon)* ■ **to ~ sb somewhere** jdm irgendwohin winken
❷ *(instruct)* ■ **to ~ sb to do sth** jdm deuten, etw zu tun
❸ *(show)* ■ **to ~ sth** etw gestikulierend zum Ausdruck bringen
gesundheit [gəˈzʊndhaɪt] *interj esp* AM *(fam)* Gesundheit!

get <got, got *or* AM, CAN *usu* gotten> [get]

I. TRANSITIVE VERB II. INTRANSITIVE VERB
III. NOUN

I. TRANSITIVE VERB

❶ *(obtain)* ■ **to ~ sth** etw erhalten; ***we stopped off on the motorway to ~ some breakfast*** wir hielten auf der Autobahn an, um zu frühstücken; **to ~ food** Lebensmittel besorgen; **to ~ a glimpse of sb/sth** einen Blick auf jdn/etw erhaschen; **to ~ a moment** einen Augenblick Zeit haben; **to ~ a radio station** einen Sender reinbekommen *fam;* **to ~ time off** frei bekommen; ■ **to ~ sth from sb** etw von jdm *dat* bekommen; ***where did you ~ your radio from?*** woher hast du dein Radio?
❷ *(receive)* ■ **to ~ sth** *news* etw bekommen; ■ **to ~ sth from sb** *letter* etw von jdm bekommen; ***what mark did he ~ in his exam?*** welche Note hat er in der Prüfung bekommen?; **to ~ sth for one's birthday** etw zum Geburtstag bekommen; **to ~ a** [**telephone**] **call from sb** von jdm angerufen werden; **to ~ a lot of hassle from sb** mit jdm viel Ärger kriegen *fam*
❸ *(experience)* ■ **to ~ sth** etw erleben; ***we don't ~ much snow in this country*** in diesem Land schneit es nicht sehr viel; ***I got quite a shock*** ich habe einen ganz schönen Schock bekommen! *fam;* ***I got quite a surprise*** ich war ganz schön überrascht; **to ~ the impression that ...** den Eindruck gewinnen, dass ...
❹ *(deliver)* ■ **to ~ sth to sb** *letter* jdm etw bringen
❺ *(fam: contract)* ■ **to ~ sth** sich *dat* etw holen *fam;* ***if you've already had measles, you can't ~ it again*** wenn du schon mal Masern hattest, kannst du sie nicht noch mal bekommen; **to ~ the flu** sich *dat* die Grippe einfangen; **to ~ food poisoning** sich *dat* eine Lebensmittelvergiftung zuziehen
❻ *(fetch)* ■ **to ~** [**sb**] **sth** [*or* **sth for sb**] jdm etw be-

sorgen [*o fam* holen]; ***can I ~ you a drink?*** möchtest du was trinken?; (*formal*) kann ich Ihnen was zu trinken anbieten?; ***could you ~ a newspaper for me, please?*** könntest du mir bitte eine Zeitung mitbringen?
7 (*come across*) ■**to ~ sth somewhere** irgendwo auf etw *akk* treffen
8 (*travel with*) **to ~ a taxi** ein Taxi nehmen; (*catch*) **to ~ one's plane/train** sein Flugzeug/seinen Zug erwischen *fam*
9 (*earn*) ■**to ~ sth** ***she ~s about forty thousand pounds a year*** sie verdient ungefähr 40.000 Pfund im Jahr
10 (*from selling*) ■**to ~ sth for sth** etw für etw *akk* bekommen; **to ~ money for sth** Geld für etw *akk* bekommen
11 (*buy*) ■**to ~ sth** etw kaufen
12 (*derive*) **sb ~s a lot of pleasure out of** [*or* **from**] **sth** etw bereitet jdm viel Freude
13 (*capture*) ■**to ~ sb/sth** jdn/etw fangen
14 (*fam: punish*) ■**to ~ sb** [**for sth**] jdn [für etw *akk*] kriegen; ***I'll ~ you for this/that!*** ich kriege dich dafür!
15 (*fam: suffer*) **to ~ it** es bekommen, bestraft werden
16 (*buttonhole*) ■**to ~ sb to oneself** jdn für sich *akk* haben
17 (*fam: answer*) **to ~ the door** die Tür aufmachen; **to ~ the telephone** das Telefon abnehmen, ans Telefon gehen
18 AM (*fam: pay for*) ■**to ~ sth** etw bezahlen; **to ~ a meal/drinks** das Essen/die Getränke bezahlen
19 + *pp* (*cause to be*) **to ~ sth confused** *names* etw verwechseln; **to ~ sth delivered** sich *dat* etw liefern lassen; **to ~ sth finished** etw fertig machen; **to ~ sth typed** etw tippen lassen; ***he got his bag caught in the train doors*** seine Tasche verfing sich in der Zugtür; ***she got the kids ready for school*** sie machte die Kinder für die Schule fertig
20 (*induce*) ■**to ~ sb/sth doing sth** jdn/etw zu etw *dat* bringen; ***haven't you got the photocopier working yet?*** hast du den Kopierer noch nicht zum Laufen gekriegt?; ■**to ~ sb/sth to do sth** jdn/etw dazu bringen, etw zu tun; **to ~ one's computer to work** seinen Computer zum Laufen kriegen
21 (*transfer*) ■**to ~ sb/sth somewhere** jdn/etw irgendwohin bringen; ***the bed is too wide — we'll never ~ it through the door*** das Bett ist zu breit – wir werden es niemals durch die Tür bekommen
22 (*hear*) ■**to ~ sth** etw verstehen
23 (*understand*) ■**to ~ sth** etw verstehen; **to ~ the meaning** die Bedeutung verstehen; **to ~ the message** es kapieren *fam*, die Botschaft entschlüsseln; **to ~ the picture** (*fam*) kapieren; ***~ the picture?*** kapiert?, kapische? *fam;* **to ~ sb/sth wrong** jdn/etw falsch verstehen
24 (*prepare*) **to ~ a meal** das Essen zubereiten
25 (*fam: baffle*) ■**to ~ sb** jdn drankriegen *fam*
26 (*amuse*) ■**to ~ sb** jdn amüsieren; **to ~ sb greatly** jdn sehr amüsieren
27 (*fam: irk*) ■**to ~ sb** jdm auf die Nerven gehen
28 (*fam: sadden*) ■**to ~ sb** jdm unter die Haut gehen
29 (*hit*) ■**to ~ sb** [**in sth**] jdn [bei etw *dat*] erwischen
30 *usu imper* (*fam: look at*) ***~ him/her!*** sieh dir mal den/die an!
▶ PHRASES: **to ~ it on** (*fam: succeed*) es schaffen; (*fam: fight*) es sich *dat* geben; (*fam!: have sex with*) es machen *euph*

II. INTRANSITIVE VERB

1 + *n, adj* (*become*) werden; ***I'm glad to hear you are ~ting better*** freut mich zu hören, dass es dir besser geht; **to ~ angry/tired/worried** böse/müde/traurig werden; **to ~ real** (*sl*) am Boden bleiben *fam;* **to ~ upset** wütend werden; **to ~ used to sth** sich *akk* an etw *akk* gewöhnen
2 + *vb* (*become*) **to ~ to be sth** etw werden; ***how did you ~ to be a belly dancer?*** wie bist du zu einer Bauchtänzerin geworden?; **to ~ to like sth** etw langsam mögen
3 + *pp* (*be*) werden; ***the dog got drowned*** der Hund ist ertrunken; ***this window seems to have got broken*** jemand scheint dieses Fenster zerbrochen zu haben; **to ~ married** heiraten
4 (*reach*) ■**to ~ somewhere** irgendwohin kommen; **to ~ home** [**from somewhere**] [von irgendwo] nach Hause kommen
5 (*progress*) **to get nowhere/somewhere** [**with sth**] es nicht weit/weit [mit etw *dat*] bringen; ***we're not ~ting very far with this conversation, are we?*** wir kommen nicht weit mit unserer Unterhaltung, nicht wahr?
6 (*have opportunity*) ■**to ~ to do sth** die Möglichkeit haben, etw zu tun; **to ~ to see sb** jdn zu Gesicht bekommen
7 (*succeed*) ■**to ~ to do sth** schaffen, etw zu tun
8 (*must*) ■**to have got to do sth** etw machen müssen
9 (*fam: start*) ■**to ~ doing sth** anfangen, etw zu tun; **to ~ going** [*or* **moving**] gehen; ***we'd better ~ going or we'll be late*** wir sollten besser gehen oder wir verspäten uns
10 (*understand*) ■**to ~ with it** sich *akk* informieren; **~ with it, Lara!** setz dich damit auseinander, Lara!
11 (*go*) [**go on,**] **~!** geh [schon] weg!

III. NOUN

1 BRIT (*pej sl*) *see* **git**
2 COMPUT Holanweisung *f*
3 LAW Get[t]-Ritun *m,* Scheidung *f* [nach jüdischem Ritus]

♦**get about** *vi* herumkommen *fam*

♦**get above** *vi* ■**to ~ above oneself** arrogant werden

♦**get across** *vt* ■**to ~ sth** ◌ **across** etw verständlich machen; **to ~ across a message** eine Botschaft rüberbringen *fam*

♦**get after** *vi* ■**to ~ after sb** jdn verfolgen, sich *dat* jdn vorknöpfen *fam*

♦**get ahead** *vi* vorwärts kommen; ■**to ~ ahead in sth** mit etw *dat* Erfolg haben; **to ~ ahead in one's business** mit seinem Geschäft Erfolg haben; ■**to ~ ahead of sb** zu jdm einen Vorsprung gewinnen

♦**get along** *vi* 1 *see* **get on II 1, 2**
2 (*dated: hurry*) weitermachen; ***~ along, children — we don't want to be late!*** weiter so, Kinder – wir wollen nicht zu spät kommen
3 BRIT (*dated fam*) **~ along with you!** jetzt hör aber auf!

♦**get around** *vi* 1 *see* **get round I, II 1**
2 *see* **get about**

♦**get at** *vi* 1 (*fam: suggest*) ■**to ~ at sth** auf etw *akk* hinauswollen *fam*
2 BRIT, AUS (*fam: criticize*) ■**to ~ at sb** jdn kritisieren
3 (*assault*) ■**to ~ at sb** jdn angreifen
4 (*fam: bribe*) ■**to ~ at sb** jdn bestechen [*o fam* schmieren]
5 (*reach*) ■**to ~ at sth** an etw *akk* rankommen *fam;* ***I'll put the cake on a high shelf where he can't ~ at it*** ich stelle den Kuchen auf ein hohes Brett, wo er nicht drankommen kann
6 (*access*) ■**to ~ at sth** Zugriff auf etw *akk* haben
7 (*discover*) ■**to ~ at sth** etw aufdecken; **to ~ at the truth/the real reason** die Wahrheit/den wahren Grund aufdecken

♦**get away** *vi* 1 (*leave*) fortkommen; ***I'll ~ away from work as soon as I can*** ich werde versuchen, so schnell wie möglich von der Arbeit wegzukommen
2 (*escape*) ■**to ~ away** [**from sb**] [vor jdm] flüchten; ***she got away from her pursuers*** sie konnte ihren Verfolgern entrinnen; ■**to ~ away with sth** mit etw *dat* ungestraft davonkommen; **to ~ away with one's life** mit seinem Leben davonkommen
3 (*dated fam*) ***~ away*** [***with you***]! ach, hör auf!
4 (*evade punishment*) ■**to ~ away with sth** mit etw *dat* davonkommen *fam*
5 (*succeed*) ■**to ~ away with sth** mit etw *dat* durchkommen; ***it is a close-fitting dress but you're slim enough to ~ away with it*** das ist ein enges Kleid, aber du bist so schlank, dass du es tragen kannst
▶ PHRASES: **to ~ away with murder** (*fam*) sich *dat* alles erlauben können

♦**get back I.** *vt* ■**to ~ sth** ◌ **back** etw zurückbekommen
II. *vi* 1 (*return*) zurückkommen
2 (*fam: have revenge*) ■**to ~ back at sb** [**for sth**] sich *akk* [für etw *akk*] an jdm rächen
3 (*reassume*) ■**to ~ back into sth** wieder mit etw *dat* beginnen; ***after three years off to raise my kids, I'm planning to ~ back into acting*** nachdem ich nun drei Jahre damit verbracht habe, meine Kinder groß zu ziehen, möchte ich wieder anfangen zu schauspielern; ■**to ~ back to** [**doing**] **sth** zu etw *dat* wieder zurückgehen; **to ~ back to sleep** wieder einschlafen; **to ~ back to work** sich *akk* wieder der Arbeit widmen
4 (*contact*) ■**to ~ back to sb** sich *akk* wieder bei jdm melden
5 (*fam!: be told*) zu hören kriegen *fam*, vorgehalten bekommen; ***I keep ~ting back …*** ich kriege immer wieder zu hören …

♦**get behind** *vi* 1 (*support*) ■**to ~ behind sb/sth** jdn/etw unterstützen
2 (*be late*) ■**to ~ behind with sth** mit etw *dat* in Rückstand geraten

♦**get beyond** *vi* ■**to ~ beyond sth** etw überwinden

♦**get by** *vi* ■**to ~ by** [**on/with sth**] *money* mit etw *dat* auskommen

♦**get down I.** *vt* 1 (*remove*) ■**to ~ sth down from/off sth** etw von etw *dat* runternehmen
2 (*disturb*) ■**to ~ sb down** jdn fertig machen *fam;* ***don't let it ~ you down*** lass es nicht zu nah an dich heran
3 (*note*) ■**to ~ down** ◌ **sth** etw niederschreiben
4 (*swallow*) ■**to ~ sth down** etw runterschlucken *fam;* ***your dinner is on the table and you've got ten minutes to ~ it down*** [***you***] (*hum fam*) dein Abendessen steht auf dem Tisch und du hast zehn Minuten Zeit, es runterzuwürgen *fam*
II. *vi* 1 (*descend*) ■**to ~ down** [**from/off sth**] *horse* von etw *dat* herunterkommen; **to ~ down from the table** vom Tisch aufstehen *dat*
2 (*bend down*) sich runterbeugen; (*kneel down*) niederknien
3 (*start*) ■**to ~ down to** [**doing**] **sth** sich *akk* an etw *akk* machen, mit etw *dat* beginnen; **to ~ down to work** sich *akk* an die Arbeit machen
4 (*fam: dance*) tanzen gehen; **let's ~ down!** lass uns tanzen gehen!

♦**get in I.** *vt* 1 (*fam: find time for*) ■**to ~ in** ◌ **sb/sth** jdn/etw reinschieben; (*at the doctor's*) jdn/etw dazwischenschieben
2 (*say*) ■**to ~ in** ◌ **sth** *suggestion, word* etw einwerfen
3 (*bring inside*) ■**to ~ in** ◌ **sth** *the washing* etw hereinholen
4 (*purchase*) ■**to ~ in** ◌ **sth** *food* etw beschaffen; ***whose turn is it to ~ in the drinks?*** BRIT (*fam*) wer ist mit den Getränken an der Reihe?
5 (*ask to come*) ■**to ~ in** ◌ **sb** jdn kommen lassen; **to ~ in a specialist** einen Spezialisten hinzuziehen
6 (*submit*) ■**to ~ in** ◌ **sth** etw absenden; ***when do you have to ~ your application in by?*** bis wann musst du deine Bewerbung eingereicht haben?
II. *vi* 1 (*become elected*) an die Macht kommen
2 (*enter*) hineingehen
3 (*arrive*) ankommen
4 (*return*) ■**to ~ in** [**from sth**] von etw *dat* zurückkehren; **to ~ in from work** von der Arbeit heimkommen
5 (*join*) ■**to ~ in on sth** sich *akk* an etw *dat* beteiligen
6 (*usu pej: be friendly*) ■**to ~ in with sb** mit jdm auskommen
7 (*fam: take action*) **~ in there!** mach mit!

♦**get into** *vi* 1 (*enter*) ■**to ~ into sth** *car* in etw *akk* [ein]steigen

❷ (*have interest for*) ■**to ~ into sth** sich *akk* für etw *akk* interessieren
❸ (*affect*) ■**to ~ into sb** in jdn fahren; ***what's got into you?*** was ist in dich gefahren?
❹ (*become involved*) **to ~ into an argument/a fight** in eine Auseinandersetzung/einen Kampf verwickelt werden
◆**get off I.** *vi* ❶ (*fall asleep*) **to ~ off [to sleep]** einschlafen
❷ (*evade punishment*) davonkommen *fam*
❸ *esp* AM (*have orgasm*) den Höhepunkt erreichen
❹ (*exit*) aussteigen
❺ (*depart*) losfahren
❻ (*stop work*) Schluss machen; ***how early can you ~ off this afternoon?*** wann kannst du dich diesen Nachmittag frühstens freimachen?
❼ (*fam: yell at*) ■**to ~ off on sth** bei etw *dat* ausflippen *fam*
❽ (*fam!: masturbate*) sich *dat* einen runterholen *sl*
II. *vt* ❶ (*send to sleep*) **to ~ a baby off [to sleep]** ein Baby in den Schlaf wiegen
❷ (*help evade punishment*) ■**to ~ sb off [sth]** jdn freibekommen, jdm aus etw *dat* raushelfen; ***if you've got the money to pay for top lawyers, they can ~ you off almost anything*** wenn du das Geld für sehr gute Anwälte hast, dann können sie dir aus fast jeder Sache raushelfen
❸ *esp* AM (*cause orgasm*) ■**to ~ sb off** jdn zum sexuellen Höhepunkt bringen
❹ (*alight*) **to ~ off the bus/train** aus dem Bus/Zug steigen
❺ (*send*) ■**to ~ off ↔ sth** *letter* etw versenden
❻ (*remove*) ■**to ~ sth off sth** etw von etw *dat* nehmen; ***~ your feet off the settee — they're dirty!*** nimm deine Füße von der Couch – sie sind dreckig!; **to ~ one's hands off sth** seine Hände von etw *dat* nehmen; ***~ your hands off me!*** nimm deine Hände von mir!
◆**get off with** *vi* ❶ (*evade punishment*) ■**to ~ off with sth** mit etw *dat* davonkommen; ***she got off with a small fine*** sie ist mit einer kleinen Geldstrafe davongekommen
❷ (*escape injury*) ■**to ~ off with sth** mit etw *dat* davonkommen
❸ BRIT (*sl: seduce*) ■**to ~ off with sb** sich *akk* mit jdm einlassen *fam*
◆**get on I.** *vt* **to ~ it on [with sb]** (*sl*) [mit jdm] schlafen, etwas mit jdm haben *euph fam*
II. *vi* ❶ (*fare*) sich *akk* verstehen; **to ~ on badly/well** sich schlecht/gut verstehen; ■**to ~ on with sb** sich *akk* mit jdm verstehen
❷ *esp* BRIT (*manage, progress*) Fortschritte machen; ■**to ~ on [with sth]** [mit etw *dat*] vorankommen; ***how are you ~ting on in your new flat?*** wie kommst du in deiner neuen Wohnung voran?
❸ (*start*) ■**to ~ on sth** *project* etw angehen, sich *akk* an etw *akk* heranmachen *fam*
❹ (*continue*) weitermachen; ■**to ~ on with sth** mit etw *dat* weitermachen
❺ BRIT (*succeed*) erfolgreich sein
❻ (*age*) alt werden; **to be ~ting on in years** an Jahren zunehmen
❼ *time* spät werden; ***it's ~ting on — we'd better go soon*** es wird langsam spät – wir sollten besser bald gehen
❽ (*be nearly*) ***there were probably ~ting on a hundred people there*** sie waren wohl schon um die hundert Leute
❾ (*criticize*) ■**to ~ on at sb** auf jdm herumhacken *fam*
❿ (*discuss*) ■**to ~ on to [*or* onto] sth** auf etw *akk* kommen; ***how did we ~ onto this subject?*** wie sind wir auf dieses Thema gekommen?
⓫ (*contact*) ■**to ~ on to [*or* onto] sb [about sth]** sich *akk* mit jdm [wegen einer S. *gen*] in Verbindung setzen
⓬ (*find out*) ■**to ~ on to [*or* onto] sb** jdm auf die Schliche kommen *fam*; ■**to ~ on to [*or* onto] sth** hinter etw *akk* kommen; **to ~ on to sb's plan** hinter jds Plan kommen
◆**get out I.** *vi* ❶ (*become known*) *news* herauskommen
❷ AM (*in disbelief*) ***~ out [of here], you're lying!*** ach komm, du lügst!
❸ (*sell an investment*) aussteigen
II. *vt* ❶ (*leave*) ■**to ~ out sth** *house* aus etw *dat* herauskommen
❷ (*fam: issue*) ■**to ~ out ↔ sth** etw herausbringen
◆**get out of** *vi* ❶ (*leave*) ■**to ~ out of sth** aus etw *dat* hinauskommen; ***if you don't ~ out of here now I'm going to call the police*** wenn du nicht sofort von hier verschwindest, rufe ich die Polizei
❷ (*escape*) ■**to ~ out of sth** aus etw *dat* herauskommen
❸ (*avoid*) ■**to ~ out of [doing] sth** sich *akk* [vor etw *dat*] drücken *fam*; ***I suspect that her backache was just a way of ~ting out of the housework*** ich glaube, dass ihre Rückenschmerzen nur dazu dienen, sich vor der Hausarbeit zu drücken
❹ (*stop*) ■**to ~ out of sth** sich *dat* etw abgewöhnen
❺ AM **~ out of here!** verschwinde von hier!; *see also* **get out I 2**
◆**get over I.** *vi* ❶ (*recover from*) ■**to ~ over sth** über etw *akk* hinwegkommen; **to ~ over an illness/a shock** sich *akk* von einer Krankheit/einem Schock erholen
❷ (*overcome*) **to ~ over a difficulty/one's fear** über eine Schwierigkeit/seine Angst hinwegkommen
❸ (*forget*) ■**to ~ over sb/sth** über jdn/etw hinwegkommen
❹ (*be shocked*) ■**sb can't ~ over sth** jd kommt über etw *akk* nicht hinweg; ***I can't ~ over the way he behaved at your party*** ich komme nicht darüber hinweg, wie er sich auf deiner Party verhalten hat!
❺ (*complete*) ■**to ~ sth over [with]** etw hinter sich *akk* bringen; ***I'll be glad to ~ these exams over with*** ich freue mich, wenn ich diese Prüfungen hinter mich gebracht habe
II. *vt* ■**to ~ sth ↔ over** *idea, theory* etw rüberbringen
◆**get round I.** *vi* ❶ (*spread*) *news* sich *akk* verbreiten
❷ (*do*) ■**to ~ round to [doing] sth** es schaffen, etw zu tun
II. *vt* ❶ (*evade*) ■**to ~ round sth** *the law* etw umgehen
❷ (*deal with*) ■**to ~ round sth** *a problem* etw angehen
❸ BRIT (*persuade*) ■**to ~ sb round to do sth** jdn dazu bringen, etw zu tun
◆**get through I.** *vi* ❶ (*make oneself understood*) ■**to ~ through to sb** zu jdm durchdringen; ■**to ~ through to sb that/how …** jdm klar machen, dass/wie …
❷ (*contact*) ■**to ~ through to sb** *on the phone* zu jdm durchkommen; ***I got through to the wrong department*** ich bin mit der falschen Abteilung verbunden worden
II. *vt* ❶ (*use up*) ■**to ~ through sth** *coffee, biscuits* etw aufbrauchen
❷ (*finish*) ■**to ~ through sth** *work* etw erledigen; ***I can ~ through a lot more work when I'm on my own*** wenn ich alleine bin, schaffe ich mehr Arbeit
❸ (*survive*) ■**to ~ through sth** *bad times* etw überstehen
❹ (*pass*) **to ~ through a test/an exam** einen Test/eine Prüfung bestehen; ***she got through her exams without too much trouble*** sie bewältigte ihre Prüfungen ohne viel Aufhebens
❺ (*convey*) ■**to ~ sth through to sb** *message* jdm etw überbringen; ■**to ~ it through to sb that …** jdm klar machen, dass …; ***I can't seem to ~ it through to you that I love you and I'm not going to leave you!*** ich kann dir scheinbar nicht klar machen, dass ich dich liebe und nicht beabsichtige, dich zu verlassen!
❻ (*help to pass*) **to ~ sb through a test** jdn durch einen Test bringen
◆**get to I.** *vi* ❶ (*be*) ***I wonder where my glasses have got to*** ich frage mich, wo meine Brille [geblieben] ist
❷ (*fam: affect*) ■**to ~ to sb** jdn in Mitleidenschaft ziehen; ***the heat was beginning to ~ to me so I went indoors*** die Hitze begann mich in Mitleidenschaft zu ziehen, so dass ich reingehen musste
❸ (*reach*) ■**to ~ to sth** etw erreichen; ***it had got to Thursday and she still hadn't received any news*** es war bereits Donnerstag und sie hatte noch immer keine Nachricht erhalten; **to ~ to a place** einen Ort erreichen; **to ~ to a top position** eine Spitzenstellung erlangen
II. *vt* (*fam*) **to ~ oneself to a place** es zu einem Ort schaffen *fam*; ***if you can ~ yourself to the station I'll come and pick you up from there*** wenn du es bis zum Bahnhof schaffst, dann komme ich und nehme dich ab da mit
◆**get together I.** *vi* ❶ (*meet*) sich *akk* treffen
❷ (*agree*) ■**to ~ together on sth** sich auf etw *akk* einigen; **to ~ together on a compromise** sich auf einen Kompromiss einigen
II. *vt* **to ~ it together** sich *akk* mausern *fam*, es zu etwas bringen; ***Tom has really got it together since I last saw him*** Tom hat es wirklich zu etwas gebracht, seit ich ihn das letzte Mal gesehen habe
◆**get up I.** *vt* ❶ (*climb*) ■**to ~ up sth** *a ladder* etw hinaufsteigen
❷ (*organize*) ■**to ~ up ↔ sth** etw zusammenstellen; ***he's ~ting up a small group to go carol-singing for charity*** er hat eine kleine Gruppe zusammengestellt zum Weihnachtssingen für einen guten Zweck
❸ (*cause*) **to ~ up ↔ the courage to do sth** den Mut aufbringen, etw zu tun
❹ (*fam: dress*) ■**to ~ up sb [*or* to ~ sb/oneself up] [as sth]** jdn/sich [als etw *akk*] verkleiden; **to ~ oneself up like a Christmas tree** *esp* BRIT sich *akk* wie ein Christbaum aufputzen *fam*; ***she appeared at her niece's wedding got up like a Christmas tree*** sie erschien auf der Hochzeit ihrer Nichte geschmückt wie ein Weihnachtsbaum
❺ (*fam: wake*) ■**to ~ up ↔ sb** jdn wecken
❻ (*sl: have erection*) ■**to ~ it up** einen hoch kriegen *sl*
II. *vi* ❶ BRIT *breeze* auffrischen; ***the wind is ~ting up*** der Wind frischt auf
❷ (*get out of bed*) aufstehen
❸ (*stand up*) sich *akk* erheben; **to ~ up from one's seat** sich von seinem Platz erheben
❹ *tricks, pranks* ■**to ~ up to sth** etw ausheckenˌ*fam*

get-at-able *adj* (*fam*) zugänglich **getaway** ['getəweɪ, AM 'geṭ-] *n* (*fam*) ❶ (*escape*) Flucht *f*; **to make a [*or* one's] ~** entwischen *fam* ❷ (*holiday*) Trip *m*; **a family ~** ein Familienausflug **getaway car** *n* Fluchtauto *nt* **get-rich-quick scheme** *n* (*fam*) *Programm, das schnellen Reichtum verspricht* **get-together** *n* (*fam*) Treffen *nt*; **to have a family ~** ein Familientreffen haben [*o geh* veranstalten] **get-up** *n* (*fam: outfit*) Kluft *f fam*; ***he was in a sort of Mafia ~ with a pin-striped suit and wide tie*** er sah aus wie eine Art Mafia-Verschnitt mit Nadelstreifenanzug und breiter Krawatte **get-up-and-go** *n no pl* (*fam*) Elan *m*; ***we need someone with a bit of ~*** wir benötigen jemanden, der Schwung in die Sache bringt **get-well card** *n* Genesungskarte *f*
geyser ['gaɪzəʳ, AM -ə] *n* ❶ GEOL (*hole*) Geysir *m* ❷ BRIT (*heater*) Durchlauferhitzer *m*
G force ['dʒiːfɔːs, AM fɔːrs] *n* AEROSP Fliehkraft *f*
Ghana ['gɑːnə] *n* Ghana *nt*
Ghanaian [gɑː'neɪən, AM 'niː] **I.** *adj inv* ghanaisch **II.** *n* Ghanaer(in) *m(f)*, Ghanese, -in *m, f*
ghastliness ['gɑːstlinəs, AM 'gæst-] *n no pl* (*fam*) ❶ (*grisliness*) *of a crime* Grässlichkeit *f* ❷ (*unpleasantness*) Unfreundlichkeit *f*; ***I'm so put off by the ~ of this month's weather*** dieses grässliche Wetter diesen Monat geht mir auf die Nerven *fam* ❸ (*ugliness*) Hässlichkeit *f*
ghastly ['gɑːstli, AM 'gæst-] *adj* ❶ (*fam: frightful*) *report* schrecklich; **a ~ experience** eine fürchterli-

che Erfahrung
❷ *(fam: unpleasant) weather, mistake* grässlich
❸ *(fam: ugly)* scheußlich
❹ *(fam: unwell)* unwohl; **to feel ~** sich *akk* grässlich [*o* scheußlich] fühlen
❺ *(liter: pallid)* **~ white/pale** totenbleich

ghee [gi:] *n no pl* Ghee *m o nt (reines Butterfett)*

gherkin ['gɜ:kɪn, AM 'gɜ:r-] *n* Essiggurke *f*

ghetto ['getəʊ, AM -t̬oʊ] **I.** *n* <*pl* -s *or* -es> G[h]etto *nt;* **an inner-city/urban ~** ein G[h]etto *nt* in der (Innen-)Stadt
II. *n modifier* **~ area** G[h]ettobezirk *m*

ghetto blaster *n (sl)* Ghettoblaster *m*

ghettoize ['getəʊaɪz, AM -t̬oʊ-] *vt* ■**to ~ sb** jdn g[h]ettoisieren *geh,* jdn isolieren

ghillie ['gɪli] *n see* **gillie**

ghost [gəʊst, AM goʊst] **I.** *n* ❶ *(spirit)* Geist *m;* ***the gardens are said to be haunted by the ~ of a dead child*** in den Gärten soll der Geist eines toten Kindes spuken; **to believe in ~s** an Geister glauben; **to exorcize a ~** einen Geist austreiben
❷ *(memory)* quälende Erinnerung; **the ~ of the past** das Gespenst der Vergangenheit
❸ TV, COMPUT Geisterbild *nt*
▶ PHRASES: **not to have** [*or* **stand**] **a** [*or* **the**] **~ of a chance** *(fam)* nicht die geringste Chance haben; **to give up the ~** den Geist aufgeben *hum fam;* **to look as though** [*or* **if**] **one's** [**just**] **seen a ~** so blass aussehen, als ob man einen Geist gesehen hätte
II. *vt* ***his autobiography was ~ed*** seine Autobiografie wurde von einem Ghostwriter geschrieben
III. *vi* ■**to ~ for sb** für jdn als Ghostwriter tätig sein

ghostliness ['gəʊstlinəs, AM 'goʊst-] *n no pl of a voice* Geisterhaftigkeit *f*

ghostly ['gəʊstli, AM 'goʊst-] *adj* ❶ *(ghost-like)* geisterhaft; **a ~ figure** eine umheimliche Figur
❷ *(eerie) voice* gespenstisch

ghost ship *n* Geisterschiff *nt* **ghost story** *n* Gespenstergeschichte *f* **ghost town** *n* Geisterstadt *f* **ghost train** *n* Geisterbahn *f;* **to go on** [*or* **ride**] **a ~** Geisterbahn fahren **ghost-write** *vt* **to ~ a book** ein Buch als Ghostwriter schreiben **ghost-writer** *n* Ghostwriter *m;* **to hire a ~** einen Ghostwriter beschäftigen

ghoul [gu:l] *n* ❶ *(spirit)* Ghul *m*
❷ *(pej: morbid person)* Mensch *m* mit schaurigen Gelüsten

ghoulish ['gu:lɪʃ] *adj* ❶ *(scary) face, smile* schaurig
❷ *(pej: macabre) delight, humour* makaber *geh*

ghoulishly ['gu:lɪʃli] *adv* ❶ *(scarily)* schaurig; **to smile ~** ein schauriges Lächeln haben
❷ *(pej: macabre)* makaber

GHQ [ˌdʒi:eɪtʃ'kju:] *n* MIL *abbrev of* **general headquarters** Hauptquartier *nt;* **to report to ~** im Hauptquartier melden

GI [ˌdʒi:'aɪ] *n (fam)* GI *m*

giant ['dʒaɪənt] **I.** *n* ❶ *(monster)* Riese *m;* **sleeping ~** *(fig)* schlafender Riese
❷ *(big person)* Riese *m,* Hüne *m*
❸ *(leader)* Gigant *m;* **industrial ~s** Industriegiganten
❹ *(celebrity)* Superstar *m*
II. *adj inv machine* riesig; ***she took a ~ bite of my pizza*** sie nahm einen riesigen Biss von meiner Pizza; **to walk with ~ steps** mit riesigen Schritten gehen; **to make ~ strides** große Fortschritte machen

giantess ['dʒaɪəntes, AM -t̬əs] *n* Riesin *f*

giant-killer ['dʒaɪəntˌkɪləʳ, AM ɚ] *n (fig)* Goliathbezwinger(in) *m(f)* **giant panda** *n* Riesenpanda *m* **giant redwood** *n,* **giant sequoia** *n* Riesenmammutbaum *m*

gibber ['dʒɪbəʳ, AM -ɚ] *vi (esp pej)* stammeln; **to ~ with fear** mit vor Angst zitternder Stimme sprechen

gibbering ['dʒɪbərɪŋ, AM -bɚɪŋ] *adj (esp pej)* stammelnd; **~ idiot** Volltrottel *m pej fam*

gibberish ['dʒɪbərɪʃ, AM -ɚɪʃ] *n no pl (pej)* ❶ *(spoken)* Gestammel *nt;* ***stop talking ~!*** hör auf rumzustammeln!
❷ *(written)* Quatsch *m fam*
❸ COMPUT Datensalat *m*

gibbet ['dʒɪbɪt] *n* ❶ *(frame)* Galgen *m*
❷ *(execution)* ■**the ~** Tod *m* durch Erhängen

gibbon ['gɪbən] *n* ZOOL Gibbon *m*

gibe *n, vi see* **jibe**

giblets ['dʒɪbləts] *npl* Innereien *pl*

GI bride *n* Soldatenbraut *f*

giddily ['gɪdɪli] *adv* ❶ *(dizzily)* benommen, Schwindel erregend, taumelhaft
❷ *(frivolously)* leichtfertig, unbesonnen

giddiness ['gɪdinəs] *n no pl* Schwindelgefühl *nt,* Schwindel *m*

giddy ['gɪdi] *adj* ❶ *(dizzy)* schwind(e)lig; ***I feel ~*** mir ist schwindelig; ***that makes me feel ~*** davon wird mir schwindelig
❷ *(causing dizziness) heights* Schwindel erregend
❸ *(excited)* ausgelassen; ***she was feeling ~ with pleasure*** sie war ganz außer sich vor Freude

gift [gɪft] *n* ❶ *(present)* Geschenk *nt;* **a birthday ~** ein Geburtstagsgeschenk *nt;* **to bear ~s** Geschenke mitbringen
❷ *(donation)* Spende *f*
❸ *(giving)* Schenkung *f*
❹ *(fam: bargain)* Geschenk *nt;* **it's/that's a ~!** das ist geschenkt!
❺ *(fam: easy task)* Geschenk *nt;* ***that goal was a ~!*** das Tor war ja geschenkt!
❻ *(talent)* Talent *nt,* Gabe *f* (**for** für +*akk*); **to have the ~ of gab** AM [*or* BRIT, AUS **the gab**] *(fam)* ein großes Mundwerk haben *fam;* **to have a ~ for languages** sprachbegabt sein
▶ PHRASES: **to be a ~ from the Gods** ein Geschenk *nt* Gottes sein

gift box *n* Geschenkschachtel *f* **gift certificate** *n* Geschenkgutschein *m*

gifted ['gɪftɪd] *adj* ❶ *(talented)* talentiert; **~ dancer** begnadeter Tänzer/begnadete Tänzerin
❷ *(versatile)* vielseitig talentiert
❸ *(clever)* begabt; **~ child** hoch begabtes Kind

gift horse *n* ▶ PHRASES: **never look a ~ in the mouth** *(prov)* einem geschenkten Gaul guckt man nicht ins Maul *prov* **gift shop** *n* Geschenkartikelladen *m* **gift token** *n,* **gift voucher** *n* Geschenkgutschein *m* **giftwrap** *n* Geschenkpapier *nt* **gift-wrap** *vt* ■**to ~ sth** etw als Geschenk verpacken **gift-wrapped** *adj* als Geschenk verpackt

gig¹ [gɪg] **I.** *n (fam)* Auftritt *m,* Gig *m sl;* **to be** [*or* **get**] **paid per ~** pro Auftritt bezahlt werden; **to do a ~** irgendwo auftreten *fam;* **to have a ~** einen Auftritt haben
II. *vi* <-gg-> auftreten

gig² [gɪg] *n (hist)* Gig *nt veraltend,* Einspänner *m*

gigabyte ['gɪgəbaɪt] *n* COMPUT Gigabyte *nt*

gigaelectronvolt [ˌgɪgəɪ'lektrɒnvəʊlt, AM -trɑ:nvoʊlt] *n* PHYS Gigaelektronenvolt *nt*

gigahertz ['gi:gəhɜ:ts, AM -hɜ:rts] *n* ELEC Gigahertz *nt*

gigajoule ['gi:gədʒu:l] *n* PHYS Gigajoule *nt*

gigantic [dʒaɪ'gæntɪk, AM -t̬ɪk] *adj* gigantisch, riesig; **~ bite** Riesenbissen *m*

gigantically [dʒaɪ'gæntɪkəli, AM -t̬ɪk-] *adv* gigantisch

gigawatt ['gi:gəwɒt, AM -wɑ:t] *n* ELEC Gigawatt *nt*

giggle ['gɪgl̩] **I.** *vi* kichern; ■**to ~ at sth** über etw *akk* kichern
II. *n* ❶ *(laugh)* Gekicher *nt kein pl;* **to have a ~ over sth** sich *akk* über etw *akk* amüsieren
❷ *no pl* BRIT, AUS *(fam: joke)* Spaß *m;* ***it was just a ~*** das war bloß Spaß; **to do sth for a ~** etw zum Spaß machen
❸ *pl (fam: laughing fit)* **to get/have** [**a fit of**] **the ~s** einen Lachanfall bekommen

giggler ['gɪgləʳ, AM -ɚ] *n* Kichermonster *nt hum fam*

giggly ['gɪgl̩i] *adj (esp pej)* albern, kicherig *fam;* **to be in a ~ mood** in aufgekratzter Stimmung sein *fam;* **to get** [*or* **go**] **all ~** haltlos zu kichern beginnen

gigolo ['dʒɪgələʊ, AM -loʊ] *n (dated)* Gigolo *m veraltend geh*

gigot ['dʒɪgət] *n* FOOD Lammkeule *f*

Gila monster ['hi:lə] *n* ZOOL Gilakrustenechse *f*

gild [gɪld] *vt* ■**to ~ sth** ❶ *(coat)* etw vergolden
❷ *(light up)* etw zum Leuchten bringen; ***sunlight ~ed the children's faces*** das Sonnenlicht brachte die Gesichter der Kinder zum Strahlen
▶ PHRASES: **to ~ the lily** *(pej)* des Guten zu viel tun

gilded ['gɪldɪd] *adj inv* ❶ *(coated)* vergoldet
❷ *(rich)* begütert; **~ youth** Jeunesse dorée *f veraltend geh*

gilder ['gɪldəʳ, AM dɚ] *n* Vergolder(in) *m(f)*

gilding ['gɪldɪŋ] *n no pl (also fig)* Vergoldung *f*

gill¹ [gɪl] *n usu pl* Kieme *f*
▶ PHRASES: **to be** [*or* **look**] **green** [*or* **pale**] **about the ~s** *(hum)* grün im Gesicht sein *fam;* **to be packed** [*or* **full**] **to the ~s** *(fam)* zum Bersten voll sein; ***the restaurant was packed to the ~s*** das Restaurant war proppenvoll *fam;* **to be stuffed** [*or* **full**] **to the ~s** *(fam)* bis oben hin voll sein *fam;* **to the ~s** *(fam)* bis oben hin

gill² [dʒɪl] *n (measure)* Gill *nt (0,148 l)*

gillie ['gɪli] *n* SCOT ❶ HIST *(a Highland chief's attendant)* Diener *m,* Knecht *m*
❷ HUNT Jagdgehilfe *m*

gilt [gɪlt] **I.** *adj inv picture* vergoldet
II. *n* Vergoldung *f*
▶ PHRASES: **to take the ~ off the gingerbread** BRIT *(fam)* einer Sache den Reiz nehmen

gilt-edged *adj* ❶ *(having gilded edges)* mit Goldschnitt versehen ❷ BRIT FIN erstklassig, solide **gilt-edged securities** *n,* **gilt-edged stocks** *n,* **gilts** *npl* BRIT FIN mündelsichere Staatspapiere; **short-dated ~** kurzfristige Staatsanleihen

gimcrack ['dʒɪmkræk] *(pej)* **I.** *adj* minderwertig; **~ furniture** Schrott-/Billigmöbel *pl;* **~ architecture** baufällige Architektur
II. *n* nette Kleinigkeit

gimlet ['gɪmlət] *n* ❶ *(tool)* Schneckenbohrer *m*
❷ AM *(drink) Cocktail aus Gin, Wodka und Limettensaft*

gimlet-eyed *adj* mit durchdringendem Blick *nach n;* **to give sb a ~ stare** jdn durchdringend anblicken; ■**to be ~** einen durchdringenden Blick haben **gimlet eyes** *npl* durchdringender Blick

gimme ['gɪmi] *(fam)* = **give me** *see* **give**

gimmick ['gɪmɪk] *n (esp pej)* ❶ *(trick)* Trick *m;* **sales ~** Verkaufstrick *m;* **advertising/promotional ~** Werbetrick *m*
❷ *(attraction)* Attraktion *f*

gimmickry ['gɪmɪkri] *n no pl (esp pej)* Effekthascherei *f*

gimmicky ['gɪmɪki] *adj (esp pej)* marktschreierisch

gimp [gɪmp] **I.** *n* AM *(fam)* Krüppel *m pej*
II. *adj esp* AM *(pej sl: contemptible) nomination, role, part, performance* schwach, verkrüppelt *fig*

gin¹ [dʒɪn] *n* ❶ *(drink)* Gin *m*
❷ *(game)* Rommee *nt* mit Zehn

gin² [dʒɪn] *n* ❶ *(trap)* Falle *f*
❷ AGR Entkörnungsmaschine *f*
◆**gin up** *vt* ■**to ~ up** ◯ **sth** *(fam)* etw entwickeln [*o* zu Stande bringen]; ***they couldn't ~ up any objections*** sie hatten keine Einwände auf Lager

gin and tonic *n* Gin Tonic *nt*

ginger ['dʒɪndʒəʳ, AM -ɚ] **I.** *n no pl* ❶ *(spice)* Ingwer *m*
❷ *(colour)* gelbliches Braun
❸ *(spirit)* Geist *m;* ***he puts some ~ in the book*** er möbelt das Buch ein wenig auf
❹ BRIT *(drink)* Gingerale *nt*
II. *n modifier biscuits, tea, soup* Ingwer-
III. *adj* gelblich braun
IV. *vt (fam)* ■**to ~ up** ◯ **sth** etw aufpeppen *sl;* **to ~ up a party** eine Party in Schwung bringen

ginger ale *n* Gingerale *nt* **ginger beer** *n* Ingwerbier *nt* **ginger biscuit** *n* BRIT, AUS Ingwerkeks *m o* ÖSTERR *a. nt* **gingerbread** *n no pl* Lebkuchen *m* **gingerbread man** *n* Lebkuchenfigur *f* **ginger group** *n* BRIT, AUS POL Aktionsgruppe *f* **ginger-haired** *adj* dunkelblond

gingerly ['dʒɪndʒəli, AM -dʒɚli] *adv* behutsam, vorsichtig

ginger nut *n* BRIT, AUS, *esp* AM **ginger snap** *n* Ingwerkeks *m o* ÖSTERR *a. nt* **ginger wine** *n* Ing-

werwein *m*
gingery ['dʒɪndʒəri] *adj* ❶ *(flavoured)* Ingwer-; ~ **taste** Geschmack *m* nach Ingwer
❷ *(coloured)* gelblich braun
gingham ['gɪŋəm] **I.** *n no pl* Gingan *m,* Gingham *m* **II.** *n modifier* Gingham-; ~ **dress** Ginghamkleid *nt*
gingivitis [ˌdʒɪndʒɪ'vaɪtɪs, AM -dʒə'vaɪt̬əs] *n no pl* Zahnfleischentzündung *f,* Gingivitis *f fachspr*
gink [gɪŋk] *n* AM *(pej fam)* Alter *m pej sl*
ginned up [ˌdʒɪnd'ʌp] *adj (fam)* ■ **to get** ~ sich *akk* aufregen (**about** über +*akk*)
ginormous [dʒaɪ'nɔːməs] *adj* BRIT, AUS *(hum fam)* enorm
gin rummy *n* Rommee *nt* mit Zehn
ginseng ['dʒɪnseŋ] *n no pl* Ginseng *m*
gippy tummy [ˌdʒɪpi'-] *n* BRIT *(fam)* **to have** [**a**] ~ Dünnpfiff haben *sl*
gipsy *n esp* BRIT *see* **gypsy**
giraffe <*pl* -s *or* -> [dʒɪ'rɑːf, AM dʒə'ræf] *n* Giraffe *f*
gird <girded *or* girt, girded *or* girt> [gɜːd, AM gɜːrd] *vt (old)* ■ **to** ~ **oneself for sth** sich *akk* für etw *akk* rüsten *geh; **we ~ed ourselves for the fray** (hum)* wir rüsteten uns zum Kampf
► PHRASES: **to** ~ [**up**] **one's loins** *(hum)* sich *akk* wappnen *geh*
girder ['gɜːdəʳ, AM 'gɜːrdɚ] *n* Träger *m*
girdle ['gɜːdl, AM 'gɜːrdl] *(dated)* **I.** *n* ❶ *(belt)* Gürtel *m*
❷ *(corset)* Korsett *nt*
❸ *(liter: surround)* Umrahmung *f*
II. *vt (liter or dated)* ■ **to** ~ **sth** etw umgeben; ***the garden was beautifully ~d by apple trees*** der Garten war wunderschön mit Apfelbäumen umsäumt *liter*
girl [gɜːl, AM gɜːrl] *n* ❶ *(young woman)* Mädchen *nt*
❷ *(daughter)* Mädchen *nt,* Tochter *f*
❸ *(girlfriend)* **my** ~ meine Freundin
❹ *pl (group of women)* ***mum says she's going out with the ~s tonight*** Mamma möchte heute Abend mit ihren Freundinnen ausgehen
girl Friday *n (dated)* Allroundsekretärin *f* **girlfriend** *n* ❶ *(partner)* Freundin *f;* *(woman's female friend)* [Busen-]freundin *f;* *(man's female friend)* Freundin *f;* **to have a steady** ~ eine feste Freundin haben ❷ *(sl: Black English: term of address to any female)* Mädchen *nt,* Schwester *f sl;* *(general term of address: used for either men or women, usually in black or gay communities)* Mensch, Mann **Girl Guide** *n* BRIT *(dated)* Pfadfinderin *f*
girlhood ['gɜːlhʊd, AM 'gɜːrl-] *n no pl (dated)* Mädchenjahre *pl*
girlie, girly ['gɜːli, AM 'gɜːrli] *adj* mädchenhaft
girlie magazine *n* Zeitschrift *f* mit nackten Mädchen **girlie picture** *n* Foto *nt* eines nackten Mädchens
girlish ['gɜːlɪʃ, AM 'gɜːrl-] *adj* mädchenhaft
girlishly ['gɜːlɪʃli, AM 'gɜːrl-] *adv* mädchenhaft; **to dress** ~ sich *akk* wie ein Mädchen kleiden
girlishness ['gɜːlɪʃnəs, AM 'gɜːrl-] *n no pl* Mädchenhaftigkeit *f*
girl's blouse *n* BRIT *(hum fam)* Feigling *m pej,* Waschlappen *m fam o pej*
Girl Scout *n* AM Pfadfinderin *f* **girl talk** *n no pl (fam)* Gespräch *nt* unter Frauen, Frauengespräch *nt*
girly *adj see* **girlie**
giro ['dʒaɪ(ə)rəʊ, AM 'dʒaɪroʊ] *n* ❶ *no pl* BRIT *(system)* Postscheckdienst *m,* Giro *nt,* Gironetz *nt;* **National G~** Postgirodienst *m;* **to transfer sth by** ~ etw per Scheck überweisen
❷ <*pl* -s> BRIT *(cheque)* Giroscheck *m*
giro account *n* Girokonto *nt* **giro check** AM, **giro cheque** *n* Giroscheck *m* **giro system** *n* Postscheckdienst *m,* Giro *nt; see also* **giro 1 giro transfer** *n* Giroüberweisung *f*
girt [gɜːt, AM gɜːrt] *pp of* **gird**
girth [gɜːθ, AM gɜːrθ] *n* ❶ *(circumference)* Umfang *m;* **in** ~ an Umfang
❷ *(hum: fatness)* Körperumfang *m*
❸ *(saddle strap)* Sattelgurt *m;* **to loosen the** ~ den Gurt lösen
gismo *n see* **gizmo**
gist [dʒɪst] *n* ■ **the** ~ ❶ *(essence)* das Wesentliche; **to give sb the** ~ [**of sth**] jdm eine Zusammenfassung [von etw *dat*] geben; **to read for** ~ quer lesen
❷ *(main points)* Hauptpunkte *mpl;* **to get the** ~ **of sth** den Sinn von etw *dat* verstehen; **to give sb the** ~ jdm die Hauptpunkte nennen
git [gɪt] *n* BRIT *(pej sl)* Widerling *m pej;* **stupid** ~! ekelhafter Kerl!
gite [ʒiːt] *n* BRIT französisches Ferienhaus; **to take a** ~ ein Ferienhaus in Frankreich mieten
gite holiday *n* Urlaub *m* in einem Ferienhaus

give [gɪv]

I. TRANSITIVE VERB **II.** INTRANSITIVE VERB
III. NOUN

I. TRANSITIVE VERB

<gave, given> ❶ *[in collocations] see* **birth 1, blood I 1, evidence I 2 etc.**
❷ *[hand over]* ■ **to** ~ **sb sth** [*or* **sth to sb**] jdm etw geben; **to** ~ **sb a cold** jdn mit seiner Erkältung anstecken; **to** ~ **a woman in marriage to sb** eine Frau an jdn verheiraten; ***she gave him two sons*** sie schenkte ihm zwei Söhne
❸ *[administer]* ■ **to** ~ **sb sth** *medicine* jdm etw geben; **to** ~ **sb a sedative** jdm ein Beruhigungsmittel geben
❹ *[as present]* ■ **to** ~ **sb sth** [*or* **sth to sb**] jdm etw schenken; *(donate)* jdm etw spenden; ***this book was given to me by my best friend*** dieses Buch hat mir meine beste Freundin geschenkt; ***please ~ generously*** wir bitten um großzügige Spenden; **to** ~ **sb a present** jdm etwas schenken; **to** ~ **sb sth as a present** jdm etw schenken
❺ *[offer]* ■ **to** ~ **sb sth** jdm etw geben; **to** ~ **sb an excuse for sth/for doing** [*or* **to do**] **sth** jdm als Entschuldigung für etw *akk* dienen; **to** ~ **sb food** jdm zu essen geben; **to** ~ **sb one's seat** jdm seinen Platz anbieten; **to** ~ **sb something to eat/drink** jdm etwas zu essen/trinken anbieten; ***they gave us pork for dinner*** zum Abendessen servierten sie Schweinefleisch; ~***n the choice*** wenn ich die Wahl hätte; *see also* **example 1, strength 12, support II 2**
❻ *[entrust]* **to** ~ **one's baby/sth into sb's care** jdm sein Baby/etw anvertrauen; **to** ~ **sb the power to do sth** jdn dazu bevollmächtigen, etw zu tun
❼ *[sacrifice]* ***I'd ~ anything*** [*or* ***the world***] [*or* ***my right arm***] ***to be …*** ich würde alles dafür geben [*o* tun], … zu sein
❽ *[sell, pay]* **to** ~ **sb sth for £20** jdm etw für 20 Pfund verkaufen; **to** ~ **sb £20 for sth** jdm für etw *akk* 20 Pfund zahlen; ***how much did you ~ for that?*** wie viel hast du dafür gezahlt?; ***I'll ~ you the camera for £100*** für 100 Pfund gehört die Kamera dir!
❾ *[cause]* ■ **to** ~ **sb sth** etw bei jdm hervorrufen; **sth ~s sb a headache** jd bekommt von etw *dat* Kopfschmerzen; *(fig)* etw bereitet jdm Kopfschmerzen; **to** ~ **sb/sth a bad name** jdn/etw in Verruf bringen; **to** ~ **sb to understand that …** jdm zu verstehen geben, dass …; ***the fresh air has ~n us an appetite*** die frische Luft hat uns Appetit gemacht; ***that will ~ you something to think about!*** darüber kannst du ja mal nachdenken!; ***what gave you that idea?*** wie kommst du denn auf die Idee?; *see also* **joy 1, pleasure 1, pain I 1, trouble I 4**
❿ *[grant]* ■ **to** ~ **sb sth** jdm etw geben; **to** ~ **sb his/her due** jdm Ehre erweisen; ~ ***the devil his due*** Ehre, wem Ehre gebührt; **to** ~ **sb encouragement** jdn ermutigen; **to** ~ **sb permission** [**to do sth**] jdm die Erlaubnis erteilen[, etw zu tun]
⓫ *[carry out] see* **call I 1, kiss² I 1, look I 1, smile I**
⓬ *[impart]* **to** ~ **one's age/name** sein Alter/seinen Namen angeben; **to** ~ **a decision** *court* ein Urteil fällen; **to** ~ **sb the news of sth** jdm etw mitteilen; ***can you ~ me any details?*** können Sie mir irgendwelche Einzelheiten nennen?; ***she wouldn't ~ me her opinion*** sie wollte mir nicht sagen, was sie denkt; ***he couldn't ~ me a reason why …*** er konnte mir auch nicht sagen, warum …; ~ ***him my thanks*** richten Sie ihm meinen Dank aus; ~ ***her my regards*** [*or* ***my best wishes***] grüß' sie schön von mir!; *see also* **advice 1, answer I 1, information I 1, notice III 4, warning 2 etc.**
⓭ *[assign]* **to be given full sentence/life imprisonment** die Höchststrafe/lebenslang bekommen; ***the teacher gave us no exercises today*** der Lehrer hat uns heute nichts aufgegeben
⓮ *usu imper [connect with]* ~ ***me the police/sales department/Mr Smith*** verbinden Sie mich bitte mit der Polizei/der Verkaufsabteilung/Mr. Smith
⓯ *[allow]* ■ **to** ~ **sb sth** *time* jdm etw geben; ***just ~ me two more days*** geben Sie mir noch zwei Tage extra; ***I'll ~ you a day to think it over*** ich lasse dir einen Tag Bedenkzeit; ~ ***yourself time to get over it*** lass' dir Zeit, um darüber hinwegzukommen; ~ **or take** mehr oder weniger; ***he came at six o'clock, ~ or take a few minutes*** er kam so gegen sechs
⓰ *[predict]* **to** ~ **sb/sth three months/five years** *marriage, relationship* jdm/etw drei Monate/fünf Jahre geben
⓱ *[present]* **to** ~ **a concert** ein Konzert geben; **to** ~ **a speech/lecture** eine Rede/einen Vortrag halten; ~ ***us a song, John*** sing uns was vor John!
⓲ *[host]* **to** ~ **a party/reception** eine Party/einen Empfang geben
⓳ *[utter, emit]* **to** ~ **a bark** bellen; **to** ~ **a cry/groan** aufschreien/-stöhnen; **to** ~ **a noise** ein Geräusch von sich *dat* geben; *see also* **laugh I 1, sigh I etc.**
⓴ *[like best]* ~ ***me PONS every time*** [*or* ***any day***] es geht doch nichts über PONS!
㉑ *[value]* **to not** ~ **much** [*or* **anything**] **for sth** nicht viel auf etw *akk* geben *fam*
㉒ *[devote]* **to** ~ **one's life to sth** etw *dat* sein Leben widmen
㉓ *[fam: punish]* ***I'll ~ you what for, young lady, coming home at 2 o'clock in the morning!*** ich geb' dir gleich was, junge Dame – um zwei Uhr morgens nach Hause zu kommen!
㉔ *[produce]* ■ **to** ~ **sth** *result, number* etw ergeben; **to** ~ **milk/light** Milch/Licht geben; **to** ~ **warmth** Wärme spenden
㉕ *[do]* **to** ~ **sb's hand a squeeze** jdm die Hand drücken; **to** ~ **sb a** [**dirty/friendly**] **look** jdm einen vernichtenden/freundlichen Blick zuwerfen; **to** ~ **a shrug** mit den Schultern [*o* Achseln] zucken
㉖ *[admit/grant]* ***she's quite brave, I'll ~ you that*** das gestehe ich dir zu – Mut hat sie; ***I'll ~ you that*** das muss man dir lassen
㉗ *[form: prone to]* ■ **to be ~n to sth** zu etw *dat* neigen
㉘ *[toast]* **to** ~ **a toast to sb** auf jdn einen Tost ausbringen; ***I ~ you the president*** auf den Präsidenten!; *(as speaker)* das Wort hat der Präsident
► PHRASES: ~ **me a break!** jetzt mach aber mal halblang! *fam;* *(stop)* jetzt hör' aber auf! *fam;* *(don't believe)* das glaubst du doch selbst nicht! *fam;* **I don't** ~ **a damn** *fam* [*or fam!* **a shit**] [*or vulg* **a fuck**] das ist mir scheißegal! *derb;* **to** ~ **a dog a bad name** BRIT *(saying)* alte Geschichten [wieder] aufwärmen; **you just have to** ~ **it a go** du musst es einfach versuchen! *fam;* **don't** ~ **me that!** komm mir doch nicht damit! *fam*

II. INTRANSITIVE VERB

<gave, -n> ❶ *[donate]* ■ **to** ~ **to sth** *charity* für etw *akk* spenden; **to** ~ **of one's best** sein Bestes geben; **to** ~ **of one's money/time** sein Geld/seine Zeit opfern; **to** ~ **generously** großzügig spenden; **to** ~ **and take** [gegenseitige] Kompromisse machen
❷ *[bend, yield] rope* reißen; *bed* federn; *knees* weich werden; ■ **to** ~ [**under** [*or* **with**] **sth**] *weight* [unter etw *dat*] nachgeben
❸ *[collapse] bridge* einstürzen; *seam* platzen; ***you can't work so hard all the time, something's bound to ~*** du kannst nicht die ganze Zeit so hart arbeiten, sonst wird das irgendwann mal ganz böse

ausgehen! *sl*
❹ [*be at an end*] ■**sth** ~**s** *patience* mit etw *dat* ist es vorbei; *nerves, voice* etw versagt
❺ [*fam: what's happening*] ***what ~s?*** was gibt's Neues?; ***what ~s here?*** was ist hier so los? *fam*
❻ [*tell*] ~**!** erzähl' schon! *fam*
▶ PHRASES: **it is better** [*or* **more blessed**] **to ~ than to receive** (*prov*) Geben ist seliger denn Nehmen *prov;* **to ~ as good as one gets** Gleiches mit Gleichem vergelten

III. NOUN

no pl Nachgiebigkeit *f;* (*elasticity*) Elastizität *f;* *of bed* Federung *f;* **to** [**not**] **have much ~** [nicht] sehr nachgeben; (*elastic*) [nicht] sehr elastisch sein
◆**give away** *vt* ❶ (*offer for free*) ■**to ~ away ○ sth** etw verschenken; **to ~ away samples** Gratisproben verteilen
❷ (*at wedding*) ■**to ~ away ○ sb** *father of the bride* jdn zum Altar führen
❸ (*fig: lose*) ■**to ~ away ○ sth** *victory, penalty* etw verschenken
❹ (*reveal, expose*) ■**to ~ away ○ sth** *secret, details* etw verraten; **to ~ the game** [*or* **show**] **away** alles verraten; ■**to ~ away ○ sb** jdn verraten; ■**to ~ oneself away** sich *akk* verraten
◆**give back** *vt* ■**to ~ back ○ sth to sb,** ■**to ~ sb back ○ sth** jdm etw zurückgeben [*o* wiedergeben]
◆**give in I.** *vi* ❶ (*cave to pressure*) nachgeben; ■**to ~ in to sth** etw *dat* nachgeben, sich *akk* etw *dat* beugen; **to ~ in to blackmail** auf Erpressung eingehen; **to ~ in to majority** sich *akk* der Mehrheit beugen; **to ~ in to temptation** der Versuchung erliegen
❷ (*surrender*) aufgeben
II. *vt* ❶ (*hand in*) ■**to ~ in ○ sth** *one's homework, keys* etw abgeben; **to ~ in a document** ein Dokument einreichen
❷ BRIT SPORTS (*rule inside*) **to ~ the ball in** den Ball gut geben
◆**give off** *vt* ■**to ~ off sth** etw abgeben; *smell, smoke* etw ausströmen; **to ~ off heat** Wärme abgeben
◆**give on to, give onto** *vi* ■**to ~ on to** [*or* **onto**] **sth** *doors, steps* auf etw *akk* hinausführen; *window* auf etw *akk* hinausgehen
◆**give out I.** *vi* ❶ (*run out*) *food, supplies* ausgehen; *energy* zu Ende gehen; ***then her patience gave out*** dann war es mit ihrer Geduld vorbei
❷ (*stop working*) *machines* versagen; ***my voice gave out*** mir versagte die Stimme; ***my clutch has ~n out*** meine Kupplung funktioniert nicht mehr
II. *vt* ❶ (*distribute*) ■**to ~ out ○ sth to sb** *food, leaflets* etw an jdn verteilen; *pencils, books* etw an jdn austeilen
❷ (*announce*) ■**to ~ out ○ sth** etw verkünden [*o* bekannt geben]
❸ (*pretend*) ■**to ~ oneself out as sth** [*or* **to be sth**] sich *akk* als etw *akk* ausgeben
❹ (*emit*) ■**to ~ out sth** *noise* etw von sich *dat* geben
❺ BRIT SPORTS (*rule out*) **to ~ the ball out** den Ball Aus geben
◆**give over I.** *vt* ❶ (*set aside*) ■**to be given over to sth** für etw *akk* beansprucht werden; (*devoted*) etw *dat* gewidmet sein/werden; ■**to ~ oneself over to sth** sich *akk* etw ganz hingeben
❷ (*hand over*) ■**to ~ over ○ sth to sb** jdm etw übergeben
❸ (*abandon*) ■**to ~ over ○ sth to sb** jdm etw überlassen; ■**to ~ over ○ sb to sb** jdn ausliefern
II. *vi* BRIT ❶ (*fam: stop*) aufhören; [**do**] **~ over!** jetzt hör' doch auf! *fam;* ■**to ~ over doing sth** aufhören, etw zu tun
❷ (*fam: disbelief*) ***they've doubled your salary? ~ over!*** sie haben wirklich dein Gehalt verdoppelt?!
◆**give up I.** *vi* aufgeben, resignieren *geh*
II. *vt* ❶ (*quit*) ■**to ~ up ○ sth** etw aufgeben; ■**to ~ up doing sth** *smoking, drinking* mit etw *dat* aufhören; **to ~ up a habit** eine Gewohnheit ablegen; ***his girlfriend has given him up*** seine Freundin hat ihn fallen gelassen; ***he would have ~n up everything for her*** für sie hätte er alles aufgegeben
❷ (*surrender*) ■**to ~ up ○ sth to sb** *place, seat* jdm etw überlassen; *territory* etw an jdn abtreten; **to ~ oneself up** [**to the police**] sich *akk* [der Polizei] stellen
❸ (*devote*) ■**to ~ oneself up to sth** sich *akk* etw *dat* hingeben; ***after her death he gave himself up to grief*** nach ihrem Tod verfiel er dem Schmerz; **to ~ up ○ one's life to sth/doing sth** sein Leben etw *dat* verschreiben *geh*
❹ (*consider lost*) ■**to ~ sb up** jdn aufgeben *fam;* **to ~ up sb/sth as a bad job** jdn/etw abschreiben *fam;* **to ~ sb up for dead** jdn für tot halten; **to ~ sb/sth up as lost** jdn/etw verloren glauben

give-and-take *n no pl* ❶ (*compromise*) Geben und Nehmen *nt*
❷ AM (*debate*) Meinungsaustausch *m;* **to enter into a ~** eine Diskussion beginnen
giveaway I. *n* ❶ *no pl* (*fam: telltale*) **to be a dead ~** alles verraten
❷ (*freebie*) Werbegeschenk *nt;* **to get a ~** ein Geschenk bekommen
II. *adj* ❶ (*low*) **~ price** Schleuderpreis *m*
❷ (*free*) kostenlos; **~ newspaper** Gratiszeitung *f*
given ['gɪvən] **I.** *n* gegebene Tatsache; ***in his novels, reality and morality are not ~s*** in seinen Romanen sind Wirklichkeit und Moralität nicht selbstverständlich; **to take sth as a ~** etw als gegeben annehmen
II. *adj inv* ❶ (*certain*) gegeben
❷ (*specified*) festgelegt; ***the bomb could go off at any ~ time and in any ~ place*** die Bombe konnte jederzeit und überall hochgehen
❸ (*tend*) ■**to be ~ to doing sth** gewöhnt sein, etw zu tun; ***she was ~ to staying in bed till lunchtime*** sie war daran gewöhnt, bis zur Mittagspause im Bett zu bleiben; ■**to be ~ to sth** zu etw *akk* neigen; **to be ~ to anger** sich leicht ärgern
III. *pp of* **give**
IV. *prep* ■**~ sth** angesichts einer S. *gen;* ***given his age, he's a remarkably fast runner*** für sein Alter läuft er ausgesprochen schnell; **~ the fact that ...** angesichts der Tatsache, dass ...
given name *n* Vorname *m*
giver ['gɪvəʳ, AM -ɚ] *n* Spender(in) *m(f);* **~ of blood/organs** Blut-/Organspender(in) *m(f)*
gizmo ['gɪzməʊ, AM -moʊ] *n* (*fam*) Ding *nt fam;* ***do you understand how these electronic ~s function?*** verstehst du, wie diese elektronischen Dinger funktionieren?
gizzard ['gɪzəd, AM ɚd] *n* ❶ (*a bird's stomach*) Muskelmagen *m*
❷ (*fam: sb's stomach or throat*) oberer Speisetrakt; **to stick in sb's ~** (*fig*) jdm [schwer] im Magen liegen *fig*
glacé ['glæseɪ, AM glæs'eɪ], AM *also* **glacéed** [glæs'eɪd] *adj attr, inv* **~ fruit** kandierte Früchte
glacial ['gleɪsiəl, AM 'gleɪʃəl] *adj inv* ❶ (*left by glacier*) **~ deposits** glaziale Ablagerungen; **~ lake** Gletschersee *m*
❷ (*freezing*) eisig; **~ wind** eiskalter Wind
❸ (*hostile*) feindlich; ***she gave me a ~ stare*** sie warf mir einen eisigen Blick zu
glacial epoch *n,* **glacial period** *n* Eiszeit *f*
glaciated ['gleɪsɪeɪtɪd, AM 'gleɪʃɪeɪţɪd] *adj* GEOL
❶ (*covered with glaciers*) *peak* vergletschert
❷ (*shaped by glaciers*) *valley* durch Gletscher entstanden
glacier ['glæsiəʳ, AM 'gleɪʃɚ] *n* Gletscher *m*
glad <-dd-> [glæd] *adj* ❶ (*happy*) glücklich; ***we were ~ about her success*** wir freuten uns über ihren Erfolg; ***I'd be*** [***only too***] ***~ to help you*** es freut mich, dass ich dir helfen kann; ■**to be ~ for sb** sich *akk* für jdn freuen; ■**to be ~ of sth** über etw *akk* glücklich sein; ■**to be ~** [**that**] ... froh sein, dass ...
❷ (*grateful*) dankbar; **~ and relieved** froh und erleichtert
gladden ['glædən] *vt* (*form*) ■**to ~ sb** jdn erfreuen; ***the news ~ed his heart*** die Nachricht stimmte sein Herz froh
glade [gleɪd] *n* (*esp liter*) Lichtung *f*
glad eye *n* (*dated sl*) ▶ PHRASES: **to give sb the ~** jdm schöne Augen machen **glad hand** (*fam*) **I.** *n* ■**the ~** Einschmeicheln *nt kein pl;* ***the politician gave everyone the ~*** der Politiker begrüßte jeden äußerst überschwänglich **II.** *vi* sich *akk* einschmeicheln **glad-handing** *n no pl* (*fam*) Einschmeicheln *nt*
gladiator ['glædieɪtəʳ, AM -ţɚ] *n* Gladiator *m*
gladiatorial [ˌglædiə'tɔːriəl] *adj inv* Gladiatoren-; **~ combat** Gladiatorenkampf *m*
gladiola ['glædioʊlə] *n esp* AM (*gladiolus*) Gladiole *f*
gladioli [ˌglædi'əʊlaɪ] *n pl of* **gladiolus**
gladiolus <*pl* -es *or* -li> [ˌglædi'əʊləs, AM -'oʊləs] *n* Gladiole *f*
gladly ['glædli] *adv* gerne
gladness ['glædnəs] *n no pl* Freude *f;* **to do sth with ~** etw gerne machen
glad rags *npl* (*hum*) Sonntagsstaat *m hum;* **to put on one's ~** sich *akk* in Schale werfen *fam* **glad tidings** *n no pl* (*old or hum*) **to give sb ~/the ~** jdm gute Nachrichten/die guten Nachrichten überbringen
glam [glæm] *esp* BRIT **I.** *adj* (*fam*) *short for* **glamorous** bezaubernd, betörend; **to look ~** bezaubernd aussehen
II. *n no pl* (*fam*) *short for* **glamour** Glamour *m*
III. *vt* ■**to ~ oneself up** sich *akk* zurechtmachen
IV. *vi* ■**to ~ up** sich *akk* zurechtmachen
glamor *n no pl* AM *see* **glamour**
glamorize ['glæməʳaɪz, AM -əraɪz] *vt* ■**to ~ sth** etw verherrlichen
glamorous ['glæmərəs] *adj outfit, clothes* glamourös
glamorously ['glæmərəsli] *adv* glamourös
glamorousness ['glæmərəsnəs] *n no pl* Glanz *m*
glamour ['glæməʳ], AM **glamor** [-ɚ] *n no pl* Zauber *m;* ***the ~ of a theatre première*** der Glanz einer Theaterpremiere
glamour boy *n* Schönling *m,* Beau *m geh* **glamour girl** *n* Glamourgirl *nt fam* **glamourpuss** ['glæməpʊs, AM -mɚ-] *n* (*dated*) Glamourgirl *nt fam*
glamour stocks *n* STOCKEX *stark gefragte Aktien mit spekulativem Charakter*
glam rock *n no pl* Glamrock *m*
glance [glɑːn(t)s, AM glæn(t)s] **I.** *n* Blick *m;* **to take** [*or* **cast**] **a ~ at one's watch** auf die Uhr schauen; **at first ~** auf den ersten Blick; **a meaningful/knowing ~** ein bedeutender/wissender Blick; **to exchange ~s** Blicke austauschen; **to give sth a ~** [*or* **to have a ~ at sth**] etw flüchtig anblicken; **to see at a ~** mit einem Blick erfassen
II. *vi* ❶ (*look*) **to ~ over** [*or* **through**] **a letter** einen Brief überfliegen; ■**to ~ at sth** *watch* auf etw *akk* schauen; ■**to ~ around** [*or* **round**] **sth** einen Blick in etw *akk* werfen; **to ~ around a room** sich *akk* in einem Zimmer umschauen; ■**to ~ up** [**from sth**] [von etw *dat*] aufblicken
❷ (*shine*) ***the sunshine ~d off her sunglasses and into my eyes*** das Sonnenlicht wurde von ihrer Sonnenbrille reflektiert und blendete mich
◆**glance off** *vi* abprallen; ***the bullets ~d off the car*** die Kugeln prallten vom Auto ab
glancing ['glɑːn(t)sɪŋ, AM 'glæn(t)s-] *adj attr, inv* streifend; ***he received a ~ blow on his head*** der Schlag streifte ihn am Kopf
gland[1] [glænd] *n* Drüse *f*
gland[2] [glænd] *n* TECH Stopfbüchse *f,* Stopfbuchse *f*
glandular ['glændjʊləʳ, AM -dʒələ-] *adj* Drüsen-; **~ problems** Drüsenprobleme
glandular fever *n no pl* Drüsenfieber *nt* **glandular secretion** *n* Drüsenabsonderung *f*
glare [gleəʳ, AM gler] **I.** *n* ❶ (*stare*) wütender Blick; **to give sb a ~** jdn wütend anfunkeln
❷ *no pl* (*light*) grelles Licht; ***I was dazzled by the ~ of the oncoming headlights*** ich wurde durch die entgegenkommenden Scheinwerfer geblendet; ~

of the sun grelles Sonnenlicht; **to give off** ~ Strahlung abgeben
❸ *no pl* (*public view*) **to be in the** [**full**]/**in a** ~ **of publicity** im [vollen] Scheinwerferlicht der Öffentlichkeit stehen
II. *vi* ❶ (*stare*) ■**to** ~ [**at sb**] [jdn an]starren
❷ (*shine*) blenden; ***the sun is glaring in my eyes*** die Sonne blendet mich in den Augen; ***the car lights*** ~***d out*** die Autoscheinwerfer blendeten
III. *vt* **to** ~ **defiance** [**at sb/sth**] jdn/etw trotzig anstarren
glaring [ˈgleəʳɪŋ, AM ˈgler-] *adj* ❶ (*staring*) ~ **eyes** stechender Blick
❷ (*blinding*) *sun* blendend; *light* grell
❸ (*obvious*) *mistake, error* eklatant; ~ **weakness** krasse Schwäche; ~ **injustice** himmelschreiende Ungerechtigkeit
glaringly [ˈgleəʳɪŋli, AM ˈgler-] *adv* offensichtlich; ***that's*** ~ ***obvious*** das liegt ganz klar auf der Hand
glasnost [ˈglæznɒst, AM nɑːst] *n no pl* POL Glasnost *f*
glass [glɑːs, AM glæs] I. *n* ❶ *no pl* (*material*) Glas *nt;* **pane of** ~ Glasscheibe *f;* **broken** ~ Glasscherben *fpl;* **coloured** ~ Buntglas *nt;* **under** ~ im Gewächshaus
❷ (*glassware*) Glas *nt,* Glaswaren *pl*
❸ (*receptacle*) Trinkglas *nt;* **straight** ~ Glas *nt* ohne Henkel; **to raise one's** ~ sein Glas zum Toast erheben
❹ (*drink*) Glas *nt;* **a** ~ **of water/wine** ein Glas *nt* Wasser/Wein
❺ *pl* (*spectacles*) [**pair of**] ~**es** Brille *f*
❻ (*binoculars*) ■~**es** *pl* Fernglas *nt*
❼ (*dated: mirror*) Spiegel *m*
❽ (*dated: barometer*) ■**the** ~ das Barometer; **the falling/rising** ~ das fallende/steigende Barometer
II. *n modifier* Glas-; ~ **vase** Glasvase *f*
► PHRASES: **people who live in** ~ **houses shouldn't throw stones** (*prov*) wer im Glashaus sitzt, sollte nicht mit Steinen werfen *prov*
III. *vt* BRIT (*fam*) ■**to** ~ **sb** jdn mit Glas schlagen
◆**glass in** *vt* ■**to** ~ **in** ↻ **sth** etw verglasen
◆**glass over** *vt* ■**to** ~ **over** ↻ **sth** etw einglasen
glass-blower *n* Glasbläser(in) *m(f)* **glass ceiling** *n* ► PHRASES: **to hit a** ~ an die Grenzen stoßen **glass-cutter** *n* Glasschneider *m* **glass eye** *n* Glasauge *nt* **glass fibre** *n* ❶ *no pl* (*fibreglass*) Glasfasern *fpl* ❷ (*filament*) Glasfaser *f* **glassful** *n* Glas *nt* voll; **a** ~ **of orange juice** ein Glas *nt* voll Orangensaft **glasshouse** *n* Gewächshaus *nt* **glassware** *n no pl* Glaswaren *pl* **glassworks** *n* + *sing/pl vb* Glasfabrik *f*
glassy [ˈglɑːsi, AM ˈglæsi] *adj* ❶ (*liter: smooth*) *surface* spiegelglatt
❷ (*fixed*) ~ **eyes** glasige Augen
Glaswegian [glæzˈwiːdʒən, AM glæsˈ-] I. *n* ❶ (*person*) Glasgower(in) *m(f)*
❷ *no pl* (*accent*) Glasgower *m* Dialekt
II. *adj inv* aus Glasgow *nach n;* ■**to be** ~ aus Glasgow kommen
glaucoma [glɔːˈkəʊmə, AM glɑːˈkoʊ-] *n no pl* grüner Star, Glaukom *nt fachspr;* **to have** ~ an grünem Star leiden
glaucous [ˈglɔːkəs, AM ˈglɑː-] *adj* ❶ (*greenish-blue*) blaugrün
❷ BOT mit weißlichem Film überzogen
glaze [gleɪz] I. *n of a cake* Glasur *f*
II. *vt* ❶ (*make shiny*) **to** ~ **a cake** einen Kuchen glasieren; **to** ~ **paper** Papier satinieren
❷ (*fit with glass*) **to** ~ **windows** Fenster verglasen
◆**glaze in** *vt* **to** ~ **in** ↻ **windows** Fenster verglasen
◆**glaze over** *vi eyes* glasig werden
glazed [gleɪzd] *adj* ❶ (*shiny*) glänzend; ~ **finish** Glanzappretur *f*
❷ (*fitted with glass*) *doors* verglast
❸ (*dull*) *expression, look* glasig
❹ FOOD (*coated in glazed sugar*) glasiert
glazer [ˈgleɪzəʳ, AM -ɚ] *n* Glasierer(in) *m(f)*
glazier [ˈgleɪziəʳ, AM gleɪʒɚ] *n* Glaser(in) *m(f)*
glazing [ˈgleɪzɪŋ] *n no pl* Verglasung *f*

GLC [ˌdʒiːelˈsiː] *n no pl,* + *sing/pl vb* BRIT (*hist*) *abbrev of* **Greater London Council** *ehemaliger Verwaltungsbezirk von London und Umgebung*
gleam [gliːm] I. *n* ❶ (*light*) Schimmer *m*
❷ (*sign*) Schimmer *m;* ~ **of hope** Hoffnungsschimmer *m;* ~ **of interest/pride** Zeichen *nt* von Interesse/Stolz
II. *vi light* schimmern; **to** ~ **with pleasure** vor Freude strahlen
gleaming [ˈgliːmɪŋ] *adj* glänzend, funkelnd
glean [gliːn] *vt* ■**to** ~ **sth** [**from sb**] etw [von jdm] in Erfahrung bringen; ***from what I was able to*** ~, ***the news isn't good*** ausgehend von dem, was ich in Erfahrung bringen konnte, sind die Neuigkeiten nicht gut
gleaner [ˈgliːnəʳ, AM ɚ] *n* Ährenleser(in) *m(f);* (*also fig*) Nachleser(in) *m(f) a. fig*
gleaning [ˈgliːnɪŋ] *n no pl* HIST Ährenlesen *nt;* (*also fig*) Nachlesen *nt a. fig*
gleanings [ˈgliːnɪŋz] *npl* (*information*) Nachrichten *fpl;* (*fig*) Ausbeute *f*
glebe [gliːb] *n* HIST Pfarrland *nt*
glee [gliː] *n no pl* Entzücken *nt;* **shouts of** ~ Schreie des Entzückens; **to do sth with** [*or* **in**] ~ etw mit Freude machen
glee club *n* Gesangsverein *m*
gleeful [ˈgliːfəl] *adj* ausgelassen; ~ **smile** fröhliches Lächeln
gleefully [ˈgliːfəli] *adv* ausgelassen; **to smile** ~ ausgelassen lächeln
glen [glen] *n* Schlucht *f*
glib <-bb-> [glɪb] *adj* ❶ (*hypocritical*) *person* heuchlerisch *pej,* aalglatt; **a** ~ **answer** eine unbedachte Antwort; ■**to be** ~ ein Heuchler *m*/eine Heuchlerin sein
❷ (*facile*) *person* zungenfertig; ■**it's** ~ **to do sth** es ist einfach, etw zu tun; ***it's just too*** ~ ***to blame crime on unemployment*** es ist zu einfach, die Verbrechensrate auf die Arbeitslosigkeit zurückzuführen
glibly [ˈglɪbli] *adv* heuchlerisch *pej; assume, talk* leichtfertig; **to reply** ~ vorschnell antworten
glibness [ˈglɪbnəs] *n no pl* Heuchelei *f*
glide [glaɪd] I. *vi* ❶ (*move smoothly*) ■**to** ~ **somewhere** irgendwo hingleiten; ***she*** ~***d*** [***gracefully***] ***into the ballroom*** sie schwebte [graziös] in den Tanzsaal
❷ (*fly*) gleiten, im Gleitflug fliegen; **to take sb gliding** mit jdm Segelfliegen gehen
❸ (*experience*) **to** ~ **through life** durch das Leben schreiten
II. *n* Gleiten *nt kein pl;* **with a** ~ mit einer Gleitbewegung
glider [ˈglaɪdəʳ, AM -ɚ] *n* ❶ (*plane*) Segelflugzeug *nt*
❷ AM (*chair*) Hollywoodschaukel *f*
glider pilot *n* Segelflieger(in) *m(f)*
gliding [ˈglaɪdɪŋ] *n no pl* Segelfliegen *nt*
gliding club *n* Segelflugverein *m*
glimmer [ˈglɪməʳ, AM -ɚ] I. *vi* ❶ (*shine*) *light* schimmern
❷ (*show*) schimmern; ■**to** ~ **through** durchschimmern
II. *n* ❶ (*light*) Schimmer *m kein pl;* ~ **of light** Lichtschimmer *m*
❷ (*sign*) Schimmer *m kein pl;* ~ **of hope** Hoffnungsschimmer *m;* ~ **of interest** Funken *m* des Interesses; ~ **of light** Lichtschimmer *m*
glimmering [ˈglɪmərɪŋ, AM -ɚɪŋ] *n see* **glimmer II**
glimpse [glɪm(p)s] I. *vt* ■**to** ~ **sb/sth** jdn/etw flüchtig sehen; ***signs that the economy is improving are beginning to be*** ~***d*** Anzeichen für eine Verbesserung der Wirtschaftslage beginnen sich abzuzeichnen
II. *n* [kurzer/flüchtiger] Blick; **to catch a** ~ **of sb** von jdm einen flüchtigen Blick erhaschen; **to catch a** ~ **of sb's life** einen kurzen Einblick in jds Leben bekommen
glint [glɪnt] I. *vi* ❶ (*shine*) *diamond, stream* glitzern

❷ (*sparkle*) *eyes* glitzern; ***his eyes*** ~***ed with excitement*** seine Augen funkelten vor Begeisterung
II. *n of gold, eyes* Glitzern *nt*
glissade [glɪˈsɑːd] *n* ❶ (*in ballet*) Schleifschritt *m,* Glissade *f fachspr*
❷ (*in climbing*) Abfahrt *f,* Rutschpartie *f*
glissando [glɪˈsændəʊ, AM -ˈsɑːndoʊ] *n* MUS Glissando *nt fachspr*
glisten [ˈglɪsən] *vi* glitzern, glänzen; ***fry the onions in the olive oil until they*** ~ die Zwiebeln in Olivenöl glasig anbraten; ***his eyes*** ~***ed*** seine Augen wurden feucht
glitch [glɪtʃ] *n* ❶ (*fam: fault*) Fehler *m;* **computer** ~ Computerstörung *f*
❷ (*setback*) Verzögerung *f*
❸ ELEC (*surge*) Spannungsspitze *f*
glitter [ˈglɪtəʳ, AM -t̬ɚ] I. *vi* ❶ (*shine*) *diamond* glitzern, strahlen
❷ (*sparkle*) *eyes* funkeln; ***his dark eyes*** ~***ed*** [***with anger***] seine dunklen Augen sprühten vor Zorn
► PHRASES: **all that** ~**s is not gold** (*prov*) es ist nicht alles Gold, was glänzt *prov*
II. *n no pl* ❶ (*sparkling*) *of sea, fireworks* Glitzern *nt; of eyes* Funkeln *nt,* Strahlen *nt*
❷ (*appeal*) Prunk *m*
❸ (*decoration*) Glitter *m*
glitterati [ˌglɪtəˈrɑːtiː, AM -t̬əˈɑːt̬i] *npl* ■**the** ~ die Reichen und Berühmten
glittering [ˈglɪtərɪŋ, AM -t̬ɚ-] *adj* ❶ (*sparkling*) *skyline* glitzernd
❷ (*impressive*) **a** ~ **career** eine glanzvolle Karriere
❸ (*appealing*) prächtig
glittery [ˈglɪtəri, AM -t̬əri] *adj* glitzernd
glitz [glɪts] *n no pl* Glanz *m*
glitzy [ˈglɪtsi] *adj party* glanzvoll; ~ **car** protziges Auto *fam*
gloaming [ˈgləʊmɪŋ] *n no pl* SCOT (*liter*) ■**the** ~ die Abenddämmerung
gloat [gləʊt, AM gloʊt] I. *vi* ❶ (*boast*) angeben, protzen *fam;* ■**to** ~ **over** [*or* **about**] **sth** mit etw *dat* angeben; ■**to** ~ **that …** sich *akk* damit brüsten, dass …
❷ (*dwell on*) sich hämisch freuen; ■**to** ~ **over sth** sich *akk* an etw *dat* weiden; **to** ~ **over sb's misfortune** sich *akk* an jds Unglück weiden
II. *n* Schadenfreude *f*
gloatingly [ˈgləʊtɪŋli, AM ˈgloʊt-] *adv* schadenfroh
glob [glɒb, AM glɑːb] *n* (*fam*) Klumpen *m,* Patzen *m* ÖSTERR, SÜDD; **a** ~ ***of chewing gum*** ein Klumpen *m* Kaugummi; **a** ~ **of honey/cream** ein Klecks *m* Honig/Sahne *fam*
global [ˈgləʊbəl, AM ˈgloʊ-] *adj* ❶ (*worldwide*) global; ~ **catastrophe** weltweite Katastrophe
❷ (*complete*) umfassend; **to give a** ~ **picture of sth** ein umfassendes Bild von etw *dat* abgeben
global capitalism *n no pl* globale Marktwirtschaft
globalism [ˈgləʊbəlɪzəm, AM ˈgloʊ-] *n no pl* Globalismus *m*
globalist [ˈgləʊbəlɪst, AM ˈgloʊ-] I. *n* Globalist(in) *m(f)*
II. *adj* globalistisch
globalization [ˌgləʊbəlaɪˈzeɪʃən, AM ˌgloʊbəlɪˈ-] *n no pl* Globalisierung *f*
globalize [ˈgləʊbəlaɪz, AM ˈgloʊbəl-] I. *vt* ■**to** ~ **sth** etw globalisieren; ***satellite broadcasting is helping to*** ~ ***television*** die Satellitenübertragung ermöglicht eine Globalisierung des Fernsehens
II. *vi* weltweit ausgerichtet sein
globally [ˈgləʊbəli, AM ˈgloʊ-] *adv* ❶ (*worldwide*) global
❷ (*generally*) allgemein
global search *n* COMPUT allgemeine Suche; **to do a** ~ im gesamten Dokument suchen **global village** *n* ■**the** ~ das Weltdorf **global warming** *n no pl* Erwärmung *f* der Erdatmosphäre; **to limit** ~ die Erwärmung der Erdatmosphäre eindämmen
globe [gləʊb, AM gloʊb] *n* ❶ (*Earth*) ■**the** ~ die Erde; **to circle the** ~ die Welt umreisen
❷ (*map*) Globus *m;* **to spin the** ~ den Globus drehen
❸ (*sphere*) Kugel *f;* **glass** ~ Glaskugel *f*

❹ Aus (*bulb*) Glühbirne *f*
globe artichoke *n* Artischocke *f* **globetrotter** *n* Globetrotter(in) *m(f)* **globetrotting** I. *n no pl* Globetrotten *nt* II. *adj attr, inv* weltreisend; ~ **business people** Geschäftsreisende *pl*
globular ['glɒbjʊləʳ, AM 'glɑ:bjələ˞] *adj shape* kugelförmig
globular cluster *n* ASTRON Kugel[stern]haufen *m*
globule ['glɒbju:l, AM 'glɑ:b-] *n* Kügelchen *nt*
glockenspiel ['glɒkənʃpi:l, AM 'glɑkənspi:l] *n* MUS Glockenspiel *nt*
gloom [glu:m] I. *n no pl* ❶ (*depression*) Hoffnungslosigkeit *f;* ~ **and despondency** Resignation *f geh;* **to express one's ~ about sth** seine Niedergeschlagenheit über etw *akk* zum Ausdruck bringen
❷ (*darkness*) Düsterheit *f;* ***a figure emerged from the ~ of the corridor*** aus dem Dunkel des Flures tauchte eine Figur auf
II. *vi* ■**to ~ about sth** über etw *akk* resigniert sein
gloomily ['glu:mɪli] *adv* düster
gloominess ['glu:mɪnəs] *n no pl* ❶ (*depression*) Hoffnungslosigkeit *f*
❷ (*darkness*) Düsterheit *f;* ***the ~ of the weather is driving me nuts*** dieses düstere Wetter treibt mich zum Wahnsinn *fam*
gloomy ['glu:mi] *adj* ❶ (*dismal*) trostlos; ~ **thoughts** trübe Gedanken; ■**to be ~ about** [*or* **over**] **sth** für etw *akk* schwarz sehen *fam*
❷ (*dark*) *weather, room* düster; **to turn ~** trüb werden
glop [glɑ:p] *n no pl esp* AM (*pej fam*) [zähe] Masse
glorification [ˌglɔ:rɪfɪ'keɪʃən, AM -rəfə'-] *n no pl* ❶ (*honouring*) Lobpreisung *f poet*
❷ (*make more splendid*) Glorifizierung *f,* Verherrlichung *f*
glorified ['glɔ:rɪfaɪd, AM -rə-] *adj attr, inv* (*usu pej*) ***that bistro is actually just a ~ bar*** dieses Bistro ist eigentlich nur eine bessere Bar; ***my computer is a kind of ~ typewriter*** mein Computer ist nur eine bessere Schreibmaschine
glorify <-ie-> ['glɔ:rɪfaɪ, AM -rə-] *vt* ❶ (*make seem better*) ■**to ~ sth** *the past, war* etw verherrlichen [*o* glorifizieren]
❷ (*honour*) ■**to ~ sb** jdn ehren; ***a statue was erected to ~ the country's national heroes*** zu Ehren der Nationalhelden wurde eine Statue errichtet; **to ~ Allah/God** REL Allah/Gott [lob]preisen
glorious ['glɔ:riəs] *adj* ❶ (*honourable, illustrious*) *victory* glorreich; *person* ruhmvoll
❷ (*splendid*) prachtvoll, prächtig; *day, weather* herrlich; (*iron: dreadful*) schön *iron*
gloriously ['glɔ:riəsli] *adv* ❶ (*honourably*) ruhmvoll, ehrenvoll
❷ (*splendidly*) herrlich, wunderbar
Glorious Revolution *n no pl* BRIT HIST ■**the ~** die Glorreiche Revolution
glory ['glɔ:ri] I. *n* ❶ *no pl* (*honour*) Ruhm *m;* ***in the days of its ~, this city was the world's cultural centre*** in ihrer Blütezeit war diese Stadt das kulturelle Zentrum der Welt; ***he didn't exactly cover himself in*** [*or* ***with***] **~** er hat sich nicht gerade mit Ruhm bekleckert *iron fam;* **in a blaze of ~** ruhmvoll, glanzvoll; **to bask** [*or* **bathe**] **in reflected ~** sich *akk* in unverdientem Ruhm sonnen *geh;* **to deserve/get all the ~ for sth** die ganzen Lorbeeren für etw *akk* verdienen/ernten
❷ (*splendour*) Herrlichkeit *f,* Pracht *f;* ***the museum houses many of the artistic glories of the ancient world*** das Museum beherbergt viele der Kunstschätze des Altertums; ***how long will it take to restore the castle to its former ~?*** wie lange wird es dauern, der Burg wieder zu ihrer alten Pracht zu verhelfen?
❸ (*attracting honour*) ruhmreiche Tat; (*achievement*) Glanzleistung *f;* ***this pupil is the school's ~*** dieser Schüler ist der Stolz der Schule; **past glories** vergangene Ruhmestaten; *of soldiers* vergangene Heldentaten
❹ *no pl* REL (*praise*) Ehre *f;* ***~ to God in the highest*** Ehre sei Gott in der Höhe
❺ *no pl* (*heaven*) Himmel *m,* Himmelreich *nt;* ■**to be in ~** im Himmel sein; **to go to ~** (*euph*) sterben, ins ewige Reich eingehen *euph*
► PHRASES: ~ **be!** Gott [*o* dem Himmel] sei Dank!
II. *vi* <-ie-> ■**to ~ in** [**doing**] **sth** etw genießen; ***she's always gloried in the fact that she's better qualified than her sister*** sie hat sich immer gerühmt, eine bessere Ausbildung zu haben als ihre Schwester; ***my sister glories in pointing out my failings*** meine Schwester kostet es richtig aus, meine Fehler hervorzuheben; **to ~ in one's success** sich *akk* in seinem Erfolg sonnen [*o* baden]
glory box *n* AUS, NZ Aussteuertruhe *f* **glory days** *npl* ruhmreiche Tage **glory hole** *n* (*fam*) Rumpelkammer *f fam*
Glos BRIT *abbrev of* **Gloucestershire**
gloss[1] [glɒs, AM glɑ:s] I. *n no pl* ❶ (*shine*) Glanz *m;* ***her hair has a beautiful ~ to it*** ihr Haar glänzt wunderschön; **high ~** Hochglanz *m;* **in ~ or matt** *photos* glänzend oder matt; (*fig*) **to put a ~ on sth** etw [besonders] hervorheben; **to take the ~ off sth** einer S. *dat* den Glanz nehmen *geh*
❷ (*paint*) Glanzlack *m*
❸ (*cosmetic*) **lip ~** Lipgloss *nt*
II. *n modifier* Glanz-; **a ~ finish** ein Glanzanstrich *m;* ~ **paint** Glanzlack *m;* ~ **photos** Glanzfotos *ntpl*
◆**gloss over** *vt* ■**to ~ over** ◯ **sth** ❶ (*deal with quickly*) etw flüchtig abhandeln
❷ (*conceal*) etw überdecken [*o fam* unter den Teppich kehren]
gloss[2] [glɒs, AM glɑ:s] I. *n* <*pl* -es> Anmerkung *f,* [erklärender] Kommentar; LING Glosse *f fachspr*
II. *vt* ■**to ~ sth** etw kommentieren
glossary ['glɒsəri, AM 'glɑ:s-] *n* Glossar *nt*
glossily ['glɒsɪli, AM 'glɑ:s-] *adv* glänzend
glossiness ['glɒsɪnəs, AM 'glɑ:s-] *n no pl* Glanz *m*
glossy ['glɒsi, AM 'glɑ:si] I. *adj* ❶ (*shiny*) glänzend; ~ **brochure** TYPO [Hoch]glanzbroschüre *f;* ~ **magazine** BRIT TYPO Hochglanzmagazin *nt;* ~ **paper** [Hoch]glanzpapier *nt*
❷ (*also pej: superficially attractive*) glänzend
II. *n* ❶ AM, AUS (*picture*) [Hoch]glanzabzug *m*
❷ (*magazine*) Hochglanzmagazin *nt*
glottal ['glɒtəl, AM 'glɑ:ţəl] *adj inv* glottal, Stimmritzen-
glottal stop ['glɒtəlˌ, AM ˌglɑ:təl'-] *n* LING Knacklaut *m,* Glottisverschlusslaut *m fachspr*
glottis <*pl* -es> ['glɒtɪs, AM 'glɑ:ţɪs] *n* ANAT Glottis *f*
glove [glʌv] I. *n usu pl* Handschuh *m;* **leather/rubber/woollen ~s** Leder-/Gummi-/Wollhandschuhe *mpl;* **a pair of ~s** ein Paar *nt* Handschuhe; **to fit like a ~** wie angegossen passen; **to do sth with the ~s off** (*fig*) etw schonungslos tun; ***we need to deal with vandals with the ~s off*** wir müssen gegen die Rowdies mit härteren Bandagen vorgehen
► PHRASES: **to work hand in ~ with sb** mit jdm Hand in Hand arbeiten
II. *n modifier* (*department, manufacturer*) Handschuh-
III. *vt* ❶ AM (*dress in gloves*) **to ~ one's hands** sich *dat* Handschuhe anziehen
❷ SPORTS (*in baseball*) **to ~ the ball** (*catch*) den Ball fangen; (*in cricket*) den Ball abfälschen
glove box *n* ❶ AUTO Handschuhfach *nt* ❷ TECH Handschuhkasten *m* **glove compartment** *n* Handschuhfach *nt*
gloved [glʌvd] *adj attr, inv hands* behandschuht; *person* mit Handschuhen *nach n*
glove puppet *n* Handpuppe *f*
glover ['glʌvəʳ, AM -ə˞] *n* Handschuhmacher(in) *m(f)*
glow [gləʊ, AM gloʊ] I. *n no pl* ❶ (*radiance*) Leuchten *nt; of a lamp, the sun* Scheinen *nt; of a cigarette, the sunset* Glühen *nt;* (*gleam*) *of fire* Schein *m;* (*hot mass*) Glut *f;* (*light*) Licht *nt;* ***her cheeks had a healthy ~ after the walk*** ihre Wangen hatten eine gesunde Farbe nach dem Spaziergang
❷ (*fig: good feeling*) ***there was a ~ about her that radiated happiness*** sie strahlte Fröhlichkeit aus; ~ **of happiness** Glücksgefühl *nt;* ~ **of pride** glühender Stolz *geh;* ~ **of satisfaction** tiefe Befriedigung; **to have a healthy ~** ein gesundes Aussehen haben
II. *vi* ❶ (*illuminate*) leuchten; *fire, light* scheinen
❷ (*be red and hot*) glühen; ***the embers ~ed dimly in the grate*** die Glut glimmte im Kamin; ***her cheeks ~ed with excitement*** ihre Wangen glühten vor Aufregung
❸ (*fig: look radiant*) strahlen; **to ~ with health** vor Gesundheit strotzen; **to ~ with pride** vor Stolz schwellen
glower ['glaʊəʳ, AM 'glaʊə˞] I. *vi* verärgert aussehen; ■**to ~ at sb** jdn zornig anstarren; ***large black rain clouds ~ed in the sky*** (*fig liter*) große schwarze Regenwolken hingen bedrohlich am Himmel
II. *n* finsterer Blick; (*angry look*) ärgerlicher Blick
glowering ['glaʊəʳɪŋ, AM 'glaʊə˞-] I. *n no pl* finsterer Blick; (*angry look*) ärgerlicher Blick
II. *adj attr* finster, düster; (*angry*) verärgert; **to give sb a ~ look** jdm einen düsteren Blick zuwerfen; **the ~ sky** (*fig liter*) der bedrohlich aussehende Himmel
glowing ['gləʊɪŋ, AM 'gloʊ-] *adj attr* ❶ (*radiating light*) *candle* leuchtend; *sun* scheinend; *cigarette* glühend
❷ (*red and hot*) *embers, cheeks* glühend
❸ (*radiant*) leuchtend; **to be in ~ health** bei bester Gesundheit sein
❹ (*very positive*) begeistert; ***his latest book has received ~ reviews*** sein jüngstes Buch hat überschwängliche Kritiken bekommen; **to paint sth in ~ colours** (*fig*) etw in leuchtenden Farben beschreiben; **a ~ letter of recommendation** ein glänzendes Empfehlungsschreiben; **to describe sth in ~ terms** etw in begeisterten Worten beschreiben *geh*
glowingly ['gləʊɪŋli, AM 'gloʊ-] *adv* begeistert
glow-lamp *n,* **glowlight** *n* Leuchtstofflampe *f,* Leuchtstoffröhre *f* **glow-worm** *n* Glühwürmchen *nt*
glucose ['glu:kəʊs, AM -koʊs] I. *n no pl* Traubenzucker *m,* Glukose *f fachspr*
II. *n modifier* (*solution, syrup*) Glukose-
glue [glu:] I. *n no pl* ❶ (*adhesive*) Klebstoff *m;* **to fix sth with ~** etw kleben; **to mend sth with ~** etw mit Klebstoff reparieren [*o* [wieder zusammen]kleben]; **to sniff ~** Klebstoff schnüffeln *fam;* **to stick to sb like ~** an jdm kleben *fam;* (*more negative*) an jdm wie eine Klette hängen *pej*
❷ (*fig: connecting link*) Bindeglied *nt*
II. *vt* ❶ (*stick*) ■**to ~ sth** etw kleben; ■**to ~ sth on** etw ankleben; ■**to ~ sth together** etw zusammenkleben
❷ (*fig: close to*) ■**to be ~d to sth** an etw *dat* kleben *fam;* ***we were ~d to the television watching the election results come in*** wir klebten am Fernseher und verfolgten die eingehenden Wahlergebnisse; **to keep one's eyes ~d to sb/sth** seine Augen auf jdn/etw geheftet haben *geh;* **to be ~d to the spot** wie angewurzelt dastehen
glue ear *n no pl* MED Mittelohrentzündung *f,* Otitis media *f fachspr* **glue-sniffer** *n* Schnüffler(in) *m(f) fam* **glue-sniffing** *n no pl* Schnüffeln *nt fam* **glue stick** *n* Klebestift *m*
gluey ['glu:i] *adj* ❶ (*full of glue*) klebrig, verklebt
❷ (*fig, usu pej*) *food* klebrig, zähflüssig
glum <-mm-> [glʌm] *adj* ❶ *person* niedergeschlagen; *look* bedrückt; *expression* mürrisch; *face* bedrückt; ~ **thoughts** schwarze Gedanken; **to feel ~** [**about sth**] sich *akk* [wegen einer S. *gen*] niedergeschlagen fühlen; ■**to be ~** [**about sth**] [wegen einer S. *gen*] niedergeschlagen sein
❷ *place* trist *geh,* trostlos
glumly ['glʌmli] *adv* (*in a morose manner*) mürrisch; (*in a depressed manner*) niedergeschlagen; (*in a sad manner*) bedrückt
glumness ['glʌmnəs] *n no pl* ❶ (*depression*) Niedergeschlagenheit *f;* (*atmosphere*) gedrückte Stimmung
❷ (*drabness*) Trostlosigkeit *f*
glut [glʌt] I. *n* Überangebot *nt;* ~ **of graduates** Akademikerschwemme *f fam;* **a ~ on the market** eine Marktschwemme; **an oil ~** eine Ölschwemme
II. *vt* <-tt-> ❶ (*overstock*) ■**to ~ sth** [**with sth**] etw [mit etw *dat*] überschwemmen

❷ (*overeat*) ■ **to ~ oneself on sth** sich *akk* an etw *dat* satt essen; (*gorge*) sich *akk* mit etw *dat* voll stopfen
gluten ['glu:tən] *n no pl* Gluten *nt*
gluten-free *adj* glutenfrei; **to have a ~ diet** sich *akk* glutenfrei ernähren
glutinous ['glu:tɪnəs, AM -tən-] *adj* klebrig
glutton ['glʌtən] *n* ❶ (*pej: overeater*) Vielfraß *m fam*, Fresssack *m pej fam*
❷ (*fig: enthusiast*) Unersättliche(r) *f(m)*; **a ~ for books** ein Bücherwurm *m hum;* **a ~ for punishment** ein Masochist *m*/eine Masochistin; **a ~ for work** ein Arbeitswütiger *m*/eine Arbeitswütige *hum*
gluttonous ['glʌtənəs] *adj* ❶ (*eating excessively*) gefräßig, verfressen *sl*
❷ (*fig: greedy*) gierig; *consumption* unersättlich
gluttonously ['glʌtənəsli] *adv* ❶ (*excessively*) gefräßig
❷ (*fig: greedily*) gierig
gluttony ['glʌtəni] *n no pl* Gefräßigkeit *f fam*, Verfressenheit *f sl;* (*deadly sin*) Völlerei *f*
glycerin ['glɪsərɪn] AM, **glycerine** [-ri:n], **glycerol** ['glɪsərɒl, AM -rɑ:l] *n no pl* Glyzerin *nt*
glycol ['glaɪkɒl, AM -kɑ:l] *n no pl* CHEM Glykol *nt*
gm *n abbrev of* **gram** g.
GM [ˌdʒi:'em] **I.** *n* ❶ ECON *abbrev of* **general manager** Hauptgeschäftsführer(in) *m(f)*
❷ *no pl* AM *abbrev of* **General Motors** GM
❸ BRIT MIL *abbrev of* **George Medal** *Tapferkeitsmedaille*
❹ CHESS *abbrev of* **grandmaster** Großmeister(in) *m(f)*
II. *adj inv* BRIT SCH *abbrev of* **grant-maintained**
G-man *n* AM (*fam*) FBI-Mann *m*
GM-school *n* BRIT SCH *see* **grant-maintained school**
GMT [ˌdʒi:em'ti:] *n no pl abbrev of* **Greenwich Mean Time** WEZ
gnarled [nɑ:ld, AM nɑ:rld] *adj tree, piece of wood* knorrig; *finger, hand* knotig; (*fig*) *person* bucklig
gnash [næʃ] *vt* **to ~ one's teeth** mit den Zähnen knirschen; **to ~ one's teeth about sth** (*fig*) wegen einer S. *gen* murren
gnashing ['næʃɪŋ] *n no pl* Knirschen *nt;* **~ of teeth about sth** (*fig*) Zähneknirschen *nt* wegen etw *gen*
gnat [næt] *n* [Stech]mücke *f*
► PHRASES: **to strain at a** [*or* **every**] **~** sich *dat* ständig über alles den Kopf zerbrechen
gnaw [nɔ:, AM nɑ:] **I.** *vi* ❶ (*chew*) ■ **to ~ on/at sth** an etw *dat* nagen; *person* auf/an etw *dat* kauen
❷ (*fig: deplete*) ■ **to ~ away at sth** an etw *akk* zehren [*o fig* nagen]; *corrosion, rust* etw zerfressen
❸ (*fig: bother*) ■ **sth ~s at sb** *feeling* etw nagt an jdm, etw quält jdn
II. *vt* ❶ (*chew*) ■ **to ~ sth** an etw *dat* kauen; *animal* an etw *dat* fressen [*o* nagen]; ***rats had ~ed their way into a sack of corn*** Ratten hatten sich in einen Getreidesack hineingefressen; **to ~ one's fingernails** an seinen Fingernägeln kauen; **to ~ the flesh off the bone** das Fleisch vom Knochen abnagen
❷ *usu passive* (*fig: pursue*) **to be ~ed by doubt/fear/guilt** von Zweifel/Angst/Schuld geplagt sein
gnawing ['nɔ:ɪŋ, AM 'nɑ:-] **I.** *adj attr* nagend; ***she had the ~ feeling that she had forgotten something*** sie wurde das Gefühl nicht los, etwas vergessen zu haben; **~ doubts** nagende Zweifel; **~ pain** bohrender Schmerz
II. *n no pl* Nagen *nt; person* Kauen *nt*
gneiss [naɪs] *n no pl* GEOL Gneis *m*
gnocchi ['njɒki, AM 'njɑ:ki] *npl* FOOD Gnocchi *pl*
gnome [nəʊm, AM noʊm] *n* ❶ (*dwarf*) Gnom *m*, Zwerg *m;* [**garden**] **~** Gartenzwerg *m*
❷ FIN **the ~s of Zurich** die Zürcher Gnome [*o* Bankiers] *pl*
❸ AM (*fam: boffin*) [technischer] Bastler/[technische] Bastlerin *fam*
❹ LIT Sinnspruch *m*, Gnome *f fachspr*
gnomic ['nəʊmɪk, AM 'noʊm-] *adj* LIT gnomisch; **~ utterances** kluge Sprüche *pej fam*
GNP [ˌdʒi:en'pi] *n no pl abbrev of* **gross national product** BSP *nt*
gnu <*pl* – *or* -s> [nu:] *n* Gnu *nt*

go [gəʊ, AM goʊ]

I. INTRANSITIVE VERB	II. AUXILIARY VERB
III. TRANSITIVE VERB	IV. NOUN
V. ADJECTIVE	

I. INTRANSITIVE VERB

<goes, went, gone> ❶ (*proceed*) gehen; *vehicle, train* fahren; *plane* fliegen; ***don't ~ any closer — that animal is dangerous*** geh' nicht näher ran – das Tier ist gefährlich; ***the bus ~es from Vaihingen to Sillenbuch*** der Bus verkehrt zwischen Vaihingen und Sillenbuch; ***a shiver went down my spine*** mir fuhr ein Schauer über den Rücken; ***you ~ first!*** geh du zuerst!; ***you ~ next*** du bist als Nächste(r) dran!; ***hey, I ~ now*** he, jetzt bin ich dran! *fam;* ***the doll ~es everywhere with him*** die Puppe nimmt er überallhin mit; ***drive to the end of the road, ~ left, and ...*** fahren Sie die Straße bis zum Ende entlang, biegen Sie dann links ab und ...; ***~ south till you get to the coast*** halte dich südlich, bis du zur Küste kommst; ***we have a long way to ~*** wir haben noch einen weiten Weg vor uns; ***we've completed all of our goals — where do we ~ from here?*** wir haben all unsere Ziele erreicht – wie geht es jetzt weiter?; ***the train hooted as it went into the tunnel*** der Zug pfiff, als er in den Tunnel einfuhr; ***who ~es there?*** wer da?; (*to dog*) ***~ fetch it!*** hol'!; ■ **to ~ towards sb/sth** auf jdn/etw zugehen; **to ~ home** nach Hause gehen; **to ~ to hospital/a party/prison/the toilet** ins Krankenhaus/auf eine Party/ins Gefängnis/auf die Toilette gehen; **to ~ across to the pub** rüber in die Kneipe gehen *fam;* **to ~ to sea** zur See gehen *fam;* **to ~ across the street** über die Straße gehen; **to ~ aboard/ashore** an Bord/Land gehen; **to ~ below** nach unten gehen; **to ~ below deck** unter Deck gehen; **to ~ downhill** (*also fig*) bergab gehen; **to have it far to ~** es weit haben; **to ~ offstage** [von der Bühne] abgehen; **to ~ round** sich *akk* drehen
❷ (*in order to* [*get*]) ***could you ~ into the kitchen and get me something to drink, please?*** könntest du bitte in die Küche gehen und mir was zu trinken holen?; ***would you ~ and get me some things from the supermarket?*** würdest du mir ein paar Sachen vom Supermarkt mitbringen?; ***I just want to ~ and have a look at that antique shop over there*** ich möchte nur schnell einen Blick in das Antiquitätengeschäft da drüben werfen; ***would you wait for me while I ~ and fetch my coat?*** wartest du kurz auf mich, während ich meinen Mantel hole?; ***I'll just ~ and put my shoes on*** ich ziehe mir nur schnell die Schuhe an; ***~ and wash your hands*** geh und wasch deine Hände; ***she's gone to meet Brian at the station*** sie ist Brian vom Bahnhof abholen gegangen; **to ~ and get some fresh air** frische Luft schnappen gehen; **to ~ to see sb** jdn aufsuchen
❸ (*travel*) reisen; ***have you ever gone to Africa before?*** warst du schon einmal in Afrika?; **to ~ by bike/car/coach/train** mit dem Fahrrad/Auto/Bus/Zug fahren; **to ~ on a cruise** eine Kreuzfahrt machen; **to ~ on** [**a**] **holiday** in Urlaub gehen; **to ~ to Italy** nach Italien fahren; ***last year I went to Spain*** letztes Jahr war ich in Spanien; **to ~ on a journey** verreisen, eine Reise machen; **to ~ by plane** fliegen; **to ~ on a trip** eine Reise machen; **to ~ abroad** ins Ausland gehen
❹ (*disappear*) *stain, keys* verschwinden; ***where have my keys gone?*** wo sind meine Schlüssel hin?; ***ah, my tummy ache is gone!*** ah, meine Bauchschmerzen sind weg!; ***I really don't know where all my money ~es*** ich weiß auch nicht, wo mein ganzes Geld hinverschwindet!; ***half of my salary ~es on rent*** die Häfte meines Gehaltes geht für die Miete drauf; ***gone are the days when ...*** vorbei sind die Zeiten, wo ...; ***here ~es my free weekend ...*** das war's dann mit meinem freien Wochenende ...; ***all his money ~es on his car*** er steckt sein ganzes Geld in sein Auto; ***there ~es another one!*** und wieder eine/einer weniger!; ***hundreds of jobs will ~*** das wird Hunderte von Arbeitsplätzen kosten; ***the president will have to ~*** der Präsident wird seinen Hut nehmen müssen; ***that cat will have to ~*** die Katze muss verschwinden!; ***all hope has gone*** jegliche Hoffnung ist geschwunden; **to ~ adrift** NAUT abtreiben, wegtreiben; (*fig*) gestohlen werden; ***one of my books has gone adrift from my desk*** eines meiner Bücher ist von meinem Schreibtisch verschwunden; **to ~ missing** BRIT, AUS verschwinden
❺ (*leave*) gehen; ***we have to ~ now*** [*or* ***it's time to ~***] wir müssen jetzt gehen; ***I must be ~ing*** ich muss jetzt allmählich gehen; ***has she gone yet?*** ist sie noch da?; ***the bus has gone*** der Bus ist schon weg; (*old*) ***be gone!*** hinweg mit dir *veraltet;* **to let sth/sb ~, to let ~ of sth/sb** etw/jdn loslassen
❻ (*do*) **to ~ biking/jogging/shopping/swimming etc.** Rad fahren/joggen/einkaufen/schwimmen etc. gehen; **to ~ looking for sb/sth** jdn/etw suchen gehen; ***if you ~ telling all my secrets, ...*** wenn du hergehst und alle meine Geheimnisse ausplauderst, ...; ***don't you dare ~ crying to your mum about this*** untersteh dich, deswegen heulend zu deiner Mama zu laufen
❼ (*attend*) **to ~ to church/a concert** in die Kirche/ins Konzert gehen; **to ~ to the cinema** [*or* AM **a movie**] [*or* BRIT *fam* **the pictures**] ins Kino gehen; **to ~ to the doctor** zum Arzt gehen; **to ~ to kindergarten/school/university** in den Kindergarten/in die Schule/auf die Universität gehen; **to ~ on a pilgrimage** auf Pilgerfahrt gehen
❽ (*answer*) ***I'll ~*** (*phone*) ich geh' ran; (*door*) ich mach' auf
❾ (*dress* [*up*]) ■ **to ~ as sth** *witch, pirate* als etw gehen; ***what shall I ~ in?*** als was soll ich gehen?
❿ + *adj* (*become*) werden; ***the line has gone dead*** die Leitung ist tot; ***the milk's gone sour*** die Milch ist sauer; ***the tyre has gone flat*** der Reifen ist platt; ***my mind suddenly went blank*** ich hatte plötzlich wie ein Brett vorm Kopf *sl;* ***I always ~ red when I'm embarrassed*** ich werde immer rot, wenn mir etwas peinlich ist; ***he described the new regulations as bureaucracy gone mad*** er bezeichnete die neuen Bestimmungen als Ausgeburt einer wild gewordenen Bürokratie; ***I went cold*** mir wurde kalt; ***she's gone Communist*** sie ist jetzt Kommunistin; ***he's gone all environmental*** er macht jetzt voll auf Öko *fam;* **to ~ bad** *food* schlecht werden; **to ~ bald/grey** kahl/grau werden; **to ~ bankrupt** bankrott gehen; **to ~ haywire** (*out of control*) außer Kontrolle geraten; (*malfunction*) verrückt spielen *fam;* **to ~ public** an die Öffentlichkeit treten; STOCKEX an die Börse gehen; **to ~ to sleep** einschlafen
⓫ + *adj* (*be*) sein; **to ~ hungry** hungern; **to ~ thirsty** dursten; **to ~ unmentioned/unnoticed/unsolved** unerwähnt/unbemerkt/ungelöst bleiben
⓬ (*turn out*) gehen; ***how did your party ~?*** und, wie war deine Party?; ***how's your thesis ~ing?*** was macht deine Doktorarbeit?; ***how are things ~ing?*** und, wie läuft's? *fam;* ***if everything ~es well ...*** wenn alles gut geht ...; ***things have gone well*** es ist gut gelaufen; ***the way things ~*** wie das halt so geht; ***the way things are ~ing at the moment ...*** so wie es im Moment aussieht ...; **to ~ like a bomb** ein Bombenerfolg sein *fam;* **to ~ according to plan** nach Plan laufen; **to ~ from bad to worse** vom Regen in die Traufe kommen; **to ~ against/for sb** *election* zu jds Ungunsten/Gunsten ausgehen; **to ~ wrong** schief gehen [*o* laufen] *fam*
⓭ (*pass*) vergehen, verstreichen; ***time seems to ~ faster as you get older*** die Zeit scheint schneller zu vergehen, wenn man älter wird; ***only two days to ~ ...*** nur noch zwei Tage ...; ***one week to ~ till Christmas*** noch eine Woche bis Weihnachten; ***in days gone by*** in längst vergangenen Zeiten; ***two exams down, one to ~*** zwei Prüfungen sind schon

G

geschafft, jetzt noch eine, dann ist es geschafft!; ***I've three years to ~ before I can retire*** mir fehlen noch drei Jahre bis zur Rente!

14 [begin] anfangen; ***ready to ~?*** bist du bereit?; ***one, two, three, ~!*** eins, zwei, drei, los!; ***we really must get ~ing with these proposals*** wir müssen uns jetzt echt an diese Konzepte setzen; ***let's ~!*** los!; ***here ~es!*** jetzt geht's los!

15 [fail] kaputtgehen; *hearing, health, memory* nachlassen; *rope* reißen; ***our computer is ~ing*** unser Computer gibt seinen Geist auf *hum fam;* ***my jeans is gone at the knees*** meine Jeans ist an den Knien durchgescheuert; ***her mind is ~ing*** sie baut geistig ganz schön ab! *fam*

16 [die] sterben; ***she went peacefully in her sleep*** sie starb friedlich im Schlaf

17 [belong] hingehören; ***I'll put it away if you tell me where it ~es*** ich räum's weg, wenn du mir sagst, wo es hingehört; ***the silverware ~es in the drawer over there*** das Silber kommt in die Schublade da drüben; ***those tools ~ in the garage*** diese Werkzeuge gehören in die Garage; ***that is to ~ into my account*** das kommt auf mein Konto; ***where do you want that to ~?*** wo soll das hin?; ***that ~es under a different chapter*** das gehört in ein anderes Kapitel

18 [be awarded] ■**to ~ to sb** *prize, house* an jdn gehen; *property* auf jdn übergehen *geh;* ***Manchester went to Labour*** Manchester ging an Labour

19 [lead] *road* führen; ***where does this trail ~?*** wohin führt dieser Pfad?

20 [extend] gehen; ***the meadow ~es all the way down to the road*** die Weide erstreckt sich bis hinunter zur Straße; ***your idea is good enough, as far as it ~es ...*** deine Idee ist so weit ganz gut, ...; ***the numbers on the paper ~ from 1 to 10*** die Nummern auf dem Blatt gehen von 1 bis 10

21 [in auction] gehen; ***I'll ~ as high as £200*** ich gehe bis zu 200 Pfund

22 [function] *watch* gehen; *machine* laufen; ***our business has been ~ing for twenty years*** unser Geschäft läuft seit zwanzig Jahren; ***I'm not saying anything as long as the tape recorder is ~ing*** ich sage gar nichts, solange das Tonbandgerät läuft; **to ~ slow** ECON einen Bummelstreik machen; *watch* nachgehen; **to get sth ~ing** [*or* **to ~**] [*or* **to make sth ~**] etw in Gang bringen; **to get a party ~ing** eine Party in Fahrt bringen; **to get** [*or* **set**] **sb ~ing** jdn in Fahrt bringen; **to keep ~ing** *person* weitermachen; *car* weiterfahren; ***come on! keep ~ing!*** ja, weiter! *fam;* **to keep sth ~ing** etw in Gang halten; *factory* in Betrieb halten; **to keep a conversation ~ing** eine Unterhaltung am Laufen halten; **to keep a fire ~ing** ein Feuer am Brennen halten; ***that thought kept me ~ing*** dieser Gedanke ließ mich durchhalten; ***here's some food to keep you ~ing*** hier hast du erst mal was zu essen

23 [have recourse] gehen; **to ~ to court over sth** wegen einer S. *gen* vor Gericht gehen; **to ~ to the police** zur Polizei gehen; **to ~ to war** in den Krieg ziehen

24 [match, be in accordance] ■**to ~** [**with sth**] [zu etw *dat*] passen; ***these two colours don't ~*** diese beiden Farben beißen sich; **to ~ against logic** unlogisch sein; **to ~ against one's principles** gegen jds Prinzipien verstoßen

25 [fit] ***five ~es into ten two times*** [*or* ***five into ten ~es twice***] fünf geht zweimal in zehn; ***do you think all these things will ~ into our little suitcase?*** glaubst du, das ganze Zeug wird in unseren kleinen Koffer passen? *fam*

26 [be sold] weggehen *fam;* ***~ing, ~ing, gone!*** zum Ersten, zum Zweiten, [und] zum Dritten!; ***pocketbooks are ~ing for $10 for the next two days*** in den nächsten zwei Tagen sind die Taschenbücher für 10 Dollar zu haben; ■**to ~ to sb** an jdn gehen; **to ~ like hot cakes** weggehen wie warme Semmeln *fam;* **to be ~ing cheap** billig zu haben sein

27 [serve, contribute] ■**to ~** [**to sth**] [zu etw *dat*] beitragen; ***the money will ~ to the victims of the earthquake*** das Geld ist für die Erdbebenopfer bestimmt; ***this will ~ towards your holiday*** das [Geld] ist für deinen Urlaub bestimmt; ***your daughter's attitude only ~es to prove how much ...*** die Einstellung deiner Tochter zeigt einmal mehr, wie sehr...

28 [move] machen; ***when I ~ like this, my hand hurts*** wenn ich so mache, tut meine Hand weh; ***~ like this with your hand to show that ...*** mach so mit deiner Hand, um zu zeigen, dass ...

29 [sound] machen; ***I think I heard the doorbell ~ just now*** ich glaube, es hat gerade geklingelt; ***there ~es the bell*** es klingelt; ***ducks ~ 'quack'*** Enten machen ‚quack'; **with sirens ~ing** *ambulance* mit heulender Sirene

30 [accepted] ***anything ~es*** alles ist erlaubt; ***that ~es for all of you*** das gilt für euch alle!

31 [be told, sung] gehen; *title, theory* lauten; ***I can never remember how that song ~es*** ich weiß nie, wie dieses Lied geht; ***the story ~es that ...*** es heißt, dass ...; ***the rumour ~es that ...*** es geht das Gerücht, dass ...

32 [compared to] **as hospitals/things ~** verglichen mit anderen Krankenhäusern/Dingen; ***as things ~ today it wasn't that expensive*** für heutige Verhältnisse war es gar nicht so teuer

33 [fam: use the toilet] ***I really have to ~*** ich muss ganz dringend mal! *fam*

34 [fam: expressing annoyance] ***I've gone and lost my earring*** ich habe meinen Ohrring verloren; ***you've really gone and done it now!*** jetzt hast du aber was Schönes angerichtet! *iron;* (*pej!*) ***~ to hell!*** geh [*o* scher dich] zum Teufel! *fam*

35 AM [in restaurant] ***do you want that pizza here or to ~?*** möchten Sie die Pizza hier essen oder mitnehmen?; AM ***I'd like a cheeseburger to ~, please*** ich hätte gerne einen Cheeseburger zum Mitnehmen

36 [available] ***is there any beer ~ing?*** gibt es Bier?; ***I'll have whatever is ~ing*** ich nehme das, was gerade da ist

37 [fam: treat] **to ~ easy on sb** jdn schonend behandeln, jdn glimpflich davonkommen lassen

► PHRASES: **to ~ halves on sth** sich *dat* etw je zur Hälfte teilen; **~ [and] take a running jump!** mach bloß, dass du abhaust! *fam;* **to ~ all out to do sth** alles daransetzen, etw zu tun; **to ~ Dutch** getrennt zahlen; **easy come, easy ~** (*prov*) wie gewonnen, so zerronnen *prov;* **~ [and] get stuffed!** (*fam*) du kannst mich mal! *fam;* **here we ~ again** (*fam*) jetzt geht das wieder los! *fam;* **there you ~** bitte schön!; (*told you so*) sag ich's doch! *fam;* **there he ~es again** (*fam*) jetzt fängt er schon wieder damit an! *fam;* **don't ~ there** (*fam*) lass dich nicht darauf ein; **that ~es without saying** das versteht sich von selbst

II. AUXILIARY VERB

future tense ■**to be ~ing to do sth** etw tun werden; ***we are ~ing to have a party tomorrow*** wir geben morgen eine Party; ***he was ~ing to phone me this morning*** er wollte mich heute Morgen anrufen; ***isn't she ~ing to accept the job after all?*** nimmt sie den Job nun doch nicht an?

III. TRANSITIVE VERB

<goes, went, gone> 1 *esp* AM [travel] ■**to ~ sth** *a route, a highway* etw nehmen

2 [fam: say] ■**to ~ sth** ***she ~es to me: I never want to see you again!*** sie sagt zu mir: ich will dich nie wieder sehen!

3 CARDS ■**to ~ sth** etw reizen; **to ~ nap** die höchste Zahl von Stichen ansagen

4 BRIT [like] **to not ~ much on sth** sich *dat* nicht viel aus etw *dat* machen

5 [become] ■**to ~ sth** ***my mind went a complete blank*** ich hatte voll ein Brett vorm Kopf! *fam*

► PHRASES: **to ~ nap** alles auf eine Karte setzen; **to ~ a long way** lange [vor]halten; **sb will ~ a long way** jd wird es weit bringen; **to ~ it alone** etw im Alleingang tun; **to ~ it some** es laufen lassen *fam;* **to ~ it** (*fam*) es toll treiben *fam;* (*move quickly*) ein tolles Tempo drauf haben; (*work hard*) sich *akk* reinknien

IV. NOUN

<*pl* -es> 1 [turn] ***I'll have a ~ at driving if you're tired*** ich kann dich mit dem Fahren ablösen, wenn du müde bist *fam;* ***you've had your ~ already!*** du warst schon dran!; ***hey, it's Ken's ~ now*** he, jetzt ist Ken dran; ***can I have a ~?*** darf ich mal?; **to miss one ~** einmal aussetzen; (*not voluntarily*) einmal übersprungen werden

2 [attempt] Versuch *m;* ***have a ~!*** versuch' es doch einfach mal! *fam;* **at one ~** auf einen Schlag; (*drink*) in einem Zug *fam;* **all in one ~** alle[s] auf einmal; **at the first ~** auf Anhieb; **to give sth a ~** etw versuchen; **to have a ~ at sb** (*criticize*) jdn runtermachen *fam;* (*attack*) über jdn herfallen; ***his boss had a ~ at him about his appearance*** sein Chef hat sich ihn wegen seines Äußeren vorgeknöpft *fam;* ***members of the public are strongly advised not to have a ~ at this man*** die Öffentlichkeit wird eindringlich davor gewarnt, etwas gegen diesen Mann zu unternehmen; **to have a ~ at doing sth** versuchen, etw zu tun; **to have several ~es at sth** für etw *akk* mehrere Anläufe nehmen

3 *no pl* [energy] Antrieb *m,* Elan *m;* **to be full of ~** voller Elan sein

4 *esp* BRIT [fam: dose] Anfall *m;* ***she had such a bad ~ of the flu that she took a week off from work*** sie hatte so eine schlimme Grippe, dass sie sich eine Woche freinahm

5 [fam: lots of activity] ***it's all ~ here*** hier ist immer was los *fam;* ***it's all ~ and no relaxing on those bus tours*** auf diesen Busfahrten wird nur gehetzt und man kommt nie zum Ausruhen *fam;* ***I've got two projects on the ~ at the moment*** ich habe momentan zwei Projekte gleichzeitig laufen; **to be on the ~** [ständig] auf Trab sein; ***I've been on the ~ all day long*** ich war den ganzen Tag auf Achse *fam;* **to keep sb on the ~** jdn auf Trab halten *fam*

► PHRASES: **from the word ~** von Anfang an; **to be all the ~** BRIT (*dated fam*) der letzte Schrei sein; **that was a near ~** das war knapp; **to make a ~ of sth** mit etw *dat* Erfolg haben; ***she's making a ~ of her new antique shop*** ihr neues Antiquitätengeschäft ist ein voller Erfolg *fam;* **to be touch and ~** auf der Kippe stehen *fam;* **it's no ~** da ist nichts zu machen

V. ADJECTIVE

pred [start]klar, in Ordnung; ***all systems [are] ~*** alles klar; ***all systems ~, take-off in t minus 10*** alle Systeme zeigen grün, Start in t minus 10

◆**go about I.** *vi* 1 (*walk around*) herumlaufen *fam,* herumgehen; (*with car*) herumfahren; **to ~ about in leather gear** in Lederklamotten herumlaufen *fam;* **to ~ about in groups** in Gruppen herumziehen

2 NAUT wenden

3 (*be in circulation*) *see* **go around 6**

4 (*do repeatedly*) *see* **go around 9**

II. *vt* 1 (*proceed with*) ■**to ~ about sth** *problem, task* etw angehen; ***how does one ~ about it?*** wie geht man das am besten an?

2 (*occupied with*) ■**to ~ about sth** etw *dat* nachgehen; **to ~ about one's business** seinen Geschäften nachgehen

3 (*spend time together*) *see* **go around 8**

◆**go after** *vi* 1 (*follow*) ■**to ~ after sb** nach jdm gehen

2 (*chase*) ■**to ~ after sb** sich *akk* an jds Fersen heften, jdn verfolgen

3 (*fig: try to get*) ■**to ~ after sth** sich *akk* um etw *akk* bemühen; (*have one's eye on*) es auf etw *akk* abgesehen haben *fam; goal* etw verfolgen; ■**to ~ after sb** (*for a date*) sich *akk* um jdn bemühen; (*more forcefully*) jdm nachstellen

◆**go against** *vi* 1 (*be negative for*) ■**to ~ against sb/sth** *vote, election* zu jds Ungunsten ausgehen; ***the jury's decision went against the defendant*** die Entscheidung der Jury fiel gegen den Angeklagten aus

② (*not agree*) ■**to ~ against sth** ***public opinion is ~ing against the government on this issue*** die Öffentlichkeit ist in dieser Angelegenheit nicht der gleichen Meinung wie die Regierung
③ (*contradict*) ■**to ~ against sth** zu etw *dat* im Widerspruch stehen; ***what you're asking me to do ~es against everything I believe in*** was du da von mir verlangst, geht gegen all das, woran ich glaube
④ (*disobey*) ■**to ~ against sb** sich *akk* jdm widersetzen, jdm zuwiderhandeln *geh;* ***he's always ~ing against his father's advice*** er handelt immer entgegen den Ratschlägen seines Vaters
► PHRASES: **to ~ against the grain for sb to do sth** jdm gegen den Strich gehen, etw zu tun
◆**go ahead** *vi* ① (*go before*) vorgehen; (*in vehicle*) vorausfahren; (*in sports*) sich *akk* an die Spitze setzen; ***you ~ ahead, I'll catch you up later*** geh schon mal vor, ich komm dann später nach *fam;* ***even though I was here first, she went ahead of me and got served first*** obwohl ich zuerst hier war, hat sie sich vorgedrängt und ist zuerst drangekommen *fam*
② (*proceed*) vorangehen; *event* stattfinden; ***the music festival is now ~ing ahead as planned*** das Musikfestival geht nun wie geplant vonstatten; ***the building went ahead as soon as the building permit was issued*** sobald die Baugenehmigung vorlag, wurde mit dem Bau begonnen; ***— of course, ~ ahead!*** – natürlich, schieß los! *fam;* ***~ ahead, try it*** komm, versuch's doch einfach! *fam;* ***in the end I just went ahead and did it myself*** am Ende habe ich es einfach selbst gemacht!; ■**to ~ ahead with sth** etw durchführen
◆**go along** *vi* ① (*move onward*) weitergehen; *vehicle* weiterfahren
② (*walk along*) entlanggehen; (*in vehicle*) entlangfahren; ***we were ~ing along the coast road when …*** wir fuhren die Küstenstraße entlang, als …
③ (*at same time*) ***she's been marking papers all afternoon, and ticking off the students' names as she ~es along*** sie hat den ganzen Nachmittag Arbeiten korrigiert und gleichzeitig die Namen der Schüler abgehakt; ***I compiled the guest list as I went along*** nebenbei habe ich auch noch gleich die Gästeliste erstellt; ***a flexible approach allows us to make changes as we ~ along*** ein flexibler Ansatz ermöglicht es uns, Änderungen direkt während des Vorgangs vorzunehmen
④ (*accompany*) ■**to ~ along with sb** mit jdm mitgehen [*o* mitkommen]
⑤ (*belong*) ■**to ~ along with sth** zu etw *dat* gehören
⑥ (*agree*) ■**to ~ along with sth/sb** etw/jdm zustimmen; (*join in*) sich *akk* etw/jdm anschließen; ***I'll ~ along with your joke as long as …*** ich mach bei deinem Streich mit, solange …
► PHRASES: **~ along with you!** (*fam*) jetzt hör aber auf! *fam*
◆**go around** *vi* ① (*move around*) ■**to ~ around sth** ***they went around the room*** sie liefen im Zimmer herum; ***they went around Europe for two months*** sie reisten zwei Monate lang durch Europa
② (*move in a curve*) ■**to ~ around sth** um etw *akk* herumgehen; *vehicle* um etw *akk* herumfahren; (*circumnavigate*) etw umrunden; **to ~ around the bend** um die Kurve fahren; **to ~ around the block** um den Block laufen; **to ~ around the world** eine Weltreise machen
③ (*visit*) ■**to ~ around to sb's** zu jdm [hin]gehen; ***I'm just ~ing around to Mario's for half an hour*** ich gehe nur mal schnell für eine halbe Stunde zu Mario; **to ~ around and see sb** bei jdm vorbeischauen *fam*
④ (*visit successively*) ***we've been ~ing around the local schools today trying to find out …*** wir haben heute die örtlichen Schulen abgeklappert, um herauszufinden, … *fam;* ***we haven't got enough time to ~ around all the exhibits*** wir haben nicht genügend Zeit, uns alle Ausstellungsstücke [genau] anzusehen
⑤ (*rotate*) sich *akk* drehen; ***my head's ~ing round and round*** mir dreht sich alles
⑥ (*be in circulation*) *rumour, illness* [he]rumgehen
⑦ (*be enough*) ***there won't be enough soup to ~ around*** die Suppe wird nicht für alle reichen
⑧ (*spend time together*) Zeit miteinander verbringen; ***I don't want you ~ing around with people like that*** ich möchte nicht, dass du dich mit solchen Leuten herumtreibst; ***she's ~ing around with Harry*** sie treibt sich mit Harry rum *fam;* ***we don't ~ around together much these days*** wir sehen uns nur noch selten
⑨ (*do repeatedly*) ■**to ~ around doing sth** etw ständig tun; ***I've got a song ~ing around in my head*** mir geht schon die ganze Zeit ein Lied im Kopf herum
► PHRASES: **what ~es around, comes around** (*saying*) alles rächt sich früher oder später
◆**go at** *vi* ① (*attack*) ■**to ~ at sb [with sth]** [mit etw *dat*] auf jdn losgehen *fam;* (*fig: eat ravenously*) ■**to ~ at sth** über etw *akk* herfallen
② (*work hard*) ■**to ~ at sth** sich *akk* an etw *akk* machen *fam,* sich *akk* hinter etw *akk* klemmen; **to ~ at it** loslegen; **to ~ at sth with determination** etw mit Entschlossenheit angehen
◆**go away** *vi* ① (*travel*) weggehen; (*for holiday*) wegfahren; ***we're ~ing away to France this summer*** wir fahren diesen Sommer nach Frankreich
② (*leave*) [weg]gehen; **~ away!** geh weg!
③ (*disappear*) verschwinden; ***your problems won't just ~ away*** deine Probleme werden sich nicht einfach so in Luft auflösen
◆**go back** *vi* ① (*return*) *also goods* zurückgehen; *school* wieder anfangen; ***I have to ~ back for my gloves*** ich muss nochmal zurück und meine Handschuhe holen; ***when are these books due to ~ back?*** wann muss ich die Bücher wieder abgeben?; ■**to ~ back somewhere** irgendwohin zurückkehren; ***we want to ~ back to Greece someday*** wir wollen eines Tages wieder nach Griechenland zurückkehren; ***I want to ~ back there one day*** da will ich irgendwann noch mal hin *fam;* ***there's no ~ing back now*** [*or* ***you can't ~ back now***] jetzt gibt es kein Zurück mehr; ■**to ~ back to sb** zu jdm zurückkehren; ■**to ~ back to sth** *former plan* auf etw *akk* zurückgreifen; **to ~ back to the beginning** noch mal von vorne anfangen; **to ~ back to a subject** auf ein Thema zurückkommen; **to ~ back to one's old ways** wieder in seine alten Gewohnheiten fallen; **to ~ back to normal** sich wieder normalisieren; *person* wieder normal werden; ■**to ~ back to doing sth** wieder mit etw *dat* anfangen
② (*move backwards*) zurückgehen; (*from platform*) zurücktreten
③ (*date back*) **to ~ back [to the 18th century]** [bis ins 18. Jahrhundert] zurückgehen [*o* zurückreichen]; **to ~ back 300 years** 300 Jahre zurückreichen; ***our friendship ~es back a long way*** wir sind schon lange befreundet; ***our relationship ~es back to when we were at university together*** wir sind befreundet, seit wir zusammen auf der Uni waren
④ (*be set earlier*) ***don't forget that the clocks ~ back tonight*** vergiss nicht, dass die Uhren heute Nacht zurückgestellt werden
⑤ (*not fulfil*) **to ~ back on a deal** ein Geschäft rückgängig machen; **to ~ back on a decision** von einer Entscheidung zurücktreten; **to ~ back on one's promise/word** sein Versprechen/Wort nicht halten
⑥ (*look at again*) ■**to ~ back over sth** etw noch einmal durchgehen
◆**go before** *vi* ① (*precede*) ■**to ~ before sb** ***you can ~ before me in the queue*** ich lasse Sie vor; ■**to ~ before sth** vor etw *dat* kommen; ***A ~es before B in the alphabet*** A kommt im Alphabet vor B
② (*appear in presence of*) **to ~ before the court/a judge** vor Gericht/einem Richter erscheinen
③ (*live before*) in früheren Zeiten leben; (*happen before*) früher geschehen
◆**go beyond** *vi* ■**to ~ beyond sth** ① (*proceed past*) an etw *dat* vorübergehen; ***you have to ~ beyond that row of houses*** Sie müssen bis jenseits dieser Häuserreihe fahren
② (*exceed*) über etw *akk* hinausgehen; **to ~ beyond the call of duty** über die [normale] Pflichterfüllung hinausgehen; **to ~ beyond sb's capabilities** jds Fähigkeiten übersteigen; **to ~ beyond sb's wildest dreams** jds kühnste [*o* wildeste] Träume übersteigen
◆**go by** *vi* ① (*move past*) vorbeigehen; *vehicle* vorbeifahren
② (*of time*) vergehen; **in days gone by** (*form*) in früheren Tagen; ***the house was a railway station in days gone by*** das Haus war früher einmal eine Bahnstation
③ AM (*visit*) ■**to ~ by sb** bei jdm vorbeischauen *fam*
④ (*be guided by [when deciding]*) ■**to ~ by sth** nach etw *dat* gehen; ***~ing by what they said …*** nach dem, was sie gesagt haben, …; ***that's not much to ~ by*** das hilft mir nicht wirklich weiter; ***if this is anything to ~ by …*** wenn man danach gehen kann, …; **to ~ by the book** sich *akk* an die Vorschriften halten; **to ~ by the rules** sich *akk* an die Regeln halten
⑤ (*be known by*) **to ~ by the name of MacCopproc** MacCopproc heißen; ***when she writes, she ~es by the name of JoAnn Gouvney*** als Autorin kennt man sie unter dem Namen JoAnn Gouvney
⑥ (*not challenge*) **to let sth ~ by** etw über sich *akk* ergehen lassen
⑦ (*not take advantage of*) **to let sth ~ by** *chance, opportunity* sich *dat* etw *akk* entgehen lassen
◆**go down** *vi* ① (*move downward*) hinuntergehen; *sun, moon* untergehen; *ship also* sinken; *plane* abstürzen; *boxer* zu Boden gehen; *curtain* fallen; ***he went down on his knees and begged for forgiveness*** er bat auf Knien um Verzeihung; ***the striker went down in the penalty area*** der Stürmer kam im Strafraum zu Fall; **to ~ down on all fours** sich *akk* auf alle viere begeben; ■**to ~ down sth** etw hinuntergehen; (*climb down*) etw hinuntersteigen; **to ~ down the pit** MIN Bergmann werden; **to ~ down with a/the ship** mit einem/dem Schiff untergehen
② (*decrease*) *swelling* zurückgehen; *attendance, wind* nachlassen; *crime rate, fever, water level* zurückgehen; *prices, taxes, temperature* sinken; *currency* fallen; ***one of the tyres on my car has gone down*** einer meiner Autoreifen hat Luft verloren
③ (*decrease in quality*) nachlassen; ***this restaurant has really gone down in the last few years*** dieses Restaurant hat in den letzten Jahren echt nachgelassen *fam;* **to ~ down in sb's opinion** in jds Ansehen sinken
④ (*break down*) *computer* ausfallen
⑤ (*be defeated*) verlieren; SPORTS *also* unterliegen; **to ~ down fighting/without a fight** kämpfend/kampflos untergehen; ■**to ~ down to sb** gegen jdn verlieren
⑥ (*get ill*) **to ~ down with a cold/the flu** eine Erkältung/die Grippe bekommen
⑦ (*move along*) entlanggehen; *vehicle* entlangfahren; ***she was ~ing down the road on her bike*** sie fuhr auf ihrem Fahrrad die Straße entlang; **to ~ down to the beach** runter zum Strand gehen; **to ~ down a list** eine Liste [von oben nach unten] durchgehen
⑧ (*visit quickly*) vorbeigehen; ***they went down to the pub for a quick drink*** sie gingen noch schnell einen trinken *fam*
⑨ (*travel southward*) ***are you ~ing down to Florida this year?*** fahrt ihr dieses Jahr runter nach Florida? *fam*
⑩ (*extend*) hinunterreichen; ***the tree's roots ~ down three metres*** die Wurzeln des Baumes reichen drei Meter in die Tiefe
⑪ (*be received*) **to ~ down badly/well [with sb]** [bei jdm] schlecht/gut ankommen
⑫ (*be recorded*) schriftlich vermerkt werden; **to ~ down in history/the record books [as sth]** [als

etw] in die Geschichte/Geschichtsbücher eingehen; **to ~ down in writing** schriftlich festgehalten werden

⑬ (*fam*) *food, drink* runtergehen *fam*; ***the wine went down easily*** der Wein war wirklich lecker! *fam*; ***a cup of coffee would ~ down nicely now*** eine Tasse Kaffee wäre jetzt genau das Richtige; ***a bit of sugar will help the medicine ~ down*** mit etwas Zucker kriegst du die Medizin besser runter *fam*

⑭ (*sl: happen*) passieren; ***the police had been informed about what was ~ing down, so were ready and waiting*** die Polizei war darüber informiert worden, was vorging, daher war sie bereits in Wartestellung

⑮ BRIT (*dated: leave university*) abgehen; (*for vacation*) in die Semesterferien gehen

⑯ (*fam: have oral sex*) ■**to ~ down on sb** jdn oral befriedigen

⑰ CARDS (*bridge*) den Kontrakt nicht erfüllen

◆**go for** *vi* ① (*fetch*) ■**to ~ for sth** etw holen; (*get*) *food etc.* etw besorgen

② (*try to achieve*) ■**to ~ for sth** auf etw *akk* aus sein *fam*; (*try to get hold of*) es auf etw *akk* abgesehen haben; *~ **for it!*** nichts wie ran! *fam*; ***he was shown the red card for ~ing for the man*** er bekam die rote Karte, weil er gegen den Mann ging; ***if I were you I'd ~ for it*** ich an deiner Stelle würde zugreifen; **to ~ for broke** aufs Ganze gehen *fam*

③ (*choose*) ■**to ~ for sth** sich *akk* für etw *akk* entscheiden; ***that's the sofa I'd ~ for*** ich würde *dieses* Sofa nehmen

④ (*attack*) ■**to ~ for sb [with sth]** [mit etw *dat*] auf jdn losgehen *fam*

⑤ (*be true for*) ***what Mary just said ~es for me too*** was Mary gerade gesagt hat, gilt auch für mich; ***all my pious resolutions went for nothing*** aus all meinen frommen Vorsätzen wurde nichts

⑥ (*fam: like*) ■**to ~ for sth/sb** auf etw/jdn stehen *fam*

⑦ (*believe*) ■**to ~ for sth** etw glauben; ***they told me that ... but I don't ~ for that*** sie sagten, dass ..., aber das kaufe ich ihnen nicht ab *fam*

⑧ (*have as advantage*) **to have sth ~ing for one** etw für einen sprechen haben; ***he's got real talent and creative ideas ~ing for him, but ...*** für ihn sprechen sein großes Talent und seine kreativen Ideen, aber ...; ***this film has absolutely nothing ~ing for it*** an diesem Film gibt es absolut nichts Positives

⑨ (*do*) **to ~ for a drive** [ein bisschen] rausfahren *fam*; **to ~ for a newspaper** eine Zeitung holen gehen; **to ~ for a ride** (*on a horse*) reiten gehen; (*in a vehicle*) rumfahren *fam*; **to ~ for a sail/swim/walk** segeln/schwimmen/spazieren gehen; **to ~ for a spin** (*fam*) eine Spritztour machen *fam*

◆**go forth** *vi* ① (*form, liter: move onward*) weitergehen; **to ~ forth into battle** in die Schlacht ziehen

② (*hum: become widespread*) ***the word has gone forth that ...*** es geht das Gerücht [um], dass ...

◆**go forward** *vi* ① (*move toward front*) *traffic etc.* sich *akk* vorwärts bewegen

② (*progress*) vorangehen; ***as soon as the loan comes in, construction can ~ forward*** sobald der Kredit da ist, können die Bauarbeiten beginnen; ***it looks as if we can ~ forward with our project*** es sieht so aus, als ob wir mit unserem Projekt weitermachen können

③ (*be set earlier*) *clocks* vorgestellt werden

④ (*be proposed*) vorgeschlagen werden; ***his name went forward as the new minister of education*** er wurde als neuer Bildungsminister vorgeschlagen

◆**go in** *vi* ① (*enter*) hineingehen; ***it's really cold, why don't we ~ in?*** es ist echt kalt, warum gehen wir nicht rein? *fam*

② (*fit*) hineinpassen; ***it won't ~ in, it's too big*** es geht nicht rein, es ist zu groß *fam*

③ (*go to work*) arbeiten gehen

④ TECH (*be installed*) installiert [*o* eingebaut] werden

⑤ (*go behind cloud*) ***when the sun ~es in, it gets pretty chilly*** sobald es sich bewölkt, wird's echt frisch

⑥ (*fam: be understood*) in den Kopf gehen *fam*; ***no matter how many times you tell him something, it just won't ~ in*** egal, wie oft du ihm was sagst, es geht einfach nicht in seinen Kopf rein *fam*

⑦ (*work together*) ■**to ~ in with sb** sich *akk* mit jdm zusammentun *fam*

⑧ (*fam: participate in*) ■**to ~ in for sth** an etw *dat* teilnehmen; ***have you ever considered ~ing in for medicine?*** hast du jemals daran gedacht, in die Medizin zu gehen?; ***I wanted to ~ in for cooking*** ich wollte Koch werden; **to ~ in for an exam** eine Prüfung machen

⑨ (*fam: enjoy*) ■**to ~ in for sth** etw mögen; ***I've never really gone in for classical music*** auf klassische Musik stand ich noch nie sonderlich *fam*; ***she really ~es in for travelling*** sie reist total gerne *fam*

⑩ (*fam: indulge in*) ■**to ~ in for sth** auf etw *akk* abfahren *fam*

◆**go into** *vi* ① (*start*) ■**to ~ into sth** ***he went into the election with good chances of beating the incumbent*** er ging mit guten Chancen, den Amtsinhaber zu schlagen, in den Wahlkampf; ***they went into gales of laughter at his sight*** bei seinem Anblick brachen sie in schallendes Gelächter aus; ***they were ~ing into this project with very little experience*** sie gingen mit nur sehr wenig Erfahrung in dieses Projekt; ***the restaurant is ~ing into its second year of business*** das Restaurant geht jetzt in sein zweites Geschäftsjahr; ***the new trains went into service last month*** die neuen Züge wurden letzten Monat in Dienst gestellt; **to ~ into action** in Aktion treten; **to ~ into a coma** ins Koma fallen; **to ~ into effect** in Kraft treten; **to ~ into hiding** sich *akk* verstecken, untertauchen *fam*; **to ~ into hysterics** hysterisch werden; **to ~ into labour** [*or* AM **labor**] [die] Wehen bekommen; **to ~ into mourning** trauern; **to ~ into reverse** in den Rückwärtsgang schalten; **to ~ into a trance** in Trance [ver]fallen

② (*begin career in*) **to ~ into journalism** Journalist/Journalistin werden; **to ~ into medicine/politics** in die Medizin/die Politik gehen; **to ~ into service** BRIT (*dated*) [als Dienstbote/Dienstbotin] in Stellung gehen

③ (*begin producing*) ■**to ~ into sth** ***after working for us for five years, he went into business for himself*** nachdem er fünf Jahre lang für uns gearbeitet hatte, machte er sich selbständig; **to ~ into production** in Produktion gehen

④ (*examine*) ■**to ~ into sth** etw untersuchen; (*discuss*) etw erörtern; ***I don't want to ~ into that right now*** ich möchte jetzt im Moment nicht darauf eingehen; **to ~ into detail** ins Detail gehen

⑤ (*be invested in*) ■**to ~ into sth** ***a considerable amount of money has gone into this exhibition*** in dieser Ausstellung steckt eine beträchtliche Menge [an] Geld

⑥ (*be used in*) ■**to ~ into sth** ***butter is supposed to ~ into the cake but you can also use margarine*** eigentlich kommt Butter in den Kuchen, aber man kann auch Margarine nehmen

⑦ (*join*) ■**to ~ into sth** etw *dat* beitreten; **to ~ into the army** zur Armee gehen; **to ~ into a club/an organization** einem Club/einer Organisation beitreten; **to ~ into hospital/a nursing home** ins Krankenhaus/in ein Pflegeheim gehen

⑧ (*crash into*) ■**to ~ into sth** in etw *akk* hineinfahren; *tree, wall* gegen etw *akk* fahren

⑨ MATH ■**to ~ into sth** ***seven won't ~ into three*** sieben geht nicht in drei

◆**go off** *vi* ① (*leave*) weggehen; THEAT abgehen; ***don't ~ off the path*** verlassen Sie den Weg nicht; ***they went off on their own through the city*** sie erkundeten die Stadt auf eigene Faust; ***he went off into the blue*** er verschwand spurlos

② (*stop working*) *light* ausgehen; *electricity* ausfallen; ***the TV station usually ~es off at 3 a.m.*** der Sender stellt normalerweise um 3 Uhr morgens den Betrieb ein; **to ~ off the air** den Sendebetrieb einstellen

③ (*ring*) *alarm* losgehen; *alarm clock* klingeln; *bomb* hochgehen; ***didn't you hear your alarm clock ~ off this morning?*** hast du heute Morgen deinen Wecker nicht gehört?; ***his gun went off accidentally*** aus seiner Waffe löste sich versehentlich ein Schuss

④ BRIT, AUS (*decrease in quality*) nachlassen; *food* schlecht werden; *milk* sauer werden; *butter* ranzig werden; *pain* nachlassen

⑤ (*happen*) vonstatten gehen, verlaufen; **to ~ off badly/smoothly/well** schlecht/reibungslos/gut [ver]laufen

⑥ (*fall asleep*) einschlafen; (*into trance*) in Trance [ver]fallen

⑦ (*diverge*) abgehen; ***pass the road that ~es off to Silver Springs*** fahren Sie an der Straße vorbei, die nach Silver Springs abzweigt; **to ~ off the subject** vom Thema abschweifen; **to ~ off at** [*or* **on**] **a tangent** plötzlich [völlig] vom Thema abkommen

⑧ (*stop liking*) ■**to ~ off sth/sb** etw/jdn nicht mehr mögen; ***I went off him after ...*** ich konnte ihn nicht mehr leiden, nachdem ...; ***she went off skiing after she broke her leg*** sie ist vom Skifahren abgekommen, nachdem sie sich das Bein gebrochen hatte

► PHRASES: **to ~ off the deep end** (*fam*) völlig außer sich geraten *fam*

◆**go off with** *vt* ① (*leave partner for another*) ■**to ~ off with sb** mit jdm durchbrennen *fam*

② (*take away, steal*) ■**to ~ off with sth** sich *akk* mit etw *dat* davonmachen *fam*; ***who's gone off with my keys again?*** wer hat schon wieder meine Schlüssel mitgenommen?; ***someone has gone off with my purse*** jemand hat sich mit meinem Geldbeutel davongemacht *fam*

◆**go on** *vi* ① (*go further*) weitergehen; *vehicle* weiterfahren; **to ~ on ahead** vorausgehen; *vehicle* vorausfahren

② (*extend*) sich *akk* erstrecken; *time* voranschreiten; ***the forests seemed to ~ on for ever*** die Wälder schienen sich bis in die Unendlichkeit zu erstrecken; ***it'll get warmer as the day ~es on*** im Laufe des Tages wird es wärmer; ***as time went on, their friendship blossomed*** im Laufe der Zeit wurde ihre Freundschaft immer tiefer

③ (*continue*) weitermachen; *fights* anhalten; *negotiations* andauern *fam*; ***I can't ~ on*** ich kann nicht mehr; ***you can't ~ on like that indefinitely*** du kannst nicht ewig so weitermachen; ***we can't ~ on arguing like this*** wir können nicht immerzu so weiter streiten; ***how can you ~ on as if nothing has happened?*** wie kannst du nur einfach so weitermachen, als sei nichts passiert?; **to ~ on trying** es weiter versuchen; **to ~ on working** weiterarbeiten; **to ~ on and on** kein Ende nehmen [wollen]

④ (*continue speaking*) weiterreden; (*speak incessantly*) unaufhörlich reden; ***sorry, please ~ on*** Entschuldigung, bitte fahren Sie fort; ***he just ~es on and on*** er redet echt wie ein Wasserfall *fam*; ***she went on to talk about her time in Africa*** sie erzählte weiter von ihrer Zeit in Afrika; ***he went on to say that ...*** dann sagte er, dass ...; ***"... and then," he went on ...*** „... und dann", fuhr er fort ...; ■**to ~ on about sb/sth** stundenlang über jdn/etw reden; **to always ~ on [about sth]** andauernd [über etw *akk*] reden

⑤ (*criticize*) ■**to ~ on about sb/sth** dauernd über jdn/etw klagen; ■**to ~ on at sb** an jdm herumnörgeln [*o* herummäkeln] *fam*

⑥ (*happen*) passieren; ***this has been ~ing on for months now*** das geht jetzt schon Monate so!; ***what on earth's been ~ing on here?*** was um alles in der Welt ist denn hier passiert?; ***what's ~ing on here?*** was geht denn hier vor?

⑦ (*move on, proceed*) ***I always knew that he would ~ on to a successful career*** ich wusste schon immer, dass er es mal zu etwas bringen würde; ***she went on to do a Phd*** sie strebte einen Doktortitel an; ***he went on to become a teacher*** später wurde er Lehrer; ***what proportion of people who are HIV-positive ~ on to develop AIDS?*** bei

wie viel Prozent der HIV-Infizierten bricht tatsächlich AIDS aus?
8 (*start, embark on*) anfangen; ***this is the second fishing trip he's gone on this summer*** das ist dieses Jahr schon sein zweiter Angelurlaub; **to ~ on** [*or* **onto**] **the attack** den Angriff starten; **to ~ on a diet** auf Diät gehen; **to ~ on the dole** stempeln gehen *fam;* **to ~ on an expedition** auf eine Expedition gehen; **to ~ on a half-day week** halbtags arbeiten; **to ~ on** [**a**] **holiday** in Urlaub gehen; **to ~ on honeymoon** auf Hochzeitsreise gehen; **to ~ on a journey** eine Reise machen; **to ~ on the pill** MED die Pille nehmen; **to ~ on strike** in den Streik treten; **to ~ on tour** auf Tournee gehen
9 TECH *lights* angehen
10 THEAT auftreten; ***I don't ~ on until the second act*** ich komme erst im zweiten Akt dran
11 SPORTS an der Reihe sein
12 (*base conclusions on*) ■**to ~ on sth** *evidence* sich *akk* auf etw *akk* stützen; ***we haven't got any anything to ~ on yet*** wir haben noch keine Anhaltspunkte
13 (*fit*) ■**to ~ on** [**sth**] ***these boots won't ~ on over my thick socks*** diese Stiefel passen nicht über meine dicken Socken; ***this shoe just won't ~ on*** ich kriege diesen Schuh einfach nicht an *fam*
14 (*belong on*) ■**to ~ on sth** auf etw *akk* gehören; ***that vice ~es on the workbench*** diese Schraubzwinge gehört auf die Werkbank
15 FIN (*be allocated to*) ■**to ~ on sth** *expenses* auf etw *akk* gehen; ***all travel expenses ~ on the company account*** die Firma übernimmt alle Reisekosten
16 (*as encouragement*) ***~ on, have another drink*** na komm, trink noch einen; ***~ on and ask directions*** komm, frag nach dem Weg; ***~ on!*** los, mach schon!; ***~ on, tell me!*** jetzt sag schon! *fam*
17 (*expressing disbelief*) ***what, they eloped? ~ on, you must be kidding!*** was, sie sind abgehauen? das ist nicht dein Ernst! *fam*
18 (*ride on*) ■**to ~ on the swings** auf die Schaukel gehen
19 (*approach*) ***my granny is ~ing on*** [***for***] ***ninety*** meine Oma geht auf die neunzig zu; ***it's ~ing on*** [***for***] ***nine o'clock*** es geht auf neun zu; ***I'm ~ing on*** [***for***] ***ten!*** ich bin [schon] fast zehn!
◆**go on with** *vi* **1** (*continue*) ■**to ~ on with sth** etw fortsetzen, mit etw *dat* fortfahren; ***please ~ on with your work and don't let us interrupt you*** bitte arbeiten Sie einfach weiter und lassen Sie sich durch uns nicht stören
2 (*fam: have for the present*) ***I have enough work to be ~ing on with*** ich habe fürs Erste genug zu tun; ***here's a cup of coffee to ~ on with*** hier hast du erst einmal einen Kaffee *fam*
▸ PHRASES: **~ on** [BRIT **with you**]! ach was, erzähl mir doch nichts! *fam*
◆**go out** *vi* **1** (*leave*) [hinaus]gehen; ***he went out to pick up some copies*** er holt gerade ein paar Kopien ab; ***the company sent representatives to colleges to ~ out and recruit graduates*** die Firma schickte Vertreter an die Hochschulen, um dort Absolventen zu werben; **to ~ out for a breath of fresh air** frische Luft schnappen gehen; **to ~ out to work** arbeiten gehen; **to ~ out jogging/shopping** joggen/einkaufen gehen; **to ~ out riding** ausreiten
2 (*depart*) ***they went out to Australia*** sie gingen nach Australien; (*emigrate*) auswandern
3 (*enjoy social life*) ausgehen; **to ~ out for a meal** essen gehen
4 (*date*) ■**to ~ out with sb** mit jdm gehen *fam*
5 (*be extinguished*) *fire* ausgehen; *light also* ausfallen; ***the fire's gone out*** das Feuer ist erloschen; **to ~ out like a light** (*fig*) sofort einschlafen
6 (*be sent out*) verschickt werden; MEDIA ausgestrahlt werden; (*be issued*) verteilt werden; ***the letters went out on Thursday*** die Briefe sind am Donnerstag verschickt worden; ***word has gone out that ...*** es wurde bekannt, dass ...
7 (*sympathize*) ***our thoughts ~ out to all the people who ...*** unsere Gedanken sind bei all denen, die ...; ***my heart ~es out to him*** ich fühle mit ihm
8 (*recede*) *water* zurückgehen; ***when the tide ~es out ...*** bei Ebbe ...
9 *esp* AM (*be spent*) ausgegeben werden; ***our money ~es out before we've even got it*** unser Geld ist schon weg, bevor wir es überhaupt zu Gesicht bekommen *fam*
10 (*become unfashionable*) unmodern werden, aus der Mode kommen; *custom* aussterben
11 (*strike*) streiken; **to ~ out on strike** in den Ausstand treten
12 BRIT SPORTS (*be eliminated*) ■**to ~ out** [**to sb**] [gegen jdn] ausscheiden
13 (*in golf*) ***he went out in 36*** für die Hinrunde benötigte er 36 Schläge
14 CARDS ablegen
15 (*end*) *month, year* zu Ende gehen
16 POL *government* abgelöst werden
17 (*lose consciousness*) das Bewusstsein verlieren
▸ PHRASES: **to ~ all out** sich *akk* ins Zeug legen *fam*
◆**go out of** *vi* **1** (*leave*) [hinaus]gehen; ***I have to ~ out of town on business*** ich muss die Stadt geschäftlich verlassen; ■**to ~ out of sb/sth** (*fig*) jdn/etw verlassen; ***all energy has gone out of her since she lost her job*** seit sie ihren Job verloren hat, fehlt ihr jeglicher Antrieb; ***the magic has gone out of their relationship*** der Zauber ihrer Beziehung ist verflogen
2 (*close shop*) **to ~ out of business** zumachen *fam*
3 (*become unfashionable*) **to ~ out of fashion** [*or* **style**] aus der Mode kommen
4 (*stop being printed*) **to ~ out of print** nicht mehr aufgelegt werden
▸ PHRASES: **to ~ out of one's way to do sth** sich *akk* für etw *akk* ins Zeug legen *fam*
◆**go over** *vi* **1** (*cross*) hinübergehen; (*in vehicle*) hinüberfahren; **to ~ over a border/river/street** eine Grenze/einen Fluss/eine Straße überqueren; **to ~ over the edge of a cliff** über eine Klippe stürzen
2 (*visit*) ■**to ~ over to sb** zu jdm rübergehen *fam;* ***I'm just ~ing over to the chemist's*** ich gehe nur mal schnell in die Apotheke rüber *fam*
3 (*fig: change*) ■**to ~ over to sth** *different party* zu etw *dat* überwechseln; *faith* zu etw *dat* übertreten; *habit* zu etw *dat* übergehen; ***most motorists have gone over from leaded to unleaded fuel*** die meisten Autofahrer sind von verbleitem auf bleifreies Benzin umgestiegen; **to ~ over to the enemy** zum Feind überlaufen
4 (*be received*) **to ~ over** [**badly/well**] [schlecht/gut] ankommen; ***his speech went over like a ton of bricks*** seine Rede war ein Flop
5 (*examine*) ■**to ~ over sth** *report, lines* etw durchgehen; *flat, car* etw durchsuchen; *problem* sich *dat* etw durch den Kopf gehen lassen; ***don't sign anything until you have gone over it thoroughly*** unterschreib nichts, bevor du es nicht genauestens durchgesehen hast; ■**to ~ over sb** jdn untersuchen; **to ~ over sth in one's mind** etw in Gedanken durchgehen
6 TV, RADIO ■**to ~ over to sb** zu jdm umschalten; **to ~ over to Glasgow** nach Glasgow umschalten
7 (*sl: attack brutally*) ■**to ~ over sb with sth** jdn mit etw *dat* zusammenschlagen
8 (*exceed*) **to ~ over a budget/limit** ein Budget/eine Grenze überschreiten; **to ~ over a time limit** überziehen
9 (*wash*) **to ~ over a room** mal schnell ein Zimmer durchputzen
10 (*redraw*) ■**to ~ over sth** etw nachzeichnen; **to ~ over a line** eine Linie nachziehen
◆**go overboard** *vi* **1** NAUT über Bord gehen
2 (*fig: be excessive*) es übertreiben; ***I like red, but this is ~ing overboard*** ich mag zwar rot, aber das ist dann doch zu viel
◆**go round** *vi* BRIT *see* **go around**
◆**go short** *vi* STOCKEX Wertpapiere leerverkaufen
◆**go through** *vi* **1** (*pass in and out of*) durchgehen; *vehicle* durchfahren; ■**to ~ through sth** durch etw *akk* durchlaufen; (*in vehicle*) durch etw *akk* durchfahren; ***he went right through the garden*** er lief mitten durch den Garten durch; **to ~ through customs/the door** durch den Zoll/die Tür gehen
2 (*experience*) ■**to ~ through sth** etw durchmachen; ***your daughter won't always be so difficult — she's just ~ing through a stage*** Ihre Tochter wird nicht immer so schwierig sein – das ist nur so eine Phase; **to ~ through an operation** MED operiert werden; **to ~ through a bad patch** eine schwere Zeit durchmachen
3 (*review, discuss*) ■**to ~ through sth** *act, issue, checklist* etw durchgehen
4 (*be approved*) *plan* durchgehen; *bill* durchkommen; *business deal* [erfolgreich] abgeschlossen werden; ***now that the new legislation/ the divorce has gone through, ...*** jetzt, da das neue Gesetz/ die Scheidung durch ist, ...
5 (*use up*) ■**to ~ through sth** etw aufbrauchen; ***I went through two hundred quid on my last trip to London*** auf meiner letzten Londonreise habe ich zweihundert Pfund ausgegeben; **to ~ through a pair of shoes** ein Paar Schuhe durchlaufen
6 (*wear through*) ■**to ~ through** sich *akk* durchscheuern; ***my jeans always ~ through at the knees first*** meine Jeans wetzt sich immer zuerst an den Knien ab
7 (*look through*) ■**to ~ through sth** *essay, piece of work* etw durchsehen
8 (*be felt by*) ***shock went through him as he heard the news*** ihm fuhr der Schock durch alle Glieder, als er die Neuigkeiten erfuhr
9 (*carry out*) ■**to ~ through with sth** *programme, threat* etw durchziehen *fam;* ■**to ~ through sth** etw erledigen; **to ~ through a course** einen Kurs absolvieren; **to ~ through the marriage ceremony** sich *akk* trauen lassen; ***after the two foreign ministers had gone through the formalities ...*** nachdem die beiden Außenminister die Förmlichkeiten hinter sich gebracht hatten, ...; ***he had to ~ through with it now*** jetzt gab es kein Zurück mehr für ihn
10 PUBL **to have gone through several editions** schon durch mehrere Auflagen gegangen sein
11 (*be routed through*) ***you must ~ through the central operator before you can be connected with the person you are calling*** Sie müssen über die zentrale Vermittlung gehen, bevor Sie zu ihrem Gesprächspartner durchgestellt werden können
▸ PHRASES: **to ~ through the mill** viel mitmachen *fam;* **to ~ through the roof** an die Decke gehen *fam*
◆**go together** *vi* **1** (*harmonize*) zusammenpassen; ***do you think that a red wine sauce ~es together with fish?*** findest du, dass Rotweinsauce zu Fisch passt?; ***coffee and cake ~ together like bees and honey*** Kaffee und Kuchen passen wunderbar zueinander
2 (*date*) miteinander gehen *fam*
3 (*coincide*) *events* zusammen auftreten
◆**go under** *vi* **1** (*sink*) untergehen
2 (*fail*) *person* scheitern; *business* eingehen
3 (*be known by*) ***she went under the name of Cora Whiplash*** sie war unter dem Namen Cora Whiplash bekannt; ***the campaign ~es under the slogan '...'*** die Kampagne läuft unter dem Motto ‚...'
4 (*move below*) ■**to ~ under sth** unter etw *akk* druntergehen *fam;* ***we went under an awning until the rain had abated a little*** wir suchten unter einem Vordach Unterschlupf, bis der Regen ein wenig nachgelassen hatte; ***they went under the English Channel*** sie fuhren unter dem Ärmelkanal durch; ***the old road ~es under the railway bridge*** die alte Straße führt unter der Eisenbahnbrücke durch
▸ PHRASES: **to ~ under the hammer** unter den Hammer kommen
◆**go up** *vi* **1** (*move higher*) hinaufgehen; (*onto a ladder*) hinaufsteigen; *curtain* hochgehen; *balloon* aufsteigen; ***I was ~ing up the stairs when ...*** ich

G

ging gerade die Treppe hinauf, als …
❷ (*increase*) prices, interest rates, temperature steigen; ***I can ~ up as far as that, but that's my limit*** bis dahin kann ich gehen, aber das ist mein letztes Gebot; ***everything is ~ing up*** alles wird teurer!; **to ~ up 2 %** um 2 % steigen
❸ (*approach*) ■ **to ~ up to sb/sth** auf jdn/etw zugehen
❹ (*move along*) ■ **to ~ up to sth** [bis] zu etw *dat* hingehen; (*in vehicle*) [bis] zu etw *dat* hinfahren; ***~ up to the next street light and …*** fahren Sie bis zur nächsten Straßenlaterne und …; ***let's ~ up to the pub and have a drink*** lass uns in die Kneipe gehen und was trinken *fam;* ***~ing up the river is harder because …*** den Fluss hinaufzufahren ist schwerer, da …
❺ (*travel northwards*) **to ~ up to Maine/Edinburgh** hoch nach Maine/Edinburgh fahren
❻ (*extend to*) hochreichen, hinaufreichen; (*of time*) bis zu einer bestimmten Zeit gehen; ***their property ~es up to the top of that hill*** ihr Grundstück reicht bis zu dem Gipfel des Hügels dort hinauf; ***the sale ~es up to Sunday*** der Ausverkauf geht noch bis zum Sonntag
❼ (*be built*) entstehen; ***a new factory is ~ing up on the old airport*** beim alten Flughafen entsteht eine neue Fabrik
❽ (*burn up*) hochgehen *fam,* in die Luft gehen; **to ~ up in flames/smoke** in Flammen/Rauch aufgehen; **to ~ up in smoke** (*fig*) sich *akk* in Rauch auflösen
❾ (*be heard*) ertönen; ***a shout went up from the crowd as …*** ein Schrei stieg von der Menge auf, als …
❿ BRIT UNIV (*begin university*) zu studieren anfangen; (*return to university*) nach den Semesterferien wieder weiterstudieren; ***he is ~ing up to Oxford this year*** er nimmt dieses Jahr sein Studium in Oxford auf
► PHRASES: **to ~ up against sb** sich *akk* jdm widersetzen; (*in a fight*) auf jdn losgehen *fam*

◆**go with** *vt* ❶ (*accompany*) ■ **to ~ with sb** mit jdm mitgehen, jdn begleiten; ***I have to go to town — do you want to ~ with me?*** ich muss in die Stadt – möchtest du mitkommen?; ■ **to ~ with sth** zu etw *dat* gehören
❷ (*be associated with*) ■ **to ~ with sth** mit etw *dat* einhergehen; **to ~ hand in hand with sth** (*fig*) mit etw *dat* Hand in Hand gehen
❸ (*harmonize*) ■ **to ~ with sth** zu etw *dat* passen
❹ (*agree with*) ■ **to ~ with sth** mit etw *dat* einverstanden sein; ***your first proposal was fine, but I can't ~ with you on this one*** dein erster Vorschlag war o.k., aber diesem hier kann ich nicht zustimmen
❺ (*follow*) **to ~ with the beat** mit dem Rhythmus mitgehen; **to ~ with the flow** [*or* **tide**] (*fig*) mit dem Strom schwimmen; **to ~ with the majority** sich *akk* der Mehrheit anschließen
❻ (*date*) ■ **to ~ with sb** mit jdm gehen *fam;* (*have sex with*) mit jdm schlafen

◆**go without** *vi* ■ **to ~ without sth** ohne etw *akk* auskommen; ***I'd rather ~ without food than work for him*** ich würde lieber auf Essen verzichten als für ihn arbeiten; **to ~ without breakfast** nicht frühstücken; **to have gone without sleep** nicht geschlafen haben; **to have to ~ without sth** ohne etw *akk* auskommen müssen; ■ **to ~ without doing sth** darauf verzichten, etw zu tun

goad [gəʊd, AM goʊd] **I.** *n* Stachelstock *m;* (*fig: motivating factor*) Ansporn *m*
II. *vt* ❶ (*spur*) ■ **to ~ sb [to sth]** jdn [zu etw *dat*] antreiben [*o* anspornen]; **to ~ sb's curiosity** jds Neugier wecken
❷ (*tease*) ■ **to ~ sb** jdn ärgern; *child* jdn hänseln; ***he refused to be ~ed by their insults*** er ließ sich von ihren Beleidigungen nicht aus der Ruhe bringen
❸ (*provoke*) ■ **to ~ sb into [doing] sth** jdn dazu anstacheln [*o* anspornen], etw zu tun

◆**goad on** *vi usu passive* ■ **to ~ sb on** (*urge forward*) jdn antreiben; (*motivate*) jdn anspornen

go-ahead [ˈgəʊəhed, AM ˈgoʊ-] **I.** *n no pl* ❶ (*permission*) Erlaubnis *f,* Zustimmung *f* (**for** zu +*dat*); **to give/get** [*or* **receive**] **the ~** grünes Licht geben/erhalten
❷ COMPUT Startsignal *nt*
II. *adj* BRIT, AUS fortschrittlich

goal [gəʊl, AM goʊl] *n* ❶ (*aim*) Ziel *nt;* **to achieve/pursue a ~** ein Ziel erreichen/verfolgen; **to set oneself a ~** sich *dat* ein Ziel setzen
❷ SPORTS (*scoring area*) Tor *nt;* **~ area** Torraum *m;* **to keep ~** das Tor hüten; **to play in ~** BRIT im Tor stehen
❸ SPORTS (*point*) Tor *nt;* **~ difference** Tordifferenz *f;* **penalty ~** Elfmeter *m;* **to score a ~** ein Tor schießen

goalie [ˈgəʊli, AM ˈgoʊ-] *n* (*fam*), **goalkeeper** *n* Tormann/Torfrau *m/f*

goalkeeping [ˈgəʊlkiːpɪŋ, AM ˈgoʊl] *n no pl* Torhüten *nt*

goal kick *n* FBALL Abstoß *m* [vom Tor]

goalless [ˈgəʊlləs, AM ˈgoʊ-] *adj inv* torlos; ***the match ended in a ~ draw*** das Spiel endete null zu null

goal line *n* Torlinie *f* **goalmouth I.** *n* Torraum *m* **II.** *n modifier* unmittelbarer Torbereich; **~ action** Handlung *f* im unmittelbaren Torbereich **goal-oriented** *adj* zielorientiert, ergebnisorientiert **goalpost** *n* Torpfosten *m* **goalscorer** *n esp* BRIT Torschütze, -in *m, f;* **leading** [*or* **top**] **~** Torschützenkönig(in) *m(f)* **goalscoring** *esp* BRIT **I.** *n no pl* Torschießen *nt* **II.** *n modifier* Tor-; **~ opportunity** Torchance *f* **goaltender** *n* AM (*in soccer*) Torwart(in) *m(f);* (*in hockey*) Torhüter(in) *m(f)*

goanna [gəʊˈænə, AM goʊˈ-] *n* ZOOL Waran *m*

goat [gəʊt, AM goʊt] *n* ❶ (*animal*) Ziege *f;* **billy ~** Ziegenbock *m;* **mountain ~** Bergziege *f;* **~'s milk** Ziegenmilch *f*
❷ (*pej dated fam: lecher*) [alter] Bock *m pej fam*
❸ ASTROL ■ **the G~** der Steinbock
► PHRASES: **to separate the sheep from the ~s** die Spreu vom Weizen trennen; **to act** [*or* **play**] **the ~** BRIT (*fam*) herumalbern *fam;* **to get sb's ~** jdn auf die Palme bringen *fam*

goatee [gəʊˈtiː, AM goʊˈ-] *n* Spitzbart *m,* Ziegenbart *m*

goatherd *n* Ziegenhirte, -in *m, f*

goat('s) cheese *n no pl* Ziegenkäse *m*

goatskin I. *n* Ziegenleder *nt*
II. *n modifier* (*bag, boots, jacket*) Ziegenleder-

gob [gɒb, AM gɑːb] **I.** *n* ❶ BRIT, AUS (*sl: mouth*) Maul *nt sl;* ***shut your ~!*** halt's Maul! *sl;* **to keep one's ~ shut** die Klappe halten *sl*
❷ AM (*fam: lump*) Klumpen *m,* Batzen *m fam*
❸ BRIT, AUS (*lump of spit*) Schleimklumpen *m fam;* (*snot*) Rotz *m fam*
❹ ■ **~s** *pl* AM (*sl: many*) Haufen *m fam,* jede Menge *fam;* ■ **in ~s** in rauen Mengen *fam*
II. *vi* <-bb-> BRIT, AUS (*fam*) spucken; ■ **to ~ at sb** jdn anspucken

gobbet [ˈgɒbɪt, AM ˈgɑːb-] *n* ❶ (*fam: lump*) Brocken *m;* **~ of flesh** Fleischbrocken *m*
❷ (*piece of text*) [Text]passage *f*

gobble [ˈgɒbl̩, AM ˈgɑːbl̩] **I.** *n* Kollerlaut *m*
II. *vi* ❶ (*fam: eat quickly*) schlingen
❷ *turkey* kollern
III. *vt* ❶ (*fam: eat quickly*) ■ **to ~ sth** etw [hinunter]schlingen
❷ AM (*vulg sl: perform oral sex*) ■ **to ~ sb** jdm einen blasen *vulg*

◆**gobble down** *vt* (*fam*) ■ **to ~ down ↔ sth** etw hinunterschlingen

◆**gobble up** *vt* ■ **to ~ up ↔ sth** ❶ (*eat quickly*) etw verschlingen
❷ ECON (*fig: take over*) etw schlucken *fam;* (*use up*) etw aufbrauchen [*o fam* schlucken]

gobbledegook *n,* **gobbledygook** [ˈgɒb|di,guːk, AM ˈgɑːb|-] *n no pl* (*pej fam*) Kauderwelsch *nt*

go-between [ˈgəʊbɪ,twiːn, AM ˈgoʊbə-] *n* Vermittler(in) *m(f);* (*between lovers*) Liebesbote, -in *m, f;* **to act** [*or* **serve**] **as a ~ for sb** als Vermittler(in) *m(f)* für jdn fungieren

Gobi [ˈgəʊbi, AM ˈgoʊbi] *n* **the ~ [Desert]** die Wüste Gobi

goblet [ˈgɒblət, AM ˈgɑːb-] *n* Kelch *m*

goblin [ˈgɒblɪn, AM ˈgɑːb-] *n* Kobold *m*

gobo <*pl* -s *or* -es> [ˈgəʊbəʊ, AM ˈgoʊboʊ] *n* ❶ (*round a microphone*) Schalltilgungsschirm *m*
❷ (*round a lens*) Blendenschirm *m*

gobs *npl* AM (*fam*) ■ **~ of sth** ein Haufen einer S. *fam gen;* **~ of money** ein Haufen [*o* haufenweise] Geld *fam*

gobshite [ˈgɒbʃaɪt] *n* IRISH (*vulg sl*) Idiot(in) *m(f) pej fam*

gobsmacked [ˈgɒbsmækt] *adj* BRIT (*fam*) baff *fam,* platt *fam;* ■ **to be ~** völlig baff sein

gobstopper *n esp* BRIT Dauerlutscher *m* (*mit verschiedenen Farbschichten*)

goby <*pl* – *or* -bies> [ˈgəʊbi, AM ˈgoʊ] *n* Meergrundel *f*

GOC [ˌdʒiːəʊˈsiː] *n abbrev of* **General Officer Commanding** Oberbefehlshaber(in) *m(f)*

go-cart *n* AM *see* **go-kart**

god [gɒd, AM gɑːd] *n* ❶ (*male deity, idol*) Gott *m;* **Greek/Roman ~s** griechische/römische Götter; **~ of war** Kriegsgott *m*
❷ (*fig: sb idolized*) Gott *m,* Idol *nt;* (*sth idolized*) Heiligtum *nt;* ***keeping fit is a good idea, but there's no need to make a ~ of it*** sich fit halten ist eine gute Sache, aber man muss ja keine Religion daraus machen; **to be sb's ~** jds großes Vorbild sein

God [gɒd, AM gɑːd] **I.** *n no pl, no art* Gott *kein art;* ***do you believe in ~?*** glaubst du an Gott?; ***~ be with you!*** Gott sei mit dir!; ***~ bless this house!*** Gott segne dieses Haus!; **an act of ~** höhere Gewalt; **~ Almighty** [*or* **Lord ~**] Gott, der Allmächtige; **~ the Father, ~ the Son and ~ the Holy Ghost** Gott Vater, Sohn und Heiliger Geist; **~'s will** Gottes Wille; **to be with ~** (*euph form*) beim Herrn [*o* Herrgott] sein *euph;* **to be ~'s gift to sb/sth** (*iron pej*) ein Geschenk Gottes [*o* des Himmels] für jdn/etw sein; ***he thinks he's ~'s gift to women*** er hält sich für das Beste, was den Frauen passieren konnte; **to play ~** (*pej*) Gott spielen *pej;* **to swear before ~** vor Gott schwören
► PHRASES: **~ helps those who help themselves** (*prov*) hilf dir selbst, so hilft dir Gott *prov*
II. *interj* (*fam!*) [**oh**] [**my**] **~!,** ***~ Almighty!*** oh [mein] Gott!, großer Gott!, Allmächtiger!; ***~ damn them!*** Gott verfluche sie! *pej sl;* ***~ damn it!*** Gott verdammt! *sl;* ***~ forbid!*** Gott bewahre!; ***~ help us!*** Gott stehe uns bei!; ***where's Bob? — ~ knows!*** wo ist Bob? – weiß der Himmel! *fam;* ***I did my best, ~ knows!*** Gott weiß, dass ich mein Bestes gegeben habe!; **by ~** bei Gott; **dear** [*or* **good**] ***~!*** du liebe Güte!; **please ~** gebe Gott; **thank ~[!]** Gott [*o* dem Himmel] sei Dank[!]; **~ willing** so Gott will; **in ~'s name** in Gottes Namen; **for ~'s sake** um Himmels [*o* Gottes] willen; **~'s truth** [*or* **as ~ is my witness**] Gott ist mein Zeuge; **honest to ~** ich schwöre [es] bei Gott; **to hope/swear/wish to ~ [that] …** bei Gott hoffen/schwören/wünschen, dass …; ***I swear to ~ it wasn't me*** ich schwöre bei Gott, ich war es nicht

god-awful *adj* (*fam*) beschissen *sl* **godchild** *n* Patenkind *nt* **goddamn,** *esp* AM **goddam** (*fam!*) **I.** *adj attr* ❶ *inv* (*pej!: emphasizing annoyance*) gottverdammt *pej sl*
❷ AM (*emphasizing peculiarity*) seltsam; ***that is the ~est dog I've ever seen*** das ist der merkwürdigste Hund, den ich jemals gesehen habe
II. *adv* verdammt *fam;* ***don't drive so ~ fast!*** fahr nicht so verdammt schnell!
III. *interj* verdammt *fam;* ***~, how much longer will it take?*** verdammt [nochmal], wie lange dauert das denn noch? **goddamned I.** *adj attr* ❶ *inv* (*pej!: emphasizing annoyance*) gottverdammt *pej fam* ❷ (*emphasizing peculiarity*) seltsam; *see also* **goddam I 2 II.** *adv* verdammt *fam;* ***don't drive so ~ fast!*** fahr nicht so verdammt schnell! **goddaughter** *n* Patentochter *f*

goddess <*pl* -es> [ˈgɒdes, AM ˈgɑːdɪs] *n* ❶ (*female deity*) Göttin *f*

❷ (*idolized woman*) Göttin *f,* Gottheit *f;* **screen ~** [Film]diva *f veraltend*

godfather *n* ❶ (*male godparent*) Patenonkel *m,* Pate *m* ❷ (*Mafia leader*) Pate *m* **god-fearing** *adj* (*approv*) gottesfürchtig **god-forsaken** *adj attr* (*pej*) *place, land* gottverlassen *pej fam* **god-given** *adj,* **God-given** *adj inv* gottgegeben; ***she has a ~ talent as a painter*** sie ist eine begnadete Malerin **godhead** *n,* **Godhead** *n no pl* REL ❶ (*state of deity*) Gottheit *f;* (*divinity*) Göttlichkeit *f,* göttliche Natur

❷ (*God*) die heilige Dreifaltigkeit

godless ['gɒdləs, AM 'gɑːd-] *adj* gottlos

godlessly ['gɒdləsli, AM 'gɑːd-] *adv* gottlos

godlessness ['gɒdləsnəs, AM 'gɑːd-] *n no pl* Gottlosigkeit *f*

godlike ['gɒdlaɪk, AM 'gɑːd-] *adj* ❶ (*similar to God*) *person* gottähnlich; *powers* göttlich

❷ (*beautiful*) göttlich

godliness ['gɒdlɪnəs, AM 'gɑːd-] *n no pl* Frömmigkeit *f,* Gottesfurcht *f*

▶ PHRASES: **cleanliness is next to ~** (*prov*) Reinlichkeit kommt gleich nach Frömmigkeit

godly ['gɒdli, AM 'gɑːd-] *adj* fromm; **to lead** [*or* **live**] **a ~ life** ein frommes [*o* gottesfürchtiges] Leben führen

godmother *n* Patentante *f,* Patin *f;* **fairy ~** gute Fee *fig*

godown ['gəʊdaʊn] *n* IND Lagerhaus *nt*

godparent *n* Pate, -in *m, f*

gods [gɒdz] *npl* BRIT, AUS THEAT (*fam*) ■**the ~** die billigen Plätze *fam*

godsend *n* (*fam*) Gottesgeschenk *nt;* ■**to be a ~ to sb** ein Geschenk Gottes für jdn sein **godslot** *n* BRIT MEDIA (*fam*) religiösen Programmen vorbehaltene Sendezeit **godson** *n* Patensohn *m* **godsquad** *n* (*usu pej fam*) Armee *f* Gottes **godwit** ['gɒdwɪt, AM 'gɑːd-] *n* ORN Uferschnepfe *f*

goer ['gəʊəʳ, AM 'goʊɚ] *n* ❶ (*fam: person or thing that goes*) Geher *m;* ***that horse is a good ~*** das Pferd läuft gut; ***my car's not much of a ~*** mein Auto ist nicht besonders schnell

❷ (*fam: worker*) **to be a slow ~** langsam arbeiten

❸ BRIT (*fam: party person*) Partylöwe *m;* (*promiscuous person*) Feger *m sl*

❹ (*viable proposition*) Erfolg *m*

-goer ['gəʊəʳ, AM 'goʊɚ] *in compounds* -besucher(in) *m(f),* -gänger(in) *m(f);* **church**[-]**~** Kirchgänger(in) *m(f);* **film~** [*or esp* AM **movie-~**] Kinogänger(in) *m(f);* **restaurant-~** Restaurantbesucher(in) *m(f);* **theatre**[-]**~** Theaterbesucher(in) *m(f)*

goes [gəʊz, AM goʊz] *3rd pers. sing of* **go**

gofer ['gəʊfəʳ, AM 'goʊfɚ] *n* AM, AUS (*fam*) Botengänger(in) *m(f),* Laufbursche *m fam*

go-getter *n* tatkräftige Person, Tatmensch *m*

go-getting *adj* tatkräftig, einsatzfreudig

goggle ['gɒgl̩, AM 'gɑːgl̩] **I.** *vi* (*fam*) *person* staunen, starren, glotzen *fam; eyes* weit aufgerissen sein; ■**to ~ at sb/sth** jdn/etw anstarren [*o fam* anglotzen]

II. *n* ❶ (*wide-eyed stare*) stierer Blick

❷ (*close-fitting glasses*) ■**~s** *pl* [Schutz]brille *f;* **a pair of ~s** eine [Schutz]brille; **safety ~s** Schutzbrille *f;* **ski/swim**[**ming**] **~s** Ski-/Schwimmbrille *f*

goggle-box *n* BRIT (*dated fam*) Glotze *f sl* **goggle-eyed** *adj inv* (*fam*) mit Kulleraugen; ***he stared in ~ amazement*** vor Erstaunen fielen ihm fast die Augen aus dem Kopf

go-go ['gəʊgəʊ, AM 'goʊgoʊ] *adj attr, inv* ❶ (*type of dancing*) Go-go-; **~ dancing** Go-go *nt;* **~ girl** [*or* **dancer**] Go-go-Tänzerin *f,* Go-go-Girl *nt*

❷ AM COMM (*fam*) Boom-, der Hochkonjunktur *nach n;* **the ~ years/days** die Boomjahre, die Jahre/Zeit der Hochkonjunktur; **the ~ 80s** die vom Boom geprägten 80er

go-go dancer *n* (*dated*) Go-Go-Tänzer(in) *m(f)*

go-go dancing *n no pl* Go-Go *m*

going ['gəʊɪŋ, AM 'goʊ-] **I.** *n* ❶ (*act of leaving*) Gehen *nt*

❷ (*departure*) Weggang *m; from job* Ausscheiden *nt*

❸ (*conditions*) Bedingungen *fpl;* **easy/rough ~** günstige/ungünstige Bedingungen; **to leave** [*or* **go**] **while the ~ is good** sich *akk* rechtzeitig absetzen *fam;* ***while the ~ is good*** solange es gut läuft

❹ (*of a racetrack*) Bahn *f*

❺ (*progress*) Fortgang *m,* Vorankommen *nt;* ***the ~ of the project has been slower than anticipated*** das Projekt geht langsamer voran als erwartet; **to be heavy** [*or* **rough**] **~** mühsam sein

▶ PHRASES: **when the ~ gets tough, the tough get ~** was uns nicht umbringt, macht uns nur noch härter

II. *adj inv* ❶ *pred* (*available*) vorhanden; ***do you know if there are any jobs ~ around here?*** weißt du, ob es hier in der Gegend Arbeit gibt?; ***he's the biggest crook ~*** er ist der größte Gauner, den es gibt

❷ *pred* (*in action*) am Laufen, in Gang; **to get/keep sth ~** etw in Gang bringen/halten

❸ (*current*) aktuell, gegenwärtig; ***what's the ~ rate for babysitters nowadays?*** wie viel zahlt man heutzutage üblicherweise für einen Babysitter?

❹ ECON (*profitable*) **~ concern** gut gehendes Unternehmen

-going ['gəʊɪŋ, AM 'goʊ-] *in compounds* ❶ (*attending*) -besuch; ***movie-~ is enjoying a revival*** die Leute gehen wieder häufiger ins Kino; **church-~** Kirchgang *m;* **the church-~ members of the community** die Gemeinde-Mitglieder, die regelmäßig in die Kirche gehen

❷ (*travelling*) **ocean-~ yacht** hochseetaugliche Yacht

going-away *adj attr* **~ clothes/dress** Reisekleidung *f*/-kleid *nt;* **~ party** Abschiedsparty *f*

going on *adv,* BRIT *also* **going on for** *adv inv* fast, beinahe; ***it was ~ midnight when we left the party*** es war fast Mitternacht, als wir die Party verließen; ***she is 16 ~ 17*** sie geht auf die 17 zu

going-over <*pl* goings-> *n usu sing* ❶ (*beating*) Tracht *f* Prügel; **to get a ~** eine Tracht Prügel [verpasst] bekommen

❷ (*fig: defeat*) Abreibung *f fam*

❸ (*criticism*) Rüffel *m fam;* **to give sb a good ~** jdm einen ordentlichen Rüffel verpassen

❹ (*examination*) Untersuchung *f;* **to give sth a thorough ~** *flat, house* etw gründlich durchsuchen

❺ (*cleaning*) Reinigung *f*

goings-on *npl* ❶ (*unusual events*) Vorfälle *mpl;* ***there've been a lot of strange ~ in that house recently*** in diesem Haus passieren in letzter Zeit viele seltsame Dinge

❷ (*activities*) Verhalten *nt kein pl,* Handlungsweise *f*

goiter ['gɔɪt̬ɚ] AM, **goitre** [-təʳ] *n no pl* MED Kropf *m*

go-kart, AM **go-cart** *n* Gokart *m*

go-karting, AM **go-carting** *n no pl* Gokartfahren *nt*

gold [gəʊld, AM goʊld] **I.** *n* ❶ *no pl* (*precious metal*) Gold *nt;* **to pan for ~** nach Gold schürfen; **to strike ~** auf Gold stoßen

❷ *no pl* (*golden objects*) Gold *nt;* **to be dripping with ~** (*pej fam*) mit Gold behängt sein *pej fam*

❸ (*medal*) Goldmedaille *f,* Gold *nt fig*

❹ (*colour*) Gold *nt*

▶ PHRASES: **to have a heart of ~** ein Herz aus Gold haben; **to be worth one's weight in ~** sein Gewicht in Gold wert sein; **to be** [**as**] **good as ~** mustergültig sein; **all that glitters is not ~** (*prov*) es ist nicht alles Gold was glänzt *prov;* **to go ~** *album, record* vergoldet werden

II. *n modifier* (*made of ~*) (*chain, coin, locket, necklace, nugget, ring, wristwatch*) Gold-; (*fig*) **~ medal** Goldmedaille *f;* **~ record** goldene Schallplatte

III. *adj* golden, Gold-; **~ braid** Goldtresse *f;* **~ ink** goldene Tinte; **~ paint** Goldfarbe *f*

gold brick AM **I.** *n* (*pej fam*) ❶ (*sham*) Mogelpackung *f* ❷ (*lazy person*) Faulenzer(in) *m(f) pej* **II.** *vt* ■**to ~ sb** jdn betrügen [*o* hintergehen] **III.** *vi* faulenzen **gold card** *n* goldene [Kredit]karte, Goldkarte *f* **gold content** *n no pl* Goldgehalt *m*

goldcrest <*pl* – *or* -s> ['gəʊlkrest, AM 'goʊl] *n* Goldhähnchen *nt* **gold currency** *n* Goldwährung *f* **gold digger** *n* Goldgräber *m;* ***she's a classic ~*** (*fig*) sie ist nur auf Geld aus **gold digging** *n no pl* Goldgraben *nt* **gold disc** *n,* AM **gold disk** *n* goldene [Schall]platte **gold dust** *n no pl* Goldstaub *m;* ***tickets for the concert are*** [***like***] ***~*** (*fig*) Eintrittskarten für das Konzert sind sehr schwer zu bekommen

golden ['gəʊldᵊn, AM 'goʊl-] *adj inv* ❶ (*made of gold*) aus Gold, golden, Gold-

❷ (*concerning gold*) golden; **~ anniversary** goldene Hochzeit; **the G~ state** *umgangssprachliche Bezeichnung für Kalifornien*

❸ (*colour*) *hair* golden; **~ brown** goldbraun

❹ (*fig: very good*) ausgezeichnet; *memories, opportunity* golden; **sb's ~ years** (*euph*) jds beste [*o* goldene] Jahre

❺ ECON (*fam*) **~ handcuffs** *langfristige Vergünstigungen für einen leitenden Angestellten*[*, um ihn zum Bleiben zu bewegen*]; **~ handshake** großzügige Entlassungsabfindung; **~ parachute** großzügige Entlassungsabfindung im Falle einer Übernahme

▶ PHRASES: **silence is ~** (*prov*) Schweigen ist Gold

golden age *n* goldenes Zeitalter **golden boy** *n* Goldjunge *m fam* **golden calf** *n* REL ■**the ~** das Goldene Kalb **golden eagle** *n* Steinadler *m* **goldeneye** *n* ORN Schellente *f* **Golden Fleece** *n* LIT ■**the ~** das Goldene Vlies **golden girl** *n* Goldmädchen *nt fam* **golden goose** *n* Goldgrube *f fam* **golden handcuffs** *npl* (*fig*) *Vergünstigungen für leitende Angestellte, um diese längerfristig an ein Unternehmen zu binden* **golden handshake** *n* (*fig fam*) großzügige Abfindung **golden jubilee** *n esp* BRIT goldenes Jubiläum **golden mean** *n no pl* goldene Mitte **golden oldie** *n* (*fam*) ❶ MUS, FILM [Golden] Oldie *m fam* ❷ (*usu hum: person*) alter Fuchs *fam* **golden oriole** *n* ORN Pirol *m* **golden parachute** *n* (*fam: payment*) großzügige Abfindung; (*clause*) Abfindungsklausel *f* **golden pheasant** *n* Goldfasan *m* **golden plover** *n* ORN Goldregenpfeifer *m* **golden retriever** *n* Golden Retriever *m* **golden rice** *n no pl* Golden Rice *m* (*mit Vitamin A angereicherter Reis*) **goldenrod** *n* BOT Goldrute *f* **golden rule** *n* goldene Regel **golden syrup** *n no pl* BRIT, AUS Sirup *m* (*helle Melasse*) **golden triangle** *n no pl* ■**the ~** das goldene Dreieck **golden wedding** *n* goldene Hochzeit **goldfield** *n* Goldfeld *nt* **goldfinch** *n* Stieglitz *m,* Distelfink *m* **goldfish** *n* Goldfisch *m* **goldfish bowl** *n* Goldfischglas *nt* **gold foil** *n no pl* Goldfolie *f*

goldilocks ['gəʊldɪlɒks, AM 'goʊldilɑːks] *n* (*fam*) Goldlöckchen *nt fam*

goldish ['gəʊldɪʃ, AM 'goʊl-] *adj* gold-; **~-brown** goldbraun

gold leaf *n no pl* Blattgold *nt* **gold medal** *n* Goldmedaille *f* **goldmine** *n* Goldmine *f;* (*fig*) Goldgrube *f fam* **gold plate I.** *n* ❶ (*layer of gold*) Vergoldung *f,* Goldauflage *f* ❷ (*objects*) Goldgeschirr *nt* **II.** *vt* ■**to gold-plate sth** etw vergolden **gold-plated** *adj inv* vergoldet **gold plating** *n no pl* ❶ (*layer of gold*) Vergoldung *f,* Goldauflage *f* ❷ (*process*) Vergoldung *f* **gold points** *npl* ECON Goldpunkte *mpl* **gold reserve** *n* Goldreserve *f,* Goldbestand *m* **gold rush** *n* Goldrausch *m* **goldsmith** *n* Goldschmied(in) *m(f)* **gold standard** *n* ECON Goldwährung *f,* Goldstandard *m;* ***the pound came off the ~*** das Pfund wurde von der Goldwährung gelöst

golf [gɒlf, AM gɑːlf] **I.** *n no pl* Golf *nt;* **a round of ~** eine Runde Golf; **mini**[**ature**] **~** Minigolf *nt*

II. *n modifier* (*bag, instructor, professional, shoes*) Golf-; **~ cart** Golfwagen *m*

III. *vi* golfen, Golf spielen

golf bag *n* Golftasche *f* **golf ball** *n* Golfball *m* **golf-ball typewriter** *n* Kugelkopfschreibmaschine *f* **golf club** *n* ❶ (*implement*) Golfschläger *m* ❷ (*association, building*) Golfclub *m* **golf course** *n* Golfplatz *m*

golfer ['gɒlfəʳ, AM 'gɑːlfɚ] *n* Golfer(in) *m(f),* Golfspieler(in) *m(f)*

golfing ['gɒlfɪŋ, AM 'gɑːlf-] I. *n no pl* Golfspielen *nt,* Golfen *nt;* **to go ~** Golfspielen gehen
II. *adj attr, inv* Golf-; **~ holiday** Golfurlaub *m*
golf links *npl* AM Golfplatz *m;* BRIT Golfplatz *m* an der Küste **golf tournament** *n* Golfturnier *nt*
Goliath [gə(ʊ)'laɪəθ, AM gə'-] *n* REL (*also fig*) Goliath *m a. fig;* **a David and ~ battle** [*or* **contest**] ein Kampf *m* David gegen Goliath
golliwog *n,* **gollywog** ['gɒlɪwɒg] *n* BRIT, AUS (*dated*) Negerpuppe *f*
golly ['gɒli, AM 'gɑːli] *interj* (*dated fam*) Donnerwetter *fam,* Menschenskind *fam; by ~!* zum Donnerwetter!
goloshes [gə'lɒʃɪz, AM -'lɑːʃ-] *npl* Galoschen *fpl;* **rubber ~** Gummigaloschen *fpl*
gonad ['gəʊnæd, AM 'goʊ-] *n* ANAT Gonade *f*
gondola ['gɒndələ, AM 'gɑːn-] *n* ❶ AVIAT, NAUT, TRANSP Gondel *f*
❷ AM NAUT flacher Lastkahn
❸ AM RAIL offener Güterwagen
gondolier [ˌgɒndə'lɪəʳ, AM ˌgɑːndə'lɪr] *n* Gondoliere *m*
gone [gɒn, AM gɑːn] I. *pp of* go
II. *prep* BRIT ***it's just gone ten o'clock*** es ist kurz nach zehn Uhr
III. *adj pred, inv* ❶ (*no longer there*) weg *fam;* (*used up*) verbraucht; ***one minute they were here, the next they were ~*** kaum waren sie da, waren sie auch schon wieder weg
❷ (*dead*) tot; **to be dead and ~** tot und unter der Erde sein *fam;* **to be pretty far ~** beinahe tot sein; **to be too far ~** dem Tode zu nah sein
❸ (*fam: pregnant*) schwanger; ***how far ~ is she?*** im wie vielten Monat ist sie?
❹ (*fam: drunk*) betrunken, zu *sl*
❺ (*fam: infatuated*) ■**to be ~ on sb** auf jdn abfahren *sl*
goner ['gɒnəʳ, AM 'gɑːnɚ] *n* (*fam*) ❶ (*be bound to die*) **to be a ~** es nicht mehr lange machen *fam*
❷ (*be in trouble*) **to be a ~** geliefert [*o* dran] sein *sl*
❸ (*be irreparable*) hoffnungslos kaputt sein *fam;* ***your bike's a ~, I'm afraid*** ich fürchte dein Rad ist endgültig hinüber
gonfalon ['gɒnfᵊlən, AM 'gɑːn-] *n* Banner *nt*
gong [gɒŋ, AM gɑːŋ] *n* ❶ (*instrument*) Gong *m*
❷ BRIT, AUS (*fam: award*) Auszeichnung *f;* **to pick up** [*or* **win**] **a ~** [**for sth**] eine Auszeichnung [für etw *akk*] erhalten
▸ PHRASES: **to be all ~ and no dinner** (*hum*) viel versprechen, aber nichts halten
goniometer [ˌgəʊni'ɒmɪtəʳ, AM ˌgoʊni'ɑːmət̬ɚ] *n* MATH Goniometer *m*
gonna ['gᵊnə, AM 'gɑːnə] *esp* AM (*sl*) *see* **going to:** ***what you ~ do about it?*** was willst du dagegen machen?
gonorrhea [ˌgɑːnə'riːə] AM, **gonorrhoea** [ˌgɒnə'-] *n no pl* Tripper *m,* Gonorrhöe *f fachspr;* **to get/have ~** den Tripper bekommen/haben
gonzo ['gɒnzəʊ, AM 'gɑːnzoʊ] *adj* AM, AUS ❶ JOURN (*sl*) stark übertrieben
❷ (*fam*) *person* exzentrisch, übertreibend
goo [guː] *n no pl* (*fam*) ❶ (*sticky substance*) Schmiere *f,* klebrige Masse, Papp *m*
❷ (*sentimentality*) Schmalz *m pej fam*

good [gʊd]

I. ADJECTIVE	II. ADVERB
III. NOUN	

I. ADJECTIVE

<better, best> ❶ (*of high quality*) gut; ***there's nothing like a ~ book*** es geht nichts über ein gutes Buch; ***she speaks ~ Spanish*** sie spricht gut Spanisch; ***dogs have a ~ sense of smell*** Hunde haben einen guten Geruchssinn; ***he's got ~ intuition about such matters*** er hat in in diesen Dingen ein gutes Gespür; ***your reasons make ~ sense but ...*** deine Gründe sind durchaus einleuchtend, aber ...; ***~ show*** [*or* ***job***]***!*** gut gemacht!; ***I need a ~ meal now*** jetzt brauche ich was Ordentliches zu essen!; ***the child had the ~ sense to ...*** das Kind besaß die Geistesgegenwart ...; ***he only has one ~ leg*** er hat nur ein gesundes Bein; ***that's a ~ one*** (*iron*) haha, der war gut! *iron;* **~ appetite** gesunder Appetit; **to be a ~ catch** eine gute Partie sein; **a ~ choice/decision** eine gute Wahl/Entscheidung; **~ ears/eyes** gute Ohren/Augen; **to do a ~ job** gute Arbeit leisten; **to be in ~ shape** in guter [körperlicher] Verfassung sein; **~ thinking** gute Idee; **~ timing** gutes Timing; **to be/not be ~ enough** gut/nicht gut genug sein; ***that's just not ~ enough!*** so geht das nicht!; ***if she says so that's ~ enough for me*** wenn sie es sagt, reicht mir das; **to be ~ for nothing** zu nichts taugen; **to feel ~** sich *akk* gut fühlen; ***I don't feel too ~ today*** heute geht's mir nicht besonders *fam*
❷ (*skilled*) gut, begabt; ■**to be ~ at sth** gut in etw *dat* sein; ***he's a ~ runner*** [*or* ***he's ~ at running***] er ist ein guter Läufer; ***she's very ~ at learning foreign languages*** sie ist sehr sprachbegabt; ***he's not very ~ at maths*** [*or* AM ***in math***] er ist nicht besonders gut in Mathe; ***this book is ~ on international export law*** dieses Buch ist sehr gut, wenn man etwas über internationale Exportbestimmungen erfahren möchte; ***he is particularly ~ on American history*** besonders gut kennt er sich in amerikanischer Geschichte aus; ■**to be ~ with sth** *with children* mit etw *dat* gut umgehen können; **to be ~ with one's hands** geschickt mit seinen Händen sein; **to be ~ in bed** gut im Bett sein *fam;* **to be ~ with people** gut mit Leuten umgehen können
❸ (*pleasant*) schön; ***that was a really ~ story, Mummy*** das war echt eine tolle Geschichte, Mama *fam;* ***that was the best party in a long time*** das war die beste Party seit langem; ***it's ~ to see*** [*or* ***seeing***] ***you after all these years*** schön, dich nach all den Jahren wieder zu sehen!; **~ *morning/evening*** guten Morgen/Abend; **~ *day*** *esp* BRIT, AUS guten Tag; (*dated: said at departure*) guten Tag; **to have a ~ day/evening** einen schönen Tag/Abend haben; ***have a ~ day*** schönen Tag noch!; **~ news** gute Neuigkeiten; **to have a ~ time** [viel] Spaß haben; **~ weather** schönes Wetter; **to have a ~ one** (*fam*) einen schönen Tag haben
❹ (*appealing to senses*) gut, schön; ***after a two-week vacation, they came back with ~ tans*** nach zwei Wochen Urlaub kamen sie gut gebräunt zurück; ***most dancers have ~ legs*** die meisten Tänzer haben schöne Beine; **to look/smell/sound/taste ~** gut aussehen/riechen/klingen/schmecken; **sb looks ~ in sth** *clothes* etw steht jdm; **to have ~ looks, to be ~-looking** gut aussehen
❺ (*favourable*) gut; ***he made a very ~ impression at the interview*** er hat beim Vorstellungsgespräch einen sehr guten Eindruck gemacht; ***there's a ~ chance*** [***that***] ... die Chancen stehen gut, dass ...; ***we got a ~ deal on our new fridge*** wir haben unseren neuen Kühlschrank günstig erstanden; ***the play got ~ reviews*** [*or* ***a ~ press***] das Stück hat gute Kritiken bekommen; ***it's a ~ job we didn't go camping last weekend — the weather was awful*** zum Glück sind wir letztes Wochenende nicht campen gegangen – das Wetter war schrecklich; **the ~ life** das süße Leben; **~ luck** [**on sth**] viel Glück [bei etw *dat*]; ***best of luck on your exams today!*** alles Gute für deine Prüfung heute!; **a ~ omen** ein gutes Omen; **to be too much of a ~ thing** zu viel des Guten sein; ***you can have too much of a ~ thing*** man kann es auch übertreiben; **~ times** gute Zeiten; **to be too ~ to be true** zu schön, um wahr zu sein; **to have** [**got**] **it ~** (*fam*) es gut haben
❻ (*beneficial*) vorteilhaft; ■**to be ~ for sb** gut für jdn sein; ***milk is ~ for you*** Milch ist gesund; **to be ~ for business/for headaches** gut fürs Geschäft/gegen Kopfschmerzen sein
❼ (*useful*) nützlich, sinnvoll; ***we had a ~ discussion on the subject*** wir hatten eine klärende Diskussion über die Sache; ***it's ~ that you checked the door*** gut, dass du die Tür nochmal überprüft hast
❽ (*on time*) **in ~ time** rechtzeitig; ***be patient, you'll hear the result all in ~ time*** seien Sie geduldig, Sie erfahren das Ergebnis noch früh genug; **in one's own ~ time** in seinem eigenen Rhythmus
❾ (*appropriate*) **to be a ~ time to do sth** ein guter Zeitpunkt sein, [um] etw zu tun
❿ *inv* (*kind*) freundlich, lieb; ***the college has been very ~ about her health problem*** die Hochschule zeigte sehr viel Verständnis für ihr gesundheitliches Problem; ***it was very ~ of you to help us*** es war sehr lieb von dir, uns zu helfen; ***he's got a ~ heart*** er hat ein gutes Herz; ***be so ~ as to ...*** sei doch bitte so nett und ...; ***would you be ~ enough to ...*** wären Sie so nett und ...; **~ deeds/works** gute Taten; **to do a ~ deed** eine gute Tat tun
⓫ (*moral*) gut; **the G~ Book** die [heilige] Bibel; **for a ~ cause** für einen guten Zweck; **to set a ~ example to sb** jdm ein gutes Vorbild sein; **sb's ~ name/reputation** jds guter Name/guter Ruf; **to be** [**as**] **~ as one's word** vertrauenswürdig sein
⓬ (*well-behaved*) gut; **~ *dog!*** braver Hund!; ***be a ~ girl and ...*** sei ein liebes Mädchen [*o* sei so lieb] und ...; ***OK, I'll be a ~ sport*** o.k., ich will mal kein Spielverderber sein; ***she's been as ~ as gold all evening*** sie hat sich den ganzen Abend über ausgezeichnet benommen; **to be on ~/one's best behaviour** sich *akk* gut benehmen/von seiner besten Seite zeigen; **~ loser** guter Verlierer/gute Verliererin
⓭ *attr, inv* (*thorough*) gut, gründlich; ***the house needs a ~ clean***[***ing***] das Haus sollte mal gründlich geputzt werden; ***have a ~ think about it*** lass es dir noch einmal gut durch den Kopf gehen; ***now, now — have a ~ cry*** schon gut – wein dich mal so richtig aus; ***they have built a ~ case against the suspect*** sie haben einen hieb- und stichfesten Fall gegen den Verdächtigen aufgebaut; ***we had some ~ fun at the amusement park*** wir hatten so richtig viel Spaß im Vergnügungspark; **a ~ beating** eine gründliche Tracht Prügel; **to have a ~ laugh** ordentlich lachen; **to have a ~ look at sth** sich *dat* etw genau ansehen; **a ~ talking to** eine Standpauke
⓮ *pred, inv* (*valid*) gültig; (*not forged*) *banknote* echt; (*usable*) gut; ***this car should be ~ for another year or so*** dieses Auto hält wohl schon noch ein Jahr oder so; ***he gave us a gift certificate ~ for $100*** er hat uns einen Geschenkgutschein über 100 Dollar überreicht; ***this ticket is only ~ on weekends*** dieses Ticket gilt nur an Wochenenden; ***my credit card is only ~ for another month*** meine Kreditkarte ist nur noch einen Monat gültig
⓯ *attr, inv* (*substantial*) beträchtlich; ***we walked a ~ distance today*** wir sind heute ein ordentliches Stück gelaufen; ***she makes ~ money at her new job*** sie verdient in ihrem neuen Job gutes Geld; ***it's a ~ half hour's walk to the station from here*** von hier bis zum Bahnhof ist es zu Fuß eine gute halbe Stunde; **a ~ deal** jede Menge; ***you're looking a ~ deal better now*** du siehst jetzt ein gutes Stück besser aus; **to make a ~ profit** einen beträchtlichen Profit machen; **a ~ few/many** eine ganze Menge
⓰ *pred, inv* FOOD (*not rotten*) gut
⓱ *pred, inv* (*able to provide*) gut; ***he is always ~ for a laugh*** er ist immer gut für einen Witz; ***thanks for the loan and don't worry, I'm ~ for it*** danke für den Kredit und keine Sorge, ich zahle ihn zurück; ***her credit is ~*** sie ist kreditwürdig
⓲ (*almost, virtually*) ■**as ~ as ...** so gut wie ...; ***our firewood is as ~ as gone*** unser Feuerholz ist nahezu aufgebraucht; **to be as ~ as dead/new** so gut wie tot/neu sein; ***they as ~ as called me a liar*** sie nannten mich praktisch eine Lügnerin!
⓳ *attr, inv* (*to emphasize*) schön; ***I need a ~ long holiday*** ich brauche mal wieder so einen richtig schönen langen Urlaub!; ***what you need is a ~ hot cup of coffee*** was du brauchst, ist eine gute Tasse heißen Kaffee; ■**~ and ...** ***she's really ~ and mad*** sie ist so richtig sauer; ***I'll do it when I'm ~ and ready, and not one minute before*** ich mache es, sobald ich fertig bin und keine Minute früher!
⓴ BRIT (*said to accept order*) ***very ~*** sehr wohl! *ver-*

altet

㉑ [*in exclamations*] ~ ***Lord*** [*or* ***heavens***]***!*** gütiger Himmel! *geh;* ~ ***gracious!*** ach du liebe Zeit!; ~ ***grief!*** du meine Güte!; ~ ***egg!*** BRIT (*dated*) ausgezeichnet!; (*iron*) ***oh, — ~ for you!*** oh, schön für dich! *iron*

㉒ *attr, inv* [*said to express affection*] ~ ***old James!*** der gute alte James!; **the ~ old days** die gute alte Zeit

► PHRASES: **to have a ~ innings** BRIT ein schönes Leben haben; **for ~ measure** als Draufgabe, obendrein; **~ riddance** Gott sei Dank!; **to make ~ time** gut in der Zeit liegen; **if you can't be ~, be careful** (*prov*) wenn man schon was anstellt, sollte man sich wenigstens nicht [dabei] erwischen lassen; **it's as ~ as it gets** besser wird's nicht mehr; **to give as ~ as one gets** es [jdm] mit gleicher Münze heimzahlen; **to make ~** zu Geld kommen; **to make sth ~** (*repair*) etw reparieren; *mistake* etw wieder gutmachen; (*pay for*) etw wettmachen *fam;* (*do successfully*) etw schaffen; **she's ~ for another few years!** mit ihr muss man noch ein paar Jahre rechnen!

II. ADVERB

① *esp* AM DIAL (*fam: well*) gut; ***boy, she can sure sing ~, can't she?*** Junge, die kann aber gut singen, oder?

② (*fam: thoroughly*) gründlich; **to do sth ~ and proper** etw richtig gründlich tun; ***well, you've broken the table ~ and proper*** na, den Tisch hast du aber so richtig ruiniert!

III. NOUN

no pl ① (*moral force*) Gute *nt;* **~ and evil** Gut und Böse; **to be up to no ~** nichts Gutes im Schilde führen; **to do ~** Gutes tun; ■**the ~** *pl* die Guten *pl*

② (*benefit*) Wohl *nt;* ***this medicine will do you a*** [*or* ***the***] ***world of ~*** diese Medizin wird Ihnen unglaublich gut tun; **to do more harm than ~** mehr schaden als nützen; **for the ~ of his health** zum Wohle seiner Gesundheit, seiner Gesundheit zuliebe; **for the ~ of the nation** zum Wohle der Nation; **for one's own ~** zu seinem eigenen Besten

③ (*purpose*) Nutzen *m;* **to be no** [*or* **not to be any**]/**not much ~** nichts/wenig nützen; ***that young man is no ~*** dieser junge Mann ist ein Taugenichts; **to not do much/any ~** nicht viel/nichts nützen; ***even a small donation can do a lot of ~*** auch eine kleine Spende kann eine Menge helfen; ***that won't do much ~*** das wird auch nicht viel nützen; ***it's no ~ complaining all day*** den ganzen Tag rumzujammern bringt auch nichts! *fam;* ***what ~ is sitting alone in your room?*** was bringt es, hier alleine in deinem Zimmer zu sitzen?; (*iron*) ***a lot of ~ that'll do*** [***you***]! das wird [dir] ja viel nützen! *iron*

④ (*profit*) ***we were £7,000 to the ~ when we sold our house*** als wir unser Haus verkauften, haben wir einen Gewinn von 7.000 Pfund eingestrichen; (*fig*) ***he was two gold medals to the ~ by the end of the day*** am Ende des Tages war er um zwei Goldmedaillen reicher

⑤ (*ability*) ■**to be no ~ at sth** etw nicht gut können, bei etw *dat* nicht [sonderlich] gut sein

► PHRASES: **for ~** [**and all**] für immer [und ewig]

good book *n*, **Good Book** *n no pl* ■**the ~** die Bibel

goodbye, AM *also* **goodby** I. *interj* [gʊ(d)'baɪ] ① (*bid adieu*) auf Wiedersehen; ***see you tomorrow, ~!*** auf Wiedersehen, bis morgen!; **to kiss sb ~** jdm einen Abschiedskuss geben; **to say ~** [**to sb**] [jdm] auf Wiedersehen sagen, sich *akk* [von jdm] verabschieden; **to wave ~** zum Abschied winken

② (*fam: said to indicate loss*) [**to say**] **~ to sth** sich *akk* von etw *dat* verabschieden; ***it's cloudy and rainy — I guess we can say ~ to the day at the beach*** es ist bewölkt und regnerisch – ich glaube wir können unseren Tag am Strand abschreiben; **to kiss sth ~** etw abschreiben *fam*

II. *n* [gʊd'baɪ] Abschied *m*, Lebewohl *nt;* ***they said a tearful ~*** sie verabschiedeten sich unter Tränen

good faith *n no pl* guter Glaube, Gutgläubigkeit *f;* **to do sth in ~** etw in gutem Glauben [*o* gutgläubig] tun; **contrary to ~** LAW entgegen den Geboten von Treu und Glauben

goodfella ['gʊdfelə] *n* AM (*sl*) Mafioso *m fam*

good-for-nothing I. *n* (*pej*) Taugenichts *m pej veraltend*, Nichtsnutz *m pej veraltend* II. *adj attr, inv* (*pej*) nichtsnutzig *pej veraltend*, zu nichts zu gebrauchen; **~ layabout** nichtsnutziger Faulenzer

Good Friday *n no art* Karfreitag *m*

good-hearted *adj* gutherzig

good-humored AM, **good-humoured** *adj* fröhlich; **to have a ~ way about one** eine fröhliche Art an sich *dat* haben

goodish ['gʊdɪʃ] *adj inv* (*fam*) ① (*somewhat good*) einigermaßen [*o* recht] gut

② (*fairly large*) ziemlich; ***it's a ~ distance from here*** es ist ein ganz schönes Stück von hier

good looker *n* (*dated*) **to be a real ~** wirklich gut aussehen *fam*

good-looking I. *adj* <more ~, most ~ *or* better-looking, best-looking> gut aussehend II. *n* Hübsche(r) *f(m)*

good looks *npl* gutes Aussehen

goodly ['gʊdli] *adj attr, inv* (*old*) ansehnlich, stattlich *geh;* **a ~ amount of food** eine ordentliche Menge zu essen

good-natured *adj* ① (*having pleasant character*) gutmütig

② (*not malicious*) *fun, joke* harmlos

good-naturedly [,gʊd'neɪtʃədli, AM tʃɚdli] *adv* gutmütig

goodness ['gʊdnəs] I. *n no pl* ① (*moral virtue*) Tugendhaftigkeit *f*

② (*kindness*) Freundlichkeit *f*, Güte *f;* ***would you have the ~ to phone me as soon as they arrive*** (*form*) wären Sie bitte so nett, mich anzurufen, sobald sie angekommen sind?

③ FOOD Wertvolle(s) *nt*, wertvolle Stoffe *pl*

④ (*said for emphasis*) **for ~' sake** du liebe Güte; **honest to ~** ehrlich *fam;* **to hope/wish to ~ that ...** bei Gott hoffen/wünschen, dass ...; **~ knows** weiß der Himmel *fam;* **thank ~** Gott sei Dank

II. *interj* [**my**] **~** [**me**] ach du meine [*o* liebe] Güte, du liebe Zeit; [**my**] **~ gracious** [**me**] [du] liebe Güte

goodnight [,gʊd'naɪt] I. *n* gute Nacht; **to say ~** [**to sb**] [jdm] gute Nacht sagen [*o* wünschen]

II. *n modifier* (*kiss*) Gutenacht-

goodo(h) [,gʊd'əʊ] *interj esp* AUS, NZ o.k. *fam*, prima

good offices *npl* (*form*) Unterstützung *f kein pl*

goods [gʊdz] I. *npl* ① (*freight*) Fracht *f*, Frachtgut *nt*

② (*wares*) Waren *fpl*, Güter *ntpl;* **consumer ~** Verbrauchsgüter *ntpl*, Konsumgüterindustrie *f;* **household/leather ~** Haushalts-/Lederwaren *pl;* **luxury ~** Luxusgüter *ntpl;* **sports ~** Sportartikel *mpl;* **dry ~** Textilwaren *pl;* **finished ~** Fertigwaren *pl;* **manufactured ~** Fertigprodukte *ntpl;* **stolen ~** Diebesgut *nt;* **~ and services** Waren und Dienstleistungen

③ (*personal belongings*) persönliche Habe; **~ and chattels** (*form*) Hab und Gut *nt*

► PHRASES: **sb/sth comes up with** [*or* **delivers**] [*or* **produces**] **the ~** jd/etw hält, was er/es verspricht; **to get/have the ~ on sb** (*fam*) gegen jdn etw in die Hand bekommen/in der Hand haben

II. *n modifier* BRIT (*delivery, depot, lorry, train, wagon, station*) Güter-; **~ traffic** Frachtverkehr *m;* **~ vehicle** Nutzfahrzeug *nt*

good Samaritan [-sə'mærɪtᵊn, AM -'merə-] *n* ① *no pl* REL ■**the ~** der barmherzige Samariter ② (*fig: helpful person*) barmherziger Samariter

good-sized *adj inv* [recht] groß

good-tempered *adj inv* ① (*having an equable nature*) gutmütig ② (*reflecting an equable nature*) freundlich; *smile* gutmütig; *discussion* freundschaftlich

good-time girl *n* (*fam*) ① (*party girl*) Partymaus *f fam* ② (*pej: promiscuous woman*) leichtes Mädchen *pej* ③ (*pej: prostitute*) Prostituierte *f*, Nutte *f pej sl*

good turn *n* Gefallen *m*, guter Dienst; **to do sb a ~** jdm einen Gefallen erweisen ► PHRASES: **one ~ deserves another** (*prov*) eine Hand wäscht die andere *prov*

goodwill I. *n no pl* ① (*friendly feeling*) guter Wille (**towards** gegenüber *+dat*); **feeling of ~** Atmosphäre *f* des guten Willens; **to retain sb's ~** sich *dat* jds Wohlwollen erhalten ② AM (*charity organization*) ■**the G~** der Goodwill ③ (*willingness to cooperate*) Verständigungsbereitschaft *f;* **a gesture of ~** eine Geste des guten Willens ④ (*established reputation*) [guter] Ruf *m;* ECON Goodwill *m* II. *n modifier* **a ~ gesture** eine Geste des guten Willens; **~ mission/tour** Goodwillreise *f*/-tour *f*

good word *n* gutes Wort; **to put in a ~ for sb** für jdn ein gutes Wort einlegen

goody ['gʊdi] I. *n* ① (*desirable object*) tolle Sache *fam;* ***there's more to life than acquiring goodies*** es gibt Wichtigeres im Leben als Vermögenswerte anzuhäufen

② FOOD Leckerbissen *m;* *sweets* Süßigkeit *f*

③ (*good person*) Gute(r) *f(m);* **a ~-two-shoes** (*pej dated*) ein Tugendbold *m iron*

II. *interj* (*usu childspeak*) klasse *fam*, spitze *fam;* **~ gumdrops** (*dated*) juhu

goody-goody I. *adj attr, inv* (*pej*) tugendhaft *iron* II. *n* (*pej*) Tugendbold *m iron*

G

gooey ['gu:i] *adj* (*fam*) ① (*sticky*) klebrig; FOOD *pudding* pampig; *toffees* weich und klebrig; *cake* üppig

② (*fig: overly sentimental*) schmalzig *pej fam*

goof [gu:f] *esp* AM I. *n* (*fam*) ① (*mistake*) Patzer *m* ② (*silly person*) Idiot *m pej fam*, Trottel *m pej fam*

II. *vi* (*fam*) sich *dat* einen Schnitzer leisten, Mist bauen *fam*

III. *vt* (*fam*) ■**to ~ on sb** jdn veräppeln *fam*

◆**goof about, goof around** *vi* AM (*fam*) ① (*clown around*) herumblödeln *fam* ② (*do nothing productive*) herumhängen *sl*

◆**goof off** *vi esp* AM (*fam*) ① (*do nothing*) herumlungern *sl*, herumhängen *sl* ② (*in school*) schwänzen *fam;* (*at work*) **to ~ off on the job** blaumachen *fam*

◆**goof up** *vt* AM (*fam*) ■**to ~ up sth** etw vermasseln *sl*

goofball *n esp* AM (*fam*) Doofmann *m fam*, Blödmann *m fam*

goof-off *n* AM (*pej fam*) Faulenzer(in) *m(f) pej fam*

goofy ['gu:fi] *adj esp* AM (*fam*) doof, blöd; **~ charm** naiver Charme

googly ['gu:gli] *n* (*in cricket*) Googly *m*

gook [gu:k, AM *also* gʊk] *n esp* AM (*pej sl*) Schlitzauge *nt pej*

gooky ['gu:ki, 'gʊki] *adj* AM (*slimey*) schleimig; (*sticky*) klebrig

goolies ['gu:liz] *npl* BRIT (*fam*) Eier *ntpl derb*

goon [gu:n] *n* (*fam*) ① (*pej: silly person*) Blödmann *m pej fam*, Blödel *m pej fam* ② *esp* AM (*thug*) Schläger *m*

goop [gu:p] *n* AM Schmiere *f;* **silicon ~** klebrige Silikonmasse

goosander [gu:'sændəʳ, AM -ɚ] *n* ORN Gänsesäger *m*

goose [gu:s] I. *n* ① <*pl* geese> ORN, FOOD Gans *f;* **Canadian ~** kanadische Gans

② <*pl* -es> (*dated fam: silly person*) [**silly**] **~** [dumme] Gans *pej fam*

► PHRASES: [**to send sb on**] **a wild ~ chase** jdn auf eine sinnlose Suche schicken; **to kill the ~ that lays the golden eggs** den Ast absägen, auf dem man sitzt; **what's sauce for the ~ is sauce for the gander, what's good for the ~ is good for the gander** BRIT, **what's good for the gander is good for the ~** AM (*prov*) was für den einen gut ist, kann für den anderen nicht schlecht sein; **to cook sb's ~** jdm die Suppe versalzen *fam;* **sb's ~ is cooked** jd ist fällig [*o* dran] *fam;* **to cook one's** [**own**] **~** sich *akk* selbst in Schwierigkeiten bringen

II. *vt* (*fam*) ① (*poke in the bottom*) ■**to ~ sb** jdn kneifen; **to ~ sb in the butt** [*or* **rear end**] AM jdn in den Hintern kneifen *fam*

② AM (*motivate*) ■**to ~ sb** jdn antreiben

③ AM (*increase*) **to ~ up profits** Gewinne steigern

III. *n modifier* (*egg, farm, feathers, meat*) Gänse-; **a ~ egg** AM (*fig fam*) überhaupt nichts

goose barnacle *n* Entenmuschel *f*

gooseberry ['gʊzbᵊri, AM 'gu:s,beri] I. *n* Stachelbeere *f*

▶ PHRASES: **to play** ~ BRIT (*fig fam*) das fünfte Rad am Wagen sein *fam*

II. *n modifier* (*jam*) Stachelbeer-

goose bumps *npl esp* AM, **goose-flesh** *n no pl* Gänsehaut *f* **goosefoot** <*pl* -s> *n* BOT Gänsefuß *m*

goosegog ['gʊzgɒg] *n* BRIT (*fam*) Stachelbeere *f*

goosegrass *n* BOT klebriges Laubkraut **gooseneck** *n* NAUT Lümmel *m;* TECH Schwanenhals *m*

goose-pimples *npl* Gänsehaut *f kein pl* **goose-pimply** *adj pred, inv* (*fam*) **to get** [*or* **go**] [**all**] ~ eine Gänsehaut kriegen *fam* **goosestep** **I.** *vi* <-pp-> im Stechschritt marschieren **II.** *n no pl* Stechschritt *m;* **to do the** ~ im Stechschritt marschieren

goos(e)y ['gu:si] *adj* AUS **to get** [*or* **go**] [**all**] ~ eine Gänsehaut kriegen *fam*

GOP [ˌdʒi:oʊ'pi:] *n no pl* AM *abbrev of* **Grand Old Party**

gopher ['gəʊfəʳ, AM 'goʊfɚ] *n* ZOOL ❶ (*rodent*) **pocket** ~ Taschenratte *f*

❷ AM (*fam: ground squirrel*) Ziesel *m* ÖSTERR *meist nt*

gordian knot *n,* **Gordian knot** [ˌgɔ:diən'-, AM ˌgɔ:r-] *n* (*fig*) gordischer Knoten; **to cut the** ~ den gordischen Knoten durchhauen

Gordon Bennett [ˌgɔ:dᵊm'benɪt] *interj* BRIT (*dated sl*) du meine Güte *fam*

gore[1] [gɔ:ʳ, AM gɔ:r] **I.** *n no pl* Blut *nt;* **to lie in one's own** ~ (*liter*) in seinem eigenen Blut liegen

II. *vt* ■**to** ~ **sb** jdn aufspießen; ***a bullfighter was almost ~d to death*** ein Stierkämpfer wurde von einem Stier aufgespießt und fast getötet

gore[2] [gɔ:ʳ, AM gɔ:r] FASHION **I.** *n* Zwickel *m,* [eingenähter] Keil

II. *vt* ■**to** ~ **sth** einen Keil [*o* Zwickel] einnähen; ~**d skirt** Bahnenrock *m*

gorge [gɔ:dʒ, AM gɔ:rdʒ] **I.** *n* ❶ (*wide ravine*) Schlucht *f*

❷ (*throat*) Schlund *m;* **sb's** ~ **rises** jdm wird schlecht [*o* übel]; (*fig*) jdm dreht es den Magen um *fig fam;* ***my ~ rose at the reports of how the prisoners had been beaten*** es drehte mir den Magen um, als ich las, wie die Gefangenen misshandelt worden waren

II. *vi* schlemmen, sich *akk* voll essen; ■**to** ~ **on sth** etw verschlingen [*o fam* mampfen]

III. *vt* ■**to** ~ **oneself on** [*or* **with**] **sth** sich *akk* mit etw *dat* voll stopfen *fam*

gorgeous ['gɔ:dʒəs, AM 'gɔ:r-] *adj* ❶ (*very beautiful*) herrlich, großartig; ***the bride looked*** ~ die Braut sah zauberhaft aus; ***hello, G~!*** hallo, du Schöne!; ~ **autumnal colours** prächtige Herbstfarben

❷ (*fig: very pleasurable*) ausgezeichnet, fabelhaft; ***that was an absolutely ~ meal*** das Essen war einfach hervorragend

gorgeously ['gɔ:dʒəsli, AM 'gɔ:r-] *adv* herrlich, großartig; (*beautifully*) hinreißend, prunkvoll; (*colourfully*) [farben]prächtig

gorgeousness ['gɔ:dʒəsnəs, AM 'gɔ:r-] *n no pl* Großartigkeit *f,* Pracht *f;* (*beauty*) hinreißende Schönheit; (*colourfulness*) [Farben]pracht *f*

gorgon ['gɔ:gᵊn, AM 'gɔ:r-] *n* ❶ LIT ■**the G~s** *pl* die Gorgonen

❷ (*fig: frightening woman*) Drachen *m pej sl*

gorilla [gə'rɪlə] *n* (*also fig*) Gorilla *m a. fig*

gormless ['gɔ:mləs] *adj* BRIT (*fam*) dämlich *pej fam*

gorse [gɔ:s, AM gɔ:rs] *n no pl* [Stech]ginster *m*

gory ['gɔ:ri] *adj* ❶ (*bloody*) blutig

❷ (*fig: cruel*) *film* blutrünstig

❸ (*fig hum: explicit, juicy*) peinlich; ***come on, I want to know all the ~ details about your date*** los, erzähl schon, ich will all die intimen Details deines Rendezvous erfahren

gosh [gɒʃ, AM gɑ:ʃ] *interj* (*fam*) Mensch *fam,* Mann *fam*

goshawk ['gɒshɔ:k, AM 'gɑ:shɑ:k] *n* ORN [Hühner]habicht *m*

gosling ['gɒzlɪŋ, AM 'gɑ:z-] *n* ORN Gänseküken *nt*

go-slow *n* BRIT Bummelstreik *m*

gospel ['gɒspᵊl, AM 'gɑ:s-] *n* ❶ (*New Testament*) ■**the G~** das Evangelium; **the G~ according to Saint Mark** [*or* **St Mark's Gospel**] das Evangelium nach Markus [*o* Markusevangelium]; **to preach/spread the** ~ das Evangelium predigen/verbreiten

❷ (*fig: principle*) Grundsätze *mpl,* Prinzipien *ntpl; of religion* Lehre *f;* **to spread the feminist** ~ sich *akk* für den Feminismus einsetzen

❸ *no pl* (*absolute truth*) absolute [*o* reine] Wahrheit; **to take sth as** ~ etw für bare Münze nehmen

❹ *no pl* (*music*) Gospel *nt*

gospel music *n no pl* Gospel *m o nt* **gospel singer** *n* Gospelsänger(in) *m(f)* **gospel song** *n* Gospelsong *m* **gospel story** *n* Geschichte *f* vom Leben und Wirken Jesu **gospel truth** *n no pl* absolute [*o* reine] Wahrheit; **to take sth as** ~ etw für bare Münze nehmen

gossamer ['gɒsəməʳ, AM 'gɑ:səmɚ] **I.** *n no pl* Spinnfäden *mpl*

II. *adj attr, inv veil* hauchdünn, hauchzart

gossip ['gɒsɪp, AM 'gɑ:səp] **I.** *n* (*usu pej*) ❶ *no pl* (*rumour*) Klatsch *m fam,* Tratsch *m fam,* Gerede *nt;* **idle** ~ (*pej*) leeres Geschwätz *pej fam;* **the latest** ~ der neueste Tratsch *fam;* **to have a** ~ **about sb** über jdn tratschen [*o* klatschen] *fam*

❷ (*pej: person*) Tratschbase *f pej fam,* Klatschmaul *nt pej sl*

❸ (*conversation*) Schwatz *m fam*

II. *n modifier* Klatsch-; ***let's have a good ~ session!*** AM lass uns mal richtig ausgiebig tratschen *fam*

III. *vi* ❶ (*chatter*) schwatzen *fam,* plauschen *fam*

❷ (*spread rumours*) tratschen *pej fam,* klatschen *pej fam;* ■**to** ~ **about sb** über jdn tratschen [*o* klatschen]

gossip column *n* Klatschspalte *f pej fam* **gossip columnist** *n* Klatschkolumnist(in) *m(f) pej fam* **gossipmonger** *n* (*pej*) Klatschmaul *nt pej fam*

gossipy ['gɒsɪpi, AM 'gɑ:səpi] *adj* ❶ (*rumour-spreading*) schwatzhaft *fam;* ~ **person** Klatschmaul *nt fam*

❷ (*containing gossip*) Klatsch-; ***she always writes long ~ letters*** sie schreibt immer höchst ausführliche Briefe; ~ **style** Plauderton *m*

got [gɒt, AM gɑ:t] *pt, pp of* **get**

gotcha ['gɒtʃə, AM 'gɑ:-] *interj* (*fam*) *abbrev of* **I have got you** ❶ (*when seizing sb*) hab dich *fam*

❷ (*said to express understanding*) alles klar *fam*

Goth [gɒθ, AM gɑ:θ] *n* ❶ HIST Gote, -in *m, f*

❷ *no pl* MUS (*style of rock music*) ■**g~** Gothic *nt*

❸ (*pej: person*) ■**g~** Grufti *m*

Gothic ['gɒθɪk, AM 'gɑ:-] **I.** *adj* ❶ ARCHIT gotisch

❷ LIT Schauer-; ~ **tale** Schauergeschichte *f*

❸ HIST (*of Goths*) gotisch

❹ *inv* TYPO gotisch; ~ **script** die gotische [*o* altdeutsche] Schrift

II. *n no pl* ❶ LING Gotisch *nt,* das Gotische

❷ TYPO Gotisch *nt,* die gotische [*o* altdeutsche] Schrift

gothic novel *n* Schauerroman *m*

gotta ['gɒtə, AM 'gɑ:t̬ə] (*fam*) ❶ = [**have**] **got to** müssen; ■**to** ~ **do sth** etw tun müssen; ***I ~ go now*** ich muss jetzt los *fam;* ***I ~ go*** (*euph*) ich muss mal *fam;* ***he's ~ be kidding*** das kann er nicht ernst meinen

❷ = **have you got a** haste mal *sl;* ~ ***minute?*** haste [mal] 'ne Minute Zeit? *fam*

▶ PHRASES: **a man's** ~ **do what a man's** ~ **do** ein Mann muss tun, was ein Mann tun muss

gotten ['gɒtᵊn, AM 'gɑ:-] AM, AUS *pp of* **got**

gouache [gu'ɑ:ʃ] *n* ART Guasch *f,* Gouache *f*

gouge [gaʊdʒ] **I.** *n* ❶ (*chisel*) Meißel *m*

❷ (*indentation*) Rille *f*

II. *vt* ❶ (*force into*) ■**to** ~ **sth in[to] sth** etw in etw *akk* hineintreiben; ***the meteor had ~d a great crater*** der Meteor hatte einen riesigen Krater gerissen; **to** ~ **a hole into sth** (*pierce*) ein Loch in etw *akk* hineinstechen; (*drill*) ein Loch in etw *akk* hineinbohren

❷ AM (*fam: overcharge*) ■**to** ~ **sb** jdn betrügen [*o fam* über den Tisch ziehen]

◆**gouge out** *vt* ■**to** ~ **out** ◌ **sth** etw aushöhlen; **to** ~ **out sb's eyes** jdm die Augen ausstechen

goulash ['gu:læʃ, AM -lɑ:ʃ] *n no pl* Gulasch *nt*

gourd [gʊəd, AM gɔ:rd] *n* ❶ BOT Kürbis *m*

❷ (*hollow shell*) Kürbisflasche *f*

❸ AM (*fig sl: mind*) **to be off** [*or* **out of**] **one's** ~ den Verstand verloren haben; ***are you off your ~?*** bist du noch zu retten? *fam*

gourmand ['gʊəmənd, AM 'gʊrmɑ:nd] *n* Schlemmer(in) *m(f),* Gourmand *m*

gourmet ['gʊəmeɪ, AM 'gʊr-] **I.** *n* Feinschmecker(in) *m(f),* Gourmet *m*

II. *n modifier* (*food counter, meal, recipe, restaurant*) Feinschmecker-, Gourmet-

gout [gaʊt] *n no pl* Gicht *f*

gouty ['gaʊti, AM -t̬-] *adj inv* gichtig

Gov *n* ❶ *abbrev of* **government**

❷ AM *abbrev of* **governor**

govern ['gʌvᵊn, AM -ɚn] **I.** *vt* ❶ POL **to** ~ **sb/a country** jdn/ein Land regieren

❷ (*be in charge of*) **to** ~ **an organization** eine Organisation leiten

❸ LAW (*regulate*) ■**to** ~ **sth** etw regeln; ■**to** ~ **how/when/what ...** regeln, wie/wann/was ...

❹ *usu passive* (*be determined by*) ■**to be ~ed by sth** durch etw *akk* beeinflusst [*o* bestimmt] werden; ***the movement of the tides is ~ed mainly by the moon*** der Gezeitenwechsel ist hauptsächlich vom Mond abhängig

❺ LING ■**to** ~ **sth** *case* etw regieren

II. *vi* regieren; **to be fit/unfit to** ~ regierungsfähig/-unfähig sein

governable ['gʌvᵊnəbl̩, AM -vɚn-] *adj* regierbar

governance ['gʌvᵊnənts, AM -ɚnᵊnts] *n* Kontrolle *f*

governess <*pl* -es> ['gʌvᵊnəs, AM -ɚnəs] *n* Gouvernante *f veraltet,* Hauslehrerin *f*

governing ['gʌvᵊnɪŋ, AM -vɚn-] *adj attr, inv government* regierend; *management* leitend; ~ **body** Vorstand *m;* **self-**~ autonom, mit Selbstregierung *nach n*

government ['gʌvᵊnmənt, AM -vɚ(n)-] **I.** *n* ❶ (*body*) Regierung *f;* **federal/state** ~ Bundes-/Staatsregierung *f;* **local** ~ Kommunalverwaltung *f;* **military/provisional** ~ Militär-/Übergangsregierung *f;* **His/Her Majesty's G~** die Regierung seiner/ihrer königlichen Majestät; **to be in** ~ BRIT, AUS an der Regierung sein; **to form a** ~ eine Regierung bilden

❷ (*system*) Regierung *f;* **communist/democratic** ~ kommunistische/demokratische Regierung

❸ *no pl* (*act*) Regieren *nt;* ***the party has no experience of ~*** die Partei hat keinerlei Regierungserfahrung

II. *n modifier* (*buildings, funding, offices, officials, sources, spokesperson*) Regierungs-; ~ **agency** Behörde *f;* ~ **aid** [*or* **support**] staatliche Unterstützung; ~ **bonds** [*or* **loan**]/**paper** Staatsanleihe *f*/-papier *nt;* ~ **department** Regierungsstelle *f;* ~ **grant** staatlicher Zuschuss, staatliche Beihilfe; **G~ House** BRIT Regierungsgebäude *nt;* ~ **intervention** Eingreifen *nt* der Regierung; ~ **issue equipment** MIL vom Staat bereitgestellte Ausrüstung; ~ **organization** Regierungsorganisation *f;* ~ **policy** Regierungspolitik *f;* ~ **property** Staatseigentum *nt,* Staatsbesitz *m,* fiskalisches Eigentum; ~ **revenue/spending** Staatseinnahmen *fpl*/-ausgaben *fpl;* ~ **security** Staatspapier *nt,* staatliches Wertpapier; ~ **subsidy** Subvention *f*

governmental [ˌgʌvᵊn'mentᵊl, AM -vɚ(n)'ment̬ᵊl] *adj inv* ❶ (*by the government*) Regierungs-; ~ **decision** Entscheidung *f* auf Regierungsebene; ~ **publication** Veröffentlichung *f* der Regierung

❷ (*state*) staatlich

government bonds *npl* Staatsanleihen *fpl*

governor ['gʌvᵊnəʳ, AM -ɚnɚ] *n* ❶ POL Gouverneur *m*

❷ BRIT ADMIN Vorstand *m,* Direktor(in) *m(f);* **the G~ of the Bank of England** der Präsident der Bank von England; **the ~s of the school** [*or* **the school ~s**]

der Schulbeirat; **board of ~s** Vorstand *m; of a bank* Direktorium *nt; of a school* Schulbeirat *m; of a prison* Direktor *m*
③ BRIT (*fam: one's boss*) Chef(in) *m(f)*
④ AM FIN Direktionsmitglied *nt* der Federal Reserve Bank; *of NCB* Präsident(in) *m(f)*
⑤ AUTO, MECH Regler *m*

governor-general <*pl* governors- *or* -s> *n* Generalgouverneur *m*

governorship [ˈgʌvᵊnəʃɪp, AM -vᵊnə-] *n no pl* ① (*office*) Gouverneursamt *nt*
② (*period of office*) Amtszeit *f*

govt *n abbrev of* **government**

gown [gaʊn] *n* ① FASHION Kleid *nt;* **ball/evening ~** Ball-/Abendkleid *nt*
② MED Kittel *m;* **hospital/surgical ~** Kranken-haus-/Operationskittel *m*
③ UNIV Robe *f*, Talar *m*

gowned [gaʊnd] *adj inv* MED ***the doctors and nurses are ~ up ready for the operation*** die Ärzte und Schwestern sind für die Operation gekleidet

goy [gɔɪ] *n* (*pej*) Goi *m*, Gojim *f* (*Nichtjude/-jüdin*)

goyish [ˈgɔɪɪʃ] *adj esp* AM (*pej sl*) ① (*non-Jewish*) nicht jüdisch
② (*fig: not okay*) nicht koscher *fig*, nicht geheuer

GP [ˌdʒiːˈpiː] *n* MED *abbrev of* **general practitioner**

GPO [ˌdʒiːpiːˈəʊ, AM -ˈoʊ] *n* ① BRIT *abbrev of* **General Post Office**
② AM PUBL *abbrev of* **Government Printing Office** Staatsdruckerei *f*

GPS [ˌdʒiːpiːˈes] *n abbrev of* **Global Positioning System** GPS *nt*

grab [græb] **I.** *n* ① (*snatch*) Griff *m;* **to make a ~ at** [*or* **for**] **sth** nach etw *dat* greifen [*o fam* grabschen]
② MECH Greifer *m*
▶ PHRASES: **to be up for ~s** zu haben sein
II. *vt* <-bb-> ① (*snatch*) ■**to ~ sth** sich *dat* etw schnappen; **to ~ sth out of sb's hands** jdm etw aus den Händen reißen; ■**to ~ sth** [**away**] **from sb** jdm etw entreißen
② (*take hold of*) ■**to ~ sth** [sich *dat*] etw schnappen *fam;* ■**to ~ sb** jdn packen; (*arrest*) jdn festnehmen; (*sl: kidnap*) sich *dat* jdn schnappen *fam;* ■**to ~ hold of sb/sth** jdn/etw festhalten; ***he ~bed hold of his child's arm to stop her from running into the road*** er packte seine Tochter am Arm, damit sie nicht auf die Straße lief
③ (*fam: get, acquire*) ■**to ~ sth** sich *dat* etw schnappen *fam;* ■**to ~ sb** sich *dat* jdn greifen *fam;* ***can I just ~ you for a minute?*** kann ich dich mal für 'ne Minute haben?; (*fam*) **to ~ sb's attention** jds Aufmerksamkeit erregen; **to ~ a bite** [**to eat**] schnell einen Happen essen; **to ~ a chance/an opportunity** eine Chance/eine Gelegenheit wahrnehmen [*o fam* beim Schopf[e] packen]; **to ~ some sleep** [ein wenig] schlafen
④ (*fam: touch up*) ■**to ~ sb/sth** jdn/etw begrapschen *pej fam*
⑤ (*sl: impress*) ■**to ~ sb** jdn beeindrucken; ***how does that*** [***idea***] ***~ you?*** wie findest du das?, was hältst du davon?
III. *vi* <-bb-> ① (*snatch*) grapschen; ■**to ~ at sb** jdn begrapschen *pej fam;* ■**to ~ at sth** nach etw *dat* greifen
② MECH *brake* [ruckartig] greifen
③ (*take advantage of*) **to ~ at a chance/an opportunity** eine Chance/eine Gelegenheit wahrnehmen

grab bag *n* ① AM, CAN, AUS (*anonymous gift exchange*) Grabbelsack *m* DIAL; **to do a ~** einen Grabbelsack machen DIAL
② AM, CAN, AUS (*lucky dip*) Glücksbeutel *m* (*auf einem Jahrmarkt*)
③ AUS (*wide variety*) Sammelsurium *nt hum*

grabby [ˈgræbi] *adj esp* AM (*pej fam*) ① (*grasping*) gierig
② (*constantly touching*) ■**to be ~** immer alles anfassen müssen; ***don't be so ~*** fass nicht immer alles an

graben [ˈgrɑːbᵊn] *n* GEOL Graben *m*

grab handle *n* Haltegriff *m* **grab rail** *n* Haltestange *f* **grab strap** *n* Halteriemen *m*

grace [greɪs] **I.** *n* ① *no pl* (*of movement*) Grazie *f*
② *no pl* (*of appearance*) Anmut *f*
③ (*of behaviour*) Anstand *m kein pl;* **to do sth with** [**a**] **good/bad ~** etw anstandslos/widerwillig tun; **to have the** [**good**] **~ to do sth** den Anstand besitzen, etw zu tun; **social ~s** gesellschaftliche Umgangsformen
④ *no pl* (*mercy*) Gnade *f;* **to be in a state of ~** REL im Zustand der Gnade Gottes sein; **divine ~** göttliche Gnade; **in the year of ~ 1558** (*form*) im Jahre des Herrn 1558; **by the ~ of God** durch die Gnade Gottes; **there, but for the ~ of God go I/we** (*saying*) das hätte auch mich/uns erwischen können
⑤ (*favour*) Gnade *f;* **~ and favour** BRIT (*house, apartment*) *kostenlose Unterbringung, die die Königliche Familie z.B. pensionierten Beamten gewährt;* **to be in sb's good ~s** bei jdm gut angeschrieben sein; **to get into sb's good ~s** jds Gunst erlangen; **to fall from** [**sb's**] **~** [bei jdm] in Ungnade fallen
⑥ (*prayer*) Tischgebet *nt;* **to say ~** ein Tischgebet sprechen
⑦ *no pl* (*leeway*) Aufschub *m;* ***we're supposed to pay the bill this month, but we've been given a month's ~*** wir müssten die Rechnung diesen Monat bezahlen, aber sie geben uns noch einen Monat Aufschub
⑧ (*Highness*) **Your/His/Her G~** Euer/Seine/Ihre Gnaden *veraltet;* **Your ~** (*duke, duchess*) Eure Hoheit; (*archbishop*) Eure Exzellenz
⑨ LIT (*goddesses*) ■**the G~s** die Grazien
⑩ FIN **~ period** [*or* **period of ~**] Nachfrist *f*, Zahlungsfrist *f*
II. *vt* (*form*) ① (*honour*) **to ~ sb/sth** [**with one's presence**] jdn/etw [mit seiner Anwesenheit] beehren *geh o hum*
② (*adorn*) ■**to ~ sth** etw schmücken [*o geh* zieren]

graceful [ˈgreɪsfᵊl] *adj* ① (*in movement*) graziös, anmutig
② (*in appearance*) elegant
③ (*in behaviour*) würdevoll

gracefully [ˈgreɪsfᵊli] *adv* ① (*move*) graziös, anmutig
② (*behave*) würdevoll; ***they are trying to handle their divorce as ~ as possible*** sie versuchen, ihre Scheidung mit so viel Anstand wie möglich hinter sich zu bringen

gracefulness [ˈgreɪsfᵊlnəs] *n no pl* ① (*of movement*) Grazie *f*, Anmut *f*
② (*of behaviour*) Anstand *m*

graceless [ˈgreɪsləs] *adj* ① (*inelegant*) *clothes* ohne jede Eleganz *nach n; gait* plump, schwerfällig
② (*impolite*) unhöflich, taktlos

gracelessly [ˈgreɪsləsli] *adv* ① (*not elegantly*) plump; **to move ~** sich *akk* schwerfällig bewegen
② (*impolitely*) unhöflich, taktlos

gracelessness [ˈgreɪsləsnəs] *n no pl* ① (*clumsiness*) Plumpheit *f; of movement* Schwerfälligkeit *f*
② (*rudeness*) Unhöflichkeit *f*

grace note *n* MUS Manier *f fachspr* **grace period** *n* Gnadenfrist *f;* ECON Nachfrist *f;* **to allow a ~** eine rückzahlungsfreie Zeit gewähren [*o* einräumen]

gracious [ˈgreɪʃəs] **I.** *adj* ① (*kind*) liebenswürdig, freundlich; ***Caroline was very ~ to all her guests*** Caroline war zu all ihren Gästen sehr zuvorkommend
② (*dignified*) würdevoll; ***the losing team were ~ in their defeat*** die geschlagene Mannschaft nahm ihre Niederlage mit Würde hin
③ (*elegant*) kultiviert; **~ living** gehobener Lebensstil
④ (*merciful*) gnädig, gütig
II. *interj* (*dated*) [**good** [*or* **goodness**]] **~** [**me**] [du] meine Güte [*o* lieber Himmel]

graciously [ˈgreɪʃəsli] *adv* ① (*kindly*) liebenswürdig, freundlich
② (*mercifully*) gütig, gnädig

graciousness [ˈgreɪʃəsnəs] *n no pl* ① (*kindness*) Liebenswürdigkeit *f*, Freundlichkeit *f*
② (*mercy*) Güte *f*

grad [græd] *n* (*fam*) *abbrev of* **graduate**

gradable [ˈgreɪdəbl] *adj inv* LING steigerbar

gradation [grəˈdeɪʃᵊn, AM greɪ-] *n* ① (*stage, step*) Abstufung *f*
② (*marking*) Skalierung *f*
③ ART, MUS (*change*) Übergang *m;* **the ~ in** [*or* **of**] **tempo/colour** der Tempo-/Farbübergang *m*

grade [greɪd] **I.** *n* ① (*rank*) Rang *m;* ***the higher ~s of staff*** die höheren [*o* leitenden] Angestellten
② (*of salary*) Gehaltsstufe *f*
③ SCH (*mark*) Note *f*
④ AM SCH (*class*) Klasse *m;* ***she is in sixth ~*** sie ist in der sechsten Klasse; **to skip a ~** eine Klasse überspringen
⑤ (*of quality*) Qualität *f;* **high/low ~** hohe/niedrige Qualität
⑥ AM (*gradient*) Neigung *f;* [**gentle/steep**] **~** (*upwards*) [geringe/starke] Steigung; (*downwards*) [schwaches/starkes] Gefälle
⑦ AGR (*mix-bred animal*) Kreuzung *f*
▶ PHRASES: **to be on the down/up ~** AM schlechter/besser werden; ***things seem to be on the up ~*** es scheint aufwärts zu gehen; **to make the ~** den Anforderungen gerecht werden
II. *n modifier* **a dozen ~ A eggs** ein Dutzend Eier Klasse A
III. *vt* ① SCH, UNIV (*evaluate*) ■**to ~ sb/sth** jdn/etw benoten [*o* bewerten]; ■**to ~ sth up/down** etw besser/schlechter benoten
② (*categorize*) ■**to ~ sth** etw einteilen [*o* klassifizieren]
③ AM TRANSP (*level*) ■**to ~ sth** etw einebnen

-grade [greɪd] *in compounds* -gradig; **industrial-~ flooring** industriegenormter Boden; **low-~ fever** niedriges Fieber; **low-~ infection** leichte Infektion; **weapons-~ plutonium** waffentaugliches Plutonium

grade crossing *n* AM [schienengleicher] Bahnübergang

graded [ˈgreɪdɪd] *adj* ① *inv* (*calibrated*) genormt
② TRANSP geebnet

grade point average *n* AM, AUS SCH Notendurchschnitt *m;* **a 2.0 ~** ein Notendurchschnitt *m* von 2,0

grader [ˈgreɪdəʳ, AM -ɚ] *n* Straßenhobel *m*

-grader [ˈgreɪdəʳ] *in compounds* AM SCH **third-~** Drittklässler(in) *m(f)*

grade school *n* AM (*elementary school*) Grundschule *f*

gradient [ˈgreɪdiənt] *n* Neigung *f;* [**gentle/steep**] **~** (*upwards*) [leichte/starke] Steigung; (*downwards*) [schwaches/starkes] Gefälle; ***the ~ of the road is 1 in 10*** die Straße hat ein Gefälle von 10 %

gradual [ˈgrædʒuəl] *adj* ① (*not sudden*) *decrease, increase* allmählich
② (*not steep*) *incline* sanft

gradualism [ˈgrædʒuəlɪzᵊm] *n no pl* langsame Herangehensweise; (*policy*) Stufenreformpolitik *f*

gradually [ˈgrædʒuəli] *adv* ① (*not suddenly*) allmählich
② (*not steeply*) sanft

graduate **I.** *n* [ˈgrædʒuət] ① UNIV Absolvent(in) *m(f);* ***he is a ~ in physics*** [*or* ***a physics ~***] er hat einen [Universitäts]abschluss in Physik; **university ~** Hochschulabsolvent(in) *m(f)*
② AM SCH Schulabgänger(in) *m(f)*
II. *adj* [ˈgrædʒuət] *attr, inv* ① (*relating to people with college degrees*) Graduierten-; **~ unemployment** Akademikerarbeitslosigkeit *f*
② (*postgraduate*) weiterführend; **~ course** Kurs *m* im höheren Fachsemester; **~ student** Student(in) *m(f)* mit Universitätsabschluss
III. *vi* [ˈgrædʒueɪt] ① UNIV einen akademischen Grad [*o* Universitätsabschluss] erwerben; ***she ~d from the University of London*** sie hat an der Universität von London ihren Abschluss gemacht; **to ~ with honours** seinen Abschluss mit Auszeichnung machen; **to ~** [**magna/summa**] **cum laude** AM [magna/summa] cum laude abschließen

G

2 AM SCH die Abschlussprüfung bestehen; **to ~ from high school** das Abitur machen
3 (*move up*) aufsteigen; ***she ~d from being a secretary to running her own department*** sie ist von einer Sekretärin zur Leiterin ihrer eigenen Abteilung aufgestiegen; ■**to ~ on to sth** AM zu etw *dat* übergehen
IV. *vt* ['grædʒueɪt] 1 (*calibrate*) ■**to ~ sth** *thermometer* etw einteilen [*o* in Grade unterteilen]
2 AM (*award degree*) ■**to ~ sb** jdn graduieren; ***the college ~s hundreds of students each year*** an dieser Hochschule machen jedes Jahr Hunderte ihren Abschluss

graduated ['grædʒueɪtɪd, AM -t̬-] *adj inv* 1 FIN gestaffelt; **~ price** Staffelpreis *m*
2 COMPUT mit Maßenteilung versehen

graduate school *n* AM höhere Fachsemester

graduation [,grædʒu'eɪʃᵊn] I. *n* 1 *no pl* SCH, UNIV (*completion of studies*) [Studien]abschluss *m*
2 (*ceremony*) Abschlussfeier *f*
3 (*promotion*) Beförderung *f* (**to** zu +*dat*)
4 (*mark of calibration*) Skala *f*, [Grad]einteilung *f*
II. *n modifier* SCH, UNIV (*ceremony, day, present, programme, speaker*) Abschluss-

Graeco-Roman [,gri:kəʊ'rəʊmᵊn, AM ,gri:koʊ'roʊmᵊn] *adj inv* griechisch-römisch

graffiti [grə'fi:ti, AM -t̬i] I. *n no pl* Graffiti *nt*
II. *n modifier* (*artist, damage, work*) Graffiti-

graft [grɑ:ft, AM græft] I. *n* 1 HORT Setzling *m*
2 MED Transplantat *nt*; **bone/skin ~** Knochen-/Hauttransplantat *nt*
3 *no pl* (*corruption*) Schiebung *f fam*, Mauschelei *f fam*
4 BRIT (*sl: work*) [**hard**] **~** Schufterei *f fam*, Plackerei *f fam*, Schinderei *f fam*
II. *vt* ■**to ~ sth on** [*or* **onto**] **sth** 1 HORT etw auf etw *akk* aufpfropfen; ■**to ~ sth together** etw miteinander kombinieren
2 MED etw auf etw *akk* übertragen, verpflanzen
3 (*fig: add on*) etw zu etw *dat* hinzufügen
III. *vi* 1 (*act corruptly*) Amtsmissbrauch treiben
2 BRIT (*sl: work hard*) schuften *fam*; ■**to ~ away** sich *akk* abrackern *fam*

grafter ['grɑ:ftəʳ, AM 'græftɚ] *n* 1 HORT *jd, der auf das Veredeln von Pflanzen spezialisiert ist*
2 BRIT (*sl: hard worker*) Arbeitstier *nt oft pej fam*

Grail [greɪl] *n* REL, HIST ■**the ~** der Gral; *see also* **Holy Grail**

grain [greɪn] I. *n* 1 (*particle*) Korn *nt*, Körnchen *nt*; **~ of salt/sand** Salz-/Sandkorn *nt*
2 BOT (*kernel*) Korn *nt*; **~ of barley/corn/rice/wheat** Gersten-/Mais-/Reis-/Weizenkorn *nt*
3 *no pl* (*cereal*) Getreide *nt*
4 *no pl* (*texture*) *of wood, marble* Maserung *f*; *of meat* Faser *f*; **wood ~** Holzmaserung *f*
5 (*dated: 0.0648 grams*) Gran *nt*; **a ~ of gold/silver** ein Gran Gold/Silber
6 (*fig: small amount*) **a ~ of comfort** ein kleiner Trost; **a ~ of common sense** eine Spur gesunden Menschenverstands; **a ~ of hope** ein Fünkchen Hoffnung; **a ~ of truth** ein Körnchen Wahrheit
7 *no pl* PHOT, FILM Korn *nt fachspr*
▶ PHRASES: **to take something with a ~ of salt** etw nicht so wörtlich nehmen; **to go against the ~ for sb** jdm gegen den Strich gehen *fam*
II. *n modifier* (*exports, harvest, prices, production, storage*) Getreide-; **~ alcohol** Äthylalkohol *m*
III. *vt* ■**to ~ sth** 1 (*granulate*) etw mahlen
2 (*paint a grain pattern*) etw masern
3 (*texturize*) etw aufrauen [*o fachspr* grainieren]
4 (*remove hair from*) *hide* etw narben

grain elevator *n* Getreideheber *m* **grain sorter** *n* Getreidesortierer *m*

grainy ['greɪni] *adj* 1 FOOD *sauce* klumpig; *meat* sehnig
2 PHOT, FILM [grob]körnig
3 *wood* gemasert

gram [græm], BRIT *also* **gramme** *n* Gramm *nt*

grammar ['græməʳ, AM -ɚ] LING I. *n* 1 *no pl* (*rules*) Grammatik *f*; **to be good/bad ~** grammatikalisch richtig/falsch sein
2 (*book*) Grammatik *f*
II. *n modifier* (*lesson, mistake, rule*) Grammatik-

grammar book *n* Grammatik *f* **grammar checker** *n* COMPUT Grammatikprüfung *f*, Grammatikprüfprogramm *nt*

grammarian [grə'meəriən, AM -'meri-] *n* Grammatiker(in) *m(f)*

grammar school *n* 1 AM (*elementary school*) Grundschule *f*
2 BRIT (*upper level school*) ≈ Gymnasium *nt*

grammatical [grə'mætɪkᵊl, AM -'mæt̬-] *adj* 1 *inv* (*concerning grammar*) grammati[kali]sch
2 (*following language rules*) grammati[kali]sch; ***she speaks good ~ French*** sie spricht grammatikalisch gutes Französisch

grammaticality [grə,mætɪ'kæləti, AM -,mæt̬ə'kælət̬i] *n no pl* LING Grammatikalität *f*

grammatically [grə'mætɪkᵊli, AM -'mæt̬-] *adv* 1 *inv* (*concerning language rules*) grammat[ikal]isch
2 (*reflecting correct usage*) grammat[ikal]isch korrekt; **to speak more ~** grammatikalisch richtiger sprechen

Grammy <*pl* -s *or* -mies> ['græmi] *n*, **Grammy award** *n* MUS Grammy *m*; **to win a ~** einen Grammy gewinnen [*o* bekommen]

gramophone ['græməfəʊn, AM -foʊn] *n* (*hist*) Grammophon *nt hist*

gramps [græmps] *n* AM (*fam: grandfather*) Opa *m fam*, Opi *m fam*; (*fig*) Opa *m hum fam*

grampus <*pl* -es> ['græmpəs] *n* ZOOL 1 (*round-nosed dolphin*) Rundkopfdelphin *m*, Rissosdelphin *m*, Grampus *m fachspr*
2 (*killer whale*) Killerwal *m*
3 (*fig fam*) **to puff like a ~** wie eine Lokomotive schnaufen *fam*

gran [græn] *n* (*fam*) *short for* **grandmother** Oma *f fam*, Omi *f fam*

granary ['grænᵊri, AM -ɚi] I. *n* 1 (*silo*) [Getreide]silo *m o nt*
2 (*grain region*) Kornkammer *f*
II. *n modifier* Getreide-; **~ states** Getreideländer *ntpl*

granary bread *n no pl* BRIT, **granary loaf** *n* BRIT Vollkornbrot *nt*

grand [grænd] I. *adj* 1 (*splendid*) prächtig, großartig; **to make a ~ entrance** einen großen Auftritt haben; **to make ~ gestures** ausladende Gesten machen; **G~ Hotel** Grandhotel *nt*; **in ~ style** in großem Stil
2 (*fam: excellent*) großartig; ***you've done a ~ job*** das hast du großartig gemacht; ***we had a ~ time*** wir haben uns glänzend amüsiert
3 (*of age*) **~ old age** hohes Alter; ***he lived to the ~ old age of 97*** er erreichte das gesegnete Alter von 97 Jahren
4 (*important*) groß, bedeutend; ***they think they're very ~*** sie halten sich für etwas Besseres; ***she's always acting the ~ lady*** (*pej*) sie spielt immer die große Dame
5 (*large, far-reaching*) **~ ambitions/ideas** große [*o* hochfliegende] Pläne/Ideen; **on a ~ scale** in großem Rahmen
6 (*overall*) **~ total** Gesamtsumme *f*, Endbetrag *m*
II. *n* 1 <*pl* -> (*fam: one thousand dollars/pounds*) Mille *f fam*, Riese *m fam*; ***he earns over 90 ~ a year*** er verdient über 90 Mille [*o* Riesen] im Jahr *fam*
2 <*pl* -s> (*grand piano*) Flügel *m*; **baby/concert ~** Stutz-/Konzertflügel *m*

grandad *n* 1 (*grandfather*) Opa *m fam*, Opi *m fam*
2 (*pej or hum: old man*) Opa *m pej o hum fam*, Alter *m pej fam* **grandaddy** *n* AM *see* **grandad 1** **Grand Canyon** *n* ■**the ~** der Grand Canyon **grandchild** *n* Enkelkind *nt* **granddad** *n* (*fam*) *see* **grandad** **grand(d)addy** *n* AM (*fam*) 1 (*grandfather*) Opa *m fam*, Opi *m fam* 2 (*progenitor*) [geistiger] Vater *m* 3 (*fam: very big*) Riesen-; ***that's a ~ of a bump on your forehead*** das ist ja eine Riesenbeule auf deiner Stirn **granddaughter** *n* Enkeltochter *f* **grand duchess** *n* Großherzogin *f* **grand duke** *n* Großherzog *m*

grandee [græn'di:] *n* 1 (*nobleman*) Grande *m*
2 (*fig*) Größe *f*; ***the ~s of film and television*** die Größen von Film und des Fernsehen

grandeur ['grændjəʳ, AM -dʒɚ] *n no pl* 1 (*splendour*) Größe *f*; *of scenery, music* Erhabenheit *f*; **faded ~** verblasster Glanz
2 (*nobility*) Vornehmheit *f*; **delusions of ~** Größenwahn *m pej*

grandfather *n* Großvater *m* **grandfather clause** *n* AM LAW *eine Vertragsklausel, die sich nur auf zukünftige Gegebenheiten, nicht jedoch auf bereits bestehende bezieht* **grandfather clock** *n* Standuhr *f*

grand final *n* SPORTS Endspiel *nt* **grand finale** *n* THEAT großes Finale

grandiloquence [græn'dɪləkwən(t)s] *n* (*esp pej form*) Großsprecherei *f pej*

grandiloquent [græn'dɪləkwənt] *adj* (*usu pej form*) großsprecherisch *pej*, hochtrabend *pej*; **~ language** schwülstige Sprache

grandiloquently [græn'dɪləkwəntli] *adv* (*usu pej form*) hochtrabend, geschwollen *pej fam*

grandiose ['grændiəʊs, AM -oʊs] *adj* 1 (*extremely grand*) *plan* grandios, großartig; *palace* prunkvoll
2 (*pej: excessively splendid*) bombastisch *fam*

grand jury *n* AM Anklagejury *f* **grand larceny** *n no pl* schwerer Diebstahl

grandly ['grændli] *adv* 1 (*splendidly*) prachtvoll
2 (*pej: over-importantly*) prahlerisch *pej*, angeberisch *pej fam*
3 (*in a dignified way*) würdevoll

grandma *n* (*fam*) Oma *f fam*, Omi *f fam* **grandmaster** I. *n* 1 (*chess pro*) Großmeister(in) *m(f)* 2 (*head of Free Masons*) Großmeister *m* II. *n modifier* [Groß]meister-; **~ norm** Großmeistervorgabe *f* **grandmother** *n* Großmutter *f* ▶ PHRASES: **don't teach your ~ to suck eggs** da will das Ei wieder klüger sein als die Henne **grandmotherly** ['grænmʌðəli, AM ɚli] *adj* großmütterlich **grandmother's footsteps** *n* (*game*) eins, zwei, drei – Ochs am Berg

grandness ['grændnəs] *n no pl* 1 (*splendour*) Pracht *f*, Großartigkeit *f*
2 (*importance*) Bedeutung *f*
3 (*pej: self-importance*) Überheblichkeit *f pej*
4 (*nobility*) Würde *f*

grand old man *n* großer alter Mann; ■[**to be**] **the ~ of sth** der Vater einer S. *gen* sein **Grand Old Party** *n no pl* AM ■**the ~** die Republikanische Partei **grand opera** *n* große Oper **grandpa** *n* (*fam*) Opa *m fam*, Opi *f fam* **grandparent** *n* Großelternteil *m geh*, Großmutter *f*, Großvater *m*; ■**~s** *pl* Großeltern *pl*; **one's ~s on one's father's/mother's side** seine Großeltern väterlicher-/mütterlicherseits **grand piano** *n* [Konzert]flügel *m* **grand prix** <*pl* grands prix> [,grɑ̃(n)'pri:, AM ,grɑ:n'-] *n* SPORTS Grand Prix *m*, großer Preis; **the British G~ P~** der Große Preis von England **grand slam** *n* 1 TENNIS Grand Slam *m*; **to win a ~** einen Grand Slam gewinnen; **to win** [*or* **do**] [*or* **complete**] **the ~** alle Wettbewerbe gewinnen 2 (*in European rugby*) ■**to do the ~** die Meisterschaft gewinnen 3 (*in baseball*) *Homerun mit 3 besetzten Bases* 4 CARDS Großschlemm *m*; **to make a ~** einen Großschlemm spielen **grandson** *n* Enkel[sohn] *m* **grandstand** I. *n* [Haupt]tribüne *f* II. *n modifier* (*seat, ticket*) Tribünen-; **~ finish** Entscheidung *f* auf den letzten Metern; **~ view** direkter Blick **grandstanding** *n no pl* AM (*usu pej fam*) Selbstdarstellung *f pej*; ***you can stop ~ now*** du kannst aufhören eine Schau abzuziehen *fam* **grand sum** *n*, **grand total** *n* Gesamtsumme *f*, Endbetrag *m* **grand tour** *n* 1 TOURIST, HIST Bildungsreise *f*, Kavaliersreise *f hist* 2 (*fig hum: full tour*) komplette Führung; **a ~ of the house** eine Führung durch das ganze Haus

grange [greɪndʒ] *n* Gutshof *m*

granite ['grænɪt] I. *n no pl* Granit *m*; **a will of ~** (*fig*) ein unbeugsamer Willen
II. *n modifier* (*quarry, slab, wall*) Granit-; (*fig*) **~ determination** starke Entschlossenheit; **~ jaw** Kie-

fer *m* hart wie Granit

grannie, granny ['græni] **I.** *n* (*fam*) ❶ (*grandmother*) Oma *f fam*, Omi *f fam*
❷ *see* **granny knot**
II. *n modifier* (*shoes*) Oma-; ~ **glasses** Omabrille *f*

granny bond *n* BRIT FIN (*fam*) indexgebundenes Sparzertifikat **granny flat** *n* Einliegerwohnung *f* **granny knot** *n* [Alt]weiberknoten *m*

granola [grə'noʊlə] *n* AM Knuspermüsli *nt;* ~ **bar** Müsliriegel *m*

grant [grɑːnt, AM grænt] **I.** *n* ❶ UNIV Stipendium *nt;* [**government**] ~ ≈ Bafög *nt* (*das nicht zurückgezahlt wird*), Stipendium *nt* für Studienzwecke; **research** ~ Forschungsstipendium *nt;* **student** ~ Stipendium *nt;* **to be** [*or* **live**] **on a** ~ ein Stipendium erhalten; (*government grant*) ≈ Bafög erhalten; **to give** [*or* **award**] **sb a** ~ jdm ein Stipendium gewähren; (*government grant*) ≈ jdm Bafög bewilligen
❷ (*from authority*) Zuschuss *m oft pl*, Fördermittel *pl;* (*subsidy*) Subvention *f;* **local authority** ~ kommunaler Zuschuss; **federal** ~ Bundeszuschuss *m*, Bundesbeihilfe *f;* **maternity** ~ BRIT Mutterschaftsgeld *nt;* **overseas** ~ Entwicklungshilfe *f;* **to apply for** [*or* **claim**] **a** ~ einen Zuschuss [*o* Fördermittel] beantragen
❸ LAW (*form*) [urkundliche] Übertragung [*o* Übereignung]
II. *vt* ❶ (*allow*) ■**to** ~ **sb sth** [*or* **sth to sb**] jdm etw gewähren; *money* jdm etw bewilligen; **to** ~ **sb asylum/access to a lawyer** jdm Asyl/das Recht auf einen Anwalt gewähren; **to** ~ **sb a pension** jdm eine Pension bewilligen; **to** ~ **sb permission/a visa** [*or* **to** ~ **permission/a visa to sb**] jdm eine Erlaubnis/ein Visum erteilen; **to** ~ **diplomatic recognition to a state** einem Staat diplomatische Anerkennung gewähren
❷ (*transfer legally*) ■**to** ~ **sb sth** [*or* **sth to sb**] jdm etw [formell] übertragen; **to** ~ **sb a pardon** jdn begnadigen, jdm Straferlass gewähren
❸ (*form: consent to fulfil*) ■**to** ~ **sb sth** [*or* **sth to sb**] jdm etw zusichern; **to** ~ **sb a favour** [*or* AM **favor**] jdm eine Gefälligkeit erweisen; **to** ~ **sb a request** jds Anliegen stattgeben; **to** ~ **sb a wish** jdm einen Wunsch gewähren
❹ (*admit to*) ■**to** ~ **sth** etw zugeben; *~ed, this task isn't easy* zugegeben, diese Aufgabe ist nicht leicht; ***I ~ you, it's a difficult situation*** du hast ganz recht, die Situation ist schwierig; ***I ~ that it must have been upsetting but …*** die Sache war sicher nicht einfach für Sie, aber…
► PHRASES: **~ed** [es sei dir] gewährt *hum;* **to <u>take</u> sth for ~ed** etw für selbstverständlich halten [*o* [einfach] annehmen]; (*not appreciate*) etw als [allzu] selbstverständlich betrachten; ***I just took it for ~ed that they were married*** ich habe einfach angenommen, dass sie verheiratet sind; ***she just took all the work he did for the company for ~ed*** sie nahm die ganze Arbeit, die er für den Betrieb leistete, als selbstverständlich hin

grant-aided *adj* BRIT finanziell gefördert; (*subsidized*) subventioniert

granted ['grɑːntɪd, AM 'grænt̬-] *conj* ■~ [**that**] … angenommen, …; *~ **that the story is true, what are you going to do about it?*** nehmen wir einmal an, die Geschichte ist wahr, was werden Sie dann tun?

grant-in-aid <*pl* grants-> *n* AM Zuschuss *m*, Beihilfe *f;* **to receive a** ~ einen Zuschuss [*o* eine Beihilfe] erhalten **grant-maintained** [ˌgrɑːntmeɪn'teɪnd] *adj inv* BRIT SCH öffentlich bezuschusst, mit staatlichen Mitteln gefördert **grant-maintained school** *n* BRIT staatlich finanzierte Schule

granular ['grænjələʳ, AM -ɚ] **I.** *adj* körnig, gekörnt, granulös *fachspr*
II. *adv* (*sl*) **to get** ~ in Einzelheiten gehen; **to get** ~ **on sth** sich *dat* etw genau ansehen, etw genau unter die Lupe nehmen

granulate ['grænjəleɪt] *vt* ■**to** ~ **sth** etw granulieren; **to** ~ **salt/sugar** Salz/Zucker auskristallisieren

granulated ['grænjəleɪtɪd, AM -t̬ɪd] *adj inv* ❶ (*in grains*) granuliert, gekörnt; ~ **sugar** Kristallzucker *m*, [Zucker]raffinade *f*
❷ (*raised*) *surface of gold* granuliert (*mit aufgelöteten Goldkörnchen verziert*)

granulation [ˌgrænjə'leɪʃᵊn] *n no pl* MED Granulation *f fachspr*

granule ['grænjuːl] *n* Körnchen *nt;* **a** ~ **of sugar** ein Zuckerkörnchen *nt;* ■**~s** *pl* Granulat *nt;* **instant coffee ~s** Kaffeegranulat *nt*

grape [greɪp] **I.** *n* ❶ (*fruit*) [Wein]traube *f*, Weinbeere *f;* **seedless ~s** kernlose Weintrauben; **a bunch of ~s** eine [ganze] Traube
❷ (*hum: wine*) ■**the** ~ der Rebensaft *hum*, der Wein
II. *n modifier* (*jelly, juice*) Trauben-

grapefruit <*pl* – *or* -s> ['greɪpfruːt] **I.** *n* Grapefruit *f*, Pampelmuse *f fam;* (*tree*) Grapefruitbaum *m*
II. *n modifier* (*juice*) Grapefruit-

grape-picking *n no pl* Traubenlese *f*, Weinlese *f* **grapeshot** *n no pl* MIL, HIST Kartätsche *f* **grapevine** *n* ❶ (*plant*) Weinstock *m* ❷ (*in aerobics*) Grapevine *m* ► PHRASES: **sb <u>hears</u> sth on** [*or* **through**] **the** ~ etw kommt jdm zu Ohren; ***I heard on the ~ that …*** ich habe munkeln hören, dass …

graph¹ [grɑːf, AM græf] **I.** *n* MATH Diagramm *nt*, Graph *m;* (*curve*) Kurve *f;* **bar** [*or* **block**] ~ Säulendiagramm *nt;* **temperature** ~ Temperaturkurve *f*
II. *vt* ■**to** ~ **sth** etw grafisch darstellen

graph² [grɑːf, AM græf] *n* LING Graph *nt fachspr*

grapheme ['græfiːm] *n* LING Graphem *nt fachspr*

graphic ['græfɪk] *adj* ❶ *inv* (*diagrammatic*) grafisch; **a** ~ **representation** eine grafische Darstellung
❷ (*vividly descriptive*) anschaulich, plastisch; **to describe sth in** ~ **detail** etw haarklein [*o* bis ins kleinste Detail] beschreiben
❸ *attr* (*of drawing and printing*) Grafik-; ~ **works** [**of an artist**] [Künstler]grafiken *fpl*

graphical ['græfɪkᵊl] *adj inv* grafisch

graphically ['græfɪkᵊli] *adv inv* ❶ (*using a graph*) grafisch
❷ (*vividly*) anschaulich, plastisch

graphic artist *n* Grafiker(in) *m(f)* **graphic arts** *npl* Grafik *f kein pl*

graphic design *n* Grafikdesign *nt*, Gebrauchsgrafik *f* **graphic designer** *n* Grafikdesigner(in) *m(f)*, [Gebrauchs]grafiker(in) *m(f)* **graphic novel** *n* Bildergeschichte *f*

graphics ['græfɪks] *npl* ❶ (*drawings*) Grafik[en] *f[pl]*, grafische Darstellung[en]; **computer** ~ Computergrafik[en] *f[pl]*
❷ + *sing vb* (*presentation*) Grafik *f kein pl*, grafische Gestaltung *kein pl;* **computer** ~ Computergrafik *f*

graphics card *n* Grafikkarte *f* **graphics screen** *n* Grafikbildschirm *m*

graphite ['græfaɪt] *n no pl* Graphit *m*

graphologist [græf'ɒlədʒɪst, AM -'ɑːl-] *n* Graphologe, -in *m, f*

graphology [græf'ɒlədʒi, AM -'ɑːl-] *n no pl* Graphologie *f*

graph paper *n* Millimeterpapier *nt*

grapnel ['græpnᵊl] *n* NAUT ❶ (*multiple hook*) Enterhaken *m fachspr*
❷ (*small anchor*) Draggen *m fachspr*, Dregge *f fachspr*

grappa ['græpə, AM -ɑːpə] *n* Grappa *m o f*

grapple ['græpl] **I.** *vi* ■**to** ~ **with sb** mit jdm ringen [*o* kämpfen]; ■**to** ~ **for sth** um etw *akk* kämpfen; **to** ~ **with a problem** mit einem Problem zu kämpfen haben
II. *vt* ■**to** ~ **sb** jdn fassen

grappling iron *n*, **grappling hook** *n* NAUT Enterhaken *m fachspr*

grasp [grɑːsp, AM græsp] **I.** *n no pl* ❶ (*grip*) Griff *m;* ***he shook my hand with a firm*** ~ mit festem Händedruck schüttelte er mir die Hand; ***I lost my ~ on the suitcase*** der Koffer rutschte mir aus der Hand
❷ (*fig: attainability*) Reichweite *f;* **to slip from sb's** ~ jdm entgleiten [*o* aus den Händen gleiten]; **to be beyond sb's** ~ für jdn unerreichbar sein; **to be within sb's** ~ sich *akk* in jds Reichweite befinden, zum Greifen nahe sein; ***the presidency at last ooked within her*** ~ die Präsidentschaft schien für sie endlich in greifbare Nähe gerückt
❸ (*fig: understanding*) Verständnis *nt*, Begriffsvermögen *nt;* **to have a good** ~ **of a subject** ein Fach gut beherrschen; **to lose one's** ~ **on sth** etw nicht mehr im Griff haben; **to lose one's** ~ **on reality** den Bezug zur Wirklichkeit verlieren
II. *vt* ❶ (*take firm hold*) ■**to** ~ **sth** etw [fest] [er]greifen [*o* fassen] [*o* packen]; **to** ~ **sb by the arm/hand** jdn am Arm/an der Hand fassen; **to** ~ **any opportunity to do sth** jede Gelegenheit nutzen, um etw zu tun
❷ (*fig: understand*) ■**to** ~ **sth** etw begreifen [*o* erfassen]; ***the government has failed to ~ the scale of the problem*** die Regierung hat das Ausmaß des Problems nicht erkannt
► PHRASES: **to** ~ **the <u>nettle</u>** BRIT, AUS (*become active*) den Stier bei den Hörnern packen *fam;* (*do sth unpleasant*) in den sauren Apfel beißen *fam*
III. *vi* ❶ (*try to hold*) ■**to** ~ **at sth** nach etw *dat* greifen
❷ (*fig*) **to** ~ **at the chance** [*or* **opportunity**] die Chance nutzen, die Gelegenheit beim Schopfe packen
► PHRASES: **to** ~ **at a <u>straw</u>** [*or* **<u>straws</u>**] sich *akk* [wie ein Ertrinkender] an einen Strohhalm klammern

grasping ['grɑːspɪŋ, AM 'græsp-] *adj* (*fig pej*) habgierig, habsüchtig

grass <*pl* -es> [grɑːs, AM græs] **I.** *n* ❶ (*genus of plant*) Gras *nt;* ***a vase of dried flowers and ~es*** eine Vase mit Trockenblumen und Gräsern
❷ *no pl* (*plant*) Gras *nt;* ***we put most of the garden down to*** ~ wir haben den größten Teil des Gartens mit Rasen bepflanzt; **a blade/tuft of** ~ ein Grashalm *m*/Grasbüschel *nt*
❸ *no pl* (*area of grass*) Wiese *f;* (*lawn*) Rasen *m;* **to cut the** ~ den Rasen mähen
❹ *no pl* TENNIS Rasen *m;* **to play on** ~ auf Rasen spielen
❺ *no pl* (*pasture*) Weideland *nt*, Grasland *nt*, Weide *f;* **to be at** ~ *cattle* auf der Weide sein; **to put cattle out to** ~ [das] Vieh auf die Weide treiben; **to put an animal out to** ~ (*fig*) einem Tier das Gnadenbrot geben; **to put sb out to** ~ (*fig*) jdn in Rente schicken [*o* in den Ruhestand versetzen]; ***he felt much too young to be put out to*** ~ er fühlte sich noch viel zu jung, um schon aufs Abstellgleis geschoben zu werden
❻ *no pl* (*sl: marijuana*) Gras *nt sl*
❼ BRIT (*sl: informer*) Spitzel(in) *m(f)*
► PHRASES: **to** [**not**] **let the** ~ **grow under one's <u>feet</u>** etw [nicht] auf die lange Bank schieben; **the** ~ **is** [**always**] **greener on the other <u>side</u>** [**of the fence**] (*prov*) die Kirschen in Nachbars Garten schmecken immer süßer *prov*
II. *n modifier* (*path, roof*) Gras-; ~ **matting** Grasmatten *fpl;* ~ **player** TENNIS Rasenspieler(in) *m(f);* ~ **skirt** Bastrock *m;* ~ **verges** BRIT Grünstreifen *mpl*
III. *vt* ■**to** ~ **sth** etw mit Gras [*o* Rasen] bepflanzen
IV. *vi* BRIT, AUS (*sl*) singen *sl;* ■**to** ~ **on sb** jdn verpfeifen *fam*
◆**grass over** *vt* ■**to** ~ **over** ↔ **sth** etw mit Gras bepflanzen; **to be/become ~ed over** von Gras überwuchert sein/werden

grasshopper *n* Heuschrecke *f*, Grashüpfer *m fam* ► PHRASES: **to be <u>knee-high</u> to a** ~ ein Dreikäsehoch sein *hum fam* **grassland** *n* Grasland *nt*, Weideland *nt* **grass pollen** *n no pl* Gräserpollen *m* **grassroots I.** *npl* (*ordinary people*) Volk *nt kein pl;* *of a party, organization* Basis *f kein pl* **II.** *adj* Basis-; ~ **activity** Arbeit *f* an der Basis; ~ **opinion** Volksmeinung *f;* ~ **politics** volksnahe Politik **grass snake** *n* AM Grasnatter *f;* BRIT Ringelnatter *f* **grasstree** *n* Grasbaum *m* **grass widow** *n* Strohwitwe *f* **grass widower** *n* Strohwitwer *m*

grassy ['grɑːsi, AM 'græsi] *adj* grasbewachsen, mit Gras bewachsen, grasig

grate¹ [greɪt] *n* ❶ (*fireplace*) Kamin *m*

G

❷ (*grid*) Rost *m*

grate² [greɪt] **I.** *vi* ❶ (*annoy*) *noise* in den Ohren wehtun; **to ~ on sb['s nerves]** jdm auf die Nerven gehen [*o* fallen]; ***it's the way he's always talking about himself — it just ~s on me!*** die Art, wie er immer nur über sich spricht – ich kann es nicht mehr hören!

❷ (*rasp*) kratzen; ***the noise of the chair grating on the stone floor*** das Geräusch, wenn der Stuhl über den Steinboden schrammt; ***the hinges of the old wooden door ~d*** die alte Holztür quietschte in den Angeln; ■**to ~ against one another** gegeneinander reiben

II. *vt* ❶ (*grind*) **to ~ one's teeth** mit den Zähnen knirschen

❷ (*shred*) ■**to ~ sth** *cheese, nutmeg* etw reiben; *vegetables* etw raspeln; **to finely/coarsely ~ sth** etw fein/grob reiben

grated ['greɪtɪd, AM -t̬ɪd] *adj* (*finely*) gerieben; (*coarsely*) geraspelt

grateful ['greɪtfᵊl] *adj* dankbar; ***I would be most ~ if you could send us the forms as soon as possible*** ich wäre Ihnen sehr verbunden, wenn Sie uns die Formulare so schnell wie möglich zusenden könnten; ***in the end we were ~ to be alive*** am Ende waren wir froh, mit dem Leben davongekommen zu sein; ***I'm just ~ that I'm not still working for him*** ich bin bloß froh, dass ich nicht mehr für ihn arbeiten muss; ***he was very ~ to her for all her support*** er war ihr für ihre Unterstützung sehr dankbar; ■**to be ~ for sth** für etw *akk* dankbar sein; (*be glad*) über etw *akk* froh sein

gratefully ['greɪtfᵊli] *adv* dankbar

gratefulness ['greɪtfᵊlnəs] *n no pl* Dankbarkeit *f*; **to show one's ~** seine Dankbarkeit zeigen

grater ['greɪtəʳ, AM -t̬ɚ] *n* Reibe *f*, Raspel *f*

gratification [ˌgrætɪfɪ'keɪʃᵊn, AM -t̬əfɪ'-] *n* Genugtuung *f*; *of a wish* Erfüllung *f*; **sexual ~** sexuelle Befriedigung; **with [some] ~** mit [einer gewissen] Genugtuung

gratify <-ie-> ['grætɪfaɪ, AM -t̬ə-] *vt* ❶ *usu passive* (*please*) ■**to be gratified at** [*or* **by**] **sth** über etw *akk* [hoch] erfreut sein; ***I was gratified to hear that I had been right*** mit Genugtuung habe ich gehört, dass ich Recht gehabt hatte; ***he was ~ to see how well his students had done*** er war mit den guten Ergebnissen seiner Studenten sehr zufrieden

❷ (*satisfy*) ■**to ~ sth** *curiosity, desire, wish* etw befriedigen

gratifying ['grætɪfaɪɪŋ, AM -t̬ə-] *adj* erfreulich; ***it must be ~ to see all your children happy*** es muss sehr schön für dich sein, dass alle deine Kinder glücklich sind

gratifyingly ['grætɪfaɪɪŋli, AM -t̬ə-] *adv* erfreulich

gratin ['grætɛ̃(ŋ), AM 'grɑːtᵊn] *n* Gratin *nt*; ***aubergine and tomato au ~*** überbackene [*o* gratinierte] Auberginen und Tomaten

gratin dish *n* Auflaufform *f*

grating ['greɪtɪŋ, AM -t̬ɪŋ] **I.** *n* Gitter *nt*

II. *adj* ❶ (*grinding*) knirschend; (*rasping*) kratzend; (*squeaking*) quietschend; ***the iron gate dragged on the flagstones, making a ~ noise*** das Eisentor schleifte knirschend über die Steinplatten; **a ~ voice** eine raue Stimme [*o* eine Stimme wie ein Reibeisen] *fam*

❷ (*annoying*) nervtötend *fam*

gratis ['grɑːtɪs, AM 'græt̬əs] **I.** *adj pred, inv* gratis

II. *adv* gratis

gratitude ['grætɪtjuːd, AM -t̬ətuːd, -tjuːd] *n no pl* Dankbarkeit *f* (**for** für +*akk*); **as a token of my/our ~** als [ein] Zeichen meiner/unserer Dankbarkeit; **to show/express deep/sincere/everlasting ~** tiefe/aufrichtige/ewige Dankbarkeit zeigen/zum Ausdruck bringen

gratuitous [grə'tjuːɪtəs, AM -'tuːət̬əs, -'tjuː-] *adj* ❶ (*pej: uncalled-for*) grundlos, unberechtigt; (*unnecessary*) überflüssig; **~ bad language** unnötige Kraftausdrücke

❷ (*free of charge*) unentgeltlich, kostenlos

gratuitously [grə'tjuːɪtəsli, AM -'tuːət̬əs-, -'tjuː-] *adv* unnötig, grundlos

gratuitousness [grə'tjuːɪtəsnəs, AM -'tuːət̬əs-, -'tjuː-] *n no pl* Entbehrlichkeit *f*; (*exaggerated use*) unnötige [*o* übertriebene] Verwendung

gratuity [grə'tjuːəti, AM -'tuːət̬i, -'tjuː-] *n* ❶ (*tip*) Trinkgeld *nt*

❷ BRIT (*payment*) Sonderzuwendung *f*, Gratifikation *f geh*

❸ AM (*bribe*) **illegal ~** Bestechungsgeld *nt*

❹ LAW Geldgeschenk *nt*

grave¹ [greɪv] *n* Grab *nt*; **mass ~** Massengrab *nt*; **unmarked ~** anonymes Grab; **to go to one's ~** (*liter*) dahinscheiden *geh*, heimgehen *euph geh*

▶ PHRASES: **from the cradle to the ~** ein Leben lang, von der Wiege bis zur Bahre *meist hum*; **to have one foot in the ~** mit einem Bein im Grab stehen; **to take one's secret to the ~** sein Geheimnis mit ins Grab nehmen; **as silent as the ~** mucksmäuschenstill *fam*; (*gloomy*) totenstill; **to dig one's own ~** sich *dat* sein eigenes Grab schaufeln; **to turn in one's ~** sich *akk* im Grabe [her]umdrehen; ***that version of Beethoven's Fifth is ghastly, I can hear the poor man turning in his ~*** diese Version von Beethovens Fünfter ist entsetzlich, der arme Mann würde sich im Grabe umdrehen; **beyond the ~** (*liter*) über den Tod hinaus; ***do you believe there is life beyond the ~?*** glaubst du an ein Leben nach dem Tode?; **from beyond the ~** (*liter*) aus dem Jenseits

grave² [greɪv] *adj face, music* ernst; (*seriously bad*) *news* schlimm; (*worrying*) *conditions, symptoms* bedenklich, ernst zu nehmend; **a ~ crisis** eine schwere Krise; **a ~ decision** ein schwerwiegender Entschluss; **a ~ mistake** ein gravierender Fehler; **a ~ risk** ein hohes [*o* großes] Risiko; **a ~ situation** eine ernste Lage

grave accent *n* LING Gravis *m*, Accent grave *m*

grave-digger *n* Totengräber(in) *m(f)*

gravel ['grævᵊl] **I.** *n no pl* ❶ (*small stones*) Kies *m*; GEOL Schotter *m*; **coarse ~** Grobkies *m*; **fine ~** Feinkies *m*

❷ MED Harngrieß *m*, Nierengrieß *m*

II. *n modifier* (*path*) Kies-; **~ drive[way]** mit Kies aufgeschüttete Auffahrt; **~ road** Schotterstraße *f*

III. *vt* <BRIT -ll- *or* AM *usu* -l-> ❶ (*cover with gravel*) ■**to ~ sth** etw mit Kies [*o* Schotter] bedecken; *path, road* etw schottern

❷ AM (*fam: make angry*) ■**to ~ sb** jdn ärgern; ■**it ~ed him that ...** es fuchste [*o* wurmte] ihn, dass ... *fam*

gravelled ['grævᵊld], AM **graveled** *adj inv* Kies-, mit Kies bedeckt; **~ path** gekiester Weg

gravelly ['grævᵊli] *adj* kiesig; (*stony*) steinig; **~ soil** steiniger Boden; **a ~ voice** (*fig*) eine raue Stimme

gravel-pit *n* Kiesgrube *f*

gravely ['greɪvli] *adv* ernst; **~ ill** ernstlich [*o* schwer] krank

grave mound *n* Grabhügel *m*

graven ['greɪvᵊn] *adj* (*liter*) eingehauen (**on/in** in +*akk*); **sth is** [*or* **remains**] **~ in** [*or* **on**] **sb's memory** (*fig*) etw gräbt sich in jds Gedächtnis ein

graven image *n* Götzenbild *nt*

grave robber *n* Grabräuber(in) *m(f)* **graveside** *n* **~ speech** Grabrede *f*; **at the ~** am Grab[e] **gravestone** *n* Grabstein *m* **graveyard** *n* ❶ (*burial ground*) Friedhof *m* ❷ ECON Flaute *f* **graveyard shift** *n* (*fam*) Nachtschicht *f*

gravitas ['grævɪtæs] *n no pl* (*form*) Würde *f*

gravitate ['grævɪteɪt] *vi* ■**to ~ to[wards] sth/sb** von etw/jdm angezogen werden, sich *akk* zu etw/jdm hingezogen fühlen, zu etw/jdm tendieren; ***in their search for work, people are gravitating to the cities*** auf der Suche nach Arbeit zieht es die Menschen in die großen Städte

gravitation [ˌgrævɪ'teɪʃᵊn] *n no pl* ❶ (*movement*) ■**~ to[wards] sth** Bewegung *f* zu etw *dat* hin; (*fig: tendency*) Hinwendung *f* [*o* Tendenz *f*] zu etw *dat*; ***the ~ of country people to the cities began in the 1920s*** die Abwanderung der Landbevölkerung in die Städte begann in den 20er Jahren; ***the last few years has seen a ~ of this age group towards more active sports*** in den letzten Jahren hat sich diese Altersgruppe den aktiveren Sportarten zugewendet

❷ (*attracting force*) Schwerkraft *f*, Gravitation *f*

gravitational [ˌgrævɪ'teɪʃᵊnᵊl] *adj inv* Gravitations-

gravitational field *n* Gravitationsfeld *nt*, Schwerefeld *nt* **gravitational force** *n* Gravitationskraft *f*, Schwerkraft *f* **gravitational pull** *n no pl* Anziehungskraft *f*

gravity ['grævəti, AM -ət̬i] *n no pl* ❶ PHYS Schwerkraft *f*, Gravitation *f*; **the force of ~** die Schwerkraft; **the law of ~** das Gesetz der Schwerkraft

❷ (*seriousness*) Ernst *m*; *of speech* Ernsthaftigkeit *f*

gravlax ['grævlæks, AM 'grɑːvlɑːks] *n no pl* Gravad Lachs *m*, marinierter Räucherlachs

gravure [grə'vjʊəʳ, AM -'vjʊr] *n* ❶ (*etching*) Tiefdruck *m kein pl*, Tiefdruckätzung *f kein pl*

❷ (*picture*) Tiefdruck *m*, Ätzung *f*

gravy ['greɪvi] *n no pl* ❶ (*meat juices*) Bratensaft *m*; (*meat sauce*) [Braten]soße *f*

❷ *esp* AM (*fig sl: easy money*) schnell [*o* leicht] verdientes Geld; **to make some ~** 'ne schnelle Mark verdienen *fam*

gravy boat *n* Sauciere *f*, Soßenschüssel *f* **gravy train** *n* (*sl*) ▶ PHRASES: **to be on the ~** schnelles Geld machen *fam*; **to get on the ~** sich *dat* ein Stück vom Kuchen abschneiden *fam*

gray *adj* AM *see* **grey**

graze¹ [greɪz] **I.** *n* Abschürfung *f*, Schürfwunde *f*

II. *vt* ■**to ~ sth** etw streifen; ***the bullet just ~d his leg*** die Kugel hat sein Bein nur gestreift; **to ~ one's knee/elbow** sich *dat* das Knie/den Ellbogen aufschürfen

graze² [greɪz] **I.** *vi* (*eat grass*) *cattle, sheep* grasen, weiden; (*fam: eat*) sich *akk* [so] durchfressen *fam*; **to ~ on sweets** sich *akk* nur von Süßigkeiten ernähren

II. *vt* **to ~ animals** Tiere weiden [*o* grasen] lassen; ***the shepherds ~d their sheep*** die Schäfer weideten ihre Schafe; **to ~ a meadow** Weideland abgrasen

grazier ['greɪzɪəʳ, AM ʒɚ] *n* Viehzüchter(in) *m(f)*

grazing ['greɪzɪŋ] *n no pl* Weideland *nt*

grazing land ['greɪzɪŋ-] *n* Weideland *nt kein pl*, Grasland *nt kein pl*, Weide *f*

grease [griːs] **I.** *n* ❶ (*fat*) Fett *nt*; **goose ~** Gänsefett *nt*

❷ (*lubricating oil*) Schmierfett *nt*, Schmiere *f*

II. *n modifier* **~ mark** [*or* **spot**] Fettfleck *m*

III. *vt* ■**to ~ sth** etw [ein]fetten [*o* einschmieren]; MECH, TECH etw schmieren

▶ PHRASES: **like ~d lightning** wie ein geölter Blitz *fam*; **to ~ sb's palm** jdn schmieren *fam*

grease gun *n* Fettspritze *f*, Fettpresse *f* **grease monkey** *n esp* AM (*dated sl*) [ölverschmierter] Mechaniker[lehrling] **greasepaint** *n* THEAT Fettschminke *f* **greaseproof paper** *n* Pergamentpapier *nt*, Butterbrotpapier *nt*

greaser ['griːsəʳ, AM -ɚ] *n* ❶ (*motor mechanic*) Kfz-Mechaniker(in) *m(f)*; (*on ship*) ungelernter Mechaniker/ungelernte Mechanikerin

❷ (*dated sl: motorcycle fanatic*) Rocker(in) *m(f)* *fam*

❸ AM (*pej! sl: Hispanic American*) *abwertende Bezeichnung für Lateinamerikaner, besonders Mexikaner*

greasiness ['griːsɪnəs] *n no pl* Fettigkeit *f*, Schmierigkeit *f*

greasy ['griːsi] *adj* ❶ (*covered with grease*) *hair, skin* fettig; *fingers, objects also* schmierig; (*full of grease*) *food* fett; (*slippery*) *floor* glitschig

❷ (*fig pej: effusively polite*) *person, manner* schmierig *pej*

greasy spoon *n* (*pej fam*) [billige] Fressbude *pej fam*

great [greɪt] **I.** *adj* ❶ (*very big*) groß, riesig; ***it gives us ~ pleasure to announce the engagement of our daughter*** es ist uns eine große Freude, die Verlobung unserer Tochter bekannt zu geben; ***it is with ~ sorrow that I inform you of the death of our director*** zu meinem tiefsten Bedauern muss ich Ihnen mitteilen, dass unser Direktor verstorben ist; *I* *feel* ~ ***sympathy for you*** ich fühle von ganzem Herzen mit dir; **a** ~ **amount** [*or* **quantity**] eine große Menge, sehr viel; **a** ~ **deal of time/money** eine Menge [*o* sehr viel] Zeit/Geld; **to a** ~ **extent** im Großen und Ganzen; **a** ~ **joy** eine große Freude; **the** ~ **majority of people** die überwiegende Mehrheit der Leute; **a** ~ **many** [*or* **number of**] **people** sehr viele Menschen; **a** ~ **sadness** eine tiefe Traurigkeit

❷ (*famous*) groß; (*important*) bedeutend; (*outstanding*) überragend; **the ~est boxer/show** der größte Boxer/die größte Show; **a** ~ **personality** eine überragende Persönlichkeit

❸ (*wonderful*) großartig, wunderbar; ***we had a*** ~ ***time at the party*** wir haben uns auf der Party großartig amüsiert; ***it's*** ~ ***to be back home again*** es ist richtig schön, wieder zu Hause zu sein; ***it was*** ~ ***driving over the mountains*** es war wunderschön, durch die Berge zu fahren; ~**!** (*iron fam*) na prima! *iron fam,* klasse! *iron fam;* **the** ~ **thing about sth/sb is** [**that**] ... das Tolle an etw/jdm ist[, dass] ,,, *fam;* ***the*** ~ ***thing about my job is the flexitime*** was mir an meiner Arbeit besonders gefällt, ist die Gleitzeit; **to be a** ~ **one for sth** genau der/die Richtige für etw *akk* sein; ***he's a*** ~ ***one for getting other people to do his work*** er hat den Bogen raus, wie er andere Leute dazu kriegt, seine Arbeit zu machen *fam;* ■**to be** ~ **at doing sth** (*fam*) etw sehr gut können; ***my sister's*** ~ ***at playing football*** meine Schwester spielt klasse Fußball

❹ *inv* (*for emphasis*) ausgesprochen; ~ **fool** Volltrottel *m fam;* ~ **friend** guter Freund/gute Freundin; ***as children they were*** ~ ***friends*** als Kinder waren sie dicke Freunde *fam*

❺ (*very good*) hervorragend, toll *fam;* ***she is a*** ~ ***organizer*** sie kann hervorragend organisieren; ***he is a*** ~ ***storyteller*** er ist ein fantastischer Geschichtenerzähler; **to feel** ~ sich *akk* großartig fühlen; **to feel not all that** ~ sich *akk* gar nicht gut fühlen

❻ (*enthusiastic*) begeistert; ***our kids are*** ~ ***partygoers*** unsere Kinder sind begeisterte Partygänger

► PHRASES: **to be going** ~ **guns** (*dated fam*) richtig [toll] in Schwung [*o* in Fahrt] sein *fam;* ~ **minds think alike**[**, fools seldom differ**] (*prov hum*) große Geister denken gleich *prov hum,* zwei Dumme, ein Gedanke *prov hum;* **to be no** ~ **shakes** nicht besonders gut sein; ***I'm no*** ~ ***shakes as a cook/at cooking*** als Koch/im Kochen bin ich nicht gerade ein Meister; **to be the ~est thing since sliced bread** (*prov fam*) genial [*o* großartig] sein; **to not be the ~est thing since sliced bread** (*prov fam*) nicht gerade das Gelbe vom Ei sein *fam*

II. *adv inv* (*extremely*) sehr; ~ **big** riesengroß; **a** ~ **big spider** eine dicke, fette Spinne; **a** ~ **long queue** [*or* AM **line**] eine riesenlange Schlange *fam*

III. *n* (*person*) Größe *f;* (*in titles*) ***Alexander/Catherine the*** ~ Alexander der Große/Katharina die Große; **the** ~ **and the good** die Prominenz; **an all-time** ~ ein unvergesslicher Star; **to be an all-time** ~ unerreicht sein; **one of the ~s** einer/eine der ganz Großen

great-aunt *n* Großtante *f* **Great Bear** *n* ASTRON Großer Bär

Great Britain *n* Großbritannien *nt*

greatcoat *n esp* BRIT Überzieher *m,* Paletot *m;* **army** ~ Militärmantel *m* **Great Dane** *n* [Deutsche] Dogge **Great Depression** *n* HIST *Weltwirtschaftskrise* (*1929*)

Greater ['greɪtəʳ, AM -t̬ɚ] (*in cities*) ~ **London** Groß-London *nt;* ~ **Manchester** Großraum *m* Manchester; (*county*) [Grafschaft *f*] Greater Manchester *nt;* ~ **New York** Großraum *m* New York **great-grandchild** *n* Urenkel(in) *m(f)* **great-granddaughter** *n* Urenkelin *f* **great-grandfather** *n* Urgroßvater *m* **great-grandmother** *n* Urgroßmutter *f* **great-grandson** *n* Urenkel *m* **great-great-grandfather** *n* Ururgroßvater *m* **great-great-grandmother** *n* Ururgroßmutter *f* **Great Lakes** *npl* GEOG ■**the** ~ die Großen Seen

greatly ['greɪtli] *adv* sehr; **to be** ~ **impressed** tief beeindruckt sein; **to improve** ~ große Fortschritte machen; **to** ~ **regret sth** etw zutiefst bedauern

great-nephew [ˌgreɪt'nefju:] *n* Großneffe *m*

greatness ['greɪtnəs] *n no pl* Bedeutsamkeit *f,* [große] Bedeutung

great-niece [ˌgreɪt'ni:s] *n* Großnichte *f* **great-uncle** *n* Großonkel *m* **Great Wall of China** *n* ■**the** ~ die Chinesische Mauer **Great War** *n* HIST ■**the** ~ der Erste Weltkrieg

grebe [gri:b] *n* ORN Seetaucher *m*

Grecian ['gri:ʃᵊn] *adj inv* ❶ (*Greek*) griechisch; *see also* **Greek**

❷ (*of Ancient Greece*) *column, temple* griechisch; (*like Greek statues*) klassisch [griechisch]; ~ **features** klassische Gesichtszüge; **a** ~ **nose/profile** eine klassische Nase/ein klassisches Profil

Greco-Roman [ˌgri:kəʊ'rəʊmᵊn, AM ˌgri:koʊ'roʊmᵊn] *adj inv esp* AM griechisch-römisch

Greece [gri:s] *n* Griechenland *nt*

greed [gri:d] *n no pl* Gier *f* (**for** nach +*dat*); ~ **for food** Essgier *f,* Gefräßigkeit *f;* ~ **for money** Geldgier *f;* ~ **for power** Machtgier *f,* Machthunger *m*

greedily ['gri:dɪli] *adv* gierig

greediness ['gri:dɪnəs] *n no pl* Gier *f*

greedy ['gri:di] *adj* gierig; (*for money, things*) habgierig *pej,* raffsüchtig *pej;* (*fig*) ■**to be** ~ **for sth** gierig nach etw *dat* sein, nach etw *dat* gieren; ~ [**guzzle-**]**guts** BRIT, AUS (*esp childspeak fam*) [kleiner] Vielfraß *fam;* ~ **pig** (*fam*) Vielfraß *m pej fam;* ~ **for power** machthungrig; ~ **for success/victory** erfolgs-/siegeshungrig

Greek [gri:k] **I.** *n* ❶ (*person*) Grieche, -in *m, f*

❷ *no pl* (*language*) Griechisch *nt;* **ancient** ~ Altgriechisch *nt;* **modern** ~ Neugriechisch *nt;* **in** ~ auf Griechisch

II. *adj inv* griechisch; ~ **cuisine** griechische Küche

► PHRASES: **beware** [*or* **fear**] **the ~s bearing gifts** (*prov*) Vorsicht vor falschen Freunden *prov,* trau, schau, wem *prov;* **it's all** ~ **to me** das sind alles böhmische Dörfer für mich

Greek cross *n* griechisches Kreuz

green [gri:n] **I.** *n* ❶ *no pl* (*colour*) Grün *nt;* ***it's not easy being*** ~ es ist nicht einfach, grün zu sein; **pale/bottle/lime** ~ Blassgrün/Flaschengrün/Lindgrün *nt*

❷ (*shade of green*) Grünton *m,* Grün *nt;* **to paint sth in ~s and blues** etw in Grün- und Blautönen streichen

❸ FOOD ■**~s** *pl* Blattgemüse *nt kein pl,* Grünzeug *nt kein pl fam;* **dandelion/salad ~s** Löwenzahn-/Salatblätter *ntpl*

❹ (*member of Green Party*) ■**G~** Grüne(r) *f(m)*

❺ *no pl* (*area of grass*) Grün *nt,* Grünfläche *f;* SPORTS Rasen *m,* Rasenplatz *m;* (*part of name*) ***Sheep's G~*** Sheep's Green; **bowling** ~ *Rasenfläche zum Bowlen;* **cricket** ~ Kricketplatz *m;* **golf** [*or* **putting**] ~ Grün *nt;* **village** ~ Dorfwiese *f,* Dorfanger *m*

II. *adj* ❶ (*green coloured*) grün; ~ **salad** grüner Salat; **to turn** [*or* **go**] ~ BOT grün werden; (*of traffic lights*) grün werden, auf Grün umspringen; (*feel ill*) grün [*o* blass] werden

❷ (*environmentally conscious*) grün, umweltfreundlich, ökologisch; ~ **campaigners** Umweltschutzaktivisten, -innen *mpl, fpl;* ~ **issues** Umweltschutzfragen *fpl;* ~ **policies** umweltfreundliche [politische] Maßnahmen; ~ **politics** Umwelt[schutz]politik *f*

❸ (*unripe*) grün; ~ **bananas/tomatoes** grüne Bananen/Tomaten; ~ **wood** grünes Holz

❹ (*inexperienced*) unerfahren, grün hinter den Ohren *präd;* (*naive*) naiv

❺ (*covered with plants*) grün, mit Pflanzen bewachsen

❻ (*fig: jealous*) ~ [**with envy**] grün [*o* gelb] vor Neid

greenback ['gri:nbæk] *n* (*fam*) ❶ AM (*dollar*) Dollar[schein] *m,* Dollar[bank]note *f* ❷ (*animal*) Laubfrosch *m* **green ban** *n* AUS [gewerkschaftliche] Baubeschränkung, [gewerkschaftliches] Bauverbot (*aus Naturschutzgründen*) **green beans** *npl* grüne Bohnen **green belt** *n* Grüngürtel *m* **green card** *n* ❶ BRIT (*car insurance document*) [internationale] Grüne [Versicherungs]karte ❷ AM (*residence and work permit*) Aufenthaltserlaubnis *f* mit Arbeitsgenehmigung, Greencard *f* **green consumerism** *n no pl* Konsum *m* von umweltfreundlichen Produkten, umweltbewusstes Konsumverhalten

greenery ['gri:nᵊri] *n no pl* Grün *nt,* grüne Zweige

green-eyed *adj* ❶ (*with green eyes*) grünäugig; **to be** ~ grüne Augen haben ❷ (*fig: jealous*) ■**to be** ~ neidisch [*o* missgünstig] sein; **the** ~ **monster** der blasse Neid **green famine** *n no pl* Hungersnot *f* trotz grüner Felder (*bei durch Regenmangel oder Krieg bedingtem Ernteausfall*) **greenfield** *adj attr, inv* BRIT ❶ (*not built on*) ~ **land** unerschlossenes Land; ~ **site** unerschlossenes Baugrundstück [*o* Bauland] ❷ (*on newly developed land*) ~ **factory** Fabrik *f* auf der grünen Wiese **greenfinch** *n* Grünfink *m* **green finger** *n* BRIT ► PHRASES: **to have ~s** einen grünen Daumen haben **greenfly** <*pl* – *or* -flies> *n esp* BRIT Blattlaus *f;* **to have** ~ *plant* von Blattläusen befallen sein **greengage** *n* Reineclaude *f,* Reneklode *f;* ~ **tree** Reneklode *f* **greengrocer** *n esp* BRIT Obst- und Gemüsehändler(in) *m(f);* (*shop*) Obst- und Gemüseladen *m;* **at the ~'s** im Obst- und Gemüseladen, beim Obst- und Gemüsehändler **greengrocery** <*pl* -ries> [gri:n'grəʊsᵊri] *n* ❶ *no pl* (*trade*) Obst- und Gemüsehandel *m* ❷ (*shop*) Obst- und Gemüsegeschäft *nt* [*o* -handlung *f*] ❸ *usu pl* (*goods*) Obst- und Gemüsewaren *fpl,* Grünzeug *nt fam* **greenhorn** *n* Greenhorn *nt,* Grünschnabel *m;* ***as a*** ~ ***journalist, I made a lot of mistakes*** als ich noch ganz neu im Journalismus war, habe ich eine Menge Fehler gemacht **greenhouse** *n* Gewächshaus *nt,* Treibhaus *nt* **greenhouse effect** *n no pl* ■**the** ~ der Treibhauseffekt **greenhouse gas** *n* Treibhausgas *nt*

greenie ['gri:ni] *n* (*pej*) Öko *m oft pej fam*

greening ['gri:nɪŋ] *n no pl* ❶ (*environmental awareness*) Steigerung *f* des Umweltbewusstseins

❷ (*introducing plants*) Begrünung *f*

greenish ['gri:nɪʃ] *adj* grünlich

greenkeeper ['gri:nki:pəʳ, AM ɚ] *n* Platzwart(in) *m(f)*

Greenland ['gri:nlənd] *n* Grönland *nt*

Greenlander ['gri:nləndəʳ, AM -ɚ] *n* Grönländer(in) *m(f)*

green light *n* (*fig fam*) grünes Licht (**to** für +*akk*); **to give sb the** ~ jdm grünes Licht [*o fam* das Okay] geben **green-light** <-lighted, -lighted> *vt* (*fam*) ■**to** ~ **sth** grünes Licht für etw *akk* geben

greenness ['gri:nnəs] *n no pl* Grün[e] *nt*

Green Paper *n* BRIT POL *von der Regierung veröffentlichtes Diskussionspapier über Gesetzesänderungen* **Green Party** *n* + *sing/pl vb* die Grünen *pl*

Greenpeace ['gri:npi:s] *n no pl,* + *sing/pl vb* Greenpeace *nt* **green pepper** *n* grüne Paprikaschote; **stuffed** ~ gefüllte [grüne] Paprikaschote **Green Revolution** *n* Grüne Revolution, Agrarrevolution *f* **green salad** *n* grüner Salat **greenskeeper** ['gri:nzki:pəʳ, AM ɚ] *n* AM Platzwart(in) *m(f)* **greenstick fracture** *n* MED Grünholzfraktur *f fachspr* **greensward** [-swɔ:d, AM -swɔ:rd] *n* (*liter*) Au[e] *f liter,* Wiese *f* **green tea** *n* grüner Tee **green thumb** *n* AM ► PHRASES: **to have a** ~ einen grünen Daumen haben

Greenwich ['grenɪdʒ] *n* Greenwich *nt* (*Stadtteil Groß-Londons*)

Greenwich Mean Time *n* Greenwicher [*o* westeuropäische] Zeit

Greenwich Village *n* Greenwich Village *nt* (*Stadtteil New Yorks*)

greenwood ['gri:nwʊd] *n* (*old*) grün belaubter Wald

greet [gri:t] *vt* ❶ (*welcome*) ■**to** ~ **sb** jdn [be]grüßen; (*receive*) jdn empfangen; ***the porter always ~s me*** der Portier grüßt mich immer; ***we were ~ed by a wonderful smell of coffee*** (*fig*) wir wurden von einem wunderbaren Kaffeeduft empfangen; **to** ~ **each other** [**by shaking hands**] sich *akk* [mit Handschlag] begrüßen

❷ (*react*) ■ **to ~ sth with sth** auf etw *akk* mit etw *dat* reagieren; ***the unions have ~ed his decision with delight/anger*** die Gewerkschaften haben seine Entscheidung sehr begrüßt/mit Zorn aufgenommen; ***his speech was ~ed with applause by the audience*** er erntete mit seiner Rede einen Applaus vom Publikum
❸ (*fig: be noticeable*) *sight, view* sich *akk* jdm bieten; ***a scene of chaos ~ed us*** ein chaotischer Anblick bot sich uns dar

greeting ['gri:tɪŋ, AM -t̬ɪŋ] *n* Begrüßung *f;* ***she smiled at me in ~*** sie begrüßte mich mit einem Lächeln; ■ **~s** *pl* Grüße *mpl;* ***warm ~s to you all*** herzliche Grüße an euch alle; ***~s to you, my friends and colleagues*** seid gegrüßt, meine Freunde und Kollegen *form o hum;* **birthday ~s** Geburtstagsglückwünsche *mpl;* **to exchange ~s** sich *akk* [gegenseitig] begrüßen

greeting card *n* AM, AUS, **greetings card** *n* BRIT Grußkarte *f*

gregarious [grɪ'geəriəs, AM -geri-] *adj* ❶ (*liking company*) gesellig
❷ ZOOL (*living in groups*) Herden-; ~ **animal** Herdentier *nt;* ***sheep and cattle are ~*** Schafe und Rinder sind Herdentiere

gregariously [grɪ'geəriəsli, AM -geri-] *adv* gesellig

gregariousness [grɪ'geəriəsnəs, AM -geri-] *n no pl* ❶ (*love of company*) Geselligkeit *f*
❷ ZOOL (*tendency to group*) Herdentrieb *m*

Gregorian calendar [grɪ,gɔ:riən'-] *n no pl* gregorianischer Kalender **Gregorian chant** *n* gregorianischer Gesang

gremlin ['gremlɪn] *n* ❶ (*goblin*) Kobold *m,* kleines Monster; (*fig*) ***we must have a ~ in the engine*** in der Maschine steckt irgendwo der Wurm drin; ***our biggest ~ was rust*** gegen den Rost hatten wir am meisten zu kämpfen
❷ COMPUT (*fam*) Maschinenteufelchen *nt*

grenade [grə'neɪd] *n* Granate *f;* ~ **attack** Granatenangriff *m;* **hand ~** Handgranate *f*

grenadier [,grenə'dɪəʳ, AM -'dɪr] *n* HIST Grenadier *m;* ■ **the ~s** [*or* **the G~ Guards**] *pl* BRIT die Grenadiergarde

grenadine ['grenədi:n] *n no pl* Grenadine *f,* Granatapfelsirup *m*

grew [gru:] *pt of* **grow**

grey [greɪ], AM **gray I.** *n* ❶ *no pl* (*colour*) Grau *nt*
❷ (*shade of grey*) Grauton *m;* **to paint sth in ~s and blues** etw in Grau- und Blautönen streichen
❸ BRIT (*regiment*) ■ **the** [**Royal Scots**] **G~s** *pl Schottisches Reiterregiment*
❹ (*white horse*) Grauschimmel *m*
II. *adj* (*coloured grey*) grau; *face* [asch]grau, fahl; *horse* [weiß]grau; *person* grauhaarig; (*fig*) grau, öde, trostlos; **a ~ day** ein trüber [*o* grauer] Tag; **~ weather** trübes Wetter; **to go** [*or* **turn**] ~ *person* grau werden, ergrauen, graue Haare bekommen

grey area *n* Grauzone *f* **greybeard** *n* Graubart *m* **grey eminence** *n* graue Eminenz **greyhound** *n* Windhund *m* **greyhound race** *n* Windhundrennen *nt* **greyhound racing** *n no pl* Windhundrennen *nt*

greying ['greɪɪŋ], AM **graying** *adj* ergrauend; ■ **to be ~** ergrauen, grau werden; ~ **hair** leicht ergrautes [*o* angegrautes] Haar

greyish ['greɪɪʃ], AM **grayish** *adj* gräulich

greylag <*pl* – *or* -s> ['greɪlæg] *n,* **greylag goose** ['greɪlæg] *n* ORN Graugans *f*

grey matter *n* (*fam*) **the** [**old**] ~ die grauen Zellen

greyness ['greɪnəs], AM **grayness** *n no pl* Grau *nt;* (*fig*) Trübheit *f,* Trostlosigkeit *f*

grid [grɪd] *n* ❶ (*grating*) Gitter *nt*
❷ (*pattern*) Gitternetz *nt,* Raster *nt*
❸ (*in motor races*) Start[platz] *m*
❹ ELEC Netz *nt*

griddle ['grɪdḷ] **I.** *n runde Gusseisenplatte, die zum Backen oder Garen erhitzt wird*
II. *vt* **to ~ food** *Speisen auf einer runden, heißen Gusseisenplatte zubereiten*

griddle cake *n* ≈ Pfannkuchen *m*

gridiron ['grɪdaɪən, AM -aɪən] *n* ❶ (*metal grid*) [Grill]rost *m*
❷ AM (*American football field*) Footballfeld *nt*
❸ NAUT (*framework*) Balkenrostwerk *nt fachspr,* Kielbank *f fachspr*
❹ THEAT Schnürboden *m fachspr*

gridlock ['grɪdlɒk, AM -lɑ:k] *n no pl* ❶ (*traffic jam*) Stau *m;* (*breakdown*) Verkehrskollaps *m,* Zusammenbruch *m* des Verkehrs; **to cause ~** den [gesamten] Verkehr lahm legen ❷ (*fig: work blockage*) Arbeitshemmnis *nt,* Blockade *f* **gridlocked** *adj* überlastet; (*at a standstill*) lahm gelegt; (*blocked*) blockiert **grid reference** *n* Planquadratangabe *f* **grid system** *n* Raster *nt;* ***the streets in this city are laid out in a ~*** die Straßen dieser Stadt sind rasterförmig angelegt

grief [gri:f] *n no pl* ❶ (*sadness*) tiefe Trauer, Kummer *m,* Leid *nt;* (*pain*) Schmerz *m;* **to cause sb ~** jdm Kummer bereiten
❷ (*trouble*) **good ~!** du liebe Zeit!; **to cause ~** (*fam*) für Ärger sorgen *fam;* **to cause sb ~** (*fam*) jdm Ärger bereiten; **to come to ~** (*fail*) fehlschlagen, scheitern; (*have an accident*) sich *akk* verletzen, zu Schaden kommen; ***I came to ~ on an icy patch*** ich stürzte unglücklich auf einer vereisten Stelle; **to give sb** [**a lot of**] **~** (*fam*) jdm gegenüber keinen Hehl aus seiner/ihrer Verärgerung machen; ***my parents gave me a lot of ~ about my bad marks*** meine Eltern haben mir wegen meiner schlechten Noten ganz schön die Leviten gelesen *fam*

grief-stricken *adj* untröstlich, voller Trauer *präd;* **a ~ look** ein kummervoller [*o* [tief]trauriger] Blick

grievance ['gri:vᵊn(t)s] *n* ❶ (*complaint*) Beschwerde *f,* Klage *f*
❷ (*sense of injustice*) Groll *m kein pl;* **to harbour** [*or* AM **harbor**] [*or* **nurse**] **a ~ against sb** einen Groll gegen jdn hegen

grieve [gri:v] **I.** *vi* (*be sad*) bekümmert sein; (*mourn*) ■ **to ~ for sb** um jdn trauern; ■ **to ~ over sth** über etw *akk* betrübt sein, sich *akk* über etw *akk* grämen *geh*
II. *vt* ■ **to ~ sb** (*distress*) jdm Kummer bereiten; (*make sad*) jdn traurig machen [*o* stimmen], jdn betrüben; (*annoy*) jdn ärgern [*o* verdrießen]; ***it ~ me to see all that money go down the drain*** es ärgert mich, zu sehen, wie das ganze Geld zum Fenster hinausgeworfen wird

grievous ['gri:vəs] *adj crime* schwer; *injury also* ernst; *error also* schwerwiegend; *news* schlimm, schmerzlich; ~ **danger** große Gefahr

grievous bodily harm *n* LAW schwere Körperverletzung

grievously ['gri:vəsli] *adj* ernsthaft, schwer; ***we have been ~ hurt by your accusations*** Ihre Anschuldigungen haben uns schwer getroffen; **to be ~ mistaken** sich *akk* gewaltig im Irrtum befinden, einem großen Irrtum [unt]erliegen

griffin ['grɪfᵊn] *n,* **griffon** *n* Greif *m*

grifter ['grɪftəʳ] *n* AM (*sl*) kleiner Gauner/kleine Gaunerin, Ganove, -in *m, f pej fam*

grill [grɪl] **I.** *n* (*in cooker*) Grill *m;* (*over charcoal*) [Grill]rost *m; esp* AM (*restaurant*) Grillrestaurant *nt,* Grillroom *m*
II. *vt* ❶ (*cook*) ■ **to ~ sth** etw grillen
❷ (*fig fam: interrogate*) ■ **to ~ sb about sth** jdn über etw *akk* ausquetschen *fam;* ■ **to be ~ed by sb** von jdm in die Mangel genommen werden *fam*

grille [grɪl] *n* Gitter *nt;* (*of windows*) Fenstergitter *nt;* (*of doors*) Türgitter *nt;* (*speak through*) Sprechgitter *nt*

grilling ['grɪlɪŋ] *n* (*fig fam*) strenges Verhör; **to give sb a** [**good**] **~** jdn hart ins Verhör [*o fam* [ordentlich] in die Mangel] nehmen

grill pan *n* Grillpfanne *f*

grim [grɪm] *adj* ❶ (*forbidding*) *expression, face* grimmig, verbissen; ***he was ~-faced as he stared into the camera*** mit finsterem Blick starrte er in die Kamera; **~ determination** eiserne Entschlossenheit; **~ humour** [*or* AM **humor**] Galgenhumor *m*
❷ (*very unpleasant*) *situation* schlimm; (*horrible*) *news* entsetzlich, grauenhaft; (*inhospitable*) *landscape* unwirtlich; ***they lived in a ~ flat in a high-rise building*** sie wohnten in einer trostlosen Wohnung in einem Hochhaus; ***we were running out of money and things were looking ~*** unser Geld wurde knapp und die Lage sah langsam düster aus; **a ~ outlook** düstere Aussichten; **a ~ picture** ein trostloses Bild; **a ~ reminder** eine bittere [*o* schmerzliche] Erinnerung; **to feel ~** (*fig fam*) sich *akk* miserabel [*o* elend] fühlen
► PHRASES: **to hang** [*or* **hold**] **on like ~ death** *dog* sich *akk* festbeißen; *person* verbissen an etw *dat* festhalten

grimace [grɪ'meɪs, AM *esp* 'grɪməs] **I.** *n* ❶ (*facial expression*) [verzerrter] Gesichtsausdruck; **to make a ~ of disgust/hatred/pain** ein angewidertes/hasserfülltes/schmerzverzerrtes Gesicht machen
❷ (*exaggerated expression*) Grimasse *f,* Fratze *f;* **to make a ~** eine Grimasse schneiden
II. *vi* das Gesicht verziehen; **to ~ with pain** das Gesicht vor Schmerz verziehen

grime [graɪm] **I.** *n no pl* (*ingrained dirt*) Schmutz *m;* (*soot*) Ruß *m;* **to be covered with ~** von einer Schmutzschicht überzogen sein
II. *vt usu passive* **to be ~d with dust** von einer [dicken] Staubschicht überzogen sein; **to be ~d with soot** rußverschmiert sein

grimly ['grɪmli] *adv* verbissen, hart; (*threateningly*) grimmig

grimness ['grɪmnəs] *n no pl* Verbissenheit *f,* Grimmigkeit *f;* (*unpleasantness*) Trostlosigkeit *f,* Düsterkeit *f;* ***the ~ of his voice told me there was something wrong*** der grimmige Ton in seiner Stimme sagte mir, dass etwas nicht stimmte

Grim Reaper *n* ■ **the ~** der Sensenmann

grimy ['graɪmi] *adj* schmutzig; (*sooty*) rußig, verrußt

grin [grɪn] **I.** *n* Grinsen *nt kein pl*
II. *vi* grinsen; (*beam*) strahlen; **to ~ impishly at sb** jdn verschmitzt anlachen
► PHRASES: **to ~ and bear it** (*accept without complaining*) gute Miene zum bösen Spiel machen; (*suffer pain*) die Zähne zusammenbeißen

grind [graɪnd] **I.** *n* ❶ *no pl* (*crushing sound*) Knirschen *nt;* ***the slow ~ of the legal system*** (*fig*) die langsamen Mühlen der Justiz
❷ *no pl* (*fam: of work*) Plackerei *f fam;* **the daily ~** der tägliche Trott; **to be a real ~** sehr mühsam sein
❸ (*fam*) Arbeitstier *nt fig fam*
❹ *esp* BRIT (*vulg: have sexual intercourse*) ■ **to have a** [**good**] **~** [ordentlich] vögeln *vulg*
II. *vt* <ground, ground> ❶ (*crush*) ■ **to ~ sth** *coffee, pepper* etw mahlen; **freshly ground coffee** frisch gemahlener Kaffee; **to ~ sth** [**in**]**to flour/a powder** etw fein zermahlen; **to ~ meat** AM, AUS Fleisch fein hacken; **to ~ one's teeth** mit den Zähnen knirschen
❷ (*press firmly*) ■ **to ~ sth** *cigarette* etw ausdrücken; (*with foot*) etw austreten; ***Sara ground her cigarette into the ashtray*** Sara drückte ihre Zigarette im Aschenbecher aus
❸ (*sharpen*) ■ **to ~ sth** etw schleifen [*o* schärfen] [*o* wetzen]
► PHRASES: **to ~ the faces of the poor** BRIT (*fig liter*) die Armen [schändlich] ausbeuten
III. *vi* <ground, ground> **to ~ to a halt** *car, machine* [quietschend] zum Stehen kommen; *production* stocken; *negotiations* sich *akk* festfahren
► PHRASES: **the mills of God ~ slowly** [**but they ~ exceeding small**] (*prov*) Gottes Mühlen mahlen langsam [aber trefflich fein] *prov*

◆**grind away** *vi* (*fam*) sich *akk* schinden [*o fam* abschuften]; ***there are many who ~ away at boring factory jobs*** es gibt viele, die sich mit eintöniger Fabrikarbeit herumplagen müssen

◆**grind down** *vt* ❶ (*file*) ■ **to ~ down** ↔ **sth** etw abschleifen [*o* abwetzen]; *mill* etw zerkleinern; **to ~ down cereal** Getreide schroten; **to ~ sth down to flour** etw zermahlen
❷ (*wear*) ■ **to ~ down** ↔ **sth** etw abtragen
❸ (*mentally wear out*) ■ **to ~ down** ↔ **sb** jdn zermürben; (*oppress*) jdn unterdrücken; (*treat cruelly*)

jdn schinden [*o* quälen]; ***she was ground down by years of abuse*** die jahrelangen Misshandlungen hatten sie zermürbt

◆**grind on** *vi* [ewig so] weitergehen, sich *akk* [weiter] hinziehen; **to ~ on and on** genau so weitermachen wie bisher

◆**grind out** *vt* ① *(produce continuously)* ■**to ~ out ↔ sth** ununterbrochen etw produzieren; ***as a museum guide you ~ out the same boring old information every day*** als Museumsführer muss man jeden Tag das gleiche Programm abspulen

② *(extinguish)* **to ~ out ↔ a cigarette** eine Zigarette ausdrücken; *(with foot)* eine Zigarette austreten

◆**grind through** *vi* ■**to ~ through sth** sich *akk* durch etw *akk* [hindurch]arbeiten [*o fam* [hindurch]ackern]

◆**grind up** *vt* ■**to ~ up ↔ sth** etw fein zerkleinern

grinder ['graɪndəʳ, AM -ɚ] *n* ① *(mill)* Mühle *f;* **coffee ~** Kaffeemühle *f;* **a hand/electric ~** eine handbetriebene/elektrische Mühle; **spice ~** Gewürzmühle *f*

② *(sharpener)* Schleifmaschine *f;* **knife ~** Messerschärfer *m;* **scissor ~** Scherenschleifgerät *nt*

③ *(dated: man who sharpens things)* Schleifer *m;* **knife/scissor ~** Messerschleifer/Scherenschleifer *m*

④ AM *(sandwich)* Jumbosandwich *nt*

grinder attachment *n* Mahlvorrichtung *f,* Mahlaufsatz *m*

grinding ['graɪndɪŋ] *adj inv noise* knirschend; *hardship* zermürbend

▸ PHRASES: **to come to a ~ halt** [*or* **standstill**] *car, machine* [quietschend] zum Stehen kommen; *(fig)* [endlich] aufhören

grindingly ['graɪndɪŋli] *adv* ① *(harshly, gratingly)* in [stark] angreifender Weise, mit erosiver Wirkung

② *(oppressively, endlessly)* [nerven]aufreibend, quälerisch, zermürbend

grindstone ['graɪnstəʊn, AM -stoʊn] *n* Schleifstein *m*

▸ PHRASES: **to keep one's nose to the ~** sich *akk* [bei der Arbeit] ranhalten *fam;* **to get back to the ~** sich *akk* wieder an die Arbeit machen

gringo ['grɪŋgəʊ, AM -goʊ] *n (pej)* Gringo *m pej*

grip [grɪp] **I.** *n* ① *(hold)* Griff *m kein pl;* **to keep a [firm] ~ on sth** etw festhalten; ***he kept a firm ~ on the briefcase*** er hielt die Aktentasche fest in der Hand

② *(fig: control)* Gewalt *f kein pl;* ***rebels have tightened their ~ on the city*** die Rebellen haben die Stadt zunehmend in ihrer Gewalt; **to be in the ~ of sth** von etw *dat* betroffen sein; ***the whole country was in the ~ of a flu epidemic*** das ganze Land wurde von einer Grippeepidemie heimgesucht; **to come to ~s with sth** etw in den Griff bekommen; **to get to ~s with sth** etw [geistig] erfassen können; **to keep a ~ on oneself** sich *akk* im Griff haben; ***"get a ~ on yourself!" she said angrily*** „jetzt reiß dich aber zusammen!" sagte sie ärgerlich

③ *(dated: bag)* Reisetasche *f*

④ TV, FILM Bühnenarbeiter *m*

II. *vt* <-pp-> ① *(hold firmly)* ■**to ~ sth** etw packen [*o* ergreifen]

② *(overwhelm)* ■**to ~ sb** jdn packen; *(interest deeply) book, film* jdn fesseln; ***he was ~ped by fear*** ihn packte die Angst; **to be ~ped by emotion** von Gefühlen ergriffen werden

III. *vi* <-pp-> greifen; ***worn tyres don't ~ very well*** abgefahrene Reifen greifen schlecht

gripe [graɪp] *(fam)* **I.** *n* Nörgelei *f pej,* Meckerei *f pej fam;* ***if you've got any ~s, don't come to me, go to the boss*** wenn du etwas zu meckern hast, komm nicht zu mir, sondern geh gleich zum Chef *fam*

II. *vi* nörgeln *pej,* meckern *pej fam,* mosern DIAL *pej fam*

gripe water *n no pl* BRIT *Mittel gegen [Drei-Monats-]Koliken*

gripping ['grɪpɪŋ] *adj* packend, fesselnd

grippingly ['grɪpɪŋli] *adv* spannend, packend, fesselnd

grisly ['grɪzli] *adj* grässlich, grausig, scheußlich

grist [grɪst] *n* ▸ PHRASES: **it's all ~ to the mill** das kann nur nützlich sein [*o* Vorteile bringen]; ***I can't pay you very much — never mind, it's all ~ to the mill*** ich kann Ihnen nicht viel zahlen – das macht nichts, Kleinvieh macht auch Mist *fam*

gristle ['grɪsl] *n no pl* Knorpel *m*

gristly ['grɪsli] *adj* knorpelig

grit [grɪt] **I.** *n no pl* ① *(small stones)* Splitt *m,* Streusand *m*

② *(fig: courage)* Schneid *m,* Mumm *m fam;* ***he showed true ~*** er hat echten Mut bewiesen

II. *vt* <-tt-> ① *(scatter)* ■**to ~ sth** etw streuen

② *(press together)* **to ~ one's teeth** die Zähne zusammenbeißen *a. fig*

grits [grɪts] *npl* AM Maisschrot *m kein pl;* *(dish)* Maisgrütze *f kein pl*

gritter ['grɪtəʳ] *n* BRIT Streuwagen *m*

gritty ['grɪti, AM -t̬i] *adj* ① *(like grit)* grob[körnig]

② *(full of grit)* sandig

③ *(brave)* mutig, tapfer; ***she showed ~ courage when it came to fighting her illness*** sie kämpfte mit verbissenem Mut gegen ihre Krankheit an; **to show ~ determination** fest [*o* wild] entschlossen sein

④ *(frank) article, documentary, report* schonungslos offen

grizzle ['grɪzl] *vi esp* BRIT *(pej fam)* ① *(cry) baby, small child* quengeln *fam*

② *(complain)* sich *akk* beklagen, meckern *pej fam*

grizzled ['grɪzld] *adj (liter: greying)* angegraut; *(grey)* ergraut; *person* grauhaarig

grizzly ['grɪzli] **I.** *adj esp* BRIT quengelig *fam*

II. *n* Grislibär *m,* Grizzlybär *m*

grizzly bear *n* Grislibär *m,* Grizzlybär *m*

groan [grəʊn, AM groʊn] **I.** *n* Stöhnen *nt kein pl; of floorboards* Ächzen *nt kein pl*

II. *vi* ① *(in pain, despair)* [auf]stöhnen, ächzen; ***"not again!" he ~ed*** „nicht schon wieder!" stöhnte er; **to ~ in pain** vor Schmerzen [auf]stöhnen; **to ~ inwardly** in sich *akk* hineinseufzen, einen inneren Seufzer ausstoßen

② *(make a creaking sound) hinges* ächzen; *floorboards also* knarren, knarzen; ***the table ~ed under the vast assortment of foods*** *(fig)* der Tisch bog sich unter der Last des reichhaltigen Büfetts

③ *(fam: complain)* stöhnen, klagen; ■**to ~ about sth** sich *akk* über etw *akk* beklagen [*o* beschweren]; ***what are you moaning and ~ing about now?*** was hast du denn jetzt schon wieder zu jammern?; ■**to ~ beneath** [*or* **under**] **sth** unter etw *akk* zu leiden haben

groat [grəʊt, AM groʊt] *n* HIST *alte englische Silbermünze im Wert von 4 alten Pence*

groats [grəʊts, AM groʊts] *n pl* Getreideschrot *m kein pl;* *(oats)* Haferschrot *m kein pl;* *(cooked as a cereal)* [Hafer]grütze *f kein pl*

grocer ['grəʊsəʳ, AM 'groʊsɚ] *n* Lebensmittelhändler(in) *m(f);* *(of a general store)* Gemischtwarenhändler(in) *m(f) veraltend;* ***the little ~ on the corner went out of business when the supermarket opened*** der kleine Laden an der Ecke musste zumachen, als der Supermarkt eröffnet wurde

groceries ['grəʊsᵊriz, AM 'groʊ-] *npl* Lebensmittel *pl*

grocer's <*pl* grocers *or* grocers'> ['grəʊsəz, AM 'groʊsɚz] *n* *(food shop)* Lebensmittelgeschäft *nt;* *(general store)* Gemischtwarenhandlung *m veraltend;* **at the ~'s** beim Lebensmittelhändler

grocery ['grəʊsᵊri, AM 'groʊ-] **I.** *n* Lebensmittelgeschäft *nt*

II. *n modifier* Lebensmittel-; **the ~ business** [*or* **trade**] das Geschäft mit Lebensmitteln, der Lebensmittelhandel; **~ sales** Umsatz *m* bei Lebensmitteln

grog [grɒg, AM grɑːg] *n* Grog *m*

groggily ['grɒgɪli, AM 'grɑː] *adv* angeschlagen, halb betäubt, schlapp [und matt] *fam*

groggy ['grɒgi, AM 'grɑːgi] *adj* angeschlagen, groggy *präd fam,* wackelig auf den Beinen *präd*

groin¹ [grɔɪn] *n* ① ANAT Leiste *f,* Leistengegend *f;* **a ~ injury** eine Leistenverletzung; **to kick sb in the ~** jdm in die Eier treten *derb*

② ARCHIT [Kreuz]grat *m*

groin² [grɔɪn] *n* AM *(groyne)* Buhne *f*

grok *n* ■**to ~ sth** etw schnallen

grommet ['grɒmɪt, AM 'grɑː] *n* ① *(eyelet placed in a hole)* eingebettete Halterungsöse

② MED *(eardrum implant)* Trommelfellkatheter *m*

groom [gruːm] **I.** *n* ① *(caring for horses)* Pferdepfleger(in) *m(f);* *(young man also)* Stallbursche *m*

② *(bridegroom)* Bräutigam *m;* **the bride and ~** Braut und Bräutigam

II. *vt* ① *(clean fur)* ■**to ~ an animal** das Fell eines Tieres pflegen; ***he ~s his dog every day*** er bürstet seinen Hund jeden Tag; ***the apes ~ each other*** die Affen lausen sich; ***that cat's been washing and ~ing itself for over an hour!*** die Katze wäscht sich und putzt sich seit über einer Stunde!; **to ~ a horse** ein Pferd striegeln

② *(prepare)* ■**to ~ sb** *politician, singer* jdn aufbauen; ■**to ~ sb for sth** jdn auf etw *akk* vorbereiten; ■**to ~ sb to do sth** jdn darauf vorbereiten, etw zu tun

groomed [gruːmd] *adj inv* ① *(well-dressed)* zurechtgemacht, gepflegt; **impeccably/carefully ~** tadellos/sorgfältig zurechtgemacht; **well-~** ordentlich, gepflegt

② *(cleaned)* gepflegt; *horse* gestriegelt; *dog* gebürstet

grooming ['gruːmɪŋ] *n no pl of people* gepflegtes Äußeres; *of animals* Pflege *f;* **~ salon** [*or* **parlour**] [*or* AM **parlor**] Hundesalon *m*

groove [gruːv] **I.** *n* Rille *f;* TECH Nut *f fachspr;* *(in gramophone record)* Rille *f*

▸ PHRASES: **to be** [*or* **get stuck**] **in a ~** sich *akk* in eingefahrenen Bahnen bewegen, im [gleichen] alten Trott stecken; **to get back into the ~** *(fam)* wieder in Form kommen; **get into the ~!** *(fam)* komm, mach mit!; **things are going well, we're in the ~ now!** *(dated)* alles läuft gut, wir haben freie Bahn!

II. *vt* ■**to ~ sth** etw furchen; ***deep lines ~d her face*** tiefe Linien hatten sich in ihr Gesicht eingegraben

III. *vi* *(dated fam)* Spaß haben, ausgelassen sein; **let's ~** lass uns was losmachen *fam*

grooved [gruːvd] *adj inv* mit Rillen versehen; *column* gerifelt, genutet *fachspr;* **a ~ pattern** ein eingekerbtes Muster

groover ['gruːvəʳ, AM -ɚ] *n (dated fam)* Musikfreak *m fam;* **movers and ~s** flippige Typen *fam*

groovy ['gruːvi] *adj (dated sl)* doll *veraltend fam,* klasse *fam*

grope [grəʊp, AM groʊp] **I.** *n* ① *(touch with hands)* Griff *nt,* Tasten *nt kein pl*

② *(usu fam: clumsy touch)* Fummeln *nt kein pl fam,* Fummelei *f fam;* *(sexual touch)* Betatschen *nt kein pl,* Befummeln *nt kein pl fam,* Begrapschen *nt kein pl fam;* ***she accused him of trying to have a ~*** sie warf ihm vor, er habe versucht, sie zu betatschen *fam*

II. *vi* tasten; ■**to ~ for sth** nach etw *dat* tasten; *(fig)* nach etw *dat* suchen; **to ~ for the right words** nach den richtigen Worten suchen

III. *vt* ① *(search)* **to ~ one's way** sich *dat* tastend seinen Weg suchen

② *(fam: touch sexually)* ■**to ~ sb** jdn befummeln [*o* betatschen] *fam;* **to ~ each other** sich *akk* gegenseitig befummeln *fam*

groper ['grəʊpəʳ, AM 'groʊpɚ] *n (pej fam)* Fummler(in) *m(f) pej fam,* Grapscher(in) *m(f) pej fam*

gropingly ['grəʊpɪŋli, AM 'groʊp-] *adv* tastend

gross¹ <*pl* – *or* -es> [grəʊs, AM groʊs] *n (dated: a group of 144)* Gros *nt;* **by the ~** en gros

gross² [grəʊs, AM groʊs] **I.** *adj* ① *also* LAW *(form)* grob; ***this child has suffered ~ neglect*** dieses Kind ist grob vernachlässigt worden; ***I am the victim of ~ injustice*** ich bin das Opfer einer großen Ungerechtigkeit; **~ error** grober Fehler; **~ negligence** grobe Fahrlässigkeit

❷ (*very fat*) fett; (*big and ugly*) abstoßend, unansehnlich
❸ *esp* AM (*offensive*) derb, grob; (*revolting*) ekelhaft
II. *n modifier* (*income, pay, profit*) Brutto-; ~ **amount** Bruttobetrag *m;* ~ **receipts** Bruttoeinnahmen *fpl;* ~ **weight** Bruttogewicht *nt,* Gesamtgewicht *nt,* Rohgewicht *nt*
III. *vt* FIN ■**to** ~ **sth** etw brutto einnehmen [*o* verdienen]; ***last year I ~ed $52,000*** letztes Jahr habe ich $52.000 brutto verdient
◆**gross out I.** *vt esp* AM (*fam*) ■**to** ~ **out** ◯ **sb** jdn anwidern [*o* abstoßen]
II. *vi esp* AM (*fam*) angewidert sein, sich *akk* ekeln
gross borrowings *npl* FIN Bruttokredit *m*
gross cash flow *n* Bruttocashflow *m kein pl,* Bruttoliquidität *f kein pl* **gross dividend** *n* Bruttodividende *f;* ~ **per share** Bruttodividende *f* pro Aktie **gross domestic product** *n* Bruttoinlandsprodukt *nt* **gross income** *n* ECON ❶ (*profit*) Bruttoerlös *m,* Bruttoeinnahmen *pl;* ~ **yield** Bruttoeinkommensrendite *f* ❷ (*earnings*) Bruttoeinkommen *nt*
grossly [ˈgrəʊsli, AM ˈgroʊs-] *adv* extrem; **to** ~ **mistreat an animal** ein Tier brutal [*o* grob] misshandeln; **to be** ~ **unfair** extrem [*o* äußerst] ungerecht sein
gross margin *n* ❶ (*difference between cost and sales price*) Handelsspanne *f,* Bruttospanne *f* ❷ FIN Bruttogewinnspanne *f* **gross national product** *n* Bruttosozialprodukt *nt*
grossness [ˈgrəʊsnəs, AM ˈgroʊs] *n no pl* ❶ (*blatantness*) Gröblichkeit *f,* Ungeheuerlichkeit *f*
❷ (*unpleasantness, repulsiveness*) Unansehnlichkeit *f; body* Plumpheit *f*
❸ (*vulgarity*) Rohheit *f,* Rüpelhaftigkeit *f,* Unmanierlichkeit *f; language* Unflätigkeit *f*
❹ (*bloatedness*) [Auf]gedunsenheit *f,* Klobigkeit *f*
gross profit *n* FIN Bruttogewinn *m* **gross receipts** *npl* ECON Bruttoeinnahmen *fpl* **gross ton** *n* Bruttoregistertonne *f* **gross turnover** *n* BRIT ECON Bruttoumsatz *m* **gross yield** *n* BRIT FIN Bruttoertrag *m*
grot [grɒt] *n no pl* BRIT (*sl*) ❶ (*junk*) Gerümpel *nt,* Plunder *m*
❷ (*filth*) Schmutz *m,* Dreck *m*
grotesque [grə(ʊ)ˈtesk, AM groʊˈ-] **I.** *n* ART, LIT Groteske *f*
II. *adj* grotesk, absurd
grotesquely [grə(ʊ)ˈteskli, AM groʊˈ-] *adv* auf groteske Weise; ~ **fat** entsetzlich fett
grotto <*pl* -es *or* -s> [ˈgrɒtəʊ, AM ˈgrɑːt̬oʊ] *n* Grotte *f,* Höhle *f*
grotty [ˈgrɒti] *adj* BRIT (*fam*) ❶ (*bad quality*) *hotel, room* schäbig, heruntergekommen; ~ **souvenirs** billige Souvenirs
❷ (*in a bad state*) *clothing* gammelig; ~ **jeans** abgewetzte Jeans; **to feel** ~ sich *akk* mies fühlen
❸ (*filthy*) dreckig *fam,* versifft *sl*
grouch [graʊtʃ] **I.** *n* <*pl* -es> ❶ (*grudge*) Groll *m kein pl;* (*complaint*) Beschwerde *f*
❷ (*person*) Nörgler(in) *m(f) pej,* Miesepeter *m pej fam,* Grantler *m* ÖSTERR *pej*
II. *vi* [herum]nörgeln; ■**to** ~ **about sth/sb** über etw/jdn schimpfen [*o fam* meckern]
grouchiness [ˈgraʊtʃɪnəs] *n no pl* schlechte Laune, miese Stimmung *fam*
grouchy [ˈgraʊtʃi] *adj* miesepet[e]rig, griesgrämig, mürrisch, grantig ÖSTERR *pej*
ground[1] [graʊnd] **I.** *n no pl* ❶ (*Earth's surface*) [Erd]boden *m,* Erde *f;* **sth is thick on the** ~ (*fig*) etw gibt es wie Sand am Meer; **to break new** ~ (*fig*) einen Durchbruch schaffen; ***the airline's latest idea is certainly breaking new ~ in the world of air transport*** die neueste Idee der Luftfahrtgesellschaft wird die Welt der Luftfahrt revolutionieren [*o* grundlegend verändern]; **to get sth off the** ~ (*fig*) *plan, programme* etw realisieren [*o* in die Tat umsetzen]; **burnt** [*or* AM **burned**] **to the** ~ vollständig [*o* bis auf die Grundmauern] niedergebrannt; **to go to** ~ *animal* in Deckung gehen; *fox, rabbit* im Bau verschwinden; *person* verschwinden, untertauchen; ***he went to ~ in the Hebrides for several months*** er tauchte für ein paar Monate auf den Hebriden unter; **razed to the** ~ dem Erdboden gleichgemacht; **to run sb/sth to** ~ jdn/etw aufstöbern; **to work** [*or* **drive**] [*or* **run**] **oneself into the** ~ (*fig*) seine Gesundheit ruinieren, sich *akk* kaputtmachen *fam;* **to work** [*or* **think**] **out from the** ~ **up** (*fam*) etw komplett [*o* von Grund auf] überarbeiten; **above** ~ über der Erde; MIN über Tage; **above** ~ **lines/pipes** oberirdische Leitungen/Rohre; **below** ~ unter der Erde; MIN unter Tage; **on the** ~ (*fig*) in der breiten Öffentlichkeit; ***their political ideas have a lot of support on the ~*** ihre politischen Ziele finden breite Unterstützung
❷ (*soil*) Boden *m,* Erde *f,* Erdreich *nt*
❸ (*area of land*) Gelände *nt,* [ein Stück] Land *nt;* **sb's stamping** ~ (*fig*) jds Revier; ***this part of town used to be my old stamping ~*** diesen Teil der Stadt habe ich früher unsicher gemacht *hum;* **waste** ~ brachliegendes Land; **to gain** ~ MIL Boden gewinnen; (*fig*) *idea, politician* stärker werden, [an] Boden gewinnen; **to lose** ~ MIL Boden verlieren; (*fig*) *idea, politician* schwächer werden, [an] Boden verlieren; **to make up** ~ SPORTS den Abstand verringern, [etwas] aufholen *a. fig;* **to stand one's** ~ nicht von der Stelle weichen; MIL die Stellung behaupten; (*fig*) festbleiben, sich *akk* durchsetzen; **to be on one's own** ~ (*fig*) sich *akk* auskennen
❹ (*facilities for outdoor sports*) Platz *m,* [Spiel]feld *nt;* **cricket** ~ Cricketfeld *nt;* **football** ~ Fußballplatz *m*
❺ (*for animals*) **breeding** ~ Brutplatz *m,* Brutstätte *f a. fig;* **fishing** ~**s** Fischgründe *pl,* Fischfanggebiet *nt;* **spawning** ~ Laichplatz *m*
❻ *ship* **to touch** ~ auf Grund laufen
❼ AM ELEC (*earth*) Erde *f,* Masse *f;* ~ **wire** Erdungsdraht *m,* Masseleitung *f*
❽ (*fig: area of discussion*) Gebiet *nt,* Feld *nt;* **to be on common** ~ eine gemeinsame Basis haben; ***we had soon found some common ~*** wir hatten schnell einige Gemeinsamkeiten entdeckt; **to be on dangerous** ~ in ein gefährliches Fahrwasser geraten, sich *akk* auf gefährliches Terrain begeben; **to be on familiar** [*or* **on one's own**] ~ sich *akk* auf vertrautem Boden bewegen, sich *akk* in etw *dat* auskennen, in etw *dat* Bescheid wissen; **to be on** [*or* **stick to**] **safe** ~ sich *akk* auf sicherem Boden bewegen, auf Nummer Sicher gehen *fam;* **to go over the same** ~ sich *akk* wiederholen
❾ *usu pl* (*reason*) Grund *m,* Ursache *f;* ***your fears have no ~ at all*** deine Ängste sind absolut unbegründet; ***you have no ~s for your accusations*** deine Anschuldigungen sind haltlos; **to have ~s to do sth** einen Grund [*o* Anlass] haben, etw zu tun; **to have ~s to believe that ...** Grund zu der Annahme haben, dass ...; **on the ~s that ...** mit der Begründung, dass ...; ***an EU national cannot be deported solely on the ~s of his conviction*** ein EU-Bürger kann nicht nur aufgrund einer Verurteilung ausgewiesen werden
▸ PHRASES: **to cut the** ~ **from under sb's feet** jdm den Boden unter den Füßen wegziehen; **to have both one's feet** [**flat**] **on the** ~ mit beiden Beinen [fest] auf der Erde stehen, auf dem Boden der Tatsachen bleiben; **to wish the** ~ **would open up and swallow one** [**whole**] am liebsten im Boden versinken wollen
II. *vt* ❶ *usu passive* AVIAT ■**to be ~ed** (*unable to fly*) nicht starten können; (*forbid to fly*) Startverbot [erteilt] bekommen; *people* nicht fliegen dürfen, Flugverbot haben
❷ (*unable to move*) ■**to be ~ed** *ship* auf Grund laufen
❸ *esp* AM, AUS (*fig fam*) ■**to** ~ **sb** jdm Ausgehverbot [*o* Hausarrest] erteilen
❹ *usu passive* ■**to be ~ed in sth** von etw *dat* herrühren, seinen Grund in etw *dat* haben
ground[2] [graʊnd] **I.** *vt pt of* **grind**
II. *adj* gemahlen
III. *n* ■**~s** *pl* [Boden]satz *m kein pl;* **coffee ~s** Kaffeesatz *m*
groundbait [ˈgraʊndbeɪt] *n no pl* BRIT Grundköder *m* **ground ball** *n* AM SPORTS Bodenball *m* **ground beef** *n no pl* AM (*mince*) Rinderhackfleisch *nt* **ground-breaking** *adj inv* bahnbrechend, wegweisend **ground cloth** *n* AM (*groundsheet*) Bodenplane *f* [im Zelt] **ground control** *n* AVIAT Bodenkontrolle *f* **ground cover** *n no pl* HORT Bodenvegetation *f,* Bodenwuchs *m;* ***this is a good ~ plant*** diese Pflanze ist gut geeignet für die Bodenbepflanzung **ground crew** *n* AVIAT Bodenpersonal *nt kein pl,* Bodenbedienstete *pl*
grounder [ˈgraʊndəʳ] *n* AM SPORTS (*fam*) Bodenball *m*
ground floor I. *n* Erdgeschoss *nt,* Parterre *nt;* **to live on the** ~ Parterre [*o* im Erdgeschoss] wohnen
▸ PHRASES: **to go** [*or* **get**] **in on the** ~ [**of sth**] von Anfang [*o* Beginn] an [bei etw *dat*] dabei sein
II. *n modifier* (*apartment*) Erdgeschoss-, Parterre-; ~ **entrance** Parterreeingang *m;* ~ **level** [im] Erdgeschoss *nt*
ground fog *n no pl* Bodennebel *m* **ground frost** *n* Bodenfrost *m* **groundhog** *n* AM Waldmurmeltier *nt* **Groundhog Day** *n* AM Murmeltiertag *m* (*nach der Legende kommt am 2. Februar das Murmeltier aus seiner Winterschlafhöhle. Wenn an diesem Tag die Sonne scheint und es sieht seinen Schatten, soll winterliches Wetter in den nächsten 6 Wochen anhalten.*)
grounding [ˈgraʊndɪŋ] *n no pl* Grundlagen *fpl,* Basiswissen *nt;* **to give sb a good** ~ **in sth** jdm die wesentlichen Grundlagen in etw *dat* vermitteln
groundless [ˈgraʊndləs] *adj worries, fears* unbegründet, grundlos
ground level *n* Boden *m kein pl,* Bodenhöhe *f kein pl;* **above** ~ über der Erde [*o* dem Boden]; **at** ~ am Boden, auf Bodenhöhe **groundnut** *n* Erdnuss[pflanze] *f;* ~ **oil** *esp* BRIT Erdnussöl *nt*
groundout [ˈgraʊndaʊt] *n* [*für den Schläger verlorener*] *Schlag beim Baseball* **ground plan** *n* ❶ (*plan of building*) Grundriss *m* ❷ *esp* AM (*basic plan*) [Grund]konzept *nt* **ground rent** *n* BRIT *erbbauzinsähnliches Nutzungsentgelt* **ground rules** *npl* Grundregeln *fpl*
groundsel [ˈgraʊn(d)səl] *n* Kreuzkraut *nt*
groundsheet *n esp* BRIT Bodenplane *f* **groundskeeper** *n* AM, **groundsman** *n* BRIT, AUS Platzwart *m* **ground speed** *n* AVIAT Geschwindigkeit *f* über Grund **ground staff** *n no pl,* + *sing/pl vb* ❶ SPORTS Wartungspersonal *nt* (*für Platzanlagen*) ❷ AVIAT Bodenpersonal *nt,* Bodenbedienstete *pl*
ground-station *n* RADIO, TV Bodenstation *f*
ground stroke *n* TENNIS Grundschlag *m*
groundswell *n no pl* ❶ NAUT (*heavy sea*) [Grund]dünung *f fachspr* ❷ (*increase*) Anschwellen *nt,* Anwachsen *nt;* ***there is a ~ of opinion against the new rules*** es werden immer mehr Stimmen gegen die neuen Richtlinien laut **ground-to-air missile** *n* MIL Boden-Luft-Rakete *f* **ground troops** *npl* MIL Bodentruppen *fpl* **groundwater** *n no pl* Grundwasser *nt* **groundwork** *n no pl* Vorarbeit *f;* (*for further study*) Grundlagenarbeit *f;* **to lay** [*or* **do**] **the** ~ **for sth** die Vorarbeit für etw *akk* leisten, die Grundlagen [*o* das Fundament] für etw *akk* schaffen
Ground Zero *n,* **ground zero** *n* Ground Zero *m* (*Ort der Terroranschläge vom 11. September 2001 in NY*)
group [gruːp] **I.** *n* ❶ + *sing/pl vb* (*several together*) Gruppe *f;* (*specially assembled also*) [Personen]kreis *m;* ***I'm meeting a ~ of friends for dinner*** ich treffe mich mit ein paar Freunden zum Essen; ***we'll split the class into ~s of four or five*** wir werden die Klasse in Vierer- oder Fünfergruppen aufteilen; ~ **of trees** Baumgruppe *f;* **to get into ~s** sich *akk* in Gruppen zusammentun; **in ~s** in Gruppen, gruppenweise
❷ CHEM (*category*) Gruppe *f*
❸ ECON (*association*) Konzern *m,* Konzernverbund *m,* Unternehmensgruppe *f*
❹ (*musicians*) [Musik]gruppe *f*

⑤ COMPUT (*six-character word*) Gruppe *f*
⑥ COMPUT (*in a GUI*) Programmgruppe *f*
⑦ COMPUT (*in a network*) Benutzergruppe *f*
II. *n modifier* Gruppen-, gemeinsam; ~ **photo** Gruppenfoto *nt*, Gruppenaufnahme *f*; ~ **sex** Gruppensex *m*; ~ **work** Gruppenarbeit *f*, Teamarbeit *f*
III. *vt* ■**to** ~ **sth** etw gruppieren; ***the magazines were ~ed according to subject matter*** die Zeitschriften waren nach Themenbereichen geordnet; ***the books were ~ed by size*** die Bücher waren nach der Größe sortiert; ■**to** ~ **sb** ***I ~ed the children according to age*** ich habe die Kinder dem Alter nach in Gruppen eingeteilt
IV. *vi* sich *akk* gruppieren; **to** ~ **together** sich *akk* zusammentun; **to** ~ **together around sb** sich *akk* um jdn herumstellen [*o* [herum]gruppieren]

group captain *n* BRIT AVIAT, MIL Oberst *m* (*der Royal Air Force*) **group dynamics** *npl* Gruppendynamik *f kein pl*

groupie ['gru:pi] *n* (*fam*) Groupie *nt sl*

grouping ['gru:pɪŋ] *n* Gruppierung *f*, Anordnung *f*

Group of Seven *n* ① POL (*hist: organization*) ■**the** ~ die Siebenergruppe [*o* G7] *hist* ② CAN ART *1920 gegründete Gruppe kanadischer Landschaftsmaler* **group practice** *n* Gemeinschaftspraxis *f* **group therapy** *n no pl* Gruppentherapie *f* **group ticket** *n* TRANSP Sammelfahrschein *m*; TOURIST Gruppenticket *nt*, Gruppenkarte *f*

grouse¹ [graʊs] I. *n* <*pl* -> Raufußhuhn *nt*; **black** ~ Birkhuhn *nt*; **red** ~ [Schottisches] Moorschneehuhn
II. *n modifier* ~ **season** Jagdzeit *f* für Moorhühner; ~ **shooting** Moorhuhnjagd *f*

grouse² [graʊs] (*fam*) I. *n* Nörgelei *f pej*, Klage *f*; ***his biggest ~ is about ...*** er meckert oft und gerne über +*akk* ... *fam*
II. *vi* nörgeln, meckern *fam*, mosern DIAL *fam*; ***everyone is grousing about the new boss*** über den neuen Chef wird nur gemeckert; ■**to** ~ **at sb** jdn anmeckern *pej fam*; ■**to** ~ **to sb** sich *akk* bei jdm beklagen; ■**to** ~ **to sb about sth/sb** sich *akk* bei jdm über etw/jdn auslassen

grouser ['graʊsəʳ, AM -ɚ] *n* (*fam*) Meckerer *m pej fam*, Nörgler(in) *m(f) pej*

grout [graʊt] I. *n* Mörtel *m*
II. *vt* ■**to** ~ **sth** etw verfugen [*o* mit Mörtel ausfüllen]

grouting ['graʊtɪŋ, AM -t̬ɪŋ] *n no pl* ① (*material*) Mörtel *m*
② (*act*) Verfugen *nt*

grove [grəʊv, AM groʊv] *n* Wäldchen *nt*; (*orchard*) Hain *m*; (*as street name*) ***Ladbroke G~ in London*** Ladbroke Grove in London; **olive** ~ Olivenhain *m*
▶ PHRASES: **the ~s of Academe** BRIT (*hum liter*) die akademische Welt

grovel <BRIT -ll- *or* AM *usu* -l-> ['grɒvəl, AM 'grɑ:v-] *vi* ① (*behave obsequiously*) ■**to** ~ [**before sb**] [vor jdm] zu Kreuze kriechen, katzbuckeln; ***they wrote a ~ling letter of apology*** sie schrieben einen unterwürfigen Entschuldigungsbrief; ***the dog ~led before his master*** der Hund winselte vor seinem Herrn
② (*crawl*) kriechen; ***I ~led under the sofa*** ich kroch unters Sofa; **to** ~ **about in the dirt** im Schmutz [herum]wühlen; **to** ~ **on one's knees** [*or* **on all fours**] auf [den] Knien rutschen, auf allen Vieren kriechen

grovelling ['grɒvəlɪŋ, AM 'grɑ:] *adj* unterwürfig, kriecherisch *pej*

grow <grew, grown> [grəʊ, AM groʊ] I. *vi* ① (*increase in size*) wachsen; ***haven't you ~n!*** bist du aber gewachsen [*o* groß geworden]!; ***roses grew up against the wall*** Rosen rankten sich an der Wand hoch; **to** ~ **taller** größer werden, wachsen
② (*flourish*) *plants* gedeihen
③ (*increase*) wachsen, zunehmen, steigen; ***football's popularity continues to ~*** Fußball wird immer populärer; **to** ~ **by 2%** um 2% wachsen [*o* zunehmen]
④ (*develop*) sich *akk* [weiter]entwickeln
⑤ (*become*) werden; ***he is finding it hard to cope with ~ing old*** er tut sich mit dem Älterwerden schwer; ***she has ~n to hate him*** mit der Zeit lernte sie, ihn zu hassen; **to** ~ **wiser** weiser werden; **to** ~ **to like sth** langsam beginnen, etw zu mögen
▶ PHRASES: **to let the grass** ~ **under one's feet** etw [ewig] aufschieben [*o* vor sich *dat* her schieben]; **money doesn't** ~ **on trees** (*prov*) Geld fällt nicht vom Himmel [*o* wächst nicht auf Bäumen] *prov*; **tall oaks from little acorns** ~ (*prov*) große Dinge beginnen im Kleinen
II. *vt* ■**to** ~ **sth** ① (*cultivate*) etw anbauen; **to** ~ **coffee/maize/tomatoes** Kaffee/Mais/Tomaten anbauen; **to** ~ **flowers** Blumen züchten; **to** ~ **one's own fruit/vegetables** selbst Obst/Gemüse anbauen; **to** ~ **sth from seed** etw aus Samen ziehen
② (*let grow*) etw wachsen lassen; **to** ~ **a beard/moustache** sich *dat* einen Bart/Schnurrbart wachsen [*o* stehen] lassen; **to** ~ **one's hair** [sich *dat*] die Haare wachsen lassen
③ (*develop*) etw entwickeln; ***the male deer ~s large antlers*** dem Hirsch wächst ein mächtiges Geweih; ***furry animals ~ a thicker coat in winter*** Pelztiere bekommen im Winter ein dichteres Fell

◆**grow apart** *vi people* sich *akk* auseinander leben

◆**grow away** *vi* **to** ~ **away from sb** sich *akk* jdm [allmählich] entfremden

◆**grow into** *vi* ■**to** ~ **into sth** in etw *akk* hineinwachsen; (*fig*) sich *akk* in etw *akk* eingewöhnen; ***it may take you a few weeks to ~ into the work*** es wird einige Wochen dauern, bis Sie sich eingearbeitet haben

◆**grow on** *vi* ■**sth ~s on sb** jd findet [mit der Zeit] Gefallen [*o* Geschmack] an etw *dat*; ***the more I visit France, the more it ~s on me*** je häufiger ich nach Frankreich fahre, um so besser gefällt es mir

◆**grow out** *vi* ■**to** ~ **out of sth** aus etw *dat* herauswachsen; (*become too adult*) für etw *akk* [schon] zu alt sein; (*change with increasing age*) mit der Zeit seine Einstellung [*o* Haltung] [gegenüber etw *dat*] ändern; ***the kids need new shoes, they've ~n out of the old ones*** die Kinder brauchen neue Schuhe, sie sind aus den alten herausgewachsen; ***our daughter's ~n out of dolls*** unsere Tochter ist aus dem Puppenalter heraus; ***he wants to join the army when he leaves school, but I hope he'll ~ out of it*** er will nach der Schule zum Militär, aber ich hoffe, er hat bis dahin seine Einstellung wieder geändert; **to** ~ **out of a habit** eine Angewohnheit ablegen; ***you should have ~n out of that habit by now*** das solltest du dir inzwischen abgewöhnt haben

◆**grow up** *vi* ① (*become adult*) erwachsen werden; ***when I ~ up I'm going to ...*** wenn ich erwachsen bin, werde ich ...; ***for goodness' sake ~ up!*** Menschenskind, wann wirst du endlich erwachsen? *fam*; ***my husband's sulking again — I wish he'd ~ up*** mein Mann schmollt schon wieder – wenn er sich doch einmal wie ein Erwachsener benehmen könnte!; ■**to** ~ **up on sth** mit etw *dat* aufwachsen; ***of course I've had porridge — I practically grew up on it*** natürlich habe ich Porridge gegessen – ich wurde sozusagen damit aufgezogen; ***people of my generation grew up on Enid Blyton books*** meine Generation ist mit den Büchern von Enid Blyton groß geworden
② (*arise*) entstehen, sich *akk* bilden

grower ['grəʊəʳ, AM 'groʊɚ] *n* ① (*plant*) ***the new varieties of wheat are good ~s even in poor soil*** die neuen Weizensorten gedeihen sogar auf minderwertigem Boden gut; **a fast/slow** ~ eine schnell/langsam wachsende Pflanze
② (*market gardener*) Erzeuger *m*, [An]bauer *m*; **coffee/tobacco** ~ Kaffee-/Tabakpflanzer(in) *m(f)*; **flower** ~ Blumenzüchter(in) *m(f)*; **fruit/vegetable** ~ Obst-/Gemüsebauer, -bäuerin *m, f*

growing ['grəʊɪŋ, AM 'groʊ-] I. *n no pl* Anbau *m*; **bulb-~** Blumenzwiebelanbau *m*; **cotton-~** Baumwollanbau *m*
II. *adj attr, inv* ① (*developing*) *boy, girl* heranwachsend *attr*, im Wachstumsalter *präd*; ***you don't want to go on a diet — you're a ~ girl*** du willst doch wohl keine Diät machen – du bist noch im Wachstum!
② (*increasing*) zunehmend, steigend; ***there is a ~ awareness of the seriousness of this disease*** man wird sich zunehmend der Tragweite dieser Krankheit bewusst
③ ECON (*expanding*) *business, industry* wachsend, auf Wachstumskurs *präd*

growing pains *npl* MED Wachstumsschmerzen *mpl*; (*problems of adolescence*) Pubertätsprobleme *ntpl*; (*initial difficulties*) Anfangsschwierigkeiten *fpl*, Startschwierigkeiten *fpl*

growl [graʊl] I. *n of animal* Knurren *nt kein pl*; *of machine* Brummen *nt kein pl*
II. *vi* knurren; ■**to** ~ **at sb** jdn anknurren; ■**to** ~ **out sth** etw in einem knurrigen Ton sagen

grown [grəʊn, AM groʊn] I. *adj* ausgewachsen; (*adult*) erwachsen
II. *pp of* **grow**

grown-up ['grəʊnʌp, AM 'groʊ-] (*fam*) I. *n* Erwachsene(r) *f(m)*
II. *adj* erwachsen

growth [grəʊθ, AM groʊθ] *n* ① *no pl* (*in size*) Wachstum *nt*; **plant** ~ Pflanzenwuchs *m*, Pflanzenwachstum *nt*; **to reach full** ~ ausgewachsen sein
② *no pl* (*increase*) Wachstum *nt*, Zunahme *f*, Anstieg *m*; **rate of** ~ Wachstumsrate *f*, Zuwachsrate *f*; ~ **industry** Wachstumsindustrie *f*
③ *no pl* (*development*) Entwicklung *f*; *of sb's character, intellect* Entfaltung *f*; (*in importance*) Wachstum *nt*; ~ **area** Entwicklungsgebiet *nt*
④ (*of plant*) Trieb *m*, Schössling *m*; ***there is new ~ sprouting in spring*** im Frühling sprießen neue Triebe
⑤ *no pl* (*whiskers*) [wenige Tage alter] Bartwuchs; **to have a three days' ~ on one's chin** einen Drei-Tage-Bart haben
⑥ MED Geschwulst *f*, Wucherung *f*; (*cancerous*) Tumor *m*

growth hormone *n* Wachstumshormon *nt* **growth ring** *n* HORT Jahresring *m* **growth stock** *n* ECON Wachstumsaktie *f*

groyne [grɔɪn] *n* Buhne *f fachspr*

grub [grʌb] I. *n* ① (*larva*) Larve *f*, Made *f*
② *no pl* (*fam: food*) Fressalien *pl fam*, Futterage *f fam*; ~[**'s**] **up!** Essen fassen! *hum fam*, ran an die Futterkrippe! *hum fam*; **pub** ~ Kneipenessen *nt fam*
II. *vi* <-bb-> [herum]stöbern; **to** ~ **about** [*or* **around**] [**for sth**] [nach etw *dat*] wühlen
III. *vt* <-bb-> ① ■**to** ~ **up** [*or* **out**] ↻ **sth** etw ausgraben; **to** ~ **up roots/tree stumps** Wurzeln/Baumstümpfe ausroden
② AM (*fam: cadge*) ■**to** ~ **sth off** [*or* **from**] **sb** etw bei jdm schnorren *fam*, jdn um etw *akk* anhauen *fam*

grubber ['grʌbəʳ, AM -ɚ] *n* ① Rodewerkzeug *nt*, Rodehacke *f*
② AM (*fam: cadger*) Schnorrer(in) *m(f)*

grubby ['grʌbi] *adj* (*fam*) *clothing* schmudd[e]lig; *hands* schmutzig; (*not honourable*) schäbig, schmutzig

grudge [grʌdʒ] I. *n* Groll *m kein pl*; **to have** [*or* **hold**] [*or* **bear**] **a ~ against sb** einen Groll gegen jdn hegen [*o* auf jdn haben]
II. *vt* ■**to** ~ **sth** (*regret*) etw bereuen [*o* bedauern]; ***she ~d every hour*** ihr tat es um jede Stunde Leid; ■**to** ~ **sb sth** (*be resentful*) jdm etw missgönnen [*o* neiden]; ***I don't ~ you your holiday*** ich neide dir deinen Urlaub nicht

grudging ['grʌdʒɪŋ] *adj* widerwillig, unwillig

grudgingly ['grʌdʒɪŋli] *adv* widerwillig, widerstrebend

gruel [grʊəl, AM 'gru:əl] *n no pl* Haferschleim *m*, Grütze *f*

grueling *adj* AM *see* **gruelling**

gruelingly *adv* AM *see* **gruellingly**

gruelling ['grʊəlɪŋ], AM **grueling** ['gru:əl-] *adj day, week* aufreibend, zermürbend, mörderisch *fam*; *journey* strapaziös

gruellingly ['grʊəlɪŋli], AM **gruelingly** ['gru:əl-]

adv mörderisch *fam; **it was a ~ long journey*** die lange Reise war äußerst strapaziös

gruesome ['gru:səm] *adj* grausig, schaurig, schauerlich

gruesomely ['gru:səmli] *adv* grausig, grauenhaft, schauerlich; ***he died very ~*** er starb auf grausame Weise

gruff [grʌf] *adj voice* schroff, barsch; ***"I'm sorry," he said in a ~ voice*** „tut mir Leid", sagte er schroff; ■**to be ~ with sb** zu jdm grob sein

gruffly ['grʌfli] *adv* barsch, schroff; (*awkwardly*) unbeholfen

gruffness ['grʌfnəs] *n no pl* Schroffheit *f*, Barschheit *f*

grumble ['grʌmbl̩] **I.** *n* Gemurre *nt kein pl*, Gemecker *nt kein pl fam*

II. *vi* murren, meckern *fam; stomach* knurren; ***mustn't ~*** ich kann nicht klagen; ***my stomach's been grumbling all morning*** mir knurrt schon den ganzen Morgen der Magen; **a grumbling appendix** eine Blinddarmreizung; ■**to ~ about sth/sb** über etw/jdn schimpfen; ***I can't ~ about the service*** ich kann mich über den Service nicht beklagen

grumbler ['grʌmbləʳ, AM -ɚ] *n* Meckerer *m pej fam*, Nörgler(in) *m(f) pej*, Raunzer(in) *m(f)* ÖSTERR *pej fam*

grump [grʌmp] **I.** *n* (*fam*) Griesgram *m pej*, Murrkopf *m veraltet o pej fam*

II. *vi* (*fam*) ■**to ~ about sth** über etw *akk* meckern, grantig über etw *akk* sein

grumpily ['grʌmpɪli] *adv* (*fam*) grantig, mürrisch, übellaunig

grumpiness ['grʌmpɪnəs] *n no pl* Grantigkeit *f*, Gereiztheit *f*

grumpy ['grʌmpi] *adj* (*fam: bad-tempered*) mürrisch, brummig *fam;* (*temporarily annoyed*) schlecht gelaunt, grantig *fam; **what are you so ~ about?*** was ist denn der Grund für deine schlechte Laune?

grunge [grʌndʒ] *n* ❶ *no pl esp* AM (*dirt*) Dreck *m*

❷ AM (*fam: dirty person*) Drecksak *m fam*

❸ *no pl* MUS, FASHION Grunge *m*

grungy ['grʌndʒi] *adj* AM (*sl*) schmuddelig, im Grunge[-Look] *nach n* (*lässig, bewusst unansehnlich gekleidet*)

grunt [grʌnt] **I.** *n* (*snorting sound*) Grunzen *nt kein pl;* (*groan*) Ächzen *nt kein pl;* **to give a ~** grunzen

II. *vi* grunzen; (*groan*) ächzen; **to ~ with pain** vor Schmerz aufseufzen

gruntled ['grʌntəld] *adj* (*hum fam*) froh, vergnügt

Gruyère ['gru:jeəʳ, AM gru'jer] *n* Gruyère[käse] *m;* (*from Switzerland also*) Greyerzer *m*

gryphon *n* MYTH *see* **griffin**

G7 I. *n* (*hist*) *abbrev of* **Group of 7**: ■**the ~** die G7

II. *n modifier* G7-; *see also* **G8**

gsm [,dʒi:es'em] *n abbrev of* **grams per square metre** g/m²

G-spot ['dʒi:spɒt, AM -spa:t] *n* G-Punkt *m*

GST [dʒi:es'ti:] *n* CAN *abbrev of* **Goods and Services Tax** Mehrwertsteuer auf Bundesebene *f*

G-string ['dʒi:strɪŋ] *n* ❶ (*string on an instrument*) G-Saite *f*

❷ (*clothing*) String-Tanga *m*

GTI [,dʒi:ti:'aɪ] *n* AUTO *abbrev of* **Gran Turismo injection** GTi

guac [gwa:k] *n no pl* AM *short for* **guacamole** Guacamole *nt o f*

guacamole [,gwa:kə'məʊli, AM -'moʊli] *n no pl* Guacamole *nt o f* (*mexikanisches Avocado-Püree*)

guano ['gwa:nəʊ, AM -noʊ] *n no pl* Guano *m*

guarantee [,gærən'ti:, AM *esp* ,ger-] **I.** *n* ❶ (*promise*) Garantie *f*, Zusicherung *f;* **to demand a ~ that …** eine Garantie [*o* Zusicherung] verlangen, dass …; **to give sb one's ~** jdm etw garantieren

❷ COMM (*of repair, replacement*) Garantie *f;* **a money-back ~** eine Rückerstattungsgarantie [*o* Rückvergütungsgarantie]; **a two-year ~** eine Garantie auf 2 Jahre; **to come with** [*or* **have**] **a ~** Garantie haben; **to be** [**still**] **under ~** *appliances, gadgets* [noch] Garantie haben; ***the radio doesn't work — is it still under ~?*** das Radio funktioniert nicht – ist noch Garantie drauf?

❸ (*document*) Garantieschein *m*

❹ (*certainty*) Garantie *f;* (*person, institution*) Garant(in) *m(f); **his name is a ~ of success*** sein Name bürgt für Erfolg; **it's** [*or* **there's**] **no ~ that …** es gibt keine Garantie dafür, dass …, es ist nicht sicher, dass …

❺ (*item given as security*) Garantie *f*, Sicherheit *f*

❻ LAW *see* **guaranty**

❼ FIN (*bank guarantee*) Aval *m*

❽ BRIT (*surety*) Bürgschaft *f*

II. *vt* ■**to ~ sth** ❶ (*promise*) etw garantieren, für etw *akk* bürgen; ***we ~ this product to be free from artificial flavourings*** wir garantieren, dass dieses Produkt keine künstlichen Aromastoffe enthält; **~d pure wool** garantiert reine Wolle; **~d free from** [*or* **free of**] **sth** garantiert frei von etw *dat;* **~d suitable for sth** garantiert geeignet für etw *akk;* ■**to ~ sb sth** [*or* **sth for sb**] jdm etw garantieren [*o* zusichern]; ■**to ~ that …** (*make certain*) gewährleisten [*o* sicherstellen], dass …; ***the £50 deposit ~s that people return the boats after the hour has finished*** mit dem Pfand von £50 soll sichergestellt werden, dass die Boote nach einer Stunde auch wieder zurückgebracht werden

❷ COMM (*promise to correct faults*) eine Garantie für [*o* auf] etw *akk* geben; **to be ~d for three years** drei Jahre Garantie haben

❸ LAW (*underwrite debt*) für etw *akk* bürgen

guaranteed [,gærən'ti:d, AM ,ger] *adj inv* garantiert, zugesichert

guarantor [,gærən'tɔ:ʳ, AM ,gerən'tɔ:r] *n* Garant(in) *m(f);* LAW Bürge, -in *m, f*

guaranty ['gærənti, AM 'gerənti] *n* LAW ❶ (*underwriting of debt*) Bürgschaft *f*

❷ (*as security*) Garantie *f*, Sicherheit *f*

guard [ga:d, AM ga:rd] **I.** *n* ❶ (*person*) Wache *f;* (*sentry*) Wach[t]posten *m;* **border ~** Grenzsoldat(in) *m(f)*, Grenzposten *m;* **gate ~** Wach[t]posten *m;* **prison ~** AM Gefängniswärter(in) *m(f)*, Gefängnisaufseher(in) *m(f);* **security ~** Sicherheitsbeamte(r) *f(m)*, -beamtin *f;* (*man also*) Wachmann *m;* **to be on** [*or* **keep**] [*or* **stand**] **~** Wache halten [*o* stehen]; **to be under ~** unter Bewachung stehen, bewacht werden; **to keep ~ over sth/sb** etw/jdn bewachen; **to post ~s** Wachen aufstellen

❷ (*defensive stance*) Deckung *f;* **to be on one's ~** [**against sth/sb**] (*fig*) [vor etw/jdm] auf der Hut sein, sich *akk* [vor etw/jdm] in Acht nehmen; **to be caught off one's ~** SPORTS [von einem Schlag] unvorbereitet getroffen werden; (*fig*) auf etw *akk* nicht vorbereitet [*o* gefasst] sein; **to drop** [*or* **lower**] **one's ~** SPORTS seine Deckung vernachlässigen; (*fig*) nicht [mehr] wachsam [*o* vorsichtig] [genug] sein; **to get in under sb's ~** SPORTS jds Deckung durchbrechen; (*fig*) jds Verteidigung außer Gefecht setzen; (*get through to sb*) jds Panzer durchdringen; **to let one's ~ slip** SPORTS seine Deckung fallen lassen; (*fig*) alle Vorsicht außer Acht lassen

❸ (*proctective device*) Schutz *m*, Schutzvorrichtung *f;* **face~** Gesichtsschutz *m;* **fire~** Kamingitter *nt*, Schutzgitter *nt*

❹ BRIT (*railway official*) Zugbegleiter(in) *m(f);* **chief ~** Zugführer(in) *m(f)*

❺ BRIT MIL (*army regiment*) ■**the G~s** *pl* das Garderegiment, die Garde; **the Grenadier G~s** die Grenadiergarde

II. *vt* ❶ (*keep watch*) ■**to ~ sth/sb** etw/jdn bewachen; **heavily ~ed** scharf bewacht; (*protect*) ■**to ~ sth/sb against sth/sb** etw/jdn vor etw/jdm [be]schützen

❷ (*keep secret*) ■**to ~ sth** etw für sich *akk* behalten, etw nicht preisgeben; **a jealously** [*or* **closely**] **~ed secret** ein sorgsam gehütetes Geheimnis

III. *vi* ■**to ~ against sth** sich *akk* vor etw *dat* schützen; ***the best way to ~ against financial problems is to avoid getting into debt*** man schützt sich am besten vor finanziellen Problemen, indem man Schulden vermeidet

guard dog *n* Wachhund *m* **guard duty** *n* Wachdienst *m;* **to be on** [*or* **do**] **~ duty** Wachdienst [*o* Wache] haben, auf Wache sein

guarded ['ga:dɪd, AM 'ga:rd-] *adj* (*reserved*) zurückhaltend; (*cautious*) vorsichtig

guardedly ['ga:dɪdli, AM 'ga:rd-] *adv* (*reservedly*) zurückhaltend; (*cautiously*) vorsichtig; **to be ~ optimistic** verhaltenen Optimismus zeigen

guardhouse *n* Wache *f*, Wachlokal *nt*

guardian ['ga:diən, AM 'ga:rd-] *n* ❶ (*responsible person*) Vormund *m*, Erziehungsberechtigte(r) *f(m)*

❷ (*form: protector*) Hüter(in) *m(f)*, Wächter(in) *m(f);* **to be ~ of sth** Hüter(in) einer S. *gen* sein

guardian angel *n* (*also fig*) Schutzengel *m a. fig*

guardianship ['ga:diənʃɪp, AM 'ga:rd-] *n no pl* ❶ (*being a guardian*) Vormundschaft *f*

❷ (*form: care*) Obhut *f*, Schutz *m;* **to be in sb's ~** unter jds Obhut [*o* Schutz] stehen

guard of honor *n* AM, **guard of honour** *n + sing/pl vb* Ehrenwache *f*, Ehrengarde *f* **guard post** *n* Wachhäuschen *nt* **guard rail** *n* [Schutz]geländer *nt* **guardroom** *n* Wachstube *f*, Wachlokal *nt* **guardsman** *n* Wach[t]posten *m;* BRIT (*in the Guards*) Gardesoldat *m* **guard's van** *n* BRIT RAIL Schaffnerabteil *nt*

Guatemalan [,gwa:tə'ma:lən, AM t̬ə'] *adj inv* guatemaltekisch

guava ['gwa:və] *n* ❶ (*tree*) Guave *f*, Guajavabaum *m*

❷ (*fruit*) Gua[ja]ve *f*

gubbins ['gʌbɪnz] *n + sing vb* BRIT (*fam*) ❶ (*stuff*) Krempel *m kein pl fam*, Zeug *nt kein pl fam;* (*rubbish*) Schund *m kein pl fam*, Ramsch *m kein pl fam*

❷ (*gadget*) Ding *nt*

gubernatorial [,gu:bənə'tɔ:riəl] *adj inv* AM Gouverneurs-

gudgeon <*pl – or* -s> ['gʌdʒən] *n* ZOOL Gründling *m*

guer(r)illa [gə'rɪlə] **I.** *n* Guerilla *m*, Guerillakämpfer(in) *m(f)*

II. *n modifier* (*tactics*) Guerilla-; **~ sniper** Guerillakämpfer(in) *m(f);* **~ warfare** Guerillakrieg *m*

guess [ges] **I.** *n* <*pl* -es> Vermutung *f*, Annahme *f;* (*act of guessing*) Raten *nt kein pl; **you've got three ~es*** dreimal darfst du raten; **a lucky ~** ein Glückstreffer [*o* Zufallstreffer] *m;* **to have** [*or* **hazard**] [*or* **make**] [*or esp* AM **take**] **a ~** raten, schätzen; **to make a wild ~** einfach [wild] drauflosraten [*o* [ins Blaue hinein] tippen] *fam;* **at a ~** grob geschätzt, schätzungsweise; ■**sb's ~ is that …** jd vermutet [*o* nimmt an], dass …; ***your ~ is as good as mine*** da kann ich auch nur raten

► PHRASES: **it's** <u>**anybody's**</u> [*or* <u>**anyone's**</u>] **~** weiß der Himmel *fam*

II. *vi* ❶ (*conjecture*) [er]raten; ***how did you ~?*** wie bist du darauf gekommen?; **to ~ right/wrong** richtig/falsch raten; **to keep sb ~ing** jdn auf die Folter spannen; ■**to ~ at sth** etw raten; (*estimate*) etw schätzen; (*suspect*) über etw *akk* Vermutungen anstellen

❷ *esp* AM (*suppose*) denken, meinen; (*suspect*) annehmen, vermuten; ***I ~ you're right*** du wirst wohl recht haben; ***I ~ I'd better go now*** ich werde jetzt wohl besser gehen

III. *vt* ■**to ~ sth** etw raten; ***he ~ed her age to be 48*** er schätzte sie auf 48; ***~ what?*** stell dir vor!, rate mal!; **to keep sb ~ing** jdn im Ungewissen [*o* Unklaren] lassen; ■**to ~ that …** vermuten, dass …; ***I bet you can't ~ how old she is*** ich wette, du kommst nicht darauf, wie alt sie ist; ***~ where I'm calling from*** rate mal, woher ich anrufe

guessing game *n* (*also fig*) Ratespiel *nt a. fig*

guesstimate *n*, **guestimate** ['gestɪmət] *n* (*fam*) grobe Schätzung

guesswork ['geswɜ:k, AM -wɜ:rk] *n no pl* Spekulation *f oft pl; **it's a matter of ~*** darüber kann man nur spekulieren [*o* Vermutungen anstellen]; ***this is pure ~*** da kann man nur raten, das ist reine Spekulation

guest [gest] **I.** *n* ❶ (*invited person*) Gast *m;* **paying ~** zahlender Gast; (*lodger*) Untermieter(in) *m(f); **he's been our paying ~ for a long time*** er logiert schon lange bei uns; **special ~** besonderer Gast,

Stargast *m*
❷ TOURIST Gast *m;* (*in guesthouse*) [Pensions]gast *m,* Pensionär *m* SCHWEIZ; (*hotel customer*) [Hotel]gast *m*
► PHRASES: **be my** ~ nur zu! *fam*
II. *vi esp* TV als Gaststar auftreten; **to ~ on an album** als Gaststar an einem Album mitwirken
guest appearance *n* Gastauftritt *m;* **to make a ~** als Gaststar auftreten, einen Gastauftritt haben **guest beer** *n* BRIT *nicht in der Hausbrauerei gebraute Biersorte zu besonderen Anlässen* **guest book** *n* Gästebuch *nt* **guest conductor** *n* Gastdirigent(in) *m(f)* **guesthouse** ['gesthaʊs] *n* Gästehaus *nt,* Pension *f*
guest list *n* Gästeliste *f* **guest of honor** AM, **guest of honour** *n* Ehrengast *m* **guestroom** *n* Gästezimmer *nt* **guest speaker** *n* Gastredner(in) *m(f)* **guest star** *n* Stargast *m* **guest vocals** *npl* Gastauftritt *m* als Sänger/Sängerin **guest worker** *n* Gastarbeiter(in) *m(f)*
guff [gʌf] *n* (*fam*) Quatsch *m fam,* Mumpitz *m fam;* **a load** [*or* **lot**] **of ~** jede Menge [*o* ein Haufen *m*] Unsinn
guffaw [gʌ'fɔː, AM *esp* -'ɑː] **I.** *n* schallendes Gelächter; ***his story was greeted with ~s*** seine Geschichte wurde mit schallendem Gelächter bedacht; **to let out a loud ~** in schallendes Gelächter ausbrechen
II. *vi* laut[hals] [*o* schallend] lachen
guidance ['gaɪdᵊn(t)s] *n no pl* ❶ (*advice*) Beratung *f;* (*direction*) [An]leitung *f,* Führung *f*
❷ (*steering system*) Steuerung *f;* **~ system** (*of rocket*) Lenksystem *nt,* Leitsystem *nt;* (*of missile*) Leitstrahlsystem *nt*
guide [gaɪd] **I.** *n* ❶ (*person*) Führer(in) *m(f);* TOURIST *also* Fremdenführer(in) *m(f);* **mountain ~** Bergführer(in) *m(f);* **tour ~** Reiseführer(in) *m(f),* Reiseleiter(in) *m(f)*
❷ (*book*) Reiseführer *m;* **a ~ *to the British Isles*** ein Reiseführer über die Britischen Inseln; **tourist ~** Reiseführer(in) *m(f)*
❸ (*help*) Leitfaden *m,* Richtschnur *f;* **rough ~** grobe Richtschnur
❹ (*indication*) Anhaltspunkt *m*
❺ *esp* BRIT (*girls' association*) ■**the G~s** *pl* die Pfadfinderinnen *fpl*
II. *vt* ❶ (*show*) ■**to ~ sb** jdn führen; (*show the way*) jdm den Weg zeigen [*o* weisen]; ***the shop assistant ~d me to the shelf*** die Verkäuferin führte mich zum Regal; ■**to ~ sb through** [*or* BRIT **round**] **sth** jdn durch etw *akk* führen; ***the old man ~d us through the maze of alleyways*** der alte Mann führte uns durch das Gewirr der Gassen; ***the manual will ~ you through the programme*** das Handbuch wird Sie durch das Programm führen
❷ (*instruct*) ■**to ~ sb** jdn anleiten [*o* unterweisen]; ***the computer has a learning programme that will ~ you through it*** der Computer hat ein Lernprogramm, das Sie in den Anwendungen unterweisen wird
❸ (*steer*) ■**to ~ sth** *vehicle* etw führen [*o* lenken] [*o* steuern]; ***the plane was ~d in to land*** das Flugzeug wurde zur Landung eingewiesen
❹ (*influence*) ■**to ~ sb** jdn leiten [*o* beeinflussen]; ■**to ~ sth** etw bestimmen [*o* leiten]; ***she had ~d company policy for twenty years*** sie hatte zwanzig Jahre lang die Firmenpolitik geprägt; ■**to be ~d by sth/sb** sich *akk* von etw/jdm leiten lassen; **to be ~d by one's emotions** sich *akk* von seinen Gefühlen leiten lassen
guidebook *n* Reiseführer *m* **guide company** *n* BRIT Pfadfinderinnengruppe *f*
guided ['gaɪdɪd] *adj inv* ❶ (*led by a guide*) geführt; **~ tour** Führung *f*
❷ (*automatically steered*) [fern]gelenkt, [fern]gesteuert; **~ missile** Lenkflugkörper *m,* [Fern]lenkwaffe *f*
guide dog *n* Blindenhund *m* **guideline** *n usu pl* Richtlinie *f;* **government ~s** staatliche Richtlinien **guide-post** *n* Wegweiser *m*
Guider ['gaɪdəʳ, AM ə˞] *n* BRIT Aufsichtsperson *f* bei den Pfadfinderinnen
guiding hand [,gaɪdɪŋ'-] *n* (*fig*) ■**a ~** eine leitende Hand; ***I believe in giving children a ~ from the start*** ich denke, Kinder brauchen eine feste Hand, die sie führt; ***at school you always had help, at university there will be no ~*** in der Schule wurde dir immer geholfen, aber auf der Universität wirst du ganz auf dich gestellt sein **guiding light** *n* (*fig*) lenkende [*o* inspirierende] Kraft **guiding principle** *n* Leitmotiv *nt,* [oberste] Maxime **guiding spirit** *n* (*fig*) lenkende [*o* inspirierende] Kraft; ***John was my ~ during the last two years of school*** John hat mir in den letzten zwei Schuljahren mit Rat und Tat zur Seite gestanden
guild [gɪld] *n of merchants* Gilde *f; of craftsmen* Zunft *f;* **Writers' ~** Schriftsteller-Verband *m*
guilder ['gɪldəʳ, AM -ə˞] *n* Gulden *m*
guildhall *n* BRIT Rathaus *nt,* Stadthalle *f;* HIST *of merchants* Gildehaus *nt; of craftsmen* Zunfthaus *nt*
guile [gaɪl] *n no pl* Tücke *f,* Arglist *f*
guileful ['gaɪlfᵊl] *adj* (*form*) arglistig, hinterhältig, tückisch
guileless ['gaɪlləs] *adj* unschuldsvoll, arglos, unschuldig
guillemot ['gɪlɪmɒt, AM -əmɑːt] *n* ORN Lumme *f;* **black ~** Gryllteiste *f*
guillotine ['gɪlətiːn] *n* ❶ HIST Guillotine *f,* Fallbeil *nt;* **to go to the ~** unter der Guillotine sterben
❷ BRIT, AUS (*paper cutter*) Papierschneidemaschine *f*
❸ BRIT POL Begrenzung *f* der Beratungszeit (*beim Gesetzgebungsverfahren im britischen Unterhaus*)
guilt [gɪlt] *n no pl* Schuld *f;* (*shame for wrongdoing*) Schuldgefühl *nt;* **feelings of ~** Schuldgefühle *ntpl;* **collective ~** Kollektivschuld *f;* **to admit one's ~** seine Schuld zugeben; **to establish sb's ~** jds Schuld beweisen [*o* nachweisen]; **to feel** [*or* **be overcome by**] **~** sich *akk* schuldig fühlen; ***~ overcame him and he confessed*** er fühlte sich schuldig und gestand
◆**guilt out** *vt* ■**to get ~ed out** sich sehr schuldig fühlen
guilt complex *n* Schuldkomplex *m*
guiltily ['gɪltɪli] *adv* schuldbewusst
guiltless ['gɪltləs] *adj* schuldlos, unschuldig
guilt-ridden *adj inv* von Schuldgefühlen geplagt
guilt trip *n* (*fam*) Schuldgefühle *ntpl;* **to lay a** [**heavy**] **~ on sb** jdm [starke] Schuldgefühle einreden **guilt-trip** *vt* ■**to ~ sb** jdm Schuldgefühle [*o* ein schlechtes Gewissen] einreden
guilty ['gɪlti] *adj* ❶ (*with guilt*) schuldig; ***she felt ~ at having deceived him*** sie fühlte sich schuldig, weil sie ihn betrogen hatte; **to have a ~ conscience** ein schlechtes Gewissen [*o* Gewissensbisse] haben; **to feel ~ about sth** ein schlechtes Gewissen [*o* Gewissensbisse] wegen einer S. *gen* haben; **to look ~** schuldbewusst aussehen
❷ LAW (*responsible*) schuldig; ***he is ~ of theft*** er hat sich des Diebstahls schuldig gemacht; **to plead ~/not ~** sich *akk* schuldig/nicht schuldig bekennen; ***he pleaded ~ to the charge of attempted murder*** er bekannte sich des versuchten Mordes schuldig; **to prove sb ~** jds Schuld beweisen [*o* nachweisen], jdn [als schuldig] überführen; **until proven ~** bis die Schuld erwiesen ist
guilty party *n* Schuldige(r) *f(m),* schuldige Partei
guinea ['gɪni] *n* BRIT HIST Guinea *f,* Guinee *f* (*21 Shillings*)
Guinea ['gɪni] *n* Guinea *nt*
guinea fowl *n* Perlhuhn *nt* **guinea pig** *n* Meerschweinchen *nt;* (*fig*) Versuchskaninchen *nt hum o pej*
guise [gaɪz] *n no pl* ❶ (*appearance*) Gestalt *f;* ***the spy went in the ~ of a monk*** der Spion ging als Mönch verkleidet; ***it was an old idea in new ~*** (*fig*) es war eine alte Idee in neuem Gewand
❷ (*pretence*) Vorwand *m;* **under the ~ of friendship** unter dem Deckmantel der Freundschaft; **under the ~ of doing sth** unter dem Vorwand, etw zu tun
guitar [gɪ'tɑːʳ, AM -ɑːr] *n* Gitarre *f;* ***he sat on the grass, strumming his ~*** er saß auf der Wiese und klimperte auf seiner Gitarre; **acoustic/electric ~** akustische/elektrische Gitarre; **to play air ~** Luftgitarre spielen; **to strum/pluck the ~** die Gitarre schlagen/zupfen
guitarist [gɪ'tɑːrɪst] *n* Gitarrist(in) *m(f)*
gulag ['guːlæg, AM -lɑːg] *n no pl* (*Russian jail*) Gulag *m*
gulch [gʌl(t)ʃ] *n* AM (*gully*) Schlucht *f*
gulf [gʌlf] *n* ❶ (*area of sea*) Golf *m,* Meerbusen *m;* **the G~ of Mexico** der Golf von Mexiko
❷ (*Persian Gulf*) ■**the G~** der [Persische] Golf; **the G~ states** die Golfstaaten *mpl*
❸ (*abyss*) [tiefer] Abgrund; (*chasm*) [tiefe] Kluft *a. fig;* **to bridge a ~** (*fig*) eine Kluft überbrücken [*o* schließen]
Gulf Stream *n* Golfstrom *m* **Gulf War** *n* ❶ (*between Iran-Iraq 1980–88*) [1.] Golfkrieg *m* ❷ (*after invasion of Kuwait 1990*) [2.] Golfkrieg *m* **Gulf War syndrome** *n* Golfkriegssyndrom *nt* (*in der Folge des 2. Golfkrieges bei amerikanischen Soldaten aufgetretenes Krankheitsbild*)
gull¹ [gʌl] *n* Möwe *f; see also* **seagull**
gull² [gʌl] *vt usu passive* (*fam*) ■**to ~ sb** jdn übertölpeln; ***they were ~ed into believing that it was a bargain buy*** man hatte ihnen eingeredet, dass sie ein Schnäppchen machen würden
gullet ['gʌlɪt] *n* ANAT Speiseröhre *f*
► PHRASES: **sth sticks in sb's ~** etw geht jdm gegen den Strich
gulley *n see* **gully**
gullibility [,gʌlɪ'bɪləti, AM lə'bɪləṱi] *n no pl* Leichtgläubigkeit *f,* Einfältigkeit *f*
gullible ['gʌlɪbḷ] *adj* leichtgläubig
gully ['gʌli] *n* ❶ (*narrow gorge*) [enge] Schlucht *f* (*mit tief eingeschnittenem Wasserlauf*); ***heavy rainfall had cut deep gullies into the side of the hill*** starke Regenfälle hatten tiefe Furchen in den Hang gegraben
❷ (*gutter*) Gully *m,* Senkloch *nt*
gulp [gʌlp] **I.** *n* ❶ (*act of swallowing*) [großer] Schluck; **to get a ~ of air** Luft holen; **to take a ~ of milk/tea** einen [großen] Schluck Milch/Tee nehmen; **to give a ~** aufstoßen; **in one** [*or* **at a**] **~** in einem Zug
❷ COMPUT Zwei-Byte-Wortgruppe *f*
II. *vt* ■**to ~ sth** etw [hinunter]schlucken; *liquid* etw hinunterstürzen [*o fam* hinunterkippen]; *food* etw verschlingen
III. *vi* ❶ (*with emotion*) schlucken; ***I ~ed with surprise*** vor lauter Überraschung musste ich erst einmal schlucken
❷ (*breathe*) tief Luft holen [*o* einatmen]; **to ~ for air** nach Luft schnappen
◆**gulp back** *vt* ■**to ~ back** ○ **sth** *emotion* etw hinunterschlucken; **to ~ back a sob** einen Schluchzer unterdrücken; **to ~ back the tears** die Tränen hinunterschlucken
◆**gulp down** *vt* ■**to ~ down** ○ **sth** *drink* etw [hastig] hinunterstürzen; *food* etw hinunterschlingen
gum¹ [gʌm] *n* ANAT ■**~s** *pl* Zahnfleisch *nt kein pl;* **~ shield** BOXING, MED Mundschutz *m*
gum² [gʌm] *n* NBRIT (*dated fam*) **by ~!** Teufel noch mal!
gum³ [gʌm] **I.** *n* ❶ *no pl* (*sticky substance*) Gummi *nt;* BOT Gummi[harz] *nt;* (*on stamps etc.*) Gummierung *f;* (*glue*) Klebstoff *m*
❷ (*sweet*) **bubble ~** Kaugummi *m o nt* (*mit dem man gut Blasen machen kann*); **chewing ~** Kaugummi *m o nt;* **wine/fruit ~** BRIT Fruchtgummi/Weingummi *m o nt*
❸ (*gum tree*) Gummibaum *m*
II. *vt* <-mm-> ■**to ~ sth** etw kleben; ■**to ~ sth down** etw zukleben
III. *vi* <-mm-> BOT Harz absondern
◆**gum up** *vt* ■**to ~ up** ○ **sth** etw verkleben
► PHRASES: **to ~ up the works** (*stop operation*) [den Ablauf] blockieren; (*interfere*) alles vermasseln
gum arabic *n no pl* Gummiarabikum *nt*
gumbo ['gʌmbəʊ, AM -boʊ] *n* ❶ *no pl* (*soup*) *eingedickte Suppe mit Okraschoten, Spezialität aus*

der Cajun-Küche
② AM (*okra*) Okraschote *f*
gumboil *n* MED Zahnfleischabszess *m* **gumboot** *n* BRIT, AUS (*dated*) Gummistiefel *m* **gumdrop** *n* Weingummi *m o nt*
gummed [gʌmd] *adj inv* gummiert
Gummi Bear® ['gʌmiber] *n pl* Gummibärchen *nt*
gummy ['gʌmi] *adj* ① (*sticky*) klebrig; (*with glue on*) gummiert
② (*without teeth*) zahnlos; **a ~ grin** ein zahnloses Grinsen
gumption ['gʌm(p)ʃᵊn] *n no pl* (*fam*) ① (*intelligence*) Grips *m*
② (*courage*) Schneid *m*, Mumm *m*
gumshoe I. *n* ① (*dated*) [wasserdichter] Überschuh
② AM (*sl: detective*) Schnüffler(in) *m(f) pej fam*
II. *vi* AM (*sl*) herumschnüffeln *pej fam* **gum tree** *n* BOT [Australischer] Gummibaum ▶ PHRASES: **to <u>be</u> up a ~** BRIT (*dated fam*) in großen Schwierigkeiten stecken, in der Patsche sitzen *fam*
gun [gʌn] **I.** *n* ① (*weapon*) [Schuss]waffe *f*, [Feuer]waffe *f*; (*cannon*) Geschütz *nt*, Kanone *f*; (*pistol*) Pistole *f*; (*revolver*) Revolver *m*; (*rifle*) Gewehr *nt*; **like a bullet out of** [*or* **from**] **a ~** blitzschnell; *answer* wie aus der Pistole geschossen; **big ~** Kanone *f*; (*fig*) hohes Tier; ***we've got the big ~s coming from head office this afternoon*** heute Nachmittag kriegen wir hohen Besuch aus der Geschäftsleitung; **to do sth with ~s blazing** (*fig*) etw mit wilder Entschlossenheit angehen; **to use/carry** [*or* **wear**] **a ~** eine [Schuss]waffe benutzen/tragen
② SPORTS Startpistole *f*; **to jump the ~** einen Frühstart verursachen; (*fig*) voreilig handeln; **to wait for the starting ~** auf den Startschuss warten; **at the ~** mit dem Startschuss, beim Start
③ (*device*) Pistole *f*; **spray ~** Spritzpistole *f*
④ *esp* AM (*person*) Bewaffnete(r) *f(m)*; **hired ~** bezahlter Killer/bezahlte Killerin, Auftragskiller(in) *m(f)*
▶ PHRASES: **to <u>stick</u> to one's ~s** auf seinem Standpunkt beharren, sich *akk* nicht beirren lassen
II. *vt* <-nn-> AM (*fam*) **to ~ the engine** den Motor hochjagen *fam*, mit dem Bleifuß fahren *fam*; ***he ~ned the engine to get there on time*** er drückte ganz schön auf die Tube, um noch pünktlich da zu sein
III. *vi* <-nn-> *vehicle* schießen, jagen
◆**gun down** *vt* ■**to ~ down** ↻ **sb** jdn niederschießen; (*fig*) ■**to ~ down** ↻ **sth** etw niedermachen
◆**gun for** *vi* ① (*look for*) ■**to be ~ning for sb** jdn suchen; (*be on sb's trail*) jdn verfolgen; (*cause trouble*) es auf jdn abgesehen haben, jdn auf dem Kieker [*o* ÖSTERR der Schaufel] haben *fam*
② SPORTS (*fam: support*) ■**to be ~ning for sth/sb** etw/jdn unterstützen
③ *esp* SPORTS (*try for*) ■**to be ~ning for sth** etw zu erlangen versuchen, sich *akk* um etw *akk* bemühen, etw anstreben
gun barrel *n of a rifle* Gewehrlauf *m*; *of a pistol* Pistolenlauf *m* **gunboat** *n* Kanonenboot *nt*; **~ diplomacy** Kanonenbootdiplomatie *f* **gun carriage** *n* MIL [Geschütz]lafette *f* **gun dog** *n* Jagdhund *m* **gunfight** *n* Schießerei *f*, Schusswechsel *m* **gunfighter** *n* Revolverheld(in) *m(f)* **gunfire** *n* (*gunfight*) Schießerei *f*; (*shots*) Schüsse *pl*; MIL (*cannonfire*) Geschützfeuer *nt*, Artilleriefeuer *nt*
gunge [gʌndʒ] *n no pl* BRIT (*fam*) schmieriges [*o* klebriges] Zeug *fam*, Schmiere *f*
gung-ho [ˌgʌŋ'həʊ, AM -'hoʊ] *adj* (*enthusiastic*) fanatisch, übereifrig; (*adventurous*) draufgängerisch
gunk [gʌŋk] *n no pl* (*fam*) Schmutz *m a. fig*, Dreck *m a. fig*
gunky ['gʌŋki] *adj* (*pej*) pappig, schmierig *pej*
gun-licence, AM **gun-license** *n* Waffenschein *m* **gunman** *n* Bewaffnete(r) *m* **gunmetal grey** *adj inv* dunkelblaugrau
gunnel ['gʌnᵊl] *n see* **gunwale**
gunner ['gʌnəʳ, AM -ɚ] *n* Artillerist *m*, Kanonier *m*
gunnery ['gʌnᵊri, AM -əri] *n no pl* ① (*firing of guns*) Schießkunst *f*
② (*guns collectively*) [Schuss]waffen *fpl*, [Feuer]waffen *fpl*
gunpoint *n no pl* **at ~** mit vorgehaltener Waffe; **to be held at ~** mit vorgehaltener Waffe bedroht werden **gunpowder** *n no pl* Schießpulver *nt* **Gunpowder plot** *n* ■**the ~** BRIT HIST die Pulververschwörung (*Verschwörung von katholischen Edelleuten, u. a. Guy Fawkes, um Jakob I. und das Parlament am 5.11.1605 in die Luft zu sprengen*) **gunroom** ['gʌnruːm] *n* Waffenkammer *f* **gun-runner** *n* Waffenschmuggler(in) *m(f)*, Waffenschieber(in) *m(f)* **gun-running** *n no pl* Waffenschmuggel *m*, illegaler Waffenhandel **gunship** ['gʌnʃɪp] *n* MIL Kampfhubschrauber *m* **gunshot** *n* ① (*shot*) Schuss *m*; (*of rifle*) Gewehrschuss *m*; (*of pistol*) Pistolenschuss *m*; (*of revolver*) Revolverschuss *m*; **~ wound** Schusswunde *f*, Schussverletzung *f* ② *no pl* (*firing*) [Gewehr]schüsse *mpl* ③ (*range*) Schussweite *f*; ***we came within*** **~** wir kamen in Schussweite **gunslinger** ['gʌnˌslɪŋəʳ, AM -ɚ] *n* (*hist*) Pistolenheld(in) *m(f)*; BRIT (*fig*) Kraftprotz *m fam* **gunsmith** *n* Büchsenmacher *m* **gun-toting** *adj inv* bewaffnet
gunwale ['gʌnᵊl] *n* NAUT Dollbord *nt fachspr*
▶ PHRASES: **<u>full</u>** [**up**] **to the ~s** bis oben hin voll *fam*, voll bis zum [*o* an den] Rand
guppy <*pl* – *or* -pies> ['gʌpi] *n* ZOOL Guppy *m*
gurgle ['gɜːgl, AM 'gɜːr-] **I.** *n no pl* Glucksen *nt*; *of water* Gurgeln *nt*, Gluckern *nt*; *of stream* Plätschern *nt*
II. *vi* ① (*make noise*) *baby* glucksen; **to ~ with pleasure/with delight** vor Vergnügen/Freude glucksen
② (*babble*) *stream* plätschern; *water* gluckern
gurgler ['gɜːgləʳ] *n* AUS (*fam*) (*drain*) Abfluss *m*, Abflussloch *nt*
▶ PHRASES: **sth has <u>gone</u> down the ~** etw ist futsch *fam*, etw ist wie vom Erdboden verschluckt *fig fam*
Gurkha ['gɜːkə, AM 'gɜːr] *n* Gurkha *m*, Angehörige(r) *f(m)* des Gurkha-Stammes
gurney <*pl* -s> ['gɜːrni] *n* AM Rollbahre *f*
guru ['gʊruː, AM 'guːruː] *n* Guru *m a. fig*
gush [gʌʃ] **I.** *n no pl* Schwall *m*, [kräftiger] Strahl; (*fig*) Erguss *m*; *of words* Schwall *m*; ***she was quite unprepared for the ~ of praise she received*** sie war völlig unvorbereitet auf das Lob, das sich über sie ergoss; **a ~ of water** ein Wasserschwall *m*
II. *vi* ① (*flow out*) *liquid* [hervor]strömen, [hervor]sprudeln; (*at high speed*) [hervor]schießen
② (*praise*) [übertrieben] schwärmen, lobhudeln *pej fam*; **to ~ to sb about sth** jdm von etw *dat* vorschwärmen; ■**to ~ over sth** über etw *akk* ins Schwärmen geraten
III. *vt* ■**to ~ sth** (*let out strongly*) etw ausstoßen; ***her injured arm ~ed blood*** aus ihrem verletzten Arm schoss Blut; (*fig*) ***"it was a fairy-tale wedding!" she ~ed*** „es war eine Traumhochzeit!" sagte sie schwärmerisch; **to ~ compliments about sth/sb** von etw/jdm [übertrieben] schwärmen
gusher ['gʌʃəʳ, AM -ɚ] *n* [natürlich sprudelnde] Ölquelle
gushily ['gʌʃɪli] *adv* schöntuerisch *pej fam*; (*enthusiastically*) überschwänglich, schwärmerisch
gushing ['gʌʃɪŋ] *adj* schöntuerisch *pej fam*; (*enthusiastic*) überschwänglich, schwärmerisch
gushingly ['gʌʃɪŋli] *adv* schöntuerisch *pej fam*; (*enthusiastically*) überschwänglich, schwärmerisch
gushy ['gʌʃi] *adj* schöntuerisch *pej fam*; (*enthusiastic*) überschwänglich, schwärmerisch
gusset ['gʌsɪt] *n* Einsatz *m*, Keil *m*, Zwickel *m*
gust [gʌst] **I.** *n of wind* [Wind]stoß *m*, Bö[e] *f*; (*fig liter*) Anfall *m*, Ausbruch *m*; **a ~ of laughter** ein Lachanfall
II. *vi wind* böig wehen, stark blasen
gustatory ['gʌstətᵊri, AM -tɔːri] *adj inv* (*form*) Geschmacks-
gustily ['gʌstɪli] *adv* stoßweise, vernehmlich
gusto ['gʌstəʊ, AM -toʊ] *n no pl* ■**with ~** mit Begeisterung [*o* Genuss]
gusty ['gʌsti] *adj* böig, windig, stürmisch
gut [gʌt] **I.** *n* ① (*intestine*) Darm[kanal] *m*
② (*for instruments, rackets*) Darmsaite *f*; (*for fishing*) Angelsehne *f*; MED Katgut *nt kein pl*
③ (*sl: abdomen*) Bauch *m*; ***my ~s hurt*** mein Bauch tut weh; **beer ~** Bierbauch *m*
④ (*fam: bowels*) ■**~s** *pl* Eingeweide *ntpl*, Gedärme *ntpl*
⑤ (*fam: courage*) ■**~s** *pl* Mumm *m kein pl fam*, Courage *f kein pl*; ***it takes ~s to admit to so many people that you've made a mistake*** man braucht Mut, um vor so vielen Leuten zuzugeben, dass man einen Fehler gemacht hat
▶ PHRASES: **to have sb's ~s for <u>garters</u>** BRIT (*hum fam*) Hackfleisch aus jdm machen *hum fam*; **to <u>bust</u> a ~** [*or* **to <u>work</u> one's ~s out**] (*sl*) sich *akk* abrackern *fam*, sich *dat* den Arsch aufreißen *derb*
II. *vt* <-tt-> ① (*remove the innards*) **to ~ an animal** ein Tier ausnehmen
② *usu passive* (*destroy by fire*) ■**to be ~ed** [völlig] ausbrennen; ***the whole building was ~ted in the fire*** das ganze Gebäude brannte bei dem Feuer aus
III. *adj attr, inv* (*fam*) gefühlsmäßig, aus dem Bauch heraus *nach n*; **a ~ feeling** ein [instinktives] Gefühl; **~ issue** zentrales Thema, Kernpunkt *m*; **a ~ reaction** eine gefühlsmäßige Reaktion; (*spontaneous*) eine spontane Reaktion
gutless ['gʌtləs] *adj* (*fam: lacking courage*) feige; (*lacking enthusiasm*) lahm *pej*, schlaff *pej*
gutsy ['gʌtsi] *adj* ① (*brave*) mutig; (*adventurous*) draufgängerisch
② (*strong*) *food, drink* kräftig, aromatisch; (*powerful*) *voice* kraftvoll; (*vivid*) lebenssprühend, temperamentvoll
gutted ['gʌtɪd] *adj pred* BRIT (*sl*) *person* am Boden zerstört, völlig fertig *fam*, total down *sl*
gutter ['gʌtəʳ, AM -t̬ɚ] **I.** *n of road* Rinnstein *m*, Gosse *f*; (*of roof*) Dachrinne *f*, Regenrinne *f*; (*fig*) Gosse *f pej*
II. *vi candle, flame* flackern; ■**to ~** [**out**] [langsam] ausbrennen [*o* verlöschen]
guttering ['gʌtᵊrɪŋ] **I.** *n no pl* Abflussrinnen *fpl*, Regenrinnen *fpl*
II. *adj* flackernd
gutter journalism *n no pl* Sensationsjournalismus *m pej* **gutter press** *n no pl esp* BRIT Sensationspresse *f pej*, Boulevardpresse *f meist pej*, Skandalpresse *f pej* **guttersnipe** *n* (*pej dated*) Straßenkind *nt*
guttural ['gʌtᵊrᵊl, AM -t̬-] **I.** *adj* (*throaty*) kehlig; LING guttural *fachspr*, Kehl-, Guttural- *fachspr*; **~ sound** Kehllaut *m*, Gutturallaut *m fachspr*
II. *n* LING Kehllaut *m*, Gutturallaut *m fachspr*
gut-wrenching *adj* herzzerreißend
guv [gʌv] *n* BRIT (*dated sl*) *short for* **guv'nor** Meister *m veraltend fam*, Chef *m fam*
guv'nor ['gʌvnəʳ] *n* BRIT (*dated sl*) Meister *m veraltend fam*, Chef *m fam*; (*father*) Alte(r) *m sl*
guy¹ [gaɪ] *n* (*fam*) ① (*man*) Kerl *m*, Typ *m*, Bursche *m*; **fall ~** (*fam: scapegoat*) Sündenbock *m*, Prügelknabe *m*; (*stooge*) Hanswurst *m*, dummer August; ***I'm sick of playing the fall ~ for other people*** ich bin's leid, für andere meinen Buckel hinzuhalten [*o* den Prügelknaben zu spielen]
② *pl esp* AM, AUS (*people*) ***hi ~s!*** hallo Leute! *fam*; ***are you ~s coming to lunch?*** kommt ihr [mit] zum Essen?
③ BRIT (*dated: sb with a strange appearance*) Schießbudenfigur *f*; ***he looks a proper ~ in that outfit*** in dieser Aufmachung sieht er aus wie eine Schießbudenfigur
④ BRIT (*effigy of Guy Fawkes*) *Guy Fawkes verkörpernde Puppe, die in der Guy Fawkes Night auf einem Scheiterhaufen verbrannt wird*
guy² [gaɪ] *n*, **guy rope** *n*, **guyline** ['gaɪlaɪn] *n* AM Spannseil *nt*, Halteseil *nt*; (*for tent*) Zeltschnur *f*
Guyanese [ˌgaɪə'niːz, AM ˌgiːə'] *adj inv* guayanesisch
Guy Fawkes Night *n in der ‚Guy Fawkes Night' am 5. Nov. wird mit Feuerwerk und der feierlichen Verbrennung einer Guy Fawkes-Puppe der missglückten Pulververschwörung aus dem Jahr 1605 gedacht*
guzzle ['gʌzl] **I.** *vt* ■**to ~ sth** (*fam: drink*) etw in

sich *akk* hineinkippen *fam;* BRIT (*eat*) etw futtern [*o* in sich *akk* hineinstopfen] *fam*

II. *vi* schlingen *fam,* stopfen *fam*

guzzler ['gʌzlə^r^, AM -ɚ] *n* (*fam: drinker*) Schluckspecht *m meist hum fam,* Säufer(in) *m(f) fam;* **gas ~** *esp* AM Spritfresser *m fam;* BRIT (*eater*) gieriger Esser/gierige Esserin, Fresssack *m pej fam*

gym [dʒɪm] *n* ❶ *short for* **gymnastics** Turnen *nt kein pl*

❷ *short for* **gymnasium** Turnhalle *f*

❸ AM (*physical education*) *short for* **gynmastics** [Schul]sport *m kein pl*

gymkhana [dʒɪm'kɑːnə] *n* SPORTS Gymkhana *nt*

gymnasium <*pl* -s *or* -sia> [dʒɪm'neɪziəm, *pl* -ziə] *n* Turnhalle *f,* Sporthalle *f*

gymnast ['dʒɪmnæst] *n* Turner(in) *m(f)*

gymnastic [dʒɪm'næstɪk] *adj attr* turnerisch, Turn-, gymnastisch

gymnastics [dʒɪm'næstɪks] *npl* Turnen *nt kein pl;* (*fig*) **mental ~** Gehirnakrobatik *f hum*

gym shoes *npl* Turnschuhe *mpl* **gym shorts** *npl* Turnhose *f*

gymslip ['dʒɪmslɪp] *n* BRIT (*dated*) Trägerrock *m* (*als Schulkleidung*)

gynaecological [ˌgaɪnəkə'lɒdʒɪkəl], AM, AUS **gynecological** [-'lɑːdʒ-] *adj* gynäkologisch

gynaecologist [ˌgaɪnə'kɒlədʒɪst], AM, AUS **gynecologist** [-'kɑːl-] *n* Gynäkologe, -in *m, f,* Frauenarzt, Frauenärztin *m, f*

gynaecology [ˌgaɪnə'kɒlədʒi], AM, AUS **gynecology** [-'kɑːl-] *n no pl* Gynäkologie *f*

gynecological *adj* AM, AUS *see* **gynaecological**

gynecologist *n* AM, AUS *see* **gynaecologist**

gyp[1] [dʒɪp] *n no pl* BRIT, AUS (*fam*) **to give sb ~** jdm [arg] zu schaffen machen *fam,* jdn plagen

gyp[2] [dʒɪp] (*fam*) I. *n* Schwindel *m kein pl fam,* Betrug *m kein pl;* ***that was a real ~!*** das war der reinste Nepp! *fam*

II. *vt* <-pp-> ■**to ~ sb** jdn austricksen *fam,* jdn anschmieren *fam;* ***he ~ped people into buying stuff they didn't like*** er quatschte den Leuten Zeug auf, das ihnen gar nicht gefiel *fam*

gyppo <*pl* -s> [dʒɪpəʊ, AM poʊ] *n* (*pej fam*) Zigeuner(in) *m(f)*

gyppy tummy *n* BRIT *see* **gippy tummy**

gypsum ['dʒɪpsəm] *n no pl* Gips *m*

gypsy ['dʒɪpsi] I. *n* Zigeuner(in) *m(f)*

II. *n modifier* Zigeuner-; **~ caravan** Zigeunerwagen *m;* **~ encampment** Zigeunerlager *nt*

gyrate [dʒaɪ(ə)'reɪt, AM 'dʒaɪreɪt] *vi* sich *akk* drehen, kreisen; (*fig: dance*) [aufreizend] tanzen, die Hüften kreisen lassen

gyration [dʒaɪ(ə)'reɪʃən, AM dʒaɪ'-] *n* Drehung *f,* Drehbewegung *f,* Kreiselbewegung *f;* **~s on the stock exchange** (*fig*) der Schlingerkurs der Börse

gyro[1] ['dʒaɪroʊ] *n* AM Gyros *nt*

gyro[2] ['dʒaɪərəʊ] *n* ❶ *short for* **gyrocompass** Kreiselkompass *m*

❷ *short for* **gyroscope** Gyroskop *nt*

gyrocompass <*pl* -es> ['dʒaɪ(ə)rəʊˌkʌmpəs, AM 'dʒaɪroʊˌ-] *n* Kreiselkompass *m*

gyroscope ['dʒaɪ(ə)rəskəʊp, AM 'dʒaɪrəskoʊp] *n* NAUT, AVIAT Gyroskop *nt*

H

H <*pl* -'s>, **h** <*pl* 's *or* -s> [eɪtʃ] *n* H *nt,* h *nt;* **~ for Harry** [*or* AM **as in How**] H für Heinrich; *see also* **A 1.**

h *n* ❶ *abbrev of* **hour[s]** h; ***at 0900 h*** um 9h

❷ *abbrev of* **hand[s]** *Stockmaß für Pferde*

H [eɪtʃ] I. *adj inv abbrev of* **hard** H

II. *n no pl abbrev of* **hydrogen** H *nt*

ha [hɑː] *interj* (*esp hum*) ah

habeas corpus [ˌheɪbiəs'kɔːpəs, AM -'kɔːr-] *n no pl* LAW **H~ Act** Habeaskorpusakte *f;* **a writ of ~** gerichtliche Anordnung eines Haftprüfungstermins; **to seek a writ of ~** Haftbeschwerde einlegen

haberdasher ['hæbədæʃə^r^, AM -ɚdæʃɚ] *n* ❶ BRIT (*seller of dress-making goods*) Kurzwarenhändler(in) *m(f)*

❷ AM (*dealer in men's fashions*) Herrenausstatter *m*

haberdashery ['hæbədæʃəri, AM -ɚdæʃɚi] *n* ❶ BRIT (*sewing wares*) Kurzwaren *pl;* (*shop*) Kurzwarenladen *m,* Kurzwarenhandlung *f*

❷ AM (*male clothing*) Herrenmode *f,* Herrenbekleidung *f;* (*shop*) Herrenausstatter *m,* Geschäft *nt* für Herrenmoden

habit ['hæbɪt] I. *n* ❶ (*repeated action*) Gewohnheit *f;* ■**to be in the ~ of doing sth** die Angewohnheit haben, etw zu tun; ***I'm really not in the ~ of looking at other people's clothes*** für gewöhnlich achte ich nicht auf die Kleidung anderer Leute; ***on holidays I'm in the ~ of rising late*** im Urlaub pflege ich erst spät aufzustehen; ■**to do sth out of** [*or* **from**] **~** etw aus Gewohnheit tun; ■**to have a** [*or* **the**] **~ of doing sth** die Angewohnheit haben, etw zu tun; **from force of ~** aus [reiner] Gewohnheit; **to do sth by sheer force of ~** etw aus reiner Gewohnheit tun; **~ of mind** Denkweise *f;* **a bad/good ~** eine schlechte/gute [An]gewohnheit; **to break a ~** sich *dat* etw abgewöhnen; **to get into/out of the ~ of sth** sich *dat* etw angewöhnen/abgewöhnen, eine Gewohnheit annehmen/ablegen; **to make a ~ of sth** etw zur Gewohnheit werden lassen, sich *dat* etw zur Gewohnheit machen; ***don't make a ~ of smoking!*** fangen Sie bloß nicht das Rauchen an!; **to pick up a ~** eine Gewohnheit annehmen *f*

❷ (*fam: drug addiction*) Sucht *f,* Abhängigkeit *f;* **to have a heroin ~** heroinsüchtig sein

❸ (*special clothing*) REL Habit *m o nt,* Ornat *m;* SPORTS **riding ~** Reitkleidung *f*

❹ PSYCH Habit *nt o m*

► PHRASES: **old ~s die hard** (*prov*) der Mensch ist ein Gewohnheitstier *prov*

II. *vt* (*form*) ■**to ~ sb** jdn kleiden

habitable ['hæbɪtəbl, AM -t̬ə-] *adj* bewohnbar

habitant [æbiː'tɔ̃] *n* CAN (*hist*) *kanadischer Siedler französischer Herkunft*

habitat ['hæbɪtæt] *n* Lebensraum *m;* BIOL Habitat *nt fachspr; of plants* Standort *m*

habitation [ˌhæbɪ'teɪʃən] *n* ❶ *no pl* (*living in a place*) [Be]wohnen *nt;* ***there were no signs of ~ at this place*** der Ort sah unbewohnt aus; **fit/unfit for human ~** menschenwürdig/menschenunwürdig

❷ (*form: home*) Wohnstätte *f geh,* Behausung *f pej;* (*shelter*) Unterschlupf *m*

habit-forming *adj* ■**to be ~** *activity* zur Gewohnheit werden; *drug* süchtig [*o* abhängig] machen; ***cocaine is a ~ drug*** Kokain ist eine Suchtdroge

habitual [hə'bɪtʃuəl] *adj inv* ❶ (*constant*) ständig

❷ (*usual*) gewohnt; ***he'll wear his ~ jeans*** er wird wie üblich seine Jeans anhaben; **to become ~** zur Gewohnheit werden

❸ (*due to habit*) gewohnheitsmäßig; *of bad habit* notorisch; **~ drinker** notorischer Trinker/notorische Trinkerin *pej;* **~ smoker** Gewohnheitsraucher(in) *m(f) pej*

habitually [hə'bɪtʃʊli] *adv* ❶ (*constantly*) ständig

❷ (*regularly*) regelmäßig

❸ (*due to habit*) gewohnheitsmäßig

habituate [hə'bɪtʃueɪt] *vt* ■**to ~ sb/sth** [**to sb/sth**] jdn/etw [an jdn/etw] gewöhnen

habituated [hə'bɪtʃueɪtɪd, AM -t̬ɪd] *adj pred* (*form*) ■**to be ~ to sth** etw gewohnt sein; ■**to be ~ to doing sth** [daran] gewohnt sein, etw zu tun; **to become ~** [**to sth**] sich *akk* [an etw *akk*] gewöhnen

habitué [hə'bɪtjueɪ, AM -ˌbɪtʃu'eɪ] *n* (*form*) regelmäßiger Besucher/regelmäßige Besucherin, Habitué *m* ÖSTERR *geh; of pub* Stammgast *m* (**of** +*gen*)

hack[1] [hæk] I. *vt* ❶ (*chop roughly*) ■**to ~ sth** etw hacken; **to ~ sb to death** jdn [mit einem Beil] erschlagen; **to ~ sb/sth to pieces** [*or* **bits**] jdn/etw zerstückeln; **to ~ an article to pieces** [*or* **bits**] (*fig*) einen Artikel verreißen

❷ SPORTS (*kick*) ■**to ~ sb** BRIT jdn [vors [*o* gegen das] Schienbein] treten; **to ~ the ball** dem Ball einen Tritt versetzen

❸ (*clear a way*) **to ~ one's way through** [*or* **out of**] **sth** sich *dat* einen Weg durch etw *akk* [frei]schlagen

❹ COMPUT ■**to ~ sth** in etw *akk* [illegal] eindringen

❺ *usu neg* AM, AUS (*sl: cope with*) ■**to ~ sth** etw aushalten; ***he just can't ~ it to sit in traffic jams every morning*** er kann die ewigen Staus am Morgen einfach nicht ausstehen; **to ~ it** es bringen; ***he can't ~ it*** er bringt's einfach nicht

II. *vi* ❶ (*chop roughly*) ■**to ~** [**away**] **at sth** auf etw *akk* einhacken; ***he ~ed away at the tree trunk with his axe*** er hackte mit der Axt auf dem Baumstamm herum; ■**to ~ through sth** *trees* sich *akk* durch etw *akk* schlagen

❷ COMPUT ■**to ~ into sth** in etw *akk* [illegal] eindringen

III. *n* ❶ (*kick*) Tritt *m*

❷ BRIT (*wound*) [Ein]schnitt *m,* Wunde *f*

❸ (*cough*) trockener Husten; **smoker's ~** Raucherhusten *m*

hack[2] [hæk] I. *n* ❶ (*horse*) Reitpferd *nt;* (*hired horse*) Mietpferd *nt;* (*worn-out horse*) Klepper *m pej;* (*horse-ride*) Ausritt *m*

❷ (*pej or hum fam: writer*) Schreiberling *m pej,* Schmierfink *m pej;* **newspaper ~** Zeitungsschreiber(in) *m(f)*

❸ (*unskilled worker*) Gelegenheitsarbeiter(in) *m(f)*

❹ AM (*fam: taxi*) Taxi *nt;* (*taxi driver*) Taxifahrer(in) *m(f)*

❺ (*pej fam: non-committed person*) Mitläufer(in) *m(f) pej*

II. *adj attr* (*pej: routine*) mittelmäßig; **~ politician/writer** Mitläufer(in) *m(f)*/Schreiberling *m pej;* **~ work** stumpfsinnige Arbeit *pej*

III. *vi* BRIT ausreiten

◆**hack about** *vt* (*fig*) ■**to ~ sth** ◯ **about** *wording* etw zerstückeln; **to ~ about a text** einen Text auseinander nehmen [*o fam* zerpflücken]

◆**hack down** *vt* ■**to ~ sth** ◯ **down** etw zerhacken; ***he went berserk and started to ~ down people*** er drehte durch und fing an Leute niederzumetzeln; **to ~ down a tree** einen Baum fällen

◆**hack into** *vt* COMPUT **to ~ into a system** in ein Computersystem eindringen, den Code eines Computersystems knacken

◆**hack off** *vt* ❶ (*cut off*) ■**to ~ sth** ◯ **off** etw abhacken [*o* abschlagen]

❷ *esp* BRIT (*fam: annoy*) ■**to ~ sb** ◯ **off** jdn nerven, jdm auf die Nerven [*o fam* den Keks] gehen

◆**hack out** *vt* ■**to ~ out** ◯ **sth** etw herausschlagen [*o* heraushauen]; ***she ~ed her way out of the dense jungle*** sie schlug sich den Weg aus dem Dschungel frei

hacked off *adj pred esp* BRIT (*fam*) ❶ (*annoyed*) genervt *fam;* **to be ~ off with** [*or* **about**] **sth/sb** von jdm/etw genervt sein *fam;* ***she's really ~ed off with her son for not tidying up his room*** sie ist echt sauer auf ihren Sohn, weil er sein Zimmer nicht aufgeräumt hat

❷ (*dejected*) niedergeschlagen; **to be ~ off with** [*or* **about**] **sth** von etw *dat* mitgenommen [*o fam* gestresst] sein

hacker ['hækə^r^, AM -ɚ] *n* COMPUT Hacker(in) *m(f);* *esp* AM Computerfreak *m*

hackie ['hæki] *n* AM (*fam: taxi driver*) Taxifahrer(in) *m(f)*

hacking ['hækɪŋ] *n* ❶ (*breaking into computers*) Hacken *nt*

❷ BRIT (*horse-riding*) **to go ~** ausreiten, einen Ausritt machen

hacking cough *n* trockener Husten **hacking jacket** *n esp* BRIT Reitjacke *f*

hackles ['hæk|z] *npl* (*animals' hairs*) [aufstellbare] Nackenhaare; ***the dog's ~ were up*** dem Hund sträubte sich das Fell; (*feathers*) [aufstellbare] Nackenfedern, Nackengefieder *nt;* **to get sb's ~ up, to make sb's ~ rise** jdn wütend machen, jdn in Wut [*o* Rage] bringen, jdn auf die Palme bringen *fam*

H

hackney ['hækni] *n* ❶ (*horse*) Pferd *nt*, Gaul *m fam*
❷ (*horse-pulled carriage*) [Pferde]droschke *f*
❸ *esp* BRIT (*taxi*) Taxi *nt*
hackney carriage *n* ❶ (*horse-pulled carriage*) [Pferde]droschke *f*
❷ *esp* BRIT (*form: taxi*) Taxi *nt*
hackneyed ['hæknid] *adj* (*pej*) abgedroschen *pej*, abgenutzt; ~ **phrase** stereotype Redensart
hacksaw *n* Bügelsäge *f* **hackwork** *n no pl* (*pej*) ❶ (*banal writing*) Geschmiere *nt pej* ❷ (*uninteresting work*) Routinearbeit *f*, Nullachtfünfzehn-Arbeit *f fam*
had [hæd, həd] **I.** *vt* ❶ *pt, pp of* **have**
❷ (*fam*) **to have ~ it** (*want to stop*) genug haben; (*to be broken*) kaputt [*o fam* hinüber] sein; ***I've ~ it for today — I'll do the rest tomorrow*** mir reicht's für heute – den Rest erledige ich morgen; ***this kettle's ~ it*** der Kessel ist hin *fam*; **to have ~ it [up to here] with sb/sth** von jdm/etw die Nase [gestrichen] voll haben *fam*
II. *adj pred, inv* (*fam*) ▪**to be ~** [he]reingelegt werden; ***this is a fake: you've been ~!*** die haben dich reingelegt: das hier ist eine Fälschung!
haddock <*pl* -> ['hædək] *n* Schellfisch *m*
Hades ['heɪdi:z] *n no pl, no art* ❶ (*Greek mythology*) Hades *m*, Unterwelt *f*
❷ (*fam: hell*) Hölle *f*
hadj <*pl* -es> *n see* **hajj**
hadn't ['hædənt] = **had not** *see* **have**
had up *adj pred, inv* BRIT (*fam*) ▪**to be ~ up for sth** wegen einer S. *gen* dran sein *fam*; ***she's been ~ up for speeding*** sie wurde wegen überhöhter Geschwindigkeit drangekriegt; **to be ~ up in court** vor den Kadi gebracht werden *fam*
haematite ['hi:mətaɪt, 'hem-], AM **hematite** *n* GEOL Hämatit *m fachspr*
haematologist [ˌhi:mə'tɒlədʒɪst], AM **hematologist** [-'tɑ:l-] *n* MED Hämatologe, -in *m, f*
haematology [ˌhi:mə'tɒlədʒi], AM **hematology** [-'tɑ:l-] *n no pl* MED Hämatologie *f*
haematoma <*pl* -s *or* -mata> [ˌhi:mə'təʊmə, *pl* -mətə], AM **hematoma** [-'toʊ-] *n* MED Bluterguss *m*, Hämatom *nt fachspr*
haemoglobin [ˌhi:mə(ʊ)'gləʊbɪn], AM **hemoglobin** [-oʊ'gloʊ-] *n no pl* MED Hämoglobin *nt*
haemophilia [ˌhi:mə'fɪliə], AM **hemophilia** [-moʊ'-] *n no pl* MED Bluterkrankheit *f*, Hämophilie *f fachspr*
haemophiliac [ˌhi:mə'fɪliæk], AM **hemophiliac** [-moʊ'-] *n* MED Bluter(in) *m(f)*
haemorrhage ['hemərɪdʒ], AM **hemorrhage** [-ərɪdʒ] **I.** *n* ❶ MED [starke] Blutung, Hämorrhagie *f fachspr*; **brain ~** Hirnblutung *f*
❷ (*fig: damaging loss*) Ausbluten *nt*; ***in 1992 Britain's economy suffered a ~*** 1992 blutete Großbritannien wirtschaftlich aus; **~ of investment** drastischer Investitionsrückgang; **~ of talent** Abwanderung *f* von Talenten
II. *vi* ❶ MED [stark] bluten
❷ (*fig: diminish*) einen großen Verlust erleiden; ***the share price began to ~*** der Aktienkurs begann stark nachzugeben
haemorrhoids ['hemərɔɪdz], AM **hemorrhoids** [-ər-] *npl* MED Hämorrhoiden *pl fachspr*
haft [hɑ:ft, AM hæft] *n* (*handle*) *of axe* Griff *m*; *of sword, knife* Heft *nt*
hag [hæg] *n* (*pej: witch*) Hexe *f*; (*old woman*) hässliches altes Weib
haggard ['hægəd, AM -ərd] *adj* (*tired*) abgespannt; (*exhausted*) ausgezehrt; (*worried*) verhärmt; ***she had a ~ look on her face*** sie sah erschöpft aus
haggis ['hægɪs] *n no pl* SCOT FOOD *schottisches Gericht aus in einem Schafsmagen gekochten Schafsinnereien und Haferschrot*
haggle ['hægl] **I.** *vi* ❶ (*bargain*) ▪**to ~ [over** [*or* **about**] **sth]** [um etw *akk*] feilschen [*o pej* schachern]
❷ (*argue*) ▪**to ~ over sth** [sich *akk*] über etw *akk* streiten, [sich *akk*] um etw *akk* rangeln
II. *n* ❶ (*bargaining*) Gefeilsche *nt pej*
❷ (*wrangle*) Gerangel *nt*
haggling ['hæglɪŋ] *n no pl* Feilschen *nt*, Gefeilsche *nt pej*
hagiographer [ˌhægi'ɒgrəfər, AM 'ɑ:grəfər] *n* REL Hagiograph(in) *m(f)* *a. fig*
hagiographic(al) [ˌhægiə(ʊ)'græfɪk(əl), AM -iə'-] *adj* ❶ REL heiligengeschichtlich, hagiographisch *fachspr*
❷ (*fig pej form: over-flattering*) schmeichelhaft
hagiography [ˌhægi'ɒgrəfi, AM -'ɑ:g-] *n* ❶ *no pl* (*biographies of saints*) Heiligengeschichte *f*, Hagiographie *f fachspr*
❷ LIT (*pej form: over-flattering biography*) zu schmeichelhafte Biographie; **to degenerate** [*or* **turn**] **into ~** in [einen] Personenkult ausarten
hag-ridden *adj* verhärmt; ▪**to be ~ by sth** von etw *dat* gepeinigt werden
Hague [heɪg] *n* ▪**The ~** Den Haag *kein art*; **The ~ Conventions** die Haager Konventionen; **The ~ Tribunal** der Internationale Gerichtshof
hah [hɑ:] *interj* (*fam*) *see* **ha** ah
ha-ha ['hɑ:hɑ:] *n* [eingelassener] Begrenzungszaun
ha ha [hɑ:'hɑ:] *interj* (*iron*) haha[ha]
haiku <*pl* -> ['haɪku:] *n* LIT Haiku *nt*
hail¹ [heɪl] **I.** *vt* ❶ (*greet*) ▪**to ~ sb** jdn [be]grüßen
❷ (*form: call*) ▪**to ~ sb** jdn rufen; ▪**to ~ sth** etw anrufen; ***I tried to ~ her from the car window*** ich versuchte, sie durch Zurufen aus dem Autofenster auf mich aufmerksam zu machen; **to ~ a taxi** [*or* **cab**] ein Taxi rufen [*o* herbeiwinken]
❸ (*acclaim*) ▪**to ~ sb/sth** jdm/etw zujubeln; ▪**to ~ sb/sth as sth** jdn/etw als etw bejubeln; ***the film was ~ed as a masterpiece in its day*** der Film wurde als ein Meisterwerk seiner Zeit gepriesen
II. *vi* (*form or hum*) ▪**to ~ from sth** von etw *dat* stammen, in etw *dat* beheimatet sein; ***this yacht ~s from Brighton*** der Heimathafen dieser Yacht ist Brighton; ***where do you ~ from?*** woher kommen Sie?, wo stammen Sie her? *geh*
III. *n* ❶ (*greeting*) Gruß *m*
❷ (*earshot*) Rufweite *f*; **out of/within ~** außer/in Rufweite
IV. *interj* (*poet or old*) sei/seid gegrüßt *veraltet o hum*; **~ *thee Caesar!*** heil dir Cäsar!
hail² [heɪl] **I.** *n no pl* Hagel *m*; **a ~ of bullets/stones** ein Kugel-/Steinhagel *m*; **a ~ of insults** ein Schwall *m* von Beschimpfungen
II. *vi* ▪**it's ~ing** *impers* es hagelt
◆**hail down** *vi* ▪**to ~ on sb/sth** auf jdn/etw niederprasseln [*o a. fig* niederhageln]
hail-fellow *adj*, **hail-fellow-well-met** *adj pred* (*dated or hum*) plumpvertraulich; ***Arnold was very sociable in a ~ sort of way*** Arnold war einer von diesen geselligen Typen, die sich gerne anbiedern
hailing ['heɪlɪŋ] *adj inv* **out of/within ~ distance** (*dated*) außer/in Rufweite; (*fig*) [sehr] nah; ***he was born within ~ distance of here*** er wurde nur einen Steinwurf weit von hier geboren
Hail Mary *n* Ave Maria *nt* **hailstone** *n* Hagelkorn *nt* **hailstorm** *n* Hagelschauer *m*
hair [heər, AM her] *n* ❶ (*single strand*) Haar *nt*; **to lose/win by a ~** (*fig*) ganz knapp verlieren/gewinnen
❷ *no pl* (*on head*) Haar *nt*, Haare *ntpl*; (*on body*) Behaarung *f*; ***he had lost his ~ by the time he was twenty-five*** mit fünfundzwanzig hatte er schon keine Haare mehr; **to have a good** [*or* **fine**] **head of ~** schönes, volles Haar haben; **to have** [*or* **get**] **one's ~ cut** sich *dat* die Haare schneiden lassen; **to let one's ~ down** seine Haare aufmachen; **to wash one's ~** sich *dat* die Haare waschen
❸ (*hairstyle*) Frisur *f*; ***I like your ~*** deine Frisur gefällt mir; **to do sb's/one's ~** jdn/sich *akk* frisieren
❹ (*on plant*) Haar *nt*, Härchen *nt*; (*on animal*) Haar *nt*
► PHRASES: **that'll put ~s on your chest** (*hum fam: before drinking*) das zieht dir die Schuhe aus; (*before eating*) das wird dich satt machen; **the ~ of the dog** [ein Schluck] Alkohol, um einen Kater zu vertreiben; **to not see hide nor ~ of sb** jdn nicht zu Gesicht bekommen; **that'll make your ~ curl** davon wirst du groß und stark; **to get in sb's ~** jdm auf den Geist gehen *fam*; ***get out of my ~!*** lass mich [endlich] in Ruhe!; **to not harm** [*or* **touch**] **a ~ on sb's head** jdm kein Haar krümmen; **keep your ~ on!** BRIT, AUS (*usu hum fam*) immer mit der Ruhe!, ruhig Blut!; **to let one's ~ down** (*fam*) sich *akk* gehen lassen; **to make sb's ~ stand on end** (*fam*) jdm die Haare zu Berge stehen lassen; **to not turn a ~** nicht mit der Wimper zucken
hairband *n* Haarband *nt* **hairbreadth** *n see* **hair's breadth** **hairbrush** *n* Haarbürste *f* **hair-conditioner** *n* Pflegespülung *f* **haircurler** *n* Lockenwickler *m* **haircut** *n* ❶ (*hairstyle*) Haarschnitt *m*, Frisur *f*; (*cutting*) Haareschneiden *nt*; ***I need a ~*** ich muss mal wieder zum Friseur; **to get** [*or* **have**] **a ~** sich *dat* die Haare schneiden lassen
❷ AM ECON, FIN Differenz *f* zwischen Beleihungswert und Beleihungsgrenze **hairdo** *n* (*esp hum fam*) [kunstvolle] Frisur **hairdresser** *n* Friseur, Friseuse *m, f*; ▪**the ~'s** der Friseur[salon]; **to go to the ~'s** zum Friseur gehen **hairdressing** *n no pl* ❶ (*profession*) Friseurberuf *m*; ***have you ever thought of ~ as a career?*** hast du jemals daran gedacht, Friseur zu werden? ❷ (*action*) Frisieren *nt* ❸ (*lotion*) Haarwasser *nt* **hairdressing salon** *n* Friseursalon *m* **hair-drier** *n*, **hair-dryer** *n* Föhn *m*; (*with hood*) Trockenhaube *f*
-haired ['heəd, AM 'herd] *in compounds* + *adj* -haarig; ***did you see this curly-~ blonde?*** hast du die Blonde da mit den Locken gesehen?; **long-/red-~** lang-/rothaarig
hair follicle *n* Haarbalg *m* **hair gel** *n* Haargel *nt* **hairgrip** *n* BRIT Haarklammer *f*
hairiness ['heərɪnəs, AM 'her-] *n no pl* Behaarung *f*
hairless ['heələs, AM 'her-] *adj* unbehaart; *person* glatzköpfig; *plant* haarlos
hairline *n* ❶ (*edge of hair*) Haaransatz *m*; **receding ~** zurückweichender Haaransatz, Geheimratsecke[n] *f[pl]* ❷ (*thin line*) [dünne] Linie ❸ TYPO Haarstrich *m* **hairline crack** *n in glass, porcelain* Haarriss *m* **hairline fracture** *n* MED [Knochen]fissur *f* **hair loss** *n* Haarausfall *m*; **to suffer ~** unter Haarausfall leiden, Haarausfall haben **hair lotion** *n* Haarwasser *nt* **hair mousse** *n* Haarfestiger *m* **hairnet** *n* Haarnetz *nt* **hairpiece** *n* Haarteil *nt* **hairpin** *n* Haarnadel *f* **hairpin bend** *n* BRIT, AUS, **hairpin curve** *n*, **hairpin turn** *n* AM Haarnadelkurve *f* **hair-raising** *adj* (*fam*) haarsträubend; *experience* furchterregend **hair remover** *n* Enthaarungsmittel *nt* **hair restorer** *n* Haarwuchsmittel *nt* **hair salon** *n* Friseursalon *m* **hair's breadth** **I.** *n* Haaresbreite *f*; ▪**by a ~** um Haaresbreite; ***she came within a ~ of losing her life*** um ein Haar hätte sie ihr Leben verloren; **to be within a ~ of disaster/ruin** einer Katastrophe/dem Ruin nahe sein, am Rande einer Katastrophe/des Ruins stehen **II.** *adj attr* haarbreit; **to have a ~ escape** mit knapper Not entkommen [*o* davonkommen]; **~ finish** [äußerst] knapper Endspurt; **~ victory** hauchdünner Sieg **hair shirt** *n* REL härenes Gewand *geh*; (*fig*) Büßerhemd *nt* **hairslide** *n* BRIT, AUS Haarspange *f* **hair space** *n* TYPO Haarspatium *nt fachspr* **hair-splitter** *n* (*pej*) Haarspalter(in) *m(f)*, Pedant(in) *m(f)* *geh* **hair-splitting** (*pej*) **I.** *n* Haarspalterei *f pej* **II.** *adj* haarspalterisch, pedantisch *geh* **hairspray** *n* Haarspray *nt* **hairstyle** *n* Frisur *f* **hairstylist** *n* Friseur, Friseuse *m, f* **hair tonic** *n* Haarwasser *nt* **hair-trigger** **I.** *n* (*on firearm*) Stecher *m* **II.** *adj* (*fam*) *person* launisch, reizbar; *situation* labil; **to have a ~ temper** reizbar sein
hairy ['heəri, AM 'heri] *adj* ❶ (*having much hair*) haarig, stark behaart
❷ (*made of hair*) aus Haar *nach n*, hären *geh*
❸ (*fig fam: dangerous*) haarig *fig*; *driving* riskant; (*pleasantly risky*) aufregend; **a ~ situation** eine brenzlige Situation
Haiti ['heɪti, AM 'heɪṭi] *n* Haiti *nt*
Haitian ['heɪʃən] **I.** *n* ❶ (*person*) Haitianer(in) *m(f)*; **to be a ~** Haitianer(in) *m(f)* sein
❷ (*language*) Haitianisch *nt*
II. *adj* haitisch, haitianisch
hajj <*pl* -es> [hædʒ] *n* REL Hadsch *m*

hajji <*pl* -s> ['hædʒi] *n* REL Hadschi *m*
hake <*pl* – *or* -s> [heɪk] *n* Seehecht *m,* Hechtdorsch *m*
halal [hæl'æl] **I.** *vt* ▪**to ~ sth** etw nach islamischem Ritus schlachten
II. *n* ~ [**meat**] Halalfleisch *nt* (*nach islamischem Ritus geschlachtetes Fleisch*)
halberd ['hælbəd, AM bə˞d] *n* HIST Hellebarde *f*
halberdier [ˌhælbə'dɪə˞, AM bə˞'dɪr] *n* HIST Hellebardier *m,* Hellebardist *m*
halcyon days [ˌhælsiən'-] *npl* (*approv liter*) glückliche Tage, [h]alkyonische Tage *liter*
hale [heɪl] *adj inv* (*liter or dated*) gesund, wohlauf *geh; old person* rüstig; ~ **and hearty** gesund und munter
halelujah *interj see* **hallelujah**
half [hɑːf, AM hæf] **I.** *n* <*pl* halves> ❶ (*equal part, fifty per cent*) Hälfte *f;* ***the northern ~ of the island is subtropical*** der Norden der Insel ist subtropisch; ▪**in ~** [*or* **into halves**] in zwei Hälften; **a kilo/pound and a ~** eineinhalb [*o* DIAL anderthalb] Kilo/Pfund; **to cut sth into halves** etw halbieren; **to cut in ~** in der Mitte durchschneiden, halbieren; **to divide sth by ~** etw durch zwei teilen; **to fold in ~** zur Mitte falten; **to reduce sth by ~** etw um die Hälfte reduzieren
❷ BRIT (*fam: half pint of beer*) kleines Bier (*entspricht ca. 1/4 Liter*)*;* **a ~ pint of lager** ein kleines Helles
❸ BRIT (*child's ticket*) ***two adults and three halves please!*** zwei Erwachsene und drei Kinder, bitte!
❹ FBALL (*midfield player*) Läufer(in) *m(f);* **first/second ~** erste/zweite Spielhälfte [*o* Halbzeit]
❺ (*very soon*) ***I'll be with you in ~ a second*** [*or* BRIT ***tick***] ich bin sofort bei dir
❻ (*share cost*) **to go halves** [**on sth**] (*fam*) sich *dat* die Kosten [für etw *akk*] teilen; **to go halves with sb** mit jdm teilen [*o fam* halbe-halbe machen]
❼ (*treat wholly*) **to not do things by halves** keine halben Sachen machen *fam*
❽ (*fam: the whole*) ***you haven't heard the ~ of it yet!*** das dicke Ende kommt ja noch!; ***that's ~ the fun*** [***of it***] das ist doch gerade der Spaß daran
► PHRASES: **a game/meal and a ~** ein Bombenspiel *nt*/ein Bombenessen *nt fam;* **to be too clever by ~** ein Schlaumeier sein; **my other** [*or* **better**] **~** meine zweite [*o* bessere] Hälfte; **how the other ~ lives** (*prov*) wie andere Leute leben
II. *adj* halbe(r, s) *attr;* ***roughly ~ of the class are Spanish*** die Klasse besteht ungefähr zur Hälfte aus Spaniern; ~ **an apple** ein halber Apfel; ~ [**a**] **per cent** ein halbes Prozent; ~ **a dozen** [*or* **a ~-dozen**] ein halbes Dutzend; ~**-price sale** Ausverkauf *m* zum halben Preis; **to sell goods off at ~ price** Ware zum halben Preis verkaufen
III. *adv* ❶ (*almost*) halb, fast, nahezu, beinahe; ***they had been frightened ~ out of their minds*** sie wären fast verrückt geworden vor Angst
❷ (*partially, to some extent*) halb, zum Teil; ***she was ~ afraid she'd have to make a speech*** sie hatte schon fast befürchtet, eine Rede halten zu müssen; ***it wasn't ~ as good*** das war bei weitem nicht so gut; ~ **asleep** halb wach; **to be ~ right** *person* zum Teil Recht haben; *thing* zur Hälfte richtig sein
❸ (*time*) [**at**] ~ **past nine** [um] halb zehn; (*fam*) ***meet me at home at ~ past on the dot, okay?*** du bist dann um Punkt halb bei mir, ok? *fam*
❹ (*by fifty percent*) ▪**~ as … as …** halb so … wie …; ***my little brother is ~ as tall as me*** mein kleiner Bruder ist halb so groß wie ich; ***he is ~ my weight*** er wiegt halb so viel wie ich
❺ (*intensifies negative statement*) **not ~** BRIT (*fam*) unheimlich *fam,* wahnsinnig *fam,* irre *sl;* ***he wasn't ~ handsome*** er sah unverschämt gut aus *fam;* ***she didn't ~ shout at him*** sie hat ihn vielleicht angebrüllt; (*affirms positive opinion*) ***did you enjoy the film? — not ~!*** hat dir der Film gefallen? – und wie!
❻ (*partially, to some extent*) halb; ***I was ~ inclined to call you last night but…*** ich hätte dich gestern Abend fast angerufen, aber…; ~ **cooked** halb gar; ~ **empty/full** halb leer/voll; ~ **naked** halb nackt
❼ (*fam: most*) der/die/das meiste; ~ ***of them didn't turn up*** die meisten von ihnen sind gar nicht erschienen; ***our boss has lost ~ his authority*** unser Chef hat seine Autorität zum größten Teil eingebüßt; ***if you are ~ the man I think you are, you'll succeed*** wenn du auch nur im entferntesten der Mann bist, für den ich dich halte, dann schaffst du das; ~ [**of**] **the time** die meiste Zeit
► PHRASES: **to be ~ the battle** [schon] die halbe Miete sein *fam;* **given ~ a chance** wenn ich/er/sie/etc. die Möglichkeit hätte
half a crown [ˌhɑːfə'kraʊn] *n no pl* BRIT HIST *see* **half-crown** Halbkronenstück *nt* **half a dozen** [ˌhɑːfə'dʌzᵊn, AM ˌhæf] *n no pl see* **half-dozen** ein halbes Dutzend **half-arsed,** AM **half-assed** *adj* (*pej sl*) idiotisch *fam,* bescheuert *sl* **halfback** *n* FBALL Läufer(in) *m(f);* (*in rugby*) Halbspieler(in) *m(f)* **half-baked** *adj* (*fig fam*) ❶ (*not well planned*) *idea, plan* unausgereift, unausgegoren ❷ (*not committed*) *person* fade **half-binding** *n* (*of book*) Halb[leder]band *m* **half-blood** *n see* **half-breed** **half-board** *n esp* BRIT Halbpension *f* **half-boot** *n* Halbstiefel *m* **half-bottle** ['hɑːfbɒtl, AM 'hæfbɑːt̬l] *n of wine* kleine Flasche, Stifterl *nt* ÖSTERR **half-breed** **I.** *n* ❶ (*pej!: person*) Mischling *m pej,* Halbblut *nt pej* ❷ (*animal*) [Rassen]kreuzung *f;* (*horse*) Halbblut *nt* **II.** *adj* ❶ (*pej!: of mixed parentage*) Mischlings- *pej;* ~ **child** Mischlingskind *nt pej* ❷ (*animal*) ~ **dog** Promenadenmischung *f hum;* ~ **horse** Halbblut *nt* **half-brother** *n* Halbbruder *m* **half-caste** (*pej!*) **I.** *n* Mischling *m pej,* Halbblut *nt pej;* AM Mestize, -in *m, f* **II.** *adj* Mischlings- *pej;* AM wie ein Mestize/eine Mestizin *nach n;* ***he looks ~*** er sieht aus wie ein Mestize **half-cock** *n* ❶ (*on pistol*) Vorderladerstellung *f* ❷ *esp* AM (*go wrong*) **to go off at ~** *plan* danebengehen; *party* ein Reinfall sein *fam* **half-cocked** *adj* ❶ (*pistol*) in Vorderladerstellung ❷ *esp* AM **to go off ~** (*fail*) *plan* danebengehen; *party* ein Reinfall sein *fam;* (*act prematurely*) *person* voreilig handeln **half-crown** *n* (*hist*) Halbkronenstück *nt,* Zweieinhalbschillingsstück *nt* **half-cut** *adj* BRIT (*pej sl*) besoffen *sl,* blau *fam* **half-day** **I.** *n* halber [Arbeits]tag **II.** *adj attr* halbtägig **half-dead** *adj* (*fam*) halb tot *hum* (**with** vor +*dat*) **half-decent** *adj* (*fam*) anständig *fam;* ***any ~ sprinter can run 100m in 11 seconds*** jeder einigermaßen anständige Läufer kann 100m in 11 Sekunden laufen **half-dozen** *n,* **half a dozen** *n* (*fam*) ein halbes Dutzend **half-empty** *adj* halb leer *attr,* halb leer *präd;* ***the event was ~*** die Veranstaltung war schlecht besucht **half-fare** **I.** *n* ❶ (*price*) halber Fahrpreis ❷ (*ticket*) Fahrkarte *f* zum halben Preis **II.** *adj* zum halben Preis *nach n* **half-full** *adj* halb voll **half-hardy** *adj* BOT *plants* nicht winterhart **half-hearted** *adj attempt* halbherzig; *manner* lustlos **half-heartedly** *adv* halbherzig, halben Herzens; ▪**to do sth ~** etw lustlos tun **half-heartedness** *n* Halbherzigkeit *f; of manner* Lustlosigkeit *f* **half holiday** *n* halber Feiertag **half-holiday** *n* halber Urlaubstag **half-hour** **I.** *n* halbe Stunde; **in a ~** in einer halben Stunde; **on the ~** jede halbe Stunde, alle dreißig Minuten **II.** *adj attr* dreißigminütig **half-hourly** **I.** *adj* halbstündlich; ~ **intervals** halbstündliche Pausen **II.** *adv* jede [*o* alle] halbe Stunde; ***the buses to the centre of town are ~*** die Busse ins Stadtzentrum fahren jede halbe Stunde **half-inch** **I.** *n* halber Zoll **II.** *vt* BRIT (*rhyming sl: pinch*) ▪**to ~ sth** etw klauen *fam* **half-joking** *adj* halb im Ernst, halb im Spaß; ***she was only ~ when she said that …*** mit einem ernsten Unterton sagte sie, dass … **half-jokingly** *adv* halb im Ernst, halb im Spaß **half-landing** *n* Treppenabsatz *m* **half landing** *n* BRIT Treppenabsatz *m* **half-length** ['hɑːfleŋθ, AM 'hæf] *adj inv* ❶ (*half the normal length*) halblang ❷ ART *portrait* Brust- **half-life** *n* ❶ PHYS Halbwertszeit *f* ❷ ECON, FIN Zeitraum *m* vor Rückzahlung der Hälfte einer Anleihe **half-light** *n* Halbdunkel *nt,* Dämmerlicht *nt* **half-marathon** *n* Halbmarathonlauf *m* **half-mast** *n* ❶ (*of flag*) halbmast; ▪**at ~** auf halbmast; **to fly a flag at ~** eine Fahne auf halbmast setzen; **to lower to ~** auf halbmast setzen ❷ (*hum: too short*) **trousers at ~** Hochwasserhosen *fpl hum* **half-measure** *n* halbe Sache **half moon** *n* ❶ ASTRON (*also fig*) Halbmond *m;* (*in shape*) halbmondförmig ❷ ANAT [Nagel]möndchen *nt* **half-moon** *adj* halbmond-; ~ **shaped** halbmondförmig **half-moon glasses** *npl,* **half moons** *npl* Halbbrille *f* **half note** *n esp* AM MUS halbe Note **half-pay** *n* halber Lohn; *of employees* halbes Gehalt; ***he has been suspended on ~*** er wurde suspendiert und auf halben Lohn gesetzt
halfpence ['heɪpᵊn(t)s] *n,* **halfpenny** ['heɪpeni] *n* (*hist*) halber Penny
halfpennyworth ['heɪpniwəθ] *n* BRIT, **ha'p'orth** ['heɪpəθ] *n* BRIT ❶ (*hist: worth a halfpenny*) **a ~ of sth** etw für einen halben Penny; ***he bought a ~ of chocolate*** er kaufte sich für einen halben Penny Schokolade
❷ (*fam or dated: small amount*) ein kleines bisschen; [**not**] **a ~ of difference** BRIT (*fam or dated*) nicht der geringste Unterschied
half-price **I.** *adj* ▪**at ~** zum halben Preis *nach n;* ***these books were ~ in the sale*** diese Bücher waren im Schlussverkauf um die Hälfte reduziert **II.** *adv* zum halben Preis **half-seas-over** *adj* BRIT (*sl: drunk*) beduselt *fam* **half-sister** *n* Halbschwester *f* **half-size** **I.** *n* Zwischengröße *f,* halbe Größe **II.** *adj* halb so groß **half-staff** *n* AM (*half-mast*) halbmast **half step** *n* AM MUS (*semitone*) Halbton *m* **half-term** *n Ferien nach ca. der Hälfte eines Trimesters;* ▪**at ~** in den Trimesterferien **half-timbered** *adj* Fachwerk-, aus Fachwerk *präd;* **a ~ house** ein Fachwerkhaus *nt* **half-time** **I.** *n* ❶ SPORTS Halbzeit *f;* (*break*) Halbzeitpause *f;* **at ~** zur [*o* bei] Halbzeit ❷ (*work*) Kurzarbeit *f;* **to be put on ~** kurzarbeiten müssen **II.** *n modifier* (*results, score*) Halbzeit- **III.** *adv* halbtags; **to work ~** halbtags arbeiten **half-title** *n* PUBL Schmutztitel *m,* Kurztitel *m* **half-tone** *n* ❶ (*printing method*) Halbtonverfahren *nt;* (*picture*) Halbtonbild *nt;* **in ~** nach dem Halbtonverfahren erzeugt ❷ AM MUS (*semitone*) Halbton *m* **half-track** *n* ❶ (*propulsion system*) Halbkettenantrieb *m* ❷ (*vehicle*) Halbkettenfahrzeug *nt* **half-tracked** *adj* Halbketten-; ~ **vehicle** Halbkettenfahrzeug *nt* **half-truth** *n* Halbwahrheit[en] *f[pl]* **half-volley** *n* TENNIS Halfvolley *m,* Halbflugball *m*
halfway **I.** *adj attr, inv* Mittel-, halb; ***at ~ point of the race*** nach der Hälfte des Rennens; ***by the ~ stage of the final round his lead had fallen to three*** in der Mitte der letzten Runde war seine Führung auf drei Punkte zurückgegangen; ~ **state** Zwischenstadium *nt*
II. *adv inv* in der Mitte; ***York is ~ between Edinburgh and London*** York liegt auf halber Strecke zwischen Edinburgh und London; ***she started feeling sick ~ through dinner*** mitten beim Abendessen wurde ihr übel; ~ **decent** (*fig fam*) halbwegs anständig *fam;* ***he's incapable of producing anything even ~ decent*** er bekommt nicht einmal etwas halbwegs Anständiges zustande; **to go ~ towards** (*fig*) den halben Weg entgegengehen; ***the management's proposals don't even go ~ towards meeting our demands*** die Vorschläge der Geschäftsleitung erfüllen unsere Forderungen nicht einmal halbwegs; **to meet sb ~** (*fig*) jdm [auf halbem Weg] entgegenkommen; ~ **down** in der Mitte +*gen;* ***the diagram is ~ down page 27*** das Diagramm befindet sich auf Seite 27 Mitte; ~ **through the year** nach der ersten Jahreshälfte; ~ **up** auf halber Höhe; ~ ***up the mountain she began to feel tired*** als sie den Berg zur Hälfte bestiegen hatte, wurde sie langsam müde
halfway house *n* ❶ (*inn*) Rasthaus *nt* [auf halbem Weg] ❷ (*compromise*) Kompromiss *m; of thing* Mittelding *nt* ❸ (*rehabilitation centre*) Rehabilitationszentrum *nt;* (*for prisoners*) offene Anstalt **halfway line** *n* SPORTS Mittellinie *f* **half-wit** *n* (*pej*) Dumm-

kopf *m pej,* Schwachkopf *m pej* **half-witted** *adj* (*pej*) dumm, schwachsinnig *pej* **half-year** *n* Halbjahr *nt* **half-yearly** I. *adj* halbjährlich; ~ **report** Halbjahresbericht *m* II. *adv* halbjährlich, jedes [*o fam* alle] halbe Jahr

halibut <*pl* – *or* -s> ['hælɪbət] *n* Heilbutt *m*

Haligonian [hælɪ'goʊniən] *n* CAN Bewohner(in) *m(f)* von Halifax und Nova Scotia

halitosis [ˌhælɪ'təʊsɪs, AM -'toʊ-] *n no pl* (*spec*) Mundgeruch *m,* Halitosis *f fachspr*

hall [hɔ:l] *n* 1 (*room by front door*) Korridor *m,* Diele *f,* Flur *m*
2 (*large public building*) Halle *f;* (*public room*) Saal *m;* **bingo** ~ Bingosalon *m,* Spielsalon *m;* **church** [*or* **village**] ~ Gemeindesaal *m,* Gemeindehaus *nt;* **concert** ~ Konzerthalle *f;* **music** ~**s** Varietee *nt;* **school** ~ Aula *f;* **town** [*or* AM **city**] ~ Rathaus *nt*
3 (*large country house*) Herrenhaus *nt,* Herrensitz *m;* ***Bramhall H~ is an old mansion*** Haus Bramhall ist ein altes Herrenhaus
4 (*student residence*) [Studenten]wohnheim *nt;* ~ **of residence** [Studenten]wohnheim *nt;* **to live in** ~[**s**] im Wohnheim wohnen
5 BRIT SCH (*dining room*) Speisesaal *m,* Mensa *f;* (*meal*) [Mensa]essen *nt*

hallelujah [ˌhælɪ'lu:jə] I. *interj* halleluja; (*hum fam*) Gott sei Dank! *fam*
II. *n* Halleluja *nt;* (*fig*) Jubel *m*

hallmark ['hɔ:lmɑ:k, AM -mɑ:rk] I. *n* 1 BRIT (*on precious metals*) Feingehaltsstempel *m,* Repunze *f fachspr*
2 (*distinctive feature*) Kennzeichen *nt;* *of excellence* Gütesiegel *nt;* ***the blast bore all the ~s of a terrorist attack*** die Explosion hatte alle Anzeichen eines terroristischen Anschlags; ***her ~ in business is her personal involvement with all her clients*** beruflich zeichnet sie sich dadurch aus, dass sie sich jedem ihrer Klienten persönlich annimmt
II. *vt* ■**to ~ sth** etw stempeln; **to ~ gold** Gold repunzieren *fachspr*

hallo[1] *interj esp* BRIT *see* **hello**

hallo[2] *n* ECON, FIN **golden** ~ *Einstandszahlung an einen abgeworbenen leitenden Angestellten*

hall of fame *n esp* AM Ruhmeshalle *f;* (*fig*) Reihe *f* der Berühmtheiten; ***to guarantee your presence in the H~ of Fame of sports you need to win more than once*** um zu den Berühmtheiten des Sports zu gehören, musst du mehr als einmal gewinnen

halloo [hə'lu:] I. *interj* 1 *esp* BRIT HUNT horrido
2 (*call*) hallo
II. *n esp* BRIT HUNT Horrido *nt*
III. *vi* hallo rufen
IV. *vt esp* BRIT ■**to ~ an animal** *dog* ein Tier [auf etw *akk*] hetzen

hallow ['hæləʊ, AM -loʊ] *vt* (*form*) ■**to ~ sb/sth**
1 (*consecrate*) jdn/etw heiligen [*o* weihen]
2 (*revere*) jdn/etw verehren

hallowed ['hæləʊd, AM -loʊd] *adj* 1 (*approv: venerated*) [als heilig] verehrt; ~ ***be Thy name*** geheiligt werde Dein Name; ~ **ground** geweihter Boden
2 (*fig: respected*) verehrt, gefeiert; ~ **names** [alt]ehrwürdige Namen; ~ **traditions** geheiligte Traditionen

Halloween [ˌhæləʊ'wi:n, AM -loʊ'-] *n* Halloween *nt* (*31. Oktober, Tag vor Allerheiligen, an dem man maskiert und in Verkleidung Partys feiert oder andere Streiche spielt*)

hall porter *n* BRIT Portier *m* **hall-stand** *n* Flurgarderobe *f*

hallucinate [hə'lu:sɪneɪt] *vi* halluzinieren; (*fig*) Wahnvorstellungen haben

hallucination [həˌlu:sɪ'neɪʃən] *n no pl* 1 (*act of perceiving*) Halluzinieren *nt*
2 (*illusion*) Halluzination *f;* (*fig*) Wahnvorstellung *f*

hallucinatory [hə'lu:sɪnətəri, AM -tɔ:ri] *adj* 1 MED (*inducing hallucinations*) halluzinatorisch, halluzinogen *fachspr;* ***LSD is*** ~ LSD löst Halluzinationen aus; ~ **drug** Droge, die Halluzinationen auslöst
2 (*illusory*) halluzinatorisch; **a ~ fantasy** ein Hirngespinst *nt*
3 (*resembling a hallucination*) *effect, image* halluzinatorisch

hallucinogen [ˌhælu:'sɪnədʒən, AM hə'lu:sɪn-] *n* MED Halluzinogen *nt fachspr*

hallucinogenic [həˌlu:sɪnə(ʊ)'dʒenɪk, AM -noʊ'-] *adj* MED halluzinogen *fachspr*

hallway ['hɔ:lweɪ] *n* Korridor *m,* Diele *f,* Flur *m*

halo <*pl* -s *or* -es> ['heɪləʊ, AM -loʊ] I. *n* 1 (*light around head*) Heiligenschein *m a. hum*
2 (*glory*) Nimbus *m kein pl*
3 ASTRON (*light circle*) Hof *m,* Halo *m fachspr*
4 (*circle*) Ring *m;* ~ **of light** Lichtkranz *m*
5 COMPUT Lichthof *m*
II. *vt* (*also fig*) ■**to ~ sb/sth** jdn/etw mit einem Heiligenschein umgeben

halogen ['hælədʒen, AM -loʊ-] *n* Halogen *nt* **halogen bulb** *n* Halogenglühbirne *f* **halogen hob** *n* BRIT Halogenkochfeld *nt* **halogen lamp** *n* Halogenlampe *f*

halt[1] [hɒlt, AM hɔ:lt] I. *n no pl* 1 (*stoppage*) Stillstand *m,* Stopp *m;* **to bring sth to a** ~ etw zum Stillstand bringen; **to call a ~ [to sth]** [einer S. *dat*] ein Ende machen; ***the government has called a ~ to the fighting*** die Regierung hat zur Beendigung der Kämpfe aufgerufen; **to come to a** ~ zum Stehen kommen; **to grind** [*or* **screech**] **to a** ~ quietschend zum Stehen kommen; **to grind to a** ~ (*fig*) zum Erliegen kommen *geh,* lahm gelegt werden; ***if traffic increases, the city will grind to a*** ~ wenn der Verkehr zunimmt, kommt die Stadt zum Erliegen
2 (*interruption*) Unterbrechung *f;* (*break*) Pause *f,* Rast *f;* MIL Halt *m;* **to have a** ~ eine Pause einlegen
3 BRIT RAIL (*small station*) Haltestelle *f*
4 COMPUT Halt *m*
II. *vt* ■**to ~ sb/sth** jdn/etw zum Stillstand bringen; ■**to ~ sth** COMPUT etw anhalten; ***the trial was ~ed when a member of the jury died*** durch den Tod eines Jurymitglieds geriet der Prozess ins Stocken; **to ~ a fight** einen Kampf beenden
III. *vi* 1 (*stop*) zum Stillstand kommen, anhalten; ***production has ~ed at all the company's factories*** die Produktion ist in allen Fabriken der Firma zum Erliegen gekommen
2 (*break*) eine Pause machen, innehalten *geh;* MIL Halt machen
IV. *interj* halt

halt[2] [hɒlt, AM hɔ:lt] I. *vi* 1 (*speak hesitatingly*) stocken, holpern
2 (*hesitate*) zögern; ***the politician ~ed between two views*** der Politiker schwankte zwischen zwei Ansichten
3 (*old: limp*) hinken
II. *adj* (*old*) lahm
III. *n* (*old*) ■**the** ~ die Lahmen

halt condition *n* COMPUT Haltbedingung *f*

halter ['hɒltəʳ, AM 'hɔ:ltɚ] I. *n* 1 (*for horse*) Halfter *nt;* (*for cattle*) Strick *m*
2 AM FASHION Nackenband *nt;* (*shirt*) rückenfreies Oberteil (*mit Nackenverschluss*)
3 (*for hanging*) Strick *m*
II. *vt* **to ~ a horse** ein Pferd halftern

halterneck I. *n* BRIT rückenfreies Oberteil (*mit Nackenverschluss*) II. *adj* rückenfrei; **a ~ dress** ein rückenfreies Kleid (*mit Nackenverschluss*) **halter top** *n* AM (*halterneck*) rückenfreies Oberteil (*mit Nackenverschluss*)

halting ['hɒltɪŋ, AM 'hɔ:lt-] *adj* (*hesitant*) zögernd; *of language* holp[e]rig; ~ **gait** unsicherer Gang; ~ **speech** stockende Redeweise

haltingly ['hɒltɪŋli, AM 'hɔ:lt-] *adv* zögernd; **to speak** ~ stockend sprechen; **to walk** ~ unsicher gehen

halt instruction *n* COMPUT Haltbefehl *m*

halve [hɑ:v, AM hæv] I. *vt* ■**to ~ sth** 1 (*cut in two*) etw halbieren
2 (*lessen by 50 per cent*) um die Hälfte reduzieren; ***her jail sentence was ~d after appeal*** nach der Berufung wurde ihre Gefängnisstrafe auf die Hälfte verkürzt
II. *vi* sich *akk* halbieren; ***profits nearly ~d to £5m*** die Gewinne haben sich um fast die Hälfte auf 5 Millionen Pfund halbiert

halves [hɑ:vz, AM hævz] *n pl of* **half**

halyard ['hæljəd, AM -jɚd] *n* NAUT Fall *nt,* Flaggleine *f*

ham [hæm] I. *n* 1 *no pl* (*cured pork meat*) Schinken *m;* **a slice of** ~ eine Scheibe Schinken
2 ANAT *of animal* [Hinter]keule *f;* (*fam*) *of person* [hinterer] Oberschenkel
3 THEAT (*pej sl: bad actor*) Schmierenkomödiant(in) *m(f);* (*bad acting*) Schmierentheater *nt*
4 (*fam: non-professional radio operator*) Amateurfunker(in) *m(f);* **radio** ~ Amateurfunker(in) *m(f)*
II. *n modifier* 1 (*made with ham*) Schinken-; ~ **sandwich** Schinkenbrot *nt*
2 (*incompetently acting*) Schmieren-; ~ **actor** Schmierenkomödiant(in) *m(f)*
III. *vt* THEAT, FILM **to ~ it up** übertrieben darstellen, zu dick auftragen *fam*

hamburger ['hæmˌbɜ:gəʳ, AM -ˌbɜ:rgɚ] *n* FOOD 1 (*cooked*) Hamburger *m* 2 *no pl* AM (*raw*) Hackfleisch *nt* (*für Hamburger*) **hamburger stand** *n* Hamburgerstand *m*

ham-fisted *adj esp* BRIT, AUS (*pej*), **ham-handed** *adj* AM (*pej*) ungeschickt; *action* plump *pej;* ***you are far too ~ to become a surgeon!*** mit deinen zwei linken Händen kannst du doch kein Chirurg werden!

hamlet ['hæmlət] *n* Weiler *m*

hammer ['hæməʳ, AM -ɚ] I. *n* 1 (*tool*) Hammer *m;* ~ **and sickle** Hammer und Sichel; **to come** [*or* **go**] **under the** ~ versteigert werden, unter den Hammer kommen *fam*
2 (*part of gun*) [Abzugs]hahn *m*
3 SPORTS [Wurf]hammer *m;* [**throwing**] **the** ~ das Hammerwerfen
▶ PHRASES: **to go at sth ~ and tongs** (*work hard*) sich *akk* [mächtig] ins Zeug legen *fam;* (*argue*) sich *akk* streiten, dass die Fetzen fliegen *fam*
II. *vt* 1 (*hit*) ■**to ~ sth** *nail* etw einschlagen; (*hit hard*) etw schlagen; (*with hammer*) etw hämmern; ***the batsman ~ed the ball into the outfield*** der Schlagmann schlug den Ball mit Wucht ins Außenfeld; **to ~ a nail** [**into sth**] einen Nagel [in etw *akk*] einschlagen; **to ~ sth into sb** [*or* **into sb's head**] (*fig*) jdm etw einhämmern [*o* einbläuen] *fam*
2 (*fam: defeat*) ■**to ~ sb** jdm eine Schlappe beibringen *fam,* jdn haushoch überlegen sein; MIL jdn vernichtend schlagen; ***France ~ed Italy 6–1*** Frankreich war Italien mit 6:1 haushoch überlegen
3 BRIT STOCKEX (*sl*) ■**to ~ sb** jdn für zahlungsunfähig erklären
4 ECON ■**to ~ sth** *price* etw drücken; *business* etw schaden; ***share prices have been ~ed by the latest economic statistics*** die Aktienpreise wurden durch die jüngsten Wirtschaftsstatistiken nach unten gedrückt; ***business has been ~ed by recession*** die Rezession schadet dem Geschäft
5 (*criticize*) ■**to ~ sth** [**for sth**] etw [wegen einer S. *gen*] verreißen; **to be ~ed by sb** [**for sth**] von jdm [wegen einer S. *gen*] zur Schnecke [*o* SÜDD *sl* Sau] gemacht werden
6 (*become very drunk*) **to be/get ~ed** [**on sth**] (*fam*) [von etw *dat*] besoffen sein/werden *sl*
▶ PHRASES: **to ~ sth home** einer S. *dat* Nachdruck verleihen, etw mit Nachdruck zu verstehen geben; ***the advertising campaign tries to ~ home that smoking is a health risk*** die Werbekampagne versucht den Leuten einzubläuen, dass Rauchen gesundheitsgefährdend ist
III. *vi* hämmern *a. fig;* ■**to ~ at** [*or* **on**] **sth** gegen etw *akk* hämmern

◆**hammer away** *vi* ■**to ~ away at sth** (*work hard*) sich *akk* mit etw *dat* plagen; (*think hard*) sich *dat* über eine S. *akk* den Kopf zerbrechen; ***Mark's been ~ing away at his homework all weekend*** Mark ist das ganze Wochenende über seinen Hausaufgaben gesessen

◆**hammer down** *vt* ■**to ~ down** ↔ **sth** etw festhämmern; **to ~ down a nail** einen Nagel einschlagen

◆**hammer in** *vt* ■**to ~ sth** ↔ **in** 1 (*hit*) etw ein-

schlagen [*o* einhämmern]; ***he ~ed in the ball*** (*fig*) er hämmerte den Ball ins Tor *fam;* **to ~ in a nail** einen Nagel einschlagen
❷ (*fig: urge*) [jdm] etw einhämmern [*o* einbläuen] *fam*
◆**hammer out** *vt* ■**to ~ sth** ⇄ **out** ❶ (*shape metal*) etw [glatt] hämmern; **to ~ out a dent** eine Delle ausbeulen
❷ (*find solution*) etw aushandeln; *difficulties* etw bereinigen; ***the employers are threatening to abandon procedures that have been ~ed out over the years*** die Arbeitgeber drohen damit, von Verfahren Abstand zu nehmen, die über Jahre hinweg mühsam erarbeitet wurden; **to ~ out a plan** einen Plan ausarbeiten; **to ~ out a settlement** einen Vergleich aushandeln
❸ (*fig: play loudly on piano*) *tune* etw hämmern
hammer beam *n* Stichbalken *m* **hammer drill** *n* Schlagbohrmaschine *f* **hammerhead** *n* Hammerhai *m*
hammering ['hæmᵊrɪŋ, AM -ɚ-] *n* ❶ (*using hammer*) Hämmern *nt*
❷ SPORTS, ECON (*fam: decisive defeat*) Schlappe *f fam;* ***you should have seen the ~ I gave her in the second game*** du hättest sehen müssen, wie ich sie im zweiten Spiel fertig gemacht habe; **to take a ~** eine Schlappe einstecken [müssen]
❸ (*heavy losses*) schwere Verluste *fpl;* **to suffer/take a ~** schwere Verluste erleiden/hinnehmen müssen
❹ (*criticism*) Beschuss *m fam;* **to take a ~** Federn lassen [müssen] *fam*
❺ STOCKEX (*on London Stock Exchange*) Insolvenzfeststellung *f*
❻ AM STOCKEX (*selling of stock*) massive Verkäufe an der Börse
hammer throwing *n no pl* SPORTS Hammerwerfen *nt* **hammer toe** *n* Hammerzehe *f*, Hammerzeh *m*
hammock ['hæmək] *n* Hängematte *f*
hammy ['hæmi] *adj* ❶ (*of ham*) schinkenartig, Schinken-; **~ taste** Schinkengeschmack *m*
❷ (*pej*) *acting* übertrieben theatralisch, zu dick aufgetragen *fam*
hamper¹ ['hæmpəʳ, AM -ɚ] *n* ❶ (*large basket*) [Deckel]korb *m;* [**picnic**] **~** Picknickkorb *m*
❷ BRIT, AUS (*basket for presents*) Geschenkkorb *m;* (*for food*) Präsentkorb *m*
❸ AM (*basket for dirty linen*) Wäschekorb *m*
hamper² ['hæmpəʳ, AM -ɚ] *vt* ❶ (*restrict*) ■**to ~ sth** etw verhindern; ■**to ~ sb** jdn hindern
❷ (*limit extent of activity*) ■**to ~ sb** jdn behindern, jdm Schwierigkeiten bereiten; ■**to ~ sth** etw behindern [*o* erschweren]
❸ (*disturb*) ■**to ~ sb** jdn stören
hamster ['hæm(p)stəʳ, AM -ɚ] *n* Hamster *m;* **idea ~** (*fig*) Ideenbündel *nt fam*
hamstring ['hæmstrɪŋ] **I.** *n* ANAT Kniesehne *f; of animal* Achillessehne *f;* **strained ~** gezerrte Kniesehne; **to pull a ~** sich *dat* eine Kniesehnenzerrung zuziehen
II. *vt* <-strung, -strung> *usu passive* ❶ (*cut the tendon*) ■**to ~ sb/an animal** jdm/einem Tier die Knie-/Achillessehne durchschneiden
❷ (*fig: prevent*) ■**to ~ sth** etw lähmen [*o* lahm legen]; *attempt, plan* etw vereiteln; **to be hamstrung** lahm liegen, lahm gelegt sein; ***a lack of funds has hamstrung restoration work on the church*** wegen mangelnder Gelder sind die Restaurationsarbeiten an der Kirche lahm gelegt
hamstring injury *n* Kniesehnenverletzung *f*

hand [hænd]

I. NOUN

❶ ANAT Hand *f;* ***all these toys are made by ~*** das ganze Spielzeug ist handgemacht; ***get*** [*or* ***keep***] ***your ~s off!*** Hände [*o fam* Pfoten] weg!; ***~s up!*** Hände hoch!; ***~s up who wants to come!*** Hand hoch, wer kommen will; ***he had his ~s in his pockets*** er hatte die Hände in den Hosentaschen; ***they were just holding ~s*** sie hielten doch nur Händchen; ***the letter was delivered by ~*** der Brief wurde durch einen Boten überbracht; ***the student put up her ~*** die Schülerin meldete sich; **to crawl on ~s and knees** auf allen vieren kriechen; **to get down on one's ~s and knees** auf die Knie gehen; **pen in ~** mit gezücktem Stift; **to have one's ~s full** die Hände voll haben; **to be good with one's ~s** geschickte Hände haben, manuell geschickt sein; **in one's** [**left/right**] **~** in der [linken/rechten] Hand; **to get one's ~s dirty** (*also fig*) sich *dat* die Hände schmutzig machen; **to change ~s** (*fig*) in andere Hände übergehen; **to do sth by ~** (*not by machine*) *work* etw von Hand machen; *product* etw von Hand fertigen; **to hold sb's ~** jdm die Hand halten; **to keep one's ~s off sth** die Finger von etw *dat* lassen; ■**to keep one's ~s off sb** die Hände von jdm lassen; **to put sth into sb's ~s** jdm etw in die Hand geben; **to shake ~s with sb, to shake sb's ~** jdm die Hand schütteln; (*done when introducing*) sich *dat* die Hand geben; **to take sth out of sb's hands** jdm etw aus der Hand nehmen; **to take sb by the ~** jdn an die [*o* bei der] Hand nehmen; **to lead sb by the ~** jdn an der Hand führen; **~ in ~** Hand in Hand; (*give assistance*) jdn bei der Hand nehmen
❷ (*needing attention*) ■**at ~** vorliegend; **the job at ~** die Arbeit, die zu tun ist; **the problem in ~** das anstehende Problem; **the matter in ~** die vorliegende Angelegenheit
❸ (*at one's disposal*) ■**in ~** bei der Hand, verfügbar; ***he had a lot of money in ~*** er hatte viel Geld zur Verfügung
❹ (*close, within reach*) **at** [*or* **to**] **~** nah, in Reichweite; **to ~** COMM zur Hand; **to keep sth close at ~** etw in Reichweite haben; **to keep sth ready at ~** etw bereithalten; **to be at ~** zur Verfügung stehen, verfügbar sein; ***we want to ensure that help is at ~ for all*** wir wollen sicherstellen, dass allen geholfen werden kann; **to have sth to ~** etw zur Verfügung haben; ***he uses whatever materials come to ~*** er verwendet einfach alle Materialien, die ihm in die Hände kommen; **to have sth on one's ~s** etw an der Hand haben, über etw *akk* verfügen; ***she's got a lot of work on her ~s*** sie hat wahnsinnig viel zu tun; ***he's got a lot of time on his ~s*** er hat viel Zeit zur Verfügung; ***we've got a problem on our ~s*** wir haben ein Problem am Hals
❺ (*at one's service*) ■**on ~** (*available*) bereit, zur Verfügung; ***my bank always has an advisor on ~*** in meiner Bank steht den Kunden immer ein Berater zur Verfügung
❻ (*responsibility, involvement*) Hand *f;* ***it's the ~ of fate*** das ist die Hand des Schicksals; ■**at** [*or* **by**] **the ~s of sb/sth** durch jdn/etw; ***my life is in your ~s*** mein Leben liegt in Ihren Händen; ***your life is in your own ~s*** Sie haben Ihr Leben selbst in der Hand; **to be in good** [*or* **excellent**] **~s** in guten Händen sein; **to be in safe ~s** in sicheren Händen sein; **to get sb/sth off one's ~s** jdn/etw los sein; ***we can relax now that we've got the kids off our ~s*** jetzt wo man uns die Kinder abgenommen hat, können wir etwas ausspannen; **to have a ~ in sth** bei etw *dat* seine Hand [*o* die Finger] [mit] im Spiel haben, bei etw *dat* mitmischen; ***it is thought that terrorists had a ~ in this explosion*** man geht davon aus, dass der Bombenanschlag auf das Konto von Terroristen geht; **to leave sth/sb in sb's ~s** jdm etw überlassen/jdn in jds Obhut lassen; **to put sth into the ~s of sb/sth** jdm/etw etw übergeben [*o* überlassen]; ***there's no more we can do except leave it in the solicitor's ~s*** jetzt können wir nichts weiter tun als alles dem Anwalt zu überlassen; ***my ~s are tied*** mir sind die Hände gebunden
❼ (*control, power*) ■**sth is in ~** (*receiving attention, being arranged*) für etw *akk* ist gesorgt; **to be well in ~** gut laufen *fam;* **to have sth well in ~** etw gut im Griff haben; **a firm ~** eine [ge]strenge Hand; **to fall into the wrong ~s** in die falschen Hände geraten [*o* gelangen]; **to be in/out of sb's ~s** unter/außerhalb jds Kontrolle sein; ***it's in your ~s now, you deal with it*** das liegt jetzt in deiner Hand, du bearbeitest das; **to have everything in ~** alles unter Kontrolle haben; **to get out of ~** *situation, matter* außer Kontrolle geraten; *children* nicht mehr zu bändigen sein; ***the horse got out of ~*** ich/er, usw. verlor die Kontrolle über das Pferd; ***the party got out of hand*** die Party ist ausgeartet; **to have sth in ~** etw unter Kontrolle haben; **to take sb/sth in ~** sich *dat* jdn/etw vornehmen
❽ (*assistance*) Hilfe *f;* ***would you like a ~ with that bag?*** soll ich Ihnen helfen, die Tasche zu tragen?; ***would you like a ~ carrying those bags?*** soll ich Ihnen beim Tragen der Taschen helfen?; **to give** [*or* **lend**] **sb a ~** [**with sth**] jdm [bei etw *dat*] helfen [*o* behilflich sein]; **to** [**be able to**] **use a ~ with sth** *esp* AM bei etw *dat* Hilfe gebrauchen [können]
❾ (*manual worker*) Arbeiter(in) *m(f)*, Kraft *f*, Mann *m;* ***how many extra ~s will we need?*** wie viele Leute brauchen wir extra?; (*sailor*) Matrose *m;* **factory ~** ungelernter Fabrikarbeiter/ungelernte Fabrikarbeiterin
❿ (*skillful person*) Könner(in) *m(f);* [**to be**] **a dab ~ at sth** ein Könner/eine Könnerin auf seinem/ihrem Gebiet [sein], ein Geschick *nt* für etw *akk* haben; ***he's quite a ~ at wallpapering*** er ist ziemlich gut beim Tapezieren; ***he's a real Russia ~*** er ist ein echter Russlandkenner; ***I'm an old ~ at …*** ich bin ein alter Hase im/in der …; **to be good with one's ~s** handfertig sein; **to keep one's ~ in** (*stay in practice*) in Übung bleiben; **to turn one's ~ to sth** sich *akk* an etw *akk* machen; ***Jane can turn her ~ to just about anything*** Jane gelingt einfach alles, was sie anpackt
⓫ (*on clock, watch*) Zeiger *m;* **minute ~** Minutenzeiger *m;* **the big/little ~** der große/kleine Zeiger
⓬ CARDS Blatt *nt;* **to deal a ~** ein Blatt *nt* austeilen; **to show one's ~** seine Karten [*o* sein Blatt] zeigen; **a ~ of poker** eine Runde Poker
⓭ (*horse measurement*) Handbreit *f*
⓮ (*handwriting*) Handschrift *f;* **in sb's ~** in jds Handschrift; ***the note was written in someone else's ~*** jemand anders hatte die Nachricht geschrieben
⓯ (*applause*) **to give sb a big ~** jdm einen großen Applaus spenden, jdn mit großem Beifall begrüßen
⓰ (*without consideration*) ■**out of ~** kurzerhand, mir nichts dir nichts *fam;* ***they rejected any negotiations out of ~*** sie schlugen jedwelche Verhandlungen kurzerhand aus
⓱ COMM (*unsold*) **goods left on ~** unverkaufte Ware
⓲ FIN **note of ~** Schuldschein *m*
⓳ COMPUT **~s off** automatisches System; **~s on** operatorbedientes System
▶ PHRASES: **a bird in the ~** [**is worth two in the bush**] (*prov*) ein Spatz in der Hand ist besser als die Taube auf dem Dach *prov;* **to be ~ in glove** [**with sb**] [*or* AM **~ and ~**] [mit jdm] unter einer Decke stecken *pej;* **to lose/make money ~ over fist** Geld schnell verlieren/scheffeln; **to live from ~ to mouth** von der Hand in den Mund leben, sich *akk* gerade so durchschlagen *fam*, gerade so über die Runden kommen *fam;* **to only have one pair of ~s** auch nur zwei Hände haben; **to put** [*or* **dip**] **one's ~ in the till** in die Kasse greifen, einen Griff in die Kasse tun; **many ~s make light work** (*prov*) viele Hände machen der Arbeit bald ein Ende *prov;* **to keep a firm ~ on sth** etw fest im Griff behalten; **at first/second ~** aus erster/zweiter Hand; **to have one's ~s full** jede Menge zu tun haben; **on the one ~ … on the other** [**~**] … einerseits … andererseits; **with one ~ tied** ***I could beat you with one ~ tied*** ich könnte dich mit links schlagen; **to have one's ~s tied** nichts tun können; **my ~s have been tied** mir sind die Hände gebunden; **to ask for sb's ~ in marriage** (*form*) jdn um ihre/seine Hand bitten, jdm einen Heiratsantrag machen; **to eat out of sb's ~s** jdm aus der Hand fressen; **to get one's ~s on sb** jdn zu fassen kriegen *fam*, jdn schnappen *fam;* **to go ~ in ~** [**with sth**] Hand in Hand gehen [mit etw *dat*]; **to have got** [**sb**] **on one's ~s** [mit jdm] zu tun

H

haben; **to lay** [*or* **get**] [*or* **put**] **one's ~s on sth** etw erwerben [*o* erstehen] [*o fam* kriegen]; **to put in ~** *esp* Brit ausführen; ***all hospitals now have disaster plans to put in ~*** allen Krankenhäusern stehen jetzt Katastrophenvorkehrungen zur Verfügung; **to wait on sb ~ and foot** jdn von vorne bis hinten bedienen; **to win ~s down** spielend [*o* mit links] gewinnen

II. TRANSITIVE VERB

■**to ~ sb sth** [*or* **to ~ sth to sb**] jdm etw [über]geben [*o* [über]reichen]

► Phrases: **to ~ sb a line** [*or* **a line to sb**] (*fam*) jdn anlügen; (*less seriously*) jdn anschwindeln; **you've got to ~ it to sb** man muss es jdm lassen

◆**hand back** *vt* ① (*give back*) ■**to ~ sth ↔ back** etw zurückgeben; ■**to ~ sb sth ↔ back** [*or* **sth back to sb**] jdm etw zurückgeben [*o* wiedergeben]

② TV (*return broadcasting to studio*) ■**to ~ sb back** [**to sth**] jdn [an etw *akk*] zurückgeben

◆**hand down** *vt* ■**to ~ sth ↔ down** ① *usu passive* (*pass on*) *skills, heirlooms* etw weitergeben [*o* vererben]; *tradition* etw überliefern; ■**to ~ sth down** [*or* **down sth**] **to sb** jdm etw vererben; **to ~ sth down from one generation to another** etw von Generation zu Generation [*o* einer Generation zur anderen] weitergeben

② *esp* Am Law (*make decision public*) etw verkünden; **to ~ down judgement on sb** das Urteil über jdn verkünden; **to ~ down a sentence to sb** eine Strafe über jdn verhängen

◆**hand in** *vt* ■**to ~ sth ↔ in** ① (*deliver completed task*) etw einreichen; **to ~ in one's homework/a report** seine Hausaufgaben/einen Bericht abgeben

② (*resign*) **to ~ in one's notice/resignation** seine Kündigung/seinen Rücktritt einreichen

③ (*return*) etw einreichen [*o* vorlegen]; (*give to authority*) etw aushändigen; ***they ~ed in their weapons to the police*** sie händigten ihre Waffen der Polizei aus; **to ~ in books** Bücher abgeben

◆**hand on** *vt* ■**to ~ sth ↔ on** [**to sb**] ① (*pass through family*) [jdm] etw vererben

② (*pass on*) etw [an jdn] weitergeben [*o* weiterreichen]

◆**hand out** *vt* ■**to ~ sth ↔ out** [**to sb**] ① (*distribute*) etw [an jdn] austeilen [*o* verteilen]; ***would you ~ the cake out?*** würdest du den Kuchen austeilen?

② (*give*) [jdm] etw geben; ***the teacher ~ed out our next homework*** der Lehrer gab uns unsere nächste Hausaufgabe; **to ~ out advice** [**to sb**] [jdm] Rat geben

③ (*set legal punishment*) etw [über jdn] verhängen; **to ~ out a punishment/sentence** eine Strafe/ein Urteil verhängen

◆**hand over** *vt* ① (*pass*) ■**to ~ over ↔ sth** [**to sb**] [jdm] etw herüber-/hinüberreichen; (*present*) [jdm] etw übergeben [*o geh* überreichen]; **to ~ over a cheque** [*or* Am check] einen Scheck überreichen

② TV, Radio ■**to ~ sb over to sb/sth** (*transfer conversation*) jdn an jdn/etw weitergeben [*o* übergeben]; (*refer to competent person*) jdn an jdn/etw verweisen; (*on the telephone*) jdn mit jdm/etw verbinden; ***with that I'll ~ you over to Frank in London*** damit schalte ich zurück an Frank in London

③ (*transfer authority, control*) ■**to ~ sth over to sb** jdm etw übergeben, etw an jdn abtreten *geh;* ■**to ~ sb over** [**to sb**] jdn [an jdn] ausliefern; *person* jdn [jdm] übergeben; ***his father ~ed him over to the police*** sein Vater übergab ihn der Polizei; **to ~ oneself over to the police** sich *akk* der Polizei stellen

◆**hand round** *vt* Brit ■**to ~ round ↔ sth** etw herumreichen; **to ~ round papers** Prüfungsbögen austeilen

◆**hand up** *vt* ■**to ~ up ↔ sth** [**to sb**] [jdm] etw hinaufreichen

handbag *n* Handtasche *f* **hand baggage** *n no pl* Handgepäck *nt* **handball** *n* ① (*kind of sport*) Handball *m* ② Fball Handspiel *nt* **hand-barrow** *n* Brit Schubkarren *m* **handbasin** ['hænbeɪsᵊn] *n* Brit Waschbecken *nt* **handbell** *n* [Hand]glocke *f,* [Hand]schelle *f* **handbill** *n* Handzettel *m,* Flugblatt *nt* **handbook** *n* Handbuch *nt;* (*for tourists*) Führer *m;* **student ~** Vorlesungsverzeichnis *nt* **handbrake** *n* Handbremse *f;* **to put on/release the ~** die Handbremse ziehen/lösen

h. & c. *abbrev of* **hot and cold** [**water**] k.u.w.

handcart *n* Handkarren *m* **handclap** *n* Händeklatschen *nt;* ***a brief round of ~s*** ein kurzer Applaus **handclasp** *n* Am Händedruck *m* **handcraft** I. *n* Am (*handicraft*) [Kunst]handwerk *nt kein pl* II. *vt* ■**to ~ sth** etw kunsthandwerklich herstellen **handcrafts** *npl* Aus Kunsthandwerk *nt kein pl* **hand cream** *n* Handcreme *f*

handcuff ['hæn(d)kʌf] I. *vt* ■**to ~ sb** jdm Handschellen anlegen; ■**to ~ sb to sb/sth** jdn mit Handschellen an jdn/etw fesseln; (*fig*) jdn [in seiner Freiheit] beschränken; **to be ~ed by a contract** durch einen Vertrag gebunden sein

II. *n* ■**~s** *pl* Handschellen *fpl;* **in ~s** in Handschellen

hand-eye coordination *n* Sicht-Körper-Koordination *f*

handful ['hæn(d)fʊl] *n* ① (*quantity holdable in hand*) Handvoll *f;* ***he threw ~s of snow on her*** er bewarf sie händeweise mit Schnee; **a ~ of hair** ein Büschel *nt* Haare

② (*small number*) Handvoll *f;* ***only a ~ of people turned up for the party*** nur wenige Leute kamen zu der Party

③ *no pl* (*person hard to manage*) Nervensäge *f,* Plage *f;* ***she's a bit of a ~*** sie ist eine ziemliche Nervensäge

④ (*iron: a lot*) **quite** [*or* **rather**] **a ~** eine ganze Menge

hand grenade *n* Handgranate *f* **handgrip** ['hængrɪp] *n* ① (*handle*) Griff *m* ② (*handclasp*) Händedruck *m* ③ (*soft bag with handles*) Reisetasche *f* **handgun** *n* Handfeuerwaffe *f* **hand-held** I. *adj* tragbar; **a ~ camera** eine Handkamera; **~ computer** Taschencomputer *m* II. *n* tragbares Gerät **handhold** *n* Sports (*support*) Halt *m kein pl;* (*grip*) Haltegriff *m*

handicap ['hændɪkæp] I. *n* ① Sports (*help for weaker player*) Handicap *nt,* Handikap *nt,* [Ausgleichs]vorgabe *f;* (*race*) Vorgaberennen *nt*

② (*in golf*) Handicap *nt*

③ (*disadvantage*) Handikap *nt,* Handicap *nt,* Nachteil *m;* (*restriction*) Einschränkung *f*

④ (*disability*) Behinderung *f;* **mental/physical ~** geistige/körperliche Behinderung

II. *vt* <-pp-> (*restrict*) ■**to ~ sb/sth** jdn/etw beeinträchtigen; ■**to ~ sth** etw behindern [*o* erschweren]; ■**to ~ sb/oneself** jdn/sich *akk* behindern; (*disadvantage*) ■**to ~ sb** jdn benachteiligen

handicapped ['hændɪkæpt] I. *adj* behindert; **~ people** Behinderte *pl;* **mentally/physically ~** geistig/körperlich behindert

II. *n* ■**the ~** die Behinderten; **the mentally/physically ~** die geistig/körperlich Behinderten

handicraft ['hændɪkrɑːft, Am -kræft] I. *n esp* Am (*handicrafts*) [Kunst]handwerk *nt kein pl;* (*needlework, knitting*) Handarbeit *f*

II. *n modifier* handwerklich, Handwerks-; **~ class** Bastelkurs *m;* **~ skills** handwerkliche Fähigkeiten, Handfertigkeit *f*

handicrafts ['hændɪkrɑːfts, Am -kræfts] *npl* (*industry*) Kunsthandwerk *nt kein pl;* ***at the Craft Market you can buy a wide range of ~*** auf dem Kunstgewerbemarkt kann man eine Vielzahl kunsthandwerklicher Gegenstände kaufen

handily ['hændɪli] *adv* ① (*conveniently*) praktisch, günstig; ***the switch for the radio is ~ located next to the steering wheel*** der Schalter für das Radio befindet sich leicht erreichbar neben dem Lenkrad

② Am (*without difficulty*) mühelos, mit Leichtigkeit

handiness ['hændɪnəs] *n* ① (*skill*) Geschicklichkeit *f,* Geschick *nt*

② (*nearness*) günstige Lage

handiwork ['hændɪwɜːk, Am -wɜːrk] *n no pl* ① (*working*) handwerkliches Arbeiten; Sch (*subject*) *for girls* Handarbeiten *nt; for boys* Werken *nt;* **to do ~** handwerklich arbeiten; Sch handarbeiten/werken

② (*piece of manual work*) [Hand]arbeit *f;* (*work by a single person*) Werk *nt;* (*approv*) Meisterwerk *nt*

③ (*fig iron*) [Mach]werk *nt iron;* ***the broken window was John's ~*** das kaputte Fenster war Johns Werk

hand job *n* (*vulg*) **to do a ~** sich/jdm einen runterholen *vulg*

handkerchief ['hæŋkətʃiːf, Am -kɚtʃɪf] *n* Taschentuch *nt*

handle ['hændl] I. *n* ① (*handgrip to move objects*) Griff *m; of pot* Henkel *m; of door* Klinke *f; of handbag* Bügel *m;* **to turn a ~** eine [Tür]klinke hinunterdrücken

② (*sl: name with highborn connotations*) [Adels]titel *m*

③ Am (*on CB radio*) Deckname *m*

④ Comput (*in programming*) Dateinummer *f,* Handle *m*

⑤ Comput (*in a GUI*) Anfasser *m*

► Phrases: **to get a ~ on sth** (*get under control*) etw unter Kontrolle bringen; (*gain understanding of*) einen Zugang zu etw *dat* finden

II. *vt* ■**to ~ sth** ① (*feel, grasp an object*) etw anfassen; **~ with care, glass!** Vorsicht, Glas!

② (*move, transport sth*) etw befördern [*o* transportieren]

③ (*deal with, direct*) sich *akk* mit etw *dat* befassen; ***can you ~ it alone?*** schaffst du das alleine? *fam;* ***who ~s the marketing in your company?*** wer ist in Ihrer Firma für das Marketing zuständig?; **to ~ people** mit Menschen umgehen

④ (*discuss, write about*) etw behandeln, sich *akk* mit etw *dat* befassen; ***this writer ~s the subject of pornography very sensitively*** dieser Autor geht sehr behutsam mit dem Thema Pornographie um

⑤ *gun, knife* etw handhaben [*o* bedienen]; ***have you ever ~d a gun before?*** hattest du jemals eine Pistole in der Hand?; **to be able to ~ sth** mit etw *dat* umgehen können

⑥ *esp* Brit (*buy and sell*) mit etw *dat* handeln; ***we only ~ cosmetics which have not been tested on animals*** wir führen nur Kosmetikartikel, die nicht an Tieren getestet wurden

III. *vi + adv* sich *akk* handhaben lassen; ***this car ~s really well*** dieser Wagen lässt sich echt gut fahren

handlebar *n,* **handlebar moustache** *n* Schnäuzer *m,* gezwirbelter Schnauzbart **handlebars** *npl* Lenkstange *f,* Lenker *m*

handler ['hændləʳ, Am -ɚ] *n* ① (*dog trainer*) Hundeführer(in) *m(f),* Dresseur(in) *m(f)*

② *esp* Am (*counsellor*) Berater(in) *m(f)*

③ Comput (*section of operating system*) Treiber *m*

④ Comput (*software routine*) Handler *m,* Unterprogramm *nt*

handling ['hændlɪŋ] *n no pl* ① (*act of touching*) Berühren *nt*

② (*treatment*) Handhabung *f* (**of** +*gen*); *of person* Behandlung *f* (**of** +*gen*), Umgang *m* (**of** mit +*dat*); *of a theme* [literarische] Abhandlung; ***he made his reputation through his ~ of the Cuban missile crisis*** er erwarb sich seinen Ruf durch die erfolgreiche Bewältigung der Kubakrise

③ (*settlement*) Erledigung *f* (**of** +*gen*)

④ (*using a machine*) Umgang *m* (**of** mit +*dat*), Handhabung *f* (**of** +*gen*); *of vehicle* Fahrverhalten *nt;* ***power steering improves a car's ~*** eine Servolenkung erleichtert die Lenkung eines Autos

⑤ (*processing of material*) Verarbeitung *f* (**of** +*gen*); (*treating of material*) Bearbeitung *f* (**of** mit +*dat*)

handling charge *n,* **handling fee** *n* Bearbeitungsgebühr *f,* Umschlagspesen *pl;* Fin Kontoführungsgebühr *f*

handlist ['hændlɪst] *n* Leseliste *f,* Aufstellung *f* von Büchern

hand luggage *n no pl* Handgepäck *nt*

handmade *adj inv* handgefertigt, handgearbeitet; ***this pullover is ~*** dieser Pullover ist Handarbeit; ~

paper handgeschöpftes Papier **handmaid** *n,* **handmaiden** *n* ① (*liter or hist: servant*) Zofe *f hist,* Magd *f veraltet,* Dienerin *f*
② (*fig form: helper*) Handlanger(in) *m(f)* **hand-me-down I.** *n* abgelegtes Kleidungsstück; ***this suit is a ~ from my father*** diesen Anzug habe ich von meinem Vater geerbt **II.** *adj attr clothes* abgelegt, geerbt *hum* **hand-operated** *adj* handbetrieben, von Hand bedient [*o* betätigt] **handout** *n* ① (*usu pej: money for needy*) Almosen *nt;* (*goods*) Zuwendung[en] *f[pl]*; **cash ~** finanzielle Zuwendung, Geldzuwendung *f;* **government ~** staatliche Unterstützung; (*social benefit payments*) Sozialhilfe *f* ② (*leaflet*) Flugblatt *nt;* (*brochure*) Broschüre *f; for reporters* Informationsmaterial *nt; for students* Arbeitsblatt *nt,* Handout *nt;* **press ~** Presseerklärung *f* **handover** *n no pl* Übergabe *f;* **~ of power** Machtübergabe *f* **hand-picked** *adj fruit* handverlesen, von Hand geerntet; (*fig*) *people* sorgfältig ausgewählt, handverlesen *hum;* **~ candidate** eigener Kandidat/eigene Kandidatin **handrail** *n on stairs* Geländer *nt; on ship* Reling *f* **hand saw** *n* Handsäge *f,* Fuchsschwanz *m*

hands down *adv* ① (*very easily*) mühelos, mit links *fam;* **to beat sb ~** jdn mit links schlagen; **to win sth ~** etw mit links gewinnen ② *esp* AM (*without doubt*) zweifelsohne, ganz klar *fam,* zweifelsohne *geh* **handset** *n* TELEC Hörer *m* **handshake** *n* ① (*handclasp*) Händeschütteln *nt,* Händedruck *m* ② (*compensation*) **golden ~** großzügige Abfindung ③ COMPUT Quittungsbetrieb *m* **handshaking** ['hænʃeɪkɪŋ] *n no pl* Händeschütteln *nt* **hands-off** *adj* ECON interventionsfrei; **a ~ approach to sth** *Befürwortung eines Führungsstils, der unteren Führungskräften große Freiheit lässt;* ***as a manager he has a ~ approach*** als Geschäftsführer lässt er die Zügel etwas lockerer; **~ management style** passiver Führungsstil

handsome ['hæn(d)səm] *adj* ① (*attractive*) *man* gut aussehend; *woman* attraktiv; **~ face** hübsches Gesicht; **the most ~ man** der bestaussehende Mann
② (*impressive*) *object, furniture* schön; *building* imposant
③ (*approv: larger than expected*) *number* beachtlich, beträchtlich; **a ~ sum** eine stolze [*o* stattliche] Summe
④ (*approv: generous*) großzügig, nobel *fam;* **a ~ apology** eine mehr als ausreichende Entschuldigung; **a ~ praise** ein dickes Lob; **a ~ present** ein großzügiges Geschenk
► PHRASES: **~ is as ~ does** (*prov*) gut ist, wer Gutes tut *prov,* man soll jdn nicht nach seinem Äußeren beurteilen

handsomely ['hæn(d)səmli] *adv* ① (*attractively*) schön
② (*generously*) großzügig, reichlich; **to praise sb/sth ~** jdm/etw ein dickes Lob spenden; **to tip ~** ein großzügiges Trinkgeld geben; **to win ~** deutlich gewinnen
③ (*with good intentions*) nobel *fam;* **to act** [*or* **behave**] **~** sich *akk* anständig verhalten

handsomeness ['hænsəmnəs] *n no pl* gutes Aussehen

hands-on *adj* ① ECON (*non-delegating*) interventionistisch, aktiv; ***she's very much a ~ manager*** sie ist eine Geschäftsführerin, die die Zügel gern fest in der Hand hält ② (*practical*) *experience* praktisch **handspring** *n* Handstandüberschlag *m;* **backward/forward ~** Handstandüberschlag rückwärts/vorwärts **handstand** *n* Handstand *m kein pl;* **to do ~s** einen Handstand machen **hand-to-hand I.** *adj* MIL Mann gegen Mann; **~ combat** [*or* **fighting**] Nahkampf *m* **II.** *adv* Mann gegen Mann **hand-to-mouth I.** *adj* kümmerlich, ärmlich; **to lead a ~ existence** von der Hand in den Mund leben; **a ~ lifestyle** ein Leben in Armut **II.** *adv* kümmerlich, ärmlich; **to live** [**from**] **~** von der Hand in den Mund leben **hand towel** *n* Handtuch *nt* (*für die Hände*) **hand truck** *n* AM Sackkarren *m* **handwork** *n no pl* Handarbeit *f* **hand-wringing** *n no pl* Händeringen *nt fig;* ***this task prompts plenty of earnest ~ among teachers*** die Lehrer stehen händeringend vor dieser Aufgabe **handwriting** *n* ① *no pl of person* Handschrift *f* ② COMPUT Handschrift *f fachspr* **handwriting analysis** *n no pl* Handschriftendeutung *f,* Graphologie *f fachspr* **handwriting expert** *n* Schriftsachverständige(r) *f(m),* Graphologe, -in *m, f fachspr* **handwritten** *adj inv* handgeschrieben, handschriftlich

handy ['hændi] *adj* ① (*user-friendly*) praktisch, nützlich, geschickt SÜDD; (*easy to handle*) handlich; **a ~ size** eine handliche Größe
② (*convenient*) nützlich; **a ~ excuse** eine passende Ausrede; **a ~ hint** ein nützlicher [*o* brauchbarer] Hinweis; **to come in ~** [**for sb/sth**] [jdm/etw] gelegen [*o* gerade recht] kommen
③ (*conveniently close*) *thing* griffbereit, greifbar; *place* in der Nähe *präd,* leicht erreichbar; ■**to be ~** *thing* griffbereit sein; *place* günstig liegen; **to keep sth ~** etw bereithalten
④ *pred* (*skilful*) geschickt; ■**to be ~ with sth** mit etw *dat* gut umgehen können; **to be ~ about the house** im Haus vieles selbst erledigen können

handyman *n* Mädchen *nt* für alles, Faktotum *nt geh;* (*DIY*) Bastler(in) *m(f),* Heimwerker(in) *m(f)*

hang [hæŋ] **I.** *n no pl* ① (*fall*) *of drapery* Fall *m; of clothes* Sitz *m*
② (*position*) *of pictures, exhibits* Platzierung *f; of sb's head* [Kopf]haltung *f*
③ (*fig fam*) **to get the ~ of sth** (*master a skill*) bei etw *dat* den [richtigen] Dreh [*o* Bogen] herausbekommen *fam;* (*understand*) auf den [richtigen] Trichter kommen *fam;* ***he managed to get the ~ of philosophy*** er kriegte einen Draht zur Philosphie *fam*
II. *vt* <hung, hung> ① (*put on hook, hanger*) ■**to ~ sth** etw aufhängen; ■**to ~ sth** [**up**]**on sth** *clothing on hanger* etw an etw *dat* aufhängen, etw an etw *akk* hängen; **to ~ sth from a hook** etw an einem Haken aufhängen
② (*put on wall*) ■**to ~ sth** *painting, etc* etw aufhängen; ***the Tate Gallery hung her works*** die Tate Gallery stellte ihre Werke aus; **to ~ a door** eine Tür einhängen; **to ~ sth from a nail** etw an einem Nagel aufhängen, etw an einen Nagel hängen; **to ~ wallpaper** [**on a wall**] [eine Wand] tapezieren
③ (*decorate*) ■**to ~ sth with sth** etw mit etw *dat* behängen
④ <hung *or* -ed, hung *or* -ed> (*execute*) ■**to ~ sb** jdn [auf]hängen; ■**to ~ oneself** sich *akk* aufhängen [*o* erhängen]; **to ~ sb in effigy** jdn symbolisch aufhängen; **to be hung** [*or* **~ed**], **drawn and quartered** (*hist*) gehängt, gestreckt und gevierteilt werden; **the ~ 'em and flog 'em** BRIT (*pej*) die Befürworter der Todesstrafe
⑤ (*let droop*) **to ~ one's head** den Kopf hängen lassen; **to ~ one's head in shame** beschämt den Kopf senken
⑥ (*fig: postpone*) **to ~ fire** [es] abwarten [können]
⑦ FOOD *meat* etw abhängen [lassen]
► PHRASES: **~ the cost** [*or* **expense**]**!** ganz egal, was es kostet!; **you might as well be ~ed** [*or* **hung**] **for a sheep as for a lamb** *esp* BRIT, AUS (*prov*) wenn schon, denn schon; **I'll be** [*or* **I'm**] **~ed!** da will ich verdammt sein! *fam;* **I'll be ~ed if ...** der Teufel soll mich holen, wenn ... *fam;* **I'm** [*or* **I'll be**] **~ed if I know** das juckt mich nicht die Bohne! *fam;* **~ it** [**all**]! zum Henker [*o* Kuckuck] damit! *fam,* verdammt! *fam*
III. *vi* ① <hung, hung> (*be suspended*) hängen; (*fall*) *clothes* fallen, herunterhängen *pej;* ***the curtains ~ in thick folds*** die Vorhänge werfen breite Falten; ***a heavy gold necklace hung around her neck*** eine schwere Goldkette lag um ihren Hals; **to ~ from a hook** an einem Haken hängen; ■**to ~ down** herunterhängen, herabhängen *geh*
② <hung, hung> (*bend*) behangen sein; ***the branches hung heavy with snow*** die Äste hingen voll Schnee
③ <hanged, hanged> (*die by execution*) hängen; **let sb/sth go ~** (*hum*) jdn/etw abschreiben *fam*
④ <hung, hung> (*remain in air*) *mist, smoke, smell* hängen, schweben *geh;* **to ~ in the balance** (*fig*) in der Schwebe sein; ■**to ~ above** [*or* **over**] **sb/sth** über jdm/etw hängen [*o geh* schweben]
⑤ <hung, hung> (*rely on*) ■**to ~** [**up**]**on sb/sth** von jdm/etw abhängen
⑥ <hung, hung> (*listen carefully*) ■**to ~ upon sth** etw *dat* folgen; **to ~ on sb's** [**every**] **word** an jds Lippen hängen
⑦ <hung, hung> (*keep*) ■**to ~ onto sth** etw behalten
⑧ <hung, hung> AM (*fam: expression of negative emotion*) **sb can go ~!** zum Henker [*o* Kuckuck] mit jdm!, jd kann mir [mal] gestohlen bleiben!
⑨ <hung, hung> AM (*fam: loll about*) **to ~ at a place** an einem Ort rumhängen [*o* herumlümmeln] *fam,* sich *akk* an einem Ort herumtreiben [*o fam* herumdrücken]
⑩ COMPUT sich aufhängen
► PHRASES: **to ~ by a hair** [*or* **thread**] an einem [dünnen [*o* seidenen]] Faden hängen; **to ~ in** [BRIT **on**] **there** (*fam*) am Ball [*o* bei der Stange] bleiben *fam*

◆**hang about** *vi* ① (*fam: waste time*) herumtrödeln *fam*
② (*wait*) warten; BRIT (*stop for a moment*) ***~ about, let's just check we've got everything*** Moment mal, sehen wir noch mal nach, ob wir alles haben; **to keep sb ~ing about** jdn warten lassen
③ *esp* BRIT (*fam: pass time*) ■**to ~ about with sb** [ständig] mit jdm zusammenstecken *fam,* sich *akk* mit jdm herumtreiben *pej fam*

◆**hang around** *vi* ① (*fam: waste time*) herumtrödeln *fam;* (*loiter*) herumlungern, rumhängen *fam,* rumgammeln *fam*
② (*fam: wait*) warten
③ (*fam: pass time*) ■**to ~ around sb** bei jdm rumhängen *fam;* ■**to ~ around with sb** [ständig] mit jdm zusammenstecken *fam,* sich *akk* mit jdm herumtreiben *fam*
④ (*fam: get on sb's nerve*) **to ~ around sb's neck** jdn am Hals haben *pej fam*

◆**hang back** *vi* ① (*be slow*) sich *akk* zurückhalten; (*hesitate*) zögern; ***don't ~ back!*** stell dich nicht so an!
② (*stay behind*) zurückbleiben, Abstand halten

◆**hang on** *vi* ① (*fam: persevere*) durchhalten; **to ~ on by the skin of one's teeth** (*fig*) auf dem Zahnfleisch kriechen *fam*
② (*grasp*) ■**to ~ on to sth** sich *akk* an etw *dat* festhalten; (*stronger*) sich *akk* an etw *akk* klammern; **to ~ on tight** sich *akk* gut festhalten; **to ~ on in there** (*fam*) am Ball bleiben *fam,* nicht locker lassen *fam*
③ (*fam*) ■**to ~ on to sth** (*keep*) etw behalten; (*retain*) etw aufheben
④ (*wait briefly*) warten; (*on the telephone*) am Apparat bleiben, dranbleiben *fam;* **~ on** [***a minute***] wart mal, einen Augenblick; **~ on!** (*fam*) sofort!, Moment[chen]! *fam*
⑤ (*fam: stop for a moment*) anhalten, stehen bleiben

◆**hang out I.** *vt* ■**to ~ sth** ↔ **out** etw heraushängen; **to ~ out a white flag** die weiße Fahne [*o* Flagge] zeigen; **to ~ out the washing** die Wäsche [draußen] aufhängen
II. *vi* ① (*project*) heraushängen
② (*sl: loiter*) rumhängen *fam;* (*live*) hausen *pej;* ***where does he ~ out these days?*** wo treibt er sich zur Zeit herum?
► PHRASES: **to let it all ~ out** (*sl*) die Sau rauslassen *sl*

◆**hang over** *vt* ***there is a big question mark ~ing over the future of the peace negotiations*** der weitere Verlauf der Friedensverhandlungen ist in Frage gestellt

◆**hang round** *vi* BRIT *see* **hang around**

◆**hang together** *vi* ① (*be logical*) *argument* schlüssig sein; *alibi, statements* keine Widersprüche *pl* aufweisen; *story* zusammenhängend sein
② (*remain associated*) zusammenbleiben, beieinander bleiben

◆**hang up I.** *vi* ① (*dangle*) hängen

H

❷ *(finish phone call)* auflegen, einhängen
II. *vt* ❶ *(suspend)* ■**to ~ up** ↔ **sth** etw aufhängen; **to ~ up curtains** Vorhänge aufhängen [*o fam* aufmachen]; **to ~ up a notice** einen Anschlag machen; **to ~ up the receiver** den Hörer auflegen
❷ *(delay)* ■**to ~ up** ↔ **sth** etw aufhalten [*o* verzögern]
❸ *(fig fam: retire)* **to ~ sth** ↔ **up** etw aufgeben [*o* sein lassen]; *job, hobby* etw an den Nagel hängen *fam;* **to ~ up one's football boots/boxing gloves/golf clubs** die Fußballschuhe/Boxhandschuhe/Golfschläger an den Nagel hängen
◆**hang with** *vi* ■**to ~ with sb** *(fam)* bei jdm bleiben *fig*

hangar ['hæŋgəʳ, AM -ɚ] *n* AVIAT Hangar *m,* Flugzeughalle *f*

hangdog ['hæŋdɒg, AM -dɑ:g] *adj attr (dejected)* niedergeschlagen; *(feeling guilty)* zerknirscht; **to have a ~ expression** [*or* **look**] **on one's face** ein Gesicht wie vierzehn Tage Regenwetter machen *fam*

hanger ['hæŋəʳ, AM -ɚ] *n (for clothes)* [Kleider]bügel *m; (loop)* Aufhänger *m*

hanger-on <*pl* hangers-> *n (pej: follower)* Trabant(in) *m(f) pej; (groupie)* Groupie *nt;* ■**the hangers-on** *pl* das Gefolge, der Anhang *kein pl* **hang-glide** *vi* Drachen fliegen **hang-glider** *n (person)* Drachenflieger(in) *m(f); (device)* Drachen *m* **hang-gliding** *n no pl* Drachenfliegen *nt*

hanging ['hæŋɪŋ] I. *n* ❶ *(decorative fabric)* Behang *m; (curtain)* Vorhang *m;* [**wall**] **~s** Wandbehänge *mpl,* Wandteppiche *mpl*
❷ *(act of execution)* Hinrichtung *f* durch den Strang, Erhängen *nt*
❸ *no pl (system of execution)* [Er]hängen *nt,* Tod *m* [*o* Hinrichtung *f*] durch den Strang
II. *adj* hängend; **the H~ Gardens of Babylon** die Hängenden Gärten von Babylon; **~ judge** *(hist) Richter, der häufig Todesurteile fällt;* **~ matter** *(hist) Vergehen, das mit Erhängen bestraft wird;* ■**to be ~** aufgehängt sein, hängen

hanging basket *n* Blumenampel *f* **hanging bridge** *n* Hängebrücke *f*

hangings ['hæŋɪŋz] *npl see* **hanging** Wandbehänge *mpl,* Wandteppiche *mpl*

hanging valley *n* GEOG Hängetal *nt*

hangman *n* ❶ *(executioner)* Henker *m* ❷ *(game)* Galgen *m,* Galgenmännchen *nt* **hangnail** *n* MED Niednagel *m* **hangout** *n* ❶ *(fam: favourite place)* Stammlokal *nt;* ***the cafe is a favourite ~ for artists*** das Café ist ein beliebter Künstlertreff ❷ *(fam: dwelling)* Bude *f fam* **hangover** *n* ❶ *(from drinking)* Kater *m* ❷ *(relic)* Überbleibsel *nt,* Relikt *nt geh;* **to be a ~ from one's schooldays/childhood** in jds Schulzeit/Kindheit begründet sein [*o* liegen] ❸ COMPUT *(image effect)* Auftreten *nt* von Fahnen ❹ *(tone change)* Farbtonänderung *f* **hang-up** *n* ❶ *(fam: complex)* Komplex *m* (**about** wegen +*gen*); *(quirk)* Tick *m fam;* ***he has a terrible ~ about being bald*** er hat einen großen Komplex wegen seiner Glatze ❷ COMPUT Abbruch *m*

hank [hæŋk] *n* Strang *m; of wool* [Woll]faden *m; of hair* Büschel *nt*

hanker ['hæŋkəʳ, AM -ɚ] *vi* ■**to ~ after** [*or* **for**] **sb/sth** sich *akk* nach jdm/etw sehnen, sich *dat* etw sehnlichst wünschen; **to ~ after the past** der Vergangenheit nachtrauern

hankering ['hæŋkᵊrɪŋ, AM -ɚɪŋ] *n* Sehnsucht *f kein pl,* Verlangen *nt kein pl;* **to have a ~ for sb/sth** sich *akk* nach jdm/etw sehnen, nach jdm/etw Sehnsucht [*o* Verlangen] haben

hankie ['hæŋki] *n,* **hanky** *n (fam) short for* **handkerchief** Taschentuch *nt*

hanky-panky [ˌhæŋki'pæŋki] *n no pl (fam)* ❶ *(love affair)* Techtelmechtel *nt fam* ❷ *(kissing)* Geknutsche *nt kein pl fam; (groping)* Gefummel *nt kein pl fam*
❸ *(fiddle)* Mauschelei *f pej,* krumme Geschäfte; ***there was some ~ going on in the government*** in der Regierung wurde ganz schön gemauschelt

Hanover ['hænə(ʊ)vəʳ, AM -noʊvɚ] *n* Hannover *kein art;* **the House of ~** *(hist)* das Haus Hannover

Hanoverian [ˌhænəʊvɪəriən, AM əvɪriən] I. *adj inv* hannoverisch
II. *n* ❶ *(British sovereigns)* ■**the ~s** *pl* das Haus Hannover *kein pl*
❷ *(medium-built horse)* Hannoveraner *m*

Hansard ['hæn(t)sɑ:d] *n no pl, no def art* BRIT, AUS Hansard *m (britische, kanadische bzw. australische Parlamentsberichte)*

Hanseatic [ˌhæn(t)si'ætɪk, AM -'æţɪk] *adj* hanseatisch; **~ town** Hansestadt *f*

Hanseatic League *n + sing/pl vb (hist)* ■**the ~** die Hanse

hansom ['hæn(t)səm] *n,* **hansom cab** *n (hist)* Einspänner *m,* Hansom *m*

Hants BRIT *abbrev of* **Hampshire**

Hanukkah ['hɑ:nəkə] *n* REL Hanukkah *nt*

hap [hæp] *n (old)* Zufall *m*

haphazard [ˌhæp'hæzəd, AM -ɚd] I. *adj* ❶ *(pej: disorganized)* planlos, unüberlegt; **to do sth in a ~ manner** etw völlig unüberlegt anpacken
❷ *(arbitrary)* zufällig, willkürlich
II. *adv* zufällig, willkürlich

haphazardly [ˌhæp'hæzədli, AM -ɚd-] *adv* ❶ *(unmethodically)* planlos, wahllos
❷ *(arbitrarily)* willkürlich, auf gut Glück

hapless ['hæpləs] *adj attr (liter)* unglückselig, glücklos; **a ~ person** ein Pechvogel *m;* **~ victims** die Leidtragenden

haplessly ['hæpləsli] *adv* unglücklich, unglückselig; ***he behaved ~ as ever*** es ging ihm, wie immer, alles daneben

ha'porth ['heɪpəθ] *n no pl* BRIT *(dated fam) abbrev of* **halfpennyworth:** [**not**] **a ~ of difference** nicht der geringste Unterschied

happen ['hæpᵊn] I. *adv inv* NBRIT vielleicht, möglicherweise; **~ *it'll rain later*** es könnte später regnen
II. *vi* ❶ *(occur)* geschehen, passieren *fam; event* stattfinden, sich *akk* ereignen *geh; process* vor sich *dat* gehen, ablaufen *fam;* ***don't let that ~ again!*** dass das nicht nochmal vorkommt!; ***if anything ~s to me …*** falls mir etwas zustoßen sollte, …; ***I can't see this ~ing*** ich kann mir das nicht vorstellen; ***these things ~*** das kann vorkommen; ***what's ~ing?*** was geht? *fam,* was ist los?; ***nothing ever ~s here*** hier ist tote Hose *fam;* ***it ~ed like this: …*** das war so: …; **whatever ~s** was auch immer geschieht, wie es auch kommen mag; **it's all ~ing** *(fam)* es ist ganz schön [*o fam* schwer] was los
❷ *(by chance)* ■**to ~ to do sth** zufällig etw tun; ***we ~ to know each other*** zufällig kennen wir uns; ■**it ~ed** [**that …**] der Zufall wollte es[, dass …]; ***it just so ~s that …*** wie's der Zufall will, …; ***how does it ~ that you know her?*** wie kommt es, dass du sie kennst?; **as it** [*or* **it so**] **~ed …** wie es sich so traf, …, zufälligerweise …
❸ *(liter or dated: come across)* ■**to ~** [**up**]**on sb/sth** jdm/etw zufällig begegnen
❹ *(indicating contradiction)* ■**to ~ to do sth** etw trotzdem tun; ***I ~ to think he's right whatever you say*** sag was du willst, ich glaube trotzdem, dass er Recht hat
❺ *(actually)* **as it ~s** tatsächlich
◆**happen along, happen by** *vi* AM *(fam: by chance)* zufällig vorbeikommen; *(unexpectedly)* unerwartet vorbeikommen; ***we ~ed by your house*** wir kamen zufällig an eurem Haus vorbei
◆**happen on,** *liter* **happen upon** *vi* ■**to ~** [**up**]**on sb/sth** zufällig auf jdn/etw stoßen [*o* treffen]
◆**happen past** *vi* AM *(fam) see* **happen along**

happening ['hæpᵊnɪŋ] I. *n usu pl* ❶ *(occurrence)* Ereignis *nt; (unplanned occurrence)* Vorfall *m; (process)* Vorgang *m;* **strange ~s** sonderbare Dinge
❷ ART *(improvised performance)* Happening *nt*
II. *adj (sl)* angesagt *fam;* ***hey, this party's really ~!*** hey, hier auf der Fete ist echt was los! *fam*

happenstance ['hæpᵊnstæn(t)s] *n esp* AM [glücklicher] Zufall; **by ~** durch Zufall

happily ['hæpɪli] *adv* ❶ *(contentedly)* glücklich, zufrieden; *(cheerfully)* fröhlich, vergnügt; **~ married** glücklich verheiratet; **and they all lived ~ ever after** und sie lebten glücklich und zufrieden bis an ihr Lebensende; *(fairytale ending)* und wenn sie nicht gestorben sind, dann leben sie noch heute
❷ *(willingly)* gern, mit Freuden; ***I'll ~ take you to the station*** ich fahr' dich gern zum Bahnhof
❸ *(luckily)* glücklicherweise, zum Glück; ***~ for the success of the festival, there was a favourable review in the papers*** zum Erfolg des Festivals trug bei, dass in der Zeitung ein positiver Bericht darüber stand
❹ *(suitably)* glücklich, treffend; ***his words were ~ chosen*** seine Worte waren gut gewählt

happiness ['hæpɪnəs] *n no pl* Glück *nt; (contentment)* Zufriedenheit *f; (cheerfulness)* Fröhlichkeit *f;* **to wish sb every ~** *(form)* jdm alles Gute wünschen

happy ['hæpi] *adj* ❶ *(pleased)* glücklich; *(contented)* zufrieden; *(cheerful)* fröhlich; ***I'm perfectly ~ in my work*** ich bin mit meiner Arbeit[sstelle] absolut zufrieden; **a ~ childhood** eine glückliche Kindheit; **the happiest day/days of one's life** der schönste Tag/die beste Zeit in jds Leben; **to have a ~ expression on one's face** glücklich aussehen; **a ~ lot** ein glückliches Schicksal; **~ marriage** glückliche Ehe; **~ mood** gute Laune; **~ occasion** gelungenes Fest; **in happier times** in glücklicheren Zeiten; ■**to be ~ about sb/sth** *person, arrangement, situation* mit jdm/etw zufrieden sein; ■**to be ~ with sb/sth** *quality, standard* mit jdm/etw zufrieden sein; ■**to be ~ to do sth** sich *akk* freuen, etw zu tun; ***you'll be ~ to know that …*** es wird dich freuen, zu hören, dass …; ■**to be ~ that …** froh [darüber] sein, dass …
❷ *(willing)* ■**to be ~ to do sth** etw gerne tun; *(form)* etw tun können; ***the manager will be ~ to see you this afternoon*** der Geschäftsführer hat heute Nachmittag Zeit, Sie zu empfangen; ***excuse me, can you help me? — I'd be ~ to!*** Entschuldigung, können Sie mir helfen? – aber gern!; **to be perfectly ~ to do sth** etw mit größtem Vergnügen tun
❸ *(fortunate)* glücklich; **~ accident** glücklicher Zufall
❹ *(liter: suitable)* gut gewählt, passend; **a ~ choice of language** eine glückliche Wortwahl; **a ~ phrase** ein treffender Satz; **a ~ thought** eine geniale Idee
❺ *(fam: drunk)* angeheitert
❻ *attr, inv (in greetings)* **~ birthday** alles Gute zum Geburtstag; **~ Easter** frohe Ostern; **merry Christmas and a ~ New Year** frohe Weihnachten und ein glückliches [*o* gutes] neues Jahr; **many ~ returns** [**of the day**] herzlichen Glückwunsch zum Geburtstag
► PHRASES: [**as**] **~ as a** <u>**sandboy**</u> [*or* **a** <u>**lark**</u>] [*or* BRIT <u>**Larry**</u>] [*or* AM **a** <u>**clam**</u>] quietschfidel, quietschvergnügt

happy-clappy *adj* BRIT *(pej fam)* fröhlich und ausgelassen *(in religiösem Zusammenhang)* **happy day** *n (hum: day of wedding)* großer Tag *(Hochzeitstag)* **happy ending** *n* Happyend *nt,* Happy End *nt* **happy event** *n (hum: birth of a child)* freudiges [*o* frohes] Ereignis **happy families** *n + sing vb* CARDS Quartett *nt* **happy-go-lucky** *adj* sorglos, unbekümmert; ***you need to be a bit ~ in this business*** für dieses Geschäft brauchst du ein bisschen Gelassenheit; **to be a ~ fellow** [*or* **chap**] ein Leichtfuß sein **happy hour** *n (Zeit, gewöhnlich am frühen Abend, in der Getränke in Lokalitäten billiger sind)* **happy hunting ground** *n* ■**the ~s** *pl* die ewigen Jagdgründe; *(fig: place for finding success)* Paradies *nt* **happy medium** *n (approv)* goldene Mitte; **to strike a ~** die goldene Mitte finden **happy release** *n (euph: death)* Erlösung *f euph*

hara-kiri [ˌhærə'kɪri, AM ˌhɑ:r-] *n no pl* Harakiri *nt;* **to commit ~** Harakiri [*o* Selbstmord] begehen

harangue [hə'ræŋ] I. *n* Strafpredigt *f,* Tirade *f pej geh*
II. *vt* ■**to ~ sb** ❶ *(lecture forcefully)* jdm eine Strafpredigt halten, jdm Vorhaltungen machen; ***a drunk in the station was haranguing passers-by*** ein Betrunkener im Bahnhof beschimpfte Passanten;

■**to ~ sb into sth** (*forcefully persuade*) jdn zu etw *dat* überreden
② (*nag*) jdm in den Ohren liegen *fam*

harass ['hærəs, AM *esp* hə'ræs] *vt* ■**to ~ sb** ① (*intimidate*) jdn schikanieren; (*pester*) jdn ständig belästigen [*o* bedrängen]; ***she was sexually ~ed by her neighbour*** sie wurde von ihrem Nachbarn sexuell belästigt; ***they ~ed him into signing the contract*** sie setzten ihm so lange zu, bis er den Vertrag unterschrieb; **to ~ sb with questions** jdn mit Fragen quälen
② (*attack continually*) jdn ständig angreifen

harassed ['hærəst, AM *esp* hə'ræst] *adj* (*strained by demands*) abgespannt, gestresst *fam;* (*worried*) geplagt, gequält

harassment ['hærəsmənt, AM *esp* hə'ræs-] *n no pl* ① (*pestering*) Belästigung *f;* (*intimidation*) Schikane *f;* **police ~** Polizeischikane *f;* **sexual ~** sexuelle Belästigung
② MIL (*attack*) [ständiger] Beschuss

harbinger ['hɑːbɪndʒəʳ, AM 'hɑːrbɪndʒɚ] *n* (*liter: person*) [Vor]bote, -in *m, f,* Herold *m liter;* (*signal*) Vorzeichen *nt,* [Vor]bote *m;* **the ~[s] of doom** schlechte Vorzeichen *ntpl;* **to be the ~ of spring/winter** der Vorbote des Frühlings/Winters sein, den Frühling/Winter ankündigen

harbor ['hɑːrbɚ] AM, **harbour** ['hɑːbəʳ] **I.** *n* ① (*for ships*) Hafen *m;* **to arrive at** [*or* **in**] **~** im Hafen einlaufen
② (*shelter*) Unterschlupf *m*
II. *vt* ① (*keep in hiding*) ■**to ~ sb/an animal** jdm/einem Tier Unterschlupf gewähren
② (*cling to ideas*) ■**to ~ sth** etw hegen *geh,* etw haben; **to ~ doubts about sb/sth** Zweifel an jdm/etw hegen; **to ~ feelings of hatred for sb** Hassgefühle gegen jdn hegen; **to ~ a grudge** [**against sb**] einen Groll [gegen jdn] hegen; **to ~ an illusion** sich *akk* einer Illusion hingeben; **to ~ thoughts of sth** sich *akk* mit dem Gedanken an etw *akk* tragen
III. *vi* [in einem Hafen] anlegen

harbour-master *n* Hafenmeister(in) *m(f)*

hard [hɑːd, AM hɑːrd] **I.** *adj* ① (*rigid, solid*) hart; **~ cash** Bargeld *nt;* **~ cheese** Hartkäse *m;* **~ currency** harte Währung; [**as**] **~ as iron** [*or* **a rock**] [*or* **stone**] steinhart; **a ~ and fast rule** eine verbindliche Regel; **the ~ left/right** *esp* BRIT POL die harte Linke/Rechte; **to take a ~ line** eine harte Linie verfolgen
② (*difficult, complex*) schwierig; ***she had a ~ time*** [***of it***] es war eine schwere Zeit für sie; ***it's ~ being a widow*** es ist nicht einfach, Witwe zu sein; ***if she won't listen, she'll have to learn the ~ way*** wer nicht hören will, muss fühlen; **to be ~ to come by** schwierig aufzutreiben sein; **to do sth the ~ way** sich *dat* etw schwer machen; **to find sth ~ to believe** [*or* **swallow**] etw kaum glauben können; **to get ~** [*or* **~er**] schwer [*o* schwerer] werden; **it's ~ to say** es ist schwer zu sagen
③ (*requiring much effort*) anstrengend, mühevoll; ***the mountain there is a ~ climb*** der Berg dort ist schwer zu besteigen; **a ~ fight** ein harter Kampf *a. fig;* **to give sth a ~ push** etw kräftig anschieben; **to be ~ work** harte Arbeit sein; **to be a ~ worker** fleißig sein
④ (*severe, unpleasant*) hart, unnachgiebig; *tone of voice* schroff, barsch; ***she's finding the bad news ~ to take*** es fällt ihr schwer, die schlechte Nachricht zu verkraften; **~ *luck*** [*or esp* BRIT ***lines***]***!***, BRIT *dated fam* **~ *cheese!*** [so ein] Pech!; ***that's your ~ luck!*** das ist dein Pech!; **a ~ blow** ein harter Schlag; **a ~ heart** ein hartes Herz; **to be** [**as**] **~ as nails** knallhart [*o* ein knallharter Typ] sein *fam;* **a ~ taskmaster** ein strenger Arbeitgeber; **to give sb a ~ time** jdm das Leben schwer machen; ■**to be ~ on sb/sth** mit jdm/etw hart ins Gericht gehen
⑤ (*causing harm*) ■**to be ~ on sth** etw stark strapazieren; ***I'm very ~ on shoes*** ich habe einen extrem hohen Schuhverschleiß
⑥ (*problematic, unfortunate*) hart; ■**to be ~ on sb** hart für jdn sein
⑦ (*extremely cold*) **~ frost/winter** strenger Frost/Winter
⑧ (*demonstrable, solid*) sicher, fest; **~ facts** (*verified*) gesicherte Fakten; (*brutally honest*) nackte Tatsachen; **~ and fast information** [*or* **facts**] zuverlässige Informationen *fpl*
⑨ (*strong*) stark; **~ drinks/drugs** harte Getränke/Drogen; **a ~ drinker** ein starker Trinker/eine starke Trinkerin; **~ drinking** starker Alkoholkonsum; **to be into ~ drugs** harte Drogen nehmen
⑩ (*containing much lime*) **~ water** hartes Wasser
⑪ (*scrutinizing*) **to take a** [**good**] **~ look at sth** sich *dat* etw genau ansehen, etw gründlich betrachten
⑫ TYPO **~ copy** (*printout*) Ausdruck *m;* (*duplicate*) Kopie *f;* (*printed copy*) Abzug *m*
► PHRASES: **to drive a ~ bargain** knallhart verhandeln [*o* feilschen]; **to be ~ on sb's heels** jdm dicht auf den Fersen sein
II. *adv* ① (*solid, rigid*) hart; **boiled ~** hart gekocht; **frozen ~** hart gefroren; (*sth moving*) steif gefroren
② (*vigorously*) fest[e], kräftig; ***think ~!*** denk mal genau nach!; **to exercise ~** hart trainieren; **to fight ~** [**for sth**] (*fig*) [um etw *akk*] hart kämpfen; **to play ~** ausgiebig spielen; **to press/pull ~** kräftig drücken/ziehen; **to study ~** fleißig lernen; **to try ~ to do sth** sich *akk* sehr bemühen [*o fam* ranhalten], etw zu tun; **to work ~** hart arbeiten; ■**to not do sth very ~** etw nicht sehr gründlich tun; ■**to be ~ at it** ganz bei der Sache sein
③ (*painfully, severely*) schwer; ***his parents took the news of his death ~*** seine Eltern traf die Nachricht von seinem Tod schwer; **to be ~ pressed** [*or* **pushed**] **to do sth** große [*o* die größte] Mühe haben, etw zu tun
④ (*closely*) knapp; **to follow ~** [**up**]**on** [*or* **after**] [*or* **behind**] **sb/sth** jdm/etw knapp folgen, jdm/etw dicht auf den Fersen sein
⑤ (*heavy, driving*) ***it was raining ~*** es regnete stark
⑥ (*fig: survive usefulness*) **to die ~** [nur] langsam sterben; ***the old idea of state ownership of all firms dies ~*** die alte Vorstellung von einer Verstaatlichung aller Firmen stirbt einfach nicht aus
► PHRASES: **old habits die ~** (*saying*) der Mensch ist ein Gewohnheitstier

hard and fast *adj attr, inv* fest[stehend]; **~ rules** verbindliche [*o* bindende] Regeln **hardback I.** *adj* PUBL gebunden; **~ edition** gebundene Ausgabe **II.** *n* gebundenes Buch, gebundene Ausgabe; ■**in ~** gebunden **hardbacked** *adj see* **hardback hardball** AM **I.** *n* ① (*baseball*) Baseball *m* ② (*sl: tough methods*) Kampf *m* mit harten Bandagen, rücksichtsloses [*o* gnadenloses] Vorgehen; **to play ~** mit harten Bandagen kämpfen **II.** *vt* (*sl*) ■**to ~ sb** jdn erpressen **hard-bitten** *adj* abgebrüht *pej fam,* hart gesotten *pej; boss* knallhart *pej* **hardboard** *n no pl* Hartfaserplatte *f* **hard-boiled** *adj* ① *egg* hart gekocht ② (*fig fam: emotionless*) abgebrüht *pej fam,* hart gesotten *pej; boss* knallhart *pej* ③ (*fig fam: clever*) ausgekocht *pej,* durchtrieben *pej* ④ (*fig fam: realistic*) sachlich, nüchtern; ***he had a ~ approach to the matter*** er ging nüchtern an die Sache heran **hard by** *prep* (*liter*) [sehr] nahe bei +*dat* **hard case** *n* ① (*criminal person*) schwerer [*o fam* schlimmer] Fall ② AUS, NZ (*fam: unreformed person*) hoffnungsloser Fall; (*difficult person*) schwieriger Mensch; **a ~ nonconformist** ein hoffnungsloser Nonkonformist ③ (*social hardship*) Härtefall *m* **hard cash** *n no pl* Bargeld *nt,* Bares *nt fam;* **to pay in ~** bar bezahlen **hard coal** *n* Anthrazit *m* **hard copy** *n* COMPUT Ausdruck *m,* Hartkopie *f;* ■**in ~** als Ausdruck **hard core** *n* ① (*central part*) Kern *m;* (*fig*) *of group* harter Kern ② *esp* BRIT (*for road construction*) Schotter *m* **hardcore I.** *adj attr* ① (*dedicated*) eingefleischt; **~ fans** der harte Kern der Fans [*o* Fangemeinde] ② (*die-hard*) stur, unbelehrbar, unverbesserlich; **a ~ drug user** ein Abhängiger/eine Abhängige von harten Drogen; ***she is a ~ drug user*** sie nimmt harte Drogen ③ (*sexually explicit*) hart; **~ pornography** harter Porno **II.** *n* MUS Hardcore *m* **hard court** *n* TENNIS Hartplatz *m* **hardcover** AM, AUS **I.** *adj* PUBL gebunden, Hardcover-; **~ edition** gebundene Ausgabe **II.** *n* gebundenes Buch, Hardcover *nt;* **in ~** gebunden **hard currency** *n* harte Währung **hard disk** *n* COMPUT Festplatte *f* **hard-done-by** *adj* BRIT, AUS benachteiligt; **to feel ~** sich *akk* benachteiligt fühlen **hard-drinking** [ˌhɑːd'drɪŋkɪŋ, AM ˌhɑːrd-] *adj inv* trinkfest **hard drug** *n* harte Droge **hard-earned** *adj reward, praise* ehrlich [*o* redlich] verdient; *wages, pay* sauer verdient; **~ retirement/holiday** wohlverdienter Ruhestand/Urlaub **hard-edged** *adj* (*fig*) hart; *style* nüchtern; *painting* klar

harden ['hɑːdᵊn, AM 'hɑːrd-] **I.** *vt* ■**to ~ sth** ① (*make harder*) etw härten; *arteries* etw verhärten
② (*make tougher*) *attitude* etw verhärten; **to ~ one's heart** sein Herz verhärten; ***if she could ~ her heart ...*** wenn sie weniger sensibel wäre ...; ■**to ~ sb** [**to sth**] jdn [gegen etw *akk*] abstumpfen *pej,* jdn [gegen etw *akk*] unempfindlich machen; ***the terrorists were ~ed to killing*** den Terroristen machte das Töten nichts mehr aus
③ (*make stronger*) *muscles* etw kräftigen; **to ~ one's body** seinen Körper stählen; ■**to ~ sb** [**to sth**] jdn [gegen etw *akk*] abhärten
II. *vi* ① (*become hard*) sich *akk* verfestigen, hart werden
② (*become tough*) sich *akk* verhärten; *attitude* unnachgiebig werden; *face* sich versteinern; ***the government has ~ed to the view that ...*** die Regierung ist zu der festen Ansicht gelangt, dass ...
③ ECON *prices* anziehen
◆**harden off** *vt* ■**to ~ off ↔ sth** *plant* etw widerstandsfähig machen

hardened ['hɑːdᵊnd, AM 'hɑːrd-] *adj* ① (*pej: unreformable*) starrsinnig; *attitude* verhärtet; **~ criminal** Gewohnheitsverbrecher(in) *m(f)*
② (*tough*) abgehärtet, abgestumpft *pej,* abgebrüht *pej;* **to become ~ to sth** sich an etw *akk* gewöhnen; ***she was ~ to his compliments*** sie war für seine Komplimente unempfänglich
③ (*experienced*) erfahren, versiert *geh*

hardening ['hɑːdᵊnɪŋ, AM 'hɑːrd-] *n no pl* ① (*process of making hard*) Härten *nt*
② (*fig: process*) Verhärten *nt;* (*result*) Verhärtung *f*
③ MED **~ of the arteries** Arterienverkalkung *f*
④ ECON, FIN *of market* Anziehen *nt*

hard-featured *adj inv* mit harten Gesichtszügen *nach n,* hart **hard feelings** *npl* Ressentiments *ntpl geh;* ***let's not have any ~*** lasst uns einander vertragen; ***no ~?*** alles klar?; **to bear sb** [**no**] **~** [keine] Vorbehalte [*o* [keinen] Groll] gegen jdn hegen **hard-fought** *adj* ① (*relentless*) hart; **a ~ battle** ein erbitterter [*o* harter] Kampf ② (*achieved*) hart erkämpft **hard graft** *n* BRIT (*sl*) [ewige] Schufterei *f* **hard hat** *n* ① (*helmet*) [Schutz]helm *m* ② (*fam: worker*) Bauarbeiter(in) *m(f)* **hard-headed** *adj* nüchtern, realistisch **hard-hearted** *adj* (*pej*) hartherzig, unbarmherzig; **to be ~ towards sb/sth** jdm/etw gegenüber kalt sein **hard-hit** *adj* (*fig*) schwer getroffen; ■**to be ~ by sth** von etw *dat* schwer mitgenommen sein, unter etw *dat* sehr zu leiden haben **hard-hitting** *adj article, documentary, report* sehr [*o* äußerst] kritisch, schonungslos

hardihood ['hɑːdihʊd, AM 'hɑːrd-] *n* (*courage*) Mut *m,* Kühnheit *f pej;* (*impudence*) Unverfrorenheit *f pej*

hardiness ['hɑːdɪnəs, AM 'hɑːrd-] *n no pl* ① (*robustness*) Zähigkeit *f,* Ausdauer *f; of plants* Widerstandsfähigkeit *f*
② (*boldness*) Kühnheit *f*

hard knocks *npl* (*fig*) harte Schläge; **to take ~** harte Schläge einstecken **hard labor** AM, **hard labour** *n no pl* Zwangsarbeit *f* **hard landing** *n* AVIAT harte Landung **hard line** *n* POL harte Linie; **to take a hard line on sth** einen harten Kurs gegen etw fahren **hard-line** *adj attr, inv* POL *belief, plan* kompromisslos; *person* extrem **hardliner** *n* POL Hardliner *m,* Anhänger(in) *m(f)* eines harten Kurses **hard lines** *interj* BRIT (*fam*) Pech gehabt! **hard luck** *n* (*fam*) Pech; ***that's just your ~!*** da hast du eben Pech gehabt! **hard-luck story** *n* (*fam*) Mitleid erregende [*o pej* rührselige] Geschichte, Leidensgeschichte *f*

H

hardly ['hɑ:dli, AM 'hɑ:rd-] *adv inv* ① (*scarcely*) kaum; ***I can ~ hear you*** ich kann dich fast nicht verstehen; ***we ~ knew our neighbours*** wir kannten unsere Nachbarn nur wenig; ***he ~ speaks a word*** er sagt so gut wie nichts; ~ **anything** kaum etwas, fast nichts; ~ **ever** fast nie, so gut wie nie
② (*certainly not*) wohl kaum, schwerlich; (*as a reply*) sicher [*o* bestimmt] nicht; ***it's ~ my fault!*** ich kann ja wohl kaum was dafür!

hard margin *n* IRISH befestigter Seitenstreifen, Bankett *nt*

hardness ['hɑ:dnəs, AM 'hɑ:rd-] *n no pl* ① (*solidity*) Härte *f*
② (*lack of emotion*) Härte *f*, Strenge *f*
③ (*harshness*) Härte *f*, Heftigkeit *f*; *of weather* Strenge *f*
④ (*lime content*) Härte *f*; **the ~ of the water** die Wasserhärte
⑤ ECON, FIN ~ **of the market** Festigung *f* des Marktes

hard-nosed *adj* (*realistic*) nüchtern, realistisch; *person* abgebrüht *pej*; (*unwavering*) unnachgiebig, kompromisslos **hard nut** *n esp* BRIT (*sl*) Grobian *m* **hard of hearing** *adj pred* schwerhörig **hard on** *prep* ~ **sb's heels** dicht auf jds Fersen **hard-on** *n* (*vulg*) Ständer *m vulg sl* **hard palate** *n* ANAT harter Gaumen, Palatum *nt fachspr* **hard porn** I. *n no pl* harter Porno II. *n modifier* (*magazine, film*) Hartporno- **hard-pressed** *adj* ① (*in difficulty*) bedrängt, in Schwierigkeiten *präd*; ■**to be ~ to do sth** Mühe [*o* Probleme] haben, etw zu tun ② (*overtaxed*) **with work** stark beansprucht **hard rock** *n no pl* MUS Hardrock *m*, Hard Rock *m* **hard science** *n* exakte Wissenschaft **hardscrabble** ['hɑ:rd,skræbl̩] *adj attr* beinhart *fig* **hard sell** I. *n* aggressive Verkaufsmethoden; **to come on with the ~** aggressive Verkaufsmethoden anwenden II. *adj attr, inv* aggressiv

hardship ['hɑ:dʃɪp, AM 'hɑ:rd-] *n* ① *no pl* (*privation*) Not *f*, Elend *nt*, Entbehrung[en] *f*[*pl*]; ***I'd love to if it's not too much of a ~ for you*** gerne, wenn es dir nicht zu viele Unannehmlichkeiten bereitet; **economic ~** wirtschaftliche Notlage; **to live in ~** Not leiden
② (*condition*) Härte *f*, Belastung *f*

hardship fund *n* BRIT, **hardship grant** *n* BRIT Notfonds *m* (*für bedürftige Studenten*)

hard shoulder *n* BRIT befestigter Seitenstreifen, Bankett *nt* **hardstanding** *n no pl* BRIT asphaltierter Abstellplatz (*für Fahrzeuge*) **hard stuff** *n* (*fam*) hartes Zeug *fam*, hochprozentiger Alkohol; **a drop of the ~** einen Tropfen vom Hochprozentigen **hard tack** *n* [Schiffs]zwieback *m* **hardtop** *n* AUTO Hardtop *nt o m* **hard up** *adj* (*fam*) ① (*broke*) knapp bei Kasse *präd fam*, in finanziellen Schwierigkeiten *präd* ② (*lacking*) ■**to be ~ for sth** etw entbehren; **to be ~ for suggestions** um Vorschläge verlegen sein **hardware** *n no pl* ① (*tools*) Eisenwaren *pl*; (*household items*) Haushaltswaren *pl* ② (*material*) Material *nt*, Ausrüstung *f*; MIL *machinery* Rüstungsmaterial *nt* ③ COMPUT Hardware *f*; **computer ~** Computerhardware *f* ④ (*fam: a gun*) Kanone *f fam* **hardware dealer** *n* AM Baustoffhändler(in) *m(f)*; (*in household goods*) Haushaltswarenhändler(in) *m(f)* **hardware store** *n* AM, AUS Baumarkt *m*; (*for household goods*) Haushaltswarenladen *m* **hard-wearing** *adj* widerstandsfähig; *fabric, shoes* strapazierfähig **hard wheat** *n no pl* Hartweizen *m* **hard-wire** *vt* ■**to be ~d into sth/sb** mit etw/jdm fest verdrahtet sein *fig*; ■**to be ~d for sth** *person* für etw *akk* gemacht [*o* wie geschaffen] sein; *machine* für etw *akk* konstruiert sein **hard-wired** *adj* COMPUT fest verdrahtet **hard-won** *adj* hart [*o* schwer] erkämpft; *money* hart [*o* schwer] erarbeitet; ~ **victory** schwer erkämpfter Sieg **hardwood** *n* Hartholz *nt* **hard-working** *adj* fleißig; ■**to be ~** hart arbeiten

hardy ['hɑ:di, AM 'hɑ:rdi] *adj* ① (*tough*) zäh, robust; (*toughened*) abgehärtet; ~ **breed** zäher Menschenschlag
② BOT winterhart; ~ **annual/perennial** einjährige/mehrjährige [winterharte] Pflanze
③ (*courageous*) kühn

hare [heəʳ, AM her] I. *n* ① <*pl* -s *or* -> [Feld]hase *m*
② BRIT (*topic in conversation*) **to start a ~** ein Thema anschneiden
▶ PHRASES: **to run with the ~ and hunt with the hounds** es sich mit niemandem verderben wollen; POL, MIL ein Doppelagent/eine Doppelagentin sein, ein doppeltes Spiel treiben
II. *vi esp* BRIT (*fam*) wie ein geölter Blitz laufen *fam*; ■**to ~ off** davonsausen *fam*

hare and hounds *n* (*game*) Schnitzeljagd *f* **harebell** *n* BOT Glockenblume *f* **harebrained** *adj person* verrückt, bekloppt *fam*; *plan* unrealistisch; ~ **scheme** verrückter Plan **hare coursing** *n no pl esp* BRIT Hasenjagd *f*

Hare Krishna [,hæri'krɪʃnə, AM ,hɑ:ri'-] *n* ① (*Hindu sect*) Hare-Krishna-Sekte *f*
② (*fam: member of sect*) Hare-Krishna-Jünger(in) *m(f)*

harelip *n* MED Hasenscharte *f*

harem ['hɑ:ri:m, 'herəm, AM 'herəm] *n* (*also fig, hum*) Harem *m*

haricot ['hærɪkəʊ, AM 'herɪkoʊ] *n*, **haricot bean** *n* Gartenbohne *f*

hark [hɑ:k, AM hɑ:rk] *vi* (*liter*) horchen *liter*; ~ ***at him!*** hör dir den an!; ■~! horch!/horcht!; ■**to ~ to sb/sth** jdm/etw lauschen *liter*

◆**hark back** *vi* ■**to ~ back to sth** ① (*evoke*) an etw *akk* erinnern, an etw *akk* anklingen; ***his latest film ~s back to the early years of cinema*** sein jüngster Film spielt in den frühen Jahren des Kinos
② (*originate in*) *tradition* auf etw *akk* zurückgehen
③ (*return to previous topic*) auf etw *akk* zurückkommen, etw wieder aufgreifen

harlequin ['hɑ:lɪkwɪn, AM 'hɑ:r-] *adj* bunt

Harlequin ['hɑ:lɪkwɪn, AM 'hɑ:r-] *n* (*esp hist*) Harlekin *m veraltet*; (*also fig*) Hanswurst *m*, Kasper *m*

harlot ['hɑ:lət, AM 'hɑ:r-] *n* (*old*) Metze *f veraltet*, Dirne *m veraltend*, Hure *f*

harm [hɑ:m, AM hɑ:rm] I. *n no pl* (*damage*) Schaden *m*; (*injury*) Verletzung *f*; ***there's no ~ in asking*** Fragen kostet nichts; ***there's no ~ in trying*** ein Versuch kann nichts schaden; ***… never did anyone any ~*** es hat noch niemandem geschadet, …; **to mean no harm** es nicht böse meinen; ***that will do more ~ than good*** das wird mehr schaden als nützen; ***I can see no ~ in going out for a drink on my own*** ich kann nichts dabei finden, alleine etwas trinken zu gehen; ***what's the ~ in drinking beer every night?*** was macht das schon, jeden Abend Bier zu trinken?; **out of ~'s way** in Sicherheit, außer Gefahr; **to stay** [*or* **keep**] **out of ~'s way** der Gefahr *dat* aus dem Weg gehen; [**grievous**] **bodily ~** [schwere] Körperverletzung; **to come to** [**no**] ~ [nicht] zu Schaden kommen; **to do ~ to sb** jdm Schaden zufügen [*o* schaden]; (*hurt*) jdm eine Verletzung zufügen, jdn verletzen; ***this mistake will do his credibility no ~*** dieser Fehler wird seiner Glaubwürdigkeit keinen Abbruch tun; **to do ~ to sth** etw *dat* Schaden zufügen [*o* schaden]
II. *vt* ■**to ~ sth** etw *dat* Schaden zufügen [*o* schaden]; ■**to ~ sb** jdm schaden; (*hurt*) jdn verletzen, jdm etwas antun; ***it wouldn't ~ you to see a doctor*** (*iron*) es könnte dir nichts schaden, zum Arzt zu gehen; ■**to be ~ed** Schaden erleiden

harmful ['hɑ:mfəl, AM 'hɑ:rm-] *adj* schädlich; *words* verletzend; ***smoking is ~ to your health*** Rauchen ist gesundheitsgefährdend; ~ **effects** schädliche Nebenwirkungen

harmfulness ['hɑ:mfəlnəs, AM 'hɑ:rm-] *n no pl* Schädlichkeit *f*

harmless ['hɑ:mləs, AM 'hɑ:rm-] *adj* ① (*not dangerous*) harmlos, ungefährlich; **to render sth ~** etw unschädlich machen; *bomb* etw entschärfen
② (*innocuous*) harmlos; ~ **fun** ein harmloser Scherz

harmlessly ['hɑ:mləsli, AM 'hɑ:rm-] *adv* ① (*not detrimentally*) harmlos
② (*innocuously*) harmlos; **to live ~** friedlich leben, niemandem schaden [*o* wehtun]

harmlessness ['hɑ:mləsnəs, AM 'hɑ:rm-] *n no pl* Unschädlichkeit *f*; *of a person* Harmlosigkeit *f*

harmonic [hɑ:'mɒnɪk, AM hɑ:r'mɑ:n-] I. *adj* MUS, PHYS harmonisch; ~ **progression** MATH harmonische Sequenz
II. *n* ① MUS Oberton *m*
② PHYS [harmonische] Oberwelle, harmonische Oberschwingung

harmonica [hɑ:'mɒnɪkə, AM hɑ:r'mɑ:n-] *n* Mundharmonika *f*

harmonics [hɑ:'mɒnɪks, AM hɑ:r'mɑ:n-] *n + sing vb* MUS Harmonik *f fachspr*

harmonious [hɑ:'məʊniəs, AM hɑ:r'moʊn-] *adj* ① (*tuneful*) harmonisch, wohlklingend
② (*fig: pleasing*) *colours* harmonisch; **a ~ blend** eine gelungene Mischung
③ (*fig: friendly*) harmonisch; *relations* ungetrübt; *agreement* glücklich

harmoniously [hɑ:'məʊniəsli, AM hɑ:r'moʊn-] *adv* harmonisch, in Harmonie; **to get on ~** gut miteinander auskommen

harmonium [hɑ:'məʊniəm, AM hɑ:r'moʊ-] *n* Harmonium *nt*

harmonization [,hɑ:mənaɪ'zeɪʃən, AM ,hɑ:rmənɪ'-] *n no pl* ① MUS Harmonisierung *f fachspr*
② (*act of harmonizing*) Herstellen *nt* von Harmonie
③ POL (*standardization*) *of a system* Vereinheitlichung *f*, Harmonisierung *f*

harmonize ['hɑ:mənaɪz, AM 'hɑ:r-] I. *vt* ■**to ~ sth** ① MUS etw harmonisieren
② (*bring together*) etw in Einklang bringen, etw aufeinander abstimmen; (*make similar*) etw vereinheitlichen
II. *vi* ① MUS harmonieren
② (*fig*) ■**to ~** [**with sb/sth**] (*match*) [mit jdm/etw] harmonieren; (*be consistent*) *approach, facts* [mit jdm/etw] übereinstimmen

harmony ['hɑ:məni, AM 'hɑ:r-] *n* ① MUS Harmonie *f*; (*science*) Harmonielehre *f*; ■**in ~** mehrstimmig
② *no pl* (*rapport*) Harmonie *f*; (*concord*) Eintracht *f*; **peace and ~** Friede[n] und Eintracht; **racial ~** harmonisches Verhältnis zwischen den Rassen; **to live in ~** in Eintracht [miteinander] leben; ■**to be in ~ with sb/sth** mit jdm/etw harmonieren [*o* in Einklang stehen]; **in ~ with nature** im Einklang mit der Natur; **in perfect ~** in vollkommener Harmonie
③ *no pl* (*symmetry*) Ebenmäßigkeit *f*, Symmetrie *f*

harness ['hɑ:nɪs, AM 'hɑ:r-] I. *n* <*pl* -es> ① *for animal* Geschirr *nt*; *for person* Gurtzeug *nt*; **baby ~** Laufgeschirr *nt*; **parachute ~** Gurtwerk *nt*; **safety ~** Sicherheitsgürtel *m*; **in ~** angeschirrt, aufgezäumt
② (*fig: cooperation*) ■**in ~** gemeinsam; **to work in ~ with sb** mit jdm gut zusammenarbeiten [*o* ein gutes Team abgeben]
③ (*fig: everyday life*) tägliche Routine; **back in ~** wieder im Alltagstrott
II. *vt* ① (*attach*) ■**to ~ an animal** ein Tier anschirren [*o* anspannen]; (*secure*) ■**to ~ sb/sth into sth** jdn/etw in etw *dat* anschnallen; ***she ~ed her child into the babyseat*** sie schnallte ihr Kind in den Kindersitz
② (*fig: exploit*) ■**to ~ sth** etw nutzen; **to ~** [**the forces of**] **nature** [sich *dat*] die [Kräfte der] Natur nutzbar machen

harp [hɑ:p, AM hɑ:rp] I. *n* Harfe *f*
II. *vi* (*esp pej fam*) ■**to ~ on** immer dieselbe Leier vorbringen [*o* anbringen] *fam*; ■**to ~ on about sth** auf etw *dat* herumreiten *fam*, die ganze Zeit von etw *dat* reden; ***don't keep ~ing on about it!*** hör endlich auf damit!

harpist ['hɑ:pɪst, AM 'hɑ:rp-] *n* Harfenist(in) *m(f)*, Harfenspieler(in) *m(f)*

harpoon [,hɑ:'pu:n, AM ,hɑ:r'-] I. *n* Harpune *f*
II. *vt* **to ~ a whale** einen Wal harpunieren

harpoon gun *n* Harpunenkanone *f*

harpsichord ['hɑ:psɪkɔ:d, AM 'hɑ:rpsɪkɔ:rd] *n* Cembalo *nt*

harpy ['hɑ:pi, AM 'hɑ:rpi] *n* ① (*Greek mythology*) Harpyie *f*
② (*pej: strident woman*) Hyäne *f pej*, Xanthippe *f fig geh*, Keifzange *m pej fam*

harpy eagle *n* ORN Harpyie *f*
harridan ['hærɪdᵊn, AM 'her-] *n* (*pej*) Drache *m pej*
harried ['hærid, AM 'herid] *adj* geplagt; **to look ~** [*fam* schwer] mitgenommen aussehen
harrier ['hæriəʳ, AM 'heriɚ] *n* ❶ (*hound*) [Jagd]hund *m* (*für Hasenjagd*)
❷ SPORTS Querfeldeinläufer(in) *m(f)*
❸ ORN Weihe *f*
harrow ['hærəʊ, AM 'heroʊ] **I.** *n* Egge *f*
II. *vt* ❶ (*plough*) **to ~ sth** etw eggen
❷ *usu passive* (*fig*) ■**to ~ sb** (*agonize*) jdn quälen [*o* plagen]; (*frighten*) jdn ängstigen
harrowed ['hærəʊd, AM 'heroʊd] *adj* (*in agony*) gequält; (*frightened*) verängstigt; [**with a**] **~ expression** [mit] sorgenvolle[r] Miene
harrowing ['hærəʊɪŋ, AM 'heroʊ-] *adj* entsetzlich, grauenvoll; **a ~ experience** ein qualvolles Erlebnis; **a ~ story** eine schreckliche Geschichte
harrumph [hə'rʌm(p)f] **I.** *vi* (*esp hum fam: clear throat*) sich *akk* räuspern
II. *vt* ■**to ~ sth** etw schnauben [*o* schnaubend sprechen]
harry <-ie-> ['hæri, AM heri] *vt* (*form*) ❶ (*plunder*) ■**to ~ sb/sth** jdn/etw ausplündern
❷ (*harass*) ■**to ~ sb** jdm zusetzen, jdn bedrängen
harsh [hɑːʃ, AM hɑːrʃ] *adj* ❶ (*rough*) rau; **~ terrain** unwirtliches Gelände; **~ winter** strenger [*o* harter] Winter
❷ (*disagreeable*) *colours, light* grell; *fabric* kratzig; *sound* schrill; *scream* gellend; **~ voice** raue Stimme
❸ (*rigorous*) hart, streng; (*critical*) scharf; **~ condemnation** scharfe Missbilligung; **~ criticism/words** harte Kritik/Worte; **~ education** strenge Erziehung; **the ~ reality** die harte Realität; **~ reprisal** gnadenlose Vergeltungsmaßnahme; **~ sentence** harte Strafe; ■**to be ~ on sb** jdn hart anfassen, streng mit jdm sein
❹ (*sharp*) scharf; **~ contrast** scharfer Kontrast
❺ (*brusque*) *tone of voice* barsch, schroff
harshly ['hɑːʃli, AM 'hɑːrʃ-] *adv* ❶ (*rigorously*) hart, streng; **to criticize sb/sth ~** jdn/etw scharf kritisieren; **to judge/punish sb ~** jdn hart verurteilen/bestrafen; **to treat sb ~** streng mit jdm sein [*o* ins Gericht gehen]
❷ (*brusquely*) schroff, barsch; ***she spoke ~ to her children*** sie redete in einem schroffen Ton mit ihren Kindern
harshness ['hɑːʃnəs, AM 'hɑːrʃ-] *n no pl* ❶ (*roughness*) Rauheit *f; of weather* Härte *f*, Strenge *f; of terrain* Unwirtlichkeit *f*
❷ (*disagreeableness*) *of colours, light* Grelle *f; of fabric* Rauheit *f; of voice* Heiserkeit *f*
❸ (*rigour*) Härte *f*, Strenge *f;* (*criticism*) Schärfe *f*
❹ (*brusqueness*) Schroffheit *f*
hart [hɑːt, AM hɑːrt] *n* Hirsch *m*
harum-scarum [ˌheərəm'skeərəm, AM ˌherəm'skerəm] **I.** *adj pred* unbesonnen, unbedacht
II. *n* unbedachter Mensch
harvest ['hɑːvɪst, AM 'hɑːr-] **I.** *n* ❶ (*yield*) Ernte *f; of grapes* Lese *f;* (*process*) Ernten *nt;* (*season*) Erntezeit *f;* **apple ~** Apfelernte *f;* **a bumper ~** eine Rekordernte; **to reap the ~** die Ernte einbringen
❷ (*fig: result*) Ernte *f*, Ertrag *m;* **a rich ~ of information** eine Fülle von Informationen; **to reap the ~ of sth** (*benefit*) die Ernte einer S. *gen* einfahren; (*suffer*) den Misserfolg einer S. *gen* ernten
II. *vt* ■**to ~ sth** ❶ (*gather*) etw ernten; **to ~ fish** Fische fangen; **to ~ grapes** Trauben lesen; **to ~ timber** Holz schlagen
❷ (*fig: receive*) etw erhalten [*o* ernten]
III. *vi* die Ernte einbringen
harvester ['hɑːvɪstəʳ, AM 'hɑːrvɪstɚ] *n* ❶ (*dated: reaper*) Erntearbeiter(in) *m(f)*
❷ (*machine*) Erntemaschine *f;* (*for crops*) Mähmaschine *f;* **combined ~** Mähdrescher *m*
harvest festival *n* BRIT Erntedankfest *nt* **harvest home** *n* (*end of harvest*) Ende *nt* der Ernte; BRIT (*festival*) Erntefest *nt* **harvestman** *n* BRIT Weberknecht *m* **harvest moon** *n* Herbstmond *m*, Vollmond *m* (*zur Tagundnachtgleiche im September*)
has [hæz, həz] *3rd pers. sing of* **have**
has-been ['hæzbiːn, AM -bɪn] *n* (*pej fam*) ehemalige Größe; ***it's every actor's greatest fear to become a ~*** jeder Schauspieler hat große Angst davor, in Vergessenheit zu geraten; **to be an old ~** seine Glanzzeit hinter sich *dat* haben
hash¹ [hæʃ] *n* (*fam*) *short for* **hashish** Hasch *nt fam*
hash² [hæʃ] **I.** *n* ❶ FOOD Haschee *nt;* **corned beef ~** Cornedbeefeintopf *m*
❷ *no pl* (*fam: shambles*) Kuddelmuddel *nt fam*, Durcheinander *nt;* **to make a ~ of sth** etw vermasseln [*o pej* verpfuschen] *fam*
❸ COMPUT (*hashmark*) Hashzeichen *nt; see also* **hashmark**
II. *vt* ❶ FOOD ■**to ~ sth** etw hacken; *meat* etw haschieren
❷ (*fam: mess up*) ■**to ~ sth** ⊂ **up** etw vermasseln [*o pej* verpfuschen] *fam*
❸ COMPUT ■**to ~ sth** etw mit Hilfe der Streuspeichertechnik abbilden
◆**hash over** *vt* AM (*fam*) ■**to ~ over** ⊂ **sth** etw breittreten *fam*
hash browns *npl esp* AM ≈ Rösti *mpl* SÜDD, SCHWEIZ (*Bratkartoffeln aus klein gewürfelten Kartoffeln*)
hash code *n* COMPUT Hashcode *m*
hashish ['hæʃɪʃ] *n no pl* Haschisch *nt*
hashmark ['hæʃmɑːk, AM -mɑːrk] *n* COMPUT Hashzeichen *nt*
Hasid <*pl* -im> ['hæsɪd] *n* Hasid *m* (*Mitglied einer im 18. Jhd. gegründeten jüdischen Sekte*)
Hasidic [hæs'ɪdɪk] *adj* chassidisch; **~ jews** Chassidim *pl*
hasn't ['hæzᵊnt] = **has not** *see* **have**
hasp [hæsp] *n* ❶ (*on a trunk or suitcase*) Spange *f*
❷ (*on a door or lid*) Klappe *f*
hassle ['hæsl] **I.** *n* (*fam*) ❶ (*bother*) Mühe *f kein pl*, Theater *nt kein pl fam;* ***parking in town is such a ~*** in der Stadt zu parken ist vielleicht ein Aufstand; ***it's one of the few bars that women can go in and not get any ~*** das ist eine der wenigen Bars, in die Frauen gehen können, ohne belästigt zu werden; ***what's all the ~ about?*** was soll der ganze Aufstand?; ***it is just too much ~*** es ist einfach zu umständlich; **to give sb ~** (*pester*) jdn schikanieren; (*harass*) jdm Schwierigkeiten machen
❷ (*argument*) Streit *m*, Krach *m fam;* **heavy ~s** heftige [*o* DIAL arge] Auseinandersetzungen
II. *vt* (*fam*) ■**to ~ sb** (*pester*) jdn schikanieren [*o* drängen]; (*harass*) jdn bedrängen [*o* unter Druck setzen]; ***just don't ~ me*** lass mich einfach in Ruhe
III. *vi* streiten
hassock ['hæsək] *n* ❶ (*cushion*) [Knie]kissen *nt*
❷ (*tuft of grass*) Grasbüschel *nt*
hast [hæst] *vt, vi* (*old*) *2nd pers. sing pres of* **have**
haste [heɪst] *n no pl* (*hurry*) Eile *f;* (*rush*) Hast *f pej;* **to make ~** sich *akk* beeilen; ■**in ~** hastig; ***in her ~ to leave the house she forgot her keys*** vor lauter Eile, aus dem Haus zu kommen, ließ sie ihre Schlüssel liegen; **to do sth in ~** etw in [aller] Eile tun
► PHRASES: **more ~ less speed** (*prov*) eile mit Weile *prov*
hasten ['heɪsᵊn] **I.** *vt* ■**to ~ sb** jdn drängen; ■**to ~ sth** etw beschleunigen; **to ~ sb's demise** jds Fall beschleunigen
II. *vi* ❶ (*do fast*) ■**to ~ to do sth** sich *akk* beeilen, etw zu tun; **to ~ to add/say** sich *akk* beeilen hinzuzufügen/zu sagen
❷ (*hurry*) eilen, hasten *pej*
hastily ['heɪstɪli] *adv* ❶ (*hurriedly*) eilig, hastig *pej*
❷ (*too quickly*) übereilt, überstürzt; (*without thinking*) vorschnell, voreilig; **to ~ add** schnell hinzufügen
hastiness ['heɪstɪnəs] *n no pl* ❶ (*hurry*) Eile *f;* (*rush*) Hastigkeit *f*
❷ (*overhaste*) Übereile *f*, Überstürzung *f;* (*without thought*) Voreiligkeit *f*
hasty ['heɪsti] *adj* ❶ (*hurried*) eilig, hastig *pej;* (*very quick*) flüchtig; **~ kiss** ein flüchtiger Kuss; **to beat a ~ retreat** (*fam*) sich *akk* schnell aus dem Staub machen, Fersengeld geben
❷ (*rashly*) übereilt, überstürzt; (*badly thought out*) vorschnell, voreilig; **to leap to ~ conclusions** voreilige Schlüsse ziehen; **to make ~ decisions** vorschnelle Entscheidungen treffen
hat [hæt] *n* ❶ (*headgear*) Hut *m;* **fur ~** Pelzmütze *f;* **knitted ~** Strickmütze *f;* **straw ~** Strohhut *m;* **woolly ~** [Woll]mütze *f;* **to put on/take off/wear a ~** einen Hut aufsetzen/abnehmen/tragen
❷ (*fig: particular role*) Rolle *f;* **to wear a ~** eine Rolle spielen
► PHRASES: **at the drop of a ~** auf der Stelle; **to throw** [*or* **toss**] **one's ~ into the ring** die Karten auf den Tisch legen; *esp* AM (*become candidate*) kandidieren; **~s off to sb/sth** Hut ab vor jdm/etw; **to be old ~** ein alter Hut sein; **to draw** [*or* **pick**] **sb out of the ~** jdn zufällig auswählen; **to eat one's ~ if ...** (*fam*) einen Besen fressen, wenn ...; **to keep sth under one's ~** etw für sich *akk* behalten; **to pass the ~** [a]**round** den Hut herumgehen lassen, Geld sammeln; **to take one's ~ off to sb** vor jdm den Hut ziehen; **to talk through one's ~** dummes Zeug reden, Blödsinn verzapfen *fam*
hatband *n* Hutband *nt* **hatbox** *n* Hutschachtel *f*
hatch¹ <*pl* -es> [hætʃ] *n* ❶ (*opening*) Durchreiche *f*
❷ NAUT Luke *f;* **cargo ~** Ladeluke *f*
► PHRASES: **down the ~!** runter damit!
hatch² [hætʃ] *vt* ART ■**to ~ sth** etw schraffieren
hatch³ [hætʃ] **I.** *vi* schlüpfen; ***the eggs have started to ~*** die Küken haben begonnen zu schlüpfen
II. *vt* ❶ (*incubate*) **to ~ an egg** ein Ei ausbrüten
❷ (*fig: devise*) ■**to ~ sth** etw ausbrüten; *plan, plot* etw aushecken
◆**hatch out** *vi* [aus]schlüpfen; ***the eggs ~ed out into grubs*** aus den Eiern schlüpften Larven
hatchback ['hætʃbæk] *n* ❶ (*door*) Hecktür *f*, Heckklappe *f*
❷ (*vehicle*) Wagen *m* mit Hecktür [*o* Heckklappe]
hatchery ['hætʃᵊri] *n for poultry* Brutplatz *m*, Brutstätte *f; for fish* Laichplatz *m*
hatchet ['hætʃɪt] *n* Beil *nt*
► PHRASES: **to bury the ~** das Kriegsbeil begraben *hum;* **to bury the ~ over sth** einen Streit [*o* Zwist] um etw *akk* begraben
hatchet-face *n* (*fam*) scharfgeschnittene Gesichtszüge **hatchet-faced** *adj inv* (*pej fam*) ■**to be ~** scharfe Gesichtszüge haben [*o geh* aufweisen] **hatchet job** *n* (*pej fam: written*) verleumderischer Angriff; (*spoken*) [unfaire] Verbalattacke; **to do a ~ on sb/sth** jdn/etw fertig machen *fam* [*o sl* niedermachen] **hatchet man** *n* (*fam: ruthless person*) *for sabotage, redundancy* Hintermann *m fam;* ECON, FIN Sparkommissar *m fam sl*, Krisenmanager *m* (*mit rigorosem Sanierungsprogramm*); (*fam: hit man*) professioneller [*o* gedungener] Killer; (*critic*) Verfasser *m* hetzerischer Artikel; (*slanderer*) Verfasser *m* verleumderischer Artikel
hatching ['hætʃɪŋ] *n no pl* ❶ (*emerge*) *of eggs* Ausbrüten *nt; of young* Schlüpfen *nt;* (*fig*) *of plan, plot* Aushecken *nt*, Ausknobeln *nt fam*
❷ (*parallel marks*) Schraffierung *f*, Schraffur *f*
hatchling ['hætʃlɪŋ] *n* Junge *nt*
hatchway ['hætʃweɪ] *n* (*aperture*) *through wall* Luke *f; through floor* Bodenluke *f; to the rooftop* Dachluke *f;* (*on ship*) *for cargo* [Lade]luke *f*
hate [heɪt] **I.** *n* ❶ *no pl* (*emotion*) Hass *m* (**for/of** auf +*akk*); **feelings of ~** Hassgefühle *ntpl;* **love and ~** Liebe *f* und Hass *m;* **pure ~** blanker Hass; **to feel** [*or* **harbour**] **~ for sb** jdn hassen, jdm gegenüber Hass empfinden; **to give sb a look of ~** jdn hasserfüllt ansehen
❷ *no pl* (*aversion*) Abscheu *m*
❸ (*object of hatred*) **pet ~** Gräuel *nt;* ***pot noodles are her pet ~*** Instantnudeln sind ihr ein Gräuel; ***toads are my pet ~*** Kröten kann ich auf den Tod nicht ausstehen
II. *n modifier* Hass-; **~ crime** Verbrechen *nt* aus Hass; **~ mail** hasserfüllte Briefe *pl;* **~ stuff on the internet** von Hass getriebene Veröffentlichung im Internet
III. *vt* ❶ (*dislike*) ■**to ~ sb/sth** jdn/etw hassen;

H

(*feel aversion to*) jdn/etw verabscheuen; **to ~ the sight/sound/smell of sth** etw nicht hören/sehen/riechen können; ■**to ~ doing sth** [*or* **to do sth**] etw äußerst ungern tun; (*stronger*) es hassen, etw zu tun; **I ~ to admit/say it, but …** es fällt mir äußerst schwer, das zuzugeben/sagen zu müssen, aber …; ■**to ~ sb doing sth** es nicht ausstehen können, wenn jd etw tut; ***I ~ him telling me what to do all the time*** ich hasse es, wenn er mir immer vorschreibt, was ich tun soll; ■**to ~ sb for doing sth** etw jdm nicht verzeihen können [*o* [*fam* schwer] übel nehmen]

❷ (*politely regret*) ■**to ~ to do sth** etw [nur] äußerst ungern tun; ***I ~ to interrupt, but it's time we left*** ich störe nur ungern, aber es ist Zeit, aufzubrechen; ***I'd ~ you to think that I was being critical*** ich möchte auf keinen Fall, dass Sie denken, ich hätte Sie kritisiert

► PHRASES: **to ~ sb's** __**guts**__ (*fam*) jdn wie die Pest hassen [*o* auf den Tod nicht ausstehen können] *fam;* **sb would ~ to be in sb's** __**shoes**__ jd möchte nicht in jds Haut stecken

IV. *vi* hassen, Hass empfinden

hate campaign *n* Hasskampagne *f* **hate crime** *n* LAW *Verbrechen, das aus* [*Rassen*]*hass oder Vorurteilen begangen wird*

hated ['heɪtɪd, AM -t̬-] *adj* verhasst

hateful ['heɪtfᵊl] *adj* (*dated*) ❶ (*filled with hate*) *person* hasserfüllt; (*detesting, spiteful*) gemein, fies *fam*

❷ (*unpleasant*) *action, clothes, comment* abscheulich; *person* unausstehlich; **~ remarks** hässliche [*o* abscheuliche] Bemerkungen

hatefully ['heɪtfᵊli] *adv* auf gehässige Weise

hatefulness ['heɪtfᵊlnəs] *n no pl* ❶ (*emotional nature*) *person* Hasserfülltheit *f* (**towards** gegenüber +*dat*)

❷ (*dated: unpleasantness*) Abscheulichkeit *f* (**towards** gegenüber +*dat*)

hate group *n* von Hass getriebene Gruppierung **hate mail** *n no pl* hasserfüllte Briefe **hatemonger** ['heɪt,mʌŋgəʳ, AM -,mɑ:ŋgɚ] *n* POL Hetzer(in) *m(f)*, Aufwiegler(in) *m(f)*

-hater ['heɪtəʳ, AM -t̬ɚ] *in compounds* -hasser(in) *m(f);* **to be a man-/woman~** männer-/frauenfeindlich [eingestellt] [*o* ein Männer-/Frauenfeind] sein

hath [hæθ] *vi, vt* (*old*) *3rd pers. sing pres of* **have**

hatless ['hætləs] *adj inv* ohne Hut *nach n,* barhäuptig *liter*

hatpin *n* Hutnadel *f*

hatred ['heɪtrɪd] *n no pl* ❶ (*emotion*) Hass *m* (**of/for** auf +*akk*); **to nurse an irrational ~ of sb/sth** einen unbegründeten Hass gegen jdn/etw hegen; **racial/self-~** Rassen-/Selbsthass *m*

❷ (*aversion*) Abscheu *m* (**of** vor +*dat*)

hatstand *n* Garderobenständer *m*

hatter ['hætəʳ, AM -t̬ɚ] *n* (*hat-maker*) Hutmacher(in) *m(f)*

► PHRASES: **to be as** __**mad**__ **as a ~** total verrückt sein, einen Dachschaden haben *fam*

hat-trick *n* Hattrick *m;* **to make** [*or* **score**] **a ~** einen Hattrick erzielen; ***after two election victories the government has hopes of a ~*** nach zwei Wahlsiegen rechnet die Regierung jetzt wohl damit, dass aller guter Dinge drei sind

haughtily ['hɔ:tɪli, AM 'hɑ:t̬-] *adv* (*pej*) *of attitude, manner, personality* überheblich *pej,* arrogant *pej; of person* hochmütig *pej,* hochnäsig *pej; of look, remark* geringschätzig *pej*

haughtiness ['hɔ:tɪnəs, AM 'hɑ:t̬-] *n no pl* (*pej*) *of attitude, manner, personality* Überheblichkeit *f pej,* Arroganz *f pej; of person* Hochmut *m pej,* Überheblichkeit *f pej; of look, remark* Geringschätzigkeit *f pej*

haughty ['hɔ:ti, AM 'hɑ:t̬i] *adj* (*pej*) *attitude, manner, personality* überheblich *pej,* arrogant *pej; person* hochmütig *pej,* hochnäsig *pej,* eingebildet *pej; look, remark* geringschätzig *pej*

haul [hɔ:l, AM *esp* hɑ:l] **I.** *n* ❶ *usu sing* (*drag, pull*) **to give a ~** [kräftig] ziehen; **to give sb a ~ up onto a/the wall** jdn eine/die Mauer hochziehen [*o* hochwuchten]

❷ (*quantity caught*) Ausbeute *f; of fish* Fang *m* (**of** an +*dat*), Ausbeute *f* (**of** von/an +*dat*); **poor ~** ein magerer Fang; *of stolen goods* magere Beute

❸ (*distance covered*) Strecke *f;* TRANSP Transport[weg] *m;* **long ~** Güterfernverkehr *m;* **short ~** Nahtransport *m;* **long-/short-~ flight** Kurzstrecken-/Langstreckenflug *m;* ***it was a long ~, but we are finished at last*** (*fig*) es hat sich zwar lange hingezogen, aber jetzt sind wir endlich fertig

II. *vt* ❶ (*pull with effort*) ■**to ~ sb/sth** jdn/etw ziehen; *sb, sth heavy* jdn/etw schleppen; *vehicle* etw [ab]schleppen; **to ~ oneself out of bed** sich *akk* aus dem Bett hieven *fam;* **to ~ a boat out of the water** ein Boot aus dem Wasser ziehen; (*fig fam: bring before authority*) **to ~ sb before the court/a magistrate** jdn vors Gericht/vor einen Richter [*o sl* den Kadi] schleppen

❷ (*transport goods*) ■**to ~ sth** etw befördern [*o* transportieren]

❸ (*make tell*) ■**to ~ sth out of sb** etw aus jdm herausbekommen [*o fam* herausquetschen]

► PHRASES: **to ~** __**ass**__ AM (*fam!*) die Hufe schwingen *sl,* die Beine in die Hände nehmen *sl*

III. *vi* zerren, fest[e] [*o* kräftig] ziehen; **to ~ on a rope/the reins** an einem Seil/den Zügeln zerren

◆**haul away I.** *vt* ■**to ~ away** ⊂ **sth** *vehicle, big animal* etw wegziehen; (*with more effort*) etw mit aller Kraft ziehen; (*more brutally*) etw wegzerren

II. *vi* ■**to ~ away on sth** kräftig [*o* mit aller Kraft] an etw *dat* ziehen; (*more brutally*) an etw *dat* zerren

◆**haul in** *vt* (*fam*) ■**to ~ in** ⊂ **sb** *suspect* jdn einkassieren *sl,* sich *dat* jdn schnappen *fam*

◆**haul off I.** *vt* ■**to ~ off** ⊂ **sb/sth** *sb, sth heavy* jdn/etw wegziehen; (*more brutally*) jdn/etw wegzerren; **to ~ sb off to jail** jdn ins Gefängnis werfen [*o fam sl* verfrachten]

II. *vi* AM (*fam*) [zum Schlag] ausholen

◆**haul up** *vt* (*fig fam*) ■**to ~ up** ⊂ **sb/sth** jdn/etw hochziehen [*o* hinaufziehen]; (*with more effort*) jdn/etw hochschleppen [*o* hinaufschleppen]; **to ~ sb up before a court** jdn vor Gericht stellen; **to ~ sb up in front of a magistrate** jdn vor den Kadi bringen *sl*

haulage ['hɔ:lɪdʒ, AM *esp* 'hɑ:l-] *n no pl* ❶ (*transportation*) Transport *m,* Beförderung *f;* **road ~** Straßentransport *m*

❷ (*transportation costs*) Transportkosten *pl,* Speditionsgebühren *fpl*

haulage business *n,* **haulage company** *n* Transportunternehmen *nt,* Spedition[sfirma] *f,* Fuhrunternehmen *nt* **haulage contractor** *n* Transportunternehmer(in) *m(f),* Spediteur(in) *m(f),* Fuhrunternehmer(in) *m(f)* **haulage firm** *n* Transportunternehmen *nt,* Spedition[sfirma] *f,* Fuhrunternehmen *nt*

hauler ['hɑ:lɚ] AM, **haulier** ['hɔ:liəʳ] *n* BRIT, AUS ❶ (*firm*) Frachtführer *m,* Spediteur *m,* Fuhrunternehmer *m*

❷ (*driver*) Fahrer(in) *m(f)*

haunch <*pl* -es> [hɔ:n(t)ʃ, AM *esp* hɑ:n(t)ʃ] *n* ❶ (*upper leg and buttock*) Hüfte *f;* **to sit** [*or* **squat**] **on one's ~es** in der Hocke sitzen *fam*

❷ (*cut of meat*) Keule *f;* **~ of venison** Rehkeule *f*

haunt [hɔ:nt, AM *esp* hɑ:nt] **I.** *vt* ❶ (*visit*) ■**to ~ sb** *fear, ghost* jdn verfolgen [*o* heimsuchen]; ***a lady in white ~s the stairway*** im Treppenaufgang spukt eine Frau in Weiß; ■**to be ~ed by sb/sth** von jdm/etw heimgesucht werden; ***that house is ~ed*** in diesem Haus spukt es

❷ (*trouble repeatedly*) ■**to ~ sb** *memories, experiences* jdn plagen [*o* quälen] [*o* verfolgen]; *anxiety, memories, nightmares* jdn heimsuchen; **to ~ sb's dreams** in jds Träumen herumgeistern

❸ (*frequent*) ■**to ~ sth** *place, pub* etw häufig besuchen [*o* frequentieren], in etw *dat* häufig verkehren *geh;* ***I knew he wouldn't ~ such pubs*** ich wusste, dass er in solchen Kneipen nicht verkehrt

II. *n* (*frequented place*) Treffpunkt *m;* (*pub*) Stammlokal *nt,* Stammkneipe *f fam;* ***the village is a favourite tourist ~*** das Dorf ist ein beliebtes Ausflugsziel für Touristen; **the ~s of one's childhood** die Stätten seiner Kindheit

haunted ['hɔ:ntɪd, AM 'hɑ:nt̬ɪd] *adj* ❶ (*with ghosts*) Spuk-; ***I wouldn't go there, it's ~!*** ich würde nicht dorthin gehen, dort spukt es!; **~ castle** Spukschloss *nt;* **~ house** Gespensterhaus *nt,* Haus *nt,* in dem es spukt

❷ (*troubled*) **~ look** gehetzter Blick; (*suffering*) **to have ~ eyes** einen gequälten Ausdruck in den Augen haben

haunting ['hɔ:ntɪŋ, AM 'hɑ:nt̬-] **I.** *n no pl* Spuken *nt,* Spukerei *f fam*

II. *adj* ❶ (*persistantly disturbing*) **a ~ doubt** ein nagender Zweifel; **a ~ fear/memory** eine quälende Angst/Erinnerung

❷ (*stirring*) *melody, sound* sehnsuchtsvoll, schwermütig; **to have a ~ beauty** von unvergleichlicher Schönheit sein

hauntingly ['hɔ:ntɪŋli, AM 'hɑ:nt] *adv* unwiderstehlich, ergreifend

haute couture [,əʊtkʊ'tjʊəʳ, AM ,oʊtku:'tʊr] *n no pl* Haute Couture *f*

haute cuisine [,əʊtkwɪ'zi:n, AM ,oʊt-] *n no pl* Haute Cuisine *f*

hauteur [əʊ'tɜ:ʳ, AM hoʊ'tɜ:r] *n no pl* (*pej form, liter*) Hochmut *m pej*

Havana [hə'vænə] *n* ❶ (*cigar*) Havanna[zigarre] *f*

❷ *no pl* GEOG (*city*) Havanna *nt*

have [hæv, həv]

I. AUXILIARY VERB **II.** TRANSITIVE VERB **III.** NOUN

I. AUXILIARY VERB

<has, had, had> ❶ (*indicates perfect tense*) haben; ***he has never been to Scotland before*** er war noch nie zuvor in Schottland gewesen; ***we had been swimming*** wir waren schwimmen gewesen; ***I've heard that story before*** ich hab' diese Geschichte schon einmal gehört; ***I wish I'd bought it*** ich wünschte, ich hätte es gekauft; ***~ we been invited? — yes we ~*** sind wir eingeladen worden? – ja, sind wir; ***I've passed my test — ~ you? congratulations!*** ich habe den Test bestanden – oh, wirklich? herzlichen Glückwunsch!; ***they still hadn't had any news*** sie hatten immer noch keine Neuigkeiten

❷ (*experience, suffer*) ■**to ~ sth done** etw erleiden [*o* erfahren]; ***she had her car stolen last week*** man hat ihr letzte Woche das Auto gestohlen; ***she had a window smashed*** es wurde ihr eine Scheibe eingeschlagen; (*cause to be done*) etw machen [*o fam* tun] lassen; ***we ~ the house painted every three years*** wir lassen alle drei Jahre das Haus streichen; **to ~ one's hair cut/done/dyed** sich *dat* die Haare schneiden/machen/färben lassen

❸ (*form*) **had sb known** [**sth**], **…** hätte jd [das] gewusst, …; ***had I known you were coming, I'd ~ made dinner*** wenn ich gewusst hätte, dass ihr kommt, dann hätte ich Abendbrot gemacht

II. TRANSITIVE VERB

<has, had, had> ❶ (*own, possess*) ■**to ~** [*or esp* BRIT, AUS **~ got**] **sth** etw haben; ***she's got two brothers*** sie hat zwei Brüder; **to ~ a car/dog** ein Auto/einen Hund haben; **to ~ a degree/qualification** einen Abschluss/eine Qualifikation haben; **to ~** [**a little**] **French/German** (*dated*) Grundkenntnisse *fpl* in Französisch/Deutsch haben; **to ~ a job** einen Arbeitsplatz haben; **to ~ a** [**current**] **driving licence** einen gültigen Führerschein haben

❷ (*suffer*) *illness, symptom* etw haben; **to ~ cancer/polio** Krebs/Polio haben, an Krebs/Polio erkrankt sein *geh;* **to ~ a cold** erkältet sein, eine Erkältung haben; **to ~ a headache/toothache** Kopfschmerzen [*o fam* Kopfweh]/Zahnschmerzen [*o fam* Zahnweh] haben

❸ (*display*) etw haben [*o form* aufweisen]; ***I haven't any sympathy for this troublemaker*** ich empfinde keinerlei Mitleid mit diesem Unruhestifter; ***at least she had the good sense to turn the gas off*** zumindest war sie so schlau, das Gas abzudrehen; ***he had the gall to tell me that I was fat!*** hat er doch die Frechheit besessen, mir zu sagen, ich sei dick!; **to ~ the decency to do sth** die Anständigkeit besitzen, etw zu tun; **to ~ blue eyes/a big nose** blaue Augen/eine große Nase haben; **to ~ the honesty to do sth** so ehrlich sein, etw zu tun; **to ~ patience/sympathy** Geduld/Mitgefühl haben; *idea, plan, reason, suggestion* etw haben; (*form*) ~ ***you reason to think he'll refuse?*** haben Sie Grund zur Annahme, dass er ablehnen wird?; (*quality of food, wine*) etw haben [*o form* aufweisen]; ***this wine has a soft, fruity flavour*** dieser Wein schmeckt weich und fruchtig; (*obligation*) ■**to ~ sth to do** etw tun [*o* erledigen] müssen; ***I've got several texts to edit before Wednesday*** ich muss vor Mittwoch noch einige Texte redigieren

④ (*engage in activity*) **to ~ a bath** [*or* **wash**]/**shower** (*fam*) ein Bad/eine Dusche nehmen *geh*, baden/duschen; **to ~ a nap** [*or* **snooze**] ein Schläfchen [*o* Nickerchen] machen; **to ~ a party** eine Fete veranstalten; **to ~ a swim** schwimmen; **to ~ a talk with sb** mit jdm sprechen; (*argue*) sich *akk* mit jdm aussprechen; **to ~ a try** es versuchen; ***I'd like to ~ a try*** ich würde es gern einmal probieren; **to ~ a walk** spazieren gehen, einen Spaziergang machen

⑤ (*eat, drink*) ■**to ~ sth** etw zu sich *dat* nehmen; ***I'll ~ the trout, please*** ich hätte gern die Forelle; ***I haven't had shrimps in ages!*** ich habe schon ewig keine Shrimps mehr gegessen!; ~ ***some more coffee*** nimm doch noch etwas Kaffee; ***we've got sausages for lunch today*** zum Mittagessen gibt es heute Würstchen; **to ~ lunch/dinner** zu Mittag/Abend essen

⑥ (*give birth to*) **to ~ a child** ein Kind bekommen; ***my mother had three boys before she had me*** meine Mutter hat drei Jungen bekommen, bevor ich geboren wurde; **to be having a baby** (*be pregnant*) ein Baby bekommen, schwanger sein

⑦ (*receive*) ***I've just had a letter from John*** ich habe gerade erst einen Brief von John erhalten; **to ~ news of sb** Neuigkeiten von jdm erfahren; (*entertain*) ***my mother's having the children to stay next week*** die Kinder bleiben nächste Woche bei meiner Mutter; ***we had his hamster for weeks*** wir haben wochenlang für seinen Hamster gesorgt; ***they've got Ian's father staying with them*** Ians Vater ist bei ihnen zu Besuch; **to ~ visitors** Besuch haben; **to ~ sb to visit** jdn zu [*o* auf] Besuch haben; **to ~ sb back** (*resume relationship*) jdn wieder [bei sich *dat*] aufnehmen; ***they solved their problems, and she had him back*** sie haben ihre Probleme gelöst und sie ist wieder mit ihm zusammen; **to let sb ~ sth back** jdm etw zurückgeben

⑧ (*prepare*) **to ~ sth ready** etw fertig haben; **to ~ dinner/lunch ready** das Abendessen/Mittagessen fertig haben

⑨ (*cause to occur*) ■**to ~ sb/sth do sth** jdn/etw [dazu] veranlassen, etw zu tun; ■**to ~ sb do sth** jdn darum bitten, etw zu tun; ***I'll ~ the secretary run you off a copy for you*** ich werde von der Sekretärin eine Kopie für Sie anfertigen lassen; ***I'll ~ Bob give you a ride home*** ich werde Bob bitten, dich nach Hause zu fahren; ■**to ~ sb doing sth** jdn dazu bringen, etw zu tun; ***the film soon had us crying*** der Film brachte uns schnell zum Weinen; ***Guy'll ~ it working in no time*** Guy wird es im Handumdrehen zum Laufen bringen

⑩ (*undergo experience*) ***we're having a wonderful time in Venice*** wir verbringen eine wundervolle Zeit in Venedig; ***we didn't ~ any difficulty finding the house*** wir hatten keinerlei Schwierigkeiten, das Haus zu finden; ***she had her car stolen last week*** man hat ihr letzte Woche das Auto gestohlen; ~ **a nice day/evening!** viel Spaß!; (*said to departing customers*) einen schönen Tag noch!; **to ~ fun/luck** Spaß/Glück haben

⑪ (*obligation*) ■**to ~** [*or* ~ **got**] **to do sth** etw tun müssen; ***what time ~ we got to be there?*** wann müssen wir dort sein?; ***do we ~ to finish this today?*** müssen wir das heute fertig bekommen?; ***I'm not going back there unless I absolutely ~ to*** ich gehe nicht dorthin zurück, wenn ich nicht unbedingt muss; ***come on now, put your toys away — oh, Dad, do I ~ to?*** komm jetzt, leg deine Spielsachen weg – oh, Papa, muss ich wirklich?

⑫ (*fam!: have sex with*) ■**to ~ sb** mit jdm Sex haben; ***he asked me how many men I'd had*** er fragte mich, wie viele Männer ich gehabt habe

⑬ (*fam: trick*) ■**to ~ sb** jdn auf den Arm nehmen [*o fam* verkohlen] [*o fam* veräppeln]

► PHRASES: **to ~ nothing on sb** (*fam: not be as talented*) gegen jdn nicht ankommen, mit jdm nicht mithalten können; ***he's a good player, but he's got nothing on his brother*** er spielt gut, aber seinem Bruder kann er noch lange nicht das Wasser reichen; (*lack evidence*) nichts gegen jdn in der Hand haben, keine Handhabe gegen jdn haben; **to ~ the time** (*know what the time is*) die Uhrzeit haben, wissen, wie spät [*o* wie viel Uhr] es ist; ~ ***you got the time?*** kannst du mir die Uhrzeit sagen?; (*have enough time*) Zeit haben; ***will you ~ time to finish the report today?*** reicht es Ihnen, den Bericht heute noch zu Ende zu schreiben?; **to not ~ any [of it]** (*fam*) nichts von etw *dat* wissen wollen *fam;* ***the girls tried to explain everything but Mrs Jones wasn't having any of it*** die Mädchen wollten alles erklären, aber Mrs. Jones wollte nichts davon hören; **to not ~ sth** (*not allow*) etw nicht zulassen; **I won't ~ it!** kommt nicht in Frage [*o fam* in die Tüte]!; (*not believe*) etw nicht glauben wollen, [jdm] etw nicht abnehmen wollen; ***I kept telling him you were French, but he wouldn't ~ it*** ich habe ihm die ganze Zeit gesagt, dass du Franzose bist, aber er hat es nicht glauben wollen; **to not ~ sth/sb doing sth** nicht erlauben [*o geh* zulassen], dass etw/jd etw tut; ***I can't ~ you doing the hoovering in my house, you're my guest!*** ich kann doch nicht zulassen, dass du bei mir staubsaugst, du bist schließlich mein Gast!; **to ~ done with sth** mit etw *dat* fertig sein; **to ~ it in for sb** (*fam*) es auf jdn abgesehen haben *fam*, jdn auf dem Kieker haben *sl fam;* **to ~ it in one** das Zeug[s] zu etw *dat* haben; ***her speech was really funny, I didn't think she had it in her!*** ihre Rede war echt witzig, ich hätte nicht gedacht, dass sie das Zeug dazu hat!; **to ~ had it** (*fam: be broken*) hinüber sein *fam*, ausgedient haben; ***the old vacuum cleaner has had it*** der alte Staubsauger hat den Geist aufgegeben; (*be in serious trouble*) geliefert [*o sl* dran] sein *fam;* ***if she finds out about what you've done, you've ~ it!*** wenn sie herausfindet, was du getan hast, ist der Ofen aus! *fam;* **to ~ had it with sb/sth** (*fam*) von jdm/etw die Nase [gestrichen] voll haben *fam*, jdn/etw satt haben; ***I've had it with his childish behaviour!*** sein kindisches Benehmen steht mir bis hier oben!; **there's none to be had of sth** etw ist nicht zu bekommen [*o fam* aufzutreiben]; ***there's no real Italian cheese to be had round here*** man bekommt hier nirgendwo echten italienischen Käse

III. NOUN

(*fam*) ■**the ~s** *pl* die gut Betuchten, die Reichen; **the ~s and the ~-nots** die Besitzenden und die Besitzlosen

◆**have against** *vt* **to ~ something against sb/sth** etwas gegen jdn/etw [*geh* einzuwenden] haben; ■**to not ~ anything** [*or* **to ~ nothing**] **against sb/sth** nichts gegen jdn/etw [*geh* einzuwenden] haben

◆**have away** *vt* BRIT (*sl*) *see* **have off**

◆**have in** *vt* ■**to ~ sb in [to do sth]** jdn kommen lassen[, um etw zu tun]; ***they had some experts in to check the equipment*** sie hatten einige Experten kommen lassen, um die Ausrüstung überprüfen zu lassen

◆**have off** *vt* ① BRIT, AUS (*vulg sl: have sexual intercourse*) ■**to ~ it off [with sb]** es [mit jdm] treiben *vulg*

② (*remove*) ■**to ~ sth off** *clothes* etw ausziehen; ***let's ~ your jumper off!*** runter mit deinem Pulli!

◆**have on** *vt* ① (*wear*) ■**to ~ on ↔ sth** *clothes* etw anhaben [*o geh* tragen]; ***I've got my new dress on*** ich hab' mein neues Kleid an; ***he had nothing on when the doorbell rang*** er hatte nichts an, als es an der Tür klingelte

② (*carry*) ■**to ~ sth on one** etw bei sich *dat* haben, etw mit sich *dat* führen; ~ ***you got any money on you?*** hast du etwas Geld dabei?

③ (*possess information*) ■**to ~ sth on sb/sth** *evidence, facts* etw über jdn/etw [in der Hand] haben; ~ ***we got anything on this organization?*** haben wir irgendwelche Informationen über diese Organisation?

④ BRIT (*fam: trick*) ■**to ~ sb on** jdn auf den Arm nehmen [*o fam* verkohlen] [*o fam* veräppeln]; ***we had him on that he had won a free holiday*** wir haben ihm weisgemacht, er hätte einen Urlaub gewonnen

⑤ (*have made arrangements*) ■**to ~ sth on** etw vorhaben; ~ ***you got anything on this week?*** liegt bei dir diese Woche etwas an?

◆**have out** *vt* ① (*fam: have removed*) ***he had his wisdom teeth out yesterday*** ihm sind gestern die Weisheitszähne gezogen worden; **to ~ one's appendix/tonsils out** sich *dat* den Blinddarm/die Mandeln herausnehmen lassen

② (*fam: argue*) ■**to ~ it out [with sb]** etw [mit jdm] ausdiskutieren; **to ~ it out with sb once and for all** etw [ein für alle Mal] mit jdm klären; **to ~ the whole thing out** die ganze Sache [vollständig] klären, reinen Tisch machen *fam*

③ (*take out*) ■**to ~ sth out** *bicycle, boat, car* etw herausholen

◆**have up** *vt* BRIT (*fam*) ■**to be had up for sth** jdn wegen einer S. *dat* drankriegen *fam;* ***he was had up for burglary*** sie haben ihn wegen Einbruchs drangekriegt

haven ['heɪvᵊn] *n* Zufluchtsort *m*, Zufluchtsstätte *f geh;* **a peaceful ~** ein Hafen *m* der Ruhe; **a safe ~** ein sicherer Hafen [*o* Zufluchtsort]

have-not *n usu pl* Besitzlose(r) *f(m)*, Habenichts *m pej*

haven't ['hævᵊnt] = **have not** *see* **have**

haversack ['hævəsæk, AM -vɚ-] *n* (*dated*) Brotbeutel *m hist*

havoc ['hævək] *n no pl* ① (*destruction*) Verwüstung *f*, verheerender Schaden; **the ~ of a fire/storm** die Verwüstungen *fpl* durch ein Feuer/einen Sturm; **to wreak ~ [on sth]** sich *akk* verheerend [auf etw *akk*] auswirken, schlimme Schäden bei etw *dat* anrichten; ***the storm wreaked ~ on our garden*** der Sturm hat unseren Garten total verwüstet

② (*disorder*) [schlimmes] Durcheinander, Chaos *nt;* **to play ~ with sth, to wreak ~ [on sth]** etw völlig durcheinander bringen; (*stronger*) sich *akk* verheerend auf etw *akk* auswirken; ***the pupils wreaked ~ in the classroom*** die Schüler haben das Klassenzimmer total auf den Kopf gestellt

haw [hɔː, AM *esp* hɑː] **I.** *interj* (*also iron*) haha *a. iron*

II. *vi* ► PHRASES: **to hum** [*or* AM **hem**] **and ~** herumdrucksen *fam*

Hawaii [hə'waiː, AM -'wɑːiː] *n no pl* Hawaii *nt*

Hawaiian [hə'waɪən, AM -'wɑːjən] **I.** *n* ① (*person*) Hawaiianer(in) *m(f)*

② *no pl* (*language*) Hawai[an]isch *nt*

II. *adj inv* hawai[an]isch

hawk¹ [hɔːk, AM *esp* hɑːk] *n* ① (*bird*) Habicht *m;* (*falcon*) Falke *m;* (*fig*) **to have eyes like a ~** Adleraugen *ntpl* haben; **to watch sb like a ~** jdn nicht aus den Augen lassen

② POL (*also fig: supporter of aggression*) Falke *m*

hawk² [hɔːk, AM *esp* hɑːk] *vt* ■**to ~ sth** etw auf der Straße verkaufen; (*door to door*) mit etw *dat* hausieren gehen

◆**hawk about, hawk around** *vt* (*also fig*) ■**to ~ sth around** [*or* **about**] (*in public*) *gossip, news* mit etw *dat* hausieren gehen

hawk³ [hɔːk, AM *esp* hɑːk] *vi* sich *akk* räuspern

◆**hawk up** *vt* (*sl*) ■**to ~ up ↔ sth** etw aushusten;

to ~ **up phlegm** Schleim aushusten

hawker ['hɔːkəʳ, AM 'hɑːkɚ] *n* Hausierer(in) *m(f)*; (*in the street*) fliegender Händler, Straßenhändler(in) *m(f)*

hawk-eyed *adj* scharfsichtig *geh;* ▪**to be** ~ Adleraugen haben

hawkish ['hɔːkɪʃ, AM *esp* 'hɑːk-] *adj* POL militant; ▪**to be** ~ einen harten [außen]politischen Kurs vertreten

hawkishness ['hɔːkɪʃnəs, AM *esp* 'hɑːk-] *n no pl* POL militante Befürwortung eines harten [außen]politischen Kurses

hawk moth *n* ZOOL Schwärmer *m*

hawser ['hɔːzəʳ, AM 'hɑːzɚ] *n* NAUT Trosse *f*

hawthorn ['hɔːθɔːn, AM 'hɑːθɔːrn] *n no pl* Weißdorn *m;* **pink** ~ Rotdorn *m*

Hawthorne effect *n* PSYCH Hawthorne-Effekt *m fachspr*

hay [heɪ] *n no pl* Heu *nt;* **to have a roll** [*or* **tumble**] **in the** ~ [**with sb**] (*fam*) [mit jdm] ins Heu gehen *fam;* **to make** ~ Heu machen, heuen; (*fig*) einen Reibach machen *fam*

► PHRASES: **to make** ~ **while the sun shines** das Eisen schmieden, solange es heiß ist *prov;* **to hit the** ~ (*fam*) sich *akk* in die Falle [*o* aufs Ohr] hauen *fam*

haycock *n* Heuhaufen *m* **hay fever** *n no pl* Heuschnupfen *m;* **to suffer from** ~ Heuschnupfen haben **hayloft** ['heɪlɒft, AM -lɑːft] *n* Heuboden *m* **haymaker** ['heɪmeɪkəʳ, AM -ɚ] *n* ❶ (*person*) Heumacher(in) *m(f)* ❷ (*fam: forceful blow*) heftiger Boxhieb, Schwinger *m* **haymaking** ['heɪmeɪkɪŋ] *n no pl* Heumachen *nt* **hayrick** *n*, **haystack** *n* Heuhaufen *m*

► PHRASES: **to be like looking for a needle in a** ~ so sein, als suche man eine Nadel im Heuhaufen

hayseed *n* AM (*sl*) Bauer *m a. fig, pej,* Hinterwäldler(in) *m(f) pej,* Landei *nt pej* **haywire** *adj pred* (*fam*) **to go/be** ~ verrückt spielen *fam; person* durchdrehen *fam*

hazard ['hæzəd, AM -ɚd] **I.** *n* ❶ (*danger*) Gefahr *f;* (*risk*) Risiko *nt;* **fire** ~ Brandrisiko *nt;* **health** ~ Gefährdung *f* der Gesundheit; ***smoking is a severe health*** ~ Rauchen ist extrem gesundheitsgefährdend; ▪**to be a** ~ **to sb/sth** eine Gefahr für jdn/etw darstellen

❷ *no pl* (*liter: chance*) Zufall *m*

❸ COMPUT Störeffekt *m*

II. *vt* ▪**to** ~ **sth** ❶ (*risk, venture*) etw wagen [*o* riskieren]; **to** ~ **a guess** sich *dat* eine Vermutung erlauben, eine Vermutung wagen; **to** ~ **a suggestion** es wagen, einen Vorschlag zu machen [*o fam* bringen]; **to** ~ **a try** einen Versuch wagen; ▪**to** ~ **that ...** (*form*) vermuten, dass ...

❷ (*endanger*) etw gefährden [*o* aufs Spiel setzen]

hazard lights *npl* AUTO Warnblinkleuchte *f,* Warnblinkanlage *f*

hazardous ['hæzədəs, AM -ɚd-] *adj* gefährlich; (*risky*) riskant, gewagt, risikoreich; **to be** ~ **to one's health** gesundheitsgefährdend sein; ~ **journey/occupation** riskante Fahrt/Arbeit; ~ **sport** Risikosport *m*

hazardously ['hæzədəsli, AM -ɚd-] *adv* gefährlich; (*riskily*) riskant, gewagt, risikoreich

hazard warning lights *npl* AUTO Warnblinkleuchte *f,* Warnblinkanlage *f* **hazard zone** *n* Gefahrenzone *f*

haze [heɪz] **I.** *n* ❶ (*mist*) *of water, fumes* Dunst[schleier] *m,* Nebel *m;* ~ **of dust** Staubwolke *f;* **heat** ~ Hitzeflimmern *nt*

❷ *usu sing* (*fig: mental vagueness*) Benommenheit *f,* Tran *m fam;* **in an alcoholic** ~ vom Alkohol benebelt

II. *vt* AM ▪**to** ~ **sb** *recruits* jdn schikanieren

◆**haze over** *vi* diesig werden, sich *akk* zuziehen *fam*

hazel ['heɪzᵊl] **I.** *adj* haselnussbraun; ~ **eyes** haselnussbraune Augen

II. *n* Hasel[nuss]strauch *m,* Haselbusch *m*

hazelnut I. *n* Haselnuss *f*

II. *n modifier* (*liqueur, tree*) Haselnuss-

hazily ['heɪzɪli] *adv* ❶ (*with haze*) diesig, neblig, dunstig; ***the sun shone*** ~ die Sonne schien durch einen Dunstschleier

❷ (*indistinctly*) verschwommen; (*vaguely*) vage

haziness ['heɪzɪnəs] *n no pl* ❶ (*quality of atmosphere*) Diesigkeit *f*

❷ (*vagueness*) Unklarheit *f;* (*confusion*) Benommenheit *f*

hazy ['heɪzi] *adj* ❶ (*with haze*) dunstig, diesig, leicht nebelig

❷ (*confused, unclear*) unklar; (*indistinct*) verschwommen; ▪**to be** ~ **about sth** sich *akk* nur vage an etw *akk* erinnern [können]; ~ **memories** vage Erinnerungen

HB [ˌeɪtʃ'biː] **I.** *adj inv abbrev of* **hard black** HB-; ~ **pencil** HB-Bleistift *m*

II. *n abbrev of* **hard black** HB

H-bomb ['eɪtʃbɒm, AM -bɑːm] *n abbrev of* **hydrogen bomb** H-Bombe *f*

HDTV [ˌeɪtʃdiːtiː'viː] *n* TV *abbrev of* **high-definition television** HDTV *nt*

he [hiː, hi] **I.** *pron pers* ❶ (*male person*) er; ***don't ask Andrew,*** ~ ***won't know*** Andrew brauchst du nicht zu fragen, er weiß es nicht; ~ ***married a rich woman*** er heiratete eine reiche Frau; ~***'s a distinguished-looking man, isn't*** ~? er sieht sehr distinguiert aus, nicht wahr? *geh;* (*form*) ***hello, is Mr Rodgers there? — yes, this is*** ~ hallo, ist Mr. Rodgers da? – ja, am Apparat; ***who did that? — it was*** ~! wer war das? – er [war's]!

❷ (*male animal*) er; ***there's your dog Rover — do you think*** ~***'s hungry?*** da ist Rover – glaubst du, er hat Hunger?

❸ (*unspecified person*) er/sie/es; ***as soon as a baby is born,*** ~ ***often begins to take an interest in the world around him*** ein Baby hat oft gleich nach der Geburt Interesse an seiner Umwelt; ***every child needs to know that*** ~ ***is loved*** jedes Kind muss wissen, dass es geliebt wird; (*form, liter*) ~ ***who is silent consents*** wer schweigt, stimmt zu

❹ REL (*God*) ▪**H**~ Er; ***I prayed to God and H~ answered my prayer*** ich betete zu Gott, und Er antwortete auf mein Gebet

► PHRASES: ~ **who laughs last, laughs best** [*or* **loudest**] [*or* **longest**] (*prov*) wer zuletzt lacht, lacht am besten

II. *n usu sing* Er *m;* ***is that a*** ~ ***or a she?*** ist das ein Er oder eine Sie?

III. *n modifier* (*male*) *animal* Männchen *nt*

head [hed]

I. NOUN	II. ADJECTIVE
III. TRANSITIVE VERB	IV. INTRANSITIVE VERB

I. NOUN

❶ ANAT Kopf *m,* Haupt *nt geh;* **from** ~ **to foot** [*or* **toe**] von Kopf bis Fuß; **to bow one's** ~ den Kopf senken; **to nod one's** ~ mit dem Kopf nicken; **to shake one's** ~ den Kopf schütteln

❷ *no pl* (*mental capacity*) Kopf *m,* Verstand *m;* **to put ideas into sb's** ~ jdm Flausen in den Kopf setzen; ***what put that idea into your*** ~? wie kommst du denn darauf?; **to need a clear** ~ **to do sth** einen klaren Kopf brauchen, um etw zu tun; **to have a good** ~ **for sth** für etw *akk* begabt sein; ***she's got a good*** ~ ***for figures*** sie kann gut mit Zahlen umgehen; **to clear one's** ~ einen klaren Kopf bekommen; **to get sb/sth out of one's** ~ sich *dat* jdn/etw aus dem Kopf schlagen; ***I can't get that man out of my*** ~ dieser Mann geht mir einfach nicht mehr aus dem Kopf; **to use one's** ~ seinen Verstand benutzen

❸ *no pl* (*person unit*) **a** [*or* **per**] ~ pro Kopf [*o fam* Nase]; ***dinner cost £20 a head*** das Abendessen kommt auf 20 Pfund pro Nase *fam;* (*animal unit*) Stück *nt;* **a hundred** ~ **of cattle** einhundert Stück Vieh; (*vegetable unit*) Kopf *m; of celery* Staude *f;* **a** ~ **of broccoli/cauliflower** ein Brokkoli/Blumenkohl; **a** ~ **of cabbage** ein Kohlkopf *m;* **a** ~ **of lettuce** ein Salat

❹ *no pl* (*measure of length*) Kopf *m;* **to be a** ~ **taller than sb** [um] einen Kopf größer sein als jd; **to win by a** ~ mit einer Kopflänge Vorsprung gewinnen

❺ *no pl* (*top, front part*) **the** ~ **of the bed** das Kopfende des Bettes; **at the** ~ **of the queue** [*or* AM **line**] [ganz] am Anfang der Schlange; **at the** ~ **of the table** am Kopf[ende] des Tisches

❻ (*blunt end*) *of a nail, pin, screw* Kopf *m;* (*end of tool*) *of a hammer* Haupt *nt,* Kopf *m; of a screwdriver* Griff *m; of tape, photographic film* Anfang *m;* **the** ~ **of a match** der Streichholzkopf

❼ (*leader*) Chef(in) *m(f); of a project, department* Leiter(in) *m(f); of Church* Oberhaupt *nt;* **the** ~ **of the family** das Familienoberhaupt; ~ **of section** ECON, FIN Fachbereichsleiter(in) *m(f);* **a** ~ **of state** ein Staatsoberhaupt *nt*

❽ *esp* BRIT (*head teacher*) Schulleiter(in) *m(f),* Rektor(in) *m(f)*

❾ *no pl* (*letterhead*) [Brief]kopf *m;* (*edge of book/page*) Kopf *m*

❿ *usu pl* (*coin face*) Kopf *m;* ~**s or tails?** Kopf oder Zahl?

⓫ (*beer foam*) Blume *f;* ***you have to pour the beer slowly so there isn't too big a*** ~ ***on it*** man muss das Bier langsam einschenken, damit es nicht zu viel Schaum gibt

⓬ (*water source*) Quelle *f;* **the** ~ **of a river/stream** ein Fluss-/Bachoberlauf *m*

⓭ (*accumulated amount*) ~ **of steam** Dampfdruck *m;* **to build up a** ~ **of steam** (*fig*) Dampf machen *fam*

⓮ (*of spot on skin*) Pfropf *m;* **the** ~ **of a boil/a pimple** der Eiterpfropf einer Beule/eines Pickels

⓯ TECH *of a tape recorder, video recorder* Tonkopf *m*

⓰ COMPUT (*data indicating start address*) Kopf *m*

► PHRASES: **to have one's** ~ **buried** [*or* **stuck**] **in a book** in ein Buch versunken sein; **to have one's** ~ **in the clouds** in höheren Regionen schweben *hum;* **a good** [*or* **thick**] ~ **of hair** schönes volles Haar; **to be** ~ **over heels in love** bis über beide Ohren verliebt sein *fam;* **to fall** ~ **over heels in love with sb** sich *akk* bis über beide Ohren in jdn verlieben; **to have a/no** ~ **for heights** BRIT schwindelfrei/nicht schwindelfrei sein; **to put** [*or* **stick**] **one's** ~ **above the parapet** BRIT sich *akk* weit aus dem Fenster lehnen *fig;* **to bury one's** ~ **in the sand, to have one's** ~ **buried in the sand** den Kopf in den Sand stecken; **to have a good** ~ **on one's shoulders** ein helles [*o* kluges] Köpfchen sein *fam;* **to have an old** [*or* **wise**] ~ **on young shoulders** für sein Alter ziemlich erwachsen [*o* reif] sein; **to be** ~ **and shoulders above sb/sth** jdm/etw haushoch überlegen sein; **to not be able to make** ~ [**n**]**or tail of sth** aus etw *dat* nicht schlau [*o* klug] werden, sich *dat* auf etw *akk* keinen Reim machen können; ~**s I win, tails you lose** (*saying*) ich gewinne auf jeden Fall; **to beat** [*or* **bang**] [*or* **knock**] **one's** ~ **against a brick wall** mit dem Kopf durch die Wand wollen; **to keep one's** ~ **above water** sich *akk* über Wasser halten *fig;* **to keep a cool** ~ einen kühlen Kopf bewahren; **to bang** [*or* **knock**] **sb's** ~**s together** jdm den Kopf zurechtrücken; **to bite** [*or* **snap**] **sb's** ~ **off** jdm den Kopf abreißen *fig fam,* jdn beschimpfen; **to bring sth to a** ~ (*carry sth too far*) etw auf die Spitze treiben; (*force a decision*) etw forcieren [*o* zur Entscheidung bringen]; **to come to a** ~ sich *akk* zuspitzen; **to do sth over sb's** ~ etw über jds Kopf hinweg tun; **to get** [*or* **put**] **one's** ~ **down** BRIT (*concentrate*) sich *akk* [ganz auf eine Sache] konzentrieren; (*sleep*) sich *akk* aufs Ohr hauen *fam;* **to get sth into one's** ~ etw begreifen; ***when will you get it into your thick*** ~ ***that ...?*** wann geht es endlich in deinen sturen Kopf [*o* kapierst du endlich], dass ...? *fam;* **to give sb** ~ (*vulg sl*) jdm einen blasen *vulg,* jdn lecken *vulg;* **to give sb their** ~ jdn gewähren lassen, jdm seinen Willen lassen; **to go over sb's** ~ über jds Kopf hinweg handeln; **to go to sb's** ~ *praise, success* jdm zu Kopf steigen *pej; alcohol, wine* jdm in den [*o* zu] Kopf steigen; **to keep one's** ~ einen klaren Kopf bewahren; **to keep one's** ~ **down** den Kopf einziehen, auf Tauchstation gehen *hum;* **to laugh one's ~ off** sich *akk* halb totlachen *fam;* **to put one's ~s together** die Köpfe zusammenstecken; **~s will roll** Köpfe werden rollen; **to scream** [*or* **shout**] **one's ~ off** sich *dat* die Lunge aus dem Leib schreien; ***the dog started barking its ~ off*** der Hund begann, wie verrückt zu bellen; **to have one's ~ screwed on** [**right** [*or* **the right way**]] ein patenter Mensch sein; **to have taken sth into one's ~** sich *dat* etw in den Kopf gesetzt haben; **to not be able to get one's ~** [**a**]**round sth** (*fam*) etw nicht kapieren *fam;* **to be in over one's ~** (*fam*) tief im Schlamassel stecken *fam;* **to be off one's ~** (*fam: be crazy, silly*) übergeschnappt [*o* von allen guten Geistern verlassen] sein *fam;* (*stoned*) total zu[gedröhnt] [*o* zugekifft] sein *sl;* ***Ben must be off his ~ when he thinks Dad'll give him the money*** Ben kann nicht ganz bei Trost sein, wenn er glaubt, Dad würde ihm das Geld geben; **to be** [*or* **go**] **over sb's ~** über jds Horizont gehen

II. ADJECTIVE

attr leitende(r, s); **~ cook** Küchenchef(in) *m(f);* **~ office** Zentrale *f;* **~ waiter/waitress** Oberkellner *m*/Oberkellnerin *f*

III. TRANSITIVE VERB

① (*be at the front of*) ■**to ~ sth** etw anführen; ***the procession was ~ed by the Queen*** die Queen ging der Prozession voran

② (*be in charge of*) **to ~ a firm/organization** eine Firma/Organisation leiten [*o* führen]

③ PUBL (*have at the top*) ■**to ~ sth** etw überschreiben [*o* mit einer Überschrift versehen]; ***the article wasn't ~ed*** der Artikel hatte keine Überschrift

④ FBALL **to ~ the ball** den Ball köpfen

⑤ HORT **to ~ a tree** einen Baum kappen

IV. INTRANSITIVE VERB

① + *adv* (*proceed in a certain direction*) **to ~ home** sich *akk* auf den Heimweg machen; **to ~ along a path** einen Weg entlanglaufen

② HORT *salad* einen Kopf ansetzen

③ (*go toward*) ■**to ~ for sth** auf dem Weg zu etw *dat* sein; ***he ~ed straight for the fridge*** er steuerte direkt auf den Kühlschrank zu; **to ~ for the exit** sich *akk* zum Ausgang begeben *geh,* zum Ausgang gehen; **to ~ for disaster** auf eine Katastrophe zusteuern; ■**to ~ into sth** auf etw *akk* zusteuern; **to be ~ing into** [**some**] **rough times** schweren Zeiten entgegengehen

◆**head back** *vi* zurückgehen; *with transport* zurückfahren; **to ~ back to the camp** sich *akk* zum Lager zurückbegeben; **to ~ back home** sich *akk* auf den Heimweg machen

◆**head for** *vi* ■**to ~ for sth** auf etw *akk* zusteuern

◆**head off I.** *vt* ① (*intercept*) ■**to ~ off** ↔ **sb** sich *akk* jdm in den Weg stellen; (*turn sb aside*) jdn abdrängen

② (*fig: avoid*) ■**to ~ off** ↔ **sth** etw abwenden [*o* verhindern]

II. *vi* ■**to ~ off to**[**wards**] **sth** sich *akk* zu etw *dat* begeben; ***the newlyweds ~ed off to bed*** das frisch verheiratete Paar steuerte direkt das Bett an *hum*

◆**head towards** *vi* ■**to ~ towards sth** ① (*move*) auf dem Weg zu etw *dat* sein; ***she was ~ing towards home*** sie war auf dem Heimweg

② (*fig: approach*) *crisis, disaster* auf etw *akk* zusteuern; ***the country is ~ing towards a period of economic growth*** das Land sieht einer Phase wirtschaftlichen Wachstums entgegen; **to be ~ing towards a crisis** sich *akk* einer Krise nähern, auf eine Krise zusteuern

◆**head up** *vt* ■**to ~ up** ↔ **sth** etw leiten

-head [hed] *in compounds* **coke~** Kokser(in) *m(f);* **pot-~** Kiffer(in) *m(f)*

headache ['hedeɪk] *n* Kopfschmerzen *mpl,* Kopfweh *nt kein pl;* (*fig*) Problem *nt;* ***that noise is giving me a ~*** von diesem Krach bekomme ich Kopfschmerzen; **a slight/splitting ~** leichte/rasende Kopfschmerzen

headachy ['hedeɪki] *adj pred* **to feel ~** leichte Kopfschmerzen verspüren

headband *n* Stirnband *nt* **headbanger** *n* (*sl*) Headbanger *m* **headbanging** *n no pl* Headbanging *nt* **headboard** *n* Kopfteil *nt* **head boy** *n esp* BRIT Schulsprecher *m* **headbutt I.** *n* Kopfstoß *m;* **to give sb a ~** jdm einen Stoß mit dem Kopf versetzen **II.** *vt* ■**to ~ sb** jdm einen Kopfstoß versetzen [*o fam* verpassen] **headcase** *n* (*fam*) Spinner(in) *m(f) fam,* Bekloppte(r) *f(m) pej fam*

headcheese *n no pl* AM (*brawn*) Schweinskopfsülze *f* **head cold** *n* Kopfgrippe *f* **head count** *n* (*sl*) ① (*number of employees*) Kopfzahl *f,* Belegschaft *f,* Zahl *f* der Beschäftigten ② (*act of counting*) Abzählen *nt;* **to do a** [**quick**] **~** *of number of people, items* etw [schnell] abzählen; *of calculation* etw [schnell] überschlagen **headdress** <*pl* -es> *n* Kopfschmuck *m*

headed ['hedɪd] *adj pred, inv* ***which way are you ~?*** wohin gehst du?; **to be ~ in the wrong direction** auf dem falschen Weg sein; **to be ~ for disaster** (*fig*) auf eine Katastrophe zusteuern; **to be ~ for trouble** (*fig*) sich *akk* in Schwierigkeiten bringen [*o geh* begeben]

headed notepaper *n* Briefpapier *nt* mit [Brief]kopf

header ['hedəʳ, AM -ɚ] *n* ① (*head bounce*) Kopfball *m*

② (*head-first jump*) Kopfsprung *m,* Köpfer *m fam,* Köpper *m* DIAL; **to take a ~** [**into the water**] einen Kopfsprung [*o fam* Köpfer] [ins Wasser] machen

③ COMPUT (*packet of data*) Vorsatz *m*

④ COMPUT (*of a list of data*) Kopfzeile *f,* Anfangskennsatz *m*

⑤ (*of a page*) Kopfzeile *f,* Spitzmarke *f*

head first I. *adv inv* kopfüber; **to fall ~ into sth** kopfüber in etw *akk* [hinein]fallen; (*fig*) **to rush** [*or* **go**] **~ into** [**doing**] **sth** sich *akk* Hals über Kopf in etw *akk* [hinein]stürzen *fam* [*o geh* begeben], sich *akk* unbesonnen auf etw *akk* einlassen **II.** *adj inv* **~ dive/jump** Kopfsprung *m* **headgear** *n no pl* Kopfbedeckung *f;* (*as protection*) Kopfschutz *m;* (*of horses*) Zaum *m kein pl,* Zaumzeug *nt kein pl* **head girl** *n esp* BRIT Schulsprecherin *f* **headhunt I.** *vt* (*fam*) ■**to ~ sb** jdn abwerben **II.** *vi* ECON, FIN nach Führungskräften suchen **headhunter** *n* ① (*warrior*) Kopfjäger *m* ② (*fam: personnel specialist*) Abwerber(in) *m(f),* Talentsucher(in) *m(f),* Headhunter(in) *m(f)*

heading ['hedɪŋ] *n* ① (*title*) Überschrift *f,* Titel *m*

② (*header*) Kopfzeile *f,* Spitzmarke *f;* **letter ~, ~ on notepaper** Briefkopf *m*

③ (*division of subject*) Kapitel *nt;* (*keyword*) Stichwort *nt*

headlamp *n* Scheinwerfer *m* **headland** *n* Landspitze *f*

headless ['hedləs] *adj inv* kopflos, ohne Kopf *nach n*

► PHRASES: **to run around like a ~ chicken** (*hum*) wie ein aufgeregtes [*o* aufgescheuchtes] Huhn hin und her laufen *hum*

head lice *npl* Läuse *fpl* **headlight** *n* Scheinwerfer *m;* **to dip** [*or* AM **dim**] **one's ~s** die Scheinwerfer abblenden; **to have one's ~s on** seine [*o* die] Scheinwerfer anhaben ► PHRASES: **to look like a deer caught in the ~s** völlig perplex aussehen

headline I. *n* (*newspapers, radio, tv*) Schlagzeile *f;* ■**the ~s** *pl* die wichtigsten Schlagzeilen; **the eight o'clock ~s** das Neueste in den Acht-Uhr-Nachrichten; **to grab** [*or* **hit**] [*or* **make**] **the ~s** Schlagzeilen machen, in die Schlagzeilen kommen **II.** *vt* ■**to ~ sth** ① (*provide with headline*) etw mit einer Schlagzeile versehen; ■**to be ~d** *story* [mit der Schlagzeile] überschrieben sein ② (*appear as star performer*) etw anführen [*o geh* küren] **headline news** *npl + sing vb* ■**the ~** die Kurznachrichten *fpl,* die wichtigsten Nachrichten in Kürze; **to be ~** Schlagzeilen *fpl* machen **headliner** ['hedlaɪnəʳ, AM ɚ] *n* ① (*journalist*) Schlagzeilenverfasser(in) *m(f)* ② (*protagonist*) Hauptdarsteller(in) *m(f)* **headlock** ['hedlɒk, AM lɑːk] *n* Schwitzkasten *m* **headlong** AM, AUS **I.** *adv inv* ① (*with head first*) kopfüber; **to run ~ into sb** geradewegs in jdn hineinlaufen ② (*hurriedly, recklessly*) überstürzt; **to rush ~ into sth** sich *akk* Hals über Kopf in etw *akk* stürzen *fam* **II.** *adj attr, inv* ① (*with head first*) mit dem Kopf voran *nach n;* **~ dive/jump** Kopfsprung *m* ② (*hurried, reckless*) überstürzt; **to make a ~ rush for sth** sich *akk* Hals über Kopf [*o* blindlings] in etw *akk* stürzen **head louse** *n* Kopflaus *f* **headman** *n* [Stammes]führer *m,* Stammesoberhaupt *nt* **headmaster** *n* Schulleiter *m,* Rektor *m* **headmistress** *n* Schulleiterin *f,* Rektorin *f* **head of department** <*pl* heads of department> *n* SCH Fachbereichsleiter(in) *m(f),* Referatsleiter(in) *m(f);* ECON Abteilungsleiter(in) *m(f)* **head office** *n* Zentrale *f,* Hauptverwaltung *f* **head of state** <*pl* heads-> *n* Staatsoberhaupt *nt* **head-on I.** *adj attr, inv* Frontal-; **~ collision** Frontalzusammenstoß *m* **II.** *adv inv* frontal; (*fig*) direkt **headphones** *npl* Kopfhörer *m;* **set of ~** Kopfhörer *m* **headquarters** *npl + sing/pl vb* MIL Hauptquartier *nt;* (*of firms, companies*) Hauptsitz *m,* Hauptgeschäftsstelle *f,* Zentrale *f;* (*of the police*) Polizeidirektion *f* **headrest** *n* Kopfstütze *f* **head restraint** *n* Kopfstütze *f* **headroom** *n no pl* lichte Höhe; *for ceiling, roof* Kopfhöhe *f;* (*in cars*) Kopffreiheit *f* **headscarf** *n* Kopftuch *nt* **headset** *n* Kopfhörer *m*

headship ['hedʃɪp] *n* ① ADMIN (*position of authority*) oberste Leitung; (*period of post*) Amtszeit *f* als leitende Kraft

② *esp* BRIT (*position of headteacher*) Schulleiterposten *m,* [Di]rektorenposten *m;* (*period of post*) Amtszeit *f* als Schulleiter/Schulleiterin [*o* [Di]rektor/[Di]rektorin]

headshrinker *n* ① (*tribesman*) Kopfjäger *m* ② (*pej fam: psychiatrist*) Seelenklempner(in) *m(f) pej sl* **head start** *n* Vorsprung *m;* **to give sb a ~** jdm einen Vorsprung lassen **Head Start** *n* AM *Regierungsprogramm der USA zur Förderung unterprivilegierter Kinder* **headstone** *n* Grabstein *m* **headstrong** *adj* eigensinnig, eigenwillig **head teacher** *n esp* BRIT Schulleiter(in) *m(f),* Rektor(in) *m(f)* **head-to-head** *n,* **head-to-head contest** *n* Kopf-an-Kopf-Rennen *nt* **head-up display** *n* AVIAT, AUTO Blickfeldanzeige *f,* Headupdisplay *nt fachspr* **head waiter** *n* Oberkellner *m,* Zahlkellner *m* **headwater** *n* GEOG Quellgebiet *nt;* ■**~s** *pl* Quellgewässer *ntpl* **headway** *n no pl* **to make ~** [gut] vorankommen, Fortschritte machen; **to make ~ in/with sth** bei/mit etw *dat* [gut] vorankommen [*o* Fortschritte machen] **headwind** *n* Gegenwind *m;* **stiff** [*or* **strong**] **~** kräftiger Gegenwind **headword** *n* Stichwort *nt*

heady ['hedi] *adj* (*intoxicating*) berauschend; (*exciting*) aufregend; ***in the ~ days of their youth*** in den unbeschwerten Tagen ihrer Jugend

heal [hiːl] **I.** *vt* ■**to ~ sb/sth** jdn/etw heilen; **to ~ differences** Differenzen beilegen; **to ~ problems** Probleme lösen

II. *vi* (*also fig*) heilen; *wound, injury* [ver]heilen; ***his broken heart will take a long time to ~*** (*fig*) sein gebrochenes Herz wird lange brauchen, bis es wieder ganz ist

◆**heal over, heal up** *vi external wounds* zuheilen, verheilen

healer ['hiːləʳ, AM -ɚ] *n* Heiler(in) *m(f)*

healing ['hiːlɪŋ] **I.** *adj attr experience, process* heilsam, heilend; **~ properties** Heilwirkung *f;* (*stronger*) Heilkräfte *fpl*

II. *n no pl* Heilung *f;* (*of wounds*) Verheilen *nt;* **gift of ~** Gabe *f* der Heilung; **~ process** Heilungsprozess *m*

health [helθ] *n no pl* ① (*bodily wellness*) Gesundheit *f;* ***how's your ~ these days?*** wie steht's mit deiner Gesundheit?; ***your ~!*** Prosit!; **for ~ reasons** aus gesundheitlichen Gründen; **for reasons of ill-~** krankheitshalber, krankheitsbedingt; **~ warning** *Warnhinweis auf einer Zigarettenpackung;* **to be in bad** [*or* **poor**] **~** gesundheitlich in keiner guten Verfassung sein; (*less severe*) kränklich sein, kränkeln;

H

to suffer from failing ~ gesundheitlich immer weiter abbauen; **to be in good** ~ bei guter Gesundheit sein; **to enjoy good** ~ sich *akk* bester Gesundheit erfreuen; **to drink to sb's** ~ auf jds Gesundheit [*o* Wohl] trinken; **to look after one's** ~ auf seine Gesundheit achten; **to regain one's** ~ wieder [ganz] gesund werden; **to restore sb to** ~ jdn gesundheitlich wiederherstellen

❷ (*fig: prosperity*) Gesundheit *f*, Wohlergehen *nt;* **to give a company a clean bill of** ~ bescheinigen, dass eine Firma mit Profit arbeitet

health authority *n* BRIT Gesundheitsbehörde *f*

healthcare I. *n no pl* Gesundheitsfürsorge *f*, Gesundheitsversorgung *f* II. *n modifier* (*company, costs, plan, policy*) Gesundheits-; ~ **worker** in der Gesundheitsfürsorge Beschäftigte(r) *f(m)* **healthcare provider** *n* Anbieter *m* von Leistungen der Gesundheitsfürsorge **health center** AM, **health centre** *n* Ärztehaus *nt*, Ärztezentrum *nt* **health certificate** *n* Gesundheitszeugnis *nt* **health club** *n* Fitnessclub *m;* ~ **facilities** Einrichtungen *fpl* eines Fitnesscenters, Fitnesscenter *nt* **health farm** *n* Gesundheitsfarm *f* **health food** *n* Reformkost *f* **health food shop** *n, esp* AM **health food store** *n* Naturkostladen *m;* (*more formal*) Reformhaus *nt*, Bioladen *m fam*

healthful ['helθfᵊl] *adj* AM gesund

health hazard *n* Gesundheitsrisiko *nt;* ***smoking is a*** ~ Rauchen gefährdet die Gesundheit

healthily ['helθɪli] *adv* gesund; **to eat** ~ sich *akk* gesund ernähren

healthiness ['helθɪnəs] *n no pl* ❶ (*good health*) Gesundheit *f*

❷ (*usefulness*) Zuträglichkeit *f*, Heilsamkeit *f*

health insurance *n no pl* Krankenversicherung *f;* ~ **company** Krankenkasse *f* **health maintenance organization** *n* AM *eine in der Regel vom Arbeitgeber getragene, preisgünstige Krankenversicherung mit begrenzter Ärzteauswahl* **health resort** *n* AM [Bade]kurort *m*, Erholungsort *f* **Health Service** *n* BRIT [staatlicher] Gesundheitsdienst, [staatliches] Gesundheitswesen **health spa** *n* AM (*health farm*) [Bade]kurort *nt* **health visitor** *n* BRIT Krankenpfleger/Krankenpflegerin [*o* Krankenschwester] der Sozialstation

healthy ['helθi] *adj* ❶ (*in good health*) gesund; **a** ~ **child** ein gesundes Kind; ~ **teeth** gesunde Zähne; **fit and** ~ fit und gesund; (*promoting good health*) gesundheitsfördernd; ~ **appetite/diet/food** gesunder Appetit/gesunde Ernährung/gesundes Essen

❷ FIN (*strong, satisfactory*) gesund; **to make** ~ **profits** ordentliche [*o* beachtliche] Gewinne machen

❸ (*well-balanced*) gesund, vernünftig; (*beneficial*) gesund; ***she has a*** ~ ***disrespect for authority*** sie hat der Obrigkeit gegenüber eine vernünftige gesunde Distanz; ~ **attitude towards life/balance sheet** gesunde Lebenseinstellung/Bilanz; **[not] a** ~ **idea** [k]eine vernünftige Idee

heap [hi:p] I. *n* ❶ (*untidy pile*) Haufen *m;* ~ **of clothes** Kleiderhaufen *m;* **to collapse in a** ~ (*fig*) *person, animal* zu Boden sacken

❷ (*fam: large amount*) ■**a** ~ [*or pl* ~**s**] **of sth** ein Haufen *m* einer S. *gen;* **a [whole]** ~ **of trouble** ein Riesenärger *m fam;* **a [whole]** ~ **of work** jede Menge [*o fam* ein Haufen *m*] Arbeit; *see also* **heaps**

❸ COMPUT (*data storage area*) Freispeicher *m*

❹ COMPUT (*binary tree*) binärer Baum

► PHRASES: **to be at the bottom of the** ~ zu den Verlierern zählen; **to be stuck at the bottom of the** ~ nicht aus seinen ärmlichen Verhältnissen herauskommen; **to be at the top of the** ~ zu den Gewinnern zählen, es [im Leben] geschafft haben

II. *vt* ■**to** ~ **sth** etw aufhäufen [*o* zu einem Haufen zusammentragen]; ***she*** ~***ed coals in the grate*** sie schaufelte Kohle auf den Rost; ■**to** ~ **sth on sth** etw auf etw *akk* häufen; ***they*** ~***ed the plates with food*** sie häuften bergeweise Essen auf die Teller; ■**to** ~ **sth on sb** *gifts* jdn mit etw *dat* überhäufen; (*fig form*) **to** ~ **criticism on sb** massive Kritik an jdm üben; **to** ~ **insults on sb** jdm Beleidigungen an den Kopf werfen; **to** ~ **praise on sb** jdn überschwänglich loben, über jdn voll des Lobes sein *geh*

◆**heap up** *vt* ■**to** ~ **up** ⊂ **sth** etw aufhäufen [*o* zu einem Haufen stapeln]

heaped [hi:pt] *adj* BRIT, AM **heaping** ['hi:pɪŋ] *adj* gehäuft; ***a*** ~ ***teaspoonful of sugar*** ein gehäufter Teelöffel Zucker

heaps [hi:ps] (*fam*) I. *npl* eine [*o* jede] Menge, ein Haufen *m fam;* ***have some more cake — there's*** ~ nimm noch etwas Kuchen – es ist jede Menge da; ■~ **of sth** jede Menge einer S. *gen;* ***there's*** ~ ***of food in the fridge*** es gibt massig Essen im Kühlschrank; ~ **of fun** jede Menge Spaß *fam;* ~ **of money** Unmengen *fpl* von Geld

II. *adv* viel; ~ **bigger/better** viel größer/besser

hear <heard, heard> [hɪəʳ, AM hɪr] I. *vt* ❶ (*perceive with ears*) ■**to** ~ **sth/sb** etw/jdn hören; ***speak up, I can't*** ~ ***you*** sprich lauter, ich kann dich nicht hören; ***Jane*** ~***d him go out*** Jane hörte, wie er hinausging

❷ (*be told*) ■**to** ~ **sth** etw hören [*o* erfahren]; ***have you*** ~***d the news that she's pregnant?*** weißt du schon das Neueste? sie ist schwanger!; ***we haven't heard anything of Jan for months*** wir haben seit Monaten nichts von Jan gehört; ■**to** ~ **that/what ...** hören, dass/was ...; ***have you*** ~***d what's happened?*** hast du schon gehört, was passiert ist?

❸ (*listen*) ■**to** ~ **sth** sich *dat* etw anhören; (*be there and listen*) etw hören; ***I*** ~***d the orchestra play at Carnegie Hall*** ich habe das Orchester in der Carnegie Hall spielen hören

❹ (*form: receive*) ■**to** ~ **sth** etw anhören; LAW *case* etw verhandeln; ***the case will be*** ~***d by the High Court*** der Fall wird vor dem Obersten Gericht verhandelt; ***Lord,*** ~ ***us/our prayers*** Herr, erhöre uns/unsere Gebete

► PHRASES: **to never** ~ **the end of sth** sich *dat* etw noch bis zum Sankt-Nimmerleins-Tag anhören müssen *hum;* **to be** ~**ing things** (*fam*) sich *dat* etwas einbilden; ***he's offered to wash the dishes — I must be*** ~***ing things!*** er hat mir angeboten, abzuwaschen – was, ich hör' wohl nicht richtig!; **to** ~ **wedding bells** (*fam*) schon die Hochzeitsglocken läuten hören *iron;* **to be barely** [*or* **hardly**] **able to** ~ **oneself think** sich *akk* nur schwer konzentrieren können; **to** ~ **what sb is saying, to** ~ **sb** *esp* AM (*fam*) verstehen, was jd sagt; ***yeah, I*** ~ ***what you're saying*** ja, ich weiß [schon], was du meinst

II. *vi* ❶ (*perceive with ears*) hören; ***it's a terrible line, I can't*** ~ die Verbindung ist fürchterlich, ich kann nichts hören; **to** ~ **very well** sehr gut hören können

❷ (*be told about*) etw hören [*o* erfahren]; ***if you haven't*** ~***d by Friday, assume I'm coming*** wenn du bis Freitag nichts gehört hast, kannst du davon ausgehen, dass ich komme; ***have you*** ~***d about Jane getting married?*** hast du schon gehört, dass Jane heiratet?; **to** ~ **tell** [*or* **say**] **of sth** von etw *dat* erfahren [*o* hören]; ■**to** ~ **from sb** von jdm hören; ***we haven't*** ~***d from her in ages*** wir haben seit Ewigkeiten nichts von ihr gehört; ***you'll be*** ~***ing from my solicitor!*** Sie werden noch von meinem Anwalt hören!

❸ (*know of*) **to have** ~**d of sb/sth** von jdm/etw gehört haben; ***do you know Derrida? — I've*** ~***d of him*** kennen Sie Derrida? – ich habe mal von ihm gehört; **to have never** ~**d of sb/sth** nie von jdm/etw gehört haben

► PHRASES: **sb won't** ~ **of sth** jd will von etw *dat* nichts hören; **do you** ~**?** verstehst du/verstehen Sie?, kapiert? *sl;* ~, ~! ja, genau!, richtig [so]!

◆**hear out** *vt* ■**to** ~ **out** ⊂ **sb** jdn ausreden lassen; *narration* jdn zu Ende erzählen lassen

hearer ['hɪərəʳ, AM 'hɪrɚ] *n* Hörer(in) *m(f)*

hearing ['hɪərɪŋ, AM 'hɪr-] *n* ❶ *no pl* (*ability to hear*) Gehör *nt;* **to have excellent** ~ ein sehr gutes Gehör haben; **to be hard of** ~ schwerhörig sein

❷ *no pl* (*range of ability*) **[with]in [sb's]** ~ in [jds] Hörweite

❸ (*official examination*) Anhörung *f*, [Gerichts]verhandlung *f*, [Gerichts]sitzung *f;* **disciplinary** ~ Disziplinarverfahren *nt*, Prozess *m;* **to give sb a fair** ~ jdn richtig anhören; LAW jdm einen fairen Prozess machen

hearing aid *n* Hörgerät *nt*

hearken ['hɑ:kᵊn, AM 'hɑ:r-] *vi* (*old liter*) lauschen, horchen; ■**to** ~ **to sth** etw *dat* lauschen

hearsay ['hɪəseɪ, AM 'hɪr-] I. *n no pl* Gerüchte *ntpl;* ***that's just*** ~ das sind doch alles nur Gerüchte

II. *adj inv* ~ **evidence** Beweise *mpl*/Zeugenaussagen *fpl*, die auf Hörensagen beruhen

hearse [hɜ:s, AM hɜ:rs] *n* Leichenwagen *m*

heart [hɑ:t, AM hɑ:rt] I. *n* ❶ (*bodily organ*) Herz *nt;* **to have a bad** [*or* **weak**] ~ ein schwaches Herz haben

❷ (*emotional centre*) Herz *nt;* ***his election campaign won the*** ~***s of the nation*** mit seiner Wahlkampagne hat er die Herzen der ganzen Nation erobert; **to be close** [*or* **dear**] [*or* **near**] **to sb's** ~ jdm sehr am Herzen liegen; **to have a cold/hard** ~ ein kaltes/hartes Herz haben; **to have a good/kind/soft** ~ ein gutes/gütiges/weiches Herz haben; **to break sb's** ~ jdm das Herz brechen; ***losing her broke his*** ~ sie zu verlieren brach ihm das Herz; ***it breaks my*** ~ ***to see him so unhappy*** es bricht mir das Herz, ihn so unglücklich zu sehen; **sb's** ~ **leaps [with joy]** jds Herz macht einen Freudensprung, jdm hüpft das Herz im Leib[e] *geh;* **sb's** ~ **sinks** (*with disappointment, sadness*) jdm wird das Herz schwer; (*with despondency*) jdm rutscht das Herz in die Hose *fam*

❸ *no pl* (*centre*) ***she lives right in the*** ~ ***of the city*** sie wohnt direkt im Herzen der Stadt; **to be at the** ~ **of sth** der Kernpunkt einer S. *gen* sein; **to get to the** ~ **of the matter** zum Kern der Sache kommen

❹ FOOD (*firm middle*) *of salad, artichoke* Herz *nt*

❺ (*symbol*) Herz *nt*

❻ (*suit of cards*) ■~**s** *pl* Herz *nt kein pl;* **the queen/king/jack of** ~**s** die Herzdame/der Herzkönig/der Herzbube

► PHRASES: **sb's** ~ **misses** [*or* **skips**] **a beat** jdm stockt das Herz; **sb's** ~ **is in their boots** BRIT (*fam*) jdm rutscht das Herz in die Hose *fam;* **from the bottom of the/one's** ~ aus tiefstem Herzen[sgrund]; **to have a change of** ~ sich *akk* anders besinnen; (*to change for the better*) sich *akk* eines Besseren besinnen; **to eat/drink/dance to one's** ~**'s content** nach Herzenslust essen/trinken/tanzen; **to give sb their** ~**'s desire** (*liter*) jdm erfüllen, was das Herz begehrt; **to have a** ~ **of gold** ein herzensguter Mensch sein; **to do one's** ~ **good** (*dated*) sein Herz erfreuen; **sb's** ~ **is in their mouth** jdm schlägt das Herz bis zum Hals [hinauf]; **to have one's** ~ **in the right place** das Herz auf dem rechten Fleck haben; **to wear one's** ~ **on one's sleeve** aus seinem Herzen keine Mördergrube machen; **to love sb** ~ **and soul** (*liter*) jdn von ganzem Herzen lieben [*o* lieb haben]; **to put one's** ~ **and soul into sth** sich *dat* mit Leib und Seele etw *dat* widmen; **to have a** ~ **of stone** ein Herz aus Stein haben; **you think he deserves that? you're all** ~**!** (*hum iron*) du findest, dass er das verdient hat? na, du bist mir ja einer! *fam;* **with all one's** ~ von ganzem Herzen; **to die of a broken** ~ an gebrochenem Herzen sterben; **to be after sb's own** ~ genau nach jds Geschmack sein; **my** ~ **bleeds for him!** (*hum iron*) der Ärmste, ich fang' gleich an zu weinen! *hum iron;* **come on, have a** ~**!** komm, gib deinem Herz einen Ruck!; **to not have the** ~ **to do sth** es nicht übers Herz bringen, etw zu tun; **to lose** ~ den Mut verlieren; **to set one's** ~ **on sth** sein [ganzes] Herz an etw *akk* hängen; **to take** ~ **[from sth]** [aus etw *dat*] neuen Mut schöpfen; **to recite/play sth by** ~ etw auswendig aufsagen/spielen; **sb's** ~ **is not in it** jd ist mit dem Herzen nicht dabei; **in my** ~ **of** ~**s** im Grunde meines Herzens

II. *n modifier* ❶ (*heart-shaped*) **a** ~ **amulet/necklace** ein herzförmiger Anhänger/ein herzförmiges Halsband

❷ (*of the organ*) Herz-; **to have a** ~ **condition** herzkrank sein; ~ **disease** Herzkrankheit *f;* ~ **trans-**

plant Herztransplantation *f*
heartache *n no pl* Kummer *m,* Leid *nt* **heart attack** *n* Herzinfarkt *m;* (*not fatal*) Herzanfall *m,* Herzattacke *f;* (*fatal*) Herzschlag *m;* ***I nearly had a ~*** (*fig fam: shock*) ich habe fast einen Herzschlag gekriegt *fam;* (*surprise also*) da hat mich fast der Schlag getroffen *fam* **heartbeat** *n* Herzschlag *m,* Pulsschlag *m* **heartbreak** *n* ① *no pl* (*suffering*) Leid *nt,* großer Kummer, Herzeleid *nt geh;* ***the ~ he felt when his wife left him was crippling*** es brach ihm das Herz, als seine Frau ihn verließ
② (*terrible blow*) harter Schlag, [seelische] Katastrophe **heartbreaker** *n* ① (*sad story*) Tragödie *f,* Trauerspiel *nt* ② (*handsome man*) Herzensbrecher *m,* Charmeur *m* **heartbreaking** *adj* herzzerreißend; ***it is ~ for him that he cannot see his children*** es bricht ihm das Herz, dass er seine Kinder nicht sehen kann **heartbroken** *adj* todunglücklich, untröstlich; ***if she ever left him he would be ~*** es bräche ihm das Herz, wenn sie ihn verlassen würde **heartburn** *n no pl* Sodbrennen *nt* **heart disease** *n* Herzkrankheit *f*
hearten ['hɑ:tᵊn, AM 'hɑ:r-] *vt usu passive* ■**to ~ sb** jdn ermutigen; ■**to be ~ed [by sth]** [von etw *dat*] ermutigt sein
heartening ['hɑ:tᵊnɪŋ, AM 'hɑ:r-] *adj* ermutigend; **~ news** erfreuliche Nachrichten
heart failure *n no pl* Herzversagen *nt,* Herzinsuffizienz *f fachspr* **heartfelt** *adj* (*strongly felt*) tief empfunden; (*sincere*) aufrichtig; ***please accept my ~ thanks!*** vielen herzlichen Dank!; **~ condolences** [*or* **sympathy**] herzliches [*o* aufrichtiges] Beileid; **~ relief** tiefe Erleichterung
hearth [hɑ:θ, AM hɑ:rθ] *n* ① (*fireplace*) Feuerstelle *f;* (*whole fireplace*) Kamin *m;* (*for cooking*) Herd *m* ② (*fig: home*) [heimischer] Herd, Heim *nt;* **to leave ~ and home** Heim und Herd verlassen
hearthrug *n* Kaminvorleger *m*
heartily ['hɑ:tɪli, AM 'hɑ:rt̬-] *adv* ① (*enthusiastically*) herzlich; **to applaud ~** begeistert applaudieren; **to eat ~** herzhaft zugreifen
② (*extremely*) von Herzen, äußerst; ***I'm ~ sick of his complaints*** ich habe seine Beschwerden echt satt; **to dislike sb/sth ~** jdn/etw von ganzem Herzen verabscheuen
heartland ['hɑ:tlænd, AM 'hɑ:rt-] *n of region* Kerngebiet *nt,* Herz *nt; of support, belief* Hochburg *f,* Zentrum *nt*
heartless ['hɑ:tləs, AM 'hɑ:rt-] *adj* herzlos, unbarmherzig
heartlessly ['hɑ:tləsli, AM 'hɑ:rt] *adv* herzlos, kalt *fig*
heartlessness ['hɑ:tləsnəs, AM 'hɑ:rt-] *n no pl* Herzlosigkeit *f,* Unbarmherzigkeit *f*
heart-lung machine *n* Herz-Lungen-Maschine *f* **heart murmur** *n* Herzgeräusch[e] *nt[pl]* **heart-rending** *adj* herzzerreißend **heart-searching** **I.** *n no pl* Gewissenserforschung *f,* Selbstprüfung *f* **II.** *adj* nachdenklich; ***it was a very ~ time in his life*** er dachte in dieser Zeit viel über sich nach **heartsease** *n,* **heart's-ease** *n* Stiefmütterchen *nt* **heart-shaped** *adj* herzförmig **heartsick** *adj* tief betrübt *geh,* todunglücklich **heart-stopping** *adj* spannend, packend **heartstrings** *npl* innerste Gefühle; **to pull** [*or* **tug**] [*or* **tear**] **at sb's ~** jdm ans Herz [*o* zu Herzen] gehen, bei jdm auf die Tränendrüse drücken *pej fam* **heart surgery** *n no pl* Herzchirurgie *f* **heart-throb** *n* (*fam*) Schwarm *m fam* **heart-to-heart** **I.** *adj* [ganz] offen; **a ~ talk** ein offenes [*o* ehrliches] Gespräch **II.** *n* [offene] Aussprache; **to have a ~** sich *akk* aussprechen **heart transplant** *n* (*surgery*) Herztransplantation *f fachspr,* Herzverpflanzung *f;* (*organ*) Herztransplantat *nt fachspr;* **to have a ~** sich *akk* einer Herztransplantation unterziehen **heart trouble** *n* Herzbeschwerden *pl* **heart valve** *n* Herzklappe *f* **heart-warming** *adj* herzerfreuend; *play, story* herzerwärmend *geh; friendliness, reception* herzlich; ***it's ~ to hear of your success*** es freut mich sehr für Sie/dich von Ihrem/deinem Erfolg zu hören; **~ news** frohe Nachricht; **to give sb a ~ welcome** jdn herzlich begrüßen, jdm einen herzlichen Empfang bereiten **heartwood** *n* Kernholz *nt*
hearty ['hɑ:ti, AM 'hɑ:rt̬i] **I.** *adj* ① (*warm*) herzlich; ***she has a warm and ~ laugh*** sie hat ein warmes und herzliches Lachen; **~ congratulations** herzliche Glückwünsche; **a ~ welcome** ein herzlicher Empfang
② (*large*) herzhaft, kräftig; **~ appetite** gesunder Appetit; **~ breakfast** kräftiges [*o* deftiges] Frühstück
③ (*strong*) kräftig, herzhaft; ***he gave me a ~ slap on my back*** er schlug mir beherzt auf den Rücken; **hale and ~** gesund und munter
④ (*unreserved*) uneingeschränkt; **to have a ~ dislike for sb/sth** gegen jdn/etw eine tiefe Abneigung empfinden; **~ support** ungeteilte Unterstützung
II. *n* (*fam*) Freund(in) *m(f);* ***my hearties!*** NAUT Jungs!
heat [hi:t] **I.** *n* ① *no pl* (*warmth*) Wärme *f;* (*high temperature*) Hitze *f;* (*fig*) *of spices* Schärfe *f;* **the ~ of the day** die heißeste Zeit des Tages; **to cook sth on a high/low ~** etw bei starker/schwacher Hitze kochen
② *no pl* (*appliance*) Heizung *f;* **to turn down/up the ~** die Heizung zurückdrehen/aufdrehen
③ *no pl* PHYS [Körper]wärme *f*
④ *no pl* (*fig: strong emotion*) Hitze *f,* Erregung *f;* ***this topic generated a lot of ~*** dieses Thema erhitzte die Gemüter; **in the ~ of the moment** in der Hitze [*o* im Eifer] des Gefechts; **in the ~ of passion** LAW im Affekt; **to take the ~ out of a situation** eine Situation entschärfen; **with ~** erregt; **without ~** gelassen
⑤ *no pl* (*fig: peak*) Höhepunkt *m,* Gipfel *m;* **in the ~ of the argument/battle/campaign** auf dem Höhepunkt des Streits/der Schlacht/der Kampagne
⑥ *no pl* (*fig: pressure*) Druck *m;* ***the ~ is on*** es weht ein scharfer Wind; ***the ~ is off*** die Sache hat sich gelegt; **to put the ~ on** Druck machen *fam;* **to put the ~ on sb** jdn unter Druck setzen; **to take the ~ off sb** jdn entlasten
⑦ (*sports race*) Vorlauf *m;* **qualifying ~** Qualifikationsrunde *f*
⑧ *no pl* (*readiness to breed*) Brunst *f; of deer* Brunft *f; of dogs, cats* Läufigkeit *f; of horses* Rossen *nt;* ■**on** [*or* AM **in**] **~** brünstig; *deer* brünftig; *cat* rollig; *dog* läufig; *horse* rossig; (*fig vulg*) *woman* scharf *fam,* geil *vulg*
▶ PHRASES: **if you can't stand the ~, get out of the kitchen** (*prov*) wenn es dir zu viel wird, dann lass es lieber sein
II. *vt* ■**to ~ sth** etw erhitzen [*o* heiß machen]; *food* etw aufwärmen; **to ~ a flat/an apartment** eine Wohnung [be]heizen; **to ~ a house/room** ein Haus/einen Raum heizen; **to ~ a pool** ein Schwimmbecken beheizen
III. *vi* warm werden, sich *akk* erwärmen; *emotionally* sich *akk* erregen [*o* erhitzen]
◆**heat up** **I.** *vt* ■**to ~ up ⇄ sth** etw heiß machen [*o* erhitzen]; *food* etw aufwärmen; (*fig*) *argument, discussion* etw anheizen; **to ~ up a car** AM ein Auto heiß laufen lassen; **to ~ up a room/house** einen Raum/ein Haus [auf]heizen
II. *vi room* sich *akk* aufwärmen, warm werden; *engine* warm laufen; *fire, oven* heiß werden; (*fig*) *person* in Fahrt kommen; (*fig*) *argument, discussion* sich *akk* erhitzen; (*fig*) *situation* sich *akk* zuspitzen
heat capacity *n* Wärmekapazität *f* **heat death** *n* Wärmetod *m*
heated ['hi:tɪd, AM -t̬-] *adj* ① (*emotional*) hitzig, erregt; *argument, discussion* heftig; **to get ~ about sth** sich *akk* über etw *akk* aufregen [*o geh* erregen]
② *inv* (*warm*) erhitzt; *room* geheizt; **~ pool** beheiztes Schwimmbad; **~ seats** beheizte Sitze
heatedly ['hi:tɪdli, AM -t̬-] *adv* hitzig, erregt; *argue, discuss* heftig; **to deny sth ~** etw vehement abstreiten
heater ['hi:təʳ, AM -t̬ɚ] *n* ① (*appliance*) [Heiz]ofen *m;* (*radiator*) Heizgerät *nt,* Heizkörper *m;* (*for entire house*) [Zentral]heizung *f;* (*in car*) Heizung *f,* Heizgebläse *nt;* **gas ~** Gasofen *m;* **water ~** Boiler *m;* **electric ~** Heizgerät *nt;* **to turn the ~ on/off** die Heizung anstellen/abstellen
② (*sl: gun*) Knarre *f sl,* Kanone *f sl*
heat exchanger *n* Wärmetauscher *m* **heat exhaustion** *n no pl* Hitzschlag *m,* Hitzekollaps *m* **heat flash** *n* Hitzeblitz *m*
heath [hi:θ] *n* ① (*land*) Heide *f,* Heideland *nt* ② BOT (*erica*) Glockenheide *f,* Erika *f;* (*caluna*) Heidekraut *nt*
heat haze *n no pl* Hitzeflimmern *nt*
heathen ['hi:ðᵊn] **I.** *n* ① (*old: non-believer*) Heide, -in *m, f;* ■**the ~** *pl* die Heiden *pl*
② (*uncivilized person*) unzivilisierter Mensch, Barbar(in) *m(f) pej*
II. *adj* ① (*old: unbelieving*) heidnisch, gottlos *pej*
② (*uncivilized*) unzivilisiert, barbarisch *pej*
heathenish ['hi:ðᵊnɪʃ] *adj* heidnisch
heathenism ['hi:ðᵊnɪzᵊm] *n no pl* ① REL (*esp pej*) heidnische Zustände *mpl; in theory* heidnische Anschauungen *fpl*
② (*paganism*) Heidentum *nt*
③ (*fam: unenlightenment*) barbarisches Wesen, Primitivität *f*
heather ['heðəʳ, AM -ɚ] *n no pl* BOT (*erica*) Erika *f;* (*caluna*) Heidekraut *nt*
heathland ['hi:θlənd] *n* Heideland *nt,* Heide *f*
Heath Robinson [-'rɒbɪnsᵊn] *adj inv* BRIT (*hum*) wunderlich, fantastisch *iron;* **a ~ contraption** eine fantastische Maschine
heating ['hi:tɪŋ, AM -t̬-] *n no pl* ① (*action*) Heizen *nt; of room, house* [Be]heizen *nt; of substances* Erwärmen *nt,* Erhitzen *nt;* PHYS Erwärmung *f*
② (*appliance*) Heizung *f;* **central ~** Zentralheizung *f*
heating element *n* Heizelement *nt,* Heizeinsatz *m* **heating engineer** *n* Heizungsmonteur(in) *m(f),* Heizungsinstallateur(in) *m(f)* **heating pad** *n* Heizkissen *nt* **heating system** *n* (*apparatus*) Heiz[ungs]anlage *f;* (*system*) Heizungssystem *nt*
heat lamp *n* Heizlampe *f,* Bestrahlungslampe *f* **heat lightning** *n no pl* Wetterleuchten *nt* **heat loss** *n* Wärmeverlust *m* **heatproof** **I.** *adj* hitzebeständig **II.** *vt* ■**to ~ sth** etw hitzebeständig machen **heat prostration** *n no pl* AM (*heat exhaustion*) Hitzschlag *m,* Hitzekollaps *m* **heat pump** *n* Wärmepumpe *f* **heat rash** *n* Hitzeausschlag *m,* Hitzebläschen *ntpl* **heat-resistant** *adj,* **heat-resisting** *adj* hitzebeständig; *ovenware* feuerfest; TECH thermoresistent *fachspr;* **~ glove** feuerfester Handschuh **heat-seeking** *adj inv* MIL wärmesuchend *attr;* **~ missile** wärmesuchende Rakete **heat shield** *n* (*protection*) Hitzeschild *m,* Wärmeschild *m;* (*insulation*) Wärmeschutz *m* **heat stroke** *n* Hitzschlag *m kein pl* **heat-treated** *adj inv* wärmebehandelt; **~ milk** pasteurisierte Milch; **~ steel** vergüteter Stahl **heat treatment** *n* Wärmebehandlung *f;* **~ of milk** Pasteurisierung *f* von Milch; **~ of steel** Vergütung *f* von Stahl **heatwave** *n* Hitzewelle *f*
heave [hi:v] **I.** *n* ① (*push or pull*) Ruck *m*
② (*up and down movement*) Auf und Ab *nt; of sea, chest* Wogen *nt geh; of stomach* Würgen *nt;* TECH Hub *m;* **~ of the sea** Seegang *m;* **the dry ~s** das trockene Würgen
③ GEOL Verwerfung *f fachspr*
④ (*fig: great effort*) Anstrengung *f*
II. *vt* ① (*move*) ■**to ~ sth** etw [hoch]hieven [*o* [hoch]heben] [*o fam* wuchten]; ***he ~d himself out of his armchair*** er hievte sich aus seinem Stuhl; **to ~ sth open** etw aufstemmen
② (*utter*) **to ~ a sigh [of relief]** einen Seufzer [der Erleichterung] ausstoßen
③ (*fam: throw*) ■**to ~ sth at sb** etw [*o* mit etw *dat*] nach jdm werfen [*o fam* schmeißen]
④ <hove, hove> NAUT ■**to ~ sth** (*cast*) etw werfen; (*haul*) etw hieven; **to ~ anchor** den Anker lichten
III. *vi* ① (*pull, push*) hieven, ziehen
② (*move*) sich *akk* heben und senken; *ship* schwanken, stampfen *fachspr; sea, chest* wogen *geh;* ***after the race she was covered in sweat, her chest heaving*** nach dem Rennen war sie schweißgebadet

H

und sie keuchte heftig

❸ (*vomit*) würgen; *stomach* sich *akk* umdrehen [*o geh* heben]

❹ <hove, hove> NAUT **to ~ in sight** in Sicht kommen

◆**heave to** NAUT **I.** *vi* beidrehen

II. *vt* ■**to ~ to** ○ **sth** etw stoppen; **to ~ a boat/ship to** ein Boot/Schiff stoppen

◆**heave up I.** *vi* brechen

II. *vt* ■**to ~ up** ○ **sth** etw [heraus]brechen [*o geh* erbrechen]

heave ho I. *interj* NAUT (*dated*) hau ruck!

II. *n* (*hum fam*) **to give sb the [old] ~** (*dismissal*) jdn hinauswerfen [*o fam* an die Luft setzen]; (*reject a friend*) jdm den Laufpass geben *fam,* mit jdm Schluss machen *fam*

heaven ['hevᵊn] *n* ❶ *no pl* (*not hell*) Himmel *m;* (*fig*) Himmel *m,* Paradies *nt;* ***it's ~!*** (*fam*) es ist himmlisch! *fam;* ***this ice cream is ~*** dieses Eis ist ein Gedicht; **to be ~ on earth** (*fig*) der Himmel auf Erden sein; **to be in [seventh] ~** (*fig*) im [siebten] Himmel sein; **to go to ~** in den Himmel kommen; **to be sent from ~** (*fig hum*) vom Himmel geschickt sein

❷ (*poet: sky*) ■**the ~s** *pl* das Firmament *poet,* der Himmel; ***the ~s opened*** der Himmel öffnete seine Schleusen; **in the ~s** am Firmament [*o* Himmel]

▶ PHRASES: **to move ~ and earth to do sth** Himmel und Hölle in Bewegung setzen, um etw zu tun; **what/where/when/who/why in ~'s name ...?** was/wo/wann/wer/warum in Gottes Namen ...?; **for ~s sake!** um Himmels [*o* Gottes] willen!; **good ~s!** großer Gott!, du lieber Himmel!; **to stink to high ~** zum Himmel stinken; **~ forbid!** Gott bewahre!, bloß nicht!; **~ help us!** der Himmel steh uns bei!; **thank ~s!, ~ be thanked!** Gott [*o* dem Himmel] sei Dank!; **~s above!** du lieber Himmel!; **~ only knows** weiß der Himmel *fam;* **~s no!** um Gottes willen!, bloß nicht!

heaven-and-hell bond *n* FIN (*fam*) Aktienindexanleihe *f*

heavenly ['hevᵊnli] *adj* ❶ *inv* (*divine*) himmlisch, göttlich; **~ peace** himmlischer Frieden

❷ *inv* (*of the sky*) himmlisch, Himmels-

❸ (*fam: pleasure-giving*) himmlisch, paradiesisch, traumhaft

heavenly body *n* Himmelskörper *m* **Heavenly Father** *n* Vater *m* im Himmel **heavenly host** *n no pl, + sing/pl vb* himmlische Heerscharen

heaven-sent *adj inv* vom Himmel gesandt, wie gerufen *präd;* ***you're ~!*** dich schickt der Himmel!

heavenward(s) ['hevᵊnwəd(z), AM -wɚd(z)] *adv inv* himmelwärts, zum [*o veraltend* gen] Himmel; **to lift** [*or* **raise**] **one's eyes ~** die Augen zum Himmel erheben

heavily ['hevɪli] *adv* ❶ (*to great degree*) stark; ***she's ~ involved in the project*** sie ist sehr engagiert in dem Projekt; ***they rely ~ on his advice*** sie verlassen sich total auf seinen Rat *fam;* ***he is ~ in debt*** er ist stark verschuldet; ***they are ~ into property*** sie haben viel Grundbesitz; **~ armed/guarded** schwer bewaffnet/bewacht; **~ insured** hoch versichert; **~ populated** dicht besiedelt; **to be ~ into sth** (*fam*) auf etw *akk* voll abfahren *fam;* **to be ~ in debt** stark verschuldet sein; **to drink ~** ein starker Trinker/eine starke Trinkerin sein; **to gamble ~** leidenschaftlich spielen; **to invest ~** groß investieren; **to sleep ~** tief schlafen; **to tax sth ~** hohe Steuern auf etw *akk* erheben

❷ (*with weight*) schwer; *move* schwerfällig; **~ built** kräftig gebaut; **to weigh ~ on sb** (*fig*) schwer auf jdm lasten, jdm sehr zu schaffen machen

❸ (*severely*) schwer; **to rain/snow ~** stark regnen/schneien

❹ (*with difficulty*) schwer; **to breathe ~** schwer atmen; **to speak ~** schleppend sprechen

heaviness ['hevɪnəs] *n no pl* ❶ (*weight*) Gewicht *nt,* Schwere *f; of movement* Schwerfälligkeit *f*

❷ (*degree*) Schwere *f; of a problem* Ausmaß *nt; of an amount* Höhe *f*

❸ (*seriousness*) *of mood* Bedrücktheit *f,* Niedergeschlagenheit *f; of punishment* Härte *f*

❹ (*liter: sadness*) Niedergeschlagenheit *f;* **~ of heart** schweres Herz

heaving ['hiːvɪŋ] *adj* schwankend *attr*

heavy ['hevi] **I.** *adj* ❶ (*weighty*) schwer *a. fig;* ***her eyes were ~ with tiredness*** vor Müdigkeit fielen ihr fast die Augen zu; **to be ~ with child** (*liter*) schwanger sein, ein Kind unter dem Herzen tragen *liter;* **~ fall** schwerer Sturz; **~ food** schweres [*o* schwer verdauliches] Essen; **to do ~ lifting/carrying** schwere Sachen heben/tragen; **~ machinery** schwere Maschinen; **~ step** schwerer Schritt; **to lie ~ on sb's stomach** jdm schwer im Magen liegen; **~ work** Schwerarbeit *f*

❷ (*intense*) stark; **~ accent** starker Akzent; **~ bleeding** starke Blutung; **to be under ~ fire** MIL unter schwerem Beschuss stehen; **~ frost/gale/snow** starker Frost/Sturm/Schneefall; **~ rain** heftiger [*o* starker] Regen; **~ sea** hohe [*o* stürmische] See

❸ (*excessive*) stark, übermäßig; ***the engine is rather ~ on fuel*** der Motor verbraucht ziemlich viel Benzin; **~ drinker** starker Trinker/starke Trinkerin; **~ sleep** tiefer Schlaf; **~ smoker** starker Raucher/starke Raucherin

❹ (*severe*) schwer[wiegend]; ***the odds were ~ but they decided to go for it anyway*** sie entschieden sich, trotz der vielen Widrigkeiten weiterzumachen; **a ~ blow** ein schwerer Schlag *a. fig;* **~ offence** schweres Vergehen; **~ jail sentence** hohe Gefängnisstrafe

❺ (*abundant*) viel, reichlich; *sum* hoch; ***the trees were ~ with fruit*** die Bäume trugen viele Früchte; **~ casualties** unzählige Opfer; MIL schwere [*o* hohe] Verluste; **~ crop** reiche Ernte; **~ fine** hohe Geldstrafe; **~ investment** hohe Investitionen *fpl*

❻ (*fig: oppressive*) drückend, lastend; *weather* schwül; ***the atmosphere was ~ with menace*** es lag Gefahr in der Luft; **~ responsibility** große Verantwortung; **~ silence** lähmende Stille

❼ (*difficult*) schwierig, schwer; **~ breathing** schwerer Atem; **~ going** Schinderei *f,* Plackerei *f fam;* ***the book is rather ~ going*** das Buch ist schwer zu lesen; ***the going was ~*** wir kamen nur schwer voran

❽ (*dense*) dicht; (*thick*) dick; **~ beard** dichter Bart; **~ coat** dicker Mantel; **~ clouds** schwere Wolken; **~ schedule** voller [*o* dicht gedrängter] Terminkalender; **~ shoes** feste Schuhe; **~ sky** bedeckter Himmel; **~ traffic** starker [*o* dichter] Verkehr; **~ undergrowth** dichtes Unterholz

❾ (*not delicate*) grob; **~ features** grobe Züge

❿ (*clumsy*) schwerfällig

⓫ (*strict*) streng; ■**to be ~ on sb** streng mit jdm sein; **to play the ~ mother** die gestrenge Mutter spielen

▶ PHRASES: **to do sth with a ~ hand** etw mit eiserner Strenge machen; **with a ~ heart** schweren Herzens; **to make ~ weather of sth** etw unnötig komplizieren

II. *n* ❶ (*sl: thug*) Schläger[typ] *m sl*

❷ THEAT (*character*) Schurke, -in *m, f;* **to be** [*or* **play**] **the ~ in sth** (*fig fam*) bei etw *dat* die Hauptrolle spielen

❸ BRIT (*fam: newspapers*) ■**the heavies** *pl* die seriösen Zeitungen

❹ *esp* SCOT (*beer*) Starkbier *nt*

heavy cream *n no pl* AM Schlagsahne *f* (*mit hohem Fettgehalt*) **heavy-duty** *adj* ❶ *inv* (*strong*) robust; *clothes* strapazierfähig; **~ machine** Hochleistungsmaschine *f;* **~ vehicle** Schwerlastfahrzeug *nt* ❷ (*fam: intense*) intensiv, heftig; (*abundant*) reichlich, sehr viel; ***there was a lot of ~ flirting going on there*** die Leute haben dort wie wild miteinander geflirtet; **a real ~ meeting** ein wirklich bedeutsames Treffen; **a ~ problem** ein kniffliges Problem **heavy-footed** *adj* schwerfällig **heavy goods vehicle** *n* Lastkraftwagen *m* **heavy-handed** *adj* (*clumsy*) ungeschickt, unbeholfen, schwerfällig; (*without subtlety*) plump **heavy-handedly** *adv* (*clumsily*) ungeschickt, unbeholfen, schwerfällig; (*without subtlety*) plump **heavy-hearted** *adj* bedrückt, niedergeschlagen; **~ sigh** trauriger Seufzer **heavy hydrogen** *n no pl* schwerer Wasserstoff **heavy industry** *n no pl* Schwerindustrie *f* **heavy-laden** *adj* (*with weight*) schwer beladen *a. fig;* (*with troubles*) bedrückt, sehr niedergeschlagen **heavy-lidded** *adj inv* schläfrig **heavy metal I.** *n* ❶ (*metal*) Schwermetall *nt* ❷ (*music*) Heavymetal *m* **II.** *n modifier* (*music, band*) Heavymetal-, Metal- *fam* **heavy petting** *n no pl* heftiges [*o* wildes] Petting **heavy-set** *adj* mollig, korpulent *geh* **heavy type** *n* fette Schrift **heavy water** *n no pl* PHYS schweres Wasser; TECH Schwerwasser *nt*

heavyweight I. *n* ❶ SPORTS Schwergewicht *nt;* (*person*) Schwergewicht *nt,* Schwergewichtler(in) *m(f)*

❷ (*fig*) Schwergewicht *nt,* Autorität *f,* Größe *f;* **a political/literary ~** ein politisches/literarisches Schwergewicht

II. *n modifier* SPORTS Schwergewichts-, im Schwergewicht *nach n;* **~ boxer** Schwergewichtler(in) *m(f);* **~ champion** Meister(in) *m(f)* im Schwergewicht

III. *adj* ❶ *inv* (*weighty*) schwer; **~ cloth/paper** schwerer Stoff/schweres Papier

❷ (*fig: important*) *person* prominent, bedeutend; *problem* gewichtig; **a ~ report** ein ernst zu nehmender Bericht

Hebraic [hiː'breɪɪk] *adj inv* hebräisch

Hebrew ['hiːbruː] **I.** *n* ❶ (*person*) Hebräer(in) *m(f)*

❷ *no pl* (*language*) Hebräisch *nt*

II. *adj inv* hebräisch

Hebrides ['hebrɪdiːz] *npl* ■**the ~** die Hebriden *pl;* **the Inner/Outer ~** die Inneren/Äußeren Hebriden

heck [hek] *interj* (*euph sl*) Mist! *sl;* ***where the ~ have you been?*** wo, zum Teufel, bist du gewesen?; ***it's a ~ of a walk from here*** es ist ein verdammt langer Weg von hier aus; ***oh ~!*** zum Kuckuck!; ***what the ~!*** wen kümmert's!, [scheiß]egal! *sl*

heckle ['hekḷ] **I.** *vi* dazwischenrufen, Zwischenrufe machen

II. *vt* ■**to ~ sb** jdn durch Zwischenrufe stören [*o* aus dem Konzept bringen]

heckler ['hekḷəʳ, AM -ɚ] *n* Zwischenrufer(in) *m(f)*

heckling ['heklɪŋ] *n* (*act*) Zwischenrufen *nt;* (*instance*) Zwischenruf *m*

hectare ['hekteəʳ, -tɑːʳ, AM -ter] *n* Hektar *m o nt*

hectic ['hektɪk] **I.** *adj* ❶ (*very fast*) hektisch; **~ pace** hektische Gangart; (*fig*) rasantes Tempo

❷ MED (*hist*) hektisch; **~ fever** hektisches Fieber, Febris hectica *f fachspr;* **~ flush** hektische Röte

II. *n* (*hist: fever*) hektisches Fieber; (*person*) Schwindsüchtige(r) *f(m)*

hectoliter ['hektoʊˌliːt̬ɚ] AM, **hectolitre** [-tə(ʊ),liːtəʳ] *n* Hektoliter *m*

hector ['hektəʳ, AM -ɚ] **I.** *vt* ■**to ~ sb** jdn tyrannisieren [*o fam* schickanieren]

II. *n* Tyrann(in) *m(f)*

hectoring ['hektᵊrɪŋ, AM -ɚɪŋ] *adj attr* tyrannisch

he'd [hiːd] = **he had/he would** *see* **have/will**[1]

hedge [hedʒ] **I.** *n* ❶ (*fence*) *of bushes* Hecke *f*

❷ (*fig: barrier*) Schutzwall *m;* (*protection*) Schutz *m* (**against** vor +*dat*), Absicherung *f* (**against** gegen +*akk*)

II. *vt* ❶ (*surround*) ■**to ~ sth** *garden, property* etw [mit einer Hecke] umgeben; ■**to ~ sb/sth** (*fig*) jdn/etw einengen, einschränken

❷ ECON (*protect*) ■**to ~ sth** etw absichern

▶ PHRASES: **to ~ one's bets** nicht alles auf eine Karte setzen, auf Nummer sicher gehen *fam*

III. *vi* ❶ (*avoid action*) ausweichen, kneifen *pej fam;* (*avoid commitment*) sich *akk* nicht festlegen wollen; ***stop ~ and give me a straight answer*** weich mir nicht dauernd aus und gib mir eine klare Antwort

❷ ECON ■**to ~ against sth** sich *akk* gegen etw *akk* absichern, sich *akk* vor etw *dat* schützen; **to ~ against inflation** sich *akk* gegen Inflationsverluste absichern

◆**hedge about, hedge around** *vt* ■**to ~ about/around** ○ **sth** etw behindern [*o* erschweren]; (*restrict*) etw einschränken

◆**hedge in** *vt* ❶ (*with bushes*) ■**to ~ in** ○ **sth**

garden, property etw [mit einer Hecke] einfassen [*o* umgeben]
❷ ECON **to ~ in an investment** eine Investition absichern
❸ (*fig: restrict*) ■**to ~ in** ↔ **sb** jdn behindern [*o* beschränken] [*o* einengen]; ■**to ~ in** ↔ **sth** etw behindern [*o* erschweren]
◆**hedge off** *vt* ■**to ~ off** ↔ **sth** *garden, property, house* etw [mit einer Hecke] abgrenzen [*o* abtrennen]
◆**hedge round** *vt* BRIT *see* **hedge about**
hedge clippers *npl* Heckenschere *f;* **set of ~** Heckenschere *f* **hedgehog** *n* Igel *m* **hedge-hop** *vi* tief fliegen **hedgerow** *n* Hecke *f,* Knick *m* NORDD **hedge sparrow** *n* Heckenbraunelle *f* **hedge transaction** *n* FIN Sicherungsgeschäft *nt* **hedge-trimmer** *n* [a set of] ~s Heckenschneidemaschine *f,* elektrische Heckenschere **hedging** ['hedʒɪŋ] *n no pl* ECON, FIN Kurssicherungsgeschäft *nt,* Hedging *nt fachspr*
hedonism ['hiːdənɪzəm] *n no pl* Hedonismus *m*
hedonist ['hiːdənɪst] *n* Hedonist(in) *m(f)*
hedonistic [ˌhiːdən'ɪstɪk] *adj* hedonistisch
heebie-jeebies [ˌhiːbi'dʒiːbiz] *npl* ■**the ~** Beklemmung *f,* Zustände *mpl fam;* **to get the ~** Zustände kriegen *fam;* **to give sb the ~** jdm eine Gänsehaut machen
heed [hiːd] (*form*) **I.** *vt* ■**to ~ sth** etw beachten, etw *dat* Beachtung schenken *geh;* **to ~ advice** einen Rat befolgen [*o geh* beherzigen]; **to ~ a warning** eine Warnung ernst nehmen
II. *n no pl* Beachtung *f;* **to pay ~ to sth, to take ~ of sth** etw beherzigen, auf etw *akk* achten
heedful ['hiːdfəl] *adj* (*form*) achtsam; ■**to be ~ of sb/sth** jdn/etw beachten; **to be ~ of sb's advice** jds Rat befolgen [*o geh* beherzigen]
heedless ['hiːdləs] *adj* (*form*) achtlos, unachtsam; ■**to be ~ of sth** etw nicht beachten, nicht auf etw *akk* achten; ■**~ of sth** ungeachtet einer S. *gen;* **~ of dangers** ungeachtet der Gefahren
heedlessly ['hiːdləsli] *adv* achtlos, unachtsam
hee-haw ['hiːˌhɔː, AM *esp* -ˌhɑː] **I.** *interj* iah
II. *n* ❶ (*noise*) Iah *nt;* (*childspeak: donkey*) Esel *m*
❷ (*laugh*) wieherndes Gelächter, Gewieher *nt fam*
III. *vi* ❶ (*make noise*) iahen
❷ (*laugh*) wiehernd lachen, [vor Lachen] wiehern *fam*
heel[1] [hiːl] **I.** *n* ❶ (*body part*) Ferse *f; of animal* Hinterfuß *m,* Hinterlauf *m; of horse* hinterer Teil des Hufs; **the ~ of the hand** der Handballen; ■**to be at sb's ~s** (*follow*) jdm [dicht] folgen; (*fig: chase*) jdm auf den Fersen sein
❷ (*of shoe*) Absatz *m;* (*of sock*) Ferse *f;* ■**~s** *pl* hochhackige Schuhe, Stöckelschuhe *mpl;* **to turn on one's ~** auf dem Absatz kehrtmachen
❸ (*end part*) Anschnitt *m,* Endstück *nt; of bread* [Brot]kanten *m bes* NORDD, Scherz *m* SÜDD, ÖSTERR, Knust *m* DIAL; *of violin bow* Frosch *m; of golf club* Ferse *f*
❹ (*pej dated fam: man*) Scheißkerl *m pej sl;* (*woman*) Miststück *nt pej sl*
► PHRASES: **to show [sb] a clean pair of ~s** (*run away*) jdm die Fersen zeigen, Fersengeld geben; (*leave behind*) jdn abhängen; **to follow close** [*or* **hard**] **on the ~s of sth** unmittelbar auf etw *akk* folgen; **to be hard** [*or* **close**] [*or* **hot**] **on sb's ~s** jdm dicht auf den Fersen sein; **to be down at [the] ~** *person* heruntergekommen sein; *shoe* abgetreten sein; **to bring sb/an animal to ~** jdn/ein Tier gefügig machen; **to bring sth to ~** etw unter Kontrolle bringen; **to come to ~** *person* sich *akk* fügen, spuren *fam; dog* bei Fuß gehen; **to dig one's ~s in** sich *akk* auf die Hinterbeine stellen; **to kick** [*or* **cool**] **one's ~s** (*wait*) sich *dat* die Beine in den Bauch stehen; (*do nothing*) Däumchen drehen *fam,* rumhängen *fam;* **to kick up one's ~s** auf den Putz hauen *fam;* **to take to one's ~s** die Beine in die Hand nehmen *fam,* Fersengeld geben; **under the ~ of sb/sth** unter der Herrschaft einer Person/einer S. *gen*
II. *interj* ■**~!** bei Fuß!
III. *vt* ❶ (*in shoe-making*) **to ~ a shoe** einen neuen Absatz auf einen Schuh machen
❷ (*in golf*) **to ~ a ball** den Ball mit der Ferse schlagen
► PHRASES: **to be well ~ed** (*fam*) gut betucht sein
IV. *vi* FBALL mit dem Absatz kicken; (*in rugby*) einen Ball hakeln [*o* mit dem Absatz spielen]
heel[2] [hiːl] NAUT **I.** *vi* ■**to ~ over** sich *akk* auf die Seite legen, krängen *fachspr;* **to ~ hard over** sich *akk* stark auf die Seite legen, stark krängen
II. *vt* **to ~ a boat/ship** ein Boot/Schiff zum Krängen bringen [*o fachspr* krängen lassen]
III. *n* (*instance*) Seitenneigung *f,* Krängung *f fachspr;* (*angle*) Neigungswinkel *m*
heel bar *n* Schuh[sofort]reparaturservice *m,* Absatzschnelldienst *m*
heeler ['hiːlər] *n* AUS Schäferhund *m*
heft [heft] **I.** *vt* ■**to ~ sth** etw hochheben (*bes. um das Gewicht festzustellen*)
II. *n* AM (*weight*) Gewicht *nt*
hefty ['hefti] *adj* ❶ (*strong*) *person* kräftig [gebaut], stämmig; **~ push** kräftiger Stoß
❷ (*large*) mächtig; **a ~ book** ein Wälzer *m;* **~ workload** hohe Arbeitsbelastung
❸ (*considerable*) deutlich, saftig *fam;* **~ bonus** beträchtlicher Bonus; **~ commission** stattliche Provision; **~ price rise** deutliche Preiserhöhung
Hegelian [hɪ'geɪliən] **I.** *adj inv* ❶ (*by Hegel*) Hegelsch
❷ (*following Hegel*) Hegelianisch
II. *n* Hegelianer(in) *m(f)*
hegemonic [ˌhegɪ'mɒnɪk, AM ˌhedʒɪ'mɑːn-] *adj inv* hegemonisch, hegemonial
hegemony [hɪ'geməni, AM -'dʒem-] *n no pl* Hegemonie *f*
hegira ['hedʒɪrə] *n* (*hist*) Hedschra *f hist;* (*fig liter*) Exodus *m geh*
heifer ['hefər, AM -ɚ] *n* Färse *f*
heigh-ho [ˌher'həʊ, AM -'hoʊ] *interj* nun ja!, ach ja!
height [haɪt] *n* ❶ (*top to bottom*) Höhe *f; of a person* [Körper]größe *f;* ***his ~ is about 1.75 metres*** er ist ungefähr 1,75 Meter groß; **at chest/eye ~** in Brust-/Augenhöhe; **to adjust the ~ of sth** etw höher/niedriger stellen; **to gain/lose ~** an Höhe gewinnen/verlieren; **to be 6 metres in ~** 6 Meter hoch sein
❷ (*high places*) ■**~s** *pl* Höhen *fpl;* **fear of ~s** Höhenangst *f;* **to be afraid of ~s** nicht schwindelfrei sein
❸ (*rare: hill*) ■**~s** *pl* Hügel *mpl,* Anhöhen *fpl*
❹ (*fig: peak*) Höhepunkt *m;* ***this is the ~ of pleasure for me*** das ist für mich das Höchste der Gefühle; **to be at the ~ of one's career** auf dem Höhepunkt seiner Karriere sein; **to be dressed in the ~ of fashion** nach der neuesten Mode gekleidet sein; **to be at the ~ of one's power** auf dem Gipfel seiner Macht sein; **at the ~ of summer** im Hochsommer; **to rise to giddy** [*or* **dizzy**] **~s** (*fam*) in Schwindel erregende Höhen aufsteigen; **to attain great ~s, to scale ~s** den Höhepunkt erreichen; *shares, prices* Spitzenwerte erreichen
❺ (*of characteristic*) Höchstmaß *nt,* Maximum *nt;* **the ~ of bad manners** [*or* **ill manners**] der Gipfel der Unverschämtheit; **the ~ of folly/stupidity** der Gipfel der Torheit/Dummheit; **the ~ of kindness/patience** das Äußerste an Güte/Geduld
heighten ['haɪtən] **I.** *vt* ■**to ~ sth** ❶ (*raise*) etw höher machen [*o* stellen]; **to ~ a mirror/picture** einen Spiegel/ein Bild höher hängen
❷ (*increase*) etw steigern [*o* erhöhen]; *feeling, effect* etw verstärken; **to ~ one's awareness** seine Aufmerksamkeit erhöhen; **to ~ pleasure/tension** ein Vergnügen/eine Spannung steigern; **to ~ sb's suffering** jds Leiden verschlimmern; **to ~ the value of a house/painting** den Wert eines Hauses/Gemäldes erhöhen [*o* steigern]
❸ (*emphasize*) etw betonen [*o* hervorheben]; **to ~ one's cheekbones/eyes** seine Backenknochen/Augen betonen [*o* hervorheben]
II. *vi anger, panic, pleasure* ansteigen, wachsen, zunehmen
Heimlich maneuver ['haɪmlɪk-] AM, **Heimlich manoeuvre, Heimlich procedure** *n* Heimlich-Handgriff *m*
heinie ['haɪniː] *n* AM (*fam! sl*) Hinterteil *m vulg*
heinous ['heɪnəs, 'hiː-] *adj* (*form*) abscheulich, grässlich, verabscheuungswürdig *form*
heinously ['heɪnəsli, 'hiː-] *adv* auf abscheuliche Weise
heinousness ['heɪnəsnəs] *n no pl* Schändlichkeit *f,* Abscheulichkeit *f*
heir [eər, AM er] *n* Erbe, -in *m, f;* **~ to the throne** Thronfolger(in) *m(f),* Thronerbe, -in *m, f;* **to be [the] ~ to sb's estate/a fortune** jds Nachlass/ein Vermögen erben; **to be [the] ~ to problems/a tradition** (*fig*) Probleme/eine Tradition übernehmen
heir apparent <*pl* heirs apparent> *n* gesetzlicher [*o* rechtmäßiger] Erbe/gesetzliche [*o* rechtmäßige] Erbin; **~ to the throne** rechtmäßiger Thronfolger/rechtmäßige Thronfolgerin *a. fig*
heiress <*pl* -es> ['eəres, AM 'erɪs] *n* Erbin *f; see also* **heir**
heirloom ['eəluːm, AM 'er-] *n* Erbstück *nt;* **family ~** Familienerbstück *nt*
heist [haɪst] **I.** *n esp* AM (*fam*) bewaffneter Raub[überfall]; **jewelry ~** Juwelenraub *m*
II. *vt esp* AM (*fam*) ■**to ~ sth** (*steal*) etw rauben; (*rob*) etw ausrauben; **to ~ a car** ein Auto ausrauben; **to ~ jewels** Juwelen rauben
held [held] *vt, vi pt, pp of* **hold**
Helen ['helən] *n* Helena *f;* **~ of Troy** die schöne Helena
helical ['helɪkəl] *adj inv* spiralförmig; TECH schneckenförmig, schraubenförmig; **~ gear** Schrägstirnrad *nt;* **~ stair** Wendeltreppe *f*
helical scan *n* COMPUT Schrägspurverfahren *nt*
helices ['hiːlɪsiːz] *n pl of* **helix**
helicopter ['helɪkɒptər, AM -kɑːptɚ] **I.** *n* Hubschrauber *m,* Helikopter *m geh*
II. *n modifier* (*pad, pilot, radio*) Hubschrauber-
III. *vt* ■**to ~ sb/sth** jdn/etw mit dem Hubschrauber transportieren
helicopter gunship *n* Kampfhubschrauber *m*
Heligoland ['helɪgə(ʊ)lænd, AM -goʊ-] *n no pl* Helgoland *nt*
heliocentric [ˌhiːliə(ʊ)'sentrɪk, AM -oʊ'-] *adj inv* heliozentrisch
heliograph [ˌhiːliə(ʊ)'grɑːf, AM -oʊ'græf] **I.** *n* Heliograph *m*
II. *vt* ■**to ~ sth** *message* etw per Heliograph übermitteln
heliotrope ['hiːliətrəʊp, AM -troʊp] **I.** *n* ❶ BOT Heliotrop *nt*
❷ (*colour*) Blauviolett *nt*
II. *adj* ❶ *inv* BOT heliotrop
❷ *colour* blauviolett
heliotropic [ˌhiːliə(ʊ)'trɒpɪk, AM -oʊ'trɑːp-] *adj inv* phototropisch, heliotropisch *veraltend*
helipad ['helɪ-] *n* Hubschrauberlandeplatz *m* **heliport** *n* Heliport *m,* Hubschrauberlandeplatz *m* **heli-skiing** *n* Heli-Skiing *nt fachspr* (*Skisportart, bei der der Skifahrer mit einem Hubschrauber auf den Berg geflogen wird*)
helium ['hiːliəm] *n no pl* Helium *nt*
helix <*pl* -lices> ['hiːlɪks, *pl* -lɪsiːz] *n* ❶ (*spiral*) Spirale *f*
❷ ARCHIT Volute *f fachspr*
❸ BIOL, CHEM Helix *f fachspr*
hell [hel] **I.** *n no pl* ❶ (*not heaven*) Hölle *f;* **to go to ~** in die Hölle kommen, zur Hölle fahren *geh o fig*
❷ (*fig fam*) Hölle *f fam;* ***to ~ with it!*** ich hab's satt!; ***to ~ with you!*** du kannst mich mal!; **to not have a chance/hope in ~** nicht die geringste Chance/leiseste Hoffnung haben; **~ on earth** die Hölle auf Erden; **to annoy the ~ out of sb** (*fam*) jdn schrecklich nerven, jdm fürchterlich auf den Keks gehen *fam;* **to be ~** die Hölle sein *fam;* **to be ~ on sb/sth** für jdn/etw die Hölle sein; **to beat** [*or* **knock**] **the ~ out of sb** jdn windelweich prügeln *fam,* jdn grün und blau schlagen *fam;* ■**sth/sb from ~** etw/jd ist die reinste Hölle; **a job/winter from ~** eine höllische Arbeit/ein höllischer Winter; **to frighten** [*or* **scare**] **the ~ out of sb** jdn zu Tode erschrecken; **to**

H

go through ~ durch die Hölle gehen; **to have been to ~ and back** durch die Hölle gegangen sein; **to make sb's life** ~ jdm das Leben zur Hölle machen; **to raise** ~ (*complain*) Krach schlagen *fam;* (*be loud and roudy*) einen Höllenlärm machen
❸ (*fam: for emphasis*) ***he's one ~ of a guy!*** er ist echt total in Ordnung!; ***they had a ~ of a time*** (*negative*) es war die Hölle für sie; (*positive*) sie hatten einen Heidenspaß; **a ~ of a decision** eine verflixt schwere Entscheidung *fam;* **a ~ of a lot** verdammt viel; **a ~ of a performance** eine Superleistung *fam;* **as cold as** ~ saukalt *sl;* **as hard as** ~ verflucht hart *sl;* **as hot as** ~ verdammt heiß *sl;* **to do sth as quickly as** ~ etw in einem Höllentempo machen *fam;* **to hope/wish to** ~ (*fam*) etw inständig hoffen/wünschen
▸ PHRASES: **to go to ~ in a handbasket** AM (*fam*) den Bach runtergehen *fam;* **to run ~ for leather** (*dated fam*) wie der Teufel rennen *fam;* **the road to ~ is paved with good intentions** (*prov*) es gibt nichts Gutes, außer man tut es *prov;* **come ~ or high water** (*fam*) komme, was wolle; **all ~ breaks loose** die Hölle [*o* der Teufel] ist los; **until ~ freezes over** (*dated fam*) bis in alle Ewigkeit; ***she'll be waiting until ~ freezes over*** da kann sie warten, bis sie schwarz wird; **to give sb** ~ (*scold*) jdm die Hölle heiß machen *fam;* (*make life unbearable*) jdm das Leben zur Hölle machen; **go to ~!** (*sl: leave me alone*) scher dich zum Teufel! *sl;* **to have ~ to pay** (*fam*) jede Menge Ärger haben *fam;* **to play ~ with sth** mit etw *dat* Schindluder treiben *fam;* **to do sth for the ~ of it** etw aus reinem Vergnügen [*o* zum Spaß] machen; **from** ~ entsetzlich, schrecklich; ***we had a weekend from*** ~ unser Wochenende war eine Katastrophe; **like** ~ wie verrückt *fam*
II. *interj* ***what the ~ are you doing?*** was zum Teufel machst du da?; ***get the ~ out of here, will you?*** mach, dass du rauskommst! *fam,* scher dich zum Teufel! *sl;* ***oh ~!*** Scheiße! *sl,* Mist! *fam;* ***~ no!*** bloß nicht!
▸ PHRASES: **~'s bells** [*or* **teeth**]! verdammt nochmal! *sl;* **like ~!** (*sl*) nie im Leben! *sl;* **the ~ you do!** AM (*fam*) einen Dreck tust du! *sl;* **what the ~!** (*sl*) was soll's! *fam*

he'll [hiːl] = he will/he shall *see* **will¹/shall**

hellbender *n* AM Schlammteufel *m* **hell-bent** *adj pred* fest [*o* wild] entschlossen; **to be ~ on sth** etw um jeden Preis wollen **hellcat** *n* (*pej*) Teufelsweib *nt pej*

hellebore <*pl* – *or* -s> ['helɪbɔːʳ, AM bɔːr] *n* BOT Nieswurz *f*

Hellenic [hel'iːnɪk, AM hə'len-] I. *n no pl* Hellenisch *nt,* Griechisch *nt*
II. *adj inv* hellenisch, griechisch

Hellenist ['helɪnɪst] *n* Hellenist(in) *m(f)*

Hellenistic [ˌhelɪ'nɪstɪk] *adj inv* hellenistisch

hellfire I. *n no pl* (*fire in hell*) Höllenfeuer *nt;* (*purgatory*) Fegefeuer *nt* II. *n modifier* orthodox, gottesfürchtig; **~ preacher/puritanism** strenggläubiger [*o* orthodoxer] Prediger/Puritanismus **hellhole** *n* (*pej fam*) finsteres [*o* scheußliches] Loch **hellhound** *n* (*pej*) Höllenhund *m pej,* Teufel *m pej*

hellion ['heljən] *n* AM (*pej*) Satansbraten *m pej*

hellish ['helɪʃ] I. *adj* ❶ *inv* (*of hell*) höllisch, teuflisch
❷ (*fig fam: dreadful*) höllisch *fam,* scheußlich *fam;* **~ cold/heat** mörderische Kälte/Hitze; **a ~ day** ein grässlicher Tag; **a ~ experience** ein schreckliches Erlebnis; **a ~ noise** ein Höllenlärm *m*
II. *adv* BRIT (*fam*) verdammt *fam,* höllisch *fam*

hellishly ['helɪʃli] *adv* (*fam*) ❶ (*dreadfully*) höllisch *fam,* scheußlich *fam*
❷ (*extremely*) verdammt *fam,* höllisch *fam;* **~ cold/hot** verdammt kalt/heiß

hello [hel'əʊ, AM -'oʊ] I. *n* Hallo *nt;* ***a big ~ to all who've come*** ein herzliches Willkommen an alle, die gekommen sind; **to give sb a** ~ jdn begrüßen; **to say ~ to sb** jdn [be]grüßen; ***say ~ to your family [from me]*** grüß deine Familie [von mir]
II. *interj* ❶ (*in greeting*) hallo!; (*on phone*) hallo!; (*attracting attention*) hallo!
❷ BRIT (*in surprise*) nanu!, holla!
❸ (*fam: get with it*) Moment mal! *fam*

hellraiser *n* Unruhestifter(in) *m(f),* Randalierer(in) *m(f)*

Hell's Angels *npl* Hell's Angels *pl*

helluva ['heləvə] (*fam*) = **hell of a** *see* **hell I 3**

helm¹ [helm] *n* Ruder *nt,* Steuer *nt;* **to be at the** ~ am Ruder sein; (*fig*) an der Macht [*o* am Ruder] sein; **to take the** ~ das Steuer übernehmen; (*fig*) die Führung [*o* das Ruder] übernehmen

helm² [helm] *n* (*old: helmet*) Helm *m*

helmet ['helmət] *n* Helm *m;* **bicycle** ~ Fahrradhelm *m;* **crash** ~ Sturzhelm *m;* **fencing** ~ Fechtmaske *f*

helmeted ['helmətɪd, AM -t̬-] *adj inv* behelmt, mit Helm *nach n*

helmsman *n* Steuermann, Steuerfrau *m, f*

help [help] I. *n no pl* ❶ (*assistance*) Hilfe *f;* (*financial*) Unterstützung *f;* ***do you need any ~ with those boxes?*** soll ich dir mit diesen Kisten helfen?; ***can I be of ~ to you?*** kann ich Ihnen irgendwie helfen?; ***the victims were beyond*** ~ den Opfern war nicht mehr zu helfen; ***this guy is beyond ~!*** dem Typ ist nicht mehr zu helfen!; ***if she is caught stealing again, there'll be no ~ for it, I'll have to call the police*** wenn man sie noch einmal beim Stehlen erwischt, wird man wohl die Polizei rufen müssen; **to be a big ~ with sth** bei etw *dat* eine große Hilfe sein; **to cry** [*or* **go crying**] **for** ~ nach Hilfe schreien; **to give** [*or* **provide**] ~ Hilfe leisten; **to give ~ to sb** jdm helfen; **to run** [*or* **go running**] **for** ~ Hilfe suchen; ■**to be of ~ to sth** für etw *akk* hilfreich sein; ■**to be of ~ to sb** für jdn eine Stütze [*o* Hilfe] sein
❷ (*employee*) Aushilfe *f,* Hilfskraft *f;* ■**the** ~ + *sing/pl vb* das Personal; **home** ~ [Haushalts]hilfe *f,* Zugehfrau *f bes* SÜDD; **to have** [AM **hired**] ~ **come in** eine Haushaltshilfe haben; **to be short of** ~ wenig Personal haben
❸ COMPUT Hilfe-Funktion *f*
II. *interj* ■~! Hilfe!
III. *vi* ❶ (*assist*) helfen; ***is there any way that I can ~?*** kann ich irgendwie behilflich sein?
❷ (*improve situation*) helfen; *medicine also* Abhilfe schaffen
IV. *vt* ❶ (*assist*) ■**to ~ sb** jdm helfen [*o* beistehen]; ***~ me!*** Hilfe!; ***God*** [*or* ***Heaven***] ***~ us!*** der Himmel stehe uns bei!; ***her knowledge of Swahili ~ed her*** ihre Suahelikenntnisse haben ihr genützt; [***how***] ***can I ~ you?*** was kann ich für Sie tun?; (*in a shop*) kann ich Ihnen behilflich sein?; ***nothing can ~ her now*** ihr ist nicht mehr zu helfen; ***I wonder if you could ~ me ...*** vielleicht könnten Sie mir weiterhelfen ...; ***so ~ me God*** so wahr mir Gott helfe; ***could you ~ me with my coat, please?*** würden Sie mir bitte in den Mantel helfen?; **to ~ sb down the stairs/into a taxi** jdm die Treppen hinunterhelfen/in ein Taxi helfen; **to ~ sb through their depression/a difficult time** jdm über eine Depression/eine schwierige Zeit hinweghelfen; **to ~ sb with their homework** jdm bei den Hausaufgaben helfen; ■**to ~ sb/sth to do sth** jdm/etw dabei helfen, etw zu tun
❷ (*improve*) ■**to ~ sth** etw verbessern; ***a little make-up would ~ your appearance a lot*** mit ein bisschen Make-up würdest du viel besser aussehen; ***these drops will ~ your cough*** diese Tropfen werden deinen Husten lindern
❸ (*contribute*) ■**to ~ sth** zu etw *dat* beitragen; ***the drought has ~ed to make this a disastrous year for Somalia*** die Dürre war auch ein Grund dafür, dass dies ein katastrophales Jahr für Somalia wurde
❹ (*prevent*) ***I can't ~ it*** [*or* ***myself***] ich kann nicht anders; ***stop giggling! — I can't ~ it!*** hör auf zu kichern! – ich kann nichts dagegen machen!; ***he can't ~ his looks*** er kann nichts für sein Aussehen; ***I can't ~ thinking that she'd be better off without him*** ich denke einfach, dass es ihr ohne ihn besser gehen würde; ***she couldn't ~ wondering whether the rumour was true*** sie konnte nicht umhin, sich zu fragen, ob an dem Gerücht etwas Wahres dran war; ***I couldn't ~ staring at the strange man*** ich musste den seltsamen Mann einfach anstarren; ***will the companies merge? — not if I can ~ it*** werden die Unternehmen fusionieren? – nicht wenn ich es verhindern kann; ■**sth can't be ~ed** etw ist nicht zu ändern, etw ist halt so *fam*
❺ (*take*) ■**to ~ oneself** sich *akk* bedienen; ***please ~ yourself*** bitte bedienen Sie sich; ***he ~ed himself from the sweets tray*** er nahm sich etwas aus der Bonbonschale; ■**to ~ oneself to sth** sich *dat* etw nehmen; *thief* sich *akk* an etw *dat* bedienen *fam*
❻ (*give*) ■**to ~ sb to sth** jdm etw reichen; ***shall I ~ you to more wine?*** darf ich Ihnen noch etwas Wein nachschenken?
▸ PHRASES: **God ~s those who ~ themselves** (*prov*) hilf dir selbst, dann hilft dir Gott

◆**help along** *vt* ■**to ~ sb along** jdm helfen, jdm auf die Sprünge helfen; ■**to ~ sth along** etw vorantreiben

◆**help off** *vt* ■**to ~ sb off with sth** jdm helfen, etw auszuziehen; ***let me ~ you off with your coat!*** warten Sie, ich helfe Ihnen aus dem Mantel!

◆**help on** *vt* ■**to ~ sb on with sth** jdm helfen, etw anzuziehen; ***can I ~ you on with your coat?*** darf ich Ihnen in den Mantel helfen?

◆**help out** I. *vt* ■**to ~ out** ↔ **sb** jdm [aus]helfen, jdn unterstützen
II. *vi* aushelfen; ■**to ~ out with sth** bei etw *dat* helfen

◆**help up** *vt* ■**to ~ sb up** jdm aufhelfen

help desk *n* Information *f;* COMPUT Helpdesk *nt fachspr,* Störungsstelle *f*

helper ['helpəʳ, AM -ɚ] *n* (*person*) Helfer(in) *m(f);* (*assistant*) Gehilfe, -in *m, f;* (*tool*) Hilfsmittel *nt;* **kitchen** ~ (*person*) Küchenhilfe *f;* (*tool*) Küchengerät *nt*

helpful ['helpfᵊl] *adj person* hilfsbereit; *tool, suggestion* hilfreich, nützlich; **to be ~ [to sb]** [jdm] helfen; ***I'm sorry, I was only trying to be*** ~ es tut mir Leid, ich wollte nur helfen

helpfully ['helpfᵊli] *adv* (*ready to help*) hilfsbereit; (*useful*) hilfreich; ***the man ~ took her bags*** der Mann war so nett und trug ihre Taschen

helpfulness ['helpfᵊlnəs] *n no pl of person* Hilfsbereitschaft *f;* (*usefulness*) *of tool, comment* Nützlichkeit *f*

helping ['helpɪŋ] I. *n of food* Portion *f;* **to take a second** [*or* **another**] ~ sich *dat* noch einmal nehmen [*o fam* auftun]
II. *adj attr, inv* hilfreich; **to give** [*or* **lend**] **sb a ~ hand** jdm helfen [*o geh* behilflich sein]; **to need a ~ hand** Hilfe gebrauchen

helpless ['helpləs] *adj* (*lacking help*) hilflos; (*weak*) machtlos; **to be ~ with laughter** sich *akk* vor Lachen kaum noch halten können

helplessly ['helpləsli] *adv* (*lacking help*) hilflos; (*weakly*) machtlos; ***she laughed*** ~ sie hat sich halb totgelacht; ***they were ~ drunk*** sie waren völlig betrunken

helplessness ['helpləsnəs] *n no pl* (*lack of help*) Hilflosigkeit *f;* (*weakness*) Machtlosigkeit *f*

helpline *n* (*for emergencies*) Notruf *m;* (*for information*) telefonischer Beratungsdienst **helpmate** *n* (*spouse*) Gefährte, -in *m, f geh o veraltet;* (*helper*) Gehilfe, -in *m, f veraltend* **help screen** *n* COMPUT Hilfebildschirm *m*

helter-skelter [ˌheltə'skeltəʳ, AM -ɚ'skeltɚ] I. *adj inv* (*hurried*) hektisch; (*messy*) chaotisch
II. *adv inv* (*hurriedly*) hastig, Hals über Kopf; (*messily*) chaotisch, durcheinander
III. *n* ❶ BRIT (*at funfair*) *spiralförmige Rutsche*
❷ (*mess*) Durcheinander *nt,* Chaos *nt*

helve [helv] *n* (*handle*) *of a weapon* Heft *nt; of a tool* Griff *m*

hem¹ [hem] I. *interj* hm!
II. *n* Räuspern *nt*
III. *vi* <-mm-> sich *akk* räuspern; **to ~ and haw** (*fam*) herumdrucksen *fam*

hem² [hem] I. *n* Saum *m;* **to let the ~ down** den Saum herauslassen; **to take the ~ up** den Saum aufnehmen
II. *vt* <-mm-> **to ~ trousers/a skirt/a dress** eine

Hose/einen Rock/ein Kleid säumen
◆**hem about** *vt* ■**to ~ about** ↻ **sb/sth** jdn/etw umgeben [*o* einschließen]
◆**hem in** *vt* ❶ (*surround*) ■**to ~ in** ↻ **sb/sth** jdn/etw umgeben [*o* einschließen]
❷ (*fig: constrain*) ■**to ~ in** ↻ **sb** jdn einengen; **to feel ~med in** sich *akk* eingeengt fühlen
he-man *n* (*fam*) Heman *m fam;* **a real ~** ein richtiger Mann
hematite *n* AM *see* **haematite**
hematologist *n* AM *see* **haematologist**
hematology *n* AM *see* **haematology**
hemiplegia [ˌhemiˈpliːdʒiə] *n no pl* halbseitige Lähmung, Hemiplegie *f fachspr*
hemiplegic [ˌhemiˈpliːdʒɪk] *adj inv* halbseitig gelähmt
hemisphere [ˈhemɪsfɪəʳ, AM -fɪr] *n* ❶ GEOG, ASTRON *of earth* [Erd]halbkugel *f,* Hemisphäre *f geh;* **northern ~** nördliche Halbkugel [*o geh* Hemisphäre], Nordhalbkugel *f selten;* **southern ~** südliche Halbkugel [*o geh* Hemisphäre], Südhalbkugel *f selten*
❷ MED *of brain* Gehirnhälfte *f,* Hemisphäre *f fachspr;* **cerebral ~** Gehirnhälfte *f,* Gehirnhemisphäre *f fachspr*
hemispheric [ˌhemɪˈsferɪk, AM -ˈsfɪr-] *adj inv* ❶ GEOG hemisphärisch, der Halbkugel [*o geh* Hemisphäre] *nach n;* **the Southern ~ season** die Jahreszeit auf der südlichen Halbkugel
❷ MED hemisphärisch *fachspr*
hemline [ˈhemlaɪn] *n* [Kleider]saum *m;* **~s are up/down** die Röcke sind kurz/lang
hemline theory *n* STOCKEX Rocksaumtheorie *f*
hemlock [ˈhemlɒk, AM -lɑːk] *n* ❶ *no pl* (*plant*) Schierling *m;* (*poison*) Schierlingssaft *m;* **cup of ~** Schierlingsbecher *m*
❷ (*pine tree*) Schierlingstanne *f,* Hemlocktanne *f*
hemoglobin *n no pl esp* AM *see* **haemoglobin**
hemophilia *n no pl esp* AM *see* **haemophilia**
hemorrhage *vi esp* AM, AUS *see* **haemorrhage**
hemorrhoids *npl esp* AM *see* **haemorrhoids**
hemp [hemp] I. *n no pl* ❶ (*plant*) Hanf *m*
❷ (*fibre*) Hanf *m,* Hanffaser *f*
❸ (*drug*) Haschisch *nt,* Cannabis *m sl*
II. *n modifier* (*cloth, paper, rope*) Hanf-; **~ fibre** Hanffaser *f*
hemstitch [ˈhemstɪtʃ] I. *n* Hohlsaum *m*
II. *vt* ■**to ~ sth** etw mit Hohlsaum versehen
hen [hen] *n* ❶ (*chicken*) Henne *f,* Huhn *nt*
❷ (*female lobster, crab*) Weibchen *nt*
❸ (*fam: mother*) Glucke *f pej fam*
❹ SCOT (*to a woman*) Hasi *nt fam,* Mausi *nt fam*
henbane [ˈhenbeɪn] *n* Bilsenkraut *nt*
hence [hen(t)s] *adv inv* ❶ *after n* (*from now*) von jetzt an; (*from then*) von da an; **four weeks ~** in vier Wochen
❷ (*therefore*) daher, folglich, also
❸ (*old: from here*) von hinnen *veraltet o hum;* **go ~!** hinweg [mit dir]! *veraltet o hum*
henceforth [ˌhen(t)sˈfɔːθ, AM -ˈfɔːrθ] *adv,* **henceforward** [ˌhen(t)sˈfɔːwəd, AM -ˈfɔːrwərd] *adv inv* (*form: from this time on*) fortan *geh,* künftig, von nun an; (*from that time on*) seither, von da an
henchman [ˈhen(t)ʃmən] *n* (*criminal*) Spießgeselle *m,* Kumpan *m,* Handlanger *m pej;* (*supporter*) Anhänger(in) *m(f)*
hencoop *n,* **henhouse** *n* Hühnerstall *m*
henna [ˈhenə] I. *n* ❶ *no pl* (*shrub*) Hennastrauch *m*
❷ (*dye*) Henna *f o nt*
II. *vt* **to ~ one's hair** seine Haare mit Henna färben
hen night *n* BRIT (*fam*) *Party am Abend vor der Hochzeit für die Braut und ihre Freundinnen*
hen party *n* BRIT (*fam*) ❶ (*pej*) Damenkränzchen *nt fam,* Weiberrunde *f pej fam* ❷ *see* **hen night**
henpeck I. *vt* ■**to ~ sb** jdn unter dem Pantoffel haben *fam* II. *vi* den Pantoffel schwingen *fam* **henpecked** *adj* **~ husband** Pantoffelheld *m fam;* ■**to be ~** unter dem Pantoffel stehen *fam* **hen-run** *n* Hühnerhof *m,* Auslauf *m* [für Hühner]
Henry <*pl* -ries *or* -s> [ˈhenri] *n* Heinrich *m*
hen weekend *n* BRIT *eine das ganze Wochenende dauernde Party, die die Braut vor der Hochzeit für ihre Freundinnen gibt*
hepatic [hɪˈpætɪk, AM -t̬-] *adj inv* Leber-, hepatisch *fachspr;* **~ artery** Leberarterie *f*
hepatitis [ˌhepəˈtaɪtɪs, AM -t̬-] *n no pl* Leberentzündung *f,* Hepatitis *f fachspr;* **~ A/B** Hepatitis *f* A/B
heptagon [ˈheptəgᵊn, AM -gɑːn] *n* Siebeneck *nt,* Heptagon *nt fachspr*
heptagonal [hepˈtægᵊnᵊl] *adj inv* siebeneckig, heptagonal *fachspr*
heptathlete [hepˈtæθliːt] *n* Siebenkämpfer(in) *m(f)*
heptathlon [hepˈtæθlɒn, AM -lɑːn] *n* Siebenkampf *m*
her [hɜːʳ, həʳ, AM hɜːr, hər] I. *pron pers* (*person, animal, ship, country*) sie *im Akkusativ,* ihr *im Dativ;* ***why don't you bring ~ to the party?*** warum bringst du sie nicht mit zur Party?; ***could you give ~ this package?*** könntest du ihr dieses Paket geben?; ***did you give the letter to ~?*** hast du ihr den Brief gegeben?; ***she doesn't like it when people look at ~*** sie mag es nicht, wenn sie die Leute ansehen; ***Jane's on the telephone — oh no, not ~ again!*** Jane ist am Telefon — oh nein, nicht die schon wieder!; ***it must be ~*** das wird sie sein; ***he's just as good as ~ at his job*** er ist so gut wie sie in seinem Job; ***you have more than ~*** du hast mehr als sie
II. *adj poss* ❶ (*person*) ihr(e,n); (*ship, country, boat, car*) sein(e,n); ***she has ~ very own pony*** sie hat ein eigenes Pony; ***what's ~ name?*** wie heißt sie?; ***Patricia loves ~ job*** Patricia liebt ihren Job; ***the boat sank with all ~ crew*** das Boot sank mit seiner ganzen Mannschaft
❷ AM (*old: herself*) ***peevishly she flung ~ on her face*** mürrisch warf sie sich aufs Gesicht
III. *n* (*fam*) Sie *f fam;* ***is it a him or a ~?*** ist es ein Er oder eine Sie?
Heraclitus [ˌherəˈklaɪtəs, AM t̬əs] *n no pl* PHILOS Heraklit *m*
herald [ˈherəld] I. *n* ❶ (*messenger*) Bote, -in *m, f,* Herold *m geh;* (*newspaper*) Bote *m;* **the Times H~** der Times Herald
❷ (*sign*) Vorbote[n] *m[pl]*
❸ (*hist*) Herold *m hist,* fürstlicher Bote und Ausrufer *hist*
II. *vt* (*form*) ■**to ~ sth** etw ankündigen; **to ~ a new era** eine neue Ära einläuten; **much ~ed** viel gepriesen
heraldic [hɪˈrældɪk, AM hə-] *adj inv* Wappen-, heraldisch *geh;* **~ shield** Wappenschild *m o nt*
heraldist [ˈherəldɪst] *n* Heraldiker(in) *m(f)*
heraldry [ˈherᵊldri] *n no pl* ❶ (*science*) Wappenkunde *f,* Heraldik *f geh*
❷ (*blazon*) Wappen *nt*
herb[1] [hɜːb, AM ɜːrb] I. *n* (*for cooking*) [Gewürz]kraut *nt meist pl;* (*for medicine*) [Heil]kraut *nt meist pl;* **dried/fresh ~s** getrocknete/frische Kräuter
II. *n modifier* (*tea, butter, ointment*) Kräuter-; **~ garden** Kräutergarten *m*
herb[2] *n* AM (*sl*) Idiot(in) *m(f),* Spastiker(in) *m(f) fig pej sl*
herbaceous [hɜːˈbeɪʃᵊs, AM hə-ˈ-] *adj inv* krautartig, krautig
herbaceous border *n* [Stauden]rabatte *f*
herbage [ˈhɜːbɪdʒ, AM ˈɜːr-] *n* ❶ (*land for pasture*) Weide *f,* Weideland *nt*
❷ (*pasture*) Grünpflanzen *fpl;* (*for animals*) Grünfutter *nt*
herbal [ˈhɜːbᵊl, AM ˈhɜːr-, ˈɜːr-] I. *adj inv* Kräuter-, Pflanzen-; **~ remedy** Kräuterheilmittel *nt,* Naturheilmittel *nt;* **~ tea** Kräutertee *m*
II. *n* Kräuterbuch *nt,* Herbarium *nt geh*
herbalism [ˈhɜːbᵊlɪzᵊm, AM ˈhɜːr-, ˈɜːr-] *n no pl* Kräuterheilkunde *f*
herbalist [ˈhɜːbᵊlɪst, AM ˈhɜːr-, ˈɜːr-] *n* ❶ MED (*healer*) Kräuterheilkundige(r) *f(m),* Herbalist(in) *m(f) fachspr*
❷ (*dealer*) Kräutersammler(in) *m(f),* Kräuterhändler(in) *m(f)*
❸ (*hist: botanist*) Kräuterkenner(in) *m(f),* Pflanzenkenner(in) *m(f)*
herbarium <*pl* -ia> [hɜːˈbeəriəm, AM hɜːrˈberi-, ˈɜːr-] *n* Herbarium *nt*
herbicide [ˈhɜːbɪsaɪd, AM ˈhɜːr-, ˈɜːr-] *n* Unkrautvertilgungsmittel *nt,* Herbizid *nt fachspr*
herbivore [ˈhɜːbɪvɔːʳ, AM ˈhɜːrbɪvɔːr, ˈɜːr-] *n* Pflanzenfresser *m,* Herbivore *m fachspr*
herbivorous [hɜːˈbɪvᵊrəs, AM hɜːrˈbɪvə-, ˈɜːr-] *adj inv* Pflanzen fressend *attr,* herbivor *attr fachspr*
herby [ˈhɜːbi, AM ˈɜːrbi] *adj* (*fam*) **to taste ~** nach Kräutern schmecken
herculean [ˌhɜːkjəˈliːən, AM ˌhɜːrkjuːˈ-] *adj* übermenschlich, herkulisch *geh;* **~ effort** übermenschliche Anstrengung; **~ man** bärenstarker Mann, Herkules *m;* **~ strength** ungeheure Kraft, Riesenkraft *f;* **~ task** Herkulesarbeit *f;* (*fig*) unlösbare Aufgabe
Hercules [ˈhɜːkjəliːz, AM ˈhɜːr-] *n* Herkules *m a. fig*
herd [hɜːd, AM hɜːrd] I. *n* + *sing/pl vb* ❶ (*group of animals*) Herde *f; of wild animals* Rudel *nt;* **a ~ of cattle** eine Viehherde
❷ (*pej: group of people*) Herde *f pej,* Masse *f;* **the common ~** die breite Masse; **to follow the ~** der Herde folgen, mit der Herde laufen
II. *vt* **to ~ animals** (*tend*) Tiere hüten; (*drive*) Tiere treiben
III. *vi* sich *akk* [zusammen]drängen
◆**herd together** I. *vt* **to ~ together** ↻ **animals** Tiere zusammentreiben; **to ~ together** ↻ **people** (*fig*) Menschen zusammenpferchen
II. *vi* sich *akk* zusammendrängen
◆**herd up** *vt* ■**to ~ up** ↻ **animals** Tiere [wieder] zusammentreiben
herd instinct *n* Herdentrieb *m a. pej* **herdsman** *n* Hirt[e] *m* **herdswoman** *n* Hirtin *f*
here [hɪəʳ, AM hɪr] I. *adv inv* ❶ (*this place*) hier; (*with movement*) hierher, hierhin; ***come ~!*** komm [hier]her!; ***Smith? — ~!*** Smith? – hier!; ***Miller ~*** (*on telephone*) [hier ist] Miller; ***give it ~!*** (*fam*) gib mal her! *fam;* ***how long are you over ~?*** wie lange wirst du hier sein?; ***bring it over ~ please*** bring es bitte hier herüber; ***please sign ~*** bitte hier unterschreiben; ***John is ~ to answer your questions*** John ist da, um Ihre Fragen zu beantworten; ***~ you are*** [*or* ***go***]***!*** (*presenting*) hier, bitte!, bitte schön!; (*finding*) ach, hier [*o* da] bist du; **around ~** ungefähr hier, hier so *fam;* **right ~** genau hier; **~ and there** hier und da, da und dort; **~, there and everywhere** überall; **up/down to ~** bis hierher [*o* hierhin]
❷ (*for introduction*) hier; ***~ is Linda*** das hier ist Linda
❸ (*show arrival*) da; ***~ I am!*** hier bin ich!; ***~ they are!*** da sind sie!; ***look, Grandma is ~!*** schau, die Oma ist da!; ***Christmas is finally ~*** endlich ist es Weihnachten; ***~ comes the train*** da kommt der Zug
❹ (*now*) jetzt; ***~ goes!*** (*fam*) los geht's!, dann mal los!; ***~ we go!*** jetzt geht's los!; ***~ we go again!*** jetzt geht das schon wieder los!; ***~'s to the future!*** (*toast*) auf die Zukunft!; ***~'s to you!*** auf Ihr/dein Wohl!; **~ and now** [jetzt] sofort; **from ~ on in** *esp* AM ab heute, von jetzt an
► PHRASES: **to have had it up to ~** etw bis hier [*o* bis zum Hals] stehen haben; **to be neither ~ nor there** Nebensache sein, keine Rolle spielen; **~ today and gone tomorrow** (*travelling every day*) heute hier, morgen dort; (*getting and losing money*) wie gewonnen, so zerronnen
II. *interj* ■**~!** he!; **~, *don't cry/worry!*** na komm, weine nicht/mach dir keine Sorgen!; **~, *let me take a look at it!*** komm, lass mich das mal anschauen!
III. *n* (*form, liter*) **the ~ and now** das Hier und Jetzt [*o* Heute] *geh;* PHILOS, REL das Diesseits
hereabout [ˌhɪrəˈbaʊt] AM, **hereabouts** [ˌhɪərəˈbaʊts] *adv inv* hier, in dieser Gegend **hereafter** (*form*) I. *adv inv* (*in text*) nachstehend, im Folgenden; (*in future*) in Zukunft, künftig; **life ~** Leben *nt* im Jenseits II. *n* Jenseits *nt;* **in the ~** im Jenseits **hereby** *adv inv* (*form*) hiermit *form*
hereditable [hɪˈredɪtəbl̩, AM həˈredɪt̬-] *adj inv* vererbbar; BIOL [ver]erblich

hereditary [hɪ'redɪtᵊri, AM hə'redɪteri] *adj inv* ❶ (*genetic*) angeboren, erblich, Erb-; ~ **characteristics** vererbte Eigenschaften; ~ **disease** angeborene Krankheit, Erbkrankheit *f*
❷ (*inherited*) [ver]erblich; ~ **monarchy** Erbmonarchie *f;* ~ **succession** gesetzliche Erbfolge; ~ **title** vererbbarer Titel
❸ (*from ancestors*) althergebracht; ~ **enemy** Erbfeind(in) *m(f)*
hereditary peer *n* Erbadlige(r) *f(m)* **hereditary peerage** *n + sing/pl vb* Erbadel *m*
heredity [hɪ'redəti, AM hə'redɪ-] *n no pl* (*transmission of characteristics*) Vererbung *f;* (*genetic make-up*) Erbgut *nt,* Erbmasse *f;* (*hereditability*) Erblichkeit *f,* Vererbbarkeit *f;* (*origin*) Herkunft *f*
herein *adv inv* (*form*) hierin *geh* **hereinafter** *adv inv* (*form*) in der Folge *form,* im [Nach]folgenden *form,* nachstehend *form* **hereof** *adv inv* (*form*) hiervon *form,* davon
heresy ['herəsi] *n* ❶ *no pl* REL Ketzerei *f,* Häresie *f fachspr*
❷ REL (*false doctrine*) Irrlehre *f;* (*unorthodox opinion*) Irrglaube *m*
heretic ['herətɪk] *n* Ketzer(in) *m(f),* Häretiker(in) *m(f) fachspr*
heretical [hə'retɪkᵊl, AM -t̬-] *adj* ketzerisch, häretisch *fachspr*
hereto *adv inv* (*form*) hierzu *form;* **the parties** ~ die beteiligten Parteien; **his reply** ~ seine Antwort hierauf [*o* darauf]; **attached** ~ beigefügt; ***you will find attached ~ the text of the treaty*** in der Anlage erhalten Sie den Vertragstext **heretofore** *adv inv* (*form*) bisher, bis jetzt **hereupon** *adv inv* (*form*) hierauf *form,* darauf[hin] **herewith** *adv inv* (*form*) anbei *form,* hiermit *form;* **enclosed** ~ beiliegend; ***I enclose three documents*** ~ als Anlage sende ich drei Dokumente
heritable ['herɪtəbl̩, AM ɪt̬ə] *adj inv* ❶ BIOL erblich, Erb-
❷ LAW vererblich, vererbbar
heritage ['herɪtɪdʒ, AM -t̬-] *n no pl* Erbe *nt;* MED Erbgut *nt,* Erbanlagen *fpl;* LAW Erbschaft *f,* Erbe *nt;* **cultural** ~ Kulturerbe *nt*
hermaphrodite [hɜː'mæfrədaɪt, AM hə˞'mæfroʊ-] BIOL **I.** *n* Hermaphrodit *m fachspr,* Zwitter *m;* (*fig*) Zwitterwesen *nt,* Zwitter *m*
II. *adj inv* hermaphroditisch *fachspr,* zweigeschlechtig; *plant* zwittrig
hermaphroditic [hɜːˌmæfrə'dɪtɪk, AM hə˞ˌmæfroʊ'dɪt̬] *adj inv* ❶ (*having organs of both sexes*) hermaphroditisch, Zwitter-; (*fig*) *mentality* zweigeschlechtlich
❷ (*combining opposite qualities*) mit gegensätzlichen Eigenschaften *nach n*
hermeneutics [ˌhɜːmɪ'njuːtɪks, AM ˌhɜːrmə'nuːt̬-] *n + sing vb* Hermeneutik *f*
hermetic [hɜː'metɪk, AM hə˞'met̬-] *adj inv* ❶ (*airtight*) hermetisch, luftdicht; (*fig*) hermetisch *geh;* ~ **existence** abgeschiedenes Leben; ~ **seal** luftdichte Versiegelung
❷ (*old: magical*) magisch
hermetically [hɜː'metɪkᵊli, AM hə˞'met̬-] *adv inv* hermetisch; ~ **sealed** luftdicht verschlossen; (*fig*) hermetisch abgeriegelt
hermit ['hɜːmɪt, AM 'hɜːr-] *n* REL (*also fig*) Eremit(in) *m(f),* Einsiedler(in) *m(f)*
hermitage ['hɜːmɪtɪdʒ, AM 'hɜːrmɪt̬-] *n* Einsiedelei *f,* Klause *f*
hermit crab *n* Einsiedlerkrebs *m*
hernia <*pl* -s *or* -niae> ['hɜːniə, AM 'hɜːr-, *pl* -niiː] *n* MED Bruch *m,* Hernie *f fachspr*
hero <*pl* -es> ['hɪərəʊ, AM 'hɪroʊ] *n* ❶ (*courageous person*) Held *m a. hum;* (*admired person*) Idol *nt;* **to die a ~'s death** den Heldentod sterben; **the ~ of the hour** der Held des Tages
❷ LIT (*protagonist*) Held(in) *m(f),* Hauptperson *f*
❸ (*mythology*) Heros *m geh*
❹ AM (*sandwich*) *mit Fleisch, Käse und Salat gefülltes Sandwich*
Herod ['herəd] *n* Herodes *m*
heroic [hɪ'rəʊɪk, AM -'roʊ-] **I.** *adj* ❶ (*brave*) heldenhaft, heldenmütig, heroisch *geh;* ~ **attempt** kühner Versuch; ~ **deed** Heldentat *f*
❷ *inv* LIT (*epic*) heroisch, Helden-; ~ **age** Heldenzeitalter *nt;* ~ **couplet** Herioc Couplet *nt fachspr;* ~ **epic** Heldenepos *nt;* ~ **verse** heroischer Vers *fachspr*
❸ (*fig: impressive*) erhaben
II. *n* ■~**s** *pl* ❶ (*language*) hochtrabende Worte
❷ (*pej: action*) Heldentaten *fpl pej*
heroically [hɪ'rəʊɪkᵊli, AM -'roʊ-] *adv* heldenhaft, heldenmütig, heroisch *geh o a. fig;* **to die/fight** ~ heldenhaft sterben/kämpfen
heroin ['herəʊɪn, AM -roʊ-] **I.** *n no pl* Heroin *nt*
II. *n modifier* (*consumption, dealer, export, use*) Heroin-; ~ **fix** Heroinspritze *f;* ~ **overdose** Überdosis *f* [an] Heroin
heroin addict *n* Heroinsüchtige(r) *f(m)*
heroine ['herəʊɪn, AM -roʊ-] *n* ❶ (*courageous person*) Heldin *f,* Heroin *f geh*
❷ (*protagonist*) Hauptdarstellerin *f,* Heldin *f,* Heroin[e] *f fachspr*
heroism ['herəʊɪzᵊm, AM -roʊ-] *n no pl* (*heroic qualities*) Heldentum *nt,* Heroismus *m geh;* (*courage*) Heldenmut *m;* **act of** ~ heldenhafte Tat
heron <*pl* -s *or* -> ['herᵊn] *n* Reiher *m*
hero worship *n no pl of heros* Heldenverehrung *f* (**of** +*gen*); *of idols* Schwärmerei *f* (**of** für +*akk*)
hero-worship *vt* ■**to** ~ **sb** *brave person* jdn [als Helden] verehren [*o* vergöttern]; *idol* für jdn schwärmen, jdn anbeten
herpes ['hɜːpiːz, AM 'hɜːr-] *n no pl* Herpes *m;* **genital** ~ Genitalherpes *m;* ~ **labialis** Lippenherpes *m*
herring <*pl* -s *or* -> ['herɪŋ] *n* ❶ (*fish*) Hering *m*
❷ *no pl* (*food*) Hering *kein art*
herringbone I. *n no pl* ❶ (*pattern*) Fischgratmuster *nt,* Fischgrätenmuster *nt* ❷ SKI Grätenschritt *m*
II. *n modifier* (*design, pattern*) Fischgräten-; ~ **jacket** Jackett *nt* mit Fischgrätenmuster; ~ **stitch** [Fisch]grätenstich *m;* ~ **teeth** Pfeilverzahnung *f* **herring gull** *n* Silbermöwe *f* **herring pond** *n no pl* (*hum fam*) großer Teich *hum fam,* Atlantik *m*
hers [hɜːz, AM hɜːrz] *pron pers* (*of person's/animal's*) ihre(r, s); ***I'm looking for Sylvia's bag — is that black one ~?*** ich suche Sylvias Tasche – ist die schwarze ihre?; ***we both own BMWs — mine is red and ~ is black*** wir haben beide einen BMW – meiner ist rot und ihrer ist schwarz; ***that's Martha's ball — go get yours and give her*** ~ das ist Marthas Ball – hol dir deinen und gib ihr ihren; ***the choice was*** ~ sie hatte die Wahl; ***Monopoly® is a favourite game of*** ~ Monopoly ist eines ihrer Lieblingsspiele; ***Patty is a good friend of*** ~ Patty ist eine gute Freundin von ihr
herself [hə'self, AM hə˞'-] *pron reflexive* ❶ *after vb* sich *im Dativ o Akkusativ;* ***she prides ~ on her people skills*** sie rühmt sich, wie gut sie mit Menschen umgehen kann; ***she decided to apply ~ to her studies*** sie beschloss, sich auf ihre Studien zu konzentrieren; ***she enjoyed ~ at the party a lot*** sie hatte großen Spaß auf der Party; ***she found ~ utterly lost*** sie bemerkte, dass sie sich hoffnungslos verirrt hatte; ***I wish she would calm ~ down*** ich wünschte, sie würde sich beruhigen; ***I told her not to blame*** ~ ich sagte ihr, dass sie sich keine Vorwürfe machen solle; ***she had to defend*** ~ sie musste sich verteidigen
❷ *after prep* ***she talks to*** ~ sie spricht mit sich; ***she voted for ~ in the election*** sie stimmte bei der Wahl für sich selbst; ***the little girl kept staring at ~ in the mirror*** das kleine Mädchen starrte sich im Spiegel an
❸ (*form: her*) sie selbst; ***like ~, she said, many people had to make a beginning at the bottom*** sie sagte, dass viele Menschen, wie sie selbst, von unten beginnen müssten
❹ (*emph: personally*) selbst; ***she decorated the cake*** ~ sie dekorierte die Torte selbst; ***she told me*** ~ sie hat es mir selbst erzählt; ***she ~ admitted that it was wrong*** sie gab selbst zu, dass sie Unrecht hatte; ***the president of the college ~ came to the graduation ceremony*** die Präsidentin des College persönlich kam zu der Abschlussfeier; **to see/taste/feel/try sth for** ~ etw selbst sehen/kosten/fühlen/versuchen
❺ (*alone*) ***Sally wanted to keep the candy for*** ~ Sally wollte die Bonbons für sich behalten; ***she's got the whole house to ~ now*** sie hat jetzt das ganze Haus für sich allein; ***Marcie behaved ~ very well at Mrs Smith's*** Marcie war bei Mrs. Smith sehr brav; **to get ~ dressed/undress** ~ sich *akk* selbst anziehen/ausziehen; [**all**] **by** ~ ganz alleine
❻ (*normal*) **to be** ~ sie selbst sein; ***I told her to act naturally and to be*** ~ ich sagte ihr, dass sie natürlich bleiben und ganz sie selbst sein sollte; ***Jane hasn't been ~ recently*** Jane ist in letzter Zeit nicht sie selbst; ***she didn't look ~ in her new dressy clothes*** sie sah in ihren neuen eleganten Kleidern ganz fremd aus
Herts BRIT *abbrev of* **Hertfordshire**
hertz <*pl* -> [hɜːts, AM hɜːrts] *n* Hertz *nt*
Herzegovina [ˌhɜːtsəgə(ʊ)'viːnə, AM ˌhɜːrtsəgoʊ'-] *n no pl* Herzegowina *f*
Herzegovinian [ˌhɜːtsəgə(ʊ)'viːnɪən, AM ˌhɜːrtsəgoʊ'-] *adj inv* herzegowinisch
he's [hiːz] = **he is/he has** *see* **be/have I, II**
hesitancy ['hezɪtᵊn(t)si] *n no pl* ❶ (*instance*) Zögern *nt,* Zaudern *nt*
❷ (*reluctance*) Hemmungen *fpl;* (*indecision*) Unschlüssigkeit *f*
hesitant ['hezɪtᵊnt] *adj person* unschlüssig, unentschlossen; *reaction, answer, smile* zögernd, zögerlich; ■**to be ~ to do** [*or* **about doing**] **sth** zögern, etw zu tun; ~ **speech** stockende Rede
hesitantly ['hezɪtᵊntli] *adv act* unentschlossen, zögerlich; *smile* zögernd; *speak* stockend
hesitate ['hezɪteɪt] *vi* ❶ (*wait*) zögern, zaudern; (*with doubts*) Bedenken haben; ***don't ~ over such trivial matters!*** zögere nicht wegen solcher Kleinigkeiten!; ***that child ~s at nothing*** dieses Kind schreckt vor nichts zurück; ***I ~d to ask you*** ich hatte Bedenken, dich zu fragen; ***don't ~ to call me*** ruf mich einfach an
❷ (*falter*) stocken
► PHRASES: **he who ~s is lost** (*prov*) man muss das Glück beim Schopfe packen
hesitation [ˌhezɪ'teɪʃᵊn] *n no pl* (*indecision*) Zögern *nt,* Unentschlossenheit *f,* Unschlüssigkeit *f;* (*reluctance*) Bedenken *ntpl,* Hemmungen *fpl;* ***I have no ~ in recommending Ms Shapur for the job*** ich kann Frau Shapur ohne weiteres für die Stelle empfehlen; **without** ~ (*indecision*) ohne zu zögern, sofort; (*reluctance*) bedenkenlos; **without the least** [*or* **slightest**] ~ (*indecision*) ohne einen Augenblick zu zögern; (*reluctance*) ohne den geringsten Zweifel
Hesse ['hesə] *n no pl* Hessen *nt*
hessian ['hesiən, AM -ʃᵊn] *esp* BRIT **I.** *n no pl* Sackleinen *nt,* Sackleinwand *f*
II. *adj inv* sackleinen, aus Sackleinen [*o* Sackleinwand] *nach n*
Hessian ['hesiən, AM 'heʃᵊn] **I.** *adj inv* hessisch
II. *n* Hesse, -in *m, f*
Hessian fly *n* Hessenfliege *f*
hetero ['hetᵊrəʊ, AM 'het̬əroʊ] (*fam*) *short for* **heterosexual I.** *adj inv* hetero *sl,* heterosexuell
II. *n* Hetero *m sl,* Heterosexuelle(r) *f(m)*
heterodox ['hetᵊrə(ʊ)dɒks, AM 'het̬ə-ədɑːks] *adj inv* ❶ (*differing*) abweichend; REL andersgläubig, heterodox *fachspr*
❷ (*fam*) unkonventionell, unüblich; ~ **opinion** abweichende Meinung
heterodoxy ['hetᵊrə(ʊ)dɒksi, AM 'het̬ərədɑːksi] *n* ❶ REL *of opinion, doctrine* Andersgläubigkeit *f,* Heterodoxie *f fachspr,* Irrlehre *f pej*
❷ *no pl* (*quality*) unkonventioneller Charakter
heterogeneity [ˌhetᵊrə(ʊ)dʒə'niːəti, AM ˌhet̬əroʊdʒə'niːət̬i] *n no pl* Verschiedenartigkeit *f,* Heterogenität *f geh*
heterogeneous [ˌhetᵊrə(ʊ)'dʒiːniəs, AM ˌhet̬əroʊ'-] *adj* uneinheitlich, verschiedenartig, heterogen *geh*
heterogeneous network *n* COMPUT heterogenes

Netz

heterophobia [ˌhetᵊrə(ʊ)ˈfəʊbiə, AM ˈheṯəroʊˈfoʊ-] *n* (*fam*) Heterophobie *f fachspr* (*krankhafte Angst vor einer Begegnung mit einem Angehörigen des anderen Geschlechts*)

heterosexism [ˌhetᵊrə(ʊ)ˈseksɪzᵊm, AM ˌheṯəroʊ-] *n no pl* Heterosexismus *m*

heterosexist [ˌhetᵊrə(ʊ)ˈseksɪst, AM ˌheṯəroʊ-]
I. *adj* heterosexistisch
II. *n* Heterosexist(in) *m(f)*

heterosexual [ˌhetᵊrə(ʊ)ˈsekʃuᵊl, AM ˌheṯəroʊ-]
I. *adj inv* heterosexuell
II. *n* Heterosexuelle(r) *f(m)*

heterosexuality [ˌhetᵊrə(ʊ)ˌsekʃuˈæləti, AM ˌheṯəroʊˌsekʃuˈæləṯi] *n no pl* Heterosexualität *f*

heterosexually [ˌhetᵊrə(ʊ)ˈsekʃuᵊli, AM ˌheṯəroʊ-] *adv inv* heterosexuell

het up [ˌhetˈʌp, AM ˌheṯ-] *adj pred* (*fam*) wütend; ■**to get ~ about sth** sich *akk* über etw *akk* [*o* wegen einer S. *gen*] aufregen

heuristic [hjʊ(ə)ˈrɪstɪk, AM hjuː-] I. *adj inv* heuristisch
II. *n* 1 (*field of study*) ■**~s** + *sing vb* Heuristik *f kein pl*
2 (*method*) heuristische Methode

hew <hewed *or* hewn, hewed *or* hewn> [hjuː]
I. *vt* ■**to ~ sth** 1 (*cut*) *wood* etw hacken; *stone* etw hauen [*o* schlagen]; **to ~ sth to pieces** etw in Stücke hauen; **to be ~ in stone** in Stein gemeißelt sein; **to ~ a tree** einen Baum fällen
2 (*shape*) *wood* etw schnitzen; *stone* etw behauen
II. *vi esp* AM ■**to ~ to sth** *party line, rules* sich *akk* an etw *akk* halten

◆**hew down** *vt* **to ~ down a tree** einen Baum fällen [*o* umhauen]

◆**hew off** *vt* ■**to ~ off** ↔ **sth** etw abhauen [*o* abhacken]

◆**hew out** *vt* ■**to ~ out sth** [*or* **sth out** [**of sth**]] etw [aus etw *dat*] heraushauen; (*fig: achieve*) sich *dat* etw erarbeiten; **to ~ out a statue/memorial/monument** eine Statue/ein Denkmal/ein Grabmal heraushauen

hewer [ˈhjuːəʳ, AM ɚ] *n* 1 (*cutter*) Hauer(in) *m(f)*
2 (*coal miner*) Häuer *m*

hewn [hjuːn] *vt pp of* **hew**

hex¹ [heks] *n* COMPUT *short for* **hexidecimal notation** Hexadezimalschreibweise *f*

hex² [heks] AM, AUS I. *n* <*pl* -es> 1 (*spell*) Fluch *m*; **to put a ~ on sb/sth** jdn/etw verhexen [*o geh* mit einem Fluch belegen]
2 (*witch*) Hexe *f*
II. *vt* ■**to ~ sb/sth** jdn/etw verhexen [*o geh* mit einem Fluch belegen]
III. *vi* hexen

hexagon [ˈheksəgən, AM -gɑːn] *n* Sechseck *nt*, Hexagon *nt geh o fachspr*

hexagonal [hekˈsægᵊnᵊl] *adv inv* sechseckig, hexagonal *geh o fachspr*

hexameter [hekˈsæmɪtəʳ, AM -əṯɚ] *n* Hexameter *m fachspr*; **dactylic ~** daktylischer Hexameter

hey [heɪ] *interj* (*fam*) 1 (*to attract attention*) he! *fam*, hallo!
2 (*in surprise*) [h]ei! *fam*
3 AM (*euph: hell*) **but ~** aber gut, nun gut; **what the ~!** (*why not*) was soll's!; (*emphasis*) zum Teufel!

heyday [ˈheɪdeɪ] *n usu sing* Glanzzeit *f*, Blütezeit *f*; ■**in sb's ~** zu jds besten Zeiten; **in the ~ of one's career** auf dem Höhepunkt seiner Karriere; **to have had one's ~** seinen Höhepunkt überschritten haben

hey presto *interj* BRIT, AUS (*fam*) simsalabim! *fam*, hokuspokus! *fam*

Hezbollah [ˌhɪzbɒlˈɑː, AM ˌhezbəˈlɑː] *n see* **Hizbullah**

HGH [ˌeɪtʃdʒiːˈeɪtʃ] *n abbrev of* **human growth hormone** menschliches Wachstumshormon

HGV [ˌeɪtʃdʒiːˈviː] *n* BRIT *abbrev of* **heavy goods vehicle** LKW *m*

hi [haɪ] *interj* hallo!, hi!

HI AM *abbrev of* **Hawaii**

hiatal hernia [haɪˌeɪtᵊl-, AM -ṯᵊl-] *n* Zwerchfellbruch *m*, Hiatushernie *f fachspr*

hiatus <*pl* -es> [haɪˈeɪtəs, AM -ṯəs] *n* 1 (*gap*) Lücke *f*; (*interruption*) Unterbrechung *f*
2 LING Hiat[us] *m fachspr*
3 MED Spalt *m*, Hiatus *m fachspr*

hiatus hernia *n* MED *see* **hiatal hernia**

hibernate [ˈhaɪbəneɪt, AM -bɚ-] *vi* Winterschlaf halten [*o* machen], überwintern

hibernation [ˌhaɪbəˈneɪʃᵊn, AM -bɚ-] *n no pl* Winterschlaf *m*; **to go into ~** in den Winterschlaf verfallen

Hibernian [haɪˈbɜːniən, AM -ˈbɜːr-] I. *adj inv* hibernisch, irisch
II. *n* Hibernier(in) *m(f)*, Ire, -in *m, f*

hibiscus <*pl* – *or* -es> [haɪˈbɪskəs] *n no pl* Hibiskus *m*

hic [hɪk] *interj* hick!

hiccough [ˈhɪkʌp], **hiccup** I. *n* 1 (*sound*) Schluckauf *f*; **to give a ~** schlucksen *fam*, hicksen DIAL
2 (*attack*) ■**the ~s** *pl* Schluckauf[anfall] *m kein pl*; **to get/have** [**an attack of**] **the ~s** Schluckauf bekommen/haben
3 (*fam: setback*) Schwierigkeit *f meist pl*; **without any ~** ohne Störungen
II. *vi* Schluckauf haben, schlucksen *fam*, hicksen DIAL; ***I can't stop ~ing*** mein Schluckauf hört nicht auf

hick [hɪk] *n* AM, AUS (*pej fam*) Provinzler(in) *m(f) pej fam*, Hinterwäldler(in) *m(f) pej*; (*man*) Bauerntrampel *m pej fam*; (*woman*) Landpomeranze *f pej fam*

hickey [ˈhɪki] *n* AM (*fam*) 1 (*gadget*) Spielzeug *nt fam*
2 AM (*fam!: love bite*) Knutschfleck *m fam*

hickory [ˈhɪkᵊri, AM -ɚi] I. *n* 1 (*tree*) Hickory[baum] *m*
2 *no pl* (*wood*) Hickory[holz] *nt*
II. *n modifier* (*nut, smoke, tree, wood*) Hickory-; **~ chips** Hickoryfasern *fpl*

hicksville [ˈhɪksvɪl] *n no pl* AM (*pej fam*) [Provinz]nest *nt pej fam*, Kaff *nt pej fam*; **to live out in ~** in der tiefsten Provinz [*o fam* in einem Kaff] [*o sl* am Arsch der Welt] leben

hick town *n* AM, AUS (*pej fam*) [Bauern]kaff *nt pej fam*, [Provinz]nest *nt pej fam*

hid [hɪd] *vt pt of* **hide**

hidden [ˈhɪdᵊn] I. *vt pp of* **hide**
II. *adj inv* versteckt, verborgen; **~ agenda** heimliches Motiv; ***she has a ~ agenda*** sie führt etwas im Schilde; **~ assets** stille Reserven; **~ hand** heimlicher Strippenzieher/heimliche Strippenzieherin; **~ meaning** versteckte Bedeutung; **~ reserves** stille Rücklagen, heimliche Reserven; **~ subsidy** versteckte Subvention; **~ talent** verborgenes Talent; **~ tax** indirekte Steuer; **~ threat** versteckte Drohung

hide¹ [haɪd] *n* (*skin*) *of animal* Haut *f*; (*with fur*) Fell *nt*; (*leather*) Leder *nt*; (*fig hum*) *of person* Haut *f fam*, Fell *nt hum fam*; **calf ~** Kalbsleder *nt*; **to save one's** [**own**] **~** die eigene Haut retten
► PHRASES: **neither ~ nor hair** [rein gar] nichts; ***I've seen neither ~ nor hair of Katey today*** ich habe Katey heute noch gar nicht gesehen; **to have a thick ~** ein dickes Fell haben; **to skin** [*or* **tan**] [*or* **whip**] **sb's ~** jdm das Fell gerben

hide² [haɪd] I. *n* BRIT, AUS Versteck *nt*; HUNT Ansitz *m fachspr*
II. *vt* <hid, hidden> 1 (*keep out of sight*) ■**to ~ sb/sth** [**from sb/sth**] jdn/etw [vor jdm/etw] verstecken; ■**to ~ sb/sth** *curtain, cloth* jdn/etw verhüllen
2 (*keep secret*) ■**to ~ sth** [**from sb**] *emotions, qualities* etw [vor jdm] verbergen; *facts, reasons* etw [vor jdm] verheimlichen; ***she's hiding something in her past from me*** sie verheimlicht mir etwas aus ihrer Vergangenheit; **to ~ the truth** die Wahrheit verheimlichen; **to have nothing to ~** nichts zu verbergen haben
3 (*block*) ■**to ~ sth** etw verdecken; **to be hidden from view** nicht zu sehen sein
► PHRASES: **to ~ one's head** von der Bildfläche verschwinden *fam*; **don't ~ your light under a bushel** (*prov*) stell dein Licht nicht unter den Scheffel! *prov*
III. *vi* <hid, hidden> ■**to ~** [**from sb/sth**] sich *akk* [vor jdm/etw] verstecken [*o* verbergen]; ***you can't ~ from the truth*** du musst der Wahrheit ins Auge sehen; ***don't try to ~ behind that old excuse!*** (*fam*) komm mir nicht wieder mit dieser alten Ausrede! *fam*

◆**hide away** I. *vt* ■**to ~ away** ↔ **sb/sth** jdn/etw verstecken
II. *vi* sich *akk* verstecken [*o* verbergen]

◆**hide out, hide up** *vi* sich *akk* verstecken [*o* verbergen], sich *akk* versteckt [*o* verborgen] halten; ■**to ~ out from sb/sth** jdm/etw aus dem Weg gehen; **to ~ out** [*or* **up**] **in the woods/in an abandoned house** sich *akk* im Wald/in einem verlassenen Haus verstecken

hide-and-seek *n no pl* Versteckspiel *nt*; **to play ~** Verstecken spielen

hideaway *n* (*fam: hiding place*) Versteck *nt a. fig*; (*for partisans, criminals*) Unterschlupf *m*; (*refuge*) Zufluchtsort *m a. fig*, Zuflucht *f a. fig*; (*retreat*) Refugium *nt*

hidebound *adj* borniert *pej*, engstirnig *pej*

hideous [ˈhɪdiəs] *adj* 1 (*ugly*) grässlich, scheußlich; **~ monster** grauenhaftes Ungeheuer; **~ scar** hässliche Narbe
2 (*terrible*) schrecklich, furchtbar; ***that was an absolutely ~ thing to say*** das war schlimm, so etwas zu sagen; **~ behaviour** furchtbares Verhalten; **~ crime** abscheuliches Verbrechen

hideously [ˈhɪdiəsli] *adv* 1 (*in ugly manner*) grässlich, scheußlich
2 (*unpleasantly*) furchtbar, schrecklich; ***it's not even ~ expensive*** es ist nicht einmal furchtbar teuer; **to act** [*or* **behave**] **~** sich *akk* schrecklich benehmen

hideousness [ˈhɪdiəsnəs] *n no pl* Scheußlichkeit *f*, Schrecklichkeit *f*

hideout *n* Versteck *nt*; **secret ~** Geheimversteck *nt*

hidey-hole *n*, **hidy-hole** [ˈhaɪdihəʊl] *n* BRIT (*fam*) Versteck *nt*

hiding¹ [ˈhaɪdɪŋ] *n usu sing* 1 (*hum fam: beating*) Tracht *f* Prügel *fam*; **to give sb a good ~** jdm eine ordentliche [*o* gehörige] Tracht Prügel verpassen *fam*
2 (*fam: defeat*) Schlappe *f fam*; **to get a real ~** eine schwere Schlappe einstecken *fam*
► PHRASES: **to be on a ~ to nothing** BRIT (*fam*) kaum Aussicht auf Erfolg haben *iron*; **to be on a ~ to nothing trying to do sth** es wird jdm wohl kaum gelingen, etw zu tun

hiding² [ˈhaɪdɪŋ] *n no pl* (*concealment*) **to be in ~** sich *akk* versteckt halten; **to come out of ~** aus seinem Versteck hervorkommen *fam*; **to go into ~** sich *akk* verstecken, untertauchen

hiding place *n* Versteck *nt*

hie <-y-, hied, hied> [haɪ] *vt* (*old liter or hum*) ■**to ~ oneself somewhere** ***I must ~ me to the sales before all the bargains are gone*** (*hum*) ich muss schnell noch zum Schlussverkauf, bevor alle Schnäppchen weg sind; **~ *thee hither to the stables*** (*hum*) eile hinweg zu den Ställen *hum*

hierarchical [ˌhaɪ(ə)ˈrɑːkɪkᵊl, AM ˌhaɪˈrɑːr-] *adj* hierarchisch; **to set sth in ~ order** etw hierarchisch ordnen

hierarchically [ˌhaɪ(ə)ˈrɑːkɪkᵊli, AM ˌhaɪˈrɑːr-] *adv* hierarchisch

hierarchy [ˈhaɪ(ə)rɑːki, AM ˈhaɪrɑːr-] *n* 1 (*system*) Hierarchie *f*, Rangordnung *f*; **rigid ~** strenge Hierarchie
2 (*heads of organization*) Führung[sspitze] *f*; **the leaders in the party ~** die Parteispitze

hieratic [ˌhaɪəˈrætɪk, AM ˌhaɪˈræt] *adj inv* REL hieratisch

hieroglyph [ˈhaɪ(ə)rə(ʊ)glɪf, AM ˈhaɪroʊ-] *n* Hieroglyphe *f*

hieroglyphic [ˌhaɪ(ə)rə(ʊ)ˈglɪfɪk, AM ˌhaɪroʊ-] *n*
1 *usu pl* (*symbol*) Hieroglyphe[n] *f[pl]*
2 ■**~s** *pl* (*fig hum*) Hieroglyphen *pl hum*

hifalutin [ˌhaɪfəˈluːtɪn] *adj* (*fam*) *person* aufgeblasen *pej fam*, hochnäsig *fam*; *language* geschwollen

H

pej; theory hochtrabend

hi-fi [ˌhaɪ'faɪ] **I.** *n short for* **high fidelity** Hi-Fi-Anlage *f*

II. *n modifier short for* **high-fidelity** *record, sound* Hi-Fi-; ~ **equipment** Hi-Fi-Anlage *f*

higgledy-piggledy [ˌhɪgldi'pɪgldi] (*fam*) **I.** *adj pred* ■**to be** ~ wie Kraut und Rüben durcheinander sein *fam*

II. *adv* wie Kraut und Rüben *fam;* ***the books were standing ~ in the shelf*** die Bücher standen kreuz und quer im Regal

high [haɪ] **I.** *adj* ❶ (*altitude*) hoch *präd,* hohe(r, s) *attr;* ***he lives on the ~est floor*** er wohnt im obersten Stockwerk; ***I knew him when he was only so ~*** ich kannte ihn schon als kleines Kind; **to fly at a ~ altitude** in großer Höhe fliegen; **to have a ~ ceiling** hohe Räume haben; **thirty centimetres/one metre/two metres ~** dreißig Zentimeter/ein Meter/zwei Meter hoch; ~ **cheekbones** hohe Wangenknochen; **to do a ~ dive** einen Kopfsprung aus großer Höhe machen; **the ~ diving board** das oberste Sprungbrett; **to have a ~ forehead** eine hohe Stirn haben; ~ **waves** hohe Wellen; ~ **wind** starker Wind; **ankle-~** *water* knöcheltief; *grass* knöchelhoch; **knee-~** *water* knietief; *grass* kniehoch; **shoulder/waist-~** schulter-/hüfthoch

❷ (*above average*) hohe(r, s) *attr,* hoch *präd;* ***she got very ~ marks*** sie bekam sehr gute Noten; ***the casualty toll from the explosion was ~*** die Explosion forderte viele Opfer; ~ **calibre** [*or* AM **caliber**] **gun** großkalibrige Waffe; **of the ~est calibre** [*or* AM **caliber**] (*fig*) hervorragend; ~ **level of concentration** hohe Konzentration; **to have ~ hopes** sich *dat* große Hoffnungen machen; **to have ~ hopes for sb** für jdn große Pläne haben; **to have a ~ IQ** einen hohen IQ haben; **a ~-scoring match** ein Match *nt* mit vielen Treffern; **to have a ~ opinion of sb** von jdm eine hohe Meinung haben; **to be full of ~ praise [for sb/sth]** [für jdn/etw] voll des Lobes sein; **to pay a ~ price for sth** (*also fig*) für etw *akk* einen hohen Preis bezahlen *a. fig;* **to have ~ principles** strenge Prinzipien haben; **to drive at ~ speed** mit hoher Geschwindigkeit fahren; **to demand ~ standards from sb/sth** hohe Ansprüche [*o* Anforderungen] an jdn/etw stellen

❸ MED **to suffer from ~ blood-pressure** an hohem Blutdruck leiden; ~ **in calories/cholesterol** kalorien-/cholesterinreich; ~ **fever** hohes Fieber

❹ (*important*) ***safety is ~ on my list of priorities*** Sicherheit zählt zu meinen höchsten Prioritäten; **to have sth on the ~est authority** (*esp hum*) etw aus zuverlässiger Quelle wissen; **to hold/resign from ~ office** ein hohes Amt innehaben/niederlegen; **to have friends in ~ places** wichtige Freunde haben; **of ~ rank** hochrangig; **to be ~ and mighty** (*pej*) herablassend sein

❺ (*intoxicated, euphoric*) high *a. fig fam;* **to be ~ on drugs** mit Drogen vollgepumpt sein; **to be [as] ~ as a kite** (*fam*) total high sein *sl*

❻ (*shrill*) **to sing in a ~ key** in einer hohen Tonlage singen; **a ~ note** ein hoher Ton; **a ~ voice** eine schrille Stimme

❼ FASHION ***she wore a dress with a ~ neckline*** sie trug ein hochgeschlossenes Kleid; ~ **heels** Stöckelschuhe *mpl*

❽ *pred* (*gone off*) ■**to be ~** *food* riechen; *game* Hautgout haben

► PHRASES: ~ **drama** hochdramatisch; **with one's head held ~** hoch erhobenen Hauptes; **to stink to ~ heaven** (*smell awful*) wie die Pest stinken *sl;* (*be very suspicious*) zum Himmel stinken *fig sl;* **come hell or ~ water** um jeden Preis; ***come hell or ~ water, I'm going to get this finished by midnight*** und wenn die Welt untergeht, bis Mitternacht habe ich das fertig; **sb's stock is ~** jds Aktien stehen gut *fig,* jd steht hoch im Kurs; ~ **time** höchste Zeit; **to leave sb ~ and dry** jdn auf dem Trockenen sitzen lassen

II. *adv* ❶ (*position*) hoch; ***you'll have to throw the ball ~*** du musst den Ball in die Höhe werfen; ***he said he would go as ~ as $500*** er meinte, er würde maximal 500 Dollar ausgeben; **to look** [*or* **search**] **for sth ~ and low** das Unterste nach oben kehren *fig;* ■**~ up** hoch oben

❷ (*intensity*) ***the sea was running ~*** das Meer tobte; (*fig*) ***feelings were running ~*** die Gemüter erhitzten sich; ECON, FIN ***the prices are running ~*** die Preise liegen hoch

► PHRASES: **to hold one's head ~** stolz sein; **to live ~ on** [*or* **off**] **the hog** fürstlich leben

III. *n* ❶ (*high*[*est*] *point*) Höchststand *m;* **to reach an all-time** [*or* **a record**] **~** einen historischen Höchststand erreichen

❷ METEO Hoch *nt*

❸ (*exhilaration*) **~s and lows** Höhen und Tiefen *fig;* **to be on a ~** high sein *sl*

❹ (*heaven*) **on ~** im Himmel, in der Höhe *poet;* ***God looked down from on ~*** Gott blickte vom Himmel herab; (*hum fig fam*) ***the orders came from on ~*** die Befehle kamen von höchster Stelle

high altar *n* Hochaltar *m* **highball** *esp* AM **I.** *n* Highball *m* **II.** *vi* (*fam*) ■**to ~ somewhere** irgendwohin rasen *fam* **high beams** *npl* AM AUTO (*main beam*) Fernlicht *nt* **highborn** *adj pred* ■**to be ~** von edler Herkunft sein *geh* **highboy** *n* AM (*chest of drawers*) hohe Kommode **highbrow I.** *adj* (*esp pej*) hochgeistig; ~ **assumption** arrogante Ansicht **II.** *n* (*esp pej*) Intellektuelle(r) *f(m)* **high chair** *n* Hochstuhl *m* **High Church I.** *n* High Church *f* (*Richtung der anglikanischen Kirche*) **II.** *adj* High Church-; ■**to be ~** der High Church angehören **high-class** *adj* erstklassig; *product* hochwertig; ~ **restaurant** hervorragendes Restaurant **high command** *n* MIL (*staff*) Oberkommando *nt;* (*commander-in-chief*) Oberbefehlshaber *m* **high commission** *n* POL Hochkommissariat *nt* **High Commission** *n* POL Hochkommission *f* **high commissioner** *n* POL Hochkommissar(in) *m(f)* **high court** *n* ❶ (*in England and Wales*) oberstes Gericht; ■**the H~** das Oberste Gericht ❷ AM (*Supreme Court*) ■**the ~** der Oberste Gerichtshof **High Court of Australia** *n* AUS ■**the ~** der Oberste Gerichtshof von Australien **high day** *n* BRIT [kirchlicher] Festtag **high definition television** *n no pl* HDTV *nt,* hochauflösendes Fernsehen **high density** *adj attr, inv* ❶ COMPUT mit hoher Dichte *nach n;* ~ **disk** HD-Diskette *f;* ~ **storage** hohe Speicherkapazität, Speicher *m* mit hoher Dichte ❷ (*closely packed*) kompakt; ~ **housing** dicht bebautes Wohngebiet **high diving board** *n* SPORTS höchstes Sprungbrett **high-end** *adj* nobel, luxuriös; ~ **hotel** Luxushotel *nt;* ~ **restaurant** Nobelrestaurant *nt*

higher ['haɪəʳ, AM -ɚ] **I.** *adj* ❶ *comp of* **high** höher; **to have ~ marks** bessere Noten haben; **to be destined for ~ things** zu Höherem berufen sein

❷ *attr, inv* ZOOL höhere(r, s); ~ **animals** höher entwickelte Tiere

❸ *attr, inv* SCH **H~ National Certificate** BRIT *Zertifikat von einer technischen Fachhochschule;* **H~ National Diploma** BRIT *Lehrgangsabschluss an einer technischen Fachhochschule*

II. *n* SCOT ■**H~** *schottische Hochschulreife;* **to take one's H~s** ≈ sein Abitur machen

III. *adv* ❶ (*altitude*) ***he lives ~ up the hill*** er wohnt weiter oben am Berg; ***she climbed ~ up the ladder*** sie kletterte weiter die Leiter hoch

❷ (*level*) ***he now has a position ~ up in administration*** er hat jetzt eine höhere Position in der Verwaltung; ***this season our team is ~ up in the league*** diese Saison steht unsere Mannschaft weiter oben in der Tabelle

► PHRASES: **the ~ you climb, the harder you fall** (*prov*) Hochmut kommt vor dem Fall *prov*

higher degree *n* UNIV *auf den ersten akademischen Grad folgender Universitätsabschluss* **higher education** *n no pl* (*training*) Hochschulbildung *f;* (*system*) Hochschulwesen *nt;* **students in ~** Studenten/Studentinnen *pl;* **to work in ~** im Hochschulwesen [*o* Hochschulbereich] arbeiten

higher-up *n* (*fam*) hohes Tier *fam*

high explosive I. *n* hochexplosiver Sprengstoff **II.** *adj attr* hochexplosiv; ~ **bomb** Sprengbombe *f;* ~ **device** Sprengvorrichtung *f* **highfalutin** *adj see* **hifalutin** **high-fibre** [ˌhaɪ'faɪbəʳ, AM bɚ] *adj inv* ballaststoffreich **high fidelity** *n no pl* Highfidelity *f* **high finance** *n no pl* Hochfinanz *f* **high-five** *n* Abklatschen *nt kein pl* **highflier** *n* ❶ *person* Überflieger *m* ❷ STOCKEX schnell steigende Aktie **high-flown** *adj* hochtrabend *pej,* geschwollen *pej;* ~ **ideas** abgehobene Ideen; ~ **phrases** hochgestochene Phrasen *pej fam* **high-flyer** *n see* **highflier** **high-flying** *adj* ❶ (*in high altitude*) **a ~ plane** ein hoch fliegendes Flugzeug ❷ (*fig: ambitious*) aufstrebend; *person* zielstrebig; (*successful*) erfolgreich **high frequency I.** *n* PHYS, COMPUT Hochfrequenz *f fachspr* **II.** *adj attr, inv* Hochfrequenz- *fachspr* **high gear** *n* **to be** [*or* **run**] **in ~** auf Hochtouren laufen *fig;* **to move into ~** voll durchstarten *fig fam* **High German** *n no pl* Hochdeutsch *nt* **high-gloss** *adj* hochglänzend *attr,* Hochglanz-; ~ **paper** Hochglanzpapier *nt;* ~ **varnish** Hochglanzlack *m* **high-grade** *adj* hochwertig; ~ **oil** qualitativ hochwertiges Öl; ~ **steel** Qualitätsstahl *m* **high-grade bond** *n* ECON, FIN erstklassige Anleihe **high ground** *n* hoch liegendes Gebiet; ***there will be snow in ~*** in höheren Lagen schneit es; **to claim** [*or* **take**] **the intellectual/moral ~** (*fig*) sich *dat* intellektuell/moralisch überlegen vorkommen **high-handed** *adj* (*not consulting others*) selbstherrlich; (*arrogant*) überheblich; (*thoughtless*) rücksichtslos; (*overbearing*) herrisch; ~ **action** rücksichtsloses Vorgehen; ~ **attitude/behaviour** [*or* AM **behavior**] selbstherrliche Einstellung/selbstherrliches Verhalten; ~ **treatment** herablassende Behandlung **high-handedness** *n no pl* (*not considering others*) Selbstherrlichkeit *f;* (*arrogance*) Arroganz *f pej,* Überheblichkeit *f;* (*thoughtlessness*) Rücksichtslosigkeit *f;* (*being overbearing*) herrisches Wesen **high hat** *n* ❶ (*hat*) Zylinder *m* ❷ AM (*fam: person*) hochnäsige Person *pej* ❸ (*cymbals*) Becken *nt* **high-heeled** *adj* hochhackig **high heels** *npl* ❶ (*shoes*) hochhackige Schuhe ❷ (*part of a shoe*) hohe Absätze **high horse** *n* ► PHRASES: **to be on one's ~** auf dem hohen Ross sitzen *fam;* **to get on one's ~** sich *akk* aufs hohe Ross setzen *fam;* ***she's always*** [*or* ***she always gets***] ***on her ~ about how the office should be organized*** sie predigt ständig, wie das Büro besser zu organisieren wäre *fam* **high-impact** *adj* hochwirksam; ~ **aerobics** High-Impact-Aerobic *nt* **highjack** *vt see* **hijack** **high jinks** *npl* Ausgelassenheit *f kein pl,* Halligalli *nt fam* **high jump** *n no pl* Hochsprung *m* ► PHRASES: **to be for the ~** BRIT in Teufels Küche kommen *fam* **high jumper** *n* Hochspringer(in) *m(f)* **high kick** *n* Hochwerfen *nt* der Beine

highland ['haɪlənd] *adj attr, inv* Hochland-, hochländisch **Highland clearances** *npl* BRIT *Vertreibung der schottischen Pächter von ihren Ländereien im Hochland*

Highlander ['haɪləndəʳ, AM -ɚ] *n* Highlander *m, jd aus den schottischen Highlands*

Highland fling *n* SCOT *schottischer Volkstanz* **Highland Games** *npl* SCOT Hochlandspiele *ntpl*

highlands ['haɪləndz] *npl* Hochland *nt kein pl;* ■**the [Scottish] H~s** die Highlands *pl,* das [schottische] Hochland

high-level *adj usu attr* ❶ (*important*) auf höchster Ebene *nach n;* ~ **negotiations** Verhandlungen *fpl* auf höchster Ebene ❷ (*intense*) ~ **crop production** Pflanzung *f* von Hochertragsgetreide ❸ (*high above ground*) hoch gelegen **high-level language** *n,* **high-level programming language** *n* COMPUT [benutzerfreundliche] Computersprache **high-level waste** *n no pl* radioaktiver Müll **high life** *n* exklusives Leben; **to live the ~** in Saus und Braus leben **highlight I.** *n* ❶ (*most interesting part*) Höhepunkt *m,* Highlight *nt geh* ❷ (*in hair*) ■**~s** *pl* Strähnchen *ntpl,* Highlights *ntpl* **II.** *vt* ❶ (*draw attention to*) ■**to ~ sth** etw hervorheben [*o* unterstreichen]; **to ~ a problem** ein Problem [besonders] herausstreichen ❷ (*make visually prominent*) ■**to ~ sth** etw hervorheben; (*with a highlighter*) etw anstreichen; **to ~ a text** einen Text markieren ❸ (*dye*) **to have one's hair ~ed** sich *dat* Strähnchen machen lassen **highlighter** *n* ❶ (*pen*) Textmarker *m* ❷ (*cosmetics*) Highlighter *m*

highly ['haɪli] *adv* hoch-; ***this was a ~-publicized case*** um diesen Fall wurde ein großer Medienrummel veranstaltet *fam;* **~ amusing** ausgesprochen amüsant; **~ contagious** stark ansteckend; **~-educated** hoch gebildet; **~ questionable** äußerst fragwürdig; **~ paid** hoch bezahlt; **~ placed official** hoch gestellter Beamter/hoch gestellte Beamtin; **~ priced** teuer; **~-skilled** hoch qualifiziert; **to speak ~ of someone** von jdm in den höchsten Tönen sprechen; **to think ~ of someone** eine hohe Meinung von jdm haben

highly-colored AM, **highly-coloured** *adj* ❶ (*colourful*) bunt ❷ (*fig: one-sided*) einseitig **highly-paid** *adj* hoch bezahlt; **a ~ job** ein hoch dotierter Job **highly-placed** *adj **she's very ~ in the organization*** sie steht mit an der Spitze der Organisation; **according to a ~ source** wie aus hohen Kreisen verlautet **highly-priced** *adj* teuer **highly regarded** *adj pred* ■ **to be ~** hoch angesehen sein *geh* **highly-seasoned** *adj* stark gewürzt; (*hot*) scharf **highly-strung** *adj esp* BRIT, AUS nervös; **to be too ~** zu schwache Nerven haben

high-maintenance *adj* viel Aufmerksamkeit erfordernd *attr* **High Mass** *n* Hochamt *nt* **high-minded** *adj* ❶ (*moralizing*) moralisierend *attr pej* ❷ (*intellectual*) intellektuell **high-necked** *adj inv* hochgeschlossen

highness ['haɪnəs] *n* Höhe *f*

Highness ['haɪnəs] *n* (*form*) Hoheit *f;* **Royal H~** Königliche Hoheit; **Your/Her/His H~** Eure/Ihre/Seine Hoheit

high noon *n* ❶ (*twelve noon*) zwölf Uhr mittags ❷ (*most important stage*) Höhepunkt *m;* (*fig*) Zeitpunkt *m* der Abrechnung; ■ **it's ~** es ist höchste Zeit *fig* **high note** *n* Höhepunkt *m;* ***he wants to end his career on a ~*** er möchte dann aufhören, wenn seine Karriere auf dem Höhepunkt ist **high-octane** *adj* ❶ AUTO *petrol* mit hoher Oktanzahl *nach n;* ■ **to be ~** eine hohe Oktanzahl haben ❷ (*fig*) *politics* [hoch]explosiv *fig,* hyper-dynamisch **high-performance** *adj attr* Hochleistungs- **high-performance equipment** *n* COMPUT Hochleistungsausrüstung *f* **high-pitched** *adj* ❶ (*steep*) steil ❷ (*shrill*) schrill; (*high*) hoch ❸ (*intense*) **~ battle** heftiger Kampf **high point** *n* (*best part*) Höhepunkt *m;* (*most enjoyable part*) schönster Augenblick **high-powered** *adj* ❶ *machine* Hochleistungs-; **~ car/motorbike** starkes Auto/Motorrad; **~ computer system** leistungsstarkes Computersystem ❷ (*influential*) einflussreich; **~ delegation** hochrangige Delegation ❸ (*advanced*) anspruchsvoll **high-pressure I.** *n no pl* METEO Hochdruck *m fachspr;* **a ridge of ~** ein Hochdruckkeil *m fachspr* **II.** *n modifier* ❶ TECH (*pump, steam*) Hochdruck- ❷ ECON **~ sales techniques** aggressive Verkaufstechniken **III.** *vt esp* AM ■ **to ~ sb** jdn unter Druck setzen; ***stop trying to ~ me into doing something*** hör auf, mich mit aller Macht zu etwas überreden zu wollen **high priest** *n* REL Hohe Priester *m;* (*fig*) Doyen *m fig* **high priestess** *n* REL Hohe Priesterin *f;* (*fig*) Doyenne *f fig* **high profile I.** *n* **to have a ~** gerne im Rampenlicht stehen **II.** *adj **she's a ~ politician*** sie ist eine Politikerin, die im Rampenlicht steht; ***a vicar has a ~ job*** ein Pfarrer steht durch seinen Job viel in der Öffentlichkeit **high-ranking** *adj attr* hochrangig **high-resolution** *n* COMPUT hohe Auflösung **high-resolution monitor** *n* Monitor *m* mit hoher Auflösung **high-rise** *n* Hochhaus *nt;* (*very high*) Wolkenkratzer *m* **high-rise building** *n,* **high-rise flats** *npl* BRIT Hochhaus *nt* **high-risk** *adj* hochriskant; **to be in a ~ category/group** einer Risikokategorie/-gruppe angehören **high road** *n* BRIT Hauptstraße *f;* AM (*fig*) **to take the ~** den rechten Weg beschreiten *geh* **high roller** *n* AM (*fam*) ❶ (*spendthrift*) verschwenderischer Mensch; ***she's something of a ~*** sie wirft das Geld mit beiden Händen zum Fenster raus *fam* ❷ (*gambler*) Glücksspieler(in) *m(f)*

high school *n* BRIT, AUS *Gymnasium oder Oberstufenschule (14–18 Jahre);* AM Highschool *f;* **junior ~** Junior Highschool *f*

high seas *npl* hohe See; **on the ~** auf hoher See

high season *n* Hochsaison *f;* **at** [*or* **during**] [*or* **in**] **~** während [*o* in] der Hochsaison **high-security** *adj attr* Hochsicherheits-; **~ jail** [*or* **prison**] Hochsicherheitsgefängnis *nt;* **~ wing** Hochsicherheitstrakt *m* **high society** *n* Highsociety *f* **high-sounding** *adj language* hochtrabend *pej; ideas* abgehoben; *see also* **high-flown** **high-speed** *adj usu attr* Hochgeschwindigkeits-; **~ drill** Schnellstahlbohrer *m;* **~ engine** Hochleistungsmotor *m;* **~ film** hoch empfindlicher Film; **~ printer** Schnelldrucker *m* **high-speed train** *n* Hochgeschwindigkeitszug *m* **high-spirited** *adj* ausgelassen; **~ horse** temperamentvolles Pferd **high spirits** *npl* Hochstimmung *f kein pl;* **to be in ~** in Hochstimmung sein, gut drauf sein *fam* **high spot** *n* Höhepunkt *m;* **to hit the ~s** BRIT (*fam*) die Szenetreffs aufsuchen **high street** *n* BRIT Hauptstraße *f;* (*shopping road*) ■ **the ~** die Haupteinkaufsstraße **high-street** *adj* BRIT ***there was a modest rise in ~ spending last month*** im letzten Monat ist der Umsatz in den Geschäften der Innenstadt leicht angestiegen; **~ banks** Geschäftsbanken *fpl;* **~ fashion** konventionelle Mode **high-strung** *adj* AM (*highly-strung*) nervös **high summer** *n no pl* Hochsommer *m* **high table** *n* BRIT *dem Lehrpersonal vorbehaltener Esstisch an Schulen und Universitäten* **hightail** *esp* AM **I.** *vi* (*fam*) abhauen *fam,* [schnell] verduften *sl;* ***we'd better ~ out of here*** wir sollten besser von hier verduften *sl* **II.** *vt* (*fam*) **to ~ it** abhauen *sl,* sich *akk* aus dem Staub machen *fam;* **to ~ it out of town** aus der Stadt verschwinden *fam* **high tea** *n* BRIT *frühes Abendessen bestehend aus einem gekochten Essen, Brot und Tee* **high-tech I.** *adj* Hightech-; **~ product** Hightech-Produkt *nt; see also* **high technology II.** *n no pl see* **high technology** Hightech *nt* **high-tech companies** *npl* ECON Hightechunternehmen *ntpl* **high technology** *n no pl* Hightech *nt,* Hochtechnologie *f* **high-tension** *adj usu attr* Hochspannungs- **high-test** *adj attr* ❶ (*meeting high standards*) Qualitäts-; **~ results** Ergebnisse *ntpl* aus der Qualitätskontrolle ❷ (*low boiling point*) **~ petrol** [*or* AM **gas**] Benzin *nt* mit niedrigem Siedepunkt **high tide** *n no pl* Flut *f;* **at ~** bei Flut; (*fig: most successful point*) Höhepunkt *m* **high treason** *n no pl* Hochverrat *m* **high up** *adj pred* ■ **to be ~** ein hohes Tier sein *fam,* hoch oben in der Hierarchie stehen **high voltage** *n* Hochspannung *f* **high water** *n no pl* Flut *f* **high-water mark** *n* Hochwassermarke *f;* (*fig*) Höhepunkt *m,* höchster Stand **highway I.** *n* ❶ BRIT (*form*) Bundesstraße *f;* AM, AUS Highway *m;* **every ~ and byway** jeder Weg und Steg; **coastal ~** Küstenstraße *f;* **interstate ~** AM Interstate Highway *m* (*mindestens zwei Staaten verbindende Autobahn*)*;* **to obstruct the ~** (*form*) die Straße blockieren ❷ COMPUT Vielfachleitung *f* **II.** *n modifier* (*accident, billboard, user*) Straßen-; **~ fatalities** Verkehrstote *pl;* **~ restaurant** Autobahnrestaurant *nt* **Highway Code** *n* BRIT Straßenverkehrsordnung *f* **highwayman** *n* (*hist*) Straßenräuber *m* **highway robbery** *n* ❶ (*hist*) Straßenraub *m* ❷ *no pl* (*over-pricing*) **to be ~** Schröpferei [*o* der reinste Nepp] sein *fam* **high wire** *n* Hochseil *nt* **high-wire** *adj attr, inv* Hochseil-; **~ balancing act** (*also fig*) Drahtseilakt *m a. fig*

hijack ['haɪdʒæk] **I.** *vt* **to ~ a plane** ein Flugzeug entführen; (*fig*) **to ~ sb's ideas/plans** jds Ideen/Pläne klauen *fam*
II. *n* Entführung *f*

hijacker ['haɪdʒækəʳ, AM -ɚ] *n* Entführer(in) *m(f)*

hijacking ['haɪdʒækɪŋ] *n no pl* Entführung *f*

hike [haɪk] **I.** *n* ❶ (*long walk*) Wanderung *f;* (*fam*) ***that was quite a ~*** das war ein ganz schöner Marsch [*o* ÖSTERR Hatscher] *fam;* **to go on a ~** wandern gehen; **to take a ~** AM (*fam*) abhauen *sl*
❷ AM (*fam: increase*) Erhöhung *f;* **~ in prices** Preiserhöhung *f*
II. *vi* wandern
III. *vt* AM (*fam*) ■ **to ~ sth** etw erhöhen; **to ~ interest rates** die Zinsen [*o* Zinssätze] anheben

◆**hike up** *vt* ❶ (*increase*) ■ **to ~ up** ○ **sth** etw erhöhen; **to ~ up interest rates** die Zinssätze [*o* Zinsen] anheben
❷ *esp* AM (*lift*) ■ **to ~ sth** ○ **up** etw hochheben; *piece of clothes* etw hochziehen; ***do you think we'll be able to ~ up the piano over that step?*** glaubst du wir schaffen es, das Klavier über diese Schwelle zu hieven?; ***his shirt was ~d up on one side*** sein Hemd war auf einer Seite hochgerutscht *fam*

hiker ['haɪkəʳ, AM -ɚ] *n* Wanderer, -in *m, f*

hiking ['haɪkɪŋ] *n no pl* Wandern *nt;* **to go ~** wandern gehen

hiking boots *npl* Wanderschuhe *mpl*

hilarious [hɪ'leəriəs, AM -'ler-] *adj* ❶ (*very amusing*) urkomisch, zum Brüllen *präd fam*
❷ (*boisterous*) ausgelassen; **~ party** stürmisches Fest

hilariously [hɪ'leəriəsli, AM -'ler-] *adv* urkomisch; ***her new book's ~ funny*** ihr neues Buch ist zum Schreien *fam*

hilarity [hɪ'lærəti, AM -'lerət̬i] *n no pl* Ausgelassenheit *f;* ***his announcement was greeted with ~*** seine Ankündigung sorgte für große Belustigung; **to cause ~** Heiterkeit erregen

hill [hɪl] *n* ❶ (*small mountain*) Hügel *m;* (*higher*) Berg *m;* **range of ~s** Hügelkette *f;* **on the top of a ~** [oben] auf einem Hügel; **rolling ~s** sanfte Hügel; ■ **the ~s** *pl* (*higher areas of land*) das Hügelland *kein pl*
❷ (*steep slope*) Steigung *f;* **a steep ~** eine starke Steigung
► PHRASES: **sth ain't worth** [*or* **doesn't amount to**] **a ~ of beans** AM (*fam*) etw ist keinen Pfifferling wert *fam;* **to be up ~ and down dale for sb** BRIT (*dated*) überall nach jdm suchen; **as old as the ~s** steinalt; ***the jokes she tells are as old as the ~s*** ihre Witze haben so einen Bart *fam;* **to be over the ~** (*fam*) mit einem Fuß im Grab stehen

hillbilly ['hɪl,bɪli] *n* AM (*dated or usu pej*) Hinterwäldler(in) *m(f) pej;* (*woman also*) Landpommeranze *f pej;* (*from the Southern US states*) Hillbilly *m pej* **hillbilly music** *n no pl* Hillbillymusik *f* **hill fort** *n* ARCHEOL befestigte Hügelanlage (*aus der Eisenzeit*) **hillock** ['hɪlək] *n* kleiner Hügel **hillside** *n* Hang *m* **hill start** *n* Anfahren *nt* am Berg; **to do a ~** am Berg anfahren **hill station** *n Erholungsort im [kühlen] indischen Bergland* **hilltop I.** *n* Hügelkuppe *f* **II.** *n modifier* (*farm*) auf einem Hügel gelegen *attr* **hillwalker** ['hɪlwɔːkəʳ, AM wɑːkɚ] *n* Wanderer(in) *m(f)* **hill-walking** *n no pl esp* BRIT Bergwandern *nt*

hilly ['hɪli] *adj* hügelig; **~ areas** Hügelland *nt*

hilt [hɪlt] *n* ❶ (*handle*) Griff *m; of a dagger, sword* Heft *nt*
❷ (*fig: limit*) ***the government is already borrowing up to the ~*** die Regierung ist bereits hoch verschuldet; **to be up to the ~ in debt** bis über beide Ohren in Schulden stecken *fam;* **to support sb to the ~** hundertprozentig hinter jdm stehen

him [hɪm, ɪm] *pron* ❶ (*person*) ihm *im Dativ,* ihn *im Akkusativ;* ***why don't you give ~ his present?*** warum gibst du ihm nicht sein Geschenk?; ***don't shout at ~*** schrei ihn nicht an; ***toiletries for ~ and her*** Toilettenartikel *pl* für Ihn und Sie; ***Bob, give Paul's toy back to ~ now!*** Bob, gib Paul sofort sein Spielzeug zurück!; ***who? ~? he's horrible!*** wer? der? der ist schrecklich!; ***he took the children with ~*** er nahm die Kinder mit; ***I could never be as good as ~*** ich könnte nie so gut sein wie er; ***you have more than ~*** du hast mehr als er; (*fam*) ***is this ~, perhaps?*** ist er das vielleicht?; ***that's ~ all right*** das ist er in der Tat; (*form*) ***to ~ who is patient come all good things in their own time*** dem, der Geduld hat, wird sich alles Gute erfüllen
❷ (*animal*) ihm *im Dativ,* ihn *im Akkusativ;* ***we've***

just got a new cat, but we haven't thought of a name for ~ yet wir haben einen neuen Kater, aber wir haben noch keinen Namen für ihn
③ (*unspecified sex*) ihm *im Dativ,* ihn *im Akkusativ;* ***man's ability to talk makes ~ unlike any other animal*** der Mensch unterscheidet sich von den anderen Tieren durch seine Fähigkeit zu sprechen; ***if someone is causing us problems, we should get rid of ~*** wenn uns jemand Probleme macht, sollten wir ihn loswerden
④ REL (*God*) ■ **H~** Ihm *im Dativ,* Ihn *im Akkusativ;* ***I pray to H~ daily*** ich bete jeden Tag zu Ihm
⑤ AM (*old: himself*) ***in the depths of ~, he too didn't want to go*** im tiefsten Inneren wollte er auch nicht gehen
► PHRASES: **everything comes to ~ who waits** (*prov*) mit der Zeit werden sich alle Wünsche erfüllen

himself [hɪm'self] *pron reflexive* ① *after vb* sich *im Dativ o Akkusativ;* ***he can really excel ~ when he …*** er kann wirklich über sich hinauswachsen, wenn er; ***Norman was so upset that he cried ~ to sleep last night*** Norman war so bestürzt, dass er sich letzte Nacht in den Schlaf geweint hat; ***he's writing ~ letters*** er schrieb sich selbst Briefe; ***the steward introduced ~ as Pete*** der Steward stellte sich als Pete vor; ***he ought to be ashamed of ~*** er sollte sich schämen
② *after prep* ***Jack talks to ~ when he works*** Jack spricht bei der Arbeit mit sich [selbst]; ***the little boy kept looking at ~ in the mirror*** der kleine Junge betrachtete sich die ganze Zeit im Spiegel
③ (*form: him*) ***the whole group, including ~*** die ganze Gruppe, er eingeschlossen
④ (*emph: personally*) selbst; ***did you want to talk to the chairman ~?*** möchten Sie mit dem Vorsitzenden persönlich sprechen?; ***Fred has nobody but ~ to blame*** Fred ist ganz alleine Schuld; ***the president ~ promised to attend the ceremony*** der Präsident versprach, persönlich an der Zeremonie teilzunehmen; ***Thomas ~ laid down what we should do*** Thomas erklärte uns persönlich, was wir tun sollten; **to see/taste/feel/try sth for ~** etw selbst sehen/kosten/fühlen/versuchen
⑤ (*alone*) ***he wanted to keep the candy for ~*** er wollte die Bonbons für sich behalten; ***Tim wants a desk all to ~*** Tim möchte einen Schreibtisch ganz für sich; ■ **[all] by ~** ganz alleine
⑥ (*normal*) ***I told him to act naturally and be ~*** ich sagte ihm, dass er natürlich bleiben und ganz er selbst sein sollte; ***Hugh hasn't been ~ since the accident*** seit dem Unfall ist Hugh nicht er selbst; ***he finally looked ~ again after seeming so sick for so long*** nach der langen Krankheit sah er endlich wieder wie er selbst aus
⑦ IRISH (*master of the house*) der Herr *geh;* ***I'll mention it to ~*** ich werde es dem Hausherrn sagen

hind [haɪnd] I. *adj attr, inv* hintere(r, s); **~ leg** Hinterbein *nt; of game* Hinterlauf *m*
II. *n* <*pl* – *or* -s> Hirschkuh *f*

hinder ['hɪndəʳ, AM -ɚ] *vt* ■ **to ~ sb/sth** jdn/etw behindern; **to ~ progress** den Fortschritt hemmen; ■ **to ~ sb from doing sth** jdn davon abhalten [*o* daran hindern], etw zu tun

Hindi ['hɪndi:] *n no pl* Hindi *nt*

hind legs *npl* Hinterbeine *ntpl;* **to get** [*or* **stand**] **up on one's ~** (*also fig, hum*) sich *akk* auf die Hinterbeine stellen *fig hum fam* ► PHRASES: [**to be able**] **to talk the ~ off a donkey** (*fam*) ohne Punkt und Komma reden [können] *fam* **hindmost** *adj attr esp* BRIT letzte(r, s); ***although she was ~ of the walkers, …*** obwohl sie hinter allen anderen Wanderern zurücklag, … ► PHRASES: [**let the**] **devil take the ~** den Letzten beißen die Hunde *prov* **hindquarters** *npl* ZOOL Hinterteil *nt;* (*of a horse*) Hinterhand *f;* (*of a carcass*) Hinterviertel *nt*

hindrance ['hɪndrən(t)s] *n* ① (*obstruction*) Behinderung *f,* Hindernis *nt;* ***I've never considered my disability a ~*** ich habe meine Behinderung nie als Einschränkung empfunden; **sb is more of a ~ than a help** jd stört mehr, als dass er/sie hilft; **to allow sb to enter without ~** jdm ungehinderten Zutritt gewähren; ■ **to be a ~ to sth** etw behindern
② LAW (*or form*) **without let or ~** ungehindert

hindsight *n no pl* **but with** [**the benefit of**] **~** ***I see how naive I was …*** *jetzt* weiß ich natürlich, wie naiv ich war; **in ~** im Nachhinein

Hindu [ˌhɪn'du:, AM 'hɪndu:] I. *n* Hindu *m o f*
II. *adj inv* hinduistisch, Hindu-

Hinduism ['hɪndu:ɪzᵊm] *n no pl* Hinduismus *m*

Hindustan [ˌhɪndʊ'stɑ:n] *n no pl* (*hist*) *see* **India** Hindustan *nt*

hinge [hɪndʒ] I. *n* Angel *f; of a chest, gate* Scharnier *nt;* **to take the door off its ~s** die Tür aus den Angeln heben
II. *n modifier* Scharnier-; **~ joint** Scharniergelenk *nt*
III. *vi* ① (*depend*) ■ **to ~ [up]on sb/sth** von jdm/etw abhängen; ***the prosecution's case ~d on the evidence of this witness*** die Anklage steht und fällt mit der Aussage dieser Zeugin; ***the plot of the film ~s on a case of mistaken identity*** Aufhänger des Films ist eine Verwechslung
② *jaw* ■ **to ~ down** nach unten klappen

hinged [hɪndʒd] *adj inv* mit einem Scharnier *nach n;* ■ **to be ~** ein Scharnier haben

hint [hɪnt] I. *n* ① *usu sing* (*trace*) Spur *f;* ***white with a ~ of blue*** weiß mit einem Hauch von blau; ***at the slightest ~ of trouble*** beim leisesten Anzeichen von Ärger; ***he gave me no ~ that …*** er gab mir nicht den leisesten Wink, ob …
② (*allusion*) Andeutung *f;* ***you just can't take a ~, can you?*** du kapierst es einfach nicht, oder? *fam;* ***ok, I can take a ~*** ok, ich verstehe schon; ***it's my birthday next week, ~, ~!*** ich habe nächste Woche Geburtstag – so ein dezenter Hinweis … *fam;* **to drop a ~** eine Andeutung machen
③ (*advice*) Hinweis *m,* Tipp *m;* **to give sb a ~** jdm einen Hinweis [*o* Tipp] geben; **a handy ~** ein wertvoller Tipp
II. *vt* ■ **to ~ that …** andeuten, dass …
III. *vi* andeuten, durchblicken lassen; ■ **to ~ at sth** (*allude to*) auf etw *akk* anspielen; (*indicate*) etw andeuten, auf etw *akk* hindeuten; ■ **to ~ to sb that …** jdm andeuten, dass …

hinterland ['hɪntəlænd, AM -tɚ-] *n no pl* (*behind coast or river*) Hinterland *nt;* (*undeveloped land*) Entwicklungsland *nt;* (*fig: unknown*) Zwischenreich *nt*

hinterlands *npl* AM Hinterland *nt kein pl*

hip¹ [hɪp] I. *n* ANAT Hüfte *f;* ***trousers to fit ~s up to 38 inches*** Hosen *fpl* mit einer Hüftweite bis 96 cm; ***Helen stood with her hands on her ~s*** Helen hatte ihre Arme in die Hüften gestemmt; **to dislocate a ~** sich *dat* die Hüfte ausrenken
► PHRASES: **to shoot from the ~** (*fam*) aus der Hüfte schießen *fig*
II. *n modifier* Hüft-; **~ replacement** künstliche Hüfte

hip² [hɪp] *n* (*rose hip*) Hagebutte *f*

hip³ <-pp-> [hɪp] *adj* (*fam: fashionable*) hip *präd sl,* cool *sl,* total in *präd fam;* ■ **to get ~ to sth** etw mitkriegen *fam*

hip⁴ [hɪp] *interj* hipp(, hipp); **~ ~ *hooray*** [*or* ***hurray***]**!** hipp, hipp, hurra!

hipbath *n* Sitzbad *nt* **hipbone** *n* ANAT Hüftknochen *m* **hip flask** *n* Flachmann *m* **hip-hop** *n no pl* Hip-Hop *m* **hiphuggers** *npl* AM Hüfthose[n] *f[pl]* **hip-hugging** *adj* eng anliegend (*an den Hüften*)

hipped [hɪpt] *adj inv* ① ANAT -hüftig
② ARCHIT (*having a sharp edge*) **~ roof** Walmdach *nt*

hippie ['hɪpi] *n* Hippie *m*

hippo ['hɪpəʊ, AM -oʊ] *n* (*fam*) *short for* **hippopotamus** Nilpferd *nt*

hip pocket *n* Gesäßtasche *f*

Hippocratic oath [ˌhɪpə(ʊ)krætɪk'-, AM -pəkrætɪk'-] *n* MED hippokratischer Eid, Eid *m* des Hippokrates

hippopotamus <*pl* -es *or* -mi> [ˌhɪpə'pɒtəməs, AM -'pɑ:t̬ə-] *n* Nilpferd *nt;* **pygmy ~** Zwergnilpferd *nt*

hippy ['hɪpi] *n* Hippie *m*

hippyish ['hɪpiɪʃ] *adj* (*fam*) hippiemäßig; **~ atmosphere** lockere Atmosphäre

hipster ['hɪpstəʳ, AM -ɚ] *n* ① (*fam: person*) cooler Typ *sl*
② (*trousers*) ■ **~s** *pl* Hüfthose[n] *f[pl]*

hire [haɪəʳ, AM haɪr] I. *n no pl esp* BRIT Mieten *nt;* ***we've got the ~ of the church hall for the whole evening*** wir haben den Gemeindesaal für den ganzen Abend gemietet; ***her wedding dress is on ~*** ihr Hochzeitskleid ist geliehen; ***'for ~'*** ‚zu vermieten'; ***this shop has tents for ~ at £10 a week*** in diesem Laden kann man für 10 Pfund die Woche Zelte leihen; ***there are bikes for ~ at the station*** am Bahnhof kann man Fahrräder mieten; **car ~** [*or* **~ car**] **business** BRIT Autoverleih *m,* Autovermietung *f*
II. *vt* ① *esp* BRIT (*rent*) ■ **to ~ sth** etw mieten; **to ~ a cab** ein Taxi rufen; **to ~ a car** einen Wagen mieten; **to ~ a dress** ein Kleid ausleihen; **to ~ sth by the hour/day/week** etw stunden-/tage-/wochenweise mieten
② *esp* AM (*employ*) ■ **to ~ sb** jdn einstellen; **to ~ an attorney** AM einen Rechtsanwalt/eine Rechtsanwältin beauftragen; **to ~ a gunman** einen Killer anheuern; **to ~ more staff** mehr Personal einstellen
◆**hire out** *vt esp* BRIT ■ **to ~ sth ⇄ out** etw vermieten; *bicycle, clothes* etw verleihen; ***how much do you charge for hiring out a bicycle for a week?*** wie viel kostet es, ein Fahrrad für eine Woche zu leihen?; ***I've decided to go freelance and ~ myself out as a computer programmer*** ich habe beschlossen, freiberuflich zu arbeiten und meine Dienste als Computerprogrammierer anzubieten; **to ~ out sth** [*or* **sth out**] **by the hour/day/week** etw stunden-/tage-/wochenweise vermieten

hire and fire *n* Beschäftigen und Kündigen von Personal nach Bedarf **hire car** *n* BRIT Mietwagen *m,* Leihwagen *m*

hired [haɪəd, AM haɪrd] *adj inv* ① (*lent*) geliehen; *esp* BRIT (*rented*) gemietet; **~ bicycle** Leihfahrrad *nt;* **~ carnival costumes** geliehene Karnevalskostüme [*o* SÜDD, ÖSTERR Faschingskostüme]
② *esp* AM (*employed*) **~ assassin** Auftragskiller(in) *m(f);* **~ hand** Lohnarbeiter(in) *m(f);* **~ help** Haushaltshilfe *f;* **~ man** Helfer *m* für Haus und Garten

hired gun *n* Profikiller(in) *m(f)*

hireling ['haɪəlɪŋ, AM 'haɪr-] *n* (*pej*) Mietling *m pej;* (*accomplice*) Helfershelfer *m pej*

hire purchase *n* BRIT Ratenkauf *m,* Teilzahlungskauf *m;* **to buy sth on ~** etw auf Raten kaufen; **to sign a ~ agreement** einen Teilzahlungsvertrag unterschreiben **hire purchase agreement** *n* BRIT Teilzahlungsvertrag *m*

hi-res monitor *n* Monitor *m* mit hoher Auflösung; *see also* **high-resolution monitor**

hiring ['haɪərɪŋ, AM 'haɪr-] *n no pl* ① (*employing*) Einstellen *nt*
② *esp* BRIT (*renting*) Mieten *nt;* ***~ a car is easy these days*** ein Auto zu mieten, ist heutzutage einfach

hirsute ['hɜ:sju:t, AM 'hɜ:rsu:t] *adj* (*liter or hum*) stark behaart

his [hɪz, ɪz] I. *pron pers* (*of person, animal, unspecified sex*) seine(r, s); ***Mark has left his coat behind — do you know if this is ~?*** Mark hat seinen Mantel vergessen – weißt du, ob das seiner ist?; ***he took my hand in ~*** er nahm meine Hand; ***I don't know many John Lennon songs — 'Imagine' was one of ~, wasn't it?*** ich kenne nicht viele Lieder von John Lennon – ‚Imagine' ist von ihm, oder?; ***shortsheeting the bed is a favourite trick of ~*** die Bettlaken kürzen zählt zu seinen Lieblingsstreichen; ***some friends of ~*** einige seiner Freunde; ***that dog of ~ is so annoying*** sein doofer Hund nervt total!; ***each recruit receiving clothes should pick ~ up at the laundry department*** jeder Rekrut soll seine Kleider in der Wäscherei abholen
II. *adj poss* (*of person*) sein(e,er,es); ***what's ~ name?*** wie heißt er?; ***James sold ~ business*** James verkaufte seine Firma; ***he got ~ very own***

computer for Christmas er hat zu Weihnachten einen Computer ganz für sich alleine bekommen; ~ ***and hers towels*** Handtücher für sie und ihn

Hispanic [hɪ'spænɪk] **I.** *adj inv* hispanisch **II.** *n* Hispano-Amerikaner(in) *m(f)*

Hispanicist [hɪ'spænɪsɪst] *n,* **Hispanist** [hɪ'spænɪst] *n* LING Hispanist(in) *m(f) fachspr*

hiss [hɪs] **I.** *vi* zischen; (*whisper angrily*) fauchen; ■**to ~ at sb** jdn anfauchen **II.** *vt* ❶ (*utter*) ■**to ~ sth** etw fauchen [*o* zischen] ❷ (*disapprove of*) ■**to ~ sb/sth** etw/jdn auszischen **III.** *n* <*pl* -es> ❶ (*sound*) Zischen *nt kein pl;* (*on tapes*) Rauschen *nt kein pl* ❷ COMPUT Nebengeräusch *nt*

hisself [hɪz'self] *pron* DIAL (*fam*) *see* **himself**

histamine ['hɪstəmi:n] *n* MED Histamin *nt fachspr*

histogram ['hɪstəgræm, AM -stoʊ-] *n* COMPUT Histogramm *nt*

histology [hɪ'stɒlədʒi, AM -'tɑ:l-] *n no pl* MED Histologie *f fachspr*

historian [hɪ'stɔ:riən] *n* Historiker(in) *m(f);* **local ~** ortsansässiger Historiker/ortsansässige Historikerin

historic [hɪ'stɒrɪk, AM -'stɔ:r-] *adj* historisch; **a ~ moment in history/time** ein historischer Augenblick

historical [hɪ'stɒrɪkəl, AM -'stɔ:r-] *adj* geschichtlich, historisch; **~ accuracy** Geschichtstreue *f;* **~ documents** historische Dokumente; **famous ~ figures** berühmte historische Figuren; **~ novel** historischer Roman

historically [hɪ'stɒrɪkəli, AM -'stɔ:r-] *adv* geschichtlich, historisch; ***the film doesn't try to be ~ accurate*** der Film versucht nicht, geschichtstreu zu sein; **~ [speaking ...]** historisch betrachtet ...

historicism [hɪ'stɒrɪsɪzəm, AM 'stɑ:rə] *n no pl* Historizismus *m*

historicity [,hɪstɒr'ɪsəti, AM tə'rɪsət̬i] *n no pl* Historizität *f geh*

historic present *n* LING historisches Präsens *fachspr* **historic site** *n* historische Stätte

historiography [hɪ,stɒrɪ'ɒgrəfi, AM 'stɑ:r'ɑ:grə-] *n no pl* Geschichtsschreibung *f,* Historiographie *f geh*

history ['hɪstəri, AM *also* -əri] **I.** *n* ❶ *no pl* (*past events*) Geschichte *f;* (*study also*) Geschichtswissenschaft *f;* ***our house has a colourful ~*** unser Haus hat eine schillernde Vergangenheit; ***the rest is ~*** der Rest ist Geschichte [*o* bekannt]; **sb's life ~** jds Lebensgeschichte; **to go down in ~ as sth** als etw in die Geschichte eingehen; **to make ~** Geschichte schreiben ❷ (*fig*) ***that's all ~*** das gehört alles der Vergangenheit an; ***Tina and Charles went out together for five years, but they're ~ now*** Tina und Charles waren fünf Jahre ein Paar, aber jetzt sind sie nicht mehr zusammen; (*fam*) ***if that bullet had found its mark you'd be ~ by now*** wenn diese Kugel ihr Ziel nicht verfehlt hätte, wärst du jetzt mausetot *fam;* **ancient ~** (*fig*) kalter Kaffee *fam* ❸ *usu sing* (*background*) Vorgeschichte *f;* ***her family has a ~ of heart problems*** Herzprobleme liegen bei ihr in der Familie; ***there's a long ~ of industrial disputes at that factory*** betriebliche Auseinandersetzungen haben in dieser Fabrik eine lange Tradition **II.** *n modifier* (*book, class*) Geschichts-; **~ question** geschichtliche Frage

histrionic [,hɪstri'ɒnɪk, AM -'ɑ:n-] *adj* theatralisch

histrionically [,hɪstri'ɒnɪkəli, AM -'ɑ:n-] *adv* theatralisch

histrionics [,hɪstri'ɒnɪks, AM -'ɑ:n-] *npl* theatralisches Getue *pej fam;* ***his speech was full of ~ about patriotism*** seine Rede war voll von patriotischem Geschwafel *pej fam*

hit [hɪt] **I.** *n* ❶ (*blow*) Schlag *m;* (*verbal blow*) Seitenhieb *m fig;* ***few animals survive a ~ from a speeding car*** nur wenige Tiere überleben es, wenn sie von einem Auto angefahren werden; **to give sb a ~ [on the head]** jdm einen Schlag [auf den Kopf] versetzen ❷ *esp* AM (*fam: attack [and kill]*) **to score a ~** jdn umlegen *fam* ❸ (*be bombed*) **to suffer** [*or* **take**] **a direct ~** direkt getroffen werden; ***the hurricane scored a direct ~ on Miami*** der Orkan traf Miami mit voller Wucht ❹ (*success*) Hit *m;* **smash ~** Smash-Hit *m;* **his/her greatest ~s** seine/ihre größten Hits; **to be** [*or* **make**] **a [big] ~ with sb** bei jdm gut ankommen; ***she's trying to make a ~ with my brother*** sie versucht, bei meinem Bruder zu landen *fam* ❺ (*in baseball*) Hit *m;* **to score a ~** einen Punkt machen ❻ (*drugs*) Schuss *m sl* ❼ INET (*visit to a web page*) Besuch *m* einer Webseite ❽ COMPUT (*in database*) Treffer *m*
▶ PHRASES: **to <u>get</u> a ~ from doing sth** (*sl*) von etw *dat* einen Kick kriegen *fam;* **to <u>take</u> a [big] ~** einen [großen] Verlust hinnehmen [müssen]
II. *n modifier* (*CD, musical*) Hit-; **~ song** Hit *m;* ***his musical was a ~ show*** sein Musical war ein Riesenerfolg; ***she had a one-~ wonder five years ago*** sie hatte vor fünf Jahren einen einzigen Hit
III. *vt* <-tt-, hit, hit> ❶ (*strike*) ■**to ~ sb/an animal** jdn/ein Tier schlagen; **to ~ sb below the belt** (*fig*) jdm einen Schlag unter der Gürtellinie versetzen *fig fam;* **to ~ sb on** [*or* **over**] **the head** jdn niederschlagen; **to ~ sb in the stomach** jdm einen Schlag in den Magen versetzen; **to ~ sb hard** jdn mit aller Kraft schlagen; **to ~ sb where it hurts** (*fig*) jdn an einer empfindlichen Stelle treffen *fig;* ■**to have been ~** (*by bombs*) getroffen worden sein; ***the house was ~ by lightning*** in das Haus schlug der Blitz ein ❷ (*touch, press*) **to ~ a button** einen Knopf drücken; **to ~ a key** auf eine Taste drücken ❸ (*crash into*) ■**to ~ sth** in etw *akk* hineinkrachen *fam;* ***their car ~ a tree*** ihr Auto krachte gegen einen Baum *fam;* ***she ~ her head on the edge of the table*** sie schlug sich den Kopf an der Tischkante an; ***the glass ~ the floor*** das Glas fiel zu Boden; **to ~ an iceberg** mit einem Eisberg kollidieren; **to ~ a patch of ice** auf Glatteis geraten; **to ~ a reef/a sandbank** auf ein Riff/eine Sandbank auflaufen ❹ (*be shot*) ■**to be ~** getroffen werden; ***I've been ~!*** mich hat's erwischt! *fam;* ***John was ~ in the leg*** John wurde am Bein getroffen ❺ SPORTS **to ~ a ball [with a bat]** einen Ball [mit einem Schläger] treffen; **to ~ sb below the belt** jdn unter der Gürtellinie treffen; **to ~ a century** hundert Punkte erzielen; **to ~ a home run** einen Homerun erzielen ❻ (*affect negatively*) ■**to ~ sb** jdn treffen; **to be badly ~ by sth** von etw *dat* hart getroffen werden; ***San Francisco was ~ by an earthquake last night*** San Francisco wurde letzte Nacht von einem Erdbeben erschüttert ❼ (*fam: arrive at*) ■**to ~ sth** ***we should ~ the main road after five miles or so*** wir müssten in ungefähr fünf Meilen auf die Hauptstraße stoßen; (*go to*) ***we ~ the snack bar for something to eat*** wir gingen in die Snackbar und kauften und was zu essen; ***let's ~ the dance floor*** lass uns tanzen!; (*fig*) ***my sister ~ forty last week*** meine Schwester wurde letzte Woche 40; ***news of the explosion ~ the papers in time for the early editions*** die Nachricht von der Explosion kam rechtzeitig für die Frühausgabe der Zeitung in die Redaktionen; **to ~ 200 kph** 200 Sachen erreichen *fam;* **to ~ rock bottom** [*or* **an all-time low**] einen historischen Tiefstand erreichen ❽ (*encounter*) **to ~ oil** auf Öl stoßen; **to ~ a bad** [*or* **sticky**] **patch** in eine Krise geraten; **to ~ a lot of resistance** auf heftigen Widerstand stoßen; **to ~ the rush hour/a traffic jam** in die Stoßzeit/einen Stau geraten; **to ~ trouble** in Schwierigkeiten geraten ❾ ECON **to ~ the market** auf den Markt kommen ❿ (*occur to sb*) ■**it ~s sb that ...** jdm fällt auf [*o* jd merkt], dass ...; ***has it ever ~ you ...?*** ist dir schon mal aufgefallen, ... ⓫ (*music*) **to ~ a [wrong] note** einen [falschen] Ton treffen; (*fig*) **to ~ the right note** *speech* den richtigen Ton treffen *fig* ⓬ (*fam: take seriously*) ***I've got to ~ the books*** ich muss büffeln *fam* ⓭ INET, COMPUT **to ~ an internet page/a web site** eine Webseite besuchen
▶ PHRASES: **to ~ the <u>bottle</u>** zur Flasche greifen *fig;* **to ~ the <u>ceiling</u>** [*or* **<u>roof</u>**] an die Decke gehen *fig fam;* **to ~ the <u>deck</u>** [*or* **<u>dirt</u>**] sich *akk* zu Boden werfen; ***~ the deck! someone's coming!*** alle Mann 'runter! da kommt jemand!; **to be ~ between the <u>eyes</u>** zwischen den Augen getroffen werden; **to ~ the <u>ground</u> running** etw voller Begeisterung angehen *fam;* **to ~ the <u>hay</u>** [*or* **<u>sack</u>**] in die Falle gehen *fig fam;* **to ~ the <u>headlines</u>** in die Schlagzeilen kommen; **to ~ <u>home</u>** aufgehen; ***the full horror of the war only ~ home when we ...*** der volle Wahnsinn des Krieges ging uns erst auf, als ...; ***his insults really ~ home!*** seine Beleidigungen saßen! *fam;* **to ~ the <u>jackpot</u>** das große Los ziehen; **to ~ the <u>nail</u> on the head** den Nagel auf den Kopf treffen *fig;* **to ~ the <u>road</u>** sich *akk* auf den Weg machen; **to ~ sb for <u>six</u>** BRIT jdn hart treffen; **sth really ~s the <u>spot</u>** etw ist genau das Richtige; **to ~ one's <u>stride</u>** seinen Rhythmus finden; **to not <u>know</u> what has ~ one** aus allen Wolken fallen *fam*
IV. *vi* ❶ (*strike*) ■**to ~ [at sb/sth]** [nach jdm/etw] schlagen; **to ~ hard** kräftig zuschlagen ❷ (*collide*) ***two cars ~ on the sharp bend*** zwei Autos stießen in der scharfen Kurve zusammen ❸ (*attack*) ■**to ~ at sb** jdn attackieren *fig* ❹ (*take effect*) wirken; ***we sat waiting for the alcohol to ~*** wir warteten, bis der Alkohol wirkte

◆**hit back** *vi* zurückschlagen; ■**to ~ back at sb** jdm Kontra geben; **to ~ back with missiles** mit Waffengewalt zurückschlagen

◆**hit off** *vt* ■**to ~ it off [with sb]** sich *akk* prächtig [mit jdm] verstehen

◆**hit on** *vi* ❶ (*think of*) **to ~ [up]on a solution** auf eine Lösung kommen; ***when we first ~ [up]on the idea, ...*** als uns die Idee zum ersten Mal in den Sinn kam,... ❷ AM (*make sexual advances*) ■**to ~ on sb** jdn anmachen *fam* ❸ AM (*attempt to extract [money]*) ■**to ~ on sb** jdn anpumpen *fam*

◆**hit out** *vi* ■**to ~ out [at sb]** [auf jdn] einschlagen; ***he was ~ting out in all directions*** er schlug nach allen Seiten um sich

◆**hit up** *vt* AM (*fam*) **to ~ sb up [for money]** [*or* **to ~ up sb [for money]**] jdn [um Geld] anhauen *fam*

◆**hit upon** *vi* **sb ~s upon an idea** jdm kommt eine Idee; *see also* **hit on 1**

hit-and-miss *adj* zufällig; ***getting to work on time is very much a ~ affair these days*** heutzutage pünktlich zur Arbeit zu kommen, ist mehr oder weniger Glückssache; ***the exam was all very ~*** die Prüfung war ein ziemliches Ratespiel **hit-and-run I.** *n no pl* AUTO Fahrerflucht *f;* MIL Überraschungsüberfall *m* **II.** *adj* **~ accident** Unfall *m* mit Fahrerflucht; **~ attack** MIL Blitzangriff *m;* **~ driver** unfallflüchtiger Fahrer/unfallflüchtige Fahrerin; **~ play** SPORTS *Spieltaktik beim Baseball*

hitch [hɪtʃ] **I.** *n* <*pl* -es> ❶ (*difficulty*) Haken *m,* Schwierigkeit *f;* ***but there is a ~*** abe die Sache hat einen Haken; **a technical ~** ein technisches Problem; **to go off without a ~** reibungslos ablaufen ❷ (*short pull*) Ruck *m;* ***she gave her stockings a quick ~*** sie zog schnell ihre Strümpfe hoch ❸ (*knot*) Knoten *m;* NAUT Stek *m fachspr* **II.** *vt* ❶ (*fasten*) ■**to ~ sth to sth** etw an etw *dat* festmachen; ■**to ~ an animal to sth** ein Tier an etw *dat* festbinden; **to ~ a horse to a cart** ein Pferd vor einen Wagen spannen; **to ~ a trailer to a car** einen Anhänger an einem Auto anhängen ❷ (*fam: hitchhike*) **to ~ a lift** [*or* **ride**] trampen, per Anhalter fahren **III.** *vi* (*fam*) trampen *fam*

◆**hitch up I.** *vt* ❶ (*fasten*) ■**to ~ sth ↻ up [to sth]** etw [an etw *dat*] festmachen; **to ~ up an ani-**

H

mal to a wagon ein Tier vor einen Wagen spannen; **to ~ a trailer up to a car** einen Anhänger an ein Auto anhängen

② (*pull up*) ■**to ~ sth ↔ up** etw hochziehen; ***he ~ed up his trouser leg*** er schob das Hosenbein hoch

II. *vi esp* BRIT (*fam*) rüberrutschen *fam;* ***go on, ~ up a bit!*** los, rutscht mal zusammen! *fam*

hitched [hɪtʃt] *adj* (*fam*) **to get ~** in den Hafen der Ehe einlaufen *hum*

hitcher ['hɪtʃəʳ, AM -ɚ] *n* Anhalter(in) *m(f),* Tramper(in) *m(f)*

hitch-hike *vi* per Anhalter fahren, trampen *fam*

hitch-hiker *n* Anhalter(in) *m(f),* Tramper(in) *m(f) fam*

hitch-hiking *n no pl* Trampen *nt*

hi-tech *n, adj see* **high-tech**

hither ['hɪðəʳ, AM -ɚ] *adv inv* (*dated form*) hierher; **come-~-look** auffordernder Blick; **~ and thither** hierhin und dorthin

hitherto [,hɪðə'tu:, AM -ɚ'-] *adv inv* (*form*) bisher; **~ unpublished** bisher unveröffentlicht

hitlist *n* (*also fig*) Abschussliste *f a. fig* **hit man** *n* Killer *m* **hit-or-miss** *adj see* **hit-and-miss** **hit parade** *n* (*dated*) Hitparade *f veraltend;* **to be at the top of the ~** die Hitparade anführen

hitter ['hɪṭɚ] *n* AM SPORTS Schlagmann, Schlagfrau *m, f;* **leadoff ~** Aufschlagspieler(in) *m(f) fachspr;* **pinch ~** Ersatzspieler(in) *m(f)*

HIV [,eɪtʃaɪ'vi:] I. *n no pl abbrev of* **human immunodeficiency virus** HIV *nt*

II. *n modifier* (*clinic, test*) Aids-

hive [haɪv] I. *n* ① (*beehive*) Bienenstock *m;* (*bees*) ■**the ~** + *sing/pl vb* die Bienen *pl*

② (*busy place*) Ameisenhaufen *m fig;* ***the whole house was a ~ of activity*** das ganze Haus glich einem Ameisenhaufen

II. *vt* **to ~ bees** Bienen in den Stock bringen

III. *vi* in den Stock einfliegen

◆**hive off** *vt esp* BRIT, AUS ① (*separate*) ■**to ~ sth ↔ off** etw ausgliedern; **to ~ work off** Arbeit auslagern

② (*denationalize*) **to ~ off a company** einen Betrieb entstaatlichen [*o* privatisieren]

③ ECON, FIN ■**to ~ off ↔ sth** *company* etw abspalten [*o* ausgliedern]

hives [haɪvz] *n + sing vb* MED Nesselsucht *f kein pl*

HIV-positive *adj* HIV-positiv

hiya ['haɪjə] *interj* (*fam*) hi *fam*

Hizbullah [,hɪzbʊl'ɑ:, AM ,hezbə'lɑ:] *n* REL, MIL Hisbollah *f,* Hisb Allah *f*

HM [,eɪtʃ'em] BRIT *abbrev of* **His Majesty('s), Her Majesty('s)** S.M; (*Queen*) I.M

HMG [,eɪtʃem'dʒi:] *n + sing/pl vb* BRIT *abbrev of* **Her Majesty's Government, His Majesty's Government** ≈ britische Regierung

HMI [,eɪtʃem'aɪ] *n* BRIT HIST (*in schools*) *abbrev of* **Her Majesty's Inspector, His Majesty's Inspector** Schulrat, Schulrätin *m, f*

hmm *interj,* **h'm** [həm] *interj* hm

HMO [,eɪtʃem'əʊ, AM -'oʊ] *n* AM *abbrev of* **health maintenance organization**

HMS [,eɪtʃem'es] *n* BRIT *abbrev of* **Her/His Majesty's Ship** H.M.S.; ***~ Ark Royal will be sailing at dawn*** die H.M.S. Ark Royal läuft im Morgengrauen aus

HMSO [,eɪtʃemes'əʊ] *n no pl* BRIT *abbrev of* **Her/His Majesty's Stationery Office** *britischer Staatsverlag*

HNC [,eɪtʃen'si:] *n* BRIT SCH *abbrev of* **Higher National Certificate** (*diploma*) Fachhochschulzertifikat (**in** in +*dat*); (*course*) **to do an ~ course** einen Fachhochschulkurs besuchen

HND [,eɪtʃen'di:] *n* BRIT SCH *abbrev of* **Higher National Diploma** (*diploma*) Fachhochschuldiplom *nt* (**in** in +*dat*); (*course*) **to do an ~ course** einen Diplomlehrgang an einer Fachhochschule besuchen

ho [həʊ, AM hoʊ] *interj* (*fam: scorn, surprise*) ha; (*attract attention*) he *fam;* (*expressing delight*) **what-~** (*hist*) hoho; NAUT (*hist*) ***land ~!*** Land in Sicht!; (*hist*) ***heave-~!*** hau ruck!; **to give sb the old heave-~** (*sl*) mit jdm Schluss machen

hoagie ['hoʊgi] *n* AM *amerikanisches Riesensandwich*

hoar [hɔ:ʳ, AM hɔ:r] (*liter*) I. *adj* (*dated*) **~-headed** grauhaarig

II. *n no pl* Reif *m*

hoard [hɔ:d, AM hɔ:rd] I. *n* (*of money, food*) Vorrat *m* (**of** an +*dat*); (*treasure*) Schatz *m;* **~ [of weapons]** Waffenlager *nt*

II. *vt* ■**to ~ sth** etw horten; *food also* etw hamstern

III. *vi* Vorräte anlegen

◆**hoard away** *vt* ■**to ~ sth ↔ away** etw horten; *food also* etw hamstern; (*hide*) etw verstecken

◆**hoard up** *vt* ■**to ~ sth ↔ up** etw horten; *food also* etw hamstern

hoarder ['hɔ:dəʳ, AM 'hɔ:rdɚ] *n* Sammler(in) *m(f),* Hamsterer *fam;* ***Meggie is a terrible ~*** Meggie hortet alles

hoarding ['hɔ:dɪŋ] *n* BRIT, AUS ① (*poster*) **[advertising] ~** Plakatwand *f*

② (*fence*) Bauzaun *m*

③ *no pl* (*accumulating*) Horten *nt*

hoar frost *n no pl* [Rau]reif *m*

hoarse [hɔ:s, AM hɔ:rs] *adj* heiser; ***you'll make yourself ~ if you keep shouting like that*** du wirst noch ganz heiser werden, wenn du so weiterschreist; **to shout/talk oneself ~** sich *akk* heiser schreien/reden

hoarsely ['hɔ:sli, AM 'hɔ:r-] *adv* heiser

hoarseness ['hɔ:snəs, AM 'hɔ:r-] *n no pl* Heiserkeit *f;* ***I detected a little ~ in her voice*** ihre Stimme klang etwas heiser

hoary ['hɔ:ri] *adj* (*liter*) ① (*white-haired*) ergraut; (*old*) altehrwürdig *geh*

② (*fig: old*) uralt; (*trite*) abgedroschen; **~ old excuse** lahme Ausrede; **~ old joke** uralter Witz

hoax [həʊks, AM hoʊks] I. *n* (*deception*) Täuschung *f;* (*trick*) Trick *m;* (*joke*) Streich *m;* (*false alarm*) falscher [*o* blinder] Alarm; **bomb ~** vorgetäuschte Bombendrohung

II. *adj* vorgetäuscht; **~ caller** *jd, der telefonisch falschen Alarm auslöst*

III. *vt* ■**to ~ sb** jdn [he]reinlegen *fam,* jdm einen Bären aufbinden *fam;* ***she ~ed him into financing the project*** durch falsche Informationen brachte sie ihn dazu, das Projekt zu finanzieren; ***the police were ~ed into evacuating the area but there was no bomb*** die Polizei wurde in die Irre geführt und evakuierte die Gegend, aber es wurde keine Bombe gefunden; **to ~ sb into believing** [*or* **thinking**] **sth** jdm etw weismachen

hoaxer ['həʊksəʳ, AM 'hoʊksɚ] *n jd, der falschen Alarm auslöst*

hob [hɒb] *n* BRIT Kochfeld *nt;* **ceramic ~** Ceranfeld *nt*

hobbit ['hɒbɪt, AM 'hɑ:b-] *n* LIT Hobbit *m*

hobble ['hɒbḷ, AM 'hɑ:bḷ] I. *vi* hinken, humpeln; **to ~ around on crutches** mit Krücken herumlaufen

II. *vt* ① (*liter: hinder*) ■**to ~ sth** etw behindern

② (*tie legs together*) **to ~ an animal** einem Tier die Beine zusammenbinden

III. *n* ① (*for a horse*) Fußfessel *f*

② (*awkward walk*) Hinken *nt kein pl,* Humpeln *nt kein pl;* ***by the end of the football match he was reduced to a ~*** am Ende des Spiels hinkte er nur noch

hobby ['hɒbi, AM 'hɑ:bi] *n* Hobby *nt*

hobby-horse *n* ① (*dated: toy*) Steckenpferd *nt*

② (*favourite topic*) Steckenpferd *nt*

hobbyist ['hɒbiɪst, AM 'hɑ:b-] *n esp* AM Amateur(in) *m(f);* **computer ~** Computerfreak *m;* **professionals and ~s** Profis und Amateure

hobgoblin [,hɒb'gɒblɪn, AM 'hɑ:b,gɑ:b-] *n* LIT Kobold *m*

hobnail *n* Schuhnagel *m*

hobnailed boot *n* Nagelschuh *m,* genagelter Schuh

hobnob <-bb-> ['hɒbnɒb, AM 'hɑ:bnɑ:b] *vi* (*pej fam*) ■**to ~ with sb** mit jdm verkehren; **to ~ with the rich and famous** sich *akk* unter die Reichen und Berühmten mischen

hobo <*pl* -s *or* -es> ['həʊbəʊ, AM 'hoʊboʊ] *n* AM, AUS (*tramp*) Penner(in) *m(f),* Sandler(in) *m(f)* ÖSTERR; (*itinerant worker*) Wanderarbeiter(in) *m(f)*

Hobson's choice [,hɒbsᵊnz'-, AM 'hɑ:b-] *n* ***but it was a case of ~*** ich hatte einfach keine andere Wahl *hum*

hock¹ [hɒk, AM hɑ:k] *n esp* BRIT (*wine*) *weißer Rheinwein*

hock² [hɒk, AM hɑ:k] *n* (*animal joint*) Sprunggelenk *nt;* (*of a horse*) Fesselgelenk *nt;* AM (*meat*) Hachse *f,* Haxe *f* SÜDD, ÖSTERR

hock³ [hɒk, AM hɑ:k] I. *n* ① (*in debt*) **to be in ~** (*fam*) Schulden haben; **to be in ~ to sb** bei jdm in der Kreide stehen [*o* Schulden haben] *fam*

② (*pawned*) **to be in ~** (*fam*) verpfändet sein

II. *vt* (*fam*) ■**to ~ sth** etw verpfänden

hocked [hɒkt, AM hɑ:kt] *adj* **to be ~ up to the neck** (*fam*) bis zum Hals in Schulden stecken *fam*

hockey ['hɒki, AM 'hɑ:ki] *n no pl* Hockey *nt*

hockey stick *n* Hockeyschläger *m*

hocus-pocus [,həʊkəs'pəʊkəs, AM ,hoʊkəs'poʊ-] *n no pl* Hokuspokus *m;* (*evil tricks*) fauler Zauber *fam*

hod [hɒd, AM hɑ:d] *n* (*for bricks, mortar*) Tragmulde *f;* (*for coal*) Kohleneimer *m*

hodgepodge *n* AM *see* **hotchpotch**

hoe [həʊ, AM hoʊ] I. *n* Hacke *f*

II. *vt* ■**to ~ sth** etw hacken

III. *vi* hacken

hoedown ['hoʊdaʊn] *n* AM ① (*dance*) *amerikanischer Volkstanz;* (*party*) *amerikanisches Volkstanzfest*

② (*sl: noisy fight*) Keilerei *f,* Rauferei *f;* (*noisy argument*) Krach *m fam;* **to have a ~** sich in die Haare kriegen

hog [hɒg, AM hɑ:g] I. *n* ① AM (*pig*) Schwein *nt;* BRIT (*reared for meat*) Mastschwein *nt*

② (*pej fam: greedy person*) Gierschlund *m pej fam*

► PHRASES: **to go the whole ~** ganze Sache machen

II. *vt* <-gg-> (*fam*) ■**to ~ sb/sth [all to oneself]** jdn/etw [ganz für sich *akk*] in Beschlag nehmen; **to ~ the bathroom** das Badezimmer mit Beschlag belegen; **to ~ the limelight** (*fig*) im Rampenlicht stehen; **to ~ the road** (*fam*) die ganze Straße [für sich *akk*] beanspruchen

hoggish ['hɒgɪʃ, AM 'hɑ:g-] *adj* (*pej*) [raff]gierig

Hogmanay ['hɒgməneɪ] *n* SCOT *traditionelles schottisches Neujahrsfest*

hogshead *n* (*barrel*) großes Fass; (*measurement*) *Maßeinheit, entspricht ca. 225 Litern*

hog-tying *n* AM Fesseln *nt* am ganzen Körper **hogwash** *n no pl* (*pej fam*) Quatsch *m pej fam;* ***the film was a load of ~*** der Film war völliger Schwachsinn *pej fam*

ho-ho(-ho) [,həʊ'həʊ(həʊ), AM ,hoʊ'hoʊ(hoʊ)] *interj* ha, ha

ho-hum [,həʊ'hʌm, AM ,hoʊ'-] I. *interj* (*boredom or indifference*) tja; (*inability to prevent sth*) na ja

II. *adj attr, inv* (*fam*) unspektakulär

hoick [hɔɪk] *vt* BRIT (*fam*) **to ~ one's trousers up** sich *dat* die Hose hochziehen

hoi polloi [,hɔɪpə'lɔɪ] *npl* (*pej hum fam*) ■**the ~** das gemeine Volk

hoist [hɔɪst] I. *vt* (*raise, lift*) ■**to ~ sth** etw hochheben; ***he ~ed her onto his shoulders*** er hievte sie auf seine Schultern *fam;* **to ~ a flag** eine Flagge hissen; **to ~ the** [*or* **one's**] **flag** (*fig*) Flagge zeigen; NAUT, MIL das Kommando übernehmen; **to be ~ed to safety** mit dem Hubschrauber in Sicherheit gebracht werden; **to ~ the sail[s]** die Segel hissen

► PHRASES: **we certainly ~ed a few last night** AM wir haben gestern ganz schön gebechert *fam;* **to be ~[ed] with** [*or* **by**] **one's own petard** mit den eigenen Waffen geschlagen werden

II. *n* Winde *f*

hoity-toity [,hɔɪti'tɔɪti, AM -ṭi'tɔɪṭi] *adj* (*dated or pej fam*) eingebildet *pej;* ***she's gone all ~*** sie trägt die Nase ganz schön hoch *fam*

hokey ['hoʊki] *adj* AM *film, story* rührselig; *excuse* abgedroschen; *song, picture* kitschig; ***that's ~*** das ist Quatsch *pej fam*

hokey-cokey [ˌhəʊki'kəʊki] *n*, AM **hokey-pokey** [ˌhoʊki'poʊki] *n* ■**the** ~ Hokey-Pokey *m* (*Gruppentanz im Kreis*)

hokum ['həʊkəm, AM 'hoʊ-] *n no pl* Quatsch *m pej fam*

hold [həʊld, AM hoʊld]

I. NOUN

❶ (*grasp, grip*) Halt *m kein pl;* **to catch** [*or* **grab**] [*or* **get** [**a**]] [*or* **take** [**a**]] ~ **of sb/sth** jdn/etw ergreifen; ***grab ~ of my hand and I'll pull you up*** nimm meine Hand und ich ziehe dich hoch; ***I just managed to grab ~ of Lucy before she fell in the pool*** ich konnte Lucy gerade noch schnappen, bevor sie in den Pool fiel *fam;* **to keep ~ of sth** etw festhalten; **sb loses ~ of sth** jdm entgleitet etw; **sb loses ~ of the reins** jdm gleiten die Zügel aus der Hand

❷ (*fig*) **to take ~ of sth** *custom, fashion* auf etw *akk* überschwappen *fam; fire, epidemic, disease* auf etw *akk* übergreifen

❸ (*esp climbing*) Halt *m kein pl;* ***it's a difficult mountain to climb as there aren't many ~s*** der Berg ist schwierig zu erklettern, weil in der Wand nicht viele Griffe sind; **to lose one's ~** den Halt verlieren

❹ (*wrestling, martial arts*) Griff *m;* **no ~s barred contest** *Wettbewerb, bei dem alle Griffe erlaubt sind;* **to break free from sb's ~** sich *akk* aus jds Griff befreien; **to loosen one's ~ on sb/sth** den Griff an jdm/etw lockern; **to release one's ~ on sb/sth** jdn/etw loslassen

❺ TELEC **to be on ~** in der Warteschleife sein; **to put sb on ~** jdn in die Warteschleife schalten; ***his phone is engaged, can I put you on ~?*** bei ihm ist besetzt, wollen Sie warten?

❻ (*delay*) **to be on ~** auf Eis liegen *fig;* **to put sth on ~** etw auf Eis legen *fig;* ***can we put this discussion on ~ until tomorrow?*** können wir diese Diskussion auf morgen verschieben?

❼ (*control, influence*) Kontrolle *f;* ***the allies maintained their ~ on the port throughout the war*** die Alliierten hielten den Hafen während des gesamten Krieges besetzt; ***get ~ of yourself!*** reiß dich zusammen! *fam;* **to lose one's ~ on life** mit dem Leben nicht mehr fertig werden; **to lose one's ~ on reality** den Sinn für die Realität verlieren; **to have a** [**strong**] **~ on** [*or* **over**] **sb** [starken] Einfluss auf jdn haben; ***he hasn't got any ~ over*** [*or* ***on***] ***me*** er kann mir nichts anhaben

❽ (*fig: everything allowed*) **no ~s barred** ohne jegliches Tabu; ***when he argues with his girlfriend there are no ~s barred*** wenn er mit seiner Freundin streitet, kennt er kein Pardon

❾ (*fig: find*) **to get ~ of sb/sth** jdn/etw auftreiben *fam;* ***I'll get ~ of some crockery for the picnic*** ich besorge Geschirr für das Picknick; ***I'll get ~ of John if you phone the others*** wenn du die anderen anrufst, versuche ich, John zu erreichen; **to get ~ of information** Informationen sammeln

❿ (*understand*) **to get ~ of sth** etw verstehen; **to get ~ of the wrong idea** etw falsch verstehen; ***don't get ~ of the wrong idea*** versteh mich nicht falsch; ***the student already has a good ~ of the subject*** der Student weiß bereits recht gut über das Thema Bescheid

⓫ FASHION *of hairspray, mousse* Halt *m kein pl;* **normal/strong/extra strong ~** normaler/starker/extrastarker Halt

⓬ NAUT, AVIAT Frachtraum *m*

⓭ COMPUT Halteimpuls *m*

II. TRANSITIVE VERB

<held, held> ❶ (*grasp, grip*) ■**to ~ sb/sth** [**tight** [*or* **tightly**]] jdn/etw [fest]halten; **to ~ sb in one's arms** jdn in den Armen halten; **to ~ the door open for sb** jdm die Tür aufhalten; **to ~ a gun** eine Waffe [in der Hand] halten; **to ~ hands** Händchen halten *fam;* **to ~ sb's hand** jds Hand halten; **to ~ sth in one's hand** etw in der Hand halten; **to ~ one's nose** sich *dat* die Nase zuhalten; **to ~ sth in place** etw halten; AUTO **to ~ the road** eine gute Straßenlage haben; ***the latest model ~s the road well when cornering*** das neueste Modell weist in den Kurven gutes Fahrverhalten auf; **to ~ one's sides with laughter** sich *dat* die Seiten vor Lachen halten, sich *akk* vor Lachen krümmen

❷ (*carry*) ■**to ~ sb/sth** jdn/etw [aus]halten [*o* tragen]; ***will the rope ~ my weight?*** wird das Seil mein Gewicht aushalten?

❸ (*maintain*) **to ~ one's head high** (*fig*) erhobenen Hauptes dastehen; **to ~ one's peace** (*fig*) den Mund halten *fam;* **to ~ oneself badly** sich *akk* gehen lassen *fam;* **to ~ oneself in readiness** sich *akk* bereithalten; **to ~ oneself upright** sich *akk* gerade halten; **to ~ oneself well** sich *akk* gut halten

❹ (*retain, restrain*) **to ~ sb's attention** [*or* **interest**] jdn fesseln; **to ~ sb** [**in custody**]/**hostage/prisoner** jdn in Haft/als Geisel/gefangen halten; **to be able to ~ one's drink** [*or* AM *also* **liquor**] Alkohol vertragen; **to ~** [**on to**] **the lead** in Führung bleiben; **to ~ sb to ransom** jdn bis zur Zahlung eines Lösegelds gefangen halten

❺ (*keep*) **to ~ one's course** seinen Kurs [beibe]halten *a. fig;* **to ~ course for sth** NAUT, AVIAT auf etw *akk* Kurs nehmen; **to ~ a note** einen Ton halten; **to ~ the prices at an acceptable level** die Preise auf einem vernünftigen Niveau halten; **to ~ one's serve** SPORTS den Aufschlag halten; **sth is ~ing its value** *pictures, antiques* etw behält seinen Wert; **to ~ sb to his/her word** jdn beim Wort nehmen

❻ (*delay, stop*) ■**to ~ sth** etw zurückhalten; ***we'll ~ lunch until you get here*** wir warten mit dem Essen, bis du hier bist; ***will you ~ my calls for the next half hour, please?*** können Sie bitte die nächste halbe Stunde niemanden durchstellen?; ***she's on the phone at the moment, will you ~ the line?*** sie spricht gerade, möchten Sie warten [*o fam* dran bleiben]?; ***we'll ~ the front page until we have all the details*** wir halten die erste Seite frei, bis wir alle Einzelheiten haben; ***~ everything!*** (*when sth occurs to sb*) stopp!, warte!; (*when sceptical*) moment mal *fam;* ***~ it*** [***right there***]! stopp!; ***ok, ~ it!*** PHOT gut, bleib so!; **to ~ sth in abeyance** etw ruhen lassen; **to ~ one's breath** die Luft anhalten; ***he said he'd finish the report by tomorrow but I'm not ~ing my breath*** (*fig*) er sagte, er würde den Bericht bis morgen fertig machen, aber ich verlasse mich lieber nicht darauf; **to ~ one's fire** MIL das Feuer einstellen, nicht gleich sein ganzes Pulver verschießen *fig fam;* ***~ your fire!*** nicht schießen!; (*fig*) ***stop shouting at me and ~ your fire!*** hör auf mich anzubrüllen und reg dich ab! *fam;* **to ~ confiscated goods/a parcel** konfiszierte Waren/ein Paket einbehalten

❼ (*have room for*) ■**to ~ sth** *bottle, glass, box* etw fassen; COMPUT etw speichern; ***one bag won't ~ all of the shopping*** der Einkauf passt nicht in eine Tüte; ***this room ~s 40 people*** dieser Raum bietet 40 Personen Platz; ***the CD rack ~s 100 CDs*** in den CD-Ständer passen 100 CDs; ***my brain can't ~ so much information at one time*** ich kann mir nicht so viel auf einmal merken; ***this hard disk ~s 13 gigabytes*** diese Festplatte hat ein Speichervolumen von 13 Gigabyte

❽ (*involve*) ■**to ~ sth for sth** für jdn mit etw *dat* verbunden sein; ***fire seems to ~ a fascination for most people*** Feuer scheint auf die meisten Menschen eine Faszination auszuüben; ***death ~s no fear for her*** der Tod macht ihr keine Angst; **sth ~s many disappointments/surprises** etw hält viele Enttäuschungen/Überraschungen bereit

❾ (*possess*) **to ~ land** Land besitzen

❿ (*believe*) ■**to ~ that ...** der Meinung sein, dass ...

◆**hold out I.** *vi* ■**to ~ out for sth** auf etw *dat* bestehen

II. *vt* ■**to ~ out oneself as sth** sich *akk* als etw *akk* ausgeben

◆**hold over** *vt* ■**to ~ sth ○ over** ❶ (*postpone*) etw vertagen

❷ (*allow to occupy property*) ■**to ~ sb ○ over** die Pachtsache [*o* Mietsache] von jdm nicht zurückverlangen

◆**hold to** *vi* LAW ■**to ~ to sth** an etw *akk* festhalten [*o* einhalten]

◆**hold up I.** *vi level* hoch bleiben

II. *vt* ■**to be held up** sich verzögern

holder ['həʊldəʳ, AM 'hoʊldɚ] *n* ❶ (*device*) Halter *m;* **cigarette ~** Zigarettenspitze *f;* **napkin ~** Serviettenhalter *m;* **on a ~** auf einem Halter

❷ (*person*) Besitzer(in) *m(f);* ***to be able to fish here you must be a permit-~*** um hier angeln zu dürfen, brauchen Sie einen Angelschein; **account ~** Kontoinhaber(in) *m(f);* **office-~** Amtsleiter(in) *m(f);* **passport ~** Passinhaber(in) *m(f);* **record ~** Rekordhalter(in) *m(f);* **~ of shares** Aktionär(in) *m(f)*

holding ['həʊldɪŋ, AM 'hoʊld-] *n* ❶ (*tenure*) Pachtbesitz *m*

❷ *usu pl* (*stocks*) ■**~s** *pl* Anteile *mpl;* ***they've got a 30% ~ in our company*** sie sind mit 30% an unserer Firma beteiligt

holding company *n* Dachgesellschaft *f,* Holding *f* **holding ground** *n* NAUT Ankergrund *m* **holding operation** *n* Stabilisierungsstrategie *f* **holding pattern** *n* AVIAT Warteschleife *f*

holdout *n esp* AM Verweigerer *m* **holdover** *n* ❶ AM (*relic*) Überbleibsel *nt* (**from** von +*dat*) ❷ (*temporary*) *jd, der über das Ende seiner Amtsperiode hinaus im Amt bleibt* ❸ AM LAW Inbesitzhalten *nt* [einer Pachtsache/Mietsache nach Vertragsablauf] **hold-up** *n* ❶ (*crime*) Raubüberfall *m* ❷ (*delay*) Verzögerung *f* ❸ COMPUT Aufrechterhaltung *f* der Spannung durch eine USV

hole [həʊl, AM hoʊl] **I.** *n* ❶ (*hollow*) Loch *nt;* **to dig a ~** ein Loch graben

❷ (*gap*) Loch *nt;* **to need sth like one needs a ~ in the head** etw ist für jemanden so überflüssig wie ein Kropf *fam;* **to cut ~s in sth** Löcher in etw *akk* schneiden; **to make a ~ through a wall** ein Loch in eine Wand brechen

❸ (*in golf*) Loch *nt;* **an 18-~ course** ein Golfplatz *m* mit 18 Löchern; **~-in-one** Hole in One *nt*

❹ (*den*) *of mouse* Loch *nt; of fox, rabbit* Bau *m*

❺ (*fam: place*) Loch *nt fam;* ***what a ~ that place was!*** war das vielleicht ein übles Loch!

❻ (*fault*) Schwachstelle *f;* ***the new proposal has several ~s in it*** der neue Vorschlag weist einige Mängel auf; **to pick ~s** [**in sth**] [etw] kritisieren; ***be careful, some people will try to pick ~s in everything you say*** pass auf, einige Leute werden versuchen, alles, was du sagst, auseinander zu nehmen; ***stop picking ~s all the time*** hör auf, ständig das Haar in der Suppe zu suchen

❼ (*fam: difficulty*) **to be in a** [**bit of a**] **~** [ganz schön] in Schwierigkeiten stecken; **to get sb out of a ~** jdm aus der Patsche [*o* Klemme] helfen

❽ *no pl* (*sl: jail*) **to be in the ~** eingelocht sein *fam;* ***he was in the ~ for six weeks*** er war sechs Wochen im Bau

❾ COMPUT (*old: gap*) Loch *nt*

❿ COMPUT (*method*) Defektelektron *nt*

▶ PHRASES: **the black ~ of Calcutta** die reinste Hölle; **to have a ~** [*or* AM *also* **~s**] **in one's head** total bescheuert sein *fam;* **money burns ~s** [*or* **a ~**] **in sb's pocket** jd wirft das Geld mit beiden Händen zum Fenster raus; **to be a round peg in a square ~** wie die Faust aufs Auge passen; **to make a ~ in sb's savings** ein Loch in jds Ersparnisse reißen; **to be** [**half a million dollars**] **in the ~** AM (*fam*) [mit einer halben Million Dollar] in den Miesen sein *fam;* **to blow a ~ in sth** etw über den Haufen werfen

II. *vt* ❶ MIL (*damage*) ■**to ~ sth** Löcher in etw *akk* reißen

❷ (*in golf*) **to ~ a ball** einen Ball einlochen

III. *vi* (*in golf*) **to ~ in one** einlochen

◆**hole out** *vi* (*in golf*) einlochen

◆**hole up** *vi* (*fam*) ■**to ~ up somewhere** sich *akk* irgendwo verkriechen *fam*

hole-in-the-wall *n* ❶ AM (*place*) fertiger Laden *fam* ❷ BRIT (*fam: machine*) Geldautomat *m* **hole**

H

punch *n*, **hole puncher** *n* Locher *m*
holey ['həʊli, AM 'hoʊli] *adj* löchrig
holiday ['hɒlədeɪ, AM 'hɑ:l-] **I.** *n* ❶ BRIT, AUS (*vacation*) Urlaub *m*, Ferien *pl;* **to go on an adventure/a sailing/a skiing** ~ Abenteuer-/Segel-/Skiurlaub machen; **to be entitled to a certain amount of** ~ einen gewissen Urlaubsanspruch haben; **to take three weeks'** ~ drei Wochen Urlaub nehmen; **to be [away] on** ~ Urlaub haben, in Urlaub sein; **to go for a** ~ in Urlaub fahren
❷ (*work-free day*) Feiertag *m;* **high days and ~s** BRIT Festtage und Feiertage; **a public** ~ ein Feiertag *m*
▶ PHRASES: **to have a busman's** ~ BRIT im Urlaub weiterarbeiten
II. *vi* BRIT, AUS Urlaub machen; **to ~ in Spain** Urlaub in Spanien machen
holiday address *n* BRIT, AUS ❶ (*temporary*) Urlaubsadresse *f* ❷ (*for information*) Urlaubsinformationsadresse *f* **holiday camp** *n* BRIT, AUS Ferienlager *nt* **holiday course** *n* BRIT, AUS Ferienkurs *m;* ~ **in English** Englisch-Ferienkurs *m* **holiday destination** *n* BRIT, AUS Reiseziel *nt*, Ferienziel *nt;* **to arrive at** [*or* **reach**] **one's** ~ sein Ferienziel erreichen **holiday entitlement** *n* BRIT, AUS Urlaubsanspruch *m;* **to have a ~ of thirty working days a year** einen Urlaubsanspruch von dreißig Werktagen im Jahr haben **holiday flat** *n* BRIT, AUS Ferienwohnung *f;* **to take** [*or* **rent**] **a** ~ eine Ferienwohnung mieten **holiday house** *n* BRIT, AUS Ferienhaus *nt;* **to take** [*or* **rent**] **a** ~ ein Ferienhaus mieten **holidaymaker** *n* BRIT, AUS Urlauber(in) *m(f)* **holiday mood** *n* ❶ BRIT Urlaubsstimmung *f;* **to be in** [**a**] ~ in Urlaubsstimmung sein ❷ AM Weihnachtsstimmung *f* **holiday package** *n* BRIT, AUS Pauschalpaket *nt;* **to book a** ~ eine Pauschalreise buchen **holiday resort** *n* BRIT, AUS Urlaubsort *m*
holidays ['hɒlədeɪz, AM 'hɑ:l-] *npl* ❶ BRIT, AUS Ferien *pl*, Urlaub *m;* **school** ~ Schulferien *pl;* **to be on one's** ~ im Urlaub sein
❷ AM Weihnachtszeit *f kein pl*
holiday season *n* ❶ BRIT, AUS (*in August*) Urlaubszeit *f;* **during the** ~ während der Urlaubszeit ❷ AM (*Christmas-time*) Weihnachtszeit *f* **holiday snaps** *npl* BRIT, AUS Urlaubsfotos *ntpl*
holier-than-thou [ˌhəʊliəðənˈðaʊ, AM ˌhoʊliə-] *adj* (*pej*) *attitude* selbstgerecht *pej; person* selbstgefällig
holiness ['həʊlɪnəs, AM 'hoʊl-] *n no pl* ❶ (*sanctity*) Heiligkeit *f*
❷ (*piety*) Frömmigkeit *f;* **to lead a life of** ~ ein frommes Leben führen
❸ (*title*) **His/Your H~** Seine/Eure Heiligkeit
holism ['həʊlɪzəm, AM 'hoʊl-] *n no pl* PHILOS Holismus *m*
holistic [hə(ʊ)'lɪstɪk, AM hoʊ'lɪs-] *adj inv* holistisch; **to be** ~ ganzheitlich ausgerichtet sein; ~ **approach** ganzheitlicher Ansatz
holistically [hə(ʊ)'lɪstɪkəli, AM hoʊ'lɪs-] *adv inv* holistisch
holistic medicine *n no pl* ganzheitliche Medizin **holistic therapy** *n* ganzheitliche Therapie
Holland ['hɒlənd, AM 'hɑ:l-] *n no pl* ❶ (*fam: Netherlands*) Holland *nt*
❷ (*Dutch province*) Holland *nt*
holler[1] ['hɒlər, AM 'hɑ:lə-] **I.** *vi esp* AM (*fam*)
❶ (*scream*) schreien
❷ (*call*) brüllen; ***Ma's been ~ing for you!*** Mama hat nach dir gerufen!
II. *vt esp* AM (*fam*) ■**to ~ sth** etw brüllen
III. *n esp* AM (*fam*) Schrei *m;* **to let out a** ~ einen Schrei ausstoßen
holler[2] ['hɑ:lə-] *n* AM Tal *nt*
hollow ['hɒləʊ, AM 'hɑ:loʊ] **I.** *adj* ❶ (*empty*) hohl
❷ (*sunken*) hohl; ~ **cheeks** eingefallene Wangen
❸ (*sound*) hohl, dumpf
❹ (*pej: false*) wertlos; ***there's a rather ~ ring to her profession of complete contentment*** ihre Behauptung, sie sei vollkommen zufrieden, kommt nicht sehr überzeugend rüber *fam;* ~ **laughter** ungläubiges Gelächter; ~ **promise** leeres Versprechen
❺ (*pej: insignificant*) unbedeutend; ~ **victory** schaler Sieg
▶ PHRASES: **to have ~ legs** BRIT (*hum*) wie ein Scheunendrescher fressen *sl;* **to beat sb** ~ jdn haushoch schlagen
II. *n* ❶ (*hole*) Senke *f*
❷ AM (*valley*) Tal *nt*
▶ PHRASES: **to have sb in the ~ of one's hand** jdn [fest] in der Hand haben
III. *adv* ❶ (*empty*) hohl; **to feel** ~ [**inside**] sich [*o* hohl] leer *akk* fühlen
❷ (*hungry*) **to feel ~ inside** ein Loch im Bauch haben *fam*
❸ (*sound*) **to sound** ~ hohl klingen
IV. *vt* ■**to ~ sth** etw aushöhlen
◆**hollow out** *vt* ■**to ~ out** ↔ **sth** etw aushöhlen
hollow-cheeked *adj* hohlwangig **hollow-eyed** *adj* hohläugig
hollowly ['hɒləʊli, AM 'hɑ:loʊ-] *adv* ❶ (*dully*) dumpf
❷ (*falsely*) falsch; **to laugh** ~ gekünstelt lachen
hollowness ['hɒləʊnəs, AM 'hɑ:loʊ-] *n no pl*
❶ (*emptiness*) Hohlheit *f;* ***the ~ of the tree affords a home to a number of small animals and insects*** der ausgehöhlte Baum bietet einer Reihe kleiner Tiere und Insekten eine Heimat
❷ (*falseness*) Falschheit *f;* ***the ~ of his promises convinces nobody anymore*** seine leeren Versprechungen überzeugen niemanden mehr
❸ (*insignificance*) Bedeutungslosigkeit *f*
holly ['hɒli, AM 'hɑ:li] *n* Stechpalme *f*, Ilex *f o m*
hollyhock ['hɒlihɒk, AM 'hɑ:lihɑ:k] *n* BOT Malve *f*
holmium ['həʊlmiəm, AM 'hoʊl-] *n no pl* CHEM Holmium *nt*
holm oak ['həʊm,-, AM 'hoʊ(l)m,-] *n* Steineiche *f*
holocaust ['hɒləkɔ:st, AM 'hɑ:ləkɑ:st] *n* ❶ (*destruction*) Inferno *nt;* **nuclear** ~ nuklearer Holocaust
❷ (*genocide*) Massenvernichtung *f;* ■**the H~** der Holocaust; **H~ survivor/victim** Überlebende(r) *f(m)*/Opfer *nt* des Holocaust[s]
hologram ['hɒləgræm, AM 'hɑ:l-] *n* Hologramm *nt*
holograph ['hɒləgrɑ:f, AM 'hɑ:ləgræf] *n* Holographie *f*
holographic [ˌhɒlə'græfɪk, AM ˌhɑ:l-] *adj inv* holographisch; ~ **picture** holographisches Bild
holographic image *n* COMPUT Hologramm *nt*
holographic will *n* AM LAW eigenhändiges [*o* holographisches] Testament
holography [hɒl'ɒgrəfi, AM hoʊ'lɑ:g-] *n no pl* Holographie *f*
hols [hɒlz] *n pl* BRIT (*fam*) *short for* **holidays** Ferien *pl*, Urlaub *m*
Holstein ['hoʊlstaɪn] *n* AM (*Friesian*) Holsteiner *m*
holster ['həʊlstər, AM 'hoʊlstə-] *n* [Pistolen]halfter *nt o f;* **shoulder** ~ Schulterhalfter *nt*
holy ['həʊli, AM 'hoʊli] *adj* ❶ (*sacred*) heilig; ~ **scriptures** heilige Schriften
❷ (*devout*) gottesfürchtig
❸ (*fig fam: great*) **to have a ~ fear of sth** furchtbare Angst vor etw *dat* haben; **to be a ~ terror** ein furchtbarer Plagegeist sein
▶ PHRASES: ~ **cow** [*or* **mackerel**] [*or* **smoke**] [*or fam!* **shit**]! du heilige Scheiße! *derb;* **to swear by all that is ~ that ...** bei allem schwören, was einem heilig ist, dass ...
Holy Bible *n* ■**the** ~ die Bibel **Holy Communion** *n* ❶ (*service*) heilige Kommunion ❷ (*bread and wine*) heiliges Abendmahl **Holy Ghost** *n* ■**the** ~ der Heilige Geist **Holy Grail** *n* ❶ (*bowl*) ■**the** ~ der Heilige Gral ❷ (*aim*) ■**the ~ of sb/sth** das ehrgeizigste Ziel einer Person/S. *gen* **holy of holies** *n* ❶ (*sanctum*) ■**the** ~ das Allerheiligste ❷ (*hum: special place*) Heiligtum *nt* **holy orders** *npl* ❶ (*rites*) *of Catholic church* Priesterweihe *f; of Protestant church* Amtseinsetzung *f;* **to take** ~ (*in Protestant church*) ins geistliche Amt eingesetzt werden; (*in Catholic church*) zum Priester geweiht werden ❷ (*ranks*) ■**the** ~ der geistliche Stand; **to be in** ~ dem geistlichen Stand angehören **holy roller** *n* AM (*pej fam*) fanatische(r) Gläubige(r) *f(m) pej* **Holy Scripture** *n* ■**the** ~ die Heilige Schrift **Holy See** *n* ■**the** ~ der Heilige Stuhl **Holy Spirit** *n* ■**the** ~ der Heilige Geist **Holy Trinity** *n* ■**the** ~ die Dreieinigkeit **holy war** *n* heiliger Krieg **holy warrior** *n* Gotteskrieger *m* **holy water** *n* Weihwasser *nt* **Holy Week** *n* Karwoche *f*, Passionswoche *f* **Holy Writ** *n* ■**the** ~ die Heilige Schrift
homage ['hɒmɪdʒ, AM 'hɑ:m-] *n no pl* Huldigung *f* (**to** für +*akk*); ***many people came in ~ to the place where ...*** viele Menschen kamen voller Ehrerbietung an den Ort, wo ...; **to pay ~ [to sb]** [jdm] seine Ehrerbietung erweisen *veraltet;* ***on this occasion we pay ~ to him for his achievements*** bei dieser Gelegenheit ehren wir ihn für seine Verdienste
homburg ['hɒmbɜ:g, AM 'hɑ:mbɜ:rg] *n* Homburg *m*
home [həʊm, AM hoʊm] **I.** *n* ❶ (*abode*) Zuhause *nt;* ***haven't you got a ~ to go to?*** (*iron*) hast du kein Zuhause?; **to be not at ~ to sb** für jdn nicht zu sprechen sein; **to come straight from** ~ direkt von zu Hause kommen; **to give sb/an animal a** ~ jdm/einem Tier ein Zuhause geben; **to leave** ~ ausziehen; **to make sth one's** ~ *a country* etw zu seinem Zuhause machen; **to make oneself at** ~ es sich *dat* gemütlich machen; **to set up** ~ sich *dat* eine Wohnung einrichten; **at** ~ zu Hause; **a ~ from** [*or* AM, AUS **away from**] ~ ein zweites Zuhause; **in the** ~ zu Hause
❷ (*house*) Heim *nt;* **luxury** ~ Luxusheim *nt;* **starter** ~ erstes eigenes Heim
❸ (*family*) Zuhause *nt;* **to come from a broken** ~ aus einem kaputten Zuhause kommen; **happy** ~ glückliches Zuhause
❹ (*institute*) Heim *nt;* **old people's** ~ Altersheim *nt*
❺ (*origin*) Zuhause *nt; of species, commodity* Heimat *f;* ***I've lived in England for so long that it feels like ~ now*** ich lebe schon so lange in England, dass es mir so vorkommt, als sei ich hier schon immer zuhause; **at ~ and abroad** im In- und Ausland
❻ COMPUT (*starting point on screen*) Ausgangsstellung *f*
▶ PHRASES: **charity begins at** ~ (*prov*) man muss zuerst an seine eigene Familie denken; **an Englishman's** [*or* AM **man's**] ~ **is his castle** (*prov*) daheim ist der Engländer König (*in England gilt: Trautes Heim, Glück allein*); ~ **is where the heart is** (*prov*) zu Hause ist man dort, wo das Herz schlägt; **to eat sb out of house and** ~ jdm die Haare vom Kopf fressen *fam;* **there's no place like** ~ (*prov*) daheim ist's doch am schönsten; ~ **sweet** ~ (*saying*) trautes Heim; **to feel** [*or* **be**] **at ~ with sb/sth** sich *akk* bei jdm/etw wohl fühlen
II. *n modifier* Heim-; ~ **game** Heimspiel *nt;* ~ **ground** eigener Platz; **the ~ team** die Heimmannschaft
III. *adv inv* ❶ (*to abode*) zuhause; ***hello! I'm ~!*** hallo! ich bin wieder da!; ***on my way*** ~ auf dem Nachhauseweg; **to come/go** ~ nach Hause kommen/gehen
❷ (*to origin*) Heimat *f;* **to go** ~ in seine Heimat zurückgehen; **to send sb** ~ jdn zurück in die Heimat schicken
❸ (*understood*) ***the danger really came ~ to me when I ...*** die Gefahr wurde mir erst richtig bewusst, als ich...; **to bring sth ~ to sb** jdm etw klarmachen; **to drive** [*or* **hammer**] [*or* **ram**] **sth** ~ etw unmissverständlich klar machen; **sth hit** [*or* **went**] ~ *remarks* etw hat gesessen; **to push** [*or* **press**] ~ **sth** etw *dat* [besonderen] Nachdruck verleihen
❹ (*to advantage*) ***she pressed ~ her attack on his bishop by taking his castle*** sie verstärkte den Angriff auf seinen Läufer, indem sie ihm den Turm nahm; **to push ~ an advantage** einen Vorteil ausnutzen
❺ (*to final position*) ***be sure to screw the shelf ~ properly*** pass auf, dass du das Regal gut fest-

schraubst; **to press sth ~** etw gut festdrücken; ***he pushed the bolt ~*** er legte den Türriegel vor
► PHRASES: **to bring ~ the bacon** die Brötchen verdienen; **until** [*or* **till**] **the cows come ~** bis in alle Ewigkeit; ***I could drink this wine till the cows come ~*** diesen Wein könnte ich endlos weitertrinken *fam;* **to be ~ and dry** [*or* AUS **hosed**], **to be ~ free** AM seine Schäfchen ins Trockene gebracht haben; **sth is nothing to write ~ about** etw ist nicht gerade umwerfend [*o* haut einem nicht gerade vom Hocker] *fam;* **who's he/she when he's/she's at ~?** (*hum*) ist er/sie vielleicht was Besonderes?; ***who's Fiona Fortescue-Smith when she's at ~?*** na und wenn schon, wer ist denn diese Fiona Fortescue-Smith?
IV. *vi* (*fam*) ■**to ~ in on sth** ❶ (*aim for*) sich *akk* auf etw *akk* richten; ***the missile ~d in on the ship*** die Rakete flog genau auf das Schiff zu
❷ (*focus*) sich *dat* etw herausgreifen

home address *n* Heimatadresse *f;* ***I need your ~ and your office address*** ich brauche Ihre Privatanschrift und Ihre Geschäftsanschrift **home affairs** *n pl* BRIT POL innere Angelegenheiten; **~ correspondent** Korrespondent(in) *m(f)* für Innenpolitik **home-baked** *adj inv* selbst gebacken **home banking** *n no pl* Homebanking *nt* **home bird** *n* BRIT (*fam*) häuslicher Mensch; (*pej*) Stubenhocker(in) *m(f) pej* **home birth** *n* Hausgeburt *f* **homebody** *n esp* AM häuslicher Mensch; (*pej*) Stubenhocker(in) *m(f) pej;* (*man*) Hausmann *m oft pej;* (*woman*) Heimchen *nt* am Herd *meist pej* **homeboy** *n esp* AM ❶ (*local male*) Junge *m* aus dem Viertel ❷ (*sl: gang member*) Gangmitglied *nt* **home brew** *n* selbst gebrautes Bier **home-brewed** *adj inv* selbst gebraut **home buyer** *n* Hauskäufer(in) *m(f)* **homecoming** *n* ❶ (*return*) Heimkehr *f kein pl* ❷ AM (*reunion*) Ehemaligentreffen *nt;* **~ queen** *Schönheitskönigin beim Ehemaligentreffen*

home computer *n* (*dated*) Heimcomputer *m veraltend* **home cooking** *n no pl* Hausmannskost *f* **Home Counties** *npl* BRIT *an London angrenzende Grafschaften in Südostengland* **home economics** *n + sing vb* Hauswirtschaft[slehre] *f* **home exercise machine** *n* Heimtrainer *m* **home free** *adj pred, inv* AM (*fam*) **to be ~** es geschafft haben **home front** *n* ■**the ~** ❶ (*civilians*) ***soldiers at the front are always pleased to get news from the ~*** Soldaten an der Front freuen sich immer über Neuigkeiten von Zuhause ❷ (*hum: at home*) ***how are things on the ~?*** na, wie läuft's denn so Zuhause? **home girl** *n* (*sl: Black English*) Gleichgesinnte *f*, gute Freundin (*mit der man auf einer Linie ist*) **home-grown** *adj inv* aus dem eigenen Garten; **~ vegetables** Gemüse *nt* aus eigenem Anbau **home help** *n* BRIT Haushaltshilfe *f*

homeland *n* ❶ (*origin*) Heimat *f*, Heimatland *nt* ❷ (*hist: in South Africa*) Homeland *nt*

homeless ['həʊmləs, AM 'hoʊm-] **I.** *adj inv* heimatlos; ■**to be ~** obdachlos sein
II. *n* **the ~** *pl* die Obdachlosen *pl*

homelessness ['həʊmləsnəs, AM 'hoʊm-] *n no pl* Obdachlosigkeit *f*

homelike ['həʊmlaɪk, AM 'hoʊm-] *adj* heimelig

homeliness ['həʊmlɪnəs, AM 'hoʊm-] *n no pl* ❶ *esp* BRIT, AUS (*plainness, familiarity*) Vertrautheit *f*
❷ AM, AUS (*pej: ugliness*) Unansehnlichkeit *f*

home loan *n* Hypothek *f*

homely ['həʊmli, AM 'hoʊm-] *adj* ❶ *esp* BRIT, AUS (*plain*) schlicht, aber gemütlich
❷ AM, AUS (*pej: ugly*) unansehnlich, hässlich

home-made *adj inv* hausgemacht; **~ cake** selbst gebackener Kuchen; **~ jam** selbst gemachte Marmelade **homemaker** *n* Hausmann, Hausfrau *m, f;* **to be the ~** den Haushalt führen **home market** *n* Binnenmarkt *m;* ***the book sold better in the ~*** das Buch verkaufte sich besser auf dem inländischen Markt **home movie** *n* Amateurfilm *m* **home number** *n* Privatnummer *f* **Home Office** *n + sing/pl vb* BRIT ■**the ~** das Innenministerium

homeopath ['həʊmiə(ʊ)pæθ, AM 'hoʊmioʊ-] *n* Homöopath(in) *m(f)*

homeopathic ['həʊmiə(ʊ)pæθɪk, AM 'hoʊmioʊ-] *adj inv* homöopathisch

homeopathy [ˌhəʊmi'ɒpəθi, AM ˌhoʊmi'ɑ:p-] *n no pl* Homöopathie *f*

homeostasis [ˌhəʊmiə(ʊ)'steɪsɪs, AM ˌhoʊmioʊ'-] *n no pl* physiologisches Gleichgewicht

homeostatic [ˌhəʊmiə(ʊ)'stætɪk, AM ˌhoʊmioʊ'stæṭɪk] *adj inv* physiologisch; **to disrupt ~ balance** das physiologische Gleichgewicht stören

homeowner *n* Hausbesitzer(in) *m(f)* **home page** *n* COMPUT Homepage *f* **home phone number** *n* Privatnummer *f* **home plate** *n* AM (*in baseball*) Schlagmal *nt* **home port** *n* Heimathafen *m* **home position** *n* AM SPORTS *im Baseball letztes Laufmal vor dem Ziel*

homer ['hoʊmɚ] *n* AM (*in baseball*) *Punkt bringender Lauf um alle vier Male beim Baseball*

Homeric [həʊ'merɪk, AM hoʊ'] *adj* ❶ *inv* (*of or in the style of Homer*) homerisch
❷ (*epic and large-scale*) episch

home rule *n no pl* [politische] Selbstverwaltung **home run** *n* AM *Punkt bringender Lauf um alle vier Male beim Baseball* **homeschool** *vt esp* AM ■**to ~ sb** jdm Hausunterricht erteilen, jdn zu Hause unterrichten **homeschooling** *esp* AM **I.** *n no pl* Unterricht *m* zu Hause **II.** *n modifier* **~ parents** Eltern, die ihre Kinder zu Hause unterrichten [*o* unterrichten lassen] **Home Secretary** *n* BRIT ■**the ~** der Innenminister/die Innenministerin **homesick** *adj* **to be** [*or* **feel**] **~** [**for sth**] [nach etw *dat*] Heimweh haben; **to be very ~** schlimmes Heimweh haben **homesickness** *n no pl* Heimweh *nt;* **to suffer terrible ~** schreckliches Heimweh haben **homespun** *adj* hausbacken *pej;* **~ philosophy** eigene Lebensphilosophie; **~ wisdom** Lebensweisheit *f* **homestead** ['həʊmsted, AM 'hoʊm-] *n* ❶ AUS, NZ *Wohnhaus auf einer Schaffoder Rinderfarm* ❷ AM (*old*) *Stück Land, das den Siedlern zugewiesen wurde* ❸ AM LAW Familienheim *nt* **home straight** *n*, **home stretch** *n* Zielgerade *f a. fig;* **to be on the ~** auf der Zielgerade sein *a. fig* **hometown** *esp* AM **I.** *n* Heimatstadt *f* **II.** *n modifier* heimische(r, s); **~ football team** Fußballmannschaft *f* der Heimatstadt; **~ newspaper** Lokalzeitung *f* **home truth** *n* bittere Wahrheit; **to tell sb a few ~s** jdm die Augen öffnen **home tutor** *n* Privatlehrer(in) *m(f)*, Hauslehrer(in) *m(f) veraltend* **home visit** *n* Hausbesuch *m;* **to make** [*or* **go on**] **a ~** einen Hausbesuch machen

homeward ['həʊmwəd, AM 'hoʊmwɚd] *inv* **I.** *adv* heimwärts, nach Hause; **~ bound journey** Heimreise *f*
II. *adj* heimwärts; **~ journey** Heimreise *f*, Rückreise *f*

homewards ['həʊmwədz, AM 'hoʊmwɚdz] *adv inv* heimwärts; *see also* **homeward I**

homework *n no pl* ❶ (*schoolwork, research*) Hausaufgaben *fpl a. fig;* ***have you done your ~?*** hast du deine Hausaufgaben gemacht? ❷ (*paid work*) Heimarbeit *f;* **to do ~** Heimarbeit machen **homeworker** *n* Heimarbeiter(in) *m(f)* **homeworking** *n no pl* Heimarbeit *f*

homey ['həʊmi, AM 'hoʊmi] *adj* AM, AUS heimelig

homicidal [ˌhɒmɪ'saɪdᵊl, AM ˌhɑ:mə'-] *adj* AM, AUS gemeingefährlich; **~ maniac** gemeingefährlicher Irrer/gemeingefährliche Irre; **to have ~ tendencies** einen Drang zum Töten haben

homicide ['hɒmɪsaɪd, AM 'hɑ:mə-] AM, AUS **I.** *n* LAW ❶ *no pl* (*murdering*) Tötung *f*, Mord *m;* **to be found** [**not**] **guilty of ~** des Mordes für [nicht] schuldig befunden werden; **to be convicted of ~** wegen Mordes verurteilt werden
❷ (*death*) Mordfall *m*
II. *n modifier* LAW **~ case** Mordfall *m;* **~ rate** Mordrate *f;* **~ squad** Mordkommission *f;* **~ victim** Mordopfer *nt*

homily ['hɒmɪli, AM 'hɑ:mə-] *n* (*pej*) Moralpredigt *f* (**on** über +*akk*); **to deliver a ~** eine Moralpredigt halten

homing ['həʊmɪŋ, AM 'hoʊm-] **I.** *adj attr, inv* **~ instinct** Heimfindevermögen *nt;* **~ device** Peilsender *m*
II. *n* COMPUT Quellenfindung *f*

homing pigeon *n* Brieftaube *f*

hominy ['hɑ:mɪni] *n no pl* AM grobes Maismehl

homo ['həʊməʊ, AM 'hoʊmoʊ] **I.** *n* (*pej fam*) Homo *m pej fam*
II. *adj* (*esp pej fam: of homosexuals*) homo *sl*

homoeopath *n see* **homeopath**

homoeopathic *adj inv see* **homeopathic**

homoeopathy *n no pl see* **homeopathy**

homoerotic [ˌhəʊməʊɪ'rɒtɪk, AM ˌhoʊmoʊɪ'rɑ:ṭɪk] *adj* homoerotisch

homogeneity [ˌhəʊmə(ʊ)dʒə'ni:əti, AM ˌhoʊmoʊdʒə'ni:əṭi] *n no pl* Homogenität *f;* **cultural ~** kulturelle Ähnlichkeit

homogeneous [ˌhɒmə'dʒi:niəs, AM ˌhoʊmoʊ'-] *adj* homogen; **~ computer network** homogenes Computernetz

homogenize [hə'mɒdʒənaɪz, AM -'mɑ:dʒ-] *vt* ❶ CHEM **to ~ milk** Milch homogenisieren
❷ (*unify*) ■**to ~ sth** etw homogenisieren; ***somehow we have to ~ this bunch of individuals*** irgendwie müssen wir diesen Haufen von Einzelkämpfern zusammenbringen

homogenized [hə'mɒdʒənaɪzd, AM -'mɑ:dʒ-] *adj inv* CHEM homogenisiert; **~ milk** homogenisierte Milch

homogenous [hə'mɒdʒənəs, AM -'mɑ:dʒ-] *adj* homogen

homograph ['hɒməgrɑ:f, AM 'hɑ:məgræf] *n* LING Homograph *nt fachspr*

homologous [hə'mɒləgəs, AM hoʊ'mɑ:lə] *adj inv* BIOL, MATH, CHEM homolog

homo milk *n no pl* CAN [homogenisierte] Vollmilch *f*

homonym ['hɒmənɪm, AM 'hɑ:m-] *n* LING Homonym *nt*

homophobe ['hɒməfəʊb, AM 'hoʊməfoʊb] *n* homophober Mensch *geh*

homophobia [ˌhɒmə'fəʊbiə, AM ˌhoʊmə'foʊ-] *n no pl* Homophobie *f*

homophobic [ˌhɒmə'fəʊbɪk, AM ˌhoʊmə'foʊ-] *adj* homophob

homophone ['hɒməfəʊn, AM 'hɑ:məfoʊn] *n* LING Homophon *nt fachspr*

Homo sapiens [ˌhəʊməʊ'sæpienz, AM ˌhoʊmoʊ'seɪp-] *n no pl* Homo sapiens *m*

homosexual [ˌhəʊmə(ʊ)'sekʃuəl, AM ˌhoʊmoʊ'-]
I. *adj inv affair, desire* homosexuell
II. *n* Homosexuelle(r) *f(m)*

homosexuality [ˌhəʊmə(ʊ)ˌsekʃu'æləti, AM ˌhoʊmoʊˌsekʃu'æləṭi] *n no pl* Homosexualität *f*

homuncule [hə'mʌŋkju:l, AM hoʊ'], **homunculus** <*pl* homunculi *or* homuncules> [hə'mʌŋkjələs, AM hoʊ'] *n* Homunkulus *m*

hon[1] [hʌn] *n esp* AM (*fam*) *short for* **honey** Liebling *m*, Baby *nt sl*

hon[2] [ɒn] *adj attr, inv esp* BRIT *abbrev of* **honorary** 1 Ehren-

Hon [ɒn] *adj attr, inv abbrev of* **Honourable** geehrt, ehrenhaft

honcho ['hɒn(t)ʃəʊ, AM 'hɑ:ntʃoʊ] *n* (*usu hum fam*) [**head**] **~** Leiter(in) *m(f)*

Honduran [hɒn'djʊərən, AM hɑ:n'dʊrən] **I.** *n* Honduraner(in) *m(f)*
II. *adj inv* honduranisch

hone [həʊn, AM hoʊn] **I.** *n* Schleifstein *m*, Wetzstein *m*
II. *vt* ❶ (*sharpen*) ■**to ~ sth** etw schleifen
❷ (*refine*) ■**to ~ sth** etw verfeinern; ***her debating skills were ~d in the students' union*** ihre Redekünste bekamen ihren letzten Schliff in der Studentenvereinigung
❸ (*reduce*) ■**to ~ sth to sth** etw zu etw *dat* zusammenschrumpfen lassen
◆**hone down** *vt* ■**to ~ down** ⟳ **sth** etw reduzieren; **to ~ sth down to the bare bones** [*or* **essentials**] etw auf ein Minimum reduzieren

honest ['ɒnɪst, AM 'ɑ:n-] *adj* ❶ (*truthful*) ehrlich;

H

what's your ~ opinion of her work? jetzt mal ehrlich – was halten Sie von ihrer Arbeit?; ▪**to be ~ with oneself** sich *dat* selbst gegenüber ehrlich sein, ehrlich mit sich *dat* selbst sein
❷ (*trusty*) redlich; ***he had an ~ face*** er hatte ein ehrliches Gesicht
❸ *attr* (*correct*) ehrlich, ordentlich; **to make an ~ living** ein geregeltes Einkommen haben
❹ (*blameless*) *mistake* schuldlos
▸ PHRASES: **to play the ~ broker** die Rolle des Vermittlers spielen; **to be as ~ as the day [is long]** eine ehrliche Haut sein; ~ **[to God]!** ehrlich!; ***I didn't take the money, ~ I didn't!*** ich habe das Geld nicht genommen, ich schwör's!; **to earn** [*or* **turn**] **an ~ penny** [*or* AM **dollar**] ehrliches Geld verdienen; **to make an ~ woman of sb** (*dated or hum*) eine Frau ehelichen *veraltend;* **to be ~ [with you]**, ... um [dir] die Wahrheit zu sagen, ...

honest broker *n esp* BRIT Vermittler(in) *m(f)*

honest injun [-'ɪndʒən] *interj* AM (*usu childspeak fam*) ~! [ganz] ehrlich!; ***I didn't do it, ~!*** ich habe nichts gemacht, ich schwör's!

honestly ['ɒnɪstli, AM 'ɑːn-] **I.** *adv* ❶ (*truthfully*) ehrlich; ***I ~ didn't know*** ich hatte wirklich keine Ahnung!
❷ (*really*) wirklich; ***he couldn't quite ~ tell me whether ...*** er konnte mir nicht mit absoluter Sicherheit sagen, ob ...
II. *interj* ❶ (*promising*) [ganz] ehrlich!; ***I'll do it tomorrow, ~ I will*** ich mach's morgen, ich versprech's!
❷ (*disapproving*) also ehrlich!

honest-to-God *adj attr, inv* ehrlich **honest-to-goodness** *adj attr, inv* ehrlich; ***he likes ~ home cooking*** er mag bodenständige Hausmannskost; **an ~ account** ein wahrheitsgetreuer Bericht

honesty ['ɒnɪsti, AM 'ɑːn-] *n no pl* Ehrlichkeit *f;* **in all ~** ganz ehrlich; ▪**to have the ~ to do sth** so ehrlich sein, etw zu tun
▸ PHRASES: ~ **is the best policy** (*prov*) ehrlich währt am längsten *prov*

honey ['hʌni] *n* ❶ *no pl* (*fluid*) Honig *m;* **clover ~** Kleehonig *m;* **heather ~** Heidehonig *m;* **runny/set ~** flüssiger/fester Honig
❷ *esp* AM (*sweet person*) Schatz *m;* (*sl: attractive young woman*) Süße *f,* Baby *nt sl*
❸ *esp* AM (*fam: good thing*) ***that's a ~ of a dress*** das ist ja ein tolles Kleid
❹ (*darling*) Schatz *m;* (*to little child*) Schätzchen *nt*
▸ PHRASES: **a land flowing with milk and ~** ein Land, darin Milch und Honig fließen

honeybee *n* [Honig]biene *f* **honey bun** *n* AM, **honey bunch** *n* AM Schatz *m,* Schätzchen *nt*

honeycomb I. *n* ❶ (*wax*) Bienenwabe *f* ❷ (*food*) Honigwabe *f* ❸ (*complex*) Labyrinth *nt* **II.** *n modifier* wabenförmig; ~ **pattern** Wabenmuster *nt*

honeycombed *adj pred* ▪**to be ~ with sth** von etw *dat* durchzogen sein **honeydew** *n* ❶ *no pl* (*on leaf*) Honigtau *m* ❷ (*melon*) Honigmelone *f* **honeydew melon** *n* Honigmelone *f* **honey-eater** *n* Honigfresser *m*

honeyed ['hʌnid] *adj speech, voice* honigsüß

honeymoon I. *n* ❶ (*after marriage*) Flitterwochen *pl; **where are you going on [your] ~?*** wohin geht eure Hochzeitsreise?; ~ **couple** Flitterwöchner *pl*
❷ *usu sing* (*period*) Schonfrist *f* **II.** *vi **they are ~ing in the Bahamas*** sie verbringen ihre Flitterwochen auf den Bahamas **honeymooners** *npl* Flitterwöchner *pl* **honeymoon period** *n usu sing* Schonfrist *f*

honey-pot *n* Honigtopf *m;* **like bees round a ~** wie Motten ums Licht **honeysuckle** *n* Geißblatt *nt* **honey trap** *n* BRIT ❶ (*attraction*) Attraktion *f* ❷ (*lure*) ≈ Sexfalle *f*

Hong Kong [ˌhɒŋ'kɒŋ, AM ˌhɑːŋ'kɑːŋ] *n no pl* Hongkong *nt*

honk [hɒŋk, AM hɑːŋk] **I.** *n* ❶ (*by goose*) Schrei *m*
❷ (*beep*) Hupen *nt*
II. *vi* ❶ (*cry*) *goose* schreien
❷ (*beep*) hupen; ***the sound of the lorry ~ woke me up*** der hupende Lastwagen weckte mich auf
❸ BRIT (*sl: vomit*) kotzen *sl*
III. *vt* ❶ (*cry*) ▪**to ~ sth** ***the geese ~ed a warning as we walked past*** die Gänse stießen Warnschreie aus, als wir vorbeigingen
❷ (*beep*) **to ~ one's horn** auf die Hupe drücken
◆**honk up** BRIT **I.** *vi* (*sl*) kotzen *sl derb*
II. *vt* (*sl*) ▪**to ~ up** ⊂ **sth** etw rauskotzen *sl derb*

honking ['hɒŋkɪŋ, AM 'hɑːŋk-] *n* ❶ (*crying*) Schreien *nt;* **the ~ of geese** der Schrei der Gänse
❷ (*beeping*) Hupen *nt*

honky ['hɑːŋki] *n* AM (*pej sl*) Weiße(r) *f(m)*

honky-tonk ['hɑːŋkitɑːŋk] AM **I.** *n modifier*
❶ (*squalid*) schräg
❷ (*ragtime*) ~ **piano** klimperndes Klavier
II. *n* Schuppen *m fam*

honor *n* AM *see* **honour**

honorable *adj* AM *see* **honourable**

honorable discharge *n* AM MIL ehrenvoller Abschied

honorably *adv* AM *see* **honourably**

honorarium <*pl* -s *or* -ria> [ˌɒnə'reəriəm, AM ˌɑːnə'rer-, *pl* -riə] *n* (*form*) [freiwillig gezahltes] Honorar; **to pay/receive a ~** ein Honorar bezahlen/erhalten

honorary ['ɒnərəri, AM 'ɑːnəreri] *adj attr, inv* ❶ (*unpaid*) ehrenamtlich; ~ **member/president** Ehrenmitglied *nt*/-präsident(in) *m(f)*
❷ UNIV **to award sb an ~ degree** [*or* **doctorate**] jdm die Ehrendoktorwürde verleihen

honorific [ˌɒnər'ɪfɪk, AM ˌɑːnə'rɪf-] *adj attr* ehrfürchtig; ~ **form of address** respektvolle Anrede; ~ **title** Ehrentitel *m*

honoris causa [ɒˌnɔːrɪs'kaʊzə, AM həˌnɔːrɪs'kɔːzə] *adv inv* **to be awarded a degree ~** eine Ehrenauszeichnung bekommen

honor roll *n* AM Ehrenrolle *f*

honors course *n* AM UNIV *Vorlesung für Hochbegabte* **honors degree** *n* AM UNIV Examen *nt* mit Auszeichnung **honors program** *n* AM UNIV *Studium für Hochbegabte*

honour ['ɒnəʳ], AM **honor** ['ɑːnɚ] **I.** *n* ❶ *no pl* (*honesty*) Ehre *f;* ***I want to win so that ~ is satisfied*** ich will gewinnen, damit meine Ehre wiederhergestellt ist *hum;* ***the children were on their ~ to go to bed at ten o'clock*** die Kinder hatten versprochen, um zehn Uhr ins Bett zu gehen; **one's word of ~** sein Ehrenwort *nt;* **to be/feel [in] ~ bound to do sth** es als seine Pflicht ansehen, etw zu tun
❷ *no pl* (*esteem*) **as a mark of ~** als Zeichen der Ehre; **in the place of ~** am Ehrenplatz; ▪**in ~ of sb/sth** zu Ehren einer Person/S. *gen*
❸ *usu sing* (*credit*) **to be** [*or* **bring**] [*or* **do**] **an ~ to sb/sth** jdm/etw Ehre machen; ***these women were an ~ to their country*** diese Frauen haben ihrem Land alle Ehre gemacht
❹ (*privilege*) Ehre *f;* ▪**to do sb the ~ of doing sth** (*form or hum*) jdm die Ehre erweisen, etw zu tun *geh;* ***she did me the ~ of allowing me to help her with the washing-up*** sie war so gnädig, mir zu gestatten, ihr beim Abwasch zu helfen *iron;* ▪**to have the ~ of doing sth** die Ehre haben, etw zu tun *a. iron*
❺ (*reputation*) guter Ruf; **to stake one's ~ on sth** sein Ehrenwort für etw *akk* geben
❻ (*award*) Auszeichnung *f*
❼ *no pl* (*competence*) **to acquit oneself with ~** sich *akk* durch gute Leistungen auszeichnen
❽ (*title*) **Her H~** die vorsitzende Richterin; **His H~** der vorsitzende Richter; **Your H~** Euer Ehren
❾ (*in golf*) *Recht, den Golfball vom ersten Abschlag zu spielen*
❿ *no pl* (*dated: chastity*) **to defend one's ~** (*dated*) seine Ehre verteidigen
▸ PHRASES: **there's ~ among thieves** (*prov*) es gibt auch so etwas wie Ganovenehre; ~ **bright** BRIT (*dated*) ehrlich; **on** [*or* **upon**] **my ~** bei meiner Ehre
II. *vt* ❶ (*form: respect*) ▪**to ~ sb/sth** jdn/etw in Ehren halten; **to be** [*or* **feel**] **~ed** sich *akk* geehrt fühlen
❷ (*praise*) ▪**to ~ sb/sth [with sth]** jdn/etw [mit etw *dat*] ehren
❸ (*fulfil*) ▪**to ~ sth** *order* etw erfüllen
❹ (*grace*) **to ~ sth with one's presence** etw mit seiner Gegenwart beehren
❺ FIN (*accept*) ▪**to ~ sth** etw anerkennen und bezahlen; *bill* etw begleichen

honourable ['ɒnərəbl̩], AM **honorable** ['ɑːnɚ-] *adj* ❶ (*worthy*) ehrenhaft; **an ~ agreement** ein ehrenvolles Abkommen; **to have ~ intentions** (*dated or hum*) ehrliche Absichten haben; ~ **person** ehrenwerter Mensch; ▪**it is ~ to do sth** es ist ehrenhaft, etw zu tun
❷ *attr, inv* BRIT (*MP*) ***the ~ member for Bristol West will now address us*** der Herr Abgeordnete für West-Bristol wird nun zu uns sprechen

honourable mention *n* besondere Ehrung; **to get an ~** lobend erwähnt werden

honourably ['ɒnərəbli], AM **honorably** ['ɑːnɚ-] *adv* ehrenhaft

honours ['ɒnəz], AM **honors** ['ɑːnɚz] *npl* ❶ (*respect*) Ehrerbietung *f geh;* ***he was buried with full military ~*** er wurde mit allen militärischen Ehren beigesetzt; **to do the ~** (*hum*) den Gastgeber/die Gastgeberin spielen; **to receive sb with full ~** jdn mit allen Ehren empfangen
❷ UNIV (*form*) Examen *nt* mit Auszeichnung
▸ PHRASES: **~s are even** BRIT es herrscht Gleichstand

honours degree *n* BRIT UNIV Examen *nt* mit Auszeichnung **honours list** *n* BRIT *Liste von Leuten, die öffentlich durch die Monarchin/den Monarchen geehrt werden und einen Titel (z.B. MBE, OBE) erhalten*

hooch [huːtʃ] *n no pl* AM (*sl*) Fusel *m fam*

hood¹ [hʊd] *n* ❶ (*cap*) Kapuze *f;* **sweatshirt with a ~** Kapuzensweatshirt *nt*
❷ (*mask*) Maske *f*
❸ (*shield*) Haube *f;* **cooker ~** Abzugshaube *f;* **pram** [*or* AM **stroller**] **~** Kinderwagenschutzdach *nt*
❹ AM AUTO (*bonnet*) [Motor]haube *f*
❺ BRIT AUTO (*folding top*) Verdeck *nt*

hood² [hʊd] *n esp* AM ❶ (*gangster*) Kriminelle(r) *f(m),* Ganove *m veraltend*
❷ (*thug*) Rowdy *m*

hood³ [hʊd] *n* AM (*sl*) Nachbarschaft *f;* ***... although he wasn't from the ~ ...,*** obwohl er nicht aus unserem Viertel kam

hooded ['hʊdɪd] *adj inv* ❶ *clothing* Kapuzen-; ~ **anorak** Anorak *m* mit Kapuze
❷ (*masked*) maskiert
❸ (*eyes*) **to have ~ eyes** Schlupflider haben

hoodlum ['huːdləm, AM *usu* 'hʊd-] *n* ❶ (*gangster*) Kriminelle(r) *f(m),* Ganove *m veraltend*
❷ (*thug*) Rowdy *m*

hoodoo ['huːduː] *n* ❶ *no pl* (*witchcraft, voodoo*) Voodoo *m*
❷ (*run of bad luck*) Pechsträhne *f*

hoodwink ['hʊdwɪŋk] *vt* ▪**to ~ sb** jdn hereinlegen; ▪**to ~ sb into doing sth** jdn dazu verleiten, etw zu tun; ▪**to ~ sb out of sth** jdn um etw *akk* betrügen

hooey ['huːi] *n no pl* (*fam*) dummes Zeug *fam,* Quatsch *m fam*

hoof [huːf, AM *esp* hʊf] **I.** *n* <*pl* **hooves** *or* -s> Huf *m;* ***beef was bought on the ~ at the market*** das Fleisch wurde auf dem Markt als lebende Ware gekauft
▸ PHRASES: **to do sth on the ~** BRIT etw schlampig machen
II. *vt* (*fam*) **to ~ it** laufen, zu Fuß gehen

hoo-ha ['huːhɑː] *n no pl* (*fam*) Wirbel *m,* Trubel *m;* ***what a lot of ~ about nothing!*** was für ein Tamtam wegen nichts!; **to cause a lot of ~** viel Wirbel verursachen

hook [hʊk] **I.** *n* ❶ (*bent device*) Haken *m;* **coat ~** Kleiderhaken *m;* **crochet ~** Häkelnadel *f;* **~ and eye** Haken und Öse; **fish ~** Angelhaken *m*
❷ (*in boxing*) Haken *m*
❸ (*in cricket*) *Schlag beim Cricket*
❹ (*telephone cradle*) [Telefon]gabel *f;* **to leave the phone off the ~** den Telefonhörer nicht auflegen
❺ COMPUT Hook *m*

► PHRASES: **by ~ or by crook** auf Biegen und Brechen *fam;* **to fall for** [*or* **swallow**] **sth ~, line and sinker** voll auf etw *akk* hereinfallen *fam;* **to be off the ~** aus dem Schneider sein; **to get the ~** AM (*fam*) entlassen werden; **to get one's ~s into** [*or* **on**] **sb** jdn unter Kontrolle haben; ***this product has really got its ~s into the American market*** dieses Produkt hat auf dem amerikanischen Markt wirklich eingeschlagen; **to get** [*or* **let**] **sb off the ~** jdn herauspauken *fam;* **to give sb the ~** [**for sth**] AM (*fam*) jdn [für etw *akk*] entlassen; **to sling one's ~** BRIT (*fam*) die Hufe schwingen *fam*
II. *vt* ❶ (*fish*) **to ~ a fish** einen Fisch an die Angel bekommen
❷ (*fasten*) ■**to ~ sth somewhere** etw irgendwo befestigen; ■**to ~ sth to sth** etw an etw *dat* festhaken; ***he ~ed the trailer to his car*** er hängte den Anhänger an seinem Auto an
❸ (*fetch with hook*) ■**to ~ sth out of sth** ***she ~ed the shoe out of the water*** sie angelte den Schuh aus dem Wasser; ***the lifeguard ~ed the troublemaker out of the swimming pool*** der Rettungsschwimmer fischte den Störenfried aus dem Schwimmbecken
❹ *esp* BRIT (*dated fam: run away*) **to ~ it** wegrennen
III. *vi* AM (*fam*) auf den Strich gehen
◆**hook up I.** *vt* ❶ (*hang*) ■**to ~ up** ⟳ **sth** etw aufhängen
❷ (*connect*) ■**to ~ up** ⟳ **sb/sth** [**to sth**] jdn/etw [an etw *dat*] anschließen
❸ (*fasten*) ■**to ~ up** ⟳ **sb/sth** etw zumachen; ***I can't reach at the back of my dress, can you ~ me up?*** ich komme nicht hinten an mein Kleid dran, kannst du mir mal die Haken zumachen?
❹ AM (*fam: supply*) ■**to ~ sb up with sth** jdm etw besorgen
II. *vi* ■**to ~ up** [**to sth**] sich *akk* [an etw *akk*] anschließen
hookah ['hʊkə] *n* Huka *f* (*indische Wasserpfeife*)
hooked [hʊkt] *adj* ❶ (*curved*) hakenförmig; **~ nose** Hakennase *f*
❷ *pred* (*addicted*) abhängig; **to be ~ on drugs** drogenabhängig sein
❸ *pred* (*interested*) ■**to be ~** total begeistert sein *fam;* ***he's ~ on the idea of going on a round-the-world trip*** er ist völlig besessen von dem Einfall, auf Weltreise zu gehen; ■**to be ~ on sb** total verrückt nach jdm sein *fam*
hooker ['hʊkəʳ, AM -ɚ] *n* ❶ *esp* AM, AUS (*fam*) Nutte *f fam*
❷ SPORTS Hakler(in) *m(f)*
hook-nosed *adj* hakennasig; ■**to be ~** eine Hakennase haben **hook-up** ['hʊkʌp] *n* ❶ (*link*) Verbindung *f;* **satellite ~** Satellitenverbindung *f* ❷ (*supply*) Anschluss *m* (**to** an +*dat*) ❸ (*meeting*) Treffen *nt* (**with** mit +*dat*)
hookworm <*pl* – *or* -s> ['hʊkwɜːm, AM -wɜːrm] *n* ❶ (*parasite*) Hakenwurm *m*
❷ (*disease*) Hakenwürmer *fpl*
hooky ['hʊki] *n no pl* AM, AUS (*fam*) **to play ~** die Schule schwänzen
hooligan ['huːlɪgᵊn] *n* Hooligan *m;* **football ~** Fußball-Hooligan *m*
hooliganism ['huːlɪgᵊnɪzᵊm] *n no pl* Rowdytum *nt;* **football** [*or* **soccer**] **~** Ausschreitungen *fpl* von Fußballfans
hoop [huːp] *n* ❶ (*ring*) Reifen *m*
❷ (*earring*) ringförmiger Ohrring
❸ (*semicircle*) Tor *nt*
► PHRASES: **to go through the ~s** sich *dat* ein Bein ausreißen; **to put sb through ~s** [*or* **the ~**[**s**]] jdn durch die Mangel drehen *fam*
hoop earring *n* Kreole *f*
hoopla ['huːplɑː] *n* ❶ BRIT, AUS (*game*) Ringewerfen *nt*
❷ AM (*fuss*) Rummel *m;* **media ~** Medienrummel *m*
❸ AM (*nonsense*) Quatsch *m*
hoopoe ['huːpuː] *n* Wiedehopf *m*
hoops [hʊps] *n modifier* (*fam*) Basketball-; **~ game** Basketballspiel *nt*
hoop star *n* (*sl*) Basketballstar *m*
hoopster ['huːpstɚ] *n* (*sl*) Basketballer(in) *m(f)*
hooray [hʊ'reɪ, hə-] *interj, n see* **hurray**
Hooray Henry *n* BRIT (*pej*) *lautstark auftretender junger Angehöriger der Oberschicht*
hooroo [hʊ'ruː] **I.** *interj* AUS (*fam*) tschüss! *fam*
II. *n* AUS (*fam*) **to say one's ~** sich *akk* verabschieden
hoosegow ['huːsgaʊ] *n esp* AM (*sl*) Knast *m fam*
hoot [huːt] **I.** *n* ❶ (*beep*) Hupen *nt kein pl;* ***she gave three short ~s*** sie drückte dreimal kurz auf die Hupe
❷ (*owl call*) Schrei *m*
❸ (*outburst*) **to give a ~ of laughter** losprusten *fam;* **~ of temper** Wutanfall *m*
► PHRASES: **to be a** [**real**] **~** zum Brüllen sein *fam;* **to not give** [*or* **care**] **a ~** [*or* **two ~s**] [**about sth**] sich *akk* keinen Deut um etw *akk* kümmern
II. *vi* ❶ *car* hupen
❷ *owl* schreien
❸ (*utter*) **to ~ with laughter** in johlendes Gelächter ausbrechen
III. *vt* **to ~ one's horn** auf die Hupe drücken; **to ~ one's horn at sb** jdn anhupen
◆**hoot down** *vt usu passive* ■**to ~ down** ⟳ **sb/sth** jdn/etw niederbrüllen; ■**to ~ sb down** (*boo*) jdn ausbuhen
◆**hoot off** *vt* ■**to ~ off** ⟳ **sb** jdn ausbuhen; **to be ~ off the stage** die Bühne verlassen müssen, weil man ausgebuht wird
hooter ['huːtəʳ, AM -t̬ɚ] *n* ❶ (*siren*) Sirene *f*
❷ *esp* BRIT, AUS (*dated: nose*) Zinken *m*
❸ AM (*fam!: breasts*) ■**~s** *pl* Titten *fpl sl*
Hoover® ['huːvəʳ] BRIT, AUS **I.** *n* Staubsauger *m*
II. *vt* ■**to ~ sth** etw staubsaugen; **to ~ the carpet** den Teppich saugen
III. *vi* staubsaugen
hooves [huːvz, AM *esp* hʊvz] *n pl of* **hoof**
hop [hɒp, AM hɑːp] **I.** *vi* <-pp-> ❶ (*jump*) hüpfen; *hare* hoppeln; **to ~ on one leg** auf einem Bein hüpfen
❷ SPORTS (*triple jump*) springen
II. *vt* <-pp-> ❶ (*jump*) **to ~ the fence** über den Zaun springen
❷ AM (*fam: board*) ■**to ~ sth** ***they ~ped a plane for Chicago*** sie stiegen in ein Flugzeug nach Chicago
❸ BRIT (*fam: run*) **to ~ it** abhauen *fam,* verschwinden *fam*
III. *n* ❶ (*jump*) Hüpfer *m,* Hopser *m*
❷ (*fam: dance*) Tanz *m;* **local ~** Dorftanz *m*
❸ (*fam: trip*) [**short**] **~** [Katzen]sprung *m*
❹ (*fam: flight stage*) Flugabschnitt *m*
❺ (*vine*) Hopfen *m;* ■**~s** *pl* [Hopfen]dolden *fpl; see also* **hops**
❻ AUS, NZ (*fam: beer*) ■**~s** *pl* Bier *nt*
❼ *no pl* AM (*sl: drugs*) Droge *f;* **to be hooked on ~** drogenabhängig sein
❽ COMPUT Funkfeld *nt*
► PHRASES: **to be on the ~** BRIT (*fam*) auf dem Sprung sein; **to catch sb on the ~** BRIT (*fam*) jdn überrumpeln; **to be kept on the ~** BRIT (*fam*) auf Trab gehalten werden *fam*
◆**hop across** *vi* (*fam*) ❶ (*travel*) ■**to ~ across to a place** ***we ~ped across to London for the weekend*** wir waren am Wochenende kurz auf einen Sprung in London
❷ (*visit*) ■**to ~ across to sb** jdn kurz besuchen
❸ (*jump*) ■**to ~ across sth** über etw *akk* springen
◆**hop in** *vi* (*fam*) einsteigen; **~ *in, where shall I take you?*** spring rein, wohin kann ich dich mitnehmen?
◆**hop into** *vi* ❶ (*fam: board*) ■**to ~ into sth** *car, boat, taxi* in etw *akk* einsteigen
❷ (*jump*) **to ~ into bed** ins Bett hüpfen
◆**hop off** *vi* (*fam*) schnell aussteigen; ***he ~ped off the bus at the traffic lights*** er sprang an der Ampel aus dem Bus; **to ~ off a bike** vom Fahrrad springen
◆**hop on** *vi* (*fam*) schnell einsteigen; ***she ~ped on the train just as the guard blew the whistle*** sie sprang just in dem Moment auf den Zug auf, als der Schaffner pfiff
◆**hop out** *vi* ❶ (*fam: leave*) ■**to ~ out** [**of sth**] *a car* schnell aus etw *dat* aussteigen
❷ (*jump out*) **to ~ out of a chair** aus einem Stuhl [auf]springen
◆**hop over** *vi see* **hop across**
hope [həʊp, AM hoʊp] **I.** *n* Hoffnung *f;* ***is there any ~ that …?*** besteht da irgendeine Hoffnung, dass …?; ***I don't hold out much ~ of getting a ticket*** ich habe nicht sehr viel Hoffnung, dass ich noch eine Karte bekomme; ***there is little ~ that …*** es besteht wenig Hoffnung, dass …; ***there is still ~*** [***that …***] es besteht immer noch Hoffnung[, dass …]; ***in the ~ that …*** in der Hoffnung, dass …; ***it is my ~ that …*** ich hoffe, dass …; **glimmer** [*or* **ray**] **of ~** Hoffnungsschimmer *m;* **sb's best/last/only ~** jds größte/letzte/einzige Hoffnung; **to have great** [*or* **high**] **~s** große Hoffnungen haben; **to have no ~** keine Hoffnung haben; **to abandon** [*or* **give up**] **~** die Hoffnung aufgeben; **to be beyond** [*or* **past**] [**all**] **~** [völlig] hoffnungslos sein; **to dash sb's ~s** jds Hoffnungen zerstören; **to give ~** Hoffnung geben; **to live in ~** hoffen; **to pin** [*or* **put**] [**all**] **one's ~s on sb/sth** seine ganze Hoffnung auf jdn/etw setzen; **to raise sb's ~s** jdm Hoffnung machen; **to see ~ for sb/sth** für jdn/etw Hoffnung sehen; ■**in the ~ of doing sth** in der Hoffnung, etw zu tun
► PHRASES: **to not have a ~ in hell** nicht die geringste Chance haben; **~ springs eternal** (*prov*) und die Hoffnung währet ewiglich *prov;* **some ~, not a ~** schön wär's
II. *vi* hoffen; ***it's good news, I ~*** hoffentlich gute Nachrichten; **to ~ for the best** das Beste hoffen; **to ~ against hope** [[**that**] …] wider alle Vernunft hoffen[, dass …]; ***she was hoping against hope*** [***that***] … sie hoffte wider aller Vernunft, dass …; **to ~ and pray** [**that**] … hoffen und beten, [dass] …; ■**to ~ for sth** auf etw *akk* hoffen; ■**to ~** [**that**] … hoffen, dass …
hope chest *n* AM (*trousseau*) Aussteuertruhe *f*
hoped-for *adj attr* erhofft
hopeful ['həʊpfᵊl, AM 'hoʊp-] **I.** *adj* zuversichtlich; ■**to be ~ of sth** auf etw *akk* hoffen
II. *n usu pl* viel versprechende Personen; **young ~s** viel versprechende junge Talente
hopefully ['həʊpfᵊli, AM 'hoʊp-] *adv* ❶ (*in hope*) hoffnungsvoll
❷ *inv* (*it is hoped*) hoffentlich
hopeless ['həʊpləs, AM 'hoʊp-] *adj* hoffnungslos; **~ effort** verzweifelter Versuch; **to be in a ~ quandry** vollkommen entscheidungsunfähig sein; **~ situation** aussichtslose Situation; **a ~ task** ein sinnloses Unterfangen; ■**to be ~** (*fam*) ein hoffnungsloser Fall sein; ***I'm ~ at cooking*** wenn es um's Kochen geht, bin ich eine absolute Null; ■**it is ~ to do sth** es ist hoffnungslos, etw zu tun
hopelessly ['həʊpləsli, AM 'hoʊp-] *adv* hoffnungslos; ***he's ~ in love with her*** er hat sich bis über beide Ohren in sie verliebt; **~ lost** hoffnungslos verirrt
hopelessness ['həʊpləsnəs, AM 'hoʊp-] *n no pl* Hoffnungslosigkeit *f*
hoplite ['hɒplaɪt, AM 'hɑːp-] *n* (*hist*) Hoplit *m*
hopped up *adj* (*fam*) ■**to be ~ on sth** *drugs* von etw *dat* high sein *fam,* mit etw *dat* voll gedröhnt sein *pej sl*
hopper ['hɒpəʳ, AM 'hɑːpɚ] *n* ❶ TECH Einfülltrichter *m*
❷ COMPUT Kartenmagazin *nt*
► PHRASES: **to toss sth into the ~** etw in Betracht ziehen
hop-picker *n* Hopfenpflücker(in) *m(f)*
hopping ['hɒpɪŋ, AM 'hɑːp-] *adj inv* (*fam*) **to be ~** [**mad**] auf hundertachtzig sein; **to be ~ mad with sb** stinksauer auf jdn sein *fam*
hopple ['hɒpl̩, AM 'hɑːpl] **I.** *vt* ■**to ~ a donkey/horse** einem Esel/Pferd eine Fußfessel anlegen
II. *n* Fußfessel *f*
hoppy ['hɒpi, AM 'hɑːpi] **I.** *n* AM (*sl*) Opiumabhängige(r) *f(m);* **to be a ~** opiumsüchtig sein

II. *adj* Hopfen-

hops [hɒps, AM hɑːps] *npl* ❶ (*vine*) Hopfen *m* ❷ (*flower*) [Hopfen]dolden *fpl*

hopscotch [ˈhɒpskɒtʃ, AM ˈhɑːpskɑːtʃ] *n no pl* Himmel und Hölle *nt;* **to play** ~ Himmel und Hölle spielen

Horatian [həˈreɪʃᵊn, AM hɔːˈ] *adj inv* horazisch

horde [hɔːd, AM hɔːrd] *n* Horde *f;* ***there were ~s of fans waiting outside*** draußen wartete eine riesige Fangemeinde; **to come** [*or* **arrive**]/**leave in** [BRIT **their**] **~s** in Massen kommen/gehen

horizon [həˈraɪzᵊn] *n* ■**the** ~ der Horizont; **to broaden** [*or* **expand**] [*or* **widen**] **one's ~s** (*fig*) seinen Horizont erweitern; **on the** ~ am Horizont; ***with a long holiday abroad on the ~, she felt great*** mit der Aussicht auf einen langen Urlaub fühlte sie sich großartig

horizontal [ˌhɒrɪˈzɒntᵊl, AM ˌhɔːrɪˈzɑːn-] **I.** *adj inv* horizontal, waag[e]recht; ~ **lines** waag[e]rechte Linien
II. *n no pl* MATH ■**the** ~ die Horizontale [*o* Waag[e]rechte]

horizontally [ˌhɒrɪˈzɒntᵊli, AM ˌhɔːrɪˈzɑːn-] *adv inv* horizontal, waag[e]recht

hormonal [hɔːˈməʊnᵊl, AM hɔːrˈmoʊ-] *adj inv* hormonal, hormonell

hormonal imbalance *n* hormonelle Schwankung, Hormonschwankung *f*

hormone [ˈhɔːməʊn, AM ˈhɔːrmoʊn] *n* Hormon *nt;* **female/male ~s** weibliche/männliche Hormone; **growth ~s** Wachstumshormone *ntpl*

hormone replacement therapy *n* Hormonbehandlung *f*

horn [hɔːn, AM hɔːrn] **I.** *n* ❶ (*growth*) Horn *nt* ❷ *no pl* (*substance*) Horn *nt* ❸ (*music*) Horn *nt* ❹ (*siren*) Hupe *f;* **to sound** [*or* **blow**] [*or fam* **honk**] **one's** ~ auf die Hupe drücken *fam;* **to sound one's ~ at sb** jdn anhupen ❺ COMPUT Hornstrahler *m*
▸ PHRASES: **to take the bull by the ~s** den Stier bei den Hörnern packen; **to be on the ~s of a dilemma** in einer Zwickmühle stecken; **to draw** [*or* **pull**] **in one's ~s** kürzer treten; **on the** ~ AM (*fam*) am Telefon
II. *vi* AM ■**to** ~ **in** sich *akk* einmischen; ■**to** ~ **in on sth** bei etw *dat* mitmischen

hornbeam [ˈhɔːnbiːm, AM ˈhɔːrn] *n* Hainbuche *f*

hornbill [ˈhɔːnbɪl, AM ˈhɔːrn] *n* Hornvogel *m*

horned [hɔːnd, AM hɔːrnd] *adj inv* gehörnt, mit Hörnern *nach n;* ~ **cattle** Hornvieh *nt;* ~ **lizard** [*or* **toad**] Krötenechse *f;* ~ **owl** Ohreule *f*

hornet [ˈhɔːnɪt, AM ˈhɔːrn-] *n* Hornisse *f*

hornet's nest *n* Hornissennest *nt*
▸ PHRASES: **to stir up a** [**real**] ~ in ein Wespennest stechen

horniness [ˈhɔːnɪnəs, AM ˈhɔːrn-] *n no pl* (*fam*) Geilheit *f*

hornist [ˈhɔːnɪst, AM ˈhɔːrn-] *n* MUS Hornist(in) *m(f)*

hornless [ˈhɔːnləs, AM ˈhɔːrn-] *adj inv* hornlos, ohne Hörner *nach n*

hornpipe *n* Hornpipe *f* (*traditioneller englischer Seemannstanz*) **horn-player** *n* Hornist(in) *m(f)* **horn-rimmed** *adj inv* ~ **glasses** Hornbrille *f*

horny [ˈhɔːni, AM ˈhɔːrni] *adj* ❶ (*hard*) hornartig; (*of horn*) aus Horn *nach n* ❷ (*fam: randy*) geil *sl;* ***he's a ~ little so-and-so*** er ist ein geiler Bock *sl;* **to feel** ~ spitz sein *sl*

horoscope [ˈhɒrəskəʊp, AM ˈhɔːrəskoʊp] *n* Horoskop *nt;* **to read one's/sb's** ~ sein/jds Horoskop lesen

horrendous [hɒrˈendəs, AM hɔːˈren-] *adj* ❶ (*bad*) *suffering* schrecklich; ~ **conditions** entsetzliche Bedingungen; **a ~ crime** ein grausames Verbrechen; **a ~ tragedy** eine furchtbare Tragödie ❷ (*extreme*) übermäßig; *prices, losses* horrend

horrendously [hɒrˈendəsli, AM hɔːˈren-] *adv* schrecklich; ~ **expensive** entsetzlich teuer

horrendousness [hɒrˈendəsnəs, AM hɔːˈren-] *n no pl* Abscheulichkeit *f;* ***we were appalled by the ~ of the conditions in the refugee camp*** wir waren von den entsetzlichen Bedingungen im Flüchtlingslager geschockt

horrible [ˈhɒrəbl̩, AM ˈhɔːr-] *adj* ❶ (*shocking*) schrecklich ❷ (*unpleasant*) unerfreulich; ***isn't the weather ~ today?*** ist das Wetter heute nicht grauenhaft?; **a ~ suspicion** ein schrecklicher Verdacht; ■**it is ~ doing/to do sth** es ist schrecklich, etw zu tun; ■**to be ~ that ...** schrecklich sein, dass ... ❸ (*unkind*) gemein; ***don't be so*** ~ sei nicht so gemein; ■**to be ~ to sb** gemein zu jdm sein

horribly [ˈhɒrəbli, AM ˈhɔːr-] *adv* ❶ (*shockingly*) schrecklich; **to go ~ wrong** entsetzlich schief gehen ❷ (*unkindly*) gemein; **to behave** ~ sich *akk* fürchterlich benehmen

horrid [ˈhɒrɪd, AM ˈhɔːr-] *adj* (*fam*) ❶ (*shocking*) *nightmare* entsetzlich; **a ~ crime** ein abscheuliches Verbrechen; **a ~ sight** ein fürchterlicher Anblick ❷ (*unpleasant*) grauenhaft; **to be a ~ sight** grauenvoll aussehen ❸ (*unkind*) *child* gemein; ■**to be ~ [to sb]** gemein [zu jdm] sein; ■**it is ~ of sb to do sth** es ist gemein von jdm, etw zu tun

horridly [ˈhɒrɪdli, AM ˈhɔːr-] *adv* (*fam*) schrecklich; ***he always speaks ~ to her*** er ist immer so hässlich zu ihr; ***stop behaving so ~!*** sei nicht immer so ekelhaft!

horridness [ˈhɒrɪdnəs, AM ˈhɔːr-] *n no pl* Abscheulichkeit *f*

horrific [hɒrˈɪfɪk, AM hɔːˈrɪf-] *adj* ❶ (*shocking*) entsetzlich; **a ~ accident/attack/murder** ein schrecklicher Unfall/Angriff/Mord ❷ (*extreme*) *losses, prices* horrend

horrifically [hɒrˈɪfɪkli, AM hɔːˈrɪf-] *adv* ❶ (*shockingly*) entsetzlich; ***he was ~ injured*** er hatte schreckliche Verletzungen erlitten ❷ (*extremely*) horrend; ~ **expensive** unglaublich überteuert

horrified [ˈhɒrɪfaɪd, AM ˈhɔːr-] *adj* entsetzt; ***I was ~ to hear of his death*** ich war von der Nachricht seines Todes völlig geschockt; **to give sb a ~ look** jdm einen entsetzten Blick zuwerfen; **to be ~ at** [*or* **by**] **sth** von etw *dat* völlig schockiert sein *fam*

horrify <-ie-> [ˈhɒrɪfaɪ, AM ˈhɔːr-] *vt* ■**to ~ sb** jdn entsetzen [*o* schockieren]

horrifying [ˈhɒrɪfaɪɪŋ, AM ˈhɔːr-] *adj* ❶ (*shocking*) *injuries, incidents* schrecklich; ~ **conditions** entsetzliche Bedingungen; ■**it is ~ to do sth** es ist entsetzlich, etw zu tun ❷ (*unpleasant*) grauenhaft

horrifyingly [ˈhɒrɪfaɪɪŋli, AM ˈhɔːr-] *adv* entsetzlich

horror [ˈhɒrəʳ, AM ˈhɔːrɚ] *n* ❶ (*feeling*) Entsetzen *nt,* Grauen *nt* (**at** über +*akk*); **to be filled with** ~ von Schrecken [*o* Grauen] erfüllt sein; **to be paralysed with** ~ vor Entsetzen wie gelähmt sein; **to express one's ~ at a crime** sein Entsetzen über ein Verbrechen zum Ausdruck bringen; **to have a ~ of sth** panische Angst vor etw *dat* haben; **to have a ~ of doing sth** einen Horror davor haben, etw zu tun; **in** ~ entsetzt; **to sb's** ~ zu jds Entsetzen ❷ (*fam: brat*) ***that child is a little ~!*** dieses Kind ist der reinste Horror!
▸ PHRASES: [~ **of**] **~s!** ach, du liebes bisschen!

horror film *n,* **horror movie** *n* AM Horrorfilm *m*

horrors [ˈhɒrəz, AM ˈhɔːrɚz] *npl* ❶ (*horrifying thing*) Schrecken *mpl;* **the ~ of war** die Schrecken des Krieges ❷ (*fear*) Horror *m kein pl;* **to give sb the** ~ jdn zu Tode erschrecken *fam*

horror story *n* Horrorgeschichte *f* **horror-stricken** *adj,* **horror-struck** *adj* von Entsetzen gepackt; ***I was ~ to hear the dreadful news*** mich packte das kalte Grausen, als ich die schreckliche Nachricht hörte; **to listen/stand/watch** ~ voller Entsetzen zuhören/da[bei]stehen/zusehen; ■**to be ~ at sth** über etw *akk* entsetzt sein

hors d'oeuvre <*pl* – *or* -s> [ˌɔːˈdɜːv, AM ˌɔːrˈdɜːrv] *n* ❶ BRIT, AUS (*starter*) Hors d'oeuvre *nt* ❷ AM (*canapés*) Appetithäppchen *nt*

horse [hɔːs, AM hɔːrs] **I.** *n* ❶ (*animal*) Pferd *nt;* ~ **and carriage** Pferdekutsche *f;* ~ **and cart** Pferdefuhrwerk *nt;* **coach and ~s** Postkutsche *f;* **to eat like a** ~ fressen wie ein Scheunendrescher *fam;* **to ride a** ~ reiten; **to work like a** ~ wie ein Pferd arbeiten ❷ *pl* ■**the ~s** *pl* das Pferderennen; **to play the ~s** beim Pferderennen wetten ❸ SPORTS Pferd *nt;* **wooden vaulting** ~ hölzernes Pferd ❹ (*helper*) **willing** ~ fleißiger Helfer/fleißige Helferin ❺ *no pl* (*sl: heroin*) H *nt*
▸ PHRASES: **to put the cart before the** ~ das Pferd am Schwanz aufzäumen; **to drive a coach and ~s through sth** BRIT (*violate*) sich *akk* den Teufel um etw *akk* scheren *fam;* (*disprove*) ***she drove a coach and ~s through his arguments*** sie wischte seine Argumente einfach vom Tisch; **it's a case** [*or* **question**] **of ~s for courses** BRIT, AUS dafür gibt es kein Patentrezept; **one has locked the stable door after the ~ has bolted** der Zug ist abgefahren; **never look a gift ~ in the mouth** (*prov*) einem geschenkten Gaul schaut man nicht ins Maul *prov;* **to hear** [*or* **get**] **sth** [**straight**] **from the ~'s mouth** etw aus erster Hand haben; **you can take** [*or* **lead**] **a ~ to water, but you can't make him drink** (*prov*) man kann jdn nicht zu seinem Glück zwingen; **to be a dark** ~ BRIT sein Licht unter den Scheffel stellen; **to flog a dead** ~ sich *dat* die Mühe sparen können; ***you're flogging a dead ~ there*** das ist echt vergebliche Liebesmüh' *fam;* **to be on one's high** ~ auf dem hohen Ross sitzen; **to get on one's high** ~ (*fam*) sich *akk* aufs hohe Ross setzen; **to back the wrong** ~ aufs falsche Pferd setzen; **to change** [*or* **swap**] **~s** [**in**] **midstream** einen anderen Kurs einschlagen; **to hold one's ~s** (*fam*) die Luft anhalten; ***hey! hold your ~s! not so fast!*** he, nun mal langsam, nicht so schnell!
II. *vi* ■**to ~ about** [*or* **around**] Blödsinn machen, herumblödeln

horseback **I.** *n* **on** ~ zu Pferd, hoch zu Ross *poet;* **police on** ~ berittene Polizei **II.** *adj attr, inv* ~ **riding** Reiten *nt;* ~ **rider** Reiter(in) *m(f)* **horsebox** *n* BRIT, **horsecar** *n* AM Pferdetransporter *m* **horse chestnut** *n* Rosskastanie *f* **horse-drawn** *adj inv* von Pferden gezogen; ~ **carriage** Pferdekutsche *f;* ~ **cart** Pferdefuhrwerk *nt;* ~ **vehicle** Pferdegespann *nt* **horseflesh** [ˈhɔːsfleʃ, AM ˈhɔːrs] *n no pl* Pferdefleisch *nt* **horse float** *n* AUS Pferdetransporter *m* **horsefly** *n* [Pferde]bremse *f* **horsehair** **I.** *n no pl* Rosshaar *nt* **II.** *n modifier* ~ **brush** Rosshaarbürste *f* **horse laugh** *n* wieherndes Gelächter; ***she's got an awful ~*** sie wiehert echt wie ein Pferd! *fam* **horseless** [ˈhɔːsləs, AM ˈhɔːrs] *adj inv* ohne Pferd(e) **horseman** *n* Reiter *m* **horsemanship** *n no pl* Reitkunst *f* **horse manure** *n no pl* ❶ (*droppings*) Pferdemist *m,* Pferdeäpfel *mpl* ❷ *esp* AM (*rubbish*) Bockmist *m* **horseplay** *n no pl* wilde Ausgelassenheit; ***I loathe these drunken parties where there's a lot of ~*** ich hasse diese Saufgelage, bei denen die Leute total über die Stränge schlagen **horsepower** *n* <*pl* -> Pferdestärke *f;* ***a 10-~ engine*** ein Motor *m* mit 10 PS **horse race** *n* Pferderennen *nt* **horse racing** *n* Pferderennsport *m;* **to go** ~ zum Pferderennen gehen **horseradish** *n no pl* Meerrettich *m* **horse riding** *n no pl* Reiten *nt* **horse's ass** *n* AM (*sl*) Arschloch *nt derb;* **to be a real** ~ ein richtiges Arschloch sein *derb* **horse sense** *n no pl* (*fam*) gesunder Menschenverstand; ***has he got enough ~ to inform the police?*** hat er genug Grips im Hirn, um die Polizei zu rufen? **horseshit** *esp* AM **I.** *n no pl* (*fam!*) ❶ (*droppings*) Pferdescheiße *f derb* ❷ (*rubbish*) Scheiße *f derb* **II.** *n modifier* (*fam!*) *excuse* Scheiß- *derb* **horseshoe** *n* Hufeisen *nt* **horseshoe bend** *n,* **horseshoe curve** *n* Haarnadelkurve *f* **horseshoes** *n + sing vb* AM Hufeisenwerfen *nt* **horsetrade** *vi* ■**to ~ with sb** mit jdm einen Kuhhandel machen **horsetrading** *n no pl* (*fig*) Kuhhandel *m* **horse trailer** *n* Pferdetransporter *m* **horsewhip** **I.** *n* Pferdepeitsche *f* **II.** *vt*

<-pp-> ■**to ~ sb** jdn [mit der Pferdepeitsche] auspeitschen **horsewoman** *n* Reiterin *f*

hors(e)y ['hɔːsi, AM 'hɔːrsi] *adj* (*fam*) ① (*devoted*) pferdenärrisch
② (*pej: ugly*) pferdeähnlich; ■**to be ~** ein Pferdegesicht haben *fam*

horticultural [ˌhɔːtɪ'kʌltʃərəl, AM ˌhɔːrt̬ɪ'kʌltʃɚ-] *adj inv* Gartenbau-; **~ show** Gartenbauausstellung *f*; **~ society** Gartenbauverein *m*

horticulturalist [ˌhɔːtɪ'kʌltʃərəlɪst, AM ˌhɔːrt̬ɪ'kʌltʃɚ-] *n* Gartenbauingenieur(in) *m(f)*

horticulture ['hɔːtɪkʌltʃər, AM 'hɔːrt̬ɪkʌltʃɚ] *n no pl* Gartenbau *m*

horticulturist [ˌhɔːtɪ'kʌltʃərɪst, AM ˌhɔːrt̬ə'] *n* Gartenbauexperte, -in *m, f*

hosanna(h) [hə(ʊ)'zænə, AM hoʊ'-] *interj* Hos[i]anna!

hose [həʊz, AM hoʊz] **I.** *n* ① (*tube*) Schlauch *m*; **garden ~** Gartenschlauch *m*
② *no pl* FASHION (*hosiery*) Strumpfwaren *pl*
II. *vt* (*fam*) ■**to ~ sb** jdn vernichtend schlagen [*o fam* in die Tasche stecken]
◆**hose down** *vt* ■**to ~ down** ○ **sb/sth** jdn/etw [mit einem Schlauch] abspritzen
◆**hose out** *vt* ■**to ~ out** ○ **sth** etw mit einem Schlauch säubern

hosepipe *n* BRIT Schlauch *m*; **~ ban** Spritzverbot *nt* (*durch Wasserknappheit bedingtes Verbot, Wasser zu verschwenden*)

hosier ['həʊziər, AM 'hoʊʒɚ] *n* Strumpfwarenhändler(in) *m(f)* *veraltet*

hosiery ['həʊziəri, AM 'hoʊʒɚi] *n no pl* Strumpfwaren *pl*

hospice ['hɒspɪs, AM 'hɑːs-] *n* Hospiz *nt*

hospitable [hɒs'pɪtəbl̩, AM 'hɑːspɪt̬-] *adj* ① (*friendly*) gastfreundlich; ■**to be ~ to[wards] sb** jdn gastfreundlich aufnehmen
② (*pleasant*) *conditions* günstig; **~ climate** angenehmes Klima; **~ land** guter Boden

hospitably [hɒs'pɪtəbli, AM 'hɑːspɪt̬-] *adv* gastfreundlich

hospital ['hɒspɪtəl, AM 'hɑːspɪt̬əl] *n* ① (*institute*) Krankenhaus *nt*, Spital *nt* SCHWEIZ; ***he went to the ~ to see his mother*** er ging seine Mutter im Krankenhaus besuchen; **children's ~** Kinderkrankenhaus *nt*; **maternity ~** Geburtsklinik *f*; **general ~** Krankenhaus *nt*
② *no pl* (*treatment*) **to be** [*or* **spend time**] **in** [AM **the**] **~** im Krankenhaus sein [*o* liegen]; **to be admitted to ~** ins Krankenhaus eingewiesen werden; **to be discharged from ~** aus dem Krankenhaus entlassen werden; **to go [in]to** [*or* AM **to the**] **~** ins Krankenhaus gehen; **to have to go to ~** ins Krankenhaus müssen

hospital bill *n* Krankenhausrechnung *f* **hospital gown** *n* Krankenhausnachthemd *nt*

hospitalism ['hɒspɪtəlɪzəm, AM 'hɑːspɪt̬-] *n no pl* MED Hospitalismus *m*

hospitality [ˌhɒspɪ'tæləti, AM ˌhɑːspɪ'tælət̬i] **I.** *n no pl* ① (*welcome*) Gastfreundschaft *f*
② (*food*) Bewirtung *f*
II. *n modifier* **~ coach** kostenloser Zubringerbus; **~ suite** Gästelounge *f*; **~ tent** Partyzelt *nt*

hospitalization [ˌhɒspɪtəlaɪ'zeɪʃən, AM ˌhɑːspɪt̬əlɪ'-] *n no pl* ① (*admittance*) Krankenhauseinweisung *f*
② (*treatment*) Krankenhausaufenthalt *m*

hospitalization insurance *n no pl* Krankenhauszusatzversicherung *f*

hospitalize ['hɒspɪtəlaɪz, AM 'hɑːspɪt̬əl-] *vt* ① *usu passive* (*admit*) ■**to be ~d** ins Krankenhaus eingewiesen werden
② (*beat*) ■**to ~ sb** jdn krankenhausreif schlagen

hospital patients *npl* Krankenhauspatienten *pl*

hospital ship *n* MIL Lazarettschiff *nt* **hospital staff** *n + sing/pl vb* Krankenhauspersonal *nt* **hospital train** *n* MIL Lazarettzug *m*

host¹ [həʊst, AM hoʊst] **I.** *n* ① (*party-giver*) Gastgeber(in) *m(f)*; **mine ~** BRIT (*dated or hum*) der Herr Wirt *veraltet*
② (*event-stager*) Veranstalter(in) *m(f)*; **to play ~ to sth** *conference etc* etw ausrichten
③ (*compere*) Showmaster(in) *m(f)*; ***he is the ~ of a quiz show on the radio*** er moderiert eine Quizsendung im Radio
④ BIOL Wirt *m*
⑤ COMPUT Hauptrechner *m*
II. *n modifier* **~ family** Gastfamilie *f*
III. *vt* ■**to ~ sth** ① (*stage*) *event* etw ausrichten
② (*be compere for*) etw präsentieren; ***he ~ed a programme on the radio last night*** er hat letzte Nacht eine Radiosendung moderiert

host² [həʊst, AM hoʊst] *n usu sing* ■**a [whole] ~ of ...** jede Menge ... +*dat*; ***there's a whole ~ of reasons ...*** es gibt eine Vielzahl an Gründen ...

host³ [həʊst, AM hoʊst] *n no pl* REL ■**the ~** [*or* **H~**] die Hostie

hostage ['hɒstɪdʒ, AM 'hɑː-] *n* Geisel *f*; **to hold/take sb [as a] ~** jdn als Geisel festhalten/nehmen; **to seize a ~** eine Geisel nehmen
► PHRASES: **to create** [*or* **give**] **a ~ to fortune** ein Risiko eingehen

host country *n* Gastland *nt*; **the ~ to the Olympics** das Gastgeberland der Olympiade

hostel ['hɒstəl, AM 'hɑː-] *n* ① TOURIST Herberge *f veraltend*, [billiges] Hotel; **[youth] ~** Jugendherberge *f*
② SOCIOL Wohnheim *nt*; BRIT Obdachlosenheim *nt*, Obdachlosenasyl *nt*; **student ~** Studentenwohnheim *nt*

hosteller ['hɒstələr, AM 'hɑːstələr] *n* Heimbewohner(in) *m(f)*; (*in youth hostel*) Herbergsgast *m*

hostelry ['hɒstəlri, AM 'hɑː-] *n* (*dated or hum*) Wirtshaus *nt*

hostess [həʊstɪs, AM hoʊ-] **I.** *n* <*pl* -es> ① (*at home*) Gastgeberin *f*
② (*on TV*) Gastgeberin *f*; (*at restaurant*) Wirtin *f*; (*at hotel*) Empfangsdame *f*; (*in nightclub*) Animierdame *f*; (*at exhibition*) Hostess *f*; (*on airplane*) Stewardess *f*
③ (*euph: prostitute*) Hostess *f euph*
II. *vt* **to ~ an event** Gastgeberin *f* einer Veranstaltung sein; **to ~ a party** eine Party geben

host family *n* Gastfamilie *f*

hostile ['hɒstaɪl, AM 'hɑːstəl] *adj* ① (*unfriendly*) *mood, look, person* feindselig; ***why is John so ~ to me?*** warum verhält sich John mir gegenüber so feindselig?
② (*opposed*) ■**to be ~ to sth** etw *dat* abgeneigt sein [*o* ablehnend gegenüberstehen]; ***I'm not ~ to the idea of moving house*** ich hätte nichts dagegen umzuziehen; **to be ~ to technology** technikfeindlich sein
③ (*difficult*) hart, widrig; **~ climate** raues Klima; **~ work environment** ungünstige Arbeitsbedingungen
④ ECON, MIL feindlich; **~ bid** feindliches Übernahmeangebot

hostile takeover *n* ECON feindliche Übernahme **hostile witness** *n* LAW feindlicher Zeuge/feindliche Zeugin

hostility [hɒs'tɪləti, AM hɑː'stɪlət̬i] *n* ① *no pl* (*unfriendliness*) Feindseligkeit *f*; **to show ~ to[wards] sb** sich *akk* jdm gegenüber feindselig verhalten
② (*aversion*) ablehnende Haltung; **~ to foreigners/technology** Ausländer-/Technikfeindlichkeit *f*; **to show ~ to sth** etwas gegen etw *akk* haben
③ MIL ■**hostilities** *pl* Feindseligkeiten *fpl*; (*fighting*) Kampfhandlungen *fpl*; **to suspend hostilities** die Kampfhandlungen einstellen

hostler ['ɒslər, AM 'ɑːslɚ] *n* (*hist*) *see* **ostler**

hot [hɒt, AM hɑːt] **I.** *adj* <-tt-> ① (*temperature*) heiß; ***she was ~*** ihr war heiß; **steaming** [*or* **piping**] **~** kochend heiß
② (*spicy*) *food* scharf
③ (*angry*) *argument, words* hitzig; *person* erregt; **to be ~ with rage** vor Wut kochen; **to have a ~ temper** leicht erregbar sein
④ (*close*) ***the gang drove off with the police in ~ pursuit*** die Bande fuhr davon mit der Polizei dicht auf den Fersen; ***you're getting ~*** (*in guessing game*) wärmer; **to be ~ on sb's heels** [*or* **tracks**] [*or* **trail**] jdm dicht auf den Fersen [*o* der Spur] sein
⑤ (*fam: good*) ***my Spanish is not all that ~*** mein Spanisch ist nicht gerade umwerfend *fam*; ***he's Hollywood's ~test actor*** er ist Hollywoods begehrtester Schauspieler; ***I don't feel so ~*** mir geht es nicht so besonders *fam*; **to be ~ stuff** absolute Spitze sein *fam*; **to be ~ stuff at doing sth** in etw *dat* ganz groß sein *fam*; **~ tip** heißer Tip *fam*; ■**to be ~ at sth** in etw *dat* ganz groß sein *fam*
⑥ *pred* (*fam: enthusiastic*) ■**to be ~ for** [*or* **on**] **sth** scharf auf etw *akk* sein *fam*; **to be ~ for fashion** einen Modefimmel haben *fam*; **to be ~ on punctuality** übertrieben großen Wert auf Pünktlichkeit legen; **to be ~ for travel/skiing** leidenschaftlich gern reisen/Ski fahren
⑦ (*dangerous*) *situation* gefährlich, brenzlig *fam*; *issue, stolen items* heiß *fam*; *criminal* gesucht; ***the mafia were making it too ~ for them*** die Mafia machte ihnen die Hölle heiß *fam*; **to be too ~ to handle** *issue* ein heißes Eisen sein
⑧ (*sl: sexy*) heiß *fam*; **~ romance** leidenschaftliche Liebesaffäre; **to be too ~ to handle** *person* heiß sein *fam*
⑨ (*new and exciting*) *music, news, party* heiß *fam*; ***the party became ~ and heavy*** auf der Party ging es heiß her *fam*; **~ gossip** das Allerneueste
⑩ NUCL radioaktiv, heiß *fam*; ELEC stark
► PHRASES: **to be so much ~ air** nur heiße Luft sein *fam*; **to get [all] ~ under the collar** vor Wut kochen *fam*; **~ off the presses** druckfrisch; **to be in ~ water** ganz schön in der Tinte sitzen *fam*; **to get into ~ water** in Teufels Küche kommen *fam*; **to be all ~ and bothered** (*angry*) fuchsteufelswild sein; (*worried*) ganz aufgeregt sein; **sb goes ~ and cold** jdn überläuft es heiß und kalt
II. *vt* <-tt-> **to ~ up a car's engine** hochschalten; **to ~ up a party** eine Party in Schwung bringen; **to ~ up the speed** das Tempo steigern
III. *vi* <-tt-> ■**to ~ up** *pace* sich *akk* steigern; *situation* sich *akk* verschärfen
IV. *n* ► PHRASES: **to have the ~s for sb** scharf auf jdn sein *sl*

hot-air balloon *n* Heißluftballon *m* **hot-air gun** *n* Heißluftpistole *f* **hotbed** *n* ① HORT Mistbeet *nt*, Frühbeet *nt* ② (*fig: centre*) **to be a ~ of crime/intrigue/radicalism** eine Brutstätte für Kriminalität/Intrigen/ Radikalismus sein **hot-blooded** *adj* (*easy to anger*) hitzköpfig; (*reckless*) hitzig, draufgängerisch; (*passionate*) heißblütig **hot-button** *adj attr, inv* AM (*sl*) *issue* heiß umstritten **hot cake** *n* AM Pfannkuchen *m* ► PHRASES: **to sell like ~s** wie warme Semmeln weggehen *fam* **hot chocolate** *n no pl* [heiße] Schokolade, Kakao *m*

hotchpotch ['hɒtʃpɒtʃ, AM 'hɑːtʃpɑːtʃ] *n no pl* Mischmasch *m fam* (**of** aus +*dat*)

hot cross bun *n* BRIT *Rosinenbrötchen mit Teigkreuz als Verzierung, das in der Karwoche gegessen wird*

hot dog **I.** *n* ① (*sausage*) Wiener Würstchen *nt*; (*in a roll*) Hotdog *m*
② *esp* AM, AUS (*fig fam: show-off*) Angeber(in) *m(f)* *fam*; ***he was quite the ~ in skiing*** er zog beim Skifahren eine ganz schöne Schau ab *fam*
③ AM, AUS (*fam: dachshund*) Dackel *m*
II. *interj* AM (*fam*) super *sl*, toll *fam*

hotdog *vi* <-gg-> AM ① *surfers, skiers* Kunststücke machen
② (*boast*) angeben

hotdogging *adj attr* (*sl*) angeberisch

hot dogging *n no pl* SKI (*sl*) Freistil *m*

hot dog stand *n* Hotdogstand *m*, Würstchenbude *f*, Würstelbude *f bes* ÖSTERR

hotel [hə(ʊ)'tel, AM hoʊ'-] **I.** *n* Hotel *nt*
II. *n modifier* (*food, room*) Hotel-

hotel accommodation *n* ① (*room*) Hotelzimmer *nt* ② AM ■**~s** *pl* Hotelunterkunft *f kein pl*, Hotelunterbringung *f kein pl* **hotel chain** *n* Hotelkette *f*

hotelier [hə(ʊ)'teliei, AM hoʊ'təljeɪ] *n* (*owner*) Hotelbesitzer(in) *m(f)*, Hotelier *m*; (*manager*) Hoteldirektor(in) *m(f)*, Hotelmanager(in) *m(f)*

H

hotel industry *n no pl* Hotelgewerbe *nt,* Hotellerie *f* **hotelkeeper** *n* Hoteldirektor(in) *m(f)* **hotel porter** *n* Hotelportier *m,* Hoteldiener(in) *m(f)* **hotel register** *n* Gästebuch *nt,* Fremdenbuch *nt* **hotel staff** *n + sing/pl vb* Hotelpersonal *nt* **hotel suite** *n* [Hotel]suite *f*

hot favourite, AM **hot favorite** *n* heißer Favorit/heiße Favoritin *fam* **hot flash** *n* AM, **hot flush** *n* BRIT Hitzewallung *f;* **to suffer from ~es** Hitzewallungen haben, unter fliegender Hitze leiden **hot foot** *n usu sing* AM **to give sb a ~** jdm die Schuhe ansengen **hotfoot I.** *adv inv* eilig; **to run/rush ~** schleunigst rennen/eilen **II.** *vt (fam)* **to ~ it home/down the street** schnell nach Hause/die Straße hinunterrennen; **to ~ it to the shops** schnell einkaufen gehen **III.** *vi* eilen; ***you'd better ~ home before it gets dark*** du machst besser, dass du nach Hause kommst, bevor es dunkel wird *fam* **hot-gospeller** [-ˈgɒspəlǝʳ, AM -ˈgɑːspəlɚ] *n (esp pej fam)* Erweckungsprediger(in) *m(f)* **hothead** *n* Hitzkopf *m* **hotheaded** *adj* hitzköpfig, unbeherrscht **hotheadedly** *adv* unbeherrscht **hotheadedness** *n no pl* hitziges Temperament **hothouse I.** *n* ❶ *(for plants)* Treibhaus *nt* ❷ *(fig: for development)* fruchtbarer Boden **II.** *n modifier* ❶ HORT *(tomatoes, cucumbers)* Treibhaus- ❷ *(fig: promoting development) (atmosphere)* förderlich **hothouse children** *npl* AM überbehütete Kinder **hot key I.** *n* Hot Key *m fachspr (vorprogrammierte Tastenkombination)* **II.** *n modifier* Hot-Key-; **~-combination** Tastenkombination *f* **hotline** *n* Hotline *f;* POL heißer Draht; **to set up a ~** eine Hotline einrichten

hotly [ˈhɒtli, AM ˈhɑːt-] *adv* **~ contested** heiß umkämpft; **to ~ deny sth** etw heftig bestreiten; **~ disputed** heftig umstritten

hot metal *n no pl* TYPO Bleisatz *m;* **~ composition** gegossener Hartbleisatz **hot money** *n* FIN heißes Geld, vagabundierende Gelder **hot pants** *npl* heiße Höschen, Hotpants *pl* **hotplate** *n (on stove)* Kochplatte *f,* Heizplatte *f; (plate-warmer)* Warmhalteplatte *f,* Wärmplatte *f* **hotpot** *n* BRIT *Fleischeintopf mit Kartoffeln und Gemüse* **hot potato** *n* POL *(fig)* heißes Eisen **hotrod** *n (fam)* hochfrisiertes Auto *fam* **hot seat** *n* ❶ *(fig: difficult position)* Schleudersitz *m;* **to be in the ~** *(be under pressure)* unter Druck stehen; *(be in diffulties)* in der Bredouille [*o* in Bedrängnis] sein *fam; (be in the spotlight)* im Rampenlicht stehen ❷ LAW elektrischer Stuhl **hot shit** *n no pl* AM *(sl)* ■**to be ~** ein Ass *nt* sein *fam;* ***he thinks he's ~*** er hält sich für einen tollen Hecht *fam* **hotshot** *n esp* AM, AUS *(fam)* Kanone *f fam,* Ass *nt fam* **hot spot** *n* ❶ *(fam: popular place)* heißer Schuppen *fam* ❷ *(area of conflict)* Krisenherd *m* ❸ COMPUT, PHOT intensiver Lichtfleck, Hotspot *m fachspr* **hot spring** *n* heiße Quelle, Thermalquelle *f* **hot stuff** *n no pl* ❶ *(fam: skilful)* ■**to be ~** ein Ass sein *fam* ❷ *(sl: sexy woman)* heiße Braut *sl; (sexy man)* heißer Typ *fam* **hot-tempered** *adj* heißblütig **hot ticket** *n (sl)* der letzte Schrei *fam* **hot to trot** *adj pred, inv (fam)* scharf *fam* **hot tub** *n* Warmwasserbecken *nt* **hot-water bottle** *n* Wärmflasche *f* **hot water cylinder** *n* BRIT Boiler *m,* Warmwasserbehälter *m* **hot water tank** *n* AM Boiler *m,* Heißwasserspeicher *m,* Warmwasserspeicher *m* **hot-wire** *vt* **to ~ a car** ein Auto kurzschließen

houmous [ˈhuːmʊs, AM ˈhʌməs] *n no pl* FOOD *Paste aus Kichererbsen, Sesammus, Knoblauch, Öl und Zitronensaft, die als Vorspeise mit Brot gegessen wird*

hound [haʊnd] **I.** *n* ❶ *(dog)* Hund *m; (hunting dog)* Jagdhund *m*
❷ *(fig: person)* **to be an attention ~** immer im Mittelpunkt stehen wollen; **to be a publicity ~** publicitysüchtig sein
II. *vt* ■**to ~ sb** jdn jagen [*o* hetzen]; *(in sports)* jdm hinterherjagen
◆**hound out** *vt* ■**to ~ out** ⊂ **sb** jdn vertreiben [*o* verjagen]

houndstooth <*pl* -s> [ˈhaʊndztuːθ] *n* FASHION Hahnentritt *m*

hour [aʊəʳ, AM aʊr] *n* ❶ *(60 minutes)* Stunde *f;* ***weather conditions here change from ~ to ~*** das Wetter ändert sich hier stündlich; ***I'll be there within an ~*** ich bin in einer Stunde da; ***the gas station is open 24 ~s a day*** die Tankstelle hat 24 Stunden am Tag geöffnet; ***we work an eight~ day*** wir haben einen Achtstundentag; **~ after** [*or* **upon**] **~** Stunde um Stunde; **in an ~**['s **time**] in einer Stunde; **50/90 kilometres an** [*or* **per**] **~** 50/90 Kilometer pro Stunde; **$15/£10 an ~** 15 Dollar/10 Pfund die Stunde; **to be paid by the ~** pro Stunde bezahlt werden, Stundenlohn bekommen; **to do sth for ~s** etw stundenlang tun
❷ *(on clock)* [volle] Stunde; ***the clock struck the ~*** die Uhr schlug die volle Stunde; ***the train is scheduled to arrive on the ~*** der Zug kommt planmäßig zur vollen Stunde an; **ten minutes past/to the ~** zehn Minuten nach/vor [der vollen Stunde]; **every ~ on the ~** jede volle Stunde
❸ *(more general)* Stunde *f geh,* Zeit *f;* ***granny spent long ~s talking about her childhood*** Oma sprach oft Stunden über ihre Kindheit; ***he stays up drinking till all ~s*** er trinkt bis früh in den Morgen; **in one's ~ of need** in der Stunde der Not *geh;* **at the agreed ~** zur vereinbarten Zeit; **to keep late ~s** lange aufbleiben; **to keep regular ~s** geregelte Zeiten einhalten; **to work long ~s** lange arbeiten; **at all ~s** zu jeder Tages- und Nachtzeit; **at any ~** jederzeit; **at this ~** in dieser Stunde; **after** [*or* BRIT *also* **out of**] **~s** nach [*o* außerhalb] der Polizeistunde
❹ *(present time)* **the man of the ~** der Mann der Stunde; **the problem of the ~** das aktuelle Problem
❺ *(for an activity)* ***what are the ~s in this office?*** wie sind die Arbeitszeiten in diesem Büro?; ***the shares rose in after~ trading*** die Aktien stiegen an der Nachtbörse; **banking ~s** Schalterstunden *pl (einer Bank);* **business ~s** Geschäftsstunden *pl,* Geschäftszeit *f;* **doctor's ~s** Sprechstunden *fpl;* **lunch ~** Mittagspause *f;* **office ~s** Bürozeit[en] *f;* **opening ~s** Öffnungszeiten *fpl;* **outside ~s** außerhalb der Bürozeit[en]
❻ *(distance)* [Weg]stunde *f;* ***it's about 3 ~'s walk from here*** von hier sind es etwa 3 Stunden zu Fuß; **an ~ away** eine [Weg]stunde entfernt
❼ AM *(at university)* [**credit**] **~** Stunde *f*
▸ PHRASES: **the eleventh ~** in letzter Minute, fünf vor Zwölf; **the witching ~** die Geisterstunde; **sb's ~ has come** jds [letzte] Stunde ist gekommen [*o* hat geschlagen] *veraltend o hum*

hourglass *n* Sanduhr *f,* Stundenglas *nt veraltet* **hourglass figure** *n* kurvenreiche Figur *hum fam* **hour hand** *n* Stundenzeiger *m*

hourly [ˈaʊəli, AM ˈaʊrli] *inv* **I.** *adv* stündlich; *(fig)* ständig
II. *adj* stündlich; ***there's an ~ bus service into town*** jede Stunde fährt ein Bus in die Stadt; **~ rate/wage** Stundensatz/-lohn *m*

hourly-paid *adj* stundenweise bezahlt; **~ employee/job** Angestellte(r) *f(m)*/Job *m* auf Stundenlohnbasis

house I. *n* [haʊs] ❶ *(residence)* Haus *nt;* ***let's go to John's ~*** lass uns zu John gehen; ***Sam's playing at Mary's ~*** Sam spielt bei Mary; **~ and home** Haus und Hof; **to eat sb out of ~ and home** jdm die Haare vom Kopf fressen *fam;* **to be a mad ~** *(fig)* ein Irrenhaus sein; **to buy/own/rent a ~** ein Haus kaufen/besitzen/mieten; **to keep ~** den Haushalt führen; **to keep to the ~** zu Hause bleiben; **to set up ~** einen eigenen Hausstand gründen
❷ *(residents)* ***you woke the whole ~!*** du hast das ganze Haus geweckt!
❸ *(building)* Haus *nt;* **a ~ of prayer/worship** ein Haus *nt* des Gebets/der Andacht
❹ *(business)* Haus *nt;* ***the pastries are made in ~*** das Gebäck wird hier im Hause hergestellt; ***in a gambling casino, the odds always favour the ~*** in einem Spielkasino hat immer die Bank die größten Gewinnchancen; **the rules of the ~** die Hausordnung; **publishing ~** Verlag *m;* **on the ~** auf Kosten des Hauses
❺ THEAT Haus *nt;* **to dress the ~** mit Freikarten das Haus füllen; **to play to a full ~** vor vollem Haus spielen; **to set the ~ on fire** das Publikum begeistern
❻ BRIT, AUS *(at boarding school)* Gruppenhaus *nt; (at day school)* [Schüler]mannschaft *f*
❼ *(royal family)* **the H~ of Hapsburg/Windsor** das Haus Habsburg/Windsor
❽ *+ sing/pl vb (legislative body)* Parlament *nt; (members collectively)* ■**the H~** das Parlament, die Abgeordneten *pl;* **upper/lower ~** Ober-/Unterhaus *nt*
❾ *(for animal)* **bird ~** Vogelhaus *nt,* Voliere *f;* **dog ~** Hundehütte *f; (at zoo)* **insect/monkey/reptile ~** Insekten-/Affen-/Reptilienhaus *nt*
❿ *no pl (house music)* House-Musik *f*
⓫ ASTROL Haus *nt*
▸ PHRASES: **~ of cards** Kartenhaus *nt;* **to collapse like a ~ of cards** wie ein Kartenhaus in sich *akk* zusammenfallen; **to get on like a ~ on fire** ausgezeichnet miteinander auskommen; **to set one's ~ in order** seine Angelegenheiten in Ordnung bringen; **like the side of a ~** fett wie eine Tonne *pej;* **a ~ divided cannot stand** *(prov)* man muss zusammenhalten; **it's time this company clean ~ and get some fresh blood into the management** AM es ist an der Zeit, dass diese Firma Ordnung bei sich schafft und frisches Blut in das Management bringt; **to go all around the ~s** umständlich vorgehen
II. *adj* [haʊs] *attr, inv* ❶ *(kept inside)* **~ cat/dog/pet** Hauskatze *f*/-hund *m*/-tier *nt*
❷ *(of establishment)* Haus-; **~ rules** Hausordnung *f;* **~ red/white wine** Rot-/Weißwein *m* der Hausmarke
III. *vt* [haʊz] ❶ *(accommodate)* ■**to ~ sb** jdn unterbringen [*o* beherbergen]; *criminal, terrorist* jdm Unterschlupf gewähren; ***the jail ~s 300 prisoners*** in dem Gefängnis können 300 Gefangene eingesperrt werden
❷ *(contain)* ■**to ~ sth** ***the museum ~s a famous collection*** das Museum beherbergt eine berühmte Sammlung; ■**to be ~d somewhere** irgendwo untergebracht sein
❸ *(encase)* ■**to ~ sth** etw verkleiden

house account *n* Hauskonto *nt* **house arrest** *n no pl* Hausarrest *m;* **to place sb under ~** jdn unter Hausarrest stellen **houseboat** *n* Hausboot *nt* **housebound** *adj inv person* ans Haus gefesselt **housebreak** <-broke, -broken> *vt* AM *(house-train)* ■**to ~ an animal** ein Tier stubenrein machen **housebreaker** *n* Einbrecher(in) *m(f)* **housebreaking** *n no pl* Einbruch *m* **housebroken** *adj inv* AM *(house-trained) animal* stubenrein **housebuyer** *n* Hauskäufer(in) *m(f)* **house call** *n* Hausbesuch *m* **housecoat** *n* Hausmantel *m,* Morgenmantel *m,* Morgenrock *m* **house detective** *n* AM Hausdetektiv(in) *m(f)* **house dress** *n* Hauskleid *nt* **housefly** *n* Stubenfliege *f* **houseful** *n* **a ~ of antiques/guests** ein [ganzes] Haus voller Antiquitäten/Gäste **houseguest** *n esp* AM, AUS Gast *m* **household I.** *n* Haushalt *m* **II.** *n modifier (appliance, member)* Haushalts-; *(expense, task, waste)* häuslich; **~ chores** Hausarbeit *f;* **~ items** [*or* **goods**] Hausrat *m* **householder** *n* ❶ *(owner)* Hauseigentümer(in) *m(f)* ❷ *(head of household)* Hausherr(in) *m(f)* **household god** *n* Hausgott *m* **household goods** *npl* BRIT Haushaltswaren *pl* **household name** *n* **to be a ~** ein Begriff sein; **to become a ~** zu einem Begriff werden **household troops** *npl* Gardetruppen *fpl* **household word** *n* geläufiger Begriff **house-hunt** *vi* nach einem Haus suchen **house-hunting** *n no pl* Haussuche *f,* Suche *f* nach einem Haus **house husband** *n* Hausmann *m* **house journal** *n* BRIT, AUS Firmenzeitung *f* **housekeep** <-kept, -kept> *vi* AM den Haushalt führen **housekeeper** *n* ❶ *(in a home)* Haushälter(in) *m(f),* Wirtschafter(in) *m(f); (at hotel, hospital)* Reinigungskraft *f* ❷ *(housewife)* Hausfrau *f* **housekeeping** *n* ❶ *no pl (act)* Haushalten *nt* ❷ *no pl (housekeeping money)* Haushaltsgeld *nt* ❸ *(in hotel, hospital)* Reinigungspersonal *nt*

housekeeping money *n no pl* Haushaltsgeld *nt* **house lights** *npl* THEAT Lichter *ntpl* im Zuschauerraum **house magazine** *n* Firmenzeitung *f* **housemaid** *n* (*dated*) Hausmädchen *nt* **housemaid's knee** *n* [Knie]schleimbeutelentzündung *f* **houseman** *n* BRIT Assistenzarzt *m* **house martin** *n* Mehlschwalbe *f* **housemaster** *n* Erzieher *m;* (*on teaching staff*) Lehrer *m* (*für ein Gruppenhaus zuständiger Lehrer im Internat*) **housemate** *n* Mitbewohner(in) *m(f)*, Hausgenosse, -in *m, f* **housemistress** *n* Erzieherin *f;* (*on teaching staff*) Lehrerin *f* (*für ein Gruppenhaus zuständige Lehrerin im Internat*) **house music** *n no pl* House *m* **House of Commons** *n no pl, + sing/pl vb* BRIT ■**the ~** das [britische] Unterhaus **house of correction** <*pl* houses of correction> *n* AM Besserungsanstalt *f veraltend* **house of detention** <*pl* houses-> *n* Untersuchungsgefängnis *nt* **house of God** <*pl* houses-> *n* (*esp liter, form*) Haus *nt* Gottes *liter geh,* Gotteshaus *nt oft geh* **House of Lords** *n no pl, + sing/pl vb* BRIT ■**the ~** das [britische] Oberhaus **House of Representatives** *n no pl, + sing/pl vb* AM, AUS, NZ ■**the ~** das Repräsentantenhaus **house organ** *n* AM (*house journal*) Firmenzeitung *f* **house party** *n* mehrtägige Einladung **house phone** *n* Haustelefon *nt* **house physician** *n* Krankenhausarzt, Krankenhausärztin *m, f* **houseplant** *n* Zimmerpflanze *f* **houseproud** *adj esp* BRIT, AUS ■**to be ~** *sich sehr um sein Zuhause kümmern, weil man sehr großen Wert auf Heimeligkeit etc legt* **houseroom** *n* **to not give ~ to sth** etw nicht einmal geschenkt nehmen **house-sit** <-tt-, -sat, -sat> *vi* auf ein Haus aufpassen (*solange der Besitzer abwesend ist*) **house-sitter** *n* ***the last ~ we had …*** der Letzte, der auf unser Haus aufgepasst hat, … **Houses of Parliament** *npl* BRIT ■**the ~** das Parlament (*von Großbritannien*) **house sparrow** *n* Haussperling *m* **house style** *n* PUBL hauseigener Stil **house surgeon** *n* BRIT Klinikchirurg(in) *m(f),* Anstaltschirurg(in) *m(f)* **house-to-house** I. *adj usu attr, inv survey* von Haus zu Haus *nach n* II. *adv inv* von Haus zu Haus **house-to-house search** *n* Durchsuchung *f* von Häusern **house-to-house selling** *n* Direktverkauf *m* **housetop** *n* [Haus]dach *nt* **house-train** *vt* ■**to ~ an animal** ein Tier stubenrein machen **house-trained** *adj esp* BRIT, AUS stubenrein **housewares** *npl* AM (*household goods*) Haushaltswaren *pl* **house-warming** *n,* **house-warming party** *n* Einweihungsparty *f* **housewife** *n* Hausfrau *f* **housewifely** *adj attr duties, concerns* hausfraulich, Hausfrauen- **housework** *n no pl* Hausarbeit *f*

housing ['haʊzɪŋ] I. *n* ① *no pl* (*living quarters*) Wohnungen *fpl;* ***volunteers have provided ~ for the flood victims*** Freiwillige haben Unterkünfte für die Flutopfer bereitgestellt
② (*casing*) Gehäuse *nt*
③ (*in wood*) Rahmen *m*
II. *adj attr, inv* Wohnungs-; **~ market** Wohnungsmarkt *m*

housing association *n* Wohnungsbaugesellschaft *f,* Gesellschaft *f* für sozialen Wohnungsbau **housing benefit** *n* BRIT Wohngeld *nt kein pl* **housing development** *n* AM, **housing estate** *n* BRIT Wohnsiedlung *f* **housing project** *n* Sozialwohnungen *fpl* **housing shortage** *n* Wohnungsmangel *m kein pl,* Wohnungsnot *f kein pl* **housing subdivision** *n* AM, AUS (*housing estate*) Wohnsiedlung *f*

hove [həʊv, AM hoʊv] *vi* NAUT *pt, pp of* **heave**

hovel ['hɒvᵊl, AM 'hʌv-] *n* armselige Hütte, Bruchbude *f pej fam*

hover ['hɒvəʳ, AM 'hʌvɚ] *vi* ① (*stay in air*) schweben; *hawk also* stehen
② (*fig: be near*) ***her expression ~ed between joy and disbelief*** ihr Gesichtsausdruck schwankte zwischen Freude und Ungläubigkeit; ***the patient was ~ing between life and death*** der Patient schwebte zwischen Leben und Tod; ***inflation is ~ing at 3 percent*** die Inflation bewegt sich um 3 Prozent; **to ~ in the background/near a door** sich *akk* im Hintergrund/in der Nähe einer Tür herumdrücken; **to ~ on the brink of disaster** am Rande des Ruins stehen; **to ~ on the brink of accepting sth** kurz davorstehen, etw zu akzeptieren; ■**to ~ over sb** jdm nicht von der Seite weichen; ***stop ~ing over me!*** geh endlich weg!; ***the waiter ~ed over our table*** der Kellner hing ständig an unserem Tisch herum

◆**hover about, hover around** *vi person* herumlungern *fam,* herumhängen *fam;* (*moving*) herumstreichen *fam; helicopter, bird, mosquito* kreisen; ■**to ~ about** [*or* **around**] **sb/sth** um jdn/etw herumschleichen, sich *akk* um jdn/etw herumdrücken *fam*

hovercraft <*pl* – *or* -s> *n* Luftkissenboot *nt,* Hovercraft *nt* **hover mower** *n* Luftkissenrasenmäher *m* **hoverport** *n* Anlegestelle *f* für Luftkissenboote [*o* Hovercrafts] **hovertrain** *n* Schwebezug *m;* (*magnetic*) Magnetschwebebahn *f*

how [haʊ] I. *adv* ① (*in what manner, way*) wie; ~ ***is it that you're here?*** wieso [*o* warum] bist du da?; ~ ***do you know the answer?*** woher weißt du die Antwort?; ~ ***do you mean? that I should go now?*** wie meinen Sie das, ich sollte jetzt gehen?; ~ ***do you mean he crashed the car?*** wie er hat das Auto kaputtgefahren? *fam;* ***just do it any old ~*** mach's wie du willst *fam;* ~ ***come?*** wie das?; **to know ~ to cook/fix cars/swim** kochen/Autos reparieren/schwimmen können
② (*for quantities*) wie; ~ **far/long/many** wie weit/lange/viele; ~ **much** wie viel; ~ ***much do you miss your family?*** wie sehr vermisst du deine Familie?; ~ ***much*** [*or* ***often***] ***do you visit Mary?*** wie oft besuchst du Mary?; ~ ***much is it?*** wie viel [*o* was] kostet es?
③ (*for emphasis*) ~ ***I laughed at that movie!*** was ich über diesen Film gelacht habe! *fam;* ~ ***I wish you wouldn't say things like that!*** ich wünschte wirklich, du würdest nicht solche Dinge sagen!; ***and ~!*** und ob [*o* wie]!; ~ ***about that!*** was sagt man dazu!; ~***'s that for a classy car*** wenn das kein nobles Auto ist!; ~***'s that for an excuse*** ist das nicht eine klasse Ausrede! *fam;* ~ **pretty/strange/terrible!** wie schön/seltsam/schrecklich!; ~ ***nice of you to stop by!*** wie nett von Ihnen vorbeizuschauen!
④ (*about health, comfort*) ~ ***are you?*** wie geht es Ihnen?; ~ ***are things?*** wie geht's [denn so]? *fam;* ~***'s life been treating you?*** und wie ist es dir so ergangen?; ~ ***is your mother doing after her surgery?*** wie geht's deiner Mutter nach ihrer Operation?; ~ ***was your flight?*** wie war Ihr Flug?; ~***'s work?*** was macht die Arbeit?; ~***'s that?*** (*comfortable?*) wie ist das?; (*do you agree?*) passt das?; ~ ***do you do?*** (*meeting sb*) Guten Tag [*o* Abend]!
⑤ (*inviting*) ~ ***about a movie?*** wie wäre es mit Kino?; ~ ***would you like to go have a drink?*** möchtest du vielleicht etwas trinken gehen?; ~ [*or fam* ~***'s***] ***about coming over tonight?*** wie wär's, willst du heute Abend zu mir kommen?; (*suggesting*) ~ ***about trying to expand our European market?*** sollten wir nicht versuchen, unseren europäischen Markt zu erweitern?; ***if your car's broken, ~ about taking the tram*** wenn dein Auto kaputt ist, könntest du doch die Straßenbahn nehmen; ***John suggested breaking for lunch — ~ about it?*** John hat vorgeschlagen, eine Mittagspause zu machen – was meinst du?
⑥ (*that*) dass; ***she explained ~ they had got stuck in traffic*** sie erklärte, dass sie im Verkehr stecken geblieben waren
II. *n usu pl* **the ~s and whys** das Wie und Warum; ***the child's ~s and whys seemed endless*** die Fragen des Kindes schienen kein Ende nehmen zu wollen; **the ~s and whys of business/cooking/yoga** alles über das Geschäft/das Kochen/Yoga

howdah ['haʊdə] *n* überdachter Elefantensattel

how-do-you-do [ˌhaʊdjʊ'duː, AM 'haʊdəjuːduː] *n* ***that was a fine ~!*** das war ja eine schöne Bescherung! *iron fam*

howdy ['haʊdiː] *interj* AM DIAL (*fam*) Tag *fam*

however [haʊ'evəʳ, AM -ɚ] I. *adv inv* ① + *adj* (*to whatever degree*) egal wie *fam;* ***~ hungry I am, …*** ich kann so hungrig sein, wie ich will, …; ~ **angry/inexpensive/small** egal wie böse/billig/klein
② (*showing contradiction*) jedoch; ***I love ice cream — ~, I am trying to lose weight, so …*** ich liebe Eis – ich versuche jedoch gerade abzunehmen, daher …
③ (*by what means*) wie um alles … *fam;* ~ ***did you manage to get so dirty?*** wie hast du es bloß geschafft, so schmutzig zu werden?
II. *conj* ① (*in any way*) wie auch immer; ***you can do it ~ you like*** du kannst es machen, wie du willst; ~ ***you do it, …*** wie auch immer du es machst, …
② (*nevertheless*) aber, jedoch; ***there may, ~, be other reasons*** es mag jedoch auch andere Gründe geben

howitzer ['haʊɪtsəʳ, AM -sɚ] *n* Haubitze *f*

howl [haʊl] I. *n of person, child* Geschrei *nt kein pl,* Gebrüll *nt kein pl; of dog, wolf, wind* Heulen *nt kein pl;* **to give** [*or* **let out**] **a ~ of pain** einen Schmerzensschrei ausstoßen; **~s of protest** Protestgeschrei *nt*
II. *vi* ① (*make long sound*) *wolf, dog, wind* heulen; *child* schreien, heulen *fam,* brüllen *fam;* **to ~ in** [*or* **with**] **pain** vor Schmerzen heulen
② (*fam: laugh*) brüllen *fam*

◆**howl down** *vt* ■**to ~ down ↔ sb/sth** jdn/etw niederschreien [*o* niederbrüllen]

howler ['haʊləʳ, AM -lɚ] *n* ① (*mistake*) Schnitzer *m fam,* Hammer *m fam;* **to make a ~** einen Schnitzer machen *fam,* sich *dat* einen Schnitzer leisten *fam*
② (*person*) Schreihals *m fam;* (*dog, wolf*) Heuler *m*
③ (*buzzer*) Summer *m*

howling ['haʊlɪŋ] I. *adj attr* ① (*great*) riesig *fam;* **a ~ success** ein Riesenerfolg *m*
② *inv* (*crying*) *baby* schreiend, brüllend *fam; dog, wolf, wind* heulend
II. *n no pl of a person* Gebrüll *nt,* Geschrei *nt; of a dog* Heulen *nt,* Geheul *nt; of wind* Heulen *nt*

howsoever [ˌhaʊsəʊ'evəʳ, AM -soʊ'evɚ] *adv inv* (*liter, form*) wie auch immer; ***each of us, ~ rich or poor, has something to contribute*** jeder von uns, egal wie reich oder arm, hat etwas beizutragen

how-to ['haʊtuː] I. *n* Ratgeber *m*
II. *adj attr, inv* ~ **book** Ratgeber *m,* Anleitung *f;* ~ **shows** Ratgebersendungen *fpl*

hoy [hɔɪ] *interj* ① (*hey!*) he[da]!
② NAUT ahoi!

hoyden ['hɔɪdᵊn] *n* (*dated*) wilde Range, Wildfang *m*

hp *n abbrev of* **horsepower** PS; ***this car has a 4 ~ engine*** dieses Auto hat einen Motor mit 4 PS

HP [ˌeɪtʃ'piː] *n* BRIT (*fam*) *abbrev of* **hire purchase**

HQ [ˌeɪtʃ'kjuː] *n abbrev of* **headquarters**

hr *n abbrev of* **hour** Std.

HRH [ˌeɪtʃɑːʳ'eɪtʃ] *n abbrev of* **His/Her Royal Highness** S.M./I.M.

HRT [ˌeɪtʃɑːʳ'tiː, AM -ɑːr'-] *n abbrev of* **hormone replacement therapy**

HST [ˌeɪtʃes'tiː] *n* BRIT *abbrev of* **high-speed train**

ht *n abbrev of* **height**

HT *n* COMPUT *abbrev of* **handy talkies** Sprechfunkgeräte *pl*

HTML *n no pl* COMPUT *abbrev of* **Hypertext Mark-up Language** HTML *nt*

HTTP *n* COMPUT *abbrev of* **Hypertext Transfer Protocol** HTTP *nt*

hub [hʌb] *n* ① TECH Nabe *f;* (*in floppy disk also*) Hub *m*
② (*of airline*) Basis *f*
③ (*fig: centre*) Zentrum *nt,* Mittelpunkt *m,* Angelpunkt *m*
④ COMPUT (*in star-topology network*) Netzknoten *m*

Hubbard squash <*pl* -> [ˌhʌbəd'-, AM -ɚd'-] *n* Squash-Kürbis *m*

hubbub ['hʌbʌb] *n no pl* (*noise*) Lärm *m;* (*commotion*) Tumult *m*

hubby ['hʌbi] *n* (*hum fam*) [Ehe]mann *m*

hubcap ['hʌbkæp] *n* Radkappe *f*

hubris ['hju:brɪs] *n no pl* (*form*) Hybris *f geh*, Hochmut *m pej*, Überheblichkeit *f*

huckleberry ['hʌk|beri] *n* AM (*berry*) amerikanische Heidelbeere; (*bush*) amerikanischer Heidelbeerstrauch

huckster ['hʌkstəʳ, AM -stɚ] *n* ① (*salesman*) penetranter Verkaufsfritze *pej fam*
② AM (*fam: advertisement writer*) Reklamefritze *m pej fam*

huddle ['hʌdl] **I.** *n* ① (*close group*) [wirrer] Haufen *fam; of people* Gruppe *f;* **to go into a ~** sich *akk* zur Beratung zurückziehen, Kriegsrat halten *hum;* **to stand/talk in a ~** dicht zusammengedrängt stehen/sprechen
② AM (*in football*) **to make** [*or* **form**] **a ~** die Köpfe zusammenstecken *fam;* ***the players discussed strategy in ~*** die Spieler steckten die Köpfe zusammen, um eine Strategie auszumachen
II. *vi* sich *akk* [zusammen]drängen; ***several small children were ~d in a corner*** mehrere Kleinkinder kauerten aneinander gedrängt in einer Ecke; **to ~ [a]round a fire** sich *akk* um ein Feuer [zusammen]drängen
◆**huddle down** *vi* sich *akk* niederkauern
◆**huddle together** *vi* sich *akk* zusammenkauern [*o* aneinander kauern]; **to ~ together for warmth** sich *akk* wärmesuchend aneinander schmiegen
◆**huddle up** *vi* sich *akk* zusammenkauern; ■**to ~ up against sb/sth** sich *akk* an jdn/etw schmiegen

hue [hju:] *n* (*colour*) Farbe *f;* (*shade*) Schattierung *f;* (*complexion*) Gesichtsfarbe *f;* (*fig*) ***all ~s of political opinion were represented at the meeting*** auf der Versammlung waren Vertreter jeder politischen Couleur anwesend *geh*
▸ PHRASES: **~ and cry** (*pej*) Geschrei *nt pej fam*, Gezeter *nt pej*

huff [hʌf] **I.** *vi* ① (*breathe*) schnaufen *fam;* **to ~ and puff** schnaufen und keuchen
② (*fam: complain*) murren; **to ~ and puff** murren und klagen
II. *vt* ■**to ~ sth** etw schnauben
III. *n* (*fam*) **to be in a ~** eingeschnappt sein *fam;* **to get** [*or* **go**] **into a ~** einschnappen *fam;* **to go off** [*or* **leave**] **in a ~** beleidigt abziehen *fam*

huffily ['hʌfɪli] *adv* beleidigt

huffy ['hʌfi] *adj* ① (*easily offended*) empfindlich
② (*in a huff*) beleidigt; **to be in a ~ mood** übel gelaunt sein; **to get ~ about sth** etw übel nehmen

hug [hʌg] **I.** *vt* <-gg-> ① (*with arms*) ■**to ~ sb** jdn umarmen; **to ~ a belief/an idea** an einem Glauben/einer Idee festhalten; **to ~ one's handbag** seine Handtasche an sich *akk* drücken [*o* pressen]; **to ~ one's knees** seine Knie umklammern; **to ~ oneself for warmth** die Arme verschränken, damit einem warm wird; **to ~ a secret** ein Geheimnis für sich *akk* behalten; (*fig*) ***the dress ~ged her body*** das Kleid lag eng an ihrem Körper an
② (*stay close to*) ■**to ~ sth** ***the tables and chairs ~ged the walls in the tiny room*** die Tische und Stühle füllten den winzigen Raum aus; **to ~ the road/shore** sich *akk* dicht an der Straße/Küste halten
③ (*congratulate*) ■**to ~ oneself** sich *akk* beglückwünschen
II. *vi* <-gg-> sich *akk* umarmen
III. *n* Umarmung *f;* **to give sb a ~** jdn umarmen

huge [hju:dʒ] *adj* ① (*big*) riesig, riesengroß; **~ responsibility** sehr große Verantwortung; **~ success** Riesenerfolg *m*
② (*impressive*) gewaltig, ungeheuer; *costs* immens

hugely ['hju:dʒli] *adv* ungeheuer

hugeness ['hju:dʒnəs] *n no pl* (*in size*) Größe *f;* (*in quantity*) [gewaltiges [*o* riesiges]] Ausmaß; *of a sum of money* Höhe *f*

huggable ['hʌgəbl] *adj* (*fam*) *stuffed toy, child* knuddelig

Huguenot ['hju:gənəʊ, AM nɑ:t] *n* Hugenotte, -in *m, f*

huh [hʌ] *interj* (*fam!: for sth not heard, in puzzlement*) hä? *sl;* (*in anger*) ***~! we'll see about that!*** hah! das werden wir schon sehen!; (*in disbelief*) ***I've given up smoking — ~! I'll believe it when I see it*** ich habe das Rauchen aufgehört – haha! das glaube ich erst, wenn ich es sehe; (*confirming question*) ***good movie, ~?*** guter Film, was?

hula ['hu:lə] *n*, **hula-hula** [,hu:lə'hu:lə] *n* Hula[-Hula] *m*

hula hoop ['hu:ləhu:p] *n* Hula-Hoop *m o nt*, Hula-[Hoop-]Reifen *m*

hulk [hʌlk] *n* ① (*ship*) [Schiffs]rumpf *m;* (*car*) Wrack *nt;* (*building*) Ruine *f*
② (*bulky person*) Brocken *m fam;* ***Henry's a real ~*** Henry ist vielleicht ein Hüne! *fam*

hulking ['hʌlkɪŋ] *adj attr, inv* (*bulky*) massig, bullig *fam;* (*clumsy*) ungeschlacht *pej*, plump; **~ great** BRIT monströs

hull [hʌl] **I.** *n* ① NAUT [Schiffs]rumpf *m*, Schiffskörper *m*
② BOT (*covering of seed*) Schale *f*, Hülle *f*, Hülse *f; of peas* Schote *f; of barley, wheat* Hülse *f*, Spelze *f fachspr;* (*calyx of strawberry*) Stielansatz *m* [mit Blättchen]
II. *vt* **to ~ beans/peas** Bohnen/Erbsen enthülsen; **to ~ strawberries** Erdbeeren entstielen

hullabaloo ['hʌləbəlu:] *n usu sing* (*dated*) ① (*noise*) Lärm *m;* **to make a ~** einen Riesenlärm veranstalten *fam*
② (*commotion*) Trara *nt fam* (**about/over** um +*akk*)

hullo [hə'ləʊ] *interj* BRIT *see* **hello**

hum [hʌm] **I.** *vi* <-mm-> ① (*make sound*) *engine* brummen; *small machine, camera* surren; *bee* summen; *crowd, audience* murmeln
② (*fig: be active*) voller Leben sein; ***the pub was ~ming with activity*** in der Kneipe ging es hoch her; **to make things ~** die Sache in Schwung [*o fam* zum Laufen] bringen
③ (*sing*) summen; **to ~ under one's breath** vor sich *akk* hinsummen
④ BRIT (*smell bad*) stinken *fam*
▸ PHRASES: **to ~ and haw** BRIT, AUS herumdrucksen *fam*
II. *vt* <-mm-> ■**to ~ sth** etw summen
III. *n* Summen *nt kein pl; of machinery* Brummen *nt kein pl; of insects* Summen *nt kein pl; of a conversation* Gemurmel *nt kein pl; of a small machine* Surren *nt kein pl;* ***I could hear the constant ~ of the traffic outside*** von draußen her konnte ich das stetige Brausen des Verkehrs hören

human ['hju:mən] **I.** *n* Mensch *m*
II. *adj behaviour, skeleton* menschlich; **to form a ~ chain** eine Menschenkette bilden; **to be beyond ~ power** nicht in der Macht des Menschen liegen; **~ relationships/sexuality** die Beziehungen/die Sexualität des Menschen

human being *n* Mensch *m* **human condition** *n no pl* ■**the ~** das Menschliche; ***this is part of the ~*** da ist ein ganz allgemeines menschliches Problem

humane [hju:'meɪn] *adj* human *geh*, menschlich

humanely [hju:'meɪnli] *adv* human *geh*

human error *n no pl* menschliches Versagen

humane society *n* Gesellschaft *f* zur Verhinderung von Grausamkeiten an Tieren

human genome project *n* Projekt *nt* zur Erforschung der menschlichen Gene **human interest story** *n* ergreifende Geschichte

humanism ['hju:mənɪzᵊm] *n* Humanismus *m geh*

humanist ['hju:mənɪst] *n* Humanist(in) *m(f)*

humanistic [,hju:mə'nɪstɪk] *adj* humanistisch

humanitarian [hju:,mænɪ'teəriən, AM -ə'teriən] **I.** *n* Menschenfreund(in) *m(f)*
II. *adj inv* humanitär

humanitarianism [hju:,mænɪ'teəriənɪzᵊm, AM -ə'teriən-] *n* Humanitarismus *m;* (*personal*) humanitäre Gesinnung

humanities [hju:'mænəti:z, AM -t̬-] *npl* ■**the ~** die Geisteswissenschaften *pl*

humanity [hju:'mænəti, AM -t̬-] *n no pl* ① (*people*) die Menschheit; **crimes against ~** Verbrechen *ntpl* gegen die Menschheit
② (*quality of being human*) Menschlichkeit *f*, Humanität *f geh;* **to treat sb with ~** jdn human behandeln

humanization [,hju:mənaɪ'zeɪʃᵊn, AM -nɪ'-] *n* ① *of a prison, politics* Humanisierung *f*
② *of a car, an animal* Vermenschlichung *f*

humanize ['hju:mənaɪz] *vt* ① (*make acceptable*) ■**to ~ sth** etw humanisieren
② (*give human character*) **to ~ an animal/a car** ein Tier/ein Auto vermenschlichen

humankind *n no pl* die Menschheit, die Menschen *pl*

humanly ['hju:mənli] *adv* menschlich; **to do/try everything ~ possible** alles Menschenmögliche tun/versuchen

human nature *n no pl* die menschliche Natur

humanoid ['hju:mənɔɪd] **I.** *adj* menschenartig
II. *n* Menschenart *f;* ■**~s** (*in science fiction*) Menschenartige *pl*

human race *n no pl* ■**the ~** die menschliche Rasse, die Menschheit **human relations** *npl* menschliche Beziehungen **human resources** *npl* ① + *sing vb* (*personnel department*) Personalabteilung *f*
② (*staff*) Arbeitskräfte *fpl* **human rights** *npl* Menschenrechte *ntpl* **human services** *npl* + *sing vb* Sozialamt *nt* **human shield** *n* menschliches Schutzschild **human touch** *n no pl* menschliche Wärme; **to have/lack the ~** menschliche Wärme besitzen/vermissen lassen

humble ['hʌmb|] **I.** *adj* <-r, -st> ① (*simple*) einfach; (*modest*) bescheiden; (*hum iron*) ***welcome to my ~ abode*** willkommen in meinem bescheidenen Heim *hum;* **~ beginnings** bescheidene Anfänge; **of ~ birth** von niedriger Geburt; **in my ~ opinion** meiner bescheidenen Meinung nach
② (*respectful*) demütig, ergeben *geh;* ***please accept our ~ apologies for the error*** wir bitten ergebenst um Verzeihung für diesen Fehler *geh;* **your ~ servant** (*old*) Ihr ergebenster [*o* untertänigster] Diener *veraltet*
II. *vt usu passive* ■**to ~ oneself** sich *akk* demütigen [*o* erniedrigen]; ■**to be ~d by sth** durch etw *akk* gedemütigt [*o* erniedrigt] werden; ■**to be ~d by sb** SPORTS von jdm vernichtend geschlagen werden
▸ PHRASES: **to ~ one's heart** seinem Herzen einen Stoß geben

humbleness ['hʌmb|nəs] *n no pl* (*modesty*) Bescheidenheit *f;* (*simplicity*) Einfachheit *f;* (*meekness*) Demut *f*

humble pie *n* ▸ PHRASES: **to eat ~** zu Kreuze kriechen *fam*, klein beigeben

humbling ['hʌmblɪŋ] *adj* demütigend

humbly ['hʌmbli] *adv* ① (*not proudly*) bescheiden; **to dress ~** sich *akk* einfach kleiden
② (*submissively*) demütig; ***he ~ said that he was sorry*** zerknirscht sagte er, dass es ihm Leid täte
③ (*of low status*) **to be ~ born** von niedriger Geburt sein

humbug ['hʌmbʌg] *n* ① *no pl* (*nonsense*) Humbug *m pej fam*, Unsinn *m;* (*fraud*) Schwindel *m;* **~!** Humbug!; ***there is no ~ about him — he says what he thinks*** er macht einem nichts vor – er sagt, was er denkt
② (*fam: person*) Gauner(in) *m(f)*, Halunke *m*
③ (*sweet*) Pfefferminzbonbon *nt o m*

humdinger [hʌm'dɪŋəʳ, AM -ɚ] *n* (*hum dated: man*) toller Bursche *fam;* (*woman*) Klassefrau *f fam;* (*thing*) Wucht *f fam;* **to be a** [**real**] **~** [absolute] Spitze [*o* große Klasse] sein *fam;* ***that was a real ~ of a party*** das war echt eine Spitzenparty! *fam*

humdrum ['hʌmdrʌm] **I.** *adj* (*dull*) langweilig, fade *fam*, fad *bes* SÜDD, ÖSTERR *fam;* (*monotonous*) eintönig
II. *n no pl* Stumpfsinnigkeit *f*

humectant [hju:'mektᵊnt] *n* Befeuchter *m*, Feuchthaltemittel *nt*

humerus <*pl* -ri> ['hju:mᵊrəs] *n* Oberarmknochen *m*

humid ['hju:mɪd] *adj* feucht, humid *fachspr;* ***New York is very hot and ~ in the summer*** im Sommer ist es in New York sehr schwül

humidex ['hju:mɪdeks] *n no pl* CAN *Skala, die die*

Temperatur unter Berücksichtigung der Luftfeuchtigkeit angibt

humidifier [hjuːˈmɪdɪfaɪəʳ, AM -ɚ] *n* Luftbefeuchter *m*

humidify <-ie-> [hjuːˈmɪdɪfaɪ] *vt* **to ~ the air/a room** die Luft/ein Zimmer befeuchten

humidity [hjuːˈmɪdəti, AM -ət̬i] *n no pl* [Luft]feuchtigkeit *f;* **relative ~** relativer Feuchtigkeitsgehalt

humidor [ˈhjuːmɪdɔːʳ, AM dɔːr] *n* ❶ (*cigar case*) Humidor *m*
❷ ARCHIT Feuchthaus *nt*

humiliate [hjuːˈmɪlieɪt] *vt* ❶ (*humble*) ■**to ~ sb** jdn demütigen [*o* erniedrigen]
❷ (*embarrass*) ■**to ~ sb/oneself** jdn/sich blamieren; ***don't ~ me in front of all my friends!*** stelle mich nicht vor all meinen Freunden bloß!
❸ SPORTS (*defeat*) ■**to ~ sb** jdn vernichtend schlagen

humiliated [hjuːˈmɪlieɪtɪd, AM -t̬-] *adj* ❶ (*ashamed*) gedemütigt; ***I was so ~ at the way you got drunk at the party*** ich habe mich so geschämt dafür, wie du dich auf der Party betrunken hast; **to feel totally ~** sich *akk* völlig gedemütigt fühlen
❷ (*embarrassed*) blamiert

humiliating [hjuːˈmɪlieɪtɪŋ, AM -t̬-] *adj* (*humbling*) *treatment* erniedrigend; *defeat, experience* demütigend; (*embarrassing*) beschämend

humiliatingly [hjuːˈmɪlieɪtɪŋli] *adv* auf demütigende [*o* erniedrigende] Art

humiliation [hjuːˌmɪliˈeɪʃᵊn] *n* Demütigung *f,* Erniedrigung *f;* (*embarrassment*) Beschämung *f;* ***he couldn't hide his ~ in this matter*** er konnte nicht verbergen, dass er sich in dieser Sache zurückgesetzt fühlte; ***much to my ~ I must admit my mistake*** sehr zu meiner Schande muss ich meinen Fehler eingestehen

humility [hjuːˈmɪləti, AM -ət̬i] *n no pl* (*submissiveness*) Demut *f;* (*modesty*) Bescheidenheit *f;* ***he doesn't have the ~ to admit when he's wrong*** er ist zu stolz, zuzugeben, wenn er Unrecht hat

hummingbird [ˈhʌmɪŋbɜːd, AM -bɜːrd] *n* Kolibri *m*

hummock [ˈhʌmək] *n* Hügel *m*

hummus [ˈhʊmʊs, AM ˈhʊməs] *n no pl* FOOD *see* **houmous**

humongous [hjuːˈmʌŋgəs] *adj attr* (*fam*) riesig, wahnsinnig groß *fam,* Riesen- *fam*

humor *n* AM *see* **humour**

humorist [ˈhjuːmᵊrɪst] *n* Humorist(in) *m(f)*

humorless *adj* AM *see* **humourless**

humorous [ˈhjuːmᵊrəs] *adj person* humorvoll; *book, situation* lustig, komisch; *speech* launig; *idea, thought* witzig; *smile, programme* lustig, heiter; ***a rather ~ thing happened to me yesterday*** gestern ist mir was Komisches passiert; ***there is a ~ side to this issue*** diese Sache hat auch ihre komische Seite

humorously [ˈhjuːmᵊrəsli] *adv* humorvoll, witzig; **to smile/wink ~** verschmitzt lächeln/zwinkern

humour [ˈhjuːməʳ], AM **humor** [-ɚ] **I.** *n* ❶ *no pl* (*capacity for amusement*) Humor *m;* ***his speech was full of ~*** seine Rede war voller Witz; ***where's the ~ in that?*** was ist daran so komisch?; **to have a/no sense of ~** einen/keinen Sinn für Humor haben
❷ (*mood*) Laune *f,* Stimmung *f;* **to be in [a] good/bad ~** gute/schlechte Laune haben, gut/schlecht gelaunt sein; **to be out of ~** schlechte Laune haben, schlecht gelaunt sein
❸ (*body fluid*) Körpersaft *m*
II. *vt* ■**to ~ sb** jdm seinen Willen lassen; **to ~ sb's demands** jds Forderungen nachgeben; **to ~ sb's wishes** sich *akk* jds Wünschen fügen

humourless [ˈhjuːmələs], AM **humorless** [-mɚlɪs] *adj* humorlos

humourlessly [ˈhjuːmələsli, AM ɚləs] *adv* freudlos, missgestimmt

hump [hʌmp] **I.** *n* ❶ (*hill*) kleiner Hügel, Buckel *m fam;* (*in street*) Buckel *m fam;* (*at train yard*) Ablaufberg *m*
❷ (*on camel*) Höcker *m;* (*on a person*) Buckel *m*
► PHRASES: **sb has got the ~** jd ist sauer *fam;* **to be over the ~** über den Berg sein *fam*
II. *vt* ❶ (*make round*) **to ~ one's back** einen Buckel machen
❷ (*fam: carry*) ■**to ~ sth** etw schleppen [*o* tragen]; ***he ~ed those heavy boxes out of the truck*** er hievte diese schweren Boxen aus dem LKW *fam*
❸ (*vulg sl: have sex with*) ■**to ~ sb** jdn bumsen *vulg*
III. *vi* ❶ (*arch*) den Rücken krumm machen
❷ AM (*fam!: move quickly*) sich *akk* beeilen; **to ~ home** nach Hause eilen

humpback *n* ❶ (*person*) Buck[e]lige(r) *f(m)*
❷ (*back*) Buckel *m*
❸ (*whale*) Buckelwal *m*

humpback bridge *n* gewölbte Brücke

humpbacked *adj* bucklig

humpbacked bridge *n* gewölbte Brücke

humph [ˈhʌmf] *interj* hm

humpy <-ier, -iest> [ˈhʌmpi] *adj* ❶ (*showing protuberances*) buck[e]lig, höckerig
❷ (*rough*) holp[e]rig, uneben

humus¹ [ˈhjuːməs] *n no pl* HORT Humus *m*

humus² [ˈhʊməs] *n* AM *see* **hummus**

Hun [hʌn] *n* ❶ HIST Hunne, -in *m, f*
❷ (*pej!: German*) Deutsche(r) *f(m),* Boche *m pej fam;* ■**the H~s** die Deutschen

hunch [hʌntʃ] **I.** *n* <*pl* -es> ❶ (*protuberance*) Buckel *m*
❷ (*feeling*) Ahnung *f,* Gefühl *nt;* ***his ~es are never wrong*** sein Gefühl lässt ihn nie im Stich; **to act [***or* **play] on a ~** nach Gefühl handeln; **to follow a ~** einem Gefühl folgen; **to have a ~ that ...** den [leisen] Verdacht [*o* das [leise] Gefühl] haben, dass ...; ***I had a ~ that you'd be here*** ich hatte schon so eine Ahnung, dass du da sein würdest
II. *vi* sich *akk* krümmen; **to ~ around the fire** sich *akk* um das Feuer zusammenkauern
III. *vt* **to ~ one's back** einen Buckel machen; **to ~ one's shoulders** die Schultern hochziehen

hunchback *n* ❶ (*rounded back*) Buckel *m*
❷ (*person*) Bucklige(r) *f(m)*

hunchbacked *adj* buck[e]lig

hunched [ˈhʌntʃt] *adj* gekrümmt

hundred [ˈhʌndrəd] **I.** *n* ❶ <*pl* -> (*number*) Hundert *f;* ***the chances are one in a ~ that he'll live*** die Chancen stehen eins zu hundert, dass er überlebt; ***sixty out of a ~ agree with the president*** sechzig von hundert stimmen dem Präsidenten zu; ***I'll bet you a ~ to one my team will win*** ich wette hundert zu eins, dass meine Mannschaft gewinnt; **two/three/eight ~** zwei-/drei-/achthundert; ***this new car is selling by the ~s*** dieses Auto wird zu Hunderten verkauft; **~s and ~s** Hunderte und aber Hunderte; **~s of cars/people/pounds** Hunderte von Autos/Leuten/Pfund
❷ <*pl* -> (*miles, kilometres per hour*) **to drive a ~** hundert [*o fam* mit hundert Sachen] fahren
❸ <*pl* -> (*years old*) **to be/turn a ~** hundert Jahre alt sein/werden; **to live to be a ~** hundert Jahre alt werden
❹ (*with centuries*) **the eighteen/fifteen/twelve ~s** das achtzehnte/fünfzehnte/zwölfte Jahrhundert
II. *adj attr, inv* hundert; ***we've driven a ~ miles in the last hour*** wir sind in der letzten Stunde [ein]hundert Meilen gefahren; **a ~ and one/five/nine** [ein]hundert[und]eins/-fünf/-neun; **~ and first/second/fifth** hundert[und]erste(r, s)/-zweite(r,s)/-fünfte(r,s); **to feel a ~ per cent fit** sich *akk* hundertprozentig fit fühlen; **to work a ~ per cent** hundertprozentig arbeiten; **never in a ~ years** nie im Leben

Hundred Days *n* HIST ■**the ~** die Hundert Tage

hundredfold *adv* hundertfach; ***sales have increased a ~*** der Verkauf ist um das Hundertfache gestiegen

hundreds and thousands *npl* BRIT Liebesperlen *fpl*

hundredth [ˈhʌndrədθ] **I.** *n* ❶ (*in line*) Hundertste(r) *f(m);* ***he is now one ~ in world tennis*** er steht jetzt an hundertster Stelle auf der Tennisweltrangliste
❷ (*fraction*) Hundertstel *nt*
II. *adj attr, inv* ❶ (*in series*) hundertste(r, s); ***this is the ~ time*** dies ist das hundertste Mal; **for the ~ time** zum hundertsten Mal
❷ (*in fraction*) hundertstel

hundredweight <*pl* – *or* -s> *n* ≈ Zentner *m*

Hundred Years War *n no pl* ■**the ~** der Hundertjährige Krieg

hung [hʌŋ] **I.** *pt, pp of* **hang**
II. *adj* ❶ *attr* ohne klare Mehrheitsverhältnisse *nach n;* **~ jury** *Jury, die zu keinem Mehrheitsurteil kommt;* **~ parliament** Parlament *nt* ohne klare Mehrheitsverhältnisse
❷ *pred* (*fam!: penis size*) ***he's really ~*** er ist wirklich gut ausgestattet *fam*

Hungarian [hʌŋˈgeəriən, AM -ˈgeriən] **I.** *n* ❶ (*person*) Ungar(in) *m(f)*
❷ *no pl* (*language*) Ungarisch *nt*
II. *adj inv* ungarisch

Hungary [ˈhʌŋgᵊri] *n no pl* Ungarn *nt*

hunger [ˈhʌŋgəʳ, AM -gɚ] **I.** *n no pl* ❶ (*from no food*) Hunger *m;* ***my stomach is rumbling with ~*** mir knurrt vor lauter Hunger schon der Magen; **to die of ~** verhungern; **to never have known ~** nie erfahren haben, was Hunger bedeutet
❷ (*fig: desire*) Hunger *m,* Verlangen *nt;* ***Kate has no ~ for adventure*** Kate ist nicht abenteuerlustig; **~ for knowledge** Wissensdurst *m*
II. *vi* ■**to ~ after [***or* **for] sth** nach etw *dat* hungern *geh*

hunger march *n* Hungermarsch *m*

hunger pangs *npl* [quälender] Hunger

hunger strike *n* Hungerstreik *m;* **to go on a ~** in [einen] Hungerstreik treten

hunger striker *n* Hungerstreikende(r) *f(m)*

hung-over *adj* ■**to be ~** verkatert sein *fam*

hungrily [ˈhʌŋgrɪli] *adv* ❶ (*with hunger*) hungrig
❷ (*fig: with desire*) hungrig *geh,* gierig

hungry [ˈhʌŋgri] *adj* ❶ (*for food*) hungrig; **~ times** magere Zeiten; **to go ~** hungern; ■**to be ~** Hunger haben
❷ (*fig: wanting badly*) ■**to be ~ for sth** gierig [*o* hungrig] nach etw *dat* sein; **~ for adventure/love/power** abenteuer-/liebes-/machthungrig; **to be ~ for companionship/fame** sich *akk* nach Gesellschaft/Ruhm sehnen; **~ for knowledge** wissensdurstig; **to be ~ for news** sehnsüchtig auf Nachricht warten

hung up *adj pred* (*sl*) ❶ (*addicted*) ■**to be ~ about [***or* **on] sb** noch immer verliebt [*o fam* total verknallt] in jdn sein; **to be ~ on alcohol/drugs** nicht von Alkohol/Drogen loskommen
❷ (*have complex*) **to be ~ about one's age/looks** wegen seines Alters/Aussehens Komplexe haben
❸ (*neurotic*) **to be ~ on cleanliness** einen Sauberkeitsfimmel haben *fam;* **to be ~ on perfection** perfektionistisch sein; **to be ~ about privacy** eigenbrötlerisch sein; **to be ~ about washing one's hands** sich *dat* ständig die Hände waschen müssen

hunk [hʌŋk] *n* ❶ (*piece*) Stück *nt;* **~ of bread/cheese/meat** Stück *nt* Brot/Käse/Fleisch
❷ (*approv fam: man*) **a ~ of a man** ein Bild *nt* von einem Mann *fam*

hunker down [ˌhʌŋkəʳ, AM -kɚ-] *vi* sich *akk* hocken; (*fig*) sich *akk* auf den Hosenboden setzen *fam*

hunky [ˈhʌŋki] *adj* (*approv fam*) *man* sexy *fam,* scharf *fam*

hunky dory [-ˈdɔːri] *adj pred, inv* (*fam*) bestens *fam,* prima *fam;* ***everything is ~*** es ist alles in bester Ordnung

hunt [hʌnt] **I.** *n* ❶ (*chase*) Jagd *f;* ***the ~ is on*** die Jagd hat begonnen; **to go on a ~** auf die Jagd gehen
❷ (*search*) Suche *f;* ***the ~ is on for a successor to Sir James Gordon*** man sieht sich bereits nach einem geeigneten Nachfolger für Sir James Gordon um; **to be on the ~ for sb** auf der Suche nach jdm sein; **to be on the ~ for a murderer** nach einem Mörder fahnden; **to have a ~ for sth/sb** hinter etw/jdm her sein
❸ (*group of hunters*) Jagdgesellschaft *f*
❹ (*hunting ground*) Jagdrevier *nt*

H

II. *vt* ❶ (*chase to kill*) ■**to ~ sth** etw jagen; **to ~ a horse/hounds** mit einem Pferd/mit Hunden auf die Jagd gehen
❷ (*search for*) ■**to ~ sb/sth** Jagd auf jdn/etw machen *fam;* ***the police are ~ing the terrorists*** die Polizei fahndet nach den Terroristen; **~ the thimble** *Suchspiel der Kinder, bei dem ein im Raum verstecktes Objekt über ‚heiß' und ‚kalt' gefunden werden muss*
III. *vi* ❶ (*chase to kill*) jagen
❷ (*search*) suchen; **to ~ [high and low] for sth** [überall/fieberhaft] nach etw *dat* suchen; ■**to ~ through sth** etw durchsuchen
◆**hunt about, hunt around** *vt* ■**to ~ about ↔ sb/sth** überall nach jdm/etw suchen
◆**hunt down** *vt* ■**to ~ down ↔ sb** jdn zur Strecke bringen; **to ~ down an animal** ein Tier erlegen; **to ~ down a killer** einen Mörder zur Strecke bringen
◆**hunt out** *vt* ■**to ~ out ↔ sth** etw heraussuchen; *facts* etw herausfinden
◆**hunt up** *vt* ■**to ~ up ↔ sb** jdn ausfindig machen [*o* aufspüren]; ■**to ~ up ↔ sth** *facts* etw ausfindig machen; ***he spends ages in the library, ~ing up references*** er verbringt ewige Zeiten in der Bibliothek, um an passende Informationen zu kommen

hunted [ˈhʌntɪd, AM -t̬-] *adj* ❶ (*chased*) gejagt
❷ (*fig: frightened*) gehetzt; **to have a ~ look** gehetzt aussehen

hunter [ˈhʌntəʳ, AM -t̬ɚ] *n* ❶ (*person*) Jäger(in) *m(f)*
❷ (*horse*) Jagdpferd *nt*
❸ (*dog*) Jagdhund *m*
❹ ASTRON ■**the H~** Orion *m*

hunter-gatherer [ˌhʌntəˈgæðərəʳ, AM -t̬ɚˈgæðɚɚ] *n* Jäger und Sammler *m*

hunting [ˈhʌntɪŋ, AM -t̬-] *n no pl* ❶ (*sport*) Jagen *nt,* Jagd *f;* **to go ~** auf die Jagd gehen
❷ (*search*) Suche *f,* Suchaktion *f;* (*act of hunting*) Suchen *nt;* ***after a lot of ~ I finally found my glasses*** nach endlosem Herumsuchen habe ich meine Brille schließlich gefunden
❸ (*bell ringing*) Wechselläuten *nt* (*Reihenfolge, in der verschiedene Glocken angeschlagen werden*)

hunting dog *n* Jagdhund *m* **hunting expedition** *n* Jagdausflug *m* **hunting ground** *n* ❶ (*place to hunt*) Jagdgebiet *nt,* Jagdrevier *nt* ❷ (*fig: place to look*) Jagdrevier *nt;* ***this market is a wonderful ~ for bargain hunters*** dieser Markt ist die reinste Fundgrube für Schnäppchenjäger **hunting licence** *n* Jagdschein *m* **hunting lodge** *n* Jagdhütte *f* **hunting rifle** *n* Jagdgewehr *nt,* Büchse *f* **hunting season** *n* Jagdzeit *f*

Huntington's chorea [ˌhʌntɪŋtənskɒrˈiə, AM kəˈriə] *n no pl* MED Huntingtonsche Chorea, Chorea *f* chronica progressiva hereditaria *fachspr*

huntress [ˈhʌntrɪs] *n* Jägerin *f*

hunt saboteur *n* [militanter] Jagdgegner/[militante] Jagdgegnerin **huntsman** *n* ❶ (*hunter*) Jäger *m* (*meist beritten*) ❷ (*keeper of dogs*) Rüdemann *m* (*Hundebetreuer bei der Jagd*) **huntswoman** *n* Jägerin *f* (*meist beritten*)

hurdle [ˈhɜːdḷ, AM ˈhɜːrdḷ] **I.** *n* ❶ SPORTS ■**~s** *pl* (*for people*) Hürdenlauf *m;* (*horseracing*) Hürdenrennen *nt,* Hindernisrennen *nt;* ***the American won the 400 metres ~s*** der Amerikaner siegte über 400 Meter Hürden
❷ (*fig: obstacle*) Hürde *f,* Hindernis *nt;* **to fall at the first ~** [bereits] an der ersten Hürde scheitern; **to overcome a ~** eine Hürde nehmen *fig*
❸ (*fence*) Hürde *f;* **to clear/take a ~** eine Hürde überspringen/nehmen
II. *vi* Hürdenlauf machen
III. *vt* ■**to ~ sth** etw überspringen, über etw *akk* springen

hurdler [ˈhɜːdləʳ, AM ˈhɜːrdlɚ] *n* Hürdenläufer(in) *m(f)*

hurdle race *n of people* Hürdenlauf *m; of horses* Hürdenrennen *nt*

hurdy gurdy [ˈhɜːdiˌgɜːdi, AM ˈhɜːrdiˌgɜːrdi] *n* Drehorgel *f,* Leierkasten *m fam*

hurl [hɜːl, AM hɜːrl] *vt* ❶ (*throw*) ■**to ~ sth** etw schleudern; ***he ~ed the book across the room*** er pfefferte das Buch quer durchs Zimmer *fam;* ***the dog ~ed itself at the attackers*** der Hund stürzte sich auf die Angreifer; ■**to ~ sth about** [*or* **around**] etw umherwerfen [*o* [herum]schleudern]
❷ (*fig*) ■**to ~ oneself at sb** sich *akk* jdm an den Hals werfen; **to ~ oneself into one's work** sich *akk* in die Arbeit stürzen; ***she ~ed herself from the roof*** sie stürzte sich *akk* vom Dach; **to ~ abuse/insults at sb** jdm Beschimpfungen/Beleidigungen an den Kopf werfen

hurling [ˈhɜːlɪŋ, AM ˈhɜːrl-] *n* SPORTS *dem Hockey ähnliches irisches Nationalspiel*

hurly-burly [ˈhɜːliˌbɜːli, AM ˈhɜːrliˌbɜːrli] *n* Rummel *m,* Trubel *m;* **the ~ of city life** der Großstadtrummel

hurrah [həˈrɑː], **hurray** [həˈreɪ] **I.** *interj* hurra; ***~ for the Queen/King!*** ein Hoch der Königin/dem König!
II. *n* **last ~** Schwanengesang *m geh,* letztes Werk

hurricane [ˈhʌrɪkən, AM ˈhɜːrɪkeɪn] *n* Orkan *m;* (*tropical*) Hurrikan *m;* **~ force wind** orkanartiger Wind; **to be hit by a ~** von einem Orkan heimgesucht werden

hurricane insurance *n* Versicherung *f* gegen Sturmschäden **hurricane lamp** *n* Sturmlaterne *f* **hurricane season** *n Jahreszeit mit hoher Hurrikan-/ Wirbelsturmwahrscheinlichkeit* **hurricane warning** *n* Orkanwarnung *f*

hurried [ˈhʌrid, AM ˈhɜːr-] *adj meal, goodbye* hastig; *departure* überstürzt; *essay* hastig geschrieben; *wedding* übereilt

hurriedly [ˈhʌridli, AM ˈhɜːr-] *adv* eilig, hastig, schleunig; **a ~ arranged press conference** eine flugs anberaumte [*o* hastig einberufene] Pressekonferenz; **a ~ arranged wedding** eine in sehr kurzer Zeit eilig arrangierte Hochzeit

hurry [ˈhʌri, AM ˈhɜːri] **I.** *n no pl* Eile *f,* Hast *f;* ***what's [all] the ~?*** wozu die Eile?; ***I'm in no ~ to leave home*** ich habe vorläufig noch nicht vor, auszuziehen; ***I need that money in a ~*** ich brauche das Geld sofort; ***he won't do that again in a ~*** das wird er so schnell nicht mehr machen; ***there's no [great] ~*** es hat keine Eile [*o* eilt nicht]; ***in my ~ to leave on time I left my keys behind*** in der Hektik des Aufbruchs habe ich meine Schlüssel liegen gelassen; **to not forget sth in a ~** etw so bald [*o* schnell] nicht vergessen; **to leave in a ~** hastig [*o* überstürzt] aufbrechen
II. *vi* <-ie-> sich *akk* beeilen; ***there's no need to ~*** lassen Sie sich ruhig Zeit
III. *vt* <-ie-> ■**to ~ sb** jdn hetzen [*o fam* scheuchen]; ***I hate to ~ you, but …*** ich will ja nicht drängen, aber …; ***I won't be hurried into making a snap decision*** ich lass' mich nicht dazu drängen, etwas zu entscheiden, ohne dass ich vorher darüber nachgedacht habe; ***he was hurried to hospital*** er wurde eilig ins Krankenhaus geschafft
◆**hurry on I.** *vi* weitereilen
II. *vt* ■**to ~ on ↔ sb** jdn antreiben; ■**to ~ on ↔ sth** etw vorantreiben
◆**hurry up I.** *vi* sich *akk* beeilen; **~ *up!*** beeil dich!
II. *vt* ■**to ~ up ↔ sb** jdn zur Eile antreiben; ■**to ~ up ↔ sth** *sale* etw beschleunigen [*o* vorantreiben]

hurt [hɜːt, AM hɜːrt] **I.** *vi* <hurt, hurt> ❶ (*painful*) wehtun, schmerzen; ***tell me where it ~s*** sag' mir, wo es wehtut; ***that ~s!*** (*also fig*) aua! *fam*
❷ (*do harm*) schaden; ***one more drink won't ~*** ein Gläschen mehr macht den Kohl auch nicht mehr fett *fam;* (*fig*) ***it never ~s to check the flight departure time before you go to the airport*** es kann nie schaden, die Abflugszeit nochmals zu überprüfen, bevor man zum Flughafen fährt
II. *vt* <hurt, hurt> ❶ (*also fig: cause pain*) ■**to ~ sb** jdm wehtun, jdn verletzen; ***she was ~ by his refusal to apologize*** dass er sich absolut nicht entschuldigen wollte, hat sie gekränkt; ■**to ~ sth** sich *dat* etw wehtun; ■**sth ~s sb** *ear, head* etw tut jdm weh, etw schmerzt jdn; ***her ear ~s [or is ~ing] her*** ihr Ohr tut ihr weh; ■**to ~ oneself** sich *akk* verletzen
❷ (*harm*) ■**to ~ sb/sth** jdm/etw schaden; ***it wouldn't ~ you to do the ironing for once*** es würde dir nichts schaden, wenn du auch mal bügeln würdest; ***many businesses are being ~ by the high interest rates*** die hohen Zinssätze schaden vielen Branchen; **to ~ sb's feelings/pride** jds Gefühle/Stolz verletzen
III. *adj* (*in pain*) verletzt, verwundet; (*distressed*) verletzt, gekränkt
IV. *n* (*pain*) Schmerz *m;* (*injury*) Verletzung *f;* (*offence*) Kränkung *f*

hurtful [ˈhɜːtfəl, AM ˈhɜːrt-] *adj* verletzend; (*physically*) schädlich; ***that was a very ~ remark!*** diese Bemerkung tat sehr weh!

hurtfully [ˈhɜrtfəli, AM ˈhɜːrt-] *adv* verletzend

hurtfulness [ˈhɜːtfəlnəs, AM ˈhɜːrt-] *n no pl* verletzende Wirkung

hurtle [ˈhɜːtḷ, AM ˈhɜːrtḷ] **I.** *vi* rasen, sausen, schießen; ***the boy came hurtling round the corner*** der Junge kam um die Ecke geschossen *fam*
II. *vt* ■**to ~ sb/sth against sth** jdn/etw gegen etw *akk* schleudern

husband [ˈhʌzbən(d)] **I.** *n* Ehemann *m,* Gatte *m geh;* ***that's my ~*** das ist mein Mann; **~ and wife** Mann und Frau
II. *vt* ■**to ~ sth** mit etw *dat* haushalten; **to ~ one's strength** seine Kräfte gezielt einsetzen

husbandry [ˈhʌzbəndri] *n no pl* ❶ (*management*) Wirtschaften *nt;* **bad ~** schlechtes Wirtschaften; **good ~** sparsames Haushalten
❷ AGR Landwirtschaft *f,* [Boden]bewirtschaftung *f;* **animal ~** Viehhaltung *f*

hush [hʌʃ] **I.** *n no pl* Stille *f,* Schweigen *nt;* ***a ~ descended [or fell] over the crowd*** die Menge verstummte plötzlich; **deathly ~** Totenstille *f;* **expectant ~** erwartungsvolle Stille; **to drop one's voice to a ~** seine Stimme immer mehr senken
II. *interj* ■**~!** pst!
III. *vi* still sein; (*become quiet*) verstummen; *wind* sich legen
IV. *vt* ■**to ~ sb** jdn zum Schweigen bringen; (*soothe*) jdn beruhigen; **~ *your tongue!*** sei still!
◆**hush up** *vt* (*pej*) ■**to ~ sth ↔ up** etw vertuschen

hushed [hʌʃt] *adj people* schweigend; *voices* gedämpft; **to speak in ~ tones** mit gedämpfter Stimme sprechen

hush-hush *adj* (*fam*) [streng] geheim **hush money** *n* (*fam*) Schweigegeld *nt*

husk [hʌsk] **I.** *n* ❶ (*outer covering*) Schale *f,* Hülse *f;* AM *of maize* Hüllblatt *nt,* Lieschen *pl fachspr*
❷ (*fig: person*) Mumie *f*
II. *vt* ■**to ~ sth** *corn, rice, wheat* etw schälen

huskily [ˈhʌskɪli] *adv* heiser, mit rauer [*o* heiserer] Stimme

huskiness [ˈhʌskɪnəs] *n no pl* Heiserkeit *f*

husky¹ [ˈhʌski] *adj* ❶ (*low*) rau; **a ~ voice** eine raue [*o* rauchige] Stimme; ***his voice became ~ with anger*** seine Stimme klang vor Wut ganz heiser
❷ (*strong*) kräftig [gebaut], stämmig

husky² [ˈhʌski] *n* (*dog*) Husky *m,* Schlittenhund *m*

hussar [hʊˈzɑːʳ, AM ˈzɑːr] *n* HIST, MIL Husar *m*

hussy [ˈhʌsi] *n* (*pej*) ❶ (*sexually immoral woman*) leichtes Mädchen *pej fam*
❷ (*girl*) Göre *f bes* NORDD; **a wanton little ~** ein rotzfreches Flittchen *pej fam*

hustings [ˈhʌstɪŋz] *npl* Wahlkampf *m;* **to do well at the ~** sich *akk* im Wahlkampf gut schlagen

hustle [ˈhʌsl] **I.** *vt* ❶ (*jostle*) ■**to ~ sb somewhere** jdn schnell irgendwohin bringen; ***the other boys ~d him along the street*** die anderen Jungen trieben ihn die Straße hinunter
❷ (*coerce*) ■**to ~ sb into doing sth** jdn [be]drängen, etw zu tun; ■**to ~ sth** *esp* AM (*fam*) etw [hartnäckig] erkämpfen; **to ~ money** auf krummen Wegen Geld beschaffen
II. *vi* ❶ (*push through*) sich *akk* durchdrängen, vorstoßen; ***the centre forward ~d into the penalty area*** die Sturmspitze drang in den Strafraum vor; **to ~ through a crowd** sich *dat* seinen Weg durch eine Menschenmenge bahnen
❷ (*fam: work quickly*) sich *akk* ins Zeug legen *fam,*

unter Hochdruck arbeiten; **to ~ for business** sich *akk* fürs Geschäft abstrampeln *fam*
③ AM (*fam: be prostitute*) auf den Strich [*o sl* anschaffen] gehen *fam*
III. *n* Gedränge *nt; ~* **and bustle** geschäftiges Treiben
◆**hustle up** *vt* (*fam*) ■**to ~ up** ⊂ **sb** jdn auftreiben
hustler ['hʌslə', AM -lɚ] *n* ① *esp* AM (*dishonest*) Betrüger(in) *m(f)*, Schwindler(in) *m(f)*
② AM (*male prostitute*) Strichjunge *m*, Stricher *m;* (*female*) Strichmädchen *f*
hut [hʌt] *n* Hütte *f*
hutch [hʌtʃ] *n* ① (*cage*) Käfig *m;* (*for rabbits*) Stall *m*
② (*pej: hut*) Hütte *f pej*, Kaluppe *f* DIAL, Chaluppe *f* ÖSTERR
③ (*cabinet*) kleiner [Geschirr]schrank
hyacinth ['haɪəsɪn(t)θ] *n* Hyazinthe *f*
hyaena [haɪ'i:nə] *n* Hyäne *f*
hybrid ['haɪbrɪd] *n* ① BOT Kreuzung *f*, Hybride *m o f fachspr*
② LING hybride Bildung
③ (*fig: something mixed*) Mischform *f*
④ (*pej: person*) Mischling *m*
hybrid circuit *n* COMPUT Hybridschaltung *f*
hybridization [ˌhaɪbrɪdaɪ'zeɪʃ°n, AM dɪ'] *n no pl* BIOL Kreuzung *f*, Hybridisierung *f fachspr*
hybridize ['haɪbrɪdaɪz] *vt* ■**to ~ sth** ① BOT etw kreuzen
② LING etw hybridisieren *fachspr*
③ (*fig*) etw mischen
hydra ['haɪdrə] *n* ① (*in mythology*) ■**H~** Hydra *f*
② ASTRON ■**H~** Hydra *f*
③ (*fig: recurring problem*) ■**to be a ~** wie der Kopf einer Hydra sein
hydrangea [haɪ'dreɪndʒə] *n* BOT Hortensie *f*, Hydrangea *f fachspr*
hydrant ['haɪdr°nt] *n* Hydrant *m*
hydrate ['haɪdreɪt] *n* CHEM Hydrat *nt*
hydraulic [haɪ'drɔ:lɪk, AM -'drɑ:-] *adj inv* hydraulisch
hydraulic brake *n* hydraulische Bremse **hydraulic engineering** *n* Wasserbau *m* **hydraulic press** *n* hydraulische Presse
hydraulics [haɪ'drɔ:lɪks, AM -'drɑ:-] *n + sing vb* Hydraulik *f*
hydro ['haɪdroʊ] *n* CAN (*electricity*) Strom *m;* (*service*) Stromanbieter; *~* **bill** Stromrechnung *f;* BRIT Wasserkuranstalt *f*
hydrocarbon [ˌhaɪdrə(ʊ)'kɑ:bən, AM -droʊ'kɑ:r-] **I.** *n* Kohlenwasserstoff *m*
II. *n modifier* (*gas, compound*) Kohlenwasserstoff-
hydrocephalus [ˌhaɪdrəʊ'sefələs, AM droʊ] *n no pl* MED Wasserkopf *m*, Hydrocephalus *m fachspr*
hydrochloric acid [ˌhaɪdrə(ʊ)klɒrɪk'æsɪd, AM -droʊklɔ:r-] *n no pl* Salzsäure *f*
hydrocortisone [ˌhaɪdrə(ʊ)'kɔ:tɪzəʊn, AM -droʊ'kɔ:rt̬əzoʊn] *n no pl* Hydrokortison *nt*
hydroelectric [ˌhaɪdrəʊɪ'lektrɪk, AM -droʊ-] *adj* hydroelektrisch; *~* **power station** Wasserkraftwerk *nt*
hydroelectricity [ˌhaɪdrəʊɪlek'trɪsɪti, AM -droʊɪlek'trɪsɪt̬i] *n* Hydroelektrizität *f*
hydrofoil ['haɪdrə(ʊ)fɔɪl, AM -droʊ-] *n* Tragflächenboot *nt*, Tragflügelboot *nt*
hydrogen ['haɪdrədʒən] *n no pl* Wasserstoff *m*, Hydrogenium *nt fachspr*
hydrogen bomb *n* Wasserstoffbombe *f* **hydrogen peroxide** *n* Wasserstoffperoxid *nt* **hydrogen sulphide** *n* Schwefelwasserstoff *m*
hydrology [haɪ'drɒlədʒi, AM 'drɑ:] *n no pl* SCI Gewässerkunde *f*, Hydrologie *f fachspr*
hydrolysis [haɪ'drɒləsɪs, AM -'drɑ:lɪ-] *n* CHEM Hydrolyse *f*
hydrophobia [haɪdrə(ʊ)'fəʊbiə, AM -droʊ'foʊ-] *n* ① *no pl* (*fear of water*) krankhafte Wasserscheu, Hydrophobie *f fachspr*
② (*dated: rabies*) Tollwut *f*
hydroplane ['haɪdrə(ʊ)pleɪn, AM -droʊ-] *n* ① AM (*motorboat*) Gleitboot *nt*
② (*seaplane*) Wasserflugzeug *nt*
③ (*of a submarine*) Tiefenruder *nt*
hydroponics [ˌhaɪdrə(ʊ)'pɒnɪks, AM -droʊ'pɑ:-] *n + sing vb* BOT Hydrokultur *f*, Hydroponik *f fachspr*
hydropower ['haɪdrə(ʊ)paʊə', AM -droʊpaʊɚ] *n no pl* Wasserkraft *f*
hydrotherapy [ˌhaɪdrə(ʊ)'θerəpi, AM -droʊ'-] **I.** *n no pl* Wasserbehandlung *f*, Hydrotherapie *f fachspr*
II. *adj* hydrotherapeutisch
hydroxide [haɪ'drɒksaɪd, AM -'drɑ:-] *n* CHEM Hydroxid *nt fachspr*
hyena [haɪ'i:nə] *n* Hyäne *f*
hygiene ['haɪdʒi:n] *n no pl* Hygiene *f;* **feminine ~** Monatshygiene *f;* **personal ~** Körperpflege *f*
hygienic [haɪ'dʒi:nɪk, AM ˌhaɪdʒɪ'enɪk] *adj* hygienisch
hygienically [haɪ'dʒi:nɪk°li, AM haɪdʒɪ'enɪk] *adv* hygienisch, säuberlich *a. fig*
hygienist [haɪ'dʒi:nɪst] *n* Hygieniker(in) *m(f)*
hygrometer [haɪ'grɒmətə', AM -'grɑ:mət̬ɚ] *n* METEO Feuchtigkeitsmesser *m*, Hygrometer *nt fachspr*
hygroscope ['haɪgrə(ʊ)skəʊp, AM -groʊskoʊp] *n* METEO Feuchtigkeitsanzeiger *m*, Hygroskop *nt fachspr*
hying ['haɪɪŋ] *pp of* **hie**
hymen ['haɪmən] *n* Jungfernhäutchen *nt*, Hymen *nt o m fachspr*
hymn [hɪm] *n* ① REL Kirchenlied *nt*
② (*praise*) Hymne *f*, Loblied *nt;* **to sing a ~ to sth** eine Hymne auf etw *akk* singen
hymnal ['hɪmn°l] *n*, **hymnbook** ['hɪmbʊk] *n* Gesangbuch *nt*
hype [haɪp] **I.** *n no pl* Publicity *f;* (*deception*) Werbemasche *f*, Reklameaufwand *m;* **media ~** Medienrummel *m*
II. *vt* ■**to ~ sth** etw [in den Medien] hochjubeln, viel Wirbel um etw *akk* machen *fam*
◆**hype up** *vt* **to ~ up a product** ein Produkt marktschreierisch anpreisen; ***they ~d up the film simply because Saul Pullman was starring in it*** um den Film wurde viel Rummel gemacht, bloß weil Saul Pullman darin mitspielt
hyped up [ˌhaɪpt'-] *adj* (*fam*) überdreht, aufgedreht, aufgeputscht *fam;* ■**to get ~ about sth** sich *akk* über etw *akk* aufregen; (*excited*) wegen einer S. *gen* aus dem Häuschen geraten; ■**to be ~ for sth** [ganz] heiß auf etw *akk* sein *fam*
hyper ['haɪpə', AM -ɚ] *adj* (*fam*) aufgedreht, hyper *sl;* **to go ~** ausrasten *fam*, durchdrehen *fam*
hyper- *in compounds* (*energetic, aware, expensive*) über-/Über-, hyper-/Hyper- *fachspr;* **to be ~-ambitious** übertrieben ehrgeizig sein
hyperactive [ˌhaɪpə"æktɪv, AM -pɚ-] *adj* hyperaktiv
hyperbola [haɪ'pɜ:b°lə, AM -'pɜ:r-] *n* MATH Hyperbel *f*
hyperbole [haɪ'pɜ:b°li, AM -'pɜ:r-] *n no pl* LIT Hyperbel *f*
hyperbolic [haɪpə'bɒlɪk, AM -pɚ'bɑ:-] *adj inv* LIT hyperbolisch; *~* **phrase** überzogene Formulierung
hypercritical *adj* übertrieben kritisch, hyperkritisch *geh* **hyperinflation** *n no pl* ECON Hyperinflation *f fachspr*
hyperkinetic [ˌhaɪpəkɪ'netɪk, AM -pɚkɪ'net̬ɪk] *adj inv* hyperkinetisch *fachspr*, hyperaktiv; (*fig: overly active*) überaktiv
hypermarket *n* Verbrauchermarkt *m*, Großmarkt *m* **hyper-reality** *n* Hyperrealität *f geh*, Überwirklichkeit *f* **hypersensitive** *adj inv* überempfindlich; ***he's ~ about his height*** wenn es um seine Größe geht, versteht er echt keinen Spaß *fam;* ■**to be ~ to sth** auf etw *akk* überempfindlich reagieren
hypersensitize *vt* ■**to ~ sb to sth** jdn gegen etw *akk* [hyper]sensibilisieren **hypertension** *n no pl* MED erhöhter Blutdruck, Hypertonie *f fachspr*
hypertext *n no pl* COMPUT Hypertext *m fachspr*
hyperventilate *vi* ① MED hyperventilieren ② (*fig sl*) ■**to ~ about** [*or* **over**] **sth** (*get upset*) sich *akk* wahnsinnig über etw *akk* aufregen *fam*, auf etw *akk* total überreagieren *fam* **hyperventilation** *n no pl* MED Hyperventilation *f*
hyphen ['haɪf°n] *n* (*between words*) Bindestrich *m;* (*at end of line*) Trennstrich *m*
hyphenate ['haɪf°neɪt, AM -fən-] *vt* ■**to ~ sth** etw mit Bindestrich schreiben
hyphenated ['haɪf°neɪtɪd, AM -fəneɪt̬ɪd] *adj* ■**sth is ~** etw schreibt man mit Bindestrich
hyphenation [ˌhaɪf°'neɪʃ°n] *n* [Silben]trennung *f;* (*between words*) Schreibung *f* mit Bindestrich
hypnosis [hɪp'nəʊsɪs, AM -'noʊ-] *n no pl* Hypnose *f;* ■**to be under ~** sich *akk* in Hypnose befinden, unter Hypnose stehen
hypnotherapist [ˌhɪpnə(ʊ)'θerəpɪst, AM -noʊ'-] *n* Hypnotherapeut(in) *m(f) fachspr*
hypnotherapy [ˌhɪpnə(ʊ)'θerəpi, AM -'noʊ-] *n no pl* MED Hypnotherapie *f*
hypnotic [hɪp'nɒtɪk, AM -'nɑ:t̬ɪk] **I.** *adj* ① (*causing hypnosis*) hypnotisierend; (*referring to hypnosis*) hypnotisch; *~* **state** Zustand *m* der Hypnose; **to have a ~ effect on sb** (*fig*) auf jdn einschläfernd wirken
② (*fascinating*) *eyes, voice, music* betörend, hypnotisierend
II. *n* ① (*drug*) Schlafmittel *nt*, Hypnotikum *nt fachspr*
② (*person*) [potentielles] Hypnoseopfer
hypnotism ['hɪpnətɪz°m] *n* Hypnotik *f*, Hypnotismus *m*
hypnotist ['hɪpnətɪst] *n* Hypnotiseur *m*, Hypnotiseurin *f*
hypnotize ['hɪpnətaɪz] *vt* ■**to ~ sb** jdn in Hypnose versetzen [*o a. fig* hypnotisieren]
hypo-allergenic [ˌhaɪpə(ʊ)ˌælə'dʒenɪk, AM -poʊˌælɚ-] *adj* hypoallergen *fachspr*
hypochondria [ˌhaɪpə(ʊ)'kɒndriə, AM -poʊ'kɑ:n-] *n no pl* Hypochondrie *f*
hypochondriac [ˌhaɪpə(ʊ)'kɒndriæk, AM -poʊ'kɑ:n-] **I.** *n* Hypochonder(in) *m(f)*
II. *adj* hypochondrisch
hypochondriacal [ˌhaɪpə(ʊ)kɒn'draɪək°l, AM -poʊkɑ:n'-] *adj* hypochondrisch
hypocrisy [hɪ'pɒkrəsi, AM -pɑ:-] *n no pl* Heuchelei *f*, Scheinheiligkeit *f*
hypocrite ['hɪpəkrɪt] *n* Heuchler(in) *m(f)*, Scheinheilige(r) *f(m)*, Pharisäer *m*
hypocritical [ˌhɪpəʊ'krɪtɪk°l, AM -əkrɪt̬-] *adj* geheuchelt, heuchlerisch, scheinheilig
hypocritically [ˌhɪpə'krɪtɪk°li, AM pɚ'krɪt̬] *adv* scheinheilig, heuchlerisch
hypodermic [ˌhaɪpə(ʊ)'dɜ:mɪk, AM -poʊ'dɜ:r-] *adj inv* subkutan *fachspr*
hypodermic needle *n* Subkutannadel *f*
hypoglycaemia [ˌhaɪpə(ʊ)glaɪ'si:miə], AM **hypoglycemia** [-poʊ-] *n no pl* MED Unterzuckerung *f*, Hypoglykämie *f fachspr*
hypoglycaemic [ˌhaɪpə(ʊ)glaɪ'si:mɪk], AM **hypoglycemic** [-poʊ-] *adj inv* MED mit niedrigem Blutzuckerspiegel *nach n*, hypoglykämisch *fachspr*
hypoglycemia *n* AM *see* **hypoglycaemia**
hypoglycemic *n* AM *see* **hypoglycaemic**
hypotenuse [haɪ'pɒt°nju:z, AM -'pɑ:t°nu:s] *n* MATH Hypotenuse *f*
hypothalamus <*pl* -mi> [ˌhaɪpəʊ'θæləməs, AM poʊ'] *n* ANAT Hypothalamus *m fachspr*
hypothermia [ˌhaɪpə(ʊ)θɜ:miə, AM -poʊθɜ:r-] *n no pl* Unterkühlung *f*, Hypothermie *f fachspr*
hypothesis <*pl* -ses> [haɪ'pɒθəsɪs, AM -'pɑ:θə-] *n* Hypothese *f*, Annahme *f*
hypothesize [haɪ'pɒθəsaɪz, AM -'pɑ:θə-] **I.** *vt* ■**to ~ sth** eine Hypothese/Hypothesen *pl* über etw *akk* aufstellen *geh*, etw annehmen
II. *vi* ■**to ~ about sth** über etw *akk* mutmaßen [*o* spekulieren]
hypothetical [ˌhaɪpə(ʊ)'θetɪk°l, AM -poʊ'θet̬-] *adj* hypothetisch, spekulativ
hypothetically [ˌhaɪpəʊ'θetɪk°li, AM poʊ'θet̬] *adv* [rein] hypothetisch, angenommenerweise
hysterectomy [ˌhɪstə'rektəmi] *n* MED Hysterektomie *f fachspr*, Totaloperation *f*
hysteria [hɪ'stɪəriə, AM -steri-] *n no pl* ① PSYCH Hysterie *f*
② (*excitement*) Hysterie *f;* ***she was close to ~*** sie

H

stand kurz vor einem hysterischen Anfall
hysteric [hɪˈsterɪk] I. *adj* hysterisch
II. *n* Hysteriker(in) *m(f)*
hysterical [hɪˈsterɪkəl] *adj* ❶ *(emotional)* hysterisch
❷ *(fam: hilarious)* ausgelassen heiter
hysterically [hɪˈsterɪkəli] *adv* ❶ *(emotionally)* hysterisch
❷ *(fam: hilariously)* **to be ~ funny** zum Schießen sein *fam*
hysterics [hɪˈsterɪks] *npl* hysterischer Anfall; **to be in ~** *(be excited)* hysterisch sein, einen hysterischen Anfall haben; *(fam: laugh uncontrollably)* sich *akk* totlachen *fam;* **to have/go into ~** einen hysterischen Anfall haben/bekommen
Hz *n abbrev of* **hertz** Hz

I

I <*pl* 's>, **i** <*pl* 's *or* -s> [aɪ] *n* ❶ *(letter)* I *nt,* i *nt;* **~ for Isaac** [*or* AM **as in Item**] I für Ida; *see also* **A 1.**
❷ *(Roman numeral)* I *nt,* i *nt*
► PHRASES: **to dot the ~s and cross the t's** peinlich genau sein
I [aɪ] I. *pron pers (first person)* ich; ***am ~ to blame if he's late?*** bin ich vielleicht schuld, dass er zu spät kommt?; ***look at me when ~'m talking to you*** schau mich an, wenn ich mit dir spreche; ***accept me for what ~ am*** nimm mich so, wie ich bin; ***hello, is Mr Rodgers there? — yes, this is ~*** hallo, ist Mr. Rodgers da? – ja, am Apparat; ***did you do that? — yes, it was ~!*** hast du das gemacht? – ja, das war ich; **~ for one ...** ich meinerseits ...; ***~ for one think ...*** ich für meine Person finde ...
II. *n* PHILOS *(the ego)* ■**the ~** das Ich
Ia. AM *abbrev of* **Iowa**
iambic [aɪˈæmbɪk] LIT I. *adj inv* jambisch *fachspr*
II. *n* <*pl* -bi *or pl* -buses> Jambus *m fachspr* **iambic pentameter** *n* fünffüßiger Jambus
iambus <*pl* -es *or* -bi> [aɪˈæmbəs, *pl* -biː] *n* LIT Jambus *m*
IATA [aɪˈɑːtə, AM aɪˌeɪˌtiːˈeɪ] *n no pl, + sing/pl vb acr for* **International Air Transport Association:** ■**the ~** die IATA
iatrogenic [aɪˌætrəʊˈdʒenɪk, AM roʊ'] *adj inv esp* MED durch ärztlichen Eingriff bewirkt, iatrogen *fachspr*
IBA [ˌaibiːˈeɪ] *n no pl, + sing/pl vb* BRIT *abbrev of* **Independent Broadcasting Authority** *Gremium, das den Sendeinhalt des privaten Rundfunks und Privatfernsehens überwacht*
Iberian [aɪˈbɪəriən, AM -ˈbɪri-] I. *n* ❶ *(person)* Iberer(in) *m(f)*
❷ *(language)* Iberisch *nt*
II. *adj inv* iberisch
Iberian Peninsula *n* ■**the ~** die iberische Halbinsel
ibex <*pl* -es> [ˈaɪbeks] *n* Steinbock *m*
ibid [ˈɪbɪd] *adv,* **ibidem** [ˈɪbɪdem] *adv inv* LIT ib., ibd.
ibis <*pl* – *or* -es> [ˈaɪbɪs] *n* ORN Ibis *m*
ibuprofen [ˌaɪbjuːˈprəʊfen, AM -ˈproʊfən] *n no pl* Ibuprofen *nt fachspr*
IC *n abbrev of* **integrated circuit**
ICBM [ˌaɪsiːbiːˈem] *n abbrev of* **intercontinental ballistic missile** Interkontinentalrakete *f*
ice [aɪs] I. *n no pl* ❶ *(frozen water)* Eis *nt;* *(ice cubes)* Eis *nt,* Eiswürfel *m;* ***my hands are like ~*** meine Hände sind eiskalt
❷ BRIT *(ice cream)* Eis *nt,* Eiscreme *f*
❸ AM *(fam)* Diamant[en] *m[pl]*
► PHRASES: **to be treading** [*or* **skating**] **on thin ~** sich *akk* auf dünnem Eis bewegen; **to break the ~** das Eis zum Schmelzen bringen; **sth cuts no ~ with sb** etw lässt jdn ziemlich kalt; **to put sth on ~** etw auf Eis legen
II. *vt* ❶ FOOD ■**to ~ sth** etw glasieren [*o* mit einer Glasur überziehen]
❷ SPORTS **to ~ the puck** den Puck glatt ans andere Ende schlagen
◆**ice over** *vi* ■**to be ~d over** *road* vereist sein; *lake* zugefroren sein
◆**ice up** *vi pipes* einfrieren; *windscreen* zufrieren
Ice Age *n* Eiszeit *f* **ice-axe** *n* Eispickel *m* **iceberg** *n* Eisberg *m* **iceberg lettuce** *n* Eisbergsalat *m* **ice block** *n* AUS, NZ Eis *nt* am Stiel **ice-blue** *adj* eisblau **icebound** *adj ship* eingefroren; *harbour* zugefroren **ice-box** *n* ❶ BRIT *(freezer)* Eisfach *nt* ❷ AM *(fridge)* Eisschrank *m,* Kühlschrank *m* **ice-breaker** *n* ❶ *(ship)* Eisbrecher *m* ❷ *(to break tension) Spiele zur Auflockerung der Atmosphäre* **ice cap** *n* Eiskappe *f (an den Polen)* **ice-cold** *n* eiskalt **ice cream** *n* Eiscreme *f,* Eis *nt* **ice cream cone** *n* Hörnchen *nt,* Eistüte *f* **ice-cream maker** *n* Eismaschine *f* **ice-cream parlour** *n* Eisdiele *f* **ice-cream soda** *n Eisbecher mit verschiedenen Zutaten (Eiscreme, Sirup, Soda)* **ice-cream van** *n* Eiswagen *m* **ice cube** *n* Eiswürfel *m*
iced [aɪst] *adj inv* ❶ *(frozen)* eisgekühlt
❷ *(covered with icing)* glasiert, mit einer Glasur überzogen
iced coffee *n* Eiskaffee *m* **iced tea** *n* Eistee *m* **ice floe** *n* Eisscholle *f* **ice hockey** *n* Eishockey *nt* **ice house** *n* Eishaus *nt; basement* Eiskeller *m*
Iceland [ˈaɪslənd] *n* Island *nt*
Icelander [ˈaɪsləndəʳ, AM -ɚ] *n* Isländer(in) *m(f)*
Icelandic [aɪsˈlændɪk] I. *n* Isländisch *nt*
II. *adj* isländisch
ice lolly *n* BRIT Eis *nt* am Stiel **ice-maiden** *n* Eisklotz *m fig,* frigide Frau **icemaker** *n* Eisspender *m (Gefriervorrichtung am Kühlschrank, die Eiswürfel bereitet)* **iceman** <*pl* -men> [ˈaɪsmæn] *n* AM Eisverkäufer *m* **ice pack** *n* ❶ *(for swelling)* Eisbeutel *m* ❷ *(sea ice)* Packeis *nt* **ice pick** *n* Eispickel *m* **ice rink** *n* Schlittschuhbahn *f,* Eisbahn *f* **ice sheet** *n* Eisschicht *f* **ice skate** *n* Schlittschuh *m* **ice-skate** *vi* Schlittschuh laufen, Eis laufen **ice-skating** *n no pl* Schlittschuhlaufen *nt,* Eislaufen *nt* **ice water** *n* Eiswasser *nt*
ichthyology [ˌɪkθiˈɒlədʒi, AM ˈɑːlə-] *n* ZOOL Fischkunde *f,* Ichthyologie *f fachspr*
icicle [ˈaɪsɪkl̩] *n* Eiszapfen *m*
icily [ˈaɪsɪli] *adv* ❶ *blow* eisig, frostig
❷ *(fig)* eiskalt, eisig; ***she looked ~ at him*** sie warf ihm einen eisigen Blick zu
iciness [ˈaɪsɪnəs] *n no pl* ❶ *(ice covering)* Vereisung *f*
❷ *(low temperature)* klirrende Kälte; *(also fig)* Eiseskälte *f a. fig*
icing [ˈaɪsɪŋ] *n* ❶ FOOD Zuckerguss *m*
❷ AVIAT Vereisung *f*
► PHRASES: **to be the ~ on the cake** *(pej: unnecessary)* [bloß] schmückendes Beiwerk sein; *(approv: unexpected extra)* das Sahnehäubchen sein *fam*
icing sugar *n* Puderzucker *m*
ick [ɪk] AM I. *interj* igitt!, ih!
II. *n* Schlonz *m* DIAL *sl*
icky [ˈɪki] *adj (fam)* ❶ *(unpleasant)* eklig *fam;* **to feel ~** sich *akk* beschissen fühlen *sl*
❷ *(sweet, sticky)* schlonzig DIAL *sl*
❸ *(sentimental)* kitschig; ***the plot of the film was decidedly ~*** die Handlung des Films war der reine Kitsch
icon [ˈaɪkɒn, AM -kɑːn] *n* ❶ *(painting)* Ikone *f*
❷ *(star)* Idol *nt,* Ikone *f;* ***the skyscraper is an American ~*** der Wolkenkratzer ist ein Sinnbild Amerikas
❸ COMPUT Ikon *nt*
iconic [aɪˈkɒnɪk, AM -ˈkɑːnɪk] *adj* ikonenhaft
iconoclasm [aɪˈkɒnə(ʊ)klæzəm, AM -kɑːnə-] *n no pl* Ikonoklasmus *m fachspr,* Bildersturm *m a. fig*
iconoclast [aɪˈkɒnə(ʊ)klæst, AM -kɑːnə-] *n* ❶ *(form: critic of beliefs)* Bilderstürmer *m fig*
❷ REL *(hist)* Ikonoklast *m fachspr,* Bilderstürmer(in) *m(f)*
iconoclastic [aɪˌkɒnə(ʊ)ˈklæstɪk, AM -ˌkɑːnəˈ-] *adj* ikonoklastisch *geh,* bilderstürmerisch *fig*
iconographic [ˌaɪkɒnəʊˈgræfɪk, AM noʊ'] *adj inv* ART bildliche Darstellung[en] betreffend
iconography [aɪkəˈnɒgrəfi, AM -ˈnɑːgrə-] *n no pl* REL Ikonographie *f*
icy [ˈaɪsi] *adj* ❶ *(full of ice) road* vereist; *(very cold)* eisig [kalt]; **~ conditions** *(on road)* Glatteis *nt;* **~ patches** stellenweise Glätte
❷ *(unfriendly)* frostig, eisig
id [ɪd] *n* PSYCH Es *nt*
Id. *abbrev of* **Idaho**
I'd [aɪd] = **I would, I had** *see* **would, have I, II**
I.D. [ˌaɪˈdiː] *n no pl abbrev of* **identification:** ***sorry, I don't have an ~ on me*** ich habe leider keinen Ausweis dabei
ID bracelet *n (jewelry)* Namenskettchen *nt;* *(for baby)* Namensband *nt* **I.D. card** *n* [Personal]ausweis *m* **I.D. code** *n* COMPUT Identifizierungscode *m*
idea [aɪˈdɪə, -ˈdiːə, AM -ˈdiːə] *n* ❶ *(notion)* Vorstellung *f;* ***what an ~!*** *(iron)* du hast Vorstellungen!; ***the*** [***very***] ***~ of it!*** *(dated)* allein die Vorstellung!; ***that gives me an ~, we could ...*** da kommt mir [gerade] ein Gedanke – wir könnten...; ***whatever gave you that ~?*** wie kommst du denn [bloß] darauf?; ***whose bright ~ was that?*** *(iron)* wessen Geistesblitz war das denn? *iron;* ***the ~ never entered my head*** der Gedanke ist mir nie in den Sinn gekommen; ***he's got the ~ into his head that he's getting a bike for his birthday*** er bildet sich doch glatt ein, dass er zum Geburtstag ein Fahrrad bekommt; ***don't you start*** [*or* ***go***] ***getting any ~s about a new carpet!*** den Gedanken an einen neuen Teppich kannst du gleich vergessen!; **to put an ~ into sb's head** jdm Flausen in den Kopf setzen, jdn auf dumme Gedanken bringen
❷ *(purpose)* Absicht *f,* Zweck *m;* ***what's the big ~?*** *(fam)* wozu soll das gut sein?; ***the ~ behind all this ...*** das Ganze soll dazu dienen, ...; ***you're getting the ~ now*** allmählich kommst du dahinter; ***the ~ was to meet at the pub*** eigentlich wollten wir uns in der Kneipe treffen; ***what's the ~ of keeping us all waiting?*** was denken Sie sich eigentlich dabei, uns alle warten zu lassen?
❸ *(suggestion, plan)* Idee *f,* Einfall *m;* ***what a great ~!*** was für eine glänzende Idee!; ***I don't think it's a good ~ to ...*** ich halte es für keine gute Idee, ...; **to bubble with good ~s** vor guten Einfällen nur so übersprudeln; **to give sb the ~ of doing sth** jdn auf die Idee [*o* den Gedanken] bringen, etw zu tun; **to toy with the ~ of doing sth** mit der Idee spielen, etw zu tun
❹ *(knowledge)* Begriff *m;* **to not have the slightest** [*or* **faintest**] **~** nicht die leiseste Ahnung [*o fam* den blassesten Schimmer] haben; **to give sb an ~ of sth** jdm eine [ungefähre] Vorstellung von etw *dat* geben; **to have an ~ of sth** eine Vorstellung von etw *dat* haben; ***I've got a pretty good ~ why they left early*** ich kann mir denken, warum sie so früh gegangen sind; ***have you any ~ of what you're asking me to do?*** weißt du eigentlich, um was du mich da bittest?; **to have no ~** keine Ahnung haben; **to have no ~ that ...** keine Ahnung [davon] haben, dass ...
❺ *(conception)* Ansicht *f,* Auffassung *f;* ***his ~ of a good evening is loads of booze*** unter einem gelungenen Abend versteht er jede Menge Alkohol; ■**to not be sb's ~ of sth** nicht jds Vorstellung von etw *dat* entsprechen; ***this is not my ~ of fun*** das verstehe ich nicht unter Spaß!
ideal [aɪˈdɪəl, -ˈdiːəl, AM -ˈdiːəl] I. *adj inv* ideal; ***he is the ~ man for the job*** er ist genau der Richtige für diesen Job; **~ weight** Idealgewicht *nt;* **in an ~ world** in einer Idealwelt; *(fig)* im Idealfall
II. *n no pl* ❶ *(model of perfection)* Idealvorstellung *f,* Ideal *nt*
❷ *(principle)* Ideal *nt;* **to share the same ~s** die gleichen Ideale vertreten
idealism [aɪˈdɪəlɪzəm, AM -ˈdiːəl-] *n no pl also* PHILOS Idealismus *m*
idealist [aɪˈdɪəlɪst, AM -ˈdiːəl-] *n* Idealist(in) *m(f)*
idealistic [ˌaɪdɪəˈlɪstɪk, AM -diːəˈ-] *adj* idealistisch

idealistically [ˌaɪdɪəˈlɪstɪkli, AM -diːə'-] *adv* idealistisch
idealization [aɪˌdɪəlaɪˈzeɪʃᵊn, AM -ˌdiːələ-] *n* Idealisierung *f,* idealisierte Darstellung
idealize [aɪˈdɪəlaɪz, AM -ˈdiːə-] *vt* ■**to ~ sb/sth** jdn/etw idealisieren
idealized [aɪˈdɪəlaɪzd, AM -ˈdiːə-] *adj* idealisiert
ideally [aɪˈdɪəli, AM -ˈdiːə-] *adv inv* ❶ (*best scenario*) idealerweise; **~,** ***I'd like to live in the country*** am liebsten würde ich auf dem Land wohnen
❷ (*perfectly*) genau richtig; ***our guest house is ~ located for …*** unser Gästehaus ist idealer Ausgangspunkt für …; ***as a couple, they're ~ matched*** die beiden sind echt geschaffen für einander
idée fixe <*pl* idées fixes> [ˌiːdeɪˈfiːks] *n* fixe Idee
identical [aɪˈdentɪkᵊl, AM -t̬ə-] *adj* identisch; ■**to be ~ to sth** mit etw *dat* identisch sein [*o* völlig übereinstimmen]
identically [aɪˈdentɪkᵊli, AM -t̬ə-] *adv inv* identisch
identical twins *n* eineiige Zwillinge
identifiable [aɪˌdentɪˈfaɪəbl̩, AM -t̬ə'-] *adj* erkennbar; *substance* nachweisbar
identification [aɪˌdentɪfɪˈkeɪʃᵊn, AM -t̬ə-] *n no pl* ❶ (*determination of identity*) *of a dead person, criminal* Identifizierung *f; of a problem, aims* Identifikation *f;* (*of a virus, plant*) Bestimmung *f*
❷ (*papers*) Ausweispapiere *pl;* ***she had no ~ on her*** sie konnte sich nicht ausweisen
❸ (*sympathy*) Identifikation *f* (**with** mit +*dat*)
❹ (*association*) Parteinahme *f;* ***the politician's ~ with communism will not endear him to the voters*** mit seinem Eintreten für den Kommunismus wird der Politiker bei den Wählern auf wenig Gegenliebe stoßen
❺ COMPUT Identifikation *f*
identification papers *npl* Ausweispapiere *pl*
identifier [aɪˈdentɪfaɪəʳ, AM t̬əfaɪɚ] *n* ❶ (*means of identification*) Identifikator *m*
❷ (*mark*) Kennzeichen *nt;* COMPUT *also* Identifier *m*
identify <-ie-> [aɪˈdentɪfaɪ, AM -t̬ə-] **I.** *vt* ❶ (*recognize*) ■**to ~ sb/sth** jdn/etw identifizieren
❷ (*establish identity*) ■**to ~ sb** jds Identität feststellen; ***the judge ordered that the child in this case should not be identified*** der Richter entschied, den Namen des Kindes in diesem Fall nicht bekannt zu geben
❸ (*associate*) ■**to ~ sb with sb/sth** jdn mit jdm/etw assoziieren [*o* in Verbindung bringen]; ■**to ~ oneself with sth** sich *akk* mit etw *dat* identifizieren
❹ COMPUT ■**to ~ oneself** sich *akk* identifizieren
II. *vi* ■**to ~ with sb** sich *akk* mit jdm identifizieren; ■**to be identified with sth** mit etw *dat* in Verbindung gebracht werden
identikit® [aɪˈdentɪkɪt] **I.** *n* BRIT, AUS Phantombild *nt*
II. *adj* ❶ (*made with identikit*) Phantom-; **~ picture** Phantombild *nt*
❷ (*pej: copied*) abgekupfert, nachgemacht, unoriginell
identity [aɪˈdentɪti, AM -t̬ət̬i] *n* ❶ (*who sb is*) Identität *f;* ***you can use your driving licence as proof of ~*** Sie können sich über Ihren Führerschein ausweisen; ***but obviously it was a case of mistaken ~*** doch offensichtlich handelte es sich [nur] um eine Verwechslung; **loss of ~** Identitätsverlust *m;* **to give sb a sense of ~** jdm das Gefühl einer eigenen Identität vermitteln
❷ (*identicalness*) Übereinstimmung *f;* **~ of interest** Interessengleichheit *f*
❸ COMPUT Identität *f*
identity card *n* [Personal]ausweis *m* **identity crisis** *n* Identitätskrise *f* **identity parade** *n* BRIT Gegenüberstellung *f* (*bei der Polizei*)
ideogram [ˈɪdɪə(ʊ)græm, AM -oʊ-] *n,* **ideograph** [ˈɪdɪə(ʊ)grɑːf, AM -oʊgræf] *n* LING Ideogramm *nt fachspr*
ideological [ˌaɪdiə(ʊ)ˈlɒdʒɪkᵊl, AM -lɑːdʒɪ-] *adj* ideologisch
ideologically [ˌaɪdiə(ʊ)ˈlɒdʒɪkᵊli, AM -lɑːdʒɪ-] *adv* ideologisch
ideologist [ˌaɪdiˈɒlədʒɪst, AM -ˈɑːlə-] *n* Ideologe, -in *m, f*
ideologue [ˈaɪdiə(ʊ)lɒg, AM -əlɑːg] *n* Ideologe, -in *m, f*
ideology [ˌaɪdiˈɒlədʒi, AM -ˈɑːlə-] *n* Ideologie *f,* Weltanschauung *f*
ides [aɪdz] *npl* Iden *fpl*
idiocy [ˈɪdiəsi] *n* (*foolishness*) Idiotie *f,* Schwachsinn *m;* (*act*) Dummheit *f*
idiolect [ˈɪdiəʊlekt, AM oʊ] *n* LING Idiolekt *m fachspr*
idiom [ˈɪdiəm] *n* LING ❶ (*phrase*) [idiomatische] Redewendung
❷ (*language*) Idiom *nt,* Sprache *f;* (*dialect*) Dialekt *m,* Mundart *f*
idiomatic [ˌɪdiə(ʊ)ˈmætɪk, AM -əˈmæt̬-] *adj* idiomatisch
idiosyncrasy [ˌɪdiə(ʊ)ˈsɪŋkrəsi, AM -oʊˈsɪn-] *n* ❶ (*peculiarity*) Eigenart *f,* Eigenheit *f*
❷ LING Idiosynkrasie *f*
idiosyncratic [ˌɪdiə(ʊ)sɪŋˈkrætɪk, AM -oʊsɪnˈkræt̬-] *adj* ❶ (*typical*) charakteristisch, typisch
❷ LING idiosynkratisch
idiot [ˈɪdiət] *n* ❶ (*pej*) Idiot *m pej;* ***you stupid ~!*** du blöder Idiot!; ***that ~ sister of mine*** meine dämliche Schwester; ***I feel like a real ~*** ich komme mir wie ein völliger Idiot vor
❷ (*old*) Idiot(in) *m(f),* Schwachsinnige(r) *f(m)*
idiot box *n* AM (*sl*) Glotze *f fam*
idiotic [ˌɪdiˈɒtɪk, AM -ˈɑːt̬ɪk] *adj* idiotisch; ***how ~ of him to forget the map!*** wie dumm von ihm, den Stadtplan zu vergessen!; **an ~ idea** eine hirnverbrannte Idee
idiotically [ˌɪdiˈɒtɪkᵊli, AM -ˈɑːt̬ɪk-] *adv* idiotischerweise, blödsinnigerweise
idiot savant <*pl* idiots savants *or* idiot savants> [ˌiːdiəʊsævˈɑ̃ː, AM ˌiːdiːoʊsævɑːn(t)] *n* Idiot Savant *m fachspr* (*geistig Zurückgebliebener, der auf einem bestimmten Gebiet außerordentliche Fähigkeiten hat*)
idle [ˈaɪdl̩] **I.** *adj* ❶ (*lazy*) faul, träge
❷ (*redundant*) *people* ohne Beschäftigung *präd, nach n,* erwerbslos
❸ (*not working*) *person* untätig; *machines* außer Betrieb *präd;* ***his bike lay ~ most of the time*** sein Fahrrad stand die meiste Zeit unbenutzt herum; **the ~ rich** die reichen Müßiggänger; **to lie ~** *factory* stillstehen, stillliegen
❹ *moment* müßig; ***in my ~ moments I dream of sun-kissed beaches*** in Zeiten der Muße träume ich von sonnenverwöhnten Stränden
❺ (*pointless, unfounded*) **~ boast** bloße Angeberei; **~ chatter** hohles Geschwätz; **~ fear** unbegründete Angst; **~ rumours** reine Gerüchte; **~ speculation** reine Spekulation; **~ threat** leere Drohung
❻ FIN unproduktiv; **~ capital** totes Kapital; **money lying ~** nicht angelegtes [*o* nicht arbeitendes] Geld; **to sit ~** brachliegen
❼ *machine, telephone line* bereit
II. *vi* ❶ (*do nothing*) faulenzen, auf der faulen Haut liegen *fam;* ■**to ~ about** [*or* **around**] herumtrödeln *fam,* faulenzen
❷ (*engine*) leer laufen, im Leerlauf laufen
◆**idle away** *vi* **to ~ away** [**the**] **time** die Zeit vertrödeln *fam*
idleness [ˈaɪdl̩nəs] *n no pl* Müßiggang *m;* (*not doing anything*) Untätigkeit *f*
idler [ˈaɪdləʳ, AM -ɚ] *n* ❶ (*person*) Faulenzer *m,* Müßiggänger(in) *m(f)*
❷ TECH (*wheel*) leer laufendes Getriebeteil; (*pulley*) Laufrad *nt* (*am Flaschenzug*)
idling speed [ˈaɪdlɪŋ,-] *n* Leerlaufdrehzahl *f*
idly [ˈaɪdli] *adv* ❶ (*not doing anything*) untätig; **to stand ~ by** untätig dabeistehen
❷ (*lazily*) faul, träge
idol [ˈaɪdᵊl] *n* ❶ (*model*) Idol *nt;* ■**to be sb's ~** jds Idol [*o* großes Vorbild] sein
❷ REL Götzenidol *nt,* Götzenbild *nt*
idolatrous [aɪˈdɒlətrəs, AM -ˈdɑːlə-] *adj* REL götzendienerisch, Götzen-
idolatry [aɪˈdɒlətri, AM -ˈdɑːlə-] *n no pl* Götzenanbetung *f,* Götzenverehrung *f;* (*fig*) Vergötterung *f*
idolize [ˈaɪdᵊlaɪz] *vt* ■**to ~ sb/sth** jdn/etw vergöttern [*o* abgöttisch verehren]
idyll [ˈɪdᵊl, AM ˈaɪdᵊl] *n* ❶ (*blissful time*) Idyll *nt*
❷ LIT Idylle *f*
idyllic [ɪˈdɪlɪk, AM aɪ-] *adj* idyllisch
idyllically [ɪˈdɪlɪkli, AM aɪ-] *adv* idyllisch
i.e. [ˌaɪˈiː] *n abbrev of* **id est** d. h.
if *n,* **IF** *n abbrev of* **intermediate frequency** Zwischenfrequenz *f*
if [ɪf] **I.** *conj* ❶ (*in case*) wenn, falls; **even ~ …** selbst [dann], wenn …; ***I'll buy the rights to that Beatles song even ~ it costs me a fortune*** ich kaufe die Rechte an diesem Beatlessong und wenn es mich ein Vermögen kosten sollte; ■ **~ …, then …** wenn …, dann …; **~ *A equals B and B equals C, then A equals C*** wenn A gleich B und B gleich C, dann ist A gleich C; ***please don't talk to me as ~ I were an idiot*** rede bitte nicht mit mir, als ob ich ein Idiot wäre
❷ (*in exclamation*) **~ *I had only known!*** hätte ich es nur gewusst!
❸ (*whether*) ob
❹ (*although*) wenn auch; ***that's a comfortable ~ old-fashioned sofa*** das Sofa ist [zwar] altmodisch, dafür aber bequem
▶ PHRASES: **~ anyone/anything/anywhere** wenn überhaupt; ***turn the music down? it needs to be louder ~ anything!*** die Musik leiser stellen? wenn schon gehört sie lauter gestellt!; **barely/hardly/rarely … ~ at all** kaum …, wenn überhaupt; **~ ever** wenn [überhaupt] je[mals]; **~ *we ever got along, it was during our courtship*** falls wir je miteinander ausgekommen sind, dann in der Verlobungszeit; **little/few ~ any** wenn [überhaupt], dann wenig/wenige, wenig/wenige …, wenn überhaupt; ***the desert gets little ~ any rain*** über der Wüste regnet es allenfalls wenig; **… ~ not …,** wenn nicht [sogar] …; **~ only to do sth** ***you should get a job, ~ only to stop you from being bored at home*** du solltest dir eine Arbeit suchen, und sei es auch nur als Mittel gegen die Langeweile zu Hause; **~ only for …** ***let's take a break, ~ only for a minute*** machen wir eine Pause, und sei's auch nur für eine Minute
II. *n* Wenn *nt;* ***there's a big ~ hanging over the project*** über diesem Projekt steht noch ein großes Fragezeichen
▶ PHRASES: **no ~s and** [*or* **or**] **buts** kein Wenn und Aber *fam*
iffy [ˈɪfi] *adj* (*fam*) ungewiss, unsicher, fraglich
igloo [ˈɪgluː] *n* Iglu *m o nt*
igneous [ˈɪgniəs] *adj inv* vulkanisch, Eruptiv- *fachspr*
ignite [ɪgˈnaɪt] **I.** *vi* sich entzünden, Feuer fangen; ELEC zünden
II. *vt* (*form*) ■**to ~ sth** etw anzünden [*o* anstecken]; (*fig: set in motion*) etw entfachen; ***that murder was the spark which ~d the explosion of rioting*** dieser Mord war der Funke ins Pulverfass, der die Krawalle erst richtig anfachte
ignition [ɪgˈnɪʃᵊn] *n* ❶ AUTO Zündung *f;* ***he put the key in the ~*** er steckte den Schlüssel ins Zündschloss; AEROSP ***we have ~*** wir haben gezündet; **to switch** [*or* **turn**] **the ~ on** die Zündung betätigen
❷ *no pl* (*form: igniting*) Entzünden *nt*
ignition coil *n* MECH Zündspule *f* **ignition key** *n* MECH Zündschlüssel *m*
ignoble [ɪgˈnəʊbl̩, AM -ˈnoʊ-] *adj* (*liter*) schändlich, unehrenhaft
ignobly [ɪgˈnəʊbli, AM -ˈnoʊ-] *adv* (*liter*) unehrenhaft, schändlich
ignominious [ˌɪgnə(ʊ)ˈmɪniəs, AM -ˈnə'-] *adj* (*liter*) schmachvoll, schändlich; (*humiliating*) entwürdigend; **~ behaviour** schändliches Verhalten; **~ defeat** schmähliche Niederlage
ignominiously [ˌɪgnə(ʊ)ˈmɪniəsli, AM -nə'-] *adv* (*liter*) schmachvoll, schändlich; (*humiliatingly*) entwürdigend
ignominy [ˈɪgnəmɪni] *n no pl* Schmach *f,* Schande *f*

I

ignoramus [ˌɪɡnəˈreɪməs] *n* (*form or hum*) Ignorant(in) *m(f)*, Nichtskönner(in) *m(f)*
ignorance [ˈɪɡnərən(t)s] *n no pl* (*unawareness*) Ignoranz *f*, Unwissenheit *f* (**about** über +*akk*); **to be left** [*or* **kept**] **in ~ of sth** über etw *akk* im Unklaren gelassen werden
► PHRASES: **~ is bliss** selig sind die Unwissenden; ***we could tell Mary, but ~ is bliss*** wir könnten es Mary erzählen, aber was sie nicht weiß, macht sie nicht heiß *fam*
ignorant [ˈɪɡnərənt] *adj* unwissend, ungebildet; ■**to be ~ about sth** sich *akk* in etw *dat* nicht auskennen; ■**to be ~ of sth** von etw *dat* keine Ahnung haben *fam*
ignorantly [ˈɪɡnərəntli] *adv* unwissentlich
ignore [ɪɡˈnɔːʳ, AM ˈnɔːr] *vt* ■**to ~ sb/sth** jdn/etw ignorieren [*o* nicht beachten]; ***I can't ~ the fact that he lied to me*** ich kann nicht einfach so darüber hinwegsehen, dass er mich belogen hat; ■**to ~ sb** (*on purpose*) jdn übergehen; **to ~ a remark** eine Bemerkung überhören
iguana [ɪˈɡwɑːnə] *n* Leguan *m*
ikon *n see* **icon**
ilex <*pl* - *or* -es> [ˈaɪleks] *n* BOT Ilex *m/f*, Stechpalme *f*
Iliad [ˈɪliæd, AM əd] *n no pl* LIT ■**the ~** die Ilias
ilk [ɪlk] *n no pl* (*pej liter*) **people of that ~** solche Leute; ***I can't stand game show hosts and others of their ~*** ich kann TV-Moderatoren und solche Typen einfach nicht ausstehen
I'll [aɪl] = **I will** *see* **will**
ill [ɪl] **I.** *adj inv* ❶ (*sick*) krank; ***I feel ~*** mir ist gar nicht gut; ***she's making herself ~ with worry*** sie macht sich vor lauter Sorgen noch ganz krank; **to be critically ~** in Lebensgefahr schweben; **to fall** [*or* **be taken**] **~** krank werden, erkranken; ■**to be ~ with sth** an etw *dat* erkrankt sein; ***my sister is ~ with a cold*** meine Schwester hat eine Erkältung
❷ (*bad*) schlecht, übel; (*harmful*) schädlich; (*unfavourable*) unerfreulich, schlecht; ***he doesn't bear you any ~ will*** er trägt dir nichts nach; ***no ~ feeling?*** du bist mir doch nicht böse?; ***no ~ feeling!*** Schwamm drüber!; **to suffer no ~ effects** keine negativen Auswirkungen verspüren; **~ fortune** Pech *nt*, unglückliche Fügung; **~ health** angegriffene [*o* schlechte] Gesundheit; **an ~ omen** ein schlechtes [*o* böses] Omen
❸ AM (*sl*) megacool *sl*, spitzenmäßig *fam*; ■**to be ~** Spitze sein *fam*
► PHRASES: **it's an ~ wind that blows nobody any good** (*prov*) es gibt nichts, das nicht zu irgendetwas gut wäre
II. *adv inv* (*form or dated: badly*) schlecht, nachteilig; ***they lost a lot of money at a time when they could ~ afford it*** ausgerechnet als sie es sich kaum leisten konnten, verloren sie eine Menge Geld; (*form or hum*) ***it ~ behoves you to criticize me*** es steht dir wirklich nicht zu, mich zu kritisieren; **to bode** [*or* **augur**] **~** nichts Gutes verheißen, ein schlechtes Zeichen sein; **to speak ~ of sb** schlecht über jdn [*o* von jdm] sprechen; ***don't speak ~ of the dead!*** die Toten soll man ruhen lassen!
III. *n* ❶ (*problems*) ■**~s** *pl* Missstände *mpl*, Übel *nt*
❷ (*people*) ■**the ~** *pl* Kranke *pl*; **a day centre for the mentally ~** ein Tageszentrum für psychisch Kranke
Ill. *abbrev of* **Illinois**
ill-advised *adj* unklug; ■**to be ~ to do sth** schlecht beraten sein, etw zu tun **ill-assorted** *adj esp* BRIT, AUS [kunter]bunt zusammengewürfelt (*ohne dass es besonders gut zusammenpasst*) **ill at ease** *adj* unbehaglich; **to feel ~ with sb** sich *akk* in jds Gegenwart unbehaglich fühlen **ill-bred** *adj* schlecht erzogen, ungezogen **ill-breeding** *n* schlechte Erziehung **ill-conceived** *adj* schlecht durchdacht **ill-considered** [ˌɪlkənˈsɪdəd, AM dərd] *adj* unbedacht, unbesonnen **ill-disposed** *adj* übel gesinnt; ■**to be ~ towards sb/sth** jdm/etw ablehnend gegenüberstehen [*o* nicht wohlgesonnen sein]
illegal [ɪˈliːɡəl] **I.** *adj* ungesetzlich, rechtswidrig, illegal
II. *n esp* AM (*fam*) Illegale(r) *f(m)*
illegal immigrant *n* illegaler Einwanderer/illegale Einwanderin
illegality [ˌɪliːˈɡæləti, AM -t̬i] *n* Illegalität *f*, Ungesetzlichkeit *f*, Gesetzwidrigkeit *f*; SPORTS Regelwidrigkeit *f*
illegally [ɪˈliːɡəli] *adv* ungesetzlich, illegal; ***he was convicted of ~ importing cigarettes*** er wurde wegen illegaler Einfuhr von Zigaretten verurteilt; **to park ~** widerrechtlich [*o fam* falsch] parken
illegible [ɪˈledʒəbl̩] *adj* unleserlich
illegibly [ɪˈledʒəbli] *adv* unleserlich
illegitimacy [ˌɪlɪˈdʒɪtəməsi, AM -ˈdʒɪt̬-] *n no pl* ❶ (*having unmarried parents*) Unehelichkeit *f*
❷ (*against the law*) Unrechtmäßigkeit *f*, Unzulässigkeit *f*; *of a government* Ungesetzlichkeit *f*
illegitimate [ˌɪlɪˈdʒɪtəmət, AM -ˈdʒɪt̬-] *adj inv* ❶ (*child*) unehelich, nichtehelich *fachspr*
❷ (*unauthorized*) unrechtmäßig, unzulässig
illegitimately [ˌɪlɪˈdʒɪtəmətli, AM ˈdʒɪt̬] *adv* ❶ (*unauthorized by the law*) unrechtmäßig[erweise], rechtswidrig[erweise]
❷ (*against accepted rules*) unrichtigerweise, fälschlich[erweise]
❸ (*born of parents unmarried*) unehelich
ill-equipped *adj* schlecht ausgestattet; ■**to be ~ to do sth** (*lack of equipment*) für etw *akk* nicht die nötigen Mittel haben; (*lack of ability*) nicht über die notwendigen Kenntnisse verfügen, um etw tun zu können **ill-fated** *adj person* vom Unglück [*o* Pech] verfolgt; ***the ~ expedition left at dawn*** die unselige Expedition brach in der Abenddämmerung auf **ill-favoured**, AM **ill-favored** *adj* unerfreulich, unschön **ill-fitting** *adj clothes, shoes, dentures* schlecht sitzend *attr* **ill-founded** [ˌɪlˈfaʊndɪd] *adj* der Grundlage entbehrend, nicht stichhaltig **ill-gotten** *adj attr* unrechtmäßig erworben ► PHRASES: **~ gains never prosper** (*prov*) unrecht Gut gedeiht nicht
illiberal [ɪˈlɪbərəl] *adj* (*form*) ❶ (*repressive*) illiberal *geh*, unterdrückerisch
❷ (*narrow-minded*) engstirnig, intolerant
illicit [ɪˈlɪsɪt] *adj* [gesetzlich] verboten; **~ sale of liquor** Schwarzverkauf *m* von Alkohol; **~ trade** Schwarzhandel *m*
illicitly [ɪˈlɪsɪtli] *adv* verbotenerweise, illegalerweise
illimitable [ɪˈlɪmɪtəbl̩, AM -t̬ə-] *adj* grenzenlos, unbegrenzt; *sky* endlos; *ocean* unendlich
ill-informed *adj* ❶ (*wrongly informed*) falsch informiert [*o* unterrichtet]
❷ (*ignorant*) schlecht [*o* unzureichend] informiert; **~ criticism** *Kritik, die jeglicher Sachkenntnis entbehrt;* **an ~ speech** *eine Rede, die von Unkenntnis geprägt ist*
illiteracy [ɪˈlɪtərəsi, AM -lɪt̬-] *n no pl* Analphabetentum *nt*, Analphabetismus *m*
illiteracy rate *n* Zahl *f* der Analphabeten
illiterate [ɪˈlɪtərət, AM -lɪt̬-] **I.** *n* Analphabet(in) *m(f)*
II. *adj* des Lesens und Schreibens nicht kundig *präd*, analphabetisch; (*fig pej*) ungebildet, unkultiviert; ***many people are computer-~*** viele Leute können nicht mit einem Computer umgehen
ill-judged [ˌɪlˈdʒʌdʒd] *adj* unüberlegt, verfehlt **ill-mannered** *adj* mit schlechtem Benehmen *nach n*, unhöflich; **an ~ child** ein ungezogenes Kind **ill-natured** *adj* boshaft, bösartig
illness [ˈɪlnəs] *n* Krankheit *f*, Erkrankung *f*
illogical [ɪˈlɒdʒɪkəl, AM -ˈlɑː-] *adj* unlogisch
illogicality [ɪˌlɒdʒɪˈkæləti, AM -ˌlɑːdʒɪˈkæləti] *n no pl* Unlogik *f*, Mangel *m* an Logik
illogically [ɪˈlɒdʒɪkəli, AM -ˈlɑːdʒ-] *adv* unlogisch, ohne [jede] Logik *präd*
ill-omened *adj* unheilvoll; ***everything about their engagement was ~*** ihre Verlobung stand unter einem Unglücksstern **ill-starred** *adj* unglücklich, vom Pech verfolgt; ***the tourist party had been ~ from the beginning*** die Reisegesellschaft stand von Anfang an unter keinem guten Stern **ill-tempered** *adj* (*at times*) schlecht gelaunt; (*by nature*) mürrisch, übellaunig **ill-timed** *adj* [zeitlich] ungünstig, ungelegen **ill-treat** *vt* ■**to ~ sb** jdn misshandeln **ill-treatment** *n* Misshandlung *f*, schlechte Behandlung
illuminate [ɪˈluːmɪneɪt] *vt* ■**to ~ sth** etw erhellen; (*spotlight*) etw beleuchten [*o* anstrahlen]; (*fig*) etw erläutern [*o* [genauer] beleuchten]; **~d letters** kolorierte Buchstaben (*etwa die prachtvoll ausgemalten Initialen alter Codices*)
illuminating [ɪˈluːmɪneɪtɪŋ, AM -t̬-] *adj* (*form*) aufschlussreich
illumination [ɪˌluːmɪˈneɪʃən] *n* ❶ *no pl* (*form: light*) Beleuchtung *f*, Lichtquelle *f*
❷ *no pl* (*in books*) Buchmalerei *f*, Illumination *f fachspr*
❸ BRIT (*decorative lights*) ■**~s** *pl* Festbeleuchtung *f*
illuminator [ɪˈluːmɪneɪtəʳ, AM neɪt̬ə] *n* ❶ (*painter*) Kolorierer(in) *m(f)*, Illuminator(in) *m(f) fachspr*; *book* Buchmaler(in) *m(f)*
❷ (*clarifier*) Erheller(in) *m(f)*
❸ (*enlightener*) Aufklärer(in) *m(f)*
illumine [ɪˈluːmɪn] *vt* (*liter*) ❶ (*light up*) ■**to ~ sth** (*also fig*) etw beleuchten, etw aufhellen *a. fig*
❷ (*clarify*) ■**to ~ sb** jdm Klarheit verschaffen; ■**to ~ sth** ein Licht auf etw *akk* werfen *fig*
❸ (*enlighten*) ■**to ~ sb** jdn aufklären, jdn erleuchten *meist iron*
ill-use [ˌɪlˈjuːz] *vt* ■**to be ~d** [**by sb**] von jdm misshandelt werden
illusion [ɪˈluːʒən] *n* (*misleading appearance*) Trugbild *nt*, Illusion *f*; (*false impression*) Täuschung *f*, Illusion *f*; **to create the ~ of sth** die Illusion [*o* den [trügerischen] Eindruck] erwecken, dass …; **to have** [*or* **be under**] **no ~s** [**about sth**] sich *dat* keine Illusionen [über etw *akk*] machen; **to labour under the ~ that …** sich *akk* der Illusion hingeben, dass …, sich *dat* einbilden, dass …
illusionist [ɪˈluːʒənɪst] *n* Illusionist(in) *m(f)*, Zauberkünstler(in) *m(f)*
illusive [ɪˈluːsɪv] *adj*, **illusory** [ɪˈluːsəri] *adj* ❶ (*deceptive*) illusorisch, trügerisch
❷ (*imaginary*) imaginär
illustrate [ˈɪləstreɪt] *vt* ■**to ~ sth** ❶ (*add pictures to*) etw illustrieren [*o* bebildern]; ***he ~d his talk with a selection of slides*** er veranschaulichte seinen Vortrag durch diverse Dias
❷ (*fig: show more clearly*) etw aufzeigen
illustrated [ˈɪləstreɪtɪd, AM -t̬-] *adj* illustriert, bebildert
illustration [ˌɪləˈstreɪʃən] *n* ❶ (*drawing*) Illustration *f*, Abbildung *f*
❷ (*fig: example*) Beispiel *nt*; **by way of ~** zur Veranschaulichung
illustrative [ˈɪləstrətɪv, AM ɪˈlʌstrət̬ɪv] *adj* (*form*) erläuternd, verdeutlichend, beispielhaft; ■**to be ~ of sth** beispielhaft [*o* bezeichnend] für etw *akk* sein
illustrator [ˈɪləstreɪtəʳ, AM -t̬ə-] *n* Illustrator(in) *m(f)*
illustrious [ɪˈlʌstriːəs] *adj* (*form*) *person* berühmt, illustere(r, s) *attr geh*; **~ deed** glanzvolle Tat
ill-will *n* böswillige Gesinnung, Feindseligkeit *f*; **to bear sb ~, to feel ~ for sb** einen Groll auf jdn haben [*o* gegen jdn hegen]
ILO [ˌaɪelˈəʊ, AM ˈoʊ] *n no pl, + sing/pl vb abbrev of* **International Labour Organization**: ■**the ~** die ILO
I'm [aɪm] = **I am** *see* **be**
image [ˈɪmɪdʒ] **I.** *n* ❶ (*likeness*) Ebenbild *nt*, Abbild *nt*; **to be the living** [*or fam* **spitting**] **~ of sb** jdm wie aus dem Gesicht geschnitten sein
❷ (*picture*) Bild *nt*, Bildnis *nt*; (*sculpture*) Skulptur *f*
❸ (*mental picture*) Vorstellung *f*, Bild *nt*
❹ (*reputation*) Image *nt*, Ruf *m*
❺ LIT Metapher *f*, Bild *nt*
❻ COMPUT Abbildung *f*
II. *vt* ■**to ~ sth** sich *dat* etw vorstellen, etw imaginieren *geh*
imagemaker *n* Imagemacher(in) *m(f)*
imagery [ˈɪmɪdʒəri] *n no pl* LIT Metaphorik *f*, Bildersprache *f*
imaginable [ɪˈmædʒɪnəbl̩] *adj* vorstellbar, erdenk-

lich, denkbar; **in all ~ subjects** in allen erdenklichen Fächern

imaginary [ɪ'mædʒɪnəri, AM -dʒəneri] *adj* imaginär, eingebildet

imaginary number *n* MATH imaginäre Zahl

imagination [ɪˌmædʒɪ'neɪʃᵊn] *n* Fantasie *f*, Vorstellungskraft *f*; ***this is all*** [***in***] ***your ~!*** das bildest du dir alles nur ein!; ***use your ~!*** lassen Sie doch mal Ihre Fantasie spielen!; **lack of ~** Fantasielosigkeit *f*; **not by any stretch of the ~** beim besten Willen [*o* bei aller Liebe] nicht; **to catch sb's ~** jdn fesseln [*o* in seinen Bann ziehen]; **to leave nothing to the ~** für die Fantasie keinen Platz [mehr] lassen

imaginative [ɪ'mædʒɪnətɪv, AM -t̬-] *adj* fantasievoll, einfallsreich

imaginatively [ɪ'mædʒɪnətɪvli, AM -t̬-] *adv* fantasievoll, einfallsreich

imagine [ɪ'mædʒɪn] *vt* ❶ (*form mental image*) ■**to ~ sb/sth** sich *dat* jdn/etw vorstellen; ***you can just ~ how I felt*** Sie können sich bestimmt ausmalen, wie ich mich gefühlt habe; ■**to ~ oneself doing sth** sich *dat* vorstellen, etw zu tun
❷ (*suppose*) ■**to ~ sth** sich *dat* etw denken; ***I ~ her father couldn't come*** ich gehe davon aus, dass ihr Vater nicht kommen konnte; ***I cannot ~ what you mean*** ich weiß wirklich nicht, was du meinst; ***I can't ~ how this could happen*** ich kann mir nicht erklären, wie das passieren konnte
❸ (*be under the illusion*) ■**to ~ sth** etw glauben; ***don't ~ that you'll get a car for your birthday*** glaub ja nicht, dass du zum Geburtstag ein Auto bekommst!
▶ PHRASES: **to be imagining things** sich *dat* [ständig] etwas einbilden; **~ that!** stell dir das mal vor!

imagineering [ɪˌmædʒɪ'nɪərɪŋ, AM -'nɪrɪŋ] I. *n* Ausdenken und Durchführen *nt*
II. *adj attr group, research* planend und durchführend; **~ team** für die Planung und Umsetzung verantwortliches Team

imam [ɪ'mɑːm] *n* ❶ (*Islamic leader*) Imam *m*, Gelehrter *m* des Islams
❷ (*prayer leader*) Imam *m*, Vorbeter *m* in der Moschee

IMAX® ['aɪmæks] *n* IMAX® *nt*

imbalance [ɪm'bælən(t)s] *n* Ungleichgewicht *nt*, Missverhältnis *nt*; **trade ~** ECON [Außen]handelsungleichgewicht *nt*, [Außen]handelsdefizit *nt*

imbecile ['ɪmbəsiːl, AM -sɪl] I. *n* ❶ (*stupid person*) Dummkopf *m pej*, Schwachkopf *m pej*, Idiot *m pej fam*; **to behave like an ~** sich *akk* wie ein Vollidiot benehmen *pej fam*
❷ MED [mittelgradig] Schwachsinnige(r) *f(m)*
II. *adj* ❶ (*stupid*) schwachsinnig *pej fam*, idiotisch *pej fam*, blöd
❷ MED imbezil *fachspr*, mittelgradig schwachsinnig

imbecilic [ˌɪmbə'sɪlɪk] *adj see* **imbecile II 1**

imbecility <*pl* -ties> [ɪmbə'sɪləti, AM -ət̬i] *n* Geistesschwäche *f*, Schwachsinn *m a. pej*

imbed <-dd-> *vt* AM *see* **embed**

imbibe [ɪm'baɪb] I. *vt* ❶ (*form: drink*) ■**to ~ sth** etw einsaugen, etw [in sich *akk* hin]einschlürfen; **to ~ beer/wine** (*hum*) sich *akk* an Bier/Wein gütlich tun
❷ (*fig: absorb*) ■**to ~ sth** etw übernehmen [*o* sich *dat* zu Eigen machen]; **to ~ propaganda/a philosophy** Propaganda/eine Weltanschauung [in sich *akk*] aufsaugen
II. *vi* (*form or hum*) sich *dat* einen genehmigen *fam o hum*; ***he tends to ~ too freely*** er neigt dazu, zu tief ins Glas zu schauen

imbroglio [ɪm'brəʊliəʊ, AM -'broʊlioʊ] *n* (*liter*) Hexenkessel *m*

imbue [ɪm'bjuː] *vt usu passive* ❶ (*inspire*) ■**to ~ sb with sth** jdn mit etw *dat* erfüllen, jdm etw einflößen *fig*
❷ (*form: soak*) ■**to ~ sth** etw benetzen [*o* durchtränken]; (*dye*) etw [ein]färben

IMF [ˌaɪem'ef] *n no pl* FIN *abbrev of* **International Monetary Fund**: ■**the ~** der IWF

imitate ['ɪmɪteɪt] *vt* ■**to ~ sth/sb** etw/jdn imitieren [*o* nachahmen]; **to ~ a style** einen Stil kopieren

imitation [ˌɪmɪ'teɪʃᵊn] I. *n* ❶ *no pl* (*mimicry*) Nachahmung *f*, Imitation *f*
❷ (*act of imitating*) Nachahmen *nt*, Imitieren *nt*; **to do an ~ of sb/sth** jdn/etw nachmachen [*o* imitieren]
❸ (*copy*) Kopie *f*; **to be a cheap/pale ~** eine billige/schlechte Kopie sein
II. *n modifier* (*leather, silk*) Kunst-; (*pearl, gold, silver*) unecht, künstlich; **~ diamonds** unechte Diamanten *mpl*; **~ fur** Pelzimitation *f*

imitative ['ɪmɪtətɪv, AM -teɪt̬ɪv] *adj* ❶ (*esp pej: copying*) imitierend *meist pej*; ***he's an ~ artist*** er ist ein Künstler, der andere kopiert; **an ~ call** Lockruf *m* (*der Jäger*)
❷ (*onomatopoeic*) lautmalerisch

imitator ['ɪmɪteɪtəʳ, AM -teɪt̬ɚ] *n* Nachahmer(in) *m(f)*; *of voices* Imitator(in) *m(f)*

immaculate [ɪ'mækjələt] *adj* (*approv: neat*) makellos; (*flawless*) perfekt, makellos; *garden* säuberlich gepflegt; **an ~ performance** eine Bilderbuchvorstellung

Immaculate Conception *n no pl* REL ■**the ~** die Unbefleckte Empfängnis

immaculately [ɪ'mækjələtli] *adv* (*neatly*) sehr ordentlich, säuberlich; (*flawlessly*) perfekt, makellos

immanence ['ɪmənən(t)s] *n no pl* PHILOS Immanenz *f fachspr*

immanent ['ɪmənənt] *adj* innewohnend, innerlich vorhanden; PHILOS immanent *fachspr*; ■**to be ~ in sth** etw *dat* zu Eigen [*o fachspr* inhärent] sein *geh*

immaterial [ˌɪmə'tɪəriəl, AM -'tɪriəl] *adj inv* ❶ (*not important*) unwesentlich, unwichtig; ***that's ~*** das spielt keine Rolle
❷ (*not physical*) immateriell

immature [ˌɪmə'tjʊəʳ, AM -'tʃʊr-, 'tʊr] *adj* ❶ (*pej: not mature*) unreif; (*childish*) kindisch *meist pej*
❷ (*not developed*) unreif; (*sexually*) nicht geschlechtsreif; **an ~ fruit** eine unreife Frucht; **an ~ plan** ein unausgereifter Plan; **an ~ wine** ein junger Wein

immaturity [ˌɪmə'tjʊərəti, AM -'tʃʊrət̬i, -'tʊrət̬i] *n no pl* Unreife *f*

immeasurable [ɪ'meʒᵊrəbl] *adj inv* (*limitless*) grenzenlos, unermesslich; (*great*) *influence* riesig; **an ~ advantage** ein Riesenvorteil *m*; **to have an ~ effect** einen gewaltigen Einfluss haben

immeasurably [ɪ'meʒᵊrəbli] *adv inv* unendlich, unermesslich, enorm; **to be ~ better/greater/simpler** unvergleichlich [viel] besser/größer/einfacher sein

immediacy [ɪ'miːdiəsi] *n no pl* Unmittelbarkeit *f*; *of a problem* Aktualität *f*; (*relevance*) Relevanz *f*, Bedeutung *f*; (*nearness*) Nähe *f*; ***the article gave a real sense of ~ to the civil war*** der Artikel ließ den Bürgerkrieg hautnah erscheinen

immediate [ɪ'miːdiət] *adj* ❶ (*without delay*) umgehend, sofortig *attr*, prompt; **to take ~ action/effect** augenblicklich handeln/wirken; **~ consequences** unmittelbare Konsequenzen
❷ *attr* (*close*) unmittelbar; **in the ~ area/vicinity** in der unmittelbaren Umgebung/Nachbarschaft; **sb's ~ boss/superior** jds unmittelbarer [*o* direkter] Chef/Vorgesetzter; **sb's ~ family** jds nächste Angehörige; **sb's ~ friends** jds engste Freunde; **in ~ future** in nächster Zukunft
❸ (*direct*) direkt; **~ cause** unmittelbarer Grund; **an ~ result** ein sofortiges Ergebnis
❹ (*current*) augenblicklich, unmittelbar; **~ concerns/problems/needs** dringende Anliegen/Probleme/Bedürfnisse

immediately [ɪ'miːdiətli] I. *adv* ❶ (*at once*) sofort, gleich; ***~ after she'd gone, the boys started to mess about*** sie war kaum gegangen, als die Jungen auch schon anfingen, alles in Unordnung zu bringen
❷ (*closely*) direkt, unmittelbar; ***he stood ~ behind me*** er stand direkt hinter mir; ***was the president ~ involved in the scandal?*** war der Präsident unmittelbar in den Skandal verwickelt?
II. *conj* BRIT sobald

immediateness [ɪ'miːdiətnəs] *n no pl see* **immediacy**

immemorial [ˌɪmɪ'mɔːriəl] *adj inv* (*liter*) uralt; **from** [*or* **since**] **time ~** seit Urzeiten, von alters her *geh*

immense [ɪ'men(t)s] *adj inv* riesig, enorm; **an ~ amount of money** eine riesige [*o* enorme] Menge Geld; **an ~ amount of time** eine Ewigkeit; **to be of ~ importance** immens [*o* überaus] wichtig sein

immensely [ɪ'men(t)sli] *adv inv* extrem, ungeheuer

immensity [ɪ'men(t)səti, AM -sət̬i] *n* ❶ *no pl* (*largeness*) Größe *f*
❷ *usu pl* (*boundlessness*) Endlosigkeit *f kein pl*; **the immensities of space** die Weiten *fpl* des Weltraums

immerse [ɪ'mɜːs, AM ɪ'mɜːrs] *vt* ❶ (*dunk*) ■**to ~ sth** etw eintauchen; ***~ the shells in boiling water for two minutes*** geben Sie die Muscheln für zwei Minuten in kochendes Wasser
❷ (*become absorbed in*) ■**to ~ oneself in sth** sich *akk* in etw *akk* vertiefen; **to be ~d in a book/one's thoughts/one's work** in ein Buch/in Gedanken/in seine Arbeit vertieft sein
❸ (*baptize*) ■**to ~ sb** jdn untertauchen (*als Taufhandlung*)

immersion [ɪ'mɜːʃᵊn, -ʒᵊn, AM ɪ'mɜːr-] *n* ❶ (*dunking*) Eintauchen *nt*, Untertauchen *nt*; (*baptizing*) Ganztaufe *f*
❷ *no pl* (*absorption*) Vertiefung *f fig*
❸ *no pl esp* AM (*teaching method*) *Unterrichtsmethode, bei der ausschließlich die zu erlernende Sprache verwendet wird*

immersion course *n Sprachkurs, in dem ausschließlich die zu erlernende Sprache verwendet wird*

immersion heater *n* Tauchsieder *m*

immigrant ['ɪmɪgrənt] I. *n* Einwanderer(in) *m(f)*, Immigrant(in) *m(f)*
II. *n modifier* (*numbers, vote, neighbourhood, worker*) Immigranten-, Einwanderer-; **~ family** Einwandererfamilie *f*, Immigrantenfamilie *f*; **the ~ population** die Einwanderer *pl*

immigrate ['ɪmɪgreɪt] *vi* einwandern, immigrieren; ***the whole family ~d to America*** die ganze Familie wanderte nach Amerika aus

immigration [ˌɪmɪ'greɪʃᵊn] *n no pl* ❶ (*action*) Einwanderung *f*, Immigration *f*
❷ (*immigration control*) Grenzkontrolle *f*
❸ AM (*immigration control*) ■**~s** *pl* ≈ Grenzschutz *m* (*an Flughäfen*); **~s and customs** Bereich *m* der Personen- und Zollkontrolle (*auf Flughäfen*)

immigration control *n* Grenzkontrolle *f* (*zur Vermeidung illegaler Einwanderung*)

immigration country *n* Einwanderungsland *nt*

immigration laws *npl* Einwanderungsgesetze *ntpl*

immigration officer *n* Beamte(r) *f(m)*, Beamtin der Einwanderungsbehörde; (*at the border*) Grenzbeamte(r) *f(m)*

imminence ['ɪmɪnən(t)s] *n no pl* Bevorstehen *nt*; ***each of them reacted to the ~ of death in a different way*** jeder von ihnen reagierte anders auf den bevorstehenden Tod; **the ~ of an attack** der drohende Angriff

imminent ['ɪmɪnənt] *adj* bevorstehend *attr*; **~ danger** drohende Gefahr

immobile [ɪ'məʊbaɪl, AM ɪ'moʊbᵊl] *adj* ❶ (*motionless*) *stand* unbeweglich, bewegungslos; *sit* regungslos; (*unable to move*) unbeweglich
❷ *pred* (*fig fam: not have transportation*) **to be ~** nicht motorisiert sein; **to be rendered ~** zum Stillstand gebracht werden; ***without public transport, the whole city would be rendered ~*** ohne öffentliche Verkehrsmittel wäre die ganze Stadt lahm gelegt

immobility [ˌɪməʊ'bɪləti, AM ˌɪmoʊ'bɪlət̬i] *n no pl* (*motionlessness*) Bewegungslosigkeit *f*, Unbewegtheit *f*; (*of building, object*) Unbeweglichkeit *f*; (*because of damage*) Bewegungsunfähigkeit *f*

immobilization [ɪˌməʊbᵊlaɪ'zeɪʃᵊn, AM -ˌmoʊbᵊlɪ'-] *n no pl* Unbeweglichmachen *nt*, Stilllegung *f*

immobilize [ɪ'məʊbᵊlaɪz, AM -'moʊ-] *vt* ❶ (*prevent from functioning*) ■**to ~ sth** etw lahm legen;

to ~ an army eine Armee außer Gefecht setzen; **to ~ a car/machine** einen Wagen/eine Maschine betriebsuntauglich machen; (*render motionless*) ▪**to ~ sb** jdn bewegungsunfähig machen; ***his indecision/fear ~d him*** seine Unentschlossenheit/Angst lähmte ihn

❷ (*set in cast*) ***my leg was ~d in a plaster cast*** mein Bein wurde mit einem Gipsverband ruhig gestellt

immobilizer [ɪˈməʊbəlaɪzəʳ, AM -ˈmoʊbəlaɪzɚ] *n* AUTO Wegfahrsperre *f*

immoderate [ɪˈmɒdərət, AM -ˈmɑːdɚ-] *adj* maßlos; **~ demands** übertriebene Forderungen; **~ drinking** übermäßiger Alkoholkonsum

immoderately [ɪˈmɒdərətli, AM -ˈmɑːdɚ-] *adv* maßlos; **to drink ~** exzessiv trinken; **to laugh ~** übertrieben [*o* aufdringlich] lachen

immodest [ɪˈmɒdɪst, AM ɪˈmɑːd-] *adj* (*pej*) ❶ (*conceited*) eingebildet *pej*, überheblich ❷ (*indecent*) *clothing* unanständig

immodestly [ɪˈmɒdɪstli, AM ɪˈmɑːd-] *adv* (*pej*) ❶ (*conceitedly*) eingebildet *pej*, überheblich, unbescheiden ❷ (*indecently*) unanständig; *dress* freizügig

immodesty [ɪˈmɒdəsti, AM ɪˈmɑːdə-] *n no pl* (*pej*) ❶ (*conceit*) Überheblichkeit *f* ❷ (*indecency*) Ungehörigkeit *f*, Unschicklichkeit *f*

immolate [ˈɪməʊleɪt, AM ˈɪməleɪt] *vt* REL (*form: sacrifice*) ▪**to ~ an animal** ein Tier [rituell] opfern [*o* schlachten]; (*fig*) ▪**to ~ sth to sb** jdm etw *akk* [auf]opfern

immolation [ˌɪmə(ʊ)ˈleɪʃən, AM ˌɪmə'-] *n no pl* REL (*form*) [rituelles] Opfer

immoral [ɪˈmɒrəl, AM ɪˈmɔːr-] *adj* unmoralisch

immoral earnings *npl* LAW Einnahmen *pl* aus der Prostitution

immorality [ˌɪməˈræləti, AM -mɔːˈrælət̬i] *n* ❶ *no pl* (*characteristic*) Unmoral *f*, Sittenlosigkeit *f* ❷ (*act*) Sittenverstoß *m;* **to commit immoralities** unanständige Dinge tun

immorally [ɪˈmɒrəli, AM -ˈmɔːr-] *adv* unmoralisch, unanständig

immortal [ɪˈmɔːtəl, AM ɪˈmɔːrt̬əl] **I.** *adj inv* ❶ (*undying*) *person, soul* unsterblich; **~ life** ewiges Leben ❷ (*unforgettable*) *of literature* unvergesslich **II.** *n* ❶ (*in myths*) Unsterbliche(r) *f(m);* ▪**the ~s** *pl* die Unsterblichen ❷ (*famous person*) unvergessene Persönlichkeit

immortality [ˌɪmɔːˈtæləti, AM -mɔːrˈtælət̬i] *n no pl* ❶ REL Unsterblichkeit *f* ❷ (*undying fame*) Unsterblichkeit *f*, ewiger Ruhm

immortalize [ɪˈmɔːtəlaɪz, AM ɪˈmɔːrt̬əl-] *vt* ▪**to ~ sb** (*in a film/book*) jdn verewigen; **to be ~d in history for sth** wegen einer S. *gen* in die Geschichte eingehen

immovable [ɪˈmuːvəbl̩] **I.** *adj inv* ❶ (*stationary*) unbeweglich ❷ (*unchanging*) fest, unerschütterlich; **~ belief/opinion** fester Glaube/feste Überzeugung; **~ opposition** starre Ablehnung **II.** *n* LAW ▪**~s** Immobilien *fpl*, Liegenschaften *fpl*

immune [ɪˈmjuːn] *adj pred* ❶ MED immun (**to** gegen +*akk*) ❷ (*fig: not vulnerable*) immun; ***the press had criticised her so often that she became ~*** die Presse hatte sie so oft kritisiert, dass alles an ihr abprallte; **to be ~ to charm/criticism/flattery** für Reize/Kritik/Schmeichelei unempfänglich sein ❸ POL, LAW (*exempt*) immun; **to be ~** Immunität genießen; **to be ~ from the law** außerhalb des Gesetzes stehen ❹ (*fig: safe from*) sicher (**from** vor +*dat*)

immune response *n* MED Immunreaktion *f*

immune system *n* Immunsystem *nt*

immunity [ɪˈmjuːnəti, AM -nət̬i] *n no pl* ❶ MED Immunität *f;* ***the vaccination gives you ~ for up to six months*** der Impfschutz hält bis zu sechs Monaten an; **~ against** [*or* **to**] **a disease** Immunität *f* gegen eine Krankheit ❷ (*fig: lack of vulnerability*) Unempfindlichkeit *f;* **~ to criticism/flattery** Unzugänglichkeit *f* für Kritik/Schmeichelei ❸ LAW Immunität *f;* **~ from prosecution** Straffreiheit *f;* **diplomatic ~** diplomatische Immunität; **to have ~** Immunität genießen ❹ RADIO, TV *see* **interference 2**

immunization [ˌɪmjənaɪˈzeɪʃən, AM -jənɪ'-] *n* MED Immunisierung *f*

immunize [ˈɪmjənaɪz] *vt* MED ▪**to ~ sb** jdn immunisieren

immuno- [ˌɪmjənə(ʊ)', AM -noʊ'] *in compounds* MED Immun-

immunodeficiency [ˌɪmjənə(ʊ)dɪˈfɪʃən(t)si, AM -noʊ-] *n* MED Immunschwäche *f*

immunological [ˌɪmjənə(ʊ)ˈlɒdʒɪkəl, AM ˌɪmjənoʊˈlɑːdʒɪ-] *adj* MED immunologisch *fachspr*

immunologist [ˌɪmjəˈnɒlədʒɪst, AM -ˈnɑːlə-] *n* MED Immunologe, -in *m, f fachspr*

immunology [ˌɪmjəˈnɒlədʒi, AM -ˈnɑːlə-] *n no pl* MED Immunologie *f fachspr*, Immunitätsforschung *f*

immunosuppression [ˌɪmjənə(ʊ)səˈpreʃən, AM -noʊse'] *n no pl* MED Immun[o]suppression *f fachspr*

immunotherapy [ˌɪmjənə(ʊ)ˈθerəpi, AM -noʊ'-] *n no pl* Immuntherapie *f fachspr*

immure [ɪˈmjʊəʳ, AM ɪˈmjʊr] *vt* (*liter, form*) ▪**to ~ sb** jdn einkerkern *geh*

immured [ɪˈmjʊəʳd, AM ɪˈmjʊrd] *adj inv* (*liter, form*) eingekerkert *geh*

immutability [ɪˌmjuːtəˈbɪləti, AM ɪˌmjuːt̬əˈbɪlət̬i] *n no pl* (*unchangeable nature*) Unveränderlichkeit *f*, Unwandelbarkeit *f geh;* (*eternal nature*) Unvergänglichkeit *f*

immutable [ɪˈmjuːtəbl̩, AM -t̬əbl̩] *adj inv* (*unchangeable*) unveränderlich, unwandelbar *geh;* (*ever-lasting*) unvergänglich

imp [ɪmp] *n* ❶ (*sprite*) Kobold *m* ❷ (*child*) Racker *m fam*, Göre *f* NORDD *oft pej*

impact **I.** *n* [ˈɪmpækt] *no pl* ❶ (*contact*) Aufprall *m;* **on ~** beim Aufprall; (*force*) Wucht *f;* **the ~ of a crash** die Wucht eines Zusammenstoßes; (*of a bullet/meteor*) Einschlag *m;* **on ~** beim Einschlag ❷ (*fig: effect*) Auswirkung[en] *f*[*pl*], Einfluss *m;* **to have** [*or* **make**] **an ~ on sth** Auswirkungen *fpl* auf etw *akk* haben; **to have an ~ on sb** einen Effekt bei jdm bewirken, Eindruck *m* bei jdm machen **II.** *vt* [ɪmˈpækt] *esp* AM, AUS ▪**to ~ sb/sth** jdn/etw beeinflussen, Auswirkungen auf jdn/etw haben **III.** *vi* [ɪmˈpækt] ❶ (*hit ground*) aufschlagen ❷ *esp* AM, AUS (*have effect*) ▪**to ~ on sb/sth** jdn/etw beeinflussen, Auswirkungen auf jdn/etw haben

impacted [ɪmˈpæktɪd] *adj* ❶ *inv* MED *tooth, bone* impaktiert *fachspr*, eingeklemmt ❷ *esp* AM, AUS (*affected*) betroffen

impair [ɪmˈpeəʳ, AM -ˈper] *vt* ▪**to ~ sth** (*disrupt*) etw behindern; **to ~ sb's ability to concentrate/walk/work** jds Konzentrations-/Geh-/Arbeitsfähigkeit beeinträchtigen; (*damage*) etw *dat* schaden, etw schädigen; **to ~ sb's health** jds Gesundheit schaden; **to ~ sb's hearing** jds Gehör schädigen

impaired [ɪmˈpeəʳd, AM -ˈperd] *adj* geschädigt; **~ hearing/vision** Hör-/Sehbehinderung *f*

impairment [ɪmˈpeəmənt, AM -ˈper-] *n* ❶ *no pl* (*damage*) Schädigung *f* ❷ (*disability*) Behinderung *f;* **hearing ~** Hörschaden *m*

impala <*pl* -> [ɪmˈpɑːlə] *n* Impala *f*

impale [ɪmˈpeɪl] *vt usu passive* ▪**to ~ sb/sth** jdn/etw aufspießen (**on** auf +*dat*); ▪**to ~ sb** (*hist*) jdn pfählen

impalpable [ɪmˈpælpəbl̩] *adj* (*liter*) undeutlich, ungreifbar; **an ~ change** eine kaum merkliche Veränderung

impanel *vt see* **empanel**

impart [ɪmˈpɑːt, AM -ˈpɑːrt] *vt* ▪**to ~ sth** [**to sb/sth**] ❶ (*communicate*) *information, knowledge, wisdom* [jdm/etw] etw vermitteln ❷ (*bestow*) [jdm/etw] etw verleihen [*o* [mit]geben]

impartial [ɪmˈpɑːʃəl, AM -ˈpɑːr-] *adj* unparteiisch, unvoreingenommen

impartiality [ɪmˌpɑːʃiˈæləti, AM -ˌpɑːr-] *n no pl* Objektivität *f*, Unvoreingenommenheit *f*, Unparteilichkeit *f*

impartially [ɪmˈpɑːʃəli, AM pɑːr] *adv* unvoreingenommen, unparteiisch

impassable [ɪmˈpɑːsəbl̩, AM -ˈpæsə-] *adj inv* (*blocking vehicles*) unpassierbar; (*fig: blocking negotiations*) unüberwindlich

impasse [ˈæmpɑːs, AM ˈɪmpæs] *n* ❶ (*closed path*) Sackgasse *f* ❷ (*fig: deadlock*) Sackgasse *f fig;* **to reach an ~** in eine Sackgasse geraten *fig*, sich *akk* festfahren *fig*

impassioned [ɪmˈpæʃənd] *adj* leidenschaftlich; **an ~ plea** ein sehr emotionaler Appell; **~ rhetoric** flammende Rhetorik

impassive [ɪmˈpæsɪv] *adj* (*not showing emotion*) ausdruckslos; (*not sympathizing*) unbeteiligt, gleichgültig

impassively [ɪmˈpæsɪvli] *adv* (*without showing emotion*) ausdruckslos; (*without sympathy*) unbeeindruckt, gleichgültig

impassivity [ɪmpæsˈɪvəti, AM -ət̬i] *n no pl* (*expressionlessness*) Ausdruckslosigkeit *f;* (*lack of sympathy*) Gleichgültigkeit *f;* **with ~** ohne Gefühlsregung

impatience [ɪmˈpeɪʃən(t)s] *n no pl* ❶ (*eagerness for change*) Ungeduld *f* ❷ (*intolerance*) Unduldsamkeit *f;* ***his ~ with customers had cost him business*** seine mangelnde Bereitschaft auf Kunden einzugehen, hatte ihn sein Geschäft gekostet

impatient [ɪmˈpeɪʃənt] *adj* ungeduldig (**with** gegenüber +*dat*); ***I'm ~ for the weekend!*** ich wünschte, wir hätten schon Wochenende!; **to be ~ to do sth** etw kaum erwarten können; (*intolerant*) intolerant (**of** gegenüber +*dat*)

impatiently [ɪmˈpeɪʃəntli] *adv* (*eagerly*) ungeduldig; (*intolerantly*) ungehalten, unwillig

impeach [ɪmˈpiːtʃ] *vt* ❶ POL, LAW (*charge*) ▪**to ~ sb for sth** jdn wegen einer S. *gen* anklagen; **to ~ an official/the president** einen Amtsträger/den Präsidenten wegen eines Amtsvergehens anklagen ❷ (*call into question*) ▪**to ~ sth** etw anzweifeln [*o* in Frage stellen]

impeachable [ɪmˈpiːtʃəbl̩] *adj inv* POL, LAW ▪**to be ~** eine Anklage rechtfertigen; **an ~ offence** ein strafwürdiges Vergehen (*eines öffentlichen Amtsträgers*)

impeachment [ɪmˈpiːtʃmənt] *n* POL, LAW Amtsenthebungsverfahren *nt*

impeachment proceedings *npl* POL, LAW Verfahren *nt* zur Amtsenthebung

impeccable [ɪmˈpekəbl̩] *adj inv* makellos, einwandfrei; **to have ~ manners** tadellose Manieren haben; **~ performance** perfekte Vorstellung; **an ~ reputation** ein untadeliger Ruf; **to have ~ taste** einen sicheren [*o* ausgesuchten] Geschmack haben

impeccably [ɪmˈpekəbli] *adv inv* makellos, perfekt

impecunious [ˌɪmprˈkjuːniəs] *adj* (*form*) mittellos

impede [ɪmˈpiːd] *vt* ▪**to ~ sb** jdn behindern; ▪**to ~ sth** *movement, progress* etw behindern [*o* erschweren]; ***lack of government funding will ~ progress in cancer research*** das Ausbleiben öffentlicher Gelder wird die Krebsforschung zurückwerfen

impediment [ɪmˈpedɪmənt] *n* ❶ (*hindrance*) Hindernis *nt;* ▪**an ~ to sth** ein Hindernis für etw *akk;* **an ~ to progress/success** ein Stolperstein *m* auf dem Weg zum Fortschritt/Erfolg ❷ MED Behinderung *f;* **to have a speech ~** einen Sprachfehler haben

impedimenta [ɪmˌpedɪˈmentə] *npl* (*cumbersome articles*) [überflüssiges] Gepäck, Ballast *m;* (*equipment*) Ausrüstung *f*

impel <-ll-> [ɪmˈpel] *vt* ▪**to ~ sb** (*drive*) jdn [an]treiben; (*force*) jdn nötigen; ***I wonder what ~s him to exercise so much*** was bringt ihn bloß dazu, so viel zu trainieren?

impelled [ɪmˈpeld] *adj pred, inv* **to feel ~ to do sth** sich *akk* genötigt sehen [*o* verpflichtet fühlen], etw zu tun

impending [ɪmˈpendɪŋ] *adj attr, inv* (*imminent*) bevorstehend; (*menacing*) drohend; **~ disaster** drohende Katastrophe

impenetrability [ɪmˌpenɪtrəˈbɪləti, AM -ət̬i] *n no*

pl ❶ (*inaccessibility*) Unzugänglichkeit *f; of a fortress* Uneinnehmbarkeit *f; of a group* Exklusivität *f* ❷ (*incomprehensibility*) Unverständlichkeit *f*, Rätselhaftigkeit *f*

impenetrable [ɪm'penɪtrəbl̩] *adj* ❶ (*blocking entrance*) unüberwindlich; (*dense*) undurchdringlich; (*exclusive*) exklusiv; ~ **barrier/enemy line/wall** unüberwindliche Grenze/Feindeslinie/Mauer; ~ **fog** dichter Nebel; **an** ~ **forest** ein undurchdringlicher Wald
❷ (*fig: incomprehensible*) unverständlich, rätselhaft

impenetrably [ɪm'penɪtrəbli] *adv* ❶ (*densely*) undurchdringlich; (*impassably*) unüberwindlich; ~ **thick fog** undurchdringlich dichter Nebel
❷ (*fig: incomprehensibly*) unverständlich, rätselhaft

impenitent [ɪm'penɪtᵊnt] *adj* (*form*) uneinsichtig; ■**to be** ~ keine Reue zeigen

imperative [ɪm'perətɪv, AM -t̬ɪv] **I.** *adj* ❶ (*essential*) unbedingt [*o* dringend] erforderlich; ***it is*** ~ ***that …*** es ist zwingend erforderlich, dass …; ***it's*** ~ ***to act now*** es muss unverzüglich gehandelt werden
❷ (*commanding*) gebieterisch, herrisch; ***his*** ~ ***manner often turns people off*** sein Befehlston schreckt die Leute oftmals ab
❸ *inv* LING imperativisch *fachspr;* **the** ~ **form** der Imperativ
II. *n* ❶ (*necessity*) [Sach]zwang *m;* (*obligation*) Verpflichtung *f;* PHILOS Imperativ *m;* (*factor*) Erfordernis *f;* ***strict loyalty is an*** ~ ***if you want to work for this company*** absolute Loyalität ist Voraussetzung, wenn Sie für diese Firma arbeiten wollen; **financial** **~s** finanzielle Zwänge; **a moral** ~ eine moralische Verpflichtung
❷ *no pl* LING ■**the** ~ der Imperativ, die Befehlsform; **to be in the** ~ im Imperativ stehen

imperceptible [ˌɪmpə'septəbl̩, AM ˌɪpɚ'-] *adj* unmerklich

imperceptibly [ˌɪmpə'septəbli, AM ˌɪpɚ'-] *adv* unmerklich

imperfect [ɪm'pɜːfɪkt, AM -'pɜːr-] **I.** *adj* (*flawed*) fehlerhaft; (*incomplete*) unvollkommen; (*not sufficient*) unzureichend; ***though my understanding of the situation was*** ~, ***…*** trotz meines mangelnden Verständnisses der Lage …; **an** ~ **world** eine unvollkommene Welt
II. *n no pl* LING ■**the** ~ das Imperfekt, die einfache Vergangenheit; **to be in the** ~ im Imperfekt stehen

imperfection [ˌɪmpə'fekʃᵊn, AM -pɜːr'-] *n* ❶ (*flaw*) Fehler *m*, Mangel *m*, Unzulänglichkeit[en] *f*[*pl*]
❷ *no pl* (*faultiness*) Unvollkommenheit *f*, Fehlerhaftigkeit *f*

imperfectly [ɪm'pɜːfɪktli, AM -'pɜːr-] *adv* (*in a flawed way*) fehlerhaft; (*not finished*) unvollkommen; (*not sufficiently*) unzureichend; **to understand sth** ~ etw [nur] unzureichend verstehen

imperfect tense *n no pl* LING ■**the** ~ das Imperfekt, die einfache Vergangenheit; **to be in the** ~ im Imperfekt stehen

imperial [ɪm'pɪəriəl, AM -'pɪr-] *adj inv* ❶ (*of an empire*) Reichs-, imperial *geh;* (*of an emperor*) kaiserlich, Kaiser-; (*imperialistic*) imperialistisch *oft pej;* ~ **ambitions** Großmachtstreben *nt;* **I~ China/Rome** China/Rom *nt* der Kaiserzeit
❷ (*grand*) prächtig, üppig
❸ (*of British empire*) Empire-, des Empires *nach n*
❹ (*measure*) britisch; ~ **gallon** britische Gallone (*4,55 Liter*); **the** ~ **system** das britische System der Maße und Gewichte

imperialism [ɪm'pɪəriəlɪzᵊm, AM -'pɪr-] *n no pl* Imperialismus *m meist pej;* **economic** ~ Wirtschaftsimperialismus *m*

imperialist [ɪm'pɪəriəlɪst, AM -'pɪri-] **I.** *n* (*usu pej*) Imperialist(in) *m(f) meist pej*
II. *adj* imperialistisch

imperialistic [ɪm'pɪəriəlɪstɪk, AM -'pɪri-] *adj* (*usu pej*) imperialistisch *meist pej*

imperil <BRIT, AUS -ll- *or* AM *usu* -l-> [ɪm'perᵊl] *vt* ■**to** ~ **sth** etw gefährden

imperious [ɪm'pɪəriəs, AM -'pɪri-] *adj* herrisch

imperiously [ɪm'pɪəriəsli, AM -'pɪri-] *adv* herrisch

imperiousness [ɪm'pɪəriəsnəs, AM -'pɪri-] *n no pl* herrische Art

imperishable [ɪm'perɪʃəbl̩] **I.** *adj beauty* unvergänglich; *food* unverderblich, haltbar
II. *n* ■**~s** *pl* haltbare Lebensmittel *ntpl*, Dauerwaren *fpl*

impermanence [ɪm'pɜːmənən(t)s, AM -'pɜːr-] *n no pl* Unbeständigkeit *f*

impermanent [ɪm'pɜːmənənt, AM -'pɜːr-] *adj* (*transitory*) unbeständig; (*temporary*) zeitlich begrenzt

impermeability [ɪmˌpɜːmiə'bɪləti, AM -ˌpɜːrmiəbɪlət̬i] *n no pl* Undurchlässigkeit *f*, Impermeabilität *f fachspr*

impermeable [ɪm'pɜːmiəbl̩, AM -'pɜːr-] *adj inv* undurchlässig, impermeabel *fachspr;* ~ **membrane** impermeable Membran *fachspr;* ~ ***to water*** wasserundurchlässig

impermissible [ˌɪmpə'mɪsəbl̩, AM -pɚ'-] *adj inv* (*forbidden*) *by law* unzulässig; *by society* ungehörig

impersonal [ɪm'pɜːsᵊnᵊl, AM -'pɜːr-] *adj* ❶ (*without warmth*) unpersönlich; (*anonymous*) anonym
❷ LING unpersönlich; ~ **pronoun/verb** unpersönliches Pronomen/Verb

impersonality [ˌɪmpɜːsᵊn'æləti, AM -pɜːrsᵊn'ælət̬i] *n no pl* Unpersönlichkeit *f*

impersonally [ɪm'pɜːsᵊnᵊli, AM -'pɜːr] *adv* unpersönlich

impersonate [ɪm'pɜːsᵊneɪt, AM -'pɜːr-] *vt* ■**to** ~ **sb** (*take off*) jdn imitieren; (*pretend to be*) vorgeben, jd zu sein, sich *akk* als jdn ausgeben

impersonation [ɪmˌpɜːsᵊn'eɪʃᵊn, AM -ˌpɜːr-] *n* ❶ (*instance*) Imitation *f;* **to do an** ~ **of sb** (*take off*) jdn imitieren; (*pretend to be*) sich *akk* als jdn ausgeben
❷ *no pl* (*activity*) Imitieren *nt*, Nachahmen *nt*

impersonator [ɪm'pɜːsᵊneɪtəʳ, AM -'pɜːrsᵊneɪt̬ɚ] *n* Imitator(in) *m(f)*

impertinence [ɪm'pɜːtɪnən(t)s, AM -'pɜːrt̬ᵊn-] *n* ❶ *no pl* (*disrespect*) Unverschämtheit *f*, Frechheit *f;* ***what*** ~***!*** was für eine Unverschämtheit!
❷ (*remark*) Unverschämtheit *f*, Frechheit *f*

impertinent [ɪm'pɜːtɪnənt, AM -'pɜːrt̬ᵊn-] *adj* ❶ (*disrespectful*) unverschämt
❷ (*irrelevant*) nebensächlich, unerheblich; ■**to be** ~ **to sth** nichts zu etw *dat* beitragen

impertinently [ɪm'pɜːtɪnəntli, AM -'pɜːrt̬ᵊn-] *adv* unverschämt, frech

imperturbability [ˌɪmpəˌtɜːbə'bɪləti, AM -'pɚˌtɜːrbə'bɪlət̬i] *n no pl* Unerschütterlichkeit *f*, Gleichmut *m;* ***nothing can ruffle her*** ~ nichts kann sie aus der Ruhe bringen

imperturbable [ˌɪmpə'tɜːbəbl̩, AM -pɚ'tɜːr-] *adj* (*form*) unerschütterlich, gelassen; ***she is quite*** ~ sie hat die Ruhe weg

imperturbably [ˌɪmpə'tɜːbəbli, AM -pɚ'tɜːr-] *adv* (*form*) ruhig, gelassen

impervious [ɪm'pɜːviəs, AM -'pɜːr-] *adj* ❶ *inv* (*resistant*) undurchlässig; ~ **to fire/heat** feuer-/hitzebeständig; ~ **to water** wasserdicht
❷ (*fig: not affected*) gleichgültig, unempfindlich, immun (**to** gegenüber +*dat*)

impetigo [ˌɪmpɪ'taɪgəʊ, AM -pə'tiːgoʊ] *n no pl* MED Eiterflechte *f*, Impetigo *f fachspr*

impetuosity [ɪmˌpetju'ɒsəti, AM -ˌpetʃu'ɑːsət̬i] *n no pl* (*form*) Impulsivität *f*, Unbesonnenheit *f*

impetuous [ɪm'petʃuəs] *adj person* impulsiv; *nature* hitzig; *decision, remark* unüberlegt

impetuously [ɪm'petʃuəsli] *adv* unvermittelt, ohne zu überlegen; **to buy sth** ~ etw spontan kaufen

impetuousness [ɪm'petʃuəsnəs] *n no pl* Impulsivität *f;* ***what*** ~***!*** wie unüberlegt!

impetus ['ɪmpɪtəs, AM -t̬əs] *n no pl* ❶ (*push*) Anstoß *m;* (*driving force*) Antrieb *m;* **to give a fresh** ~ **to a struggling business** ein schleppendes Geschäft wieder ankurbeln; **commercial** ~ wirtschaftlicher Anreiz
❷ (*momentum*) Schwung *m*

impiety [ɪm'paɪəti, AM -ət̬i] *n* ❶ *no pl* (*irreverence*) Gottlosigkeit *f*, Pietätlosigkeit *f;* (*blasphemy*) Gotteslästerung *f*
❷ (*act*) gottlose Handlung, Frevel *m*

impinge [ɪm'pɪndʒ] *vi* (*form*) ■**to** ~ **on** [*or* **upon**] **sb/sth** (*affect*) sich *akk* [negativ] auf jdn/etw auswirken, [negative] Auswirkungen auf jdn/etw haben; (*restrict*) jdn/etw einschränken

impingement [ɪm'pɪndʒmənt] *n* ❶ (*effect, impact*) Auswirkung *f*
❷ (*encroachment*) Eingriff *m*

impious ['ɪmpiːəs, ɪm'paɪəs] *adj* (*irreverent*) pietätlos; (*blasphemous*) gotteslästerlich

impiously ['ɪmpiːəsli, ɪm'paɪəs-] *adv* (*irreverently*) pietätlos; (*blasphemously*) gotteslästerlich

impiousness ['ɪmpiːəsnəs, ɪm'paɪəs-] *n no pl see* **impiety**

impish ['ɪmpɪʃ] *adj* (*mischievous*) *child* lausbubenhaft; *look, grin* verschmitzt; *remark* frech; ~ **trick** frecher Streich

impishly ['ɪmpɪʃli] *adv* (*mischievously*) lausbubenhaft; *smile, look* verschmitzt; (*cheekily*) frech

impishness ['ɪmpɪʃnəs] *n no pl* (*mischievousness*) Lausbubenhaftigkeit *f;* (*boisterousness*) [kindlicher] Übermut; (*cheekiness*) Ungezogenheit *f*, Unartigkeit *f*

implacable [ɪm'plækəbl̩] *adj* (*irreconcilable*) unversöhnlich; (*relentless*) unnachlässig; ~ **enemy/opponent** unerbittlicher Feind/Gegner; ~ **thirst for adventure** unersättliche Lust auf Abenteuer; ~ **thirst for justice** rastloser Gerechtigkeitsdrang; ~ **thirst for knowledge** unstillbarer Wissensdurst

implacably [ɪm'plækəbli] *adv* (*without compromise*) unnachgiebig, unerbittlich; (*relentlessly*) unermüdlich

implant **I.** *n* ['ɪmplɑːnt, AM -plænt] Implantat *nt;* **a breast** ~ ein Brustimplantat *nt*
II. *vt* [ɪm'plɑːnt, AM -'plænt] ❶ (*add surgically*) ■**to** ~ **sth** etw einpflanzen [*o fachspr* implantieren]
❷ (*fig: put in mind*) **to** ~ **ideas/worries in sb** [*or* **sb with ideas/worries**] jdm Ideen/Ängste einreden
❸ (*bond chemically*) ■**to** ~ **sth** etw implantieren

implantation [ˌɪmplɑː'nteɪʃᵊn, AM plæn'] *n no pl* ❶ (*implanting*) Übertragung *f*
❷ MED, ZOOL Implantation *f fachspr*

implausibility [ɪmˌplɔːzə'bɪləti, AM -ˌplɑːzə'bɪlət̬i] *n no pl* Unglaubwürdigkeit *f; excuse* Fadenscheinigkeit *f*

implausible [ɪm'plɔːzəbl̩, AM -'plɑː-] *adj* unglaubwürdig; **an** ~ **lie** eine wenig glaubhafte Lüge

implausibly [ɪm'plɔːzəbli, AM -'plɑː-] *adv* unglaubwürdig; **to be** ~ **stupid** unglaublich dumm sein

implement **I.** *n* ['ɪmplɪmənt] (*utensil*) Gerät *nt;* (*tool*) Werkzeug *nt*, [Gebrauchs]gegenstand *m*
II. *vt* ['ɪmplɪment] ❶ (*put into effect*) ■**to** ~ **sth** etw einführen [*o* umsetzen]; (*put into effect*) etw ausführen [*o* durchführen]; **to** ~ **a plan** ein Vorhaben in die Tat umsetzen; **to** ~ **a reform** eine Reform einführen
❷ COMPUT ■**to** ~ **sth** etw implementieren [*o* realisieren]

implementation [ˌɪmplɪmen'teɪʃᵊn] *n* ❶ *no pl of measures, policies* Einführung *f;* (*putting into action*) Ausführung *f*, Durchführung *f*
❷ COMPUT Realisierung *f*, Implementierung *f*

implicate ['ɪmplɪkeɪt] *vt* ❶ (*involve*[*d*]) ■**to** ~ **sb in sth** jdn mit etw *dat* in Verbindung bringen; **to be** **~d in a crime/scandal** in ein Verbrechen/einen Skandal verwickelt sein
❷ (*imply*) ■**to** ~ **sth** etw andeuten; ***she waved her hand and*** ***~d that he should come over to her*** sie winkte mit der Hand und gab ihm zu verstehen, dass er zu ihr kommen sollte
❸ (*affect*) ■**to** ~ **sth** etw zur Folge haben

implication [ˌɪmplɪ'keɪʃᵊn] *n* ❶ (*involvement*) Verwicklung *f*
❷ *no pl* (*hinting at*) Implikation *f geh;* ***the*** ~ ***is that …*** daraus kann man schließen, dass …, das impliziert, dass …; **by** ~ indirekt, implizit
❸ *usu pl* (*effect*) Auswirkung[en] *f*[*pl*], Folge[n]

I

f[pl]; ■**the ~s for sb/sth** die Auswirkungen *fpl* für jdn/etw; ***I'm not sure what the ~s are for us*** ich bin mir nicht sicher, was das für uns bedeutet; ***what are the ~s of the new law*** wie wird sich das neue Gesetz auswirken?
❹ MATH Implikation *f*

implicit [ɪm'plɪsɪt] *adj* ❶ (*suggested*) implizit, indirekt; ~ **criticism** indirekte Kritik
❷ *pred* (*connected*) ■**to be ~ in sth** mit etw *dat* verbunden sein
❸ *attr, inv* (*total*) unbedingt, bedingungslos, anstandslos; ~ **confidence** unbedingtes Vertrauen; ~ **faith/obedience** vorbehaltloser [*o* bedingungsloser] Glaube/Gehorsam

implicitly [ɪm'plɪsɪtli] *adv* ❶ (*indirectly*) implizit, indirekt
❷ (*completely*) völlig, bedingungslos

implied [ɪm'plaɪd] *adj inv* indirekt, implizit; ~ **agreement** stillschweigende Abmachung; ~ **criticism** indirekte Kritik

implode [ɪm'pləʊd, AM -'ploʊd] *vi* (*cave in*) implodieren; (*fig*) zusammenbrechen

implore [ɪm'plɔːʳ, AM -'plɔːr] *vt* ■**to ~ sb** jdn anflehen [*o* beschwören]

imploring [ɪm'plɔːʳɪŋ, AM -'plɔːr-] *adj* flehend, beschwörend; ~ **look** [*or* **glance**] flehender Blick; **in an ~ tone of voice** mit flehender Stimme

imploringly [ɪm'plɔːʳɪŋli, AM -'plɔːr-] *adv* flehentlich; **to beg sb ~** jdn inständig bitten [*o* beschwören] [*o* anflehen]; **to glance at sb ~** jdn flehentlich ansehen

implosion [ɪm'pləʊʒᵊn, AM -'ploʊ-] *n no pl* Implosion *f fachspr;* (*fig*) Zusammenbruch *m,* Auseinanderbrechen *nt*

imply <-ie-> [ɪm'plaɪ] *vt* ■**to ~ sth** (*suggest*) etw andeuten; (*as consequence*) etw erfordern [*o* voraussetzen]; ***are you ~ing that ...?*** wollen Sie damit andeuten, dass ...?; ***what* [*exactly*] *are you ~ing?!*** was willst du eigentlich damit sagen?!; ***getting married implies a commitment for life*** mit der Heirat geht man eine lebenslange Verpflichtung ein

impolite [ˌɪmpᵊ'laɪt, AM -pə'-] *adj* (*without manners*) unhöflich; (*obnoxious*) frech, unverschämt

impolitely [ˌɪmpᵊ'laɪtli, AM -pə'-] *adv* (*without manners*) unhöflich; (*obnoxiously*) frech, unverschämt

impoliteness [ˌɪmpᵊ'laɪtnəs, AM -pə'-] *n no pl* (*lack of manners*) Unhöflichkeit *f;* (*obnoxiousness*) Unverschämtheit *f;* ***such ~!*** wie unhöflich!, was für eine Unverschämtheit!

impolitic [ɪm'pɒlətɪk, AM -'pɑːlə-] *adj* undiplomatisch, ungeschickt

imponderable [ɪm'pɒndᵊrəbl̩, AM -'pɑːn-] **I.** *adj inv question, theory* unergründbar; *impact, effect* nicht einschätzbar, unwägbar
II. *n usu pl* Unwägbarkeit[en] *f[pl]*; ■**~s** *pl* Imponderabilien *fpl geh*

import I. *vt* [ɪm'pɔːt, AM -'pɔːrt] ❶ (*bring in*) ■**to ~ sth** [**from sth**] *products* etw [aus etw *dat*] importieren [*o* einführen]; *ideas, customs* etw [von etw *dat*] übernehmen
❷ COMPUT ■**to ~ sth** etw importieren
❸ (*form: signify*) ■**to ~ sth** etw bedeuten [*o* besagen]
II. *vi* [ɪm'pɔːt, AM -'pɔːrt] importieren, Importhandel treiben (**from** aus +*dat*)
III. *n* ['ɪmpɔːt, AM -pɔːrt] ❶ (*good*) Importware *f,* Import *m;* ~ **of capital** Kapitaleinfuhr *f;* ~ **duty** Einfuhrzoll *m;* **luxury ~** Luxusimport *m;* **~s** Importe *mpl,* Einfuhren *fpl;* **foreign ~s** Auslandsimporte *mpl*
❷ *no pl* (*activity*) Import *m,* Importieren *nt*
❸ *no pl* (*form: significance*) Bedeutung *f*

importance [ɪm'pɔːtᵊn(t)s, AM -'pɔːr-] *n no pl* Bedeutung *f,* Wichtigkeit *f;* **a matter of considerable ~** eine Sache von großer Wichtigkeit; **to be full of one's own ~** sich *akk* selbst für sehr wichtig halten; **to be of little ~** von geringer Bedeutung sein, kaum Rolle spielen; **to attach ~ to sth/doing sth** etw *dat* Bedeutung beimessen, auf etw *akk* Wert legen

important [ɪm'pɔːtᵊnt, AM -'pɔːr-] *adj* ❶ (*significant*) wichtig, wesentlich; ***her career is more ~ to her than I am*** ihre Karriere bedeutet ihr mehr als ich; ***it's pretty, but, most ~, it costs less*** es ist hübsch und ist vor allen Dingen billiger; **the ~ thing is ...** das Wichtigste [*o* die Hauptsache] ist ...
❷ (*influential*) bedeutend, einflussreich; ***stop trying to look/act ~*** tu doch nicht so wichtig; **to be an ~ figure in art/history/politics** eine bedeutende Größe in der Kunstszene/Geschichte/Politik sein

importantly [ɪm'pɔːtᵊntli, AM -'pɔːr-] *adv* wichtig, wesentlich; (*pej: self-importantly*) wichtigtuerisch

importation [ˌɪmpɔː'teɪʃᵊn, AM -pɔːr'-] *n no pl* ❶ ECON Import *m,* Einfuhr *f,* Importieren *nt*
❷ COMPUT Importieren *nt*

import duty *n* [Import]zoll *m,* Einfuhrzoll *m*

importer ['ɪmpɔːtəʳ, AM -pɔːrt̬ɚ] *n* (*company*) Importeur *m;* (*person*) Importeur(in) *m(f);* (*country*) Importnation *f*

import licence *n* BRIT, **import license** *n* AM Einfuhrgenehmigung *f* **import surcharge** *n* Importabgabe *f* **import tariff** *n* [Import]zoll *m;* *see also* **import duty**

importunate [ɪm'pɔːtjʊnət, AM -'pɔːrtʃənɪt] *adj* (*form*) hartnäckig; (*annoyingly*) aufdringlich *pej*

importune [ˌɪmpə'tjuːn, AM -pɔːr'tuːn, -'tjuːn] *vt* (*form*) ■**to ~ sb** ❶ (*request insistently*) jdn bedrängen [*o* behelligen]
❷ (*proposition*) jdm Sex für Geld bieten

importunity <*pl* -ties> [ˌɪmpɔː'tjuːnəti, AM -pɔːr'tuːnət̬i] *n* Aufdringlichkeit *f kein pl*

impose [ɪm'pəʊz, AM -'poʊz] **I.** *vt* (*implement*) ■**to ~ sth** etw durchsetzen; (*order*) etw verhängen [*o* erlassen]; **to ~ a fine/military rule** eine Geldstrafe/das Kriegsrecht verhängen; **to ~ a law** ein Gesetz verfügen; **to ~ taxes on** [*or* **upon**] **sb** jdm Steuern auferlegen; **to ~ taxes on sth** Steuern auf etw *akk* erheben, etw mit Steuern belegen
II. *vi* ■**to ~ on** [*or* **upon**] **sb** sich *akk* jdm aufdrängen; ***I don't want to ~ on you*** ich möchte euch nicht zur Last fallen

imposing [ɪm'pəʊzɪŋ, AM -'poʊz-] *adj* beeindruckend, imposant; *person* stattlich

imposition [ˌɪmpə'zɪʃᵊn] *n* ❶ *no pl* (*implementation*) Einführen *nt,* Einführung *f;* *of penalties/sanctions* Verhängen *nt,* Verhängung *f*
❷ (*inconvenience*) Belastung *f;* (*annoyance*) Aufdringlichkeit *f;* ***would it be an ~ if I spent the night here?*** würde ich dir sehr zur Last fallen, wenn ich über Nacht da bliebe?

impossibility [ɪmˌpɒsə'bɪləti, AM -ˌpɑːsə'bɪlət̬i] *n* ❶ (*thing*) Ding *nt* der Unmöglichkeit; ***it's an ~*** das ist unmöglich [*o* ein Ding der Unmöglichkeit]
❷ *no pl* (*quality*) Unmöglichkeit *f*

impossible [ɪm'pɒsəbl̩, AM -'pɑːsə-] **I.** *adj inv* ❶ (*not possible*) unmöglich; ***that's ~!*** das ist unmöglich!; ***he made it ~ for me to say no*** er machte es mir unmöglich, nein zu sagen; ■**it is ~ that ...** es ist unmöglich, dass ...; **it is/seems ~ to do sth** es ist/scheint unmöglich, etw zu tun; ***it seems ~ that I could have walked by and not noticed her*** es kann doch wohl nicht sein, dass ich vorbeiging, ohne sie zu bemerken
❷ (*not resolvable*) ausweglos; ~ **situation** ausweglose Situation
❸ (*difficult*) *person* unerträglich, unmöglich *pej fam*
II. *n* ■**the ~** *no pl* das Unmögliche; **to ask the ~** Unmögliches verlangen; **to do the ~** das Unmögliche möglich machen

impossibly [ɪm'pɒsəbli, AM -'pɑːsə-] *adv inv* unglaublich, unvorstellbar

imposter *n*, **impostor** [ɪm'pɒstəʳ, AM -'pɑːstɚ] *n* Hochstapler(in) *m(f)*

imposture [ɪm'pɒstjəʳ, AM -'pɑːstʃɚ] *n* ❶ *no pl* (*activity*) Hochstapelei *f*
❷ (*instance*) Betrug *m*

impotence ['ɪmpətən(t)s, AM -t̬ən(t)s] *n no pl* ❶ (*powerlessness*) Hilflosigkeit *f,* Machtlosigkeit *f,* Ohnmacht *f*
❷ (*sexual*) Impotenz *f*

impotent ['ɪmpətənt, AM -t̬ənt] *adj* ❶ (*powerless*) hilflos, machtlos, ohnmächtig
❷ *inv* (*sexually*) impotent

impound [ɪm'paʊnd] *vt* **to ~ a car/documents/goods** einen Wagen/Dokumente/Waren beschlagnahmen; **to ~ a cat/dog** eine Katze/einen Hund [von Amts wegen] einsperren

impoverish [ɪm'pɒvᵊrɪʃ, AM -'pɑːvɚ-] *vt* ❶ (*make poor*) ■**to ~ sb** jdn arm machen
❷ (*fig: deplete*) **to ~ the soil** den Boden auslaugen

impoverished [ɪm'pɒvᵊrɪʃt, AM -'pɑːvɚ-] *adj* ❶ (*poor*) arm, verarmt
❷ (*fig: depleted*) **an ~ culture/language** eine verarmte Kultur/Sprache

impoverishment [ɪm'pɒvᵊrɪʃmənt, AM -'pɑːvɚ-] *n no pl* ❶ (*becoming poor*) Verarmung *f;* ***it was sad to see the ~ of a once prosperous area*** es war traurig zu sehen, wie eine ehemals wohlhabende Gegend heruntergekommen ist
❷ (*fig: depletion*) Verarmung *f fig;* **the ~ of the mind/spirit** die geistige Verarmung

impracticability [ɪmˌpræktɪkə'bɪləti, AM ət̬i] *n no pl* Undurchführbarkeit *f*

impracticable [ɪm'præktɪkəbl̩] *adj* (*unfeasible*) undurchführbar, nicht praktikabel; (*inaccessible*) ungangbar, unbefahrbar

impractical [ɪm'præktɪkᵊl] *adj* (*not practical*) unpraktisch; (*unfit*) untauglich; (*unrealistic*) theoretisch, unausführbar, nicht anwendbar

impracticality [ɪmˌpræktɪ'kæləti, AM -ət̬i] *n no pl* (*unsuitableness*) Untauglichkeit *f;* (*unfeasibility*) Unmöglichkeit *f;* (*lack of practical talents*) unpraktische Art; ***his ~ drives me mad!*** mit seinen zwei linken Händen macht er mich noch wahnsinnig!

impractically [ɪm'præktɪkᵊli] *adv* (*unsuitably*) unpraktisch; (*theoretically*) theoretisch, realitätsfern

imprecate ['ɪmprɪkeɪt] *vt* (*form*) ■**to ~ sth upon sb** jdm etw [Schlimmes] wünschen

imprecation [ˌɪmprɪ'keɪʃᵊn] *n* (*form*) Fluch *m,* Verwünschung *f;* **to mutter ~s at sb** Verwünschungen gegen jdn ausstoßen, jdn verfluchen

imprecise [ˌɪmprɪ'saɪs] *adj* unpräzise, ungenau

imprecisely [ˌɪmprɪ'saɪsli] *adv* ungenau

imprecision [ˌɪmprɪ'sɪʒᵊn] *n no pl* Ungenauigkeit *f;* *of language* Nachlässigkeit *f*

impregnable [ɪm'pregnəbl̩] *adj* ❶ (*not invadable*) uneinnehmbar
❷ BRIT, AUS (*fig: undefeatable*) unschlagbar; **an ~ argument** ein unschlagbares Argument

impregnate ['ɪmpregneɪt, AM ɪm'pregneɪt] *vt* ❶ *usu passive* (*saturate*) ■**to ~ sth** etw imprägnieren
❷ *usu passive* (*make pregnant, fertilize*) **to ~ an animal** ein Tier befruchten; **to ~ an egg** ein Ei befruchten
❸ (*fig: inspire*) **to ~ sb with courage/fear** jdn mit Mut/Angst erfüllen

impregnation [ˌɪmpreg'neɪʃᵊn] *n no pl* ❶ (*saturation, soaking*) Imprägnierung *f*
❷ (*fertilization*) Befruchtung *f*
❸ (*fig*) Indoktrinierung *f*

impresario [ˌɪmprɪ'sɑːriəʊ, AM -prə'sɑːrioʊ] *n* Impresario *m;* *for artists* Agent(in) *m(f)*

impress [ɪm'pres] **I.** *vt* ❶ (*evoke admiration*) ■**to ~ sb** jdn beeindrucken, jdm imponieren; ■**to be ~ed** [**by sb/sth**] [von jdm/etw] beeindruckt sein; ■**to be ~ed with sb/sth** von jdm/etw beeindruckt sein; ***it never fails to ~ me how elegant the people look in Paris*** ich bin immer aufs Neue von der Eleganz der Bewohner von Paris angetan
❷ (*make realize*) ■**to ~ sth on** [*or* **upon**] **sb** jdn von etw *dat* überzeugen, jdm etw einprägen; **to ~ sth on** [*or* **upon**] **one's memory** [*or* **mind**] sich *dat* etw einprägen
❸ (*stamp*) ■**to ~ sth** etw [auf]drucken
II. *vi* Eindruck machen, imponieren; **to fail to ~** keinen [guten] Eindruck machen

impression [ɪm'preʃᵊn] *n* ❶ (*general opinion*) Eindruck *m;* **to be under** [*or* **of**] **the ~ that ...** den

Eindruck haben, dass ...; *I was under the mistaken ~ that they were married* ich habe irrtümlich angenommen, dass sie verheiratet seien; **to have/get the ~ that ...** den Eindruck haben/bekommen, dass ...
② (*feeling*) Eindruck *m;* **to create** [*or* **give**] **an ~ of elegance/power/tranquillity** einen Eindruck von Eleganz/Macht/Ruhe und Frieden vermitteln [*o* hervorrufen]; **to create** [*or* **give**] [*or* **make**] **a bad/good ~** einen schlechten/guten Eindruck machen; **to make an ~ on sb** auf jdn Eindruck machen, jdn beeindrucken
③ (*imitation*) Imitation *f;* **to do an ~ of sb/sth** jdn/etw imitieren [*o* nachahmen]; (*drawing*) Zeichnung *f*
④ (*imprint*) Abdruck *m;* (*on skin*) Druckstelle *f*
⑤ *usu sing* (*in publishing*) unveränderte Neuauflage
impressionable [ɪmˈpreʃənəbl̩] *adj* [leicht] beeinflussbar, manipulierbar *pej;* **to be at an ~ age** in einem Alter sein, in dem man leicht zu beeinflussen ist
impression cylinder *n* TYPO Druckzylinder *m*
impressionism [ɪmˈpreʃənɪzəm] *n no pl* Impressionismus *m*
impressionist [ɪmˈpreʃənɪst] **I.** *n* ① LIT, MUS, ART Impressionist(in) *m(f)*
② (*imitator*) Imitator(in) *m(f)*
II. *adj inv* impressionistisch
impressionistic [ɪmˈpreʃənɪstɪk] *adj* impressionistisch
impressive [ɪmˈpresɪv] *adj* beeindruckend
impressively [ɪmˈpresɪvli] *adv* beeindruckend
imprimatur [ˌɪmprɪˈmeɪtəʳ, AM -prɪmˈɑːtɚ] *n* (*form: official approval*) Genehmigung *f;* REL (*licence to print*) Imprimatur *nt o* ÖSTERR *a. f fachspr*
imprint I. *vt* [ɪmˈprɪnt] *usu passive* ① (*mark by pressing*) **to ~ coins/leather** Münzen/Leder prägen; **to ~ a seal on wax** ein Siegel auf Wachs drücken
② (*print*) **to ~ sth on cloth/paper** etw auf Stoff/Papier drucken; **to ~ sth on sb's mind** [*or* **memory**] (*fig*) jdm etw einprägen; *that look of pure grief would be ~ed on her mind forever* dieser Anblick tiefster Trauer sollte ihr für immer im Gedächtnis haften
③ ZOOL (*bond to*) ■ **to ~ an animal on/to sb** ein Tier auf jdn prägen
II. *n* [ˈɪmprɪnt] ① (*mark*) Abdruck *m;* *coin, leather* Prägung *f;* *paper, cloth* [Auf]druck *m;* (*fig*) Spuren *fpl;* ***war has left its ~ on the faces of the people*** der Krieg hat die Gesichter der Menschen gezeichnet
② (*in publishing*) Impressum *nt*
imprinting [ɪmˈprɪntɪŋ] *n no pl* ZOOL Prägung *f*
imprison [ɪmˈprɪzən] *vt usu passive* ■ **to ~ sb** (*put in prison*) jdn inhaftieren; (*sentence to prison*) jdn zu einer Gefängnisstrafe verurteilen; ***she felt ~ed in her own house*** (*fig*) sie fühlte sich in ihrem eigenen Haus als Gefangene; **to ~ sb for life** jdn zu einer lebenslangen Haft verurteilen
imprisonment [ɪmˈprɪzənmənt] *n no pl* Gefängnisstrafe *f,* Haft *f;* *esp in war* Gefangenschaft *f;* **a term** [*or* **sentence**] **of ~** Haft *f;* **false ~** Freiheitsberaubung *f;* (*wrongly imprisoning sb*) ungesetzliche Festnahme
improbability [ɪmˌprɒbəˈbɪləti, AM -ˌprɑːbəˈbɪləṭi] *n no pl* Unwahrscheinlichkeit *f*
improbable [ɪmˈprɒbəbl̩, AM -ˈprɑːb-] *adj* unwahrscheinlich; **it is highly ~ that ...** es ist höchst [*o* äußerst] unwahrscheinlich, dass ...; **an ~ excuse/story** eine unglaubhafte Entschuldigung/Geschichte; **an ~ name** ein kurioser Name
improbably [ɪmˈprɒbəbli, AM -ˈprɑːb-] *adv* unwahrscheinlich, unglaublich
impromptu [ɪmˈprɒm(p)tjuː, AM -ˈprɑːm(p)tuː] *adj inv* spontan
improper [ɪmˈprɒpəʳ, AM -ˈprɑːpɚ] *adj* ① (*not correct*) unrichtig, falsch; (*showing bad judgement*) fälschlich
② (*inappropriate*) *clothing, actions* unpassend, nicht korrekt; (*indecent*) unanständig; **~ conduct** unschickliches Benehmen [*o* Verhalten]; **to make ~ suggestions to sb** (*also iron*) jdm einen unsittlichen Antrag machen
③ (*dishonest*) **~ use** Veruntreuung *f,* Zweckentfremdung *f* (**of** von +*dat*)
improper fraction *n* MATH unechter Bruch
improperly [ɪmˈprɒpəʳli, AM -ˈprɑːpɚ-] *adv* ① (*incorrectly*) nicht richtig; **to apply sth ~** etw unsachgemäß anwenden
② (*inappropriately*) unangemessen; **to be dressed ~** unpassend angezogen sein; (*indecently*) unanständig
③ (*dishonestly*) auf unlautere [*o* unehrliche] Weise
impropriety [ˌɪmprəˈpraɪəti, AM -əṭi] *n* ① *usu pl* (*improper doings*) Betrügerei[en] *f[pl],* Betrug *m kein pl;* **alleged improprieties** angeblicher Betrug
② *no pl* (*indecency*) Unanständigkeit *f;* (*wrong use*) Unrichtigkeit *f,* falscher Gebrauch; (*unsuitableness*) Ungeeignetheit *f,* Untauglichkeit *f*
improve [ɪmˈpruːv] **I.** *vt* ■ **to ~ sth** etw verbessern; ■ **to ~ oneself** an sich *dat* arbeiten, sich *akk* verbessern
II. *vi* besser werden, sich *akk* verbessern; ***I hope the weather ~s*** ich hoffe, es gibt besseres Wetter; ■ **to ~ on** [*or* **upon**] **sth** etw [noch] verbessern; ***you can't ~ on that!*** da ist keine Steigerung mehr möglich!; **to ~ with age** mit dem Alter immer besser werden; **to ~ in French/mathematics** sich *akk* in Französisch/in Mathematik verbessern; **to ~ with practice** mit der Übung immer besser werden; **to ~ dramatically** sich *akk* entscheidend [*o* erheblich] verbessern
◆**improve on** *vi* (*fig*) ■ **to ~ on sth** *a price* etw übertreffen [*o* überbieten]
improved [ɪmˈpruːvd] *adj* verbessert
improvement [ɪmˈpruːvmənt] *n* ① (*instance*) Verbesserung *f;* ***the last year has seen a slight ~ in the economy*** im letzten Jahr hat sich die Wirtschaftslage leicht verbessert; **to be an ~ on the former design/the old house/the previous manager** im Vergleich zum früheren Entwurf/zum alten Haus/zum vorigen Geschäftsführer eine Verbesserung darstellen
② *no pl* (*activity*) Verbesserung *f;* *of illness* Besserung *f;* **room for ~** Steigerungsmöglichkeiten *fpl*
③ (*repair or addition*) Verbesserungsmaßnahme *f;* [**home**] **~s** Renovierungsarbeiten *fpl* (*Ausbau- und Modernisierungsarbeiten an/in Wohnung/Haus*)
improvidence [ɪmˈprɒvɪdən(t)s, AM -ˈprɑːvə-] *n no pl* (*form*) mangelnde Voraussicht, Unbedachtsamkeit *f*
improvident [ɪmˈprɒvɪdənt, AM -ˈprɑːvə-] *adj* (*form: without foresight*) unbedacht, unbesonnen; (*careless*) unvorsichtig
improvisation [ˌɪmprəvaɪˈzeɪʃən, AM ɪmˌprɑːvɪˈ-] *n* Improvisation *f*
improvise [ˈɪmprəvaɪz] **I.** *vt* ■ **to ~ sth** etw improvisieren; **to ~ a speech** aus dem Stegreif eine Rede halten
II. *vi* improvisieren
improvised [ˈɪmprəvaɪzd] *adj inv* improvisiert
imprudence [ɪmˈpruːdən(t)s] *n no pl* Unüberlegtheit *f,* Unbesonnenheit *f,* Leichtsinn *m*
imprudent [ɪmˈpruːdənt] *adj* unbesonnen, leichtsinnig
imprudently [ɪmˈpruːdəntli] *adv* unverschämt
impudence [ˈɪmpjədən(t)s] *n no pl* Unverschämtheit *f,* Dreistigkeit *f;* **to have the ~ to do sth** die Frechheit haben [*o* besitzen], etw zu tun
impudent [ˈɪmpjədənt] *adj* unverschämt
impugn [ɪmˈpjuːn] *vt* (*form*) ■ **to ~ sth** etw bestreiten, etw anfechten; *testimony, motives* etw bezweifeln [*o* in Zweifel ziehen]; ***his reputation had been ~ed*** sein guter Ruf war ruiniert
impulse [ˈɪmpʌls] *n* ① (*urge*) Impuls *m;* **to do sth on** [**an**] **~** etw aus einem Impuls heraus tun; **to have a** [**sudden**] **~ to do sth** plötzlich den Drang verspüren, etw zu tun; ***he couldn't resist the ~ to buy the computer game*** er konnte dem Drang nicht widerstehen, das Computerspiel zu kaufen
② ELEC (*of energy*) Impuls *m;* **an infra-red ~** ein Infrarotimpuls *m;* **a nerve ~** ein Nervenimpuls *m*
③ (*motive*) Antrieb *m,* treibende Kraft
impulse buy *n* kurz entschlossener Kauf, Spontankauf *m* **impulse buying** *n no pl* Spontankaufen *nt;* **to encourage ~** zu Spontankäufen verleiten
impulse purchase *n* Spontankauf *m*
impulsion [ɪmˈpʌlʃən] *n* ① (*urge*) Impuls *m;* (*compulsion*) Drang *m;* *see also* **impulse**
② (*motive*) Antrieb *m,* treibende Kraft; *see also* **impulse**
impulsive [ɪmˈpʌlsɪv] *adj* impulsiv; (*spontaneous*) spontan
impulsively [ɪmˈpʌlsɪvli] *adv* impulsiv; (*spontaneously*) spontan; **to act ~** impulsiv [*o* spontan] handeln
impulsiveness [ɪmˈpʌlsɪvnəs] *n no pl* Impulsivität *f*
impunity [ɪmˈpjuːnəti, AM -əṭi] *n no pl* Straflosigkeit *f;* LAW Straffreiheit *f;* **to do sth with ~** etw ungestraft tun
impure [ɪmˈpjʊəʳ, AM -ˈpjʊr] *adj* ① (*unclean*) unrein, unsauber; (*contaminated*) *drinking water* verunreinigt; *drugs* gestreckt; *medication* nicht rein
② (*liter: not chaste*) unrein *veraltet,* unkeusch *veraltet;* **~ thoughts** unreine Gedanken
impurity [ɪmˈpjʊərəti, AM -ˈpjʊrəṭi] *n* ① *no pl* (*quality*) Verunreinigung *f,* Verschmutzung *f*
② (*element*) Verunreinigung *f,* Verschmutzung *f*
③ *no pl* (*liter: of thought*) Unreinheit *f veraltet*
imputable [ɪmˈpjuːtəbl̩] *adj* (*form*) ■ **to be ~ to sth** etw *dat* zugeschrieben werden können; ***that could be ~ to her lack of knowledge of the subject matter*** das könnte an ihrem mangelnden Fachwissen auf diesem Gebiet liegen
imputation [ˌɪmpjʊˈteɪʃən] *n* (*form*) Behauptung *f,* Unterstellung *f pej;* LAW Beschuldigung *f*
impute [ɪmˈpjuːt] *vt* ■ **to ~ sth to sb** jdm etw unterstellen; **to ~ a crime to sb** jdn eines Verbrechens bezichtigen; **to ~ a motive to sb** jdm ein Motiv zuschreiben

in [ɪn]

I. PREPOSITION	II. ADVERB
III. ADJECTIVE	IV. NOUN

I. PREPOSITION

① (*enclosed in*) in +*dat;* ***the butter is ~ the fridge*** die Butter ist im Kühlschrank; ***they live ~ a cottage*** sie wohnen in einer Hütte; **to be ~ bed** im Bett sein; **to ride ~ a car** [im] Auto fahren; ***he likes swimming ~ lakes*** er schwimmt gerne in Seen; ***it was covered ~ dirt*** es war mit Schmutz überzogen; **to lie ~ the sun** in der Sonne baden [*o* liegen]; **to find information ~ the internet** Informationen im Internet finden; ***she has over $100,000 ~ a savings account*** sie hat über $100.000 auf einem Sparkonto; ***I've got a pain ~ my back*** ich habe Schmerzen im Rücken; **~ sb's head** in jds Kopf; ***I never know what's going on ~ her head*** ich weiß nie, was in ihrem Kopf vorgeht; **to be ~ hospital** im Krankenhaus sein; **to be ~ and out of sth** immer wieder in etw *dat* sein; ***she's been ~ and out of hospitals ever since the accident*** sie war seit dem Unfall immer wieder im Krankenhaus
② (*surrounded by*) in +*dat;* ***there are several gangs ~ my neighbourhood*** in meiner Umgebung gab es mehrere Gangs; **down below ~ the valley** unten im Tal; ***I got stuck ~ a traffic jam*** ich bin in einen Stau gekommen; **to stand ~ the road** auf der Straße sehen; ***the ducks swam ~ the pond*** die Enten schwammen im Teich; ***I live ~ New York*** ich lebe in New York; **to look at oneself ~ the mirror** sich *akk* im Spiegel betrachten; **~ the middle of sth** in der Mitte von etw *dat*
③ (*visible through*) in +*dat;* **~ the window** im Fenster; ***the lady stood ~ the doorway*** die Frau stand im Eingang
④ *after vb* (*into*) in +*dat;* **to get ~ the car** ins Auto steigen; ***I just put too much milk ~ my coffee*** ich

habe zu viel Milch in meinen Kaffee getan; ***they decided to invest their savings ~ stocks*** sie entschieden sich dazu, ihre Ersparnisse in Aktien anzulegen; **to invest ~ the future** in die Zukunft investieren

5 AM [at] auf +*dat*; ***is Erika still ~ school?*** ist Erika noch auf der Schule?; ***Boris is ~ college*** Boris ist auf dem College

6 [as part of] in +*dat*; ***who's the woman ~ that painting?*** wer ist die Frau auf diesem Bild?; ***he was singer ~ a band*** er war Sänger in einer Band; ***over 20 horses were ~ the race*** an dem Rennen nahmen 20 Pferde teil; ***he looked for her face ~ the crowd*** er suchte ihre Gesicht in der Menge; ***these themes can often be found ~ Schiller*** diese Themen kommen bei Schiller oft vor; ***what do you look for ~ a relationship?*** was erwartest du in einer Beziehung?; ***you're with us ~ our thoughts*** wir denken an dich

7 [involved with] ■ **~ sth** in etw *dat*; ***she works ~ publishing*** sie arbeitet bei einem Verlag; ***they enlisted ~ the army for two years*** sie verpflichteten sich für zwei Jahre als Soldaten; **a degree ~ sth** ein Abschluss in etw *dat*; **~ search of sb/sth** auf der Suche nach jdm/etw

8 [dressed] in +*dat*; **the man [dressed] ~ the grey suit** der Mann in dem grauen Anzug; ***you look nice ~ green*** grün steht dir; **~ the nude** nackt; **to sunbathe ~ the nude** nackt sonnenbaden

9 [expressed as] *oil paint, watercolour* mit +*dat*; ***cheques should be written ~ ink*** Schecks sollten mit Tinte ausgefüllt werden; *French, English* auf +*dat*; ***they spoke ~ Russian the whole time*** sie sprachen die ganze Zeit auf Russisch; ***can you give me that offer ~ writing?*** können Sie mir dieses Angebot schriftlich geben?; **~ a small voice** mit leiser Stimme; **~ *all honesty*** in aller Aufrichtigkeit; **to tell sb sth ~ all seriousness** jdm etw in vollem Ernst sagen; **to pay ~ dollars** mit [*o* in] Dollar zahlen; **to write ~ short simple sentences** in kurzen einfachen Sätzen schreiben; **to swear ~ an oath** einen Eid schwören; ***she told me ~ a promise that she would wait for me*** sie hat mir versprochen, auf mich zu warten; **to say sth ~ a nutshell** etw in aller Kürze sagen; **~ conclusion** schließlich, zum Schluss; ***he always talks ~ a whisper*** er spricht immer sehr leise; **to speak to sb ~ a normal tone of voice** sich *akk* mit jdm normal unterhalten; **to listen to music ~ stereo** Musik stereo hören; ***Mozart's Piano Concerto ~ E flat*** Mozarts Klavierkonzert in E-Moll; **~ fact** tatsächlich, in Wirklichkeit; **~ the form of sth** in Form von *dat*; **~ the form of a request** in Form einer Anfrage

10 [during] am +*dat*, in +*dat*; **~ the morning/evening** am Morgen/Abend; ***did you hear the thunder ~ the night?*** hast du heute nacht den Donner gehört?; **~ the autumn/spring** im Herbst/Frühling; ***we're going to Italy ~ April*** wir fahren im April nach Italien; **~ the late 60s** in den späten Sechzigern; ***they met ~ 1885*** sie trafen sich 1885; ***she hasn't heard from him ~ six months*** sie hat seit sechs Monaten nichts mehr von ihm gehört; ***I haven't done that ~ a long time*** ich habe das lange Zeit nicht mehr gemacht; **to be with the Lord ~ eternity** bei Gott im Himmel sein; **~ the aftermath of the earthquake** in der Zeit nach dem Erdbeben

11 [at later time] in +*dat*; ***dinner will be ready ~ ten minutes*** das Essen ist in zehn Minuten fertig; **~ the end** am Ende, schließlich

12 [no later than] in +*dat*; ***we need that contract signed ~ two days*** der Vertrag muss in zwei Tagen unterzeichnet sein; ***they completed the journey ~ record time*** sie haben die Reise in einer Rekordzeit beendet

13 [at distance of] nach +*dat*; ***the house should be coming up ~ about one mile*** das Haus müsste nach einer Meile auftauchen

14 [expressing state, condition] in +*dat*; **~ anger** im Zorn; **~ horror** voller Entsetzen; ***to live ~ luxury*** im Luxus leben; **~ the secret** im Geheimen, heimlich; **~ private** vertraulich; ***she was ~ stress at the moment*** sie war gerade im Stress; ***he left ~ a hurry*** sie ging in aller Eile davon; **to be ~ doubt** zweifeln; **to get ~ trouble** Schwierigkeiten bekommen; ***he cried out ~ pain*** er schrie vor Schmerzen; ***she was ~ a good mood that day*** ihre Stimmung an diesem Tag war gut; ***he always drinks ~ excess*** er trinkt immer zu viel; **to be ~ no doubt** nicht an etw *dat* zweifeln; **to fall ~ love [with sb]** sich *akk* [in jdn] verlieben; **to come ~ question** in Frage gestellt werden; **~ a state of sth** in einem Zustand von etw *dat*; **~ a state of panic** in Panik; ***everything is ~ a state of chaos*** alles ist in einem chaotischen Zustand; **~ his excitement** in seiner Begeisterung

15 [as result of] **~ exchange** als Ersatz, dafür; **~ response to** als Antwort auf +*akk*; **~ reply** [*or* **answer**] **to** als Reaktion [*o* Antwort] auf +*akk*; ***~ refusing to work abroad, she missed a good job*** weil sie sich weigerte, im Ausland zu arbeiten, entging ihr ein guter Job; **~ doing so** dabei, damit; **~ that ...** (*form*) insofern als; ***I was fortunate ~ that I had friends*** ich hatte Glück, weil ich Freunde hatte

16 [arranged as] in +*dat*; ***then we sat down ~ a circle*** wir setzten uns in einem Kreis hin; ***get together ~ groups of four!*** bildet Vierergruppen!; ***sometimes customers buy books ~ twos*** manchmal kaufen Kunden Bücher doppelt; ***slice the potatoes ~ two beforehand!*** schneiden Sie die Kartoffel vorher einmal durch!; **to die ~ their thousands** zu Tausenden sterben; ***he ripped up the note ~ pieces*** er zerriss den Notizzettel in kleine Fetzen; **~ total** insgesamt

17 [comparing amounts] pro +*dat*; **six pence ~ the pound** sechs Pennys pro Pfund; **one ~ ten people** jeder zehnte; ***she has a one ~ three chance*** ihre Chancen stehen eins zu drei; **there's nothing** [*or* **not much**] [*or* **very little**] **~ it** da ist kein großer Unterschied

18 [characteristic] ***he is deaf ~ his left ear*** er hört auf dem linken Ohr nichts; **to be equal ~ weight** gleich viel wiegen; ***he's about six foot ~ height*** er ist ca. zwei Meter groß; **dark ~ colour** dunkelfarbig; **difference ~ quality** Qualitätsunterschied *m*; ***it's not ~ his nature*** es liegt nicht in seiner Natur; **~ every respect** in jeder Hinsicht; ■ **~ sb** mit jdm; ***~ Kim, he's got a very good friend as well as a lover*** mit Kim hat er eine sehr gute Freundin und Liebhaberin; **it isn't ~ sb to do sth** jd ist nicht zu etw *dat* in der Lage; ***it's not ~ me to lie*** ich kann nicht lügen; **to not have it ~ one to do sth** nicht in der Lage sein, etw zu tun

19 [approximately] in +*dat*; **to be ~ one's forties** in den Vierzigern sein; ***temperatures tomorrow will be ~ the mid-twenties*** die Temperaturen bewegen sich um 25 Grad

20 *after vb* [concerning] **to assist a doctor ~ an operation** einem Arzt bei einer Operation assistieren; ***the whole family shared ~ his success*** die ganze Familie nahm Anteil an seinem Erfolg; ***don't interfere ~ my business unasked!*** mische dich nicht ungefragt in meine Angelegenheiten ein!; ***she's interested ~ photography*** sie interessiert sich für Fotografie; *after n*; ***we have confidence ~ you*** wir vertrauen dir; ***she had no say ~ the decision*** sie hatte keinen Einfluss auf die Entscheidung; **a change ~ sth** eine Änderung in etw *dat*; ***she underwent a change ~ style*** sie hat ihren Stil geändert

21 [substitution of] ■ **~ sth** anstatt etw +*dat*; ***he came to the party ~ his friend's place*** er kam anstatt seinem Freund auf die Party; **~ God's/heaven's name** um Gottes/Himmels willen; **~ lieu of sth** anstelle von, anstatt

▸ PHRASES: **to put one's <u>foot</u> ~ one's mouth** [*or* **it**] ins Fettnäpfchen treten; **to follow ~ sb's <u>footsteps</u>** in jds Fußstapfen treten; **~ <u>hell</u>** (*fam*) überhaupt; **~ <u>line</u>** übereinstimmend; ***they tried to keep their children ~ line*** sie versuchten, die Kinder bei der Stange zu halten; **to put sb ~ their <u>place</u>** jdn in seine Schranken weisen; **to leave sth ~ one's <u>wake</u>** etw zur Folge haben; **~ <u>stereo</u>** gleichzeitig; **~ <u>all</u>** insgesamt; ***there were 10 of us ~ all*** wir waren zu zehnt; **<u>all</u> ~ all** alles in allem; ***all ~ all it's been a good year*** insgesamt gesehen war es ein gutes Jahr

II. ADVERB

1 [into sth and [*or* hither] herein; ***come ~!*** herein!; ***the sea was freezing, but ~ she went*** das Meer war eiskalt, doch sie kannte nichts und ging hinein

2 [there] da; (*at home*) zu Hause; ***is David ~?*** ist David da?; **to have a quiet evening ~** einen ruhigen Abend zu Hause verbringen

3 [at arrival point] **to be due ~** fällig sein; ***the train is due ~ any moment now*** der Zug müsste jetzt jeden Moment [an]kommen; (*towards land*) landeinwärts; ***the tide comes ~ very quickly here*** die Flut kommt hier sehr rasch herein; ***we stood on the harbour for a while watching the ship come ~*** wir standen eine Zeitlang am Hafen und beobachteten das einlaufende Schiff

4 [inside] nach innen; ***could you bring the clothes ~?*** könntest du die Wäsche 'reinholen?; ***I didn't hear you come ~*** ich habe dich nicht [ins Haus] kommen hören; ***the farmer brought the harvest ~*** der Bauer brachte die Ernte ein; ***the roof of their house caved ~*** das Dach ihres Hauses fiel in sich zusammen

5 [submitted] **to get** [*or* **hand**] **sth ~** etw abgeben [*o* einreichen]; ***when does your essay have to be ~?*** wann musst du deinen Essay abgeben?

6 SPORTS [within bounds] ***the ball was definitely ~!*** der Ball war keineswegs im Aus!; **to be ~** *player* am Ball sein

7 [take part] **to go ~ for sth** an etw *dat* teilnehmen; ***I never went ~ for collecting stamps*** mit Briefmarken sammeln habe ich mich nie abgegeben

▸ PHRASES: **<u>day</u> ~, day out** tagein, tagaus; **~ <u>between</u>** dazwischen; **to <u>be</u> ~ for sth** sich *akk* auf etw *akk* gefasst machen müssen; **to <u>be</u> ~ for it** sich *akk* auf etw *akk* gefasst machen können; **to <u>be</u> ~ on sth** über etw *akk* Bescheid wissen; **to <u>be</u> ~ with sb** mit jdm zusammen sein; **to <u>get</u> ~ with sb** sich *akk* bei jdm lieb Kind machen *fam*; **to <u>let</u> sb ~ on sth** jdm etw verraten

III. ADJECTIVE

1 [leading in] einwärts; ***the door ~ opens inwards*** die Tür hinein geht nach innen auf; **~ basket** Behälter *m* für eingehende Postsendungen

2 [in fashion] in; ■ **to be ~** in [*o fam* hipp] sein; **to be the ~ place to dance/dine** als Tanzlokal/Restaurant in sein *fam*

3 *pred* [with favourable status] ***he's ~ with the boss at the moment*** zurzeit ist er beim Chef gut angeschrieben; ***she just says those things to get ~ with the teacher*** die sagt so was doch bloß, um sich beim Lehrer lieb Kind zu machen

4 *pred* [in season] reif; ***pumpkins are ~!*** Kürbisse jetzt frisch!

IV. NOUN

[connection] Kontakt[e] *m*[*pl*]; ***he wants to get involved with that group but doesn't have an ~*** er würde gern mit dieser Gruppe in Kontakt kommen, aber bis jetzt fehlt ihm die Eintrittskarte

▸ PHRASES: **the ~s and <u>outs</u> of sth** jedes kleine Detail einer S. *gen*; **to understand the ~s and <u>outs</u> of sth** etw hundertprozentig verstehen

inability [ˌɪnəˈbɪləti, AM -əţi] *n no pl* Unfähigkeit *f*, Unvermögen *nt*; **~ to pay** Zahlungsunfähigkeit *f*

in absentia [ˌɪnæbˈsentiə, AM -ˈsen(t)ʃə] *adv inv* in Abwesenheit; LAW in absentia *fachspr*

inaccessibility [ˌɪnəksesəˈbɪləti, AM -əţi] *n no pl* *physical* Unzugänglichkeit *f*; *mental* Unverständlichkeit *f*

inaccessible [ˌɪnəkˈsesəbl] *adj* 1 (*hard to enter*) unzugänglich; (*hard to understand*) unverständlich 2 *pred* (*hard to relate to*) distanziert, unnahbar; ***they found him cold and ~*** sie fanden ihn kalt und abweisend; ■ **to be ~ to sb** sich *akk* jdm schwer erschließen; ***why is opera so ~ to so many people?*** warum tun sich so viele Leute so schwer mit der Oper?

inaccuracy [ɪn'ækjərəsi, AM -jərə-] *n* ❶ *(fact)* Ungenauigkeit *f*; ***inaccuracies in bookkeeping*** Fehler *m* in der Buchführung
❷ *no pl (quality)* Ungenauigkeit *f*

inaccurate [ɪn'ækjərət, AM -jərət] *adj (inexact)* ungenau; *(wrong)* falsch, fehlerhaft; **to be highly** [*or* **wildly**] ~ in höchstem Maße ungenau sein; ***this is a highly ~ presentation of the facts*** die Fakten werden hier völlig verdreht

inaccurately [ɪn'ækjərətli, AM -jərət-] *adv inv (inexactly)* ungenau; *(incorrectly)* falsch

inaction [ɪn'ækʃən] *n no pl* Untätigkeit *f*, Passivität *f*

inactive [ɪn'æktɪv] *adj* untätig, passiv; *also* COMPUT inaktiv; ECON, FIN flau; ***the explosive remains ~ until set off by heat*** der Sprengstoff wird erst durch Hitze gezündet; **an ~ volcano** ein inaktiver Vulkan

inactivity [ˌɪnæk'tɪvəti, AM -ət̬i] *n no pl* Untätigkeit *f*, Inaktivität *f*

inadequacy [ɪn'ædɪkwəsi] *n* ❶ *(trait)* Unzulänglichkeit[en] *f*[*pl*]
❷ *no pl (quality)* Unzulänglichkeit *f*; **feelings of ~** Minderwertigkeitsgefühle *pl*

inadequate [ɪn'ædɪkwət] *adj* unangemessen, unzureichend; ***he is wholly ~ to the demands of the job*** er genügt den beruflichen Anforderungen in keinster Weise; **woefully ~** völlig unzulänglich; **to feel ~** Minderwertigkeitsgefühle haben

inadequately [ɪn'ædɪkwətli] *adv* unzureichend, nicht ausreichend

inadmissibility [ˌɪnədˌmɪsə'bɪləti, AM ət̬i] *n no pl* Unzulässigkeit *f*

inadmissible [ˌɪnəd'mɪsəbl̩] *adj inv* unzulässig; **~ evidence** unzulässiger Beweis

inadvertence [ˌɪnəd'vɜːtən(t)s, AM -'vɜːr-] *n no pl (carelessness)* Unachtsamkeit *f*; *(error)* Versehen *nt*; ***it was a case of ~*** es war schlicht ein Versehen

inadvertent [ˌɪnəd'vɜːtənt, AM -'vɜːr-] *adj (careless)* unachtsam; *(erroneous)* versehentlich; ***I'm sure it was ~*** ich bin sicher, dass das ein Versehen war

inadvertently [ˌɪnəd'vɜːtəntli, AM -'vɜːr-] *adv (carelessly)* unachtsam; *(erroneously)* versehentlich

inadvisable [ˌɪnəd'vaɪzəbl̩] *adj* nicht empfehlenswert [*o* ratsam]

inalienable [ɪ'neɪliənəbl̩] *adj inv (form)* unveräußerlich *geh*; **~ rights** nicht übertragbare [*o geh* unveräußerliche] Rechte

inamorata [ɪˌnæmə'rɑːtə, AM -t̬ə] *n (liter)* Liebste *f veraltet*; *(hum also)* Angebetete *f meist hum*, Liebste *f iron*

inamorato [ɪˌnæmə'rɑːtəʊ, AM -t̬oʊ] *n (liter)* Liebster *m veraltet*; *(hum also)* Angebeteter *f meist hum*, Romeo *m iron*

inane [ɪ'neɪn] *adj (pej) story, TV show* belanglos, geistlos; *question, comment, remark* dämlich *pej*

inanely [ɪ'neɪnli] *adv (pej)* geistlos, albern *pej*

inanimate [ɪ'nænɪmət] *adj inv (not living)* leblos, unbelebt, unbeseelt *geh*; **an ~ object** ein [toter] Gegenstand; *(not moving)* bewegungslos

inanition [ˌɪnə'nɪʃən] *n no pl* MED Entkräftung *f*, Auszehrung *f*

inanity [ɪ'nænəti, AM -t̬i] *n (pej)* ❶ *(lack of substance)* Belanglosigkeit *f*, Trivialität *f pej*
❷ *no pl (silliness)* Albernheit *f*

inapplicable [ˌɪnə'plɪkəbl̩, AM ɪ'næp-] *adj inv* unanwendbar; *answer, question* unzutreffend, nicht zutreffend

inapposite [ɪn'æpəzɪt] *n* unangemessen

inappropriate [ˌɪnə'prəʊpriət, AM -'proʊ-] *adj (not of use)* ungeeignet; **~ measures** ungeeignete Maßnahmen; *(inconvenient)* ungelegen; *time* unpassend; *(out of place)* unangebracht, unangemessen

inappropriately [ˌɪnə'prəʊpriətli, AM -'proʊ-] *adv* unpassend, unangemessen

inappropriateness [ˌɪnə'prəʊpriətnəs, AM -'proʊ-] *n no pl (uselessness)* Untauglichkeit *f*; *(inconvenience)* Ungelegenheit *f*; *(impropriety)* Unangebrachtheit *f*

inapt [ɪ'næpt] *adj (form)* ❶ *(not suitable)* ungeeignet
❷ *(not skilful)* ungeschickt

inaptitude [ɪ'næptɪtjuːd, AM -tətuːd, -tjuːd] *n no pl (form)* Unvermögen *f*

inarticulacy [ˌɪnɑː'tɪkjələsi, AM -ɑːr'-] *n no pl (handicap)* mangelnde Wortgewandtheit; *(performance)* Gestammel *nt pej*; *(inability to speak)* Sprachlosigkeit *f*

inarticulate [ˌɪnɑː'tɪkjələt, AM -ɑːr'-] *adj* ❶ *(unable to express oneself)* ■**to be ~** unfähig sein, sich *akk* auszudrücken; ***she was ~ with rage/shame*** die Wut/Scham verschlug ihr die Sprache
❷ *inv (not expressed)* **an ~ fear/worry** eine unausgesprochene Angst/Sorge
❸ *(unclear)* undeutlich, unverständlich; *speech* zusammenhangslos

inarticulately [ˌɪnɑː'tɪkjələtli, AM -ɑːr'-] *adv* undeutlich, unklar

inarticulateness [ˌɪnɑː'tɪkjələtnəs, AM -ɑːr'-] *n no pl see* **inarticulacy**

inartistic [ˌɪnɑː'tɪstɪk, AM -ɑːr'-] *adj* unkünstlerisch, amusisch

inasmuch as *conj (form)* ❶ *(to the extent that)* insofern [als]; ***~ you are their commanding officer, …*** im Rahmen Ihrer Befehlsgewalt als Offizier …
❷ *(because)* da [ja], weil; ***~ Wednesday is a national holiday, banks and most businesses will be closed*** wegen des staatlichen Feiertags bleiben am Mittwoch die Banken und die meisten Geschäfte geschlossen

inattention [ˌɪnə'ten(t)ʃən] *n no pl (distractedness)* Unaufmerksamkeit *f*; *(negligence)* Achtlosigkeit *f*, Gleichgültigkeit *f*

inattentive [ˌɪnə'tentɪv, AM -t̬ɪv] *adj (distracted)* unaufmerksam; *(careless)* achtlos, gleichgültig

inattentively [ˌɪnə'tentɪvli, AM -t̬ɪv-] *adv* unkonzentriert; **to do sth ~** *work, lessons* bei etw *dat* nicht bei der Sache sein

inaudibility [ɪˌnɔːdə'bɪləti, AM -ɑːdɪ'bɪlət̬i] *n no pl* Unhörbarkeit *f*

inaudible [ɪ'nɔːdəbl̩, AM *esp* ɪ'nɑː-] *adj* unhörbar

inaudibly [ɪ'nɔːdəbli, AM *esp* ɪ'nɑː-] *adv* unhörbar

inaugural [ɪ'nɔːgjərəl, AM ɪ'nɑːgjʊrəl] *adj attr, inv* ❶ *(consecration)* Einweihungs-; *(opening)* Eröffnungs-
❷ *esp* AM POL *(at start of term)* Antritts-; **~ address** Antrittsrede *f*

inaugurate [ɪ'nɔːgjəreɪt, AM ɪ'nɑːgjʊ-] *vt* ❶ *(start)* **to ~ an era** eine neue Ära einläuten [*o* einleiten]; **to ~ a policy** eine Politik [neu] einführen; *(open up)* ■**to ~ sth** *new building* etw [neu] eröffnen
❷ *(induct into office)* ■**to ~ sb** jdn in sein Amt einführen; **to ~ the president** *esp* AM den Präsidenten [feierlich] in sein Amt einführen

inauguration [ɪˌnɔːgjə'reɪʃən, AM ɪˌnɑːgjʊ'-] *n* ❶ *no pl (starting) of museum, library* Eröffnung *f*; *of monument, stadium* Einweihung *f*; *of era, policy* Einführung *f*, Beginn *m*
❷ *(induction)* Amtseinführung *f*

inauguration ceremony *n* Amtseinführungszeremonie *f*

Inauguration Day *n* POL *Tag der Amtseinführung des Präsidenten der Vereinigten Staaten, am 20. Januar nach den Präsidentschaftswahlen*

inauspicious [ˌɪnɔː'spɪʃəs, AM *esp* ˌɪnɑː'-] *adj (form)* ungünstig, glücklos; ***her cinematic debut was ~*** ihr Kinodebüt stand unter einem schlechten Stern

inauspiciously [ˌɪnɔː'spɪʃəsli, AM *esp* ˌɪnɑː'-] *adv (form)* ungünstig; ***he began rather ~*** er hatte einen unglücklichen Start

in between *prep* ❶ *(in middle of)* zwischen +*dat*
❷ *(at intervals in)* zwischen +*dat*

in-between I. *adj attr, inv* Zwischen-, Übergangs-; **~ phase** [*or* **stage**] Übergangsphase *f*
II. *n (often hum)* Zwischending *nt*

inboard [ˌɪn'bɔːd, AM -'bɔːrd] I. *adj (towards inside)* einwärts, nach innen; *(inside)* innen, auf der Innenseite *nach n*; *(inside vehicle)* im Innenraum *nach n*; NAUT innenbords; **~ engine** Innenbordmotor *m*
II. *adv* einwärts, [nach] innen; ***an aerial was mounted ~*** eine Antenne wurde innenseitig angebracht

inborn [ˌɪn'bɔːn, AM -'bɔːrn] *adj inv personality trait* angeboren; *physical trait* vererbt

inbound ['ɪnbaʊnd] *adj inv* hereinkommend *attr*; *airplanes* ankommend; *ships* einfahrend; **the city's ~ traffic** der Verkehr in Richtung Innenstadt

inbounds [ˌɪn'baʊndz] *adj inv* SPORTS auf dem Spielfeld; ***the ball was still ~*** der Ball war noch nicht im Aus

inbred [ˌɪn'bred, AM 'ɪnbred] *adj inv* ❶ *(from inbreeding)* durch Inzucht erzeugt [*o* hervorgerufen]
❷ *(inherent)* angeboren; *charm, talent* naturgegeben

inbreeding [ˌɪn'briːdɪŋ, AM 'ɪnbriːd-] *n no pl* Inzucht *f*

inbuilt [ˌɪn'bɪlt] *adj inv* BRIT eingebaut; *in people, animals* angeboren

Inc. *adj after n, inv* ECON *abbrev of* **incorporated**

Inca ['ɪŋkə] *n* Inka *pl*

incalculable [ɪn'kælkjələbl̩] *adj* ❶ *inv (very high)* unabsehbar, unkalkulierbar; *costs* unüberschaubar
❷ *(inestimable)* nicht zu ermessen *präd*, unvorstellbar; **of ~ value** von unschätzbarem Wert
❸ *(unpredictable) person* unberechenbar

incalculably [ɪn'kælkjələbli] *adv (beyond imagination)* unvorstellbar; *(unpredictably)* unberechenbar

in camera *adv inv* LAW unter Ausschluss der Öffentlichkeit; **to hold a trial ~** ein Verfahren unter Ausschluss der Öffentlichkeit abhalten

in camera process *n* COMPUT Sofortbildentwicklung *f*

incandescence [ˌɪnkæn'desən(t)s] *n no pl (from heat)* Glühen *nt*, Weißglut *f*; *(fig)* Strahlen *nt fig*

incandescent [ˌɪnkæn'desənt] *adj* ❶ *inv (lit up)* [weiß]glühend *attr*, leuchtend hell; **~ light bulb** Glühbirne *f*
❷ *(fig: aglow)* strahlend; ***her beauty had an ~ quality to it*** sie war von strahlender Schönheit; **to be ~ at sth** wegen einer S. *gen* vor Wut platzen *fam*
❸ *(brilliant)* glanzvoll; **an ~ performance** eine glänzende Vorstellung

incant [ɪn'kænt] *vt* **to ~ psalms/words** Psalmen/Worte rezitieren [*o pej* herunterleiern]; **to ~ spells** Beschwörungen murmeln

incantation [ˌɪnkæn'teɪʃən] *n* ❶ *no pl (activity)* Beschwörung *f*, [magischer] Sprechgesang
❷ *(spell)* Zauberspruch *m*, magische Formel

incapability [ɪnˌkeɪpə'bɪləti, AM -ət̬i] *n no pl* Unfähigkeit *f*, Unvermögen *nt*

incapable [ɪn'keɪpəbl̩] *adj (incompetent)* unfähig, ungeeignet; *(unable)* ■**to be ~ of doing sth** unfähig sein, etw zu tun; ***he is ~ of such dishonesty*** er ist zu einer solchen Unehrlichkeit gar nicht fähig

incapacitate [ˌɪnkə'pæsɪteɪt] *vt* ■**to ~ sb** jdn außer Gefecht setzen [*o* handlungsunfähig machen]

incapacitating [ˌɪnkə'pæsɪteɪtɪŋ, AM -t̬ɪŋ] *adj attr, inv* hinderlich, lähmend

incapacity [ˌɪnkə'pæsəti, AM -ət̬i] *n no pl* Unfähigkeit *f*; **~ for love** Liebesunfähigkeit *f*; **~ of work** Arbeitsunfähigkeit *f*

in-car ['ɪnkɑː', AM kɑːr] *adj attr, inv* [in das Auto] eingebaut

incarcerate [ɪn'kɑːsəreɪt, AM -'kɑːrsə-] *vt* ■**to ~ sb** jdn einkerkern *liter*; ■**to be ~d in sth** in etw *dat* eingesperrt [*o* gefangen] sein

incarceration [ɪnˌkɑːsər'eɪʃən, AM -ˌkɑːrsər'-] *n no pl* Einkerkerung *f liter*

incarnate I. *adj* [ɪn'kɑːnət, AM -'kɑːr-] *after n, inv* personifiziert; **the devil ~** der personifizierte Teufel; **evil ~** das personifizierte Böse; **God ~** der menschgewordene Gott
II. *vt* ['ɪnkɑːneɪt, AM ɪn'kɑːr-] *(form)* ❶ *(embody)* ■**to ~ sth** etw verkörpern, die Verkörperung einer S. *gen* sein
❷ *(make concrete)* ■**to ~ sth** etw wiedergeben, etw beinhalten
❸ REL *(become human)* ***God ~d Himself in the person of Jesus*** Gott selber nahm in der Person

I

Jesu Menschengestalt an

incarnation [ˌɪnkɑː'neɪʃən, AM -kɑːr'-] *n* ❶ *no pl* (*human form*) Inkarnation *f geh*, Verkörperung *f*; **to be the ~ of beauty/grace** die Schönheit/Anmut selbst sein; **to be the ~ of evil** die Inkarnation [*o* leibhaftige Verkörperung] des Bösen darstellen
❷ (*lifetime*) Inkarnation *f*; **another/a previous ~** ein anderes/früheres Leben
❸ (*realization*) Bearbeitung *f*
❹ REL **the I~** die Inkarnation

incautious [ɪn'kɔːʃəs, AM *esp* -'kɑː-] *adj* unvorsichtig, unüberlegt

incautiously [ɪn'kɔːʃəsli, AM *esp* -'kɑː-] *adv* unvorsichtig, unüberlegt

incendiary [ɪn'sendiəri, AM -dieri] **I.** *adj* ❶ *attr, inv* (*causing fire*) Brand-; **~ bomb** Brandbombe *f*; **~ device** Brandsatz *m*
❷ (*fig: causing argument*) aufstachelnd *attr*, aufrührerisch; **an ~ remark** eine anstachelnde Bemerkung; **~ speech** Brandrede *f*
❸ AM (*spicy*) sehr [*o* extra] scharf
II. *n* ❶ (*bomb*) Brandbombe *f*; (*device*) Brandmittel *nt*
❷ (*form: arsonist*) Brandstifter(in) *m(f)*, Feuerteufel *m fig*
❸ (*old: rabblerouser*) Aufwiegler(in) *m(f)*

incense¹ ['ɪnsen(t)s] *n no pl* ❶ (*substance*) Räuchermittel *nt*; (*in church*) Weihrauch *m*; **stick of ~** Räucherstäbchen *nt*
❷ (*smoke*) wohlriechender Rauch; (*in church*) Weihrauch *m*

incense² [ɪn'sen(t)s] *vt* ■**to ~ sb** jdn empören [*o* aufbringen]; **to be ~d by** [*or* **at**] **sb/sth** über jdn/etw erbost [*o* aufgebracht] sein; ■**to ~ sth** etw aufstacheln; ***the judgement ~d public opinion*** das Urteil empörte die Öffentlichkeit

incensed [ɪn'sen(t)st] *adj pred* empört, wütend

incentive [ɪn'sentɪv, AM -t̬ɪv] **I.** *n* (*motivation*) Anreiz *m*, Ansporn *m*; **tax ~s** steuerliche Anreize; **financial ~s** finanzielle Anreize; **to provide an ~ to do sth** einen Anreiz schaffen, etw zu tun
II. *adj attr, inv* Vorteile bringend; **~ bonus** Bonus *m*, Prämie *f*; **~ discount** Treuerabatt *m*; **~ offer** Gratisangebot *nt*, Werbegeschenk *nt*; **~ price** Kennenlernpreis *m*, Schnupperpreis *m*

incentive scheme *n* System *nt* von Kauf- und Leistungsanreizen, Prämiensystem *nt*

inception [ɪn'sepʃən] *n no pl* Anfang *m*, Beginn *m*; (*of a company*) Gründung *f*

incertitude [ɪn'sɜːtɪtjuːd, AM -'sɜːrtɪtuːd] *n* Unsicherheit *f*, Ungewissheit *f*

incessant [ɪn'sesənt] *adj inv* ununterbrochen, pausenlos; **~ chatter** unentwegtes Geplapper

incessantly [ɪn'sesəntli] *adv inv* ununterbrochen, pausenlos, stetsfort SCHWEIZ; **to talk ~** ununterbrochen reden

incest ['ɪnsest] *n no pl* Inzest *m*, Blutschande *f*

incestuous [ɪn'sestjuəs, AM -tʃu-] *adj* inzestuös; **an ~ relationship** eine inzestuöse Beziehung

incestuously [ɪn'sestjuəsli, AM -tʃu-] *adv* inzestuös; **to be ~ involved** Inzest treiben

incestuousness [ɪn'sestjuəsnəs, AM -tʃu-] *n no pl* inzestuöser Charakter

inch [ɪn(t)ʃ] **I.** *n* <*pl* -es> ❶ (*measurement*) Zoll *m* (*2,54 cm*)
❷ (*person's measurement*) ■**~es** *pl* Körpergröße *f*, Statur *f*
❸ (*small distance*) Zollbreit *m*, Zentimeter *m fig*; **just an ~/just ~es** ganz knapp; **to avoid** [*or* **miss**] **sb/sth by ~es** jdn/etw [nur] um Haaresbreite verfehlen; ***we won the game by an ~*** wir haben das Spiel gerade mal eben gewonnen
❹ (*all*) **every ~** jeder Zentimeter; ***Caroline knows every ~ of London*** Caroline kennt London wie ihre Westentasche; ***she's every ~ a lady*** sie ist eine Dame vom Scheitel bis zur Sohle
▸ PHRASES: **within an ~ of one's <u>life</u>** um Haaresbreite am Tod vorbei; **if you give someone an ~ and they'll take a <u>mile</u>** (*prov*) wenn man jemandem den kleinen Finger reicht, will er gleich die ganze Hand *prov*; **not to <u>budge</u>** [*or* **<u>give</u>**] [*or* **<u>move</u>**] **an ~** stur bleiben, nicht nachgeben; **to <u>do</u> sth by ~es** etw ganz allmählich tun; **to <u>search</u> sth ~ by ~** etw zentimetergenau absuchen
II. *vi* sich *akk* [ganz] langsam bewegen; ***we were ~ing along in a traffic jam*** wir steckten im Stau und kamen nur im Schritttempo voran
III. *vt* **to ~ sth across the room/towards the wall** etw [ganz] vorsichtig durch das Zimmer/gegen die Wand bewegen

inchoate [ɪn'kəʊeɪt, AM -'koʊ-] *adj* (*form, liter*) [noch] im Anfangsstadium befindlich, unausgereift

incidence ['ɪn(t)sɪdən(t)s] *n* Auftreten *nt*, Vorkommen *nt*; ***there is a higher ~ of ...*** es gibt mehr ...; **an increased ~ of cancer** ein Anstieg der Krebsrate

incident ['ɪn(t)sɪdənt] **I.** *n* ❶ (*occurrence*) [Vor]fall *m*, Zwischenfall *m*, Ereignis *nt*; **an isolated ~** ein Einzelfall *m*; **a minor ~** eine Bagatelle; **a shooting ~** eine Schießerei
❷ (*story*) Begebenheit *f*, Geschehen *nt*
II. *adj* **~ to sth** mit etw *dat* verbunden

incidental [ˌɪn(t)sɪ'dentəl, AM -t̬əl] *adj* ❶ (*related*) begleitend *attr*, verbunden; ■**to be ~ to sth** mit etw *dat* einhergehen; **expenses ~ to travel** bei Reisen anfallende Kosten; (*secondary*) nebensächlich, zweitrangig; ***these points are true but ~ to the main problem*** diese Punkte sind zwar zutreffend aber für das eigentliche Problem ohne Belang; **~ expenses** Nebenkosten *pl*
❷ (*by chance*) zufällig; (*in passing*) beiläufig; **~ question/remark** beiläufige Frage/Bemerkung

incidentally [ˌɪn(t)sɪ'dentəli] *adv inv* ❶ (*by the way*) übrigens, apropos
❷ (*in passing*) nebenbei, beiläufig; (*accidentally*) zufällig, durch Zufall

incidental music *n* Begleitmusik *f* (*in einem Film, Theaterstück*)

incidentals [ˌɪn(t)sɪ'dentəlz, AM -t̬əls] *npl* Nebenkosten *pl*

incident room *n* Einsatzzentrale *f*

incinerate [ɪn'sɪnəreɪt, AM -əreɪt] *vt* ■**to ~ sth** etw verbrennen [*o* einäschern]; **to ~ rubbish** [*or* AM **garbage**]**/waste** Müll/Abfall verbrennen

incineration [ɪnˌsɪnər'eɪʃən, AM -ə'reɪ-] *n no pl* Verbrennung *f*, Einäscherung *f*

incinerator [ɪn'sɪnəreɪtəʳ, AM -əreɪt̬ɚ] *n* Verbrennungsanlage *f*; *for waste* Müllverbrennungsanlage *f*; *for bodies* [Verbrennungs]ofen *m*

incipient [ɪn'sɪpiənt] *adj* (*form*) beginnend *attr*, im Entstehen begriffen *präd*; **at an ~ stage** im Anfangsstadium

incise [ɪn'saɪz] *vt* (*form*) ■**to ~ sth** etw einritzen; *into wood* etw einschnitzen; *into metal, stone* etw eingravieren; **to ~ a wound** eine Wunde aufschneiden

incision [ɪn'sɪʒən] *n* MED [Ein]schnitt *m*

incisive [ɪn'saɪsɪv] *adj* (*clear*) *description* klar, prägnant; (*penetrating*) *remark* analysierend *attr*, schlüssig; (*clear-thinking*) *person* scharfsinnig; **~ mind** [messer]scharfer Verstand

incisively [ɪn'saɪsɪvli] *adv* (*clearly*) klar, prägnant; (*penetratingly*) scharfsinnig

incisiveness [ɪn'saɪsɪvnəs] *n no pl* (*clarity*) Klarheit *f*, Deutlichkeit *f*; (*penetrating quality*) Scharfsinnigkeit *f*

incisor [ɪn'saɪzəʳ, AM -ɚ] *n* ANAT Schneidezahn *m*

incite [ɪn'saɪt] *vt* (*pej*) ■**to ~ sb** jdn aufstacheln [*o* aufhetzen]; ■**to ~ sb to sth** jdn zu etw *dat* anstiften; **to ~ mutiny/a revolt/a riot** eine Meuterei/einen Aufstand/einen Krawall anzetteln

incitement [ɪn'saɪtmənt] *n no pl* Anstiftung *f*, Aufstachelung *f*; **~ of racial hatred** Aufwiegelung *f* zum Rassenhass

incivility [ˌɪnsɪ'vɪləti, AM -t̬i] *n* ❶ *no pl* (*form: impoliteness*) Unhöflichkeit *f*
❷ (*disregard*) Respektlosigkeit *f*

incl I. *adj inv abbrev of* **inclusive** inkl.
II. *prep abbrev of* **inclusive** inkl.

inclemency [ɪn'klemən(t)si] *n* (*harshness*) *of weather* Rauheit *f kein pl*; *of punishment* Härte *f*

inclement [ɪn'klemənt] *adj* (*form*) *weather* rau; *judge* unnachsichtig, gnadenlos

inclination [ˌɪnklɪ'neɪʃən] *n* ❶ (*tendency*) Neigung *f*, Hang *m kein pl*; **to have an ~ to do sth** dazu neigen, etw zu tun; ***his first ~ was to accept the invitation but later he reconsidered*** er war zunächst geneigt, die Einladung anzunehmen, aber später besann er sich anders; (*desire*) Lust *f*; ***I've no ~ to follow my mother into accountancy*** ich habe keine Lust, wie meine Mutter Buchhalterin zu werden
❷ *no pl* (*preference*) [besondere] Neigung
❸ (*slope*) Neigung *f*, Schräge *f*; **a light** [*or* **gentle**]**/steep** [*or* **sharp**] **~** ein sanfter/steiler Abhang; *of head* Neigen *nt*

incline I. *vi* [ɪn'klaɪn] ❶ (*tend*) ■**to ~ towards sth** zu etw *dat* tendieren [*o* neigen]
❷ (*lean*) sich *akk* neigen
II. *vt* [ɪn'klaɪn] ❶ (*form: make tend*) ■**to ~ sb to do sth** dazu neigen, etw zu tun; ***this ~s me to feel pessimistic about an early solution*** das lässt mich einer frühen Lösung eher pessimistisch entgegensehen
❷ (*bend*) **to ~ one's head** seinen Kopf neigen
III. *n* ['ɪnklaɪn] (*slope*) Schräge *f*, Neigung *f*; *of a hill/mountain* [Ab]hang *m*

inclined [ɪn'klaɪnd] *adj* ❶ *pred* (*with tendency*) geneigt, bereit; ■**to be ~ to do sth** dazu bereit sein, etw zu tun; ***she's more ~ than most people to help out*** sie ist hilfsbereiter als die meisten Leute; **to be ~ to agree/disagree** eher zustimmen/nicht zustimmen; **to be mathematically/politically ~** eine Anlage für Mathematik/Politik haben
❷ PHYS (*not even*) **~ plane** schiefe Ebene

inclose *vt see* **enclose**

include [ɪn'kluːd] *vt* (*contain*) ■**to ~ sth** etw beinhalten [*o* einschließen]; (*add*) etw beifügen; ***the bill ~s service*** die Rechnung ist inklusive Bedienung; ***your responsibilities will ~ making appointments*** zu Ihren Pflichten wird auch gehören, Termine zu vereinbaren; **to ~ sth with letter** etw [in einem Brief] beilegen; ■**to be ~d in sth** in etw *akk* eingeschlossen sein; ***do you think I'm ~d in the invitation?*** glaubst du, die Einladung schließt mich mit ein?; **to be ~d in a bill** in einer Rechnung enthalten sein; ■**to ~ sb/sth in sth** jdn/etw in etw *akk* einbeziehen
◆**include out** *vt* (*hum sl*) ■**to ~ sb out** mit jdm nicht rechnen *fam*; ***you can ~ me out!*** mit mir braucht ihr nicht zu rechnen!

included [ɪn'kluːdɪd] *adj after n, inv* inklusive *nach n*, mitgerechnet *nach n*

including [ɪn'kluːdɪŋ] *prep* einschließlich *+gen*; ***there'll be ten of us ~ you and me*** wir werden zu zehnt sein, einschließlich dir und mir; **up to and ~** bis einschließlich

inclusion [ɪn'kluːʒən] *n no pl* ❶ (*being included*) Einbeziehung *f*, Aufnahme *f*
❷ MATH Inklusion *f*

inclusive [ɪn'kluːsɪv] *adj inv* ❶ (*containing*) einschließlich, inklusive; ***all our prices are ~ of VAT*** alle unsere Preise sind inklusive Mehrwertsteuer; **all-~** alles inklusive *nach n*; **all-~ rate** Pauschale *f*
❷ *after n* (*including limits*) [bis] einschließlich; ***from the 20th to the 31st of May ~*** vom 20. bis zum 31. Mai einschließlich
❸ (*involving all*) [all]umfassend

inclusively [ɪn'kluːsɪvli] *adv* einschließlich

incognito [ˌɪnkɒg'niːtəʊ, AM -kɑːg'niːt̬oʊ] **I.** *n* Inkognito *nt*
II. *adv inv* inkognito

incoherence [ˌɪnkə(ʊ)'hɪərən(t)s, AM -koʊ'hɪr-] *n no pl* (*inconsistency*) Zusammenhanglosigkeit *f*; *of policy* Ungereimtheit *f*; ***I think his ~ was due to his being drunk*** ich glaube, er redete so zusammenhanglos [daher], weil er betrunken war

incoherent [ˌɪnkə(ʊ)'hɪərənt, AM -koʊ'hɪr-] *adj* zusammenhanglos, unzusammenhängend, inkohärent *fachspr*; **sb is ~** jd redet wirr

incoherently [ˌɪnkə(ʊ)'hɪərəntli, AM -koʊ'hɪr-] *adv* zusammenhanglos, unzusammenhängend

income ['ɪŋkʌm, AM *esp* 'ɪn-] *n* Einkommen *nt*; *of a*

company Einnahmen *fpl;* **government** ~ Regierungseinnahmen *fpl;* **people on low ~s** Menschen mit niedrigem Einkommen
income bond *n* Gewinnschuldverschreibung *f* **income bracket** *n* Einkommensstufe *f* **income group** *n* Einkommensklasse *f*
incomer ['ɪnkʌməʳ, AM ə-] *n* BRIT Zugezogene(r) *f(m)*
income support *n no pl* BRIT ≈ Sozialhilfe *f;* **to be on** ~ ≈ Sozialhilfe bekommen **income tax** *n* Einkommensteuer *f;* **flat** ~ Einkommensteuer *f* ohne Progression; **graduated** ~ gestaffelte Einkommensteuer, Einkommensteuer *f* mit Progression; **to do one's** ~ seine Einkommensteuererklärung machen; **to lower/raise** ~ die Einkommensteuer senken/erhöhen **income tax bracket** *n* Einkommensteuergruppe *f* **income tax return** *n* Einkommensteuererklärung *f* **income units** *npl* Fondsanteile *pl*, auf die Erträge ausgeschüttet werden
incoming [,ɪŋ'kʌmɪŋ, AM *esp* ,ɪn'-] *adj attr, inv* (*in arrival*) ankommend; ~ **call** [eingehender] Anruf; ~ **flight** ankommendes Flugzeug; ~ **freshman** AM *Studienanfänger an einer amerikanischen Hochschule;* ~ **message** COMPUT eingehende Nachricht; ~ **missile** anfliegende Rakete; ~ **tide** [ansteigende] Flut; (*immigrating*) ins Land kommend, zuwandernd; (*recently elected*) neu [gewählt]
incomings [,ɪŋ'kʌmɪŋz, AM *esp* ,ɪn'-] *npl* Einkommen *nt; of a company* Einnahmen *fpl*
incommensurable ['mensə-] *adj* inkommensurabel *geh*, nicht vergleichbar
incommensurate [,ɪnkə'men(t)ʃᵊrət, AM -'men(t)sə-] *adj pred* ❶ (*out of proportion*) unangemessen; ■**to be** ~ **to** [*or* **with**] **sth** zu einer S. *dat* in keinem Verhältnis stehen
❷ (*not compatible*) unvergleichbar; ***A and B are*** ~ A und B haben nichts miteinander gemeinsam
❸ MATH inkommensurabel *fachspr*
incommode [,ɪnkə'məʊd, AM 'moʊd] *vt* (*form*) ■**to** ~ **sb** jdm Mühe bereiten; ■**to** ~ **oneself** sich *akk* abmühen
incommodious [,ɪnkə'məʊdiəs, AM -'moʊ-] *adj* (*form*) unbequem
incommunicado [,ɪnkə,mju:nɪ'kɑ:dəʊ, AM -doʊ] **I.** *adj pred, inv* (*form*) nicht erreichbar
II. *adv inv* isoliert; **to be held** ~ in Isolationshaft sein
incomparable [ɪn'kɒmpᵊrəbl̩, AM -'kɑ:m-] *adj inv* (*different*) unvergleichbar; (*superior*) unvergleichlich, unnachahmlich
incomparably [ɪn'kɒmpᵊrəbli, AM -'kɑ:m-] *adv* (*relatively*) *healthier* ungleich; *better* unvergleichlich; (*superlatively*) einmalig
incompatibility [,ɪnkəm,pætə'bɪləti, AM -,pæţə'bɪləţi] *n no pl* Unvereinbarkeit *f; of computers* Inkompatibilität *f fachspr;* ~ **of blood** Unverträglichkeit *f* der Blutgruppen, Blutgruppeninkompatibilität *f fachspr;* **to divorce on grounds of** ~ sich *akk* wegen Unvereinbarkeit der Charaktere scheiden lassen
incompatible [,ɪnkəm'pætəbl̩, AM -'pæţ-] *adj* unvereinbar; ■**to be** ~ *persons* nicht zusammenpassen; ■**to be** ~ **with sth** mit etw *dat* unvereinbar sein; *machinery, computer systems* inkompatibel; *blood type* unverträglich; *colours* nicht kombinierbar
incompetence [ɪn'kɒmpɪtᵊn(t)s, AM -'kɑ:mpəţ-], **incompetency** [ɪn'kɒmpɪtᵊn(t)si, AM -'kɑ:mpəţ-] *n no pl* Inkompetenz *f*
incompetent [ɪn'kɒmpɪtᵊnt, AM -'kɑ:mpəţənt] **I.** *adj* ❶ (*incapable*) inkompetent; ■**to be** ~ **for sth** für etw *akk* ungeeignet [*o* nicht geeignet] sein
❷ LAW unzuständig; **mentally** ~ unzurechnungsfähig
II. *n* (*pej*) Dilettant(in) *m(f) pej;* **a bunch of ~s** ein Haufen Dilettanten [*o* Nichtskönner] *pej fam;* **a bumbling** ~ ein unorganisierter Dilettant/eine unorganisierte Dilettantin *pej*
incompetently [ɪn'kɒmpɪtᵊntli, AM -'kɑ:mpəţənt-] *adv* (*pej*) inkompetent, stümperhaft *pej*
incomplete [,ɪnkəm'pli:t] **I.** *adj inv form, application, collection* unvollständig; *construction, project* unfertig
II. *n* AM SCH, UNIV **,incomplete'** *Zeugnisvermerk, der besagt, dass ein Kurs noch nachträglich zu absolvieren ist*
incompletely [,ɪnkəm'pli:tli] *adv* unvollständig
incompleteness [,ɪnkəm'pli:tnəs] *n no pl* Unvollständigkeit *f*
incomprehensibility [ɪn,kɒmprɪ,hen(t)sə'bɪləti, AM -,kɑ:mprɪ,hen(t)sə'bɪləţi] *n no pl* Unverständlichkeit *f*
incomprehensible [ɪn,kɒmprɪ'hen(t)səbl̩, AM -,kɑ:m-] *adj* unverständlich; *act, event* unbegreiflich, unfassbar; ***it's*** ~ ***to me why ...*** es ist mir unbegreiflich, warum ...; **utterly** ~ völlig unverständlich
incomprehensibly [ɪn,kɒmprɪ'hen(t)səbli, AM -,kɑ:m-] *adv* unverständlicherweise, unbegreiflicherweise
incomprehension [ɪn,kɒmprɪ'hen(t)ʃᵊn, AM -,kɑ:m-] *n no pl* Unverständnis *nt*, Verständnislosigkeit *f;* **total** [*or* **utter**] ~ völliges Unverständnis
inconceivable [,ɪnkən'si:vəbl̩] *adj inv* unvorstellbar, undenkbar; **to be almost** [*or* **virtually**] ~ undenkbar [*o* kaum vorstellbar] sein; ■**it is** ~ **that ...** es ist unvorstellbar, dass ...; ■**it is not** ~ **that ...** es ist denkbar, dass ...
inconceivably [,ɪnkən'si:vəbli] *adv* unvorstellbar, undenkbar
inconclusive [,ɪnkən'klu:sɪv] *adj argument* nicht [*o* wenig] überzeugend; *results, test* ergebnislos; ~ **evidence** unzureichende Beweismittel
inconclusively [,ɪnkən'klu:sɪvli] *adv argue* nicht [*o* wenig] überzeugend; *test, result* ergebnislos
incongruity [,ɪnkɒŋ'gru:əti, AM -kən'gru:əţi] *n* ❶ *no pl* (*form: quality*) Missverhältnis *nt*
❷ (*instance*) Widerspruch *m*, Ungereimtheit *f*
incongruous [ɪn'kɒŋgruəs, AM -'kɑ:ŋ-] *adj* (*not appropriate*) unpassend; ***I think it*** ~ ***that ...*** ich finde es unpassend, dass ...; (*not consistent*) widersprüchlich, unvereinbar
incongruously [ɪn'kɒŋgru:əsli, AM 'kɑ:ŋ] *adv* unpassend
inconsequence [ɪn'kɒn(t)sɪkwən(t)s, AM -'kɑ:n-] *n no pl* (*in logic*) Inkonsequenz *f;* (*in relevance*) Irrelevanz *f*
inconsequent [ɪn'kɒn(t)sɪkwənt, AM -'kɑ:n-] *adj* (*illogical*) unlogisch; (*irrelevant*) unwesentlich
inconsequential [ɪn,kɒn(t)sɪ'kwen(t)ʃᵊl, AM -,kɑ:n-] *adj* (*illogical*) unlogisch; (*unimportant*) unbedeutend; (*irrelevant*) unwesentlich
inconsequentially [ɪn,kɒn(t)sɪ'kwen(t)ʃᵊli, AM -,kɑ:n-] *adv* (*trivially*) unbedeutend, unwichtig; (*illogically*) unlogisch
inconsiderable [,ɪnkən'sɪdᵊrəbl̩] *adj* unerheblich, unbeträchtlich; **a not** ~ **amount** [*or* **sum**] eine nicht unbeträchtliche Summe
inconsiderate [,ɪnkən'sɪdᵊrət] *adj* (*disregarding*) rücksichtslos; ■**to be** ~ **to** [*or* **towards**] **sb** jdm gegenüber rücksichtslos sein; (*insensitive*) gedankenlos, unsensibel; **an** ~ **remark** eine taktlose Bemerkung
inconsiderately [,ɪnkən'sɪdᵊrətli] *adv* rücksichtslos
inconsiderateness [,ɪnkən'sɪdᵊrətnəs], **inconsideration** [,ɪnkən,sɪdə'reɪʃᵊn] *n no pl* Rücksichtslosigkeit *f;* ■~ **towards sb** Rücksichtslosigkeit gegenüber jdm
inconsistency [,ɪnkən'sɪstᵊn(t)si] *n* ❶ (*contradiction*) Unvereinbarkeit *f*, Widerspruch *m;* (*in a text*) Unstimmigkeit *f*
❷ *no pl* (*inconstancy*) Unbeständigkeit *f*, Veränderlichkeit *f*
inconsistent [,ɪnkən'sɪstənt] *adj* ❶ (*lacking agreement*) widersprüchlich, inkonsequent; ***her argument is very*** ~ ihre Argumentation ist völlig widersprüchlich; ■**to be** ~ **with sth** im Widerspruch zu etw *dat* stehen
❷ (*unsteady*) unbeständig, unstet
inconsistently [,ɪnkən'sɪstəntli] *adv* ❶ (*contradictorily*) widersprüchlich
❷ (*not steadily*) unbeständig, unregelmäßig
inconsolable [,ɪnkən'səʊləbl̩, AM -'soʊl-] *adj inv* untröstlich
inconsolably [,ɪnkən'səʊləbli, AM -'soʊl-] *adv inv* untröstlich; ***the child was crying*** ~ das Kind weinte und ließ sich gar nicht beruhigen
inconspicuous [,ɪnkən'spɪkjuəs] *adj* unauffällig; **highly** ~ sehr unauffällig; **to try to look** ~ versuchen, nicht aufzufallen
inconspicuously [,ɪnkən'spɪkjuəsli] *adv* unauffällig
inconstancy [ɪn'kɒn(t)stᵊn(t)si, AM -'kɑ:n-] *n no pl* (*esp liter, form*) ❶ (*tendency to change*) Unbeständigkeit *f*, Veränderlichkeit *f;* (*unpredictably*) Unberechenbarkeit *f*
❷ (*unfaithfulness*) Treulosigkeit *f*
inconstant [ɪn'kɒn(t)stənt, AM -'kɑ:n-] *adj* ❶ (*changing*) unbeständig, wechselhaft; (*unpredictably*) unberechenbar
❷ (*unfaithful*) treulos
incontestable [,ɪnkən'testəbl̩] *adj inv* unbestreitbar; ~ **evidence** unwiderlegbare Beweise; ~ **fact** unumstößliche Tatsache
incontestably [,ɪnkən'testəbli] *adv inv* (*form*) unbestreitbar, zweifellos
incontinence [ɪn'kɒntɪnən(t)s, AM -'kɑ:ntᵊnᵊn(t)s] *n no pl* MED Inkontinenz *f*
incontinence pad *n* MED [Windel]einlage *f* (*bei Inkontinenz*)
incontinent [ɪn'kɒntɪnənt, AM -'kɑ:ntᵊnᵊnt] *adj* ❶ MED inkontinent; **doubly** ~ urin- und stuhlinkontinent
❷ (*fig form: uncontrollable*) unbeherrscht, haltlos; ~ **temper** Unbeherrschtheit *f*
incontrovertible [,ɪn,kɒntrə'vɜ:təbl̩, AM -,kɑ:ntrə'vɜ:rţ-] *adj inv* (*form*) unwiderlegbar, unbestreitbar; ***it is*** ~ ***that ...*** es steht zweifelsfrei fest, dass ...; ~ **proof** [*or* **evidence**] unwiderlegbarer Beweis; **an** ~ **fact** eine unstreitige Tatsache
incontrovertibly [,ɪn,kɒntrə'vɜ:təbli, AM -,kɑ:ntrə'vɜ:rţ-] *adv inv* (*form*) zweifellos, fraglos
inconvenience [,ɪnkən'vi:niən(t)s] **I.** *n* ❶ *no pl* (*trouble*) Unannehmlichkeit[en] *f[pl];* ***we apologize for any*** ~ ***caused by the late arrival of the train*** für eventuelle Unannehmlichkeiten durch die Zugverspätung bitten wir um Entschuldigung; **to go to a great deal of** ~ **for sb** für jdn viel auf sich *akk* nehmen; ***he went to a great deal of*** ~ ***to help*** er hat keine Mühen gescheut zu helfen; **to cause sb** ~ jdm Unannehmlichkeiten bereiten
❷ (*troublesome thing*) Unannehmlichkeit *f*, lästige Sache
II. *vt* ■**to** ~ **sb** jdm Unannehmlichkeiten bereiten; ***would it*** ~ ***you to pick something up for me?*** würde es dir etwas ausmachen, für mich etwas abzuholen?; ■**to** ~ **oneself** sich *akk* [um andere] bemühen; ***don't*** ~ ***yourselves for us — we'll be fine*** machen Sie sich keine Umstände – wir kommen zurecht
inconvenient [,ɪnkən'vi:niənt, AM *also* -njənt] *adj time* ungelegen; *things, doings* beschwerlich, lästig; *place* ungünstig [gelegen]
inconveniently [,ɪnkən'vi:niəntli] *adv* unpassenderweise; **to be** ~ **located** [*or* **placed**] [*or* **situated**] ungünstig liegen [*o* gelegen sein]
incorporate [ɪn'kɔ:pᵊreɪt, AM -'kɔ:rpər-] *vt* ❶ (*integrate*) ■**to** ~ **sth** etw einfügen [*o* einbeziehen]; *company, region* etw eingliedern [*o* angliedern]; *food* etw [hin]zugeben [*o* unterheben]; ***try to*** ~ ***these ideas into your work*** versuche, diese Gedanken in deiner Arbeit aufzunehmen; ***suggestions from the survey have been ~d into the final design*** Vorschläge aus dem Gutachten sind in die Schlussfassung mit eingegangen; **to** ~ **a city into a county** eine Stadt in einen Verwaltungsbezirk eingemeinden
❷ (*contain*) ■**to** ~ **sth** etw enthalten [*o* beinhalten]
❸ LAW, ECON (*form corporation*) **to** ~ **a company** eine Firma [als Kapitalgesellschaft] eintragen
incorporated [ɪn'kɔ:pᵊreɪtɪd, AM -'kɔ:rpər-] *adj inv* ❶ (*integrated*) **an** ~ **city/town** *eine als Gebietskörperschaft anerkannte rechtlich selbstän-*

I

dige Stadt/Gemeinde
❷ LAW, ECON [als Kapitalgesellschaft] eingetragen

incorporation [ɪnˌkɔːpᵊrˈeɪʃᵊn, AM -ˌkɔːrpəˈreɪ-] *n no pl* ❶ (*integration*) Einfügung *f,* Eingliederung *f,* Einbeziehung *f; region* Eingemeindung *f; food* Zugabe *f,* Beigabe *f*
❷ LAW, ECON Eintragung *f* [als Kapitalgesellschaft], Gründung *f;* **the ~ of a company** die Umwandlung einer Firma in eine Kapitalgesellschaft

incorporeal [ˌɪnkɔːˈpɔːriəl, AM -kɔːrˈ-] *adj inv* ❶ (*no material existence*) körperlos, wesenlos *geh;* **an ~ being** [*or* **presence**] ein übernatürliches Wesen
❷ LAW immateriell, nicht körperlich; **~ chattels** immaterielle Vermögenswerte; **~ hereditaments** immaterielle vererbbare Vermögenswerte

incorrect [ˌɪnkᵊrˈekt, AM -kəˈrekt] *adj* ❶ (*not true*) falsch, unrichtig; **an ~ answer** eine falsche Antwort; **an ~ calculation** eine fehlerhafte Berechnung; **an ~ diagnosis** eine unkorrekte Diagnose; **to prove** [**to be**] **~** sich *akk* als falsch herausstellen
❷ (*improper*) unkorrekt; *behaviour* unangebracht

incorrectly [ˌɪnkᵊrˈektli, AM -kəˈrekt-] *adv* (*wrongly*) falsch, fälschlicherweise; **to assume** [*or* **think**] **sth ~** etw fälschlicherweise annehmen; (*inappropriately*) unpassend; *behave* ungehörig; **to tip ~** nicht das richtige Trinkgeld geben

incorrigible [ɪnˈkɒrɪdʒəbl̩, AM -ˈkɔːrədʒ-] *adj inv* (*esp hum*) unverbesserlich

incorrigibly [ɪnˈkɒrɪdʒəbli, AM -ˈkɔːrədʒ-] *adv inv* unverbesserlich

incorruptibility [ˌɪnkəˌrʌptəˈbɪləti, AM -t̬i] *n no pl* (*lack of corruption*) Unbestechlichkeit *f;* (*virtuousness*) Integrität *f*

incorruptible [ˌɪnkəˈrʌptəbl̩] *adj inv* ❶ (*not corrupt*) unbestechlich; (*virtuous*) integer
❷ (*not breaking down*) dauerhaft, haltbar

incorruptibly [ˌɪnkəˈrʌptəbli] *adv inv* (*not corrupt*) unbestechlich; (*virtuous*) geradlinig, pflichtgetreu

incorruption [ˌɪnkəˈrʌpʃᵊn] *n no pl* (*integrity*) Unbestechlichkeit *f;* (*virtue*) Unverdorbenheit *f*

increase I. *vi* [ɪnˈkriːs] *prices, taxes, interest rates* [an]steigen; *pain, troubles, worries* stärker werden, zunehmen; **to ~ dramatically** [*or* **drastically**] dramatisch [*o* drastisch] [an]steigen; *population, wealth* anwachsen; **to ~ tenfold/threefold** sich *akk* verzehnfachen/verdreifachen
II. *vt* [ɪnˈkriːs] ■**to ~ sth** (*make more*) etw erhöhen; (*make stronger*) etw verstärken; (*make larger*) etw vergrößern; ***gently ~ the heat*** die Hitze langsam erhöhen
III. *n* [ˈɪnkriːs] Anstieg *m,* Zunahme *f;* **the ~ in the number of unemployed** der Anstieg der Arbeitslosenzahlen; **an ~ in production** eine Steigerung der Produktion; **the ~ in violence** die zunehmende Gewalt; **the ~ in pollution** die zunehmende Umweltverschmutzung; **price ~** Preisanstieg *m;* **tax ~** Steuererhöhung *f;* **to be on the ~** ansteigen; *in numbers* [mehr und] [*o* [immer]] mehr werden; *in size* [immer] größer werden

increased [ɪnˈkriːst] *adj attr, inv* erhöht, [an]gestiegen; **~ homelessness/unemployment** gestiegene Obdach-/Arbeitslosigkeit; **~ salary** gestiegener Lohn; **~ security** erhöhte Sicherheit[svorkehrungen]; **~ taxes** erhöhte Steuern; **~ traffic** gestiegenes Verkehrsaufkommen

increasing [ɪnˈkriːsɪŋ] *adj inv* steigend, zunehmend; **~ efforts** verstärkte Anstrengungen; **~ prices** steigende Preise

increasingly [ɪnˈkriːsɪŋli] *adv inv* zunehmend; ***she became ~ dismayed*** sie wurde immer verzweifelter; ***their argument became ~ bitter*** ihr Streit wurde immer erbitterter

incredible [ɪnˈkredɪbl̩] *adj* ❶ (*unbelievable*) unglaublich; ■**it is ~ that …** es ist unglaublich [*o* kaum zu glauben], dass …
❷ (*fam: very good*) fantastisch *fam*

incredibly [ɪnˈkredɪbli] *adv* ❶ (*strangely*) erstaunlicherweise; (*surprisingly*) überraschenderweise
❷ + *adj* (*very*) unglaublich

incredulity [ˌɪnkrəˈdjuːləti, AM -ˈduːlət̬i, -djuː] *n no pl* (*disbelief*) [ungläubiges] Staunen; (*bewilderment*) Fassungslosigkeit *f;* **to give sb a look of ~** jdn fassungslos ansehen; **to feel a sense of ~** erstaunt sein; (*be bewildered*) fassungslos sein; **to greet sth with ~** etw mit Verwunderung aufnehmen

incredulous [ɪnˈkredjələs, AM -ˈkredʒʊ-] *adj* (*disbelieving*) ungläubig; (*bewildered*) fassungslos; **an ~ look** ein erstaunter Blick; **an ~ smile** ein skeptisches Lächeln; ***they were ~ when they heard the news*** sie konnten die Neuigkeiten nicht glauben

incredulously [ɪnˈkredjələsli, AM -ˈkredʒʊ-] *adv* (*disbelievingly*) ungläubig; (*aghast*) fassungslos

increment [ˈɪnkrəmənt] **I.** *n* ❶ (*increase*) Anwachsen *nt,* Erhöhung *f,* Zuwachs *m; of earnings* Mehreinnahme[n] *f[pl];* **salary ~** Gehaltserhöhung *f*
❷ (*division*) Stufe *f;* **by ~s** stufenweise; *on a scale* [Grad]einteilung *f*
❸ (*value*) Inkrement *nt*
II. *vt* ■**to ~ sth** ❶ (*add*) etw hochzählen
❷ (*move forward*) *document, card* etw inkrementieren

incremental [ˌɪnkrəˈmentᵊl, AM -t̬ᵊl] *adj inv* stufenweise, schrittweise; **~ backup** COMPUT Differenzialsicherung *f;* **~ computer** COMPUT Inkrementalrechner *m*

incrementally [ˌɪnkrəˈmentᵊli, AM -t̬ᵊli] *adv inv* stufenweise, schrittweise

incriminate [ɪnˈkrɪmɪneɪt] *vt* ■**to ~ sb** jdn beschuldigen [*o* belasten]; ■**to ~ oneself** sich *akk* selbst belasten; **to ~ a company/organization** [schwere] Vorwürfe gegen eine Firma/Organisation erheben

incriminating [ɪnˈkrɪmɪneɪtɪŋ, AM -t̬ɪŋ] *adj* belastend; **~ evidence** belastendes Beweismaterial

incrimination [ɪnˌkrɪmɪˈneɪʃᵊn] *n no pl* Beschuldigung *f;* **self-~** Selbstbezichtigung *f*

incrust [ɪnˈkrʌst] *vt see* **encrust**

incrustation [ˌɪnkrʌsˈteɪʃᵊn] *n* Verkrustung *f,* Krustenbildung *f;* GEOL Inkrustation *f fachspr*

incubate [ˈɪŋkjʊbeɪt] **I.** *vt* ❶ (*brood*) **to ~ an egg** (*keep warm*) ein Ei [be]brüten; (*hatch*) [ein Ei] ausbrüten; **to ~ bacteria/cells** Bakterien/Zellen heranzüchten
❷ (*fig: think up*) **to ~ an idea/a plan** eine Idee/einen Plan ausbrüten
❸ (*fall ill*) **to ~ a disease** eine Krankheit entwickeln [*o fam* ausbrüten]
II. *vi* (*develop*) *egg* bebrütet werden; *idea, plan* reifen

incubation [ˌɪŋkjʊˈbeɪʃᵊn] *n no pl* ❶ ZOOL (*egg keeping*) [Be]brüten *nt; for hatching* Ausbrüten *nt*
❷ (*time period*) *for eggs* Brut[zeit] *f; for diseases* Inkubation[szeit] *f*

incubation period *n* (*in egg*) Brut[zeit] *f;* (*for plan*) Planungsphase *f,* Vorbereitungszeit *f;* (*for disease*) Inkubationszeit *f*

incubator [ˈɪŋkjʊbeɪtəʳ, AM -t̬ɚ] *n* (*for eggs*) Brutapparat *m;* (*for babies*) Brutkasten *m,* Inkubator *m fachspr*

incubus <*pl* -es *or* -bi> [ˈɪŋkjʊbəs, *pl* -baɪ] *n* ❶ (*demon*) Alp *m*
❷ (*fig: oppressive thing*) Alptraum *m*

inculcate [ˈɪnkʌlkeɪt] *vt* ■**to ~ sth on** [*or* **in**] **sb** jdm etw einschärfen; ■**to ~ sb with sth** jdm etw beibringen

inculcation [ˌɪnkʌlˈkeɪʃᵊn] *n no pl* Einimpfen *nt fig*

incumbency [ɪnˈkʌmbən(t)si] *n* Amtszeit *f*

incumbent [ɪnˈkʌmbənt] **I.** *adj* ❶ *attr, inv* (*in office*) amtierend
❷ *pred, inv* (*form: obligatory*) erforderlich, notwendig; ■**it is ~ on** [*or* **upon**] **sb to do sth** es obliegt jdm, etw zu tun *geh*
II. *n* Amtsinhaber(in) *m(f)*

incur <-rr-> [ɪnˈkɜːʳ, AM -ˈkɜːr] *vt* ■**to ~ sth** ❶ FIN, ECON etw hinnehmen müssen [*o* erleiden]; **to ~ costs** sich *dat* Unkosten aufladen; **to ~ debt** Schulden machen; **expenses ~red** entstandene Kosten; **to ~ losses** Verluste erleiden
❷ (*bring upon oneself*) etw hervorrufen; **to ~ the anger** [*or* **wrath**] **of sb** jds Zorn auf sich *akk* ziehen, jdn verärgern; **to ~ the blame for sth** den Tadel für etw *akk* einstecken
❸ (*make oneself liable to*) **to ~ the risk of a penalty** das Risiko einer Geldstrafe eingehen

incurable [ɪnˈkjʊərəbl̩, AM -ˈkjʊr-] *adj inv* unheilbar; **an ~ habit** eine nicht ablegbare Angewohnheit; **an ~ illness** eine unheilbare Krankheit; (*fig*) unverbesserlich

incurably [ɪnˈkjʊərəbli, AM -ˈkjʊr-] *adv inv* unheilbar; **to be ~ ill** unheilbar krank sein; (*fig*) unverbesserlich

incurious [ɪnˈkjʊəriəs, AM -ˈkjʊr-] *adj* gleichgültig, desinteressiert; ■**to be ~ about sth** einer S. *dat* gegenüber gleichgültig sein

incuriously [ɪnˈkjʊəriəsli, AM ˈkjʊri] *adv* ohne Neugier

incursion [ɪnˈkɜːʃᵊn, AM -ˈkɜːrʒ-, -rʃ-] *n* [feindlicher] Einfall, Eindringen *nt kein pl;* **to make an ~ into an area/a country** in ein Gebiet/Land eindringen

Ind. AM *abbrev of* **Indiana**

indebted [ɪnˈdetɪd, AM -t̬ɪd] *adj pred* ❶ (*obliged*) [zu Dank] verpflichtet; ■**to be ~ to sb for sth** jdm für etw *akk* dankbar sein
❷ (*having debt*) verschuldet; **to be deeply** [*or* **heavily**] **~** hoch verschuldet sein, [tief] in den roten Zahlen stehen *fam*

indebtedness [ɪnˈdetɪdnəs, AM -t̬ɪd-] *n no pl* ❶ (*personal*) Verpflichtung *f,* Dankesschuld *f*
❷ (*financial*) Verschuldung *f,* Schulden *pl*

indecency [ɪnˈdiːsᵊn(t)si] *n no pl* ❶ (*impropriety*) Ungehörigkeit *f,* Unschicklichkeit *f*
❷ (*lewdness*) Anstößigkeit *f,* Unanständigkeit *f*
❸ (*sexual assault*) sexueller Übergriff; ■**~ against sb** sexueller Übergriff auf jdn

indecent [ɪnˈdiːsᵊnt] *adj* ❶ (*improper*) ungehörig; (*unseemly*) unschicklich; (*inappropriate*) unangemessen; **with ~ haste** mit ungebührlicher Eile
❷ (*lewd*) unanständig, unmoralisch; **an ~ proposal** [*or* **suggestion**] ein unsittlicher Antrag

indecent assault *n* LAW sexueller Übergriff, unzüchtige Handlung (*unter Androhung von Gewalt*) **indecent exposure** *n no pl* LAW Erregung *f* öffentlichen Ärgernisses (*durch exhibitionistische Handlungen*)

indecently [ɪnˈdiːsᵊntli] *adv* ❶ (*improper*) ungehörig; (*inappropriate*) unangemessen
❷ (*lewdly*) unanständig

indecipherable [ˌɪndɪˈsaɪfᵊrəbl̩] *adj inv* (*impossible to read*) unlesbar; (*of handwriting*) kaum zu entziffern; (*impossible to understand*) unverständlich

indecision [ˌɪndɪˈsɪʒᵊn] *n no pl* Unschlüssigkeit *f,* Unentschlossenheit *f*

indecisive [ˌɪndɪˈsaɪsɪv] *adj* ❶ (*wishy-washy*) unentschlossen; *person* nicht entscheidungsfreudig
❷ (*not conclusive*) unschlüssig, mehrdeutig; **~ results** keine eindeutigen Ergebnisse
❸ (*not decisive*) nicht entscheidend [*o* ausschlaggebend]

indecisively [ˌɪndɪˈsaɪsɪvli] *adv* unentschlossen

indecisiveness [ˌɪndɪˈsaɪsɪvnəs] *n no pl* Unschlüssigkeit *f,* Unentschlossenheit *f; see also* **indecision**

indeclinable [ˌɪndɪˈklaɪnəbl̩] *adj* LING undeklinierbar, indeklinabel *fachspr*

indecorous [ɪnˈdekᵊrəs] *adj* (*form: improper*) unangemessen; (*undignified*) unwürdig, schamlos

indecorously [ɪnˈdekᵊrəsli] *adv* (*form: improperly*) unangemessen; (*undignified*) unwürdig, schamlos

indeed [ɪnˈdiːd] **I.** *adv inv* ❶ (*for emphasis*) in der Tat, wirklich; ***this is bad news ~!*** das sind allerdings schlechte Nachrichten!; (*actually*) tatsächlich; ***the limited evidence suggests that errors may ~ be occurring*** das eingeschränkte Beweismaterial lässt darauf schließen, dass tatsächlich Fehler auftreten; ***many people are very poor ~*** viele Menschen sind wirklich sehr arm; ***thank you very much ~!*** vielen herzlichen Dank!; **very disappointed/happy ~** *esp* BRIT wirklich enttäuscht/glücklich

② (*affirmation*) allerdings; ***is this your dog? — it is*** ~ ist das Ihr Hund? – allerdings; ***yes, I did*** ~ ***say that*** ja, das habe ich allerdings gesagt
③ (*for strengthening*) ja; ***he was too proud, too arrogant*** ~ er war zu stolz, ja, zu arrogant
II. *interj* [ja,] wirklich, ach, wirklich *oft iron;* ***I saw you in the newspaper*** — ~***?*** ich habe Sie in der Zeitung gesehen – sagen Sie bloß!; ***when will we get a pay rise? — when*** ~***?*** wann bekommen wir eine Gehaltserhöhung? – ja, wann wohl?

indefatigable [ˌɪndɪˈfætɪgəbl̩, AM -fæt̬-] *adj inv* unermüdlich

indefatigably [ˌɪndɪˈfætɪgəbli, AM -fæt̬-] *adv inv* unermüdlich

indefensible [ˌɪndɪˈfen(t)səbl̩] *adj* ① (*not justifiable*) *actions* unentschuldbar; (*not convincing*) *opinions, arguments* unhaltbar; (*not acceptable*) untragbar, inakzeptabel; ~ **behaviour** unmögliches Benehmen; **morally** ~ moralisch inakzeptabel [*o* nicht vertretbar]
② MIL nicht zu halten *präd*

indefensibly [ˌɪndɪˈfen(t)səbli] *adv* (*unjustifiably*) unentschuldbar; (*unconvincingly*) unhaltbar; (*inacceptably*) inakzeptabel

indefinable [ˌɪndɪˈfaɪnəbl̩] *adj* undefinierbar, unbestimmt

indefinably [ˌɪndɪˈfaɪnəbli] *adv* undefinierbar, unbestimmt

indefinite [ɪnˈdefɪnət, AM -ənət] *adj* ① *inv* (*unknown*) unbestimmt; **an** ~ **number of chairs/guests/people** eine unbestimmte Zahl von Stühlen/Gästen/Leuten; **for an** ~ **period** für eine [*o* auf] unbestimmte Zeit
② (*vague*) unklar; *answer* nicht eindeutig; *date, time* [noch] nicht festgelegt, offen; *plans, ideas* vage

indefinite article *n* unbestimmter Artikel

indefinitely [ɪnˈdefɪnətli, AM -ənət-] *adv* ① *inv* (*for unknown time*) auf unbestimmte Zeit; **to suspend** [*or* **postpone**] **sth** [*or* **to put sth off**] ~ etw auf unbestimmte Zeit verschieben
② (*vaguely*) vage

indelible [ɪnˈdeləbl̩] *adj inv* ① (*staining*) unlöschbar; *colours, stains* unlöslich; ~ **ink** unlöschbare Tinte; ~ **mark** unlöslicher Fleck
② (*fig: permanent*) unauslöschlich; **to make an** ~ **mark** etw *dat* seinen Stempel aufdrücken; **an** ~ **memory** eine unvergessliche Erinnerung

indelibly [ɪnˈdeləbli] *adv inv* unlöschbar; (*fig*) unauslöschlich *geh,* bleibend; **to be printed** [*or* **logged**] ~ **in sb's memory** jdm unauslöschlich im Gedächtnis eingeprägt sein

indelicacy [ɪnˈdelɪkəsi] *n no pl* (*lack of sensitivity*) Unsensibilität *f,* mangelnde Feinfühligkeit; (*lack of politeness*) Unhöflichkeit *f;* (*lack of tact*) Taktlosigkeit *f*

indelicate [ɪnˈdelɪkət] *adj* (*not sensitive*) unsensibel, nicht feinfühlig *präd;* (*not polite*) unhöflich; (*tactless*) taktlos; **an** ~ **sense of humour** ein derber Sinn für Humor

indemnify <-ie-> [ɪnˈdemnɪfaɪ] *vt* ① (*insure*) ■**to** ~ **sth/sb** etw/jdn versichern; (*secure*) ■**to** ~ **sb** jdn [gegen Ansprüche] sichern
② (*compensate*) ■**to** ~ **sb** jdn entschädigen [*o fachspr* schadlos halten], jdm Schadenersatz leisten

indemnity [ɪnˈdemnəti, AM -ət̬i] *n* (*form*) ① *no pl* (*insurance*) Versicherung *f;* (*protection*) Versicherungsschutz *m*
② (*compensation in case of responsibility*) Schaden[s]ersatz *m;* (*compensation without sb responsible*) Entschädigung *f;* **to pay** ~ Schadensersatz leisten, eine Entschädigung bezahlen; *after war* Kriegsentschädigung *f*
③ LAW Versprechen *nt* der Schadloshaltung

indent I. *vi* [ɪnˈdent] ① TYPO (*make a space*) einrücken, einziehen
② BRIT, AUS ECON (*request goods*) anfordern, ordern
II. *vt* [ɪnˈdent] ① TYPO **to** ~ **a line/paragraph** eine Zeile/einen Absatz einrücken
② (*make depression*) ■**to** ~ **sth** etw eindrücken; *metal* etw einbeulen
III. *n* [ˈɪndent] ① TYPO Einzug *m*
② BRIT, AUS ECON (*request*) Auftrag *m,* Order *f* (*aus Übersee*), Indentgeschäft *nt fachspr;* **to make an** ~ **for sth** für etw *akk* eine Order erteilen

indentation [ˌɪndenˈteɪʃᵊn] *n* ① TYPO Einzug *m*
② (*depression*) Vertiefung *f; in cheek, head* Kerbe *f; in car, metal* Beule *f; in rock, coastline* Einbuchtung *f;* (*cut*) [Ein]schnitt *m*

indenture [ɪnˈdentʃəʳ, AM -ɚ] I. *vt* ■**to** ~ **sb** ① (*train*) jdn [als Lehrling] ausbilden, jdn in die Lehre nehmen
② (*hire*) jdn einstellen
II. *n* ① (*trainee's contract*) [**articles of**] ~ Lehrvertrag *m,* Ausbildungsvertrag *m*
② (*copied contract*) in mehrfacher Ausführung angefertigter Vertrag
③ (*hist: colonial contract*) *Vertrag über eine zeitlich begrenzte Leibeigenschaft eines besitzlosen Auswanderers, dem dafür sein Grundherr in der neuen Welt die Schiffspassage bezahlte*
④ AM FIN Anleihevertrag *m*

indentured [ɪnˈdentʃəʳd, AM -ɚd] *adj pred, inv* **to be** ~ **to sb** (*for training*) bei jdm [als Lehrling] angestellt sein [*o* in der Lehre sein]; **an** ~ **servant** (*hist*) *besitzloser Auswanderer, der einem Grundherrn in der neuen Welt vertraglich zu jahrelangem Dienst verpflichtet war, da dieser ihm die Passage bezahlt hatte*

independence [ˌɪndɪˈpendən(t)s] *n no pl* ① (*autonomy*) Unabhängigkeit *f;* **to achieve** ~ **from sth** POL seine Unabhängigkeit von etw *dat* erlangen; **to win** [*or* **gain**] ~ **from sth** die Unabhängigkeit von etw *dat* erreichen
② (*without influence*) Unabhängigkeit *f;* (*impartiality*) Unparteilichkeit *f*
③ (*self-reliance*) Selbständigkeit *f*

Independence Day *n* AM *amerikanischer Unabhängigkeitstag*

independent [ˌɪndɪˈpendənt] I. *adj* ① *inv* (*autonomous, self-governing*) unabhängig; **to become** ~ **from sth** von etw *dat* unabhängig werden, seine Unabhängigkeit von etw *dat* erlangen
② (*uninfluenced*) unabhängig (**of** von +*dat*); (*impartial*) unparteiisch; ~ **financial adviser** unabhängiger Finanzberater/unabhängige Finanzberaterin; ~ **enquiry** [*or* AM *usu* **inquiry**] unabhängige Untersuchung
③ (*unassisted*) selbständig; **to have** ~ **means** private Mittel [*o* ein Privateinkommen] haben; ~ **traveller** [*or* AM *usu* **traveler**] Individualreisende(r) *f(m);* **to be financially** ~ finanziell unabhängig sein
④ (*separate, unconnected*) unabhängig; ***… quite*** ~ ***of each other …*** ganz unabhängig voneinander; ~ **statements** voneinander unabhängige Aussagen; ~ **witnesses** Zeugen, die nichts miteinander zu tun haben
⑤ AUTO [**fully**] ~ **suspension** Einzelradaufhängung *f*
⑥ LING ~ **clause** Hauptsatz *m,* übergeordneter Satz
II. *n* ① POL Unabhängige(r) *f(m),* Parteilose(r) *f(m)*
② COMM ■**the** ~**s** *pl* die unabhängigen Unternehmen

independently [ˌɪndɪˈpendəntli] *adv* ① (*separately*) unabhängig; ■**to do sth** ~ **of sb/sth** etw unabhängig von jdm/etw tun; (*not prompted by others*) etw von sich *dat* aus tun
② (*self-reliantly*) selbständig, ohne fremde Hilfe; **to think** ~ selbständig denken
③ (*regardless*) ■~ **of sth** unabhängig von etw *dat;* ~ ***of that concern, I believe that …*** aber ganz unabhängig davon meine ich, dass …

independent means *npl* privates [*o* eigenes] Einkommen, Privateinkommen *nt;* **to have** ~ über ein eigenes Einkommen verfügen **independent-minded** *adj* selbständig, unabhängig; ***a guide book for the*** ~ ***traveller*** ein Reiseführer für den Individualreisenden; ■**to be** ~ eine eigene Meinung haben **independent school** *n* BRIT Schule *f* in nichtstaatlicher Trägerschaft **Independent Television** *n no pl, no art* BRIT ① (*commercial television*) *englisches Privatfernsehen* ② (*independent broadcaster*) private Fernsehanstalt

in-depth [ˌɪnˈdepθ] *adj attr* gründlich; ~ **investigation** eingehende Untersuchung; ~ **report** detaillierter Bericht

indescribable [ˌɪndɪˈskraɪbəbl̩] *adj* ① (*good*) unbeschreiblich; ***the food was*** ~ das Essen war traumhaft
② (*bad*) unbeschreiblich, fürchterlich; **to live in** ~ **squalor** in entsetzlichen Verhältnissen leben

indescribably [ˌɪndɪˈskraɪbəbli] *adv* ① (*good*) unbeschreiblich; ~ **beautiful** sagenhaft schön
② (*bad*) unbeschreiblich, entsetzlich *fam*

indestructibility [ˌɪndɪˌstrʌktəˈbɪləti, AM -ət̬i] *n no pl* Unzerstörbarkeit *f; of product, toy* Unverwüstlichkeit *f*

indestructible [ˌɪndɪˈstrʌktəbl̩] *adj* unzerstörbar; ~ **toy** unverwüstliches Spielzeug; ~ **waste products** nichtabbaubare Abfallprodukte

indeterminable [ˌɪndɪˈtɜːmɪnəbl̩, AM -ˈtɜːr-] *adj* ① (*unidentifiable, unascertainable*) unbestimmbar, undefinierbar, nicht zu bestimmen [*o* definieren] *präd*
② (*irresolvable*) *dispute, issue* nicht zu klärend *attr,* nicht zu klären *präd*

indeterminacy [ˌɪndɪˈtɜːmɪnəsi, AM -ˈtɜːr-] *n no pl* Unbestimmtheit *f; of definition* Vagheit *f*

indeterminate [ˌɪndɪˈtɜːmɪnət, AM -ˈtɜːr-] *adj* ① (*uncounted, immeasurable*) unbestimmt; ~ **system** COMPUT unbestimmtes System
② (*vague*) unklar, vage; ~ **colour** [*or* AM **color**] (*not distinct*) unbestimmbare Farbe; **to take an** ~ **stance** keinen klaren Standpunkt beziehen; ~ **noise** undefinierbares Geräusch; ~ **period of time** ungewisse Zeitspanne

index [ˈɪndeks, *pl* -dɪsiːz] I. *n* ① <*pl* -es> (*alphabetical list: in book*) Index *m; of sources* Quellenverzeichnis *nt;* (*in library*) Katalog *m;* (*register, list*) Register *nt,* Verzeichnis *nt;* (*in a computer memory*) Index *m;* ***look it up in the*** ~ schlag's doch im Verzeichnis nach; ~ **by author/keyword/subject-matter/title** [*or* **of authors/keywords/subject-matters/titles**] Autoren-/Stichwort-/Themen-/Titelverzeichnis *nt;* **card** ~ Kartei *f;* **computer** ~ [elektronisches] Datenverzeichnis; ***catalogued on a computer*** ~ elektronisch erfasst; ~ **number** Indexzahl *f;* (*percentage rise of sth over a period*) Indexziffer *f*
② <*pl* -dices *or* -es> ECON Index *m fachspr,* Indexzahl *f fachspr;* STOCKEX Aktienindex *m,* Börsenindex *m;* **the cost-of-living** ~ der Lebenshaltungskostenindex; **the Dow Jones I**~ der Dow-Jones-Index *fachspr;* **FTSE 100 I**~ [britischer] Aktienindex, FTSE 100 Index *m fachspr;* **price/wage** ~ Preis-/Lohnkostenindex *m*
③ <*pl* -dices *or* -es> (*indicator, measure*) Hinweis *m* (**of** auf +*akk*), Anzeichen *nt* (**of** für +*akk*); **to be a reliable** ~ **of sth** ein verlässliches Anzeichen für etw *akk* sein, zuverlässig Aufschluss über etw *akk* geben
④ *no pl* REL (*hist*) ■**the I**~ *of prohibited books* der Index
⑤ <*pl* -dices> MATH Index *m fachspr*
⑥ COMPUT (*address to used*) Index *m*
⑦ (*on film strip*) Index *m*
II. *vt* ① (*create index*) ■**to** ~ **sth** *in book* etw mit einem Verzeichnis [*o* Register] versehen; *in library* etw katalogisieren; *on computer* ein elektronisches Datenverzeichnis erstellen, etw elektronisch erfassen
② (*record in index*) ■**to** ~ **sth** *in book* etw in ein Verzeichnis [*o* Register] aufnehmen; *in library* etw in einen Katalog aufnehmen; *on computer* etw in ein elektronisches Datenverzeichnis aufnehmen; **to** ~ **sth by author/keyword/ subject-matter/title** etw mit einem Autoren-/Stichwort-/Themen-/Titelverzeichnis versehen
③ *usu passive* ECON (*link to*) **to be** ~**ed to** [*or* **in line with**] **sth** an etw *akk* gekoppelt [*o fachspr* indexiert] sein; ***wages have been*** ~***ed to inflation*** die Lohntarife sind an die Inflation gekoppelt; ~**ed pension** dynamische Rente; ■**to** ~ **sth** etw indexieren
④ MATH ■**to** ~ **sth** etw indizieren

indexation [ˌɪndekˈseɪʃᵊn] *n no pl* ECON Indexierung *f fachspr,* Indexbindung *f fachspr*

index card *n* Karteikarte *f*

indexed ['ɪndekst] *adj* AM, AUS ECON indexiert *fachspr,* indexgebunden *fachspr;* ■**to be ~ to sth** an etw *akk* gekoppelt [*o fachspr* indexiert] sein

index finger *n* Zeigefinger *m* **index-linked** *adj* BRIT ECON indexgebunden *fachspr,* indexiert *fachspr,* der Inflationsrate angeglichen; **~ pension** dynamische Rente **index number** *n* Indexzahl *f,* Katalognummer *f;* (*percentage rise over a period*) Indexziffer *f* **Index of Leading Economic Indicators** *n* AM ECON ■**the ~** der Index der führenden Wirtschaftsindikatoren **index print** *n* Fotoindex *m*

India ['ɪndiə] *n no pl* Indien *nt*

India ink *n* AM, AUS, CAN Tusche *f*

Indian ['ɪndiən] **I.** *adj* ❶ (*of Indian sub-continent*) indisch
❷ (*often pej: of native Americans*) indianisch, Indianer-
II. *n* ❶ (*of Indian descent*) Inder(in) *m(f)*
❷ (*often pej: native American*) Indianer(in) *m(f);* **American/Canadian ~s** amerikanische/kanadische Indianer; **to play cowboys and ~s** [Cowboy und] Indianer spielen

Indian club *n* Keule *f* **Indian corn** *n no pl* AM Mais *m* **Indian file** *n esp* AM (*single file*) **in ~** im Gänsemarsch **Indian ink** *n* Tusche *f* **Indian Ocean** *n* ■**the ~** der Indische Ozean **Indian summer** *n* ❶ (*in autumn*) Altweibersommer *m,* [warme] Nachsommertage ❷ (*fig: in one's life*) zweiter Frühling *fig*

India paper *n no pl* Dünndruckpapier *nt* **India rubber** *n* (*dated: rubber*) [Radier]gummi *m,* Kautschuk *m*

indicate ['ɪndɪkeɪt] **I.** *vt* ❶ (*show*) ■**to ~ sth** etw zeigen; *apparatus, device, gauge* etw anzeigen; **~d in red/bold** rot/fett eingezeichnet [*o* gekennzeichnet]
❷ (*strongly imply*) auf etw *akk* hindeuten [*o* schließen lassen], etw erkennen lassen; ***initial results ~ that ...*** die ersten Hochrechnungen deuten darauf hin, dass ...; **to ~ one's displeasure at sth** sein Missfallen über etw *akk* zum Ausdruck bringen [*o* geben]
❸ (*point to*) ■**to ~ sb/sth** auf jdn/etw hindeuten [*o* hinweisen]; ***he ~d his girlfriend with a nod of his head*** nickend zeigte er auf seine Freundin
❹ *usu passive* MED (*suggest as suitable*) ■**to be ~d** indiziert sein *fachspr;* (*fig hum fam*) angebracht [*o sl* angezeigt] [*o sl* angesagt] sein *hum;* ***I think a cool drink is ~d!*** ich glaube, jetzt ist erst einmal ein kühles Getränk angesagt!
❺ (*state briefly*) ■**to ~ [to sb] that ...** [jdm] zu verstehen geben, dass ...; ■**to ~ sth** (*in writing, on form*) etw angeben; **to ~ ingredients** Inhaltsstoffe aufführen
II. *vi* BRIT blinken, den Blinker setzen; **to ~ left/right** links/rechts blinken

indication [ˌɪndɪ'keɪʃᵊn] *n* ❶ (*evidence, sign*) [An]zeichen *nt* (**of** für +*akk*), Hinweis *m* (**of** auf +*akk*); ***the ~ from the trade figures is to reduce stock by at least 30%*** die Außenhandelsdaten legen nahe, die Bestände um mindestens 30% zu reduzieren; **an ~ of willingness to do sth** ein Zeichen *nt* der Bereitschaft, etw zu tun; **to give a clear/no ~ of sth** etw klar/nicht erkennen lassen; ***he hasn't given any ~ of his plans*** er hat nichts von seinen Plänen verlauten lassen; ***he gave no ~ of having seen his daughter*** nichts wies darauf hin, dass er seine Tochter gesehen hatte; **early ~s** erste Anzeichen; **there is every/no ~ that ...** alles/nichts weist [*o* deutet] darauf hin, dass ...; ***there was little ~ that the protesters would leave peacefully*** es schien höchst unwahrscheinlich, dass die Demonstranten friedlich abziehen würden
❷ (*reading*) *on gauge, meter* Anzeige *f*
❸ MED Indikation *f fachspr;* ***heavy bleeding is an ~ of hysterectomy*** bei starken Blutungen ist eine Hysterektomie indiziert

indicative [ɪn'dɪkətɪv, AM -t̬ɪv] **I.** *adj* ❶ (*suggestive*) hinweisend *attr;* ***there are ~ signs that the economy may be improving*** es weist einiges auf einen Konjunkturaufschwung hin; ■**to be ~ of sth** etw erkennen lassen, auf etw *akk* schließen lassen
❷ LING (*not subjunctive*) indikativisch *fachspr;* **~ sentence** Indikativsatz *m fachspr*
II. *n* LING Indikativ *m fachspr*

indicator ['ɪndɪkeɪtəʳ, AM -t̬ə] **I.** *n* ❶ (*evidence*) Indikator *m fachspr; of fact, trend* deutlicher Hinweis; **an ~ of an inflation/economic upswing** ein Indikator *m* für eine Inflation/einen Konjunkturaufschwung
❷ BRIT (*turning light*) Blinker *m,* [Fahrt]richtungsanzeiger *m bes* SCHWEIZ
❸ MECH (*gauge, meter*) Anzeige *f,* Anzeiger *m;* (*needle*) Zeiger *m;* **speed ~** Geschwindigkeitsmesser *m*
❹ BRIT (*information board*) *at airport, station* Anzeigetafel *f*
❺ COMPUT Anzeiger *m,* Melder *m*
II. *n modifier* **~ light** BRIT Kontrolllicht *nt*

indices ['ɪndɪsiːz] *n pl of* **index I 2,3,5**

indict [ɪn'daɪt] *vt* ■**to ~ sb** jdn anklagen [*o* beschuldigen], gegen jdn Anklage erheben; **to ~ sb on drug charges/for kidnapping** gegen jdn Anklage wegen Drogendelikte/auf Entführung erheben; **to ~ sb for murder** jdn unter Mordanklage stellen

indictable [ɪn'daɪtəbl̩, AM -t̬-] *adj inv* ❶ (*liable to prosecution*) strafbar
❷ (*chargeable*) *person* strafrechtlich verfolgbar

indictable offence, AM **indictable offense** *n* LAW schweres Vergehen

indictment [ɪn'daɪtmənt] *n* ❶ LAW (*statement of accusation*) Anklage[erhebung] *f;* (*bill*) Anklageschrift *f;* **an ~ for conspiracy/on charges of attempted murder** eine Anklage wegen Verschwörung/wegen versuchten Mordes; **to quash an ~** eine Anklage verwerfen
❷ (*fig: reason for blame*) Anzeichen *nt* (**of** für +*akk*), Hinweis *m* (**of** auf +*akk*); **to be a damning ~ of sth** ein Armutszeugnis für etw *akk* sein; ***a damning ~ of education policy*** eine vernichtende Anklage gegen die Bildungspolitik

indie ['ɪndi] *adj inv short for* **independent** *film, industry, music* Indie-

indifference [ɪn'dɪfᵊrən(t)s] *n no pl* Gleichgültigkeit *f,* Indifferenz *f geh* (**to[wards]** gegenüber +*dat*)

indifferent [ɪn'dɪfᵊrənt] *adj* ❶ (*not interested*) gleichgültig; ■**to be ~ to sth/sb** etw/jdm gegenüber gleichgültig sein, kein[erlei] Interesse an jdm/etw haben; ***she seems completely ~ to him*** er scheint ihr völlig gleichgültig zu sein; (*unmoved*) ungerührt (**to** von +*dat*)
❷ (*of poor quality*) [mittel]mäßig; **to play an ~ game** [nur] ein [mittel]mäßiges Spiel abliefern

indifferently [ɪn'dɪfᵊrəntli] *adv* ❶ (*without interest*) gleichgültig, indifferent *geh;* **to behave ~ towards sb** sich *akk* jdm gegenüber gleichgültig verhalten; (*unmoved*) ungerührt
❷ (*not well*) [mittel]mäßig

indigence ['ɪndɪdʒən(t)s] *n no pl* (*form*) Armut *f,* Bedürftigkeit *f*

indigenous [ɪn'dɪdʒɪnəs] *adj inv* [ein]heimisch; **the ~ flora and fauna** die heimische Tier- und Pflanzenwelt; **~ people** Einheimische *pl;* **to be ~ to Europe** *plants, animals, etc* in Europa heimisch [*o* beheimatet] sein

indigent ['ɪndɪdʒənt] *adj* (*form*) arm, bedürftig

indigestibility [ˌɪndɪˌdʒestə'bɪləti, AM -əṭi] *n no pl* ❶ (*physically*) Unverdaulichkeit *f;* (*bad quality*) Ungenießbarkeit *f*
❷ (*fig: mentally*) Schwerverdaulichkeit *f fig; of report, statistics* Unverständlichkeit *f*

indigestible [ˌɪndɪ'dʒestəbl̩] *adj* ❶ (*food*) schwer verdaulich; (*bad, off*) ungenießbar
❷ (*fig: information etc*) schwer verdaulich [*o* verständlich]

indigestion [ˌɪndɪ'dʒestʃᵊn] *n no pl* ❶ (*after meal*) Magenverstimmung *f;* **to get** [*or* **give oneself**] **~** eine Magenverstimmung bekommen; **to suffer from ~** eine Magenverstimmung haben, an einer Magenverstimmung leiden *geh*
❷ (*chronic disorder*) Verdauungsstörung[en] *f[pl],* Indigestion *f fachspr*

indignant [ɪn'dɪgnənt] *adj* empört, entrüstet, aufgebracht, ungehalten *geh* (**at/about** über +*akk*); **to become ~** sich *akk* entrüsten [*o* aufregen] [*o* empören], ungehalten werden *geh;* ■**to be/feel ~** empört [*o* entrüstet] [*o geh* ungehalten] sein

indignantly [ɪn'dɪgnəntli] *adv* empört, entrüstet, aufgebracht, ungehalten *geh*

indignation [ˌɪndɪg'neɪʃᵊn] *n no pl* Entrüstung *f,* Empörung *f,* Ärger *m,* Unwille *m geh* (**at/about** über +*akk*); **righteous ~** gerechtfertigte Empörung

indignity [ɪn'dɪgnəti, AM -əṭi] *n* Demütigung *f;* (*sth humiliating also*) Erniedrigung *f;* ***they were subjected to various indignities throughout the voyage*** auf ihrer Reise wurden sie äußerst demütigend behandelt

indigo ['ɪndɪgəʊ, AM -oʊ] **I.** *n* ❶ *no pl* (*blue dye*) Indigo *m o nt*
❷ (*blue*) Indigo[blau] *nt*
II. *adj inv* **~ [blue]** indigoblau

indirect [ˌɪndɪ'rekt] *adj* ❶ (*not straight*) indirekt; ***better take an ~ route through the suburbs*** fahr lieber einen [kleinen] Umweg über die Vororte; **~ flight** Flug *m* mit Zwischenstopp
❷ (*not intended*) *benefits, consequences* mittelbar; **~ evidence** indirekter Beweis
❸ (*not done directly*) **by ~ means** auf Umwegen *fig*
❹ (*avoiding direct mention*) indirekt; **~ attack/remark** Anspielung *f*

indirect costs *npl* FIN indirekte Kosten **indirect discourse** *n no pl* AM LING indirekte Rede; **to use ~** die indirekte Rede benutzen **indirect lighting** *n no pl* indirekte Beleuchtung

indirectly [ˌɪndɪ'rektli] *adv* indirekt, auf Umwegen; ***he was acting ~ on my behalf*** er handelte gemäß meiner indirekten Vollmacht

indirectness [ˌɪndɪ'rektnəs] *n no pl* indirekte Art [und Weise]; *route* Umweg *m; expression* Anspielung *f*

indirect object *n* LING indirektes Objekt, Dativobjekt *nt*

indirect parity *n* BRIT FIN Kreuzparität *f* **indirect speech** *n no pl* LING indirekte Rede; **to use ~** die indirekte Rede benutzen **indirect tax** *n* FIN (*money*) indirekte Steuer; (*system of taxation*) indirekte Besteuerung **indirect taxation** *n no pl* FIN indirekte Besteuerung

indiscernible [ˌɪndɪ'sɜːnəbl̩, AM -'sɜːr-] *adj* (*impossible to detect*) nicht wahrnehmbar; **an ~ change** eine unmerkliche Veränderung; **an almost ~ difference** ein kaum wahrnehmbarer Unterschied; (*not visible*) nicht erkennbar

indiscipline [ɪn'dɪsəplɪn] *n no pl* (*form*) Disziplinlosigkeit *f,* Undiszipliniertheit *f*

indiscreet [ˌɪndɪ'skriːt] *adj* (*careless*) indiskret; (*tactless*) taktlos (**about** in Bezug auf +*akk*)

indiscreetly [ˌɪndɪ'skriːtli] *adv* (*carelessly*) indiskret; (*tactlessly*) taktlos

indiscretion [ˌɪndɪ'skreʃᵊn] *n* ❶ *no pl* (*carelessness*) Indiskretion *f;* (*tactlessness*) Taktlosigkeit *f*
❷ (*indiscreet act*) Indiskretion *f;* (*thoughtless act*) unüberlegte Handlung; **[sexual] ~[s]** Affäre[n] *f[pl],* Techtelmechtel *nt[pl] fam;* **youthful ~s** [kleine] Jugendsünden

indiscriminate [ˌɪndɪ'skrɪmɪnət] *adj* ❶ (*unthinking*) unüberlegt, unbedacht; (*uncritical*) unkritisch; ***the ~ use of fertilizers will cause major damages to the environment*** der willkürliche Einsatz von Düngemitteln wird große Umweltschäden anrichten
❷ (*random*) wahllos, willkürlich; ***the terrorists have made ~ attacks on civilians*** die Terroristen verübten blinde Attacken auf Zivilisten; ■**to be ~ in sth** bei etw *dat* keine Unterschiede machen

indiscriminately [ˌɪndɪ'skrɪmɪnətli] *adv* ❶ (*without careful thought*) unüberlegt; (*uncritically*) unkritisch
❷ (*at random*) wahllos, willkürlich; (*not discrimi-*

nating) unterschiedslos, ohne [irgendwelche] Unterschiede zu machen

indispensability [ˌɪndɪˌspen(t)səˈbɪləti, AM -əṱi] *n no pl* Unentbehrlichkeit *f* (**to** für +*akk*)

indispensable [ˌɪndɪˈspen(t)səbl̩] *adj* unentbehrlich; ▪**to be ~** [**for** [*or* **to**] **sb/sth**] [für jdn/etw] unentbehrlich sein; **to make oneself ~ to sb** sich *akk* [bei jdm [*o* für jdn]] unentbehrlich machen

indisposed [ˌɪndɪˈspəʊzd, AM -ˈspoʊzd] *adj pred, inv* (*form*) ❶ (*slightly ill*) unpässlich; *artist, singer* indisponiert *geh;* (*euph: slightly unwell*) ***I'm afraid my wife won't be attending this evening, she is*** ~ leider kann meine Frau am heutigen Abend nicht erscheinen, sie ist leicht indisponiert *hum euph*
❷ (*unwilling*) ▪**to be/feel ~ to do sth** nicht gewillt [*o geh a. hum* geneigt] sein, etw zu tun

indisposition [ˌɪndɪspəˈzɪʃᵊn] *n* (*form*) ❶ *usu sing* (*also euph: illness*) Unpässlichkeit *f,* Indisponiertheit *f kein pl geh*
❷ *no pl* (*disinclination*) Abgeneigtheit *f* (**to** gegenüber +*dat*), Widerwille *m* (**to** gegenüber +*dat*); ***their ~ to cooperate has made things very difficult*** ihre mangelnde Bereitschaft zur Kooperation hat uns das Leben recht schwer gemacht

indisputable [ˌɪndɪˈspjuːtəbl̩, AM -ṱ-] *adj inv* unbestreitbar; **to present ~ evidence** einen unanfechtbaren Beweis erbringen; ~ **skill/talent** unbestrittene Fähigkeit/unbestrittenes Talent; ▪**it is ~ that ...** es ist unbestritten [*o* unstreitig], dass ...

indisputably [ˌɪndɪˈspjuːtəbli, AM -ṱ-] *adv inv* unbestreitbar, unbestritten

indissolubility [ˌɪndɪˌsɒljəˈbɪləti, AM -ˌsɑːljəˈbɪləṱi] *n no pl* ❶ (*unseverable*) Unauflöslichkeit *f; of friendship* Unzerbrechlichkeit *f*
❷ (*not dissolving*) *of a substance* Unlöslichkeit *f,* Unauflösbarkeit *f*

indissoluble [ˌɪndɪˈsɒljəbl̩, AM -ˈsɑːl-] *adj inv* ❶ CHEM *substances* unlöslich, unauflösbar
❷ (*fig*) unauflöslich, unauflösbar; *friendship* unzerbrechlich

indissolubly [ˌɪndɪˈsɒljəbli, AM -ˈsɑːl-] *adv inv* CHEM unlöslich; (*fig*) unauflöslich

indistinct [ˌɪndɪˈstɪŋ(k)t] *adj* ❶ (*poorly defined*) undeutlich, nicht genau bestimmbar; (*blurred*) verschwommen
❷ (*not clear*) unklar; *memory, recollection* verschwommen, dunkel; ~ **smell** undefinierbarer Geruch

indistinctly [ˌɪndɪˈstɪŋ(k)tli] *adv* (*with poor definition*) undeutlich; (*out of focus*) verschwommen; (*unclearly*) unklar; **to speak ~** undeutlich sprechen

indistinguishable [ˌɪndɪˈstɪŋgwɪʃəbl̩] *adj inv* (*impossible to differentiate*) ununterscheidbar, nicht unterscheidbar; (*not perceptible*) nicht wahrnehmbar [*o* erkennbar]; ***the difference here is almost*** ~ der Unterschied ist hier kaum feststellbar; ▪**to be ~ from sth** von etw *dat* nicht zu unterscheiden sein

individual [ˌɪndɪˈvɪdʒuəl] **I.** *n* ❶ (*single person*) Einzelperson *f,* Einzelne(r) *f(m),* Individuum *nt geh*
❷ (*approv: distinctive person*) [selbständige] Persönlichkeit
II. *adj* ❶ *attr, inv* (*separate*) einzeln; **to receive ~ attention** individuell betreut werden; ~ **case** Einzelfall *m*
❷ (*particular*) individuell; ~ **needs** individuelle Bedürfnisse, Bedürfnisse *ntpl* des/der Einzelnen
❸ (*distinctive, original*) eigen, eigentümlich; ***she has an ~ style*** sie hat ihren ganz eigenen Stil

individualism [ˌɪndɪˈvɪdʒuəlɪzᵊm] *n no pl* Individualismus *m*

individualist [ˌɪndɪˈvɪdʒuəlɪst] *n* Individualist(in) *m(f)*

individualistic [ˌɪndɪˌvɪdʒuəlˈɪstɪk] *adj* individualistisch *geh*

individualistically [ˌɪndɪˌvɪdʒuəlˈɪstɪkli] *adv* individualistisch *geh*

individuality [ˌɪndɪˌvɪdʒuˈæləti, AM -əṱi] *n* ❶ *no pl* (*distinctiveness, originality*) Individualität *f*
❷ *no pl* (*separate existence*) individuelle Existenz
❸ (*characteristics, tastes*) ▪**individualities** *pl* Eigenarten *fpl;* (*distinct tastes*) Geschmäcker *mpl;* **for all sorts of individualities** für jeden Geschmack

individualize [ˌɪndɪˈvɪdʒuəlaɪz] *vt* ▪**to ~ sth** ❶ (*adapt*) etw nach individuellen Bedürfnissen ausrichten [*o* gestalten]; ***we have to ~ our service*** wir müssen unseren Service stärker an individuellen Kundenbedürfnissen orientieren
❷ (*make distinctive*) etw individuell[er] gestalten, etw *dat* eine individuelle[re] [*o* persönliche[re]] [*o* eigene] Note verleihen [*o* geben]

individualized [ˌɪndɪˈvɪdʒuəlaɪzd] *adj attr* ❶ (*for the individual*) individuell; ~ **attention/treatment** Einzelbetreuung *f*/-behandlung *f;* ~ **medical care** persönliche ärztliche Betreuung; ~ **holidays** Individualreisen *fpl*
❷ (*of product*) individuell gestaltet

individually [ˌɪndɪˈvɪdʒuəli] *adv* ❶ *inv* (*as single entities*) einzeln; **to be working ~ on sth** für sich *akk* an etw *dat* arbeiten
❷ (*in distinctive way*) individuell; (*distinctly*) eigen[tümlich]; ***she always thinks very*** ~ sie hat ihre ganz eigene Denkweise

Individual Retirement Account *n* ECON, FIN *steuerbegünstigte Sparanlage zur privaten Altersvorsorge*

indivisibility [ˌɪndɪˌvɪzəˈbɪləti, AM -əṱi] *n no pl* Unteilbarkeit *f*

indivisible [ˌɪndɪˈvɪzəbl̩] *adj inv* unteilbar

indivisibly [ˌɪndɪˈvɪzəbli] *adv inv* unteilbar; ~ **attached to one another/sth** untrennbar miteinander/mit etw *dat* verbunden

Indochina [ˌɪndəʊˈtʃaɪnə, AM -doʊˈ-] *n* (*dated*) Indochina *nt*

indoctrinate [ɪnˈdɒktrɪneɪt, AM -ˈdɑːk-] *vt* ▪**to ~ sb** jdn indoktrinieren *geh o pej* (**in/with** mit +*dat*)

indoctrination [ɪnˌdɒktrɪˈneɪʃᵊn, AM -ˌdɑːk-] *n no pl* (*instruction*) Indoktrination *f geh o pej;* (*process*) Indoktrinierung *f geh o pej*

Indo-European [ˌɪndə(ʊ),-, AM -doʊ,-] LING **I.** *adj inv* indoeuropäisch, indogermanisch
II. *n* ❶ (*proto-language*) Indoeuropäisch *nt,* Indogermanisch *nt*
❷ (*person*) Indoeuropäer(in) *m(f),* Indogermane, -in *m, f*

indolence [ˈɪndᵊlən(t)s] *n no pl* (*laziness*) Trägheit *f;* (*desinterestedness*) Gleichgültigkeit *f,* Indolenz *f geh*

indolent [ˈɪndᵊlənt] *adj* (*pej: lazy*) träge; (*without interest*) gleichgültig, indolent *geh*

indolently [ˈɪndᵊləntli] *adv* (*lazily*) träge; (*without interest*) gleichgültig, indolent *geh*

indomitable [ɪnˈdɒmɪtəbl̩, AM -ˈdɑːməṱə-] *adj* (*approv*) unbezähmbar; ***she is ~ in her fight for justice*** sie setzt sich unerschütterlich für Gerechtigkeit ein; ~ **courage** unerschütterlicher Mut; ~ **spirit** unbeugsamer Geist; ~ **strength of character** unbezwingbare Charakterstärke; ~ **will** eiserner [*o* unbändiger] Wille

indomitably [ɪnˈdɒmɪtəbli, AM -ˈdɑːməṱə-] *adv* (*approv*) unbezähmbar; (*undefatigably*) unerschütterlich

Indonesia [ˌɪndə(ʊ)ˈniːʒə, AM -dəˈ-] *n* Indonesien *nt*

Indonesian [ˌɪndə(ʊ)ˈniːʒən, AM -dəˈ-] **I.** *adj* indonesisch; ~ **batik** indonesische(r) Batik
II. *n* ❶ (*person*) Indonesier(in) *m(f)*
❷ (*language*) Indonesisch *nt*

indoor [ˌɪnˈdɔːʳ, AM -ˈdɔːr] *adj attr, inv* ❶ (*situated inside*) Innen-; ~ **plant** Zimmerpflanze *f;* ***we'll have to do ~ activities with the children today*** wir müssen mit den Kindern im Haus spielen; SPORTS Hallen-; ***he's the international ~ champion*** er ist der internationale Hallenmeister; ~ **racetrack** Hallenrennbahn *f*
❷ (*for use inside*) Haus-, für zu Hause *nach n;* ~ **plumbing** Wasseranschluss *m* im Haus; ~ **shoes** Hausschuhe *mpl;* SPORTS Hallen-, für die Halle *nach n;* ~ **trainers** Hallenturnschuhe *mpl*

indoor pool *n* Hallen[schwimm]bad *nt*

indoors [ˌɪnˈdɔːz, AM -ˈdɔːrz] *adv inv* (*into a building*) hinein, herein, nach drinnen; (*within building, house*) drinnen; (*within house*) im Haus; ***come ~, it's cold outside*** komm herein, es ist kalt draußen

indoor sport *n* Hallensport *m kein pl;* (*individually*) Hallensportart *f*

indubitable [ɪnˈdjuːbɪtəbl̩, AM -ˈduːbɪṱə-, -ˈdjuː-] *adj inv* (*form*) unzweifelhaft; ~ **evidence** ein zweifelsfreier Beweis

indubitably [ɪnˈdjuːbɪtəbli, AM -ˈduːbɪṱə-, -ˈdjuː-] *adv inv* (*form*) zweifellos, zweifelsohne

induce [ɪnˈdjuːs, AM *esp* -ˈduːs] *vt* ❶ (*persuade*) ▪**to ~ sb to do sth** jdn dazu bringen [*o geh* bewegen], etw zu tun; ***nothing could ~ me to do a bungee-jump!*** nicht um alles in der Welt würde ich Bungee springen!
❷ (*cause*) ▪**to ~ sth** etw hervorrufen [*o* bewirken]; ***these pills ~ drowsiness*** diese Tabletten machen schläfrig
❸ (*cause birth*) ▪**to ~ sth** *abortion, birth, labour* etw einleiten; ***twins are often ~d*** Zwillingsgeburten werden häufig künstlich eingeleitet; **to ~ a pregnant woman** [**to give birth**] bei einer Schwangeren die Geburt künstlich einleiten
❹ ELEC, PHYS ▪**to ~ sth** etw induzieren *fachspr;* **to ~ a[n]** [**electrical**] **current** Strom induzieren
❺ MATH, PHILOS ▪**to ~ sth** etw induzieren *fachspr*

inducement [ɪnˈdjuːsmənt, AM *esp* -ˈduːs-] *n* (*also euph*) Anreiz *m,* Ansporn *m,* Antrieb *m;* (*verbal*) Überredung *f;* **financial ~s** finanzielle Anreize

induct [ɪnˈdʌkt] *vt usu passive* (*form*) ❶ (*install in office*) **to be ~ed into office** in ein Amt eingesetzt werden
❷ (*initiate*) ▪**to be ~ed into sth** in etw *akk* eingeführt werden; **to ~ sb into an approach/a belief** jdn an einen Ansatz/Glauben heranführen; ***he was ~ed into certain rituals*** er wurde in bestimmte Rituale eingeweiht
❸ AM MIL (*conscript*) **to be ~ed** [**into the army**] eingezogen werden

induction [ɪnˈdʌkʃᵊn] **I.** *n* ❶ (*into office, post*) [Amts]einführung *f,* [Amts]einsetzung *f;* (*into organization*) ▪**~ into sth** Aufnahme *f* in etw *akk;* ~ **into the military** AM MIL Einberufung *f* [zum Wehrdienst [*o* Militärdienst]]
❷ (*initiation*) Einführung *f;* **an ~ to a method/system** eine Einführung in eine Methode/ein System
❸ *no pl* PHILOS Induktion *f fachspr;* **process of ~** Induktionsprozess *m*
❹ MED (*act of causing*) *of abortion, birth, labour* Einleitung *f; of sleep* Herbeiführen *nt*
❺ *no pl* ELEC, PHYS, TECH Induktion *f fachspr;* TECH *also* Ansaugung *f*
II. *n modifier* ❶ (*of initiation*) (*ceremony*) Einführungs-
❷ ELEC (*heating, loop*) Induktions- *fachspr*

induction coil *n* ELEC Induktionsspule *f fachspr*

induction course *n* Einführungskurs *m*

inductive [ɪnˈdʌktɪv] *adj inv* ELEC, MATH, PHILOS induktiv *fachspr;* ~ **current** Induktionsstrom *m;* ~ **reasoning** induktive Argumentation

inductively [ɪnˈdʌktɪvli, AM -tɪv-] *adv inv* ELEC, MATH, PHILOS induktiv *fachspr*

indue [ɪnˈdjuː] *vt see* **endue**

indulge [ɪnˈdʌldʒ] **I.** *vt* ❶ (*allow pleasure*) ▪**to ~ sth** etw *dat* nachgeben; **to ~ one's passion** [**for sth**] leidenschaftlich gern etw tun, seiner Leidenschaft *dat* [für etw *akk*] frönen *a. hum;* **to ~ sb's every wish** jdm jeden Wunsch erfüllen; ***he ~d her every whim*** er gab jeder ihrer Launen nach
❷ (*spoil*) ▪**to ~ sb** [**with sth**] jdn [mit etw *dat*] verwöhnen; **to ~ a child** ein Kind verhätscheln; ▪**to ~ oneself with sth** *champagne, food, pleasurable activity* sich *akk* an etw *dat* gütlich tun *geh o a. hum,* etw [in verschwenderischer Fülle] genießen
❸ (*form: permit speech*) ▪**to ~ sb** jdn gewähren lassen; ***if you would ~ me for a moment, ...*** wenn Sie mir noch für einen Moment Ihre Aufmerksamkeit schenken, ...
II. *vi* ❶ (*euph: drink alcohol*) trinken, sich *dat* einen genehmigen *fam o euph;* (*too much*) einen über den Durst trinken *fam o euph;* ***he used to ~ heavily*** [***in***

drink] er war früher dem Alkohol schwer zugetan
❷ (*in undesirable activity*) ■**to ~ in sth** in etw *dat* schwelgen, etw *dat* frönen; **to ~ in fantasies** sich *akk* Fantasien hingeben *geh;* **to ~ in gossip** sich *akk* dem Tratsch [*o* Klatsch] hingeben; **to ~ in nostalgia** in nostalgischen Erinnerungen schwelgen

indulgence [ɪn'dʌldʒən(t)s] *n* ❶ (*treat, pleasure*) Luxus *m; food, drink, activity* Genuss *m*
❷ *no pl* (*leniency*) Nachsichtigkeit *f* (**of** gegenüber +*dat*); (*softness*) Nachgiebigkeit *f* (**of** gegenüber +*dat*); ***she treats her son's laziness with ~*** sie kommt der Faulheit ihres Sohnes mit Nachsicht entgegen
❸ *no pl* (*in food, drink, pleasure*) Frönen *nt; **his ~ in casual affairs is unfortunate*** leider frönt er allzu gerne seinen Affären; **~ in drink/food/etc** übermäßiges [*o* unmäßiges] Essen/Trinken/etc; **gross ~, over-~** übermäßiger Genuss; *in rich food* Völlerei *f; in alcohol* übermäßiger Alkoholgenuss *f;* **self-~** [ausschweifendes [*o* übermäßiges]] Genießen
❹ REL (*hist: Catholic doctrine*) Ablass *m;* **to sell ~s** Ablasshandel treiben *hist*

indulgent [ɪn'dʌldʒənt] *adj* ❶ (*lenient*) nachgiebig, nachsichtig; ■**to be ~ [towards** [*or* **to**] **sb/sth]** [jdm/etw gegenüber] [sehr] nachgiebig [*o* nachsichtig] sein; **~ parents** [zu] nachgiebige [*o* nachsichtige] Eltern
❷ (*tolerant*) nachsichtig, milde; **sb's ~ attitude toward sth** jds tolerante Einstellung gegenüber etw *dat*

indulgently [ɪn'dʌldʒəntli] *adv* nachsichtig

industrial [ɪn'dʌstriəl] **I.** *adj* ❶ (*of production of goods*) industriell; **~ expansion** industrielle Expansion; **~ output** Industrieproduktion *f;* (*of training, development*) betrieblich
❷ (*for use in manufacturing*) Industrie-; **~ equipment/tools** Industriewerkzeug[e] *nt[pl]*; **for ~ use** für die industrielle [*o* gewerbliche] Nutzung
❸ (*having industry*) Industrie-; **~ area/region** Industriegebiet *nt*
II. *n* STOCKEX ■**~s** *pl* Industriewerte *pl*

industrial action *n no pl* BRIT (*working to rule*) Arbeitskampfmaßnahmen *fpl,* gewerkschaftliche Kampfmaßnahme; (*strike*) Streik *m;* **to take ~** in den Ausstand treten **industrial archaeology** *n no pl* Industriearchäologie *f* **industrial background** *n* Berufserfahrung *f* im Industriebereich; **to have an ~** in der Industrie tätig gewesen sein **industrial city** *n* Industriestadt *f* **industrial country** *n* Industrieland *nt* **industrial disease** *n* Berufskrankheit *f* **industrial dispute** *n* Arbeitskampf *m,* [tarifpolitische] Auseinandersetzungen *fpl* zwischen Arbeitgebern und Arbeitnehmern; (*strike*) Streik *m* **industrial espionage** *n no pl* Industriespionage *f,* Werksspionage *f,* Wirtschaftsspionage *f* **industrial estate** *n* BRIT Industriegebiet *nt*

industrialism [ɪn'dʌstriəlɪzᵊm] *n no pl* Industrialismus *m*

industrialist [ɪn'dʌstriəlɪst] *n* Industrielle(r) *f(m)*

industrialization [ɪn,dʌstriəlaɪ'zeɪʃᵊn, AM -lɪ'-] *n no pl* Industrialisierung *f*

industrialize [ɪn'dʌstriəlaɪz] **I.** *vi country, state* zum Industriestaat [*o* Industrieland] werden; *area* Industrie ansiedeln; *business* industrielle Produktionsmethoden einführen
II. *vt* ■**to ~ sth** etw industrialisieren; *area* Industrie ansiedeln; *business* industrielle Produktionsmethoden einführen

industrialized [ɪn'dʌstriəlaɪzd] *adj area, country, nation* industrialisiert

industrial landscape *n* Industrielandschaft *f*

industrially [ɪn'dʌstriəli] *adv* industriell; ***an ~ advanced nation*** eine hoch entwickelte Industrienation; **to develop ~** eine eigene Industrie aufbauen

industrial medicine *n* Arbeitsmedizin *f* **industrial nation** *n* Industrienation *f* **industrial park** *n* AM, AUS (*industrial estate*) Industriegebiet *nt* **industrial relations** *npl* Arbeitgeber-Arbeitnehmer-Beziehungen *fpl,* Industrial Relations *pl fachspr* **Industrial Revolution** *n* HIST ■**the ~** die Industrielle Revolution **industrial tribunal** *n* BRIT Arbeitsgericht *nt*

industrious [ɪn'dʌstriəs] *adj* (*hard-working*) fleißig, arbeitsam *veraltend;* (*busy*) eifrig, emsig

industriously [ɪn'dʌstriəsli] *adv* (*hard-working*) fleißig; (*busily*) eifrig, emsig; **to work ~** fleißig arbeiten

industriousness [ɪn'dʌstriəsnəs] *n no pl* (*diligence*) Fleiß *m;* (*being busy*) Eifrigkeit *f,* Emsigkeit *f*

industry ['ɪndəstri] *n* ❶ *no pl* (*manufacturing*) Industrie *f;* **captain of ~** Industriekapitän *m fam;* **capital-intensive ~** kapitalintensiver Industriezweig; **labour-intensive ~** arbeitsintensiver Industriezweig; **people from local business and ~** örtliche Geschäftsleute und Industrievertreter; [**leaders of**] **trade and ~** [führende Vertreter/führende Vertreterinnen aus] Industrie und Handel; **heavy/light ~** Schwer-/Leichtindustrie *f*
❷ (*type of trade*) Branche *f,* Produktionszweig *m;* **the banking ~** das Bankgewerbe; **the communications ~** die Kommunikationsbranche; **the computer/electricity ~** die Computer-/Elektrizitätsindustrie; **the tourist ~** die Touristik[branche]
❸ *no pl* (*form: diligence*) Fleiß *m;* (*quality of being busy*) Emsigkeit *f; **sometimes the office is a hive of ~*** manchmal herrscht im Büro ein emsiges Treiben wie in einem Bienenstock

industry leader *n* Industrieführer *m* **industry-wide** **I.** *adj inv* branchenweit; **an ~ practice** eine branchenübliche Praxis **II.** *adv inv* branchenweit; **to develop ~** branchenweit entwickeln

inebriate **I.** *vt* [ɪ'niːbrieɪt] (*form*) ■**to ~ sb** jdn betrunken machen
II. *n* [ɪ'niːbriət] (*dated form*) Trinker(in) *m(f)*

inebriated [ɪ'niːbrieɪtɪd, AM -t̬ɪd] *adj* (*form*) betrunken; **to be in an ~ condition** unter [starkem] Alkoholeinfluss stehen *form;* **in an ~ state** im betrunkenen [*o* in betrunkenem] Zustand

inebriation [ɪ,niːbri'eɪʃᵊn] *n no pl* (*form*) Trunkenheit *f form;* **to be in a state of total ~** sich *akk* im Zustand völliger Trunkenheit befinden *form*

inedibility [ɪ,nedɪ'bɪləti, AM -ət̬i] *n no pl* Ungenießbarkeit *f*

inedible [ɪ'nedɪbl̩, AM *esp* ɪn'ed-] *adj* ❶ (*unsuitable as food*) nicht essbar, nicht zum Verzehr geeignet
❷ (*pej: extremely unpalatable*) ungenießbar *pej*

ineducable [ɪ'nedjəkəbl̩, AM ɪn'edʒʊ-] *adj* schwer erziehbar; (*due to a mental handicap*) lernbehindert

ineffable [ɪ'nefəbl̩, AM *esp* ɪn'ef-] *adj* (*form*) unsagbar, unaussprechlich, unsäglich *geh*

ineffective [,ɪnɪ'fektɪv] *adj measure* unwirksam; *person* untauglich, ineffektiv *geh; **as a teacher he was fairly ~*** als Lehrer war er eher ungeeignet; **~ attempt** erfolgloser Versuch; **~ method/system** ineffiziente Methode/ineffizientes System

ineffectively [,ɪnɪ'fektɪvli] *adv of measure* unwirksam; *of person* ineffektiv *geh;* **to attempt ~ to do sth** erfolglos versuchen, etw zu tun

ineffectiveness [,ɪndɪ'fektɪvnəs] *n no pl* Wirkungslosigkeit *f,* Ineffektivität *f geh*

ineffectual [,ɪnɪ'fektʃuᵊl] *adj* ineffektiv *geh; **he's been totally ~ at restoring order to the country*** er hat es nicht geschafft, dem Land zu Ordnung zu verhelfen; **~ efforts** fruchtlose Bemühungen; **an ~ leader** eine unfähige Führungskraft; **to be ~ as sth** in etw *dat* versagen

ineffectually [,ɪndɪ'fektʃuᵊli] *adv* wirkungslos, ohne etw *akk* zu erreichen

inefficacy [,ɪn'efɪkəsi] *n no pl* Unwirksamkeit *f*

inefficiency [,ɪnɪ'fɪʃᵊn(t)si] *n no pl of system, method* Ineffizienz *f geh; of person* Unfähigkeit *f,* Inkompetenz *f; of measure* Unwirksamkeit *f; of attempt* Erfolglosigkeit *f*

inefficient [,ɪnɪ'fɪʃᵊnt] *adj* ❶ (*dissatisfactory*) *organization, person* unfähig, inkompetent; *system* ineffizient; (*not productive*) unwirtschaftlich; **grossly ~** extrem ineffizient; ■**to be ~ at doing sth** etw nicht beherrschen [*o* schaffen]
❷ (*wasteful*) unrationell; **~ machine/methods of production** leistungsschwache Maschine/Produktionsmethoden

inefficiently [,ɪnɪ'fɪʃᵊntli] *adv* (*not productively*) ineffizient *geh;* (*wastefully*) unrationell

inelastic [,ɪnɪ'læstɪk, AM -niː'-] *adj* ❶ *material, substance* unelastisch
❷ (*fig: unchanging*) inflexibel, nicht flexibel; (*not permitting change*) starr

inelegance [ɪ'nelɪgən(t)s, AM *esp* ,ɪn'el-] *n no pl of appearance* Mangel *m* an Eleganz, mangelnde Eleganz; *of speech, style* Ungeschliffenheit *f pej; of reply, gesture* Plumpheit *f*

inelegant [ɪ'nelɪgənt, AM *esp* ,ɪn'el-] *adj* ❶ (*unattractive*) unelegant, wenig elegant; *surroundings, appearance* ohne [jeden] Schick *nach n; speech* holprig; ***his new flat is totally ~*** seine neue Wohnung hat absolut keinen Schick
❷ (*unrefined*) ungeschliffen; *gesture, movement* plump

inelegantly [,ɪn'elɪgᵊntli] *adv* unelegant, ungewandt, stillos *pej*

ineligibility [ɪ,nelɪdʒə'bɪləti, AM -ət̬i] *n no pl* ❶ (*for funds, benefits*) Nichtberechtigtsein *nt;* (*for election*) Nichtwählbarkeit *f;* **~ for jury service** Nichtwählbarkeit *f* als Jurymitglied
❷ (*unsuitability*) Untauglichkeit *f,* mangelnde Eignung; **~ for the army** Militäruntauglichkeit *f*

ineligible [ɪ'nelɪdʒəbl̩, AM *esp* ,ɪn'el-] *adj inv* ❶ (*for funds, benefits*) nicht berechtigt (**for** zu +*dat*); (*for office*) nicht wählbar (**for** in +*akk*); ***they have become ~ to receive state aid*** sie haben ihre Berechtigung auf Sozialhilfe verloren
❷ (*not fit*) ■**to be ~ for sth** *in character* für etw *akk* nicht geeignet sein; *physically* für etw *akk* untauglich sein; **to be ~ for the team** nicht teamtauglich sein; **to be ~ for military service** wehruntauglich sein

ineluctable [,ɪnɪ'lʌktəbl̩] *adj* (*merciless*) unbarmherzig; (*relentless*) unausweichlich

inept [ɪ'nept, AM *esp* ,ɪn'ept] *adj* (*clumsy*) unbeholfen; (*unskilled*) ungeschickt; ***his ~ handling of the crisis*** sein unfähiges Krisenmanagement; ■**to be ~ at sth** (*clumsy*) in etw *dat* unbeholfen sein; (*unskilled*) in etw *dat* ungeschickt sein; ***he's totally ~ at standing up for himself*** er ist nicht fähig, sich zu behaupten; **~ comment** unangebrachter Kommentar; **~ leadership** unfähige Führung; **~ performance** stümperhafte Leistung; **~ remark** unpassende Bemerkung; **to be socially ~** nicht [gut] mit anderen [Menschen] umgehen können

ineptitude [ɪ'neptɪtjuːd, AM ,ɪn'eptɪtuːd, ɪ'n-, -tjuːd] *n* (*inability*) Unfähigkeit *f;* (*clumsiness*) Ungeschicktheit *f; of leadership* Unfähigkeit *f; of performance* Stümperhaftigkeit *f; of remark, reply* Unangebrachtheit *f,* Unangemessenheit *f;* **political ~** politische Unfähigkeit; **social ~** mangelnde Umgangsfähigkeit mit anderen [Menschen]; **sb's ~ in doing sth** jds Unvermögen, etw zu tun

inequality [,ɪnɪ'kwɒləti, AM -'kwɑːlət̬i] *n* ❶ *no pl* (*quality*) Ungleichheit *f;* **political/social ~** politisch/sozial bedingte Ungleichheit; **racial ~** rassenbedingte [*o* rassenspezifische] Ungleichheit; **sexual ~** Ungleichheit *f* der Geschlechter, geschlechtsspezifische Ungleichheit
❷ (*instance*) Unterschied *m,* Ungleichheit *f; **there remain major inequalities of opportunity in the workplace*** es herrscht immer noch enorme Chancenungleichheit am Arbeitsplatz

inequitable [ɪ'nekwɪtəbl̩, AM ,ɪn'ekwət̬ə-] *adj* (*form*) ungerecht

inequity [ɪ'nekwəti, AM ,ɪn'ekwət̬i] *n* (*form*) Ungerechtigkeit *f*

ineradicable [,ɪnɪ'rædɪkəbl̩] *adj inv* (*form*) **~ disease/prejudice** unausrottbare Krankheit/unausrottbares Vorurteil; **~ hatred** ohnmächtiger Hass; **~ impression** unauslöschlicher Eindruck; **~ mistake** unabänderlicher [*o* unwiderruflicher] Fehler; **~ state** unabänderlicher Zustand

inert [ɪn'ɜːt, AM ,ɪn'ɜːrt] *adj* ❶ (*not moving*) unbeweglich, reglos
❷ (*fig pej: sluggish, slow*) träge; (*lacking vigour*) kraftlos, schlaff *fam;* **an ~ political system** ein politisches System, dem es an Dynamik fehlt

❸ CHEM inert *fachspr,* inaktiv; ~ **gas** Edelgas *nt*
inertia [ɪ'nɜːʃə, AM ˌɪn'ɜːr-] *n no pl* ❶ (*inactivity*) Unbeweglichkeit *f,* Reglosigkeit *f*
❷ (*lack of will, vigour*) Trägheit *f;* ***the company is stifled by bureaucratic*** ~ die Bürokratie ist ein Hemmschuh für die Firma
❸ PHYS Trägheit *f*
inertia reel seat belt *n* AUTO Automatikgurt *m*
inertia selling *n no pl* BRIT ECON Trägheitsverkauf *m,* unaufgeforderter Versandkauf
inescapable [ˌɪnɪ'skeɪpəbl̩] *adj inv* (*unavoidable*) *fact, etc* unausweichlich, unvermeidlich; ~ **conclusion** zwangsläufige Schlussfolgerung; ~ **disaster** unabwendbares Unglück; ~ **fate** unentrinnbares Schicksal; (*undeniable*) unleugbar, unbestreitbar; ~ **fact** unleugbare Tatsache; ~ **truth** unbestreitbare Wahrheit
inescapably [ˌɪnɪ'skeɪpəbli] *adv inv* (*unavoidably*) unausweichlich, unvermeidlich, unabwendbar; (*undeniably*) unbestreitbar
inessential [ˌɪnɪ'sen(t)ʃᵊl] **I.** *adj inv* nebensächlich, unwesentlich, unwichtig
II. *n usu pl* Nebensächlichkeit *f;* ***I regard telephones and televisions as*** ~***s*** für mich sind Telefon und Fernseher etwas Unwesentliches
inestimable [ɪ'nestɪməbl̩, AM *esp* ˌɪn'es-] *adj* unschätzbar; **to be of** ~ **value** von unschätzbarem Wert sein
inestimably [ɪ'nestɪməbli, AM *esp* ˌɪn'es-] *adv* unschätzbar
inevitability [ɪˌnevɪtə'bɪləti, AM ˌɪnˌevɪtɪ'bɪləṭi] *n no pl* Unvermeidlichkeit *f*
inevitable [ɪ'nevɪtəbl̩, AM ˌɪn'evɪṭə-] **I.** *adj inv* ❶ (*certain to happen*) unvermeidlich; ***it seems almost*** ~ ***that they'll discover the error*** es kann gar nicht ausbleiben, dass ihnen der Fehler auffallen wird; **an** ~ **conclusion/result** eine zwangsläufige Schlussfolgerung/ein zwangsläufiges Ergebnis; **an** ~ **consequence/defeat/situation** eine unabwendbare Folge/Niederlage/Lage
❷ (*pej: boringly predictable*) unvermeidlich *pej*
II. *n no pl* ■**the** ~ das Unvermeidbare [*o* Unabänderliche] *a. iron;* ***of course, the*** ~ ***happened!*** wie konnte es anders sein, das Unvermeidbare geschah auch wirklich!; **to accept the** ~ sich *akk* in das Unabänderliche [*o* sein Schicksal] fügen
inevitably [ɪ'nevɪtəbli, AM ˌɪn'evɪṭə-] *adv inv* unweigerlich, zwangsläufig
inexact [ˌɪnɪg'zækt] *adj* ❶ (*uncertain*) ungenau, inexakt *geh;* **an** ~ **science** eine nicht genau beweisbare Wissenschaft
❷ (*euph: inaccurate*) ungenau; ***I'm afraid your calculations are a little*** ~ leider stimmen Ihre Berechnungen nicht ganz
inexcusable [ˌɪnɪk'skjuːzəbl̩] *adj* unverzeihlich, unentschuldbar; ***it is*** ~ ***that such young children were left alone*** es ist unverzeihlich, solch kleine Kinder unbeaufsichtigt gelassen zu haben; **to be [morally]** ~ [moralisch] nicht zu entschuldigen sein
inexcusably [ˌɪnɪk'skjuːzəbli] *adv* unverzeihlich, unentschuldbar
inexhaustible [ˌɪnɪg'zɔːstəbl̩, AM *esp* -'zɑːst-] *adj* unerschöpflich; ***her energy seemed*** ~ sie schien eine unendliche Energie zu besitzen; **an** ~ **supply of sth** ein unerschöpflicher Vorrat an etw *dat*
inexorability [ɪˌneksᵊrə'bɪləti, AM ˌɪnˌeksɚə'bɪləṭi] *n no pl* (*form*) Unerbittlichkeit *f,* Erbarmungslosigkeit *f*
inexorable [ɪ'neksᵊrəbl̩, AM ˌɪn'ek-] *adj inv* (*form*) ❶ (*cannot be stopped*) unaufhaltsam; ***the progress of the disease was*** ~ das Fortschreiten der Krankheit war nicht aufzuhalten
❷ (*relentless*) *person* unerbittlich, erbarmungslos; ***Rebecca was*** ~ ***in her demands*** Rebecca beharrte unerbittlich auf ihren Forderungen; **to be** ~ **in one's criticism [of sb/sth]** unerbittlich [an jdm/etw] Kritik üben
inexorably [ɪ'neksᵊrəbli, AM ˌɪn'ek-] *adv inv* (*form*) ❶ (*unstoppably*) unaufhaltsam; **to lead** ~ **to** [*or* **towards**] **sth** unausweichlich zu etw *dat* führen
❷ (*relentlessly*) unerbittlich, erbarmungslos
inexpediency [ˌɪnɪk'spiːdiən(t)si] *n no pl* (*form: unsuitability*) Ungeeignetheit *f,* Unzweckmäßigkeit *f;* (*inadvisability*) Unklugheit *f,* Unratsamkeit *f*
inexpedient [ˌɪnɪk'spiːdiənt] *adj* (*form: not practical, suitable*) ungeeignet, unzweckmäßig; (*not advisable*) nicht ratsam, unratsam, unklug; ***it would be*** ~ ***to approve of the decision*** es wäre unklug, die Entscheidung zu befürworten
inexpensive [ˌɪnɪk'spen(t)sɪv] *adj* ❶ (*reasonably priced*) preisgünstig; **to be relatively** ~ nicht allzu teuer sein
❷ (*euph: cheap*) billig
inexpensively [ˌɪnɪk'spensɪvli] *adv* preiswert, kostengünstig, zu erschwinglichem Preis
inexperience [ˌɪnɪk'spɪəriən(t)s, AM -'spɪr-] *n no pl* Unerfahrenheit *f,* Mangel *m* an Erfahrung; ~ **in sth** mangelnde Erfahrung auf einem Gebiet
inexperienced [ˌɪnɪk'spɪəriən(t)st, AM -'spɪr-] *adj* unerfahren; ■**to be** ~ **in sth** keine Erfahrung mit etw *dat* haben, mit etw *dat* nicht vertraut sein; *in skill* in etw *dat* nicht versiert sein; ***she's*** ~ ***in marketing*** sie hat keine Erfahrung im Bereich Marketing; ■**to be** ~ **with sth** sich *akk* mit etw *dat* nicht auskennen, keine Erfahrung mit etw *dat* haben; **to be** ~ **with fire arms/young children** keine Erfahrung haben [*o* ungeübt sein] im Umgang mit Schusswaffen/kleinen Kindern
inexpert [ɪ'nekspɜːt, AM ˌɪn'ekspɜːrt] *adj* (*unskilled*) laienhaft, ungeübt; ~ **attempt** stümperhafter Versuch; **to the** ~ **eye** für das ungeschulte Auge; ~ **handling** unsachgemäße Handhabung; ~ **treatment** unfachmännische Behandlung; ■**to be** ~ **in** [*or* **at**] **sth** bei etw *dat* unbedarft sein; *attempt* etw stümperhaft angehen *fam; situation* etw unsachgemäß handhaben; *treatment* etw unfachmännisch handhaben; ■**to be** ~ **at doing sth** keine Übung darin haben, etw zu tun
inexpertly [ɪ'nekspɜːtli, AM ˌɪn'ekspɜːr-] *adv* (*without skill*) laienhaft, unsachgemäß; (*unprofessionally*) unfachmännisch
inexplicable [ˌɪnɪk'splɪkəbl̩, AM ˌɪn'ekspl-] **I.** *adj inv* unerklärlich
II. *n no pl* ■**the** ~ das Unerklärliche
inexplicably [ˌɪnɪk'splɪkəbli, AM ˌɪn'ekspl-] *adv* unerklärlich; (*sentence adverb*) unerklärlicherweise; ***the computer started*** ~ ***deleting data*** der Computer fing an, Daten ohne ersehbaren Grund zu löschen
inexplicit [ˌɪnɪk'splɪsɪt] *adj* unbestimmt, unausgesprochen
inexpressible [ˌɪnɪk'spresəbl̩] *adj inv* unbeschreiblich; **sth is** ~ **in words** etw ist nicht in Worte zu fassen, etw lässt sich nicht mit Worten beschreiben
inexpressibly [ˌɪnɪk'spresəbli] *adv inv* unbeschreiblich
inexpressive [ˌɪnɪk'spresɪv] *adj face* ausdruckslos; *reply, response, words* nichts sagend; *style* fad[e], ohne Ausdruckskraft *nach n*
inextinguishable [ˌɪnɪk'stɪŋgwɪʃəbl̩] *adj inv* ❶ (*unstoppable burning*) *candle, flame, fire* unlöschbar
❷ (*fig: ineradicable*) beständig; ~ **courage** unbezwingbarer Mut; ~ **faith/hope/love** unerschütterlicher Glaube/unerschütterliche Hoffnung/Liebe; ~ **memory** unauslöschliche Erinnerung
in extremis [ˌɪnɪk'striːmɪs] *adv inv* (*form*) ❶ (*in emergency*) im äußersten Notfall
❷ MED (*about to die*) in extremis *nach n fachspr;* **to be** ~ im Sterben liegen
inextricable [ˌɪnɪk'strɪkəbl̩] *adj* ❶ (*impossible to disentangle*) unentwirrbar, verwickelt; (*inseparable*) unlösbar
❷ (*inescapable*) *difficulty, situation* unentrinnbar
inextricably [ˌɪnɪk'strɪkəbli] *adv* ❶ (*inseparably*) untrennbar; ~ **linked with sth** untrennbar mit etw *dat* verbunden sein
❷ (*inescapably*) unentrinnbar
infallibility [ɪnˌfælə'bɪləti, AM -əṭi] *n no pl* Unfehlbarkeit *f;* **papal** ~ REL die Unfehlbarkeit [*o fachspr* Infallibilität] des Papstes
infallible [ɪn'fæləbl̩] *adj inv* ❶ (*reliable*) unfehlbar; REL *also* infallibel *fachspr;* ~ **memory for detail/facts** lückenloses Gedächtnis für Einzelheiten/Fakten
❷ (*always effective*) unfehlbar, todsicher *sl;* **an** ~ **remedy** [*or* **cure**] ein zuverlässig [*o sl* tod]sicher] wirkendes Mittel
infallibly [ɪn'fæləbli] *adv inv* ❶ (*without failing*) fehlerfrei, einwandfrei
❷ (*always*) immer
infamous ['ɪnfəməs] *adj* ❶ (*notorious*) *criminal etc* berüchtigt; **to have an** ~ **reputation** [äußerst] verrufen sein; ■**to be** ~ **for doing sth** berüchtigt dafür sein, etw zu tun
❷ (*abominable*) *lie etc* infam *pej; person* niederträchtig *pej; act etc* schändlich *pej geh*
infamy ['ɪnfəmi] *n* ❶ *no pl* (*notoriety*) Verrufenheit *f;* **to earn one's** ~ (*form*) [zu Recht] in Verruf geraten
❷ (*shocking act*) Niederträchtigkeit *f pej,* Gemeinheit *f pej,* Infamie *f pej geh*
infancy ['ɪnfən(t)si] *n* ❶ (*early childhood*) frühe[ste] Kindheit; **in** ~ im Kleinkindalter, in der frühe[ste]n Kindheit
❷ (*fig: early stage of development*) Anfangsphase *f;* **to be in its** ~ in den Kinderschuhen stecken *fig,* noch ganz am Anfang stehen
infant ['ɪnfənt] **I.** *n* ❶ (*baby*) Säugling *m;* **newborn** ~ Neugeborenes *nt*
❷ BRIT, AUS (*child between 4 and 7*) Kleinkind *nt,* Kind *nt* im Kindergartenalter
❸ BRIT, AUS SCH ■**the I~s** *pl* die erste und zweite Grundschulklasse
❹ LAW (*or old*) Minderjährige(r) *f(m)*
II. *n modifier* ~ **daughter** kleines Töchterchen; ~ **prodigy** Wunderkind *nt;* BRIT, AUS ~ **class** SCH erste Grundschulklasse; ~ **school** die erste und zweite Grundschulklasse; ~ **teacher** Grundschullehrer(in) *m(f)*
infanta [ɪn'fæntə, AM -ṭə] *n* HIST Infantin *f*
infante [ɪn'fænti, AM -teɪ] *n* HIST Infant *m*
infant formula *n usu no pl* AM, AUS Säuglingsnahrung *f*
infanticide [ɪn'fæntɪsaɪd, AM -ṭə-] *n no pl* Kindestötung *f fachspr,* Kindesmord *m*
infantile ['ɪnfəntaɪl] *adj* (*pej*) infantil *geh o pej,* kindisch *meist pej*
infantilize [ɪn'fæntɪlaɪz, AM 'fənṭə] *vt* ■**to** ~ **sb** jdn wie ein Kind behandeln, jdn nicht für voll nehmen *fam*
infant mortality *n no pl* Säuglingssterblichkeit *f*
infantry ['ɪnfəntri] **I.** *n no pl* ■**the** ~ + *sing/pl vb* die Infanterie; **heavy/light** ~ schwere/leichte Infanterie; **to be in the** ~ bei der Infanterie sein
II. *n modifier* (*brigade, corps, regiment, unit*) Infanterie-
infantryman *n* Infanterist *m*
infarct ['ɪnfɑːkt, AM fɑːrkt] *n* MED Infarkt *m fachspr*
infarction [ɪn'fɑːkʃᵊn, AM fɑːrk] *n no pl* MED Behinderung *f* der Blutzufuhr, Blutgefäßverstopfung *f*
infatuated [ɪn'fætjueɪtɪd, AM -tʃueɪṭɪd] *adj with sb* vernarrt, verknallt *fam,* verschossen *fam* (**with** in +*akk*); ***she's become*** ~ ***with her brother's friend*** sie hat sich in den Freund ihres Bruders verknallt; ■**to be** ~ **with sth** in etw *akk* vernarrt sein
infatuation [ɪnˌfætju'eɪʃᵊn, AM -ˌfætʃu'-] *n* ❶ *no pl* (*quality*) *with person, thing* Vernarrtheit *f; with person* Verliebtheit *f* (**with** in +*akk*)
❷ (*instance*) [große] Schwäche; ***it's just an*** ~***, he'll get over it*** er hat sich da in etwas verrannt, er wird schon drüber wegkommen
infeasible [ɪn'fiːzəbl̩] *adj inv* nicht realisierbar [*o* durchführbar] [*o fam* machbar]
infect [ɪn'fekt] *vt* ■**to** ~ **sb/sth [with sth]** ❶ (*contaminate*) *with disease, virus, etc* jdn/etw [mit etw *dat*] infizieren [*o* anstecken]; ■**to** ~ **sth with sth** COMPUT *with computer virus* etw mit etw *dat* infizieren
❷ (*fig pej: pass on sth undesirable*) jdn/etw [mit etw *dat*] infizieren *fig;* ***hysteria about AIDS*** ~***ed the media*** die Aidshysterie griff auf die Medien über

❸ (*fig approv: pass on sth desirable*) jdn/etw [mit etw *dat*] anstecken; ***she ~ed everyone with her cheerfulness*** ihr Frohsinn war ansteckend *fig*

infected [ɪnˈfektɪd] *adj inv* infiziert; *cut, wound esp* entzündet; ***the wound became ~*** die Wunde hat sich infiziert; **~ computer** COMPUT infizierter [*o* befallener] Computer; ■**to be ~ with sth** mit etw *dat* infiziert sein

infection [ɪnˈfekʃᵊn] *n* ❶ *no pl, no art* (*contamination*) Infektion *f*, Ansteckung *f*; **risk of ~** Infektionsgefahr *f*, Ansteckungsgefahr *f*
❷ (*instance*) Infektion *f*; **source of [an] ~** Infektionsherd *m*; **throat/ear ~, ~ of the throat/ear** Hals-/Mittelohrentzündung *f*

infectious [ɪnˈfekʃəs] *adj* ❶ *inv* (*transmissable*) ansteckend, infektiös *fachspr*; **~ disease** Infektionskrankheit *f*, ansteckende Krankheit
❷ (*fig: likely to influence*) ansteckend *fig*; **~ laugh** ansteckendes Lachen

infectiousness [ɪnˈfekʃəsnəs] *n no pl* Ansteckungsgefahr *f*, Infektionsgefahr *f*; **the ~ of sb's enthusiasm/laughter** (*fig*) jds ansteckender [*o* mitreißender] Enthusiasmus/ansteckendes Lachen

infective [ɪnˈfektɪv] *adj* ansteckend

infelicitous [ˌɪnfəˈlɪsɪtəs, AM -t̬əs] *adj* (*pej form: inappropriate*) unangebracht, unpassend; (*hum: unfortunate*) unglücklich, ungeschickt

infelicity [ˌɪnfəˈlɪsəti, AM -ət̬i] *n* (*form*) ❶ (*also hum: inappropriateness*) Ungeschicktheit *f*; *of reply, remark* Unpassendheit *f*; **verbal infelicities** ungeschickte Formulierungen
❷ *no pl* (*unhappiness, misfortune*) Unglückseligkeit *f*, Misslichkeit *f*

infer <-rr-> [ɪnˈfɜːʳ, AM -ˈfɜːr] *vt* ■**to ~ sth** (*come to conclusion*) etw schließen [*o* [schluss]folgern]; ■**to ~ sth from sth** etw aus etw *dat* schließen [*o* [schluss]folgern]; (*imply*) etw andeuten

inference [ɪnˈfᵊrᵊn(t)s] *n* (*form*) ❶ *usu sing* (*conclusion*) Schlussfolgerung *f*, Schluss *m*; **to draw the ~ that ...** die Schlussfolgerung [*o* den Schluss] ziehen, dass ...; ***she said she'd think about it, the ~ being that ...*** sie meinte, sie würde es sich überlegen. Daraus war zu schließen, dass ...
❷ *no pl* (*process of inferring*) [Schluss]folgern *nt*, logisches Schließen, Inferenz *f fachspr*; **by ~** folglich
❸ (*method of deducing*) Inferenz *f*

inferential [ˌɪnfəˈrenʃᵊl] *adj inv* herleitbar, sich [als Schlussfolgerung] ergebend, Schluss[folgerungs]-

inferior [ɪnˈfɪəriəʳ, AM -ˈfɪriɚ] **I.** *adj* ❶ (*of lesser quality*) *system, thing* minderwertig; *mind* unterlegen; ■**to be ~ to sth** *in quality* von minderer Qualität als etw sein; **intellectually/morally ~** geistig/moralisch unterlegen
❷ (*lower*) *in rank* [rang]niedriger, untergeordnet; *in status* untergeordnet; **socially ~** sozial niedrig gestellt; ■**to be ~ to sb/sth** jdm/etw untergeordnet sein; **to feel ~ to sb** sich *akk* jdm [gegenüber] unterlegen fühlen; **~ court** LAW untergeordnetes Gericht
❸ TYPO **~ letters/numbers** tief stehende Buchstaben/Ziffern [*o* Indizes *pl fachspr*]
II. *n* ■**~s** *pl in rank* Untergebene *pl*; **intellectual/social ~s** sozial/geistig niedriger gestellte Personen

inferiority [ɪnˌfɪəriˈɒrəti, AM -ˌfɪriˈɔːrət̬i] *n no pl* ❶ (*lower quality*) Minderwertigkeit *f*; *of workmanship* schlechte Qualität; ***his latest novel's ~ to his earlier work*** die mindere Qualität des letzten Romans gegenüber seinen früheren Werken; **a strong sense of ~** ein starkes Minderwertigkeitsgefühl
❷ (*lower status, rank*) Unterlegenheit *f*

inferiority complex *n* Minderwertigkeitskomplex *m*

infernal [ɪnˈfɜːnᵊl, AM -ˈfɜːr-] *adj* ❶ *inv* REL (*liter: of hell*) höllisch, Höllen-; **the ~ regions/world** die Unterwelt/Hölle
❷ (*dreadful*) höllisch, teuflisch, infernalisch *geh*
❸ *attr* (*dated fam: annoying, detestable*) grässlich *fam*, abscheulich *fam*; ***what an ~ noise!*** was für ein höllischer Lärm!; **~ weather** hundserbärmliches Wetter *fam*

inferno [ɪnˈfɜːnəʊ, AM -ˈfɜːrnoʊ] *n* ❶ (*fire*) flammendes Inferno, Flammenmeer *nt*
❷ (*liter: place like hell*) Inferno *nt geh*; **the ~ of war** das Inferno des Krieges; **Dante's I~** das dantesche Inferno

infertile [ɪnˈfɜːtaɪl, AM -ˈfɜːrt̬ᵊl] **I.** *adj inv* ❶ *person, animal* unfruchtbar, infertil *fachspr*
❷ *land* unfruchtbar
II. *n* ■**the ~** + *pl vb* zeugungsunfähige Personen

infertility [ˌɪnfəˈtɪləti, AM -fɚˈtɪlət̬i] *n no pl* ❶ *of person, animal* Unfruchtbarkeit *f*, Infertilität *f fachspr*; **male ~** Zeugungsunfähigkeit *f* des Mannes
❷ *of land* Unfruchtbarkeit *f*

infertility clinic *n Klinik oder Abteilung einer Klinik zur Behandlung zeugungsunfähiger Paare*

infest [ɪnˈfest] *vt* ■**to ~ sth** etw befallen; ***~ed with rats/cockroaches*** von Ratten/Kakerlacken befallen; (*fig: haunt*) etw heimsuchen; ***the town is currently ~ed with world cup fever*** die Stadt befindet sich derzeit im Weltmeisterschaftstaumel

infestation [ˌɪnfesˈteɪʃᵊn] *n* ❶ *no pl* (*state*) Verseuchung *f*, Plage *f fam o pej*; **~ with cockroaches/parasites** Verseuchung *f* durch Kakerlaken/Parasiten; ***cases of human ~ with this parasite*** der Befall des Menschen durch diesen Parasiten
❷ (*instance*) Befall *m*, Plage *f fam o pej*; **~ of cockroaches/lice** Befall *m* durch Kakerlaken/Läuse; **~ of pests** Schädlingsbefall *m*; **~ of rats** Rattenplage *f*

infidel [ˈɪnfɪdᵊl, AM -fədel] *n no pl* (*hist or pej*) Ungläubige(r) *f(m)*; ■**the ~** *pl* die Ungläubigen

infidelity [ˌɪnfɪˈdeləti, AM -fəˈdelət̬i] *n* ❶ *no pl* (*unfaithfulness*) Verrat *m* (**to** gegenüber/an +*dat*); (*sexual*) Untreue *f* (**to** an +*dat*); **~ to the cause** Verrat *m* an der Sache
❷ (*sexual peccadillos*) ■**infidelities** *pl* Seitensprünge *mpl*

infield [ˈɪnfiːld] *n* (*in baseball, cricket*) Innenfeld *nt*; (*players*) [Spieler *mpl* im] Innenfeld *nt*

infielder [ˈɪnfiːldəʳ, AM -ɚ] *n* SPORTS Spieler *m* im Innenfeld

infighting [ˈɪnfaɪtɪŋ] *n no pl* interner Machtkämpfe; **~ among [the] party leaders** Machtkämpfe *mpl* zwischen [den] Parteibossen; **political ~** parteiinterner Machtkampf

infill [ˈɪnfɪl] **I.** *n no pl* ❶ (*filling material*) Füllstoff *m*, Füllung *f*
❷ (*building*) Zwischenbau *m*
II. *vt usu passive* ■**to ~ sth** etw auffüllen; *hole* etw schließen

infiltrate [ˈɪnfɪltreɪt, AM *esp* ɪnˈfɪl-] **I.** *vt* ■**to ~ sth** ❶ (*secretly penetrate*) *military units, organization* etw unterwandern [*o fachspr* infiltrieren]; *building, enemy lines* in etw *akk* eindringen; ■**to ~ sb into sth** *agent, spy* jdn in etw *akk* einschleusen
❷ (*influence thinking*) *of idea, theory* etw durchdringen; ***these new ideas have begun to ~ government*** diese neuartigen Ideen haben sich unbemerkt bis auf Regierungsebene ausgebreitet
❸ CHEM, PHYS (*permeate*) etw durchdringen; *of liquid* in etw *akk* durchsickern
II. *vi* CHEM, PHYS ■**to ~ into sth** *gas, liquid* in etw *akk* eindringen; *liquid also* in etw *akk* einsickern; ■**to ~ through sth** etw durchdringen; *liquid* durch etw *akk* sickern

infiltration [ˌɪnfɪlˈtreɪʃᵊn] *n no pl* ❶ (*penetration by stealth*) Unterwanderung *f*; MIL Infiltration *f fachspr*
❷ (*influence on thinking*) starke Einflussnahme
❸ CHEM, PHYS (*penetration*) Infiltration *f fachspr*; *of gas, liquid* Eindringen *nt*; *of liquid also* Einsickern *nt*

infiltrator [ˈɪnfɪltreɪtəʳ, AM -t̬ɚ] *n also* MIL Eindringling *m*

infinite [ˈɪnfɪnət] **I.** *adj inv* ❶ (*unlimited*) unendlich; ***God, in His ~ mercy, ...*** Gott, in seiner unendlichen [*o* unermesslichen] Güte, ...; **~ loop** COMPUT Endlosschleife *f*; **~ space** unbegrenzter Raum
❷ (*very great*) grenzenlos, gewaltig; ***the authorities, in their ~ wisdom, decided to ...*** (*iron*) in ihrer grenzenlosen Weisheit entschied die Behörde ... *iron*; **to take ~ care** ungeheuer vorsichtig sein; **~ choice** unendlich große Auswahl; **~ pains/variety** ungeheure Schmerzen/Vielfalt; **with ~ patience** mit unendlicher Geduld
❸ MATH (*unending*) unendlich
II. *n* ❶ REL der Unendliche; ■**the I~** Gott *m*
❷ (*space or quality*) ■**the ~** die Unendlichkeit, der unendliche Raum

infinitely [ˈɪnfɪnətli] *adv inv* ❶ (*extremely*) unendlich; **~ small** winzig klein
❷ (*very much*) unendlich viel; **~ better/worse** unendlich viel besser/schlechter

infinitesimal [ˌɪnfɪnɪˈtesɪmᵊl, AM *also* -ˈtez-] *adj* (*form*) winzig, unendlich klein; MATH infinitesimal *fachspr*

infinitesimal calculus *n* MATH Infinitesimalrechnung *f fachspr*

infinitesimally [ˌɪnfɪnɪˈtesɪmᵊli, AM *also* -ˈtez-] *adv* (*form*) **~ better/bigger/smaller/worse** [nur ganz] geringfügig [*o fam* minimal] besser/größer/kleiner/schlechter; **~ small** winzig [*o* verschwindend] klein

infinitive [ɪnˈfɪnɪtɪv, AM -t̬ɪv] **I.** *n* LING Infinitiv *m*; **to be in the ~** im Infinitiv stehen
II. *adj attr, inv* Infinitiv-; **~ form** Grundform *f*, Infinitiv *m*

infinitude [ɪnˈfɪnɪtjuːd] *n no pl* Unermesslichkeit *f*, Unbegrenztheit *f*, Unendlichkeit *f*

infinity [ɪnˈfɪnəti, AM -ət̬i] *n* ❶ *no pl* MATH ■**~** (*unreachable point*) das Unendliche; ■**to ~** [bis] ins Unendliche
❷ *no pl* (*state, sth immeasurable*) Unendlichkeit *f*; **into ~** [bis] in die Unendlichkeit; ***the mountain range stretched away into ~*** der Bergzug erstreckte sich unendlich weit
❸ (*huge amount*) gewaltige Menge (**of** an +*dat*); **an ~ of combinations/problems** unendlich viele Kombinationsmöglichkeiten/Probleme
❹ PHOT Unendlicheinstellung *f*

infirm [ɪnˈfɜːm, AM -ˈfɜːrm] **I.** *adj* ❶ (*ill*) schwach, gebrechlich; **old and ~** alt und gebrechlich
❷ (*form: weak*) schwach; **to be of ~ mind** geistig nicht im Vollbesitz seiner Kräfte sein
II. *n* ■**the ~** *pl* die Kranken und Pflegebedürftigen; **the mentally ~** die Geistesschwachen

infirmary [ɪnˈfɜːmᵊri, AM -ˈfɜːrm-] *n* ❶ (*dated: hospital*) Krankenhaus *nt*
❷ AM (*sick room*) Krankenzimmer *nt*; (*in prison*) Krankenstation *f*

infirmity [ɪnˈfɜːməti, AM -ˈfɜːrm-] *n* (*form*) ❶ *no pl* (*state*) Schwäche *f*, Gebrechlichkeit *f*
❷ (*illness*) Gebrechen *nt geh*, Krankheit *f*; **infirmities of old age** Altersgebrechen *ntpl*
► PHRASES: **~ of purpose** Willensschwäche *f*

in flagrante delicto [ɪnfləˌgrænteɪdɪˈlɪktəʊ, AM -ˌgrɑːnteɪdɪˈlɪktoʊ] *adv* in flagranti, auf frischer Tat; **to catch sb ~** jdn in flagranti [*o* auf frischer Tat] ertappen

inflame [ɪnˈfleɪm] *vt* ❶ (*stir up*) ■**to ~ sth** etw entfachen [*o* entflammen]; **to ~ emotions** [*or* **feelings**] Gefühle entfachen
❷ (*make angry*) ■**to ~ sb** jdn aufbringen; (*stronger*) jdn erzürnen; **to ~ sb with anger** [*or* **fury**] jdn in Wut versetzen [*o* in Rage bringen]; **to ~ sb with desire/passion** jdn mit Verlangen/Leidenschaft erfüllen

inflamed [ɪnˈfleɪmd] *adj* ❶ (*red and swollen*) *body part* entzündet; **to become ~** sich *akk* entzünden
❷ *pred* (*provoked*) **~ with anger** wutentbrannt, wutentflammt *geh*; **~ with desire/passion** von Verlangen/Leidenschaft entflammt

inflammable [ɪnˈflæməbl] *adj* ❶ (*burning easily*) feuergefährlich, [leicht] entzündbar [*o* entflammbar]
❷ (*fig: volatile*) *temperament* explosiv; **a highly ~ situation/topic** eine höchst brisante Situation/ein höchst brisantes Thema

inflammation [ˌɪnfləˈmeɪʃᵊn] *n* Entzündung *f*; **~ of the ear/eye** Ohren-/Augenentzündung *f*; **~ of the toe** entzündlicher [*o* entzündeter] Zeh

inflammatory [ɪnˈflæmətᵊri, AM -tɔːri] *adj* ❶ MED entzündlich, Entzündungs-
❷ (*provoking*) hetzerisch; POL aufrührerisch; **to use**

~ **language** hetzerisch reden; **to make ~ remarks** hetzerische Kommentare abgeben *fam*

inflatable [ɪnˈfleɪtəbl̩, AM -t̬-] **I.** *adj inv* aufblasbar; ~ **boat** Schlauchboot *nt;* ~ **doll/pillow** [aufblasbare] Gummipuppe/aufblasbares Kissen *fam;* ~ **mattress** Luftmatratze *f*
II. *n esp* BRIT Schlauchboot *nt*

inflate [ɪnˈfleɪt] **I.** *vt* ▪**to ~ sth** ❶ (*fill with air*) etw aufblasen; (*with pump*) etw aufpumpen
❷ (*exaggerate*) etw aufblähen *fig pej; **they rather ~d their part in the rescue*** sie stellten ihre Rolle bei der Rettungsaktion ziemlich übertrieben dar
❸ ECON (*make bigger*) *value, prices etc* etw in die Höhe treiben; **to ~ the currency** die Währung inflationieren *fachspr;* **to ~ the economy** die Wirtschaft anziehen
II. *vi hot air balloon, etc* sich *akk* mit Luft füllen

inflated [ɪnˈfleɪtɪd, AM -t̬ɪd] *adj inv* ❶ (*filled with air*) aufgeblasen
❷ (*pej: exaggerated*) aufgebläht *fig pej,* übertrieben, überzogen *fam;* **to have an ~ opinion of oneself** ein übersteigertes Selbstwertgefühl haben; **to have an ~ idea of sth** eine übertriebene Vorstellung von etw *dat* besitzen
❸ ECON (*higher*) überhöht; ~ **currency/prices** inflationäre Währung/Preise; ~ **income/salary** überhöhtes Einkommen/Gehalt
❹ (*pej form: bombastic*) schwülstig *pej,* geschwollen *pej*

inflation [ɪnˈfleɪʃᵊn] *n no pl* ❶ ECON Inflation *f;* ~**-proof** ECON, FIN inflationssicher
❷ (*with air*) Aufblasen *nt;* (*with pump*) Aufpumpen *nt*

inflationary [ɪnˈfleɪʃᵊnᵊri, AM -eri] *adj* FIN inflationär, Inflations-, inflationsbedingt; ~ **policies** Inflationspolitik *f*

inflationary spiral *n* FIN Inflationsspirale *f fachspr,* Lohn-Preis-Spirale *f*

inflation-proof *adj* FIN inflationssicher

inflect [ɪnˈflekt] *vt* ❶ LING ▪**to ~ sth** etw beugen [*o fachspr* flektieren]
❷ (*modulate*) **to ~ one's voice** seine Stimme modulieren

inflected [ɪnˈflektɪd, AM -tɪd] *adj* LING flektiert *fachspr;* ~ **language** flektierende Sprache *fachspr*

inflection [ɪnˈflekʃᵊn] *n* ❶ LING (*change in form*) Flexion *f fachspr,* Beugung *f*
❷ (*affixes*) Flexionsform *f fachspr*
❸ (*modulation of tone*) Modulation *f fachspr,* Veränderung *f* des Tonfalls

inflexibility [ɪnˌfleksəˈbɪləti, AM -ət̬i] *n no pl* ❶ (*rigidity*) Starrheit *f,* Inflexibilität *f geh; **the ~ of his moral code*** die Unbeugsamkeit seines Moralbegriffs
❷ (*usu pej: stubbornness*) Sturheit *f*
❸ (*stiffness*) Steifheit *f*

inflexible [ɪnˈfleksəbl̩] *adj* (*usu pej*) ❶ (*fixed, unchanging*) starr, inflexibel *geh; **the law is ~ on this point*** das Gesetz ist in diesem Punkt nicht beugbar; **to adopt an ~ position** auf seinem [festen] Standpunkt beharren; ~ **rules** starre Regeln
❷ (*not adaptable*) unbeugsam, stur *pej;* **to be ~ in one's opinion** nicht von seiner Meinung abgehen; ~ **worker** inflexible Arbeitskraft
❸ (*stiff*) *limb* steif

inflexibly [ɪnˈfleksəbli] *adv* starr, inflexibel *geh*

inflexion *n esp* BRIT LING *see* **inflection**

inflict [ɪnˈflɪkt] *vt* ❶ (*impose*) ▪**to ~ sth on sb** *pain, suffering torture, violence* jdm etw zufügen; **to ~ a fine/punishment on sb** jdm eine Bußstrafe/Bestrafung [*o* Strafe] auferlegen; **to ~ one's opinion/views on sb** jdm seine Meinung/Ansichten aufzwingen [*o fam* aufdrücken]; ▪**to ~ sth on oneself** (*hum*) sich *dat* selbst etw zufügen
❷ (*usu hum*) **to ~ oneself/one's company on sb** sich *akk* jdm aufdrängen; ***would you mind if I ~ed myself on you for a moment?*** dürfte ich Sie wohl für einen Moment belästigen? *hum iron*

infliction [ɪnˈflɪkʃᵊn] *n no pl of suffering* Zufügen *nt; of torture also* Quälen *nt; of punishment, sentence* Verhängen *nt; of fine* Auferlegen *nt*

in-flight *adj attr, inv* Bord-, während des Fluges *nach n;* ~ [**customer**] **catering/service** Bordverpflegung *f*/-service *m;* ~ **refuelling** Auftanken *nt* während des Flugs

inflow [ˈɪnfləʊ, AM -floʊ] **I.** *n no pl* ❶ (*arrival*) Zustrom *m;* ~ **of capital** Kapitalzufluss *m;* ~ **of foreign exchange** Deviseneingänge *mpl;* ~ **of goods** Wareneingänge *mpl;* ~ **of immigrants** Einwandererzustrom *m*
❷ (*supply*) ~ **of air/fuel** Luft-/Benzinzufuhr *f*
II. *adj attr, inv* AUTO ~ **pipe** Ansaugrohr *nt*

influence [ˈɪnfluən(t)s] **I.** *n* ❶ (*sth that affects*) Einfluss *m;* **to be an ~ on sb/sth** [einen] Einfluss auf jdn/etw ausüben, jdn/etw beeinflussen; ***Helen's a good ~ on him*** Helen hat einen guten Einfluss auf ihn; **to fall under the ~ of sb** (*usu pej*) unter jds Einfluss geraten *meist pej;* (*stronger*) in jds Bann geraten *meist pej;* **to have an ~ on sb/sth** [einen] Einfluss auf jdn/etw haben; *of weather* Auswirkungen *fpl* auf jdn/etw haben
❷ *no pl* (*power to affect*) Einfluss *m* (**on** auf +*akk*); **to be/fall under sb's ~** (*usu pej*) unter jds Einfluss stehen/geraten *meist pej;* **to enjoy ~** einflussreich sein; **to exert** [*or* **use**] **one's ~** seinen [ganzen] Einfluss geltend machen
▶ PHRASES: **to be under the ~** (*form or hum*) betrunken sein; ***she was charged with driving under the ~*** sie wurde wegen Trunkenheit am Steuer belangt
II. *vt* ▪**to ~ sb/sth** jdn/etw beeinflussen; ***what ~d you to choose a career in nursing?*** was hat dich dazu veranlasst, Krankenschwester zu werden?; **to be easily ~d** leicht zu beeinflussen [*o* beeinflussbar] sein

influential [ˌɪnfluˈen(t)ʃᵊl] *adj* einflussreich; ***she was ~ in setting up the self-help group*** sie hat die Gründung der Selbsthilfegruppe [mit]beeinflusst

influenza [ˌɪnfluˈenzə] (*form*) **I.** *n no pl* Grippe *f,* Influenza *f geh o veraltend*
II. *n modifier* (*epidemic, patient, virus*) Grippe-

influx [ˈɪnflʌks] *n no pl of tourists, etc* Zustrom *m* (**of** an +*dat*); ~ **of refugees** Flüchtlingsstrom *m; of capital, etc* Zufuhr *f* (**of** an +*dat*)

info [ˈɪnfəʊ, AM -oʊ] *n* (*fam*) *short for* **information** Information *f,* Info *f fam*

infomercial [ˌɪnfə(ʊ)ˈmɜːʃᵊl, AM -foʊˈmɜːr-] *n* TV, MEDIA Infomercial *nt fachspr* (*als Informationssendung getarntes Werbevideo*)

inform [ɪnˈfɔːm, AM -ˈfɔːrm] **I.** *vt* ❶ (*give information*) ▪**to ~ sb** jdn informieren; **to ~ the police** die Polizei benachrichtigen [*o* verständigen]; ▪**to ~ sb about** [*or* **of**] **sth** jdn über etw *akk* informieren [*o* in Kenntnis setzen] [*o* unterrichten]; ***why wasn't I ~ed about this earlier?*** warum hat man mir das nicht früher mitgeteilt?; ***we regret to have to ~ you that …*** wir bedauern, Ihnen mitteilen zu müssen, dass …
❷ *usu passive* (*guide*) ▪**to be ~ed by sth** geprägt sein von etw *dat; **the debate on censorship is ~ed by the right to freedom of speech*** die Debatte zur Zensur steht im Zeichen des Rechts auf freie Meinungsäußerung
II. *vi* ▪**to ~ against** [*or* **on**] **sb** jdn anzeigen [*o geh form* denunzieren]

informal [ɪnˈfɔːmᵊl, AM -ˈfɔːrm-] *adj* ❶ (*not formal, casual*) informell; ***'hi' is a rather ~ way of greeting people*** ‚hi' ist eine recht lockere Weise, jdn zu begrüßen; **to take an ~ approach to sth** etw zwanglos angehen; ~ **atmosphere/party** zwanglose [*o* ungezwungene] Atmosphäre/Party; ~ **clothing/manner** legere Kleidung/Art
❷ (*not official*) *meeting* inoffiziell
❸ (*approachable, not stiff*) *person* ungezwungen

informality [ˌɪnfɔːˈmæləti, AM -fɔːrˈmælət̬i] *n no pl* ❶ (*casual quality*) Ungezwungenheit *f,* Zwanglosigkeit *f*
❷ (*unofficial character*) inoffizieller Charakter
❸ (*approachability*) *of person* Ungezwungenheit *f*

informally [ɪnˈfɔːmᵊli, AM -ˈfɔːrm-] *adv* ❶ (*not formally*) informell; (*casually*) zwanglos, ungezwungen; **to dine ~** gemütlich essen; **to dress ~** sich *akk* leger kleiden
❷ (*not officially*) inoffiziell

informant [ɪnˈfɔːmənt, AM -ˈfɔːr-] *n* Informant(in) *m(f);* **a reliable ~** ein zuverlässiger Informant; **to be told sth by a reliable ~** etw aus zuverlässiger Quelle erfahren

informatics [ˌɪnfəˈmætɪks, AM -fɚˈmæt̬-] *n + sing vb* Informatik *f kein pl*

information [ˌɪnfəˈmeɪʃᵊn, AM -fɚˈ-] **I.** *n* ❶ *no pl* (*data*) Information *f; **do you have any ~ about train times?*** können Sie mir Auskunft über die Abfahrtszeiten geben?; ***for further ~, please contact your local library*** für weitere Informationen setzen Sie sich bitte mit Ihrer Bibliothek in Verbindung; **a bit** [*or* **piece**] **of ~** eine Information; **a vital piece of ~** eine sehr wichtige Information; **to be a mine of ~** viel wissen; **a lot of/a little ~** viele/wenige Informationen; **to give sb ~ about sb/sth** jdm über jdn/etw Informationen geben; **to have ~ that …** Informationen haben, dass …; **to move ~** Informationen übertragen; (*from the internet*) Informationen aus dem Internet übertragen; **for your ~** als Information; (*annoyed*) damit Sie es wissen
❷ (*enquiry desk*) Information *f; **you can buy a museum guide at ~*** Sie können einen Museumsführer an der Information kaufen
❸ AM (*telephone operator*) Auskunft *f*
❹ LAW (*form: official charge*) Anklage *f;* **to lay an ~ against sb** jdn anklagen
II. *n modifier* (*pack, service, sheet*) Informations-; COMPUT Daten-; ~ **content** Informationsgehalt *nt;* ~ **exchange** Informationsaustausch *m;* ~ **management** Datenmanagement *nt;* ~ **system** Informationssystem *nt*

information age *n* Informationszeitalter *nt;* ▪**the I~** *no pl* COMPUT das Informationszeitalter

informational [ˌɪnfəˈmeɪʃᵊnᵊl, AM -fɚˈ-] *adj* Informations-, informationell *geh;* ~ **content** Informationsgehalt *m*

information-based *adj attr, inv* informationsgestützt, informationsorientiert **information bureau** *n* Auskunftsbüro *nt* **information class** *n soziale Schicht, die das Internet als Informationsquelle nutzt* **information content** *n no pl* COMPUT Informationsgehalt *m,* Informationsinhalt *m* **information desk** *n* die Information **information gathering** *n no pl* Datenerhebung *f* **information overload** *n no pl* Informationsüberfluss *m* **information retrieval** **I.** *n no pl* COMPUT Wiederauffinden *nt* von Informationen; COMPUT Informationsabruf *m,* Informationswiedergewinnung *f* **II.** *n modifier* ~ **system** Informationsaufrufsystem *nt,* Zentrale *f* für Informationsanbieter und Benutzer **information science** *n usu pl* Informatik *f kein pl* **information storage** *n no pl* COMPUT Datenspeicherung *f;* ~ **and retrieval** Informationsspeicherung *f* und -wiederauffindung **information superhighway** *n* COMPUT ▪**the ~** die Datenautobahn, das Internet **information technology** *n no pl* Informationstechnologie *f*

informative [ɪnˈfɔːmətɪv, AM -ˈfɔːrmət̬-] *adj* (*approv*) informativ

informed [ɪnˈfɔːmd, AM -ˈfɔːr-] *adj* [gut] informiert; **to make an ~ guess** etw [aufgrund von Informationen] vermuten; **an ~ opinion** eine fundierte Meinung; **to be well-~** gut informiert sein; **to keep sb ~** jdn auf dem Laufenden halten

informer [ɪnˈfɔːməʳ, AM -ˈfɔːrmɚ] *n* Informant(in) *m(f),* Denunziant(in) *m(f);* **to turn ~** die Mittäter verraten

infotainment [ˌɪnfə(ʊ)ˈteɪnmənt, AM ˈɪnfoʊteɪ-] *n no pl* (*esp pej*) Infotainment *nt*

infraction [ɪnˈfrækʃᵊn] *n* LAW (*form*) Verstoß *m* (**of** gegen +*akk*); ~ **of a law** Gesetzesübertretung *f,* Gesetzesverstoß *m; **this is an ~ of the law*** das verstößt gegen das Gesetz; ~ **of a rule** Regelverletzung *f; esp* SPORTS Regelverstoß *m*

infra dig [ˌɪnfrəˈdɪg] *adj pred* (*dated or hum*) ▪**to be ~** [**for sb**] unter jds Würde sein; ***they think it's a bit ~ to do your own housework*** sie sind sich für Hausarbeit zu fein

infrared [ˌɪnfrəˈred] *adj inv* infrarot; ~ **radiation** Infrarotstrahlung *f*

infrastructure [ˈɪnfrəˌstrʌktʃəʳ, AM -ɚ] *n* Infrastruktur *f*

infrequency [ɪnˈfriːkwən(t)si] *n no pl* Seltenheit *f*

infrequent [ɪnˈfriːkwənt] *adj* selten

infrequently [ɪnˈfriːkwəntli] *adv* selten

infringe [ɪnˈfrɪndʒ] **I.** *vt* ■**to ~ sth** etw verletzen, gegen etw *akk* verstoßen; **to ~ a law** gegen ein Gesetz verstoßen, ein Gesetz übertreten; **to ~ sb's rights** jds Rechte verletzen [*o* missachten]
II. *vi* ■**to ~ on** [*or* **upon**] **sth** *privacy, rights* etw verletzen; *area* in etw *akk* eindringen; *territory* auf etw *akk* übergreifen

infringement [ɪnˈfrɪndʒmənt] *n* ❶ (*action*) Verstoß *m;* (*breach*) *of law* Gesetzesübertretung *f,* Gesetzesverstoß *m; of rules* Regelverletzung *f; esp* SPORTS Regelverstoß *m;* **an ~ of copyright** ein Verstoß gegen das Urheberrecht
❷ *no pl* (*violation*) Übertretung *f*

infuriate [ɪnˈfjʊərieɪt, AM -ˈfjʊr-] *vt* ■**to ~ sb** jdn wütend machen [*o* ärgern]

infuriating [ɪnˈfjʊərieɪtɪŋ, AM -ˈfjʊrieɪt̬-] *adj* ärgerlich; **an ~ person** eine Person, die einen zur Raserei bringen kann; ***he's never more ~ than when …*** er geht mir am meisten auf den Geist, wenn …

infuriatingly [ɪnˈfjʊərieɪtɪŋli, AM -ˈfjʊrieɪt̬-] *adv* ärgerlich[erweise]; ***she was so ~ casual about the whole thing*** sie ging so aufreizend gelassen über die ganze Sache hinweg

infuse [ɪnˈfjuːz] **I.** *vt* ❶ (*fill*) ■**to ~ sb/sth with sth** jdn/etw mit etw *dat* erfüllen; **to ~ sb with courage** jdm Mut machen; **to ~ sb with energy** jdm Energie geben; ■**to ~ sth into sb/sth** jdm/etw etw einflößen; ***the arrival of a group of friends ~d life into the weekend*** die Ankunft einer Gruppe von Freunden brachte Leben in das Wochenende
❷ (*form: steep in liquid*) ■**to ~ sth** *tea, herbs* etw aufgießen
II. *vi* ziehen

infusion [ɪnˈfjuːʒᵊn] *n* ❶ (*input*) Einbringen *nt;* ECON Infusion *f fachspr,* Input *m fachspr;* ***we need an ~ of new ideas in this company*** wir brauchen neue Ideen in dieser Firma; **an ~ of money** eine Geldspritze *f fam*
❷ (*brew*) Aufguss *m;* **~ of herbs, herbal ~** Kräutertee *m;* **~ of tea** Tee *m*
❸ *no pl* (*brewing*) Aufgießen *nt,* Aufguss *m*
❹ MED Infusion *f*

ingenious [ɪnˈdʒiːniəs, AM -njəs] *adj person* ideenreich, kreativ; *idea, method, plan* ausgeklügelt, raffiniert, genial; *device, machine* raffiniert

ingeniously [ɪnˈdʒiːniəsli, AM -njəs] *adv* ausgeklügelt, genial, raffiniert

ingénue [ˈɛ̃(n)ʒeɪnjuː, AM ˈænʒənuː] *n* gutgläubiges junges Mädchen; THEAT jugendliche Naive

ingenuity [ˌɪndʒɪˈnjuːəti, AM -ət̬i] *n no pl of a person* Ideenreichtum *m,* Einfallsreichtum *m; of an idea/a plan/a solution* Genialität *f; of machine/device* Raffiniertheit *f;* **to use one's ~** seinen Einfallsreichtum nutzen

ingenuous [ɪnˈdʒenjuəs] *adj* (*form*) ❶ (*naive*) naiv
❷ (*openly honest*) offen, ehrlich

ingenuously [ɪnˈdʒenjuəsli] *adv* (*form*) ❶ (*naively*) naiv
❷ (*openly*) offen, ehrlich

ingest [ɪnˈdʒest] *vt* (*form*) ■**to ~ sth** ❶ MED etw einnehmen
❷ (*fig*) *facts, information* etw verschlingen *fig*

ingestion [ɪnˈdʒestʃᵊn] *n no pl* MED (*form*) Aufnahme *f,* Ingestion *f fachspr*

inglenook [ˈɪŋɡlnʊk] *n esp* BRIT ARCHIT Kaminecke *f;* **~ fireplace** Kamin *m* mit Sitzecke

inglorious [ɪnˈɡlɔːriəs] *adj* unrühmlich; *defeat* schmählich

ingloriously [ɪnˈɡlɔːriəsli] *adv* schmählich

ingoing [ˈɪnˌɡəʊɪŋ, AM -ˈɡoʊ-] *adj attr, inv* eingehend; *occupant, office holder* neu

ingot [ˈɪŋɡət] *n* Ingot *m fachspr; of gold, silver* Barren *m*

ingrained [ɪnˈɡreɪnd] *adj* ❶ (*embedded*) fest sitzend *attr;* **to be ~ with dirt** stark verschmutzt sein
❷ (*fig: deep-seated*) tief sitzend *attr,* fest verankert; ***some habits are very deeply ~*** einige Angewohnheiten sitzen sehr tief

ingrate [ˈɪŋɡreɪt] *n* (*pej liter*) **to be an ~** undankbar sein

ingratiate [ɪnˈɡreɪʃieɪt] *vt no passive* (*usu pej*) ■**to ~ oneself** [**with sb**] sich *akk* [bei jdm] einschmeicheln

ingratiating [ɪnˈɡreɪʃieɪtɪŋ, AM -t̬-] *adj* (*usu pej*) schmeichlerisch

ingratiatingly [ɪnˈɡreɪʃieɪtɪŋli] *adv* gewinnend, einnehmend

ingratitude [ɪnˈɡrætɪtjuːd, AM -t̬ətuːd] *n no pl* Undankbarkeit *f*

ingredient [ɪnˈɡriːdiənt] *n* ❶ (*in recipe*) Zutat *f*
❷ (*component*) Bestandteil *m;* ***trust is an essential ~ in a successful marriage*** Vertrauen ist eine wichtige Voraussetzung für eine erfolgreiche Ehe; ***this has all the ~s of a really successful novel*** dieser Roman hat alles, um ein großer Erfolg zu werden

ingress <*pl* -es> [ˈɪnɡres] *n* (*form*) ❶ *no pl* (*entering*) Eintritt *m;* **right of ~** Zutritt *m*
❷ (*entrance*) Eingang *m*

in-group [ˈɪnɡruːp] *n* (*usu pej fam*) angesagte Clique; **to be in with the ~** in der angesagten Clique sein

ingrowing [ɪnˈɡrəʊɪŋ, AM ˈɪnɡroʊ-] *adj,* **ingrown** [ɪnˈɡrəʊn, AM ˈɪnɡroʊn] *adj usu attr, inv* eingewachsen; **an ~ toenail** ein eingewachsener Fußnagel

inguinal *adj* inguinal *fachspr,* Leisten-

inhabit [ɪnˈhæbɪt] *vt* ■**to ~ sth** etw bewohnen

inhabitable [ɪnˈhæbɪtəbl̩, AM -t̬-] *adj* bewohnbar

inhabitant [ɪnˈhæbɪtᵊnt] *n of region* Einwohner(in) *m(f); of building* Bewohner(in) *m(f)*

inhalant [ɪnˈheɪlənt] *n* MED Inhalat *nt*

inhalation [ˌɪn(h)əˈleɪʃᵊn] *n* ❶ *no pl* (*breathing in*) Einatmen *nt;* (*by smoker*) Inhalieren *nt;* (*of poison*) Rauchvergiftung *f*
❷ (*intake of breath*) Atemzug *m; of smoke* Zug *m; of vapours* Einatmen *nt kein pl*

inhalation anthrax *n* Lungenmilzbrand *m*

inhalator [ˌɪn(h)əˈleɪtəʳ, AM -t̬ɚ] *n* Inhalationsapparat *m,* Inhalator *m*

inhale [ɪnˈheɪl] **I.** *vt* ■**to ~ sth** etw einatmen; *smoker* etw inhalieren
II. *vi* einatmen; *smoker* inhalieren

inhaler [ɪnˈheɪləʳ, AM -ɚ] *n* Inhalationsapparat *m,* Inhalator *m*

inharmonious [ˌɪnhɑːˈməʊniəs, AM -hɑːrˈmoʊ-] *adj* ❶ (*not friendly*) gespannt, problematisch
❷ MUS unharmonisch
❸ (*form: not blending well*) unharmonisch

inhere [ɪnˈhɪəʳ, AM -ˈhɪr] *vi* (*liter*) ■**to ~ in sb/sth** jdm/etw innewohnen *geh*

inherent [ɪnˈherᵊnt, AM *esp* -ˈhɪr-] *adj* innewohnend *attr;* PHILOS inhärent *geh;* ***he has an ~ distrust of emotional commitment*** er hat ein tiefsitzendes Misstrauen gegenüber gefühlsmäßigen Bindungen; ■**to be ~ in sth** etw *dat* eigen sein; ***there are dangers ~ in almost every sport*** fast jeder Sport bringt Gefahren mit sich

inherently [ɪnˈherᵊntli, AM *esp* -ˈhɪr-] *adv* von Natur aus

inherit [ɪnˈherɪt] **I.** *vt* ■**to ~ sth** [**from sb**] etw [von jdm] erben; (*fig*) etw [von jdm] übernehmen; ■**to ~ sth** COMPUT etw übernehmen
II. *vi* erben

inheritable [ɪnˈherɪtəbl̩, AM -t̬-] *adj inv* ❶ (*transmissible*) vererbbar; **~ characteristics** vererbbare Merkmale
❷ LAW (*able to inherit*) erbfähig

inheritance [ɪnˈherɪtᵊn(t)s] *n* ❶ (*legacy*) Erbe *nt kein pl* (**from** von +*dat*); **to come into one's ~** (*form*) sein Erbe antreten, etw erben; **a cultural/literary ~** (*fig*) ein kulturelles/literarisches Erbe
❷ *no pl* (*inheriting*) *of money, property* Erben *nt; of characteristics* Vererben *nt;* ***my collection was formed partly by ~*** meine Sammlung besteht zum Teil aus Erbstücken
❸ *no pl* COMPUT Übernahme *f*

inheritance tax *n* Erbschaft[s]steuer *f*

inherited [ɪnˈherɪtɪd, AM -t̬-] *adj attr* **an ~ disease** eine Erbkrankheit

inheritor [ɪnˈherɪtəʳ, AM -t̬ɚ] *n* (*also fig*) Erbe, -in *m, f*

inhibit [ɪnˈhɪbɪt] *vt* ❶ (*restrict*) ■**to ~ sth** etw hindern [*o* stören]
❷ (*deter*) ■**to ~ sb** jdn hemmen; ***fear of failure is an ~ing factor for many people*** Versagensangst verursacht vielen Menschen Hemmungen; ■**to ~ sb from doing sth** jdn daran hindern, etw zu tun
❸ COMPUT ■**to ~ sth** etw sperren

inhibited [ɪnˈhɪbɪtɪd, AM -t̬-] *adj* ❶ (*self-conscious*) gehemmt; **to be/feel ~** Hemmungen haben
❷ (*repressed*) ■**to be ~** verklemmt sein *fam*

inhibition [ˌɪn(h)ɪˈbɪʃᵊn] *n* ❶ *usu pl* (*self-consciousness*) Hemmung *f;* **to have ~s** [**about doing sth**] Hemmungen haben[, etw zu tun]; **to lose one's ~s** alle Hemmungen verlieren
❷ *no pl* (*inhibiting*) Einschränken *nt;* (*prevention*) Verhindern *nt*

inhibitory [ɪnˈhɪbɪtᵊri, AM ɪtɔːri] *adj inv esp* MED hemmend, Hemmungs-, inhibitorisch *fachspr*

inhospitable [ˌɪnhɒsˈpɪtəbl̩, AM ɪnˈhɑːspɪt̬-] *adj* ❶ (*unwelcoming*) ungastlich
❷ (*unpleasant*) unwirtlich

in-house [ˌɪnˈhaʊs] **I.** *adj attr, inv* hauseigen, innerbetrieblich
II. *adv inv* intern, im Hause, innerbetrieblich

inhuman [ɪnˈhjuːmən] *adj* ❶ (*pej: cruel*) unmenschlich
❷ (*non-human*) unmenschlich; (*superhuman*) übermenschlich

inhumane [ˌɪnhjuːˈmeɪn] *adj* inhuman; (*barbaric*) barbarisch

inhumanity [ˌɪnhjuːˈmænəti, AM -ət̬i] *n no pl* Grausamkeit *f;* (*barbaric cruelty*) Barbarei *f;* **man's ~ to man** die menschliche Grausamkeit

inimical [ɪˈnɪmɪkᵊl] *adj* (*form*) ❶ (*harmful*) nachteilig; ■**to be ~ to sth** etw *dat* abträglich sein *geh;* ***that is ~ to free speech*** das ist ein Angriff auf die Redefreiheit
❷ (*hostile*) feindselig, feindlich; ■**to be ~ to sth/sb** etw/jdm feindlich gesonnen sein

inimitable [ɪˈnɪmɪtəbl̩, AM -t̬-] *adj* unnachahmlich

iniquitous [ɪˈnɪkwɪtəs, AM -t̬-] *adj* (*form*) ungeheuerlich, skandalös

iniquity [ɪˈnɪkwɪti, AM -t̬-] *n* ❶ *no pl* (*wickedness*) Bosheit *f;* (*unfairness*) Ungerechtigkeit *f;* (*sinfulness*) Verderbtheit *f geh;* **a den of ~** (*pej dated*) ein Sündenpfuhl *m veraltend o oft hum*
❷ (*wicked act*) Untat *f,* Missetat *f veraltend geh;* (*act of unfairness*) Ungerechtigkeit *f;* (*sin*) Sünde *f*

initial [ɪˈnɪʃᵊl] **I.** *adj attr, inv* anfänglich, erste(r, s); ***my ~ surprise was soon replaced by delight*** meine anfängliche Überraschung wandelte sich schnell in Freude; **~ *reports say that …*** ersten Meldungen zufolge …; **an ~ letter** ein erster Brief; **in the ~ phases** [*or* **stages**] in der Anfangsphase
II. *n* Initiale *f;* ***what does the ~, X, in your name stand for?*** wofür steht das X in deinem Namen?; ■**~s** *pl* Initialien *fpl,* Anfangsbuchstaben *mpl;* **to mark** [*or* **sign**] **a page with one's ~s** seine Initialien unter eine Seite setzen
III. *vt* <BRIT -ll- *or* AM *usu* -l-> ■**to ~ sth** etw abzeichnen [*o* paraphieren]

initialize [ɪˈnɪʃᵊlaɪz] *vt* COMPUT ■**to ~ sth** etw initialisieren

initially [ɪˈnɪʃᵊli] *adv inv* anfangs, zu Anfang, zunächst

initiate **I.** *vt* [ɪˈnɪʃieɪt] ❶ (*start*) ■**to ~ sth** etw initiieren [*o* in die Wege leiten]; **to ~ proceedings against sb** LAW rechtliche Schritte gegen jdn einleiten
❷ (*teach*) ■**to ~ sb into sth** jdn in etw *akk* einweihen
❸ (*admit to group*) ■**to ~ sb** [**into sth**] jdn [in etw *akk*] einführen; (*make official member*) jdn [in etw *akk*] [feierlich] aufnehmen

II. *n* [ɪ'nɪʃiət] (*in a club, organization*) neues Mitglied; (*in a spiritual community*) Eingeweihte(r) *f(m)*

initiation [ɪˌnɪʃi'eɪʃᵊn] *n* ① *no pl* (*start*) Einleitung *f*; **the ~ of talks** die Eröffnung der Gespräche
② (*introduction*) Einführung *f* (**into** in +*akk*); (*as a member*) Aufnahme *f* (**into** in +*akk*); (*in tribal societies*) Initiation *f* (**into** in +*akk*)

initiation ceremony *n* [feierliche] Aufnahmezeremonie; (*rite*) Initiationsritus *m*

initiative [ɪ'nɪʃətɪv, AM -t̬-] *n* ① *no pl* (*approv: enterprise*) [Eigen]initiative *f*; **to show ~** Eigeninitiative zeigen; **to use one's ~** eigenständig handeln; **to take the ~ [in sth]** [in etw *dat*] die Initiative ergreifen
② *no pl* (*power to act*) Initiative *f*; **to have the ~ in sth** in etw *dat* die Oberhand haben; **to lose the ~** die Handlungsfähigkeit einbüßen
③ (*action*) Initiative *f*

initiator [ɪ'nɪʃieɪtəʳ, AM eɪt̬ɚ] *n* Urheber(in) *m(f)*, Initiator(in) *m(f)*

inject [ɪn'dʒekt] *vt* ① MED ■**to ~ sth [into sth]** etw [in etw *akk*] spritzen [*o geh* injizieren]; ■**to ~ sb/oneself** jdn/sich spritzen; ■**to ~ sb/oneself with sth** jdm/sich etw spritzen; ■**to ~ sb against sth** BRIT, AUS jdn gegen etw *akk* impfen
② (*fig: introduce*) ■**to ~ sth into sth** etw in etw *akk* [hinein]bringen; **to ~ cash [*or* money]/capital into a project** Geld/Kapital in ein Projekt pumpen *fam*
③ TECH ■**to ~ sth** etw einspritzen; **to ~ gas** Gas einblasen *fachspr*
④ AEROSP **to ~ a spacecraft into an orbit** ein Raumfahrzeug in eine Umlaufbahn schießen

injection [ɪn'dʒekʃᵊn] *n* ① MED Injektion *f*, Spritze *f*; **an insulin/a pain-killing ~** eine Insulin-/Schmerzspritze; **a flu/tetanus ~** BRIT, AUS eine Grippe-/Tetanusspritze; **to give sb an ~ [**BRIT, AUS **against sth]** jdm eine Spritze [gegen etw *akk*] geben; **to give sth by ~** etw spritzen
② (*addition*) **an ~ of cash [*or* funds] [*or* money]** eine Geldspritze *fam*; **a capital ~ of £100,000 [*or* an ~ of £100,000 capital]** eine Kapitalzuführung von 100.000 Pfund; **an ~ of enthusiasm/new life/optimism** ein Schuss Enthusiasmus/neues Leben/Optimismus
③ TECH Einspritzung *f*; *of gas* Einblasen *nt*

injection molding *n* AM, **injection moulding** *n no pl* Spritzguss *m*

injector [ɪn'dʒektəʳ, AM ɚ] *n* (*fuel ~*) Einspritzer *m*, Dampfstrahlpumpe *f*

in-joke ['ɪnˌdʒəʊk, AM -ˌdʒoʊk] *n* (*fam*) Insiderwitz *m fam*

injudicious [ˌɪndʒu:'dɪʃəs] *adj* (*form*) unklug; (*ill-considered*) unüberlegt

injunction [ɪn'dʒʌŋ(k)ʃᵊn] *n* ① LAW Anordnung *f*, [gerichtliche [*o* richterliche]] Verfügung; **temporary ~** einstweilige Verfügung; **to issue an ~** eine Verfügung erlassen; **to seek an ~** versuchen, eine Verfügung zu erwirken
② (*instruction*) Ermahnung *f*

injunctive [ɪn'dʒʌŋtɪv] *adj costs* entstandene(r, s)

injure ['ɪndʒəʳ, AM -ɚ] *vt* ① (*wound*) ■**to ~ sb/oneself** jdn/sich verletzen; **to ~ one's back/leg** sich *dat* den Rücken/das Bein verletzen
② (*damage*) ■**to ~ sth** etw *dat* schaden; **to ~ one's health** seiner Gesundheit schaden

injured ['ɪndʒəd, AM -ɚd] I. *adj* ① (*wounded*) verletzt; **badly [*or* seriously]/slightly ~** schwer/leicht verletzt
② (*offended*) verletzt, gekränkt; **~ pride** verletzter Stolz
③ LAW (*wronged*) **the ~ party** der/die Geschädigte
II. *n* ■**the ~** *pl* die Verletzten *pl*

injurious [ɪn'dʒʊəriəs, AM -'dʒʊr-] *adj* ① (*form: harmful*) schädlich; **to be ~ to one's health** gesundheitsschädlich sein
② (*form: insulting*) verletzend *attr*, beleidigend *attr*

injury ['ɪndʒᵊri] *n* ① (*wound*) Verletzung *f*; **a back/knee ~** eine Rücken-/Knieverletzung; **an ~ to the foot/head** eine Fuß-/Kopfverletzung; **to do oneself an ~** BRIT, AUS (*hum*) sich *akk* verletzen [*o fam* weh tun]; **to receive [*or* sustain] an ~** verletzt werden
② *no pl* (*wounding*) Verletzung *f*

injury time *n no pl* BRIT, AUS Nachspielzeit *f*

injustice [ɪn'dʒʌstɪs] *n* Ungerechtigkeit *f*; **to do sb an ~** jdm unrecht tun

ink [ɪŋk] I. *n* ① *no pl* (*for writing*) Tinte *f*; ART Tusche *f*; (*for stamp-pad*) Farbe *f*; TYPO Druckfarbe *f*; (*for newspapers*) Druckerschwärze *f*; ***the ~ was barely dry on the peace agreement when ...*** der Friedensvertrag war gerade erst unterzeichnet worden, als ...; **bottle of ~** Tintenfass *nt*; **to write in ~** mit Tinte schreiben; **to be as black as ~** pechschwarz sein
② BIOL (*from octopus*) Tinte *f*
II. *vt* ■**to ~ sth** ① TYPO etw einfärben
② ECON etw unterschreiben [*o* unterzeichnen]
③ (*using pen*) ■**to ~ sth** etw mit Tinte zeichnen [*o* schreiben]

◆**ink in** *vt* ■**to ~ in** ⇄ **sth** etw mit Tusche [*o* Tinte] ausmalen

◆**ink out** *vt* ■**to ~ sth** ⇄ **out** etw mit Tinte übermalen

ink-blot test *n* PSYCH Rorschachtest *m* **ink bottle** *n* Tintenfass *nt* **ink cartridge** *n* Tintenpatrone *f* **ink jet** *n* Tintenstrahl *m*, Farbstrahl *m* **ink-jet printer** *n* Tintenstrahldrucker *m*

inkling ['ɪŋklɪŋ] *n* ① (*suspicion*) Ahnung *f*; **sb has an ~ of sth** jd ahnt etw; ***she didn't have even the slightest ~ of the truth*** sie ahnte noch nicht mal das kleinste bisschen; ***he must have had some ~ of what was happening*** er muss doch irgendwas davon geahnt haben; **to have an ~ that ...** ahnen, dass ...
② (*hint*) Hinweis *m*; **to give sb an ~** jdm einen Hinweis geben

ink-pad *n* Stempelkissen *nt* **inkstain** *n* Tintenfleck *m*; (*on paper*) Tintenklecks *m* **inkstand** *n* Schreibtischgarnitur *f* **inkwell** *n* [in das Pult eingelassenes] Tintenfass

inky ['ɪŋki] *adj* ① (*covered with ink*) tintenbefleckt
② (*very dark*) pechschwarz; **~ blackness** tiefste Schwärze

inlaid [ɪn'leɪd, AM 'ɪnleɪd] I. *adj inv* mit Intarsien *nach n*; **~ work** Einlegearbeit *f*, Intarsienarbeit *f*; **~ gold/ivory/wood** Einlegearbeiten aus Gold/Elfenbein/Holz
II. *vt pt, pp of* **inlay**

inland I. *adj* ['ɪnlənd] *usu attr, inv* ① (*not coastal*) *sea, shipping* Binnen-; *town, village* im Landesinneren *nach n*
② *esp* BRIT ADMIN, ECON (*domestic*) inländisch, Inland[s]-; **~ flight** Inlandsflug *m*; **~ haulage/trade** Binnentransport *m*/-handel *m*; **~ postage rates** Inlandsporto *nt*
II. *adv* ['ɪnlænd] (*direction*) ins Landesinnere; (*place*) im Landesinneren

Inland Revenue *n* BRIT, NZ ■**the ~** ≈ das Finanzamt

in-laws ['ɪnlɔ:z, AM *esp* -lɑ:z] *npl* Schwiegereltern *pl*

inlay I. *n* ['ɪnleɪ] ① *no pl* (*embedded pattern*) Intarsie[n] *f[pl] fachspr*, Einlegearbeit[en] *f[pl]*
② MED (*for tooth*) Inlay *nt*
II. *vt* <-laid, -laid> [ɪn'leɪ] *usu passive* ■**to ~ sth [with sth]** etw [mit etw *dat*] einlegen

inlet ['ɪnlet] *n* ① GEOG [schmale] Bucht; (*of sea*) Meeresarm *m*
② TECH (*part of machine*) Einlass[kanal] *m*; (*pipe*) Zuleitungsrohr *nt*, Zuleitung *f*

in-lines ['ɪnlaɪnz] *npl*, **in-line skates** *npl* Inline-Skates *pl*, Inliner *pl*

in-line skating *n no pl* Inline-Skaten *nt*, Inlineskating *nt*

in loco parentis [ɪnˌləʊkəʊpə'rentɪs, AM -ˌloʊkoʊpə'rent̬-] I. *adj pred, inv* (*form*) an Elternstatt *nach n*, an Stelle eines Elternteils; ■**to be ~** die Aufsichtspflicht haben
II. *adv inv* (*form*) an Elternstatt, in Vertretung der Eltern; ***teachers work ~*** Lehrer haben eine Aufsichtspflicht

inmate ['ɪnmeɪt] *n* ① (*of institution*) Insasse, -in *m, f*; **prison ~** Gefängnisinsasse, -in *m, f*
② (*old form: resident*) Bewohner(in) *m(f)*

inmost ['ɪnmə(ʊ)st, AM -moʊst] *adj* (*liter*) ① (*furthest in*) innerste(r, s)
② (*most secret*) geheimste(r, s), intimste(r, s); *see also* **innermost**

inn [ɪn] *n* ① (*public house*) Gasthaus *nt*
② BRIT LAW **the I~s of Court** Berufsorganisation *f* der Barrister

innards ['ɪnədz, AM -ɚdz] *npl* (*fam*) ① ANAT (*entrails*) Eingeweide *pl*; FOOD Innereien *pl*
② (*of machine*) Innere *nt kein pl*

innate [ɪ'neɪt] *adj* natürlich, angeboren

innately [ɪ'neɪtli] *adv* von Natur aus

inner ['ɪnəʳ, AM -ɚ] *adj inv, usu attr* ① (*interior*) Innen-, innere(r, s) *attr*; **in the ~ London area** in der Londoner Innenstadt; **~ ear** Innenohr *nt*
② (*emotional*) innere(r, s) *attr*, tief; ***he struggled to hide his ~ turmoil*** er versuchte, den Aufruhr in seinem Inneren zu verbergen; **~ feelings** tiefste Gefühle; **~ life** Innenleben *nt*; **~ strength** innere Kraft

inner circle *n* engster Kreis **inner city** *n* Innenstadt *f*, [Stadt]zentrum *nt*, City *f fam* **inner-city** *adj* Innenstadt-, in der Innenstadt *nach n*; **~ area** Innenstadtgebiet *nt*; **~ school** Schule *f* im Innenstadtgebiet **inner man** *n* ① (*soul*) ■**the ~** das Innere (*eines Menschen*) ② (*hum: stomach*) Magen *m*

innermost ['ɪnəmə(ʊ)st, AM -ɚmoʊst] *adj attr, inv* ① (*furthest in*) innerste(r, s); ***the ~ circle of presidential advisers*** der engste Kreis der Berater des Präsidenten
② (*most secret*) geheimste(r, s), intimste(r, s); ***in his ~ being ...*** im tiefsten Inneren seines Herzens ...; **sb's ~ feelings/thoughts** jds geheimste [*o* intimste] Gefühle/Gedanken

inner sanctum *n* (*dated or hum*) Heiligtum *nt hum*, heilige Hallen *pl hum* **inner sole** *n* Einlegesohle *f*; (*in-built part*) Innensohle *f* **inner tube** *n* Schlauch *m* **inner woman** *n* ① (*soul*) ■**the ~** das Innere (*einer Frau*) ② (*hum: stomach*) Magen *m*

inning ['ɪnɪŋ] *n* SPORTS ① AM (*in baseball*) Inning *nt*; **the top/bottom of an ~** die erste/zweite Halbzeit eines Inning
② BRIT ■**~s** + *sing vb* (*in cricket*) Durchgang *m*, Innings *nt fachspr*
► PHRASES: **to have a good ~s** BRIT lange leben

innings <*pl* – *or fam* -es> ['ɪnɪŋz] *n* SPORTS (*also fig*) Dransein *nt*, Am-Spiel[*o* -Ball]-Sein *nt*; **to have os ~** am Spiel sein, an der Reihe sein; *power* am Ruder sein

innit ['ɪnɪt] *esp* BRIT (*sl*) = **isn't it** *see* **be**

innkeeper *n* (*old*) Gastwirt(in) *m(f)*

innocence ['ɪnəsᵊn(t)s] *n no pl* ① (*of crime*) Unschuld *f*; **to plead [*or* protest] one's ~** seine Unschuld beteuern
② (*naivety*) Unschuld *f*, Arglosigkeit *f*; **in all ~** ganz unschuldig; **to lose one's ~** seine Naivität verlieren
③ (*dated form: virginity*) Unschuld *f*

innocent ['ɪnəsᵊnt] I. *adj* ① (*not guilty*) unschuldig; ■**to be ~ of sth** an etw *dat* unschuldig sein; ***she is ~ of the crime*** sie hat die Tat nicht begangen, sie ist unschuldig
② (*approv: artless*) unschuldig, arglos
③ (*uninvolved*) unschuldig, unbeteiligt; **an ~ bystander** ein unbeteiligter Passant/eine unbeteiligte Passantin; **an ~ victim** ein unschuldiges Opfer
④ (*intending no harm*) unschuldig; **an ~ mistake** ein unbeabsichtigter Fehler
⑤ (*harmless*) harmlos; **an ~ substance** ein harmloser Stoff
II. *n* **to be an ~** naiv [*o* unbedarft] sein; **to come [*or* AM **play**] **the ~ with sb** (*fam*) jdm den Unschuldigen/die Unschuldige spielen *fam*

innocently ['ɪnəsᵊntli] *adv* ① (*not maliciously*) arglos
② (*not criminally*) ohne böse Absicht; ***he had obtained the stolen television ~*** er hatte den gestohlenen Fernseher in gutem Glauben gekauft

innocuous [ɪ'nɒkjuəs, AM ɪ'nɑ:k-] *adj* harmlos

innocuously [ɪ'nɒkjuəsli, AM ɪ'nɑːk-] *adv* [ganz] harmlos

innocuousness [ɪ'nɒkjuəsnəs, AM ɪ'nɑːk-] *n no pl* (*form*) Harmlosigkeit *f*

innovate ['ɪnə(ʊ)veɪt, AM -nəv-] *vi* ❶ (*introduce sth new*) Neuerungen einführen, innovieren *fachspr;* (*be creative*) kreativ sein
❷ (*make changes*) sich *akk* erneuern [*o* ändern]

innovation [ˌɪnə(ʊ)'veɪʃən, AM -nə'-] *n* ❶ (*new thing*) Neuerung *f*, Reform *f;* (*new product*) Innovation *f*
❷ *no pl* (*creating new things*) [Ver]änderung *f*

innovative ['ɪnə(ʊ)veɪtɪv, AM -nəv-] *adj* ❶ (*original*) innovativ
❷ (*having new ideas*) kreativ

innovator ['ɪnə(ʊ)veɪtəʳ, AM -nəveɪt̬ɚ] *n* Erneuerer, Erneuerin *m, f*

innovatory ['ɪnə(ʊ)veɪtəri, AM 'ɪnəvətɔːri] *adj* ❶ (*original*) innovativ
❷ (*having new ideas*) kreativ

Inns of Court *npl* BRIT LAW ❶ (*legal societies*) *die vier in London ansässigen britischen Anwaltsverbände*
❷ (*buildings*) *die Gebäude der Anwaltsverbände*

innuendo <*pl* -s *or* -es> [ˌɪnju'endəʊ, AM -doʊ] *n* ❶ (*insinuation*) Anspielung *f* (**about** auf +*akk*), Andeutung *f* (**about** über +*akk*); **to make an ~ [about sth]** auf etw *akk* anspielen
❷ (*suggestive remark*) Zweideutigkeit *f;* **sexual ~s** sexuelle Anspielungen [*o* Zweideutigkeiten]
❸ *no pl* (*suggestive quality*) Andeutungen *fpl*

innumerable [ɪ'njuːmərəbl̩, AM *esp* ɪ'nuː-] *adj inv* unzählig, zahllos

innumeracy [ɪ'njuːmərəsi, AM *esp* -'nuː-] *n no pl esp* BRIT Unfähigkeit *f* im Rechnen

innumerate [ɪ'njuːmərət, AM *esp* -'nuː-] *adj esp* BRIT ■**to be ~** nicht rechnen können; **~ school leavers** Schulabgänger, die nicht rechnen können

inoculate [ɪ'nɒkjəleɪt, AM -'nɑːk-] *vt* ■**to ~ sb [against sth]** jdn [gegen etw *akk*] impfen

inoculation [ɪˌnɒkjə'leɪʃən, AM -ˌnɑːk-] *n* Impfung *f*

inoffensive [ɪnə'fen(t)sɪv] *adj* ❶ (*not causing offence*) *behaviour, person, remark* unauffällig, harmlos
❷ (*not unpleasant*) *pattern, design* unaufdringlich

inoperable [ɪ'nɒpərəbl̩, AM ˌɪn'ɑːpɚ-] *adj* ❶ *inv* MED (*not treatable*) inoperabel; **~ cancer/tumour** [*or* AM **tumor**] nicht operierbarer Krebs/Tumor
❷ (*unable to function*) nicht funktionsfähig; (*not practicable*) undurchführbar; ■**to be ~** nicht funktionieren [können]; *proposal, suggestion* nicht praktikabel [*o* durchführbar] sein

inoperative [ɪ'nɒpərətɪv, AM ˌɪn'ɑːpɚət̬-] *adj inv* (*form*) ❶ (*not in effect*) ungültig; **to be/become ~** *rule, regulation* außer Kraft sein/treten
❷ (*not working*) nicht funktionsfähig; ■**to be ~** nicht funktionieren

inopportune [ɪ'nɒpətjuːn, AM ɪnˌɑːpɚ'tuːn, -tjuːn] *adj* ❶ (*inconvenient*) ungünstig; ***their visit was somewhat ~*** ihr Besuch kam irgendwie ungelegen; **an ~ moment** ein ungünstiger Zeitpunkt
❷ (*unsuitable*) *remark* unpassend

inopportunely [ɪ'nɒpətjuːnli, AM ɪnˌɑːpɚ'tuː-, -tjuː-] *adv* ❶ (*inconveniently*) ungünstig; **to arrive ~** ungelegen kommen
❷ (*unsuitably*) unpassend

inordinate [ɪ'nɔːdɪnət, AM ˌɪn'ɔːrdənɪt] *adj* (*pej form*) ungeheuere(r, s) *attr,* ungeheuerlich; ***we've spent an ~ amount of time/energy on this project*** wir haben ungeheuer viel Zeit/Energie auf dieses Projekt verwendet

inordinately [ɪ'nɔːdɪnətli, AM ˌɪn'ɔːrdənɪt-] *adv* (*pej form*) ungeheuer, unmäßig; **to be ~ fond of sth** in etw *akk* vernarrt sein

inorganic [ˌɪnɔː'gænɪk, AM -ɔːr'-] *adj inv* CHEM anorganisch

inorganic chemistry *n no pl* anorganische Chemie

in-patient *n* stationärer Patient/stationäre Patientin

input ['ɪnpʊt] **I.** *n* ❶ *no pl* (*resource put in*) Beitrag *m;* **power ~** Energiezufuhr *f;* (*of work*) [Arbeits]aufwand *m;* (*of ideas, suggestions*) Beitrag *m;* ***I didn't have much ~ into the project*** ich habe nicht viel zu dem Projekt beigetragen
❷ COMPUT, ELEC (*component*) Anschluss *m,* Eingang *m*
❸ *no pl* COMPUT (*ingoing information*) Input *m;* (*the typing in*) Eingabe *f*
❹ COMM, FIN **~s** *Einkäufe von Gütern, für die Mehrwertsteuer bezahlt wurde*
II. *n modifier* COMPUT (*buffer, file, port*) Eingabe-; **~ device** COMPUT Eingabegerät *nt;* (*scanner also*) Einlesegerät *nt*
III. *vt* <-tt-, put, put> COMPUT ■**to ~ sth** (*store in computer*) etw eingeben; (*with a scanner*) etw einscannen

inquest ['ɪŋkwest, AM 'ɪn-] *n* LAW gerichtliche Untersuchung [der Todesursache]; **to hold an ~ [into sth]** [etw] gerichtlich untersuchen

inquire *vt, vi esp* AM *see* **enquire**

inquiry *n esp* AM *see* **enquiry**

inquisition [ˌɪŋkwɪ'zɪʃən, AM ˌɪn-] *n* ❶ (*pej: unfriendly questioning*) Verhör *nt;* **to subject sb to an ~** jdn einem Verhör unterziehen, jdn verhören
❷ HIST ■**the I~** die Inquisition; **the Spanish I~** die spanische Inquisition

inquisitive [ɪn'kwɪzətɪv, AM -t̬-] *adj* ❶ (*eager to know*) wissbegierig; (*curious*) neugierig; *look, face* fragend *attr; child* fragelustig; ■**to be ~ about sth/sb** viel über etw/jdn wissen wollen
❷ (*pej: prying*) *person* neugierig

inquisitively [ɪn'kwɪzətɪvli, AM -t̬-] *adv* ❶ (*enquiringly*) wissbegierig; (*curiously*) neugierig
❷ (*pej: intrusively*) neugierig; ***she peered ~ into the drawers*** sie schnüffelte in den Schubladen herum

inquisitiveness [ɪn'kwɪzətɪvnəs, AM -t̬-] *n no pl* ❶ (*thirst for knowledge*) Wissbegier[de] *f,* Wissensdurst *m;* (*curiosity*) Neugier *f*
❷ (*pej: nosiness*) Neugier[de] *f*

inquisitor [ɪn'kwɪzɪtəʳ, AM -t̬ɚ] *n* ❶ (*pej: insistent questioner*) unbestechlicher Fragensteller/unbestechliche Fragenstellerin
❷ HIST ■**I~** Inquisitor *m*

inquisitorial [ɪnˌkwɪzɪ'tɔːriəl] *adj* ❶ (*pej: unpleasantly prying*) aufdringlich, inquisitorisch *geh*
❷ LAW (*form*) **~ legal system** *Rechtssystem, in dem die Richter aktiv in die Untersuchung eingreifen*

inquisitorial procedure *n* LAW Inquisitionsverfahren *nt*

inquorate [ˌɪn'kwɔːreɪt] *adj inv* BRIT nicht beschlussfähig

inroad ['ɪnrəʊd, AM -roʊd] *n usu pl* ❶ (*reduce noticeably*) **to make ~s into [***or* **on] sth** *money, savings* tiefe Löcher in etw *akk* reißen; *object, pile* sich *akk* an etw *dat* vergreifen *fam;* ***someone has been making ~s into the chocolate cake*** jemand hat sich am Schokoladenkuchen vergriffen; ***the Green Party failed to make significant ~s on the Labour vote*** die Grünen konnten der Labour-Partei keine wesentlichen Stimmenverluste zufügen
❷ (*make progress*) **to make ~s [into sth]** [bei [*o* mit] etw *dat*] weiterkommen [*o* Fortschritte machen]
❸ (*raid*) **to make ~s [into sth]** [in etw *akk*] vorstoßen; **to make ~s on sth** in etw *akk* einfallen

inrush ['ɪnrʌʃ] *n usu sing of water* Einbruch *m; of people* Zustrom *m*

ins *abbrev of* **inches** *see* **inch**

Ins *n* COMPUT *abbrev of* **insert key** Einfügetaste *f*

insalubrious [ˌɪnsə'luːbriəs] *adj* (*form: unwholesome*) schädlich; (*unhealthy*) ungesund, der Gesundheit abträglich *geh;* (*dirty*) verschmutzt; **an ~ climate** ein ungesundes Klima

ins and outs *n* ■**the ~ of sth** die Details einer S. *gen;* **to know the ~ of sth** etw in- und auswendig kennen; **to understand the ~ of sth** etw bis ins Kleinste verstehen

insane [ɪn'seɪn] **I.** *adj* ❶ PSYCH geistesgestört, geisteskrank, wahnsinnig; **clinically ~** geistesgestört; **to be/go ~** wahnsinnig sein/werden; **a fit of ~ jealousy** ein Anfall krankhafter Eifersucht
❷ (*fam: crazy*) verrückt, wahnsinnig
II. *n* (*dated*) ■**the ~** *pl* die Geisteskranken *pl*

insanely [ɪn'seɪnli] *adv* wahnsinnig; **~ jealous** krankhaft eifersüchtig

insanitary [ɪn'sænɪtəri, AM -teri] *adj* unhygienisch

insanity [ɪn'sænəti, AM -ət̬i] *n no pl* ❶ PSYCH Wahnsinn *m,* Geisteskrankheit *f;* **by reason of ~** LAW wegen Unzurechnungsfähigkeit; **to plead [temporary] ~** auf [vorübergehende] Unzurechnungsfähigkeit plädieren
❷ (*fam: stupidity*) Wahnsinn *m,* Irrsinn *m*

insatiable [ɪn'seɪʃəbl̩] *adj appetite, demand, thirst* unstillbar; *person* unersättlich; ***Bob is simply ~!*** Bob ist einfach nicht satt zu bekommen!

inscribe [ɪn'skraɪb] *vt* ❶ (*form: write*) ■**to ~ sth [in/on sth]** etw [in/auf etw *akk*] schreiben; (*cut into metal*) etw [in/auf etw *akk*] eingravieren; (*cut into stone*) etw [in/auf etw *akk*] einmeißeln; ***the wall was ~d with the names of the dead*** auf der Mauer standen die Namen der Toten
❷ (*dedicate*) ■**to ~ sth to sb** jdm etw widmen

inscription [ɪn'skrɪpʃən] *n* ❶ (*inscribed words*) Inschrift *f*
❷ (*in book*) Widmung *f*

inscrutability [ɪnˌskruːtə'bɪləti, AM -t̬ə'bɪlət̬i] *n no pl of an expression, a look, a smile* Undurchdringlichkeit *f; of a person* Undurchschaubarkeit *f*

inscrutable [ɪn'skruːtəbl̩, AM -t̬ə-] *adj expression, look, smile* undurchdringlich; *person* undurchschaubar

inscrutably [ɪn'skruːtəbli, AM -t̬ə-] *adv* undurchdringlich; **to smile ~** unergründlich lächeln

inseam ['ɪnsiːm] *n* AM (*inside leg*) Schrittlänge *f*

insect ['ɪnsekt] **I.** *n* Insekt *nt*
II. *n modifier* Insekten-; **~ bite** Insektenstich *m;* **~ pest** AGR Insektenbefall *m*

insect-eater *n* Insektenfresser *m*

insecticide [ɪn'sektɪsaɪd] *n* Insektenvernichtungsmittel *nt,* Insektizid *nt form;* **to spray sth with ~** etw mit Insektenvernichtungsmittel besprühen

insectivore [ɪn'sektɪvɔːʳ, AM -vɔːr] *n* (*animal*) Insektenfresser *m;* (*plant*) fleischfressende Pflanze

insectivorous [ˌɪnsek'tɪvərəs] *adj* insektenfressend *attr;* **to be ~** ein Insektenfresser sein

insect repellent *n* Insektenschutzmittel *nt*

insecure [ˌɪnsɪ'kjʊəʳ, AM -'kjʊr] *adj* ❶ (*lacking confidence*) unsicher; **to feel ~ about sth** sich *akk* in etw *dat* nicht sicher fühlen; (*stronger*) an etw *dat* zweifeln
❷ (*precarious*) instabil, unsicher; **an ~ future** eine unsichere Zukunft
❸ (*not fixed securely*) nicht fest, nicht sicher; (*unsafe*) unstabil

insecurely [ˌɪnsɪ'kjʊəli, AM -'kjʊr-] *adv* ❶ (*not confidently*) unsicher
❷ (*precariously*) ungesichert
❸ (*not tightly*) nicht sicher; ***the boxes were ~ fastened*** die Kisten waren nicht ausreichend befestigt

insecurity [ˌɪnsɪ'kjʊərəti, AM -'kjʊrət̬i] *n no pl* ❶ (*lack of confidence*) Unsicherheit *f;* **a sense of ~** eine innere Unsicherheit
❷ (*precariousness*) Instabilität *f,* Unsicherheit *f*

inseminate [ɪn'semɪneɪt] *vt* ■**to ~ an animal** ein Tier besamen [*o* befruchten] [*o fachspr* inseminieren]; **to ~ a woman** (*form*) eine Frau [künstlich] befruchten [*o fachspr* inseminieren]

insemination [ɪnˌsemɪ'neɪʃən] *n no pl* Befruchtung *f,* Insemination *f fachspr; of animals* Besamung *f;* **artificial ~** künstliche Befruchtung

insensibility [ɪnˌsen(t)sə'bɪləti, AM -əti] *n no pl* (*form*) ❶ (*unconsciousness*) Bewusstlosigkeit *f;* **to be in a state of drunken/drugged ~** bis zur Bewusstlosigkeit betrunken/mit Drogen vollgepumpt sein
❷ (*pej: lack of feeling*) Gefühllosigkeit *f*
❸ (*lack of appreciation*) Unempfänglichkeit *f* (**to** für +*akk*)

insensible [ɪn'sen(t)səbl̩] *adj* (*form*) ❶ *inv* (*unconscious*) bewusstlos
❷ (*physically*) gefühllos; (*not feeling pain*) [schmerz]unempfindlich

❸ *pred* (*indifferent*) unempfänglich (**to** für +*akk*); (*unfeeling*) gefühllos
❹ *pred* (*unaware*) ■**to be ~ of sth** sich *dat* einer S. *gen* nicht bewusst sein
❺ (*imperceptible*) unmerklich

insensitive [ɪn'sen(t)sətɪv, AM -t̬-] *adj* ❶ (*pej: uncaring*) *person* gefühllos; *remark* taktlos, unsensibel; ***it was a bit ~ of Fiona*** es war schon ein bisschen taktlos von Fiona
❷ (*pej: unappreciative*) gleichgültig; ■**to be ~ to sth** etw *dat* gegenüber gleichgültig sein
❸ *usu pred* (*physically*) unempfindlich; ■**to be ~ to sth** etw *dat* gegenüber unempfindlich sein

insensitivity [ɪnˌsen(t)sə'tɪvəti, AM -ət̬i] *n no pl* ❶ (*pej: lack of sympathy*) Gefühllosigkeit *f* (**to/towards** gegenüber +*dat*)
❷ (*lack of reaction*) Unempfindlichkeit *f* (**to** gegenüber +*dat*)

inseparability [ɪnˌsepərə'bɪləti, AM ət̬i] *n no pl* Untrennbarkeit *f*; *people* Unzertrennlichkeit *f*

inseparable [ɪn'sepərəbl̩] *adj* ❶ (*emotionally*) unzertrennlich
❷ (*physically*) untrennbar [miteinander verbunden]
❸ LING untrennbar

inseparably [ɪn'sepərəbli] *adv* untrennbar

insert I. *vt* [ɪn'sɜːt, AM -'sɜːrt] ■**to ~ sth [into** [*or* **in**] **sth]** ❶ (*put into*) etw [in etw *akk*] [hinein]stecken; *coins* etw [in etw *akk*] einwerfen; ~ ***the key into the lock*** stecken Sie den Schlüssel ins Schloss
❷ (*into text*) etw [in etw *dat*] ergänzen, etw [in etw *akk*] einfügen; (*on form*) etw [in etw *dat*] eintragen
II. *n* ['ɪnsɜːt, AM -sɜːrt] ❶ (*extra pages*) Werbebeilage[n] *f[pl]*
❷ (*in shoe*) Einlage *f*; (*in clothing*) Einsatz *m*

insertion [ɪn'sɜːʃən, AM -'sɜːr-] *n* ❶ *no pl* (*act of inserting*) Einlegen *nt*, Einbringen *nt form*, Einsetzen *nt*; (*into a slot*) Einführen *nt*; *of coins* Einwurf *m*; (*into text*) Ergänzung *f*
❷ (*sth inserted*) Einfügung *f*, Zusatz *m*
❸ (*in newspaper*) Erscheinen *nt*; ***this advertisement will cost you $50 for each ~*** diese Anzeige kostet für jedes Mal, das sie geschaltet wird, $50

insert key *n* COMPUT Einfügetaste *f*

in-service *adj attr* ~ **course** [*or* **training**] [innerbetriebliche] Fortbildung; ~ **seminar** Fortbildungsseminar *nt* **in-service day** *n esp* BRIT Fortbildungstag *m*

inset I. *n* ['ɪnset] ❶ (*inserted thing*) Einsatz *m*
❷ (*in map*) Nebenkarte *f*; (*in picture*) Nebenbild *nt*
❸ TYPO (*added page*) Einlage *f*, Beilage *f*
II. *vt* <-set *or* -setted, -set *or* -setted> [ˌɪn'set, AM ɪn'-] ■**to ~ sth [into** [*or* **in**] **sth]** ❶ (*insert*) etw [in etw *akk*] einsetzen; **a gold necklace ~ with rubies** eine Goldkette mit eingelassenen Rubinen
❷ TYPO etw [in etw *akk*] einfügen

inshore [ˌɪn'ʃɔːr, AM -'ʃɔːr] **I.** *adj* Küsten-, in Küstennähe *nach n*; ~ **waters** Küstengewässer *pl*
II. *adv* auf die Küste zu, in Richtung Küste

inside [ˌɪn'saɪd] **I.** *n* ❶ *no pl* (*interior*) Innere *nt*; ***shall I clean the ~ of the car?*** soll ich das Auto innen putzen?; **from the ~** von innen
❷ (*inner surface*) *of hand, door etc* Innenseite *f*; (*inner lane*) Innenspur *f*; SPORTS Innenbahn *f*; ***he overtook me on the ~*** er hat mich auf der Innenspur überholt
❸ (*within an organization*) Innere *nt*; **someone on the ~** ein Insider
❹ (*internal organs*) ■**~s** *pl* (*fam*) Innereien *pl*
❺ (*mind*) ■**on the ~** innerlich; ***who knows what she was feeling on the ~*** wer weiß wie es in ihr aussah
❻ (*inside information*) **to have the ~ on sth** vertrauliche Information[en] *akk* über etw [*o* Insiderinformation[en]] haben
II. *adv inv* ❶ (*in the interior*) innen
❷ (*indoors*) innen; (*direction*) hinein; (*into the house*) ins Haus
❸ (*fig: within oneself*) im Inneren; **deep ~** tief im Inneren
❹ (*sl: in prison*) hinter Gittern *fam*; ***her husband's ~ for armed robbery*** ihr Mann sitzt wegen bewaffnetem Raubüberfall *fam*
III. *adj attr, inv* ❶ (*inner*) Innen-, innere(r, s); **the ~ front/back cover** die vordere/hintere Innenseite des Umschlags
❷ (*indoor*) Innen-; ~ **toilets** Innentoiletten *fpl*
IV. *prep* ■**~ sth** (*direction*) in etw *akk* [hinein]; (*location*) in etw *dat*; ***he finished it ~ of two hours*** er war in weniger als zwei Stunden damit fertig; **to be ~ the record** unter der Rekordzeit liegen

inside information *n no pl* vertrauliche Information[en], Insiderinformation[en] *f[pl]* **inside job** *n* ***the police think it's an ~*** die Polizei glaubt, dass einer der Angestellten für das Verbrechen verantwortlich ist **inside lane** *n* (*on road*) Innenspur *f*; (*on racetrack*) Innenbahn *f* **inside leg** *n* BRIT Schrittlänge *f* **inside out I.** *adj* verkehrt herum; ***your pullover's ~*** du hast deinen Pullover verkehrt rum an *fam* **II.** *adv* verkehrt herum; **to have/put sth on ~** etw verkehrt herum anhaben/anziehen
► PHRASES: **to know sth ~** etw bis ins kleinste Detail kennen; **to turn sth ~** etw auf den Kopf stellen *fam*; ***the police turned the house ~ but didn't find anything*** die Polizei hat das ganze Haus auf den Kopf gestellt, konnte aber nichts finden **inside pocket** *n* Innentasche *f*

insider [ɪn'saɪdər, AM -ər] *n* Insider(in) *m(f)*

insider dealing *n*, **insider trading** *n* Insiderhandel *m kein pl*, Insidergeschäft *nt*

inside story *n* Insidestory *f* **inside track** *n* **to be on** [*or* **to have**] **the ~** im Vorteil sein

insidious [ɪn'sɪdiəs] *adj* heimtückisch, schleichend *attr*; ~ **disease/problem** heimtückische Krankheit/kniffliges Problem

insidiously [ɪn'sɪdiəsli] *adv* heimtückisch, schleichend *attr*

insight ['ɪnsaɪt] *n* ❶ (*perception*) Einsicht *f*, Einblick *m* (**into** in +*akk*); **to gain an ~ into sth/sb** jdn/etw verstehen lernen; **to give sb** [*or* **provide sb with**] **an ~ into sth** jdm einen Einblick in etw geben [*o* vermitteln]
❷ *no pl* (*perceptiveness*) Verständnis *nt*; ***the actor brought psychological ~ to his roles*** der Schauspieler gestaltete seine Rollen mit großem Einfühlungsvermögen; **to have ~ into sth** etw verstehen; (*sympathetically*) sich *akk* in etw *akk* einfühlen können; **to gain ~ into sth** etw verstehen lernen; (*sympathetically*) sich *akk* in etw *akk* einfühlen

insightful ['ɪnsaɪtfəl, AM 'ɪnˌsaɪt-] *adj* (*approv*) einfühlsam, verständnisvoll; (*intelligent*) scharfsinnig

insignia <*pl* – *or* -s> [ɪn'sɪgniə] *n* Insigne *nt*

insignificance [ˌɪnsɪg'nɪfɪkən(t)s] *n no pl* Unwichtigkeit *f*, Belanglosigkeit *f*; **to fade** [*or* **pale**] **into ~** verblassen *geh*, bedeutungslos werden

insignificant [ˌɪnsɪg'nɪfɪkənt] *adj* ❶ (*trifling*) unbedeutend; **an ~ amount** ein unbedeutender Betrag
❷ (*trivial*) belanglos, unwichtig, trivial
❸ (*undistinguished*) unbedeutend; **an ~ functionary** ein kleiner Angestellter

insincere [ˌɪnsɪn'sɪər, AM -'sɪr] *adj* unaufrichtig, unehrlich; *person* falsch; *smile, praise* unecht; *flattery* heuchlerisch

insincerely [ˌɪnsɪn'sɪəli, AM -'sɪr-] *adv* unaufrichtig; (*smile, praise*) unecht; (*flatter*) heuchlerisch

insincerity [ˌɪnsɪn'serəti, AM -ət̬i] *n no pl* Unaufrichtigkeit *f*, Unehrlichkeit *f*; (*artificiality*) Falschheit *f*

insinuate [ɪn'sɪnjueɪt] *vt* ❶ (*imply*) ■**to ~ sth** etw andeuten; ***are you insinuating that I'm losing my nerve?*** willst du damit sagen, dass ich die Nerven verliere?
❷ (*form, liter: slide*) ■**to ~ sth into sth** etw vorsichtig in etw *akk* schieben; ***he ~d his fingers into the narrow opening*** er schob seine Finger vorsichtig in die schmale Öffnung
❸ (*pej form: worm one's way*) ■**to ~ oneself into sth** sich *akk* in etw *akk* [ein]schleichen

insinuating [ɪn'sɪnjueɪtɪŋ, AM -t̬-] *adj* (*implying sth unpleasant*) boshaft, provozierend; (*implying sth salacious*) zweideutig

insinuation [ɪnˌsɪnju'eɪʃən] *n* Unterstellung *f*, Andeutung *f*

insipid [ɪn'sɪpɪd] *adj* (*pej*) ❶ (*dull*) stumpfsinnig, langweilig
❷ (*bland*) fade, ohne Geschmack *nach n*

insipidity [ˌɪnsɪ'pɪdəti, AM -ət̬i] *n no pl* ❶ (*dullness*) Stumpfsinnigkeit *f*, Langweiligkeit *f*
❷ (*blandness*) Fadheit *f*

insipidly [ɪn'sɪpɪdli] *adv* (*pej*) ❶ (*dully*) stumpfsinnig, langweilig
❷ (*blandly*) fade, ohne Geschmack

insipidness [ɪn'sɪpɪdnəs] *n see* **insipidity**

insist [ɪn'sɪst] **I.** *vi* ❶ (*demand*) bestehen (**on/upon** auf +*dat*); ***please go first, I ~!*** geh bitte vor, ich bestehe darauf!; ***all right, if you ~*** also gut, wenn du darauf bestehst; ***she ~ed on seeing her lawyer*** sie bestand darauf, ihren Anwalt zu sprechen
❷ (*continue annoyingly*) ■**to ~ on** [*or* **upon**] **doing sth** sich *akk* nicht von etw *dat* abbringen lassen; ***she will ~ on parking right in front of our garage door*** sie parkt einfach immer stur vor unserer Garagentür
❸ (*maintain forcefully*) ■**to ~ on** [*or* **upon**] **sth** auf etw *dat* beharren
II. *vt* ❶ (*state forcefully*) ■**to ~ that ...** fest behaupten, dass ...; ***Greg still ~s he did nothing wrong*** Greg behauptet immer noch fest, dass er nichts Falsches getan hat; ***"but I've already paid what I owe", she ~ed*** „aber ich habe doch schon gezahlt", sagte sie bestimmt
❷ (*demand forcefully*) ■**to ~ that ...** darauf bestehen, dass ...

insistence [ɪn'sɪstən(t)s] *n no pl* Bestehen *nt*, Beharren *nt* (**on** auf +*akk*); ***at her father's ~, ...*** auf das Bestehen ihres Vaters hin ...

insistent [ɪn'sɪstənt] *adj* ❶ *usu pred* (*determined*) beharrlich, hartnäckig; ■**to be ~ [that ...]** darauf bestehen, [dass ...]
❷ (*forceful*) *appeals, demands* nachdrücklich
❸ (*repeated*) wiederholt, ständig

insistently [ɪn'sɪstəntli] *adv* ❶ (*forcefully*) nachdrücklich, eindringlich
❷ (*repeatedly*) wiederholt

in situ [ˌɪn'sɪtjuː, AM 'saɪtuː] *adj inv* vor Ort *nach n*

insofar as [ˌɪnsə(ʊ)'fɑːræz, AM -sə'-] *adv inv* (*form*) soweit

insole ['ɪnsəʊl, AM -soʊl] *n* Einlegesohle *f*; (*part of shoe*) Innensohle *f*

insolence ['ɪn(t)sələn(t)s] *n no pl* Unverschämtheit *f*, Frechheit *f*

insolent ['ɪn(t)sələnt] *adj* unverschämt, frech

insolently ['ɪn(t)sələntli] *adv* unverschämt, frech

insolubility [ɪnˌsɒljə'bɪləti, AM -ˌsɑːljə'bɪlət̬i] *n no pl* ❶ *of a problem, dilemma* Unlösbarkeit *f*
❷ *of a substance* Unlöslichkeit *f*

insoluble [ɪn'sɒljəbl̩, AM -'sɑːl-] *adj inv* ❶ *puzzle, problem* unlösbar, ausweglos
❷ *minerals, substances* nicht löslich; ~ ***in water*** nicht in Wasser löslich

insolvable [ɪn'sɒlvəbl̩, AM -'sɑːl-] *adj* AM, AUS unlösbar, ausweglos

insolvency [ɪn'sɒlvən(t)si, AM -'sɑːl-] *n no pl* ECON, FIN Zahlungsunfähigkeit *f*, Insolvenz *f fachspr*

insolvent [ɪn'sɒlvənt, AM -'sɑːl-] **I.** *adj inv* zahlungsunfähig, insolvent *fachspr*
II. *n* **to be an ~** zahlungsunfähig [*o fachspr* insolvent] sein

insomnia [ɪn'sɒmniə, AM -'sɑːm-] *n no pl* Schlaflosigkeit *f*

insomniac [ɪn'sɒmniæk, AM -'sɑːm-] *n* **to be an ~** an Schlaflosigkeit leiden

insomuch [ˌɪnsə(ʊ)'mʌtʃ, AM -soʊ'-] *adv* insofern

insouciance [ɪn'suːsiən(t)s, AM *esp* -ʃən(t)s] *n no pl* (*liter*) Unbekümmertheit *f*, Sorglosigkeit *f*

insouciant [ɪn'suːsiənt, AM *esp* -ʃənt] *adj* (*liter*) unbekümmert, sorglos

inspect [ɪn'spekt] *vt* ❶ (*examine carefully*) ■**to ~ sth** etw untersuchen; **to ~ sth for damage** etw auf Schäden hin untersuchen
❷ (*examine officially*) ■**to ~ sth** etw kontrollieren; **to ~ the books** die Bücher prüfen

❸ MIL **to ~ the troops** die Truppen inspizieren

inspection [ɪnˈspekʃᵊn] *n* ❶ (*examination*) [Über]prüfung *f; of documents* Urkundeneinsicht *f;* **on closer ~** bei genauerer [Über]prüfung; **to carry out** [*or* **make**] **an ~** etw [über]prüfen; **to carry out an ~ of sth** etw einer Überprüfung unterziehen
❷ (*by officials*) Kontrolle *f*
❸ (*of troops*) Inspektion *f*

inspector [ɪnˈspektəʳ, AM -ɚ] *n* ❶ (*person who inspects*) Inspektor(in) *m(f);* **government ~** Aufsichtsbeamte(r) *m,* Aufsichtsbeamte [*o* -in] *f;* **school ~, ~ of schools** BRIT Schulrat, Schulrätin *m, f;* **tax ~** Steuerprüfer(in) *m(f);* **ticket ~** [Fahrkarten]kontrolleur(in) *m(f)*
❷ (*police rank*) Inspektor(in) *m(f)*

inspectorate [ɪnˈspektᵊrət] *n* Aufsichtsbehörde *f,* Kontrollgremium *nt*

inspiration [ˌɪn(t)spᵊrˈeɪʃᵊn, AM -spəˈreɪ-] *n* ❶ *no pl* (*creative stimulation*) Inspiration *f;* **to provide the ~ for sth** als Inspiration für etw *akk* dienen; **to lack ~** fantasielos sein; **divine ~** REL göttliche Eingebung
❷ (*sth inspiring*) Inspiration *f;* ***her work is an ~ to us all*** ihre Arbeit ist uns allen ein Beispiel
❸ (*good idea*) Einfall *m,* Idee *f;* ***I've had an ~!*** ich hab' eine super Idee! *fam*
❹ MED (*form: inhalation*) Einatmen *nt kein pl,* Inspiration *f kein pl fachspr*

inspirational [ˌɪn(t)spᵊrˈeɪʃᵊnəl, AM -spəˈreɪ-] *adj* inspirierend, begeisternd *attr*

inspire [ɪnˈspaɪəʳ, AM -ˈspaɪr] *vt* ❶ (*stimulate creatively*) ■**to ~ sb/sth** jdn/etw inspirieren; ***what ~d you to write this poem?*** was hat dich dazu inspiriert, dieses Gedicht zu schreiben?
❷ (*arouse*) ■**to ~ sth [in sb]** *fear, hope, optimism* etw [bei [*o* in] jdm] hervorrufen [*o* wecken], [jdn] mit etw *dat* erfüllen; ■**to ~ sb with sth** ***they don't ~ me with confidence*** sie wirken nicht Vertrauen erweckend auf mich; ***their example ~d us to set up our own software company*** ihr Beispiel hat uns dazu ermutigt, unsere eigene Softwarefirma zu gründen
❸ (*lead to*) ■**to ~ sth** zu etw *dat* führen
❹ MED (*form: inhale*) ■**to ~ sth** etw einatmen

inspired [ɪnˈspaɪəd, AM -ɚd] *adj* ❶ (*stimulated*) *poet, athlete* inspiriert
❷ (*approv: excellent*) großartig, ausgezeichnet, genial
❸ (*motivated*) ***a politically ~ strike*** ein politisch motivierter Streik; ***a Communist ~ coup*** ein Coup nach kommunistischem Vorbild

inspiring [ɪnˈspaɪərɪŋ, AM -ˈspaɪr-] *adj* inspirierend, [sehr] anregend

inst. I. *n abbrev of* **institute, institution** Inst. *nt*
II. *adv inv* (*dated*) *abbrev of* **instant**

instability [ˌɪnstəˈbɪləti, AM -əṭi] *n no pl* ❶ *of building, structure* Instabilität *f;* (*political, economic*) Instabilität *f,* Unsicherheit *f*
❷ PSYCH *of person* Labilität *f*

instal <-ll-> [ɪnˈstɔːl], AM *usu* **install** *vt* ❶ TECH (*put in position*) ■**to ~ sth** *machinery* etw aufstellen; *heating, plumbing* etw installieren; *bathroom, kitchen* etw einbauen; *electrical wiring, pipes* etw verlegen; *telephone, washing machine* etw anschließen; **to ~ a carpet** [*or* **carpeting**] AM, AUS einen Teppich verlegen
❷ COMPUT ■**to ~ sth** *program, software* etw installieren
❸ (*ceremonially*) ■**to ~ sb** jdn einsetzen; **to ~ sb as archbishop/mayor** jdn als Erzbischof/Bürgermeister in sein Amt einführen
❹ (*position*) **to ~ sb/oneself at a desk** jdm einen Schreibtisch zuweisen/sich einen Schreibtisch aussuchen; ***he seems to have ~ed himself in your spare room for good*** er bleibt jetzt anscheinend für immer in deinem Gästezimmer wohnen

installation [ˌɪnstəˈleɪʃᵊn] *n* ❶ *no pl* TECH *of machinery* Aufstellen *nt; of an appliance, heating, plumbing* Installation *f; of kitchen, bathroom* Einbau *m; of electrical wiring, pipes* Verlegung *f; of telephone, washing machine* Anschluss *m;* AM, AUS *of carpet* Verlegen *nt;* (*setting up system*) Montage *f*
❷ (*facility*) Anlage *f;* (*computer and equipment*) [Computer]anlage *f;* **military ~** militärische Anlage
❸ (*in office*) Amtseinsetzung *f kein pl,* Amtseinführung *f*
❹ ART (*sculpture*) Installation *f*

installment plan *n* AM ECON (*hire purchase*) Ratenzahlung *f,* Teilzahlung *f*

instalment [ɪnˈstɔːlmənt], AM *usu* **installment** *n* ❶ (*part*) Folge *f*
❷ ECON, FIN Rate *f;* **payable in monthly ~s** in Monatsraten zahlbar; **to pay for sth by ~s** etw in Raten [ab]bezahlen

instalment credit *n* ECON, FIN Teilzahlungskredit *m*

instance [ˈɪn(t)stən(t)s] I. *n* ❶ (*particular case*) Fall *m;* ***there have been several ~s of planes taking off without adequate safety checks*** es ist schon öfters vorgekommen, dass Flugzeuge ohne die entsprechenden Sicherheitschecks gestartet sind; **in this** [*or* **the present**] **~** in diesem Fall
❷ (*example*) **for ~** zum Beispiel
❸ (*form: in argumentation*) **in the first ~** (*at first*) zunächst, zuerst; (*in the first place*) von vorne herein; **in the second ~** (*in the second place*) zum zweiten
❹ (*form: urging*) Drängen *nt kein pl;* (*request*) Ersuchen *nt kein pl;* (*order*) Befehl *m*
❺ COMPUT Exemplar *nt*
II. *vt* (*form*) ■**to ~ sth** etw anführen

instant [ˈɪn(t)stənt] I. *n* ❶ (*moment*) Moment *m,* Augenblick *m;* ***in an ~, the whole situation had changed*** von einem Augenblick zum anderen hatte sich die ganze Lage geändert; **the next ~** im nächsten Moment [*o* Augenblick]; **at the same ~** im selben Augenblick [*o* Moment]; **for an ~** für einen Moment [*o* Augenblick]; ***she didn't believe him for an ~*** sie glaubte ihm keine Sekunde lang; **this ~** sofort; ***stop that noise this ~!*** hör' sofort mit dem Lärm auf! *fam*
❷ (*as soon as*) ■**the ~** sobald; ***I tried phoning her the ~ I got home*** sobald ich nach Hause kam, versuchte ich sie anzurufen
❸ *no pl* (*fam: instant coffee*) Pulverkaffee *m*
II. *adj inv* ❶ (*immediate*) sofortige(r, s) *attr;* ***the effect was ~*** der Effekt stellte sich sofort ein; ***the film was an ~ success*** der Film war sofort ein Erfolg; **~ access to sth** sofortiger Zugriff auf etw *akk;* ***this sort of account offers you ~ access to your money*** mit diesem Konto haben Sie jederzeit Zugang zu ihrem Geld; **to take ~ effect** sofort wirken
❷ FOOD (*in bags*) Tüten-; (*in tins*) Dosen-; **~ coffee** Pulverkaffee *m;* **~ soup** (*in bags*) Tütensuppe *f;* (*in tins*) Dosensuppe *f*
❸ *attr* (*liter: urgent*) dringend; ***their ~ needs are food and water*** sie brauchen jetzt als erstes etwas zu essen und Wasser

instantaneous [ˌɪn(t)stənˈteɪniəs] *adj inv effect, reaction* unmittelbar; ***death was ~*** der Tod trat sofort ein

instantaneously [ˌɪn(t)stənˈteɪniəsli] *adv inv* sofort, unmittelbar

instantly [ˈɪn(t)stəntli] *adv inv* sofort

Instant Message *n* Onlinenachricht *f* (*Instant Message Service eines Internetproviders, der Online-Chatten ermöglicht*) **instant replay** *n* TV Wiederholung *f*

instead [ɪnˈsted] I. *adv inv* stattdessen; ***I couldn't go, so my sister went ~*** ich konnte nicht gehen, also ist stattdessen meine Schwester gegangen
II. *prep* ■**~ of sth/sb** [an]statt einer S./einer Person *gen,* an jds Stelle/an Stelle einer S. *gen;* ***Sue volunteered to go ~ of Jean*** Sue bot sich an, an Jeans Stelle zu gehen; ■**~ of doing sth** [an]statt etw zu tun; **~ *of sitting here, why don't you go out and play!*** warum gehst du nicht draußen spielen, [an]statt hier zu sitzen

instep [ˈɪnstep] *n* ❶ (*of foot*) Spann *m*
❷ (*of shoe*) Blatt *nt; of stocking Strumpfteil über dem Spann*

instigate [ˈɪn(t)stɪgeɪt] *vt* ■**to ~ sth** ❶ (*initiate*) etw einleiten [*o geh* initiieren]; ***she is threatening to ~ criminal proceedings*** sie droht damit, ein Strafverfahren anzustrengen; **to ~ new laws** eine Gesetzesinitiative starten
❷ (*pej: incite*) *revolt, strike* etw anzetteln

instigation [ˌɪn(t)stɪˈgeɪʃᵊn] *n no pl* (*form*) Anregung *f* (**of** zu +*dat*); (*incitement*) Anstiftung *f* (**of** zu +*dat*); **to do sth at the ~ of sb** [*or* **at sb's ~**] etw auf jds Initiative [*o* Betreiben] hin tun

instigator [ˈɪn(t)stɪgeɪtəʳ, AM -ṭɚ] *n* Initiator(in) *m(f);* (*inciter*) Anstifter(in) *m(f)*

instil <-ll-> [ɪnˈstɪl], AM *usu* **instill** *vt* ■**to ~ sth into sb** *a feeling* jdm etw einflößen; *knowledge* jdm etw beibringen

instinct [ˈɪn(t)stɪŋ(k)t] *n* ❶ (*natural reponse*) Instinkt *m;* ***her first ~ was to shout*** ihr erster Impuls war zu schreien; ***her business ~s usually warn her when trouble is brewing*** ihr Geschäftssinn warnt sie normalerweise vor sich zusammenbrauenden Schwierigkeiten; **to have an ~ for sth** einen Riecher für etw *akk* haben *fam;* ***Bob seems to have an ~ for knowing which products will sell*** Bob scheint instinktiv zu wissen, welche Produkte sich verkaufen werden; **the ~ for self-preservation** der Selbsterhaltungstrieb
❷ *no pl* (*innate behaviour*) Instinkt *m;* **to do sth by** [*or* **on**] **~** etw instinktiv tun

instinctive [ɪnˈstɪŋ(k)tɪv] *adj* instinktiv; (*innate*) natürlich, angeboren; ***I have an ~ distrust of authority*** ich habe ein tiefsitzendes Misstrauen gegenüber Autoritäten

instinctively [ɪnˈstɪŋ(k)tɪvli] *adv* instinktiv

institute [ˈɪn(t)stɪtjuːt, AM *esp* -tuːt] I. *n* Institut *nt;* (*of higher education*) Hochschule *f*
II. *vt* ■**to ~ sth** ❶ (*establish*) *system, reform* etw einführen
❷ (*initiate*) *steps, measures* etw einleiten; *legal action* etw anstrengen

institution [ˌɪn(t)stɪˈtjuːʃᵊn, AM *esp* -ˈtuː-] *n* ❶ *no pl* (*establishment*) Einführung *f*
❷ (*esp pej: building*) Heim *nt,* Anstalt *f;* **correctional ~** Erziehungsanstalt *f,* Besserungsanstalt *f veraltend*
❸ (*practice*) Institution *f;* **the ~ of marriage** die Institution der Ehe; (*fig fam*) ***Mrs Daly's an ~, she's been here 40 years*** Mrs Daly ist eine Institution, sie ist schon seit 40 Jahren hier
❹ (*organization*) Einrichtung *f,* Institution *f*

institutional [ˌɪn(t)stɪˈtjuːʃᵊnᵊl, AM *esp* -ˈtuː-] *adj* ❶ (*pej: institutionell*) Anstalts-, Heim-; **~ care** Anstaltsfürsorge *f;* **~ food** Anstalts-/Heimessen *nt*
❷ (*organizational*) institutionell; (*established*) institutionalisiert, etabliert
❸ ECON (*relating to an organization*) **~ advertising** Prestigewerbung *f,* institutionelle Werbung *fachspr;* **~ buyer** institutioneller Anleger, Kapitalsammelstelle *f fachspr;* **~ buying** Effektenverkauf *m* in Kapitalsammelstelle *fachspr*

institutionalize [ˌɪn(t)stɪˈtjuːʃᵊnəlaɪz, AM *esp* -ˈtuː-] *vt* ❶ (*place in care*) ■**to ~ sb** jdn in ein Heim einweisen
❷ (*make into custom*) ■**to ~ sth** etw institutionalisieren *geh*

institutionalized [ˌɪn(t)stɪˈtjuːʃᵊnəlaɪzd, AM *esp* -ˈtuː-] *adj* ❶ *pred* (*dependent*) unselbständig; **to become ~** durch Heimaufenthalt/Strafvollzug unselbständig werden; MED Hospitalismus bekommen *geh*
❷ (*established*) institutionalisiert *geh*

in-store [ˈɪnstɔːʳ, AM stɔːr] I. *adj* im Geschäft *nach n*
II. *adv* im Geschäft

instruct [ɪnˈstrʌkt] *vt* ❶ (*teach*) ■**to ~ sb in sth** jdm etw beibringen; **to ~ the jury** LAW die Geschworenen belehren (**on** über +*akk*)
❷ (*order*) ■**to ~ sb [to do sth]** jdn anweisen[, etw zu tun]
❸ BRIT, AUS LAW **to ~ a solicitor/counsel** einen Anwalt beauftragen

instruction [ɪnˈstrʌkʃᵊn] *n* ❶ *usu pl* (*order*) Anweisung *f,* Instruktion *f;* ***I was acting on the ~s***

of a superior officer ich habe auf Anweisung eines ranghöheren Offiziers gehandelt; **to have ~s** [*or* **sb's ~s are**] **to do sth** jd ist angewiesen worden, etw zu tun; **to carry out sb's ~s** jds Anweisungen [be]folgen; **to give sb ~s** jdm Anweisungen geben
② *no pl* (*teaching*) Unterweisung *f;* **to give sb ~ in sth** jdm etw beibringen [*o* vermitteln]; ***the course gives you basic ~ in car repairs*** der Kurs vermittelt Grundkenntnisse darüber, wie man ein Auto repariert
③ (*directions*) ■**~s** *pl* Anweisung *f,* Instruktionen *fpl;* **~s for use** Gebrauchsanweisung *f*
instruction book *n of a computer* Handbuch *nt; of a machine/device* Gebrauchsanweisung *f*
instruction leaflet *n* Informationsblatt *nt;* (*for use*) Gebrauchsanweisung *f* **instruction manual** *n of a computer* Handbuch *nt; of a machine/device* Gebrauchsanweisung *f*
instructive [ɪn'strʌktɪv] *adj* (*approv*) instruktiv, lehrreich, aufschlussreich
instructor [ɪn'strʌktəʳ, AM -ɚ] *n* ① (*teacher*) Lehrer(in) *m(f);* **driving/ski ~** Fahr-/Skilehrer(in) *m(f)*
② AM (*at university*) Dozent(in) *m(f)*
instructress <*pl* -es> [ɪn'strʌktrəs] *n* (*dated*) Lehrerin *f*
instrumental [ˌɪn(t)strə'mentᵊl, AM -t̬-] **I.** *adj* ① *inv* MUS instrumental
② (*influential*) dienlich, förderlich; ***he was ~ in bringing about much needed reforms*** er war maßgeblich daran beteiligt, längst überfällige Reformen in Gang zu setzen
II. *n* Instrumentalstück *nt,* Instrumental *nt*
instrumentalist [ˌɪn(t)strə'mentᵊlɪst, AM -t̬-] *n* Instrumentalist(in) *m(f)*
instrumentality <*pl* -ties> [ˌɪnstrəmen'tæləti, AM əti] *n* ① *no pl* (*quality*) Wirksamkeit *f*
② *no pl* (*action*) Instrumentalisierung *f*
③ (*instrument*) Werkzeug *nt,* Mittel *nt*
instrumentation [ˌɪn(t)strəmen'teɪʃᵊn] *n* ① *no pl* MUS (*arrangement*) Instrumentation *f fachspr,* Arrangement *nt*
② MUS (*instruments*) Instrumentation *f fachspr,* Instrumentierung *f fachspr*
③ *no pl* TECH (*instruments collectively*) Instrumente *ntpl;* COMPUT Instrumentierung *f*
instrument board *n,* **instrument panel** *n* AUTO Armaturenbrett *nt;* AVIAT, NAUT Instrumententafel *f*
insubordinate [ˌɪnsə'bɔːdᵊnət, AM -'bɔːrdᵊnɪt] *adj* ungehorsam, aufsässig; **~ behaviour** [*or* AM **behavior**] Widersetzlichkeit *f;* MIL Ungehorsam *m*
insubordination [ˌɪnsəˌbɔːdɪ'neɪʃᵊn, AM -'bɔːr-] *n no pl* Widersetzlichkeit *f;* MIL Ungehorsam *m*
insubstantial [ˌɪnsəb'stæn(t)ʃᵊl] *adj* ① (*unconvincing*) *argument, evidence* wenig überzeugend, fadenscheinig; **an ~ plot/meal** eine dürftige Handlung/Mahlzeit
② (*small*) *meal* [sehr] klein, winzig
③ (*form: not real*) unbegründet, gegenstandslos
insufferable [ɪn'sʌfᵊrəbl] *adj* (*pej*) unerträglich; ■**to be ~** nicht auszuhalten [*o* zu ertragen] sein; *person* unausstehlich
insufferably [ɪn'sʌfᵊrəbli] *adv* (*pej*) unerträglich
insufficiency [ˌɪnsə'fɪʃᵊn(t)si] *n no pl* ① (*inadequacy*) Knappheit *f,* Mangel *m* (**of** an +*dat*)
② MED Insuffizienz *f fachspr*
insufficient [ˌɪnsə'fɪʃᵊnt] *adj inv* ungenügend, zu wenig *präd,* unzureichend; ***the means available are ~*** die zur Verfügung stehenden Mittel sind unzureichend; **to release sb because of ~ evidence** jdn aus Mangel an Beweisen freilassen
insufficiently [ˌɪnsə'fɪʃᵊntli] *adv inv* ungenügend, unzureichend, unzulänglich
insular ['ɪn(t)sjələʳ, AM -səlɚ, -sjə-] *adj* ① (*pej: parochial*) provinziell
② GEOG Insel-, insular *attr geh*
insularity [ˌɪn(t)sjə'lærəti, AM -sə'lerət̬i, -sjə-] *n no pl* (*pej*) Provinzialität *f*
insulate ['ɪn(t)sjəleɪt, AM -(t)sə-] *vt* ① (*protect*) ■**to ~ sth** ELEC, COMPUT etw isolieren; *roof, room* etw isolieren; ***you can ~ a house against heat loss*** man kann ein Haus wärmeisolieren
② (*fig: shield*) ■**to ~ sb/sth** [**from sth**] jdn/etw [vor etw *dat*] [be]schützen [*o* abschirmen]
insulating ['ɪn(t)sjəleɪtɪŋ, AM -səleɪt̬-] *adj layer, material* Isolier-
insulating tape *n* Isolierband *nt*
insulation [ˌɪn(t)sjə'leɪʃᵊn, AM -sə'-] *n no pl* ① (*material, action*) Isolierung *f*
② (*fig: protection*) Schutz *m*
insulator ['ɪn(t)sjəleɪtəʳ, AM -səleɪt̬ɚ] *n* Isolator *m;* (*material*) Isoliermaterial *nt*
insulin ['ɪn(t)sjəlɪn, AM -sə-] **I.** *n no pl* Insulin *nt;* **to be ~-dependent** auf Insulin angewiesen sein
II. *n modifier* (*injection, level*) Insulin-
insult I. *vt* [ɪn'sʌlt] ■**to ~ sb** jdn beleidigen; **to feel/be ~ed** beleidigt [*o* gekränkt] sein; **to ~ sb's intelligence/taste** jds Intelligenz/Geschmack beleidigen
II. *n* ['ɪnsʌlt] ① (*offensive remark*) Beleidigung *f;* **to hurl ~s at sb** jdn mit Beleidigungen überschütten
② (*affront*) **to be an ~ to sb/sth** für jdn/etw eine Beleidigung sein; **an ~ to sb's intelligence** jds Intelligenz beleidigen
► PHRASES: **to add ~ to injury** um dem Ganzen die Krone aufzusetzen
insulting [ɪn'sʌltɪŋ] *adj* beleidigend
insultingly [ɪn'sʌltɪŋli] *adv* beleidigend; ***the questions were ~ easy*** die Fragen waren lächerlich einfach
insuperable [ɪn'suːpᵊrəbl] *adj* (*form*) unüberwindlich
insuperably [ɪn'suːpᵊrəbli] *adv* (*form*) unüberwindlich; ***the work proved to be ~ difficult*** es stellte sich heraus, dass die Arbeit nicht zu schaffen war
insupportable [ˌɪnsə'pɔːtəbl, AM -'pɔːrt̬-] *adj* unerträglich
insurable [ɪn'ʃʊərəbl, AM 'ʃʊr] *adj inv* ① (*capable*) versicherbar, versicherungsfähig
② (*obligatory*) versicherungspflichtig
insurance [ɪn'ʃʊərᵊn(t)s, AM -'ʃʊr-] **I.** *n* ① *no pl* (*financial protection*) Versicherung *f;* ***our ~ doesn't cover household items*** unsere Versicherung deckt Hausrat nicht ab; **health/liability/life ~** Kranken-/Haftpflicht-/Lebensversicherung *f;* **household goods ~** Hausratsversicherung *f;* **to have ~** [**against sth**] [gegen etw *akk*] versichert sein; **to take out ~** [**against sth**] sich *akk* [gegen etw *akk*] versichern, eine Versicherung [gegen etw *akk*] abschließen
② *no pl* (*payout*) Versicherungssumme *f*
③ *no pl* (*premium*) [Versicherungs]prämie *f,* Versicherungsbeitrag *m*
④ *no pl* (*profession*) Versicherungswesen *nt;* ***she works in ~*** sie arbeitet bei einer Versicherung
⑤ (*protective measure*) Absicherung *f*
II. *n modifier* (*payment, salesman, scheme*) Versicherungs-; **~ adjustor** Schadenssachverständiger *m;* **~ business** Versicherungsgeschäft *nt*
insurance broker *n* Versicherungsmakler(in) *m(f),* Versicherungsagent(in) *m(f)* **insurance claim** *n* Schadensanspruch *m* **insurance company** *n* Versicherung[sgesellschaft] *f* **insurance policy** *n* ① (*contract*) Versicherungspolice *f*
② (*fig: alternative*) **as an ~** sicherheitshalber, zur Sicherheit **insurance premium** *n* [Versicherungs]prämie *f,* Versicherungsbeitrag *m*
insure [ɪn'ʃʊəʳ, AM -'ʃʊr] **I.** *vt* ■**to ~ sth/sb/oneself** [**against sth**] etw/jdn/sich selbst [gegen etw *akk*] versichern; ***she has ~d her face for £5 million*** sie hat ihr Gesicht für 5 Millionen Pfund versichern lassen
II. *vi* ① (*protect oneself*) ■**to ~ against sth** sich *akk* gegen etw *akk* absichern, sich *akk* vor etw *dat* schützen
② (*take insurance*) sich *akk* versichern (**with** bei +*dat*); **to ~ against fire/an illness/a risk** eine Feuer-/Kranken-/Risikoversicherung abschließen
insured [ɪn'ʃʊəd, AM -'ʃʊrd] **I.** *adj* ■**to be ~** *object, person* versichert sein; ***I'm not ~ to drive his car*** ich bin nicht in seine Kfz-Versicherung mit eingeschlossen; **~ value** Versicherungswert *m,* versicherter Wert
II. *n* LAW ■**the ~** der/die Versicherte, der Versicherungsnehmer/die Versicherungsnehmerin
insurer [ɪn'ʃʊərəʳ, AM -'ʃʊrɚ] *n* ① (*agent*) Versicherungsvertreter(in) *m(f)*
② *esp in pl* (*company*) Versicherung[sgesellschaft] *f,* Versicherer *m,* Versicherungsgeber *m fachspr*
insurgency [ɪn'sɜːdʒᵊn(t)si, AM -'sɜːr-] *n no pl* Unruhen *fpl,* Aufstand *m meist pl*
insurgent [ɪn'sɜːdʒᵊnt, AM -'sɜːr-] **I.** *n* ① (*rebel*) Aufständische(r) *f(m),* Aufrührer(in) *m(f)*
② AM POL *Parteimitglied, das sich der Parteidisziplin nicht beugt*
II. *adj attr, inv* aufständisch
insurmountable [ˌɪnsə'maʊntəbl, AM -sɚ'maʊnt̬-] *adj inv* unüberwindlich; **an ~ obstacle** ein unüberwindliches Hindernis
insurrection [ˌɪnsᵊr'ekʃᵊn, AM -sə'rek-] *n* Aufstand *m;* **to crush an ~** einen Aufstand niederschlagen
insurrectionary [ˌɪnsə'rekʃᵊnᵊri, AM eri] *adj* aufrührerisch, aufständisch, Rebellen-
insurrectionist [ˌɪnsə'rekʃᵊnɪst] **I.** *n* Aufrührer(in) *m(f),* Aufständische(r) *f(m),* Rebell(in) *m(f)*
II. *adj see* **insurrectionary**
intact [ɪn'tækt] *adj usu pred* ① (*physically*) intakt, unversehrt
② (*fig: morally*) unversehrt; ***it's difficult to emerge from such a scandal with your reputation still ~*** nach einem solchen Skandal ist es schwer, sich einen guten Ruf zu bewahren
intake ['ɪnteɪk] **I.** *n* ① (*act*) *of drink, food, vitamins* Aufnahme *f;* **~ of breath** Luftholen *nt,* Atmen *nt;* ***I heard a sharp ~ of breath behind me*** ich hörte, wie hinter mir jemand erschreckt laut Luft holte; **~ of food** Nahrungsaufnahme *f*
② (*amount*) Aufnahme *f,* aufgenommene Menge; **alcohol ~** Alkoholkonsum *m;* **~ of calories** Kalorienzufuhr *f;* **daily ~** *of vitamins, minerals* Tageszufuhr *f,* aufgenommene Kalorienmenge; **to reduce one's meat ~** weniger Fleisch essen
③ (*number of people*) Aufnahmequote *f;* MIL Rekrutierung *f;* ***the first ~ of girls by the grammar school was in 1950*** im Jahr 1950 wurden an dem Gymnasium zum ersten Mal Mädchen zugelassen; **~ of immigrants** Immigrantenaufnahme *f;* **~ of students** Zulassung[szahl] *f* von Studenten/Studentinnen
④ MECH, TECH Einlassöffnung *f,* Einlass *m;* **air ~** Luftzufuhr *f*
II. *adj inv* Ansaug-, Saug-
intake class *n* Anfängerklasse *f*
intangible [ɪn'tændʒəbl] **I.** *adj* nicht greifbar; *fear, feeling, longings* unbestimmbar; ECON, FIN immateriell
II. *n* das Unbestimmte [*o* Undefinierbare]; (*personal quality*) Eigenschaft *f*
intangible asset *n* FIN immaterielles Vermögen, immaterielle Anlagewerte
intangibly [ɪn'tændʒəbli] *adv* vage, unbestimmt
integer ['ɪntɪdʒəʳ, AM -dʒɚ] *n* MATH ganze Zahl
integral ['ɪntɪgrəl, AM -t̬ə-] **I.** *adj* ① (*central, essential*) wesentlich; ***schools are ~ to the local community*** Schulen sind für die Gemeinde von grundlegender Bedeutung; **~ part** wesentlicher Bestandteil; ***he's an ~ part of the team*** er ist ein für unser Team unverzichtbares Mitglied
② (*whole*) vollständig
③ (*built-in*) eingebaut; ***the prison has no ~ sanitation*** in dem Gefängnis gibt es keine Klos in den Zellen
④ MATH Integral-; **~ calculus** Integralrechnung *f;* **~ equation** Integralgleichung *f*
II. *n* MATH Integral *nt*
integrate ['ɪntɪgreɪt, AM -t̬ə-] **I.** *vt* ① ■**to ~ sb/sth/oneself into sth** jdn/etw/sich in etw *akk* integrieren; ■**to ~ sth with sth** etw [auf etw *akk*] abstimmen; ***the town's modern architecture is very well ~d with the old*** der moderne Baustil fügt sich gut in das alte Stadtbild ein
② (*link together*) ■**to ~ sth** etw zusammenfassen

II. *vi* sich *akk* integrieren [*o* einfügen]; AM SCH (*hist*) *Schulen für Schwarze zugänglich machen*

integrated [ˈɪntɪgreɪtɪd, AM -t̬əgreɪt̬ɪd] *adj plan, piece of work* einheitlich; COMPUT integriert; ■**to be ~ into sth** *ethnic community, person* in etw *akk* integriert sein; **~ school** AM (*hist*) Schule *f* ohne Rassentrennung; **~ transport system** vernetzte Verkehrsbetriebe

integrated circuit *n* ELEC integrierter Schaltkreis **integrated services digital network** *n* TELEC Dienste integrierendes digitales [Nachrichten]netz, ISDN *nt*

integration [ˌɪntɪˈgreɪʃᵊn, AM -əˈ-] *n no pl* ❶ (*cultural assimilation*) Integration *f*, Integrierung *f*; **~ of disabled people** Eingliederung *f* von Behinderten; **racial ~** Rassenintegration *f*
❷ (*unification, fusion*) Zusammenschluss *m*, Zusammenschließen *nt*; (*combination*) Kombination *f*
❸ PHYS, PSYCH, COMPUT Integration *f fachspr*

integrationist [ˌɪntɪˈgreɪʃᵊnɪst, AM t̬əˈ] *n* integrierend

integrity [ɪnˈtegrəti, AM -t̬i] *n no pl* ❶ (*moral uprightness*) Integrität *f*; ***he was keen to preserve his ~ as an actor*** er wollte seiner Linie als Schauspieler treu bleiben; **man/woman of ~** unbescholtener Mann/unbescholtene Frau
❷ (*form: unity, wholeness*) Einheit[lichkeit] *f*; **structural ~ of a novel** Geschlossenheit *f* eines Romans; **to uphold territorial ~** die territoriale Integrität schützen
❸ COMPUT *of data* Integrität *f*, Vollständigkeit *f*

integument [ɪnˈtegjəmənt] *n* Hülle *f*

intellect [ˈɪntᵊlekt, AM -t̬əlekt] *n* ❶ *no pl* (*faculty*) Verstand *m*, Intellekt *m*; **a man/woman of keen ~** ein Mann/eine Frau mit scharfem Verstand; **sb's powers of ~** jds intellektuelle Fähigkeiten
❷ (*person*) großer Denker/große Denkerin

intellectual [ˌɪntᵊlˈektjuəl, AM -t̬ᵊlˈektʃu-] I. *n* Intellektuelle(r) *f(m)*
II. *adj activity, climate, interests* intellektuell, geistig; ***that doesn't provide much ~ stimulation*** dabei ist man geistig nicht gerade gefordert; **~ capacity** intellektuelle Fähigkeiten; **~ curiosity** Wissensdurst *m*; **~ pursuits** geistige Beschäftigung, Kopfarbeit *f*; **~ snob** intellektueller Snob; **to read something ~** etwas Anspruchsvolles lesen

intellectualism [ˌɪntᵊlˈektjuəlɪzᵊm, AM -t̬ᵊlˈektʃu-] *n no pl* (*usu pej*) Intellektualismus *m*

intellectualize [ˌɪntᵊlˈektjuəlaɪz, AM -t̬ᵊlˈektʃuəl-] *vi* intellektualisieren *geh*; ***he ~d everything I said*** er ging immer alles, was ich sagte, völlig intellektuell an

intellectually [ˌɪntᵊlˈektjuəli, AM -t̬ᵊlˈektʃu-] *adv* intellektuell, geistig; **~ demanding** geistig anspruchsvoll

intellectual property *n no pl* LAW geistiges Eigentum

intelligence [ɪnˈtelɪdʒᵊn(t)s] I. *n no pl* ❶ (*brain power*) Intelligenz *f*; ***if he hasn't got the ~ to put on a coat, …*** wenn er so dumm ist, keinen Mantel anzuziehen, dann…; **the ~ of sb's writing** jds intelligenter Schreibstil
❷ + *sing/pl vb* (*department*) Nachrichtendienst *m*, Geheimdienst *m*; **economic ~** Wirtschaftsspionage *f*; **military ~** militärischer Geheimdienst
❸ + *sing/pl vb* (*inside information*) [nachrichtendienstliche] Informationen; ***they received ~ that …*** sie erhielten vom Geheimdienst die Nachricht, dass…; **according to our latest ~** unseren letzten Meldungen zufolge
II. *n modifier* (*department, service*) Nachrichten-; **the ~ community** die Geheimdienste *mpl*; **~ report/source** Geheimdienstbericht *m*/-quelle *f*

intelligence agency *n* Nachrichtendienst *m*, Geheimdienst *m* **intelligence agent** *n* Geheimagent(in) *m(f)*, Spion(in) *m(f)* **intelligence department** *n* Nachrichtendienst *m*, Geheimdienst *m* **intelligence officer** *n* Nachrichtenoffizier *m* **intelligence quotient** *n* Intelligenzquotient *m* **intelligence service** *n* Nachrichtendienst *m*, Geheimdienst *m* **intelligence test** *n* Intelligenztest *m*

intelligent [ɪnˈtelɪdʒᵊnt] *adj* klug, intelligent; (*hum iron*) ***that was ~ of you*** das war ja sehr intelligent von dir *iron hum*; **~ beings** intelligente Lebewesen; **~ guess** kluge Schätzung

intelligent agent *n* intelligentes Programm

intelligently [ɪnˈtelɪdʒᵊntli] *adv* intelligent, klug

intelligentsia [ɪnˌtelɪˈdʒentsiə] *n* + *sing/pl vb* ■**the ~** die Intelligenzia *form*, die Intelligenz, die Intellektuellen *pl*

intelligibility [ɪnˌtelɪdʒəˈbɪləti, AM -əti] *n no pl* Verständlichkeit *f*

intelligible [ɪnˈtelɪdʒəbl] *adj* verständlich; ***he was so drunk that he was hardly ~*** er war so betrunken, dass man ihn kaum noch verstehen konnte; **~ handwriting** leserliche Handschrift; **hardly ~** schwer verständlich

intelligibly [ɪnˈtelɪdʒəbli] *adv speak, write* deutlich, verständlich

intemperance [ɪnˈtempᵊrᵊn(t)s] *n no pl* Maßlosigkeit *f*, Unmäßigkeit *f*; (*addiction to alcohol*) Trunksucht *f*

intemperate [ɪnˈtempᵊrət, AM -prɪt] *adj* (*pej*) maßlos, unmäßig; *behaviour* zügellos; *action* unangemessen; **~ climate** extremes Klima; **~ haste** übertriebene Eile; **~ language** extremistische Ausdrucksweise; **~ rage** unbändige Wut; (*addicted to alcohol*) trunksüchtig

intemperately [ɪnˈtempᵊrətli, AM -prɪtli] *adv* maßlos, unmäßig; **to act ~** unbeherrscht handeln; **to behave ~** zügellos sein

intend [ɪnˈtend] *vt* ❶ (*plan*) ■**to ~ sth** etw beabsichtigen [*o* planen]; ***that wasn't what I had ~ed at all*** das hatte ich nun wirklich nicht beabsichtigt; **to ~ no harm** nichts Böses wollen; ■**to ~ doing** [*or* **to do**] **sth** beabsichtigen [*o* planen], etw zu tun, etw vorhaben; ***I had ~ed leaving the party before midnight*** eigentlich hatte ich die Party vor Mitternacht verlassen wollen; ***what do you ~ to do about it?*** was willst du in der Sache unternehmen?; ***I fully ~ to see this project through*** ich bin fest entschlossen dieses Projekt zu Ende zu bringen; ■**to ~ sb to do sth** wollen, dass jd etw tut; ***I don't think she ~ed me to hear the remark*** ich glaube nicht, dass ich die Bemerkung hören sollte
❷ (*express, intimate*) ■**to be ~ed** beabsichtigt sein; ***I don't think there was any ~ed insult in the remark*** ich denke nicht, dass man Sie beleidigen wollte; ***it was ~ed as a compliment, honestly!*** es sollte ein Kompliment sein, ehrlich!; ***no disrespect ~ed*** [das] war nicht böse gemeint
❸ *usu passive* (*earmark, destine*) ■**to be ~ed for sth** für etw *akk* gedacht [*o* vorgesehen] sein; ***the party is really ~ed for new students*** die Party findet in erster Linie für die neuen Studenten statt; ***the bicycle paths are ~ed to make cycling safer*** die Radwege sollen das Radfahren sicherer machen

intended [ɪnˈtendɪd] I. *adj* vorgesehen, beabsichtigt; **~ effect** beabsichtigte Wirkung; **~ murder** vorsätzlicher Mord; **~ target** anvisiertes Ziel; **~ victim** LAW geplantes Opfer
II. *n usu sing* (*dated or hum*) Zukünftige(r) *f(m) veraltet o hum*

intense [ɪnˈten(t)s] *adj* ❶ (*concentrated, forceful*) intensiv, stark; **~ ardour** stechender Geruch; **~ cold** bittere Kälte; **~ desire** glühendes [*o* brennendes] Verlangen; **~ disappointment** herbe Enttäuschung; **~ excitement** große Aufregung; **~ feeling** tiefes [*o* starkes] Gefühl; **~ friendship** tiefe Freundschaft; **~ hatred** rasender Hass; **~ heat** glühende Hitze; **~ love** leidenschaftliche [*o* glühende] Liebe; **~ pain** heftiger Schmerz; **to be under ~ pressure** unter immensem Druck stehen; **to come under ~ pressure** unter immensen Druck geraten; **~ wind** starker Wind
❷ (*demanding, serious*) ernst; ***he can get very ~ about the question of Northern Ireland*** wenn es um die Nord-Irland-Frage geht, kann er ganz schön anstrengend werden

intensely [ɪnˈten(t)sli] *adv* ❶ (*extremely*) äußerst, ausgesprochen; **to be ~ dull** unglaublich langweilig sein; **~ hot** extrem heiß; **to hate sb ~** jdn zutiefst hassen; **to love sb ~** jdn abgöttisch lieben
❷ (*strong emotion*) intensiv; ***he spoke so ~ that …*** er sprach mit solchem Nachdruck, dass …

intensification [ɪnˌten(t)sɪfɪˈkeɪʃᵊn] *n no pl* Verstärkung *f*, Intensivierung *f*; **~ of the fighting** Eskalierung *f* der Kämpfe

intensifier [ɪnˈten(t)sɪfaɪəʳ, AM -faɪɚ] *n* LING Verstärkungswort *nt*; (*verb*) Intensivum *nt fachspr*

intensify <-ie-> [ɪnˈten(t)sɪfaɪ] I. *vt* ■**to ~ sth** etw intensivieren; **to ~ a conflict** einen Konflikt verschärfen; **to ~ sb's fears** jds Ängste verstärken; **to ~ the pressure** den Druck erhöhen
II. *vi heat* stärker werden; *fears, competition, pain also* zunehmen

intensity [ɪnˈten(t)səti, AM -sət̬i] *n no pl* Stärke *f*; *of feelings* Intensität *f*; *of explosion, anger* Heftigkeit *f*; *of loudness* Lautstärke *f*; **~ of light** Lichtstärke *f*

intensive [ɪnˈten(t)sɪv] *adj* intensiv, stark; **~ analysis** gründliche Analyse; **~ bombardment** heftiger Beschuss; **~ course** Intensivkurs *m*; **to come under ~ fire** unter heftigen Beschuss geraten; **~ study** gründliche [*o* intensive] Studie

intensive care *n no pl* MED Intensivpflege *f*; **to be in ~** auf der Intensivstation sein [*o* liegen] **intensive-care unit** *n* MED Intensivstation *f* **intensive farming** *n no pl* Intensivanbau *m*, intensive Landwirtschaft **intensive livestock farming** *n no pl* Intensivtierhaltung *f*

intensively [ɪnˈtensɪvli] *adv* intensiv

intent [ɪnˈtent] I. *n* Absicht *f*, Vorsatz *m*; ***the ~ of that law is to enable people to get divorced with less difficulty*** mit dem Gesetz sollen Ehescheidungen erleichtert werden; LAW (*form*) ***he was picked up by the police for loitering with ~*** die Polizei griff ihn wegen auffälligen Verhaltens auf; **to** [*or* **for**] **all ~s and purposes** im Grunde; ■**with ~ to do sth** mit dem Vorsatz, etw zu tun; **with good ~** in guter Absicht
II. *adj* ❶ *pred* (*absorbed*) aufmerksam, konzentriert; **~ look** forschender Blick; ■**to be ~ on sth** sich *akk* auf etw *akk* konzentrieren; ***John was ~ on his maths homework*** John war völlig in seine Mathematikaufgaben versenkt
❷ *pred* (*determined*) ■**to be ~ on sth** auf etw *akk* versessen sein; ■**to be ~ on doing sth** fest entschlossen sein, etw zu tun; ***he seems ~ on riling everyone in the room*** er scheint es darauf anzulegen, jeden im Zimmer auf die Palme zu bringen

intention [ɪnˈten(t)ʃᵊn] *n* ❶ (*purpose*) Absicht *f*, Vorhaben *nt*; ***I still don't know what his ~s are*** ich weiß noch immer nicht, was er genau vorhat; ***it wasn't my ~ to exclude you*** ich wollte Sie nicht ausschließen; **to be full of good ~s** voller guter Vorsätze sein; **to have every ~ of doing sth** die feste Absicht haben, etw zu tun; **to have no ~ of doing sth** nicht die Absicht haben, etw zu tun
❷ (*fam: marriage plans*) ■**~s** *pl* Heiratsabsichten *fpl*
❸ LAW Vorsatz *m*

intentional [ɪnˈten(t)ʃᵊnᵊl] *adj* absichtlich, vorsätzlich; ***sorry, it wasn't ~*** tut mir Leid, das war keine Absicht

intentionally [ɪnˈten(t)ʃᵊnᵊli] *adv* absichtlich, mit Absicht

intently [ɪnˈtentli] *adv* aufmerksam, gespannt, konzentriert; ***he observed the teacher ~*** er beobachtete den Lehrer genau

inter <-rr-> [ɪnˈtɜːʳ, AM -ˈtɜːr] *vt* (*form*) ■**to ~ sb** jdn bestatten [*o* beisetzen]

inter- [ɪntəʳ, AM ɪnt̬ɚ] *in compounds* inter-, Inter-, zwischen-, Zwischen-; **~war period** Zwischenkriegszeit *f*

interact [ˌɪntəʳˈækt, AM -t̬ɚˈ-] *vi* aufeinander einwirken, sich *akk* gegenseitig beeinflussen; PSYCH interagieren; ***buildings which will ~ with the user*** Gebäude, die auf die Bewohner abgestimmt sind

interaction [ˌɪntəʳˈækʃᵊn, AM -t̬ɚ-] *n* Wechselwirkung *f*; *of groups, people* Interaktion *f*; **human-computer ~** Interaktion *f* zwischen Mensch und

Computer; ~ **between two languages** Wechselwirkung *f* zwischen zwei Sprachen; **non-verbal** ~ nonverbale Interaktion [*o* Kommunikation]

interactive [ˌɪntərˈæktɪv, AM -t̬ɚ-] *adj also* COMPUT interaktiv

interactively [ˌɪntərˈæktɪvli, AM -t̬ɚ-] *adv* interaktiv

interagency [ˌɪntərˈeɪdʒən(t)si, AM -t̬ɚˈ-] *adj inv* ~ **cooperation** Kooperation *f* zwischen verschiedenen Agenturen

inter alia [ˌɪntərˈeɪliə, AM -t̬ɚˈɑːliə] *adv inv* (*form*) unter anderem

interbank deposits *npl* FIN Interbanken-Einlagen *fpl*

interbank rate *n* FIN Interbankrate *f*

interbreed <-bred, -bred> [ˌɪntəˈbriːd, AM -t̬ɚˈ-] **I.** *vt* ■**to** ~ **an animal with another animal** *cattle, sheep* ein Tier mit einem anderen Tier kreuzen **II.** *vi* sich *akk* kreuzen

interbreeding [ˌɪntəˈbriːdɪŋ, AM -t̬ɚˈ-] *n no pl* Kreuzung *f*, Kreuzen *nt*

intercede [ˌɪntəˈsiːd, AM -t̬ɚˈ-] *vi* ■**to** ~ [**with sb on behalf of sb**] sich *akk* [bei jdm für jdn] einsetzen; **to** ~ **in an argument** in einem Streit vermitteln

intercellular [ˌɪntəˈseljələr, AM ˌɪnt̬ɚˈseljələ˞] *adj inv* BIOL interzellular, interzellulär

intercept [ˌɪntəˈsept, AM -t̬ɚˈ-] *vt* ■**to** ~ **sb/sth** *person, message, illegal goods* jdn/etw abfangen; ~ **a call** eine Fangschaltung legen; **to** ~ **a pass** SPORTS einen Pass abfangen

interception [ˌɪntəˈsepʃən, AM -t̬ɚˈ-] *n* Abfangen *nt*; ***cannabis*** ~***s account for 90% of drug seizures at customs*** von den am Zoll beschlagnahmten Drogen entfallen 90% auf Cannabis; ~ **of calls** Abhören *nt* von Anrufen

interceptor [ˌɪntəˈseptər, AM -t̬ɚˈseptɚ] *n* MIL Abfangjäger *m*

intercession [ˌɪntəˈseʃən, AM -t̬ɚˈ-] *n* Fürsprache *f*, Vermittlung *f*; **prayer of** ~ Fürbitte *f*

interchange **I.** *n* [ˈɪntətʃeɪndʒ, AM -t̬ɚ-] ① (*form*) Austausch *m*; ~ **of ideas** Gedankenaustausch *m* ② (*road*) [Autobahn]kreuz *nt* ③ (*station*) Umsteigebahnhof *m* **II.** *vt* [ˌɪntəˈtʃeɪndʒ, AM -t̬ɚˈ-] ■**to** ~ **sth** *ideas, information* etw austauschen **III.** *vi* [ˌɪntəˈtʃeɪndʒ, AM -t̬ɚˈtʃeɪndʒ] [aus]wechseln

interchangeable [ˌɪntəˈtʃeɪndʒəbl, AM -t̬ɚˈ-] *adj* austauschbar, auswechselbar; *word* synonym; ~ **word** Synonym *nt*

interchangeably [ˌɪntəˈtʃeɪndʒəbli, AM -t̬ɚˈ-] *adv* austauschbar, auswechselbar

intercity [ˌɪntəˈsɪti, AM -t̬ɚˈsɪti] **I.** *n* Intercity *m* **II.** *adj attr, inv service, train* Intercity- *m*

intercollegiate [ˌɪntəkəˈliːdʒət, AM -t̬ɚkəˈliːdʒɪt] *adj* zwischen Colleges *nach n*; ~ **championships** Meisterschaften *fpl* der Colleges

intercom [ˈɪntəkɒm, AM -t̬ɚkɑːm] *n* [Gegen]sprechanlage *f*; **to speak over** [*or* **through**] **the** ~ über die Sprechanlage reden

intercommunicate [ˌɪntəkəˈmjuːnɪkeɪt, AM -t̬ɚ-] *vi* miteinander in Verbindung stehen, zueinander Kontakt haben; *rooms* miteinander verbunden sein

interconnect [ˌɪntəkəˈnekt, AM -t̬ɚ-] **I.** *vt* ■**to** ~ **sb/sth with sb/sth** jdn/etw mit jdm/etw verbinden; ***this system*** ~***s all the computers in the building*** durch dieses System sind alle Computer in dem Gebäude vernetzt; **to** ~ **loudspeakers** Lautsprecher zusammenschalten; ~**ed terminals** COMPUT vernetzte Terminals **II.** *vi* miteinander in Zusammenhang stehen; ***poverty and homelessness are*** ~***ed*** Armut und Obdachlosigkeit sind miteinander verknüpft

interconnection [ˌɪntəkəˈnekʃən, AM -t̬ɚ-] *n* Verbindung *f*; *of loudspeakers* Zusammenschaltung *f*; *of computers* Vernetzung *f*; ~ **of cultures** Kulturaustausch *m*

intercontinental [ˌɪntəˌkɒntɪˈnentəl, AM -t̬ɚˌkɑːntəˈ-] *adj inv* interkontinental; ~ **ballistic missile** Interkontinentalrakete *f*; ~ **flight** Interkontinentalflug *m*

intercourse [ˈɪntəkɔːs, AM -t̬ɚkɔːrs] *n no pl* ① (*sex*) [Geschlechts]verkehr *m*; **sexual** ~ Geschlechtsverkehr *m* ② (*form: communication*) Umgang *m*, Verkehr *m*; **social** ~ gesellschaftlicher Umgang

intercut [ˌɪntəˈkʌt, AM -t̬ɚˈ-] **I.** *vi* **to** ~ **between two or more scenes** zwei oder mehrere Szenen zusammenschneiden **II.** *vt* ■**to** ~ **sth** etw unterbrechen

interdenominational [ˌɪntədɪˌnɒmɪˈneɪʃənəl, AM -t̬ɚdɪˌnɑːməˈ-] *adj* interkonfessionell

interdepartmental [ˌɪntəˌdiːpɑːtˈmentəl, AM -t̬ɚˌdiːpɑːrtˈment̬əl] *adj* zwischen den Abteilungen *nach n*; **an** ~ **committee** ein aus Angehörigen verschiedener Fachbereiche zusammengesetzter Ausschuss

interdependence [ˌɪntədɪpendən(t)s, AM -t̬ɚdiːˈ-] *n no pl* gegenseitige Abhängigkeit, Interdependenz *f geh*; **economic** ~ wirtschaftliche Interdependenz

interdependent [ˌɪntədɪpendənt, AM -t̬ɚdiːˈ-] *adj* voneinander abhängig, interdependent *geh*

interdict (*form*) **I.** *vt* [ˌɪntəˈdɪkt, -daɪt, AM -t̬ɚ-] ① LAW ■**to** ~ **sth** jdm etw untersagen [*o* verbieten]; ***he has been*** ~***ed from consuming alcohol*** Alkoholgenuss wurde ihm untersagt ② *esp* AM MIL **to** ~ **a pass/supplies** einen Weg/die Versorgung abschneiden; **to** ~ **a route** eine Route unterbrechen; ***the armed forces tried to*** ~ ***the movement of narcotics*** die Streitkräfte versuchten den Drogenhandel zum Stillstand zu bringen **II.** *n* [ˈɪntədɪkt, daɪt, AM -t̬ɚdɪkt] ① REL **papal** ~ päpstliches Verbot, Interdikt *nt* ② LAW Verbot *nt*; SCOT einstweilige Verfügung

interdiction [ˌɪntəˈdɪkʃən, AM -t̬ɚˈ-] *n* Verbot *nt*; MIL Unterbrechung *f*

interdictory [ˌɪnt̬əˈdɪktəri] *adj* AM ~ **fire** Sperrfeuer *nt*

interdisciplinary [ˌɪntəˈdɪsɪplɪnəri, AM -t̬ɚˈdɪsəplɪneri] *adj inv* fachübergreifend, interdisziplinär

interest [ˈɪntrəst, AM -trɪst] **I.** *n* ① (*concern, curiosity*) Interesse *nt*; (*hobby*) Hobby *nt*; ***she looked about her with*** ~ sie sah sich interessiert um; **just out of** ~ (*fam*) nur interessehalber; **vested** ~ eigennütziges Interesse, Eigennutz *m*; **to have** [*or* **take**] **an** ~ **in sth** an etw *dat* Interesse haben, sich *akk* für etw *akk* interessieren; **to lose** ~ **in sb/sth** das Interesse an jdm/etw verlieren; **to pursue one's own** ~**s** seinen eigenen Interessen nachgehen, seine eigenen Interessen verfolgen; **to show an** ~ **in sth** an etw *dat* Interesse zeigen; **to take no further** ~ **in sth** das Interesse an etw *dat* verloren haben, kein Interesse mehr für etw *akk* zeigen; ■**sth is in sb's** ~ etw liegt in jds Interesse ② (*profit, advantage*) ■~**s** *pl* Interessen *pl*, Belange *pl*; ***in the*** ~***s of safety, please do not smoke*** aus Sicherheitsgründen Rauchen verboten; ***I'm only acting in your best*** ~***s*** ich tue das nur zu deinem Besten; ***Jane is acting in the*** ~***s of her daughter*** Jane vertritt die Interessen ihrer Tochter; **in the** ~**s of humanity** zum Wohle der Menschheit; **to look after the** ~**s of sb** jds Interessen wahrnehmen ③ *no pl* (*importance*) Interesse *nt*, Reiz *m*; **buildings of historical** ~ historisch interessante Gebäude; **to be of** ~ **to sb** für jdn von Interesse sein; **to hold** ~ **for sb** jdn interessieren ④ *no pl* FIN Zinsen *mpl*; (*paid on investments also*) Kapitalertrag *m*; ***at 5%*** ~ zu 5% Zinsen; ***what is the*** ~ ***on a loan these days?*** wie viel Zinsen zahlt man heutzutage für einen Kredit?; **rate of** ~ [*or* ~ **rate**] Zinssatz *m*; **to earn/pay** ~ Zinsen einbringen/zahlen; ***he earns*** ~ ***on his money*** sein Geld bringt ihm Zinsen [ein]; **to return sb's kindness with** ~ (*fig*) jds Freundlichkeit um ein Vielfaches erwidern; **to pay sb back with** ~ (*fig*) es jdm doppelt [*o* gründlich] heimzahlen ⑤ (*involvement*) Beteiligung *f*; ***the*** ~***s of the company include steel and chemicals*** das Unternehmen ist auch in den Bereichen Stahl und Chemie aktiv; ***a legal*** ~ ***in a company*** ein gesetzlicher Anteil an einer Firma; **powerful business** ~**s** einflussreiche Kreise aus der Geschäftswelt; **foreign** ~ ausländische Interessengruppen; **the landed** ~[**s**] die Großgrundbesitzer *mpl* **II.** *vt* ■**to** ~ **sb** [**in sth**] jdn [für etw *akk*] interessieren, bei jdm Interesse [für etw *akk*] wecken; ***may I*** ~ ***you in this encyclopaedia?*** darf ich Ihnen diese Enzyklopädie vorstellen?; ***don't suppose I can*** ~ ***you in a quick drink before lunch, can I?*** kann ich dich vor dem Mittagessen vielleicht noch zu einem kurzen Drink überreden?; ■**to** ~ **oneself in sth/sb** sich *akk* für etw/jdn interessieren

interest-bearing [ˈɪntrəstˌbeərɪŋ, AM ˈɪntrɪstˌberɪŋ] *adj inv* verzinst **interest charges** *npl* FIN Zinsbelastung *f*, Sollzinsen *mpl* **interest coupon** *n* FIN Zinsschein *m*

interested [ˈɪntrəstɪd, AM -trɪst-] *adj* ① (*concerned*) interessiert; ***I'm going for a drink, are you*** ~***?*** ich geh noch was trinken – hättest du auch Lust?; ***I'm selling my stereo, are you*** ~***?*** ich möchte meine Anlage verkaufen, hätten Sie Interesse?; ***I'd be*** ~ ***to know more about it*** ich würde gerne mehr darüber erfahren; ***are you*** ~ ***in a game of tennis?*** hast du Lust, mit mir Tennis zu spielen?; ***sorry, I'm not*** ~ tut mir Leid, kein Interesse; **to be** ~ **in sth/sb** sich *akk* für etw/jdn interessieren; **to be** ~ **in doing sth** daran interessiert sein, etw zu tun; **to get sb** ~ **in sth** jdn für etw *akk* interessieren ② (*involved*) beteiligt; ***she was an*** ~ ***party in the matter*** sie war in der Sache befangen; ~ **witness** befangener Zeuge/befangene Zeugin

interest-free *adj* FIN zinslos, unverzinslich; ~ **credit** unverzinsliches Darlehen **interest group** *n* Interessengruppe *f*

interesting [ˈɪntrəstɪŋ, AM -trɪst-] *adj* interessant; ***the*** ~ ***thing about it is ...*** das Interessante daran ist, ...; ***that's an*** ~***-looking hat*** der Hut sieht ja interessant aus *iron euph*; **to be in an** ~ **condition** (*euph old*) in anderen Umständen sein *euph*; **to have** ~ **things to say** etwas zu sagen haben

interestingly [ˈɪntrəstɪŋli, AM ˈɪntrɪst-] *adv* interessant, interessanterweise; ~ **enough ...** interessanterweise ...

interest load *n* FIN Zinsbelastung *f* **interest margin** *n* FIN Zinsspanne *f* **interest payment** *n* FIN Verzinsung *f* **interest rate** *n* FIN Zinssatz *m*; **to raise/lower the** ~ den Zinssatz anheben/senken **interest spread** *n* FIN Zinsspanne *f*

interface **I.** *n* [ˈɪntəfeɪs, AM -t̬ɚ-] Schnittstelle *f*; COMPUT, TECH *also* Interface *nt*; ***his job is to be an*** ~ ***between the departments*** er soll die Kontakte zwischen den Abteilungen koordinieren; **network** ~ COMPUT Netzwerkschnittstelle *f*; **user** ~ COMPUT Benutzerschnittstelle *f* **II.** *vi* [ˌɪntəˈfeɪs, AM ˈɪnt̬ɚfeɪs] ■**to** ~ **with sth** mit jdm in Verbindung treten, sich *akk* mit jdm kurzschließen **III.** *vt* [ˈɪntəfeɪs, AM -t̬ɚ-] COMPUT, TECH ■**to** ~ **sth** etw koppeln

interfere [ˌɪntəˈfɪər, AM -t̬ɚˈfɪr] *vi* ① (*meddle*) ■**to** ~ [**in sth**] sich *akk* [in etw *akk*] einmischen; ***she tried not to*** ~ ***in her children's lives*** sie versuchte, sich aus den Angelegenheiten ihrer Kinder herauszuhalten; **to** ~ **in sb's affairs** sich *akk* in jds Angelegenheiten einmischen ② (*disturb*) ■**to** ~ **with sb/sth** jdn/etw stören; ***even a low level of noise*** ~***s with my concentration*** ich kann mich schon bei der geringsten Geräuschkulisse nicht mehr konzentrieren; ***somebody has been interfering with my papers again*** jemand hat sich wieder an meinen Papieren zu schaffen gemacht ③ RADIO, TECH, COMPUT (*hamper signals*) ■**to** ~ **with sth** etw überlagern [*o* stören] ④ BRIT (*euph: molest sexually*) ■**to** ~ **with sb** jdn sexuell missbrauchen; ***he was sent to prison for interfering with little boys*** er kam ins Gefängnis, weil er sich an kleinen Jungen vergangen hatte; ***the body has been*** ~***d with*** die Leiche zeigt Spuren eines Sittlichkeitsverbrechens ⑤ (*strike against*) ■**to** ~ **with one another** aneinander stoßen

❻ LAW **to ~ with witnesses** Zeugen beeinflussen
interference [ˌɪntəˈfɪərᵊn(t)s, AM -t̬ɚˈfɪrᵊn(t)s] *n no pl* ❶ (*meddling*) Einmischung *f;* ***the government's ~ in the strike has been widely criticized*** dass die Regierung sich in den Streik eingemischt hat, wurde von vielen kritisiert; **free from ~** ohne Beeinträchtigung
❷ RADIO, TECH Störung *f,* Überlagerung *f,* Interferenz *f;* ***there was some ~ on the television*** der Bildschirm wurde gestört
interfering [ˌɪntəˈfɪərɪŋ, AM -t̬ɚˈfɪr-] *adj attr* (*pej*) sich *akk* einmischend *attr;* ***her ~ neighbours*** ihre Nachbarn, die sich in alles einmischen
interferon [ˌɪntəˈfɪərɒn, AM -t̬ɚˈfɪrɑːn] *n* BIOL Interferon *nt*
intergalactic [ˌɪntəgəˈlæktɪk, AM -t̬ɚ-] *adj attr, inv* intergalaktisch
interim [ˈɪntᵊrɪm, AM -t̬ɚ-] **I.** *n* ❶ *no pl* (*meantime*) Zwischenzeit *f;* **~ phase** Übergangsphase *f;* **in the ~** in der Zwischenzeit
❷ STOCKEX ■ **~s** *pl* Abschlagsdividende *f*
II. *adj attr, inv* einstweilig, vorläufig, Übergangs-; **~ government** Übergangsregierung *f,* Interimsregierung *f;* **~ measure** Übergangsmaßnahme *f;* **~ report** Zwischenbericht *m*
interim dividend *n* FIN Abschlagsdividende *f,* Zwischendividende *f* **interim report** *n* Zwischenbericht *m*
interior [ɪnˈtɪəriəʳ, AM -ˈtɪriɚ] **I.** *adj attr, inv* ❶ (*inside*) *of door, wall* Innen-; **~ light/space** Innenbeleuchtung *f*/-raum *m*
❷ (*country*) Inlands-, Binnen-; ***the ~ regions of the country*** die Gebiete im Landesinneren
II. *n* ❶ (*inside*) Innere *nt;* ***the ~ of the house has to be ripped out*** im Innenbereich des Hauses muss alles herausgerissen werden; **the ~ of the country** das Landesinnere
❷ POL ■ **the I~** das Innere; **~ minister** Innenminister(in) *m(f);* **the ministry** [*or* AM **department**] **of the ~** das Innenministerium; **the U.S. I~ Department** das Amerikanische Innenministerium
interior decoration *n* Innenausstattung *f* **interior decorator** *n* Innenausstatter(in) *m(f)* **interior design** *n* Innenarchitektur *f* **interior designer** *n* Innenarchitekt(in) *m(f)* **interior monologue** *n* LIT innerer Monolog
interject [ˌɪntəˈdʒekt, AM -t̬ɚ-] **I.** *vt* ■ **to ~ sth** *comments, remarks, words* etw einwerfen
II. *vi* dazwischenreden, unterbrechen
interjection [ˌɪntəˈdʒekʃᵊn, AM -t̬ɚ-] *n* ❶ (*interruption*) Einwurf *m,* Zwischenbemerkung *f;* **~s from the audience** Zwischenrufe *mpl* aus dem Publikum
❷ LING Interjektion *f*
interlace [ˌɪntəˈleɪs, AM -t̬ɚ-] **I.** *vt* ■ **to ~ sth** etw kombinieren; ***in her book she ~s historical events with her own childhood memories*** in ihrem Buch vermischen sich historische Ereignisse mit ihren eigenen Kindheitserinnerungen
II. *vi also* COMPUT sich *akk* ineinander verflechten
interleave [ˌɪntəˈliːv, AM -t̬ɚ-] *vt* TYPO ■ **to ~ sth** etw mit Zwischenseiten versehen, etw durchschießen *fachspr*
inter-library loan *n* Fernleihe *f;* **to get a book on ~** ein Buch über Fernleihe bekommen
interline [ˌɪntəˈlaɪn, AM -t̬ɚ-] *vt* ■ **to ~ sth** etw mit Zwischenlinien versehen
interlink [ˌɪntəˈlɪŋk, AM -t̬ɚ-] **I.** *vt* ■ **to ~ sth** etw miteinander verbinden [*o* verknüpfen]
II. *vi* miteinander verbunden [*o* verknüpft] sein
interlinked [ˌɪntəˈlɪŋkt, AM -t̬ɚ-] *adj* [miteinander] verknüpft [*o* verbunden]; ■ **to be ~ with sth** mit etw *dat* verbunden sein, mit etw *dat* zusammenhängen
interlinking [ˌɪntəˈlɪŋkɪŋ, AM -t̬ɚ-] *adj inv* Zwischen-, Verbindungs-
interlock [ˌɪntəˈlɒk, AM -t̬ɚˈlɑːk] **I.** *vt* ■ **to ~ sth** ❶ (*fit together*) etw zusammenstecken; *two subjects, themes* etw verknüpfen; **to ~ one's fingers** die Hände verschränken
❷ (*interdependent*) etw miteinander verflechten; ■ **to be ~ed with sth** *economies* mit etw *dat* eng verzahnt sein
❸ COMPUT ■ **to ~ sth** etw verriegeln
II. *vi tooth, cog* ineinander greifen
interlocking [ˌɪntəˈlɒkɪŋ, AM -t̬ɚˈlɑːkɪŋ] *adj inv* [ineinander] verflochten, [miteinander] verwoben; *teeth, fingers* ineinander greifend; **~ directorate** Überkreuzverflechtung *f;* **~ interests** Interessenverflechtung *f*
interlocutor [ˌɪntəˈlɒkjətəʳ, AM -t̬ɚˈlɑːkjət̬ɚ] *n* (*form*) Gesprächspartner(in) *m(f);* (*on behalf of sb else*) Sprecher(in) *m(f)*
interloper [ˈɪntəˌləʊpəʳ, AM ˈɪnt̬ɚˌloʊpɚ] *n* (*pej*) Eindringling *m*
interlude [ˈɪntəluːd, AM -t̬əluːd] *n* ❶ (*interval*) Periode *f,* Abschnitt *m;* (*between acts of play*) Pause *f;* **lunch-time ~** Mittagspause *f*
❷ (*entertainment*) Zwischenspiel *nt,* Intermezzo *nt,* Interludium *nt fachspr;* **musical ~** musikalisches Zwischenspiel
❸ COMPUT Vorprogramm *nt*
intermarriage [ˌɪntəˈmærɪdʒ, AM -t̬ɚˈmer-] *n no pl* (*between groups*) Mischehe *f;* (*between relatives*) Verwandtenehe *f*
intermarry <-ie-> [ˌɪntəˈmæri, AM ˈɪnt̬ɚˈmeri] *vi* eine Mischehe schließen; ***the immigrants have intermarried with the natives*** die Immigranten haben sich durch Mischehen mit den Eingeborenen vermischt; ***brothers and sisters are not allowed to ~*** eine Heirat zwischen Geschwistern ist verboten
intermediary [ˌɪntəˈmiːdiəri, AM -t̬ɚˈmiːdieri] **I.** *n* Vermittler(in) *m(f);* ■ **through an ~** über einen Mittelsmann [*o* Vermittler]
II. *adj inv* vermittelnd; **~ role** Vermittlerrolle *f;* **~ stage** Zwischenstadium *nt*
intermediate [ˌɪntəˈmiːdiət, AM -t̬ɚ-] **I.** *adj inv* ❶ (*level*) mittel; (*between two things*) Zwischen-; **~ stage** Zwischenstadium *nt;* **~ stopover** Zwischenstopp *m;* **~ target** mittelfristiges Ziel; ■ **to be ~ between sth** sich *akk* zwischen etw *dat* befinden
❷ (*level of skill*) Mittel-; **~ course** Kurs *m* für fortgeschrittene Anfänger/Anfängerinnen; **~ students** fortgeschrittene Anfänger/Anfängerinnen
II. *n* fortgeschrittener Anfänger/fortgeschrittene Anfängerin
III. *vi* vermitteln
intermediate frequency *n* TECH Zwischenfrequenz *f* **intermediate-range** *adj* Mittelstrecken-; **~ weaponry** Mittelstreckenwaffen *fpl;* **~ missile** [*or* **rocket**] Mittelstreckenrakete *f* **intermediate school** *n* AM *die unteren Klassen der High-School*
interment [ɪnˈtɜːmənt, AM -ˈtɜːr-] *n* Beerdigung *f,* Bestattung *f*
intermezzi [ˌɪntəˈmetsi, AM -t̬ɚ-] *n pl of* **intermezzo**
intermezzo <*pl* -s *or* -zi> [ˌɪntəˈmetsəʊ, AM -t̬ɚˈmetsoʊ, *pl* -tsi] *n* Intermezzo *nt,* Zwischenspiel *nt*
interminable [ɪnˈtɜːmɪnəbl̩, AM -ˈtɜːr-] *adj* (*pej*) endlos, nicht enden wollend *attr pej*
interminably [ɪnˈtɜːmɪnəbli, AM -ˈtɜːr-] *adv* (*pej*) endlos, ewig; **~ long** endlos lang
intermingle [ˌɪntəˈmɪŋgl̩, AM -t̬ɚ-] **I.** *vi* ■ **to ~ [with sth]** sich *akk* [mit etw *dat*] vermischen
II. *vt usu passive* ■ **to be ~d** vermischt sein; *ethnic groups* sich vermischen; ***fact and fiction are ~d throughout the book*** Phantasie und Wirklichkeit gehen in dem Buch ständig durcheinander
intermission [ˌɪntəˈmɪʃᵊn, AM -t̬ɚ-] *n* Pause *f,* Unterbrechung *f;* FILM, THEAT Pause *f;* **after/during ~** nach/während der Pause; **without ~** pausenlos
intermittent [ˌɪntəˈmɪtᵊnt, AM -t̬ɚ-] *adj* periodisch, intermittierend *geh;* ***there will be ~ rain in the south*** im Süden wird es mit kurzen Unterbrechungen regnen; ***she made ~ movie appearances*** sie hatte ab und zu eine Rolle in einem Kinofilm; **~ light** Blinklicht *nt;* **~ volcano** zeitweise aktiver Vulkan
intermittently [ˌɪntəˈmɪtᵊntli, AM -t̬ɚ-] *adv* periodisch, intermittierend *geh;* ***hot water was only available ~*** es gab nur zeitweise heißes Wasser
intermix [ˌɪntəˈmɪks, AM -t̬ɚ-] **I.** *vt* ■ **to ~ sth [with sth]** etw [mit etw *dat*] vermischen
II. *vi* ■ **to ~ with sth** sich *akk* in etw *akk* einfügen
intern I. *vt* [ɪnˈtɜːn, AM -ˈtɜːrn] POL, MIL ■ **to ~ sb** jdn internieren [*o* gefangen nehmen]
II. *vi* [ɪnˈtɜːn, AM -ˈtɜːrn] *esp* AM ein Praktikum absolvieren
III. *n* [ˈɪntɜːn, AM -tɜːrn] *esp* AM Praktikant(in) *m(f);* **hospital ~** Assistenzarzt, Assistenzärztin *m, f;* **summer ~** Ferienpraktikant(in) *m(f)*
internal [ɪnˈtɜːnᵊl, AM -ˈtɜːr-] *adj inv* innere(r, s); (*within a company*) innerbetrieblich; (*within a country*) Binnen-; **~ affairs/bleeding** innere Angelegenheiten/Blutungen; **~ borders** Binnengrenzen *fpl;* **~ investigation/memo** interne Nachforschungen/Mitteilung; **~ trade** Binnenhandel *m;* **for ~ use only** vertraulich
internal combustion engine *n* Verbrennungsmotor *m*
internalization [ɪnˌtɜːnᵊlɪˈzeɪʃᵊn, AM -ˌtɜːr-] *n no pl* PSYCH Verinnerlichung *f,* Internalisierung *f fachspr*
internalize [ɪnˈtɜːnᵊlaɪz, AM -ˈtɜːr-] *vt* ■ **to ~ sth** etw verinnerlichen [*o fachspr* internalisieren]
internally [ɪnˈtɜːnᵊli, AM -ˈtɜːr-] *adv inv* innerlich; ***not to be taken ~*** nur zur äußeren Anwendung; **to develop sth ~** (*within company*) etw betriebsintern entwickeln
internal medicine *n* AM Innere Medizin **Internal Revenue Service** *n* AM Finanzamt *nt*
international [ˌɪntəˈnæʃᵊnᵊl, AM -t̬ɚ-] **I.** *adj* international; **~ banking** internationales Bankwesen; **~ call** Auslandsgespräch *nt;* **~ flight** Auslandsflug *m;* **on the/an ~ level** auf internationaler Ebene; **~ financial system** internationales Finanzsystem; **~ trade** Welthandel *m;* **~ waters** internationale Gewässer
II. *n* ❶ BRIT SPORTS (*player*) Nationalspieler(in) *m(f);* (*match*) Länderspiel *nt*
❷ (*communist organization*) ■ **I~** Internationale *f;* **the First/Second etc. I~** die Erste/Zweite etc. Internationale
international affairs *npl* internationale Angelegenheiten **international community** *n* Völkergemeinschaft *f* **International Court of Justice** *n* Internationaler Gerichtshof **International Date Line** *n* Datumsgrenze *f*
Internationale [ˌɪntəˌnæʃəˈnɑːl, AM -t̬ɚˌnæʃəˈnæl] *n* Internationale *f*
internationalism [ˌɪntəˈnæʃᵊnᵊlɪzᵊm, AM -t̬ɚ-] *n no pl* Internationalismus *m fachspr*
internationalist [ˌɪntəˈnæʃᵊnᵊlɪst, AM -t̬ɚ-] *n* Internationalist(in) *m(f) fachspr;* (*law specialist*) Völkerrechtler(in) *m(f)*
internationalization [ˌɪntəˌnæʃᵊnᵊlaɪˈzeɪʃᵊn, AM -t̬ɚˌnæʃᵊnᵊlɪˈ-] *n no pl* Internationalisierung *f*
internationalize [ˌɪntəˈnæʃᵊnᵊlaɪz, AM -t̬ɚ-] *vt* ■ **to ~ sth** etw internationalisieren; ***we need to ~ the response to the problem*** wir müssen das Problem auf internationaler Ebene anpacken
international law *n* Völkerrecht *nt*
internationally [ˌɪntəˈnæʃᵊnᵊli, AM -t̬ɚ-] *adv inv* international, weltweit
International Monetary Fund *n* Internationaler Währungsfonds **international monetary system** *n* internationales Währungssystem **International Olympic Committee** *n* Internationales Olympisches Komitee **International Phonetic Alphabet** *n* Internationales Phonetisches Alphabet **International Standards Organization** *n* Internationaler Normenausschuss
internaut [ˈɪntənɔːt, AM -t̬ɚ-] *n* Internetsurfer(in) *m(f)*
internecine [ˌɪntəˈniːsaɪn, AM -t̬ɚˈniːsɪn] *adj inv* (*form*) [für beide Seiten] vernichtend *attr;* ***torn by ~ strife*** von vernichtenden internen Kämpfen zerrissen; **~ feuds** interne Fehden; **~ struggle** mörderischer Kampf; **~ war** [*or* **warfare**] gegenseitiger Vernichtungskrieg
internee [ˌɪntɜːˈni, AM -tɜːr-] *n* Internierte(r) *f(m)*
Internet [ˈɪntənet, AM -t̬ɚ-] **I.** *n* Internet *nt;* **to**

browse [*or* **cruise**] **the** ~ im [*o* durchs] Internet surfen; **on the** ~ im Internet

II. *n modifier* (*advertising, company, access*) Internet-; ~ **cafe** Internet-Cafe *nt;* **the** ~ **community** die Internetgemeinde; ~ **pioneer** Pionier(in) *m(f)* des Internets; ~ **provider** Internet-Anbieter *m,* Internet-Provider *m;* ~ **surfing** Surfen *nt* im Internet; ~ **surfer** Internet-Surfer(in) *m(f)*

Internet directory *n* Webverzeichnis *nt* **Internet-enabled** [-ˈeɪb|d] *adj* internetfähig **Internet Hotel** *n* BRIT Colocation Provider *m fachspr,* Serverhousing *nt fachspr* (*Rechenzentrum, das unter strengen Sicherheitsvorkehrungen gegen Miete Server beheimatet*) **Internet retailer** *n* Internethändler *m,* Internetvertriebsunternehmen *nt*

internist [ˈɪntɜ:nɪst] *n* AM Internist(in) *m(f),* Facharzt, Fachärztin *m, f* für innere Medizin

internment [ɪnˈtɜ:nmənt, AM -ˈtɜ:rn-] *n no pl* Internierung *f;* ~ **without trial** Inhaftierung *f* ohne Prozess

internment camp *n* Internierungslager *nt*

internship [ˈɪntɜ:rnʃɪp] *n* AM Praktikum *nt;* MED Medizinalpraktikum *nt;* **summer** ~ Ferienpraktikum *nt*

inter-office [ˌɪnt̬ɚˈɑ:fɪs] *adj attr, inv* AM innerbetrieblich; ~ **memo** innerbetriebliche Mitteilung

interoperation *n* Interoperabilität *f;* ~ **of electronic payment systems** Interoperabilität *f* der Systeme zur elektronischen Zahlung

interpellation [ɪnˌtɜ:pəˈleɪʃᵊn, AM ˌɪnt̬ɚpə-] *n* POL Interpellation *f fachspr*

interpenetrate [ˌɪntəˈpenɪtreɪt, AM -t̬ɚˈ-] **I.** *vi* sich *akk* durchdringen

II. *vt* ■**to** ~ **sth** etw durchdringen

interpersonal [ˌɪntəˈpɜ:sᵊnᵊl, AM -t̬ɚˈpɜ:r-] *adj inv* zwischenmenschlich; ~ **relationships** zwischenmenschliche Beziehungen; ~ **skills** soziale Kompetenz; ~ **training** Praxis *f* im Umgang mit Menschen

interplanetary [ˌɪntəˈplænɪtᵊri, AM -t̬ɚˈplænəteri] *adj attr, inv* interplanetarisch

interplay [ˈɪntəpleɪ, AM -t̬ɚ-] *n no pl of forces, factors* Zusammenspiel *nt* (**of** von +*dat*), Wechselwirkung *f* (**between** zwischen +*dat*)

Interpol [ˈɪntəpɒl, AM -t̬ɚpɑ:l] *n no art* Interpol *f*

interpolate [ɪnˈtɜ:pəleɪt, AM -ˈtɜ:r-] *vt* (*form*) ■**to** ~ **sth** etw einfügen; (*allow to influence*) *opinion etc* etw einfließen lassen; ■**to** ~ **[that]** … einwerfen, dass …; **to** ~ **a remark** etw einwerfen

interpolation [ɪnˌtɜ:pəˈleɪʃᵊn, AM -ˌtɜ:r-] *n* (*form*)
❶ (*remark*) Einwurf *m;* (*adding words*) Einwerfen *nt;* (*in text*) Einfügung *f,* Interpolation *f fachspr*
❷ *no pl* (*insertion*) Eindringen *nt;* (*influence*) Einflussnahme *f*
❸ COMPUT Interpolation *f*

interpose [ˌɪntəˈpəʊz, AM -t̬ɚˈpoʊz] **I.** *vt* (*form*)
❶ (*insert*) ■**to** ~ **sth** etw dazwischenbringen; ■**to** ~ **oneself between sb** sich *akk* zwischen jdn stellen
❷ (*esp liter: interrupt*) ■**to** ~ **sth** etw einwerfen; ■**to** ~ **that** … einwerfen, dass …; ***…, he ~d …,*** warf er ein

II. *vi* eingreifen, sich *akk* einschalten

interposition [ˌɪntəpəˈzɪʃᵊn, AM -t̬ɚ-] *n* (*form: active intervention*) Eingreifen *nt;* (*order to intervene*) Einschalten *nt*

interpret [ɪnˈtɜ:prɪt, AM -ˈtɜ:rprət] **I.** *vt* ■**to** ~ **sth**
❶ (*explain*) etw deuten [*o* interpretieren]; (*understand, take as meaning*) etw auslegen; ***the X-ray was ~ed as showing no breakages*** auf dem Röntgenbild waren keine Brüche zu erkennen; **to** ~ **a dream/the facts** einen Traum/die Fakten deuten; **to** ~ **a law** ein Gesetz auslegen; ~ **a poem** ein Gedicht vortragen; **to** ~ **a text** einen Text interpretieren
❷ (*perform*) etw wiedergeben; ***the plays need to be ~ed in a modern style*** die Stücke müssen zeitgemäß inszeniert werden; **to** ~ **a role** eine Rolle auslegen
❸ (*translate*) etw dolmetschen

II. *vi* dolmetschen

interpretation [ɪnˌtɜ:prɪˈteɪʃᵊn, AM -ˌtɜ:rprə-] *n*
❶ (*explanation*) Interpretation *f; of rules etc* Auslegung *f; of dream* Deutung *f;* **literal** ~ wörtliche Auslegung; **to be open to** ~ Interpretationssache sein; **to put an** ~ **on sth** etw deuten; ***he put quite a different ~ on their motives*** er hatte eine ganz andere Sicht ihrer Beweggründe
❷ THEAT, LIT Interpretation *f*

interpretative [ɪnˈtɜ:prɪtətɪv, AM -ˈtɜ:rprəteɪt̬ɪv] *adj* (*form*) erklärend, interpretierend; ~ **attempt** Erklärungsversuch *m*

interpretative code *n* COMPUT Interpretiercode *m*

interpretative program *n* COMPUT Interpretierprogramm *nt*

interpreter [ɪnˈtɜ:prɪtəʳ, AM -ˈtɜ:rprət̬ɚ] *n* ❶ LIT, THEAT Interpret(in) *m(f)*
❷ (*oral translator*) Dolmetscher(in) *m(f);* **to speak through an** ~ sich *akk* über einen Dolmetscher verständigen
❸ COMPUT Interpretierer *m fachspr,* Interpreter *m fachspr*

interpreting [ɪnˈtɜ:prɪtɪŋ, AM -ˈtɜ:rprət̬-] *n no pl* Dolmetschen *nt*

interpretive [ɪnˈtɜ:prɪtɪv, AM -ˈtɜ:rprət̬ɪv] *adj* erklärend, interpretierend; *see also* **interpretative**

interracial [ˌɪntəˈreɪʃᵊl, AM -t̬ɚˈ-] *adj inv* zwischen verschiedenen Rassen *nach n;* ~ **hatred and violence** Hass *m* und Gewalt zwischen den Rassen; ~ **marriage** gemischtrassige Ehe[schließung]

Inter-Rail® [ˈɪntəreɪl, AM -t̬ɚˈ-] **I.** *n* Interrail *nt;* **to travel Europe by** ~ per Interrail durch Europa reisen

II. *vi* Interrail machen; **to go ~ing** Interrail machen

interregna [ˌɪntəˈregnə, AM -t̬ɚˈ-] *n pl of* **interregnum**

interregnum <*pl* -s *or* -na> [ˌɪntəˈregnəm, AM -t̬ɚˈ-, *pl* -nə] *n* POL (*form*) Interregnum *nt fachspr;* ***after a brief ~, a new president was installed*** nach einer kurzen Übergangszeit wurde ein neuer Präsident gewählt

interrelate [ˌɪntərɪˈleɪt, AM -t̬ɚriˈ-] **I.** *vi* zueinander in Beziehung stehen, miteinander zusammenhängen

II. *vt* ■**to** ~ **sth** etw verbinden

interrelated [ˌɪntərɪˈleɪtɪd, AM -t̬ɚriˈ-] *adj inv* in einer Wechselbeziehung stehend *attr,* zusammenhängend *attr;* ~ **problems** miteinander zusammenhängende Probleme; ■**to be** ~ **with sth** mit etw *dat* zusammenhängen

interrelation [ˌɪntərɪˈleɪʃᵊn, AM -t̬ɚriˈ-] *n,* **interrelationship** [ˌɪntərɪˈleɪʃᵊnʃɪp, AM -t̬ɚriˈ-] *n* Wechselbeziehung *f,* Zusammenhang *m*

interrogate [ɪnˈterəgeɪt] *vt* ❶ (*cross-question*) ■**to** ~ **sb** jdn verhören [*o* vernehmen]
❷ (*obtain data*) **to** ~ **a computer database** Daten abfragen

interrogation [ɪnˌterəˈgeɪʃᵊn] *n* ❶ (*being asked questions*) Verhör *nt,* Vernehmung *f;* **to take sb for** ~ jdn verhören [*o* vernehmen]
❷ COMPUT [Ab]frage *f*

interrogation chamber *n* Verhörzimmer *nt,* Vernehmungszimmer *nt*

interrogation mark *n,* **interrogation point** *n* Fragezeichen *nt*

interrogative [ˌɪntəˈrɒgətɪv, AM -t̬ɚˈrɑ:gət̬ɪv] **I.** *n* LING Interrogativ *nt fachspr;* ■**the** ~ das Interrogativum *fachspr*

II. *adj* ❶ (*liter: questioning*) fragend *attr;* ***the ~ expression on her face*** ihr fragender Gesichtsausdruck
❷ (*word type*) interrogativ *fachspr,* Frage-; ~ **pronoun** Interrogativpronomen *nt fachspr,* Frage[für]wort *nt*

interrogatively [ˌɪntəˈrɒgətɪvli, AM t̬ɚˈrɑ:gət̬ɪv-] *adv* fragend

interrogator [ɪnˈterəgeɪtəʳ, AM -ˈterəgeɪt̬ɚ] *n* Vernehmungsbeamte(r) *m,* Vernehmungsbeamte [*o* -in] *f;* **his/their** ~ die Person, die ihn/sie verhörte

interrogatories [ˌɪntəˈrɒgətᵊriz, AM -t̬ɚˈrɑ:gət̬ɔ:riz] *n pl* LAW schriftliche Beweisfragen (*die unter Eid zu beantworten sind*)

interrogatory [ˌɪntəˈrɒgətᵊri, AM -t̬ɚˈrɑ:gət̬ɔ:ri] *adj inv* fragend *attr*

interrupt [ˌɪntəˈrʌpt, AM -t̬ɚˈ-] **I.** *vt* ■**to** ~ **sb/sth** jdn/etw unterbrechen; (*rudely*) jdm ins Wort fallen; ***will you stop ~ing me!*** unterbrich mich nicht dauernd!; ***the doorbell ~ed his thoughts*** das Klingeln an der Tür riss ihn aus seinen Gedanken

II. *vi* unterbrechen, stören; SPORTS ***~ed by rain*** wegen der Regenfälle unterbrochen

III. *n* ❶ COMPUT (*stopping of transmission*) Unterbrechung *f*
❷ COMPUT (*signal*) Programmunterbrechung *f*

interrupter [ˌɪntəˈrʌptəʳ, AM -t̬ɚˈrʌptɚ] *n also* ELEC Unterbrecher *m*

interruption [ˌɪntəˈrʌpʃᵊn, AM -t̬ɚˈ-] *n* Unterbrechung *f;* ***there was almost no ~ to his rise to the top*** bei seinem Aufstieg an die Spitze hatte er kaum Hindernisse zu überwinden; ***blocked arteries cause ~s in the blood supply*** durch verstopfte Arterien wird die Blutversorgung gestört; **without** ~ ohne Unterbrechung

interscholastic [ˌɪnt̬ɚskəˈlæstɪk] *adj attr, inv* AM zwischen mehreren Schulen *nach n,* Schulen übergreifend

intersect [ˌɪntəˈsekt, AM -t̬ɚˈ-] **I.** *vt* ❶ (*divide*) ■**to** ~ **sth** etw durchziehen; **to** ~ **a line** MATH eine Linie schneiden
❷ TRANSP ■**to be ~ed by sth** *roads* etw kreuzen

II. *vi* sich *akk* schneiden; ***the bus routes ~ with the railway network*** die Buslinien sind an das Schienennetz angebunden; **~ing roads** [Straßen]kreuzungen *fpl*

intersection [ˌɪntəˈsekʃᵊn, AM ˈɪnt̬ɚˌsekʃᵊn] *n*
❶ (*crossing of lines*) Schnittpunkt *m*
❷ AM, AUS (*junction*) [Straßen]kreuzung *f*
❸ COMPUT UND-Funktion *f,* Schnittmenge *f*

intersperse [ˌɪntəˈspɜ:s, AM -t̬ɚˈspɜ:rs] *vt* ■**to** ~ **sth with sth** etw in etw *akk* einstreuen; ***periods of bright sunshine ~d with showers*** sonnige Abschnitte mit vereinzelten Regenschauern; **to be ~d throughout the text** über den ganzen Text verteilt sein

interstate [ˌɪnt̬ɚˈsteɪt] AM **I.** *adj attr, inv* zwischenstaatlich, zwischen einzelnen Staaten bestehend *attr;* ~ **banking** *Betreiben von Bankfilialen in mehreren Bundesstaaten der USA;* ~ **commerce** *Wirtschaftsverkehr zwischen den Einzelstaaten der USA;* ~ **highway** Bundesautobahn *f;* ~ **trade** zwischenstaatlicher Wirtschaftsverkehr [*o* Handel]

II. *n* [Bundes]autobahn *f*

interstate highway *n* AM [Bundes]autobahn *f*

interstellar [ˌɪntəˈsteləʳ, AM -t̬ɚˈstelɚ] *adj attr, inv* ASTRON interstellar *fachspr*

interstice [ɪnˈtɜ:stɪs, AM -ˈtɜ:r-] *n usu pl* (*form*) Zwischenraum *m,* Spalt *m;* (*between bricks*) Fuge *f;* (*in wall*) Riss *m*

intertextuality [ˌɪntəˈtekstjuˌælɪti, AM -t̬ɚˈtekstʃuˌ-] *n* LIT Intertextualität *f fachspr*

intertribal [ˌɪntəˈtraɪbᵊl, AM -ˌɪnt̬ɚ-] *adj inv* zwischen den Stämmen *nach n*

intertwine [ˌɪntəˈtwaɪn, AM -t̬ɚˈ] **I.** *vt usu passive* ■**to be ~d with sth** [miteinander] verflochten [*o* verschlungen] sein; *story lines, plots, destinies* miteinander verknüpft sein

II. *vi branches* sich [ineinander] verschlingen

interurban [ˌɪnt̬ɚˈɜ:rbᵊn] AM **I.** *adj* (*inter-city*) zwischen [den] Städten *nach n,* Städte verbindend; ~ **connection** Städteverbindung *f;* ~ **railroad** Intercity[zug]verkehr *m;* ~ **travel** Überlandverkehr *m*

II. *n* Überlandbahn *f*

interval [ˈɪntəvᵊl, AM -t̬ɚ-] *n* ❶ (*in space, time*) Abstand *m,* Zwischenraum *m,* Intervall *nt geh;* **to do sth at 15-second/five-minute ~s** etw alle 15 Sekunden/fünf Minuten tun; **at regular ~s** in regelmäßigen Abständen
❷ METEO Abschnitt *m;* **with sunny ~s** mit sonnigen Abschnitten
❸ THEAT, MUS Pause *f;* MUS Intervall *nt*
❹ PHYS Interval *nt*

intervene [ˌɪntəˈvi:n, AM -t̬ɚˈ-] *vi* ❶ (*get involved*) einschreiten, intervenieren *geh;* ■**to** ~ **in sth** in etw *akk* eingreifen; **to** ~ **on sb's behalf** sich *akk* für jdn

einsetzen; **to ~ in a dispute** bei einem Streit einschreiten; **to ~ militarily** militärisch intervenieren
❷ (*interrupt verbally*) sich *akk* einmischen; ***"but it's true," he ~d*** „es stimmt aber", unterbrach er
❸ (*come to pass*) dazwischenkommen; ***winter ~d and ...*** dann kam der Winter und ...
❹ LAW (*become party to action*) einem Prozess beitreten

intervening [ˌɪntəˈviːnɪŋ, AM -t̬ɚ-] *adj attr, inv* dazwischenliegend *attr;* **in the ~ period** in der Zwischenzeit

intervention [ˌɪntəˈven(t)ʃᵊn, AM -t̬ɚ-] *n* Eingreifen *nt,* Intervention *f geh;* COMPUT Eingriff *m;* **military ~** militärische Intervention; **~ in the internal affairs of a country** Einmischung *f* in die inneren Angelegenheiten eines Landes

interventionism [ˌɪntəˈven(t)ʃᵊnɪzᵊm, AM -t̬ɚ-] *n no pl* POL Interventionismus *m fachspr*

interventionist [ˌɪntəˈventʃᵊnɪst, AM -t̬ɚ-] POL
I. *adj inv* interventionistisch *fachspr*
II. *n* Interventionist(in) *m(f) fachspr*

interview [ˈɪntəvjuː, AM -t̬ɚ-] I. *n* ❶ (*for job*) Vorstellungsgespräch *nt;* **to have a job ~** [*or* **an ~ for a job**] ein Vorstellungsgespräch haben
❷ (*with the media*) Interview *nt* (**with** mit +*dat*); **radio/television ~** Radio-/Fernsehinterview *nt;* **to give an ~** ein Interview geben
❸ (*formal talk*) Unterredung *f,* Gespräch *nt;* (*with police*) Aussage *f;* **telephone ~** Telefonbefragung *f*
II. *vt* ▪**to ~ sb** (*for job*) mit jdm ein Vorstellungsgespräch führen; **to be ~ed for a job** ein Vorstellungsgespräch haben; (*by reporter*) jdn interviewen; **to ~ sb on TV** ein Fernsehinterview mit jdm führen; *esp* BRIT (*by police*) jdn befragen; **to ~ a suspect** einen Verdächtigen vernehmen
III. *vi* (*for job*) ein Vorstellungsgespräch führen; *celebrity* ein Interview geben; **to ~ well/badly** bei einem Vorstellungsgespräch gut/schlecht abschneiden

interviewee [ˌɪntəvjuˈiː, AM -t̬ɚ-] *n* Interviewte(r) *f(m);* (*by police*) Befragte(r) *f(m);* **job ~** Kandidat(in) *m(f)*

interviewer [ˈɪntəvjuːəʳ, AM -t̬ɚ-] *n* (*reporter*) Interviewer(in) *m(f);* (*in job interview*) Leiter(in) *m(f)* des Vorstellungsgesprächs; **market research ~** Marktforscher(in) *m(f)*

interwar [ˌɪntəˈwɔːʳ, AM -t̬ɚˈwɔːr] *adj attr, inv* Zwischenkriegs-

interweave <-wove, -woven> [ˌɪntəˈwiːv, AM -t̬ɚ-] I. *vt* ▪**to ~ sth** etw [miteinander] verweben; (*fig*) etw [miteinander] vermischen [*o* vermengen]; ▪**to ~ sth with sth** *threads* etw mit etw *dat* verweben; (*fig*) etw mit etw *dat* vermischen
II. *vi branches* sich *akk* verschlingen

intestate [ɪnˈtesteɪt] *adj usu pred, inv* LAW ▪**to be ~** kein Testament besitzen; **to die ~** ohne Hinterlassung eines Testaments sterben

intestinal [ɪnˈtestɪnᵊl] *adj inv* MED Darm-, intestinal *fachspr;* **~ flora** Darmflora *f*

intestinal fortitude *n* AM (*approv*) innere Stärke

intestine [ɪnˈtestɪn] *n usu pl* MED Darm *m,* Gedärme *ntpl,* Eingeweide *nt*[*pl*]

intifadeh [ˌɪntɪˈfɑːdə] *n* Intifada *f* (*palästinensischer Widerstand in den von Israel besetzten Gebieten*)

intimacy [ˈɪntɪməsi, AM -t̬ə-] *n* ❶ *no pl* (*closeness, familiarity*) Intimität *f,* Vertrautheit *f;* (*euph: sexual*) Intimitäten *fpl;* ***~ between teachers and pupils*** eine [zu] enge Beziehung zwischen Lehrern und Schülern
❷ (*remarks*) ▪**intimacies** *pl* Intimitäten *fpl,* Vertraulichkeiten *fpl*
❸ (*knowledge*) Vertrautheit *f*

intimate¹ [ˈɪntɪmət, AM -t̬əmət] I. *adj* ❶ (*close*) eng, vertraut; **~ atmosphere** gemütliche Atmosphäre; **sb's ~ circle of friends** jds engster Freundeskreis; **~ friend** enger Freund/enge Freundin; **~ searches** [*or* **body search**] Leibesvisitation *f;* **to be on ~ terms with sb** zu jdm ein enges Verhältnis haben; (*euph: sexual*) intim; ***he got a bit too ~ with my wife*** seine Vertraulichkeiten mit meiner Frau gingen etwas zu weit; **~ relationship** intime Beziehung; ▪**to be ~ with sb** mit jdm intim sein
❷ (*very detailed*) gründlich, genau; ***she has an ~ knowledge of Tuscany*** sie kennt die Toskana wie ihre Westentasche; **to have an ~ understanding of sth** ein umfassendes Wissen über etw *akk* haben
❸ (*private, personal*) **sb's ~ involvement in sth** jds starkes persönliches Engagement für etw *akk;* **~ details** intime Einzelheiten
II. *n* ❶ (*person*) Vertraute(r) *f(m),* enger Freund/enge Freundin
❷ COMPUT hardwaregeeichte Software

intimate² [ˈɪntɪmeɪt, AM -t̬ə-] *vt* ▪**to ~ sth** etw andeuten [*o* zu verstehen geben]; **to ~ one's feelings** seine Gefühle verraten; ▪**to ~ [that] ...** andeuten [*o* zu verstehen geben, dass ...], dass ...

intimately [ˈɪntɪmətli, AM -t̬ə-] *adv* (*confidentially*) vertraulich; (*thoroughly*) gründlich, genau; **to be ~ acquainted with sb** mit jdm gut bekannt sein; **to be ~ connected to sth** mit etw *dat* eng verknüpft sein; **to be ~ involved in sth** maßgeblich an etw *dat* beteiligt sein; **to speak ~** in einem vertraulichen Ton sprechen

intimation [ˌɪntɪˈmeɪʃᵊn, AM -t̬ə-] *n* Anzeichen *nt,* Andeutung *f;* ***the pains were for him ~s of mortality*** durch die Schmerzen wurde ihm klar, dass auch er einmal sterben würde; ▪**to be an ~ of sth** ein Anzeichen für etw *akk* sein

intimidate [ɪnˈtɪmɪdeɪt] *vt* ▪**to ~ sb** jdn einschüchtern; ***I felt somewhat ~d by the amount of work*** bei diesem Arbeitspensum wurde mir doch etwas bange; ▪**to ~ sb into doing sth** jdn unter Druck setzen etw zu tun

intimidating [ɪnˈtɪmɪdeɪtɪŋ, AM -deɪt̬ɪŋ] *adj* beängstigend, bedrohlich; **~ array of weapons** beeindruckendes Waffenarsenal; **~ manner** einschüchternde Art

intimidation [ɪnˌtɪmɪˈdeɪʃᵊn] *n no pl* Einschüchterung *f;* ***there, the ~ of witnesses is a fact of life*** dort gehört es zum Alltag, dass Zeugen eingeschüchtert werden

intimidatory [ɪnˌtɪmɪˈdeɪtᵊri, AM -tɔːri] *adj* einschüchternd

into [ˈɪntə, -tu] *prep* ❶ (*movement to inside*) in +*akk;* ***let's go ~ town*** lass uns in die Stadt gehen; ***put the jar back ~ the cupboard*** stell' das Glas zurück in den Schrank; **to retreat ~ one's self** sich *akk* in sich *akk* selbst zurückziehen; **to put sth ~ place** etw auf/an seinen Platz stellen/legen
❷ (*movement toward*) in +*akk;* **to run** [*or* **bump**] **~ sb/sth** ***guess who I bumped ~ the other day*** rate mal, wem ich kürzlich über den Weg gelaufen bin; ***I ran ~ one today by chance so I bought it*** ich habe heute zufällig eines gesehen und da habe ich es gekauft; ***she looked ~ the mirror*** sie sah in den Spiegel
❸ (*through time of*) in +*akk;* ***sometimes we work late ~ the evening*** manchmal arbeiten wir bis spät in den Abend; ***production should continue ~ 1999*** die Produktion sollte bis ins Jahr 1999 andauern
❹ (*fam: interested in*) **to be ~ sth/sb** an etw/jdm interessiert sein; ***I'm ~ photography*** ich interessiere mich für Fotografie; ***she's really ~ her new job*** sie geht völlig in ihrer neuen Arbeit auf; ***what sort of music are you ~?*** auf welche Art von Musik stehst du?
❺ (*involved in*) in +*akk;* ***I'll look ~ the matter as soon as possible*** ich kümmere mich sobald als möglich um die Angelegenheit; ***don't delve ~ other people's problems unasked*** misch' dich nicht ungebeten in anderer Leute Probleme ein; ***he got ~ some trouble*** er bekam einige Schwierigkeiten; ***I've gotten ~ a difficult situation*** ich bin in eine schwierige Situation geraten; ***they decided to go ~ teaching*** sie beschlossen in den Lehrberuf zu gehen
❻ (*forced change to*) zu +*dat;* ***they tried to talk their father ~ buying them bikes*** sie versuchten ihren Vater dazu zu überreden, ihnen Fahrräder zu kaufen; ***the dog frightened her ~ running away*** der Hund machte ihr solche Angst, dass sie wegrannte
❼ (*transition to*) in +*akk;* ***her novels have been translated ~ nineteen languages*** ihre Romane sind in neunzehn Sprachen übersetzt worden; ***caterpillars metamorphose ~ butterflies*** Raupen verwandeln sich in Schmetterlinge
❽ (*fam: yell at*) **to lay** [*or* **tear**] **~ sb for sth** jdn wegen etw *dat* anschreien
❾ (*begin*) ***the crowd burst ~ screams*** die Menge brach in Geschrei aus; ***she burst ~ tears*** sie brach in Tränen aus
❿ FASHION (*wear*) **to get ~ sth** ***I can't get ~ these trousers anymore*** ich komme nicht mehr in diese Hose rein
⓫ FOOD, MATH (*make smaller*) ***chop it ~ small cubes*** schneide es in kleine Würfel; ***two goes ~ five two and a half times*** die Zwei geht zweieinhalb mal in die Fünf

intolerable [ɪnˈtɒlᵊrəbḷ, AM -ˈtɑːlɚ-] *adj* unerträglich; **an ~ place to live in** ein Ort, an dem das Leben unerträglich ist

intolerably [ɪnˈtɒlᵊrəbli, AM -ˈtɑːlɚ-] *adv* unerträglich

intolerance [ɪnˈtɒlᵊrᵊn(t)s, AM -ˈtɑːlɚ-] *n no pl*
❶ (*narrow-mindedness*) Intoleranz *f* (**of** gegenüber +*dat*)
❷ (*non-compatability*) Überempfindlichkeit *f;* MED Intoleranz *f* (**of** gegenüber +*dat*); **~ of alcohol** Alkoholunverträglichkeit *f*

intolerant [ɪnˈtɒlᵊrᵊnt, AM -ˈtɑːlɚ-] *adj* ❶ (*narrow-minded*) intolerant; **to be ~ of different opinions** abweichenden Meinungen gegenüber intolerant sein
❷ MED überempfindlich (**of** gegenüber +*dat*); **to be ~ of alcohol** keinen Alkohol vertragen

intolerantly [ɪnˈtɒlᵊrᵊntli, AM -ˈtɑːlɚ-] *adv* intolerant

intonation [ˌɪntə(ʊ)ˈneɪʃᵊn, AM -toʊ-] I. *n usu sing*
❶ LING Intonation *f fachspr,* Satzmelodie *f;* **to speak with a French ~** mit französischem Tonfall sprechen
❷ MUS Intonation *f*
II. *adj attr, inv* Intonations-; **~ pattern** Intonationsmuster *f*

intone [ɪnˈtəʊn, AM -ˈtoʊn] *vt* ▪**to ~ sth** etw intonieren *fachspr;* **to ~ the liturgy** die Liturgie psalmodieren

in toto [ɪnˈtəʊtəʊ, AM -ˈtoʊtoʊ] *adv inv* (*form*) im Ganzen, in Toto *geh*

intoxicant [ɪnˈtɒksɪkᵊnt, AM -ˈtɑːk-] *n* Rauschmittel *nt*

intoxicate [ɪnˈtɒksɪkeɪt, AM -ˈtɑːk-] I. *vi* eine berauschende Wirkung haben, berauschen *a. fig*
II. *vt* ▪**to ~ sb** ❶ (*cause drunkenness*) jdn betrunken machen; (*fig*) ***the idea ~d him*** die Idee begeisterte ihn
❷ (*poison*) jdn vergiften

intoxicated [ɪnˈtɒksɪkeɪtɪd, AM -ˈtɑːk-] *adj* ❶ (*by alcohol*) betrunken, alkoholisiert; ***she was charged with driving while ~*** sie wurde wegen Alkohols am Steuer angeklagt; ▪**to be ~ by sth** von etw *dat* betrunken sein *a. fig*
❷ (*fig: elated*) berauscht, begeistert

intoxicating [ɪnˈtɒksɪkeɪtɪŋ, AM -ˈtɑːksɪkeɪt̬-] *adj* berauschend *a. fig;* **~ drink** berauschendes Getränk

intoxicatingly [ɪnˈtɒksɪkeɪtɪŋli, AM -ˈtɑːksɪkeɪt̬-] *adv* ansteckend, berauschend

intoxication [ɪnˌtɒksɪˈkeɪʃᵊn, AM -ˌtɑːk-] *n no pl*
❶ (*from alcohol, excitement*) Rausch *m;* **in a state of ~** im Rausch, in betrunkenem Zustand; **~ of success** Euphorie *f* des Erfolgs
❷ MED Vergiftung *f,* Intoxikation *f fachspr*

intra- [ˌɪntrə] *in compounds* intra-

intractability [ɪnˌtræktəˈbɪləti, AM -əţi] *n no pl* Hartnäckigkeit *f,* Unnachgiebigkeit *f; of a conflict* Ausweglosigkeit *f; of a person* Sturheit *f*

intractable [ɪnˈtræktəbḷ] *adj* unbeugsam; *problem, partygoer* hartnäckig; *pupil* widerspenstig; *situation* verfahren

intractably [ɪnˈtræktəbli] *adv* ausweglos, unlösbar

intracutaneous [ˌɪntrəkju:ˈteɪniəs] *adj* MED in der Haut [gelegen], intrakutan *fachspr;* ~ **injection** intrakutane Injektion, Injektion *f* in die Haut

intramural [ˌɪntrəˈmjʊərəl, AM -ˈmjʊr-] *adj inv* innerhalb der Universität *nach n,* universitätsintern; ~ **contest** inneruniversitärer Wettstreit

intramuscular [ˌɪntrəˈmʌskjələʳ, AM -lɚ] *adj* MED intramuskulär; ~ **injection** Injektion *f* in den Muskel

Intranet [ˌɪntrəˈnet] *n* COMPUT Intranet *nt*

intransigence [ɪnˈtræn(t)sɪdʒən(t)s, AM -ˈtræn(t)sə-] *n no pl (form)* Unnachgiebigkeit *f*

intransigent [ɪnˈtræn(t)sɪdʒənt, AM -sə-] *adj (form) attitude* unnachgiebig; ~ **position** unversöhnliche Position

intransigently [ɪnˈtræn(t)sɪdʒəntli, AM -sə-] *adv (form)* unnachgiebig

intransitive [ɪnˈtræn(t)sətɪv, AM -t̬ɪv] LING **I.** *adj inv* intransitiv; ~ **verb** intransitives Verb
II. *n* Intransitivum *nt fachspr,* intransitives Verb

intransitively [ɪnˈtræn(t)sətɪvli, AM -t̬ɪvli] *adv inv* LING intransitiv

intra-uterine [ˌɪntrəˈju:tərɑɪn, AM -t̬ɚɪn] *adj inv* MED intrauterin

intra-uterine device *n* MED Intrauterinpessar *nt*

intravenous [ˌɪntrəˈvi:nəs] *adj inv* MED intravenös; ~ **feeding** intravenöse Ernährung

intravenously [ˌɪntrəˈvi:nəsli] *adv inv* intravenös

in-tray [ˈɪntreɪ] *n* Ablage *f* für Eingänge

intrepid [ɪnˈtrepɪd] *adj* unerschrocken, furchtlos

intrepidity [ˌɪntrəˈpɪdəti, AM -t̬i] *n no pl* Unerschrockenheit *f*

intrepidly [ɪnˈtrepɪdli] *adv* unerschrocken, kühn

intricacy [ˈɪntrɪkəsi] *n* ① *no pl (complexity)* Kompliziertheit *f;* **to increase the** ~ **of sth** etw noch komplizierter machen
② *(elaborateness)* ■**intricacies** *pl* Feinheiten *fpl*

intricate [ˈɪntrɪkət] *adj* kompliziert, komplex; ~ **plot** verschlungene Handlung; ~ **question** verzwickte Frage

intricately [ˈɪntrɪkətli] *adv* kompliziert

intrigue I. *vt* [ɪnˈtri:g] ■**to** ~ **sb** *(fascinate)* jdn faszinieren; *(arouse curiosity)* jdn neugierig machen; ***it always ~s me how …*** es gibt mir immer wieder Rätsel auf, wie …; ■**to be ~d by sth** von etw *dat* fasziniert sein
II. *vi* [ɪnˈtri:g] intrigieren
III. *n* [ˈɪntri:g] Intrige *f* (**against** gegen +*akk*); **political ~s** politische Machenschaften [*o* Intrigen]

intriguer [ɪnˈtri:gəʳ, AM ɚ] *n* Intrigant(in) *m(f) geh*

intriguing [ɪnˈtri:gɪŋ] *adj* faszinierend, interessant

intriguingly [ɪnˈtri:gɪŋli] *adv* faszinierend, interessant; ~, … interessanterweise …

intrinsic [ɪnˈtrɪn(t)sɪk] *adj* innewohnend, immanent *geh;* ~ **part** wesentlicher [*o* essenzieller] Bestandteil; ~ **value** innerer Wert

intrinsically [ɪnˈtrɪn(t)sɪkli] *adv* an sich; ***there's nothing ~ wrong with your idea*** an sich ist deine Idee nicht schlecht

intrinsic conductor *n* Eigenleiter *m*

intro [ɪntrə(ʊ), AM ɪntroʊ] *n short for* **introduction**
① MUS *(fam)* Intro *nt fachspr*
② *(present guests)* Vorstellung *f;* **to do the ~s** Leute einander vorstellen

introduce [ˌɪntrəˈdju:s, AM -ˈdu:s] *vt* ① *(acquaint)* ■**to** ~ **sb** [**to sb**] jdn [jdm] vorstellen; ***I'd like to ~ my son Mark*** ich möchte meinen Sohn Mark vorstellen; ***have you two been ~d?*** hat man euch beide schon bekannt gemacht?; ***I don't think we've been ~d yet*** ich glaube, wir kennen uns noch nicht; ***let*** [*or* ***allow***] ***me ~ myself*** darf ich mich vorstellen?; *(arouse interest)* ***when were you first ~d to sailing?*** wann hast du mit dem Segeln angefangen?
② *(bring in)* ■**to** ~ **sth** *fashion, reform, subject* etw einführen; ***you should try introducing a few jokes into your next speech*** du solltest in deine nächste Rede ein paar Witze einbauen; ***errors were ~d into the text at keyboarding*** bei der Eingabe des Textes schlichen sich Fehler ein; ***the tube is ~d into the abdomen*** MED die Röhre wird in den Unterleib eingeführt; **to** ~ **a bill** ein Gesetz einbringen; **to** ~ **controls on prizes/wages** Preis-/Lohnkontrollen einführen; **to** ~ **an era** eine Ära einleiten
③ *(announce)* ■**to** ~ **sth** etw vorstellen; MUS etw einleiten; **to** ~ **a programme** ein Programm ankündigen

introduction [ˌɪntrəˈdʌkʃən] *n* ① *(first contact)* Vorstellung *f,* Bekanntmachen *nt;* ***my next guest needs no ~*** meinen nächsten Gast brauche ich nicht vorstellen; ***his textbook would serve as an ~ to this subject*** sein Lehrbuch soll in diese Materie einführen; **sb's** ~ **to smoking/alcohol** jds erste Bekanntschaft mit dem Rauchen/Alkohol; **to do** [*or* **make**] **the ~s** Leute einander vorstellen; ***she performed the ~s*** sie machte alle miteinander bekannt
② *(establishment)* Einführung *f;* ~ **into the market** Markteinführung *f*
③ STOCKEX [Börsen]einführung *f*
④ MED *(insertion)* Einführen *nt*
⑤ *(preface)* Einleitung *f,* Vorwort *nt;* MUS Einleitung *f*

introduction price *n* COMM Einführungskurs *m*

introductory [ˌɪntrəˈdʌktəri] *adj inv* ① *(preliminary)* vorbereitend, einleitend; ~ **chapter** Einleitung *f;* ~ **remarks** einleitende Worte
② *(inaugural/starting)* einführend; ~ **fee/price** Einführungsgebühr *f*/-preis *m*

introductory course *n* Einführungskurs *m*

introductory offer *n* Einführungsangebot *nt*

introspection [ˌɪntrə(ʊ)ˈspekʃən, AM -troʊˈ-] *n no pl* Selbstbeobachtung *f,* Introspektion *f geh*

introspective [ˌɪntrə(ʊ)ˈspektɪv, AM -troʊˈ-] *adj* verinnerlicht, nach innen gerichtet, introspektiv *geh;* **to be in an** ~ **mood** gerade mit sich selbst beschäftigt sein

introspectively [ˌɪntrə(ʊ)ˈspektɪvli, AM -troʊˈ-] *adv* introspektiv *geh,* nach innen gerichtet

introversion [ˌɪntrə(ʊ)ˈvɜ:ʃən, AM -troʊˈvɜ:r-] *n no pl* Introvertiertheit *f,* Introversion *f fachspr*

introvert [ˌɪntrə(ʊ)ˈvɜ:t, AM -troʊˈvɜ:rt] *n* introvertierter Mensch

introverted [ˌɪntrə(ʊ)ˈvɜ:tɪd, AM -troʊˈvɜ:rt̬ɪd] *adj* introvertiert

intrude [ɪnˈtru:d] **I.** *vi* ① *(meddle)* stören; ■**to** ~ **into sth** sich *akk* in etw *akk* einmischen
② *(unwelcome presence)* ***am I intruding?*** störe ich gerade?; ■**to** ~ **into sth** in etw *akk* eindringen; ***inefficiency has ~d into every area*** in allen Bereichen breitete sich Ineffizienz aus; **to** ~ **on sb's grief** jdn in seiner Trauer stören; ■**to** ~ **on sb's privacy** in jds Privatsphäre eindringen; **to** ~ **on sb's thoughts** jdn bei seinen Gedanken stören
II. *vt* ■**to** ~ **sth** etw einbringen; ■**to** ~ **oneself upon sb** sich *akk* jdm aufdrängen

intruder [ɪnˈtru:dəʳ, AM -ɚ] *n* ① *(unwelcome visitor)* Eindringling *m; (thief)* Einbrecher(in) *m(f)*
② COMPUT Eindringling *m*

intrusion [ɪnˈtru:ʒən] *n (interruption)* Störung *f; (encroachment)* Verletzung *f;* GEOL Intrusion *f fachspr;* MIL Einmarsch *m;* ~ **into sb's personal affairs** Eingriff *m* in jds Privatleben; **increased state** ~ zunehmende Einmischung durch den Staat; **to be a welcome** ~ eine willkommene Unterbrechung darstellen

intrusive [ɪnˈtru:sɪv] *adj (pej) person, question* aufdringlich *pej;* GEOL intrusiv *fachspr*

intuit [ɪnˈtju:ɪt, AM -ˈtu:-] *vt* ■**to** ~ **sth** etw intuitiv erfassen; ■**to** ~ **that …** intuitiv wissen, dass …

intuition [ˌɪntju'ɪʃən, AM -tu'-] *n* Intuition *f;* ***my own ~ is that …*** aus dem Bauch heraus würde ich sagen, dass …; ***I just had an ~ that …*** ich hatte einfach die Eingebung, dass …; **to base one's judgement on** ~ intuitiv entscheiden; ■**~s** *pl* [Vor]ahnungen *fpl*

intuitive [ɪnˈtju:ɪtɪv, AM -ˈtu:ɪt̬-] *adj* intuitiv; ~ **approach** gefühlsmäßiger [*o* intuitiver] Ansatz; ~ **grasp** instinktives Verständnis

intuitively [ɪnˈtju:ɪtɪvli, AM -ˈtu:ɪt̬ɪvli] *adv* intuitiv, gefühlsmäßig

Inuit <*pl* -s *or* -> [ˈɪnuɪt] *n* Inuit *pl*

inundate [ˈɪnʌndeɪt, AM -ən-] *vt* ■**to** ~ **sth** etw überschwemmen [*o* überfluten]; *(fig)* ■**to be ~d with sth** mit etw *dat* überschwemmt werden; ***we're ~d with work at the moment*** zur Zeit ersticken wir fast in Arbeit

inundation [ˌɪnʌnˈdeɪʃən, AM -ənˈ-] *n no pl (form)* Überschwemmung *f,* Überflutung *f; (with work)* Überhäufung *f*

inure [ɪˈnjʊəʳ, AM -ˈnjʊr] *(form)* **I.** *vi* LAW in Kraft treten
II. *vt* ■**to** ~ **sb to sth** jdn an etw *akk* gewöhnen; ■**to** ~ **sb to** [*or* **against**] **sth** jdn gegen etw *akk* abhärten; ■**to be ~d to sth** gegen etw *akk* abgehärtet sein; ***they became ~d to the hardships*** sie gewöhnten sich an die Entbehrungen

in utero [ɪnˈju:tərəʊ, AM -t̬ɚoʊ] *adv inv* intrauterin *fachspr*

invade [ɪnˈveɪd] **I.** *vt* ① *(occupy)* **to** ~ **a country** in ein Land einmarschieren; ***the squatters ~d the house*** die Hausbesetzer drangen in das Gebäude ein; **invading bacteria** MED eindringende Bakterien
② *(fig: violate)* **to** ~ **the peace** den Frieden verletzen; **to** ~ **sb's privacy** jds Privatsphäre verletzen
II. *vi* einfallen, einmarschieren

invader [ɪnˈveɪdəʳ, AM -ɚ] *n* MIL Angreifer(in) *m(f),* Invasor *m fachspr; (fig: unwelcome presence)* Eindringling *m*

invalid¹ [ˈɪnvəlɪd] **I.** *n (requiring long-term care)* Invalide(r) *m(f);* **to treat sb like an** ~ jdn wie einen Schwerbehinderten behandeln
II. *adj* invalide, körperbehindert; ~ **chair** Rollstuhl *m;* **sb's** ~ **mother** jds gebrechliche Mutter
III. *vt* ① *(injure)* ■**to** ~ **sb** jdn zum Invaliden machen
② *usu passive* BRIT **to be ~ed out of the army** wegen Dienstuntauglichkeit aus dem Militärdienst entlassen werden

invalid² [ɪnˈvælɪd] *adj inv (not legally binding)* ungültig, unwirksam; COMPUT ungültig; **legally** ~ rechtsunwirksam; *(unsound)* nicht stichhaltig [*o* triftig]; *theory* nicht begründet; **technically** ~ technisch nicht zulässig

invalidate [ɪnˈvælɪdeɪt] *vt* ■**to** ~ **sth** etw unwirksam machen; LAW etw für nichtig erklären; **to** ~ **an argument** ein Argument widerlegen; **to** ~ **a ballot** eine Wahl für ungültig erklären; **to** ~ **criticisms** Kritik entkräften; **to** ~ **a decision** eine Entscheidung außer Kraft setzen; **to** ~ **a judgement** ein Urteil aufheben; **to** ~ **results** Ergebnisse annullieren; **to** ~ **a theory** eine Theorie entkräftigen

invalidation [ɪnˌvælɪˈdeɪʃən] *n no pl (nullification)* Ungültigkeitserklärung *f; (not legally binding)* Nichtigkeitsurteil *f;* ~ **of a decision** Aufhebung *f* einer Entscheidung; ~ **of a verdict** Außerkraftsetzung *f* [*o* Aufhebung *f*] eines Urteils; ~ **of results** Annullierung *f* von Ergebnissen

invalidism [ˈɪnvəlɪdɪzəm] *n no pl* AM MED Invalidität *f*

invalidity [ˌɪnˈvəlɪdəti, AM -ət̬i] *n* ① *(bedridden/convalescent)* Invalidität *f*
② *(unsound argument)* [Rechts]ungültigkeit *f*
③ *(not legally binding)* ~ **of a contract** Nichtigkeit *f* eines Vertrags; ~ **of a piece of evidence** Unzulässigkeit *f* eines Beweismittels; ~ **of a theory** mangelnde Schlüssigkeit einer Theorie

invalidity allowance *n* BRIT Pflegegeld *nt* **invalidity benefit** *n* BRIT Leistung *f* bei Invalidität **invalidity pension** *n* BRIT Frührente *f* [wegen Arbeitsunfähigkeit], Invalidenrente *f* SCHWEIZ *veraltet*

invalidly [ɪnˈvælɪdli] *adv inv* fälschlich; LAW nicht ordnungsgemäß

invaluable [ɪnˈvæljuəbl̩] *adj inv advice, help* unbezahlbar; ~ **source of information** unverzichtbare Informationsquelle; **to prove** ~ **to sb** sich *akk* für jdn als außerordentlich wertvoll erweisen; ■**to be** ~ **to sb** für jdn von unschätzbarem Wert sein

invariable [ɪnˈveəriəbl̩, AM -ˈveri-] **I.** *adj inv* unveränderlich, gleichbleibend; ***the menu is ~*** die Speisekarte ändert sich nie; ~ **bad luck** ständiges Pech
II. *n* ① LING *Substantiv, bei dem Singular und Plural gleich sind*
② MATH Konstante *f*

I

invariably [ɪnˈveəriəbli, AM -ˈveri-] *adv inv* ausnahmslos, immer

invariant [ɪnˈveəriənt, AM ˈveri] *adj inv* invariabel, unveränderlich

invasion [ɪnˈveɪʒᵊn] *n* ❶ MIL Invasion *f*, Eindringen *nt*; ~ **by enemy forces** Einmarsch *m* von feindlichen Truppen; ~ **of a territory** Einfall *m* in ein Gebiet
❷ *(interference)* Eindringen *nt kein pl;* ECON *(expansion)* Ausbreitung *f;* ~ **of privacy** Eingriff *m* in die Intimsphäre

invasive [ɪnˈveɪsɪv, AM -zɪv] *adj* MIL Invasions-; *(intrusive)* aufdringlich *pej;* BOT wuchernd; MED invasiv, Invasiv-

invective [ɪnˈvektɪv] *n no pl (form)* Beschimpfungen *fpl*, Schmähungen *fpl geh;* **a stream** [*or* **torrent**] **of** ~ ein Schwall von Beschimpfungen

inveigh [ɪnˈveɪ] *vt (form)* ■**to** ~ **against sb/sth** sich *akk* über jdn/etw empören; **to** ~ **against immigrants** gegen Immigranten hetzen; **to** ~ **against the press** über die Presse herziehen

inveigle [ɪnˈveɪgl] *vt (form)* ■**to** ~ **sb** jdn verlocken [*o geh* verleiten] (**into** zu +*dat*); ■**to** ~ **sb into doing sth** jdn verlocken [*o geh* verleiten], etw zu tun

invent [ɪnˈvent] *vt* ■**to** ~ **sth** ❶ *(create)* etw erfinden
❷ *(usu pej: fabricate)* etw erdichten, sich *dat* etw ausdenken; **to** ~ **an excuse** sich *dat* eine Ausrede ausdenken

invention [ɪnˈven(t)ʃᵊn] *n* ❶ *(creation)* Erfindung *f*
❷ *no pl (creativity)* [schöpferische] Fantasie, Einfallsreichtum *m;* **power**[**s**] **of** ~ Erfindungsgabe *f*
❸ *(usu pej: fabrication)* Erfindung *f*, Märchen *nt;* **pure** ~ reine Erfindung

inventive [ɪnˈventɪv] *adj (approv) novel, design* erfinderisch, einfallsreich; *powers, skills* schöpferisch; ~ **design** originelles Design; ~ **illustration** fantasievolle Illustration; ~ **mind** erfinderischer [*o* schöpferischer] Geist, findiger Kopf *fam;* ~ **person** einfallsreicher Mensch; ~ **radio play** geistreiches Hörspiel

inventively [ɪnˈventɪvli] *adv (approv)* kreativ *geh*, fantasievoll; ~ **written article** geistreich geschriebener Artikel; ~ **designed pavilion** fantasievoll gestalteter Pavillon; ~ **analysed problem** kreativ analysiertes Problem

inventiveness [ɪnˈventɪvnəs] *n no pl* Erfindungsgabe *f*, Einfallsreichtum *m*

inventor [ɪnˈventəʳ, AM -ɚ] *n* Erfinder(in) *m(f)*

inventory [ˈɪnvᵊntri, AM -tɔːri] **I.** *n* ❶ ECON *(catalogue)* Inventar *nt*, Bestandsliste *f*, Lagerverzeichnis *nt fachspr;* **to draw up** [*or* **take**] **an** ~ eine Bestandsliste aufstellen, Bestand [*o* Inventar] aufnehmen
❷ AM ECON *(stock)* [Lager]bestand *m*, [Waren]bestand *m*, Bestände *mpl fachspr;* ***our*** ~ ***of used cars is the best*** wir haben das beste Angebot an Gebrauchtwagen
❸ ECON *(stock counting)* Inventur *f*, Bestandsaufnahme *f fachspr;* **to take** ~ Inventur machen
II. *n modifier* Bestands-; ~ **audit** Bestandsprüfung *f;* ~ **card** Bestandskarte *f*, Lagerkarte *f;* ~ **item/number** Inventarposten *m*/-nummer *f;* ~ **level** Lagerbestand *m;* ~ **liquidation** Lagerabbau *m;* ~ **period** Inventarfrist *f;* ~ **register** Inventurbuch *nt;* ~ **shrinkage** Bestandsverlust *m;* ~ **turnover** Lagerumschlag *m;* ~ **valuation** Inventurbewertung *f;* ~ **variation** Inventurabweichung *f*
III. *vt* ECON ■**to** ~ **sth** inventarisieren

inventory control *n* AM *(stock control)* Lagersteuerung *f*

inverse [ɪnˈvɜːs, AM -ˈvɜːrs] **I.** *adj attr, inv* umgekehrt, entgegengesetzt; ~ **function** MATH Umkehrfunktion *f*, inverse Funktion *fachspr;* ~ **order** umgekehrte Reihenfolge; **to be in** ~ **proportion** [*or* **relation**] **to sth** im umgekehrten Verhältnis zu etw *dat* stehen, umgekehrt proportional zu etw *dat* sein; ~ **ratio** umgekehrtes Verhältnis
II. *n no pl* Umkehrung *f*, Gegenteil *nt*

inversely [ɪnˈvɜːsli, AM -ˈvɜːr-] *adv* umgekehrt; **to be** ~ **proportional** [*or* **related**] **to sth** umgekehrt proportional zu etw *dat* sein

inversion [ɪnˈvɜːʃən, AM -ˈvɜːrʒən] *n no pl (form)* Umkehrung *f;* LING, MATH, MUS, COMPUT Inversion *f fachspr;* ~ **of the facts** Verdrehung *f* der Tatsachen

invert [ɪnˈvɜːt, AM -ˈvɜːrt] *vt (form)* ■**to** ~ **sth** etw umkehren [*o* umdrehen]; **to** ~ **the order** die Reihenfolge umkehren

invertebrate [ɪnˈvɜːtɪbreɪt, AM -ˈvɜːrţəbrɪt] **I.** *n* ❶ ZOOL *(animal)* wirbelloses Tier, Invertebrat *m fachspr*
❷ *(fig: person)* charakterloser Mensch, ein Mensch *m* ohne Rückgrat
II. *adj* ❶ ZOOL *(with no backbone)* wirbellos
❷ *(fig pej: weak)* charakterlos, rückgratlos

inverted comma *n* BRIT Anführungszeichen *nt;* **single/double** ~**s** einfache/doppelte Anführungszeichen; **in** ~**s** in Anführungszeichen **inverted snob** *n esp* BRIT Snob *m* im Proletariergewand **inverted snobbery** *n esp* BRIT Snobismus *m* im Proletariergewand *pej*

invest [ɪnˈvest] **I.** *vt* ❶ FIN *(put to use)* ■**to** ~ **sth** [**in sth**] etw [in etw *akk*] investieren; **to** ~ **money** Geld anlegen; **to** ~ **time and effort in sth** Zeit und Mühe in etw *akk* investieren
❷ *(form: install)* ■**to** ~ **sb** jdn [in Amt und Würden] einsetzen *form*
❸ *(form: furnish)* **to** ~ **sb with an order** jdm einen Orden verleihen *form;* **to** ~ **sb with** [**full**] **authority** [*or* **powers**] jdn bevollmächtigen [*o* mit Vollmacht ausstatten] *form;* **to** ~ **sth with importance** etw *dat* Bedeutung verleihen; **to** ~ **sb with rights** jdm Rechte übertragen *form*
II. *vi* ■**to** ~ **in sth** [sein Geld] in etw *akk* investieren [*o* anlegen]; **to** ~ **in a new washing machine** sich *dat* eine neue Waschmaschine zulegen

investigate [ɪnˈvestɪgeɪt] *vt* ■**to** ~ **sth** etw untersuchen [*o* [über]prüfen]; *evidence, clues* etw *dat* nachgehen; ***police are investigating allegations of corruption*** die Polizei geht Korruptionsvorwürfen nach; **to** ~ **a case** LAW einen Fall untersuchen, in einem Fall ermitteln; **to** ~ **connections/methods** Zusammenhänge/Methoden erforschen; **to** ~ **a crime** ein Verbrechen untersuchen; **to** ~ **a subject** ein Thema untersuchen [*o geh* recherchieren]

investigation [ɪnˌvestɪˈgeɪʃᵊn] *n* Untersuchung *f; of an affair* [Über]prüfung *f;* *(by police)* Ermittlung *f;* *(looking for sth)* Nachforschung *f;* ***the*** ~ ***concluded that …*** die Nachforschungen ergaben, dass …; ***currently the two drivers are under*** ~ gegen die beiden Fahrer wird derzeit ermittelt; **to be subject to** [*or* **under**] ~ untersucht [*o* überprüft] [*o geh* recherchiert] werden; **full** [*or* **thorough**] ~ umfassende Nachforschungen, gründliche Recherchen *geh;* **to carry out** [*or* **conduct**] ~**s** Untersuchungen durchführen; **to make an** ~ eine Prüfung vornehmen

investigative [ɪnˈvestɪgətɪv, AM -geɪţɪv] *adj* Forschungs-, Untersuchungs-, Ermittlungs-; **to take an** ~ **approach** durch Entdeckungen lernen; ~ **authority** Untersuchungsbehörde *f*, Ermittlungsbehörde *f;* ~ **committee** Untersuchungsausschuss *m*, Ermittlungsausschuss *m;* ~ **magistrate** Untersuchungsrichter(in) *m(f)*, Ermittlungsrichter(in) *m(f);* ~ **powers** Untersuchungsvollmachten *fpl;* ~ **report** Untersuchungsbericht *m;* ~ **results** Untersuchungsergebnisse *ntpl*, Forschungsergebnisse *ntpl*, Ermittlungsergebnisse *ntpl;* ~ **scientist** Forschungswissenschaftler(in) *m(f);* ~ **surgery** MED explorativer Eingriff *fachspr*

investigative journalism *n no pl* Enthüllungsjournalismus *m* **investigative journalist** *n* Enthüllungsjournalist(in) *m(f)*

investigator [ɪnˈvestɪgeɪtəʳ, AM -ţɚ] *n (form)* Ermittler(in) *m(f) form;* *(in pending proceedings)* Untersuchungsführer(in) *m(f)*, Untersuchungsbeamte(r) *m*, Untersuchungsbeamte [*o* -in] *f*, Ermittlungsbeamte(r) *m*, Ermittlungsbeamte [*o* -in] *f form;* *(in patent law)* Prüfer(in) *m(f) form*

investigatory [ɪnˈvestɪgətᵊri, AM -tɔːri] *adj (form)* Ermittlungs-, Untersuchungs-

investiture [ɪnˈvestɪtʃəʳ] *n* BRIT *(form)* [feierliche] Amtseinführung [*o* Einsetzung] *form;* ***his*** ~ ***as Prince of Wales*** seine Einsetzung in das Amt des Prince of Wales

investment [ɪnˈves(t)mənt] **I.** *n* ❶ *(act of investing)* Investierung *f*
❷ FIN *(instance of investing)* Investition *f*, [Kapital]anlage *f*, [Vermögens]anlage *f fachspr;* ***the company has made sizeable*** ~***s in recent years*** das Unternehmen hat in den letzten Jahren erhebliche Investitionen getätigt; ■~**s** *pl* Wertpapiere *ntpl fachspr;* **future** ~ Zukunftsinvestition *f;* **to be a good** ~ eine gute Kapitalanlage sein; **long-term** ~**s** langfristige Anlagen
❸ FIN *(share)* Einlage *f*, Beteiligung *f fachspr*
II. *n modifier* Anlage-, Investitions-, Investment-; ~ **account** Anlagekonto *nt;* ~ **adviser** Anlageberater(in) *m(f);* ~ **capital** Investitionskapital *nt;* ~ **certificate** Investmentzertifikat *nt;* ~ **company** Investmentgesellschaft *f*, Kapitalanlagegesellschaft *f;* ~ **financing** Investitionsfinanzierung *f;* ~ **income** Kapitalerträge *mpl;* ~ **policy/project** Investitionspolitik *f*/-vorhaben *nt;* ~ **portfolio** Wertpapierbestand *m;* ~ **rating/value** Anlagebewertung *f*/-wert *m;* ~ **securities** Anlagepapiere *ntpl*

investment analyst *n* FIN Anlageberater(in) *m(f)*, Vermögensberater(in) *m(f)* **investment bank** *n* AM FIN Investmentbank *f;* BRIT Emissionsbank *f* **investment banker** *n* FIN Bankier *m* im Investmentgeschäft *fachspr* **investment banking** *n no pl* FIN Investment-Banking *nt*, Bankgeschäft *nt* in Anlagewerten, Emissionsgeschäft *nt fachspr* **investment company** *n* Investmentgesellschaft *f* **investment consultant** *n see* **investment analyst** **investment fund** *n* FIN Investmentfonds *m*, Anlagefonds *m fachspr* **investment trust** *n* FIN Investmentgesellschaft *f*, Kapitalanlagegesellschaft *f fachspr*

investor [ɪnˈvestəʳ, AM -ɚ] *n* FIN [Kapital]anleger(in) *m(f)*, Investor(in) *m(f) fachspr;* **institutional** ~ institutioneller Anleger; **private** ~ Privatanleger(in) *m(f);* **small** ~**s** Kleinanleger(innen) *mpl(fpl)*

inveterate [ɪnˈvetᵊrət, AM -ţəət] *adj attr (usu pej) custom, prejudice* tief verankert; ~ **bachelor** eingefleischter Junggeselle; ~ **drinker** Gewohnheitstrinker(in) *m(f);* ~ **hatred** tief verwurzelter Hass; ~ **optimist** unverbesserlicher Optimist/unverbesserliche Optimistin; *disease, prejudice* hartnäckig; **an** ~ **evil** ein hartnäckiges Übel

invidious [ɪnˈvɪdiəs] *adj* ❶ *(unpleasant)* unerfreulich, unersprießlich *veraltend;* ***he considered his promotion to be an*** ~ ***honour*** er betrachtete seine Beförderung als zweifelhafte Ehre; ~ **incident** unangenehmer [*o* unerfreulicher] Vorfall; ~ **negotiations** unerfreuliche Verhandlungen; **to be in an** ~ **position** in einer unangenehmen [*o* unerfreulichen] Lage sein; ~ **task** undankbare Aufgabe
❷ *(discriminatory)* ungerecht, unfair; ~ **comparison** unpassender Vergleich
❸ *(offensive)* gehässig, boshaft; ~ **remark** gehässige [*o* boshafte] Bemerkung

invidiously [ɪnˈvɪdiəsli] *adv* ❶ *(unpleasantly)* unerfreulich
❷ *(discriminatorily)* unpassend; ***his comparisons were drawn*** ~ er wählte sehr unpassende Vergleiche
❸ *(offensively)* gehässig, boshaft; ~ **worded** boshaft formuliert

invidiousness [ɪnˈvɪdiəsnəs] *n no pl* ❶ *(unpleasantness)* Unerfreulichkeit *f;* **the** ~ **of a situation** das Unerfreuliche [*o* Unangenehme] an einer Situation
❷ *(unfairness)* Ungerechtigkeit *f*, Unangemessenheit *f*
❸ *(offensiveness)* Gehässigkeit *f*, Boshaftigkeit *f*

invigilate [ɪnˈvɪdʒəleɪt] *vt* BRIT, AUS SCH, UNIV **to** ~ **an examination** die Aufsicht bei einer Prüfung führen

invigilator [ɪnˈvɪdʒəleɪtəʳ] *n* BRIT, AUS SCH, UNIV Aufsicht *f*, Aufsichtsführende(r) *f(m)*

invigorate [ɪnˈvɪgᵊreɪt, AM -gər-] *vt* ■**to** ~ **sb/sth**

❶ (*make stronger*) jdn/etw stärken [*o* kräftigen]; **to ~ the body** den Körper stärken; **to ~ the muscles/heart** die Muskeln/das Herz kräftigen
❷ (*fig: stimulate*) jdn/etw beleben [*o* erfrischen] *fig;* ***a cup of coffee will ~ you*** eine Tasse Kaffee wird Sie beleben; ***she managed to ~ the sleepy class*** es gelang ihr, die müde Klasse aufzumuntern; **to ~ the economy** die Wirtschaft beleben [*o* ankurbeln]; **to ~ sb's imagination** jds Fantasie anregen

invigorating [ɪn'vɪgᵊreɪtɪŋ, AM -gəreɪṭ-] *adj* (*approv*) ❶ (*strengthening*) *medicine, sleep* stärkend; *climate, drink, food* kräftigend
❷ (*fig: stimulating*) belebend, erfrischend, anregend; **~ conversation** anregende Unterhaltung; **~ drink** belebendes Getränk; **~ walk** erfrischender Spaziergang

invincibility [ɪnˌvɪn(t)sə'bɪləti, AM -əṭi] *n no pl* ❶ (*imperviousness to defeat*) *of an army, team* Unbesiegbarkeit *f,* Unbezwingbarkeit *f,* Unüberwindlichkeit *f,* Unschlagbarkeit *f*
❷ (*insuperability*) *of difficulties, obstacles* Unüberwindlichkeit *f*
❸ (*absoluteness*) *of beliefs, will* Unerschütterlichkeit *f*
❹ (*unavoidability*) Unabänderlichkeit *f*

invincible [ɪn'vɪn(t)səbḷ] *adj* ❶ (*impossible to defeat*) *army, team* unbesiegbar, unbezwingbar, unschlagbar; **to look** [*or* **seem**] **~** unbesiegbar [*o* unschlagbar] erscheinen
❷ (*impossible to overcome*) unüberwindlich; **~ aversion/difficulties** unüberwindliche Abneigung/Schwierigkeiten
❸ (*absolute*) unerschütterlich; **~ belief** unerschütterlicher Glaube; **~ will** unerschütterlicher [*o* eiserner] Wille
❹ (*unavoidable*) unabänderlich; **~ ignorance** unabänderliche Unwissenheit

invincibly [ɪn'vɪn(t)səbli] *adv* ❶ (*extremely*) unschlagbar
❷ (*insuperably*) unüberwindlich
❸ (*firmly*) unerschütterlich

inviolability [ɪnˌvaɪələ'bɪləti, AM -əṭi] *n no pl* (*form*) ❶ (*unassailableness*) *of frontiers, rights* Unverletzlichkeit *f form; of principles, rights* Unantastbarkeit *f form*
❷ (*incorruptibility*) *of loyalty, secrecy* Unverbrüchlichkeit *f form; of conscience* Unbestechlichkeit *f*

inviolable [ɪn'vaɪələbḷ] *adj* (*form*) ❶ (*unassailable*) unverletzlich, unantastbar *form;* **~ border** unverletzliche Grenze; **~ rights** unverletzliche [*o* unantastbare] Rechte
❷ (*incorruptible*) *loyalty, secrecy* unverbrüchlich *form; conscience* unbestechlich

inviolate [ɪn'vaɪələt] *adj pred, inv* (*fig form*) ❶ (*intact*) *culture, landscape* unversehrt; ***the tomb lay ~ for centuries*** das Grab blieb jahrhundertelang unangetastet
❷ (*unbroken*) *agreement, treaty* ungebrochen *form;* **to keep an oath ~** einen Eid nicht brechen
❸ (*undisturbed*) *peace, quietude* ungestört

invisibility [ɪnˌvɪzə'bɪləti, AM -əṭi] *n no pl* ❶ (*to the eye*) Unsichtbarkeit *f*
❷ (*hiddenness*) Verborgenheit *f;* **the ~ of white-collar crime** die Anonymität der Wirtschaftskriminalität
❸ (*inconspicuousness*) Undeutlichkeit *f,* Unauffälligkeit *f;* ***the letters were small to the point of ~*** die Buchstaben waren nahezu unleserlich klein; ***the social ~ of middle-aged women*** die unauffällige gesellschaftliche Rolle der Frau mittleren Alters
❹ ECON, FIN (*intangibility*) *of a transaction* Unsichtbarkeit *f fachspr*

invisible [ɪn'vɪzəbḷ] *adj inv* ❶ (*to the eye*) unsichtbar; **~ to the naked eye** mit bloßem Auge nicht zu erkennen
❷ *usu attr* (*hidden*) verborgen, nicht sichtbar; **~ mending** Kunststopfen *nt*
❸ (*inconspicuous*) *contour, shape* undeutlich; *appearance* unauffällig, unscheinbar
❹ ECON, FIN (*intangible*) *transactions* unsichtbar *fachspr;* **~ assets** unsichtbare Vermögenswerte

invisible exports *npl* ECON unsichtbare Ausfuhren [*o* Exporte] *fachspr* **invisible ink** *n no pl* Geheimtinte *f;* **in ~** mit Geheimtinte geschrieben

invisibles *npl esp* BRIT ECON unsichtbare Ein- und Ausfuhren *fachspr*

invisibly [ɪn'vɪzəbli] *adv inv* ❶ (*indiscernibly*) unsichtbar; ***the repairs had been done almost ~*** von den Ausbesserungen war fast nichts zu sehen
❷ (*concealedly*) im Verborgenen; ***the animals were observing us ~ from the jungle*** die Tiere beobachteten uns im Verborgenen vom Dschungel aus

invitation [ˌɪnvɪ'teɪʃᵊn] *n* ❶ (*request to attend*) Einladung *f* (**to** zu +*dat*); **~ to tea** Einladung *f* zum Tee; **to have an open** [*or* **a standing**] **~** jederzeit willkommen sein; ***you have an open ~ to visit us*** unser Haus steht Ihnen jederzeit offen; **to accept/decline** [*or* **turn down**] **an ~** eine Einladung annehmen/ablehnen; **to receive an ~** eine Einladung erhalten; **by ~** [**only**] [nur] für geladene Gäste
❷ (*incitement*) Aufforderung *f* (**to** zu +*dat*); ***leaving your house unlocked is an open ~ to burglars*** ein unverschlossenes Haus ist eine Aufforderung an jeden Einbrecher
❸ (*opportunity*) Gelegenheit *f*
❹ ECON (*offer*) Ausschreibung *f fachspr*
❺ COMPUT Aufruf *m*

invitational [ˌɪnvɪ'teɪʃᵊnᵊl] AM **I.** *adj* ❶ (*provided on request*) **~ article** auf Anfrage geschriebener Artikel; **~ exhibit** auf Anfrage überlassenes Exponat
❷ (*exclusive*) Gast-, für geladene Gäste *nach n;* **~ art opening** Vernissage *f* für geladene Gäste; **~ basketball tournament** Basketball-Gastturnier *nt;* **~ track meet** Leichtathletik-Gastveranstaltung *f*
II. *n* Gastspiel *nt*

invite I. *n* ['ɪnvaɪt] (*fam*) Einladung *f* (**to** zu +*dat*)
II. *vt* [ɪn'vaɪt] ❶ (*ask to attend*) ■**to ~ sb** jdn einladen; ***I've ~d company for tonight*** ich habe für heute Abend Gäste eingeladen; **before an ~d audience** vor geladenen Gästen; **to ~ sb to dinner** jdn zum Essen einladen; **to ~ sb for talks** jdn zu Gesprächen einladen; ■**to ~ oneself** sich *akk* selbst einladen
❷ (*also form: request*) ■**to ~ sb to do sth** jdn auffordern [*o* bitten] [*o geh* ersuchen], etw zu tun; **to ~ donations** um Spenden ersuchen *geh*
❸ ECON (*solicit offer*) **to ~ applications** Stellen ausschreiben; **to ~ a bid** ein Angebot ausschreiben; **to ~ offers** zu Angeboten auffordern
❹ (*fig: provide opportunity*) ■**to ~ sth** etw herausfordern, [leicht] zu etw *dat* führen; **to ~ accidents** zu Unfällen führen; **to ~ criticism/protest** Kritik/Protest herausfordern; **to ~ a danger** eine Gefahr herausfordern [*o liter* heraufbeschwören]; **to ~ trouble** Unannehmlichkeiten hervorrufen
❺ (*fig: attract*) ■**to ~ sb to do sth** jdn verleiten [*o* [ver]locken], etw zu tun
◆**invite in** *vt* ■**to ~ in** ⇄ **sb** jdn hereinbitten; ***he ~d me in for a nightcap*** er bat mich auf einen Schlummertrunk herein
◆**invite out** *vt* ■**to ~ sb** ⇄ **out** [**for sth**] jdn [zu etw *dat*] einladen
◆**invite over,** BRIT *also* **invite round** *vt* **to ~ sb over** [*or* **round**] **to tea** jdn zum Tee einladen

inviting [ɪn'vaɪtɪŋ, AM -ṭ-] *adj* ❶ (*attractive*) *sight, weather* einladend; *appearance, fashion* ansprechend
❷ (*tempting*) *idea, prospect* verlockend; *gesture, smile* einladend; **~ look** einladender Blick; **an ~ offer** ein verlockendes Angebot

invitingly [ɪn'vaɪtɪŋli, AM -ṭ-] *adv* einladend, verlockend; **an ~ good offer** ein verlockend gutes Angebot; **an ~ blue sky** ein einladend blauer Himmel

in vitro [ɪn'viːtrəʊ, AM -oʊ] *inv* **I.** *adj* BIOL, SCI, ZOOL künstlich, In-vitro- *fachspr;* **~ experiments** Laborversuche *mpl*
II. *adv* künstlich, in vitro *fachspr*

in vitro fertilization *n no pl* MED künstliche Befruchtung, In-vitro-Fertilisation *f fachspr*

invocation [ˌɪnvə(ʊ)'keɪʃᵊn, AM -və'-] *n* ❶ (*form: supplication*) Anrufung *f;* **~ of** [*or* **to**] **the gods/Muses** Anrufung *f* der Götter/Musen
❷ REL (*prayer*) Bittgebet *nt fachspr*
❸ (*calling forth*) Beschwörung *f;* **the ~ of memories** die Beschwörung von Erinnerungen; **~ of spirits** Geisterbeschwörung *f*
❹ (*petition*) Erflehung *f,* flehentliche Bitte; **~ of help** flehentliche Bitte um Hilfe
❺ (*appeal*) Appell *m;* **~ of moral support** Appell *m* um moralische Unterstützung
❻ *no pl* (*reference*) Berufung *f;* ***~ of obscure rules*** eine Berufung auf unklare Bestimmungen

invoice ['ɪnvɔɪs] **I.** *vt* ECON ■**to ~ sb** jdm eine Rechnung ausstellen; ***all the parts need to be ~d*** alle Teile müssen berechnet werden; ■**to ~ sb for sth** [*or* **sth to sb**] jdm etw in Rechnung stellen; ■**to ~ sth** etw fakturieren
II. *n* ECON [Waren]rechnung *f,* Faktura *f fachspr* (**for** für +*akk*); **within thirty days of ~** innerhalb von dreißig Tagen nach Rechnungserhalt; **payable against ~** zahlbar bei Rechnungserhalt; **to make out an ~ of sth** eine Rechnung über etw *akk* ausstellen; **to submit an ~** eine Rechnung vorlegen [*o* einreichen]; **as per ~** laut Rechnung [*o fachspr* Faktura]

invoke [ɪn'vəʊk, AM -'voʊk] *vt* (*form*) ❶ (*call on*) **to ~ God's name** Gottes Namen anrufen
❷ (*call forth*) **to ~ memories** Erinnerungen [herauf]beschwören
❸ (*petition*) **to ~ God's blessing** Gottes Segen erflehen
❹ (*appeal to*) ■**to ~ sth** an etw *akk* appellieren; (*refer to*) sich *akk* auf etw *akk* berufen; **to ~ allegiance/morality** an die Treuepflicht/Moral appellieren
❺ COMPUT ■**to ~ sth** etw aufrufen

involuntarily [ɪn'vɒləntᵊrᵊli, AM -'vɑːlənter-] *adv inv* ❶ (*not by own choice*) unfreiwillig, gezwungenermaßen
❷ (*unintentionally*) unbeabsichtigt, unabsichtlich; ***he ~ glanced again at his watch*** wieder schaute er ungewollt auf die Uhr; **to cry/laugh ~** unwillkürlich [*o* ungewollt] weinen/lachen
❸ MED (*automatically*) unwillkürlich; **to blink ~** unwillkürlich blinzeln

involuntary [ɪn'vɒləntᵊri, AM -'vɑːlənteri] *adj inv* ❶ (*not by own choice*) unfreiwillig, gezwungen, erzwungen; **~ kindness** gezwungene Freundlichkeit; **~ loyalty** erzwungene Loyalität; **~ measure** unfreiwillige Maßnahme; **~ servitude** unfreiwillige Knechtschaft
❷ (*unintentional*) unabsichtlich, unbeabsichtigt; **~ criticism** unbeabsichtigte Kritik; **~ manslaughter** LAW fahrlässige Tötung *fachspr;* **~ movement** ungewollte Bewegung
❸ MED (*automatic*) unwillkürlich; **~ muscle contraction** unwillkürliche Muskelkontraktion *fachspr*

involve [ɪn'vɒlv, AM -'vɑːlv] *vt* ❶ (*concern, affect*) ■**to ~ sth/sb** etw/jdn betreffen; ***criminal law ~s acts which are considered harmful to society as a whole*** das Strafrecht beschäftigt sich mit Handlungen, die die ganze Gesellschaft beeinträchtigen; ***the accident ~d two cars*** an dem Unfall waren zwei Personenwagen beteiligt; ***the crime ~d two underage schoolgirls*** in das Verbrechen waren zwei minderjährige Schulmädchen verwickelt; ■**to ~ sb with sth** sich *akk* für etw *akk* engagieren
❷ (*include, incorporate*) ■**to ~ sb/sth in sth** jdn/etw in etw *akk* verwickeln [*o* hineinziehen]; **to ~ sb in negotiations** jdn an Verhandlungen beteiligen; ■**to ~ sb in doing sth** jdn an etw *dat* beteiligen; ***the four men were all ~d in carrying out the murders*** alle vier Männer waren an der Ausführung des Mordes beteiligt
❸ (*entail, necessitate*) ■**to ~ sth** etw mit sich *dat* bringen, etw zur Folge haben; ***the operation ~s putting a small tube into your heart*** während der Operation wird ein kleines Röhrchen in das Herz eingeführt
❹ *usu passive* ■**to be ~d in sth** (*be engrossed, preoccupied*) von etw *dat* gefesselt sein; (*working in field*) mit etw *dat* zu tun haben; ***he's become very***

~d in a local church er engagiert sich sehr in der örtlichen Gemeinde

involved [ɪn'vɒlvd, AM -'vɑ:l-] *adj* ❶ (*intricate*) kompliziert; *story* verwickelt, verworren; *style* komplex; **an ~ affair** eine verwickelte [*o* verworrene] Angelegenheit; **an ~ issue** ein komplexer Sachverhalt; **an ~ poem** ein schwer verständliches Gedicht; **an ~ sentence structure** ein komplizierter Satzbau
❷ *after n* (*implicated*) beteiligt; **the modifications ~** die einbegriffenen Abänderungen; **the persons ~** die Beteiligten; (*affected*) betroffen; **the company ~** das betroffene Unternehmen
❸ (*committed*) engagiert, interessiert; ***the peace demonstration attracted many ~ citizens*** die Friedensdemonstration rief viele engagierte Bürger auf den Plan

involvement [ɪn'vɒlvmənt, AM -'vɑ:l-] *n* ❶ (*intricacy*) Verworrenheit *f*, Kompliziertheit *f*; (*complexity*) Komplexität *f*
❷ (*participation*) Beteiligung *f* (**in** an +*dat*), Verwicklung *f* (**in** in +*akk*), Verstrickung *f* (**in** in +*akk*)
❸ (*affection*) Betroffensein *nt*
❹ (*relationship*) Verhältnis *nt*, Affäre *f*; **to have an ~ with sb** mit jdm ein Verhältnis haben
❺ (*commitment*) Engagement *nt*, Interessiertsein *nt*

invulnerability [ɪn,vʌlnᵊrə'bɪləti, AM -nɚə'bɪləṭi] *n no pl* ❶ (*also fig: immunity to damage*) Unverwundbarkeit *f*, Unverletzbarkeit *f a. fig*
❷ (*fig: unassailability*) *of a position* Unangreifbarkeit *f*; *of a right* Unverletzlichkeit *f*, Unantastbarkeit *f*
❸ (*fig: strength*) *of an argument* Unwiderlegbarkeit *f*; *of a fortification* Uneinnehmbarkeit *f*; *of a position, theory* Unanfechtbarkeit *f*

invulnerable [ɪn'vʌlnᵊrəbl̩, AM -nɚ-] *adj inv* ❶ (*also fig: immune to damage*) unverwundbar, unverletzbar *fig*; ▪**to be ~ to sth** gegen etw *akk* gefeit sein
❷ (*fig: unassailable*) *position* unangreifbar; *right* unverletzlich, unantastbar
❸ (*fig: strong*) *argument* unwiderlegbar; *fortification* uneinnehmbar; *position, theory* unanfechtbar

inward ['ɪnwəd, AM -wɚd] **I.** *adj inv* ❶ (*in-going*) nach innen gehend [*o* gerichtet]; **~ spot** nach innen gehender [*o* gerichteter] Strahler
❷ (*incoming*) Eingangs-, eingehend; **~ calls/enquiries** [*or* AM **inquiries**] eingehende Anrufe/Anfragen; *mail* eintreffend
❸ NAUT (*inbound*) Heim-; **~ passage** Heimfahrt *f*, Heimreise *f*
❹ ECON (*import*) Eingangs-, Einfuhr- *fachspr*; **~ customs clearance** Eingangszollabfertigung *f*; **~ duty** Eingangszoll *m*, Einfuhrzoll *m*; **~ trade** Einfuhrhandel *m*
❺ (*usu fig: internal*) innere(r, s), innerlich; **~ laughter** innerliches Lachen; **~ life** Innenleben *nt*, Seelenleben *nt*; **~ parts** ANAT innere Organe *fachspr*; **~ peace** innerer Frieden; **~ room** innen gelegener Raum
❻ (*fig: intimate*) vertraut; **to be ~ with art** mit Kunst vertraut sein
II. *adv* einwärts, nach innen; **~ bound road** stadteinwärts führende Straße; **to be directed ~** einwärts [*o* nach innen] gerichtet sein; **to slope ~** (*crater, hole*) nach innen abfallen; **to turn ~** (*fig*) in sich *akk* gehen; **to turn one's thoughts ~** (*fig*) seine Gedanken auf sein Inneres richten

inward-looking *adj* introvertiert, in sich *akk* gekehrt

inwardly ['ɪnwədli, AM -wɚd-] *adv* ❶ (*fig: towards the inside*) nach innen; **to look** [*or* **see**] **~** in sein Inneres schauen
❷ (*usu fig: internally*) innerlich, im Innern; **to be ~ calm** innerlich ruhig sein; **to bleed ~** innere Blutungen haben
❸ (*fig: privately*) im Stillen, insgeheim; ***~, he disliked her lifestyle*** insgeheim mochte er ihren Lebensstil nicht
❹ (*fig: softly*) leise; **to say sth ~** sich *akk* leise äußern

inwardness ['ɪnwədnəs, AM -wɚd-] *n no pl* ❶ *of a body's organ* Lage *f*
❷ (*fig: depth*) Innerlichkeit *f*; *of emotions* Innigkeit *f*; *of a thought* gedankliche [*o* geistige] Tiefe
❸ (*fig: essence*) innerste Natur; (*significance*) wahre Bedeutung; (*intimacy*) Vertrautheit *f*

inwards ['ɪnwədz, AM -wɚdz] *adv inv* ❶ (*towards the inside*) einwärts, nach innen
❷ (*spiritually*) im Innern

in-word ['ɪn,wɜ:d, AM -,wɜ:rd] *n* Modewort *nt*

in-yer-face *adj* (*sl*), **in-your-face** [,ɪnjə'feɪs, AM -jɚ'-] *adj* (*fam*) ❶ (*defiant*) frech; **~ lie** rotzfreche Lüge *sl*
❷ (*irritating*) *look, smile* herausfordernd, provozierend
❸ (*confrontational*) auf offene Konfrontation angelegt *nach n*; **~ allegation** äußerst provozierende Behauptung

in-your-face *adj attr* (*fam*) aggressiv, provokativ

IOC [,aɪəʊ'si:, AM -oʊ'-] *n abbrev of* **International Olympic Committee** IOC *nt*

iodine ['aɪədi:n, AM -daɪn] *n no pl* CHEM, MED Jod *nt*; **tincture of ~** MED Jodtinktur *f*

iodized ['aɪədaɪzd] *adj* CHEM jodiert *fachspr*, mit Jod versetzt [*o* behandelt]; **~ food** jodierte Lebensmittel

iodized salt *n* Jodsalz *nt*

ion ['aɪən] *n* PHYS Ion *nt*

Ionian [aɪ'əʊniən, AM 'oʊ] **I.** *n* Ionier(in) *m(f)*
II. *adj inv* ionisch

Ionic [aɪ'ɒnɪk, AM -'ɑ:n-] *adj* ARCHIT ionisch

ionization [,aɪənaɪ'zeɪʃᵊn, AM -nɪ'-] *n* PHYS Ionisation *f*, Ionisierung *f*

ionize ['aɪənaɪz] *vt* PHYS ▪**to ~ sth** etw ionisieren

ionized ['aɪənaɪzd] *adj* PHYS ionisiert; **~ atom** ionisiertes Atom

ionizer ['aɪənaɪzəʳ, AM -ɚ] *n* PHYS Ionisator *m*

ionosphere [aɪ'ɒnəsfɪəʳ, AM -'ɑ:nəsfɪr] *n no pl* AEROSP, ASTRON Ionosphäre *f*

ionospheric [aɪ,ɒnə'sferɪk, AM -,ɑ:nə'sfɪr-] *adj inv* AEROSP, ASTRON ionosphärisch; **~ region** ionosphärische Schicht

iota [aɪ'əʊtə, AM -'oʊṭə] *n no pl, usu neg* Jota *nt*; **not an** [*or* **one**] **~** nicht ein Jota, kein bisschen; ***we won't change our policies one ~*** wir werden keinen Millimeter von unserem politischen Kurs abweichen; ***there is not an ~ of truth in that*** daran ist kein Jota wahr; **not to be able to produce an ~ of proof** nicht den kleinsten Beweis vorbringen können

IOU [,aɪəʊ'ju:, AM -oʊ'-] *n* ECON (*fam*) *abbrev of* **I owe you** Schuldschein *m*

IPA [,aɪpi:'eɪ] *n abbrev of* **International Phonetic Alphabet** internationales phonetisches Alphabet

IPO [,aɪpi:'əʊ, AM -'oʊ] **I.** *n* ❶ FIN *abbrev of* **initial public offering** erste öffentliche Zeichnungsaufforderung
❷ STOCKEX *abbrev of* **initial public offering** Erstemission *f*
II. *n modifier abbrev of* **initial public offering** Erstemissions-

ipso facto [,ɪpsəʊ'fæktəʊ, AM -soʊ'fæktoʊ] *adv inv* LAW durch die Tat selbst, eo ipso

IQ [,aɪ'kju:] *n abbrev of* **intelligence quotient** Intelligenzquotient *m*; **~-test** IQ-Test *m*

IRA [,aɪɑ:'reɪ, AM -ɑ:r'eɪ] *n* ❶ *no pl abbrev of* **Irish Republican Army** IRA *f*
❷ AM FIN *abbrev of* **Individual Retirement Account** [steuerbegünstigte] Altersvorsorge

Iran [ɪ'rɑ:n, AM ɪ'ræn] *n* Iran *m*

Irangate [ɪ'rɑ:n,geɪt, AM ɪ'ræn,-] *n* POL Irangate *nt*, Irangate-Affäre *f* (*auf das Jahr 1986 zurückgehender US-amerikanischer Waffenlieferungsskandal*)

Iranian [ɪ'reɪniən] **I.** *n* Iraner(in) *m(f)*
II. *adj* iranisch

Iraq [ɪ'rɑ:k] *n* Irak *m*

Iraqi [ɪ'rɑ:ki] **I.** *n* Iraker(in) *m(f)*
II. *adj* irakisch

irascibility [ɪ,ræsə'bɪləti, AM -əṭi] *n no pl* (*form*) Reizbarkeit *f*, Jähzorn *m*

irascible [ɪ'ræsəbl̩] *adj* (*form*) aufbrausend *geh*, reizbar, jähzornig

irascibly [ɪ'ræsəbli] *adv* (*form*) aufbrausend *geh*, jähzornig, heftig; **to react ~** heftig reagieren

irate [aɪ'reɪt] *adj* (*form*) wütend, zornig; ***~ phone calls from customers*** erzürnte Telefonanrufe von Kunden

ire [aɪəʳ, AM aɪr] *n no pl* (*liter*) Zorn *m*, Wut *f*; **to raise** [*or* **arouse**] **sb's ~** jds Zorn erregen

Ireland ['aɪələnd, AM 'aɪr-] *n* Irland *nt*

iridescence [,ɪrɪ'desᵊn(t)s] *n no pl* Schillern *nt* [in allen Regenbogenfarben], Regenbogenfarbenspiel *nt*, Irisieren *nt*

iridescent [,ɪrɪ'desᵊnt] *adj* schillernd [in allen Regenbogenfarben], regenbogenfarben, irisierend

iridium [ɪ'rɪdiəm] *n no pl* CHEM Iridium *nt*

iris <*pl* -es> ['aɪ(ə)rɪs, AM 'aɪrɪs] *n* ❶ BOT (*flower*) Schwertlilie *f*, Iris *f*
❷ ANAT (*diaphragm*) Regenbogenhaut *f*, Iris *f*

Irish ['aɪ(ə)rɪʃ, AM 'aɪrɪʃ] **I.** *adj* irisch
II. *n pl* ▪**the ~** die Iren *pl*

Irish American *n* irischstämmiger Amerikaner/irischstämmige Amerikanerin **Irish coffee** *n no pl* Irishcoffee *m* (*Kaffee mit Schlagsahne und einem Schuss Whiskey*) **Irishman** *n* Ire *m*

Irish stew *n no pl* Irishstew *nt* (*gekochtes Hammelfleisch mit Weißkraut und Kartoffeln*) **Irishwoman** *n* Irin *f*

irk [ɜ:k, AM ɜ:rk] *vt* ▪**to ~ sb** jdn ärgern [*o liter* verdrießen]; ***it ~ed her to wait in line*** ihr war das Schlangestehen lästig

irksome ['ɜ:ksəm, AM 'ɜ:rk-] *adj* (*form*) ärgerlich, lästig; **~ incident** ärgerlicher Vorfall; **~ task** lästige Aufgabe

iron ['aɪən, AM -ɚn] **I.** *n* ❶ *no pl* CHEM (*element*) Eisen *nt*; **rich in ~** reich an Eisen; (*as medical preparation*) Eisen[präparat] *nt*; (*metal*) Eisen *nt*
❷ (*fig*) **the I~ Lady** (*M. Thatcher*) die eiserne Lady; **will of ~** eiserne Wille
❸ (*appliance*) [Bügel]eisen *nt*; **steam ~** Dampfbügeleisen *nt*
❹ (*branding instrument*) Brandeisen *nt*
❺ SPORTS (*club*) Golfschläger *m*
❻ (*shoe*) [Huf]eisen *nt*
❼ (*ring*) Steigbügel *m*
❽ (*weapon*) Eisen *nt*, Schwert *nt*; **to fall to the ~** durch das Eisen fallen; **to put to the ~** mit dem Eisen erschlagen
► PHRASES: **to have** [*or* **keep**] [**too**] **many/other ~s in the fire** [zu] viele/andere Eisen im Feuer haben; **to have an ~ fist** [*or* **hand**] **in a velvet glove** freundlich im Ton, aber hart in der Sache sein; **to rule with a rod of ~** mit eiserner Faust regieren; **strike while the ~ is hot** (*prov*) das Eisen schmieden, solange es heiß ist *prov*
II. *n modifier* (*bar, mine, railing*) Eisen-
III. *adj* ❶ (*fig: strict*) eisern; **~ determination** [*or* **will**] eiserner [*o* stählerner] Wille; **~ discipline** eiserne Disziplin; **to keep a country in an ~ grip** ein Land eisern im Griff halten; **to rule with an ~ hand** [*or* **fist**] mit eiserner Faust regieren; **~ negotiator** eisenharter Unterhändler/eisenharte Unterhändlerin
❷ (*fig: strong*) **~ constitution** eiserne Gesundheit
IV. *vt* ▪**to ~ sth** etw bügeln; **to ~ the laundry** die Wäsche bügeln
V. *vi* bügeln; ***cotton and silk ~ well*** Baumwolle und Seide lassen sich gut bügeln

◆**iron out** *vt* ▪**to ~ sth** ↻ **out** ❶ (*press*) **to ~ out a creased banknote** einen zerknitterten Geldschein glätten; **to ~ out the collar of a shirt** einen Hemdkragen ausbügeln; **to ~ out a crease** eine Falte glatt bügeln [*o* ausbügeln]
❷ (*also fig: remove*) **to ~ out difficulties** Schwierigkeiten aus der Welt schaffen; **to ~ out conflicting interests** Interessengegensätze ausgleichen; **to ~ out an awkward matter** eine unangenehme Sache ausbügeln [*o* bereinigen]; **to ~ out misunderstandings** Missverständnisse beseitigen; **to ~ out wrinkles** Falten glätten

Iron Age **I.** *n* Eisenzeit *f* **II.** *n modifier* eisenzeitlich; **~ settlement** Siedlung *f* aus der Eisenzeit **ironbark** *n* AUS Eukalyptusbaum *m* **iron-clad** *adj*

❶ NAUT (*armoured*) gepanzert; ~ **cruiser** Panzerkreuzer *m;* ~ **naval vessel** gepanzertes Kriegsschiff; (*fig: unbreakable*) hieb- und stichfest; ~ **argument** hieb- und stichfestes Argument ❷ (*fig: rigorous*) streng; ~ **controls/provisions** strenge Kontrollen/Bestimmungen; ~ **oath** heiliger Eid [*o* Schwur] ❸ (*fig: rigid*) starr; ~ **rules** starre Regeln ❹ (*fig: resolute*) unbeugsam, eisern; ~ **defence** Verteidigung *f* bis zum Letzten; ~ **patriot** unbeugsamer Patriot/unbeugsame Patriotin; ~ **proponent** eiserner Verfechter/eiserne Verfechterin **Iron Cross** *n* MIL (*hist*) Eisernes Kreuz *hist* **iron curtain** I. *n* ❶ POL (*hist: boundary*) ■I~ Eiserner Vorhang *m hist* ❷ (*fig: barrier*) Abschottung *f,* Schranke *f* II. *n modifier* ~ **countries** Länder *ntpl* hinter dem Eisernen Vorhang; ~ **mentality** Abschottungsmentalität *f*

ironic [aɪ(ə)ˈrɒnɪk, AM aɪˈrɑːn-] *adj* ❶ (*sarcastic*) *remark, smile* ironisch, [leicht] spöttisch; *commentator, critic* ironisch, [leicht] spottend ❷ (*unexpected*) ironisch; ***it was ~ that he should meet her there*** es hatte etwas Ironisches, dass er sie dort treffen sollte

ironically [aɪ(ə)ˈrɒnɪkəli, AM aɪˈrɑːn-] *adv* ironisch; **~, ...** ironischerweise ...; **to answer/remark/smile** ~ ironisch antworten/bemerken/lächeln

ironing [ˈaɪənɪŋ, AM -ɚn-] *n no pl* ❶ (*pressing*) Bügeln *nt* ❷ (*laundry*) Bügelwäsche *f;* **to put the ~ in a basket** die Bügelwäsche in einen Korb legen; **to do the** ~ Wäsche bügeln

ironing board *n* Bügelbrett *nt*

ironist [ˈaɪrənɪst] *n* Ironiker(in) *m(f)*

iron lung *n* MED eiserne Lunge **iron man** *n* ❶ (*athlete*) eisenharter [Ausdauer]athlet; (*worker*) unermüdlicher Arbeiter, Arbeitstier *nt fam o hum;* (*in a mine*) Eisenhüttenarbeiter *m;* (*in tracklaying*) Schienenarbeiter *m,* Schienenleger *m* ❷ (*machine*) [Stahl]roboter *m* ❸ AM (*sl: money*) Silberdollar *m* **Ironman** *n* ❶ SPORTS (*athlete*) Ironman *m,* Iron-man-Triathlet *m* ❷ SPORTS (*competition*) Ironman *m,* Ironman-Triathlon *nt o m* **ironmonger** [ˈaɪən,mʌŋgəʳ] *n* BRIT ❶ (*person*) Eisenwarenhändler(in) *m(f),* Haushaltswarenhändler(in) *m(f)* ❷ (*shop*) ■~**'s** Eisen- und Haushaltswarenhandlung *f* **ironmongery** [ˈaɪən,mʌŋgəri] *n no pl* BRIT ❶ (*goods*) Eisenwaren *pl,* Haushaltswaren *pl* ❷ (*premises*) Eisenwarenhandlung *f,* Haushaltswarenhandlung *f* **iron ore** *n* Eisenerz *nt* **iron ration** *n* (*dated*) eiserne Ration

irons [ˈaɪənz, AM -ɚnz] *npl* Hand- und Fußschellen *fpl;* **to be clapped** [*or* **put**] **in** ~ in Ketten [*o liter* Eisen] gelegt werden

Ironwoman *n* ❶ SPORTS (*athlete*) Ironwoman *f,* Ironwoman-Triathletin *f* ❷ SPORTS (*competition*) Ironwoman *m,* Ironwoman-Triathlon *nt o m* **ironwork** *n no pl* ❶ (*dressed iron*) Eisenwerk *nt,* schmiedeeiserne Verzierung ❷ (*part*) Eisenkonstruktion *f* ❸ (*goods*) Eisenzeug *nt,* Eisenbeschläge *mpl* **ironworks** *n + sing/pl vb* Eisenhütte *f,* Eisenhüttenwerk *nt*

irony [ˈaɪ(ə)rəni, AM ˈaɪrəni] *n no pl* Ironie *f;* ***the ~ was that ...*** das Ironische war, dass ...; **the ~ of a remark** die in einer Bemerkung liegende Ironie; **~ of fate** Ironie *f* des Schicksals; **one of life's little ironies** eine kleine Ironie des Schicksals; **heavy with** ~ voller Ironie; **tragic** ~ tragische Ironie

irradiate [ɪˈreɪdieɪt, AM ɪrˈeɪ-] *vt* ■**to ~ sth** ❶ (*illuminate*) *sunlight* etw bestrahlen [*o* bescheinen]; *moonlight* etw erleuchten; *candle, lightning* etw erhellen; *spotlight, streetlight* etw beleuchten; ***the castle was dimly ~d*** das Schloss war schwach erleuchtet; **a romantically ~d lake** ein romantisch erleuchteter See; **to ~ an affair** (*fig*) Licht in eine Sache bringen ❷ MED, PHYS (*treat*) etw bestrahlen

irradiated [ɪˈreɪdieɪtɪd, AM ɪrˈeɪdieɪṭ-] *adj* bestrahlt, strahlungsbehandelt; ~ **food** bestrahlte Lebensmittel

irradiation [ɪ,reɪdiˈeɪʃən] *n no pl* ❶ MED, PHYS (*treatment*) Bestrahlung *f;* ~ **of food** Lebensmittelbestrahlung *f* ❷ MED (*spread*) *of pain* Ausstrahlung *f*

irrational [ɪˈræʃənəl] *adj* ❶ (*unreasonable*) *action, behaviour* irrational; (*not sensible*) unvernünftig, vernunftwidrig; ~ **decision/measure** unvernünftige Entscheidung/Maßnahme; ~ **suggestion** unsinniger Vorschlag ❷ (*illogical*) *arguments, reasons* irrational, absurd ❸ ZOOL (*of lower animals*) vernunftlos, nicht vernunftbegabt

irrationalism [ɪˈræʃənəlɪzəm] *n* ❶ PHILOS (*reliance on faith*) Irrationalismus *m* ❷ (*lack of logic*) Irrationalität *f*

irrationality [ɪ,ræʃənˈæləti, AM -əṭi] *n no pl* ❶ (*absence of reason*) Vernunftlosigkeit *f* ❷ (*lack of reason*) Irrationalität *f;* (*lack of good sense*) Vernunftwidrigkeit *f,* Unvernünftigkeit *f; of fear, belief* Unsinnigkeit *f* ❸ (*lack of logic*) *of arguments, reasons* Irrationalität *f,* Absurdität *f*

irrationally [ɪˈræʃənəli] *adv* ❶ (*without reason*) irrational; (*not sensible*) unvernünftig, vernunftwidrig; **to act** ~ irrational handeln; **to behave** ~ sich *akk* unvernünftig [*o* irrational] verhalten ❷ (*without logic*) irrational; **to argue** ~ irrational argumentieren

irrational number *n* MATH irrationale Zahl

irreconcilable [ɪ,rekənˈsaɪləbl̩] *adj inv* ❶ (*diametrically opposed*) *ideas, views* unvereinbar; ~ **accounts/facts** sich *akk* völlig widersprechende Berichte/Tatsachen; ~ **differences of opinion** unüberbrückbare Meinungsgegensätze; ■**to be ~ with sth** mit etw *dat* nicht vereinbar sein ❷ (*implacably opposed*) *enemies, factions* unversöhnlich; ***their positions are*** ~ sie sind unversöhnliche Meinungsgegner

irreconcilably [ɪ,rekənˈsaɪləbli] *adv inv* unvereinbar; ~ **opposed camps** sich *dat* unversöhnlich gegenüberstehende Lager; ~ **different views** unvereinbar weit auseinander liegende Auffassungen

irrecoverable [,ɪrɪˈkʌvərəbl̩, AM -vɚ-] *adj inv* ❶ (*irreparable*) *damage, loss* unersetzbar, unersetzlich, nicht wieder gutzumachend; ~ **health** nicht wiederherstellbare Gesundheit; ~ **injury** nicht ausheilbare Verletzung ❷ (*irretrievable*) *crew, ship* unrettbar [verloren]; *treasure, paradise* unwiederbringlich [verloren]; ~ **loss** unwiederbringlicher Verlust; ~ **debts** ECON nicht eintreibbare [*o* beitreibbare] Forderungen *fachspr*

irrecoverably [,ɪrɪˈkʌvərəbli, AM -vɚ-] *adv inv* ❶ (*irreparably*) **to be ~ damaged** nicht behebbare Schäden aufweisen; **to be ~ injured** nicht ausheilbare Verletzungen haben ❷ (*irretrievably*) **to be ~ lost** unwiederbringlich [*o* endgültig] verloren sein

irredeemable [,ɪrɪˈdiːməbl̩] *adj inv* (*form*) ❶ (*irretrievable*) *crew, ship* unrettbar [verloren]; *treasure* unwiederbringlich [verloren] ❷ (*irremediable*) ~ **case** hoffnungsloser Fall; ~ **drinker** unverbesserlicher Trinker/unverbesserliche Trinkerin ❸ (*absolute*) *despair, gloom* völlig, absolut; ~ **stupidity** reine Dummheit ❹ ECON, FIN (*not terminable*) ~ **annuity** nicht ablösbare Rente *fachspr;* ~ **debt** nicht tilgbare Schuld *fachspr;* ~ **bond** untilgbare [*o* unkündbare] Schuldverschreibung *fachspr;* ~ **paper money** nicht einlösbares Papiergeld *fachspr*

irredeemably [,ɪrɪˈdiːməbli] *adv inv* (*form*) ❶ (*irretrievably*) unwiederbringlich, unrettbar; ~ **lost** unwiederbringlich verloren ❷ (*irremediably*) unverbesserlich, hoffnungslos, rettungslos ❸ (*absolutely*) völlig, absolut; ***he was ~ incompetent*** er war absolut inkompetent

irredentism [,ɪrɪˈdentɪzəm] *n* HIST, POL Irredentismus *m fachspr*

irredentist [,ɪrɪˈdentɪst] *n* HIST, POL Irredentist(in) *m(f) fachspr*

irreducible [,ɪrɪˈdjuːsəbl̩, AM *esp* -ˈduː-] *adj inv* (*form*) ❶ (*undiminishable*) nicht [weiter] reduzierbar, äußerst klein [*o* gering]; ~ **minimum** absolute Mindestmenge ❷ (*impossible to simplify*) nicht [weiter] zu vereinfachend; ~ **formula** nicht weiter zu vereinfachende [*o* zerlegbare] Formel; ~ **cultural idiosyncrasy** nicht weiter auszudifferenzierende kulturelle Eigenart ❸ PHILOS, MATH (*underivable*) irreduzibel, unableitbar ❹ MED (*irreplaceable*) irreponibel *fachspr*

irreducibly [,ɪrɪˈdjuːsəbli, AM *esp* -ˈduː-] *adv inv* (*form*) äußerst klein [*o* gering], absolut minimal; ***the centre was ~ staffed*** die Zentrale war äußerst minimal besetzt; ~ **small quantities** äußerst kleine Mengen

irrefutable [,ɪrɪˈfjuːtəbl̩, AM *esp* ɪˈrefjəṭə-] *adj inv* (*form*) ❶ (*undisprovable*) *argument, proof* unwiderlegbar; ~ **evidence** unwiderlegbarer Beweis ❷ (*uncontestable*) unbestreitbar; ~ **fact/logic** unbestreitbare Tatsache/Logik

irrefutably [,ɪrɪˈfjuːtəbli, AM *esp* ɪˈrefjəṭə-] *adv inv* (*form*) ❶ (*undisprovably*) unwiderlegbar; ~ **proven** unwiderlegbar [*o* eindeutig] bewiesen ❷ (*uncontestably*) unbestreitbar, unzweifelhaft; ***it's become ~ clear that ...*** es ist unzweifelhaft deutlich geworden, dass ...; ~ **factual report** unbestreitbar den Tatsachen entsprechender Bericht

irregular [ɪˈregjələʳ, AM -ɚ] I. *adj* ❶ (*unsymmetrical*) *arrangement, pattern* unregelmäßig, ungleichmäßig, uneinheitlich; ~ **shape** ungleichförmige Gestalt; ~ **surface/terrain** unebene Oberfläche/unebenes Gelände; ~ **teeth** unregelmäßige Zähne; ~ **verbs** unregelmäßige Verben ❷ (*intermittent*) unregelmäßig, ungleichmäßig; **at ~ intervals** in unregelmäßigen Abständen; ~ **meals/payments** unregelmäßige Mahlzeiten/Zahlungen; ~ **pulse** [*or* **heartbeat**] unregelmäßiger [*o* ungleichmäßiger] Herzschlag; ■**to be ~** AM, AUS MED (*fam*) unregelmäßigen Stuhlgang haben ❸ (*form: failing to accord*) *behaviour, conduct* regelwidrig, ordnungswidrig, vorschriftswidrig *form; document* nicht ordnungsmäßig *form;* ~ **action** ungesetzliche Aktion; ~ **banknote** ungültige Banknote; ~ **economy** amtlich nicht erfasste Wirtschaft, Schattenwirtschaft *f fig;* ~ **habits** ungeregelte Lebensweise; ~ **method** unsystematische Methodik; ~ **proceedings** an Formfehlern leidendes Verfahren; ~ **shirt** Hemd *nt* mit Fabrikationsfehlern; (*peculiar*) *customs, practices* sonderbar, eigenartig, absonderlich; **most** ~ höchst sonderbar; (*improper*) ungehörig, ungebührlich; ~ **behaviour** [*or* AM **behavior**] ungebührliches Benehmen; ~ **dealings** zwielichtige Geschäfte; ~ **private life** ausschweifendes Privatleben ❹ MIL (*unofficial*) irregulär; ~ **soldiers** Partisanen, -innen *mpl, fpl,* Freischärler(innen) *mpl(fpl);* ~ **troops** irreguläre Truppen
II. *n* MIL Partisan(in) *m(f),* Freischärler(in) *m(f)*

irregularity [ɪ,regjəˈlærəti, AM -ˈlerəṭi] *n* ❶ (*form: lack of symmetry*) *of an arrangement* Unregelmäßigkeit *f,* Ungleichmäßigkeit *f; of prices* Uneinheitlichkeit *f; of a surface, terrain* Unebenheit *f;* **the ~ of the coastline** der unregelmäßige Verlauf der Küstenlinie ❷ (*intermittence*) *of intervals* Unregelmäßigkeit *f,* Ungleichmäßigkeit *f* ❸ (*form: lack of accordance*) *of behaviour, conduct* Regelwidrigkeit *f,* Ordnungswidrigkeit *f; of an action* Ungesetzlichkeit *f form;* **currency** ~ Devisenvergehen *nt,* Verstoß *m* gegen die Devisenbestimmungen *form;* ~ **in the procedure** Verfahrensfehler *m;* **to commit irregularities** sich *dat* Unregelmäßigkeiten zuschulden kommen lassen; **to uncover irregularities** Unregelmäßigkeiten aufdecken ❹ (*peculiarity*) *of customs, practices* Eigenartigkeit *f,* Absonderlichkeit *f;* (*impropriety*) *of behaviour* Ungehörigkeit *f,* Ungebührlichkeit *f;* ~ **of dealings** Zwielichtigkeit *f* von Geschäften

irregularly [ɪˈregjələli, AM -ɚli] *adv* ❶ (*unsymmetrically*) unregelmäßig; (*shaped*) ungleichmäßig,

uneinheitlich; ***the chairs were ~ spaced around the room*** die Stühle waren ungleichmäßig im ganzen Raum verteilt; ***the garden was laid out ~*** der Garten war uneben angelegt; **prices marked ~** uneinheitlich ausgezeichnete Preise; **teeth shaped ~** unregelmäßig geformte Zähne
❷ (*intermittently*) ungleichmäßig, unregelmäßig; ***payments were made ~*** Zahlungen wurden unregelmäßig geleistet; **to meet ~** sich *akk* ab und an treffen

irrelevance [ɪ'reləvᵊn(t)s, AM ɪr'el-] *n,* **irrelevancy** [ɪ'reləvᵊn(t)si, AM ɪr'el-] *n* (*form*) Unerheblichkeit *f,* Unwesentlichkeit *f; of details* Bedeutungslosigkeit *f,* Irrelevanz *f form;* **to be an ~** unwesentlich [*o* ohne Belang] sein; ***sympathy is an ~ — we need practical help*** Anteilnahme ist nicht das Wesentliche – was wir brauchen, ist praktische Unterstützung; **to fade into ~** immer bedeutungsloser werden

irrelevant [ɪ'reləvᵊnt, AM ɪr'el-] *adj* belanglos, unerheblich, irrelevant; ***making a large profit is ~ to us*** es kommt uns nicht darauf an, einen hohen Gewinn zu erzielen; ***don't be ~*** schweifen Sie nicht vom Thema ab; **an ~ question** eine nicht zur Sache gehörende Frage; **to be largely ~ to sth** für etw *akk* weitgehend unerheblich [*o* ohne Bedeutung] sein

irrelevantly [ɪ'reləvᵊntli, AM ɪr'el-] *adv* **to ramble on ~** sich *akk* in Nebensächlichkeiten verlieren; **to speak ~** belangloses Zeug reden

irreligious [ˌɪrɪ'lɪdʒəs] *adj* ❶ (*not practicing*) religionslos; (*unbelieving*) ungläubig; (*indifferent to religion*) areligiös
❷ (*impious*) gottlos; **~ heathen** gottloser Heide/gottlose Heidin
❸ (*anti-religious*) religionsfeindlich; **~ statements** religionsfeindliche Äußerungen

irremediable [ˌɪrɪ'mi:diəbl̩] *adj inv* (*form*) nicht behebbar [*o* wieder gutzumachend]; **~ damage** nicht zu behebender [*o* wieder gutzumachender] Schaden; **~ defects of character** nicht zu beseitigende Charakterfehler; **~ error** nicht ungeschehen zu machender Irrtum; **~ flaw** nicht behebbarer Mangel [*o* Fehler]; **~ loss** nicht wettzumachender [*o* wieder gutzumachender] Verlust *fam*

irremovable [ˌɪrɪ'mu:vəbl̩] *adj inv* ❶ (*not displaceable*) nicht wegzubewegend; **~ boulder** nicht von der Stelle zu bewegender Felsen; **~ boundary stone** nicht verrückbarer Grenzstein; **~ obstacle** nicht wegzuräumendes [*o* zu beseitigendes] Hindernis
❷ (*also fig: inflexible*) unbeweglich
❸ (*permanent*) *judge* unabsetzbar; *officer* unkündbar, auf Lebenszeit ernannt

irreparable [ɪ'repᵊrᵊbl̩] *adj inv* irreparabel, nicht wieder gutzumachend; **~ damage** nicht wieder gutzumachender Schaden; **~ loss** unersetzlicher Verlust

irreparably [ɪ'repᵊrᵊbli] *adv inv* irreparabel; ***the ship has been ~ damaged*** der an dem Schiff entstandene Schaden ist nicht behebbar; ***his reputation was ~ damaged*** sein Ruf war irreparabel geschädigt

irreplaceable [ˌɪrɪ'pleɪsəbl̩] *adj inv* unersetzlich, unersetzbar; **~ resources** nicht erneuerbare Ressourcen; **~ vase** unersetzliche Vase

irrepressible [ˌɪrɪ'presəbl̩] *adj* ❶ (*usu approv: unrestrainable*) *curiosity, desire* unbezähmbar; *anger, joy* unbändig; ***she's been ~ all morning*** sie ist schon den ganzen Morgen nicht zu bändigen; **~ conflict** (*uncontrollable*) nicht zu verdrängender Konflikt; **~ exuberance** helle Begeisterung; **~ spirits** ausgelassene Stimmung; **~ urge** unbezähmbarer Drang
❷ (*impossible to discourage*) unverwüstlich, unerschütterlich; ***she's an ~ chatterbox*** sie plappert unentwegt; **~ optimist** unerschütterlicher Optimist/unerschütterliche Optimistin; **~ pacifist** nicht unterzukriegender Pazifist/unterzukriegende Pazifistin; **~ sense of humour** [*or* AM **humor**] unverwüstlicher Sinn für Humor

irrepressibly [ˌɪrɪ'presəbli] *adv* ❶ (*usu approv: without restraint*) unbändig; **to be ~ happy** sich *akk* unbändig freuen
❷ (*without being discouraged*) unerschütterlich, unentwegt; **~ optimistic** unerschütterlich optimistisch

irreproachable [ˌɪrɪ'prəʊtʃəbl̩, AM -'proʊ-] *adj inv* (*form*) *behaviour, character* untadelig, tadellos *form;* **~ quality** tadellose Qualität; *behaviour, quality* einwandfrei; **~ conduct** LAW einwandfreie Führung; **~ past** makellose Vergangenheit

irreproachably [ˌɪrɪ'prəʊtʃəbli, AM -'proʊ-] *adv inv* (*form*) untadelig *form,* einwandfrei; **to behave ~** sich *akk* einwandfrei benehmen [*o form* untadelig führen]

irresistible [ˌɪrɪ'zɪstəbl̩] *adj* ❶ (*powerful*) unwiderstehlich; **~ argument** schlagendes [*o* überzeugendes] Argument; **~ impulse/urge** unwiderstehlicher Impuls/Drang
❷ (*lovable*) *appearance* äußerst [*o* ungemein] anziehend; *personality* überaus einnehmend [*o* gewinnend]
❸ (*enticing*) äußerst [*o* ungemein] verführerisch; **~ necklace** äußerst verlockendes Halsband

irresistibly [ˌɪrɪ'zɪstəbli] *adv* unwiderstehlich; **to be attracted ~** unwiderstehlich angezogen werden; **to argue ~** schlagende [*o* überzeugende] Argumente vorbringen; **to refute sth ~** etw überzeugend widerlegen

irresolute [ɪ'rezᵊlu:t] *adj* (*pej form*) ❶ (*doubtful*) unentschlossen, unschlüssig *geh;* **to be ~** unentschlossen sein, schwanken; **to adopt an ~ attitude** eine unschlüssige [*o* schwankende] Haltung einnehmen; **~ reply** unklare Antwort
❷ (*lacking determination*) entschlusslos, entscheidungsschwach

irresolutely [ɪ'rezᵊlu:tli] *adv* (*pej form*) unentschlossen, unschlüssig *geh;* **to reply ~** unklar antworten

irresolution [ɪˌrezᵊl'u:ʃᵊn] *n no pl* (*pej form*) ❶ (*doubtfulness*) Unentschlossenheit *f,* Unschlüssigkeit *f geh*
❷ (*lack of determination*) Entschlusslosigkeit *f,* Entscheidungsschwäche *f*

irrespective [ˌɪrɪ'spektɪv] *adv inv* (*form*) ■ **~ of sth** ohne Rücksicht auf etw *akk,* ungeachtet einer S. *gen;* ***candidates are assessed on merit, ~ of colour*** Bewerber werden nach Leistung beurteilt, ungeachtet ihrer Hautfarbe; **~ of age/the cost** altersunabhängig/kostenunabhängig; **~ of the consequences** ungeachtet der Folgen; **~ of what ...** unabhängig davon, was ...; **~ of whether ...** ohne Rücksicht darauf, ob ...

irresponsibility [ˌɪrɪˌspɒn(t)sə'bɪləti, AM -ˌspɑ:n(t)sə'bɪləţi] *n no pl* ❶ (*pej: lack of consideration*) *of actions* Unverantwortlichkeit *f; of persons* Verantwortungslosigkeit *f;* ***an act of gross ~*** eine grob unverantwortliche Handlung
❷ LAW (*inadequacy*) Unzurechnungsfähigkeit *f;* **criminal ~** Strafunmündigkeit *f*

irresponsible [ˌɪrɪ'spɒn(t)səbl̩, AM -'spɑ:-] *adj* ❶ (*pej: lacking consideration*) *action* unverantwortlich; *person* verantwortungslos
❷ (*form: unaccountable*) *body, state* nicht verantwortlich
❸ LAW (*inadequate*) unzurechnungsfähig; **financially ~** finanziell nicht verantwortlich

irresponsibly [ˌɪrɪ'spɒn(t)səbli, AM -'spɑ:-] *adv* (*pej*) verantwortungslos, unverantwortlich; **to act ~** unverantwortlich handeln; **to behave ~** sich *akk* verantwortungslos verhalten

irretrievable [ˌɪrɪ'tri:vəbl̩] *adj inv* ❶ (*irreparable*) *loss* unersetzlich, unersetzbar
❷ (*irremediable*) irreparabel; **~ mistake** nicht mehr zu behebender [*o* korrigierender] Fehler; **~ situation** nicht mehr zu ändernde Situation; LAW unheilbare Zerrüttung der Ehe
❸ (*irrecoverable*) *crew, ship* unrettbar [verloren]; *treasure* unwiederbringlich [verloren]; **~ loss** unwiederbringlicher [*o* endgültiger] Verlust
❹ COMPUT **sth is ~** *information, file* etw kann nicht mehr abgerufen werden

irretrievably [ˌɪrɪ'tri:vəbli] *adv inv* unwiederbringlich, endgültig; ***their marriage had broken down ~*** ihre Ehe war unheilbar zerrüttet; ***the local eco-system will be ~ damaged*** das lokale Ökosystem wird bleibend geschädigt; **~ lost** unwiederbringlich [*o* endgültig] verloren

irreverence [ɪ'revᵊrᵊn(t)s] *n no pl* Respektlosigkeit *f;* (*in religious matters*) Pietätlosigkeit *f geh;* **an act of ~** eine Respektlosigkeit; (*in religious matters*) eine Pietätlosigkeit

irreverent [ɪ'revᵊrᵊnt] *adj* unehrerbietig, respektlos; (*in religious matters*) pietätlos *geh;* ***the programme takes an ~ look at the medical profession*** die Sendung nimmt die Ärzteschaft respektlos ins Visier; **~ comment** respektloser Kommentar; **~ humour** [*or* AM **humor**] pietätloser Humor

irreverently [ɪ'revᵊrᵊntli] *adv* unehrerbietig, respektlos; (*in religious matters*) pietätlos; **to behave ~** sich *akk* unehrerbietig benehmen *geh*

irreversible [ˌɪrɪ'vɜ:səbl̩, AM -'vɜ:r-] *adj inv* ❶ (*impossible to change back*) *development, process* nicht umkehrbar, irreversibel; **~ damage** irreversibler Schaden; **~ decision** unwiderrufliche Entscheidung; **~ facial injury** MED irreversible Gesichtsverletzung
❷ CHEM, TECH *engine* in einer Richtung laufend; *chemical synthesis* in einer Richtung verlaufend
❸ (*impossible to turn*) *cover, cushion* nicht doppelseitig wendbar

irreversibly [ˌɪrɪ'vɜ:səbli, AM -'vɜ:r-] *adv inv* unwiderruflich, irreversibel; ***the computer has impacted ~ on our society*** der Computer hat unwiderruflich Einzug in unsere Gesellschaft gehalten; **~ damaged** für immer geschädigt

irrevocable [ɪ'revəkəbl̩] *adj inv* unwiderruflich, endgültig, unumstößlich; **~ decision** unwiderrufliche [*o* endgültige] Entscheidung; **~ decree** endgültiger Erlass; **~ promise** festes Versprechen

irrevocably [ɪ'revəkəbli] *adv inv* unwiderruflich, endgültig, unumstößlich; **~ determined** fest entschlossen

irrigate ['ɪrɪgeɪt] *vt* ■ **to ~ sth** ❶ (*supply water*) etw bewässern; **to ~ land** Land bewässern
❷ MED (*wash*) **to ~ a wound** eine Wunde ausspülen

irrigation [ˌɪrɪ'geɪʃᵊn] **I.** *n no pl* ❶ (*water supply*) *of land* Bewässerung *f; of crops* Berieselung *f;* **overhead ~** Beregnung *f*
❷ MED (*washing*) Spülung *f;* **colonic ~** Dickdarmspülung *f;* **gastric ~** Magenspülung *f*
II. *n modifier* (*plan, scheme, works*) Bewässerungs-

irritability [ˌɪrɪtə'bɪləti, AM -ţə'bɪləţi] *n no pl* (*pej*) Reizbarkeit *f,* Gereiztheit *f;* MED *of an organ, tissue* Reizbarkeit *f,* [Über]empfindlichkeit *f,* Irritabilität *f fachspr*

irritable ['ɪrɪtəbl̩, AM -ţ-] *adj* (*pej*) reizbar, gereizt; MED *organ, tissue* reizbar, [über]empfindlich, irritabel *fachspr;* **~ heart** überempfindliches Herz; **~ to the touch** [sehr] berührungsempfindlich

irritable bowel *n,* **irritable bowel syndrome** *n* MED Darmreizung *f,* Reizkolon *m*

irritably ['ɪrɪtəbli, AM -ţ-] *adv* gereizt, erregt, empfindlich; **to react ~** gereizt [*o* empfindlich] reagieren

irritant ['ɪrɪtᵊnt, AM -ţənt] *n* ❶ CHEM, MED (*substance*) Reizstoff *m,* Reizmittel *nt;* MIL Reizkampfstoff *m*
❷ (*annoyance*) Ärgernis *nt;* ***the noise of traffic is an ~ to us*** uns geht der Verkehrslärm auf die Nerven

irritate ['ɪrɪteɪt] *vt* ❶ (*pej: provoke*) ■ **to ~ sb** jdn [ver]ärgern [*o* reizen]; **to be intensely ~d** äußerst ungehalten [*o* verärgert] sein; **to feel ~d at sth** sich *akk* über etw *akk* ärgern
❷ MED (*pej: inflame*) **to ~ skin** Hautreizungen hervorrufen

irritating ['ɪrɪteɪtɪŋ, AM -ţ-] *adj* (*pej*) ärgerlich, lästig; **~ affair/incident** ärgerliche Sache/ärgerlicher Vorfall; **~ behaviour** [*or* AM **behavior**] irritierendes Verhalten; **~ conflicts** unangenehme Konflikte; **~ indifference** aufreizende Gleichgültigkeit; **~ problems/questions** lästige Probleme/Fragen

irritatingly ['ɪrɪteɪtɪŋli, AM -ţ-] *adv* (*pej*) ärgerli-

cherweise; ~ **blasé** [*or* **smug**] aufreizend blasiert; ~ **slow** unerträglich langsam
irritation [ˌɪrɪˈteɪʃᵊn] *n* ❶ (*annoyance*) Ärger *m*, Verärgerung *f;* ▪**to be an** ~ **to sb** jdn [ver]ärgern [*o geh* irritieren]; **to cause** ~ Ärger erregen, Verärgerung hervorrufen
❷ (*nuisance*) Ärgernis *nt;* **minor** ~ kleineres Ärgernis
❸ MED (*inflammation*) Reizung *f;* ~ **of the eye** Augenreizung *f;* **skin** ~ Hautreizung *f;* **to cause** ~ eine Reizung hervorrufen
irrupt [ɪˈrʌpt] *vi* ❶ (*enter forcibly or suddenly*) eindringen
❷ (*migrate in large numbers*) einfallen
irruption [ɪˈrʌpʃᵊn] *n* ❶ (*forcible entry*) Eindringen *nt kein pl*
❷ (*migration in large numbers*) Einfall *m kein pl*
IRS [ˌaɪɑːrˈes] *n* AM *abbrev of* **Internal Revenue Service** Finanzamt *nt*
is [ɪz, z] *aux vb 3rd pers. sing of* **be**
ISBN [ˌaɪesbiːˈen] *n* PUBL *abbrev of* **International Standard Book Number** ISBN-Nummer *f*
ISDN [ˌaɪesdiːˈen] *n* TELEC *abbrev of* **integrated services digital network** ISDN
-ish [ɪʃ] *in compounds* -lich, -haft; **blueish** bläulich; **boyish** jungenhaft; ***he'll be here about ten o'clock-ish*** er ist so gegen zehn Uhr hier; ***she's 34-ish*** sie ist um die 34 Jahre alt
Islam [ˈɪzlɑːm] *n no pl, no art* Islam *m*
Islamic [ɪzˈlɑːmɪk] *adj inv* REL (*hist*) islamisch; ~ **calendar** islamischer Kalender; ~ **law** islamisches Recht
Islamist [ˈɪzləmɪst] **I.** *n* Islamist(in) *m(f)*
II. *n modifier* islamistisch
island [ˈaɪlənd] *n* ❶ (*also fig: in the sea*) Insel *f;* ~ **of calm** (*fig*) Insel *f* der Ruhe
❷ (*on street*) Verkehrsinsel *f*
▶ PHRASES: **no man is an** ~ (*prov*) niemand ist alleine auf der Welt
islander [ˈaɪləndəʳ, AM -ɚ] *n* Inselbewohner(in) *m(f)*, Insulaner(in) *m(f);* **the Falkland ~s** die Bewohner(innen) *mpl(fpl)* der Falklandinseln
island-hopping *n* TOURIST Inselhüpfen *nt* (*dabei werden nacheinander mehrere Inseln eines Archipels besucht*)
isle *n*, **Isle** [aɪl] *n* (*esp form, poet*) [kleine] Insel, Eiland *nt poet;* **I~ of Man** die Insel Man; **the British I~s** die Britischen Inseln
islet [ˈaɪlət, AM -lɪt] *n* (*liter*) Inselchen *nt*, winziges Eiland *liter*
ism [ɪzᵊm] *n* (*esp pej fam*) Ismus *m pej*, bloße [*o* reine] Theorie; ***we'll talk peace with anybody whatever their ~s are*** wir diskutieren mit jedem über Frieden, welche Ismen er auch vertreten mag
isn't [ɪzᵊnt] = **is not** *see* **be**
ISO [ˌaɪesˈəʊ, AM -ˈoʊ] *n abbrev of* **International Standards Organization** ISO *f*
isobar [ˈaɪsə(ʊ)bɑːʳ, AM -soʊbɑːr] *n* METEO Isobare *f*
isolate [ˈaɪsəleɪt] *vt* ❶ (*set apart*) ▪**to** ~ **sb/sth** [**from sb/sth**] jdn/etw [von jdm/etw] trennen [*o* isolieren]; ***it is impossible to ~ political responsibility from moral responsibility*** politische Verantwortung lässt sich nicht von moralischer Verantwortung trennen; ▪**to** ~ **oneself** [**from sb/sth**] sich *akk* [von jdm/etw] absondern [*o fam* abkapseln]
❷ CHEM, ELEC (*separate*) **to ~ sth from the electric circuit** etw vom Stromkreis trennen; **to ~ a substance** eine Substanz isolieren
❸ (*identify*) **to ~ a problem** ein Problem gesondert betrachten
isolated [ˈaɪsəleɪtɪd, AM -t̬-] *adj* ❶ (*outlying*) abgelegen, abseits gelegen; (*detached*) *building, house* allein [*o* frei] stehend; ~ **hotel** abgelegenes Hotel
❷ (*solitary*) einsam [gelegen], abgeschieden *geh;* ~ **pawn** einsamer Bauer; ~ **village** abgeschiedenes Dorf
❸ (*excluded*) *country* isoliert; **diplomatically/politically** ~ diplomatisch/politisch isoliert
❹ (*lonely*) einsam, vereinsamt; **to feel** ~ sich *akk* einsam fühlen
❺ (*single*) vereinzelt, einzeln; ***there have been a few ~ instances of racial problems*** es traten einige vereinzelte Rassenprobleme auf; **in ~ cases** in Einzelfällen; ~ **phenomenon** Einzelphänomen *nt*
isolation [ˌaɪsᵊlˈeɪʃᵊn] **I.** *n no pl* ❶ (*separation*) Isolation *f*, Isolierung *f*, Absonderung *f*, Trennung *f;* ~ **from moisture/noise** Isolierung *f* gegen Feuchtigkeit/Schall; **to keep a patient in complete** ~ einen Patienten/eine Patientin vollständig isolieren; **to keep a prisoner in** ~ eine(n) Strafgefangene(n) in Einzelhaft verwahren
❷ (*remoteness*) *of a hotel, lake* Abgelegenheit *f*
❸ (*solitariness*) *of a village* Einsamkeit *f*, einsame Lage, Abgeschiedenheit *f geh*
❹ (*exclusion*) *of a country* Isolation *f*
❺ (*loneliness*) Isolation *f*, Vereinsamung *f*, Vereinzelung *f*
II. *n modifier* (*block, cell*) Isolations-; (*resistor, switch*) Trenn-
isolation hospital *n* Infektionskrankenhaus *nt*
isolationism [ˌaɪsᵊlˈeɪʃᵊnɪzᵊm] *n no pl* POL, HIST Isolationismus *m*
isolationist [ˌaɪsᵊlˈeɪʃᵊnɪst] POL, HIST **I.** *adj* isolationistisch
II. *n* Isolationist(in) *m(f)*
isolation ward *n* Isolierstation *f*
isomer [ˈaɪsəməʳ, AM -soʊmɚ] *n* CHEM, NUCL Isomer(e) *nt*
isometric [ˌaɪsə(ʊ)ˈmetrɪk, AM -soʊˈ-] *adj* ❶ CHEM (*equiangular*) *crystals, rocks* isometrisch
❷ TECH (*to scale*) *drawing, map* längentreu, isometrisch
❸ MED (*with equal refraction*) *eyes* gleichsichtig, isometrisch, isometrop *fachspr*
❹ ANAT, MED (*strengthening muscles*) isometrisch *fachspr;* ~ **exercises/relaxation** isometrische Übungen/Entspannung
❺ LIT (*with equal lines*) *stanza, strophe* gleich lang, isometrisch *fachspr*
isomorphic [ˌaɪsəʊˈmɔːfɪk, AM soʊˈmɔːrfɪk] *adj inv* isomorph
isosceles triangle [aɪˌsɒsᵊliːzˈ-, AM -ˌsɑːs-] *n* MATH gleichschenkliges Dreieck
isotherm [ˈaɪsə(ʊ)θɜːm, AM -soʊθɜːrm] *n* METEO, PHYS Isotherme *f*
isotonic [ˌaɪsəˈtɒnɪk, AM -ˈtɑːn-] *adj* PHYS isotonisch
isotope [ˈaɪsətəʊp, AM -toʊp] *n* CHEM Isotop *nt*
Israel [ˈɪzreɪ(ə)l, AM -riəl] *n* Israel *nt*
Israeli [ɪzˈreɪli] **I.** *n* Israeli *m o f*
II. *adj* israelisch
Israelite [ˈɪzriəlaɪt] *n* Israelit(in) *m(f)*
issuance [ˈɪʃuᵊn(t)s] *n* (*form*) [Her]ausgabe *f*, Ausstellung *f form;* ~ **of a document** Ausstellung *f* einer Urkunde; ~ **of a law** Erlass *m* eines Gesetzes; ~ **of a licence** [*or* AM **license**] Erteilung *f* einer Lizenz; ~ **of material** Materialausgabe *f;* ~ **of an order** Erteilung *f* eines Befehls; ~ **of securities** STOCKEX Ausgabe *f* von Wertpapieren, Effektenemission *f fachspr;* ~ **of shares** [*or* **stocks**] Aktienausgabe *f*
issue [ˈɪʃuː] **I.** *n* ❶ (*topic*) [Streit]frage *f*, Angelegenheit *f*, Thema *nt*, Problem *nt;* ***she has changed her mind on many ~s*** sie hat ihre Einstellung in vielen Punkten geändert; **familiy ~s** Familienangelegenheiten *fpl;* **the point at** ~ der strittige Punkt; **side** ~ Nebensache *f;* **the ~ at stake** der springende Punkt; **a burning** ~ eine brennende Frage; **environmental** ~ Umweltproblem *nt;* **ethical** ~ ethische Frage; **the real ~s** die Kernprobleme *ntpl;* **to address an** ~ ein Thema ansprechen; **to avoid an** ~ einem Thema ausweichen; **to confuse an** ~ um etw *akk* herumreden; **to make an ~ of sth** etw aufbauschen; **to take ~ with sb** [**over sth**] (*form*) sich *akk* mit jdm auf eine Diskussion [über etw *akk*] einlassen; **at** ~ strittig
❷ (*making available*) *of publication* Ausgabe *f*, Nummer *f;* **latest** ~ aktuelle Ausgabe
❸ FIN, STOCKEX *of banknotes, shares, stamps* Ausgabe *f; of shares also* Emission *f; of loan* Auflegung *f; of cheque* Ausstellung *f;* ~ **at par** FIN Pari-Emission *f;* ~ **of securities** Wertpapieremission *f;* **new** ~ Neuemission *f*
❹ (*old: offspring*) Nachkommenschaft *f*, Nachkommen *mpl*, Abkömmlinge *mpl*
II. *vt* ▪**to** ~ **sth** (*put out*) etw ausstellen; (*make public*) etw veröffentlichen; **to ~ an arrest warrant** AM einen Haftbefehl erlassen; **to ~ banknotes** Banknoten *fpl* in Umlauf bringen; **to ~ a blast against sth** etw angreifen; **to ~ bonds** FIN Obligationen ausgeben; **to ~ a call for sth** zu etw *dat* aufrufen; **to ~ a communique** ein Kommuniqué herausgeben; **to ~ an invitation** eine Einladung aussprechen; **to ~ a newsletter** ein Rundschreiben veröffentlichen; **to ~ a passport** einen Pass ausstellen; **to ~ a patent** ein Patent erteilen; **to ~ a statement** eine Stellungnahme abgeben; **to ~ an ultimatum** ein Ultimatum stellen; ▪**to ~ sb with sth** jdn mit etw *dat* ausstatten; (*distribute*) etw an jdn austeilen
III. *vi* (*form*) *water* ausströmen; *smoke* hervorquellen; ▪**to ~ from sth** (*be born out of*) aus etw *dat* entspringen, von etw *dat* abstammen; (*come out of*) aus etw *dat* herauskommen
issue(d) price *n* Ausgabekurs *m*, Emissionskurs *m*
issuer *n* Emittent *m*
isthmus [ˈɪsməs] *n* ❶ GEOG (*strip*) Landenge *f*, Isthmus *m fachspr*
❷ ANAT, ZOOL (*passage*) Verengung *f*, Isthmus *m fachspr*
IT [ˌaɪˈtiː] *n no pl* COMPUT *abbrev of* **Information Technology** IT *f*, Informationstechnologie *f*
it [ɪt] *pron* ❶ (*thing*) es; ***see my car over there? — ~'s brand new*** siehst du mein Auto da drüben? – es ist brandneu; ***fear grows — ~ obsesses you — you can't ignore ~*** die Angst wächst – sie umfängt dich – du kannst sie nicht ignorieren; ***the computer hasn't broken down, has ~?*** der Computer ist nicht kaputt, oder?; ***a room with two beds in ~*** ein Raum mit zwei Betten darin; (*of unspecified sex*) er, sie, es; ***she was holding the baby, cradling ~ and smiling into its face*** sie hielt das Baby, wiegte es und lächelte es an
❷ (*activity*) es; ***have you gone windsurfing before? ~'s a lot of fun*** warst du schon früher Windsurfen? es macht großen Spaß; ***stop ~ — you're hurting me*** hör auf [damit] – du tust mir weh; **to be at** ~ an etw *dat* sein; ***that prank caller is at ~ again*** ich habe heute mehrere seltsame Anrufe bekommen – ich glaube, dieser Juxanrufer hat wieder angefangen; ***we heard some terrible music coming from the Smith's — I guess Mr Smith is at ~ again with the drums*** wir hörten grauenhafte Musik von den Smiths kommen – ich glaube, Mr Smith ist wieder an den Trommeln
❸ (*in time phrases: time, past dates*) es; (*day, date*) heute; ***~'s three o'clock*** es ist drei Uhr; ***what time is ~?*** wie spät ist es?; ***~ was Wednesday before I remembered that my birthday had been that Monday*** es war Mittwoch, bevor ich daran dachte, dass am Montag mein Geburtstag gewesen war; ***~'s the fifth of March*** heute ist der fünfte März; ***what day/date is ~?*** welcher Tag/welches Datum ist heute?
❹ (*in weather phrases*) es; ***~ rained all day*** es regnete den ganzen Tag; ***~'s cold — take a jacket*** es ist kalt – nimm eine Jacke mit; ***~ gets dark so early these days*** es wird jetzt so früh finster
❺ (*in distance phrases*) es; ***how far is ~ to New Orleans?*** wie weit ist es bis New Orleans?; ***~'s 10 miles until we're home*** bis nach Hause sind es 10 Meilen; ***~'s just 15 minutes before we'll be there*** wir sind in nur 15 Minuten da; ***~'s a day's walk to get to the town from the farm*** die Stadt liegt einen Tagesmarsch von dem Bauernhaus entfernt
❻ *as subject* (*referring to later part of sentence*) es; ▪**~ is ... to do sth** ***~ isn't easy to find a cheap flat*** es ist nicht leicht, eine billige Wohnung zu finden; ***~'s common to have that problem*** dieses Problem ist weit verbreitet; ▪**~ is ... doing sth** ***~'s no use knocking, she can't hear you*** Klopfen hat keinen Sinn, sie hört dich nicht; ***~'s pointless trying to talk to them when they're in that mood*** es ist sinnlos, mit ihnen zu sprechen zu versuchen,

wenn sie in dieser Stimmung sind; ~ ***'s nice having breakfast out on the balcony*** es ist angenehm, am Balkon zu frühstücken; ■ ~ **is … [that] …** ~ ***'s unlikely that she will arrive on time*** es ist unwahrscheinlich, dass sie rechtzeitig kommt; ~ ***'s true I don't like Sarah*** es stimmt, ich mag Sarah nicht; ~ ***'s important that you should see a doctor*** du solltest unbedingt zu einem Arzt gehen; ~ ***'s a shame I can't come*** es ist schade, dass ich nicht kommen kann; ■ ~ **is …** + *wh- word* ~ ***'s interesting how often she talks to him*** es ist interessant, wie oft sie mit ihm spricht; *as object;* **to find ~ … doing/to do sth** es … finden, etw zu tun; ***I find ~ difficult having two jobs*** ich finde es schwierig, zwei Jobs zu haben; ***I found ~ impossible to get to sleep last night*** ich konnte letzte Nacht einfach nicht einschlafen; **to like ~ … when …** es mögen … wenn …; ***I like ~ in the autumn when the weather is crisp and bright*** ich mag den Herbst, wenn das Wetter frisch und klar ist; **to think ~ … that …** es … finden, dass …; ***he thought ~ strange that she refused to talk to him*** er fand es seltsam, dass sie sich weigerte, mit ihm zu sprechen
❼ (*form: in passive sentences with verbs of opinion, attitude*) man; ■ ~ **is … that …** ~ ***is thought that he tried to contact his family on Friday*** man nimmt an, dass er am Freitag versuchte, seine Familie zu kontaktieren; ~ ***is said that she has left the country*** es heißt, dass sie das Land verlassen hat
❽ (*emph*) ■ ~ **is … who/that …[, not …]** ~ ***was Paul who came here in September, not Bob*** Paul kam im September, nicht Bob; ~ ***was in Paris where we met, not in Marseilles*** wir trafen uns in Paris, nicht in Marseilles
❾ (*situation*) es; ~ ***appears that we have lost*** mir scheint, wir haben verloren; ~ ***looks unlikely that we shall get the order*** es ist unwahrscheinlich, dass wir den Auftrag bekommen; ~ ***sounds an absolutely awful situation*** das klingt nach einer schrecklichen Situation; ~ ***takes [me] an hour to get dressed in the morning*** ich brauche morgens eine Stunde, um mich anzuziehen; ***if you wait ~ out, …*** wenn du nur lange genug wartest, …; ***if ~'s convenient*** wenn es Ihnen/dir passt; ***they made a mess of ~*** sie versauten es *sl;* ***we had a hard time of ~ during the drought*** während der Dürre hatten wir es schwer
❿ (*right thing*) es; ***that's absolutely ~ — what a great find!*** das ist genau das – ein toller Fund!; ***that's ~!*** das ist es!; **to think one is ~** sich *akk* für den Größten/die Größte halten
⓫ (*trouble*) **to be in for ~** Probleme haben; **to get ~** Probleme kriegen; **that's not ~** das ist es nicht; ***do you think there was a short circuit? — no, that's not ~*** glaubst du, es war ein Kurzschluss? – nein, das ist es nicht
⓬ (*the end*) **that's** [*or* **this is**] ~ das war's; ***this is ~, I'm going*** das war's, ich gehe
⓭ (*player*) **to be ~** dran sein; ***so, John's ~ first*** John ist als erster dran
⓮ (*fam: sex*) es; **to do ~** es treiben
► PHRASES: **go for ~!** Hoppauf!; (*encouragement*) ***go for ~, girl!*** du schaffst es, Mädchen!; **to have ~ in for sb** es auf jdn abgesehen haben; **this is ~** jetzt geht's los; **to run for ~** davonlaufen; **use ~ or lose ~** (*prov*) wer rastet, der rostet; **that's** [*or* **this is**] ~ das ist der Punkt

ITA [ˌaɪtiːˈeɪ] *n no pl,* + *sing/pl vb* BRIT *abbrev of* **Independent Television Authority:** ■ **the ~** die ITA

Italian [ɪˈtæliən, AM -jən] **I.** *n* ❶ (*native*) Italiener(in) *m(f)*
❷ (*language*) Italienisch *nt*
II. *adj* italienisch

Italianate [ɪˈtæliəneɪt, AM jənɪt] *adj inv* italianisiert

italic [ɪˈtælɪk] **I.** *adj* TYPO kursiv; ~ **type** Kursivschrift *f*
II. *n* TYPO Kursive *f*

italicize [ɪˈtælɪsaɪz] *vt* TYPO **to ~ a passage** eine Passage kursiv drucken

italics [ɪˈtælɪks] *npl* TYPO Kursivschrift *f,* Kursivdruck *m;* **printed in ~** kursiv gedruckt

Italo-American [ɪˌtæləʊəˈmerɪkən, AM -loʊə'-] *n* Italo-Amerikaner(in) *m(f)*

Italophile [ɪˈtæləʊfaɪl, AM -loʊ-] *n* Italienbewunderer, Italienbewunderin *m, f*

Italy [ˈɪtəli, AM -t̬ə-] *n* Italien *nt*

ITC [ˌaɪtiːˈsiː] *n no pl,* + *sing/pl vb abbrev of* **Independent Television Commission:** ■ **the ~** die ITC

itch [ɪtʃ] **I.** *n* <*pl* -es> ❶ (*irritation*) Jucken *nt,* Juckreiz *m;* **to have got an ~** einen Juckreiz haben; ***I've got an ~ on my back*** es juckt mich am Rücken
❷ MED (*irritation*) Hautjucken *nt,* Pruritus *m fachspr;* ■ **the ~** die Krätze [*o fachspr* Skabies]
❸ (*fig fam: desire*) **to have an ~ for sth** wild [*o* scharf] auf etw *akk* sein *sl*
II. *vi* ❶ (*prickle*) jucken; ***my nose is ~ing*** mir [*o* mich] juckt die Nase; ***he was ~ing all over*** es juckte ihn überall
❷ (*fig fam: desire*) ■ **to be ~ing** [*or* **to ~**] **to do sth** ganz wild [*o fam* scharf] darauf sein, etw zu tun *fam;* ***he was ~ing to hear the results*** er war ganz wild auf die Ergebnisse; ***she was ~ing to clip him round the ear*** es juckte ihr in den Fingern, ihm eine runterzuhauen *fig fam;* ■ **to ~ for sth** ganz wild [*o fam* scharf] auf etw *akk* sein *fam;* **to be ~ing for trouble/a fight** auf Ärger/Streit aus sein

itching [ˈɪtʃɪŋ] *n no pl* Jucken *nt,* Juckreiz *m*

itching palm *n see* **itchy palm**

itchy [ˈɪtʃi] *adj* ❶ (*rough*) *sweater etc* kratzend, kratzig; ~ **wool** kratzende Wolle
❷ (*causing sensation*) juckend; ***I've got an ~ scalp*** meine Kopfhaut juckt; ***the dust made me feel ~ all over*** der Staub löste bei mir einen Juckreiz am ganzen Körper aus; **to have ~ fingers** (*fig*) lange Finger machen *fig;* ~ **rash** juckender Ausschlag

itchy feet *npl* (*fig fam*) **to have ~** es irgendwo nicht mehr aushalten; (*want to travel*) den Reisetrieb haben; (*want new job*) sich *akk* nach einer anderen Stelle sehnen **itchy palm** *n* (*fig pej dated*) **to have an ~** gern die Hand aufhalten *fam*

it'd [ˈɪtəd, AM -t̬-] = **it would/had** *see* **would, have I, II**

item [ˈaɪtəm, AM -t̬-] *n* ❶ (*single thing*) Punkt *m;* (*in catalogue*) Artikel *m;* (*in account book*) Posten *m;* ~ **on the agenda** Tagesordnungspunkt *m;* ~ **of the budget** ECON [Haushalts]titel *m;* ~ **of clothing** Kleidungsstück *nt;* ~ **in a contract** Ziffer *f* [*o* [Unter]absatz *m*] in einem Vertrag; ~ **of furniture** Einrichtungsgegenstand *m,* Möbelstück *nt;* ~ **in a list** Posten *m* auf einer Liste; **luxury ~** Luxusartikel *m;* ~ **of mail** Postsendung *f;* ~ **of news, news ~** Pressenotiz *f,* Zeitungsnotiz *f;* **fast-selling ~** gut gehender Artikel; **down to the last ~** bis ins letzte Detail; **to buy miscellaneous ~s** verschiedene Dinge [*o* Sachen] kaufen; **to give relevant ~s** wichtige Details [*o* Einzelheiten] nennen; ~ **by ~** Punkt *m* für Punkt; ***bread, milk, and other food ~s*** Brot, Milch und andere Lebensmittel; ***the restaurant has a menu of about fifty ~s*** die Speisekarte des Restaurants umfasst rund fünfzig Gerichte; ***we'll check various ~s in the tender*** wir prüfen verschiedene Einzelheiten der Ausschreibung
❷ (*object of interest*) Frage *f,* Anliegen *nt,* Gegenstand *m;* **an ~ of great importance** ein wichtiges Anliegen; **an ~ of political interest** ein Gegenstand *m* des politischen Interesses
❸ (*topic*) Thema *m;* (*on agenda*) Punkt *m;* ***the index lists all ~s covered*** in dem Verzeichnis sind alle behandelten Themen aufgeführt
❹ (*fig fam: couple*) Zweierkiste *f,* Beziehungskiste *f fam;* ***are you two an ~, or just friends?*** habt ihr beiden etwas miteinander, oder seid ihr nur Freunde?

itemize [ˈaɪtəmaɪz, AM -t̬-] *vt* (*form*) ■ **to ~ sth** etw näher angeben [*o* spezifizieren] [*o form* einzeln aufführen]; **to ~ an account** [*or* **a bill**] eine Rechnung spezifizieren; ***I asked the telephone company to ~ my phone bill*** ich bat die Telefongesellschaft, mir eine detaillierte Telefonrechnung auszustellen; **to ~ costs** Kosten aufgliedern; **to ~ the stock** den Bestand auflisten

itemized bill *n* Einzelrechnung *f,* spezifizierte Rechnung **itemized list** *n* Einzelaufstellung *f*

iterate [ˈɪtəreɪt, AM ˈɪt̬ər-] *vt* (*form*) ■ **to ~ sth** etw wiederholen; **to ~ a complaint** eine Beschwerde erneut vorbringen *form*

iteration [ˌɪtəˈreɪʃən, AM ˌɪt̬ə] *n* ❶ (*repetition*) Wiederholung *f*
❷ COMPUT, MATH Iteration *f*
❸ (*software or hardware version*) Iteration *f*

It girl *n* BRIT Glamourgirl *nt,* Sternchen *nt fig,* Debütantin *f*

itinerant [aɪˈtɪnərənt, AM -nɚ-] **I.** *n* ❶ (*unsettled person*) Vagabund(in) *m(f)*
❷ (*migrant worker*) Wanderarbeiter(in) *m(f),* Saisonarbeiter(in) *m(f);* (*traveller*) beruflich Reisender/beruflich Reisende, ambulanter Händler/ambulante Händlerin, Wandergewerbetreibende(r) *f(m);* (*as a minstrel*) Fahrende(r) *f(m) hist*
II. *adj* ❶ (*vagabond*) umherwandernd, umherziehend, fahrend *hist*
❷ (*migrant*) Wander-, Saison-; ~ **labourer** [*or* AM *usu* **worker**] Wanderarbeiter(in) *m(f)*
❸ (*travelling*) reisend, Wander-, fahrend *hist;* ~ **judge** LAW, HIST fahrender Richter *hist;* ~ **merchant** reisender Händler/reisende Händlerin, Wandergewerbetreibende(r) *f(m)*

itinerary [aɪˈtɪnərəri, AM -nəreri] *n* ❶ (*course*) Reiseroute *f,* Reiseweg *m*
❷ (*outline*) Reiseplan *m*
❸ (*account*) Reisebericht *m*
❹ (*book*) [Reise]führer *m*

it'll [ˈɪtəl, AM ˈɪt̬-] = **it will/it shall** *see* **will¹, shall**

ITN [ˌaɪtiːˈen] *n no pl* BRIT *abbrev of* **Independent Televison News** *britischer Fernsehsender*

its [ɪts] *pron poss* sein(e), ihr(e)

it's [ɪts] = **it is/it has** *see* **be/have I, II**

itself [ɪtˈself] *pron reflexive* ❶ *after vb* sich [selbst] +*dat o akk;* ***the cat is hiding ~*** die Katze versteckt sich; ***this rocket destroys ~*** diese Rakete zerstört sich selbst; ***his horse hurt ~*** sein Pferd hat sich verletzt
❷ *after prep* sich [selbst] +*dat o akk;* ***the animal has to fend for ~ — it doesn't get fed at home*** das Tier muss für sich selbst sorgen – es wird zu Hause nicht gefüttert
❸ (*specifically*) ■ **sth ~** etw selbst; ***the shop ~ started 15 years ago*** der Geschäft selbst öffnete vor 15 Jahren; **to be sth ~** etw in Person sein; ***Mrs Vincent was punctuality ~*** Mrs. Vincent war die Pünktlichkeit in Person
❹ (*alone*) **to keep sth to ~** etw geheim halten; **[all] by ~** [ganz] allein
► PHRASES: **in ~** selbst; ***the plan wasn't illegal in ~*** der Plan selbst war nicht illegal; ***creativity in ~ is not enough to make a successful company*** Kreativität alleine genügt nicht, um eine erfolgreiche Firma aufzubauen

itsy-bitsy [ˌɪtsiˈbɪtsi] *adj* (*hum*), *esp* AM, AUS **itty-bitty** [ˌɪtiˈbɪti, AM ˌɪt̬iˈbɪt̬i] *adj* (*also childspeak hum fam*) klitzeklein *hum fam*

ITV [ˌaɪtiːˈviː] *n no pl, no art* BRIT *abbrev of* **Independent Television**

IUD [ˌaɪjuːˈdiː] *n* MED *abbrev of* **intra-uterine device** Intrauterinpessar *nt*

IV [ˌaɪˈviː] *adj* MED *abbrev of* **intravenous** intravenös; ~ **drug users** sich *akk* intravenös spritzende Drogensüchtige; ~ **injection** intravenöse Injektion

I've [aɪv] = **I have** *see* **have I, II**

IVF [ˌaɪviːˈef] *n* MED *abbrev of* **in vitro fertilization** IVF *f*

ivied [ˈaɪvid] *adj* (*liter*) efeuumrankt *liter,* mit Efeu bewachsen

ivory [ˈaɪvəri] **I.** *n* ❶ *no pl* (*substance*) Elfenbein *nt*
❷ (*tusk*) Stoßzahn *m*
❸ (*article*) Elfenbeinarbeit *f,* Elfenbeinschnitzerei *f*
❹ *pl* (*hum fam: piano*) ■ **the ivories** die Tasten *fpl,* der Klimperkasten *hum fam;* **to tickle** [*or* **tingle**] **the ivories** ein bisschen auf dem Klavier herumklimpern
► PHRASES: **to show one's ivories** (*dated sl*) die Zähne zeigen *fam*

II. *n modifier* elfenbeinern, Elfenbein-; ~ **carving** Elfenbeinschnitzerei *f;* ~ **trade** Elfenbeinhandel *m*
III. *adj* elfenbeinfarben

Ivory Coast *n* Elfenbeinküste *f* **ivory tower I.** *n* (*fig pej form*) ① (*remote place*) weltabgeschiedener [*o* weltabgewandter] Ort, Elfenbeinturm *m* ② (*aloofness*) Weltabgeschiedenheit *f,* Weltabgewandtheit *f,* Weltfremdheit *f;* **to live in an** ~ im Elfenbeinturm leben [*o* sitzen] **II.** *adj* weltfremd, weltabgewandt, weltabgeschieden

ivy ['aɪvi] *n* Efeu *m;* **variegated ivies** bunter Efeu

Ivy League I. *n* Eliteuniversitäten *fpl* der Ivy League (im Nordosten der USA)
II. *n modifier* der Ivy League angehörende Eliteuniversitäten

J

J <*pl* -'s>, **j** <*pl* 's *or* -s> [dʒeɪ] *n* J *nt,* j *nt;* ~ **for Jack** [*or* AM **as in Jig**] J für Julius

J *n* LAW *abbrev of* **Justice** Richter *m*

jab [dʒæb] **I.** *n* ① (*poke*) Stoß *m,* Schubs *m fam;* **to give sb a [sharp]** ~ jdm einen [kräftigen] Stoß [*o fam* Schubs] versetzen
② BOXING Jab *m fachspr,* Gerade *f;* **a left/right** ~ eine linke/rechte Gerade
③ BRIT, AUS (*fam: injection*) Spritze *f;* ***what ~s do I need for Egypt?*** welche Impfungen brauche ich für Ägypten?
④ (*also fig: sharp sensation*) Stich *m a. fig*
II. *vt* <-bb-> ① (*poke or prick*) ■**to** ~ **sb [with sth]** jdn [mit etw *dat*] stechen [*o fam* pik[s]en]; ■**to** ~ **sth at sb/sth** etw gegen jdn/etw stoßen; **to** ~ **a finger at sb/sth** auf jdn/etw mit dem Finger tippen; ■**to** ~ **sth in[to] sth** etw in etw *akk* hineinstechen; ***the doctor ~bed the needle in[to] my arm*** der Arzt verpasste mir eine Spritze in den Arm *fam*
② (*kick*) schießen; ***he ~bed the ball wide of the goal*** er schlug den Ball weit vom Tor ab
III. *vi* <-bb-> ① (*poke*) schlagen; BOXING eine [kurze] Gerade schlagen; ■**to** ~ **at sb** auf jdn einschlagen; BOXING jdm eine [kurze] Gerade verpassen *fam*
② (*thrust at*) ■**to** ~ **at sb/sth [with sth]** [mit etw *dat*] auf jdn/etw einstechen; ***he ~bed at the paragraph with his pencil*** er tippte mit dem Bleistift auf den Paragraphen

jabber ['dʒæbəʳ, AM -ɚ] (*pej*) **I.** *n no pl* ① (*talk*) Geplapper *nt pej fam,* Geschnatter *nt pej fam*
② COMPUT Störsignal *nt,* Jabber-Signal *nt*
II. *vi* plappern, quasseln; ■**to** ~ **about sth** über etw *akk* quasseln *fam*
III. *vt* (*blurt out*) ■**to** ~ **out** ○ **sth** etw daherplappern *fam;* ***he ~ed out something about an accident*** er quasselte etwas von einem Unfall daher *fam*
◆**jabber away** *vi* (*pej*) [drauflos]quasseln *pej fam*

jabberer ['dʒæbᵊrəʳ, AM -ɚɚ] *n* (*pej*) Dummschwätzer *m pej fam*

jabbering ['dʒæbᵊrɪŋ, AM -ɚɪŋ] *n see* **jabber I**

jacaranda <*pl* – *or* -s> [ˌdʒækə'rændə] *n* BOT Jakaranda[baum] *m*

jack [dʒæk] *n* ① (*tool*) Hebevorrichtung *f;* AUTO Wagenheber *m*
② CARDS Bube *m;* **the** ~ **of clubs/hearts** der Kreuz-/Herzbube
③ SPORTS (*bowls or boules*) Zielkugel *f*
④ (*money*) **to not receive** [*or* **get**] ~ (*sl*) keinen Pfennig sehen *fig fam*
⑤ COMPUT Stecker *m,* Buchse *f*
◆**jack around** *vt* (*fam*) ■**to** ~ **sb around** jdn an der Nase herumführen *fam*
◆**jack in** *vt* BRIT (*fam*) ■**to** ~ **in** ○ **sth** *job* etw hinschmeißen *fam* [*o sl* stecken]; ***I'm going to ~ it in — I'm really tired*** ich geb's auf – ich habe es echt satt
◆**jack off** *vi esp* AM (*vulg*) es sich *dat* besorgen *vulg,* sich *dat* einen runterholen *vulg*
◆**jack up I.** *vt* ■**to** ~ **up** ○ **sth** ① (*raise a heavy object*) etw hoch heben; **to** ~ **up a car** ein Auto aufbocken
② (*fig fam: raise*) etw erhöhen; **to** ~ **up the prices/the rent** die Preise/die Miete in die Höhe treiben
II. *vi* (*sl*) fixen *fam,* drücken *fam*

Jack [dʒæk] *n* ▶ PHRASES: ~ **the Lad** BRIT (*fam*) Prahlhans *m fam;* **every man** ~ (*fam*) jedermann; **hit the road,** ~ (*fam*) zieh Leine! *fam,* hau ab! *fam;* **before you can** [*or* **could**] **say** ~ **Robinson** im Handumdrehen *fam,* in Null Komma nichts *fam;* **you don't know** ~ **[shit]** (*fam!*) du hast doch keinen blassen Dunst! *fam;* **I'm all right** ~ AM (*fam*) das kann mich überhaupt nicht jucken [*o* lässt mich völlig kalt] *fam*

jackal ['dʒækɔːl, AM -kᵊl] *n* ① (*animal*) Schakal *m*
② (*fig pej: self-seeking person*) Handlanger(in) *m(f) pej,* Helfershelfer(in) *m(f) pej*

jackaroo [ˌdʒækᵊr'uː] *n* AUS (*fam*) Neuling *m,* Lehrling *m* (*auf einer Schaf- oder Rinderfarm*)

jackass ['dʒækæs] *n* ① (*donkey*) Esel *m*
② (*fam: idiot*) Esel *m pej fam,* Trottel *m pej fam,* Depp *m* SÜDD, ÖSTERR, SCHWEIZ *pej fam*
③ AUS ORN (*dated: kookaburra*) Rieseneisvogel *m,* Lachender Hans

jackboot ['dʒækbuːt] *n* Schaftstiefel *m*
▶ PHRASES: **to live under the** ~ unter einem harten Regime leben

jackbooted ['dʒækbuːtɪd] *adj* ■**to be** ~ Schaftstiefel tragen

jackdaw ['dʒækdɔː, AM -dɑː] *n* Dohle *f*

jacket ['dʒækɪt] *n* ① FASHION Jacke *f* ② (*of a book*) [**dust**] ~ Schutzumschlag *m* ③ AM, AUS MUS [Schall]plattenhülle *f* **jacket potato** *n* Folienkartoffel *f,* Ofenkartoffel *f*

Jack Frost *n* (*childspeak*) Väterchen *nt* Frost *hum*
jackhammer *n* AM, AUS Presslufthammer *m*
jack-in-the-box *n* Schachtelmännchen *nt;* (*fig*) Hampelmann *m* **jackknife I.** *n* ① (*knife*) Klappmesser *nt,* [großes] Taschenmesser ② SPORTS Hechtsprung *m,* gehechteter Kopfsprung **II.** *vi* ① (*fold together*) [wie ein Taschenmesser] zusammenklappen; ***the truck ~d on the icy road*** der Lastwagen stellte sich auf der vereisten Straße quer ② SPORTS hechten, einen Hechtsprung [*o* gehechteten Kopfsprung] machen **jackknife dive** *n* Hechtbeuge *f,* Hechtsprung *m* **jack-of-all-trades** <*pl* jacks-> *n* ① (*handyman*) Mädchen *nt* für alles *hum;* ■**to be a** ~ alle anfallenden Arbeiten erledigen ② (*able to do many jobs*) Alleskönner(in) *m(f)* ▶ PHRASES: **a** ~, **master of none** ein Hansdampf *m* in allen Gassen
jack-o'-lantern *n* AM Kürbislaterne *f* **jack plug** *n* BRIT ELEC Bananenstecker *m* **jackpot** *n* Jackpot *m,* Hauptgewinn *m;* **to hit** [*or* **win**] **the** ~ den Jackpot knacken *fam,* den Hauptgewinn ziehen ▶ PHRASES: **to hit the** ~ (*fig fam: have luck*) das große Los ziehen; (*have success*) einen Bombenerfolg haben *fam* **jackrabbit** *n* ZOOL Eselhase *m* **Jack Russell** ['dʒækˌrʌsᵊl] *n* Jack-Russell-Terrier *m*

jacks [dʒæks] *n + sing vb esp* AM *Kinderspiel, bei dem man einen Ball in die Luft werfen und vor dem Auffangen mit derselben Hand so viele Gegenstände wie möglich aufheben muss*

Jacobean [ˌdʒækə(ʊ)'biːən, AM -kə'-] *adj inv* aus der Zeit Jakobs I. *nach n;* ~ **furniture** Möbel *pl* im Stil der Zeit Jakobs I.

Jacobite ['dʒækəʊbaɪt, AM kəbaɪt] *n* HIST Jakobit(in) *m(f)*

jacuzzi® *n,* **Jacuzzi**® [dʒə'kuːzi] *n* Whirlpool *m*

jade [dʒeɪd] **I.** *n* ① *no pl* (*precious green stone*) Jade *m o f*
② (*colour*) Jadegrün *nt*
③ *modifier* (*made of jade*) (*brooch, earrings*) Jade-, aus Jade *nach n*
II. *adj* jadegrün

jaded ['dʒeɪdɪd] *adj* ① (*exhausted*) erschöpft
② (*dulled*) übersättigt; ***perhaps some caviar can tempt your ~ palate*** vielleicht kann etwas Kaviar deinen verwöhnten Gaumen kitzeln; ■**to be** ~ **with sth** einer S. *gen* müde [*o* überdrüssig] sein

jag [dʒæg] **I.** *n* Zacke *f,* Spitze *f*
II. *vt* ■**to** ~ **sth** etw auszacken

Jag [dʒæg] *n* AUTO (*fam*) *short for* **Jaguar**® Jag *m*

jagged ['dʒægɪd] *adj* gezackt; *coastline, rocks* zerklüftet; *cut, tear* ausgefranst; ~ **nerves** (*fig*) angeschlagene Nerven

jaggedly ['dʒægɪdli] *adv* gezackt

jaggery ['dʒægᵊri] *n no pl* Jagre[s]zucker *m*

jaggies ['dʒægiz] *npl* COMPUT gezackte Ränder

jaggy ['dʒægi] *adj* gezackt, zackig

jaguar ['dʒægjuəʳ, AM -wɑːr] *n* Jaguar *m*

jail [dʒeɪl] **I.** *n* Gefängnis *nt;* **to break out of** ~ aus dem Gefängnis ausbrechen; **to go to** ~ ins Gefängnis kommen, eingesperrt werden; ***"go directly to ~"*** (*Monopoly*) „gehen Sie direkt in das Gefängnis"; **to put sb in** [*or* **send sb to**] ~ jdn ins Gefängnis bringen; **to be released from** ~ aus dem Gefängnis entlassen werden; **to be in** ~ **[for sth]** [wegen einer S. *gen*] im Gefängnis sitzen
II. *vt* ■**to** ~ **sb** jdn einsperren [*o* inhaftieren]; **to** ~ **sb for three months** jdn für drei Monate einsperren; ***she was ~ed for life*** sie wurde zu lebenslänglicher Haft verurteilt

jailbird *n* (*fam*) Knastbruder *m fam* **jailbreak** *n* Gefängnisausbruch *m;* **to attempt a** ~ einen Ausbruchsversuch unternehmen; **to do a** ~ (*fam*) aus dem Gefängnis ausbrechen **jail-breaker** *n* Ausbrecher(in) *m(f)*

jailer ['dʒeɪləʳ, AM -ɚ] *n* Gefängnisaufseher(in) *m(f),* Gefängniswärter(in) *m(f)*

jailhouse *n esp* AM Gefängnis *nt*

jailor *n see* **jailer**

jail sentence *n,* **jail term** *n* Gefängnisstrafe *f;* **to receive a** ~ zu einer Gefängnisstrafe verurteilt werden; **to serve a** ~ eine Gefängnisstrafe absitzen *fam*

jalopy [dʒə'lɒpi, AM -'lɑːpi] *n* (*hum fam*) [Klapper]kiste *f hum fam*

jam[1] [dʒæm] *n* Marmelade *f*
▶ PHRASES: ~ **today** BRIT die sofortige Erfüllung eines Wunsches; ~ **tomorrow** BRIT leere Versprechungen; ***as children we were always being promised ~ tomorrow*** als Kinder hat man uns immer leere Versprechungen gemacht; **you want** ~ **on it, too, do you?** BRIT (*hum*) du kriegst wohl nie den Hals voll? *fam*

jam[2] [dʒæm] **I.** *n* ① (*fam: awkward situation*) Patsche *f fam,* Klemme *f fam,* missliche Lage; **to be in [a bit of] a** ~ **[ziemlich]** in der Klemme sitzen *fam;* **to get into [a bit of] a** ~ in eine [ziemlich] dumme Situation geraten
② *no pl* (*obstruction*) *of people* Gedränge *nt,* Andrang *m;* **paper** ~ COMPUT Papierstau *m;* [**traffic**] ~ Stau *m*
③ MUS Jamsession *f;* ***let's have a*** ~ lasst uns improvisieren
II. *vt* <-mm-> ① (*block*) ■**to** ~ **sth** etw verklemmen [*o* blockieren]; *switchboard* etw überlasten; ***listeners ~med the radio station's switchboard with calls*** sämtliche Leitungen der Sendezentrale waren durch Höreranrufe blockiert; **to** ~ **sth open** etw aufdrücken [*o* aufstemmen]
② (*cram inside*) ■**to** ~ **sth into sth** etw in etw *akk* [hinein]zwängen [*o fam* [hinein]quetschen]; ***he ~med the bags into the boot of the car*** er stopfte die Tüten in den Kofferraum; ***my tape is ~med in the recorder*** ich habe Bandsalat *fam*
③ RADIO (*make unintelligible*) **to** ~ **a broadcast** eine Übertragung stören
III. *vi* <-mm-> ① (*become stuck*) sich *akk* verklemmen; *brakes* blockieren; ***the rifle ~med*** das Gewehr hatte eine Ladehemmung; ***the key ~med in the lock*** der Schlüssel steckte im Schlüsselloch fest; ***the door ~med behind me and I was locked out*** die Tür fiel hinter mir ins Schloss und ich war ausgesperrt
② (*play music*) [frei] improvisieren, jammen
◆**jam on** *vt* ① (*put on firmly*) ■**to** ~ **sth** ○ **on** etw fest aufsetzen; ***she ~med her hat back on her head*** sie setzte sich den Hut wieder fest auf den Kopf

J

❷ (*apply suddenly*) **to ~ on the brakes** voll auf die Bremse steigen [*o* treten], eine Vollbremsung machen

◆**jam up** *vt* ❶ (*fix in position*) ■**to ~ sth up [against sth]** etw dicht gegen etw *akk* rücken [*o* an etw *akk* heranrücken]; ***she ~med the ladder up against the windowsill*** sie stellte die Leiter von unten gegen das Fenstersims

❷ (*block up*) ■**to ~ up ↻ sth** etw blockieren; **to ~ up a pipe** ein Rohr verstopfen; ***the bicycle gears had been ~med up with dirt*** Dreck hatte die Fahrradgänge völlig blockiert

Jamaica [dʒə'meɪkə] *n* Jamaika *nt*

Jamaican [dʒə'meɪkən] **I.** *n* ❶ (*person*) Jamaikaner(in) *m(f)*

❷ (*language*) Jamaikanisch *nt*

II. *adj* jamaikanisch; **~ rum** Jamaikarum *m*

jamb(e) [dʒæm(b)] *n* ARCHIT [Tür]pfosten *m*, [Fenster]pfosten *m*

jamboree [ˌdʒæmbᵊr'iː, AM -bə'riː] *n* ❶ (*large social gathering*) großes Fest, tolle Party *fam*

❷ (*Scouts' or Guides' rally*) Pfadfindertreffen *nt*

❸ (*pej: political gathering*) Politparty *f fam*

jam jar *n* ❶ (*container*) Marmeladenglas *nt*

❷ BRIT (*rhyming sl: car*) Blechkiste *f fam*

jammed [dʒæmd] *adj* verklemmt; ***the drawer is ~*** die Schublade hat sich verklemmt; ■**to be ~ up** *motorway* verstopft sein; *gun* eine Ladehemmung haben; *switchboard* überlastet sein; ***the traffic was ~ up for miles*** der Verkehr staute sich kilometerlang

jammy ['dʒæmi] *adj* ❶ (*covered with jam*) marmelade[n]verschmiert, marmelade[n]verklebt; **~ fingermarks** Marmeladenabdrücke *mpl*

❷ BRIT (*fam: unfairly lucky*) Glücks-; **~ bastard** [*or* **beggar**] [*or* **devil**] (*fam!*) [gott]verdammter Glückspilz *sl*; ***what a ~ shot!*** was für ein Glückstreffer!

❸ BRIT (*fam: very easy*) kinderleicht *fam*

jam-packed *adj* (*fam*) *bus, shop* proppenvoll *fam*, gerammelt [*o* brechend] voll *fam*; *bag, box* randvoll; *suitcase* voll gestopft; ***the streets were ~ with tourists*** in den Straßen wimmelte es von Touristen **jam roll** *n* AUS Biskuitrolle *f* **jam sandwich** *n* BRIT ❶ (*bread and jam*) zusammengelegtes Marmeladenbrot ❷ (*cake*) *mit Marmelade gefüllte Biskuittorte* **jam session** *n* (*fam*) Jamsession *f*, Jazzimprovisation *f*; **to have a ~** eine Jamsession abhalten, frei improvisieren

Jan. *n abbrev of* **January** Jan.

Jane Doe [ˌdʒeɪn'doʊ] *n no pl, no art* AM Frau Mustermann; AM LAW Frau X *f*

jangle ['dʒæŋgl] **I.** *vt* ❶ (*rattle*) ■**to ~ sth** [mit etw *dat*] klirren; **to ~ bells** Glocken bimmeln lassen; **to ~ coins** mit Münzen klimpern; **to ~ keys** mit Schlüsseln rasseln

❷ (*fig: upset*) **to ~ sb's nerves** jdm auf die Nerven gehen [*o fam* den Nerv töten], jds Nervenkostüm strapazieren *fam*

II. *vi* klirren; *bells* bimmeln

III. *n see* **jangling**

jangled ['dʒæŋgld] *adj* **~ nerves** angegriffene [*o* überreizte] Nerven; ***he got ~ nerves from the baby's incessant crying*** das ständige Schreien des Babys ging ihm an die Nerven

jangling ['dʒæŋglɪŋ] *n no pl of bells* Bimmeln *nt*; *of keys* Klirren *nt*, Rasseln *nt*; *of a telephone* Klingeln *nt*

janitor ['dʒænɪtəʳ, AM -ət̬ɚ] *n esp* AM, SCOT Hausmeister(in) *m(f)*, Hauswart *m* DIAL **janitorial service** [ˌdʒænɪˌtɔːriəl'-] *n* AM (*caretaking service*) Hausmeisterdienst *m*

January ['dʒænjuᵊri, AM -jueri] *n* Januar *m*, Jänner *m* ÖSTERR, SÜDD, SCHWEIZ; *see also* **February**

Jap [dʒæp] (*pej!*) **I.** *n* (*sl*) *short for* **Japanese** Japs *m pej sl*

II. *adj* (*sl*) *short for* **Japanese** Japsen- *pej sl*

japan [dʒə'pæn] **I.** *n no pl* Japanlack *m*

II. *vt* <-nn-> ■**to ~ sth** etw mit Japanlack überziehen; **~ned shoes** Lackschuhe *mpl*

Japan [dʒə'pæn] *n* Japan *nt*

Japanese [ˌdʒæpᵊn'iːz] **I.** *n* <*pl* -> ❶ (*person*) Japaner(in) *m(f)*

❷ (*language*) Japanisch *nt*

II. *adj* japanisch

jape [dʒeɪp] (*dated*) **I.** *n* Streich *m*; **jolly ~s** Dummejungenstreiche *mpl*

II. *vi* scherzen

japonica <*pl* – *or* -s> [dʒə'pɒnɪkə, AM 'pɑːnɪ] *n* BOT Japanische Rose

jar¹ [dʒɑːʳ, AM dʒɑːr] *n* ❶ (*of glass*) Glas[gefäß] *nt*; (*of clay, without handle*) Topf *m*; (*of clay, with handle*) Krug *m*; (*of metal*) Topf *m*

❷ BRIT (*fam: glass of beer*) Bierchen *nt fam*; **to have a ~** ein Bierchen trinken *fam*; **to have a fair few ~s** so einiges wegkippen *fam*

jar² [dʒɑːʳ, AM dʒɑːr] **I.** *vt* <-rr-> ❶ (*strike*) ■**to ~ sb/sth against** [*or* **on**] **sth** jdn/etw gegen etw *akk* schleudern; ***the train stopped suddenly, ~ring me against the door*** der Zug hielt plötzlich an, dabei wurde ich gegen die Tür geschleudert

❷ (*influence unpleasantly*) ■**to ~ sth** etw verletzen; ***a screech of brakes ~red the silence*** das Kreischen von Bremsen zerriss die Stille; **to ~ the eye** dem Auge wehtun; ***the harsh colours ~red the eye*** die grellen Farben taten den Augen weh

❸ (*send a shock through*) ■**to ~ sth** etw erschüttern [*o* durchrütteln]

II. *vi* <-rr-> ❶ (*cause unpleasant feelings*) ■**to ~ on sb** jdm auf den Nerv [*o* die Nerven] gehen *fam*

❷ (*make an unpleasant sound*) kreischen, quietschen; **to ~ on the ears** in den Ohren wehtun, die Ohren beleidigen

III. *n* ❶ (*sudden unpleasant shake*) Ruck *m*

❷ (*shock*) Erschütterung *f*, Schock *m*; **to give sb a ~** jdm einen Schock versetzen

jarful ['dʒɑːfʊl, AM 'dʒɑːr-] *n* Topf *m*, Glas *nt*; **a whole ~ of jam** ein ganzes Glas Marmelade; **two ~s of jam** zwei Gläser Marmelade

jargon ['dʒɑːgən, AM 'dʒɑːr-] *n no pl* [Fach]jargon *m*, Kauderwelsch *nt pej*

jarring ['dʒɑːʳɪŋ, AM 'dʒɑːr-] *adj* ❶ (*unpleasant*) *colours* grell; *scream* schrill; *sounds* misstönend; **~ experience** bittere [*o* unangenehme] Erfahrung

❷ (*unharmonious*) nicht miteinander im Einklang *präd*; ***red and purple are ~ colours*** Rot und Lila beißen sich; **~ points of view** auseinandergehende [*o geh* divergierende] Meinungen

jasmine ['dʒæzmɪn] *n no pl* Jasmin *m*

jasper ['dʒæspəʳ, AM -ɚ] *n no pl* MIN Jaspis *m*

jaundice ['dʒɔːndɪs, AM *esp* 'dʒɑːn-] *n no pl* Gelbsucht *f*

jaundiced ['dʒɔːndɪst, AM *esp* 'dʒɑːn-] *adj* ❶ (*affected with jaundice*) gelbsüchtig

❷ (*form: bitter*) verbittert; *view* zynisch; **to look on sth with a ~ eye** etw *dat* gegenüber misstrauisch sein

jaunt [dʒɔːnt, AM *esp* dʒɑːnt] **I.** *n* Ausflug *m*, Trip *m fam*; **to go on** [*or* **for**] **a ~** einen Ausflug [*o fam* eine Spritztour] machen

II. *vi* einen Ausflug machen

jauntily ['dʒɔːntɪli, AM 'dʒɑːnt-] *adv* munter, unbeschwert

jauntiness ['dʒɔːndtɪnəs, AM 'dʒɑːnt-] *n no pl of spirit* Unbeschwertheit *f*; *of manner* Munterkeit *f*, Fröhlichkeit *f*; ***the ~ of his step was something to watch*** sein schwungvoller [*o* beschwingter] Gang war sehenswert

jaunty ['dʒɔːnti, AM 'dʒɑːnti] *adj* flott; *grin* fröhlich; *step* schwungvoll, beschwingt; ***his hat was at a ~ angle*** er hatte seinen Hut keck aufgesetzt; ***the TV adaptation has nothing of the ~ freshness of the original play*** die Fernsehbearbeitung hat nichts von der Spritzigkeit des Originalstücks

Java ['dʒɑːvə] *n no pl* GEOG Java *nt*

Javanese [ˌdʒɑːvᵊn'iːz] **I.** *n* <*pl* -> ❶ (*person*) Javaner(in) *m(f)*

❷ *no pl* (*language*) Javanisch *nt*

II. *adj inv* javanisch

javelin ['dʒævᵊlɪn] *n* ❶ (*light spear*) Speer *m*; **throwing the ~** Speerwerfen *nt*

❷ (*athletic event*) Speerwerfen *nt*, Speerwurf *m*; **in the ~** im [*o* beim] Speerwerfen

jaw [dʒɔː, AM *esp* dʒɑː] **I.** *n* ❶ (*body part*) Kiefer *m*; **lower/upper ~** Unter-/Oberkiefer *m*; **sb's ~ drops in amazement** (*fig*) jdm fällt [vor Staunen] der Unterkiefer herunter *fam*

❷ (*large mouth and teeth*) ■**~s** *pl* Maul *nt*, Schlund *m a. fig*, Rachen *m a. fig*; **to be snatched from the ~s of death** den Klauen des Todes [*o* dem sicheren Tod] entrissen werden; **to be snatched from the ~s of defeat** der sicheren Niederlage entgehen

❸ (*chat*) Schwatz *m fam*; **to have a [good] ~** sich *akk* [gut] unterhalten, ein [ausgiebiges] Schwätzchen halten *fam*

❹ TECH [Klemm]backe *f*

II. *vi* (*pej fam*) quasseln *oft pej fam*, quatschen *fam*; ■**to ~ away [to sb]** [mit jdm] quatschen [*o* quasseln] *fam*; ■**to ~ with sb** mit jdm quatschen *fam*

jaw bone *n* Kieferknochen *m* **jawboning** *n no pl* AM (*sl*) Stimmungsmache *f*; ***she accused the committee of excessive ~ over the issue of trade talks with Europe*** sie beschuldigte das Komitee, in der Frage der Handelsgespräche mit Europa, massiv Stimmungsmache zu betreiben **jawbreaker** *n* ❶ *esp* AM, AUS FOOD großes, rundes, steinhartes Bonbon ❷ (*fam: tongue-twister*) Zungenbrecher *m fam*

jawing match ['dʒɔːɪŋ-, AM 'dʒɑː-] *n* (*hum*) Schlammschlacht *f fig pej*, Schlagabtausch *m*, Wortgefecht *nt*

jawline *n usu sing* Kieferpartie *f*

jay [dʒeɪ] *n* Eichelhäher *m*

jaywalk *vi* eine Straße unachtsam überqueren; AM eine Straße regelwidrig überqueren **jaywalker** *n* unachtsamer Fußgänger/unachtsame Fußgängerin **jaywalking** *n no pl* unachtsames Überqueren einer Straße

jazz [dʒæz] **I.** *n no pl* ❶ (*music*) Jazz *m*

❷ AM (*pej sl: nonsense*) Blödsinn *m pej fam*, Quatsch *m pej fam*, Stuss *m pej fam*; ***what's all this ~ about your leaving?*** was höre ich da für einen Quatsch, du willst gehen?; **a line** [*or* **lot**] **of ~** eine Menge Stuss *pej fam*; ***I asked him where he'd been, but he just gave me a line of ~*** ich fragte ihn, wo er gewesen sei, aber er erzählte mir nur eine Menge Stuss

► PHRASES: **and all that ~** (*pej fam*) und all der Kram *pej fam*, und all so was *pej fam*

II. *n modifier* (*band, music*) Jazz-; **~ club** Jazzkeller *m*

III. *vt* AM (*sl*) ■**to ~ sb** jdn für dumm verkaufen, jdm einen Bären aufbinden

◆**jazz up** *vt* (*fam*) ■**to ~ sth ↻ up** ❶ (*adapt for jazz*) etw verjazzen

❷ (*fig: brighten or enliven*) etw aufpeppen [*o* aufmotzen] *fam*; **to ~ up food with spices** Essen mit Gewürzen verfeinern

jazzed *adj person* aufgeregt, aufgedreht; ■**to be ~** [ziemlich] durch den Wind sein *fam*

jazzed-up *adj* verjazzt

jazzman <*pl* -men> ['dʒæzmæn] *n* Jazzmusiker *m*

jazzy ['dʒæzi] *adj* ❶ (*of or like jazz*) Jazz-, jazzartig

❷ (*approv fam: bright and colourful*) *colours* knallig *fam*; *piece of clothing* poppig *fam*; *wallpaper* auffällig gemustert

JCB® [ˌdʒeɪsiː'biː] *n* BRIT [Erdräum]bagger *m*

J-cloth® ['dʒeɪklɒθ] *n* Wischtuch *nt*, Staubtuch *nt*

jealous ['dʒeləs] *adj* ❶ (*resentful*) eifersüchtig (**of** auf +*akk*); **~ rage** rasende Eifersucht; ***he stabbed his wife in a ~ rage*** er erstach seine Frau in rasender Eifersucht; **to feel/get ~** eifersüchtig sein/werden

❷ (*envious*) neidisch, missgünstig; **to feel/get ~** neidisch sein/werden; ■**to be ~ of sb** auf jdn neidisch sein; ■**to be ~ of sb's sth** jdn um etw *akk* beneiden, jdm etw missgönnen *geh*

❸ (*fiercely protective*) [sehr] besorgt; **to keep a ~ watch over sb/sth** ein wachsames Auge auf jdn/etw haben; ■**to be ~ of sth** auf etw *akk* [eifrig] bedacht sein, um etw *akk* [sehr] besorgt sein; ***she was ~ of her independence and didn't want to get married*** sie war sehr auf ihre Unabhängigkeit bedacht und wollte sich nicht verheiraten

jealously ['dʒeləsli] *adv* ❶ *(resentfully)* eifersüchtig ❷ *(enviously)* neidisch ❸ *(extremely)* äußerst; **to be ~ protective of sth** ein sehr wachsames Auge auf etw *akk* haben ❹ *(carefully)* sorgsam; **a ~ guarded secret** ein streng gehütetes Geheimnis

jealousy ['dʒeləsi] *n* ❶ *(resentment)* Eifersucht *f;* **to do sth in a fit of ~** etw in einem Anfall von Eifersucht tun; **petty jealousies** kleine Eifersüchteleien; **to be consumed by** [*or* **eaten up with**] **~** sich *akk* vor Eifersucht verzehren *geh*
❷ *no pl (envy)* Neid *m;* **to be consumed by** [*or* **eaten up with**] **~** von Neid zerfressen werden

jeans [dʒi:nz] *npl* Jeans[hose] *f;* **a pair of ~** eine Jeans[hose]

jeep [dʒi:p] *n* Jeep *m,* Geländewagen *m*

jeepers creepers ['dʒi:pəz'kri:pəz, AM -ɚz'kri:pɚz] *interj esp* AM *(dated or hum sl)* Mensch [Maier]! *hum fam,* Donnerwetter! *hum fam,* Manometer! *hum fam*

jeer [dʒɪəʳ, AM dʒɪr] **I.** *vt* ■**to ~ sb** jdn ausbuhen *fam*
II. *vi (comment)* spotten, höhnen *geh; (laugh)* höhnisch lachen; *(boo)* buhen; ■**to ~ at sb** über jdn spotten, jdn verhöhnen *geh;* **to ~ at a speaker** einen Redner ausbuhen
III. *n* höhnische [*o* spöttische] Bemerkung; **boos and ~s** Buhrufe *mpl*

jeering ['dʒɪəʳɪŋ, AM 'dʒɪr-] **I.** *n no pl (yell)* Johlen *nt,* Gejohle *nt; (remark)* Verhöhnung *f*
II. *adj audience* johlend *attr; laughter, shouts* höhnisch, spöttisch

jeez [dʒi:z] *interj* AM *(sl)* du meine Güte! *fam*

Jehovah [dʒə'həʊvə, AM -'hoʊ-] *n no pl, no art* Jehova *m,* Jahve *m*

Jehovah's Witness *n* Zeuge, -in *m, f* Jehovas

jejune [dʒɪ'dʒu:n] *adj (pej form: uninteresting)* fade, langweilig; *(naive)* naiv; *discussion* geistlos

Jekyll and Hyde [ˌdʒekəlænd'haɪd] **I.** *n (form)* gespaltene Persönlichkeit; ***he's become something of a ~ since he started drinking*** seit er angefangen hat zu trinken, ist es, als ob er zwei völlig verschiedene Persönlichkeiten hätte
II. *n modifier (personality)* Jekyll-und-Hyde-

jell *vi see* **gel**

jellied ['dʒelid] *adj inv* in Aspik [*o* Gelee] eingelegt; **~ eels** Aal *m* in Gelee [*o* Aspik]

jello®, Jell-O® ['dʒeləʊ, AM -oʊ] *n no pl* AM Wackelpudding *m fam,* Götterspeise *f*

jelly ['dʒeli] *n* ❶ *(substance)* Gelee *nt,* Gallert *nt,* Gallerte *f;* ***his knees turned to ~*** *(fig)* er bekam weiche Knie
❷ BRIT, AUS **~ [mould]** *(dessert)* Wackelpudding *m fam,* Götterspeise *f; (meat in gelatine)* Sülze *f;* **raspberry ~ [mould]** Himbeergrütze *f*
❸ AM *(jam)* Gelee *m o nt*
► PHRASES: **to beat sb to a ~** *esp* BRIT jdn windelweich schlagen *fam*

jelly baby *n* BRIT Fruchtgummi *nt (in Form eines Babys)* **jelly bean** *n* [bohnenförmiges] Geleebonbon **jelly doughnut** *n* AM *mit Marmelade gefüllter Berliner Pfannkuchen* **jellyfish** *n* ❶ *(sea animal)* Qualle *f,* Meduse *f* ❷ *esp* AM *(pej fam: weak, cowardly person)* Waschlappen *m pej fam,* Feigling *m pej* **jelly roll** *n* AM *(Swiss roll)* Biskuitrolle *f*

jemmy ['dʒemi] BRIT, AUS **I.** *n* Brecheisen *nt,* Stemmeisen *nt*
II. *vt* <-ie-> ■**to ~ open** ◌ **sth** etw aufbrechen

je ne sais quoi [ˌʒənəser'kwɑ:] *n no pl* **a certain ~** das gewisse Etwas; ***he has this ~ which makes him very popular with women*** er hat dieses gewisse Etwas, mit dem er bei den Frauen sehr gut ankommt

jenny ['dʒeni] *n* ❶ *(female donkey or ass)* Eselin *f* ❷ *(locomotive crane)* Laufkran *m*

jeopardize ['dʒepədaɪz, AM -pɚ-] *vt* ■**to ~ sth** etw gefährden; **to ~ one's career/future** seine Karriere/Zukunft aufs Spiel setzen; ■**to be ~d** in Gefahr sein

jeopardy ['dʒepədi, AM -pɚ-] *n no pl* ❶ *(danger)* Gefahr *f;* **to put sb/sth in ~** jdn/etw in Gefahr bringen; ■**to be in ~** in Gefahr [*o* bedroht] sein
❷ LAW **to put sb in ~ for an offence** jdn wegen einer Sache vor Gericht stellen

Jericho ['dʒerɪkəʊ, AM koʊ] *n no pl* Jericho *nt*

jerk [dʒɜ:k, AM dʒɜ:rk] **I.** *n* ❶ *(sudden sharp movement)* Ruck *m; (pull)* Zug *m; twist* Dreh *m;* ***with a ~ of his thumb, he drew my attention to the notice*** mit einer Daumenbewegung machte er mich auf die Mitteilung aufmerksam
❷ *esp* AM *(pej sl: a stupid person)* Blödmann *m pej fam,* Trottel *m pej fam,* Depp *m* SÜDD *pej fam;* **to feel [like** AM**] such a ~** sich *dat* wie ein [*o* der letzte] Trottel vorkommen *fam*
❸ *(weightlifting)* Stoß *m*
II. *vi* zucken; **to ~ upwards** hochschnellen; **to ~ to a halt** abrupt zum Stillstand kommen, ruckartig anhalten
III. *vt* ❶ *(move sharply)* ■**to ~ sb/sth** jdn/etw mit einem Ruck ziehen; ***the policeman ~ed the prisoner to his feet*** der Polizist zerrte den Gefangenen hoch; ***"why has she come?" he asked, ~ing his head towards the woman*** „warum ist sie gekommen?" fragte er und machte eine ruckartige Kopfbewegung zu der Frau hin; *(fig)* ■**to ~ sb out of sth** jdn aus etw *dat* reißen
❷ *(weightlifting)* ■**to ~ sth** etw stoßen
◆**jerk off** *vi (vulg)* wichsen *vulg*
◆**jerk out I.** *vt* **to ~ out words** Worte hervorstoßen
II. *vi words* hervorbrechen; ***"stop! she's got a gun!" his words ~ed out*** „halt! sie ist bewaffnet!" stieß er hervor

jerkily ['dʒɜ:kɪli, AM 'dʒɜ:rk-] *adv* ruckartig

jerkin ['dʒɜ:kɪn, AM 'dʒɜ:rk-] *n* ärmellose Jacke; *(hist)* [Leder]Wams *nt hist*

jerkiness ['dʒɜ:kɪnəs, AM 'dʒɜ:rk-] *n no pl* Ruckartigkeit *f*

jerk-off *n* AM *(sl)* Blödmann *m fam* **jerkwater** *adj* AM *(fam)* unbedeutend; **~ town** Provinznest *nt fam,* Kaff *nt fam*

jerky ['dʒɜ:ki, AM 'dʒɜ:r-] **I.** *adj movement* ruckartig, zuckend *attr; speech* abgehackt, unzusammenhängend *attr;* **~ style [of writing]** abgehackter Stil
II. *n no pl* AM luftgetrocknetes Fleisch

jeroboam [ˌdʒerə'bəʊəm, AM -'boʊ-] *n* Riesenweinflasche *f*

jerrican *n see* **jerrycan**

jerry-built *adj attr (pej)* schlampig gebaut *pej fam*

jerrycan *n* Kanister *m*

jersey ['dʒɜ:zi, AM 'dʒɜ:r-] **I.** *n* ❶ *(garment)* Pullover *m*
❷ *(sports team shirt)* Trikot *nt*
❸ *no pl (cloth)* Jersey *m*
❹ *(type of cow)* ■**J~** Jerseyrind *nt*
II. *n modifier (dress)* Jersey-

Jerusalem artichoke [dʒəˌru:səlam'] *n* Jerusalemartischocke *f,* Topinambur *m*

jest [dʒest] **I.** *n (form)* ❶ *(utterance)* Scherz *m,* Witz *m*
❷ *(mood)* Spaß *m;* **to do/say [***or* **speak] sth in ~** etw im Spaß tun/sagen
► PHRASES: **there's many a true word spoken in ~** *(prov)* im Spaß wird viel Wahres gesagt
II. *vi (form)* spaßen, scherzen; ■**to ~ about sth** sich *akk* über etw *akk* lustig machen; ■**to ~ with sb** mit jdm Späße treiben

jester ['dʒestəʳ, AM -ɚ] *n* HIST Spaßmacher *m;* **court ~** Hofnarr *m hist*

jesting ['dʒestɪŋ] **I.** *n* Scherzen *nt,* Gewitzel *nt pej*
II. *adj* scherzhaft; ***his ~ remarks were not appreciated*** seine Witzeleien waren nicht willkommen

Jesuit ['dʒezjuɪt] **I.** *n* Jesuit *m*
II. *adj* jesuitisch, Jesuiten-

Jesuitical [ˌdʒezju'ɪtɪkəl] *adj* ❶ *(of or concerning Jesuits)* Jesuiten-, jesuitisch
❷ *(pej!: dissembling or equivocating)* verschlagen *pej*

Jesus, Jesus Christ [ˌdʒi:zəs'kraɪst] **I.** *n no pl, no art* Jesus *m*
II. *interj (pej sl)* Herrgott [noch mal]! *fam,* Mensch! *fam* **Jesus Murphy** [-'mɜ:fi, AM -'mɜ:rfi] *interj* AM *(euph fam)* na so was! *fam*

jet¹ [dʒet] **I.** *n* ❶ AVIAT [Düsen]jet *m,* Düsenflugzeug *nt*
❷ *(thin stream)* Strahl *m;* **~ of air/gas** [dünner] Luft-/Gasstrahl; **~ of flame** Stichflamme *f*
❸ *(nozzle)* Düse *f*
II. *vi* <-tt-> mit einem Jet fliegen, jetten *fam;* ■**to ~ in** mit einem Jet kommen; ■**to ~ off** mit einem Jet fliegen, düsen *fam*

jet² [dʒet] **I.** *n no pl* Gagat *m,* Jett *m o nt,* Pechkohle *f*
II. *n modifier (earrings)* Gagat-

jet airliner *n* Düsenverkehrsflugzeug *nt* **jet-black** *adj inv* pechschwarz, tiefschwarz **jet engine** *n* Düsentriebwerk *nt* **jet fighter** *n* Düsenjäger *m* **jetfoil** *n* Tragflügelboot *nt* **jetfoil service** *n* Fährbetrieb *m* mit Tragflügelbooten **jet fuel** *n no pl* Kerosin *nt* **jet lag** *n no pl* Jetlag *m;* **to get/have ~** einen Jetlag bekommen/haben; **to suffer from ~** einen Jetlag haben, an Jetlag[beschwerden] leiden **jet-lagged** *adj* ■**to be ~** einen Jetlag haben, an Jetlag[beschwerden] leiden; ***I've just got back from Hong Kong so I'm feeling totally ~*** ich bin gerade aus Hongkong zurückgekommen, deshalb ist meine innere Uhr noch ganz durcheinander **jetliner** *n* Düsenverkehrsflugzeug *nt* **jet plane** *n* Düsenflugzeug *nt* **jet-propelled** *adj* mit Düsenantrieb *nach n;* ■**to be ~** einen Düsenantrieb haben **jet propulsion** *n no pl* Düsenantrieb *m,* Strahlantrieb *m*

jetsam ['dʒetsəm] *n no pl see* **flotsam**

jet set *n no pl (fam)* Jetset *m;* **to be part of the ~** zum Jetset gehören; **to become part of the ~** in den Jetset aufgenommen werden **jet-setter** *n (fam)* Mitglied *nt* des Jetset **jet-setting** *(fam)* **I.** *n no pl* Jetsetten *nt fam* **II.** *adj* Jetset- **Jet Ski®** *n* Wassermotorrad *nt* **jet-ski** *vi* [mit einem] Wassermotorrad fahren **jet stream** *n* METEO Strahlstrom *m*

jettison ['dʒetɪsən, AM 'dʒeṭ-] *vt* ❶ *(discard, abandon)* ■**to ~ sb** jdn fallen lassen, sich *akk* von jdm trennen *euph;* **to ~ an employee** einen Angestellten entlassen; ■**to ~ sth** etw aufgeben [*o* über Bord werfen]; **to ~ a plan** einen Plan verwerfen; ■**to ~ sth [for sth]** etw [zugunsten einer S. *gen*] aufgeben
❷ *(drop)* ■**to ~ sth** *from a ship* etw über Bord werfen; *from a plane* etw abwerfen

jetty ['dʒeti, AM -ṭi] *n* ❶ *(landing stage)* Pier *m,* Anlegesteg *m*
❷ *(breakwater)* Mole *f*

jetway *n* Gangway *f*

Jew [dʒu:] *n* Jude, Jüdin *m, f*

jewel ['dʒu:əl] *n* ❶ *(precious stone)* Edelstein *m,* Juwel *m o nt;* **[to be] set with ~s** mit Juwelen besetzt [sein]
❷ *(sth beautiful or valuable)* Kostbarkeit *f,* Kleinod *nt geh*
❸ *(watch part)* Stein *m*
❹ *(dated: very kind)* **to be a [real] ~** ein [echter] Schatz sein *fam*
► PHRASES: **the ~ in the crown** das Glanzstück [*o* Prunkstück]

jewel box *n,* **jewel case** *n* ❶ *(for jewellery)* Schmuckschatulle *f,* Schmuckkästchen *nt*
❷ COMPUT Jewelbox *f fachspr (Kunststoffbehälter für eine CD-ROM)*

jewelled ['dʒu:əld], AM **jeweled** *adj* mit Juwelen besetzt

jeweller ['dʒu:ələʳ], AM **jeweler** ['dʒu:əlɚ] *n* Juwelier(in) *m(f);* ■**at the ~'s** beim Juwelier/bei der Juwelierin; **~'s shop** Juweliergeschäft *nt,* Juwelierladen *m*

jewellery ['dʒu:əlri] *n no pl* Schmuck *m*

jewellery box *n,* **jewellery case** *n* Schmuckschatulle *f,* Schmuckkästchen *nt*

jewelry *n* AM *see* **jewellery**

jewelry store *n* AM *(jeweller's shop)* Juweliergeschäft *nt*

Jewess <*pl* -es> ['dʒu:əs, AM -ɪs] *n (pej!)* Jüdin *f*

jewfish *n* Judenfisch *m*

Jewish ['dʒu:ɪʃ] *adj inv* jüdisch

Jewishness ['dʒu:ɪʃnəs] *n no pl* Judentum *nt,*

Judesein *nt*

Jewry ['dʒʊəri, AM 'dʒu:-] *n no pl, no art* (*form*) die Juden *pl*, das Judentum

Jew's harp *n* Maultrommel *f*

Jeye cloth *n see* **J-cloth**®

Jezebel ['dʒezəbel] *n* (*pej*) Jezabel *f*, unmoralische Frau

jib¹ [dʒɪb] *n* NAUT Klüver *m*

jib² [dʒɪb] *n* TECH Ausleger[arm] *m*

jib³ <-bb-> [dʒɪb] *vi* ❶ (*be reluctant*) ■ **to ~ at doing sth** sich *akk* weigern [*o* [dagegen] sträuben], etw zu tun
❷ (*stop suddenly*) ■ **to ~ at sth** *horse* vor etw *dat* scheuen

jibe [dʒaɪb] **I.** *n* Stichelei *f*, verletzende Bemerkung; **to indulge in ~s at other people's expense** sich *akk* auf Kosten anderer lustig machen
II. *vi* ❶ (*insult, mock*) ■ **to ~ at sth** über etw *akk* spötteln
❷ AM, AUS (*fam: correspond*) ■ **to ~ with sth** mit etw *dat* übereinstimmen [*o geh* konform gehen]

jiffy ['dʒɪfi] *n no pl* (*fam*) Augenblick *m*, Moment *m*; **in a ~** in einer Sekunde, gleich, sofort; ***I won't be a ~!*** ich bin gleich wieder da!

Jiffy bag® *n* gepolsterte Versandtasche

jig [dʒɪg] **I.** *vt* <-gg-> ■ **to ~ sb/sth** jdn/etw schütteln; ***she ~ged the baby up and down on her knee*** sie ließ das Baby auf ihren Knien reiten
II. *vi* <-gg-> ❶ (*move around*) **to ~ about** herumhopsen *fam*; **to ~ up and down** herumspringen
❷ (*dance a jig*) eine Gigue tanzen
III. *n* ❶ (*dance*) Gigue *f*
❷ (*music*) Gigue *f*; **to play a ~** eine Gigue spielen
❸ TECH (*device*) Einspannvorrichtung *f*
► PHRASES: **the ~ is up!** AM das Spiel ist aus!

jigger ['dʒɪgəʳ, AM -ɚ] **I.** *n* ❶ (*container*) Messbecher *m* für Alkohol
❷ AM (*measure*) *45 ml*
II. *vt* AM ■ **to ~ sth** etw fälschen

jiggered ['dʒɪgəd, AM -ɚd] *adj inv* BRIT, AUS (*dated fam*) erschöpft; **to be completely ~** fix und fertig sein *fam*; **to feel completely ~** sich *akk* total kaputt fühlen *fam*
► PHRASES: **well, I'll be ~!** BRIT (*dated fam*) da bin ich aber platt! *fam*

jiggery-pokery [ˌdʒɪgəri'pəʊkəri, AM -'poʊ-] *n no pl* (*dated fam*) Gemauschel *nt pej fam*, Schmu *m pej fam*; ***I think there's been some ~ going on in the finance department*** ich glaube, in der Finanzabteilung sind so einige krumme Sachen gelaufen *fam*

jiggle ['dʒɪgl] **I.** *vt* ■ **to ~ sth** mit etw *dat* wackeln; ***stop jiggling your leg — it's making me nervous*** zappel nicht so mit den Beinen – das macht mich ganz nervös; ***if the door won't open, try jiggling the key in the lock*** wenn sich die Tür nicht öffnen lässt, versuch's mal damit, dass du den Schlüssel im Schloss hin und her bewegst; ■ **to ~ sth about** etw schütteln; ***he ~d some loose coins about in his pocket*** er klapperte mit ein paar losen Münzen in seiner Tasche
II. *vi* wippen, hüpfen; ***his eyebrows ~d up and down in amusement*** amüsiert zuckte er mit den Augenbrauen
III. *n* Rütteln *nt*; *of a limb* Zucken *nt*, Zappeln *nt*

jigsaw *n* ❶ (*mechanical*) Laubsäge *f*; (*electric*) Stichsäge *f* ❷ (*puzzle*) Puzzle[spiel] *nt* **jigsaw puzzle** *n* Puzzle[spiel] *nt*; (*fig*) Puzzle *nt*; ***the police are trying to piece together the ~ of how the dead man spent his last hours*** die Polizei versucht, die einzelnen Informationen darüber, wie der Tote seine letzten Stunden verbracht hat, zu einem Puzzle zusammenzufügen

jihad [dʒɪ'hɑ:d] *n* ❶ REL (*Islamic holy war*) Dschihad *m*, Jihad *m*, Heiliger Krieg
❷ (*fig fam: obsessive struggle*) Glaubenskrieg *m fig*

jillaroo [ˌdʒɪlə'ru:] *n* AUS *Frau, die die Arbeiten auf einer Schaf- oder Rinderfarm erlernt*

jilt [dʒɪlt] *vt* ■ **to ~ sb [for sb]** jdn [wegen jdm] sitzen lassen

jilted ['dʒɪltɪd] *adj inv boyfriend, girlfriend* sitzen gelassen; **~ lover** verschmähter Liebhaber/verschmähte Liebhaberin

Jim Crow ['dʒɪmˌkroʊ] *n no pl, no art* AM (*pej dated*) Rassendiskriminierung *f* **Jim Crow laws** *npl no art* AM (*pej dated*) Rassengesetze *ntpl* (*zur Diskriminierung der Schwarzen in den USA*) **jim crow school** *n* AM (*pej dated*) Schule *f* für Schwarze

jim-dandy [ˌdʒɪm'dændi] AM **I.** *n* (*dated or hum fam*) Wucht *f fam*, Knüller *m fam*
II. *adj* (*dated or hum fam*) toll *fam*, prima *fam*, klasse *fam*

jimjams ['dʒɪmdʒæmz] *npl* ❶ BRIT (*fam: pyjamas*) Schlafanzug *m*
❷ (*fam*) ■ **the ~** (*alcohol-induced trembling*) Säuferwahnsinn *m*; (*fit of nerves*) Muffensausen *nt fam*

jimmy *n, vt* AM *see* **jemmy**

jingle ['dʒɪŋgl] **I.** *vt* **to ~ bells** Glöckchen klingeln [*o* bimmeln] lassen; **to ~ coins** mit Münzen klimpern; **to ~ keys** mit Schlüsseln klirren [*o* rasseln]
II. *vi bells* klingeln, bimmeln; *coins* klimpern; *keys* klirren
III. *n* ❶ *no pl* (*metallic ringing*) *of bells* Klingeln *nt*, Bimmeln *nt*; *of coins* Klimpern *nt*; *of keys* Klirren *nt*
❷ (*in advertisements*) Jingle *m*, Werbesong *m*

jingo <*pl* -oes> ['dʒɪŋgəʊ, AM goʊ] *n* (*esp pej dated*) Chauvinist(in) *m(f)*
► PHRASES: **by ~!** alle Wetter!, Donnerkeil!

jingoism ['dʒɪŋgəʊɪzəm, AM -goʊ-] *n no pl* (*pej*) Chauvinismus *m pej*, Hurrapatriotismus *m pej*

jingoist ['dʒɪŋgəʊɪst, AM -goʊ-] *n* (*pej*) Hurrapatriot(in) *m(f) pej*, Chauvinist(in) *m(f) pej*

jingoistic [ˌdʒɪŋgəʊ'ɪstɪk, AM -goʊ'-] *adj* (*pej*) hurrapatriotisch *pej*, chauvinistisch *pej*

jinks [dʒɪŋks] *npl* **high ~** Highlife *nt fam*, Remmidemmi *nt fam*; ***there were high ~ at the party*** auf der Fete ging es hoch her

jinx [dʒɪŋks] **I.** *n no pl* Unglück *nt*; ***there's a ~ on this computer*** mit diesem Computer ist es wie verhext; **to break the ~** den Bann durchbrechen, den Fluch beseitigen; **to put a ~ on sb/sth** jdn/etw verhexen [*o geh* mit einem Fluch belegen]
II. *vt* ■ **to ~ sb/sth** jdn/etw verhexen [*o geh* mit einem Fluch belegen]

jinxed [dʒɪŋkst] *adj* verhext; ***I must be ~ — whenever I touch a glass, it breaks*** auf mir muss ein Fluch lasten – jedesmal wenn ich ein Glas anfasse, zerbricht es

jitney ['dʒɪtni] *n* AM billiger Bus

jitter ['dʒɪtəʳ, AM -t̬ɚ] *n* COMPUT *of screen* Flattern *nt*

jitterbug ['dʒɪtəbʌg, AM -t̬ɚ-] **I.** *n* ❶ (*dance*) Jitterbug *m*
❷ (*dated fam: nervous person*) Nervenbündel *nt fam*
II. *vi* <-gg-> Jitterbug tanzen

jitters ['dʒɪtəz, AM -t̬ɚz] *npl* (*fam*) Nervosität *f kein pl*, Bammel *m kein pl fam*; *of an actor* Lampenfieber *nt*; ***the collapse of the company has caused ~ in the financial markets*** die Pleite der Firma hat zu Nervosität auf den Finanzmärkten geführt; ■ **the ~** das große Zittern *fam*, Muffensausen *nt fam*; **to get the ~** Muffensausen kriegen *fam*; **to give sb the ~** jdn ganz nervös [*o fam* rappelig] machen

jittery ['dʒɪtəri, AM 'dʒɪt̬əi] *adj* (*fam*) nervös; **to feel/get [all] ~** [ganz] nervös [*o fam* rappelig] sein/werden

jiujitsu *n no pl* AUS *see* **ju-jitsu**

jive [dʒaɪv] **I.** *n no pl* ❶ (*dance*) Jive *m*; (*music*) Swingmusik *f*; **to do the ~** Jive tanzen
❷ AM (*sl: dishonest talk*) Gewäsch *nt fam*, leeres Gerede; **a bunch of ~** ein Haufen *m* Mist *fam*
II. *vi* Jive tanzen; ■ **to ~ to sth** auf etw *akk* Jive tanzen
III. *vt* AM (*sl*) ■ **to ~ sb** jdn belügen [*o fam* für dumm verkaufen]

Jnr *adj after n, inv* BRIT, AUS *abbrev of* **junior** jun., jr.

job [dʒɒb, AM dʒɑ:b] *n* ❶ (*employment*) Arbeit *f*, Stelle *f*; **full-time/part-time ~** Vollzeit-/Teilzeitstelle *f*; **steady ~** fester Arbeitsplatz; **to apply for a ~** sich *akk* um eine Stelle bewerben; **to do a ~** eine Arbeit ausführen; **to get a ~ [as sth]** eine Stelle [als etw] bekommen; **to give up one's ~** kündigen; **to hold down a [regular] ~** eine [feste] Arbeit[sstelle] haben; **on the ~** während [*o* bei] der Arbeit; **to be out of a ~** auf der Straße sitzen *fam*
❷ (*piece of work*) Tätigkeit *f*, Arbeit *f*
❸ (*fam: work*) **[to be] just the man/woman for the ~** genau der Richtige/die Richtige dafür [sein]; **to make a good [*or* splendid] ~ of doing sth** hervorragende Arbeit bei etw *dat* leisten; **to do the ~** den Zweck erfüllen, hinhauen *fam*; ***this bag should do the ~*** diese Tasche müsste ausreichen
❹ *no pl* (*duty, responsibility*) Aufgabe *f*; **~ in hand** momentane Aufgabe
❺ COMM (*order*) Auftrag *m*
❻ *no pl* (*problem, difficult activity*) Schwierigkeit *f*; **to have a ~ doing sth** Schwierigkeiten [damit] haben, etw zu tun
❼ (*fam: example of a kind*) ***my car's that red sports ~*** mein Wagen ist dieser rote Flitzer da
❽ (*sl: crime*) Ding *nt*; **to do [*or* pull] a ~** ein Ding drehen
► PHRASES: **to be <u>just</u> the ~** (*fam*) genau das Richtige sein; **to <u>do</u> a ~ on sb** jdn reinlegen *fam*

job advertisement *n* Stellenanzeige *f* **job analysis** *n* Arbeitsplatzanalyse *f*

jobber ['dʒɒbəʳ, AM 'dʒɑ:bɚ] *n* ❶ BRIT (*hist: in stocks*) Jobber *m* (*eigenständiger Wertpapierhändler/eigenständige Wertpapierhändlerin*)
❷ AM (*wholesaler*) Großhändler(in) *m(f)*

jobbing ['dʒɒbɪŋ, AM 'dʒɑ:b-] **I.** *adj attr, inv* Gelegenheits-; **~ gardener** Gelegenheitsgärtner(in) *m(f)*, Aushilfsgärtner(in) *m(f)*; **~ journalist** freier Journalist/freie Journalistin; **~ printer** Akzidenzdrucker *m*
II. *n no pl* ❶ (*occasional work*) Verrichten *nt* von Gelegenheitsarbeiten, Jobben *nt fam*
❷ BRIT STOCKEX Effektenhandel *m*

job centre *n* BRIT Arbeitsamt *nt* **job counsellor** *n* Arbeitsberater(in) *m(f)* **job creation** *n no pl* Arbeitsbeschaffung *f* **job creation scheme** *n* BRIT, AUS Arbeits[platz]beschaffungsprogramm *nt* **job cuts** *npl* Stellenabbau *m kein pl*, Arbeitsplatzabbau *m kein pl* **job description** *n* Stellenbeschreibung *f*, Tätigkeitsbeschreibung *f* **job evaluation** *n* BRIT Arbeitsplatzbewertung *f* **job hunt** *n* (*fam*) Stellensuche *f*, Stellenjagd *f fam*; **to be on the ~** einen Job suchen *fam*, auf Stellensuche sein **job-hunt** *vi* (*fam*) Arbeit suchen **job-hunting** *n no pl* (*fam*) Stellenjagd *f fam*, Stellensuche *f* **job interview** *n* Bewerbungsgespräch *nt*, Vorstellungsgespräch *nt*

jobless ['dʒɒbləs, AM 'dʒɑ:b-] **I.** *adj inv* arbeitslos
II. *n esp* BRIT ■ **the ~** *pl* die Arbeitslosen *pl*

jobless figures *npl esp* BRIT Arbeitslosenzahlen *fpl*

joblessness ['dʒɒbləsnəs, AM 'dʒɑ:b-] *n no pl* Arbeitslosigkeit *f*

jobless total *n esp* BRIT Gesamtzahl *f* der Arbeitslosen

job losses *npl* Stellenabbau *m kein pl*; ***the closure of the factory will result in heavy ~*** durch die Schließung der Fabrik werden sehr viele Arbeitsplätze verloren gehen **job lot** *n* [Waren]posten *m*; ***I bought a ~ of children's books which were being sold off cheaply*** ich habe eine ganze Sammlung Kinderbücher gekauft, die verramscht wurden **job market** *n* Arbeitsmarkt *m* **job satisfaction** *n no pl* Zufriedenheit *f* mit der eigenen Tätigkeit; ***many people are more interested in ~ than in earning large amounts of money*** vielen Menschen ist es wichtiger, mit ihrer Arbeit zufrieden zu sein, als viel Geld zu verdienen **job security** *n no pl* Arbeitsplatzsicherheit *f* **jobshare** BRIT **I.** *n* Arbeitsplatzteilung *f* **II.** *vi* sich *dat* einen Arbeitsplatz teilen **jobsharing** *n no pl* BRIT Arbeitsplatzteilung *f*, Jobsharing *nt* **jobsworth** *n* BRIT (*fam*) Aktenschieber(in) *m(f) pej* **job title** *n* Berufsbezeichnung *f*

jock [dʒɑ:k] *n* AM (*pej fam*) Sportfanatiker(in) *m(f) pej*

Jock [dʒɒk] *n* BRIT (*sl*) Schotte *m*

jockey ['dʒɒki, AM 'dʒɑ:ki] **I.** *n* Jockey *m*

II. *vi* ***the major oil companies were ~ing to appear environmentally concerned*** die großen Ölkonzerne rangelten darum, als jeweils besonders umweltbewusst dazustehen; ▪**to ~ for sth** um etw *akk* konkurrieren; **to ~ for position** versuchen, sich *akk* in eine gute Position vorzuschieben
III. *vt* ▪**to ~ sb into doing sth** jdn dazu drängen, etw zu tun
jocks [dʒɒks] *npl* Aus (*fam*) kurze Unterhose, Boxershorts *pl*
jockstrap *n* Suspensorium *nt*
jocose [dʒə(ʊ)ˈkəʊs, AM dʒoʊˈkoʊs] *adj* (*form, liter*) scherzhaft, launig; *manner* witzig, humorvoll
jocosely [dʒə(ʊ)ˈkəʊsli, AM dʒoʊˈkoʊs-] *adv* (*form, liter*) scherzhaft, launig
jocular [ˈdʒɒkjələʳ, AM ˈdʒɑːkjələ˞] *adj* (*form*) lustig; *comment* witzig; *person* heiter; **in a ~ fashion** im Spaß; **to be in a ~ mood** zu Scherzen aufgelegt sein; **in a ~ vein** in launiger Stimmung
jocularity [ˌdʒɒkjəˈlærəti, AM ˌdʒɑːkjəˈlærət̬i] *n no pl* (*form*) *of a comment* Witzigkeit *f*, Scherzhaftigkeit *f*; *of a person* Heiterkeit *f*
jocularly [ˈdʒɒkjələli, AM ˈdʒɑːkjələ˞-] *adv* (*form*) scherzhaft, im Scherz
jocund [ˈdʒɒkənd, AM ˈdʒɑːk-] *adj* (*liter*) fröhlich, heiter, lustig
jodhpurs [ˈdʒɒdpəz, AM ˈdʒɑːdpɚs] *npl* Reithose *f*; **a pair of ~** eine Reithose
joe [dʒəʊ, AM dʒoʊ] *n* **a cup of ~** *esp* AM (*fam*) eine Tasse Kaffee
Joe Bloggs [ˌdʒəʊˈblɒgz] *n no pl, no art* BRIT (*fam*) Otto Normalverbraucher *m fam* **Joe Blow** [ˌdʒoʊˈbloʊ] *n no pl, no art* AM, AUS (*fam*) ❶ (*average, typical man*) Otto Normalverbraucher *m fam* ❷ (*man whose name is unknown*) Herr X *m* **Joe job** *n* CAN (*menial, monotonous task*) Hilfsarbeiterjob *m* **Joe Public** *n no pl, no art* BRIT (*fam*) der kleine Mann *fam*
joey [ˈdʒəʊi] *n* AUS (*fam*) Kängurujunge(s) *nt*
jog [dʒɒg, AM dʒɑːg] **I.** *n* ❶ *no pl* (*run*) Dauerlauf *m*; **to go for a ~** joggen gehen *fam*
❷ *usu sing* (*push, knock*) Stoß *m*, Schubs *m fam*; **to give sth a ~** etw *dat* einen Schubs geben *fam*
► PHRASES: **to give sb's <u>memory</u> a ~** jds Gedächtnis nachhelfen, jds Erinnerung *f* auf die Sprünge helfen *fam*
II. *vi* <-gg-> ❶ (*run*) einen Dauerlauf machen, joggen
❷ (*video tape*) Videoband *nt* um ein Bild weiterstellen
III. *vt* <-gg-> ▪**to ~ sb/sth** jdn/etw [an]stoßen [*o fam* schubsen]; **to ~ sb's elbow** jdn anrempeln *fam*
► PHRASES: **to ~ sb's <u>memory</u>** jds Gedächtnis nachhelfen, jds Erinnerung auf die Sprünge helfen *fam*
◆**jog along** *vi* ❶ (*fam: advance slowly*) *person* dahintrotten; *vehicle* dahinzuckeln
❷ (*continue in a routine manner*) [so] dahinwursteln *fam*; ***they argue continually but somehow their marriage ~s along*** sie streiten sich andauernd, aber mit ihrer Ehe geht es doch immer irgendwie weiter
jogger [ˈdʒɒgəʳ, AM ˈdʒɑːgɚ] *n* Jogger(in) *m(f)*
jogging [ˈdʒɒgɪŋ, AM ˈdʒɑːg-] *n no pl* Joggen *nt*, Jogging *nt*; **to go [out] ~** joggen gehen
jogging gear *n no pl* Joggingkleidung *f* **jogging suit** *n* Jogginganzug *m*
joggle [ˈdʒɒgl̩, AM ˈdʒɑːgl̩] **I.** *vt* (*move jerkily*) ▪**to ~ sth** etw [leicht] rütteln [*o* schütteln]; **to ~ a baby about** [*or* **around**] ein Baby hin und her wiegen
II. *n* [leichtes] Schütteln [*o* Rütteln]; **to give sth a ~** etw [leicht] schütteln
jogtrot *n* ❶ (*slow regular trot*) Trott *m*; **to move at a ~** trotten
❷ (*fig pej: monotonous progression*) Trott *m pej*
jog-trot *vi* trotten
john [dʒɑːn] *n* ❶ AM, AUS (*fam: toilet*) Klo *nt fam*
❷ AM (*sl: prostitute's client*) Freier *m fam*
John Bull [ˌdʒɒnˈbʊl] *n no pl, no art* BRIT (*dated fam*) John Bull *m* (*Figur, die den typischen Engländer oder England repräsentiert*) **John Doe** [ˌdʒɑːnˈdoʊ] *n no pl, no art* AM ❶ LAW Herr X; ***the pop group is bringing a lawsuit against ~ Corporation*** die Popgruppe verklagt die Gesellschaft X
❷ (*average man*) Durchschnittsmann *m*, Otto Normalverbraucher *m fam* **John Dory** <*pl* -ries *or* -> [ˌdʒɒnˈdɔːri, AM ˌdʒɑːn-] *n* ZOOL Heringskönig *m* **John Hancock** [ˌdʒɑːnˈhænkɑːk] *n* AM (*sl*), **John Henry** [ˌdʒɑːnˈhenri] *n* AM (*sl*) ***put your ~ here*** mach deinen Friedrich Wilhelm hier *fam*
johnnie *n*, **johnny** [ˈdʒɒni] *n* BRIT (*sl*) [**rubber**] ~ Pariser *m sl*
johnny-come-lately <*pl* -s *or* johnnies-> *n* (*pej*) Neuling *m pej*
John Q Public *n no pl, no art* AM (*fam*) Otto Normalverbraucher *m fam*, der kleine Mann *fam*
joie de vivre [ˌʒwɑːdəˈviːvr(ə)] *n no pl* (*form*) Lebensfreude *f*, Lebenslust *f*
join [dʒɔɪn] **I.** *vt* ❶ (*connect*) ▪**to ~ sth [to sth]** etw [mit etw *dat*] verbinden [*o* zusammenbringen] [*o* zusammenfügen]; *battery* etw [an etw *dat*] anschließen; (*add*) etw [an etw *akk*] anfügen; ***the River Neckar ~s the Rhine at Mannheim*** der Neckar mündet bei Mannheim in den Rhein ein; **to ~ forces with sb** sich *akk* mit jdm zusammentun; **to ~ hands** sich *dat* die Hände geben [*o form* reichen]
❷ (*come into sb's company*) ▪**to ~ sb** sich *akk* zu jdm gesellen, jdm Gesellschaft *f* leisten; ***would you like to ~ us for supper?*** möchtest du mit uns zu Abend essen?; ***do you mind if I join you?*** darf ich mich zu Ihnen setzen?; ***she travelled to Rome by herself and was ~ed by her husband a week later*** sie reiste alleine nach Rom, und eine Woche später kam ihr Mann nach
❸ (*become a member, employee of*) ▪**to ~ sth** etw *dat* beitreten, in etw *akk* eintreten; *club, party* bei etw *dat* Mitglied werden; **to ~ the army** Soldat werden; **to ~ the ranks of the unemployed** sich *akk* in das Heer der Arbeitslosen einreihen
❹ (*become temporarily involved in*) ▪**to ~ sth** bei etw *dat* mitmachen; ***let's go and ~ the dancing*** lass uns mittanzen; **to ~ the line** AM [*or* BRIT **queue**] sich *akk* in die Schlange stellen [*o geh* einreihen]
❺ (*support*) ▪**to ~ sb in [doing] sth** jdm bei [*o* in] [der Ausführung] einer S. *gen* zur Seite stehen, sich *akk* jdm [bei der Ausführung einer S. *gen*] anschließen; ***I'm sure everyone will ~ me in wishing you a very happy birthday*** es schließen sich sicher alle meinen Glückwünschen zu Ihrem Geburtstag an
❻ (*get on board*) **to ~ a plane/train** in ein Flugzeug/einen Zug zusteigen
► PHRASES: **~ the <u>club</u>!** willkommen im Club!
II. *vi* ❶ (*connect*) ▪**to ~ [with sth]** sich *akk* [mit etw *dat*] verbinden; ▪**to ~ with sb in doing sth** sich *akk* mit jdm *dat* zusammenschließen [*o fam* zusammentun], [um] etw zu tun; ***the police have ~ed with the drugs squad in trying to catch major traffickers*** die Polizei hat sich mit der Drogenfahndung zusammengetan, um die Großdealer zu schnappen
❷ (*become a member*) beitreten, Mitglied werden
❸ (*marry*) **to ~ [together] in marriage** [*or form* **holy matrimony**] sich *akk* ehelich [miteinander] verbinden *geh*, in den heiligen Bund der Ehe *f* treten *geh*
III. *n* ❶ (*where things are connected together*) Verbindung[sstelle] *f*, Fuge *f*
❷ MATH Oder-Funktion *f*
◆**join in** *vi* teilnehmen, mitmachen; (*in a game*) mitspielen; (*sing along*) mitsingen; ***they began to sing and all the voices ~ed in*** sie begannen zu singen und alle Stimmen fielen ein; ▪**to ~ in with sth** in etw *akk* einstimmen; ▪**to ~ in sth** sich *akk* an etw *dat* beteiligen, bei etw *dat* mitmachen; **to ~ in the applause** mitapplaudieren; **to ~ in the fun** auch Spaß haben
◆**join up I.** *vi* ❶ BRIT, AUS MIL Soldat werden, zum Militär gehen, einrücken *fam*
❷ (*connect*) sich *akk* verbinden; *cells* miteinander verschmelzen; *streets* aufeinander treffen, zusammenlaufen
❸ (*meet again*) ▪**to ~ up for sth** sich *akk* zu etw *dat* zusammentun; ***let's ~ up later for a drink*** lasst uns später zusammen noch einen trinken gehen
❹ (*go somewhere together*) ▪**to ~ up with sb** sich *akk* mit jdm zusammentun
❺ (*get together with*) ▪**to ~ up with sb/sth** sich *akk* mit jdm/etw zusammenschließen
II. *vt* ▪**to ~ up** ↔ **sth** etw [miteinander] verbinden; *parts* etw zusammenfügen
joined-up [dʒɔɪndˈʌp] *adj esp* BRIT zusammenhängend *attr*; **~ writing** Schreibschrift *f*
joiner [ˈdʒɔɪnəʳ, AM -ɚ] *n* ❶ (*skilled worker*) Tischler(in) *m(f)*, Schreiner(in) *m(f)*
❷ (*fam: activity-oriented person*) geselliger Typ
joinery [ˈdʒɔɪnəri, AM -ɚi] *n no pl* (*product*) Tischlerarbeit *f*; (*craft*) Tischlerhandwerk *nt* **joinery work** *n* Tischlerarbeit *f*
joint [dʒɔɪnt] **I.** *adj inv* gemeinsam; ***the research project is the work of a ~ French-Italian team*** das Forschungsprojekt ist die Gemeinschaftsarbeit eines französisch-italienischen Teams; **~ undertaking** Gemeinschaftsunternehmen *nt*; **~ winners** SPORTS zwei Sieger/Siegerinnen; **to come ~ second** mit jdm zusammen den zweiten Platz belegen
II. *n* ❶ (*connection*) Verbindungsstelle *f*, Anschluss *m*, Fuge *f*; [**soldering**] ~ Lötstelle *f*
❷ ANAT Gelenk *nt*; **to put sth out of ~** etw ausrenken [*o* verrenken]; ***I've put my shoulder out of ~*** ich habe mir die Schulter verrenkt
❸ (*meat*) Braten *m*; **~ of beef/lamb** Rinder-/Lammbraten *m*; **chicken ~s** Hähnchenteile *mpl*
❹ (*fam: cheap bar, restaurant*) Laden *m fam*, Bude *f fam*, Spelunke *f fam*; (*gambling den*) Spielhölle *f*
❺ (*cannabis cigarette*) Joint *m sl*
► PHRASES: **the ~ is <u>jumpin'</u>** in dem Laden [*o* der Bude] ist schwer was los *fam*, hier tanzt der Bär *fam*; **to <u>put</u> sth out of ~** etw außer Betrieb setzen; **to be <u>out</u> of ~** aus den Fugen [*o* dem Gleichgewicht] sein
joint account *n* Gemeinschaftskonto *nt* **Joint Chiefs of Staff** *npl* AM ▪**the ~** die vereinten Generalstabschefs (*die Oberkommandeure der Streitkräfte der USA*) **joint committee** *n* gemischter [*o* gemeinsamer] [Untersuchungs]ausschuss **joint custody** *n no pl* gemeinsames Sorgerecht **joint debtor** *n* Mitschuldner(in) *m(f)*
jointed [ˈdʒɔɪntɪd, AM -t̬ɪd] *adj inv* ❶ (*having joints*) gegliedert, mit Gelenken versehen; **~ puppet** Gliederpuppe *f*; **double ~** extrem gelenkig
❷ (*united*) verbunden
joint efforts *npl* gemeinsame Anstrengungen **joint-funded** *adj* AUS gemeinsam finanziert **joint honours** *n modifier* BRIT ~ [**degree**] ‚Honours Degree' in zwei Fächern
jointly [ˈdʒɔɪntli] *adv inv* gemeinsam
jointly funded *adj* BRIT gemeinsam finanziert
joint owner *n* Miteigentümer(in) *m(f)*; *of a company* Mitinhaber(in) *m(f)*, Teilhaber(in) *m(f)* **joint property** *n* gemeinschaftliches Eigentum **joint resolution** *n* AM gemeinsamer Beschluss **joint stock** *n no pl* FIN Aktienkapital *nt* **joint-stock company** *n* BRIT Aktiengesellschaft *f* **joint venture** *n* Joint Venture *nt*, Gemeinschaftsunternehmen *nt*
joist [dʒɔɪst] *n* ARCHIT [Profil]träger *m*, [Quer]balken *m*
jojoba [həˈhəʊbə, AM həˈhoʊ-] *n no pl* Jojoba *f*
jojoba oil *n* Jojobaöl *nt*
joke [dʒəʊk, AM dʒoʊk] **I.** *n* ❶ (*action*) Spaß *m*; (*trick*) Streich *m*; (*amusing story*) Witz *m*; **dirty ~** Zote *f*; **to crack/tell ~s** Witze reißen *fam*/erzählen; **to get a ~** einen Witz verstehen [*o fam* kapieren]; **to get** [*or* **go**] **beyond a ~** nicht mehr witzig [*o* lustig] [*o* komisch] sein; **to make a ~ of sth** (*ridicule*) etw ins Lächerliche ziehen; (*laugh off*) ***they made a ~ of it, but it was obvious they were offended*** sie lachten darüber, aber es war offensichtlich, dass sie beleidigt waren; **to play a ~ on sb** jdm einen Streich spielen; **to not be able to take a ~** keinen Spaß vertragen [*o* verstehen]; **to do sth for a ~** etw zum [*o* aus] Spaß tun; **the ~ was on me** der Spaß ging auf meine Kosten

J

❷ (*fam: sth very easy*) Kinderspiel *nt*, Witz *m fam*, Klacks *m fam*; **to be no ~** kein Kinderspiel [*o* keine Kleinigkeit] sein
❸ (*fam: ridiculous thing or person*) Witz *m fam*; **what a ~!** das soll wohl ein Witz sein! *fam*, da lachen ja die Hühner! *fam*
II. *vi* scherzen, witzeln; ■**to be joking** Spaß machen; ***don't worry, I was only joking when I said I'd go without you*** keine Bange, ich hab doch nur zum Spaß gesagt, dass ich ohne dich gehe; **you must be** [*or* **you've got to be**] **joking!** das meinst du doch nicht im Ernst!, das soll wohl ein Witz sein!; ■**to ~ about sth** sich *akk* über etw *akk* lustig machen; ■**to ~ that ...** scherzen, dass ...
joker ['dʒəʊkəʳ, AM 'dʒoʊkɚ] *n* ❶ (*one who jokes*) Spaßvogel *m*, Witzbold *m*
❷ (*fam: annoying person*) Kerl *m fam*, Typ *m fam*
❸ CARDS Joker *m*
► PHRASES: **to be the ~ in the pack** der Situation eine überraschende Wendung geben können
jokey ['dʒəʊki, AM 'dʒoʊki] *adj* (*fam*) witzig
jokily ['dʒəʊkɪli, AM 'dʒoʊk] *adv* spaßhaft, scherzweise
joking ['dʒəʊkɪŋ, AM 'dʒoʊk-] I. *adj* scherzhaft
II. *n no pl* Scherzen *nt*; **~ apart** [*or* **aside**] Spaß [*o* Scherz] beiseite; ***~ apart, what do you really think of your new job?*** jetzt mal ganz im Ernst, was hältst du wirklich von deinem neuen Job?
jokingly ['dʒəʊkɪŋli, AM 'dʒoʊk-] *adv* im Scherz
joky *adj* (*fam*) *see* **jokey**
jollification [ˌdʒɒlɪfɪ'keɪʃᵊn, AM ˌdʒɑːlə-] *n* (*fam*) ❶ *no pl* (*merrymaking*) Festlichkeit *f*; (*boozy party*) feuchtfröhliches Fest
❷ (*celebratory activities*) ■**~s** *pl* [Festtags]trubel *m kein pl*
jollity ['dʒɒləti, AM 'dʒɑːləṭi] *n no pl* Fröhlichkeit *f*, Lustigkeit *f*
jolly ['dʒɒli, AM 'dʒɑːli] I. *adj* ❶ (*happy*) fröhlich, lustig, vergnügt
❷ (*enjoyable or cheerful*) lustig; *evening* nett; *room* freundlich
II. *adv* BRIT (*fam*) sehr, mächtig *fam*, riesig *fam*; ***just tell her to ~ well hurry up*** sag ihr, sie soll sich endlich mal beeilen; ***I ~ well hope so!*** das will ich doch hoffen!; **~ expensive** ganz schön teuer; **~ good** bombig *fam*, prima *fam*, hervorragend; **~ good show** (*dated*) prima Arbeit!, gut gemacht!
III. *vt* ■**to ~ sb along** ❶ (*humour*) jdn bei Laune halten *fam*
❷ (*encourage*) jdn ermutigen [*o* aufmuntern]
◆**jolly up** *vt* ■**to ~ up** ⊂ **sth** etw aufpeppen *fam*
jolly hockey sticks *n modifier* BRIT (*hum*) *bezeichnet Frauentyp der höheren Gesellschaft mit Privatschulhintergrund, der sich überall einmischt und damit anderen auf die Nerven fällt*; ***are you coming to Fiona's party tonight? — I don't think so, her last party was full of her awful ~ type friends*** kommst du heute Abend zu Fionas Party? – ich denke nicht: Auf ihrer letzten Party hat es nur so von ihren tussihaften Freundinnen gewimmelt **Jolly Roger** *n* Totenkopfflagge *f*
jolt [dʒəʊlt, AM dʒoʊlt] I. *n* ❶ (*sudden jerk*) Stoß *m*, Ruck *m*, Erschütterung *f*; ***she felt every ~ of the wheels*** sie spürte jeden Stoß der Räder; ***the bus stopped with a ~*** der Bus hielt mit einem Ruck
❷ (*shock*) Schock *m*, Schlag *m*; ***government hopes received a sharp ~ with the latest unemployment figures*** die Hoffnungen der Regierung erlitten angesichts der jüngsten Arbeitslosenzahlen einen empfindlichen Dämpfer; ***his self-confidence took a sudden ~*** sein Selbstvertrauen wurde plötzlich erschüttert; **to wake up with a ~** aus dem Schlaf hochschrecken
II. *vt* ❶ (*jerk*) ■**to ~ sb** jdn durchrütteln [*o* durchschütteln]; ***the train stopped unexpectedly and we were ~ed forwards*** der Zug hielt unerwartet und wir wurden nach vorne geschleudert; ***I was ~ed awake by a sudden pain*** ich wurde von einem plötzlichen Schmerz aus dem Schlaf gerissen
❷ (*fig: shake*) ■**to ~ sth** *relationship* etw erschüttern; **to ~ sb's conscience** jds Gewissen wachrütteln
❸ (*fig: shock*) ■**to ~ sb** jdm einen Schock versetzen; **to ~ sb into action** jdn [durch drastische Maßnahmen] zum Handeln veranlassen; **to ~ sb out of his/her lethargy** jdn aus seiner/ihrer Lethargie reißen
III. *vi vehicle* holpern, rumpeln; ***the truck ~ed along the rough track*** der Laster rumpelte den holprigen Weg entlang
josh [dʒɒʃ, AM dʒɑːʃ] (*fam*) I. *vt* ■**to ~ sb** [**about sth**] jdn [wegen einer S. *gen*] aufziehen [*o fam* hochnehmen]
II. *vi* Spaß machen, scherzen; ***I was just ~ing when I said I'd lost the car keys*** ich habe nur Spaß gemacht, als ich gesagt habe, dass ich die Autoschlüssel verloren hätte
joss stick ['dʒɒs-, AM 'dʒɑːs-] *n* Räucherstäbchen *nt*
jostle ['dʒɒsl, AM 'dʒɑːsl] I. *vt* ■**to ~ sb** jdn anrempeln [*o fam* schubsen]; FBALL jdn rempeln; (*fig*) ■**to ~ sb off sth** jdn von etw *dat* verdrängen
II. *vi* ❶ (*push*) [sich *akk*] drängen [*o fam* drängeln]; ***crowds of people ~d at the main entrance to the concert hall*** Scharen von Menschen drängelten sich am Haupteingang zur Konzerthalle
❷ (*compete*) ■**to ~ for sth** *business, influence* um etw *akk* wetteifern [*o* konkurrieren] [*o pej fam* rangeln]
jostling ['dʒɒslɪŋ, AM 'dʒɑːsl-] I. *n no pl* ❶ (*pushing*) Gedränge *nt*, Drängelei *f*, Rempelei *f*
❷ (*competition*) Gerangel *nt pej fam* (**for** um +*akk*)
II. *adj* ❶ (*pushing*) sich *akk* drängelnd *attr*; (*pushy*) *crowd* aufdringlich *pej*
❷ (*closely grouped*) dicht gedrängt
jot [dʒɒt, AM dʒɑːt] I. *n no pl* ► PHRASES: **not a ~ of good** keinerlei [*o* nicht der geringste] Wert [*o* Nutzen]; ***your apology won't do a ~ of good now*** deine Entschuldigung nützt jetzt auch nichts mehr; **every ~ and tittle** (*dated fam*) jedes kleinste bisschen; **not a ~ of truth** nicht ein Körnchen Wahrheit; ***there's not a ~ of truth in what she's saying*** von dem, was sie sagt, ist kein einziges Wörtchen wahr; **to not give a ~ about sb/sth** sich *akk* nicht den Teufel um jdn/etw scheren *fam*
II. *vt* <-tt-> ■**to ~ sth** etw notieren [*o* schnell hinschreiben]
◆**jot down** *vt* ■**to ~ sth** ⊂ **down** etw notieren [*o* schnell aufschreiben]
jotter ['dʒɒtəʳ] *n* BRIT, AUS, **jotter pad** *n* BRIT, AUS Notizblock *m*, Notizbuch *nt*
jottings ['dʒɒtɪŋz, AM 'dʒɑːṭ-] *npl* Notizen *fpl*
joual *n* CAN *das in Quebec gesprochene Französisch*
jouissance share *n* FIN Genussaktie *f*, Genussschein *m*
joule [dʒuːl] *n* PHYS Joule *nt*
jouncy ['jaʊn(t)si] *adj music* lebhaft
journal ['dʒɜːnᵊl, AM 'dʒɜːr-] *n* ❶ (*periodical*) Zeitschrift *f*; (*newspaper*) Zeitung *f*; **medical ~** medizinische Fachzeitschrift, Ärzteblatt *nt*; **quarterly ~** Vierteljahresschrift *f*
❷ (*diary*) Tagebuch *nt*; NAUT Logbuch *nt*, Schiffstagebuch *nt*; ECON Journal *nt*, Geschäftstagebuch *nt*; **to keep a ~** Tagebuch führen
❸ COMPUT Protokoll *nt*
journalese [ˌdʒɜːnᵊl'iːz, AM ˌdʒɜːr-] *n no pl* (*pej*) Pressejargon *m pej*, Zeitungsstil *m pej*
journalism ['dʒɜːnᵊlɪzᵊm, AM 'dʒɜːr-] *n no pl* Journalismus *m*
journalist ['dʒɜːnᵊlɪst, AM 'dʒɜːr-] *n* Journalist(in) *m(f)*; **freelance ~** freier Journalist/freie Journalistin
journalistic [ˌdʒɜːnᵊl'ɪstɪk, AM ˌdʒɜːr-] *adj* journalistisch
journalling ['dʒɜːnᵊlɪŋ, AM 'dʒɜːr-] *n no pl* Führen *nt* eines Tagebuches
journey ['dʒɜːni, AM 'dʒɜːrni] I. *n* Reise *f*; ***have a safe ~!*** gute Reise!; **car/train ~** Auto-/Zugfahrt *f*; **~ of self-discovery** Selbsterfahrungstrip *m fam*; **~ time** Fahrzeit *f*; **a two-hour train ~** eine zweistündige Zugfahrt; **to set out on a ~** zu einer Reise aufbrechen
II. *vi* (*esp liter*) reisen; ***they ~ed into the desert on camels*** sie zogen auf Kamelen in die Wüste; **to ~ south** in den [*o liter* gen] Süden reisen
journeyman I. *n* ❶ (*experienced workman*) Fachmann *m*
❷ (*qualified workman*) Geselle *m*
II. *n modifier* -geselle; **~ carpenter** Tischlergeselle *m*; **~ professional** erfahrener Profi *fam*; **~ tennis player** routinierter Tennisspieler
joust [dʒaʊst] I. *vi* ❶ (*engage in a joust*) einen Turnierzweikampf austragen
❷ (*compete*) ■**to ~ for sth** um etw *akk* streiten [*o* konkurrieren]
II. *n* Turnierzweikampf *m*, Tjost *f o m*
jousting ['dʒaʊstɪŋ] *n no pl* HIST [Lanzen]stechen *nt*, Turnier[spiel] *nt*
Jove [dʒəʊv, AM dʒoʊv] *n* Jupiter *m*
► PHRASES: **by ~!** (*dated*) Donnerwetter!, potz Blitz! *veraltet*
jovial ['dʒəʊviəl, AM 'dʒoʊ-] *adj* ❶ (*friendly*) *person* freundlich; *welcome* herzlich
❷ (*joyous*) *mood* heiter, lustig; *chat, evening* nett
joviality [ˌdʒəʊvi'æləti, AM ˌdʒoʊvi'æləṭi] *n no pl* ❶ (*friendliness*) Freundlichkeit *f*, Herzlichkeit *f*
❷ (*joyousness*) Fröhlichkeit *f*, Heiterkeit *f*
jovially ['dʒəʊviəli, AM 'dʒoʊ-] *adv* freundlich, herzlich
jowl [dʒaʊl] *n* ❶ (*jaw*) Unterkiefer *m*
❷ *usu pl* (*hanging flesh*) Kinnbacke *f*; **heavy ~s** Hängebacken *fpl*
jowly ['dʒaʊli] *adj* ■**to be ~** Hängebacken haben
joy [dʒɔɪ] *n* ❶ (*gladness*) Freude *f*, Vergnügen *nt*; ***one of the ~s of the job*** einer der erfreulichen Aspekte dieses Berufs; ***the ~s of living in the country*** die Freuden des Landlebens; ***her singing is a ~ to listen to*** ihrem Gesang zuzuhören ist ein Genuss; ***in spring the garden is a ~ to behold*** im Frühjahr ist der Garten eine wahre Augenweide; **to be filled with ~** voller Freude sein; **to be full of the ~s of spring** bestens aufgelegt [*o* in bester Stimmung] sein; **to be a** [**great**] **~ to sb** jdm [große] Freude bereiten; **to give sb ~** jdm Freude bereiten; **to jump for ~** einen Freudensprung machen; **to shout for** [*or* **with**] **~** einen Freudenschrei ausstoßen; **to weep for** [*or* **with**] **~** vor Freude weinen
❷ (*liter: expression of gladness*) Fröhlichkeit *f*
❸ *no pl* BRIT (*fam: success*) Erfolg *m*; ***did you have any ~ finding the book you wanted?*** ist es dir gelungen, das Buch zu finden, das du wolltest?; ***I thought I might ask Josh to lend me some money — you won't get much ~ from him*** ich habe gedacht, ich könnte Josh bitten, mir etwas Geld zu borgen – du wirst nicht viel Glück bei ihm haben
joyful ['dʒɔɪfᵊl] *adj face, person* froh, fröhlich; *event, news* freudig; **to feel ~ about** [*or* **over**] **sth** sich *akk* über etw *akk* freuen
joyfully ['dʒɔɪfᵊli] *adv* fröhlich, vergnügt; ***we ~ announce the birth of our son*** wir freuen uns, die Geburt unseres Sohnes bekannt zu geben; **to welcome sb ~** jdn freudig begrüßen
joyfulness ['dʒɔɪfᵊlnəs] *n no pl* Fröhlichkeit *f*, Heiterkeit *f*; ***her ~ at his return was obvious*** ihre Freude über seine Rückkehr war offenkundig
joyless ['dʒɔɪləs] *adj childhood, time* freudlos; *expression, occasion, news* traurig; **~ marriage** unglückliche Ehe
joylessly ['dʒɔɪləsli] *adv* traurig
joylessness ['dʒɔɪləsnəs] *n no pl of a period, life* Freudlosigkeit *f*; *of a person* Traurigkeit *f*
joyous ['dʒɔɪəs] *adj* (*liter*) *event, news* freudig, erfreulich; *person, voice* fröhlich
joyously ['dʒɔɪəsli] *adv* (*liter*) freudig, froh; **to be ~ happy** überglücklich sein
joyousness ['dʒɔɪəsnəs] *n no pl* (*liter*) Freude *f*
joyride *n* [waghalsige] Spritztour (*in einem gestohlenen Auto*) **joyrider** *n jd, der eine waghalsige Spritztour in einem gestohlenen Auto unternimmt* **joyriding** *n no pl in einem gestohlenen Wagen waghalsige Spritztouren unternehmen* **joystick** *n* AVIAT Steuerknüppel *m*; COMPUT Joystick *m*

JP *n abbrev of* **Justice of the Peace**

Jr *adj after n, inv esp* AM *short for* **junior** jun., jr.

jubilant ['dʒu:bɪlənt] *adj* glücklich; *crowd* jubelnd *attr; expression, voice* triumphierend *attr; face* freudestrahlend *attr;* ~ **cheers** Jubelgeschrei *nt;* **to be ~ at sb's failure** über jds Misserfolg frohlocken *geh;* ~ **shouts** Jubelrufe *mpl;* ■**to be ~ over sth** über etw *akk* jubeln

jubilantly ['dʒu:bɪləntli] *adv* jubelnd, triumphierend; ***he looked at her*** ~ er sah sie freudestrahlend an

jubilation [ˌdʒu:bɪ'leɪʃən] *n no pl* Jubel *m*

jubilee ['dʒu:bɪli:] *n* Jubiläum *nt;* **silver** ~ fünfundzwanzigjähriges Jubiläum

Judaea [dʒu:'di:ə] *n no pl* HIST, GEOG Judäa *nt*

Judaeo-Christian [dʒu:ˌdi:əʊ'krɪstʃən] *adj inv* judäisch-christlich

Judaic [dʒu:'deɪɪk] *adj inv* jüdisch

Judaism ['dʒu:deɪɪzəm] *n no pl* Judaismus *m,* Judentum *nt*

Judas ['dʒu:dəs] *n* ① *(traitor)* Judas *m,* Verräter(in) *m(f)*
② REL Judas *m*

judder ['dʒʌdəʳ] BRIT, AUS **I.** *vi* [heftig] wackeln, ruckeln; ***the train ~ed to a halt*** der Zug ruckte und blieb stehen
II. *n no pl* ① *(rapid shaking)* Ruckeln *nt;* ***the car gave a sudden ~, then stopped dead*** das Auto machte einen Ruck und blieb dann schlagartig stehen
② COMPUT Ungleichförmigkeit *f,* Verwacklung *f*

Judeo-Christian [dʒu:ˌdi:oʊ'krɪstʃən] *adj inv* AM judäisch-christlich

judge [dʒʌdʒ] **I.** *n* ① LAW Richter(in) *m(f)*
② *(at a competition)* Preisrichter(in) *m(f);* SPORTS *(in boxing, gymnastics, wrestling)* Punktrichter(in) *m(f); (in athletics, swimming)* Kampfrichter(in) *m(f),* Schiedsrichter(in) *m(f)*
③ *(expert) of literature, music, wine* Kenner(in) *m(f);* ***let me be the ~ of that*** das überlassen Sie am besten meinem Urteil; **to be no ~ of art** kein Kunstkenner sein; **to be a good/bad ~ of character** ein guter/schlechter Menschenkenner sein; **to be [not] a good ~ of sth** etw [nicht] gut beurteilen können
II. *vi* ① *(decide)* urteilen; ***it's too soon to ~*** für ein Urteil ist es noch zu früh; ***you shouldn't ~ by*** [*or* ***on***] ***appearances alone*** man sollte nicht nur nach dem Äußeren gehen; ***~ing by*** [*or* ***from***] ***his comments, he seems to have been misinformed*** seinen Äußerungen nach zu urteilen, ist er falsch informiert worden
② *(estimate)* schätzen; ***I'd ~ that it'll take us five years to cover our costs*** ich schätze mal, dass wir fünf Jahre brauchen werden, um unsere Unkosten zu decken
III. *vt* ① *(decide)* ■**to ~ sb/sth** jdn/etw beurteilen [*o* einschätzen]; ***everyone present ~d the meeting*** [***to have been***] ***a success*** jeder, der anwesend war, wertete das Treffen als Erfolg; ***she ~d it better not to tell him about the damage to the car*** sie hielt es für besser, ihm nichts von dem Schaden am Auto zu erzählen; ***you can ~ for yourself how angry I was*** Sie können sich vorstellen, wie zornig ich war
② *(estimate)* ■**to ~ sth** etw schätzen; **to ~ a distance** eine Entfernung [ab]schätzen
③ *(pick a winner)* ■**to ~ sth** etw als Kampfrichter [*o* Preisrichter] bewerten, bei etw *dat* Kampfrichter [*o* Preisrichter] sein
④ *(rank)* ■**to ~ sb/sth** jdn/etw beurteilen [*o* einstufen]; ***our salespeople are ~d on*** [*or* ***according to***] ***how many cars they sell*** unsere Verkäufer werden nach der Anzahl der Autos, die sie verkaufen, eingestuft
► PHRASES: **you can't ~ a book by its cover** *(saying)* man kann eine Sache nicht nach dem äußeren Anschein beurteilen

judg(e)ment ['dʒʌdʒmənt] *n* ① LAW Urteil *nt,* gerichtliche Entscheidung; **to await ~** auf das Urteil warten; **to pass ~ [on sb]** *(also fig)* ein Urteil [über jdn] fällen *a. fig;* **to reserve ~** die Urteilsverkündung aussetzen; **to reverse a ~** ein Urteil aufheben; **to sit in ~ on a case** Richter/Richterin in einem Fall sein; **to sit in ~ on sb** über jdn zu Gericht sitzen; **to sit in ~ over sb** *(fig)* mit jdm ins Gericht gehen
② *(opinion)* Urteil *nt,* Ansicht *f,* Meinung *f;* **error of ~** Fehleinschätzung *f;* **a question of ~** eine Frage des Standpunkts; **value ~** Werturteil *nt;* **against one's better ~** wider besseres Wissen; **to make a subjective ~ about sth** über etw *akk* subjektive Urteile fällen
③ *(discernment)* Urteilsfähigkeit *f,* Urteilsvermögen *nt;* **to show impaired/poor/sound ~** ein eingeschränktes/schwaches/gesundes Urteilsvermögen besitzen
④ REL Strafe *f* Gottes

judg(e)mental [dʒʌdʒ'mentəl] *adj* ① *inv (using judgement)* urteilend, Urteils-
② *(highly critical)* absprechend, aburteilend

Judgement Day *n* REL das Jüngste Gericht

judgmental [dʒʌdʒ'mentəl, AM -təl] *adj (pej)* [vorschnell] wertend [*o* urteilend] *attr;* ■**to be ~ about sb** ein [vorschnelles] Urteil über jdn fällen

judgmentally [dʒʌdʒ'mentəli, AM -təli] *adv* vorschnell urteilend; ***he tends to deal ~ with others*** er neigt im Umgang mit anderen zu vorschnellen Urteilen

judicature ['dʒu:dɪkətʃəʳ, AM -ə˞] *n no pl* ① LAW *(system)* Justiz *f,* Gerichtswesen *nt*
② *+ sing/pl vb (the judges)* ■**the ~** die Richterschaft

judicial [dʒu:'dɪʃəl] *adj inv* gerichtlich; **~ authorities/murder/reform** Justizbehörden *fpl/*-mord *m/*-reform *f;* **~ discretion** richterliches Ermessen; **~ proceedings/system** Gerichtsverfahren *nt/* -wesen *nt;* **~ review** AM Normenkontrolle *f (Prüfung der Gesetze auf ihre Verfassungsmäßigkeit)*

judicially [dʒu:'dɪʃəli] *adv* gerichtlich

judiciary [dʒu:'dɪʃəri, AM -ieri] *n + sing/pl vb* ■**the ~** *(people)* der Richterstand; *(system)* das Gerichtswesen

judicious [dʒu:'dɪʃəs] *adj choice, person* klug; *decision* wohl überlegt

judiciously [dʒu:'dɪʃəsli] *adv* klug

judo ['dʒu:dəʊ, AM -doʊ] *n no pl* Judo *nt*

jug [dʒʌg] **I.** *n* ① *(container)* Kanne *f,* Krug *m;* **a ~ of milk** eine Kanne Milch
② *no pl (dated sl: prison)* Kittchen *nt fam,* Knast *m fam;* **to end up in ~** im Knast landen
II. *vt* <-gg-> ■**to ~ sth** etw schmoren

jugful ['dʒʌgfʊl] *n* Kanne *f,* Krug *m;* **a ~ of water** ein Krug *m* Wasser

juggernaut ['dʒʌgənɔ:t, AM -ə˞nɑ:t] *n* ① *(heavy lorry)* Schwerlastwagen *m,* Lastzug *m,* Brummi *m fam;* NAUT Großkampfschiff *nt*
② *(pej: overwhelming force)* verheerende [*o* vernichtende] Gewalt, Moloch *m geh;* **the ~ of bureaucracy/war** der Moloch Bürokratie/Krieg
③ *(overpowering institution)* Gigant *m;* **a ~ of economy/industry** ein Wirtschafts-/Industriegigant *m*

juggle ['dʒʌgl̩] **I.** *vt* ■**to ~ sth** ① *(toss and catch)* mit etw *dat* jonglieren; *(fig)* ***it is quite hard to ~ children and a career*** es ist ziemlich schwierig, Familie und Beruf unter einen Hut zu bringen
② *(fig pej: manipulate)* etw manipulieren *pej;* **to ~ facts** Tatsachen verdrehen; **to ~ figures** Zahlen frisieren *pej fam*
II. *vi* ① *(fig pej: manipulate)* ■**to ~ with sth** *facts, information* etw manipulieren *pej;* **to ~ with figures** mit Zahlen jonglieren *pej*
② *(pej: fumble)* ■**to ~ with sth** mit etw *dat* jonglieren [*o* herumspielen] *pej*

juggler ['dʒʌgləʳ, AM -ə˞] *n* Jongleur(in) *m(f)*

juggling ['dʒʌglɪŋ] *n no pl* ① *(tossing and catching)* Jonglieren *nt*
② *(fig pej: manipulation)* Manipulieren *nt pej*

juggling act *n* ① *(circus act)* Jonglierakt *m* ② *(fig: task management)* Balanceakt *m* **juggling balls** *npl* Jonglierbälle *mpl*

Jugoslav ['ju:gə(ʊ)slɑ:v, AM -goʊ-] **I.** *adj* jugoslawisch
II. *n* Jugoslawe, -in *m, f*

Jugoslavia [ˌju:gə(ʊ)'slɑ:viə, AM -goʊ'-] *n* Jugoslawien *nt*

jugular ['dʒʌgjələʳ, AM -ə˞] *n,* **jugular vein** *n* Drosselvene *f fachspr,* Jugularvene *f fachspr*
► PHRASES: **to go for the ~** *(fig)* an die Gurgel springen *fam;* ***he went for the ~*** er sprang ihm an die Gurgel

juice [dʒu:s] *n* ① *no pl (of fruit, vegetable)* Saft *m;* **lemon ~** Zitronensaft *m*
② *(liquid in meat)* ■**~s** *pl* [Braten]saft *m kein pl*
③ *(natural fluid)* ■**~s** *pl* Körpersäfte *mpl;* **digestive/gastric ~s** Verdauungs-/Magensaft *m*
④ AM *(sl: influence, power)* Einfluss *m,* Macht *f;* **to have [all] the ~** das [absolute] Sagen haben *fam*
⑤ *(fig: energy)* **creative ~s** kreative Kräfte; **to get the creative ~s flowing** schöpferisch tätig [*o* kreativ] werden
⑥ *(sl: electricity)* Saft *m sl; (petrol)* Sprit *m fam*

juice extractor *n* Entsafter *m*

juicer ['dʒu:səʳ, AM -ə˞] *n* ① *(appliance)* Saftpresse *f*
② AM *(pej sl: drinker)* Säufer(in) *m(f) pej sl*
③ AM *(sl: in theatre)* Beleuchter(in) *m(f)*

juiciness ['dʒu:sɪnəs] *n no pl* Saftigkeit *f*

juicy ['dʒu:si] *adj* ① *(succulent)* saftig
② *(fam: bountiful)* saftig *fam; profit* lukrativ, fett *fam*
③ *(fam: interesting)* interessant; *role, task* reizvoll
④ *(fam: suggestive) joke, story* schlüpfrig, anstößig; *details, scandal* pikant

ju-jitsu [dʒu:'dʒɪtsu:] *n no pl* Jiu-Jitsu *nt,* Jujutsu *nt*

jukebox ['dʒu:kbɒks, AM -bɑ:ks] *n* Musikautomat *m,* Musikbox *f,* Jukebox *f sl;* **to put a song on the ~** einen Titel aus der Jukebox wählen

Jul. *n abbrev of* **July** Juli

julep ['dʒu:lɪp, AM -ləp] *n* Julep *m o nt (alkoholisches Eisgetränk, oft mit Pfefferminze)*

julienne [ˌdʒu:li'en] *vt* **to ~ vegetables** Gemüse in schmale Streifen [*o fachspr* Julienne] schneiden

July [dʒʊ'laɪ] *n* Juli *m; see also* **February**

jumble ['dʒʌmbl̩] **I.** *n no pl* ① *(also fig: chaos)* Durcheinander *nt a. fig,* Wirrwarr *m a. fig; of clothes, papers* Haufen *m*
② BRIT *(unwanted articles)* Ramsch *m fam*
II. *vt* ■**to ~ sth** etw in Unordnung bringen; *figures* etw durcheinander bringen; ***don't ~ your clothes like that*** wirf deine Kleidungsstücke nicht einfach so auf einen Haufen; ***the events of the last few weeks are all ~d in my mind*** die Ereignisse der letzten Wochen sind in meiner Erinnerung alle durcheinander geraten

◆**jumble up** *vt* ■**to ~ up** ↻ **sth** ① *(produce chaos)* etw durcheinander werfen
② *(mingle)* etw bunt zusammenmischen [*o* zusammenwürfeln]; ***I suggest jumbling up the prizes so that nobody will know what they are getting*** ich schlage vor, die Preise durchzumischen, damit niemand weiß, was er bekommt

jumble sale *n* BRIT Flohmarkt *m;* (*for charity*) Wohltätigkeitsbasar *m*

jumbo ['dʒʌmbəʊ, AM -boʊ] **I.** *adj attr* Riesen-; ***washing powder works out cheaper if you buy the ~ size*** Waschpulver kommt billiger, wenn man die Großpackung kauft **II.** *n (fam)* Koloss *m;* AVIAT Jumbo *m fam* **jumbo jet** *n* Jumbojet *m*

jump [dʒʌmp] **I.** *n* ① *(leap)* Sprung *m,* Satz *m;* SPORTS Hoch-/Weitsprung *m;* **parachute ~** Fallschirmabsprung *m;* **to make** [*or* **take**] **a ~** einen Sprung [*o* Satz] machen
② *(fig: rise)* Sprung *m; of prices, temperatures, value* [sprunghafter] Anstieg; *of profits* [sprunghafte] Steigerung; ***the ~ from the junior to the senior team was too much for him*** der Sprung von der Jugend- in die Erwachsenenmannschaft war zu viel für ihn
③ *(hurdle)* Hindernis *nt*
④ *(step)* Schritt *m; (head-start)* Vorsprung *m;* **to be one ~ ahead of one's competitors** der Konkurrenz einen Schritt [*o* eine Nasenlänge] voraus sein; **to have** [*or* **get**] **the ~ on sb** AM jdm gegenüber im Vorteil sein

J

❺ (*sudden start*) [nervöse] Zuckung; ***I woke up with a*** ~ ich fuhr aus dem Schlaf hoch; **to give a** ~ zusammenfahren, zusammenzucken
II. *vi* ❶ (*leap*) springen; AM (*sl*) bumsen *derb;* **to** ~ **into bed with sb** (*fig*) mit jdm ins Bett springen; **to** ~ **to sb's defence** (*fig*) jdm zur Seite springen; **to** ~ **to one's feet** plötzlich aufstehen, aufspringen; **to** ~ **up and down** herumspringen, herumhüpfen
❷ (*suddenly start*) einen Satz machen; **to make sb** ~ jdn erschrecken [*o* aufschrecken]; ***oh, you made me*** ~**!** huch, hast du mich vielleicht erschreckt!
❸ BRIT, AUS (*fig*) **to** ~ **up and down** [**about sth**] (*fam: be annoyed*) sich *akk* maßlos [wegen einer S. *gen*] aufregen; **to** ~ **on** [*or* **all over**] **sb** (*pej: criticize*) jdn [aus nichtigem Anlass] abkanzeln [*o fam* heruntermachen]
❹ (*increase suddenly*) sprunghaft ansteigen, in die Höhe schnellen; **to** ~ **by 70%** einen Sprung um 70% machen; **to** ~ **from £50 to £70** von 50 auf 70 Pfund in die Höhe schnellen
❺ (*skip*) *film, narration* [zeitlich] springen; ***the film keeps*** ~***ing back to when she was a child*** der Film springt immer wieder in ihre Kindheit zurück
▸ PHRASES: **to** ~ **to conclusions** voreilige [*o* vorschnelle] Schlüsse ziehen; **to** ~ **for joy** einen Freudensprung machen; *heart* vor Freude hüpfen; **go** [**and**] ~ **in the lake!** (*pej fam*) geh [*o fam* scher dich] zum Teufel! *pej;* **to** ~ **out of one's skin** zu Tode erschrecken *fam;* **to** ~ **down sb's throat** (*pej: address*) jdn [heftig] anfahren [*o pej* anblaffen] *fam;* (*answer*) jdm über den Mund fahren *pej fam;* **to be really** ~**ing** (*approv fam*) schwer was los sein *sl*
III. *vt* ❶ (*leap over*) ■**to** ~ **sth** etw überspringen, über etw *akk* springen; ***the horse*** ~***ed a clear round*** das Pferd hat alle Hindernisse fehlerfrei übersprungen; **to** ~ **the rails** [*or* **track**] aus den Schienen springen, entgleisen
❷ *esp* AM (*attack suddenly*) ■**to** ~ **sb** über jdn herfallen, jdn überfallen
❸ (*skip*) ■**to** ~ **sth** *line, page, stage* etw überspringen
❹ (*disregard*) ■**to** ~ **sth** etw missachten; **to** ~ **bail** AM LAW (*fam*) die Kaution sausen lassen [und sich *akk* verdrücken] *fam;* **to** ~ **the** [**traffic**] **lights** [*or* **a light**] eine Ampel überfahren *fam;* **to** ~ **a/the queue** BRIT, AUS sich *akk* vordrängeln; (*fig*) aus der Reihe tanzen
▸ PHRASES: **to** ~ **the gun** vorpreschen *pej*, überstürzt handeln; SPORTS einen Fehlstart verursachen; **to** ~ **ship** *politician, unionist* das sinkende Schiff verlassen; NAUT *sailor* sich *akk* [unter Bruch des Heuervertrags] absetzen; *passenger* vorzeitig von Bord gehen; **to** ~ **to it** sich *akk* ranhalten *fam*, hinnemachen *sl*
◆**jump at** *vi* ❶ (*attack*) ■**to** ~ **at sb** auf jdn losgehen, jdn anspringen
❷ (*take eagerly*) ■**to** ~ **at sth** *idea, suggestion* sofort auf etw *akk* anspringen; *offer* bei etw *dat* zuschlagen *fam*, sich *akk* auf etw *akk* stürzen *fam;* **to** ~ **at the chance** [*or* **opportunity**] **of doing sth** die Gelegenheit beim Schopfe packen, etw zu tun
◆**jump in** *vi* ❶ (*leap in*) hineinspringen; ~ ***in, I'll take you there*** steig ein, ich fahre dich hin; ■**to** ~ **in sth** *car, water* in etw *akk* [hinein]springen
❷ (*interrupt*) dazwischenreden
◆**jump out** *vi* ❶ (*get out*) ■**to** ~ **out of sth** *car, window* aus etw *dat* springen; **to** ~ **out of bed** aus dem Bett springen
❷ (*fig: be noticeable*) ■**to** ~ **out at sb** jdm sofort auffallen [*o* ins Auge springen]
◆**jump up** *vi* aufspringen, hochspringen
jump cut *n* Jump-Cut *m*, Vorgriff *m*
jumped-up [ˌdʒʌm(p)tˈʌp] *adj* BRIT (*pej fam*) aufgeblasen *pej*, hochnäsig *pej*
jumper [ˌdʒʌmpəʳ, AM -ɚ] *n* ❶ (*person*) Springer(in) *m(f);* (*horse*) Springpferd *nt*
❷ BRIT, AUS (*pullover*) Pullover *m*, Pulli *m fam*
❸ AM, AUS (*pinafore*) Trägerkleid *nt*, ärmelloses Kleid
❹ COMPUT Jumper *m fachspr*
jumping jack *n* ❶ (*firework*) Knallfrosch *m* ❷ (*toy figure*) Hampelmann *m* ❸ (*rhyming sl: snooker*) schwarze Kugel ❹ SPORTS Hampelmann *m* **jumping-off place** *n*, **jumping-off point** *n* Ausgangspunkt *m*, Ausgangsbasis *f*, Sprungbrett *nt fig*
jump jet *n* AVIAT Senkrechtstarter *m* **jump leads** *npl* BRIT Starthilfekabel *nt*, Überbrückungskabel *nt*
jump seat *n* AM Klappsitz *m*, Notsitz *m* **jump-suit** *n* Overall *m*
jumpy [ˈdʒʌmpi] *adj* (*fam*) ❶ (*nervous*) nervös, unruhig; ***I'm rather*** ~ ***about travelling on the metro late at night*** der Gedanke, spät abends U-Bahn zu fahren, beunruhigt mich ziemlich
❷ (*easily frightened*) schreckhaft
❸ (*jerky*) *movement* ruckartig
❹ (*unsteady*) *market* unsicher
❺ (*digressive*) *style* sprunghaft
Jun. *n abbrev of* **June** Juni
jun. *adj abbrev of* **junior** jun., jr.
junction [ˈdʒʌŋkʃᵊn] *n* ❶ (*road*) Kreuzung *f;* (*motorway*) Anschlussstelle *f*, Autobahnkreuz *nt;* [**railway**] ~ [Eisenbahn]knotenpunkt *m*
❷ COMPUT (*connection between wires/cables*) Zusammenführung *f* [von Leitungen]
❸ COMPUT (*region between areas*) Zonenübergang *m*
junction box *n* ELEC Verteilerkasten *m*, Abzweigdose *f*, Anschlussdose *f*
juncture [ˈdʒʌŋ(k)(t)ʃəʳ, AM -tʃɚ] *n no pl* (*form*) [kritischer] Zeitpunkt [*o* Moment]; **at this** ~ zum jetzigen Zeitpunkt; ***we are at an important*** ~ ***in the negotiations*** wir sind in den Verhandlungen an einem sehr entscheidenden Punkt angelangt
June [dʒu:n] *n* Juni *m; see also* **February**
Jungian [ˈjʊŋiən] *adj* PSYCH Jungsche(r, s) *attr;* **in** ~ **theory** nach der Jungschen Theorie
jungle [ˈdʒʌŋgl̩] *n* ❶ (*tropical forest*) Dschungel *m*, Urwald *m*
❷ (*fig: confused mass*) Gewirr *nt*, Dschungel *m*, Dickicht *nt;* **concrete** ~ Großstadtdschungel *m;* **the law of the** ~ das Gesetz des Dschungels
▸ PHRASES: **it's a** ~ **out there** das Leben ist ein Kampf
jungle gym *n* AM, AUS Klettergerüst *nt* **jungle juice** *n* [selbst gebrauter] Fusel *fam*
junior [ˈdʒu:niəʳ, AM -njɚ] **I.** *adj* ❶ *inv* (*younger*) junior *nach n;* **James Dawson, J**~ James Dawson junior
❷ *attr, inv* SPORTS Junioren-, Jugend-
❸ *attr, inv* SCH ~ **college** AM Juniorencollege *nt*, Vorbereitungscollege *nt* (*die beiden ersten Studienjahre umfassende Einrichtung*); ~ **common room** BRIT studentischer Gemeinschaftsraum; ~ **school** BRIT Grundschule *f;* ~ **high school** AM Aufbauschule *f* (*umfasst in der Regel die Klassenstufen 7–9*)
❹ (*low rank*) untergeordnet; ***I'm too*** ~ ***to apply for this job*** ich habe eine zu niedrige Position inne, um mich für diese Stelle bewerben zu können; ~ **barrister** BRIT angehender Kronanwalt/angehende Kronanwältin, Kronanwaltspraktikant(in) *m(f);* ~ **officer/soldier** rangniederer Offizier/Soldat; ~ **partner** Juniorpartner(in) *m(f)*
❺ ECON, FIN *mortgage* nachrangig
II. *n* ❶ *no pl esp* AM (*son*) Sohn *m*, Junior *m hum;* ***I've asked Mom to take care of J***~ ich habe Mama gebeten, auf den Jungen [*o* unseren Sohn] aufzupassen
❷ (*younger*) Jüngere(r) *f(m);* ***he's two years my*** ~ er ist zwei Jahre jünger als ich
❸ (*low-ranking person*) unterer Angestellter/untere Angestellte; **office** ~ Bürogehilfe, -in *m, f*
❹ BRIT SCH Grundschüler(in) *m(f)*
❺ BRIT SCH ■**the** ~**s** *pl* Grundschule *f kein pl;* **to move up to the J**~**s** in die Grundschule kommen
❻ AM UNIV Student(in) *m(f)* im vorletzten Studienjahr
❼ LAW Nebenanwalt *m;* (*not Queen's Counsel*) Juniorgerichtsanwalt *m*
juniper [ˈdʒu:nɪpəʳ, AM -ɚ] *n* Wacholder *m*, Juniperus *m fachspr*
junk¹ [dʒʌŋk] **I.** *n* ❶ *no pl* (*worthless stuff*) Plunder *m pej fam*, Ramsch *m pej fam*, Krempel *m pej fam;* (*fig pej*) Schrott *m pej fam*, Mist *m pej fam;* (*literature*) Schund *m pej fam*
❷ (*sl: heroin*) Stoff *m sl*
II. *vt* ❶ (*fam*) ■**to** ~ **sth** etw wegwerfen [*o fam* wegschmeißen]
❷ ■**to** ~ **sth** etw löschen
junk² [dʒʌŋk] *n* NAUT Dschunke *f*
junk bonds *npl* AM Risikopapiere *nt*
junket [ˈdʒʌŋkɪt] *n* ❶ (*pej*) Vergnügungsreise [*o* [sogenannte] Dienstreise] auf Staatskosten
❷ FOOD *Süßspeise aus mit Lab eingedickter Milch*
junketing [ˈdʒʌŋkɪtɪŋ] *n* (*fam*) ❶ (*feast*) Festessen *nt*, Festschmaus *m*
❷ (*excursion*) Schlemmertour *f fam* auf Staatskosten
junk food *n* Schnellgerichte *ntpl;* (*pej*) ungesundes Essen, Fraß *m pej fam* **junk heap** *n* Müllhaufen *m*
junkie [ˈdʒʌŋki] *n* (*sl*) Junkie *m sl*, Fixer(in) *m(f) fam*, Rauschgiftsüchtige(r) *f(m);* **coffee** ~ (*hum*) Kaffeetante *f hum;* **fitness** ~ (*hum*) Fitnessfreak *m hum*
junk mail *n no pl* Post *f* für den Papierkorb, Wurfsendungen *fpl*, Reklame *f* **junk room** *n* Rumpelkammer *f fam* **junk shop** *n* Trödelladen *m fam*
junky *n see* **junkie**
junkyard *n* Schrottplatz *m*
junta [ˈdʒʌntə, AM ˈhʊn-] *n + sing/pl vb* Junta *f;* **military** ~ Militärjunta *f*
Jupiter [ˈdʒu:pɪtəʳ, AM -ɚ] *n no art* Jupiter *m*
juridical [dʒʊ(ə)ˈrɪdɪkᵊl, AM dʒʊˈ-] *adj* ❶ (*of law*) Rechts-, juristisch, juridisch ÖSTERR; ~ **person** juristische Person
❷ (*of court*) Gerichts-; ~ **days** Gerichtstage *mpl*, Verhandlungstage *mpl;* ~ **power** richterliche Gewalt
jurisdiction [ˌdʒʊərɪsˈdɪkʃᵊn, AM ˌdʒʊrɪs-] *n no pl* Jurisdiktion *f geh*, Gerichtsbarkeit *f*, Zuständigkeit *f;* **to be beyond** [*or* **outside**] **the** ~ **of a court** nicht in den Zuständigkeitsbereich eines Gerichts fallen; **to be under** [*or* **within**] **the** ~ **of a court** unter die Zuständigkeit eines Gerichts fallen, der Zuständigkeit eines Gerichts unterliegen; **to have** [**no**] ~ **in** [*or* **over**] **sth** für etw *akk* [nicht] zuständig sein
jurisprudence [ˌdʒʊərɪsˈpru:d(ə)n(t)s, AM ˌdʒʊrɪs-] *n no pl* LAW Jurisprudenz *f geh*, Rechtswissenschaft *f;* **comparative** ~ vergleichende Rechtswissenschaft; **medical** ~ Gerichtsmedizin *f*
jurist [ˈdʒʊərɪst, AM ˈdʒʊrɪst] *n* Jurist(in) *m(f)*, Rechtswissenschaftler(in) *m(f)*
juror [ˈdʒʊərəʳ, AM ˈdʒʊrɚ] *n* Preisrichter(in) *m(f);* LAW Geschworene(r) *f(m)*
jury [ˈdʒʊəri, AM ˈdʒʊri] *n + sing/pl vb* ❶ LAW ■**the** ~ die Geschworenen *pl;* **member of the** ~ Geschworene(r) *f(m);* **to be** [*or* **serve**] [*or* **sit**] **on a** ~ auf der Geschworenenbank sitzen, Geschworene *f*/Geschworener *m* sein
❷ (*competition*) Jury *f*, Preisgericht *nt;* SPORTS Kampfgericht *nt*
▸ PHRASES: **the** ~ **is still out** das letzte Wort ist noch nicht gesprochen
juryman *n* Geschworener *m*, Schöffe *m* **jury-rigged** [-rɪgd] *adj esp* AM improvisiert, behelfsmäßig zusammengeschustert *pej* **jurywoman** *n* Geschworene *f*
just **I.** *adv* [dʒʌst, dʒəst] *inv* ❶ (*very soon*) gleich; ***we're*** ~ ***about to leave*** wir wollen gleich los; ***I was*** ~ ***going to phone you*** ich wollte dich eben anrufen; (*very recently*) gerade [eben], soeben; ***they've*** ~ ***gone out this minute*** sie sind eben vor einer Minute gegangen; ***who was at the door*** ~ ***now?*** wer war gerade eben an der Tür?; (*now*) gerade; (*at the same time*) gerade in dem Augenblick, genau in dem Moment; ***it's very hectic*** ~ ***now*** es ist im Augenblick gerade sehr hektisch; ■**to be** ~ **doing sth** gerade dabei sein, etw zu tun, etw gerade tun; ***I'm*** ~ ***coming!*** ich komme schon!; ~ **a minute** [*or* **moment**] [*or* **second**] einen Augenblick [*o* Moment], bitte; (*as an interruption*) [einen] Moment [mal]; ~ ***a minute — I've nearly finished*** nur einen Moment noch – ich bin fast fertig
❷ (*exactly*) genau; ***that's*** ~ ***what I was going to say*** genau das wollte ich gerade sagen; ***it's*** ~ ***like***

you to forget your purse es sieht dir ganz ähnlich, dass du deinen Geldbeutel vergisst; **...** ~ ***as I expected*** ..., genau so, wie ich es erwartet hatte; ***the twins look*** ~ ***like each other*** die Zwillinge sehen sich zum Verwechseln ähnlich; ~ **then** gerade in diesem Augenblick; ~ **so** absolut perfekt
❸ (*only*) nur; ***she lives*** ~ ***down the road*** sie wohnt nur ein Stück weit die Straße runter; ***why don't you like him? — I*** ~ ***don't!*** warum magst du ihn nicht? – nur so!; ***she's*** ~ ***a baby/a few weeks old*** sie ist noch ein Baby/erst ein paar Wochen alt; (*simply*) einfach, *fam* bloß, nur; ***we'll*** ~ ***have to wait and see*** wir müssen einfach abwarten; ***I*** ~ ***wanted to ask you if ...*** ich wollte bloß fragen, ob ...; ~ **in case ...** nur für den Fall, dass ...; ~ **for fun** [*or* **kicks**] [*or* **a laugh**] nur [so] zum Spaß, einfach aus Jux *fam;* [**not**] ~ **anybody** [nicht] einfach irgendjemand
❹ (*barely*) gerade noch; ***I could only*** ~ ***hear her*** ich konnte sie so gerade noch hören; ***the stone*** ~ ***missed me*** der Stein ist ganz knapp an mir vorbeigeflogen; ***it's*** ~ ***possible that ...*** es ist nicht ganz ausgeschlossen, dass ...; ***it might*** ~ ***possibly help if ...*** es wäre eventuell hilfreich, wenn ...; ~ **in time** gerade noch rechtzeitig
❺ (*absolutely*) einfach, wirklich; ~ **dreadful/wonderful** einfach furchtbar/wundervoll
❻ (*as well*) ~ **as** genauso, geradeso, ebenso; ***I might*** ~ ***as well go now*** ich könnte jetzt genauso gut gehen; ***it's*** ~ ***as well you stayed at home*** es ist nur gut, dass du zu Hause geblieben bist; ***come*** ~ ***as you are*** kommen Sie, wie Sie sind; ~ ***as I thought!*** genauso habe ich es mir gedacht!; ~ **as many ... as ...** genau so viele ... wie ...
❼ (*with imperatives*) ~ **you dare!** untersteh dich!; ~ **listen!** hör mal!; ~ **shut up!** halt mal den Mund!; ~ **taste this!** das musst du unbedingt mal probieren! *a. pej;* ~ **think!** denk mal!; ~ **try!** versuch's doch mal!; ~ **watch it!** pass bloß auf!, nimm dich ja in Acht!
▸ PHRASES: **that's** ~ **my luck** so etwas kann wirklich nur mir passieren; **it's** ~ **one of those things** (*saying*) so etwas passiert eben [*o* kommt schon mal vor]; **isn't it** ~**?** (*fam*) und ob! *fam,* und wie! *fam;* ~ **like that** einfach so, [so] mir nichts, dir nichts *fam*
II. *adj* [dʒʌst] gerecht, berechtigt, gerechtfertigt; ~ **anger/indignation** berechtigter Zorn/gerechtfertigte Entrüstung; **to have** ~ **cause to do sth** einen triftigen [*o* guten] Grund haben, etw zu tun; **to be** ~ **reward for sth** ein gerechter Ausgleich für etw *akk* sein
▸ PHRASES: **to get one's** ~ **deserts** das bekommen, was man verdient hat
III. *n* [dʒʌst] ■**the** ~ *pl* die Gerechten
justice [ˈdʒʌstɪs] *n* ❶ (*fairness*) Gerechtigkeit *f;* **to do** ~ Gerechtigkeit üben; ~ ***has been done*** [*or* ***served***] der Gerechtigkeit wurde Genüge getan; **to do sb** ~ jdm Gerechtigkeit widerfahren lassen; ***to do him*** ~, ***he couldn't have foreseen this problem*** gerechterweise muss man sagen, dass er dieses Problem unmöglich vorausgesehen haben kann; ***you didn't do yourself*** ~ ***in the exams*** du hättest in den Prüfungen mehr leisten können; **to do sth** ~ etw *dat* gerecht werden; ***this photo doesn't do her beauty*** ~ dieses Foto bringt ihre Schönheit nicht richtig zur Geltung; ***they did*** ~ ***to the wine*** sie genossen den Wein in vollen Zügen
❷ (*administration of the law*) Justiz *f;* **a miscarriage of** ~ ein Justizirrtum *m;* **to bring sb to** ~ jdn vor Gericht bringen; **to obstruct** [**the course of**] ~ die Justiz behindern
❸ (*judge*) Richter(in) *m(f);* **Supreme Court** ~ Richter(in) *m(f)* am Obersten Bundesgericht; **Mr** ~ **Ellis** Richter Ellis
Justice of the Peace *n* Friedensrichter(in) *m(f)*
justifiable [ˈdʒʌstɪfaɪəbl̩, AM -təfaɪ-] *adj* zu rechtfertigen *präd,* berechtigt; ~ **homicide** LAW entschuldbare Tötung
justifiably [ˈdʒʌstɪfaɪəbli, AM -təfaɪ-] *adv* zu Recht, berechtigterweise
justification [ˌdʒʌstɪfɪˈkeɪʃən, AM -təfɪˈ-] *n no pl* ❶ (*reason*) Rechtfertigung *f;* **to provide** ~ **for** [*or* **of**] **sth** Gründe für etw *akk* geltend machen; ***we expect you to provide a*** ~ ***for your actions*** wir erwarten von Ihnen eine plausible Erklärung für Ihr Verhalten; **to say sth with some** ~ etw nicht ganz ohne Berechtigung sagen
❷ TYPO Bündigkeit *f*
justified [ˈdʒʌstɪfaɪd, AM -təfaɪd] *adj* gerechtfertigt, berechtigt; ***I think you were quite*** ~ ***in complaining*** ich glaube, du hast dich völlig zu Recht beschwert
justify <-ie-> [ˈdʒʌstɪfaɪ, AM -təfaɪ] *vt* ❶ (*show to be right*) ■**to** ~ **sth** etw rechtfertigen; ***these measures need to be justified first*** diese Maßnahmen müssen erst begründet werden; ***are these measures really justified?*** sind diese Maßnahmen wirklich gerechtfertigt?; ***that does not*** ~ ***him being late*** das entschuldigt nicht, dass er zu spät gekommen ist; **to** ~ **sb's faith in sb** jds Vertrauen in jdn rechtfertigen; ■**to** ~ **oneself** [**for sth**] sich *akk* [für etw *akk*] rechtfertigen; ■**to** ~ **oneself to sb** sich *akk* jdm gegenüber rechtfertigen
❷ TYPO ■**to** ~ **sth** *line* etw ausrichten
justly [ˈdʒʌstli] *adv* berechtigterweise, zu Recht; **to be** ~ **proud of sth** zu Recht auf etw *akk* stolz sein; **to act** ~ gerecht handeln
justness [ˈdʒʌstnəs] *n no pl* Gerechtigkeit *f*
jut <-tt-> [dʒʌt] **I.** *vi* vorstehen, herausragen; **to** ~ **into the sky** in den Himmel ragen
II. *vt* ■**to** ~ **sth** etw vorschieben; ***he*** ~***ted his chin defiantly*** trotzig schob er sein Kinn vor
◆**jut out I.** *vi* herausragen, hervorstehen; *chin* vorspringen; ■**to** ~ **out into sth** in etw *akk* hineinragen; ■**to** ~ **out of sth** aus etw *dat* herausragen
II. *vt* ■**to** ~ **out** ◌ **sth** etw vorschieben
jute [dʒuːt] *n no pl* Jute *f*
Jutland [ˈdʒʌtlənd] *n no pl* GEOG Jütland *nt;* **the Battle of** ~ die Schlacht am Skagerrak
jutting [ˈdʒʌtɪŋ, AM -ţɪŋ] *adj attr* herausragend *attr; eyebrows* hervortretend *attr; chin* vorspringend *attr*
juvenile [ˈdʒuːvənaɪl, AM -vənəl] **I.** *adj* ❶ (*youth*) Jugend-, jugendlich; ~ **court** Jugendgericht *nt;* ~ **crime** Jugenddelikt *nt,* Jugendsache *f;* ~ **delinquency** Jugendkriminalität *f;* ~ **delinquent** [*or* **offender**] jugendlicher Straftäter/jugendliche Straftäterin; **to play the** ~ **lead** die jugendliche Hauptrolle spielen
❷ (*pej: childish*) kindisch *pej,* infantil *pej*
II. *n* Jugendliche(r) *f(m)*
juvenilia [ˌdʒuːvəˈnɪliə] *npl* ART, LIT Jugendwerke *ntpl*
juxtapose [ˌdʒʌkstəˈpəʊz, AM ˈdʒʌkstəpoʊz] *vt* ■**to** ~ **sth** etw nebeneinander stellen; *ideas* etw einander gegenüberstellen, etw gegeneinander halten; ■**to** ~ **sth with** [*or* **to**] **sth** etw neben etw *akk* stellen; ***he*** ~***d photos with oil paintings*** er hängte Fotografien neben Ölgemälden auf; ***the poem*** ~***d pain to pleasure*** das Gedicht stellte die Freude dem Schmerz gegenüber
juxtaposition [ˌdʒʌkstəpəˈzɪʃən] *n no pl* Nebeneinanderstellung *f;* ***placing the two designs in*** ~ ***with each other highlights their differences*** wenn man die beiden Entwürfe nebeneinander legt, werden die Unterschiede zwischen ihnen deutlich

K

K <*pl* 's>, **k** <*pl* -'s *or* -s> [keɪ] *n* K *nt,* k *nt;* ~ **for** [*or* AM *also* **as in**] **King** K für Kaufmann; *see also* **A 1.**
K[1] <*pl* -> *n* ❶ *abbrev of* **kilobyte** KB; **256**~ **of memory** 256 KB Arbeitsspeicher
❷ *after n abbrev of* **kelvin** K
K[2] <*pl* -> *n* BRIT, AUS (*fam*) 1000 Pfund; AM 1000 Dollar; ***£20***~ 20.000 Pfund
kabuki [kəˈbuːki] *n no pl* THEAT Kabuki *nt*
kafkaesque [ˌkæfkəˈesk, AM ˌkɑːf-] *adj* kafkaesk *geh*
kaftan *n see* **caftan**
kagoul(**e**) *n see* **cagoul**(**e**)
kail [keɪl] *n no pl see* **kale**
Kalashnikov [kəˈlæʃnɪkɒf, AM -ˈlɑːʃnɪkɑːf] *n* Kalaschnikow *f*
kale [keɪl] *n no pl* [Grün]kohl *m*
kaleidoscope [kəˈlaɪdəskəʊp, AM -skoʊp] *n* ❶ (*toy*) Kaleidoskop *nt*
❷ (*fig: changing pattern*) Kaleidoskop *nt geh,* bunte Folge
kaleidoscopic [kəˌlaɪdəˈskɒpɪk, AM -skɑːpɪk] *adj* kaleidoskopisch *geh,* in buntem Wechsel aufeinander folgend *attr*
kaleidoscopically [kəˌlaɪdəˈskɒpɪkli, AM -skɑːp-] *adv* kaleidoskopisch *geh,* in buntem Wechsel
kamikaze [ˌkæmɪˈkɑːzi, AM ˌkɑːməˈ-] *adj attr* Kamikaze-; ~ **pilot** Kamikazeflieger *m*
Kampuchea [ˌkæmpʊˈtʃiːə, AM -puːˈ-] *n* (*hist*) Kamputschea *nt hist*
Kampuchean [ˌkæmpʊˈtʃiːən, AM -puːˈ-] (*hist*)
I. *adj* kamputscheanisch *hist*
II. *n* Kamputscheaner(in) *m(f) hist*
kangaroo <*pl* -s *or* -> [ˌkæŋgəˈruː, AM -gəˈruː] *n* ❶ (*animal*) Känguru *nt*
❷ LAW Befugnis *f* (*eine Debatte durch Nichtbehandeln von Änderungsanträgen zu verkürzen*)
kangaroo court *n* LAW Scheingericht, nt, illegales Gericht
Kans. AM *abbrev of* **Kansas**
kaolin [ˈkeɪəlɪn] *n no pl* Kaolin *m o nt fachspr,* Porzellanerde *f*
kapok [ˈkeɪpɒk, AM -pɑːk] *n no pl* Kapok *m*
Kaposi's sarcoma [kəˌpəʊzizsɑːˈkəʊmə, AM -ˈpoʊzizsɑːrˈkoʊmə] *n* MED Kaposi-Sarkom *nt*
kaput [kəˈpʊt, AM *also* -ˈpuːt] *adj inv, pred* (*fam*) kaputt *präd fam,* hin[über] *präd fam;* ***I guess the dishwasher is*** ~ ich glaube, der Geschirrspüler ist hin *fam;* **to go** ~ kaputtgehen *fam*
karaoke [ˌkæriˈəʊki, AM ˌkeriˈoʊki] *n no pl* Karaoke *nt*
karat *n* AM *see* **carat**
karate [kəˈrɑːti, AM kæˈrɑːţi] *n no pl* Karate *nt*
karma [ˈkɑːmə, AM ˈkɑːr-] *n no pl* ❶ REL Karma[n] *nt;* (*fig*) Schicksal *nt*
❷ (*fig fam: vibes*) Schwingungen *fpl*
karmic [ˈkɑːmɪk, AM ˈkɑːr-] *adj* karmisch *geh*
kart [kɑːt, AM kɑːrt] *n* Gokart *m*
karting [ˈkɑːtɪŋ, AM ˈkɑːrţ-] *n* Gokartfahren *nt*
Kashmir [ˌkæʃˈmɪəʳ, AM ˈkæʃmɪr] *n no pl* GEOG Kaschmir *nt*
kayak [ˈkaɪæk] *n* Kajak *m o selten a. nt*
kazoo [kəˈzuː] *n* MUS Kazoo *nt*
Kb *n,* **Kbit** *n* COMPUT *abbrev of* **kilobit** Kb
KB *n,* **Kbyte** *n* COMPUT *abbrev of* **kilobyte** KB
KBE [ˌkeɪbiːˈiː] *n* BRIT *abbrev of* **Knight Commander of the Order of the British Empire** *britischer Verdienstorden*
KC [ˌkeɪˈsiː] *n* BRIT *abbrev of* **King's Counsel**
kebab [kɪˈbæb, AM -ˈbɑːb] *n* Kebab *m*
kedgeree [ˌkedʒəˈriː, AM ˈkedʒəriː] *n* Kedgeree *nt* (*mit Curry gewürztes Frühstücksgericht aus Reis, Fisch und hartgekochten Eiern*)
keel [kiːl] **I.** *n* NAUT Kiel *m;* (*liter*) Schiff *nt*
▸ PHRASES: **to be back on an even** ~ *person* wieder obenauf sein; *matter* wieder im Lot sein
II. *vi* ■**to** ~ **over** ❶ NAUT kentern
❷ (*fam: swoon*) umfallen *fam,* umkippen *fam;* **to** ~ **over in a dead faint** in eine tiefe Ohnmacht fallen
keelhaul [ˈkiːlhɔːl, AM -hɑːl] *vt* (*fam*) ■**to** ~ **sb** jdn kielholen; (*fig fam*) jdn zusammenstauchen *fam*
keen[1] [kiːn] *adj* ❶ (*enthusiastic*) begeistert, leidenschaftlich; ~ **hunter** begeisterter Jäger/begeisterte Jägerin; ■**to be** ~ **on doing sth** etw mit Begeisterung [*o* leidenschaftlich gern] tun; ■**to be** ~ **to do sth** etw unbedingt tun wollen; ***they were*** ~ ***for their children to go to the best schools*** sie wollten unbedingt, dass ihre Kinder die besten Schulen besuchen; ■**to be** ~ **on sb** auf jdn scharf sein *sl;* **to be** ~ **on football/horror movies/jazz** auf Fuß-

K

ball/Horrorfilme/Jazz versessen sein
❷ (*perceptive*) *eye* scharf; *ear* fein; ~ **eyesight** [*or* **vision**] scharfe Augen; ~ **mind** scharfer Verstand; ~ **sense of hearing** feines Gehör
❸ (*extreme*) *pain* heftig, stark; ~ **competition** scharfe Konkurrenz; **to have a** ~ **desire for sth** ein heftiges Verlangen nach etw *dat* spüren; ~ **interest** lebhaftes Interesse
❹ (*sharp*) *blade* scharf; *wind* beißend, schneidend; *noise, voice* schrill
❺ *pred* AM (*dated: very good*) toll *fam;* **peachy** ~ (*also iron*) prima *a. iron;* ***how are you doing? — peachy ~! I've just gotten fired*** wie geht's dir denn so? – fantastisch, ich bin gerade gefeuert worden
❻ BRIT (*low*) *prices* günstig
► PHRASES: **to be as** ~ **as mustard** [**on sth**] BRIT (*dated fam*) Feuer und Flamme [für etw *akk*] sein *fam,* ganz versessen [*o* erpicht] [auf etw *akk*] sein *fam*

keen² [ki:n] **I.** *n* Totenklage *f*
II. *vi* die Totenklage halten, wehklagen; ■**to** ~ **for sb** jdn betrauern

keener ['ki:nəʳ] *n* CAN (*pej fam*) Schleimer *m*

keenly ['ki:nli] *adv* ❶ (*strongly*) stark; **to feel sth** ~ etw sehr intensiv empfinden
❷ (*extremely*) ungemein, brennend; **to be** ~ **interested in sth** sich *akk* brennend für etw *akk* interessieren
❸ (*attentively*) genau, streng

keenness ['ki:nnəs] *n no pl* ❶ (*enthusiasm*) Begeisterung *f* (**for** für +*akk*)
❷ (*eagerness*) starkes [*o* lebhaftes] Interesse; (*desire*) starker Wunsch
❸ (*also fig: sharpness*) Schärfe *f a. fig*

keep [ki:p]

I. NOUN	II. TRANSITIVE VERB
III. INTRANSITIVE VERB	

I. NOUN

❶ *no pl* [*livelihood*] [Lebens]unterhalt *m;* **not to be worth one's** ~ sein Geld nicht wert sein; **to earn one's** ~ [sich *dat*] seinen Lebensunterhalt verdienen
❷ [*main tower of castle*] Bergfried *m;* (*dungeon*) Burgverlies *nt*

II. TRANSITIVE VERB

<kept, kept> ❶ [*hold onto*] ■**to** ~ **sth** etw behalten [*o* aufheben]; **to** ~ **bills/receipts** Rechnungen/Quittungen aufheben; **to** ~ **the change** das Wechselgeld behalten; **to** ~ **one's sanity** sich *akk* geistig gesund halten
❷ [*have in particular place*] ■**to** ~ **sth** etw [bereit] stehen haben; ***he ~s a glass of water next to his bed*** er hat immer ein Glas Wasser neben seinem Bett stehen
❸ [*store*] ■**to** ~ **sth** *medicine, money* etw aufbewahren; ***where do you ~ your cups?*** wo sind die Tassen?
❹ [*run*] **to** ~ **a shop** ein Geschäft führen
❺ [*sell*] **to** ~ **sth** *shop* etw führen [*o* auf Lager haben]
❻ [*detain*] ■**to** ~ **sb** jdn aufhalten; **to** ~ **sb waiting** jdn warten lassen
❼ [*prevent*] ■**to** ~ **sb from doing sth** jdn davon abhalten, etw zu tun
❽ [*maintain*] ***you have to ~ your dog on a chain*** Hunde müssen an der Leine bleiben; **to** ~ **sb/sth under control** jdn/etw unter Kontrolle halten; **to** ~ **count of sth** etw mitzählen; ***I'll ~ count of how many times you jump*** ich zähle, wie oft du springst; **to** ~ **sth up-to-date** etw auf dem neuesten Stand halten; **to** ~ **one's eyes fixed on sb/sth** den Blick auf jdn/etw geheftet halten; **to** ~ **sth in one's head** etw im Kopf behalten; **to** ~ **house** den Haushalt führen; **to** ~ **sb in line** dafür sorgen, dass jd sich *akk* an die Ordnung hält; **to** ~ **sb/sth in mind** jdn/etw im Gedächtnis behalten; **to** ~ **a mistress** sich *dat* eine Geliebte halten; **to** ~ **one's mouth shut** [*or* **closed**] den Mund halten; **to** ~ **sb under observation** jdn beobachten lassen; **to** ~ **oneself to oneself** für sich *akk* [allein] bleiben, [die] Gesellschaft [anderer] meiden; **to** ~ **track of sb/sth** jdn/etw im Auge behalten; ~ ***track of how many people have entered reception*** merken Sie sich, wie viele Leute die Eingangshalle betreten haben; ***I don't ~ track of the cats we've had any more*** ich weiß gar nicht mehr, wie viele Katzen wir schon gehabt haben; **to** ~ **sb awake** jdn wach halten [*o* nicht einschlafen lassen]; **to** ~ **sth closed/open** etw geschlossen/geöffnet lassen; **to** ~ **sb/sth warm** jdn/etw warm halten
❾ [*care for*] **to** ~ **children** Kinder betreuen
❿ [*own*] ■**to** ~ **animals** Tiere halten
⓫ [*guard*] ■**to** ~ **sth** etw bewachen; **to** ~ **goal** im Tor stehen, das Tor hüten; **to** ~ **watch** Wache halten
⓬ [*not reveal*] ■**to** ~ **sth from sb** jdm etw *akk* vorenthalten [*o* verschweigen]; ■**to** ~ **sth to oneself** etw für sich *akk* behalten
⓭ [*stick to*] ■**to** ~ **sth** etw [ein]halten [*o* befolgen]; **to** ~ **an appointment/a treaty** einen Termin/einen Vertrag einhalten; **to** ~ **the faith** fest im Glauben [*o* glaubensstark] sein; ~ ***the faith!*** AM nur Mut!, Kopf hoch!; ***he's really nervous about the presentation but I told him to ~ the faith*** er ist wirklich aufgeregt wegen der Moderation, aber ich habe ihm gesagt, er solle zuversichtlich sein; **to** ~ **the law/the Ten Commandments** das Gesetz/die Zehn Gebote befolgen; **to** ~ **an oath/a promise** einen Schwur/ein Versprechen halten; **to** ~ **the sabbath** den Sabbat heiligen; **to** ~ **a tradition** eine Tradition wahren
⓮ [*make records*] **to** ~ **the books** die Bücher führen; **to** ~ **a diary** [*or* **journal**] ein Tagebuch führen; **to** ~ **a log** [*or* **record**] **of sth** über etw *akk* Buch führen; **to** ~ **the minutes** [das] Protokoll führen; **to** ~ **score** SPORTS die Punkte anschreiben
⓯ [*provide for*] ■**to** ~ **sb/sth** jdn/etw unterhalten [*o* versorgen]; **to** ~ **sb in cigarettes/money** jdn mit Zigaretten/Geld versorgen; ***the news will ~ her in gossip for some time to come*** aufgrund dieser Meldung wird man noch einige Zeit über sie tratschen *fam*
► PHRASES: **to** ~ **one's balance** [*or* **feet**] das Gleichgewicht halten; **to** ~ **an eye out for sth** nach etw *dat* Ausschau halten; **to** ~ **one's hand in sth** bei etw *dat* die Hand [weiterhin] im Spiel haben [*o fam* [nach wie vor] mitmischen]; **to** ~ **a secret** ein Geheimnis hüten [*o* bewahren]; **to** ~ **time** *watch* richtig [*o* genau] gehen; MUS Takt halten

III. INTRANSITIVE VERB

<kept, kept> ❶ [*stay fresh*] *food* sich *akk* halten
❷ [*wait*] Zeit haben; ***that gruesome story can ~ until we've finished eating, John*** diese Schauergeschichte hat Zeit bis nach dem Essen, John; ***your questions can ~ until later*** deine Fragen können noch warten
❸ [*stay*] bleiben; **to** ~ **to one's bed** im Bett bleiben; ***she's ill and has to ~ to her bed*** sie ist krank und muss das Bett hüten; **to** ~ **in line** sich *akk* an die Ordnung halten; **to** ~ **in step with sb** mit jdm Schritt halten; **to** ~ **awake/healthy** wach/gesund bleiben; **to** ~ **cool** einen kühlen Kopf [*o* die Ruhe] bewahren; **to** ~ [**to the**] **left/right** sich *akk* [mehr] links/rechts halten; **to** ~ **quiet** still sein
❹ [*continue*] ■**to** ~ **doing sth** etw weiter tun; ***don't stop, ~ walking*** bleib nicht stehen, geh weiter; ***he ~s trying to distract me*** er versucht ständig, mich abzulenken; ***don't ~ asking silly questions*** stell nicht immer so dumme Fragen; ■**to** ~ **at sth** mit etw *dat* weitermachen, an etw *dat* dranbleiben *fam*
❺ [*stop oneself*] ■**to** ~ **from doing sth** etw unterlassen, sich *dat* etw verkneifen *fam;* ***though the show was disgusting, he couldn't ~ from looking*** obwohl die Show abscheulich war, musste er sie sich einfach ansehen; ***how will I ever ~ from smoking?*** wie kann ich jemals mit dem Rauchen aufhören?
❻ [*adhere to*] ■**to** ~ **to sth** an etw *dat* festhalten; (*not digress*) bei etw *dat* bleiben; **to** ~ **to an agreement/a promise** sich *akk* an eine Vereinbarung/ein Versprechen halten; **to** ~ **to a schedule** einen Zeitplan einhalten; **to** ~ **to a/the subject** [*or* **topic**] bei einem/beim Thema bleiben
► PHRASES: **how are you ~ing?** BRIT wie geht's dir so?

◆**keep abreast** *vi* ■**to** ~ **abreast of sth** mit etw *dat* Schritt halten

◆**keep away I.** *vi* ■**to** ~ **away** [**from sb/sth**] sich *akk* [von jdm/etw] fern halten; ***I want you to ~ away and never come back to this house again*** ich will, dass du dich hier bei diesem Haus nie wieder blicken lässt *fam;* ***I just can't seem to ~ away from chocolate*** (*hum*) irgendwie kann ich Schokolade einfach nicht widerstehen *fam*
II. *vt* ■**to** ~ **sb/sth away** jdn/etw fern halten; ***she wanted me to ~ him away*** sie wollte, dass ich ihn ihr vom Leib halte; ~ ***your medications away from your children*** bewahren Sie Ihre Medikamente für Ihre Kinder unzugänglich auf

◆**keep back I.** *vi* zurückbleiben; (*stay at distance*) Abstand halten; ~ ***back from that vicious dog, children*** bleibt von diesem bösartigen Hund weg, Kinder
II. *vt* ❶ (*hold away*) ■**to** ~ **back** ○ **sb/sth** jdn/etw zurückhalten; ***security guards kept the fans back from the rock stars*** Sicherheitskräfte hielten die Fans von den Rockstars fern
❷ (*retain*) ■**to** ~ **back** ○ **sth** etw verschweigen
❸ (*prevent advance*) ■**to** ~ **back** ○ **sb** jdn aufhalten; ***the slower students were ~ing the more intelligent ones back*** die langsameren Schüler behinderten das Vorankommen der intelligenteren; ■**to** ~ **sb back from doing sth** jdn daran hindern, etw zu tun

◆**keep down I.** *vi* unten bleiben, sich *akk* ducken
II. *vt* ❶ (*suppress*) ■**to** ~ **down** ○ **sb/sth** jdn/etw unterdrücken [*o fam* kleinhalten]
❷ (*not vomit*) ■**to** ~ **down** ○ **sth** *food* etw bei sich *dat* behalten
► PHRASES: **you can't** ~ **a good man down** der Tüchtige lässt sich nicht unterkriegen

◆**keep in I.** *vt* ❶ (*detain*) ■**to** ~ **in** ○ **sb** jdn dabehalten; (*a pupil*) jdn nachsitzen lassen; (*at home*) jdn nicht aus dem Haus [gehen] lassen
❷ (*not reveal*) **to** ~ **in one's anger/emotions/tears** seinen Zorn/seine Gefühle/seine Tränen zurückhalten; **to** ~ **in one's wishes** seine Wünsche für sich *akk* behalten
II. *vi* ■**to** ~ **in with sb** mit jdm auf gutem Fuß stehen, sich *akk* gut mit jdm stellen

◆**keep off I.** *vi* wegbleiben; ***"Wet cement, ~ off!"*** „Frischer Zement, nicht betreten!"; ***this is my private stuff, so ~ off!*** das sind meine Privatsachen, also Finger weg!; **to** ~ **off alcohol/cigarettes/gambling** Alkohol/Zigaretten/das Glücksspiel meiden *geh,* das Trinken/Rauchen/Spielen lassen; **to** ~ **off a subject** ein Thema vermeiden
II. *vt* ❶ (*hold away*) ■**to** ~ **off** ○ **sb/sth** jdn/etw fern halten; ■**to** ~ **sb/sth off sth** jdn/etw von etw *dat* fern halten; **to** ~ **one's hands off sb/sth** die Hände von jdm/etw lassen; **to** ~ **one's mind off sth** sich *akk* von etw *dat* ablenken
❷ (*protect from*) ■**to** ~ **off** ○ **sth** etw abhalten, vor etw *dat* schützen; ***I hope my coat will ~ the rain off*** hoffentlich ist mein Mantel regendicht

◆**keep on I.** *vi* ❶ (*continue*) ■**to** ~ **on doing sth** etw weiter[hin] tun; ***I ~ on thinking I've seen her somewhere*** es will mir nicht aus dem Kopf, dass ich sie irgendwo schon einmal gesehen habe
❷ (*pester*) ■**to** ~ **on sb** jdm keine Ruhe lassen, jdn nerven *fam;* ■**to** ~ **on at sb** jdn nicht in Ruhe lassen, jdm [ständig] in den Ohren liegen *fam;* ~ ***on at him about the lawn and he'll eventually mow it*** sprich ihn immer wieder auf den Rasen an, dann wird er ihn am Ende schon mähen
II. *vt* ■**to** ~ **on** ○ **sth** *clothes* etw anbehalten [*o fam* anlassen]
► PHRASES: ~ **your shirt** [*or* **hair**] [*or* **pants**] **on** im-

mer mit der Ruhe *fam,* nur ruhig Blut *fam*

◆**keep out** *vi* draußen bleiben; ***"Keep Out"*** „Zutritt verboten"; ■**to ~ out of sth** etw nicht betreten; (*fig*) sich *akk* aus etw *dat* heraushalten; ***you better ~ out of my room!*** du kommst besser nicht in mein Zimmer!; **to ~ out of sb's business** sich *akk* nicht in jds Angelegenheiten einmischen; **to ~ out of trouble** Ärger vermeiden; ***he tried to ~ out of trouble and get his work done*** er versuchte, sich keinen Ärger einzuhandeln und seine Arbeit zu erledigen; ~ ***out of trouble, Johnny, do you hear me?*** stell nichts an, Johnny, hörst du?

◆**keep together I.** *vi* ❶ (*stay in a group*) zusammenbleiben; (*remain loyal*) zusammenhalten
❷ MUS Takt halten
II. *vt* ■**to ~ sth together** etw zusammenhalten

◆**keep up I.** *vt* ❶ (*hold up*) ■**to ~ up ⇆ sth** etw hoch halten; ***he wears suspenders to ~ his pants up*** er hat Hosenträger an, damit seine Hose nicht rutscht; ***these poles ~ the tent up*** diese Stangen halten das Zelt aufrecht
❷ (*hold awake*) ■**to ~ up ⇆ sb** jdn wach halten
❸ (*continue doing*) ■**to ~ up ⇆ sth** etw fortführen [*o* beibehalten] [*o* weiterhin tun]; ~ ***it up!*** [nur] weiter so!; ***I was quite keen to ~ up my French*** ich wollte unbedingt mit meinem Französisch in Übung bleiben; **to ~ up appearances** den Schein wahren [*o* aufrechterhalten]; **to ~ up a conversation** ein Gespräch in Gang halten
❹ (*keep at certain level*) ■**to ~ up ⇆ sth** etw [*o* aufrechterhalten]
II. *vi* ❶ (*continue*) *noise, rain* andauern, anhalten; *courage, fear, strength* bestehen bleiben; ***their love has kept up during bad as well as good times*** ihre Liebe hat gute wie schlechte Zeiten überdauert
❷ (*not fall behind*) ■**to ~ up with sb/sth** mit jdm/etw mithalten [*o* Schritt halten]
❸ (*stay in touch*) ■**to ~ up with sb** mit jdm in Verbindung [*o* Kontakt] bleiben
► PHRASES: **to ~ up with the Joneses** mit den anderen gleichziehen wollen

keeper ['ki:pəʳ, AM -ɚ] *n* ❶ (*person in charge*) *of a shop* Inhaber(in) *m(f); of a prison* Aufseher(in) *m(f),* Wärter(in) *m(f); of a zoo* Wärter(in) *m(f); of a museum* Kustos *m; of an estate, house* Verwalter(in) *m(f); of a park* Wächter(in) *m(f); of keys* Verwahrer(in) *m(f);* ***am I my brother's ~?*** soll ich meines Bruders Hüter sein?
❷ (*fam: sth longlasting*) **to be a good ~** lange haltbar sein; ***potatoes are good ~s*** Kartoffeln halten sich gut
❸ (*sth worth keeping*) ■**to be a ~** es wert sein, aufgehoben zu werden; ***we're going to do an inventory and see which items don't sell and which ones are ~s*** wir wollen Inventur machen, um zu sehen, welche Artikel nicht gehen und welche im Sortiment bleiben sollen; ***I'm willing to sell some of my stock but my blue chips are ~s*** ich bin bereit, einige meiner Aktien zu verkaufen, aber von meinen Spitzenpapieren trenne ich mich nicht
❹ AM [geangelter] Fisch normaler Größe (*wird nicht wieder ins Wasser geworfen*)
❺ (*iron bar*) Schieber *m*
❻ (*on earring*) Stecker *m*
❼ (*guard ring*) Schutzring *m*

keep-fit *n no pl* ❶ BRIT, AUS (*exercising*) Fitnesstraining *nt*
❷ AM (*physical fitness*) Fitness *f*

keeping ['ki:pɪŋ] *n no pl* ❶ (*guarding*) Verwahrung *f;* (*care*) Obhut *f;* **to leave sb/sth in sb's ~** jdn/etw in jds Obhut lassen
❷ (*maintenance*) **the ~ of the law** das Hüten des Gesetzes
❸ (*obeying*) Einhalten *nt,* Befolgen *nt;* **in ~ with an agreement** im Einklang mit [*o* entsprechend] einer Vereinbarung

keepnet ['ki:pnet] *n* Fisch[er]netz *nt*

keeps [ki:ps] *npl* (*fam*) ■**for ~** für immer; ***can I have this doll for ~?*** darf ich die Puppe behalten?; ***let's tie the knot for ~, Marcia!*** lass uns den Bund fürs Leben schließen, Marcia!; **sb plays for ~** jdm ist es ernst

keepsake ['ki:pseɪk] *n* Andenken *nt;* **to give sb sth as a ~** jdm etw zum Andenken schenken

kef [kef] *n* ❶ (*state*) Rauschzustand *m,* Dröhnung *f sl*
❷ (*drug*) Kif *m sl*

keg [keg] *n* kleines Fass, Fässchen *nt*

keg beer *n no pl* Fassbier *nt*

Kegel exercise ['keɪgl̩-] *n* Kegelübung *f,* Beckenbodenübung *f*

kegger ['kegɚ] *n,* **keg party** *n* AM (*fam*) [Fass]bierparty *f*

keister ['ki:stɚ] *n* ❶ AM (*sl: buttocks*) Hintern *m fam,* Arsch *m derb*
❷ (*old: suitcase*) [Hand]koffer *m; of a salesman* Musterkoffer *m;* (*handbag*) Handtasche *f;* (*chest*) Kiste *f*

keks [keks] *n* BRIT (*sl: trousers*) Hose *f;* **a pair of ~** eine Hose; (*underpants*) Unterhose *f*

kelch <*pl* -es> [keltʃ] *n* AM (*pej! sl*) Bleichgesicht *nt pej* (*von amerikanischen Schwarzen für Weiße bzw. hellhäutige Schwarze verwendetes Schimpfwort*)

keloid ['ki:lɔɪd] *n* MED Wulstnarbe *f,* Keloid *nt fachspr*

kelp [kelp] *n no pl* Seetang *m*

kelpie ['kelpi] *n* ❶ SCOT (*spirit*) Wassergeist *m,* Nix *m*
❷ AUS (*breed of dog*) Kelpie *m*

keltch *n see* **kelch**

kelvin ['kelvɪn] *n* Kelvin *nt*

Kelvin scale *n* Kelvinskala *f*

kemp [kemp] *n no pl of furry animals* Grannenhaar *nt; of dogs* Stichelhaar *nt*

ken [ken] **I.** *n no pl* (*dated*) Gesichtskreis *m,* [geistiger] Horizont; **to be beyond sb's ~** über jds Horizont gehen, sich *akk* jds Kenntnis entziehen *geh*
II. *vt* <-nn-> SCOT, NBRIT ■**to ~ sb/sth** jdn/etw kennen [*o* verstehen]

kennel ['kenᵊl] **I.** *n* ❶ (*dog house*) Hundehütte *f;* (*dog boarding*) Hundepension *f*
❷ (*dog breeder*) Hundezüchter(in) *m(f)*
❸ (*fig: shelter*) [armselige] Hütte, Loch *nt fam*
II. *vt* <BRIT -ll- *or* AM *usu* -l-> **to ~ a dog** einen Hund in Pflege geben

kennels ['kenᵊlz] *n + sing/pl vb* ■**the ~** die Hundepension

kenosis [kɪ'nəʊsɪs, AM -'noʊ-] *n no pl* REL Kenose *f fachspr,* Selbstentäußerung *f* Christi

kent *vt* SCOT, NBRIT *pt, pp of* **ken**

Kenya ['kenjə] *n* Kenia *nt*

Kenyan ['kenjən] **I.** *n* Kenianer(in) *m(f)*
II. *adj* kenianisch

kepi <*pl* -s> ['kepi] *n* Käppi *nt*

Kepler's Laws [ˌkepləz'-, AM -lɚz'-] *npl* keplersche Gesetze

kept [kept] **I.** *vt, vi pt, pp of* **keep**
II. *adj attr, inv* ausgehalten; ***he is a ~ man*** er lässt sich aushalten; **~ woman** Mätresse *f*

keratin ['kerətɪn, AM -t̬ɪn] *n no pl* Hornstoff *m,* Keratin *nt fachspr*

keratitis [ˌkerə'taɪtɪs, AM -t̬ɪs] *n no pl* Hornhautentzündung *f* (*des Auges*), Keratitis *f fachspr*

kerb [kɜ:b] *n* BRIT, AUS Randstein *m*

kerb crawler *n* BRIT Freier *m* beim Autostrich *sl* **kerb crawling** *n no pl* BRIT Autostrich *m sl* **kerb drill** *n* BRIT Verkehrserziehung *f* **kerbside** *n* BRIT Straßenrand *m* **kerbside stand** *n* BRIT Straßenstand *m* **kerbstone** *n* BRIT Randstein *m*

kerchief ['kɜ:tʃɪf, AM 'kɜ:r-] *n for head* [Hals]tuch *nt,* [Kopf]tuch *nt;* (*handkerchief*) Taschentuch *nt*

kerfuffle [kə'fʌfl, AM kɚ'-] *n no pl esp* BRIT (*sl*) Wirbel *m,* Aufruhr *m,* Tumult *m*

kern [kɜ:n] **I.** *n* TYPO Unterschnitt *m,* Einkerbung *f*
II. *vt* **to ~ a letter** einen Buchstaben unterschneiden [*o* an der Unterseite abschneiden]; **to ~ a type** eine Drucktype einkerben [*o* markieren]

kernel ['kɜ:nᵊl, AM 'kɜ:r-] *n* ❶ (*fruit centre*) Kern *m;* (*cereal centre*) Getreidekorn *nt;* **maize/wheat ~** Mais-/Weizenkorn *nt*
❷ (*essential part*) Kern *m fig;* **a ~ of truth** ein Körnchen *nt* Wahrheit
❸ COMPUT Kernroutine *f*

kerosene ['kerəsi:n] **I.** *n no pl esp* AM, AUS (*paraffin*) Petroleum *nt;* PHARM Paraffin *nt;* (*for jet engines*) Kerosin *nt*
II. *n modifier* (*burner, lamp, lantern*) Petroleum-

kestrel ['kestrᵊl] *n* Turmfalke *m*

ketamine ['ki:təmi:n] *n no pl* PHARM Ketamin *nt*

ketch <*pl* -es> [ketʃ] *n* Ketsch *f fachspr,* zweimastige Segeljacht

ketchup ['ketʃʌp] *n no pl* Ketschup *m o nt*

kettle ['ketl̩, AM -t̬l̩] *n* ❶ (*to boil water*) [Tee]kessel *m,* [Wasser]kessel *m;* (*cauldron*) [großer] Kessel; **to put the ~ on** Wasser aufsetzen
❷ (*kettledrum*) [Kessel]pauke *f*
► PHRASES: **to be a different** [*or* **another**] **~ of fish** etwas ganz anderes sein; **a pretty** [*or* **fine**] **~ of fish** eine schöne Bescherung *iron fam;* **to be the pot calling the ~ black** ein Fall sein, bei dem ein Esel den anderen Langohr schimpft

kettledrum *n* [Kessel]pauke *f*

key¹ [ki:] *n* [Korallen]riff *nt,* Korallenbank *f;* **the Florida ~s** die Florida Keys

key² [ki:] **I.** *n* ❶ (*for a lock*) Schlüssel *m*
❷ (*button*) *of a computer, piano* Taste *f; of a flute* Klappe *f;* **to hit** [*or* **strike**] [*or* **press**] **a ~** eine Taste drücken
❸ *no pl* (*essential point*) Schlüssel *m fig;* ***the ~ to confidence is liking yourself*** um Selbstvertrauen haben zu können, muss man sich selbst mögen; **the ~ to a mystery** der Schlüssel zu einem Geheimnis
❹ (*to symbols*) Zeichenschlüssel *m,* Zeichenerklärung *f,* Legende *f;* (*for solutions*) Lösungsschlüssel *m*
❺ MUS Tonart *f;* **change of ~** Tonartwechsel *m;* **in the ~ of C major** in C-Dur; **to sing in/off ~** richtig/falsch singen
II. *n modifier* (*factor, figure, industry, role*) Schlüssel-; **~ contribution/ingredient** Hauptbeitrag *m*/-zutat *f;* **~ currency** Leitwährung *f;* **~ decision** wesentliche Entscheidung; **~ point** springender Punkt; **~ witness** Hauptzeuge, -in *m, f,* Kronzeuge, -in *m, f*
III. *vt* ❶ (*type*) ■**to ~ sth** etw eingeben [*o* eintasten]; **to ~ data into a computer** Daten in einen Computer eingeben
❷ (*aimed at*) ■**to ~ sth to sb/sth** etw auf jdn/etw abstimmen

◆**key in** *vt* ■**to ~ in ⇆ sth** etw eingeben [*o* eintasten]

◆**key into** *vi* (*fig*) ■**to ~ into sth** etw mitkriegen; (*get involved*) bei etw *dat* mitmischen *fam,* sich *akk* in etw *akk* einschalten

◆**key up** *vt* ■**to ~ up ⇆ sb** jdn aufregen; **to be ~ed up for sth** auf etw *akk* eingestimmt sein; ***the rowdies were ~ed up for a fight*** die Rowdys waren in Kampfstimmung; **to be all ~ed up** völlig überdreht [*o* ganz aufgedreht] sein *fam*

keyboard I. *n* ❶ (*of a computer*) Tastatur *f;* (*of a piano*) Klaviatur *f;* (*of an organ*) Manual *nt* ❷ (*musical instrument*) Keyboard *nt* **II.** *vt* ■**to ~ sth** etw tippen [*o* eingeben] **III.** *vi* tippen **keyboarder** *n* Datentypist(in) *m(f)* **keyboard instrument** *n* Tasteninstrument *nt* **keyboardist** *n* Keyboarder(in) *m(f),* Keyboardspieler(in) *m(f)* **keyboard operator** *n* Datentypist(in) *m(f)* **keyboard overlay** *n* COMPUT Tastaturschablone *f* **keycard** *n* [elektronische] Schlüsselkarte

key currency *n* Leitwährung *f*

keyhole *n* Schlüsselloch *nt* **keyhole surgery** *n* endoskopische [*o* minimal-invasive] Chirurgie; **to do** [*or* **perform**] **~** einen minimal-invasiven Eingriff vornehmen

key interest rate *n* FIN Leitzins *m*

keyless entry system *n* Zentralverriegelung *f* mit Funkfernbedienung

key money *n no pl* Abstandsgeld *nt,* verlorener Mieterzuschuss **keynote** *n* Hauptthema *nt; of a speech* Grundgedanke *m,* Tenor *m;* AM Parteilinie *f* **keynote address** *n,* **keynote speech** *n* programmatische Rede, Grundsatzreferat *nt* **keyno-**

K

ter *n* Hauptredner(in) *m(f)* **keypad** *n* Kleintastatur *f* **keypunch** *n* AM, AUS Locher *m* (*für Lochkarten*) **key ring** *n* Schlüsselring *m* **key signature** *n* MUS Vorzeichen *nt* **keystone** *n* ❶ ARCHIT (*centre stone*) Schlussstein *m* ❷ (*fig: crucial part*) Grundpfeiler *m fig* **keystroke** *n* [Schreibmaschinen]anschlag *m,* Tastenanschlag *m* **keyword** *n* ❶ (*cipher*) Schlüssel *m fig,* Code *m fachspr* ❷ (*important word*) Schlüsselwort *nt,* Stichwort *nt* ❸ (*for identifying*) Passwort *nt,* Kennwort *nt*

kg *n abbrev of* **kilogram** kg

KG [ˌkeɪˈdʒiː] *n* BRIT *abbrev of* **Knight of the Order of the Garter** *Träger des Hosenbandordens*

KGB [ˌkeɪdʒiːˈbiː] *n no pl, + sing/pl vb* (*hist*) KGB *m hist*

khaki [ˈkɑːki, AM ˈkæki] **I.** *n* ❶ *no pl* (*cloth*) Khaki[stoff] *m*
❷ (*pants*) ■~s Khakihose *f*
II. *adj* khakifarben

khan [kɑːn] *n* Khan *m*

Khmer Rouge [ˌkmeəˈruːʒ, AM kəˈmer] *n no pl, + sing/pl vb* ■**the** ~ der Khmer Rouge

kHz *n abbrev of* **kilohertz** kHz

kibble [ˈkɪbl̩] *n* AM Trockenfutter *nt*

kibbutz [kɪˈbʊts] *n* Kibbuz *m*

kibitz [ˈkɪbɪts] *vi* AM DIAL ❶ CARDS kiebitzen
❷ (*chat*) ■**to** ~ **with sb** mit jdm quatschen *fam*
❸ (*fam: advise*) ungebetene Ratschläge erteilen

kibitzer [ˈkɪbɪtsəʳ] *n esp* AM (*fam*) *jd, der ungebeten Ratschläge erteilt*

kibosh [ˈkaɪbɒʃ, AM -bɑːʃ] *n* ▸ PHRASES: **to put the** ~ **on sth** (*sl*) etw zunichte machen [*o fam* vermasseln]

kick [kɪk] **I.** *n* ❶ (*with foot*) [Fuß]tritt *m,* Stoß *m;* (*in sports*) Schuss *m; of a horse* Tritt *m;* ***that horse has quite a ~ when nervous*** dieses Pferd kann ganz schön ausschlagen, wenn es nervös ist; **to need a** ~ **up the arse** [*or* **backside**] [*or* **pants**] einen [kräftigen] Tritt in den Hintern nötig haben *fam;* **to take a** ~ **at a ball** einen Ball treten [*o fam* kicken]; **a** ~ **in the teeth** ein Schlag *m* ins Gesicht *fig;* **to give sth a** ~ gegen etw *akk* treten; **to take a** ~ **at sb/sth** jdm/etw einen [Fuß]tritt versetzen
❷ (*exciting feeling*) Nervenkitzel *m,* Kick *m fam;* **to do sth for** ~**s** etw wegen des Nervenkitzels tun; ***he gets a ~ out of that*** das macht ihm einen Riesenspaß; ***she gets her ~s by bungee jumping*** sie holt sich ihren Kick beim Bungeespringen *fam;* **to have a** ~ eine berauschende Wirkung haben; ***watch out for the fruit punch, it's got a real ~*** sei mit dem Früchtepunsch vorsichtig, der hat es in sich; ***the cocktail doesn't have much ~*** der Cocktail ist nicht sehr stark
❸ (*trendy interest*) Fimmel *m fam,* Tick *m fam;* **health food/fitness** ~ Reformkost-/Fitnesstick *m;* ***he's on a religious ~*** er ist [gerade] auf dem religiösen Trip *fam*
❹ (*complaint*) **to have a** ~ **about sth** an etw *dat* etwas auszusetzen haben
❺ (*gun jerk*) Rückstoß *m*
II. *vt* ❶ (*hit with foot*) ■**to** ~ **sb/sth** jdn/etw [mit dem Fuß] treten; **to** ~ **a ball** einen Ball schießen [*o fam* kicken]; **to** ~ **a goal** BRIT ein Tor schießen; **to** ~ **oneself** (*fig*) sich *akk* in den Hintern beißen *fig fam*
❷ (*put*) **to** ~ **sth into high gear** etw auf Hochtouren bringen; **to** ~ **sth up a notch** (*stereo*) etw ein wenig lauter stellen; (*ride*) etw ein wenig beschleunigen
❸ (*get rid of*) **to** ~ **an accent** einen Akzent ablegen; **to** ~ **drinking/smoking** das Trinken/Rauchen aufgeben; **to** ~ **drugs** von Drogen runterkommen *fam;* **to** ~ **a habit** eine Gewohnheit aufgeben; ***she used to be a heavy smoker but she ~ed the habit last year*** sie war eine starke Raucherin, aber letztes Jahr hat sie damit aufgehört
▸ PHRASES: **to** ~ **sb's ass** AM (*fam!*) jdm eine Abreibung verpassen *fam;* **to** ~ **some ass** AM (*fam!*) Terror machen *fam;* **to** ~ **ass** AM (*fam!*) haushoch gewinnen; **to** ~ **the bucket** (*fam*) abkratzen *sl,* ins Gras beißen *fam;* **to be ~ing one's heels** BRIT ungeduldig warten; **to** ~ **sth into touch** etw auf einen späteren Zeitpunkt verschieben; **to** ~ **sb when he/she is down** jdm den Rest geben *fam;* **to be ~ed upstairs** durch Beförderung kaltgestellt werden *fam*
III. *vi* ❶ (*with foot*) treten; *horse* ausschlagen; (*in a dance*) das Bein hochwerfen; ■**to** ~ **at sb/sth** nach jdm/etw treten
❷ *esp* AM (*complain*) meckern *fam;* ■**to** ~ **about sth** über etw *akk* meckern *fam,* an etw *dat* herummeckern *fam;* **to** ~ **against sb** sich *akk* gegen jdn auflehnen, gegen jdn aufmucken *fam*
▸ PHRASES: **to** ~ **against the pricks** widerborstig sein, wider den Stachel löcken *geh;* **to be alive** [*or* **about**] **and** ~**ing** (*fam*) gesund und munter [*o* quicklebendig] sein; (*fig*) ***traditional jazz is still alive and ~ing*** der klassische Jazz ist immer noch quicklebendig; **to** ~ **and scream about sth** sich *akk* heftig und lautstark über etw *akk* beschweren

◆**kick about, kick around I.** *vi* (*fam*) [he]rumliegen *fam*
II. *vt* ❶ (*with foot*) ■**to** ~ **sth around** [*or* **about**] etw [in der Gegend] herumkicken *fam*
❷ (*consider*) **to** ~ **an idea around** (*fam*) einen Gedanken hin und her bewegen, eine Idee [ausführlich] bekakeln *fam*
❸ (*mistreat*) ■**to** ~ **sb around** [*or* **about**] jdn herumstoßen *fam;* ■**to** ~ **sth around** [*or* **about**] etw herumliegen lassen *fam*

◆**kick back I.** *vt* ■**to** ~ **back** ⇔ **sth** etw zurücktreten; **to** ~ **the ball back** den Ball zurückschießen; **to** ~ **back the blanket** die Bettdecke wegschieben, sich *akk* aufdecken; **to** ~ **money back to sb** (*fam*) sich *akk* mit Geld *dat* bei jdm revanchieren, jdm etw zurückgeben
II. *vi* ❶ AM (*fam: relax*) sich *akk* entspannt zurücklehnen, relaxen *fam*
❷ (*gun*) einen Rückstoß haben

◆**kick down** *vt* **to** ~ **a door down** eine Tür eintreten

◆**kick in I.** *vt* ❶ (*with foot*) **to** ~ **a door/a window in** eine Tür/ein Fenster eintreten
❷ *esp* AM (*contribute*) ■**to** ~ **sth** ⇔ **in** etw dazugeben [*o fam* beisteuern]; ***when you buy a table and four chairs, we'll ~ in an extra chair for free*** wenn Sie einen Tisch mit vier Stühlen kaufen, geben wir Ihnen einen weiteren Stuhl umsonst dazu
II. *vi* ❶ (*start*) *approach, drug, measure, method* wirken, Wirkung zeigen; ***the drug began to ~ in*** das Mittel begann anzuschlagen; *device, system* anspringen, sich *akk* einschalten; *maturity* sich *akk* einstellen
❷ (*to contribute*) ■**to** ~ **in for sth** einen Beitrag zu etw *dat* leisten, sich *akk* an etw *dat* beteiligen; ***if we all ~ in we can buy a microwave*** wenn wir alle zusammenlegen, dann können wir eine Mikrowelle kaufen

◆**kick into** *vi* (*fam*) ■**sth** ~**s into sth else** etw geht in etw *akk* über

◆**kick off I.** *vi* beginnen, anfangen; FBALL anstoßen, anspielen; **to** ~ **off with a bang** mit einem Knalleffekt beginnen
II. *vt* ■**to** ~ **off** ⇔ **sth** etw beginnen; **to** ~ **off a discussion** eine Diskussion eröffnen; ***Terry ~ed off the party with a toast*** Terry ließ die Party mit einem Trinkspruch beginnen

◆**kick out I.** *vt* ■**to** ~ **out** ⇔ **sb/sth** jdn/etw hinauswerfen [*o fam* hinausschmeißen]
II. *vi* ■**to** ~ **out against sb/sth** sich *akk* gegen jdn/etw heftig zur Wehr setzen [*o* mit Händen und Füßen gegen jdn/etw wehren]

◆**kick over** *vt* ■**to** ~ **over** ⇔ **sb/sth** jdn/etw umrempeln *fam*
▸ PHRASES: **to** ~ **over the traces** (*be disrespectful*) über die Stränge schlagen *fam*

◆**kick round** *vt, vi* BRIT *see* **kick around**

◆**kick up** *vi* **to** ~ **up dust** (*also fig*) Staub aufwirbeln *a. fig*
▸ PHRASES: **to** ~ **up a fuss** [*or* **stink**] einen Wirbel machen *fam;* **to** ~ **up one's heels** auf den Putz [*o* die Pauke] hauen *fam*

kickabout *n* BRIT (*fam*) Kicken *nt fam;* **to have a** ~ [herum]kicken *fam,* Fußball spielen **kick-ass** *adj attr* AM (*fam!*) super *sl,* tolle(r, s) *fam,* Wahnsinns- *fam;* ***that was a ~ party you threw*** das war eine Wahnsinnsparty, die du da gegeben hast; ***that is one ~ car you've got there*** das Auto, das du da hast, ist echt Spitze *fam* **kickback** *n* ❶ (*fam: money*) Schmiergeld *nt* ❷ (*reaction*) [heftige] Reaktion; **to feel the** ~ **from sth** die Auswirkungen einer S. *gen* spüren **kickball** *n no pl* AM Kickball *m* (*Ballspiel mit dem Fuß, aber nach Baseballregeln*) **kickboard** *n* AM Schwimmbrett *nt* **kickboard** *n,* **kickboard scooter** *n* Kickboard *nt,* Kickboard-Roller *m* **kickbox I.** *vi* kickboxen **II.** *vt* **to** ~ **one's way** sich *dat* seinen Weg freiboxen **kick-boxing** *n no pl* Kickboxen *nt* **kick-butt** *adj* AM (*fam*) [knall]hart **kickdown** *n* BRIT AUTO Kickdown *m*

kicker [ˈkɪkəʳ, AM -ɚ] *n* ❶ SPORTS Fußballspieler(in) *m(f),* Kicker(in) *m(f) fam*
❷ AM (*fig: rebel*) Querulant(in) *m(f)*
❸ FIN (*inducement*) Vergünstigung *f,* Anreiz *m*

kickoff *n* FBALL Anstoß *m* **kickstand** *n* Fahrradständer *m* **kick-start I.** *n* ❶ (*on motorcycle*) Kickstarter *m* ❷ (*motivating force*) Auftrieb *m,* neuer Schwung; ***a dynamic, young manager would be just the ~ this company needs*** ein junger, dynamischer Manager wäre genau die treibende Kraft, die dieses Unternehmen braucht **II.** *vt* ■**to** ~ **sth** etw starten; **to** ~ **a motorcycle** ein Motorrad kickstarten; **to** ~ **a process** einen Prozess in Gang bringen **kick-starter** *n* Kickstarter *m* **kickturn** *n* SKI Spitzkehre *f*

kid [kɪd] **I.** *n* ❶ (*child*) Kind *nt;* AM, AUS (*young person*) Jugendliche(r) *f(m);* (*male*) Bursche *m,* Junge *m;* (*female*) Mädchen *nt;* ***hey ~, what are you doing there?*** he, Kleiner, was machst du denn da? *fam;* ~ **brother/sister** *esp* AM Brüderchen *nt*/Schwesterchen *nt,* kleiner Bruder/kleine Schwester; **to act like a** ~ sich *akk* wie ein [kleines] Kind benehmen; **to be just/still a** ~ nur/noch ein Kind sein
❷ (*young goat*) Zicklein *nt,* junge Ziege
❸ *no pl* (*goat leather*) Ziegenleder *nt,* Kid *nt*
II. *vi* <-dd-> (*fam*) Spaß machen; ***just ~ding!*** war nur Spaß! [*o* nicht ernst gemeint!]; **no ~ding?** [ganz] im Ernst?, ohne Scherz?
III. *vt* (*fam*) ■**to** ~ **sb** jdn verulken [*o* veralbern] [*o* aufziehen] *fam;* ***you're ~ding me!*** das ist doch nicht dein Ernst!; ■**to** ~ **oneself** sich *dat* etwas vormachen; ***don't ~ yourself about your boss — he can be ruthless*** lass dich von deinem Chef nicht täuschen – er kann rücksichtslos sein

kiddie [ˈkɪdi] **I.** *n* (*fam*) Kleine(r) *f(m) fam,* Kind *nt,* Kindchen *nt oft iron*
II. *adj attr, inv bike, car, seat* Kinder-; ~ **kitchen** Puppenküche *f,* Spielzeugküche *f*

kiddo [ˈkɪdəʊ, AM -doʊ] *n* Kleine(r) *f(m) fam*

kiddy *n, adj see* **kiddie**

kid gloves *npl* Glacéhandschuhe *mpl* ▸ PHRASES: **to treat** [*or* **handle**] **sb with** ~ jdn mit Glacéhandschuhen [*o* Samthandschuhen] anfassen **kid glove treatment** *n* Fingerspitzengefühl *nt;* ***he expects ~ since he considers himself so fragile*** er erwartet, mit Glacéhandschuhen angefasst zu werden, weil er sich für so zerbrechlich hält; ***this problem requires ~*** dieses Problem erfordert Fingerspitzengefühl

kidnap [ˈkɪdnæp] **I.** *vt* <-pp-> ■**to** ~ **sb** jdn entführen [*o* kidnappen]
II. *n no pl* Entführung *f,* Kidnapping *nt;* LAW Menschenraub *m*

kidnapper [ˈkɪdnæpəʳ, AM -ɚ] *n* Entführer(in) *m(f),* Kidnapper(in) *m(f)*

kidnapping [ˈkɪdnæpɪŋ] *n* Entführung *f,* Kidnapping *nt;* LAW Menschenraub *m*

kidney [ˈkɪdni] *n* ❶ ANAT Niere *f*
❷ FOOD Niere *f;* **steak and** ~ **pie** Rindfleisch-Nieren-Pastete *f*
❸ (*temperament*) Schlag *m fam;* **to be of a different/the same** ~ von unterschiedlichem/vom gleichen Schlag sein

kidney bean *n usu pl* (*any kind of edible bean*) Gartenbohne *f;* (*red bean*) Kidneybohne *f* **kidney dish** *n* Nierenschale *f* **kidney donor** *n* Nierenspender(in) *m(f)* **kidney failure** *n no pl* Nierenversagen *nt* **kidney machine** *n* künstliche Niere **kidney punch** *n* Schlag *m* in die Nierengegend **kidney-shaped** *adj inv* nierenförmig **kidney stone** *n* Nierenstein *m* **kidney transplant** *n* Nierentransplantation *f*

kidology [kɪˈdɒlədʒi, AM -ˈdɑːl] *n no pl* (*fam*) Bluffen *nt*

kid('s) stuff *n* AM (*usu pej*) Kinderkram *m fam*; ***a two-mile race is just ~*** ein Zweimeilenrennen ist doch ein Kinderspiel

kif [kɪf] *n* ❶ (*state*) Rauschzustand *m*, Dröhnung *f sl* ❷ (*drug*) Kif *m sl*

kike [kaɪk] *n* AM (*pej!*) Jude, Jüdin *m, f*

kill [kɪl] **I.** *n no pl* ❶ (*act*) Töten *nt kein pl*; **to fly down for the ~** *bird* herabstoßen, um die Beute zu schlagen; **to make a ~** *animal* eine Beute schlagen ❷ HUNT (*prey*) [Jagd]beute *f kein pl*
▸ PHRASES: **to be in at the ~** bei der Endabrechnung dabei sein *fam*; **to go** [*or* **move**] **in for the ~** zum Todesstoß ansetzen [*o* entscheidenden Schlag ausholen]
II. *vi* ❶ (*end life*) *criminal* töten; *disease* tödlich sein; **to ~ in cold blood** kaltblütig töten ❷ (*fig fam: hurt*) unheimlich schmerzen [*o* wehtun]
▸ PHRASES: **to be dressed to ~** todschick angezogen sein
III. *vt* ❶ (*cause to die*) ■**to ~ sb/oneself** jdn/sich *akk* umbringen *a. fig*; ***smoking and drinking are going to ~ him some day*** Alkohol und Zigaretten werden ihn eines Tages noch umbringen; ***the frost ~ed my vegetable garden*** der Frost hat das Gemüse in meinem Garten erfrieren lassen; **to ~ sb by beating/strangling** jdn erschlagen/erwürgen; **to ~ sb with poison** jdn vergiften; **to ~ a bee/fly** einer Biene/Fliege den Garaus machen [*o* totschlagen]; **to be ~ed in action** [im Kampf] fallen ❷ (*destroy*) ■**to ~ sth** etw zerstören; **to ~ sb's chances of sth** jds Aussichten auf etw *akk* zunichte machen; **to ~ sb's dreams/hopes** jds Träume/Hoffnungen zerstören; **to ~ the environment** die Umwelt zerstören; **to ~ a file** (*delete*) eine Akte vernichten; COMPUT eine Datei löschen; **to ~ a friendship/marriage** eine Freundschaft/Ehe zerstören [*o geh* zerrütten]; **to ~ the smell/sound/taste of sth** einer S. *gen* den Geruch/das Geräusch/den Geschmack [völlig] nehmen ❸ (*ruin*) ■**to ~ sth** *fun, joke* etw [gründlich] verderben; ■**to ~ sth for sb** jdm den Spaß an etw *dat* [völlig] verderben [*o fam* vermiesen]; **to ~ a surprise** eine Überraschung kaputtmachen ❹ (*stop*) **to ~ a bill** eine Gesetzesvorlage zu Fall bringen [*o fam* abschmettern]; **to ~ pain** Schmerz[en] stillen; **to ~ a plan/project** einen Plan/ein Projekt fallen lassen; **to ~ a column/line/scene** (*not print*) eine Kolumne/Zeile/Szene herausnehmen; **to ~ the engine/lights/TV** (*turn off*) den Motor/das Licht/den Fernseher ausmachen ❺ (*fam: consume*) ■**to ~ sth** etw vernichten; *food* etw aufessen [*o fam* verdrücken] [*o fam* verputzen]; *beverage* etw austrinken [*o fam* leer machen]; **to ~ a bottle of whiskey** eine Flasche Whiskey köpfen *fam* ❻ (*make laugh*) ■**to ~ sb** jdn dazu bringen, sich *akk* totzulachen; ***that story ~ed me*** diese Geschichte fand ich zum Totlachen; **to ~ oneself with laughter** sich *akk* totlachen ❼ (*fam: cause pain*) ■**to ~ sb** jdn umbringen *fig*; ***my shoes are ~ing me*** meine Schuhe bringen mich noch mal um *fam*; ***it wouldn't ~ you to apologize*** eine Entschuldigung würde dich nicht gleich umbringen; **to ~ sb with kindness** jdn mit seiner Güte fast umbringen [*o* erdrücken] ❽ (*tire out*) jdn völlig erschlagen *fam* [*o fam* fertig machen]; ***that walk ~ed me*** dieser Spaziergang hat mich völlig fertig gemacht; (*overwhelm*) **to ~ oneself doing sth** (*fam: work hard*) sich *akk* mit etw *dat* umbringen, sich *dat* mit etw *dat* ein Bein ausreißen *fam* ❾ (*hit hard*) **to ~ the ball** einen Wahnsinnsball spielen [*o* Wahnsinnsschuss loslassen] *fam*
▸ PHRASES: **to ~ two birds with one stone** (*prov*) zwei Fliegen mit einer Klappe schlagen *prov*; **to ~ the fatted calf** ein üppiges Willkommensessen geben; **to ~ the goose that lays the golden egg** das Huhn schlachten, das goldene Eier legt; **to ~ time** (*spend time*) sich *dat* die Zeit vertreiben; (*waste time*) die Zeit totschlagen
◆**kill off** *vt* ■**to ~ off** ◯ **sth** ❶ (*destroy*) *disease, species* etw ausrotten; **to ~ off pests** Schädlinge vernichten ❷ *esp* AM (*fig: finish*) **to ~ off a bottle** eine Flasche leeren; **to ~ off a pack** eine Packung leer machen

killer [ˈkɪləʳ, AM -ɚ] **I.** *n* ❶ (*person*) Mörder(in) *m(f)*; (*thing*) Todesursache *f*; ***heart disease is the number-one ~ of American men*** bei amerikanischen Männern stehen Herzkrankheiten an erster Stelle der Todesursachen ❷ (*agent*) Vertilgungsmittel *nt*; **weed ~** Unkrautvertilgungsmittel *nt* ❸ (*fam: difficult thing*) ■**to be a ~** ein harter Brocken sein *fam* ❹ (*good joke*) ■**to be a ~** zum Totlachen sein *fam*; **the ~** AM (*funniest part*) das Tollste *a. iron fam*, die Krönung *fig, a. iron*, der Hammer *fig fam*
II. *n modifier* AM (*sl*) *product* Killer- *sl*, unschlagbar
III. *adj* ❶ *attr, inv* (*deadly*) *flu, virus* tödlich; *heat, hurricane, wave* mörderisch ❷ *inv* AM, AUS (*fam: excellent*) *car, job, party* Wahnsinns- *fam*, toll *fam*; ***my weekend was ~*** mein Wochenende war super *fam*

killer cell *n* Killerzelle *f* **killer disease** *n* tödliche Krankheit **killer instinct** *n* ❶ (*in animals*) Tötungsinstinkt *m* ❷ (*mean streak*) **to have the ~** bereit sein, über Leichen zu gehen **killer whale** *n* Schwertwal *m*, Killerwal *m fam*

killing [ˈkɪlɪŋ] **I.** *n* ❶ (*act*) Tötung *f*, Töten *nt*; (*case*) Mord[fall] *m* ❷ (*fam or fig: lots of money*) **to make a ~** einen Mordsgewinn [*o* ein Riesengeschäft] machen *fam*
II. *adj attr, inv* ❶ (*causing death*) tödlich ❷ (*fig: difficult*) mörderisch *fam* ❸ (*funny*) urkomisch, zum Totlachen

killjoy [ˈkɪldʒɔɪ] *n* Spaßverderber(in) *m(f)*, Spielverderber(in) *m(f)*, Miesmacher(in) *m(f) fam*

kiln [kɪln, kɪl] *n* (*for bricks*) [Brenn]ofen *m*; FOOD [Trocken]ofen *m*, Darre *f*

kilo [ˈkiːləʊ, AM ˈkɪloʊ] *n* Kilo *nt*

kilobit [ˈkɪləbɪt] *n* Kilobit *nt* **kilobyte** [ˈkɪləbaɪt, AM -lə-] *n* COMPUT Kilobyte *nt* **kilocycle** [ˈkɪləˌsaɪkl̩, AM -loʊ-] *n* (*dated*) Kilohertz *nt* **kilogram** [ˈkɪləgræm], BRIT *also* **kilogramme** [-lə(ʊ)-] *n* Kilogramm *nt* **kilohertz** [ˈkɪlə(ʊ)hɜːts, AM -ləhɜrts] *n* Kilohertz *nt* **kilojoule** [ˈkɪlə(ʊ)dʒuːl, AM -lə-] *n* Kilojoule *nt* **kilometer** [kɪˈlɑːmət̬ɚ] AM, **kilometre** [kɪˈlɒmɪtəʳ, ˈkɪlə(ʊ)miːtəʳ] *n* Kilometer *m* **kilovolt** [ˈkɪlə(ʊ)vəʊlt, AM -ləvoʊlt] *n* Kilovolt *nt*

kilowatt [ˈkɪlə(ʊ)wɒt, AM -ləwɑːt] *n* Kilowatt *nt*

kilowatt hour *n* Kilowattstunde *f*

kilt [kɪlt] *n* Kilt *m*, Schottenrock *m*

kilter [ˈkɪltəʳ, AM -tɚ] *n* **to be out of ~** aus dem Gleichgewicht sein; ***my brain seems to be out of ~*** mit meinem Kopf scheint etwas nicht zu stimmen

kimono [kɪˈməʊnəʊ, AM kəˈmoʊnə, -noʊ] *n* Kimono *m*

kin [kɪn] *n + pl vb* (*dated*) [Bluts]verwandte *pl*, Verwandtschaft *f*, Familie *f*; **the next of ~** die nächsten Verwandten [*o* Angehörigen]

kind¹ [kaɪnd] *adj* ❶ (*generous, helpful*) nett, freundlich, liebenswürdig; ***thank you for giving me your seat, that was very ~ of you*** vielen Dank, dass Sie mir Ihren Platz überlassen haben, das war sehr nett von Ihnen; (*in a letter*) **with ~ regards** mit freundlichen Grüßen; ■**to be ~ to sb** nett [*o* freundlich] zu jdm sein; ***he is ~ to animals*** er ist gut zu Tieren ❷ (*gentle*) ■**to be ~ to sb/sth** jdn/etw schonen; ***this shampoo is ~ to your hair*** dieses Shampoo pflegt dein Haar auf schonende Weise; ***the years have been ~ to her*** die Zeit hat es gut mit ihr gemeint; ***soft lighting is ~ to your face*** gedämpftes Licht ist vorteilhaft für dein Gesicht

kind² [kaɪnd] **I.** *n* ❶ (*group*) Art *f*, Sorte *f*; ***I don't usually like that ~ of film*** normalerweise mag ich solche Filme nicht; ***he's not that ~ of person*** so einer ist der nicht *fam*; ***this car was the first of its ~ in the world*** dieses Auto war weltweit das erste seiner Art; **all ~s of animals/cars/people** alle möglichen Tiere/Autos/Menschen; **to claim/hear/say nothing of the ~** nichts dergleichen behaupten/hören/sagen; **to stick with one's ~** unter sich *dat* bleiben; **to be one of a ~** einzigartig sein; **his/her ~** (*pej*) so jemand [wie er/sie] *a. pej*; ***my mom always warned me about that ~*** vor so jemandem hat mich meine Mutter immer gewarnt; ***don't even talk to their ~*** mit solchen Leuten sollst du nicht einmal sprechen ❷ (*limited*) **... of a ~** so etwas wie ...; ***I guess you could call this success of a ~*** man könnte das, glaube ich, als so etwas wie einen Erfolg bezeichnen ❸ *no pl* (*similar way*) ■**to do sth in ~** etw mit [*o* in] gleicher Münze zurückzahlen; ***I answered him in ~*** ich antwortete ihm im gleichen Ton; ***if he cheats me, I shall take my revenge in ~*** wenn er mich betrügt, werde ich mich in gleicher Weise an ihm rächen; **nothing of the ~** nichts dergleichen; ***mom, can I go to the movies tonight? — nothing of the ~*** darf ich heute Abend ins Kino, Mami? – kommt nicht in Frage; ***has your daughter ever stolen before? — no she's done nothing of the ~*** hat Ihre Tochter jemals gestohlen? – nein, so etwas hat sie noch nie gemacht; **to pay sb in ~** jdn in Naturalien [*o* Sachleistungen] bezahlen ❹ (*character*) ■**in ~** im Wesen, vom Typ her; ***they were brothers but quite different in ~*** sie waren Brüder, aber in ihrem Wesen ganz verschieden; ***Betty, Sally and Joan are three of a ~*** Betty, Sally und Joan sind alle drei vom gleichen Schlag; ■**to be true to ~** in typischer Weise reagieren; ***when I told him I passed my class, he was true to ~ asking if the exams had been that easy*** das war mal wieder typisch er, als ich ihm erzählte, dass ich mein Examen bestanden hätte, fragte er mich, ob die Prüfungen so leicht gewesen seien
II. *adv* ■**~ of** irgendwie; ***I ~ of hoped you would help me*** ich hatte irgendwie gehofft, du würdest mir helfen; ***are you excited? — yea, ~ of*** bist du aufgeregt? – ja, irgendwie schon

kinda [ˈkaɪndə] *inv* (*fam*) *see* **kind of** irgendwie [schon]

kindergarten [ˈkɪndəˌgɑːtᵊn, AM -dɚˌgɑːr-] *n* ❶ *esp* BRIT (*nursery school*) Kindergarten *m* ❷ *no pl esp* AM SCH Vorschule *f*

kind-hearted *adj* gütig, gutherzig

kindle [ˈkɪndl̩] *vt* **to ~ a fire** ein Feuer anzünden [*o geh* entzünden]; **to ~ sb's desire** (*fig*) jds Begierde entfachen *geh*; **to ~ sb's imagination** jds Fantasie wecken

kindliness [ˈkaɪndlɪnəs] *n no pl* Liebenswürdigkeit *f*

kindling [ˈkɪndlɪŋ] *n no pl* Anmachholz *nt*, Anzündholz *nt*

kindly [ˈkaɪndli] **I.** *adj person* freundlich, liebenswürdig; *smile, voice* sanft; ***she's a ~ soul*** sie ist eine gute Seele
II. *adv* ❶ (*in a kind manner*) gütig, freundlich; **to not take ~ to sb/sth** sich *akk* nicht mit jdm/etw anfreunden können ❷ (*please*) freundlicherweise, liebenswürdigerweise; ***you are ~ requested to leave the building*** sie werden freundlich[st] gebeten, das Gebäude zu verlassen

kindness [ˈkaɪndnəs] *n* <*pl* -es> ❶ *no pl* (*attitude*) Freundlichkeit *f*, Liebenswürdigkeit *f*; **an act of ~** eine Gefälligkeit; ***he offered to help her as an act of ~*** er bot ihr aus Gefälligkeit seine Hilfe an; **to treat sb with ~** freundlich zu jdm sein; **to show sb ~** jdm Gutes tun [*o geh* erweisen]; ■**out of ~** aus Gefälligkeit ❷ (*act*) Gefälligkeit *f*

kindred [ˈkɪndrəd] **I.** *n + pl vb* (*dated*) Verwandt-

K

schaft *f,* Verwandte *pl*
II. *adj* ① *(related) people* [bluts]verwandt; *languages* verwandt; ***Italian and French are ~ languages*** Italienisch und Französisch sind miteinander verwandte Sprachen
② *(similar)* gleichartig, ähnlich

kindred soul *n,* **kindred spirit** *n* Geistesverwandte(r) *f(m),* Gleichgesinnte(r) *f(m),* verwandte Seele

kinematograph [ˌkɪnɪ'mætəgrɑːf, AM ə'mæt̬əgræf] *n see* **cinematograph**

kinetic [kɪ'netɪk, AM -t̬-] *adj inv* kinetisch; ~ **energy** kinetische Energie

kinetics [kɪ'netɪks, AM -t̬-] *n + sing vb* Lehre *f* von den Bewegungen, Kinetik *f fachspr*

kinfolk ['kɪnfoʊk] *n + pl vb* AM Verwandtschaft *f,* Verwandte *pl*

king [kɪŋ] *n* ① *(male ruler)* König *m;* **to be the ~ of the castle** [der] Herr im Hause sein, das Sagen haben *fam;* **~ of the jungle** König *m* des Dschungels; **to be fit for a ~** höchsten Ansprüchen genügen *geh;* ***this meal is fit for a ~*** dieses Essen ist einfach köstlich; **to live like a ~** fürstlich leben
② REL *(Christ)* ■**K~** Gott *m;* **K~ of K~s** der König der Könige
③ CARDS, CHESS König *m*

kingcup *n* BRIT Sumpfdotterblume *f*

kingdom ['kɪŋdəm] *n* ① *(country)* Königreich *nt*
② *(area of control)* Reich *nt;* **the ~ of God** [*or* **Heaven**] das Reich Gottes
③ *(area of activity)* Welt *f;* **the ~ of the theatre** die Welt des Theaters
④ *(domain)* **animal/plant ~** Tier-/Pflanzenreich *nt*
▶ PHRASES: **to <u>blow</u>** [*or* **<u>blast</u>**] **sb/sth to ~ come** jdn/etw ins Jenseits befördern *fam;* **<u>until</u>** [*or* **till**] **~ come** bis in alle Ewigkeit

kingfisher *n* Eisvogel *m*

kingly ['kɪŋli] *adj* königlich, majestätisch

kingmaker *n* Königsmacher *m* **kingpin** *n* ① *(main bolt)* Achsschenkelbolzen *m,* Königszapfen *m* ② *(fig: important person)* Hauptperson *f;* ***he was the ~ of the Democratic organization in Chicago*** er war der wichtigste Mann in der Organisation der Demokraten von Chicago **king prawn** *n* [Riesen]garnele *f* **King's Bench** *n* BRIT *Kammer des Obersten Gerichtshofs* **King's Counsel** *n* BRIT Kronanwalt, Kronanwältin *m, f* **King's English** *n* die englische Hochsprache, reines Englisch **King's evidence** *n* BRIT Kronzeuge, -in *m, f;* **to turn ~** als Kronzeuge, -in *m, f* auftreten **kingship** ['kɪŋʃɪp] *n* Königtum *nt* **kingside** I. *n no pl* CHESS Königsflügel *m* II. *adj attr, inv* CHESS auf dem Königsflügel *nach n* **king-size(d)** *adj inv* extragroß **king-size(d) bed** *n* extragroßes Bett, Kingsize-Bett *nt* **king-size(d) cigarette** *n* überlange Zigarette, Kingsize-Zigarette *f* **king-size(d) sheet** *n* extragroßes Laken **king's ransom** *n* Vermögen *nt,* Stange *f* Geld *fam*

kink [kɪŋk] *n* ① *(twist) in hair* Welle *f; in a pipe* Knick *m; in a rope* Knoten *m;* NAUT Kink *f fachspr*
② AM, AUS *(sore muscle)* [Muskel]krampf *m,* [Muskel]zerrung *f*
③ *(problem)* Haken *m fam;* **to iron out** [**a few**] **~s** [ein paar] Mängel ausbügeln *fam*
④ *(habit)* Tick *m fam,* Fimmel *m fam,* Spleen *m fam;* ***everyone's got their ~s*** jeder hat so seinen Tick

kinky ['kɪŋki] *adj* ① *(tightly curled) hair* wirr, kraus
② *(unusual)* spleenig, ausgefallen, irre *fam;* **~ sex** Sex *m* der anderen Art

kinsfolk ['kɪnzfəʊk, AM -foʊk] *n + pl vb* Verwandtschaft *f,* Verwandte *pl*

kinship ['kɪnʃɪp] *n* ① *no pl (family)* [Bluts]verwandtschaft *f;* ***you can see the ~ between my brother and I*** zwischen meinem Bruder und mir kann man eine Familienähnlichkeit feststellen
② *(connection)* Verwandtschaft *f fig;* **to feel a ~ with sb** sich *akk* jdm verbunden fühlen; ***there is a certain ~ between desire and violence*** Begierde und Gewalt gehören irgendwie zusammen

kinsman ['kɪnzmən] *n* Verwandte(r) *m* **kinswoman** ['kɪnzwʊmən] *n* Verwandte *f*

kiosk ['kiːɒsk, AM -ɑːsk] *n* ① *(stand)* Kiosk *m,* [Verkaufs]stand *m*
② BRIT *(phone booth)* Telefonzelle *f*

kip [kɪp] BRIT, AUS I. *n no pl (fam)* Schläfchen *nt,* Nickerchen *nt fam;* **to get** [*or* **have**] **some ~** sich *akk* mal eben aufs Ohr hauen *fam*
II. *vi* <-pp-> *(fam)* ein Schläfchen halten [*o fam* Nickerchen machen]
◆**kip down** *vi* BRIT *(fam)* sich *akk* hinhauen *fam;* **to ~ down on an easy chair** sich *akk* in einen Sessel hauen *fam*

kipper ['kɪpəʳ, AM -ɚ] *n* Räucherhering *m,* Bückling *m*

kir [kɪəʳ, AM kɪr] *n* Kir *m*

Kirghiz ['kɜːgɪz, AM kɪr'giːz] *n, adj see* **Kyrgyz**

Kirghizia [kɜː'gɪziə, AM kɪr'giːʒə] *n no pl see* **Kyrgyzstan** Kirgisien *nt*

kirk [kɜːk] *n* SCOT Kirche *f;* **the K~** die [presbyterianische] schottische Staatskirche

kirsch [kɪəʃ, AM kɪrʃ] *n* Kirsch *m,* Kirschwasser *nt*

kismet ['kɪzmet] *n no pl* Kismet *nt (gottergeben hinzunehmendes Schicksal im Islam)*

kiss¹ *abbrev of* **keep it simple, stupid** mach es nicht zu kompliziert; ***your arguments may be correct but if you forget ~, no one will listen to them*** deine Argumente sind vielleicht gut, aber wenn du es zu kompliziert machst, wird dir keiner zuhören

kiss² [kɪs] I. *n* <*pl* -es> ① *(with lips)* Kuss *m;* **~ on the hand** Handkuss *m;* **French ~** Zungenkuss *m;* **love and ~es** *(in a letter)* alles Liebe; **to blow** [*or* **throw**] **sb a ~** jdm eine Kusshand zuwerfen; **to give sb a ~** jdn küssen, jdm einen Kuss geben
② *(in billiards)* leichte Berührung
II. *vi* [sich *akk*] küssen; **to ~ and make up** sich *akk* mit einem Kuss versöhnen; **to ~ and tell** mit intimen Enthüllungen an die Öffentlichkeit gehen
III. *vt* ① *(with lips)* ■**to ~ sb/sth** jdn/etw küssen; **to ~ sb on the cheek/lips** jdn auf die Wange/den Mund küssen; **to ~ sb on the hand** jdm die Hand küssen; **to ~ sb goodbye/goodnight** jdm einen Abschieds-/Gutenachtkuss geben; *(fig)* ***they can ~ their chances of winning the cup goodbye*** ihre Aussichten, den Cup zu gewinnen, können sie vergessen *fam;* **to ~ a knee better** *(childspeak)* ein Knie mit einem Küsschen wieder heil machen
② *(in billiards)* **to ~ the ball** die Kugel leicht berühren
▶ PHRASES: **~ my** AM **<u>ass</u>** [*or* BRIT **arse**] *(sl)* du kannst mich mal! *fam;* **to ~ sb's <u>ass</u>** *esp* AM *(fam!)* vor jdm katzbuckeln, jdm in den Arsch kriechen *derb*
◆**kiss away** *vt* ■**to ~ away** ↻ **sth** etw wegküssen; **to ~ tears away** Tränen wegküssen
◆**kiss off** I. *vi* AM ① *(sl: go away)* abhauen *sl,* sich *akk* verziehen *fam;* **~ off!** hau ab! *sl*
② *(die)* abkratzen *sl; animal* eingehen
II. *vt* ■**to ~ sb off** jdn mit einem Kuss verabschieden

kissagram ['kɪsəgræm] *n* mit Küsschen überbrachter Glückwunsch

kiss-and-tell *adj attr, inv* **~ book** Enthüllungsbuch *nt;* **~ interview** *Interview, bei dem Intimes ausgeplaudert wird* **kiss-ass** ['kɪsæs] AM I. *n (fam!)* Speichellecker(in) *m(f) fam,* Arschkriecher(in) *m(f) derb* II. *adj attr, inv (fam!)* speichelleckerisch *fam,* arschkriecherisch *derb* **kiss curl** *n* Tolle *f,* Schmachtlocke *f fam*

kisser ['kɪsəʳ, AM -ɚ] *n* ① *(person)* **to be a lousy ~** miserabel küssen
② *(sl: jaw)* Fresse *f derb,* Maul *nt derb;* **to give sb one in the ~** jdm eine aufs Maul geben *derb*

kissing disease *n no pl (sl)* Pfeiffer Drüsenfieber *nt,* Studentenkrankheit *f fam,* Mononukleose *f fachspr* **kissing gate** ['kɪsɪŋˌgeɪt] *n* BRIT Drehkreuz *nt*

kiss of death *n (fam)* Todesstoß *m fig,* Ende *nt;* ■**to be the ~ for sth** für etw *akk* das Ende bedeuten **kiss-off** *n* AM *(fam)* Laufpass *m fam;* **to give sb the ~** *(lover)* jdm den Laufpass geben; *(employee)* jdn feuern *fam,* jdm seine Papiere geben *fam* **kiss of life** *n esp* BRIT *(fam)* Mund-zu-Mund-Beatmung *f;* **to give sb the ~** bei jdm eine Mund-zu-Mund-Beatmung durchführen

kissogram *n see* **kissagram**

kit [kɪt] I. *n* ① *(set)* Ausrüstung *f; (for a model)* Bausatz *m,* Bastelsatz *m;* **first aid ~** Verbandskasten *m;* **tool ~** Werkzeugkasten *m*
② *(outfit)* Ausrüstung *f,* Ausstattung *f*
③ *esp* BRIT *(uniform)* Montur *f; (sl: clothes)* Klamotten *pl sl,* Sachen *pl fam;* **to get one's ~ off** seine Klamotten ausziehen *sl*
II. *vt* <-tt-> *usu passive esp* BRIT ■**to ~ out sb** [*or* **to ~ sb out**] jdn ausrüsten [*o* ausstatten]

kit bag *n* Kleidersack *m,* Seesack *m*

kitchen ['kɪtʃɪn] I. *n* ① *(room)* Küche *f; (appliances)* Küche *f,* Küchenausstattung *f*
② *(cuisine)* Küche *f;* **the French ~** die französische Küche
II. *n modifier* ① *(of kitchen) (curtains, floor, window)* Küchen-; **~ counter** [Küchen]anrichte *f*
② *(basic)* **~ Latin** Küchenlatein *nt iron;* **~ Spanish** rudimentäres Spanisch

kitchen cabinet *n* ① *(for storage)* Küchenschrank *m*
② *(advisors)* Küchenkabinett *nt hum geh*

kitchenette [ˌkɪtʃɪ'net] *n* Kochnische *f,* Kleinküche *f*

kitchen foil *n no pl (plastic)* Frischhaltefolie *f; (aluminum)* Alufolie *f* **kitchen garden** *n* Gemüsegarten *m,* Nutzgarten *m* **kitchen knife** *n* Küchenmesser *nt* **kitchen paper** *n no pl* Küchenpapier *nt,* Küchentuch *nt* **kitchen range** *n esp* AM, **kitchen stove** *n* [Küchen]herd *m,* [Koch]herd *m* **kitchen roll** *n no pl* Rolle *f* Küchenpapier **kitchen scissors** *npl* Küchenschere *f,* Haushaltsschere *f* **kitchen sink** *n* Spüle *f* ▶ PHRASES: **<u>everything</u> but** [*or* **except**] **the ~** aller nur mögliche Krempel *fam,* alles, was nicht niet- und nagelfest ist *fam* **kitchen-sink** *adj attr, inv* BRIT, AUS *play* sozialkritisch **kitchen table** *n* Küchentisch *m* **kitchen towel** *n* ① *no pl* Küchenpapier *nt,* Küchentuch *nt* ② AM *(tea towel)* Geschirrtuch *nt* **kitchen unit** *n* Küchenelement *nt (einer Einbauküche)* **kitchenware** *n no pl* Küchengeschirr *nt,* Küchengeräte *ntpl*

kite [kaɪt] I. *n* ① *(toy)* Drachen *m;* **to fly a ~** einen Drachen steigen lassen
② ECON **to fly a ~** ein lockendes Angebot machen
③ *(fam) see* **accommodation bill**
▶ PHRASES: **to be as <u>high</u> as a ~** *(drunk)* sternhagelvoll sein *fam; (high)* völlig zugedröhnt sein *sl;* **go <u>fly</u> a ~!** *(fam)* mach eine Fliege! *sl,* zieh Leine! *fam*
II. *vi* ① AM ECON *(with cheques)* Kellerwechsel ausstellen, Wechselreiterei betreiben
② BRIT ECON *(use stolen credit cards)* gestohlene Kreditkarten ausstellen, Wechselreiterei betreiben

kite-flying *n no pl* ① *(action)* Steigenlassen *nt* eines Drachens ② *(testing)* Sondierung *f* **Kitemark** *n* BRIT [amtliches] Qualitätssiegel [*o* Gütezeichen]

kith [kɪθ] *n (esp old)* Verwandte *pl;* **~ and kin** Kind und Kegel

kitsch [kɪtʃ] I. *n no pl (pej)* Kitsch *m pej*
II. *adj* kitschig

kitschy ['kɪtʃi] *adj (pej)* kitschig *pej*

kitten ['kɪtᵊn] I. *n (young animal)* Junge(s) *nt; (cat)* Kätzchen *nt,* junge Katze
▶ PHRASES: **to <u>have</u> ~s** ausrasten *fam,* ausflippen *sl,* Zustände kriegen *fam;* **to <u>have</u> ~s about sth** wegen einer S. *gen* ausrasten [*o* ausflippen] *fam*
II. *vi* [Junge] werfen, Junge bekommen

kittenish ['kɪtᵊnɪʃ] *adj (dated) child* verspielt; *woman* kokett

kittenishly ['kɪtᵊnɪʃli] *adv (dated)* kokett

kittiwake <*pl* – *or* -s> ['kɪtɪweɪk, AM -kɪt̬] *n* Dreizehenmöwe *f*

kitty ['kɪti, AM -t̬i] *n* ① *(childspeak: kitten or cat)* Miezekatze *f Kindersprache; (call)* Miez
② *(money)* gemeinsame Kasse; *(in games)* [Spiel]kasse *f*

kitty-corner *adv inv* AM schräg gegenüber; ***there's***

a construction site ~ ***from our house*** schräg gegenüber unserem Haus ist eine Baustelle

kiwi ['ki:wi:] *n* ❶ (*bird*) Kiwi *m*
❷ (*fruit*) Kiwi *f*
❸ (*fig fam: New Zealander*) Neuseeländer(in) *m(f)*

kiwi fruit *n* Kiwi *f*

KKK [ˌkeɪkeɪ'keɪ] *n abbrev of* **Ku Klux Klan**

Klansman <*pl* -men> ['klænzmən] *n* Mitglied *nt* des Ku-Klux-Klan

klaxon® ['klæksᵊn] *n* Hupe *f*

Kleenex® ['kli:neks] *n* Tempo[taschentuch]® *nt*, Papiertaschentuch *nt*

kleptomania [ˌkleptə(ʊ)'meɪniə, AM -toʊ'-] *n no pl* Kleptomanie *f*

kleptomaniac [ˌkleptə(ʊ)'meɪniæk, AM -toʊ'-] *n* Kleptomane, -in *m, f*

klieg light ['kli:g-] *n starke Bogenlampe, mit der früher Filmstudios beleuchtet wurden;* (*fig*) ~***s are shining on the city*** die Stadt steht momentan im Rampenlicht; **to become a** ~ (*fig*) zu einem hellen Stern werden *fig*

klutz <*pl* -es> [klʌts] *n esp* AM (*fam*) Trottel *m fam*, Tolpatsch *m fam*

km *n abbrev of* **kilometre** km

knack [næk] *n no pl* ❶ (*trick*) Trick *m*, Dreh *m fam*, Kniff *m;* ***there's a*** ~ ***to getting this lock to open*** es gibt einen Dreh, wie man dieses Schloss aufkriegt *fam;* **to get the** ~ **of sth** herausfinden, wie etw geht *fam;* **to have the** ~ **of it** den Bogen raushaben *fam;* **to lose the** ~ **of sth** etw nicht mehr zustande bringen [*o fam* hinkriegen]; ***due to arthritis, he lost the*** ~ ***of playing the guitar*** wegen Arthritis kann er nicht mehr Gitarre spielen
❷ (*talent*) Geschick *nt;* **to have a** ~ **for sth** ein Talent [*o fam* Händchen] für etw *akk* haben; (*iron*) ***she has the*** ~ ***of putting her foot in her mouth*** sie hat ein Talent, ins Fettnäpfchen zu treten

knacker ['nækəʳ, AM -ɚ] *n* ❶ (*of old animals*) Abdecker *m*
❷ (*salvager*) Abbruchunternehmer *m*
❸ (*fam!: testicles*) ■~**s** *pl* Eier *ntpl derb*
❹ DIAL (*dated: harnessmaker*) Geschirrmacher *m*

knackered ['nækəd] *adj pred* BRIT, AUS (*fam*) kaputt *fam*, geschlaucht *fam*, [fix und] fertig *fam*

knackering ['nækᵊrɪŋ] *adj attr* BRIT (*fam*) anstrengend

knacker's yard *n* Abdeckerei *f*
▶ PHRASES: **to** __**end**__ **up in the** ~ (*fam*) Bankrott machen

knapsack ['næpsæk] *n* Rucksack *m;* MIL Tornister *m*

knave [neɪv] *n* ❶ (*old: man*) Schurke *m*, Halunke *m*
❷ CARDS Bube *m*

knavish ['neɪvɪʃ] *adj* (*old*) schurkisch *veraltend*

knead [ni:d] *vt* **to** ~ **clay/wax** Ton/Wachs formen; **to** ~ **dough** Teig kneten; **to** ~ **sb's muscles** jds Muskeln [ordentlich] durchkneten [*o* massieren]

knee [ni:] **I.** *n* ❶ (*on leg*) Knie *nt;* **on one's hands and** ~**s** auf Händen und Füßen [*o fam* allen vieren]; **to get down on one's** ~**s** niederknien; **to put sb across** [*or* **over**] **one's** ~ jdn übers Knie legen *fam;* **to put** [*or* **sit**] **sb on one's** ~ jdn auf den Schoß nehmen; **on your** ~**s!** auf die Knie!
❷ (*in trousers*) Knie[stück] *nt*
▶ PHRASES: **to be/go** __**weak**__ **at the** ~**s** weiche Knie haben/bekommen; **to** __**bring**__ [*or* __**force**__] **sb to their** ~**s** jdn in [*o* auf] die Knie zwingen *geh;* **to** __**learn**__ **sth at sb's** ~ etw in frühester Kindheit von jdm lernen
II. *n modifier* (*injury, support*) Knie-; ~ **socks** Kniestrümpfe *mpl*
III. *vt* ■**to** ~ **sb** jdn mit dem Knie stoßen

knee bend *n* Kniebeuge *f;* **to do** ~**s** Kniebeugen machen **knee breeches** *npl* Knie[bund]hose *f* **kneecap I.** *n* ❶ (*patella*) Kniescheibe *f* ❷ (*covering*) Knieschützer *m* **II.** *vt* <-pp-> ■**to** ~ **sb** jdm die Kniescheibe zerschießen **knee-capping** *n* Zerschießen *nt* der Kniescheibe **knee-deep** *adj inv* knietief; ***the water was only*** ~ das Wasser reichte mir nur bis zum Knie; ■**to be** ~ **in sth** knietief [*o* bis zu den Knien] in etw *dat* stecken *a. fig* **knee-high I.** *n* AM ■~**s** *pl* Kniestrümpfe *mpl* **II.** *adj inv* kniehoch; ~ **grass** kniehohes Gras; ***my nephew is only about*** ~ mein Neffe geht mir gerade mal bis zum Knie *fam* ▶ PHRASES: **to be** ~ **to a** __**grasshopper**__ AM (*hum fam*) ein Dreikäsehoch sein *hum fam;* ***I've loved music ever since I was*** ~ ***to a grasshopper*** Musik habe ich schon von klein auf geliebt **knee-jerk I.** *n* Knie[sehnen]reflex *m*, Patellar[sehnen]reflex *m fachspr* **II.** *n modifier* (*pej*) *reaction* automatisch *pej;* AM *person* ideenlos, geistlos; ***some*** ~ ***kids went and vandalized the police station*** einige hirnlose Jugendliche gingen hin und verwüsteten die Polizeiwache *fam* **knee joint** *n* ANAT Kniegelenk *nt;* TECH Kniehebel *m*

kneel <knelt *or esp* AM kneeled, knelt *or esp* AM kneeled> [ni:l] *vi* knien; ■**to** ~ **before sb** vor jdm niederknien

◆**kneel down** *vi* sich *akk* hinknien, hinknien, niederknien

knee-length *adj inv dress* knielang; *socks* kniehoch

kneeler ['ni:ləʳ, AM -ɚ] *n* Kniebank *f*

knee-slapper *n* AM (*fam or also iron*) irrer Witz *fam o a. iron* **knees-up** *n* BRIT (*dated fam*) [ausgelassene] Tanzparty

knell [nel] *n* Totenglocke *f*, Grabgeläut *nt*

knelt [nelt] *pt of* **kneel**

Knesset ['kneset] *n no pl, + sing/pl vb* ■**the** ~ die Knesset

knew [nju:, AM *esp* nu:] *pt of* **know**

knickerbocker ['nɪkəˌbɒkəʳ, AM -ɚˌbɑ:kɚ] *n* ❶ (*short trousers*) ■~**s** *pl* Knickerbocker[s] *pl*, weite Kniehose
❷ AM (*knickers*) ■~**s** *pl* [Damen]schlüpfer *m*
❸ (*New Yorker*) Knickerbocker *m*

knickerbocker glory *n* BRIT Eisbecher *m* mit Früchten und Wackelpeter

knickers ['nɪkəʳz, AM -ɚz] **I.** *npl* ❶ BRIT (*underwear*) [Damen]schlüpfer *m*
❷ AM (*knickerbockers*) Knickerbocker[s] *pl*
▶ PHRASES: **to get one's** ~ **in a** __**twist**__ BRIT, AUS (*hum fam: get angry*) sich *akk* aufregen *fam;* (*get worried*) den Kopf [*o* die Nerven] verlieren; (*get confused*) nichts auf die Reihe kriegen *fam*
II. *interj* BRIT (*sl*) Blödsinn! *fam*, Quatsch! *fam*

knick-knack ['nɪknæk] *n usu pl* (*fam*) Schnickschnack *m*, Nippes *pl*

knife [naɪf] **I.** *n* <*pl* knives> Messer *nt;* **to go under the** ~ MED unters Messer kommen *fam;* **to pull** [*or* **draw**] **a** ~ [**on sb**] ein Messer [gegen jdn] ziehen; **to wield** [*or* **brandish**] **a** ~ ein Messer schwingen
▶ PHRASES: **you could** [**have**] **cut the** __**air**__ **with a** ~ die Stimmung war zum Zerreißen gespannt; **to** __**get**__ [*or* __**have**__] **your** ~ **into sb** jdm übel wollen, es auf jdn abgesehen haben, jdn gefressen haben *fam;* **to** __**put**__ [*or* __**stick**__] **the** ~ **into sb** jdm in den Rücken fallen; **before you could** __**say**__ ~ ehe man sich's versah; ***we opened the door and before you could say*** ~, ***the dog shot out into the open*** wir öffneten die Tür, da schoss der Hund auch schon ins Freie; **to** __**turn**__ [*or* __**twist**__] **the** ~ [**in the wound**] Salz in die Wunde streuen; **the knives are** __**out**__ **for him** BRIT, AUS (*fam*) die Messer sind schon für ihn gewetzt
II. *vt* ■**to** ~ **sb** jdn mit dem Messer angreifen, auf jdn einstechen

knife-blade *n* Messerklinge *f*, Messerschneide *f* **knife-edge I.** *n* Messerschneide *f;* **to exist on a financial** ~ am Rande des finanziellen Ruins existieren; **to be on a** ~ (*fig*) auf Messers Schneide stehen **II.** *adj attr, inv* ❶ (*narrow*) messerscharf; ~ **ridge** schmaler Grat ❷ (*fig: uncertain*) *situation* gefährlich, brenzlig *fam* **knifeman** <*pl* -men> ['naɪfmæn] *n* Messerstecher *m* **knife-point** *n no pl* ■**at** ~ mit einem Messer bedroht, mit vorgehaltenem Messer **knifepoint** ['naɪfpɔɪnt] *n* Messerspitze *f;* **at** ~ mit vorgehaltenem Messer **knife sharpener** *n* Messerschleifer(in) *m(f)*

knifing ['naɪfɪŋ] *n* Messerstecherei *f*

knight [naɪt] **I.** *n* ❶ (*title*) Ritter *m*
❷ (*hist: soldier*) Ritter *m*, Edelmann *m*
❸ CHESS Springer *m*
▶ PHRASES: [**a**] ~ **in shining** __**armour**__ [ein] Ritter ohne Furcht und Tadel
II. *vt* ■**to** ~ **sb** jdn zum Ritter schlagen

knight-errant <*pl* knights-> [ˌnaɪt'erᵊnt] *n* fahrender Ritter

knighthood ['naɪthʊd] *n* Ritterstand *m;* **to give sb a** ~ [*or* **to bestow a** ~ **on sb**] jdn in den Ritterstand erheben *geh*

knightly ['naɪtli] *adj* (*liter*) ritterlich

knit [nɪt] **I.** *n* ❶ (*stitch*) Strickart *f*
❷ (*clothing*) ■~**s** *pl* Stricksachen *pl*, Gestrickte(s) *nt kein pl*
II. *vi* <knitted *or* knit, knitted *or* AM *also* knit>
❶ (*with yarn*) stricken; (*do basic stitch*) eine rechte Masche stricken; ~ ***two, then purl one*** zwei rechts, eins links
❷ (*mend*) *broken bone* zusammenwachsen, verheilen
III. *vt* <knitted *or* knit, knitted *or* AM *also* knit>
❶ (*with yarn*) **to** ~ **a sweater** einen Pullover stricken; ■**to** ~ **sb sth** jdm etw stricken
❷ (*join*) ■**to** ~ **sth** etw [miteinander] verknüpfen [*o* verbinden]
▶ PHRASES: **to** ~ **one's** __**brows**__ die Augenbrauen zusammenziehen [*o* Stirn runzeln]

◆**knit together I.** *vi* ❶ (*combine*) sich *akk* zusammenfügen [*o* miteinander verbinden]; ***all the factors seem to be*** ~***ting together*** alle Faktoren scheinen zusammenzuhängen
❷ (*mend*) *broken bone* zusammenwachsen, heilen
II. *vt* ■**to** ~ **together** ↔ **sth** ❶ (*by knitting*) etw zusammenstricken
❷ (*fig: join*) etw miteinander verbinden [*o* verknüpfen]

◆**knit up I.** *vt esp* BRIT, AUS ■**to** ~ **up** ↔ **sth** etw [zusammen]stricken
II. *vi esp* BRIT, AUS **to** ~ **up easily** *wool* sich *akk* leicht stricken lassen

knitted ['nɪtɪd, AM -t̬ɪd] *adj inv* ❶ (*with yarn*) gestrickt, Strick-; **hand-**~ **sweater** handgestrickter Pullover
❷ (*frowning*) ~ **brows** gerunzelte Stirn

knitter ['nɪtəʳ, AM -t̬ɚ] *n* Stricker(in) *m(f)*

knitting ['nɪtɪŋ, AM -t̬ɪŋ] *n no pl* ❶ (*action*) Stricken *nt*
❷ (*product*) Gestrickte(s) *nt;* (*unfinished*) Strickarbeit *f*, Strickzeug *nt*

knitting-needle *n* Stricknadel *f* **knitting-yarn** *n* Strickgarn *nt* **knitwear** *n no pl* Stricksachen *pl*, Strickkleidung *f*

knob [nɒb, AM nɑ:b] *n* ❶ (*handle*) *of a cane, door* Knauf *m*, Griff *m; of a bedhead* rundes Teil; (*dial*) Knopf *m;* **to turn** [*or* **twiddle**] **a** ~ an einem Knopf drehen
❷ (*on a tree*) Knoten *m*, Verdickung *f*, Knorren *m*
❸ (*small amount*) Klümpchen *nt*, Stückchen *nt;* **a** ~ **of sugar** ein Stückchen *nt* Zucker
❹ *esp* AM (*hill*) Kuppe *f*, Anhöhe *f*
❺ (*vulg, sl: penis*) Schwanz *m vulg*
▶ PHRASES: **with** [**brass**] ~**s** __**on**__ BRIT und wie!; **and the** __**same**__ **to you with** ~**s on!** BRIT (*dated*) danke gleichfalls! *iron*

knobbly ['nɒbḷi] *adj* BRIT, **knobby** ['nɑ:bi] *adj* AM knubbelig; *tree, wood* astreich, ästig; ~ **knees** Knubbelknie *ntpl;* (*rhyming sl*) Schlüssel *mpl*

knock [nɒk, AM nɑ:k] **I.** *n* ❶ (*sound*) Klopfen *nt;* "~ ~" „klopf, klopf"; **to give a** ~ **at** [*or* **on**] **the door** an der Tür klopfen; ***there was a*** ~ ***on the door*** es hat [an der Tür] geklopft
❷ (*blow*) Schlag *m*, Stoß *m;* ***he received a nasty*** ~ ***on the head*** er bekam einen bösen Schlag auf den Kopf; **the school of hard** ~**s** eine harte Schule; **to have learned everything in the school of hard** ~**s** [im Leben] durch eine harte Schule gegangen sein; **to take a** ~ (*fam*) einen [Schicksals]schlag erleiden; *confidence* einen Knacks bekommen *fam;* **to be able to take a lot of** ~**s** viel einstecken können *fam*
II. *vi* ❶ (*hit*) klopfen; ***a rope*** ~***ed against the side of the ship*** ein Seil schlug gegen die Schiffswand; to

K

~ **at the door/on the window** an die Tür/ans Fenster klopfen
❷ TECH *engine, pipes* klopfen
❸ (*be approaching*) **to be ~ing on 40/50/60** auf die 40/50/60 zugehen
► PHRASES: **sb's knees are ~ing** jdm schlottern die Knie; ~ **on wood** AM, AUS dreimal auf Holz klopfen
III. *vt* ❶ (*hit*) ■ **to ~ sth** gegen etw *akk* stoßen; ■ **to ~ sb** jdm einen Schlag versetzen; (*less hard*) jdm einen Stoß versetzen; ***he ~ed my arm*** er stieß gegen meinen Arm; **to ~ a hole/nail into the wall** ein Loch/einen Nagel in die Wand schlagen; **to ~ sb to the ground** jdn zu Boden werfen; **to ~ sb unconscious** [*or* **senseless**] jdn bewusstlos schlagen
❷ (*drive*) ■ **to ~ sth out of sb** jdm etw austreiben; **to ~ some of the arrogance out of sb** jdn von seinem hohen Ross herunterholen; **to ~ the bottom out of sth** etw zusammenbrechen lassen; **to ~ some** [*or* **a bit of**] **sense into sb** jdn zur Vernunft bringen
❸ (*fam: criticize*) ■ **to ~ sb/sth** jdn/etw schlecht machen *fam;* ***don't ~ it till you've tried it*** mach es nicht schon runter, bevor du es überhaupt ausprobiert hast *fam*
► PHRASES: **to ~ sth on the head** BRIT, AUS (*stop sth*) etw *dat* ein Ende bereiten [*o fam* abblasen]; (*complete sth*) etw zu Ende bringen; **to ~ an idea/plan on the head** BRIT, AUS einen Gedanken/Plan verwerfen; **to ~ sb sideways** [*or* BRIT *also* **for six**] jdn umhauen *sl;* **to ~ [the] spots off sb/sth** BRIT jdn/etw in den Schatten stellen [*o fam* in die Tasche stecken]; SPORTS jdn/etw um Längen schlagen; **to ~ 'em dead** AM (*fam*) jdn von den Sitzen reißen *fam,* es jdm zeigen *fam;* ***okay, son, go and ~ 'em dead!*** also los, Junge, geh und zeig's ihnen! *fam*

◆**knock about, knock around I.** *vi* (*fam*) ❶ (*be present*) *person* [he]rumhängen *fam,* [he]rumgammeln *pej fam; object, thing* [he]rumliegen *fam;* ■ **to ~ about** [*or* **around**] **with sb** *esp* BRIT sich *akk* mit jdm [he]rumtreiben *fam;* **to ~ around in town** sich *akk* in der Stadt [he]rumtreiben *fam*
❷ (*travel aimlessly*) umherziehen, [he]rumziehen *fam*
❸ BRIT (*have a sexual relationship*) ■ **to ~ about** [*or* **around**] **with sb** es mit jdm treiben *euph fam*
II. *vt* ❶ (*hit*) ■ **to ~ sb about** [*or* **around**] jdn verprügeln
❷ (*play casually*) **to ~ a ball about** [*or* **around**] einen Ball hin- und herspielen; TENNIS ein paar Bälle schlagen

◆**knock back** *vt* (*fam*) ❶ (*drink quickly*) ■ **to ~ sth ↔ back** etw hinunterkippen *fam; liquor* sich *dat* etw hinter die Binde kippen *sl;* **to ~ a beer back** ein Bier zischen *fam*
❷ BRIT, AUS (*cost a lot*) ■ **to ~ sb back** jdn eine [hübsche] Stange Geld kosten *fam;* ***how much did that ~ you back?*** wie viel musstest du dafür hinlegen? *fam;* **to ~ sb back a few thousand** jdn ein paar Tausender kosten *fam*

◆**knock down** *vt* ❶ (*cause to fall*) ■ **to ~ sb/sth ↔ down** jdn/etw umstoßen; (*with a car, motorbike, etc.*) jdn/etw umfahren
❷ (*demolish*) ■ **to ~ sth ↔ down** etw niederreißen [*o* abreißen]; **to ~ down every argument** (*fig*) jedes Argument zerpflücken
❸ (*reduce*) ■ **to ~ sth ↔ down** *price* etw herunterhandeln; ■ **to ~ sb ↔ down to sth** jdn [bis] auf etw *akk* herunterhandeln; **to ~ down the price to less than $100** den Preis auf unter 100 Dollar herunterhandeln
❹ (*sell at auction*) ■ **to ~ sth ↔ down** etw versteigern; ■ **to ~ sth ↔ down to sb** jdm etw zuschlagen; **to be ~ed down for £30/at over £3 million** für 30 Pfund/mehr als 3 Millionen Pfund versteigert werden

◆**knock off I.** *vt* ❶ (*cause to fall off*) ■ **to ~ sth/sb ↔ off** etw/jdn hinunterstoßen; ***a low branch ~ed her off her horse*** ein tief hängender Ast riss sie vom Pferd; **to ~ sb's block off** (*fam*) jdm eins überbraten [*o* auf die Hörner geben] *fam;* **to ~ sb off their pedestal** jdn von seinem Sockel stoßen
❷ (*reduce a price*) ■ **to ~ sth ↔ off** etw [im Preis] herabsetzen; ***the manager ~ed £25 off*** der Abteilungsleiter ließ 25 Pfund nach; ***I'll buy it if you ~ off $15*** ich kaufe es, wenn Sie mit dem Preis [um] 15 Dollar runtergehen
❸ BRIT (*sl: steal*) ■ **to ~ sth ↔ off** etw klauen [*o* mitgehen lassen] *fam;* **to ~ off banks** Banken ausräumen *fam*
❹ (*fam: murder*) ■ **to ~ sb ↔ off** jdn umlegen [*o* kaltmachen] *sl*
❺ (*produce*) ■ **to ~ sth ↔ off** (*quickly*) etw schnell erledigen; (*easily*) etw mit links machen [*o* aus dem Ärmel schütteln] *fam; manuscript, novel, report, story* etw runterschreiben *pej fam;* (*on a typewriter*) etw runterhauen *pej fam*
❻ (*stop*) ■ **to ~ off ↔ sth** mit etw *dat* aufhören; ***~ it off!*** jetzt reicht's aber!
❼ BRIT (*dated vulg: have sex with*) ■ **to ~ off ↔ sb** jdn vögeln *vulg*
❽ (*fam: defeat*) ■ **to ~ off ↔ sb** jdn schlagen [*o fam* absägen]
II. *vi* aufhören, Schluss machen; ***let's ~ off for today*** lass uns für heute Schluss machen; **to ~ off for lunch** Mittag machen; **to ~ off work** Feierabend machen

◆**knock out** *vt* ❶ (*render unconscious*) ■ **to ~ sb ↔ out** jdn bewusstlos werden lassen; (*exhaust*) jdn [völlig] schaffen *fam* [*o* außer Gefecht setzen]; BOXING jdn k.o. schlagen; (*cause to sleep*) jdn schlafen lassen; ***she hit her head and ~ed herself out*** sie stieß sich den Kopf und verlor das Bewusstsein; ***if you carry on like this, you'll ~ yourself out*** wenn du so weitermachst, machst du dich [damit] selbst kaputt
❷ (*forcibly remove*) ■ **to ~ sth ↔ out** etw herausschlagen; (*remove contents*) etw herausklopfen; *pipe* etw ausklopfen; **to ~ out two teeth** sich *dat* zwei Zähne ausschlagen
❸ (*eliminate*) ■ **to ~ sth/sb ↔ out** etw/jdn ausschalten; ***enemy aircraft have ~ed out 25 tanks*** feindliche Flugzeuge haben 25 Panzer zerstört; **to be ~ed out of a competition** aus einem Wettkampf ausscheiden; **to be ~ed out of the running** aus dem Rennen sein; (*render useless*) ■ **to ~ out sth** etw außer Funktion setzen
❹ (*produce quickly*) ■ **to ~ sth ↔ out** etw hastig entwerfen; *draft, manuscript, story also* etw runterschreiben *pej fam;* (*on a typewriter*) etw runterhauen *pej fam*
❺ (*fam: astonish and delight*) ■ **to ~ sb ↔ out** jdn umhauen [*o* vom Hocker reißen] *fam;* ***in that dress she'll ~ him out*** in diesem Kleid wird sie ihn [einfach] umhauen

◆**knock over** *vt* ■ **to ~ sth/sb ↔ over** etw/jdn umstoßen [*o* umwerfen]; (*with a bike, car*) etw/jdn umfahren; ***you could have ~ed me over with a feather when I heard the news*** (*fig*) ich war völlig von den Socken, als ich von den Neuigkeiten hörte

◆**knock together** *vt* ■ **to ~ sth ↔ together** etw zusammenschustern *pej fam; a piece of furniture, shed, shelves, etc.* etw zusammenzimmern *fam;* **to ~ together an article** einen Artikel zusammenschreiben *pej fam;* **to ~ together something to eat** auf die Schnelle etwas Essbares zaubern

◆**knock up I.** *vt* ❶ (*make quickly*) ■ **to ~ sth ↔ up** etw zusammenschustern *pej fam*
❷ BRIT, AUS (*fam: awaken*) ■ **to ~ sb ↔ up** jdn aus dem Schlaf trommeln
❸ *esp* AM (*sl: impregnate*) ■ **to ~ sb ↔ up** jdm ein Kind machen; **to get ~ed up** sich schwängern [*o derb* anbuffen] lassen
II. *vi* TENNIS ein paar Bälle schlagen; (*before a match starts*) sich *akk* einschlagen [*o* warm spielen]

knockabout *adj attr, inv* THEAT, FILM Klamauk-; *comedy, humour* burlesk **knockdown** *adj attr, inv* ❶ (*very cheap*) supergünstig *sl;* ~ **price** Spottpreis *m fam,* Schleuderpreis *m fam;* (*at auction*) Mindestpreis *m* ❷ (*physically violent*) niederschmetternd; **a ~ argument** ein schlagendes Argument; ~ **blow** BOXING Niederschlag *m fachspr,* K.-o.-Schlag *m;* **a ~ fight** eine handfeste Auseinandersetzung ❸ (*easily dismantled*) zerlegbar

knocker ['nɒkəʳ, AM 'nɑːkɚ] *n* ❶ (*at door*) Türklopfer *m*
❷ (*fault-finder*) Krittler(in) *m(f),* Nörgler(in) *m(f)*
knockers ['nɒkəz, AM 'nɑːkɚz] *npl* (*fam!, sl: breasts*) Vorbau *m hum sl;* **big ~** dicke Titten *derb;* ***look at the ~ on her!*** sieh dir diese Titten an! *derb*
knocking copy *n no pl* ECON herabsetzende Werbung **knocking-off time** *n no pl* Feierabend *m,* Arbeitsschluss *m;* ***it's ~!*** Feierabend! **knocking-shop** *n* BRIT (*fam*) Puff *m fam*
knock-kneed *adj* X-beinig; ■ **to be ~** X-Beine haben **knockoff** *n* (*fam*) [billige] Kopie, [billiges] Imitat **knock-on effect** *n* BRIT Folgewirkung *f;* **to have a ~ on sth** sich *akk* mittelbar auf etw *akk* auswirken **knockout I.** *n* ❶ BRIT, AUS (*tournament*) Ausscheidungs[wett]kampf *m* ❷ BOXING Knock-out *m,* K.o. *m;* **to win sth by a ~** etw durch K.o. gewinnen ❸ (*attractive person*) Knaller *m fam,* Wucht *f fam* **II.** *adj* ❶ BRIT, AUS (*elimination*) Ausscheidungs-; ~ **competition** Ausscheidungskampf *m* ❷ BOXING ~ **blow** Knock-out-Schlag *m fachspr,* K.-o.-Schlag *m,* Niederschlag *m fachspr;* (*fig*) Tiefschlag *m;* **to deal sb's hopes a ~ blow** jds Hoffnungen zunichte machen; ~ **drops** (*dated fam*) K.-o.-Tropfen *pl fam* ❸ (*attractive*) umwerfend *fam* **knock-up** *n usu sing* BRIT Einspielen *nt,* Warmspielen *nt*
knoll [nəʊl, AM noʊl] *n* Anhöhe *f*
knot¹ [nɒt, AM nɑːt] **I.** *n* ❶ (*tied join*) Knoten *m;* **to make/tie a ~** einen Knoten machen/binden; **to untie a ~** einen Knoten lösen
❷ (*chignon*) [Haar]knoten *m*
❸ (*small group*) Knäuel *m o nt*
❹ (*woody mass*) Ast *m*
► PHRASES: **sb's stomach is in ~s** jds Magen krampft sich zusammen; **to tie the ~** (*fam*) heiraten, den Bund der Ehe schließen *geh*
II. *vt* <-tt-> ■ **to ~ sth** etw knoten; **to ~ a tie** eine Krawatte binden; ■ **to ~ sth together** etw zusammenknoten [*o* zusammenbinden]
III. *vi* <-tt-> *muscles* sich *akk* verspannen; *stomach* sich *akk* zusammenkrampfen
knot² [nɒt, AM nɑːt] *n* NAUT Knoten *m*
knotted ['nɒtɪd, AM 'nɑːt̬-] *adj inv* verknotet
► PHRASES: **get ~!** BRIT (*fam!*) rutsch mir den Buckel runter! *fam,* du kannst mich mal! *euph sl;* (*go away*) verzieh dich! *fam*
knotty ['nɒti, AM 'nɑːt̬i] *adj* ❶ (*full of knots*) *wood* astig, astreich; *branch, finger, stick* knotig; *hair* voller Knoten *nach n, präd;* (*tousled*) zerzaust
❷ (*difficult*) kompliziert, verzwickt *fam*
knout [naʊt] *n* Knute *f,* Peitsche *f*

know [nəʊ, AM noʊ]

I. TRANSITIVE VERB	II. INTRANSITIVE VERB
III. NOUN	

I. TRANSITIVE VERB

<knew, known> ❶ (*have information/knowledge*) ■ **to ~ sth** etw wissen; *facts, results* etw kennen; ***she ~s all the names of them*** sie kennt all ihre Namen; ***does anyone ~ the answer?*** weiß jemand die Antwort?; ***do you ~ …?*** weißt du/wissen Sie …?; ***do you ~ the time/where the post office is?*** können Sie mir bitte sagen, wie spät es ist/wo die Post ist?; ***do you ~ the words to this song?*** kennst du den Text von diesem Lied?; ***he really ~s particle physics*** in Teilchenphysik kennt er sich wirklich gut aus; ***I ~ no fear*** ich habe vor nichts Angst; ***I ~ what I am talking about*** ich weiß, wovon ich rede; ***how was I to ~ it'd be snowing in June!*** wer ahnt denn schon, dass es im Juni schneien würde!; ***that's worth ~ing*** das ist gut zu wissen; ***that might be worth ~ing*** das wäre gut zu wissen; ***that's what I like to ~ too*** das würde ich auch gerne wissen!; ***— don't I ~ it!*** – wem sagst du das!; ***before you ~ where you are*** ehe man sich versieht;

for all I ~ soweit ich weiß; ***they might have even cancelled the project for all I*** ~ vielleicht haben sie das Projekt ja sogar ganz eingestellt – weiß man's! *fam;* ***I knew it!*** wusste ich's doch! *fam;* ***... and you ~ it*** ... und das weißt du auch; (*fam*) ***you ~ something*** [*or* ***what?***]***?*** weißt du was? *fam;* ***... I ~ what*** ... ich weiß was; ***but she's not to*** ~ aber sie soll nichts davon erfahren; ***God ~s I've done my best*** ich habe weiß Gott mein Bestes gegeben; (*fam*) ***God only ~s what'll happen next!*** weiß der Himmel, was als Nächstes passiert! *sl;* ■**to ~ [that]/if/how/what/when/why ...** wissen, dass/ob/wie/was/wann/warum ...; ■**to ~ sb/sth to be/do sth** wissen, dass jd/etw etw ist/tut; ***the police ~ him to be a cocaine dealer*** die Polizei weiß, dass er mit Kokain handelt; ■**to ~ how to do sth** wissen, wie man etw macht; **to ~ how to drive a car** Auto fahren können; ■**to ~ sth about sth/sb** etw über etw/jdn wissen; **to ~ the alphabet/English** das Alphabet/Englisch können; ***do you ~ any Norwegian?*** können Sie ein bisschen Norwegisch?; **to ~ sth by heart** etw auswendig können; **to ~ what one is doing** wissen, was man tut; **to let sb ~ sth** jdn etw wissen lassen

② [*be certain*] ■**to not ~ whether ...** sich *dat* nicht sicher sein, ob ...; **to not ~ which way to turn** nicht wissen, was man machen soll; **to not ~ whether to laugh or cry** nicht wissen, ob man lachen oder weinen soll; **to ~ for a fact that ...** ganz sicher wissen, dass ...

③ [*be acquainted with*] ■**to ~ sb** jdn kennen; ***~ing Sarah*** [*or* ***if I ~ Sarah***]***, she'll have done a good job*** so wie ich Sarah kenne, hat sie ihre Sache bestimmt gut gemacht; ***we've ~n each other for years now*** wir kennen uns schon seit Jahren; ***she ~s Paris well*** sie kennt sich in Paris gut aus; ***surely you ~ me better than that!*** du solltest mich eigentlich besser kennen!; ***you ~ what it's like*** du weißt ja, wie das [so] ist; ***we all knew her as a kind and understanding colleague*** uns allen war sie als liebenswerte und einfühlsame Kollegin bekannt; ***I'm sure you all ~ the new officer by reputation*** sicherlich haben Sie alle schon mal von dem neuen Offizier gehört; **to ~ sth like the back of one's hand** etw wie seine eigene Westentasche kennen *fam;* **to ~ sb by name/by sight/personally** jdn dem Namen nach/vom Sehen/persönlich kennen; **to get to ~ sb** jdn kennen lernen; **to get to ~ sth** *methods* etw lernen; *faults* etw herausfinden; **to get to ~ each other** sich *akk* kennen lernen; **to [not] ~ sb to speak to** jdn [nicht] näher kennen

④ [*have understanding*] ■**to ~ sth** etw verstehen; ***do you ~ what I mean?*** verstehst du, was ich meine?; ***if you ~ what I mean*** wenn du verstehst, was ich meine

⑤ [*experience*] ***I've never ~n anything like this*** so etwas habe ich noch nicht erlebt; ***I've never ~n her [to] cry*** ich habe sie noch nie weinen sehen

⑥ [*recognize*] ■**to ~ sb/sth** jdn/etw erkennen; ***I ~ a goodbye when I hear one*** ich hab' schon verstanden, dass du dich von mir trennen willst! *fam;* ***I ~ a good thing when I see it*** ich merke gleich, wenn was gut ist; ***we all ~ him as 'Curly'*** wir alle kennen ihn als ‚Curly'; ***this is the end of world as we ~ it*** das ist das Ende der Welt, so wie wir sie kennen; ***these chocolate bars are ~n as something else in the US*** diese Schokoladenriegel laufen in den USA unter einem anderen Namen; ***I knew her for a liar the minute I saw her*** ich habe vom ersten Augenblick an gewusst, dass sie eine Lügnerin ist; ■**to ~ sb/sth by sth** jdn/etw an etw *dat* erkennen; **to ~ sb by his/her voice/walk** jdn an seiner Stimme/seinem Gang erkennen; **sb wouldn't ~ sth if he/she bumped into it** [*or* **if he/she fell over it**] [*or* **if it hit him/her in the face**] jd würde etw nicht mal erkennen, wenn es vor ihm/ihr stehen würde

⑦ [*be able to differentiate*] ■**to ~ sth/sb from sth/sb** etw/jdn von etw/jdm unterscheiden können; ***Andrea wouldn't ~ a greyhound from a collie*** Andrea kann einen Windhund nicht von einem Collie unterscheiden; ***you wouldn't ~ him from his brother*** man kann ihn und seinen Bruder nicht unterscheiden!; ***don't worry, she wouldn't ~ the difference*** keine Angst, sie wird den Unterschied [gar] nicht merken; **to ~ right from wrong** Gut und Böse unterscheiden können

⑧ *passive* [*well-known*] ■**to be ~n for sth** für etw *akk* bekannt sein; ■**it is ~n that ...** es ist bekannt, dass ...; **to make sth ~n** etw bekannt machen; ***she's never been ~n to laugh at his jokes*** sie hat bekanntlich noch nie über seine Witze gelacht; ***this substance is ~n to cause skin problems*** es ist bekannt, dass diese Substanz Hautirritationen hervorruft; ***this substance has been ~n to cause skin problems*** diese Substanz hat in einzelnen Fällen zu Hautirritationen geführt; ***Terry is also ~n as 'The Muscleman'*** Terry kennt man auch unter dem Namen ‚der Muskelmann'

▶ PHRASES: **to not ~ sb from Adam** keinen blassen Schimmer haben, wer jd ist *fam;* **to ~ all the answers** immer alles besser wissen *pej;* (*have real knowledge*) sich *akk* auskennen; **to ~ no bounds** keine Grenzen kennen; **to not ~ one end of sth from the other** keine Ahnung von etw *dat* haben *fam;* **to ~ one's own mind** wissen, was man will; **to ~ one's place** wissen, wo man steht; **to ~ the ropes** sich *akk* auskennen; **to ~ sb [in the biblical sense]** (*hum*) mit jdm eine Nummer geschoben haben *sl;* **to ~ the score** wissen, was gespielt wird; **to ~ which side one's bread is buttered on** wissen, wo was zu holen ist *fam;* **to ~ one's stuff** [*or* BRIT *also* **onions**] sein Geschäft [*o* Handwerk] verstehen; **to ~ a thing or two** (*pej fam: be sexually experienced*) sich *akk* [mit Männern/Frauen] auskennen; **to ~ a thing or two about sth** (*know from experience*) sich *akk* mit etw *dat* auskennen; **to ~ what's what** wissen, wo's langgeht *fam;* **what do you ~!** was weißt du denn schon?; *esp* AM (*fam: surprise*) wer hätte das gedacht!; **to not ~ what hit one** nicht wissen, wie einem geschieht; **to not ~ where to put oneself** BRIT am liebsten in den Boden versinken *fam;* **not if I ~ it** nicht mit mir!

II. INTRANSITIVE VERB

<knew, known> ① [*have knowledge*] [Bescheid] wissen; ***ask Kate, she's sure to*** ~ frag Kate, sie weiß es bestimmt; ***I think she ~s*** ich glaube, sie weiß Bescheid; ***where did he go? — I wouldn't*** [*or* ***don't***] ~, ***I was not to ~ until years later*** das sollte ich erst Jahre später erfahren, wo ist er hingegangen? – keine Ahnung; ***are you going to university? — I don't ~ yet*** willst du studieren? – ich weiß [es] noch nicht; ***you never*** ~ man kann nie wissen; **as** [*or* **so**] **far as I** ~ so viel [*o* weit] ich weiß; ***how am I to ~?*** woher soll ich das wissen?; ***who ~s?*** wer weiß?; ***how should I ~?*** wie soll ich das wissen?; ***I ~!*** jetzt weiß ich!; ***Mummy ~s best what to do*** Mutti weiß am besten, was zu tun ist; ***she didn't want to ~*** sie wollte nichts davon wissen; ***just let me ~ ok?*** sag' mir einfach Bescheid, ok?

② [*fam: understand*] begreifen; ***"I don't ~," he said, "why can't you ever be on time?"*** „ich begreife das einfach nicht", sagte er, „warum kannst du nie pünktlich sein?"

③ [*said to agree with sb*] ***I ~*** ich weiß; ***the weather's been so good lately — I ~, isn't it wonderful!*** das Wetter war in letzter Zeit wirklich schön – ja, herrlich, nicht wahr?

④ [*fam: for emphasis*] ***she's such a fool, don't you ~!*** sie ist so unglaublich dumm!

⑤ [*conversation filler*] ***give him the red box, you ~, the one with the ....*** gib ihm die rote Kiste, du weißt schon, die mit den ...; ***he's so boring and, you ~, sort of spooky*** er ist so langweilig und, na ja, irgendwie unheimlich; ***he asked me, you ~*** weißt du, er hat mich halt gefragt

▶ PHRASES: **you ought to ~ better** du solltest es eigentlich besser wissen; **I ~ better than to go out in this weather** ich werde mich hüten, bei dem Wetter rauszugehen *fam;* **she's old enough to ~ better than to run out into the traffic** sie ist alt genug, um zu wissen, dass man nicht einfach auf die Straße läuft; **he said he loved me but I ~ better** er sagte, dass er mich liebt, aber ich weiß, dass es nicht stimmt; **to not ~ any better** es nicht anders kennen

III. NOUN

no pl **to be in the ~ [about sth]** [über etw *akk*] im Bilde sein [*o* Bescheid wissen]

◆**know about** *vi* ■**to ~ about sth/sb** von etw/jdm wissen; ***did you ~ about the burglary?*** hast du von dem Einbruch gehört?; ***I don't ~ about the others but I'm staying here*** ich weiß nicht, was die anderen machen, aber ich [für meinen Teil] bleibe hier; ***I don't ~ about you but I'm starving*** ich weiß ja nicht, wie es dir geht, aber ich verhungere gleich!; ***I ~ about that*** ich weiß [schon] Bescheid!; (*have real knowledge*) da kenne ich mich aus!; ***yep, I ~ about that*** ja, das weiß ich; ***I don't ~ about that*** na, ich weiß nicht; (*really not knowing*) davon weiß ich nichts; ***oh, I didn't ~ about it*** oh, das habe ich [gar] nicht gewusst; ***she's not to ~ about it*** sie soll nichts davon erfahren!; ***I ~ about Mary but who else is coming?*** ich weiß, dass Mary kommt, aber wer noch?; ***well I don't ~ about beautiful but she certainly is nice*** na ja, ob sie schön ist, weiß ich nicht, aber nett ist sie auf jeden Fall!; ***my grandad ~s all there is to ~ about fishing*** mein Opa weiß wirklich alles übers Fischen; ***I don't ~ anything about computers*** von Computern verstehe ich gar nichts; ***not much is ~n about it*** darüber weiß man nicht viel; **to not ~ the first thing about sth** keine Ahnung von etw *dat* haben; **to not ~ the first thing about sb** nichts über jdn wissen

◆**know of** *vi* ■**to ~ of sb/sth** jdn/etw kennen; (*been informed*) von jdm/etw gehört haben; ***do you ~ of a good doctor?*** kennst du einen guten Arzt?; ***I ~ of them but I've never actually met them*** ich habe zwar schon von ihnen gehört, aber sie noch nie wirklich getroffen; ***... — not that I ~ of ...*** – nicht, dass ich wüsste; **to get to ~ of all the facts** über alle Fakten informiert werden

knowable ['nəʊəbl̩, AM 'noʊ-] *adj* [mit dem Verstand] erkennbar [*o* erfassbar]

know-all *n* (*pej fam*) Besserwisser(in) *m(f) pej,* Neunmalkluge(r) *f(m) iron* **know-how** *n no pl* Know-how *nt,* [praktische] Sachkenntnis; **to have ~ about sth** das [notwendige] Fachwissen für etw *akk* besitzen

knowing ['nəʊɪŋ, AM 'noʊ-] **I.** *adj* wissend *attr; look, smile* viel sagend
II. *n no pl* Wissen *nt*

knowingly ['nəʊɪŋli, AM 'noʊ-] *adv* ① (*meaningfully*) viel sagend
② (*with full awareness*) wissentlich, bewusst

know-it-all ['noʊɪt̬ɔːl] *n* AM Besserwisser(in) *m(f) pej,* Neunmalkluge(r) *f(m) iron*

knowledge ['nɒlɪdʒ, AM 'nɑːl-] *n no pl* ① (*body of learning*) Kenntnisse *pl* (**of** in +*dat*); ***she has a good working ~ of Apple software*** sie besitzt nützliche, praktische Fähigkeiten im Umgang mit Apple Software; **~ of French** Französischkenntnisse *pl;* **limited ~** begrenztes Wissen; **to have [no/some] ~ of sth** [keine/gewisse] Kenntnisse über etw *akk* besitzen; **to have a thorough ~ of sth** ein fundiertes Wissen in etw *dat* besitzen
② (*acquired information*) Wissen *nt,* Kenntnis *f;* ***I have absolutely no ~ about his private life*** ich weiß nicht das Geringste über sein Privatleben; **to my ~** soweit ich weiß, meines Wissens *geh;* **to be common ~** allgemein bekannt sein
③ (*awareness*) Wissen *nt;* **to deny all ~ [of sth]** jegliche Kenntnis [über etw *akk*] abstreiten; **to be safe in the ~ that ...** mit Bestimmtheit wissen, dass ...; **it has been brought to our ~ that ...** wir haben davon Kenntnis erhalten, dass ...; ■**to do sth without sb's ~** etw ohne jds Wissen tun
④ (*form: sexual contact*) **carnal ~** Geschlechtsverkehr *m;* **to have carnal ~ of sb** mit jdm Geschlechtsverkehr haben *form*

knowledg(e)able ['nɒlɪdʒəbl̩, AM 'nɑːl-] *adj* (*well*

informed) sachkundig, kenntnisreich; (*experienced*) bewandert; ***his answer to my question was very*** ~ seine Antwort auf meine Frage zeugte von großer Sachkenntnis *geh;* ■**to be ~ about sth** sehr bewandert in etw *dat* sein

knowledg(e)ably [ˈnɒlɪdʒəbli, AM ˈnɑːl-] *adv* sachkundig

known [nəʊn, AM noʊn] **I.** *vt, vi pp of* **know**
II. *adj* ❶ (*publicly recognized*) bekannt; ~ **criminals** bekannte Kriminelle; ***it is a little/well ~ fact that …*** es ist nur wenigen/allgemein bekannt, dass …
❷ (*understood*) bekannt; **no ~ reason** kein erkennbarer Grund
❸ (*tell publicly*) **to make sth ~** [*or* **to make ~ sth**] etw bekannt [*o geh* publik] machen; **to make oneself ~ to sb** sich *akk* jdm vorstellen

knuckle [ˈnʌkl] **I.** *n* ❶ ANAT [Finger]knöchel *m;* **with bare ~s** mit bloßen Fäusten; **to crack one's ~s** mit den Fingern knacken
❷ (*cut of meat*) Hachse *f,* Haxe *f* SÜDD; ~ **of pork** Schweinshaxe *f* SÜDD
❸ AM (*knuckleduster*) ■**~s** *pl* Schlagring *m*
► PHRASES: **to be near the ~** BRIT (*fam*) sich *akk* hart an der Grenze bewegen; *joke* ziemlich gewagt sein
II. *vi* ❶ (*start working hard*) ■**to ~ down** sich *akk* dahinterklemmen [*o fam* reinknien]; (*hurry up*) sich *akk* ranhalten *fam;* **to ~ down to one's work** sich *akk* hinter die Arbeit klemmen *fam*
❷ (*submit*) ■**to ~ under** sich *akk* fügen, klein beigeben *fam;* ***they ~d under to the demands of the trade unions*** sie gaben den Forderungen der Gewerkschaften nach

knuckleduster *n* ❶ *esp* BRIT (*weapon*) Schlagring *m* ❷ BRIT (*fam: ring*) auffälliger Ring; ***just look at his ~s!*** sieh dir nur mal die Klunker an, die er trägt! *fam* **knucklehead** *n esp* AM (*pej dated fam*) Blödmann *m pej derb,* Blödian *m pej fam;* (*woman*) dumme Gans *pej fam;* ***you ~!*** du Armleuchter! *pej sl*

KO [ˌkeɪˈəʊ, AM -ˈoʊ] **I.** *n abbrev of* **knockout** K.o. *m;* **to win with a ~ in the third round** in der dritten Runde durch K.o. gewinnen
II. *vt* <KO'd, KO'd> *abbrev of* **knock out:** ■**to ~ sb** jdn k.o. schlagen; (*fig*) jdn außer Gefecht setzen *fam*

koala [kəʊˈɑːlə, AM koʊˈ-] *n,* **koala bear** *n* Koala[bär] *m*

koan [ˈkəʊɑːn, AM ˈkoʊ-] *n* Koan *nt*

kohl [kəʊl, AM koʊl] **I.** *n no pl* Kajal *nt*
II. *n modifier* Kajal-; ~ **pencil** Kajalstift *m*

kohlrabi [ˌkəʊlˈrɑːbi, AM ˌkoʊl-] *n* Kohlrabi *m*

Komodo dragon [kəˌməʊdəʊˈ-, AM -ˌmoʊdoʊˈ-] *n* Komodo-Waran *m*

kook [kuːk] *n esp* AM (*fam*) Ausgeflippte(r) *f(m) fam,* Spinner(in) *m(f) pej fam;* **to be a real ~** echt ausgeflippt sein *sl*

kookaburra [ˈkʊkəˌbʌrə, AM -ˌbɜːrə] *n* ORN Lachender Hans

kookiness [ˈkuːkɪnəs] *n no pl esp* AM (*fam*) Ausgeflipptsein *nt fam,* Verrücktheit *f*

kooky [ˈkuːki] *adj esp* AM (*usu approv fam*) ausgeflippt *sl,* abgedreht *sl*

koori [ˈkʊəri, AM ˈkʊri] *n Ureinwohner/Ureinwohnerin Australiens*

kope(c)k [ˈkəʊpek, AM ˈkoʊ-] *n* Kopeke *f*

Koran [kɒrˈɑːn, AM kəˈræn] *n no pl* REL ■**the ~** der Koran

Korea [kəˈriːə] *n no pl, no art* Korea *nt;* **North/South ~** Nord-/Südkorea *nt*

Korean [kəˈriːᵊn] **I.** *adj inv* ❶ (*relating to Korea*) koreanisch
❷ (*citizen*) koreanisch
II. *n* ❶ (*inhabitant*) Koreaner(in) *m(f)*
❷ LING Koreanisch *nt*

korma [ˈkɔːmə, AM ˈkɔːr-] *n no pl indisches Currygericht mit Fleisch, Fisch oder Gemüse in heller Soße*

kosher [ˈkəʊʃəʳ, AM ˈkoʊʃɚ] *adj* ❶ *inv* REL koscher; **to keep ~** [weiterhin] koscher leben
❷ (*fig hum fam: legitimate*) koscher, in Ordnung *präd*

Kosovo [ˈkɒsəvəʊ, AM ˈkɑːsəvoʊ] *n no pl* Kosovo *m*

kowtow [ˌkaʊˈtaʊ, AM ˌkoʊ-] *vi* (*fam*) ■**to ~ to sb** vor jdm dienern [*o fam* katzbuckeln], einen Kotau vor jdm machen *geh*

kph *abbrev of* **kilometres per hour** km/h

kraken [ˈkrɑːkᵊn] *n* Krake *m*

Kraut [kraʊt] *n* (*pej! fam*) Deutsche(r) *f(m)*

Kremlin [ˈkremlɪn] *n no pl* ■**the ~** der Kreml; + *sing/pl vb* (*fig: Russian government*) der Kreml; **~-watcher** Kreml-Beobachter(in) *m(f)*

krill [krɪl] *n no pl* ZOOL Krill *m*

Krishna [ˈkrɪʃnə] *n no pl, no art* REL Krishna

Kris Kringle [ˌkrɪsˈkrɪŋɡl] *n no pl, no art* AM (*Father Christmas*) Weihnachtsmann *m,* [Sankt] Nikolaus *m*

krona [ˈkreʊnə, AM ˈkroʊ-] *n* ❶ <*pl* kronor> (*Swedish currency*) [schwedische] Krone
❷ <*pl* kronur> (*Icelandic currency*) [isländische] Krone

krone <*pl* kroner> [ˈkreʊnə, AM ˈkroʊ-] *n* [norwegische] Krone

krypton [ˈkrɪptɒn, AM -tɑːn] *n no pl* CHEM Krypton *nt*

kudos [ˈkjuːdɒs, AM ˈkuːdoʊz] *npl* Ansehen *nt kein pl,* Prestige *nt kein pl geh;* **to get** [*or* **receive**] **~ for sth** durch etw *akk* zu Ansehen kommen

Ku Klux Klan [ˌkuːklʌksˈklæn] *n no pl,* + *sing/pl vb* ■**the ~** der Ku-Klux-Klan

kulak [ˈkuːlæk, AM kuːˈlɑːk] *n* HIST Kulak *m,* Großbauer, Großbäuerin *m, f*

kumquat [ˈkʌmkwɒt, AM -kwɑːt] *n* Kumquat[orange] *f*

kung fu [ˌkʊŋˈfuː, AM ˌkʌŋˈ-] *n no pl* Kung-Fu *nt*

Kurd [kɜːd, AM kɜːrd] *n* Kurde, -in *m, f*

Kurdish [ˈkɜːdɪʃ, AM ˈkɜːr-] **I.** *adj inv* kurdisch
II. *n no pl* LING Kurdisch *nt*

Kurdistan [ˌkɜːdɪˈstɑːn, AM ˌkɜːrdɪˈstæn] *n no pl, no art* Kurdistan *nt*

Kuwait [kuːˈweɪt] *n no pl, no art* Kuwait *nt*

Kuwaiti [kuːˈweɪti, AM -t̬-] **I.** *adj inv* kuwaitisch
II. *n* ❶ (*inhabitant of Kuwait*) Kuwaiter(in) *m(f)*
❷ LING Kuwaitisch *nt*

kvetch [kvetʃ] **I.** *n esp* AM (*fam*) Querulant(in) *m(f) pej,* Nörgler(in) *m(f) pej*
II. *n modifier esp* AM (*fam*) Nörgel-, Querulanten-; ~ **sessions** Hetztiraden *fpl pej*

kvetching [ˈkvetʃɪŋ] *adj attr, inv esp* AM (*fam*) nörgelnd, meckernd

kW <*pl* -> *n abbrev of* **kilowatt** kW

kWh <*pl* -> *n abbrev of* **kilowatt-hour** kWh *f*

Ky. AM *abbrev of* **Kentucky**

K-Y jelly® [ˌkeɪwaɪˈdʒeli] *n no pl* BRIT MED ≈Vaseline® *f*

Kyrgyz [ˈkɜːɡɪz, AM kɪrˈɡiːz] **I.** *n* <*pl* -> Kirgise, -in *m, f*
II. *adj inv* kirgisisch

Kyrgyz Republic [ˌkɜːɡɪzrɪˈpʌblɪk, AM kɪrˌɡiːz] *n,* **Kyrgyzstan** [ˌkɜːɡɪˈstɑːn, AM ˈkɪrɡɪstɑːn] *n no pl* Kirgisien *nt*

L

L <*pl* -'s>, **l** <*pl* 's *or* -s> [el] *n* ❶ (*letter*) L *nt,* l *nt;* ~ **for Lucy** [*or* AM **as in Love**] L für Ludwig; *see also* **A 1.**
❷ (*Roman numeral*) L *nt,* l *nt*

l [el] **I.** *n* ❶ <*pl* -> *abbrev of* **litre** l
❷ <*pl* ll> TYPO *abbrev of* **line** Z.; ~ ***15 on p 20*** Z. 15 auf S. 20
❸ *no pl abbrev of* **left** l.
II. *adj inv abbrev of* **left** l., L
III. *adv inv abbrev of* **left** l.

L¹ AM FIN *Bezeichnung eines bestimmten Geldvolumes bei der Zentralbank der USA*

L² *n* ❶ *abbrev of* **lake**
❷ FASHION *abbrev of* **Large** L
❸ BRIT AUTO *abbrev of* **learner** *großes L, das man an sein Auto heftet, um anzuzeigen, dass hier ein(e) Fahrschüler(in), der/die noch keinen Führerschein hat, in Begleitung eines Führerscheininhabers fährt*

La. AM *abbrev of* **Lousiana**

laager [ˈlɑːɡəʳ, AM -ɚ] *n esp* SA (*hist: safe place*) Zufluchtsort *m;* (*camp*) Lagerplatz *m;* (*surrounded by waggons*) Wagenburg *f hist*

lab [læb] **I.** *n short for* **laboratory** Labor *nt*
II. *n modifier* Labor-; ~ **assistant** Laborant(in) *m(f);* ~ **coat** Laborkittel *m*

Lab [læb] *adj* BRIT POL *short for* **Labour** Labour *kein art,* Labour Party *f*

label [ˈleɪbᵊl] **I.** *n* ❶ (*on bottles*) Etikett *nt,* Label *nt;* (*in clothes*) Schild[chen] *nt;* (*tied on*) Adressenanhänger *m;* (*sticker*) Adressenaufkleber *m*
❷ (*brand name*) Marke *f;* **designer ~** Markenname *m;* **record ~** Schallplattenlabel *nt;* (*company*) Plattenfirma *f;* **own-~** BRIT Hausmarke *f;* ***the pasta is marketed under the supermarket's own ~*** die Nudeln werden unter der supermarkteigenen Marke vertrieben
❸ (*set description*) Bezeichnung *f,* Etikett *nt pej;* COMPUT (*character[s]*) Kennung *f*
II. *vt* <BRIT -ll- *or* AM *usu* -l-> ❶ (*affix labels*) ■**to ~ sth** etw etikettieren; (*mark*) etw kennzeichnen; (*write on*) etw beschriften; **to be ~led 'apple and blackberry'** die Aufschrift ‚Apfel und Brombeere' tragen; **to be clearly ~led** deutlich gekennzeichnet sein
❷ (*categorize*) ■**to ~ sb** jdn etikettieren; **to be ~led as a criminal** als Krimineller/Kriminelle abgestempelt werden

labeling AM, **labelling** [ˈleɪbᵊlɪŋ] *n no pl* Etikettierung *f;* (*marking*) Kennzeichnung *f;* (*with a price*) Auszeichnung *f;* (*printing labels*) Etikettendruck *m*

labia [ˈleɪbiə] *npl* ANAT Labia *pl fachspr,* Schamlippen *fpl*

labial [ˈleibiəl] *adj inv* LING labial

labor *n* AM *see* **labour**

Labor [ˈleɪbəʳ, AM -ɚ] *n* POL ❶ AM *see* **Labour**
❷ AUS (*Australian political party*) Labour Party *f* (*in Australien*)

laboratory [ləˈbɒrətᵊri, AM ˈlæbrətɔːri] **I.** *n* Labor[atorium] *nt*
II. *n modifier* Labor-; **under ~ conditions** unter Laborbedingungen; **to be [still] at the ~ stage** sich *akk* [noch] im Versuchsstadium befinden

laboratory assistant *n* Laborant(in) *m(f)*

Labor Day *n no pl* AM, CAN Tag *m* der Arbeit (*staatlicher Feiertag in den USA und Kanada am 1. Montag im September*)

labored *adj* AM *see* **laboured**

laborer *n* AM *see* **labourer**

laborious [ləˈbɔːriəs] *adj* ❶ (*onerous*) mühsam, mühselig, mühevoll
❷ (*usu pej: strained*) umständlich; **to make a ~ business out of sth** etw auf sehr umständliche Weise erledigen; ~ **style** schwerfälliger Stil

laboriously [ləˈbɔːriəsli] *adv* mühsam, mühevoll

laboriousness [ləˈbɔːriəsnəs] *n no pl* ❶ (*painstaking difficulty*) Mühseligkeit *f,* Mühsamkeit *f*
❷ (*usu pej: plodding quality*) *of prose, style* Schwerfälligkeit *f,* Umständlichkeit *f*

labour [ˈleɪbəʳ], AM **labor** [-ɚ] **I.** *n* ❶ (*work*) Arbeit *f;* ***are you tired after your ~s?*** bist du müde nach den ganzen Anstrengungen?; **division of ~** Arbeitsteilung *f;* **to enjoy the fruits of one's ~** die Früchte seiner Arbeit genießen; **to be a ~ of love** aus Liebe zur Sache geschehen; **manual ~** körperliche Arbeit
❷ *no pl* ECON (*workers*) Arbeitskräfte *pl;* **skilled ~** ausgebildete Arbeitskräfte, Facharbeiter(innen) *mpl(fpl);* **semi-skilled ~** angelernte Arbeitskräfte; **unskilled ~** ungelernte Arbeitskräfte, Hilfsarbeiter(innen) *mpl(fpl)*
❸ *no pl* (*childbirth*) Wehen *fpl;* ■**to be in ~** in den Wehen liegen; **to have a long ~** eine schwierige Geburt haben; **to go into ~** Wehen bekommen; ***she went into ~ at twelve o'clock last night*** um

zwölf Uhr letzte Nacht setzten bei ihr die Wehen ein; **to induce** ~ die Wehen einleiten
II. *n modifier* ECON Arbeits-; ~ **legislation** arbeitsrechtliche Vorschriften; ~ ***unrest*** Arbeiterunruhen; ~ **legislation** arbeitsrechtliche Vorschriften
III. *vi* ① (*do physical work*) arbeiten; **to do ~ing work** körperlich arbeiten
② (*work hard*) sich *akk* abmühen; ■**to ~ on sth** hart an etw *dat* arbeiten; ■**to ~ to do sth** sich *akk* bemühen, etw zu tun; ***she has ~ed for years to improve medical care*** sie hat sich seit Jahren intensiv dafür eingesetzt, die medizinische Versorgung zu verbessern
③ (*do sth with effort*) ■**to ~** sich *akk* [ab]quälen; ***he ~ed up the hill*** er quälte sich den Berg hoch; ■**to ~ on** [*or* **over**] **sth** sich *akk* mit etw *dat* abplagen [*o fam* abrackern]
④ (*be burdened*) **to ~ under a delusion/an illusion** sich *akk* einer Täuschung/Illusion hingeben; **to ~ under a misapprehension** einem Irrtum erliegen
IV. *vt* **to ~ a point** einen Punkt breittreten *fam*

Labour ['leɪbəʳ] BRIT I. *n no pl* POL Labour Party *f*; **to vote** ~ Labour wählen
II. *n modifier* POL (Labour-); ~ **candidate** Labourkandidat(in) *m(f)*

labour camp *n* Arbeitslager *nt* **labour cost** *n* (*cost of actual work*) Arbeitskosten *pl*; (*cost of wages*) Arbeitslöhne *mpl* **Labour Day** *n no pl* BRIT Tag *m* der Arbeit (*staatlicher Feiertag in Großbritannien am 1. Mai*) **labour disputes** *npl* ECON Arbeitskämpfe *mpl*

laboured ['leɪbəd], AM **labored** [-əd] *adj style, writing* schwerfällig, umständlich; MED schwer; ***her breathing was*** ~ sie atmete schwer

labourer ['leɪbərəʳ], AM **laborer** [-əə] *n* [ungelernter] Arbeiter/[ungelernte] Arbeiterin, Hilfsarbeiter(in) *m(f)*

Labour Exchange *n* BRIT ECON (*dated*) Arbeitsamt *nt* **labour force** *n + sing/pl vb* (*working population*) Arbeiterschaft *f*; (*a company's employees*) Belegschaft *f*

labouring ['leɪbərɪŋ] *adj attr, inv* Arbeiter-

labour-intensive *adj* arbeitsintensiv; ~ **industry** arbeitsintensiver Industriezweig

Labourite ['leɪbəraɪt] *n* BRIT Anhänger(in) *m(f)* der Labour Party

labour market *n* Arbeitsmarkt *m* **labour movement** *n* POL Arbeiterbewegung *f* **labour pains** *npl* MED Wehen *pl*; ***the ~ are getting pretty close together*** die Wehen treten in immer kürzeren Abständen auf

Labour Party *n no pl* BRIT POL ■**the** ~ die Labour Party

labour relations *npl* Beziehungen *pl* zwischen den Tarifparteien, Arbeitgeber-Arbeitnehmerverhältnis *nt* **labour-saving** *adj* arbeitssparend **labour shortage** *n* Mangel *m* an Arbeitskräften, Arbeitskräftemangel *m* **labour troubles** *npl* Arbeiterunruhen *pl* **labour ward** *n* Kreißsaal *m*

Labrador ['læbrədɔːʳ, AM -dɔːr] *n*, **Labrador retriever** *n* Labrador[hund] *m*

laburnum [lə'bɜːnəm, AM -'bɜːr-] *n* BOT Goldregen *m*

labyrinth ['læbərɪn(t)θ, AM -bə-] *n* Labyrinth *nt*, Irrgarten *m*; (*fig liter*) Verwicklung *f*; **the ~ of love** die Irrwege *mpl* der Liebe *liter*

labyrinthine [,læbə'rɪn(t)θaɪn, AM -θɪn] *adj* (*liter*)
① (*like a labyrinth*) labyrinthisch, labyrinthartig
② (*confusing*) verwickelt, verwirrend

lace [leɪs] I. *n* ① *no pl* (*decorative cloth*) Spitze *f*; (*decorative edging*) Spitzenborte *f*; **bobbin** ~ Klöppelspitze *f*; **Brussels** ~ Brüsseler Spitze *f*
② (*cord*) Band *nt*; **shoe ~s** Schnürsenkel *mpl bes* NORDD, MITTELD, Schuhbänder *pl* DIAL; ***your shoe ~s are undone*** deine Schnürsenkel sind offen, du hast den Schuhlotter SCHWEIZ; **to do up** [*or* **tie**] [*or* BRIT **tie up**] **one's ~s** die Schuhe zubinden
II. *n modifier* Spitzen-
III. *vt* ① (*fasten*) **to ~ a corset** ein Korsett zuschnüren; **to ~ shoes** Schuhe *mpl* zubinden
② (*add alcohol*) ■**to ~ sth** einen Schuss [Alkohol] in etw *akk* geben; ***this coffee's been ~d with brandy*** in dem Kaffee ist ein Schuss Brandy
◆**lace up** *vt* **to ~ up one's boots/shoes** die Stiefel/Schuhe zuschnüren

Lacedaemonian [,læsədɪ'məʊniən, AM -'moʊ-] *adj* spartanisch

lacerate ['læsəreɪt, AM -sər-] *vt* ① (*cut and tear*) ■**to ~ sth** etw aufreißen; ***the man's face was severely ~d*** der Mann hatte schwere Gesichtsverletzungen; ***the dog's attack had ~d Bill's arm*** der Angriff des Hundes hatte schwere Bisswunden an Bills Arm hinterlassen
② (*form: cause extreme pain*) **to ~ sb's feelings** jds Gefühle zutiefst verletzen

lacerating ['læsəreɪtɪŋ, AM -səreɪṭ-] *adj* [zutiefst] verletzend

laceration [,læsə'reɪʃən, AM -ə'reɪ-] *n* ① *no pl* (*tearing*) Verletzung *f*
② (*instance of tearing*) Fleischwunde *f*; (*by tearing*) Risswunde *f*; (*by cutting*) Schnittwunde *f*; (*by biting*) Bisswunde *f*

lace-up *adj attr, inv* Schnür-, zum Schnüren *nach n*; ~ **boots** Schnürstiefel *mpl* **lace-ups** *npl* Schnürschuhe *mpl* **lacework** *n no pl* Spitzenarbeit *f*

lachrymal ['lækrɪməl] *adj inv* ANAT Tränen-; ~ **duct** Tränengang *m*; ~ **gland** Tränendrüse *f*

lachrymose ['lækrɪməʊs, AM -moʊs] *adj* (*form, liter*) ① (*tearful*) weinerlich
② (*inducing melancholy*) rührselig

lacing ['leɪsɪŋ] *n* ① (*lace fastening*) Band *nt*
② *no pl* (*lace trimming*) Spitzen *fpl*
③ (*dash of alcohol*) Schuss *m*

lack [læk] I. *n no pl* Mangel *m* (**of** an +*dat*); ***if he fails it won't be through ~ of effort*** wenn er scheitert, dann nicht, weil er sich nicht bemüht hätte; ~ **of confidence/judgement** mangelndes Selbstvertrauen/Urteilsvermögen; ~ **of funds** fehlende Geldmittel; ~ **of money/supplies** Geld-/Vorratsmangel *m*; ~ **of sleep/time** Schlaf-/Zeitmangel *m*
II. *vt* ■**to ~ sth** etw nicht haben; ***what we ~ in this house is ...*** was uns in diesem Haus fehlt, ist ...; **to ~ the energy to do sth** nicht die Energie haben, etw zu tun; ***I ~ the energy that's required for this job*** mir fehlt die notwendige Kraft für diesen Job

lackadaisical [,lækə'deɪzɪkəl] *adj* desinteressiert *geh*, lustlos

lackadaisically [,lækə'deɪzɪkəli] *adv* lustlos, desinteressiert

lackey ['læki] *n* ① (*pej: servile person*) Speichellecker(in) *m(f) pej*, Lakai *m pej*; **a capitalist** ~ ein Lakai *m* des Kapitalismus *pej*
② (*hist: servant*) Lakai *m*, [livrierter] Diener

lacking ['lækɪŋ] *adj pred* ① (*without*) ■**to be ~ in sth** an etw *dat* mangeln; ***he is totally ~ in charm*** er besitzt kein bisschen Charme; ***enthusiasm has been sadly ~ these past months*** in den letzten Monaten hat jeglicher Enthusiasmus gefehlt
② (*fam: mentally subnormal*) unterbelichtet *sl*, beschränkt *sl*

lackluster ['læk,lʌstə] AM, **lacklustre** [-əʳ] *adj*
① (*lacking vitality*) langweilig
② (*dull*) trüb[e], glanzlos

laconic [lə'kɒnɪk, AM -'kɑːn-] *adj* ① (*very terse*) lakonisch
② (*taciturn*) wortkarg, wenig beredsam

laconically [lə'kɒnɪkəli, AM -'kɑːn-] *adv* lakonisch

lacquer ['lækəʳ, AM -ə] I. *n* ① (*protective coating*) Lack *m*
② BRIT (*dated*) **hair** ~ Haarspray *nt*
II. *vt* ■**to ~ sth** etw lackieren

lacquered ['lækəd, AM -əd] *adj inv* lackiert

lacrosse [lə'krɒs, AM -'krɑːs] *n no pl* SPORTS Lacrosse *nt*

lactate [læk'teɪt, AM 'lækteɪt] *vi* BIOL laktieren *fachspr*, Milch absondern

lactation [læk'teɪʃən] *n no pl* BIOL Laktation *f fachspr*

lactic acid [,læktɪk'-] *n no pl* CHEM Milchsäure *f*

lactose ['læktəʊs, AM -toʊs] *n no pl* CHEM Laktose *f*, Milchzucker *m*

lacuna <*pl* -s *or* -nae> [lə'kjuːnə, *pl* -niː] *n* (*form*)
① LING Lakune *f fachspr*, Textlücke *f*
② ANAT Lakune *f fachspr*, Ausbuchtung *f*

lacy ['leɪsi] *adj* ① (*decorated with lace*) Spitzen- *f*
② (*like lace*) spitzenartig; ~ **pattern** filigranes Muster

lad [læd] *n* ① BRIT, SCOT (*boy*) Junge *m*; **a local** ~ ein Hiesiger *m fam*; ***the Prime Minister is a local ~*** der Premierminister ist von hier; **a young** ~ ein junger Bursche *veraltet*; (*dated*) ***good evening, ~s and lasses*** guten Abend, Jungs und Mädels *fam o veraltend*
② BRIT, SCOT (*a man's male friends*) ■**the ~s** die Kumpels *pl fam*; ***come on, ~s, let's get this finished!*** kommt, Jungs, lasst uns das hier zu Ende bringen!
③ BRIT, SCOT (*fam*) **to be a bit of a** ~ (*successful with women*) ein ziemlicher Draufgänger sein
④ BRIT (*stable worker*) [Stall]bursche *m*

ladder ['lædəʳ, AM -ə] I. *n* ① (*device for climbing*) Leiter *f*; ***it's unlucky to walk under a ~*** es bringt Pech, unter einer Leiter durchzugehen; **to be up a** ~ auf einer Leiter stehen; **to go up a** ~ auf eine Leiter steigen
② (*hierarchy*) [Stufen]leiter *f*; ***those who are further up the company ~*** die in den oberen Etagen; **to climb the social** ~ gesellschaftlich aufsteigen; **to move up the** ~ die Stufenleiter [des Erfolgs] hochklettern; (*in a company*) beruflich aufsteigen
③ BRIT, AUS (*in stocking*) Laufmasche *f*
II. *vt* BRIT, AUS **to ~ tights** eine Laufmasche in eine Strumpfhose machen; ***I've ~ed my tights*** ich habe mir eine Laufmasche geholt
III. *vi* BRIT, AUS *stockings, tights* eine Laufmasche bekommen; ***those thin tights ~ easily*** diese dünnen Strumpfhosen reißen schnell

ladder tournament *n* Ranglistenturnier *nt*

laddie ['lædi] *n* SCOT (*fam*) Junge *m*, Jungchen *nt fam*; **hey, ~!** hey, Junge!; **a wee** ~ ein kleiner Junge

laddish ['lædɪʃ] *adj* BRIT (*pej*) jungenhaft

laddishness ['lædɪʃnəs] *n no pl* BRIT (*pej*) Jungenhaftigkeit *f*

laden ['leɪdən] *adj* beladen; ■**to be ~ with sth** mit etw *dat* beladen sein; ***the table was ~ with food*** der Tisch war überreichlich gedeckt; ~ **with presents for everyone** voll gepackt mit Geschenken für alle; **heavily ~ clouds** (*fig*) dicke, schwere Wolken

ladette [læd'et] *n* BRIT (*fam*) *freches, selbstbewusstes Mädchen*

la-di-da *adj* (*pej*) *see* **lah-di-dah**

ladies ['leɪdiːz] *npl + sing vb esp* BRIT ■**the** ~ die Damentoilette

ladies' fingers *npl* BRIT (*dated*) Okra *f*, Gombofrucht *f* **ladies' man** *n usu sing* (*dated*) Frauenheld *m*; **to be a bit of a** ~ auf Frauen [anziehend] wirken **ladies' room** *n esp* AM Damentoilette *f*

lading ['leɪdɪŋ] *n* ① NAUT Ladung *f*; **bill of** ~ Konnossement *nt fachspr*, [See]frachtbrief *m*
② (*loading*) Verladen *nt*

ladle ['leɪdl] I. *n* [Schöpf]kelle *f*, Schöpflöffel *m*; **soup** ~ Suppenkelle *f*
II. *vt* **to ~ out the soup** die Suppe austeilen; (*fig*) ***doctors ~d out antibiotics to patients in those days*** früher haben die Ärzte den Patienten ziemlich großzügig Antibiotika verschrieben

la dolce vita [lɑː,dɒltʃer'viːtə, AM -,doʊl-] *n no pl* Dolce Vita *nt o f*, das süße Leben

lady ['leɪdi] *n* ① (*woman*) Frau *f*; ***she's a very attractive ~*** sie ist eine sehr attraktive Frau; ***say thank you to the ~, Joe*** sag danke zu der Frau, Joe; **a ~ doctor** eine Ärztin; **cleaning** ~ Putzfrau *f*, Reinemachefrau *f*; **old/young** ~ alte/junge Dame
② (*woman with social status*) Dame *f*; ***that's no ~ — that's my wife*** (*hum*) das ist keine Dame – das ist meine Frau *hum*; **the ~ of the house** (*dated form*) die Dame des Hauses; **a real** ~ eine echte Lady; **to be a real little** ~ (*dated*) eine richtige kleine Lady sein; (*grown-up*) eine [richtige] junge

Dame sein

❸ (*form: polite address*) ***excuse me ladies, can I have your attention, please?*** entschuldigen Sie, meine Damen, wenn ich um Ihre Aufmerksamkeit bitten dürfte?; **ladies and gentlemen!** meine [sehr verehrten] Damen und Herren!

❹ AM (*sl*) Lady *f*; ***hey, ~, what's the rush?*** hey, Lady, warum so eilig? *sl*

Lady ['leɪdi] *n* ❶ (*title*) Lady *kein art*; ~ **Diana Spencer** Lady Diana Spencer; **my** ~ Mylady

❷ REL **Our** ~ Unsere Liebe Frau, die Jungfrau Maria

ladybird *n* BRIT, AUS Marienkäfer *m* **Lady Bountiful** *n* (*dated or pej, also iron*) gute Fee *iron;* **to act the** ~ sich *akk* als [die] gute Fee aufführen *a. iron* **ladybug** *n* AM (*ladybird*) Marienkäfer *m* **Lady chapel** *n* Marienkapelle *f* **ladyfinger** *n* ❶ AUS (*fruit*) Okra *f*, Gombofrucht *f* ❷ AM (*cake*) Löffelbiskuit *m o nt* **ladyfriend** ['leidifrend] *n* Freundin *f* **lady-in-waiting** <*pl* ladies-> *n* Hofdame *f* **lady-killer** *n* (*dated*) Herzensbrecher *m*, Ladykiller *m hum* **ladylike** *adj* (*dated*) damenhaft, ladylike *präd* **Lady Luck** *n no pl* Fortuna *kein art* **Lady Muck** *n no pl* BRIT (*pej fam*) die feine Dame **lady's finger** *n* AUS *see* **ladyfinger** **ladyship** *n* ❶ (*form: form of address*) **her/your** ~ Ihre/Eure Ladyschaft ❷ (*pej iron: pretentious woman*) die gnädige Frau *iron* **lady's slipper** *n* BOT Frauenschuh *m*

lag¹ [læg] **I.** *n* ❶ (*lapse*) Rückstand *m;* (*falling behind*) Zurückbleiben *nt kein pl;* COMPUT (*for an image*) Kurzzeitnachleuchten *nt;* **time** ~ Zeitdifferenz *f*, Zeitabstand *m;* (*delay*) Verzögerung *f*

❷ BRIT, AUS (*sl: habitual convict*) Knastbruder *m fam*, Knacki *m sl;* **old** ~ alter Knastbruder *fam*

II. *vi* <-gg-> zurückbleiben; ***sales are ~ging*** der Verkauf läuft schleppend; ■**to** ~ **behind** [**sb/sth**] [hinter jdm/etw] zurückbleiben; **to** ~ **one step behind the competition** der Konkurrenz hinterherhinken

III. *vt* <-gg-> AUS (*sl*) ■**to** ~ **sb** jdn einbuchten *sl*

lag² <-gg-> [læg] *vt* ■**to** ~ **sth** etw isolieren

lager ['lɑgəʳ, AM -ɚ] *n* ❶ *no pl* (*beer*) Lagerbier *nt*

❷ (*a portion of lager*) [helles] Bier; **a glass of** ~ ein Helles *nt;* ***they ordered three ~s*** sie bestellten drei Helle

lager lout *n* BRIT (*fam*) betrunkener Rowdy *pej*

laggard ['lægəd, AM -ɚd] *n* Nachzügler(in) *m(f);* (*dawdler*) Trödler(in) *m(f) pej fam*, Bummelant(in) *m(f) pej fam*

lagging ['lægɪŋ] *n* Isolierung *f;* **a thick layer of** ~ eine dicke Isolierschicht

lagoon [lə'guːn] *n* Lagune *f*

lah-di-dah [ˌlɑːdɪ'dɑː, AM -diː'-] *adj* (*pej dated*) affektiert, geziert, gekünstelt

laid [leɪd] *pt, pp of* **lay**

laid-back *adj* (*fam: relaxed*) locker; (*calm*) gelassen

lain [leɪn] *pp of* **lie**

lair [leəʳ, AM ler] *n* ❶ HUNT Lager *nt fachspr; of a fox* Bau *m; of small animals* Schlupfwinkel *m*

❷ (*hiding place*) Unterschlupf *m*, Schlupfwinkel *m oft pej*

laird [leəd] *n* SCOT Gutsherr *m*, Gutsbesitzer *m*

laissez-faire [ˌleɪseɪ'feəʳ, AM ˌleseɪ'fer] POL **I.** *n no pl* Laisser-faire *nt geh*

II. *n modifier* Laisser-faire- *geh*

laity ['leɪəti, AM *also* -ət̬i] *n no pl, + sing/pl vb* REL ■**the** ~ die Laien *mpl*

lake [leɪk] *n* ❶ (*body of fresh water*) See *m;* **the L~ District** BRIT der Lake District (*Seengebiet im Nordwesten Englands*)*;* **the Lady of the L~** LIT die Herrin vom See (*Fee in der Artus-Legende*)*;* **the Great L~s** AM die Großen Seen (*zwischen den USA und Kanada*)

❷ BRIT ECON (*fig pej: surplus stores*) [flüssiger] Lagerbestand

lake dwelling *n* HIST Pfahlbau *m* **lakeside** **I.** *adj attr, inv* am See *nach n* **II.** *n* Seeufer *nt*

la-la land ['lɑːlɑːlænd] *n no pl* AM (*fam*) ■**to be out in** ~ verrückt sein [*o fam* spielen] *fam*, völlig gaga sein *fam;* **to enter** ~ verrückt werden *fam*, durchdrehen *fam*

lalapalooza [ˌlɑːləpə'luːzə] *n* AM (*fam*) *see* **lollapalooza**

lam [læm] **I.** *n* AM (*sl*) **to be on the** ~ gesucht werden, auf der Flucht sein; ***she is on the ~ from her husband*** ihr Mann ist hinter ihr her [*o* verfolgt sie]; **to take it on the** ~ türmen *fam*, die Fliege machen *fam*

II. *vt* <-mm-> (*fam*) ■**to** ~ **sb** jdn vermöbeln *oft hum sl* [*o fam* verdreschen]; ~ ***him on the head!*** gib ihm eins auf die Birne! *fam*

III. *vi* <-mm-> ■**to** ~ **into sb** (*attack brutally*) auf jdn eindreschen *fam;* (*attack verbally*) jdn zur Schnecke machen *fam*

lama ['lɑːmə] *n* REL Lama *m*

Lamaism ['lɑːməɪzᵊm] *n no pl* REL Lamaismus *m*

lamb [læm] **I.** *n* ❶ (*young sheep*) Lamm *nt;* (*fig*) Schatz *m fam*

❷ *no pl* FOOD (*meat*) Lamm[fleisch] *nt;* **roast of** ~ Lammbraten *m*

► PHRASES: **to go like a** ~ **to the slaughter** sich *akk* wie ein Lamm zur Schlachtbank führen lassen *geh*

II. *n modifier* (*bones, meat*) Lamm-; ~ **chop** Lammkotelett *nt*

III. *vi* lammen, ein Lamm werfen

lambada [læm'bɑːdə] *n* (*dance*) Lambada *f o m*

lambast(e) [læm'bæst] *vt* ■**to** ~ **sb** jdn heftig kritisieren [*o fam* fertig machen]; ***his novel was well and truly ~ed by the critics*** sein Roman wurde von den Kritikern wahrhaft in der Luft zerrissen

lambent ['læmbənt] *adj* (*liter*) ❶ (*shining softly*) [sanft] leuchtend; **in the** ~ **glow of the candles** im Schimmer des Kerzenlichts

❷ (*witty*) ~ **wit** (*lightly brilliant*) sprühender Witz

lambing season *n* Lammungszeit *f*

lamblike *adj* sanftmütig, lammfromm **Lamb of God** *n* REL Lamm *nt* Gottes **lambskin** **I.** *n* Lammfell *nt* **II.** *n modifier* Lammfell- **lamb's lettuce** *n no pl* Feldsalat *m* **lambswool** **I.** *n no pl* Lammwolle *f*, Lambswool *f fachspr* **II.** *n modifier* (*clothing, pullover, scarf*) Lambswool-

lame [leɪm] *adj* ❶ (*crippled*) lahm; **to go** ~ lahm werden

❷ (*weak*) lahm *pej fam;* **a** ~ **argument** ein schwaches Argument; **a** ~ **excuse** eine lahme Ausrede *pej fam*

► PHRASES: **to help a** ~ **dog over a stile** *esp* BRIT einem Bedürftigen/einer Bedürftigen unter die Arme greifen; ***Sam's always helping ~ dogs over stiles*** Sam ist immer da, wenn jemand Hilfe braucht

lamé ['lɑːmeɪ, AM læm'eɪ] FASHION **I.** *n no pl* Lamé *m*

II. *n modifier* Lamé- **lame-brain** *n* AM (*pej fam*) Blödian *m pej fam*, Armleuchter *m pej sl*, Schwachkopf *m pej* **lame-brained** *adj* AM (*pej fam*) unterbelichtet *sl*, duss[e]lig *fam; idea, plan, suggestion* schwachsinnig *fam* **lame duck** *n* ❶ (*fam: ineffective person*) Niete *f fam*, Loser(in) *m(f) sl* ❷ AM POL *nicht wieder gewählte(r) aber noch amtierende(r) Politiker(in)* ❸ BRIT ECON unrentable Firma

lame-duck [ˌleɪm'dʌk] *adj attr government, management* ineffektiv

lamely ['leɪmli] *adv* lahm *fam;* **to walk** ~ hinken

lameness ['leɪmnəs] *n no pl* ❶ (*crippled condition*) Lähmung *f*

❷ (*weakness*) Lahmheit *f*, Schwäche *f*

lament [lə'ment] **I.** *n* MUS, LIT Klagelied *nt*, Klagegesang *m* (**for** über +*akk*)

II. *vt* (*also iron*) ■**to** ~ **sth** über etw *akk* klagen, etw beklagen *geh;* ■**to** ~ **sb** um jdn trauern; **the late ~ed Frank Giotto** der kürzlich verstorbene Frank Giotto

III. *vi* ■**to** ~ **over sth** etw beklagen *geh*

lamentable [lə'mentəbl̩, AM -t̬-] *adj* beklagenswert, bedauerlich; *piece of work* erbärmlich, jämmerlich schlecht

lamentably [lə'mentəbli, AM -t̬-] *adv* beklagenswert, erbärmlich

lamentation [ˌlæmen'teɪʃᵊn, AM -ən'-] *n* ❶ (*regrets*) Wehklage *f geh*

❷ *no pl* (*act of mourning*) [Weh]klagen *nt geh;* (*act of wailing*) Jammern *nt;* ***voices were raised in ~*** die Stimmen erhoben sich zu einem Wehklagen *geh*

❸ REL (*bible*) [**the book of**] **L~s** + *sing vb* die Klagelieder *pl* Jeremias

laminate **I.** *n* ['læmɪnət, AM -nɪt] Laminat *nt*, Schichtpressstoff *m;* ~ **glass** Verbundglas *nt;* ~ **plastic** ≈ Resopal® *nt;* ~ **wood** Sperrholz *nt*

II. *vt* ['læmɪneɪt] ❶ (*cover flat surface*) ■**to** ~ **sth** etw beschichten [*o fachspr* laminieren]

❷ (*cover paper*) ■**to** ~ **sth** etw zellglasieren

III. *adj* ['læmɪnət, AM -nɪt] *attr, inv* laminiert *fachspr*, beschichtet

laminated ['læmɪneɪtɪd, AM -t̬-] *adj inv* geschichtet, lamelliert *fachspr;* (*covered with plastic*) beschichtet, laminiert *fachspr;* ~ **glass** Verbundglas *nt;* ~ **plastic** ≈ Resopal® *nt;* ~ **wood** Sperrholz *nt*

lamington ['læmɪŋtən] *n* AUS *Biskuitkuchen mit Schokoladenüberzug und Kokosnuss*

lamp [læmp] *n* Lampe *f;* **bedside** ~ Nachttischlampe *f;* **street** ~ Straßenlaterne *f;* **infrared** ~ Infrarotlampe *f*

lamplight *n no pl* Lampenlicht *nt;* **to do sth by** ~ etw bei Lampenlicht tun **lamp lighter** *n* (*hist*) Laternenanzünder *m*

lampoon [læm'puːn] **I.** *n* Spottschrift *f*, Schmähschrift *f*

II. *vt* ■**to** ~ **sth/sb** etw/jdn verspotten [*o geh* verhöhnen]

lamppost *n* Laternenpfahl *m*

lamprey ['læmpri] *n* ZOOL Neunauge *nt*, Lamprete *f;* **freshwater** ~ Süßwasserneunauge *nt*

lampshade *n* Lampenschirm *m* **lampstand** *n* Lampenfuß *m*

LAN [læn] *n* COMPUT *abbrev of* **local area network** LAN *nt*

lance [lɑːn(t)s, AM læn(t)s] **I.** *n* MIL (*dated*) Lanze *f*

II. *vt* MED ■**to** ~ **sth** etw aufschneiden

lance corporal *n* BRIT, AUS MIL Obergefreite(r) *m*

lancer ['lɑːn(t)səʳ, AM 'læn(t)sɚ] *n* MIL (*hist*) Lanzenreiter *m;* ■**the** ~**s** (*regiment*) die Lancer *pl*

lancet ['lɑːn(t)sɪt, AM 'læn-] *n* MED Lanzette *f*

lancet arch *n* ARCHIT Lanzettbogen *m* **lancet window** *n* ARCHIT Lanzettfenster *nt*, Spitzbogenfenster *nt*

Lancs BRIT *abbrev of* **Lancashire**

land [lænd] **I.** *n* ❶ *no pl* (*not water*) [Fest]land *nt;* **to have dry** ~ **under one's feet** festen Boden unter den Füßen haben; ■**by** ~ über den Landweg; **to travel by** ~ über Land fahren/reisen; ■**on** ~ an Land

❷ (*area of ground*) Grundstück *nt;* ■**sb's** ~**s** jds Ländereien; **building** ~ Bauland *nt;* **farm** ~ landwirtschaftliches Nutzland, Ackerland *nt;* **state** ~[s] AM staatlicher Grundbesitz; **waste** ~ Brachland *nt*, Ödland *nt;* **private** ~ Privatbesitz *m*

❸ *no pl* AGR (*earth*) Land *nt;* (*sort*) Boden *m;* **arable** ~ anbaufähiges Land; (*in agricultural use*) Ackerland *nt;* **back to the** ~ zurück aufs Land; **to live off the** ~ von selbsterwirtschafteten Produkten leben; **to work** [**on**] **the** ~ das Land bebauen

❹ (*nation*) Land *nt*, Nation *f*

❺ AM (*euph: Lord*) **for** ~**'s sake** um Gottes Willen

► PHRASES: **to be in the** ~ **of the living** (*hum*) unter den Lebenden sein [*o geh* weilen] *hum;* **the L~ of the Midnight Sun** das Land der Mitternachtssonne; **a** ~ **of** [*or* **flowing with**] **milk and honey** ein Land, wo Milch und Honig fließt; **to be in the L~ of Nod** BRIT (*dated*) im Land der Träume sein; **the L~ of the Rising Sun** das Land der aufgehenden Sonne; **to see how the** ~ **lies** die Lage sondieren [*o fam* peilen]

II. *n modifier* ~ **agent** BRIT Grundstücksmakler(in) *m(f);* ~ **crab** Landkrabbe *f;* MIL (*attack, force, manoeuvre*) Land-; ~**-based** landgestützt

III. *vi* ❶ (*come down to earth*) landen; **to** ~ **at 10.00 a.m./on the moon** um 10 Uhr [vormittags]/auf dem Mond landen; **to come in to** ~ zur Landung ansetzen

❷ (*arrive by boat*) an Land gehen, anlegen, anlanden

❸ (*end up*) landen; SPORTS landen, aufkommen; **to** ~ **on a square** (*in games*) auf einem Feld landen; **to** ~ **on one's feet** auf den Füßen landen; (*have luck*) [wieder] auf die Füße fallen; **to** ~ **on the floor/**

ground auf dem Boden landen
❹ (*arrive*) landen *fam*, ankommen; *a blow, a punch* sitzen; ***if his punch had ~ed …*** wenn sein Schlag getroffen hätte …
IV. *vt* ❶ (*bring onto land*) **to ~ an aircraft/a plane** ein Flugzeug landen; **to ~ a boat** ein Boot an Land ziehen; **to ~ a plane on water** ein Flugzeug wassern, mit einem Flugzeug auf dem Wasser landen
❷ (*unload*) ■**to ~ sth** etw an Land bringen; **to ~ a cargo** eine Ladung löschen; **to ~ fish [at the port]** Fisch anlanden; **to ~ passengers** Passagiere von Bord [gehen] lassen; **to ~ troops** Truppen anlanden
❸ (*obtain*) ■**to ~ sth** *contract, offer, job* etw an Land ziehen *fam;* **to ~ a fish** einen Fisch an Land ziehen
❹ (*burden*) ■**to ~ sb with sth** jdm etw aufhalsen *fam;* ***I've been ~ed with the job of sorting out his mistakes*** mir hat man es aufgehalst, seine Fehler auszubügeln *fam;* ■**to be ~ed with sb** jdn auf dem Hals haben *fam*
❺ (*place*) ■**to ~ sb in sth** jdn in etw *akk* bringen; ***it ~ed some of the protesters in jail*** es brachte einige der Demonstranten ins Gefängnis; **to ~ sb in serious trouble** jdn in ernsthafte Schwierigkeiten bringen
► PHRASES: **to ~ sb/oneself in hot** [*or* **deep**] **water** jdn/sich *akk* selbst in große Schwierigkeiten bringen
◆**land up** *vi* (*fam*) ❶ (*reach unplanned goal*) ■**to ~ up somewhere** irgendwo landen *fam;* ***we never expected to ~ up in Athens*** wir hatten nie damit gerechnet, in Athen zu landen *fam*
❷ (*reach unpleasant situation*) enden; **to ~ up jobless and penniless** ohne Arbeit und einen Pfennig Geld enden; ■**to ~ up doing sth** schließlich etw tun
landau ['lændɔː] *n* Landauer *m*
land-based *adj inv* MIL landgestützt
landed ['lændɪd] *adj attr, inv* **the ~ class** + *sing/pl vb* die Großgrundbesitzer *pl;* **~ family** + *sing/pl vb* Familie *f* mit Grundbesitz; **the ~ gentry** + *sing/pl vb* der Landadel
landfall *n* NAUT (*first land reached*) Landungsort *m;* (*sighting*) Sichten *nt* von Land; **to make ~** Land erreichen **landfill I.** *n* ❶ *no pl* (*waste disposal*) Geländeanfüllung *f* (*mit Müll*), Bodenanfüllung *f* ❷ (*site*) Deponiegelände *nt* ❸ *no pl* (*waste*) Müll *m;* **to use sth as ~** etw zur Geländeanfüllung [*o* Bodenanfüllung] nutzen **II.** *n modifier* **~ site** Deponiegelände *nt* **land forces** *npl* MIL Landstreitkräfte *pl* **landholder** *n* Landbesitzer(in) *m(f)*, Grundbesitzer(in) *m(f);* (*tenant*) Pächter(in) *m(f)* **landholding** *n* Landbesitz *m kein pl*, Grundbesitz *m kein pl*
landing ['lændɪŋ] *n* ❶ (*staircase space*) Treppenabsatz *m;* **to be/stand on the ~** auf dem Treppenabsatz stehen
❷ (*aircraft touchdown*) Landung *f;* **crash ~** Bruchlandung *f;* **bumpy/smooth ~** holprige/weiche Landung; **to make a ~** landen; **to make an emergency ~** notlanden
❸ (*nautical landfall*) Landung *f*
❹ SPORTS (*coming to rest*) Landung *f*
landing card *n* Einreiseformular *nt* **landing craft** *n* MIL Landungsboot *nt* **landing field** *n* Landeplatz *m* **landing gear** *n* AVIAT Fahrgestell *nt;* **to lower the ~** das Fahrgestell ausfahren **landing lights** *npl* Landebahnbeleuchtung *f kein pl* **landing net** *n* Kescher *m* **landing stage** *n* Landungssteg *m*, Landungsbrücke *f* **landing strip** *n* Landebahn *f*
landlady *n* ❶ (*house owner*) Hausbesitzerin *f;* (*renting out houses*) Vermieterin *f;* (*renting out flats also*) Hauswirtin *f*
❷ (*of pub or hotel*) [Gast]wirtin *f*
❸ (*of a boarding house*) Pensionswirtin *f*, Zimmerwirtin *f*
landless ['lændləs] *adj inv* ohne Landbesitz *nach n*, landlos
landline ['lænlaɪn] *n* Überlandleitung *f*
landlocked *adj inv* von Land umgeben [*o* umschlossen]; **~ country** Binnenstaat *m* **landlord** *n* ❶ (*house owner*) Hausbesitzer *m;* (*renting out housing*) Vermieter *m;* (*renting out flats also*) Hauswirt *m* ❷ (*of pub or hotel*) [Gast]wirt *m* ❸ (*of boarding house*) Pensionswirt *m*, Zimmerwirt *m*
landlubber *n* (*dated sl*) Landratte *f oft hum fam*
landmark *n* ❶ (*point of recognition*) Erkennungszeichen *nt* ❷ (*noted site*) Wahrzeichen *nt* ❸ (*important event*) Meilenstein *m geh*, Markstein *m;* **a ~ in the history of the computer** ein Meilenstein *m* in der Geschichte des Computers *geh* **landmark case** *n*, **landmark decision** *n* LAW grundlegender Fall **landmark decison** *n* LAW eine einen Wendepunkt markierende Entscheidung
landmarked *adj inv* AM (*listed*) unter Denkmalschutz stehend *attr*, denkmalgeschützt; **~ building** denkmalgeschütztes Gebäude **landmass** *n* Landmasse *f* **landmine** *n* MIL Landmine *f* **land office** AM **I.** *n* (*old*) Grundbuchamt *nt*, Liegenschaftsamt *nt* **II.** *adj attr, inv* (*fam*) **to do a ~ business** ein Bombengeschäft machen *fam* **landowner** *n* Grundbesitzer(in) *m(f)* **landowning** *adj attr, inv* mit Grundbesitz *nach n;* **~ family** Familie *f* mit Grundbesitz **land-poor** *adj* AM *sich im Besitz von Land befinden und gleichzeitig über mangelndes Umlaufvermögen verfügen* **land reform** *n* Bodenreform *f* **land route** *n* Landweg *m* **Land Rover®** *n* Landrover® *m*
landscape I. *n* ❶ (*country scenery*) Landschaft *f;* **urban ~** Stadtlandschaft *f* ❷ (*painting*) Landschaft *f*, Landschaftsgemälde *nt;* ***I prefer ~s to portraits*** mir gefallen Landschaftsbilder besser als Porträts **II.** *adj attr, inv* ❶ (*relating to landscapes*) Landschafts-; **~ painter** Landschaftsmaler(in) *m(f)* ❷ TYPO (*printing format*) **in ~ format** im Querformat **III.** *vt* ■**to ~ sth** etw [landschafts]gärtnerisch gestalten **landscape architect** *n* Landschaftsarchitekt(in) *m(f)* **landscape architecture** *n no pl* Landschaftsgärtnerei *f* **landscape gardener** *n* Landschaftsgärtner(in) *m(f)* **landscape gardening** *n no pl* Landschaftsgärtnerei *f* **landscaper** *n* AM Landschaftsarchitekt(in) *m(f)*
landslide I. *n* ❶ (*of earth, rock*) Erdrutsch *m* ❷ (*majority*) Erdrutsch[wahl]sieg *m;* **a Liberal ~** ein überwältigender Sieg der Liberalen; **to win by a ~** mit einer überwältigenden Mehrheit siegen **II.** *adj attr, inv* **~ victory** Erdrutsch[wahl]sieg *m*, überwältigender Sieg **landslip** *n* NBRIT GEOG Erdrutsch *m* **land tax** *n* Grundsteuer *f* **land tenure** *n no pl* Landpacht *f*, Grundstückspacht *f* **land use I.** *n no pl* GEOG (*local*) Flächennutzung *f;* (*national*) Bodennutzung *f* **II.** *n modifier* (*data, map, survey*) Flächennutzungs-/Bodennutzungs- **land-use planning** *n no pl*, **land-use policy** *n* Flächennutzungsplanung *f* **landward I.** *adj* land[ein]wärts [gelegen]; **the ~ side** die Landseite **II.** *adv* land[ein]wärts; **to head ~** in Richtung Land fahren
lane [leɪn] *n* ❶ (*narrow road*) Gasse *f*, enge Straße; ***I live at the end of Church L~*** ich wohne am Ende der Church Lane; **country ~** schmale Landstraße; **a winding ~** ein gewundener Weg
❷ (*marked strip*) [Fahr]spur *f*, Fahrbahn *f;* SPORTS Bahn *f;* ***in ~s 4 and 6*** auf den Bahnen 4 und 6; **bus ~** Busspur *f;* **cycle ~** Fahrradweg *m;* **in the fast/middle ~** auf der Überholspur/mittleren Spur; **HOV** [*or* **high-occupancy vehicle**] **~** *esp* AM Sonderspur *f* für stark besetzte Autos; **to run on the inside/outside ~** auf der Innen-/Außenbahn laufen; **the northbound ~** die Spur nach Norden; **in the slow ~** (*in Britain*) auf der linken Spur; (*on the continent*) auf der rechten Spur; **to change ~s** die Spur wechseln
❸ (*air route*) Flugroute *f;* (*sea route*) **shipping ~** Schifffahrtsweg *m*
language ['læŋgwɪdʒ] *n* ❶ (*of nation*) Sprache *f;* ***she speaks four ~s fluently*** sie spricht vier Sprachen fließend; **artificial ~** Kunstsprache *f;* **the English/German ~** die englische/deutsche Sprache, Englisch/Deutsch *nt;* **a foreign ~** eine Fremdsprache; **sb's native ~** jds Muttersprache
❷ *no pl* (*words*) Sprache *f;* (*style of expression*) Ausdrucksweise *f*, Sprache *f;* ***her ~ was absolutely appalling!*** ihre Sprache war wirklich schockierend!; ***~, Robert!*** wie sprichst du denn, Robert!; **bad ~** Schimpfwörter *ntpl;* **formal/spoken/written ~** gehobene/gesprochene/geschriebene Sprache; **to mind one's ~** aufpassen, was man sagt
❸ (*of specialist group*) Fachsprache *f;* **legal ~** Rechtssprache *f;* **technical ~** Fachsprache *f;* (*individual expressions*) Fachausdrücke *mpl*
❹ COMPUT [**computer programming**] **~** Programmiersprache *f*
► PHRASES: **to speak** [*or* **talk**] **the same ~** die gleiche Sprache sprechen *fig*
language acquisition *n no pl* Spracherwerb *m* **language course** *n* Sprachkurs *m* **language lab** *n* (*fam*) *short for* **language laboratory** Sprachlabor *nt* **language laboratory** *n* Sprachlabor *nt* **language learning** *n no pl* Erlernen *nt* von Fremdsprachen
languid ['læŋgwɪd] *adj* (*liter*) ❶ (*without energy*) träge, matt; **a ~ *wave of the hand*** eine lässige Handbewegung
❷ (*unenthusiastic*) gelangweilt
languidly ['læŋgwɪdli] *adv* ❶ (*limply*) träge
❷ (*unenthusiastically*) gelangweilt
languish ['læŋgwɪʃ] *vi* ❶ (*remain*) schmachten *geh;* ***the ruling party is ~ing in third place in the opinion polls*** die Regierungspartei liegt bei den Meinungsumfragen [weit] abgeschlagen auf dem dritten Platz; **to ~ in jail** im Gefängnis schmoren *fam;* **to ~ in obscurity** in der Bedeutungslosigkeit dahindümpeln *fam;* **to ~ in poverty** in Armut darben *geh*
❷ (*grow weak*) verkümmern; ***the project ~ed and was soon abandoned*** das Projekt wurde vernachlässigt und schlief bald ein
❸ (*liter: long*) ■**to ~ for sth** sich *akk* nach etw *dat* sehnen
languishing ['læŋgwɪʃɪŋ] *adj* schmachtend *oft iron*, sehnsuchtsvoll *geh;* **~ look** schmachtender Blick *oft iron;* **~ sigh** sehnsüchtiger Seufzer, sehnsuchtsvolles Seufzen *geh*
languor ['læŋgəʳ, AM -ɚ] *n no pl* (*liter: pleasant*) wohlige Müdigkeit, Schläfrigkeit *f;* (*unpleasant*) Mattigkeit *f;* ***the ~ of a siesta on a hot summer afternoon*** die träge Stille während einer Siesta an einem heißen Sommernachmittag
languorous ['læŋgərəs] *adj* (*liter*) *afternoon* träge; *feeling* wohlig; *look* verführerisch; *music* getragen
languorously ['læŋgərəsli] *adv* wohlig; **to speak ~** mit schläfriger Stimme sprechen
lank [læŋk] *adj* ❶ (*hanging limply*) *hair* strähnig
❷ (*tall and thin*) *person* hager
lanky ['læŋki] *adj* hoch aufgeschossen, schlaksig *sl*
lanolin(e) ['lænəlɪn, AM -əlɪn] *n no pl* Lanolin *nt*
lantern ['læntən, AM -t̬ən] *n* ❶ (*light*) Laterne *f;* **Chinese ~** Lampion *m;* **paper ~** Papierlaterne *f*
❷ ARCHIT Laterne *f*
lantern jaw *n* eingefallene Wangen; **to have a ~** hohlwangig sein
lantern-jawed *adj* hohlwangig
lanyard ['lænjəd, AM -ɚd] *n* ❶ (*short cord*) Kordel *f;* (*for gun*) Abzugsleine *f*
❷ NAUT Taljereep *nt*
Lao [laʊ] *n, adj see* **Laotian**
Laos ['leɪɒs, AM laʊs] *n* Laos *nt*
Laotian [leɪ'aʊʃən, AM -'oʊ-] **I.** *adj* laotisch
II. *n* ❶ (*person*) Laote, -in *m, f*
❷ (*language*) Laotisch *nt kein pl*
lap¹ [læp] *n* (*also of dress*) Schoß *m;* **to sit on sb's ~** auf jds Schoß sitzen; **to dump** [*or* **drop**] [*or* **deposit**] **sth in sb's ~** (*fig*) etw bei jdm abladen *fig*
► PHRASES: **in the ~ of the gods** BRIT in Gottes Hand; **to live in the ~ of luxury** ein Luxusleben führen; **to drop** [*or* **fall**] **into sb's ~** jdm in den Schoß fallen *fig*
lap² [læp] **I.** *n* ❶ SPORTS Runde *f;* **~ of honour** Ehrenrunde *f;* **to do** [*or* **take**] **a ~** [**of honour**] BRIT eine Ehrenrunde drehen; **on the last ~** in der letzten Runde
❷ (*fig: stage*) Etappe *f;* ***the next ~ of journey took us from Singapore to Bangkok*** die nächste

L

Etappe unserer Reise führte uns von Singapur nach Bangkok; **to be on the last ~ [of sth]** kurz vor dem Ziel [einer S. *gen*] stehen
II. *vt* <-pp-> ① (*overtake*) ■**to ~ sb** jdn überrunden
② *usu passive* (*liter: wrap*) ■**to be ~ped in sth** in etw *akk* gehüllt sein; **to be ~ped in luxury** in Luxus gebettet sein *geh*
III. *vi* ① (*in car racing*) eine Runde drehen; ***he is currently ~ping in 4 minutes 52 seconds*** seine Rundenzeit beträgt derzeit 4 Minuten 52 Sekunden
② (*project*) ■**to ~ over sth** über etw *akk* hängen; ***these tiles ~ over the ones below*** die obere Dachziegelreihe überlappt die untere

lap³ [læp] I. *vt* ■**to ~ sth** ① (*drink*) etw lecken [*o* SÜDD, ÖSTERR schlecken]
② (*hit gently*) *waves* [sanft] gegen etw *akk* schlagen
II. *vi* ■**to ~ against sth** *waves* [sanft] gegen etw *akk* schlagen

◆**lap up** *vt* ■**to ~ sth** ○ **up** ① (*drink*) etw [auf]lecken [*o* SÜDD, ÖSTERR [auf]schlecken]
② (*fig fam: accept eagerly*) etw [gierig] aufsaugen *fig*; ***shoppers have been ~ping up the bargains since Monday*** seit Montag stürzen sich die Einkäufer auf die Sonderangebote; ***he ~ped up the praise*** er sonnte sich im Lob, das Lob ging ihm runter wie Öl *fam*

LAP *n* COMPUT *abbrev of* **link access protocol** LAP *nt*

laparoscopy <*pl* -pies> [ˌlæpəˈrɒskəpi, AM -ˈrɑːs-] *n* MED Bauchspiegelung *f*, Laparoskopie *f fachspr*

lap belt *n* Beckengurt *m* **lap dance** *n* Lap-dance *m* **lap dancer** *n* Lap-dancer *m* **lap dancing** *n* Lap-dancing *nt kein pl* **lapdog** *n* ① (*small dog*) Schoßhündchen *nt* ② (*fig: person*) Marionette *f fig*, Spielball *m fig*; ***he's just her ~*** er steht ganz einfach unter ihrem Pantoffel *fam*

lapel [ləˈpel] *n* Revers *nt*, Kragenaufschlag *m*; **to grab sb by the ~s** jdn am Kragen packen

lapel badge *n* BRIT Namensschild *nt*

lapidary [ˈlæpɪdəri, AM pəderi] I. *adj* in Stein gehauen; (*fig*) kernig, lapidar
II. *n* <*pl* -ries> [Edel]steinschneider(in) *m(f)*

lapis lazuli [ˌlæpɪsˈlæzjʊli, AM -zəli] *n* ① (*gemstone*) Lapislazuli *m*
② (*colour*) Ultramarin *nt kein pl*; *of eyes* tiefes Blau

Lapland [ˈlæplænd] *n* Lappland *nt*

Laplander [ˈlæplændəʳ, AM -ɚ] *n* Lappländer(in) *m(f)*

Lapp [læp] I. *n* ① (*person*) Lappe, -in *m, f pej*
② *no pl* (*language*) Lappländisch *nt*
II. *adj* lappländisch

Lappish [ˈlæpɪʃ] I. *n* Sami *nt kein pl*
II. *adj* lappländisch

lapse [læps] I. *n* ① (*mistake*) Versehen *nt*, [kleiner] Fehler, Lapsus *m geh*; (*moral*) Ausrutscher *m fam*, Fehltritt *m*; **~ of attention/concentration** Aufmerksamkeits-/Konzentrationsmangel *m*; **~ of judgement** Fehleinschätzung *f*; **~ of memory** Gedächtnislücke *f*
② *no pl* (*of time*) Zeitspanne *f*, Zeitraum *m*; **after a ~ of a few days/hours** nach Verstreichen einiger Tage/Stunden
③ LAW *of a legacy* Hinfälligkeit *f*
II. *vi* ① (*fail*) *attention, concentration* abschweifen; *quality, standard* nachlassen, sich *akk* verschlechtern; **to ~ into bad habits** schlechte Angewohnheiten annehmen; **to ~ into crime** in die Kriminalität abrutschen; **to ~ back into old habits** in alte Angewohnheiten zurückverfallen
② (*end*) ablaufen; *contract also* erlöschen; *subscription* auslaufen
③ (*pass into*) ■**to ~ into sth** in etw *akk* verfallen; (*revert to*) ■**to ~ [back] into sth** in etw *akk* zurückfallen; **to ~ into a coma/unconsciousness** ins Koma/in Ohnmacht fallen; **to ~ into one's native dialect** in seinen Dialekt verfallen; **to ~ into silence** in Schweigen verfallen; ***the meeting ~d into silence*** Schweigen senkte sich über die Versammlung
④ (*cease membership*) austreten

lapsed [læpst] *adj attr, inv* ① (*no longer involved*) **~ Catholic** abtrünniger Katholik/abtrünnige Katholikin, vom Glauben abgefallener Katholik/abgefallene Katholikin; **a ~ member** ein ehemaliges Mitglied
② (*discontinued*) *policy, subscription* abgelaufen

laptop *n*, **laptop computer** *n* Laptop *m*

lapwing [ˈlæpwɪŋ] *n* Kiebitz *m*; *see also* **peewit 1**

larcenous [ˈlɑːsənəs, AM ˈlɑːrsə-] *adj esp* AM diebisch; **~ activities** Diebstähle *mpl*; **~ misuse** Veruntreuung *f*, Unterschlagung *f*

larceny [ˈlɑːsəni, AM ˈlɑːrsəni] *n esp* AM LAW ① *no pl* (*crime*) Stehlen *nt*, Diebstahl *m*
② (*act*) Diebstahl *m*

larch <*pl* -es> [lɑːtʃ, AM lɑːrtʃ] *n* Lärche *f*; (*wood also*) Lärchenholz *nt kein pl*

lard [lɑːd, AM lɑːrd] I. *n no pl* Schweinefett *nt*, Schweineschmalz *nt*; **rendered ~ with cracklings** ausgelassenes Schmalz mit Grieben [*o* ÖSTERR Grammeln]
II. *vt* ■**to ~ sth** etw spicken *a. fig*; ***her speech was ~ed with literary quotations*** (*fig*) ihre Rede war mit literarischen Zitaten gespickt

larder [ˈlɑːdəʳ, AM ˈlɑːrdɚ] *n* Speisekammer *f*; **to stock up one's ~** Lebensmittel hamstern

large [lɑːdʒ, AM lɑːrdʒ] I. *adj* ① (*in size*) groß; ***the jacket needs to be a size ~r*** die Jacke ist eine Nummer zu klein; ***the world's ~st computer manufacturer*** der weltgrößte Computerhersteller
② (*in quantity, extent*) groß, beträchtlich; ***the attendance at the meeting was ~r than expected*** die Versammlung war besser besucht als erwartet; ***there was a ~r than expected fall in unemployment*** die Arbeitslosenrate sank stärker als erwartet; **a ~ amount of work** viel Arbeit; **a ~ number of people/things** viele Menschen/Dinge; **the ~st ever** der/die/das bisher Größte [*o* Umfangreichste] [*o* Umfassendste]
③ (*hum or euph: fat*) wohlbeleibt, korpulent *geh*; **~ lady** mollige Frau *euph*
▶ PHRASES: **as ~ as life** in voller Lebensgröße; **~r than life** überlebensgroß; (*fig*) *persons* aufgeschlossen; **by and ~** im Großen und Ganzen
II. *n* ① (*not caught*) ■**to be at ~** auf freiem Fuß sein
② (*in general*) ■**at ~** im Allgemeinen; ***this issue needs to be debated by society at ~*** diese Frage muss in der breiten Öffentlichkeit diskutiert werden; **the country/world at ~** das gesamte Land/die ganze Welt
③ AM **ambassador at ~** Sonderbotschafter(in) *m(f)*

large-hearted *adj* großherzig *geh* **large intestine** *n* Dickdarm *m*

largely [ˈlɑːdʒli, AM ˈlɑːrdʒ-] *adv* größtenteils, zum größten Teil, weitgehend

large-minded *adj* aufgeschlossen, tolerant

largeness [ˈlɑːdʒnəs, AM ˈlɑːrdʒ-] *n no pl* ① (*size*) Größe *f*; (*extensiveness*) Umfang *m*, Ausmaß *nt*
② (*generosity*) Großzügigkeit *f*

large-scale *adj esp attr* ① (*extensive*) umfangreich, weitreichend; **a ~ commercial enterprise/project** ein Großunternehmen *nt*/-projekt *nt*; **~ manufacturer/producer** Großerzeuger *m*/-produzent *m*
② (*made large*) in großem Maßstab *nach n*; **a ~ map** eine Karte mit großem Maßstab; **a ~ model** eine Nachbildung in großem Maßstab

largess(e) [lɑːˈʒes, AM lɑːrˈdʒes] *n no pl* Freigebigkeit *f*, Großzügigkeit *f*

largish [ˈlɑːdʒɪʃ, AM ˈlɑːrdʒ-] *adj inv* ziemlich groß

largo [ˈlɑːgəʊ, AM ˈlɑːrgoʊ] MUS I. *adv* largo
II. *adj* largo
III. *n* Largo *nt*

lariat [ˈlæriət, AM ˈler-] *n* Lasso *nt*

lark¹ [lɑːk, AM lɑːrk] *n* Lerche *f*
▶ PHRASES: **to get [*or* be] up with the ~** mit den Hühnern aufstehen *hum*

lark² [lɑːk, AM lɑːrk] I. *n* ① *esp* BRIT (*fam: joke*) Spaß *m*, Ulk *m*; **for a ~** aus Jux *fam*; **what a ~! [*or* what ~s!]** was für ein Spaß!
② BRIT (*pej fam: business*) Sache *f*, Zeug *nt fam*; ***I've had enough of this commuting ~*** ich hab' genug von dieser ewigen Pendelei *fam*
▶ PHRASES: **blow [*or* bugger] [*or* sod] [*or* stuff] this for a ~!** BRIT (*fam!*) ich hab' die Schnauze [*o* Nase] [gestrichen] voll! *fam*
II. *vi* (*fam*) ■**to ~ about [*or* around]** herumalbern, herumblödeln *fam*

larkspur [ˈlɑːkspɜːʳ, AM ˈlɑːrkspɜːr] *n* Rittersporn *m*

larrikin [ˈlærɪkɪn] *n* AUS (*fam*) Lausbub *m meist euph fam*

Larry [ˈlæri] *n* ▶ PHRASES: **to be as happy as ~** NZ vollkommen glücklich und zufrieden sein

larva <*pl* -vae> [ˈlɑːvə, AM ˈlɑːr-, *pl* -viː] *n* Larve *f*

larval [ˈlɑːvəl, AM ˈlɑːr-] *adj attr, inv* larval *fachspr*, Larven-; **~ stage** larvales Stadium *fachspr*

laryngeal [ləˈrɪndʒiəl] *adj inv* ① ANAT, MED Kehlkopf-, Larynx- *fachspr*
② LING kehlig; **~ sound** kehliger Laut

larynges [lærˈɪndʒiːz, AM ləˈrɪn-] *n pl of* **larynx**

laryngitis [ˌlærɪnˈdʒaɪtɪs, AM ˌlerɪnˈdʒaɪt̬-] *n no pl* Kehlkopfentzündung *f*, Laryngitis *f fachspr*

larynx <*pl* -es *or* -ynges> [ˈlærɪŋks, *pl* lærˈɪndʒiːz, AM ˈler-, *pl* lerˈɪndʒiːz] *n* Kehlkopf *m*, Larynx *m fachspr*

lasagna [ləˈzænjə], AM, AUS *also* **lasagne** [-ˈzɑːn-] *n* Lasagne *f*; (*pasta also*) Lasagneblätter *ntpl*; **meat/vegetable ~** Fleisch-/Gemüselasagne *f*

lascivious [ləˈsɪviəs] *adj* lüstern *geh*

lasciviously [ləˈsɪviəsli] *adv* lüstern *geh*

lasciviousness [ləˈsɪviəsnəs] *n no pl* Lüsternheit *f*, Geilheit *f oft pej*

laser [ˈleɪzəʳ, AM -ɚ] *n* COMPUT *abbrev of* **light amplification by stimulated emission of radiation** Laser *m*

laser beam *n* Laserstrahl *m* **laser disc** *n* Laserplatte *f* **laser-guided** *adj usu attr* lasergesteuert **laser printer** *n* Laserdrucker *m* **laser printing** *n* Laserdruck *m* **laser show** *n* Lasershow *f* **laser treatment** *n* Laserbehandlung *f*

lash¹ <*pl* -es> [læʃ] *n* [Augen]wimper *f*

lash² [læʃ] I. *n* <*pl* -es> ① (*whip*) Peitsche *f*; (*flexible part*) Peitschenriemen *m*; ■**the ~** Peitschenhiebe *mpl*, die Peitsche; ***he could only make them work under threat of the ~*** er konnte sie nur zum Arbeiten bringen, indem er ihnen Peitschenhiebe androhte
② (*stroke of whip*) Peitschenhieb *m*
③ (*fig: criticism*) scharfe [*o* herbe] Kritik; **to feel the ~ of sb's tongue** jds scharfe Zunge zu spüren bekommen; **to come under the ~** Hiebe bekommen *fig*, herbe Kritik ernten
④ (*sudden movement*) Peitschen *nt*, Hieb *m*; ***with a powerful ~ of its tail, the fish jumped out of the net*** der Fisch befreite sich mit einem kräftigen Schwanzschlag aus dem Netz
II. *vt* ① (*whip*) ■**to ~ sb [with sth]** jdn [mit etw *dat*] auspeitschen
② (*strike violently*) ■**to ~ sth** gegen etw *akk* schlagen; ***rain ~ed the windowpanes*** der Regen prasselte gegen die Fensterscheiben; ***storms ~ed the southern coast of Britain*** Stürme fegten über die Südküste Großbritanniens hinweg
③ (*strongly criticize*) ■**to ~ sb** heftige Kritik an jdm üben
④ (*move violently*) **to ~ its tail** *animal* mit dem Schwanz schlagen
⑤ (*tie*) ■**to ~ sb/sth to sth** jdn/etw an etw *dat* [fest]binden [*o* anbinden]; **to ~ two things together** zwei Dinge zusammenbinden
III. *vi* ① (*strike*) ■**to ~ at sth** gegen etw *akk* schlagen; (*fig*) *rain, wave* gegen etw *akk* peitschen; ■**to ~ at sb [with sth]** auf jdn [mit etw *dat*] einschlagen
② (*move violently*) schlagen

◆**lash about, lash around** *vi* [wild] um sich *akk* schlagen

◆**lash down** I. *vt* ■**to ~ down** ○ **sth** etw festbinden
II. *vi rain* niederprasseln

◆**lash into** *vt* **to ~ sb into a frenzy** jdm [so richtig] einheizen *fam*; **to ~ sb into a fury** jdn aufpeitschen; **to ~ oneself into a fury** sich *akk* in einen Wutanfall hineinsteigern

◆**lash out** **I.** *vi* ① (*attack physically*) ■**to ~ out at sb [with sth]** [mit etw *dat*] auf jdn einschlagen
② (*attack verbally*) ■**to ~ out at sb** jdn scharf kritisieren, über jdn herfallen *fig fam,* auf jdn losgehen *fig fam;* (*criticize severely*) ■**to ~ out against sb** jdn heftig attackieren; ■**to ~ out against sth** gegen etw *akk* wettern *fam*
③ BRIT, AUS (*fam: spend freely*) sich *dat* etw leisten; ***we usually live quite cheaply, but we do ~ out occasionally*** meist leben wir recht bescheiden, doch ab und zu leisten wir uns doch was; ■**to ~ out on sth** sich *dat* etw gönnen
II. *vt* BRIT, AUS **to ~ out £500/$40** £500/$40 springen lassen *fam;* ***he ~ed out £5000 on*** [*or* ***for***] ***his daughter's wedding*** er legte £5000 für die Hochzeit seiner Tochter auf den Tisch *fam*

lashing [ˈlæʃɪŋ] *n* ① (*whipping*) Peitschenhieb *m;* **to get a ~** gepeitscht werden; **to give sb a ~** jdn auspeitschen; **to give sb a tongue ~** (*fig*) jdm ordentlich die Meinung sagen *fam,* jdm mal sagen, was Sache ist *fam;* **to give sb a verbal ~** jdm eine verbale Ohrfeige verpassen
② BRIT (*hum dated: a lot*) ■**~s** *pl* reichlich; **~s of cream** Berge von Schlagsahne [*o* ÖSTERR Schlagobers]; **~s of drink** jede Menge zu trinken
③ *usu pl* (*cord*) [Befestigungs]seil *nt*

lass <*pl* -es> [læs] *n esp* NBRIT, SCOT, **lassie** [ˈlæsi] *n esp* NBRIT, SCOT ① (*fam: girl, young woman*) Mädchen *nt;* (*daughter*) Tochter *f;* (*sweetheart*) Mädchen *nt fam*
② (*fam: form of address*) Schatzi *nt a. pej fam*

lassitude [ˈlæsɪtjuːd, AM *esp* -tuːd] *n no pl* (*form*) Energielosigkeit *f*

lasso [læsˈuː, AM ˈlæsoʊ] **I.** *n* <*pl* -s *or* -es> Lasso *nt*
II. *vt* ■**to ~ sb/an animal** jdn/ein Tier mit einem Lasso einfangen

last¹ [lɑːst, AM læst] *n* Leisten *m*
▸ PHRASES: **the cobbler should stick to his ~** (*prov*) Schuster, bleib bei deinem Leisten *prov*

last² [lɑːst, AM læst] **I.** *adj inv* ① (*lowest in order, rank*) letzte(r, s); ***the Mets will surely finish the season in ~ place*** die Mets werden am Ende der Saison sicher Tabellenletzte sein; ■**to be** [*or* **come**] **~** (*in series*) als Letzte(r) *f(m)* kommen; (*in race, competition*) Letzte(r) *f(m)* werden; **to be ~ but one** [*or* **next to ~**] [*or* **second** [**to**] **~**] Vorletzte(r) *f(m)* sein; **to be ~ but three/four** [*or* **third/fourth from ~**] Dritte(r) *f(m)*/Vierte(r) *f(m)* von hinten sein
② *attr* (*after all others*) ■**the ~ …** der/die/das letzte …; ***our house is the ~ one on the left before the traffic lights*** unser Haus ist das Letzte links vor der Ampel; ***do you mind if I have the ~ chocolate?*** macht es dir was aus, wenn ich die letzte Schokolade esse?; ***they caught the ~ bus*** sie nahmen den letzten Bus; **to the ~ man** bis auf den letzten Mann; **~ thing at night** am Abend vor dem Schlafengehen; **down to the ~ sth** bis auf der/die/das letzte; ***he has calculated the costs down to the ~ penny*** er hat die Kosten bis auf den letzten Penny berechnet; [**down**] **to the ~ detail** bis ins kleinste Detail; ***it was all planned down to the*** [***very***] ***~ detail*** es war bis ins kleinste Detail geplant; **to be the ~ one to do sth** etw als Letzte(r) tun; ***she was the ~ one to arrive*** sie kam als Letzte an
③ *attr* (*final*) letzte(r, s); ***I'll give you one ~ chance*** ich gebe dir eine letzte Chance; ***this is the ~ time I do him a favour*** das ist das letzte Mal, dass ich ihm einen Gefallen tue; ***that's my ~ word on the subject*** das ist mein letztes Wort zu diesem Thema; **as a** [*or* BRIT *also* **in the**] **~ resort** im äußersten Notfall; ***British police are supposed to use guns only as a ~ resort*** die britische Polizei soll die Waffen nur im äußersten Notfall einsetzen; **to have the ~ word** das letzte Wort haben
④ *attr* (*most recent*) letzte(r, s), vorigere(r, s); ***when was the ~ time you had a cigarette?*** wann hast du zum letzten Mal eine Zigarette geraucht?; ***they haven't yet replied to my ~ letter*** sie haben auf meinen letzten Brief noch nicht geantwortet; ***these ~ five years have been very difficult for him*** diese letzten fünf Jahre waren sehr hart für ihn; ***where were you ~ Sunday?*** wo warst du letzten Sonntag?; ***their ~ album*** ihr letztes Album; **~ month/week/year** letzten Monat/letzte Woche/letztes Jahr; ***they got married ~ November*** sie heirateten letzten November; (*previous night*) ***did you hear the storm ~ night?*** hast du letzte Nacht den Sturm gehört?; (*yesterday evening*) ***did you see the news on TV ~ night?*** hast du gestern Abend die Nachrichten im Fernsehen gesehen?; **the week/year before ~** vorletzte Woche/vorletztes Jahr; (*form*) ***your letter of Sunday ~*** Ihr Brief von letztem Sonntag
⑤ *attr* (*only remaining*) letzte(r, s); ***I'm down to my ~ 50p*** ich habe nur noch 50 Pence; ***it's our ~ hope*** das ist unsere letzte Hoffnung
⑥ *attr* (*most unlikely*) ■**the ~ sb/sth** der/die/das Letzte; ***she was the ~ person I expected to see*** sie habe ich am allerwenigsten erwartet, mit ihr hätte ich am wenigsten gerechnet; ***the ~ thing I wanted was to make you unhappy*** das Letzte, was ich wollte, war, dich unglücklich zu machen; ***he's the ~ person I want to see at the moment*** er ist der Letzte, den ich im Moment sehen möchte; **the ~ thing sb needs** das Letzte, was jd braucht, jdm gerade noch fehlen; ***the ~ thing she needed was a husband*** was ihr gerade noch fehlte war ein Ehemann
▸ PHRASES: **to have the ~ <u>laugh</u>** am längeren Ast sitzen; **the ~ <u>laugh</u> is on sb** jd hat den längeren Atem *fam;* **sth is on its ~ <u>legs</u>** (*fam*) etw gibt bald den Geist auf *fam,* etw fällt bald auseinander; ***the foundry business was on its ~ legs*** das Gießereigeschäft pfiff aus dem letzten Loch *sl;* **sb is on their ~ <u>legs</u>** (*fam: very tired*) jd ist fix und fertig *fam,* jd pfeift auf [*o* aus] dem letzten Loch *sl;* ***we'd been out walking all day and I was on my ~ legs when we reached the hotel*** wir wanderten den ganzen Tag, und ich war fix und fertig, als wir das Hotel erreichten; (*near to death*) jd macht es nicht mehr lange *fam;* ***it looks as though her grandfather's on his ~ legs*** es sieht so aus, als ob ihr Großvater es nicht mehr lange machen würde *fam;* **to do sth at the ~ <u>minute</u>** [*or* **<u>moment</u>**] etw in letzter Minute [*o fam* auf den letzten Drücker] tun; ***at the ~ moment he changed his mind*** im letzten Moment änderte er seine Meinung; **to leave sth till the ~ <u>minute</u>** [*or* [**possible**] **<u>moment</u>**] etw bis zur letzten Minute liegen lassen, mit etw *dat* bis zur letzten Minute warten; ***he always leaves important decisions to the ~ possible moment*** er schiebt wichtige Entscheidungen immer bis zum letzten Moment hinaus; **to wait till the ~ <u>minute</u>** [**to do sth**] [mit etw *dat*] bis zur letzten Minute warten; **to be the ~ <u>straw</u>** zu viel sein, das Fass zum Überlaufen bringen; ***his affair was the ~ straw*** seine Affäre brachte das Fass zum Überlaufen; **it's the ~ <u>straw</u> that breaks the camel's back** der Tropfen, der das Fass zum Überlaufen bringt; **to be the ~ <u>word</u> in sth** der letzte Schrei in etw *dat* sein; ***digital audio is the ~ word in sound reproduction*** digitales Radio ist der letzte Schrei in der Klangwiedergabe
II. *adv inv* ① (*most recently*) zuletzt; ***I ~ saw him three weeks ago*** das letzte Mal sah ich ihn vor drei Wochen; ***when did you have a cigarette ~*** [*or* ***~ have a cigarette***]***?*** wann hast du das letzte Mal geraucht?
② (*after the others*) als Letzte(r, s); ***the horse came in ~*** das Pferd kam als Letzter ins Ziel; **to keep** [*or* **save**] **sth until ~** etw bis zum Schluss aufheben; **to leave sth/sb until ~** etw/jdn für den Schluss aufheben; **to wait until ~** bis zum Schluss warten
③ (*lastly*) zuletzt, zum Schluss; ***~, and most important …*** der letzte und wichtigste Punkt …; ***and ~, I'd like to thank you all for coming*** und zum Schluss möchte ich Ihnen allen dafür danken, dass Sie gekommen sind; **~ but not** [*or* **by no means**] **least** nicht zu vergessen, nicht zuletzt, last but not least *fam*
▸ PHRASES: **<u>at</u>** [**long**] **~** zu guter Letzt, endlich; ***I've finished my essay at ~*** ich habe endlich meinen Essay fertig
III. *n* <*pl* -> ① (*last person, thing*) ■**the ~** der/die/das Letzte; ***she was the ~ of the great educational reformers*** sie war die Letzte der großen Schulreformer; **the ~ but one** *esp* BRIT, AUS [*or* AM **the next to ~**] der/die/das Vorletzte; ***I'm almost finished — this is the ~ but one box to empty*** ich bin fast fertig – das ist die vorletzte Kiste, die ich ausräumen muss; ■**to be the ~ to do sth** als Letzte(r) *f(m)* etw tun; ***why are you always the ~ to arrive?*** warum kommst du immer als Letzter?; ***why am I always the ~ to be told?*** warum erfahre ich immer alles als Letzte/Letzter?
② (*previous one*) ■**the ~** der/die/das Vorige; ***each new painting she does is better than the ~*** jedes neue Bild, das sie malt, ist besser als das vorherige; ***the ~ we heard of her, …*** als wir das letzte Mal von ihr hörten, …; ***the ~ we saw of her, …*** als wir sie das letzte Mal sahen, ….
③ (*remainder*) ■**the ~** der letzte Rest; ***that was the ~ of the real coffee*** das war der letzte Rest Bohnenkaffee; **the ~ of the ice cream/strawberries** der letzte Rest Eis/Erdbeeren
④ *usu sing* SPORTS (*last position*) letzter Platz; ***Lion Cavern came from ~ in a slowly run race*** Lion Cavern kam in einem langsamen Rennen von der letzten Stelle
⑤ BOXING ■**the ~** die letzte Runde
⑥ (*fam: end*) ***the dying embers sparked their ~*** die Funken verglühten; ***you haven't heard the ~ of this!*** das letzte Wort ist hier noch nicht gesprochen!; ***we'll never hear the ~ of it if they win*** wenn sie gewinnen, müssen wir uns das endlos anhören; **to see the ~ of sth** (*fam*) etw nie wieder sehen; **to the ~** (*form: until the end*) bis zum [bitteren] Ende *fam,* bis zuletzt; ***I think my policy is right, and I'll defend it to the ~*** ich glaube, meine Vorgangsweise ist richtig, und ich werde sie bis zuletzt verteidigen; ***she is patriotic to the ~*** sie ist eingefleischte Patriotin; **to breathe one's ~** den letzten Atemzug tun

last³ [lɑːst, AM læst] **I.** *vi* ① (*go on for*) [an]dauern; ***it was only a short trip, but very enjoyable while it ~ed*** die Reise war zwar nur kurz, aber insgesamt sehr angenehm; **to ~** [**for**] **a month/week** einen Monat/eine Woche dauern; ***the rain is expected to ~ all weekend*** der Regen soll das gesamte Wochenende anhalten
② (*endure*) halten; *enthusiasm, intentions* anhalten; ***this is too good to ~*** das ist zu gut, um wahr zu sein; ***it's the only battery we've got, so make it ~*** wir habe nur diese eine Batterie – verwende sie also sparsam; ***her previous secretary only ~ed a month*** ihre vorige Sekretärin blieb nur einen Monat; ***you won't ~ long in this job if …*** du wirst diesen Job nicht lange behalten, wenn …; ***he wouldn't ~ five minutes in the army!*** er würde keine fünf Minuten beim Militär überstehen!; **built to ~** für die Ewigkeit gebaut
II. *vt* ■**to ~ sb** *supplies etc* [aus]reichen; *car, machine* halten; ***we've only got enough supplies to ~ us a week*** unsere Vorräte werden nur eine Woche reichen; **to ~ five years** fünf Jahre halten; **to ~ [sb] a lifetime** ein Leben lang halten; ***if you look after your teeth they will ~ you a lifetime*** wenn du deine Zähne gut pflegst, wirst du sie dein Leben lang behalten

◆**last out** *vi* ① (*survive*) durchhalten; ***how long can they ~ out without food?*** wie lange können sie ohne Nahrungsmittel überleben?; ***many are too weak to ~ out the winter*** viele sind zu schwach, um den Winter zu überleben; ***do you think you can ~ out without going to the toilet until we get home?*** glaubst du, dass du es noch aushältst, bis wir zu Hause sind?; (*continue to function*) halten
② *esp* BRIT, AUS (*be sufficient*) durchkommen; ***try and make the cornflakes ~ out till I go shopping again*** die Cornflakes sollten reichen, bis ich nochmal einkaufen gehe; ***we've got enough petrol to ~ us out till we get to a garage*** wir haben genug Benzin bis zur nächsten Tankstelle; ***make***

sure you get in enough beer to ~ out the evening kaufe genug Bier für den ganzen Abend
last call *n* AM (*last orders*) *letzte Bestellung kurz vor der Schließung eines Pubs;* **to call ~** die letzte Runde ausrufen **last-ditch** *adj attr* [aller]letzte(r, s); **a ~ attempt** [*or* **effort**] ein letzter [verzweifelter] Versuch **last-gasp** *adj attr* (*fam*) in letzter Minute *nach n*
lasting ['lɑːstɪŋ, AM 'læst-] *adj* dauerhaft, andauernd; **~ damage** dauerhafter Schaden; **a ~ effect** eine dauerhafte Wirkung; ***the tablets make you feel better for a while but the effect isn't ~*** durch die Tabletten fühlen Sie sich eine Zeitlang besser, aber die Wirkung hält nicht an; **a ~ impression** ein nachhaltiger Eindruck; **a ~ peace** ein dauerhafter Friede[n]
lastly ['lɑːstli, AM 'læst-] *adv* schließlich
last-minute *adj* in letzter Minute *nach n;* **~ booking** Last-Minute-Buchung *f;* **~ decision** Entscheidung *f* in letzter Minute **last name** *n* Nachname *m,* Familienname *m* **last orders** *n* BRIT *letzte Bestellung kurz vor der Schließung eines Pubs;* **to call ~** die letzte Runde ausrufen **last post** *n* BRIT ■**the ~** der Zapfenstreich **last rites** *n* REL ■**the ~** die Letzte Ölung **Last Supper** *n* REL ■**the ~** das Letzte Abendmahl **last will** *n* letzter Wille; **~ and testament** letztwillige Verfügung, letzter Wille, Testament *nt*
lat [læt] *n abbrev of* **latitude**
latch [lætʃ] **I.** *n* ❶ (*bar, level*) Riegel *m;* **on the ~** *door* eingeklinkt
❷ ELEC elektronischer Schalter
II. *vi* ❶ *esp* BRIT (*fam: understand*) ■**to ~ on** [**to sth**] [etw] kapieren *fam;* ***they didn't immediately ~ on to what was happening*** sie begriffen nicht sofort, was geschah
❷ (*fam: attach oneself to*) ■**to ~ on to sb/sth** sich *akk* an jdn/etw hängen; ***she ~ed onto me*** sie hing sich wie eine Klette an mich; ***the antibodies work by ~ing onto proteins*** die Antikörper wirken, indem sie sich an die Proteine hängen
❸ (*fam: take up*) ■**to ~ onto sth** an etw *dat* Gefallen finden
❹ SPORTS (*fam: take advantage of*) ■**to ~ onto sth** *pass, ball* etw übernehmen
III. *vt* ■**to ~ sth** etw verriegeln
latchkey *n* Schlüssel *m,* Haustorschlüssel *m* **latchkey child** *n* Schlüsselkind *nt*
late [leɪt] **I.** *adj* ❶ (*behind time*) [zu] spät, verspätet; ***my bus/train was ~*** mein Bus/Zug hatte Verspätung; ***sorry I'm ~*** tut mir Leid, dass ich zu spät komme; **a ~ arrival** verspätete Ankunft; ■**to be ~ for sth** zu etw *dat* zu spät kommen
❷ (*in the day*) spät; ***it's getting ~*** es wird spät; ***is it too ~ to phone Jean?*** kann man Jean um diese Uhrzeit noch anrufen?; **a ~ breakfast/lunch** ein spätes Frühstück/Mittagessen; **in the ~ morning/afternoon** am späten Vormittag/Nachmittag; **~ news/train** Spätnachrichten *pl*/-zug *m;* **to keep ~ hours** lange offen halten
❸ *attr* (*towards end*) spät; ***she made some ~ changes to the team*** sie veränderte das Team noch nachträglich; **the ~ nineteenth century** das ausgehende [*o* späte] 19. Jahrhundert; **~ October** Ende Oktober; **~ summer/autumn** [*or* AM *also* **fall**] Spätsommer *m*/-herbst *m;* **a ~ work by Brahms** ein spätes Stück von Brahms; **to be in one's ~ twenties/thirties** Ende zwanzig/dreißig sein
❹ *attr* (*deceased*) verstorben
❺ (*recent*) jüngste(r, s); **the ~ developments** die jüngsten Entwicklungen; **the ~ news** die neuesten Nachrichten
II. *adv* ❶ (*after usual time*) spät; ***the train arrived ~*** der Zug hatte Verspätung; ***sorry, I'm running a bit ~ today*** tut mir Leid, ich bin heute etwas spät dran; ***the rescuers arrived too ~ to save him*** die Helfer kamen zu spät, um ihn zu retten
❷ (*at advanced time*) zu fortgeschrittener [*o* vorgerückter] Stunde; **~ in the day/at night** am Spätnachmittag/späten Abend; **~ in life** in fortgeschrittenem Alter; ***he got his driver's licence ~ in life*** er machte erst sehr spät den Führerschein; **to stay up ~** lange aufbleiben; **to work ~** Überstunden machen
❸ (*recently*) **as ~ as** noch; ***they were using horses on this farm as ~ as the 1980s*** auf dieser Farm arbeiteten sie bis in die achtziger Jahre mit Pferden; **of ~** in letzter Zeit
❹ (*form: formerly*) ■**~ of** bis vor kurzem; ***Dr. Averly, ~ of Newcastle General Hospital, ...*** Herr Dr. Averly, der vor kurzem noch am Allgemeinen Krankenhaus von Newcastle tätig war, ...
▸ PHRASES: **it's rather ~ in the day to do sth** der Zug für etw *akk* ist schon beinahe abgefahren *fam,* es ist für etw *akk* beinahe schon zu spät
late- [leɪt] *in compounds* spät-
late bloomer *n* AM, AUS (*late developer*) Spätzünder *m fig hum fam* **latecomer** *n* Nachzügler(in) *m(f),* Zuspätkommende(r) *f(m)* **late developer** *n* BRIT Spätzünder *m fig hum fam*
lately ['leɪtli] *adv* ❶ (*recently*) kürzlich, in letzter Zeit
❷ (*short time ago*) kürzlich, vor kurzer Zeit; **until ~** bis vor kurzem; ***Dr. Averly, ~ of Newcastle General Hospital,*** Herr Dr. Averly, der vor kurzem noch am Allgemeinen Krankenhaus von Newcastle tätig war, ...
late-model car *n* neues Automodell
latency ['leɪtᵊn(t)si] *n* Latenz *f geh;* **~ period** Latenzzeit *f*
lateness ['leɪtnəs] *n no pl* ❶ (*being delayed*) Verspätung *f;* ***he made no apology for his ~*** er entschuldigte sich nicht dafür, dass er zu spät kam
❷ (*of time*) ***the ~ of the hour meant that there were few buses running*** da es schon sehr spät war, fuhren kaum noch Busse
late-night *adj attr, inv* Spät-; **~-night movie/TV show** Spätfilm *m*/-show *f;* **~ shopping** *esp* BRIT Einkaufen *nt* am späten Abend
latent ['leɪtᵊnt] *adj inv* ❶ (*hidden*) verborgen; **~ talent** verborgenes Talent
❷ SCI latent; **~ heat** latente Wärme, Umwandlungswärme *f;* **~ phase of a disease** latente Phase [*o* Latenzzeit *f*] einer Krankheit
later ['leɪtəʳ, AM -ɚ] **I.** *adj comp of* **late** ❶ *attr* (*at future time*) *date, time* später; ***the date on this copy of the will is ~ than the one on your copy*** diese Kopie des Testaments ist später datiert als deine; ***an earlier and a ~ version of the same text*** eine ältere und eine neuere Version desselben Texts; **until a ~ date** auf später; **to postpone sth to a ~ date/time** etw auf einen späteren Tag/Zeitpunkt verschieben; **in ~ life** später im Leben; **at a ~ time** zu einem späteren Zeitpunkt
❷ *pred* (*less punctual*) später; ***she is ~ than usual*** sie ist später dran als gewöhnlich *fam*
II. *adv comp of* **late** ❶ (*at later time*) später, anschließend; ***I'll come back ~ when you're not so busy*** ich komme später nochmals, wenn du mehr Zeit hast; **no ~ than nine o'clock** nicht nach neun Uhr; **~ in the month/year** später im Monat/Jahr; **to postpone sth until ~** etw auf später verschieben; **see you ~!, call you ~!, talk to you ~** bis später!; **~ on** später *fam;* ***what are you doing ~ on this evening?*** was machst du heute Abend noch?
❷ (*afterwards*) später, danach; ***the man was first seen in the supermarket and ~ in the bank*** der Mann wurde zuerst im Supermarkt und dann in der Bank gesehen
lateral ['lætᵊrᵊl, AM -t̬ɚᵊl] *adj esp attr* seitlich, Seiten-, Neben-; **~ forces** Fliehkraft *f;* **~ thinking** unorthodoxes Denken
laterally ['lætᵊrᵊli, AM -t̬ɚ-] *adv* seitlich; **to think ~** unorthodox denken
latest ['leɪtɪst, AM -t̬-] **I.** *adj superl of* **late**: ■**the ~ ...** der/die/das jüngste [*o* letzte] ...; ***and now let's catch up with the ~ news*** kommen wir nun zu den aktuellen Meldungen; ***her ~ movie*** ihr neuester Film; **the ~ craze** [*or* **fashion**] der letzte Schrei *fam*
II. *n* ***this is just the ~ of several crises to affect the department*** das ist nur die letzte von mehreren Krisen, die die Abteilung schütteln; ***have you heard the ~?*** hast du schon das Neueste gehört?; ***the fashion show will introduce the ~ in evening wear with top models*** bei der Modeschau werden die neuesten Modelle der Abendbekleidung von Top-Models präsentiert; (*most recent info*) ***what's the ~ on that story?*** wie lauten die neuesten Entwicklungen in dieser Geschichte?; ■**the ~ about sb** das Neueste über jdn
III. *adv* **at the** [**very**] **~** bis [aller]spätestens; ***by Friday at the ~*** bis spätestens Freitag; ***we should arrive by 12 at the very ~*** wir sollten bis allerspätestens um 12 Uhr dort sein
late-term abortion *n* Abtreibung *f* in fortgeschrittenem Stadium der Schwangerschaft
latex ['leɪteks] *n no pl* Latex *m*
latex paint *n* Latexfarbe *f*
lath [læθ] *n* Latte *f;* (*thin strip of wood*) Leiste *f*
lathe [leɪð] *n* Drehbank *f*
lathe operator *n* Dreher(in) *m(f)*
lather ['lɑːðəʳ, AM 'læðɚ] **I.** *n no pl* ❶ (*soap bubbles*) [Seifen]schaum *m*
❷ (*sweat*) Schweiß *m;* (*on horses*) Schaum *m*
▸ PHRASES: **to be in a ~** aufgeregt [*o fam* [völlig] überdreht] sein; **to get** [**oneself**] **into a ~** sich *akk* aufregen; ***don't get yourself into a ~!*** reg dich nicht [so] auf!
II. *vi* schäumen
III. *vt* ■**to ~ oneself/sb** sich/jdn einseifen
lathery ['lɑːdᵊri, AM 'læðɚi] *adj* schaumig; ***this shaving soap isn't very ~*** dieser Rasierschaum schäumt nicht besonders stark
Latin ['lætɪn, AM -tᵊn] **I.** *n* ❶ *no pl* (*language*) Latein *nt*
❷ (*Latin American*) Latino, Latina *m, f;* (*European*) Romane, -in *m, f*
II. *adj* ❶ LING lateinisch
❷ (*of Latin origin*) Latein-; **~ alphabet** lateinisches Alphabet; **~ America** Lateinamerika *nt*
Latina [lə'tiːnə] *n* AM Latina *f*
Latin American *adj,* **Latin-American** [ˌlætɪnə'merɪkᵊn] *adj attr pred* lateinamerikanisch
Latino [lə'tiːnoʊ] *n* AM Latino *m*
latitude ['lætɪtjuːd, AM -t̬ətuːd, -tjuːd] *n* ❶ (*geographical*) Breite *f,* Breitengrad *m;* ***the village lies just south of ~ 51 degrees 10 minutes North*** der Ort liegt knapp südlich einer nördlichen Breite von 51 Grad 10 Minuten; **in these ~s** in diesen Breiten [*o* dieser Gegend] [*o* diesen Gegenden]
❷ (*form: freedom*) Freiheit *f;* **to show a certain/considerable degree of ~** einen gewissen/beträchtlichen Spielraum einräumen
latitudinal [ˌlætɪ'tjuːdɪnᵊl, AM -t̬ə'tuː-, -tjuː-] *adj inv* Breiten-; **a ~ miscalculation** eine Fehlberechnung des Breitengrads
latrine [lə'triːn] *n* Latrine *f*
latte ['lɑːteɪ] *n* Milchkaffee *m,* [Café] latte *m*
latter ['lætəʳ, AM -t̬ɚ] **I.** *adj attr* ❶ (*second of two*) zweite(r, s); **the ~ option/suggestion** die zweite Möglichkeit/der zweite Vorschlag
❷ (*near the end*) spätere(r, s); **in the ~ part of the year** in der zweiten Jahreshälfte
II. *pron* ■**the ~** der/die/das Letztere; ***I was offered a red car or a blue one and chose the ~*** mir wurde ein rotes und ein blaues Auto angeboten und ich wählte letzteres
latter-day *adj attr* neuzeitlich, modern; ***she sees herself as a ~ Florence Nightingale*** sie hält sich für eine moderne Version der Florence Nightingale **Latter-day Saint** *n* Mormone, -in *m, f,* Heilige(r) *f(m)* der Letzten Tage
latterly ['lætəli, AM -t̬ɚ-] *adv* in letzter Zeit, neuerdings
lattice ['lætɪs, AM -t̬-] **I.** *n* Gitter[werk] *nt*
II. *n modifier* **~ basket** geflochtener Korb; **~ screen** Spalierwand *f,* Spalier *nt;* **~ window** bleiverglastes Fenster
latticed ['lætɪst, AM 'læt̬-] *adj inv* vergittert, Gitter-
latticework *n no pl* Gitter[werk] *nt*
Latvia ['lætviə] *n* Lettland *nt*
Latvian ['lætviən] **I.** *n* ❶ (*person*) Lette, -in *m, f*

② (*language*) Lettisch *nt kein pl*
II. *adj* lettisch

laud [lɔːd, AM *esp* lɑːd] *vt* (*form*) ■**to ~ sb/sth** jdn/etw preisen *geh*

laudable [ˈlɔːdəbl̩, AM *esp* ˈlɑːd-] *adj* (*form*) lobenswert, löblich *geh*

laudably [ˈlɔːdəbli, AM *esp* ˈlɑːd-] *adv* (*form*) vorbildlich

laudanum [ˈlɔːdᵊnəm, AM *esp* ˈlɑːd-] *n no pl* Laudanum *nt*

laudatory [ˈlɔːdətᵊri, AM ˈlɑːdətɔːri] *adj* (*form*) Lob-, lobend

laugh [lɑːf, AM læf] **I.** *n* ① (*sound*) Lachen *nt kein pl*; **to get** [*or* **raise**] **a ~** Gelächter hervorrufen; **to give a ~** [kurz] loslachen
② (*fam: amusing activity*) Spaß *m*; (*amusing person*) Stimmungsmacher(in) *m(f)*, Pausenclown *m fam*; ***she's a good ~*** sie bringt Stimmung in die Bude *fam*; **to do sth for a ~** [*or* **for ~s**] etw [nur] aus [*o* zum] Spaß tun
II. *vi* ① (*express amusement*) lachen; **to ~ like a drain** BRIT sich *akk* vor Lachen biegen [*o* krümmen]; **to ~ aloud** [*or* **out loud**] in lautes Gelächter ausbrechen; **to ~ till one cries** Tränen lachen; **to make sb ~** jdn zum Lachen bringen; (*fam*) ***his threats make me ~*** über seine Drohungen kann ich [doch] nur lachen; ***you pay? don't make me ~*** du bezahlst? dass ich nicht lache!; ■**to ~ at sb/sth** über jdn/etw lachen
② (*fig fam: scorn*) ■**to ~ at sb/sth** sich *akk* über jdn/etw lustig machen; ■**to ~ at sb** (*find funny*) über jdn lachen; (*find ridiculous*) jdn auslachen
▸ PHRASES: **to ~ sth out of court** etw als lächerlich abtun, über etw *akk* mit einem Lachen hinweggehen; **to ~ in sb's face** jdn auslachen; **to ~ one's head off** (*fam*) sich *akk* totlachen *fam*; (*show disbelief*) ***what a ludicrous story — I ~ed my head off*** was für eine haarsträubende Geschichte – das kann doch nicht wahr sein; **no ~ing matter** nicht zum Lachen, ganz und gar nicht komisch; **sb will be ~ing on the other side of his/her face** [*or* AM *also* **out of the other side of his/her mouth**] jdm wird das Lachen schon noch vergehen; **to ~ up one's sleeve at sb** sich *akk* über jdn hinter seinem Rücken lustig machen; **to ~ all the way to the bank** (*fam*) das Geschäft seines Lebens machen, den [ganz] großen Coup landen *fam*; **he who ~s last ~s longest** [*or* AM **best**] (*prov*) wer zuletzt lacht, lacht am besten *prov*; **to be ~ing** (*fam*) ***if the loan is approved, you'll be ~ing*** wenn du das Darlehen bekommst, dann geht es dir aber gut; **you've got to ~** [**otherwise you'd cry**] (*fam*) Humor ist, wenn man trotzdem lacht! *prov*
◆**laugh off** *vt* ■**to ~ off ↔ sth** etw mit einem Lachen abtun

laughable [ˈlɑːfəbl̩, AM ˈlæf-] *adj* lächerlich *pej*, lachhaft *pej*

laughably [ˈlɑːfəbli] *adv* lachhafterweise, lächerlicherweise

laughing gas *n no pl* Lachgas *nt*

laughingly [ˈlɑːfɪŋli, AM ˈlæf-] *adv* (*with a laugh*) lachend; (*unsuitably*) lächerlicherweise

laughing stock *n* ■**to be a ~** die Zielscheibe des Spotts sein; ***the team is the ~ of the league*** das Team ist zum Gespött der Liga geworden; **to make oneself a ~** sich *akk* lächerlich machen

laughter [ˈlɑːftəʳ, AM ˈlæftɚ] *n no pl* Gelächter *nt*, Lachen *nt*; ***we couldn't control our ~*** wir konnten uns das Lachen nicht verbeißen; **to roar with ~** vor Lachen brüllen
▸ PHRASES: **~ is the best medicine** (*prov*) Lachen ist die beste Medizin *prov*

launch [lɔːn(t)ʃ, AM *esp* lɑːn(t)ʃ] **I.** *n* ① (*introductory event*) Präsentation *f*; STOCKEX Einführung *f* [an der Börse]
② (*boat*) Barkasse *f*
③ (*of boat*) Stapellauf *m*; (*of rocket, spacecraft*) Start *m*, Abschuss *m*
II. *vt* ① (*send out*) **to ~ a balloon** einen Ballon steigen lassen; **to ~ a boat** ein Boat zu Wasser lassen; **to ~ a missile/torpedo** eine Rakete/ein Torpedo abschießen; **to ~ a rocket** eine Rakete abschießen; **to ~ a satellite** einen Satelliten in den Weltraum schießen; **to ~ a ship** ein Schiff vom Stapel lassen
② (*begin something*) ■**to ~ sth** etw beginnen, mit etw *dat* beginnen; STOCKEX etw an der Börse einführen; **to ~ an** [**counter**]**attack** zum [Gegen]angriff übergehen; **to ~ a campaign** eine Kampagne starten; **to ~ an inquiry/investigation** Untersuchungen [*o* Nachforschungen]/Ermittlungen anstellen; **to ~ an invasion** [in ein Land] einfallen; **to ~ a new show** eine neue Show starten [*o* ins Programm [auf]nehmen]
③ (*hurl*) ■**to ~ oneself at sb** sich *akk* auf jdn stürzen
④ (*introduce to market*) ■**to ~ sth** etw einführen [*o* lancieren]
◆**launch into** *vi* ■**to ~ into sth** sich *akk* [begeistert] in etw *akk* stürzen *fig*; ***she ~ed into a new career as a writer*** sie stürzte sich in die Schriftstellerei; **to ~ into a verbal attack** eine Schimpfkanonade loslassen; **to ~ into a passionate speech** zu einer leidenschaftlichen Rede anheben *geh*
◆**launch out** *vi* anfangen, beginnen; **to ~ out by oneself** sich *akk* selbständig machen

launcher [ˈlɔːn(t)ʃəʳ, AM ˈlɑːn(t)ʃɚ] *n* **rocket ~** Raketenabschussrampe *f*

launching pad *n*, **launch pad** *n* ① (*starting area*) Abschussrampe *f*, Startrampe *f*
② (*fig: starting point*) Anfang *m*, Beginn *m* **launch party** *n* Präsentation *f*; (*for book*) Buchpremiere *f*; (*film, theatre*) Premierenfeier *f* **launch vehicle** *n* AEROSP Trägerrakete *f* **launch window** *n* AEROSP Startfenster *nt*

launder [ˈlɔːndəʳ, AM ˈlɑːndɚ] **I.** *vt* ■**to ~ sth** ① (*wash*) etw waschen [und bügeln]
② (*fig: disguise origin*) etw weißwaschen *fam*; **to ~ money** Geld waschen *sl*
II. *vi* (*form*) sich *akk* waschen lassen; ***these sheets ~ well without shrinking*** diese Laken lassen sich gut waschen und gehen nicht ein

laund(e)rette [ˌlɔːndᵊrˈet, AM ˌlɑːndəˈret] *n*, **laundromat®** [ˈlɔːndroʊmæt] *n* AM, AUS Waschsalon *m*

laundress <*pl* -es> [ˈlɔːndrəs, AM ˈlɑːndrɪs] *n* Wäscherin *f*, Waschfrau *f*

laundry [ˈlɔːndri, AM *esp* ˈlɑːn-] *n* ① *no pl* (*dirty clothes*) Schmutzwäsche *f*; **to do the ~** Wäsche waschen
② *no pl* (*washed clothes*) frische Wäsche
③ (*place*) Wäscherei *f*

laundry bag *n* Wäschesack *m* **laundry basket** *n*, AM *also* **laundry hamper** *n* Wäschekorb *m* **laundry list** *n* Wäscheliste *f* **laundry mark** *n* Etikett *nt* **laundry room** *n* Waschküche *f* **laundry service** *n* ① (*facility*) Wäscheservice *m*
② (*business*) Wäscherei *f*, Waschsalon *m*

laureate [ˈlɔːriət, AM -ɪt] *n* ① (*distinguished person*) Preisträger(in) *m(f)*; **Nobel ~** Nobelpreisträger(in) *m(f)*
② (*poet laureate*) Poeta laureatus *m*, Hofdichter *m*

laurel [ˈlɒrᵊl, AM ˈlɔːr-] *n* ① (*tree*) Lorbeer[baum] *m*
② *pl* (*fig*) ■**~s** Lorbeeren *pl fig*
▸ PHRASES: **to have to look to one's ~s** sich *akk* nicht auf seinen Lorbeeren ausruhen dürfen; **to rest on one's ~s** sich *akk* auf seinen Lorbeeren ausruhen

laurel wreath *n* Lorbeerkranz *m*

lav [læv] *n* BRIT (*fam*) *short for* **lavatory** Klo *nt fam*

lava [ˈlɑːvə] *n no pl* Lava *f*; (*cooled also*) Lavagestein *nt*

lava flow *n* Lavastrom *m* **lava lamp** *n* Lavalampe *f*

lavatorial [ˌlævəˈtɔːriəl] *adj esp* BRIT Toiletten-; ***the style of the new offices can only be described as ~*** die neuen Büros erinnern in ihrem Stil sehr stark an eine Toilette; **~ humour** BRIT (*pej*) Latrinenwitze *mpl pej*

lavatory [ˈlævətᵊri, AM -tɔːri] *n usu* BRIT Toilette *f*; **public ~** öffentliche Toilette; **to go to the ~** auf die Toilette gehen

lavatory pan *n* BRIT (*dated*) Bettschüssel *f* **lavatory paper** *n no pl esp* BRIT (*dated*) Toilettenpapier *nt*, Klopapier *nt fam* **lavatory seat** *n esp* BRIT Toilettensitz *m*

lavender [ˈlævᵊndəʳ, AM -ɚ] **I.** *n no pl* (*plant, colour*) Lavendel *m*
II. *adj* lavendelfarben

lavender bag *n* Lavendelsäckchen *nt* **lavender water** *n no pl* Lavendelwasser *nt*

lavish [ˈlævɪʃ] **I.** *adj* ① (*sumptuous*) *meal* üppig; *banquet, reception* großartig; ***the wedding reception was a really ~ affair*** das Hochzeitsmahl war wirklich aufwendig
② (*generous*) großzügig, verschwenderisch; **to be ~ with one's hospitality** ausgesprochen gastfreundlich sein; **~ praise** überschwengliches Lob; **to be ~ with one's praise** nicht mit Lob geizen; **~ promises** großartige Versprechungen
II. *vt* ■**to ~ sth on sb** jdn mit etw *dat* überhäufen [*o* überschütten]; **to ~ much effort on sth** viel Mühe in etw *akk* stecken; **to ~ much time on sb/sth** jdm/etw viel Zeit widmen

lavishly [ˈlævɪʃli] *adv* ① (*sumptuously*) üppig, prächtig; **~ furnished** luxuriös eingerichtet
② (*generously*) großzügig

lavishness [ˈlævɪʃnəs] *n no pl* ① (*sumptuousness*) Üppigkeit *f*
② (*generosity*) Großzügigkeit *f*

law [lɔː, AM *esp* lɑː] *n* ① (*rule*) Gesetz *nt*; ***many doctors want to see a ~ banning all tobacco advertising*** viele Ärzte fordern ein Verbot jeglicher Tabakwerbung; ***the ~s governing the importation of animals …*** die Gesetze zur Einführung von Tieren …; ***his word is ~*** sein Wort ist Gesetz; ***there is a ~ against driving on the wrong side of the road*** es ist verboten, auf der falschen Straßenseite zu fahren; ***the first ~ of politics is …*** das oberste Gesetz in der Politik lautet …
② *no pl* (*legal system*) Recht *nt*; **to take the ~ into one's own hands** Selbstjustiz betreiben; **~ and order** Recht und Ordnung, Law and Order *fam*; **to be against the ~** illegal [*o* gegen das Gesetz] sein; **to be above the ~** über dem Gesetz stehen; **to break/obey the ~** das Gesetz brechen/befolgen; **to remain within the ~** sich *akk* im Rahmen des Gesetzes bewegen
③ *no pl* (*police*) ■**the ~** die Polizei; **to get the ~ on sb** (*fam*) jdm die Polizei auf den Hals hetzen *fam*
④ (*scientific principle*) [Natur]gesetz *nt*; **~ of averages** Gesetz *nt* der Serie; **the ~ of supply and demand** das Gesetz von Angebot und Nachfrage
⑤ *no pl* (*at university*) Jura *kein art*, Jus *nt*; **to study ~** Jura studieren
▸ PHRASES: **the ~ of the jungle** das Gesetz des Stärkeren; **there's one ~ for the rich and another for the poor** (*saying*) wer Geld hat, [der] hat auch das Gesetz auf seiner Seite; **to go to ~** vor Gericht gehen; **sb is a ~ unto oneself** jd lebt nach seinen eigenen Gesetzen

law-abiding *adj* gesetzestreu **lawbreaker** *n* Gesetzesbrecher(in) *m(f)* **law centre** *n* Rechsstreitberatung *f* **law court** *n* Gericht *nt*, Gerichtshof *m* **law enforcement** *n no pl esp* AM Gesetzesvollzug *m*; ***in most countries ~ is in the hands of the police*** in den meisten Ländern ist es Aufgabe der Polizei, für die Einhaltung der Gesetze zu sorgen **law enforcement officer** *n esp* AM Polizeibeamte(r) *m*, Polizeibeamte [*o* -in] *f*

lawful [ˈlɔːfᵊl, AM *esp* ˈlɑː-] *adj* (*form*) gesetzlich; **~ heir/owner** gesetzmäßiger Erbe/Besitzer/gesetzmäßige Erbin/Besitzerin

lawfully [ˈlɔːfᵊli, AM *esp* ˈlɑː-] *adv* (*form*) rechtmäßig

lawfulness [ˈlɔːfᵊlnəs, AM *esp* ˈlɑː-] *n no pl* (*form*) Rechtsgültigkeit *f*

lawgiver *n* Gesetzgeber *m*

lawless [ˈlɔːləs, AM *esp* ˈlɑː-] *adj* ① (*without laws*) gesetzlos; **a ~ country** ein Land *nt* ohne Gesetzgebung
② (*illegal*) gesetzwidrig

lawlessness [ˈlɔːləsnəs, AM *esp* ˈlɑː-] *n no pl* Gesetzlosigkeit *f*

Law Lords *npl* BRIT Lordrichter *mpl* **lawmaker** *n*

L

Gesetzgeber *m*

lawn[1] [lɔːn, AM *esp* lɑːn] *n* Rasen *m*

lawn[2] [lɔːn, AM *esp* lɑːn] *n no pl* (*cotton*) Batist *m;* (*linen*) Linon *m*

lawn bowling *n no pl* AM Bowls *nt* (*Ballspiel, ähnlich Boccia*) **lawnmower** *n* Rasenmäher *m* **lawn party** *n* AM Gartenfest *nt,* Gartenparty *f* **lawn tennis** *n no pl* (*form*) Rasentennis *nt*

lawrencium [lə'ren(t)siəm, AM lɔː'-] *n no pl* Lawrencium *nt*

law school *n esp* AM juristische [*o* ÖSTERR juridische] Fakultät **law student** *n* Jurastudent(in) *m(f),* Jusstudent(in) *m(f)* ÖSTERR, SCHWEIZ **lawsuit** *n* Klage *f,* Prozess *m,* Rechtsstreit *m;* **to bring** [*or esp* AM **file**] **a ~ against sb** gegen jdn Klage erheben [*o* einen Prozess anstrengen]

lawyer ['lɔɪəʳ, AM 'lɑːjɚ, 'lɔɪ-] *n* ❶ (*attorney*) Rechtsanwalt, Rechtsanwältin *m, f*
❷ BRIT (*fam: student*) Jurastudent(in) *m(f),* Jusstudent(in) *m(f)* ÖSTERR, SCHWEIZ

lax [læks] *adj* ❶ (*lacking care*) lasch, lax *oft pej;* **~ discipline** mangelnde Disziplin; **~ security** mangelnde Sicherheitsvorkehrungen; ■**to be ~ in doing sth** bei etw *dat* lax sein *oft pej,* bei etw *dat* nachlässig vorgehen
❷ (*lenient*) locker, lasch; ***the rules are ~ here*** die Vorschriften sind hier nicht besonders streng

laxative ['læksətɪv, AM -t̬ɪv] **I.** *n* Abführmittel *nt,* Laxativ *nt fachspr*
II. *adj attr* abführend, laxativ *fachspr*

laxity ['læksəti, AM -əţi] *n no pl* Laschheit *f,* Laxheit *f,* Nachlässigkeit *f*

laxly ['læksli] *adv* lasch, lax *oft pej,* nachlässig

laxness ['læksnəs] *n no pl* Laschheit *f,* Laxheit *f,* Nachlässigkeit *f*

lay[1] [leɪ] *adj attr, inv* ❶ (*not professional*) laienhaft; **to the ~ mind** für den Laien; **in ~ terms** laienhaft
❷ (*not clergy*) weltlich, Laien-; **~ preacher** Laienprediger *m*

lay[2] [leɪ] *pt of* **lie**

lay[3] [leɪ] **I.** *n* ❶ (*general appearance*) Lage *f;* **the ~ of the land** (*fig*) die Lage; **to ascertain** [*or* **spy out**] **the ~ of the land** die Lage sondieren
❷ (*layer*) Lage *f,* Schicht *f*
❸ (*fam!: sexual intercourse*) Nummer *f derb;* **to be an easy ~** leicht zu haben sein *fam;* **to be a good ~** gut im Bett sein *fam*
❹ (*period for producing eggs*) Legezeit *f;* ■**to be in ~** Legezeit haben
II. *vt* <laid, laid> ❶ (*spread*) ■**to ~ sth on** [*or* **over**] **sth** etw auf etw *akk* legen [*o* über etw *akk* breiten]; ***she laid newspaper over the floor*** sie deckte den Fußboden mit Zeitungen ab
❷ (*place*) ■**to ~ sth somewhere** etw irgendwohin legen; ***he laid his arm along the back of the sofa*** er legte seinen Arm auf den Sofarücken; ***~ your coats on the bed*** legt eure Mäntel auf dem Bett ab; **to ~ the blame on sb** (*fig*) jdn für etw *akk* verantwortlich machen; **to ~ emphasis** [*or* **stress**] **on sth** etw betonen
❸ (*put down*) ■**to ~ sth** etw verlegen; **to ~ bricks** mauern; **to ~ a cable/carpet** ein Kabel/einen Teppich verlegen; **to ~ the foundations of a building** das Fundament für ein Gebäude legen; **to ~ the foundations** [*or* **basis**] **for sth** (*fig*) das Fundament zu etw *dat* legen; **to ~ plaster** Verputz auftragen
❹ (*prepare*) ■**to ~ sth** etw herrichten; *bomb, fire* etw legen; *the table* decken; **to ~ plans** Pläne schmieden; **to ~ a trail** eine Spur legen; **to ~ a trap** [**for sb**] [jdm] eine Falle stellen
❺ (*render*) **to ~ sth bare** [*or* **flat**] etw offen legen; **to ~ sb bare** [*or* **flat**] jdn bloßstellen; **to ~ sb low** BOXING (*dated*) jdn außer Gefecht setzen; **to ~ sb/sth open to an attack/to criticism** jdn/etw einem Angriff/der Kritik aussetzen; **to ~ sb/sth open to ridicule** jdn/etw der Lächerlichkeit preisgeben; **to ~ waste the land** das Land verwüsten
❻ (*deposit*) **to ~ an egg** ein Ei legen
❼ (*wager*) ■**to ~ sth** etw setzen [*o* verwetten]; **to ~ an amount on sth** einen Geldbetrag auf etw *akk* setzen; **to ~ a bet on sth** auf etw *akk* wetten; **to ~ sb ten to one that ...** mit jdm zehn zu eins darum wetten, dass ...; **to ~ one's life/shirt on sth** sein Leben/letztes Hemd auf etw *akk* verwetten
❽ (*present*) ■**to ~ sth before sb** jdm etw vorlegen, etw vor jdn bringen; **to ~ one's case before sb/sth** jdm/etw sein Anliegen unterbreiten
❾ (*assert*) **to ~ a charge against sb** gegen jdn Anklage erheben; **to ~ claim to sth** auf etw *akk* Anspruch erheben
❿ CARDS **to ~ an ace/a queen** ein Ass/eine Königin legen
⓫ *usu passive* (*vulg: have sexual intercourse*) ■**to ~ sb** jdn umlegen *sl* [*o derb* aufs Kreuz legen]; **to get laid** flachgelegt werden *sl*
▶ PHRASES: **to ~ sth at sb's door** *esp* BRIT, AUS jdn für etw *akk* verantwortlich machen; **to ~ sb's fears to rest** jds Ängste zerstreuen; **to ~** [**so much as**] **a finger** [*or* **hand**] **on sb** jdn [auch nur] berühren; **to ~ a ghost** einen [bösen] Geist beschwören [*o* bannen]; **to ~ the ghosts of the past** Vergangenheitsbewältigung betreiben; **to ~ hands on sb** Hand an jdn legen; **to ~ one's hands on sth** einer S. *gen* habhaft werden *geh;* ***I'll see if I can ~ my hands on a copy for you*** ich schau mal, ob ich eine Kopie für dich ergattern kann *fam;* **to ~ sth on the line** etw riskieren [*o* aufs Spiel setzen]; **to ~ it on the line for sb** (*fam*) es jdm klipp und klar sagen *fam;* **to ~ sb to rest** (*euph*) jdn zur letzten Ruhe betten *euph geh;* **to ~ sth to rest** *fears, suspicions* etw beschwichtigen; **to ~ sth on the table** (*present for discussion*) etw auf den Tisch [*o fam* aufs Tapet] bringen; AM (*suspend discussion of*) etw aufschieben; **to ~ it** [*or* **sth**] **on** [**a bit thick** [*or* **with a trowel**]] etwas übertreiben [*o fam* zu dick auftragen]
III. *vi* <laid, laid> *hen* [Eier] legen

◆**lay about** *vi* ❶ (*strike out wildly*) ■**to ~ about oneself** wild um sich *akk* schlagen
❷ (*fig: be indiscriminately critical*) zu einem Rundumschlag ausholen

◆**lay aside** *vt* ■**to ~ aside** ↻ **sth** ❶ (*put away*) etw beiseite legen
❷ (*fig: stop*) *project, work* etw auf Eis legen *fam*
❸ (*fig: forget*) etw beilegen; **to ~ aside one's differences** seine Differenzen beilegen
❹ (*save*) etw beiseite [*o* auf die Seite] legen; **to ~ aside money** Geld beiseite legen [*o* sparen]
❺ (*reserve for future use*) [sich *dat*] etw aufsparen, etw zurückbehalten

◆**lay back** *vt* ■**to ~ back** ↻ **sth** etw zurücklegen; **to ~ back one's ears** *animal* die Ohren anlegen

◆**lay by** *vt* ❶ (*save up*) ■**to ~ by** ↻ **sth** etw beiseite [*o* auf die Seite] legen, etw sparen
❷ AM (*grow a last crop on*) **to ~ by a field** ein Feld ein letztes Mal bestellen

◆**lay down** *vt* ❶ (*place on a surface*) ■**to ~ down** ↻ **sth** etw hinlegen (**on** auf +*akk*)
❷ (*relinquish*) **to ~ down one's arms** [*or* **weapons**] die Waffen niederlegen
❸ (*decide on*) ■**to ~ down** ↻ **sth** etw festlegen; (*establish*) etw aufstellen; **to ~ down a time-limit** eine Frist setzen; ■**it is laid down that ...** es steht geschrieben, dass ...
▶ PHRASES: **to ~ down one's arms** sich *akk* ergeben; **to ~ down the law** [**about sth**] (*fam*) [über etw *akk*] Vorschriften machen; **to ~ down one's life for sb/sth** sein Leben für jdn/etw geben; **now I ~ me down to sleep** (*fam*) müde bin ich, geh' zur Ruh'

◆**lay in** *vt* ■**to ~ in** ↻ **sth** ❶ (*build up stock*) einen Vorrat an etw *dat* anlegen; *food* etw einlagern
❷ COMPUT Tonspur in etw *akk* anlegen

◆**lay into** *vi* ❶ (*fam*) ■**to ~ into sb** (*assault*) jdn angreifen; (*shout at, criticize*) jdn zur Schnecke machen *fam*
❷ (*eat heartily*) ■**to ~ into sth** etw verschlingen

◆**lay off I.** *vt* ■**to ~ off** ↻ **sb** jdm kündigen, jdn hinauswerfen *fam*
II. *vi* aufhören; ***just ~ off a bit, ok?*** gib mal ein bisschen Ruhe, okay? *fam;* ■**to ~ off sth** mit etw *dat* aufhören, die Finger von etw *dat* lassen *fam;* **to ~ off smoking** das Rauchen aufgeben; ■**to ~ off sb** jdn in Ruhe lassen *fam*

◆**lay on** *vt* ❶ (*make available*) ■**to ~ on** ↻ **sth** für etw *akk* sorgen; ***the firm laid on a chauffeur-drive car to take us to the airport*** die Firma setzte ein Auto mit Chauffeur ein, um uns zum Flughafen zu bringen; ***you don't need to bring anything to drink, it's all laid on*** du brauchst nichts zu trinken mitbringen, es ist für alles gesorgt
❷ (*install*) **to ~ on electricity** Strom anschließen
❸ AM (*sl: berate*) **to ~ it on sb** jdn zur Schnecke machen *fam*
❹ (*fam: impose*) ■**to ~ sth on sb** jdm etw aufbürden; ***sorry to ~ this on you, but somebody has to check the accounts*** tut mir leid, dass ich dir das aufhalse, aber irgendjemand muss die Konten überprüfen *fam;* **to ~ a tax on sth** etw mit einer Steuer belegen

◆**lay out** *vt* ❶ (*arrange*) ■**to ~ out sth** etw planen; **to ~ out a campaign** eine Kampagne organisieren
❷ (*spread out*) ■**to ~ out** ↻ **sth** *map* etw ausbreiten (**on** auf +*dat*); ***Henry was ~ing out the breakfast things*** Henry deckte den Frühstückstisch
❸ *usu passive* (*design*) ■**to be laid out** angeordnet sein; *garden* angelegt [*o* gestaltet] sein; ■**to ~ sth out** etw layoutieren; ***the town was laid out in a grid pattern*** die Stadt war gitterförmig angelegt
❹ (*prepare for burial*) ■**to ~ sb out** jdn aufbahren; **to be laid out in state** aufgebahrt sein
❺ (*fam: render unconscious*) ■**to ~ sb out** jdn bewusstlos schlagen; **to ~ sb out cold** jdn kaltmachen *sl*
❻ (*fam: spend lots of money*) **to ~ out £300/$500 on sth** für etw *akk* 300 Pfund/500 Dollar hinblättern *fam*
❼ AM (*explain*) ■**to ~ sth out** [**for sb**] [jdm] etw erklären

◆**lay up** *vt usu passive* (*fam*) **to be laid up** [**in bed**] bettlägerig sein; **to be laid up** [**in bed**] **with flu** mit einer Grippe darniederliegen *geh*
▶ PHRASES: **to ~ up trouble** [**for oneself**] sich *akk* in Schwierigkeiten bringen

layabout *n* (*pej fam*) Faulenzer(in) *m(f) pej,* Nichtstuer(in) *m(f)* **layaway** *n no pl* AM **to buy/put sth on ~** etw auf Anzahlung kaufen/sich *dat* etw zurücklegen lassen *akk;* **to have sth on ~** etw anzahlen **lay brother** *n* Laienbruder *m* **lay-by** *n* ❶ BRIT (*on road*) Rastplatz *m* ❷ *no pl* AUS (*form of purchasing*) Ratenkauf *m;* **to buy/put sth on ~** etw auf Anzahlung kaufen/sich *dat* etw zurücklegen lassen *akk* ❸ AUS (*purchased item*) angezahlter Gegenstand

layer ['leɪəʳ, AM -ɚ] **I.** *n* ❶ (*of substance*) Schicht *f;* ***her dress has ruffled ~s at the bottom*** ihr Kleid hat am Saum Volants; **ozone ~** Ozonschicht *f;* **a ~ of oil** eine Ölschicht; ■**~s** *pl* (*in hair*) Stufen *fpl*
❷ (*fig: level*) *of bureaucracy* Stufe *f;* (*in an organization*) *administrative* Ebene *f*
❸ (*laying hen*) Legehenne *f*
❹ HORT Ableger *m*
II. *vt* ❶ (*arrange into layers*) ■**to ~ sth** [**with sth**] etw [abwechselnd mit etw *dat*] in Schichten anordnen; **~ *the potatoes with the onions*** schichten Sie die Kartoffeln mit den Zwiebeln auf
❷ (*cut into layers*) **to ~ sb's hair** jds Haar stufig schneiden
❸ HORT **to ~ a plant** eine Pflanze durch Ableger vermehren

layer cake *n* Schichttorte *f*

layered ['leɪəd, AM -ɚd] *adj inv* Stufen-, Schicht-, geschichtet

-layered ['leɪəd, AM -ɚd] *in compounds* (*five-, two-, many-, multi-*) -schichtig

layering ['leɪərɪŋ, AM -ɚ-] *n no pl* ❶ (*of substance*) Übereinanderlegen *nt;* GEOL Schichtung *f*
❷ HORT Stecklingsvermehrung *f*

layette [leɪ'et] *n* (*dated*) Babyausstattung *f*

laying on of hands *n no pl* Handauflegen *nt*

layman *n* ❶ (*non-specialist*) Laie *m;* ***the ~'s guide to home repairs*** der Leitfaden für den Laienheimwerker ❷ (*sb not ordained*) Laienbruder *m* **lay-off** *n* ❶ (*from work*) *temporary* vorübergehende

Entlassung; *permanent* Entlassung *f* ② SPORTS (*due to injury*) [verletzungsbedingte] Pause; **to take a ~** [eine] [verletzungsbedingte] Pause machen **layout** *n* ① (*plan*) *of building, house* Raumaufteilung *f; of road, of town* Plan *m* ② (*of written material*) Layout *nt* ③ *no pl* (*arrangement*) Anordnen *nt;* ***he does the ~ for our local newspaper*** er ist für die Aufmachung der Lokalzeitung zuständig ④ COMPUT Aufbau *m* **layover** *n* AM (*stopover*) Aufenthalt *m;* (*of plane*) Zwischenlandung *f* **layperson** *n* ① (*non-specialist*) Laie, -in *m, f,* Nichtfachmann, Nichtfachfrau *m, f* ② (*not clergy*) Laie, -in *m, f* **lay sister** *n* Laienschwester *f* **laywoman** *n* Laiin *f*

laze [leɪz] *vi* faulenzen

◆**laze about, laze around** *vi* [herum]faulenzen *fam*

◆**laze away** *vi* **to ~ away the day** den [ganzen] Tag vertrödeln *pej fam*

lazily ['leɪzɪli] *adv* ① (*not willing to work*) faul ② (*leisurely*) ruhig, träge; ***palm trees swayed ~ in the soft breeze*** die Palmen wiegten sich sanft in der Brise

laziness ['leɪzɪnəs] *n no pl* Faulheit *f*

lazy ['leɪzi] *adj* ① (*pej: unwilling to work*) faul; (*lacking pep*) träge
② (*approv: relaxed*) müßig *geh;* ***I had a wonderful ~ weekend*** ich hatte ein herrliches, erholsames Wochenende; **a ~ drawl** eine langsame, schleppende Stimme

lazybones <*pl* -> *n* (*pej fam*) Faulpelz *m pej fam* **lazy eye** *n Auge mit Sehschwäche, das weniger belastet wird und daher zunehmend an Sehkraft verliert* **lazy locking** *n* AUTO *Schließsystem, bei dem automatisch mit Abschließen der Autotür auch die Fenster geschlossen werden* **lazy Susan** *n* drehbares Tablett

lb <*pl* – *or* -s> *n abbrev of* **pound** Pfd.

LBO [,elbi:'əʊ, AM -'oʊ] *n* FIN *abbrev of* **leveraged buyout**

lbw [,elbi:'dʌbljuː] BRIT **I.** *adj inv* (*in cricket*) *abbrev of* **leg before wicket**: ***the ~ decision went against him*** es hieß, sein vor dem Tor stehendes Bein sei getroffen worden
II. *n* (*in cricket*) *abbrev of* **leg before wicket**: ***Ambrose has many ~s to his name*** Ambrose kann viele Würfe gegen ein vor dem Tor stehendes Bein verzeichnen

LC [,el'si:] *n* ① *abbrev of* **Library of Congress** *Nationalbibliothek der Vereinigten Staaten*
② *abbrev of* **Lord Chancellor** Lord[groß]kanzler *m*

L/C *n* FIN *abbrev of* **letter of credit** Akkreditiv *nt*

LCBO [elsi:bi:'oʊ] *n* CAN *abbrev of* **Liquor Control Board of Ontario** *von der Provinzregierung Ontario geführte Ladenkette, die alokoholische Getränke verkauft*

LC circuit *n* COMPUT LC-Oszillator *m*

LCD [,elsi:'di:] **I.** *n abbrev of* **liquid crystal display** LCD *nt*
II. *n modifier abbrev of* **liquid crystal display** LCD-; **~ screen** LCD-[Bild]schirm *m*

LDC [,eldi:'si:] *n* ECON *abbrev of* **less developed country** Entwicklungsland *nt*

L-driver ['el,draɪvəʳ] *n* BRIT ≈ Fahrschüler(in) *m(f)*

LEA [,eli:'eɪ] *n* + *sing/pl vb* BRIT *abbrev of* **Local Education Authority** ≈ Schulamt *nt*

lea [li:] *n* (*poet*) Flur *f poet,* Au[e] *f poet*

leach [li:tʃ] *vt* ■**to ~ sth** *soil, land* etw auslaugen; ***rain water ~es heavy metals out of the dump site*** Regenwasser schwemmt Schwermetalle vom Müllplatz weg

lead¹ [led] **I.** *n* ① *no pl* (*metal*) Blei *nt;* **to be as heavy as ~** schwer wie Blei sein; **to contain ~** bleihaltig sein
② (*pencil filling*) Mine *f*
③ *no pl* (*graphite*) Graphit *m*
④ *no pl* (*bullets*) Blei *nt veraltet,* Kugeln *fpl;* ***hand over the money or I'll fill you full of ~!*** Geld her oder ich werd' dich mit Blei vollpumpen! *sl*
⑤ BRIT (*strips of lead*) ■**~s** *pl* (*in windows*) Bleifassung *f;* (*on roofs*) Bleiplatten *fpl*
⑥ NAUT Lot *nt fachspr*
▶ PHRASES: **to have ~ in one's pencil** ein steifes Rohr haben *sl vulg;* **to get the ~ out** sich *akk* beeilen; **to swing the ~** BRIT (*fam: pretend to be sick*) krankfeiern *fam;* (*pretend to be incapable of work*) sich *akk* drücken *fam*
II. *n modifier* (*bullet, crystal, pipe, weight*) Blei-
▶ PHRASES: **to go down like a ~ balloon** überhaupt nicht ankommen *fam*

lead² [li:d] **I.** *n* ① THEAT, FILM Hauptrolle *f;* **to get/play the ~ [in sth]** [in etw *dat*] die Hauptrolle bekommen/spielen
② *usu sing* (*guiding, example*) Beispiel *nt;* **to follow sb's ~** jds Beispiel folgen
③ *usu sing* (*guiding in dance*) Führung *f kein pl;* **to give a strong ~** gut führen; **to follow sb's ~** sich *akk* von jdm führen lassen
④ *no pl* (*front position*) Führung *f;* ■**to be in the ~** führend sein; SPORTS in Führung liegen; **to go** [*or* **move**] **into the ~** die Führung übernehmen; SPORTS sich *akk* an die Spitze setzen; **to have/hold/take [over] the ~** die Führung haben/verteidigen/übernehmen; **to lose one's ~** die Führung verlieren
⑤ (*position in advance*) Vorsprung *m*
⑥ (*clue*) Hinweis *m;* **to get a ~ on sth** einen Hinweis auf etw *akk* bekommen
⑦ (*connecting wire*) Kabel *nt*
⑧ BRIT, AUS (*rope for pet*) Leine *f;* ■**to be on a ~** angeleint sein; **to keep an animal on a ~** ein Tier an der Leine halten; **to let an animal off the ~** ein Tier von der Leine [*o* frei laufen] lassen; **to be [let] off the ~** (*fig hum*) sturmfreie Bude haben *fam*
⑨ TYPO Durchschuss *m*
II. *vt* <led, led> ① (*be in charge of*) ■**to ~ sb/sth** jdn/etw führen; ***she led the party to victory*** sie führte die Partei zum Sieg; **to ~ a delegation/an expedition** eine Delegation/eine Expedition leiten; **to ~ a discussion/an inquiry** eine Diskussion/Ermittlungen leiten; **to ~ sb in prayer** jdm vorbeten
② (*guide*) ■**to ~ sb/sth** jdn/etw führen; ■**to ~ sb into/over/through sth** jdn in/über/durch etw *akk* führen; ■**to ~ sb to sth** jdn zu etw *dat* führen; **to ~ sb astray** jdn auf Abwege führen
③ (*go in advance*) **to ~ the way** vorangehen; **to ~ the way in sth** (*fig*) bei etw *dat* an der Spitze stehen
④ (*cause to have*) **to ~ sb [in]to problems** jdn in Schwierigkeiten bringen
⑤ (*pej: cause to do*) ■**to ~ sb to do sth** jdn dazu verleiten, etw zu tun; **to ~ sb to believe that ...** jdn glauben lassen, dass ...
⑥ ECON, SPORTS (*be ahead of*) ■**to ~ sb** jdn anführen; **to ~ the field/the pack** das Feld/die Gruppe anführen; **to ~ the world** weltweit führend sein
⑦ (*spend*) **to ~ a life of luxury** ein Leben im Luxus führen; **to ~ a cat-and-dog life** wie Hund und Katze leben; **to ~ a charmed life** (*be very lucky in life*) ein glückliches Leben führen; (*be guarded from above*) einen Schutzengel haben; **to ~ a hectic/quiet life** ein hektisches/ruhiges Leben führen; ***the life she ~s is very relaxed*** sie führt ein sehr bequemes Leben
⑧ (*influence*) ■**to ~ sb** *witness* jdn beeinflussen
▶ PHRASES: **to ~ sb a merry dance** (*fam*) sein Spiel mit jdm treiben; **to ~ sb up** [*or* **down**] **the garden path** (*fam*) jdn an der Nase herumführen [*o* hinters Licht führen]; **to ~ sb by the nose** (*fam*) jdn unter seiner Fuchtel haben *fam*
III. *vi* <led, led> ① (*be in charge*) die Leitung innehaben
② (*be guide*) vorangehen; ***where she ~s, others will follow*** sie ist eine starke Führungspersönlichkeit; **to ~ from the front** (*fig*) den Ton angeben
③ (*guide woman dancer*) führen
④ (*be directed towards*) ■**to ~ somewhere** irgendwohin führen; ***the track ~s across the fields*** der Pfad führt über die Felder; ***this passage ~s into the servants' quarters*** dieser Gang führt zu den Wohnräumen der Bediensteten; ***the door ~s onto a wide shady terrace*** die Tür geht auf eine große, schattige Terrasse hinaus
⑤ (*implicate*) ■**to ~ to sth** auf etw *akk* hinweisen; ***everything ~s to this conclusion*** alles legt diese Schlussfolgerung nahe
⑥ (*cause to develop, happen*) ■**to ~ to sth** zu etw *dat* führen; ***this is bound to ~ to trouble*** das muss zwangsläufig zu Schwierigkeiten führen; ***all this talk is ~ing nowhere*** all dieses Gerede führt zu [*o fam* bringt] nichts; ***where's it all going to ~?*** wo soll das alles noch hinführen?
⑦ (*be in the lead*) führen; SPORTS in Führung liegen; **to ~ by 10 points** mit 10 Punkten in Führung liegen
⑧ LAW in einem Prozess auftreten; **to ~ for the prosecution** die Anklage[verhandlung] eröffnen
▶ PHRASES: **to ~ with one's chin** (*fam*) das Schicksal herausfordern; **all roads ~ to Rome** (*saying*) alle Wege führen nach Rom *prov*

◆**lead in** *vt* ■**to ~ in ↔ sth** etw einleiten

◆**lead off I.** *vt* ① (*initiate*) ■**to ~ off ↔ sth [with sth]** etw [mit etw *dat*] eröffnen; **to ~ off a dance** einen Tanz eröffnen
② (*take away*) ■**to ~ sb off** jdn wegführen; **to ~ a prisoner off** einen Häftling abführen
II. *vi* ① (*perform first*) beginnen, den Anfang machen
② (*go off*) ■**to ~ off sth** *road* von etw *dat* wegführen

◆**lead on I.** *vi* vorangehen; **to ~ on in a car** mit einem Auto voranfahren
▶ PHRASES: **~ on, Macduff!** (*prov hum*) nach dir!
II. *vt* (*pej*) ■**to ~ sb on** ① (*deceive*) jdm etw vormachen
② (*raise false hopes, sexually*) jdn verführen
③ (*encourage to do bad things*) ■**to ~ sb on** jdn anstiften

◆**lead up** *vi* ① (*slowly introduce*) ■**to ~ up to sth** zu etw *dat* hinführen; ***it looks as if they're ~ing up to some major policy announcement*** es sieht so aus, als ob sie auf eine wichtige Ankündigung in Bezug auf die Firmenpolitik hinauswollten; ***what's this all ~ing up to?*** was soll das Ganze?
② (*precede*) ■**to ~ up to sth** etw *dat* vorangehen; ***which are the events that led up to this situation?*** welche Ereignisse gingen dieser Situation voraus?; ***we barely saw him in the time ~ing up to his departure*** in der Zeit vor seiner Abreise sahen wir ihn kaum

leaded ['ledɪd] **I.** *adj inv* ① (*of fuel*) verbleit; **~ fuel/petrol** verbleiter Treibstoff/verbleites Benzin
② (*of windows*) bleiverglast
II. *n no pl* verbleites Benzin; ***could you fill up with ~, please?*** können Sie bitte mit verbleitem Benzin volltanken?

leaded light *n,* **leaded window** *n* bleiverglastes Fenster

leaden ['ledᵊn] *adj* ① (*of colour*) bleiern, bleifarben; **~ sky** bleierner Himmel
② (*heavy*) bleischwer, bleiern; **~ limbs** bleischwere Glieder; (*fig*) **a ~ *attempt to answer the question*** ein müder Versuch, die Frage zu beantworten *fig;* **a ~ expression** ein starrer Gesichtsausdruck

leader ['li:dəʳ, AM -ɚ] *n* ① (*head*) Leiter(in) *m(f),* Führer(in) *m(f);* ***he's a ~ of men*** er ist eine Führernatur; **~ of the gang/pack** Bandenführer(in) *m(f),* Bandenchef(in) *m(f);* **~ of the students** Studentenführer(in) *m(f)*
② (*first in competition*) Erste(r) *f(m)*
③ (*most successful*) Führende(r) *f(m);* **market ~** Marktführer *m*
④ COMM (*best-selling product*) Spitzenreiter *m,* führender Artikel
⑤ STOCKEX Bluechip *m*
⑥ BRIT MUS (*of orchestra*) erster Geiger/erste Geigerin
⑦ AM MUS (*conductor*) Dirigent(in) *m(f)*
⑧ BRIT (*editorial*) Leitartikel *m*
⑨ BRIT (*in government*) **the L~ of the House** der Führer/die Führerin des Hauses
⑩ FILM, TECH Vorspannband *nt*
⑪ (*row of dots*) Führungspunkte *pl*
⑫ BRIT LAW führender [*o* erster] Anwalt

leaderless ['li:dələs, AM dɚ] *adj inv* führerlos, ohne Anführer *nach n*

leadership ['li:dəʃɪp, AM -dɚ-] **I.** *n no pl* ① (*action of leading*) Führung *f;* **sb's style of ~** jds Führungsstil; **effective/poor/strong ~** effektive/schwache/starke Führung; **to lack/show ~** Führungskraft vermissen lassen/von Führungsqualität zeugen
② (*position*) Leitung *f,* Führung *f,* Führerschaft *f;* **market ~** Marktführung *f;* ■**to be under sb's ~** unter jds Leitung stehen; ■**the ~** (*top position*) die Spitze; (*control position*) die Leitung
③ + *sing/pl vb* (*people in charge*) ■**the ~** die Leitung; **the ~ of the expedition** die Expeditionsleiter(innen) *mpl(fpl); **we need a change of ~!*** wir brauchen ein Wechsel an der Führungsspitze!
II. *n modifier* (*qualities, seminar*) Führungs-

lead-footed *adj* AM (*fam*) ① (*slow*) schwerfällig
② *driver* rasant *fam* **lead-free** *adj* bleifrei; **~ paint** bleifreie Farbe; **~ petrol** [*or* AM **gasoline**] bleifreies Benzin

lead guitar *n* ① (*guitar*) Leadgitarre *f* ② (*guitar player*) Leadgitarrist(in) *m(f)* **lead-in** *n* Einführung *f,* Einleitung *f* (**to** in +*akk*); TV, RADIO Erkennungsmelodie *f* (**to** zu +*dat*)

leading[1] ['li:dɪŋ] **I.** *adj attr* ① (*number one*) führend; ***one of the town's ~ citizens*** einer der angesehensten Bürger der Stadt; **to be a ~ contender for sth** einer der führenden Anwärter auf etw *akk* sein
② LAW **~ question** Suggestivfrage *f*
II. *n* ① *no pl* (*guidance*) Führung *f*
② (*promptings*) ■**~s** *pl* Führen *nt kein pl;* ***she followed the ~s of her heart*** sie folgte der Stimme ihres Herzens
③ TYPO Durchschuss *m*

leading[2] ['ledɪŋ] *n no pl* BRIT ① (*of roof*) Verbleiung *f*
② (*of windows*) Bleifassung *f*

leading actor *n* Hauptdarsteller *m* **leading actress** *n* Hauptdarstellerin *f* **leading article** *n* BRIT Leitartikel *m* **leading counsel** *n* LAW erster Anwalt/erste Anwältin **leading edge** **I.** *n* ① (*of wing/blade*) Flügelvorderkante *f* ② *no pl* (*of development*) ■**to be at the ~ [of sth]** auf dem neuestem Stand [einer S. *gen*] sein ③ COMPUT Führungskante *f*
II. *n modifier* TECH, COMPUT (*research, technology*) Spitzen-, Hightech- **leading hand** *n* AUS Vorarbeiter(in) *m(f)* **leading lady** *n* Hauptdarstellerin *f;* ***who will take the role of his ~ in the play?*** wer wird seine Partnerin in dem Stück sein? **leading light** *n* (*fam*) führende Persönlichkeit; ■**to be a ~ in sth** bei [*o* in] etw *dat* eine maßgebliche Person sein **leading man** *n* Hauptdarsteller *m;* ***who plays her ~ in the film?*** wer spielt ihren Partner in dem Film? **leading part** *n* Hauptrolle *f* **leading question** *n* Suggestivfrage *f* **leading rein** *n* Leitzügel *m* **leading role** *n* Hauptrolle *f;* **to get/play a/the ~ [in sth]** [in etw *dat*] eine/die Hauptrolle bekommen/spielen; **to play a ~ in sth** (*fig*) wesentlich zu etw *dat* beitragen **leading seaman** *n* NAUT *Rang zwischen Vollmatrose und Fähnrich zur See*

lead pencil *n* Bleistift *m* **lead-poisoning** *n no pl* Bleivergiftung *f*

lead singer *n* Leadsänger(in) *m(f)* **lead story** *n* JOURN Aufmacher *m* **lead time** *n* (*in production*) Vorlaufzeit *f;* (*for completion*) Realisierungszeit *f;* (*time for delivery*) Lieferzeit *f* **lead-up** *n* ① (*that which precedes*) Einleitung *f* (**to** zu +*dat*) ② (*time preceding*) Vorfeld *nt fig;* ***in the ~ to the revolution, …*** in den Vorjahren der Revolution …

leaf **I.** *n* <*pl* leaves> [li:f, *pl* li:vz] ① (*part of plant*) Blatt *nt;* **dead ~** verwelktes Blatt; **to put out leaves** sprießen *geh*
② *no pl* (*complete foliage*) Laub *nt;* **to be in/come into ~** Blätter haben/bekommen
③ (*dated: of paper*) Blatt *nt;* **~ of paper** Blatt *nt* Papier; ***she turned the leaves of the book slowly*** sie blätterte die Seiten des Buchs langsam um
④ (*part of table*) Klappe *f;* (*for extending table*) Ausziehplatte *f;* **to pull out/put in a/the ~** eine/die Ausziehplatte herausnehmen/einsetzen
► PHRASES: **to take a ~ from** [*or* **out of**] **sb's book** sich *dat* an jdm ein Beispiel nehmen; **to shake like a ~** wie Espenlaub zittern
II. *vi* [li:f] ① (*of book, periodical*) ■**to ~ through sth** etw durchblättern
② HORT sprießen *geh*

leaf green *n no pl* Blattgrün *nt,* Laubgrün *nt*

leafless ['li:fləs] *adj* kahl

leaflessness ['li:fləsnəs] *n no pl* Kahlheit *f*

leaflet ['li:flət] **I.** *n* (*for advertising*) Prospekt *m* ÖSTERR *a. nt;* (*for instructions*) Merkblatt *nt;* (*for political use*) Flugblatt *nt;* (*brochure*) Broschüre *f;* **advertising ~** Werbezettel *m*
II. *vi* (*in street*) auf der Straße Prospekte/Flugblätter/Broschüren verteilen; (*by mail*) per Post Werbematerial/Broschüren verschicken
III. *vt* <-t-> ■**to ~ somewhere** irgendwo Handzettel verteilen; (*by mail*) Handzettel irgendwohin verschicken; (*for advertising*) irgendwo Werbematerial verteilen; (*for political use*) irgendwo Flugblätter verteilen; (*for instruction*) irgendwo Merkblätter verteilen; **to ~ potential customers** potenziellen Kunde eine Werbesendung zukommen lassen; **to ~ a car** an einem Auto einen Werbezettel anbringen

leaf mold AM, **leaf mould** *n no pl* ① (*compost*) [Laub]kompost *m*
② (*disease*) Schimmelpilzbelag *m,* [*auf dem Blattwerk*]

leafy ['li:fi] *adj* ① (*of place*) belaubt
② HORT Blatt-, blattartig; **~ vegetables** Blattgemüse *nt*

league [li:g] **I.** *n* ① (*group*) Bund *m;* **the Ivy L~** die Eliteuniversitäten *pl* der USA, [*an der Ostküste*]; **the L~ of Nations** der Völkerbund; **the Arab/Hanseatic L~** die Arabische Liga/die Hanse ② (*esp pej: agreement to cooperate*) ■**to be in ~ with sb** mit jdm gemeinsame Sache machen [*o fam* unter einer Decke stecken] ③ (*in competitive sport*) Liga *f;* **to be bottom/top of the ~** den Tabellenschluss bilden/Tabellenführer sein; **the ~ championship** die Ligameisterschaft; **football ~** Fußballliga *f;* **to win the ~** die Meisterschaft gewinnen ④ (*fig: class*) Klasse *f;* **to be in a different ~** in einer anderen Klasse sein; ***this hotel is in a different ~ altogether from other ones*** dieses Hotel fällt in eine ganz andere Kategorie als die anderen; **to be/not be in the same ~ as sb/sth** [nicht] das gleiche Format wie jd/etw haben; ■**to be out of sb's ~** (*too expensive*) jds Verhältnisse übersteigen; (*too good*) jdn [weit] überragen; ***she's a really classy girl, a bit out of his ~ if you ask me*** sie ist ein echt klasse Mädchen, viel zu schade für ihn, wenn du mich fragst *fam* ► PHRASES: **the big ~** die Spitzenliga **II.** *n modifier* (*club, event, game, match, player, team*) Liga- **league standings** *npl* AM, **league table** *n* BRIT Tabelle *f;* **to be at the bottom/top of the ~** am Tabellenende/an der Tabellenspitze stehen; (*fig*) das Schlusslicht bilden *fam*/an der Spitze stehen

leak [li:k] **I.** *n* (*crack, hole*) Leck *nt;* **a gas ~** eine undichte Stelle in der Gasleitung; **to spring a ~** Leck schlagen; **a security ~** (*fig*) eine undichte Stellen im Sicherheitsbereich
► PHRASES: **to take** [*or* BRIT, AUS *also* **have**] **a ~** (*fam!*) pinkeln [*o sl* schiffen] gehen *sl*
II. *vi* (*of container, surface*) undicht sein; *boat, ship* lecken; *bucket, hose* undicht sein; *tap* tropfen; *tire* Luft verlieren; *pen* klecksen, patzen ÖSTERR; ***our roof ~s every time it rains*** Wasser sickert durch das Dach, jedes Mal wenn es regnet; ***my old hiking shoes ~*** meine alten Wanderschuhe sind wasserdurchlässig; ■**to ~ somewhere** *liquid* irgendwohin auslaufen; *gas* irgendwohin ausströmen; ***the turpentine's ~ed everywhere*** überall ist Terpentin ausgelaufen; **to ~ like a sieve** völlig undicht sein
III. *vt* ■**to ~ sth** ① (*of container, surface*) etw verlieren; *gas, liquid* etw austreten lassen; ***the car ~ed oil all over the drive*** das Auto verlor Öl über die ganze Einfahrt
② (*fig*) *confidential information* etw durchsickern lassen; ■**to ~ sth to sb** jdm etw zuspielen

◆**leak out** *vi* ① (*of gas, liquid*) auslaufen; ■**to ~ out of sth** aus etw *dat* austreten; *gas* aus etw *dat* ausströmen; *liquid* aus etw *dat* auslaufen
② (*fig*) *confidential information* durchsickern

leakage ['li:kɪdʒ] *n* ① *no pl* (*leaking*) *of gas* Ausströmen *nt; of liquid* Auslaufen *nt; of water* Versickern *nt*
② (*leak*) *also* COMPUT Leck *nt;* (*in a pipe*) undichte Stelle
③ *no pl* (*fig: of secret information*) Durchsickern *nt*

leaked [li:kt] *adj attr* ① *gas* ausströmend; *liquid* auslaufend
② (*fig*) *confidential information* durchgesickert

leaking ['li:kɪŋ] *adj attr* undicht

leaky ['li:ki] *adj* leck

lean[1] [li:n] **I.** *adj* ① *animal* mager; *person* schlank, schmal
② *meat* mager
③ (*of period of time*) mager, dürftig
④ (*approv: of organization*) schlank *fig;* (*efficient*) effizient; **~ company** schlanke Firma
⑤ (*of fuel*) mager
II. *n no pl* Magere *nt,* mageres Fleisch

lean[2] [li:n] **I.** *vi* <leant *or* AM *usu* leaned, leant *or* AM *usu* leaned> ① (*incline*) sich *akk* beugen; (*prop*) sich *akk* lehnen; ***she ~ed back in her chair*** sie lehnte sich im Sessel zurück; **to ~ to the left/right** sich *akk* nach links/rechts lehnen; ■**to ~ against sth** sich *akk* an [*o* gegen] etw *akk* lehnen; ■**to ~ forward** sich *akk* nach vorne lehnen; ■**to ~ on sb/sth** sich *akk* an jdn/etw [an]lehnen; **to ~ out of a window** sich *akk* aus einem Fenster [hinaus]lehnen
② (*fig: opinion*) neigen; ***I ~ towards the view that …*** ich neige zur Ansicht, dass …; ***some of his family ~ towards communism*** einige seiner Familienangehörigen tendieren zum Kommunismus; **to ~ to the left/right** nach links/rechts tendieren
II. *vt* <leant *or* AM *usu* leaned, leant *or* AM *usu* leaned> ■**to ~ sth against/on sth** etw an [*o* gegen]/auf etw *akk* lehnen

◆**lean on** *vi* (*fig*) ① (*pressurize*) ■**to ~ on sb** jdn unter Druck setzen [*o fam* beknien]; ***he ~t on me so hard, I had to agree to it*** er setzte mich so sehr unter Druck, dass ich zustimmen musste
② (*rely*) ■**to ~ on sb/sth** sich *akk* auf jdn/etw verlassen

◆**lean over** *vi* ■**to ~ over sb/sth** sich *akk* über jdn/etw beugen [*o* lehnen]; ■**to ~ over to sb** sich *akk* zu jdm rüberbeugen *fam*
► PHRASES: **to ~ over backwards to do sth** sich *dat* für etw *akk* ein Bein ausreißen *fam*

lean-burn engine *n* Magermotor *m*

leaning ['li:nɪŋ] *n esp pl* Neigung *f geh* (**for/towards** zu +*dat*); **political ~s** politische Tendenzen [*o geh* Neigungen]

Leaning Tower of Pisa *n* Schiefer Turm von Pisa

leant [lent] *vt, vi pt, pp of* **lean**

lean-to **I.** *n* ① (*building extension*) Anbau *m*
② AM, AUS (*camping shelter*) Schuppen *m,* [*mit Pultdach*]
II. *n modifier* (*garage, shed, shelter*) Anbau-

leap [li:p] **I.** *n* ① (*jump*) Sprung *m;* (*bigger*) Satz *m;* **to make** [*or* **take**] **a ~** einen Sprung/Satz machen
② (*fig: increase*) Sprung *m fig* (**in** bei +*dat*)
③ (*fig: change*) **a ~ of faith/imagination** ein Sinneswandel *m*/Gedankensprung *m; **it takes quite a ~ of the imagination to believe that …*** es bedarf einer ziemlichen Anstrengung, zu glauben, dass …
► PHRASES: **by** [*or* **in**] **~s and bounds** sprunghaft; **to come on in ~s and bounds** sich *akk* sprunghaft verbessern; **a ~ in the dark** ein Sprung *m* ins Ungewisse
II. *vi* <leapt *or* AM *esp* leaped, leapt *or* AM *esp* leaped> ① (*jump*) springen; ***the wolf ~t at his throat*** der Wolf sprang ihm an die Kehle; ■**to ~ forward** nach vorne springen; **to ~ high** in die Höhe springen; ■**to ~ across sth** über etw *akk* springen; ■**to ~ from sth** von etw *dat* springen; ■**to ~ on sb/sth** sich *akk* auf jdn/etw stürzen; ■**to ~ over sth** über etw *akk* springen

❷ (*rush*) ■**to ~ to do sth** einen Satz machen, um etw zu tun; ***the girl ~t to hold the door open*** das Mädchen sprang herbei, um die Tür aufzuhalten; **to ~ to sb's defence** (*fig*) zu jds Verteidigung eilen
❸ (*fig: be enthusiastic*) **to ~ at the chance to do sth** die Chance ergreifen, etw zu tun *fig;* **to ~ at** [*or* **on**] **an idea/a suggestion** eine Idee/einen Vorschlag begeistert aufnehmen; **to ~ with joy** vor Freude einen Luftsprung machen
▶ PHRASES: **sth ~s to the eye** etw springt ins Auge; **sb's heart ~s** jds Herz schlägt höher; **to ~ to mind** in den Sinn kommen
III. *vt* <**leapt** *or* AM *usu* **leaped, leapt** *or* AM *usu* **leaped**> ■**to ~ sth** über etw *akk* springen; (*get over in a jump*) etw überspringen
◆**leap out** *vi* ❶ (*jump out*) herausspringen; (*from behind sth*) hervorspringen; ■**to ~ out of sth** aus etw *dat* herausspringen; ■**to ~ out at sb** sich *akk* auf jdn stürzen
❷ (*fig: grab attention*) ■**to ~ out at sb** jdm ins Auge springen
◆**leap up** *vi* ❶ (*jump up*) aufspringen
❷ (*fig: increase*) in die Höhe schießen; ***the children had ~t up since I last saw them*** die Kinder waren [ganz schön] gewachsen, seit ich sie das letzte Mal gesehen hatte
leapfrog I. *n no pl* Bockspringen *nt;* **to play a game of ~** Bockspringen spielen
II. *vt* <-gg-> ■**to ~ sb/sth** ❶ (*vault*) über jdn/etw einen Bocksprung machen
❷ (*go around*) jdn/etw umgehen; (*fig: skip*) jdn/etw überspringen; ***she ~ged several levels in her rush up the promotion ladder*** sie übersprang mehrere Ebenen bei ihrem Aufstieg auf der Karriereleiter
III. *vi* <-gg-> ❶ (*vault*) ■**to ~ over sb/sth** über jdn/etw einen Bocksprung machen
❷ (*fig: jump over*) ■**to ~ somewhere** irgendwohin springen; ***the team has ~ged from third to first place*** die Mannschaft ist vom dritten auf den ersten Platz [vor]gesprungen
leapt [lept] *vt, vi pt, pp of* **leap**
leap year *n* Schaltjahr *nt*
learn [lɜːn, AM lɜːrn] **I.** *vt* <**learnt** *or* AM *usu* **learned, learnt** *or* AM *usu* **learned**> ❶ (*acquire knowledge, skill*) ■**to ~ sth** etw lernen; ***we'll ~ to get along without him*** wir werden lernen, ohne ihn zurechtzukommen; ***my sister has ~t to swim*** meine Schwester hat schwimmen gelernt; ***the pupils ~t what to do when …*** die Schüler lernten, was sie zu tun haben, wenn …; ***you'll ~ what to do when we get there*** du wirst erfahren, was zu tun ist, wenn wir dort ankommen; ***has mankind ~t what the consequences of war are?*** hat die Menschheit begriffen, was die Folgen von Krieg bedeuten?; **to ~ to live with sth** mit etw *dat* zu leben lernen; ■**to ~ how to do sth** lernen, wie man etw tut; ■**to ~ that …** lernen, dass …; ***I later ~t that the message had never arrived*** ich erfuhr später, dass die Nachricht niemals angekommen war
❷ (*hum hist: teach*) ■**to ~ sb** jdn lehren; ***that'll ~ you!*** das wird dir eine Lehre sein!
▶ PHRASES: **to ~ sth by heart** etw auswendig lernen; **to ~ one's lesson** seine Lektion lernen; **to ~ sth the hard way** etw auf die harte Tour lernen *fam*
II. *vi* <**learnt** *or* AM *usu* **learned, learnt** *or* AM *usu* **learned**> ❶ (*master*) lernen; **some people never ~!,** manche lernens nie!; ■**to ~ about sb/sth** etwas über jdn/etw lernen; **to ~ by experience** aus Erfahrung lernen; **to ~ by** [*or* **from**] **one's mistakes** aus seinen Fehlern lernen
❷ (*become aware of*) ■**to ~ about** [*or* **of**] **sth** von etw *dat* erfahren
learned[1] [lɜːnd, AM lɜːrnd] *adj* angelernt; **~ behaviour** angelerntes Verhalten
learned[2] [ˈlɜːnɪd, AM ˈlɜːrn-] *adj* (*form*) gelehrt; **my ~ colleague** mein verehrter Herr Kollege/meine verehrte Frau Kollegin; **my ~ friend** BRIT LAW mein geschätzter Herr Kollege/meine geschätzte Frau Kollegin; (*hum*) mein verehrter Freund/meine verehrte Freundin
learned journal *n* Fachzeitschrift *f*
learner [ˈlɜːnəʳ, AM ˈlɜːrnə] *n* ❶ (*one who's learning, training*) Lernende(r) *f(m);* (*beginner*) Anfänger(in) *m(f);* (*pupil*) Schüler(in) *m(f);* ***a language course for intermediate ~s*** ein Sprachkurs für fortgeschrittene Anfänger; **advanced ~s** Fortgeschrittene *pl;* **to be a quick ~** schnell lernen
❷ BRIT (*learner driver*) Fahrschüler(in) *m(f)*
learner driver *n* BRIT Fahrschüler(in) *m(f)*
learning [ˈlɜːnɪŋ, AM ˈlɜːr-] *n no pl* ❶ (*acquisition of knowledge*) Lernen *nt*
❷ (*education*) Bildung *f;* (*extensive knowledge*) Gelehrsamkeit *f;* ***he is a man of great ~*** er ist ein bedeutender Gelehrter
learning curve *n* Lernkurve *f;* **to be on a steep ~** sehr viel dazulernen **learning difficulties** *npl* Lernschwierigkeiten *pl;* **school for children with ~** Schule *f* für lernschwache Kinder; **specific ~** spezifische Lernschwierigkeiten **learning disability** *n* Lernstörung *f;* (*more severe*) Lernbehinderung *f* **learning disabled** *adj* lerngestört; (*more severe*) lernbehindert
learnt [lɜːnt, AM lɜːrt] *vt, vi pt, pp of* **learn**
lease [liːs] **I.** *vt* ■**to ~ sth** ❶ (*let on long-term basis*) *flat, house* etw vermieten; *land, property* etw verpachten; *equipment, vehicle* etw vermieten [*o* verleihen]; ■**to ~ sb sth** jdm etw *akk* vermieten; ■**to ~ sth to sb** etw an jdn vermieten
❷ (*rent long-term*) *flat, house* etw mieten; *land, property* etw pachten; *equipment, vehicle* etw leasen
II. *n of flat, house* Mietvertrag *m; of land, property* Pachtvertrag *m; of equipment, vehicle* Leasingvertrag *m;* **a ~ expires** [*or* **runs out**] ein Mietvertrag läuft aus; **to take out a ~** einen Mietvertrag abschließen
▶ PHRASES: **to give sth a new ~ on life** etw zu neuem Leben erwecken, etw *dat* eine zweite Chance geben
leaseback I. *n of flat, house Eigentumsübertragung mit anschließender Rückvermietung an den Verkäufer; of land, property Eigentumsübertragung mit anschließender Rückverpachtung an den Verkäufer*
II. *n modifier* (*agreement, conditions, contract, deal*) Rückmiet-, Rückverpachtungs- **leasehold I.** *n* ❶ *no pl* (*having property*) Pachtbesitz *m;* **to have sth on ~** etw gepachtet haben [*o* in [*o* zur] Pacht haben]; **to hold the/a ~** Pachtbesitz haben
❷ (*leased property*) Pachtgrundstück *nt* **II.** *n modifier* (*land, property*) Pacht- **leaseholder** *n of land* Pächter(in) *m(f); of flat, house* Mieter(in) *m(f); of equipment, vehicle* Leasingnehmer(in) *m(f)*
leash [liːʃ] **I.** *n* ❶ (*lead*) Leine *f;* ■**to be on a ~** an einer Leine sein; ***pets must be on a ~*** Haustiere müssen angeleint sein; **to be kept on a ~** an einer Leine geführt werden; **to strain at the ~** an der Leine zerren
❷ (*fig: restraint*) *on emotions, feelings* Zügel *m fig;* **to give sb a long ~** jdm viel Freiheit geben; **to strain at the ~** vor Ungeduld platzen *fam*
II. *vt* ❶ (*lead with leash*) **to ~ a dog** einen Hund anleinen
❷ (*fig: restrain*) ■**to ~ sth** *emotions, feelings* etw zügeln
leash law *n* AM Gesetz, das das Anleinen von Hunden vorschreibt
leasing [ˈliːsɪŋ] *n no pl* ❶ (*let on long-term basis*) *of land* Verpachten *nt; of flat, house* Vermieten *nt;* (*of cars, equipment*) Leasing *nt*
❷ (*rent long-term*) *of land* Pachten *nt; of flat, house* Mieten *nt; of cars, equipment* Leasen *nt*
leasing company *n* Leasingfirma *f*
least [liːst] **I.** *adv inv* am wenigsten; ***disaster struck when we ~ expected it*** das Unglück schlug zu, als wir es am wenigsten erwarteten; ***the ~ likely of the four to win*** von den vier diejenige mit den geringsten Gewinnchancen; **the ~ little thing** die kleinste Kleinigkeit; **~ of all** am allerwenigsten; ***no one believed her, ~ of all the police*** niemand glaubte ihr, schon gar nicht die Polizei
▶ PHRASES: **~ said, soonest mended** (*prov*) vieles Reden lässt alte Wunden nur schwer heilen *fig*
II. *adj det* ❶ (*tiniest amount*) geringste(r, s); ***of all our trainees, she has the ~ ability*** von all unseren Auszubildenden ist sie am unfähigsten; ■**at ~** (*minimum*) mindestens, wenigstens; (*if nothing else*) wenigstens, zumindest; ***he's lost all his money but at ~ he's still got his house*** er hat sein ganzes Geld verloren, aber wenigstens sein Haus hat er noch; **the line of ~ resistance** der Weg des geringsten Widerstandes
❷ BIOL Zwerg-
leastways [ˈliːstweɪz] *adv inv* (*fam*) zumindest, wenigstens
leather [ˈleðəʳ, AM -ɚ] **I.** *n* ❶ *no pl* (*material*) Leder *nt*
❷ (*clothing*) ■**~s** *pl* Leder[be]kleidung *f*
❸ (*for polishing*) Lederlappen *m*
II. *n modifier* (*belt, binding, gloves, handbag, jacket, shoes, strap*) Leder-
leatherback *n,* **leatherback turtle** *n* Lederschildkröte *f*
leatherette® [ˌleðəʳˈet, AM -əˈret] **I.** *n no pl* Kunstleder *nt*
II. *n modifier* (*belt, handbag, seat, suitcase*) Kunstleder-
leatherneck *n* AM (*sl: US Marine*) Ledernacken *m fam*
leathery [ˈleðəri, AM -ɚi] *adj* ❶ (*tough, thick*) ledrig, lederartig
❷ (*pej*) *meat, pastry* zäh
❸ *hands, skin* ledern
leave [liːv] **I.** *n no pl* ❶ (*departure*) Abreise *f*
❷ (*farewell*) Abschied *m;* **to take** [**one's**] **~** [**of sb**] sich *akk* [von jdm] verabschieden
❸ (*permission, consent*) Erlaubnis *f;* **to ask sb's ~** jdn um Erlaubnis bitten; **to get/have sb's ~** [**to do sth**] jds Erlaubnis bekommen/haben[, etw zu tun]; ■**with/without sb's ~** mit/ohne jds Erlaubnis; **absence without ~** unerlaubtes Fernbleiben; **without so much as a by your ~** (*iron*) ohne auch nur im mindesten um Erlaubnis zu fragen
❹ (*vacation time*) Urlaub *m;* **maternity ~** Mutterschaftsurlaub *m;* **sick ~** Genesungsurlaub *m;* **annual ~** Jahresurlaub *m;* **to be/go on ~** in Urlaub sein/gehen; **to be on ~ for sth** für etw *akk* beurlaubt sein; **to get ~ to do sth** freibekommen, um etw zu tun
▶ PHRASES: **to have taken** [**complete**] **~ of one's senses** [völlig] übergeschnappt sein *fam;* ***have you taken ~ of your senses? that's a very dangerous animal!*** bist du noch bei Trost? das ist ein sehr gefährliches Tier! *fam;* **to do sth by one's own ~** (*dated*) etw tun, ohne überhaupt zu fragen
II. *vt* <**left, left**> ❶ (*depart from*) ■**to ~ sth** *place* etw verlassen; ***the train ~s the station in five minutes*** der Zug fährt in fünf Minuten vom Bahnhof ab; ***he left them and came over to speak with us*** er ließ sie stehen und kam herüber, um mit uns zu sprechen
❷ (*go away permanently*) **to ~ home** von zu Hause weggehen [*o* fortgehen]; **to ~ one's husband/wife** seinen Ehemann/seine Ehefrau verlassen; **to ~ a job** eine Stelle aufgeben; **to ~ school/university** die Schule/Universität beenden; **to ~ work** aufhören zu arbeiten
❸ (*not take away with*) ■**to ~ sth** etw zurücklassen; ***I'll ~ my winter coat — I won't need it*** ich lasse meinen Wintermantel da – ich werde ihn nicht brauchen; **to ~ a message/note** [**for sb**] [jdm] eine Nachricht/ein paar Zeilen hinterlassen; ■**to ~ sb/sth with sb** jdn/etw bei jdm lassen
❹ (*forget to take*) ■**to ~ sth** etw vergessen
❺ (*let traces remain*) **to ~ footprints/stains** Fußabdrücke/Flecken hinterlassen; ***the incident left a feeling of resentment*** der Vorfall hinterließ einen unangenehmen Nachgeschmack
❻ (*cause to remain*) ■**to ~ sth** etw übrigbleiben lassen; ***five from twelve ~s seven*** zwölf weniger fünf macht sieben; ■**to ~ sb sth** [*or* **to ~ sth for sb**] jdm etw übriglassen; ***if you take two, then that ~s me three*** wenn du zwei nimmst, bleiben drei für

mich übrig; ***we were left with five pieces that we couldn't fit into the jigsaw*** uns blieben am Ende fünf Teile übrig, die wir nicht in das Puzzle einfügen konnten
⑦ (*cause to remain in a certain state*) **to ~ sb/an animal alone** jdn/ein Tier alleine lassen; **to ~ sb better/worse off** jdn in einer besseren/schlechteren Situation zurücklassen; **to be left homeless** obdachlos sein; **to ~ sth on/open** etw eingeschaltet/offen lassen; ■**to ~ sb/sth doing sth** ***I left the children watching television*** ich ließ die Kinder vor dem Fernseher zurück; ***he left the engine running*** er ließ den Motor laufen
⑧ (*not change*) ■**to ~ sth** etw lassen; ***~ that, I'll take care of it later*** lass das, ich kümmere mich später darum
⑨ (*not eat*) ■**to ~ sth** etw übrig lassen
⑩ (*bequeath*) ■**to ~ sth** etw hinterlassen; **to ~ sb sth in one's will** jdm etw testamentarisch vermachen
⑪ (*be survived by*) ■**to ~ sb** jdn hinterlassen; ***he ~s a wife and two young children*** er hinterlässt eine Frau und zwei kleine Kinder
⑫ (*put off doing*) ■**to ~ sth** etw lassen; ***I'll ~ the rest of the work for tomorrow*** ich hebe mir den Rest der Arbeit für morgen auf; ***don't ~ it too late!*** schieb es nicht zu lange auf!; ***you've left it too late to apply again*** du hast damit zu lange gewartet, um dich nochmal bewerben zu können; ***do you always ~ doing things till the very last possible minute?*** schiebst du immer alles bis zur allerletzten Minute auf?
⑬ (*not discuss further*) **to ~ a question/subject** eine Frage/ein Thema lassen; ***let's ~ it at that*** lassen wir es dabei bewenden
⑭ (*assign*) ■**to ~ sth to sb** *decision* jdm etw überlassen; ***I left making the important decisions to Martha*** ich überließ es Martha, die wichtigen Entscheidungen zu treffen; ■**to ~ sb to do sth** ***I left her to make the decision*** ich ließ sie die Entscheidung treffen; ■**to ~ it to sb [to do sth]** es jdm überlassen[, etw zu tun]
► PHRASES: **to ~ sth up in the air** etw offen lassen; **to ~ sb holding the baby** [*or* AM **bag**] (*fam*) jdn die Suppe auslöffeln lassen *fam;* **to ~ nothing/sth to chance** nichts/etw dem Zufall überlassen; **to ~ sb out in the cold** jdn ignorieren; ***everyone else had been invited, only he had been left out in the cold*** alle anderen waren eingeladen worden, nur ihn hatte man übergangen; ***the new taxation system ~s single mothers out in the cold*** das neue Steuersystem lässt alleinerziehende Mütter im Regen stehen; **to ~ sb to their own devices** jdn sich *dat* selbst überlassen; **to ~ the door open to sth** etw begünstigen; ***this will ~ the door open to domestic companies to compete for international business*** dies wird es inländischen Firmen erleichtern, um das internationale Geschäft zu konkurrieren; **to ~ go** [*or* **hold**] **of sb/sth** jdn/etw loslassen; **to ~ a lot to be desired** viel zu wünschen übrig lassen; **to ~ sb in the lurch** jdn im Stich [*o fam* hängen] lassen; **to ~ sb on the sidelines, to ~ sb standing** jdn ausstechen; **to ~ no stone unturned** nichts unversucht lassen; **to ~ a bad** [*or* **sour**] [*or* **unpleasant**] **taste [in one's mouth]** einen unangenehmen Nachgeschmack hinterlassen *fig;* **to ~ sb alone** jdn in Ruhe lassen; **~ well [enough] alone!** lass die Finger davon!; **to ~ sb cold** jdn kalt lassen; **to ~ oneself wide open** sich *dat* eine Blöße geben; **to ~ sb be** jdn in Ruhe lassen; **just ~ it be** lass es gut sein; **~ it to sb to do sth** du kannst darauf zählen, dass jd etw tut; ***~ it to John to forget the keys!*** natürlich hat John wieder die Schlüssel vergessen!
III. *vi* <left, left> [weg]gehen; *vehicle* abfahren; *plane* abfliegen; ***our train is leaving in five minutes*** unser Zug fährt in fünf Minuten ab; ***we are leaving for Paris*** wir fahren nach Paris
◆**leave aside** *vt* ■**to ~ aside ○ sth** etw beiseite lassen
◆**leave behind** *vt* ① (*not take along*) ■**to ~ behind ○ sb/sth** jdn/etw zurücklassen; ***hurry up or you'll get left behind!*** beeil dich oder du bleibst hier!
② (*leave traces*) ■**to ~ behind ○ sth** etw hinterlassen; ***we've left all that behind us*** all das liegt hinter uns; **to ~ behind a chaos/a mess** ein Chaos/Unordnung hinterlassen; **to ~ behind a mystery** ein Rätsel aufgeben
③ (*fig: no longer participate in*) ■**to ~ sth ○ behind** etw hinter sich *dat* lassen
④ (*progress beyond*) ■**to be left behind** den Anschluss verpassen
◆**leave off I.** *vt* ① (*omit*) ■**to ~ sb/sth off** jdn/etw auslassen; **to leave sb/sb's name off a list** jdn/jds Namen nicht in eine Liste aufnehmen
② (*not put on*) **to ~ a lid off sth** keinen Deckel auf etw *akk* geben, etw offen lassen
③ (*not wear*) **to ~ one's coat off** seinen Mantel nicht anziehen
④ (*not turn on*) **to ~ the radio off** das Radio aus[gestellt] lassen
II. *vi* (*fam*) ① (*stop*) aufhören; ■**to ~ off sth** mit etw *dat* aufhören; ■**to ~ off doing sth** (*dated*) aufhören, etw zu tun; ■**to ~ off sb** jdn in Ruhe lassen *fam*
② (*dated: stop bothering*) Ruhe geben *fam;* ***hey, ~ off! I hate people touching my hair*** he, lass das! ich mag es nicht, wenn Leute meine Haare anfassen *fam*
◆**leave out** *vt* ① (*omit*) ■**to ~ out ○ sth** etw auslassen; *chance, opportunity* etw auslassen [*o* verpassen]; *facts, scenes* etw weglassen; ***she left the almonds out of the cake*** sie gab keine Mandeln in den Kuchen
② (*exclude*) ■**to ~ out ○ sb** jdn ausschließen
► PHRASES: **~ it out!** BRIT (*sl: desist*) hör auf!; (*that can't be true*) ist nicht wahr! *fam*
◆**leave over** *vt usu passive* ■**to be left over [from sth]** [von etw *dat*] übrig geblieben sein; ***this is a tradition left over from pre-Christian times*** das ist ein Brauch, der noch aus vorchristlicher Zeit stammt
-leaved [li:vd] *in compounds* -blättrig
leave entitlement *n no pl* BRIT, AUS Urlaubsanspruch *m*
leaven ['levᵊn] **I.** *vt usu passive* ① (*make rise*) **to ~ bread/dough** Brot/Teig gehen lassen; ***this dough is ~ed with yeast*** dieser Teig enthält Hefe
② (*fig: lighten*) ■**to be ~ed by** [*or* **with**] **sth** mit etw *dat* aufgelockert werden
II. *n no pl* ① (*rising agent*) Gärmittel *nt*
② (*dough*) Sauerteig *m*
③ (*fig, esp approv: influence*) Auflockerung *f;* (*cheering up*) Aufheiterung *f*
leavened ['levᵊnd] *adj inv* **~ bread** gesäuertes Brot
leave of absence *n no pl* Freistellung *f*
leaves [li:vz] *n pl of* **leaf**
leave-taking *n no pl* Abschied *m*
leaving ['li:vɪŋ] *n* ① *no pl* (*departure*) Abreise *f*
② (*things*) ■**~s** *pl* Überbleibsel *ntpl fam*
③ (*food*) ■**~s** *pl* Reste *mpl*
leaving party *n* Abschiedsparty *f*
Lebanese [ˌlebə'ni:z] **I.** *n* <*pl* -> Libanese, -in *m, f*
II. *adj inv* libanesisch
lech [letʃ] **I.** *n* ① (*pej fam: person*) Wüstling *m pej*
② (*desire*) Begierde *f,* Verlangen *nt geh*
II. *vi* ■**to ~ after sb** jdm nachstellen
lecher ['letʃəʳ, AM -ɚ] *n* (*pej*) Wüstling *m pej*
lecherous ['letʃᵊrəs, AM -ərəs] *adj* (*pej: interested in sex*) geil *oft pej;* (*filled with desire*) lüstern
lechery ['letʃᵊri, AM -əri] *n no pl* (*pej: interest in sex*) Geilheit *f oft pej;* (*desire*) Lüsternheit *f*
lecithin ['lesɪθɪn] *n no pl* CHEM Lezithin *nt*
lectern ['lektən, AM -tɚn] *n* [Redner]pult *nt;* REL Lektionar *nt fachspr*
lector ['lektɔ:ʳ, AM -tɚ] *n* ① REL Lektor(in) *m(f),* Vorleser(in) *m(f)*
② UNIV Lektor(in) *m(f)*
lecture ['lektʃəʳ, AM -ɚ] **I.** *n* ① (*formal speech*) Vortrag *m* (**on/about** über +*akk*); ***he gave a ~ to the Women's Institute about pollution*** er hielt einen Vortrag über Umweltverschmutzung vor dem Frauenverein; **~ circuit** Vortragsreiseroute *f;* UNIV Vorlesung *f* (**on** über +*akk*)
② (*pej: criticism*) Standpauke *f fam;* **to give sb a ~ on sth** (*reproach*) jdm über etw *akk* Vorhaltungen machen; (*advise*) jdm einen Vortrag über etw *akk* halten *fam*
II. *vi* ① UNIV eine Vorlesung halten; ■**to ~ in/on sth** eine Vorlesung/Vorlesungen über etw *akk* halten; ***he ~s on applied linguistics*** er liest über Angewandte Linguistik
② (*pej: criticize*) ■**to ~ [about sth]** [über etw *akk*] belehren
III. *vt* ■**to ~ sb on sth** ① (*give speech*) jdm über etw *akk* einen Vortrag halten; UNIV vor jdm über etw *akk* eine Vorlesung halten
② (*criticize*) jdm wegen einer S. *gen* eine Standpauke halten *fam;* (*advise*) jdm über etw *akk* einen Vortrag halten *fam*
lecturer ['lektʃᵊrəʳ, AM -ɚɚ] *n* ① (*speaker*) Redner(in) *m(f)*
② (*at university*) Dozent(in) *m(f);* (*without tenure*) Lehrbeauftragte(r) *f(m)*
lecture room *n* UNIV Hörsaal *m*
lectureship ['lektʃəʃɪp, AM -tʃɚ-] *n* Dozentur *f;* **to have a ~ in sth** eine Dozentenstelle für etw *akk* haben
lecture theatre *n* Hörsaal *m* **lecture tour** *n* Vortragsreise *f*
led [led] *pt, pp of* **lead**
LED [ˌeli:'di:] *n see* **light-emitting diode** LED *f*
LED display *n* LED-Anzeige *f*
ledge [ledʒ] *n* Sims *m o nt;* (*in rocks*) Felsvorsprung *m;* **window ~** Fenstersims *m o nt*
ledger ['ledʒəʳ, AM -ɚ] *n* ① FIN [**nominal** [*or* **general**]] **~** Hauptbuch *nt,* Hauptbuch *nt;* **bought** [*or* **purchase**] **~** Einkaufsbuch *nt;* **payroll ~** Lohn- und Gehaltsliste *f*
② (*for angling*) Angelleine *f,* [*mit festliegendem Köder*]; **~ tackle** Grundangel *f*
ledger line *n* MUS Hilfslinie *f*
lee [li:] **I.** *n no pl* Windschatten *m;* GEOG, NAUT Lee *f o nt fachspr;* ***in the ~ of the boulders*** im Windschatten der Felsbrocken
II. *n modifier* (*side, slopes*) windgeschützt; GEOG, NAUT Lee- *fachspr*
leech <*pl* -es> [li:tʃ] **I.** *n* ① (*worm*) Blutegel *m*
② (*fig: clingy person*) Klette *f fig pej;* **to cling to sb like a ~** an jdm wie eine Klette hängen
③ (*pej: person who uses others*) Blutsauger(in) *m(f) pej*
II. *vi* ■**to ~ on** [*or* **off**] **sb/sth** (*rely on*) von jdm/etw abhängen; (*exploit*) bei jdm/etw schmarotzen *pej*
leek [li:k] *n* Lauch *m*
leer [lɪəʳ, AM lɪr] (*pej*) **I.** *vi* ■**to ~ at sb** jdm anzügliche Blicke zuwerfen
II. *n* anzügliches Grinsen
leering ['lɪərɪŋ, AM 'lɪr-] *adj attr* (*pej*) anzüglich
leery ['lɪəri, AM 'lɪri] *adj pred* (*fam*) misstrauisch; ■**to be ~ of sb/sth** jdm/etw misstrauisch gegenüberstehen
lees [li:z] *npl* ■**the ~** der Bodensatz; (*fig*) der Sumpf *fig*
► PHRASES: **to drink life to the ~** das Leben in vollen Zügen genießen
leeward ['li:wəd, AM -wɚd] **I.** *adj inv* windgeschützt; GEOG, NAUT Lee- *fachspr*
II. *adv inv* auf der windabgewandten Seite; GEOG, NAUT leewärts *fachspr*
leeway ['li:weɪ] *n no pl* Spielraum *m;* **to give sb ~** jdm Spielraum einräumen; **to be left ~ to do sth** Spielraum haben, um etw zu tun; **to make up ~** Liegengebliebenes aufarbeiten
left[1] [left] *pt, pp of* **leave**
left[2] [left] **I.** *n* ① *no pl* (*direction*) ***from ~ to right*** von links nach rechts; **to approach from the ~** sich *akk* von links nähern; **to move/turn to the ~** nach links rücken/abbiegen
② (*left turn*) **to make** [*or* **take**] [*or fam* **hang**] **a ~** [nach] links abbiegen

❸ (*street on the left*) **the first/second/third** ~ die erste/zweite/dritte Straße links
❹ *no pl* (*left side*) ■**the** ~ die linke Seite; ***my sister is third from the*** ~ meine Schwester ist die Dritte von links; ■**on/to the** ~ links; ■**on/to sb's** ~ zu jds Linken, links von jdm; ***the speakers are sitting on my*** ~ die Redner sitzen links von mir
❺ SPORTS linke [Spielfeld]seite; ***this team always attacks from the*** ~ diese Mannschaft greift immer von links an
❻ MIL linker Flügel; ***attacks from the enemy's*** ~ Angriffe vom linken Flügel des Feindes
❼ *no pl* (*political grouping*) ■**the** ~ die Linke; **party on the** ~ Linkspartei *f;* **the loony** ~ (*pej*) die radikale Linke
❽ (*fam: left-handed punch*) Linke *f*
II. *adj* ❶ *inv* (*position, direction*) linke(r, s); ~ **leg** linkes Bein
❷ (*political direction*) linke(r, s), linksgerichtet; ***the*** ~ ***wing of the party*** der linke Flügel der Partei
► PHRASES: **to have two** ~ **feet** zwei linke Füße haben *fam;* **to marry with the** ~ **hand** eine Ehe zur linken Hand schließen
III. *adv inv* (*direction*) nach links; (*side*) links; **to keep/turn** ~ sich *akk* links halten/links abbiegen
► PHRASES: ~, **right and centre** überall; ***on the ship people were throwing up*** ~, ***right and centre*** auf dem Schiff übergaben sich die Leute überall
left back *n* SPORTS linker Verteidiger **left field** *n* (*baseball area*) ■**the** ~ das linke Spielfeld ► PHRASES: **to be out in** ~ AM völlig falsch liegen *fam* **left-footed** [ˌleftˈfʊtɪd] *adj inv person* bevorzugt das linke Bein einsetzend; *kick* mit dem linken Fuß getreten **left-hand** *adj attr* ❶ (*on sb's left side*) linke(r, s); ~ **side** linke Seite ❷ SPORTS ~ **catch/shot/volley** mit links gefangener Ball/ausgeführter Schuss/ausgeführter Volley ❸ (*in road*) ~ **bend** Linkskurve *f* **left-hand drive** *n* ❶ *no pl* (*steering system*) Linkssteuerung *f* ❷ (*car*) *Auto, bei dem sich das Steuer auf der linken Seite befindet* **left-handed** I. *adj* ❶ (*of person*) linkshändig; ***she is*** ~ sie ist Linkshänderin; ~ **person** Linkshänder(in) *m(f)* ❷ *attr* (*for left hand use*) Linkshänder-; ~ **scissors** Schere *f* für Linkshänder/Linkhänderinnen
❸ (*turning to left*) *racetrack* linksläufig; *screw* linksdrehend; BIOL linksgedreht ❹ (*fig: of emotions*) pervers; (*sadistic*) sadistisch II. *adv* linkshändig; ***do you write*** ~ ***or right-handed?*** schreibst du mit der linken oder [der] rechten Hand? **left-handed compliment** *n* zweifelhaftes Kompliment **left-hander** *n* ❶ (*person*) Linkshänder(in) *m(f)*
❷ (*curve in road*) Linkskurve *f* ❸ (*hit*) Schlag *m* mit der Linken; SPORTS Linke *f*
leftie [ˈlefti] (*fam*) I. *n* ❶ (*person*) Linkshänder(in) *m(f)*
❷ (*also pej: in politics*) Linke(r) *f(m)*
II. *adj* (*also pej: of politics*) linke(r, s); ~ **views** linke Ansichten
leftish [ˈleftɪʃ] *adj* POL linke(r, s), linksliberal
leftism [ˈleftɪzᵊm] *n no pl* (*also pej*) Linksorientierung *f;* ***her comments exhibit a certain*** ~ ihre Bemerkungen zeigen eine gewisse Linkstendenz
leftist [ˈleftɪst] (*also pej*) I. *adj* (*in politics*) linke(r, s), linksorientiert; ~ **hero/martyr** Held(in) *m(f)*/Märtyrer(in) *m(f)* der Linken
II. *n* (*in politics*) Linke(r) *f(m)*
left-luggage *n,* **left-luggage office** *n* BRIT Gepäckaufbewahrung *f* **left out** *adj pred* (*not included*) ausgelassen; (*deliberately excluded*) ausgeschlossen; **to feel** ~ sich *akk* ausgeschlossen fühlen **leftover** *adj attr, inv* übrig[geblieben] **leftovers** *npl* ❶ (*food*) Reste *mpl* ❷ (*parts remaining*) Überreste *mpl,* Überbleibsel *ntpl fam* **leftward** I. *adj* nach links gerichtet; (*fig*) ***this*** ~ ***leap to a nanny state is a mistake*** dieser Ruck nach links hin zu einem Fürsorgestaat ist ein Fehler II. *adv see* **leftwards leftwards** *adv* nach links; (*fig*) ***he accused the party leadership of moving*** ~ er beschuldigte die Parteiführung, sich [zunehmend] nach links zu orientieren **left wing** *n* + *sing/pl vb* ■**the** ~ ❶ (*in politics*) die Linke; **the** ~ **of the party** der linke Parteiflügel ❷ MIL, SPORTS der linke Flügel **left-wing** *adj* linksgerichtet, links *präd;* ~ **views** linke Ansichten **left-winger** *n* Linke(r) *f(m)*
lefty *n, adj* (*pej*) *see* **leftie**
leg [leg] I. *n* ❶ (*limb*) Bein *nt;* ***she ran home as fast as her*** ~***s would carry her*** sie rannte nach Hause so schnell sie ihre Füße trugen; ~ **brace** Beinstütze *f;* **to break a/one's** ~ sich *dat* ein/das Bein brechen; **to show [a lot of]** ~ [viel] Bein zeigen
❷ (*meat*) Keule *f,* Schlegel *m* SÜDD, ÖSTERR
❸ (*clothing part*) [Hosen]bein *nt*
❹ (*support*) Bein *nt;* **chair/table** ~ Stuhl-/Tischbein *nt*
❺ (*segment*) Etappe *f;* (*round*) Runde *f;* ***the last*** ~ ***of the race*** die letzte Teilstrecke des Rennens; **the first/second** ~ **of sth** der erste/zweite Abschnitt einer S. *gen*
❻ AM (*fam*) **to have** ~**s** (*remain popular*) langfristig halten, succeed, klappen *fam;* **to lack** ~**s** (*fam*) sich *akk* nicht halten können; (*sth new*) sich *akk* nicht durchsetzen können
❼ COMPUT Zweig *m* einer Schaltung
► PHRASES: **to have one's tail between one's** ~**s** den Schwanz eingezogen haben; **to get up on one's hind** ~**s** (*rise*) sich *akk* erheben; (*defend oneself*) sich *akk* auf die Hinterbeine stellen *fam;* **to have hollow** ~**s** ein Loch im Bauch haben *fam;* **to be on one's last** ~**s** auf dem letzten Loch pfeifen *fam,* sich kaum noch auf den Beinen halten; ***I need a new car, my old one is on its last*** ~***s*** ich brauch' ein neues Auto, mein altes macht's nicht mehr lange *fam;* **break a** ~**!** Hals- und Beinbruch!; **to find one's** ~**s** sich *akk* zurechtfinden; **to get one's** ~ **over** BRIT (*fam!*) bumsen *sl;* **to give sb a** ~ **up** (*fam: help to climb*) jdm hinaufhelfen; (*fig: help sb*) jdm unter die Arme greifen *fam;* **to have a** ~ **up on sb** AM jdm gegenüber einen Vorteil haben; **to pull sb's** ~ jdn aufziehen [*o fam* auf den Arm nehmen] *fam;* **to not have** [*or* **be without**] **a** ~ **to stand on** einen schweren Stand haben *fam*
II. *vt* <-gg-> ► PHRASES: **to** ~ **it** (*fam: go on foot*) zu Fuß gehen; (*walk in a hurry*) eilen; ***we are late, we really need to*** ~ ***it*** wir sind spät dran, wir müssen uns wirklich beeilen
III. *n modifier* (*injury, support*) Bein-
legacy [ˈlegəsi] *n* ❶ LAW Vermächtnis *nt,* Erbe *nt,* Erbschaft *f;* **to leave sb a** ~ jdm ein Erbe hinterlassen [*o* vermachen]
❷ (*fig: heritage*) Erbe *nt,* Vermächtnis *nt fig;* ~ **of culture** Kulturerbe *nt;* ***a rich*** ~ ***of literature*** ein reiches literarisches Erbe
❸ (*consequence*) Auswirkung *f*
legal [ˈliːgᵊl] *adj* ❶ (*permissible by law*) legal; ***is abortion*** ~ ***in your country?*** ist Abtreibung in Ihrem Land gesetzlich zulässig?
❷ (*required by law*) gesetzlich [vorgeschrieben]; ~ **obligation/requirement** gesetzliche Verpflichtung/Erfordernis
❸ (*according to the law*) rechtmäßig; ***he adopted the boy as his*** ~ ***son*** er adoptierte den Jungen als seinen rechtmäßigen Sohn; **to be of** ~ **age** volljährig sein
❹ (*concerning the law*) rechtlich; **to take** ~ **action** [*or* **do** ~ **battle**] **against sb** rechtliche Schritte gegen jdn unternehmen; ~ **constraints** rechtliche Einschränkungen; **to make** ~ **history** Rechtsgeschichte schreiben; **to have/seek** ~ **redress** rechtliche Wiedergutmachung erhalten/verlangen; ~ **system** Rechtssystem *nt*
❺ (*of courts*) gerichtlich; (*of lawyers*) juristisch; ~ **advice** Rechtsberatung *f;* ~ **counsel** Rechtsbeistand *m,* Rechtsberater(in) *m(f);* ~ **fee** Anwaltshonorar *nt;* ~ **malpractice** Verletzung *f* des juristischen [Berufs]kodexes; ~ **profession** (*job*) Anwaltsberuf *m;* (*lawyers as a whole*) Anwaltschaft *f*
❻ COMPUT (*acceptable within language syntax*) gültig
legal aid *n no pl* [unentgeltlicher] Rechtsbeistand; **to get/have a right to** ~ ein [An]recht auf [unentgeltlichen] Rechtsbeistand erhalten/haben; **to be granted** ~ [unentgeltlichen] Rechtsbeistand gewährt bekommen **legal aid centre** *n* Rechtsberatungsstelle *f* **legal beagle** *n* (*fam*), **legal eagle** *n* (*fam*) Rechtsverdreher(in) *m(f) hum fam*
legalese [ˌliːgᵊlˈiːz] *n no pl* (*pej fam*) Juristensprache *f,* Juristenjargon *m oft pej*
legal holiday *n* AM gesetzlicher Feiertag
legalism [ˈliːgᵊlɪzᵊm] *n no pl* Juristenjargon *m*
legalistic [ˌliːgᵊlˈɪstɪk] *adj* (*pej*) legalistisch *pej geh;* ***a highly*** ~ ***interpretation of the law*** eine Auslegung, die sich stur an den Buchstaben des Gesetzes orientiert *pej fam*
legalistically [ˌliːgᵊlˈɪstɪkli] *adv* (*pej*) legalistisch *pej geh*
legality [liːˈgæləti, AM -ət̬i] *n* ❶ *no pl* (*lawfulness*) Legalität *f,* Gesetzmäßigkeit *f;* ***the report is not clear on the*** ~ ***of this*** der Bericht gibt keine eindeutige Auskunft darüber, ob dies gesetzlich zulässig sei
❷ (*laws*) ■**legalities** *pl* gesetzliche Bestimmungen
legalization [ˌliːgᵊlaɪˈzeɪʃᵊn, AM -lɪˈ-] *n no pl* Legalisierung *f geh*
legalize [ˈliːgᵊlaɪz] *vt* ■**to** ~ **sth** etw legalisieren *geh*
legally [ˈliːgᵊli] *adv* ❶ (*permissible by law*) legal; ***are the children*** ~ ***allowed in the pub?*** ist es legal, dass die Kinder in der Kneipe sind?
❷ (*required by law*) ~ **obliged/required** gesetzlich verpflichtet/vorgeschrieben
❸ (*according to the law*) rechtmäßig; ~ **protected animals** gesetzlich geschützte Tiere
❹ (*concerning the law*) rechtlich; ***you are dealing with politically and*** ~ ***sensitive material*** du befasst dich [da] mit politisch und rechtlich gesehen brisantem Material
legal person *n* LAW Rechtsperson *f fachspr* **legal separation** *n* (*of married couple*) gesetzliche Trennung; (*of child and parent*) gesetzliche Regelung des Sorgerechts **legal tender** *n no pl* gesetzliches Zahlungsmittel
legate [ˈlegət, AM -ɪt] *n* ❶ HIST (*of Roman province*) Legat *m*
❷ (*clergy member*) päpstlicher Gesandter, Legat *m*
legatee [ˌlegəˈtiː] *n* LAW (*spec*) Vermächtnisnehmer(in) *m(f),* Legatar(in) *m(f) fachspr*
legation [lɪˈgeɪʃᵊn] *n* ❶ (*group*) Gesandtschaft *f*
❷ *no pl* (*sending of representative*) Entsendung *f geh*
❸ (*building*) Gesandtschaftsgebäude *nt*
leg before wicket I. *adv* **to be out** ~ aus sein, weil das vor dem Tor stehende Bein von einem Wurf getroffen wurde
II. *adj inv* von einem Wurf am Bein, das vor dem Tor steht, getroffen
III. *n* Wurf *m* gegen ein vor dem Tor stehendes Bein
legend [ˈledʒənd] I. *n* ❶ (*old story*) Sage *f;* (*about saint*) Legende *f*
❷ *no pl* (*body of stories*) Sagenschatz *m;* (*of saints*) Legendensammlung *f;* ~ **has it that ...** es heißt, dass ...
❸ (*famous person*) Legende *f fig,* legendäre Gestalt
❹ (*on coin, diagram, map, picture*) Legende *f*
II. *adj pred* ■**to be** ~ Legende sein *fig*
legendary [ˈledʒəndᵊri, AM -deri] *adj* ❶ *inv* (*mythical*) sagenhaft; (*in legend*) legendär
❷ (*extremely famous*) legendär; ■**to be** ~ **for sth** für etw *akk* berühmt sein
legerdemain [ˌle(d)ʒədəˈmeɪn, AM -ədəˈ-] *n no pl*
❶ (*of conjuring*) Kniff *m*
❷ (*pej: deception*) Schwindelei *f pej*
legged [legd] *adj inv* -beinig
leggings [ˈlegɪŋz] *npl* ❶ (*tight-fitting*) Leggings *pl*
❷ (*for protection*) Überhose *f;* (*for child*) Gamaschenhose *f*
leggy [ˈlegi] *adj* ❶ (*of woman*) langbeinig, mit langen Beinen *nach n*
❷ (*of young animal, child*) staksig
❸ (*of plant*) vergeilt *fachspr,* verspillert *fachspr*
Leghorn [ˈleghɔːn, AM -hɔːrn] *n no pl* ❶ GEOG Livorno *nt*
❷ FASHION italienischer Strohhut

❸ ZOOL Leghorn *nt*
legibility [ˌledʒəˈbɪləti, AM -ət̬i] *n no pl* Leserlichkeit *f;* (*fig*) Erkennbarkeit *f,* [Aus]deutbarkeit *f*
legible [ˈledʒəbl] *adj* lesbar
legibly [ˈledʒəbli] *adv* leserlich
legion [ˈliːdʒən] **I.** *n* ❶ + *sing vb* HIST Legion *f*
❷ + *sing vb* (*soldiers*) Armee *f;* **the American/[Royal] British L~** *Verband der amerikanischen/britischen Kriegsteilnehmer des ersten Weltkriegs;* **the [Foreign] L~** die Fremdenlegion
❸ (*a large number*) ■ **~s** *pl* Legionen *fpl,* Scharen *fpl;* **~s of fans** umzählige Fans; **~s of supporters** zahllose Anhänger(innen) *mpl(fpl)*
II. *adj pred, inv* (*form*) unzählig, zahllos; ***his fans are ~*** er hat unzählige Fans
legionary [ˈliːdʒənəri, AM -eri] **I.** *n* HIST Legionar *m*
II. *adj* Legions-
legionnaire [ˌliːdʒəˈneəʳ, AM -ˈner] *n* (*Roman soldier*) Legionar *m;* (*member of foreign legion*) [Fremden]legionär *m;* (*of American, British Legion*) *Mitglied des amerikanischen/britischen Kriegsveteranenverbands des ersten Weltkriegs*
Legionnaires' disease *n no pl* Legionärskrankheit *f*
legislate [ˈledʒɪsleɪt] **I.** *vi* ein Gesetz erlassen; ■ **to ~ against sth** ein Gesetz gegen etw *akk* erlassen, etw gesetzlich verbieten; (*fig*) ***you can't ~ for everything*** [*or* ***every situation***] man kann sich nicht gegen alles absichern
II. *vt* ■ **to ~ sth** etw gesetzlich regeln
legislation [ˌledʒɪˈsleɪʃᵊn] *n no pl* ❶ (*laws*) Gesetze *ntpl;* **~ *against*** [*or* ***to prohibit***] ***smoking in public places*** Gesetze, die das Rauchen in der Öffentlichkeit verbieten; **a piece of ~** (*a law*) ein Gesetz *nt;* (*a proposed law*) ein Gesetzentwurf *m,* eine Gesetzesvorlage; **to introduce/pass ~** ein Gesetz einbringen/verabschieden; ***the government has promised to introduce ~ to limit fuel emissions from cars*** die Regierung hat versprochen, die Abgasemission von Kraftfahrzeugen durch neue gesetzliche Bestimmungen zu begrenzen
❷ (*law-making*) Gesetzgebung *f,* Legislatur *f form;* **delegated ~** *durch delegierte Gesetzesgebung entstandene Normen*
legislative [ˈledʒɪslətɪv, AM -leɪt̬ɪv] *adj esp attr* gesetzgebend, legislativ *form;* **~ power** gesetzgebende Gewalt, Legislative *f form*
legislative assembly *n* gesetzgebende Versammlung **legislative council** *n* AUS, IND gesetzgebender Rat
legislator [ˈledʒɪsleɪtəʳ, AM -t̬ɚ] *n* Gesetzgeber *m*
legislature [ˈledʒɪslətʃəʳ, AM -leɪtʃɚ] *n* Legislative *f;* **member of the ~** Mitglied *nt* des Parlaments, Parlamentsmitglied *nt*
legit [ləˈdʒɪt] *adj pred* (*fam*) *short for* **legitimate** sauber *fam,* okay *präd fam;* **to go ~** legal werden; *person* auf den rechten Weg kommen
legitimacy [lɪˈdʒɪtəməsi, AM ləˈdʒɪt̬ə-] *n no pl* ❶ (*rightness*) Rechtmäßigkeit *f,* Legitimität *f form;* LAW *also* Gesetzmäßigkeit *f*
❷ (*of birth*) Ehelichkeit *f*
legitimate **I.** *adj* [lɪˈdʒɪtəmət, AM ləˈdʒɪt̬ə-] ❶ (*legal*) rechtmäßig, legitim *geh;* ***I'm not sure his business is entirely ~*** ich habe meine Bedenken, ob seine Geschäfte ganz sauber sind *fam;* **a ~ government** eine gesetzmäßige Regierung
❷ (*reasonable*) *excuse, reason* gerechtfertigt; *complaint, grievance* begründet; ***this is a ~ question*** das ist eine berechtigte Frage
❸ (*born in wedlock*) **a ~ child** ein eheliches Kind
II. *vt* [lɪˈdʒɪtəmeɪt, AM ləˈdʒɪt̬ə-] ❶ (*make legal*) ■ **to ~ sth** etw für rechtsgültig erklären [*o* etw legitimieren] *geh*
❷ (*make acceptable*) ■ **to ~ sth** etw anerkennen [*o geh* legitimieren]
❸ (*change status of birth*) **to ~ a child** ein Kind rechtlich anerkennen
legitimately [lɪˈdʒɪtəmətli, AM ləˈdʒɪt̬ə-] *adv* ❶ (*legally*) legal, rechtmäßig; ***she was ~ entitled to succeed to the throne*** sie war von Gesetz wegen berechtigt, den Thron zu besteigen; **to enter a country ~** legal in ein Land einreisen
❷ (*justifiably*) gerechtfertigterweise, zu Recht
legitim(at)ize [lɪˈdʒɪtəm(ət)aɪz, AM ləˈdʒɪt̬-] *vt* ■ **to ~ sth** ❶ (*make legal*) etw legitimieren *geh,* etw für rechtsgültig erklären
❷ (*make acceptable*) etw legitimieren *geh,* etw rechtfertigen
❸ (*change status of birth*) **to ~ a child** ein Kind rechtlich anerkennen
legless [ˈlegləs] *adj* ❶ (*without legs*) beinamputiert, ohne Beine *nach n*
❷ *pred* BRIT (*sl: extremely drunk*) [völlig] blau *fam,* sturzbesoffen *fam,* sternhagelvoll *fam*
legman *n* ❶ JOURN Reporter(in) *m(f)*
❷ (*running errands*) Bote *m,* Laufbursche *m veraltend o a. pej*
Lego® [ˈlegəʊ, AM -oʊ] **I.** *n* Lego® *nt*
II. *n modifier* (*car, house, truck*) Lego-
leg-pull *n* (*fam*) Fopperei *f* **leg-puller** *n* (*fam*) Scherzbold *m fam,* Witzbold *m fam* **leg-pulling** *n no pl* (*fam*) Foppen *nt* **legroom** *n no pl* Beinfreiheit *f*
legume [ˈlegjuːm, AM *also* lɪˈgjuːm] *n* BOT Hülsenfrucht *f*
leguminous [lɪˈgjuːmɪnəs, AM ləˈ-] *adj* BOT Hülsenfrucht-; **~ plants** Hülsenfrüchtler *mpl,* Leguminosen *fpl fachspr*
leg-up [ˈlegʌp] *n usu sing* (*also fig*) **to give sb a ~** jdm [hin]aufhelfen
legwarmer *n* Legwarmer *m,* Wadenstrumpf *m*
legwork *n no pl* (*fam*) Lauferei *f fam,* [Herum]rennerei *f fam;* **to do the ~ for sb** jdm die Kleinarbeit abnehmen
Leics BRIT *abbrev of* **Leicestershire**
leisure [ˈleʒəʳ, AM ˈliːʒɚ, ˈleʒɚ] **I.** *n no pl* Freizeit *f;* **a gentleman/lady of ~** (*esp hum*) ein Lebemann/eine Lebedame *meist pej;* **to lead a life of ~** ein müßiges Leben führen, sich *akk* dem süßen Nichtstun hingeben
▶ PHRASES: **at** [**one's**] **~** in aller Ruhe; ***feel free to answer my letter at your ~*** nehmen Sie sich ruhig Zeit für die Beantwortung meines Schreibens; ***call me at your ~*** rufen Sie mich an, wenn es Ihnen gelegen ist
II. *n modifier* (*clothes*) Freizeit-; **~ activities** Hobbys *ntpl,* Freizeitaktivitäten *fpl;* **~ facilities** Freizeiteinrichtungen *fpl;* **~ hours/time** Freizeit *f*
leisure centre *n* BRIT, **leisure complex** *n* BRIT Freizeitcenter *nt*
leisured [ˈleʒəd, AM ˈliːʒɚd, ˈleʒɚd] *adj* (*form*) ❶ (*having much leisure*) müßig *geh;* **the ~ class**[**es**] die feinen Leute, die gehobene Gesellschaft
❷ (*leisurely*) gemächlich, geruhsam *geh*
leisurely [ˈleʒəli, AM ˈliːʒɚ-, ˈleʒ-] **I.** *adj* ruhig, geruhsam; **at a ~ pace** gemessenen Schrittes *geh;* **a ~ picnic/breakfast** ein gemütliches Picknick/Frühstück
II. *adv* gemächlich
leisurewear *n no pl* Freizeit[be]kleidung *f*
leitmotif [ˈlaɪtmə(ʊ)ˌtiːf, AM -moʊˌ-] *n* (*spec*), **leitmotiv** *n* (*spec*) Leitmotiv *nt fachspr*
lemming [ˈlemɪŋ] *n* ZOOL Lemming *m;* **to rush like ~s to do sth** scharenweise etw tun; ***people rushed like ~s to buy the shares*** die Leute stürzten sich wie die Ameisen auf die Aktien
lemon [ˈlemən] **I.** *n* ❶ (*fruit*) Zitrone *f;* **a slice of ~** eine Zitronenscheibe
❷ *no pl* BRIT (*drink*) Zitronenlimonade *f;* **some hot ~ and honey** eine heiße Zitrone mit Honig
❸ *no pl* (*colour*) Zitronengelb *nt*
❹ BRIT, AUS (*sl: fool*) Blödmann *m fam;* **to feel** [**like**] **a ~** sich *dat* wie ein Idiot vorkommen *fam;* **to look** [**like**] **a ~** wie ein Idiot aussehen *pej fam*
❺ (*fam: thing not working well*) Zitrone *f fam,* Niete *f;* AM (*problem car*) Montagsauto *nt*
▶ PHRASES: **to <u>squeeze</u> sb like a ~** (*fam*) jdn wie eine Zitrone ausquetschen *fam*
II. *adj* **~** [**yellow**] zitronengelb
lemonade [ˌleməˈneɪd] *n* BRIT, AUS Limonade *f;* AM Zitronenlimonade *f*
lemon balm *n* BOT Zitronenmelisse *f* **lemon butter** *n* AUS, **lemon cheese** *n* BRIT, **lemon curd** *n no pl Creme aus Eiern, Butter und Zitronensaft, die als Brotaufstrich oder für Kuchen verwendet werden kann* **lemon grass** *n no pl* Zitronengras *nt* **lemon law** *n* AM (*fam*) Produkthaftungsgesetz *nt form* **lemon peel** *n,* **lemon rind** *n* Zitronenschale *f* **lemon sole** *n* Rotzunge *f* **lemon squash** *n* BRIT, AUS ❶ *no pl* (*concentrate*) Zitronensirup *m* ❷ (*drink*) Zitronensaftgetränk *nt* **lemon squeezer** *n* Zitronenpresse *f* **lemon verbena** [-vɜːˈbiːnə, AM -vɚˈ-] *n no pl* BOT Zitronenstrauch *m*
lemony [ˈleməni] *adj* zitronig
lemur [ˈliːməʳ, AM -ɚ] *n* ZOOL Lemur *m,* Maki *m*
lend <lent, lent> [lend] **I.** *vt* ❶ (*loan*) ■ **to ~** [**sb**] **sth** [*or* **sth** [**to sb**]] [jdm] etw leihen; ***the bank agreed to ~ him £5000*** die Bank gewährte ihm einen Kredit in Höhe von £5000; **to ~ money** [**to sb**] [jdm] Geld leihen
❷ (*impart*) ■ **to ~ sth to sb/sth** jdm/etw etw verleihen; ***flowers all around the room ~ the place a cheerful look*** durch die vielen Blumen wirkt der Raum freundlich; ***photographs ~ some credibility to his story*** durch die Fotos wird seine Geschichte glaubwürdiger; **to ~ charm to sth** etw *dat* Zauber verleihen; **to ~ charm to sb** jdn elegant aussehen [*o* wirken] lassen; **to ~ colour** [*or* AM **color**] **to sth** etw *dat* Farbe geben; **to ~ dignity to sb** jdm Würde verleihen; **to ~ weight to an argument** ein Argument verstärken, einem Argument [noch] mehr Gewicht verleihen; **to ~ support to a view** einen Eindruck verstärken
❸ (*adapt*) ■ **to ~ oneself** sich *akk* anpassen; ***he stiffly lent himself to her embraces*** steif ließ er ihre Umarmungen über sich ergehen
❹ (*be suitable*) ■ **to ~ itself** sich *akk* für etw *akk* eignen; ***the computer ~s itself to many different uses*** der Computer ist vielseitig einsetzbar
▶ PHRASES: **to ~ an <u>ear</u>** zuhören; **to ~ an <u>ear</u> to sb/sth** jdm/etw zuhören [*o geh* Gehör schenken]; **to ~ a <u>hand</u>** helfen; **to ~ sb a <u>hand</u>** [*or* **a hand to sb**] jdm zur Hand gehen; **to ~ one's <u>name</u> to sth** seinen [guten] Namen für etw *akk* hergeben; **to ~ <u>wings</u> to sb/sth** jdm/etw Flügel verleihen *geh*
II. *vi* ■ **to ~ to sb** jdm Geld leihen; *bank* jdm Kredit gewähren
◆**lend out** *vt* ■ **to ~ out** ↔ **sth** etw ausleihen [*o* verleihen]
lender [ˈlendəʳ, AM -ɚ] *n* Verleiher(in) *m(f);* (*money lender*) Kreditgeber(in) *m(f)*
lending [ˈlendɪŋ] **I.** *n no pl* Leihen *nt*
II. *n modifier* **~ limit** Kreditlimit *nt;* **~ margin** Finanzierungsmarge *f* der Banken
lending bank *n* kreditierende Bank **lending country** *n* Gläubigerland *nt*
lending library *n* Leihbibliothek *f* **lending policy** *n* Kreditpolitik *f* **lending rate** *n* Darlehenszinssatz *m,* Kreditzins[satz] *m*
length [ˈleŋ(k)θ] *n* ❶ *no pl* (*measurement*) Länge *f;* ***this elastic cord will stretch to twice its normal ~*** dieses Elastikband lässt sich bis zur doppelten Länge dehnen; ***she planted rose bushes along the whole ~ of the garden fence*** sie pflanzte Rosensträucher entlang dem gesamten Gartenzaun; **to be 2 metres in ~** ein Länge von 2 Metern haben, 2 Meter lang sein
❷ (*piece*) Stück *nt;* **a ~ of cloth/wallpaper** eine Bahn Stoff/Tapete; **a ~ of pipe** ein Rohrstück *nt;* **a ~ of ribbon/string** ein Stück *nt* Band/Bindfaden
❸ (*winning distance*) Länge *f* [Vorsprung]; ***the Cambridge boat won by two ~s*** die Mannschaft von Cambridge gewann mit zwei Bootslängen Vorsprung; **to be 2 ~s ahead of sb/sth** 2 Längen Vorsprung auf jdn/etw haben; **to win a horse race by 4 ~s** ein Rennen mit 4 Pferdelängen Vorsprung gewinnen
❹ (*in swimming pool*) Bahn *f*
❺ *no pl* (*duration*) Dauer *f;* ***what's the ~ of tonight's performance?*** wie lange dauert die heutige Vorstellung?; **the ~ of an article/a book/a**

film die Länge eines Artikels/Buchs/Films; **a speech of some** ~ eine längere Rede; [**for**] **any** ~ **of time** [für] längere Zeit; **at** ~ (*finally*) nach langer Zeit, schließlich; (*in detail*) ausführlich, detailliert; ***she described her trip to Thailand at*** ~ sie schilderte ihre Thailandreise in allen Einzelheiten; **at great** ~ in aller Ausführlichkeit, in epischer Breite *iron*
❻ LING Länge *f;* **vowel** ~ Vokallänge *f,* Länge *f* eines Vokals
▸ PHRASES: **the** ~ **and breadth** kreuz und quer; ***he travelled the*** ~ ***and breadth of Europe*** er ist kreuz und quer durch Europa gereist; **to go to any** ~**s** vor nichts zurückschrecken; **to go to great** ~**s** sich *dat* alle Mühe geben

lengthen ['leŋ(k)θən] **I.** *vt* ■**to** ~ **sth** etw verlängern; *clothes* etw länger machen; ***I'll have to*** ~ ***this skirt*** bei diesem Rock muss ich den Saum herauslassen; ■**to be** ~**ed** *vowels* gedehnt werden
II. *vi* [immer] länger werden; ***the minutes*** ~***ed into hours*** aus Minuten wurden Stunden

lengthening ['leŋ(k)θənɪŋ] *adj inv* länger werdend *attr;* **at** ~ **intervals** in [immer] größeren Abständen; ~ **shadows** länger werdende Schatten

lengthily ['leŋθɪli] *adv* ausgedehnt, lang

lengthways ['leŋ(k)θweɪz], **lengthwise** ['leŋ(k)θwaɪz] **I.** *adv inv* der Länge nach
II. *adj inv* Längs-

lengthy ['leŋ(k)θi] *adj* ❶ (*lasting a long time*) [ziemlich] lange; ~ **applause** anhaltender [*o* nicht enden wollender] Beifall; ~ **delay** beträchtliche Verspätung; **after a** ~ **wait** nach langem Warten
❷ (*tedious*) *treatment* langwierig; *explanation* umständlich, weitschweifig; ***because there were so many*** ~ ***speeches ...*** da sich die Reden oft in die Länge zogen, ...

lenience ['li:niən(t)s] *n,* **leniency** ['li:niən(t)si] *n no pl* Nachsicht *f,* Milde *f*

lenient ['li:niənt] *adj* nachsichtig, milde; ***they say that judges are too*** ~ ***with terrorists*** sie sagen, dass die Richter zu gnädig mit Terroristen umgehen; ~ **judge** milder Richter/milde Richterin; ~ **punishment/sentence** milde Strafe/mildes Urteil; **to take a** ~ **view of sth** etw nachsichtig beurteilen

leniently ['li:niəntli] *adv* nachsichtig, milde

Leninism ['lenɪnɪzᵊm] *n no pl* Leninismus *m*

Leninist ['lenɪnɪst] **I.** *n* Leninist(in) *m(f)*
II. *adj inv* leninistisch

lens <*pl* -es> [lenz] *n* ❶ (*optical instrument*) Linse *f;* (*in camera, telescope also*) Objektiv *nt;* (*in glasses*) Glas *nt;* [**contact**] ~ Kontaktlinse *f;* **fish-eye** ~ Fischauge *nt;* **zoom** ~ Zoom *nt*
❷ (*part of eye*) Linse *f*

lent [lent] *vt, vi pt, pp of* **lend**

Lent [lent] *n no pl, no art* Fastenzeit *f*

Lenten ['lentᵊn] *adj attr, inv* Fasten-

lentil ['lentᵊl, AM -t̬ᵊl] *n* Linse *f*

Leo ['li:əʊ, AM -oʊ] *n* ASTRON, ASTROL ❶ *no art* Löwe *m;* **to be born under** ~ im Zeichen des Löwen geboren sein
❷ (*person*) Löwe *m;* ***she is a*** ~ sie ist Löwe

leonine ['li:ə(ʊ)naɪn, AM -ən-] *adj* (*form*) löwenartig, Löwen-; ~ **hair** [*or* **mane**] Löwenmähne *f;* ~ **head** Löwenhaupt *nt geh*

leopard ['lepəd, AM -ɚd] *n* Leopard(in) *m(f)*
▸ PHRASES: **a** ~ **can't change its spots** (*prov*) die Katze lässt das Mausen nicht *prov;* ***he has promised not to tell lies any more, but a*** ~ ***can't change its spots*** er hat versprochen nicht mehr zu lügen, aber ich halte ihn für unverbesserlich

leopard skin *n* Leopardenfell *nt*

leotard ['li:ətɑ:d, AM -tɑ:rd] *n* Trikot *nt;* (*for gymnastics also*) Turnanzug *m*

leper ['lepəʳ, AM -ɚ] *n* MED Leprakranke(r) *f(m),* Aussätzige(r) *f(m) a. fig;* **to be shunned like a** ~ wie ein Aussätziger/eine Aussätzige behandelt werden

leper colony *n* Leprakolonie *f,* Leprosorium *nt fachspr*

lepidopterous [ˌlepɪ'dɒptᵊrəs, AM -'dɑ:p-] *adj* ZOOL Schmetterlings-

leprechaun ['leprəkɔ:n, AM -kɑ:n] *n* Kobold *m*

leprosy ['leprəsi] *n no pl* Lepra *f;* **to contract/go down with** ~ an [der] Lepra erkranken

leprous ['leprəs] *adj* leprakrank, aussätzig, leprös *fachspr;* ~ **patient** Leprapatient(in) *m(f)*

les [lez] *n* (*sl*) *short for* **lesbian** Lesbe *f*

lesbian ['lezbiən] **I.** *n* Lesbierin *f,* Lesbe *f*
II. *adj inv* lesbisch

lesbianism ['lezbiənɪzᵊm] *n no pl* lesbische Liebe, Lesbianismus *m geh*

lesbo ['lezboʊ] *n* AM (*pej! fam*) *short for* **lesbian** Lesbe *f*

lèse-majesté *n,* **lese-majesty** [ˌleɪz'mæ(d)ʒesteɪ, AM ˌli:zˌmæʒes'teɪ] *n no pl*
❶ (*treason*) Hochverrat *m*
❷ (*insult*) Majestätsbeleidigung *f veraltet o iron*

lesion ['li:ʒᵊn] *n* Verletzung *f,* Läsion *f fachspr;* ***brain*** ~***s can be caused by bacterial infections*** Gehirnschädigungen können durch bakterielle Infektionen verursacht werden; ~**s to back and thighs** Rücken- und Oberschenkelverletzungen *fpl*

less [les] **I.** *adv comp of* **little** ❶ (*to a smaller extent*) weniger; ***you should work more and talk*** ~ du solltest mehr arbeiten und weniger reden; ***getting out of bed in summer is*** ~ ***difficult than in winter*** im Sommer fällt das Aufstehen leichter als im Winter; ***I think of him*** ~ ***as a colleague and more as a friend*** ich betrachte ihn eher als Freund denn als Kollegen; ~ ***of your cheek!*** sei nicht so frech!; ***he listened*** ~ ***to the answer than to Kate's voice*** er hörte weniger auf die Antwort als auf Kates Stimme; **the** ~ **... the better** je weniger ..., umso besser; ***the*** ~ ***said about this unpleasant business the better*** je weniger über diese unerfreuliche Sache geredet wird, umso besser; **much** [*or* **far**] [*or* **a lot**] ~ **complicated** viel einfacher; ~ **expensive/happy/sad** billiger/unglücklicher/glücklicher; **the more ..., the** ~ **...** je mehr ..., desto weniger ...; ***the more she hears about the place, the*** ~ ***she wants to go there*** je mehr sie über den Ort erfährt, umso weniger will sie hin; ■**no** ~ **a/an ...** ***that this is a positive stereotype makes it no*** ~ ***a stereotype*** das das ein positives Vorurteil ist, ändert nichts daran, dass es ein Vorurteil ist; ~ **and** ~ immer weniger; ***she phones me*** ~ ***and*** ~ sie ruft mich immer weniger an; ***his uncle is*** ~ ***and*** ~ ***able to look after himself*** sein Onkel kann immer weniger für sich sorgen
❷ (*not the least bit*) ■~ **than ...** kein bisschen ...; ~ **than accurate/fair/just/happy** nicht gerade genau/fair/gerecht/glücklich; ***it is little*** ~ ***than disgraceful that he refused to keep his promises*** es ist mehr als schändlich, dass er seine Versprechen nicht eingehalten hat
▸ PHRASES: **in** ~ **than no time** (*hum fam*) im Nu *fam,* in [*o* im] Null Komma nichts *fam;* ***we'll have the pizzas delivered in*** ~ ***than no time*** wir liefern die Pizzas in Null Komma nichts; ***you stir the ingredients together, pop it in the oven and in*** ~ ***than no time, it's ready*** mischen Sie die Zutaten, schieben Sie die Masse in den Ofen und schon ist es fertig; **much** [*or* **still**] ~ **...** (*form*) geschweige denn ..., viel weniger ...; ***at the age of fourteen I had never even been on a train, much*** ~ ***an aircraft*** mit 14 war ich noch nie mit dem Zug gefahren, geschweige denn geflogen; ***what woman would consider a date with him, much*** ~ ***a marriage?*** welche Frau würde mit ihm ausgehen, geschweige denn, ihn heiraten; **no** ~ (*also iron*) niemand geringerer; ***who should arrive at the party but the Prime Minister, no*** ~***!*** und wer war wohl auch auf der Party? der Premierminister, höchstpersönlich!; ***Peter cooked dinner — fillet steak and champagne, no*** ~ Peter kochte das Abendessen – Filetsteak und Champagner, nur das Beste; **no** ~ **... than ...** kein geringerer/kein geringeres/keine geringere ... als ...; ***no*** ~ ***an occasion than their twenty-fifth wedding anniversary*** kein geringerer Anlass als ihr 25. Hochzeitstag
II. *adj* ❶ *comp of* **little** weniger; ***I had*** ~ ***money than I thought*** ich hatte weniger Geld als ich dachte; ***I eat*** ~ ***chocolate and fewer biscuits than I used to*** ich esse weniger Schokolade und Kekse als früher; ***the*** ~ ***time spent here, the better*** je weniger Zeit man hier verbringt, umso besser
❷ (*non-standard: fewer*) weniger; ***the trees have produced*** ~ ***apples this year*** die Bäume tragen heute weniger Äpfel; ***short hair presented*** ~ ***problems than long hair*** kurzes Haar verursachte weniger Probleme als langes
❸ (*old: lower in rank, less important*) jünger; ■**... the L**~ der Jüngere; ***James the L***~ Jakobus der Jüngere
III. *pron indef* ❶ (*smaller amount*) weniger; ***she is aged 40 or*** ~ sie ist 40 oder jünger; ***he only has $10 but she has even*** ~***!*** er hat nur $10, sie noch weniger; ***I've been trying to eat*** ~ ich versuche, weniger zu essen; **a little/lot** ~ etwas/viel weniger; ***that's too much — could I have a little*** ~***?*** das ist zu viel – könnte ich etwas weniger haben?; ■**to be/do** ~ **of sth** ***I've been seeing*** ~ ***of her lately*** ich sehe sie in letzter Zeit weniger; ~ **of a problem** ein geringeres Problem; ***storage is*** ~ ***of a problem than it used to be*** die Lagerung ist heute ein kleineres Problem als früher; ■~ **than ...** weniger als ...; ***we had walked*** ~ ***than three kilometres when Robert said he wanted to rest*** wir hatten noch keine drei Kilometer hinter uns, als Robert eine Pause machen wollte; ***ready in*** ~ ***than an hour*** in weniger als einer Stunde fertig
❷ *non-standard* (*fewer*) weniger; ***he doesn't have many enemies but she has even*** ~ er hat nicht viele Feinde, sie noch viel weniger; ■~ **than ...** weniger als ...; ***a population of*** ~ ***than 200,000*** weniger als 200.000 Menschen
▸ PHRASES: **to be little** ~ **than sth** fast schon etw sein; ***it was little*** ~ ***than disgraceful*** es war fast schon eine Schande; ***his speech was so full of bad jokes and misinformation that it was little*** ~ ***than an embarrassment*** seine Rede war so voll mit schlechten Scherzen und falscher Information, dass es fast schon peinlich war; **no** ~ **than ...** nicht weniger als ..., bestimmt ...; ***no*** ~ ***than 1000 guests/people were at the party*** es waren nicht weniger als [*o* bestimmt] 1000 Gäste/Leute auf der Party
IV. *prep* ■~ **sth** minus [*o* abzüglich] einer S. *gen;* ***the total of £30,*** ~ ***the £5 deposit you've paid*** insgesamt macht es 30 Pfund, abzüglich der 5 Pfund Anzahlung, die Sie geleistet haben; ***£900,000*** ~ ***tax*** 900.000 Pfund brutto

less developed countries *npl* Entwicklungsländer *ntpl*

lessee [les'i:] *n* Pächter(in) *m(f); of a house, flat* Mieter(in) *m(f)*

lessen ['lesᵊn] **I.** *vi* schwächer [*o* geringer] werden; *fever* zurückgehen, sinken; *pain* nachlassen; ***the rain eventually*** ~***ed to a soft mist*** der Regen ging schließlich in ein leichtes Nieseln über
II. *vt* ■**to** ~ **sth** etw verringern; ***eating properly can*** ~ ***the risk of heart disease*** mit einer vernünftigen Ernährung kann das Risiko einer Herzerkrankung gesenkt werden; ***a massage can*** ~ ***tension in the back*** eine Massage hilft, Rückenverspannungen zu lösen; **to** ~ **sb's achievements** jds Leistungen herabsetzen

lesser ['lesəʳ, AM -ɚ] *adj attr, inv* ❶ (*smaller in amount*) geringer; **to a** ~ **degree** [*or* **extent**] in geringerem Maße; **the** ~ **of two evils** das kleinere Übel
❷ (*lower*) *work of art, artist* unbedeutender; ***a*** ~ ***man might have given up*** ein Geringerer hätte wahrscheinlich aufgegeben *liter;* **the** ~ **aristocracy** der niedrige Adel

lesser-known *adj inv* unbekannter, weniger bekannt

lesson ['lesᵊn] *n* ❶ (*teaching period*) Stunde *f;* **driving** ~ Fahrstunde *f;* ■~**s** *pl* Unterricht *m kein pl;* **to take acting/guitar** ~**s** Schauspiel-/Gitarrenunterricht nehmen; **English** ~**s** Englischunterricht *m;* **science** ~**s** Unterricht *m* in naturwissenschaftlichen Fächern
❷ (*from experience*) Lehre *f,* Lektion *f;* ***there is a*** ~

for all parents in this child's tragic death aus dem tragischen Tod dieses Kindes sollten alle Eltern eine Lehre ziehen; **to draw** [*or* **learn**] **a ~ from sth** aus etw *dat* lernen [*o* eine Lehre ziehen]; **to teach sb a ~** jdm eine Lektion erteilen; ***I hope that's taught you a ~!*** ich hoffe, das war dir eine Lehre!
❸ (*exercise in book*) Lektion *f*
❹ REL (*in Anglican church*) [Bibel]text *m;* **to read the ~** aus der Bibel lesen

lessor [lesˈɔːʳ, AM ˈlesɔːr] *n* Verpächter(in) *m(f); of a flat, house* Vermieter(in) *m(f)*

lest [lest] *conj* (*liter*) ❶ (*for fear that*) damit … nicht …, aus Furcht, dass …; ~ ***we forget*** wir mögen nicht vergessen *form*
❷ (*in case*) falls, für den Fall, dass …; ~ ***you think the film is too violent, …*** wenn du Angst hast, dass in dem Film zu viel Gewalt vorkommt, …
❸ (*old: that*) dass; **to be afraid/anxious/worried ~ …** Angst haben/fürchten/sich *akk* sorgen, dass …; ***she was afraid ~ he should come too late to save her*** sie hatte Angst, er würde zu ihrer Rettung zu spät kommen

let[1] [let] *n* ❶ SPORTS Netzball *m*
❷ LAW **without ~ or hindrance** ungehindert

let[2] [let] **I.** *n esp* BRIT Vermietung *f;* **to sign a five-year ~** einen Mietvertrag für fünf Jahre unterschreiben; **to take sth on a ~** etw mieten
II. *vt* <-tt-, let, let> ❶ (*give permission*) ■**to ~ sb do sth** jdn etw tun lassen, jdm erlauben, etw zu tun; ***she wanted to go but her parents wouldn't ~ her*** sie wollte gehen, aber ihre Eltern ließen sie nicht *fam;* ***I'm ~ting you stay up late just this once*** dieses eine Mal darfst du länger aufbleiben
❷ (*allow*) ■**to ~ sb/sth do sth** jdn/etw etw tun lassen; ***don't ~ it worry you*** mach dir [darüber mal] keine Sorgen *fam;* ~ ***me first ask you …*** lassen Sie mich zuerst fragen, … *form;* **to ~ one's hair grow** sich *dat* das Haar [lang] wachsen lassen; **to ~ one's shoes dry** seine Schuhe trocknen lassen; **to ~ sb alone** [*or fam* **sb be**] jdn in Ruhe [*o* Frieden] lassen; ~ ***him be!*** lass ihn in Ruhe!, lass ihn gehen! ÖSTERR, SÜDD *fam;* **to ~ sth alone** [*or fam* **sth be**] (*not touch*) etw nicht angreifen; (*not talk about*) nicht über etw *akk* sprechen; **to ~** [**it**] **fall** [*or* **drop**] [*or* **slip**] **that …** (*mention unintentionally*) versehentlich sagen, dass …; (*mention as if unintentionally*) [nebenbei] die Bemerkung fallen lassen, dass …; **to ~ sb know sth** jdn etw wissen lassen, jdm Bescheid geben *fam;* ~ ***us know when you get there*** geben Sie uns Bescheid, wenn Sie dort ankommen; ~ ***me know if you need any help*** sage [es] mir, wenn ich dir behilflich sein kann; **to ~ it be known that …** alle wissen lassen, dass …, deutlich [*o* klar] machen, dass …; **to ~ sth pass** [*or* **go**] etw durchgehen lassen
❸ (*in suggestions*) ~***'s go out to dinner*** lass uns Essen gehen, gehen wir essen!; ***don't ~ us argue*** lass uns nicht streiten; ~***'s face it!*** sehen wir den Tatsachen ins Auge!; ~***'s say he didn't think it was funny*** sagen wir einfach, er fand es nicht lustig; ~ ***us consider all the possibilities*** wollen wir einmal alle Möglichkeiten ins Auge fassen
❹ (*filler while thinking*) ~***'s see,*** ~ ***me see*** Moment, also; ~ ***me think*** lassen Sie mich [mal] nachdenken
❺ (*expressing defiance*) ■ ~ **sb do sth** soll [doch] jd etw tun; ~ ***them do what they like*** sollen doch sie machen, was sie wollen; ~ ***it rain*** von mir aus kann es ruhig regnen; ***if he needs money,*** ~ ***him earn it*** wenn er Geld braucht, dann soll er doch arbeiten; ~ ***there be no doubt about it!*** das möchte ich [doch] einmal klarstellen!
❻ REL (*giving a command*) ~ ***there be light*** es werde Licht; ~ ***us pray*** lasset uns beten
❼ (*making a threat*) ***just ~ me hear you say such a thing again and you'll be sorry!*** sag so etwas noch einmal und du wirst es [bitter] bereuen; ***don't ~ me catch you in here again!*** dass ich dich hier nicht noch einmal erwische!
❽ MATH ~ ***a = 4*** [es] sei a gleich 4; ***if we ~ the angle x = 70° …*** wenn der Winkel x gleich 70° ist, …
❾ *esp* BRIT, AUS (*rent out*) **to ~ a house/flat/room** ein Haus/eine Wohnung/einen Raum vermieten; ***"to ~"*** „zu vermieten"
► PHRASES: **to ~ one's <u>hair</u> down** sich *akk* gehen lassen, die Sau rauslassen *sl;* ~ **<u>alone</u> …** geschweige denn …; **to ~ it all <u>hang</u> out** (*dated sl*) mal so richtig einen drauf machen *sl,* über die Stränge schlagen *fam;* **to ~ sb <u>have</u> it** es jdm mal [ordentlich] geben *fam;* **to ~ sth <u>lie</u>** etw nicht beachten [*o* ignorieren]; **to ~ a matter lie for some time** eine Angelegenheit eine Zeit lang ruhen lassen; **to ~ <u>fly</u>** [*or* **<u>rip</u>**] ausflippen *sl;* **to ~** [**it**] **<u>rip</u>** (*do sth to extremes*) alle Register ziehen, es [mal] krachen lassen *sl;* (*drive very fast*) es laufen lassen *fam*

◆**let down I.** *vt* ❶ (*disappoint*) ■**to ~ down** ⊂ **sb** jdn enttäuschen; (*fail*) jdn im Stich lassen
❷ (*lower slowly*) ■**to ~ down** ⊂ **sth** etw herunterlassen
❸ BRIT, AUS (*deflate*) **to ~ down a tyre** die Luft aus einem Reifen lassen
❹ (*make longer*) ■**to ~ down** ⊂ **sth** *clothes* etw länger machen; **to ~ down a hem** einen Saum auslassen
► PHRASES: **to ~ the <u>side</u> down** BRIT, AUS jdn/sich bloßstellen [*o* blamieren]
II. *vi* AVIAT heruntergehen

◆**let go I.** *vt* ❶ (*release from one's grip*) ■**to ~ go of sb/sth** [*or* **sb/sth go**] jdn/etw loslassen [*o* SÜDD, ÖSTERR auslassen]; ~ ***go of my hand, you're hurting me!*** lass meine Hand los [*o* SÜDD, ÖSTERR aus], du tust mir weh!
❷ (*release from captivity*) ■**to ~ sb/sth go** jdn freilassen [*o fam* laufen lassen]
❸ (*change behaviour*) ■**to ~ oneself go** (*give way to enthusiasm*) aus sich *dat* herausgehen; (*develop bad habits*) sich *akk* gehen lassen
II. *vi* ■**to ~ go [of sb/sth]** [jdn/etw] loslassen *a. fig*

◆**let in** *vt* ❶ (*allow to enter*) ■**to ~ in** ⊂ **sb** jdn hereinlassen; ***I've got a key, so I can ~ myself in*** ich habe einen Schlüssel, so dass ich reinkommen kann
❷ (*allow to know*) ■**to ~ sb in on sth** jdn in etw *akk* einweihen; ***shall I ~ you in on a little secret?*** soll ich dir ein kleines Geheimnis anvertrauen?
❸ (*not keep out*) ■**to ~ in** ⊂ **sth** etw durchlassen; ***these shoes ~ in the rain*** diese Schuhe sind nicht wasserdicht; **to ~ in some air** frische Luft hereinlassen
❹ (*get involved in*) ■**to ~ oneself/sb in for sth** sich/jdm etw einhandeln *fam;* ***what have we ~ ourselves in for?*** worauf haben wir uns da nur eingelassen?

◆**let into** *vt* ❶ (*allow to enter*) **to ~ sb into a building/house** jdn in ein Gebäude/Haus lassen
❷ (*allow to know*) **to ~ sb into a secret** jdn in ein Geheimnis einweihen, jdm ein Geheimnis anvertrauen
❸ *usu passive* (*build into*) ■**to be ~ into sth** in etw *akk* eingesetzt [*o* eingelassen] sein; **a safe ~ into the wall** ein [eingebauter] Safe, ein Wandsafe *m*

◆**let off** *vt* ❶ (*not punish*) ■**to ~ off** ⊂ **sb** jdn laufen [*o* davonkommen] lassen *fam;* ***you won't be ~ off so lightly the next time*** das nächste Mal wirst du nicht so glimpflich davonkommen; **to ~ sb off with a fine/warning** jdn mit einer Geldstrafe/Verwarnung davonkommen lassen
❷ (*excuse*) ■**to ~ sb off sth** jdm etw erlassen; ***his boss ~ him off work for the day*** sein Chef hat ihm den Tag freigegeben
❸ (*fire*) ■**to ~ off** ⊂ **sth** etw abfeuern; **to ~ off a bomb/fireworks** eine Bombe/Feuerwerkskörper zünden; **to ~ off a gun** ein Gewehr abfeuern; **to ~ off a shot/volley** einen Schuss/eine Salve abgeben
► PHRASES: **to ~ off <u>steam</u>** (*fam*) Dampf ablassen *fam*

◆**let on** *vi* (*fam*) ❶ (*reveal secret*) verraten; ***John knows more than he ~s on*** John weiß mehr, als er sagt; ■**to ~ on that …** (*divulge*) ausplaudern, dass …; (*show*) sich *dat* anmerken lassen, dass …
❷ (*pretend*) ■**to ~ on that …** vorgeben, dass …; ***he ~ on that he didn't hear me*** er tat so, als würde er mich nicht hören

◆**let out I.** *vt* ❶ (*release*) ■**to ~ sb/sth** ⊂ **out** jdn/etw herauslassen; ***I'll ~ myself out*** ich finde selbst hinaus; ***he ~ the water out of the bathtub*** er ließ das Wasser [aus der Badewanne] ablaufen; **to ~ animals out** Tiere freilassen
❷ (*emit*) ■**to ~ out** ⊂ **sth** *scream, shriek, yell* etw ausstoßen; **to ~ out a belch** rülpsen *fam;* **to ~ out a burp** aufstoßen, rülpsen *fam; baby* ein Bäuerchen *nt* machen; **to ~ out a guffaw** in schallendes Gelächter ausbrechen; **to ~ out a roar** aufschreien; *engine* aufheulen; **to ~ out a squeal** aufkreischen; **to ~ out a whoop** laut aufschreien, aufjuchzen
❸ FASHION (*make wider*) **to ~ out a dress** ein Kleid weiter machen; **to ~ out a seam** einen Saum auslassen
❹ (*divulge*) ■**to ~ out** ⊂ **sth** etw verraten [*o fam* ausplaudern]
❺ *esp* BRIT (*rent out*) ■**to ~ out** ⊂ **sth** etw vermieten
❻ (*fam: excuse*) ■**to ~ out** ⊂ **sb** jdm als Entschuldigung dienen; ***that ~s me out*** das entschuldigt mich; ***a cold ~ me out of going hiking with Sam*** meine Erkältung war eine gute Ausrede, nicht mit Sam wandern zu gehen
II. *vi* AM enden

◆**let through** *vt* ■**to ~ through** ⊂ **sb/sth** jdn/etw durchlassen

◆**let up** *vi* ❶ (*decrease*) aufhören; *rain also* nachlassen; *fog, weather* aufklaren
❷ (*release*) locker lassen; **to ~ up on the accelerator** den Fuß vom Gas nehmen
❸ (*desist*) aufgeben; ■**to ~ up on sb** jdn in Ruhe [*o* Frieden] lassen; ■**to ~ up on sth** mit etw *dat* aufhören

let-down *n usu sing* (*fam*) Enttäuschung *f*

lethal [ˈliːθᵊl] *adj* ❶ (*causing death*) tödlich; **to deal sb/sth a ~ blow** jdm/etw den Todesstoß versetzen *a. fig;* ~ **injection** Todesspritze *f;* ~ **poison/weapon** tödliches Gift/tödliche Waffe
❷ (*fam: very dangerous*) tödlich; ***this knife looks pretty ~*** dieses Messer sieht ziemlich gefährlich aus; ***the vodka in Russia is absolutely ~*** der Wodka in Russland ist absolut tödlich
❸ (*fam: strong and determined*) eisenhart, unerbittlich

lethally [ˈliːθᵊli] *adv* **to be ~ effective** tödlich wirken *a. fig,* eine tödliche Wirkung haben *a. fig*

lethargic [ləˈθɑːdʒɪk, AM lɪˈθɑːr-] *adj* ❶ (*lacking energy*) lethargisch *geh,* träge
❷ (*apathetic*) lustlos, teilnahmslos

lethargically [ləˈθɑːdʒɪkᵊli, AM lɪˈθɑːr-] *adv* lethargisch

lethargy [ˈleθədʒi, AM -ɚdʒi] *n no pl* ❶ (*lacking energy*) Lethargie *f geh,* Trägheit *f;* (*apathy*) Teilnahmslosigkeit *f*
❷ MED Schlafsucht *f,* Lethargie *f fachspr*

let-off *n* (*fam*) Glücksfall *nt*

Letraset® [ˈletrəset] *n no pl* Letraset® *nt*

let rip *vi* (*sl: flatulate*) sich *akk* gehen lassen

letter [ˈletəʳ, AM -t̬ɚ] *n* ❶ (*message*) Brief *m,* Schreiben *nt;* **a business/love ~** ein Geschäfts-/Liebesbrief *m;* **L~s to the Editor** JOURN Leserbriefe *mpl;* **a ~ from/to a friend** ein Brief *m* von einem/an einen Freund; **to inform sb by ~** jdn schriftlich verständigen
❷ (*of alphabet*) Buchstabe *m;* **to have a lot of ~s after one's name** viele Titel haben; **three-~ word** Wort *nt* mit drei Buchstaben; **four-~ word** Schimpfwort *nt;* **in large ~s** in Großbuchstaben; **in small ~s** in Kleinbuchstaben
► PHRASES: **to keep to** [*or* **follow**] **the ~ of the <u>law</u>** nach dem Buchstaben des Gesetzes handeln; **<u>to</u> the ~** buchstabengetreu, genau nach Vorschrift

letter bomb *n* Briefbombe *f* **letterbox** *n esp* BRIT, AUS Briefkasten *m,* Postkasten *m* **letter carrier** *n* AM (*postman*) Postbote, -in *m, f,* Briefträger(in) *m(f)* **lettered** [ˈletəd, AM ˈlet̬ɚd] *adj* (*dated*) belesen **letterhead** *n* ❶ (*at top of letter*) Briefkopf *m* ❷ *no pl* (*paper*) Geschäfts-/Firmenbriefpapier *nt*

lettering ['letərɪŋ, AM -t̬ɚ-] *n no pl* Beschriftung *f* **letter of allotment** *n* FIN Zuteilungsanzeige *f* **letter of credit** *n* FIN, ECON Kreditbrief *m;* (*export*) Akkreditiv *nt* **letter of demand** *n* Mahnschreiben *nt,* Mahnbrief *m* **letter of regret** *n* Absagebrief *m* **letter of renunciation** *n* BRIT FIN Abtretung *f* von Bezugsrechten

letter-opener *n esp* AM Brieföffner *m* **letter-perfect** *adj inv* AM THEAT (*word-perfect*) sicher im Text *präd;* ■**to be** ~ den Text perfekt beherrschen **letterpress** ['letəpres, AM 'let̬ɚ-] *n no pl* TYPO ❶ (*method*) Hochdruck *m* ❷ BRIT (*printed text*) Text *m* **letter-quality** *adj inv script* korrespondenzfähig; *printout* in Briefqualität *nach n* **letter-quality printer** *n* Standarddrucker *m* **letters patent** *npl* LAW Berufungsurkunde *f,* Patenturkunde *f*

letting ['letɪŋ] *n* BRIT ❶ *no pl* (*renting out*) Vermieten *nt,* Vermietung *f*
❷ (*let property*) vermietetes Objekt; (*property to let*) zu vermietendes Objekt

lettuce ['letɪs, AM -t̬-] **I.** *n* ❶ *no pl* BOT Lattich *m*
❷ (*cultivated plant*) Gartensalat *m,* Blattsalat *m;* (*with firm head*) Kopfsalat *m;* (*longer and looser*) Bindesalat *m;* (*small plants*) Schnitt-/Pflücksalat *m;* **greenhouse** ~ Treibhaussalat *m;* **a head of** ~ ein Salatkopf *m*
II. *n modifier* (*garnish, patch*) Salat-; **bacon,** ~ **and tomato sandwich** Sandwich *nt* mit Schinken, Salatblättern und Tomate; ~ **salad** grüner Salat

letup ['letʌp, AM -t̬-] *n no pl* Nachlassen *nt;* (*stoppage*) Aufhören *nt;* ***there has been no*** ~ ***in the bombardment overnight*** die Bombardierung wurde auch über Nacht nicht ausgesetzt

leucocyte ['lju:kə(ʊ)saɪt, AM 'lu:koʊ-] *n* MED Leukozyt[en] *m[pl] fachspr,* weißes Blutkörperchen; ~ **count** Leukozytenzählung *f*

leucotomy [lju:'kɒtəmi, AM lu:'kɑ:t̬-] *n* MED Leukotomie *f fachspr,* Lobotomie *f fachspr*

leukaemia [lju:'ki:miə], AM **leukemia** [lu:'-] *n* Leukämie *f,* Blutkrebs *m*

leukocyte *n see* **leucocyte**

LEV [ˌeli:'vi:] *abbrev of* **Low-Emission Vehicle I.** *n* schadstoffreduziertes Fahrzeug
II. *n modifier* ~ **standard** Schadstoffverordnung *f*

Levant [lə'vænt] *n no pl* (*old*) ■**the** ~ die Levante *veraltet*

Levantine [le'væntaɪn] *adj inv* (*old*) levantinisch *veraltet*

levee[1] ['levi] *n* HIST *Nachmittagsaudienz des britischen Monarchs*

levee[2] ['levi] *n* (*embankment*) Damm *m*

level ['levəl] **I.** *adj* ❶ (*horizontal*) horizontal, waagrecht; (*flat*) eben; ***the picture isn't*** ~ das Bild hängt nicht gerade; ~ **ground** ebenes Gelände
❷ *pred* (*at same height*) ■~ **with sth** auf gleicher Höhe mit etw *dat;* ***the unions are fighting to keep wages*** ~ ***with inflation*** (*fig*) die Gewerkschaften kämpfen um die Angleichung der Löhne und Gehälter an die Inflationsrate
❸ *pred esp* BRIT, AUS (*in race*) gleichauf; (*in competition*) punktegleich; ***the scores were*** ~ ***at half time*** zur Halbzeit stand es unentschieden; ***the two students are about*** ~ ***in ability*** die beiden Studenten sind etwa gleich gut; **to draw** ~ **with sb/sth** mit jdm/etw gleichziehen, jdn/etw einholen
❹ *attr* (*flat with brim*) gestrichen [voll]; **a** ~ **cupful of flour** eine Tasse [voll] Mehl; **a** ~ **spoonful of sugar** ein gestrichener Löffel Zucker
❺ (*calm*) ruhig; **to keep a** ~ **head** einen kühlen [*o* klaren] Kopf bewahren; **to give sb a** ~ **look** jdn mit festem Blick ansehen; **in a** ~ **tone** ohne die Stimme zu heben; **in a** ~ **voice** mit fester Stimme
► PHRASES: **to do one's** ~ **best** sein Möglichstes [*o* alles Menschenmögliche] tun; **to start on a** ~ **playing field** gleiche [Start]bedingungen [*o* Voraussetzungen] haben
II. *n* ❶ (*height*) Niveau *nt,* Höhe *f;* **at eye** ~ in Augenhöhe; **oil** ~ AUTO Ölstand *m;* **above sea** ~ über dem Meeresspiegel; **water** ~ Pegelstand *m,* Wasserstand *m*
❷ (*storey*) Stockwerk *nt;* **ground** ~ Erdgeschoss *nt;* **at** [*or* **on**] ~ **four** im vierten Stock
❸ (*amount*) Ausmaß *nt;* ***inflation is going to rise 2% from its present*** ~ die Inflationsrate wird [gegenüber dem derzeitigen Stand] um 2% steigen; ~ **of alcohol abuse** Ausmaß *nt* des Alkoholmissbrauchs; **low-/high-**~ **radiation** niedrige/hohe Strahlung; **sugar** ~ **in the blood** Blutzuckerspiegel *m*
❹ *no pl* (*in hierarchy*) Ebene *f;* **at government[al]** ~ auf Regierungsebene; **at a higher/lower** ~ auf höherer/niedrigerer Ebene; **at the local/national/regional** ~ auf kommunaler/nationaler/regionaler Ebene
❺ (*degree of proficiency*) Niveau *nt;* (*of quality*) Qualitätsstandard *m;* ***your explanation must be at a*** ~ ***that the children can understand*** du musst es so erklären, dass die Kinder dich verstehen; **advanced/intermediate** ~ fortgeschrittenes/mittleres Niveau; (*school*) Ober-/Mittelstufe *f;* **to reach a high** ~ ein hohes Niveau erreichen; **intellectual** ~ geistiges Niveau; **to bring sth down to sb's** ~ etw auf jds Niveau bringen; **to take sth to a higher** ~ etw verbessern [*o* auf ein höheres Niveau bringen]
❻ (*quality of meaning*) Ebene *f;* **at a deeper/on another** ~ auf einer tieferen Ebene/nach einer anderen Lesart; **on a serious** ~ ernsthaft
❼ (*standard of behaviour*) **to sink to sb's** ~ sich *akk* auf jds Niveau hinabbegeben; ***I would never sink to the*** ~ ***of taking bribes*** ich würde nie so tief sinken und mich bestechen lassen
❽ BRIT (*level ground*) **on the** ~ ebenerdig
❾ *esp* AM (*spirit level*) Wasserwaage *f*
❿ TELEC Pegel *m*
► PHRASES: **to be on a** ~ [**with sb/sth**] BRIT, AUS (*at same height*) [mit jdm/etw] auf derselben Höhe sein; (*in same position*) gleich gut sein [wie jd/etw]; **to be on the** ~ ehrlich [*o* aufrichtig] sein; ***this offer is on the*** ~ dies ist ein faires Angebot; **to find your own** ~ (*fam*) seinen Platz in der Welt finden *fam*
III. *vt* <BRIT -ll- *or* AM *usu* -l-> ❶ (*make flat*) ■**to** ~ **sth** *ground* etw ebnen [*o* planieren]; (*demolish completely*) etw dem Erdboden gleichmachen; **to** ~ **wood** Holz schmirgeln
❷ (*make equal*) **to** ~ **the score** den Ausgleich erzielen
❸ (*point*) **to** ~ **the pistol/rifle at sb** die Pistole/das Gewehr auf jdn richten; **to** ~ **accusations/charges/criticism against** [*or* **at**] **sb** (*fig*) jdn anschuldigen/beschuldigen/kritisieren

◆**level off, level out I.** *vi* ❶ (*fly horizontally*) *pilot* das Flugzeug abfangen; *plane* sich *akk* fangen; (*after rising*) horizontal fliegen; ***the aircraft*** ~***led off at 10,000 feet*** das Flugzeug erreichte seine Flughöhe bei 3300 m
❷ (*end rise or fall*) sich *akk* einpendeln
❸ (*cease to slope*) *path, road* flach [*o* eben] werden
II. *vt* ■**to** ~ **sth** ↻ **off** [*or* **out**] etw planieren [*o* einebnen]; (*fig*) etw ausgleichen

◆**level up I.** *vt* ■**to** ~ **up** ↻ **sth** etw ausgleichen
II. *vi* AM gestehen; ■**to** ~ **up with sb about sth** jdm etw gestehen

◆**level with** *vi esp* AM (*fam*) ■**to** ~ **with sb** ehrlich [*o* aufrichtig] zu jdm sein; ***I'll*** ~ ***with you*** ich will ganz offen zu Ihnen sein

level crossing *n* BRIT, AUS Bahnübergang *m*

leveler *n* AM *see* **leveller**

level-headed *adj* ❶ (*sensible*) vernünftig; ***a*** ~ ***and practical book*** ein übersichtliches und praktisches Buch
❷ (*calm*) ausgeglichen, ruhig

levelheadedness *n no pl* Ruhe und Gelassenheit *f,* Besonnenheit *f*

leveling AM *see* **levelling**

leveller ['levələr], AM **leveler** [-ɚ] *n no pl* (*liter*) Gleichmacher *m meist pej;* ***death is the supreme*** ~ im Tod sind [wir] alle gleich *geh;* ***disease is a great*** ~ die Krankheit trifft Reiche und Arme [gleichermaßen]; ***poverty is a great*** ~ in der Armut sind alle gleich

levelling ['levəlɪŋ], AM **leveling I.** *adj* ausgleichend *attr;* **to have a** ~ **effect** eine ausgleichende Wirkung haben; ~ **process** Ausgleichsprozess *m*
II. *n no pl* Ausgleich *m*

levelly ['levəli] *adv* ruhig; ***he eyed the accused*** ~ ***for a moment*** er blickte dem Angeklagten einen Augenblick lang fest in die Augen

level pegging *n esp* BRIT, AUS **to be** [**on**] ~ tabellengleich [*o* punktgleich] sein

lever ['li:vər, AM 'levɚ, 'li:vɚ] **I.** *n* ❶ TECH Hebel *m;* (*for heavy objects*) Brechstange *f;* **the brake** ~ **on a bicycle** BRIT die Handbremse an einem Fahrrad
❷ (*fig: threat*) Druckmittel *nt*
II. *vt* ❶ (*lift with a lever*) ■**to** ~ **sth up** etw aufstemmen
❷ (*move with effort*) ■**to** ~ **oneself** [**up**] sich *akk* hochstemmen; ***he*** ~***ed himself*** [***up***] ***out of the armchair*** er hievte sich aus dem Sessel [hoch]
❸ (*fig: exert pressure*) ■**to** ~ **sth from sb** etw aus jdm herauspressen
III. *vi* **to** ~ **at sth with a crowbar** etw *akk* mit einer Brechstange bearbeiten

leverage ['li:vərɪdʒ, AM 'levɚ-, 'li:vɚ-] *n no pl*
❶ TECH Hebelkraft *f*
❷ (*fig: influence*) Einfluss *m;* **to bring** ~ **to bear on sb, to exert** ~ **on sb** Druck *m* auf jdn ausüben
❸ FIN Hebelwirkung *f,* Leverage *nt fachspr*
❹ FIN (*producing more money*) Kreditaufnahme *f* zu Anlagezwecken

leveraged ['li:vərɪdʒd, AM 'levɚ-] *adj inv* FIN mit Fremdkapital finanziert; ~ **stock** mit Fremdkapital finanzierte Aktien

leveraged buyout *n* FIN *mit Hilfe von Krediten finanzierter Kauf eines Unternehmens*

lever arch file *n* BRIT Leitz-Ordner® *m*

leviathan *n,* **Leviathan** [lɪ'vaɪəθən] *n* ❶ (*liter: giant thing*) Gigant *m,* Riese *m;* **an economic** ~ ein Wirtschaftsriese, eine Wirtschaftsmacht
❷ (*biblical monster*) Leviathan *m*

Levi's® ['li:vaɪz] *npl* Levis® *f,* Jeans *f*

levitate ['levɪteɪt] **I.** *vi* schweben
II. *vt* ■**to** ~ **sth/sb** jdn/etw schweben lassen [*o fachspr* levitieren]

levitation [ˌlevɪ'teɪʃən] *n no pl* freies Schweben, Levitation *f fachspr*

Levite ['li:vaɪt] *n* Levit *m*

levity ['levəti, AM -ət̬i] *n no pl* Ungezwungenheit *f,* Leichtigkeit *f;* ***he tried to introduce a note of*** ~ er versuchte die Atmosphäre etwas aufzulockern

levy ['levi] **I.** *n* Steuer *f,* Abgaben *fpl;* **to impose a** ~ **on sth** eine Steuer auf etw *akk* erheben, etw mit einer Steuer belegen
II. *vt* <-ie-> ■**to** ~ **sth** etw erheben; **to** ~ **customs tariffs on sth** für etw *akk* Zollgebühren erheben; **to** ~ **a fine on sb** jdm eine Geldstrafe auferlegen; **to** ~ **goods** Güter beschlagnahmen [*o* einziehen]; **to** ~ **a tax** eine Steuer erheben; **to** ~ [**a**] **tax on sth** etw besteuern [*o* mit einer Steuer belegen]

lewd [lju:d, AM lu:d] *adj* ❶ (*indecent*) unanständig; *ballad, comments* anzüglich; *behaviour* anstößig; *gesture* obszön; ~ **joke** unanständiger [*o* schmutziger] Witz; ~ **speech** Anzüglichkeiten *fpl*
❷ (*lecherous*) lüstern

lewdly ['lju:dli, AM 'lu:d-] *adv* anzüglich

lewdness ['lju:dnəs, AM 'lu:d-] *n no pl* unzüchtiges Verhalten *f*

lexical ['leksɪkəl] *adj inv* lexikalisch

lexicographer [ˌleksɪ'kɒgrəfər, AM -'kɑ:grəfɚ] *n* Lexikograph(in) *m(f)*

lexicographical [ˌleksɪkəʊ'græfɪkəl, AM koʊ'] *adj inv* lexikographisch

lexicography [ˌleksɪ'kɒgrəfi, AM -'kɑ:g-] *n no pl* Lexikographie *f*

lexicology [ˌleksɪ'kɒlədʒi, AM -'kɑ:l-] *n no pl* Lexikologie *f*

lexicon ['leksɪkən, AM *also* -kɑ:n] *n* ❶ (*vocabulary*) Wortschatz *m,* Lexikon *nt fachspr*
❷ (*dictionary*) Wörterbuch *nt,* Lexikon *nt fam*

lexis ['leksɪs] *n no pl* LING Lexik *f fachspr*

ley line ['leɪ,-] *n* Kraftlinie *f,* Leyline *f fachspr*

liability [ˌlaɪə'bɪləti, AM -ət̬i] *n* ❶ *no pl* (*financial responsibility*) Haftung *f;* ***he denies any*** ~ ***for the costs of the court case*** er weigert sich strikt, die

L

Kosten des Verfahrens zu tragen; **limited ~ company** BRIT Gesellschaft *f* mit beschränkter Haftung, GmbH *f*

❷ FIN (*debts*) ■**liabilities** *pl* Verbindlichkeiten *fpl;* (*overdue debts*) Schulden *fpl;* **assets and liabilities** Aktiva und Passiva *fachspr;* **to not be able to meet one's liabilities** seinen Zahlungsverpflichtungen nicht nachkommen können

❸ FIN (*debtors*) ■**liabilities** *pl* Kreditoren *mpl*

❹ (*handicap*) Belastung *f;* ***he's more a ~ than a help*** er ist eher eine Last als eine Stütze

liability insurance *n no pl* AM (*third party insurance*) Haftpflichtversicherung *f*

liable ['laɪəbl̩] *adj* ❶ (*likely*) ■**to be ~ to do sth** Gefahr laufen, etw zu tun; ***there's been so little rain, the forest is ~ to go up in flames at any moment*** es hat so wenig geregnet, dass leicht ein Waldbrand entstehen kann; ***they're ~ to sack you if you complain about your salary*** sie werden dich feuern, wenn du dich wegen deines Gehalts beschwerst; ***if you carry on like this, I'm ~ to lose my temper*** wenn du so weitermachst, werde ich noch die Geduld verlieren

❷ (*prone*) ■**to be ~ to sth** anfällig für etw *akk* sein; ***the road is ~ to subsidence*** die Straße droht abzusinken; ***she seems rather ~ to accidents, that girl*** dieses Mädchen scheint ziemlich unfallgefährdet zu sein; **to be ~ to asthma/colds** für Asthma/Erkältungen anfällig sein; **to be ~ to flooding** überschwemmungsgefährdet sein

❸ LAW haftbar; ■**to be ~ for sth** für etw *akk* haftbar sein; **to be ~ for the costs of the trial** für die Verfahrenskosten aufkommen müssen; **to hold sb ~ [for sth]** jdn [für etw *akk*] zur Verantwortung ziehen; **to be ~ to a fine** einer Geldstrafe unterliegen; **to be ~ to tax** steuerpflichtig sein

liaise [li'eɪz] *vi* ■**to ~ with sb/sth** ❶ (*establish contact*) eine Verbindung zu jdm/etw herstellen [*o* aufbauen], sich *akk* mit jdm/etw in Verbindung setzen; (*be go-between*) als Verbindungsstelle [*o* Kontaktstelle] zu jdm/etw fungieren; ***his job is to ~ with other organizations*** er soll den Kontakt zu den anderen Organisationen pflegen

❷ (*work together*) mit jdm/etw zusammenarbeiten

liaison [li'eɪzᵊn, AM 'li:əzɑ:n] *n* ❶ *no pl* (*contacts*) Verbindung *f;* ***there is a lack of ~ between the various government departments*** zwischen den verschiedenen Ministerien besteht ein Kommunikationsmangel; ***I work in close ~ with my opposite number in the USA*** ich arbeite eng mit meinem Pendant in den USA zusammen

❷ AM (*person*) Verbindungsmann, Verbindungsfrau *m, f,* Kontaktperson *f;* ***she serves as the ~ between the company and the research centers*** sie vermittelt zwischen der Firma und den Forschungsinstituten

❸ (*sexual affair*) Verhältnis *nt,* Liaison *f veraltend geh*

❹ LING, FOOD Liaison *f fachspr*

liaison officer *n* Verbindungsmann, Verbindungsfrau *m, f,* V-Mann *m fam,* Kontaktperson *f*

liar ['laɪəʳ, AM -ɚ] *n* Lügner(in) *m(f)*

lib [lɪb] *n no pl* (*dated fam*) *short for* **liberation** Befreiungsbewegung *f*

Lib [lɪb] *n* BRIT *short for* **Liberal** Liberale(r) *f(m)*

libation [laɪ'beɪʃᵊn] *n* ❶ HIST, REL Libation *f,* Trankopfer *nt;* **to make [*or* pour] a ~** ein Trankopfer darbringen *geh*

❷ (*hum: drink*) Trunk *m geh o hum;* ***would you care for a ~?*** wie wäre es mit einem Schlückchen?

libber ['lɪbəʳ, AM -ɚ] *n* (*fam*) Anhänger(in) *m(f)* [*o* Mitglied *nt*] einer Befreiungsbewegung

Lib Dem [,lɪb'dem] *n* BRIT (*fam*) *short for* **Liberal Democrat** Liberaldemokrat(in) *m(f)*

libel ['laɪbᵊl] LAW **I.** *n* ❶ *no pl* (*crime*) Verleumdung *f;* **an action for ~** eine Verleumdungsklage; **to sue sb for ~** jdn wegen Verleumdung verklagen

❷ (*defamatory statement*) [schriftliche] Verleumdung; ***the whole story was a vicious ~ on my character*** die ganze Geschichte war eine gemeine Verleumdung und sollte meinen Ruf ruinieren

II. *vt* <BRIT -ll- *or* AM *usu* -l-> ■**to ~ sb** jdn [schriftlich] verleumden

libel case *n* LAW Verleumdungsfall *m* **libel laws** *npl* Verleumdungsparagraph[en] *m[pl]*

libellous ['laɪbᵊləs], AM **libelous** *adj* verleumderisch; **to make ~ accusations against sb** gegen jdn verleumderische Anschuldigungen erheben

liberal ['lɪbᵊrᵊl] **I.** *adj* ❶ (*tolerant*) liberal; *attitude, church, person also* tolerant, aufgeschlossen; **~ education** Allgemeinbildung *f;* **L~ Judaism** Liberales Judentum; **~ thought** [*or* **view**] liberale Ansichten

❷ (*progressive*) liberal, fortschrittlich; **the ~ wing of a party** der linke Parteiflügel

❸ ECON liberal

❹ (*generous*) großzügig; **a ~ allowance/donation/support** eine großzügige Beihilfe/Spende/Unterstützung; **a ~ amount of mayonnaise** reichlich Majonäse; **a ~ portion** eine große Portion; **a ~ serving of cream** eine große Portion Sahne [*o* ÖSTERR Obers]; **a ~ supply** ein großer Vorrat; ■**to be ~ with sth** mit etw *dat* großzügig sein

❺ (*not exact*) **a ~ interpretation of a law** eine freie Auslegung eines Gesetzes

II. *n* Liberale(r) *f(m)*

Liberal ['lɪbᵊrᵊl] **I.** *n* CAN, AUS (*hist*) Liberale(r) *f(m)*

II. *adj* liberal; **the ~ candidate** der Kandidat/die Kandidatin der Liberalen [Partei]; **the ~ manifesto** das Manifest der Liberalen [Partei]; **the ~ vote** die Wählerschaft [*o* Stimmen] der Liberalen [Partei]

liberal arts *esp* AM **I.** *n* ■**the ~** *pl* die Geisteswissenschaften; **a degree in the ~** ein Abschluss *m* in Geisteswissenschaften

II. *n modifier* (*professor, college*) geisteswissenschaftlich; **a ~ course/degree** ein Kurs *m*/Abschluss *m* in Geisteswissenschaften; **~ student** Student *m*/Studentin *f* der Geisteswissenschaften

Liberal Democrat BRIT **I.** *n* ■**the ~s** *pl* die Liberaldemokraten *mpl*

II. *adj* liberaldemokratisch; **the ~ Party** die Liberaldemokratische Partei

liberalism ['lɪbᵊrᵊlɪzᵊm] *n no pl* Liberalismus *m*

liberality [,lɪbᵊr'æləti, AM -ə'rælət̬i] *n no pl* ❶ (*generosity*) Großzügigkeit *f,* Freigebigkeit *f*

❷ (*liberal nature*) Toleranz *f,* Aufgeschlossenheit *f*

liberalization [,lɪbᵊrᵊlaɪ'zeɪʃᵊn, AM -lɪ'-] *n* Liberalisierung *f;* **the ~ of the economy/of society** die Liberalisierung der Wirtschaft/der Gesellschaft

liberalize ['lɪbᵊrᵊlaɪz] *vt* ■**to ~ sth** etw liberalisieren

liberally ['lɪbᵊrᵊli] *adv* großzügig, reichlich; **to give/donate ~** großzügig geben/spenden; **to tip ~** ein großzügiges Trinkgeld geben

Liberal Party *n* POL ❶ BRIT HIST Liberale Partei; *see also* **Lib-Lab**

❷ (*Aus, Can*) **the ~ of Australia/Canada** die Liberale Partei von Australien/Kanada

liberate ['lɪbᵊreɪt, AM -ər-] *vt* ❶ (*free*) ■**to ~ sb/sth** jdn/etw befreien; ■**to ~ oneself from sth/sb** sich *akk* von etw/jdm befreien [*o* lösen] *a. fig;* **to ~ a country/slaves** ein Land/Sklaven befreien

❷ (*fig hum fam: steal*) ■**to ~ sth** etw verschwinden [*o fam* mitgehen] lassen

liberated ['lɪbᵊreɪtɪd, AM -əreɪt̬-] *adj* ❶ (*emancipated*) emanzipiert

❷ (*free*) frei; **~ zone** befreite Zone

liberation [,lɪbᵊr'eɪʃᵊn, AM -ə'reɪ-] *n no pl* Befreiung *f* (**from** von +*dat*)

liberation organization *n* Befreiungsbewegung *f;* **animal ~** ≈ Tierschutzverein *m* **liberation theology** *n* Befreiungstheologie *f*

liberator ['lɪbᵊreɪtəʳ, AM -əreɪt̬ɚ] *n* Befreier(in) *m(f)*

Liberian [laɪ'bɪəriən, AM 'bɪri] **I.** *adj inv* liberisch

II. *n* Liberier(in) *m(f)*

libertarian ['lɪbə'teəriən, AM -ɚ'teri-] **I.** *n* Freidenker(in) *m(f),* Libertin *m geh;* **civil ~s** *Anhänger einer liberal orientierten Staatsauffassung*

II. *adj* liberal[istisch]

libertine ['lɪbəti:n, AM -ət̬i:n] *n* (*pej*) Libertin *m veraltet geh,* Casanova *m pej fam*

liberty ['lɪbəti, AM -ɚt̬i] *n* ❶ *no pl* (*freedom*) Freiheit *f;* **~ of action/conscience/speech** Handlungs-/Gewissens-/Redefreiheit *f;* **to be at ~** frei [*o* auf freiem Fuß[e]] sein; **to be at ~ to do sth** etw tun können; ***are you at ~ to reveal any names?*** dürfen Sie Namen nennen?; ***you are at ~ to refuse medical treatment*** es steht Ihnen frei, eine medizinische Behandlung abzulehnen; **to give sb their ~** jdm die Freiheit schenken

❷ (*incorrect behaviour*) ***it's* [*a bit of*] *a ~*** es ist [ein bisschen] unverschämt; ***what a ~!*** das ist ja unerhört!; **to take liberties with sb** sich *dat* bei jdm Freiheiten herausnehmen; ***she slapped his face for taking liberties*** sie gab ihm eine Ohrfeige dafür, dass er sich zu viel herausgenommen hatte; **to take liberties with sth** etw [zu] frei handhaben; ***her translation takes liberties with the original text*** ihre Übersetzung ist allerdings sehr frei; **to take the ~ of doing sth** sich *dat* die Freiheit nehmen, etw zu tun; ***I took the ~ of borrowing your bicycle*** ich habe mir erlaubt, dein Fahrrad auszuleihen

❸ (*form: legal rights*) ■**liberties** *pl* Grundrechte *ntpl,* Bürgerrechte *ntpl*

libidinous [lɪ'bɪdɪnəs, AM lə'bɪdᵊn-] *adj* (*form*) triebhaft, libidinös *fachspr;* **~ behaviour** triebhaftes Verhalten

libido [lɪ'bi:dəʊ, AM -oʊ] *n* Libido *f fachspr,* [Sexual]trieb *m;* **increased ~** gesteigerte Libido

Lib-Lab ['lɪb,læb] *adj* BRIT HIST *short for* **Liberal and Labour** Liberale Partei; **~ pact** *Parteibündnis zwischen den Liberalen und der Labourpartei in den 70er Jahren*

Libra ['li:brə] *n* ASTRON, ASTROL ❶ *no art* Waage *f;* **to be born under ~** im Zeichen der Waage geboren sein

❷ (*person*) Waage *f;* ***she is a ~*** sie ist Waage

Libran ['li:brən] **I.** *n* **to be a ~** Waage sein

II. *adj* Waage-

librarian [laɪ'breəriən, AM -'brer-] *n* Bibliothekar(in) *m(f)*

librarianship [laɪ'breəriənʃɪp, AM 'breri] *n no pl* Bibliothekswesen *nt*

library ['laɪbrᵊri, AM -breri] **I.** *n* ❶ (*public*) Bibliothek *f,* Bücherei *f;* **public ~** Leihbücherei *f;* **record ~** Musikbücherei *f;* **university ~** Universitätsbibliothek *f*

❷ (*private*) Bibliothek *f*

❸ (*serial publication*) Gesamtausgabe *f,* Reihe *f*

II. *n modifier* (*program, software, visit*) Bibliotheks-; (*from public library*) Bücherei-; **~ book** Leihbuch *nt;* **~ ticket** Leseausweis *m,* Lesekarte *f*

library footage *n no pl* FILM, TV Archivmaterial *nt*

library school *n* Bibliotheksschule *f* **library science** *n no pl* Bibliothekswesen *nt*

librettist [lɪ'bretɪst, AM -bret̬-] *n* Librettist(in) *m(f)*

libretto [lɪ'bretəʊ, AM -t̬oʊ] *n* Libretto *nt*

Libyan ['lɪbiən] **I.** *adj inv* libysch

II. *n* Libyer(in) *m(f)*

lice [laɪs] *n pl of* **louse**

licence ['laɪsᵊn(t)s], AM **license** *n* ❶ (*permit*) Genehmigung *f,* Erlaubnis *f;* (*formal permission*) Lizenz *f,* Konzession *f;* COMPUT Lizenz *f;* **dog ~** Hundemarke *f;* ***he didn't pay his dog ~*** er hat die Hundesteuer nicht bezahlt; **driving** [*or* AM **driver's**] **~** Führerschein *m;* **~ fee** Lizenz[gebühr] *f;* BRIT TV Rundfunk- und Fernsehgebühren *fpl;* **gun ~** Waffenschein *m;* **TV ~** BRIT Rundfunkanmeldung *f;* **to apply for a ~** eine Lizenz beantragen; **to lose one's ~** seine Lizenz verlieren; ***if you get caught drinking and driving you can lose your ~*** wenn man betrunken am Steuer geschnappt wird, kann man den Führerschein verlieren; **to obtain a ~** eine Lizenz erhalten; **under ~** in Lizenz

❷ *no pl* (*form: freedom*) Freiheit *f;* **artistic ~** künstlerische Freiheit; **to allow sb ~** jdm Freiheiten gestatten; **to give sb/sth ~ to do sth** jdm/etw gestatten, etw zu tun; ***under the reorganization plans, your department would be given increased ~ to plan*** im Zuge der geplanten Umstrukturierung bekäme Ihre Abteilung größeren Planungsfreiraum; **to have ~ to do sth** die Freiheit haben, etw

zu tun
❸ LAW [bedingter] Straferlass
► PHRASES: **to be a ~ to print money** *esp* BRIT eine wahre Goldgrube sein
licence number *n* Kfz-Kennzeichen *nt,* Autokennzeichen *nt*
license ['laɪsᵊn(t)s] **I.** *n* AM *see* **licence**
II. *vt* ■**to ~ sb to do sth** jdm die Lizenz erteilen, etw zu tun; ■**to be ~d to do sth** berechtigt sein, etw zu tun; ***James Bond was '~d to kill'*** James Bond hatte die ‚Lizenz zum Töten'
licensed ['laɪsᵊn(t)st] *adj inv* ❶ *(with official approval)* lizensiert, zugelassen; **~ pilot** zugelassener Pilot/zugelassene Pilotin
❷ BRIT *(serving alcohol)* **a ~ restaurant** ein Restaurant *nt* mit Schankerlaubnis
licensed practical nurse *n* AM Hilfskrankenschwester *f,* Hilfskrankenpfleger *m*
licensee [ˌlaɪsᵊn(t)'siː] *n (form)* Lizenznehmer(in) *m(f);* **~ of a pub/bistro/restaurant** BRIT Inhaber(in) *m(f)* eines Pubs/Bistros/Restaurants [mit Schankerlaubnis]; **the ~ of the local pub** der Wirt/die Wirtin der hiesigen Gaststätte
license plate *n* AM *(number plate)* Nummernschild *nt,* polizeiliches [*o* amtliches] Kennzeichen
licenser ['laɪsᵊn(t)səʳ, AM -ɚ] *n* Lizenzgeber(in) *m(f)*
licensing ['laɪsᵊn(t)sɪŋ] **I.** *n no pl* Lizenzvergabe *f;* **vehicle ~ centre** BRIT Kfz-Zulassungsstelle *f*
II. *adj attr, inv* Lizenz-
licensing hours *npl* BRIT Ausschankzeiten *fpl*
licensing laws *npl* BRIT Schankgesetze *ntpl*
licensor *n see* **licenser**
licentiate [laɪ'sen(t)ʃiət, AM -ʃɪt] *n* ❶ *(degree)* Lizentiat *nt*
❷ *(person)* Lizentiat(in) *m(f)*
licentious [laɪ'sen(t)ʃəs] *adj* [sexuell] ausschweifend, promiskuitiv *pej geh*
licentiously [laɪ'sen(t)ʃəsli] *adv* [sexuell] ausschweifend, promiscuös *pej geh*
licentiousness [laɪ'sen(t)ʃəsnəs] *n no pl* Unmoral *f,* Lasterhaftigkeit *f*
lichen ['laɪkən] *n usu sing* BIOL, BOT Flechte *f*
licit ['lɪsɪt] *n inv* legal
lick [lɪk] **I.** *n* ❶ *(with tongue)* Lecken *nt kein pl,* Schlecken *nt kein pl;* ***can I have a ~ of your ice cream?*** lässt du mich mal an deinem Eis schlecken?
❷ *(small quantity)* ■**a ~ of** ein wenig; ***the living room could do with a ~ of paint*** das Wohnzimmer könnte etwas Farbe vertragen
❸ MUS *(in jazz)* Lick *m*
❹ *(fam: speed)* **to be going at a hell of a ~** einen [Affen]zahn draufhaben *sl;* **at [quite a** [*or* **a good**]] **~** ziemlich schnell, mit einem ziemlichen Zahn *fam*
► PHRASES: **a [cat's] ~ and a promise** BRIT *(fam)* eine Katzenwäsche *fam*
II. *vt* ❶ *(with tongue)* ■**to ~ sth** etw lecken [*o* schlecken]; **to ~ an ice cream cone/lollipop** an einem Eis/Lutscher schlecken; **to ~ the plate** den Teller ablecken; **to ~ a stamp** eine Briefmarke [mit der Zunge] befeuchten
❷ *(touch)* etw belecken; ***flames were ~ing the curtains*** die Flammen züngelten an den Vorhängen hoch; ***the waves were already ~ing the bottom step*** die Wellen schlugen bereits an die unterste Stufe
❸ *esp* AM *(fam: defeat)* ■**to ~ sb** es jdm [aber mal so richtig] zeigen *fam,* jdn [doch glatt] in die Tasche stecken *fam;* ***all right Joe, I know when I'm ~ed*** also gut, Joe, ich gebe mich geschlagen
❹ *(solve)* ■**to ~ sth** [*or* **to have got sth ~ed**] etw im Griff haben; ***together we can ~ this*** gemeinsam kriegen wir das schon hin *fam;* **to have got the problem ~ed** das Problem geknackt haben *fam*
❺ *(fam: thrash)* ■**to ~ sb** jdn verprügeln
► PHRASES: **to ~ sb's arse** [*or* AM **ass**] *(vulg)* jdm in den Arsch kriechen *vulg,* ein Arschkriecher sein *vulg;* **to ~ sb's boots** [*or* **shoes**] jdm in den Hintern kriechen [*o* die Stiefel lecken] *pej fam;* **to ~ one's lips** sich *dat* [schon] die Lippen lecken; **to ~ one's wounds** seine Wunden lecken
III. *vi* ■**to ~ at sth** *flames, waves* an etw *dat* lecken
◆**lick up** *vt* ■**to ~ sth** ↻ **up** etw auflecken [*o* aufschlecken]
lickety-split [ˌlɪkəti'-, AM -ət̬i'-] *adv (fam)* blitzschnell; ***I want that job done ~, okay?*** das wird jetzt ruckzuck erledigt, klar? *fam;* ***the car drove by ~*** das Auto schoss wie der Blitz vorbei
licking ['lɪkɪŋ] *n* ❶ *(fam: beating)* **to give sb a ~** jdm eine Tracht Prügel verpassen *fam*
❷ *(defeat)* **to give sb a ~** jdn haushoch schlagen
licorice *n no pl esp* AM *see* **liquorice**
lid [lɪd] *n* ❶ *(covering)* Deckel *m*
❷ *(eyelid)* Lid *nt*
► PHRASES: **to blow** [*or* **take**] **the ~ off sth** etw ans Licht bringen; **to keep** [*or* **put**] **the ~ on sth** etw unter Verschluss halten; ***we'll have to keep the ~ on these findings about pollution*** unsere Entdeckungen über die Umweltverschmutzung dürfen auf keinen Fall herauskommen; **to put a ~ on sth** mit etw *dat* Schluss machen [*o* aufhören]; *esp* AM ***it's time to put a ~ on all the talk*** jetzt sollte endlich einmal Schluss sein mit dem Gerede; ***put a ~ on it!*** *(fam)* jetzt hör doch mal auf [damit]!; **to put the [tin] ~ on sth** BRIT, AUS etw *dat* die Krone aufsetzen
lidless ['lɪdləs] *adj inv* deckellos; **~ eye** liderloses Auge
lido ['liːdəʊ] *n* BRIT ❶ *(dated: swimming pool)* Freibad *nt,* Schwimmbad *nt*
❷ *(section of beach)* Strand *m,* Lido *m*
lie¹ [laɪ] **I.** *vi* <-y-> lügen; ■**to ~ about sth** *intentions, plans* falsche Angaben über etw *akk* machen; ***I used to ~ about my age*** ich habe immer ein falsches Alter angegeben; ■**to ~ about sb** über jdn die Unwahrheit erzählen; ■**to ~ to sb** jdn belügen
► PHRASES: **to ~ through one's teeth** wie gedruckt lügen *fam*
II. *vt* <-y-> **to ~ one's way somewhere** sich *akk* irgendwohin hineinschmuggeln; ■**to ~ one's way** [*or* **oneself**] **out of sth** sich *akk* aus etw *dat* herausreden
III. *n* Lüge *f;* **to be a pack** [*or* BRIT **tissue**] **of ~s** erstunken und erlogen sein *fam;* **to be an outright ~** glatt gelogen sein *fam;* **to give the ~ to sb/sth** jdn/etw Lügen strafen; **to tell ~s** Lügen erzählen; ***don't tell me ~s!*** lüg mich nicht an!; ***her name is Paula, no, I tell a ~ — it's Pauline*** ihr Name ist Paula – nein, Moment, bevor ich etwas Falsches sage – sie heißt Pauline
lie² [laɪ] **I.** *n* ❶ *(position)* Lage *f*
❷ *no pl esp* BRIT, AUS Aussehen *nt*
II. *vi* <-y-, lay, lain> ❶ *(be horizontal) body* liegen; **to ~ on one's back/in bed/on the ground** auf dem Rücken/im Bett/auf dem Boden liegen; **to ~ in state** aufgebahrt sein [*o* liegen]; **to ~ awake/quietly/still** wach/ruhig/still liegen; **to ~ flat** flach liegen [bleiben]
❷ *(be)* liegen; ***snow lay thickly over the fields*** auf den Feldern lag eine dicke Schneeschicht; **to ~ off the coast** [*or* **shore**] *boat, ship, yacht* vor der Küste liegen; **to ~ to the east/north of sth** im Osten/Norden [*o* östlich/nördlich] von etw *dat* [*o* einer S. *gen*] liegen; **to ~ on the route to …** auf dem Weg nach … liegen; *school, work* auf dem Weg zu … liegen; **to ~ in ruins** in Trümmern liegen; **to ~ in wait** auf der Lauer liegen; **to ~ empty** *house, flat* leer stehen; **to ~ fallow** AGR, HORT brachliegen
❸ *(be buried)* ruhen; ***here ~s the body of …*** hier ruht …
❹ *(be responsible)* ■**to ~ with sb/sth** bei jdm/etw liegen
❺ *(be found)* ■**to ~ in sth** an etw *dat* liegen; *solution* bei etw *dat* liegen; ***where do your interests ~?*** wo liegen deine Interessen?; ***the cause of the argument ~s in the stubbornness on both sides*** die Ursache des Streits waren in der Sturheit beider Seiten zu suchen
❻ BRIT SPORTS **to ~ bottom of/third in the table** Tabellenletzter/-dritter sein
► PHRASES: **to see how the land ~s** sehen, wie die Zeichen stehen; **to ~ heavily on one's stomach** jdm schwer im Magen liegen *fam;* **to ~ doggo** BRIT sich *akk* still verhalten; **to ~ low** *(escape search)* untergetaucht sein; *(avoid being noticed)* sich *akk* versteckt halten
◆**lie about** *vi,* **lie around** *vi* ❶ *(be situated)* herumliegen *fam;* **to leave sth lying about** etw herumliegen lassen *fam*
❷ *(be lazy)* herumlümmeln *fam,* herumgammeln *fam*
◆**lie ahead** *vi* bevorstehen; ■**to ~ ahead of sb** vor jdm liegen
◆**lie back** *vi* sich *akk* zurücklegen [*o* auf den Rücken legen]
◆**lie behind** *vi* ❶ *(be cause of)* ■**to ~ behind sth** etw *dat* zugrunde liegen
❷ *(be past)* ■**to ~ behind sb** hinter jdm liegen; ***forget what ~s behind*** vergiss die Vergangenheit
◆**lie down** *vi* sich *akk* hinlegen
► PHRASES: **to ~ down on the job** *esp* AM, AUS *(pej)* schlampen *pej fam,* schlampig arbeiten *pej fam;* **to take sth lying down** etw [stillschweigend] hinnehmen
◆**lie in** *vi* BRIT *(fam)* im Bett bleiben
◆**lie round** *vi* BRIT *see* **lie about**
◆**lie up** *vi esp* BRIT sich *akk* verbergen [*o* verstecken]
lied <*pl* -er> [liːd] *n* MUS Lied *nt*
lieder recital [ˌliːdərɪ'saɪtᵊl, AM -ɚrɪ'saɪt̬-] *n* MUS Liederabend *m*
lie detector *n* Lügendetektor *m* **lie detector test** *n* Lügendetektortest *m* **lie-down** *n* BRIT *(fam)* Schläfchen *nt,* Nickerchen *nt fam*
liege [liːdʒ] HIST **I.** *adj attr, inv* Lehns-
II. *n* Lehnsmann *m,* Vasall *m*
lie-in *n* BRIT *(fam)* **to have a ~** im Bett bleiben
lien [liːən, AM liːn] *n* LAW Pfandrecht *nt*
lieu [ljuː, AM luː] *n no pl* **in ~ of sth** an Stelle [*o* [an]statt] einer S. *gen*
Lieut *n attr abbrev of* **Lieutenant** Lt.
lieutenancy <*pl* -cies> [lef'tenənsi, AM luː'] *n* ❶ *(lieutenants collectively)* Lieutenants *mpl*
❷ *(government representation)* Statthalterschaft *f*
lieutenant [lef'tenənt, AM luː'-] *n* ❶ *(deputy)* Stellvertreter(in) *m(f),* rechte Hand *fig*
❷ MIL Leutnant *m*
❸ AM LAW ≈ Polizeihauptwachtmeister(in) *m(f)*
lieutenant colonel *n* MIL Oberstleutnant *m* **lieutenant commander** *n* NAUT Fregattenkapitän *m* **lieutenant general** *n* MIL Generalleutnant *m* **lieutenant governor** *n* POL Vizegouverneur *m*
life <*pl* lives> [laɪf, *pl* laɪvz] **I.** *n* ❶ *no pl (quality)* Leben *nt;* **~ *is a precious gift*** das Leben ist ein wertvolles Gut; ***there are no signs of ~ on the planet*** auf dem Planeten gibt es keinen Hinweis auf Leben
❷ *no pl (living things collectively)* Leben *nt;* **animal ~** Tierwelt *f;* **plant ~** Pflanzenwelt *f;* **insect ~** Welt *f* der Insekten, Insekten *ntpl;* **intelligent/sentient ~** intelligentes/empfindendes Leben
❸ *no pl (human/animal existence)* Leben *nt;* ***I love ~*** ich liebe das Leben; ***cats are supposed to have nine lives*** man sagt, Katzen haben neun Leben; **to give sb an outlook on ~** jdm eine Lebenseinstellung vermitteln; **to be one/another of ~'s great mysteries** *(hum)* eines/ein weiteres der großen Geheimnisse des Lebens sein
❹ *no pl (circumstances)* Leben *nt;* **family ~** Familienleben *nt;* **love ~** Liebesleben *nt;* **private ~** Privatleben *nt;* **sex ~** Sexualleben *nt;* **working ~** Arbeitsleben *nt*
❺ *no pl (energy)* Lebendigkeit *f;* ***come on, show a little ~!*** los, jetzt zeig' mal ein bisschen Temperament! *fam;* ***put more ~ into your voice*** bringen Sie etwas mehr Timbre in die Stimme; **to be full of ~** voller Leben sein *fig,* vor Leben [nur so] sprühen *fam*
❻ *(state of existence)* Leben *nt; (person)* Menschenleben *nt;* ***she hung on for dear ~*** sie klammerte sich fest, als hinge ihr Leben davon ab; ***run for your ~!*** renn um dein Leben!; ***it's a matter of ~ and death!*** es geht um Leben und Tod!; **to lose one's ~** ums Leben kommen; ***how many lives***

were lost in the fire? wie viele Menschenleben hat der Brand gekostet?; **to save a ~** ein Menschenleben retten; **a ~ and death issue** eine Frage, die über Leben und Tod entscheiden kann

❼ (*manner of living*) Leben *nt;* ***I left home at 16 to see*** ~ ich ging mit 16 von zu Hause fort, um etwas vom Leben und von der Welt zu sehen; ***teaching has been her*** ~ der Lehrberuf war ihr Leben; **a dull/exciting ~** ein langweiliges/aufregendes Leben; **to make** [*or* **start**] **a new ~** ein neues Leben anfangen [*o* beginnen]

❽ (*biography*) Biografie *f,* Lebensbeschreibung *f*

❾ (*earthly existence*) Leben *nt;* **in a previous ~** in einem früheren Leben; **to believe in ~ after death** an ein Leben nach dem Tod[e] glauben; **to depart this ~** (*euph form*) verscheiden *euph geh*

❿ (*time from birth to death*) Leben *nt;* ***I believe marriage is for*** ~ ich finde, eine Ehe sollte für das ganze Leben geschlossen werden; ***he's behind bars for*** ~ er sitzt lebenslänglich [hinter Gittern] *fam;* ***she only wants two things in*** ~ sie wünscht sich nur zwei Dinge im Leben; ***who's the man in your ~ now?*** [und] wer ist der neue Mann in deinem Leben?; **a job for ~** eine Stelle auf Lebenszeit; **to want sth out of** [*or* **in**] **~** etw vom Leben erwarten

⓫ (*duration*) *of device, battery* Lebensdauer *f; of an institution* Bestehen *nt kein pl;* ***during the ~ of the present parliament*** während der jetzigen Legislaturperiode [des Parlaments]

⓬ *no pl* (*fam: prison sentence*) lebenslänglich; ***the judge jailed him for*** ~ der Richter verurteilte ihn zu einer lebenslänglichen Haftstrafe; **to be doing/get ~** lebenslänglich sitzen *fam*/bekommen

⓭ *no pl* ART **to draw** [*or* **sketch**] **sb/sth from ~** jdn/etw nach einem Modell zeichnen/skizzieren; **taken from the ~** nach einem Modell

► PHRASES: **~'s a bitch** (*sl*) das Leben kann manchmal schon verdammt hart sein! *fam;* **to take one's ~ in one's hands** (*fam*) Kopf und Kragen riskieren *fam;* **to be the ~** [BRIT **and soul**] **of the/any party** der [strahlende] Mittelpunkt der/jeder Party sein; **to lead** [*or* **live**] **the ~ of Riley** (*dated fam*) leben wie Gott in Frankreich; **~'s rich tapestry** die Sonnen- und Schattenseiten des Lebens; **one's ~** [*or* **~'s**] **work** jds Lebenswerk; **the good ~** das süße Leben, la dolce vita; **it's a hard ~!** (*iron fam*) das Leben ist eins der härtesten *fam;* **larger than ~** *car, house* riesig, riesengroß; *person* energiegeladen und charismatisch; **how's ~** [**treating you**]? (*fam*) wie geht's [denn so]? *fam;* **to bring sth to ~** etw lebendiger machen; **to come to ~** lebendig werden; (*fig*) zum Leben erwachen; **to frighten** [*or* **scare**] **the ~ out of sb** jdn furchtbar/zu Tode erschrecken; **to get a ~** aufwachen *fig,* auf den Boden der Tatsachen zurückkommen *fig;* ***get a ~!*** komm endlich auf den Boden der Tatsachen zurück!; **to give** [*or* **lay down**] **one's ~ for sb/sth** sein Leben für jdn/etw geben; **to lose one's ~** sein Leben lassen [*o* verlieren]; **to roar** [*or* **thunder**] **into ~** mit aufheulendem Motor losfahren/starten; **to save sb's ~** jdm das Leben retten; **to save one's own ~** sein/das eigene Leben retten; **to be set** [**up**] **for ~** für den Rest des Lebens ausgesorgt haben; **to take sb's** *form* **~** jdn töten/umbringen; **to take one's own ~** sich *dat* [selbst] das Leben nehmen; **for the ~ of me** (*fam*) um alles in der Welt *fam;* **not for the ~ of me** nicht um alles in der Welt; **not on your ~!** (*fam*) nie im Leben! *fam;* **to be sb to the ~** (*dated*) jdm wie aus dem Gesicht geschnitten sein; **that's ~!** [das ist] Schicksal! *fam,* so ist das Leben [eben]!; **this is the ~** [**for me**]! so lässt sich's leben! *fam,* Mensch, ist das ein Leben! *fam*

II. *n modifier* **~ drawing/**[**drawing**] **class** Aktzeichnung *f*/Aktzeichnen *nt* (*Kunststunde, in der nach Modell gemalt wird*)

life-affirming *adj* lebensbejahend **life-and-death** *adj* **a ~ issue** eine Überlebensfrage; **a ~ situation** eine lebensbedrohliche Situation; **~ struggle** Überlebenskampf *m* [*o* Kampf *m* auf Leben und Tod] **life annuity** *n* Leibrente *f,* Lebensrente *f* **life assurance** *n no pl* BRIT Lebensversicherung *f* **lifebelt** *n* BRIT Rettungsring *m* **lifeblood** *n no pl* (*liter, poet*) Herzblut *nt liter;* (*fig: crucial factor*) Motor *m fig,* das A und O; ■**to be the ~ of sth** der Lebensnerv einer S. *gen* sein **lifeboat** *n* Rettungsboot *nt;* **to launch a ~** ein Rettungsboot zu Wasser lassen; **~ operation** Rettungsaktion *f* **lifebuoy** *n* Rettungsboje *f* **life coach** *n* Lebensberater(in) *m(f),* psychologischer Berater/psychologische Beraterin **life cycle** *n* Lebenszyklus *m;* (*fig*) Lebensdauer *f kein pl* **life expectancy** *n* Lebenserwartung *f* **life force** *n no pl* Lebenskraft *f* **life form** *n* Lebewesen *f;* **intelligent ~s** intelligentes Leben **life-giving** *adj* (*sustaining life*) lebensspendend *geh,* lebensnotwendig; (*revitalizing*) belebend **lifeguard** *n* (*in baths*) Bademeister(in) *m(f);* (*on beach*) Rettungsschwimmer(in) *m(f)* **life history** *n* Lebensgeschichte *f* **life imprisonment** *n no pl* lebenslängliche Freiheitsstrafe; **to get ~** lebenslänglich bekommen **life insurance** *n no pl* Lebensversicherung *f;* **to buy/have ~** eine Lebensversicherung abschließen/haben **life insurance policy** *n* Lebensversicherungspolice *f* **life jacket** *n* Schwimmweste *f*

lifeless [ˈlaɪfləs] *adj* ❶ (*inanimate*) *body* leblos, tot; *planet* unbelebt, ohne Leben *nach n;* ***the offices are still empty and*** ~ die Büros stehen immer noch leer, alles ist wie ausgestorben

❷ (*dull*) *game, story* langweilig, fad[e]; *person* teilnahmslos; **~ hair** stumpfes [*o* glanzloses] Haar; **a ~ performance** eine lahme Vorstellung *fam*

lifelessly [ˈlaɪfləsli] *adv* ❶ (*without life*) leblos

❷ (*lacking vigour*) antriebslos, energielos

lifelessness [ˈlaɪfləsnəs] *n no pl* ❶ (*death*) Leblosigkeit *f*

❷ (*lack of vigour*) Antriebslosigkeit *f,* Energielosigkeit *f*

❸ (*lack of living things*) Leblosigkeit *f*

lifelike *adj* lebensecht; *imitation also* naturgetreu

lifeline *n* ❶ (*life-saving rope*) Rettungsleine *f;* **to throw sb a ~** [*or* **a ~ to sb**] jdm eine Rettungsleine zuwerfen; (*fig*) jdm einen Rettungsanker zuwerfen *fig* ❷ (*used by diver*) Signalleine *f* ❸ (*fig: essential thing*) [lebenswichtige] Verbindung, Nabelschnur *f fig;* **the financial ~** der Geldhahn ❹ *no pl* BRIT TELEC ≈ Telefonseelsorge *f* ❺ (*in palmistry*) Lebenslinie *f* **lifelong** *adj attr, inv* lebenslang **life member** *n* Mitglied *nt* auf Lebenszeit

life-or-death [ˌlaɪfɔːˈdeθ, AM ɔːr] *adj inv* über Leben und Tod *nach n* **life peer** *n* BRIT Peer *m* auf Lebenszeit **life peerage** *n* BRIT Peerswürde *f* auf Lebenszeit **life preserver** *n* ❶ BRIT (*stick*) Totschläger *m* ❷ AM (*life jacket*) Schwimmweste *f;* (*lifebuoy*) Rettungsboje *m;* (*lifebelt*) Rettungsring *m*

lifer [ˈlaɪfəʳ, AM -ɚ] *n* (*sl*) ❶ (*fam: prisoner*) Lebenslängliche(r) *f(m) fam*

❷ AM (*career person*) Berufssoldat(in) *m(f)*

life raft *n* Rettungsfloß *nt;* (*rubber dinghy*) Schlauchboot *nt;* **to launch** [*or* **lower**] **a ~** ein Rettungsfloß zu Wasser lassen **lifesaver** *n* ❶ (*fam: thing*) die Rettung *fig;* ***that cup of coffee was a real*** ~ die Tasse Kaffee war die Rettung! *fam;* (*person*) [Lebens]retter(in) *m(f) fig;* ***you're a real*** ~ du bist mein rettender Engel! ❷ AUS, NZ (*on beach*) Rettungsschwimmer(in) *m(f);* (*in baths*) Bademeister(in) *m(f)* **Lifesaver®** *n* AM *ringförmiges* [*Frucht*]*bonbon* **life-saving** *n no pl* Rettungsschwimmen *nt* **life-saving class** *n* Unterricht *m* im Rettungsschwimmen; **~ certificate** Rettungsschwimmabzeichen *nt* **life savings** *npl* Erspartes *nt kein pl,* Rücklage *f* **life sciences** *npl* Biowissenschaften *pl* **life sentence** *n* lebenslängliche Freiheitsstrafe; **to get** [*or* **receive**] **a ~** lebenslänglich bekommen **life-size(d)** *adj* in Lebensgröße *nach n,* lebensgroß **lifespan** *n of people, animals* Lebenserwartung *f kein pl; of thing* Lebensdauer *f kein pl; of a project, insurance policy, contract* Laufzeit *f;* **average ~** durchschnittliche Lebenserwartung **life story** *n* Lebensgeschichte *f* **lifestyle** *n* Lebensstil *m* **life support** *n no pl* MED (*fam*) **to be on ~** an [lebenserhaltenden] Apparaten hängen *fam* **life support system** *n* MED ❶ (*machine*) lebenserhaltender Apparat; **to be on a ~** an [lebenserhaltende] Apparate angeschlossen sein ❷ (*biological network*) Lebenserhaltungssystem *nt* **life-threatening** *adj disease, illness* lebensbedrohend; **a ~ situation** eine lebensgefährliche [*o* lebensbedrohliche] Situation **lifetime I.** *n usu sing* ❶ (*time one is alive*) Lebenszeit *f;* **to devote** [**half**] **a ~ to sth/sb** etw/jdm sein [halbes] Leben widmen; **in one's ~** im Laufe seines Lebens; ***that probably won't happen in my*** ~ das werde ich wahrscheinlich nicht [mehr mit]erleben; **once in a ~** einmal im Leben ❷ (*time sth exists*) Lebensdauer *f kein pl* ❸ (*fam: long time*) ***it seems like a*** ~ es kommt mir vor wie eine Ewigkeit; **to last a ~** *watch, machines* ein Leben lang halten; *memories, good luck* das ganze Leben [lang] andauern ► PHRASES: **the chance of a ~** eine einmalige Chance, die Chance des Lebens **II.** *n modifier* lebenslang, auf Lebenszeit *nach n;* **~ guarantee** Garantie *f* auf Lebenszeit; **a ~** [*or* **~'s**] **supply of coffee** ein Riesenpaket *m* Kaffee [, das für den Rest des Lebens reicht]

lift [lɪft] **I.** *n* ❶ BRIT (*elevator*) Lift *m,* Aufzug *m,* Fahrstuhl *m;* **to take the ~** den Aufzug nehmen, mit dem Aufzug fahren

❷ (*for skiers*) Skilift *m,* Sessellift *m*

❸ *no pl* (*fam: support*) ***a bra that gives a bit of*** ~ ein BH, der etwas stützt; (*heel*) ***shoes with a bit of*** ~ Schuhe mit etwas höheren Absätzen

❹ (*act of lifting*) [Hoch]heben *nt kein pl; of the head* stolze Kopfhaltung; ***a tiny ~ will put this in the right place*** wenn du es ein klein wenig anhebst, können wir es an die richtige Stelle rücken

❺ (*increase*) Anstieg *m kein pl;* (*increase in amount*) Erhöhung *f* [eines Betrags]; *of a person's voice* Heben *nt* der Stimme

❻ (*fam: plagiarizing*) *of ideas* Klauen *nt kein pl fam; of texts* Abkupfern *nt kein pl fam*

❼ *no pl* MECH Hubkraft *f;* AVIAT Auftrieb *m*

❽ (*weight*) [Hoch]heben *nt kein pl*

❾ (*ride*) Mitfahrgelegenheit *f;* **to give a ~ to sb** [*or* **to give sb a ~**] jdn [im Auto] mitnehmen; ***I'll give you a ~ to the station*** ich kann Sie bis zum Bahnhof mitnehmen; **to hitch** [*or* **thumb**] **a ~** trampen, per Anhalter fahren

❿ *no pl* (*fig: positive feeling*) **to give sb a ~** jdn aufmuntern; *prospects* jdm Auftrieb geben; *drugs* jdn aufputschen

II. *vt* ❶ (*raise*) ■**to ~ sb/sth** jdn/etw [hoch]heben; (*slightly*) jdn/etw anheben; ***she ~ed the cigarette*** [***up***] ***to her lips*** sie führte die Zigarette an die Lippen; SPORTS **~ *the weight into the starting position*** bring das Gewicht in die Ausgangsposition; ■**to ~ sb/sth out of sth** jdn/etw aus etw *dat* [heraus]heben; ***when will our country ever be ~ed out of this state of economic depression?*** (*fig*) wann wird es mit der Wirtschaft unseres Landes wohl jemals wieder aufwärts gehen?

❷ (*direct upward*) **to ~ one's eyes** die Augen aufschlagen; **to ~ one's head** den Kopf heben; **to ~ one's eyes** [*or* **face**] **from sth** von etw *dat* aufsehen [*o* aufblicken]; **to ~ one's head from sth** den Kopf von etw *dat* heben

❸ (*make louder*) **to ~ one's voice** lauter sprechen, die Stimme heben; **to ~ one's voice to sb** (*yell at*) jdn anschreien; (*argue with*) die Stimme gegen jdn erheben *geh*

❹ (*increase*) ■**to ~ an amount/prices/rates** einen Betrag/Preise/Sätze erhöhen

❺ (*airlift*) ■**to ~ sth somewhere** etw irgendwohin fliegen; **to ~ supplies/troops** den Nachschub/Truppen auf dem Luftweg transportieren

❻ *usu passive* (*in surgery*) **to have one's face/breasts ~ed** sich *dat* das Gesicht liften/die Brust straffen lassen

❼ (*dig up*) ■**to ~ sth** etw ausgraben; **to ~ potatoes** Kartoffeln ernten, DIAL ausmachen

❽ (*improve in rank*) ■**to ~ sb/a team** jdn/ein Team befördern

❾ (*win*) **to ~ an event/a prize** einen Wettkampf/einen Preis gewinnen

❿ (*make more interesting*) ■**to ~ sth** etw interessanter gestalten [*o fam* aufpeppen]

⓫ (*elevate*) **to ~ sb's confidence** jds Vertrauen stärken; **to ~ sb's spirits** jds Stimmung heben
⓬ (*end*) **to ~ a ban/restrictions** ein Verbot/Einschränkungen aufheben
⓭ (*fam: steal*) ■**to ~ sth** etw klauen *fam* [*o fam* mitgehen lassen]
⓮ (*fam: plagiarize*) ■**to ~ sth** *essay, song* etw abschreiben [*o fig fam* klauen]
⓯ (*arrest*) ■**to ~ sb** jdn schnappen *fam*
⓰ (*take*) **to ~ fingerprints from sth** etw auf Fingerabdücke untersuchen
III. *vi* ❶ (*be raised*) sich *akk* heben
❷ (*disperse*) *cloud, fog* sich *akk* auflösen
❸ (*become happier*) *mood* sich *akk* heben
◆**lift down** *vt* BRIT, AUS ■**to ~ down** ↔ **sb/sth** jdn/etw herunterheben
◆**lift off** *vi* ❶ (*leave the earth*) abheben
❷ (*come off*) sich *akk* hochheben lassen; ***the top of the stool ~s off*** der Sitz des Stuhls ist abnehmbar
◆**lift up** *vt* ■**to ~ up** ↔ **sb/sth** jdn/etw hochheben; **to ~ up a lid** einen Deckel hochklappen
► PHRASES: **to ~ up one's head** den Kopf hoch tragen; **to ~ up one's voice** *in praise* die Stimme erheben
lift-off ['lɪftɒf, AM -ɑːf] *n* AEROSP Start *m*, Abheben *nt kein pl*; ***we have ~*** der Start ist erfolgt
lig [lɪg] *vi* BRIT (*sl*) schmarotzen *pej*; (*to party*) sich selbst einladen; (*at concert*) ohne Eintrittskarte reingehen *fam*
ligament ['lɪgəmənt] *n* ANAT Band *nt*, Ligament *nt fachspr*; **to tear a ~** sich *dat* einen Bänderriss zuziehen
ligature ['lɪgətʃəʳ, AM -ɚ] **I.** *n* ❶ (*bandage*) Binde *f*; MED Abbindungsschnur *f*, Ligaturfaden *m fachspr*
❷ MUS Ligatur *f fachspr*
❸ TYPO (*character*) Ligatur *f*; (*stroke*) [Feder-/Pinsel]strich *m*
❹ (*bond*) Band *nt*
❺ (*act of binding*) Abbinden *nt kein pl*
II. *vt* etw abbinden
ligger ['lɪgəʳ] *n* BRIT Schmarotzer(in) *m(f) pej*
light¹ [laɪt] **I.** *n* ❶ *no pl* Licht *nt*; ***is there enough ~ to take a picture?*** ist es hell genug, um ein Bild zu machen?; **artificial/natural ~** künstliches/natürliches Licht; **the ~ of the sun** das Sonnenlicht; **by candlelight** bei[m] Kerzenschein; **by the ~ of the moon** bei Mondlicht
❷ (*light-giving thing*) Licht *nt*; (*lamp*) Lampe *f*; ***as the ~s went…*** als die Lichter ausgingen, …; **to put** [*or* **switch**] [*or* **turn**] **the ~ on/off** das Licht einschalten/ausschalten [*o fam* anmachen/ausmachen]
❸ *no pl* (*daylight*) [Tages]licht *nt*; **at** [**the**] **first ~** bei Tagesanbruch
❹ (*for decoration*) ■**~s** *pl* **Christmas ~s** Weihnachtsbeleuchtung *f*
❺ *usu pl* (*traffic light*) Ampel *f*
❻ (*sparkle*) *in sb's eyes* Funkeln *nt kein pl*
❼ (*perspective*) Aspekt *m*; ***try to look at it in a new ~*** versuch' es doch mal, aus einer anderen Perspektive zu sehen; ***she started to see him in a new ~*** sie sah ihn plötzlich in einem ganz neuen Licht
❽ *no pl* (*enlightenment*) Erleuchtung *f*; ***I saw the ~!*** mir ging ein Licht auf! *fam*
❾ (*spiritual illumination*) Erleuchtung *f*
❿ (*person's abilites*) ■**~s** *pl* [geistige] Fähigkeiten; **to do sth according to one's ~s** etw nach bestem Wissen und Gewissen tun
⓫ (*bright part*) Licht *nt*; **~ and shadow** Licht und Schatten
⓬ *no pl* (*fire*) Feuer *nt*; (*flame*) [Kerzen]flamme *f*; ***have you got a ~, please?*** Entschuldigung, haben Sie [vielleicht] Feuer?; **to catch ~** Feuer fangen; **to set ~ to sth** BRIT etw anzünden
⓭ (*window*) Fenster *nt*; (*window division*) Oberlicht *nt*; (*pane of glass*) Fensterscheibe *f*
⓮ (*person*) Leuchte *f fam*; **leading ~** (*best at something*) großes Licht, Leuchte *f fam*; (*leader*) Nummer eins *f*; **a shining ~** eine große Leuchte *fam*, ein großes Licht *fam*
► PHRASES: **the ~ at the end of the tunnel** das Licht am Ende des Tunnels *fig*; **to be the ~ of sb's life** (*hum*) die Sonne jds Lebens sein; **in a bad/good ~** in einem schlechten/guten Licht; **to be** [*or* **go**] **out like a ~** (*fam: fall asleep*) sofort weg sein *fam*; (*faint*) umkippen *fam*; **to bring sth to ~** etw ans Licht bringen; **to cast** [*or* **shed**] [*or* **throw**] **~ on sth** etw beleuchten, Licht *nt* in etw *akk* bringen; **to come to ~** ans Licht kommen; **in the ~ of sth** [*or* AM *usu* **in ~ of sth**] angesichts einer S. *gen*, im Lichte einer S. *gen liter*
II. *adj* ❶ (*bright*) hell; ***it's slowly getting ~*** es wird allmählich hell
❷ (*pale*) hell; *stronger* blass-
III. *vt* <lit *or* lighted, lit *or* lighted> ❶ (*illuminate*) ■**to ~ sth** etw erhellen; *stage* etw beleuchten; ***his investigations lit the way for many other scientists*** seine Forschungen waren wegweisend für viele andere Wissenschaftler
❷ (*turn on*) **to ~ an electric light** das Licht einschalten [*o fam* anknipsen]
❸ (*guide with light*) ■**to ~ sb** jdm leuchten
❹ (*ignite*) **to ~ a candle/match** eine Kerze/ein Streichholz anzünden; **to ~ a fire** ein Feuer anzünden [*o fam* anmachen]; **to ~ a cigarette/pipe** sich *dat* eine Zigarette/Pfeife anzünden [*o fam* anstecken]
IV. *vi* <lit *or* lighted, lit *or* lighted> ❶ (*burn*) brennen
❷ (*fig: become animated*) *eyes, etc.* aufleuchten *fig*; ***her face lit with pleasure*** sie strahlte vor Freude über das ganze Gesicht
◆**light out** *vi* ■**to ~ out for somewhere** irgendwohin abhauen *fam*
◆**light up I.** *vt* ❶ (*illuminate*) ■**to ~ up** ↔ **sth** *hall, room* etw erhellen; *street* beleuchten; ***fireworks lit up the sky*** das Feuerwerk erleuchtete den Himmel
❷ (*start smoking*) **to ~ up a cigar/cigarette/pipe** eine Zigarre/Zigarette/Pfeife anzünden
❸ (*make animated*) **to ~ up** ↔ **sb's eyes** jds Augen aufleuchten lassen; **to ~ up** ↔ **sb's face** jds Gesicht erhellen
II. *vi* ❶ (*become illuminated*) aufleuchten; ***the lights on the tree lit up*** die Lichter am Baum gingen an
❷ (*start smoking*) sich *dat* eine [Zigarette] anstecken *fam*
❸ (*become animated*) *eyes* aufleuchten *fig*; *face* strahlen; ***her face lit up with pleasure*** sie strahlte vor Freude übers ganze Gesicht
light² [laɪt] **I.** *adj* ❶ (*not heavy*) leicht; **to be as ~ as a feather** federleicht [*o* leicht wie eine Feder] sein
❷ (*deficient in weight*) zu leicht; ***this sack of rice seems about 2 kilos ~*** ich habe den Eindruck, dieser Sack Reis wiegt 2 Kilo zu wenig; **to give sb ~ weight** jdm zu wenig abwiegen
❸ (*not sturdily built*) leicht; **~ clothes** leichte Kleidung
❹ (*for small loads*) Klein-; **~ aircraft/lorry** Kleinflugzeug *nt*/-lastwagen *m*; **~ railway** Kleinbahn *f*
❺ MIL **~ infantry** leichte Infanterie
❻ (*not fully loaded*) *aircraft/ship/vehicle* nicht voll beladen
❼ (*of food and drink*) leicht; (*low in fat*) fettarm; **a ~ diet** eine fettarme Diät; **~ food** leichtes Essen; **a ~ meal** eine leichte Mahlzeit; **~ pastry** lockerer Teig; **~ wine** leichter Wein
❽ (*porous*) **~ soil** lockeres Erdreich
❾ CHEM leicht; **~ isotope** leichtes Isotop
❿ (*low in intensity*) ***the traffic was quite ~*** es gab kaum Verkehr; ***it's only ~ rain*** es nieselt nur; **~ breeze** leichte Brise
⓫ (*easily disturbed*) **~ sleep** leichter Schlaf; **to be a ~ sleeper** einen leichten Schlaf haben
⓬ (*easily done*) nachsichtig, mild; **~ sentence** mildes Urteil; **~ housework** leichte Hausarbeit
⓭ (*gentle*) leicht; *kiss* zart; (*soft*) *touch* sanft; **to have a ~ touch** MUS einen weichen Anschlag haben
⓮ (*graceful*) **~ building** elegantes Gebäude; **~ figure** anmutige Gestalt
⓯ (*not bold*) **~ type** eine schlanke Schrifttype
⓰ (*not serious*) leicht *attr*; **~ entertainment** leichte Unterhaltung; **~ opera** Operette *f*; **~ reading** Unterhaltungslektüre *f*; **~ tone** Plauderton *m*
⓱ (*cheerful*) frohgemut *poet*; **with a ~ heart** leichten Herzens
⓲ (*old: unchaste*) leicht; **a ~ girl** ein leichtes Mädchen *veraltend*
► PHRASES: **to be ~ on one's feet** leichtfüßig sein; **to be a bit ~ in one's loafers** AM (*pej!*) etwas weibische Züge haben *pej*; **to make ~ work of sth** mit etw *dat* spielend fertig werden; **to be ~ on sth** es an etw *dat* fehlen lassen; **to make ~ of sth** etw bagatellisieren [*o fam* herunterspielen]
II. *adv* ❶ (*with little luggage*) **to travel ~** mit leichtem Gepäck reisen
❷ (*with no severe consequences*) **to get off ~** glimpflich [*o fam* mit einem blauen Auge] davonkommen
◆**light into** *vi* AM (*fam*) ■**to ~ into sb** über jdn herfallen *fam*
◆**light on** *vi* ■**to ~ on sth** etw entdecken, auf etw *akk* stoßen; ***his eyes lit on a piece of paper*** sein Blick fiel auf ein Stück Papier
◆**light out** *vi* AM (*fam*) ❶ (*leave hurriedly*) verduften *fam*, abhauen *fam*, die Flucht ergreifen
❷ (*chase*) ■**to ~ out after sb/sth** hinter jdm/etw herrennen
◆**light upon** *vi see* **light on**
light bulb *n* Glühbirne *f*; **to change a ~** eine Glühbirne [aus]wechseln; **to screw in/unscrew a ~** eine Glühbirne eindrehen/herausdrehen **light cream** *n* AM, AUS fettarme Sahne
lighted ['laɪtɪd, AM -ṭ-] *adj attr, inv* brennend; **a ~ candle** eine brennende Kerze; **a ~ match** ein angezündetes [*o* brennendes] Streichholz; **a ~ torch** eine angeschaltete [*o* brennende] Taschenlampe
lighten¹ ['laɪtᵊn] **I.** *vt* ■**to ~ sth** ❶ (*make less heavy*) etw leichter machen; **to ~ a ship** ein Schiff leichtern
❷ (*fig: make easier to bear*) etw erleichtern; ***he wanted to ~ some of his responsibility*** er wollte einen Teil seiner Verantwortung abgeben; **to ~ sb's burden** [*or* **load**] jdm etw abnehmen; **to ~ sb's workload** jdm ein wenig Arbeit abnehmen
❸ (*fig: make less serious*) etw aufheitern; *situation* etw auflockern; **to ~ sb's mood** jds Stimmung heben, jdn heiterer stimmen
❹ STOCKEX **to ~ a portfolio** ein Portfolio umschichten
II. *vi* ❶ (*become less heavy or severe*) leichter werden
❷ (*fig: cheer up*) bessere Laune bekommen; ***his heart ~ed*** ihm wurde leichter ums Herz; ***he felt his spirits*** [*or* ***mood***] ***~ a little*** seine Stimmung wurde langsam etwas besser
lighten² ['laɪtᵊn] **I.** *vi* heller werden, sich *akk* aufhellen
II. *vt* **to ~ one's hair** sich *dat* die Haare heller färben [*o* aufhellen]
◆**lighten up** *vi* AM, AUS sich *akk* nicht [mehr] so ärgern; ***~ up, would you?*** mach' bitte nicht so ein Gesicht
lighter¹ ['laɪtəʳ, AM -ṭɚ] *n* Feuerzeug *nt*
lighter² ['laɪtəʳ, AM -ṭɚ] *n* NAUT Leichter *m*
lighter fluid *n* Feuerzeugflüssigkeit *f* **lighter fuel** *n esp* BRIT Feuerzeugbenzin *nt* **lighter socket** *n* AUTO Halterung *f* des Zigarettenanzünders **lighter-than-air** *adj attr* AVIAT leichter als Luft *nach n*
light-fingered *adj* ❶ (*thievish*) langfing[e]rig *oft hum* ❷ (*dexterous*) geschickt **light-footed** *adj* leichtfüßig **light globe** *n* AUS Glühbirne *f* **light-headed** *adj* (*faint*) benommen; (*dizzy*) schwind[e]lig; (*ebullient*) aufgekratzt *fam* **light-headedness** [,laɪt'hedɪdnəs] *n no pl* Benommenheit *f* **light-hearted** *adj* (*carefree*) sorglos, unbeschwert; (*happy*) heiter, fröhlich; **to take a ~ look at sth** etw mit einem Augenzwinkern betrachten **light-heartedly** [,laɪt'hɑːtɪdli, AM 'hɑːrt] *adv* unbeschwert **lightheartedness** [,laɪt'hɑːtɪdnəs, AM 'hɑːrt] *n no pl* Unbeschwertheit *f* **light heavy-**

L

weight *n* ❶ *no pl* (*weight*) Halbschwergewicht *nt* ❷ (*boxer*) Halbschwergewichtler(in) *m(f)* **lighthouse** *n* Leuchtturm *m* **lighthouse keeper** *n* Leuchtturmwärter(in) *m(f)* **light industry** *n no pl* Leichtindustrie *f*, Konsumgüterindustrie *f*

lighting ['laɪtɪŋ, AM -ţ-] *n no pl* Beleuchtung *f*; (*equipment*) Beleuchtungsanlage *f*; **bad/good/low** ~ schlechte/gute/schwache Beleuchtung

lighting designer *n* Beleuchtungstechniker(in) *m(f)* **lighting-up time** *n* BRIT *Zeit, wenn das Licht am Auto angemacht werden muss*

lightless ['laɪtləs] *adj inv* finster

lightly ['laɪtli] *adv* ❶ (*not seriously*) leichtfertig; ***accusations like these are not made*** ~ solche Anschuldigungen erhebt man nicht so einfach; ***she said this*** ~ sie sagte das so ganz leichthin; **not to take sth** ~ etw nicht leicht nehmen [*o* auf die leichte Schulter nehmen]
❷ (*gently*) leicht; (*not much*) wenig; ***I tapped*** ~ ***on the door*** ich klopfte leise [*o* sacht[e]] an [die Tür]; ***dust the cake*** ~ ***with icing-sugar*** bestreuen Sie den Kuchen ganz fein mit Puderzucker; **to pat/tap sb** ~ jdn leicht tätscheln
❸ (*not deeply*) leicht; **to doze** ~ [nur so] ein wenig vor sich hindösen; **to sleep** ~ einen leichten Schlaf haben
❹ (*slightly*) leicht; ~ **cooked vegetables** Gemüse, das nur ganz kurz gegart wird; ~ **cooked popcorn** Puffmais *m* mit etwas Butter
❺ LAW (*without much punishment*) mild; **to get off** ~ glimpflich davonkommen; **to be let off** ~ nachsichtig behandelt werden

light meter *n* PHOT Belichtungsmesser *m* **light middleweight** *n* BOXING ❶ (*weight*) Leichtmittelgewicht *nt* ❷ (*boxer*) Leichtmittelgewichtler(in) *m(f)*

lightness¹ ['laɪtnəs] *n no pl* Helligkeit *f*

lightness² ['laɪtnəs] *n no pl* ❶ (*lack of heaviness*) Leichtheit *f*
❷ (*gracefulness*) Leichtigkeit *f*, Behändigkeit *f*
❸ (*lack of seriousness*) Leichtigkeit *f*
❹ (*cheerfulness*) Heiterkeit *f*, Unbeschwertheit *f*

lightning ['laɪtnɪŋ] METEO **I.** *n no pl* Blitz *m*; **a flash of** ~ ein Blitz *m*; **thunder and** ~ Blitz und Donner; **to be quick as** ~ schnell wie der Blitz [*o* blitzschnell] sein *fam*; **to be struck by** ~ vom Blitz getroffen werden
► PHRASES: ~ **never strikes twice in the same place** (*prov*) der Blitz schlägt nicht zweimal an derselben Stelle ein *prov*
II. *adj attr* **to do sth with** [*or* **at**] ~ **speed** etw in Windeseile machen; ~ **quick** schnell wie der Blitz, blitzschnell

lightning bug *n* AM Leuchtkäfer *m*, Glühwürmchen *nt* **lightning conductor** *n* BRIT, **lightning rod** *n* AM Blitzableiter *m a. fig* **lightning strike** *n* BRIT, AUS Blitzstreik *m*, spontaner Streik

light pen *n* ❶ COMPUT Lichtstift *m* ❷ (*for reading bar codes*) Codeleser *m* **light-polluted** *adj city* lichtverschmutzt (*so hell erleuchtet, dass man den Sternenhimmel nicht sehen kann*) **light pollution** *n no pl Beeinträchtigung der Sicht des Nachthimmels, beispielsweise für Astronomen, wegen zu starker künstlicher Beleuchtung* **lightproof** *adj* lichtbeständig **light railway** *n* RAIL Kleinbahn *f*

lights [laɪts] *n pl* Lunge *f* (*von Schlachttieren*)
► PHRASES: **to scare the** [**liver and**] ~**s out of sb** jdn zu Tode erschrecken

lightship *n* NAUT Feuerschiff *nt* **light show** *n* Lightshow *f*, Lasershow *f* **lights-out** *n no pl* Nachtruhe *f*

light switch <*pl* -es> *n* Lichtschalter *m*

lightweight I. *n* ❶ *no pl* SPORTS Leichtgewicht *nt* ❷ (*boxer*) Leichtgewichtler(in) *m(f)*
❸ (*lightly build person*) Leichtgewicht *nt fam*; (*pej: lacking endurance*) Schwächling *m fam*, Schlappschwanz *m fam*; (*pej: lightly built thing*) Klappergestell *nt fam o pej*
❹ (*pej fig: unimportant person*) Leichtgewicht *nt fig*; ***in literary circles he has been dismissed as a*** ~ in literarischen Kreisen nimmt man ihn nicht für voll
II. *n modifier* SPORTS Leichtgewichts-, im Leichtgewicht *nach n*; ~ **boxer** Leichtgewichtler(in) *m(f)*; ~ **champion** Meister(in) *m(f)* im Leichtgewicht
III. *adj* ❶ (*weighing little*) leicht
❷ (*trivial*) trivial
❸ (*pej fig: unimportant*) bedeutungslos; **a** ~ **politician** [nur] ein kleiner Politiker/eine kleine Politikerin

light year *n* ❶ ASTRON Lichtjahr *nt*
❷ (*fam: long distance*) ■~**s** *pl* **to be** [*or* **seem**] ~**s away** Lichtjahre entfernt sein/scheinen; **to be** [*or* **seem**] ~**s ahead** Lichtjahre voraus sein/scheinen

ligneous ['lɪgniəs] *adj* hölzern, holzartig

lignite ['lɪgnaɪt] *n no pl* (*spec*) Braunkohle *f*

likable *adj* AM, AUS *see* **likeable**

like¹ [laɪk] **I.** *prep* ❶ (*similar to*) wie; ***he looks*** ~ ***his brother*** er sieht seinem Bruder ähnlich; ***you're acting*** ~ ***a complete idiot!*** du benimmst dich wie ein Vollidiot!; ***she smokes*** ~ ***a chimney*** sie raucht wie ein Schlot *fig*; ***it feels*** ~ ***ages since we last spoke*** ich habe das Gefühl, wir haben schon ewig nicht mehr miteinander gesprochen; ***she is very*** ~ ***her mother in looks*** im Aussehen ähnelt sie sehr ihrer Mutter; ~ ***most people*** wie die meisten Leute; ***what colour did you want? — is it anything*** ~ ***this?*** welche Farbe wollten Sie? – ungefähr wie diese hier?; ***he's been looking for someone*** ~ ***her*** er hat so jemanden wie sie gesucht; ***she looked nothing*** ~ ***Audrey Hepburn*** sie sah überhaupt nicht wie Audrey Hepburn aus; ***there were nothing*** ~ ***enough people*** dort waren viel zu wenig Leute; ***there's nothing*** ~ ***a good cup of coffee*** es geht doch nichts über eine gute Tasse Kaffee; ***he's nothing*** ~ ***as fat as his father*** er ist noch lange nicht so dick wie sein Vater; ***what was your holiday*** ~***?*** wie war dein Urlaub?; ***what does it taste*** ~***?*** wie schmeckt es?; ***or something*** ~ ***that*** oder etwas in der Richtung; ***what's it*** ~ ***to be a fisherman?*** wie ist das Leben als Fischer?; ~ ***father,*** ~ ***son*** wie der Vater, so der Sohn; **to grow big** ~ **one's father** so groß wie sein Vater werden; **just/exactly/a lot** ~ **sb/sth** genau wie jd/etw; ***that's just*** ~ ***him!*** das sieht ihm ähnlich!; ***you've already got a shirt that's just*** ~ ***it?*** du hast genau dasselbe Hemd schon einmal?; ■**to be** ~ **sb/sth** wie jd/etw sein; ***he's*** ~ ***his brother to look at*** er sieht wie sein Bruder aus
❷ *after n* (*such as*) wie; **natural materials** ~ **cotton and wool** Naturmaterialien wie Baumwolle oder Schafwolle; ***why are you talking about me*** ~ ***that?*** warum sprichst du so mit mir?
❸ (*normal for*) ■**to be** ~**/not be** ~ **sb to do sth** ***that's just*** ~ ***Patricia to turn up half an hour late to her own party!*** das sieht Patricia wieder ähnlich, zu ihrer eigenen Party eine halbe Stunde zu spät zu kommen!
► PHRASES: **it looks** ~ **rain/snow** es sieht nach Regen/Schnee aus; **to do sth** ~ **crazy** [*or* **mad**] etw wie verrückt tun; ***she's working*** ~ ***crazy*** sie arbeitet wie verrückt; **no, it's more** ~ **cheese** nein, es ist eher wie Käse; **that's more** ~ **it!** das ist schon besser!; ~ **anything** (*fam*) wie verrückt *fam*
II. *conj* (*fam*) ❶ (*the same as*) wie; ~ ***I said*** wie ich schon sagte; ■**just** ~ **...** genau[so] wie; ***you laugh just*** ~ ***your brother does*** du lachst genau wie dein Bruder
❷ (*as if*) als ob; ***it sounds to me*** ~ ***you ought to change jobs*** das hört sich für mich so an, als solltest du den Job wechseln; ***you look*** ~ ***you've just got out of bed*** du siehst aus, als wärst du gerade aufgestanden; ***it looks*** ~ ***it's going to rain*** es sieht nach Regen aus; (*fam*) ***she acts*** ~ ***she's stupid*** sie benimmt sich wie eine Verrückte; ***he spoke*** ~ ***he was foreign*** er sprach als wäre er ein Ausländer
III. *n* so jemand; (*thing*) so etwas; ***I have not seen his*** ~ ***for many years*** [so] jemanden wie ihn habe ich schon seit vielen Jahren nicht mehr gesehen; ***have you ever seen the*** ~ hast du so was schon gesehen?; ***I don't like smokers and their*** ~ ich kann Raucher und dergleichen nicht leiden; (*fam*) ***you'll never be able to go out with the*** ~***s of him!*** mit so einem wie ihm wirst du nie ausgehen!
IV. *adj* ❶ *attr* (*similar*) ähnlich; **in** ~ **manner** auf gleiche Weise, gleichermaßen; **to be of** [**a**] ~ **mind** gleicher Meinung sein
❷ *pred* (*bearing resemblance*) ähnlich; *statue, picture* naturgetreu
► PHRASES: **to be** ~ [*or* **as** ~ **as**] **two peas in a pod** sich *dat* wie ein Ei dem anderen gleichen
V. *adv inv* (*sl*) ❶ (*somehow*) irgendwie; ***if there's nothing you can do to change the situation, it's*** ~ ***— why bother?*** also, warum sich aufregen, wenn man die Situation sowieso nicht ändern kann? *fam*
❷ (*more or less*) -ähnlich
❸ (*think*) sagen [*o* meinen], ...; ***everbody called her Annie and my mom was*** ~***, it's Anne*** alle sagten zu ihr Annie, aber meine Mutter sagte, sie heißt Anne
❹ (*sl: be*) ■**to be** ~ **...** ***he was*** ~***, totally off his rocker and I told him so*** er war wie völlig neben der Kappe, und ich hab's ihm auch gesagt
► PHRASES: **to do sth** [**as**] ~ **as not** etw sehr wahrscheinlich tun

like² [laɪk] **I.** *vt* ❶ (*find enjoyable*) ■**to** ~ **sb/sth** jdn/etw mögen; ***how do you*** ~ ***my new shoes?*** wie gefallen dir meine neuen Schuhe?; ■**to** ~ **doing** [*or* **to do**] **sth** etw gern machen [*o* tun]; ***I*** ~ ***it when a book is so good that you can't put it down*** ich hab's gern [*o* mag es], wenn ein Buch so gut ist, dass man es gar nicht mehr aus der Hand legen kann; (*iron: find unpleasant*) etw [wirklich] gern haben; ***I*** ~ ***the way he just assumes we'll listen to him when he doesn't take in a word anyone else says!*** das hab' ich ja vielleicht gern! – wir sollen ihm zuhören, aber was andere sagen, das geht ihm zum einen Ohr rein und zum anderen wieder raus *iron fam*; (*iron*) ***I*** ~ ***that!*** na, das hab' ich gern! *iron*
❷ (*want*) ■**to** ~ **sth** etw wollen; ■**sb would** [*or* **should**] ~ **sth** jd hätte [*o* möchte] gern[e] etw; ***I should really*** ~ ***to see you again*** ich möchte dich wirklich gern[e] wieder sehen; ***I'd*** ~ ***to go to Moscow for my holidays*** ich würde gern[e] nach Moskau in Urlaub fahren; ***I'd*** ~ ***one of the round loaves, please*** (*form*) ich hätte gern[e] eines von den runden Broten, bitte; ***I'd*** ~ ***you to send this for me first class, please*** (*form*) könnten Sie das bitte als Sonderzustellung für mich verschicken?; ***I would*** ~ ***the whole lot finished by the weekend*** (*form*) ich hätte das Ganze gern[e] bis zum Wochenende fertig; ***would you*** ~ ***a drink?*** (*form*) möchten Sie etwas trinken?; ***would you*** ~ ***to join us for dinner tonight?*** (*form*) möchten Sie heute Abend mit uns essen?; ***would you*** ~ ***me to take you in the car?*** (*form*) kann ich Sie ein Stück mitnehmen?; ***I'd*** ~ ***to see him bring up children and go to work at the same time*** ich möchte wirklich [ein]mal sehen, wie er das machen würde – die Kinder großziehen und dann auch noch zur Arbeit gehen; ***you can drink a pint in two seconds? I'd*** ~ ***to see that!*** du kannst einen halben Liter in zwei Sekunden austrinken? na, das möchte ich [doch mal] sehen!
❸ (*prefer*) mögen; ***he*** ~***s his steak rare*** er isst sein Steak gern englisch; ***how do you*** ~ ***your tea?*** wie magst du deinen Tee?, wie trinken Sie Ihren Tee?; ***she*** ~***s her men big*** sie mag [lieber] große Männer
❹ (*feel about*) gefallen; ***how would you*** ~ ***to have a big boy pull your hair and push you over?*** wie würde es dir denn gefallen, wenn ein großer Junge dich am Haar ziehen und umstoßen würde?
II. *vi* mögen; ***we can leave now if you*** ~ wir können jetzt gehen, wenn du möchtest; ***as you*** ~ wie Sie wollen [*o* möchten]; ***if you*** ~ wenn Sie wollen [*o* möchten]; ***I'm not sure if I have the confidence, the nerve if you*** ~***, to apply for the job*** ich bin mir nicht sicher, ob ich das Selbstvertrauen oder die Nerven – wenn Sie so wollen – habe, um mich um die Stelle zu bewerben
III. *n* ■~**s** *pl* Neigungen *fpl*; **sb's** ~**s and dislikes** jds Vorlieben [*o* Neigungen] und Abneigungen

-like [laɪk] *in compounds* -haft, -ähnlich; ***the paper***

criticized the animal~ behaviour of the football fans die Zeitung kritisierte, die Fußballfans hätten sich wie Tiere benommen; **ball-~** kugelförmig, kugelig; **child~** kindlich; **cotton-~** baumwollartig; **life~** lebensecht; **tube-~** röhrenartig

likeable [ˈlaɪkəbl] *adj* liebenswert, nett

likelihood [ˈlaɪklihʊd] *n no pl* Wahrscheinlichkeit *f;* **there's every ~ that ...** aller Wahrscheinlichkeit nach ...; **there is a great/poor ~ that ...** es ist sehr wahrscheinlich/unwahrscheinlich, dass..., es besteht eine große/geringe Wahrscheinlichkeit, dass ...; **in all ~** in aller Warscheinlichkeit, aller Wahrscheinlichkeit nach

likely [ˈlaɪkli] **I.** *adj* <-ier, -iest *or* more ~, most ~> wahrscheinlich; ***what's the ~ outcome of this whole business?*** und was wird bei dieser ganzen Angelegenheit vermutlich herauskommen?; ***do remind me because I'm ~ to forget*** erinnere mich bitte unbedingt daran, sonst vergesse ich es wahrscheinlich; **to be quite/very ~** ziemlich/sehr wahrscheinlich sein; ***it's quite ~ that we'll be in Spain this time next year*** mit ziemlicher Sicherheit werden wir nächstes Jahr um diese Zeit in Spanien sein
▸ PHRASES: **[that's] a ~ story!** (*iron fam*) wer's glaubt, wird selig! *iron fam;* **not ~!** (*fam*) [alles,] nur das nicht!
II. *adv* <more ~, most ~> **most/very ~** höchstwahrscheinlich/sehr wahrscheinlich; **as ~ as not** höchstwahrscheinlich; ***as ~ as not she'll end up in court over this problem*** diese Sache wird sie nochmal vor Gericht bringen; ***I'll ~ not go to the dance*** AM (*fam*) ich gehe wahrscheinlich nicht zum Tanzen

like-minded *adj* gleich gesinnt

liken [ˈlaɪkᵊn] *vt* ■**to ~ sb/sth to sb/sth** jdn/etw mit jdm/etw vergleichen; ***the internet is ~ed to a contagious disease*** das Internet ist wie eine ansteckende Krankheit

likeness <*pl* -es> [ˈlaɪknəs] *n* ① (*resemblance*) Ähnlichkeit *f* (**to** mit +*dat*); ***there's a definite family ~ around the eyes*** um die Augen herum sehen sich alle aus der Familie ähnlich; **to bear a ~ to sb** jdm ähnlich sehen [*o* ähneln]
② (*semblance*) Gestalt *f;* ***the god took on the ~ of a swan*** der Gott nahm die Gestalt eines Schwanes an; **in God's ~** in Gestalt [eines] Gottes
③ (*portrait*) Abbild *nt;* (*painting*) Bild *nt;* ***he makes very good ~es of the people he draws*** er trifft die Personen, die er zeichnet, sehr gut

likewise [ˈlaɪkwaɪz] *adv inv* ebenfalls, gleichfalls, ebenso; ***water these plants twice a week, and ~ the ones in the bedroom*** gießen Sie diese Pflanzen zweimal pro Woche und auch die im Schlafzimmer; (*fam*) ***I haven't got time to spend hours preparing one dish! — ~*** ich habe keine Zeit, stundenlang ein einziges Gericht zuzubereiten! – ich auch nicht; **to do ~** es ebenso [*o* genauso] machen

liking [ˈlaɪkɪŋ] *n no pl* Vorliebe *f;* (*for person*) Zuneigung *f;* ***he's taken an instant ~ to her*** er hat sie auf Anhieb gemocht; **to develop a ~ for sb** immer mehr Gefallen an jdm finden; **to develop/have a ~ for sth** eine Vorliebe für etw *akk* entwickeln/haben
▸ PHRASES: **to be to sb's ~** (*form*) jdm zusagen; **for one's ~** für jds Geschmack; ***it's too sweet for my ~*** es ist mir zu süß

lilac [ˈlaɪlək] **I.** *n* ① (*bush*) Flieder *m*
② *no pl* (*colour*) Lila *nt*
II. *adj* lila, fliederfarben

Lilliput [ˈlɪlɪpʌt, AM -əpʌt] *n no pl* Liliput *nt*

Lilliputian [ˌlɪlɪˈpjuːʃᵊn, AM -ləˈ-] **I.** *adj* (*esp hum*) sehr klein, winzig
II. *n* Liliputaner(in) *m(f)*

lilo® [ˈlaɪləʊ] *n* BRIT Luftmatratze *f*

lilt [lɪlt] **I.** *n* ① *of the voice* singender Tonfall; ***he's got that lovely Irish ~ in his voice*** er spricht mit diesem netten leicht singenden Tonfall der Iren
② (*rhythm*) munterer Rhythmus
③ (*song*) fröhliches Lied
II. *vt, vi* trällern

lilting [ˈlɪltɪŋ] *adj accent* singend; *melody, tune* beschwingt, fröhlich

lily [ˈlɪli] *n* ① (*plant*) Lilie *f;* **water~** Seerose *f,* Wasserlilie *f*
② (*heraldic fleur-de-lis*) [Wappen]lilie *f*

lily-livered *adj* (*liter*) hasenfüßig *pej iron fam,* feig[e]; **~ boy/girl** Hasenfuß *m* **lily of the valley** *n* Maiglöckchen *nt* **lily pad** *n* Seerosenblatt *nt*

lily-white *adj* ① (*liter: white*) lilienweiß *poet,* blütenweiß, schneeweiß ② (*fig: faultless*) astrein *fam*
③ AM (*pej sl: referring to white people*) **a ~ suburb** ein nur von Weißen bewohnter Vorort

lima bean *n* ① (*seed*) Bohnenkeim *m*
② (*plant*) Limabohne *f*

limb¹ [lɪm] *n* ① ANAT Glied *nt;* ■**~s** Gliedmaßen *pl,* Extremitäten *pl;* **the lower ~s** die unteren Extremitäten [*o* Gliedmaßen]; **to rest one's tired ~s** seine müden Glieder [*o fam* Knochen] ausruhen
② BOT Ast *m*
③ GEOG Ausläufer *m*
④ *of a cross* Balken *m*
⑤ (*in archery*) Balken *m*
⑥ LING Satzglied *nt*
▸ PHRASES: **with life and ~** mit heiler Haut; **to risk life and ~ [to do sth]** Kopf und Kragen riskieren [um etw zu tun] *fam;* **to be out on a ~** [ganz] allein dastehen; ***with those ideas he is quite out on a ~*** mit diesen Ideen steht er so ziemlich allein auf weiter Flur; **to go out on a ~ to do sth** sich *akk* in eine prekäre Lage bringen, um etw zu tun; **to tear sb ~ from ~** jdm sämtliche Glieder einzeln ausreißen

limb² [lɪm] *n* ① ASTRON (*edge*) Rand *m*
② BOT (*blade*) Spreite *f*

limber¹ [ˈlɪmbəʳ, AM -ɚ] **I.** *adj* <-er, -est *or* more ~, most ~> ① (*supple*) *movements* geschmeidig
② (*flexible*) *body* gelenkig, biegsam
II. *vi* ■**to ~ up** sich *akk* warm machen
III. *vt* ■**to ~ sth** etw lockern; ***I need to ~ my fingers before playing the piano*** vor dem Klavierspiel muss ich zuerst Lockerungsübungen für meine Finger machen

limber² [ˈlɪmbəʳ, AM -ɚ] **I.** *n* MIL, HIST Protze *f,* Protzwagen *m*
II. *vt* **to ~ a gun** eine Kanone aufstellen

limbless [ˈlɪmləs] *adj inv* gliederlos

limbo¹ [ˈlɪmbəʊ, AM -boʊ] *n no pl* ① REL Vorhölle *f,* Limbus *m fachspr*
② (*waiting state*) Schwebezustand *m;* **to be in ~** *plan, project* in der Schwebe sein; *person* in der Luft hängen *fam*
③ (*state of neglect*) Abstellgleis *nt fig;* **to leave [*or* keep] sb in ~** jdn in der Luft hängen lassen

limbo² [ˈlɪmbəʊ, AM -boʊ] **I.** *n* ■**the ~** der Limbo; **to do the ~** Limbo tanzen
II. *vi* Limbo tanzen

lime¹ [laɪm] **I.** *n no pl* Kalk *m;* **bird~** Vogelleim *m*
II. *vt* etw kalken; **to ~ soil** den Boden mit Kalk düngen

lime² [laɪm] **I.** *n* ① (*fruit*) Limone[lle] *f,* Limette *f;* (*tree*) Limonenbaum *m*
② *no pl* (*drink*) Limettensaft *m;* **lager and ~** Bier *nt* mit Limettensirup
II. *n modifier* FOOD (*candy, drink*) Limetten-

lime³ [laɪm] *n* Linde *f,* Lindenbaum *m*

lime cordial *n no pl* Limettensirup *m* **lime green** *n* Lindgrün *nt* **lime-green** *adj* lindgrün **lime juice** *n no pl* Limettensaft *m* **limekiln** [ˈlaɪmkɪln] *n* Kalk[brenn]ofen *m* **limelight** *n no pl* ■**the ~** das Rampenlicht; **to be in the ~** im Rampenlicht stehen

limerick [ˈlɪmᵊrɪk, AM -ɚɪk] *n* Limerick *m*

limescale *n no pl* BRIT Kalkablagerungen *fpl* **limestone** *n no pl* Kalkstein *m* **lime tree** *n* ① (*citrus tree*) Limettenbaum *m* ② (*linden*) Linde *f,* Lindenbaum *m;* **avenue of ~s** Lindenallee *f*

Limey [ˈlaɪmi] *n* AM, AUS (*esp pej dated sl*) Engländer(in) *m(f)*

limit [ˈlɪmɪt] **I.** *n* ① (*utmost point*) [Höchst]grenze *f,* Limit *nt;* ***how many may I take? — there's no ~, take as many as you want*** wie viele darf ich nehmen? – das ist egal, nimm' so viele du willst; ***what's the ~ on how many bottles of wine you can bring through customs?*** wie viele Flaschen Wein darf man maximal zollfrei einführen?; ***there's no ~ to her ambition*** ihr Ehrgeiz kennt keine Grenzen [*o* ist grenzenlos]; **to impose [*or* set] ~s** Grenzen setzen; **to put [*or* set] a ~ on sth** etw begrenzen [*o* beschränken]; **to overstep the ~** zu weit gehen; **to reach the ~ of one's patience** mit seiner Geduld am Ende sein
② (*boundary*) Grenze *f;* **city ~s** Stadtgrenzen *f*
③ (*of a person*) Grenze[n] *f[pl];* ***that's my ~!*** mehr schaffe ich nicht!; ***I won't have anymore — I know my ~!*** danke, das reicht, mehr vertrage ich nicht!; ■**~s** *pl* **to know no ~s** keine Grenzen kennen; **to know one's ~s** seine Grenzen kennen; **to reach one's ~** an seine Grenze[n] kommen
④ (*restriction*) Beschränkung *f;* **age ~** Altersgrenze *f;* **credit ~** FIN Kreditlimit *nt,* Kreditlinie *f;* **~ order** AM STOCKEX limitierter Auftrag; **weight ~** Gewichtsbeschränkung *f;* **spending ~s** Ausgabenlimit *nt*
⑤ (*speed*) [zulässige] Höchstgeschwindigkeit; **to drive [*or* go] the ~** sich *akk* an die Geschwindigkeitsbegrenzung halten; **to drive [*or* go] above [*or* over] the ~** die Geschwindigkeitsbegrenzung überschreiten
⑥ (*blood alcohol level*) Promillegrenze *f;* **to be above [*or* over]/below the ~** über/unter der Promillegrenze liegen
⑦ MATH (*value*) Grenzwert *m*
⑧ COMPUT ■**~s** *pl* Grenzwerte *f*
▸ PHRASES: **to be the ~** die Höhe [*o* der Gipfel] sein; **to be off ~s [to sb]** *esp* AM [für jdn] gesperrt sein; **off ~s** AM Zutritt verboten; **within ~s** in Grenzen; **without ~s** ohne Grenzen, schrankenlos
II. *vt* ① (*reduce*) ■**to ~ sth** etw einschränken; **to ~ the amount of food** die Nahrungsmenge reduzieren
② (*restrict*) ■**to ~ oneself to sth** sich *akk* auf etw *akk* beschränken; ■**to ~ sth to sth** etw auf etw *akk* begrenzen; ***I've been asked to ~ my speech to ten minutes maximum*** man hat mich gebeten, meine Rede auf maximal zehn Minuten zu beschränken; ■**to ~ sb** jdn einschränken; ***having so little money to spend on an apartment does ~ you*** wenn man nur so wenig für eine Wohnung ausgeben kann, hat man keine große Wahl

limitation [ˌlɪmɪˈteɪʃᵊn] *n* ① *no pl* (*restriction*) Begrenzung *f,* Beschränkung *f;* ***the ~ of pollution is of major concern in this community*** es ist eines der Hauptanliegen der Gemeinde, die Umweltverschmutzung so gering wie möglich zu halten
② *usu pl* (*pej: shortcomings*) Grenzen *fpl;* ***despite her ~s as an actress, she was a great entertainer*** trotz ihrer begrenzten schauspielerischen Fähigkeiten, war sie als Entertainerin Spitze; **to have one's ~s** seine Grenzen haben; ***living in this flat is all right, but it has it's ~s*** diese Wohnung ist schon in Ordnung, aber manches fehlt einem doch; **to know one's ~s** seine Grenzen kennen ③ *no pl* (*action*) Begrenzung *f* ④ LAW Verjährung *f;* **to be barred by ~** verjährt sein; **[to fall within] the statute of ~s** [unter] das Gesetz über Verjährung [*o* die Verjährungsfrist] [fallen] **limitation of actions** *n* LAW [prozessuales] Verjährungsgesetz **limitation of criminal proceedings** *n* LAW Strafverfolgungsverjährung *f* **limitation period** *n* LAW Verjährungsfrist *f;* **extension of ~** Hemmung *f* der Verjährung

limited [ˈlɪmɪtɪd, AM -t̬-] *adj* ① (*restricted*) *choice, intelligence* begrenzt; ***she's had very ~ movement in her legs since the accident*** seit dem Unfall kann sie ihre Beine nur sehr eingeschränkt bewegen; ***they're only doing the play for a very ~ season*** sie führen das Stück nur für kurze Zeit auf
② (*having limits*) begrenzt; ■**to be ~ to sth** auf etw *akk* begrenzt sein
③ BRIT ■**L~** *after n company* mit beschränkter Haftung *nach n;* ***Smith and Jones L~*** Smith and Jones GmbH
④ LAW **~ jurisdiction** beschränkte Zuständigkeit

limited company *n* BRIT Gesellschaft *f* mit beschränkter Haftung, GmbH *f* **limited edition**

L

n limitierte Auflage

limiting ['lɪmɪtɪŋ, AM -ṭ-] *adj* einschränkend *attr,* begrenzend *attr*

limitless ['lɪmɪtləs] *adj inv* grenzenlos, uneingeschränkt

limn [lɪm] *vt* (*liter*) ▪**to ~ sth** etw beschreiben [*o* schildern]

limo ['lɪməʊ, AM -moʊ] *n* (*fam*) *short for* **limousine** [Luxus]limousine *f*

limousine [,lɪmə'zi:n] *n* ① (*car*) [Luxus]limousine *f* ② AM, AUS (*van*) Kleinbus *m*

limp¹ [lɪmp] **I.** *vi* hinken, humpeln; (*fig*) mit Müh und Not [*o* nur schleppend] vorankommen; ***the damaged yacht ~ed back to the port*** die beschädigte Yacht schleppte sich in den Hafen zurück; ***his speech just ~ed along*** seine Rede schleppte sich so dahin
II. *n no pl* Hinken *nt,* Humpeln *nt;* **to walk with a ~** hinken

limp² [lɪmp] *adj* ① (*not stiff*) schlaff; *cloth, material* weich; *leaves, flowers* welk; *voice* matt, müde
② LIT **a ~ book** ein Taschenbuch
③ (*weak*) schlapp, kraftlos; ***this effort left him ~*** nach dieser Anstrengung war er völlig erledigt *fam;* ***he let his body go ~*** er entspannte alle Muskeln; **~ efforts** halbherzige Bemühungen; **to have a ~ handshake** einen laschen Händedruck haben; **a ~ response** eine schwache Reaktion; **to hang ~** schlaff herunterhängen

limpet ['lɪmpɪt] *n* ① (*mollusk*) Napfschnecke *f;* **to cling to sb like a ~** wie eine Klette an jdm hängen, sich *akk* wie eine Klette an jdn hängen
② AM (*limpet mine*) Haftmine *f*

limpet mine *n* BRIT, AUS Haftmine *f*

limpid ['lɪmpɪd] *adj* (*liter*) *eyes, water* klar; **~ writing** klarer Stil; **~ music** melodische Musik

limpidly ['lɪmpɪdli] *adv* klar; ***she expressed her thoughts ~*** sie brachte ihre Gedanken klar zum Ausdruck; (*melodiously*) melodisch

limply ['lɪmpli] *adv* ① (*not stiffly*) schlaff, lasch; ***he shook her hand ~*** er gab ihr lasch die Hand
② (*weakly*) schlapp, kraftlos; ***"...," he conceded ~*** „...", sagte er mit matter Stimme

limpness ['lɪmpnəs] *n no pl* ① (*lack of stiffness*) Schlaffheit *f,* Laschheit *f;* ***he hated the ~ of Roy's handshake*** er hasste Roys laschen Händedruck
② (*lack of energy*) Schlappheit *f,* Kraftlosigkeit *f;* *of response* Mattheit *f*

limp-wristed *adj* (*pej*) ① (*effeminate*) tuntig *pej fam,* tuntenhaft *pej fam*
② (*feeble*) matt, lasch

limy ['laɪmi] *adj* kalkhaltig

linac ['lɪnæk] *n short for* **linear accelerator** Linearbeschleuniger *m*

linchpin ['lɪn(t)ʃpɪn] **I.** *n* ① (*pin*) Achsnagel *m,* Lünse *f*
② (*essential part*) Stütze *f,* das A und O *fam;* ***the dollar is the ~ of the system of international payments*** das gesamte internationale Zahlungssystem stützt sich auf den Dollar
II. *n modifier* ***California was the ~ state in the last presidential elections*** bei den letzten Präsidentschaftswahlen entschied sich letztlich alles in Kalifornien

Lincs BRIT *abbrev of* **Lincolnshire**

linctus ['lɪŋktəs] *n no pl* BRIT Hustensaft *m*

linden ['lɪndən] *n esp* AM Linde *f*

line¹ [laɪn]

I. NOUN

① [*mark*] Linie *f;* **dividing ~** Trennungslinie *f;* **straight ~** gerade Linie; **to draw a ~** eine Linie ziehen
② SPORTS Linie *f*
③ MATH **straight ~** Gerade *f*
④ [*wrinkle*] Falte *f*
⑤ [*contour*] Linie *f*
⑥ MUS Tonfolge *f*
⑦ [*equator*] ▪**the L~** die Linie, der Äquator
⑧ [*boundary*] Grenze *f,* Grenzlinie *f;* **~ of credit** FIN Kreditrahmen *m,* Kreditlinie *f;* **tree** [*or* **timber**] **~** Baumgrenze *f;* **the thin ~ between love and hate** der schmale Grat zwischen Liebe und Hass; **to cross the ~** die Grenze überschreiten *fig,* zu weit gehen
⑨ [*cord*] Leine *f;* (*string*) Schnur *f;* [**clothes**] **~** Wäscheleine *f;* [**fishing**] **~** Angelschnur *f*
⑩ TELEC [Telefon]leitung *f;* (*connection to network*) Anschluss *m;* ***~s will be open from eight o'clock*** die Leitungen werden ab acht Uhr frei[geschaltet] sein; ***can you get me a ~ to New York?*** können Sie mir bitte eine Verbindung nach New York geben?; ***the ~ is engaged/busy*** die Leitung ist besetzt; ***please hold the ~!*** bitte bleiben Sie am Apparat!; ***get off the ~!*** geh aus der Leitung!; **bad ~** schlechte Verbindung; **to be/stay on the ~** am Apparat sein/bleiben; **to come** [*or* **go**] **on ~** ans Netz gehen; COMPUT online gehen
⑪ [*set of tracks*] Gleis *nt;* (*specific train route*) Strecke *f;* **the end of the ~** die Endstation; **to be at** [*or* **reach**] **the end of the ~** (*fig*) am Ende sein *fam*
⑫ [*transporting company*] **rail ~** Eisenbahnlinie *f;* **shipping ~** Schifffahrtslinie *f;* (*company*) Reederei *f*
⑬ [*row of words, also in poem*] Zeile *f;* **to drop sb a ~** jdm ein paar Zeilen schreiben; **to read between the ~s** (*fig*) zwischen den Zeilen lesen
⑭ [*for actor*] ▪**~s** *pl* Text *m;* **to forget/learn one's ~s** seinen Text lernen/vergessen
⑮ [*information*] Hinweis *m;* **to get a ~ on sb/sth** etwas über jdn/etw herausfinden; **to give sb a ~ about sth** jdm einen Hinweis auf etw *akk* geben; **to give sb a ~ on sb** jdm Informationen über jdn besorgen
⑯ [*false account, talk*] ***he keeps giving me that ~ about his computer not working properly*** er kommt mir immer wieder mit dem Spruch, dass sein Computer nicht richtig funktioniere; ***I've heard that ~ before*** die Platte kenne ich schon in- und auswendig! *fam*
⑰ BRIT [*punishment*] ▪**~s** *pl* Strafarbeit *f;* ***she got 100 ~s for swearing at her teacher*** da sie ihren Lehrer beschimpft hatte, musste sie zur Strafe 100 mal ... schreiben
⑱ [*row of things/people*] Reihe *f;* **to be first in ~** an erster Stelle stehen; (*fig*) ganz vorne dabei sein; **to be next in ~** als Nächster/Nächste dran sein; **to be in a ~** in einer Reihe stehen; ***the cans on the shelf were in a ~*** die Büchsen waren im Regal aufgereiht; **to be in ~ for sth** mit etw *dat* an der Reihe sein; **to come** [*or* **fall**] **into ~** sich *akk* in einer Reihe aufstellen; *single person* sich *akk* einreihen; **to form a ~** sich *akk* in einer Reihe aufstellen; **to get into ~** sich *akk* hintereinander aufstellen; (*next to each other*) sich *akk* in einer Reihe aufstellen; **to move into ~** sich *akk* einreihen
⑲ [*succession*] Linie *f;* ***I want to have children to prevent the family ~ dying out*** ich möchte Kinder, damit die Familie nicht ausstirbt; ***this institute has had a long ~ of prestigious physicists working here*** dieses Institut kann auf eine lange Tradition angesehener Physiker zurückblicken; ***he is the latest in a long ~ of Nobel Prize winners to come from that country*** er ist der jüngste einer ganzen Reihe von Nobelpreisträgern aus diesem Land
⑳ *esp* AM [*queue*] Schlange *f;* **to get in ~** sich *akk* anstellen; **to stand in ~** anstehen
㉑ [*product type*] Sortiment *nt;* FASHION Kollektion *f;* ***they are thinking about a new ~ of vehicles*** sie denken über eine neue Kraftfahrzeugserie nach; BRIT, AUS ***they do an excellent ~ in TVs and videos*** sie stellen erstklassige Fernseher und Videogeräte her; **spring/summer/fall/winter ~** Frühjahrs-/Sommer-/Herbst-/Winterkollektion *f;* **to have a good ~ in** [*or* AM **of**] **sth** (*fig*) einen großen Vorrat an etw *dat* haben
㉒ [*area of activity*] Gebiet *nt;* ***football's never really been my ~*** mit Fußball konnte ich noch nie besonders viel anfangen; ***what's your ~?*** was machen Sie beruflich?; **~ of business** Branche *f;* **~ of research** Forschungsgebiet *nt;* **~ of work** Arbeitsgebiet *nt;* **to be in sb's ~** jdm liegen
㉓ [*course*] **~ of argument** Argumentation *f;* **to be in the ~ of duty** zu jds Pflichten gehören; **~ of reasoning** Gedankengang *m;* **to take a strong ~ with sb** jdm gegenüber sehr bestimmt auftreten; **to take a strong ~ with sth** gegen etw *akk* energisch vorgehen; ***they did not reveal their ~ of inquiry*** sie teilten nicht mit, in welcher Richtung sie ermittelten; ***what ~ shall we take?*** wie sollen wir vorgehen?
㉔ [*direction*] ▪**along the ~s of ...** ***she said something along the ~s that he would lose his job if he didn't work harder*** sie sagte irgendetwas in der Richtung davon, dass er seine Stelle verlieren würde, wenn er nicht härter arbeiten würde; ***my sister works in publishing and I'm hoping to do something along the same ~s*** meine Schwester arbeitet im Verlagswesen und ich würde gerne etwas Ähnliches tun; **to try a new ~ of approach to sth** versuchen, etw anders anzugehen; **the ~ of least resistence** der Weg des geringsten Widerstandes; **~ of vision** Blickrichtung *f;* **to be on the right ~s** auf dem richtigen Weg sein; ***do you think his approach to the problem is on the right ~s?*** glauben Sie, dass er das Problem richtig angeht?
㉕ [*policy*] Linie *f;* **party ~** Parteilinie *f;* **to bring sb/sth into ~** [**with sth**] jdn/etw auf gleiche Linie [wie etw *akk*] bringen; **to fall into ~ with sth** mit etw *dat* konform gehen; **to keep sb in ~** dafür sorgen, dass jd nicht aus der Reihe tanzt; **to move into ~** sich *akk* anpassen; **to step out of ~** aus der Reihe tanzen
㉖ MIL [*of defence*] Linie *f;* **~ of battle** Kampflinie *f;* **behind enemy ~s** hinter den feindlichen Stellungen; **front ~** Front *f*
㉗ [*quantity of cocaine*] Linie *f fam;* **to do a ~ of cocaine** [*or* **coke**], **to do ~s** koksen *fam*
㉘ STOCKEX Aktienpaket *nt*
► PHRASES: **all along the ~** auf der ganzen Linie; **right down the ~** *esp* AM voll und ganz; **to bring sb into ~** jdn in seine Schranken weisen; **to lay it on the ~** die Karten offen auf den Tisch legen; **to put sth on the ~** etw aufs Spiel setzen; **it was stepping out of ~ to tell him that** es stand dir nicht zu, ihm das zu sagen; **in/out of ~ with sb/sth** mit jdm/etw im/nicht im Einklang; **to be on the ~** auf dem Spiel stehen

II. TRANSITIVE VERB

① [*mark*] ▪**to ~ sth** *paper* etw linieren; ***her face was ~d with agony*** ihr Gesicht war von tiefem Schmerz gezeichnet
② [*stand at intervals*] **to ~ the streets** die Straßen säumen *geh;* ***the streets were ~d with cheering people*** jubelnde Menschenmengen säumten die Straßen

◆**line up** **I.** *vt* ① (*put in row*) ▪**to ~ up ⊂ sth** etw in einer Reihe aufstellen; ***shall I ~ up this picture with the other ones?*** soll ich dieses Bild in einer Höhe mit den anderen aufhängen?; ▪**to ~ up ⊂ sb** jdn antreten lassen
② (*organize*) ▪**to ~ up ⊂ sth** etw auf die Beine stellen *fam;* ***have you got anything exciting ~d up for the weekend?*** hast du am Wochenende irgendwas Spannendes vor?; ***have you got anyone ~d up to do the catering?*** haben Sie jemanden für das Catering engagiert?; ***have you got anything ~d up for today?*** haben Sie heute schon was vor?; ***I've got a nice little surprise ~d up for you!*** ich habe noch eine nette kleine Überraschung für dich!; **to ~ up a meeting** ein Treffen arrangieren; **to ~ up a mortgage** eine Hypothek auftreiben
II. *vi* ① (*stand in row*) sich *akk* [in einer Reihe] aufstellen; **to ~ up along the wall** sich *akk* an der Wand entlang aufstellen; MIL, SPORTS antreten
② AM (*wait*) sich *akk* anstellen; ▪**to ~ up behind sb** sich *akk* hinter jdm anstellen

line² [laɪn] *vt* ① (*cover*) ▪**to ~ sth** *clothing* etw füttern; *drawers* etw von innen auslegen; *pipes* etw auskleiden
② (*fam: fill*) **to ~ one's pockets** [*or* **purse**] [**with**

sth] sich *dat* die Taschen [mit etw *dat*] füllen; **to ~ shelves** Regale füllen; **to ~ one's stomach** sich *dat* den Magen voll schlagen *fam*

lineage ['lɪniɪdʒ] *n* Abstammung *f;* **to be of ancient ~** einem alten [Adels]geschlecht angehören; **to be of noble ~** [von] adliger Herkunft sein; **to be of royal ~** von königlichem Geblüt sein *geh;* **to trace one's ~** seine Abstammung erforschen [*o* zurückverfolgen]

lineal ['lɪniəl] *adj inv descent* direkt

lineally ['lɪniəli] *adv inv* direkt; **to be ~ descended from sb** in direkter Linie [*o* direkt] von jdm abstammen

lineament ['lɪniəmənt] *n* ❶ *usu pl* (*dated liter*) ■**~s** *pl* Gesichtszüge; ***his distress was visible in the ~s of his face*** seine Sorgen standen ihm deutlich ins Gesicht geschrieben
❷ GEOL Lineament *nt*

linear ['lɪniəʳ, AM -ɚ] *adj* ❶ (*relating to lines*) Linien-; **~ diagram** Liniendiagramm *nt*
❷ (*relating to length*) Längen-; **~ measurement** Längenmaß *nt;* **~ metre** Längenmeter *m*
❸ (*sequential*) geradlinig; **to break ~ thinking habits** eingefahrene Denkstrukturen durchbrechen; **a ~ narrative** eine chronologische Erzählung [*o* Schilderung]

linear accelerator *n* PHYS Linearbeschleuniger *m*
linear equation *n* MATH lineare Gleichung
linear function *n* MATH lineare Funktion

linebacker *n* AM FBALL ≈Verteidiger *m*

lined [laɪnd] *adj* ❶ *paper* liniiert, liniert ÖSTERR
❷ (*wrinkled*) *face, hand, skin* faltig; **sb's ~ brow** jds Stirnfalten
❸ *curtains, garment* gefüttert

line dancing *n Country-Western Tanz ohne Tanzpartner oder Tanzpartnerin* **line drawing** *n* [Strich]zeichnung *f* **line editor** *n* COMPUT Zeileneditor *m* **linefeed** *n* ❶ *no pl* TYPO Papiervorschub *m;* **to do a ~** das Papier einziehen ❷ COMPUT Zeilenvorschub *m* **line item** *n* AM FIN Rechnungsposten *m* **line-item veto** *n* AM POL Haushaltsveto *nt* **line judge** *n* TENNIS Linienrichter(in) *m(f)*

linen ['lɪnɪn] I. *n no pl* Leinen *nt;* **bed ~** Bettwäsche *f;* **table ~** Tischwäsche *f*
► PHRASES: **to wash one's dirty ~ in <u>public</u>** (*fig*) [in aller Öffentlichkeit] schmutzige Wäsche waschen *fig*
II. *n modifier* (*dress, shirt, sheet*) Leinen-

linen basket *n* Wäschekorb *m* **linen closet** *n,* **linen cupboard** *n* Wäscheschrank *m*

lineout ['laɪnaʊt] BRIT I. *n* (*in rugby*) Gasse *f*
II. *n modifier* **to win ~ ball** *den ersten Ball nach dem erneuten Anpfiff in Händen halten*

liner ['laɪnəʳ, AM -ɚ] *n* ❶ (*lining*) Einsatz *m;* [**dust**]**bin** [*or* AM **garbage can**] **~** Müllsack *m*
❷ NAUT Passagierschiff *nt,* Liniendampfer *m;* **ocean ~** Ozeandampfer *m*

-liner ['laɪnəʳ, AM -ɚ] *in compounds* LIT **four ~** Vierzeiler *m*

liner notes *npl* MUS (*in CD*) Begleitheft *nt*

linesman *n* SPORTS Linienrichter *m* **line spacing** *n no pl* Zeilenabstand *m* **lineswoman** *n* SPORTS Linienrichterin *f* **lineup** *n* ❶ *of performers* Besetzung *f;* ***a star-studded ~ of guests*** eine Starbesetzung an Gästen ❷ SPORTS [Mannschafts]aufstellung *f;* AM (*in baseball*) Schlagreihenfolge *f,* Lineup *f fachspr* ❸ *esp* AM LAW Gegenüberstellung *f;* **police ~** polizeiliche Gegenüberstellung ❹ AM, CAN Schlange *f*

ling[1] <*pl* – *or* -s> [lɪŋ] *n* ZOOL Leng[fisch] *m*

ling[2] [lɪŋ] *n* BOT Heidekraut *nt*

linger ['lɪŋgəʳ, AM -ɚ] *vi* ❶ (*remain*) **to ~ in a room** sich *akk* in einem Raum aufhalten [*o geh* verweilen]; ***after the play, we ~ed in the bar*** nach dem Stück blieben wir noch eine ganze Weile in der Bar sitzen; ***the smell ~ed in the kitchen for days*** der Geruch hing tagelang in der Küche; **to ~ in the memory** im Gedächtnis bleiben
❷ (*persist*) anhalten, bleiben; **sb's influence ~s** jds Einfluss ist immer noch spürbar

◆**linger on** *vi* ❶ (*before dying*) dahinsiechen *geh*
❷ (*persist*) *illness* sich hinziehen; *customs* fortleben

◆**linger over** *vi* **to ~ over memories** [alten] Erinnerungen nachhängen

lingerie ['lɛ̃(n)ʒəri, AM ˌlɑːnʒə'reɪ, -ri] *n no pl* [Damen]unterwäsche *f*

lingering ['lɪŋgərɪŋ, AM -gɚ-] *adj attr* ❶ (*lasting*) verbleibend; ***I still have ~ doubts*** ich habe noch immer so meine Zweifel; **~ fears** [fort]bestehende Ängste; **~ regrets** nachhaltiges Bedauern; **~ suspicion** [zurück]bleibender Verdacht
❷ (*long*) lang, ausgedehnt; **a ~ death** ein schleichender Tod; **a ~ illness** eine langwierige Krankheit; **a ~ kiss** ein inniger Kuss

lingeringly ['lɪŋgərɪŋli, AM -gɚ-] *adv smile* sehnsüchtig, sehnsuchtsvoll

lingo <*pl* -s *or* -es> ['lɪŋgəʊ, AM -goʊ] *n* (*fam*)
❶ (*foreign language*) Sprache *f*
❷ (*jargon*) Jargon *m;* (*specialist jargon*) Kauderwelsch *nt pej*

lingua franca <*pl* -s> [ˌlɪŋgwə'fræŋkə] *n*
❶ (*language*) Verkehrssprache *f,* Lingua Franca *f geh;* (*official language*) Amtssprache *f*
❷ (*fig: means of communication*) gemeinsame Sprache; ***movies are the ~ of the 20th century*** Filme sind das allen gemeinsame Kommunikationsmedium des 20. Jahrhunderts

lingual ['lɪŋgwəl] *adj inv* LING sprachlich, Sprach[en]-; (*formed by the tongue*) Zungen-, lingual *fachspr*

linguist ['lɪŋgwɪst] *n* ❶ LING Linguist(in) *m(f),* Sprachwissenschaftler(in) *m(f)*
❷ (*sb who speaks languages*) Sprachkundige(r) *f(m);* ***I'm no ~*** ich bin nicht sprachbegabt

linguistic [lɪŋ'gwɪstɪk] *adj inv* sprachlich; *science* linguistisch, sprachwissenschaftlich; **~ community** Sprachgemeinschaft *f;* **~ development** Sprachentwicklung *f;* **a ~ lapse** ein sprachlicher Fehler

linguistically [lɪŋ'gwɪstɪkli] *adv* sprachlich; *science* linguistisch, sprachwissenschaftlich

linguistic competence *n* linguistische Kompetenz

linguistics [lɪŋ'gwɪstɪks] I. *n + sing vb, n* Sprachwissenschaft *f,* Linguistik *f fachspr*
II. *n modifier* **~ department** Fachbereich *m* Linguistik, Institut *nt* für Sprachwissenschaft [*o* Linguistik]

linguistic science *n no pl* Sprachwissenschaft *f,* Linguistik *f fachspr*

liniment ['lɪnɪmənt] *n no pl* MED Einreibemittel *nt,* Liniment *nt fachspr*

lining ['laɪnɪŋ] I. *n* ❶ (*fabric*) Futter *nt,* Futterstoff *m; of a coat, jacket* Innenfutter *nt; of a dress, skirt* Unterrock *m,* Unterkleid *nt*
❷ *of stomach* Magenschleimhaut *f; of digestive tract* Darmschleimhaut *f; of brake* Bremsbelag *m*
II. *n modifier* (*material*) Futter-; **~ paper** Schrankpapier *nt*

link [lɪŋk] I. *n* ❶ (*connection*) Verbindung *f* (**between** zwischen +*dat*); (*between people, nations*) Beziehung *f* (**between** zwischen +*dat*); **military/economic ~s** Beziehungen auf militärischer/wirtschaftlicher Ebene; **sporting ~s** Beziehungen im Bereich des Sports; **to sever ~s** die Beziehungen abbrechen
❷ RADIO, TELEC Verbindung *f;* INET, COMPUT Link *m fachspr;* **a computer ~** eine Computervernetzung, ein Computerlink *m;* **a radio/satellite/telephone ~** eine Funk-/Satelliten-/Telefonverbindung; **a ~ to the outside world** eine Verbindung zur Außenwelt
❸ TRANSP **rail ~** Bahnverbindung *f,* Zugverbindung *f*
❹ COMPUT (*communications path/channel*) Verbindungsstrecke *f*
❺ COMPUT (*software routine*) Verbindungsprogramm *nt*
❻ *of a chain* [Ketten]glied *nt;* **a ~ in a chain** [**of events**] (*fig*) ein Glied in der Kette [der Ereignisse]
► PHRASES: **a <u>chain</u> is as strong as its weakest ~** (*prov*) eine Gruppe ist nur so stark wie ihr schwächstes Mitglied; **to be the <u>weak</u> ~** [**in a chain**] das schwächste Glied [in einer Kette] sein
II. *vt* ❶ (*connect*) ■**to ~ sth** etw verbinden; ***the level of any new tax should be ~ed to an individual's ability to pay*** die Höhe einer neuen Besteuerung soll der Zahlungsfähigkeit des Einzelnen angepasst sein; **to be ~ed** in Verbindung stehen; ***the explosions are not thought to be ~ed in any way*** man geht davon aus, dass die Explosionen nichts miteinander zu tun hatten
❷ (*clasp*) **to ~ arms** sich *akk* unterhaken; **to ~ hands** sich *akk* an den Händen fassen
III. *vi* (*connect*) sich *akk* zusammenfügen lassen; ***their stories did ~ but …*** ihre Darstellungen passten zusammen, doch…

◆**link together** *vt* ■**to ~ together** ↔ **sth** etw miteinander verbinden

◆**link up** I. *vt* **to ~ up** ↔ **people** Leute zusammenbringen; ■**to ~ sth** ↔ **up** etw miteinander verbinden; **to ~ up a computer** einen Computer an das Netz anschließen
II. *vi* ❶ (*connect*) sich *akk* zusammenschließen; ***a lot of Asian companies want to ~ up with Western businesses*** viele asiatische Firmen wollen Geschäftsverbindungen mit westlichen Unternehmen aufnehmen
❷ (*meet*) zusammenkommen; ■**to ~ up with sb** jdn treffen

linkage ['lɪŋkɪdʒ] *n* ❶ (*system of links*) [Verbindungs]system *nt;* ***a complex ~ of underground tunnels*** ein komplexes unterirdisches Tunnelsystem
❷ POL (*of issues, events*) Verknüpfung *f* (**between** zwischen +*dat*); ***there ought to be ~s between economic support and democratic reform*** eine wirtschaftliche Unterstützung sollte an demokratische Reformen gekoppelt sein

linking verb *n* LING Kopula *f*

linkman *n* BRIT ❶ RADIO, TV Moderator *m*
❷ SPORTS Mittelfeldspieler *m*

links [lɪŋks] *npl* ❶ (*golf course*) Golfplatz *m*
❷ SCOT GEOG (*area near seashore*) Dünen *fpl,* Sandhügel *mpl*

link-up ['lɪŋkʌp] *n* Verbindung *f* (**between** zwischen +*dat*); **satellite ~** Satellitenverbindung *f;* **a live satellite ~** eine Liveübertragung via [*o* über] Satellit; **business ~** Geschäftsbeziehung *f;* **the ~ of two spacecrafts** das Kopplungsmanöver zwischen zwei Raumschiffen

linkwoman *n* BRIT ❶ RADIO, TV Moderatorin *f*
❷ SPORTS Mittelfeldspielerin *f*

linnet ['lɪnɪt] *n* ORN [Blut]hänfling *m*

lino ['laɪnəʊ] *n no pl* BRIT (*fam*) *short for* **linoleum** Linoleum *nt*

linoleum [lɪ'nəʊliəm, AM -'noʊ-] *n no pl* Linoleum *nt*

Linotype® ['laɪnəʊtaɪp, AM -nətaɪp] *n,* **Linotype machine** *n* TYPO (*hist*) Linotype® *f,* [Zeilen]setzmaschine *f*

linseed ['lɪnsiːd] *n no pl* Leinsamen *m*

linseed oil *n no pl* Leinöl *nt*

lint [lɪnt] *n no pl* ❶ BRIT MED Mull *m,* Scharpie *f veraltet*
❷ *esp* AM (*fluff*) Fussel *f,* Fluse *f* NORDD

lintel ['lɪntəl, AM -t̬əl] *n* ARCHIT Sturz *m; of a door* Türsturz *m; of a window* Fenstersturz *m*

lion ['laɪən] *n* ❶ ZOOL Löwe *m;* **to be as brave as a ~** mutig wie ein Löwe sein; **to have the courage of a ~** den Mut eines Löwen besitzen
❷ ASTROL ■**the L~** [der] Löwe
❸ (*celebrity*) Berühmtheit *f,* prominente Persönlichkeit; **a literary ~** ein bedeutender [*o* großer] Schriftsteller; **a jazz ~** ein großer Jazzmusiker; **a social ~** ein Salonlöwe
► PHRASES: **the ~'s <u>den</u>** die Höhle des Löwen; **to walk** [*or* **march**] **into the ~'s <u>den</u>** sich *akk* in die Höhle des Löwen begeben; **the ~'s <u>share</u>** der Löwenanteil; **to <u>throw</u> sb to the ~s** jdn den Löwen zum Fraß vorwerfen

lioness <*pl* -es> ['laɪənes] *n* ZOOL Löwin *f*

lion-hearted *adj* (*liter*) unerschrocken, furchtlos

lionization [ˌlaɪənaɪ'zeɪʃən, AM -nɪ'-] *n no pl* Heldenkult *m;* ***he couldn't handle his ~ by New York society*** er kam nicht damit klar, dass er von

L

der New Yorker Gesellschaft zum Helden hochstilisiert wurde
lionize ['laɪənaɪz] *vt* ■**to ~ sb** jdn zum Helden machen, jdn feiern
lion tamer *n* Löwenbändiger(in) *m(f)*
lip [lɪp] **I.** *n* ❶ ANAT Lippe *f;* **to kiss sb on the ~s** jdn auf den Mund küssen
❷ (*rim*) Rand *m; of a pitcher, jug* Schnabel *m*
❸ *no pl* (*fam: cheek*) Frechheiten *fpl,* Unverschämtheiten *fpl;* ***don't give me any of that*** ~ spar dir deine Unverschämtheiten
▸ PHRASES: **to bite one's ~** sich *dat* etw verbeißen; ***I wanted to talk back to him, but instead I bit my*** ~ mir lag schon eine Entgegnung auf der Zunge, aber ich habe sie mir dann doch verkniffen; **to button one's ~, to keep one's ~ buttoned** (*fam!*) den Mund halten *fam;* **to hang on sb's ~s** (*poet*) an jds Lippen hängen; **my ~s are sealed** meine Lippen sind versiegelt; **to keep a stiff upper ~** Haltung bewahren; **to be on everyone's** [*or* **everybody's**] **~s** in aller Munde sein
II. *vt* <-pp-> **to ~ a hole** (*in golf*) *der Golfball bleibt am Rande des Loches liegen*
lip balm *n* Lippenpflege *f*
lipgloss ['lɪpglɒs, AM glɑːs] *n* Lipgloss *nt*
lipid ['lɪpɪd] *n* ■**~s** *pl* CHEM Lipide *pl*
lipliner *n* [Lippen]konturenstift *m*
liposuction ['lɪpə(ʊ),sʌkʃən, AM -poʊ,-] *n no pl* Fettabsaugen *nt,* Liposuktion *f fachspr*
lippy ['lɪpi] **I.** *adj esp* AM (*fam*) unverschämt, frech
II. *n no pl* (*fam*) Lippenstift *m*
lip-read <-read, -read> **I.** *vi* von den Lippen [*o* vom Mund] ablesen **II.** *vt* ■**to ~ sb** jdm von den Lippen ablesen; **to ~ words** Worte von den Lippen ablesen **lip-reading** *n no pl* Lippenlesen *nt;* ***is ~ difficult?*** ist es schwierig, jemandem [die Worte] von den Lippen abzulesen? **lip salve** *n no pl* BRIT MED ❶ (*cream*) Lippencreme *f,* Lippenpflege *f* ❷ (*stick*) Labello® *m,* Lippenpomade *f* **lip service** *n no pl* (*pej*) Lippenbekenntnis *nt;* **to pay** [*or* **give**] **~ to sth** ein Lippenbekenntnis zu etw *dat* ablegen **lip-smacking** *adj* (*fam*) köstlich, gustiös ÖSTERR **lipstick** *n no pl* Lippenstift *m;* **to smudge one's ~** seinen Lippenstift verschmieren; **to wear/put on ~** Lippenstift benutzen/auflegen [*o* auftragen] **lip-sync(h)** ['lɪpsɪŋk] **I.** *vt* MUS, FILM ■**to ~ sth** etw synchronisieren; *singer* etw Play-back singen; *musician* etw Play-back spielen **II.** *vi* MUS, FILM synchronisieren; MUS Play-back singen **III.** *n no pl* Synchronisieren *nt;* (*musician*) Play-back-Singen *nt* **lip-sync(h)ing** ['lɪp,sɪŋkɪŋ] *n no pl* FILM Sychronisation *f;* MUS Play-back *nt*
liquefy <-ie-> ['lɪkwɪfaɪ] **I.** *vt* ■**to ~ sth** ❶ CHEM etw verflüssigen
❷ FIN **to ~ assets** Vermögenswerte verfügbar machen
II. *vi* CHEM sich *akk* verflüssigen
liqueur [lɪ'kjʊəʳ, AM -'kɜːr] **I.** *n* Likör *m*
II. *n modifier* **~ glass** Likörglas *nt*
liquid ['lɪkwɪd] **I.** *adj* ❶ (*water-like*) flüssig; **~ soap** Seifenlotion *f,* Seifenemulsion *f;* **~ bleach/detergent** Flüssigbleichmittel/-waschmittel *nt*
❷ (*translucent*) **~ eyes** glänzende Augen; **~ lustre** schimmernder Glanz
❸ *attr* CHEM **~ hydrogen/oxygen** verflüssigter Wasserstoff/Sauerstoff; **~ measure** Flüssigkeitsmaß *nt*
❹ (*harmonious*) **~ sound** wohltönender Klang; **~ song** einschmeichelndes Lied
❺ *inv* FIN [frei] verfügbar, flüssig; **~ assets** [*or* **funds**] Barvermögen *nt,* liquide Mittel
II. *n* Flüssigkeit *f;* ■**~s** ***drink plenty of ~s*** du musst viel Flüssigkeit zu dir nehmen; ***I'm on ~s*** ich darf nur Flüssiges zu mir nehmen
liquidate ['lɪkwɪdeɪt] **I.** *vt* ❶ ECON **to ~ a company/firm** ein Unternehmen auflösen [*o fachspr* liquidieren]
❷ FIN **to ~ assets** Mittel verfügbar [*o fam* flüssig] machen; **to ~ debts** Schulden tilgen
❸ (*kill*) ■**to ~ sb** jdn liquidieren *geh*
II. *vi* ECON liquidieren
liquidation [,lɪkwɪ'deɪʃən] *n* ❶ FIN *of a company/firm* Auflösung *f,* Liquidierung *f fachspr;* **to go into ~** in Liquidation gehen; *of debts* Tilgung *f*
❷ (*killing*) Liquidierung *f geh*
liquidator ['lɪkwɪdeɪtəʳ, AM -t̬ɚ] *n* FIN Abwickler(in) *m(f),* Liquidator(in) *m(f) fachspr*
liquid consonant *n* LING Fließlaut *m,* Liquida *f fachspr* **liquid courage** *n no pl* AM (*Dutch courage*) **to help oneself to ~** sich *dat* Mut antrinken **liquid crystal display** *n* Flüssigkristallanzeige *f*
liquidity [lɪ'kwɪdəti, AM -ət̬i] *n no pl* ❶ CHEM Flüssigkeit *f*
❷ FIN Zahlungsfähigkeit *f,* Liquidität *f fachspr;* **to have a ~ problem** ein Liquiditätsproblem haben *geh*
liquidize ['lɪkwɪdaɪz] *vt* **to ~ food** Nahrungsmittel pürieren; **to ~ an egg** ein Ei [ver]quirlen
liquidizer ['lɪkwɪdaɪzəʳ, AM -ɚ] *n* Mixgerät *nt,* Mixer *m fam*
liquid lunch *n* (*hum fam*) *Alkohol statt Mittagessen* **Liquid Paper®** *n no pl* Korrekturflüssigkeit *f,* Tipp-Ex® *nt*
liquify *vi, vt see* **liquefy**
liquor ['lɪkəʳ, AM -ɚ] **I.** *n no pl* AM, AUS Spirituosen *pl,* Alkohol *m;* ***he can't hold his*** ~ er verträgt keinen Alkohol; **hard ~** Schnaps *m;* **to drink hard ~** Hochprozentiges trinken
II. *vi* AM (*fam*) ■**to ~ up** sich *akk* besaufen [*o* volllaufen lassen] *sl*
III. *vt* AM (*fam*) ■**to ~ sb up** jdn betrunken machen
liquorice ['lɪkərɪs], AM **licorice** [-ɚɪʃ] **I.** *n no pl*
❶ FOOD Lakritze *f*
❷ (*plant*) Süßholz *nt*
II. *n modifier* Lakritz-; **~ allsorts** Lakritzkonfekt *nt*
liquor license *n* AM Ausschankgenehmigung *f,* Ausschankerlaubnis *f kein pl* **liquor store** *n* AM, CAN Wein- und Spirituosenhandlung *f* **liquor tax** *n* AM Alkoholsteuer *f*
lira <*pl* lire> ['lɪərə, AM 'lɪrə] *n* ❶ (*Italian currency*) Lira *f*
❷ (*Turkish currency*) Lira *f*
lisle [laɪl], **lisle thread** **I.** *n no pl* FASHION Florgarn *nt*
II. *n modifier* **~ stockings** Baumwollstrümpfe *mpl*
lisp [lɪsp] **I.** *n no pl* Lispeln *nt;* **sb with a ~** ein lispelnder Mensch; **to have** [*or* **speak with**] **a ~** lispeln
II. *vi* lispeln
III. *vt* ■**to ~ sth** etw lispeln
LISP [lɪsp] *n* COMPUT *abbrev of* **list processor language** LISP
lissom(e) ['lɪsəm] *adj* (*liter*) *person* graziös, gewandt; *animal* geschmeidig
list¹ [lɪst] **I.** *n* Liste *f;* **birthday ~** [Geburtstags]wunschliste *f;* **~ of names** Namensliste *f;* (*in books*) Namensverzeichnis *nt,* Namensregister *nt;* **~ of numbers** Zahlenreihe *f,* Zahlenkolonne *f;* **~ of prices** Preisliste *f,* Preisverzeichnis *nt;* **check ~** Checkliste *f;* **shopping ~** Einkaufszettel *m;* **~ of stocks** STOCKEX Kurszettel *m;* **The Stock Exchange Daily Official L~** BRIT Amtliches Kursblatt; **waiting ~** Warteliste *f;* **to be on a ~** auf einer Liste stehen; **to make a ~** eine Liste aufstellen [*o* machen]; **to put sb/sth on a ~** jdn/etw auf eine Liste setzen; **to take sb/sth off a ~** jdn/etw von einer Liste streichen
▸ PHRASES: **to have a ~ as long as one's arm** eine ellenlange Liste haben *fam;* **to be at the bottom/top of sb's ~** auf jds Liste ganz unten/oben stehen *fam*
II. *vt* ■**to ~ sth** etw auflisten; ***all ingredients must be ~ed on the packaging*** auf der Verpackung müssen alle Zutaten aufgeführt werden; ***how many soldiers are still ~ed as missing in action?*** wie viele Soldaten werden noch immer als vermisst geführt?; **to ~ sth in alphabetical/numerical order** etw in alphabetischer/nummerischer Reihenfolge auflisten; **to be ~ed in the phone book** im Telefonbuch stehen; **to be ~ed on the Stock Exchange** an der Börse notiert sein
III. *vi* **to ~** [*or* **be ~ed**] **at $700/£15** $700/£15 kosten
list² [lɪst] NAUT **I.** *vi* Schlagseite haben, krängen *fachspr;* **to ~ to port/starboard** Schlagseite nach Backbord/Steuerbord haben; **to ~ badly** schwere Schlagseite haben
II. *n* Schlagseite *f,* Krängung *f fachspr*
listed ['lɪstɪd] **I.** *adj inv* ❶ STOCKEX an der Börse zugelassen; **~ company** börsennotiertes Unternehmen; **~ securities** an der Börse zugelassene [*o* notierte] Wertpapiere
❷ BRIT ARCHIT **~ building** unter Denkmalschutz stehendes Gebäude
❸ AM, AUS TELEC **a ~ telephone number** eine aufgeführte Telefonnummer
II. *adj inv* ❶ BRIT ARCHIT ≈ unter Denkmalschutz stehend
❷ STOCKEX (*quoted*) börsengängig
listen ['lɪsən] **I.** *vi* ❶ (*pay attention*) zuhören; ■**to ~ to sb/sth** jdm/etw zuhören; **~ *to this!*** hör dir das an! *fam;* **to ~ carefully** [ganz] genau zuhören; **to ~ hard** genau hinhören; **to ~ to music** Musik hören; **to ~ to the news/radio** Nachrichten/Radio hören; **to ~ to reason** auf die Stimme der Vernunft hören
❷ (*pay heed*) zuhören; ***you just don't*** ~ du hörst einfach nicht zu *fam;* ***don't ~ to them*** hör nicht auf sie
❸ (*attempt to hear*) ***will you ~ [out] for the phone?*** könntest du bitte aufpassen, ob das Telefon klingelt?
▸ PHRASES: **to ~ with half an ear** mit halbem Ohr hinhören
II. *interj* hör mal!; **~, *we really need to ...*** [jetzt] hör mal, wir müssen ...
III. *n no pl* **to have a ~** [**to sth**] [bei etw *dat*] genau hinhören; ***have a ~ to this!*** hör dir das an!; ***let Daryl have a ~ too*** lass Daryl auch mal hören
◆**listen in** *vi* (*secretly*) mithören; (*without participating*) mitanhören; (*to radio*) hören; **to ~ in on a telephone conversation** ein Telephongespräch heimlich abhören; **to ~ in on a conference call** ein über Telefon abgehaltenes Konferenzgespräch mitanhören; **to ~ in to a radio show** eine Talkshow im Radio anhören
listener ['lɪsənəʳ, AM -ɚ] *n* ❶ (*in a conversation*) Zuhörer(in) *m(f);* **to be a good ~** gut zuhören können
❷ (*to lecture, concert*) Hörer(in) *m(f);* (*to radio*) [Radio]hörer(in) *m(f)*
listening ['lɪsənɪŋ] *n* MUS **easy ~** Unterhaltungsmusik *f,* U-musik *f*
listening device *n* Abhörgerät *nt;* (*in room also*) [Abhör]wanze *nt;* **to plant a ~ somewhere** irgendwo ein Abhörgerät anbringen **listening post** *n* MIL Horchposten *m*
listeria [lɪ'stɪəriə, AM -'stɪr-] *n no pl* MED Listeria *f*
listeriosis [lɪ,stɪəri'əʊsɪs, AM -,stɪri'oʊ-] *n no pl* MED Listeriose *f*
listing ['lɪstɪŋ] *n* ❶ (*inventory*) Auflistung *f,* Verzeichnis *nt*
❷ (*entry in inventory*) Eintrag *m,* Eintragung *f*
❸ MEDIA ■**~s** *pl* (*entertainment*) Veranstaltungskalender *m;* **televison ~s** Fernsehprogramm *nt*
❹ STOCKEX Börsenzulassung *f,* Börsennotierung *f;* **~ application** Börsenzulassungsantrag *f;* **~ requirements** AM Zulassungsvorschriften *fpl*
listings magazine *n* Zeitschrift *f* mit Veranstaltungsverzeichnis
listless ['lɪs(t)ləs] *adj* ❶ (*lacking energy*) *person* teilnahmslos; (*fig*) *economy* stagnierend
❷ (*lacking enthusiasm*) lustlos; *performance* ohne Schwung *nach n,* schlaff
listlessly ['lɪs(t)ləsli] *adv* teilnahmslos, lustlos
listlessness ['lɪs(t)ləsnəs] *n no pl* Teilnahmslosigkeit *f,* Lustlosigkeit *f;* MED Apathie *f*
list price *n* [**manufacturer's**] **~** Listenpreis *m* [des Herstellers] **listserve** *n* Seriendruck-Manager *m fachspr*
lit¹ [lɪt] *vi, vt pt, pp of* **light**
lit² [lɪt] (*fam*) **I.** *n no pl short for* **literature** Literatur *f*
II. *adj inv short for* **literary** literarisch

litany ['lɪtᵊni] *n* REL Litanei *f a. fig;* **a ~ of complaints** eine Litanei von Beschwerden
litchi *n* FOOD *see* **lychee**
lit crit *n no pl* (*fam*) *short for* **literary criticism** Literaturkritik *f*
lite [laɪt] **I.** *adj inv* AM FOOD (*light*) **~ beer** kalorienarmes Bier
II. *n* AM AUTO (*small car*) Kleinwagen *m*
liter *n* AM *see* **litre**
literacy ['lɪtᵊrəsi, AM -t̬ə-] **I.** *n no pl* Lese- und Schreibfähigkeit *f;* **computer ~** Computerkenntnisse *pl;* **economic ~** Wirtschaftskenntnisse *pl*
II. *n modifier* **~ level** Quote der Menschen, die Lesen und Schreiben können; ***the ~ level is low in that country*** dieses Land hat eine hohe Analphabetenquote
literal ['lɪtᵊrᵊl, AM -t̬ɚ-] **I.** *adj* ❶ (*not figurative*) wörtlich; **~ meaning/sense** eigentliche Bedeutung; **to take sth in the ~ sense of the word** etw wörtlich nehmen
❷ (*word-for-word*) **~ translation/transcript** wörtliche Übersetzung/Abschrift
❸ (*not exaggerated*) buchstäblich, im wahrsten Sinne des Wortes *präd;* **the ~ truth** die reine Wahrheit
❹ (*fam: for emphasis*) ***fifteen years of ~ hell*** fünfzehn Jahre lang die reinste Hölle; ***a ~ avalanche of mail*** eine wahre Flut von Zusendungen
❺ LING **~ mnemonics** Gedächtnisstützen *fpl,* Eselsbrücken *fpl fam;* **~ error** BRIT TYPO Schreib-/Tipp-/Druckfehler *m*
II. *n* ❶ BRIT TYPO Schreib-/Tipp-/Druckfehler *m*
❷ (*computer instruction*) Literal *m o nt*
literally ['lɪtᵊrᵊli, AM -t̬ɚ-] *adv* ❶ (*in a literal manner*) [wort]wörtlich, Wort für Wort; **to take sth ~** etw wörtlich nehmen; **to translate ~** wörtlich übersetzen
❷ (*actually*) buchstäblich, wirklich; **quite ~** in der Tat; **~ speaking** ungelogen
❸ *inv* (*fig fam: for emphasis*) wirklich, tatsächlich, echt *fam;* ***there were ~ a million tourists in the village over the weekend*** übers Wochenende kamen sage und schreibe eine Million Touristen ins Dorf
literal-minded *adj* nüchtern, prosaisch *geh;* ■**to be ~** nüchtern denken
literariness ['lɪtᵊrᵊrinəs, AM 'lɪt̬əreri] *n no pl* ❶ (*relevance*) literarischer Bezug
❷ (*quality*) literarische Qualität
literary ['lɪtᵊrᵊri, AM -t̬əeri] *adj* ❶ *attr* (*of literature*) *criticism, prize* Literatur-; *language, style* literarisch; **a ~ career** eine Schriftstellerkarriere; **a ~ celebrity** eine Berühmtheit auf literarischem Gebiet; **~ event** literarisches Ereignis; **~ hoax** Zeitungs[ente] *f;* **~ society** Literaturzirkel *m;* **~ supplement** Literaturbeilage *f;* **the ~ world** literarische Kreise
❷ (*sb knowledgeable*) **~ man** Literaturkenner *m;* **~ woman** Literaturkennerin *f*
literary agent *n* Literaturagent(in) *m(f)* **literary critic** *n* Literaturkritiker(in) *m(f)* **literary criticism** *n no pl* Literaturkritik *f* **literary executor** *n* Nachlassverwalter(in) *m(f)* [in literarischen Angelegenheiten]; **to appoint sb [as] one's ~** jdn zum Nachlassverwalter in literarischen Angelegenheiten bestimmen **literary historian** *n* Literaturhistoriker(in) *m(f)*
literate ['lɪtᵊrət, AM -t̬ɚ-] **I.** *adj* ❶ (*able to read and write*) ■**to be ~** lesen und schreiben können; ***the ~ proportion of the population*** der Anteil der alphabetisierten Bevölkerung
❷ (*well-educated*) gebildet; **to be computer ~** sich *akk* mit Computern auskennen; **to be economically/financially/politically ~** auf dem Gebiet der Wirtschaft/Finanzen/Politik bewandert sein
II. *n* (*literate person*) *jd, der Schreiben und Lesen kann;* (*well educated*) *jd, der gebildet ist*
literati [ˌlɪtᵊr'ɑːtiː, AM -t̬ə'rɑːt̬iː] *npl* Literaten *pl,* Gelehrte *pl*
literature ['lɪtrətʃəʳ, AM -t̬ɚətʃɚ] **I.** *n no pl* ❶ (*written works*) Literatur *f;* **American/English ~** amerikanische/englische Literatur; **nineteenth-century ~** die Literatur des 19. Jahrhunderts; **a work of ~** ein literarisches Werk
❷ (*specialist texts*) Fachliteratur *f* (**on/about** über +*akk*); **scientific ~** naturwissenschaftliche Fachliteratur
❸ (*printed matter*) Informationsmaterial *nt;* ***have you got any ~ about these washing machines?*** haben Sie irgendwelche Unterlagen zu diesen Waschmaschinen? *f*
II. *n modifier* (*course, student*) Literatur-
lithe [laɪð] *adj* gelenkig, geschmeidig
lithely ['laɪðli] *adv* geschmeidig, gelenkig
lithesome ['laɪðsəm] *adj* (*old*) *see* **lithe**
lithium ['lɪθiəm] *n no pl* CHEM Lithium *nt*
litho ['lɪθəʊ, laɪ, AM 'lɪθoʊ] *adj inv* (*fam*) *short for* **lithographic** Litho-
lithograph ['lɪθə(ʊ)grɑːf, AM -əgræf] **I.** *n* Steindruck *m,* Lithographie *f fachspr*
II. *vt* ■**to ~ sth** etw lithographieren
lithographer [lɪ'θɒgrəfəʳ, AM 'θɑːgrəfɚ] *n* Lithograph(in) *m(f)*
lithographic [ˌlɪθə(ʊ)'græfɪk, AM -oʊ'-] *adj inv* lithographisch; **~ print** Steindruck *m;* **~ printing plate** Steindruckplatte *f*
lithography [lɪ'θɒgrəfi, AM -'θɑːg-] *n no pl* Steindruck *m,* Lithographie *f fachspr*
Lithuania [ˌlɪθju'eɪniə, AM -θu'-] *n* Litauen *nt*
Lithuanian [ˌlɪθju'eɪniən, AM -θu'-] **I.** *n* ❶ (*person*) Litauer(in) *m(f)*
❷ *no pl* (*language*) Litauisch *nt*
II. *adj inv* litauisch; **she is ~** sie ist Litauerin
litigant ['lɪtɪgənt, AM -t̬-] *n* LAW prozessführende Partei, Prozesspartei *f*
litigate ['lɪtɪgeɪt, AM -t̬-] LAW **I.** *vi* prozessieren, einen Prozess führen
II. *vt* ■**to ~ sth** um etw *akk* prozessieren [*o* einen Prozess wegen etw *gen* führen]
litigation [ˌlɪtɪ'geɪʃᵊn, AM -t̬-] *n no pl* LAW Prozess *m,* Rechtsstreit *m;* **to go to ~** einen Prozess anstrengen *geh*
litigator ['lɪtɪgeɪtəʳ, AM 'lɪt̬ɪgeɪt̬ɚ] *n* LAW Prozessanwalt, Prozessanwältin *m, f*
litigious [lɪ'tɪdʒəs] *adj* LAW prozessfreudig *iron,* prozesssüchtig *pej*
litigiousness [lɪ'tɪdʒəsnəs] *n no pl* LAW Prozessfreudigkeit *f iron,* Prozesssucht *f*
litmus ['lɪtməs] *n no pl* CHEM Lackmus *m o nt*
litmus paper *n no pl* Lackmuspapier *nt* **litmus test** *n* ❶ CHEM Lackmustest *m* ❷ (*fig fam: decisive indication*) entscheidendes [An]zeichen (**of** für +*akk*)
litotes [laɪ'təʊtiːz, AM 'laɪt̬ətiːz] *n* Litotes *f*
litre ['liːtəʳ], AM **liter** [-t̬ɚ] **I.** *n* Liter *m o nt;* **6-~ engine** 6-Liter Maschine; **two ~s [of milk/beer]** zwei Liter [Milch/Bier]; **per ~** pro Liter
II. *n modifier* (*bottle, size*) Liter-
LittD *abbrev of* **Doctor of Literature** promovierter Literaturwissenschaftler/promovierte Literaturwissenschaftlerin
litter ['lɪtəʳ, AM -t̬ɚ] **I.** *n* ❶ *no pl* (*rubbish*) Müll *m,* Abfall *m*
❷ *no pl* (*disorder*) Unordnung *f,* Durcheinander *nt*
❸ + *sing/pl vb* ZOOL Wurf *m;* **a ~ of kittens** ein Wurf kleiner Kätzchen; ***Martha's cat's just had a ~ of four kittens*** Marthas Katze hat gerade vier Junge geworfen; **the pick of the ~** der Beste aus dem Wurf; (*fig*) der Hauptgewinn *fig*
❹ *no pl* (*for animals*) Streu *f,* Stroh *nt;* **cat ~** Katzenstreu *f*
❺ (*vehicle*) Sänfte *f;* MED Tragbahre *f,* Trage *f*
II. *vt* ❶ (*make untidy*) ■**to ~ sth** ***dirty clothes ~ed the floor*** dreckige Wäsche lag über den Boden verstreut
❷ *usu passive* (*fig: fill*) ■**to be ~ed with sth** mit etw *dat* übersät sein; ***the beaches were positively ~ed with tourists*** die Strände waren regelrecht mit Touristen überfüllt
litter bin *n esp* BRIT, AUS Abfalleimer *m,* Abfalltonne *f* **litter box** *n* AM Katzenklo *nt* **litter bug** *n,* **litter lout** *n* BRIT (*fam*) Schmutzfink *m fam,* Dreckspatz *m fam* **litter collection** *n* Müllabfuhr *f* **litter tray** *n* Katzenklo *nt*
little ['lɪtl, AM -t̬-] **I.** *adj* ❶ (*small*) klein; **a ~ old man** ein kleiner alter Mann; (*for emphasis*) richtige(r, s), kleine(r, s); ***my sister is a ~ monster*** meine Schwester ist ein richtiges kleines Monster; **the ~ ones** die Kleinen *pl*
❷ (*young*) klein; **~ boy/girl** kleiner Sohn/kleine Tochter; **the ~ one** (*fam*) der/die Kleine; **the ~st ones** (*fam*) die Kleinsten; (*younger*) **~ brother/sister** kleiner Bruder/kleine Schwester
❸ *attr, inv* (*short in distance*) kurz; **a ~ way** ein kurzer Weg; (*short in duration*) wenig, bisschen; **it still takes a ~ while** es dauert noch ein bisschen
❹ *attr, inv* (*unimportant*) klein; **every ~ detail** jede Kleinigkeit; **to make ~ of sth** wenig Aufhebens von etw *dat* machen; **to have a ~ word with sb** ein Wörtchen mit jdm reden *fam;* **a ~ problem** (*iron*) ein kleines Problem
▶ PHRASES: **a ~ bird told me [sth]** der Mann im Ohr hat mir [etw] [zu]geflüstert *fam*
II. *adv* ❶ (*somewhat*) ■**a ~** ein wenig; ***she reminds me a ~ of my ex-girlfriend*** sie erinnert mich ein bisschen an meine Exfreundin
❷ (*hardly*) wenig; ***~ did she know that …*** sie hatte ja keine Ahnung davon, dass …; ***I agreed to go, ~ though I wanted to*** ich habe zugesagt, obwohl ich eigentlich überhaupt keine Lust darauf hatte; **to be ~ less than [*or* short of] sth** sich *akk* kaum von etw *dat* unterscheiden; ***her behaviour is ~ short of indecent*** ihr Verhalten ist fast schon unanständig; **~ more than an hour ago** vor kaum einer Stunde; **to ~ expect sth** etw nicht erwarten; **to ~ imagine that …** sich *dat* nicht vorstellen, dass …; **it matters ~ [to sb] that/what …** [jdm] macht es wenig aus, dass/was …; **to ~ suppose/think [that] …** nicht annehmen/denken, [dass] …; **to ~ understand sth** etw kaum verstehen
III. *pron* ❶ (*small quantity*) ■**a ~** ein wenig; ***would you like some mashed potatoes? — yes, a ~ please*** möchtest du Kartoffelpüree? – ja, ein wenig, bitte; ***help yourself to more wine — I will have a ~, thank you*** schenk dir noch Wein nach – ich nehme mir noch ein wenig, danke; ■**a ~ of sth** ein wenig von etw *dat;* ***I could only hear a ~ of what they were saying*** ich konnte ein wenig von dem hören, was sie sagten
❷ (*not much*) wenig; ***he said ~ about his personal life at the therapy session*** in der Therapie sagte er wenig über sein Privatleben; **as ~ as possible** möglichst wenig; ***he's always trying to get away with doing as ~ as possible at work*** er versucht immer, in der Arbeit mit möglichst geringem Aufwand durchzukommen; **so ~** so wenig; ***the rouble is worth so ~ these days*** der Rubel ist heute so wenig wert; **to do ~ [or nothing]** wenig [bis nichts] tun; **there is ~ sb can do** jd kann wenig machen; ***there is ~ the doctor can do for him now — we just have to wait and see*** der Arzt kann jetzt wenig für ihn machen – wir müssen abwarten; **[very] ~ of sth** [sehr] wenig von etw *dat;* ***unfortunately, ~ of the artist's work has survived*** leider ist sehr wenig von dem Werk des Künstlers erhalten geblieben; **the [*or* what] ~ …** das wenige …; ***they didn't have much but they always shared what ~ they had*** sie hatten nicht viel, aber sie teilten immer das wenige, das sie hatten; **the ~ sb does sth** das bisschen, das jd macht; ***the ~ she smoked still seemed to affect her health negatively*** sie rauchte nur sehr wenig, aber auch das bisschen schien ihre Gesundheit anzugreifen
❸ (*short distance*) ■**a ~** ein wenig; ***let's walk a ~ after dinner to digest*** lass uns nach dem Essen einen kurzen Verdauungsspaziergang machen
❹ (*short time*) ■**a ~** ein wenig [Zeit]; ***after all the turmoil at home, she needed to get away for a ~ to be by herself*** nach dem Chaos zu Hause brauchte sie ein wenig Abstand und Zeit für sich; ***Ms Perez is on the phone right now — would you mind waiting a ~?*** Ms. Perez telefoniert gerade – möchten Sie ein wenig warten?; ***it's a ~ after six*** es ist kurz nach sechs

L

▶ PHRASES: **precious** ~ herzlich wenig; **to make [very] ~ of sth** (*to not understand*) [sehr] wenig mit etw *dat* anfangen können; (*to belittle*) etw herunterspielen; ***don't make ~ of my problems — they may not seem important to you but they affect my life greatly*** spiele meine Probleme nicht herunter – vielleicht erscheinen sie dir nicht wichtig, aber sie beeinflussen mein Leben sehr stark; ***they made ~ of their royal connection*** sie spielten ihre Verbindungen zur königlichen Familie herunter

Little Bear *n* BRIT, **Little Dipper** *n* AM ASTRON Kleiner Bär [*o* Wagen] **little finger** *n* ANAT kleiner Finger **little fish** *n* ein kleiner Fisch *fig* **little folk** *n + pl vb esp* IRISH ■**the ~** die Elfen *pl* **little green man** *n* (*fam*) kleines grünes Männchen **little-known** *adj* kaum bekannt; **a ~ outsider** ein wenig bekannter Außenseiter **Little League** *n no pl* AM *Bezeichung für die Baseballliga für Kinder zwischen 8 und 12 Jahren*

littleness [ˈlɪtḷnəs, AM -t̬ḷ-] *n no pl* ❶ (*smallness*) Kleinheit *f,* geringe Größe
❷ (*triviality*) Geringfügigkeit *f;* ***the ~ of the administrative problem*** die Bedeutungslosigkeit des Verwaltungsproblems

little people *n + pl vb* ■**the ~** die Elfen *pl* **Little Rhody** *n* AM (*fam*) *Bezeichung für Rhode Island* **little something** *n* ❶ FOOD ein Betthupferl *nt* SÜDD, ÖSTERR, ein Bettmümpfeli *nt* SCHWEIZ ❷ (*present*) eine Kleinigkeit **little toe** *n* ANAT kleiner Zeh **little woman** *n* (*pej! or hum fam*) ■**the ~** das Frauchen *fam*

littoral [ˈlɪtᵊrᵊl, AM ˈlɪt̬-] *adj* ❶ (*near the shore*) litoral; **~ currents** Küstenströmungen *fpl,* Litoralströmungen *fpl fachspr*
❷ ECOL **~ zone** (*between water marks*) Gezeitenbereich *m*

liturgical [lɪˈtɜːdʒɪkᵊl, AM -ˈtɜːr-] *adj inv* liturgisch

liturgy [ˈlɪtɜːdʒi, AM ˈlɪt̬ɚ-] *n* Liturgie *f*

livable *adj see* **liveable**

live[1] [laɪv] **I.** *adj inv* ❶ *attr* (*living*) lebend; **a real ~ grizzly bear** ein echter Grizzlybär; **~ animals** echte Tiere
❷ MUS, RADIO, TV live; **~ audience** Live-Publikum *nt;* **~ broadcast** Liveübertragung *f,* Livesendung *f;* **~ coverage** aktuelle Berichtserstattung, Berichterstattung vor Ort; **~ entertainment** Liveunterhaltung *f,* Liveshow *f;* **~ performance** Liveauftritt *m;* **~ recording** Liveaufzeichnung *f*
❸ ELEC geladen; **~ wire** Hochspannungskabel *nt*
❹ (*unexploded*) scharf; **~ ammunition** scharfe Munition
❺ (*burning*) glühend; **~ coals** glühende Kohlen
❻ (*not obsolete*) **~ issue** aktuelle Frage
II. *adv inv* MUS, RADIO, TV live, direkt; **to broadcast ~** direkt [*o* live] übertragen; **to cover sth ~** von etw *dat* live berichten; **to perform ~** live auftreten

live[2] [lɪv] **I.** *vi* ❶ (*be alive*) leben; ***lichens have been living for at least 9,000 years*** Flechten gibt es seit mindestens 9 000 Jahren; **to ~ to [be] a ripe [old] age** ein hohes Alter erreichen
❷ (*spend life*) leben; ***... they ~d happily ever after*** ... und wenn sie nicht gestorben sind, dann leben sie noch heute; **to ~ in fear** in Angst leben; **to make life worth living** das Leben lebenswert machen; **to ~ in luxury** in Luxus leben; **to ~ above** [*or* **beyond**] **one's means** über seine Verhältnisse leben; **to ~ within one's means** entsprechend seinen Möglichkeiten leben; **to ~ in plenty** ein Leben im Überfluss führen, im Überfluss leben; **to ~ by one's principles** seinen Prinzipien treu bleiben; **to ~ in squalor** [*or* **dire need**] in ärmlichen Verhältnissen leben; **to ~ alone/dangerously** alleine/gefährlich leben; **to ~ high** gut leben
❸ (*subsist*) leben; ***the family ~s by hunting and farming*** die Familie lebt vom Jagen und von der Landwirtschaft; ***she ~s on fruit alone*** sie ernährt sich nur von Obst
❹ (*be remembered*) weiterleben; **to ~ in sb's memory** in jds Erinnerung weiterleben
❺ (*have interesting life*) ***if you haven't seen Venice, you haven't ~d*** Venedig sehen und sterben; **to ~ a little** [*or* **a bit**] das Leben genießen
❻ (*reside*) wohnen; ***where do you ~?*** wo wohnst du?; **to ~ in the country/in town** auf dem Land/in der Stadt wohnen; **to ~ next door** nebenan wohnen; **to ~ next door to sb** neben jdm wohnen
▶ PHRASES: **to ~ to fight another day** es überstehen, überleben; **we ~d to tell the tale** wir haben's überlebt *fam;* **to ~ by one's wits** sich *akk* durchschlagen; **you** [*or* **we**] **~ and learn** man lernt nie aus; **to ~ and let ~** leben und leben lassen; **to ~ to regret sth** etw noch bereuen werden; **long ~!** lang lebe!; **long ~ the king/queen!** lang lebe der König/die Königin!
II. *vt* **to ~ [one's] life to the full** das Leben in vollen Zügen genießen; **to ~ one's own life** sein eigenes Leben leben; **to ~ a life of luxury** ein luxuriöses [*o* extravagantes] Leben führen
▶ PHRASES: **to ~ a lie** mit einer Lebenslüge leben; **to ~ and breathe sth** mit Leib und Seele für etw *akk* sein; **to ~ it up** sich *akk* ausleben [*o* austoben], die Puppen tanzen lassen *fig fam*

◆**live down** *vt* ■**to ~ down** ↻ **sth** über etw *akk* hinwegkommen; *mistakes* über etw *akk* Gras wachsen lassen; ***you'll never ~ it down*** das wird dir ewig anhängen

◆**live for** *vi* ■**to ~ for sth** für etw *akk* leben; ***there is nothing left to ~ for*** es gibt nichts [mehr], wofür es sich zu leben lohnt

◆**live in** *vi* [mit] im selben Haus wohnen

◆**live off,** AM *also* **live off of** *vi* ❶ (*depend on*) ■**to ~ off sb** auf jds Kosten leben
❷ (*support oneself*) ■**to ~ off sth** *inheritance* von etw *dat* leben
❸ (*subsist on*) ■**to ~ off sth** von etw *dat* leben, sich *akk* von etw *dat* ernähren

◆**live on** *vi* ❶ (*continue*) weiterleben; *tradition* fortbestehen; **to ~ on in the memory** in Erinnerung bleiben
❷ (*support oneself*) ■**to ~ on sth** von etw *dat* leben; ***his wage won't be enough to ~ on*** er verdient nicht genug, um davon zu leben
❸ (*eat only*) ■**to ~ on sth** von etw *dat* leben, sich *akk* von etw *dat* ernähren

◆**live out I.** *vt* **to ~ out one's destiny** [*or* **fate**] sich *akk* mit seinem Schicksal abfinden, sich *akk* in sein Schicksal ergeben; **to ~ one's dreams/fantasies** seine [Wunsch]träume/Vorstellungen verwirklichen, sich *dat* seinen Traum erfüllen; **to ~ out one's life/one's days** sein Leben/seine Tage verbringen
II. *vi* BRIT außerhalb des Hauses [*o* nicht im selben Haus] wohnen; ***other students ~d out in rented accommodation in the town*** andere Studenten wohnten in gemieteten Zimmern oder Wohnungen in der Stadt

◆**live through** *vi* ■**to ~ through sth** etw überstehen; ***he ~d through back pain until the age of fifty*** er litt bis zu seinem fünfzigsten Lebensjahr an Rückenschmerzen; ***he ~d through the war*** er hat den Krieg durchgemacht

◆**live together** *vi* zusammenleben; (*in same flat*) zusammenwohnen

◆**live up to** *vi* **to ~ up to sb's expectations** jds Erwartungen gerecht werden; **to ~ up to one's principles** an seinen Prinzipien festhalten; **to ~ up to a standard/one's reputation** einer Anforderung/seinem Ruf gerecht werden; **to ~ up to a promise** ein Versprechen erfüllen; **to ~ up to an earlier success** an einen früheren Erfolg anknüpfen

◆**live with** *vi* ❶ (*cohabiting*) **to ~ with each other** zusammenleben
❷ (*tolerate*) ■**to ~ with sth** mit etw *dat* leben [müssen], sich *akk* mit etw *dat* abfinden

liveable [ˈlɪvəbl̩] *adj* ❶ (*habitable*) wohnlich; *apartment/room* wohnlich; *climate* angenehm
❷ (*worth living*) lebenswert; **to make life more ~** das Leben lebenswerter machen
❸ (*fam: companionable*) **to be ~ with** gesellig [*o* umgänglich] sein; ***Henry really isn't ~ with!*** mit Henry kommt man wirklich nicht aus!

live bait *n* (*fish*) Köderfisch *m;* (*worm*) Köderwurm *m*

lived in *adj pred, inv,* **lived-in** *adj attr, inv* behaglich, gemütlich; **to have a ~ look** wohnlich aussehen

live-in *adj attr, inv* ❶ (*cohabiting*) ***she has a ~ boyfriend*** sie lebt mit ihrem Freund zusammen
❷ (*resident*) **a ~ nanny** ein Kindermädchen, das [mit] im Haus lebt

livelihood [ˈlaɪvlihʊd] *n* Lebensunterhalt *m;* **to earn one's ~** seinen Lebensunterhalt verdienen; ***they earn their ~ from farming*** sie leben von der Landwirtschaft; **to lose one's ~** seine Existenzgrundlage verlieren; **to have a means of ~** seinen Lebensunterhalt bestreiten können; ***their ~s very much depend on the rain*** ihre Existenz hängt sehr stark davon ab, ob es genug regnet

liveliness [ˈlaɪvlinəs] *n no pl of a story* Lebendigkeit *f; of a child, person* Lebhaftigkeit *f,* Aufgewecktheit *f*

livelong [ˈlɪvlɒŋ, AM -lɑːŋ] *adj* (*liter*) **all the ~ day** den lieben langen Tag

lively [ˈlaɪvli] *adj* ❶ (*full of energy*) *city, child, street* lebhaft, lebendig; *child, eyes, tune* munter; ***look ~!*** ein bisschen mehr Schwung, bitte!; ***they had a ~ time*** bei ihnen war etwas los; **~ atmosphere** lebhafte Stimmung; **~ manner** lebhafte Art; **~ nature** aufgewecktes Wesen; **~ place** ein Ort, an dem immer etwas los ist
❷ (*bright*) *colour* hell; (*pej*) grell *pej*
❸ (*lifelike*) lebendig, anschaulich; **~ description** anschauliche Beschreibung
❹ (*enduring*) *tradition* lebendig
❺ (*brisk*) rege; **~ business** reger Geschäftsverkehr; **~ pace** flottes Tempo
❻ (*stimulating*) *discussion, style* lebhaft; **~ conversation** lebhaftes [*o* angeregtes] Gespräch; **~ imagination** rege Fantasie; **a ~ mind** ein wacher Verstand; **to take a ~ interest in sth** ein reges Interesse an etw *dat* haben
❼ *esp* BRIT (*iron: difficult or exciting*) **to make sth ~ for sb** etw für jdn schwierig machen
❽ NAUT bewegt

liven [ˈlaɪvᵊn] **I.** *vt* ■**to ~ up** ↻ **sth** etw beleben, Leben in etw *akk* bringen; **to ~ up an event** mehr Pep in eine Veranstaltung bringen; **to ~ up a room** ein Zimmer etwas aufpeppen *fam;* **to ~ up a party** mehr Schwung in eine Party bringen; ■**to ~ up** ↻ **sb** jdn aufmuntern
II. *vi person* aufleben; *party, sports match* in Schwung kommen; ***things ~ up in our community in summer*** in unserer Siedlung ist im Sommer richtig was los *fam*

liver[1] [ˈlɪvəʳ, AM -ɚ] **I.** *n* FOOD, ANAT Leber *f;* **chicken/calf's/goose ~** Hühner-/Kalbs-/Gänseleber *f*
II. *n modifier* MED **~ transplant** Lebertransplantation *f;* **~ scan** Ultraschallaufnahme der Leber

liver[2] [ˈlɪvəʳ, AM -ɚ] *n* **a clean ~** ein solider Mensch; **a fast ~** ein Lebemann *m*

liver complaint *n* Leberschaden *m*

liveried [ˈlɪvᵊrid, AM -ɚid] *adj* livriert

liverish [ˈlɪvᵊrɪʃ, AM -ɚɪʃ] *adj* ❶ (*dated: ill*) leberkrank; ■**to be ~** leberkrank sein
❷ (*hum: peevish*) mürrisch, launisch, übellaunig

liver paste *n,* **liver pâté** *n* Leberpastete *f*

Liverpudlian [ˌlɪvəˈpʌdliən, AM -ɚˈ-] **I.** *n* ❶ (*person*) Liverpooler(in) *m(f)* ❷ *no pl* (*dialect*) Liverpooler Dialekt **II.** *adj inv* Liverpooler; **~ accent** Liverpooler Akzent **liver sausage** *n no pl* FOOD Leberwurst *f* **liver spot** *n* Leberfleck *m* **liverwurst** [ˈlɪvəwɜːst, AM -ɚwɜːrst] *n* AM, AUS Leberwurst *f*

livery [ˈlɪvᵊri] *n* ❶ FASHION Livree *f*
❷ BRIT (*design*) Firmenfarben *pl*
❸ ZOOL *Unterstellung* [*von Pferden*] *in einem Mietstall;* ***we have three horses at ~*** wir haben drei Pferde in Futter und Pflege stehen

livery stable *n,* **livery yard** *n* Mietstall *m*

lives [laɪvz] *n pl of* **life**

livestock **I.** *n no pl* Vieh *nt* **II.** *n modifier* (*breeder, breeding*) Vieh-; **~ fair** Viehmarkt *m* **live wire** *n* (*fam*) Energiebündel *nt*

livid ['lɪvɪd] *adj* ❶ (*fam: furious*) wütend, fuchtig *fam;* **to be ~** zornig sein; **absolutely** [*or* **simply**] **~** fuchsteufelswild *fam*
❷ (*discoloured*) aschgrau, blaugrau; **a ~ bruise** ein blauer Fleck

living ['lɪvɪŋ] **I.** *n* ❶ *usu sing* (*livelihood*) Lebensunterhalt *m;* ***you can make a good ~ in sales*** von der Arbeit als Vertreter kann man prima leben; ***is he really able to make a ~ as a translator?*** kann er von der Übersetzerei wirklich leben?; **to do sth for a ~** mit etw *dat* seinen Lebensunterhalt verdienen; ***what do you do for a ~?*** womit verdienen Sie Ihren Lebensunterhalt?; **to work for a ~** für seinen Lebensunterhalt arbeiten
❷ BRIT REL (*dated*) Pfründe *f*
❸ *no pl* (*lifestyle*) Lebensart *f,* Lebensstil *m;* **standard of ~** Lebensstandard *m;* **fast ~** ein ausschweifendes Leben; **a good ~** ein Leben im Wohlstand; ***we are rather fond of good ~*** wir leben ganz gerne [so] richtig gut; **gracious ~** ein vornehmer Lebensstil; **loose ~** ein lockerer Lebenswandel; **country ~** Landleben *nt*
❹ *pl* ■**the ~** (*people*) die Lebenden *pl;* **to be in the land of the ~** (*poet*) unter den Lebenden weilen *liter*
II. *adj inv* ❶ (*alive*) lebend *attr;* ***we didn't see a ~ soul on the streets*** wir sahen draußen auf der Straße keine Menschenseele; ***do you have any ~ grandparents?*** hast du Großeltern, die noch leben?; ***are any of your grandparents ~?*** lebt von deinen Großeltern noch jemand?; **~ creatures** Lebewesen *ntpl*
❷ (*exact*) **to be the ~ image** [*or* **likeness**] **of sb** jdm wie aus dem Gesicht geschnitten sein; **to be the ~ embodiment of Jesus** die leibhaftige Verkörperung Jesu Christi sein
❸ (*still used*) lebendig; **a ~ language** eine lebende Sprache; **a ~ tradition** eine [noch heute] lebendige Tradition
► PHRASES: **to scare the ~ daylights out of sb** jdn zu Tode erschrecken; **to be in** [*or* **within**] **~ memory** [noch] in [lebendiger] Erinnerung sein; **to be** [**the**] **~ proof that ...** der lebende Beweis dafür sein, dass ...

living conditions *n* Lebensbedingungen *pl* **living quarters** *npl* Wohnbereich *m;* MIL Quartier *nt;* **the soldiers' ~** die Stube **living room** *n* Wohnzimmer *nt* **living room suite** *n* AM Wohnzimmergarnitur *f* **living space** *n no pl* (*for personal accommodation*) Wohnraum *m;* (*for a nation*) Lebensraum *m* **living wage** *n no pl* Existenzminimum *nt* **living will** *n* LAW *Willenserklärung eines Patienten, die seine medizinische Behandlung festlegt*

Livy ['lɪvi] *n no pl* LIT, HIST Livius *m*

lizard ['lɪzəd, AM -ɚd] **I.** *n* ZOOL Eidechse *f,* Echse *f*
II. *n modifier* (*jacket, pocketbook*) aus Eidechsenleder *nach n*

'll = will, shall *see* **will**[1], **shall**

llama ['lɑːmə] *n* Lama *nt*

LLB [ˌelel'biː] *n* UNIV *abbrev of* **Bachelor of Laws** Bakkalaureus *m* der Rechte

LLD [ˌelel'diː] *n* UNIV *abbrev of* **Doctor of Laws** Dr. jur.

LLM [ˌelel'em] *n* UNIV *abbrev of* **Master of Laws** Magister *m* der Rechte

LMT [ˌelem'tiː] *n abbrev of* **Local Mean Time** Ortszeit *f*

lo [ləʊ, AM loʊ] *interj* (*liter or old or hum*) siehe *liter o veraltet;* **~ and behold** (*hum*) und siehe da *hum*

loach <*pl* – *or* -es> [ləʊtʃ, AM loʊtʃ] *n* ZOOL Schmerle *f*

load [ləʊd, AM loʊd] **I.** *n* ❶ (*amount carried*) Ladung *f;* ***the maximum ~ for this elevator is eight persons*** der Aufzug hat eine Tragkraft von maximal acht Personen; **with a full ~ of passengers** mit Passagieren [voll] besetzt
❷ (*burden*) Last *f;* **a heavy/light ~** ein hohes/niedriges Arbeitspensum; ***I've got a heavy teaching ~ this term*** in diesem Semester habe ich eine hohe Stundenzahl; **to lighten the ~** das Arbeitspensum verringern; **to spread the ~** die Verantwortung teilen; **~ of debt** Schuldenlast *f;* (*of grief*) Last *f*
❸ (*fam: lots*) ***a ~ of people turned up at the party*** zur Party kamen jede Menge Leute *fam;* ***what a ~ of rubbish!*** was für ein ausgemachter Blödsinn! *fam;* **a ~ of cars** eine [*o* jede] Menge Autos *fam;* **a ~ of washing** Wäscheberg *m;* **a ~ of work** ein Riesenberg an Arbeit
❹ (*fam: plenty*) ■**~s** jede Menge *fam,* massenhaft *fam;* ***you need ~s of patience to look after children*** man braucht unglaublich viel Geduld, um Kinder zu beaufsichtigen
► PHRASES: **get a ~ of this!** (*sl*) hör dir das an!; ***get a ~ of this new car!*** jetzt schau' dir doch mal dieses neue Auto an!; **to take a ~ off** [**one's feet**] AM sich *akk* erst mal setzen *fam;* **that takes a ~ off my mind!** da fällt mir aber ein Stein vom Herzen!
II. *adv* ■**~s** *pl* (*sl*) tausendmal *fam;* ***this book is ~s better than his last one*** dieses Buch ist um Klassen besser als sein letztes *fam*
III. *vt* ❶ (*fill*) ■**to ~ sth** etw laden; **to ~ a container** einen Container beladen; **to ~ the dishwasher** die Spülmaschine einräumen; **to ~ the washing machine** die Waschmaschine füllen
❷ (*fig: burden*) aufladen; ***my boss has ~ed me with work*** mein Chef hat mich mit unheimlich viel Arbeit eingedeckt; **~ed with grief** gramgebeugt; **~ed with worries** sorgenbeladen; **to ~ sb with responsibilities** jdm sehr viel Verantwortung aufladen
❸ (*supply excessively*) ■**to ~ sb/sth with sth** jdn/etw mit etw *dat* überhäufen [*o* überschütten]
❹ (*fill*) laden; **to ~ a cannon** eine Kanone laden; **to ~ bullets** [**into a weapon**] Patronen [nach]laden; (*insert*) einlegen; **to ~ a cassette/film** eine Kassette/einen Film einlegen; **to ~ a program onto a computer** ein Programm auf einem Computer installieren
❺ (*bias*) **to ~ a roulette wheel** das Roulette präparieren
► PHRASES: **to ~ the dice** mit falschen Karten spielen *fig;* **to ~ the dice in favour of sb/sth** für jdn/etw eingenommen sein; **to ~ the dice against sb/sth** gegen jdn/etw voreingenommen sein
IV. *vi* [ver]laden

◆**load down** *vt* ■**to ~ sth** ⇄ **down** etw schwer beladen; ■**to ~ sb down** jdm zu viel aufbürden, jdn überlasten *fig;* ***you're ~ed down with shopping*** du bist ja richtig schwer bepackt mit Einkaufstüten

◆**load up I.** *vt* **to ~ up a container** einen Container beladen; ***let's ~ up the car and then we can go*** lass uns schnell die Sachen ins Auto laden, dann können wir gehen
II. *vi* beladen, aufladen

load-bearing ['ləʊdbeərɪŋ, AM 'loʊdberɪŋ] *adj* TECH tragfähig, [be]lastbar

loaded ['ləʊdɪd, AM 'loʊd-] *adj* ❶ (*carrying sth*) beladen
❷ (*with ammunition*) geladen
❸ (*having excess*) ■**to be ~ with sth** mit etw *dat* überladen sein; **to be ~ with calories** eine Kalorienbombe sein
❹ *pred* (*fam: rich*) steinreich *fam,* stinkreich *sl;* ***he must be ~!*** er muss ja regelrecht im Geld schwimmen!
❺ *pred esp* AM (*sl: drunk*) besoffen *fam;* ***what a party — everyone was ~!*** was für eine Party – die hatten alle ganz schön einen in der Krone! *fam*
❻ AM AUTO (*with all the extras*) voll ausgestattet; ***the car is fully ~!*** das Fahrzeug ist mit allen Extras ausgestattet!
❼ (*biased*) **to be ~ in favour of sb/sth** für jdn/etw eingenommen sein; **~ dice** falsches [*o fam* abgekartetes] Spiel; **to play with ~ dice** (*fig*) mit gezinkten Karten spielen *fig;* (*full of implication*) **emotionally ~** emotional aufgeladen; **~ question** Fangfrage *f;* **a ~ statement** *eine Feststellung, die aus Voreingenommenheit getroffen wurde*

loading bay *n,* **loading dock** *n* Ladezone *f,* Verladeplatz *m*

load line *n* NAUT Kiellinie *f*

loadstar *n see* **lodestar**

loadstone *n see* **lodestone**

loaf[1] <*pl* loaves> [ləʊf, AM loʊf] *n* ❶ (*bread*) Brot *nt;* (*unsliced*) Brotlaib *m*
❷ (*bread-shaped food*) Kasten-; **fruit ~** englischer Früchtekuchen; **nut ~** Nusskuchen *m*
► PHRASES: **half a ~ is better than none** [*or* **no bread**] (*prov*) etwas ist besser als gar nichts

loaf[2] [ləʊf, AM loʊf] *vi* faulenzen, rumhängen *fam;* **to ~ about** [*or* **around**] [*or* **round**] herumgammeln *fam,* herumhängen *fam*

loafer ['ləʊfəʳ, AM 'loʊfɚ] *n* ❶ (*person*) Faulenzer(in) *m(f) pej,* Nichtstuer *m*
❷ FASHION ■**~**® [leichter] Halbschuh; **penny ~s** geflochtene Halbschuhe

loaf sugar *n* Zuckerhut *m*

loam [ləʊm, AM loʊm] *n no pl* ❶ (*soil*) Lehmerde *f,* Lehmboden *m*
❷ (*for making bricks*) Lehm *m*

loamy ['ləʊmi, AM 'loʊmi] *adj* lehmig; **~ soil** Lehmerde *f,* Lehmboden *m*

loan [ləʊn, AM loʊn] **I.** *n* ❶ (*money*) Darlehen *nt,* Kredit *m;* **a $50,000 ~** ein Darlehen über $50,000; **an unsecured ~** ein ungesicherter Kredit; **to take out a ~** ein Darlehen aufnehmen; **to get a ~** ein Darlehen [*o* einen Kredit] bekommen
❷ (*act*) Ausleihe *f kein pl,* Verleihen *nt kein pl;* **a permanent ~** eine Dauerleihgabe; **to be on ~** verliehen sein; ***the exhibit is on ~ from another museum*** das Ausstellungsstück ist die Leihgabe eines anderen Museums; **to be on long-term/short-term ~** langfristig/kurzfristig ausgeliehen sein
II. *n modifier* **~ conditions** Kreditbedingungen *fpl,* Darlehensbedingungen *fpl*
III. *vt* ■**to ~ sb sth** [*or* **sth to sb**] jdm etw leihen

loan shark *n* (*pej fam*) Kredithai *m pej fam* **loan stock** *n* FIN Anleihe *f* **loan translation** *n* LING Lehnübersetzung *f* **loanword** *n* LING Lehnwort *nt*

loath [ləʊθ, AM loʊθ] *adj pred* (*form*) ■**to be ~ to do sth** etw ungern [*o* widerwillig] tun

loathe [ləʊð, AM loʊð] **I.** *adj* AM *see* **loath**
II. *vt* ■**to ~ sth** etw nicht ausstehen [*o* leiden] können; ***I ~ doing housework*** Hausarbeit ist mir zuwider; ■**to ~ sb** jdn verabscheuen; ***the two brothers ~ each other*** die beiden Brüder hassen sich

loathing ['ləʊðɪŋ, AM 'loʊð-] *n no pl* (*hate*) Abscheu *m;* (*hatred*) Hass *m;* **fear and ~** Angst und Abscheu; **deep ~** tiefe Abscheu; **to fill sb with ~** jdn mit Ekel erfüllen; **to have a ~ for** [*or* **of**] **sb/sth** jdn/etw verabscheuen

loathsome ['ləʊðsəm, AM 'loʊð-] *adj* abscheulich; *suggestion, action* abstoßend; ***war is a ~ business*** Krieg ist etwas ganz Abscheuliches; ***spiders are ~ little creatures*** Spinnen sind eklige kleine Geschöpfe

loathsomeness ['ləʊðsəmnəs, AM 'loʊð-] *n no pl* Abscheulichkeit *f,* Widerlichkeit *f,* Ekelhaftigkeit *f*

loaves [ləʊvz, AM loʊvz] *n pl of* **loaf**

lob [lɒb, AM lɑːb] **I.** *vt* <-bb-> ❶ (*hit*) ■**to ~ sth** etw lobben; **to ~ a ball** im Lob spielen, lobben; (*throw*) **to ~ a grenade** eine Granate in hohem Bogen werfen
❷ (*in soccer*) **to ~ an opponent** gegen jdn im Lob spielen; (*in tennis*) **to ~ an opponent** dem Gegner den Ball von unten her zuspielen
II. *n* ❶ (*ball*) Lob *m*
❷ (*stroke*) Lobspiel *nt kein pl*

lobby ['lɒbi, AM 'lɑːbi] **I.** *n* ❶ ARCHIT Eingangshalle *f,* Vorhalle *f;* **hotel/theatre ~** Hotel-/Theaterfoyer *nt*
❷ BRIT POL Lobby *f*
❸ POL Lobby *f,* Interessengruppe *f;* **the anti-abortion ~** die Lobby der Abtreibungsgegner
II. *vi* <-ie-> ■**to ~ for/against sth** seinen Einfluss [mittels eines Interessensverbandes] für etw *akk*/gegen etw *akk* geltend machen; ***local residents lobbied to have the factory shut down*** die Anwohner schlossen sich zusammen und forderten die Stilllegung der Fabrik
III. *vt* <-ie-> ■**to ~ sb/sth** [**to do sth**] jdn/etw beeinflussen [etw zu tun]; ***they have been ~ing***

L

Congress to change the legislation sie haben auf den Kongress Einfluss genommen, um die Gesetze zu ändern

lobby correspondent *n* BRIT POL politischer Korrespondent/politische Korrespondentin

lobbyer ['lɒbiəʳ, AM 'lɑːbiɚ] *n see* **lobbyist**

lobbying ['lɒbiɪŋ, AM 'lɑːb-] *n Beeinflussung von Abgeordneten durch Lobbies*

lobbyist ['lɒbiɪst, AM 'lɑːb-] *n* POL Lobbyist(in) *m(f)*

lobe [ləʊb, AM loʊb] *n* ❶ *(flat part of sth)* Lappen *m; of brain* Gehirnlappen *m; of liver* Leberlappen *m; of ear* Ohrläppchen *nt*

❷ COMPUT [Strahlungs]keule *f*

lobed [ləʊbd, AM loʊbd] *adj inv* gelappt, lappig

lobelia [lə(ʊ)'biːliə, AM loʊ'biːljə] *n* BOT Lobelie *f*

lobotomize [ləʊ'bɒtəmaɪz, AM loʊ'bɑːt̬ə-] *vt usu passive* ■**to ~ sb** ❶ MED eine Lobotomie an jdm vornehmen; ■**to ~ sth** *(fig)* etw kastrieren *fig*

❷ *(fam: mentally)* jdn [ge]hirnamputieren *sl*

lobotomy [lə(ʊ)'bɒtəmi, AM loʊ'bɑːt̬-] *n* MED Lobotomie *m*, Leukotomie *f*

lobster ['lɒbstəʳ, AM 'lɑːbstɚ] **I.** *n* ❶ ZOOL Hummer *m*

❷ *no pl* FOOD Hummer *m*, Hummerfleisch *nt*

II. *n modifier (soup, salad)* Hummer-

lobster pot *n* Hummerfangkorb *m*

local ['ləʊkᵊl, AM 'loʊ-] **I.** *adj* ❶ *(neighbourhood)* hiesig, örtlich; **~ accent/dialect/custom** hiesiger Akzent/Dialekt/Brauch; **~ celebrity** örtliche Berühmtheit; **the ~ gentry** BRIT *(dated)* der ortsansässige [*o* hiesige] Adel; **~ hero** Lokalmatador *m;* **~ jurisdiction** regionale Gerichtsbarkeit; **a ~ legend** eine hiesige Legende; **~ official** Kommunalbeamte(r) *m*, Kommunalbeamte [*o* -in] *f;* **the ~ police** die örtliche Polizei; **~ politics** Kommunalpolitik *f;* **~ radio station** Lokalsender *m;* **~ television station** Regionalfernsehen *nt;* **~ branch** Filiale *f; of a bank, shop* Zweigstelle *f*, Zweigniederlassung *f*

❷ MED lokale Infektion; **~ pain** lokaler Schmerz; **~ swelling** lokale Schwellung

❸ COMPUT lokal, Lokal-, lokal-

II. *n* ❶ *usu pl (inhabitant)* Ortsansässige(r) *f(m)*, Einheimische(r) *f(m)*

❷ BRIT *(fam: pub)* Stammlokal *nt*, Stammkneipe *f fam*, Dorfkrug *m* NORDD

❸ *(bus)* Bus *m; (in the inner city)* Stadtbus *m; (in the immediate locality)* Nahverkehrsbus *m; (train)* Nahverkehrszug *m*

❹ AM *(trade union)* örtliches Gewerkschaftsbüro; ***she's a member of union ~ 1103*** sie ist ein Mitglied des Gewerkschaftsbüros Nummer 1103

❺ STOCKEX *Börsenmitglied, das nur auf eigene Rechnung handelt*

local anaesthetic *n* MED örtliche Betäubung, Lokalanästhesie *f fachspr* **local area network** *n* COMPUT lokales [Rechner]netz **local authority** *n* BRIT *of community* Gemeindeverwaltung *f*, Kommunalverwaltung *f; of city* Stadtverwaltung *f*, städtische Behörden **local call** *n* Ortsgespräch *nt* **local colour** *n no pl* Lokalkolorit *nt* **local councillor** *n* Gemeinderat, Gemeinderätin *m, f*, [Kommunal]stadtrat, [Kommunal]stadträtin *m, f* **local derby** *n* BRIT Lokalderby *nt*

locale [lə(ʊ)'kɑːl, AM loʊ'kæl] *n* Örtlichkeit *f;* LIT Schauplatz *m*

local election *n* Kommunalwahl *f* **local government** *n of towns* Stadtverwaltung *f; of counties* Bezirksverwaltung *f;* **grant from ~** Zuschüsse der Stadt

locality [lə(ʊ)'kæləti, AM loʊ'kæləţi] *n* Gegend *f;* ***there are several shops in the ~*** im Ort gibt es mehrere Läden

localization [ˌləʊkᵊlaɪ'zeɪʃᵊn, AM ˌloʊkᵊlɪ'-] *n no pl* Lokalisation *f*, Lokalisierung *f geh*

localize ['ləʊkᵊlaɪz, AM 'loʊ-] *vt* ■**to ~ sth** ❶ *(restrict)* etw lokalisieren *geh;* **to ~ pain** den Schmerz lokalisieren

❷ *(pinpoint)* etw lokalisieren *geh;* **to ~ a fault in sth** herausfinden, wo ein Fehler in etw *dat* liegt

❸ *(give local characteristics)* etw örtlich genau definieren; ***this user interface needs to be ~d*** es muss definiert werden, wo genau diese Benutzerschnittstelle liegen soll

locally ['ləʊkᵊli, AM 'loʊ-] *adv inv* am [*o* vor] Ort; ***fruit and vegetables are grown ~*** Obst und Gemüse werden hier in dieser Gegend angebaut; **~ produced** vor Ort hergestellt [*o* produziert]

local news *n + sing vb* Lokalnachrichten *pl* **local newspaper** *n* Lokalblatt *nt*, Lokalzeitung *f* **local time** *n* Ortszeit *f* **local traffic** *n no pl* Nahverkehr *m* **local train** *n* Nahverkehrszug *m*

locate [lə(ʊ)'keɪt, AM 'loʊ-] **I.** *vt* ❶ *(find)* ■**to ~ sth** etw ausfindig machen, *geh* lokalisieren; *plane, sunken ship* etw orten

❷ *(situate)* ■**to ~ sth** etw bauen [*o* errichten]; ***our office is ~d at the end of the road*** unser Büro befindet sich am Ende der Straße; ***many power stations are ~d on coastal land*** viele Kraftwerke liegen in Küstengebieten; **to be centrally ~d** zentral liegen [*o* gelegen sein]

II. *vi* AM sich *akk* niederlassen; ***the company hopes to ~ in its new offices by June*** die Firma hofft, ihre neuen Büroräume bis spätestens Juni beziehen zu können

location [lə(ʊ)'keɪʃᵊn, AM loʊ'-] *n* ❶ *(place)* Lage *f; company* Standort *m;* ***we're trying to find a good ~ for our party*** wir werden versuchen, einen günstigen Ort für unsere Party ausfindig zu machen; **convenient ~** günstige Lage; *of a company, building* günstiger Standort

❷ FILM Drehort *m;* ***this latest movie was filmed in three different ~s*** dieser letzte Film wurde an drei verschiedenen Drehorten gedreht; ***this film was shot entirely on ~*** der Film wurde direkt vor Ort gedreht; **to be on ~** bei Außenaufnahmen sein

❸ *no pl (act)* Positionsbestimmung *f*, Ortung *f geh; of tumour* Lokalisierung *f;* ***this makes the ~ of the airfield quite easy*** dadurch lässt sich der Flughafen sehr leicht orten

❹ COMPUT Speicherstelle *f*

locative ['lɒkətɪv, AM 'lɑːkəţ-] LING **I.** *adj attr, inv* **the ~ case** der Lokativ

II. *n* ■**the ~** der Lokativ

loc. cit. [ˌlɒk'sɪt, AM ˌlɑːk'-] *abbrev of* **loco citato** l.c. *geh*, a.a.O.

loch [lɒk, *Scot* lɒx] *n* SCOT ❶ *(lake)* See *m*

❷ *(fjord)* Meeresarm *m*

loci ['ləʊsaɪ, -kaɪ, -kiː, AM 'loʊ-] *n pl of* **locus**

lock¹ [lɒk, AM lɑːk] **I.** *n* ❶ *(fastening device)* Schloss *nt;* **combination ~** Kombinationsschloss *nt;* **bicycle ~** Fahrradschloss *nt;* **steering ~** Lenkradschloss *nt*

❷ NAUT Staustufe *f*, Schleuse *f*

❸ *(in wrestling)* Fesselgriff *m;* **to hold sb in a body ~** jdn fest umklammert halten

❹ *no pl* BRIT, AUS AUTO Wendekreis *m*

❺ AM *(fam)* ■**to be a ~** feststehen; ***she's a ~ for promotion this year*** es ist völlig sicher, dass sie dieses Jahr befördert wird

❻ *(synchronize)* ■**to ~ sth onto sth** etw auf etw *akk* einstellen

► PHRASES: **~, stock and** <u>**barrel**</u> ganz und gar; ***we're moving our things ~, stock and barrel to another city*** wir ziehen mit Sack und Pack in eine andere Stadt; ***he rejected my idea ~, stock and barrel*** er hat meine Idee in Bausch und Bogen verworfen; **to be under ~ and** <u>**key**</u> hinter Schloss und Riegel sitzen *fam;* **to** <u>**have**</u> **a ~ on sth** AM *(fam)* etw fest in der Hand haben *fig;* ***they have had a ~ on the market for years*** sie kontrollieren den Markt schon seit Jahren

II. *vt* ❶ *(fasten)* ■**to ~ sth** etw abschließen; ***he ~ed the confidential documents in his filing cabinet*** er schloss die vertraulichen Dokumente in den Aktenschrank; **to ~ a suitcase** einen Koffer verschließen; **to ~ a building** ein Gebäude zuschließen [*o* SÜDD, ÖSTERR zusperren]

❷ *usu passive (entangle)* sich *akk* verhaken; ***I'm afraid our ship is ~ed in ice*** ich fürchte, unser Schiff steckt im Eis fest; **to ~ one's hands behind sb's neck** jds Hals umklammern; **to be ~ed in an embrace** sich *akk* eng umschlungen halten; **to be ~ed in a struggle** sich *akk* umklammert halten; **to be ~ed in discussions** in Diskussionen verwickelt werden

III. *vi* ❶ *(become secured)* schließen

❷ *(become fixed)* binden; ***our gazes ~ed*** wir konnten den Blick nicht mehr voneinander [ab]wenden

❸ NAUT eine Schleuse passieren

◆**lock away** *vt* ❶ *(secure)* ■**to ~ away** ⊂ **sth** etw wegschließen; **to ~ away money** Geld wegschließen

❷ *(for peace and quiet)* ■**to ~ oneself away [in one's office]** sich *akk* [in seinem Büro] einschließen; ■**to ~ away** ⊂ **sb** jdn einsperren *fam;* ***he should be ~ed away for a long time*** *(in prison)* er sollte für lange Zeit hinter Gitter kommen; *(in mental institution)* er sollte für lange Zeit in eine geschlossene Anstalt kommen

◆**lock on** *vi* MIL **to ~ on to a target** ein genaues Ziel ausmachen

◆**lock out** *vt* ■**to ~ sb/oneself out** jdn/sich aussperren

◆**lock up I.** *vt* ❶ *(shut, secure)* ■**to ~ up** ⊂ **sth** etw abschließen; **to ~ up a building** ein Gebäude abschließen; **to ~ up documents** Dokumente wegschließen; **to ~ up money** Geld wegschließen

❷ *(put in custody)* ■**to ~ up** ⊂ **sb** LAW jdn einsperren *fam;* MED jdn in eine geschlossene Anstalt bringen; ■**to ~ oneself up** sich *akk* einschließen

❸ FIN **to ~ up** ⊂ **capital** Kapital binden

► PHRASES: **to ~ sb up and throw away the** <u>**key**</u> jdn für immer und ewig einsperren *fam*

II. *vi* abschließen, zuschließen

lock² [lɒk, AM lɑːk] *n* ❶ *(curl)* [Haar]locke *f*

❷ *(poet: hair)* ■**~s** *pl* Haar *nt kein pl;* **long, flowing ~s** langes, wallendes Haar *geh*

lockable ['lɒkəbl̩, AM 'lɑːk-] *adj inv* verschließbar

lockdown ['lɑːkdaʊn] *n* Ausgangssperre *f*

locker ['lɒkəʳ, AM 'lɑːkɚ] *n* Schließfach *nt;* MIL Spind *m*

locker room *n* Umkleideraum [mit Schließfächern] *m*

locker-room *adj attr* unanständig, anstößig; **~ joke** schlüpfriger [*o pej* schmutziger] Witz; **~ humour** schmutziger Humor; **~ talk** anstößige Unterhaltung; **~ mentality** schlüpfrige Art

locket ['lɒkɪt, AM 'lɑːk-] *n* Medaillon *nt*

lockjaw *n no pl* MED *(dated fam)* Wundstarrkrampf *m* **lock keeper** *n* Schleusenwärter(in) *m(f)* **lockout** *n (esp pej)* Aussperrung *f* **locksmith** *n* Schlosser(in) *m(f)* **lockstep I.** *n no pl* ❶ MIL **to march in ~** im Gleichschritt marschieren; **to move in ~** *(fig)* sich *akk* gleich entwickeln; *(fig)* ***the two currencies seem to be moving in ~ with each other*** die beiden Währungen scheinen sich im Gleichmaß zu entwickeln ❷ AM *(pattern)* Muster *nt;* **to break the ~** das Blatt wenden *fig* **II.** *adv* **to march ~** im Gleichschritt marschieren **lock-up** *n* ❶ *(jail)* Gefängnis *nt*, Knast *m sl; (for drunks)* Ausnüchterungszelle *f* ❷ *esp* BRIT *(garage)* [angemietete] Garage ❸ *no pl* AUTO Blockierung *f* ❹ COMPUT Sperre *f*

lock-up shop *n* Geschäft *nt* ohne Wohnräume

loco¹ ['ləʊkəʊ, AM 'loʊkoʊ] *n* ❶ *(fam) short for* **locomotive** Lok *f*

❷ LAW *short for* **in loco parentis**

loco² ['ləʊkəʊ, AM 'loʊkoʊ] *adj pred esp* AM *(sl)* ❶ *(crazy)* verrückt, bekloppt *fam;* **to go ~ [over sb/sth]** verrückt [nach jdm/etw] sein

❷ MED verrückt, geistig verwirrt

locomotion [ˌləʊkə'məʊʃᵊn, AM ˌloʊkə'moʊ-] *n no pl* Fortbewegung *f*

locomotive [ˌləʊkə'məʊtɪv, AM ˌloʊkə'moʊţ-] **I.** *n* Lokomotive *f;* **diesel ~** Diesellokomotive *f;* **steam ~** Dampflokomotive *f*

II. *adj attr, inv* Fortbewegungs-; **~ force** Fortbewegungskraft *f*

locum *n*, **locum tenens** <*pl* -tenentes> [ˌləʊkəm'tenenz, AM ˌloʊkəm'tiː-, *pl* -tɪ'nentiːz] *n esp* BRIT, AUS *(spec)* Vertreter(in) *m(f)*, Vertretung *f (eines Arztes oder Geistlichen)*

locus <*pl* -ci> ['ləʊkəs, AM 'loʊ-, *pl* -saɪ] *n* ❶ (*form: location*) Zentrale *f,* Hauptstelle *f;* ~ **of decision-making** Entscheidungszentrale *f;* ~ **of power** Schaltstelle *f* der Macht
❷ MATH geometrischer Ort
❸ BIOL Genort *m*

locust ['ləʊkəst, AM 'loʊ-] *n* ZOOL Heuschrecke *f;* **plague of ~s** Heuschreckenplage *f;* **swarm of ~s** Heuschreckenschwarm *m*

locust bean *n* Schote *f* (*insbesondere des Johannisbrotbaumes*) **locust tree** *n* BIOL (*carob tree*) Johannisbrotbaum *m;* (*acacia*) Robinie *f* **locust years** *npl* BRIT Jahre *ntpl* der Armut, Hungerjahre *ntpl;* (*difficult times*) harte Jahre

locution [lə(ʊ)'kjuːʃᵊn, AM loʊ'-] *n* ❶ *no pl* (*style of speech*) Ausdrucksweise *f,* Lokution *f fachspr;* **impeccable** ~ tadellose Ausdrucksweise
❷ (*expression*) Redensart *f,* Ausdruck *m*

lode [ləʊd, AM loʊd] *n* MIN Ader *f;* **a ~ of silver** eine Silberader

lodestar *n usu sing* ❶ (*star*) Leitstern *m;* (*Pole Star*) Polarstern *m* ❷ (*guiding principle*) Leitbild *nt,* Leitstern *m* **lodestone** *n* ❶ *no pl* (*magnetite*) Magnetit *m,* Magneteisenstein *m* ❷ (*fig poet: attractor*) [Publikums]magnet *m*

lodge [lɒdʒ, AM lɑːdʒ] **I.** *n* ❶ (*house*) Hütte *f;* **gardener's** ~ Gartenschuppen *m;* **gatekeeper's** ~ Pförtnerhaus *nt*
❷ (*in a resort*) Lodge *f;* **ski** ~ Skihütte *f*
❸ (*small house*) **hunting** [*or* **shooting**] ~ Jagdhütte *f;* **fishing** ~ Fischerhütte *f*
❹ BRIT (*porter's quarters*) Pförtnerloge *f,* Pförtnerhaus *nt*
❺ (*meeting place*) Loge *f; see also* **Masonic**
❻ ZOOL (*beaver's lair*) [Biber]bau *m*
❼ AM (*Indian dwelling*) Wigwam *m,* Indianerzelt *nt*
II. *vt* ❶ (*present formally*) **to ~ an appeal/objection** LAW Berufung/Widerspruch einlegen; **to ~ a complaint** Beschwerde einlegen; **to ~ a protest** Protest erheben
❷ *esp* BRIT, AUS (*form: store*) ■**to ~ sth with sb/sth** etw bei jdm/etw hinterlegen; **to ~ money with a bank** Geld bei einer Bank deponieren; **to ~ valuables with sb/sth** Wertgegenstände bei jdm/etw hinterlegen
❸ (*make fixed*) ■**to ~ sth** etw hineinstoßen
❹ (*give sleeping quarters to*) ■**to ~ sb** jdn [bei sich *dat*] unterbringen
III. *vi* ❶ (*become fixed*) stecken bleiben; ***a fish bone had ~d in her throat*** ihr war eine Gräte im Hals stecken geblieben
❷ (*form: reside*) logieren *geh,* [zur Miete] wohnen; ■**to ~ with sb** bei jdm [zur Untermiete] wohnen

lodger ['lɒdʒəʳ, AM 'lɑːdʒɚ] *n* Untermieter(in) *m(f);* **gentleman** ~ AM (*dated*) möblierter Herr *veraltet;* **to take in ~s** Zimmer [unter]vermieten

lodging ['lɒdʒɪŋ, AM 'lɑːdʒ-] *n* ❶ *no pl* (*form: accommodation*) Unterkunft *f;* **board and** ~ Kost und Logis *f,* Unterkunft und Verpflegung *f;* **to find a night's** ~ ein Nachtquartier finden
❷ *esp* BRIT (*dated fam: rented room*) ■**~s** *pl* möbliertes Zimmer; **to take ~s** sich *dat* ein möbliertes Zimmer nehmen

lodging house *n* Pension *f*

loess ['ləʊes, AM 'loʊ-] *n no pl* GEOL Löss *m*

lo-fi *adj existance, lifestyle, music* einfach, schlicht, ohne viel Technik *nach n*

loft [lɒft, AM lɑːft] **I.** *n* ❶ (*attic*) [Dach]boden *m,* Speicher *m,* Estrich *m* SCHWEIZ; (*for living*) Dachwohnung *f,* Loft *m;* **hay** ~ Heuboden *m*
❷ (*gallery in church*) **organ/choir** ~ Empore *f* (*für die Orgel/den* [*Kirchen*]*chor*)
❸ (*apartment*) **converted** ~ [zum Wohnraum] ausgebautes Dachgeschoss; **warehouse** ~ obere Etage eines Lagerhauses
❹ (*pigeon house*) Taubenschlag *m*
II. *vt* **to ~ a ball** einen Ball hochschlagen; **to ~ a ball over sb** einen Ball über jdn hinwegschlagen

loftily ['lɒftɪli, AM 'lɑːft-] *adv* stolz, hochmütig; ***she ~ dismissed all my suggestions*** voller Überheblichkeit schlug sie all meine Vorschläge in den Wind

loftiness ['lɒftɪnəs, AM 'lɑːft-] *n no pl* ❶ (*tallness*) Höhe *f*
❷ (*nobility*) Erhabenheit *f;* **the ~ of sb's ideals** jds hehre Ideale *geh*
❸ (*pej: haughtiness*) Hochmut *m,* Hochmütigkeit *f*

lofty ['lɒfti, AM 'lɑːfti] *adj* (*form*) ❶ (*liter: soaring*) hoch [aufragend], hochragend; ~ **heights** schwindelnde Höhen; **a man of ~ stature** ein Mann von hohem Wuchs; ~ **peaks** hoch aufragende Gipfel
❷ (*noble*) erhaben; ~ **aims** hoch gesteckte Ziele; ~ **ambitions** hochfliegende Ambitionen; ~ **ideals** hohe [*o* hehre] Ideale *a. iron*
❸ (*pej: haughty*) hochmütig, überheblich; **to take a ~ tone with sb** jdm gegenüber einen überheblichen Ton anschlagen

log¹ [lɒg, AM lɑːg] **I.** *n* (*fam*) *short for* **logarithm** Logarithmus *m*
II. *n modifier* ~ **tables** Logarithmentafel *f*

log² [lɒg, AM lɑːg] **I.** *n* ❶ (*branch*) [gefällter] Baumstamm; (*tree trunk*) [Holz]klotz *m,* [Holz]block *m;* (*for firewood*) [Holz]scheit *nt;* **open ~ fire** offenes Holzfeuer
❷ NAUT Log *nt*
❸ (*record*) NAUT Logbuch *nt;* AVIAT Bordbuch *nt;* COMPUT Protokoll *nt;* **to enter sth on** [*or* **in**] **the** ~ etw ins Logbuch eintragen
❹ (*systematic record*) Aufzeichnungen *fpl;* **attendance** ~ Anwesenheitsliste *f;* **police** ~ Polizeibericht *m;* **to keep a detailed** ~ genau Buch führen
► PHRASES: **to sleep like a ~** (*fam*) wie ein Murmeltier schlafen *fam*
II. *vt* <-gg-> ❶ (*enter into record*) ■**to ~ sth** etw aufzeichnen; COMPUT etw protokollieren; **to ~ phone calls** [Telefon]anrufe registrieren; **to ~ complaints** [den Eingang von] Beschwerden registrieren; **to ~ a decline in income** einen Einkommensrückgang verzeichnen; **to ~ an incident** ein Ereignis protokollieren [*o* festhalten]
❷ (*achieve*) **to ~ [up] a distance** eine Strecke zurücklegen; **to ~ [up] a speed** eine Geschwindigkeit erreichen
❸ (*attain*) **to ~ an amount of time** eine [bestimmte] Zeit hinter sich *dat* haben [*o* absolvieren]
❹ AGR **to ~ a forest** einen Wald abholzen; **to ~ trees** Bäume fällen
III. *vi* <-gg-> Bäume fällen
◆**log in** *vi* COMPUT sich *akk* einloggen [*o* anmelden]
◆**log off** *vi* COMPUT sich *akk* ausloggen [*o* abmelden]
◆**log on** *vi* COMPUT **to ~ on [to sth]** sich *akk* [in etw *akk*] einloggen, sich *akk* [bei etw *dat*] anmelden
◆**log out** *vi* COMPUT sich *akk* ausloggen [*o* abmelden]

loganberry ['ləʊgᵊnbᵊri, AM 'loʊgᵊn,beri] *n* FOOD ❶ (*fruit*) Loganbeere *f*
❷ (*plant*) Loganbeerstrauch *m*

logarithm ['lɒgᵊrɪðᵊm, AM 'lɑːgɚ-] **I.** *n* Logarithmus *m*
II. *n modifier* ~ **table** Logarithmentafel *f*

logarithmic [,lɒgᵊr'ɪðmɪk, AM ,lɑːgə'rɪθ-] *adj inv* logarithmisch

logarithmically [,lɒgᵊr'ɪðmɪkᵊli, AM ,lɑːgə'rɪθ-] *adv inv* logarithmisch

log book *n* ❶ NAUT Logbuch *nt;* AVIAT Bordbuch *nt*
❷ BRIT AUTO Kraftfahrzeugbrief *m,* Kfz-Brief *m* **log cabin** *n* Blockhütte *f,* Blockhaus *nt*

loge [ləʊʒ, AM loʊʒ] *n* THEAT Loge *f*

logger ['lɒgəʳ, AM 'lɑːgɚ] *n* Holzfäller(in) *m(f)*

loggerheads ['lɒgəhedz, AM 'lɑːgɚ-] *npl* ■**to be at ~ [with sb]** [mit jdm] im Streit liegen [*o* auf Kriegsfuß stehen] *fam*

loggia ['ləʊdʒə, AM 'lɑːdʒə] *n* ARCHIT Loggia *f*

logging ['lɒgɪŋ, AM 'lɑːg-] **I.** *n no pl Holzfällen und Abtransport des Holzes zur Sägemühle*
II. *n modifier* Abholzungs-; ~ **company** Holz verarbeitendes Unternehmen; ~ **operation** Abholzung *f*

logic ['lɒdʒɪk, AM 'lɑːdʒ-] *n no pl* ❶ (*chain of reasoning*) Logik *f;* ***he cannot refuse to acknowledge the force of ~*** er kann sich der zwingenden Logik nicht widersetzen; ***that's just ~*** das ist einfach logisch; **deductive** ~ logische Schlussfolgerung; **flawed** ~ unlogischer Gedankengang; **internal** ~ innere Logik; **to defy** ~ gegen jede Logik verstoßen; **to follow sb's** ~ jds Logik [*o* Gedankengang] folgen
❷ (*formal thinking*) Logik *f;* **formal** ~ die formale Logik
❸ (*justification*) Vernunft *f;* ***there's no ~ in the decision*** die Entscheidung ist wider alle Vernunft
❹ COMPUT Logik *f*
❺ ELEC Logikschaltung *f*

logical ['lɒdʒɪkᵊl, AM 'lɑːdʒ-] *adj* ❶ *inv* (*according to laws of logic*) logisch; ~ **impossibility** *etwas, das nach dem Gesetz der Logik unmöglich ist*
❷ (*correctly reasoned*) vernünftig; ~ **argument** vernünftiges Argument
❸ (*to be expected*) ***it was the ~ thing to do*** es war das Vernünftigste, was man tun konnte; **a ~ conclusion** ein logischer Schluss; **a ~ progression** eine logische Progression; **a ~ reaction** eine Reaktion, die zu erwarten war
❹ (*capable of clear thinking*) ***I was incapable of ~ thought*** ich konnte keinen klaren Gedanken fassen; **to have a ~ mind** logisch denken können; **a ~ thinker** ein logisch denkender Mensch

logically ['lɒdʒɪkli, AM 'lɑːdʒ-] *adv* ❶ (*in a logical manner*) logisch; **to argue** ~ logisch argumentieren
❷ *inv* (*according to logical premises*) nach logischen Prinzipien

logic circuit *n* AM, AUS, **logic device** *n* BRIT ELEC Logikschaltkreis *m,* logischer Schaltkreis

logician [lɒdʒ'ɪʃᵊn, AM loʊ'dʒɪ-] *n* (*person studying logic*) Logiker(in) *m(f);* (*person skilled in logic*) logisch denkender Mensch

logistic(al) [lə'dʒɪstɪk(ᵊl), AM *also* loʊ'-] *adj inv* logistisch; ~ **support** logistische Unterstützung

logistically [lə'dʒɪstɪkli, AM *also* loʊ'-] *adv inv* logistisch [gesehen]

logistics [lə'dʒɪstɪks, AM *also* loʊ'-] *npl + sing/pl vb* Logistik *f*

logjam *n* ❶ (*mass of logs*) Anstauung *f* von Floßholz
❷ (*deadlock*) Stillstand *m,* toter Punkt; **to break a** ~ wieder aus einer Sackgasse herauskommen

logo ['ləʊgəʊ, AM 'loʊgoʊ] *n* Firmenzeichen *nt,* Logo *m o nt*

logorrhetic [,lɒgə(ʊ)'retɪk, AM ,lɑːgoʊ'-] *adj* (*logorrhoeic*) mit Worten um sich *akk* werfend *attr*

logrolling *n no pl* AM ❶ POL (*fam*) Schiebung *f,* Kuhhandel *m fam*
❷ (*sport*) *sportlicher Wettkampf mit dem Ziel, sich gegenseitig von im Wasser treibenden Baumstämmen zu stoßen*
❸ LAW das Anhängen einer wenig aussichtsreichen Gesetzesvorlage an eine aussichtsreiche Gesamtvorlage

logy ['loːgi] *adj pred* AM (*fam*) fix und fertig *fam*

loin [lɔɪn] **I.** *n* ❶ *usu pl* ANAT Lende *f*
❷ (*liter, poet: sexual organs*) ■**~s** *pl* Lenden *fpl liter*
❸ FOOD Lende *f,* Lendenstück *nt*
► PHRASES: **the fruit of one's ~s** (*poet or hum*) die Frucht seiner Lenden *poet o hum*
II. *n modifier* Lenden-; ~ **chops** Lendchen *ntpl;* ~ **steak** Lendensteak *nt*

loincloth *n* Lendenschurz *m*

loiter ['lɔɪtəʳ, AM -t̬ɚ] *vi* ❶ (*hang about idly*) **to ~ about** herumhängen *sl;* (*pej*) herumlungern *fam,* sich *akk* herumtreiben *fam;* **to ~ with intent** BRIT LAW (*dated*) sich *akk* mit Belästigungsabsicht [auffällig lange] aufhalten
❷ (*travel lazily*) [herum]trödeln, bummeln

loiterer ['lɔɪtᵊrəʳ, AM -t̬ɚɚ] *n* Herumtreiber(in) *m(f) fam*

loitering ['lɔɪtᵊrɪŋ, AM -t̬ɚ-] *n no pl* Herumstehen *nt,* Herumlungern *nt fam;* ***the sign read 'No L~!'*** auf dem Schild stand ‚Unerlaubter Aufenthalt verboten!'; ~ **with intent** LAW Herumlungern *nt* mit kriminellen Absichten

Lolita [lɒl'iːtə, AM loʊ'liːt̬ə] **I.** *n* (*young girl*) Kindfrau *f,* Lolita *f*

II. *n modifier* Lolita-; **a ~ figure** eine typische Lolita[figur]

loll [lɒl, AM lɑːl] I. *vi* (*be lazy*) lümmeln; (*sit lazily*) faul dasitzen; (*lie lazily*) faul daliegen; (*stand lazily*) faul herumstehen; ■**to ~ about** [*or* [a]round] herumlümmeln, herumhängen
II. *vt* **to ~ out one's tongue** die Zunge herausstrecken

lollapalooza [ˌlɒːləpəˈluːzə] *n* AM (*fam*) Hammer *m fig sl,* Knaller *m sl*

lollipop [ˈlɒlipɒp, AM ˈlɑːlipɑːp] *n* FOOD Lutscher *m,* Lolli *m fam,* ÖSTERR *a.* Schlecker *m,* Schleckstängel *m* SCHWEIZ

lollipop lady *n* BRIT, AUS (*fam*) ≈ Schülerlotsin *f* **lollipop man** *n* BRIT, AUS (*fam*) ≈ Schülerlotse *m* **lollipop woman** *n* BRIT, AUS (*fam*) ≈ Schülerlotsin *f*

lollop [ˈlɒləp, AM ˈlɑːl-] *vi* (*fam*) trotten, zotteln; *rabbit* hoppeln

lolly [ˈlɒli] *n* ❶ BRIT, AUS FOOD (*lollipop*) Lolli *m fam,* Lutscher *m;* **ice ~** Eis *nt* am Stiel
❷ AUS, NZ (*boiled sweet*) Süßigkeit *f,* süße Nachspeise
❸ *no pl* BRIT (*dated sl: money*) Piepen *pl sl,* Mäuse *pl sl*

Lombard [ˈlɒmbɑːd, AM ˈlɑːmbɑːrd] I. *n* Lombarde, -in *m, f*
II. *adj inv* lombardisch

Lombard rate [ˈlʌmbəd-, AM -bɚd-] *n* FIN Lombardsatz *m*

London [ˈlʌndən] *n no pl* London *nt*

Londoner [ˈlʌndənəʳ, AM -ɚ] *n* Londoner(in) *m(f)*

lone [ləʊn, AM loʊn] *adj attr, inv* ❶ (*solitary*) einsam; **~ outsider** Einzelgänger(in) *m(f);* (*isolated*) Außenseiter(in) *m(f);* **to be a ~ voice** mit seiner Meinung allein dastehen
❷ (*uninhabited*) **a ~ place** ein unbewohnter Ort
❸ (*unmarried*) allein stehend; **~ father/parent** allein erziehender Vater/Elternteil; **~ mother** allein erziehende Mutter
▸ PHRASES: **to play a ~ hand** einen Alleingang unternehmen; ***he prefers to play a ~ hand*** er regelt die Sache lieber im Alleingang

loneliness [ˈləʊnlɪnəs, AM ˈloʊn-] *n no pl* Einsamkeit *f*

lonely <-ier, -iest *or* more ~, most ~> [ˈləʊnli, AM ˈloʊn-] *adj* ❶ (*unhappy*) einsam; **to feel ~** sich *akk* einsam [*o* allein] fühlen *fam*
❷ (*solitary*) einsam
❸ (*unfrequented*) abgeschieden, abgelegen; **a ~ street** stille [*o* einsame] Straße; **~ valley** abgeschiedenes [*o* einsames] Tal

lonely heart I. *n* einsamer Mensch
II. *n modifier* **~s club** Klub *m* der einsamen Herzen; **~s column** Spalte *f* für Kontaktanzeigen

loner [ˈləʊnəʳ, AM ˈloʊnɚ] *n* (*usu pej*) Einzelgänger(in) *m(f)*

lonesome [ˈləʊnsəm, AM ˈloʊn-] *adj* ❶ *esp* AM (*unhappy*) einsam; **to feel ~** sich *akk* einsam [*o* allein] fühlen
❷ (*unfrequented*) verlassen, abgelegen
❸ (*causing lonely feeling*) einsam
▸ PHRASES: **by** [*or* **on**] **one's ~** *esp* AM (*fam*) ganz allein; ***I was just sitting here all by my ~*** ich saß hier einsam und allein

lonesomeness [ˈləʊnsəmnəs, AM ˈloʊn-] *n no pl* Einsamkeit *f*

Lone Star State *n no pl* AM ■**the ~** Texas *nt*

lone wolf *n* (*fig*) einsamer Wolf, Einzelgänger *m*

long¹ [lɒŋ, AM lɑːŋ] I. *adj* ❶ (*in space*) lang; (*covering great distance*) weit; (*elongated*) lang, länglich; (*fam: tall*) groß, lang *fam;* ***the rods are 20 cm ~*** die Stäbe sind 20 cm lang; ***we're still a ~ way from the station*** wir sind noch weit vom Bahnhof entfernt; **as ~ as one's arm** (*fig*) ellenlang; ***there was a list of complaints as ~ as your arm*** es gab eine ellenlange Liste von Beschwerden; **~ journey** weite Reise; **to have come a ~ way** einen weiten Weg zurückgelegt haben, von weit her gekommen sein; **to go a ~ way** (*fig*) es weit [*o* zu etwas] bringen; **to go a ~ way toward[s] sth** (*fig*) eine große Hilfe bei etw *dat* sein; **to have a ~ way to go** (*fig*) [noch] einen weiten Weg vor sich *dat* haben
❷ (*in time*) lang; (*tedious*) lang, langwierig *pej;* ***we go back a ~ way*** wir kennen uns schon seit ewigen Zeiten; ***each session is an hour ~*** jede Sitzung dauert eine Stunde; **to draw a ~ breath** tief Luft holen; **~ career** [jahre]lange Karriere; **a ~ day** ein langer [und anstrengender] Tag; **~ friendship** langjährige Freundschaft; **a ~ memory** ein gutes Gedächtnis; **to have a ~ memory for sth** etw nicht so schnell vergessen; **~ service** jahrelanger Dienst; **a ~ time** eine lange Zeit; ***it was a ~ time before I received a reply*** es dauerte lange, bis ich [eine] Antwort bekam; **to be a ~ while since …** [schon] eine Weile her sein, seit …; **to work ~ hours** einen langen Arbeitstag haben
❸ (*in extent*) lang; ***the report is 20 pages ~*** der Bericht ist 20 Seiten lang; **a ~ book** ein dickes Buch; **a ~ list** eine lange Liste
❹ *pred* (*fam*) ■**to be ~ on sth** etw reichlich haben; **to be ~ on charm** jede Menge Charme besitzen; **to be ~ on wit** sehr geistreich sein
❺ LING **a ~ vowel** ein langer Vokal
❻ (*having low probability*) **~ chance** geringe Chance; **~ odds** geringe [Gewinn]chancen
❼ FIN **a ~ security/shares** eine Versicherung/Aktien *fpl* mit langer Laufzeit; **to be ~ of a stock** STOCKEX eine Longposition einnehmen
▸ PHRASES: **the ~ arm of the law** der lange Arm des Gesetzes; [**not**] **by a ~ chalk** bei weitem [nicht]; **in the ~ run** langfristig gesehen, auf lange Sicht [gesehen]; **~ time, no see** (*prov fam*) lange nicht gesehen *fam;* **to be ~ in the tooth** nicht mehr der Jüngste sein; **to be ~ in the tooth to do sth** zu alt sein, [um] etw zu tun; **to take the ~ view** [**of sth**] [etw] auf lange Sicht betrachten
II. *n* ❶ (*long period*) eine lange Zeit; ***have you been waiting for ~?*** wartest du schon lange?; **to take ~** [**to do sth**] lange brauchen[, um etw zu tun]; ***it won't take ~*** es wird nicht lange dauern; ***take as ~ as you like*** lass dir Zeit
❷ (*in morse code*) lang; ***one short and three ~s*** einmal kurz und dreimal lang
▸ PHRASES: **the ~ and the short of sth** kurz gesagt; **before** [**very** [*or* **too**]] **~** schon [sehr] bald
III. *adv* ❶ (*for a long time*) lang[e]; ***have you been waiting ~?*** wartest du schon lange?; ***how ~ have you lived here?*** wie lange haben Sie hier gewohnt?; ***the authorities have ~ known that …*** (*form*) den Behörden war seit langem bekannt, dass …; **~ *live the king!*** lang lebe der König!; **to be ~** lange brauchen; ***I won't be ~*** (*before finishing*) ich bin gleich fertig; (*before appearing*) ich bin gleich da; ***don't be ~*** beeil dich!
❷ (*at a distant time*) lange; **~ ago** vor langer Zeit; **~ after/before …** lange nachdem/bevor …
❸ (*after implied point of time*) lange; ***I can't wait any ~er to open my presents!*** ich kann es gar nicht [mehr] erwarten, endlich meine Geschenke auszupacken!
❹ (*throughout*) **all day/night/summer ~** den ganzen Tag/die ganze Nacht/den ganzen Sommer [lang]
▸ PHRASES: **to be not ~ for this world** (*dated*) nicht mehr lange zu leben haben, mit einem Fuß/Bein im Grabe sein *fam;* **as** [*or* **so**] **~ as …** so lange …; (*provided that*) sofern …, vorausgesetzt, dass …; **so ~** (*dated*) tschüs, bis dann

long² [lɒŋ, AM lɑːŋ] *vi* sich *akk* sehnen; ■**to ~ for sth** sich *akk* nach etw *dat* sehnen; ■**to ~ to do sth** sich *akk* danach sehnen, etw zu tun

long³ *n* GEOG *abbrev of* **longitude** Länge *f*

long-arm statute *n* LAW *Gesetz, das über die Machtbefugnisse eines Staates hinausgreift*

longboard *n* AM langes Surfbrett **longboat** *n* NAUT Großboot *nt,* großes Beiboot (*eines Segelschiffes*) **longbow** [ˈlɒŋbəʊ, AM ˈlɑːŋboʊ] *n* Langbogen *m* **long-case clock** [ˌlɒŋkeɪsˈklɒk, AM ˌlɑːŋkeɪsˈklɑːk] *n* Standuhr *f* **long-distance** I. *adj attr, inv* ❶ (*between distant places*) Fern-, Weit-; **~ bus** [Fern]reisebus *m,* Überlandbus *m;* **~** [**phone**] **call** Ferngespräch *nt;* **~ flight** Langstreckenflug *m;* **~ lorry** Fernlastwagen *m;* **~ lorry driver** Fernfahrer(in) *m(f);* **~ negotiations** Verhandlungen *fpl* über große Distanzen hinweg; **~ relationship** *Beziehung zwischen zwei weit voneinander entfernt wohnenden Partnern;* **~ traffic** Fernverkehr *m;* **~ train** Fernreisezug *m* ❷ SPORTS Langstrecken-; **~ race** Langstreckenlauf *m;* **~ runner** Langstreckenläufer(in) *m(f)* II. *adv inv* **to phone ~** ein Ferngespräch führen; **to travel ~** eine Fernreise machen

long-distance education *n no pl* Fernstudium *nt;* (*in compulsory education*) Fernerziehung *f* (*in sehr dünn besiedelten Gebieten*) **long division** *n no pl* schriftliche Division (*wobei alle Zwischenergebnisse notiert werden*) **long-drawn** *adj,* **long-drawn-out** *adj attr* in die Länge gezogen, langwierig; **~ speech** langatmige Rede; **~ negotations** langwierige Verhandlungen **long dress** *n* langes Kleid

long drink *n* Longdrink *m*

longed-for *adj attr* lang ersehnt

long-established *adj* ■**to be ~** [schon] seit langem bestehen; ***we have a ~ policy …*** es ist bei uns seit langem die Regel …

longevity [lɒnˈdʒevəti, AM lɑːnˈdʒevət̬i] *n no pl* Langlebigkeit *f*

long face *n* **to make** [*or* **pull**] [*or* **put on**] **a ~** (*fig*) ein langes Gesicht machen *fam* **longhair** *n* ❶ (*hippie*) Langhaarige(r) *f(m)* (*als Ausdruck der Weltanschauung*) ❷ ZOOL Langhaarkatze *f* **long-haired** <longer-, longest-> *adj* langhaarig; *animals* Langhaar- **longhand** *n no pl* Langschrift *f,* Schreibschrift *f;* **to write sth in ~** etw mit der Hand schreiben **long haul** I. *n* ❶ (*long distance*) Langstreckentransport *m* ❷ (*prolonged effort*) Anstrengung *f* über eine lange Zeit hinweg; ***this matter is probably going to be a ~*** diese Angelegenheit wird wahrscheinlich unermüdliche Anstrengungen erfordern ❸ *esp* AM (*long time*) **to be in sth for the ~** sich *akk* langfristig für etw *akk* engagieren; **over the ~** auf lange Sicht II. *n modifier* **~ flight** Langstreckenflug *m* **longhorn** <*pl* – *or* -s> [ˈlɒŋhɔːn, AM ˈlɑːŋhɔːrn] *n* ❶ (*breed of cattle*) Longhorn *nt* ❷ (*beetle*) Holzbock *m*

longing [ˈlɒŋɪŋ, AM ˈlɑːŋ-] I. *n* Sehnsucht *f,* Verlangen *nt* (**for** nach +*dat*)
II. *adj attr* (*showing desire*) sehnsüchtig, sehnsuchtsvoll, voller Verlangen; **a ~ heart** ein Herz *nt* voller Sehnsucht

longingly [ˈlɒŋɪŋli, AM ˈlɑːŋ-] *adv* sehnsüchtig, voll[er] Sehnsucht [*o* Verlangen]

longish [ˈlɒŋɪʃ, AM ˈlɑːŋ-] *adj inv* (*fam*) ziemlich lang

longitude [ˈlɒndʒɪtjuːd, AM ˈlɑːndʒətuːd, -tjuːd] *n* GEOG Länge *f;* **~ *20 degrees east, latitude 30 degrees north*** 20 Grad östlicher Länge, 30 Grad nördlicher Breite; **lines of ~** Längengrade *mpl*

longitudinal [ˌlɒndʒɪˈtjuːdɪnəl, AM ˌlɑːndʒəˈtuːd-, -tjuːd] *adj inv* ❶ (*lengthwise*) Längs-; **~ extent** längenmäßige Ausdehnung; **~ muscles** Längsmuskulatur *f;* **to take ~ readings** die Längengrade ablesen; **~ stripes** Längsstreifen *mpl*
❷ GEOG Längen-, Longitudinal-; **~ position** Längenposition *f*

longitudinally [ˌlɒndʒɪˈtjudɪnəli, AM ˈlɑːndʒɪˈtuː] *adv inv* ❶ (*lengthwise*) der Länge nach, längs ❷ (*for quite a time*) längerfristig, über längere Zeit

long johns *npl* (*fam*) lange Unterhose **long jump** *n* SPORTS ❶ (*sports discipline*) ■**the ~** *no pl* der Weitsprung ❷ (*action*) ■**~s** *pl* Weitsprünge *mpl*

long-lasting *adj* [lang] anhaltend *attr,* von langer Dauer; ***I think their happiness will be ~*** ich denke, ihr Glück wird von [langer] Dauer sein; **~ beauty** unvergängliche Schönheit; **~ popularity** anhaltende Popularität **long-life** *adj inv* ❶ (*specially treated*) haltbar; **~ milk** H-Milch *f,* haltbare Milch ❷ (*specially made*) langlebig, mit langer Lebensdauer; **~ light bulbs** Glühbirnen *fpl* mit langer Brenndauer **long-lived** <longer-, longest-> *adj* langlebig; **a ~ family** *Familie, deren Mitglieder in der Regel ein hohes Alter erreichen;* **a ~ feud** eine [seit langem] bestehende Fehde **long-lost** *adj* *attr, inv* lang verloren geglaubt *attr; person* lang vermisst geglaubt **long-playing** *adj attr, inv* Langspiel-; ~ **record** Langspielplatte *f* **long position** *n* STOCKEX Hausseposition *f* **long-range** *adj* ❶ (*in distance*) Langstrecken-; ~ **bomber** Langstreckenbomber *m;* ~ **missile** Langstreckenrakete *f* ❷ (*long-term*) langfristig; ~ **policy** Langzeitpolitik *f;* ~ **forecast** langfristige Wettervorhersage **long-running** <longer-, longest-> *adj* lang anhaltend [*o* andauernd] *attr;* **a** ~ **feud** eine endlose Fehde *liter;* ~ **film** Dauerbrenner *m*

longs *npl* FIN (*government stocks*) Langläufer *mpl*

longship ['lɒŋʃɪp, AM 'lɑ:ŋ-] *n* HIST Langschiff *nt*

longshoreman *n* AM NAUT Hafenarbeiter *m,* Docker *m* **long shot** *n* ■**to be a** ~ ziemlich aussichtslos sein; ***she always bets on ~s*** sie setzt immer auf Außenseiter; **[not] by a** ~ (*fam*) bei weitem [*o* längst] [nicht]; ***his second film wasn't as good as his first, not by a*** ~ sein zweiter Film war längst nicht so gut wie sein erster **long-sighted** *adj* ❶ (*having long sight*) weitsichtig ❷ *esp* AM (*fig: having foresight*) vorausschauend, weitblickend; ■**to be** ~ Weitsicht besitzen **long-standing** *adj* seit langem bestehend; ~ **argument** seit langem anhaltende Diskussion; ~ **friendship/relationship** langjährige Freundschaft/Beziehung; ~ **quarrel** ein lang währender Streit **long-stemmed** *adj* ~ **rose** langstielige Rose **long-suffering** *adj* langmütig, duldsam *veraltend* **long suit** *n* ❶ CARDS lange Reihe ❷ (*skill*) [besondere] Stärke **long-term** *adj attr* langfristig; ~ **care** Langzeitbehandlung *f;* ~ **draft** Wechsel *m* mit langer Laufzeit; ~ **effects/plans** langfristige Auswirkungen/Pläne; ~ **loan** langfristiges Darlehen; ~ **memory** Langzeitgedächtnis *nt;* ~ **strategy** Langzeitstrategie *f;* **the** ~ **unemployed** die Langzeitarbeitslosen *pl* **long-term-care** *n modifier* (*unit, hospital, policy*) Langzeitpflege- **long-time** *adj attr* Langzeit-; **a** ~ **companion** ein alter [*o* langjähriger] Freund **long ton** *n* [englische] Tonne (*1016,05 kg*)

longueurs [lɔ̃:(ŋ)'gɜ:z, AM -'gɜ:rz] *npl* (*liter*) ❶ (*tedious passage*) langweilige Stellen [*o* Passagen], Längen *fpl*
❷ (*tedious time*) uninteressante Phase

long vac *n* BRIT, AUS (*fam*), **long vacation** *n* BRIT, AUS UNIV lange [Semester]ferien, Sommerferien *pl;* LAW Sommerpause *f* **long wave** I. *n* RADIO Langwelle *f* II. *n modifier* Langwellen-; ~ **radio** Langwellenradio *nt;* ~ **transmitter** Langwellensender *m* **longways** *adv inv* der Länge nach, längs **long weekend** *n* langes [*o* verlängertes] Wochenende **long-winded** *adj* langatmig, weitschweifig **longwise** *adv* AM, AUS der Länge nach, längs

loo [lu:] BRIT, AUS I. *n* (*fam*) Klo *nt fam;* **guest** ~ Gästeklo *nt fam;* **ladies'** ~**s** Damenklo *nt fam;* **to need** [*or* **have**] **to go to the** ~ aufs Klo [gehen] müssen *fam*
II. *n modifier* ~ **cleaner** Toilettenreiniger(in) *m(f);* ~ **paper** Klopapier *nt;* ~ **roll** Rolle *f* Klopapier *fam*

loofah ['lu:fə] *n* ❶ (*sponge*) Luffaschwamm *m*
❷ (*plant*) Luffa *f*

look [lʊk] I. *n* ❶ (*glance*) Blick *m;* **to get** [*or* **take**] **a closer** ~ **at sb/sth** jdn/etw etwas genauer unter die Lupe nehmen; **to get a good** ~ **at sb/sth** jdn/etw genau sehen [*o* erkennen] können; **an angry/a quick** ~ ein verärgerter/kurzer Blick; **to give sb a** ~ (*glance*) jdn ansehen; (*glimpse*) jdm einen Blick zuwerfen; ***she gave him a ~ of real dislike*** sie sah ihn voller Abneigung an
❷ (*facial expression*) [Gesichts]ausdruck *m;* **a funny** ~ ein komischer Gesichtsausdruck
❸ (*examination*) Betrachtung *f;* **to have a** ~ **at sth** sich *dat* etw ansehen; **to have a** ~ **for sb/sth** nach jdm/etw suchen; **to take a** [**good** [*or* **long**],] **hard** ~ **at sb/sth** jdn/etw [lang und] prüfend ansehen
❹ (*appearance*) Aussehen *nt;* ***I don't like the ~ of that fence*** der Anblick des Zauns stört mich; ***I don't like the ~ and feel of it*** [also], das gefällt mir ganz und gar nicht; **by the** ~[**s**] **of things** [*or* **it**] [so] wie es aussieht, [so] wie die Dinge liegen; **to have the** ~ **of sb/sth** wie jd/etw aussehen
❺ (*person's appearance*) ■~**s** *pl* Aussehen *nt kein pl;* ***he started to lose his ~s*** er verlor allmählich sein gutes Aussehen; **good** ~**s** gutes Aussehen; **to not like sb's** ~**s** nicht mögen, wie jd aussieht
❻ (*style*) Look *m*
► PHRASES: **if** ~**s could kill** wenn Blicke töten könnten
II. *interj* pass mal auf!; ~, ***I've already told you that ...*** hör mal, ich habe dir doch schon gesagt, dass ...; ~ ***here!*** sieh dir das an!
III. *vi* ❶ (*use one's sight*) sehen, blicken *geh,* schauen; ***can I help you, madam? — no, thank you, I'm just ~ing*** kann ich Ihnen behilflich sein? – nein, danke, ich seh mich nur um; ~ ***over there!*** sieh [*o fam* schau] mal dort!; ~ ***at all this rubbish!*** sieh dir nur den ganzen Müll an!; ***he's not much to ~ at*** er sieht nicht besonders gut aus; ■**to** ~ **away from sth** den Blick von etw abwenden, von etw *dat* wegschauen; ■**to** ~ **up at sb/sth** zu jdm/etw hinaufschauen; ■**to** ~ **up from sth** von etw *dat* aufsehen; **to** ~ **the other way** wegsehen, wegschauen *fam;* **to** ~ **through a window** aus einem Fenster sehen
❷ (*search*) suchen; *in encyclopedia* nachschlagen; **to keep** ~**ing** weitersuchen
❸ (*appear*) aussehen; ***that dress ~s nice on you*** das Kleid steht dir gut; ***you ~ nice in that dress*** du siehst gut aus in dem Kleid; ***it ~s very unlikely that ...*** es scheint sehr unwahrscheinlich, dass ...; **to** ~ **one's age** seinem Alter entsprechend aussehen, so alt aussehen, wie man tatsächlich ist; ***I think he ~s his age*** ich finde, man sieht ihm sein Alter an; **to** ~ **one's best** besonders schön aussehen; **to** ~ **bad/good/tired** schlecht/gut/müde aussehen; **to** ~ **bleak/rosy** *future* düster/rosig aussehen; **to** ~ **like sb/sth** (*resemble*) jdm/etw ähnlich sehen [*o* ähneln]; ■**to** ~ [**like** [*or* **to be**]] **sb/sth** wie jd/etw aussehen; ***he ~ed like a friendly sort of person*** er schien ein netter Mensch zu sein; ***it ~s like rain*** es sieht nach Regen aus; ***it ~s like September for the wedding*** wie es aussieht, wird die Hochzeit im September stattfinden; **to** ~ **as if** [*or* **though**] **...** so aussehen, als [ob] ...
❹ (*pay attention to*) **oh,** ~**!** schau [*o* sieh] [doch] mal!; **to** ~ **how/what/where ...** aufpassen, wie/was/wo ...; ~ ***where you're going!*** pass auf, wo du hintrittst!; ~ ***what you're doing!*** pass [doch] auf, was du machst!
❺ (*face a direction*) hinausgehen; ***the windows ~ onto the lake*** die Fenster gehen auf den See [hinaus]; **to** ~ **north/east** nach Norden/Osten [hinaus]gehen
► PHRASES: ~ **alive** [*or* **lively**] [*or* **sharp**]! BRIT (*fam*) mach schnell!, beeil dich!; **to make sb** ~ **small** jdn schlecht dastehen [*o* aussehen] lassen; ~ **before you leap** (*prov*) erst wägen, dann wagen *prov*
IV. *vt* **to** ~ **sb in the eye/face** jdm in die Augen/ins Gesicht sehen
► PHRASES: **to** ~ **daggers at sb** jdn mit Blicken durchbohren; **don't** ~ **a gift horse in the mouth** (*prov*) einem geschenkten Gaul schaut man nicht ins Maul *prov*

◆**look after** *vi* ❶ (*take care of*) ■**to** ~ **after sb/sth** sich *akk* um jdn/etw kümmern; ■**to** ~ **after oneself** für sich *akk* selbst sorgen, allein zurechtkommen; **to** ~ **after one's interests** seine [eigenen] Interessen wahrnehmen; **to** ~ **after number one** (*pej*) zuerst an sich *akk* [selbst] denken; **to** ~ **after one's own** für seine eigenen Leute sorgen
❷ (*keep eye on*) ■**to** ~ **after sth** sich *akk* um etw *akk* kümmern; ***will you be so kind and ~ after my luggage?*** wären Sie so freundlich, auf mein Gepäck aufzupassen?; **to** ~ **after sb's children** auf jds Kinder aufpassen

◆**look ahead** *vi* vorausschauen

◆**look around** *vi see* **look round**

◆**look at** *vi* ■**to** ~ **at sth** ❶ (*fig: regard*) etw betrachten [*o* sehen]; ***he ~s at things differently than you do*** er sieht die Dinge anders als du; **to** ~ **at sth from sb's point of view** etw aus jds Perspektive betrachten
❷ (*examine*) etw prüfen, sich *dat* etw ansehen; ***we'll have a mechanic ~ at the brakes*** wir lassen die Bremsen von einem Mechaniker nachsehen; ***you haven't ~ed at all the evidence*** du hast noch nicht das ganze Beweismaterial durchgesehen

◆**look back** *vi* ❶ (*turn to see*) sich *akk* umsehen, zurückblicken
❷ (*remember*) ■**to** ~ **back** [**on** [*or* **over**] [*or* **at**] **sth**] auf etw *akk* zurückblicken, an etw *akk* zurückdenken
❸ (*continue with success*) aufstreben; **to never** ~ **back** immer neue Erfolge verzeichnen [können]; ***she never ~ed back after that first exhibition*** nach jener ersten Ausstellung ging es für sie immer bergauf

◆**look down** *vi* ■**to** ~ **down** [**up**]**on sb/sth** auf jdn/etw herabsehen [*o* herunterschauen]; **to** ~ **down a list** eine Liste von oben bis unten durchgehen
► PHRASES: **to** ~ **down one's nose at sb/sth** auf jdn/etw herabsehen [*o* herabblicken] *fam*

◆**look for** *vi* ■**to** ~ **for sb/sth** ❶ (*seek*) nach jdm/etw suchen; **to** ~ **for a job** Arbeit suchen; **to** ~ **for trouble** (*consciously*) Streit suchen; (*not consciously*) sich *dat* Ärger einhandeln *fam*
❷ (*anticipate*) jdn/etw erwarten

◆**look forward** *vi* ■**to** ~ **forward to sth** sich *akk* auf etw *akk* freuen; ***I ~ forward to hearing from you*** ich hoffe, bald von Ihnen zu hören

◆**look in** *vi* vorbeischauen *fam,* vorbeikommen *fam;* ■**to** ~ **in on sb** bei jdm vorbeischauen; ***I may ~ in for a few minutes if I have time*** wenn ich Zeit habe, komme ich vielleicht für ein paar Minuten vorbei

◆**look into** *vi* ■**to** ~ **into sth** etw untersuchen *geh* [*o fam* unter die Lupe nehmen]; *claim, reasons* etw [nach]prüfen; **to** ~ **into a complaint** eine Beschwerde [über]prüfen

◆**look on** *vi* ❶ (*watch*) zusehen, zuschauen *fam*
❷ (*regard*) ■**to** ~ **on sb as sth** jdn als etw betrachten; ***I've always ~ed on her as a friend*** ich habe sie immer als [meine] Freundin betrachtet; **to** ~ **on sth with disquiet/favour** etw mit Unbehagen/Wohlwollen betrachten; **to** ~ **kindly on sth** etw *dat* wohlgesinnt sein, etw wohlwollend aufnehmen
► PHRASES: **to** ~ **on the bright side** [**of sth**] die positiven Seiten [einer S. *gen*] sehen

◆**look out** I. *vi* ❶ (*be careful*) aufpassen; ~ **out, for heaven's sake** pass um Himmels willen auf; ■**to** ~ **out for sb/sth** vor jdm/etw auf der Hut sein, sich *akk* vor jdm/etw in Acht nehmen; **to** ~ **out for oneself** [*or* **one's own interests**] seine eigenen Interessen wahrnehmen; ***he's always been good at ~ing out for himself*** er hat schon immer dafür gesorgt, dass er [nur ja] nicht zu kurz kommt; **to** ~ **out for number one** zuerst an sich *akk* [selbst] denken
❷ (*face a particular direction*) ■**to** ~ **out on** [*or* **over**] **sth** auf etw *akk* hinausgehen, einen Ausblick auf etw *akk* gewähren *geh*
II. *vt* BRIT ■**to** ~ **out** ↔ **sth** etw heraussuchen; ■**to** ~ **out** ↔ **sb** jdn aussuchen [*o fam* ausgucken]

◆**look over** *vt* ❶ (*inspect*) **to** ~ **over a property** ein Grundstück [*o* eine Immobilie] inspizieren
❷ (*examine briefly*) ■**to** ~ **over** ↔ **sth** *letter* etw überfliegen; ■**to** ~ **over** ↔ **sb** jdn mustern, sich *dat* jdn ansehen; **to** ~ **over a document** ein Dokument durchsehen

◆**look round** *vi* BRIT, AUS ❶ (*look in a direction*) sich *akk* umsehen [*o fam* umschauen]
❷ (*search*) ■**to** ~ **round for sb/sth** sich *akk* nach jdm/etw umsehen, nach jdm/etw suchen
❸ (*inspect*) ■**to** ~ **round sth** sich *dat* etw ansehen; **to** ~ **round a house** ein Haus besichtigen

◆**look through** *vi* ❶ (*peruse*) ■**to** ~ **through sth** etw durchsehen; ***would you quickly ~ through these figures for me?*** würden Sie eben mal diese Zahlen für mich durchgehen?; ***let me ~ through the timetable*** lassen Sie mich kurz mal einen Blick auf den Fahrplan werfen; **to** ~ **through an article** einen Artikel [kurz] überfliegen; **to** ~ **through a**

L

magazine eine Illustrierte durchblättern
② (*understand*) ■**to ~ through sth** etw durchschauen; **to ~ through a pretence/pretender** einen Vorwand/Heuchler durchschauen
③ (*ignore*) ■**to ~ [straight] through sb** durch jdn hindurchsehen, jdn ignorieren
◆**look to** *vi* ① (*consider*) ■**to ~ to sth** sich *akk* um etw *akk* kümmern, sich *akk* mit etw *dat* befassen; **to ~ to one's laurels** (*fig*) sich *akk* behaupten; **to ~ to one's motives** seine Motive [genau] prüfen
② (*rely on*) ■**to ~ to sb** auf jdn bauen [*o* setzen]; ***we're ~ing to Jim for guidance on this matter*** wir erhoffen uns von Jim Rat in dieser Angelegenheit; ***the school is ~ing to its new head to improve its image*** die Schule erhofft sich vom neuen Direktor eine Aufbesserung ihres Image
③ (*expect*) ■**to ~ to do sth** erwarten [*o* damit rechnen], etw zu tun
④ (*regard with anticipation*) **to ~ to the future** in die Zukunft blicken [*o* schauen]
◆**look towards** *vi* ■**to ~ towards sth** etw anstreben
◆**look up** I. *vi* besser werden; *figures, prices* steigen; ***I hope things will start to ~ up in the New Year*** ich hoffe, dass es im neuen Jahr wieder aufwärts geht
II. *vt* ① (*fam: contact*) ■**to ~ up ◌ sb** bei jdm vorbeischauen *fam;* ~ ***me up when you're in LA*** komm mal bei mir vorbei, wenn du in L.A. bist
② (*search for*) ■**to ~ up ◌ sth** *in a dictionary, encyclopedia* etw nachschlagen; **to ~ up a telephone number** eine Telefonnummer heraussuchen
◆**look upon** *vi see* **look on 2**
◆**look up to** *vi* ■**to ~ up to sb** zu jdm aufsehen, jdn bewundern
Look *n no pl* ■**the L~** der böse Blick
look ahead *n* COMPUT Vorgriff *m*
lookalike I. *n* Doppelgänger(in) *m(f)*
II. *n modifier* ~ **dresses** gleiche Kleider; ~ **shoes** gleiche Schuhe
looker ['lʊkəʳ, AM -ɚ] *n* (*fam*) **to be a ~** gut aussehen, attraktiv sein
looker-on <*pl* lookers-> *n* Zuschauer(in) *m(f)*
look-in ['lʊkɪn] *n no pl* BRIT, AUS (*fam*) Chance *f;* **to get a ~** eine Chance bekommen
-looking [lʊkɪŋ] *in compounds* aussehend, erscheinend
looking glass *n* Spiegel *m*
lookist ['lʊkɪst] *n* jd, der nur nach dem Äußeren geht
lookout ['lʊkaʊt] *n* ① (*observation post*) Beobachtungsposten *m,* Beobachtungsstand *m* ② (*person*) Wache *f,* Beobachtungsposten *m* ③ *esp* BRIT (*fam: outlook*) Aussichten *fpl;* ***it's a poor ~ for workers in these industries*** für die Arbeiter in diesen Industriezweigen sieht es schlecht aus ④ BRIT (*fam: problem*) **to be one's [own] ~** [doch] sein [eigenes] Problem sein; ***it's your own ~ if you aren't properly insured*** das ist dein Problem, wenn du nicht ausreichend versichert bist ⑤ (*be alert for*) **to keep a [*or* be on the] ~ [for sb/sth]** [nach jdm/etw] Ausschau [*o* die Augen offen] halten; (*keep searching for*) auf der Suche [nach jdm/etw] sein **look-over** *n* kurze Prüfung **look-see** ['lʊksi:] *n* (*fam*) **to have [*or* take] a ~** [kurz mal] nachsehen, nachschauen
loom¹ [lu:m] *n* Webstuhl *m*
loom² [lu:m] I. *vi* ① (*come into view*) [drohend] auftauchen [*o* ins Blickfeld rücken]
② (*be ominously near*) sich *akk* drohend abzeichnen, drohend näher rücken; *storm* heraufziehen, sich *akk* zusammenbrauen *a. fig; difficulties* sich *akk* auftürmen; **to ~ on the horizon** drohend am Horizont heraufziehen *a. fig;* **to ~ large** eine große Rolle spielen; ***how to pay the month's bills began to ~ very large in their mind*** sie mussten ständig daran denken, wie sie die monatlichen Rechnungen bezahlen sollten
II. *n* **the ~ of the land** das Auftauchen des Landes [am Horizont]
◆**loom ahead** *vi* sich *akk* drohend abzeichnen; *storm* heraufziehen; ***we could probably manage to pay off the mortgage if our daughter's medical expenses weren't ~ing ahead*** wir könnten die Hypothek wahrscheinlich abbezahlen, wenn uns die Behandlungskosten für unsere Tochter nicht noch bevorstehen würden
◆**loom up** *vi* [drohend] sichtbar werden; ***the rocky cliffs of the Cape ~ed up out of nowhere*** die felsigen Klippen des Kaps tauchten drohend aus dem Nichts auf; ***the massive walls of the fortress ~ed up against the sky*** die massiven Mauern der Festung ragten drohend gen Himmel *geh*
loon¹ [lu:n] *n* (*fam: silly person*) Irre(r) *f(m) fam,* Bekloppte(r) *f(m) fam*
loon² [lu:n] *n* ZOOL Seetaucher *m*
loonie ['lu:ni] *n* CAN (*fam*) *Ein-Dollar-Münze*
looniness ['lu:nɪnəs] *n no pl* Blödheit *f,* Idiotie *f*
loony¹ ['lu:ni] (*fam*) I. *n* ① (*mad person*) Irre(r) *f(m) fam,* Bekloppte(r) *f(m) fam*
② CAN *see* **loonie**
II. *adj* verrückt
loony² ['lu:ni] *n* CAN *see* **loonie**
loony bin *n* (*sl*) Klapsmühle *f fam*
loop [lu:p] I. *n* ① (*shape*) Schleife *f; of a string, wire* Schlinge *f; of a river* Schleife *f;* **belt ~s** Gürtelschlaufen *fpl*
② AVIAT Looping *m*
③ (*in skating*) Schleife *f*
④ (*contraceptive*) Spirale *f*
⑤ *of tape, film* Schleife *f*
⑥ ELEC Schleife *f,* Regelkreis *m*
⑦ COMPUT [Programm]schleife *f*
► PHRASES: **to knock [*or* throw] sb for a ~** (*fam*) jdn fertig machen *fam*
II. *vt* ① (*form into loop*) ■**to ~ sth** um etw *akk* eine Schlinge machen; ~ ***the rope over the bar*** schling das Seil um die Stange; ***he ~ed his arms around her body*** er schlang seine Arme um sie; **to ~ thread** [mit einem Faden] eine Schlinge machen
② AVIAT **to ~ an airplane** einen Looping machen [*o* drehen]; **to ~ the loop** einen Looping fliegen
III. *vi* ① (*form a loop*) eine Schleife machen; *road, stream* sich *akk* schlängeln; ***the road ~s round the farm buildings*** die Straße führt in einem Bogen um die landwirtschaftlichen Gebäude
② AVIAT einen Looping drehen
loophole ['lu:phəʊl, AM -hoʊl] I. *n* ① LAW Gesetzeslücke *f,* Schlupfloch *nt;* **to exploit a ~** eine Gesetzeslücke nutzen; **to find a ~ [in a law]** eine Lücke [in einem Gesetz] finden
② (*slit*) Schießscharte *f*
II. *vt* **to ~ a wall** eine Scharte in einer Wand anbringen
loopy ['lu:pi] *adj* ① (*fam: stupid*) irre *fam,* verrückt *fam;* **to act ~** sich *akk* wie ein Verrückter/eine Verrückte aufführen; **to go ~** durchdrehen *sl*
② (*full of loops*) **a ~ signature** eine schwungvolle Unterschrift [voller Schleifen]
loose [lu:s] I. *adj* ① (*not tight*) locker; ~ **cash/coins** Kleingeld *nt;* ~ **connection** Wackelkontakt *m;* ~ **sheets of paper** lose Blätter Papier; ~ **skin** schlaffe Haut; **to hang ~** lose herabhängen; **to work itself ~** sich *akk* lockern; *sth glued* sich *akk* lösen
② (*untied*) ~ **hair** offenes Haar; ***her hair was hanging ~*** sie trug ihr Haar offen
③ (*not confined*) frei; **to be ~** *criminal* frei herumlaufen; **to get [*or* break] ~** *person, dog* sich *akk* losreißen; **to let [*or* set] an animal ~** ein Tier loslassen, einem Tier freien Lauf lassen; ***a bunch of idiots was let ~ on a nuclear power station*** sie haben so ein paar Idioten auf dem Gelände eines Atomkraftwerks völlig frei herumlaufen lassen; **to let a dog ~ on sb** einen Hund auf jdn loslassen
④ (*not exact*) ungefähr *attr;* (*not strict*) lose; ~ **adaptation** freie Bearbeitung; ~ **discipline** mangelhafte Disziplin; ~ **translation** freie Übersetzung
⑤ (*not compact*) ~ **weave** grobmaschiges Gewebe
⑥ (*diarrhoea*) ~ **bowels** [*or* ~ **bowel movement**] Durchfall *m;* **to be ~** [*or form* **to suffer from ~ bowels**] Durchfall haben, an Durchfall leiden *form*
⑦ *clothing* weit, locker; **a ~ fit** eine lockere Passform; ***I'll take the jacket with the ~est fit*** ich nehme das Jackett, das am lockersten und angenehmsten sitzt
⑧ (*relaxed*) ~ **stride** lockere [*o* entspannte] Gangart
⑨ (*indiscreet*) ~ **talk** Getratsch[e] *nt,* Geschwätz *nt;* ~ **tongue** loses Mundwerk *fam*
⑩ (*pej dated or hum: immoral*) lose *veraltend,* locker; ~ **living** lockerer Lebenswandel; ~ **morals** lockere Moral; ~ **woman** Frau *f* mit lockerem Lebenswandel, loses Mädchen *veraltet*
⑪ SPORTS ~ **play** *Spiel, bei dem die Spieler über das ganze Spielfeld verteilt sind*
⑫ (*in cricket*) ~ **bowling** ungenauer Wurf; ~ **play** unvorsichtiges [*o* unachtsames] Spiel
► PHRASES: **to hang [*or* stay] ~** AM (*sl*) cool [*o* locker] bleiben *sl;* **to let ~ sth** [*or* **to let sth ~**] etw loslassen; ***the allies let ~ an intensive artillery bombardment*** die Alliierten begannen mit intensivem Artilleriebeschuss; ***he let ~ a shriek of delight*** er ließ einen Freudenschrei los
II. *n no pl* LAW **to be on the ~** frei herumlaufen
III. *vt* ① (*set free*) ■**to ~ sth** etw freilassen [*o* loslassen]; ~ ***the dogs!*** lass die Hunde los!; ***the minister ~d a tirade against the opposition leader*** (*liter*) der Minister ließ eine Schimpfkanonade gegen den Oppositionsführer los
② (*untie*) **to ~ a knot/rope** einen Knoten/ein Seil lösen
③ (*relax*) **to ~ one's hold [*or* grip]** loslassen; ***she never ~d her hold on her conviction*** sie gab ihre Überzeugung niemals auf
◆**loose off** *vt esp* AM **to ~ off an arrow** einen Pfeil abschießen; **to ~ off a gun/shot** einen Schuss abgeben/abfeuern
loose box <*pl* -es> *n* BRIT Stallbox *f* **loose cannon** *n* (*person*) *eine [tickende] Zeitbombe, ein unberechenbarer Risikofaktor* **loose change** *n no pl* loses Münzgeld, Kleingeld *nt* **loose covers** *npl* Überzüge *mpl,* Schonbezüge *mpl* **loose end** *n usu pl* (*unfinished detail*) [noch] unerledigte Kleinigkeiten, [noch] zu klärende Detailfragen; **to tie up ~s** offene Fragen klären ► PHRASES: **to be at a ~** [*or* AM **at ~s**] nicht wissen, was man mit sich *dat* anfangen soll **loose-fitting** <looser-, loosest-> *adj* weit, locker; ~ **jacket** weite Jacke **loose-leaf** *adj attr, inv* Loseblatt-; ~ **binder** Ringbuch *nt,* Schnellhefter *m;* ~ **edition** Loseblattausgabe *f;* ~ **notebook** Notizbuch *nt* mit Ringbucheinlage **loose-lipped** [-lɪpt] *adj* mit lockerer Zunge *nach n*
loosely ['lu:sli] *adv* ① (*not tightly*) lose, locker; ~ **wrapped** lose eingewickelt; **to hang ~** schlaff herunterhängen
② (*not exactly*) ungefähr; ~ **speaking** grob gesagt; ~ **translated** frei übersetzt
③ (*not strictly*) locker, zwanglos
④ (*not closely*) lose; ~ **connected** lose [miteinander] verbunden; ~ **related** entfernt verwandt
loosen ['lu:sᵊn] I. *vt* ① (*make less tight*) **to ~ one's belt** seinen Gürtel weiter schnallen [*o* weitermachen]; **to ~ one's collar** seinen [Hemd]kragen aufmachen [*o* aufknöpfen]; **to ~ one's tie** seine Krawatte lockern
② (*make more lax*) **to ~ a policy/the rules** politische Maßnahmen/die Regeln lockern
③ (*relax*) **to ~ one's grip** seinen Griff lockern; **to ~ muscles** Muskeln lockern
④ (*make weaker*) **to ~ ties** Verbindungen lockern; **to ~ a relationship** eine Beziehung [langsam] lösen
► PHRASES: **to ~ sb's tongue** jdm die Zunge lösen
II. *vi* sich *akk* lockern, locker werden; ***the dictator's grip on the country has not ~ed*** der Diktator hat das Land immer noch fest in der Hand
◆**loosen up** I. *vi* ① (*warm up*) sich *akk* auflockern
② (*become relaxed*) auftauen, entspannter werden
II. *vt* ① (*make relaxed*) ■**to ~ sb up** jdn auflockern
② (*relax*) **to ~ up one's muscles** die Muskeln lockern; ■**to ~ oneself up** sich *akk* locker machen
looseness ['lu:snəs] *n no pl* ① (*not tightness*) Lockerheit *f*
② (*inexactitude*) Ungenauigkeit *f,* Vagheit *f*
③ (*laxity*) Lockerheit *f; of morals* Laxheit *f*

loosey-goosey [ˌluːsiˈguːsi] *adj* AM (*sl*) locker flockig *fam*

loot [luːt] **I.** *n no pl* ❶ MIL Kriegsbeute *f*
❷ (*plunder*) [Diebes]beute *f*
❸ (*hum fam: money*) Kies *m fam,* Zaster *m fam;* (*valued objects*) Geschenke *ntpl*
II. *vt* ❶ (*plunder*) **to ~ sth** etw [aus]plündern
❷ (*steal*) **to ~ goods** Waren stehlen
III. *vi* plündern

looter [ˈluːtəʳ, AM -t̬ɚ] *n* Plünderer, Plünderin *m, f*

looting [ˈluːtɪŋ, AM -t̬-] *n no pl* Plünderei *f;* **widespread ~** allgemeine Plünderei

lop¹ <-pp-> [lɒp, AM lɑːp] *vi* AM ❶ (*droop*) schlaff herunterhängen; ***his belly ~s over the top of his pants*** sein Bauch hängt ihm über die Hose
❷ (*move in droopy manner*) *drunkard* torkeln

lop² [lɒp, AM lɑːp] **I.** *n no pl* abgehackte Äste/Zweige
II. *vt* <-pp-> ❶ (*to prune*) **to ~ a tree** einen Baum stutzen [*o* beschneiden]
❷ (*eliminate*) ■**to ~ sth** etw streichen; *budget* etw kürzen
◆**lop off** *vt* ❶ (*chop off*) **to ~ off a branch** einen Ast abhacken; **to ~ off sb's head** jdm den Kopf abschlagen
❷ (*remove*) ■**to ~ sth ⊂ off** *budget* etw kürzen; (*reduce*) etw verkürzen; ***he ~ped off three seconds from the world record!*** er hat den Weltrekord um drei Sekunden unterboten

lope [ləʊp, AM loʊp] **I.** *vi* in großen Sätzen springen; *hare* hoppeln
II. *n* Davonspringen *nt kein pl,* Davonhoppeln *nt kein pl*

lop-eared *adj inv* mit Hängeohren [*o* Schlappohren]

lop-ears *npl* Hängeohren *pl,* Schlappohren *pl*

lopsided *adj* schief, ungleich; (*fig*) einseitig; **~ vote** eindeutiges [*o* klares] Wahlergebnis

loquacious [lə(ʊ)ˈkweɪʃəs, AM loʊˈ-] *adj* (*form*) redselig, geschwätzig *fam;* ■**to be ~ about sth** etw ausführlich wiedergeben

loquaciously [lə(ʊ)ˈkweɪʃəsli, AM loʊˈ-] *adv* redselig; **to answer a question ~** eine Frage weitschweifig beantworten

loquacity [ləʊˈkwæsəti, AM loʊˈkwæsət̬i] *n no pl* Geschwätzigkeit *f,* Redseligkeit *f*

lord [lɔːd, AM lɔːrd] *n* ❶ (*nobleman*) Lord *m*
❷ (*ruler*) **~ of the manor** Gutsherr *m;* (*pej*) Herr *m* im Haus; **to act like the ~ of the manor** sich *akk* als Herr im Haus aufspielen
❸ (*fam: powerful man*) Herr *m;* **drug ~** Drogenbaron *m;* **my ~ and master** (*hum iron*) mein Herr und Meister *hum iron*

Lord [lɔːd, AM lɔːrd] **I.** *n* ❶ BRIT (*title*) **~ *Longford*** Lord Longford; **my ~** Mylord, Euer Lordschaft
❷ BRIT POL ■**the ~s** + *sing/pl vb* das Oberhaus; **~ of Appeal in Ordinary** BRIT *auf Lebenszeit ernanntes richterliches Mitglied des House of Lords*
❸ *no pl* REL Herr *m;* ***the ~ be with you*** der Herr sei mit euch; ***praise the ~!*** lobet den Herrn!; ***~, hear our prayer*** Herr, erhöre unsere Gebete; **the ~ God** [Gott] der Herr; **in the year of our ~** im Jahre des Herrn; **~ knows** (*fam*) weiß der Himmel *fam*
II. *interj* **good** [*or* **oh**] **~!** [ach,] du lieber Himmel!; ***~, it's hot in here!*** ach, du großer Gott, ist das heiß hier drinnen!
III. *vt* ■**to ~ it over sb** jdn herumkommandieren

Lord Chancellor *n* BRIT Lord[groß]kanzler *m*

Lord Chief Justice *n* BRIT Lordoberrichter *m*

Lord Justice *n* BRIT Lordrichter *m*

lordly [ˈlɔːdli, AM ˈlɔːr-] *adj* ❶ (*suitable for lord*) herrschaftlich, fürstlich; **a ~ title** ein Adelstitel *m*
❷ (*imperious*) hochmütig, anmaßend; **to put on ~ airs** [*or* **manners**] ein arrogantes Verhalten an den Tag legen

Lord Mayor *n* BRIT Oberbürgermeister(in) *m(f)*

lordosis [lɔːˈdəʊsɪs, AM lɔːrˈdoʊ-] *n* MED Wirbelsäulenverkrümmung *f* nach vorne, Lordose *f fachspr*

Lord Provost *n* SCOT Bürgermeister(in) *m(f)*

lordship [ˈlɔːdʃɪp, AM ˈlɔːr-] *n* (*form*) ❶ *no pl* (*dominion*) Herrschaft *f;* **to have/win** [**the**] **~ over sth** die Herrschaft über etw *akk* besitzen/gewinnen
❷ BRIT (*form of address*) Lordschaft *f;* **His/Your L~** Seine/Euer Lordschaft; (*bishop*) Seine/Eure Exzellenz; *judge* Seine/Euer Ehren [*o* Gnaden]

Lord's Prayer *n no pl* Vaterunser *nt*

Lords spiritual *npl* BRIT [*Erz*]*bischöfe im britischen Oberhaus*

Lord's Supper *n no pl* [heiliges] Abendmahl

lordy [ˈlɔːdi, AM ˈlɔːrdi] *interj* Herr im Himmel! *fam,* Himmel [noch mal]! *fam*

lore [lɔːʳ, AM lɔːr] *n no pl* [überliefertes] Wissen; **gypsy ~** Zigeunerweisheit *f;* **common ~** [alte] Volksweisheit *f*

lorgnette [lɔːˈnjet, AM lɔːrˈ-] *n* Lorgnette *f*

lorikeet [ˈlɒrɪkiːt, AM ˈlɔːrɪ-] *n* ZOOL [kleiner] Lori

lorry [ˈlɒri] **I.** *n* BRIT TRANSP Last[kraft]wagen *m,* Lkw *m,* Laster *m fam*
II. *n modifier* **~ driver** Lastwagenfahrer(in) *m(f),* Lkw-Fahrer(in) *m(f)*

lose <lost, lost> [luːz] **I.** *vt* ❶ (*cease to have*) ■**to ~ sth** etw verlieren; **to ~ altitude/ground/speed** an Höhe/Boden/Geschwindigkeit verlieren; **to ~ one's appetite/balance** den Appetit/das Gleichgewicht verlieren; **to ~ blood** Blut verlieren; **to ~ one's breath** außer Atem kommen; **to ~ one's command/control of** [*or* **over**] **sb/sth** das Kommando/die Kontrolle über jdn/etw verlieren; **to ~ consciousness/courage** das Bewusstsein/den Mut verlieren; **to ~ favour with sb** jds Gunst verlieren; **to ~ interest in sb/sth** das Interesse an jdm/etw verlieren; **to ~ the upper hand** die Oberhand verlieren; **to ~ one's job** seinen Arbeitsplatz verlieren; **to ~ the lead** die Führung abgeben [müssen]; **to ~ money** Geld verlieren; **to ~ popularity** an Popularität einbüßen; **to ~ trade** Geschäftseinbußen erleiden; **to ~ weight** an Gewicht verlieren, abnehmen
❷ (*euph: by death*) **to ~ a friend/relative** einen Freund/Verwandten verlieren; **to ~ one's life** sein Leben verlieren
❸ (*miscarry*) **to ~ a baby** ein Kind [*o* Baby] verlieren
❹ *usu passive* (*bring to ruin*) **to ~ a plane/ship** ein Flugzeug/Schiff verlieren
❺ (*waste*) **to ~ an opportunity** eine Gelegenheit versäumen; **to ~ time** Zeit verschwenden; **to ~ no time in doing sth** etw sofort [*o* unverzüglich] tun
❻ (*run slower by*) **to ~ time** *watch, clock* nachgehen
❼ (*become unable to find*) **to ~ the path/route** vom Weg/von der Route abkommen; **to ~ one's** [*or* **the**] **way** sich *akk* verirren [*o* verlaufen]
❽ AM (*fam: get rid of*) ■**to ~ sb/sth** jdn/etw abschütteln; *pursuer, car* jdn/etw abhängen
❾ (*confuse*) ■**to ~ sb** jdn in die Irre führen [*o* irreführen]
❿ (*not win*) ■**to ~ sth** etw verlieren; **to ~ an argument** in einer Diskussion unterliegen; **to ~ a battle/game** eine Schlacht/ein Spiel verlieren
⓫ (*cause loss of*) ■**to ~ sb sth** jdn etw kosten [*o* um etw *akk* bringen]; ***his negligence lost him his job*** seine Nachlässigkeit kostete ihn seinen Job
► PHRASES: **to ~ the <u>day</u>** [**for sb**] [jdn] um den Sieg bringen; **to ~ <u>face</u>** das Gesicht verlieren; **to ~ <u>ground</u>** an Boden verlieren; **to ~ one's <u>head</u>/<u>nerve</u>/<u>temper</u>** den Kopf/die Nerven/die Beherrschung verlieren; **to ~ <u>heart</u>** den Mut verlieren; **to ~ one's <u>heart</u>** [**to sb**] sein Herz [an jdn] verlieren; **to lose one's <u>marbles</u>** [*or* **<u>mind</u>**] (*hum*) nicht mehr alle Tassen im Schrank haben *hum fam;* **to have <u>nothing</u>/<u>something</u> to ~** nichts/etwas zu verlieren haben; **to ~ one's <u>rag</u>** [**about** [*or* **over**] **sth**] [über etw *akk*] in Wut geraten; **to ~ one's <u>shirt</u>** [**on sth**] (*fam*) sein letztes Hemd [bei etw *dat*] verlieren *fam;* **to ~ <u>sight</u> of sth** etw aus den Augen verlieren; **to ~ <u>sleep</u> over** [*or* **about**] **sth** sich *dat* wegen einer S. *gen* Sorgen machen, wegen einer S. *gen* kein Auge zutun können; **to ~ <u>touch</u>** [**with sb**] den Kontakt [zu jdm] verlieren; **to ~ <u>touch</u>** [**with sth**] [über etw *akk*] nicht mehr auf dem Laufenden sein; **to ~ <u>track</u>** [**of sth**] (*be unable to follow*) [etw *dat*] [geistig] nicht folgen können; (*be unable to remember*) ***I've lost track of the number of times he's asked me for money*** ich weiß schon gar nicht mehr, wie oft er mich um Geld gebeten hat; **to ~ <u>oneself</u>** [*or* **<u>be</u> lost**] **in sth** sich *akk* in etw *dat* verlieren; **to ~ <u>oneself</u> in thought** [völlig] gedankenverloren dastehen/dasitzen; **to ~ <u>it</u>** durchdrehen *fam;* ***I almost lost it*** ich bin fast verrückt geworden [*o* durchgedreht]
II. *vi* ❶ (*be defeated*) ■**to ~** [**to sb/sth**] [gegen jdn/etw] verlieren
❷ FIN ein Verlustgeschäft sein [*o* darstellen]; ***I bet that movie will ~ big at the box office*** ich wette, dieser Film wird ein Riesenflop werden
◆**lose out** *vi* ❶ (*be deprived*) schlecht wegkommen *fam,* ins Hintertreffen geraten; ■**to ~ out in** [*or* **on**] **sth** bei etw den Kürzeren ziehen *fam*
❷ (*be beaten*) ■**to ~ out to sb/sth** jdm/etw unterliegen, gegen jdn/etw verlieren

loser [ˈluːzəʳ, AM -ɚ] *n* ❶ (*defeated person*) Verlierer(in) *m(f),* Loser *m sl;* **good ~** guter Verlierer/gute Verliererin; **bad ~** schlechter Verlierer/schlechte Verliererin; **to back a ~** auf einen Verlierer setzen
❷ (*person at disadvantage*) Verlierer *m*
❸ (*fam: habitually unsuccessful person*) Verlierer[typ] *m,* Pechvogel *m;* **a born ~** (*pej*) ein geborener Verlierer

losing [ˈluːzɪŋ] *adj attr* Verlierer-; **~ team** Verlierermannschaft *f*

losing battle *n* **to fight a ~** einen aussichtslosen Kampf führen

losing streak *n* Pechsträhne *f*

loss <*pl* -es> [lɒs, AM lɑːs] *n* ❶ (*instance of losing*) Verlust *m;* **job ~es** Wegfall *m* von Arbeitsplätzen; **~ of life** Verluste *mpl* an Menschenleben; ***the plane crashed with serious ~ of life*** der Flugzeugabsturz forderte zahlreiche Menschenleben; **~ of memory** Gedächtnisverlust *m;* **to get over the ~ of sb** jds Verlust verwinden
❷ *no pl* (*grief*) Verlust *m;* **a sense of ~** ein Gefühl *nt* des Verlustes
❸ ECON Verlust *m,* Einbuße *f;* **partial ~** LAW Teilschaden *m,* Teilverlust *m;* **pre-tax ~es** Verlust *m* vor Steuern; **actual total ~** LAW Totalschaden *m;* **constructive total ~** LAW fingierter [*o* angenommener] Totalverlust; **to cut one's ~es** Schadensbegrenzung betreiben *geh;* **to run** [*or* **operate**] **at a ~** mit Verlust arbeiten
❹ (*sb/sth lost*) Verlust *m;* ***she will be a great ~ to the university when she retires*** es wird ein großer Verlust für die Universität sein, wenn sie in Rente geht
❺ COMPUT *of a signal* Dämpfung *f,* Verlust *m*
► PHRASES: **to <u>be</u> at a ~** nicht mehr weiterwissen; **to be at a ~ for answers/words** um Antworten/Worte verlegen sein

loss adjuster *n* Schadenssachbearbeiter(in) *m(f),* Schadensregulierer(in) *m(f)*

lossage [ˈlɒsɪdʒ, AM ˈlɑːs-] *n no pl* Verluste *mpl*

loss-leader *n* Lockvogelangebot *nt,* Lockartikel *m*

loss-making *adj inv* **~ business** Verlustbetrieb *m,* defizitärer Betrieb *geh;* ■**to be ~** mit Verlust arbeiten

lost [lɒst, AM lɑːst] **I.** *pt, pp of* **lose**
II. *adj inv* ❶ (*unable to find way*) ■**to be ~** sich *akk* verirrt haben; **to get ~** sich *akk* verirren; (*on foot*) sich *akk* verlaufen haben; (*using vehicle*) sich *akk* verfahren haben
❷ (*no longer to be found*) **~ articles** abhanden gekommene Artikel; **to get ~** verschwinden; ***sometimes things get ~ mysteriously*** manchmal verschwinden Dinge auf mysteriöse Weise
❸ *pred* (*helpless*) **to feel ~** sich *akk* verloren fühlen; ■**to be ~** (*not understand*) nicht mitkommen *fam,* nichts [*o fam* Bahnhof] verstehen; ■**to be ~ without sb/sth** ohne jdn/etw verloren sein
❹ (*preoccupied*) **to be ~ in contemplation** [*or* **thought**] [völlig] in Gedanken versunken sein; **to be ~ to the world** alles um sich *akk* herum vergessen haben
❺ (*wasted*) verpasst; **~ opportunity** verpasste Gelegenheit; **~ time** verschwendete Zeit; **~ youth** vertane Jugend
❻ (*perished, destroyed*) **~ soldiers** gefallene Solda-

L

ten; ~ **planes/ships/tanks** zerstörte Flugzeuge/Schiffe/Panzer

❼ (*not won*) ~ **battle/contest** verlorener Kampf/Wettkampf; ~ **election** verlorene Wahl

▸ PHRASES: **to be** ~ **on sb** nicht verstanden [*o* geschätzt] werden; ***financial discussions are ~ on me*** für Diskussionen über finanzielle Dinge habe ich einfach keinen Sinn; **get ~!** (*fam!: go away!*) verzieh dich! *fam,* hau ab! *sl;* (*no way!*) vergiss es! *fam,* kommt gar nicht in Frage! *fam*

lost-and-found *n* AM, **lost-and-found office** *n* AM Fundbüro *nt* **lost cause** *n* aussichtslose Sache **lost generation** *n + sing/pl vb* verlorene Generation **lost property** I. *n no pl* ❶ (*articles*) Fundsachen *fpl* ❷ BRIT, AUS (*office*) Fundbüro *nt* II. *n modifier* ~ **office** BRIT, AUS Fundbüro *nt* **lost soul** *n* verlorene Seele

lot [lɒt, AM lɑːt] I. *pron* ❶ (*much, many*) ▪**a** ~ viel; ***we haven't got a ~*** wir besitzen nicht viel; **a ~ of people** viele [*o* eine Menge] Leute; **a ~ of rain** viel Regen; **to do a ~ of travelling** viel reisen; **a fat ~ [of good]** (*iron*) wahnsinnig viel *iron,* herzlich wenig; ***a fat ~ of good it'll do you*** (*iron*) das wird dir gar nichts nützen; **to have a ~ going for oneself** viel haben, was für einen spricht; ▪**~s [of sth]** *+ sing/pl vb* viel [*o* jede Menge] [etw] *fam;* ***there's ~s to do here*** es gibt hier jede Menge zu tun *fam;* **~s of children** viele Kinder

❷ (*everything*) ▪**the** ~ alles; ***the thieves stole paintings, jewellery, the ~*** die Diebe haben Gemälde gestohlen, Juwelen, einfach alles; **the whole** ~ alles zusammen, das Ganze

II. *adv* (*fam*) ▪**a** ~ [*or* **~s**] viel; ***thanks a ~!*** vielen Dank!; ***your sister looks a ~ like you*** deine Schwester sieht dir sehr ähnlich; ***we go on holidays a ~*** wir machen oft Urlaub; **to feel a ~** [*or* **~s**] **better** sich *akk* viel besser fühlen

III. *n* ❶ *+ sing/pl vb* BRIT, AUS (*group*) Trupp *m fam;* ***another ~ of visitors will be here this afternoon*** heute Nachmittag kommt ein neuer Schwung Besucher; BRIT (*usu pej fam: group of people*) Haufen *m fam;* ***you're an ignorant ~*** ihr seid ein ungebildetes Pack *fam;* ***are you ~ coming to lunch?*** kommt ihr alle zum Essen?; **a bad ~** ein Taugenichts *m;* ***they are a bad ~*** sie sind ein übles Pack; **my ~** meine Leute *fam*

❷ (*in an auction*) Stück *nt*

❸ (*chance*) **to choose [sb/sth] by ~** [jdn/etw] durch Losentscheid bestimmen [*o* auslosen]; **to draw** [*or* **cast**] **~s** Lose ziehen; *no pl* (*choice*) Wahl *f;* ***I hope the ~ falls on me*** ich hoffe, dass die Wahl auf mich fällt

❹ *no pl* (*fate*) Los *nt geh;* **to throw in one's ~ with sb** sich *akk* mit jdm zusammentun

❺ *esp* AM, AUS (*land*) Stück *nt* Land, Parzelle *f;* **building ~** Bauplatz *m;* **parking ~** Parkplatz *m;* **back ~** hinteres Grundstück; **vacant ~** unbebautes Grundstück

❻ STOCKEX Aktienpaket *nt*

IV. *vt* <-tt-> ▪**to ~ sth** etw [für eine Auktion in einzelne Stücke] aufteilen

loth *adj see* **loath**

Lothario <*pl* -os> [ləʊ'θɑːriəʊ, AM loʊ'θerioʊ] *n* Weiberheld *m,* Schwerenöter *m liter*

lotion ['ləʊʃᵊn, AM 'loʊ-] *n no pl* Lotion *f;* **aftershave ~** Aftershavelotion *f;* **suntan ~** Sonnenöl *nt*

lottery ['lɒtᵊri, AM 'lɑːt̬əri] I. *n* Lotterie *f,* Lotteriespiel *nt*

II. *n modifier* ~ **number** Losnummer *f;* ~ **ticket** Lotterielos *nt*

lotus <*pl* -es> ['ləʊtəs, AM 'loʊt̬-] *n* BOT Lotos *m,* Lotosblume *f*

Lotus® *n* COMPUT Lotus® *nt*

lotus-eater *n* Lotosesser(in) *m(f);* (*fig*) Träumer(in) *m(f)* **lotus land** *n no pl* Paradies *nt* auf Erden; (*fig*) Ort *m* des süßen Nichtstuns, ≈ Schlaraffenland *nt* **lotus life** *n no pl* **to live a ~** sein Leben im Müßiggang verbringen **lotus position** *n,* **lotus posture** *n no pl* Lotossitz *m*

louche [luːʃ] *adj* anrüchig, zweideutig

loud [laʊd] I. *adj* ❶ (*audible*) laut, geräuschvoll; ~ **music** laute Musik

❷ (*pej: insistent*) [aufdringlich] laut; ~ **complaints/protests** laut[stark]e Beschwerden/Proteste; **to be ~ in one's condemnation of sth** etw aufs Schärfste verurteilen; **to be ~ in one's praises of sth** etw in den höchsten Tönen loben

❸ (*pej: garish*) auffällig; *colours* schrill, grell, schreiend; ~ **and obnoxious** schrill und schräg *fam*

II. *adv* laut; **to speak** [*or* **talk**] ~ laut sprechen; ~ **and clear** laut und deutlich; **out ~** laut; ***this novel made me laugh out ~*** als ich den Roman las, musste ich lauthals loslachen

loudhailer *n* BRIT, AUS Megaphon *nt*

loudly ['laʊdli] *adv* ❶ (*audibly*) laut; **to speak/talk ~** laut sprechen/reden

❷ (*pej: insistently*) **to complain ~** sich *akk* lautstark [*o* lauthals] beschweren

❸ (*pej: garishly*) auffällig, grell, schrill; **to dress ~** sich *akk* auffällig anziehen

loudmouth *n* (*fam*) Großmaul *nt fam*

loud-mouthed <more, most> ['laʊdmaʊθt] *adj* überlaut, plärrend

loudness ['laʊdnəs] *n no pl* ❶ (*measurement*) Lautstärke *f*

❷ (*quality*) Lautstärke *f,* Lautheit *f*

loudspeaker *n* Lautsprecher *m*

lough [lɒk, *Irish* lɒx] *n* IRISH See *m;* (*arm of sea*) Meeresarm *m*

lounge [laʊndʒ] I. *n* ❶ (*public room*) Lounge *f,* Gesellschaftsraum *m; of a hotel* Hotelhalle *f;* **departure ~** Abflughalle *f,* Warteraum *m*

❷ BRIT (*sitting room*) Wohnzimmer *nt*

❸ BRIT (*period of lounging*) Faulenzen *nt*

II. *n modifier* (*sl*) (*culture, scene*) Nobelbar-, Lounge- *sl*

III. *vi* (*lie*) [faul] herumliegen; (*sit*) [faul] herumsitzen; (*stand*) [faul] herumstehen

◆**lounge about, lounge around** *vi* (*lie*) [faul] herumliegen; (*sit*) [faul] herumsitzen; (*stand*) [faul] herumstehen; ***I wish you'd stop lounging about!*** ich wünschte, du würdest nicht bloß herumstehen und Maulaffen feilhalten! *fam*

lounge bar *n* BRIT *der vornehmere Teil eines Pubs mit eigener Bar* **lounge chair** *n* Klubsessel *m,* [bequemer] Polstersessel **lounge lizard** *n* (*fam*) Salonlöwe *m*

lounger ['laʊndʒəʳ, AM -ə-] *n* ❶ (*chair*) Lehnstuhl *m,* Sessel *m;* **sun ~** Sonnenliege *f*

❷ (*person*) Nichtstuer(in) *m(f),* Müßiggänger(in) *m(f)*

lounge room *n* AUS Wohnzimmer *nt* **lounge suit** *n* BRIT Straßenanzug *m*

loupe [luːp] *n* Lupe *f* (*von Juwelieren und Uhrmachern*)

lour ['laʊəʳ, AM laʊr] I. *vi* ❶ (*frown*) düster [*o* finster] dreinblicken; ▪**to ~ at sb/sth** jdn/etw mit finsterer [*o* düsterer] Miene ansehen

❷ (*appear threatening*) *sky* sich *akk* verfinstern

II. *n* finsterer Gesichtsausdruck, düstere Miene

louse I. *n* [laʊs] ❶ <*pl* lice> (*parasite*) Laus *f*

❷ <*pl* -s> (*fam: person*) Filzlaus *f pej fam,* miese Type *pej fam,* mieser Typ *pej fam*

II. *vt* [laʊz, AM laʊs] (*fam*) ▪**to ~ up** ⇔ **sth** etw vermasseln *fam* [*o sl* in den Sand setzen]

lousy ['laʊzi] *adj* ❶ (*fam: bad*) lausig *fam,* [hunds]miserabel *sl,* beschissen *derb;* ~ **weather** Hundewetter *nt fam*

❷ (*meagre*) lausig *fam,* mick[e]rig *fam,* popelig *fam;* ***a ~ £10!*** lausige 10 Pfund!

❸ *pred* (*ill*) **to feel ~** sich *akk* hundeelend [*o* mies] fühlen *fam*

❹ (*infested with lice*) verlaust

❺ (*fam: teeming*) ▪**to be ~ with sth** etw bis zum Abwinken haben *sl;* ***this office is ~ with idiots*** in diesem Büro wimmelt es nur so von Idioten *fam*

lout [laʊt] *n* (*fam*) Flegel *m,* Rüpel *m;* **lager ~s** BRIT (*pej*) Trunkenbolde *mpl fam,* Saufköpfe *mpl derb;* **clumsy ~** Tölpel *m fam,* Tolpatsch *m fam*

loutish ['laʊtɪʃ, AM -t̬-] *adj* (*fam*) pöbelhaft, rüpelhaft

loutishness ['laʊtɪʃnəs, AM 'laʊt̬-] *n no pl* (*pej*) Pöbelhaftigkeit *f,* Rüpelhaftigkeit *f*

louver ['luːvəʳ] AM, **louvre** [-əʳ] *n* BRIT, AUS Jalousie *f;* (*slat*) Lamelle *f* [einer Jalousie]

louvred ['luːvəd, AM -əʳd] *adj inv* Jalousie-, Lamellen-; ~ **door** Lamellentür *f;* ~ **window** Fenster *nt* mit Fensterläden

lovable ['lʌvəbl] *adj* liebenswert

lovage ['lʌvɪdʒ] *n* BOT Liebstöckel *nt o m*

love [lʌv] I. *n* ❶ *no pl* (*romantic feeling*) Liebe *f;* (*fondness*) Vorliebe *f;* ▪**to be in ~ with sb** in jdn verliebt sein; ***all my ~, Richard*** (*in letter*) alles Liebe, Richard; ***there is no ~ lost between the two*** die beiden können einander nicht ausstehen; ***it's a pity you have so little ~ for your job*** es ist schade, dass dir deine Arbeit so wenig Spaß macht; **a child-like ~** kindliche Liebe; ~ **at first sight** Liebe *f* auf den ersten Blick; **to be head over heels in ~** bis über beide Ohren verliebt sein; **to fall in ~ with sb** sich *akk* in jdn verlieben; **to give** [*or* **send**] **sb one's ~** jdm Grüße bestellen, jdn grüßen lassen; ***send my ~ to her!*** grüße Sie von mir!; **to make ~ to sb** (*have sex*) jdn lieben, mit jdm schlafen; (*old: woo*) jdn umwerben, jdm den Hof machen *veraltend;* **to marry sb for ~** jdn aus Liebe heiraten; **to show sb lots of ~** jdm viel Liebe geben

❷ (*interest*) Leidenschaft *f;* (*with activities*) Liebe *f;* ***she has a great ~ of music*** sie liebt die Musik sehr; ▪**to do sth for the ~ of it** etw aus Spaß [*o* zum Vergnügen] machen; ~ **of adventure** Abenteuerlust *f;* ~ **of animals** Tierliebe *f;* ~ **of books** Liebe *f* zu Büchern; ~ **of one's country** Vaterlandsliebe *f;* ~ **of learning** Freude *f* [*o* Spaß *m*] am Lernen

❸ *no pl esp* BRIT (*fam: darling*) Liebling *m fam,* Schatz *m fam;* **the ~ of his/her life** die [größte] Liebe seines/ihres Lebens

❹ *no pl* TENNIS null; **forty-~** vierzig null

▸ PHRASES: **for the ~ of God!** um Gottes willen!; **for the ~ of Mike!** BRIT (*fam*) um Himmels willen!; **not for ~ [n]or money** um nichts in der Welt; **all's fair in ~ and war** (*prov*) in der Liebe und im Krieg ist alles erlaubt; ~ **is blind** (*prov*) Liebe macht blind; **to do sth for ~** (*for free*) etw umsonst machen; (*as a loving person*) etw aus Liebe machen

II. *vt* (*be in love*) ▪**to ~ sb/sth** jdn/etw lieben; (*greatly like*) jdn/etw sehr [*o* gerne] mögen; ***I ~ reading*** ich lese sehr gerne; ***I would ~ a cup of tea*** ich würde gerne eine Tasse Tee trinken; ~ ***it or hate it, …*** ob es dir passt oder nicht, …; ***I'd ~ to see you again*** ich würde dich sehr gern wiedersehen; ***I would ~ you to come to dinner tonight*** es würde mich sehr freuen, wenn Sie heute zum Abendessen kämen; **to ~ sb dearly** [*or* **deeply**]/**passionately** jdn von ganzem Herzen/leidenschaftlich lieben; **to feel ~d** sich *akk* geliebt fühlen

▸ PHRASES: ~ **me,** ~ **my dog** (*prov*) man muss mich so nehmen, wie ich bin

III. *vi* AM lieben, verliebt sein; ▪**to ~ for sb to do sth** gern wollen, dass jd etw tut; ***I would ~ for you to come to dinner tonight*** ich würde mich freuen, wenn du heute zum Abendessen kämst

loveable ['lʌvəbl] *adj* liebenswert; ***that's a ~ little teddy-bear, isn't it?*** das ist aber ein süßer kleiner Teddybär!

love affair *n* [Liebes]affäre *f;* **a secret ~** ein geheimes Liebesabenteuer; **to have a ~ with chocolate/computer/football** (*fig*) eine Schwäche für Schokolade/Computer/Fußball haben **lovebird** *n* ❶ ORN Unzertrennliche(r) *f(m)* ❷ (*fig hum*) ▪**~S** *pl* Turteltauben *fpl hum fam* **love bite** *n* Knutschfleck *m fam* **love bunnies** *npl* (*fam*) Turteltauben *fpl* **love child** *n* (*euph dated*) Kind *nt* der Liebe *euph veraltend,* uneheliches Kind **loved ones** *npl* **dear ~!** meine Lieben! **love game** *n* TENNIS Zu-Null-Spiel *nt;* **to play a ~** zu Null spielen; **to win/lose a ~** ein Spiel zu Null gewinnen/verlieren **love handles** *npl esp* AM (*hum fam*) Rettungsring *m hum fam* **love-hate relationship** *n* Hassliebe *f*

loveless ['lʌvləs] *adj* (*unloving*) lieblos; (*unloved*) *childhood, marriage* ohne Liebe *nach n*

love letter *n* Liebesbrief *m* **love life** *n* Liebesleben *nt kein pl*

loveliness ['lʌvlɪnəs] *n no pl* Schönheit *f;* ***we have to take advantage of the ~ of this fall weather*** wir müssen dieses herrliche Herbstwetter ausnutzen; **to have a radiant ~** strahlend schön sein

lovelorn ['lʌvlɔːn, AM -lɔːrn] *adj* (*liter*) liebeskrank; **~ poem/song** romantisches Gedicht/Lied; **to be ~** sich *akk* vor Liebeskummer verzehren *geh*

lovely ['lʌvli] **I.** *adj* ① (*beautiful*) schön, hübsch; **~ house** wunderschönes Haus; **to look ~** reizend [*o* bezaubernd] aussehen; ***you look absolutely ~ this evening, my darling*** Schatz, du siehst heute Abend einfach hinreißend aus
② (*fam: pleasant*) wunderbar, herrlich; ***how ~ to see you!*** wie schön, dich zu sehen!; **a ~ present** ein tolles Geschenk; **~ view** wunderbare Aussicht; **~ weather** herrliches Wetter; **to be ~ and cool/warm/quiet** schön kühl/warm/ruhig sein
③ (*charming*) nett, liebenswürdig; **~ person** liebenswürdiger Mensch; **~ visit** netter Besuch
II. *n* Schönheit *f,* schöne Frau

love-making *n no pl* ① (*sexual intercourse*) [körperliche] Liebe, Liebesakt *m geh;* **to be good at ~** in der Liebeskunst erfahren sein *geh,* gut im Bett sein *fam;* ***he's very good at ~*** er ist ein sehr guter Liebhaber ② (*dated: wooing*) Liebeswerben *nt liter o veraltend* **love match** *n* Liebesheirat *f* **love nest** *n* Liebesnest *nt* **love potion** *n* Liebestrank *m*

lover ['lʌvəʳ, AM -ɚ] *n* ① (*person in love*) Liebende(r) *f(m);* ■**the ~s** *pl* die Liebenden *pl*
② (*sexual partner*) Liebhaber(in) *m(f),* Geliebte(r) *f(m) meist pej;* ■**~s** *pl* Liebespaar *nt;* ***he was her live-in ~ for three years*** er hat drei Jahre lang mit ihr zusammengelebt; **to be/become ~s** ein Liebespaar sein/werden; ***they were ~s for three years*** sie waren drei Jahre lang zusammen; **to take a ~** sich *dat* einen Liebhaber/eine Geliebte nehmen
③ (*enthusiast*) Liebhaber(in) *m(f),* Freund(in) *m(f)* (**of** von +*dat*); **book ~** Bücherfreund(in) *m(f);* **nature/opera ~** Natur-/Opernliebhaber(in) *m(f);* **sports ~** Sportfan *m*

lover-boy ['lʌvəbɔɪ, AM ɚ] *n* (*fam*) Liebste(r) *m*

love seat *n* Zweiersofa *nt* **love set** *n* TENNIS Zu-Null-Spiel *nt* **lovesick** *adj* liebeskrank; **to be ~** Liebeskummer haben **love song** *n* Liebeslied *nt* **love story** *n* Liebesgeschichte *f* **love-struck** *adj* liebestoll, schmachtend *iron;* **to be a ~ fool** bis über beide Ohren verliebt [*o fam* total verknallt] sein **love triangle** *n* Dreiecksverhältnis *nt,* Dreiecksgeschichte *f fam*

lovey ['lʌvi] *n* BRIT (*fam*) Liebling *m,* Schatz *m fam*

lovey-dovey *adj* hoffnungslos verliebt, total verknallt *fam;* **~ couples** schmusende Liebespärchen

loving ['lʌvɪŋ] *adj* (*feeling love*) liebend; (*showing love*) liebevoll; ***the letter was signed 'your ~ father'*** der Brief war unterschrieben mit ‚dein dich liebender Vater [*o* in Liebe dein Vater]'; **~ care** liebevolle Fürsorge; **a ~ child** ein liebes Kind

loving cup *n* Pokal *m* **loving kindness** *n* Gutherzigkeit *f,* Güte *f*

lovingly ['lʌvɪŋli] *adv* liebevoll, zärtlich

low[1] [ləʊ, AM loʊ] **I.** *adj* ① (*in height*) niedrig; **at a ~ altitude** in geringer Höhe; **~ heels** flache [*o* niedrige] Absätze; **~ neckline** tiefer Ausschnitt; **~ slope** flacher Abhang; ***the dress has a ~ waist*** das Kleid hat eine tief angesetzte Taille
② (*in number*) gering, wenig; **~ attendance** geringe Besucherzahl; **~ blood pressure** niedriger Blutdruck; **~ calibre** kleines Kaliber; **people of [a] ~ calibre** (*fig*) Leute mit wenig Format; **to be ~ in calories/cholesterol** kalorien-/cholesterinarm sein; **to be ~ in funds** wenig Geld haben, knapp bei Kasse sein *fam;* **to keep sth ~** etw niedrig halten
③ (*depleted*) knapp; **~ stocks** geringe Vorräte; **to be** [*or* **get**] [*or* **run**] **~** zur Neige gehen, knapp werden; ***we were getting ~ on supplies*** unsere Vorräte waren fast erschöpft; ***the batteries are running ~*** die Batterien sind fast leer; ***the bulb was ~*** die Glühbirne brannte nur noch schwach
④ (*not loud*) leise; **~ groaning** verhaltenes Stöhnen; **in a ~ voice** mit leiser [*o* gedämpfter] Stimme
⑤ (*not high-pitched*) *voice* tief; **~ pitch** tiefe Stimmlage
⑥ (*not intense*) niedrig; *light* gedämpft; **on a ~ burner** [*or* **flame**] auf kleiner Flamme; **~ frequency** Niederfrequenz *f;* **~ heat** schwache Hitze; ***roast the chicken at ~ heat*** braten Sie das Hähnchen bei niedriger Hitze
⑦ (*not good*) **~ morale** schlechte Moral; **to have a ~ opinion of sb** von jdm nicht viel halten; **~ quality** minderwertige Qualität; **to hold sth in ~ regard** etw gering schätzen; **~ self-esteem** geringe Selbstachtung; **~ standards** (*in technics*) schlechter [*o* niedriger] Standard; (*in tests, etc*) niedriges Niveau; **~ visibility** schlechte Sicht
⑧ (*not important*) niedrig, gering; **to be a ~ priority** nicht so wichtig sein
⑨ (*unfair, mean*) gemein; **~ trick** gemeiner Trick; **to get ~** gemein [*o* niederträchtig] sein; ***how ~ can you get?*** wie tief willst du noch sinken?
⑩ (*sad*) **in ~ spirits** niedergeschlagen, in gedrückter Stimmung; **to feel ~** niedergeschlagen [*o* deprimiert] sein
⑪ LING *vowel* offen
II. *adv* ① (*in height*) niedrig; **to be cut ~** *dress, blouse* tief ausgeschnitten sein; **to fly ~** tief fliegen
② (*to a low level*) tief; **to turn the music ~er** die Musik leiser stellen; ***turn the oven on ~*** stell den Ofen auf kleine Hitze
③ (*cheap*) billig; **to buy ~** billig [*o* günstig] einkaufen
④ (*not loudly*) leise; **to speak ~** leise sprechen
⑤ (*not high-pitched*) tief; **to sing ~** tief [*o* mit tiefer Stimme] singen
III. *n* ① (*low level*) Tiefstand *m,* Tiefpunkt *m;* **to be at a ~** auf einem Tiefpunkt sein; **to hit** [*or* **reach**] **a ~** an einen Tiefpunkt gelangen
② METEO Tief *nt;* ***expected ~s near 0° C today*** die Tiefstwerte liegen heute vermutlich bei 0° C; **record ~** Rekordtief *nt*
③ AUTO erster Gang; ***put the car in ~*** legen Sie den ersten Gang ein
④ AM (*fig: person*) ■**to be in ~** schlapp sein *fam*
► PHRASES: **to be the lowest of the ~** ein ganz gemeiner Typ sein *fam*

low[2] [ləʊ, AM loʊ] **I.** *n* Muhen *nt*
II. *vi cow* muhen

low-alcohol *adj* alkoholarm **low blow** *n* Tiefschlag *m a. fig* **lowborn** *adj* von niedriger Geburt *nach n, präd geh o veraltet* **lowboy** *n* AM niedrige Kommode **low-bred** *adj* (*common*) gewöhnlich, ordinär *pej;* (*without manners*) unzivilisiert, ohne Manieren *nach n* **lowbrow** (*esp pej*) **I.** *adj book, film* geistig anspruchslos, seicht; *person* einfach, schlicht **II.** *n* Ungebildete(r) *f(m),* Banause *m pej,* Prolet(in) *m(f) pej fam* **low-cal** ['ləʊkæl, AM 'loʊ-] *adj* (*fam*), **low-calorie** *adj* kalorienarm; **~ chocolate** kalorienreduzierte Schokolade **Low Church** *n* Low-Church *f* (*puritanisch-protestantische Richtung in der Anglikanischen Kirche*) **low-class** *adj quality* drittklassig; (*socially*) Unterschichts-, aus der Unterschicht *nach n* **low comedy** *n* ① *no pl* (*genre*) Schwank *m oft pej* ② (*show*) Comedy-Show *f* **low-cost** *adj* billig, preiswert **Low Countries** *npl* HIST ■**the ~** *pl* die Niederlande *pl* (*die heutigen Beneluxstaaten*) **low-cut** *adj dress* tief ausgeschnitten, mit tiefem Ausschnitt *nach n* **low-down** *adj* (*fam*) mies *fam,* fies *fam,* gemein; **~ people** Gesindel *nt* **lowdown** *n no pl* (*fam*) ■**the ~** ausführliche Informationen; **to give sb the ~ [on sb/sth]** jdn ausführlich [über jdn/etw] informieren; **to get the ~ on sth** über etw *akk* aufgeklärt werden **low-end** *adj attr, inv* billig, preisgünstig **low-energy** *adj* ECOL energiesparend; ELEC, PHYS energiearm; FOOD kalorienarm; **~ house** Niedrigenergiehaus *nt;* **~ light bulb** Energiesparlampe *f*

lower[1] ['ləʊəʳ, AM 'loʊɚ] **I.** *adj inv* ① (*less high*) niedriger; (*situated below*) untere(r, s), Unter- hinab; **in the ~ back** im unteren Rücken; **~ deck** *of a coach* unteres Deck; *of a ship* Unterdeck *nt;* **~ floor** untere Etage; **~ jaw** Unterkiefer *m;* **~ lip** Unterlippe *f;* **the ~ reaches of the ocean** die tieferen Regionen des Ozeans; **the L~ Rhine** GEOG der Niederrhein
② (*less in hierarchy*) *status, rank* niedere(r, s), untere(r, s); *animal* niedere(r, s)
II. *vt* ① (*move downward*) ■**to ~ sth** etw herunterlassen; ■**to ~ oneself** ***she ~ed herself into a chair*** sie ließ sich auf einem Stuhl nieder; ***the miners ~ed themselves into the tunnel*** die Bergleute ließen sich in den Stollen hinunter; **to ~ one's arm/hands** den Arm/die Hände senken; **to ~ one's eyes** die Augen niederschlagen, den Blick senken; **to ~ one's head** den Kopf senken; **to ~ a flag/the sails** eine Fahne/die Segel einholen; **to ~ the hem** den Saum herauslassen; **to ~ the landing gear** das Fahrgestell ausfahren; **to ~ a lifeboat** NAUT ein Rettungsboot zu Wasser lassen [*o* aussetzen]; **to ~ the periscope** das Periskop einfahren
② (*decrease*) ■**to ~ sth** etw verringern [*o* senken]; ***his crude jokes ~ed the tone of the evening*** seine derben Witze drückten das Niveau des Abends; **to ~ one's expectations/sights** seine Erwartungen/Ansprüche zurückschrauben; **to ~ one's guard** seine Deckung vernachlässigen; **to ~ the heat** die Temperatur zurückdrehen; **to ~ interest rates** die Zinssätze senken; **to ~ prices/taxes** die Preise/Steuern senken; **to ~ the quality** die Qualität mindern; **to ~ one's voice** seine Stimme senken; **to ~ one's standards** seine Anforderungen zurückschrauben
③ (*demean*) ■**to ~ oneself** sich *akk* erniedrigen; ■**to ~ oneself to do sth** sich *akk* herablassen, etw zu tun; ***I wouldn't ~ myself to respond to his insults*** ich würde mich nicht auf sein Niveau begeben und auf seine Beleidigungen antworten; ***I'd never have expected him to ~ himself by stealing*** ich hätte nie gedacht, dass er so tief sinken könnte und stehlen würde
III. *vi* sinken; *voice* leiser werden

lower[2] [laʊəʳ, AM laʊr] *vi person* ein finsteres Gesicht machen; *light* dunkler werden; *sky* sich *akk* verfinstern; ■**to ~ at sb** jdn finster ansehen

Lower Austria *n* Niederösterreich *nt* **lower case letter** *n* Kleinbuchstabe *m* **lower class** **I.** *adj pred* (*second best*) zweitklassig; (*of the lower class*) aus der Unterschicht *nach n* **II.** *n* ■**the ~es** *pl* die unteren Schichten **lower-class** *adj attr* Unterschicht-; *family, worker* aus der Unterschicht *nach n* **Lower House** *n* Unterhaus *nt*

lowering[1] ['ləʊᵊrɪŋ, AM 'loʊ-] *n no pl* Senkung *f,* Reduzierung *f;* **~ of prices** Preissenkung *f;* **~ of standards** Herabsetzung *f* von [Qualitäts]normen; **~ of trade barriers** Abbau *m* von Handelsschranken

lowering[2] ['laʊəʳɪŋ, AM 'laʊrɪŋ] *adj* (*liter*) finster; **~ skies** verhangener Himmel

lowermost *adj* zuunterst **lower regions** *n* Unterwelt *f* **Lower Saxony** *n* Niedersachsen *nt* **lower world** *n* Unterwelt *f*

lowest common denominator *n* MATH kleinster gemeinsamer Nenner; (*fig*) [kleinster] gemeinsamer Nenner *fig,* Minimalkonsens *m;* ***tv programmes are often directed towards the ~*** das Fernsehprogramm orientiert sich häufig am Geschmack der großen Mehrheit

low-fat *adj* fettarm **low-flying** *adj* tieffliegend; **~ aircraft** Tiefflieger *m* **low frequency** *n* Niederfrequenz *f* **Low German** *n* Platt[deutsch] *nt,* Niederdeutsch *nt fachspr* **low-grade** *adj* ① (*low quality*) minderwertig, von minderer Qualität *nach n geh;* **~ steel** Stahl minderer Güte ② (*of small degree*) **~ fever** leichtes Fieber; **~ official** kleiner Beamter/kleine Beamtin *meist pej* **low-hanging fruit** *n no pl* (*sl: in meeting-rooms*) niedrig hängende Frucht *fig,* etw, was leicht zu haben ist **low-impact** *adj attr* ① *exercise* wenig aussagekräftig ② ECOL schadstoffreduziert, wenig belastend *präd;* **~ farming** schonende Landwirtschaft **low-income** *adj* einkommensschwach *attr,* mit geringem Einkommen *nach n* **lowing** ['ləʊɪŋ, AM 'loʊ] *n* Muhen *nt kein pl* **lowjack** *n no pl* ► PHRASES: **to have a ~ on sb** AM (*fam*) alles über jdn wissen **low-key** *adj* unauffällig, zurückhaltend; ***the wedding will be a***

~ ***affair*** die Hochzeitsfeier wird keine große Sache werden; ~ **colour** matte [*o* gedämpfte] Farbe; **a ~ debate/discussion** eine gemäßigte Debatte/Diskussion; ~ **painting/photo** düsteres Bild/Foto; **to keep sth ~** vermeiden, dass etw Aufsehen erregt; **to take a ~ approach to sth** etw ganz gelassen angehen **lowland** ['ləʊlənd, AM 'loʊ-] **I.** *n* ① *no pl* (*low-lying land*) Flachland *nt,* Tiefland *nt* ② (*area*) ■**the ~s** *pl* das Tiefland; **the ~s of Scotland** das schottische Tiefland, die Lowlands *pl* **II.** *n modifier* (*area, farm, region*) Tiefland-, Flachland-; ~ **farming** Tieflandbewirtschaftung *f* **lowlander** ['ləʊləndəʳ, AM 'loʊləndɚ] *n* Flachländer(in) *m(f);* **L~** Bewohner(in) *m(f)* des schottischen Tieflands **low-level** *adj* ① (*not high*) tief; ~ **flight** Tiefflug *m* ② (*of low status*) niedrig, auf unterer Ebene *nach n;* (*unimportant*) nebensächlich, unbedeutend; ~ **infection** leichte Infektion; ~ **job** niedrige Position; ~ **official** kleiner Beamter/kleine Beamtin *meist pej* ③ COMPUT niedere(r, s); ~ [**programming**] **language** niedere [*o* maschinennahe] Programmiersprache **low-level radiation** *n no pl* Strahlung *f* mit niedriger Aktivität, Niedrigstrahlung *f* **low life** *n* (*sl*) Pack *nt pej fam;* ***you ~ scum!*** du dreckiges Schwein! *pej derb* **lowlight** *n* ① (*fam: lowpoint*) Tiefpunkt *m* ② (*dyed hair*) ■**~s** *pl* dunkle Strähnchen **low-lights** ['ləʊlaɪtz, AM 'loʊ] *npl* Strähnchen *ntpl* **low-loader** *n* Tieflader *m*

lowly ['ləʊli, AM 'loʊ-] *adj* ① (*ordinary*) einfach; *status* niedrig; ***I'm just a ~ caretaker*** ich bin nur ein einfacher Hausmeister
② (*modest*) bescheiden
③ BIOL *organism, animal* niedere(r, s)

low-lying *adj* tiefliegend, tiefgelegen; ~ **land** Tiefland *nt* **low-maintenance** *adj* pflegeleicht, wenig arbeitsintensiv **Low Mass** *n* REL Stille Messe **low-minded** *adj* primitiv *pej,* gewöhnlich **low-necked** *adj* tief ausgeschnitten; ~ **dress** Kleid *nt* mit tiefem Ausschnitt

lowness ['ləʊnəs, AM 'loʊ-] *n no pl* ① (*in height*) Niedrigkeit *f; of the neckline* Tiefe *f*
② (*low-pitch*) *of note* Tiefe *f; of voice* Gedämpftheit *f;* ***the ~ of his voice is unusual for a man*** für einen Mann hat er eine ungewöhnlich leise Stimme
③ (*shortage*) *of supplies* Knappheit *f*
④ (*meanness*) Niederträchtigkeit *f,* Gemeinheit *f*
⑤ (*depression*) Niedergeschlagenheit *f*

low-paid I. *adj* schlecht bezahlt; ~ **worker** Billiglohnarbeiter(in) *m(f)* **II.** *n* ■**the ~** *pl* die unteren Einkommensgruppen **low-pitched** *adj voice, note* tief **low pressure** *n* ① PHYS Niederdruck *m;* METEO Tiefdruck *m;* **area of ~** Tiefdruckgebiet *nt* ② (*no stress*) ***he can only perform in conditions of ~*** er kann nur arbeiten, wenn er nicht unter Druck steht **low-pressure** *adj inv* ① (*not stressful*) stressfrei, unbeschwert; ~ **job** ruhiger Job ② (*not aggressive*) unaufdringlich, dezent; ~ **sales** zurückhaltende Verkaufsmethode **low-priced** *adj* [preis]günstig, preiswert **low profile** *n* Zurückhaltung *f;* **to keep a ~** sich *akk* zurückhalten; (*fig*) sich *akk* bedeckt halten, im Hintergrund bleiben **low-profile** *adj* zurückhaltend **low relief** *n* Flachrelief *nt* **low-rise** *adj attr, inv* niedrig; ~ **building** [*or* **construction**] Flachbau *m* **low season** *n* Nebensaison *f* **low-spirited** *adj* niedergeschlagen, [nieder]gedrückt; ***the dance turned out to be a ~ affair*** bei der Tanzveranstaltung herrschte eine gedrückte Stimmung **Low Sunday** *n* REL Weißer Sonntag **low-tech** *adj* [technisch] einfach, Lowtech-; ~ **machinery** Maschinen *fpl* mit einfacher Technik **low-tension** *adj attr, inv* ELEC Niederspannungs- **low tide** *n,* **low water** *n no pl* Niedrigwasser *nt; of sea* Ebbe *f;* **at ~** bei Ebbe **low-water mark** *n* Niedrigwassergrenze *f;* (*fig*) Tiefpunkt *m;* **to reach an all-time ~** einen historischen Tiefstand erreichen **low-yield** *adj* FIN niedrigverzinslich

lox¹ [lɒks, AM lɑːks] *n no pl short for* **liquid oxygen** Flüssigsauerstoff *m*

lox² [lɑːks] *n* AM (*smoked salmon*) Räucherlachs *m*

loyal [lɔɪəl, AM 'lɔɪəl] *adj* treu; (*correct*) loyal; ■**to be ~ to sb/sth** jdm/etw treu sein; (*behave correctly*) sich *akk* jdm/etw gegenüber loyal verhalten; **to be ~ to one's beliefs** seinem Glauben treu sein; **to be ~ to one's government** regierungstreu sein

loyalist ['lɔɪəlɪst] **I.** *n* ① (*government supporter*) Loyalist(in) *m(f);* **government ~** Regierungstreue(r) *f(m)*
② BRIT, IRISH (*Unionist*) ■**L~** *Befürworter der politischen Union zwischen GB und Nordirland*
II. *adj attr, inv* loyal[istisch] *geh,* regierungstreu; ~ **troops** regierungstreue Truppen

loyally ['lɔɪəli] *adv* treu; (*correctly*) loyal

loyal toast *n* BRIT Toast *m* auf den König/die Königin

loyalty ['lɔɪəlti, AM -t̬i] *n* ① *no pl* (*faithfulness*) Treue *f* (**to** zu +*dat*); (*correctness*) Loyalität *f* (**to** gegenüber +*dat*); ~ **discount** [*or* **rebate**] Treuerabatt *m;* **product ~** Produkttreue *f;* **to question sb's ~** an jds Loyalität zweifeln; **to take the oath of ~** den Treueeid schwören
② (*feelings*) ■**loyalties** *pl* Loyalitätsgefühle *ntpl;* ***my loyalties to my family come before my loyalties to my work*** ich fühle mich meiner Familie mehr verpflichtet als meiner Arbeit; ***I'm having to cope with divided loyalties*** ich befinde mich in einem Loyalitätskonflikt

loyalty card *n* Kundenkarte *f*

lozenge ['lɒzɪndʒ, AM 'lɑːzəndʒ] *n* ① MATH Raute *f,* Rhombus *m*
② MED Pastille *f;* **cough ~** Hustenbonbon *nt,* Hustenpastille *f;* **fruit ~** Fruchtbonbon *nt;* **throat ~** Halsbonbon *nt*

LP [ˌel'piː] *n abbrev of* **long-playing record** LP *f*

L-plate ['elpleɪt] *n* BRIT, AUS *Schild mit dem Buchstaben L am Auto eines Fahrschülers;* **to get the ~s off** die Führerscheinprüfung bestehen

LPN [ˌelpiː'en] *n* AM *abbrev of* **licensed practical nurse**

LSD [ˌeles'diː] **I.** *n* ① *no pl abbrev of* **lysergic acid diethylamide** LSD *nt;* **to trip on ~** einen LSD-Trip schmeißen [*o* werfen] *sl*
② MATH *abbrev of* **least significant digit** niederwertigste Ziffer
II. *n modifier* (*dealer, dose, prices*) LSD-; ~ **high** LSD-Rausch *m;* ~ **trip** LSD-Trip *m*

LSE [ˌeles'iː] *n no pl,* + *sing/pl vb abbrev of* **London School of Economics:** ■**the ~** die LSE

Lt. *n abbrev of* **lieutenant** Lt. *m*

LTA [ˌeltiː'eɪ] *n no pl,* + *sing/pl vb abbrev of* **Lawn Tennis Association:** ■**the ~** die LTA

Ltd. *adj inv, after n abbrev of* **limited** GmbH *f*

lube [luːb] AM, AUS **I.** *n no pl* (*fam*) Schmiere *f fam,* Schmieröl *nt*
II. *vt* (*fam*) **to ~ a motor** einen Motor ölen [*o* schmieren]

lube job *n* AM (*fam*) Schmierdienst *m,* Ölservice *m;* **to do a ~ on a car** ein Auto [nach]schmieren

lubricant ['luːbrɪkənt] **I.** *n* TECH Schmiermittel *nt,* Schmierstoff *m;* MED, TECH Gleitmittel *nt*
II. *n modifier* Schmier-; ~ **oil** Schmieröl *nt*

lubricate ['luːbrɪkeɪt] *vt* ① (*grease*) ■**to ~ sth** etw schmieren [*o* fetten]; **to ~ an engine** eine Maschine abschmieren; **to ~ a hinge** ein Scharnier einfetten
② (*make slippery*) ■**to ~ sth** etw [ein]ölen [*o* einschmieren]; **~d condom** Kondom *nt* mit Gleitmittel
► PHRASES: **to ~ sb's tongue** jdm die Zunge lösen

lubrication [ˌluːbrɪ'keɪʃᵊn] **I.** *n no pl* Schmieren *nt,* Fetten *nt;* ***my bike chain needs some ~*** meine Fahrradkette muss gefettet werden
II. *n modifier* (*fitting, system*) Schmier-

lubricator ['luːbrɪkeɪtəʳ, AM -t̬ɚ] *n* TECH ① (*substance*) Abschmierfett *nt*
② (*device*) Abschmiervorrichtung *f,* Schmiergerät *nt*

lubricious [luː'brɪʃəs] *adj* ① TECH schmierfähig; MED gleitfähig
② (*fig form: obscene*) schlüpfrig; ~ **conduct** unanständiges Verhalten

lubriciously [luː'brɪʃəsli] *adv* (*fig form*) schlüpfrig; **to act ~** sich *akk* unanständig benehmen

lubriciousness [luː'brɪʃəsnəs] *n no pl* (*form*) Schlüpfrigkeit *f,* Unanständigkeit *f*

lucern(e) [luː'sɜːn, AM -'sɜrn] *n no pl esp* BRIT BOT Luzerne *f*

Lucerne [luː'sɜːn, AM -'sɜrn] *n* Luzern *nt;* **Lake ~** Vierwaldstätter See *m*

lucid ['luːsɪd] *adj* ① (*unambigious*) klar; (*easy to understand*) einleuchtend, verständlich; ***he writes in a very ~ manner*** er hat einen sehr klaren Stil; **a ~ account** eine präzise Darstellung
② (*clear-thinking*) klar; **in a ~ moment** [*or* **interval**] in einem klaren Moment

lucidity [luː'sɪdəti, AM -t̬i] *n no pl* ① (*in writing, speech*) Klarheit *f;* ~ **of explanation** Anschaulichkeit *f* einer Erklärung
② *of perception* [geistige] Klarheit

lucidly ['luːsɪdli] *adv* ① (*understandably*) klar, einleuchtend; **to explain sth ~** etw verständlich [*o* anschaulich] erklären; **to speak ~** verständlich reden
② (*with mental clarity*) klar

lucidness ['luːsɪdnəs] *n no pl* ① (*in writing, speech*) Klarheit *f,* Verständlichkeit *f*
② *of perception* [geistige] Klarheit

Lucifer ['luːsɪfəʳ, AM -səfɚ] *n* Luzifer *m;* **to be as proud as ~** so stolz wie eine Rose sein

Lucite® ['luːsaɪt] *n* AM Plexiglas® *nt*

luck [lʌk] **I.** *n no pl* ① (*fortune*) Glück *nt;* ***it's the ~ of the draw*** das ist eben Glücksache; ***our ~ was in*** BRIT, ***~ was with us*** wir hatten Glück; ***my ~ was in yesterday*** gestern war mein Glückstag; ***~ was on our side*** das Glück war auf unserer Seite; ***as ~ would have it*** wie es der Zufall wollte; ***just my ~!*** Pech gehabt!; ***it was just her ~ to arrive two minutes too late*** typisch für sie, dass sie zwei Minuten zu spät kam; ***no such ~!*** (*fam*) schön wär's! *fam;* ***I was rather hoping it would rain today but no such ~*** ich hatte gehofft, es würde heute regnen, aber es sollte nicht sein; ***some people have all the ~*** manche Menschen haben einfach immer Glück; **a stroke of ~** ein Glücksfall *m;* **bad ~** [**on sb**] Pech *nt* [für jdn]; **it's bad ~ to do sth** es bringt Unglück, etw zu tun; **bad** [*or* **hard**] [*or* **tough**] [*or* **rotten**] **~!** so ein Pech [aber auch]! *fam;* **to be just** [**a matter of**] **~** reine Glückssache sein; **to be in/out of ~** Glück/kein Glück haben; ***do you have any bananas today? — you're in ~*** haben Sie heute Bananen? – Sie haben Glück; **to be down on one's ~** vom Pech verfolgt sein; **not to believe one's ~** sein Glück kaum fassen können; **to bring sb good/bad ~** jdm Glück/Unglück bringen; **to have** [**good**] **~/bad ~** Glück/Pech haben; ***the only kind of ~ I've been having lately is bad ~*** in der letzten Zeit hatte ich immer nur Pech; **to try one's ~ at sth** sein Glück in etw *dat* versuchen; **by ~** durch Glück [*o* Zufall]; ***that was more by ~ than judgement*** das war mehr Glück als Verstand; **for** [**good**] **~** als Glücksbringer; **with** [**any** [*or* **a bit of**]] **~** mit ein bisschen Glück
② (*success*) Erfolg *m;* ***any ~ with booking your flight?*** hat es mit der Buchung deines Fluges geklappt?; ***better ~ next time!*** vielleicht [klappt es] beim nächsten Mal!; ***good ~ for your exams, John!*** viel Glück [*o* Erfolg] bei deiner Prüfung, John!; ***good ~ to him!*** (*iron*) na dann viel Glück! *iron;* **to have ~** [**with**] **doing sth** bei etw *dat* Erfolg haben; **to wish sb good** [*or* **the best of**] **~ in** [*or* **with**] **sth** jdm für etw *akk* viel Glück [*o* Erfolg] wünschen; **with no ~** ohne Erfolg, erfolglos
II. *vi* AM (*fam*) ■**to ~ into sth** durch Glück an etw *akk* kommen, etw durch Zufall ergattern *fam*
◆**luck out** *vi* AM (*fam*) Schwein haben *fam*

luckily ['lʌkɪli] *adv* glücklicherweise; ***~ for them*** zu ihrem Glück

luckless ['lʌkləs] *adj* (*unfortunate*) glücklos; (*unsuccessful*) erfolglos

lucky ['lʌki] *adj* ① (*fortunate*) glücklich; ***you ~ thing!*** (*fam*) du Glückliche(r)!, du Glückspilz!; ***~ her!*** die Glückliche!; ***you're getting married? who's the ~ man/woman?*** du heiratest? wer ist denn der/die Glückliche?; ***you are ~ in having such a beautiful house*** du kannst dich glücklich schätzen, so ein wunderbares Haus zu besitzen; ***we'll be ~ if …*** wir können von Glück sagen, wenn …; ***you had a ~ escape!*** da hast du ja noch mal Glück gehabt!; ***she's ~ to be alive*** sie hat Glück, dass sie noch lebt; ***it is ~ that they came home*** zum Glück sind sie nach Hause gekommen; ***she's going to ask for a salary increase — she'll be ~!*** sie will um eine Gehaltserhöhung bitten – na dann viel Glück!; ***can you lend me £100? — you'll be ~!*** kannst du mir £100 leihen? – so siehst du [mir] aus!; ***did your husband give you those earrings? — I should be so ~!*** hat dir dein Mann die Ohrringe geschenkt? – schön wär's! *fam;* **a ~ find** ein glücklicher Fund; **to be ~ at games/in love** Glück im Spiel/in der Liebe haben; **to be born ~** ein Glückskind sein; **to count oneself ~** sich *akk* glücklich schätzen; **to get ~** (*fam*) Glück haben; (*meet sb*) jdn kennen lernen; (*hum: have sex*) sich *dat* näher kommen *euph*

❷ (*bringing fortune*) glückbringend, Glücks-; ***what a ~ break!*** Glück gehabt!; **~ buy** günstiger Kauf; **~ day** Glückstag *m;* **~ number** Glückszahl *f;* **to make a ~ guess** einen Zufallstreffer landen

lucky charm *n* Glücksbringer *m,* Talismann *m*
lucky dip *n* BRIT, AUS ≈ Glückstopf *m;* (*fig*) Glücksspiel *nt*

lucrative ['lu:krətɪv, AM -t̬ɪv] *adj* einträglich, lukrativ *geh*

lucratively ['lukrətɪvli, AM -t̬ɪv-] *adv* gewinnbringend, lukrativ *geh*

lucrativeness ['lu:krətɪvnəs, AM -t̬ɪv-] *n no pl* Einträglichkeit *f,* Lukrativität *f geh*

lucre ['lu:kəʳ, AM -kɚ] *n no pl* (*pej dated*) Mammon *m pej,* Geld *nt;* **[filthy] ~** [schnöder] Mammon *hum o pej;* ***he will do anything for ~*** für Geld tut er alles

Luddite ['lʌdaɪt] *n* ❶ (*hist*) Maschinenstürmer *m hist,* Luddit *m hist*
❷ (*usu pej: anti-technology*) Technikfeind(in) *m(f)*

ludic ['lu:dɪk] *adj* (*form*) spielerisch

ludicrous ['lu:dɪkrəs] *adj* (*ridiculous*) lächerlich, lachhaft *pej;* (*absurd*) absurd, grotesk; **a ~ idea** eine abstruse [*o* haarsträubende] Idee; **~ prices** haarsträubende Preise; **to look ~** lächerlich aussehen

ludicrously ['lu:dɪkrəsli] *adv* (*ridiculously*) lächerlich; (*absurdly*) absurd, haarsträubend; **~ expensive** unglaublich teuer

ludicrousness ['lu:dɪkrəsnəs] *n no pl* Lächerlichkeit *f,* Lachhaftigkeit *f,* Absurdität *f*

ludo ['lu:dəʊ] *n* BRIT Mensch-ärgere-dich-nicht[-Spiel] *nt*

luff [lʌf] **I.** *n* NAUT Vorliek *nt*
II. *vt* ❶ NAUT ■**to ~ sb/sth** jdn/etw luven
❷ TECH ■**to ~ sth** etw wippen
III. *vi* NAUT anluven

lug[1] [lʌg] **I.** *vt* <-gg-> (*fam*) ■**to ~ sth** (*carry*) etw schleppen; (*pull*) etw zerren; ■**to ~ sb along** jdn mitschleppen; ■**to ~ sth along** [*or* **around**] etw herumschleppen; ■**to ~ sth away** etw wegschleppen
II. *n* AM (*fam*) Schatz *m,* Liebling *m*

lug[2] [lʌg] *n* ❶ BRIT, AUS (*hum sl: ear*) Löffel *m meist pl hum fam; see also* **lughole**
❷ (*protrusion*) Halterung *f,* Haltevorrichtung *f;* (*handle*) Henkel *m*
❸ AM (*sl: bore*) Schafskopf *m pej fam,* Blödmann *m pej fam*

luge [lu:ʒ] **I.** *n* (*sled*) Schlitten *m;* SPORTS Rodelschlitten *m*
II. *vi* Schlitten fahren, rodeln

luggage ['lʌgɪdʒ] *n no pl* [Reise]gepäck *nt;* **a piece of ~** ein Gepäckstück *nt;* **carry-on** [*or* **hand**] **~** Handgepäck *nt;* **emotional ~** (*fig*) emotionale Last; **to carry psychological ~** psychische Schwierigkeiten haben

luggage carrier *n* Gepäckträger(in) *m(f)* **luggage compartment** *n* (*in a car*) Kofferraum *m;* (*in a train*) Gepäckabteil *nt;* (*in a plane*) Gepäckraum *m* **luggage label** *n* BRIT, AUS Kofferanhänger *m* **luggage locker** *n* (*in stations*) [Gepäck]schließfach *nt;* (*in buses*) Gepäckfach *nt* **luggage rack** *n esp* BRIT Gepäckablage *f,* Gepäcknetz *nt;* *of a bicycle* Gepäckträger *m* **luggage tag** *n* AM (*luggage label*) Kofferanhänger *m* **luggage trolley** *n* Kofferkuli *m* **luggage van** *n* BRIT, AUS RAIL Gepäckwagen *m,* Packwagen *m*

lugger ['lʌgəʳ, AM -ɚ] *n* NAUT Logger *m*

lughole *n* BRIT (*hum sl*) Löffel *m meist pl hum fam;* ***you'll get a clip round the ~*** du kriegst gleich ein paar hinter die Löffel; **to pin back one's ~s** die Löffel aufsperren [*o* spitzen] *fam* **lug nut** *n* Radmutter *f* **lugsail** *n* Loggersegel *nt,* Sturmsegel *nt*

lugubrious [lu'gu:briəs, AM lə'-] *adj* schwermütig, traurig; **~ expression/look** wehmütiger [*o* kummervoller] Gesichtsausdruck/Blick; **~** *music* wehmütige [*o* melancholische] Musik

lugubriously [lu'gu:briəsli, AM lə'-] *adv* trübselig, schwermütig, kummervoll; **to speak ~** traurig reden

lugubriousness [lu'gu:briəsnəs, AM lə'-] *n no pl* Schwermütigkeit *f,* Wehmut *f,* Trübseligkeit *f*

lugworm *n* Köderwurm *m* **lug wrench** *n* Radmutternschlüssel *m*

Luke [lu:k] *n* Lukas *m;* **St ~** der heilige Lukas

lukewarm *adj inv* ❶ (*tepid*) lau[warm]; **~ to the touch** handwarm
❷ (*fig: not enthusiastic*) mäßig, halbherzig; **~ applause** mäßiger Applaus; **to be ~ about an idea** von einer Idee nur mäßig begeistert sein

lull [lʌl] **I.** *vt* ❶ (*soothe*) **to ~ sb to sleep** jdn in den Schlaf lullen; **to ~ a baby to sleep** ein Baby in den Schlaf wiegen
❷ (*trick*) ■**to ~ sb** jdn einlullen *fig;* **to ~ sb into a false sense of security** jdn in trügerischer Sicherheit wiegen
❸ (*dispel*) ■**to ~ sth** *suspicions, fears* etw zerstreuen
II. *vi* sich *akk* legen *fig;* *storm* nachlassen; *sea* sich *akk* beruhigen
III. *n* [Ruhe]pause *f;* ECON Flaute *f;* ***there was a ~ in the storm*** der Sturm ließ für einen Moment lang nach; **a ~ in consumer demand** Konsumflaute *f;* **~ in the conversation** Gesprächspause *f;* **~ in fighting** Kampfpause *f;* **the ~ before the storm** (*fig*) die Ruhe vor dem Sturm *fig*

lullaby ['lʌləbaɪ] *n* Schlaflied *nt,* Wiegenlied *nt*

lulu ['lu:lu:] *n* AM, AUS (*sl*) ■**to be a ~** ❶ (*bad*) der Hammer sein *fam*
❷ (*good*) [aller]erste Sahne sein *fam*

lumbago [lʌm'beɪgəʊ, AM -goʊ] *n no pl* Hexenschuss *m,* Lumbago *f fachspr;* **to have [a] ~** einen Hexenschuss haben

lumbar ['lʌmbəʳ, AM -bɑ:r] *adj attr, inv* MED Lenden-, lumbal *fachspr;* **~ region** Lendenbereich *m;* **~ vertebra** Lendenwirbel *m*

lumber[1] ['lʌmbəʳ, AM -bɚ] *vi* *person* schwerfällig gehen, trotten; *tank* rollen; *cart, waggon* [dahin]rumpeln; *animal* trotten; *bear* [behäbig] tapsen

lumber[2] ['lʌmbəʳ, AM -bɚ] **I.** *n no pl* ❶ *esp* BRIT (*junk*) Kram *m pej fam,* Krempel *m pej fam*
❷ *esp* AM, AUS (*timber*) Bauholz *nt,* Nutzholz *nt;* **~ industry** Holzindustrie *f*
II. *vt* BRIT, AUS (*fam*) ■**to ~ sth with sth** etw mit etw *dat* vollstopfen; ■**to ~ sb with sth** jdm etw aufhalsen; ***as usual, I got ~ed*** wie immer wurde mir die ganze Arbeit aufgebrummt; ***I'm always ~ed with doing the laundry*** das Wäschewaschen bleibt immer an mir hängen; **to ~ one's mind with sth** sich *akk* mit etw *dat* belasten
III. *vi* Holz fällen

lumberer ['lʌmbᵊrəʳ, AM -bɚɚ] *n,* **lumberjack** ['lʌmbədʒæk, AM -bɚ-] *n* Holzfäller(in) *m(f),* Holzarbeiter(in) *m(f)*

lumbering[1] ['lʌmbᵊrɪŋ] *adj attr, inv person* plump; *gait* schwerfällig, trampelnd; *cart, waggon* rumpelnd; *tank* klobig; *animal* trampelnd; *bear* tapsig

lumbering[2] ['lʌmbᵊrɪŋ] *n no pl esp* AM Holzfällen *nt,* Abholzen *nt;* **~ business** [*or* **firm**] Holzunternehmen *nt*

lumber jacket *n* Lumberjack *m,* Holzfällerjacke *f* **lumberman** *n* (*logger*) Holzfäller *m;* (*dealer*) Holzhändler *m* **lumber mill** *n* Sägewerk *nt,* Sägemühle *f* **lumber room** *n* BRIT Abstellkammer *f,* Rumpelkammer *f fam*

lumbersome ['lʌmbəsəm, AM -bɚ-] *adj thing* unhandlich; *person* unbeholfen

lumber trade *n no pl esp* AM Holzhandel *m* **lumberyard** *n esp* AM Holzlager *nt,* Holzplatz *m*

luminary ['lu:mɪnᵊri, AM 'lu:məneri] *n* ❶ (*liter: in sky*) Himmelskörper *m*
❷ (*fig: in an industry*) Koryphäe *f geh,* Kapazität *f fig;* (*in film, theater*) Berühmtheit *f,* Star *m*

luminescence [,lu:mɪ'nesᵊn(t)s, AM ,lu:mə'-] *n no pl* Leuchten *nt;* PHYS Lumineszenz *f fachspr*

luminescent [,lu:mɪ'nesᵊnt, AM ,lu:mə'-] *adj* leuchtend, glänzend; PHYS, ELEC lumineszierend *fachspr*

luminosity [,lu:mɪ'nɒsəti, AM ,lu:mə'nɑ:sət̬i] *n no pl* ❶ (*brightness*) Helligkeit *f;* *of a lamp* Leuchtkraft *f;* PHYS Lichtstärke *f*
❷ (*fig*) *of artist* Brillanz *f,* Genialität *f*

luminous ['lu:mɪnəs, AM 'lu:mə-] *adj* ❶ (*bright*) leuchtend *a. fig,* strahlend *a. fig;* ***her eyes were ~ with merriment*** ihre Augen strahlten vor Glück
❷ (*phosphorescent*) phosphoreszierend, Leucht-; **~ hand** Leuchtzeiger *m;* **~ paint** Leuchtfarbe *f*
❸ (*brilliant*) genial, brillant, glänzend *fig*

luminously ['lu:mɪnəsli, AM 'lu:mə-] *adv* ❶ (*with light*) hell
❷ (*brilliantly*) *speak, write* genial, brillant, glänzend *fig*

lumme ['lʌmi] *interj* BRIT (*fam*) ■**~!** ach Gott!

lummox <*pl* -es> ['lʌməks] *n esp* AM (*fam*) Tolpatsch *m fam,* Trampel *m pej fam*

lump [lʌmp] **I.** *n* ❶ (*chunk*) Klumpen *m;* ***this sauce has got ~s in it*** in der Sauce schwimmen Klümpchen; **~ coal** Grobkohle *f,* Stückkohle *f;* **~ of ice** Eisbrocken *m;* **three ~s of sugar** drei Stück Zucker; **~ of wood** Holzklotz *m*
❷ (*sl: heap*) Haufen *m fam*
❸ MED (*swelling*) Beule *f,* Schwellung *f;* (*in breast*) Knoten *m;* (*inside body*) Geschwulst *f,* Geschwür *nt*
❹ (*fam: person*) Brocken *m fam,* Trampel *m o nt pej fam,* Koloss *m a. hum fam;* ***what a great ~ you are!*** was bist du doch für ein Fettkloss!
❺ (*money*) Menge *f,* Masse *f;* **to pay in a ~** alles auf einmal bezahlen
► PHRASES: **to have a ~ in one's throat** einen Kloß im Hals haben *fig;* **to bring a ~ to sb's throat** jdm die Kehle zuschnüren *fig;* **taken in the ~** im Großen und Ganzen, alles in allem; **to take one's ~s** AM (*fam*) die Konsequenzen tragen
II. *vt* ❶ (*combine*) ■**~ sth with sth** etw mit etw *dat* zusammentun *fam;* ■**to ~ sb with sb else** (*judge together*) jdn mit jdm in einen Topf werfen *fig fam;* (*put in one group*) jdn mit jdm zusammenstecken *fam;* **to ~ costs** Kosten zusammenlegen
❷ (*sl: endure*) **to ~ it** sich *akk* damit abfinden, etw hinnehmen [*o fam* schlucken]; ***you'll just have to like it or ~ it*** damit musst du dich eben abfinden; ***if Tom doesn't like it, he can ~ it*** wenn Tom das nicht passt, hat er eben Pech gehabt
III. *vi* FOOD *flour, sauce* klumpen, Klumpen bilden

◆**lump together** *vt* ❶ (*put together*) ■**to ~ together** ↔ **sth** etw zusammenfassen; ***you can ~ your expenses together*** Sie können Ihre Ausgaben zusammenrechnen; **to ~ books together** Bücher zusammenstellen; **to ~ money together** Geld zusammenlegen
❷ (*judge together*) ■**to ~ together** ↔ **sb/sth** jdn/etw in einen Topf werfen *fig*

lumpen ['lʌmpən] *adj* (*fam: awkward*) *person* plump, grobschlächtig; (*stupid*) doof *pej fam,* dumm *pej*

lump fish *n* Seehase *m*

lumpish ['lʌmpɪʃ] *adj* (*awkward*) *person* grobschlächtig, plump; (*stupid*) doof *pej fam,* dumpf *pej;* **~ movement** schwerfällige Bewegung

lump payment *n* Einmalzahlung *f* **lump sugar** *n no pl* Würfelzucker *m* **lump sum** *n,* **lump sum payment** *n* (*paid at once*) Einmalzahlung *f;* (*for several items*) Pauschale *f,* Pauschalbetrag *m;* **to receive a ~** eine Pauschale erhalten; **to pay sth in**

a ~ etw pauschal bezahlen

lumpy ['lʌmpi] *adj liquid* klumpig; *figure* plump, massig; *person* pummelig; ***the custard is very*** ~ der Pudding ist voller Klümpchen; ~ **pillow/mattress** Kopfkissen *nt*/Matratze *f* mit klumpiger Füllung; ~ **sea** unruhige See; ~ **surface** unebene Oberfläche

lunacy ['luːnəsi] *n no pl* ❶ (*dated: mental condition*) Wahnsinn *m pej;* MED Geistesstörung *f;* LAW [geistige] Unzurechnungsfähigkeit
❷ (*foolishness*) *of action, statment* Wahnsinn *m fam,* Irrsinn *m fam;* **sheer** [*or* **utter**] ~ heller [*o* reiner] Wahnsinn

lunar ['luːnəʳ, AM -nɚ] *adj attr, inv* Mond-, lunar *fachspr;* ~ **cycle** Mondzyklus *m;* ~ **landscape** Mondlandschaft *f a. fig;* ~ **orbit** Mondumlaufbahn *f;* ~ **rock** Mondgestein *nt*

lunar eclipse *n* Mondfinsternis *f* **lunar module** *n* Mond[lande]fähre *f,* Mondlandeeinheit *f* **lunar month** *n* Mondmonat *m*

lunar year *n* Mondjahr *nt*

lunatic ['luːnətɪk] **I.** *n* ❶ (*dated: mentally ill person*) Irre(r) *f(m) pej derb,* Idiot(in) *m(f) pej derb;* MED Geistesgestörte(r) *f(m);* LAW [geistig] Unzurechnungsfähige(r) *f(m)*
❷ (*crazy person*) Verrückte(r) *f(m) fam,* Irre(r) *f(m) fam,* Wahnsinnige(r) *f(m) fam*
II. *adj* verrückt *fam o pej,* wahnsinnig *fam o pej;* MED geistesgestört; LAW [geistig] unzurechnungsfähig

lunatic asylum *n* (*hist*) Irrenanstalt *f pej veraltend fam,* Irrenhaus *nt pej veraltend fam* **lunatic fringe** *n* (*pej*) Extremisten *mpl,* Fanatiker *mpl;* ■**to be on the** ~ Extremist/Extremistin sein

lunch [lʌn(t)ʃ] **I.** *n* <*pl* -es> ❶ (*mid-day meal*) Mittagessen *nt;* ***what's for*** ~**?** was gibt's zu Mittag?; **buffet** ~ kaltes Buffet; **business** [*or* AM **power**] ~ (*sl*) Arbeitsessen *nt,* Geschäftsessen *nt;* **to do** ~ (*fam*) miteinander zu Mittag essen; **to go out to** [*or* **for**] ~ zum Mittagessen gehen, auswärts zu Mittag essen; **to have** [*or* **eat**] ~ zu Mittag essen; **to have an early** ~ früh zu Mittag essen; **to have** [*or* **hold**] **a** ~ ein Essen geben
❷ (*mid-day break*) Mittagspause *f;* ***what time do you want to have*** ~**?** wann möchtest du Mittag machen?; **to be out to** [*or* **for**] ~ in der Mittagspause [*o* zu Tisch] sein
❸ (*light meal*) Imbiss *m*
► PHRASES: **there's no such thing as a** <u>**free**</u> ~ (*prov*) es wird einem nichts geschenkt; **to** <u>**be**</u> **out to** ~ *esp* AM (*fam*) nicht ganz richtig im Kopf sein *fam*
II. *vi* zu Mittag essen, lunchen; ■**to** ~ **with sb** mit jdm zu Mittag essen; ■**to** ~ **on sth** etw zu Mittag essen

lunchbox *n* ❶ (*box*) Brot[zeit]dose *f,* Lunchbox *f*
❷ (*sl: male genitalia*) Gehänge *nt derb;* **kick to the** ~ Tritt *m* in die Eier *derb* **lunch break** *n* Mittagspause *f*

luncheon ['lʌn(t)ʃən] *n* (*form*) Mittagessen *nt,* Lunch *nt*

luncheonette [ˌlʌn(t)ʃə'net] *n* AM ≈ Imbissstube *f,* ≈ Snackbar *f*

luncheon meat *n* Frühstücksfleisch *nt* **luncheon voucher** *n* BRIT Essensmarke *f*

lunch hour *n* Mittagspause *f* **lunch meat** *n* AM Frühstücksfleisch *nt* **lunch party** *n Mittagessen mit kleiner Party* **lunch room** *n* AM (*snack bar*) Imbissstube *f;* (*at school*) Speisesaal *m;* (*at university*) Mensa *f;* (*at work*) Kantine *f* **lunchstop** *n* Lunchbar *f* **lunchtime I.** *n* (*midday*) Mittagszeit *f;* (*lunchbreak*) Mittagspause *f;* ***Sunday*** ~***s are special in our family*** das sonntägliche Mittagessen ist in unserer Familie etwas Besonderes; **yesterday** ~ BRIT gestern in der Mittagspause; **at** ~ mittags; ***he'll arrive at*** ~ er wird gegen Mittag ankommen **II.** *n modifier* (*concert, edition*) Mittags-

lung [lʌŋ] *n* Lungenflügel *m;* ■**the** ~**s** *pl* die Lunge; **the** ~**s of the Earth** (*fig*) die grüne Lunge der Erde; **to have a good** [*or* **healthy**] **pair of** ~**s** eine gute Lunge haben *hum*
► PHRASES: **to** <u>**shout**</u> **at the top of one's** ~**s** sich *dat* die Lunge aus dem Leib schreien

lung cancer *n no pl* Lungenkrebs *m*

lunge [lʌndʒ] **I.** *n* (*sudden jump forwards*) Satz *m* nach vorn; (*in fencing*) Ausfall *m;* **to make a** ~ **at sb/sth** sich *akk* auf jdn/etw stürzen
II. *vi* ■**to** ~ **at** [*or* **toward[s]**] **sb** sich *akk* auf jdn stürzen, auf jdn losgehen; ■**to** ~ **forward** einen Satz nach vorne machen; (*in fencing*) einen Ausfall machen
◆**lunge out** *vi* ■**to** ~ **out at sb** sich *akk* auf jdn stürzen

lung power *n* Stimmgewalt *f*

lunula <*pl* -lae> ['luːnjələ, AM -njʊ-] *n* ❶ ANAT (*of fingernail*) Nagelmöndchen *nt,* Lunula *f fachspr*
❷ (*ornament*) Lunula *f fachspr*

lupin(e) ['luːpɪn] *n* Lupine *f*

lupine ['luːpaɪn] *adj* wölfisch

lurch¹ [lɜːtʃ, AM lɜːrtʃ] *n* **to leave sb in the** ~ jdn im Stich lassen [*o fam* hängen lassen]

lurch² [lɜːtʃ, AM lɜːrtʃ] **I.** *n* <*pl* -es> Ruck *m a. fig; of ship* Schlingern *nt; of person* Torkeln *nt,* Taumeln *nt; of train* Ruckeln *nt;* **the party's** ~ **to the left** der Linksruck der Partei; **to give a** ~ einen [plötzlichen] Ruck machen; **with a** ~ mit einem Ruck
II. *vi crowd, person* torkeln, schwanken; *car, ship* schlingern; *train* ruckeln; ■**to** ~ **away from sth** von etw *dat* abrücken [*o* Abstand nehmen]; ***the car*** ~***ed to a sudden halt*** das Auto kam ruckartig zum Stehen; ***the train*** ~***ed forward*** der Zug fuhr mit einem Ruck an; (*fig*) ***she*** ~***es from one bad relationship to another*** sie schlittert von einer Katastrophenbeziehung in die nächste; ***the speaker kept*** ~***ing from one topic to another*** der Sprecher sprang dauernd von einem Thema zum nächsten

lure [lʊəʳ, AM lʊr] **I.** *vt* ■**to** ~ **sb/sth** jdn/etw [an]locken [*o* ködern]; ■**to** ~ **sb away from sth** jdn von etw *dat* weglocken [*o* fortlocken]; **to** ~ **sb/an animal into a trap** jdn/ein Tier in eine Falle locken; ■**to** ~ **sb/an animal out from sth** jdn/ein Tier aus etw *dat* hervorlocken
II. *n* ❶ *no pl* (*fig: power of attraction*) Verlockung *f,* Reiz *m;* **the** ~ **of easy money** der Reiz des schnellen Geldes; **the** ~ **of the wild** der Ruf der Wildnis
❷ (*decoy*) Köder *m a. fig;* HUNT Lockvogel *m a. fig*

Lurex® ['ljʊəreks, AM 'lʊr-] **I.** *n no pl* Lurex® *nt*
II. *n modifier* (*skirt, top, trousers*) Lurex-, aus Lurex *nach n*

lurgy ['lɜːgi] *n* BRIT, AUS (*hum fam*) Zipperlein *nt hum fam,* Wehwehchen *nt hum*

lurid ['ljʊərɪd, AM 'lʊr-] *adj* ❶ (*glaring*) grell [leuchtend], intensiv; *colours* schreiend, grell *fig;* ~ **sunset** dunkelroter Sonnenuntergang
❷ (*sensational*) reißerisch *pej,* sensationslüstern *pej; cover, article* reißerisch aufgemacht *pej;* (*terrible*) grässlich, widerlich; ~ **details** schmutzige Einzelheiten; **to describe sth in** ~ **detail** etw drastisch schildern; ~ **language** reißerische Sprache

luridly ['ljʊərɪdli, AM 'lʊr-] *adv* ❶ (*glaringly*) grell, intensiv
❷ (*horrifyingly*) grässlich, schaurig; (*gaudily*) reißerisch, sensationslüstern; **a** ~ **written description** eine reißerisch aufgemachte Schilderung

luridness ['ljʊərɪdnəs, AM 'lʊr-] *n no pl* ❶ (*intensity*) Grellheit *f,* Intensität *f*
❷ (*gaudiness*) *of language* Blutrünstigkeit *f; of tale* Schaurigkeit *f; of details* ekelhafte Darstellung; **the** ~ **of their language** ihre reißerische Sprache

lurk [lɜːk, AM lɜːrk] *vi* auf der Lauer liegen, lauern *a. fig;* (*fig*) ■**to** ~ **behind sth** hinter etw *dat* stecken; **to** ~ **beneath the surface** (*fig*) unter der Oberfläche schlummern; **to** ~ **in the bushes/the dark** sich *akk* im Gebüsch/in der Dunkelheit verborgen halten
◆**lurk about, lurk around** *vi* herumschleichen

lurking ['lɜːkɪŋ, AM 'lɜːr-] *adj attr, inv* lauernd; *person, object* versteckt, verborgen; *fear* unterschwellig; *doubt, suspicion* heimlich; ~ **error** versteckter Fehler

luscious ['lʌʃəs] *adj* ❶ (*sweet*) *taste, smell* [herrlich] süß; *fruit* saftig [süß]; *cake, wine* köstlich, delikat; *colour* satt, intensiv
❷ (*fam: voluptuous*) sinnlich; *girl* knackig *sl,* appetitlich *fam;* ~ **curves** üppige Kurven; ~ **lips** volle Lippen; **to look** ~ zum Anbeißen aussehen *fam*
❸ (*growing vigorously*) üppig; ~ **landscape** blühende Landschaft

lusciously ['lʌʃəsli] *adv taste* köstlich; (*voluptuously*) sinnlich, erotisch; ~ **dressed** verführerisch gekleidet; ~ **juicy** herrlich saftig

lusciousness ['lʌʃəsnəs] *n no pl of food* Köstlichkeit *f; of fruit* Saftigkeit *f,* Süße *f; of colour* Sattheit *f,* Intensität *f; of a woman* Sexappeal *m,* erotische Ausstrahlung; *of lips* Sinnlichkeit *f; of a vegetation* Üppigkeit *f*

lush [lʌʃ] **I.** *adj* ❶ *grass* saftig [grün]; *growth, vegetation* üppig
❷ (*luxurious*) *car, hotel* luxuriös; (*voluptuous*) *colour* satt, intensiv; *woman* sinnlich; ~ **salary** dickes [*o* saftiges] Gehalt *fam*
II. *n* <*pl* -es> AM (*sl*) Säufer(in) *m(f) fam,* Trinker(in) *m(f)*

lushly ['lʌʃli] *adv* ❶ *grow* üppig
❷ *furnished, decorated* luxuriös

lushness ['lʌʃnəs] *n no pl* ❶ *of grass, meadows* Saftigkeit *f; of growth* Üppigkeit *f*
❷ (*luxury*) *of furniture* Pracht *f;* (*voluptuousness*) Üppigkeit *f; of woman* Sinnlichkeit *f*

lust [lʌst] **I.** *n* ❶ (*sexual drive*) Lust *f,* Geilheit *f fam,* Sinneslust *f geh* (**for** nach +*dat*); ***he looked at her with*** ~ er sah sie lüstern an; **the** ~**s of the flesh** die fleischlichen Begierden [*o* Lüste] *geh;* **to satisfy one's** ~ seine Lust befriedigen
❷ (*desire*) Begierde *f* (**for** nach +*dat*); (*greed*) Gier *f* (**for** nach +*dat*); ~ **for life** Lebenslust *f,* Lebenshunger *m;* ~ **for money/power** Geld-/Machtgier *f;* ~ **for revenge** Rachegelüste *ntpl geh*
II. *vi* ■**to** ~ **after** [*or* **for**] **sb** jdn begehren *geh o hum;* ■**to** ~ **after** [*or* **for**] **sth** gierig nach [*o* auf] etw *dat* sein; **to** ~ **after possessions/power** leidenschaftlich nach Besitz/Macht streben

luster *n no pl* AM *see* **lustre**

lusterless *adj* AM *see* **lustreless**

lustful ['lʌstfʊl] *adj* lüstern *geh*

lustfully ['lʌstfʊli] *adv* lüstern *geh*

lustfulness ['lʌstfʊlnəs] *n no pl* Begierde *f geh*

lustily ['lʌstɪli] *adv* kräftig, lebhaft; **to cry/shout** ~ aus vollem Hals[e] schreien/rufen; **to laugh** ~ lauthals [*o* herzhaft] lachen; **to sing** ~ aus voller Kehle singen; **to work** ~ dynamisch [*o* schwungvoll] arbeiten

lustiness ['lʌstɪnəs] *n no pl* Kräftigkeit *f,* Lebhaftigkeit *f*

lustre ['lʌstəʳ], AM **luster** [-tɚ] *n* ❶ *no pl* (*shine*) Glanz *m,* Schimmer *m;* **rich** ~ strahlender Glanz
❷ *no pl* (*fig: grandeur*) Glanz *m fig;* **to add** ~ **to sth** etw *dat* Glanz verleihen
❸ (*pendant*) Lüster *m;* (*chandelier*) Kronleuchter *m,* Lüster *m veraltend*

lustreless ['lʌstələs], AM **lusterless** [-tɚləs] *adj* glanzlos, ohne Glanz *nach n; hair* stumpf; *smile* matt

lustrous ['lʌstrəs] *adj* glänzend, strahlend; *hair* glänzend, schimmernd; *smile* strahlend

lustrously ['lʌstrəsli] *adv* glänzend, strahlend; ***your hair shines*** ~ deine Haare haben einen schimmernden Glanz

lusty ['lʌsti] *adj* (*strong and healthy*) *person* gesund [und munter]; *man* stark; *appetite* herzhaft; (*energetic*) *children* lebhaft; *worker* tüchtig, zupackend *attr; cry* kräftig, laut; *kick, punch* kräftig, hart; *voice* kräftig

lutanist ['luːtᵊnɪst] *n see* **lutenist**

lute [luːt] *n* Laute *f*

lutenist ['luːtᵊnɪst] *n* Lautenspieler(in) *m(f),* Lautenist(in) *m(f) fachspr*

Luther ['luːθəʳ, AM ɚ] *n no pl* Luther *m*

Lutheran ['luːðᵊrᵊn] REL **I.** *n* Lutheraner(in) *m(f)*
II. *adj inv* lutherisch

Lutheranism ['luːθᵊrᵊnɪzᵊm] *n no pl* Lutheranismus *m*

luv [lʌv] *n* BRIT, AUS Liebling *m,* Schatz *m fam*

luvvie ['lʌvi] *n* BRIT (*hum*), **luvvy** *n* BRIT (*hum*) Möchtegernschauspieler(in) *m(f) pej*

lux <*pl* -> [lʌks] *n* PHYS Lux *nt*
luxe [lʌks, lu:ks] *n modifier kitchen* Nobel-; *packaging* Edel-, Luxus-
Luxembourg ['lʌksəmbɜ:g, AM -bɜ:rg] *n* Luxemburg *nt*
Luxembourger ['lʌksəmbɜ:gəʳ, AM -bɜ:rgɚ] *n* Luxemburger(in) *m(f)*
Luxemburgish ['lʌksəmbɜ:gɪʃ, AM -bɜ:rg-] **I.** *n* Letzeburgesch *nt*
II. *adj* letzeburgesch
luxuriance [lʌg'ʒʊəriən(t)s, AM -'ʒʊri-] *n no pl* Überfluss *m*, Reichtum *m; of vegetation* Üppigkeit *f; of hair* Fülle *f;* ***the ~ of his style of writing sets him apart from other writers*** mit seinem überschwänglichen Schreibstil hebt er sich von anderen Autoren ab
luxuriant [lʌg'ʒʊəriənt, AM -'ʒʊri-] *adj* (*abundant*) üppig; (*adorned*) prunkvoll; ~ **hair** volles Haar; ~ **harvest** [ertrag]reiche Ernte; ~ **imagination** blühende Phantasie; ~ **style of writing** blumiger [Schreib]stil
luxuriantly [lʌg'ʒʊəriəntli, AM -'ʒʊri-] *adv* üppig
luxuriate [lʌg'ʒʊərieɪt, AM -'ʒʊri-] *vi* sich *akk* aalen; ***the plants are ~ing*** die Pflanzen gedeihen prächtig; **to ~ on the couch** sich genüsslich auf der Couch räkeln
luxurious [lʌg'ʒʊəriəs, AM -'ʒʊri-] *adj* ① (*with luxuries*) luxuriös, Luxus-; ~ **hotel** Luxushotel *nt*
② (*self-indulgent*) genüsslich, genießerisch; (*decadent*) genusssüchtig, verschwenderisch; **to live a ~ life** verschwenderisch leben, ein luxuriöses Leben führen
luxuriously [lʌg'ʒʊəriəsli, AM -'ʒʊri-] *adv* ① (*with luxuries*) luxuriös; **to furnish sth ~** etw prunkvoll ausstatten; **to live ~** auf großem Fuß leben
② (*self-indulgently*) genüsslich, genießerisch
luxury ['lʌkʃəri, AM -ʃɚi] **I.** *n* ① *no pl* (*self-indulgence*) Luxus *m*, Überfluss *m;* **to live** [*or* **lead**] **a life of ~** ein Luxusleben führen; **to live in ~** im Luxus leben
② (*luxurious item*) Luxus[artikel] *m;* ■**luxuries** *pl* Luxus *m kein pl;* ***champagne is a real ~*** Champagner ist der reinste Luxus; **to buy oneself little luxuries** sich *dat* ein bisschen Luxus leisten
II. *n modifier* (*car, flat, holiday*) Luxus-; ~ **hotel** Luxushotel *nt*
luxury cruise *n* Kreuzfahrt *f;* **to go on a ~** eine Kreuzfahrt machen **luxury goods** *n,* **luxury items** *npl* Luxusgüter *pl*, Luxusartikel *mpl*
LV *n* BRIT *abbrev of* **luncheon voucher**
LW *n* RADIO *abbrev of* **long wave** LW
lychee [,laɪ'tʃi:, AM 'li:tʃi:] *n* Litschi *f*
lychgate ['lɪtʃgeɪt] *n* überdachtes Friedhofstor
Lycra® ['laɪkrə] **I.** *n no pl* Lycra® *nt*
II. *n modifier* (*leggings, shirt*) Lycra-, aus Lycra *nach n;* ~ **fibre** Lycrafaser *f;* ~ **bodysuit** [Gymnastik]anzug *m* aus Lycra
lye [laɪ] *n no pl* Lauge *f*
lying¹ ['laɪɪŋ] *vi present participle of* **lie**
lying² ['laɪɪŋ] **I.** *adj attr, inv* verlogen, lügnerisch; ~ **toad** BRIT (*fam*) Lügenbold *m fam*
II. *n no pl* Lügen *nt;* ***that would be ~*** das wäre gelogen
lying-in [,laɪɪŋ'ɪn] *n* (*old*) Wochenbett *nt veraltend*
Lyme disease ['laɪm-] *n* MED Lyme-Krankheit *f*, Lyme-Borreliose *f fachspr*
lymph [lɪmf] *n no pl* Lymphe *f*, Gewebsflüssigkeit *f*
lymphatic [lɪm'fætɪk, AM -'fæṭ-] **I.** *adj inv* lymphatisch *fachspr*, Lymph[o]-; ~ **vessel** Lymphgefäß *nt*
II. *n* Lymphgefäß *nt*
lymphatic system *n* Lymphsystem *nt*
lymph gland *n,* **lymph node** *n* Lymphknoten *m*, Lymphdrüse *f*
lymphocyte ['lɪm(p)fə(ʊ)saɪt] *n* Lymphozyt *m*
lymph vessel *n* Lymphgefäß *nt*
lynch [lɪn(t)ʃ] *vt* ■**to ~ sb** jdn lynchen
lynching ['lɪn(t)ʃɪŋ] *n* Lynchen *nt*
lynch law *n* Lynchjustiz *f* **lynch mob** *n aufgebrachte Menschenmenge, die jdn lynchen will* **lynchpin** *n see* **linchpin**
lynx <*pl* -es *or* -> [lɪŋks] *n* Luchs *m*
lynx-eyed *adj* **to be ~** Augen wie ein Luchs haben
lyre [laɪəʳ, AM laɪr] *n* Lyra *f geh*, Leier *f*
lyrebird *n* Leierschwanz *m*
lyric ['lɪrɪk] **I.** *adj inv* lyrisch; ~ **poet** Lyriker(in) *m(f);* ~ **poetry** Lyrik *f*, lyrische Dichtung
II. *n* ① (*poem*) lyrisches Gedicht
② (*words for song*) ■**~s** *pl* [Lied]text *m*
lyrical ['lɪrɪkəl] *adj* ① *poetry* lyrisch
② (*emotional*) gefühlvoll, schwärmerisch; **to wax ~ about sth** über etw *akk* ins Schwärmen geraten
lyrically ['lɪrɪkəli] *adv* ① (*poetically*) lyrisch
② (*emotionally*) gefühlvoll, schwärmerisch
lyricism ['lɪrɪsɪzəm] *n* ① *no pl* LIT, MUS Lyrik *f;* (*passage*) Lyrismus *m fachspr*
② (*sentiment*) Gefühlsregung *f*, Schwärmerei *f*
lyricist ['lɪrɪsɪst] *n* ① (*writer of texts*) Texter(in) *m(f)*
② (*poet*) Lyriker(in) *m(f)*
Lysol® ['laɪsɒl, AM sɑ:l] *n no pl* Lysol® *nt*

M

M <*pl* -'s>, **m** <*pl* -'s *or* -s> [em] *n* ① (*letter*) M *nt*, m *nt;* ~ **for Mary** [*or* AM **as in Mike**] M für Martha; *see also* **A 1.**
② (*Roman numeral*) M *nt*, m *nt*
M I. *adj* FASHION *abbrev of* **medium** M
II. *n* [em] BRIT *abbrev of* **motorway** ≈ A *f;* ***the ~4 from London to Bristol*** die M4 von London nach Bristol
m I. *n* <*pl* -> ① *abbrev of* **metre** m
② *abbrev of* **mile**
③ *abbrev of* **million** Mill., Mio.
④ *abbrev of* **minute** Min.
⑤ (*one thousandth*) m
II. *adj* ① *abbrev of* **male** männl.
② *abbrev of* **masculine** m
③ *abbrev of* **married** verh.
MA [,em'eɪ] *n abbrev of* **Master of Arts** ≈ M.A. *m;* **to be** [*or* **have**] **an ~ in sth** den Magister in etw *dat* haben; **to study for** [*or* **do**] **an ~ in sth** den Magister in etw *dat* machen; **John Smith, ~** John Smith, M.A.
ma [mɑ:] *n* ① (*fam: mother*) Mama *f fam*, Mutti *f fam*
② *esp* AM (*title*) ***M~ Johnson*** Mama Johnson
ma'am¹ [mæm] *n short for* **madam** gnädige Frau *form*
ma'am² [mɑ:m] *n* BRIT Majestät *f*
Maastricht Treaty *n* EU Maastrichter Vertrag, Vertrag *m* von Maastricht
mac [mæk] *n esp* BRIT (*fam*) *short for* **macintosh** Regenmantel *m*
Mac¹ [mæk] *n* ① (*Scotsman*) Schotte *m*
② AM (*fam*) Kollege *m hum fam*, Kumpel *m fam;* ***hallo, ~!*** hallo, Alter! *fam*
Mac² [mæk] *n* COMPUT (*fam*) *short for* **Macintosh**® Mac *m fam*
MAC *n* COMPUT ① *abbrev of* **multiplexed analog components** MAC *f*
② *abbrev of* **message authentication code** Nachrichtenberechtigungscode *m*
macabre [mə'kɑ:br(ə), AM -brə] *adj* makaber
macadam [mə'kædəm] *n* Splitt *m*, Schotter *m*, Makadam *m o nt fachspr*
macadamize [mə'kædəmaɪz] *vt* **to ~ a road** eine Straße schottern [*o fachspr* makadamisieren]
macadam road *n* Schotterstraße *f*
macaque [mə'kɑ:k] *n* ZOOL Makak *m*
macaroni [,mækə'rəʊni, AM -'roʊ-] *n no pl* Makkaroni *pl*
macaroni and cheese *n,* **macaroni cheese** *n* Käsemakkaroni *pl*
macaroon [,mækə'ru:n] *n* Makrone *f*
macaw [mə'kɔ:, AM -kɑ:] *n* ORN Ara *m*
Mace® [meɪs] **I.** *n no pl* ≈ Tränengas *nt*, chemische Keule *fam*
II. *vt* ■**to ~ sb** jdn mit Tränengas besprühen
mace¹ [meɪs] *n* ① BRIT (*staff*) Amtsstab *m*
② (*hist: weapon*) Keule *f;* (*with spikes*) Morgenstern *m*
mace² [meɪs] *n no pl* Mazis *m*, Mazisblüte *f*, Muskatblüte *f*
mace bearer *n* BRIT Träger(in) *m(f)* des Amtsstabes
Macedonia [,mæsɪ'dəʊniə, AM -ə'doʊ-] *n* Makedonien *nt*, Mazedonien *nt*
Macedonian [,mæsɪ'dəʊniən, AM -ə'doʊ-] **I.** *n* Makedonier(in) *m(f)*, Mazedonier(in) *m(f)*
II. *adj* makedonisch, mazedonisch
macerate ['mæsəreɪt] **I.** *vt* ■**to ~ sth** etw aufweichen [*o* einweichen]; **fruits ~d in wine** in Wein eingelegte Früchte
II. *vi* aufweichen, einweichen
Mach [mæk, AM mɑ:k] *n no pl* AEROSP, PHYS Mach *nt;* **at ~ one** mit [einer Geschwindigkeit von] 1 Mach
machete [mə'(t)ʃeti, AM -ṭi] *n* Machete *f*, Buschmesser *nt*
Machiavellian [,mækiə'veliən] **I.** *adj* machiavellistisch
II. *n* Machiavellist(in) *m(f)*
machinations [,mækɪ'neɪʃənz, AM -ə'-] *npl* Machenschaften *pl*, Intrigen *fpl*
machine [mə'ʃi:n] **I.** *n* ① (*mechanical device*) Maschine *f*, Apparat *m;* (*answering machine*) Anrufbeantworter *m;* (*washing machine*) Waschmaschine *f;* (*vending machine*) Automat *m;* (*fig: person*) Maschine *f fig;* **by ~** maschinell
② (*approv fam: bicycle*) [Fahr]rad *nt;* (*automobile, motorcycle, plane*) Maschine *f fam*
③ (*powerful group*) Apparat *m fig*, Maschinerie *f kein pl;* **party/propaganda ~** Partei-/Propagandaapparat *m*
II. *vt* ■**to ~ sth** (*produce*) etw maschinell herstellen [*o* produzieren]; (*treat*) etw maschinell bearbeiten; (*print*) etw [maschinell] drucken; (*cut metal*) etw abspanen; **to ~ the hem** den Saum [mit der Nähmaschine] umnähen
machine age *n* Maschinenzeitalter *nt* **machine code** *n no pl* (*computer language*) Maschinensprache *f;* (*instruction code*) Maschinenkode *m* **machine gun I.** *n* Maschinengewehr *nt*, MG *nt fam* **II.** *n modifier* (*ammunition, fire, handle*) Maschinengewehr-, MG- **machine-gun** *vt* ■**to ~ sb** (*shoot at*) mit einem Maschinengewehr auf jdn schießen; (*kill*) jdn mit einem Maschinengewehr erschießen **machine-gunner** [mə'ʃi:ngʌnəʳ, AM -ɚ] *n* MG-Schütze, -in *m, f* **machine language** *n* COMPUT Maschinensprache *f*, Rechnersprache *f* **machine-made** *adj inv* maschinell hergestellt **machine-readable** *adj inv* COMPUT (*by device*) maschinenlesbar; (*by computer*) computerlesbar
machinery [mə'ʃi:nəri] *n no pl* ① (*machines*) Maschinen *fpl*, technische Geräte *pl*, Maschinerie *f*
② (*mechanism*) Mechanismus *m;* (*fig: system*) Apparat *m fig*, Maschinerie *f*
machine shop *n* (*for production*) Produktionshalle *f;* (*for repairing*) Maschinen[werk]halle *f* **machine time** *n no pl* (*operation time*) Betriebszeit *f;* (*computer time*) Rechenzeit *f;* (*machine run time*) Maschinenlaufzeit *f* **machine tool** *n* Werkzeugmaschine *f* **machine translation** *n no pl* COMPUT maschinelle Übersetzung **machine-washable** *adj pred, inv* maschinenwaschbar, [wasch]maschinenfest
machinist [mə'ʃi:nɪst] *n* ① (*operator*) Maschinist(in) *m(f); of a sewing machine* Maschinennäher(in) *m(f)*
② (*builder, repairer*) Maschinenbauer(in) *m(f)*, Maschinenschlosser(in) *m(f)*
machismo [mə'kɪzməʊ, AM mɑ:'tʃɪzmoʊ] *n no pl* (*pej*) Machismo *m pej geh*
Mach number *n* Machzahl *f*
macho ['mætʃəʊ, AM 'mɑ:tʃoʊ] **I.** *adj* (*pej fam*) machohaft *fam o pej*, Macho-; ~ **man** Macho *m fam o pej;* ~ **talk** Macho-Gerede *nt fam o pej;* ***he's too ~ to admit that*** dafür ist er ein viel zu großer Macho, als dass er das zugeben würde

M

II. *n* Macho *m pej*

macintosh *n* BRIT *see* **mackintosh**

mack [mæk] *n* BRIT (*fam*) *short for* **mackintosh** Regenmantel *m*

mackerel <*pl* -s *or* -> ['mækᵊrᵊl] *n* Makrele *f*

mackintosh ['mækɪntɒʃ] *n* BRIT Regenmantel *m*, Kleppermantel® *m*

macramé [mə'krɑːmeɪ, AM 'mækrəmeɪ] **I.** *n no pl* Makramee *nt*

II. *n modifier* (*bag, plant hanger, sweater*) Makramee-, aus Makramee *nach n*

macro ['mækrəʊ, AM -kroʊ] *n* COMPUT Makro *nt*

macro- ['mækrəʊ, AM -kroʊ] *in compounds* makro-, Makro-

macrobiotic [ˌmækrə(ʊ)baɪ'ɒtɪk, AM -kroʊ'baɪ'ɑːt̬ɪk] *adj inv* makrobiotisch

macrobiotic [ˌmækrə(ʊ)baɪ'ɒtɪks, AM -kroʊ'baɪ'ɑːt̬ɪks] *n + sing vb* makrobiotische Kost

macrocosm ['mækrə(ʊ)ˌkɒzᵊm, AM -kroʊˌkɑː-] *n* ❶ *no pl* (*the universe*) ■**the** ~ der Makrokosmos, das Weltall, das Universum
❷ (*complex entity*) Makrokosmos *m a. fig*

macroeconomics [ˌmækrə(ʊ)iːkə'nɒmɪks, AM -kroʊekəˌnɑː-] *n + sing vb* Makroökonomie *f*

macromolecule [ˌmækrə(ʊ)'mɒlɪkjuːl, AM -kroʊˌmɑː-] *n* Makromolekül *nt*

macron ['mækrɒn, AM 'meɪkrɑːn] *n* Längezeichen *nt*

macroscopic [ˌmækrə(ʊ)'skɒpɪk, AM -kroʊ'skɑː-] *adj* makroskopisch

mad <-dd> [mæd] *adj* ❶ *esp* BRIT (*fam: insane*) wahnsinnig, geisteskrank, verrückt, durchgeknallt *fam*; ***she has a ~ look on her face*** sie hat einen irren Blick; **to go** ~ den Verstand verlieren, verrückt [*o* wahnsinnig] werden; **to drive sb** ~ jdn in den Wahnsinn treiben, jdn um den Verstand bringen, jdn verrückt [*o* wahnsinnig] machen
❷ *esp* BRIT (*fig fam: foolish*) verrückt; ***I must have been*** ~ ich war wohl nicht ganz bei Verstand; [**stark**] **raving** [*or* **staring**] ~ total [*o* völlig] verrückt *fam*
❸ *inv* (*frantic*) wahnsinnig *fam*; ***I'm in a ~ rush*** ich hab's wahnsinnig eilig; **to get into a ~ panic** in wilde Panik geraten; **like** ~ wie ein Verrückter/eine Verrückte, wie verrückt; **to be ~ with anxiety** [*or* **fear**] wahnsinnige Angst haben; **to be ~ with worry** sich *dat* wahnsinnige Sorgen machen; **to be ~ with joy/relief** außer sich *dat* vor Freude/Erleichterung sein
❹ (*fam: enthusiastic*) verrückt *fam*; ■**to be ~ about** [*or* **on**] **sb/sth** nach jdm/etw [*o* auf jdn/etw] verrückt sein; ***she is ~ about children*** sie ist ganz versessen auf Kinder; **to be ~ keen on sb/sth** (*fam*) versessen [*o fam* scharf] auf jdn/etw sein; **to do sth like** ~ etw wie ein Verrückter/eine Verrückte tun
❺ AM (*fam: angry*) böse, wütend, sauer *fam*; ■**to be ~ at** [*or* **with**] **sb** auf jdn böse [*o fam* sauer] sein; ***he's ~ as hell at you*** er ist stinksauer auf dich *fam*; ■**to be ~ about** [*or* **at**] **sth** über etw *akk* wütend [*o fam* sauer] sein; **to drive** [*or* **make**] **sb** ~ jdn rasend machen *fam*
❻ (*rabid*) tollwütig; ~ **dog** tollwütiger Hund; (*fig*) Verrückte(r) *f(m)*, Durchgedrehte(r) *f(m) fam*
❼ AM (*sl*) mega- *sl*; ~ **cool** megacool *sl*; ~ **fun** megafun *sl*; ~ **stupid** saublöd *fam*
► PHRASES: **to be** [**as**] ~ **as a** <u>**hatter**</u> [*or* **March** <u>**hare**</u>] total verrückt [*o* bescheuert] sein *fam*

Madagascan [ˌmædə'gæskən] **I.** *adj* madegassisch
II. *n* Madegasse, -in *m, f*

Madagascar [ˌmædə'gæskəʳ, AM -kɚ] *n* Madagaskar *nt*

madam ['mædəm] *n* ❶ *no pl* (*form of address*) gnädige Frau *veraltet*; (*in titles*) ***M~ President*** Frau Präsidentin; **Dear M~, ...** (*in letter*) Sehr geehrte gnädige Frau, ...
❷ (*pej fam: girl*) Prinzesschen *nt iron pej*
❸ *of brothel* Puffmutter *f derb*, Bordellwirtin *f*

madcap ['mædkæp] **I.** *adj attr* (*dated: impulsive*) verrückt, wild; (*rash*) unbedacht; ~ **antics** übermütige Streiche; ~ **idea** ausgeflippte Idee *fam*; ~ **joke** origineller Witz; ~ **prank** frecher Streich; ~ **scheme** aberwitziger Plan
II. *n* (*eccentric person*) Ausgeflippte(r) *f(m) fam*, verrückter Kerl; (*impulsive person*) Heißsporn *m*, impulsiver Mensch

mad cow disease *n* Rinderwahnsinn *m*, BSE *nt*

madden ['mædᵊn] *vt* ■**to ~ sb** (*drive crazy*) jdn um den Verstand bringen, jdn verrückt [*o* wahnsinnig] machen *fam*; (*anger*) jdn maßlos ärgern, jdn auf die Palme bringen *fam*

maddened ['mædᵊnd] *adj pred, inv* ~ **by** [*or* **with**] **grief** halb wahnsinnig vor Kummer

maddening ['mædᵊnɪŋ] *adj* äußerst ärgerlich; ***her absent-mindedness is ~ at times*** ihre Zerstreutheit ist manchmal zum Verrücktwerden; ~ **habit** nervende Angewohnheit; **a ~ pain** ein unerträglicher Schmerz; **to do sth with a ~ slowness/recklessness** etw mit einer provozierenden Langsamkeit/Rücksichtslosigkeit tun

maddeningly ['mædᵊnɪŋli] *adv* unerträglich, zum Verzweifeln; ~ **stupid** unglaublich dumm

madder ['mædəʳ, AM -ɚ] *n* ❶ BOT Krapp *m*, Färberröte *f*
❷ (*dye*) Krappfarbstoff *m*

made [meɪd] **I.** *pp, pt of* **make**
II. *adj* **to have** [**got**] **it** ~ es geschafft haben *fam*; **a ~ man** ein gemachter Mann

Madeira [mə'dɪərə, AM -'dɪrə] *n* ❶ *no pl* GEOG Madeira *nt*
❷ (*wine*) Madeira[wein] *m*
❸ (*cake*) ~ [**cake**] ≈ Sandkuchen *m*

madeleine ['mædᵊlen] *n* Madeleine *f* (*kleiner in einer Papiermanschette gebackener Rührkuchen*)

made-to-measure *adj inv* maßgeschneidert, nach Maß [an]gefertigt; ~ **suit** Maßanzug *m* **made to order** *adj pred, inv*, **made-to-order** *adj attr, inv* maßangefertigt, nach Maß *nach n*; ECON kundenspezifisch **made-up** *adj* ❶ (*imaginary*) [frei] erfunden, ausgedacht ❷ (*wearing make-up*) geschminkt; ***she was heavily*** ~ sie war stark geschminkt ❸ (*prepared*) fertig, Fertig-; ~ **clothes** Konfektionskleidung *f*; ~ **products** Fertigprodukte *pl* ❹ *road* befestigt

madhouse *n* ❶ (*pej fam or dated: mental hospital*) Irrenanstalt *nt hist o pej fam*
❷ (*pej fam: chaotic place*) Irrenhaus *nt fig pej fam*, Tollhaus *nt fig pej*

madly ['mædli] *adv* ❶ (*insanely*) wie verrückt [*o* wild]; ***she screamed*** ~ sie schrie wie verrückt
❷ (*fam: frantically*) wie ein Verrückter/eine Verrückte *fam*; **to behave** ~ sich *akk* unmöglich aufführen [*o* benehmen]
❸ (*fam: very much*) wahnsinnig *fam*; ~ **jealous** wahnsinnig eifersüchtig; ~ **in love** bis über beide Ohren verliebt

madman *n* ❶ (*dated: insane*) Irrer *m fam*, Geisteskranker *m*
❷ (*pej: frantic*) Verrückter *m fam*, Wahnsinniger *m fam*, Ausgeflippter *m sl*; **to run like a** ~ wie ein Verrückter rennen; **to drive like a** ~ wie ein Irrer fahren

madness ['mædnəs] *n no pl* ❶ (*insanity*) Wahnsinn *m*, Geisteskrankheit *f geh*
❷ (*folly*) Wahnsinn *m fam*, Verrücktheit *f*; **sheer** ~ blanker [*o* heller] Wahnsinn
❸ (*chaos*) Chaos *nt*; ***there was ~ in grocery stores*** in den Lebensmittelläden war die Hölle los; ***it's absolute ~ in here*** das hier ist ein richtiger Hexenkessel

Madonna [mə'dɒnə, AM 'dɑːnə] *n* ❶ REL (*name*) Madonna *f*
❷ ART (*picture*) Madonnenbild *nt*; (*statue*) Madonnenfigur *f*; ■**the** ~ die Madonna

madrigal ['mædrɪgᵊl] *n* Madrigal *nt*

madwoman *n* ❶ (*insane*) Irre *f derb*, Geisteskranke *f*
❷ (*pej: frantic*) Verrückte *f fam*, Wahnsinnige *f fam*, Ausgeflippte *f sl*; *see also* **madman**

maelstrom ['meɪlstrɒm, AM -strəm] *n* METEO, NAUT Mahlstrom *m*, Malstrom *m*; (*fig*) Sog *m fig*, Strudel *m fig*

maestri ['maɪstri] *n* MUS *pl of* **maestro**

maestro <*pl* -tri> ['maɪstrəʊ, AM --stroʊ, *pl* -stri] *n* MUS (*also hum*) Maestro *m a. hum*, Meister *m a. iron*

mafia ['mæfiə, AM 'mɑː-] *n + sing/pl vb* ■**the M~** die Mafia; **the Russian** ~ die Russenmafia; **the art/literary/software** ~ die Kunstmafia/Literaturmafia/Software-Mafia

mafiosi [ˌmæfi'əʊsi, AM ˌmɑːfi'oʊsi] *n pl of* **mafioso**

mafioso <*pl* -si *or* -s> [ˌmæfi'əʊsəʊ, AM ˌmɑːfi'oʊsoʊ, *pl* -si] *n* Mafioso *m*

mag [mæg] *n* (*fam*) *short for* **magazine** Blatt *nt fam*

magazine [ˌmægə'ziːn, AM 'mægəziːn] *n* ❶ (*publication*) Zeitschrift *f*, Magazin *nt*; **to subscribe to a** ~ eine Zeitschrift abonnieren
❷ (*gun part*) Magazin *nt*
❸ MIL (*depot*) Depot *nt*; HIST Magazin *nt*
❹ COMPUT (*in videotext system*) Magazin *nt*

magazine programme *n* Fernsehmagazin *nt*

magazine rack *n* Zeitschriftenständer *m*

magenta [mə'dʒentə] *adj inv* magentarot

maggot ['mægət] *n* Made *f*

maggoty ['mægəti, AM -ət̬i] *adj* madig; ~ **carcass** von Maden zerfressener Leichnam

Magi ['meɪdʒaɪ] *npl* ■**the** ~ die Weisen aus dem Morgenland, die Heiligen Drei Könige

magic ['mædʒɪk] **I.** *n no pl* ❶ (*sorcery*) Magie *f*, Zauber *m*; **like** [*or* **as if by**] ~ wie von Zauberhand; **to work like** ~ (*fig*) wie am Schnürchen klappen [*o* laufen] *fam*
❷ (*tricks*) Zaubertrick[s] *m[pl]*, Zauberkunststück[e] *nt[pl]*; **to do** ~ zaubern, Zaubertricks vorführen; **to make sth disappear by** ~ etw wegzaubern
❸ (*extraordinariness*) Zauber *m*; *of a name* magischer Klang; ***his music hasn't lost any of its ~*** seine Musik hat ihren Zauber nicht verloren
❹ (*effects*) Magie *f*
II. *adj inv* ❶ (*supernatural*) magisch, Zauber-; ***they had no ~ solution*** sie konnten keine Lösung aus dem Ärmel zaubern; ***how did you get the computer to work again? — I guess I've got the ~ touch*** wie hast du den Computer wieder hingekriegt? — ich glaube, ich habe einfach eine Begabung für so was; ~ **formula** Zauberformel *f*
❷ (*extraordinary*) *moment* zauberhaft, wundervoll; *powers* magisch
III. *interj* BRIT (*dated form*) großartig, zauberhaft; ***you're having a party? ~!*** du machst eine Party? toll!
IV. *vt* ■**to ~ sb/sth away** [*or* **to ~ away sb/sth**] jdn/etw wegzaubern

magical ['mædʒɪkᵊl] *adj* ❶ *inv* (*magic*) magisch, Zauber-; ***his effect on children is*** ~ er wirkt magisch auf Kinder; ~ **powers** Zauberkräfte *fpl*
❷ (*extraordinary*) *moment* zauberhaft, wundervoll; *powers* magisch; ***her smile has some sort of ~ quality*** ihr Lächeln kann verzaubern

magically ['mædʒɪkli] *adv* ❶ *inv* (*by magic*) wie von [*o* durch] Zauberhand, wie durch ein Wunder
❷ (*extraordinarily*) wundervoll, zauberhaft

magic bullet *n* (*fam: medication*) Wunderwaffe *f* **magic carpet** *n* fliegender Teppich **magic circle** *n* (*fig: in politics*) priviligierter Kreis; (*of magicians*) Gilde *f* der Zauberkünstler **magic eye** *n* magisches Auge

magician [mə'dʒɪʃᵊn] *n* Zauberer/Zauberin *m/f*, Magier *m*; (*on stage*) Zauberkünstler(in) *m(f)*

Magic Marker® *n* Filzstift *m* **magic mushroom** *n* (*halucinogenic mushroom*) Magic Mushroom *m* **magic spell** *n* Zauber *m kein pl*; **to put** [*or* **cast**] **a ~ on sb** jdn verzaubern, jdn mit einem Zauber belegen *geh* **magic square** *n* MATH magisches Quadrat **magic trick** *n* Zaubertrick *m*; **to perform a** ~ ein Zauberkunststück vorführen **magic wand** *n* Zauberstab *m*; (*fig*) ***we have no ~ to fix this battered economy*** wir haben keine Patentlösung, um diese zerrüttete Wirtschaft wieder in Ordnung zu bringen **magic word** *n* Zauberwort *nt*, Zauberspruch *m*; (*fig*) ***what's the ~? — please!*** wie heißt das kleine Zauberwort? – bitte!; **to say the** ~ das Zauberwort sagen

magisterial [ˌmædʒɪˈstɪəriəl, AM -ˈstɪr-] *adj* (*form*) ❶ (*authoritative*) maßgebend, richtungsweisend, autoritativ *geh;* **a ~ study** eine richtungweisende Studie
❷ (*pej: domineering*) *tone, manner* herrisch, autoritär
❸ *inv* (*of a magistrate*) *office, robes* richterlich
magisterially [ˌmædʒɪˈstɪəriəli, AM ɪˈstɪri] *adv* gebieterisch
magistracy [ˈmædʒɪstrəsi] *n* ❶ (*office*) Amt *nt* des Friedensrichters *hist*
❷ + *sing/pl vb* (*magistrates*) ■**the ~** die Friedensrichter *mpl hist*
magistrate [ˈmædʒɪstreɪt] *n* Friedensrichter(in) *m(f) hist,* Schiedsmann *m hist;* BRIT Richter(in) *m(f);* **to appear before a ~** vor einem Schiedsgericht erscheinen
magistrates' bench *n* Amtsgericht *f;* **to appoint sb to the ~** jdn zum Friedensrichter/zur Friedensrichterin ernennen **magistrates' court** *n* Schiedsgericht *nt hist,* Friedensgericht *nt hist;* **to appear at ~** vor dem Schiedsgericht erscheinen
maglev [ˈmæglev] *n no pl short for* **magnetic levitation** magnetisches Schweben
maglev train *n* Magnet[schwebe]bahn *f*
magma [ˈmægmə] *n no pl* GEOL Magma *nt*
Magna Carta [ˌmægnəˈkɑːtə, AM -ˈkɑːrt̬ə] *n no pl* (*hist*) ■**the ~** die Magna Charta
magna cum laude [ˌmægnɑːkʊmˈlaʊdeɪ] *adv inv* AM UNIV magna cum laude, sehr gut
magnanimity [ˌmægnəˈnɪməti, AM -nænˈɪmət̬i] *n no pl* Großzügigkeit *f,* Großmut *m geh;* **to treat sb with ~** jdn großmütig behandeln
magnanimous [mægˈnænɪməs, AM -nəməs] *adj* großmütig *geh,* hochherzig *geh;* **~ generosity** überwältigende Großzügigkeit
magnanimously [mægˈnænɪməsli, AM -əməs-] *adv* großzügig, großmütig *geh*
magnate [ˈmægneɪt] *n* Magnat *m;* **shipping ~** großer Reeder/große Reederin; **industrial ~** Industriemagnat *m*
magnesia [mægˈniːʃə, AM -ʒə] *n no pl* Magnesia *nt,* Magnesiumoxid *nt*
magnesium [mægˈniːziəm] **I.** *n no pl* Magnesium *nt*
II. *n modifier* (*flare, fire*) Magnesium-; **~ light** Magnesiumlicht *nt*
magnet [ˈmægnət] *n* Magnet *m;* **to be attracted/repelled by a ~** von einem Magneten angezogen/abgestoßen werden; (*fig*) Magnet *m,* Anziehungspunkt *m;* ***the US still acts as a ~ for seekers of fame and fortune*** noch immer gilt die USA als ein Magnet für Leute auf der Suche nach Ruhm und Reichtum; **to be a ~ for tourists/criminals/business** Touristen/Kriminelle/Geschäfte anziehen
magnetic [mægˈnetɪk, AM -t̬-] *adj inv* ❶ *iron, steel* magnetisch
❷ (*fig*) attraktiv, ansprechend; *effect, attraction* unwiderstehlich; *smile, charms* anziehend; **to have a ~ personality** eine große Ausstrahlung haben
magnetically [mægˈnetɪkəli, AM net̬] *adv* magnetisch
magnetic compass *n* Magnetkompass *m,* Bussole *f* **magnetic disk** *n* Magnetplatte *f* **magnetic field** *n* Magnetfeld *nt,* magnetisches Feld; **to place sth in a ~** etw in ein magnetisches Feld einbringen **magnetic head** *n* TECH Magnetkopf *m* **magnetic levitation** *n no pl* magnetisches Schweben, Magnetschwebetechnik *f* **magnetic mine** *n* Magnetmine *f* **magnetic north** *n no pl* nördlicher Magnetpol, antarktischer [geo]magnetischer Pol **magnetic pole** *n* Magnetpol *m,* magnetischer Pol **magnetic resonance imaging** *n no pl* MED magnetische Resonanzspektroskopie **magnetic south** *n no pl* südlicher Magnetpol, arktischer [geo]magnetischer Pol **magnetic storm** *n* [erd]magnetischer Sturm **magnetic strip** *n* Magnetstreifen *m* **magnetic tape** *n no pl* Magnetband *nt*
magnetism [ˈmægnətɪzəm] *n no pl* ❶ (*phenomenon*) Magnetismus *m;* (*charge*) magnetische Kräfte
❷ (*fig*) *of a person* Ausstrahlung *f;* ***he's got this animal ~ about him that women find irresistible*** er hat diese animalische Anziehungskraft, die Frauen unwiderstehlich finden
magnetize [ˈmægnətaɪz] **I.** *vt* ❶ PHYS ■**to ~ sth** etw magnetisieren
❷ (*fig: fascinate*) ■**to ~ sb** jdn faszinieren [*o* anziehen]
II. *vi* magnetisch werden
magneto [mægˈniːtəʊ, AM -t̬oʊ] *n* TECH, AUTO Magnetzünder *m*
magnet school *n* AM SCH *besonders geförderte Schule, um den Wohnbezirk aufzuwerten*
magnification [ˌmægnɪfɪˈkeɪʃən] *n no pl* Vergrößerung *f;* ***these lenses have x10 ~*** diese Linsen haben zehnfache Vergrößerung; **high/low ~** starke/geringe Vergrößerung
magnificence [mægˈnɪfɪsən(t)s] *n no pl* Großartigkeit *f,* Größe *f;* **His/Her/Your M~** Seine/Ihre Magnifizenz
magnificent [mægˈnɪfɪsənt] *adj house, wine, concert* wunderbar, großartig; *food, buffet* hervorragend, ausgezeichnet; **to look ~** wunderschön aussehen
magnificently [mægˈnɪfɪsəntli] *adv* (*well*) hervorragend; (*surprisingly well*) bewundernswert, beeindruckend; ***your children are ~ well-behaved*** deine Kinder sind außergewöhnlich gut erzogen; ***she seems to be coping ~*** sie hält sich hervorragend
magnify <-ie-> [ˈmægnɪfaɪ] *vt* ❶ (*make bigger*) ■**to ~ sth** etw vergrößern; (*make worse*) etw verschlimmern [*o* verschlechtern]; **to ~ sb's defects/weaknesses** jds Fehler/Schwächen aufbauschen; **to ~ a situation** eine Situation verschärfen
❷ REL (*praise*) **to ~ the Lord** den Herrn lobpreisen *geh*
magnifying glass *n* Lupe *f*
magnitude [ˈmægnɪtjuːd, AM *esp* -tuːd] *n* ❶ (*size*) Größe *f; of a project, a loss* Ausmaß *nt; of an earthquake* Stärke *f; of a problem* Tragweite *f*
❷ *no pl* (*importance*) Bedeutung *f*
❸ *of a star* Größenklasse *f*
magnolia [mægˈnəʊliə, AM -ˈnoʊljə] *n* Magnolie *f*
magnum [ˈmægnəm] *n* ❶ (*bottle*) Magnum *f* (*Bezeichnung für die Flaschengröße 1,6 l*)
❷ (*gun*) Magnum *f*
magnum opus <*pl* -es *or* magna opera> [ˌmægnəmˈəʊpəs, AM -oʊpəs, *pl* ˌmægnəˈɒpərə, AM ˈɑːpərə] *n* Meisterwerk *nt;* **the ~ of one's career** das Meisterstück seiner Karriere
magpie [ˈmægpaɪ] *n* ❶ (*bird*) Elster *f*
❷ (*fig: collector*) fanatischer Sammler/fanatische Sammlerin
Magyar [ˈmægjɑːʳ, AM jɑːr] **I.** *n* Magyare, -in *m, f,* Madjar(in) *m(f)*
II. *adj inv* magyarisch, madjarisch
maharaja(h) [ˌmɑː(h)əˈrɑːdʒə, AM -həˈ-] *n* (*hist*) Maharadscha *m hist*
maharani [ˌmɑː(h)əˈrɑːni, AM -həˈ-] *n* (*hist*) Maharani *f*
Maharishi [ˌmɑː(h)əˈriːʃi, AM -həˈ-] *n* Maharischi *m*
mah-jong(g) [ˌmɑːˈdʒɒŋ, AM -ˈdʒɔːŋ] **I.** *n no pl* Ma[h]-Jongg *nt*
II. *n modifier* (*set*) Ma[h]-Jongg-; **~ tile** Ma[h]-Jongg-Kachel *f*
mahogany [məˈhɒgəni, AM -ˈhɑːg-] **I.** *n* ❶ (*tree*) Mahagonibaum *m*
❷ *no pl* (*wood*) Mahagoni *nt,* Mahagoniholz *nt*
II. *n modifier* (*cabinet, woodwork*) Mahagoni-; **~ desk** Mahagonischreibtisch *m*
maid [meɪd] *n* ❶ (*servant*) Dienstmädchen *nt;* (*in a hotel*) Zimmermädchen *nt*
❷ (*poet or old: girl*) Maid *f poet o veraltet,* Mägdelein *nt poet o veraltet;* (*unmarried woman*) Mädchen *nt,* Mägdelein *nt poet o veraltet*
maiden [ˈmeɪdən] **I.** *n* ❶ (*liter or old*) Jungfer *f veraltet*
❷ BRIT (*in cricket*) *eine Runde ohne Läufe*
II. *adj attr, inv* ❶ (*unmarried*) **~ aunt** unverheiratete Tante
❷ (*first*) Jungfern-; **~ flight** Jungfernflug *m;* **~ voyage** Jungfernfahrt *f*
❸ (*fruiting tree*) Jung-
maidenhair *n,* **maidenhair fern** *n* Frauenfarn *m* **maidenhead** *n* ❶ (*virginity*) Jungfräulichkeit *f* ❷ (*liter or old*) Jungfernhäutchen *nt* **maidenly** [ˈmeɪdənli] *adv* jungfräulich **maiden name** *n* Mädchenname *m* **maiden over** *n* BRIT (*in cricket*) *eine Runde ohne Läufe* **maiden speech** *n* Jungfernrede *f,* Antrittsrede *f*
maid of honor <*pl* maids of honor> *n* AM [erste] Brautjungfer **maidservant** *n* Hausangestellte *f,* Hausmädchen *nt veraltend* **maid service** *n no pl* Zimmerservice *m;* ***in the hotel I had daily ~*** im Hotel kam das Zimmermädchen jeden Tag
mail[1] [meɪl] **I.** *n no pl* Post *f;* ***did you get any ~ today?*** hast du heute Post bekommen?; **today's/this morning's ~** die Post von heute; **to answer ~** die Post beantworten; **to be in the ~** in der Post sein; **to come in the ~** mit der Post kommen; **to contact sb by ~** jdn anschreiben; **to read ~** die Post lesen; **to send sth through the ~** etw mit der Post [ver]schicken
II. *vt* **to ~ a letter/package** (*at post office*) einen Brief/ein Paket aufgeben; (*in mail box*) einen Brief/ein Paket einwerfen; ■**to ~ sth to sb** [*or* **to ~ sb sth**] jdm etw [mit der Post] schicken
mail[2] [meɪl] *n no pl* ❶ (*armour*) Rüstung *f,* Panzer *m;* **chain ~** Kettenpanzer *m*
❷ *of an animal* Panzer *m*
mailbag *n* Postsack *m;* (*fig*) ***since the controversial programme the BBC's ~ has been bulging*** seit der umstrittenen Sendung quillt der Briefkasten der BBC über **mail bomb** *n* Briefbombe *f* **mailbox** *n* AM Briefkasten *m,* Postkasten *m bes* NORDD; COMPUT Mailbox *f,* Briefkasten *m* **mail carrier** *n* AM Briefträger(in) *m(f),* Postbote, -in *m, f* **mail drop** *n* AM Briefeinwurf *m form,* Briefschlitz *m* **mail fraud** *n no pl* Postbetrug *m* **Mailgram®** [ˈmeɪlgræm] *n* AM *eine durch Telefon oder Telex gesendete Nachricht, die in gedruckter Form übermittelt wird*
mailing [ˈmeɪlɪŋ] *n* ❶ *no pl* (*sending sth by mail*) Versenden *nt*
❷ (*sth sent by mail*) Mailing *nt*
mailing list *n* Adressenliste *f,* Adressenverzeichnis *nt;* **to be on a ~** auf einer Adressenliste stehen; **to be put on a ~** in eine Kartei aufgenommen werden
mailing tube *n* Paketrolle *f*
mailman *n* AM Briefträger(in) *m(f),* Postbote, -in *m, f* **mail order** **I.** *n* Mailorder *f,* [Direkt]versand *m;* (*by catalogue*) Katalogbestellung *f;* ***I often buy clothes by ~*** ich kaufe meine Kleider oft per Katalog
II. *n modifier* (*clothing, service*) Versand-; **~ business** Versandhandel *m;* **~ products** Versandprodukte *ntpl* **mail-order catalog** *n* AM, **mail-order catalogue** *n* [Versand]katalog *m* **mail-order firm** *n,* **mail-order house** *n* Versandhaus *nt* **mailshot** *n esp* BRIT Hauswurfsendung *f* **mail slot** *n* AM (*opening*) Brief[kasten]schlitz *m;* (*mail box*) Briefkasten *m* **mail sorter** *n* Postsortierer(in) *m(f)* **mail train** *n* Postzug *m* **mail truck** *n* AM, **mail van** *n* BRIT (*on roads*) Postauto *nt;* (*on rail*) Postwagen *m*
maim [meɪm] **I.** *vt* ❶ (*injure*) ■**to ~ sb** (*mutilate*) jdn verstümmeln; (*cripple*) jdn zum Krüppel machen; ***many children have been ~ed for life by these bombs*** viele Kinder haben durch diese Bomben bleibende Verletzungen davongetragen
❷ (*fam: ruin*) ■**to ~ sth** etw ruinieren
II. *vi* ***they accused their enemies of killing, ~ing and laying waste*** sie beschuldigten ihre Feinde des Tötens, Verstümmelns und Verwüstens
main [meɪn] **I.** *n* ❶ TECH (*pipe*) Hauptleitung *f;* (*cable*) Hauptkabel *nt;* (*switch*) Hauptschalter *m;* **sewage ~** Kanalisation *f;* **water ~** Wasserhauptleitung *f;* (*of a house*) Haupthahn *m*
❷ BRIT ELEC, TECH (*supply network*) ■**the ~s** *pl* das Versorgungsnetz; (*for electricity*) das [Strom]netz; ***switch off the electricity at the ~s before starting work*** vor Arbeitsbeginn die Stromversorgung

M

am Hauptschalter ausschalten; **to be on the ~s** an das Stromnetz angeschlossen sein

③ *no pl (the open sea)* ■**the ~** das offene Meer, die hohe See

► PHRASES: **in the ~** im Allgemeinen, im Prinzip

II. *n modifier* BRIT ■**~s** Haupt-; ***they bought a house with no ~s supply*** sie haben ein Haus gekauft, das nicht ans Stromnetz angeschlossen ist; **~s electricity** Hauptstromschalter *m;* ***they have been lacking ~s electricity for three weeks now*** sie sind seit drei Wochen ohne Strom

III. *adj attr, inv* Haupt-; **~ cable** Hauptkabel *nt;* **~ character** Hauptperson *f,* Hauptfigur *f;* **~ concern** wichtigstes Anliegen; **~ entrance** [*or* **door**] Haupteingang *m;* **by ~ force** mit roher Gewalt; **~ idea** Grundidee *f;* **~ reason** Hauptgrund *m;* **~ thing** Hauptsache *f*

main beam *n* ① *(in building)* Hauptträger *m* ② *(on car)* Fernlicht *nt* **main clause** *n* Hauptsatz *m* **main course** *n* FOOD Hauptgericht *nt,* Hauptgang *m* **main deck** *n* Hauptdeck *nt* **main dish** *n* FOOD Hauptgericht *nt;* **favourite ~** Lieblingsgericht *nt* **main drag** *n* AM, AUS *(fam)* Haupt[einkaufs]straße *f* **mainframe** *n* COMPUT Großrechner *m* **mainland I.** *n no pl* ■**the ~** das Festland **II.** *adj attr, inv* **~ Britain** die britische Hauptinsel; **~ China** chinesisches Festland, China *nt;* **~ Europe** europäisches Festland; ***she is planning to hitch-hike through ~ Europe*** sie möchte durch Europa trampen **mainlander** *n* Festlandbewohner(in) *m(f)* **main line** *n* RAIL Hauptstrecke *f,* Hauptverbindung *f* **mainline** *(fam)* **I.** *vt* **to ~ heroin** Heroin spritzen, fixen *sl* **II.** *vi* fixen *sl* **main-line station** *n* RAIL Bahnhof *m* an der Hauptstrecke **main-line train** *n* RAIL Schnellzug *m*

mainly ['meɪnli] *adv inv* hauptsächlich, in erster Linie; ***the climate is ~ wet*** das Klima ist vorwiegend feucht; ***the trains ~ arrive on time*** die Züge sind meistens pünktlich

main market *n* BRIT STOCKEX Primärmarkt *m* [an der Londoner Börse] **mainmast** ['meɪnmɑːst, AM mæst] *n* Großmast *m* **main office** *n* Hauptverwaltung *f* **main road** *n* Hauptstraße *f* **mainsail** *n* Hauptsegel *nt,* Großsegel *nt* **mainsheet** ['meɪnʃiːt] *n* Großschot *f* **mainspring** *n* ① *(in clock, watch)* Triebfeder *f* ② *(fig: motivating factor)* **the ~ of sb's success** die Triebfeder jds Erfolges **mainstay** *n of a boat* Hauptstag *m,* Großstag *m; (fig) of an economy* Stütze *f;* ***the BBC World Service was our ~ while travelling abroad*** der BBC World Service war unsere Stütze während unserer Auslandreise **mainstream I.** *n no pl* ■**the ~** *(society, lifestyle)* der Mainstream; *(way of thinking)* die Hauptrichtung; **to enter the ~ of life/politics** am alltäglichen Leben/politischen Alltag[sgeschäft] teilnehmen **II.** *adj inv* Mainstream-; *book, film, music* kommerziell; ***this party was not a part of ~ Austria until the last election*** diese Partei war bis zur letzten Wahl nicht Teil des österreichischen Mainstreams **III.** *vt* ■**to ~ sb** jdn integrieren **main street** *n* AM *(high street)* Hauptstraße *f*

maintain [meɪn'teɪn] *vt* ① *(keep)* ■**to ~ sth** etw [bei]behalten; **to ~ a blockade** eine Blockade aufrechterhalten; **to ~ one's cool/poise** *(fam)* cool/ gelassen bleiben *sl;* **to ~ course** den Kurs [beibe]halten; **to ~ one's dignity/sanity** seine Würde/geistige Gesundheit bewahren; **to ~ law and order/ the status quo** Gesetz und Ordnung/den Status quo aufrechterhalten; **to ~ the lead** in Führung bleiben; **to ~ close links** [*or* **ties**] [*or* **contact**] in engem Kontakt bleiben, engen Kontakt [aufrechter]halten; **to ~ a position** eine Stellung behalten, eine Position verteidigen; **to ~ high/low prices** die Preise hoch/ niedrig halten; **to ~ a low profile** sich *akk* zurückhalten; **to ~ silence** Stillschweigen bewahren

② *(in good condition)* etw instand halten, etw warten; ***a large country house costs a lot to ~*** ein großes Landhaus ist im Unterhalt sehr teuer; **to ~ a garden** einen Garten pflegen

③ *(provide for)* **to ~ a child/family** ein Kind/eine Familie unterhalten

④ *(claim)* ■**to ~ sth** etw behaupten; ***he ~ed that he had never seen the woman before*** er behauptete, dass er die Frau nie zuvor gesehen hatte; **to ~ one's innocence** seine Unschuld beteuern

⑤ *(support)* **to ~ a statement/theory** eine Behauptung/Theorie vertreten

maintenance ['meɪntᵊnən(t)s] **I.** *n no pl* ① *of relations, of peace* Beibehaltung *f,* Wahrung *f;* ***we will ensure the ~ of proper living standards*** wir werden einen angemessenen Lebensstandard aufrechterhalten

② *of a car, a garden* Pflege *f; of a building, a monument, a road* Instandhaltung *f; of a machine* Wartung *f*

③ *(in hotel, factory)* Wartungsabteilung *f*

④ *(maintenance costs)* Unterhaltung *f;* ***what's the ~ on that car?*** wie viel kostet die Unterhaltung dieses Autos?

⑤ *(alimony)* Unterhalt *m,* Alimente *pl*

⑥ *(old: crime)* widerrechtliche Unterstützung einer prozessführenden Partei

II. *adj attr, inv* Wartungs-, Instandhaltungs-; **~ check** [Routine]inspektion *f,* Wartung *f;* **~ costs** Instandhaltungskosten *pl*

maintenance contract *n* Wartungsvertrag *m* **maintenance crew** *n + sing/pl vb* Wartungsmannschaft *f* **maintenance man** *n* Wartungsmonteur *m* **maintenance order** *n* BRIT, AUS LAW *gerichtliche Aufforderung, der Unterhaltspflicht nachzukommen;* ***he continued to ignore the ~*** er zahlte weiterhin keinen Unterhalt **main thoroughfare** *n* CAN *(main road)* Haupt[verkehrs]straße *f* **main verb** *n* LING Hauptverb *nt*

maisonnette [,meɪzᵊn'et] *n* BRIT Maiso[n]nette *f*

maitre d' <*pl* -s> [,meɪtrə'diː, AM *also* -t̬ə'-] *n,* **maitre d'hotel** <*pl* maitres d'hotel> [,meɪtrədəʊ'tel, AM -doʊ'-] *n* Oberkellner(in) *m(f)*

maize [meɪz] *n no pl esp* BRIT Mais *m*

maize flour *n no pl esp* BRIT Maismehl *nt*

Maj. *n abbrev of* **Major** Maj.

majestic [mə'dʒestɪk] *adj* majestätisch, erhaben; *proportions* stattlich; *movement* gemessen; *music, march* getragen

majestically [mə'dʒestɪkli] *adv* majestätisch

majesty ['mædʒəsti] *n* ① *no pl (beauty) of a sunset* Herrlichkeit *f; of a person* Würde *f; of music* Erhabenheit *f,* Anmut *f*

② *(royal title)* [**Her/His/Your**] **M~** [Ihre/Seine/ Eure] Majestät

major ['meɪdʒəʳ, AM -ə] **I.** *adj inv* ① *attr (important)* bedeutend, wichtig; **a ~ contribution** ein bedeutender [*o* wichtiger] Beitrag; **a ~ event** ein bedeutendes Ereignis; *(main)* Haupt-; **~ artery** Hauptschlagader *f;* **a ~ cause** ein Hauptgrund *m; (large)* groß; ***your car is going to need a ~ overhaul*** ihr Auto muss von Grund auf überholt werden; **a ~ catastrophe** eine große Katastrophe; ***the ~ disaster of the decade*** die größte Katastrophe des Jahrzehnts; **to be a ~ influence** großen Einfluss haben; **a ~ problem** ein großes Problem

② *attr (serious)* **a ~ crime** ein schweres Verbrechen; **to have ~ depression** eine starke Depression haben; **a ~ illness** eine schwerwiegende Krankheit; **to undergo ~ surgery** sich *akk* einer größeren Operation unterziehen; ***it's quite a ~ operation*** es ist eine ziemlich komplizierte Operation

③ *(in music)* Dur *nt;* ***in C ~*** in C-Dur

④ *after n* BRIT *(dated: the older)* **Smythe ~** Smythe der Ältere

II. *n* ① MIL *(officer rank)* Major(in) *m(f)*

② AM, AUS UNIV *(primary subject)* Hauptfach *nt;* ***she was a philosophy ~*** sie hat Philosophie im Hauptfach studiert; **to have a ~ in literature/history/ math** Literatur/Geschichte/Mathematik als Hauptfach haben

③ *(in music)* Dur *nt*

III. *vi* UNIV **to ~ in German studies/physics/ biology** Deutsch/Physik/Biologie als Hauptfach studieren

Majorca [mə'jɔːkə, AM -'jɔːr-] *n no pl* Mallorca *nt*

Majorcan [mə'dʒɔːkən, AM 'ʒɔːr] **I.** *adj inv* mallorquinisch

II. *n* Mallorquiner(in) *m(f)*

major-domo [,meɪdʒə'dəʊməʊ, AM -ə'doʊmoʊ] *n* ① *(butler)* Butler *m; (for king, duke)* Haushofmeister *m,* Majordomus *m hist*

② AM *(at hotel)* Empfangschef(in) *m(f)*

majorette [,meɪdʒᵊr'et] *n* Majorette *f*

major general *n* Generalmajor(in) *m(f)*

majority [mə'dʒɒrəti, AM -'dʒɔːrət̬i] **I.** *n* ① *+ sing/ pl vb (greater part)* Mehrheit *f;* ***in a democracy, the ~ wins*** in einer Demokratie gewinnt die Mehrheit; ***I spent the ~ of the afternoon reading*** ich verbrachte die meiste Zeit des Nachmittags mit Lesen; ***raising kids takes up the ~ of my energy*** das Aufziehen meiner Kinder verbraucht meine ganze Energie; **in the ~ of cases** in der Mehrzahl der Fälle; **a large ~ of people** eine große Mehrheit; **the ~ of the votes** die Stimmenmehrheit; **to be a** [*or* **in the**] **~** in der Mehrheit sein

② POL *(winning margin)* [Stimmen]mehrheit *f;* ***they passed the bill with a ~ of 15*** sie verabschiedeten das Gesetz mit einer Mehrheit von 15 Stimmen; **a narrow/large ~** eine dünne/überwältigende Mehrheit; **a two-thirds ~** eine Zweidrittelmehrheit

③ *no pl (full legal age)* Volljährigkeit *f,* Mündigkeit *f;* ***what is the age of ~ in this country?*** wann ist man in diesem Land volljährig?; **to reach one's ~** volljährig werden

II. *adj attr, inv* POL Mehrheits-; **~ whip** Mehrheitsfraktionszwang *m*

majority rule *n* Mehrheitsprinzip *nt,* Mehrheitssystem *nt* **majority shareholder** *n* Mehrheitsaktionär(in) *m(f)* **majority verdict** *n* BRIT Mehrheitsurteil *nt*

Major League AM **I.** *n* SPORTS Oberliga *f (im Baseball)*

II. *adj attr, inv* Oberliga-; **~ baseball** Oberligabaseball *nt*

majorly ['meɪdʒəli, AM -əʳli] *adv inv (sl)* wahnsinnig *fam;* ***I am ~ hung-over — I drank way too much last night*** ich habe einen wahnsinnigen Kater – ich habe letzte Nacht viel zu viel getrunken; **to be ~ in trouble** in größten Schwierigkeiten stecken *fam*

major planet *n* großer Planet **major shareholder** *n* FIN Hauptaktionär(in) *m(f)*

make [meɪk]

I. NOUN **II.** TRANSITIVE VERB
III. INTRANSITIVE VERB

I. NOUN

① ECON *(brand)* Marke *f;* ***what is the ~, model and year of your car?*** welche Marke, Modell und welches Baujahr hat dein Auto?; ***the newer ~s of computer are much more user-friendly*** die neuen Computergenerationen sind viel benutzerfreundlicher

② *(search)* **to be on the ~** *for sex* sexhungrig sein; *for money* geldgierig sein; *for power* machthungrig sein; *for profit* profitgierig sein; *for career* karrieresüchtig sein; **to put the ~ on sb** AM *(sl)* versuchen, jdn ins Bett zu kriegen *fam*

II. TRANSITIVE VERB

<made, made> ① *(produce)* ■**to ~ sth** etw machen; *company, factory* etw herstellen; ***the pot is made to withstand high temperatures*** der Topf ist so beschaffen, dass er hohen Temperaturen widerstehen kann; ***'made in Taiwan'*** ,in Taiwan hergestellt'; ***this sweater is made of wool*** dieser Pullover ist aus Wolle; ***God made the world in 7 days*** Gott erschuf die Erde in 7 Tagen; **to ~ bread** Brot backen; **to ~ clothes** Kleider nähen; **to ~ coffee/soup/supper** Kaffee/Suppe/das Abendessen kochen; **to ~ a copy of sth** etw kopieren; **to ~ a movie** [*or* **film**] einen Film drehen; **to ~ peace** Frieden schließen; **to ~ a picture** *(fam)* ein Foto machen; **to ~ a recording of sth** etw aufnehmen; **to ~ a snowman** einen Schneemann bauen; **to ~ steel/ a pot** Stahl/einen Topf herstellen; **to ~ time** sich

dat [die] Zeit nehmen; **to show what one's [really] made of** zeigen, was in einem steckt; ■**to ~ sb sth** [*or* **sth for sb**] etw für jdn machen; ***he made us some coffee*** er machte uns Kaffee; ■**to be made for sth** für etw *akk* geschaffen sein; ***the doll wasn't made for banging around*** die Puppe ist nicht dazu gedacht, herumgeschleudert zu werden; ***these two were made for each other*** die zwei sind wie geschaffen füreinander; **to ~ like sb/sth** (*fam*) jdn/etw imitieren [*o* nachmachen]

❷ (*become*) ■**to ~ sth** etw werden; ***I don't think he will ever ~ a good lawyer*** ich glaube, aus ihm wird nie ein guter Rechtsanwalt [werden]; ***she'll ~ a great mother*** sie wird eine tolle Mutter abgeben; (*be*) etw sein; **to ~ a good answer/excuse** eine gute Antwort/Entschuldigung sein; **to ~ a wonderful combination** eine wunderbare Kombination sein; **to ~ a match** gut zusammenpassen; **to ~ fascinating reading** faszinierend zu lesen sein; (*form*) etw bilden; ***let's ~ a circle*** lasst uns einen Kreis bilden

❸ (*cause*) **to ~ noise/a scene/trouble** Lärm/eine Szene/Ärger machen; ***the wind is making my eyes water*** durch den Wind fangen meine Augen an zu tränen; ***what made you change your mind?*** wodurch hast du deine Meinung geändert?; ***stories like that ~ you think again*** Geschichten wie diese bringen dich zum Nachdenken; ***you ~ things sound so bad*** du machst alles so schlecht; ***the dark colours ~ the room look smaller*** die dunklen Farben lassen das Zimmer kleiner wirken; ■**to ~ sb do sth** jdn dazu bringen [*o geh* veranlassen], etw zu tun; ***what made you move here?*** was brachte dich dazu, hierher zu ziehen?; **to ~ sb laugh** jdn zum Lachen bringen; **to ~ oneself look ridiculous** sich *akk* lächerlich machen; **to ~ sb suffer** jdn leiden lassen

❹ (*force*) ■**to ~ sb do sth** jdn zwingen, etw zu tun; ***go to your room! — no, and you can't ~ me!*** geh auf dein Zimmer! – nein, mich kann keiner zwingen

❺ + *adj* (*cause to be*) ***the good weather made Spain so popular*** das schöne Wetter hat Spanien so populär gemacht; **to ~ sth easy** etw leicht machen; **to ~ oneself heard** sich *dat* Gehör verschaffen; **to ~ oneself known to sb** sich *akk* jdm vorstellen, sich *akk* mit jdm bekannt machen; **to ~ sth public** etw veröffentlichen; **to ~ oneself understood** sich *akk* verständlich machen

❻ (*transform to*) ***the recycled paper will be made into cardboard*** das Recyclingpapier wird zu Karton weiterverarbeitet; ***this experience will ~ you into a better person*** diese Erfahrung wird aus dir einen besseren Menschen machen; ***I'll have a steak — no, ~ that chicken*** ich nehme ein Steak – ach nein, ändern Sie das und bringen Sie ein Hühnchen; **to ~ the best of a situation** das Beste aus einer Situation machen

❼ (*perform*) ■**to ~ sth** etw machen; ***they made about 20 miles a day on foot*** sie legten etwa 20 Meilen am Tag zu Fuß zurück; ***he made a plausible case for returning home early*** er überzeugte uns, dass es sinnvoll sei, früh nach Hause zu gehen; **to ~ an appointment** einen Termin vereinbaren; **to ~ a bargain** ein Schnäppchen schlagen; **to ~ a bid for sth** ein Angebot machen; **to ~ a book** STOCKEX eine Aufstellung von Aktien machen, für die Kauf- oder Verkaufsaufträge entgegengenommen werden; **to ~ a call** anrufen; **to ~ a deal** einen Handel schließen; **to ~ a decision** eine Entscheidung fällen [*o* treffen]; **to ~ a deposit** eine Anzahlung leisten; **to ~ a donation** eine Spende vornehmen; **to ~ a face** ein Gesicht ziehen *fam;* **to ~ a move** (*in game*) einen Zug machen; (*in business, personal life*) etwas unternehmen; (*of body*) sich *akk* bewegen; **to ~ a payment** eine Zahlung leisten; **to ~ a promise** ein Versprechen geben, etw versprechen; **to ~ reservations** reservieren; **to ~ smalltalk** Konversation betreiben; **to ~ a speech/presentation** eine Rede/Präsentation halten; **to ~ a start** anfangen; **to ~ good time doing sth** bei etw *dat* schnell vorankommen; **to ~ a withdrawal from a bank** Geld bei einer Bank abheben

❽ (*amount to*) ■**to ~ sth** *with numbers* etw ergeben; ***five plus five ~s ten*** fünf und fünf ist zehn; ***if I buy this one, that'll ~ it 30*** wenn ich diesen hier kaufe, dann macht das zusammen 30; ***today's earthquake ~s five since January*** mit dem heutigen Erdbeben sind es fünf seit Januar; ***this ~s the third time my car has broken down*** das ist nun das dritte Mal, dass mein Auto eine Panne hat

❾ (*earn, get*) **to ~ enemies** sich *dat* Feinde machen; **to ~ a fortune** sein Glück machen; **to ~ friends** Freundschaften schließen; **to ~ a killing** einen Riesengewinn machen; **to ~ a living** seinen Lebensunterhalt verdienen; **to ~ money** Geld verdienen; **to ~ a name for oneself** sich *dat* einen Namen machen; **to ~ profits/losses** Gewinn/Verlust machen

❿ (*appoint*) ■**to ~ sb president/advisor/ambassador** jdn zum Präsidenten/Berater/Botschafter ernennen

⓫ (*consider important*) ***she ~s a lot of politeness*** sie legt viel Wert auf Höflichkeit; ***don't ~ too much of his grumpiness*** gib nicht viel auf seine mürrische Art; **to ~ much of sb** (*appreciate*) viel von jdm halten; (*praise*) jdn über den grünen Klee loben

⓬ (*estimate*) ***how much do you ~ the total?*** was hast du als Summe errechnet?; ***I ~ the answer*** [***to be***] ***105.6*** ich habe als Lösung 105,6 herausbekommen; ***what do you ~ the time?*** was glaubst du, wie viel Uhr es ist?

⓭ (*fam: get to, reach*) ■**to ~ sth** etw schaffen; ***could you ~ a meeting at 8 a.m.?*** schaffst du ein Treffen um 8 Uhr morgens?; ***I barely made it to the meeting*** ich habe es gerade noch zur Versammlung geschafft; ***we made it to the top of the mountain!*** wir schafften es bis zur Bergspitze!; ***the fire made the front page*** das Feuer kam auf die Titelseite; **to ~ the bus/one's train/one's plane** den Bus/seinen Zug/sein Flugzeug erreichen; **to ~ port** Meldung an den Hafen machen; **to ~ the big time** (*fam*) groß einsteigen *fam;* **to ~ it to the top** Karriere machen, es schaffen; **to ~ it** es schaffen; ***the patient may not ~ it through the night*** der Patient wird wahrscheinlich die Nacht nicht überstehen; (*achieve*) ***he made captain/sergeant/manager*** AM er schaffte es zum Kapitän/Feldwebel/Manager; **to ~ the finals/regionals** das Finale/die Bezirksklasse schaffen; **to ~ the grade** es schaffen *fam;* **to ~ a team** SPORTS sich *akk* für ein Team qualifizieren

⓮ (*make perfect*) ***those curtains really ~ the living room*** diese Vorhänge verschönen das Wohnzimmer ungemein; ***this film has ~ his career*** der Film machte ihn berühmt; ***that made my day!*** das hat mir den Tag gerettet!; ***you've got it made!*** du hast ausgesorgt!

⓯ (*understand*) ***I can't ~ anything of this philosophy text*** ich verstehe diesen Philosophietext nicht; **to ~ head or tail of sth** aus etw *dat* schlau werden; ***I'd love to read his letter but I can't ~ head or tail of his writing*** ich würde liebend gerne seinen Brief lesen, aber ich werde aus seiner Schrift nicht schlau; **to ~ sense of an action/a word/an argument** den Sinn einer Aktion/eines Wortes/eines Arguments verstehen; (*think*) ***what do you ~ of his speech?*** was hältst du von seiner Rede?; ***we don't ~ much of him*** wir halten nicht viel von ihm

⓰ (*have sex*) **to ~ love** sich *akk* lieben, miteinander schlafen; ■**to ~ sb** AM, AUS (*sl*) mit jdm ins Bett gehen *fam;* ***he tried to ~ her*** er hat versucht, sie ins Bett zu kriegen *fam;* **to ~ it with sb** (*fam!*) mit jdm ins Bett steigen *fam*

⓱ NAUT **to ~ sail** in See stechen

▶ PHRASES: **to ~ a beeline** [*or* **dash**] **for sth/sb** schnurstracks auf etw/jdn zugehen *fam;* **to ~ a day/an evening of it** den ganzen Tag/die ganze Nacht bleiben; ***let's ~ a night of it*** die Nacht ist noch jung; **to ~ a go of it** es schaffen, in etw *dat* Erfolg haben; **made in heaven** perfekt; **to be made of money** Geld wie Heu haben; **to ~ sense** Sinn ergeben [*o fam* machen]; **to ~ or break sth/sb** das Schicksal von etw/jdm in der Hand haben; **to ~ something of it** (*fam*) Ärger machen; ***do you want to ~ something of it?*** suchst du Ärger?

III. INTRANSITIVE VERB

<made, made> ❶ (*chase*) ■**to ~ after sb** jdm hinterherjagen; *police* jdn verfolgen

❷ (*head for*) ■**to ~ for sth** auf etw *akk* zugehen; (*by car or bus*) auf etw *akk* zufahren; ***the kids made for the woods to hide*** die Kinder rannten auf den Wald zu, um sich zu verstecken; *esp* BRIT ***we made towards the motorway*** wir fuhren Richtung Autobahn; **to ~ towards the door/pub/car** auf die Tür/den Pub/das Auto zugehen

❸ (*be*) ■**to ~ for sth** etw sein; (*result in*) etw ergeben; ***faster computers ~ for a more efficient system*** schnellere Computer führen zu leistungsfähigeren Systemen; ***Kant ~s for hard reading*** Kant ist schwer zu lesen

❹ AM (*dated sl: hand over*) ■**to ~ with the money/jewels** Geld/Juwelen [über]geben; ***~ with the money bags, baby!*** her mit dem Geld, Baby!

❺ (*be about to*) **to ~ to leave/eat dinner/start a fight** sich *akk* anschicken, zu gehen/Abend zu essen/einen Streit anzufangen

❻ (*pretend*) **to ~ as if to do sth** aussehen, als ob man etw tun wolle; ***he made as if to speak*** es sah aus, als wolle er sprechen; **to ~ like ...** AM so tun, als ob ...; ***the boy made like he was sick so he wouldn't have to go to school*** der Junge tat so, als ob er krank wäre, damit er nicht zur Schule musste

▶ PHRASES: **to ~ do** [**with sth**] mit etw *dat* auskommen [*o* hinkommen]; ***can you ~ do with a fiver?*** reicht dir ein Fünfpfundschein?

◆**make away** *vi* (*fam*) ❶ (*leave*) verschwinden, abhauen *fam*

❷ (*kill*) ■**to ~ away with sb** jdn um die Ecke bringen *fam*

❸ (*steal*) ■**to ~ away with sth** sich *akk* mit etw *dat* davonmachen; ***how much money did the bank robbers ~ away with?*** mit wie viel Geld haben sich die Bankräuber aus dem Staub gemacht? *fam*

◆**make off** *vi* (*fam*) verschwinden, abhauen *fam;* ■**to ~ off with sth** etw mitgehen lassen *fam*

◆**make out I.** *vi* (*fam*) ❶ (*manage*) *person* zurechtkommen; *business* sich *akk* [positiv] entwickeln; ***how are you making out with John?*** wie kommst du mit John zurecht?

❷ (*have sex*) rummachen *sl;* ■**to ~ out with sb** *esp* AM mit jdm rummachen *sl*

II. *vt* ❶ (*write out*) ■**to ~ out** ↔ **sth** etw ausschreiben; **to ~ out a bill** eine Rechnung zusammenstellen [*o* aufstellen]; **to ~ out a cheque** einen Scheck ausstellen; **to ~ out the schedule** den Dienstplan erstellen; **to ~ out a will** ein Testament schreiben

❷ BRIT, AUS (*argue*) **to ~ out a case for sth** für etw *akk* argumentieren, etw vertreten

❸ (*see*) ■**to ~ out** ↔ **sth** *writing, numbers* etw entziffern; *distant object* etw ausmachen; (*hear*) etw verstehen; (*understand*) ***she's so strange — I can't ~ her out at all*** sie ist so seltsam – ich werde ganz und gar nicht schlau aus ihr; ***I just can't ~ out this maths problem*** ich komme einfach nicht hinter dieses mathematische Problem; ***nobody can ~ out why you were attacked*** keiner kann verstehen, warum du angegriffen wurdest

❹ (*fam: claim*) ■**to ~ sb/sth out to be sth** jdn/etw als etw *akk* hinstellen; ***the British weather is not as bad as it is made out*** [***to be***] das britische Wetter ist nicht so schlecht, wie es immer heißt; ***stop making out that you're better than us*** hör auf, dich immer als etwas Besseres hinzustellen; ***she made out that she was sleeping*** sie tat so, als ob sie schlafen würde; ***he made himself out to be a millionaire*** er gab vor, ein Millionär zu sein

◆**make over** *vt* ❶ LAW (*transfer ownership*) **to ~ over a house/a business/land to sb** [*or* **to ~ a house/a business/land over to sb**] jdm ein Haus/ein Geschäft/Land überschreiben

M

② esp AM (*redo*) ■ to ~ over ○ sth etw umändern; ***it's an old church that has been made over into an old people's home*** es ist eine alte Kirche, die in ein Altersheim umgewandelt wurde; **to ~ over a manuscript** ein Manuskript überarbeiten

◆**make up** I. *vt* ① (*invent*) ***stop making up the rules as you go along — it's not fair!*** hör auf, dir deine eigenen Regeln zu machen – das ist nicht fair!; **to ~ up a story/a reason/a lie/an excuse** [*or* **to ~ a story/a reason/a lie/an excuse up**] eine Geschichte/einen Grund/eine Lüge/eine Entschuldigung erfinden [*o* ausdenken]
② (*prepare*) ■ **to ~ up** ○ **sth** etw fertig machen; **to ~ up a bed** das Bett machen; **to ~ up a fire** BRIT, AUS Feuer machen; **to ~ up a list** eine Liste erstellen; **to ~ up a page/book/newspaper** JOURN das Layout einer Seite/für ein Buch/für eine Zeitung machen; **to ~ up a room** ein Zimmer herrichten
③ (*produce*) **to ~ up curtains/a dress** [*or* **to ~ curtains/a dress up**] Vorhänge/ein Kleid machen
④ (*compensate*) ***if you can save half the money, we'll ~ up the difference*** wenn du die Hälfte sparen kannst, bezahlen wir die Differenz; **to ~ up a deficit** ein Defizit ausgleichen; **to ~ up money owed** geschuldetes Geld zurückzahlen; **to ~ up a number** BRIT eine Zahl voll machen; ***we'll invite Geoff and Sarah to ~ the number up to ten*** wir laden Geoff und Sarah ein, um die Zehn voll zu machen; **to ~ up time** Zeit wieder gutmachen; *train* Zeit wieder herausfahren; **to ~ up work** AM, AUS Arbeitsstunden nachholen; **to ~ it up to sb [for sth]** jdn [für etw *akk*] entschädigen, jdm etw wieder gutmachen
⑤ (*comprise*) ■ **to ~ up** ○ **sth** etw ausmachen; ***the book is made up of a number of different articles*** das Buch besteht aus vielen verschiedenen Artikeln
⑥ (*decide*) **to ~ up one's mind** sich *akk* entscheiden [*o* entschließen]
⑦ (*reconcile*) **to ~ it up with sb** sich *akk* [wieder] mit jdm vertragen, sich *akk* mit jdm versöhnen
⑧ FIN **to ~ up accounts** die Bücher abschließen
⑨ TYPO ■ **to ~ sth** ○ **up** etw umbrechen
II. *vi* ① (*be reconciled, forgive*) sich *akk* versöhnen, sich *akk* wieder vertragen; ***kiss and ~ up*** küsst euch und vertragt euch wieder
② (*compensate*) ■ **to ~ up for sth** für etw *akk* entschädigen; ECON etw wieder gutmachen [*o* ausgleichen]; ***no amount of money can ~ up for a child's death*** kein Geld der Welt kann den Tod eines Kindes aufwiegen; **to ~ up for lost time** verlorene Zeit wieder aufholen
③ AUS, BRIT (*flatter*) ■ **to ~ up to sb** sich *akk* bei jdm lieb Kind machen *fam*, jdm in den Arsch kriechen *derb*
④ (*comprise*) ■ **to ~ up sth** etw ausmachen; ***foreigners ~ up about 20% of the student population*** Ausländer machen 20% der Studentenschaft aus

make-believe I. *n no pl* Fantasie *f*, Illusion *f*; ***this ideal is just ~*** dieses Ideal ist nur Fantasie; **a world of ~** eine Fantasiewelt II. *adj inv* Fantasie-, imaginär; **a ~ world** eine Fantasiewelt III. *vi* <made-, made-> ■ **to ~ [that]** ... sich *dat* vorstellen, dass ... **make-do** *adj attr, inv* improvisiert **make-or-break** *adj inv* kritisch; *decision* entscheidend; ■ **to be ~ for sb** entscheidend für jdn sein **makeover** *n* Veränderung *f*

maker ['meɪkəʳ, AM -ɚ] *n* ① (*manufacturer*) Hersteller(in) *m(f)*, Produzent(in) *m(f)*; **~ of a film** (*director*) Filmemacher(in) *m(f)*; (*producer*) Produzent(in) *m(f)*
② *esp* BRIT ■ **~s** *pl* Hersteller(in) *m(f)*, Produzent(in) *m(f)*
③ (*God*) ■ **one's M~** sein Schöpfer *m*; **to meet one's M~** (*die*) seinem Schöpfer gegenübertreten
④ FIN Aussteller(in) *m(f)* von Schecks oder Wechseln

makeready *n no pl* PUBL Zurichtung *f* **makeshift** I. *adj* Not-, behelfsmäßig; **~ camps** [*or* **quarters**] Übergangslager *ntpl* II. *n* [Not]behelf *m*, Übergangslösung *f* **make-up** *n* ① *no pl* (*cosmetics*) Make-up *nt*; **to put on ~** sich *akk* schminken, Make-up auflegen; **to wear ~** Make-up tragen ② *of a group, a population* Zusammensetzung *f* ③ (*character*) Persönlichkeit *f*, Veranlagung *f*; **genetic ~** genetische Veranlagung; **psychological ~** Psyche *f* ④ (*in printing*) Umbruch *m*; *layout* Aufmachung *f* ⑤ AM (*exam*) Nachholprüfung *f* **make-up artist** *n* Maskenbildner(in) *m(f)*, Visagist(in) *m(f)* **make-up bag** *n* Kosmetiktasche *f* **make-up kit** *n* Schminkset *nt* **make-up mirror** *n* Schminkspiegel *m* **makeweight** *n* (*fig*) Ballast *m*, [überflüssiges] Anhängsel; (*person*) Lückenbüßer(in) *m(f)* **make-work** *n no pl* unproduktive Tätigkeit

making ['meɪkɪŋ] *n* ① *no pl* (*production*) Herstellung *f*; ***the ~ of the cake will take a good hour*** den Kuchen zu machen dauert eine gute Stunde; ***her problems with that child are of her own ~*** ihre Probleme mit diesem Kind hat sie selbst verschuldet; **to be in the ~** im Entstehen sein; ***the book was several years in the ~*** es dauerte mehrere Jahre, das Buch zu schreiben
② *no pl* (*development*) ***five years in the army will be the ~ of him!*** fünf Jahre in der Armee werden ihn zum Mann machen; ***he was obviously a chef in the ~*** es war klar, dass er später ein Koch werden würde; (*success*) ***it was the ~ of her*** das hat sie zu dem gemacht, was sie [heute] ist; **to be an engineer in the ~** ein angehender Ingenieur/eine angehende Ingenieurin sein
③ (*qualities/ingredients*) ■ **~s** *pl* Anlagen *fpl*; ***she has the ~s of a great violinist*** sie hat das Zeug zu einer großartigen Geigerin; ***the plan has all the ~s of a disaster*** in diesem Plan ist das Scheitern schon vorprogrammiert
④ (*fam: earnings*) ■ **~s** *pl* Gewinne *mpl*

malachite ['mæləkaɪt] *n no pl* Malachit *m*

maladjusted [,mælə'dʒʌstɪd] *adj* PSYCH verhaltensauffällig, verhaltensgestört

maladjustment [,mælə'dʒʌs(t)mənt] *n no pl* PSYCH Verhaltensauffälligkeit *f*, Verhaltensstörung *f*

maladministration [,mæləd,mɪnɪ'streɪʃᵊn, AM -ə'-] *n no pl* (*form*) schlechte [*o* ineffiziente] Verwaltung

maladroit [,mælə'drɔɪt] *adj* unbeholfen

maladroitly [,mælə'drɔɪtli] *adv* unbeholfen

maladroitness [,mælə'drɔɪtnəs] *n no pl* Unbeholfenheit *f*

malady ['mælədi] *n* Krankheit *f*, Leiden *nt*; (*fig: problem*) Leiden *nt*, Problem *nt*; **social ~** gesellschaftliches Übel

malaise [mə'leɪz] *n no pl* Unbehagen *nt*; ***they were discussing the roots of the current economic ~*** sie diskutierten über die Wurzeln des gegenwärtig wirtschaftlichen Missstandes

malapropism ['mæləprɒpɪzᵊm, AM -prɑːp-] *n* LING Malapropismus *m*

malaria [mə'leəriə, AM -'ler-] *n no pl* Malaria *f*; **to have ~** an Malaria erkrankt sein

malarial [mə'leəriəl, AM 'leri] *adj inv* Malaria-

malarkey [mə'lɑːki, AM -'lɑːr-] *n no pl* (*dated fam*) Blödsinn *m fam*, Firlefanz *m veraltend fam*

Malawi [mə'lɑːwi] *n no pl* Malawi *nt*

Malawian [mə'lɑːwiən] I. *n* Malawier(in) *m(f)*
II. *adj inv* malawisch

Malay [mə'leɪ, AM meɪ'leɪ] I. *n* ① (*person*) Malaie, -in *m, f*
② *no pl* (*language*) Malaiisch *nt*
II. *adj inv* malaiisch

Malaya [mə'leɪə] *n no pl* Malaya *nt*

Malayan [mə'leɪən] *adj inv* malaiisch

Malaysia [mə'leɪziə, AM -ʒə] *n no pl* Malaysia *nt*

Malaysian [mə'leɪziən, AM -ʒən] I. *n* Malaysier(in) *m(f)*
II. *adj inv* malaysisch

malcontent ['mælkən,tent] *n* (*pej*) Querulant(in) *m(f) pej geh*, Nörgler(in) *m(f) pej*

Maldives ['mɔːldiːvz, AM 'mældaɪvz] *npl* ■ **the ~** die Malediven

Maldivian [mɔːl'diːviən, AM mæl'daɪv-] I. *n* ① (*person*) Malediver(in) *m(f)*
② *no pl* (*language*) Maledivisch *nt*
II. *adj inv* maledivisch

male [meɪl] I. *adj inv* ① (*masculine*) männlich; ***what percentage of the adult ~ population is unemployed?*** wie hoch ist der Prozentsatz der arbeitslosen männlichen Bevölkerung?; **~ choir** Männerchor *m*; **~ crocodile** Krokodilmännchen *nt*; **~-dominated** von Männern dominiert
② TECH (*of a projecting part*) **~ fitting** Bolzen *m*; **~ plug** Stecker *m*; **~ screw** Schraube *f*
II. *n* (*person*) Mann *m*; (*animal*) Männchen *nt*

male bonding *n no pl* (*esp hum*) Männergemeinschaft *f*, Männerfreundschaft *f* **male chauvinism** *n no pl* [männlicher] Chauvinismus **male chauvinist** *n* (*pej*), **male chauvinist pig** *n* (*pej*) Chauvinist *m pej*, Chauvi *m fam*, Macho *m fam*, Chauvinistenschwein *nt pej derb*

malediction [,mælɪ'dɪkʃᵊn, AM -ə'-] *n* Fluch *m*, Verwünschung *f*; **to utter a ~ against sb** jdn verfluchen

male-dominated *adj* von Männern beherrscht

malefactor ['mælɪfæktəʳ, AM -ɚ] *n* (*form, liter*) Übeltäter(in) *m(f)*

male menopause *n no pl* (*esp hum*) [männliche] Midlifecrisis

maleness ['meɪlnəs] *n no pl* Männlichkeit *f*

male nurse *n* Krankenpfleger *m* **male organ** *n* Männlichkeit *f*, [männliches] Glied **male prostitute** *n* Stricher *m sl*, Strichjunge *m sl*

malevolence [mə'levᵊlən(t)s] *n no pl* (*evil quality*) Bosheit *f*, Heimtücke *f*, Niedertracht *f liter*; (*spitefulness*) Gehässigkeit *f*

malevolent [mə'levᵊlənt] *adj* (*liter: evil*) bösartig, heimtückisch; (*spiteful*) gehässig, hasserfüllt; **to have a ~ attitude towards sth** einen Hass auf etw *akk* haben; **~ fraud** arglistige Täuschung; **a ~ witch** eine böse Hexe

malevolently [mə'levᵊləntli] *adv* (*evil*) boshaft, heimtückisch; (*spitefully*) gehässig, hasserfüllt

malfeasance [mæl'fiːzən(t)s] *n no pl* LAW Gesetzesübertretung *f*, rechtswidriges Handeln; (*in office*) Amtsmissbrauch *m*, Amtsvergehen *nt*

malformation [,mælfɔː'meɪʃᵊn, AM -fɔːr'-] *n* MED Missbildung *f*

malformed [,mæl'fɔːmd, AM -'fɔːrmd] *adj inv* MED missgebildet

malfunction [,mæl'fʌŋ(k)ʃᵊn] I. *vi* (*not work properly*) nicht funktionieren; (*stop working*) ausfallen; *liver, kidney* nicht richtig arbeiten; *social system* versagen; ***what do you think caused the air bag to ~?*** warum, glaubst du, hat der Airbag nicht funktioniert?
II. *n* Ausfall *m*; *of liver, kidney* Funktionsstörung *f*; *of social system* Versagen *nt*; ***the pilot reported a ~ in the aircraft's navigation system*** der Pilot berichtete über einen Defekt im Navigationssystem des Flugzeuges

Mali ['mɑːli] *n no pl* Mali *nt*

Malian ['mɑːliən] I. *n* Malier(in) *m(f)*
II. *adj inv* malisch

malice ['mælɪs] *n no pl* Bösartigkeit *f*, Boshaftigkeit *f*; **implied ~** LAW vermutete böse Absicht; **to bear ~/no ~ to[wards] sb** [*or* **to bear sb ~/no ~**] jdm etwas/nichts Böses wollen

malice aforethought *n* LAW vorbedachte böse Absicht; **with ~** vorsetzlich

malicious [mə'lɪʃəs] *adj* boshaft, niederträchtig; **~ [telephone] calls** Drohanrufe *mpl*; **~ gossip** böswilliges Gerede; **~ look** hasserfüllter Blick; **~ mischief** böse Streiche; **~ prosecution** LAW böswillige Rechtsverfolgung; **~ wounding** LAW böswillige Körperverletzung

maliciously [mə'lɪʃəsli] *adv* boshaft, niederträchtig

malign [mə'laɪn] I. *adj* (*form*) verderblich *geh*, schädlich; (*evil*) unheilvoll *geh*; **~ spirits** böse Geister
II. *vt* ■ **to ~ sb** jdn verleumden; **to ~ sb's character** jdm Übles nachsagen

malignancy [mə'lɪgnən(t)si] *n* ① *no pl* MED (*cancerousness*) Bösartigkeit *f*, Malignität *f fachspr*

❷ *no pl* (*fig: evil intent*) Bösartigkeit *f*, Boshaftigkeit *f*, Gemeinheit *f*; (*evil thing*) Übel *nt*

malignant [mə'lɪgnənt] *adj* ❶ MED *growth, tumour* bösartig, maligne *fachspr*
❷ (*fig: evil*) boshaft, bösartig, gemein; **a ~ little bastard** ein fieses kleines Arschloch *derb*; **~ pleasure** hämisches Vergnügen

malignantly [mə'lɪgnəntli] *adv* bösartig

malignity [mə'lɪgnəti, AM -ət̬i] *n no pl* (*form*) Bösartigkeit *f*; MED Malignität *f fachspr*

malinger [mə'lɪŋgəʳ, AM -ɚ] *vi* simulieren, sich *akk* krank stellen

malingerer [mə'lɪŋgərəʳ, AM -ɚɚ] *n* Simulant(in) *m(f)*

mall [mɔːl] *n* (*covered row of shops*) [große] Einkaufspassage; (*indoor shopping centre*) [überdachtes] Einkaufszentrum

mallard <*pl* -s *or* -> ['mælɑːd, AM -ɚd] *n* Stockente *f*

malleability [,mæliə'bɪləti, AM -ət̬i] *n no pl of metal* Formbarkeit *f*; *of clay* Geschmeidigkeit *f*; (*fig*) *of a person* Gefügigkeit *f*

malleable ['mæliəbḷ] *adj metal* formbar; *clay* geschmeidig; (*fig*) *person* gefügig

mallee ['mæli] *n* Fieberheilbaum *m*

mallet ['mælɪt] *n* (*hammer*) [Holz]hammer *m*; (*in croquet*) Krockethammer *m*; (*in polo*) Poloschläger *m*

malling ['mɔːlɪŋ] *n no pl* AM **to go ~** im Einkaufszentrum rumhängen *fam*

mallow ['mæləʊ, AM -loʊ] *n* Malve *f*

malmsey ['mɑːmzi] *n no pl* Malvasier[wein] *m*

malnourished [,mæl'nʌrɪʃt, AM -'nɜːr-] *adj* unterernährt

malnutrition [,mælnjuː'trɪʃən, AM -nuː'-] *n no pl* Unterernährung *f*

malodorous [,mæl'əʊdərəs, AM -'oʊdɚ-] *adj* (*form*) ❶ (*smelling bad*) übel riechend
❷ (*pej: offensive*) widerlich, verabscheuenswürdig *geh*

malpractice [,mæl'præktɪs] *n no pl* Sorgfaltpflichtverletzung *f*; MED ärztlicher Kunstfehler; (*criminal misconduct*) [berufliches] Vergehen; *of civil servants* Amtsvergehen *nt*, Amtsmissbrauch *m*; **medical ~** ärztlicher Kunstfehler

malpractice suit *n* Kunstfehlerprozess *m*

malt [mɔːlt] I. *n no pl* ❶ (*grain*) Malz *nt*
❷ (*whisky*) Maltwhisky *m*
❸ AM (*malted milk*) Malzmilch *f*
II. *vt* **to ~ barley** Gerste mälzen

Malta ['mɔːltə] *n no pl* Malta *nt*

malted ['mɔːltɪd] *n*, **malted milk** *n no pl* Malzmilch *f*

Maltese [,mɔːl'tiːz] I. *adj inv* maltesisch; **The ~ Falcon** der Malteser Falken
II. *n* ❶ (*person*) Malteser(in) *m(f)*
❷ *no pl* (*language*) Maltesisch *nt*, das Maltesische

Maltese cross *n* Malteserkreuz *nt*

malt extract *n no pl* Malzextrakt *m* **malt liquor** *n no pl* AM *gemalztes alkoholisches Getränk, amerikanisches Starkbier*

maltreat [,mæl'triːt] *vt usu passive* ■**to ~ sb/sth** jdn/etw misshandeln

maltreatment [,mæl'triːtmənt] *n no pl* Misshandlung *f*

malt whisky *n* Maltwhisky *m*

mam [mæm] *n* BRIT DIAL (*childspeak*) Mamma *f*, Mammi *f*

mama¹ [mə'mɑː] *n* BRIT (*childspeak dated*) Mutti *f*

mama² ['mɑːmə] *n* ❶ AM (*childspeak*) Mutti *f*
❷ AM (*sl: attractive female*) Puppe *f sl*; ***there's a good-looking ~*** da ist 'ne scharfe Braut *sl*

mama's boy *n* AM (*pej*) Muttersöhnchen *nt pej*

mamba ['mæmbə, AM 'mɑːm-] *n* Mamba *f*; **black ~** schwarze Mamba

mambo <*pl* -os> ['mæmbəʊ, AM 'mɑːmboʊ] *n* Mambo *m*

mamma [mə'mɑː, AM 'mɑmə] *n* AM (*esp dated*) *see* **mama**

mammal ['mæməl] *n* Säugetier *nt*, Säuger *m*; ***the zebra is my daughter's favourite ~*** das Zebra ist das Lieblingstier meiner Tochter

mammalian [mæm'eɪliən] *adj inv* Säugetier-; **the ~ evolution** die Evolution der Säugetiere

mammary ['mæməri] *adj inv* MED Brust-, Mamma- *fachspr*

mammary gland *n* Milchdrüse *f*

mammogram ['mæməgræm] *n*, **mammograph** ['mæmə(ʊ)grɑːf, AM -məgræf] *n* Röntgenbild *nt* der weiblichen Brust; ***middle-aged women should have regular ~s*** Frauen im mittleren Alter sollten regelmäßig eine Mammographie vornehmen lassen

mammography [mæm'ɒgrəfi, AM mə'mɑːg-] *n no pl* Mammographie *f*

Mammon ['mæmən] *n no pl* REL [schnöder] Mammon *oft iron*

mammoth ['mæməθ] I. *n* Mammut *nt*
II. *adj* (*fig*) Mammut-, riesig; **~ proportions** kolossales Ausmaß

mammy ['mæmi] *n* ❶ AM DIAL, IRISH (*childspeak*) Mami *f*
❷ AM (*dated or pej!*) *schwarzes [Kinder]mädchen in den USA*

man [mæn] I. *n* <*pl* men> ❶ (*male human*) Mann *m*; ***~ overboard!*** Mann über Bord!; ***act like*** [*or* ***be***] ***a ~!*** sei ein Mann!; ***what a ~!*** (*in appreciation*) was für ein Mann!; (*iron*) dieser Mann!; ***he is a ~ of his word*** er steht zu seinem Wort; ***the expedition was made up of 100 officers and men*** die Expedition bestand aus 100 Offizieren und einfachen Soldaten; **to be a ~ of action** ein Mann der Tat sein; **~'s bicycle** Herrenfahrrad *nt*; **men's clothing/shoes/gloves** Herrenkleidung *f*/-schuhe *mpl*/-handschuhe *mpl*; **a family ~** Familienvater *m*; **a ~ of God** Mann *m* Gottes; **a ladies' ~** Charmeur *m*, Frauenheld *m*; **to be a ~ of letters** *writer* Schriftsteller *m*, Literat *m*; *scholar* Gelehrter *m*; **a ~-to-~ talk** ein Gespräch *nt* unter Männern; **~ and wife** (*dated*) Mann und Weib *veraltet*; **to be a ~ of the world** ein Mann von Welt sein; **dirty old ~** fieser alter Kerl, alte Drecksau *pej*; **to make a ~ [out] of sb** einen Mann aus jdm machen; **to take sth like a ~** etw wie ein Mann ertragen
❷ (*fam: form of address*) Junge *m*; ***give me that, ~*** gib das her, Mann; ***this is my old ~, George*** das ist mein alter Junge, George; **my good ~** mein lieber Mann
❸ (*old: male servant*) Diener *m*
❹ (*fam: boyfriend*) Typ *m sl*
❺ *no pl* (*mankind*) der Mensch, die Menschheit; ***this is one of the most dangerous substances known to ~*** dies ist eine der gefährlichsten Substanzen, die man kennt
❻ (*person*) Mensch *m*; ***all men are equal*** alle Menschen sind gleich; ***our ~ in Washington*** unser Mann in Washington; ***she's the right/ wrong ~ for the job*** sie ist die Richtige/Falsche für diesen Job; ***he's not a gambling/ drinking ~*** er ist kein großer Spieler/Trinker; ***every ~ for himself*** jeder für sich; **the ~ in the street** der kleine Mann; **the inner ~** das Innere; **the odd ~ out** der Außenseiter; **as one ~** wie ein Mann; ***as one ~, the delegates made for the exit*** geschlossen gingen die Delegierten hinaus; **sb's right-hand ~** jds rechte Hand
❼ (*in games*) [Spiel]figur *f*
❽ AM (*sl*) ■**the ~** (*the boss*) der Boss; (*white people*) die Weißen *pl*; (*the police*) die Bullen *pl*
▶ PHRASES: **to have done sth ~ and boy** (*hum dated*) das ganze Leben lang etw tun; **~ proposes, God disposes** (*prov*) der Mensch denkt, Gott lenkt *prov*; **to be ~ enough for sth** für etw *akk* Manns genug sein; **you can't keep a good ~ down** (*prov*) der Tüchtige lässt sich *akk* nicht unterkriegen; **to be one's own ~** sein eigener Herr sein; **to talk [as] ~ to ~** offen sprechen; **to a ~** bis auf den letzten Mann
II. *interj* (*fam: to emphasize*) Mensch *fam*, Mann *fam*; (*in enthusiasm*) Manometer *fam*; (*in anger*) Mann *fam*, Menno *fam*; ***~, we had a good time!*** Mann, haben wir uns amüsiert!
III. *vt* <-nn-> ■**to ~ sth** *phone, gun* etw bedienen; *fortress* etw besetzen; ***~ the pumps!*** alle Mann an die Pumpen!; **to ~ a ship** ein Schiff bemannen

man. CAN *abbrev of* **Manitoba**

man about town <*pl* men about town> *n* **to be a ~** in den angesagten Kreisen verkehren, überall mit von der Partie sein; ***she will only date you if you are a ~*** sie wird nur mit dir ausgehen, wenn du in den In-Kreisen verkehrst

manacle ['mænəkḷ] I. *n* ■**~s** *pl* Handschellen *fpl*, Ketten *fpl*
II. *vt* ■**to ~ sb** jdn in Ketten legen [*o* [mit Ketten] fesseln]; ***his arm was ~d to a ring on the wall*** sein Arm war an einem Ring in der Wand angekettet

manage ['mænɪdʒ] I. *vt* ❶ ECON (*be in charge of*) ■**to ~ sth** *company, business, department* etw leiten [*o* führen]; ■**to ~ sb** *film star, pop group, team* jdn managen; ***some people think television ~s the news instead of just reporting it*** manche Leute glauben, dass das Fernsehen die Nachrichten manipuliert, anstatt nur zu berichten; **to ~ money** Geld verwalten; **to ~ property** Eigentum verwalten; FIN Immobilienbesitz verwalten; **~d fund** Investmentfonds, dessen Wertpapierbestand auswechselbar ist; **to ~ one's time** sich *dat* seine Zeit richtig einteilen
❷ (*control*) ■**to ~ sb** mit jdm zurechtkommen [*o* fertig werden]; ■**to ~ sth** mit etw *dat* zurechtkommen [*o* umgehen können]; **to ~ a currency** eine Währung steuern; **to ~ sth with ease/difficulty** etw mit Leichtigkeit/Schwierigkeiten bewältigen; **~d float** FIN kontrolliertes Floaten
❸ (*accomplish*) ■**to ~ sth** etw bewältigen [*o fam* schaffen]; ***I'm so full, I can't ~ any more*** ich bin so satt, ich kann nicht mehr essen; ***she can't ~ more than $350 per month rent*** sie kann sich nicht mehr als $ 350 Miete pro Monat leisten; ***can you ~ 8 o'clock?*** 8 Uhr, ginge das?; **to ~ a smile/laugh** ein Lächeln/Lachen hinbekommen
II. *vi* ❶ (*succeed*) es schaffen, zurechtkommen; ***I can't ~ on my own*** ich schaffe es nicht allein; ***we'll ~!*** wir kommen schon zurecht!; ***how can you ~ without a car?*** wie kommst du ohne Auto zurecht?; ***somehow he ~d to calm down*** irgendwie schaffte er es, sich zu beruhigen; ***only he could ~ to be so dumb*** nur er konnte so dumm sein
❷ (*get by*) ■**to ~ on sth** mit etw *dat* auskommen; ***they had to ~ on a small salary*** sie mussten mit einem kleinen Gehalt auskommen

manageable ['mænɪdʒəbḷ] *adj* ❶ (*doable*) ■**to be ~** *job* leicht zu bewältigen sein; **~ task** überschaubare Aufgabe
❷ (*controllable*) ■**to be ~** kontrollierbar [*o* beherrschbar] sein; *problem* sich *akk* bewältigen lassen; *car* leicht zu handhaben sein; ***the baby-sitter found the children perfectly ~*** der Babysitter kam gut mit den Kindern zurecht; **~ hair** leicht zu frisierendes Haar
❸ (*feasible*) erreichbar; ■**to be ~** machbar [*o* zu schaffen] sein; **~ deadline** realistischer Termin
❹ (*easy to carry*) **~ bag** handliche Tasche

managed-care ['mænɪdʒkeəʳ, AM -ker] *adj attr, inv* AM *organization, policy* Kosten sparende Präventivmedizin forcierend (*mit Bezug auf Krankenversicherungen im US-amerikanischen Gesundheitssystem*)

management ['mænɪdʒmənt] I. *n* ❶ *no pl of business* Management *nt*, [Geschäfts]führung *f*, [Unternehmens]leitung *f*
❷ + *sing/pl vb* (*managers*) [Unternehmens]leitung *f*, Management *nt*; *of hospital, theatre* Direktion *f*; **junior ~** untere Führungsebene; (*trainees*) Führungsnachwuchs *m*; **middle ~** mittlere Führungsebene; **senior ~** oberste Führungsebene, Vorstand *m*
❸ *no pl* (*handling*) Umgang *m* (**of** mit +*dat*); *of finances* Verwalten *nt*; **crisis ~** Krisenmanagement *nt*
II. *n modifier* ECON **~ skills** Führungsqualitäten *fpl*; **~ trainee** Managementtrainee *m o f*; **~ training** Managementtraining *nt*

management buy-out *n* Managementbuyout *nt* (*Übernahme einer Firma durch die leitenden Direk-*

toren) **management-by-objective** *adj attr, inv* zielorientiert (*mit Bezug auf einen Managementstil*) **management consultant** *n* Unternehmensberater(in) *m(f)* **management studies** *n + sing/pl vb* Betriebswirtschaft[slehre] *f* **management team** *n + sing/pl vb* Führungsgruppe *f*, Führungsspitze *f*

manager ['mænɪdʒəʳ, AM -ɚ] *n* ❶ (*business executive*) Geschäftsführer(in) *m(f)*, Leiter(in) *m(f)*; (*in big business*) Manager(in) *m(f)*; (*of hotel, restaurant, shop*) Geschäftsführer(in) *m(f)*; (*of department*) Abteilungsleiter(in) *m(f)*; (*of cinema, theatre*) Leiter(in) *m(f)*, Direktor(in) *m(f)*; **bank** ~ Filialleiter(in) *m(f)* einer Bank; **branch** ~ Filialleiter(in) *m(f)*; **junior/middle/senior** ~ Manager(in) *m(f)* auf der unteren/mittleren/oberen Führungsebene; **production** ~ Produktionsleiter(in) *m(f)*; **sales** ~ Verkaufsleiter(in) *m(f)*
❷ SPORTS (*coach*) [Chef]trainer(in) *m(f)*; **the England** ~ der englische Nationaltrainer/die englische Nationaltrainerin
❸ (*of band, boxer*) Manager(in) *m(f)*; (*of a sports team*) Trainer *m*

manageress <*pl* -es> [ˌmænɪdʒᵊr'es, AM 'mænɪdʒəres] *n* (*dated*) Geschäftsführerin *f* (*in einem Laden oder Café*)

managerial [ˌmænə'dʒɪəriəl, AM -'dʒɪr-] *adj inv* Manager-; ~ **conference/meeting** Konferenz *f*/Meeting *nt* der Unternehmensführung; **at ~ level** auf Führungsebene; ~ **position** Führungsposten *m*; ~ **responsibilities** Führungsverantwortung *f*; ~ **skills** Führungsqualitäten *fpl*

managing director *n* [Haupt]geschäftsführer(in) *m(f)* **managing editor** *n* Verlagsdirektor(in) *m(f)* **managing owner** *n* geschäftsführender Inhaber/geschäftsführende Inhaberin **managing partner** *n* geschäftsführender Gesellschafter/geschäftsführende Gesellschafterin

mañana [mæn'jɑːnə, AM mə'n-] **I.** *adv* demnächst, bald
II. *n* Morgen *nt*, ferne Zukunft

man-at-arms *n* (*hist*) Soldat *m*; (*esp in medieval times*) Kavallerist *m*, berittener Krieger

Manchuria [mæn'tʃʊəriə, AM 'tʃʊri] *n no pl* GEOG Mandschurei *f*

Mancunian [mæŋ'kjuːniən, AM mæn'-] **I.** *n* Einwohner(in) *m(f)* der Stadt Manchester
II. *adj inv* aus Manchester

mandala ['mændələ, AM 'mʌn-] *n modifier* Mandala-

mandarin ['mændᵊrɪn, AM -ɚɪn] *n* ❶ (*fruit*) Mandarine *f*
❷ (*hist: Chinese official*) Mandarin *m*
❸ (*esp pej: bureaucrat*) Bürokrat(in) *m(f)*

Mandarin ['mændᵊrɪn, AM -ɚɪn] *n no pl* LING Mandarin *nt*, chinesische Hochsprache

mandarin orange *n* Mandarine *f*

mandate **I.** *n* ['mændeɪt] ❶ *usu sing* (*authority*) Auftrag *m*, Mandat *nt*; (*command*) Verfügung *f*; **bank** ~ Bankvollmacht *f*; **electoral** ~ Wählerauftrag *m*
❷ (*territory*) Mandat[sgebiet] *nt*
II. *vt* [mæn'deɪt, AM '-] ■**to ~ sth** (*order*) etw anordnen; (*authorize*) ein Mandat für etw *akk* erteilen; **to ~ a territory to a country** ein Gebiet der Verwaltung eines Landes unterstellen; ■**to ~ sb to do sth** (*order*) jdn beauftragen [*o* jdm den Auftrag erteilen], etw zu tun; (*authorize*) jdm ein Mandat erteilen, etw zu tun

mandated [mæn'deɪtɪd, AM t̬ɪd] *adj inv* (*hist*) ~ **territory** Mandatsgebiet *nt*

mandatory ['mændətᵊri, AM -tɔːri] *adj inv* ❶ (*required by law*) gesetzlich vorgeschrieben; **to make sth** ~ etw gesetzlich vorschreiben
❷ (*obligatory*) obligatorisch; ~ **bid** ECON obligatorisches Kaufangebot; ~ **meeting** obligatorische Sitzung; ■**to be ~ for sb** jds Pflicht sein

mandible ['mændɪbl] *n of an insect* Mandibel *f fachspr*, [Ober]kiefer *m*; *of a bird* Unterschnabel *m*; *of a mammal, fish* Mandibula *f fachspr*, Unterkiefer *m*

mandolin [ˌmændᵊl'ɪn] *n*, **mandoline** *n* [ˌmændᵊl'iːn] ❶ MUS Mandoline *f*
❷ (*vegetable slicer*) Gemüseschneider *m*

mandrake ['mændreɪk] *n* Mandragore *f*; ~ **root** Alraunwurzel *f*

mandrill ['mændrɪl] *n* ZOOL Mandrill *m*

mane [meɪn] *n* Mähne *f a. fig*

man-eater *n* ❶ (*animal*) *Tier, das Menschen tötet*
❷ (*fig hum fam: woman*) männermordender Vamp *hum fam*

man-eating ['mæniːtɪŋ] *adj* ❶ *inv animal* Menschen fressend *attr*
❷ (*fig fam*) *woman* männermordend *attr hum*

maneuver *n, vi, vt* AM *see* **manoeuvre**

maneuverability *n* AM *see* **manoeuvrability**

maneuverable *adj* AM *see* **manoeuvrable**

maneuvering *n* AM *see* **manoeuvring**

man Friday *n* treuer Diener, Mädchen *nt* für alles *hum fam*

manful ['mænfᵊl] *adj* mannhaft *veraltend*, mutig, beherzt; **to mount a ~ defence of sb** jdn heldenhaft verteidigen

manfully ['mænfᵊli] *adv* mannhaft *veraltend*, mutig, beherzt

manganese ['mæŋgəniːz] *n no pl* Mangan *nt*

mange [meɪndʒ] *n no pl* Räude *f*

mangel ['mæŋgᵊl] *n*, **mangel-wurzel** ['mæŋgᵊl,wɜːzᵊl, AM -,wɜːr-] *n* Runkelrübe *f*, Futterrübe *f*

manger ['meɪndʒəʳ, AM -ɚ] *n* (*old*) Futtertrog *m*; (*in bible*) Krippe *f*

mangetout [ˌmɑ̃(n)ʒ'tuː] *n* BRIT Zuckererbse *f*

mangle¹ ['mæŋgl̩] *vt* ■**to ~ sth** ❶ *usu passive* (*crush*) etw zerstören; ■**to be ~d** *limbs* verstümmelt werden; *clothes* zerrissen werden; *car, metal* zerdrückt werden; ***all that remains of the car crash is a pile of ~d metal*** alles, was nach dem Unfall noch übrig ist, ist ein Haufen Schrott
❷ (*fig: ruin*) etw verstümmeln [*o* entstellen] *fig*

mangle² ['mæŋgl̩] *n* ❶ BRIT (*hist: wringer*) [Wäsche]mangel *f*
❷ AM (*ironing machine*) [Heiß]mangel *f*

mango <*pl* -s *or* -es> ['mæŋgəʊ, AM -goʊ] *n* Mango *f*

mango chutney *n* Mango Chutney *nt* (*Speisebeilage bestehend aus Mangos, Gewürzen und Zucker*)

mangrove ['mæŋgrəʊv, AM 'mæŋgroʊv] *n* Mangrovenbaum *m*

mangrove swamp *n* Mangrove *f*

mangy ['meɪndʒi] *adj* ❶ (*suffering from mange*) räudig
❷ (*fam: shabby*) schäbig *pej*

manhandle ['mænˌhændl̩, AM 'mænhæn-] *vt* ❶ (*handle roughly*) ■**to ~ sb** jdn grob behandeln
❷ (*heave*) ■**to ~ sth** etw [hoch]heben, etw stemmen; (*haul*) etw [hoch]hieven

manhattan [mæn'hætᵊn] *n* (*cocktail*) Manhattan *m*

manhole *n* Einstieg *m*, Einstiegsöffnung *f*; (*shaft*) Einstiegsschacht *m*; *of a container, tank* Mannloch *nt* **manhole cover** *n* Einstiegsverschluss *m*; *of a canal* Kanaldeckel *m*; *of a shaft* Schachtdeckel *m*; *of a container, tank* Mannlochdeckel *m*

manhood ['mænhʊd] *n no pl* ❶ (*adulthood*) Mannesalter *nt veraltend*, Erwachsenenalter *nt* (*eines Mannes*)
❷ (*manliness*) Männlichkeit *f*; **to prove one's ~** seine Männlichkeit unter Beweis stellen
❸ (*poet: male population*) Männer *mpl*
❹ (*euph or hum: male genitals*) Männlichkeit *f euph*

manhour *n* Arbeitsstunde *f* **manhunt** *n* [Ring]fahndung *f*; (*after a criminal*) Verbrecherjagd *f*; **to launch a ~** mit einer Ringfahndung beginnen

mania ['meɪniə] *n* ❶ (*pej: obsessive enthusiasm*) Manie *f*, Fimmel *m fam*, Besessenheit *f*; **religious** ~ religiöser Wahn; **to have a ~ for sth** von etw *dat* besessen sein
❷ *no pl* MED (*obsessive state*) Wahn[sinn] *m*; (*state of excessive activity*) Manie *f*; **persecution** ~ Verfolgungswahn *m*

maniac ['meɪniæk] *n* ❶ (*fam: crazy person*) Verrückte(r) *f(m) fam*, Wahnsinnige(r) *f(m)*, Irre(r) *f(m) fam*; **to drive like a ~** wie ein Verrückter/eine Verrückte fahren; **to work like a ~** wie verrückt arbeiten
❷ (*fan*) Fan *m*; **football** ~ Fußballnarr, Fußballnärrin *m, f*, Fußballfanatiker(in) *m(f)*
❸ MED (*old*) Manie *f veraltet*

maniacal [mə'naɪəkᵊl] *adj* ❶ (*crazy*) wahnsinnig, verrückt, irrsinnig; ~ **behaviour** [*or* AM **behavior**] abnormes Verhalten; **a ~ laugh** ein irres Lachen; **a ~ scream** ein wilder Schrei
❷ (*fam: very enthusiastic*) frenetisch *geh*, fanatisch

maniacally [mə'aɪəkᵊli] *adv* PSYCH (*old*) rasend, tobsüchtig *veraltend*, maniakalisch *geh*

manic ['mænɪk] *adj* erregt, manisch; (*hum: highly energetic*) wild

manic depression *n no pl* manische Depression

manic depressive **I.** *n* Manisch-Depressive(r) *f(m)*; ■**to be a ~** manisch-depressiv sein **II.** *adj* manisch-depressiv **manic psychosis** *n* manische Psychose

manicure ['mænɪkjʊəʳ, AM -kjʊr] **I.** *n* Maniküre *f*, Handpflege *f*; **to have a ~** sich *akk* maniküren lassen
II. *vt* **to ~ one's hands/nails** sich *dat* die Hände/Nägel maniküren

manicured ['mænɪkjʊəd, AM -kjʊrd] *adj inv* ❶ *of fingers* manikürt; **well-~ hands** gepflegte [*o* manikürte] Hände
❷ (*extremely neat*) [sehr] gepflegt; **a perfectly ~ lawn** ein makelloser Rasen

manicure scissors *n* Maniküreschere *f*, Nagelschere *f* **manicure set** *n* Maniküreset *nt*, Maniküreetui *nt*

manicurist ['mænɪkjʊərɪst, AM -kjʊr-] *n* Handpflegerin *f*

manifest ['mænɪfest] **I.** *adj* offenkundig, deutlich erkennbar, manifest *geh*
II. *vt* ■**to ~ sth** etw zeigen; ***the illness ~ed itself as …*** die Krankheit äußerte sich durch …; **to ~ symptoms of sth** Anzeichen einer S. *gen* aufweisen [*o* zeigen]
III. *n* TRANSP ❶ (*cargo list*) [Ladungs]manifest *nt*, Frachtliste *f*
❷ (*list of passengers*) Passagierliste *f*; (*list of railway wagons*) Wagenladeschein *m*

manifestation [ˌmænɪfes'teɪʃᵊn] *n* ❶ (*sign*) Zeichen *nt* (**of** für +*akk*)
❷ *no pl* (*displaying*) Zeigen *nt*; (*voicing*) Bekundung *f geh*; MED Manifestation *f fachspr*
❸ *usu pl* (*form*) Manifestation *f*, Erscheinungsform *f*

manifestly ['mænɪfestli] *adv* offenkundig, offensichtlich

manifesto <*pl* -s *or* -es> [ˌmænɪ'festəʊ, AM -toʊ] *n* Manifest *nt*; **election** ~ Wahlprogramm *nt*

manifold ['mænɪfəʊld, AM -foʊld] **I.** *adj* (*liter*) vielfältig, vielseitig, mannigfaltig *geh*
II. *n* TECH Verteilerrohr *nt*; AUTO [**exhaust**] ~ [Abgas]krümmer *m*; [**inlet** [*or* **intake**]] ~ [Ansaug]krümmer *m*

manikin ['mænɪkɪn] *n* ❶ (*model*) Gliederpuppe *f*; MED anatomisches Modell
❷ (*dwarf*) Zwerg *m*, Knirps *m fam*

manil(l)a [mə'nɪlə] *n no pl* Manilapapier *nt*, Packpapier *nt*

manil(l)a envelope *n* Briefumschlag *m* aus Manilapapier **manil(l)a paper** *n no pl* Manilapapier *nt*, Packpapier *nt*

manioc ['mæniɒk, AM -ɑːk] *n* ❶ (*cassava*) Maniok *m*
❷ (*flour*) Mandioka *f*

manipulate [mə'nɪpjəleɪt] *vt* ❶ (*esp pej: manage cleverly*) ■**to ~ sb/sth** geschickt mit jdm/etw umgehen; (*influence*) jdn/etw beeinflussen, jdn/etw manipulieren; **to ~ accounts** die Bücher schönen; **to ~ figures/the statistics** geschickt mit Zahlen/der Statistik jonglieren; (*falsify*) Zahlen/die Statistik verfälschen [*o fam* verdrehen]; **to ~ the market** die Börsenkurse manipulieren
❷ (*with hands*) ■**to ~ sth** etw handhaben; (*adjust*)

etw einstellen; **to ~ a machine** eine Maschine bedienen
❸ MED **to ~ sb's bones** jds Knochen einrenken; **to ~ sb's muscles** jds Muskeln massieren
❹ COMPUT ■ **to ~ sth** etw bearbeiten
manipulation [məˌnɪpjəˈleɪʃən] *n* ❶ (*esp pej: clever management*) Manipulation *f;* (*falsification*) Verfälschung *f;* **stock market** ~ Kursmanipulation *f*
❷ (*handling*) Handgriff *m;* (*adjustment*) Einstellung *f* (**of** an +*dat*); *no pl* Umgang *m* (**of** mit +*dat*), Handhabung *f*
❸ MED chiropraktische Behandlung; *of bones* Einrenken *nt kein pl*
❹ COMPUT (*by person*) Bearbeiten *nt kein pl,* Bearbeitung *f*
manipulative [məˈnɪpjələtɪv, AM -leɪt̬ɪv] *adj* (*esp pej*) manipulativ
manipulator [məˈnɪpjəleɪtəʳ, AM -t̬ɚ] *n* (*esp pej*) Manipulator(in) *m(f),* Manipulant(in) *m(f);* **stock market** ~ Kursmanipulant(in) *m(f)*
mankind [mænˈkaɪnd] *n no pl* Menschheit *f*
manky [ˈmæŋki] *adj* BRIT (*fam: dirty*) dreckig *fam;* (*worn-out*) abgenutzt, alt
manlike [ˈmænlaɪk] *adj* ❶ (*resembling a human*) menschenähnlich
❷ (*exhibiting male qualities*) männlich
manliness [ˈmænlɪnəs] *n no pl* (*approv*) Männlichkeit *f*
manly [ˈmænli] *adj* (*approv*) männlich
man-made *adj* künstlich; ~ **fibres** künstliche Fasern *fpl,* Kunstfasern *fpl*
manna [ˈmænə] *n no pl* ❶ (*food from heaven*) Manna *nt,* Himmelsbrot *nt;* ~ **from heaven** (*fig*) ein wahrer Segen
❷ (*healing food or drink*) Labsal *nt o* ÖSTERR *a. f*
manned [mænd] *adj* AEROSP bemannt
mannequin [ˈmænɪkɪn] *n* ❶ (*in shop window*) Schaufensterpuppe *f;* ART Modell *nt*
❷ (*dated: fashion model*) Mannequin *nt*
manner [ˈmænəʳ, AM -ɚ] *n no pl* ❶ (*way*) Weise *f,* Art *f;* **in a ~ of speaking** sozusagen; **in the normal** ~ auf dem üblichen Weg; **in an unusual** ~ auf ungewöhnliche Weise; **to be in the ~ of Hitchcock** ganz in der Tradition von Hitchcock stehen
❷ *no pl* (*behaviour to others*) Betragen *nt,* Verhalten *nt;* **his cold** ~ seine kalte Art
❸ (*polite behaviour*) ■ **~s** *pl* Manieren *pl;* ***it's bad ~s to …*** es gehört sich nicht, …; ***it's only good ~s to …*** es gehört sich einfach, …; ***you've got no ~s!*** du hast einfach keine Manieren!; **to mind one's ~s** sich *akk* benehmen; **to teach sb ~s** jdm Manieren beibringen
❹ (*form: type*) Typ *m,* Art *f;* (*old*) ***what ~ of man is he?*** was für ein Mensch ist er eigentlich?; ***all ~ of …*** alle möglichen Arten von …
► PHRASES: **not by any ~ of means** (*dated*) überhaupt nicht, keineswegs; **to do sth as if to the ~ born** etw tun, als ob man sein Leben lang nichts anderes getan hätte
mannered [ˈmænəd, AM -ɚd] *adj* (*pej*) ❶ (*affected*) affektiert
❷ (*in art*) gekünstelt, manieriert *geh*
mannerism [ˈmænərɪzəm, AM -nɚ-] *n* Eigenart *f*
Mannerism [ˈmænərɪzəm, AM -nɚ-] *n no pl* Manierismus *m*
Mannerist [ˈmænərɪst, AM -nɚ-] *n* Manierist(in) *m(f)*
mannikin *n see* **manikin**
mannish [ˈmænɪʃ] *adj* (*esp pej: of a woman*) männlich, maskulin
mannishly [ˈmænɪʃli] *adv* (*esp pej: of a woman*) männlich, maskulin
mannishness [ˈmænɪʃnəs] *n no pl* (*esp pej: of a woman*) Männlichkeit *f*
manoeuvrability [məˌnuːvərəˈbɪləti], AM **maneuverability** [-ət̬i] *n no pl* Beweglichkeit *f,* Manövrierfähigkeit *f*
manoeuvrable [məˈnuːvərəbl̩], AM **maneuverable** *adj* beweglich; *ship, vessel* manövrierfähig
manoeuvre [məˈnuːvəʳ], AM **maneuver** [-ɚ] **I.** *n* ❶ *usu pl* (*military exercise*) Manöver *nt;* **army ~s** Truppenübungen *fpl;* **on ~s** im Manöver
❷ (*planned move*) Manöver *nt,* Operation *f;* (*fig*) Schachzug *m*
❸ *no pl* **to not allow sb much room for ~** jdm keinen großen Spielraum lassen; **to have room** [*or* **scope**] **for** ~ Spielraum haben
II. *vt* ❶ (*move*) ■ **to ~ sth somewhere** etw irgendwohin manövrieren; **to ~ a trolley** einen Einkaufswagen lenken
❷ (*pressure sb*) ■ **to ~ sb into sth** jdn [durch geschickte Manöver] zu etw *dat* bringen; **to ~ sb into a compromise** jdn geschickt zu einem Kompromiss zwingen; ***they ~d her into resigning*** sie brachten sie dazu zurückzutreten
III. *vi* ❶ (*move*) manövrieren; ***this car ~s well at high speed*** dieses Auto lässt sich bei hoher Geschwindigkeit gut fahren; **room to** ~ Spielraum *m*
❷ (*scheme*) taktieren
❸ MIL (*hold exercises*) Manöver abhalten
manoeuvring [məˈnuːvərɪŋ], AM **maneuvering** [-ɚɪŋ] *n* Manöver *nt;* (*dishonest step*) Winkelzug *m meist pl*
man-of-war <*pl* men-of-war> [ˌmænəvˈwɔːʳ, AM wɔːr] *n,* **man-o'-war** <*pl* men-o'-war> [ˌmænəˈwɔːʳ, AM wɔːr] *n* ❶ HIST Portugiesische Galeere
❷ ZOOL *see* **Portugese man-of-war**
manometer [məˈnɒmɪtəʳ, AM -ˈnɑːmət̬ɚ] *n* Manometer *nt fachspr,* Druckmesser *m*
manor [ˈmænəʳ, AM -ɚ] *n* ❶ (*country house*) Landsitz *m,* Herrenhaus *nt*
❷ BRIT HIST (*territory*) [Land]gut *nt,* Lehnsgut *nt;* **lord of the** ~ Gutsherr *m*
❸ *usu sing* BRIT (*sl: area around police station*) Polizeirevier *nt*
manor house *n* Herrenhaus *nt*
manpower *n no pl* Arbeitskräfte *fpl;* **lack of** ~ Arbeitskräftemangel *m;* **skilled** ~ gelernte Arbeitskräfte, Facharbeitskräfte *fpl*
manqué [ˈmɑ̃(ŋ)keɪ, AM mˌɑnˈkeɪ] *adj inv, after n* (*form*) gescheitert, verkannt; **an artist** ~ ein verkannter [*o* gescheiterter] Künstler/eine verkannte [*o* gescheiterte] Künstlerin; ***my brother is a barber*** ~ an meinem Bruder ist ein Friseur verloren gegangen
mansard <*pl* -s> [ˈmænsɑːd, AM sɑːrd] *n,* **mansard roof** *n* ARCHIT Mansarde *f*
manse [mæn(t)s] *n* SCOT Pfarrhaus *nt*
manservant <*pl* menservants> *n* (*old*) Diener *m*
mansion [ˈmæn(t)ʃən] *n* herrschaftliches Wohnhaus, Villa *f;* (*of ancient family*) Herrenhaus *nt*
man-sized *n* riesig, Riesen-; **a ~ portion** eine Riesenportion; **a ~ steak** ein riesiges Steak **manslaughter** *n no pl* Totschlag *m;* **to charge sb with** ~ jdn des Totschlags anklagen
manta <*pl* – *or* -s> [ˈmæntə] *n,* **manta ray** *n* ZOOL Manta *m*
mantel [ˈmæntəl] *n* (*old*), **mantelpiece** [ˈmæntəlpiːs] *n* Kaminsims *m o nt*
mantelshelf <*pl* -lves> [ˈmæntəlʃelf] *n see* **mantelpiece**
mantilla [mænˈtɪlə] *n* FASHION Mantilla *f,* Mantille *f*
mantis [ˈmæntɪs] *n* Fangheuschrecke *f;* [**praying**] ~ Gottesanbeterin *f*
mantle [ˈmæntl̩] *n* ❶ *no pl* (*form: position*) Amt *nt,* Posten *m,* Position *f;* ***she has been asked to assume the ~ of managing director*** man hat ihr eine Stelle als Geschäftsführerin angeboten; **to take on the ~ of power** die Macht übernehmen
❷ (*usu liter: covering*) Decke *f,* Schicht *f;* **a ~ of snow** eine Schneedecke; **to be cloaked in a ~ of sth** von etw *dat* umhüllt [*o* eingehüllt] sein
❸ *of a planet* Mantel *m fachspr*
❹ FASHION (*hist*) Überwurf *m,* Umhang *m*
mantlepiece [ˈmæntl̩piːs] *n* Kaminsims *m o nt*
man to man *adv* von Mann zu Mann
man-to-man *adj* von Mann zu Mann; **a ~ talk** ein Gespräch *nt* von Mann zu Mann
mantra [ˈmæntrə] *n* ❶ (*for meditation*) Mantra *nt*
❷ (*catchphrase*) Parole *f,* Slogan *m*
mantrap [ˈmæntræp] *n* Falle *f*
manual [ˈmænjuəl] **I.** *adj* ❶ (*done with hands*) manuell, Hand-; ~ **alphabet** Alphabet *nt* der Fingersprache; ~ **dexterity** handwerkliches Geschick, Handfertigkeit *f;* ~ **labour** [*or* AM **labor**] [*or* **work**] körperliche Arbeit; (*craftsmanship*) Handarbeit *f;* **to be a ~ labourer** [*or* AM **laborer**] [*or* **worker**] körperlich arbeiten; (*as a crafts*[*wo*]*man*) handwerklich arbeiten; ~ **typewriter** mechanische Schreibmaschine
❷ (*hand-operated*) manuell, Hand-; **to switch the controls to ~** auf Handsteuerung [*o* manuelle Steuerung] umschalten; ~ **choke** AUTO manueller Choke; **a car with ~ gearbox** AUTO ein Auto *nt* mit Schaltgetriebe; ~ **transmission** AUTO Schaltgetriebe *nt*
II. *n* ❶ (*book*) Handbuch *nt;* ~ **of instructions** Bedienungsanleitung *f,* Gebrauchsanweisung *f;* **training** ~ Lehrbuch *nt*
❷ AUTO (*vehicle*) Auto *nt* mit Gangschaltung
❸ MUS (*organ keyboard*) Manual *nt*
manually [ˈmænjuəli] *adv* manuell, mit der [*o* von] Hand
manufacture [ˌmænjəˈfæktʃəʳ, AM -ɚ] **I.** *vt* ■ **to ~ sth** ❶ (*produce commercially*) etw herstellen; **~d goods** Fertigerzeugnisse *ntpl*
❷ (*fabricate*) etw erfinden; **to ~ an excuse** eine Ausrede erfinden
II. *n no pl* Herstellung *f,* Erzeugung *f,* Fabrikation *f* *form;* **a vehicle of French/Italian** ~ ein Wagen *m* aus französischer/italienischer Herstellung
manufacturer [ˌmænjəˈfæktʃərəʳ, AM -ɚɚ] *n* Hersteller *m,* Erzeuger *m;* **the ~'s** [*or* **~s'**] **label** das Etikett; **direct from the ~s** direkt vom Hersteller; **to send sth back to the ~**[**s**] etw an den Hersteller zurücksenden
manufacturing [ˌmænjəˈfæktʃərɪŋ, AM -ɚ-] **I.** *adj* Herstellungs-, Produktions-; ~ **centre** [*or* AM **center**] Industriezentrum *nt;* ~ **costs** Herstellungskosten *pl;* (*of a film*) Produktionskosten *pl;* ~ **firm** Hersteller *m,* Herstellerfirma *f;* ~ **industry** verarbeitende Industrie
II. *n no pl* Fertigung *f*
manure [məˈnjʊəʳ, AM -nʊr] **I.** *n no pl* Dung *m*
II. *vt* ■ **to ~ sth** etw düngen (*mit Mist*)
manuscript [ˈmænjəskrɪpt] *n* ❶ (*author's script*) Manuskript *nt;* (*of a famous person*) Autograph *nt fachspr*
❷ (*handwritten text*) Manuskript *nt,* Handschrift *f*
Manx [mæŋks] **I.** *adj inv* (*of Isle of Man*) der Insel Man
II. *n no pl, no art* LING Sprache *f* der Insel Man
Manx cat *n* Man[x]katze *f* (*stummelschwänzige Katze*) **Manxman** *n* Bewohner *m* der Insel Man **Manxwoman** *n* Bewohnerin *f* der Insel Man
many [ˈmeni] **I.** *pron* (*a great number*) viele; ***he has loved ~ but married none*** er hat viele geliebt, aber keine geheiratet; **too** ~ zu viele; ~ **is the …** (*hum*) viele …; ~ ***is the hour I've spent by the telephone just waiting in case he should call*** ich habe viele Stunden am Telefon verbracht und auf seinen Anruf gewartet; ~ ***is the man who's come out of her office trembling*** viele Männer sind zitternd aus ihrem Büro gekommen; **as** ~ genauso viele; ***ten people died in the tornado in the South and as ~ in the flood in the Midwest*** zehn Menschen starben bei dem Tornado im Süden und genauso viele bei der Flut im Mittleren Westen; **as ~ again** nochmals so viele; ***there are already twelve bottles of wine, so if I buy as ~ again, we'll have enough*** hier sind bereits zwölf Flaschen Wein, wenn ich nochmals so viele kaufe, haben wir genug; **as ~ as …** so viele wie …; ***as ~ as 6,000 people may have been infected with the disease*** bereits 6.000 Menschen können mit der Krankheit infiziert sein; ***as ~ as we invited came to the party*** zu der Party kamen so viele Leute, wie wir eingeladen hatten; ■ **~ of sb/sth** viele von jd/etw; ***the solution to ~ of our problems*** die Lösung zu vielen von unseren Problemen; **a good** [*or* **great**] ~ **of sb/sth** eine hübsche Zahl von jd/etw; ***a good ~ of us*** viele von uns; ■ **~ a/an …**

M

manch ein …; ~ ***a man has been destroyed by booze*** viele Menschen gingen am Alkohol zugrunde; ~ **a time** oft
▶ PHRASES: **there's ~ a slip between** [*or* **twixt**] **cup and lip** (*prov*) zwischen Theorie und Praxis liegen oft Welten; **to have one too ~** einen sitzen haben
II. *n* (*the majority*) ■**the ~** *pl* die Mehrheit; ***although blacks in South Africa were the ~, they were repressed by the whites there*** zwar waren die Schwarzen in Südafrika in der Mehrheit, doch wurden sie von den Weißen unterdrückt; ***music for the ~*** Musik für die breite Masse
many-sided *adj* vielseitig; (*complex*) vielschichtig
Maoism ['maʊɪz(ə)m] *n no pl* Maoismus *m*
Maoist ['maʊɪst] I. *n* Maoist(in) *m(f)*
II. *adj* maoistisch
Maori ['maʊ(ə)ri, AM 'maʊri] I. *n* Maori *m o f*
II. *adj inv* Maori-, maorisch
map [mæp] I. *n* ❶ GEOG [Land]karte *f*; **~ of Paris** Stadtplan *m* von Paris; **road ~** Straßenkarte *f*; **~ of the world** Weltkarte *f*; **large-scale ~** großmaßstäbige Karte, Karte *f* mit großem Maßstab
❷ (*simple diagram*) Plan *m*, Zeichnung *f*; ***I'll draw you a ~ to show you how to get there*** ich zeichne dir auf, wie du hinkommen kannst
❸ (*giving specialized information*) [thematische] Karte; **meteorological ~** Wetterkarte *f*; **rainfall ~** Niederschlagskarte *f*; **statistical ~** statistische Übersichtskarte
❹ (*of stars*) Sternkarte *f*; **celestial ~** Himmelskarte *f*
▶ PHRASES: **to put sth/sb on the ~** etw/jdn bekannt machen; **to wipe** [*or* **blow**] **sth off the ~** etw ausradieren [*o* auslöschen] *fig*
II. *vt* <-pp-> ■**to ~ sth** eine Karte von etw *dat* machen, etw kartographieren *fachspr*
◆**map out** *vt* ■**to ~ out** ⊂ **sth** etw genau festlegen; **to ~ out a course/plan/strategy** eine Richtung/einen Plan/eine Strategie festlegen; ***his future is all ~ped out for him*** seine ganze Zukunft ist bereits fest vorgeplant; **to ~ out a route** eine Route planen [*o* ausarbeiten]
maple ['meɪpl] *n* ❶ (*tree*) Ahorn *m*
❷ *no pl* (*wood*) Ahorn *m*, Ahornholz *nt*
maple butter *n no pl* Ahorn-Brotaufstrich *m*, Ahornbutter *f* **maple leaf** *n* Ahornblatt *nt* **maple sugar** *n no pl* Ahornzucker *m* **maple syrup** *n no pl* Ahornsirup *m* **maple tree** *n* Ahorn *m*
map maker *n* Kartograph(in) *m(f) fachspr*, Kartenzeichner(in) *m(f)* **map-making** ['mæpmeɪkɪŋ] *n no pl* [Land]kartenanfertigung *f*, Kartographie *f*
mapping ['mæpɪŋ] *n* LING, MATH Gruppenzuordnung *f*, Mapping *nt fachspr*
map reading *n* Kartenlesen *nt kein pl*
mar <-rr-> [mɑː(r), AM mɑːr] *vt* ■**to ~ sth** etw stören; **to ~ the beauty of sth** etw verunstalten; **to ~ sb's enjoyment** jds Freude trüben
Mar *n abbrev of* **March**
marabou <*pl* – *or* -s> ['mærəbuː, AM 'mer] *n* ❶ (*bird*) Marabu *m*
❷ *no pl* (*feather*) Marabufeder[n] *f[pl]*
❸ (*silk*) Marabuseide *f*
maraca [mə'rækə, AM 'rɑːkə] *n usu pl* MUS Maraca *f*
maracas [mə'rækəz, AM -'rɑː-] *npl* MUS Maraca *f*, Rassel *f*
maraschino [ˌmærə'ʃiːnəʊ, AM ˌmerə'ʃiːnoʊ] *n no pl* Maraschino[likör] *m*
maraschino cherry *n* Maraschinokirsche *f*
marathon ['mærəθ(ə)n, AM 'merəθɑːn] I. *n* ❶ (*race*) Marathon[lauf] *m*; **to run** [*or* **do**] **a ~** einen Marathon [mit]laufen
❷ (*fig: very long event*) Marathon *nt fam*; **dance ~** Tanzmarathon *nt*; **piano ~** Klavierspielmarathon *nt*
II. *n modifier* (*event, session*) Marathon-, Dauer-; **~ negotiations** Verhandlungsmarathon *nt*; **~ speech** endlose Rede
marathon runner *n* Marathonläufer(in) *m(f)*
maraud [mə'rɔːd, AM *esp* -'rɑːd] I. *vi* plündern
II. *vt* ■**to ~ sth** etw [aus]plündern
marauder [mə'rɔːdə(r), AM -'rɑːdɚ] *n* ❶ (*raider*) Plünderer(in) *m(f)*
❷ (*animal*) Räuber *m*
marauding [mə'rɔːdɪŋ, AM *esp* -'rɑːd-] *adj attr, inv* plündernd; *animal* auf Raubzug *nach n*
marble ['mɑːbl, AM 'mɑːr-] I. *n* ❶ *no pl* (*stone*) Marmor *m*
❷ (*for games*) Murmel *f*; [**game of**] **~s** Murmelspiel *nt*; **to play** [*or* **shoot**] **~s** [mit] Murmeln spielen
▶ PHRASES: **to have all one's ~s** (*fam*) bei [klarem] Verstand sein; **to lose one's ~s** (*fam*) den Verstand verlieren, verrückt werden *fam*
II. *n modifier* (*floor, wall*) Marmor-, marmorn; **~ tablet** Marmortafel *f*; **~ top** Marmorplatte *f*
III. *vt* ■**to ~ sth** etw marmorieren
marble cake *n* Marmorkuchen *m*
marbled ['mɑːbld, AM 'mɑːr-] *adj inv* marmoriert; **~** [**with fat**] *meat* durchwachsen
march [mɑːtʃ, AM mɑːrtʃ] I. *n* <*pl* -es> ❶ MIL Marsch *m*; ***a 20 km ~*** ein Marsch *m* über 20 km; (*fig*) ***it is impossible to stop the forward ~ of progress*** es ist unmöglich, den Fortschritt aufzuhalten; **to be on the ~** auf dem Marsch sein, marschieren; **to be within a day's ~** einen Tagesmarsch entfernt sein
❷ MUS Marsch *m*; **funeral ~** Trauermarsch *m*; **Mendelssohn's Wedding M~** Mendelssohns Hochzeitsmarsch *m*
❸ (*demonstration*) Demonstration *f*; **a protest ~** ein Protestmarsch *m*; **to go on a ~** demonstrieren gehen
II. *vi* ❶ (*walk in step*) marschieren; ***quick ~!*** im Laufschritt, marsch!; ***the French army ~ed on Vienna*** die französische Armee marschierte auf Wien zu
❷ (*walk quickly*) marschieren *fam*
❸ (*demonstrate*) marschieren; **to ~ through a city** [demonstrierend] durch eine Stadt ziehen
III. *vt* ❶ (*walk in step*) **to ~ 12 miles** 12 Meilen marschieren
❷ (*force to walk*) ■**to ~ sb off** jdn wegbringen [*o* wegführen]; *police* jdn abführen; **to ~ sb into/out of the room** jdn in das Zimmer/aus dem Zimmer führen
March <*pl* -es> [mɑːtʃ, AM mɑːrtʃ] *n* März *m*; *see also* **February**
marcher ['mɑːtʃə(r), AM 'mɑːrtʃɚ] *n* Demonstrant(in) *m(f)*
marching band *n* Marschkapelle *f* **marching orders** *n* Marschbefehl *m*; **to get** [*or* **receive**] **one's ~** (*fam: job, flat*) die Kündigung bekommen; (*relationship*) den Laufpass bekommen *fam*; **to give sb their ~** (*fam: job, flat*) jdm kündigen; (*relationship*) jdm den Laufpass geben *fam* **marching song** *n* Marschlied *nt*
marchioness <*pl* -es> [ˌmɑːʃ(ə)n'es, AM 'mɑːrʃ(ə)nɪs] *n* Marquise *f*
march-past *n* Vorbeimarsch *m*, Parade *f*
Mardi Gras [ˌmɑːdi'grɑː, AM 'mɑːrdi,-] *n* ≈Karneval *m*
mare [meə(r), AM mer] *n* Stute *f*
mare's nest *n* Schwindel *m*, Windei *nt fam*
margarine [ˌmɑːdʒə'riːn, AM 'mɑːrdʒɚɪn] *n no pl* Margarine *f*
margarita [ˌmɑːg(ə)r'iːtə, AM -gə'riːt̬ə] *n* (*cocktail*) Margarita *m*
marge [mɑːdʒ] *n* BRIT (*fam*) *short for* **margarine** Margarine *f*
margin ['mɑːdʒɪn, AM 'mɑːr-] *n* ❶ (*outer edge*) Rand *m*; TYPO [Seiten]rand *m*; **on the ~s of society** am Rand[e] der Gesellschaft; **to write sth in the ~** TYPO etw an den Rand schreiben
❷ (*amount*) Differenz *f*, Abstand *m*; **to win by a wide** [*or* **large**]**/narrow** [*or* **small**] **~** mit einem großen/knappen Vorsprung [*o* Abstand] gewinnen
❸ (*provision*) Spielraum *m*; SCI Streubereich *m*; **~ of** [*or* **for**] **error** Fehlerspanne *f*; **safety ~** [*or* **~ for safety**] Sicherheitsspielraum *m*; (*distance*) Sicherheitsabstand *m*; SCI, TECH Sicherheitskoeffizient *m*, Sicherheitsfaktor *m*; (*fig*) Pufferzone *f*
❹ ECON [**profit**] **~** Gewinnspanne *f*, Verdienstspanne *f*, Marge *f fachspr*; **narrow** [*or* **tight**] **~** geringe [*o* knappe] Gewinnspanne
❺ FIN (*deposit*) Einschuss *m*, Einschusszahlung *f*, Marge *f*; **~ call** Einschussforderung *f*; **to buy on ~** auf Einschuss kaufen
❻ FIN (*difference between paid and charged interest*) Zinsspanne *f*
◆**margin up** *vi* (*fam*) ■**to ~ up on sth** *stocks* etw aufstocken
marginal ['mɑːdʒɪn(ə)l, AM 'mɑːr-] I. *adj* ❶ (*slight*) geringfügig; **to be of ~ importance** relativ unbedeutend sein; **a ~ improvement** eine geringfügige Verbesserung; **to be of ~ interest** [nur] von geringem Interesse sein
❷ (*insignificant*) nebensächlich, unwesentlich
❸ BRIT, AUS POL **~ constituency/seat** mit knapper Mehrheit gewonnener Wahlkreis/Parlamentssitz
❹ (*in margin*) **~ notes** Randnotizen *fpl*
❺ (*on borderline*) Rand-; **a ~ existence** eine Existenz am Rande der Gesellschaft; **a ~ product** ein wenig gefragtes Produkt
❻ PSYCH **~ behaviour** deviantes Verhalten
II. *n* BRIT, AUS POL knapp gewonnener Wahlkreis
marginalia [ˌmɑːdʒɪ'neɪliə, AM ˌmɑːr-] *npl* Marginalien *fpl*
marginalization [ˌmɑːdʒɪn(ə)laɪ'zeɪʃ(ə)n, AM ˌmɑːrdʒɪn(ə)lɪ'-] *n no pl* Ausgrenzung *f*, Marginalisierung *f geh*
marginalize ['mɑːdʒɪn(ə)laɪz, AM 'mɑːr-] *vt* ■**to ~ sb/sth** jdn/etw an den Rand drängen [*o geh* marginalisieren]
marginal land *n* Brachland *nt*; ECON Grenzböden *pl*
marginally ['mɑːdʒɪn(ə)li, AM 'mɑːr-] *adv* etwas, geringfügig; **~ better** etwas besser
margin call *n* STOCKEX Nachschussforderung *f*, Einschussforderung *f* **margin release** *n* Randlöser *m*
marguerite [ˌmɑːg(ə)r'iːt, AM ˌmɑːrgə'riːt] *n* BOT Margerite *f*
marigold ['mærɪgəʊld, AM 'merɪgoʊld] *n* Studentenblume *f*
marihuana, marijuana [ˌmærɪ'wɑːnə, AM ˌmerɪ'-] I. *n no pl* Marihuana *nt*
II. *n modifier* (*cigarette, pipe*) Marihuana-
marina [mə'riːnə] *n* Jachthafen *m*
marinade [ˌmærɪ'neɪd, AM *esp* ˌmerɪ'-] *n* FOOD Marinade *f*
marinate ['mærɪneɪt, AM *esp* 'mer-] *vt* FOOD ■**to ~ sth** etw marinieren [*o* einlegen]
marine [mə'riːn] I. *adj attr, inv* ❶ (*of sea*) Meeres-, See-
❷ (*of shipping*) Schiffs-
❸ (*naval*) Marine-
II. *n* Marinesoldat(in) *m(f)*, Marineinfanterist *m*; ■**the ~s** [*or* **M~s**] die Marineinfanterie
▶ PHRASES: **tell that to the ~s!** das kannst du deiner Großmutter erzählen!
Marine [mə'riːn] *n* AM Marinesoldat(in) *m(f)*; (*soldier in US Marine Corps*) Marine *m o f*
marine biologist *n* Meeresbiologe, -in *m, f* **Marine Corps** *n* Marineinfanteriekorps *nt* **marine engineer** *n* Schiffbauingenieur(in) *m(f)* **marine engineering** *n no pl* Schiffsmaschinenbau *m*
mariner ['mærɪnə(r), AM 'merɪnɚ] *n* (*old liter*) Seemann *m*
mariner's compass *n* Seekompass *m*
marionette [ˌmæriə'net, AM ˌmer-] *n* Marionette *f*
marital ['mærɪt(ə)l, AM 'merɪt̬(ə)l] *adj inv* ehelich, Ehe-; **~ bliss** Eheglück *nt*; **~ infidelity** Untreue *f* in der Ehe; **~ problems** Eheprobleme *ntpl*
marital aid *n* (*euph*) Sexspielzeug *nt* **marital rape** *n* Vergewaltigung *f* in der Ehe **marital status** *n* Familienstand *m*
maritime ['mærɪtaɪm, AM *esp* 'mer-] *adj inv* ❶ (*form: of sea*) Meer[es]-, See-; (*of ships*) Schifffahrts-; **~ museum** Schifffahrtsmuseum *nt*; **~ nation** Seefahrernation *f*; **~ power** Seemacht *f*; **~ trade** Seehandel *m*
❷ (*near coast*) Küsten-; **~ province** Küstenregion *f*
maritime climate *n* maritimes Klima **maritime law** *n* Seerecht *nt*
marjoram ['mɑːdʒ(ə)rəm, AM 'mɑːrdʒɚ-] *n no pl*

Majoran *m*

mark¹ [mɑːk, AM mɑːrk] **I.** *n* ❶ (*spot, stain*) Fleck *m;* (*scratch*) Kratzer *m;* (*on a person*) Mal *nt;* (*when burnt*) Brandmal *nt;* **dirt ~s** Schmutzflecken *mpl;* **paint ~s** Farbflecken *mpl;* **to leave a ~ [on sth]** [auf etw *dat*] bleibende Flecken hinterlassen; ***his fingers had left ~s all over the table*** auf dem Tisch waren überall seine Fingerabdrücke zu sehen
❷ (*identifying feature*) Zeichen *nt,* Merkmal *nt; on fur* Zeichnung *f;* ***it's the ~ of a gentleman to …*** es zeichnet einen Gentleman aus, dass er …; ***the crime bears all the ~s of a planned murder*** alle Anzeichen weisen auf einen geplanten Mord hin; **to be sb's/sth's distinguishing ~[s]** jdn/etw auszeichnen
❸ (*sign*) Zeichen *nt;* **a ~ of appreciation/respect** ein Zeichen *nt* der Wertschätzung/des Respekts
❹ (*written sign*) Markierung *f;* (*signature*) Kreuz *nt* (*bei Analphabeten: statt einer Unterschrift*); **to make one's ~ [on sth]** sein Kreuz [unter etw *akk*] setzen
❺ SCH Note *f,* Zensur *f;* ***what ~ did you get for biology?*** was hast du in Biologie bekommen?; ***no ~s for guessing who did this*** es ist nicht schwer zu erraten, wer das gemacht hat; **to get bad/good ~s for sth** schlechte/gute Noten für etw *akk* bekommen; **to get full ~s [for sth]** BRIT, AUS die Bestnote [für etw *akk*] erhalten
❻ *no pl* (*required standard*) Marke *f,* Norm *f,* Standard *m;* **to be up to the ~** den Anforderungen [*o* Erwartungen] entsprechen; **to not feel up to the ~** nicht ganz auf der Höhe sein *fam*
❼ (*point*) Markierung *f,* Marke *f;* ***sales have already passed the million ~*** die Verkaufszahlen haben die Millionenmarke überschritten; **to be over the halfway ~** über die Hälfte geschafft haben
❽ (*fig: target*) Ziel *nt;* **to be an easy ~** AM *person* eine leichte Beute sein; **to be wide of the ~** das Ziel um Längen verfehlen; **to hit the ~** [genau] ins Schwarze treffen
❾ (*in race*) Start *m;* (*starting block*) Startblock *m;* (*starting line*) Startlinie *f;* ***on your ~s, get set, go!*** auf die Plätze, fertig, los!
❿ (*version of car*) Modell *nt*
⓫ COMPUT Marke *f*
► PHRASES: **to be quick/slow off the ~** (*understand*) schnell/schwer von Begriff sein *fam;* (*take action*) [blitz]schnell/langsam reagieren; **sb/sth leaves its/one's ~ on sb/sth** jd/etw hinterlässt seine Spuren bei jdm/etw; ***she left her ~ on the company*** sie hat den Betrieb sehr geprägt; **to make one's ~** auffallen
II. *vt* ❶ (*make stain*) ■**to ~ sth** etw schmutzig machen
❷ (*indicate*) ■**to ~ sth** etw markieren; *with label* etw beschriften; ***the bottle was ~ed 'poison'*** die Flasche trug die Aufschrift ‚Gift'
❸ (*identify*) ■**to ~ sb/sth** jdn/etw kennzeichnen; **to ~ the beginning/end of sth** den Anfang/das Ende einer S. *gen* markieren; **to ~ a departure from sth** eine Abweichung von etw *dat* bedeuten; **to ~ a turning point** einen Wendepunkt darstellen
❹ (*commemorate*) ■**to ~ sth** an etw *akk* erinnern; **to ~ the 10th anniversary** aus Anlass des zehnten Jahrestages; **to ~ the occasion** zur Feier des Tages
❺ SCH ■**to ~ sth** etw zensieren
❻ (*clearly identify*) ■**to ~ sb/sth as sb/sth** jdn/etw als jdn/etw kennzeichnen [*o* auszeichnen]; ***your clothes ~ you as a man of good taste*** Ihre Kleider zeigen, dass Sie einen Mann von gutem Geschmack sind
❼ *usu passive* AM (*destine*) ■**to be ~ed as/for sth** zu etw *dat*/für etw *akk* bestimmt sein
❽ SPORTS, FBALL (*shadow*) ■**to ~ sb** jdn decken
► PHRASES: **to ~ time** (*in a parade*) auf der Stelle marschieren; (*fig: not move forward*) die Zeit überbrücken; **[you] ~ my words!** du wirst noch an mich denken!
III. *vi* ❶ (*get dirty*) schmutzig werden
❷ SCH Noten geben
◆**mark down** *vt* ❶ (*reduce price*) ■**to ~ down ↔ sth** etw heruntersetzen [*o* herabsetzen]; **to ~ down ↔ shares** STOCKEX Aktien abwerten; **to ~ down ↔ exchange rates** STOCKEX Kurse zurücknehmen
❷ (*give lower grade*) ■**to ~ down ↔ sb** jdm eine schlechtere Note geben [*o* herunterkorrigieren]
❸ (*jot down*) ■**to ~ down ↔ sth** etw notieren
❹ (*fig: assess*) ■**to ~ sb ↔ down as sth** jdn als etw einschätzen
◆**mark off** *vt* ❶ (*separate off*) ■**to ~ off ↔ sth** etw abgrenzen
❷ (*cross off*) ■**to ~ off ↔ sb/sth** jdn/etw [aus [*o* von] einer Liste] streichen, jdn/etw abhaken
◆**mark out** *vt* ❶ (*outline*) ■**to ~ out ↔ sth** etw abstecken [*o* markieren]; **to ~ out the course/playing area** die Strecke/das Spielfeld abstecken
❷ BRIT, AUS (*clearly distinguish*) ■**to ~ out ↔ sb/sth** jdn/etw auszeichnen; ■**to ~ out ↔ sb/sth [from sb/sth]** jdn/etw [von jdm/etw] unterscheiden, jdn/etw [vor jdm/etw] auszeichnen; ■**to ~ out ↔ sb/sth as sth** jdn/etw als etw *akk* kennzeichnen
❸ *usu passive* BRIT, AUS (*destine*) ■**to be ~ed out as/for sth** zu etw *dat*/für etw *akk* bestimmt sein
◆**mark up** *vt* ■**to ~ up ↔ sth** ❶ (*increase price*) etw heraufsetzen; **to ~ up shares** Aktien aufwerten
❷ (*annotate*) etw mit Bemerkungen versehen; (*correct*) etw korrigieren
❸ TYPO Satzanweisungen auf etw *akk* machen, etw auszeichnen

mark² <*pl* -s *or* -> [mɑːk, AM mɑːrk] *n short for* **Deutschmark** Mark *f*

markdown ['mɑːkdaʊn, AM 'mɑːrk-] *n* ECON ❶ (*price reduction*) Preissenkung *f;* STOCKEX Kursabschlag *m;* ***a 10% ~ on all books*** ein Preisnachlass von 10% auf alle Bücher; ***the shares suffered a ~ to 69p*** die Aktien fielen auf 69 Pence
❷ (*reduced item*) Sonderangebot *nt;* **~ rack** Ständer *m* mit Sonderangeboten, Grabbeltisch *m* DIAL

marked [mɑːkt, AM mɑːrkt] *adj* ❶ (*clear*) deutlich, ausgeprägt; (*striking*) auffallend, markant; **a ~ characteristic** ein herausstechendes Merkmal; **in ~ contrast to sth** im krassen Gegensatz zu etw *dat;* **a ~ improvement** eine deutliche [*o* spürbare] Verbesserung; **a ~ limp** ein auffälliges Hinken
❷ (*with distinguishing marks*) markiert, gekennzeichnet; **~ cards** gezinkte Karten; **~ money** [*or* **notes**] [*or* AM **bills**] gekennzeichnete [Geld]scheine
❸ (*under threat*) gebrandmarkt; **to be a ~ man/woman** auf der schwarzen Liste stehen *fam*

markedly ['mɑːkɪdli, AM 'mɑːrk-] *adv* deutlich; **to be ~ different** sich deutlich unterscheiden

marker ['mɑːkəʳ, AM 'mɑːrkɚ] *n* ❶ (*sign or symbol*) [Kenn]zeichen *nt,* Marke *f;* **to put down a ~** (*fig: show one's intentions*) ein Zeichen setzen; (*be a hallmark*) einen Meilenstein darstellen *geh*
❷ SCH (*of work, exam*) Korrektor(in) *m(f)*
❸ (*felt-tipped pen*) Filzstift *m*
❹ COMPUT (*code*) Markierung *f*

marker pen *n* Textmarker *m*

market ['mɑːkɪt, AM 'mɑːr-] **I.** *n* ❶ (*place*) Markt *m;* **~ day** Markttag *m;* **at the ~** auf dem Markt
❷ (*demand*) Markt *m;* **buyer's ~** Käufermarkt *m;* **seller's ~** Verkäufermarkt *m;* **open ~, ~ overt** offener Markt *m;* **housing ~** Wohnungsmarkt *m;* **job ~** Stellenmarkt *m*
❸ (*trade*) Handel *m kein pl,* Markt *m;* **on the ~** auf dem Markt; **active ~** STOCKEX lebhafte Börse; **the black ~** der Schwarzmarkt; **to pay black ~ prices** Schwarzmarktpreise bezahlen; **the capital ~** der Kapitalmarkt; **closed ~** geschlossener Markt; **the coffee ~** der Kaffeemarkt; **the Common M~** der Gemeinsame Markt; **free ~ economy** freie Marktwirtschaft; **grey ~** grauer Markt; **heavy ~** gedrückter Markt; **main ~** BRIT Primärmarkt *m* [an der Londoner Börse]; **the open ~** der offene Markt; **over-the-counter ~** Freiverkehr; **the single ~** der Binnenmarkt; **stock ~** Börse *f;* **thin ~** begrenzter Markt; **third ~** AM ungeregelter Freiverkehr; **to be in the ~ for sth** an etw *dat* interessiert sein; **to put sth on the ~** etw auf den Markt bringen; **to put a house on the ~** ein Haus zum Verkauf anbieten
❹ (*customers*) **up ~** exklusiver [*o* anspruchsvoller] Markt; **down ~** Massenmarkt *m;* **to go up-~** sich *akk* an einen exklusiven Kundenkreis wenden; **to go down-~** sich *akk* dem Massenmarkt zuwenden
II. *n modifier* Markt-; **~ price** Marktpreis *m;* **~ segment** Marktsegment *nt;* **~ value** Marktwert *m*
III. *vt* ■**to ~ sth** (*sell*) etw vermarkten [*o* verkaufen]; (*put on market*) etw auf den Markt bringen

marketability [ˌmɑːkɪtə'bɪləti, AM ˌmɑːrɪt̬ə'bɪlət̬i] *n no pl* Absetzbarkeit *f,* Marktfähigkeit *f*

marketable ['mɑːkɪtəbl̩, AM 'mɑːrkɪt̬-] *adj* absetzbar, marktfähig; **~ commodities** marktgängige Waren; **~ securities** börsengängige Wertpapiere

market-building *n no pl* Marktaufbau *m* **market close** *n* STOCKEX Börsenschluss *m* **market crash** *n* STOCKEX Börsenkrach *m* **market day** *n esp* BRIT Markttag *m* **market economy** *n* Marktwirtschaft *f kein pl*

marketeer [ˌmɑːkɪ'tɪəʳ, AM ˌmɑːrkə'tɪr] *n* **black ~** Schwarzhändler(in) *m(f);* **free ~** Anhänger(in) *m(f)* der freien Marktwirtschaft

marketer ['mɑːkɪtəʳ, AM 'mɑːrkɪt̬ɚ] *n* Marketingleiter(in) *m(f),* Werbekampagnegestalter(in) *m(f)*

market forces *npl* Marktkräfte *pl* **market gap** *n* Marktlücke *f* **market garden** *n* BRIT, AUS [kleiner] Gemüseanbaubetrieb **market gardener** *n* BRIT, AUS Gemüseanbauer(in) *m(f)* **market gardening** *n no pl* BRIT, AUS Gemüseanbau *m* (*in kleinem Rahmen*) **market indicator** *n* Marktbarometer *nt;* STOCKEX Börsenbarometer *nt*

marketing ['mɑːkɪtɪŋ, AM 'mɑːrkɪt̬-] *n no pl* ❶ (*selling*) Marketing *nt,* Vermarktung *f*
❷ AM (*shopping*) Einkaufen, nt; **to go ~** einkaufen [gehen]

marketing department *n* Marketingabteilung *f* **marketing technique** *n* Verkaufstechnik *f* **market leader** *n* Marktführer *m* **market letter** *n* ECON Marktbericht *m;* STOCKEX Börsenbericht *m* **marketmaker** *n* FIN Market Maker *m* **marketplace** *n* ❶ (*place*) Marktplatz *m* ❷ (*commercial environment*) Markt *m,* Marktlandschaft *f* **market potential** *n* Absatzmöglichkeiten *fpl;* **to analyse the ~** die Absatzmöglichkeiten analysieren **market price** *n* ❶ COMM Marktwert *m* ❷ STOCKEX letzter Kurs **market rate** *n* FIN Effektivverzinsung *f* **market research I.** *n no pl* Marktforschung *f;* **to do [some] ~** Marktforschung betreiben **II.** *n modifier* Marktforschungs-; **~ company** Marktforschungsunternehmen *nt;* **~ survey** Marktuntersuchung *f* **market researcher** *n* Marktforscher(in) *m(f)* **market share** *n* Marktanteil *m* **market stabilization** *n no pl* AM STOCKEX Kursstabilisierung *f* **market town** *n* BRIT Marktort *m,* Marktstädtchen *nt fam* **market trader** *n* Markthändler(in) *m(f);* (*woman*) Marktfrau *f* **market value** *n* Marktwert *m,* Verkehrswert *m*

marking ['mɑːkɪŋ, AM 'mɑːr-] *n* ❶ (*identifying marks*) ■**~s** *pl* Markierungen *fpl,* Kennzeichnungen *fpl; on animals* Zeichnung *f kein pl;* ***a cat with black and white ~s*** eine schwarzweiß gefleckte Katze
❷ *no pl* SCH (*work*) Korrigieren *nt;* (*scripts*) Korrekturen *fpl*

marking ink *n* Wäschetinte *f*

marksman ['mɑːksmən, AM 'mɑːr-] *n* ❶ (*skilled in shooting*) Schütze *m;* **police ~** Scharfschütze *m*
❷ LAW mit Kreuz Unterzeichnender

marksmanship ['mɑːksmənʃɪp, AM 'mɑːr-] *n no pl* Treffsicherheit *f*

markswoman ['mɑːksˌwʊmən, AM 'mɑːr-] *n* Schützin *f;* **police ~** Scharfschützin *f*

markup ['mɑːkʌp, AM 'mɑːrk-] *n* AM POL *abschließende Sitzung bei der Erörterung einer Gesetzesvorlage*

mark-up *n* ❶ STOCKEX [Kurs]aufschlag *m* ❷ (*increase in price*) Preiserhöhung *f,* Preisaufschlag *m* ❸ (*difference between cost and selling price*) Handelsspanne *f;* ***we work to a 3.5 times [or to a 350%] ~*** wir haben eine 350%ige Gewinnspanne

markup price *n* Verkaufspreis *m*

marl [mɑːl, AM mɑːrl] **I.** *n* <*spec pl* -s> Mergel *m* **II.** *vt usu passive* AGR mit Mergel düngen [*o* mergeln]

marlin <*pl* – *or* -s> ['mɑːlɪn, AM ˌmɑːr] *n* ZOOL Merlin *m*

marmalade ['mɑːməleɪd, AM 'mɑːr-] *n no pl* Marmelade *f* (*aus Zitrusfrüchten*); (*from oranges*) Orangenmarmelade *f;* **thick-cut/thin-cut ~** Marmelade *f* mit dick/dünn geschnittenen Fruchtstückchen

marmalade cat *n* BRIT orangefarbene Katze

marmoset ['mɑːməzet, AM 'mɑːr-] *n* Krallenaffe *m*

marmot <*pl* – *or* -s> ['mɑːmət, AM ˌmɑːr] *n* ZOOL Murmeltier *nt*

maroon¹ [mə'ruːn] **I.** *n no pl* Kastanienbraun *nt,* Rötlichbraun *nt*
II. *adj* kastanienbraun, rötlichbraun

maroon² [mə'ruːn] *vt* (*abandon*) ■**to ~ sb** jdn aussetzen; ***many people were ~ed in their cars by the blizzard*** viele Menschen wurden von dem Schneesturm in ihren Autos eingeschlossen

marooned [mə'ruːnd] *adj* ■**to be ~** [von der Außenwelt] abgeschnitten sein; (*be trapped*) eingeschlossen sein; **a ~ holidaymaker** ein gestrandeter Urlauber/eine gestrandete Urlauberin

marque [mɑːk, AM mɑːrk] *n* AUTO Marke *f,* Fabrikat *nt*

marquee [mɑː'kiː, AM mɑːr'-] *n* ① BRIT, AUS (*tent*) Festzelt *nt*
② AM (*door canopy*) Vordach *nt,* Schirmdach *nt*

marquess <*pl* -es> ['mɑːkɪs, AM 'mɑːr-] *n* Marquis *m*

marquetry ['mɑːkɪtri, AM 'mɑːr-] *n no pl* Intarsie[n] *f[pl],* Einlegearbeit[en] *f[pl],* Marketerie *f meist pl*

marquis ['mɑːkwɪs, mɑː'kiː, AM 'mɑːr-, mɑːr'kiː] *n* Marquis *m*

marquise [mɑː'kiːz, AM mɑːr-] *n modifier* **~ ring** Ring *m* mit spitzbogig oval eingefassten Steinen

marram ['mærəm, AM 'mer] *n,* **marram grass** *n* Strandgras *nt*

marriage ['mærɪdʒ, AM *esp* 'mer-] *n* ① (*wedding*) Heirat *f;* (*at the church*) Trauung *f,* Eheschließung *f form;* **~ ceremony** Trauungszeremonie *f*
② (*relationship*) Ehe *f* (**to** mit +*dat*); ***I would call it a ~ made in heaven*** (*esp hum*) ich glaube, diese Ehe wurde im Himmel geschlossen; ***she has two daughters by her first ~*** sie hat zwei Töchter aus erster Ehe; ***after the break-up of her ~ ...*** nachdem ihre Ehe gescheitert war, ...; **an arranged ~** eine arrangierte Ehe; **to have a happy ~** eine glückliche Ehe führen
③ *no pl* (*state*) Ehe *f;* ***in Denmark it is possible for people of the same gender to have a ~*** in Dänemark können auch gleichgeschlechtliche Paare heiraten; **~ into a family/the nobility** Einheirat *f* in eine Familie/den Adelsstand; **same-sex ~** gleichgeschlechtliche Ehe; **state of ~** Ehestand *m;* **related by ~** miteinander verschwägert
④ (*fig: fusion*) Verbindung *f;* (*of companies*) Zusammenschluss *m,* Fusion *f*

marriageable ['mærɪdʒəbḷ, AM *esp* 'mer-] *adj* heiratsfähig; **of ~ age** im heiratsfähigen Alter

marriage broker *n* Heiratsvermittler(in) *m(f)* **marriage bureau** *n esp* BRIT Eheanbahnungsinstitut *nt,* Heiratsvermittlung *f* **marriage ceremony** *n* Trauung *f,* Eheschließung *f form* **marriage certificate** *n* Heiratsurkunde *f,* Trauschein *m* **marriage contract** *n* Ehevertrag *m* **marriage counseling** *n* AM (*marriage guidance*) Eheberatung *f* **marriage counselor** *n* AM Eheberater(in) *m(f)* **marriage guidance** *n* BRIT, AUS Eheberatung *f* **marriage guidance counsellor** *n* BRIT Eheberater(in) *m(f)* **marriage licence** *n* Ehegenehmigung *f,* Heiratserlaubnis *f* **marriage license** *n* AM Trauschein *m* **marriage lines** *npl* BRIT (*dated fam*) Trauschein *m* **marriage of convenience** *n* ① (*between people*) Vernunftehe *f;* (*not consummated*) Scheinehe *f* ② (*fig: between business associates*) Vernunftehe *f fig* **marriage rate** *n* Zahl *f* der Eheschließungen **marriage service** *n* kirchliche Trauung **marriage settlement** *n* Ehevertrag *m* (*über treuhänderische Zuwendungen anlässlich der Eheschließung*) **marriage vow** *n usu pl* Ehegelöbnis *nt geh,* Ehegelübde *nt geh*

married ['mærid, AM *esp* 'mer-] **I.** *adj inv* ① (*in wedlock*) verheiratet; ***she is ~ with two children*** sie ist verheiratet und hat zwei Kinder; **~ couple** Ehepaar *nt;* **~ life** Eheleben *nt;* **to be a ~ man/woman** verheiratet sein; **to have an affair with a ~ man/woman** eine Affäre mit einem verheirateten Mann/einer verheirateten Frau haben; **~ name** Ehename *m;* **to get ~ [to sb]** [jdn] heiraten
② (*fig: very involved*) ■**to be ~ to sth** mit etw *dat* verheiratet sein *fig*
II. *n usu pl* **young ~s** Jungverheiratete *pl,* Jungvermählte *pl*

marrow ['mærəʊ, AM 'meroʊ] *n* ① BRIT, AUS (*vegetable*) Markkürbis *m*
② *no pl* (*of bone*) [Knochen]mark *nt;* **to be chilled to the ~** *esp* BRIT (*fig*) völlig durchgefroren sein; **to be frightened** [*or* **thrilled**] **to the ~** *esp* BRIT (*fig*) zu Tode erschrocken sein; **to be shocked to the ~** *esp* BRIT (*fig*) bis ins Mark erschüttert sein

marrow bone *n* Markknochen *m* **marrowfat** *n,* **marrowfat pea** *n* Markerbse *f*

marry ['mæri, AM *esp* 'mer-] **I.** *vt* ① (*wed*) ■**to ~ sb** jdn heiraten
② (*officiate at ceremony*) ■**to ~ sb** jdn trauen [*o* verheiraten]
③ (*marry off*) ■**to ~ sb [to sb]** jdn [mit jdm] verheiraten
④ (*fig: combine*) ■**to ~ sth [to/with sth]** etw [mit etw *dat*] verbinden
► PHRASES: **to ~ <u>money</u>** reich heiraten
II. *vi* heiraten; ***I didn't think she was the ~ing kind*** ich hätte nicht gedacht, dass sie mal heiraten würde; **to ~ above oneself** [*or* **one's class**] in eine höhere Gesellschaftsschicht einheiraten; ■**to ~ beneath oneself** nicht standesgemäß heiraten; **to ~ beneath one's station** (*old*) unter seinem Stand heiraten; **to ~ into a wealthy family** in eine reiche Familie einheiraten

◆**marry off** *vt* ■**to ~ off** ⊂ **sb [to sb]** jdn [mit jdm] verheiraten; **to ~ off a girl** ein Mädchen unter die Haube bringen *veraltet*

◆**marry out** *vi* (*old*) jdn mit einer anderen Konfession heiraten

◆**marry up I.** *vt* ■**to ~ up** ⊂ **sth** [passend] zusammenfügen [*o* verbinden]; ***let us ~ up the two lists*** lass uns die beiden Listen abgleichen
II. *vi* zusammenpassen

Mars [mɑːz, AM mɑːrz] *n no pl, no art* Mars *m*

Marseillaise [ˌmɑːser'jeɪz, AM ˌmɑːrsəl'eɪz] *n* MUS, HIST Marseillaise *f*

marsh <*pl* -es> [mɑːʃ, AM mɑːrʃ] *n* Sumpf *m,* Sumpfland *nt;* ■**the ~es** *pl* das Moor

marshal ['mɑːʃəl, AM 'mɑːr-] **I.** *n* ① (*official at event*) Ordner(in) *m(f);* SPORTS Platzwärter(in) *m(f)*
② AM (*parade leader*) Leiter(in) *m(f)* eines Festumzugs
③ AM (*federal agent*) Gerichtsdiener(in) *m(f);* (*police officer*) Polizeipräsident(in) *m(f),* Polizeidirektor(in) *m(f);* (*fire officer*) Branddirektor(in) *m(f)*
④ MIL (*army officer*) Marschall *m;* **~ of the Royal Air Force** BRIT Marschall *m* der Königlichen Luftwaffe
II. *vt* <BRIT -ll- *or* AM *usu* -l-> ■**to ~ sth** ① (*bring together*) **to ~ one's forces** MIL die Streitkräfte zusammenziehen; (*fig*) seine Kräfte mobilisieren; **to ~ supporters** Anhänger mobilisieren; **to ~ troops** Truppen zusammenziehen
② (*organize*) etw ordnen; **to ~ one's ideas** seine Ideen strukturieren

marshalling-yard ['mɑːʃəlɪŋjɑːd] *n* Rangierbahnhof *m*

marsh gas *n no pl* Sumpfgas *nt* **marshland** *n* Sumpfland *nt,* Marschland *nt* **marshmallow** [ˌmɑːʃ'mæləʊ, AM 'mɑːrʃmeloʊ] *n* ① (*food*) Marshmallow *nt* ② AM (*fig: weak person*) Versager(in) *m(f),* Weichling *m pej,* Weichei *nt pej sl*

marshy ['mɑːʃi, AM 'mɑːr-] *adj* sumpfig, morastig

marsupial [mɑː'suːpiəl, AM mɑːr'-] *n* Beuteltier *nt*

mart [mɑːt, AM mɑːrt] *n esp* AM, IRISH Markt *m*

marten ['mɑːtɪn, AM 'mɑːrtən] *n* Marder *m*

martial ['mɑːʃəl, AM 'mɑːr-] *adj inv* kriegerisch, Kriegs-; **~ air** Militärmusikstück *nt;* **~ music** Militärmusik *f*

martial arts I. *npl* SPORTS Kampfsport *m kein pl,* Kampfsportarten *fpl* **II.** *n modifier* (*class, teacher*) Kampfsport-; **~ film** Kung-Fu-Film *m* **martial law** *n no pl* Kriegsrecht *nt;* **to declare [a state of] ~** das Kriegsrecht ausrufen; **to impose ~ on sb/sth** das Kriegsrecht über jdn/etw verhängen

Martian ['mɑːʃən, AM 'mɑːr-] **I.** *adj inv* Mars-
II. *n* Marsmensch *m;* ***they stared at me as if I were a ~*** sie starrten mich an, als käme ich vom Mars

martin ['mɑːtɪn, AM 'mɑːrtən] *n* Mauerschwalbe *f,* Hausschwalbe *f*

martinet [ˌmɑːtɪ'net, AM ˌmɑːrtən'et] *n* (*form*)
① (*very strict person*) Zuchtmeister *m veraltet*
② (*military disciplinarian*) [strenger] Regimentsführer

martingale ['mɑːtɪngeɪl, AM 'mɑːrtən] *n* Martingal *nt,* Sprungriemen *m*

martini [mɑː'tiːniː] *n* AM (*cocktail*) Martini *m;* **dry ~** trockener Martini

Martini® [mɑː'tiːniː, AM mɑːr'-] *n no pl* Martini *m*

martyr ['mɑːtəʳ, AM 'mɑːrt̬ɚ] **I.** *n* Märtyrer(in) *m(f);* **to be a ~ to arthritis** (*fig*) fürchterlich unter Arthritis leiden; **to die a ~** den Märtyrertod sterben; **to make a ~ of oneself** (*fig*) sich *akk* zum Märtyrer/zur Märtyrerin stilisieren *geh;* **to make a ~ of sb** jdn zum Märtyrer/zur Märtyrerin machen
II. *vt usu passive* ■**to be ~ed [for sth]** [für etw *akk*] [den Märtyrertod] sterben

martyrdom ['mɑːtədəm, AM 'mɑːrt̬ɚ-] *n no pl* (*being a martyr*) Märtyrertum *nt;* (*suffering*) Martyrium *nt a. fig;* (*death*) Märtyrertod *m;* **the ~ of St Thomas** der Märtyrertod des Heiligen Thomas; **to suffer ~** den Märtyrertod erleiden

martyred ['mɑːtəd, AM 'mɑːrt̬ɚd] *adj* ① (*killed for beliefs*) ■**to be ~** wegen seiner Überzeugungen umgebracht werden; **a ~ civil rights activist** ein Märtyrer/eine Märtyrerin für die Menschenrechte; **~ saint** christlicher Märtyrer/christliche Märtyrerin
② (*showing suffering*) gequält

marvel ['mɑːvəl, AM 'mɑːr-] **I.** *n* (*wonderful thing*) Wunder *nt;* ***it's a ~ to me how ...*** es ist mir ein Rätsel, wie ...
II. *vi* <BRIT -ll- *or* AM *usu* -l-> ■**to ~ at sb/sth** (*wonder*) sich *akk* über jdn/etw wundern; (*admire*) jdn/etw bewundern; ■**to ~ that ...** sich *akk* wundern, dass ..., staunen, dass ...; ***"isn't it just amazing", she ~led*** „ist das nicht wunderbar", schwärmte sie

marvellous ['mɑːvələs, AM 'mɑːr-] *adj* wunderbar, wundervoll, großartig; **to feel ~** sich *akk* großartig fühlen

marvellously ['mɑːvələsli, AM 'mɑːr-] *adv* wunderbar, wundervoll, großartig; **to get on ~** sich *akk* großartig verstehen

marvelous *adj* AM *see* **marvellous**

marvelously *adv* AM *see* **marvellously**

Marxism ['mɑːksɪzəm, AM 'mɑːr-] *n no pl* Marxismus *m*

Marxism-Leninism [ˌmɑːksɪzəm'lenɪnɪzəm, AM ˌmɑːr-] *n no pl* Marxismus-Leninismus *m*

Marxist ['mɑːksɪst, AM 'mɑːr-] **I.** *n* Marxist(in) *m(f)*
II. *adj inv* marxistisch

Marxist-Leninist [ˌmɑːksɪst'lenɪnɪst, AM ˌmɑːr-]
I. *n* Marxist-Leninist(in) *m(f)*
II. *adj* marxistisch-leninistisch

marzipan ['mɑːzɪpæn, AM 'mɑːr-] *n no pl* Marzipan *nt o m*

masc *adj inv abbrev of* **masculine**

mascara [mæ'skɑːrə, AM mæs'kerə] *n no pl* Wimperntusche *f;* ***your ~ is running*** deine Wimperntusche verläuft; **to smudge one's ~** seine Wimperntusche verschmieren [*o* verwischen]

mascaraed [mə'skɑːrəd, AM mæs'ker-] *adj* getuscht

mascot ['mæskɒt, AM -skɑːt] *n* Maskottchen *nt;* **lucky ~** Glücksbringer *m*

masculine ['mæskjəlɪn] *adj* ① (*male*) männlich, maskulin

❷ *inv* LING männlich, maskulin; ~ **ending/form** männliche [*o* maskuline] Endung/Form; ~ **gender** männliches Geschlecht
❸ (*in poetry*) ~ **rhyme** männlicher [*o* stumpfer] Reim
masculinist ['mæskjəlɪnɪst] *adj* Männlichkeits-
masculinity [,mæskjə'lɪnəti, AM -ət̬i] *n no pl* Männlichkeit *f*
mash [mæʃ] **I.** *n* ❶ *no pl* BRIT (*fam: from potatoes*) Kartoffelbrei *m*, Püree *nt*
❷ (*mixture*) Brei *m;* (*animal food*) Mischfutter *nt*, Futterbrei *m;* (*brewing*) Maische *f*
II. *vt* ■**to ~ sth** etw zerdrücken [*o* [zer]stampfen]; **to ~ potatoes** Kartoffeln [zer]stampfen
◆**mash up** *vt* ■**to ~ up** ⊂ **sth** ❶ (*crush after cooking*) etw zerdrücken
❷ *esp* AM (*fig: damage*) etw zerstören; (*crush*) etw zerdrücken; ***his face was badly ~ed up in the accident*** sein Gesicht wurde bei dem Unfall schwer verletzt
mashed [mæʃt] *adj* ❶ (*crushed*) zerdrückt; ~ **potatoes** Kartoffelbrei *m*
❷ (*sl: on drugs*) stoned *sl*, high *fam*
mashed-up *adj* zusammengedrückt, zerdrückt
masher ['mæʃəʳ, AM -ɚ] *n* Stampfer *m*, Quetsche *f;* **potato ~** Kartoffelstampfer *m*
mask [mɑːsk, AM mæsk] **I.** *n* ❶ (*for face*) Maske *f;* **to wear a ~** eine Maske tragen
❷ (*fig: pretence*) Maske *f*, Fassade *f;* ***the ~ slipped*** die Maske fiel; **to put on a ~ of normality** die Fassade der Normalität aufrechterhalten; **a ~ of politeness** eine vordergründige Höflichkeit
❸ TECH Schablone *f*
❹ (*photographic device*) Maske *f*
❺ (*pattern of digits*) Maske *f*
II. *vt* ■**to ~ sth** etw verbergen [*o* verstecken]; ■**to ~ sth up with sth** etw mit etw *dat* verdecken
◆**mask out** *vt* PHOT, TYPO ■**to ~ out** ⊂ **sth** etw retuschieren
masked [mɑːskt, AM mæskt] *adj inv* maskiert, vermummt
masked ball *n* Maskenball *m*
masked ROM *n* COMPUT maskierter Festspeicher
masking tape *n no pl* Abdeckband *nt*
masochism ['mɑːsəkɪzᵊm] *n no pl* Masochismus *m*
masochist ['mɑːsəkɪst] *n* Masochist(in) *m(f)*
masochistic [,mɑːsə'kɪstɪk] *adj* ❶ (*sexual*) masochistisch
❷ (*fam: over-stoical*) masochistisch, selbstquälerisch
masochistically [,mæzə'kɪstɪkᵊli] *adv* selbstquälerisch, masochistisch
mason ['meɪsᵊn] *n* ❶ (*stonemason*) Steinmetz(in) *m(f)*
❷ AM (*bricklayer*) Maurer(in) *m(f)*
Mason ['meɪsᵊn] *n* Freimaurer *m*
Mason-Dixon Line [,meɪsᵊn'dɪksᵊn,laɪn] *n no pl* Mason-Dixon-Grenze *f* (*Grenze zwischen Maryland und Pennsylvanien, die die Nord- und Südstaaten der USA trennt*)
Masonic [mə'sɒnɪk, AM -'sɑːn-] *adj inv* Freimaurer-, freimaurerisch; ~ **Lodge** (*place*) Freimaurerloge *f;* (*members*) Mitglieder *ntpl* einer [Freimaurer]loge, [Freimaurer]loge *f*
masonic lodge *n* Freimaurerloge *f* **masonic order** *n* Bruderschaft *f* der Freimaurer
mason jar *n esp* AM Einmachglas *nt*
masonry ['meɪsᵊnri] *n no pl* ❶ (*bricks*) Mauerwerk *nt*
❷ (*work*) Maurerhandwerk *nt*
Masonry ['meɪsᵊnri] *n no pl* ❶ (*principles*) Freimaurerei *f*, Freimaurertum *nt*
❷ (*Freemasons*) Freimaurer *mpl*
masque [mɑːsk, AM mæsk] *n* (*liter*) Maskenspiel *nt*
masquerade [,mæskᵊr'eɪd, AM -kə'reɪd] **I.** *n* Maskerade *f*
II. *vi* ■**to ~ as sb/sth** sich *akk* als jdn/etw ausgeben
mass [mæs] **I.** *n* ❶ *usu sing* (*formless quantity*) Masse *f;* **~es of warm air** warme Luftmassen; **a ~ of dough** ein Teigklumpen *m;* **a ~ of rubble** ein Haufen *m* Schutt
❷ *usu sing* (*large quantity*) Menge *f;* **a ~ of contradictions** eine Reihe von Widersprüchen; **the ~ of the people** die breite Masse; **the ~ of the population** die Mehrzahl der Bevölkerung
❸ *no pl* PHYS Masse *f*
II. *n modifier* (*murder, suicide*) Massen-; ~ **hysteria** Massenhysterie *f;* ~ **starvation** große Hungersnot
III. *vi crowd* sich *akk* ansammeln; *troops* aufmarschieren
Mass [mæs] *n* ❶ REL Messe *f*, Messfeier *f;* **to celebrate a ~** eine Messe feiern
❷ MUS Messe *f*
Mass. AM *abbrev of* **Massachusetts**
massacre ['mæsəkəʳ, AM -ɚ] **I.** *n* ❶ (*slaughter*) Massaker *nt*, Blutbad *nt*
❷ (*fig: heavy defeat*) Massaker *nt*, Niederlage *f*
II. *vt* ■**to ~ sb** ❶ (*kill large numbers*) jdn niedermetzeln [*o* massakrieren]
❷ (*fig: beat*) jdn vernichtend schlagen
massacre ['mæsəkəʳ, AM -ɚ] **I.** *n* ❶ (*killing*) Massaker *nt*, Blutbad *nt*, Gemetzel *nt*
❷ (*fig: defeat*) [verheerende] Niederlage, Desaster *nt*
II. *vt* ❶ (*kill*) ■**to ~ sb** jdn massakrieren [*o* niedermetzeln]
❷ (*fig: defeat*) ■**to ~ sb** jdn vernichtend schlagen; (*hum*) jdn auseinander nehmen *fig sl;* ***England were ~d 5–0 by France*** England erlitt eine verheerende Niederlage von 5–0 gegen Frankreich
❸ (*fig hum: perform badly*) ■**to ~ sth** etw verderben [*o fam* vermasseln]
massage ['mæsɑː(d)ʒ, AM mə'sɑː-] **I.** *n* ❶ *no pl* (*for body*) Massage *f*, Massieren *nt;* **water ~** Unterwassermassage *f*
❷ (*treatment session*) Massage *f;* **to give sb a ~** jdn massieren; **to have a ~** eine Massage bekommen, sich *akk* massieren lassen
II. *vt* ❶ (*rub*) ■**to ~ sb** jdn massieren; **to ~ cream/oil into the skin** Creme/Öl einmassieren; **to ~ sb's ego** (*fig*) jdm schmeicheln
❷ (*fig: alter*) **to ~ the figures/statistics** die Zahlen/die Statistik manipulieren [*o fam* frisieren]
massage mitt *n esp* BRIT Massagehandschuh *m*
massage oil *n* Massageöl *nt* **massage parlour**, AM **massage parlor** *n* ❶ (*for treatment*) Massagepraxis *f;* (*one room*) Massageraum *m*
❷ (*for sex*) Massagesalon *m euph*, Bordell *nt* **massage therapist** *n* Massagetherapeut(in) *m(f)*
massed [mæst] *adj* dicht gedrängt; ~ **banks of fern** eine dicht mit Farn bewachsene Böschung; ~ **ranks of tourists** eine Unmenge [an] [*o* Unmengen von] Touristen; ***the lake with its ~ flamingos*** der See mit seinen dicht an dicht stehenden Flamingos
masseur [mæs'ɜːʳ, AM mæ'sɜːr] *n* Masseur *m*
masseuse [mæs'ɜːz, AM mæ's-] *n* Masseurin *f*
massif [mæs'iːf] *n* [Gebirgs]massiv *nt*
massive ['mæsɪv] *adj* riesig, enorm; ***if the drought continues, deaths will occur on a ~ scale*** wenn die Dürre anhält, werden die Todesfälle massiv ansteigen; ~ **amounts of money** riesige [*o* enorme] Geldsummen; **a ~ heart attack/stroke** ein schwerer Herzinfarkt/Schlaganfall
massively ['mæsɪvli] *adv* äußerst, enorm
massiveness ['mæsɪvnəs] *n no pl* enorme Größe, gewaltiges Ausmaß; **the ~ of the problem** die Schwere des Problems; **physical ~** Wuchtigkeit *f*
mass mailing *n* AM, AUS (*mailshot*) Versand *m* von Massensendungen zu Werbezwecken **mass market** *n* Massenmarkt *m;* ***our exclusive designs are not intended for the ~*** unsere exklusiven Designs sind nicht für die breite Masse gedacht **mass-market** *adj attr, inv* Massen-; ~ **goods** Massenware *f;* ~ **product** Massenprodukt *nt* **mass media** *n + sing/pl vb* ■**the ~** die Massenmedien *pl* **mass-media** *adj attr, inv* **a ~ campaign** eine Kampagne der [*o* in den] Massenmedien, eine Medienkampagne **mass meeting** *n* Massenversammlung *f;* (*at an event*) Massenveranstaltung *f* **mass murder** *n* Massenmord *m* **mass murderer** *n* Massenmörder(in) *m(f)* **mass-produce** *vt* ■**to ~ sth** etw serienmäßig [*o* in Massenproduktion] herstellen
mass-produced [,mæsprə'djuːst, AM duːst] *adj inv* massenweise produziert, als Massenprodukt hergestellt **mass production** *n* Massenproduktion *f*
mass tourism *n no pl* Massentourismus *m*
mass unemployment *n no pl* Massenarbeitslosigkeit *f*
mast¹ [mɑːst, AM mæst] *n* ❶ NAUT [Schiffs]mast *m*
❷ (*flag pole*) [Fahnen]mast *m*, [Fahnen]stange *f;* **at half ~** auf halbmast
❸ RADIO, TV Sendeturm *m*
mast² [mɑːst, AM mæst] *n no pl* (*food for wild pigs*) Mast *f*
mastectomy [mæs'tektəmi, AM *esp* mə'st-] *n* Brustamputation *f*, Mastektomie *f fachspr*
-masted ['mɑːstɪd, AM 'mæst-] *in compounds* NAUT **a three/four-~ ship** ein Dreimaster/Viermaster *m*
master ['mɑːstəʳ, AM 'mæstɚ] **I.** *n* ❶ (*of a slave, servant*) Herr *m;* (*of a dog*) Herrchen *nt;* ***yes, ~*** ja, Herr; **to show sb who's ~** jdm zeigen, wer hier das Sagen hat; **to be ~ of one's fate** sein Schicksal in der Hand haben; **to be ~ of the situation** Herr der Lage sein, die Situation unter Kontrolle haben
❷ (*expert*) Meister(in) *m(f);* ***he was a ~ of disguise*** er war ein Verwandlungskünstler; ***he is widely acknowledged as the ~ of the spy novel*** er ist allgemein als der Meister des Spionageromans bekannt
❸ (*specialist instructor*) Lehrer *m;* BRIT (*male schoolteacher*) Lehrer *m;* **dancing ~** Tanzlehrer *m;* **fencing ~** Fechtmeister *m;* **singing ~** Gesangslehrer *m*
❹ BRIT NAUT (*ship's captain*) Kapitän *m* (*eines Handelsschiffes*)
❺ (*dated: title for young boy*) *Anrede für einen Jungen oder Jugendlichen, heute noch bei Adressen auf Briefen*
❻ (*dated: man of the house*) ■**the ~** der Hausherr; ***to show sb who's ~*** jdm zeigen, wer [hier] der Herr im Hause ist *fam*
❼ (*master copy*) Original *nt*
► PHRASES: **no man can serve two ~s** (*prov*) man kann nicht zwei Herren [zugleich] dienen *prov;* **to be one's own ~** sein eigener Herr sein
II. *n modifier* ~ **builder** Baumeister(in) *m(f);* ~ **chef** Meisterkoch, Meisterköchin *m, f;* ~ **craftsman** Handwerksmeister(in) *m(f);* ~ **locksmith** Schmiedehandwerksmeister(in) *m(f)*, Schmied(in) *m(f);* COMPUT *computer* Haupt-, Stamm-
III. *vt* ■**to ~ sth** ❶ (*cope with*) etw meistern; **to ~ one's fear of flying** seine Flugangst überwinden
❷ (*become proficient*) etw beherrschen; ***she ~ed the art of interviewing people*** sie beherrschte die Kunst, ein gutes Interview zu führen
-master ['mɑːstəʳ, AM 'mæstɚ] *in compounds* NAUT **a three/four-~** ein Dreimaster/Viermaster *m*
master-at-arms <*pl* masters-> *n* Schiffsoffizier *m* mit Polizeigewalt **master bedroom** *n* großes Schlafzimmer **Mastercard®** *n* Mastercard® *f*
master class *n* Meisterklasse *f* **master copy** *n* Original *nt*
masterful ['mɑːstəfᵊl, AM 'mæstɚ-] *adj* ❶ (*authoritative*) bestimmend, dominant; ***I like a man to be ~*** ich mag es, wenn ein Mann bestimmt ist
❷ (*skilful*) meisterhaft, meisterlich
masterfully ['mɑːstəfᵊli, AM 'mæstɚ-] *adv* ❶ (*with authority*) bestimmend, dominant
❷ (*skilfully*) meisterhaft, gekonnt
master key *n* Hauptschlüssel *m*, Generalschlüssel *m*
masterly ['mɑːstəli, AM 'mæstɚli] *adj* meisterhaft, Meister-
mastermind **I.** *n* führender Kopf; ***he was the ~ behind a series of daring bank raids*** er steckte hinter einer Reihe von gewagten Banküberfällen
II. *vt* ■**to ~ sth** etw federführend leiten; ***she ~ed the takeover bid*** das Übernahmeangebot war von ihr geplant worden **Master of Arts** *n* ❶ (*degree*) ≈ Magister Artium *m;* **to take** [*or* **do**] **a ~** einen Magisterabschluss machen ❷ (*person*) Magister *m*

M

Master of Ceremonies *n* ❶ (*at celebration*) Zeremonienmeister *m,* Conférencier *m* ❷ TV Showmaster(in) *m(f)* **Master of Education** *n* Magister *m* der Erziehungswissenschaft **Master of Philosophy** *n* ≈ Magister Artium *m* **Master of Science** ■ **to be a ~** ≈ ein Diplom *nt* in einer Naturwissenschaft haben **masterpiece** *n* Meisterwerk *nt,* Meisterstück *nt;* **a ~ of modern engineering** ein Meisterwerk *nt* der modernen Technik; ***calling a seven-hour wait 'a slight delay' was a ~ of understatement*** sieben Stunden als ‚kleine Verspätung' zu bezeichnen, war wirklich der Gipfel der Verharmlosung **master plan** *n* Grundplan *m,* Gesamtplan *m* **master race** *n* Herrenrasse *f*

Master's ['mɑːstəz, AM 'mæstɚz] *n,* **Master's degree** *n* ≈ Magister *m;* **to take** [*or* **do**] **one's ~** ≈ seinen Magister machen

master sergeant *n* Stabsfeldwebel *m,* Hauptfeldwebel *m* **masterstroke** *n* Glanzstück *nt,* Meisterstück *nt* **master switch** *n* Hauptschalter *m* **masterwork** *n* Meisterwerk *nt,* Meisterstück *nt*

mastery ['mɑːstᵊri, AM 'mæstɚi] *n no pl* ❶ (*domination*) Herrschaft *f;* ***they struggled for*** [***the***] ***~ over the oil-rich southern provinces*** sie kämpften um die Macht in den ölreichen südlichen Provinzen

❷ (*expertise*) Meisterschaft *f* (**of** in +*dat*); ***she played with some ~*** sie spielte meisterhaft; ***she showed her complete ~ of the subtleties of the language*** sie zeigte, dass sie die Feinheiten der Sprache meisterhaft beherrschte

masthead ['mɑːsthed, AM 'mæst-] *n* ❶ (*top of mast*) Mastspitze *f,* Mars *m fachspr*

❷ (*title headline*) Titel *m;* AM (*newspaper publishing details*) Impressum *nt,* Druckvermerk *m*

mastic ['mæstɪk] *n* ❶ *no pl* (*aromatic gum*) Mastix *m*

❷ (*waterproof filler*) Mastixzement *m,* Mastik *m*

masticate ['mæstɪkeɪt] *vt* (*form*) ■ **to ~ sth** etw [zer]kauen

mastication [ˌmæstɪ'keɪʃᵊn] *n no pl* (*form*) [Zer]kauen *nt*

mastiff ['mæstɪf] *n* englische Dogge

mastitis [mæs'taɪtɪs, AM -t̬ɪs] *n no pl* Brustdrüsenentzündung *f,* Mastitis *f fachspr*

mastodon ['mæstədɒn, AM -dɑːn] *n* ZOOL Mastodon *nt*

masturbate ['mæstəbeɪt, AM -stɚ-] **I.** *vi* masturbieren

II. *vt* ■ **to ~ sb** jdn durch Masturbation befriedigen

masturbation [ˌmæstə'beɪʃᵊn, AM -stɚ'-] *n no pl* Masturbation *f;* **mutual ~** gegenseitige Masturbation

masturbatory [ˌmæstə'beɪtᵊri, AM 'mæstɚbətɔːri] *adj inv* Masturbations-, masturbierend

mat [mæt] **I.** *n* ❶ (*for floor*) Matte *f;* **bath ~** Badematte *f;* **kitchen ~** Küchenteppich *m;* (*for furniture*) Untersetzer *m;* (*decorative ~*) Deckchen *nt;* **beer ~** Bierdeckel *m;* **place** [*or* **table**] **~** Set *nt*

❷ (*thick layer*) **a ~ of hair** dichtes Haar; (*on the head*) eine Mähne *fam;* **a ~ weeds** ein dichter Grasbewuchs

▸ PHRASES: **to be on the ~** in Schwierigkeiten sein

II. *vt* <-tt-> *usu passive* ■ **to be ~ted with sth** mit etw *dat* bedeckt sein; ***his hair was ~ted with blood*** sein Haar war blutverschmiert

matador ['mætədɔːʳ, AM -t̬ədɔːr] *n* Matador(in) *m(f)*

match¹ <*pl* -es> [mætʃ] *n* Streichholz *nt;* **a box of ~es** eine Schachtel Streichhölzer; **to put a ~ to sth** etw anzünden (*mit einem Streichholz*); **to strike a ~** ein Streichholz anzünden

match² [mætʃ] **I.** *n* ❶ SPORTS Spiel *nt;* CHESS Partie *f;* ■ **a ~ with** [*or* **against**] **sb** ein Spiel mit jdm [*o* gegen jdn]; **boxing ~** Boxkampf *m;* **cricket ~** Kricketmatch *nt;* **football ~** Fußballspiel *nt;* **tennis ~** Tennismatch *nt,* Tennisspiel *nt;* **to lose/win a ~** ein Spiel verlieren/gewinnen; **to play in a ~** mitspielen

❷ *usu sing* (*matching thing*) ■ **to be a good ~** gut zusammenpassen; ***the new tablecloth is a perfect ~ for the carpet*** die neue Tischdecke passt gut zum Teppich

❸ (*other one of pair*) Gegenstück *nt*

❹ *usu sing* (*equal*) ebenbürtiger Gegner/ebenbürtige Gegnerin; **to be a good ~ for sb** ein ebenbürtiger Gegner/eine ebenbürtige Gegnerin für jdn sein; **to be more than a ~ for sb/sth** jdm/etw [haushoch] überlegen sein; **to be no ~ for sb/sth** sich *akk* mit jdm/etw nicht messen können, jdm/etw nicht gewachsen sein; **to meet one's ~** seinen Meister finden

❺ (*marriage*) Ehe *f;* (*couple*) Paar *nt;* (*dated: person*) Partie *f;* ***theirs is a ~ made in heaven*** sie sind wie für einander geschaffen; ***they are a perfect ~*** die beiden sind ein Traumpaar; **to be a good ~ for sb** eine gute Partie für jdn sein; **to make a good ~** (*be good prospect*) eine gute Partie sein; (*find good partner*) eine gute Partie machen

▸ PHRASES: **to have a <u>shouting</u>** [*or* BRIT **<u>slanging</u>**] **~** sich *akk* gegenseitig anschreien [*o* lautstark streiten]

II. *vi* (*harmonize*) zusammenpassen; (*make a pair*) zusammengehören; ***a red dress with red accessories to ~*** ein rotes Kleid mit dazu passenden roten Accessoires

III. *vt* ❶ (*go together with*) ■ **to ~ sth** zu etw *dat* passen; ***does this shirt ~ these trousers?*** passt das Hemd zu der Hose?; **to be ill-~ed** schlecht aufeinander abgestimmt sein, nicht zusammenpassen; **to be well-~ed** [gut] zusammenpassen; **an ill-~ed/a well-~ed couple** ein Paar, das nicht/gut zueinander passt

❷ (*find matching thing*) ■ **to ~ sth** [**with** [*or* **to**] **sth**] etw [auf etw *akk*] abstimmen; COMPUT (*search database*) etw [mit etw *dat*] vergleichen; (*set register/impedence*) etw [mit etw *dat*] abgleichen; ***I'm trying to ~ this wallpaper with the curtains*** ich versuche eine Tapete zu finden, die zu den Gardinen passt; ***I'm trying to ~ the names on the list with the faces in the photograph*** ich versuche, die Namen auf dieser Liste den Gesichtern auf dem Foto zuzuordnen; ***our aim is to ~ the applicant to the job*** unser Ziel ist es, den passenden Kandidaten für diese Stelle zu finden; **to ~ colours** [*or* AM **colors**] Farben aufeinander abstimmen

❸ (*equal*) ■ **to ~ sb/sth** jdm/etw gleichkommen; ***you can't ~ Jones and Son for quality*** was die Qualität angeht, sind Jones and Son unerreicht; ***it would be difficult to ~ the service this airline gives its customers*** es wäre schwierig, dem [hervorragenden] Service dieser Fluggesellschaft Konkurrenz zu machen

❹ *usu passive* (*in contest*) ■ **to be ~ed against sb** gegen jdn antreten; **to be ill-~ed** nicht gleichwertig [*o* keine ebenbürtigen Gegner] sein; **to be well-~ed** gleichwertig [*o* ebenbürtige Gegner] sein

❺ (*correspond to*) ■ **to ~ sth** etw *dat* entsprechen, zu etw *dat* passen; ***he ~es the description the victim gave us*** die Beschreibung des Opfers trifft auf ihn zu

❻ (*compare*) ■ **to ~ sth** [**against sth**] etw [mit etw *dat*] vergleichen, etw [an etw *dat*] messen

◆**match up** **I.** *vi* ❶ (*make coherent sense*) Sinn ergeben

❷ (*be correctly aligned*) aufeinander abgestimmt sein

❸ (*meet the standard*) ■ **to ~ up to sth** an etw *akk* heranreichen, etw *dat* entsprechen; **to ~ up to sb's expectations** jds Erwartungen entsprechen [*o* erfüllen]

II. *vt* ❶ (*pair up*) ■ **to ~ up** ↔ **sb** [**with sb**] jdn [mit jdm] zusammenbringen; (*find connection*) ■ **to ~ up** ↔ **sb with sth** jdm etw zuordnen

❷ (*find matching thing*) ■ **to ~ sth** ↔ **up** zusammengehörige [*o* passende] Gegenstände finden; ■ **to ~ sth up with sth** zu etw *dat* das passende Gegenstück finden; ***she is trying to ~ up her evening dress with some suitable accessories*** sie versucht, ihr Abendkleid mit passenden Accessoires zu ergänzen; **to ~ up socks** die zusammengehörigen Socken finden

matchbook ['mætʃbʊk] *n* AM Streichholzbriefchen *nt* **matchbox** *n* Streichholzschachtel *f* **match-fit** *adj* SPORTS [voll] einsatzfähig, fit **match-fitness** *n no pl* SPORTS **to show a lack of ~** nicht ganz fit [*o* voll einsatzfähig] sein *fam*

matching ['mætʃɪŋ] **I.** *adj inv, attr* [zusammen]passend; **a ~ pair** ein Paar, das zusammenpasst [*o* zusammengehört]; **a ~ pair of socks** ein passendes Paar Socken

II. *n* Ausgleich *m*

matchless ['mætʃləs] *adv inv* unvergleichlich, einzigartig, beispiellos

matchmaker *n* (*marriage broker*) Heiratsvermittler(in) *m(f);* (*pairer-up*) Kuppler(in) *m(f) pej* **matchmaking** *n no pl* Kuppeln *nt;* ***she tried to do a bit of ~ by introducing Paul to Lucy*** sie versuchte ein bisschen zu kuppeln, indem sie Paul und Lucy miteinander bekannt machte **matchplay** *n no pl* Lochspiel *nt* (*Golfspiel, bei dem die Zahl der gewonnenen Löcher über den Sieg entscheidet*) **match point** *n* TENNIS Matchball *m;* ***she is now on ~*** sie hat Aufschlag zum Matchball **matchstick** **I.** *n* Streichholz *nt;* **to have legs like ~s** sehr dünne Beine [*o fam* Beine wie Stricknadeln] haben **II.** *n modifier* **~ arms** sehr dünne Arme; **~ man** [*or* **figure**] Strichmännchen *nt fam* **matchwood** *n no pl* Kleinholz *nt;* **to be smashed** [*or* **reduced**] **to ~** vollkommen zerstört werden, zu Kleinholz gemacht werden *fam*

mate¹ [meɪt] **I.** *n* ❶ BRIT, AUS (*friend*) Freund(in) *m(f),* Kumpel *m fam;* ***she's my best ~*** sie ist meine beste Freundin

❷ BRIT, AUS (*fam: form of address*) Kumpel *m fam;* ***what's the time, ~?*** hey du, wie spät ist es denn? *fam*

❸ (*sexual partner*) Partner(in) *m(f);* BIOL Sexualpartner(in) *m(f)*

❹ *esp* BRIT, AUS (*assistant*) Gehilfe, -in *m, f;* **driver's ~** Beifahrer(in) *m(f)*

❺ (*fig: one of a pair*) Gegenstück *nt*

❻ (*ship's officer*) Schiffsoffizier *m;* **first/second ~** Erster/Zweiter Offizier

II. *vi* ❶ BIOL *animals* sich *akk* paaren (**with** mit +*dat*)

❷ (*join or connect mechanically*) ■ **to ~ to sth** sich *akk* an etw *akk* ankuppeln

III. *vt* **to ~ two animals** zwei Tiere miteinander paaren

mate² [meɪt] **I.** *n* CHESS [Schach]matt *nt*

II. *vt* ■ **to ~ sb** jdn [schach]matt setzen

mater ['meɪtəʳ] *n* BRIT (*dated or hum*) ■ **the ~** die Mutter

material [mə'tɪəriəl, AM -'tɪr-] **I.** *n* ❶ (*substance*) Material *nt a. fig;* **building ~** Baumaterial *nt;* **raw ~** Rohmaterial *nt;* (*hum fig sl*) **to be mate ~ *of a person*** ein brauchbarer [Ehe]partner/eine brauchbare [Ehe]partnerin sein; **to be officer ~** das Zeug zu einem Offizier haben; **to be university ~** das Zeug zum Studieren haben

❷ *no pl* (*cloth*) Stoff *m*

❸ (*type of cloth*) Stoffart *f*

❹ *no pl* (*information*) [Informations]material *nt,* Unterlagen *pl*

❺ (*equipment*) ■ **~s** *pl* Material *nt;* **writing ~s** Schreibzeug *nt*

II. *adj inv* ❶ (*physical*) materiell; **~ damage** Sachschaden *m;* **the ~ world** die materielle Welt

❷ (*important*) wesentlich, wichtig; ■ **to be ~ to sth** für etw *akk* relevant sein

materialism [mə'tɪəriəlɪzᵊm, AM -'tɪr-] *n no pl* Materialismus *m*

materialist [mə'tɪəriəlɪst, AM -'tɪr-] *n* Materialist(in) *m(f)*

materialistic [məˌtɪəriə'lɪstɪk, AM -ˌtɪr-] *adj* materialistisch

materialization [məˌtɪəriəlaɪ'zeɪʃᵊn, AM -ˌtɪriəlɪ'-] *n no pl* ❶ (*becoming material*) Materialisation *f*

❷ (*becoming fact*) Verwirklichung *f*

materialize [mə'tɪəriəlaɪz, AM -'tɪr-] *vi* ❶ (*become fact*) *hope, dream* sich *akk* verwirklichen, in Erfüllung gehen; *plan, promise* in die Tat umgesetzt werden

❷ (*take physical form*) erscheinen; ***in the scene***

the ghost of Aunt Amy ~s in der Szene erscheint der Geist von Tante Amy
❸ (*appear suddenly*) [plötzlich] auftauchen; ***the lorry seemed to ~ out of nowhere*** der Laster schien [plötzlich] aus dem Nichts aufzutauchen; ***I was thinking you would never ~*** (*hum*) ich dachte schon, du würdest gar nicht mehr hier erscheinen
materially [məˈtɪəriəli, AM -ˈtɪr-] *adv* ❶ (*regarding possessions*) materiell
❷ (*significantly*) wesentlich
material witness *n* ❶ BRIT (*witness of fact*) Tatzeuge, -in *m, f*
❷ AM (*connected with case*) unentbehrlicher Zeuge/unentbehrliche Zeugin, Hauptzeuge, -in *m, f*
materiel [məˌtɪəriˈel, AM ˌtɪri] *n no pl* MIL Ausrüstung *f,* [Kriegs]material *nt*
maternal [məˈtɜːnəl, AM -ˈtɜːr-] *adj* ❶ (*motherly*) mütterlich, Mutter-; **a ~ smile** ein mütterliches Lächeln; ***she is very ~ towards her staff*** sie hat ein mütterliches Verhältnis zu ihren Angestellten
❷ (*of mother's family*) mütterlicherseits *nach n;* **my ~ grandmother/uncle** meine Großmutter/mein Onkel mütterlicherseits
maternally [məˈtɜːnəli, AM -ˈtɜːr-] *adv* ❶ (*in a motherly way*) mütterlich
❷ (*through mother's family*) mütterlicherseits
maternity [məˈtɜːnəti, AM -ˈtɜːrnət̬i] *n no pl* Mutterschaft *f*
maternity clinic *n* Entbindungsklinik *f* **maternity clothes** *npl* Umstandskleidung *f kein pl,* Umstandsmode *f kein pl* **maternity dress** *n* Umstandskleid *nt* **maternity hospital** *n* Entbindungsklinik *f* **maternity leave** *n no pl* Mutterschaftsurlaub *m* **maternity ward** *n* Entbindungsstation *f*
matey [ˈmeɪti] BRIT, AUS **I.** *adj* (*fam*) ■**to be ~** sich *akk* gut verstehen, gute [*o* dicke] Kumpels sein *fam;* ***the kids have become very ~*** die Kinder sind dicke Freunde geworden *fam*
II. *n* (*fam*) Kumpel *m fam*
mateyness [ˈmeɪtɪnəs] *n no pl* BRIT, AUS (*fam*) Kumpelhaftigkeit *f*
math [mæθ] *n* AM (*fam*) *short for* **mathematics** Mathe *f fam*
mathematical [ˌmæθəmˈætɪkəl, AM -əˈmæt̬ɪ-] *adj inv* mathematisch; **to have a ~ mind** eine Begabung für Mathematik haben, mathematisch begabt sein
mathematically [ˌmæθəmˈætɪkəli, AM -əˈmæt̬ɪ-] *adv* mathematisch; **~ impossible/possible** rechnerisch unmöglich/möglich; **to be ~ minded** mathematisch begabt sein
mathematician [ˌmæθəməˈtɪʃən, AM -θə-] *n* Mathematiker(in) *m(f)*
mathematics [mæθəmˈætɪks, AM -θəˈmæt̬-] *n + sing vb* Mathematik *f*
maths [mæθs] *n + sing vb* BRIT, AUS (*fam*) *short for* **mathematics** Mathe *f fam*
maths chip *n,* **maths coprocessor** *n* mathematischer Zusatzprozessor
matinée [ˈmætɪneɪ, AM ˌmætənˈeɪ] *n,* **matinee** *n* Matinee *f;* (*afternoon performance*) Frühvorstellung *f*
matinee coat *n* BRIT, **matinee jacket** *n* BRIT [Baby]jäckchen *nt*
matinée idol *n* (*dated*) Leinwandheld *m* (*in den 30er und 40er Jahren*)
matiness *n see* **mateyness**
mating [ˈmeɪtɪŋ, AM -t̬-] *n* ZOOL Paarung *f*
mating season *n* Paarungszeit *f*
matins [ˈmætɪnz, AM -tənz] *n + sing vb* (*in Catholic Church*) Matutin *f;* (*in Anglican Church*) Frühandacht *f,* Morgenandacht *f*
matriarch [ˈmeɪtriɑːk, AM -ɑːrk] *n* Matriarchin *f*
matriarchal [ˌmeɪtriˈɑːkəl, AM -ˈɑːrk-] *adj* matriarchalisch
matriarchy [ˈmeɪtriɑːki, AM -ɑːrki] *n* ❶ *no pl* (*rule*) Mutterherrschaft *f,* Matriarchat *nt*
❷ (*society*) Matriarchat *nt*
matric [məˈtrɪk] *n* BRIT (*dated fam*) *short for* **matriculation** ≈ Abitur *nt*
matrices [ˈmeɪtrɪsiːz] *n pl of* **matrix**
matricide [ˈmætrɪsaɪd] *n* Muttermord *m*
matriculate [məˈtrɪkjəleɪt] *vi* ❶ (*enter university*) sich *akk* immatrikulieren [*o* einschreiben]
❷ SA (*pass exams*) ≈ das Abitur machen
matriculation [məˌtrɪkjəˈleɪʃən] *n* ❶ (*at university*) Immatrikulation *f*
❷ SA (*school qualification*) ≈ Abitur *nt*
matrimonial [ˌmætrɪˈməʊniəl, AM -ˈmoʊ-] *adj inv* (*form*) Ehe-, ehelich; **~ difficulties** Eheprobleme *ntpl*
matrimony [ˈmætrɪməni, AM -rəmoʊ-] *n no pl* Ehe *f;* **to be joined in holy ~** in den heiligen Stand der Ehe treten *form*
matrix <*pl* -es *or* -ices> [ˈmeɪtrɪks, *pl* -ɪsiːz] *n* ❶ (*mould*) Matrize *f,* Gießform *f*
❷ (*rectangular arrangement*) Matrix *f*
❸ (*form: conditions*) Rahmen *m,* Grundlage *f;* **cultural ~** kultureller Hintergrund; ***Europe is remaking itself within the ~ of the European Union*** Europa erneuert sich auf den Grundlagen der Europäischen Union
matrix printer *n* Matrixdrucker *m*
matron [ˈmeɪtrən] *n* ❶ (*dated: senior nurse*) Oberin *f,* Oberschwester *f;* (*at school*) Hausmutter *f*
❷ *esp* AM (*in prison*) Gefängnisaufseherin *f*
❸ (*fig hum: middle-aged woman*) Matrone *f meist pej*
matronly [ˈmeɪtrənli] *adj* (*esp hum*) matronenhaft *meist pej;* **a ~ figure** eine gesetzte Figur
matt [mæt], AM **matte I.** *adj* matt
II. *n* ❶ (*addition of image*) Aufprojektion *f,* Mattaufnahme *f*
❷ (*mask*) Lichthofschutzschicht *f*
matted [ˈmætɪd, AM -t̬-] *adj* verflochten; **~ hair** verfilztes Haar
matter [ˈmætəʳ, AM -t̬ɚ] **I.** *n* ❶ (*affair*) Angelegenheit *f,* Sache *f;* (*question*) Frage *f;* (*subject*) Thema *nt;* ***it'll be no easy ~ getting them to pay up on time*** es wird nicht einfach werden, sie dazu zu bringen, pünktlich zu bezahlen; ***it's simply a ~ of following the recipe/learning the rules*** man muss einfach nur das Rezept befolgen/die Regeln erlernen; ***the shop says it's a ~ for the manufacturers*** das Geschäft sagt, das sei Sache des Herstellers; ***this is a ~ for the police*** das sollte man der Polizei übergeben; ***it's no laughing ~*** das ist nicht zum Lachen; ***it's a ~ of life and*** [*or* ***or***] ***death*** es geht um Leben und Tod; ***the truth*** [*or* ***fact***] ***of the ~ is that she was asked to resign*** in Wirklichkeit wurde ihr nahe gelegt zurückzutreten; **as a ~ of course** selbstverständlich; **as a ~ of fact** übrigens, im Übrigen; ***have you got his address? — as a ~ of fact, I have*** hast du seine Adresse? – ja, die hab' ich tatsächlich; **family ~s** Familienangelegenheiten *fpl;* **the ~ in** [*or* AM **at**] **hand** die Angelegenheit, um die es geht; **money ~s** Geldangelegenheiten *fpl;* **a ~ of opinion** Ansichtssache *f;* **a ~ of record** eine Tatsache; ***it's a ~ of record that ...*** es ist allgemein bekannt, dass ...; **that's another ~** das ist etwas anderes; **that's another ~ altogether** [*or* **quite another ~**] das ist [wieder] etwas völlig [*o* ganz] anderes; **a personal ~** eine persönliche Angelegenheit [*o* Sache]; **to let the ~ drop** etwas auf sich beruhen lassen; (*in a conversation*) das Thema fallen lassen
❷ (*amount*) **in a ~ of minutes/seconds** in einigen Minuten/Sekunden; ***in a ~ of minutes/seconds he was by her side*** es dauerte nur Minuten/Sekunden bis er bei ihr war; ***it's only a ~ of a few dollars*** es geht nur um ein paar Dollars
❸ (*the situation*) ■**~s** *pl* die Situation [*o* Lage]; ***that's how ~s stand at the moment*** so sieht es im Moment aus; **to help ~s/make ~s worse** die Lage verbessern/verschlimmern; ***to make ~s worse, it then started to rain heavily*** zu allem Überfluss fing es auch noch an, in Strömen zu regnen; **to take ~s into one's own hands** die Sache [*o* die Dinge] selbst in die Hand nehmen
❹ (*problem*) **no ~** das macht nichts, [das ist] kein Problem; ***is anything the ~?*** stimmt etwas nicht? *fam;* ***there's nothing the ~*** es ist alles in Ordnung; ***what's the ~ with you?*** was ist los mit dir?; ***what's the ~ with asking for a pay rise?*** was ist so schlimm daran, um eine Gehaltserhöhung zu bitten?
❺ *no pl* (*material*) Materie *f;* **printed ~** Gedrucktes *nt;* **reading ~** Lesestoff *m;* **the subject ~ of the book** das Thema des Buches
❻ TYPO Satzspiegel *m,* Text *m*
► PHRASES: **not to <u>mince</u> ~** kein Blatt vor den Mund nehmen; **<u>no</u> ~ what** was auch [immer] passiert; ***we've got to get to the airport on time, no ~ what*** wir müssen pünktlich zum Flughafen kommen, egal wie; **<u>no</u> ~ what/when/who ...** gleichgültig [*o fam* egal], was/wann/wer ...; **<u>for</u> that ~** übrigens, im Übrigen
II. *vi* von Bedeutung sein; ***what ~s now is that ...*** worauf es jetzt ankommt, ist, dass ...; ***that's the only thing that ~s*** das ist das Einzige, was zählt; ***it really ~s to me*** das bedeutet mir wirklich etwas, das ist wirklich wichtig für mich; ■**it ~s that ...** es macht etwas aus, dass ...; ■**it doesn't ~** (*not important*) das ist nicht wichtig; ***I've spilt something on the carpet — it doesn't ~*** ich habe etwas auf dem Teppich verschüttet – das macht nichts; ***would you rather go on Wednesday or Thursday — it doesn't ~*** möchten Sie lieber am Mittwoch oder am Donnerstag fahren – das ist mir egal; ■**it doesn't ~ if/that ...** es macht nichts [*o fam* ist egal], wenn/dass ...; ***it doesn't ~ how long your hair is as long as it's tidy*** es spielt keine Rolle, wie lang deine Haare sind, solange sie gepflegt sind
matter of fact *n* AM LAW [strittige] Tatfrage
matter-of-fact *adj* ❶ (*emotionless*) sachlich, nüchtern
❷ (*straightforward*) geradeheraus *präd,* direkt
matter-of-factly *adv* ❶ (*without emotion*) sachlich, nüchtern
❷ (*straightforwardly*) direkt, unverblümt, geradeheraus
matter-of-factness *n no pl* ❶ (*lack of emotion*) Sachlichkeit *f*
❷ (*straightforwardness*) Direktheit *f*
matting [ˈmætɪŋ, AM -t̬-] *n no pl* ❶ (*floor covering*) Matten *fpl;* **coconut/straw ~** Kokos-/Strohmatten *fpl*
❷ (*tangling*) Verflechten *nt;* (*of wool*) Verfilzen *nt*
mattock [ˈmætək, AM -t̬-] *n* [Breit]hacke *f*
mattress <*pl* -es> [ˈmætrəs] *n* Matratze *f*
maturation [ˌmætjəˈreɪʃən, AM -tʃəˈreɪ-] *n no pl* Reifung *f,* Heranreifen *nt*
mature [məˈtjʊəʳ, AM -ˈtʃʊr] **I.** *adj* ❶ (*adult*) erwachsen; *animal* ausgewachsen; (*like an adult*) reif; (*euph: middle-aged*) nicht mehr ganz jung; ***a gentleman of ~ years*** ein Mann im besten Alter *euph;* **to be ~ beyond one's years** für sein Alter schon sehr reif sein
❷ (*ripe*) reif; *wine* ausgereift; **~ economy** ECON entwickelte [*o* reife] Volkswirtschaft
❸ FIN (*payable*) fällig, zahlbar
❹ (*form: careful*) **after ~ reflection** nach reiflicher Überlegung
II. *vi* ❶ (*physically*) erwachsen werden, heranreifen; (*mentally and emotionally*) sich *akk* weiterentwickeln, reifer werden
❷ (*ripen*) [heran]reifen; ***sherry is left in large casks to ~*** Sherry wird in großen Fässern gelagert, damit er sein volles Aroma entwickeln kann
❸ FIN (*become payable*) fällig werden
❹ (*develop fully*) *idea, plan* ausreifen
III. *vt* ❶ FOOD ■**to ~ sth** etw reifen lassen; ***the wine has been ~d in oak vats*** der Wein ist in Eichenfässern gereift
❷ (*make more adult*) ■**to ~ sb** jdn erwachsener [*o* reifer] werden lassen
mature-age student *n* AUS älterer Student/ältere Studentin
maturely [məˌtjʊəˈli, AM -ˈtʃʊrli] *adv* (*esp approv*) vernünftig
mature student *n* älterer Student/ältere Studentin
maturity [məˌtjʊərəti, AM -ˈtʃʊrət̬i] *n no pl*

M

❶ (*adulthood*) Erwachsensein *nt;* (*wisdom*) Reife *f; of animals* Ausgewachsensein *nt;* ***she seems to have ~ beyond her years*** für ihr Alter wirkt sie schon sehr erwachsen; **to reach ~** (*of person*) erwachsen werden; (*of animal*) ausgewachsen sein
❷ (*developed form*) Reife *f,* Vollendung *f;* **to come to ~** zur Entfaltung kommen
❸ (*ripeness*) Reife *f*
❹ FIN Fälligkeit *f,* Laufzeit *f;* **amount payable on ~** Betrag *m* zahlbar bei Fälligkeit; **date of ~** Fälligkeitstermin *m;* **to reach ~** fällig werden

maturity period *n insurance policy* Laufzeit *f*
maturity yield *n* BRIT FIN Rückzahlungsrendite *f*

matzo(h) <*pl* -s> ['mɒtsə, AM 'mɑːtsə] *n* FOOD, REL Matzenbrot *nt*

maudlin ['mɔːdlɪn, AM 'mɑːd-] *adj* [weinerlich] sentimental, rührselig; ***he drank until he was quite ~*** er trank, bis er vor Selbstmitleid zerfloss

maul [mɔːl, AM *esp* mɑːl] *vt* ❶ (*wound*) ■**to ~ sb/sth** jdn/etw verletzen; (*attack*) jdn anfallen
❷ (*pej*) ■**to ~ sb/sth** (*touch*) jdn/etw betatschen [*o* begrapschen] *fam;* (*treat roughly*) jdn/etw malträtieren [*o fam* übel zurichten]
❸ (*criticize*) ■**to ~ sb** jdn heruntermachen *fam;* ■**to ~ sth** etw verreißen *fam*
◆**maul about, maul around** *vt* ■**to ~ sb about** [*or* **around**] jdn malträtieren; ■**to ~ sth about** [*or* **around**] etw beschädigen

mauling ['mɔːlɪŋ, AM *esp* 'mɑːl-] *n* Verriss *m;* **to get a ~ from sb** von jdm verrissen werden *fam*

maunder ['mɔːndəʳ, AM 'mɑːndɚ] *vi* ■**to ~ on about sth** über etw *akk* [endlos] reden

Maundy money [ˌmɔːndi'-] *n no pl* BRIT *für diesen Anlass geprägte Münzen, die von der Königin beim Gründonnerstagsgottesdienst in der Westminster-Kathedrale verteilt werden*

Maundy Thursday *n* BRIT Gründonnerstag *m*

Mauritania [ˌmɒrɪ'teɪniə, AM ˌmɔːr-] *n* Mauretanien *nt*

Mauritanian [ˌmɒrɪ'teɪniən, AM ˌmɔːr-] **I.** *n* Mauretanier(in) *m(f)*
II. *adj* mauretanisch

Mauritian [mə'rɪʃən, AM mɔː'rɪʃiən] **I.** *n* Mauritier(in) *m(f)*
II. *adj* mauritisch; ***her mother is ~*** ihre Mutter ist Mauritierin

mausoleum [ˌmɔːsə'liːəm, AM ˌmɑː-] *n* Mausoleum *nt*

mauve [məʊv, AM moʊv] **I.** *n* Mauve *nt*
II. *adj inv* mauve, malvenfarbig

maven ['meɪvən] *n* AM (*fam*) Kenner(in) *m(f),* Experte, -in *m, f*

maverick ['mævᵊrɪk, AM -ɚɪk] *n* ❶ (*unorthodox independent person*) Einzelgänger(in) *m(f),* Alleingänger(in) *m(f);* ***she is widely regarded as a political ~*** sie wird allgemein als politischer Freigeist gesehen
❷ AM ZOOL Vieh *nt* ohne Brandzeichen

maw [mɔː, AM *esp* mɑː] *n* Maul *nt,* Rachen *m a. fig*

mawkish ['mɔːkɪʃ, AM *esp* 'mɑːk-] *adj* rührselig, sentimental

mawkishly ['mɔːkɪʃli, AM *esp* 'mɑːk-] *adv* rührselig, sentimental

mawkishness ['mɔːkɪʃnəs, AM *esp* 'mɑːk-] *n no pl* Rührseligkeit *f,* Sentimentalität *f*

max [mæks] **I.** *n* (*fam*) *short for* **maximum** max.
II. *adv* (*fam*) ***it'll cost you £40 ~*** das wird Sie maximal £40 kosten

max [mæks] *vt* AM (*fam*) ■**to ~ out** ⊂ **sth** etw ausschöpfen [*o fam* [bis zum Limit] ausreizen]; ***we've ~ed out all our credit cards*** wir haben all unsere Kreditkarten ausgeschöpft

maxi ['mæksi] *n* (*dated fam: coat*) Maxi *m,* Maximantel *m;* (*dress*) Maxi[kleid] *nt*

maxim ['mæksɪm] *n* Maxime *f,* Grundsatz *m*

maxima ['mæksɪmə] *n pl of* **maximum**

maximal ['mæksɪmᵊl] *adj inv* maximal

maximization [ˌmæksɪmaɪ'zeɪʃᵊn, AM -mɪ'-] *n* Maximierung *f*

maximize ['mæksɪmaɪz] *vt* ■**to ~ sth** etw maximieren; COMPUT etw als Vollbild darstellen

maximum ['mæksɪməm] **I.** *adj attr, inv* maximal, Höchst-, Maximal-; **~ depth/height** maximale Tiefe/Höhe; **~ temperature** Höchsttemperatur *f;* ***this car has a ~ speed of 160 kmh*** dieses Auto hat eine Höchstgeschwindigkeit von 160 km/h
II. *n* <*pl* -ima *or* -s> [-ɪmə] Maximum *nt;* ***we can handle a ~ of 50 cases a day*** wir können maximal 50 Fälle am Tag bearbeiten; ***that's the ~*** das ist das Maximum; ***she intends to exploit this opportunity to the ~*** sie hat vor, diese Möglichkeit bestmöglich zu nutzen
III. *adv* maximal; ***it'll take us 2 days ~*** dafür werden wir maximal 2 Tage brauchen

maximum security prison *n* Hochsicherheitsgefängnis *nt* **maximum security wing** *n* Hochsicherheitstrakt *m*

may¹ <*3rd pers. sing* may, might, might> [meɪ] *aux vb* ❶ (*indicating possibility*) können; ***I ~ see you at the party later*** vielleicht sehe ich dich später bei der Party; ***are you going to Neil's party? — I ~, I don't know yet*** gehst du zu Neils Party? – vielleicht, ich weiß es noch nicht; ***there ~ be side effects from the new drug*** diese Arznei kann Nebenwirkungen haben; ***you ~ well get lost here*** es kann gut sein, dass du dich hier verirrst; ***what time will we arrive? — you ~ well ask!*** wann werden wir denn ankommen? – das ist eine gute Frage!; ***if George is going to be that late we ~ as well start dinner without him*** wenn George so spät dran ist, können wir auch genauso gut schon ohne ihn mit dem Essen anfangen; ***I ~ be overreacting to the letter but I think we should let the police see it*** mag sein, dass ich den Brief überbewerte, aber ich glaube, wir sollten ihn der Polizei zeigen; **that's as ~ be** *esp* BRIT das mag schon sein; **be that as it ~** wie dem auch [immer] sei
❷ (*be allowed*) dürfen, können; ***~ I ask you a question?*** darf ich Ihnen [mal] eine Frage stellen?
❸ (*expressing wish*) mögen; ***~ she rest in peace*** möge sie in Frieden ruhen *form*

may² [meɪ] *n no pl* Weißdornblüte *f,* Hagedornblüte *f*

May [meɪ] *n* ❶ (*month*) Mai *m; see also* **February**
❷ (*poet, liter: prime*) ■**one's ~** die Blüte seiner Jahre
► PHRASES: **cast not a <u>cloud</u> till ~ be out** BRIT (*prov*) eine Schwalbe macht noch keinen Sommer *prov*

Maya ['maɪə, AM 'mɑːjə] HIST **I.** *n* <*pl* – *or* -s> Maya *m/f;* ■**the ~** die Mayas *pl*
II. *adj inv* Maya-

Mayan ['maɪən, AM 'mɑːjən] *adj inv* Maya-, der Mayas *nach n*

maybe ['meɪbi] **I.** *adv* ❶ (*perhaps*) vielleicht, möglicherweise; ***~ we should start again*** vielleicht sollten wir noch mal anfangen
❷ (*approximately*) circa, ungefähr
II. *n* Vielleicht *nt;* **to be a definite ~** [sehr] wahrscheinlich sein

May bug *n* Maikäfer *m* **May bush** *n* Weißdorn *m,* Hagedorn *m* **May Day** *n* der Erste Mai, Maifeiertag *m* **mayday** *n* Mayday *kein art* (*internationaler Notruf*); ***the pilot sent out a ~*** der Pilot gab einen Notruf über Funk durch; ***~! ~!*** Mayday! Mayday!

mayflower *n* ❶ (*flower blooming in May*) Maiblume *f* ❷ AM (*trailing arbutus*) Primelstrauch *m*

mayfly *n* Eintagsfliege *f*

mayhem ['meɪhem] *n no pl* ❶ (*chaos*) Chaos *nt;* **to create** [*or* **cause**] **~** Chaos hervorrufen [*o* verursachen]
❷ AM LAW Verstümmelung *f*

mayo ['meɪəʊ, AM -oʊ] *n* (*fam*) *short for* **mayonnaise** Mayo *f fam*

mayonnaise ['meɪə'neɪz] *n* Mayonnaise *f*

mayor ['meəʳ, AM 'meɪɚ] *n* Bürgermeister(in) *m(f)*

mayoral ['meərᵊl, AM 'meɪɔːr-] *adj inv* bürgermeisterlich, Bürgermeister-, des Bürgermeisters *nach n*

mayoralty ['meərᵊlti, AM 'meɪɚ-] *n* ❶ (*term of office*) Amtszeit *f* des Bürgermeisters
❷ (*position*) Bürgermeisteramt *nt*

mayoress <*pl* -es> [ˌmeə'res, AM 'meɪɚɪs] *n esp* BRIT ❶ (*woman mayor*) Bürgermeisterin *f*
❷ (*mayor's wife*) Frau *f* des Bürgermeisters

maypole *n* Maibaum *m*

may've ['meɪəv] (*fam*) = **may have** *see* **may¹**

maze [meɪz] *n* Labyrinth *nt a. fig,* Irrgarten *m a. fig;* ***we got lost in the ~ of small alleys*** wir verliefen uns im dem Gewirr der kleinen Gässchen

mazurka [mə'zɜːkə, AM 'zɜːr] *n* MUS Mazurka *f*

MB [ˌem'biː] *n* ❶ BRIT *abbrev of* **Bachelor of Medicine** ≈ zweites medizinisches Staatsexamen
❷ COMPUT *abbrev of* **megabyte** MB *nt*

MBA [ˌembiː'eɪ] *n abbrev of* **Master of Business Administration** *graduierter Betriebswirt*

MBE [ˌembiː'iː] *n* BRIT *abbrev of* **Member of the Order of the British Empire** Träger(in) *m(f)* des britischen Verdienstordens

MBO [ˌembiː'əʊ, AM 'oʊ] *n abbrev of* **management buyout** *Unternehmensverkauf an das eigene Management*

MC [ˌem'siː] *n abbrev of* **Master of Ceremonies**

MCC [ˌemsiː'siː] *n no pl,* + *sing/pl vb abbrev of* **Marylebone Cricket Club**

McCarthyism [mə'kɑːθiɪzᵊm, AM -'kɑːrθ-] *n* McCarthyismus *m* (*politische Hetzkampagnen nach dem Muster des amerikanischen Senators Joseph Raimond McCarthy* (*1909 – 1957*), *der in den 1950er Jahren in den USA eine antikommunistische Verfolgungswelle auslöste*)

McCarthyist [mə'kɑːθiɪst, AM -'kɑːrθ-] *adj,* **McCarthyite** [mə'kɑːθiaɪt, AM -'kɑːrθ-] *adj* in McCarthy-Manier

McCoy [mə'kɔɪ] *n* (*fam*) **the real ~** das Original [*o* Richtige]

McJob [mək'dʒɑːb] *n* (*sl*) Gelegenheitsjob *m fam*

McMansion [mək'mænʃᵊn] *n* (*sl*) geschmackloses [großes] neugebautes Wohnhaus

M-commerce ['emkɒmɜːs, AM -kɑːmɜrs] *n no pl abbrev of* **mobile commerce** M-Commerce *m o nt fachspr* (*Nutzung des Internetmarktes via Handy*)

mcp [ˌemsiː'piː] *n* (*fam*) *abbrev of* **male chauvinist pig**

Md. AM *abbrev of* **Maryland**

MD [ˌem'di] *n* AM, AUS *abbrev of* **Doctor of Medicine** Dr. med.

ME [ˌem'iː] *n* MED *abbrev of* **myalgic encephalomyelitis** myalgische Enzephalomyelitis *fachspr*

me [miː, mɪ] *pron* ❶ *1st pers. sing* mir *im Dativ,* mich *im Akkusativ;* ***please will you pass ~ that book*** reich mir bitte das Buch; ***do you understand ~?*** verstehst du mich?; ***why are you looking at ~?*** warum siehst du mich an?; ***wait for ~!*** warte auf mich!; ***hey, it's ~*** hallo, ich bin's; **between you and ~** unter uns [gesagt]; ***this is just between you and ~*** das bleibt unter uns; ***it wasn't ~ who offered to go, it was him*** ich wollte nicht gehen, er wollte; ***hi, is Karen there? — yea, it's ~, who's this?*** hi, ist Karen da? – ja, am Apparat, wer spricht?; ***hi, it's ~*** hallo, ich bin's; **… as/than ~ …** wie/als ich; ***she's just as good as ~ at her job*** sie ist so gut wie ich in ihrem Job; ***you have more than ~*** du hast mehr als ich
❷ AM (*fam: myself*) mir *im Dativ,* mich *im Akkusativ;* ***I've got ~ a job*** ich habe einen Job gefunden
► PHRASES: **<u>goodness</u> ~!** du lieber Himmel!; **~ <u>Tarzan</u>, you Jane** (*from the Tarzan films*) ich Tarzan, du Jane; **<u>dear</u> ~!** du liebe Güte!; **<u>silly</u> ~!** bin ich dumm!; **~ and <u>mine</u>** meine Verwandten

Me. AM *abbrev of* **Maine**

mead¹ [miːd] *n* Met *m*

mead² [miːd] *n* (*poet*) Aue *f poet,* Wiese *f*

meadow ['medəʊ, AM -oʊ] *n* Wiese *f*

meadow brown *n* Augenfalter *m* **meadowland** *n no pl* Weideland *nt* **meadow pipit** *n* Wiesenpieper *m* **meadow rue** *n* Wiesenraute *f* **meadowsweet** <*pl* – *or* -s> ['medəʊswiːt, AM oʊ] *n* BOT Mädesüß *nt*

meager ['miːgɚ] AM, **meagre** [-əʳ] *adj* mager, dürftig, kärglich

meagerly ['miːgəli, AM ɚli] *adv* AM *see* **meagrely**

meagerness ['miːgənəs, AM ɚnəs] *n no pl* AM *see* **meagreness**

meagrely ['miːgəli, AM ɚli] *adv* mager, dürr; (*fig*)

dürftig, kärglich
meagreness ['mi:gənəs, AM -nəs] *n no pl* Magerkeit *f,* Dürre *f;* (*fig*) Dürftigkeit *f*
meal¹ [mi:l] *n* Mahlzeit *f,* Essen *nt;* ***we like to have a hot ~ in the evening*** wir essen abends gerne warm; **M~s on Wheels** Essen *nt* auf Rädern; **a heavy/light ~** ein schweres/leichtes Essen; **to go out for a ~** essen gehen
► PHRASES: **to make a ~ of sth** (*put in too much effort*) einen großen Aufwand für etw *akk* betreiben, eine große Sache aus etw *dat* machen; (*make a problem*) etw aufbauschen; ***the press will make a ~ of this story*** das ist ein gefundenes Fressen für die Presse *fam*
meal² [mi:l] *n* [grobes] Mehl
meals on wheels [ˌmi:lzɒn'wi:lz] *n* Essen *nt* auf Rädern
meal ticket *n* ❶ *esp* AM, AUS (*voucher*) Essensmarke *f* ❷ (*fig: means of living*) Einnahmequelle *f;* ***I don't enjoy the job, but it's my ~*** ich mag meinen Job nicht, aber man muss eben seine Brötchen verdienen ❸ (*fig: partner with money*) Ernährer(in) *m(f)* **mealtime** *n* Essenszeit *f;* **set ~s** feste Essenszeiten
mealy ['mi:li] *adj* mehlig
mealy bug *n* Schildlaus *f* **mealy-mouthed** *adj* (*pej*) ausweichend; **~ excuses** fadenscheinige Ausreden; **~ expressions** schönfärberische Ausdrücke; ***the politician was ~*** die Politikerin redete um den heißen Brei herum *fam*
mean¹ [mi:n] *adj* ❶ *esp* BRIT (*miserly*) geizig, knauserig, kleinlich; ■**to be ~ with sth** mit etw *dat* geizen
❷ (*unkind*) gemein, fies *fam;* ***I felt a bit ~*** ich kam mir ein bisschen schäbig vor; ■**to be ~ to sb** gemein zu jdm sein; **to have a ~ streak** eine gemeine Ader haben
❸ AM (*vicious*) aggressiv; (*dangerous*) gefährlich; **~ dog** bissiger Hund
❹ (*run-down*) heruntergekommen, schäbig *pej*
❺ (*bad*) schlecht; ***he's no ~ cook*** er ist kein schlechter Koch; **no ~ feat** eine Meisterleistung
❻ AM (*sl: good*) super *fam,* toll *fam,* geil *sl;* ***he plays a ~ guitar*** er spielt supergeil Gitarre *sl*
❼ (*form: small*) gering; ***it should be clear even to the ~est understanding*** das sollte auch dem Unbedarftesten klar sein
mean² <meant, meant> [mi:n] *vt* ■**to ~ sth** ❶ (*signify*) *word, symbol* etw bedeuten; ***that sign ~s 'no parking'*** das Schild bedeutet ‚Parken verboten'; ***does that name ~ anything to you?*** sagt dir der Name etwas?
❷ (*intend to convey*) *person* etw meinen; ***do you remember Jane Carter? — you ~ the woman we met in Scotland?*** erinnerst du dich an Jane Carter? – meinst du die Frau, die wir in Schottland getroffen haben?; ***what do you ~?*** was willst du damit sagen?; ***what do you ~, it was my fault?*** soll das etwa heißen, es war mein Fehler?; ***what do you ~ by arriving so late?*** was denkst du dir eigentlich dabei, so spät zu kommen?; ***now I see what you ~*** jetzt weiß ich, was du meinst
❸ (*be sincere*) etw ernst meinen; ***I ~ what I say*** ich meine das [tod]ernst; ***he said a lot of things he didn't really ~*** er sagte eine Menge Dinge, die er nicht so gemeint hat
❹ (*intend*) etw wollen; ***he didn't ~ any harm*** er wollte nichts Böses; ***I ~t it as a present for Joanna*** ich hatte es als Geschenk für Joanna gedacht; ■**to ~ to do sth** etw tun wollen; ***I really didn't ~ to offend you*** ich wollte dich wirklich nicht kränken; ■**to be ~t to do sth** etw tun sollen; ***you're ~t to fill in a tax form every year*** Sie müssen jedes Jahr eine Steuererklärung machen; ■**to ~ sb** [*or* AM **for sb**] **to do sth** wollen, dass jd etw tut; ***they didn't ~ [for] her to read the letter*** sie wollten nicht, dass sie den Brief las; ■**to be ~t as sth** als etw gemeint [*o* gedacht] sein; ■**to be ~t for sb** für jdn gedacht [*o* bestimmt] sein; **to be ~t for each other** füreinander bestimmt sein; ■**to be ~t to be sth** (*intended to represent*) etw sein [*o* darstellen] sollen; (*intended as*) etw sein sollen, als etw gemeint sein; ***it's ~t to be Donald*** das soll Donald sein; ***it was ~t to be a surprise*** das sollte eine Überraschung sein
❺ (*result in*) etw bedeuten [*o fam* heißen]; ***lower costs ~ lower prices*** niedrigere Kosten bedeuten niedrigere Preise; ***this ~s war*** das ist eine Kriegserklärung; ***does this ~ we'll have to cancel our holiday?*** heißt das, dass wir unseren Urlaub absagen müssen?
❻ (*have significance*) etw bedeuten; ***it was just a kiss, it didn't ~ anything*** es war nur ein Kuss, das hatte nichts zu bedeuten; **to ~ a lot/nothing/something to sb** jdm viel/nichts/etwas bedeuten
► PHRASES: **to ~ business** es ernst meinen; **to ~ mischief** Böses im Schilde führen; **to ~ well** es gut meinen; **I ~ to say** [also,] ich muss schon sagen
mean³ [mi:n] **I.** *n* (*average*) Mittel *nt;* (*average value*) Mittelwert *m;* (*fig*) Mittelweg *m*
II. *adj inv* durchschnittlich
meander [mi'ændə^r, AM -ə-] **I.** *n* Windung *f,* Krümmung *f,* Mäander *m fachspr*
II. *vi* ❶ (*flow in curves*) sich *akk* schlängeln [*o* winden], mäandern *fachspr*
❷ (*wander*) [umher]schlendern
❸ (*digress*) abschweifen
meandering [mi'ændᵊrɪŋ, AM -ə-ɪŋ] **I.** *adj* ❶ (*flowing in curves*) gewunden, mäandrisch *fachspr*
❷ (*rambling*) abschweifend
II. *n* ■**~s** *pl* Gefasel *nt kein pl*
meanie ['mi:ni] *n* (*fam*) ❶ *esp* BRIT (*miserly person*) Geizhals *m*
❷ (*unkind person*) Blödian *m fam;* **to be a ~** gemein sein
meaning ['mi:nɪŋ] *n* ❶ (*sense*) Bedeutung *f;* **a deeper/hidden ~** ein tieferer/verborgener Sinn; ***the ~ of life*** der Sinn des Lebens; **to give sth a whole new ~** (*esp hum*) etw in einem ganz neuen Licht erscheinen lassen; **if you take** [*or* **get**] **my ~** wenn du verstehst, was ich meine; **what is the ~ of this?** was soll das heißen? [*o* bedeuten]; ***it was impossible to misunderstand his ~*** es war unmöglich, ihn misszuverstehen; ***I think I made my ~ perfectly clear*** ich glaube, ich habe mich deutlich ausgedrückt
❷ (*importance*) Bedeutung *f,* Sinn *m;* ***the full ~ of his enquiry only became apparent later*** was seine Nachforschungen wirklich erbrachten, wurde erst später in seiner ganzen Tragweite sichtbar; **to have ~ for sb** jdm etwas bedeuten; ***without you, life has no ~ for me*** ohne dich hat das Leben keinen Sinn für mich
meaningful ['mi:nɪŋfᵊl] *adj* ❶ (*important*) bedeutsam, wichtig; ***she seems to find it difficult to form a ~ relationship*** sie hat Schwierigkeiten, sich auf eine tiefer gehende Beziehung einzulassen
❷ (*implying something*) bedeutungsvoll, viel sagend; **a ~ glance** ein viel sagender Blick
meaningfully ['mi:nɪŋfᵊli] *adv* bedeutsam, viel sagend
meaningfulness ['mi:nɪŋfᵊlnəs] *n no pl* Bedeutsamkeit *f*
meaningless ['mi:nɪŋləs] *n* (*without importance*) bedeutungslos; (*nonsensical*) sinnlos; (*empty*) nichts sagend
meaninglessness ['mi:nɪŋləsnəs] *n no pl* Bedeutungslosigkeit *f,* Sinnlosigkeit *f*
mean-looking *adj* ■**to be ~** aggressiv [*o* böse] aussehen [*o* wirken]; (*dangerous*) gefährlich aussehen; ***he was a ~ guy*** er war ein gefährlich aussehender Typ
meanly ['mi:nli] *adv* ❶ *esp* BRIT (*ungenerously*) kleinlich, knauserig
❷ (*unkindly*) gemein
meanness ['mi:nnəs] *n no pl* ❶ *esp* BRIT (*lack of generosity*) Kleinlichkeit *f,* Geiz *m*
❷ (*unkindness*) Gemeinheit *f,* Gehässigkeit *f*
means <*pl* -> [mi:nz] *n* ❶ (*method*) Weg *m;* **ways and ~** Mittel und Wege; **to try by all** [**possible**] **~ to do sth** auf jede erdenkliche Art und Weise versuchen, etw zu erreichen; (*possibility*) Möglichkeit *f;* ***there is no ~ of tracing the debt at all*** es gibt nicht die geringste Möglichkeit, die Schulden zurückzuverfolgen; (*device*) Mittel *nt;* **~ of communication** Kommunikationsmittel *nt;* **~ of expression** Ausdrucksmittel *nt;* **~ of transport** Transportmittel *nt;* **~ of support** Einkommen *nt;* **to use all** [*or* **every**] **~ at one's disposal** alle verfügbaren Mittel nutzen
❷ (*income*) ■**~** *pl* Geldmittel *ntpl,* Gelder *ntp;* **a person of ~** ein vermögender Mensch; **private ~** Privatvermögen *nt,* private Mittel; **to be without ~** (*form*) kein Geld haben, pleite sein *fam;* **to have the ~ to do sth** die [nötigen] Mittel [*o* das [nötige] Geld] haben, etw zu tun; **to live beyond one's ~** über seine Verhältnisse leben; **to live within one's ~** im Rahmen seiner finanziellen Möglichkeiten leben
► PHRASES: **a ~ to an end** ein Mittel zum Zweck; **the end justifies the ~** (*prov*) der Zweck heiligt die Mittel; **by ~ of sth** durch etw *akk,* mit etw *dat,* mit Hilfe einer S. *gen;* ***they communicate by ~ of sign language*** sie kommunizieren durch Zeichensprache; ***they made their escape by ~ of a rope ladder*** sie entkamen mit [Hilfe] einer Strickleiter; **by all ~** (*form*) unbedingt; (*of course*) selbstverständlich; **by no ~** [*or* **not by any ~**] keineswegs, auf keinen Fall; ***it's by no ~ certain*** das ist keineswegs sicher
mean-spirited <meaner-, meanest-> [ˌmi:n'spɪrɪtɪd, AM ţɪd] *adj* kleinlich, knausrig
means test *n* FIN (*of income*) Einkommensüberprüfung *f;* (*of property*) Ermittlung *f* der Vermögensverhältnisse; BRIT (*for social benefit*) Bedürftigkeitsprüfung *f*
means-test *vt* ■**to ~ sb** (*income*) jds Einkommen überprüfen; (*property*) jds Vermögen überprüfen; BRIT (*for social benefit*) jds Bedürftigkeit prüfen
meant [ment] *pt, pp of* **mean**
meantime *n* **for the ~** vorerst; **in the ~** inzwischen, in der Zwischenzeit
meanwhile [ˌmi:n'(h)waɪl, AM 'mi:n-] *adv* inzwischen, unterdessen, mittlerweile
meany *n* (*fam*) *see* **meanie**
measles ['mi:zl̩z] *n + sing vb* Masern *pl*
measliness ['mi:zlɪnəs] *n no pl* Geringfügigkeit *f*
measly ['mi:zli] *adj* (*pej*) mickrig, schäbig, pop[e]lig *fam;* ***all she earns is a ~ $2.50 an hour*** sie verdient gerade mal mickrige $2,50 in der Stunde
measurable ['meʒᵊrəbl̩] *adj inv* messbar; *perceptible* nachweisbar, erkennbar, merklich
measurably ['meʒᵊrəbli] *adv inv* wesentlich, deutlich
measure ['meʒə^r, AM -ə-] **I.** *n* ❶ (*unit*) Maß *nt,* Maßeinheit *f;* **a ~ of capacity** ein Hohlmaß *nt;* **a ~ of length** ein Längenmaß *nt;* ***he poured himself a generous ~ of whiskey*** er schenkte sich einen großen Whisky ein
❷ (*fig: degree*) Maß *nt,* Grad *m;* ***there was a large ~ of agreement between us*** zwischen uns gab es ein hohes Maß an Übereinstimmung; ***there was some ~ of truth in what he said*** an dem, was er sagte, war etwas Wahres dran; **in large ~** in hohem Maß, zum großen Teil; **in some ~** gewissermaßen, in gewisser Beziehung
❸ (*measuring instrument*) Messgerät *nt;* (*ruler, yardstick*) Messstab *m;* (*container*) Messbecher *m,* Messglas *nt*
❹ (*indicator*) Maßstab *m;* ***examinations are not always the best ~ of students' progress*** Prüfungen sind nicht immer ein zuverlässiger Indikator für die Fortschritte der Schüler; **to be a ~ of sb's popularity** ein Maßstab für jds Popularität sein
❺ *usu pl* (*action*) *also* LAW Maßnahme *f;* ***the ~s we have taken are designed to prevent such accidents occurring in future*** die Maßnahmen, die wir ergriffen haben, sollen solche Unfälle in Zukunft verhindern
❻ POL (*bill*) gesetzliche Maßnahme, Bestimmung *f,* Verfügung *f*
❼ LIT (*metre*) Versmaß *nt,* Metrum *nt*
❽ AM MUS *see* **bar** Takt *m*
❾ TYPO Satzbreite *f*
► PHRASES: **there are no half ~s with me** ich

M

mache keine halben Sachen; **for good** ~ (*in addition*) zusätzlich, noch dazu; (*to ensure success*) sicherheitshalber; **to get** [*or* **take**] **the** ~ **of sb/sth** (*assess*) jdn/etw einschätzen [*o* kennen lernen]; (*understand*) jdn/etw verstehen; **beyond** ~ über die [*o* alle] Maßen

II. *vt* ❶ (*find out size*) ■**to** ~ **sth** etw [ab]messen; **to** ~ **sb for a dress/suit** jds Maße für ein Kleid/einen Anzug nehmen; **to** ~ **sth in centimetres/pounds** etw in Zentimetern/Pfund messen; ***delays ~d by weeks are frustrating*** wochenlange Verspätungen sind frustrierend; **to** ~ **sb's heart rate** jds Puls messen; **to** ~ **sb performance** jds Leistung beurteilen; **to** ~ **a room** ein Zimmer ausmessen

❷ (*be certain size/quantity*) ■**to** ~ **sth** etw betragen

▶ PHRASES: **to** ~ **one's length** [**on the ground**] auf die Schnauze fallen *sl*

III. *vi* messen; ***the box ~s 10cm by 10cm by 12cm*** der Karton misst 10 mal 10 mal 12 cm

◆**measure against** *vt* ■**to** ~ **sth against sth** etw an etw *dat* messen, etw mit etw *dat* vergleichen

◆**measure off** *vt* **to** ~ **off fabric** Stoff abmessen

◆**measure out** *vt* ■**to** ~ **out** ↔ **sth** ❶ (*take measured amount*) etw abmessen

❷ (*discover size*) etw ausmessen

◆**measure up** **I.** *vt* ■**to** ~ **sb** ↔ **up** jdn einschätzen

II. *vi* ❶ (*be same size*) zusammenpassen

❷ (*reach standard*) den Ansprüchen genügen; ■**to** ~ **up to sth** an etw *akk* heranreichen [*o* herankommen]; **to** ~ **up to a standard** einem Standard genügen [*o* entsprechen]; **to** ~ **up to a standard/sb's expectations** jds Ansprüchen genügen, jds Erwartungen erfüllen

measured ['meʒəd, AM -ɚd] *adj* gemäßigt; *voice, tone* bedächtig; *response* wohl überlegt; *pace* gemäßigt; *tread* gemessen; ***she walked down the hall with ~ steps*** sie ging gemessenen Schrittes den Gang entlang

measureless ['meʒələs, AM ɚləs] *adj inv* unermesslich, riesenhaft

measurement ['meʒəmənt, AM -ɚ-] *n* ❶ (*size*) ■**sb's ~s** *pl* jds Maße, jds Größe; **chest** ~ Brustumfang *m;* **waist** ~ Hüftumfang *m;* **to take sb's ~s** bei jdm Maß nehmen

❷ *no pl* (*measuring*) Messung *f,* Messen *nt*

❸ LAW Beurteilung *f,* Einschätzung *f*

measuring cup *n esp* AM, AUS (*measuring jug*) Messbecher *m* **measuring cylinder** *n* Messzylinder *m* **measuring equipment** *n no pl* Messgerät[e] *nt[pl]* **measuring jug** *n* BRIT Messbecher *m* **measuring spoon** *n* Messlöffel *m* **measuring tape** ['meʒərɪŋ,teɪp] *n* Messband *m,* Bandmaß *m*

meat [mi:t] **I.** *n* ❶ *no pl* Fleisch *nt;* ~ **and two veg** *Fleisch mit zwei Gemüsebeilagen;* ***the cafe serves the usual ~ and two veg*** das Café bietet die übliche gutbürgerliche Küche an

❷ (*type*) Fleischsorte *f;* ***they have ~ and sausages on offer*** sie bieten Fleisch- und Wurstwaren an

❸ *no pl esp* AM (*edible part*) Fleisch *nt; of nut* Kern *m*

❹ *no pl* (*fig: subject matter*) Substanz *f*

▶ PHRASES: **to be** ~ **and drink to sb** BRIT jds Leben[selixier] sein; **one man's** ~ **is another man's poison** (*prov*) des einen Freud, des anderen Leid *prov;* **to treat sb like a piece of** ~ jdn wie ein Stück Vieh behandeln; **to be easy** ~ (*fam*) leichte Beute sein

II. *n modifier* Fleisch-; ~ **counter** Fleischtheke *f;* ~ **sauce** Bratensoße *f*

meat and potatoes *n* AM (*fig fam*) Kern *m; **the ~ of this publisher is still printed books*** sein Hauptgeschäft macht dieser Verlag noch immer mit Printbüchern **meat-and-potatoes** *adj inv* AM (*fig fam*) grundlegend **meatball** *n* Hackfleischbällchen *nt,* Fleischklößchen *nt* **meat cleaver** *n* Fleischerbeil *nt,* Fleischermesser *nt* **meat-eater** ['mi:ti:təʳ, AM ɚ] *n* (*esp hum or pej*) Fleischfresser *m pej* **meat-eating** ['mi:ti:tɪŋ] *adj inv* ❶ (*of animal or plant*) Fleisch fressend ❷ (*esp hum or pej: of person*) Fleisch essend **meat grinder** *n* AM Fleischwolf *m* **meat hook** *n* Fleischerhaken *m*

meatiness ['mi:tɪnəs, AM -ṭ-] *n no pl* ❶ (*meat content*) Fleischgehalt *m;* (*meat flavour*) Fleischgeschmack *m*

❷ (*fig: substantiality*) Substanz *f,* Markigkeit *f*

meat knife *n* Fleischmesser *nt* **meat loaf** *n* Hackbraten *m* **meat pasty** *n* BRIT, **meat pie** *n* Fleischpastete *f* **meat products** *npl* Fleischwaren *fpl,* Fleischprodukte *ntpl*

meaty ['mi:ti, AM -ṭi] *adj* ❶ (*with meat on*) fleischig; (*like meat*) fleischartig, Fleisch-; ***the soup has a ~ flavour*** die Suppe schmeckt nach Fleisch

❷ (*fig: substantial*) gehaltvoll, aussagekräftig; **a** ~ **book** ein voluminöses Buch, ein dicker Schmöker *fam*

mecca ['mekə] *n,* **Mecca** *n* ❶ REL ■**M~** Mekka *nt*

❷ (*centre of attraction*) Mekka *nt fig,* Anziehungspunkt *m*

mechanic [mɪ'kænɪk] *n* Mechaniker(in) *m(f)*

mechanical [mɪ'kænɪkəl] *adj inv* ❶ *machines* mechanisch, Maschinen-; (*technical*) technisch; (*by machine*) maschinell; ~ **failure** Maschinenversagen *nt;* ~ **problem** technisches Problem; ~ **reliability** technische Zuverlässigkeit

❷ (*machine-like*) mechanisch, automatisch

mechanical engineer *n* Maschinenbauer(in) *m(f);* (*engineer*) Maschinenbauingenieur(in) *m(f)* **mechanical engineering** *n no pl* Maschinenbau *m*

mechanically [mɪ'kænɪkəli] *adv* ❶ (*by machine*) maschinell

❷ (*without thinking*) mechanisch

mechanical pencil *n* AM (*propelling pencil*) Drehbleistift *m*

mechanics [mɪ'kænɪks] *n* ❶ + *sing vb* AUTO, TECH Technik *f,* Mechanik *f*

❷ + *pl vb* (*fam: practicalities*) Mechanismus *m;* ■**the** ~ **of sth** die technische Seite einer S. *gen;* ***he knows a lot about the ~ of running a school*** er weiß sehr gut, wie eine Schule funktioniert

mechanism ['mekənɪzəm] *n* ❶ (*working parts*) Mechanismus *m*

❷ (*method*) Mechanismus *m,* Methode *f;* **defence** [*or* AM **defense**] ~ Abwehrmechanismus *m;* ***comedy can serve as a ~ for releasing tension*** Komik kann eine Strategie sein, um Spannungen abzubauen

mechanistic [,mekə'nɪstɪk] *adj* PHILOS mechanistisch

mechanistically [,mekə'nɪstɪkli] *adv* PHILOS mechanistisch

mechanization [,mekənaɪ'zeɪʃən, AM -nɪ'-] *n* Mechanisierung *f*

mechanize ['mekənaɪz] *vt* ■**to** ~ **sth** etw mechanisieren; **to** ~ **troops** Truppen motorisieren

mechanized ['mekənaɪzd] *adj inv* MIL motorisiert; ~ **division** Panzergrenadierdivision *f*

med **I.** *n abbrev of* **medicine**

II. *adj* ❶ (*fam*) *abbrev of* **medical**

❷ *abbrev of* **medieval** ma.

❸ *abbrev of* **medium**

Med [med] *n* (*fam*) *short for* **Mediterranean sea** Mittelmeer *nt*

M.Ed [,em'ed] *n abbrev of* **Master of Education**

medal ['medəl] *n* [Ehren]medaille *f,* Orden *m,* Auszeichnung *f;* SPORTS Medaille *f;* ~ **for bravery** Tapferkeitsmedaille *f;* **commemorative** ~ Gedenkmünze *f;* **to be awarded a** ~ eine Auszeichnung [verliehen] bekommen; **to win a** ~ eine Medaille gewinnen

medalist *n esp* AM, AUS *see* **medallist**

medallion [mɪ'dæliən, AM mə'dæljən] *n* Medaillon *nt*

medallion man *n* BRIT (*pej fam*) Goldkettchentyp *m fam*

medallist ['medəlɪst], AM **medalist** *n* Medaillengewinner(in) *m(f);* **gold** ~ Goldmedaillengewinner(in) *m(f)*

meddle ['medl] *vi* sich *akk* einmischen; ■**to** ~ **in sth** sich *akk* in etw *akk* einmischen; ■**to** ~ **with sth** sich *akk* mit etw *dat* abgeben; ■**to** ~ **with sb** sich *akk* mit jdm anlegen

meddler ['medləʳ, AM -ɚ] *n* **to be a** ~ sich *akk* in fremde Angelegenheiten einmischen *fam;* ***she's a real ~*** sie mischt sich in alles ein

meddlesome ['medlsəm] *adj* **to be** ~ sich *akk* in alles einmischen; (*annoying*) aufdringlich sein

meddling ['medlɪŋ] **I.** *n no pl* Einmischung *f*

II. *adj* (*curious*) neugierig; (*annoying*) aufdringlich

media ['mi:diə] **I.** *n* ❶ *pl of* **medium**

❷ + *sing/pl vb* (*the press*) ■**the** ~ die Medien *pl;* **the news** ~ TV, RADIO Nachrichtensender *m;* (*magazines*) Nachrichtenmagazin *nt;* (*newspaper*) [aktuelle] Zeitung; **in the** ~ in den Medien

II. *n modifier* ~ **coverage** Berichterstattung *f;* **a** ~ **event** ein Medienereignis *nt;* ~ **hype** Medienrummel *m;* ~ **studies** ≈ Kommunikationswissenschaft *f;* ***her new novel got a lot of ~ attention*** um ihren neuen Roman gab es einen großen Medienrummel

media buyer *n* ECON Streuplaner(in) *m(f),* Kontakter(in) *m(f)* zu den Werbemedien **media circus** *n* Medienzirkus *m*

mediaeval *adj see* **medieval**

mediaevalist [,medi'i:vəlɪst, AM ,mi:] *n see* **medievalist**

mediagenic [,mi:dɪə'dʒenɪk] *adj* AM telegen

medial ['mi:diəl] *adj inv* ❶ ANAT einwärts gelegen, medial *fachspr*

❷ LING inlautend, medial *fachspr*

median ['mi:diən] **I.** *adj inv* mittlere, Mittel-, durchschnittlich

II. *n* AM, AUS (*central reservation*) Mittelstreifen *m*

median strip *n* AM, AUS (*central reservation*) Mittelstreifen *m*

mediate ['mi:dieɪt] **I.** *vi* vermitteln; ***she had to ~ between them*** sie musste zwischen ihnen vermitteln

II. *vt* ■**to** ~ **sth** etw aushandeln; **to** ~ **a settlement** LAW eine Vereinbarung aushandeln

mediation [,mi:di'eɪʃən] *n no pl* Vermittlung *f,* Mediation *f fachspr*

mediator ['mi:dieɪtəʳ, AM -ṭɚ] *n* Vermittler(in) *m(f),* Mediator(in) *m(f) fachspr;* **official** ~ Unterhändler *m,* Schlichter *m*

mediatory ['mi:dieɪtəri, AM -'tɔ:ri] *adj* vermittelnd, Vermittler-

medic ['medɪk] *n* (*fam*) ❶ (*doctor*) Doktor *m fam,* Medizinmann *m hum fam,* Medikus *m hum geh*

❷ (*student*) Mediziner(in) *m(f)*

❸ AM MIL, NAUT Sanitäter(in) *m(f)*

Medicaid ['medɪkeɪd] *n no pl* AM *Gesundheitsfürsorgeprogramm in den USA für einkommensschwache Gruppen*

medical ['medɪkəl] **I.** *adj inv facilities, research* medizinisch; *advice, care, treatment* ärztlich; ~ **attention** ärztliche Behandlung; ~ **bill** Arztrechnung *f;* ~ **cerificate** ärztliches Attest; ~ **staff** Angestellte *mpl o fpl* im Gesundheitswesen

II. *n* (*fam*) ärztliche Untersuchung; **to have a** ~ sich *akk* ärztlich untersuchen lassen

medical center AM, **medical centre** *n* medizinisches Zentrum **medical certificate** *n* ärztliches Attest **medical examination** *n* ärztliche Untersuchung **medical history** *n* Krankengeschichte *f* **medical jurisprudence** *n* Gerichtsmedizin *f*

medically ['medɪkəli] *adv inv* medizinisch; **to be** ~ **[un]fit for work** gesundheitlich [nicht] in der Lage sein, zu arbeiten

medical officer *n* BRIT Amtsarzt, Amtsärztin *m, f* **medical practitioner** *n* praktischer Arzt/praktische Ärztin **medical profession** *n no pl* ■**the** ~ ❶ (*doctors*) die Ärzteschaft ❷ (*practice of medicine*) der Arztberuf **medical record** *n* Krankenblatt *nt* **medical school** *n* medizinische Fakultät **medical student** *n* Medizinstudent(in) *m(f)*

medicament [mɪ'dɪkəmənt, 'medɪ-] *n* Medikament *nt*

Medicare ['medɪkeəʳ, AM -ker] *n* ❶ AM (*for elderly*) staatliche Gesundheitsfürsorge [für Senioren]

❷ AUS, CAN (*for all*) staatliche Gesundheitsfürsorge

medicate ['medɪkeɪt] *vt* ① *usu passive* (*treat with drug*) ■**to be ~d** medikamentös behandelt werden
② (*rare: impregnate*) ■**to ~ sth** [**with sth**] etw [mit etw *dat*] versetzen

medicated ['medɪkeɪtɪd, AM -t̬-] *adj inv* medizinisch; ~ **gauze** imprägnierter Mull; ~ **shampoo** medizinisches Shampoo

medication [ˌmedɪ'keɪʃən] *n* MED ① *no pl* (*course of drugs*) Medikamente *ntpl;* **to be on** [*or* **taking**] ~ **for sth** Medikamente gegen etw *akk* [ein]nehmen
② (*drug*) Medikament *nt;* ***he was taken off the ~*** das Medikament wurde bei ihm abgesetzt
③ *no pl* (*treatment*) medikamentöse Behandlung, Medikation *f fachspr*

medicinal [mə'dɪsɪnəl] **I.** *adj inv* medizinisch; ~ **drug** Medikament *nt;* ~ **herbs** Heilkräuter *ntpl;* ~ **properties** Heilkräfte *fpl*
II. *n* Heilmittel *nt*

medicinally [mə'dɪsɪnəli] *adv inv* medizinisch; **to be used ~** in der Medizin Anwendung finden

medicine ['medsən, AM -dɪsən] *n* ① *no pl* (*for illness*) Medizin *f,* Medikamente *ntpl;* **to take** [**one's**] ~ [seine] Medizin einnehmen
② (*substance*) Medikament *nt;* **cough ~** Hustenmittel *nt*
③ *no pl* (*medical science*) Medizin *f;* **herbal/natural ~** Kräuter-/Naturheilkunde *f;* **preventive ~** Vorsorgemedizin *f;* **to practise** [*or* AM **practice**] ~ den Arztberuf ausüben
④ (*fig: remedy*) Heilmittel *nt fig*
► PHRASES: **to get a dose** [*or* **taste**] **of one's own ~** es mit gleicher Münze heimgezahlt bekommen; **to take one's ~** in den sauren Apfel beißen *fam*

medicine ball *n* Medizinball *m* **medicine chest** *n* Arzneischrank *m,* Hausapotheke *f* **medicine man** *n* ① (*tribal healer*) Medizinmann *m*
② (*hum fam: doctor*) Medizinmann *m hum fam*

medico ['medɪkəʊ, AM -koʊ] *n* (*dated fam*) Medikus *m hum geh*

medieval [ˌmedi'iːvəl, AM ˌmiːdi'-] *adj inv* ① (*from Middle Ages*) mittelalterlich
② (*pej fam: old-fashioned*) vorsintflutlich *pej fam*

medievalist [ˌmedi'iːvəlɪst, AM ˌmiː] *n* Erforscher(in) *m(f)* des Mittelalters, Kenner(in) *m(f)* des Mittelalters, Mediävist(in) *m(f) fachspr*

mediocre [ˌmiːdi'əʊkər, AM -'oʊkə] *adj inv* mittelmäßig, zweitklassig, zweitrangig

mediocrity [ˌmiːdi'ɒkrəti, AM -'ɑːkrət̬i] *n* ① *no pl* (*state*) Mittelmäßigkeit *f,* Zweitklassigkeit *f*
② (*person*) Null *f pej*

meditate ['medɪteɪt] **I.** *vi* ① (*think deeply*) ■**to ~ on** [*or* **upon**] **sth** über etw *akk* nachdenken
② (*as spiritual exercise*) meditieren
II. *vt* (*form: plan*) ■**to ~ sth** etw planen; (*consider*) an etw *akk* denken, etw erwägen; **to ~ revenge** auf Rache sinnen [*o fam* aus sein]

meditation [ˌmedɪ'teɪʃən] *n* ① *no pl* (*spiritual exercise*) Meditation *f;* **to practise** [*or* AM **practice**] ~ meditieren
② *no pl* (*serious thought*) Nachdenken *nt,* Überlegen *nt* (**on** über +*akk*); **to be deep in ~** ganz in Gedanken versunken sein
③ (*reflections*) ■**~s** *pl* Überlegungen *fpl;* ***loath as I am to disturb your ~s, but …*** es tut mir wirklich Leid, dich aus deinen Gedanken reißen zu müssen, aber …
④ (*discourse*) Betrachtung[en] *f[pl]* (**on** über +*akk*)

meditative ['medɪtətɪv, AM -teɪt̬ɪv] *adj* nachdenklich; (*spiritual*) meditativ

meditatively ['meditətɪvli] *adv* nachdenklich

Mediterranean [ˌmedɪtər'eɪniən, AM -tə'reɪ-] **I.** *n* Mittelmeer *nt*
II. *adj inv climate* mediterran; ~ **cooking** Mittelmeerküche *f;* ~ **looks** südländisches Aussehen

medium ['miːdiəm] **I.** *adj inv* ① (*average*) durchschnittlich, mittel; **of ~ height** von mittlerer Größe; ~ [*or* **~-dated**] **securities** mittelfristige Staatspapiere
② FOOD (*degree of doneness*) *steak* medium, halb durch
II. *n* <*pl* -s *or* -dia> ① (*means*) Medium *nt,* Mittel *nt;* PUBL, TV Medium *nt;* **advertising ~** Werbeträger *m;* **a ~ for** [*or* **of**] **communication** ein Kommunikationsmittel *nt;* **through the ~ of dance/radio** durch das Medium des Tanzes/des Radios; **print ~** Printmedium *nt*
② (*art material*) Medium *nt*
③ <*pl* -s> (*spiritualist*) Medium *nt*
④ (*nutritive substance*) Träger *m;* **culture ~** künstlicher Nährboden
► PHRASES: **to find** [*or* **strike**] **a happy ~** die goldene Mitte finden

medium-dry *adj inv wine* halbtrocken **medium-fine** *adj inv* mittel[fein]; ~ [**ballpoint**] **pen** mittelfeiner Kugelschreiber **medium frequency** *n* RADIO Mittelfrequenz *f* **medium-length** *adj inv* halblang **medium-range** *adj* Mittelstrecken-; ~ **aircraft/fighter/missile** Mittelstreckenflugzeug *nt*/-abfangjäger *m*/-rakete *f* **medium-rare** *adj inv* FOOD englisch; ~ **steak** englisches Steak

mediums *npl* mittelfristige Anleihen

mediumship ['miːdiəmʃɪp] *n* spiritistische Medien *ntpl*

medium-size(d) *adj inv* mittelgroß **medium term** *n* **the ~** ***will see …*** mittelfristig gesehen …; **growth over the ~** mittelfristiges Wachstum; **in the ~** mittelfristig **medium-term** *adj* FIN mittelfristig; ~ **bond** mittelfristige Anleihe; ~ **forecast** mittelfristige Prognose; ~ **loan** mittelfristiges Darlehen **medium wave** *n esp* BRIT RADIO Mittelwelle *f* **medium-well** *adj inv steak* durchgebraten

medley ['medli] *n* ① (*mixture*) Gemisch *nt;* **vegetable ~** gemischtes Gemüse
② (*of tunes*) Medley *nt*
③ (*swimming race*) Lagenstaffel *f*

meds [medz] *n* (*fam*) *short for* **medication** Medikamente *ntpl*

medulla [me'dʌlə, AM mɪ] *n* ANAT Rückenmark *nt*

meek [miːk] **I.** *adj* ① (*gentle*) sanftmütig
② (*pej: submissive*) unterwürfig *pej;* ~ **compliance** blinde Ergebenheit
► PHRASES: **as ~ as a lamb** so sanft wie ein Lamm
II. *n* REL ■**the ~** die Sanftmütigen

meekly ['miːkli] *adv* ① (*gently*) sanftmütig
② (*pej: submissively*) unterwürfig *pej*

meekness ['miːknəs] *n no pl* ① (*gentleness*) Sanftmütigkeit *f*
② (*pej: submissiveness*) Unterwürfigkeit *f pej*

meet [miːt] **I.** *n* ① (*sporting event*) Sportveranstaltung *f*
② BRIT (*fox hunt*) Jagdtreffen *nt* (*zur Fuchsjagd*)
③ COMPUT Und-/Oder-Funktion *f*
II. *vt* <met, met> ① (*by chance*) ■**to ~ sb** jdn treffen; ***I met her in the street*** ich bin ihr auf der Straße begegnet; ***I happened to ~ him*** ich habe ihn zufällig getroffen; ***our car met another car on the narrow road*** auf der engen Straße kam unserem Auto ein anderes entgegen; **to ~ sb face to face** jdm persönlich begegnen
② (*by arrangement*) ■**to ~ sb** sich *akk* mit jdm treffen; ***~ me in front of the library at five*** warte um fünf vor der Bibliothek auf mich; ***I arranged to ~ her on Thursday*** ich verabredete mich mit ihr für Donnerstag
③ (*collect*) ■**to ~ sb** jdn abholen; ***I went to the airport to ~ my brother*** ich fuhr zum Flughafen, um meinen Bruder abzuholen; ***a bus ~s every train*** zu jedem Zug gibt es einen Anschlussbus
④ (*make acquaintance of*) ■**to ~ sb** jdn kennen lernen; ***I'd like you to ~ my best friend Betty*** ich möchte dir meine beste Freundin Betty vorstellen; ***Frank, ~ Dorothy*** Frank, darf ich dir Dorothy vorstellen?; [***it's***] ***a pleasure to ~ you*** sehr erfreut, Sie kennen zu lernen; ***I've never met anyone quite like her*** ich habe noch nie so jemanden wie sie getroffen
⑤ (*come into contact*) ■**to ~ sth** auf etw *akk* treffen; ***his eyes met hers*** ihre Blicke trafen sich; ***I met his gaze*** ich hielt seinem Blick stand; ***it's where Front Street ~s Queen Street*** es ist da, wo die Front Street auf die Queen Street stößt; ***where the mountains ~ the sea*** wo das Meer an die Berge heranreicht; **to ~ sb's glance** jds Blick erwidern
⑥ (*fulfil*) ■**to ~ sth** etw erfüllen; **to ~ the cost of sth** die Kosten für etw *akk* übernehmen; **to ~ a deadline** einen Termin einhalten; **to ~** [**the**] **demand** die Nachfrage befriedigen; **to ~ sb's expenses** für jds Kosten aufkommen; **to ~ an obligation** einer Verpflichtung nachkommen
⑦ (*deal with*) ■**to ~ sth** etw *dat* entgegentreten; ***they had to ~ the threat posed by the Austrians*** sie mussten auf die Bedrohung durch die Österreicher reagieren; **to ~ a challenge** sich *akk* einer Herausforderung stellen; **to ~ objections** Einwände widerlegen
⑧ (*experience*) ■**to ~ sth** mit etw *dat* konfrontiert sein; ***these are the kind of difficulties you ~ on the road to success*** dies sind die Schwierigkeiten, die dir auf dem Weg zum Erfolg begegnen; ***the troops met stiff opposition*** die Truppen stießen auf starke Gegenwehr
⑨ (*fight*) ■**to ~ sb** SPORTS auf jdn treffen, gegen jdn antreten; MIL gegen jdn kämpfen; **to ~ an enemy in battle** einem Feind in der Schlacht begegnen
► PHRASES: **to ~ one's death** den Tod finden; **to make ends ~** über die Runden kommen; **there's more to this than ~s the eye** es steckt mehr dahinter, als es den Anschein hat; **to go to ~ one's maker** das Zeitliche segnen; **to ~ one's match** seinen Meister finden; **to ~ one's Waterloo** BRIT sein Waterloo erleben; **to ~ sb halfway** jdm auf halbem Weg entgegenkommen; **to ~ danger head on** sich *dat* der Gefahr stellen
III. *vi* <met, met> ① (*by chance*) sich *dat* begegnen; ***we met in the street*** wir sind uns auf der Straße begegnet
② (*by arrangement*) sich *akk* treffen; **to ~ for a drink/for lunch** sich *akk* auf einen Drink/zum Mittagessen treffen
③ (*get acquainted*) sich *akk* kennen lernen; ***no, we haven't met*** nein, wir kennen uns noch nicht; ***I've mistrusted him from the day we met*** ich habe ihm vom ersten Tag [unserer Bekanntschaft] an misstraut
④ (*congregate*) zusammenkommen; ***Congress will ~ next week*** der Kongress wird nächsten Monat tagen; ***the children's club ~s every Thursday afternoon*** der Kinderclub trifft sich jeden Donnerstagnachmittag; ***the committee is ~ing to discuss the issue tomorrow*** der Ausschuss tritt morgen zusammen, um über die Frage zu beraten
⑤ SPORTS aufeinander treffen, gegeneinander antreten
⑥ (*join*) zusammentreffen; *roads, lines* zusammenlaufen; *counties, states* aneinander grenzen; ***the curtains don't ~*** die Vorhänge gehen nicht zusammen; ***their hands met under the table*** ihre Hände begegneten sich unter dem Tisch; ***our eyes met*** unsere Blicke trafen sich; ***their lips met in a passionate kiss*** ihre Lippen trafen sich zu einem leidenschaftlichen Kiss

◆**meet up** *vi* ① (*get together*) sich *akk* treffen; ■**to ~ up with sb** jdn treffen
② (*join*) zusammenkommen, zusammentreffen; ■**to ~ up with sth** *road* auf etw *akk* stoßen

◆**meet with I.** *vi* ① *esp* AM (*have meeting*) ■**to ~ with sb** jdn treffen
② (*experience*) ■**to ~ with sth** *problems* auf etw *akk* stoßen; **to ~ with an accident** einen Unfall haben; **to ~ with approval** Beifall finden; **to ~ with failure** einen Misserfolg erleiden; **to ~ with success** Erfolg haben
II. *vt* ① (*respond to*) ■**to be met with sth** ***the announcement was met with loud applause*** die Ankündigung wurde mit lautem Beifall aufgenommen
② (*match*) **to ~ force with force** auf Gewalt mit Gewalt reagieren

meeting ['miːtɪŋ, AM -t̬-] *n* ① (*organized gathering*) Versammlung *f,* Sitzung *f;* **business ~** geschäftliche Besprechung; **to attend a ~** an einer Versammlung teilnehmen; **to call a ~** eine Versammlung einberufen; **to have a ~ with sb** eine Besprechung mit

M

jdm haben; **to hold a ~** eine Sitzung abhalten
② (*coming together*) Treffen *nt;* **chance ~** zufälliges Treffen
③ SPORTS Veranstaltung *f,* [sportliche] Begegnung
④ (*assembly for worship*) Versammlung *f* (*bei den Quäkern*)
▶ PHRASES: **a ~ of minds** völlige Übereinstimmung
meeting house *n* Andachtshaus *nt* (*der Quäker*) **meeting point** *n* ① (*point of contact*) Schnittpunkt *m* ② (*public space*) Treffpunkt *m*
meg <*pl* – *or* -s> [meg] *n short for* **megabyte** Megabyte *nt*
mega ['megə] *adj inv* ① (*fam: huge*) Riesen- *fam,* Mega- *fam;* **~ trend** Megatrend *m fam*
② (*fam: excellent*) super *fam*
mega- ['megə] *in compounds* (*fam*) ① + *adj* mega- *fam;* **~cool** megacool *sl,* geil *sl;* **~famous/hot** total berühmt/heiß *sl;* **~rich** schwerreich *fam;* **~wild** total verrückt *fam*
② + *n* (*large and great*) (*hit, star*) Mega-; **~bits** Megabits *ntpl;* **~deal** Riesengeschäft *nt,* Bombengeschäft *nt fam;* **~film** Wahnsinnsfilm *m fam;* **~production** gigantische Produktion
megabrand *n* Megamarke *f,* Marktführer *m,* bekannte Marke **megabucks** *npl* (*fam*) Schweinegeld *nt kein pl sl;* **to earn ~** ein Schweinegeld verdienen *sl* **megabyte** *n* Megabyte *nt* **megahertz** *n* Megahertz *nt*
megalith ['megəlɪθ] *n* Megalith *m*
megalithic [ˌmegə'lɪθɪk] *adj inv* megalithisch
megalomania [ˌmegᵊlə(ʊ)'meɪniə, AM -loʊ'-] *n no pl* ① PSYCH Größenwahn *m,* Megalomanie *f fachspr*
② (*lust for power*) Größenwahn *m pej*
megalomaniac [ˌmegᵊlə(ʊ)'meɪniæk, AM -loʊ'-] **I.** *n* ① PSYCH Größenwahnsinnige(r) *f(m),* Megalomane, -in *m, f fachspr*
② (*power-hungry person*) Größenwahnsinnige(r) *f(m) pej*
II. *adj attr, inv* größenwahnsinnig *pej*
megalomaniacal [ˌmegᵊlə(ʊ)mə'neɪəkᵊl, AM -loʊmə'-] *adj* größenwahnsinnig *pej*
megalopolis [ˌmegᵊlɒpəlɪs, AM -'ɑːpə-] *n* [riesige] Metropole
megamerger *n* Fusion *f* der Unternehmensriesen **megaphone** *n* Megaphon *nt* **megapixel** *n* Megapixel *nt fachspr* **megastar** *n* Megastar *m* **megastore** *n* Megastore *m* **megaton** *n* Megatonne *f* **megawatt** *n* Megawatt *nt*
-meister ['maɪstəʳ] *n* (*fam*) -meister *m,* -profi *m;* **gossip~** Meister(in) *m(f)* des Klatschs, Klatschtante *f fam;* **movie~** Filmprofi *m*
melamine ['meləmiːn] *n,* **melamine resin** *n no pl* Melaminharz *nt*
melancholia [ˌmelən'kəʊliə, AM -'koʊl-] *n no pl* ① (*form: gloomy sadness*) Schwermut *f*
② (*dated: mental illness*) Melancholie *f*
melancholic [ˌmelən'kɒlɪk, AM -'kɑːl-] *adj* melancholisch
melancholy ['melənkᵊli, AM -kɑːli] **I.** *n no pl* Melancholie *f,* Schwermut *f*
II. *adj* melancholisch, schwermütig; **~ day** trüber Tag *fig*
mélange [meɪ'lɑ̃(n)ʒ, AM -'lɑ̃ʒ] *n usu sing* (*form*) Mischung *f*
melanoma [ˌmelə'nəʊmə, AM -'noʊ-] *n* Melanom *nt;* **malignant ~** bösartiges [*o fachspr* malignes] Melanom
melatonin [ˌmelə'təʊnɪn, AM -'toʊ-] *n no pl* Melatonin *nt fachspr*
Melba toast [ˌmelbə'təʊst, AM 'toʊst] *n no pl* Toast Melba *m*
meld [meld] *vt* AM ■**to ~ sth** etw mischen [*o* kombinieren]; ■**to ~ sth into sth** etw zu etw *dat* kombinieren
melee ['meleɪ, AM 'meɪ-] *n usu sing* ① (*confused fight*) Handgemenge *nt*
② (*muddle*) Gedränge *nt;* **~ of people** Menschenmenge *f*
mellifluous [mɪ'lɪfluəs, AM mə'-] *adj* (*form*) honigsüß *fig;* **~ voice** angenehme Stimme
mellow ['meləʊ, AM -oʊ] **I.** *adj* <-er, -est *or* more ~, most ~> ① (*relaxed*) *person* locker *fam,* heiter, umgänglich; **~ mood** heitere Stimmung
② (*fam: slightly drunk*) angeheitert
③ (*not harsh*) sanft; *colour* dezent; *light* gedämpft
④ FOOD (*smooth*) *flavour* mild; *wine* lieblich
II. *vi* ① (*become more easy-going*) umgänglicher werden
② *esp* AM (*fam: relax*) **to ~ out** sich *akk* entspannen
③ (*become softer*) *colours* weicher werden; *flavour* milder werden
III. *vt* ① (*make more easy-going*) ■**to ~ sb** jdn umgänglicher [*o* abgeklärter] machen; ***age has ~ed her*** im Alter ist sie abgeklärter geworden
② (*make softer*) ■**to ~ sth** etw abschwächen; ***evening sunlight ~ed the harsh white facade*** die Abendsonne ließ die grellweiße Fassade sanfter erscheinen
melodic [mə'lɒdɪk, AM -'lɑːd-] *adj* melodisch
melodically [mə'lɒdɪkᵊli, AM 'lɑːd] *adv* melodisch
melodious [mə'ləʊdiəs, AM -'loʊ-] *adj* (*form*) melodiös *geh,* wohlklingend *geh*
melodrama ['melə(ʊ)drɑːmə, AM -loʊ'-] *n* ① THEAT Melodrama *nt*
② (*fig: overemotional reaction*) Melodram *nt fam,* melodramatisches Getue *pej fam*
melodramatic [ˌmelə(ʊ)drə'mætɪk, AM -loʊdrə'mæt̬-] *adj* melodramatisch
melodramatically [ˌmelə(ʊ)drə'mætɪkᵊli, AM -loʊdrə'mæt̬-] *adv* melodramatisch
melody ['melədi] *n* Melodie *f*
melon ['melən] *n* Melone *f*
melt [melt] **I.** *n* ① (*thaw*) Schneeschmelze *f*
② AM FOOD *Sandwich mit geschmolzenem Käse*
II. *vi* ① (*turn into liquid*) schmelzen; **to ~ in the mouth** auf der Zunge zergehen
② (*fig: become tender*) dahinschmelzen *fig;* ***he only has to look at her and she ~s*** er braucht sie nur anzusehen, und schon schmilzt sie dahin
③ (*fig*) ■**to ~ into sth** (*change gradually*) in etw *akk* übergehen; (*disappear*) sich *akk* in etw *dat* auflösen; **to ~ into the background** sich *akk* in den Hintergrund zurückziehen
III. *vt* ① (*make liquid*) ■**to ~ sth** etw schmelzen; ***the sun ~ed the snow*** der Schnee schmolz in der Sonne
② (*fig: make tender*) **to ~ sb** [*or* **sb's heart**] jdn erweichen; ***that smile ~ed me*** dieses Lächeln hat mich herumgekriegt *fam*
◆**melt away** *vi* ① (*thaw*) schmelzen
② (*fig: disappear*) dahinschmelzen *fig,* dahinschwinden; *anger* verfliegen
③ (*disperse*) *crowd* sich *akk* zerstreuen
◆**melt down** *vt* ■**to ~ down** ↔ **sth** etw schmelzen
meltdown *n* ① TECH [Ein]schmelzen *nt;* (*in nuclear power station*) Durchbrennen *nt*
② (*fig fam: collapse*) Zusammenbruch *m fig*
melted ['meltɪd] **I.** *vi, vt pt, pp of* **melt**
II. *adj attr, inv* geschmolzen; **~ butter** zerlassene Butter
melting ['meltɪŋ] *adj inv* rührend; **~ look** entwaffnender Blick
melting point *n* Schmelzpunkt *m* **melting pot** *n* (*fig*) Schmelztiegel *m fig;* **cultural ~** Schmelztiegel *m* der Kulturen; **to throw** [*or* **put**] **sth into the ~** etw von Grund auf ändern
melt water *n no pl* Schmelzwasser *nt*
member ['membəʳ, AM -ɚ] **I.** *n* ① (*of group*) Angehörige(r) *f(m); of a club, party* Mitglied *nt;* **committee/team ~** Komitee-/Teammitglied *nt;* **~ of the family** Familienmitglied *nt;* **~ of staff** (*employee*) Mitarbeiter(in) *m(f);* SCH Angehörige(r) *f(m)* des Lehrkörpers *form*
② BRIT (*Member of Parliament*) ■**M~** Parlamentsmitglied *nt,* Abgeordnete(r) *f(m)*
③ (*dated form: limb*) Gliedmaße *f meist pl,* Glied *nt*
④ (*dated fam: penis*) Glied *nt*
⑤ COMPUT (*in a field*) Glied *nt*
⑥ (*shareholder*) Gesellschafter(in) *m(f)*
II. *n modifier* (*nation, organization, state*) Mitglieds-
member firm *n* STOCKEX Maklerfirma *f* (*die Mitglied der Effektenbörse ist*) **Member of Parliament** *n* ① (*representative*) Abgeordnete(r) *f(m),* Parlamentsmitglied *nt* ② BRIT (*member of House of Commons*) Mitglied *nt* des Unterhauses **Member of the European Parliament** *n* Abgeordnete(r) *f(m)* [*o* Mitglied *nt*] des Europaparlaments
membership ['membəʃɪp, AM -bɚ-] *n* ① (*people*) ■**the ~** + *sing/pl vb* die Mitglieder *pl*
② (*number of people*) Mitgliederzahl *f*
③ *no pl* (*being member*) Mitgliedschaft *f;* **to apply for ~ of** [*or* AM **in**] **a club** die Aufnahme in einen Club beantragen; **to resign one's ~ of sth** aus etw *dat* austreten; **to take out ~** [**of** [*or* AM **in**] **a club**] [einem Club] beitreten
④ (*fee*) Mitgliedsbeitrag *m;* **annual ~** [**fee**] Jahresbeitrag *m*
membership card *n* Mitgliedsausweis *m*
member states *npl* EU Mitgliedsstaaten *pl* der EU
membrane ['membreɪn] *n* Membran *f,* Häutchen *nt; of a cell* Zellmembran *f*
memento <*pl* -s *or* -es> [mɪ'mentəʊ, AM mə'mentoʊ] *n* Andenken *nt* (**of** an +*akk*)
memento mori [mɪˌmentəʊ'mɒri, AM məˌmentoʊ'mɔːriː] *n* Memento mori *nt*
memo¹ ['meməʊ, AM 'memoʊ] *n short for* **memorandum** Memo *nt;* **to send** [**out**] **a ~** [**to sb**] [jdm] ein Memo [*o* eine Mitteilung] schicken
memo² ['meməʊ, AM 'memoʊ] *vt* ■**to ~ sb** jdm ein Memo [*o* eine Mitteilung] schicken
memoir ['memwɑːʳ, AM -wɑːr] *n* ① (*personal account*) Erinnerungen *fpl;* **to write a ~** [**of sth**] seine Erinnerungen [an etw *akk*] niederschreiben
② (*autobiography*) ■**~s** *pl* [*or* AM **~**] Memoiren *pl;* **to write one's ~s** [*or* AM **~**] seine Memoiren schreiben
memo pad *n* Notizblock *m*
memorabilia [ˌmemᵊrə'bɪliə] *npl* Souvenirs *ntpl,* Memorabilien *pl veraltend geh*
memorable ['memᵊrəbl̩] *adj* denkwürdig; *evening, line, tune* unvergesslich; **a ~ achievement** eine beeindruckende Leistung
memorably ['memᵊrəbli] *adv* nachhaltig; (*unforgettably*) auf unvergessliche Weise
memoranda [ˌmemᵊr'ændə, AM -ə'ræn-] *n pl of* **memorandum**
memorandum <*pl* -s *or* -da> [ˌmemᵊr'ændəm, AM -ə'ræn-, *pl* -də] *n* ① (*form: message*) Mitteilung *f*
② (*document*) Memorandum *nt*
③ LAW (*informal legal agreement*) Vereinbarung *f;* **~ of understanding** Absichtserklärung *f*
memorial [mə'mɔːriəl] *n* Denkmal *nt;* MIL Ehrenmal *nt*
Memorial Day *n* AM Volkstrauertag *m*
memorial plaque *n* Gedenktafel *f* **memorial service** *n* Gedenkgottesdienst *m*
memorize ['memᵊraɪz, AM -mər-] *vt* ■**to ~ sth** sich *dat* etw einprägen; **to ~ a poem/song** ein Gedicht/Lied auswendig lernen
memory ['memᵊri, AM -mɚi] *n* ① *no pl* (*ability to remember*) Gedächtnis *nt* (**for** für +*akk*); ***if my ~ serves me correctly*** [*or* ***right***] wenn mein Gedächtnis mich nicht täuscht; **to have a ~ like an elephant** ein Elefantengedächtnis haben; **loss of ~** Gedächtnisschwund *m;* **to have a good ~ for names/numbers** ein gutes Namen-/Zahlengedächtnis haben; **a bad/good/photographic ~** ein schlechtes/gutes/fotografisches Gedächtnis; **impaired ~** Gedächtnisschwäche *f;* **within living/sb's ~** soweit man/jd zurückdenken kann; ***this is still within my ~*** daran kann ich mich noch erinnern; **to commit sth to ~** sich *dat* etw einprägen; **to have no ~ of sth** (*form*) sich *akk* nicht an etw *akk* erinnern; **to recite sth from ~** etw aus dem Gedächtnis rezitieren; **to search one's ~** versuchen, sich *akk* zu erinnern
② *no pl* (*remembrance*) Andenken *nt;* **in ~ of sb/sth** zum Gedenken an jdn/etw
③ (*remembered event*) Erinnerung *f* (**of** an +*akk*);

to bring back memories Erinnerungen wachrufen ④ *no pl* COMPUT (*stored data*) [Haupt]speicher *m;* ~-**hogging** (*fam*) Speicher fressend *attr fam*

memory bank *n* ① COMPUT (*memory store*) Speicherbank *f* ② (*human memory*) Gedächtnis *nt;* **collective** ~ kollektives Gedächtnis **memory lane** *n no pl* ▸ PHRASES: **to take a stroll** [*or* **trip**] [*or* **walk**] **down** ~ in Erinnerungen schwelgen *geh* **memory span** *n* PSYCH Gedächtnisspanne *f*

men [men] *n pl of* **man**

menace ['menɪs, AM -nəs] **I.** *n* ① (*threat*) Drohung *f;* **to demand [sth] with ~s** [etw] unter Anwendung von Drohungen verlangen ② (*danger*) Bedrohung *f;* **public** ~ öffentliche Gefahr ③ (*annoying person*) Nervensäge *f fam;* ■**to be a ~ to sb** eine Plage für jdn sein **II.** *vt* (*form*) ■**to ~ sb/sth** jdn/etw bedrohen

menacing ['menɪsɪŋ, AM -nəs-] *adj attr* drohend

menacingly ['menɪsɪŋli, AM -nəs-] *adv* drohend

menage *n* (*form*), **ménage** [men'ɑːʒ, AM meɪ'-] *n* (*form*) Haushalt *m*

ménage à trois [men,ɑːʒɑː'trwɑː, AM meɪ,-] *n* (*relationship*) Dreiecksbeziehung *f;* AM (*fam: sex*) flotter Dreier *fam*

menagerie [mə'nædʒəri, AM -əri] *n* Menagerie *f*

mend [mend] **I.** *n* (*repair*) Flickstelle *f* ▸ PHRASES: **to be on the ~** (*fam*) auf dem Weg der Besserung sein **II.** *vt* ■**to ~ sth** ① (*repair*) etw reparieren; *torn clothes* etw ausbessern [*o* flicken]; *broken object* etw kleben; **to ~ socks** Socken stopfen ② (*fig: improve*) etw verbessern; **to ~ a situation** eine Situation in Ordnung bringen ▸ PHRASES: **to ~ fences** (*prov*) Unstimmigkeiten ausräumen, das Kriegsbeil begraben *fig fam;* **to ~ one's ways** sich *akk* bessern **III.** *vi* gesund werden *a. fig; bone* heilen

mendacious [men'deɪʃəs] *adj* (*form*) verlogen

mendaciously [men'deɪʃəsli] *adv* fälschlicherweise; **to say/add/reply ~** lügen

mendacity [men'dæsəti, AM -əṱi] *n no pl* (*form*) Verlogenheit *f*

Mendelian [men'diːliən] *adj inv* BIOL Mendel'sche(r, s)

Mendel's Laws ['mendəz,lɔːz, AM -,lɑːz] *n* die mendelschen Gesetze

mendicant ['mendɪkənt] **I.** *n* (*form*) ① (*beggar*) Bettler(in) *m(f)* ② (*monk*) Bettelmönch *m* **II.** *adj inv* (*form*) ① (*begging*) bettelnd *attr* ② (*rejecting possessions*) Bettel-; ~ **order** Bettelorden *m*

mending ['mendɪŋ] *n no pl* Flickarbeit *f*

mending kit *n* Flickzeug *nt* (*bes für Fahrräder*)

menfolk ['menfəʊk, AM -foʊk] *npl* (*dated*) Mannsvolk *nt hum fam,* Männer *mpl;* **the ~ from the family** die Männer [*o* männlichen Mitglieder] der Familie

menial ['miːniəl] *adj* niedrig; ~ **work** Hilfsarbeit *f;* ~ **tasks** niedere Tätigkeiten

meningitis [,menɪn'dʒaɪtɪs, AM -ṱ-] *n no pl* Gehirnhautentzündung *f,* Meningitis *f fachspr*

menopausal [,menə(ʊ)'pɔːzəl, AM ,menə'pɑː-] *adj inv* klimakterisch *fachspr;* ~ **women** Frauen *fpl* in den Wechseljahren

menopause ['menə(ʊ)pɔːz, AM 'menəpɑːz] *n no pl* Wechseljahre *pl,* Menopause *f fachspr,* Klimakterium *nt fachspr*

Mensa ['mensə] *n no pl, + sing/pl vb* Mensa *kein art*

menses ['mensiːz] *npl* Menses *pl*

men's movement *n modifier* Männerbewegung *f*

men's room *n esp* AM Herrentoilette *f;* **to go to the ~** auf die [Herren]toilette gehen

menstrual ['men(t)struəl] *adj inv* (*form*) Menstruations-; ~ **cycle** Menstruationsschzyklus *m;* ~ **pain** [*or* **cramps**] Menstruationsschmerzen *mpl;* ~ **period** Periode *f*

menstruate ['men(t)strueɪt] *vi* menstruieren *geh*

menstruation [,men(t)stru'eɪʃən] *n no pl* Menstruation *f geh,* Periode *f,* [Monats]regel *f*

menswear *n no pl* ① (*men's clothing*) Herrenbekleidung *f* ② (*part of shop*) ~ [**department**] Herrenabteilung *f*

mental ['mentəl, AM *also* -ṱ-] *adj inv* ① (*of the mind*) geistig, mental; ~ **acrobatics** Gedankenakrobatik *f;* ~ **image** [*or* **picture**] geistiges Bild; ~ **powers** Geisteskräfte *fpl,* mentale Kräfte; ~ **process** Denkprozess *m;* **to have ~ reservations [about sb/sth]** [wegen einer Person/einer S. *gen*] Bedenken haben; ~ **retardation** geistige Behinderung ② (*psychological*) psychisch, seelisch; **to suffer a [complete** [*or* **total**]] ~ **collapse** [*or* **breakdown**] einen [völligen] Nervenzusammenbruch erleiden; ~ **cruelty** seelische Grausamkeit; ~ **illness** Geisteskrankheit *f;* ~ **state** seelische Verfassung ③ (*fam: crazy*) verrückt *fam,* übergeschnappt *fam;* ■**to be ~ about sth** nach etw *dat* verrückt sein *fam*

mental age *n* Intelligenzalter *nt;* ***he has a ~ of six*** er ist geistig auf dem Stand eines Sechsjährigen

mental arithmetic *n no pl* Kopfrechnen *nt* **mental block** *n* geistige Blockierung **mental handicap** *n* (*esp pej dated*) geistige Behinderung **mental hospital** *n* Nervenheilanstalt *f veraltend,* Nervenklinik *f,* psychiatrische Klinik; **to end up in a ~** (*fam*) in der Klapsmühle landen *fam*

mentality [men'tæləti, AM -əṱi] *n* Mentalität *f;* **to develop a siege ~** sich *akk* zunehmend bedroht fühlen; **to have a positive ~ about sth** zu etw *dat* eine positive Einstellung haben

mentally ['mentəli, AM *also* -ṱ-] *adv inv* ① (*psychologically*) psychisch; ~ **deranged/stable** psychisch gestört/stabil ② (*intellectually*) geistig; ~ **defective** (*pej*) geistesgestört *fam;* ~ **handicapped** geistig behindert

menthol ['men(t)θɒl, AM -θɔːl] *n no pl* Menthol *nt*

mentholated ['men(t)θəleɪtɪd, AM -ṱɪd] *adj inv* Menthol-; ~ **lozenge** Mentholbonbon *nt*

mention ['men(t)ʃən] **I.** *n* ① (*reference*) Erwähnung *f;* **no ~ was made of sb/sth** jd/etw wurde nicht erwähnt; **to get a ~** erwähnt werden ② (*honour*) lobende Erwähnung; **to receive** [*or* **get**] **a [special] ~** lobend erwähnt werden **II.** *vt* ■**to ~ sb/sth** jdn/etw erwähnen; ***don't ~ it!*** gern geschehen!, das ist doch nicht der Rede wert!; ***I'll ~ it to Jane*** ich werde es Jane sagen; ***did she happen to ~ whether she would be coming?*** hat sie zufällig gesagt, ob sie kommt?; ■**to ~ that ...** erwähnen, dass ...; **not to ~ ...** ganz zu schweigen von ...

mento ['mentəʊ, AM -toʊ] *n* (*Jamaican dance or song*) Mento *m*

mentor ['mentɔːr, AM tə-] *n* Mentor(in) *m(f)*

menu ['menjuː] *n* ① (*in restaurant*) Speisekarte *f* ② COMPUT Menü *nt*

menu bar *n* COMPUT Menüleiste *f* **menu-driven** *adj* COMPUT menügesteuert

meow *n, vi* AM *see* **miaow**

MEP [,emiː'piː] *n* BRIT *abbrev of* **Member of the European Parliament**

Mephistophelean [,mefɪstə'fiːliən] *adj inv* mephistophelisch *geh,* teuflisch

Mephistopheles [,mefɪ'stɒfɪliːz, AM -ə'stɑːfə-] *n no art* LIT Mephisto, Mephistopheles

mercantile ['mɜːkəntaɪl, AM 'mɜːr-] *adj inv* (*form*) Handel treibend, kaufmännisch, Handels-; ~ **agency** AM Kreditauskunftei *f;* ~ **law** Handelsrecht *nt*

mercantile marine *n* (*dated*) Handelsmarine *f*

mercenary ['mɜːsənəri, AM 'mɜːrsəneri] **I.** *n* ① (*soldier*) Söldner *m* ② (*pej: mercenary person*) Gewinnsüchtige(r) *f(m) pej* **II.** *adj* ① (*pej: motivated by gain*) gewinnsüchtig, geldgierig ② MIL Söldner-; ~ **soldier** Söldner *m*

mercerized ['mɜːsəraɪzd, AM 'mɜːr] *adj inv* merzerisiert

merchandise ECON **I.** *n* ['mɜːtʃəndaɪs, AM 'mɜːr-] *no pl* Handelsware *f* **II.** *vt* ['mɜːtʃəndaɪz, AM 'mɜːr-] ■**to ~ sth** etw vermarkten

merchandiser ['mɜːtʃəndaɪzər, AM 'mɜːrtʃəndaɪzə-] *n* [beratender] Außendienstmitarbeiter/[beratende] Außendienstmitarbeiterin

merchandising ['mɜːtʃəndaɪzɪŋ, AM 'mɜːr-] *n no pl* ① (*marketing*) Merchandising *nt,* Vermarktung *f* ② (*promotional goods*) Werbematerial *nt;* (*products*) Lizenzware *f*

merchandising rights *npl* Vermarktungsrechte *ntpl*

merchant ['mɜːtʃənt, AM 'mɜːr-] *n* ① (*trader*) Händler(in) *m(f),* Kaufmann, Kauffrau *m, f* ② *esp* BRIT (*fam: person*) ~ **of doom** [*or* **gloom**] Schwarzseher(in) *m(f),* Unke *f pej fam;* **speed ~** Raser(in) *m(f) fam*

merchant bank *n* FIN ① BRIT Handelsbank *f,* Merchant-Bank *f* (*Spezialinstitut für verschiedenste Finanzierungsleistungen: Groß- und Überseehandel und Emissionsgeschäfte*) ② AM Bank, die ein Kreditkartensystem unterhält **merchant banker** *n* Bankier(in) *m(f)* in einer Merchant-Bank **merchantman** *n* Handelsschiff *nt* **merchant marine** *n* AM, **merchant navy** *n* BRIT Handelsmarine *f* **merchant seaman** *n* Matrose *m* der Handelsmarine **merchant ship** *n* Handelsschiff *nt* **merchant shipping** *n* Handelsmarine *f*

merciful ['mɜːsɪfəl, AM 'mɜːr-] *adj* ① (*forgiving*) gnädig ② (*fortunate*) ***her death came as a ~ release*** der Tod war für sie eine Erlösung; ***it was a ~ relief from the constant noise*** es war eine Erlösung von dem ständigen Lärm

mercifully ['mɜːsɪfəli, AM 'mɜːr-] *adv* (*approv*) ① (*compassionately*) gnädig; **to treat sb ~** jdn nachsichtig behandeln ② (*fortunately*) zum Glück, glücklicherweise

merciless ['mɜːsɪləs, AM 'mɜːr-] *adj* ① (*showing no mercy*) gnadenlos, mitleidlos ② (*relentless*) unnachgiebig

mercilessly ['mɜːsɪləsli, AM 'mɜːr-] *adv* gnadenlos, erbarmungslos

mercurial [mɜː'kjʊəriəl, AM mɜːr'kjʊr-] *adj* Quecksilber-; (*fig*) launisch; ~ **mood** unbeständige Laune; ~ **personality** launischer Charakter

mercury ['mɜːkjəri, AM 'mɜːrkjə-] *n no pl* ① (*metal*) Quecksilber *nt* ② (*dated fam: temperature*) Quecksilbersäule *f*

Mercury ['mɜːkjəri, AM 'mɜːrkjə-] *n no pl, no art* Merkur *m*

mercy ['mɜːsi, AM 'mɜːr-] *n* ① *no pl* (*compassion*) Mitleid *nt,* Erbarmen *nt;* (*forgiveness*) Gnade *f;* **to beg for ~** um Gnade bitten; **to have ~ on sb** mit jdm Erbarmen haben; **Lord have ~ upon us** Herr, erbarme dich unser; **to show [no] ~** [kein] Erbarmen haben; **to throw oneself upon sb's ~** sich *akk* jdm auf Gegeih und Verderb ausliefern ② (*blessing*) Segen *m,* Glück *nt;* ***it is a ~ that no-one was killed in the accident*** es ist ein großes Glück, dass bei dem Unfall niemand getötet wurde ▸ PHRASES: **to be at the ~ of sb** [*or* **at sb's ~**] jdm auf Gnade oder Ungnade [*o* Gedeih und Verderb] ausgeliefert sein

mercy killing *n* Sterbehilfe *f,* Euthanasie *f geh*

mercy mission *n* Hilfsmission *f*

mere [mɪər, AM mɪr] *adj inv* nur, nichts als; ***he was a ~ boy when he died*** er war noch ein Junge, als er starb; **a ~ detail** nur ein Detail

merely ['mɪəli, AM 'mɪr-] *adv inv* nur, bloß *fam;* ***I ~ said I was tired*** ich habe [doch] nur gesagt, dass ich müde bin; ■**not ~ ... but** nicht nur ... sondern [auch]

merest ['mɪərɪst, AM 'mɪr-] *adj inv* geringste(r, s); ***at the ~ mention of politics she launches into a tirade*** man braucht das Thema Politik nur zu streifen und schon fängt sie an loszuschimpfen

meretricious [,merɪ'trɪʃəs, AM -ə'-] *adj* (*form*) ① (*false*) trügerisch, unwirklich ② (*pretentious*) *lifestyle* protzig

merge [mɜːdʒ, AM mɜːrdʒ] **I.** *vi* ① (*join*) zusammenkommen; *roads* zusammenlaufen ② ECON *companies, organizations* fusionieren

M

❸ (*fuse*) verschmelzen; ■**to ~ with sth** mit etw *dat* verschmelzen; ■**to ~ into sth** mit etw *dat* verschmelzen; **to ~ into the landscape/surroundings** sich *akk* in die Landschaft/Umgebung einfügen; ■**to ~ into each other** ineinander übergehen
II. *vt* **to ~ two classes** SCH zwei Klassen zusammenlegen; **to ~ two companies/organizations** zwei Firmen/Organisationen zusammenschließen; ■**to ~ sth with sth** COMPUT etw mit etw *dat* mischen

merger ['mɜːdʒəʳ, AM 'mɜːrdʒɚ] *n* ECON Fusion *f,* Zusammenschluss *m*

meridian [mə'rɪdiən] *n* ❶ GEOG (*line of longitude*) Meridian *m,* Längenkreis *m*
❷ (*in body*) Meridian *m*

meringue [mə'ræŋ] *n* Baiser *nt,* Meringe *f,* Meringue *f* SCHWEIZ

merino [mə'riːnəʊ, AM -noʊ] **I.** *n* ❶ (*sheep*) Merinoschaf *nt*
❷ *no pl* (*material*) Merinowolle *f*
II. *n modifier* (*hat, socks, sweater, yarn*) Merino-

merit ['merɪt] **I.** *n* ❶ *no pl* (*worthiness*) Verdienst *nt,* Leistung *f;* ***the film has little artistic ~*** der Film ist künstlerisch nicht besonders wertvoll; ***she won her promotion on ~*** sie ist auf Grund ihrer Leistung befördert worden; **to judge sb on his/her own ~** jdn nach seinem/ihrem Verdienst beurteilen
❷ (*good quality*) gute Eigenschaft, Vorzug *m*
❸ (*intrinsic nature*) ■**~s** *pl* sachlicher Gehalt; ■**on the ~s** LAW in der Sache selbst; ■**on its own ~s** für sich *akk* betrachtet; **to consider a case on its own ~s** eine Sache gesondert behandeln; **considered purely on its own ~s …** für sich *akk* genommen …; **to judge sth on its own ~s** etw für sich *akk* genommen beurteilen
❹ (*advantage*) Vorteil *m;* **the ~s of not smoking** die Vorteile des Nichtrauchens
II. *vt* ■**to ~ sth** etw verdienen, einer S. *gen* würdig sein; ***this plan ~s careful attention*** dieser Plan verdient volle Aufmerksamkeit

meritocracy [ˌmerɪ'tɒkrəsi, AM -ə'tɑːk-] *n* Leistungsgesellschaft *f*

meritocratic [ˌmerɪtə'krætɪk] *adj* leistungsorientiert

meritorious [ˌmerɪ'tɔːriəs, AM -ə'-] *adj* (*form*) verdienstvoll

Merlin ['mɜːlɪn, AM 'mɜːr] *n no pl* Merlin *m*

mermaid ['mɜːmeɪd, AM 'mɜːr-] *n* Seejungfrau *f*

merman ['mɜːmæn, AM 'mɜːr-] *n* Wassergeist *m*

merrily ['merəli] *adv* (*fam*) fröhlich, vergnügt *a. iron*

merriment ['merimənt] *n no pl* ❶ (*laughter and joy*) Fröhlichkeit *f;* **sounds of ~** fröhliches Gelächter
❷ (*amusement*) Heiterkeit *f;* **to be a source of ~** zu Heiterkeit Anlass geben

merry ['meri] *adj* ❶ (*happy*) fröhlich; **M~ Christmas** Frohe [*o* Fröhliche] Weihnachten
❷ BRIT (*fam: slightly drunk*) angesäuselt *fam*
► PHRASES: **to lead sb a ~ chase** AM jdn an der Nase herumführen; **to go one's ~ way** seiner Wege gehen; **to make ~** feiern

merry-go-round *n* ❶ (*fairground ride*) Karussell *nt* ❷ (*fig: bustling activities*) Hoch-Zeit *f*

merry-making *n no pl* (*liter*) ausgelassene Stimmung

mesa ['meɪsə] *n* Hochebene *f*

mescalin(e) ['meskəlɪn] *n no pl* Meskalin *nt*

Mesdames [mer'dæm, AM -'dɑːm] *npl Plural von Madame/Mrs;* **~ Fisher and Brown** Frau Fisher und Frau Brown, Mrs Fisher und Mrs Brown

mesh [meʃ] **I.** *n* ❶ *no pl* (*interlaced structure*) Geflecht *nt;* **wire ~** Drahtgeflecht *nt*
❷ COMPUT Vermaschung *f*
II. *vi* ❶ (*join*) *gears* ineinander greifen
❷ (*fig: mix*) sich *akk* mischen
III. *vt* **to ~ gears** Zahnräder in Eingriff bringen

mesh network *n* COMPUT vermaschtes Netz

mesmeric [mez'merɪk] *adj* mesmerisch *geh;* (*fig*) faszinierend

mesmerism ['mezmərɪzəm] *n* (*dated*) Hypnotisieren *nt*

mesmerize ['mezmərаɪz] *vt* ■**to ~ sb** jdn mesmerisieren *geh;* (*fig*) jdn faszinieren

mesmerizing ['mezmərаɪzɪŋ] *adj* mesmerisierend *geh;* (*fig*) faszinierend

Mesolithic [ˌmesəʊ'lɪθɪk, AM ˌmezoʊ'-] *adj inv* mittelsteinzeitlich, mesolithisch *fachspr;* **the ~ Age** die Mittelsteinzeit, das Mesolithikum *fachspr*

mesomorph ['mesəʊmɔːf, AM 'mezoʊmɔːrf] *n* mesomorpher Mensch *fachspr,* Mensch *m* mit athletischem Körperbau

mesomorphic ['mesəʊmɔːfɪk, AM 'mezoʊmɔːr-] *adj* mesomorph[isch]

meson ['miːzɒn, AM 'mezɑːn] *n* PHYS Meson *nt meist pl,* Mesotron *nt meist pl veraltend*

Mesopotamia [ˌmesəpə'teɪmiə] *n no pl* Mesopotamien *nt*

mess [mes] **I.** *n* <*pl* -es> ❶ *usu sing* (*untidy state*) Unordnung *f,* Durcheinander *nt;* (*dirty state*) Schweinerei *f;* ***her desk was a ~ of books and paper*** ihr Schreibtisch war ein einziges Durcheinander von Büchern und Blättern; ***tidy up this ~!*** räum diesen Saustall auf! *fam;* ***you look a complete ~!*** du siehst ja schlimm aus!; **to make a ~ in the bathroom/kitchen** (*not tidy*) das Bad/die Küche in Unordnung bringen; (*dirty*) im Bad/in der Küche eine Schweinerei machen; **to be in a ~** in Unordnung [*o* unordentlich] sein
❷ *usu sing* (*disorganized state*) Chaos *nt;* ■**to be a ~** chaotisch sein; *person also* ein Chaot/eine Chaotin sein; **to be in a ~** sich *akk* in einem schlimmen Zustand befinden; **to get oneself into a [bit of a] ~** sich *akk* in Schwierigkeiten bringen; **to sort out the ~** das Chaos ordnen, Ordnung in das Chaos bringen
❸ *usu sing* (*dirt*) Dreck *m;* **to make a ~ on sth** etw schmutzig machen
❹ (*animal excrement*) Häufchen *nt euph*
❺ (*officer's eating hall*) Messe *f*
► PHRASES: **to make a ~ of sth** (*make untidy*) etw in Unordnung bringen; (*bungle*) etw verpfuschen
II. *vt* (*fam*) ■**to ~ sth** etw in Unordnung [*o fam* durcheinander] bringen
III. *vi* (*excrete*) [ein Häufchen *nt*] machen
► PHRASES: **no ~ing!** keine faulen Ausreden!

◆**mess about, mess around I.** *vi* ❶ (*play the fool*) herumblödeln *fam*
❷ (*waste time*) herumspielen
❸ (*tinker*) ■**to ~ about with sth** an etw *dat* herumspielen [*o fam* herumpfuschen]
❹ (*be unfaithful*) ■**to ~ about with sb** sich *akk* mit jdm einlassen
❺ AM (*make fool of*) ■**to ~ around with sb** jdn verarschen *derb*
II. *vt* ■**to ~ sb about** [*or* **around**] jdn schikanieren

◆**mess up** *vt* (*fam*) ❶ (*botch up*) ■**to ~ up** ⊂ **sth** etw verpfuschen *fam;* **to ~ up a plan** einen Plan vermasseln *fam*
❷ (*make untidy*) ■**to ~ up** ⊂ **sth** etw in Unordnung bringen
❸ (*fam: make uptight*) ■**to ~ up** ⊂ **sb** jdn verkorksen *fam*

◆**mess with** *vi* ❶ (*get involved with*) ■**to ~ with sb** sich *akk* mit jdm einlassen; (*cause trouble to*) jdn schlecht behandeln; ***don't ~ with me!*** verarsch mich bloß nicht! *derb*
❷ (*play with*) ■**to ~ with sth** mit etw *dat* herumspielen [*o* leichtfertig umgehen]; (*tamper*) an etw *dat* herumspielen
❸ (*fam: muddle*) ■**to ~ with sth/sb** etw/jdn durcheinander bringen; **to ~ with sb's plans** jds Pläne durchkreuzen

message ['mesɪdʒ] *n* ❶ (*communication*) Nachricht *f,* Botschaft *f;* ***are there any ~s for me?*** hat jemand eine Nachricht für mich hinterlassen?; **to deliver a ~ [to sb]** [jdm] eine Nachricht überbringen; (*tell*) [jdm] etw ausrichten; **to get/leave a ~** eine Nachricht erhalten/hinterlassen; **~ received and understood** verstanden; **to send sb a ~** [*or* **a ~ to sb**] jdm eine Nachricht schicken; ***James sent a ~ to meet him at the hotel*** James ließ uns ausrichten, dass wir ihn im Hotel treffen sollten; **to send sb a ~ that …** (*fig*) jdm signalisieren [*o* zu verstehen geben], dass …; **to stay on ~** POL, COMM beim Thema bleiben
❷ (*theme*) Message *f fam;* **to get one's ~ across** seine Message rüberbringen *fam*
❸ SCOT, IRISH (*errand*) Botengang *m*
► PHRASES: **to get the ~** (*fam*) verstehen, kapieren *fam*

message board *n* schwarzes Brett **message format** *n* COMPUT Nachrichtenformat *nt*

messaging *n no pl* Kommunikation *f* per E-mail, Mailing *nt sl*

messed-up *adj* (*sl*) verkorkst *fam*

messenger ['mesɪndʒəʳ, AM -ɚ] *n* Bote, -in *m, f*
► PHRASES: **don't shoot the ~** *esp* BRIT (*saying*) mach den Boten nicht für die schlechte Nachricht verantwortlich

messenger boy *n* Botenjunge *m,* Laufbursche *m pej*

mess hall *n* AM MIL (*mess*) Messe *f*

messiah [mə'saɪə] *n usu sing* ❶ (*redeemer*) ■**M~** Messias *m,* Erlöser *m*
❷ (*fig: leader*) Befreier *m*

messianic [ˌmesi'ænɪk] *adj inv* (*form*) messianisch *geh;* **with ~ fervour** [*or* AM **fervor**] [*or* **zeal**] mit messianischem Eifer

messily ['mesɪli] *adv* ❶ (*sloppily*) nachlässig; **to do a job ~** unordentlich arbeiten; **to eat ~** sich *akk* beim Essen bekleckern
❷ (*unpleasantly*) unerfreulich

mess kit *n* MIL Essgeschirr *nt kein pl*

Messrs *n pl of* **Mr** Herren *mpl;* **~ *White, White & Smith*** Firma White, White & Smith

mess tin *n* BRIT MIL Campinggeschirr *nt*

mess-up *n* (*fam*) Durcheinander *nt;* **to make a ~ of sth** etw durcheinander bringen

messy ['mesi] *adj* ❶ (*untidy*) unordentlich; *person* schlampig
❷ (*dirty*) schmutzig, dreckig
❸ (*unpleasant*) unerfreulich; **a ~ divorce** eine Scheidung in Unfrieden

met[1] [met] *vt, vi pt of* **meet**

met[2] [met] *adj* BRIT (*fam*) *short for* **meterological** meteorologisch

Met [met] *n* ❶ BRIT ■**the ~** *short for* **Metropolitan Police**
❷ AM *short for* **Metropolitan Opera Company** Met *f*
❸ AM *short for* **Metropolitan Museum of Art**

metabolic [ˌmetə'bɒlɪk, AM ˌmet̬ə'bɑːl-] *adj inv* metabolisch *fachspr,* Stoffwechsel-; **~ pathway** Stoffwechselweg *m;* **to stimulate one's ~ rate** seinen Stoffwechsel anregen

metabolism [mə'tæbəlɪzəm] *n* Stoffwechsel *m,* Metabolismus *m fachspr*

metafiction [ˌmetə'fɪkʃən, AM ˌmet̬ə'-] *n no pl* Roman *m* über die Entstehung eines Romans

metafictional [ˌmetə'fɪkʃənəl, AM ˌmet̬ə'-] *adj inv* **~ novel** Roman *m* über die Entstehung eines Romans

metal ['metəl, AM -t̬əl] **I.** *n* ❶ (*material*) Metall *nt;* **precious ~** Edelmetall *nt*
❷ BRIT RAIL (*form*) ■**~s** Schienen *fpl*
II. *adj inv* aus Metall *nach n*

metalanguage [ˌmetəl'æŋgwɪdʒ, AM -t̬-] *n* Metasprache *f*

metal detector *n* Metalldetektor *m* **metal fatigue** *n no pl* Metallermüdung *f*

metalled ['metəld] *adj inv* BRIT Schotter-; **~ road** Schotterstraße *f*

metallic [mə'tælɪk] *adj* ❶ (*like metal*) metallisch; **~ paint** Metalleffektlack *m*
❷ (*containing metal*) metallhaltig; **~ alloy** Metalllegierung *f*

metallurgical [ˌmetəl'ɜːdʒɪkəl, AM -t̬əl'ɜːrdʒ-] *adj inv* metallurgisch; **~ engineering/industry** Hüttenwesen *nt*/-industrie *f*

metallurgist [met'ælədʒɪst, AM 'met̬əlɜːrdʒ-] *n* Metallurg(in) *m(f)*

metallurgy [met'ælədʒi, AM 'met̬əlɜːr-] *n no pl* Metallurgie *f*

metalwork *n no pl* ❶ (*craft*) Metallarbeit *f*
❷ (*objects*) Metallarbeiten *fpl*
❸ (*metal parts*) Metallteile *ntpl,* metallene Teile

metalworker *n* Metallarbeiter(in) *m(f)*

metamorphose [ˌmetəˈmɔːfəʊz, AM -t̬əˈmɔːrfoʊz] *vi* (*form*) ■**to** ~ [**into sth**] sich *akk* [in etw *akk*] verwandeln

metamorphoses [ˌmetəˈmɔːfəsiːz, AM -t̬əˈmɔːr-] *n pl of* **metamorphosis**

metamorphosis <*pl* -phoses> [ˌmetəˈmɔːfəsɪs, AM -t̬əˈmɔːr-, *pl* -fəsiːz] *n* Metamorphose *f geh*, Verwandlung *f*

metaphor [ˈmetəfəʳ, AM ˈmet̬əfɔːr] *n* ① (*figure of speech*) Metapher *f* (**for** für +*akk*)
② *no pl* (*figurative language*) bildhafte [*o* metaphorische] Sprache

metaphoric(al) [ˌmetəˈfɒrɪk(ᵊl), AM -t̬əˈfɔːr-] *adj* metaphorisch

metaphorically [ˌmetəˈfɒrɪkᵊli, AM -t̬əˈfɔːr-] *adv* metaphorisch; ~ **speaking** bildlich gesprochen; **to use sth** ~ etw metaphorisch gebrauchen

metaphysical [ˌmetəˈfɪzɪkᵊl, AM -t̬ə-] *adj* metaphysisch

metaphysically [ˌmetəˈfɪzɪkᵊli, AM ˌmet̬] *adv* metaphysisch

metaphysics [ˌmetəˈfɪzɪks, AM -t̬ə-] *n no pl*, + *sing vb* Metaphysik *f*

metastasis <*pl* -stases> [metˈæstəsɪs, AM məˈtæs-, *pl* -stæsiːz] *n* Metastase *f*

mete [miːt] *vt* ■**to** ~ **out** ○ **sth** [**to sb**] [jdm] etw auferlegen; **to** ~ **out punishment to sb** jdn bestrafen; (*physical*) jdn züchtigen

metempsychosis <*pl* -choses> [ˌmetemsaɪˈkeʊsɪs, AM ˌmɪtemsɪˈkoʊ] *n* Seelenwanderung *f*

meteor [ˈmiːtiəʳ, AM -t̬iɚ] *n* Meteor *m*; ~ **shower** Meteorregen *m*

meteoric [ˌmiːtiˈɒrɪk, AM -t̬iˈɔːr-] *adj inv* ① ASTRON Meteor-, meteorisch
② (*fig: rapid*) kometenhaft; ~ **rise** [**to fame**] kometenhafter Aufstieg [zu Ruhm]

meteorite [ˈmiːtiᵊraɪt, AM -t̬iə-] *n* Meteorit *m*

meteorological [ˌmiːtiᵊrəˈlɒdʒɪkᵊl, AM -t̬iɚəˈlɑːdʒ-] *adj inv* meteorologisch

Meteorological Office *n* BRIT Wetteramt *nt*

meteorologist [ˌmiːtiᵊrˈɒlədʒɪst, AM -t̬iəˈrɑːl-] *n* Meteorologe, -in *m, f*

meteorology [ˌmiːtiᵊrˈɒlədʒi, AM -t̬iəˈrɑːl-] *n no pl* Meteorologie *f*.

meter[1] [ˈmiːtəʳ, AM -t̬ɚ] **I.** *n* Messuhr *f*, Zähler *m*; [**parking**] ~ Parkuhr *f*; [**taxi**] ~ Taxameter *nt o m*; **to read a/the** ~ einen/den Zähler ablesen
II. *vt* ■**to** ~ **sth** etw zählen

meter[2] *n* AM *see* **metre**

meth [meθ] **I.** *n no pl short for* **methamphetamine** Methamphetamin *nt fachspr*
II. *n modifier* Methamphetamin-; ~ **cases** Fälle *mpl* von Methamphetaminvergiftung

methadone [ˈmeθədəʊn, AM -doʊn] *n no pl* Methadon *nt*

methamphetamine [ˌmeθæmˈfetəmiːn, AM -t̬-] *n no pl* Methamphetamin *nt fachspr*

methane [ˈmiːθeɪn, AM ˈmeθ-] *n* Methan *nt*

methanol [ˈmeθənɒl, AM -nɑːl] *n no pl* Methanol *nt*

methinks [mɪˈθɪŋks] *vi* (*old or hum*) mich dünkt *veraltet o hum*

metho [ˈmeθəʊ] *n* AUS, NZ (*sl*) ① *short for* **methylated spirit** Brennspiritus *m*, Fusel *m fam*
② *short for* **methylated spirit drinker** *jd* (*oft ein Obdachloser*), *der Brennspiritus trinkt* (, *weil er billiger als Alkohol ist*)

method [ˈmeθəd] *n* ① (*way of doing sth*) Methode *f*, Art und Weise *f*; TECH Verfahren *nt*; ~ **of persuasion** Überzeugungstaktik *f*; **teaching** ~ Lehrmethode *f*; ~ **of transport** Fortbewegungsart *f*
② *no pl* (*order*) System *nt*
► PHRASES: **there is** ~ **in** [*or* AM **to**] **sb's** __**madness**__ jds Wahnsinn hat Methode

method-act *vi* sich *akk* völlig mit seiner Rolle identifizieren

method acting *n no pl eine Schauspieltechnik, die auf Theorien von Stanislawski beruht und von Lee Strasberg entwickelt wurde*

methodical [məˈθɒdɪkᵊl, AM -ˈθɑːd-] *adj* ① (*ordered*) methodisch, systematisch
② (*careful*) sorgfältig

methodically [məˈθɒdɪkᵊli, AM -ˈθɑːd-] *adv* methodisch, mit System

Methodism [ˈmeθədɪzᵊm] *n no pl* Methodismus *m*

Methodist [ˈmeθədɪst] **I.** *n* Methodist(in) *m(f)*
II. *adj* methodistisch; ~ **church** Methodistenkirche *f*

methodological [ˌmeθədᵊlˈɒdʒɪkᵊl, AM -ˈɑːdʒ-] *adj inv* methodologisch

methodologically [ˌmeθədəˈlɒdʒɪkᵊli, AM ˈlɑː] *adv inv* methodologisch

methodology [ˌmeθəˈdɒlədʒi, AM -ˈdɑːl-] *n* ① *no pl* (*theory of methods*) Methodenlehre *f*, Methodologie *f geh*
② (*system*) Methodik *f*

meths [meθs] *n* BRIT (*fam*) *short for* **methylated spirits** Brennspiritus *m*

Methuselah [məˈθjuːzᵊlə, AM -ˈθuː-] *n no art* (*hum*) Methusalem *kein art hum*; **as old as** ~ so alt wie Methusalem

methyl alcohol [ˌmeθᵊlˈælkəhɒl, AM -əhɑːl] *n* Methanol *nt*

methylated [ˈmeθᵊleɪtɪd, AM -θɪleɪt̬-] *adj* methyliert

methylated spirits *n no pl* ① (*cleaning product*) denaturierter Alkohol
② (*fuel*) Brennspiritus *m*

meticulous [məˈtɪkjələs] *adj* (*approv*) peinlich genau, akribisch *geh*; ~ **care** höchste Sorgfalt; ~ **detail** kleinstes Detail

meticulously [məˈtɪkjələsli] *adv* (*approv*) bis ins kleinste Detail, akribisch *geh*

meticulousness [məˈtɪkjələsnəs] *n no pl* (*approv*) peinliche Genauigkeit, Akribie *f geh*

metier *n*, **métier** [ˈmeɪtieɪ, AM meɪˈtjeɪ] *n* Metier *nt geh*, [Spezial]gebiet *nt*

Métis [ˈmeɪtiː] *n* CAN Mischling indianischer und französischer Abstammung

Met Office *n* BRIT *short for* **Meteorological Office** Wetteramt *nt*

metonymy <*pl* -mies> [mɪˈtɒnəmi, AM məˈtɑːn] *n* Metonymie *f*

metre [ˈmiːtəʳ], AM **meter** [-t̬ɚ] *n* ① (*unit of measurement*) Meter *m*; **the 100/200/400/1500 ~s** der 100-/200-/400-/1500-Meter-Lauf; **cubic/square** ~ Kubik-/Quadratmeter *m*
② (*poetic rhythm*) Metrum *nt fachspr*, Versmaß *nt*

metric [ˈmetrɪk] *adj inv* metrisch; ~ **system** metrisches System

metrical [ˈmetrɪkᵊl] *adj* ① (*of measurement*) metrisch; ~ **measurement** metrisches Maß
② (*composed in metre*) metrisch; ~ **verse** metrischer Vers

metrication [ˌmetrɪˈkeɪʃᵊn] *n* Umstellung *f* auf das metrische System

metric ton *n* metrische Tonne

metro [ˈmetrəʊ, AM -troʊ] *n no pl esp* CAN U-Bahn *f*; (*in Paris*) Metro *f*

metronome [ˈmetrənəʊm, AM -noʊm] *n* Metronom *nt geh*, Taktmesser *m*

metronomic [ˌmetrəˈnɒmɪk, AM ˈnɑːmɪk] *adj inv* metronomisch

metropolis [məˈtrɒpəlɪs, AM -ˈtrɑːpᵊl-] *n* (*form*) ① (*large city*) Metropole *f geh*, Weltstadt *f*
② (*chief city*) Hauptstadt *f*

metropolitan [ˌmetrəˈpɒlɪtᵊn, AM -ˈpɑːlə-] *adj* ① (*of large city*) weltstädtisch
② (*of chief city*) hauptstädtisch

metropolitan county *n* BRIT *Bezirksregierung in England, die sich auf sechs Großstadtgebiete bezieht* **Metropolitan Police** *n no pl* BRIT ■**the** ~ die Londoner Polizei

mettle [ˈmetl̩, AM ˈmet̬l̩] *n no pl* (*form*) ① (*inner strength*) Durchhaltevermögen *nt*; **a test of sb's** [**political**] ~ eine Probe für jds [politisches] Stehvermögen; **to prove/show one's** ~ beweisen/zeigen, was in einem steckt
② (*best form*) Höchstform *f*; **to be on one's** ~ in Höchstform sein; **to put someone off their** ~ jdn aus dem Konzept bringen

mettlesome [ˈmetl̩səm, AM ˈmet̬l̩-] *adj* energiegeladen

mew [mjuː] **I.** *n* Miauen *nt*
II. *vi* miauen

mews [mjuːz] *npl* BRIT *Straße oder kleiner Platz, in dem sich früher Stallungen befanden, die jetzt zu Wohnhäusern umgebaut sind*

Mexican [ˈmeksɪkᵊn] **I.** *n* ① (*person*) Mexikaner(in) *m(f)*
② LING Nahuatl *nt*
II. *adj* mexikanisch

Mexican stand off *n* AUS Pattsituation *f* **Mexican wave** *n* BRIT Welle *f fig* (*Zuschauerreaktion bei Sportveranstaltungen*)

Mexico [ˈmeksɪkəʊ, AM -koʊ] *n* Mexiko *nt*

mezzanine [ˈmetsəniːn, AM ˈmez-] *n* ① ARCHIT Mezzanin *m o nt fachspr*, Zwischengeschoss *nt*
② AM THEAT erster Rang

mezzo soprano [ˌmetsəʊsəˈprɑːnəʊ, AM -soʊsəˈprænoʊ] *n* ① (*voice*) Mezzosopran *m*
② (*singer*) Mezzosopranistin *f*

mezzotint [ˈmetsəʊtɪnθ, AM soʊ] *n* TYPO Mezzotinto *nt fachspr*; (*technique a.*) Schabkunst *f*

mg *n* <*pl* -> *abbrev of* **milligram** mg

MHz *n* <*pl* -> *abbrev of* **megahertz** MHz

MI5 [ˌemaɪˈfaɪv] *n no art* BRIT *abbrev of* **military intelligence, section 5** MI 5 (*britischer Spionageabwehrdienst*)

MI6 [ˌemaɪˈsɪks] *n no art* BRIT *abbrev of* **military intelligence, section 6** MI 6 (*britischer Geheimdienst*)

miaow [ˌmiːˈaʊ, AM miˈ-] **I.** *n* Miauen *nt*
II. *vi* miauen

miasma [mɪˈæzmə, AM maɪˈ-] *n* ① (*fog*) Miasma *nt geh*; ~ **of pollution** Smog *m*
② (*fig: state*) Sumpf *m fig*

mic [maɪk] *n* AM (*fam*) *abbrev of* **microphone** Mikro *nt fam*

mica [ˈmaɪkə] *n no pl* Glimmererde *f*, Muskovit *m fachspr*

mice [maɪs] *n pl of* **mouse**

Mich. AM *abbrev of* **Michigan**

Michaelmas [ˈmɪkᵊlməs] *n* ① (*in September*) Michael[i]stag *m* (*29. September*)
② (*day rent is due*) Michaelis[tag] *m*, Quartalszahltag *m*
③ (*law court sitting*) Michaelis[tag] *m*; (*law term*) Herbstsitzungsperiode *f*

mick *n* (*pej! sl*), **Mick** [mɪk] *n* (*pej! sl*) Ire, -in *m, f*

mickey [ˈmɪki] *n* BRIT, AUS (*fam*) **to take the** ~ **out of sb** jdn aufziehen *fam*, sich *akk* über jdn lustig machen; ***you're taking the*** ~ ***now, aren't you?*** du willst mich wohl auf den Arm nehmen, was?

Mickey *n* (*sl*), **Mickey Finn** [ˌmɪkiˈfɪn] *n* (*sl*) *mit Drogen versetztes Getränk*; **to slip sb a** ~ jdm was in sein Getränk tun

Mickey Mouse *adj attr* (*pej fam*) Scherz- *fam*; ~ **company** Amateurfirma *f pej*; ~ **computer** Spielzeugcomputer *m pej fam*; **a** ~ **job** ein Witz *m* von einem Job *pej fam*

micro [ˈmaɪkrə(ʊ), AM -roʊ] *n* (*fam*) *short for* **microcomputer** Mikrocomputer *m*

micro- [maɪkrəʊ, AM maɪkroʊ] *in compounds* mikro-

microbe [ˈmaɪkrəʊb, AM -roʊb] *n* Mikrobe *f*

microbiological *adj inv* mikrobiologisch **microbiologist** *n* Mikrobiologe, -in *m, f* **microbiology** *n no pl* Mikrobiologie *f* **microbrew** *n* Bier *nt* aus einer kleinen Brauerei **microchip** *n* Mikrochip *m* **microcircuit** *n* ELEC Mikroschaltung *f* **microclimate** *n* Mikroklima *nt* **microcomputer** *n* Mikrocomputer *m* **microcosm** *n* Mikrokosmos *m* **microcredit** *n* FIN Mikrokredit *m*, Kleinkredit *m* **microdot** *n* ① (*photograph*) Mikrobild *nt* ② (*drug*) LSD-Tablette *f* **microeconomics** *n* + *sing vb* Mikroökonomie *f* **microelectronics** *n* + *sing vb* Mikroelektronik *f* **microfiche** *n* Mikrofiche *nt o m* **microfiche reader** *n* Mikrofichelesegerät *nt* **microfilm** **I.** *n* Mikrofilm *m* **II.** *vt* ■**to** ~ **sth** etw auf Mikrofilm aufnehmen

M

microfilm reader *n* Mikrofilmlesegerät *nt* **microgram** *n* Mikrogramm *nt* **microlight** *n*, **microlite** *n* Ultraleichtflugzeug *nt* **microloan** *n* FIN Mikrokredit *m*, Kleinkredit *m*
micrometer [maɪˈkrɒmɪtə^r, AM -ˈkrɑːmɪt̬ɚ] *n* (*measuring device*) Mikrometer *nt*
micrometre [ˈmaɪkrəʊˌmiːtə^r], AM **micrometer** [-kroʊˌmiːt̬ɚ] *n* Mikrometer *m*
micromini *n* FASHION Supermini *m*
micron [ˈmaɪkrɒn, AM -krɑːn] *n* (*dated*) Mikron *nt veraltet*
microorganism [ˌmaɪkrəʊˈɔːgənɪzəm] *n* Mikroorganismus *m* **microphone** *n* Mikrofon *nt;* **to speak into a ~** in ein Mikrofon sprechen **microprocess** *vt* ■**to ~ sth** etw mit dem Computer entwerfen **microprocessor** *n* Mikroprozessor *m* **microradio station** *n* Funkamateursender *m*
microscope [ˈmaɪkrəskəʊp, AM -skoʊp] *n* Mikroskop *nt;* **to examine/look at sth under a ~** etw unter einem Mikroskop untersuchen/betrachten; **to put sth under the ~** (*fig*) etw unter die Lupe nehmen *fig*
microscopic [ˌmaɪkrəˈskɒpɪk, AM -ˈskɑːp-] *adj* ❶ (*fam: tiny*) winzig, mikroskopisch klein *hum;* **to look at sth in ~ detail** etw haargenau prüfen *fam*
❷ (*visible with microscope*) *algae, creature* mikroskopisch klein
❸ (*using microscope*) *analysis, examination* mikroskopisch
microscopically [ˌmaɪkrəˈskɒpɪkəli, AM -ˈskɑːp-] *adv* ❶ (*fam: extremely*) winzig; **~ small** winzig klein
❷ (*in detail*) genauestens
❸ (*under microscope*) mikroskopisch; **~ visible** nur unter dem Mikroskop sichtbar
microscopy [maɪˈkrɒskəpi, AM -ˈkrɑːs-] *n no pl* Mikroskopie *f*
microsecond *n* Mikrosekunde *f* **microsurgery** *n no pl* Mikrochirurgie *f*
microwavable *adj esp* AM, AUS *see* **microwaveable**
microwave I. *n* ❶ (*oven*) Mikrowellenherd *m*, Mikrowelle *f;* **to put sth in the ~** etw in die Mikrowelle stellen
❷ (*wave*) Mikrowelle *f*
II. *vt* ■**to ~ sth** etw in der Mikrowelle erwärmen
microwaveable [ˈmaɪkrə(ʊ)weɪvəbl̩, AM -kroʊ-] *adj inv* ❶ (*cookable*) in der Mikrowelle erwärmbar
❷ (*usable*) mikrowellenbeständig
mid [mɪd] *prep* (*liter*) *see* **amid(st)**
mid- [mɪd] *in compounds* (*with months*) **in ~-April/August/December** Mitte April/August/Dezember; **the ~-thirties/fifties/nineties** Mitte der dreißiger/fünfziger/neunziger Jahre; ***he's in his ~thirties*** er ist Mitte dreißig; ***they're predicting temperatures in the ~-twenties*** sie haben Temperaturen um 25 Grad vorausgesagt
midair [ˌmɪdˈeə^r, AM -ˈer] I. *n no pl* **in ~** (*in air*) in der Luft; (*in airplane*) während des Fluges; **to catch sth [in] ~** etw aus der Luft schnappen
II. *adj attr, inv* in der Luft *nach n;* **a ~ collision** eine Kollision in der Luft; **~ refuelling** [*or* AM *usu* **refueling**] Luftbetankung *f*
Midas Touch [ˈmaɪdəs,-] *n no pl* **to have the** [*or* **a**] **~** alles zu Gold machen können, eine glückliche Hand haben
midbrain *n* Mittelhirn *nt* **mid-conversation** *adv inv* mitten im Gespräch **midday** I. *n no pl* Mittag *m;* **at ~** mittags, um die Mittagszeit II. *n modifier* (*break, meal, sun*) mittäglich, Mittags-
midden [ˈmɪdən] *n* Misthaufen *m*
middle [ˈmɪdl̩] I. *n* ❶ (*centre*) Mitte *f; of fruit, nuts* Innere[s] *nt;* (*centre part*) *of book, film, story* Mittelteil *m;* **the ~ of the earth** das Erdinnere
❷ (*in time, space*) mitten; **in the ~ of the road/room/table** mitten auf der Straße/im Zimmer/auf dem Tisch; **in the ~ of the afternoon/morning** mitten am Nachmittag/Morgen; **in the ~ of the night** mitten in der Nacht; **in the ~ of nowhere** (*fig*) am Ende der Welt, mitten im Nirgendwo; **in the ~ of summer/March** mitten im Sommer/März; **in the ~ of 1985/the century** Mitte 1985/des Jahrhunderts; **to be in one's ~ forties/sixties** in den Mittvierzigern/-sechzigern sein; (*busy with*) **to be in the ~ of eating/cooking/writing a letter** mitten dabei sein zu essen/kochen/einen Brief zu schreiben; **to be in the ~ of an argument/a project** mitten in einer Diskussion/einem Projekt sein
❸ (*fam: waist*) Taille *f;* **to be large/small around the ~** breit/schmal um die Taille sein; (*belly*) Bauch *m*
❹ (*between things*) Mitte *f;* ***she parts her hair in*** [*or* ***down***] ***the ~*** sie trägt einen Mittelscheitel; ***cut the piece of cake in the ~!*** schneide das Stück Kuchen in der Mitte durch!; **to divide** [*or* **split**] **sth [right] down the ~** etw halbieren; ***let's split the cost right down the ~!*** lass uns die Kosten teilen!; ***the issue of a single European currency divided the country down the ~*** das Problem einer einheitlichen europäischen Währung spaltete das Land
II. *adj attr, inv* mittlere(r, s)
► PHRASES: **to steer the ~ course, to take the ~ path** [*or* **way**] den Mittelweg gehen [*o* wählen]
middle age *n no pl* mittleres Alter; **to be of ~** mittleren Alters sein; **to have reached ~** ein mittleres Alter erreicht haben; **in ~** *after n* mittleren Alters **middle-aged** *adj inv* mittleren Alters *nach n* **Middle Ages** *n* ■**the ~** *pl* das Mittelalter; **to still be living in the ~** (*fig*) noch im Mittelalter leben **middle-age spread** *n no pl* (*hum fam*) Fülligkeit *f*, Altersspeck *m fam* **Middle America** *n* ❶ (*sector of society*) [konservative] amerikanische Mittelschicht ❷ (*Latin America*) Mittelamerika *nt*, Zentralamerika *nt* ❸ (*in USA*) Mittelwesten *m* **Middle American** I. *adj* amerikanisch konservativ II. *n* konservativer Amerikaner/konservative Amerikanerin **middlebrow** (*pej*) I. *adj* für den [geistigen] Durchschnittsmenschen II. *n* [geistiger] Durchschnittsmensch **Middle C** *n* MUS eingestrichenes C **middle class** *n* ❶ (*with average income*) Mittelstand *m;* **lower/upper ~** unterer/gehobener Mittelstand ❷ (*as a whole*) ■**the ~** [*or* **the ~es**] die Mittelschicht, der Mittelstand **middle-class** *adj* Mittelstands-, mittelständisch; (*pej*) spießig *pej* **middle distance** *n* ❶ ART ■**the ~** der Mittelgrund ❷ SPORTS Mittelstrecke *f*, Mittelstreckenlauf *m* **middle-distance runner** *n* Mittelstreckenläufer(in) *m(f)* **middle ear** *n* Mittelohr *nt;* **infection of the ~** Mittelohrentzündung *f* **Middle East** *n* ■**the ~** der Nahe Osten **Middle Eastern** *adj* Nahost-, nahöstlich **Middle England** *n* die [konservative] englische Mittelschicht **Middle English** *n* LING Mittelenglisch *nt* **middle finger** *n* Mittelfinger *m;* **to give** [*or* **show**] **sb the ~** jdm den Mittelfinger [*o sl* Stinkefinger] zeigen **middle ground** *n* ❶ ART ■**the ~** der Mittelgrund ❷ (*fig: compromise*) Kompromiss *m* **Middle High German** *n* LING Mittelhochdeutsch *nt* **middle-income** *adj attr person, family* mit mittlerem Einkommen *nach n;* **the ~ bracket** die mittlere Einkommensstufe **Middle Low German** *n* LING Mittelniederdeutsch *nt* **middleman** *n* ❶ ECON (*person*) Zwischenhändler(in) *m(f);* (*wholesaler*) ■**the ~** der Zwischenhandel ❷ (*in disagreement*) Mittelsmann *m;* **to play the ~** den Mittelsmann spielen **middle management** *n no pl* mittlere Unternehmensführung **middle manager** *n* mittlere Führungskraft **middle name** *n* zweiter Vorname; ***service is our ~*** (*fig*) wir sind der Service in Person **middle-of-the-road** *adj* ❶ (*moderate*) *opinions, views* gemäßigt ❷ (*pej: boring*) *film, music* mittelmäßig, anspruchslos **middle price** *n* STOCKEX Einheitskurs *m* **middle-ranking** *adj attr, inv* von mittlerem Rang *nach n;* **~ manager** mittlere Führungskraft; **to be a ~ minister** einen mittleren Ministerposten innehaben; **~ officer** MIL Offizier *m* mittleren Ranges **middle school** *n* BRIT *Übergangsschule für Schüler im Alter von 9–13 Jahren;* AM *Übergangsschule für Schüler im Alter von 12 und 13 Jahren* **middle-sized** *adj* mittelgroß
middleweight *n* SPORTS ❶ *no pl* (*category*) Mittelgewicht *nt* ❷ (*boxer*) Mittelgewichtler(in) *m(f);* **to fight as a ~** im Mittelgewicht boxen **middleweight champion** *n* Meister(in) *m(f)* im Mittelgewicht **Middle West** *n no pl* AM ■**the ~** der Mittelwesten
middling [ˈmɪdlɪŋ] *adj inv* (*fam*) ❶ (*average*) mittlere(r, s); **to be of ~ height/weight** mittlerer Größe/mittleren Gewichts sein; (*moderate*) gemäßigt
❷ (*not very good*) mittelmäßig; **fair to ~** gut bis mittelmäßig
❸ (*persons health*) einigermaßen; ***how are you? — oh, ~*** wie geht es dir? – ach, so lala
Middx *n abbrev of* **Middlesex**
middy [ˈmɪdi] *n* AUS (*sl: amount*) *durchschnittliche Biermenge, die von Ort zu Ort variieren kann;* (*beer glass*) *Glas, das diese Menge Bier enthält*
Mideast [ˈmɪdiːst] *n* AM (*Middle East*) ■**the ~** der Nahe [*o* Mittlere] Osten
midfield [ˈmɪdfiːld] *n* ❶ (*area on sports field*) Mittelfeld *nt;* **[to play] in ~** im Mittelfeld [spielen]
❷ (*team members*) Mittelfeld *nt*
midfielder [ˈmɪdˌfiːldə^r, AM -ɚ] *n* Mittelfeldspieler(in) *m(f)*
Midgard [ˈmɪdgɑːd, AM -gɑːrd] *n* (*mythology*) Midgard *m*
midge [mɪdʒ] *n* ❶ (*insect*) [kleine] Mücke
❷ (*fam: nickname*) der/die Kleine
midget [ˈmɪdʒɪt] I. *n* (*dwarf*) Liliputaner(in) *m(f);* (*child*) Knirps *m fam*, Zwerg *m hum*
II. *adj attr, inv* (*small*) winzige(r, s), Mini-; **~ submarine** Mini-U-Boot *nt;* CAN (*for children*) **~ sports** Kindersport *m*
midi [ˈmɪdi] *n* ❶ (*clothing in general*) Midi *nt*
❷ (*skirt*) Midi *m*
MIDI *n* COMPUT *abbrev of* **musical instrument digital interface** MIDI
midibus [ˈmɪdibʌs] *n* AM mittelgroßer Bus
midiron [ˌmɪdˈaɪən, AM -ɚn] *n* SPORTS (*golf club*) mittleres Eisen
MIDI system [ˌmɪdiˈsɪstəm] *n short for* **musical instrument digital interface system** Midi-Anlage *f*
midland [ˈmɪdlənd] *adj attr, inv* Mittel-
Midlands [ˈmɪdləndz] BRIT I. *n* ■**the ~** *pl* Mittelengland *nt kein pl*
II. *adj inv, attr* mittelenglisch
mid-life crisis *n* Midlifecrisis *f*, Midlife-Crisis *f;* **to go through a ~** eine Midlife-Crisis durchmachen **mid-market** *adj* in der mittleren Preisklasse *nach n* **mid-month accounts** *npl* ECON Medioabrechnungen *fpl fachspr* **midmorning** I. *n* später Vormittag; **during** [*or* **in**] **the ~** am späten Vormittag; **until ~** bis zum späten Vormittag II. *n modifier* (*appointment, cup of coffee, snack, tv programme*) am späten Vormittag *nach n* III. *adv inv* am späteren Vormittag **midnight** I. *n no pl* Mitternacht *f;* **at ~** um Mitternacht II. *n modifier* (*call, film, snack, walk*) Mitternachts-, mitternächtliche(r, s); **~ feast** BRIT Mitternachtsimbiss *m* **midnight blue** I. *n* Nachtblau *nt* II. *adj* nachtblau **midnight sun** *n* Mitternachtssonne *f* **midpoint** *n usu sing* Mittelpunkt *m;* MATH Mittelwert *m* **mid-range** *adj inv* mittlere(r, s); **~ price/quality** mittlere Preis-/Qualitätsklasse
midriff [ˈmɪdrɪf] *n*, AM *also* **midsection** *n* Taille *f*
mid-sentence *adv* (*fam*) mitten im Satz
midshipman [ˈmɪdʃɪpmən] *n* BRIT (*officer*) Leutnant *m* zur See; AM (*cadet*) Seeoffiziersanwärter *m*
midships [ˈmɪdʃɪps] *adv* mittschiffs
mid-size(d) *adj inv* mittelgroß
midst [mɪdst] I. *n no pl* (*presence*) ***he was lost in their ~*** er kam sich unter ihnen verloren vor; ***I am honored to be in your ~ this evening*** ich bin geehrt, heute Abend in eurer Mitte zu sein; (*in middle of*) ***... in the ~ of a rainstorm ...*** während es gerade heftig regnete; **in the ~ of chaos/a crisis** mitten im Chaos/in einer Krise; **in the ~ of a forest** mitten im Wald; **in the ~ of sb's troubles** zu allem Unglück von jdm; (*busy with*) **to be in the ~ of an**

discussion/meeting gerade mitten in einer Diskussion/Sitzung sein
II. *prep* (*old liter*) *see* **amid(st)**
midstream **I.** *n no pl* ■ **in** ~ in der Flussmitte; (*fig*) auf halber Strecke, mittendrin **II.** *adv inv* in der Flußmitte; (*fig*) mittendrin; **to interrupt sb** ~ jdm ins Wort fallen **midsummer** **I.** *n no pl* Hochsommer *m* **II.** *n modifier* (*heat, holiday, sun*) Sommer- ▸ PHRASES: ~ **madness** heller Wahnsinn *fam* **Midsummer('s) Day** *n* Johannistag *m* **midterm** **I.** *n* ① *no pl* (*mid-point*) *of political office* Halbzeit *f* der Amtsperiode; *of school year* Schulhalbjahr *nt; of pregnancy* Hälfte *f* der Schwangerschaftszeit; UNIV *of semester* Semesterhälfte *f; of trimester* Trimesterhälfte *f* ② AM (*midterm exams*) ■ **~s** *pl* Halbjahresprüfungen *fpl* **II.** *adj inv* ~ **elections** Zwischenwahlen *fpl;* ~ **resignation** vorzeitiger Rücktritt; ~ **exams** UNIV *Prüfungen in der Mitte eines Schuljahres/Semesters* **midtown** *n* AM *Geschäftsviertel in amerikanischen Großstädten* **midway** **I.** *adv* [ˌmɪd'weɪ] *inv* auf halbem Weg; ***this fruit has a unique taste ~ between a pear and an apple*** diese Frucht hat einen einzigartigen Geschmack, halb Birne und halb Apfel; ~ ***through the film the projector broke*** mitten im Film ging der Projektor kaputt **II.** *adj* [ˌmɪd'weɪ] *attr, inv* auf halbem Weg **III.** *n* ['mɪdweɪ] AM *Mittelweg einer Ausstellung oder eines Jahrmarktes, an dem sich die Hauptattraktionen befinden* **midweek** **I.** *n no pl* Wochenmitte *f;* **by** ~ bis Mitte der Woche **II.** *n modifier* (*deadline, meeting, sale, update*) Mitte der Woche *nach n* **III.** *adv* mitten in der Woche; ***I'll be home ~*** Mitte der Woche bin ich wieder zu Hause **Midwest** *n no pl* AM ■ **the** ~ der Mittelwesten **Midwestern** [ˌmɪd'westən, AM ɚn] *adj inv* (*of the USA*) des Mittelwestens *nach n;* ~ **Europe** zentrales Westeuropa
midwife ['mɪdwaɪf] *n* Hebamme *f*
midwifery [mɪd'waɪfᵊri, AM -ɚi] *n no pl* Geburtshilfe *f*
midwinter **I.** *n no pl* Mitte *f* des Winters; (*winter solstice*) Wintersonnenwende *f*
II. *adj attr, inv* mittwinterlich
mien [mi:n] *n* (*liter*) Miene *f,* Gebaren *nt liter*
miff [mɪf] *n* (*fam*) kleine Auseinandersetzung, Reiberei *f fam* (**over** über +*akk*)
miffed [mɪft] *adj pred* (*fam*) verstimmt, verärgert; ***she was ~ that …*** sie ärgerte sich darüber, dass …; **to get ~ at sth** sich *akk* über etw *akk* ärgern
miffy ['mɪfi] *adj* (*easily offended*) schnell verärgert, leicht eingeschnappt *fam;* (*easily irritated*) reizbar
might¹ [maɪt] **I.** *pt of* **may**
II. *aux vb* ① (*expressing possibility*) ***that old bridge ~ be dangerous*** die alte Brücke könnte gefährlich sein; ***I ~ go to the cinema tonight*** vielleicht gehe ich heute Abend ins Kino; (*could*) ***someone phoned at six, it ~ have been him*** um sechs rief jemand an, das könnte er gewesen sein; (*will be able to*) ***he is closing his door so that he ~ have a little peace and quiet*** er schließt seine Tür, damit er etwas Ruhe hat; ***let's not answer the phone so that we ~ talk undisturbed*** lass uns nicht ans Telefon gehen, damit wir ungestört reden können; (*expressing probability*) ***if he keeps studying so hard he ~ even get a first in his final exams*** wenn er weiterhin so eifrig lernt, könnte er sogar der Beste bei den Abschlussprüfungen werden
② (*conceding a fact*) ***the village ~ be in the middle of nowhere but I like such places*** das Dorf kann ruhig mitten im Nirgendwo sein, ich mag solche Orte; ***Leeds ~ be an excellent team, but …*** Leeds mag eine hervorragende Mannschaft sein, aber …
③ *esp* BRIT (*form: polite form of may*) ~ ***I …?*** dürfte ich [vielleicht] …?; ~ ***I ask a question?*** dürfte ich eine Frage stellen?; ***how ~ I help you?*** wie kann ich Ihnen behilflich sein?; (*when offended*) ~ ***I ask what you think you're doing in my seat?*** könnten Sie mir vielleicht sagen, was sie auf meinem Sitz zu suchen haben?; ***and who ~ you be?*** und wer glaubst du wohl, wer du bist?
④ (*form: making a suggestion*) ~ ***I*** [*or form* ***one***] ***make a suggestion?*** dürfte ich vielleicht einen Vorschlag machen?; ***I thought you ~ like to join me for dinner*** ich dachte, du hättest vielleicht Lust, mit mir zu Abend zu essen; (*unenthusiastically*) ***she ~ as well tell the truth — they'll find it out anyway*** sie könnte ebensogut die Wahrheit sagen – sie werden es ohnehin herausfinden
⑤ (*in reproachments*) ***you ~ have at least made an effort*** du hättest zumindest einen Versuch machen können; ***you ~ have told me about the job!*** du hättest mir eigentlich von dem Job erzählen müssen!; ***I ~ have known that you'd lie to me*** ich hätte es eigentlich wissen müssen, dass du mich anlügen würdest
might² [maɪt] *n no pl* ① (*authority*) Macht *f*
② (*strength*) Kraft *f;* MIL Stärke *f;* **with ~ and main** aus Leibeskräften; **with all one's ~** mit aller Kraft
▸ PHRASES: ~ **is right** (*saying*) Macht geht vor Recht
might-have-beens *npl* (*fam*) verpasste Gelegenheiten
mightily ['maɪtɪli, AM -t̬-] *adv* ① (*with effort*) mit aller Kraft [*o* Macht]; (*fig: majestically, imposingly*) gewaltig; **to fight** [*or* **struggle**] ~ erbittert kämpfen
② (*fam: extremely*) überaus, sehr; ***they were ~ drunk*** sie waren mächtig betrunken; ***we have improved ~*** wir haben uns stark verbessert
mightn't ['maɪtᵊnt] = **might not** *see* **might¹**
might've ['maɪtəv] = **might have** *see* **might¹**
mighty ['maɪti, AM -t̬-] **I.** *adj* ① (*powerful*) *river, dinosaur* gewaltig; *king, country* mächtig; *warrior, giant* stark; (*using strength*) *punch, kick, blow, heave* kraftvoll
② (*large in number*) *army, fleet* gewaltig
II. *adv* AM (*fam*) sehr; ***that was ~ nice of you*** das war wirklich nett von dir
mignonette <*pl* – *or* -s> [ˌmɪnjə'net] *n* Reseda *f*
migraine ['mi:greɪn, AM 'maɪ-] *n* Migräne *f;* ■ **~s** *pl* Migräneanfälle *mpl*
migrant ['maɪgrᵊnt] **I.** *n* ① (*person*) Zuwanderer, Zuwanderin *m, f;* (*for work*) Gastarbeiter(in) *m(f),* Wanderarbeiter(in) *m(f)*
② (*bird*) Zugvogel *m*
II. *adj inv* ~ **birds** Zugvögel *mpl;* ~ **worker** Wanderarbeiter(in) *m(f);* (*in EU*) Gastarbeiter(in) *m(f)*
migrate [maɪ'greɪt, AM 'maɪgreɪt] *vi* ① (*change habitat*) wandern, umherziehen; **to ~ to the north/south** *birds* nach Norden/Süden ziehen
② (*move*) *populations, customers* abwandern; *cells, chemicals* gelangen (**into** in +*akk*)
migration [maɪ'greɪʃᵊn] *n* ① (*change of habitat*) Wanderung *f,* Migration *f fachspr; of birds* Zug *m; of fish* Wanderung *f*
② (*for work*) *people* Abwanderung *f;* (*permanent*) Umzug *m*
③ COMPUT Migration *f*
migratory ['maɪgrətᵊri, AM -tɔ:ri] *adj inv* ① *animals* Wander-, Migrations- *fachspr;* ~ **bird** Zugvogel *m*
② (*of behaviour*) Wander-; ~ **instinct** Wandertrieb *m;* ~ **patterns** Migrationsverhalten *nt*
mihrab ['mi:ra:b] *n* REL Mihrab *m*
mike [maɪk] *n* (*fam*) *short for* **microphone** Mikro *nt fam*
miked [maɪkt] *adj attr* mit einem Mikro/mit Mikros ausgestattet, [mit Mikrofonen] verkabelt; ***our ~ colleagues*** unsere Kollegen, die mit uns über Mikrofon verbunden sind
mil [mɪl] *n abbrev of* **mililitre** ml
milage *n see* **mileage**
mild [maɪld] **I.** *adj* ① (*gentle*) *person* sanft; **to be of a ~ disposition** [*or* **manner**] ein sanftes Wesen haben; ~ **soap/laundry detergent** schonende Seife/schonendes Waschmittel; (*not severe*) leicht; *criticism* schwach; ~ **penalty** [*or* **punishment**] milde Strafe; ~ **reproach** leiser Vorwurf; **with ~ shock/surprise** leicht geschockt/überrascht
② MED (*not strong*) leicht, schwach; ~ **drug** schwaches Medikament; (*not serious*) *fever, infection* leicht; **a ~ case of pneumonia/the flu/measles** ein leichter Fall von Lungenentzündung/Grippe/Masern
③ *cheese, sauce, whiskey* mild; *cigarette* leicht
④ *weather, climate* mild; ~ **breeze** sanfte Brise
II. *n no pl* BRIT *mild schmeckendes, dunkles Bier*
mildew ['mɪldju:, AM *esp* -du:] **I.** *n no pl* Schimmel *m;* (*on plants*) Mehltau *m*
II. *vi* schimmeln; (*plants*) von Mehltau befallen sein
mildewed ['mɪldju:d, AM *esp* -du:d] *adj inv* verschimmelt; BOT von Mehltau befallen
mildly ['maɪldli] *adv* ① (*gently*) leicht; *speak, mention, smile* sanft; *clean, disinfect* schonend; **to work ~** schonende Wirkung haben; (*not severly*) milde; **to punish sb ~** jdn milde bestrafen
② (*slightly*) *surprised, worried, annoyed* leicht
③ (*as an understatement*) **to put it ~** um es [mal] milde auszudrücken, gelinde gesagt; ***she got very annoyed, and that's putting it ~*** sie wurde sehr ärgerlich und das ist noch milde ausgedrückt
mild-mannered *adj* sanftmütig
mildness ['maɪldnəs] *n no pl* ① *of person* Sanftmut *f;* ~ **of character** Sanftmütigkeit *f,* sanftes Wesen
② *of criticism, punishment, soap* Milde *f;* MED *of disease, symptoms* Leichtigkeit *f*
③ *of cheese, beer* Milde *f*
④ *of weather, breeze* Milde *f*
mile [maɪl] *n* ① (*distance*) Meile *f;* ***we could see for ~s and ~s*** wir konnten meilenweit sehen; **a nautical** [*or* **sea**] ~ eine Seemeile; **to be ~s away** (*fig*) meilenweit [*o* sehr weit] entfernt sein; **to be ~ from anywhere** [*or* **nowhere**] völlig abgeschieden sein; **to miss sth by a ~** etw meilenweit verfehlen
② (*fig fam: far from*) **to be ~s from apologizing/accepting a deal** meilenweit von einer Entschuldigung/einem Geschäftsabschluss entfernt sein; **to be ~s from the truth** weit von der Wahrheit entfernt sein; **to be better by ~s** [*or* **~s better**] bei weitem [*o* um Längen] besser sein; **to be a ~ off** meilenweit danebentreffen
③ (*fig fam: daydreaming*) **to be ~s away** meilenweit weg [*o* ganz woanders] sein
▸ PHRASES: **a ~ a minute** (*fam*) rasend schnell; **to go the extra ~** einen draufsetzen; **to run a ~** sich *akk* aus dem Staub machen, das Weite suchen; **to see** [*or* **tell**] [*or* **spot**] **sth a ~ off** etw drei Meilen gegen den Wind riechen; **to stick/stand out a ~** sehr auffallen [*o* auffällig sein]
mileage ['maɪlɪdʒ] *n no pl* ① (*petrol efficiency*) Kraftstoffverbrauch *m;* ***he gets bad/good ~ from his car*** sein Auto verbraucht viel/wenig Kraftstoff
② (*distance travelled*) Meilenstand *m;* ***what's the ~ of your car by now?*** wie viel hat dein Auto mittlerweile auf dem Tacho?; **unlimited ~** unbegrenzte Meilenanzahl
▸ PHRASES: **sth has no ~** [**in it**] (*fam*) etw bringt nichts
mileage allowance *n* Meilengeld *nt,* ≈ Kilometergeld *nt*
mileometer [maɪ'lɒmɪtəʳ] *n* BRIT, AUS AUTO Meilenzähler *m,* ≈ Kilometerzähler *m*
milepost *n* Meilenpfosten *m;* (*fig*) Meilenstein *m fig*
miler ['maɪləʳ, AM ɚ] *n* (*fam*) *person* Meilenläufer(in) *m(f); horse* Meiler *m*
miles per hour *n* Meilen in der [*o* pro] Stunde
milestone *n* (*also fig*) Meilenstein *m a. fig* **mile-wide** *adj inv* **a ~ smile** ein Grinsen von Ohr zu Ohr
milieu <*pl* -s *or* -x> ['mi:ljɜ:, AM mi:l'jɜ:] *n* Milieu *nt*
militancy ['mɪlɪtᵊn(t)si, AM -tən-] *n no pl* Militanz *f*
militant ['mɪlɪtᵊnt, AM -tənt] **I.** *adj* militant
II. *n* Kämpfer(in) *m(f);* POL militantes Mitglied; (*union member*) militanter Gewerkschafter/militante Gewerkschafterin; (*radical student*) militanter Student/militante Studentin
militantly ['mɪlɪtᵊntli, AM -tənt-] *adv* militant
militarily ['mɪlɪterɪli] *adv inv* militärisch; **to intervene ~** militärisch eingreifen
militarism ['mɪlɪtᵊrɪzᵊm, AM -təˑ-] *n no pl* Militarismus *m;* (*when overly agressive*) Kriegstreiberei *f*

M

militarist ['mɪlɪtᵊrɪst, AM -t̬ɚ-] *n* Militarist(in) *m(f)*

militaristic [ˌmɪlɪtᵊr'ɪstɪk, AM -tə'rɪs-] *adj* militaristisch

militarize ['mɪlɪtᵊraɪz, AM -tər-] *vt* ■**to** ~ **sth** etw militarisieren

military ['mɪlɪtri, AM -teri] **I.** *n pl* ■**the** ~ das Militär **II.** *n modifier* (*intervention, manoeuvres, operation, presence, power, spokesman*) Militär-, militärisch; ~ **casualties** Kriegsopfer *ntpl;* ~ **insignia** Militärabzeichen *ntpl;* ~ **law** Militärstrafrecht *nt;* ~ **march** MUS Militärmarsch *m;* (*fig*) (*attitude, discipline, order, precision, style*) militärisch, streng

military academy *n* ① (*for cadets*) Militärakademie *f* ② AM (*for pupils*) *sehr strenge Privatschule* **military adviser** *n* Militärberater(in) *m(f)* **military alliance** *n* Militärbündnis *nt* **military band** *n* Militärkapelle *f* **military base** *n* Militärbasis *f,* Militärstützpunkt *m* **military camp** *n* Militärlager *nt* **military forces** *npl* Streitkräfte *pl* **military government** *n* Militärregierung *f* **military honours** *npl* militärische Ehren **military-industrial complex** *n* militärisch-industrieller Komplex **military law** *n no pl* Militärstrafrecht *nt* **military police** *npl* ■**the** ~ die Militärpolizei **military policeman** *n* Militärpolizist(in) *m(f)* **military science** *n no pl* Militärwissenschaft *f* **military service** *n no pl* Militärdienst *m,* Wehrdienst *m;* **to do** ~ Militärdienst [*o* Wehrdienst] ableisten **military tribune** *n* LAW Militärgericht *nt*

militate ['mɪlɪteɪt] *vi* (*form*) ① (*oppose*) **to** ~ **against an argument/one's parents** gegen ein Argument/seine Eltern ankämpfen
② (*prevent*) ■**to** ~ **against sth** (*oppose*) sich *akk* gegen etw *akk* aussprechen; (*fig: discourage*) gegen etw *akk* sprechen

militia [mɪ'lɪʃə] *n* Miliz *f,* Bürgerwehr *f*

militiaman *n* Milizionär *m* **militiawoman** *n* Milizionärin *f*

milk [mɪlk] **I.** *n no pl* ① (*product of lactation*) Milch *f;* (*breastmilk*) Muttermilch *f;* (*in coconuts*) Kokosmilch *f;* **goat's/sheep's/cow's** ~ Ziegen-/Schafs-/Kuhmilch *f;* **to be in** ~ Milch absondern
② (*drink*) Milch *f;* **chocolate-flavoured** [*or* AM **-flavored**] ~ Schokoladenmilch *f;* **full fat** [*or* AM **whole**] ~ Vollmilch *f;* **long-life** ~ haltbare Milch, H-Milch *f;* **semi-skimmed/skimmed** ~ teilentrahmte/entrahmte Milch
▸ PHRASES: **the land of** ~ **and honey** das Land, wo Milch und Honig fließt; **there's no use crying over spilt** [AM **spilled**] ~ (*saying*) was passiert ist, ist passiert; **the** ~ **of human kindness** die Milch der frommen Denk[ungs]art *liter*
II. *n modifier* (*bottle, carton, product, production, processing*) Milch-
III. *vt* ① (*get milk*) **to** ~ **a cow/goat/sheep** eine Kuh/Ziege/ein Schaf melken
② (*fig: exploit*) ■**to** ~ **sb/sth** jdn/etw melken [*o* schröpfen] *fig fam;* ■**to** ~ **sb/sth of sth** jdn/etw um etw *akk* erleichtern; ***the press ~ed them dry of all the information they could give*** die Presseleute zogen ihnen alle Informationen aus der Nase, die sie nur geben konnten; **to** ~ **a story** JOURN eine Story ausschlachten

milk and water *adj pred, inv,* **milk-and-water** *adj attr, inv* saft- und kraftlos **milk bar** *n* ① (*snack bar*) Milchbar *f* ② AUS (*shop*) Milchladen *m* **milk chocolate** *n no pl* Milchschokolade *f* **milk cow** *n* Milchkuh *f* **milk float** *n* BRIT Milchwagen *m* **milk-glass** *n no pl* Milchglas *nt*

milking machine *n* Melkmaschine *f* **milking stool** *n* Melkschemel *m*

milk loaf *n* BRIT *Brot, dessen Teig mit Milch angerührt ist* **milkmaid** *n* (*dated*) Milchmädchen *nt* **milkman** *n* Milchmann *m* **Milk of Magnesia®** *n no pl* PHARM Magnesiamilch *f* **milk powder** *n no pl* Milchpulver *nt* **milk pudding** *n no pl* BRIT Milchspeise *f* **milk round** *n* BRIT (*fam*) *Besuche, die Vertreter von Firmen britischen Universitäten abstatten, um den Studenten Orientierungshilfe bei der Berufswahl zu geben* **milk run** *n* tägliche Runde **milk shake** *n* Milchshake *m,* Milchmixgetränk *nt;* **strawberry** ~ Erdbeermilchshake *m* **milksop** *n* (*pej*) Schlappschwanz *m pej fam* **milk sugar** *n no pl* Milchzucker *m,* Lactose *f fachspr* **milk tooth** *n* Milchzahn *m* **milk truck** *n* AM (*milk float*) Milchwagen *m* **milk white** *n* Milchweiß *nt* **milk-white** *adj* milchweiß, milchigweiß **milkwort** ['mɪlkwɜːt, AM -wɜːrt] *n* Kreuzblume *f*

milky ['mɪlki] *adj* ① (*with milk*) mit Milch *nach n;* ~ **coffee/tea** Milchkaffee/-tee *m*
② (*not clear*) *glass, water* milchig; ~ **skin** sanfte Haut; ~ **eyes** trübe Augen

Milky Way *n no pl* ■**the** ~ die Milchstraße

mill [mɪl] **I.** *n* ① (*building*) Mühle *f*
② (*machine*) Mühle *f;* **coffee/pepper** ~ Kaffee-/Pfeffermühle *f*
③ (*factory*) Fabrik *f;* **cotton** ~ Baumwollspinnerei *f;* **steel** ~ Stahlfabrik *f,* Stahlwerk *nt;* **woollen** [*or* AM **woolen**] ~ Wollspinnerei *f*
▸ PHRASES: **to put sb through the** ~ jdn in die Mangel nehmen *sl;* **to go through the** ~ viel durchmachen müssen
II. *vt* ① (*grind*) ■**to** ~ **sth** *grain* etw mahlen
② (*shape or cut metal*) **to** ~ **metal** Metall walzen; (*with milling machine*) Metall fräsen; **to** ~ **a coin** eine Münze rändeln
◆**mill about, mill around, mill round** *vi* BRIT umherlaufen; ***the crowd ~ed around the square*** die Menge schob sich über den Platz

milled [mɪld] *adj inv* ① (*ground*) gemahlen
② (*knurled*) gerändelt

millenarian [ˌmɪlə'neəriən, AM 'neri] *adj inv* millenaristisch *geh,* chiliastisch *geh*

millennia [mɪ'leniə] *n pl of* **millennium**

millennial [mɪ'leniəl] **I.** *adj inv* tausendjährig; ~ **anniversary** tausendjähriges Jubiläum; ~ **celebrations** Tausendjahrfeiern *fpl*
II. *n* ■~**s** *pl demographische Bezeichnung für die Generation von Kindern, die zwischen 1974 und 1995 geboren sind*

millennium <*pl* -s *or* -nia> [mɪ'leniəm, *pl* -niə] **I.** *n* ① (*1000 years*) Jahrtausend *nt,* Millenium *nt geh;* **the new** ~ das neue Jahrtausend
② (*anniversary*) Jahrtausendfeier *f*
③ REL (*reign of Christ*) Tausendjähriges Reich
II. *n modifier* Milleniums-; **the** ~ **bug** COMPUT das Jahrtausendproblem (*Virus, der bei der Jahrtausendwende Störungen verursacht*); ~ **hype** Milleniumsspektakel *nt,* Milleniumsrummel *m*

Millennium Wheel *n no pl* BRIT ■**the** ~ das Millenium-Riesenrad

millepede ['mɪlɪpiːd] *n* Tausendfüßler *m*

miller ['mɪləʳ, AM -ɚ] *n* (*dated*) Müller(in) *m(f)*

millet ['mɪlɪt] *n no pl* Hirse *f*

milliampere [ˌmɪlɪ'æmpeəʳ, AM -pɪr] *n* ELEC Milliampere *nt*

milliard [ˌmɪli'ɑːd] *n* BRIT (*dated*) Milliarde *f*

millibar ['mɪlibɑːʳ, AM -bɑːr] *n* METEO Millibar *nt*

milligram AM, **milligramme** ['mɪlɪgræm] *n* Milligramm *nt*

milliliter ['mɪlɪˌliːt̬ɚ] AM, **millilitre** [-təʳ] *n* Milliliter *m*

millimeter ['mɪlɪˌmiːt̬ɚ] AM, **millimetre** [-təʳ] *n* Millimeter *m*

milliner ['mɪlɪnəʳ, AM -ɚ] *n* (*dated*) ① (*hat maker*) Hutmacher(in) *m(f),* Putzmacher(in) *m(f) veraltet*
② (*hat seller*) Hutverkäufer(in) *m(f)*

millinery ['mɪlɪnᵊri, AM -neri] *n* (*dated*) ① *no pl* (*industry*) Hutmacherhandwerk *nt,* Putzmacherhandwerk *nt veraltet*
② (*shop*) Hutladen *m,* Hutgeschäft *nt*

milling machine *n* Fräse *f,* Fräsmaschine *f*

million ['mɪljən] *n* ① (*1,000,000*) Million *f;* **a** ~ **pounds** eine Million Pfund; **eight** ~ [**people**] acht Millionen [Menschen]; **half a** ~ eine halbe Million
② (*fam: countless number*) ***I've already heard that story a ~ times*** diese Geschichte habe ich schon tausendmal gehört; ***you're going to make ~s on this deal*** du wirst Millionen an diesem Handel verdienen; ~**s of people/houses/trees** Unmengen von Menschen/Häusern/Bäumen; ~**s and ~s of years ago** vor Millionen und Abermillionen von Jahren
▸ PHRASES: **to feel/look like a** ~ **dollars** [*or* AM **bucks**] sich *akk* pudelwohl fühlen/aussehen, als ob man sich *akk* pudelwohl fühlt *fam;* **sb is one in a** ~ jd ist etwas ganz Besonderes; **for the** ~**s** für die Masse

millionaire [ˌmɪljə'neəʳ, AM -ner] *n* Millionär *m;* **Dollar** ~ Dollarmillionär *m;* **paper** ~ Aktienmillionär *m*

millionairess <*pl* -es> [ˌmɪljəneə'res, AM -jə'nerɪs] *n* Millionärin *f*

millionth ['mɪljən(t)θ] **I.** *adj inv* millionste(r, s); [**for**] **the** ~ **time** (*fig*) zum [hundert]tausendsten Mal **II.** *n* Millionstel *nt;* **a** ~ **of a second** eine millionstel Sekunde

millipede ['mɪlɪpiːd] *n* Tausendfüßler *m*

millisecond ['mɪlɪˌsekənd] *n* Millisekunde *f;* **in** ~**s** (*fig*) in null Komma nichts *fam;* **for** ~**s** für einen kurzen Moment

millpond *n* ① (*at a mill*) Mühlteich *m* ② (*calm water*) ruhiges Gewässer **mill race** *n* Mühlbach *m* **millstone** *n* Mühlstein *m;* **to be** [**like**] **a** ~ **around sb's neck** jdm wie ein Klotz am Bein sein **mill stream** *n* Mühlbach *f* **mill wheel** *n* Mühlrad *nt* **millwright** *n* Mühlenbauer(in) *m(f)*

milometer *n* BRIT *see* **mileometer**

milord [mɪ'lɔːd, AM 'lɔːrd] *n* HIST (*hum*) gnädiger Herr

milt [mɪlt] *n no pl* ZOOL Milch *f*

mime [maɪm] **I.** *n* ① *no pl* (*technique*) Pantomime *f;* **to be enacted in** ~ pantomimisch dargestellt werden
② THEAT (*actor*) Pantomime, -in *m, f;* (*performance*) Pantomime *f; by ordinary person* Nachahmung *f*
II. *vi* **to** ~ **to a song** zu einem Lied die Lippen bewegen
III. *vt* ■**to** ~ **sth** THEAT etw pantomimisch darstellen; (*mimic*) etw mimen

mime artist *n* Pantomime, -in *m, f*

mimeograph ['mɪmiə(ʊ)grɑːf, AM -miəgræf] (*dated*) **I.** *n* ① (*machine*) Vervielfältigungsapparat *m*
② (*copy*) Vervielfältigung *f*
II. *vt* **to** ~ **a document/letter/work sheet** ein Dokument/einen Brief/ein Arbeitsblatt vervielfältigen

mimetic [mɪ'metɪk, AM -t̬-] *adj inv* pantomimisch

mimetically [mɪ'metɪkli, AM -t̬-] *adv inv* pantomimisch; **to enact sth** ~ etw pantomimisch darstellen

mimic ['mɪmɪk] **I.** *vt* <-ck-> ① (*imitate*) ■**to** ~ **sb/sth** jdn/etw nachahmen; (*when teasing*) jdn/etw nachäffen *pej*
② (*be similar*) ■**to** ~ **sth** *plant, animal* etw nachahmen; *drug, disease* etw *dat* ähneln [*o* gleichen]
II. *n* Imitator(in) *m(f)*

mimicry ['mɪmɪkri] *n* ① *no pl* Nachahmung *f;* (*by plant, animal*) Mimikry *f fachspr;* (*by disease, drug*) Ähnlichkeit *f;* **a talent for** ~ ein Talent dafür, andere nachzuahmen
② (*instance*) Nachahmung *f*

mimosa [mɪ'məʊzə, AM -'moʊsə, -zə] *n* Mimose *f*

min I. *n* ① *abbrev of* **minimum** min.
② *abbrev of* **minute** min; **in a** ~ (*fam*) gleich
II. *adj abbrev of* **minimum** min.

minaret [ˌmɪnə'ret] *n* Minarett *nt*

minatory ['mɪnətᵊri, AM -tɔːri] *adj attr* (*form*) drohend; ~ **behaviour** [*or* AM **behavior**] Drohverhalten *nt*

mince [mɪn(t)s] **I.** *vt* FOOD ■**to** ~ **sth** *meat* etw hacken; (*in grinder*) etw durch den Fleischwolf drehen; *garlic, onions* etw klein schneiden
▸ PHRASES: **to not** ~ **matters** nichts beschönigen; **to not** ~ [**one's**] **words** kein Blatt vor den Mund nehmen
II. *vi* trippeln, tänzeln
III. *n no pl* BRIT, AUS Hackfleisch *nt*

minced [mɪn(t)st] *adj inv lamb, beef* gehackt; *garlic, onions* klein geschnitten; ~ **meat** Hackfleisch *nt*

mincemeat ['mɪn(t)smiːt] *n no pl* BRIT *süße Gebäckfüllung aus Dörrobst und Sirup* ▸ PHRASES: **to make** ~ **of sb** (*fam: physically*) aus jdm Hackfleisch machen *fam;* (*verbally*) jdn zur Schnecke machen *fam* **mincemeat pie** *n* AM, **mince pie** *n* BRIT *Kuchen mit Füllung aus Dörrobst und Sirup*

mincer ['mɪn(t)səʳ, AM -ɚ] *n* Fleischwolf *m*

mincing ['mɪn(t)sɪŋ] *adj* ❶ (*not to the point*) ausweichend, indirekt
❷ (*affected*) ~ **walk** trippelnder Gang; ~ **steps** Trippelschritte *mpl*

mind [maɪnd] **I.** *n* ❶ (*brain, intellect*) Geist *m,* Verstand *m; **she's one of the greatest ~s of today*** sie ist einer der größten Köpfe unserer Zeit; ***it's a question of ~ over matter*** das ist eine reine Willensfrage; ***he's got the ~ of a four-year-old!*** er hat den Verstand eines Vierjährigen!; ***it was a triumph of ~ over matter*** hier war der Wille stärker; **in one's ~ eyes** vor seinem geistigen Auge; **frame of ~** seelische Verfassung; **a fine ~** ein großer Geist; **to have a good ~** einen klaren Verstand haben; **to have a logical ~** logisch denken können; **to the Victorian ~** nach der viktorianischen Denkweise; **to use one's ~** seinen Verstand gebrauchen
❷ (*sanity*) Verstand *m;* **to be in one's right ~** noch ganz richtig im Kopf sein; **to be out of one's ~** den Verstand verloren haben; **to drive sb out of his/her ~** jdn wahnsinnig machen; **to lose** [*or* **go out of**] **one's ~** den Verstand verlieren
❸ (*thoughts*) Gedanken *mpl;* ***the idea never entered my ~*** auf diesen Gedanken wäre ich gar nicht gekommen; ***it went out of my ~*** ich hab's vergessen; ***you put that out of your ~!*** das kannst du dir aus dem Kopf schlagen!; ***I can't get that song out of my ~*** das Lied will mir einfach nicht mehr aus dem Kopf gehen!; ***sorry, my ~ is on other things*** tut mir Leid, ich bin mit den Gedanken ganz woanders; **to be on one's ~** einen beschäftigen; ***you're always on my ~*** ich denke die ganze Zeit an dich; ***what's on your ~?*** woran denkst du?; ***what's on your ~!*** woran du nur wieder denkst!; **to be in the back of sb's ~** in jds Hinterkopf sein; **to bear** [*or* **keep**] **sth in ~** etw nicht vergessen; **bearing in ~ that ...** angesichts der Tatsache, dass ...; **to bring** [*or* **call**] **sth to ~** (*remember*) sich *akk* etw in Erinnerung rufen; (*remind*) an etw *akk* erinnern; **to come** [*or* **spring**] **to sb's ~** jdm einfallen; **to have sb/sth in ~** an jdn/etw denken; ***did you have anything special in ~?*** dachten Sie an etwas Bestimmtes?; **to have a lot of things on one's ~** viele Sorgen haben; **to keep one's ~ on sth** *one's work* sich *akk* auf etw *akk* konzentrieren; **sth puts sb in ~ of sth** *esp* BRIT etw erinnert jdn an etw *akk;* **to put sb out of one's ~** jdn aus seinem Gedächtnis streichen; **to read sb's ~** jds Gedanken lesen; **to set one's ~ to do sth** sich *akk* auf etw *akk* konzentrieren; **to take sb's ~ off sth** jdn auf andere Gedanken bringen [*o* von etw *dat* ablenken]
❹ (*intention*) ***nothing could be further from my ~ than ...*** nichts läge mir ferner als ...; **to have in ~ to do sth** vorhaben, etw zu tun; **to know one's** [**own**] **~** wissen, was man will; **to make up one's ~** sich *akk* entscheiden; ***my ~ is made up!*** ich habe einen Entschluss gefasst!; **to set one's ~ on sth** sich *dat* etw in den Kopf setzen
❺ *usu sing* (*opinion*) Meinung *f,* Ansicht *f;* ***to my ~ ...*** meiner Meinung nach ...; **to give sb a piece of one's ~** jdm seine Meinung sagen; **to be of the same ~** der gleichen Meinung [*o* derselben Ansicht] sein; ***I'm of the same ~ as you*** ich bin deiner Meinung; **to be in** [*or* **of**] **two ~s about sth** sich *dat* über etw *akk* nicht im Klaren sein; **to change one's ~** es sich *dat* anders überlegen; **to have a ~ of one's own** seinen eigenen Kopf haben
❻ (*inclination*) **to have half a** [**good**] **~ to ...** gute Lust haben, ...; **to be of a ~ to do sth** (*form*) geneigt sein, etw zu tun
▶ PHRASES: **to be bored out of one's ~** sich *akk* zu Tode langweilen; **great ~s think alike** ah, ich sehe, wir verstehen uns!
II. *vt* ❶ (*be careful of*) ■**to ~ sth** auf etw *akk* aufpassen; ***~ your head*** [*or* ***that you don't bang your head***] pass auf, dass du dir nicht den Kopf stößt; ***~ your head*** Vorsicht mit dem Kopf!; ***here, ~, he said when she trod on his foot*** passen Sie doch auf, sagte er, als sie ihm auf den Fuß trat; ***~ the step!*** Vorsicht Stufe!; ***~ how you go*** pass doch auf!; (*as farewell*) pass auf dich auf!; ***~ your language!*** (*dated*) pass auf, was du sagst!
❷ (*care about*) ■**to ~ sb** sich *akk* um jdn kümmern; ***don't ~ me*** kümmer dich nicht um mich; ***don't ~ what she says*** kümmer dich nicht darum, was sie sagt; ***and never ~ the expense*** und vergiss jetzt einfach mal die Kosten; ***never ~ them — what about me?*** was kümmern mich die – was ist mit mir?; ***never ~ her!*** vergiss sie doch einfach!; ***never ~ how you got there ...*** ist doch egal, wie du da hinkamst, ...; ***~ your own business!*** kümmer dich um deine eigenen Angelegenheiten!; ***I don't ~ the heat*** die Hitze macht mir nichts aus!; ***I don't ~ what she does*** es ist mir egal, was sie macht!
❸ (*make certain*) ■**to ~ that ...** denk daran, dass ...; ***~ you close the door when you leave*** vergiss nicht, die Tür zuzumachen, wenn du gehst; ***~ you get this done before she gets home*** sieh zu, dass du damit fertig wirst, bevor sie nach Hause kommt
❹ (*look after*) ■**to ~ sb/sth** auf jdn/etw aufpassen; (*fig*) ***I'm ~ing the shop*** ich kümmere mich hier um den Laden *fam*
❺ (*fam: object*) ■**to not ~ sth** nichts gegen etw *akk* [einzuwenden] haben; ***would you ~ holding this for me?*** würden Sie das [kurz] für mich halten?; ***do you ~ my asking you a question?*** darf ich Ihnen eine Frage stellen?; ***do you ~ calling me a taxi?*** würde es dir was ausmachen, mir ein Taxi zu rufen?; ***do you ~ my smoking?*** stört es Sie, wenn ich rauche?; ***I don't ~ her*** ich habe nichts gegen sie; ***I wouldn't ~ a new car/a cup of tea*** gegen ein neues Auto/eine Tasse Tee hätte ich nichts einzuwenden!
▶ PHRASES: **to ~ one's p's and q's** sich *akk* gut benehmen; **~ you** allerdings; ***~ you, I'd love to have a cup of tea!*** also, gegen eine Tasse Tee hätte ich jetzt nichts einzuwenden!; ***~ you, she did try*** immerhin hat sie es versucht!
III. *vi* ❶ (*care*) sich *dat* etwas daraus machen; ***I don't ~*** das ist mir egal; ***sometime I wish he ~ed a little more*** manchmal wünsche ich mir, dass es ihm ein bisschen mehr ausmachen würde; ***never ~!*** [ist doch] egal!; ***never ~, I'll do it myself!*** vergiss es, ich mach's selbst!; ***never ~, one day ...*** mach dir nichts draus – eines Tages ...; ***never ~ about that mistake*** vergiss den Fehler einfach!; ***never ~ about that now*** vergiss das jetzt mal; ***never ~ about her — what about you?*** jetzt vergiss sie doch mal – was ist mit dir?; ***never you ~!*** jetzt kümmer dich mal nicht drum!
❷ (*object*) etwas dagegen haben; ***do you ~ if I ...?*** stört es Sie, wenn ich ...?; ***do you ~!*** (*don't!*) ich muss doch sehr bitten!; (*may I?*) darf ich?; ***nobody will ~*** das wird niemanden stören; ***if you don't ~ ...*** wenn du nichts dagegen hast, ...; ***if you don't ~ me saying so, ...*** ich hoffe, es macht dir nichts aus, dass ich dir das jetzt sage, aber ...; ***I don't ~ if I do*** ich hätte nichts dagegen
▶ PHRASES: **never ~ ...** geschweige denn ...
◆**mind out** *vi* BRIT aufpassen; ***~ out!*** Vorsicht!

mind-altering *adj experience, drug* bewusstseinsverändernd **mind-bending** *adj* (*fam*) *puzzle* knifflig **mind bent** *n no pl* Überzeugung *f,* Bewusstsein *nt* **mind-blowing** *adj* (*sl*) irre *fam* **mind-boggling** *adj* (*fam*) irrsinnig *fam,* verrückt **mind candy** *n* AM (*sl*) seichte Unterhaltung **mind control** *n no pl* Gehirnwäsche *f*

minded ['maɪndɪd] *adj pred* ❶ (*inclined*) ***if you are so ~, ...*** wenn dir der Sinn danach steht, ...; **to be mathematically/scientifically ~** eine mathematische/wissenschaftliche Neigung haben
❷ (*enthusiastic*) begeistert; ***she's very car ~*** sie ist ein absoluter Autonarr; **to be romantically ~** romantisch veranlagt sein

minder ['maɪndəʳ, AM -ɚ] *n* ❶ *esp* BRIT (*caretaker*) Aufpasser(in) *m(f)*
❷ (*bodyguard*) Leibwächter(in) *m(f)*

mind-expanding *adj* bewusstseinserweiternd

mindful ['maɪn(d)fəl] *adj pred* ❶ (*be concerned about*) **to be ~ of sb's feelings/condition** jds Gefühle/Zustand berücksichtigen [*o* bedenken]; ***ever ~ of her comfort, ...*** stets auf ihr Wohl bedacht, ...; **to be ever ~ of sb** stets für jdn Sorge tragen
❷ (*have understanding*) **to be ~ of the disadvantages/problems/risks** sich *dat* der Nachteile/Probleme/Risiken bewusst sein; **to be ~ of one's responsibilities** sich *dat* seiner Verantwortung bewusst sein

mind games *npl* psychologische Spielchen; **to play ~ with sb** jdn verunsichern

mindless ['maɪn(d)ləs] *adj* ❶ (*pointless*) sinnlos; **~ gossip** sinnloser Klatsch; **~ violence/jealousy** blinde Gewalt/Eifersucht
❷ (*not intellectual*) *job, talk, work* geistlos, stupide *pej geh; music, lyrics* anspruchslos; ***what's this ~ rubbish you're watching?*** was für einen Schund schaust du dir da an?
❸ (*heedless*) hirnlos, ohne Verstand

mindlessly ['maɪn(d)ləsli] *adv* gedankenlos, ohne zu überlegen

mindlessness ['maɪn(d)ləsnəs] *n no pl* ❶ (*without consideration*) Gedankenlosigkeit *f*
❷ (*without a reason*) *of violence, destruction* Sinnlosigkeit *f*

mind-numbing *adj* langweilig **mind-numbingly** *adv* **~ boring** furchtbar langweilig **mind reader** *n* Gedankenleser(in) *m(f)* **mindset** *n* Denkart *f,* Mentalität *f;* **a Victorian/medieval/1960s ~** eine Denkweise wie in der viktorianischen Zeit/im Mittelalter/in den Sechzigern haben; **to be of a different/the same ~** eine unterschiedliche/die gleiche Denkart haben

mine¹ [maɪn] *pron poss* ❶ (*belonging to me*) meine(r, s); ***your skin is lighter than ~*** deine Haut ist heller als meine; ***you go your way and I'll go ~*** du gehst deinen Weg und ich den meinigen; ***she's an old friend of ~*** sie ist eine alte Freundin von mir
❷ *det* (*old: my*) meine(r, s); **~ *eyes/host*** meine Augen/mein Gastgeber

mine² [maɪn] **I.** *n* ❶ (*excavation*) Bergwerk *nt;* (*fig: valuable source*) Fundgrube *f;* **a diamond/copper ~** eine Diamanten-/Kupfermine; **a coal ~** eine Kohlengrube, Kohlenzeche; **to work in** [*or* **down**] **the ~s** unter Tage arbeiten
❷ MIL (*explosive*) Mine *f;* **to clear an area of ~s** ein Minenfeld räumen; **to plant** [*or* **lay**] **~s** Minen legen
II. *vt* ❶ (*obtain resources*) **to ~ coal/iron/diamonds** Kohle/Eisen/Diamanten abbauen [*o* fördern]; **to ~ gold** Gold schürfen
❷ (*plant mines*) **to ~ an area** ein Gebiet verminen
▶ PHRASES: **to ~ a rich seam** [*or* **vein**] **of sth** sich *dat* etw zunutze machen
III. *vi* **to ~ for coal/diamonds/silver/gold** nach Kohle/Diamanten/Silber/Gold graben

mine-detector *n* Minensuchgerät *nt* **minefield** *n* Minenfeld *nt;* (*fig*) gefährliches Terrain **minehunter** *n* NAUT Minensucher(in) *m(f)* **minelayer** *n* NAUT Minenleger(in) *m(f)*

miner ['maɪnəʳ, AM -ɚ] *n* Bergarbeiter(in) *m(f)*

mineral ['mɪnərəl] **I.** *n* ❶ (*inorganic substance*) Mineral *nt*
❷ (*when obtained by mining*) [Gruben]erz *nt,* Mineral *nt*
❸ (*in nutrition*) Mineral *nt;* **vitamins and ~s** Vitamine und Mineralien
II. *n modifier* **~ deposits** Erzlagerstätten *fpl;* **~ resources** Bodenschätze *pl;* **~ wealth** Reichtum *m* an Bodenschätzen; MED (*supplement, intake, level*) Mineralstoff-; **~ deficiency** Mineralstoffmangel *m*

mineral jelly *n no pl* Vaselin *nt* **mineral kingdom** *n no pl* Mineralreich *nt*

mineralogical [ˌmɪnərə'lɒdʒɪkəl, AM -'lɑːdʒ-] *adj* mineralogisch

mineralogist [ˌmɪnər'ælədʒɪst, AM -ə'rɑːl-] *n* Mineraloge, -in *m, f*

mineralogy [ˌmɪnər'ælədʒi, AM -ə'rɑːl-] *n no pl* Mineralogie *f*

mineral oil *n* Mineralöl *nt* **mineral rights** *npl*

Schürfrechte *pl*

minerals ['mɪnərəlz] *npl* BRIT (*dated*) *kohlensäurehaltige Limonadengetränke*

mineral spring *n* Mineralquelle *f* **mineral water** *n no pl* Mineralwasser *nt;* **carbonated/still ~** kohlensäurehaltiges/stilles Mineralwasser

miner's right *n* AUS Abbaulizenz *f,* Schürflizenz *f* **mine shaft** *n* [Minen]schacht *m*

minestrone [ˌmɪnɪ'strəʊni, AM -'stroʊ-] *n,* **minestrone soup** *n no pl* Minestrone *f*

minesweeper *n* NAUT (*fam*) Minenräumer *m*

Ming [mɪŋ] *n no pl* ❶ (*dynasty*) Ming[-Dynastie] *f* ❷ (*porcelain*) Ming[-Porzellan] *nt*

mingle ['mɪŋgl] **I.** *vt usu passive* ■**to ~ sth and sth** etw mit etw *dat* mischen; ***excitement at starting a new job is always ~ed with a certain amount of fear*** Aufregung beim Beginn in einem neuen Job ist immer mit einer gewissen Portion Angst vermischt
II. *vi* ❶ (*socialize*) sich *akk* untereinander vermischen; **to ~ with the guests** sich *akk* unter die Gäste mischen
❷ (*mix*) sich *akk* vermischen

mingy ['mɪndʒi] *adj esp* BRIT (*fam*) ❶ (*stingy*) *person* knaus[e]rig *fam,* knick[e]rig *fam*
❷ (*too small*) lumpig *fam,* mick[e]rig *fam;* **a ~ amount/portion** ein mickeriger Betrag/eine mickerige Portion

mini- ['mɪni] *in compounds* (*library, shop, doll's house*) Mini-

Mini ['mɪni] *n* AUTO, TRANSP (*small car*) Mini *m*

mini ['mɪni] *n* (*fam*) *short for* **miniskirt** Minirock *m*

miniature ['mɪnətʃər, AM -niətʃɚ] **I.** *adj attr, inv* Miniatur-; **~ camera** Miniaturkamera *f*
II. *n* ❶ (*painting*) Miniatur *f*
❷ (*bottle*) Miniflasche *f*
❸ (*model*) Miniatur *f*

miniature golf *n no pl* Minigolf *nt* **miniature poodle** *n* Zwergpudel *m* **miniature railway** *n* Liliputbahn *f* **miniature submarine** *n* Mini-U-Boot *nt*

miniaturist ['mɪnətʃərɪst, AM iətʃɚɪst] *n* Miniaturenmaler(in) *m(f)*

miniaturization [ˌmɪnətʃəraɪ'zeɪʃən, AM -niətʃɚɪ'-] *n no pl of computers, mobil phones* Miniaturisierung *f*

miniaturized ['mɪnətʃəraɪzd, AM -niətʃɚ-] *adj inv* in klein; *computer, mobile phone* miniaturisiert; **~ version** Miniaturausgabe *f*

minibar *n* Minibar *f* **minibus** *n* Kleinbus *m* **minicab** *n* BRIT Kleintaxi *nt* **minicam** *n* MEDIA *kleine Videokamera* **minicomputer** *n* Minicomputer *m* **Mini Disc®** *n* Mini Disk® *f* **minidisk** *n* COMPUT Miniplatte *f* **minigolf** *n* Minigolf *nt*

minim ['mɪnɪm] *n* BRIT, AUS MUS halbe Note

minima ['mɪnɪmə] *n* (*spec*) *pl of* **minimum**

minimal ['mɪnɪməl] *adj inv* minimal, Mindest-; **with ~ effort** mit möglichst wenig Anstrengung

minimalism ['mɪnɪməlɪzəm] *n no pl* ART, LIT Minimalismus *m*

minimalist ['mɪnɪməlɪst] ART, LIT **I.** *adj inv* minimalistisch
II. *n* Minimalist(in) *m(f)*

minimally ['mɪnɪməli] *adv inv* minimal; ***the story was only ~ covered in the papers*** die Geschichte wurde in den Zeitungen nur am Rande erwähnt

minimization [ˌmɪnɪmaɪ'zeɪʃən, AM -mɪ'-] *n no pl* Minimierung *f*

minimize ['mɪnɪmaɪz] *vt* ❶ (*reduce*) ■**to ~ sth** etw auf ein Minimum [*o* Mindestmaß] beschränken, etw minimieren
❷ (*underestimate*) ■**to ~ sth** etw schlecht machen; (*play down*) etw bagatellisieren; **to ~ sb's feelings/concerns/anger** jds Gefühle/Sorgen/Ärger herunterspielen; (*belittle*) ■**to ~ sb** jdn herabsetzen
❸ COMPUT ■**to ~ sth** etw auf Symbolgröße verkleinern [*o* minimieren]

minimum ['mɪnɪməm] **I.** *n* <*pl* -s *or* -ima> Minimum *nt;* **a ~ of 3 hours** mindestens 3 Stunden; **a ~ of effort/time/risk** ein Minimum an Aufwand/Zeit/Risiko; **to keep sth to a ~** etw so niedrig wie möglich halten; **to reduce sth to a ~** etw auf ein Minimum reduzieren
II. *adj inv* ❶ (*lowest possible*) Mindest-; **~ requirements** Mindestanforderungen *fpl*
❷ (*very low*) Minimal-, minimal; **~ weight** Minimalgewicht *nt*

minimum security prison *n Gefängnis, dessen Insassen relativ viel Freiheit haben* **minimum wage** *n* Mindestlohn *m*

mining ['maɪnɪŋ] **I.** *n no pl* Bergbau *m*
II. *adj attr, inv* Bergbau-, Bergwerks-

mining engineer *n* Bergbauingenieur(in) *m(f)* **mining industry** *n* Bergbauindustrie *f* **mining town** *n* Bergarbeiterstadt *f*

minion ['mɪnjən] *n* (*pej*) Speichellecker(in) *m(f) pej*

minipill *n* Minipille *f*

miniscule ['mɪnɪskjuːl] *adj* winzig

mini-series *n* TV Kurzserie *f,* Miniserie *f* **miniskirt** *n* Minirock *m*

minister ['mɪnɪstər, AM -ɚ] **I.** *n* ❶ (*in government*) Minister(in) *m(f);* **Cabinet ~** Kabinettsminister(in) *m(f);* **defence ~** Verteidigungsminister(in) *m(f)*
❷ (*diplomat*) Gesandte(r) *f(m),* Vertreter(in) *m(f)*
❸ (*protestant priest*) Pfarrer(in) *m(f)*
II. *vi* ❶ REL ■**to ~ to sb/sth** *pastor, priest* für jdn/etw sorgen
❷ (*be of service*) ■**to ~ to sb** jdm zu Diensten sein; (*take care of*) **to ~ to sb's needs** [*or* **wants**] sich *akk* um jdn kümmern
► PHRASES: **sb's ~ing angel** jds guter Engel

ministerial [ˌmɪnɪ'stɪəriəl, AM -'stɪr-] *adj inv* Minister-, Ministerial-, ministeriell; **~ post** Ministerposten *m;* **~ responsibilities** Aufgaben eines Ministers

Minister of State *n* BRIT ≈ Staatssekretär(in) *m(f)* **Minister of the Crown** *n* BRIT Kabinettsminister(in) *m(f)* **Minister without Portfolio** *n* BRIT Minister(in) *m(f)* ohne Portefeuille [*o* Geschäftsbereich]

ministrations [ˌmɪnɪ'streɪʃənz] *npl* (*liter or hum*) liebevolle Fürsorge

ministry ['mɪnɪstri] *n* ❶ (*in government*) Ministerium *nt;* **~ of agriculture/defence/transport** Landwirtschafts- / Verteidigungs- / Verkehrsministerium *nt*
❷ POL (*period of government*) Amtszeit *f;* (*cabinet*) *das gesamte Ministerkollegium*
❸ *no pl* (*priesthood*) ■**the ~** das Priestertum, der geistliche Stand; **to go into the ~** Priester werden; (*spiritual work*) *of a priest* priesterliche Pflichten
❹ (*tenure as pastor*) geistliches Amt
❺ (*care*) Sendungsbewusstsein *nt*

mini-system *n* MUS Ministereoanlage *f* **minivan** *n* Minivan *m*

mink [mɪŋk] **I.** *n* ❶ *no pl* (*animal*) Nerz *m;* (*fur*) Pelz *m*
❷ (*coat*) Nerz[mantel] *m*
II. *n modifier* (*coat, collar, lining, stole*) Nerz-

Minn. AM *abbrev of* **Minnesota**

minnow ['mɪnəʊ, AM -noʊ] *n* ❶ (*fish*) Elritze *f*
❷ (*fig*) kleiner Fisch *fig fam*

Minoan [mɪ'nəʊən, AM -'noʊ-] **I.** *adj* minoisch
II. *n* ❶ (*person*) Minoer(in) *m(f)*
❷ (*language*) Minoisch *nt*
❸ (*script*) Minoisch *nt*

minor ['maɪnər, AM -ɚ] **I.** *adj* ❶ (*small*) *detail, problem, criticism* nebensächlich; *character, plot* unbedeutend; *crime, violation* geringfügig; *improvement, repair* unwichtig; *accident, incident* leicht; *interest, hobby* klein; **~ road** Nebenstraße *f;* **~ alteration/tiff** kleine Veränderung/Meinungsverschiedenheit; **to be of ~ importance** von geringer Bedeutung sein; **~ offence** [*or* AM **offense**] leichtes Vergehen
❷ (*low-ranking*) *official, supervisor* untergeordnet; (*not important*) unbedeutend; **a ~ author/composer/poet** ein unbedeutender Schriftsteller/Komponist/Poet; **~ part** [*or* **role**] Nebenrolle *f;* (*fig*) untergeordnete Rolle
❸ MED (*not serious*) leicht; **~ injury** leichte Verletzung; **~ operation** kleiner Eingriff
❹ *inv* MUS Moll-; **~ chord** Mollakkord *m;* **~ key** Molltonart *f;* **a ~ note** ein Ton in Moll; **to end on a ~ note** (*fig*) mit einer traurigen Note enden; **~ scale** Molltonleiter *f*
❺ *after n* BRIT SCH (*for younger brother*) junior; ***Smith*** **~** Smith junior
II. *n* ❶ (*underage person*) Minderjährige(r) *f(m)*
❷ MUS Moll *nt*
❸ SPORTS (*minor leagues*) ■**the ~s** *pl* niedrige Klassen
❹ UNIV (*secondary study*) Nebenfach *m;* ***he has a literature major with a ~ in linguistics*** er studiert Literatur im Hauptfach mit Linguistik im Nebenfach
III. *vi* UNIV **to ~ in biology/linguistics/math** Biologie/Linguistik/Mathematik im Nebenfach studieren

Minorca [mɪ'nɔːkə, AM -'nɔːr-] *n* Menorca *nt*

minority [maɪ'nɒrəti, AM -'nɔːrəṭi] **I.** *n* ❶ (*the smaller number*) Minderheit *f,* Minorität *f geh;* **in a ~ of cases** in wenigen Fällen; **~ holding** [*or* **interest**] [*or* **stake**] ECON Minderheitsbeteiligung *f;* **a ~ of people** eine Minderheit; **to be in the ~** in der Minderheit sein; **to be a ~ of one** eine einsame Ausnahme darstellen
❷ (*racial/ethnic group*) Minderheit *f*
❸ LAW Minderjährigkeit *f*
II. *n modifier* (*interests, party, protection, rights, vote*) Minderheiten-

minority government *n* POL Minderheitsregierung *f* **minority group** *n* Minderheit *f,* Minorität *f geh* **minority shareholder** *n* Minderheitsaktionär(in) *m(f)*

minor league *n* AM untere Klasse **minor orders** *npl* REL niedere Ränge [*o* Weihen] **minor planet** *n* kleiner Planet **minor premise** *n* PHILOS Untersatz *m* **minor prophet** *n* REL kleiner Prophet **minor term** *n* PHILOS Unterbegriff *m*

Minotaur ['maɪnətɔːr, AM 'mɪnətɔːr] *n* Minotaurus *m*

minster ['mɪnstər, AM -ɚ] *n* Münster *nt*

minstrel ['mɪn(t)strəl] *n* (*hist: entertainer*) Spielmann *m;* (*singer*) Minnesänger *m*

minstrel show *n* AM (*dated*) *Tanz- und Musikshow mit schwarz geschminkten Darstellern*

mint¹ [mɪnt] **I.** *n* ❶ (*coin factory*) Münzanstalt *f,* Prägeanstalt *f;* **~ of ideas** (*fig*) Ideenschmiede *f*
❷ (*fig fam: lots of money*) **to make/cost a ~** einen Haufen Geld machen/kosten *fam;* **to be worth a ~** Gold wert [*o* unbezahlbar] sein
II. *vt* **to ~ money/a coin** Geld/eine Münze prägen; **to ~ gold/silver** Gold/Silber münzen; **to ~ a stamp** eine Briefmarke drucken; **to ~ a phrase** (*fig*) einen Satz prägen
III. *adj attr, inv* (*fig*) nagelneu *fam;* **~ coin** neu geprägte Münze; **a ~ copy** ein druckfrisches Exemplar; **~ stamp** ungestempelte Briefmarke; **in ~ condition** in tadellosem Zustand

mint² [mɪnt] **I.** *n* ❶ *no pl* (*herb*) Minze *f*
❷ (*sweet*) Pfefferminz[bonbon] *nt*
II. *n modifier* (*chocolate, flavouring, leaf*) Pfefferminz-

minted ['mɪntɪd] *adj inv* frisch gemacht

mint-flavored *adj* AM, **mint-flavoured** *adj* mit Pfefferminzgeschmack *nach n* **mint green** *adj* minzgrün **mint jelly** *n no pl* AM Minzgelee *nt* **mint julep** *n* AM *Cocktail aus Whiskey, Zucker, gestoßenem Eis und Minze* **mint sauce** *n no pl* Minzsoße *f* **mint tea** *n* Pfefferminztee *m*

minuet [ˌmɪnju'et] *n* Menuett *nt*

minus ['maɪnəs] **I.** *prep* minus; ***what is 57 ~ 39?*** was ist 57 minus 39?
II. *n* <*pl* -es> ❶ (*minus sign*) Minus[zeichen] *nt*
❷ (*disadvantage*) Minus *nt,* Manko *nt;* **to be in the ~** FIN im Minus sein
III. *adj attr, inv* ❶ (*disadvantage*) **~ factor** ECON Negativfaktor *m,* Minus *nt;* **~ point** Minuspunkt *m;* ECON ***the accounts show a ~ figure*** die Bücher weisen ein Minus auf
❷ (*number*) minus; ***two ~ one equals one*** MATH zwei minus eins gleich eins; **~ ten Celsius** minus zehn Grad Celsius; **to be in ~ figures** im Minus sein; *account also* überzogen sein

❸ *after n* SCH (*in grading*) **a B** ~ eine Zwei minus
minuscule [ˈmɪnəskjuːl, AM -nɪ-] **I.** *n* Kleinbuchstabe *m,* Minuskel *f fachspr*
II. *adj* winzig
minus factor *n* Minus *nt,* Manko *nt,* Nachteil *m*
minus sign *n* Minuszeichen *nt*
minute¹ [ˈmɪnɪt] **I.** *n* ❶ (*sixty seconds*) Minute *f;* ***it's 12:00 on*** [*or* **to**] **the** ~ es ist genau [*o* Punkt] 12:00 Uhr; **this** ~ sofort
❷ (*short time*) Moment *m,* Minute *f;* ***wait here, I'll only be a ~!*** warte hier, ich bin gleich soweit!; [***wait***] ***just a ~!*** [*or* ***wait a ~!***] (*for delay*) einen Moment noch!; (*in disbelief*) Moment mal!; ***wait a ~ — did you just say …*** Moment mal – hast du gerade gesagt, dass …; (*when objecting*) ***wait a ~ — that's my bike you're taking!*** warte mal – das ist mein Fahrrad, das du da nimmst!
❸ (*soon*) ***Mr Smith will be here any ~ now*** Herr Smith wird jeden Augenblick hier sein; **at any** ~ jede Minute; **in a** ~, **in a few ~s** gleich, sofort
❹ (*specific point in time*) Minute *f;* ***tell me the ~ that he arrives*** sag mir sofort Bescheid, wenn er kommt!; ***I disliked him the ~ I saw him!*** er war mir vom ersten Augenblick an unsympathisch; **to do sth at the last** ~ etw in letzter Minute tun; **at the** ~ (*now*) im Moment [*o* Augenblick]; (*presently in general*) zur Zeit
II. *adj attr, inv* Instant-; ~ **soup** Instantsuppe *f*
minute² [maɪˈnjuːt, AM *esp* -ˈnuːt] *adj* ❶ (*small*) winzig; **in** ~ **detail** bis ins kleinste Detail; **a** ~ **resemblance/similarity** eine entfernte Ähnlichkeit
❷ (*meticulous*) minuziös
minute hand *n* Minutenzeiger *m*
minutely [maɪˈnjuːtli, AM *esp* -ˈnuːt-] *adv* minuziös, bis ins kleinste Detail; **to describe sth** ~ etw ausführlich beschreiben
minuteman *n* AM (*hist*) *ein auf Abruf bereitstehender Freiwilliger im Unabhängigkeitskrieg*
minutes [ˈmɪnɪts] *npl* Protokoll *nt;* **~s of order** Verfügungsentwurf *m;* **to do/take the** ~ Protokoll führen; **to read out the** ~ das Protokoll verlesen
minute steak *n* Minutensteak *nt*
minutiae [maɪˈnjuːʃiaɪ, AM mɪˈnuː-] *npl* nebensächliche Details; **the** ~ **of everyday life** die kleinen alltäglichen Dinge
minx [mɪŋks] *n* (*usu hum dated*) *woman* [kleines] Biest *fam*
Miocene [ˈmaɪə(ʊ)siːn, AM -oʊ-] **I.** *n* GEOL Miozän *nt fachspr*
II. *adj* GEOL miozän *fachspr*
miracle [ˈmɪrəkl] *n* (*supernatural event*) Wunder *nt;* (*fig: surprising occurrence*) Wunder *nt;* ***it's a ~ that …*** es ist ein Wunder, dass …; ***it would be a ~ if …*** es wäre ein Wunder, wenn …; **a** ~ **of perfection/tidiness/engineering** ein Wunder an Perfektion/Sauberkeit/Technik; **to be a** ~ **of smallness** unglaublich klein sein; **to perform** [*or* **work**] **a** ~ ein Wunder vollbringen; ***don't expect me to work ~s*** erwarte keine Wunder von mir; **by some** ~ wie durch ein Wunder
miracle cure *n* Wunderheilung *f;* (*fig*) Wundermittel *nt* **miracle drug** *n* Wunderheilmittel *nt* **miracle play** *n* THEAT (*hist*) Mirakelspiel *nt fachspr* **miracle worker** *n* Wunderheiler(in) *m(f)*
miraculous [mɪˈrækjələs] *adj* wunderbar; **a** ~ **event** ein Wunder, etwas Wunderbares; **to make a** ~ **recovery** wie durch ein Wunder genesen
miraculously [mɪˈrækjələsli] *adv* wunderbarerweise, wie durch ein Wunder
mirage [ˈmɪrɑːʒ, AM mɪˈrɑːʒ] *n* Luftspiegelung *f,* Fata Morgana *f;* (*fig*) Trugbild *nt,* Illusion *f*
MIRAS [ˈmaɪræs] *n no pl* BRIT *acr for* **mortgage interest relief at source** *Steuerbegünstigungen bei der Zahlung von Zinsen einer Hypothek*
mire [maɪəʳ, AM maɪr] *n* ❶ (*swamp*) Sumpf *m,* Sumpfgebiet *nt*
❷ *no pl* (*mud*) Morast *m,* Schlamm *m*
❸ (*fig: confusing situation*) Dickicht *nt,* Morast *m fig;* (*unpleasant situation*) Sumpf *m fig;* **to be deep in the** ~ tief in der Patsche [*o* Tinte] sitzen *fam*
mirror [ˈmɪrəʳ, AM -ɚ] **I.** *n* ❶ (*looking-glass*) Spiegel *m*
❷ (*fig: reflection*) Spiegelbild *nt fig;* ***this film is a ~ of modern society*** dieser Film spiegelt die moderne Gesellschaft wider
▶ PHRASES: **to hold a** ~ **to society** der Gesellschaft einen Spiegel vorhalten
II. *vt* ❶ (*show reflection of*) ■**to** ~ **sth** etw widerspiegeln
❷ COMPUT ■**to** ~ **sth** etw abbilden [*o* spiegeln]
mirror finish *n* Hochglanz *m* **mirror glass** *n no pl* Spiegelglas *nt* **mirror image** *n* Spiegelbild *nt* **mirror writing** *n no pl* Spiegelschrift *f*
mirth [mɜːθ, AM mɜːrθ] *n no pl* (*merriment*) Fröhlichkeit *f;* (*laughter*) Heiterkeit *f;* **to be a source of** [**considerable**] ~ [große] Heiterkeit hervorrufen
mirthful [ˈmɜːθfᵊl, AM ˈmɜːrθ-] *adj* fröhlich; ~ **mood** heitere Stimmung
mirthless [ˈmɜːθləs, AM ˈmɜːrθ-] *adj* freudlos; ~ **eyes** trauriger Blick; ~ **childhood** unglückliche Kindheit
mirthlessly [ˈmɜːθləsli, AM ˈmɜrθ] *adv* freudlos
miry [ˈmaɪ(ə)ri] *adj* sumpfig; (*fig*) *writing* wirr
misaddress [ˌmɪsəˈdres] *vt* ❶ (*wrongly adress*) **to** ~ **a letter/package** einen Brief/ein Paket falsch adressieren
❷ (*call by wrong title*) ■**to** ~ **sb** jdn falsch anreden [*o* ansprechen]
misadventure [ˌmɪsədˈventʃəʳ, AM -ɚ] *n* ❶ (*form, liter: unlucky event*) Missgeschick *nt*
❷ *no pl* (*bad luck*) Pech *nt;* **due to** ~ unglücklicherweise
❸ BRIT LAW (*unintentional act*) **death by** ~ Tod durch Unfall; **homicide by** ~ fahrlässige Tötung
misalign [ˌmɪsəˈlaɪn] *vt* TECH ■**to** ~ **sth** etw falsch [*o* schlecht] ausrichten
misalignment [ˌmɪsəˈlaɪnmənt] *n no pl* falsche Ausrichtung; TECH (*of wheels*) Fluchtungsfehler *m;* **spine** ~ Wirbelsäulenverkrümmung *f*
misalliance [ˌmɪsəˈlaɪən(t)s] *n* Mesalliance *f geh*
misanthrope [ˈmɪsᵊnθrəʊp, AM -ənθroʊp] *n* (*hater*) Menschenfeind(in) *m(f),* Misanthrop(in) *m(f) geh;* (*loner*) Einzelgänger(in) *m(f)*
misanthropic [ˌmɪsᵊnˈθrɒpɪk, AM -sənˈθrɑːp-] *adj* menschenfeindlich, misanthropisch *geh*
misanthropist [mɪˈsænθrəpɪst] *n* Menschenfeind(in) *m(f),* Misanthrop(in) *m(f) geh*
misanthropy [mɪˈsænθrəpi] *n no pl* Menschenhass *m,* Misanthropie *f geh*
misapplication [ˌmɪsæplɪˈkeɪʃᵊn] *n* Missbrauch *m;* ~ **of knowledge** Missbrauch von Wissen; ~ **of funds** (*misuse*) Fehlleitung *f* von Kapital; (*embezzlement*) Veruntreuung *f* von Geldern
misapply <-ie-> [ˌmɪsəˈplaɪ] *vt* ■**to** ~ **sth** etw missbrauchen; **to** ~ **knowledge** Wissen missbrauchen; **to** ~ **funds** Kapital fehlleiten; (*embezzle*) Gelder veruntreuen
misapprehend [ˌmɪsæprɪˈhend] *vt* ■**to** ~ **sb/sth** jdn/etw missverstehen
misapprehension [ˌmɪsæprɪˈhen(t)ʃᵊn] *n* Missverständnis *nt;* ***he was under the ~ that …*** er ging fälschlicherweise davon aus, dass …
misappropriate [ˌmɪsəˈprəʊprieɪt, AM -ˈproʊ-] *vt* **to** ~ **funds/money/sb's savings** Kapital/Geld/jds Ersparnisse veruntreuen
misappropriation [ˌmɪsəˌprəʊpriˈeɪʃᵊn, AM -ˌproʊ-] *n no pl of money* Unterschlagung *f,* Veruntreuung *f*
misbegotten [ˌmɪsbɪˈgɒtᵊn, AM -ˈgɑː-] *adj attr* ❶ (*disreputable*) missraten; ~ **son** missratener Sohn
❷ (*badly planned*) schlecht konzipiert; ~ **plan** schlecht konzipierter Plan
❸ (*liter: illegitimate*) unehelich
misbehave [ˌmɪsbɪˈheɪv] *vi* ❶ (*behave badly*) *adult* sich *akk* schlecht benehmen [*o* unanständig]; *child* ungezogen sein; (*misfunction*) *machine* nicht richtig funktionieren
❷ (*be dishonest*) krumme Geschäfte machen *fam*
misbehavior [ˌmɪsbɪˈheɪvjɚ] AM, **misbehaviour** [-jəʳ] *n no pl by adult* schlechtes Benehmen; *by child* Ungezogenheit *f;* LAW ungebührliches Betragen; **sexual** ~ sexuelles Fehlverhalten
miscalculate [ˌmɪsˈkælkjəleɪt] *vt* ■**to** ~ **sth** ❶ (*in math*) etw falsch berechnen
❷ (*misjudge*) etw falsch einschätzen
miscalculation [ˌmɪsˌkælkjəˈleɪʃᵊn] *n* ❶ (*in math*) Fehlkalkulation *f,* Fehlberechung *f*
❷ (*in planning*) Fehleinschätzung *m;* **to make a** ~ **in sth** etw falsch einschätzen
miscarriage [mɪˈskærɪdʒ, AM ˈmɪsˌker-] *n* Fehlgeburt *f*
miscarriage of justice <*pl* miscarriages of justice> *n* Justizirrtum *m*
miscarry <-ie-> [mɪˈskæri, AM ˈmɪsˌkeri] *vi* ❶ (*in pregnancy*) eine Fehlgeburt haben
❷ (*fig: fail*) *plan, project* scheitern
miscast [mɪˈskɑːst, AM -ˈskæst] **I.** *vt* <-cast, -cast> *usu passive* ■**to** ~ **sb** jdn falsch besetzen; **to** ~ **a play/film** ein Theaterstück/einen Film fehlbesetzen
II. *adj* **to feel** ~ **in one's life** sich *akk* im Leben nicht zurechtfinden; **to feel** ~ **in one's role** sich in seiner Rolle nicht wohl fühlen
miscegenation [ˌmɪsɪdʒɪˈneɪʃᵊn] *n no pl* Rassenvermischung *f*
miscellaneous [ˌmɪsᵊlˈeɪniəs] *adj inv* verschiedene(r, s), diverse(r, s); *collection, crowd* bunt; *articles, short stories, poems, writings* vermischt, verschiedenerlei; ~ **expenditure** sonstige Ausgaben
miscellany [mɪˈseləni, AM ˈmɪsəleɪni] *n* ❶ (*mixture*) Auswahl *f,* [An]sammlung *f* (**of** von +*dat*)
❷ (*book*) Sammelband *m,* Auswahl *f*
mischance [mɪsˈtʃɑːn(t)s, AM -ˈtʃæn-] *n* (*form*) ❶ *no pl* (*bad luck*) Pech *nt;* **sheer** ~ reines Pech
❷ (*unlucky event*) Zwischenfall *m;* **by some** ~ durch einen unglücklichen Umstand
mischief [ˈmɪstʃɪf] *n* ❶ *no pl* (*troublesome behaviour*) Unfug *m;* **to get** [*or* **be**] **up to** ~ Unfug anstellen wollen; **to be full of** ~ nur Unfug im Kopf haben; ***his eyes were full of ~*** ihm schaute der Schalk aus den Augen; **to get** [**oneself**] **into** ~ Dummheiten machen; **to keep sb out of** ~ jdn davon abhalten, Dummheiten zu machen
❷ *no pl* (*problems*) **to make** ~ **between sb** jdm Unannehmlichkeiten *fpl* bereiten; **to mean** ~ Unfrieden stiften wollen
❸ BRIT (*fam: injury*) **to do oneself a** ~ sich *akk* verletzen
mischief-maker *n* Unruhestifter(in) *m(f)*
mischief-making *n no pl* Unruhestiften *nt*
mischievous [ˈmɪstʃɪvəs, AM -tʃə-] *adj* ❶ (*naughty*) immer zu Streichen aufgelegt; ~ **antics** Streiche *mpl;* ~ **child** Schlingel *m;* ~ **grin** spitzbübisches [*o* verschmitztes] Grinsen
❷ (*malicious*) boshaft; ~ **rumours** [*or* AM **rumors**] bösartige Gerüchte
mischievously [ˈmɪstʃɪvəsli, AM -tʃə-] *adv* ❶ (*playfully bad*) schelmisch, spitzbübisch, verschmitzt
❷ (*in a nasty manner*) boshaft, böswillig
mischievousness [ˈmɪstʃɪvəsnəs, AM -tʃə-] *n no pl* ❶ (*naughtiness*) Ungezogenheit *f*
❷ (*maliciousness*) Boshaftigkeit *f*
miscommunication [ˌmɪskəˌmjuːnɪˈkeɪʃᵊn] *n no pl* Fehlkommunikation *f,* mangelhafte [*o* unzureichende] Kommunikation (**between** zwischen +*dat*)
misconceive [ˌmɪskənˈsiːv] *vt* ■**to** ~ **sth** ❶ (*form: misunderstand*) etw falsch verstehen [*o* auffassen], eine falsche Vorstellung von etw *dat* haben; **to** ~ **one's part/task** seine Rolle/Aufgabe falsch verstehen [*o* auffassen]
❷ (*misjudge*) etw falsch einschätzen [*o* missdeuten] [*o* verkennen]; **to** ~ **a problem** ein Problem falsch einschätzen [*o* verkennen]; **to** ~ **a purpose/situation** eine Absicht/Situation missdeuten
❸ (*design poorly*) etw schlecht konzipieren [*o* durchdenken]
misconceived [ˌmɪskənˈsiːvd] *adj* ❶ (*misunderstood*) falsch verstanden; ~ **notion** falsche Vorstellung

❷ (*ill-judged*) falsch eingeschätzt, missdeutet, verkannt; ~ **cause/situation** missdeutete Ursache/Situation; ~ **crisis/effect** falsch eingeschätzte Krise/Wirkung; ~ **problem** verkanntes Problem
❸ (*ill-designed*) schlecht konzipiert [*o* durchdacht]; ~ **attempt/plan** schlecht durchdachter Versuch/Plan; ~ **investment/planning** Fehlinvestition *f*/-planung *f*

misconception [ˌmɪskənˈsepʃᵊn] *n* falsche Vorstellung [*o* Auffassung] (**about** von +*dat*), falsche [*o* irrige] Annahme, Irrglaube *m;* **a popular** [*or* **common**] ~ ein verbreiteter Irrglaube

misconduct I. *n* [ˌmɪˈskɒndʌkt, AM -ˈskɑːn-] *no pl* ❶ (*bad behaviour*) schlechtes Benehmen, unkorrektes Verhalten; **professional** ~ standeswidriges Verhalten; **sexual** ~ sexuelle Verfehlung, sexueller Fehltritt; LAW Ehebruch *m;* MIL schlechte Führung; ~ **in office** Verfehlung *f* im Amt, Amtsvergehen *nt,* Amtspflichtverletzung *f*
❷ (*poor organization*) schlechte Verwaltung [*o* Geschäftsführung]; ~ **of financial affairs** unzulängliche Finanzverwaltung
II. *vt* [ˌmɪskənˈdʌkt] ❶ (*behave badly*) ■**to** ~ **oneself** sich *akk* schlecht benehmen [*o* betragen]
❷ (*organize badly*) ■**to** ~ **sth** etw schlecht führen [*o* verwalten]

misconstruction [ˌmɪskənˈstrʌkʃᵊn] *n* (*form*) Missdeutung *f,* Missverständnis *nt,* falsche Auslegung; **to be open to** ~ leicht misszuverstehen sein

misconstrue [ˌmɪskənˈstruː] *vt* ■**to** ~ **sth** etw missdeuten [*o* missverstehen] [*o* falsch auslegen]; ***you have ~d my meaning*** du hast mich falsch verstanden; **to** ~ **sth as sth** etw fälschlicherweise als etw auslegen

miscopy <-ie-> [ˌmɪsˈkɒpi, AM -ˈkɑːpi] *vt* ■**to** ~ **sth** etw falsch abschreiben

miscount I. *n* [ˈmɪskaʊnt] falsche Zählung [*o* Berechnung]; POL *of votes* falsche Auszählung
II. *vi* [mɪˈskaʊnt] sich *akk* verzählen [*o* verrechnen]
III. *vt* [mɪˈskaʊnt] ■**to** ~ **sth** etw falsch [ab]zählen [*o* berechnen]; **to** ~ **votes** POL Stimmen falsch auszählen

miscreant [ˈmɪskriənt] I. *n* (*form*) Übeltäter(in) *m(f) geh,* Schurke *m,* Bösewicht *m*
II. *adj* (*form*) ❶ (*base*) gemein, verdorben, niederträchtig
❷ REL (*infidel*) ketzerisch, abtrünnig *geh,* häretisch *fachspr,* treulos; ~ **husband** treuloser Ehemann

misdeal I. *n* [ˈmɪsdiːl] falsches Geben [*o* Austeilen] (*beim Kartenspiel*)
II. *vt* <-dealt, -dealt> [mɪsˈdiːl] **to** ~ **cards** die Karten falsch austeilen
III. *vi* <-dealt, -dealt> [mɪsˈdiːl] falsch geben, sich *akk* vergeben

misdeed [mɪsˈdiːd] *n* (*form*) Missetat *f geh o veraltend,* Untat *f geh*

misdemeanor [ˌmɪsdɪˈmiːnəˈ] AM, **misdemeanour** [-əʳ] *n* ❶ (*minor bad action*) [leichtes] Vergehen, [leichter] Verstoß, [geringfügige] Verfehlung; *of a law* Übergehung *f*
❷ AM LAW geringfügiges Vergehen, Bagatelldelikt *nt*

misdiagnose [mɪsˈdaɪəgnəʊz, AM ˌmɪsdaɪəgˈnoʊs] *vt* ■**to** ~ **sth** ❶ MED etw falsch diagnostizieren
❷ (*wrongly assess*) etw falsch einschätzen

misdiagnosis [ˌmɪsdaɪəgˈnəʊsɪs, AM -ˈnoʊ-] *n* ❶ MED Fehldiagnose *f*
❷ (*wrong assessment*) Fehleinschätzung *f*

misdial <BRIT -ll- *or* AM *usu* -l-> [mɪsˈdaɪl] I. *vt* **to** ~ **the number** die falsche Nummer wählen
II. *vi* sich *akk* verwählen

misdirect [ˌmɪsdɪˈrekt, AM -dəˈ-] *vt* ❶ (*send in wrong direction*) ■**to** ~ **sb/sth** jdn/etw in die falsche Richtung schicken, jdn/etw fehlleiten; **to** ~ **a letter** einen Brief falsch adressieren; **to** ~ **luggage/a shipment** Gepäck/eine Sendung fehlleiten; **to** ~ **a child** (*fig*) ein Kind [erzieherisch] fehlleiten [*o* irreleiten]
❷ (*aim wrongly*) ■**to** ~ **sth** etw in die falsche Richtung lenken; **to** ~ **a free kick** FBALL einen Freistoß verschießen [*o* vergeben]
❸ *usu passive* (*fig: misapply*) ■**to be** ~**ed** *energies, resources* falsch eingesetzt [*o* vergeudet] werden; *criticism, praise, remark* unangebracht [*o* unangemessen] [*o* fehl am Platz] sein
❹ LAW (*instruct wrongly*) ■**to** ~ **sb** jdn falsch unterrichten [*o* belehren]; **to** ~ **a jury** Geschworene falsch belehren

misdirection [ˌmɪsdɪˈrekʃᵊn, AM -dəˈ-] *n no pl* ❶ (*of a letter, parcel*) Fehlleitung *f,* falsche Adressierung
❷ LAW (*false instruction*) falsche Unterrichtung; *of a jury* unrichtige [Rechts]belehrung; (*misleading*) Irreführung *f*
❸ (*inappropriate use*) *of energies, funds* falscher Einsatz, Vergeudung *f; of criticism, praise, remark* Unangemessenheit *f; of efforts* falsche Zielsetzung

mise en scène <*pl* mises en scène> [miːzɑ̃ˈsen] *n usu sing* [Bühnen]inszenierung *f;* (*fig*) Gestaltung *f*

miser [ˈmaɪzəʳ, AM -ə] *n* Geizhals *m,* Geizkragen *m*

miserable [ˈmɪzᵊrəbl̩, AM -zə-] *adj* ❶ (*unhappy*) unglücklich, elend; **to feel** ~ sich *akk* elend fühlen; **to look** ~ elend aussehen; **a** ~ **life** ein elendes Leben; **a** ~ **time** eine schreckliche [*o* fürchterliche] Zeit; **to make life** ~ **[for sb]** [jdm] das Leben unerträglich [*o* zur Qual] machen
❷ *attr* (*bad-tempered*) griesgrämig, miesepet[e]rig *fam;* (*repulsive*) unausstehlich, widerlich, fies *fam;* (*fam: as insult*) mies *fam,* Mist- *fam;* ~ **little bastard** (*sl*) gemeiner Mistkerl *fam;* ~ **old creep** *esp* BRIT (*sl*) mieser alter Sack *derb;* ~ **old git** alter Miesepeter
❸ (*very unpleasant*) schauderhaft, grässlich, elend; ~ **hovel** [*or* AM *also* **shack**] elende Bruchbude; ~ **weather** schauderhaftes [*o* grässliches] Wetter
❹ (*inadequate*) armselig, dürftig; **a** ~ ***£20*** lumpige 20 Pfund; **to live in** ~ **conditions** in armseligen Verhältnissen leben; ~ **salary** armseliges [*o fam* mieses] Gehalt
❺ *attr* (*wretched*) miserabel, erbärmlich, jämmerlich, kläglich; **a** ~ **concert** ein miserables Konzert; **a** ~ **result** ein erbärmliches Ergebnis; **to be a** ~ **failure** ein kompletter Misserfolg sein
❻ AUS, NZ (*stingy*) geizig, knauserig

miserably [ˈmɪzᵊrəbli, AM -zə-] *adv* ❶ (*unhappily*) traurig, niedergeschlagen; **to sob** ~ jämmerlich schluchzen
❷ (*extremely*) schrecklich, furchtbar; **to be** ~ **cold/hot** furchtbar kalt/heiß sein; **to be** ~ **unhappy** schrecklich traurig sein; **to be** ~ **unlucky** ein Riesenpech haben
❸ (*utterly*) jämmerlich, kläglich; **to fail** ~ jämmerlich [*o* kläglich] versagen

misericord [mɪˈzerɪkɔːd, AM -kɔːrd] *n* REL Stütze *f* (*am Chorgestühl*), Miserikordie *f fachspr*

miserliness [ˈmaɪzᵊlɪnəs, AM -zə-] *n* Geiz *m*

miserly [ˈmaɪzᵊli, AM -zə-] *adj* geizig

misery [ˈmɪzᵊri, AM -əi] *n* ❶ *no pl* (*suffering*) Elend *nt,* Not *f;* **to live in** ~ im Elend [*o* in Not] leben
❷ *no pl* (*unhappiness*) Jammer *m;* **a picture of** ~ ein Bild des Jammers
❸ (*strain*) ■**miseries** *pl* Qualen *fpl,* Strapazen *fpl*
❹ BRIT (*fam: miserable person*) ■**to be a** ~ ein Trauerkloß *fam* [*o fam* Miesepeter] sein
► PHRASES: **to make sb's life a** ~ jdm das Leben zur Qual [*o* Hölle] machen; **to put an animal out of its** ~ ein Tier von seinen Leiden erlösen; **to put sb out of his/her** ~ (*hum*) jdn nicht länger auf die Folter spannen *fam*

misery-guts *n* BRIT (*fam*) Miesepeter *m fam*

misfield [mɪsˈfiːld] *vt esp* BRIT SPORTS **to** ~ **the ball** *in rugby, cricket* den Ball nicht richtig annehmen

misfire I. *vi* [mɪsˈfaɪəʳ, AM ə] *weapon* versagen; *engine* fehlzünden, aussetzen; (*fig*) *plan* schief gehen, danebengehen, misslingen
II. *n* [mɪsˈfaɪəʳ, AM ˈmɪsfaɪə] (*of gun*) Ladehemmung *f;* (*of engine*) Fehlzündung *f,* Aussetzer *m fam*

misfit [ˈmɪsfɪt] *n* Außenseiter(in) *m(f),* Eigenbrötler(in) *m(f);* **a social** ~ ein gesellschaftlicher Außenseiter/eine gesellschaftliche Außenseiterin

misfortune [mɪsˈfɔːtʃuːn, AM -ˈfɔːrtʃən] *n* ❶ *no pl* (*bad luck*) Pech *nt,* Unglück *nt;* ***I had the*** [*or* ***it was my***] ~ ... ich hatte das Pech ...; **to suffer** ~ viel Unglück haben, vom Unglück verfolgt sein
❷ (*mishap*) Missgeschick *nt kein pl,* unglücklicher Umstand

misgiving [mɪsˈgɪvɪŋ] *n* ❶ (*doubt*) Befürchtung *f,* Bedenken *nt meist pl* (**about** wegen +*gen*/hinsichtlich +*gen*); **to express** ~**s** Befürchtungen [*o* Bedenken] äußern
❷ *no pl* ungutes Gefühl; **a certain amount of** ~ ein etwas ungutes Gefühl; **to be filled with** ~ böse [*o* dunkle] Ahnungen haben

misgovern [mɪsˈgʌvᵊn, AM -ən] *vt* ■**to** ~ **sb/sth** jdn/etw schlecht regieren; **to** ~ **affairs of state** die Staatsgeschäfte schlecht führen [*o* leiten]

misgovernment [mɪsˈgʌvᵊnmənt, AM -ən-] *n no pl* schlechte Regierung [*o* Führung] [*o* Leitung]

misguided [mɪsˈgaɪdɪd] *adj attempt, measure* unsinnig; *effort, policy* verfehlt; *enthusiasm, idealism, zeal* falsch, unangebracht; *people* fehlgeleitet, irregeleitet; ~ **idea** irrige [*o* falsche] Vorstellung; **to be** ~ **in sth** mit etw falsch liegen

misguidedly [mɪsˈgaɪdɪdli] *adv* irrtümlich, unsinnigerweise

mishandle [mɪsˈhændl̩] *vt* ❶ (*mismanage*) ■**to** ~ **sb/sth** jdn/etw falsch [*o* schlecht] behandeln; **to** ~ **an affair** eine Angelegenheit falsch behandeln [*o* anpacken]; **to** ~ **a business** ein Geschäft schlecht führen [*o* leiten]; **to** ~ **an estate** ein Gut schlecht verwalten [*o* bewirtschaften]; **to** ~ **an investigation** bei einer Untersuchung [grobe] Fehler machen [*o* falsch vorgehen]; **to** ~ **a situation** mit einer Situation falsch umgehen
❷ (*handle roughly*) ■**to** ~ **sb/sth** jdn/etw misshandeln [*o* grob behandeln]

mishandling [mɪsˈhændlɪŋ] *n no pl* ❶ (*mismanagement*) falsche Behandlung, schlechte Handhabung [*o* Durchführung]; ~ **of a situation** falscher Umgang mit einer Situation
❷ (*rough treatment*) Misshandlung *f,* grobe Behandlung

mishap [ˈmɪshæp] *n* Unglück *nt,* Unfall *m,* Panne *f;* ***little Timmy just had a*** ~ dem kleinen Timmy ist gerade ein Malheur passiert; **a series of** ~**s** eine Unglücks-/Pannenserie; **without [further]** ~ ohne [weiteren] Zwischenfall

mishear [mɪsˈhɪəʳ, AM -ˈhɪr] I. *vt* <-heard, -heard> ■**to** ~ **sth** etw falsch hören [*o* [akustisch] falsch verstehen]
II. *vi* <-heard, -heard> sich *akk* verhören

mishit <-hit, -hit> [mɪsˈhɪt] *vt* SPORTS Fehlschlag *m;* **to** ~ **the ball** *in baseball, cricket* den Ball nicht richtig treffen; **to** ~ **a drive/match ball/volley** *in tennis* einen Drive/Matchball/Volley verschlagen

mishmash [ˈmɪʃmæʃ] *n* Mischmasch *m fam,* Durcheinander *nt* (**of** von +*dat*)

misinform [ˌmɪsɪnˈfɔːm, AM -ˈfɔːrm] *vt* ■**to** ~ **sb [about sth]** jdn [über etw *akk*] falsch informieren [*o* unterrichten]

misinformation [ˌmɪsɪnfəˈmeɪʃᵊn, AM -fəˈ-] *n no pl* falsche Information, Fehlinformation[en] *f*[*pl*]; (*in newspaper, on radio*) Falschmeldung *f* (**about** über +*akk*)

misinterpret [ˌmɪsɪnˈtɜːprɪt, AM -ˈtɜːr-] *vt* ■**to** ~ **sth** etw missverstehen; *evidence, statement, text* etw falsch interpretieren [*o* auslegen]; *behaviour, gesture, remark* etw falsch deuten [*o* missdeuten]

misinterpretation [ˌmɪsɪnˌtɜːprɪˈteɪʃᵊn, AM -ˌtɜːr-] *n* Missverständnis *nt,* Fehlinterpretation *f;* **open to** ~ missverständlich [*o* unterschiedlich] auslegbar

misjudge [mɪsˈdʒʌdʒ] I. *vt* ■**to** ~ **sb/sth** *applicant, prospects, situation* jdn/etw falsch einschätzen [*o* beurteilen] [*o* bewerten]; *amount, distance, weight* etw falsch schätzen
II. *vi* sich *akk* verschätzen

misjudg(e)ment [mɪsˈdʒʌdʒmənt] *n* ❶ *no pl* (*wrong assessment*) *of a candidate, crisis* falsche Einschätzung [*o* Beurteilung]; *of damage, size, sum* falsche Schätzung
❷ (*wrong decision*) Fehlentscheidung *f,* Fehlurteil *nt*

miskick [mɪsˈkɪk] *esp* SPORTS I. *vt* **to** ~ **a ball** einen

Ball verfehlt treten, einen Ball falsch abgeben
II. *vi* patzen

mislay <-laid, -laid> [mɪˈsleɪ] *vt* ■**to ~ sth** etw verlegen

mislead <-led, -led> [mɪˈsliːd] *vt* ■**to ~ sb** ① (*deceive*) jdn täuschen [*o* irreführen]; ■**to ~ sb about sth** jdn über etw *akk* täuschen; ***I was misled by what I had read about her in the newspapers*** aus dem, was ich über sie in den Zeitungen gelesen hatte, ergab sich mir ein falsches Bild
② (*lead astray*) jdn verführen [*o* verleiten]; ■**to ~ sb into [doing] sth** jdn zu etw *dat* verleiten [*o* verführen]; **to let oneself be misled** sich *akk* verleiten lassen

misleading [mɪˈsliːdɪŋ] *adj* irreführend

misleadingly [mɪˈsliːdɪŋli] *adv* irreführenderweise

mismanage [ˌmɪsˈmænɪdʒ] *vt* ■**to ~ sth** mit etw *dat* falsch umgehen; *business* etw schlecht führen [*o* leiten]; *an estate, finances* etw schlecht verwalten, etw herunterwirtschaften; **to ~ negotiations** Verhandlungen schlecht leiten

mismanagement [ˌmɪsˈmænɪdʒmənt] *n* schlechte Verwaltung [*o* Führung] [*o* Leitung], Misswirtschaft *f;* **~ of the economy** schlechte [*o* verfehlte] Wirtschaftspolitik

mismatch **I.** *n* <*pl* -es> [ˈmɪsmætʃ] ① (*unsuitable pairing*) *of beverages, clothes, texts* unpassende Zusammenstellung; *of animals, people* ungleiche Paarung; **to be a ~** nicht zusammenpassen
② (*lack of correspondence*) fehlende Übereinstimmung, Missverhältnis *nt,* Ungleichgewicht *nt* (**between** zwischen +*dat*)
③ COMPUT Fehlanpassung *f*
II. *vt* [mɪˈsmætʃ] *usu passive* ■**to be ~ed** ① (*be incompatible*) *clothes, colours, instruments* nicht zusammenpassen; *people* nicht zueinander passen
② SPORTS *opponents* ungleich [gepaart] sein

misname [mɪsˈneɪm] *vt* ① (*call wrongly*) ■**to ~ sth** etw falsch benennen, etw *dat* einen falschen Namen [*o* eine falsche Bezeichnung] geben; **to ~ a flower/an instrument** eine Blume/ein Instrument falsch benennen; **to ~ a measure/policy** einer Maßnahme/Politik eine falsche Bezeichnung geben
② (*call inappropriately*) ■**to ~ sb/sth sb/sth** jdn/etw unzutreffend [*o* zu Unrecht] als jdn/etw bezeichnen

misnomer [mɪˈsnəʊməʳ, AM -ˈsnoʊmɚ] *n* ① (*wrong name*) falscher Name, falsche Bezeichnung; LAW *in a document* falsche Benennung [*o* Bezeichnung]
② (*inappropriate name*) unzutreffender [*o* unpassender] Name, unzutreffende [*o* unpassende] Bezeichnung

miso [ˈmiːsəʊ, AM -soʊ] *n no pl* Miso *nt* (*aus fermentierten Sojabohnen bestehende Paste japanischer Herkunft*)

misogynist [mɪˈsɒdʒᵊnɪst, AM -ˈsɑːdʒ-] **I.** *n* Misogyn *m fachspr,* Frauenfeind *m*
II. *adj* misogyn *fachspr,* frauenfeindlich

misogynistic [mɪˌsɒdʒᵊnˈɪstɪk, AM -ˌsɑːdʒɪˈnɪs-] *adj* misogyn *fachspr,* frauenfeindlich

misogyny [mɪˈsɒdʒɪni, AM -ˈsɑːdʒ-] *n* Misogynie *f fachspr,* Frauenfeindlichkeit *f*

misplace [mɪˈspleɪs] *vt* ■**to ~ sth** etw verlegen

misplaced [mɪˈspleɪst] *adj* ① (*fig: misdirected*) unangebracht; **to be ~** fehl am Platz[e] sein
② (*incorrectly positioned*) *comma, decimal point, semicolon* falsch gesetzt

misprint [ˈmɪsprɪnt] *n* Druckfehler *m*

mispronounce [ˌmɪsprəˈnaʊn(t)s] *vt* ■**to ~ sth** etw falsch aussprechen

mispronunciation [ˌmɪsprəˌnʌn(t)siˈeɪʃᵊn] *n* ① *no pl* (*incorrectness*) falsche [*o* fehlerhafte] Aussprache
② (*mistake*) Aussprachefehler *m*

misquotation [ˌmɪskwəʊˈteɪʃᵊn, AM -kwoʊˈ-] *n* ① *no pl* (*quoting incorrectly*) falsches [*o* unrichtiges] Zitieren
② (*incorrect quotation*) falsch [*o* unrichtig] wiedergegebenes Zitat

misquote [mɪˈskwəʊt, AM -oʊt] **I.** *vt* ■**to ~ sb/sth** jdn/etw falsch [*o* unrichtig] zitieren [*o* wiedergeben]
II. *n* ① (*incorrect quoting*) falsches [*o* unrichtiges] Zitieren
② (*incorrectly worded quotation*) falsch [*o* unrichtig] wiedergegebenes Zitat

misread <-read, -read> [mɪsˈriːd] *vt* ■**to ~ sth** ① (*read incorrectly*) *word, text* etw falsch [*o* nicht richtig] lesen; **to ~ an 'a' as an 'o'** ein ‚a' fälschlich als ‚o' lesen
② (*fig: misinterpret*) *instruction, signal* etw falsch verstehen [*o* missverstehen] [*o* missdeuten]

misreading [mɪsˈriːdɪŋ] *n* ① (*reading mistake*) Lesefehler *m*
② *no pl* (*incorrect reading*) falsches [*o* fehlerhaftes] Lesen
③ *no pl* (*misunderstanding*) Missverständnis *nt,* Missdeutung *f*

misreport [ˌmɪsrɪˈpɔːt, AM -ˈpɔːrt] *vt* ■**to ~ sth** etw falsch berichten [*o* wiedergeben]

misrepresent [ˌmɪsreprɪˈzent] *vt* ■**to ~ sth** etw falsch [*o* unrichtig] darstellen; ■**to ~ sb as sb/sth** jdn als jd/etw hinstellen; **to ~ facts** Tatsachen entstellen [*o* verdrehen]; LAW falsche Tatsachen vorspiegeln

misrepresentation [ˌmɪsreprɪzenˈteɪʃᵊn] *n* ① (*false account*) falsche [*o* unrichtige] Darstellung; LAW falsche Angabe [*o* Darstellung]; **a ~ of facts** LAW eine Vorspiegelung falscher Tatsachen; **a ~ of the truth** eine Entstellung [*o* Verdrehung] der Wahrheit
② *no pl* (*false representation*) falsche [*o* unrichtige] Wiedergabe

misrule [mɪsˈruːl] *n* ① (*bad government*) schlechte [*o* unfähige] Regierung
② (*mismanagement*) Misswirtschaft *f*
③ (*disorder*) Unordnung *f*
④ (*lawlessness*) Gesetzlosigkeit *f*

miss¹ [mɪs] *n* ① (*young unmarried woman*) Fräulein *nt veraltend*
② (*form of address for waitress*) [gnädiges] Fräulein *veraltend,* Bedienung *f*
③ (*title*) ■**M~** Fräulein *nt veraltend,* Miss *f;* **M~ Smith** Fräulein [*o* Miss] Smith; **M~ America** Miss Amerika
④ BRIT ([*unmarried*] *teacher*) ■**M~** *in address* Frau Lehrerin *veraltet*
⑤ (*dated or hum: young lady*) junges Ding *veraltend o hum*
⑥ BRIT (*pej: naughty girl*) freches Ding *veraltend o pej*

miss² [mɪs] **I.** *n* <*pl* -es> ① (*failure*) Fehlschlag *m,* Misserfolg *m;* SPORTS Fehltreffer *m,* Fehlschuss *m,* Fehlwurf *m;* AUTO Fehlzündung *f;* MED Fehlgeburt *f;* ***I've never had a car accident, but I've had a few near ~es*** ich hatte noch nie einen Unfall, aber ein paar Beinahezusammenstöße
② (*skip*) **to give sth a ~** BRIT, AUS (*fam*) *dance, dessert* etw auslassen; (*avoid*) *meeting, practice* etw sausen lassen *fam*
▸ PHRASES: **a ~ is as good as a mile** (*prov*) knapp vorbei ist auch daneben *prov*
II. *vi* ① (*not hit*) nicht treffen, danebengehen
② (*be unsuccessful*) missglücken, fehlschlagen
③ AUTO (*fam*) *motor* aussetzen
III. *vt* ① (*not hit*) ■**to ~ sth** etw nicht treffen [*o* verfehlen]; **to ~ the target** das Ziel verfehlen
② (*be too late for*) ■**to ~ sth** *bus, train* etw versäumen [*o* verpassen]; **to ~ a deadline** einen Termin nicht [ein]halten
③ (*not be present for*) ■**to ~ sth** etw versäumen [*o* verpassen]
④ (*not take advantage*) ■**to ~ sth** *opportunity* etw verpassen; ***his new film is too good to ~*** seinen neuen Film darf man sich einfach nicht entgehen lassen; ***you didn't ~ much*** du hast nicht viel verpasst
⑤ (*avoid*) ■**to ~ sth** etw vermeiden [*o* umgehen]; ***I narrowly ~ed being run over*** ich wäre fast überfahren worden
⑥ (*not see*) ■**to ~ sb/sth** jdn/etw übersehen; ***he's over there, you can't ~ him*** er ist da drüben, du kannst ihn gar nicht übersehen
⑦ (*not hear: deliberately*) ■**to ~ sth** etw überhören
⑧ (*not perceive*) ■**to ~ sth** etw nicht bemerken; (*approv*) ***Susan doesn't ~ much*** Susan entgeht einfach nichts
⑨ (*not have*) ■**to ~ sth** etw nicht haben [*o* tun]; ***I've ~ed my period*** ich habe meine Tage nicht bekommen *fam;* ***I've decided to ~ breakfast*** ich habe beschlossen, nicht zu frühstücken
⑩ (*regret absence*) ■**to ~ sb/sth** jdn/etw vermissen; ***I ~ having you here to talk to*** du fehlst mir hier zum Reden
⑪ (*notice loss*) ■**to ~ sth** etw vermissen
▸ PHRASES: **to ~ the boat** (*fam: not take advantage*) den Anschluss verpassen; (*fail to understand*) etw nicht mitbekommen *fam;* **to ~ the bus** (*fam*) den Anschluss verpassen; **to ~ the mark** das Ziel [*o* den Zweck] verfehlen; **to ~ the point** nicht verstehen, worum es geht; **to not ~ a trick** [*or* **any tricks**] (*fam*) alle Register ziehen; (*notice*) ***she never ~es a trick*** ihr entgeht nichts

◆**miss out** **I.** *vt* ■**to ~ out** ↻ **sb/sth** ① (*omit by accident*) *comma, patient, word* jdn/etw vergessen [*o* übersehen]
② (*overlook deliberately*) jdn/etw [absichtlich] übersehen; *letter, line, verse* etw auslassen [*o* weglassen]
II. *vi* zu kurz kommen; ***don't ~ — get involved!*** lass dir das nicht entgehen – mach mit!; ■**to ~ out on sth** *opportunity* sich *dat* etw entgehen lassen

Miss. AM *abbrev of* **Mississippi**

missal [ˈmɪsᵊl] *n* Messbuch *nt,* Missal[e] *nt fachspr*

misshapen [mɪsˈʃeɪpᵊn] *adj* ① (*out of shape*) unförmig
② ANAT (*malformed*) missgestaltet, missgebildet

missile [ˈmɪsaɪl, AM -səl] *n* ① MIL (*explosive weapon*) Flugkörper *m,* Rakete *f;* **ballistic ~** ballistischer Flugkörper; **guided ~** Lenkflugkörper *m;* **long-range/medium-range ~** Langstrecken-/Mittelstreckenrakete *f;* **surface-to-air/surface-to-surface ~** Boden-Luft-/Boden-Boden-Rakete *f*
② MIL (*fired object*) [Raketen]geschoss *nt,* Projektil *nt*
③ (*thrown object*) Wurfgeschoss *nt*

missile base *n* Raketenabschussbasis *f,* Raketenstützpunkt *m* **missile defence system** *n* Raketenabwehrsystem *nt* **missile launcher** *n* [Raketen]abschussrampe *f;* (*vehicle*) Raketenwerfer *m*

missing [ˈmɪsɪŋ] *adj inv* ① (*disappeared*) *thing* verschwunden; *person* vermisst; (*not there*) fehlend; **to be ~** fehlen; ***there's a knife ~ from this drawer*** aus dieser Schublade fehlt ein Messer; ***when did you notice that the money was ~ from your account?*** wann haben Sie bemerkt, dass das Geld nicht mehr auf Ihrem Konto war?; **to go ~** BRIT, AUS *money, person* verschwinden; **to report sb/sth ~** jdn/etw als vermisst melden
② MIL (*absent*) vermisst, verschollen; **~ in action** [nach Kampfeinsatz] vermisst; **to be listed as ~** als vermisst gemeldet sein; **~ presumed killed** [*or* **dead**] vermisst, wahrscheinlich gefallen

missing link *n* ① (*in evolution*) unbekannte Zwischenstufe; ■**the ~** das fehlende Glied [zwischen Mensch und Affe]; (*in investigation*) fehlendes Beweisstück ② (*connector*) Bindeglied *nt* (**between** zwischen +*dat*) **missing person** *n* Vermisste(r) *f(m);* ■**M~ P~s** Vermisstenabteilung *f* (*bei der Polizei*)

mission [ˈmɪʃᵊn] *n* ① (*task*) Auftrag *m,* Einsatz *m,* Mission *f;* **combat ~** Kampfeinsatz *m;* **peace ~** Friedensmission *f;* **rescue ~** Rettungsmission *f,* Rettungseinsatz *m;* **~ accomplished** Mission beendet, [Einsatz]auftrag ausgeführt
② (*goal*) Ziel *nt;* **~ in life** Lebensaufgabe *f,* Lebenszweck *m;* **a person with a ~** ein Mensch *m* mit einem Ziel
③ (*group sent*) Gesandtschaft *f,* Delegation *f*
④ (*church activity*) Mission *f;* **foreign/home ~** äußere/innere Mission; (*building*) Missionsstation *f*
⑤ (*commercial centre*) Mission *f;* **trade ~** Handelsmission *f*
⑥ (*diplomatic building*) Mission *f*
⑦ (*space project*) [Raumflug]mission *f*

missionary ['mɪʃᵊnᵊri, AM -neri] **I.** *n* Missionar(in) *m(f)*
II. *n modifier (freedom, school, work)* Missions-; ~ **zeal** missionarischer Eifer

missionary position *n* PSYCH, SCI Missionarsstellung *f*

mission control *n* Bodenkontrolle *f*, Bodenkontrollzentrum *nt* **mission count-down** *n* Countdown *m* vor einem Raumflug **mission statement** *n* ① COMM *of a company* Firmensteckbrief *m* ② ECON *of an organization* Aufgabenbeschreibung *f*, Aufgabenprofil *nt* ③ POL Absichtserklärung *f*

missis ['mɪsɪz] *n* ① *(hum sl: wife)* ■**the** ~ die bessere Hälfte [*o* Gnädigste] *hum fam*, die Alte *pej sl*
② DIAL *(sl: woman)* gnä' Frau *fam*
③ AM *(dated: lady of the house)* Dame *f* des Hauses, Hausherrin *f*

missive ['mɪsɪv] *n (form)* Sendschreiben *nt geh o veraltet*, Missiv *nt fachspr*; *(hum)* ellenlanger Brief *hum*

misspell <-spelt *or* AM -spelled, -spelt *or* AM -spelled> [mɪs'spel] *vt* ■**to** ~ **sth** ① *(spell wrongly)* etw falsch buchstabieren
② *(write wrongly)* etw falsch schreiben

misspelling [mɪs'spelɪŋ] *n* ① *(spelling mistake)* Rechtschreibfehler *m*
② *no pl (wrong spelling)* falsches Buchstabieren
③ *(wrong writing)* falsche Schreibung

misspend <-spent, -spent> [mɪs'spend] *vt* ■**to** ~ **sth** etw verschwenden [*o* vergeuden]; **to** ~ **one's money** sein Geld verschwenden; **to** ~ **one's time** seine Zeit vergeuden

misspent [mɪs'spent] *adj* verschwendet, vergeudet; ~ **money** verschwendetes Geld; **a** ~ **youth** eine vergeudete Jugend

misstate [mɪs'steɪt] *vt* ■**to** ~ **sth** etw falsch angeben [*o* darstellen]

misstatement [mɪs'steɪtmənt] *n* falsche Angabe [*o* Darstellung]

missus *n see* **missis**

missy <*pl* -sies> ['mɪsi] *n (also pej)* kleines Fräulein; ***God bless you, ~!*** Gesundheit auch, junge Dame! *hum*

mist [mɪst] **I.** *n* ① *no pl (light fog)* [leichter] Nebel, Dunst *m*; **to be shrouded in** ~ in Nebel gehüllt sein
② *(blur)* Schleier *m*; ~ **of tears** Tränenschleier *m*
③ *(condensation)* Beschlag *m*; ***there was a ~ on the windows*** die Fenster waren beschlagen; *(vapour)* Hauch *m*
II. *vi glass, tiles* [sich *akk*] beschlagen, anlaufen; *eyes* sich *akk* verschleiern, feucht werden; *vision* sich *akk* trüben

◆**mist over** *vi* ① *(with condensation) glass, tiles* [sich *akk*] beschlagen, anlaufen
② *(with tears) eyes* sich *akk* verschleiern, feucht werden

◆**mist up** **I.** *vi glass, tiles* [sich *akk*] beschlagen, anlaufen
II. *vt* ■**to** ~ **up** ↔ **sth** *vision* etw trüben

mistakable [mɪ'steɪkəbl̩] *adj usu pred* verwechselbar, leicht zu verwechseln; ***she's easily ~ for my sister*** sie wird leicht für meine Schwester gehalten

mistake [mɪ'steɪk] **I.** *n* Fehler *m*, Irrtum *m*, Versehen *nt*; ***there must be some ~*** da kann etwas nicht stimmen; ***he's a strange bloke, and no ~*** er ist wirklich ein seltsamer Kerl; **careless** ~ Flüchtigkeitsfehler *m*; **fatal/terrible** ~ verhängnisvoller/schrecklicher Irrtum; **silly** ~ dummer Fehler; **spelling** ~ Rechtschreibfehler *m*; **typing** ~ Tippfehler *m*; **to learn from one's ~s** aus seinen Fehlern lernen; **to make a** ~ einen Fehler machen, sich *akk* irren; **to repeat past ~s** alte Fehler wiederholen; **by** ~ aus Versehen, versehentlich; **my** ~ meine Schuld
► PHRASES: **make no ~ about it!** täusche dich da mal nicht!; ***she has a very reserved manner but, make no ~ about it, she can assert herself*** sie hat zwar eine sehr zurückhaltende Art, aber sie kann sich sehr wohl durchsetzen
II. *vt* <-took, -taken> ■**to** ~ **sth** etw falsch verstehen; ***she may have mistaken the date*** vielleicht hat sie sich im Datum geirrt; ***you can't ~ their house — it's got a bright yellow front door*** ihr könnt ihr Haus nicht verfehlen — es hat eine hellgelbe Eingangstür; ■**to** ~ **sb/sth for sb/sth** jdn/etw mit jdm/etw verwechseln; ***sorry, I mistook you for an acquaintance of mine*** Entschuldigung, ich hielt Sie für einen meiner Bekannten; ***there's no mistaking a painting by Picasso*** ein Gemälde von Picasso ist unverwechselbar

mistaken [mɪ'steɪkᵊn] **I.** *pp of* **mistake**
II. *adj* irrtümlich, falsch; ■**to be** ~ [**about sb/sth**] sich *akk* [in jdm/etw] irren; ~ **accusation** falsche Beschuldigung; ~ **announcement/arrest** irrtümliche Bekanntgabe/Verhaftung; ~ **belief** Irrglaube *m*; ~ **identity** Personenverwechslung *f*; ~ **policy** verfehlte Politik; **to be very much** ~ sich *akk* sehr täuschen; ***unless I'm very much ~ ...*** wenn mich nicht alles täuscht ...

mistakenly [mɪ'steɪkᵊnli] *adv* irrtümlich[erweise], fälschlich[erweise]; **to believe** ~ irrtümlich annehmen

Mister ['mɪstəʳ, AM -ɚ] *n* ① *(Mr)* [mein] Herr *m*
② *(also iron, pej fam: form of address)* Meister *m*, Chef *m a. iron, pej fam*; ***hey, ~!*** he, Sie da! *fam*; ***listen up, ~!*** hör mal zu, mein Freund!
③ *(also iron, pej fam: prefixed title)* ~ **Big** der große Chef; ~ **Charlie** der weiße Mann, die Weißen *pl*; ~ **Know-it-all** der Alleskönner *pej* [*o pej sl* Klugscheißer]

mistily ['mɪstɪli] *adv* ① *(blurredly)* undeutlich, verschwommen
② *(vaguely)* nebelhaft
③ *(full of emotions)* zu Tränen gerührt, mit feuchten Augen; ***she waved him ~ goodbye*** mit Tränen in den Augen winkte sie ihm zum Abschied

mistime [mɪs'taɪm] *vt* ① *(misjudge timing)* ■**to** ~ **sth** etw zeitlich falsch berechnen [*o* zu einem falschen [*o* unpassenden] Zeitpunkt tun]; SPORTS etw schlecht timen *fam*; ***he ~d his candidacy*** er hat zu einem unpassenden Zeitpunkt kandidiert
② *(state time wrongly)* ■**to** ~ **sth** etw falsch datieren

mistiness ['mɪstɪnəs] *n* ① *(light fogginess)* Nebel *m*, Dunst *m*
② *(emotion)* Rührung *f*, Ergriffenheit *f*
③ *(blurredness)* Verschwommenheit *f*, Undeutlichkeit *f*; **the** ~ **in sb's eyes** jds verschleierter Blick; *with tears* der Tränenschleier [vor jds Augen]

mistlethrush ['mɪsl̩,θrʌʃ] *n* ORN Misteldrossel *f*

mistletoe ['mɪsl̩təʊ, AM -toʊ] *n* Mistel *f*, Mistelzweig *m*; **to kiss sb under the** ~ jdn unter dem Mistelzweig küssen *(Sitte, nach der man denjenigen, mit dem man unter dem Mistelzweig steht, küssen soll)*

mistook [mɪ'stʊk] *pt of* **mistake**

mistral ['mɪstrᵊl, AM mɪ'strɑːl] *n* ■**the** ~ der Mistral

mistranslate [,mɪstræn'sleɪt, AM ,mɪs'træns-] *vt* ■**to** ~ **sth** etw falsch übersetzen

mistranslation [,mɪstræn'sleɪʃᵊn] *n* falsche Übersetzung, Übersetzungsfehler *m*

mistreat [mɪs'triːt] *vt* ■**to** ~ **sb/an animal** jdn/ein Tier misshandeln [*o* schlecht behandeln]

mistreatment [mɪs'triːtmənt] *n* Misshandlung *f*, schlechte Behandlung

mistress <*pl* -es> ['mɪstrəs, AM -rɪs] *n* ① *(sexual partner)* Geliebte *f*; *of a nobleman* Mätresse *f*; **to take a** ~ sich *dat* eine Geliebte nehmen
② *(woman in charge)* Herrin *f*, Gebieterin *f*, Meisterin *f*; ■**the** ~ *(dated)* die Herrin; **the** ~ **of the house** die Frau des Hauses
③ BRIT *(schoolteacher)* Lehrerin *f*; **German** ~ Deutschlehrerin *f*
④ *(dog owner)* Frauchen *nt*

mistrial [mɪ'straɪl, AM ,mɪs'traɪl] *n* ① *(misconducted trial)* fehlerhaftes Gerichtsverfahren, Prozess *m* mit Verfahrensmängeln
② AM *(inconclusive trial)* Gerichtsverfahren *nt* ohne Urteilsspruch

mistrust [mɪ'strʌst, AM ,mɪs'trʌst] **I.** *n no pl* Misstrauen *nt*, Argwohn *m*; **to have a** ~ **of sb/sth** Misstrauen gegenüber jdm/etw [*o* Argwohn gegen jdn/etw] hegen
II. *vt* ■**to** ~ **sb** jdm misstrauen [*o* nicht trauen]

mistrustful [mɪ'strʌstfᵊl, AM ,mɪs'trʌst-] *adj* misstrauisch, argwöhnisch; ■**to be** ~ **of sb/sth** misstrauisch gegenüber jdm/etw [*o* argwöhnisch gegen jdn/etw] sein

mistrustfully [mɪ'strʌstfᵊli, AM ,mɪs'trʌst-] *adv* misstrauisch, argwöhnisch

misty ['mɪsti] *adj* ① *(slightly foggy)* [leicht] neblig, dunstig
② *(blurred)* undeutlich, verschwommen; ~ **eyes** verschleierte Augen
③ *(vague)* nebelhaft

misty-eyed *adj* mit [tränen]verschleiertem Blick *nach n*; **to be/go ~-eyed** [tränen]verschleierte [*o* feuchte] Augen haben/bekommen

misunderstand <-stood, -stood> [,mɪsʌndə'stænd, AM -dɚ-] **I.** *vt* ■**to** ~ **sb/sth** jdn/etw missverstehen [*o* falsch verstehen]; ***she misunderstood what you said*** sie hat dich missverstanden; **to** ~ **the nature of a problem** nicht verstehen, worum es eigentlich geht
II. *vi* sich *akk* irren

misunderstanding [,mɪsʌndə'stændɪŋ, AM -dɚ-] *n* ① *(misinterpretation)* Missverständnis *nt*; ***there must be some ~*** hier muss ein Missverständnis vorliegen; ~ **of a situation** Verkennung *f* einer Situation
② *(quarrel)* Meinungsverschiedenheit *f*, Differenz *f*; **to have a ~ with sb** eine Meinungsverschiedenheit mit jdm haben

misunderstood [,mɪsʌndə'stʊd, AM dɚ] *adj* missverstanden

misuse **I.** *n* [,mɪs'juːs] ① *no pl (wrong use) of funds, position* Missbrauch *m*, missbräuchliche Verwendung, falscher Gebrauch [*o* Umgang]; ~ **of authority** LAW Amtsmissbrauch *m*; ~ **of power** Machtmissbrauch *m*; ~ **of tax receipts** missbräuchliche Verwendung von Steuereinnahmen; *of machinery* falsche Bedienung [*o* Handhabung]
② *(excessive consumption)* übermäßiger Gebrauch [*o* Konsum]; ~ **of alcohol** Alkoholmissbrauch *m*
II. *vt* [,mɪs'juːz] ■**to** ~ **sth** ① *(use wrongly) funds, position* etw missbrauchen [*o* missbräuchlich verwenden] [*o* falsch gebrauchen]
② *(handle wrongly) machinery* etw falsch bedienen
③ *(consume to excess)* etw im Übermaß gebrauchen [*o* konsumieren]

mite [maɪt] **I.** *n* ① *(insect)* Milbe *f*; **dust ~s** [Haus]staubmilben *pl*
② *esp* BRIT *(fam: small creature) child* Wurm *m*, Würmchen *nt fam*; ***poor little ~*** armes Würmchen; *girl* kleines Ding *fam*
③ *(dated: very small amount)* Bisschen *nt*
II. *adv* ■**a** ~ ein bisschen [*o* wenig]; **a** ~ **selfish** ein bisschen egoistisch

miter *n* AM *see* **mitre**

mitigate ['mɪtɪgeɪt, AM -ţ-] *vt (form)* ■**to** ~ **sth** *misery, pain* etw lindern; *anger, harmful effects* etw mildern; **to** ~ **the loss** ECON den Schaden mindern [*o* Verlust verringern]; **to** ~ **a sentence** LAW eine Strafe mildern [*o* herabsetzen]

mitigating ['mɪtɪgeɪtɪŋ, AM -ţɪgeɪţ-] *adj inv (form)* lindernd, mildernd; **to allow** ~ **circumstances** LAW mildernde Umstände zubilligen

mitigation [,mɪtɪ'geɪʃᵊn, AM ţ-] *n no pl* Linderung *f*, Milderung *f*; LAW **a plea in** ~ [**of a sentence**] ein Gesuch um Milderung [einer Strafe]; **to say sth in** ~ **of sth** etw als mildernden Umstand [*o* Grund] für etw *akk* anführen

mitosis [maɪ'təʊsɪs, AM -'toʊ-] *n no pl* Mitose *f fachspr*

mitral valve ['maɪtrᵊl,vælv] *n* ANAT Mitralklappe *f fachspr*

mitre[1] ['maɪtəʳ], AM **miter** [-ţɚ] *n* Mitra *f*, Bischofsmütze *f*

mitre[2] ['maɪtəʳ], AM **miter** [-ţɚ] **I.** *n* Gehrung *f*, Gehrungsschnitt *m*, Gehrungsfläche *f*
II. *vt* ■**to** ~ **sth** etw auf Gehrung schneiden [*o* verbinden] [*o* gehren]

mitre block *n* geschnittenes Gehrungsholz, Gehrungsschmiege *f* **mitre joint** *n* Gehrverbindung *f*,

Gehrstoß *m*

mitt [mɪt] *n abbrev of* **mitten** ❶ (*fingerless glove*) Fausthandschuh *m,* Fäustling *m;* **dust/oven** ~ Wisch-/Backofenhandschuh *m*
❷ (*woman's dress glove*) Spitzenhandschuh *m*
❸ SPORTS (*in baseball*) Fanghandschuh *m;* (*in boxing*) Boxhandschuh *m*
❹ (*sl: hand*) Flosse *f hum fam,* Pfote *f fam,* Pranke *f hum fam*

mitten ['mɪtən] *n* Fausthandschuh *m,* Fäustling *m*

mix [mɪks] **I.** *n* ❶ (*combination*) Mischung *f;* **a ~ of people** eine bunt zusammengesetzte [*o* gemischte] Gruppe
❷ (*pre-mixed ingredients*) Fertigmischung *f;* **bread ~** Brotbackmischung *f;* **cement ~** Zementmischung *f;* **sauce ~** Fertigsauce *f*
❸ MUS Potpourri *nt fachspr*
II. *vi* ❶ (*combine*) sich *akk* mischen [lassen]; ***oil doesn't ~ with water*** Öl mischt sich nicht mit Wasser; (*go together*) zusammenpassen
❷ (*make contact with people*) unter Leute gehen; *host* sich *akk* unter die Gäste mischen; **to ~ easily** kontaktfreudig [*o* gesellig] sein; **to ~ well** gut mit anderen auskommen, umgänglich sein
► PHRASES: **oil and water do not ~** (*saying*) [ein Gegensatz] wie Feuer und Wasser sein
III. *vt* ❶ (*blend ingredients*) ▪**to ~ sth** etw [miteinander] [ver]mischen; **to ~ a dough** einen Teig anrühren; **to ~ a drink** ein Getränk [*o* einen Drink] mixen; **to ~ ingredients** Zutaten miteinander verrühren; **to ~ paint** Farbe mischen; **to ~ spices into a sauce** Gewürze in eine Sauce rühren; **to ~ a dough with cocoa** Kakao unter einen Teig mischen
❷ (*combine*) **to ~ love with toughness** Liebe und Strenge miteinander verbinden; **to ~ grape and grain** *esp* BRIT [Alkoholika] durcheinander trinken; **to ~ one's metaphors** nicht zusammenpassende bildliche Ausdrücke kombinieren
❸ FILM, MUS ▪**to ~ sth** *sound tracks* etw mischen
► PHRASES: **to ~ business with** [*or* **and**] **pleasure** (*saying*) das Angenehme mit dem Nützlichen verbinden; **to ~ it** [**with sb**] (*fam*) sich *akk* [mit jdm] prügeln

◆**mix in I.** *vi* sich *akk* einfügen [*o* eingliedern]
II. *vt* ▪**to ~ in** ↔ **sth** etw untermischen [*o* untermengen]

◆**mix up** *vt* ❶ (*mistake for another*) ▪**to ~ up** ↔ **sb/sth** jdn/etw verwechseln; ▪**to ~ up** ↔ **sb/sth with sb/sth** jdn/etw mit jdm/etw verwechseln
❷ (*put in wrong order*) ▪**to ~ up** ↔ **sth** etw durcheinander [*o* in Unordnung] bringen
❸ (*bewilder*) ▪**to ~ up** ↔ **sb** jdn durcheinander bringen [*o* konfus machen]
❹ (*combine ingredients*) ▪**to ~ up** ↔ **sth** etw vermischen, verrühren; **to ~ up dough** Teig anrühren; **to ~ up oil with vinegar** Öl mit Essig mischen
❺ *usu passive* (*be involved with*) ▪**to be ~ed up in sth** in etw *akk* verwickelt sein; ▪**to get ~ed up in sth** in etw *akk* verwickelt werden; (*usu pej: associate with*) ▪**to be ~ed up with sb** mit jdm Umgang haben [*o* verkehren]; ▪**to get ~ed up with sb** sich *akk* mit jdm einlassen
► PHRASES: **to ~ it up with sb** AM (*sl: fight*) sich *akk* mit jdm prügeln; (*quarrel*) mit jdm aneinander geraten

◆**mix with** *vi* (*associate with*) ▪**to ~ with sb** mit jdm verkehren [*o* Umgang haben]

mixed [mɪkst] *adj inv* ❶ (*mingled*) gemischt; **~ salad/vegetables** gemischter Salat/gemischtes Gemüse; **children of ~ race** gemischtrassige Kinder
❷ (*for both sexes*) gemischt; **~ bathing** gemischtes Baden; **~ company** (*dated*) gemischte Gesellschaft
❸ (*positive and negative*) gemischt, unterschiedlich; **~ blessing** kein reiner Segen; **~ feelings** gemischte Gefühle

mixed-ability *adj inv* SCH mit gemischtem Leistungsprofil [*o* unterschiedlicher Leistungsstärke] *nach n;* **~ class** Klasse *f* mit gemischtem Leistungsprofil; **~ teaching** gemeinsamer Unterricht für Lerngruppen unterschiedlicher Leistungsstärke **mixed bag** *n no pl* ▪**a ~** eine bunte Mischung; **a ~ bag of people** alle möglichen Leute **mixed doubles** *npl* SPORTS gemischtes Doppel **mixed drink** *n* AM Mixgetränk *nt,* Cocktail *m* **mixed economy** *n* gemischte Wirtschaftsform, Mischwirtschaft *f* **mixed farming** *n* Landwirtschaft *f* mit Ackerbau und Viehzucht **mixed grill** *n* gemischte Grillplatte **mixed marriage** *n* Mischehe *f* **mixed-media** *adj attr* Multimedia-, multimedial *geh* **mixed metaphor** *n* Bildbruch *m,* Katachrese *f fachspr*

mixed-up *adj* ❶ (*confused*) durcheinander, verwirrt, konfus ❷ (*emotionally unstable*) [emotional] instabil [*o* labil]; **~ kid** gestörtes Kind

mixer ['mɪksəʳ, AM -ɚ] *n* ❶ (*machine*) Mixer *m,* Mixgerät *nt;* **hand ~** Handmixer *m,* Handmixgerät *nt*
❷ (*friendly person*) umgänglicher [*o* kontaktfreudiger] Mensch; **to be a good ~** ein guter Gesellschafter/eine gute Gesellschafterin sein
❸ (*drink*) ~ [**drink**] Mixgetränk *nt*
❹ COMPUT Mischer *m*

mixer faucet *n* AM, **mixer tap** *n* Mischhahn *m*

mixture ['mɪkstʃəʳ, AM -ɚ] *n* ❶ (*combination*) Mischung *f; of ingredients* Gemisch *nt*
❷ (*mixed fluid substance*) Mischung *f,* Mixtur *f;* **cough ~** Hustensaft *m;* AUTO Gemisch *nt;* **petrol-air ~** Kraftstoff-Luft-Gemisch *nt*
❸ *no pl* (*act of mixing*) Mischen *nt,* Vermengen *nt;* (*state after mixing*) Gemisch *nt,* Gemenge *nt*

mix-up *n* ❶ (*confused state*) Durcheinander *nt,* Verwirrung *f;* ***there seems to have been a bit of a ~ with your reservation*** mit Ihrer Reservierung muss einiges durcheinander gegangen sein
❷ AM (*fight*) Prügelei *f,* Schlägerei *f*

mizzle¹ ['mɪzl̩] **I.** *n no pl esp* AM Nieselregen *m,* Sprühregen *m*
II. *vi* nieseln

mizzle² ['mɪzl̩] *vi* BRIT (*dated sl*) sich *akk* verdünnisieren *fam*

mizzly ['mɪzl̩i] *adj esp* AM Niesel-

Mk *n hist abbrev of* **mark**

ml <*pl* – *or* mls> *n abbrev of* **millilitre** ml

m'lud [mə'lʌd] = **My Lord** gnädiger Herr

mm *n abbrev of* **millimetre** mm

MMC [ˌemem'siː] *n abbrev of* **Monopolies and Mergers Commission** *britische Kartellbehörde*

mnemonic *n* COMPUT Mnemonik *f*

mnemonic [nɪ'mɒnɪk, AM -'mɑːn-] *n,* **mnemonic device** *n* Gedächtnishilfe *f,* Gedächtnisstütze *f*

mo¹ *n* AM *abbrev of* **month**

mo² [məʊ, AM moʊ] *n* (*fam*) *short for* **moment** Moment *m;* ***wait a ~!*** Moment mal!; ***I'll be with you in half a ~*** ein Momentchen noch, dann bin ich bei Ihnen

Mo. AM *abbrev of* **Missouri**

MO [ˌem'əʊ, AM -'oʊ] *n* ❶ *abbrev of* **medical officer** Stabsarzt, -ärztin *m, f*
❷ *esp* AM *abbrev of* **money order**

moan [məʊn, AM moʊn] **I.** *n* ❶ (*groan*) Stöhnen *nt;* **the ~s of an injured person** das Stöhnen einer verletzten Person; **the ~s of the planks** das Ächzen der Planken; **the ~s of the wind** das Heulen des Windes
❷ (*complaint*) Klage *f,* Beschwerde *f;* ▪**to have a ~ about sth** Klage [*o* Beschwerde] über etw *akk* führen
II. *vi* ❶ (*groan*) stöhnen; *wind* heulen; **to ~ with pain** vor Schmerzen stöhnen
❷ (*complain*) klagen, sich *akk* beschweren; ▪**to ~ about sth** über etw *akk* jammern, sich *akk* über etw *akk* beklagen; ▪**to ~ at sb** jdm etw vorjammern; ▪**to ~ that ...** darüber jammern [*o* sich *akk* darüber beklagen], dass ...

moaner ['məʊnəʳ, AM 'moʊnɚ] *n* Nörgler(in) *m(f)*

moaning ['məʊnɪŋ, AM 'moʊn-] *n* ❶ (*sound*) Stöhnen *nt,* Heulen *nt,* Ächzen *nt*
❷ (*complaining*) Nörgelei *f,* Quengelei *f fam*

moaning minnie *n* BRIT (*fam*) Quengler(in) *m(f)*

moat [məʊt, AM moʊt] *n* Wassergraben *m,* Burggraben *m*

moated ['məʊtɪd, AM 'moʊt̬-] *adj castle* mit einem Wassergraben [*o* Burggraben] umgeben

mob [mɒb, AM mɑːb] **I.** *n + sing/pl vb* ❶ (*usu pej: crowd*) Mob *m pej,* [Menschen]menge *f;* **angry ~** aufgebrachte Menge; **a lynch ~** ein lynchender Mob; **a ~ of angry fans** eine Horde [*o* ein Haufen] wütender Fans; **a ~ of protesters** eine protestierende Menschenmenge
❷ POL (*pej: the common people*) ▪**the ~** die breite [*o* große] Masse; (*the lowest classes*) der Mob, der Pöbel, das Gesindel
❸ (*criminal gang*) Verbrecherbande *f,* Gang *f*
❹ BRIT (*sl: group*) Bande *f,* Sippschaft *f*
❺ (*fig hum: children*) Schar *f,* Meute *f hum*
❻ AUS (*herd*) Herde *f;* **a ~ of sheep** eine Schafherde
❼ AM (*mafia*) ▪**the M~** die Mafia
II. *n modifier* Massen-; **~ appeal** Massenwirkung *f;* **~ instinct** Herdentrieb *m;* **~ law** Lynchjustiz *f;* **~ mentality** Mentalität *f* der großen Masse; **~ orator** Volksredner(in) *m(f);* **~ rule/violence** Herrschaft *f*/Gewalt *f* der Straße
III. *vt* <-bb-> ❶ (*surround*) ▪**to ~ sb** jdn umringen; ▪**to be ~bed** umringt sein/werden
❷ AM (*crowd around*) ▪**to ~ sth** *courtroom, entrance* etw umlagern; (*crowd into*) *fairground, park* in etw *akk* strömen; (*charge*) *public building* etw stürmen; ▪**to be ~bed** umlagert werden

Mob [mɑːb] *n* AM ▪**the ~** die Mafia, das organisierte Verbrechen

mobbing [mɒbɪŋ, AM mɑː-] *n* Mobbing *nt*

mob cap *n* HIST, FASHION Spitzenhaube *f*

mobile¹ ['məʊbaɪl, AM 'moʊbəl] **I.** *adj* ❶ (*able to move*) beweglich
❷ (*flexible*) beweglich, wendig; **~ mind** beweglicher Verstand
❸ (*able to change*) mobil, flexibel; **professionally ~** beruflich mobil; **socially ~** gesellschaftlich mobil; **~ labour** [*or* AM **labor**] flexible Arbeitskräfte
❹ (*changeable*) lebendig, lebhaft, wechselhaft; **~ expression/features** lebhafter Gesichtsausdruck/lebhafte Gesichtszüge; **~ mood** rasch wechselnde Stimmung
❺ (*in a vehicle*) mobil, fahrbar; ▪**to be ~** motorisiert sein; **~ canteen** Kantine *f* auf Rädern; **~ laboratory** mobiles Labor; **~ station** mobile Funkstation
II. *n* Mobiltelefon *nt,* Handy *nt*

mobile² ['məʊbaɪl, AM 'moʊbiːl] *n* ART Mobile *nt*

mobile earth terminal *n* mobile Erdstation

mobile home *n* Wohnwagen *m* **mobile library** *n* Fahrbücherei *f,* mobile Bücherei **mobile phone** *n esp* BRIT Mobiltelefon *nt,* Handy *nt* **mobile shop** *n* Verkaufswagen *m*

mobility [mə(ʊ)'bɪləti, AM moʊ'bɪləṭi] *n no pl* ❶ (*ability to move*) *of the body* Beweglichkeit *f,* Mobilität *f;* **~ of the arm/knee** Beweglichkeit *f* des Arms/Knies
❷ (*ability to move*) *in status* Mobilität *f;* **social** [*or* AM, AUS *usu* **upward**] **~** [gesellschaftliche] Mobilität; **horizontal/vertical ~** horizontale/vertikale Mobilität *fachspr*

mobilization [ˌməʊbɪlaɪ'zeɪʃən, AM ˌmoʊbəlɪ'-] *n* ❶ (*for war*) Mobilmachung *f,* Mobilisierung *f*
❷ (*organization*) Mobilisierung *f,* Aktivierung *f,* Aufbietung *f*
❸ (*use*) [Groß]einsatz *m*

mobilize ['məʊbɪlaɪz, AM 'moʊbəl-] **I.** *vt* ❶ (*prepare for war*) **to ~ the army/the militia/one's troops** die Armee/die Miliz/seine Truppen mobil machen [*o* mobilisieren]
❷ (*organize*) ▪**to ~ sb/sth** *supporters, support* jdn/etw aktivieren [*o* mobilisieren]; **to ~ one's energy** [all] seine Kräfte mobilisieren [*o* aufbieten]
❸ (*put to use*) einsetzen; **to ~ helicopters/snowploughs** Hubschrauber/Schneepflüge zum Einsatz bringen
❹ COMM (*convert*) **to ~ capital** Kapital flüssig machen; **to ~ resources to defend a takeover bid** Mittel mobilisieren, um ein Übernahmeangebot abzuwehren
II. *vi* MIL mobil machen

Möbius strip [ˌməʊbiəs'strɪp, AM ˌmeɪb-] *n* MATH Möbiusband *nt*

mobster ['mɒbstəʳ, AM 'mɑːbstɚ] *n esp* AM Gangs-

M

ter *m*

moccasin ['mɒkəsɪn, AM 'mɑːkəsən] *n* Mokassin *m*

mocha ['mɒkə, AM 'moʊ-] **I.** *n no pl* Mokka *m* **II.** *n modifier* (*cake, ice cream, icing*) Mokka-

mock [mɒk, AM mɑːk] **I.** *adj inv* ❶ (*not real*) nachgemacht, Schein-; ~ **baroque** Pseudobarock *m o nt;* ~ **battle** Scheingefecht *nt;* ~ **facade** Kulisse *f;* ~ **fear** gespielte Angst; ~ **horror/sympathy** gespieltes Entsetzen/Mitleid; ~ **interview** gestelltes Interview; ~ **leather** Lederimitat *nt;* ~ **turtle soup** Mockturtlesuppe *f,* falsche Schildkrötensuppe (*aus Kalbfleisch hergestellt*)
❷ (*practice*) Probe-, simuliert; ~ **exam** Probeexamen *nt*
II. *n* BRIT (*fam*) Probeexamen *nt*
III. *vi* spotten, höhnen; ■**to** ~ **at sb** sich *akk* über jdn lustig machen, jdn verspotten [*o* verhöhnen]
IV. *vt* ❶ (*ridicule*) ■**to** ~ **sth** etw lächerlich machen [*o* verspotten] [*o* verhöhnen]; (*ridicule by imitation*) ■**to** ~ **sb/sth** jdn/etw nachmachen
❷ (*fig: frustrate*) ■**to** ~ **sth** *hopes* etw enttäuschen
◆**mock up** *vt* ■**to** ~ **up** ○ **sth** etw [im Modell] nachbilden

mocker ['mɒkəʳ, AM 'mɑːkɚ] *n* Spötter(in) *m(f)*
► PHRASES: **to put the ~s on sth** BRIT (*fam*) etw vermasseln *fam*

mockery ['mɒkᵊri, AM 'mɑːkɚi] *n no pl* ❶ (*ridicule*) Spott *m,* Hohn *m*
❷ (*travesty*) Farce *f;* **a** ~ **of an interview/a trial** ein jeder Beschreibung spottendes Interview/Gerichtsverfahren
► PHRASES: **to make a** ~ **of sb/sth** jdn/etw zum Gespött machen

mock-heroic [ˌmɒkhɪ'rəʊɪk, AM roʊ] *adj* ART, LIT komisch-ernst, Ulk-

mocking ['mɒkɪŋ, AM 'mɑːk-] *adj laugh, laughter* spöttisch, höhnisch

mockingbird *n* ORN Spottdrossel *f*

mockingly ['mɒkɪŋli, AM 'mɑːk-] *adv* spöttisch, höhnisch

mock-Tudor [-'tjuːdəʳ, AM -'tuːdɚ] ARCHIT **I.** *n* Pseudotudorstil *m* **II.** *adj inv architecture, house* im Pseudotudorstil *nach n* **mock turtleneck** *n* AM Rollkragenpullover *m* **mock-up** *n* Attrappe *f,* originalgetreue Nachbildung

Mod [mɒd] *n* BRIT Mod *m* (*modischer, Motorroller fahrender Jugendlicher in den 60er Jahren*)

MoD [ˌeməʊ'diː] *n* BRIT *abbrev of* **Ministry of Defence** Verteidigungsministerium *nt*

modal ['məʊdᵊl, AM 'moʊ-] *adj inv* Modal-; ~ **verb** Modalverb *nt*

modality <*pl* -ties> [məʊ'dæləti, AM moʊ'dæləṭi] *n* Art und Weise *f,* Modalität *f; procedure* Verfahrensweise *f*

mod con [ˌmɒd'kɒn] *n* BRIT, AUS (*dated*) *short for* **modern convenience** moderner Komfort

mode [məʊd, AM moʊd] *n* ❶ (*way*) Art *f,* Weise *f,* Methode *f;* ~ **of action/life** Wirkungs-/Lebensweise *f;* ~ **of observation** Beobachtungsmethode *f,* Beobachtungsverfahren *nt;* ~ **of operation/transport** Betriebs-/Beförderungsart *f;* ~ **of payment** Zahlungsweise *f,* Zahlungsmodus *m*
❷ (*type*) *heat* [Erscheinungs]form *f*
❸ COMPUT, TECH (*operation*) Betriebsart *f,* Modus *m;* **computer** ~ Computermodus *m,* Rechnermodus *m;* **conversation** ~ Dialogbetrieb *m;* **graphic[s]** ~ Grafikmodus *m;* **automatic** ~ Automatikbetrieb *m*
❹ LING Aussageweise *f,* Modus *m fachspr*
❺ *no pl* (*dated form: fashion*) Mode *f;* **to be all the** ~ die neueste Mode sein; **in** ~ modern, in Mode
❻ (*in optical fibre*) Moden *pl*
❼ (*most frequent number in sample*) häufigster Wert

model ['mɒdᵊl, AM 'mɑːd-] **I.** *n* ❶ (*representation*) Modell *nt;* COMPUT [schematische] Darstellung, Nachbildung *f,* Simulation *f;* **a clay/wax** ~ ein Ton-/Wachsmodell *nt;* **computer** ~ Computerdarstellung *f,* Computersimulation *f;* **economic** ~ ECON [EDV-]Modell *nt* zur Wirtschaftsprognose; **a mathematical/statistical** ~ ein mathematisches/statistisches Modell; **pricing** ~ ECON Preismodell *nt*
❷ (*example*) Modell *nt,* Vorbild *nt;* **on the** ~ **of sth** nach dem Vorbild einer S. *gen*
❸ (*perfect example*) Muster *nt;* ***a*** ~ ***of fairness/self-control*** ein Muster an Fairness/Selbstbeherrschung; **to be the very** ~ **of sth** (*fig*) der Inbegriff von etw *dat* sein
❹ (*mannequin*) Model *nt,* Mannequin *nt;* **male** ~ Dressman *m;* **photographic** ~ Fotomodell *nt*
❺ (*for painter*) Modell *nt;* **nude** ~ Aktmodell *nt;* **to work as a painter's** ~ einem Maler Modell stehen
❻ (*clothing creation*) Modell *nt;* **a Dior** ~ ein Modellkleid von Dior
❼ (*version*) Modell *nt*
II. *n modifier* ❶ (*aircraft, car, train*) Modell-
❷ (*exemplary*) (*husband, wife, student, teacher*) Muster-
III. *vt* <-ll-> ❶ (*make figure*) ■**to** ~ **sth** etw modellieren [*o* nachbilden]; **to** ~ **clay/wax** Ton/Wachs modellieren; **to** ~ **sth in clay** etw in Ton nachbilden
❷ (*on computer*) ■**to** ~ **sth** etw [schematisch] darstellen, nachbilden, simulieren
❸ (*show clothes*) ■**to** ~ **sth** etw vorführen
❹ (*make model*) ■**to** ~ **sth** ein Modell von etw *dat* erstellen
◆**model on** *vt* ■**to** ~ **sth on sth** etw nach dem Vorbild einer S. *gen* formen [*o* gestalten]; (*imitate*) etw etw *dat* nachempfinden; ■**to** ~ **oneself on sb** sich *dat* jdn zum Vorbild nehmen, sich *akk* nach jds Vorbild richten

modeling ['mɑːdᵊlɪŋ] *n* AM *see* **modelling**

modelling ['mɒdᵊlɪŋ, AM 'mɑːd] *n no pl* ❶ FASHION Arbeit *f* als Fotomodell, Modeln *nt fam*
❷ (*making 3D models*) Modellieren *nt,* Modellbau *m*

model maker *n* Modellbauer(in) *m(f)*

modem ['məʊdəm, AM 'moʊ-] *n* Modem *nt*

moderate **I.** *adj* ['mɒdᵊrət, AM 'mɑːdɚ-] ❶ (*neither large nor small*) *amount, quantity, size* mittlere(r, s); *improvement, increase* leicht, nicht allzu groß; *price, speed* angemessen, normal; ~ **income** durchschnittliches Einkommen
❷ (*not excessive*) mäßig, gemäßigt; *drinker, eater* mäßig, maßvoll; ~ **climate** gemäßigtes Klima; ~ **sentence** LAW milde Strafe
❸ POL gemäßigt; ~ **views** gemäßigte Ansichten
❹ (*reasonable*) angemessen, vernünftig; ~ **demands** angemessene Forderungen
II. *n* ['mɒdᵊrət, AM 'mɑːdɚ-] POL Gemäßigte(r) *f(m)*
III. *vt* ['mɒdᵊreɪt, AM 'mɑːdə-] ❶ (*make less extreme*) ■**to** ~ **sth** etw mäßigen; **to** ~ **one's voice** seine Stimme senken [*o* dämpfen]; **to have a moderating influence on sb/sth** einen mäßigenden Einfluss auf jdn/etw haben
❷ (*oversee*) ■**to** ~ **sth** etw moderieren; **to** ~ **a discussion** eine Diskussion leiten; **to** ~ **an examination** den Vorsitz in einer Prüfung führen
IV. *vi* ['mɒdᵊreɪt, AM 'mɑːdə-] sich *akk* mäßigen; *fever, wind* nachlassen

moderately ['mɒdᵊrətli, AM 'mɑːdɚ-] *adv* mäßig; **to eat/drink/smoke** ~ mäßig essen/trinken/rauchen; ~ **gifted** mäßig begabt; ~ **pleased/successful** einigermaßen zufrieden/erfolgreich; ~ **priced** preisgünstig

moderation [ˌmɒdᵊr'eɪʃᵊn, AM ˌmɑːdə'reɪ-] *n no pl* ❶ (*restraint*) Mäßigung *f;* **in** ~ in Maßen; **to show** ~ Maß halten
❷ (*making moderate*) *demands* Abschwächung *f; sentence* Milderung *f; voice* Senkung *f*

moderator ['mɒdᵊreɪtəʳ, AM 'mɑːdəreɪṭɚ] *n* ❶ (*mediator*) Vermittler(in) *m(f)*
❷ AM (*of discussion*) Moderator(in) *m(f),* Diskussionsleiter(in) *m(f)*
❸ BRIT SCH Prüfungsvorsitzende(r) *f(m)*
❹ SCOT (*presiding minister*) Vorsitzende(r) *f(m)*

modern ['mɒdᵊn, AM 'mɑːdɚn] *adj* ❶ (*contemporary*) modern; ~ **methods/technology** moderne Methoden/Technologie
❷ (*not ancient or medieval*) modern, neuzeitlich; ~ **art** moderne Kunst; ~ **Greek** LING Neugriechisch *nt;* ~ **Europe** Europa *nt* der Neuzeit; ~ **times** Neuzeit *f,* Moderne *f;* **the** ~ **world** die heutige Welt

modern dance *n* Modern Dance *m* **modern-day** *adj attr, inv* modern, zeitgenössisch

modernism ['mɒdᵊnɪzᵊm, AM 'mɑːdɚn-] *n* ❶ *no pl* (*tendencies*) Modernismus *m,* moderner Geschmack
❷ *no pl* (*ideas*) *in art, literature* Modernismus *m,* die Moderne
❸ *no pl* REL (*movement*) Modernismus *m fachspr* (*liberalwissenschaftlich kritische Reformbewegung in der katholischen Kirche*)
❹ (*expression*) Modernismus *m*

modernist ['mɒdᵊnɪst, AM 'mɑːdɚn-] **I.** *n* Modernist(in) *m(f)*
II. *adj* modernistisch

modernistic [ˌmɒdᵊn'ɪstɪk, AM ˌmɑːdɚ'nɪs-] *adj* modernistisch

modernity [mɒd'ɜːnəti, AM mɑː'dɜːrnəṭi] *n* Modernität *f,* Moderne *f;* **to give in to** ~ mit der [heutigen] Zeit gehen, sich *akk* dem modernen Leben anpassen

modernization [ˌmɒdᵊnaɪ'zeɪʃᵊn, AM ˌmɑːdɚnɪ'-] *n no pl* Modernisierung *f*

modernize ['mɒdᵊnaɪz, AM 'mɑːdɚ-] **I.** *vt* ■**to** ~ **sth** etw modernisieren
II. *vi* modern werden, sich *akk* der modernen Zeit anpassen

modernizer ['mɒdᵊnaɪzəʳ, AM 'mɑːdɚnaɪzɚ] *n* Modernisierer(in) *m(f)*

modern jazz *n no pl* Modern Jazz *m* **modern languages** **I.** *npl* neuere Sprachen; **to study** [*or* **take**] ~ UNIV neuere Sprachen [*o* Neuphilologie] studieren [*o* belegen] **II.** *n modifier* (*course, degree*) neusprachlich, neuphilologisch *fachspr;* ~ **student** Neusprachler(in) *m(f),* Neuphilologe, -in *m, f fachspr*

modest ['mɒdɪst, AM 'mɑːd-] *adj* ❶ (*not boastful*) bescheiden, zurückhaltend; ***she's very*** ~ ***about her achievements*** sie prahlt nicht mit ihren Erfolgen
❷ (*fairly small*) *improvement, income, increase* bescheiden, mäßig
❸ (*not elaborate*) *furniture, house* einfach
❹ (*chaste*) sittsam *veraltend,* dezent

modestly ['mɒdɪstli, AM 'mɑːd-] *adv* ❶ (*approv: without boastfulness*) bescheiden, zurückhaltend
❷ (*chastely*) sittsam *veraltend,* dezent; **to dress** ~ sich *akk* dezent kleiden
❸ (*not expensively*) ~ **priced** preisgünstig

modesty ['mɒdɪsti, AM 'mɑːd-] *n* (*approv*) ❶ (*without boastfulness*) Bescheidenheit *f,* Zurückhaltung *f;* **in all** ~ in aller Bescheidenheit
❷ (*chasteness*) Anstand *m,* Sittsamkeit *f*

modicum ['mɒdɪkəm, AM 'mɑːd-] *n no pl* ■**a** ~ ein bisschen [*o* wenig]; **a** ~ **of common sense** ein Minimum an gesundem Menschenverstand; **a** ~ **of decency** eine Spur von Anstand; **a** ~ **of hope** ein Funke Hoffnung; **a** ~ **of truth** ein Körnchen Wahrheit

modifiable ['mɒdɪfaɪəbl̩, AM 'mɑːd-] *adj* modifizierbar, [ab]änderbar

modification [ˌmɒdɪfɪ'keɪʃᵊn, AM ˌmɑːd-] *n* ❶ (*change*) Modifikation *f,* [Ab]änderung *f;* **to make a few ~s to sth** einige Änderungen an etw *dat* vornehmen
❷ *no pl* (*alteration*) *of an engine* Modifikation *f,* Änderung *f*
❸ BIOL nichterbliche Änderung, Modifikation *f fachspr*
❹ LING (*phonetics*) lautliche Veränderung, Umlautung *f;* ~ **of a vowel** Umlautung *f* eines Vokals
❺ LING (*grammar*) nähere Bestimmung

modified American plan *n* AM (*half board*) Halbpension *f;* **to be on the** ~ Halbpension haben *fam*

modifier ['mɒdɪfaɪəʳ, AM 'mɑːdɪfaɪɚ] *n* ❶ LING näher bestimmendes Wort; (*as an adjective*) Beiwort *nt;* (*as an adverb*) Umstandswort *nt*
❷ COMPUT Modifizierer *m*

modify <-ie-> ['mɒdɪfaɪ, AM 'mɑːd-] *vt* ❶ (*change*) ■**to** ~ **sth** etw [ver]ändern [*o* modifizieren]; **to** ~ **one's behaviour** [*or* AM **behavior**] sein

Verhalten ändern
② (*alter*) *engine* etw modifizieren [*o* [ver]ändern]
③ LING ■**to ~ sth** etw lautlich verändern [*o* umlauten] [*o* näher bestimmen]; **to ~ a vowel** einen Vokal umlauten

modish ['məʊdɪʃ, AM 'moʊ-] *adj* (*form*) modisch, modern

modishly ['məʊdɪʃli, AM 'moʊ-] *adv* (*form*) modisch, modern

modular ['mɒdjələʳ, AM 'mɑːdʒələ˞] *adj inv* modular, Modul-, Baukasten-; **~ concept** Baukastenprinzip *nt;* **~ construction/design** Modulbauweise *f;* **~ degree course** UNIV *aus verschiedenen, unterschiedlich kombinierbaren Kursen bestehender Studiengang;* **~ system** UNIV Kursmodulsystem *nt*

modulate ['mɒdjəleɪt, AM 'mɑːdʒ-] **I.** *vt* ① (*adapt*) ■**to ~ sth** etw anpassen [*o* abstimmen] [*o* regulieren]; **to ~ a mechanism** einen Mechanismus regulieren; **to ~ a policy** eine Politik abstimmen [*o* [den Gegebenheiten] anpassen]; **to ~ one's tone** (*also fig*) in einem anderen Ton sprechen, einen anderen Ton anschlagen *a. fig;* **to ~ one's voice** seine Stimme verändern
② (*soften*) ■**to ~ sth** *noise, voice* etw dämpfen; *effect, impression* etw abschwächen
③ ELEC, RADIO (*mix signals*) ■**to ~ sth** etw modulieren [*o* aussteuern]
④ COMPUT ■**to ~ sth** etw modulieren
II. *vi* MUS [die Tonart] wechseln, modulieren *fachspr*

modulation [ˌmɒdjə'leɪʃᵊn, AM ˌmɑːdʒ-] *n* ① (*adaptation*) Anpassung *f,* Abstimmung *f,* Veränderung *f*
② ELEC, RADIO Modulation *f,* Aussteuerung *f;* **~ amplifier** Modulationsverstärker *m,* Modulationsstufe *f;* **~ frequency** Modulationsfrequenz *f*
③ MUS [Tonart]wechsel *m,* Modulation *f fachspr*

module ['mɒdjuːl, AM 'mɑːdʒuːl] *n* ① (*unit*) Modul *nt,* Baustein *m,* Baueinheit *f*
② (*part of course*) Einheit *f,* Element *nt;* **teaching ~** Unterrichtseinheit *f*
③ AEROSP (*independent vehicle*) Modul *nt;* **lunar ~** Mondlandefähre *f*

modus operandi [ˌməʊdəsˌɒpə'rændiː, AM ˌmoʊdəsˌoʊpə'rɑːndi] *n no pl* (*form*) Arbeitsweise *f,* Modus operandi *m geh* **modus vivendi** [ˌməʊdəsvɪ'vendiː, AM ˌmoʊdəsvɪ'-] *n no pl* (*form*) Lebensweise *f,* Modus vivendi *m geh*

moggie *n* BRIT, AUS (*fam*), **moggy** ['mɒgi] *n* BRIT, AUS (*fam*) Mieze[katze] *f fam*

mogul ['məʊgᵊl, AM 'moʊgʌl] *n* ① (*powerful person*) Mogul *m;* (*fig*) hohes Tier *fig pej;* **financial ~** Finanzmogul *m;* **industrial ~** Industriemagnat *m;* **party/trade union ~** Partei-/Gewerkschaftsbonze *m*
② (*mound*) *on a ski slope* Buckel *m*

MOH [ˌeməʊ'eɪtʃ] *n* ① *no pl, + sing/pl vb abbrev of* **Ministry of Health** Gesundheitsministerium *nt*
② *abbrev of* **Medical Officer of Health** Amtsarzt, Amtsärztin *m, f*

mohair ['məʊheəʳ, AM 'moʊher] *n* Mohair *m*

Mohammedan [mə(ʊ)'hæmɪdᵊn, AM moʊ'-] **I.** *n* (*dated*) Mohammedaner(in) *m(f)*
II. *adj inv* (*dated*) mohammedanisch

Mohican [məʊ'hiːkᵊn, AM moʊ'-] **I.** *n* (*person*) Mohikaner(in) *m(f)*
II. *adj* ① (*language*) mohikanisch
② BRIT **~ hairstyle** Irokesenschnitt *m*

moi [mwɑː] *pron* (*hum fam*) ich; ***you made a complete idiot of yourself at the party — who? ~?*** du hast dich auf der Party zum Vollidioten gemacht – wer? ich etwa?; ***sarcastic? ~?*** sarkastisch? ich?

moiety <*pl* -ties> ['mɔɪəti, AM əṭi] *n* ① (*spec: part of a people*) [Bevölkerungs]teil *m*
② (*form: portion*) Hälfte *f*

moiré ['mɔɪreɪ] *n no pl* Moiré *nt o m*

moist [mɔɪst] *adj* feucht; **~ cake** saftiger Kuchen

moisten ['mɔɪsᵊn] **I.** *vt* ■**to ~ sth** etw anfeuchten [*o geh* benetzen]
II. *vi* feucht werden

moistness ['mɔɪstnəs] *n no pl* Feuchte *f,* Feuchtigkeit *f;* (*of a cake*) Saftigkeit *f*

moisture ['mɔɪstʃəʳ, AM -ə˞] *n* Feuchtigkeit *f*

moisturize ['mɔɪstʃᵊraɪz, AM -tʃər-] *vt* ■**to ~ sth** etw befeuchten; **to ~ one's skin** seine Haut mit Feuchtigkeitscreme einreiben

moisturizer ['mɔɪstʃᵊraɪzəʳ, AM -tʃəraɪzə˞] *n* Feuchtigkeitscreme *f*

moisturizing cream *n* Feuchtigkeitscreme *f* **moisturizing lotion** *n* Feuchtigkeitslotion *f*

moke [məʊk] *n* ① BRIT (*fam: donkey*) Esel *m*
② AUS, NZ (*nag*) Klepper *m,* Gaul *m*

molar¹ ['məʊləʳ, AM 'moʊlə˞] *n* ① ANAT (*tooth*) Backenzahn *m,* Molar *m fachspr*
② ZOOL Mahlzahn *m*

molar² ['məʊləʳ, AM 'moʊlə˞] *adj inv* CHEM, PHYS Molar-, Mol-, stoffmengenbezogen; **~ concentration** molare Konzentration, Stoffmengenkonzentration *f;* **~ weight** Mol[ar]gewicht *nt,* molare Masse

molasses [mə(ʊ)'læsɪz, AM mə'-] *n no pl* Melasse *f,* Zuckersirup *m*

mold *n, vi* AM *see* **mould**

Moldavia [mɒl'deɪviə, AM mɑːl-] *n no pl* GEOG ① (*part of Romania*) Moldau *f*
② (*Moldova*) Moldawien *nt*

Moldavian [mɒl'deɪviən, AM mɑːl-] **I.** *adj inv* moldawisch
II. *n* Moldawier(in) *m(f)*

molder *vi* AM *see* **moulder**

molding *n* AM *see* **moulding**

Moldova [mɒl'dəʊvə, AM mɑːl'doʊ-] *n no pl see* **Moldavia 2**

Moldovan [mɒl'dəʊvən, AM mɑːl'doʊ-] *n see* **Moldavian**

moldy *adj* AM *see* **mouldy**

mole¹ [məʊl, AM moʊl] *n* ① (*animal*) Maulwurf *m*
② (*fam: spy*) Maulwurf *m fam*

mole² [məʊl, AM moʊl] *n* [kleines] Muttermal, Leberfleck *m*

mole³ [məʊl, AM moʊl] *n* Mole *f*

molecular [mə(ʊ)'lekjələʳ, AM mə'lekjələ˞] *adj inv* molekular, Molekular-

molecular farming *n no pl* Molecular Farming *nt fachspr,* gentechnische Manipulation von Pflanzen (*zur Herstellung von Pharmaprodukten*)

molecule ['mɒlɪkjuːl, AM 'mɑːl-] *n* Molekül *nt*

molehill ['məʊlhɪl, AM 'moʊl-] *n* Maulwurfshügel *m* **moleskin** ['məʊlskɪn, AM 'moʊl-] *n* ① (*skin of a mole*) Maulwurfsfell *nt* ② (*fabric*) Maulwurfsfell *nt,* Moleskin *m o nt fachspr* (*dichtes Baumwollgewebe*)

molest [mə(ʊ)'lest, AM mə'-] *vt* ■**to ~ sb** ① (*annoy*) jdn belästigen
② (*harass*) jdn quälen [*o* peinigen] [*o* schikanieren]
③ (*attack sexually*) jdn [sexuell] belästigen

molestation [ˌməʊles'teɪʃᵊn, AM ˌmoʊ-] *n no pl* ① (*annoyance*) Störung *f,* Belästigung *f*
② (*harassment*) Quälerei *f,* Peinigung *f,* Schikane *f*
③ (*sexual assault*) [sexuelle] Belästigung; **child ~** Kindesmissbrauch *m*

molester [mə(ʊ)'lestəʳ, AM mə'lestə˞] *n* ① (*troublesome person*) lästige Person
② (*harasser*) Peiniger(in) *m(f),* Schikaneur *m geh*
③ (*sexual offender*) ≈ Sittenstrolch *m;* **child ~** Kinderschänder *m*

moll [mɒl, AM mɑːl] *n* (*sl*) ① (*female companion of criminal*) Gangsterbraut *f sl;* **gun ~** Gangsterliebchen *nt fam*
② (*pej: woman*) Puppe *f sl*
③ AUS (*female companion*) Braut *f fam;* (*companion of motorcyclists*) Motorradbraut *f*

mollify <-ie-> ['mɒlɪfaɪ, AM 'mɑːlə-] *vt* ① (*pacify*) ■**to ~ sb** jdn besänftigen [*o* beschwichtigen]
② (*rare: soften*) ■**to ~ sth** etw weich [*o* geschmeidig] machen
③ (*reduce*) ■**to ~ sth** *demands* etw mäßigen; *anger, pique* etw mildern

mollusc ['mɒləsk], AM **mollusk** ['mɑːl-] *n* Molluske *f,* Weichtier *nt*

mollycoddle ['mɒliˌkɒdl, AM 'mɑːliˌkɑː-] *vt* (*pej fam*) ■**to ~ sb** jdn verwöhnen [*o fam* verhätscheln]

Moloch ['məʊlɒk, AM 'moʊlɑːk] *n* Moloch *m*

Molotov cocktail [ˌmɒlətɒf'kɒkteɪl, AM ˌmɑːlɪtɔːf'kɑːk-] *n* Molotowcocktail *m*

molt *n, vt, vi* AM *see* **moult**

molten ['məʊltᵊn, AM 'moʊ-] *adj inv* geschmolzen; **~ cheese** geschmolzener Käse; **~ bath** TECH Schmelze *f,* Schmelzbad *nt;* **~ metal** geschmolzenes Metall

molybdenum [mə'lɪbdənəm] *n no pl* Molybdän *nt fachspr*

mom [mɑːm] *n* AM (*mum*) Mama *f*

mom-and-pop *adj inv* AM **~ business** Familienunternehmen *nt;* ■**to be ~** ein Familienbetrieb sein; ***the Regent is strictly ~*** das Regent ist ein reiner Familienbetrieb

moment ['məʊmənt, AM 'moʊ-] *n* ① (*very short time*) Moment *m,* Augenblick *m;* ***just a ~, please*** nur einen Augenblick, bitte; ***this will only take a ~*** das dauert nur einen Augenblick; ■**the ~** [**that**] ... [in dem Augenblick], als ...; ***the phone rang the ~ she came home*** das Telefon klingelte in dem Augenblick, als sie nach Hause kam; **not a ~ too soon** keine Sekunde zu früh, gerade noch rechtzeitig; **not for a** [*or* **one**] **~** keinen Augenblick [*o* Moment] [lang], nicht einen Augenblick [*o* Moment]; **not for the ~** im Augenblick nicht; **at any ~** jeden Augenblick [*o* Moment]; **in a ~** gleich, sofort
② (*specific time*) Zeitpunkt *m;* **a ~ in time** ein historischer Augenblick; **the ~ of truth** die Stunde der Wahrheit; ■**at** [*or* **for**] **the ~** im Augenblick, momentan; **at the** [**exact/precise**] **~ when ...** [genau] in dem Augenblick [*o* Moment], als ...; **at the last ~** im letzten Augenblick [*o* Moment]; **to leave sth till** [*or* **to**] **the last ~** etw bis zum Schluss [*o* letzten Moment] aufschieben; **the right ~** der richtige Zeitpunkt; **to choose one's ~** den richtigen Zeitpunkt wählen
③ *no pl* (*importance*) Wichtigkeit *f,* Bedeutung *f,* Tragweite *f;* **of great ~** von großer Bedeutung
► PHRASES: **to have one's ~s** [auch] seine guten Augenblicke haben; ***for all that, we had our ~s*** trotz alledem haben wir auch schöne Zeiten erlebt

momentarily ['məʊməntᵊrᵊli, AM ˌmoʊmən'ter-] *adv* ① (*briefly*) kurz, eine Weile; **to pause ~** kurz innehalten
② (*for some time*) momentan, vorübergehend, eine Zeit lang
③ (*instantly*) augenblicklich, sogleich *geh*
④ AM (*very soon*) gleich, in wenigen Augenblicken
⑤ (*at any moment*) jederzeit, jeden Augenblick [*o* Moment]

momentary ['məʊməntᵊri, AM 'moʊmənteri] *adj inv* ① (*brief*) kurz; **a ~ glimpse** ein kurzer Blick
② (*transitory*) momentan, vorübergehend; **a ~ annoyance** eine vorübergehende Störung
③ (*impending*) jederzeit möglich; ***they lived in fear of ~ annihilation*** sie lebten dauernd in der Angst vor ihrer Vernichtung
④ (*constant*) ständig

momentous [mə(ʊ)'mentəs, AM moʊ'menṭəs] *adj* bedeutsam, weitreichend, folgenschwer; **~ change** bedeutsame Veränderung, grundlegender Wandel; **~ day** bedeutender [*o* entscheidender] Tag; **~ decision** weitreichende [*o* [ge]wichtige] Entscheidung, folgenschwerer Beschluss

momentously [mə(ʊ)'mentəsli, AM moʊ'menṭ-] *adv* weitreichend, grundlegend, entscheidend

momentousness [mə(ʊ)'mentəsnəs, AM moʊ'menṭ-] *n no pl* Bedeutsamkeit *f,* [Ge]wichtigkeit *f,* Bedeutung *f,* Tragweite *f*

momentum [mə(ʊ)'mentəm, AM moʊ'menṭ-] *n no pl* ① (*force*) Schwung *m,* bewegende Kraft, Wucht *f;* **to gain** [*or* **gather**] **~** in Schwung [*o* Fahrt] kommen, sich *akk* beschleunigen; **to give ~ to sth** etw in Schwung [*o* Fahrt] bringen [*o* beschleunigen]; **to lose ~** an Schwung [*o* Fahrt] verlieren, sich *akk* verlangsamen
② PHYS Moment *nt,* Bewegungsgröße *f,* Impuls *m fachspr;* ***once in motion, the flywheel keeps going under its own ~*** sobald sich das Schwungrad dreht, bleibt es durch den eigenen Drehimpuls in

M

Bewegung; **the law of conservation of ~** Impuls[erhaltungs]satz *m*
momma ['mɑːmə] *n* Am (*childspeak*) Mama *f Kindersprache*
mommy ['mɑːmi] *n* Am (*childspeak*) Mama *f,* Mami *f Kindersprache*
mommy hacker *n* Am (*sl*) *Mutter, die aus Sorge um die Internet-Aktivitäten ihres Kindes dessen PC kontrolliert*
Mon *n abbrev of* **Monday** Mo
monarch ['mɒnək, Am 'mɑːnɚk] *n* Monarch(in) *m(f),* Herrscher(in) *m(f)*
monarchic(al) [mɒn'ɑːkɪk(ᵊl), Am mə'nɑːrk-] *adj inv* ❶ (*of a monarch[y]*) monarchisch, königlich; ~ **gesture** königliche Geste; ~ **government** monarchische Regierung; ~ **power** [*or* **rule**] Königsherrschaft *f,* monarchische Gewalt; ~ **system** monarchisches System
❷ (*of monarchism*) monarchistisch; ~ **circles** monarchistische Kreise; ~ **movement** monarchistische Bewegung
monarchism ['mɒnəkɪzᵊm, Am 'mɑːnɚk-] *n no pl* Monarchismus *m*
monarchist ['mɒnəkɪst, Am 'mɑːnɚ-] *n* Monarchist(in) *m(f)*
monarchy ['mɒnəki, Am 'mɑːnɚ-] *n* Monarchie *f;* **absolute** ~ absolute Monarchie, Alleinherrschaft *f;* **constitutional/limited** ~ konstitutionelle Monarchie; **hereditary** ~ Erbmonarchie *f*
monastery ['mɒnəstᵊri, Am 'mɑːnəsteri] *n* [Mönchs]kloster *nt*
monastic [mə'næstɪk] *adj* ❶ (*concerning monks*) *life, obligations* mönchisch, Mönchs-; ~ **order** Mönchsorden *m;* ~ **rule of life** mönchische Lebensregel; ~ **vows** Mönchsgelübde *ntpl*
❷ (*concerning monasteries*) *architecture, community, system* klösterlich, Kloster-; ~ **community** klösterliche Gemeinschaft; ~ **library** Klosterbibliothek *f*
❸ (*austere*) asketisch, enthaltsam, streng
❹ (*secluded*) zurückgezogen, abgeschieden
monasticism [mə'næstɪsɪzᵊm] *n no pl* Mönchstum *nt*
Monday ['mʌndeɪ] *n* Montag *m; see also* **Tuesday**
Mondayitis [ˌmʌndeɪ'aɪtɪs] *n* Aus Montagskrankheit *f*
Monday morning feeling *n* (*fam*) montagmorgendliche Muffeligkeit **Monday-morning quarterback** *n* Am (*fam*) alter Besserwisser/alte Besserwisserin; ***I don't want to be a ~ but ...*** ich will ja kein alter Besserwisser sein, aber ...
monetarism ['mʌnɪtᵊrɪzᵊm, Am 'mɑːnə-] *n no pl* econ Monetarismus *m fachspr*
monetarist ['mʌnɪtᵊrɪst, Am 'mɑːnə-] I. *n* econ Monetarist(in) *m(f) fachspr*
II. *adj* monetaristisch *fachspr*
monetary ['mʌnɪtᵊri, Am 'mɑːnəteri] *adj inv* econ Geld-, monetär *fachspr,* Währungs-, Münz-; ~ **compensatory amounts** EU Währungsausgleich *m;* ~ **convention** Münzkonvention *f;* ~ **fund** Währungsfonds *m;* ~ **instability/integration** monetäre Instabilität/Integration; ~ **law** Münzgesetz *nt;* ~ **policy** Währungspolitik *f,* Geldpolitik *f,* Kreditpolitik *f;* ~ **reserves** Währungsreserven *fpl;* ~ **system** Währungssystem *nt;* ~ **union** Währungsunion *f;* ~ **unit** Währungseinheit *f*
money ['mʌni] *n no pl* ❶ (*cash*) Geld *nt;* ***there is a lot of ~ in that*** das ist sehr lukrativ; ~ ***is tight*** [*or* ***short***] das Geld ist knapp [*o* Gewinn bringend]; ~ **at call** [*or* **call** ~] Tagesgeld *nt;* **to pay good ~ for sth** teures [*o* ein gutes Stück] Geld für etw *akk* zahlen; **hard** ~ Am pol Wahlkampfspenden *fpl;* **hot** ~ heißes Geld, vagabundierende Gelder; **to be short of** ~ knapp an Geld [*o fam* bei Kasse] sein; **soft** ~ Am Parteispenden *fpl;* ~ **well spent** gut angelegtes Geld; **to get one's ~'s worth** etw für sein Geld bekommen; **to change** ~ Geld wechseln; **to cost** ~ Geld kosten; **to earn** ~ Geld verdienen; **to have** ~ Geld haben, reich sein; **to make** ~ gut verdienen, [viel] Geld machen *fam;* ***her investments haven't made as much ~ this year*** ihre Investitionen haben dieses Jahr nicht so viel Geld eingebracht; **to put ~ into sth** Geld in etw *akk* stecken *fam,* in etw *akk* investieren; **to put one's ~ on sb/sth** (*also fig*) auf jdn/etw setzen [*o* wetten]; **to raise** ~ [**for sth**] Geld [für etw *akk*] aufbringen [*o* beschaffen] [*o* aufnehmen]; **to save** ~ Geld sparen; **to spend** ~ Geld ausgeben
❷ (*fam: pay*) Bezahlung *f,* Verdienst *m,* Geld *nt;* ***I didn't like the work but the ~ was good*** die Arbeit gefiel mir nicht, aber die Bezahlung war gut; ***what's the ~ like in your new job?*** wie ist so dein Verdienst bei deiner neuen Stelle?; ***they earn good ~ in that company*** bei dieser Firma verdient man gutes Geld; **hard-earned** ~ schwer [*o fam* sauer] verdientes Geld
❸ fin (*options*) **at the** ~ *Option, deren Basiskaufpreis dem aktuellen Marktpreis entspricht;* **in the** ~ *Option, deren Basiskaufpreis unter und deren Verkaufspreis über den aktuellen Marktpreis liegt;* **out of the** ~ Option, deren Basiskaufpreis über und deren Verkaufspreis unter dem aktuellen Marktpreis liegt
► Phrases: **you pays your ~ and [you] takes your choice** (*saying*) das bleibt jedem selbst überlassen; ~ **is the root of all evil** (*prov*) Geiz ist die Wurzel allen Übels *prov;* ~ **for jam** [*or* **old rope**] Brit leicht verdientes Geld; **to put one's ~ where one's mouth is** seinen Willen in die Tat umsetzen; ~ **doesn't grow on trees** (*prov*) Geld wächst nicht einfach nach; **to be in the** ~ in [*o* im] Geld schwimmen; ***if our horse wins, we'll be in the ~*** wenn unser Pferd gewinnt, sind wir gemachte Leute; **to have ~ to burn** Geld wie Heu haben; **to be** [**not**] **made of** ~ [k]ein Krösus [*o* Goldesel] sein; **to marry** ~ um des Geldes willen heiraten, eine Geldehe eingehen; ~ **talks** (*prov*) Geld regiert die Welt *prov;* **for my ~ ...** (*fam*) wenn es nach mir geht ... *fam*
money-back guarantee *n* Geld-zurück-Garantie *f* **moneybags** *n* <*pl* -> (*hum pej fam*) Geldsack *m fam* **moneybelt** *n* Geldgürtel *m* **moneybox** *n* Brit Sparbüchse *f,* Spardose *f; for collection* Sammelbüchse *f* **money broker** *n* Geldmakler(in) *m(f),* Finanzmakler(in) *m(f)* **money-changer** *n* ❶ (*person*) [Geld]wechsler(in) *m(f)* ❷ (*device*) tragbarer Münzwechsler
moneyed ['mʌnid] *adj* (*form*) vermögend, begütert *geh,* wohlhabend
money-grubber *n* (*pej*) geldgieriger [*o* raffgieriger] Mensch, Raffke *m pej fam* **money-grubbing** (*pej*) I. *n* Geldgier *f,* Raffgier *f* II. *adj* geldgierig, raffgierig **money-lender** *n* [gewerbsmäßiger] Geldverleiher/[gewerbsmäßige] Geldverleiherin, Geldgeber(in) *m(f)* **moneylending** ['mʌniˌlendɪŋ] I. *n no pl* Geldverleihen *nt* II. *n modifier* Geldverleih- **money-maker** *n* ❶ (*person*) erfolgreicher Geschäftsmann/erfolgreiche Geschäftsfrau ❷ (*profitable business*) gewinnbringendes [*o* einträgliches] Geschäft, Bombengeschäft *nt fam* ❸ (*profitable product*) Kassenschlager *m fam,* Verkaufsschlager *m fam,* Renner *m fam* **money-making** I. *adj* einträglich, gewinnbringend II. *n* Gelderwerb *m* **money market** *n* Geldmarkt *m;* ~ **fund** Geldmarktfonds *m;* ~ **paper** Geldmarktpapiere *ntpl* **money-minded** *adj* ❶ (*clever financially*) geschäftstüchtig ❷ (*pej: too concerned with money*) auf Geld fixiert; ***he's very ~, and is always asking how much you paid for things*** er sieht sehr aufs Geld und fragt einen immer, wie viel man für etwas bezahlt hat **money order** *n esp* Am, Aus Postanweisung *f,* Zahlungsanweisung *f* **money rates** *npl* Geldmarktsätze *mpl* **money-spinner** *n* Brit ❶ (*profitable business*) gewinnbringendes [*o* einträgliches] Geschäft, Bombengeschäft *nt fam* ❷ (*profitable product*) Kassenschlager *m fam,* Verkaufsschlager *m fam,* Renner *m fam* **money-spinning** ['mʌniˌspɪnɪŋ] *adj attr, inv* Brit einträglich, lukrativ **money supply** *n* fin Geldmenge *f,* Geldangebot *nt* [am Geldmarkt]; econ Geldversorgung *f* [der Wirtschaft] **money supply control** *n* econ Geldmengensteuerung *f* **money trading** *n* Geldhandel *m* **money transaction** *n* Finanzgeschäft *nt,* Geldgeschäft *nt* **money transfer** *n* Geldüberweisung *f* **money transfer order** *n* Dauerauftrag *m*
mongol ['mɒŋgəl, Am 'mɑːŋ-] *n* med (*dated or pej!*) Mongoloide(r) *f(m) pej*
Mongol ['mɒŋgəl, Am 'mɑːŋ-] I. *n* ❶ (*person*) Mongole, -in *m, f;* med (*dated or pej!*) Mongoloide(r) *f(m) pej*
❷ *no pl* (*language*) Mongolisch *nt,* das Mongolische
II. *adj* mongolisch
Mongolia [mɒŋ'gəʊliə, Am mɑːŋ'goʊ-] *n* Mongolei *f*
Mongolian [mɒŋ'gəʊliən, Am mɑːŋ'goʊ-] I. *adj* mongolisch
II. *n* ❶ (*person*) Mongole, -in *m, f*
❷ (*language*) Mongolisch *nt,* das Mongolische
mongolism ['mɒŋgᵊlɪzᵊm, Am 'mɑːŋ-] *n no pl* med (*dated or pej!*) Mongolismus *m pej*
mongoloid ['mɒŋgəlɔɪd, Am 'mɑːŋ-] *n* (*dated or pej!*) Mongoloide(r) *f(m) pej*
Mongoloid ['mɒŋgəlɔɪd, Am 'mɑːŋ-] *adj* (*dated*) mongolisch; med (*dated or pej!*) mongoloid *pej*
mongoose <*pl* -s> ['mɒŋguːs, Am 'mɑːŋ-] *n* Mungo *m*
mongrel ['mʌŋgrᵊl, Am 'mɑːŋ-] I. *n* ❶ bot, zool (*result of crossing*) Bastard *m oft pej,* Hybride *m fachspr,* Kreuzung *f*
❷ (*esp pej: dog breed*) Köter *m,* Töle *f* nordd, Promenadenmischung *f hum o pej;* ~ **puppy** Mischlingswelpe *m*
❸ (*person*) Mischling *m oft pej,* Mischung *f a. pej;* (*cross between things*) Zwischending *nt*
II. *adj* Bastard-, Misch-, hybrid *fachspr;* ~ **race** Mischrasse *f;* ~ **species** Kreuzung *f*
moni(c)ker ['mɒnɪkəʳ, Am 'mɑːnɪkɚ] *n* (*sl*) [Spitz]name *m*
monitor ['mɒnɪtəʳ, Am 'mɑːnɪt̬ɚ] I. *n* ❶ (*screen*) Bildschirm *m,* Monitor *m;* **colour** ~ [*or* Am **color**] Farbbildschirm *m,* Farbmonitor *m;* **on the** ~ auf dem Bildschirm [*o* Monitor]
❷ pol (*observer*) Beobachter(in) *m(f)*
❸ (*device*) Anzeigegerät *nt,* Überwachungsgerät *nt,* Kontrollschirm *m,* Monitor *m*
❹ sch (*dated: in school*) Klassenordner(in) *m(f) veraltend,* Aufsichtsschüler(in) *m(f) veraltend*
❺ zool (*lizard*) Waran *m*
II. *vt* ❶ (*check*) ■**to ~ sb** jdn beobachten; ■**to ~ sth** etw kontrollieren [*o* überprüfen] [*o* beobachten]; ***they were supposed to ~ the elections*** pol sie sollten die Wahlen beobachten; **to ~ sb's blood sugar/cholesterol level** jds Blutzucker/Cholesterinspiegel kontrollieren; **to ~ brake power/tyre** [*or* Am **tire**] **wear** die Bremskraft/Reifenabnutzung überprüfen
❷ radio, telec, tv (*view/listen in on*) ■**to ~ sth** *device, person* etw abhören [*o* mithören] [*o* verfolgen]; **to ~ a** [**radio**] **broadcast** eine [Radio]sendung verfolgen; **to ~ a circuit** sich *akk* in eine Leitung einschalten; **to ~ communications/telephone traffic** Gespräche/den Telefonverkehr abhören [*o* mithören]; **to ~ a TV channel** ein Fernsehprogramm verfolgen
❸ (*maintain quality*) ■**to ~ sth** *person* etw überwachen; **to ~ education standards** [die Einhaltung von] Ausbildungsstandards [*o* Ausbildungsanforderungen] überwachen; radio, tv *device* etw überwachen; **to ~ radio/TV reception** den Radio-/Fernsehempfang überwachen; ~**ed frequency** Überwachungsfrequenz *f fachspr;* ~**ing picture** Kontrollbild *nt fachspr;* ~**ing station** Überwachungsstation *f fachspr*
❹ (*keep under surveillance*) ■**to ~ sb/sth** *person* jdn/etw überwachen; **to ~ sb's eating habits/movements** jds Essgewohnheiten/Bewegungen überwachen; ■**to ~ sth** *device* etw überwachen; **to ~ fuel consumption/sb's heart rate** den Benzinverbrauch/jds Herzfrequenz überwachen
monk [mʌŋk] *n* Mönch *m*
monkey ['mʌŋki] I. *n* ❶ (*animal*) [langschwänziger] Affe
❷ (*fam: mischievous child*) Racker *m,* Schlingel *m*
❸ archit, tech (*device*) Rammbär *m fachspr,* Rammklotz *m,* Ramme *f*

④ BRIT (*dated sl: £500*) 500 Pfund
► PHRASES: **to have a ~ on one's back** (*sl: burdensome problem*) etw auf dem Buckel haben *fam;* (*drug addiction*) an der Nadel hängen *fam;* (*enduring habit*) eine Manie haben *fam;* **I'll be a ~'s uncle** (*dated sl*) mich laust der Affe *fam;* **I don't give a ~'s [what]** ... BRIT (*sl*) es interessiert mich einen Dreck [was] ... *fam;* **to make a ~ out of sb** jdn zum Affen [*o* Narren] halten
II. *vt* AM ■**to ~ sb/sth** jdn/etw nachäffen
III. *vi* (*fam*) ① (*waste time*) ■**to ~ about** [*or* **around**] **with sb** mit jdm seine Zeit verschwenden, sich *akk* mit jdm aufhalten; (*waste sb's time*) jdm die Zeit stehlen, jdn aufhalten
② (*pej: play*) ■**to ~ about** [*or* **around**] **with sth** mit etw *dat* herumspielen [*o* herumfummeln] *pej fam;* ■**to ~ about** [*or* **around**] **with sb** (*play sexually*) mit jdm herummachen *fam*

monkey business *n no pl* ① (*silliness*) Blödsinn *m,* Unfug *m* ② (*trickery*) krumme Touren, faule Tricks **monkey nut** *n* BRIT Erdnuss *f* **monkey puzzle tree** *n* BOT Araukarie *f fachspr,* Brasilkiefer *f,* Chilefichte *f* **monkeyshines** *npl* AM (*fam: monkey tricks*) Faxen *fpl fam,* dumme Streiche, Unfug *m kein pl* **monkey suit** *n* (*fam*) ① (*full-dress suit*) Smoking *m,* Gesellschaftsanzug *m;* **to put on one's ~** sich *akk* in Schale werfen *fam* ② (*uniform*) Uniform *f* **monkey tricks** *npl* BRIT (*fam*) Faxen *fpl fam,* dumme Streiche, Unfug *m kein pl;* ***have you been up to your ~ again?*** hast du wieder etwas angestellt? **monkey wrench** *n esp* AM Universal[schrauben]schlüssel *m,* verstellbarer Schraubenschlüssel, Rollgabelschlüssel *m fachspr,* Engländer *m; see also* **adjustable spanner** ► PHRASES: **to throw a ~ into sth** etw störend beeinflussen [*o* sabotieren]

monkish ['mʌŋkɪʃ] *adj* mönchisch, Mönchs-, pfäffisch *veraltend o pej*

mono¹ ['mɒnəʊ, AM 'mɑːnoʊ] **I.** *n no pl* MUS Mono *nt;* **to record/reproduce in ~** in Mono [*o* mono] aufnehmen/wiedergeben
II. *adj inv* Mono-

mono² ['mɑːnoʊ] *n* AM (*fam*) *short for* **mononucleosis** [Pfeiffer-]Drüsenfieber *nt*

mono- ['mɒnəʊ, AM 'mɑːnoʊ] *in compounds* ein-, mono-

monochromatic [ˌmɒnəkrə(ʊ)'mætɪk, AM ˌmɑːnəkroʊ'mæt̬-] *adj inv* einfarbig, monochrom; PHYS monochromatisch *fachspr*

monochrome ['mɒnəkrəʊm, AM 'mɑːnəkroʊm] *adj inv* ① PHOT (*black and white*) Schwarzweiß- *fachspr;* **~ film** Schwarzweißfilm *m*
② (*using one colour*) einfarbig, monochrom; ***the park at this time of the year is a ~ brown*** der Park ist zu dieser Jahreszeit ein einziges Braun
③ (*fig: unexciting*) eintönig, einförmig, gleichförmig

monochrome display *n* COMPUT Schwarzweißanzeige *f,* Schwarzweißdisplay *nt*

monochronic [ˌmɒnə(ʊ)'krɒnɪk, AM ˌmɑːnə'krɑːnɪk] *adj* linear arbeitend; **~ personality** [*or* **type**] *Persönlichkeitstyp, der lieber eins nach dem anderen als mehrere Dinge gleichzeitig tut*

monocle ['mɒnəkl̩, AM 'mɑːn-] *n* (*hist*) Monokel *nt hist,* Einglas *nt hist*

monocled ['mɒnəkl̩d] *adj inv* Monokel tragend, mit [einem] Monokel *nach n*

monogamous [mə'nɒgəməs, AM -'nɑːg-] *adj* monogam *fachspr,* einehig

monogamy [mə'nɒgəmi, AM -'nɑːg-] *n no pl* ① (*in marriage*) Einehe *f,* Monogamie *f fachspr*
② (*having one sexual partner*) *in animals, man* Monogamie *f fachspr,* Einehe *f*

monogram ['mɒnəgræm, AM 'mɑːn-] *n* Monogramm *nt fachspr*

monogrammed ['mɒnəgræmd, AM 'mɑːn-] *adj inv* mit Monogramm *nach n*

monograph ['mɒnəgrɑːf, AM 'mɑːnəgræf] *n* Monographie *f fachspr,* Einzeldarstellung *f*

monolingual [ˌmɒnə(ʊ)'lɪŋgwəl, AM ˌmɑːnə'-] *adj* einsprachig

monolith ['mɒnə(ʊ)lɪθ, AM 'mɑːnə'-] *n* ① ARCHEOL (*single block*) Monolith *m fachspr,* Bildwerk *nt* [*o* Säule *f*] aus einem einzigen Steinblock
② (*fig: sth huge*) Koloss *m fig; building* monumentales Gebäude *fig; organization* gigantische Organisation *fig*
③ (*fig: sth unchangeable*) *movement, party, society* Monolith *m,* starrer Block *pej*

monolithic ['mɒnə(ʊ)lɪθɪk, AM 'mɑːnə'-] *adj* ① ARCHEOL monolithisch *fachspr,* aus einem einzigen Steinblock bestehend *attr*
② (*fig: huge*) *building, structure* monumental; *organization* gigantisch
③ (*pej: unchangeable*) monolithisch, starr; **a ~ organization** eine starre Organisation; **a ~ society** eine erstarrte Gesellschaft
④ COMPUT (*single crystal of semiconductor*) monolithisch

monolog ['mɒnəlɒg] *n,* AM *also* **monologue** ['mɑːnəlɑːg] *n* ① (*long speech*) Monolog *m pej* (**on** über +*akk*)
② THEAT Monolog *m*

monomaniacal [ˌmɒnəʊmə'naɪəkəl, AM ˌmɑːnoʊ-] *adj* monomanisch *fachspr,* unter Zwangsvorstellungen leidend

mononucleosis [ˌmɑːnoʊˌnuːkli'oʊsɪs] *n no pl* AM MED (*glandular fever*) [Pfeiffer-]Drüsenfieber *nt,* [infektiöse] Mononukleose *fachspr*

monophonic [ˌmɒnə(ʊ)'fɒnɪk, AM ˌmɑːnoʊ'fɑːn-] *adj inv* (*form*) monophon *geh*

monoplane ['mɒnə(ʊ)pleɪn, AM 'mɑːnə-] *n* AVIAT Eindecker *m*

Monopolies and Mergers Commisssion *n* BRIT *britische Kartellbehörde*

monopolist [mə'nɒpəlɪst, AM 'nɑːpə] *n* Monopolist(in) *m(f),* Monopolbesitzer(in) *m(f)*

monopolistic [məˌnɒpəl'ɪstɪk, AM -ˌnɑːpə'l-] *adj* (*usu pej*) monopolistisch

monopolization [məˌnɒpəlaɪ'zeɪʃən, AM -ˌnɑːpəlɪ'-] *n* ① ECON Monopolisierung *f*
② (*of conversation*) alleinige Führung
③ (*of sb's time*) alleinige Beanspruchung; ***he is an expert on the ~ of his parent's time*** er versteht es geschickt, die Zeit seiner Eltern ganz für sich zu beanspruchen

monopolize [mə'nɒpəlaɪz, AM -'nɑːpə-] *vt* ① ECON (*control*) ■**to ~ sth** etw monopolisieren [*o* allein beherrschen]; **to ~ the market** den Markt beherrschen
② (*keep for oneself*) ■**to ~ sb/sth** jdn/etw ganz für sich *akk* beanspruchen, jdn/etw mit Beschlag belegen; **to ~ the conversation** das Gespräch an sich reißen

monopoly [mə'nɒpəli, AM -'nɑːp-] *n* ① ECON (*control*) Monopol *nt,* Ausschließlichkeitsrecht *nt,* Alleinverkaufsrecht *nt,* Alleinherstellungsrecht *nt;* **public** [*or* **state**] **~** staatliches Monopol; **to have a ~ on the market** eine marktbeherrschende Stellung [*o* Monopolstellung] haben
② (*exclusive possession*) Monopol *nt,* alleiniges Recht; ■**to have a** [*or* **the**] **~ of** [*or* **on**] **sth** ein [*o* das] Monopol auf etw *akk* haben; **~ of learning** Bildungsmonopol *nt;* ***he does not have a ~ on good looks*** er hat das gute Aussehen nicht gepachtet

Monopoly® [mə'nɒpəli, AM -'nɑːp-] *n* Monopoly® *nt*

Monopoly money *n* Spielgeld *nt*

monorail ['mɒnə(ʊ)reɪl, AM 'mɑːnə-] *n* Einschienenbahn *f*

monosodium glutamate [ˌmɒnə(ʊ)səʊdiəm'gluːtəmeɪt, AM ˌmɑːnoʊsoʊdiəm'gluːt̬ə-] *n no pl* CHEM [Mono]natriumglutamat *nt,* Glutamat *nt*

monosyllabic [ˌmɒnə(ʊ)sɪ'læbɪk, AM ˌmɑːnə-] *adj* ① LING einsilbig, monosyllabisch *fachspr*
② (*pej: taciturn*) einsilbig, wortkarg, kurz angebunden, wenig gesprächig; **~ reply** einsilbige Antwort

monosyllabically [ˌmɒnə(ʊ)sɪ'læbɪkli, AM ˌmɑːnə-] *adv* einsilbig

monosyllable ['mɒnə(ʊ)ˌsɪləbl̩, AM 'mɑːnə-] *n* LING Einsilber *m,* einsilbiges Wort, Monosyllabum *nt fachspr;* ***she usually replies in ~s*** sie gibt normalerweise einsilbige Antworten

monotheism ['mɒnə(ʊ)θiɪzəm, AM 'mɑːnoʊˌθiː-] *n no pl* REL Monotheismus *m*

monotheistic [ˌmɒnə(ʊ)θi'ɪstɪk, AM ˌmɑːnoʊ-] *adj inv* REL monotheistisch

monotone ['mɒnətəʊn, AM 'mɑːnətoʊn] *n no pl* ① (*tone*) gleich bleibende Stimmlage [*o* Tonhöhe], monotoner Klang
② (*single tone*) gleich bleibender Ton; **to speak in a ~** monoton [*o* mit gleich bleibender Stimme] sprechen
③ (*delivery*) monotone Rezitation, monotoner Vortrag [*o* Gesang]
④ (*fig: sameness*) Monotonie *f,* Eintönigkeit *f*

monotonous [mə'nɒtənəs, AM -'nɑːt-] *adj* eintönig, monoton; **~ work** eintönige [*o* stumpfsinnige] Arbeit

monotonously [mə'nɒtənəsli, AM 'nɑː] *adv* ① (*repetitiously*) immer wieder, unablässig
② (*without variation*) eintönig, monoton

monotony [mə'nɒtəni, AM -'nɑːt-] *n no pl* Monotonie *f,* Eintönigkeit *f,* Einförmigkeit *f,* ewiges [*o* stumpfes] Einerlei; **to relieve** [*or* **break**] **the ~** die Eintönigkeit auflockern [*o* durchbrechen], Abwechslung [in etw *akk*] bringen

monotype ['mɒnə(ʊ)taɪp, AM 'mɑːnoʊ-] *n* ① TYPO (*single print*) einzelner Abdruck; (*single type*) Einzelbuchstabe *m,* Monotype *f fachspr*
② BIOL (*type*) einzige Art (*einer Gattung*)

monoxide [məˌnɒksaɪd, AM -ˌnɑːk-] *n* Monoxid *nt fachspr*

Monroe doctrine [mənˌrəʊ'-, AM -ˌroʊ'-] *n* Monroedoktrin *f* (*Grundsatz der gegenseitigen Nichteinmischung: „Amerika den Amerikanern"*)

monsignor *n,* **Monsignor** [mɒn'siːnjə', AM mɑːn'siːnjɚ] *n no pl* ① (*priest's title*) Monsignore *m*
② (*form of address*) Monsignore *m*

monsoon [mɒn'suːn, AM mɑːn'-] **I.** *n* ① (*wind*) Monsun *m fachspr;* ■**~s** Monsunwinde *mpl*
② (*season of heavy rain*) ■**the ~[s]** der Monsun *kein pl fachspr,* die Regenzeit *kein pl;* ***the ~s are late this year*** die Regenzeit setzt dieses Jahr spät ein
II. *n modifier* (*forest, rain, region*) Monsun-

mons pubis <*pl* montes pubis> [mɒnz'pjuːbɪs, AM mɑːnz-] *n* Venusberg *m,* Venushügel *m*

monster ['mɒn(t)stə', AM 'mɑːn(t)stɚ] **I.** *n* ① (*imaginary creature*) Monster *nt,* Ungeheuer *nt;* **the Loch Ness ~** das Ungeheuer von Loch Ness; **a ~ from outer space** ein Weltraummonster *nt*
② (*unpleasant person*) Scheusal *nt,* Ungeheuer *nt a. hum,* Monster *nt;* (*inhuman person*) Unmensch *m;* **a little ~** (*also hum*) *child* ein kleines Monster [*o* Ungeheuer]
③ (*fam: huge thing*) Ungetüm *nt,* Monstrum *nt,* Koloss *m,* Mordsding *nt fam;* **a ~ of a fish/truck** ein Ungetüm *nt* von Fisch/Lastwagen
II. *adj attr, inv* (*fam: huge*) ungeheuer, riesig, Mords- *fam;* **~ meeting** Mammutsitzung *f;* **~ tree** Riesenbaum *m,* Mordsbaum *m fam*

monster truck **I.** *n* Monster Truck *m* (*Pick-up mit gewaltigen Rädern*)
II. *n modifier* **~ rally** Monster-Truck-Rallye *f* (*Rallye, in der Pick-ups mit gewaltigen Rädern Autos überrollen und niedermachen*)

monstrance ['mɒnstrəns, AM 'mɑːn] *n* Monstranz *f*

monstrosity [mɒn'strɒsəti, AM mɑːn'strɑːsət̬i] *n* ① (*awfulness*) Scheußlichkeit *f,* Abscheulichkeit *f;* (*outrageousness*) Ungeheuerlichkeit *f,* Monstrosität *f;* (*hugeness*) Riesengröße *f,* Unförmigkeit *f*
② (*huge thing*) Ungetüm *nt,* Monstrum *nt,* Koloss *m;* ***the new office building is a real ~*** das neue Bürogebäude ist ein richtiges Monstrum

monstrous ['mɒn(t)strəs, AM 'mɑːn-] *adj* ① (*huge*) riesig, unförmig, monströs
② (*monsterlike*) monsterartig, monsterhaft; ***ET is strange and other-worldly without being ~*** ET ist fremdartig und aus einer anderen Welt, aber nicht monsterhaft
③ (*outrageous*) ungeheuerlich; **~ lie** ungeheuerli-

che [*o fam* faustdicke] Lüge
❹ (*awful*) grässlich, scheußlich, widerwärtig; ~ **cruelty** abscheuliche Grausamkeit

monstrously ['mɒn(t)strəsli, AM 'mɑːn-] *adv* außerordentlich, ungeheuer

Mont. AM *abbrev of* **Montana**

montage [mɒn'tɑːʒ, AM 'mɑːnt-] *n* ❶ (*composition*) Montage *f;* ~ **of images** Bildmontage *f;* ~ **of photos** Fotomontage *f*
❷ ART Collage *f fachspr;* FILM Montage *f fachspr;* ~ **sequence** Bildfolge *f*

Montenegrin [ˌmɒntɪ'niːgrən, AM ˌmɑːnṱə'] **I.** *adj inv* montenegrinisch
II. *n* Montenegriner(in) *m(f)*

Montenegro [ˌmɒntɪ'niːgrəʊ, AM ˌmɑːnṱə'niːgroʊ] *n no pl* GEOG Montenegro *nt*

Montezuma's revenge [ˌmɒntɪzuːməzrɪ'vendʒ, AM ˌmɑːnṱə-] *n* (*sl*) Dünnpfiff *m fam,* Dünnschiss *m derb,* Montezumas Rache *f hum* (*ursprünglich auf Touristen in Mexiko gemünzt*)

month [mʌn(t)θ] *n* Monat *m;* **a six-~-old baby** ein sechs Monate altes Baby; **to take a two ~ holiday** zwei Monate Urlaub nehmen; **a ~'s notice** eine einmonatige Kündigungsfrist; **to be three ~s old** drei Monate alt sein
▸ PHRASES: **to be flavour** [*or* AM **flavor**] **of the ~** BRIT, AM (*fam*) [zurzeit] Thema [*o* die] Nummer eins [*o* der Hit] sein *fam;* ***mergers are flavour of the ~*** Fusionen sind zurzeit Thema Nummer eins; ***chatting is flavour of the ~*** Chatten ist momentan der Hit; ***Andy is certainly flavour of the ~ with his boss*** Andy ist im Moment bestimmt die Nummer eins bei seinem Chef; ***after I broke her Chinese vase, I wasn't exactly flavour of the ~ in that household*** (*iron*) nachdem ich ihre chinesische Vase zerbrochen hatte, war ich in diesem Haus nicht mehr unbedingt der Hit *sl;* **a ~ of Sundays** eine Ewigkeit; ***we hadn't taken a holiday in a ~ of Sundays*** wir hatten schon ewig keinen Urlaub mehr gemacht; **it's her** [*or* **that**] **time of the ~** (*euph*) sie hat ihre Tage *euph fam*

monthly ['mʌn(t)θli] **I.** *adj inv* monatlich, Monats-; ~ **function** monatliche Veranstaltung; ~ **income** Monatseinkommen *nt;* ~ **instalments** Monatsraten *fpl*
II. *adv* monatlich, einmal im Monat
III. *n* ❶ (*monthly magazine*) Monatsschrift *f,* monatlich erscheinende Zeitschrift
❷ *esp* BRIT (*euph fam: menses*) ■**monthlies** *pl* Tage *mpl euph fam,* Regel *f kein pl;* ***it's her monthlies*** sie hat ihre Tage *fam*

monty ['mɒnti] *n no pl* BRIT (*fam*) **the full ~** alles, das Ganze; **to do the full ~** voll zur Sache [*o* in die Vollen] gehen *fam;* (*fulfill all expectations*) alle Erwartungen erfüllen; ***what did you have in mind, a patch-up job or the full ~?*** was wolltest du, kleckern oder klotzen? *fam;* ***you'd expect to be charged more if they're going to do the full ~*** es wird wohl teurer werden, wenn sie das volle Programm bringen *fam;* ***as usual, the band did the full ~*** wie immer drehte die Band voll auf *fam*

monument ['mɒnjəmənt, AM 'mɑːn-] *n* ❶ (*fig: memorial*) Zeugnis *nt,* Mahnmal *nt fig* (**of/to** für +*akk*); ***the new school timetable is a ~ to the efficiency of the adminstrative staff*** der neue Stundenplan ist ein Zeugnis für die Effizienz der Schulverwaltung; ***the annual arts festival is a ~ to her vision and hard work*** das alljährliche Kunstfestival zeugt von ihrer Weitsicht und Mühe; ***the newly discovered mass graves are a ~ to the cruelty of man*** die unlängst entdeckten Massengräber sind ein Mahnmal für menschliche Grausamkeit; **to leave ~s of destruction** Zeugnisse der Zerstörung hinterlassen
❷ (*historical structure*) Denkmal *nt,* Monument *nt;* **historic ~** Baudenkmal *nt,* historisch bedeutendes Bauwerk; (*hist: tomb*) Grabmal *nt,* Ehrenmal *nt*

monumental [ˌmɒnjə'mentᵊl, AM ˌmɑːnjəmenṱ-] *adj* ❶ (*tremendous*) gewaltig, kolossal, eindrucksvoll; ~ **achievement** [*or* **feat**] eindrucksvolle Leistung; ~ **blunder** kolossaler Irrtum, ungeheurer Fehler; ~ **effort** gewaltige Anstrengung; ~ **waste of time** ungeheure Zeitverschwendung; ~ **victory** historisch bedeutsamer Sieg
❷ ART (*large-scale*) monumental; ~ **facade/painting** monumentale Fassade/monumentales Gemälde; ~ **statuary** Monumentalstatuen *fpl,* Monumentalplastiken *fpl*
❸ (*on monuments*) Gedenk-, Denkmal-; ~ **inscription** Gedenkinschrift *f,* Denkmalinschrift *f;* (*on tombs*) Grabinschrift *f*
❹ (*built as monuments*) als Denkmal errichtet [*o* Gedenkstätte]; ~ **temple** als Gedenkstätte errichteter Tempel

monumentally [ˌmɒnjə'mentᵊli, AM ˌmɑːnjəmenṱ-] *adv* gewaltig, ungeheuer, monumental

monumental mason *n* Steinmetz *m*

moo [muː] **I.** *n* Muhen *nt kein pl*
II. *interj* muh
III. *vi* muhen

mooch [muːtʃ] **I.** *n no pl* BRIT (*fam*) Bummeln *nt fam,* Schlendern *nt;* **to go for a ~** eine Runde drehen *fam*
II. *vi* BRIT (*fam*) bummeln *fam,* schlendern; ■**to ~ about** [*or* **around**] (*pej*) herumschlappen, herumhängen *pej fam;* ***they've got nothing better to do than ~ around the town centre*** sie haben nichts Besseres zu tun, als im Stadtzentrum herumzuschlappen; ***stop ~ing about in your room and do something useful!*** hör auf, in deinem Zimmer herumzuhängen und mach dich nützlich!
III. *vt* AM (*sl*) ■**to ~ sth** [**from** [*or* **off**] **sb**] ❶ (*scrounge*) *small amount, item* [bei jdm] etw mitgehen lassen *fam* [*o fam* einsacken]
❷ (*sponge*) *cigarettes, meal* etw [von jdm] schnorren *fam*

mood¹ [muːd] *n* Laune *f,* Stimmung *f;* ■**to be in no ~ to do sth** (*form*) keine Anstalten machen, etw zu tun; **in a bad/good ~** in schlechter/guter Stimmung, gut/schlecht gelaunt; **the public ~** die allgemeine Stimmung; **to be in a talkative ~** zum Erzählen aufgelegt [*o* gesprächig] sein; **sb is in one of his/her ~s** jd hat wieder einmal seine/ihre Launen; ■**not to be in the ~ to do sth** zu etw *dat* keine Lust haben [*o* nicht aufgelegt sein]; **as the ~ takes sb** wie es jdm einfällt [*o* in den Sinn kommt]; ***he'll cooperate or not, as the ~ takes him*** mal ist er kooperativ, mal nicht, je nach Lust und Laune

mood² [muːd] *n* LING Aussageweise *f,* Modus *m fachspr;* **subjunctive ~** Konjunktiv *m; see also* **mode**

moodily ['muːdɪli] *adv* ❶ (*sullenly*) missmutig, missgestimmt, verdrossen; (*in a bad temper*) übel [*o* schlecht] gelaunt; (*gloomily*) trübsinnig
❷ PSYCH (*temperamentally*) launisch, launenhaft, sprunghaft, unausgeglichen

moodiness ['muːdɪnəs] *n no pl* ❶ (*sullenness*) Missmut *m,* Verdrossenheit *f;* (*bad-temperedness*) Übellaunigkeit *f,* schlechte Laune; (*gloominess*) Trübsinn *m,* Trübsinnigkeit *f*
❷ PSYCH (*capriciousness*) Launenhaftigkeit *f,* Sprunghaftigkeit *f,* Unausgeglichenheit *f*

mood swing *n* Stimmungsumschwung *m*

moody ['muːdi] **I.** *adj* ❶ (*sullen*) missmutig, missgestimmt, verdrossen; (*bad-tempered*) übel [*o* schlecht] gelaunt
❷ (*temperamental*) launisch, launenhaft, sprunghaft, unausgeglichen
II. *n* BRIT (*fam*) Launen *fpl,* Launenhaftigkeit *f kein pl;* **to stand sb's ~s** jds Launen ertragen

moola(h) ['muːlə] *n no pl* (*sl*) Knete *f fig fam,* Kohle *f fig fam*

moon [muːn] **I.** *n no pl* ❶ ASTRON Mond *m;* **the man in the ~** der Mann im Mond; **full ~** Vollmond *m;* **half ~** Halbmond *m;* **new ~** Neumond *m;* **the ~ rises** der Mond geht auf; **the ~ wanes** der Mond nimmt ab; **the ~ waxes** der Mond nimmt zu
❷ (*dated: lunar month*) Mond *m;* **many ~s ago** vor vielen Monden *poet o veraltet*
▸ PHRASES: **to be over the ~ about** [*or* **with**] **sth** über etw *akk* überglücklich sein; **to promise sb the ~** jdm das Blaue vom Himmel [herunter] versprechen
II. *vt* (*sl*) ■**to ~ sb** jdm den blanken [*o* nackten] Hintern [in der Öffentlichkeit] zeigen *fam* (*diese Praxis kam in den USA in den fünfziger Jahren auf und lässt sich auf eine beleidigende Geste bei den Maoris zurückführen*)
III. *vi* ❶ (*sl: expose one's buttocks*) den blanken [*o* nackten] Hintern [öffentlich] zur Schau stellen *fam;* ■**to ~ [at sb]** [jdm] seinen nackten Hintern zeigen *hum*
❷ (*remember nostalgically*) ■**to ~ about sth** etw *dat* nachträumen; ■**to ~ over sb/sth** von jdm/etw träumen; **to ~ into sb's eyes** jdm verträumt in die Augen schauen
❸ (*pej: spend time*) ■**to ~ away** ↔ **sth** *afternoon, morning, time* etw vertrödeln [*o* verträumen]
◆**moon about, moon around** *vi* herumlungern *pej,* [ziellos [*o* lustlos]] herumlaufen

moonbeam *n* Mondstrahl *m* **moonboots** *npl* Moonboots *mpl* (*dicke Synthetik-Winterstiefel*) **mooncalf** *n* Mondkalb *nt*

Moonie ['muːni] *n* Mitglied *nt* der Mun-Sekte

mooning ['muːnɪŋ] *n no pl* (*sl*) [öffentliche] Zurschaustellung des Hinterteils *fam*

moonless ['muːnləs] *adj inv* mondlos

moonlight **I.** *n no pl* ❶ (*moonshine*) Mondlicht *nt* ❷ (*fam: liquor*) schwarzgebrannter Alkohol
▸ PHRASES: **to not be all ~ and roses** nicht immer eitel Sonnenschein sein **II.** *vi* <-lighted> (*fam*) ❶ (*work at a second job*) schwarzarbeiten *fam,* einen Nebenjob haben *fam* ❷ (*traffic in liquor*) Schwarzhandel mit Alkohol betreiben, schwarzgebrannten Alkohol verkaufen (*eine aus der Zeit der Prohibition in den USA bekannte Praxis*) **moonlight flit** *n* BRIT (*fam*) Verduften *nt* bei Nacht und Nebel *fam;* **to do a ~** bei Nacht und Nebel verduften *fam* **moonlighting** *n no pl* (*fam*) ❶ (*working at a second job*) Schwarzarbeit *f,* Nebenerwerb *m* ❷ (*trafficking in liquor*) Schwarzhandel *m* mit Alkohol, Verkauf *m* von schwarzgebranntem Alkohol **moonlit** *adj inv* ❶ *attr* (*lighted*) mondhell; ~ **meadow** mondhelle Wiese; ~ **room** Zimmer *nt* im Mondlicht ❷ *pred esp* BRIT (*fam: intoxicated*) beschwipst *fam* **moonroof** *n* Schiebedach *nt* **moonscape** *n* Mondlandschaft *f fig* **moonshine** *n no pl* ❶ (*moonlight*) Mondschein *m* ❷ (*fam: liquor*) schwarzgebrannter Alkohol ❸ (*fam: nonsense*) Blödsinn *m,* Schwachsinn *m fam,* Humbug *m* **moonstone** *n* GEOL Mondstein *m fachspr* **moonstruck** *adj* ❶ (*deranged*) mondsüchtig, verwirrt ❷ (*silly*) verrückt ❸ (*romantic*) verträumt, träumerisch, versonnen *geh*

moony ['muːni] *adj* ❶ (*of the moon*) Mond-
❷ (*like the moon*) mondförmig
❸ (*romantic*) träumerisch, verträumt
❹ (*silly*) verrückt
❺ *esp* BRIT (*sl: tipsy*) beschwipst *fam*

moor¹ [mɔːʳ, AM mʊr] *n* Heideland *nt,* Ödland *nt,* [Hoch]moor *nt*

moor² [mɔːʳ, AM mʊr] **I.** *vt* NAUT ■**to ~ sth** *boat, tanker* etw vertäuen [*o* festmachen] *fachspr;* **to ~ sth to a bollard/buoy** etw an einem Poller/einer Boje [*o* [See]tonne] festmachen *fachspr*
II. *vi* festmachen *fachspr*

Moor [mɔːʳ, AM mʊr] *n* HIST Maure, -in *m, f*

moorhen ['mɔːhen, AM 'mʊr-] *n* [weibliches] Moorhuhn, [Gemeines] Teichhuhn

mooring ['mɔːrɪŋ, AM 'mʊr-] *n* NAUT ❶ (*berth*) Anlegeplatz *m,* Liegeplatz *m*
❷ (*ropes*) ■**~s** *pl* Vertäuung *f fachspr*

Moorish ['mʊərɪʃ, AM 'mʊr-] *adj inv* maurisch; **the ~ conquest** die Eroberung Spaniens durch die Mauren

moorland ['mɔːlənd, AM 'mʊr-] **I.** *n esp* BRIT Moorland *nt,* Sumpfland *nt;* **heather ~** Heidemoor *nt,* Heideland *nt*
II. *n modifier* (*fowl, scenery*) Moor-; ~ **bird** Schottisches Moorhuhn; ~ **habitat** Lebensraum *m* [*o* Standort *m*] Moor

moose <*pl* -> [muːs] *n* Elch *m*
moot [muːt] **I.** *n* ❶ BRIT (*hist: assembly*) [beratende] Volksversammlung
❷ (*old: debate*) Erörterung *f*, Diskussion *f*, Debatte *f*
❸ BRIT LAW (*argument*) *in Inns of Court* Diskussion *f* eines hypothetischen Rechtsfalls (*Bestandteil der anwaltlichen Ausbildung*)
II. *n modifier* ❶ LAW (*for argument*) Schein-; ~ **court** Scheingericht *nt*
❷ (*hist: for assembling*) (*hall, hill*) Versammlungs-
III. *adj inv* ❶ (*open to debate*) strittig; ~ **case** Streitfall *m;* ~ **point** strittiger Punkt, Streitfrage *f*
❷ (*usu pej: academic*) rein akademisch [*o* theoretisch]; ~ **question** rein akademische Frage
❸ LAW (*hypothetical*) angenommen, hypothetisch; ~ **case** hypothetischer [Rechts]fall
IV. *vt* ■**to** ~ **sth** ❶ (*form: present*) *issue, subject* etw aufwerfen [*o* anschneiden] *geh;* **to** ~ **a point** einen Punkt zur Sprache bringen; **to** ~ **a project** ein Projekt zur Diskussion stellen; ■**to be** ~**ed** angesprochen [*o* ins Gespräch gebracht] werden; ***it has been ~ed that the conference should be postponed for six months*** die Rede kam darauf, die Konferenz um ein halbes Jahr zu verschieben; ***he was ~ed as a possible successor*** er wurde als möglicher Nachfolger ins Gespräch gebracht
❷ (*discuss*) etw erörtern, [über] etw [*akk*] diskutieren [*o* debattieren]
❸ (*usu pej: theorize*) *case, project* etw zu einer rein theoretischen [*o* akademischen] Angelegenheit machen
mop [mɒp, AM mɑːp] **I.** *n* ❶ (*for cleaning*) Mop *m*, Wischer *m*, Wischlappen *m;* **dish** ~ BRIT Schwammtuch *nt;* **floor** ~ Schrubber *m*
❷ *no pl* (*wiping*) **to give sth a** ~ *floor* etw mit einem Mop reinigen [*o* moppen]
❸ (*mass of hair*) [dickes] Haarbüschel; ***she tied back her unruly ~ with a large ribbon*** sie hielt ihr widerspenstiges Wuschelhaar hinten mit einem großen Band zusammen; AM (*sl: hairdo*) Frisur *f*
II. *vt* <-pp-> ❶ (*clean with mop*) ■**to** ~ **sth** *floor* etw feucht [*o* mit einem Mop] wischen
❷ (*wipe*) **to** ~ **one's face/forehead** sich *dat* den Schweiß vom Gesicht/von der Stirn wischen
► PHRASES: **to** ~ **the floor with sb** (*fam*) jdn fertig machen [*o* erledigen] *fam*, mit jdm Schlitten fahren *fig fam;* ***the coach intended to ~ the floor with his team*** der Trainer wollte mit seiner Mannschaft Schlitten fahren; ***we ~ped the floor with the new team*** wir haben die neue Mannschaft vom Platz gefegt *fam*
◆**mop up I.** *vt* ■**to** ~ **up** ↔ **sth** ❶ (*remove*) *spilt milk, water* etw aufwischen
❷ (*fam: use up*) etw aufbrauchen; ***the repair bill ~ped up all my spare cash*** die Reparaturrechnung hat meine ganze Barschaft verschlungen
❸ (*deal with*) etw [vollends] erledigen [*o* zu Ende bringen]; ***they ~ped up the rest of the business and went on a holiday*** sie erledigten die restlichen Aufgaben und machten Urlaub
❹ (*clear*) *area, towns* etw säubern [*o* durchkämmen [und vom Feind säubern]]; ■**to** ~ **up sb** MIL *scattered combatants* jdn völlig aufreiben; ***the army is ~ping up the remnants of the guerilla force*** die Armee ist dabei, die noch übrigen Guerillakämpfer völlig aufzureiben
II. *vi* ❶ (*clean up*) sauber machen
❷ (*fig fam*) aufräumen, Aufräumungsarbeiten durchführen
mope [məʊp, AM moʊp] *vi* Trübsal blasen, dumpf vor sich *akk* hinbrüten, sich *akk* in Selbstmitleid ergehen *pej*
◆**mope about, mope around** *vi* trübsinnig herumschleichen
moped [ˈməʊped, AM ˈmoʊ-] *n* Moped *nt*
mopoke [ˈməʊpəʊk] *n* ❶ AUS ZOOL (*frogmouth*) [Riesen]schwalm *m fachspr;* (*owl*) Kuckuckskauz *m fachspr*
❷ AUS (*fam*) Dummkopf *m pej*, Trottel *m pej*
moppet [ˈmɒpɪt, AM ˈmɑː-] *n* ❶ (*dated: doll*) Stoffpuppe *f*
❷ (*fam: child*) Fratz *m* SÜDD O ÖSTERR; (*boy*) [Hosen]matz *m;* (*girl*) Püppchen *nt;* **curly-haired** ~ kleiner Lockenkopf
mopping-up operation *n* POL, MIL Säuberungsaktion *f*
MOR [ˌeməʊˈɑːʳ, AM oʊˈɑːr] *adj inv abbrev of* **middle-of-the-road**
moraine [mɒrˈeɪn, AM məˈr-] *n* GEOL Moräne *f fachspr*, Moränenschutt *m fachspr*
moral [ˈmɒrᵊl, AM ˈmɔːr-] **I.** *adj* ❶ (*ethical*) moralisch, ethisch, sittlich; ~ **code** Sittenkodex *m;* ~ **cowardice** Mangel *m* an Zivilcourage [*o* Rückgrat]; ~ **duty/obligation** moralische Pflicht/Verpflichtung; **on** ~ **grounds** aus moralischen Gründen; ~ **issue** ethische Frage; ~ **judgement** moralisches Urteil; ~ **law** Moralgesetz *nt*, Sittengesetz *nt;* ~ **leadership** geistige Führung; ~ **scruples** moralische Bedenken; ~ **values** sittliche Werte
❷ (*virtuous*) *person* moralisch, anständig, tugendhaft *veraltend*, sittsam *veraltend*
► PHRASES: **to claim the** ~ **high ground** sich *dat* einen Anstrich von höherer Moral geben
II. *n* ❶ (*of story*) Moral *f*, Lehre *f*, Nutzanwendung *f;* ***the ~ of the story is …*** die Geschichte lehrt … [*o* Moral der Geschichte ist …]
❷ (*standards of behaviour*) ■~**s** *pl* Moralvorstellungen *fpl*, moralische Grundsätze; **a person of loose** ~**s** (*pej dated*) jd mit lockerem Lebenswandel; **private/public** ~**s** private/öffentliche Moralvorstellungen; **to have no** ~**s** keine Moralbegriffe [*o* kein moralisches Empfinden] haben
moral certainty *n no pl* hohe Wahrscheinlichkeit; ***it is a ~ that the robbery was carried out by the accused*** aller Wahrscheinlichkeit nach wurde der Raubüberfall von dem Angeklagten begangen
morale [məˈrɑːl, AM -ˈræl] *n no pl* Moral *f*, Stimmung *f;* **a team's** ~ der Kampfgeist einer Mannschaft; ~ **is high/low** die Stimmung ist gut/schlecht; **to raise** [*or* **boost**] **sb's** ~ jds Moral heben
moral fiber AM, **moral fibre** *n no pl* moralische Festigkeit [*o* Stärke] **moral hazard** *n no pl unbesonnenes Vorgehen, weil keine negativen Konsequenzen drohen*
moralist [ˈmɒrᵊlɪst, AM ˈmɔːr-] *n* Moralist(in) *m(f);* **a stern** ~ ein strenger Moralist/eine strenge Moralistin
moralistic [ˈmɒrᵊlɪstɪk, AM ˈmɔːr-] *adj* (*usu pej*) moralistisch
morality [məˈræləti, AM mɔːˈræləṭi] *n* ❶ *no pl* (*moral principles*) moralische [*o* ethische] Grundsätze, Moral *f*, Ethik *f;* **a question of** ~ eine Frage der Moral [*o* Ethik]; **to question sb's** ~ jds moralische [*o* ethische] Grundsätze in Frage stellen
❷ (*moral system*) Sittenlehre *f*, Moralphilosophie *f*, Ethik *f;* **a bourgeois** ~ eine bürgerliche Ethik
❸ (*conformity*) Sittlichkeit *f;* PHILOS Moralität *f fachspr*
❹ (*conduct*) Sittlichkeit *f*, sittliche Gesinnung
❺ *no pl* (*justifiability*) moralisches Recht, moralische Berechtigung; ***they question the ~ of forcing poor people to pay for their medical treatment*** sie bezweifeln, dass es moralisch gerechtfertigt ist, Arme die Kosten ihrer medizinischen Versorgung tragen zu lassen
❻ LIT, THEAT (*hist: play*) Moralität *f hist*
morality play *n* LIT, THEAT (*hist*) Moralität *f hist*
moralize [ˈmɒrᵊlaɪz, AM ˈmɔːr-] *vi* moralisieren; ■**to** ~ **on** [*or* **about**] **sth** über etw *akk* Moral predigen
morally [ˈmɒrᵊli, AM ˈmɔːr-] *adv* ❶ (*ethically*) moralisch, ethisch, sittlich; ~ **right/superior/wrong** moralisch richtig/überlegen/falsch
❷ (*virtuously*) [moralisch] einwandfrei [*o* untadelig], anständig
moral majority *n* moralische Mehrheit (*mehrheitlich traditionelle Moralvorstellungen vertretende Gruppe – der Begriff etablierte sich unter der Regierung Reagan*) **Moral Majority** *n no pl* Moralische Mehrheit (*rechtsgerichtete konservativistische politisch-religiöse Sammelbewegung – ein Zusammenschluss fundamentalistischer Protestanten, konservativer Katholiken und Juden*) **moral philosophy** *n no pl* Moralphilosophie *f*, Ethik *f*
moral support *n no pl* moralische Unterstützung
moral victory *n* moralischer Sieg
morass [məˈræs] *n usu sing* ❶ (*bog*) Morast *m*, Sumpf *m*
❷ (*fig: complex situation*) Wirrwarr *m*, schwierige [*o* unübersichtliche] Lage; **to be caught in a** ~ **of debt** tief in Schulden stecken; ~ **of rules and regulations** Paragraphendickicht *nt*
moratoria [ˌmɒrəˈtɔːriə, AM ˌmɔːr-] *n pl of* **moratorium**
moratorium <*pl* -s *or* -ria> [ˌmɒrəˈtɔːriəm, AM ˌmɔːr-, *pl* -riə] *n* ❶ (*suspension*) befristete Einstellung [*o* Aussetzung] (**on** +*gen*); **a** ~ ***on the testing of nuclear weapons*** eine befristete Einstellung der Atomwaffentests; ***a five-year ~ on whale fishing*** ein auf fünf Jahre befristetes Walfangverbot
❷ (*period of waiting*) Wartefrist *f*, Wartezeit *f* (**on** für +*akk*); ***a three-month ~ on applications*** eine dreimonatige Wartefrist für Anträge
❸ COMM (*period of delay*) Moratorium *nt*, Stundung *f*, [Zahlungs]aufschub *m;* ***they stipulated a ~ of two weeks*** man vereinbarte einen zweiwöchigen Zahlungsaufschub
Moravia [məˈreɪviə, AM mɔː'] *n no pl* GEOG Mähren *nt*
morbid [ˈmɔːbɪd, AM ˈmɔːr-] *adj* ❶ (*unhealthy*) morbid, krankhaft; ~ **curiosity/obsession** krankhafte Neugier/Besessenheit; ~ **imagination/interest** morbide Fantasie/morbides Interesse
❷ (*gruesome*) makaber; ~ **delight/fascination** makab[e]res Vergnügen/makab[e]re Faszination
❸ MED (*of disease*) pathologisch *fachspr;* ~ **anatomy** pathologische Anatomie, Pathologie *f fachspr;* (*induced by disease*) krank, kränklich, erkrankt, krankhaft [verändert], morbid *fachspr;* ~ **body** kranker [*o* kränklicher] Körper; ~ **organ** krankhaft verändertes [*o* erkranktes] Organ; ~ **state** krankhafter [*o* morbider] Zustand; (*productive of disease*) krankheitserregend, pathogen *fachspr;* ~ **substance** krankheitserregende Substanz
morbidity [mɔːˈbɪdəti, AM mɔːrˈbɪdəṭi] *n no pl* ❶ (*unhealthiness*) *of imagination, mind* Krankhaftigkeit *f*, Morbidität *f*
❷ MED (*diseased state*) *of a body, an organ* Erkrankung *f*, Krankheit *f;* (*incidence of disease*) *in a community, group* Zahl *f* der Erkrankungen, Krankheitsfälle *mpl*, Morbidität *f fachspr; in a workforce* Krankenstand *m;* ~ **rate** Erkrankungsziffer *f*, Morbiditätsrate *f fachspr*
morbidly [ˈmɔːbɪdli, AM ˈmɔːr-] *adv* krankhaft
mordant [ˈmɔːdᵊnt, AM ˈmɔːr-] **I.** *adj* ❶ (*fig form: cutting*) beißend, bissig *fig*, sarkastisch; ~ **criticism/manner** bissige Kritik/Art; ~ **remark** bissige [*o* sarkastische] Bemerkung; ~ **ridicule** beißender Spott
❷ (*keen*) scharf *fig;* ~ **analysis/wit** scharfe Analyse/scharfer Verstand
❸ (*pungent*) brennend *fig;* ~ **pain** brennender Schmerz
❹ CHEM (*caustic*) *in dyeing* beizend, Beiz-; *in etching* ätzend, Ätz-, kaustisch *fachspr*
II. *n* CHEM *in dyeing* Beize *f*, Beizmittel *nt; in etching* Ätzmittel *nt*, Kaustikum *nt fachspr*
III. *n modifier* (*colour*) Beiz-; ~ **dye** Beizenfarbstoff *m;* ~ **printing** Beizendruck *m*
mordantly [ˈmɔːdᵊntli, AM ˈmɔːr-] *adv* (*form*) beißend, scharf, sarkastisch
more [mɔːʳ, AM mɔːr] **I.** *adj comp of* **many** mehr; ***do you want ~ food?*** willst du mehr zu essen haben?; ***I helped myself to ~ tea*** ich schenkte mir Tee nach; ***we drank ~ wine*** wir tranken weiterhin Wein; ***two ~ days until Christmas*** noch zwei Tage, dann ist Weihnachten da; ***we can't take on any ~ patients*** wir können keine weiteren Patienten mehr übernehmen; ***why are there no ~ seats left?*** warum sind keine Plätze mehr frei?; ***no ~ wine for you!*** du kriegst keinen Wein mehr!; ***just one ~ thing before I go*** nur noch eins, bevor ich gehe; ~ ***people live here than in the all of the***

M

rest of the country hier leben mehr Menschen als im ganzen Rest des Landes; ***I'd be ~ than happy to oblige*** es wäre mir ein Vergnügen; **~ and ~ snow** immer mehr Schnee
▸ PHRASES: **[the] ~ fool you** BRIT (*pej fam*) du bist ja blöd *fam*
II. *pron* mehr; ***tell me*** ~ erzähl' mir mehr; **the ~ the better** je mehr desto besser; ***do come to the picnic — the ~ the merrier*** komm doch zum Picknick – je mehr wir sind, desto lustiger wird es; ***the ~ he insisted he was innocent, the less they seemed to believe him*** je mehr er betonte, dass er unschuldig war, desto weniger schienen sie ihm zu glauben; ***the ~ he drank, the ~ violent he became*** je mehr er trank, desto gewalttätiger wurde er; **all the ~ …** umso mehr; ***she's now all the ~ determined to succeed*** sie ist mehr denn je entschlossen, Erfolg zu haben; ***that's all the ~ reason not to give in*** das ist umso mehr Grund, nicht nachzugeben; **no ~** nichts weiter; ***there was no ~ to be said about it*** dazu gibt es nichts mehr zu sagen; ***can I have some ~?*** kann ich noch was haben?; **any ~?** noch etwas?; ***is there any ~?*** ist noch etwas übrig?; ***she's ~ of a poet than a musician*** sie ist eher Dichterin als Musikerin; ***the noise was ~ than I could bear*** ich hielt den Lärm nicht aus
III. *adv inv* ❶ (*forming comparatives*) *wird im Deutschen durch Komparativ ausgedrückt;* ***let's find a ~ sensible way of doing it*** wir sollten eine vernünftigere Lösung finden; ***play that last section ~ passionately*** spiele den letzten Teil leidenschaftlicher; ***you couldn't be ~ wrong*** fälscher könntest du nicht liegen!; **~ comfortable/important/uncertain** bequemer/wichtiger/ungewisser; ***for them enthusiasm is ~ important than talent*** für sie ist Begeisterung wichtiger als Talent; **~ easily/rapidly/thoroughly** einfacher/schneller/gründlicher; **~ importantly** wichtiger noch; ***he finished the job and, ~ importantly, he finished it on time*** er wurde mit der Arbeit fertig, wichtiger noch, er wurde rechtzeitig fertig; **far [*or* much] ~ … than …** ***this task is far ~ difficult than the last one*** diese Aufgabe ist viel schwerer als die letzte
❷ (*to a greater extent*) mehr; ***she asked if she could see him ~*** sie fragte, ob sie ihn öfter sehen könne; ***you should listen ~ and talk less*** du solltest besser zuhören und weniger sprechen; ***they like classical music ~ than pop*** ihnen gefällt klassische Musik besser als Pop; ***in his experience females liked chocolate ~ than males*** seiner Erfahrung nach schmeckt Frauen Schokolade besser als Männern; **sb couldn't agree/disagree ~** (*form*) ganz/überhaupt nicht jds Meinung sein; ***I couldn't agree/ disagree with you ~, Professor*** ich bin ganz/überhaupt nicht Ihrer Meinung, Herr Professor; **~ and ~ …** immer …; ***it's becoming ~ and ~ likely that she'll resign*** es wird immer wahrscheinlicher, dass sie zurücktritt; ***vacancies were becoming ~ and ~ rare*** es gab immer weniger freie Plätze; **… or ~** mindestens …; ***each diamond was worth £10,000 or ~*** jeder Diamant war mindestens £10.000 wert; **~ than …** (*greater number*) über …, mehr als …; ***~ than 20,000 demonstrators crowded into the square*** über 20.000 Demonstranten füllten den Platz; (*very*) äußerst; ***we'll be ~ than happy to help*** wir helfen sehr gerne; **~ than a little …** (*form*) ausgesprochen; ***I was ~ than a little surprised to see her*** ich war ausgesprochen überrascht, sie zu sehen; **no ~ than …** höchstens …; ***it's no ~ than an inch long*** das ist höchstens ein Inch lang
❸ (*in addition*) noch, außerdem; **one or two things ~** noch ein paar Dinge; ***I just need one or two things ~ before I can start cooking*** ich brauche nur noch ein paar Dinge, bevor ich zu kochen anfangen kann; **once/twice/three times ~** noch einmal/zweimal/dreimal; ***can you play the song through once/ twice ~, please?*** kannst du das Lied noch einmal/zweimal durchspielen, bitte?; ***repeat once ~*** noch einmal wiederholen; **to not do sth any ~** etw nicht mehr machen; ***I don't do yoga any ~*** ich mache nicht mehr Yoga; **no ~** nie wieder; ***mention his name no ~ to me*** sag seinen Namen vor mir nie wieder; **and [what's] ~** überdies; ***he was rich, and ~, he was handsome*** er war reich und sah zudem gut aus
❹ *with verb inversion* (*neither*) auch nicht; ***I had no complaints and no ~ did Tom*** ich hatte keine Beschwerden und Tom auch nicht
❺ (*longer*) **to be no ~** *thing, times* vorüber sein; ***the good old days are no ~*** die guten alten Zeiten sind vorüber; *person* gestorben sein; ***we're mourning poor Thomas, for he is no ~*** wir trauern um Thomas, der nicht mehr unter uns weilt; **not … any ~** nicht mehr; ***I don't love you any ~*** ich liebe dich nicht mehr
❻ (*rather*) eher; ***it's not so much a philosophy, ~ a way of life*** es ist weniger eine Philosophie als eine Lebensart; ■**~ … than …** vielmehr; ***it was ~ a snack than a meal*** das war eher ein Snack als eine Mahlzeit; **~ dead than alive** mehr tot als lebendig
▸ PHRASES: **~ or less** mehr oder weniger; ***the project was ~ or less a success*** das Projekt war mehr oder weniger erfolgreich; ***they are ~ or less a waste of time*** das war mehr oder weniger verlorene Zeit; (*approximately*) ungefähr; ***it's 500 kilos, ~ or less*** das sind ungefähr 500 Kilo; **~ *or less symmetrical*** in etwa symmetrisch; **~ often than not** meistens; ***they're at home ~ often than not on a Saturday afternoon*** sie sind am Samstagnachmittag meistens zu Hause; **that's ~ like it** (*fam*) so ist es gut; ***for this exercise don't bend your legs too far — that's ~ like it*** beuge die Beine bei dieser Übung nicht zu stark – so ist's gut

moreish ['mɔːrɪʃ] *adj* BRIT, AUS (*approv fam*) ■**to be ~** [lecker sein und] einfach nach mehr schmecken *fam*

morello [mə'reləʊ, AM -loʊ] *n* Morelle *f,* schwarze Sauerweichsel

moreover [mɔː'rəʊvəʳ, AM mɔːr'oʊvɚ] *adv inv* (*form*) überdies, zudem, ferner *geh*

mores ['mɔːreɪz] *npl* ❶ SOCIOL (*ways*) Sitten *fpl,* Gebräuche *mpl,* Gepflogenheiten *fpl,* Konventionen *fpl fachspr,* [traditionelle] Lebensweise; **social ~** gesellschaftliche Konventionen; ***middle-class/ working-class ~*** Lebensweise *f* der Mittel-/Arbeiterklasse
❷ LAW (*practices*) gute Sitten; **[transaction] contra bonus ~** gegen die guten Sitten [verstoßendes Rechtsgeschäft]

morgue [mɔːg, AM mɔːrg] *n esp* AM, AUS ❶ (*mortuary*) Leichenhalle *f,* Leichen[schau]haus *nt*
❷ (*storage place*) *of a library, newspaper* Archiv *nt;* (*files*) *of a library, newspaper* [Akten]ablage *f*
❸ (*fig pej: boring place*) sterbenslangweiliger Ort; ***I'm fed up with this place — it's a ~*** mir reicht es mit diesem Ort – er ist sterbenslangweilig

moribund ['mɒrɪbʌnd, AM 'mɔːr-] *adj* (*form*)
❶ (*near death*) *person* dem Tode geweiht *geh;* MED sterbend *attr,* im Sterben liegend *attr,* moribund *fachspr*
❷ (*near extinction*) *custom, species* im Aussterben begriffen; *civilization, nation, people* dem Untergang geweiht *geh*
❸ (*fig pej: inactive*) wie tot *nach n fig;* ***the city centre is usually ~ in the evening*** die Innenstadt ist normalerweise am Abend wie ausgestorben
❹ (*fig pej: stagnant*) verbraucht, erstarrt *fig;* **~ political party** verbrauchte [*o* erstarrte] politische Partei; **~ state** Erstarrung *f fig*
❺ (*fig pej: dormant*) brachliegend *fig;* **~ interest** brachliegendes Interesse

Mormon ['mɔːmən, AM 'mɔːr-] **I.** *n* Mormone, -in *m, f*
II. *adj* mormonisch, Mormonen-; **~ Church** mormonische Kirche, Kirche *f* Jesu Christi der Heiligen der letzten Tage

morn [mɔːn, AM mɔːrn] *n* (*poet*) Morgen *m*

mornay ['mɔːneɪ, AM 'mɔːr] *adj inv, also after n* FOOD Mornay-

morning ['mɔːnɪŋ, AM 'mɔːrn-] **I.** *n* Morgen *m,* Vormittag *m;* ***three ~s a week*** drei Vormittage die Woche; **all ~** den ganzen Vormittag; **at four in the ~** um vier Uhr früh; **[from] ~ till night** von morgens bis abends [*o* früh bis spät]; **in the ~** morgens, am Morgen, am Vormittag; ***she only works in the ~*** sie arbeitet nur vormittags; **tomorrow ~** morgen Vormittag; **yesterday ~** gestern Morgen; **the ~ after** (*on the next morning*) am nächsten Morgen; (*the next morning*) der Morgen danach; (*euph: after excessive drinking*) Kater *m euph fig;* (*fig pej: moment of realization*) Katzenjammer *m fig;* **on Saturday ~** [am] Samstag morgen [*o* früh]; ***I hate Monday ~s*** ich hasse Montagvormittage
▸ PHRASES: **to do sth ~, noon and night** (*pej: throughout a day*) etw den ganzen Tag lang tun; (*all the time*) etw ständig [*o* in einem fort] [*o* Tag und Nacht] tun; ***our neighbour's baby cries, ~, noon and night*** das Baby unseres Nachbarn schreit in einem fort
II. *n modifier* (*edition, flight*) Morgen-, Früh-, Vormittags-; **~ appointment** Vormittagstermin *m;* **~ light** Morgenlicht *nt*
III. *interj* (*fam*) Morgen! *fam;* **good ~!** guten Morgen!

morning-after pill *n* ■**the ~** die Pille danach [*o fachspr* Postkoitalpille]

morning coat *n* Cut[away] *m fachspr,* abgerundet geschnittener Herrenschoßrock

morning dress *n no pl* ❶ (*dress*) [einfaches] Hauskleid ❷ (*formal wear*) Gesellschaftsanzug *m,* Besuchsanzug *m,* Konferenzanzug *m,* Stresemann *m fachspr* (*Anzug für festliche und offizielle Gelegenheiten, insbesondere Hochzeiten*)

morning newspaper *n,* **morning paper** *n* Morgenzeitung *f,* Morgenblatt *nt*

Morning Prayer *n* Morgenandacht *f,* Frühgottesdienst *m* (*in der anglikanischen und protestantischen Kirche*), Frühmesse *f* (*in der römisch-katholischen Kirche*)

mornings ['mɔːnɪŋz, AM 'mɔːrn-] *adv esp* AM (*fam*) morgens, vormittags

morning sickness *n no pl* morgendliche Übelkeit, morgendliches Erbrechen

morning star *n* ❶ ASTRON (*planet*) Morgenstern *m* ❷ HIST (*weapon*) Morgenstern *m fachspr* ❸ BOT (*plant*) Mentzelie *f fachspr*

morning suit *n* (*morning dress*) Gesellschaftsanzug *m,* Besuchsanzug *m,* Konferenzanzug *m,* Stresemann *m fachspr*

Moroccan [mə'rɒkən, AM -'rɑːk-] **I.** *n* Marokkaner(in) *m(f)*
II. *adj* marokkanisch

morocco [mə'rɒkəʊ, AM -'rɑːkoʊ] *n* feines Ziegenleder, Saffian *m fachspr;* **~ leather** Saffianleder *nt*

Morocco [mə'rɒkəʊ, AM -'rɑːkoʊ] *n* Marokko *nt*

moron ['mɔːrɒn, AM 'mɔːrɑːn] *n* ❶ MED (*feeble-minded person*) Geistesschwache(r) *f(m),* Schwachsinnige(r) *f(m),* Debile(r) *f(m) fachspr,* Imbezile(r) *f(m) fachspr*
❷ (*pej fam: stupid person*) Trottel *m,* Dummkopf *m,* Schwachkopf *m pej fam*

moronic [mɔː'rɒnɪk, AM -'rɑːn-] *adj* ❶ MED (*feeble-minded*) geistesschwach, schwachsinnig, debil *fachspr,* imbezil *fachspr*
❷ (*pej fam*) dumm, blöde, schwachköpfig, beschränkt *pej fam;* **a ~ grin** ein blödes Grinsen

morose [mə'rəʊs, AM -'roʊs] *adj* mürrisch, verdrießlich, griesgrämig; **~ expression** finstere [*o* verdrossene] Miene

morosely [mə'rəʊsli, AM -'roʊs-] *adv* mürrisch, griesgrämig, verdrossen

moroseness [mə'rəʊsnəs, AM -'roʊs-] *n* Verdrießlichkeit *f*

morph [mɔːf, AM mɔːrf] **I.** *vi* (*fam*) ■**to ~ into sth** sich *akk* in etw *akk* verwandeln, die Gestalt einer S. *gen* annehmen
II. *vt* ■**to ~ oneself** sich *akk* ändern

morpheme ['mɔːfiːm, AM 'mɔːr-] *n* LING Morphem *nt*

morphia ['mɔːfiə, AM 'mɔːr-] *n* (*dated*), **morphine** ['mɔːfiːn, AM 'mɔːr-] *n* Morphium *nt,* Morphin *nt fachspr*

morphine addiction *n* Morphiumsucht *f,* Morphinabhängigkeit *f*

morphing ['mɔːfɪŋ, AM 'mɔːr-] *n* COMPUT Bildum-

wandlung *f fachspr*
morphological [ˌmɔːfəˈlɒdʒɪkəl, AM ˌmɔːrfəˈlɑː-] *adj inv* BIOL, GEOL, LING morphologisch *fachspr,* der Form [*o* Gestalt] nach *nach n*
morphology [ˌmɔːˈfɒlədʒi, AM ˌmɔːrˈfɑː-] *n* BIOL, GEOL, LING Morphologie *f fachspr,* Formenlehre *f,* Gestaltlehre *f*
morris dance [ˈmɒrɪs,-], **morris dancing** *n* BRIT Moriskentanz *m*
morrow [ˈmɒrəʊ, AM ˈmɑː] *n* (*liter or old*) ■**the** ~
❶ (*the following day*) der morgige Tag
❷ (*the near future*) Morgen *nt*
Morse [mɔːs, AM mɔːrs] *n,* **Morse code** *n no pl* Morsezeichen *ntpl,* Morsealphabet *nt*
morsel [ˈmɔːsəl, AM ˈmɔːrs-] *n* ❶ (*of food*) Bissen *m,* Happen *m,* Stückchen *nt,* Bröckchen *nt;* **a ~ of bread** ein Stückchen *nt* [*o* Bröckchen *nt*] Brot
❷ (*tasty dish*) Leckerbissen *m*
❸ (*pleasing person*) reizende Person
❹ (*fig: small bit*) ■**a** ~ ein bisschen, etwas; **a ~ of hope** eine schwache Hoffnung; **not even a ~ of hope** nicht einmal ein Funke *m* [*o* Fünkchen *nt*] Hoffnung; **a ~ of luck** ein Quentchen *nt* Glück; ***I have a ~ of news for you*** ich habe eine kleine Neuigkeit für dich; ***they should have at least a ~ of decency*** sie sollten wenigstens einen Funken Anstand besitzen
mortal [ˈmɔːtəl, AM ˈmɔːrt̬-] **I.** *adj inv* ❶ (*subject to death*) sterblich; **~ being** sterbliches Wesen
❷ (*human*) menschlich, Menschen-; **~ life** menschliches Leben, Menschenleben *nt;* **~ longing/morals** menschliche Sehnsucht/Moralvorstellungen
❸ (*temporal*) irdisch, vergänglich; **~ life** irdisches Leben [*o* Dasein]; ***human life is ~*** das menschliche Dasein ist vergänglich
❹ (*fatal*) tödlich; **~ disease/wound** tödliche Krankheit/Verletzung
❺ (*implacable*) Tod-, tödlich, erbittert; **~ enemy** Todfeind(in) *m(f);* **~ hatred** tödlicher Hass; **~ hostility** erbitterte Feindschaft
❻ (*extreme*) Todes-, höchste(r, s); **~ danger/fear** Todesgefahr *f*/Todesangst *f;* **to be** [*or* **live**] **in ~ fear** sich *akk* zu Tode ängstigen [*o* fürchten]; **to be in a ~ hurry** in höchster Eile sein
II. *n* (*liter*) Sterbliche(r) *f(m);* **ordinary** [*or* **lesser**] [*or* **mere**] ~ (*hum*) Normalsterbliche(r) *f(m) hum*
mortal combat *n no pl* Kampf *m* auf Leben und Tod, erbitterter Kampf; **to be locked in ~** (*fig*) miteinander auf Leben und Tod kämpfen
mortality [mɔːˈtæləti, AM mɔːrˈtæləţi] *n no pl*
❶ (*condition*) Sterblichkeit *f*
❷ (*character*) Vergänglichkeit *f*
❸ (*humanity*) [sterbliche] Menschheit
❹ (*frequency*) Sterblichkeit *f;* **infant ~** Säuglingssterblichkeit *f*
mortality rate *n* MED Sterblichkeit *f,* Sterbeziffer *f,* Mortalität[srate] *f fachspr*
mortally [ˈmɔːtəli, AM ˈmɔːrt̬-] *adv* ❶ (*fatally*) tödlich; **~ wounded** tödlich verletzt [*o* verwundet]
❷ (*fig: intensely*) zutiefst, tödlich *fig;* **~ offended** [*or* **wounded**] zutiefst gekränkt, tödlich beleidigt; **~ scared** zu Tode erschrocken
mortal remains *npl* sterbliche Überreste **mortal sin** *n* Todsünde *f*
mortar [ˈmɔːtəʳ, AM ˈmɔːrţə] **I.** *n* ❶ *no pl* ARCHIT, TECH (*mixture*) Mörtel *m,* Speis *m;* **~ of cement** Zementmörtel *m;* **~ of plaster** Gipsmörtel *m,* Stuck *m;* **to beat up** [*or* **puddle**] **the ~** Mörtel anmachen [*o* anrühren]
❷ CHEM (*bowl*) Mörser *m,* Reibschale *f;* **~ and pestle** Mörser *m* und Stößel *m*
❸ MIL (*cannon*) Mörser *m,* Granatwerfer *m fachspr,* Minenwerfer *m fachspr*
► PHRASES: **bricks and ~** (*structure*) Gebäude *nt[pl],* Bauwerk[e] *nt[pl];* (*property*) Immobilie[n] *f[pl]*
II. *n modifier* (*fire, shelling*) Granat-; **~ attack** Granatbeschuss *m;* **~ shell** Mörsergranate *f*
mortarboard *n* ❶ ARCHIT, TECH (*board*) Mörtelmischtisch *m*
❷ UNIV (*cap*) [quadratisches] Barett
mortgage [ˈmɔːgɪdʒ, AM ˈmɔːr-] **I.** *n* COMM, LAW
❶ (*conveyance of property*) Verpfändung *f fachspr*
❷ (*deed*) [Hypotheken]pfandbrief *m,* Hypothekenurkunde *f,* Verpfändungsurkunde *f fachspr*
❸ (*rights involved*) [Grund]pfandrecht *nt*
❹ (*amount*) Hypothek *f fachspr;* **to pay the ~** [*or* **repay** [**the**] **~ monies**] COMM, LAW die Hypothek abtragen [*o* zurückzahlen]; **to pay off** [*or* **redeem**] **a ~** eine Hypothek ablösen [*o* tilgen]; **to raise** [*or* **take out**] **a ~** [**on sth**] eine Hypothek [auf etw *akk*] aufnehmen *fachspr*
II. *n modifier* COMM, LAW (*creditor, debt, interest*) Hypotheken-; **~ claim** Hypothekenforderung *f;* **~ rate** Hypothekenzinssatz *m,* Hypothekenzinsfuß *m fachspr*
III. *vt* ■**to ~ sth** etw hypothekarisch belasten; **to be ~d up to the hilt** bis über den Hals [*o* die Ohren] in Hypothekenschulden stecken
mortgage bond *n* FIN Hypothekenpfandbrief *m*
mortgage debenture *n* FIN *durch eine Hypothek gesicherter Schuldschein*
mortgagee [ˌmɔːgɪˈdʒiː, AM ˌmɔːr-] *n* Hypothekengläubiger(in) *m(f),* Pfandgläubiger(in) *m(f)*
mortgagor [ˌmɔːgɪdʒˈɔːʳ, AM ˈmɔːrgɪdʒɚ] *n* LAW Hypothekenschuldner(in) *m(f)*
mortice *n see* **mortise**
mortician [mɔːrˈtɪʃən] *n* AM (*undertaker*) Leichenbestatter(in) *m(f)*
mortification [ˌmɔːtɪfɪˈkeɪʃən, AM ˌmɔːrţə-] *n no pl* (*form*) ❶ (*humiliation*) Kränkung *f,* Demütigung *f,* Schmach *f geh;* **to feel great ~ at sth** etw als große Schmach empfinden
❷ (*shame*) Beschämung *f,* Scham *f*
❸ (*cause of embarrassment*) Ärger *m,* Verdruss *m geh*
❹ MED (*local death*) Gewebstod *m,* Nekrose *f fachspr,* Brand *m,* Gangrän *f fachspr*
❺ REL (*asceticism*) Kasteiung *f fachspr,* Abtötung *f;* **~ of the flesh** REL Selbstkasteiung *f,* Kasteiung *f* des Fleisches *fachspr;* **~ of passions** Abtötung *f* von Begierden
mortify <-ie-> [ˈmɔːtɪfaɪ, AM ˈmɔːrţə-] **I.** *vt* ❶ *usu passive* ■**to be mortified** (*be humiliated*) gedemütigt [*o* gekränkt] [*o* verletzt] sein; (*be ashamed*) sich *akk* schämen, beschämt sein *geh;* (*be embarrassed*) sich *akk* ärgern, Verdruss empfinden *geh*
❷ REL (*discipline*) ■**to ~ sth** etw kasteien *fachspr,* etw abtöten; **to ~ the flesh** sich *akk* [*o* das Fleisch] kasteien; **to ~ passions** Begierden abtöten
❸ MED (*form: cause local death*) ■**to ~ sth** *tissue* etw absterben lassen [*o* brandig machen]
II. *vi* MED (*form*) *of tissue* absterben, brandig werden
mortifying [ˈmɔːtɪfaɪɪŋ, AM ˈmɔːrţə-] *adj* demütigend, beschämend
mortise [ˈmɔːtɪs, AM ˈmɔːrţ-] **I.** *n* TECH (*hole*) *in carpentry* Zapfenloch *nt,* Stemmloch *nt fachspr;* **~** [**and tenon**] **joint** Zapfenverbindung *f,* Zapf-Schlitz-Verbindung *f fachspr;* (*cut*) *in carpentry* Nut *f,* Schlitz *m,* Einschnitt *m fachspr*
II. *vt* TECH ■**to** [**tenon and**] **~ sth** *pieces of wood* etw verzapfen
mortise lock *n* [Ein]steckschloss *nt,* Blindschloss *nt,* Einstemmschloss *nt*
mortuary [ˈmɔːtʃuəri, AM ˈmɔːrtʃueri] *n* Leichenhalle *f,* Leichen[schau]haus *nt*
mosaic [mə(ʊ)ˈzeɪɪk, AM moʊˈ-] *n* Mosaik *nt*
Moses [ˈməʊzɪz, AM ˈmoʊ] *n no pl* Moses *m*
mosey [ˈməʊzi, AM ˈmoʊ-] *vi* ❶ (*move leisurely*) schlendern, bummeln; **to ~ about** [*or* **along**] umherschlendern
❷ AM (*fam: leave quickly*) abhauen *fam,* sich *akk* aus dem Staub machen *fam*
❸ AM (*move quickly*) **to ~ over to sb's place** auf einen Sprung bei jdm vorbeikommen *fam*
mosh [mɒʃ, AM mɑːʃ] *vi* (*dance*) moshen
mosh pit *n* Tanzfläche *f* zum Moshen
Moslem *adj, n see* **Muslim**
mosque [mɒsk, AM mɑːsk] *n* Moschee *f*
mosquito <*pl* -es *or* -s> [mɒsˈkiːtəʊ, AM məˈskiːţoʊ] *n* Stechmücke *f,* Moskito *m*
mosquito bite *n* Mückenstich *m,* Moskitostich *m*
mosquito boat *n* AM MIL [ungepanzertes] Torpedoschnellboot [*o* Sprengboot] **mosquito net** *n* Moskitonetz *nt* **mosquito repellent** *n* Mückenspray *nt*
moss <*pl* -es> [mɒs, AM mɑːs] *n* ❶ (*plant*) Moos *nt;* **covered with ~** moosbedeckt, bemoost; **different ~es** unterschiedliche Moosarten
❷ BRIT, SCOT (*bog*) ■**the ~es** das [Torf]moor *kein pl,* die Sümpfe *mpl*
Mossad [ˈmɒsæd, AM ˈmɑː] *n no pl, + sing/pl vb* POL ■[**the**] **~** der Mossad
mossie [ˈmɒsi] *n* BRIT, AUS (*fam*) Mücke *f*
mossy [ˈmɒsi, AM ˈmɑːsi] *adj* ❶ (*overgrown with moss*) moosig, bemoost, moosbedeckt; **~ stone** moosbedeckter Stein
❷ (*resembling moss*) moos-, moosartig; **~ green** moosgrün; **~ softness** moosartige Weichheit
most [məʊst, AM moʊst] **I.** *pron* ❶ (*largest quantity*) ■**the ~** am meisten; ***what's the ~ you've ever won at cards?*** was war das meiste, das du beim Kartenspielen gewonnen hast?; ***when she shared the food out, John got the ~*** als sie das Essen verteilte, bekam John am meisten; ***they had the ~ to lose*** sie hatten am meisten zu verlieren; **at the** [**very**] **~** [aller]höchstens; ***she's 50 at the very ~*** sie ist allerhöchstenst 50; ■**~ of sb/sth** die meisten; ***in this school, ~ of the children are from the Chinese community*** in dieser Schule sind die meisten Kinder chinesischer Abstammung; ***~ of the things I forget are unimportant anyway*** die meisten Dinge, die ich vergesse, sind sowieso unwichtig; ***I spent ~ of the winter on the coast*** ich verbrachte einen Großteil des Winters an der Küste
❷ *pl* (*the majority*) die Mehrheit; ***~ are in favour of tax reform*** die Mehrheit befürwortet die Steuerreform
❸ (*best*) ■**the ~** höchstens; ***the ~ I can do is try*** ich kann nicht mehr tun als es versuchen; ***the ~ they can expect is a 4% pay increase*** sie können höchstens eine 4-prozentige Gehaltserhöhung erwarten; **to get the ~ out of life** das meiste aus dem Leben machen; **to be the ~** (*sl*) der/die Größte sein; ***he's the ~ — I wish he were interested in me*** er ist so toll – ich wünschte, er würde sich für mich interessieren; **to make the ~ of sth** das Beste aus etw *dat* machen; ***it's a lovely day — we must make the ~ of it*** was für ein schöner Tag – wir müssen ihn nutzen; **to make the ~ of one's opportunities** das Beste aus seinen Chancen machen; (*represent at its best*) etw hervorstreichen; ***how to make the ~ of your features*** so unterstreichen Sie Ihre Züge richtig
II. *adj det* ❶ (*greatest in amount, degree*) am meisten; ***which of you earns the ~ money?*** wer von euch verdient am meisten Geld?; ***they've had the ~ success*** sie hatten größten Erfolg
❷ (*majority of, nearly all*) die meisten; ***I don't eat meat, but I like ~ types of fish*** ich esse kein Fleisch, aber ich mag die meisten Fischsorten; ***we like ~ students*** wir mögen die meisten Studenten; **for the ~ part** für gewöhnlich; ***the older members, for the ~ part, shun him*** die älteren Mitglieder meiden ihn für gewöhnlich
III. *adv inv* ❶ (*forming superlative*) *im Deutschen durch Superlativ ausgedrückt;* ***that's what I'm ~ afraid of*** davor habe ich die meiste Angst; ***Joanne is the ~ intelligent person I know*** Joanne ist der intelligenteste Mensch, den ich kenne; **the ~ intelligent animal** das intelligenteste Tier; **~ easily/rapidly/thoroughly** am leichtesten/schnellsten/gründlichsten; ***sandy plains where fire tends to spread ~ quickly*** sandige Ebenen, auf denen sich das Feuer besonders rasch ausbreitet; **~ important/unfortunate** wichtigste(r, s)/unglücklichste(r,s); ***the ~ important event of my life*** das wichtigste Ereignis in meinem Leben
❷ (*form: extremely*) höchst, äußerst, überaus *geh;* ***it was a ~ unfortunate accident*** es war ein äußerst bedauerlicher Unfall; ***it's ~ kind of you to help me*** es ist überaus freundlich von Ihnen, dass

Sie mir helfen; ***their situation was ~ embarrassing*** ihre Lage war höchst unangenehm; ***he told me a ~ interesting story*** er erzählte mir eine sehr interessante Geschichte; ***it was a ~ unusual car*** es war ein ganz ungewöhnliches Auto; ***it was a ~ beautiful morning*** es war ein besonders schöner Morgen; ~ **certainly** ganz bestimmt [*o* gewiss], mit absoluter Sicherheit; ~ **likely** höchstwahrscheinlich; ***that's ~ probably correct*** das ist höchstwahrscheinlich richtig; ~ **unlikely** höchst unwahrscheinlich
❸ (*to the greatest extent*) am meisten; ***what annoyed me ~ ...*** was mich am meisten gestört hat ...; ***the things he ~ enjoyed*** die Dinge, die ihm am besten gefielen; **at ~** höchstens; ***we've got enough rations for a week at ~*** die Rationen reichen höchstens für eine Woche; ~ **of all** am allermeisten; ***I like the blue one ~ of all*** der/die/das Blaue gefällt mir am besten; ~ ***of all, I hope that ...*** ganz besonders hoffe ich, dass ...; ***she likes broccoli and carrots but likes green beans ~ of all*** sie mag Broccoli und Karotten, ganz besonders aber grüne Bohnen; ***what she wanted ~ of all*** was sie am meisten wollte
❹ AM (*fam: almost*) beinah[e], fast; ***they watch TV ~ every evening*** sie sehen beinah jeden Abend fern; ~ ***everyone understood*** fast jeder verstand

most-favoured nation *n* ECON meistbegünstigtes Land; ~ **clause** Meistbegünstigungsklausel *f*

mostly ['məʊs(t)li, AM 'moʊ-] *adv inv* ❶ (*usually*) meistens
❷ (*in the main*) größtenteils, im Wesentlichen; ***the work is ~ done*** die Arbeit ist größtenteils getan
❸ (*chiefly*) hauptsächlich, in der Hauptsache

mot [məʊ, AM moʊ] *n* geistreiche [*o* witzige] Bemerkung, Bonmot *nt*

MOT[1] [,eməʊ'ti:] *n* BRIT (*fam*) *abbrev of* **Ministry of Transport** Verkehrsministerium *nt*

MOT[2] [,eməʊ'ti:] **I.** *n* ~ [**test**] TÜV *m*; ***has your car had its ~ yet?*** war dein Auto schon beim TÜV?; ~ [**certificate**] TÜV-Bescheinigung *f*
II. *vt* <MOT'd, MOT'd> *usu passive* (*fam*) **to ~ a car** ein Auto zum TÜV bringen; ***my car will be ~'d tomorrow*** mein Auto kommt morgen zum TÜV
III. *adj* TÜV-geprüft

mote [məʊt, AM moʊt] *n* ❶ (*particle*) Stäubchen *nt*, Staubkorn *nt*
❷ (*fig: fault*) kleiner Fehler, kleine Macke; **the ~ in sb's eye** (*biblical*) der Splitter im Auge des anderen *fig*

motel [məʊ'tel, AM moʊ'-] *n* Motel *nt*

motet [məʊ'tet, AM moʊ] *n* MUS Motette *f*

moth [mɒθ, AM mɑ:θ] *n* Motte *f*, Nachtfalter *m*

mothball I. *n* Mottenkugel *f* **II.** *vt usu passive* ■**to ~ sth** ❶ (*put in disuse*) *clothes, machinery, ships* etw einmotten; *coal pit, factory* etw stilllegen ❷ (*fig: postpone*) etw beiseite schieben [*o fig* auf Eis legen] **moth-eaten** *adj* ❶ (*eaten into*) mottenzerfressen, von Motten zerfressen ❷ (*outmoded*) *ideas, methods, theories* verstaubt, antiquiert ❸ (*decayed*) *equipment, facilities* heruntergekommen

mother ['mʌðə^r, AM -ɚ] **I.** *n* ❶ (*female parent*) Mutter *f*
❷ AM (*fam!: motherfucker*) Scheißkerl *m sl*; (*thing*) Scheiß- *vulg sl*; ***that was a ~ of an exam!*** das war eine Scheißprüfung! *vulg sl*; *see* **motherfucker**
▸ PHRASES: **the ~ of all ...** der/die/das allergrößte ...; (*the most extreme: worst*) der/die/das Schlimmste aller *gen* ...; (*best*) herausragend; **the ~ of all battles** die Mutter aller Schlachten; **the ~ of all mystery novels** der Kriminalroman schlechthin [*o* überhaupt]; **the ~ of all storms** der Sturm der Stürme
II. *n modifier* (*animal, church, ship*) Mutter-; ~ **hen** Henne *f*
III. *vt* ■**to ~ sb** jdn bemuttern

Mother ['mʌðə^r, AM -ɚ] *n no pl* REL ❶ (*nun*) Oberin *f*
❷ (*form of address*) Mutter *f* [Oberin]

motherboard *n* COMPUT Grundplatine *f*, Hauptplatine *f fachspr* **mother country** *n* ❶ (*country of origin*) Mutterland *nt*, Herkunftsland *nt* ❷ (*home country*) Vaterland *nt*, Heimatland *nt* **mothercraft** ['mʌðəkrɑ:ft, AM 'mʌðɚkræft] *n no pl* (*old*) Kinderpflege *f* **mother figure** *n* Mutterfigur *f*

motherfucker *n* AM (*vulg, sl*) ❶ (*person*) Scheißkerl *m sl* ❷ (*thing*) Scheiß- *vulg sl*; ***that was a ~ of an exam!*** das war eine Scheißprüfung! *vulg sl*

motherhood ['mʌðəhʊd, AM -ðɚ-] *n no pl* Mutterschaft *f*

Mothering Sunday *n* BRIT (*form*) Muttertag *m*

mother-in-law <*pl* mothers- *or* -s> *n* Schwiegermutter *f* **motherland** *n no pl* ❶ (*native country*) Heimatland *nt*, Vaterland *nt* ❷ (*country of ancestors*) Mutterland *nt*, Herkunftsland *nt* **motherless** ['mʌðələs, AM ɚ] *adj inv* mutterlos

motherly ['mʌðəli, AM -ɚli] *adj* (*usu approv*) mütterlich; ~ **love** Mutterliebe *f*

Mother Nature *n* (*also hum*) Mutter Natur **mother-of-pearl** *n* Perlmutt *nt* **Mother's Day** *n* Muttertag *m* **mother superior** *n no pl* Mutter *f* Oberin **mother-to-be** <*pl* mothers-> *n* werdende Mutter **mother tongue** *n* Muttersprache *f*

mothproof *adj inv* mottenecht, mottenfest; ~ **clothing/wool** mottenfeste Kleidung/Wolle

motif [məʊ'ti:f, AM moʊ'-] *n* ❶ (*design*) Motiv *nt* ❷ LIT, MUS (*theme*) [Leit]motiv *nt fachspr* ❸ (*fig: feature*) Leitgedanke *m*

motile ['məʊtaɪl, AM *esp* 'moʊtᵊl] *adj* BIOL *cells, microbes, spores* [frei] beweglich

motility [məʊ'tɪləti, AM moʊ'tɪləţi] *n no pl* BIOL *of cells, microbes, spores* Beweglichkeit *f*, Motilität *f fachspr*

motion ['məʊʃᵊn, AM 'moʊ-] **I.** *n* ❶ *no pl* (*movement*) *of things* Bewegung *f*, Gang *m*; **in slow ~** in Zeitlupe; **to put** [*or* **set**] **sth in ~** etw in Gang bringen [*o* Bewegung setzen]; *of people* Fortbewegung *f*, Körperbewegung *f*, Gang *m*
❷ (*gesture*) Bewegung *f*, Zeichen *nt*; ~ **of the hand/head** Hand-/Kopfbewegung *f*, Zeichen *nt* mit der Hand/dem Kopf
❸ POL (*proposal*) Antrag *m fachspr*; **early day ~** frühzeitig gestellter Antrag [im Unterhaus]; **to defeat a ~** einen Antrag ablehnen [*o* zu Fall bringen] *fachspr*; **to pass** [*or* **carry**] **a ~** einen Antrag annehmen [*o* durchbringen] *fachspr*; **to propose** [*or* BRIT **table**] **a ~** einen Antrag stellen [*o* einbringen] *fachspr*
❹ BRIT, AUS (*dated: excretion*) Stuhl[gang] *m fachspr*
▸ PHRASES: **to set the <u>wheels</u> in ~** die Sache in Gang bringen; **to <u>go</u> <u>through</u> the ~s [of doing sth]** (*pretend*) [etw] zum Schein machen, so tun, als ob man [etw] macht; ***they went through the ~s of fighting*** sie kämpften nur zum Schein; (*do routinely*) [etw] der Form halber [*o* pro forma] [*o* ganz mechanisch] machen; ***he went through the ~s of welcoming our guests but then left the room immediately*** der Form halber begrüßte er unsere Gäste, verließ dann aber sofort den Raum
II. *vt* ■**to ~ sb away/forward** jdn wegwinken/nach vorn winken; ■**to ~ sb aside/in** jdn zur Seite winken/hereinwinken; ■**to ~ sb to do sth** jdn durch einen Wink auffordern [*o geh* jdm bedeuten], etw zu tun; ***she ~ed us to sit down*** sie bedeutete uns, Platz zu nehmen
III. *vi* ■**to ~ to sb to do sth** jdn durch einen Wink auffordern [*o geh* jdm bedeuten], etw zu tun

motionless ['məʊʃᵊnləs, AM 'moʊ-] *adj inv* bewegungslos, reg[ungs]los, unbeweglich

motion picture *n* AM [Spiel]film *m* **motion-picture** *adj* AM Film-; ~ **industry** Filmindustrie *f* **motion sickness** *n no pl* MED Bewegungskrankheit *f*, Reisekrankheit *f*, Kinetose *f fachspr*

motivate ['məʊtɪveɪt, AM 'moʊţə-] *vt* ❶ (*provide with motive*) ■**to ~ sb** jds Verhalten [*o* Handlungsweise] begründen; ***what ~s Derek is pure greed*** was Dereks Verhalten zugrunde liegt, ist reine Gier; ***they are ~d by a desire to help people*** ihre Handlungsweise wird von dem Wunsch bestimmt, anderen zu helfen; ■**to ~ sth** *behaviour, decision* etw begründen, etw *akk* als Beweggrund dienen, für etw *dat* innerer Anlass sein; ***what ~d their sudden change of heart?*** was war der innere Anlass für ihren plötzlichen Sinneswandel?; ***I don't quite understand what ~s the actions of such people*** ich kann die Beweggründe für die Handlungsweise dieser Leute nicht ganz nachvollziehen
❷ (*arouse interest*) ■**to ~ sb** jdn anregen [*o* anspornen] [*o* motivieren]; ■**to ~ sb to do sth** jdn dazu bewegen [*o* veranlassen], etw zu tun; ***they ~d the children to learn more*** sie bewegten die Kinder dazu weiterzulernen; ***my biology teacher ~d me to go for a career in medicine*** meine Biologielehrerin motivierte mich zu einer medizinischen Laufbahn; **motivating force** treibende Kraft

motivated ['məʊtɪveɪtɪd, AM 'moʊţəveɪţɪd] *adj inv* ❶ (*caused*) begründet; **economically/politically ~** wirtschaftlich/politisch begründet
❷ (*eager*) motiviert; ■**to be ~ to do sth** zu etw *dat* motiviert sein; **highly ~** hoch motiviert

motivation [,məʊtɪ'veɪʃᵊn, AM ,moʊţə'-] *n* ❶ (*reason*) Begründung *f*, Veranlassung *f* (**for** für +*akk*)
❷ *no pl* (*drive*) Antrieb *m*, Motivation *f*; **to lack ~** nicht genügend motiviert [*o* antriebsschwach] sein; ***Pat has no ~ to succeed*** Pat fehlt der Wille zum Erfolg

motivational [,məʊtɪ'veɪʃᵊnᵊl, AM ,moʊţə] *adj* Motivierungs-

motivational speaker *n* Motivational Speaker *m* (*Vortragsredner, der es versteht, sein Publikum für ein bestimmtes Thema zu motivieren*)

motive ['məʊtɪv, AM 'moʊţɪv] **I.** *n* Motiv *nt*, Beweggrund *m* (**for** für +*akk*); ***the police still haven't a ~ for the attack*** der Polizei fehlt immer noch ein Motiv für den Überfall; ***what is the ~ behind the bombing?*** was steckt hinter dem Bombenangriff?; **base/improper/interest ~s** LAW niedrige/unlautere/eigennützige Beweggründe *fachspr*; **the profit ~** der Profitgedanke, das Profitdenken; **ulterior ~** tieferer Beweggrund, Hintergedanke *m*
II. *adj attr* ❶ PHYS, TECH (*creating motion*) bewegend, Antriebs-; ~ **power** bewegende Kraft, Triebkraft *f*
❷ (*fig: motivating*) *force, spirit* treibend *fig*

motiveless ['məʊtɪvləs, AM 'moʊţɪv] *adj inv* grundlos, unmotiviert

mot juste <*pl* mots justes> [,məʊ'ʒu:st, AM ,moʊ'-] *n* treffender [*o* passender] Ausdruck

motley ['mɒtli, AM 'mɑ:t-] **I.** *adj attr* ❶ (*of different colours*) bunt, vielfarbig; ~ **flower bed** buntes Blumenbeet
❷ (*also pej: heterogeneous*) bunt [gemischt], [kunter]bunt; ~ **bunch** [*or* **crew**] bunt gemischter Haufen; ~ **collection** buntes Sammelsurium, bunte Mischung *a. pej*
II. *n* ❶ *no pl* HIST (*garment*) Narrenkleid *nt fachspr*
❷ HIST (*person*) [Hof]narr *m fachspr*

motocross ['məʊtə(ʊ)krɒs, AM 'moʊţoʊkrɑ:s] *n no pl* Motocross *nt*

motor ['məʊtə^r, AM 'moʊţɚ] **I.** *n* ❶ (*engine*) Antriebsmaschine *f*, [Verbrennungs]motor *m*, Triebwerk *nt*; **electric ~** Elektromotor *m*; **outboard ~** Außenbordmotor *m*
❷ BRIT (*fam: car*) Auto *nt*, [Kraft]wagen *m*; **second-hand ~** Gebrauchtwagen *m*
❸ ANAT (*motor nerve*) motorischer Nerv *fachspr*, Bewegungsnerv *m*; (*organ*) Muskel *m*
❹ (*fig: driving force*) treibende Kraft
II. *adj attr, inv* ❶ BRIT, AUS (*of motor vehicles*) Auto-; ~ **enthusiast** Autonarr, Autonärrin *m, f*; ~ **accident** Autounfall *m*; ~ **insurance** Kraftfahrzeugversicherung *f*
❷ ANAT Bewegungs-, Muskel-, motorisch *fachspr*
III. *vi* ❶ (*drive*) [Auto] fahren; ■**to ~ along** [dahin]fahren
❷ BRIT (*also fig fam: do fast*) **to be really ~ing** *at work, in a car* einen ganz schönen Zahn draufhaben *fam*

motorbike *n* (*fam*) Motorrad *nt* **motorboat** *n* Motorboot *nt* **motorcade** ['məʊtəkeɪd, AM 'moʊt̬ɚ-] *n* Autokolonne *f* **motor car** *n* ❶ BRIT (*dated: car*) Automobil *nt veraltet,* Kraftfahrzeug *nt* ❷ AM RAIL Draisine *f* **motor caravan** *n* BRIT Wohnmobil *nt* **motorcycle** *n* Motorrad *nt* **motorcycle escort** *n* Motorradeskorte *f* **motorcycling** *n no pl* Motorradfahren *nt* **motorcyclist** *n* Motorradfahrer(in) *m(f)* **motor-driven** *adj* Motor-, mit Motorantrieb *nach n* **motor home** *n* AM (*motor caravan*) Wohnmobil *nt* **motor hotel** *n* AM Motel *nt* **motor industry** *n* BRIT Kraftfahrzeugindustrie *f,* Auto[mobil]industrie *f*

motoring ['məʊtərɪŋ, AM 'moʊt̬ɚ-] **I.** *adj attr, inv* BRIT Fahr-; ~ **costs** Fahrtkosten *pl;* ~ **offence** LAW Verkehrsdelikt *nt fachspr;* ~ **organization** Automobilklub *m*

II. *n* Fahren *nt*

motorist ['məʊtərɪst, AM 'moʊt̬ɚ-] *n* Kraftfahrer(in) *m(f),* Autofahrer(in) *m(f),* Automobilist(in) *m(f)* ÖSTERR, SCHWEIZ

motorized ['məʊtəraɪzd, AM 'moʊt̬ər-] *adj inv* ❶ MIL motorisiert *fachspr;* ~ **unit** motorisierte Einheit

❷ (*with a motor*) ~ **wheelchair** Rollstuhl *m* mit Elektromotor, elektrisch betriebener Rollstuhl

motor lodge *n* AM Motel *nt* **motorman** *n on a streetcar, subway train* Wagenführer(in) *m(f)* **motormouth** **I.** *n esp* AM (*pej sl*) Schwätzer(in) *m(f),* Quasselstrippe *f fam* **II.** *adj* schwatzhaft, geschwätzig **motor mower** *n* Motorrasenmäher *m* **motor nerve** *n* ❶ ANAT (*nerve*) motorischer Nerv *fachspr,* Bewegungsnerv *m* ❷ (*organ*) Muskel *m* **motor oil** *n* Motoröl *nt* **motor pool** *n* Wagenpark *m,* Fuhrpark *m* **motor race** *n* BRIT Autorennen *nt* **motor racing** *n* BRIT Autorennsport *m* **motor scooter** *n* Motorroller *m* **motor show** *n* BRIT Automobilausstellung *f* **motorsport** ['məʊtəspɔːt, AM 'moʊt̬ɚspɔːrt] *n see* **motor racing** Motorsport *m* **motor trade** *n* BRIT Kraftfahrzeugbranche *f,* Auto[mobil]branche *f* **motor vehicle** *n* Kraftfahrzeug *nt* **motor vehicle licensing centre** *n* BRIT (*form*) Zulassungsstelle *f*

motorway BRIT **I.** *n* Autobahn *f*

II. *n modifier* (*driving, exit, traffic*) Autobahn-; ~ **intersection/junction** Autobahnkreuz *nt*/Autobahndreieck *nt;* ~ **madness** Raserei *f* auf der Autobahn

Motown® ['məʊtaʊn, AM 'moʊ-] **I.** *n no pl* AM ❶ (*hum: city*) Autostadt *f* [Detroit] (*Spitzname für Detroit, eines der Zentren der Autoindustrie*)

❷ (*company*) Motown-[Schall]plattenfirma *f* (*besonders in den sechziger und siebziger Jahren produzierte sie Platten im Motown-Stil*)

❸ (*style*) Motown-Stil *m* (*er basiert auf dem afroamerikanischen Rhythm-and-Blues-Stil der vierziger und fünfziger Jahre und wurde in den sechziger und siebziger Jahren stark von der Popmusik beeinflusst*)

II. *adj* Motown-; **the** ~ **label** das Motown-Label [*o* Etikett]

mottled ['mɒtl̩d, AM 'mɑːt̬l̩d] *adj inv* ❶ (*colourfully patterned*) *dress* [bunt] gesprenkelt [*o* gemustert]

❷ (*diversified in shade*) *wood, marble* gemasert, marmoriert; ~ **mahogany** geflecktes [*o* getigertes] Mahagoni

❸ (*pej: blotchy*) *complexion, skin* fleckig; ***his ~ face began to show the effect of excessive drinking*** sein fleckiges Gesicht zeigte allmählich die Folgen übermäßigen Alkoholgenusses

❹ GEOL (*coloured*) *clay, sandstone* Bunt-

motto <*pl* -s *or* -es> ['mɒtəʊ, AM 'mɑːt̬oʊ] *n* Motto *nt,* Devise *f,* Wahlspruch *m*

mould¹ [məʊld, AM moʊld] *n no pl* BOT Schimmel *m*

mould² [məʊld, AM moʊld] **I.** *n* ❶ (*shape*) Form *f;* **jelly** ~ Puddingform *f*

❷ (*fig*) Typ *m;* **to be out of the same** ~ sich *dat* gleichen wie ein Ei dem anderen; **to be cast in the same/a different** ~ aus dem gleichen/einem anderen Holz geschnitzt sein; ***he's cast in a very different ~ from his brother*** er ist ganz anders als sein Bruder; **to break the** ~ [**of sth**] neue Wege in etw *dat* gehen; **to fit** [**into**] **the** ~ **of sth** in das Bild [von etw *dat*] passen, der Vorstellung [von etw *dat*] entsprechen

II. *vt* ■**to** ~ **sth out of** [*or* **from**] [*or* **in**] **sth** etw aus etw *dat* formen; (*fig*) ■**to** ~ **sb into sth** jdn zu etw *dat* machen

moulded ['məʊldɪd, AM 'moʊld-] *adj inv* [vor]geformt; ~ **plastic** Formplastik *nt*

moulder ['məʊldər, AM 'moʊldɚ] *vi* schimmeln; (*fig*) vergammeln *fam*

◆**moulder away** *vi* vor sich *akk* hin schimmeln [*o fam* gammeln]

moulding ['məʊldɪŋ, AM 'moʊld-] *n* ARCHIT Fries *m;* (*stucco*) Stuck *m kein pl,* Stuckarbeit *f;* ART [Zier]leiste *f*

mouldy ['məʊldi, AM 'moʊldi] *adj* ❶ *food* schimmelig, verschimmelt; ■**to go** ~ [ver]schimmeln, vergammeln *fam*

❷ (*dated fam: shabby*) schäbig, vergammelt *pej fam;* (*dull*) lahm, öd[e]; (*valueless*) lächerlich; *money* lumpig

moult [məʊlt, AM moʊlt] *vi birds* [sich *akk*] mausern, in der Mauser sein; *snakes, insects, crustaceans* sich *akk* häuten; *cats, dogs* haaren

mound [maʊnd] *n* ❶ (*pile*) Haufen *m;* (*small hill*) Hügel *m;* **burial** ~ Grabhügel *m;* (*in baseball: pitcher's mound*) [erhöhtes] Wurfmal; **to take the** ~ SPORTS Aufschlag haben

❷ (*fig: large quantity*) Masse *f,* Haufen *m fam;* **a** ~ **of work** ein Haufen *m* Arbeit

mount [maʊnt] **I.** *n* ❶ (*horse*) Pferd *nt*

❷ (*backing, setting*) *of a picture, photo* Halterung *f;* *of a jewel* Fassung *f;* *of a slide* Rahmen *m;* *of a microscope* Plättchen *nt;* *of a machine* Sockel *m,* Untersatz *m*

II. *vt* ■**to** ~ **sth** ❶ (*support for equipment*) etw aufhängen; (*get on to ride*) auf etw *akk* [auf]steigen; **to** ~ **a bicycle** auf ein Fahrrad [auf]steigen; **to** ~ **a camera on a tripod** eine Kamera auf ein Stativ montieren; **to** ~ **a horse** auf ein Pferd steigen

❷ (*go up*) etw hochsteigen; **to** ~ **a ladder** auf eine Leiter steigen; **to** ~ **the stairs** die Treppe[n] hochgehen; **to** ~ **the throne** (*form*) den Thron besteigen

❸ (*organize*) etw organisieren; **to** ~ **an attack/a campaign** einen Angriff/eine Kampagne starten; **to** ~ **a concert** ein Konzert veranstalten; **to** ~ **a play** ein Theaterstück inszenieren

❹ (*fix for display*) etw befestigen; **to** ~ **sth on card/the wall** etw auf Karton/an der Wand befestigen; **to** ~ **sth in a frame** etw rahmen

❺ (*set up*) etw aufbauen [*o* aufstellen]; **to** ~ **checkpoints** Kontrollposten aufstellen; **to** ~ **guard** [**over sth**] [etw] bewachen [*o* beschützen]

❻ (*mate*) etw bespringen

III. *vi* ❶ (*increase*) wachsen, [an]steigen, größer werden; ***the death toll is expected to ~ to over 100*** die Zahl der Opfer wird wohl auf über 100 ansteigen

❷ (*get on a horse*) aufsteigen

◆**mount up** *vi* wachsen, [an]steigen

Mount [maʊnt] *n no pl erster Teil eines Bergnamens;* ~ **Everest** Mount Everest *m;* ~ **Fuji** Fudschijama *m*

mountain ['maʊntɪn, AM -tᵊn] **I.** *n* Berg *m;* **summit** [*or* **peak**] **of a** ~ [Berg]gipfel *m;* ■~**s** *pl* Berge *mpl;* (*group of mountains*) Gebirge *nt;* **to go into the** ~**s** ins Gebirge [*o* in die Berge] fahren; ~**s** [*or* **a** ~] **of work** (*fig fam*) jede Menge Arbeit *fam*

► PHRASES: **to make a** ~ **out of a molehill** aus einer Mücke einen Elefanten machen *prov;* **to move** ~**s** Berge versetzen, Himmel und Hölle in Bewegung setzen *fam*

II. *n modifier* Gebirgs-; ~ **air** Bergluft *f*

mountain ash *n* Eberesche *f* **mountain bike** *n* Mountainbike *nt* **mountainboarding** *n no pl* Mountainboarding *nt fachspr* (*Sportart mit einem Brett mit großen Rädern am hinteren Teil, steuerbaren Vorderrädern, Schockabsorbern und Bremsen*) **mountain chain** *n* Gebirgskette *f,* Bergkette *f* **mountain-climbing** [-klaɪmɪŋ] *n no pl* Bergsteigen *nt*

mountaineer [ˌmaʊntɪ'nɪər, AM -tᵊ'nɪr] *n* Bergsteiger(in) *m(f)*

mountaineering [ˌmaʊntɪ'nɪərɪŋ, AM -tᵊ'nɪrɪŋ] *n no pl* Bergsteigen *nt*

mountain lion *n* Puma *m*

mountainous ['maʊntɪnəs, AM -tᵊnəs] *adj* gebirgig, bergig; (*fig*) riesig; ~ **debts** hohe Schulden; **in** ~ **seas** bei starkem Seegang

mountain range *n* Gebirgszug *m* **mountainside** *n usu sing* [Berg]hang *m* **mountaintop** *n* [Berg]gipfel *m*

mountebank ['maʊntɪbæŋk, AM t̬ə] *n* ❶ (*deceiver, charlatan*) Scharlatan *m*

❷ HIST Quacksalber *m*

mounted ['maʊntɪd, AM -t̬-] *adj inv* beritten *geh;* **to be** ~ **on a horse** auf einem Pferd sitzen; ~ **police** berittene Polizei

Mountie ['maʊnti, AM -t̬i] *n* CAN *ein berittener Polizist der Royal Canadian Mounted Police*

mounting ['maʊntɪŋ, AM -t̬-] **I.** *n* ❶ (*on a horse*) Besteigen *nt*

❷ (*display surface*) *of a photograph, picture* Halterung *f,* Unterlage *f;* *of a machine* Sockel *m,* Untersatz *m;* (*frame*) Rahmen *m;* (*arrangement on a display surface*) Arrangement *m*

II. *adj attr, inv* wachsend, steigend; [**with**] ~ **anxiety** [mit] zunehmende[r] Angst [*o* Sorge]

mourn [mɔːn, AM mɔːrn] **I.** *vi* trauern; ■**to** ~ **for sb/sth** um jdn/etw trauern; **to** ~ **for** [*or* **over**] **the loss of sb/sth** über den Verlust von jdm/etw trauern

II. *vt* ❶ (*feel sorrow*) ■**to** ~ **sb/sth** um jdn/etw trauern; **to** ~ **sb's death** um jdn trauern

❷ (*fig: regret*) ■**to** ~ **sth** etw beklagen

mourner ['mɔːnər, AM 'mɔːrnɚ] *n* Trauernde(r) *f(m);* (*at a funeral*) Trauergast *m;* ■**the** ~**s** *pl* die Trauergemeinde *f*

mournful ['mɔːnfᵊl, AM 'mɔːrn-] *adj* (*sad*) traurig, melancholisch; (*gloomy*) trübsinnig; *lamenting* klagend

mournfully ['mɔːnfᵊli, AM 'mɔːrn-] *adv* traurig; (*gloomily*) trübsinnig; (*lamentingly*) klagend

mournfulness ['mɔːnfᵊlnəs, AM 'mɔːrn-] *n no pl* (*sadness*) Traurigkeit *f;* (*grieving*) Trauer *f*

mourning ['mɔːnɪŋ, AM 'mɔːrn-] *n no pl* ❶ (*grieving*) Trauer *f;* **as a sign of** ~ als Zeichen der Trauer; ■**to be in** ~ **for sb** um jdn trauern; (*wear black clothes*) Trauer tragen

❷ (*wailing*) Klagegeschrei *nt*

mouse <*pl* mice> [maʊs, *pl* maɪs] *n* ❶ (*animal*) Maus *f*

❷ (*fig: shy person*) schüchterner Mensch; (*unprepossessing person*) unscheinbarer Mensch; (*esp of women*) graue Maus, Mauerblümchen *nt fam*

❸ COMPUT Maus *f*

mouse-hole *n* Mauseloch *nt* **mouse potato** *n* COMPUT Computerhocker(in) *m(f),* Internetfreak *m,* Mousepotato *f sl*

mouser ['maʊsər, AM -zɚ] *n* Mäusejäger(in) *m(f),* Mäusefänger(in) *m(f)*

mousetrap *n* Mausefalle *f* **mouse-trapping** *n* INET *Internetfalle, die den Benutzer daran hindert, eine Webseite zu verlassen*

mousey *adj see* **mousy**

moussaka [mu'sɑːkə] *n no pl* Moussaka *nt*

mousse [muːs] *n* ❶ (*creme*) Mousse *f;* **salmon** ~ Lachsmousse *f;* **chocolate** ~ Schokoladenmousse *f*

❷ (*cosmetics*) Schaum *m;* **styling** ~ Schaumfestiger *m*

mousseline ['musliːn, AM ˌmuː'sliːn] *n modifier* (*jacket, dress*) Musselin-

moustache [mə'stɑːʃ] *n,* AM *usu* **mustache** ['mʌstæʃ] *n* Schnurrbart *m;* **to sport a** ~ einen Schnurrbart tragen

mousy ['maʊsi] *adj* (*shy*) schüchtern; (*uncharismatic*) unscheinbar; (*dull colour*) farblos; ~ **girl** Mauerblümchen *nt pej;* **to have** ~ **hair** mausgraue Haare haben

mouth [maʊθ] **I.** *n* ❶ (*of human*) Mund *m;* *of ani-*

mal Maul *nt;* **to have a big ~** ein großes Mundwerk haben *fam;* **to have five [hungry] ~s to feed** fünf hungrige Mäuler zu stopfen haben; **to keep one's ~ shut** nichts sagen, seinen Mund halten *fam;* **to make sb's ~ water** jdm das Wasser im Munde zusammenlaufen lassen; **to shut one's ~** *(fam!)* den Mund halten *fam;* ***oh just shut your ~, will you?*** jetzt halt mal den Mund!

❷ *(opening)* Öffnung *f; of a bottle, jar, well* Öffnung *f; of a cave* Eingang *m; of a volcano* Krater *m; of a river, bay, harbour* Mündung *f*

▸ PHRASES: **to be down in the ~** niedergeschlagen sein; **to shoot one's ~ off about sth** *(fam: indiscreetly)* etw überall herumerzählen; *(annoyingly)* jdm mit etw *dat* die Ohren voll labern *sl;* **to watch one's ~** aufpassen, was man sagt; **sb is all ~ [and trousers]** jd nimmt den Mund zu voll, jd hat eine große Klappe [und nichts dahinter] *fam*

II. *vt* [maʊð] ■**to ~ sth** ❶ *(form words silently)* etw lautlos sagen; ***the singers are only ~ing the words*** die Sänger bewegen nur die Lippen

❷ *(say insincerely)* etw heuchlerisch sagen

◆**mouth off** *vi (pej fam)* ❶ *(complain)* meckern *fam*

❷ *(criticize)* ■**to ~ off [at [*or* to] sb]** [jdm gegenüber] eine dicke Lippe [*o* große Klappe] riskieren *fam,* [jdm gegenüber] den Mund zu voll nehmen *fam;* ***my son keeps ~ing off at me*** mein Sohn kommt mir ständig frech *fam*

mouthful ['maʊθfʊl] *n* ❶ *of food* Bissen *m; of drink* Schluck *m*

❷ *(fig hum fam: unpronounceable word)* Zungenbrecher *m*

❸ *(fam)* **to give sb a ~** jdn [her]runterputzen *fam*

mouth organ *n* Mundharmonika *f* **mouthpiece** *n* ❶ *of a telephone* Sprechmuschel *f; of a musical instrument, tobacco pipe, snorkel etc* Mundstück *nt;* BOXING Mundschutz *m* ❷ POL *(fig, usu pej)* Sprachrohr *nt* **mouth-to-mouth** *n,* **mouth-to-mouth resuscitation** *n* Mund-zu-Mund-Beatmung *f* **mouthwash** *n* Mundwasser *nt* **mouth-watering** *adj* [sehr] appetitlich, köstlich; ***this smells absolutely ~!*** da läuft einem ja das Wasser im Mund zusammen!

mouthy ['maʊθi] *adj* <-ier, -iest> *(fam)* großmäulig *pej fam,* großschnäuzig *fam;* ***she's ~*** sie hat ein freches Mundwerk

movable ['mu:vəbl̩] *adj inv* beweglich; *heavy objects* verschiebbar; ***this cupboard is easily ~*** dieser Schrank lässt sich leicht verschieben

movable feast *n* bewegliches Fest **movable holiday** *n* beweglicher Feiertag

movables ['mu:vəbl̩z] *npl* bewegliches Gut, Mobiliar *nt kein pl;* ECON bewegliches Anlagevermögen

move [mu:v] **I.** *n* ❶ *(movement)* Bewegung *f;* ***she made a sudden ~ towards me*** plötzlich bewegte sie sich auf mich zu; ***I hate the way my boss watches my every ~*** ich hasse es, dass meine Chefin jede meiner Bewegungen beobachtet

❷ *(action)* Zug *m;* **a clever/good/smart ~** ein geschickter/guter/kluger Zug; **to make the first ~** den ersten Schritt tun

❸ *(change of residence)* Umzug *m; (change of job)* Stellungswechsel *m;* ***we've had four ~s in three years*** wir sind in drei Jahren viermal umgezogen; ***I don't feel like another ~ yet*** ich möchte nicht schon wieder meine Stelle wechseln

❹ *(change of state)* **a ~ to democracy/independence/peace** ein Schritt *m* hin zur Demokratie/zur Unabhängigkeit/zum Frieden

❺ *(in games)* Zug *m;* ***it's your ~*** du bist dran

▸ PHRASES: **to get a ~ on** sich *akk* beeilen; **to make a ~ on sb** *(fam)* jdn anmachen *fam;* **to make one's ~ on sb** sich *akk* an jdn heranmachen; **to be on the ~** *(not still)* unterwegs sein; *(moving house)* gerade am Umziehen sein

II. *vi* ❶ *(change position)* sich *akk* bewegen; ***he told his children not to ~*** er sagte seinen Kindern, sie sollten sich nicht von der Stelle rühren; ***you couldn't ~ in the bar last night*** man konnte sich gestern Abend in der Bar vor lauter Leuten kaum rühren; ***our company has ~d into new markets*** unsere Firma hat sich neue Märkte erschlossen; ***we should get moving on this project right away or else we won't finish in time*** wenn wir uns nicht sofort an dieses Projekt machen und uns ranhalten, bekommen wir es nie rechtzeitig fertig; ***look at the way she dances — she can really ~!*** schau sie dir beim Tanzen an – sie weiß sich zu bewegen!; **to ~ in a circle** sich *akk* kreisförmig bewegen; *(walk)* im Kreis gehen; **to ~ out of the way** aus dem Weg gehen, Platz machen

❷ *(fam: go fast)* flitzen; ***Nigel's new car can really ~*** Nigels neuer Wagen ist ein wahrer Flitzer

❸ *(change living place)* umziehen; *(change job)* [den Arbeitsplatz] wechseln; ***I've decided to ~ to the country*** ich habe beschlossen, aufs Land zu ziehen; ***he's moving from the publicity department to the sales department*** er wechselt von der Werbeabteilung in die Verkaufsabteilung; **to ~ into a house/a flat/an office** in ein Haus/eine Wohnung/ein Büro einziehen

❹ *(in games)* ziehen; ***whose turn is it to ~ next?*** wer ist am Zug?

❺ *(fig: make progress)* **to ~ forward** Fortschritte machen

❻ *(sell)* sich *akk* verkaufen; ***this new shampoo is moving really fast*** das neue Shampoo geht weg wie warme Semmeln *fam*

❼ *(fam: start off)* gehen, aufbrechen *fam;* **to get moving** sich *akk* [mal] auf den Weg [*o fam* die Socken] machen

❽ *(fam: do sth more quickly)* sich *akk* beeilen; **~ it!** *(fam!)* leg mal 'nen Zahn [*o* Gang] zu! *fam,* auf geht's! *fam*

❾ *(frequent socially)* verkehren *geh;* ***she ~s in a small circle of friends*** sie hat einen kleinen Freundeskreis

❿ *(form: suggest)* ■**to ~ for sth** für etw *akk* plädieren

III. *vt* ❶ *(change position)* ■**to ~ sth** etw bewegen; *(reschedule)* etw verlegen; ***I asked you not to ~ my shoes*** ich habe dich doch gebeten, meine Schuhe nicht wegzustellen; ***the defendant stood without moving a muscle as the judge passed sentence*** der Angeklagte nahm das Urteil regungslos entgegen; ***we finally moved the crockery into the cupboards*** endlich haben wir das Geschirr in die Schränke [ein]geräumt; ***can we ~ our meeting to another day?*** können wir unseren Termin verlegen?; ***don't ~ a muscle!*** keine Bewegung!; ■**to ~ sb** *(change job)* jdn versetzen; **to ~ sb to another hospital/prison** jdn in ein anderes Krankenhaus/Gefängnis verlegen

❷ *(cause emotions)* ■**to ~ sb** jdn bewegen; *(stronger)* jdn ergreifen; *(make sb change their mind)* jdn umstimmen; **to ~ sb to tears** jdn zu Tränen rühren; **to ~ sb deeply [*or* sincerely]** jdn zutiefst bewegen; **to be [deeply] ~d by sth** von etw *dat* [tief [*o* zutiefst]] bewegt sein; *(stronger)* von etw *dat* [zutiefst] ergriffen sein; ■**to ~ sb to do sth** jdn [dazu] bringen [*o geh* bewegen], etw zu tun

❸ *(form: suggest at meeting)* ■**to ~ sth** etw vorschlagen; **to ~ an amendment** eine Ergänzung einbringen; ■**to ~ that ...** vorschlagen, dass ...; ***I should like to ~ that the proposal [should] be accepted*** ich plädiere dafür, den Vorschlag anzunehmen

❹ MED **to ~ one's bowels** Stuhlgang haben

▸ PHRASES: **to ~ the goalposts** *(fam) die Bedingungen einer Abmachung einseitig ändern;* **to ~ heaven and earth [*or* mountains]** Himmel und Hölle in Bewegung setzen

◆**move about, move around I.** *vi* ❶ *(go around)* herumgehen, herumlaufen

❷ *(travel)* umherreisen, umherziehen

❸ *(change jobs)* wechseln; ***he ~d about from one position to the next*** er wechselte von einem Job zum nächsten

❹ *(move house)* [oft] umziehen

II. *vt* ■**to ~ sth about** etw [hin und her] bewegen; *furniture* etw umstellen [*o* verschieben]

◆**move along I.** *vt (cause to move)* ■**to ~ sb along** jdn zum Weitergehen bewegen; ***the protestors were ~d along by the police*** die Polizei erlaubte den Demonstranten nicht, stehen zu bleiben; **to ~ a car along** ein Auto vorbeiwinken

II. *vi* ❶ *(walk further on)* weitergehen; *(run further on)* weiterlaufen; *(drive further on)* weiterfahren; ***~ along now children*** kommt weiter, Kinder

❷ *(make room)* Platz machen; ***if you ~ along a bit, I can sit next to you*** wenn du ein bisschen rutschst, kann ich mich zu dir setzen

◆**move around** *vi, vt see* **move about**

◆**move away** *vi person* weggehen; *vehicle* wegfahren; *(move house)* wegziehen; ***she waved as the train ~ed away*** sie winkte dem abfahrenden Zug nach; ■**to ~ away from sb/sth [to sb/sth]** von jdm/etw [zu jdm/etw] ziehen; ***she's moving away from Edinburgh to London*** sie zieht von Edinburgh nach London; ■**to ~ away from sth** *(change habit)* auf etw *akk* verzichten

◆**move down I.** *vi* sich *akk* nach unten bewegen; *share prices* fallen

II. *vt* SCH ■**to ~ sb down** jdn zurückstufen [*o* in eine niedrigere Klasse versetzen] *(im britischen Schulsystem);* ■**to be ~d down** zurückgestuft werden; **to ~ down a grade** eine Klassenstufe nach unten versetzt werden

◆**move in I.** *vi* ❶ *(enter a new home)* einziehen; **to ~ in together** zusammenziehen; ■**to ~ in with sb** mit jdm zusammenziehen

❷ *(take control)* eingesetzt werden; ***government officials have ~d in to settle the dispute*** man hat Regierungsbeamte eingesetzt, um den Streit zu beenden

❸ *(advance to attack)* ■**to ~ in on sb/sth** gegen jdn/etw vorrücken; *(in a circle)* jdn umzingeln [*o* einschließen]; ***the riot police ~d in on the protestors*** die Polizei ging gegen die Demonstranten vor; **to ~ in on enemy territory** auf feindliches Gebiet vorrücken

II. *vt* ■**to ~ in ↔ sth** etw einsetzen; *troops* einrücken lassen

◆**move off** *vi (walk)* losgehen; *(run)* loslaufen, losrennen; *(drive)* losfahren

◆**move on I.** *vi* ❶ *(continue a journey)* sich *akk* wieder auf den Weg machen; *(walk)* weitergehen; *(run)* weiterlaufen, weiterrennen; *(drive)* weiterfahren

❷ *(progress in career)* befördert werden; *(become more advanced)* sich *akk* weiterentwickeln; ***she has finally ~d on to become an account manager*** sie ist endlich zur Kontensachbearbeiterin befördert worden; ***medical research has ~d on despite inadequate funding*** trotz unzulänglicher Förderungsmittel ist die medizinische Forschungsarbeit weit vorangekommen; **to ~ on to higher [*or esp hum* [bigger and] better] things** in höhere Sphären aufsteigen *iron*

❸ *(pass) time* vergehen, verstreichen

❹ *(change subject)* ■**to ~ on [to sth]** [zu etw *dat*] übergehen; ***let's ~ on to the next subject*** kommen wir zum nächsten Thema

II. *vt* ■**to ~ sb on** *(cause to leave)* jdn zum Weitergehen auffordern; *(sb in vehicle)* jdn zum Weiterfahren auffordern; *(force to leave)* jdn vertreiben; ***the police ~d protesters on with tear gas*** die Polizei vertrieb die Demonstranten mit Tränengas

◆**move out I.** *vi* ❶ *(stop inhabiting)* ausziehen

❷ *(cease involvement)* ■**to ~ out [of sth]** sich *akk* [von etw *dat*] zurückziehen; ***we ~d out of the negotiations*** wir schalteten uns aus den Verhandlungen aus

II. *vt* ■**to ~ out ↔ sth** etw wegräumen; ***I ~d everything out of the garage*** ich räumte die Garage komplett aus; ■**to ~ out ↔ sb** jdn holen; ***due to the terrible bullying several parents ~d their children out of the school*** wegen der schrecklichen Drangsalierung ihrer Kinder nahmen mehrere Eltern diese von der Schule

◆**move over I.** *vi* ❶ *(make room)* Platz machen; *(on a seat)* aufrücken, rüberrutschen

❷ (*switch to sth*) ■**to ~ over to sth** zu etw *dat* übergehen; ***the company has ~d over to the latest printing technology*** die Firma ist zu den neuesten Druckverfahren übergegangen
II. *vt* ■**to ~ sb/sth over** jdn/etw zur Seite räumen; ***she ~d her hair over to a side parting*** sie zog sich einen Seitenscheitel
◆**move round** *vi, vt see* **move about**
◆**move towards** *vi* ■**to ~ towards sth** zu etw *dat* übergehen; ***the negotiators are moving slowly towards a compromise*** die Verhandlungen nähern sich allmählich einer Übereinkunft
◆**move up I.** *vi* ❶ SCH [höher] versetzt werden; ***she ~d up a grade*** sie wurde eine Klassenstufe nach oben versetzt
❷ (*make room*) Platz machen; (*on a seat*) aufrücken, rüberrutschen
❸ (*get ready*) *troops, police* sich *akk* zusammenziehen, aufmarschieren
❹ (*increase*) [an]steigen; *prices* anziehen
II. *vt* ❶ (*put in a higher place*) ■**to ~ up** ◯ **sth** etw nach oben räumen; ***I ~d my books up to the shelf*** ich habe meine Bücher in das Regal eingeräumt
❷ SCH ■**to ~ up** ◯ **sb** jdn in eine höhere Klasse versetzen (*im britischen Schulsystem*)
moveable ['mu:vəbl] *adj see* **movable**
moved [mu:vd] *adj pred* bewegt; **~ to tears** zu Tränen gerührt
movement ['mu:vmənt] *n* ❶ (*change of position*) Bewegung *f*; ***after the accident he had no ~ in his legs*** nach seinem Unfall konnte er seine Beine nicht bewegen
❷ *no pl* (*general activity*) Bewegung *f*; FIN, STOCKEX Schwankung[en] *f[pl]*, Bewegung *f*; ***the scene of the crash was almost devoid of ~*** am Absturzort rührte sich fast nichts
❸ MUS (*part of symphony*) Satz *m*
❹ *no pl* (*tendency*) Tendenz *f*, Trend *m* (**towards** [hin] zu + *dat*); **there is a ~ towards doing sth** die Tendenz geht dahin, etw zu tun
❺ (*interest group*) Bewegung *f*; **the suffragette ~** die Bewegung der Frauenrechtlerinnen
❻ BRIT, AUS (*activities*) ■**~s** *pl* Tätigkeiten *fpl*; ***what are your ~s today?*** was machst du heute?; ***I'm keeping an eye on her ~s*** ich beobachte sie
❼ (*mechanism*) *of a clock, watch* Uhrwerk *nt*
mover ['mu:vəʳ, AM -ɚ] *n* ❶ (*sb or sth in motion*) **to be a good ~** sich *akk* gut bewegen können; (*good dancer*) ein guter Tänzer/eine gute Tänzerin sein; **to be a quick/slow ~** [sich *akk*] schnell/langsam von der Stelle bewegen
❷ (*instigator*) Antragsteller(in) *m(f)*; **to be a key ~ [in sth]** [bei etw *dat*] eine Schlüsselrolle spielen [*o* sein]
❸ (*sth that sells well*) begehrte Ware; **to be a [good] ~** gut gehen
❹ (*form: proposer at a meeting*) Antragsteller(in) *m(f)*
mover and shaker <*pl* movers and shakers> *n esp* AM **to be a ~** ein Macher sein; ■**the movers and shakers** die Macher *pl*
movers ['mu:vəʳz, AM -ɚz] *npl* (*removers*) Umzugsfirma *f*
movie ['mu:vi:] *n esp* AM, AUS (*film*) [Kino]film *m*; ■**the ~s** *pl* das Kino; **to be in the ~s** (*fam*) im Filmgeschäft sein
movie camera *n* Filmkamera *f* **movie director** *n esp* AM, AUS Filmregisseur(in) *m(f)* **moviegoer** [-,gəʊəʳ, AM -,goʊɚ] *n esp* AM, AUS Kinogänger(in) *m(f)* **movie star** *n* Filmstar *m* **movie theater** *n* AM Kino *nt*
moving ['mu:vɪŋ] **I.** *n no pl* Umziehen *nt*; ***I hate ~*** ich hasse es, umzuziehen; **~ expenses** Umzugskosten *pl*
II. *n modifier* (*expenses*) Umzugs-; **~ day** Umzugstag *m*
III. *adj* ❶ *attr* MECH beweglich; **~ parts** bewegliche Teile; **~ stairs** Rolltreppe *f*
❷ *attr* (*motivating*) Antriebs-; **the ~ drive** der Antrieb; **the ~ force** die treibende Kraft
❸ (*causing emotion*) bewegend, ergreifend
moving average *n* STOCKEX gleitender Mittelwert [*o* Durchschnitt]
movingly ['mu:vɪŋli] *adv* ergreifend
moving sidewalk *n* AM, **moving walkway** *n* BRIT Rollband *m* (*z.B. am Flughafen*)
mow <mowed, mown *or* mowed> [məʊ, AM moʊ] **I.** *vi* (*cut grass, grain*) mähen
II. *vt* **to ~ a field** ein Feld abmähen; **to ~ the lawn** den Rasen mähen
◆**mow down** <mowed, mown *or* mowed> *vt* (*fam*) ■**to ~ down** ◯ **sb** (*intentionally*) jdn niedermetzeln *pej*; (*accidentally*) jdn töten
mower ['məʊəʳ, AM 'moʊɚ] *n* Rasenmäher *m*; (*on a farm*) Mähmaschine *f*; *see also* **lawnmower**
mown [məʊn, AM moʊn] **I.** *pp of* **mow**
II. *adj* gemäht; *field* abgemäht; **newly ~ hay** frisch gemähtes Heu
mozzarella [,mɒtsə'relə, AM ,mɑ:t-] *n*, **mozzarella cheese** *n no pl* Mozzarella[käse] *m*
MP [,em'pi:] BRIT, CAN POL *abbrev of* **Member of Parliament**
mpg [,empi:'dʒi:] *abbrev of* **miles per gallon** *eine britische Gallone entspricht 4,54 l; eine amerikanische Gallone entspricht 3,78 l; eine Meile entspricht 1,56 km*; **to do** [*or* **get**] **40 ~** 40 Meilen pro Gallone fahren
mph [,empi:'eɪtʃ] *abbrev of* **miles per hour**: **to do** [*or* **go**] **50 ~** 50 Meilen pro Stunde fahren (*eine Meile entspricht 1,56 km*)
MPhil [,em'fɪl] *n* UNIV *abbrev of* **Master of Philosophy**
MP3 [,empi:'θri:] *n abbrev of* **MPEG** (**Motion Picture Experts Group**) **1 Layer 3** MP3 *nt*
MPV [,empi:'vi:] *n abbrev of* **multi-purpose vehicle** MPV *nt*, Mehrzweckfahrzeug *nt*
Mr ['mɪstəʳ, AM -ɚ] *n no pl* ❶ (*title for man*) Herr; ***he thinks he's ~ Big*** (*fam*) er hält sich für den King hier *fam*; **~ Chairman/President** Herr Vorsitzender/Präsident
❷ (*gangster boss*) Gangsterboss *m*; (*mafia*) Pate *m*
❸ (*representative of sth*) ***he's called ~ Television*** man nennt ihn Mister Fernsehen; **~ Right** der Richtige [*o* Traummann]
▶ PHRASES: **no more ~ Nice Guy** ab jetzt werden andere Saiten aufgezogen
MRC [,emɑ:'si:] *n no pl, + sing/pl vb* BRIT *abbrev of* **Medical Research Council** *Organisation, die der Förderung medizinischer Forschung dient*
MRI [,emɑ:'aɪ, AM ɑ:r'] *n no pl abbrev of* **magnetic resonance imaging**
Mrs ['mɪsɪz] *n no pl* ❶ (*title for married woman*) Frau, Fr.
❷ (*representative of sth*) Verkörperung *f*; ***for many people, she was ~ Rock 'n' Roll*** für viele Leute war sie die Königin des Rock 'n' Roll; **to be ~ Average** ein durchschnittlicher Frauentyp sein
Ms [məz, AM mɪz] *n no pl* (*title for woman, married or unmarried*) Fr., Frau (*Alternativbezeichnung zu Mrs und Miss, die sowohl für verheiratete wie unverheiratete Frauen zutrifft*)
MS [,em'es] *n no pl abbrev of* **multiple sclerosis** MS *f*
ms [,em'es] *n abbrev of* **manuscript** Mskr.
MSc [,emes'si:] *n abbrev of* **Master of Science**
MS-DOS® [,emes'dɒs, AM -'dɑ:s] *n no pl* COMPUT MS-DOS® *nt*
msec *n abbrev of* **millisecond** msek
MSF [,emes'ef] *n no pl, + sing/pl vb* ❶ BRIT *abbrev of* **Manufacturing, Science and Finance** *britische Angestelltengewerkschaft*
❷ *abbrev of* **Médecins sans Frontières** MSF *pl*
MSG [,emes'dʒi:] *n no pl* CHEM *abbrev of* **monosodium glutamate**
Msgr *n abbrev of* **monsignor** Msgr.
MSRP [,emesɑ:'pi:, AM -ɑ:r-] *n abbrev of* **manufacturer's suggested retail price** empfohlener VK, empfohlener Verkaufspreis, Preisempfehlung *f* [vom Hersteller]
MSS [em'esɪz] *pl of* **MS**
Mt *n abbrev of* **Mount**
Mts *n pl abbrev of* **Mountains**: **the Rocky ~** die Rocky Mountains *pl*
much [mʌtʃ] **I.** *adj* <more, most> + *sing* viel; ***there wasn't ~ post*** es kam nicht viel Post; **how ~ ...?** wie viel ...?; ***how ~ time have we got?*** wie viel Zeit bleibt uns?; **half/twice as ~** halb/doppelt so viel; **not/so ~** nicht/so viel; **[~] too ~** [viel] zu viel; **a bit too ~** etwas [*o* ein bisschen] [zu] viel
II. *pron* ❶ (*relative amount*) viel; ***this ~ is certain*** so viel [*o* eines] ist sicher; ***I don't know ~ about fishing*** ich hab nicht viel Ahnung vom Angeln; ***he left without so ~ as an apology*** er ging ohne auch nur ein Wort der Entschuldigung; **half/twice as ~** halb/doppelt so viel; **too ~** zu viel
❷ (*great deal*) viel; ***~ of what you say is right*** vieles von dem, was Sie sagen, ist richtig; ***you didn't miss ~*** Sie haben nicht viel verpasst; ***well, I guess our picnic won't come to ~*** ich glaube, aus unserem Picknick wird nichts werden; ***my new stereo isn't up to ~*** meine neue Anlage taugt nicht viel *fam*; ***I'm not up to ~ really*** (*not much planned*) ich hab nicht viel vor; (*not fit for much*) mit mir ist nicht viel los *fam*
❸ *with neg* (*pej: poor example*) ***I've never been ~ of a dancer*** ich habe noch nie gut tanzen können; ***she's not ~ of a believer in horoscopes*** sie glaubt nicht wirklich an Horoskope; ***he's not ~ to look at*** er sieht nicht gerade umwerfend aus
❹ (*larger part*) **~ of the day** der Großteil des Tages; **~ of sb's time** ein Großteil von jds Zeit
❺ (*be redundant*) **so ~ for ...** das war's dann wohl mit ...; ***the car's broken down again — so ~ for the trip to the seaside*** das Auto ist schon wieder kaputt – das war's dann wohl mit unserem Ausflug ans Meer
❻ *with interrog* **how ~ is it?** was kostet das?
III. *adv* <more, most> ❶ (*greatly*) sehr; ***we would very ~ like to come*** wir würden sehr gerne kommen; ***she would ~ rather have her baby at home than in the hospital*** sie würde ihr Kind viel lieber zu Hause als im Krankenhaus zur Welt bringen; ***I've been feeling ~ healthier lately*** ich fühle mich in letzter Zeit viel besser; **~ to our surprise** zu unserer großen Überraschung; **to not be ~ good at sth** in etw *dat* nicht sehr gut sein
❷ (*by far*) bei weitem; ***she's ~ the best person for the job*** sie ist bei weitem die Beste für den Job
❸ (*nearly*) fast; ***things around here are ~ as always*** hier ist alles beim Alten; **as ~ as** so gut wie; ***he as ~ as admitted that ...*** er hat so gut wie zugegeben, dass ...; **~ the same** fast so; ***I am feeling ~ the same as yesterday*** ich fühle mich ungefähr genauso wie gestern
❹ (*specifying degree*) **as ~ as** so viel wie; ***I like him as ~ as you do*** ich mag ihn genauso sehr wie du; ***they fought with each other as ~ as ever*** sie stritten sich wie eh und je; **so ~** so [sehr]; ***it hurts so ~ to see him like that*** es tut so weh, ihn so zu sehen; ***I wanted so ~ to meet you*** ich wollte dich unbedingt treffen; **very ~** sehr; ***thank you very ~*** herzlichen Dank; ***that's very ~ the done thing around here*** das ist hier so üblich
❺ (*exactly that*) genau das; ***I had expected as ~*** so etwas hatte ich schon erwartet; ***it was as ~ as I could do to get out of bed*** ich konnte gerade noch aufstehen
❻ (*often*) häufig; ***we don't go out ~*** wir gehen nicht viel [*o* oft] weg; ***do you see ~ of her?*** siehst du sie öfters?
❼ (*setting up a contrast*) ***they're not so ~ lovers as friends*** sie sind eher Freunde als ein Liebespaar
IV. *conj* (*although*) auch wenn, wenngleich *geh*; ***~ as I like you, ...*** so gern ich dich auch mag, ...; ***~ as I would like to help you, ...*** so gerne ich euch auch helfen würde, ...; ***he can barely boil an egg, ~ less cook a proper dinner*** er kann kaum ein Ei kochen, geschweige denn eine richtige Mahlzeit; ***however ~ you dislike her ...*** wie unsympatisch sie dir auch sein mag, ...
muchness ['mʌtʃnəs] *n no pl* (*fam*) **to be much of a ~** so ziemlich das Gleiche sein; ***the songs you hear on the radio these days all sound much of***

M

a ~ die Lieder, die man heutzutage im Radio hört, hören sich alle gleich an

muck [mʊk] *n no pl* Brit ❶ *(dirt)* Dreck *m fam;* *(waste)* Müll *m;* **[to be] common as** ~ *(fam)* furchtbar ordinär [*o* gewöhnlich] [sein] *pej;* **to treat sb like** ~ jdn wie [den letzten] Dreck behandeln *fam*
❷ *(euph: excrement)* Haufen *m fam;* agr Mist *m,* Dung *m;* *(liquid)* Jauche *f;* **dog** ~ Hundehaufen *m*
❸ *(pej fam: sth worthless)* Mist *m fam;* *(food)* Fraß *m pej sl;* *(show, pop music)* Mist *m fam,* Krampf *m fam;* **to make a ~ of sth** etw versauen *sl;* ***I've really made a ~ of things this time, haven't I?*** diesmal habe ich wirklich alles versaut, oder?
▸ Phrases: **where there's ~, there's brass** *(prov)* Dreck und Geld liegen nah beisammen *prov*

◆**muck about, muck around** *(fam)* **I.** *vi* Unfug treiben; ■**to ~ about** [*or* **around**] **with sth** an etw *dat* herumfummeln
II. *vt* ■**to ~ sb about** [*or* **around**] mit jdm umspringen[, wie es einem gefällt]; ***stop ~ing me about!*** sag mir endlich, was Sache ist!; ***I'm tired of their ~ing me about*** ich bin es leid, wie sie mit mir umspringen

◆**muck in** *vi* Brit *(fam)* mithelfen, mit anpacken *fam;* **to mix and ~ in** ohne großes Federlesen[s] mit anpacken

◆**muck out I.** *vt* ■**to ~ out ↔ sth** etw ausmisten *fam*
II. *vi* ausmisten *fam*

◆**muck up** *vt* Brit *(fam)* ■**to ~ up ↔ sth** etw vermasseln *fam* [*o sl* verbocken]; **to ~ an exam up** eine Prüfung versieben *fam*

muckheap *n* Haufen *m* [Kot] **muckraker** [-reɪkəʳ, am -ɚ] *n (pej)* Sensationsreporter(in) *m(f) pej,* Skandalreporter(in) *m(f) pej,* Paparazzo *m pej* **muck-raking** [-reɪkɪŋ] *n no pl* Enthüllungsjournalismus *m,* Sensationsjournalismus *m pej,* Skandaljournalismus *m pej* **muck-up** *n (fam)* Fehlschlag *m,* Reinfall *m fam*

mucky [ˈmʊki] *adj* ❶ *(dirty)* schmutzig, dreckig
❷ *(fam: sordid) joke, comment* schlüpfrig, unanständig; *(stronger)* säuisch *pej fam*

mucous [ˈmjuːkəs] *adj no pl (relating to mucus)* Schleim- *m;* *(producing mucus)* schleimbildend

mucous-forming *adj* schleimbildend **mucous membrane** *n* Schleimhaut *f,* Mukosa *f fachspr*

mucus [ˈmjuːkəs] *n no pl* Schleim *m*

mud [mʌd] *n no pl* ❶ *(wet earth)* Schlamm *m;* *(wet snow)* Matsch *m;* **to be caked with** [*or* **in**] ~ völlig mit Schlamm bedeckt sein; **to squelch through the** ~ durch den Schlamm/Matsch stapfen; **to wallow in** ~ sich *akk* im Schlamm wälzen, sich *akk* suhlen
❷ *(insults)* **to hurl** [*or* **sling**] [*or* **throw**] ~ **at sb** eine Schlammschlacht [*o* Schmutzkampagne] gegen jdn starten
▸ Phrases: **to drag sb's name through the** ~ jds Namen in den Schmutz [*o fam* Dreck] ziehen; **as clear as** ~ *(fam)* klar wie Kloßbrühe *fam*

muddle [ˈmʌdl̩] **I.** *n* ❶ *usu sing (confused state)* Durcheinander *nt;* **to get in a** ~ durcheinander geraten [*o fam* kommen]; **to get sth in[to] a** ~ etw durcheinander bringen; ■**to be in a** ~ durcheinander sein
❷ *no pl (confusion)* Durcheinander *nt,* Kuddelmuddel *nt*
II. *vi* ■**to ~ along** vor sich *akk* hin wurs[ch]teln *fam*

◆**muddle through** *vi* sich *akk* durchwurs[ch]teln *fam*

◆**muddle up** *vt* ■**to ~ up ↔ sth** etw durcheinander bringen

muddled [ˈmʌdl̩d] *adj* verworren

muddle-headed *adj* verwirrt, konfus, durcheinander

muddy [ˈmʌdi] **I.** *vt* ■**to ~ sth** ❶ *(make dirty)* etw verschmutzen [*o* schmutzig machen]
❷ *(fig: confuse)* etw undurchsichtig machen
▸ Phrases: **to ~ the waters** die Sache verkomplizieren
II. *adj* schlammig; *(dirty)* schmutzig; *ground, snow* matschig; ~ **browns and greens** schlammfarbene Braun- und Grüntöne

mudflap *n* auto Schmutzfänger *m* **mud flat** *n* Watt *nt* **mudguard** *n of a car* Kotflügel *m; of a bicycle* Schutzblech *nt* **mudpack** *n* Gesichtsmaske *f* **mud pie** *n* Kuchen *m (aus Sand und Matsch)* **mud slide** *n* Schlammlawine *f* **mud-slinger** [-slɪŋəʳ, am -ŋɚ] *n (fam)* Dreckschleuder *pej fam* **mud-slinging** [-slɪŋɪŋ] *n no pl* Schlammschlacht *f fam;* ~ **campaign** Schmutzkampagne *f fam* **mud wrestling** *n no pl* Schlammcatchen *nt*

muesli [ˈmjuːzli] *n no pl* Müsli *nt,* Müesli *nt* schweiz

muezzin [muˈezɪn, am *esp* mju-] *n* rel Muezzin *m*

muff [mʌf] **I.** *n* ❶ fashion Muff *m*
❷ *(vulg, sl: vagina)* Muschi *f vulg*
II. *vt (fam)* ■**to ~ sth** etw verpatzen [*o* vermasseln] *fam;* **to ~ the lines** [*or* **words**] sich *akk* verhaspeln

muffin [ˈmʌfɪn] *n* ❶ Brit *flaches rundes Hefebrötchen, das halbiert getoastet und anschließend mit Butter (und ggf. Marmelade) gegessen wird*
❷ Am Muffin *nt (kleiner, hoher, runder [meist süßer] Kuchen aus Rührteig);* **blueberry/chocolate** ~ Heidelbeer-/Schokoladenmuffin *nt*

muffle [ˈmʌfl] *vt* ■**to ~ sth** etw dämpfen; *(fig)* etw [ab]schwächen; ***her cries were ~d by his hand*** seine Hand erstickte ihre Schreie

◆**muffle up I.** *vt* ■**to ~ up ↔ oneself** sich *akk* warm anziehen [*o fam* einmummeln]
II. *vi* sich *akk* warm anziehen [*o fam* einpacken], sich *akk* einmummeln *fam*

muffled [ˈmʌfl̩d] *adj attr* gedämpft, leise; *bells* umwickelt; ~ **screams** erstickte Schreie

muffler [ˈmʌfləʳ, am -ɚ] *n* ❶ Am *(silencer) of gun* Schalldämpfer *m; of car* Auspufftopf *m*
❷ *(dated: scarf)* Schal *m*

mufti [ˈmʌfti] *n* ❶ *no pl (dated)* zivile Kleidung; ■**in** ~ in Zivil
❷ rel *(Muslim legal expert)* Mufti *m*

mug [mʌg] **I.** *n* ❶ *(cup)* Becher *m (mit Henkel)*
❷ *esp* Brit *(fam: foolish person)* Simpel *m* dial, Trottel *m fam;* ***he's such a ~!*** er ist ja so doof!; ***this is a ~'s game*** das ist ja total schwachsinnig; **to take sb for a** ~ jdn für dumm halten
❸ *(pej: face)* Visage *f pej sl,* Fresse *f pej sl*
II. *vt* <-gg-> ■**to ~ sb** jdn überfallen und ausrauben

◆**mug up** Brit **I.** *vt (fam)* ■**to ~ up ↔ sth** für etw *akk* [auf die letzte Minute] büffeln [*o* pauken] *fam;* **to ~ up one's History** Geschichte büffeln
II. *vi (fam)* ■**to ~ up on sth** etw schnell [im Voraus] durchgehen [*o* durchlesen]; ***he ~ged up on the plot just before he went to the theatre*** er hat vor dem Theaterbesuch noch schnell die Handlung überflogen

mugful [ˈmʌgfʊl] *n* Bechervoll *m*

mugger [ˈmʌgəʳ, am -ɚ] *n* [Straßen]räuber(in) *m(f)*

mugging [ˈmʌgɪŋ] *n* [Straßen]raub *m,* Überfall *m (auf offener Straße)*

muggins [ˈmʌgɪnz] *n no pl* Brit *(hum)* Dumm[er]chen *nt fam (oft zu sich selbst gesagt);* ***I suppose ~ here will have to clear up!*** ich schätze, dass ich wieder der Dumme bin und aufräumen muss

muggle [ˈmʌgl̩] *n* ❶ *(non-wizard)* jd, der nicht zaubern kann
❷ *(unimaginative person)* fantasieloser Mensch

muggy [ˈmʌgi] *adv weather* schwül

mug shot *n (fam: police photograph)* Foto *f (für die Polizeiakte);* *(wanted poster)* Fahndungsfoto *nt;* *(hum: passport photograph)* Verbrecherfoto *nt hum*

mugwump [ˈmʌgwʌmp] *n* Am ❶ *(boss)* Big Boss *m fam* ❷ *(stubborn person)* Querkopf *m* ❸ pol Unabhängige(r) *f(m)*

mujahed(d)in [ˌmʊdʒɑːhɪˈdiːn], **mujahideen** [ˌmʊdʒɑːhɪˈdiːn], **mujahidin** [ˌmʊdʒɑːhɪˈdiːn] *npl* Mudschahedin *m*

mulatto <*pl* -s *or* -es> [mjuːˈlætəʊ, am məˈlæt̬oʊ] **I.** *n* Mulatte, -in *m, f*
II. *n modifier (child)* Mulatten-

mulberry [ˈmʌlbəri, am -beri] **I.** *n* ❶ *(fruit)* Maulbeere *f*
❷ *(tree)* Maulbeerbaum *m*
❸ *(colour)* Dunkelviolett *nt*
II. *n modifier* Maulbeer-

mulch [mʌltʃ] *n no pl* Mulch *m*

mule¹ [mjuːl] *n (animal)* Maultier *nt,* Muli *nt* südd, österr; **[to be as] stubborn as a** ~ stur wie ein Esel [sein] *fam,* ein Dickkopf [sein]

mule² [mjuːl] *n (shoe)* halboffener Schuh; *(slipper)* Pantoffel *m*

muleteer [mjuːlɪˈtɪəʳ, am ləˈtɪr] *n* Maultiertreiber *m*

mulga [ˈmʊlgə] *n* ❶ bot *(type of tree)* Mulga *f,* Acacia aneura *f fachspr*
❷ *(wood)* Mulgaholz *nt*
❸ Aus *(the bush)* ■**the** ~ der Busch

mulish [ˈmjuːlɪʃ] *adj* stur, eigensinnig, dickköpfig *fam,* stur

mull [mʌl] *vt* ❶ *(sweeten)* ■**to ~ sth** *ein alkoholisches Getränk zuckern, würzen und erhitzen;* ~**ed wine** Glühwein *m*
❷ *(ponder)* ■**to ~ sth** sich *dat* etw durch den Kopf gehen lassen, etw erwägen

◆**mull over** *vt* ■**to ~ over ↔ sth** über etw *akk* nachdenken

mullah [ˈmʌlə] *n* rel Mullah *m*

mullet [ˈmʌlɪt] *n (fish)* Meeräsche *f*

mulligatawny [ˌmʌlɪgəˈtɔːni, am -ˈtɑːni] *n,* **mulligatawny soup** *n indische Currysuppe*

mullion [ˈmʌljən] *n* ❶ archit Längspfosten *m;* ■~**s** *pl* Stabwerk *nt*
❷ geol ~ **structure** Mullionstruktur *f*

mullioned [ˈmʌljənd] *adj inv* längsunterteilt; **a ~ window** ein Fenster *nt* mit Stabwerk

multi- [mʌlti, am mʌlt̬i] *in compounds* multi-; **multi-coloured** vielfarbig

multichannel [ˌmʌltiˈtʃænəl, am t̬i] *adj inv* mit vielen Kanälen *nach n* **multicolored** *adj* Am, **multicoloured** *adj* Brit bunt; *(lots of colours)* mehrfarbig **multi-cultural** *adj* multikulturell **multi-dimensional** *adj* vielschichtig **multi-disciplinary** *adj* interdisziplinär, fächerübergreifend **multi-ethnic** *adj* Vielvölker-; **a ~ society** eine Vielvölkergesellschaft **multi-faceted** *adj* vielschichtig

multifarious [ˌmʌltiˈfeəriəs, am -təˈferi-] *adj attr (form)* vielfältig

multi-form *adj* vielgestaltig **multifunctional** *adj* multifunktional; ~ **room** Mehrzweckraum *m* **multigrade** *adj* ~ **oil** Mehrbereichsöl *nt* **multi-gym** *n* Brit *multifunktionales Trainingsgerät* **multihull** [ˌmʌltiˈhʌl, am t̬i] *n* Mehrkörperboot *nt* **multilateral** *adj inv* pol multilateral *geh* **multi-level** [ˌmʌltiˈlevəl, am t̬i] *adj,* **multilevelled** [ˌmʌltiˈlevəld, am t̬i] *adj inv* mehrstufig **multilingual** *adj inv* mehrsprachig, multilingual *fachspr;* **a ~ country** *ein Land, in dem man mehrere Sprachen spricht* **multimedia I.** *n no pl* Multimedia *f*
II. *adj inv* multimedial **multi-million** *adj attr, inv* Millionen-; ~ **deal** Millionengeschäft *nt;* ~ **fortune** Vermögen *nt* von mehreren Millionen **multimillionaire** *n* Multimillionär(in) *m(f)* **multinational I.** *n* multinationaler Konzern, Multi *m fam*
II. *adj* multinational **multi-pack** *n* Multipack *m* **multiparty** [ˌmʌltiˈpɑːti, am ˌmʌlt̬iˈpɑːrti] *adj inv* Mehrparteien-

multiple [ˈmʌltɪpl̩] **I.** *adj inv, attr* vielfach, vielfältig; ***she died of ~ injuries*** sie erlag ihren zahlreichen Verletzungen; ~ **murders** mehrfacher Mord
II. *n* ❶ *(number)* Vielfache[s] *nt;* **to count in ~s of 6/10** das Sechser-/Zehnereinmaleins rechnen
❷ *(shop with many branches)* [Laden]kette *f;* ~ **shop** Geschäft *nt* einer [Laden]kette
❸ psych multiple Persönlichkeit *fachspr*

multiple birth *n* Mehrlingsgeburt *f* **multiple choice** *n* Multiplechoice *kein art* **multiple-choice** *n modifier (exam, test)* Multiplechoice- **multiple collision, multiple crash** *n* Massenkarambolage *f* **multiple sclerosis** [ˌmʌltɪpl̩skləˈrəʊsɪs, am -t̬əpl̩sklɪˈroʊ-] *n no pl* multiple Sklerose **multiple share certificate** *n* Gesamtaktie *f*

multiplex [ˈmʌltɪpleks, am -t̬ə-] *n* Multiplex-Kino *nt*

multiplicand [ˌmʌltɪplɪˈkænd, am ˌmʌlt̬ə] *n* Multiplikand *m*

multiplication [ˌmʌltɪplɪˈkeɪʃən, am -t̬ə-] *n no pl*

MATH Multiplikation *f*
multiplication table *n* MATH Multiplikationstafel *f*, Multiplikationstabelle *f*
multiplicity [ˌmʌltɪˈplɪsɪti, AM -t̬əˈplɪsət̬i] *n no pl* (*form*) Vielzahl *f* (**of** von +*dat*), Vielfalt *f* (**of** an +*dat*); ***there is a ~ of magazines to choose from*** es gibt eine große Auswahl an Zeitschriften
multiplier [ˈmʌltɪplaɪəʳ, AM -t̬əplaɪɚ] *n* MATH Multiplikator *m*
multiply <-ie-> [ˈmʌltɪplaɪ, AM -t̬ə-] **I.** *vt* ■**to ~ sth** [**by sth**] etw [mit etw *dat*] multiplizieren; ■**to ~** [**out**] **sth and sth** etw mit etw *dat* multiplizieren; ***if you ~ four and three, you get twelve*** vier mal drei gibt zwölf
II. *vi* sich *akk* vermehren; (*through reproduction also*) sich *akk* fortpflanzen
multi-purpose *adj* multifunktional; **~ room** Mehrzweckraum *m* **multi-racial** *adj* gemischtrassig; **~ policy** Politik *f* der Rassentrennung; **~ society** *Gesellschaft, die aus den Angehörigen verschiedener Rassengruppen besteht* **multi-stage** *adj* THEAT **a ~ theatre** ein Theater mit mehreren Bühnen **multi-storey** *adj inv* mehrstöckig, mehrgeschossig; **~ car park** BRIT Parkhaus *nt* **multi-tasking** **I.** *n* COMPUT Ausführen *nt* mehrerer Programme, Multitasking *nt* **II.** *adj attr, inv* (*fig*) gleichzeitig mehreren Aufgaben nachkommend *attr;* ***she is a hard-working, ~ singer, actor, dancer and producer*** sie arbeitet hart und ist gleichzeitig Sängerin, Schauspielerin, Tänzerin und Produzentin **multi-track** [ˌmʌltiˈtræk, AM t̬i] *adj inv* ELEC mehrspurig
multitude [ˈmʌltɪtjuːd, AM *esp* -tətuːd] *n* ❶ (*numerous sum*) Vielzahl *f;* **a ~ of sins** viele Versäumnisse; (*stronger*) die Sünden der Vergangenheit
❷ (*crowd*) ■**the ~s** *pl* die Allgemeinheit; **~s of people** eine Vielzahl von Personen; **to come in ~s** in Scharen kommen
multitudinous [ˌmʌltɪˈtjuːdɪnəs, AM ˌmʌlt̬əˈtuːdᵊn] *adj inv* ❶ (*numerous*) zahlreich
❷ (*composed of many elements*) vielteilig
❸ (*composed of many individuals*) vielköpfig
multi-user *n modifier esp* COMPUT Mehrplatz-, Mehrbenutzer-; **~ system** Mehrplatzsystem *nt*, Mehrbenutzersystem *nt*, Multi-user-System *nt*
mum[1] [mʌm] *n* (*fam: mother*) Mama *f fam*, Mutti *f bes* NORDD *fam*
mum[2] [mʌm] *adj* (*fam: silent*) still; ***... — ~'s the word*** (*as a response*) ... – ich schweige wie ein Grab, ... – von mir erfährt keiner was; (*telling sb*) ... – und kein Wort darüber, ... – sag's keinem weiter; **to keep ~** den Mund halten *fam*
mumble [ˈmʌmbl] **I.** *vt* ■**to ~ sth** (*quietly*) etw murmeln; (*unclearly*) etw nuscheln
II. *vi* (*quietly*) murmeln; (*unclearly*) nuscheln
mumbo jumbo [ˌmʌmbəʊˈdʒʌmbəʊ, AM ˌmʌmboʊˈdʒʌmboʊ] *n no pl* (*fam*) Hokuspokus *m fam*, Quatsch *m fam*
mummer [ˈmʌməʳ, AM ɚ] *n* Maske *f*
mummery <*pl* -ries> [ˈmʌmᵊri] *n* Mummenschanz *m*
mummification [ˌmʌmɪfɪˈkeɪʃᵊn] *n no pl* Mumifizierung *f*, Mumifikation *f*
mummify <-ie-> [ˈmʌmɪfaɪ, AM -əfaɪ] *vt* ■**to ~ sb/sth** jdn/etw mumifizieren
mummy[1] [ˈmʌmi] *n* (*fam: mother*) Mama *f fam*, Mami *f fam*, Mutti *f bes* NORDD *fam*
mummy[2] [ˈmʌmi] *n* (*corpse*) Mumie *f*
mumps [mʌmps] *n + sing vb* Mumps *m*, Ziegenpeter *m*, Parotitis *f fachspr*
mumsy [ˈmʌmzi] *n* (*esp hum: mother*) Mütterchen *hum*
munch [mʌn(t)ʃ] **I.** *vi* mampfen; **to ~ through sth** *food* sich *akk* [schmatzend und mampfend] durch etw *akk* hindurchfuttern
II. *vt* ■**to ~ sth** etw mampfen
munchies [ˈmʌn(t)ʃiz] *npl* ❶ (*fam: snack food*) Knabberzeug *nt kein pl fam*
❷ (*fam: hunger*) ■**the ~** Hunger *m kein pl;* ***I've got the ~*** mir knurrt der Magen
mundane [mʌnˈdeɪn] *adj* (*worldly*) profan *geh;* (*unexciting*) *problem, question* banal; (*routine*) *activity, task* alltäglich
mung bean [ˈmʌŋ-] *n* Mungbohne *f*
Munich [ˈmjuːnɪk] *n* München *nt*
municipal [mjuːˈnɪsɪpᵊl, AM -səpᵊl] *adj inv* städtisch, Stadt-, kommunal, Kommunal-; **~ authorities** Stadtverwaltung *f*, städtische [*o* kommunale] Behörde[n]; **~ courts** städtische [*o* kommunale] Sportplätze; **~ elections** Stadtratswahlen *fpl*, Gemeinderatswahlen *fpl;* **~ government** Stadtrat *m*, Gemeinderat *m;* **~ library** Stadtbibliothek *f;* **~ waterway** kommunale Wasserstraße
municipal bond *n* AM FIN *Anleihe eines Bundesstaates oder einer Gemeinde*
municipality [mjuːˌnɪsɪˈpæləti, AM -səˈpælət̬i] *n* ❶ (*political unit*) Gemeinde *f*, Kommune *f;* (*townsize also*) Stadt *f*
❷ (*governing body*) Stadtverwaltung *f*
munificence [mjuːˈnɪfɪsən(t)s] *n* (*form*) Generosität *f geh*, Großzügigkeit *f*
munificent [mjuːˈnɪfɪsənt] *adj* (*form*) generös *geh*, großzügig
munitions [mjuːˈnɪʃᵊnz] *npl* (*weapons*) Waffen *fpl;* (*weapons and ammunition*) Kriegsgeräte *ntpl veraltend*, Kriegsmaterial *nt kein pl;* (*ammunition*) Munition *f kein pl*
mural [ˈmjuərᵊl, AM ˈmjur-] **I.** *n* Wandgemälde *nt*
II. *adj* Wand-; **~ escarpment** Grabenwand *f*
murder [ˈmɜːdəʳ, AM ˈmɜːrdɚ] **I.** *n* ❶ (*crime*) Mord *m*, Ermordung *f* (**of** an +*dat*); **cold-blooded ~** kaltblütiger Mord; **first degree ~** LAW vorsätzlicher Mord; **mass ~** Massenmord *m;* **third degree ~** LAW Totschlag *m;* **to commit ~** einen Mord begehen; **to be charged with** [**attempted**] **~** des [versuchten] Mordes angeklagt sein; **to be convicted of ~** wegen Mordes verurteilt werden
❷ (*fig: difficult thing*) ein Ding der Unmöglichkeit; ***it's ~ trying to find a parking space around here*** es ist wirklich schier unmöglich, hier in der Gegend einen Parkplatz zu finden
► PHRASES: **to scream** [*or* **shout**] **blue ~** Zeter und Mordio schreien
II. *vt* ■**to ~ sb** jdn ermorden [*o* umbringen] *a. fig;* ***if he's late again, I'll ~ him*** wenn er wieder zu spät kommt, dann dreh ich ihm den Kragen um
murderer [ˈmɜːdᵊrəʳ, AM ˈmɜːrdɚɚ] *n* Mörder(in) *m(f)*
murderess [ˈmɜːdᵊrɪs, AM ˈmɜːrdɚəs] *n* (*dated*) Mörderin *f*
murderous [ˈmɜːdᵊrəs, AM ˈmɜːrd-] *adj* ❶ (*cruel*) mordlüstern, blutrünstig; (*evil*) *look, hatred* tödlich
❷ (*fig: unpleasant*) mörderisch *fam;* ***the traffic was ~ in town today*** der Stadtverkehr war heute tödlich; **~ heat** mörderische Hitze
murderously [ˈmɜːdᵊrəsli, AM ˈmɜːr] *adv* ❶ (*with murderous intent*) mörderisch
❷ (*with death as a consequence*) Tod bringend
❸ (*violently*) brutal
❹ (*fam: arduously*) Mords- *fam*
murk [mɜːk, AM mɜːrk] *n no pl* [dichte] Nebelschwaden *fpl*, [dicke] Suppe *fam*
murkiness [ˈmɜːkinəs, AM ˈmɜːr] *n no pl* ❶ (*gloominess*) Düsterheit *f*
❷ (*vagueness*) Unklarheit *f*
murky [ˈmɜːki, AM ˈmɜːrki] *adj* düster; **~ night** finstere Nacht; **~ past** (*fig*) dunkle Vergangenheit; **~ water** trübes Wasser; **~ waters** trübes Gewässer
murmur [ˈmɜːməʳ, AM ˈmɜːrmɚ] **I.** *vi* murmeln; ■**to ~ about sth** (*complain*) wegen einer S. *gen* murren
II. *vt* ■**to ~ sth** etw murmeln [*o* raunen]
III. *n* Gemurmel *nt kein pl*, Raunen *nt kein pl;* **a ~ of agreement** ein zustimmendes Raunen; **a ~ of discontent** ein unzufriedenes Raunen; **without a ~** ohne Murren [*o* zu murren]
murmuring [ˈmɜːmᵊrɪŋ, AM ˈmɜːr-] *n* ❶ (*low or indistinct sound*) Murmeln *nt*
❷ *usu pl* (*expression of dissatisfaction*) Gemurmel *nt kein pl*
❸ *usu pl* (*insinuation*) Andeutung *f*
❹ (*low, continuous sound*) leises Rauschen; (*of birds*) leises Zirpen
Murphy's law [ˈmɜːfiːzˌlɔː, AM ˈmɜːrfiːzˌlɑː] *n no pl* Murphys Gesetz *nt*
muscadel(le) [ˌmʌskəˈtel] *n see* **muscatel**
muscat [ˈmʌskət] *n no pl* Muscat *m*
muscatel [ˌmʌskəˈtel] *n* ❶ (*grape*) Muskateller *m kein pl*
❷ (*raisin*) Muskatellertraube *f*
❸ (*wine*) Muskateller[wein] *m*
muscle [ˈmʌsl] **I.** *n* ❶ (*contracting tissue*) Muskel *m;* **bulging ~s** hervortretende Muskeln; **rippling ~s** spielende Muskeln; **to flex** [*or* **tense**] **a ~** die Muskeln spielen lassen; **to not move a ~** nicht mit der Wimper zucken; **to pull** [*or* **strain**]**/tear a ~** eine Muskelzerrung/einen Muskelriss haben
❷ (*fig: influence*) Stärke *f;* **to flex a ~** Stärke zeigen, seine Muskeln spielen lassen; **to have considerable financial ~** über beträchtliche finanzielle Ressourcen verfügen, finanzstark [*o* finanzkräftig] sein
II. *vi* ■**to ~ in** sich *akk* [rücksichtslos] einmischen, [unbedingt] mitmischen [müssen] *fam;* ■**to ~ in on sth** sich *akk* irgendwo [mit aller Gewalt] hineindrängeln
◆**muscle out** *vt* AM ■**to ~ out** ↻ **sb** jdn rausdrängen *fam*
muscle-bound *adj* [äußerst] muskulös; ■**to be ~** ein Muskelprotz sein **muscle-flexing** *n no pl* (*also fig*) Muskelspiel *nt* **muscleman** *n* Muskelpaket *nt*, Muskelprotz *m* **muscle spasm** *n* Muskelkrampf *m* **muscle tone** *n no pl* Muskeltonus *m*
muscly [ˈmʌsli] *adj* (*fam*) muskulös
Muscovite [ˈmʌskəvaɪt] *n* Moskowiter(in) *m(f) veraltend*, Moskauer(in) *m(f)*
Muscovy [ˈmʌskəvi] *n no pl* ❶ (*medieval principality in Russsia*) Moskauer Reich
❷ (*old: Russia*) Russland *nt*
muscular [ˈmʌskjələʳ, AM -lɚ] *adj* ❶ (*relating to muscles*) muskulär, Muskel-; **~ contractions** Muskelkontraktionen *fpl;* **~ pain** Muskelschmerzen *mpl*
❷ (*with well-developed muscles*) muskulös; **~ arms/legs** muskulöse Arme/Beine; **a ~ physique** ein muskulöser Körperbau
muscular dystrophy *n* MED Muskeldystrophie *f fachspr*
musculature [ˈmʌskjələtʃəʳ, AM -tʃɚ] *n no pl* Muskulatur *f*
muse [mjuːz] **I.** *vi* nachgrübeln, nachsinnen; ■**to ~ about** [*or* **on**] **sth** über etw *akk* nachdenken
II. *n* ❶ (*esp liter: mythical figure*) Muse *f;* (*artistic inspiration*) Inspiration *f*
❷ (*female inspirer*) Muse *f*
museum [mjuːˈziːəm] *n* Museum *nt;* **~ of art** Kunstmuseum *nt;* **~ of history** Historisches Museum
museum piece *n* Museumsstück *nt*
mush [mʌʃ] *n no pl* (*fam*) ❶ FOOD Brei *m*, Mus *nt;* **to turn to ~** zu Brei [*o* breiig] werden; ***I panicked and my brain turned to ~*** (*fig*) ich geriet in Panik und konnte einfach nicht mehr vernünftig denken
❷ (*fig: sentimentality*) ■**to be ~** schnulzig sein; ***that film was just romantic ~*** der Film war so eine richtige Schnulze
mush area *n* COMPUT Störungsgebiet *nt*
mushroom [ˈmʌʃrʊm, -ruːm] *n* Pilz *m;* **cultivated ~s** Zuchtpilze *mpl;* **dried ~s** getrocknete Pilze; **edible/poisonous ~** essbarer/giftiger Pilz [*o* Giftpilz] *m;* **to pick ~s** Pilze sammeln
mushroom cloud *n* Atompilz *m*
mushy [ˈmʌʃi] *adj* ❶ (*pulpy*) breiig; **to cook sth until ~** etw zerkochen
❷ (*soppily romantic*) schnulzig; **~ film** Schnulze *f*
mushy peas *npl* Erbsenmus *nt kein pl*
music [ˈmjuːzɪk] *n no pl* ❶ (*pattern of sounds*) Musik *f;* ***it is ~ to my ears*** oh, das ist Musik in meinen Ohren; **pop ~** Popmusik *f;* **rock 'n' roll ~** Rock 'n' Roll *m;* **classical ~** klassische Musik; **to make ~** Musik machen, musizieren; **to put on ~** [etwas] Musik auflegen
❷ *no pl* SCH, UNIV (*study of music*) Musik *f;* **to study ~** Musik studieren
❸ (*notes*) Noten *fpl;* **to read ~** Noten lesen

M

musical ['mju:zɪkᵊl] **I.** *adj* musikalisch, Musik-; ~ **accompaniment** musikalische Begleitung; ~ **compositions** Kompositionen *fpl;* ~ **ear** musikalisches Gehör; ~ **genius** musikalisches Genie; ~ **instrument** Musikinstrument *nt;* ~ **interlude** Interludium *nt,* musikalisches Zwischenspiel, Intermezzo *nt*
II. *n* Musical *nt*

musical box *n* Spieluhr *f,* Spieldose *f* **musical chairs** *n + sing vb* (*game*) Reise *f* nach Jerusalem

musicality [,mju:zɪ'kæləti, AM -əṭi] *n no pl* Musikalität *f*

musically ['mju:zɪkᵊli] *adv* musikalisch; ~ ***speaking, this band has a lot of talent*** was die Musik angeht, ist diese Band wirklich begabt; **to be ~ gifted** musikalisch sein

music box *n* AM (*musical box*) Spieluhr *f,* Spieldose *f* **music case** *n* Notenmappe *f* **music cassette** *n* (*dated*) [Musik]kassette *f* **music centre** *n* (*dated*) Stereoanlage *f* **music hall** *n* (*dated*) Konzerthalle *f*

musician [mju:'zɪʃᵊn] *n* Musiker(in) *m(f)*

musicianship [mju:'zɪʃᵊnʃɪp] *n no pl* musikalisches Können

music-making *n no pl* Musizieren *nt*

musicological [,mju:zɪkə'lɒdʒɪkᵊl, AM 'lɑ:dʒ] *adj inv* musikwissenschaftlich

musicologist [,mju:zɪ'kɒlədʒɪst, AM -'kɑ:-] *n* Musikwissenschaftler(in) *m(f),* Musikologe, -in *m, f fachspr*

musicology [,mju:zɪ'kɒlədʒi, AM -'kɑ:-] *n no pl* Musikwissenschaft *f,* Musikologie *f fachspr*

music stand *n* Notenständer *m* **music system** *n* Stereoanlage *f* **music theatre** *n* Musiktheater *nt kein pl*

musk [mʌsk] *n no pl* Moschus *m;* ~ **deer** Moschustier *nt;* ~ **ox** Moschusochse *m*

musket ['mʌskɪt] *n* Muskete *f*

musketeer [,mʌskɪ'tɪəʳ, AM -kətɪr] *n* HIST Musketier *m*

musketry ['mʌskɪtri] *n no pl* Muskete *f*

muskrat ['mʌskræt] *n* Moschusratte *f*

musky ['mʌski] *adj* moschusartig; *skin, scent* nach Moschus riechend

Muslim ['mʊslɪm, AM 'mʌsləm] **I.** *n* Moslem(in) *m(f),* Muslim(in) *m(f) fachspr*
II. *adj inv* mohammedanisch, moslemisch, muslimisch *fachspr;* ~ **beliefs** muslimischer Glaube; ~ **country** moslemisches Land; ~ **religion** moslemische Religion

muslin ['mʌzlɪn] *n* Musselin *m;* ~ **dress** Musselinkleid *nt;* ~ **cloth** Musselinstoff *m*

musquash ['mʌskwɒʃ, AM -wɑ:ʃ] *n* ZOOL (*old*) Moschusratte *f*

muss [mʌs] *esp* AM **I.** *n no pl* Unordnung *f,* Durcheinander *nt*
II. *vt* ■**to ~ sth** etw durcheinander bringen; *wind* etw zerzausen
◆**muss up** *vt esp* AM ■**to ~ up** ⊂ **sth** ❶ (*mess up*) *hair* etw durcheinander bringen; *clothes, room* etw in Unordnung bringen
❷ (*make dirty*) *hands* etw schmutzig machen

mussel ['mʌsᵊl] *n* [Mies]muschel *f*

must [mʌst] **I.** *aux vb* ❶ (*be obliged*) müssen; ***all handbags ~ be left at the cloakroom for security reasons*** lassen Sie bitte aus Sicherheitsgründen alle Handtaschen in der Garderobe; ■**~ not** [*or* **~n't**] nicht dürfen; ***you ~n't say anything to anyone about this matter*** darüber darfst du mit niemandem sprechen
❷ (*be required*) müssen; ***you ~ take these pills every day*** Sie müssen diese Tabletten täglich einnehmen; ~ ***you leave so soon?*** müssen Sie schon so früh gehen?
❸ (*should*) ich sollte/du solltest/er/sie/es sollten/wir sollten/ihr solltet/sie sollten; ***you really ~ read this book*** dieses Buch sollten Sie wirklich einmal lesen; ***you ~ come and visit us*** Sie sollten uns bald einmal besuchen kommen
❹ (*be certain to*) müssen; ***I ~ seem very rude when I say things like that*** ich wirke bestimmt sehr grob, wenn ich so etwas sage; ***she ~ be wondering where I have got to*** sie wird sich bestimmt fragen, wo ich abgeblieben bin; ***you ~ really like her*** du musst sie wirklich sehr mögen; ***you ~ be joking!*** du machst wohl Witze!; ***you ~ be out of your mind!*** du hast wohl den Verstand verloren! *fam*
❺ (*be necessary*) müssen; ***I ~ ask you not to smoke in my house*** ich muss Sie bitten, in meinem Haus nicht zu rauchen; ***you ~n't worry too much about it*** jetzt mach dir deswegen nicht so viele Sorgen
❻ (*show irritation*) müssen; ~ ***you always have the last word?*** musst du immer das letzte Wort haben?; ***smoke if you ~ then*** dann rauche, wenn es [denn] unbedingt sein muss
❼ (*intend to*) müssen; ***I ~n't forget to put the bins out tonight*** ich darf nicht vergessen, heute Abend den Abfall rauszubringen
II. *n no pl* Muss *nt kein pl;* ■**to be a ~** ein Muss *nt* sein; ***if you live in the country a car is a ~*** wenn man auf dem Land lebt, ist ein Wagen ein unerlässlich; ***this book is a ~!*** dieses Buch muss man gelesen haben!
III. *in compounds* ***this film is a ~-see*** diesen Film muss man einfach gesehen haben

mustache *n* AM *see* **moustache**

mustachio [mə'stɑ:ʃiəʊ, AM -'stæʃioʊ] *n* Schnauzbart *m*

mustachioed [mə'stɑ:ʃiəʊd, AM -'stæʃioʊd] *adj inv* schnauzbärtig

mustang ['mʌstæŋ] *n* Mustang *m;* **a herd of ~s** eine Herde Mustangs

mustard ['mʌstəd, AM -təd] *n no pl* Senf *m*

mustard gas *n* Senfgas *nt*

must-buy *n* Muss *nt;* ***these dresses are ~s*** diese Kleider muss man einfach kaufen

must-do *n* ■**to be a ~** *thing etw, was man unbedingt tun muss*

muster ['mʌstəʳ, AM -tə] **I.** *n* [zum Appell angetretene] Truppe
II. *vt* ❶ (*gather*) ■**to ~ sth** etw aufbringen; ***the team will need all the strength they can ~ to win this game*** die Mannschaft wird alles aufbieten müssen, um dieses Spiel zu gewinnen; **to ~ the courage to do sth** den Mut aufbringen, etw zu tun; **to ~ resources** Gelder aufbringen [*o fam* zusammenbekommen]
❷ (*bring together*) **to ~ soldiers** [*or* **troops**] die Soldaten [*o* Truppen] [zum Appell] antreten lassen
III. *vi* (*come together*) sich *akk* versammeln, antreten; *troop* [zum Appell] antreten
◆**muster up** *vt* ■**to ~ up** ⊂ **sth** etw aufbringen; **to ~ up the courage to do sth** den Mut aufbringen, etw zu tun

muster point, muster station *n* Versammlungsort *m,* Sammelplatz *m*

must-have *n* Muss *nt;* ***this is not a ~*** das muss man nicht unbedingt haben

mustiness ['mʌstɪnəs] *n no pl* Modrigkeit *f*

mustn't ['mʌsᵊnt] *see* **must not** *see* **must**

musty ['mʌsti] *adj* ~ **book** mod[e]riges Buch; ~ **odour** [*or* **smell**] muffiger [*o* moderiger] Geruch; ~ **room** muffiger Raum

mutability [,mju:tə'bɪləti, AM ṭə'bɪləṭi] *n* Veränderlichkeit *f*

mutable ['mju:təbl̩, AM -ṭə-] *adj* veränderbar; BIOL mutabel *fachspr*

mutant ['mju:tᵊnt] *n* BIOL Mutant(e) *m(f); (fig hum)* Mutant *m*

mutate [mju:'teɪt, AM *esp* 'mju:teɪt] *vi* ❶ (*change genetically*) ■**to ~ [into sth]** [zu etw *dat*] mutieren
❷ (*fig: change*) ■**to ~ into sth** sich *akk* zu etw *dat* wandeln; (*develop personality*) sich *akk* zu etw *dat* mausern *fam*

mutation [mju:'teɪʃᵊn] *n* Veränderung *f,* Mutation *f fachspr*

mute [mju:t] **I.** *n* ❶ MUS (*quieting device*) Dämpfer *m*
❷ (*dated: person*) Stumme(r) *f(m);* ***he was born a ~*** er war von Geburt an stumm
II. *vt* ■**to ~ sth** *a sound, noise* etw dämpfen
III. *adj inv* stumm; **to remain ~** stumm bleiben; **to remain ~ about sth** über etw *akk* kein Wort verlieren

muted ['mju:tɪd] *adj* ❶ (*not loud*) gedämpft; (*fig*) schweigend, stumm; ***the idea received a ~ response*** die Idee wurde mit Schweigen aufgenommen; ~ **applause** gedämpfter Applaus; ~ **colours** gedeckte Farben; ~ **noise** (*loud noises*) gedämpfter Lärm; (*particular noise*) gedämpftes Geräusch
❷ LING (*not pronounced*) stumm

mute swan *n* Höckerschwan *m*

mutilate ['mju:tɪleɪt, AM -ṭᵊl-] *vt* ■**to ~ sb** jdn verstümmeln; ■**to ~ sth** etw verstümmeln; (*fig*) etw verschandeln

mutilation [,mju:tɪ'leɪʃᵊn, AM -ṭᵊ'leɪ-] *n* Verstümmelung *f;* (*fig*) Verschandelung *f*

mutineer [,mju:tɪ'nɪəʳ, AM -ṭᵊn'ɪr] *n* Meuterer, -in *m, f*

mutinous ['mju:tɪnəs, AM -ṭᵊn-] *adj* meuterisch, aufrührerisch; ~ **sailors** meuternde Seeleute; ~ **shareholders** rebellische Aktionäre

mutiny ['mju:tɪni, AM -ṭᵊni] **I.** *n* ❶ *no pl* (*act*) Meuterei *f* (**of** über +*akk*); **open ~** offene Meuterei
❷ (*instance*) Meuterei *f*
II. *vi* <-ie-> meutern; ■**to ~ against sb** gegen jdn meutern

mutt [mʌt] *n esp* AM (*fam*) ❶ (*silly person*) Trottel *m pej fam,* Schafskopf *m pej fam*
❷ (*mongrel*) [Straßen]köter *m pej*

mutter ['mʌtəʳ, AM -ṭə] **I.** *vi* ❶ (*mumble*) ■**to ~ [away to oneself]** irgendetwas [vor sich *akk* hin]murmeln
❷ (*spread rumour*) ■**to ~ about sth** etw munkeln
II. *vt* (*complain softly*) ■**to ~ sth** etw brummen [*o* murmeln]; **to ~ sth to sb under one's breath** jdm etw zuraunen

mutterings ['mʌtᵊrɪŋz, AM -ṭᵊrɪŋz] *npl* Gemurmel *nt kein pl;* ~ **of discontent** Murren *nt,* Gemurre *nt pej*

mutton ['mʌtᵊn] *n no pl* Hammel *m,* Hammelfleisch *nt;* **shoulder of ~** Hammelschulter *f;* ~ **stew** Hammelgulasch *nt*
► PHRASES: **to be ~ dressed [up] as lamb** einen auf jung machen *fam*

mutton chops *npl,* **mutton chop whiskers** *npl* Koteletten *fpl*

mutual ['mju:tʃu:əl] *adj inv* gegenseitig, beiderseitig; ***both countries are acting to their ~ advantage*** die zwei Länder handeln so, dass es beiden zum Vorteil gereicht; ***the feeling is ~*** das [Gefühl] beruht auf Gegenseitigkeit; ~ **agreement** wechselseitige Übereinkunft; ~ **consent** gegenseitiges Einvernehmen [*o* Einverständnis]; ~ **friends/interests/enemies** gemeinsame Freunde/Interessen/Feinde; ~ **trust** gegenseitiges Vertrauen; ~ **understanding** gegenseitiges [*o* wechselseitiges] Verständnis

mutual fund *n* AM FIN offener Investmentfond **mutual insurance** *n* FIN Versicherung *f* auf Gegenseitigkeit

mutuality [,mju:tju'æləti, AM tʃu'æləṭi] *n no pl* Gegenseitigkeit *f*

mutually ['mju:tʃu:əli] *adv inv* gegenseitig, für beide [Seiten]; **to be ~ exclusive** sich *akk* gegenseitig ausschließen

muzak® ['mju:zæk] *n no pl* Musikberieselung *f*

muzzily ['mʌzɪli] *adv* unklar, verschwommen, verzerrt; **to explain sth ~** etw undeutlich erklären

muzziness ['mʌzɪnəs] *n no pl* ❶ (*indistinctness*) Verzerrtheit *f,* Verschwommenheit *f; of a situation* Verworrenheit *f*
❷ (*dazed state*) Benommenheit *f*

muzzle ['mʌzl̩] **I.** *n* ❶ (*animal mouth*) Schnauze *f,* Maul *nt*
❷ (*mouth covering*) Maulkorb *m;* **to put a ~ on the dog** dem Hund einen Maulkorb anlegen
❸ (*gun end*) Mündung *f*
II. *vt* (*quiet*) ■**to ~ an animal** einem Tier einen Maulkorb anlegen; ■**to ~ sb** jdn mundtot machen; LAW einen Maulkorberlass herausbringen; **to ~ the**

press die Presse mundtot machen

muzzy ['mʌzi] *adj* ❶ (*hazy*) benommen, benebelt; **to feel** ~ sich *akk* benommen fühlen
❷ (*unclear*) unklar, verschwommen, verzerrt; *objectives* diffus

MW *n* RADIO *abbrev of* **medium wave** MW *f*

my [maɪ] **I.** *adj poss* mein(e); *~ name is Peter* mein Name ist Peter; ***my brother and sister*** mein Bruder und meine Schwester; ***one of my friends*** einer meiner Freunde/eine meiner Freundinnen; ***I've hurt my foot*** ich habe mir den Fuß verletzt; ***in ~ country*** bei uns [in ...]; ***she was surprised at ~ coming*** sie war überrascht, dass ich gekommen war; ***it was ~ own decision*** es war meine eigene Entscheidung; ***I need a car of ~ own*** ich brauche ein eigenes Auto
II. *interj* ach, oh; ~ ~ na, so was

myna(h) ['maɪnə], **myna(h) bird** *n* (*bird*) Hirtenstar *m*

myopia [maɪ'əʊpiːə, AM -oʊ-] *n no pl* (*spec*) Kurzsichtigkeit *f*; ***he had ~ in both his eyes*** er war auf beiden Augen kurzsichtig

myopic [maɪ'ɒpɪk, AM -'ɑːpɪk] *adj* (*form or also fig*) kurzsichtig

myriad ['mɪriəd] *n* (*form*) Myriade *f*; ***~s of ...*** unzählige ...

myrrh [mɜːʳ, AM mɜːr] *n no pl* Myrrhe *f*

myrtle ['mɜːtl̩, AM 'mɜːrt̬l̩] *n* Myrthe *f*

myself [maɪ'self] *pron reflexive* ❶ (*direct object of verb*) mir *im Dativ*, mich *im Akkusativ*; ***it's awful — I have to exert ~ to jog half a block*** es ist schrecklich – ich muss mich zwingen, einen halben Block zu laufen; ***though I tried to calm ~ down, I found ~ in too much of a panic*** obwohl ich versuchte, mich zu beruhigen, hatte ich doch zu große Panik; ***when it comes to love, I often deceive ~*** in der Liebe betrüge ich mich oft selbst; ***let me introduce ~ — I'm Jackie Wentworth*** ich möchte mich vorstellen – ich bin Jackie Wentworth; ***I've bought ~ a new coat*** ich kaufte mir einen neuen Mantel; ***I was ashamed at ~ ...*** ich schämte mich...; ***I caught sight of ~ in the mirror*** ich sah mich im Spiegel; ***yes, I thought to ~, it's time to take a holiday*** ja, dachte ich mir, es ist Zeit für einen Urlaub; ***I strolled around, muttering to ~*** ich wanderte umher und murmelte vor mich hin
❷ (*emph form: I, me*) ich; ***my husband and ~ were delighted with the gifts*** mein Ehemann und ich sind über die Geschenke begeistert; ***people like ~*** Menschen wie ich
❸ (*emph: me personally*) ich persönlich; ***I don't like a heavy meal at lunchtime ~*** ich persönlich esse zu Mittag nicht gerne schwer; ***I wrote it ~*** ich schrieb es selbst; ***if I do say so*** [*or* ***it***] ~ wenn ich das sagen darf; ***I think I've done a good job raising my kids if I do say it ~*** ich denke, ich habe die Kinder gut erzogen, wenn ich das sagen darf; ■**to do see/taste/try/hear for ~** etw selbst sehen/kosten/versuchen/hören; **in ~** (*dated*) ***I'm well enough in ~ despite the problems with the leg*** mir geht es recht gut, auch wenn ich Probleme mit dem Bein habe
❹ (*me alone*) ***I never get an hour to ~*** ich habe nie eine Stunde für mich; [**all**] **by ~** [ganz] alleine; ***I live by ~*** ich lebe alleine; ***I had to do the whole job by ~*** ich musste die ganze Arbeit alleine machen; ***I wanted to keep the chips for ~ because I was so hungry*** ich wollte die Pommes frites für mich alleine haben, da ich so hungrig war; ***"I can get ~ dressed alone now," said the little girl*** „ich kann mich jetzt ganz alleine anziehen", sagte das kleine Mädchen
❺ (*my normal self*) **to** [**just**] **be ~** [ganz] ich selbst sein; ***even though I was nervous about our first date, I tried to calm down and just be ~*** zwar war ich vor unserem ersten Date nervös, aber ich versuchte mich zu beruhigen und ganz ich selbst zu sein; **to not be/seem/feel ~** nicht ich selbst sein/zu sein scheinen; ***I haven't felt ~ lately — I guess I feel a little depressed or something*** ich war in letzter Zeit nicht ganz ich selbst – ich glaube, ich war ein wenig deprimiert oder so; **to look ~** wie ich selbst aussehen; ***I didn't look ~ in my sister's clothes*** ich sah in der Kleidung meiner Schwester nicht wie ich selbst aus

mysterious [mɪ'stɪəriəs, AM -'stɪri-] *adj* geheimnisvoll, rätselhaft, mysteriös; ■**to be ~ about sb/sth** um jdn/etw ein Geheimnis machen; **in ~ circumstances** unter mysteriösen Umständen; **a ~ disappearance** ein mysteriöses [*o* rätselhaftes] Verschwinden

mysteriously [mɪ'stɪəriəsli, AM -'stɪri-] *adv* rätselhafterweise, geheimnisvollerweise; ***she ~ disappeared one morning*** eines Morgens verschwand sie auf mysteriöse Art und Weise

mystery ['mɪstᵊri] *n* (*secret*) Geheimnis *nt*; (*puzzle*) Rätsel *nt*; ***that's a ~ to me*** das ist mir schleierhaft [*o* ein Rätsel]; **to solve a ~** ein Geheimnis lüften

mystery guest *n* Überraschungsgast *m* **mystery tour** *n* Fahrt *f* ins Blaue; (*longer*) Überraschungsreise *f* **mystery voice** *n* Stimme *f* eines Unbekannten/einer Unbekannten **mystery writer** *n* Kriminalschriftsteller(in) *m(f)*

mystic ['mɪstɪk] **I.** *n* Mystiker(in) *m(f)*
II. *adj* ❶ (*inspiring sense of mystery*) geheimnisvoll, mysteriös, rätselhaft
❷ (*relating to mysticism*) mystisch
❸ (*occult, for the initiate*) esoterisch; (*not explicable by natural law*) mystisch-okkultistisch

mystical ['mɪstɪkᵊl] *adj* mystisch

mysticism ['mɪstɪsɪzᵊm] *n no pl* ❶ (*consciousness of God's reality*) Mystik *f*
❷ (*belief in hidden realities*) das Mystische
❸ (*pej: vague speculation*) Mystizismus *m*

mystification [ˌmɪstɪfɪ'keɪʃᵊn] *n no pl* ❶ (*puzzlement*) Verwunderung *f*, Verblüffung *f*; ■**to sb's ~** zu jds [großer] Verblüffung
❷ (*intentional confusion*) Verwirrung *f*, Verwirrspiel *nt*

mystify <-ie-> ['mɪstɪfaɪ] *vt* ■**to ~ sb** jdn vor ein Rätsel stellen; ***most Americans seem totally mystified by cricket*** den meisten Amerikanern ist Kricket ein ewiges Rätsel; ***his behaviour mystified us all*** sein Verhalten verblüffte uns alle völlig

mystifying ['mɪstɪfaɪɪŋ] *adj* rätselhaft, [völlig] unerklärlich

mystifyingly ['mɪstɪfaɪɪŋli] *adv* unerklärlicherweise, rätselhafterweise

mystique [mɪ'stiːk] *n no pl* (*form*) Zauber *m*; ***there's great ~ attached to the life of a movie star*** das Leben eines Filmstars ist immer geheimnisumwittert

myth [mɪθ] *n* ❶ (*ancient story*) Mythos *m*; **creation ~** Schöpfungsmythos *m*; **Greek and Roman ~** die klassischen Sagen des Altertums
❷ (*pej: false idea*) Mythos *m*, Ammenmärchen *nt pej*; ***it's just a ~ that ...*** es ist ein Ammenmärchen, dass ...; **to disprove/explode a ~** ein allgemein verbreitetes Gerücht widerlegen/ausmerzen

mythic ['mɪθɪk] *adj* ❶ (*of myth*) mythisch
❷ (*exaggerated, idealized*) legendär
❸ (*fictitious*) sagenumwoben

mythical ['mɪθɪkᵊl] *adj* ❶ (*fictional*) sagenhaft, sagenumwoben, legendär
❷ (*supposed*) gedacht, imaginär

mythological [ˌmɪθᵊ'lɒdʒɪkᵊl, AM -ə'lɑː-] *adj* mythologisch; **a ~ hero** ein Sagenheld *m*; **a ~ story** eine Sage

mythologize [mɪ'θɒlədʒaɪz, AM -'θɑː-] **I.** *vt* ■**to ~ sth** etw glorifizieren [*o* verklären]; **to ~ the past** die Vergangenheit verklären
II. *vi* ■**to ~ about sth** etw verklären

mythology [mɪ'θɒlədʒi, AM -'θɑː-] *n no pl* Mythologie *f*; (*fig*) Ammenmärchen *nt pej*; **classical ~** die Mythologie der Antike; **Greek ~** die griechische Mythologie

myxomatosis <*pl* -> [ˌmɪksəmə'təʊsɪs, AM -toʊ-] *n* Myxomatose *f*

N

N <*pl* 's>, **n** <*pl* 's *or* -s> *n* N *nt*, n *nt*; **~ for Nelly** [*or* AM **as in Nan**] N für Nordpol

N I. *n abbrev of* **North** N *m*
II. *adj abbrev of* **North, Northern** nördl.

n¹ *n* ❶ MATH (*unknown number*) x
❷ (*fig fam: endless amount*) x; ***there are ~ possibilities*** es gibt x Möglichkeiten

n² *n* ❶ *abbrev of* **noun** Subst.
❷ *abbrev of* **neuter** nt

'n' [ᵊn] *conj abbrev of* **and**

n/a, NA *abbrev of* (**not**) **applicable** entf.

NAACP [ˌendʌbleɪsiː'piː] *n no pl, + sing/pl vb abbrev of* **National Association for the Advancement of Colored People** *Vereinigung zur Förderung Schwarzer*

NAAFI ['næfi] *n acr for* **Navy, Army and Air Force Institutes** *Laden/Kantine der britischen Armee*

naan [nɑːn], **nan bread** *n* indisches Fladenbrot (*das zu indischen Gerichten warm serviert wird*)

nab <-bb-> [næb] *vt* (*fam*) ■**to ~ sth** etw stiebitzen *fam*; ■**to ~ sb sth** jdm etw holen; ***could you ~ me a seat?*** könntest du mir vielleicht einen Platz freihalten?

nabe [neɪb] *n* AM (*sl*) Nachbarschaft *f*

nabob ['neɪbɒb, AM -bɑːb] *n* (*dated*) Krösus *m*, eine(r) *f(m)* von den oberen Zehntausend

nacelle [nə'sel] *n* ❶ AVIAT Gondel *f*
❷ TECH (*engine housing*) Motorengehäuse *nt*

nacho ['nɑːtʃəʊ, AM -tʃoʊ] *adj attr, inv* FOOD Nacho-; **~ chips** Nachos *mpl*; **~ salad** Nachosalat *m*

nachos ['nɑːtʃəʊz, AM -tʃoʊz] *npl* FOOD Nachos *mpl*

nada ['nɑːdə] *n no pl* AM (*fam*) Nichts *nt*

nadir ['neɪdɪəʳ, næd-, AM 'neɪdɚ] *n* (*form*) Tiefpunkt *m*

nae [neɪ] *adv inv* BRIT, SCOT nein

naff [næf] BRIT **I.** *adj* (*sl*) ordinär; ***he was wearing incredibly ~ trousers*** er trug eine Hose, die einfach unmöglich war
II. *vi* (*sl*) ■**to ~ off** Leine ziehen *sl*, abhauen *fam*

NAFTA ['næftə] *n no pl acr for* **North American Free Trade Agreement** NAFTA *f* (*Freihandelsabkommen oder -zone zwischen den USA, Kanada und Mexiko*)

nag¹ [næg] *n* [alte Schind]mähre, [alter] Klepper *fam*

nag² [næg] **I.** *vi* <-gg-> [herum]nörgeln; ***oh stop ~ging!*** ach, hör doch auf herumzunörgeln!; ■**to ~ at sb** an jdm nagen, jdm unter die Haut gehen
II. *vt* <-gg-> ■**to ~ sb** (*urge*) jdm [ständig] zusetzen; (*annoy*) jdn nicht in Ruhe lassen, jdm auf die Nerven gehen; ***my mum's always ~ging me to get my hair cut*** meine Mutter ist ständig hinter mir her, dass ich mir die Haare schneiden lasse
III. *n* (*fam*) ❶ (*person*) Nörgler(in) *m(f)*, Meckerer *m*; (*annoying*) Nervensäge *f fam*; ***don't be such a ~!*** hör auf zu nörgeln!
❷ (*feeling*) ***he felt once again that little ~ of doubt*** eine Spur des Zweifels machte sich ihm nochmals bemerkbar

nagger ['nægəʳ, AM -ɚ] *n* Quälgeist *m*, Nörgler(in) *m(f)*

nagging ['nægɪŋ] **I.** *n no pl* Genörgel *nt*, Nörgelei *f*, Gemeckere *nt*
II. *adj* ❶ (*criticizing*) nörgelnd, meckernd; **~ voice** nörgelnder Tonfall, Nörgelstimme *f*, Meckerstimme *f fam*
❷ (*continuous*) quälend; **~ pain** [*or* **ache**] quälender Schmerz

nah [næː] *adv* (*sl*) ne(e) *fam*

naiad <*pl* -s *or* -es> ['naɪæd, AM 'neɪ] *n* Najade *f*, Wassernymphe *f*

nail [neɪl] **I.** *n* ❶ (*metal fastener*) Nagel *m*; **to hammer a ~ into the wall** einen Nagel in die Wand schlagen
❷ (*body part*) [Finger-/Zeh]nagel *m*; **to bite one's ~s** an den Fingernägeln kauen; **to cut one's ~s** sich *dat* die Nägel schneiden; **to paint one's ~s** sich *dat* die Nägel lackieren

N

▶ PHRASES: **to be** [*or* **drive**] **a ~ in sb's coffin** ein Nagel zu jds Sarg sein; **to hit the ~ on the head** den Nagel auf den Kopf treffen; **as hard as ~s** hart wie Stahl, unheimlich zäh; **to pay on the ~** (*fam*) pünktlich bezahlen
II. *vt* ❶ (*fasten*) ■**to ~ sth to sth** etw an etw *akk* nageln
❷ (*sl: catch*) ■**to ~ sb** *police* jdn schnappen *fam; newspapers* jdn drankriegen *fam;* **to ~ a lie** etw als Lüge entlarven
▶ PHRASES: **to ~ one's colours to the mast** Farbe bekennen, Flagge zeigen
◆**nail down** *vt* ❶ (*fasten*) ■**to ~ down** ↺ **sth** etw festnageln
❷ (*get answer*) ■**to ~ sb down to sth** jdn auf etw *akk* festnageln
❸ (*agree details*) **to ~ down an agreement** eine [feste] Vereinbarung treffen; **to ~ down a contract/deal** einen Vertrag/ein Geschäft abschließen
◆**nail up** *vt* ■**to ~ up** ↺ **sth** etw annageln; *picture, poster* etw aufhängen [*o* an die Wand hängen]
nail bar *n* Nagelstudio *nt* **nail-biter** *n* Nägelkauer(in) *m(f)* **nail-biting I.** *n no pl* Nägelkauen *nt* **II.** *adj* nervenzerreißend; *film* spannend **nail brush** *n* Nagelbürste *f* **nail clippers** *npl* Nagelknipser *m* **nail enamel** *n* AM *see* **nail varnish** **nail enamel remover** *n* AM *see* **nail varnish remover** **nail file** *n* Nagelfeile *f* **nail polish** *n* (*nail varnish*) Nagellack *m* **nail scissors** *npl* Nagelschere *f* **nail varnish** *n* Nagellack *m* **nail varnish remover** *n* Nagellackentferner *m*
naïve, naive [naɪ'iːv, AM *esp* nɑː'iːv] *adj* (*esp pej*) naiv *pej*, einfältig *pej;* **to make the ~ assumption that …** naiverweise annehmen, dass …
naïvely, naively [naɪ'iːvli, AM *esp* nɑː'iːv-] *adv* naiverweise; ***David ~ believed him*** in seiner Naivität glaubte ihm David
naïveté [naɪ'iːvəteɪ, AM ˌnɑːiːv'teɪ], **naivety** [naɪ'iːvəti, AM nɑː'iːvət̬i] *n no pl* Naivität *f a. pej*, Einfalt *f pej*
naked ['neɪkɪd] *adj* ❶ (*unclothed*) nackt, unbekleidet; **to be ~ to the waist** mit freiem Oberkörper herumlaufen; **half ~** halb nackt; **stark** [*or* AM **buck**] [*or* AM **butt**] **~** (*fam*) splitter[faser]nackt; **to strip ~** sich *akk* nackt ausziehen
❷ (*uncovered*) nackt; (*fig*) nackt, bloß; (*without any hedge*) ungesichert; **~ aggression** unverhüllte Aggression; **~ ambition** blanker Ehrgeiz; **a ~ bulb** eine nackte Glühbirne; **to the ~ eye** für das bloße Auge; **with the ~ eye** mit bloßem Auge; **~ flame** offene Flamme
nakedly ['neɪkɪdli] *adv* (*fig*) offen, bloß; ***his vulnerability was ~ on display*** jeder konnte genau sehen, wie verletzlich er war
nakedness ['neɪkɪdnəs] *n no pl* Nacktheit *f*, Blöße *f liter*
naked warrant *n* reiner Optionsschein
NALGO ['nælgəʊ] *n no pl, + sing/pl vb* BRIT (*hist*) *acr for* **National and Local Government Officers' Association** *Gewerkschaft der kommunalen und staatlichen Angestellten in der Verwaltung*
namby-pamby [ˌnæmbi'pæmbi] *adj attr* (*pej fam: foolish*) dämlich, blöde; (*weak*) *person* verweichlicht
name [neɪm] **I.** *n* ❶ (*title*) Name *m;* ***hello, my ~'s Peter*** hallo, ich heiße Peter; ***what's your ~?*** wie heißen Sie?; ***her full name is …*** ihr voller Name lautet …; **first ~** Vorname *m;* **last ~** Familienname *m*, Nachname *m;* **to call sb ~s** jdn beschimpfen; ***some of the kids had been calling her ~s*** ein paar von den anderen Kindern hatten ihr Schimpfwörter nachgerufen; **to write one's last ~ down first** seinen Familiennamen zuerst angeben; **by ~** dem Namen nach; ***they were listed by ~ and country of origin*** die Studenten waren dem Namen und Heimatland nach aufgelistet; ***in the business world he goes by the ~ of J. Walter Fortune*** (*form*) in der Geschäftswelt kennt man ihn unter dem Namen J. Walter Fortune; **in all but ~** de facto; ***she is vice-president in all but ~*** de facto ist sie die Vizepräsidentin; **in ~ only** nur nominell [*o* dem Namen nach]; **to do sth in the ~ of sb** [*or* **to do sth in sb's ~**] etw in jds Namen tun; ***I reserved by phone yesterday in the ~ of Tremin*** ich habe gestern telefonisch auf den Namen Tremin reservieren lassen; ***the union is taking action in our ~*** die Gewerkschaft unternimmt Schritte in unserem Namen; **in the ~ of freedom and justice** im Namen von Freiheit und Gerechtigkeit; **in God's** [*or* **heaven's**] **~, in the ~ of God** um Himmels willen; ***what in God's ~ caused that outburst?*** was um Himmels willen hat diesen Ausbruch verursacht?; **under the ~ of …** unter dem Pseudonym …
❷ *no pl* (*reputation*) Name *m*, Ruf *m;* ***if this project fails our ~ will be mud*** wenn dieses Projekt fehlschlägt, wird unser Ruf ruiniert sein; **to be a big/important ~** zu den großen/bedeutenden Persönlichkeiten zählen; **a good/bad ~** ein guter/schlechter Ruf; ***he developed a bad ~*** er hat sich einen schlechten Ruf eingehandelt; **to give sb/sth a good ~** jdm/etw einen guten Ruf verschaffen; **to give sb/sth a bad ~** jdn/etw in Verruf bringen; **to clear one's ~** sich *akk* rein waschen; ***she went to court to clear her ~*** sie ging vor Gericht, um ihren Namen rein zu waschen; **to have a ~ for sth** für etw *akk* bekannt sein; **to make a ~ for oneself** sich *dat* einen Namen machen; ***he has made a ~ for himself as a talented journalist*** er hat als talentierter Journalist von sich reden gemacht
❸ BRIT ECON Lloyd's Mitglied
▶ PHRASES: **the ~ of the game** das, worauf es ankommt; ***financial survival is the ~ of the game*** was zählt, ist das finanzielle Überleben; **without a penny** [*or* **cent**] **to one's ~** ohne einen Pfennig; ***he has not a penny to his ~*** er ist völlig mittellos; **to take sb's ~ in vain** jds Namen missbrauchen; **a ~ to conjure with** ein Name, der Wunder wirkt; ***Wutherington-Smythe, my goodness, that's a ~ to conjure with!*** meine Güte, Wutherington-Smythe, das ist ein Name, der Eindruck macht
II. *vt* ❶ (*call*) ■**to ~ sb** jdm einen Namen geben; ***they ~d their little boy Philip*** sie nannten ihren kleinen Sohn Philip; ■**to ~ sb after** [*or* AM **for**] **sb** jdn nach jdm [be]nennen; ***Paul was ~d after his grandfather*** Paul wurde nach seinem Großvater benannt; ■**to ~ sth after** [*or* AM **for**] **sb** etw nach jdm benennen
❷ (*list*) ■**to ~ sb/sth** jdn/etw nennen; **~ *three types of monkey*** geben Sie drei Affenarten an
❸ (*choose*) ■**to ~ sb/sth** jdn/etw nennen; **to ~ the time and the place** [die] Zeit und [den] Ort nennen; **you ~ it** was auch immer Sie wollen; ***gin, vodka, whisky, beer — you ~ it, I've got it*** Gin, Wodka, Whisky, Bier – was [immer] Sie wünschen, ich führe es
❹ (*nominate*) ■**to ~ sb sth** jdn zu etw *dat* ernennen; ***she has been ~d the new Democratic candidate*** sie ist als neuer Kandidat der Demokraten aufgestellt worden
name-calling *n no pl* Hänseln *nt*, Gehänsel *nt pej* **name day** *n* Namenstag *m* **name-drop** *vi Namen berühmter Persönlichkeiten, die man kennt, in die Unterhaltung einfließen lassen;* ***she's always ~ping*** ständig muss sie darauf hinweisen, wen sie alles kennt **name-dropper** *n* (*pej*) *jd, der ständig die Namen berühmter Persönlichkeiten erwähnt, die er kennt* **name-dropping** *n no pl* Namedropping *nt* (*das Angeben mit berühmten Persönlichkeiten, die man kennt*)
nameless ['neɪmləs] *adj inv* namenlos; **the ~ author** der unbekannte [*o* anonyme] Autor; **to be** [*or* **remain**] **~** ungenannt bleiben, nicht namentlich erwähnt werden
namely ['neɪmli] *adv inv* nämlich
nameplate *n of a person* Namensschild *nt;* (*on door of a house*) Türschild *nt; of company* Firmenschild *nt* **namesake** [-seɪk] *n* Namensvetter *m* **name tag** *n* Namensschild[chen] *nt*
Namibian [nə'mɪbiən] **I.** *adj inv* namibisch
II. *n* Namibier(in) *m(f)*
nan [nɑːn, AM næn] *n* indisches Fladenbrot
nana ['nænə] *n* ❶ BRIT (*fam*) Oma *f fam*
❷ (*grandmother*) Oma *f*, Omi *f fam*
nanaimo bar [nə'naɪmoʊ] *n* CAN *kleiner Schokoladen-Kokos-Kuchen mit Buttercreme und Schokoladenglasur*
nan bread *n* indisches Fladenbrot
nance ['næn(t)s] (*pej dated sl*), **nancy** ['næn(t)si] (*pej dated sl*), **nancy boy** *n* (*pej dated sl*) Tunte *f pej sl*, Schwule(r) *m*
nanna ['nænə] *n see* **nana**
nanny ['næni] *n* ❶ (*grandmother*) Oma *f*, Omi *f fam*
❷ (*babyminder*) Kindermädchen *nt*
❸ (*animal*) Geiß *f*
nanny goat *n* Geiß *f*
nannyish *adj* überfürsorglich
nanny state *n* (*fam*) überfürsorglicher Staat (*insbesondere was Sicherheit und Gesundheit angeht*)
nanobot ['nænə(ʊ)bɒt, AM -noʊbɑːt] *n* Nanobot *m fachspr*, winziger Roboter
nanometer ['nænoʊˌmiːt̬ɚ] AM, **nanometre** ['nænə(ʊ),miːtə^r] *n* BRIT Nanometer *m o nt*
nanosecond ['nænə(ʊ),sekᵊnd, AM 'nænoʊ-] *n* Nanosekunde *f*
nanotech ['nænəʊtek, AM -noʊ] *n no pl short for* **nanotechnology** Nanotechnologie *f fachspr*
nanotechnology [ˌnænəʊtek'nɒlədʒi, AM -noʊtek'nɑː-] *n no pl* Nanotechnologie *f fachspr*
nap[1] [næp] **I.** *n* Nickerchen *nt*, Schläfchen *nt;* **to have** [*or* **take**] **a ~** ein Nickerchen machen [*o* halten]
II. *vi* <-pp-> ein Nickerchen machen, sich *akk* [kurz] aufs Ohr legen
nap[2] [næp] *n no pl* Flor *m;* **the ~ of the velvet** der Samtflor
napalm ['neɪpɑːm] *n no pl* Napalm *nt*
napalm bomb *n* Napalmbombe *f*
nape [neɪp] *n no pl* Nacken *m*, Genick *nt*
naphtha ['næfθə] *n no pl* CHEM Naphtha *nt*
naphthalene ['næfθəliːn] *n no pl* CHEM Naphthalin *nt*
napkin ['næpkɪn] *n* Serviette *f*
napkin ring *n* Serviettenring *m*
nappy ['næpi] **I.** *n* Windel *f;* ***I knew him when he was still in nappies*** ich kannte ihn schon, als er noch in den Windeln lag; **cloth ~** Stoffwindel *f;* **disposable ~** Wegwerfwindel *f*, Pampers® *f*
II. *adj* AM *hair* lockig, kraus
nappy liner *n* Windeleinlage *f* **nappy rash** *n* Wundsein *nt kein pl*, Windeldermatitis *f kein pl fachspr*
narc [nɑːrk] *n* AM (*sl*) Rauschgiftfahnder(in) *m(f)*
narcissi [nɑː'sɪsaɪ, AM nɑːr-] *n* BOT *pl of* **narcissus**
narcissism ['nɑːsɪsɪzᵊm, AM 'nɑːrsə-] *n no pl* Narzissmus *m*
narcissist ['nɑːsɪsɪst, AM 'nɑːr-] *n* Narziss *m*
narcissistic [ˌnɑːsɪ'sɪstɪk, AM ˌnɑːr-] *adj* narzisstisch; ***he has a very ~ personality*** er ist sehr narzisstisch veranlagt
narcissus <*pl* -es *or* -issi *or* -> [nɑː'sɪsəs, AM nɑːr'-] *n* Narzisse *f*
narcolepsy ['nɑːkə(ʊ)lepsi, AM 'nɑːrkə-] *n no pl* Schlafkrankheit *f*
narcoleptic [ˌnɑːkə(ʊ)'leptɪk, AM ˌnɑːrkə'-] **I.** *n* Narkoleptiker(in) *m(f) fachspr*
II. *adj* narkoleptisch *fachspr*
narcosis [nɑː'kəʊsɪs, AM nɑːr'koʊ-] *n* Narkose *f*
narcotic [nɑː'kɒtɪk, AM nɑːr'kɑːt̬-] **I.** *n* ❶ *esp* AM (*drug*) Rauschgift *nt*, Droge *f*
❷ MED (*drug causing sleepiness*) Narkotikum *nt;* **to be under a ~** narkotisiert sein
II. *adj* ❶ (*affecting the mind*) berauschend; **~ drug** Rauschgift *f*
❷ MED narkotisch; (*sleep-inducing*) einschläfernd
nark [nɑːk] BRIT, AUS **I.** *vt* ■**to ~ sb** jdn ärgern; ***his behaviour really ~ed me*** sein Benehmen verärgerte mich wirklich; **to be/become ~ed with sb** auf jdn wütend sein/werden
II. *n* ❶ (*annoying person*) unausstehliche Person *f*
❷ (*sl: police informer*) Spitzel *nt*

narky ['nɑ:ki] *adj* unausstehlich, grantig *fam*
narrate [nə'reɪt, AM 'nereɪt] *vt* ■**to ~ sth** ❶ *(provide commentary)* etw erzählen; **to ~ a tale** [*or* **story**] eine Geschichte erzählen
❷ *(give account of)* etw schildern; **to ~ events** Ereignisse schildern
narration [nə'reɪʃən, AM ne'reɪ] *n no pl* Schilderung *f; of a story, tale* Erzählung *f*
narrative ['nærətɪv, AM 'nerət̬ɪv] *n* *(form)* ❶ *(story)* Erzählung *f*
❷ *(description of events)* Schilderung *f,* Beschreibung *f*
❸ COMPUT *(explanatory notes)* Erklärung *f*
narrator [nə'reɪtəʳ, AM 'nereɪt̬ɚ] *n* Erzähler(in) *m(f)*
narrow ['nærəʊ, AM 'neroʊ] **I.** *adj* ❶ *(thin)* eng, schmal; **a ~ bridge** eine schmale Brücke; **a ~ passageway** ein enger Durchgang; **a ~ slit** ein schmaler Schlitz
❷ *(pej: limited)* engstirnig, beschränkt *pej;* **to have a ~ mind** engstirnig sein, einen beschränkten geistigen Horizont haben; **~ thought** engstirniges Denken
❸ *(small)* eng, knapp; ***prices today stayed within a ~ range*** es gab heute nur geringfügige Preisabweichungen; **to win an election by a ~ margin** eine Wahl mit einem knappen Vorsprung gewinnen
II. *vi* enger werden, sich *akk* verengen; *(fig) gap, difference* sich *akk* schließen [*o* verringern]; ***the road ~s here*** hier verengt sich die Straße
III. *vt* ■**to ~ sth** etw verengen; *(fig)* etw beschränken [*o* begrenzen]; ***he ~ed his eyes in suspicion*** er kniff argwöhnisch die Augen zusammen; **to ~ the focus of an investigation** die Ermittlungen konzentrieren
◆**narrow down** *vt* ■**to ~ down** ⊂ **sth** etw beschränken [*o* einschränken]; **to ~ down the list of candidates** die Zahl der Anwärter beschränken
narrow boat *n* NAUT Kahn *m* **narrowcast** *vt* ❶ TV ■**to ~ sth** etw im Spartenfernsehen übertragen; ***the channel ~s to about 4000 pubs*** der Sender versorgt ungefähr 4000 Gaststätten mit seinem Spartenprogramm ❷ *(fig: tell only to some people)* ■**to ~ sth to sb** jdm Exklusivinformationen über etw *akk* geben **narrow gauge** *n* Schmalspur *f*
narrowly ['nærəʊli, AM 'neroʊ-] *adv* ❶ *(barely)* knapp; ***she ~ missed winning an Oscar*** sie hätte um ein Haar einen Oskar gewonnen
❷ *(meticulously)* peinlich genau, sehr gründlich; **to look at sb ~** jdn eingehend mustern
narrow-minded *adj* engstirnig; **a ~ bigot** ein engstirniger, voreingenommener Mensch; **~ opinions/views** engstirnige Meinungen/Ansichten
narrow-mindedness [-'maɪndɪdnəs] *n no pl* Engstirnigkeit *f*
narrowness ['nærəʊnəs, AM 'neroʊ-] *n no pl* Enge *f;* **the ~ of the opening** der schmale Durchgang
narrows ['nærəʊz, AM 'neroʊz] *npl* NAUT Meerenge *f*
nary ['neəri, AM 'neri] *adj inv* DIAL *(fam) see* **not** nicht einmal
NASA ['næsə] *n no pl abbrev of* **National Aeronautics and Space Administration** NASA *f*
nasal ['neɪzəl] *adj* ❶ *(concerning nose)* Nasen-; **~ cavity** Nasenhöhle *f;* **to have ~ congestion** eine verstopfte Nase haben; **~ passages** Nasengänge *mpl;* **~ spray** Nasenspray *nt*
❷ *(droning)* nasal; ***she spoke in ~ tones*** sie sprach sehr näselnd; **to have a ~ voice** eine nasale Aussprache haben, näseln
nasally ['neɪzəli] *adv* näselnd, durch die Nase; **to speak ~** näseln
nascent ['neɪsənt] *adj* *(form)* neu aufkommend, in [der] Entstehung begriffen; **a ~ political party** eine junge politische Partei
NASDAQ *n* STOCKEX *abbrev of* **National Association of Securities Dealers Automated Quotations** *von der Vereinigung der US-Wertpapier-Händlerfirmen für den Freiverkehr entwickeltes Börsenhandelssystem*
nasi goreng [,nɑ:sigə'reŋ] *n no pl* Nasi Goreng *nt*
nastily ['nɑ:stɪli, AM 'næ:stɪli] *adv* gehässig, gemein; **to speak ~ to sb** gehässig zu jdm sein
nastiness ['nɑ:stɪnəs, AM 'næ:stɪ-] *n no pl* Gemeinheit *f,* Gehässigkeit *f*
nasturtium [nə'stɜ:ʃəm, AM -'stɜ:r-] *n* [Kapuziner]kresse *f*
nasty ['nɑ:sti, AM 'næ:sti] *adj* ❶ *(bad)* scheußlich, grässlich, widerlich; ■**to be ~ to sb** zu jdm gemein sein; ***he gave me a very ~ look*** er warf mir einen finsteren [*o* übel wollenden] Blick zu; ***he is a ~ piece of work*** er ist ein fieser Zeitgenosse; **a ~ crack** eine üble Stichelei; **to have a ~ feeling about sth** wegen einer S. *gen* ein ungutes Gefühl haben; **a ~ fright** ein furchtbarer Schreck[en]; **a ~ insult** eine gemeine Beleidigung; **to have a ~ mind** eine schmutzige Fantasie haben; **a ~ joke** ein schlechter Scherz; **a ~ smell** ein grässlicher [*o* scheußlicher] Geruch; **a ~ shock** ein furchtbarer Schock; **a ~ surprise** eine böse Überraschung; **a ~ taste** ein ekelhafter [*o* widerlicher] Geschmack; **cheap and ~** billig und schlecht
❷ *(dangerous)* gefährlich
❸ *(serious)* schlimm, böse; ***she had a ~ cut*** sie hat sich ziemlich böse geschnitten *fam;* **a ~ accident** ein schlimmer Unfall; **to turn ~** umschlagen; ***the situation could turn ~ at any moment*** die Lage könnte jederzeit umschlagen
nat. *adj inv abbrev of* **national** nat.
natal ['neɪtəl, AM -t̬-] *adj* Geburts-; **the ~ period** der Geburtsvorgang
natality [nə'tæləti, AM -ət̬i] *n* Geburtenziffer *f*
natch [nætʃ] *adv* *(sl)* erwartungsgemäß, natürlich
NATFHE ['nætfi:] *n no pl, + sing/pl vb* BRIT *abbrev of* **National Association of Teachers in Further and Higher Education**
nation ['neɪʃən] *n* ❶ *(country, state)* Nation *f,* Land *nt;* **leading industrialized ~s** führende Industrienationen; **to serve the ~** seinem Land dienen; **all across the ~** im ganzen Land; ***all across the ~ people were demonstrating for peace*** im ganzen Land demonstrierten Menschen für Frieden
❷ *(people)* Volk *nt;* **the Apache/Navajo ~** AM der Stamm der Apachen/Navajos; **the Jewish ~** das jüdische Volk; **the whole ~** das ganze Land
national ['næʃənəl] **I.** *adj inv* ❶ *(of a nation) matter, organization* national; *flag, team, dish, hero* National-; **~ assembly/bank** Nationalversammlung/-bank *f;* **~ census** Volkszählung *f;* **~ champion** Landesmeister(in) *m(f);* **~ defence** Landesverteidigung *f;* **~ government** Landesregierung *f;* **[in the] ~ interest** [im] Staatsinteresse *nt;* **~ security** nationale Sicherheit; **~ unity** nationale Einheit
❷ *(particular to a nation)* Landes-, Volks-; **~ costume** [*or* **dress**] Landestracht *f;* **~ language** Landessprache *f;* **~ pastime** *(iron)* Volkssport *m*
❸ *(nationwide)* national; **the ~ dailies** die überregionalen Tageszeitungen; **a ~ disaster** eine nationale Katastrophe; **a ~ emergency** ein landesweiter Notfall; **~ mourning** Staatstrauer *f;* **~ organization** überregionale Organisation; **~ strike** Generalstreik *m;* **~ television** Landesfernsehen *nt*
II. *n* Staatsbürger(in) *m(f),* Staatsangehörige(r) *f(m);* **foreign ~** Ausländer(in) *m(f)*
national anthem *n* Nationalhymne *f* **National Association of Securities Dealers Automated Quotation** *n von der Vereinigung der US-Wertpapier-Händlerfirmen für den Freiverkehr entwickeltes Börsenhandelssystem* **national currency** *n* Landeswährung *f* **national curriculum** *n* BRIT staatlicher Lehrplan **national debt** *n* Staatsverschuldung *f* **National Education Association** *n* AM *amerikanischer Lehrerverband*
National Endowment for the Arts *n* AM *staatliche Organisation, die Stipendien an Schriftsteller und Geisteswissenschaftler vergibt, um deren Arbeit zu unterstützen* **National Front** *n* BRIT *rechtsradikale Partei* **national grid** *n* BRIT, AUS ELEC nationales Verbundnetz **National Guard** *n* AM Nationalgarde *f* **National Health** BRIT, **National Health Service** BRIT **I.** *n* staatlicher Gesundheitsdienst
II. *n modifier* *(dentist, hospital)* ≈ Kassen-; **~ doctor** ≈ Kassenarzt, Kassenärztin *m, f* **national holiday** *n* *(work-free)* gesetzlicher Feiertag; *(in celebration of a nation)* Nationalfeiertag *m* **National Insurance** BRIT **I.** *n* Sozialversicherung *f*
II. *n modifier* *(number, patient)* Sozialversicherungs-; **~ contributions** Sozialversicherungsbeiträge *mpl*
nationalism ['næʃənəlɪzəm] *n no pl* *(usu pej)* Nationalismus *m*
nationalist ['næʃənəlɪst] **I.** *adj* nationalistisch
II. *n* Nationalist(in) *m(f)*
nationalistic [,næʃənəl'ɪstɪk] *adj* *(usu pej)* nationalistisch
nationality [,næʃən'æləti, AM -ət̬i] *n* ❶ *(esp cultural)* Nationalität *f;* ***what ~ are you?*** welcher Nationalität sind Sie?; ***people of several different nationalities were there*** Leute aus vielen verschiedenen Ländern waren da
❷ *no pl* *(legal)* Staatsangehörigkeit *f;* **to adopt** [*or* **take**] **British/German ~** die britische/deutsche Staatsangehörigkeit annehmen; **to apply for British/German ~** die britische/deutsche Staatsangehörigkeit beantragen
nationalization [,næʃənəlaɪ'zeɪʃən, AM -lɪ'-] *n no pl* Verstaatlichung *f;* **~ of agriculture** die Verstaatlichung der Landwirtschaft
nationalize ['næʃənəlaɪz] *vt* ■**to ~ sth** *company, steel industry* etw verstaatlichen; **to ~ the banking sector** das Bankwesen verstaatlichen
nationally ['næʃənəli] *adv* *(not locally)* im ganzen Land, landesweit; *(concerning a nation)* national; **~ speaking** auf nationaler Ebene gesehen
national monument *n* Nationaldenkmal *nt* **national park** *n,* **National Park** *n* Nationalpark *m* **national service** *n no pl* BRIT, AUS Wehrdienst *m;* **to do ~** den Wehrdienst [ab]leisten **national socialism** *n no pl* *(hist)* Nationalsozialismus *m* **National Trust** *n* BRIT *nationale Organisation für Denkmalpflege und Naturschutz*
National Vocational Qualification *n* BRIT ≈ Fachhochschulreife *f*
nationhood ['neɪʃənhʊd] *n no pl* Nationalstaatlichkeit *f,* Zustand *m* nationaler Einheit
nation state *n* Nationalstaat *m* **nationwide** **I.** *adv* landesweit, im ganzen Land; **to broadcast sth ~** etw landesweit senden **II.** *adj inv coverage, strike, campaign* landesweit; **a ~ survey** eine landesweite Umfrage
native ['neɪtɪv, AM -t̬-] **I.** *adj inv* ❶ *(of one's birth)* beheimatet, heimatlich; **sb's ~ country** [*or* **land**] jds Heimatland; ***he's a ~ Canadian*** er ist gebürtiger Kanadier; **sb's ~ language** [*or* **tongue**] jds Muttersprache; **to stand on one's ~ soil again** wieder heimatlichen Boden betreten
❷ *(indigenous) customs, traditions* einheimisch; *population* eingeboren; **~ villages** Eingeborenendörfer *ntpl;* ***they were welcomed by a group of Maoris in ~ dress*** sie wurden von einer Gruppe Maoris begrüßt, die nach Art der Einheimischen gekleidet waren
❸ BOT, ZOOL *animal, plant* beheimatet, einheimisch; ***the horse is not ~ to the Americas*** das Pferd war ursprünglich nicht in Amerika beheimatet
❹ *(innate)* angeboren; **~ ability/talent** angeborene Fähigkeit/angeborenes Talent
II. *n* *(indigenous inhabitant)* Einheimische(r) *f(m);* **a ~ of Monaco** ein gebürtiger Monegasse/eine gebürtige Monegassin; **to speak English like a ~** Englisch wie seine Muttersprache sprechen; *(indigenous, aboriginal)* Eingeborene(r) *f(m);* **to go ~** *(hum fam)* wie die Eingeborenen leben
native American **I.** *n* amerikanischer Ureinwohner/amerikanische Ureinwohnerin **II.** *adj* der amerikanischen Ureinwohner; **~ history** Geschichte der amerikanischen Ureinwohner **native-born** *adj* gebürtig; **~ New Yorker** gebürtiger New Yorker/gebürtige New Yorkerin **native speaker** *n* Muttersprachler(in) *m(f);* ***all the teachers were ~s of English*** alle Lehrer waren englische Muttersprachler
Nativity [nə'tɪvəti, AM -ət̬i] *n no pl* ART, REL ■**the ~**

N

die Geburt Christi
nativity play *n* Krippenspiel *nt*
NATO, Nato ['neɪtəʊ, AM -t̬oʊ] **I.** *n no pl, no art acr for* **North Atlantic Treaty Organization** NATO *f*
II. *n modifier acr for* **North Atlantic Treaty Organization** *troops, demands, decisions* NATO-; ~ **forces** NATO-Streitkräfte *pl;* **the ~ summit** der NATO-Gipfel
natter ['nætər, AM -t̬ɚ] *esp* BRIT **I.** *vi (fam)* quatschen *fam;* ■**to ~ away** quasseln *fam*
II. *n (fam)* Schwatz *m fam;* **to have a ~ [with sb]** [mit jdm] quatschen *fam*
natterer ['nætərər] *n* BRIT *(fam)* Labertasche *f fam*
nattily ['nætɪli, AM -t̬-] *adv (fam)* schick, flott *fam*
natty ['næti, AM -t̬-] *adj (fam: smart)* schick; **to be a ~ dresser** immer schick gekleidet sein; *(well-designed) tool, appliance* praktisch
natural ['nætʃərəl, AM -ɚəl] **I.** *adj* ❶ *(not artificial) flavour, ingredients, mineral water* natürlich; *colour, curls, dye, fertilizer* Natur-; **to be a ~ blonde** naturblondes Haar haben; ~ **fibre** [*or* AM **fiber**] Naturfaser *f;* ~ **material** Naturprodukt *m;* ~ **pearls** echte Perlen; ~ **phenomenon** Naturphänomen *nt*
❷ *(as in nature) harbour, reservoir, camouflage* natürlich; *fabric, wood* naturbelassen; ~ **state** Naturzustand *m;* ***it's not ~ for a woman to be so thin*** es ist gegen die weibliche Natur, so dünn zu sein
❸ *(caused by nature)* natürlich; ~ **causes** natürliche Ursachen; **to die from ~ causes** eines natürlichen Todes sterben; ~ **disaster** Naturkatastrophe *f*
❹ *(inborn)* angeboren; ***he has a ~ talent for sports*** er hat eine natürliche Begabung für Sport; **to be a ~ leader** ein geborener Führer/eine geborene Führerin sein
❺ BIOL, SOCIOL ~ **father/mother/parents** leiblicher Vater/leibliche Mutter/Eltern
❻ *(normal)* natürlich, normal; ***I'm sure there's a ~ explanation for it*** ich bin sicher, es gibt dafür eine ganz normale Erklärung; ***it's quite ~ ...*** es ist ganz natürlich, ...; ~ **inclination** Neigung *f;* ~ **wastage** ECON natürliche Fluktuation
❼ *after n* MUS ohne Vorzeichen *nach n*
❽ MATH *number* natürlich
II. *n* ❶ *(approv fam)* Naturtalent *nt;* **to be a ~ for sth** ein Naturtalent für etw *akk* sein; ***she is a ~ for the role of Ophelia*** sie ist die Idealbesetzung für die Rolle der Ophelia; ***he is a ~ for that type of work*** Arbeit dieser Art liegt ihm; ***as a teacher, he's a ~*** er ist der ideale Lehrer
❷ MUS Auflösungszeichen *nt*
natural attrition *n* AM, AUS Personalreduzierung *f* per Einstellungsstopp **natural childbirth** *n no pl* natürliche Geburt **natural gas** *n no pl* Erdgas *nt* **natural history I.** *n no pl* Naturgeschichte *f;* *(as topic of study)* Naturkunde *f* **II.** *n modifier (encyclopedia, TV series)* naturkundlich; ~ **expert** Naturkundeexperte, -in *m, f;* ~ **museum** Naturkundemuseum *nt*
naturalism ['nætʃərəlɪzəm, AM -ɚəl-] *n no pl* Naturalismus *m*
naturalist ['nætʃərəlɪst, AM -ɚəl-] **I.** *n* Naturforscher(in) *m(f);* ART, LIT, PHILOS Naturalist(in) *m(f)*
II. *adj* ❶ *(in natural history)* naturkundlich
❷ ART, LIT, PHILOS naturalistisch
naturalistic [ˌnætʃərəl'ɪstɪk, AM -ɚəl'-] *adj* ART, LIT, PHILOS naturalistisch
naturalization [ˌnætʃərəlaɪ'zeɪʃən, AM -ɚəlɪ'-] **I.** *n no pl* Einbürgerung *f*
II. *n modifier (office, process, request)* Einbürgerungs-; ~ **papers** Einbürgerungsurkunde *f*
naturalize ['nætʃərəlaɪz, AM -ɚəl-] **I.** *vt* ■**to ~ sb** jdn einbürgern
II. *vi* BOT, ZOOL ■**to become ~d** heimisch werden
naturalized ['nætʃərəlaɪzd, AM -ɚəl-] *adj inv* eingebürgert
natural language *n* natürliche Sprache **natural law** *n* Naturgesetz *nt*
naturally ['nætʃərəli, AM -ɚəli] *adv* ❶ *(of course)* natürlich, selbstverständlich; *(as expected)* verständlicherweise; ~ ***enough, he got upset*** wie zu erwarten war, hat er sich aufgeregt
❷ *(without aid)* natürlich
❸ *(by nature)* von Natur aus; ***she's got ~ curly hair*** sie hat Naturlocken
❹ *(without special training)* natürlich, instinktiv; ***dancing comes ~ to him*** Tanzen fällt ihm leicht; ***driving doesn't come ~ to me*** Autofahren liegt mir nicht
naturalness ['nætʃərəlnəs, AM -ɚəl-] *n no pl* Natürlichkeit *f*
natural religion *n no pl* Naturreligion *f* **natural resources** *npl* Bodenschätze *pl;* **to be rich/poor in ~** reich/arm an Bodenschätzen sein **natural science** *n,* **natural sciences** *npl* Naturwissenschaft *f* **natural selection** *n* natürliche Auslese **natural wastage** *n* BRIT Personalreduzierung *f* per Einstellungsstopp
nature ['neɪtʃər, AM -ɚ] **I.** *n no pl* ❶ *no art (natural environment)* Natur *f;* **to get** [*or* **go**] **back to ~** zu einer natürlichen Lebensweise zurückkehren; **in ~** in der Natur; **to let ~** [*or* **allow ~ to**] **take its course** der Natur ihren Lauf lassen; **the laws of ~** die Gesetze der Natur
❷ *(innate qualities)* Natur *f,* Art *f,* Beschaffenheit *f;* ***what is the ~ of your problem?*** worum handelt es sich bei Ihrem Problem?; ***it's the ~ of linen to crumple easily*** Leinen knittert von Natur aus leicht; ***I have a problem of a rather delicate ~*** ich habe da ein ziemlich heikles Problem; **the ~ of a crime/an event/the punishment** die Art eines Verbrechens/Ereignisses/einer Strafe; **things of this ~** Dinge dieser Art; ***it's in the ~ of things*** das liegt in der Natur der Sache; **by ~** von Natur aus
❸ *(character)* Naturell *nt,* Art *f;* **sb's better ~** das Gute in jdm; **to be in sb's ~** jds Art sein; ***it's not really in her ~ to be aggressive*** es ist eigentlich nicht ihre Art, aggressiv zu sein
► PHRASES: **it's the ~ of the beast** das liegt in der Natur der Sache; **the call of ~** *(euph)* der Ruf der Natur *euph;* ~**'s calling** die Natur ruft
II. *n modifier (book, programme)* Natur-
nature conservation *n no pl,* **nature conservancy** *n no pl* BRIT *(form)* Naturschutz *m*
nature cure *n* Naturheilverfahren *nt*
-natured ['neɪtʃəd, AM -ɚd] *in compounds (sweet-, bad-)* -artig; **good-~** gutmütig; **pleasant-~** angenehm
nature lover *n* Naturfreund(in) *m(f)* **nature reserve** *n* Naturschutzgebiet *nt* **nature strip** *n* AUS *(fam)* Grünstreifen *m* **nature study** *n no pl* Naturkunde *f* **nature trail** *n* Naturlehrpfad *m* **nature worship** *n no pl* ❶ *(love of nature)* Naturverehrung *f,* Naturanbetung *f* ❷ REL Naturreligion *f*
naturism ['neɪtʃərɪzəm] *n no pl* BRIT Freikörperkultur *f,* FKK *kein art*
naturist ['neɪtʃərɪst] *n* BRIT Anhänger(in) *m(f)* der Freikörperkultur, FKK-Anhänger(in) *m(f)*
naught [nɔːt, AM *esp* nɑːt] *n* ❶ *no pl (liter or old: nothing)* Nichts *nt;* **to bring sth to ~** etw zunichte machen; **to count for ~** nichts wert sein; **for ~** umsonst
❷ AM, AUS *(nought)* Null *f*
naughtily ['nɔːtɪli, AM 'nɑːt̬-] *adv* ❶ *(of children)* frech, ungezogen; **to behave ~** sich *akk* unartig benehmen; *(iron: of adults)* kess, frech
❷ *(usu hum fam: erotic)* unanständig; **to dress ~** sich *akk* aufreizend anziehen
naughtiness ['nɔːtɪnəs, AM 'nɑːt̬-] *n no pl* ❶ *of children* Unartigkeit *f,* Ungezogenheit *f,* Frechheit *f;* *(iron) of adults* Dreistigkeit *f,* Frechheit *f*
❷ *(usu hum fam: erotic)* Unanständigkeit *f*
naughty ['nɔːti, AM 'nɑːt̬i] *adj* ❶ *(badly behaved) children* unartig, ungezogen; *(iron) adults* ungehörig
❷ *(hum fam: erotic)* unanständig; ~ **bits** BRIT *(hum fam)* Weichteile *pl fam;* *(in a book)* unanständige Textstellen; ~ **underwear** Reizwäsche *f*
nausea ['nɔːsiə, -z-, AM 'nɑːziə, -ʃə] *n no pl* Übelkeit *f;* **feeling of ~** [Gefühl der] Übelkeit; **to suffer from ~** an Übelkeit leiden; *(fig)* Ekel *m,* Abscheu *m, selten f;* **to be overcome with ~** von Übelkeit [*o* Ekel] überkommen werden
nauseate ['nɔːsieɪt, -z-, AM 'nɑːz-] *vt usu passive (form)* ■**to ~ sb** bei jdm Übelkeit verursachen; *(fig pej)* ■**to be ~d by sth** von etw *dat* angeekelt sein
nauseating ['nɔːsieɪtɪŋ, -z-, AM 'nɑːzieɪt̬-] *adj* Übelkeit erregend *attr;* *(fig pej)* Ekel erregend *attr,* widerlich, ekelhaft; *(esp iron, hum)* ***it's quite ~ how good she is at everything*** es ist geradezu widerlich, wie gut sie in allem ist
nauseatingly ['nɔːsieɪtɪŋli, -z-, AM 'nɑːzieɪt̬-] *adv (fig, esp iron)* widerlich *iron*
nauseous ['nɔːsiəs, -z-, AM 'nɑːʃəs] *adj* ❶ *(having nausea)* ***she is*** [*or* ***feels***] ~ ihr ist übel
❷ *(fig: causing nausea)* widerlich, ekelhaft
nauseously ['nɔːsiəsli, -z-, AM 'nɑːʃəs-] *adv* widerlich, ekelhaft
nauseousness ['nɔːsiəsnəs, -z-, AM 'nɑːʃəs-] *n no pl* Übelkeit *f*
nautical ['nɔːtɪkəl, AM 'nɑːt̬ɪ-] *adj inv* nautisch; ~ **almanac** nautisches Jahrbuch; ~ **chart** Seekarte *f*
nautically ['nɔːtɪkəli, AM 'nɑːt̬ɪ-] *adv inv* nautisch; **to dress ~** sich *akk* seemännisch kleiden
nautical mile *n* Seemeile *f*
naval ['neɪvəl] *adj inv (of a navy)* Marine-; ~ **school/uniform** Marineschule-/uniform *f;* *(of ships)* Schiffs-, See-; ~ **battle/forces** Seeschlacht *f*/Seestreitkräfte *pl*
naval academy *n* Marineakademie *f* **naval base** *n* Flottenstützpunkt *m,* Flottenbasis *f* **naval power** *n* Seemacht *f* **naval warfare** *n no pl (war)* Seekrieg *m;* *(warring)* Seekriegsführung *f*
nave [neɪv] *n* Hauptschiff *nt,* Längsschiff *nt*
navel ['neɪvəl] *n* Nabel *m*
► PHRASES: **to contemplate** [*or* **gaze at**] [*or* **stare at**] **one's ~** BRIT sich *akk* mit sich *dat* selbst befassen, Nabelschau betreiben *sl*
navel-gazing *n no pl* BRIT *(pej)* Nabelschau *f fam*
navel orange *n* Navelorange *f*
navigability [ˌnævɪgə'bɪləti, AM -ət̬i] *n no pl* Schiffbarkeit *f*
navigable ['nævɪgəbl] *adj* ❶ *(passable)* schiffbar, befahrbar; ~ **waters** befahrbare Gewässer
❷ *(seaworthy)* seetüchtig; **a ~ boat** ein seetüchtiges Boot
navigate ['nævɪgeɪt] **I.** *vt* ■**to ~ sth** ❶ *(steer)* etw navigieren [*o* steuern]
❷ *(traverse)* etw befahren; **to ~ the ocean/a river** das Meer/einen Fluss befahren; *(pass through)* etw durchfahren
❸ *(pilot)* etw steuern; AUTO etw lenken
❹ *(fig: get through)* sich *dat* einen Weg bahnen; ***the crowd was so thick that it took us ten minutes to ~ it*** die Menschenmenge war so dicht, dass wir zehn Minuten brauchten, um durchzukommen; ***despite having drunk too much beer he just managed to ~ his way to the door*** obwohl er zu viel Bier getrunken hatte, schaffte er es noch zur Tür; **to ~ TV channels** sich *akk* bei [vielen] Fernsehkanälen zurechtfinden; **to ~ the World Wide Web** im Internet navigieren
❺ *(fig: overcome)* etw durchstehen; ***their marriage survived all the crises which had to be ~d along the way*** ihre Ehe überlebte sämtliche Krisen, die sie im Laufe der Zeit durchzustehen hatten
II. *vi* NAUT, AVIAT navigieren; AUTO *driver* fahren; *passenger* lotsen, dirigieren
navigation [ˌnævɪ'geɪʃən] *n no pl* ❶ *(navigating)* Navigation *f*
❷ *(assisting driver)* Lotsen *nt,* Dirigieren *nt*
❸ SCI, ART Navigationskunde *f*
navigational [ˌnævɪ'geɪʃənəl] *adj inv* Navigations-; ~ **error** Navigationsfehler *m*
navigator ['nævɪgeɪtər, AM -t̬ɚ] *n* Navigator(in) *m(f);* AUTO Beifahrer(in) *m(f)*
navvy ['nævi] *n* BRIT *(dated)* Bauarbeiter *m*
navy ['neɪvi] **I.** *n* ❶ + *sing/pl vb (armed forces)* ■**the N~** die Marine; **to be in the N~** in [*o* bei] der Marine sein; **to serve in the ~** in [*o* bei] der Marine dienen

❷ (*colour*) Marineblau *nt*
II. *n modifier* (*base, uniform*) Marine-
III. *adj inv* marineblau
navy blue I. *n no pl* Marineblau *nt* II. *adj inv* marineblau **navy yard** *n* AM Marinewerft *f*
nawab ['nəwɑ:b] *n* HIST Nabob *m*
nay [neɪ] I. *adv inv* (*liter*) ja [sogar]
II. *interj* DIAL (*old*) nein
III. *n esp* AM Nein *nt;* (*negative vote*) Neinstimme *f*
naysayer ['neɪseɪəʳ, AM ɚ] *n* Pessimist(in) *m(f),* Schwarzseher(in) *m(f),* Schwarzmaler(in) *m(f)*
nazi ['nɑ:tsi:] *n* (*pej fam: person who is very extreme in their views on sth*) Besessene(r) *f(m);* (*person holding very authoritarian views on a matter*) Faschist(in) *m(f) fig pej;* **anti-smoking** ~ militanter Nichtraucher/militante Nichtraucherin
Nazi ['nɑ:tsi] I. *n* ❶ (*hist*) Nazi *m*
❷ (*pej*) Nazi *m pej,* Faschist(in) *m(f) pej*
II. *n modifier* (*propaganda, salute, uniform*) Nazi-
Naziism *n no pl,* **Nazism** ['nɑ:tsɪzᵊm] *n no pl* (*hist*) Nazismus *m*
NB [ˌen'bi:] *adv no pl abbrev of* **nota bene** NB
N.B. CAN *abbrev of* **New Brunswick**
NBA [ˌenbi:'eɪ] *n* AM *abbrev of* **National Basketball Association** *die nationale Basketball-Liga der USA*
N.C. AM *abbrev of* **North Carolina**
NC-17 [ˌensi:ˌsevən'ti:n] AM I. *n Klassifizierung, dass ein Film nicht jugendfrei ist*
II. *adj* nicht jugendfrei
NCO [ˌensi:'əʊ, AM -'oʊ] *n abbrev of* **non-commissioned officer** Uffz. *m*
N.D. AM *abbrev of* **North Dakota**
NE [ˌen'i:] *abbrev of* **north-east** I. *adj* nö.
II. *n* NO
NEA [ˌeni:'eɪ] *n* AM ❶ *abbrev of* **National Education Association**
❷ *abbrev of* **National Endowment for the Arts**
Neanderthal [ni'ændətɑ:l, AM -dəθɔ:l] *adj* Neandertaler-; (*fig*) neandertalerhaft *fig fam*
Neanderthal man *n* Neandertaler *m*
Neapolitan [ˌni:ə'pɒlɪtᵊn, AM 'pɑ:lə] I. *adj inv* neapolitanisch
II. *n* Neapolitaner(in) *m(f)*
neap tide ['ni:ptaɪd] *n* Nipptide *f*
near [nɪəʳ, AM nɪr] I. *adv* ❶ (*close*) nahe; ~ **at hand** in Reichweite; **to draw** [*or* **get**] ~ näherrücken; **the time is drawing ~er** die Zeit rückt näher
❷ (*almost*) annähernd; ***as ~ as he could recall, the burglar had been tall*** soweit er sich erinnern konnte, war der Einbrecher groß gewesen; ~ **enough** (*fam*) fast, beinahe; **nowhere** [*or* **not anywhere**] ~ bei weitem nicht; ***a student grant is nowhere ~ enough to live on*** ein Stipendium reicht bei weitem nicht zum Leben [aus]; ***they came ~ to blows over their football teams*** sie fingen fast an sich wegen ihrer Fußballteams zu prügeln
II. *adj* ❶ (*close*) nahe; ***where's the ~est phone box?*** wo ist die nächste Telefonzelle?; **a ~ catastrophe/collision** eine Beinahekatastrophe/ein Beinahezusammenstoß *m;* **in the ~ future** in der nahe Zukunft; **the ~est thing** das Nächstliegende; ■**to be ~ to sth** etw nahe sein; ***this was the ~est to fresh water I could find*** von allem, was ich auftreiben konnte, ist das frischem Wasser am ähnlichsten; **to the ~est** so genau wie möglich; ***he gave the measurements to the ~est metre*** er gab die Maße genau bis auf den Meter an
❷ (*person*) nahe, eng; ~ **relative** enge[r] [*o* nahe[r]] Verwandte[r]; **his ~est and dearest** (*hum*) seine Lieben *hum;* ■**to be ~ to sb** jdm nahe sein
❸ *attr* BRIT, AUS AUTO, TRANSP (*nearside*) auf der linken Seite *präd, nach n,* linke(r, s)
III. *vt* ■**to ~ sth** sich *akk* etw *dat* nähern, etw *dat* näherkommen; **to ~ completion** kurz vor der Vollendung stehen; **to ~ one's end** (*liter*) jds Ende naht *euph*
IV. *vi* sich *akk* nähern, näherkommen, näherrücken
V. *prep* ❶ (*in proximity to*) ■~ [**to**] nahe [bei] +*dat;* ***he stood ~ her*** er stand nahe bei ihr; ***we live quite ~ [to] a school*** wir wohnen recht nahe der Schule; ***is there a train station ~ here?*** gibt es hier in der Nähe eine Bahnstation?; ***the house was nowhere ~ the sea*** das Haus war nicht mal in der Nähe des Meeres
❷ (*almost time of*) ***I shan't be home till some time ~ midnight*** ich werde nicht bis irgendwann um Mitternacht zurück sein; ***it's nowhere ~ time for us to leave yet*** es ist noch längst nicht Zeit für uns zu gehen
❸ (*almost in*) ■~ **to sth** nahe einer S. *gen;* ~ **to starvation/dehydration** nahe dem Verhungern/Verdursten; ~ **to tears** den Tränen nahe
❹ (*about ready to*) ■**to be ~ to doing sth** nahe daran sein, etw *akk* zu tun; ***I am ~ to losing my temper*** ich verliere gleich die Geduld
❺ (*like*) ***he felt something ~ envy*** er empfand so etwas wie Neid; ***what he said was nothing ~ the truth*** was er sagte stimmte nicht einmal im Entferntesten
❻ (*almost amount of*) nahezu; ***it weighed ~ to a pound*** es wog nahezu ein Pfund
near- [nɪəʳ, AM nɪr] *in compounds* beinahe, Beinahe-; **a ~disaster** ein Beinaheunglück *nt;* ***she was ~hysterical by the time we arrived there*** sie war beinahe hysterisch, als wir dort ankamen
nearby [ˌnɪə'baɪ, AM ˌnɪr'-] I. *adj* in der Nähe gelegen, nahe gelegen; **some ~ shops** einige nahe gelegene Geschäfte
II. *adv* in der Nähe
near-death experience *n* Beinahetodeserfahrung *f* **Near East** *n* Naher Osten **near-letter quality** *adj attr, inv* Briefqualität *f;* ~ **printing** gute Druckqualität
nearly ['nɪəli, AM 'nɪr-] *adv inv* fast, beinahe; ***it was so funny we ~ died laughing*** es war so komisch, dass wir uns beinahe totgelacht hätten; ~ **certain** fast sicher; **not ~ enough** nicht annähernd [*o* bei weitem nicht] genug; **to be not ~ as bad** gar nicht so schlecht sein; **to be ~ there** beinahe da sein; **to very ~ do sth** beinahe etw tun; ***that wall is ~ three metres*** diese Mauer ist fast drei Meter hoch; ***she's ~ as tall as her father now*** sie ist jetzt beinahe so groß wie ihr Vater
near miss *n* ❶ MIL Beinahetreffer *m*
❷ (*near-accident*) Beinaheunfall *m*
❸ (*fig*) Beinaheerfolg *m*
nearness ['nɪənəs, AM 'nɪr-] *n no pl* Nähe *f*
nearside BRIT, AUS I. *n* Beifahrerseite *f* II. *adj attr, inv* auf der Beifahrerseite *nach n* **near-sighted** *adj esp* AM kurzsichtig **near-sightedness** *n no pl esp* AM Kurzsichtigkeit *f* **near thing** *n* (*fam*) knappes Entkommen; ***that was a ~!*** das war knapp!
neat [ni:t] *adj* ❶ (*well-ordered*) ordentlich, sauber; ~ **appearance/beard** gepflegtes Äußeres/gepflegter Bart; **to be ~ in one's habits** ein ordentlicher Mensch sein; ~ **and tidy** sauber und ordentlich
❷ (*skilful*) geschickt; ***they did a very ~ job stitching up your knee*** sie haben dein Knie tadellos zusammengeflickt; ~ **answer** treffende Antwort
❸ *inv* (*undiluted*) pur; ***I'll have a ~ gin please*** ich hätte gerne einen Gin pur
❹ *esp* AM, AUS (*approv sl: very good*) toll, klasse *fam;* **a ~ bike** ein tolles Fahrrad; **a ~ guy** ein dufter Typ *fam*
neaten ['ni:tᵊn] *vt* ■**to ~ sth** etw in Ordnung bringen; ■**to ~ sth up** [*or* **to ~ up sth**] etw in Ordnung bringen; ■**to ~ sb up** [*or* **to ~ up sb**] jdn ordentlich herrichten
'neath [ni:θ] *prep* (*liter*) *see* **underneath**
neatly ['ni:tli] *adv* ❶ (*tidily*) sauber, ordentlich
❷ (*skilfully*) geschickt
neatness ['ni:tnəs] *n no pl* Ordentlichkeit *f,* Sauberkeit *f*
Nebr. AM *abbrev of* **Nebraska**
nebula <*pl* -lae *or* -s> ['nebjələ, *pl* -li:] *n* ASTRON Nebel *m*
nebulae ['nebjəli:] *n pl of* **nebula**
nebular ['nebjələʳ, AM -ɚ] *adj* ASTRON Nebel-
nebulous ['nebjələs] *adj* nebulös *geh,* nebelhaft; ~ **fear/promise** vage Angst/vages Versprechen
nebulousness ['nebjələsnəs] *n no pl* Vagheit *f,* Unbestimmtheit *f;* **the ~ of sb's ideas** die Vagheit von jds Vorstellungen
necessaries ['nesəsᵊriz, AM -seriz] *npl* unbedingt notwendige Dinge
necessarily ['nesəsᵊrᵊli, AM ˌnesə'ser-] *adv inv* (*consequently*) notwendigerweise; (*inevitably*) unbedingt; (*of necessity*) zwangsläufig; **not ~** nicht unbedingt
necessary ['nesəsᵊri, AM -seri] I. *adj* nötig, notwendig, erforderlich; **to make the ~ arrangements** die nötigen Vorbereitungen treffen; **a ~ evil** ein notwendiges Übel; ~ **restructuring** notwendige Umstrukturierung; **strictly ~** unbedingt nötig; **to be ~** notwendig sein; ***that won't be ~*** das ist nicht nötig; ***it's not ~ [for you] to shout*** du brauchst nicht zu schreien; ***was it really ~ for you to say that?*** musstest du das wirklich sagen?; **to do what is ~** alles Nötige tun; **if ~** wenn nötig
II. *n* ■**the ~** das Nötige [*o* Notwendige]; ***are you going to do the ~ or not?*** wirst du das Nötige erledigen oder nicht?; (*money*) das nötige Geld; ■**the necessaries** *pl* das Notwendige
necessitate [nə'sesɪteɪt] *vt* ■**to ~ sth** etw erforderlich [*o* notwendig] machen, etw erfordern; ***an important meeting ~s my being in London*** eine wichtige Versammlung erfordert meine Anwesenheit in London
necessitous [nə'sesɪtəs, AM əṭəs] *adj* bedürftig, Not leidend
necessity [nə'sesəti, AM -əṭi] *n* ❶ *no pl* (*being necessary*) Notwendigkeit *f;* **in case of ~** im Notfall *m;* **a case of absolute ~** ein absoluter Notfall; **when the ~ arises** wenn es unbedingt nötig ist; **by** [*or* **from**] [*or* **out of**] ~ aus Not *f*
❷ (*indispensability*) Lebensnotwendige *nt kein pl;* **bare ~** Grundbedarf *m;* **the necessities of life** das zum Leben Notwendige
▸ PHRASES: ~ **is the mother of invention** (*prov*) Not macht erfinderisch *prov*
neck [nek] I. *n* ❶ ANAT, PHYSIOL, MED Hals; *nape* Nacken *m,* Genick *nt;* **to fling** [*or* **throw**] **one's arms round sb's neck** jdm um den Hals fallen
❷ FASHION Kragen *m;* (*garment*) Ausschnitt *m;* ***he wore a sweater with a round ~*** er trug einen Pullover mit Rundhalsausschnitt
❸ (*narrow part*) Hals *m;* ~ **of the bottle/vase/violin** Flaschen-/Vasen-/Geigenhals *m*
❹ (*horse racing*) **by a ~** um eine Kopflänge
❺ (*dated fam: kissing*) Knutschen *nt fam;* **to have a ~** knutschen *fam*
▸ PHRASES: **to talk through the back of one's ~, to talk through one's ~** *esp* BRIT (*fam*) keine Ahnung haben, wovon man spricht; ~ **and crop** ganz und gar; **in this/sb's ~ of the woods** (*fam*) in diesen/jds Breiten; **to be breathing down sb's ~** jdm im Nacken sitzen *fig;* **to be up to one's ~ in sth** (*fam*) bis zum Hals in etw *dat* stecken *fig fam;* **to break one's ~ to do sth** (*fam*) sich *akk* wie verrückt in etw *akk* reinhängen *fam;* **to get it in the ~ [for sth]** (*fam*) [wegen einer S. *gen*] eins aufs Dach bekommen *fam;* **to have sb/sth around** [*or* **round**] **one's ~** jdn/etw am Hals haben *fam;* **to have the ~ to do sth** (*fam*) die Unverfrorenheit haben, etw zu tun; ~ **and ~** Kopf an Kopf; ***they were ~ and ~ for all but the last hundred metres*** abgesehen von den letzten hundert Metern war es ein Rennen Kopf an Kopf
II. *vi* (*dated fam: kiss*) knutschen *fam;* (*caress*) schmusen
neckband *n* Halsbündchen *nt*
neckcloth ['nekklɒθ, AM klɑ:θ] *n* Halstuch *nt,* Halsbinde *f* **neckerchief** <*pl* -s *or* -chieves> ['nekətʃɪf, AM -kɚ-] *n* (*dated*) Halstuch *nt* **necklace** *n* [Hals]kette *f*
necklet ['neklət] *n* Halskette *f;* (*small ~*) Kettchen *nt*
neckline *n* Ausschnitt *m;* **low** [*or* **plunging**] ~ tiefer Ausschnitt **neck microphone** *n* Umhängemikrofon *nt* **neck roll** *n* BRIT Haarrolle *f* im Nacken **necktie** *n esp* AM Krawatte *f*
necromancer ['nekrəʊmænsəʳ, AM rəmænsɚ] *n*

Totenbeschwörer *m,* Nekromant *m geh*

necromancy ['nekrə(ʊ)mæn(t)si, AM -rəm-] *n no pl* (*form: communicating with dead*) Nekromantie *f,* Totenbeschwörung *f;* (*black magic*) schwarze Magie, Zauberei *f*

necrophilia [ˌnekrə(ʊ)'fɪliə, AM -rə'-] *n no pl* PSYCH Nekrophilie *f*

necrophiliac [ˌnekrə(ʊ)'fɪliæk, AM -rə'-] **I.** *n* nekrophile Person
II. *adj* nekrophil

necrophilism [nek'rɒfɪlɪzᵊm, AM -'rɑːfə-] *n no pl* PSYCH Nekrophilie *f*

necropolis <*pl* -es> [nek'rɒpᵊlɪs, AM -'rɑːp-] *n* (*form*) Nekropolis *f,* Stadt *f* der Toten *liter*

nectar ['nektəʳ, AM -ɚ] *n no pl* (*in plants*) Nektar *m;* (*as drink*) Nektar *m*

nectarine ['nektᵊriːn, AM ˌnektə'riːn] *n* Nektarine *f*

née [neɪ] *adj pred, inv* geborene; ***Elaine Gibson, ~ Gillett*** Elaine Gibson, geborene Gillett

need [niːd] **I.** *n no pl* ❶ (*requirement*) Bedarf *m* (**for** an +*dat*); ***your ~ is greater than mine*** du brauchst es dringender als ich; ***there was no ~ for you to walk from the station*** du hättest doch nicht vom Bahnhof herlaufen müssen; **to be in ~ of sth** etw brauchen; **to be badly in ~ of sth** etw dringend brauchen; **to have no ~ of sth** etw nicht brauchen; ■**~s** *pl* Bedürfnisse *ntpl;* **basic ~s** Grundbedürfnisse *ntpl;* **to meet sb's ~s** jds Bedürfnisse erfüllen
❷ (*yearning*) Bedürfnis *nt;* **to have the ~ to do sth** das Bedürfnis haben, etw zu tun
❸ (*destitution*) **in ~** in Not
❹ (*necessity*) Notwendigkeit *f kein pl;* ***as the ~ arises*** bei Bedarf; ***there's no ~ to get so angry*** es besteht kein Grund, so wütend zu werden; **if ~[s] be** falls nötig
❺ (*emergency*) Not *f;* **in your/his/her hour of ~** in der Stunde der Not
► PHRASES: **thy ~ is greater than mine** deine Not ist größer als meine
II. *vt* ❶ (*require*) ■**to ~ sth/sb** etw/jdn brauchen; ***I ~ you to advise me on …*** ich brauche deinen Rat …
❷ (*should have*) ■**to ~ sth** etw brauchen; ***what you ~ is a nice hot bowl of soup*** was du jetzt brauchst ist eine schöne, heiße Schüssel Suppe; ***who ~s a car? I've got my bike*** wer braucht schon ein Auto? ich habe ja mein Fahrrad; (*hum*) ***I ~ this like I ~ a hole in the head*** das ist ja das Letzte, was ich [jetzt auch noch] gebrauchen kann *fam;* ***this room ~s a bit of brightening-up*** dieses Zimmer muss man mal ein bisschen freundlicher machen; ***he ~s his brains examined*** er hat nicht mehr alle Tassen im Schrank; ***she ~s that car seeing to*** sie sollte das Auto mal zur Werkstatt bringen; ***you won't be ~ing your coat today*** deinen Mantel brauchst du heute nicht
❸ (*must*) ■**to ~ to do sth** etw tun müssen; ■**to ~ not do sth** etw nicht tun brauchen; ~ ***we take your mother?*** müssen wir deine Mutter mitnehmen?
❹ (*not necessary*) ***you ~n't worry*** du brauchst dir keine Gedanken zu machen; ***and it ~n't cost very much*** und es muss noch nicht mal viel kosten
❺ (*didn't have to*) ***you didn't ~ to invite him — he was sent an invitation weeks ago*** du hättest ihn nicht einladen müssen — er hat schon vor Wochen eine Einladung zugeschickt bekommen; ***you ~n't have washed all those dishes*** du hättest nicht das ganze Geschirr abwaschen müssen; ***this accident ~n't have happened, if he'd only driven more carefully*** dieser Unfall wäre nie passiert, wenn er nur vorsichtiger gefahren wäre
❻ *esp* BRIT (*shouldn't*) ***you ~n't laugh!*** du brauchst gar nicht [so] zu lachen!; (*hardly necessary*) ~ ***you ask?*** (*iron*) da fragst du noch?; ***I ~ hardly say …*** ich brauche wohl kaum zu erwähnen …; ~ ***I say more?*** muss ich noch mehr sagen?

needed ['niːdɪd] *adj inv* notwendig, nötig; ***most people like to feel ~*** die meisten Menschen mögen es, gebraucht zu werden; **much-~** dringend nötig [*o* notwendig]

needful ['niːdfᵊl] **I.** *adj* ❶ (*form: necessary*) nötig, notwendig
❷ (*needy*) bedürftig; ***she couldn't lie when ~*** sie konnte nicht lügen, wenn sie etwas brauchte
II. *n no pl* ■**the ~** das Nötige; (*fam*) *money* das nötige Kleingeld *fam*

needle ['niːdl] **I.** *n* ❶ (*for sewing*) Nadel *f;* **knitting ~** Stricknadel *f;* **~ and thread** Nadel und Faden; **to thread a ~** einen Faden einfädeln
❷ MED Nadel *f;* **to be on the ~** BRIT (*fam*) an der Nadel hängen *fam;* **to get a ~** AM, AUS (*fam*) geimpft werden
❸ (*pointer*) Nadel *f,* Zeiger *m;* (*on compass*) [Kompass]nadel *f;* (*stylus*) [Grammophon]nadel *f*
❹ (*leaf*) Nadel *f*
► PHRASES: **it is like looking** [*or* **searching**] **for a ~ in a haystack** das ist, als würde man eine Stecknadel im Heuhaufen suchen; **to get the ~** (*fam*) sich *akk* ärgern; **to give sb the ~** (*fam*) jdn ärgern
II. *vt* ■**to ~ sb** jdn ärgern [*o fam* nerven]

needle bank *n,* **needle exchange** *n Ort, an dem Drogenabhängige saubere Nadeln bekommen*

needlecraft ['niːdlkrɑːft, AM kræft] *n no pl* Näherei *f,* Handarbeit *f* **needle-exchange centre** *n* Fixerstube *f* **needle match** *n* SPORTS (*fam*) erbitterter Kampf **needlepoint** *n no pl* Stickerei *f* **needle printer** *n* Nadeldrucker *m* **needle-sharp** ['niːdlʃɑːp, AM ʃɑːrp] *adj inv* nadelscharf

needless ['niːdləs] *adj inv* unnötig, überflüssig; **~ to say …** selbstverständlich …, natürlich …, überflüssig zu sagen, dass …

needlessly ['niːdləsli] *adv inv* unnötig[erweise]; **to die ~** sinnlos sterben

needlewoman <*pl* -women> ['niːdlˌwʊmən] *n* Näherin *f* **needlework** *n no pl* Handarbeit *f*

needn't ['niːdᵊnt] = **need not** *see* **need II**

needs [niːdz] *adv inv* (*old*) unbedingt; **~ must** [*or* **must ~**] **do sth** (*old form*) unbedingt etw tun müssen; ***I don't want to work all weekend, but ~ must*** ich will nicht das ganze Wochenende arbeiten, aber was sein muss, muss sein; ***I have no choice in the matter I ~ must attend*** mir bleibt keine Wahl, ich werde wohl teilnehmen müssen
► PHRASES: **~ must when the devil drives** (*prov*) ob du willst oder nicht

need-to-know *adj attr, inv bezeichnet ein Prinzip, das nur berechtigten Personen Zugang zu geheimen Informationen ermöglicht*

needy ['niːdi] **I.** *adj* ❶ (*poor*) bedürftig, Not leidend *attr*
❷ PSYCH (*mentally weak*) bedürftig
II. *n* ■**the ~** *pl* die Bedürftigen *pl*

ne'er [neəʳ, AM ner] *adv* (*poet*) nie[mals], nimmer *poet*

ne'er-do-well ['neəduˌwel, AM 'ner-] *n* (*dated*) Taugenichts *m,* Tunichtgut *m veraltend*

nefarious [nɪ'feəriəs, AM nə'fer-] *adj* (*form*) schändlich, ruchlos *geh*

nefariously [nɪ'feəriəsli, AM nə'fer-] *adv* (*form*) schändlich, ruchlos *geh*

nefariousness [nɪ'feəriəsnəs, AM nə'fer-] *n no pl* (*form: vileness*) Ruchlosigkeit *f geh,* Schändlichkeit *f;* (*wickedness*) Bosheit *f*

neg [neg] *n* PHOT (*fam*) *short for* **negative** Negativ *nt*

neg. *adj abbrev of* **negative** neg.

negate [nɪ'geɪt] *vt* (*nullify*) ■**to ~ sth** etw zunichte machen; (*deny*) ■**to ~ sth** etw verneinen [*o geh* negieren]; MATH etw negieren

negation [nɪ'geɪʃᵊn] *n no pl* ❶ (*usu form: antithesis*) Verneinung *f,* Negation *f geh*
❷ (*usu form: opposition*) Ablehnung *f,* Negation *f geh*
❸ LING Verneinung *f,* Negation *f fachspr*
❹ MATH Negierung *f*

negative ['negətɪv, AM -t̬-] **I.** *adj* ❶ (*negation*) negativ, ablehnend; **~ answer** ablehnende Antwort
❷ LING negativ, verneinend *attr;* **~ clause/form** verneinter Satz/verneinte Form
❸ (*pessimistic*) negativ, ungünstig; **~ feedback** negative Rückmeldung; ■**to be ~ about sth/sb** etw/jdm gegenüber negativ eingestellt sein; (*worrying*) negativ, schlecht
❹ *inv* ELEC, SCI negativ, minus; **~ cathode** [*or* **pole**] Minuspol *m,* negativer Pol
❺ *inv* MED *blood* negativ
❻ MATH, SCI negativ; **~ number** negative Zahl
II. *n* ❶ (*negation*) Verneinung *f;* **~ answer** abschlägige Antwort; **in the ~** (*rejection*) abschlägig; LING in der Verneinungsform
❷ PHOT Negativ *nt;* (*film*) Negativfilm *m;* **black-and-white/colour** [*or* AM **color**] **~** Schwarzweiß-/Farbnegativ *nt*
III. *vt* ■**to ~ sth** (*say no to*) etw verneinen; (*reject/decline*) etw ablehnen

negative equity *n Hypothekenschuld, die größer ist als der Wert des Hauses*

negatively ['negətɪvli, AM -t̬-] *adv* negativ; **to perceive/view sth ~** etw negativ wahrnehmen/sehen; **to think ~** negativ denken; (*saying no*) ablehnend

negativism ['negətɪvɪzᵊm, AM -t̬ɪv-] *n no pl,* **negativity** [ˌnegə'tɪvəti, AM -ət̬i] *n no pl* Negativismus *m,* Negativität *f*

neglect [nɪ'glekt] **I.** *vt* ■**to ~ sb/sth/oneself** jdn/etw/sich selbst vernachlässigen; **to ~ one's duties** seine Pflichten vernachlässigen; **to ~ one's employees/husband/wife** seine Angestellten/seinen Ehemann/seine Ehefrau vernachlässigen; ■**to ~ to do sth** [es] versäumen, etw zu tun; ***I'd ~ed to write to him*** ich habe es versäumt, ihm zu schreiben
II. *n* (*lack of care*) Vernachlässigung *f;* (*disrepair*) Verwahrlosung *f;* **to be in a state of ~** verwahrlost sein; **to fall into a state of ~** verwahrlosen

neglected [nɪ'glektɪd] *adj* (*uncared for*) verwahrlost; **~ child** verwahrlostes Kind; (*overlooked*) vernachlässigt

neglectful [nɪ'glektfᵊl] *adj* nachlässig; **~ parents** pflichtvergessene Eltern; ■**to be ~ of sth/sb** etw/jdn vernachlässigen; **to be ~ of one's duties/friends/housework** seine Pflichten/Freunde/die Hausarbeit vernachlässigen

negligee *n,* **negligée** ['neglɪʒeɪ, AM ˌneglə'ʒeɪ] *n* Negligee *nt*

negligence ['neglɪdʒən(t)s] *n no pl* (*lack of care*) Nachlässigkeit *f;* (*neglect*) Vernachlässigung *f;* LAW (*form*) Fahrlässigkeit *f;* **contributory ~** Mitverschulden *nt;* **criminal ~** strafbare [*o* grobe] Fahrlässigkeit; **culpable ~** schuldhafte [*o* grobe] Fahrlässigkeit; **gross ~** grobe Fahrlässigkeit

negligent ['neglɪdʒənt] *adj* (*careless*) nachlässig; LAW fahrlässig; ***the teacher had been ~ in leaving the children alone, the judge ruled*** der Richter befand das Verhalten des Lehrers für fahrlässig, weil dieser die Kinder alleine gelassen hatte; **to be ~ of one's duties/family/work** seine Pflichten/Familie/Arbeit vernachlässigen; (*liter: nonchalant*) *manner* leger, lässig; *clothing* salopp

negligently ['neglɪdʒəntli] *adv* (*carelessly*) nachlässig; LAW fahrlässig; **to fail ~ to do sth** auf fahrlässige Weise versäumen, etw zu tun; (*liter: nonchalantly*) lässig

negligible ['neglɪdʒəbl] *adj* unbedeutend, unwesentlich; *amount* geringfügig, unerheblich, nicht nennenswert

negligibly ['neglɪdʒəbli] *adv* geringfügig; **to go up ~** geringfügig ansteigen

negotiable [nɪ'gəʊʃiəbl, AM -'goʊ-] *adj* ❶ (*discussable*) verhandelbar; ***everything is ~ at this stage*** in diesem Stadium kann [noch] über alles verhandelt werden; ***the salary was advertised as being ~*** das Gehalt war laut Inserat Verhandlungssache
❷ (*traversable*) passierbar; **~ road** befahrbare Straße
❸ FIN übertragbar; **~ securities** übertragbare Sicherheiten; **not ~** nur zur Verrechnung, nicht übertragbar

negotiable cheque *n* FIN Inhaberscheck *m*

negotiable instrument *n* FIN übertragbares [*o* begebbares] Wertpapier

negotiate [nɪˈgəʊʃieɪt, AM -ˈgoʊ-] I. *vt* ❶ (*discuss*) ■**to ~ sth [with sb]** etw [mit jdm] aushandeln; **to ~ a loan/treaty** einen Darlehensvertrag/Vetrag abschließen; **to ~ a peace with sb/sth** ein Friedensabkommen mit jdm/etw aushandeln
❷ (*traverse*) ■**to ~ sth** etw passieren; (*fig: surmount*) *problems* etw überwinden
❸ (*spec: transfer*) übertragen; (*cash in*) **to ~ a cheque** [*or* AM **check**] einen Scheck einlösen; **to ~ securities** Sicherheiten übertragen
II. *vi* verhandeln; ■**to ~ for** [*or* **on**] **sth** über etw *akk* verhandeln; ■**to ~ with sb** mit jdm verhandeln
negotiating committee *n* Verhandlungskommission *f* **negotiating table** *n* (*fig*) Verhandlungstisch *m*
negotiation [nɪˌgəʊʃiˈeɪʃən, AM -ˌgoʊ-] *n* Verhandlung *f;* **~ *for the pay increase*** das Aushandeln der Gehaltserhöhung; ***the exact details are still under ~*** die genauen Details werden noch verhandelt
negotiator [nɪˈgəʊʃieɪtəʳ, AM -ˈgoʊʃieɪt̬ɚ] *n* ❶ (*to reach an agreement*) Unterhändler(in) *m(f),* Verhandlungsführer(in) *m(f)*
❷ BRIT Makler(in) *m(f)*
Negress <*pl* -es> [ˈniːgrəs, AM -grɪs] *n* (*pej! dated*) Negerin *f pej*
Negro <*pl* -es> *n* (*pej! dated*), **negro** [ˈniːgrəʊ, AM -groʊ] *n* (*pej! dated*) Neger *m pej*
Negroid [ˈniːgrɔɪd] *adj* (*pej! dated*) negroid *veraltet*
neigh [neɪ] I. *n* Wiehern *nt kein pl*
II. *vi* wiehern
neighbor *n* AM *see* **neighbour**
neighborhood *n* AM *see* **neighbourhood**
neighboring *adj* AM *see* **neighbouring**
neighborliness *n* AM *see* **neighbourliness**
neighborly *adj* AM *see* **neighbourly**
neighbour [ˈneɪbəʳ], AM **neighbor** [-ɚ] I. *n* (*person*) Nachbar(in) *m(f);* **next-door ~** direkter Nachbar/direkte Nachbarin, Haus-/Wohnungsnachbar(in) *m(f);* (*fig: country*) Nachbarland *nt;* (*fig: fellow-citizen*) Nächste(r) *f(m),* Mitmensch *m*
► PHRASES: **love your ~ as you love yourself** liebe deinen Nächsten wie dich selbst
II. *vi* ■**to ~ on sth** an etw *akk* [an]grenzen
neighbourhood [ˈneɪbəhʊd], AM **neighborhood** [-ɚ-] *n* ❶ (*district*) Viertel *nt;* **a closed/friendly ~** ein eigenständiges/freundliches Viertel; (*people*) Nachbarschaft *f;* ***the whole ~ is talking about it*** die ganze Nachbarschaft spricht davon; **in the ~** in der Nachbarschaft
❷ (*vicinity*) Nähe *f kein pl,* Umgebung *f;* ***they live in the ~ of the airport*** sie wohnen in der Nähe des Flughafens
❸ (*fig: approximately*) **in the ~ of sth** um etw *akk* herum; ***we're hoping to get something in the ~ of £70,000 for the house*** wir hoffen, dass wir um [die] £70,000 für das Haus bekommen werden
neighbourhood watch I. *n* Nachbarschaftsinitiative *f* zur Kriminalitätsbekämpfung
II. *n modifier* (*scheme, plan, sign*) Nachbarschaftswachdienst-
neighbouring [ˈneɪbərɪŋ], AM **neighboring** [-bɚ-] *adj attr, inv* (*nearby*) benachbart, Nachbar-; **~ house** Nachbarhaus *nt;* (*bordering*) angrenzend; **~ country** [*or* **state**] Nachbarstaat *m,* Anliegerstaat *m*
neighbourliness [ˈneɪbəlɪnəs], AM **neighborliness** [-bɚ-] *n no pl* gutnachbarliches Verhalten, gutnachbarliche Art; **an act of ~** ein Zeichen der Nachbarschaftlichkeit; **good ~** gutnachbarliches Verhältnis
neighbourly [ˈneɪbəli], AM **neighborly** [-bɚli] *adj* (*community-friendly*) gutnachbarlich; (*kindly*) freundlich
neither [ˈnaɪðəʳ, AM ˈniːðɚ] I. *adv inv* ❶ (*not either*) weder; **~ ... nor ...** [**nor ...**] weder ... noch ... [oder ...]; ***vegans eat ~ meat, nor fish, nor animal products*** Veganer essen weder Fleisch noch Fisch oder tierische Produkte; **~ *one thing nor the other*** weder das eine noch das andere
❷ (*also not*) auch nicht; ***if she doesn't agree to the plan, ~ will Tom*** wenn sie dem Plan nicht zustimmt, wird auch Tom nicht zustimmen; ***he doesn't like it*** ~ er mag es auch nicht; ***he didn't remember, and ~ did I*** er erinnerte sich nicht, und ich auch nicht; (*fam*) **me ~** ich auch nicht
► PHRASES: **to be ~ here nor there** völlig nebensächlich [*o* unwichtig] sein; ***it's essential that she has this medicine, and the cost is ~ here nor there*** sie braucht diese Medizin, die Kosten sind völlig nebensächlich
II. *adj attr, inv* keine(r, s) von beiden; **~ *side of the brain is dominant over the other*** keine Gehirnhälfte dominiert die andere; **~ *student knew the answer*** keiner der Studenten wusste die Antwort; **in ~ case** in keinem Fall; **~ *one of us is particularly interested in gardening*** keiner von uns beiden ist an der Gärtnerei sehr interessiert
III. *pron* (*not either of two*) keine(r, s) von beiden; ***we've got two TVs, but ~ works properly*** wir haben zwei Fernseher, aber keiner funktioniert richtig; ***I asked two people to help me, but ~ of them knew what to do*** ich bat zwei Leute mir zu helfen, aber keiner von ihnen wusste, was zu tun war; **~ *of us believes it*** keiner von uns glaubt das
IV. *conj* ■**~ ... nor ...** weder ... noch; **~ *am I prepared to meet his demands, nor has he ...*** ich bin weder gewillt, seine Forderungen zu akzeptieren, noch hat er ...
nelly [ˈneli] *n* ► PHRASES: **not on your ~** BRIT (*hum dated*) nie im Leben *fam*
nelson [ˈnelsən] *n* SPORTS (*in wrestling*) [**half**] **~** Nelson *m;* **full ~** doppelter Nackenheber, Doppelnelson *m;* **to have sb in a ~** einen Nelson bei jemandem ansetzen
nemeses [ˈneməsiːz] *n pl of* **nemesis**
nemesis <*pl* -ses> [ˈneməsɪs, *pl* -siːz] *n* ❶ (*liter: punishment*) gerechte Strafe; ***the tax increases proved to be the President's political ~ at the following election*** die Steuererhöhungen erwiesen sich als politische Krux für den Präsidenten bei den nächsten Wahlen
❷ (*goddess*) ■**N~** Nemesis *f,* Rachegöttin *f*
neo- [ˌniːəʊ, AM ˌnioʊ] *in compounds* neo-
neoclassical [ˌniːəʊˈklæsɪkəl, AM -oʊˈ-] *adj* klassizistisch
neoclassicism [ˌniːəʊˈklæsɪsɪzəm, AM -oʊˈ-] *n no pl* Klassizismus *m*
neocolonial [ˌniəʊkəˈləʊniəl, AM ˌnioʊkəˈloʊ] *adj inv* neokolonialistisch
neocolonialism [ˌniːəʊkəˈləʊniəlɪzəm, AM -oʊkəˈloʊ-] *n no pl* Neokolonialismus *m*
neocolonialist [ˌniːəʊkəˈləʊniəlɪst, AM -oʊkəˈloʊ-] *adj inv* neokolonialistisch
neocon [ˌniːoʊˈkɑːn] *adj* AM *short for* **neo-conservative** neokonservativ (*mit Bezug auf die konservative Reagan-Ära*)
neo-conservative [ˌniːəʊkənˈsɜːvətɪv, AM ˌniːoʊkənˈsɜːrvət̬ɪv] *adj* AM neokonservativ (*mit Bezug auf die konservative Reagan-Ära*) **neo-fascism** [ˌniəʊˈfæʃɪzəm, AM ˌnioʊ] *n no pl* Neofaschismus *m* **neo-fascist** [ˌniəʊˈfæʃɪst, AM ˌnioʊ] I. *adj inv* neofaschistisch II. *n* Neofaschist(in) *m(f)*
neolithic [ˌniːə(ʊ)ˈlɪθɪk, AM -oʊˈ-] *adj inv* neolithisch *fachspr,* jungsteinzeitlich; **~ Period** Neolithikum *nt;* (*fig pej*) vorsintflutlich *fam,* steinzeitlich *fam*
neologism [niˈɒlədʒɪzəm, AM -ˈɑːl-] *n* (*form*) Neologismus *m fachspr,* Wortneubildung *f,* Wortschöpfung *f*
neon [ˈniɒn, AM -ɑːn] I. *n no pl* Neon *nt*
II. *n modifier* Neon-; **~ tube** Neonröhre *f*
neonatal [ˌniə(ʊ)ˈneɪtəl, AM -oʊˈneɪt̬əl] *adj attr, inv* Neugeborenen-; **~ care/unit** Neugeborenenpflege/-station *f;* **~ feeding** Stillen *nt* von Neugeborenen
neo-nazi [ˌniə(ʊ)ˈnɑːtsi, AM -oʊˈ-] I. *n* Neonazi *m*
II. *n modifier* (*group, newspaper, slogan*) neonazistisch
neo-naziism *n no pl,* **neo-nazism** [ˌniə(ʊ)ˈnɑːtsɪzəm, AM -oʊˈ-] *n no pl* Neonazismus *m*
neon lamp *n* Neonlampe *f* **neon light** *n* ❶ (*lamp*) Neonlampe *f* ❷ (*sign*) Leuchtreklame *f,* Neonreklame *f* **neon sign** *n* Leuchtreklame *f,* Neonreklame *f*
neophyte [ˈniə(ʊ)faɪt, AM -oʊ-] *n* (*form: new convert*) Neophyt(in) *m(f) fachspr,* Neugetaufte(r) *f(m);* (*beginner*) Neuling *m,* Anfänger(in) *m(f)*
Nepalese [ˌnepəlˈiz] I. *adj inv* nepalesisch
II. *n* <*pl* -> Nepalese, -in *m, f*
nephew [ˈnefjuː] *n* Neffe *m*
nephritis [nɪˈfraɪtɪs, AM -t̬əs] *n no pl* Nierenentzündung *f,* Nephritis *f fachspr*
nepotism [ˈnepətɪzəm] *n no pl* (*pej*) Nepotismus *m geh,* Vetternwirtschaft *f*
nepotistic [ˌnepəˈtɪstɪk] *adj* (*pej*) nepotistisch *geh*
Neptune [ˈneptjuːn, AM *esp* -tuːn] *n no art* Neptun *m*
nerd [nɜːd, AM nɜːrd] *n* (*sl: gawky male*) Streber *m;* (*idiot*) Depp *m bes* SÜDD, ÖSTERR, SCHWEIZ *pej;* **computer ~** Computerfreak *m sl*
nerdy [ˈnɜːdi, AM ˈnɜːr-] *adj* (*fam*) doof *sl,* beknackt *sl*
Nereid [ˈnɪəriɪd, AM ˈnɪri] *n* MYTH Wassernymphe *f,* Nereide *f*
nerve [nɜːv, AM nɜːrv] I. *n* ❶ ANAT, PHYSIOL, MED Nerv *m*
❷ *no pl* (*courage*) Mut *m,* Mumm *m fam;* **to hold** [*or* **keep**]**/lose one's ~** die Nerven behalten/verlieren
❸ (*nervousness*) ■**~s** *pl* Nervosität *f kein pl;* (*stress*) Nerven *pl;* ***my ~s reach breaking point after twelve hours at work*** nach zwölf Stunden Arbeit liegen meine Nerven blank
❹ (*impudence*) Frechheit *f,* Unverschämtheit *f;* ***that man has such a ~!*** der Mann hat [vielleicht] Nerven!; **to have the ~ to do sth** den Nerv haben *fam* [*o* die Frechheit besitzen] etw zu tun; ***of all the ~!*** das ist doch die Höhe!
► PHRASES: **to be a bundle of ~s** ein Nervenbündel *nt* sein *fam;* **~s of iron** [*or* **steel**] Nerven wie Drahtseile *fam,* Nerven aus [*o* wie] Stahl; **to be in a state of ~s** nervös sein; **to calm** [*or* **steady**] **one's ~s** die Nerven beruhigen; **to get on sb's ~s** (*fam*) jdm auf die Nerven gehen *fam;* **to hit** [*or* **touch**] **a** [**raw**] **~** einen wunden Punkt treffen; **to live on one's ~s** *esp* BRIT, **to be on one's ~ ends** *esp* AM nervlich extrem angespannt sein
II. *n modifier* (*disease, end, problem*) Nerven-; **~ fibre** [*or* AM **fiber**] Nervenfaser *f,* Nervenstrang *m;* **~ impulse** Nervenimpuls *m,* Nervenreiz *m*
III. *vt* ■**to ~ sb** jdn ermutigen; ■**to ~ oneself** [**up**] **to do sth** den Mut aufbringen etw zu tun
nerve cell *n* Nervenzelle *f* **nerve center** AM, **nerve centre** *n* ❶ ANAT, PHYSIOL, MED Nervenzentrum *nt*
❷ (*control centre*) Nervenzentrum *nt fig,* Schaltzentrale *f fig* **nerve end** *n,* **nerve ending** *n usu pl* Nervenende *nt* **nerve gas** *n* Nervengas *nt*
nerveless [ˈnɜːvləs, AM ˈnɜːrv-] *adj* ❶ (*without nerves*) nervenstark
❷ (*lacking vigour*) kraftlos, schwach
nervelessly [ˈnɜːvləsli, AM ˈnɜːrv-] *adv* ❶ (*coolly*) gelassen, seelenruhig *fam*
❷ (*faintheartedly*) ≈ ohne Biss *fam*
nerve-racking *adj,* **nerve-wracking** *adj* nervenaufreibend
nervous [ˈnɜːvəs, AM ˈnɜːr-] *adj* (*highly-strung*) nervös; **~ exhaustion** nervöse Erschöpfung; **a ~ tic/twitch** nervöser Tick/nervöses Zucken; (*tense*) aufgeregt; (*fearful*) ängstlich; **of a ~ disposition** ängstlich sein; **to be** [*or* **feel**] **~ in sb's presence** in jds Gegenwart nervös sein; **~ wreck** nervöses Wrack; ***you look a ~ wreck!*** du siehst völlig fertig aus!; **to make sb ~** jdn nervös machen; ■**to be ~ about sth** wegen etw *dat* nervös sein; ■**to be ~ of sb/sth** vor jdm/etw Angst haben
nervous breakdown *n* Nervenzusammenbruch *m;* **to have** [*or* **suffer**] **a ~** einen Nervenzusammenbruch erleiden
nervously [ˈnɜːvəsli, AM ˈnɜːr-] *adv* nervös; (*overexcitedly*) aufgeregt; (*timidly*) ängstlich; **to twitch ~** nervös zucken

nervousness ['nɜːvəsnəs, AM 'nɜːr-] *n no pl* (*nervous state*) Nervosität *f;* (*fear*) Angst *f* (**about** vor +*dat*)

nervous system *n* Nervensystem *nt*

nervy ['nɜːvi, AM 'nɜːr-] *adj* ❶ AM (*pej: impudent*) unverschämt
❷ AM (*brave*) mutig
❸ BRIT (*nervous*) nervös

nest [nest] **I.** *n* ❶ (*of animals*) Nest *nt;* (*fig: of humans*) Nest *nt fig,* Heim *nt;* **empty ~** (*fig*) leeres Nest, Familie, bei der die Kinder aus dem Haus sind; **empty ~ syndrome** Gefühl *nt* der Leere, wenn die Kinder aus dem Haus sind; **to leave the ~** (*fig*) das Nest verlassen, flügge werden *fig*
❷ (*pej: den*) Schlupfwinkel *m,* Versteck *nt;* (*of criminals*) Brutstätte *f fig;* **~ of espionage/spies** Spionagenest *nt*/Nest von Spionen *fig*
❸ (*set*) Satz *m*
▸ PHRASES: **it's an ill bird that fouls it's own ~** BRIT (*prov*) nur ein schlechter Charakter beschmutzt das eigene Nest; **to feather one's [own] ~** in die eigene Tasche arbeiten [*o* wirtschaften]; **to foul one's [own] ~** das eigene Nest beschmutzen
II. *vi* ORN, SCI nisten
III. *vt* COMPUT ■**to ~ sth** etw verschachteln

nest box *n* AM ORN (*nesting box*) Nistkasten *m*

nest egg *n* Notgroschen *m;* **to have a little ~** sich *dat* einen Notgroschen zurückgelegt haben

nesting ['nestɪŋ] *adj attr, inv* ❶ (*of sets*) ineinander stapelbar; **~ dolls** Matroschka *f*
❷ (*of nests*) Nist-; **~ time** Nistzeit *f*

nesting box *n esp* BRIT Nistkasten *m*

nestle ['nesḷ] **I.** *vt* ■**to ~ sth on sb** etw an jdn schmiegen [*o* kuscheln]; ***he ~d his head on her lap*** er legte seinen Kopf in ihren Schoß; ***she ~d the baby lovingly in her arms*** sie hielt das Baby liebevoll in ihren Armen
II. *vi* ❶ (*person*) ***I love nestling down in bed with a cup of hot chocolate*** ich kuschle mich gerne mit einer Tasse heiße Schokolade ins Bett; ***she lay back and ~d amongst the cushions and pillows*** sie legte sich zurück und schmiegte sich in die Kissen; ■**to ~ up to sb** sich *akk* an jdn anschmiegen; ***the young couple lovingly ~d [up] together*** das junge Paar schmiegte sich verliebt aneinander
❷ (*object*) ■**to ~ in sth** in etw *akk* eingebettet sein; ***the lake ~s among volcanic hills*** der See liegt zwischen vulkanischen Hügeln eingebettet

nestling ['nesḷɪŋ] *n* Nestling *m*

nest robber *n* Nesträuber *m;* (*fig*) Dieb(in) *m(f)*

Net *n no pl* INET, COMPUT ■**the ~** das Netz; ■**through the ~** durch das Netz, per Internet

net¹ [net] **I.** *n* ❶ (*mesh*) Netz *nt;* **fishing ~** Fischernetz *nt;* **to haul in a ~** ein Netz einholen; (*fig: trap*) Falle *f,* Netz *nt;* **to slip through the ~** durchs Netz schlüpfen *fig;* ***although the police were watching every port he still slipped through the ~*** obwohl die Polizei jeden Hafen überwachte, ging er ihnen dennoch durchs Netz; (*fig: social welfare*) soziales Netz; **to fall [*or* slip] through the ~** durch das soziale Netz fallen *fig*
❷ SPORTS (*in tennis*) Netz *nt;* (*in soccer*) Netz *nt;* ■**the ~s** *pl* (*in cricket*) *Übungsplatz für Cricket, der von einem Netz eingeschlossen ist*
II. *vt* <-tt-> ❶ (*catch*) ■**to ~ sth** *fish* etw mit einem Netz fangen; (*fig*) ■**to ~ sb** *criminals* jdn fangen
❷ (*fig: get*) ■**to ~ oneself sth** sich *dat* etw angeln [*o* an Land ziehen] *fig fam;* ***Mark's ~ted himself a top job with an advertising company*** Mark hat sich einen Spitzenjob in einer Werbeagentur geangelt
❸ SPORTS **to ~ a return/volley** *tennis* einen Return/Volley ins Netz schlagen; **to ~ the ball/a goal** *soccer* den Ball ins Tor/ein Tor schießen

net² [net] **I.** *adj inv* ❶ FIN netto; **~ assets** [*or* **asset value**] Reinvermögen *nt,* Nettovermögen *nt;* **~ asset value per share** Inventarwert *m* eines Fondsanteils; **~ change on the day** Differenz *f* zwischen Anfangs- und Schlusskurs eines Börsentages; **~ dividend per share** Nettodividende *f* pro Aktie; **~ earnings** [*or* **income**] Reinertrag *m;* **~ income** [*or* **earnings**] Nettoeinkommen *nt;* **~ profit/results** Reingewinn *m*/Endergebnis *nt;* **~ receipts/returns** Nettoeinnahmen *fpl;* **~ wages** Nettolöhne *mpl;* ***the sum ~ of tax is over twenty thousand*** die Summe abzüglich der Steuern macht über Zwanzigtausend aus; *weight* netto, rein *attr,* Rein-; **~ tonnage** Nettoregistertonnage *f;* **~ weight** Nettogewicht *nt*
❷ *attr* (*fig: final*) End-
II. *vt* ❶ (*after tax*) ■**to ~ sth** etw netto verdienen; ***he ~s £300 a week in his new job*** er verdient in seinem neuen Job 300 Pfund netto die Woche; **to ~ a profit** einen Reingewinn erzielen
❷ (*realize*) ■**to ~ sth** etw netto einnehmen
❸ FIN **to ~ sth out** etw saldieren; **multilateral ~ting** multilaterale Verrechnung von Forderungen und Verbindlichkeiten

netball BRIT **I.** *n no pl* Korbball *m* **II.** *n modifier* (*court, equipment, player*) Korbball- **Net Book Agreement** *n* BRIT Buchpreisbindung *f* **net borrowings** *n* ECON Nettokreditaufnahme *f* **net cash flow** *n* ECON Netto-Cashflow *m* **netcaster** *n* Netcaster *m fachspr* (*Internetanbieter für Musikprogramme*) **netcasting** *n no pl* Netcasting *nt fachspr* (*Ausstrahlung von Musiksendungen übers Internet*) **net current assets** *n* ECON Nettoumlaufvermögen *nt* **net curtain** *n* Tüllgardine *f*

nether ['neðəʳ, AM -ɚ] *adj attr, inv* (*liter or hum: lower*) niedere(r, s); **~ regions** niedere Regionen *euph;* **~ world** Unterwelt *f*

Netherlander ['neðələndəʳ, AM ɚləndɚ] *n* Niederländer(in) *m(f)*

Netherlands ['neðələn(d)z, AM -ðɚ-] *n* ■**the ~** die Niederlande *pl*

netizen ['netɪzᵊn, AM -ṭ-] *n* Netizen *m sl,* Internetfreak *m fam*

net price *n* ECON Nettopreis *m* **net profit** *n* ECON Nettogewinn *m,* Reingewinn *m;* **~ before tax** Nettogewinn *m* vor Steuern **net receipts** *npl* ECON Nettoeinnahmen *fpl* **net return** *n* ECON Nettoverzinsung *f,* Nettorendite *f* **net surfing** *n no pl* Internetsurfen *nt,* Surfen *nt* im Internet

nett *adj, vt* BRIT *see* **net**

netting ['netɪŋ, AM -ṭ-] *n no pl* (*material*) Netzgewebe *nt;* (*structure*) Netzwerk *nt*

nettle ['netḷ, AM -ṭ-] **I.** *n* Nessel *f;* **stinging ~s** Brennnesseln *pl;* **to grasp the ~** BRIT (*fig*) den Stier bei den Hörnern packen *fig*
II. *vt* ■**to ~ sb** jdn ärgern [*o* reizen]; ■**to be ~d by sth** sich *akk* über etw *akk* ärgern

nettle rash *n* Nesselsucht *f kein pl*

net weight *n* Nettogewicht *nt*

network **I.** *n* ❶ (*structure*) Netz[werk] *nt*
❷ (*fig: people*) Netz *nt;* **a ~ of colleagues** eine Gruppe von Kollegen; **old boy ~** ≈ Seilschaft *f*
❸ TELEC [Kommunikations]netzwerk *nt;* **cable ~** Kabelnetz *nt;* **computer ~** Computernetz *nt;* **telephone ~** Telefonnetz *nt;* **television ~** Sendernetz *nt*
❹ ECON Netz *nt;* **distribution ~** Verteilernetz *nt*
❺ TRANSP **motorway** [*or* AM **highway**] **~** Autobahnnetz *nt;* **rail[way] ~** [Eisen]bahnnetz *nt*
II. *vt* ❶ (*link*) ■**to ~ sth** etw vernetzen [*o* verbinden]; COMPUT etw vernetzen (**to** mit +*dat*)
❷ (*television*) **to ~ a show/series/programme** [*or* AM **program**] eine Sendung/Serie/ein Programm im ganzen Sendebereich ausstrahlen
III. *vi* Kontakte knüpfen; ■**to ~ with sb** mit jdm Kontakt knüpfen

networking ['netˌwɜːkɪŋ, AM -ˌwɜːrk-] *n no pl*
❶ (*making contacts*) Kontaktknüpfen *nt*
❷ COMPUT Vernetzen *nt;* (*working of a network*) Netzwerkbetrieb *m;* (*interconnecting computers*) Netzwerkverlegung *f*

net working capital *n* Nettoumlaufvermögen *nt*

net yield *n* ECON Nettoertrag *m*

neural ['njʊərᵊl, AM 'nʊrəl, 'njʊr-] *adj attr, inv* Nerven-, neural *fachspr;* **~ damage** Nervenschaden *m*

neuralgia [njʊə'rældʒə, AM nʊ'-, 'njʊ-] *n no pl* Neuralgie *f fachspr,* Nervenschmerzen *pl*

neuralgic [njʊə'rældʒɪk, AM nʊ'-, 'njʊ-] *adj inv* neuralgisch *fachspr;* **~ condition** neuralgischer Zustand; **~ pain** Nervenschmerzen *pl*

neural network *n* COMPUT Neuronennetz *nt*

neurasthenia [ˌnjʊərəs'θiːniə, AM ˌnʊrəs'-, 'njʊr-] *n no pl* (*dated*) Neurasthenie *f fachspr,* Nervenschwäche *f*

neuritis [njʊə'raɪtɪs, AM nʊ'raɪṭəs, 'njʊ-] *n no pl* Neuritis *f fachspr,* Nervenentzündung *f*

neuro- [ˌnjʊərəʊ, AM ˌnʊroʊ] *in compounds* Neuro-, neuro-

neurological [ˌnjʊərə'lɒdʒɪkᵊl, AM ˌnʊrə'lɑː-, 'njʊr-] *adj inv* neurologisch; **~ disorder** neurologische Störung

neurologist [njʊə'rɒlədʒɪst, AM nʊ'rɑː-, 'njʊ-] *n* Neurologe, -in *m, f,* Nervenarzt/Nervenärztin *m/f*

neurology [njʊə'rɒlədʒi, AM nʊ'rɑː-, 'njʊ-] *n no pl* Neurologie *f*

neuron ['njʊərɒn, AM 'nʊrɑːn, 'njʊr-] *n,* **neurone** ['njʊərəʊn, AM 'nʊroʊn] *n* Neuron *nt*

neuropsychological [ˌnjʊərəʊˌsaɪkəˈlɒdʒɪkᵊl, AM -roʊˌsaɪkə'lɑː-] *adj* neuropsychologisch *fachspr*

neuropsychologist [ˌnjʊərəʊsaɪ'kɒlədʒɪst, AM -roʊsaɪ'kɑː-] *n* Neuropsychologe, -in *m, f fachspr*

neuroscience [ˌnjʊərəʊ'saɪən(t)s, AM ˌnʊroʊ'-, 'njʊr-] *n* Neurobiologie *f fachspr*

neuroscientific [ˌnjʊərəʊsaɪən'tɪfɪk, AM -roʊ-] *adj* neurowissenschaftlich *fachspr*

neuroses [njʊə'rəʊsiːz, AM nʊ'roʊ-, 'njʊ-] *n pl of* **neurosis**

neurosis <*pl* -ses> [njʊə'rəʊsɪs, AM nʊ'roʊ-, 'njʊ-, *pl* -siːz] *n* Neurose *f*

neurosurgeon [ˌnjʊərəʊ'sɜːdʒᵊn, AM ˌnʊroʊ'sɜːr-, 'njʊ-] *n* Neurochirurg(in) *m(f)*

neurosurgery [ˌnjʊərəʊ'sɜːdʒᵊri, AM ˌnʊroʊ'sɜːrdʒɚi, 'njʊ-] *n no pl* Neurochirurgie *f*

neurosurgical [ˌnjʊərəʊ'sɜːdʒɪkᵊl, AM ˌnʊroʊ'sɜːr] *adj inv* MED neurochirurgisch *fachspr*

neurotic [njʊə'rɒtɪk, AM nʊ'rɑːṭ-, 'njʊ-] **I.** *n* Neurotiker(in) *m(f)*
II. *adj* neurotisch

neurotically [njʊə'rɒtɪkli, AM nʊ'rɑːṭ-, 'njʊ-] *adv inv* neurotisch

neurotransmitter [ˌnjʊərəʊtræz'mɪtəʳ, AM ˌnʊroʊtræn'smɪṭɚ, 'njʊ-] *n* MED Neurotransmitter *m fachspr*

neurovaccine [ˌnjʊərəʊ'væksiːn, AM -roʊ-] *n* Injektion *f* von Nervenzellen

neuter ['njuːtəʳ, AM 'nuːṭɚ, 'njʊ-] **I.** *adj* sächlich; **~ noun** Neutrum *nt*
II. *vt* **to ~ an animal** *male* ein Tier kastrieren; *female* ein Tier sterilisieren; (*fig: weaken*) ■**to ~ sth** etw neutralisieren

neutral ['njuːtrᵊl, AM *esp* 'nuː-] **I.** *adj* ❶ (*impartial*) *in a war, election* neutral, unbeteiligt; **~ country** neutrales Land; **~ ground/territory** neutraler Boden/neutrales Gebiet; **politically ~** politisch neutral; *row* neutral, unparteiisch; **to remain ~ in an argument/dispute** in einer Auseinandersetzung/einem Streit neutral [*o* unparteiisch] bleiben
❷ (*characteristics*) neutral, unauffällig; **~ colour** [*or* AM **color**]**/flavour** [*or* AM **flavor**] neutrale Farbe/neutraler Geschmack
❸ (*deadpan*) gleichgültig
❹ CHEM, ELEC neutral
II. *n* ❶ (*country*) neutrales Land; (*person*) Neutrale(r) *f(m)*
❷ (*gears*) Leerlauf *m;* **in ~** im Leerlauf; **to put the car into ~** den Gang herausnehmen, in den Leerlauf schalten

neutralism ['njuːtrᵊlɪzᵊm, AM 'nuː] *n no pl* Neutralismus *m,* Neutralität *f*

neutrality [njuː'træləti, AM nuː'træləṭi, 'njʊ-] *n no pl* Neutralität *f*

neutralization [ˌnjuːtrᵊlaɪ'zeɪʃᵊn, AM ˌnuːtrᵊlɪ'-, 'njʊ-] *n no pl* Neutralisierung *f; of a taste, smell* Neutralisierung *f,* Aufhebung *f;* **the ~ of a system** die Ausschaltung eines Systems

neutralize ['njuːtrᵊlaɪz, AM 'nuː-, 'njʊ-] *vt* ■**to ~ sth** (*nullify*) etw neutralisieren; *bomb* etw entschärfen; ***their objective was to ~ the enemy planes*** ihr Ziel war es, die feindlichen Flugzeuge außer

Gefecht zu setzen; (*weaken*) *a colour, smell* etw abschwächen; *a strong taste* etw mildern; **to ~ the acidity/alkalinity of sth** die Azidität/Alkalität von etw *dat* neutralisieren *fachspr*

neutrino <*pl* -os> [nju:'tri:nəʊ, AM nu:'tri:noʊ] *n* PHYS Neutrino *nt*

neutron ['nju:trɒn, AM 'nu:trɑ:n, 'njʊ-] *n* Neutron *nt*

neutron bomb *n* Neutronenbombe *f*

Nev. AM *abbrev of* **Nevada**

never ['nevəʳ, AM -ɚ] *adv inv* ① (*not ever*) nie, niemals; ~ ***again!*** nie wieder!; ***do you know a guy called Antony Edwards? — ~ heard of him*** kennst du einen Antony Edwards? – nie gehört; ***I ~ forget a face*** ich vergesse nie ein Gesicht; ***he'll ~ forgive you for that*** er wird dir das niemals verzeihen; ***there will ~ be another Charlie Chaplin*** es wird nie einen zweiten Charlie Chaplin geben; **to ~ cross sb's mind** jdm nie in den Sinn kommen; **~ fear!** [nur] keine Angst [*o fam* Bange]!; **~ in all my life** [*or* **days**] noch nie in meinem Leben; **it's ~ too late to do sth** es ist nie zu spät, um etw *akk* zu tun; **~ before** noch nie [zuvor]; ~ ***before had I had so much money*** ich hatte noch nie so viel Geld; **as ~ before** wie noch nie; **~ ever** nie im Leben, niemals; ~ ***mind!*** mach' dir nichts draus! *fam*; ~ ***mind him!*** mach' dir nichts aus ihm!, kümmere dich nicht um ihn!; ~ ***mind the price!*** kümmere dich nicht um den Preis!; ~ ***mind that ...*** ohne zu berücksichtigen, dass ...; ***he's ~ 61 — he looks much younger*** er ist nie im Leben 61 — er sieht viel jünger aus
② (*not at all*) überhaupt [*o* gar] nicht
► PHRASES: **~ the <u>twain</u> shall meet** BRIT die Zwei werden nie[mals] zueinander finden

never-ending *adj* endlos, unaufhörlich **never-failing** *adj* (*approv*) unfehlbar **nevermore** *adv* nie wieder **never-never** *n* BRIT (*fam*) Ratenkauf *m*; **on the ~** auf Raten **never-never land** *n* (*fam*) Traumland *nt*, Fantasiewelt *f*

nevertheless [,nevəðə'les, AM -vɚ-] *adv* trotzdem, dennoch, nichtsdestoweniger; ***I disagreed with everything she said but she's a very good speaker*** ~ ich stimmte ihr in keinem Punkt zu, aber sie ist trotz allem eine gute Rednerin

new [nju:, AM nu:, nju:] **I.** *adj* ① (*latest*) neu; ***that's nothing ~!*** das ist nichts Neues!; ***what's ~ in the fashion world?*** was gibt's Neues in der Welt der Mode?; ■**sth is the ~ sth** etw ist das neue etw; ***soup is the ~ sandwich*** Sandwiches haben ausgedient, jetzt isst man Suppe; **to be the ~est fad** [*or* **craze**] (*fam*) der letzte Schrei sein *fam*
② *attr* (*different*) neu; **~ boy/girl/kid** (*in school*) Neue(r) *f(m)*, neuer Schüler/neue Schülerin; (*fig: as members*) Neue(r) *f(m) fam*; **~ broom** BRIT neuer Chef/neue Chefin; **N~ Deal** AM POL Reformprogramm *nt*; **~ start** neuer Anfang, Neuanfang *m*
③ *pred* (*unfamiliar*) neu; **to be a ~ one on sb** neu für jdn sein; (*inexperienced*) unerfahren; ***she's ~ to the job*** sie ist neu in in dem Job; ***I'm ~ around here*** ich bin neu hier
④ (*not second-hand*) neu; **~ clothes** neue Kleider; **brand ~** brandneu
⑤ (*fresh*) neu, frisch; **~ blood** frisches Blut; **~ lease of** [*or* AM **on**] **life** neuer Auftrieb; **~ man/woman** neuer Mann/neue Frau; **to feel like a ~ man/woman** sich *akk* wie neugeboren fühlen
⑥ (*previously unknown*) neu; ***Sally and Richard are getting married — really, that's a ~ one on me*** Sally und Richard heiraten – wirklich, das ist mir neu; **to take a ~ twist** eine neue Wendung nehmen
► PHRASES: **a ~ <u>broom</u> sweeps clean** (*prov*) neue Besen kehren gut *prov*
II. *n no pl* ■**the ~** das Neue

New Age **I.** *n* New Age *nt* **II.** *n modifier* (*book, music, philosophy*) New Age-; **~ Movement** New Age-Bewegung *f* **New Ager** *n* Anhänger(in) *m(f)* des New Age **New Age Traveller** *n* BRIT ≈ Aussteiger(in) *m(f)* **new-agey** [nju:'eɪdʒi, AM *esp* nu:-] *adj inv* neuzeitlich, Newage- *geh* (*neues Zeitalter als Inbegriff eines neuen, spirituell geprägten Weltbilds*); **~ experience** Newage-Erfahrung *f*, neuzeitliche spirituelle Erfahrung

newborn **I.** *adj attr, inv* neugeboren; **~ baby** [*or* **infant**] Neugeborene(s) *nt*; **~ democracy/science** (*fig*) neugeborene Demokratie/Wissenschaft *fig*
II. *n* ■**the ~** *pl* die Neugeborenen *pl*

newcomer *n* (*new arrival*) Neuankömmling *m*; (*stranger*) Fremde(r) *f(m)*; ***I'm a ~ to Munich*** ich bin neu in München; (*novice*) Neuling *m*

newel ['nju:əl, AM 'nu:-, 'nju:-] *n* (*pillar*) Spindel *f*; (*supporting banister*) Pfosten *m*

newfangled *adj inv* (*fam*) neumodisch **new-fashioned** *adj* modern

Newfie **I.** *n* CAN (*pej fam*) Neufundländer(in) *m(f)*
II. *n modifier* CAN (*pej fam*) neufundländisch *attr*, aus Neufundland *nach n*; **~ joke** ≈ Ostfriesenwitz *m*

new-found *adj* neu[entdeckt]

newish ['nju:ɪʃ, AM 'nu:-, 'nju:-] *adj inv* (*fam*) relativ neu

new issue market *n* Primärmarkt *m*

new-laid *adj* frisch [gelegt]; **~ eggs** frische Eier

new-look ['nju:lʊk, AM 'nu:] *adj attr, inv* in neuer Gestalt *nach n*, in neuem Look *nach n fam*

newly ['nju:li, AM 'nu:-, 'nju:-] *adv inv* (*recently*) kürzlich, neulich; **~-discovered documents** kürzlich entdeckte Dokumente; **~ married** jung verheiratet, jung vermählt *geh*; (*freshly*) frisch; **~ painted** frisch gestrichen; (*differently*) neu

newly-wed **I.** *n* Jungverheiratete(r) *f(m)*, Neuvermählte(r) *f(m) geh*
II. *adj* jung verheiratet, neu vermählt *geh*

New Man *n* BRIT Neuer Mann **new moon** *n* Neumond *m*

newness ['nju:nəs, AM 'nu:-, 'nju:-] *n no pl* Neuheit *f*

new potatoes *npl* neue Kartoffeln *pl* **New Right** *n* ■**the ~** die Neue Rechte; **member of the ~** Mitglied der Neuen Rechten

news [nju:z, AM nu:z, 'nju:z] **I.** *n no pl* ① (*new information*) Neuigkeit *f*; ***the ~ that she had resigned took everybody by surprise*** die Neuigkeit, dass sie zurückgetreten ist, hat alle überrascht; **bad/good ~** schlechte/gute Neuigkeiten; **to be bad/good ~** [**for sb/sth**] (*fig*) schlecht/gut [für jdn/etw] sein; ***he's bad ~ for the company*** der bedeutet Ärger für die Firma; **to break the ~ to sb** jdm die schlechte Nachricht [*o* die Hiobsbotschaft] überbringen; ***I've got ~ for you buster, you're not wanted here!*** ich sag' dir mal was, mein Lieber, du bist hier überflüssig!; ***have you heard the ~ about Tom and Tina? they're getting divorced*** hast du das von Tom und Tina schon gehört? sie lassen sich scheiden; ***we've had no ~ of them since they left for Australia*** seitdem sie nach Australien abgereist sind, haben wir noch nichts von ihnen gehört; ***really! that's ~ to me*** tatsächlich! das ist mir neu
② (*media*) Nachrichten *pl*; **financial/sports ~** Wirtschaftsbericht *m*/Sportnachrichten *pl*; ■**to be ~** Nachrichtenwert haben; **to be in the ~** in den Schlagzeilen sein; ■**the ~** die Nachrichten; ***was there anything interesting on the ~ this evening?*** ist heute Abend irgendetwas Interessantes in den Nachrichten gekommen?
► PHRASES: **all the ~ that's <u>fit</u> to print** alle Nachrichten, die es wert sind, gedruckt zu werden; **no ~ is <u>good</u> ~** (*prov*) keine Neuigkeiten sind gute Neuigkeiten
II. *n modifier* (*channel, programme*) Nachrichten-; **~ blackout** Nachrichtensperre *f*; **the ~ media** die [Nachrichten]medien; **~ story** Bericht *m*, Story *f fam*; **~ summary** Nachrichtenüberblick *m*, Kurznachrichten *pl*

news agency *n* Nachrichtenagentur *f* **newsagent** *n* BRIT, AUS ① (*shop*) Zeitschriftengeschäft *nt* ② (*person*) Zeitungshändler(in) *m(f)* **newsboy** *n* (*seller*) Zeitungsverkäufer(in) *m(f)*; (*deliverer*) Zeitungsausträger(in) *m(f)* **newscast** *n esp* AM Nachrichtensendung *f* **newscaster** *n* AM (*newsreader*) Nachrichtensprecher(in) *m(f)* **news conference** *n* Pressekonferenz *f*; **to call a ~** eine Pressekonferenz einberufen **news dealer** *n* AM (*newsagent*) *shop* Zeitschriftengeschäft *nt*; *person* Zeitungshändler(in) *m(f)* **news desk** *n* Nachrichtenredaktion *f* **newsflash** *n* Kurzmeldung *f* **newsgroup** *n* INET Newsgroup *f* **new share** *n* junge Aktie **newshound** *n* (*fam*) Reporter(in) *m(f)* **news item** *n* Nachricht *f* **news junkie** *n* Nachrichtenfreak *m fam* **newsletter** *n* Rundschreiben *nt*; INET Newsletter *m* **newsmag** ['nju:zmæg, AM 'nu:z-] *n short for* **newsmagazine** (*fam*) Nachrichtenmagazin *nt* **newsmagazine** *n* Nachrichtenmagazin *nt* [im Fernsehen] **news magazine** *n* Nachrichtenmagazin *nt* **newsmonger** [-,mʌŋgəʳ, AM -gɚ] *n* ① (*profession*) Nachrichtenhändler(in) *m(f)* ② (*gossip*) Klatschmaul *nt pej sl* **newspaper** **I.** *n* ① (*journal*) Zeitung *f*; **daily ~** Tageszeitung *f* ② *no pl* (*material*) Zeitungspapier *nt*; **in ~** in Zeitungspapier **II.** *n modifier* (*article, editor, reporter*) Zeitungs-; **~ advertisements** Zeitungsanzeigen *fpl*, Zeitungsinserate *ntpl*; **~ clipping** Zeitungsausschnitt *m*; **~ office** Redaktion *f* **newspaperman** <*pl* -men> ['nju:s,peɪpəmæn, AM 'nu:z,peɪpɚ] *n* Journalist *m* **newspeak** *n no pl* (*pej*), **Newspeak** *n no pl* (*pej*) Schönred[n]erei *f*, Schönfärberei *f* **newsprint** *n no pl* ① (*material*) Zeitungspapier *nt* ② (*ink*) Druckerschwärze *f* **newsreader** *n* BRIT, AUS Nachrichtensprecher(in) *m(f)* **newsreel** *n* Wochenschau *f* **news release** *n esp* AM Presseerklärung *f* **news report** *n* Nachrichtenbeitrag *m*, Meldung *f* **newsroom** *n* Nachrichtenredaktion *f* **news-sheet** ['nju:zʃi:t, AM 'nu:z] *n* [kleines] Nachrichtenblatt **newsstand** *n* Zeitungsstand *m*, Zeitungskiosk *m* **newsvendor** *n* Zeitungsverkäufer(in) *m(f)* **newsweekly** *n* <*pl* -lies> wöchentlich erscheinendes Nachrichtenmagazin **news wire** *n* Fernschreiber *m* **newsworthy** *adj* berichtenswert

newsy ['nju:zi, AM 'nu:-, 'nju:z-] *adj* informativ; **a ~ letter** ein Brief voller Neuigkeiten

newt [nju:t, AM nu:t, 'nju:t] *n* Wassermolch *m*

New Testament **I.** *n* **the ~** das Neue Testament
II. *n modifier* (*authors, book, theology*) des Neuen Testaments *nach n*; **~ translation** Übersetzung *f* des Neuen Testaments **new town** *n künstlich angelegte, nicht gewachsene Siedlung* **new wave** *n* ① FILM, TV, THEAT (*movement*) ≈ neue Welle ② (*fresh outbreak*) **a ~ of redundancies/violence** eine neue Entlassungswelle/Welle der Gewalt **New World** *n* (*dated*) Neue Welt **new world order** *n*, **New World Order** *n* neue Weltordnung **New Year** *n* Neujahr *nt kein pl*; **~'s card** Neujahrskarte *f*; **~'s message** Neujahrsansprache *f*; **Happy ~** gutes [*o* frohes] neues Jahr; ■**the ~** das neue Jahr; (*first weeks*) der Jahresbeginn **New Year's** *n no pl* AM (*fam: 1 Jan*) Neujahrstag *m*; (*31 Dec*) Silvester *nt* **New Year's Day** *n* Neujahr *nt*, Neujahrstag *m*; **on ~** an Neujahr, am Neujahrstag **New Year's Eve** **I.** *n* Silvester *nt* **II.** *n modifier* (*dinner, toast*) Silvester-; **~ party** Silvesterparty *f*, Silvesterfeier *f* **New Year's Resolution** *n esp* AM, **New Year Resolution** *n* [guter] Vorsatz für das neue Jahr **New Zealand** *n* Neuseeland *nt* **New Zealander** *n* Neuseeländer(in) *m(f)*

next [nekst] **I.** *adj inv* ① (*coming immediately after*) nächste(r, s); ***the ~ moment she was gone*** im nächsten Augenblick war sie weg; ***I'll be on holiday for the ~ couple of days*** ich bin die nächsten zwei Tage auf Urlaub; ***this time ~ year*** nächstes Jahr um diese Zeit; **for the ~ couple of weeks** die nächsten paar Wochen; **the ~ day** am nächsten Tag; **~ month** nächsten Monat; [**the**] **~ time** das nächste Mal, nächstes Mal; ~ ***time I'll bring a hat*** nächstes Mal bringe ich einen Hut mit; **on Monday ~** nächsten Montag
② (*next in order, space*) nächste(r, s), folgende(r, s); ***the ~ step is to find a house to buy*** als Nächstes müssen wir dann ein Haus finden, das wir kaufen können; ***take the ~ turning on the right*** biegen Sie bei der nächsten Gelegenheit rechts ab; ***the woman in the ~ room*** die Frau im Raum nebenan; ***the ~ chapter*** das nächste Kapitel; **as much as the ~ person** wie jede(r) andere [auch]; **the ~ but one** der/die/das Übernächste; ***she is the ~ managing***

director but one sie ist die übernächste Geschäftsführerin; ■**to be ~** der/die Nächste sein, als Nächste(r) dran sein; ***who's ~ please?*** wer ist der/die Nächste?; ***excuse me, I was ~*** Entschuldigung, ich komme als Nächste(r)
▸ PHRASES: **the ~ world** das Jenseits
II. *adv inv* ❶ (*subsequently*) dann, gleich darauf; ***what would you like ~?*** was möchten Sie als Nächstes?; ***so what happened ~?*** was geschah als Nächstes?; ***~, I heard the sound of voices*** dann hörte ich Stimmen
❷ (*again*) das nächste Mal; ***when I saw him ~ he had transformed himself*** als ich ihn das nächste Mal sah, sah er ganz verwandelt aus; ***when are you ~ going to London?*** wann fährst du das nächste Mal nach London?
❸ (*second*) zweit-; ***the opinion poll found that law and order is the most important political issue for voters and education is the ~ most important*** bei der Meinungsumfrage kam heraus, dass Gesetze für die Wähler das wichtigste Thema sind, Bildung das zweitwichtigste; **~-to-last day** *esp* AM vorletzter Tag; ***he injured himself in a climbing accident on the ~-to-last day of his vacation*** er verletzte sich am vorletzten Tag seines Urlaubs bei einem Kletterunfall; **the ~ best thing** die zweitbeste Sache; **the ~ oldest/youngest** der/die/das Zweitälteste/Zweitjüngste; ***Jo was the ~ oldest after Martin*** Jo war der/die Zweitälteste nach Martin
❹ (*to one side*) ■**~ to sth/sb** neben etw/jdm; ***who works in the office ~ to yours?*** wer arbeitet in dem Büro neben dir?; ***I prefer to sit ~ to the window when I'm on a plane*** ich sitze im Flugzeug am liebsten neben dem Fenster; ***we sat ~ to each other*** wir saßen nebeneinander
❺ (*following in importance*) ■**~ to sth** nach etw *dat*; ***cheese is my favourite food and ~ to cheese I like chocolate best*** Käse esse ich am liebsten und nach Käse mag ich am liebsten Schokolade
❻ (*almost*) ■**~ to ...** beinahe ..., fast ...; **in ~ to no time** im Handumdrehen *fam*; ***there was very little traffic and it took ~ to no time to get home*** es war sehr wenig Verkehr, und wir waren im Handumdrehen zu Hause; **~ to impossible** beinahe unmöglich; ***it's ~ to impossible to find somewhere cheap to live in the city centre*** es ist fast unmöglich, eine günstige Wohnung im Stadtzentrum zu finden; **~ to nothing** fast gar nichts; ***Charles knew ~ to nothing about farming*** Charles wusste fast nichts über Landwirtschaft
❼ (*compared with*) ■**~ to sb/sth** neben jdm/etw; ***~ to her I felt like a fraud*** neben ihr komme ich mir wie ein Betrüger/eine Betrügerin vor
▸ PHRASES: **what** [*or* **whatever**] **~!** und was kommt dann?; ***so he decided to get married at last — whatever ~! — children, I expect*** jetzt haben sie also endlich geheiratet – und was kommt als Nächstes? – Kinder, nehme ich an
III. *n* (*following one*) der/die/das Nächste; ***nothing ever changes, one day is very much like the ~*** nichts ändert sich, ein Tag gleicht so ziemlich dem anderen; ***can we arrange a meeting for the week after ~?*** können wir uns übernächste Woche treffen?; ***one moment he wasn't there, the ~ he was*** kaum war er da, war er auch schon wieder weg; **~ in line** der/die/das Nächste; ***hey don't butt in in front of me — I was the ~ in line*** he, drängen Sie sich nicht vor – ich war der/die Nächste; ***he is ~ in line to the throne*** er ist der Nächste in der Thronfolge; **from one day/moment/year/minute to the ~** von einem Tag/Augenblick/Jahr/einer Minute auf die nächste; ***things don't change much here from one year to the ~*** die Dinge ändern sich hier von einem Jahr aufs andere kaum

next door I. *adv* nebenan; ***we live ~ to the airport*** wir wohnen direkt neben dem Flughafen II. *adj pred, inv buildings* nebenan *nach n; people* benachbart; **the boy/girl ~ type** (*approv*) der Typ Junge/Mädchen von nebenan *fam;* **to be/feel ~ to sth** (*fig*) [schon beinahe] an etw *akk* grenzen **next-door** *adj attr, inv buildings* nebenan *nach n; people* benachbart; **~ family** benachbarte Familie; **~ kids** (*fam*) Nachbarkinder *ntpl* **next-door neighbor** AM, **next-door neighbour** *n* direkter Nachbar/direkte Nachbarin **next of kin** *n + sing/pl vb* nächste(r) Angehörige(r) [*o* Verwandte(r)] *f(m)*

nexus <*pl* – *or* -es> ['neksəs] *n usu sing* Nexus *m fachspr,* Verbindung *f;* COMPUT Verknüpfung *f*

NF [ˌen'ef] *n* BRIT *abbrev of* **National Front**

NFL [ˌenef'el] I. *n* AM *abbrev of* **National Football League** NFL *f* (*amerikanische Fußballnationalliga*)
II. *n modifier* NFL-; **~ history** *die Geschichte der amerikanischen Fußballnationalliga*

Nfld. CAN *abbrev of* **Newfoundland and Labrador**

NGO [ˌendʒiː'əʊ, AM -'oʊ] *n abbrev of* **nongovernmental organization** nicht der Regierung unterstellte Organisation

N.H. AM *abbrev of* **New Hampshire**

NHS [ˌeneɪtʃ'es] *n* BRIT *abbrev of* **National Health Service**

nib [nɪb] *n* [Schreib]feder *f*

nibble ['nɪbl̩] I. *n* ❶ (*bite*) Bissen *m,* Happen *m fam;* ***just take a ~ at the sandwich to see if you like it*** beiß einfach mal ein Stück Sandwich ab, dann siehst du schon, ob du's magst
❷ (*snack*) ■**~s** *pl* BRIT (*fam*) Häppchen *ntpl*
❸ (*fig: interest*) Anfrage *f*
❹ COMPUT Vier-Bit-Byte *nt*
II. *vt* ❶ (*eat*) ■**to ~ sth** etw knabbern
❷ (*amourously*) ■**to ~ sth** an etw *dat* knabbern; ***she ~d his ear*** sie knabberte an seinem Ohr
III. *vi* ❶ (*snack*) knabbern; ■**to ~ at** [*or* **on**] **sth** an etw *dat* herumknabbern; **to ~ at the bait** anbeißen; ***the fish ~d at the bait*** der Fisch biss an; (*fig: of trap*) den Köder schlucken *fam*
❷ (*purchase*) ■**to ~ at sth** etw stückchenweise kaufen; ***investors started to ~ at the company's shares after the new contract was announced*** nachdem der neue Vertrag bekannt wurde, fingen Investoren vorsichtig an, die Aktien der Firma zu kaufen
❸ (*show interest*) ■**to ~ at sth** an etw *dat* Interesse zeigen; ***we made them an offer of £five million, and they're nibbling at it*** wir machten ihnen ein Angebot von fünf Millionen £ und sie fangen an, sich langsam dafür zu interessieren
❹ (*eat into*) ■**to ~ away at sth** an etw *dat* nagen *fig;* ***even when inflation is low, it ~s away at people's savings*** selbst wenn die Inflation niedrig ist, zehrt sie an den Ersparnissen der Leute

nibs [nɪbz] *npl* (*fam or dated*) **his/her ~** seine/ihre Hoheit *iron*

Nicaragua [ˌnɪkᵊr'ægjuə, AM -ə'rɑːgwə] *n* Nicaragua *nt*

Nicaraguan [ˌnɪkᵊr'ægjuən, AM -ə'rɑːgwən] I. *n* Nicaraguaner(in) *m(f)*
II. *adj* nicaraguanisch

nice [naɪs] I. *adj* ❶ (*approv: pleasant*) schön, angenehm; ***did you have a ~ holiday?*** war es schön im Urlaub?; ***it's far ~r here than anywhere else I've lived*** es ist viel schöner hier als irgendwo sonst, wo ich vorher gewohnt habe; **~ *talking to you, but I must be off now*** es war nett mit dir zu reden, aber jetzt muss ich weg; ***it's ~ that you're staying here after all*** es ist schön, dass du trotz allem hier bleibst; ***~ one!*** (*approv fam*) nicht schlecht! *fam;* ***~ to meet you!*** es freut mich, Sie/dich kennenzulernen!; **a ~ little earner** *esp* BRIT eine wahre Goldgrube; **a ~ neighbourhood** eine freundliche Gegend; **~ weather** schönes Wetter; **~ work** (*approv fam*) gute [*o* saubere] Arbeit
❷ (*amiable*) nett, freundlich; ***it was very ~ of you to drive her home*** es war sehr nett von dir, sie nach Hause zu fahren; **a ~ chap/**AM *usu* **guy** ein netter Kerl; ■**to be ~ to sb** nett zu jdm sein; (*fam: bad*) schön *iron,* fein *iron;* ***I made a ~ mess of the job, and felt very embarrassed*** ich habe die Sache ganz schön vermasselt und es war mir äußerst peinlich
❸ (*subtle*) fein; **~ distinction** feine Unterscheidung
❹ (*intensifier*) schön; **~ and big/long/warm** schön groß/lang/warm
▸ PHRASES: **~ guys finish last** Nettigkeit zahlt sich nicht aus; **~ work if you can get it** das würde ich mir auch gefallen lassen
II. *adv* sorgfältig; **to talk ~ and clearly** deutlich und langsam sprechen

nice-looking *adj* (*person*) gut aussehend, hübsch; (*thing*) hübsch

nicely ['naɪsli] *adv* ❶ (*well*) gut, nett; ***the patient is coming along ~*** der Patient macht gute Fortschritte; ***that'll do ~*** das reicht völlig; **to do very ~** gut voran kommen; **to be doing ~** (*be successful*) erfolgreich sein; (*health-wise*) wohlauf sein
❷ (*pleasantly*) nett, hübsch

niceness ['naɪsnəs] *n no pl* Genauigkeit *f,* Feinheit *f*

nicety ['naɪsəti, AM -ət̬i] *n* ❶ *no pl* (*finer point*) Feinheit *f;* (*precision*) Genauigkeit *f;* **~ of an argument** Genauigkeit eines Arguments
❷ (*fine details*) ■**niceties** *pl* Feinheiten *pl;* (*negatively*) Spitzfindigkeiten *pl;* **legal niceties** juristische Feinheiten; **social niceties** Höflichkeitsregeln *pl;* (*etiquette*) Gepflogenheiten *pl*

niche [niːʃ, AM *esp* nɪtʃ] I. *n* ❶ (*recess*) Nische *f*
❷ (*job*) Stelle *f;* **to make** [*or* **carve out**] **a ~ for oneself** die richtige Stelle für sich *akk* finden, sich *dat* einen Platz erobern; ***he has carved out a ~ for himself as a professional tennis player*** er hat sich als Profitennisspieler durchgesetzt; (*place*) Platz *m*
II. *vt* ■**to ~ sb** jdn in eine Schublade stecken *fig*

niche market *n* ECON Nischenmarkt *m*

nick [nɪk] I. *n* ❶ (*chip*) Kerbe *f*
❷ BRIT (*sl: prison*) ■**the ~** *no pl* der Knast *fam,* das Kittchen *nt veraltend fam;* ***he was in the ~ for twelve years*** er war zwölf Jahre im Knast
❸ *no pl* BRIT, AUS (*sl: condition*) **in bad/good** [*or* **excellent**] **~** schlecht/gut in Schuss *fam*
❹ (*sl: police station*) Wache *f*
▸ PHRASES: **in the ~ of time** gerade noch rechtzeitig
II. *vt* ❶ (*chip*) ■**to ~ sth** etw einkerben; (*cut*) etw einschneiden
❷ BRIT, AUS (*fam: steal*) ■**to ~ sth** etw mitgehen lassen *fam*
❸ BRIT (*sl*) ■**to ~ sb** (*arrest*) jdn einlochen *sl;* (*catch*) jdn schnappen *fam*
❹ AM (*fam: cheat*) ■**to ~ sb** jdn abzocken *sl*
III. *vi* BRIT, AUS (*sl*) ■**to ~ in/off** hinein-/davonhuschen

nickel ['nɪkl̩] I. *n* ❶ *no pl* (*metal*) Nickel *nt*
❷ AM (*coin*) Fünfcentstück *nt*
II. *n modifier* (*candlestick, plate, statue*) Nickel-

nickel-and-dime AM I. *adj attr* ❶ (*cheap*) Billig-
❷ (*petty*) unbedeutend, belanglos
II. *vt* ❶ (*weaken financially*) ■**to ~ sb** jdn finanziell belasten
❷ (*delay*) ■**to ~ sth** etw hinauszögern

nickelodeon [ˌnɪkl̩'əʊdiən, AM 'oʊ] *n* AM ❶ (*dated fam: jukebox*) Musikautomat *m* ❷ (*hist: cinema*) Kintopp *m veraltend fam* **nickel-plated** *adj* vernickelt

nicker <*pl* -> ['nɪkəʳ] *n* BRIT (*fam*) Pfund *ntsg/pl*

nick-nack *n see* **knick-knack**

nickname ['nɪkneɪm] I. *n* Spitzname *m;* *affectionate* Kosename *m*
II. *vt* ■**to ~ sb/sth sth** ***the campsite has been ~d 'tent city' by visiting reporters*** der Campingplatz wurde von besuchenden Reportern scherzhaft ‚Zeltstadt' genannt

nicotine ['nɪkətiːn] *n no pl* Nikotin *nt*

nicotine patch *n* Nikotinpflaster *nt* **nicotine-stained** ['nɪkətiːnˌsteɪnd] *adj inv* nikotingelb

niece [niːs] *n* Nichte *f*

niff [nɪf] *n usu sing* BRIT (*fam*) Gestank *m kein pl,* Mief *m kein pl fam;* **nasty ~** übler Gestank, ekelhafter Mief *fam*

niffy ['nɪfi] *adj* BRIT (*fam*) miefig

nifty ['nɪfti] *adj* (*approv fam: stylish*) elegant; (*skilful*) geschickt; ***he did some ~ work*** das hat er gut hingekriegt

Nigerian [naɪ'dʒɪəriən, AM dʒɪri] I. *adj inv* nigerianisch
II. *n* Nigerianer(in) *m(f)*

niggardly ['nɪgədli, AM -ɚd-] *adj* (*pej*) ❶ (*stingy*) geizig, knaus[e]rig *fam;* ■**to be ~ with sth** mit etw *dat* knaus[e]rig sein *fam*
❷ (*meagre*) karg, dürftig; **a ~ donation/supply** eine armselige Spende/Versorgung

nigger ['nɪgəʳ, AM -ɚ] *n* (*pej!*) Nigger *m pej*

niggle ['nɪgl̩] I. *vi* ❶ (*find fault*) nörgeln; (*deliberate*) ■**to ~ over sth** sich *akk* mit Kleinigkeiten aufhalten
❷ (*worry*) beunruhigen, beschäftigen; ■**to ~ at sth** an etw *dat* nagen *fig*
II. *vt* ❶ (*nag*) ■**to ~ sb** an jdm herumnörgeln
❷ (*worry*) ■**to ~ sb** jdn beunruhigen [*o* beschäftigen]; ***what's her name? — it's been niggling me all evening*** wie heißt sie nochmal? – ich überlege schon den ganzen Abend, aber ich komme nicht drauf
III. *n* ❶ (*doubt*) Zweifel *m*
❷ (*criticism*) Kritikpunkt *m*

niggling ['nɪglɪŋ] *adj attr* ❶ (*troubling*) nagend *fig;* **~ doubt** nagender [*o* bohrender] Zweifel
❷ (*precise*) krittelig

niggly <-ier, -iest> ['nɪgli] *adj arguments* pingelig, kleinlich; *person* nörglerisch

nigh [naɪ] I. *adv inv* nahe; ***the time is ~*** es ist Zeit, die Zeit naht; ***the time is ~ for us to make a decision*** es wäre langsam an der Zeit, dass wir zu einer Entscheidung kommen; ***she's written ~ on 500 books*** sie hat an die 500 Bücher geschrieben
II. *prep* (*old*) nahe *dat*

night [naɪt] I. *n* ❶ (*darkness*) Nacht *f;* **~ and day** Tag und Nacht; **to have an early ~** früh zu Bett gehen; **to spend the ~ somewhere** die Nacht irgendwo verbringen; **to spend the ~ with sb** (*as a friend, relation*) bei jmd übernachten; (*sexually*) die Nacht mit jmd verbringen; **~ after ~** Nacht für Nacht; **at ~** nachts
❷ (*evening*) Abend *m;* **a ~ on the town** ein Abend in der Stadt; **to have** [*or* **go for**] **a ~ on the town** abends in der Stadt einen draufmachen *fam;* **the other ~** neulich abends; **to have** [*or* **go for**] **a ~ out** [abends] ausgehen; **tomorrow ~** morgen Abend; **by ~** abends; **~ after ~** Abend für Abend
❸ THEAT, FILM **first** [*or* **opening**] **~** Premiere *f;* **last ~** letzte [Abend]vorstellung
II. *n modifier* (*ferry, train*) Nacht-

nightbird *n* BRIT Nachteule *f fig hum fam,* Nachtschwärmer(in) *m(f) hum* **night blindness** *n no pl* Nachtblindheit *f* **nightcap** *n* ❶ (*hat*) Schlafmütze *f* ❷ (*drink*) Schlummertrunk *m,* Schlaftrunk *m* **nightclothes** *npl* Nachtwäsche *f kein pl;* (*pyjama*) Schlafanzug *m* **nightclub** I. *n* Nachtklub *m* II. *n modifier* (*act, comedian*) Nachtklub-; **~ dancing** Tanzen *nt* in einem Nachtklub **nightclubbing** *n no pl an einem Abend in verschiedene Nachtklubs/Diskos gehen;* ***does she still go out ~ every night?*** zieht sie immer noch jeden Abend durch die Klubs? **nightdress** *n* Nachthemd *nt* **nightfall** *n no pl* Einbruch *m* der Nacht **night fighter** *n* AVIAT, MIL Nachtjäger *m* **nightgown** *n* Nachthemd *nt*

nightie ['naɪti, AM -t̬-] *n* (*fam*) Nachthemd *nt*

nightingale ['naɪtɪŋgeɪl, AM -tᵊn-] *n* Nachtigall *f*

nightjar <*pl* – *or* -s> ['naɪtdʒɑːʳ, AM dʒɑːr] *n* ORN Ziegenmelker *m* **nightlife** *n no pl* Nachtleben *nt* **nightlight** *n* Nachtlicht *nt* **nightlong** (*liter*) I. *adv inv* die ganze Nacht [über] II. *adj inv* sich *akk* über die ganze Nacht hinziehend

nightly ['naɪtli] I. *adv inv* jede Nacht
II. *adj inv* (*each night*) [all]abendlich; (*nocturnal*) nächtlich

nightmare ['naɪtmeəʳ, AM -mer] I. *n* Alptraum *m;* ■**it is a ~ to do sth** es ist ein Alptraum, etw zu tun; ***she was a ~ to work with*** es war ein Alptraum, mit ihr zu arbeiten; **a recurring ~** ein immer wiederkehrender Alptraum; **the worst ~** der Alptraum schlechthin; **to have a ~** einen Alptraum haben
II. *n modifier* (*fam*) (*problems, scenario*) alptraumhaft, furchtbar; **~ visions** Schreckensvisionen *fpl*

nightmarish ['naɪtmeərɪʃ, AM -mer-] *adj* (*horrific*) alptraumhaft; (*distressing*) grauenhaft

nightmarishly ['naɪtmeərɪʃli, AM -mer-] *adv* wie in einem Alptraum

night-night *interj* (*esp childspeak*) [gute] Nacht **night-nurse** *n* Nachtschwester *f* **night owl** *n* (*fam*) Nachteule *f hum fam* **night-porter** *n* Nachtportier *m*

nights [naɪts] *adv inv* nachts; **to work ~** nachts arbeiten

night safe *n* BRIT Nachttresor *m* **night school** *n* Abendschule *f* **nightshade** <*pl* – *or* -s> ['naɪtʃeɪd] *n* BOT Nachtschattengewächs *nt* **night shift** *n* Nachtschicht *f;* **to work on the ~** Nachtschicht haben **nightshirt** *n* [Herren]nachthemd *nt* **nightspot** *n* (*fam*) Nachtklub *m* **night stand** *n* AM (*bedside table*) Nachttisch *m* **nightstick** *n* AM Schlagstock *m,* Gummiknüppel *m* **night storage heater** *n* BRIT Nachtspeicherofen *m* **night table** *n* AM (*bedside table*) Nachttisch *m* **night-time** *n* Nacht[zeit] *f* **night vision** *n* Nachtsichtigkeit *f* **night-vision** *n modifier* (*rifle*) Nachtsicht- **night-watch** *n* Nachtwache *f* **night watchman** *n* Nachtwächter *m* **nightwear** *n no pl* Nachtwäsche *f*

nihilism ['niːɪlɪzᵊm, AM 'naɪəl-] *n no pl* Nihilismus *m*

nihilist ['niːɪlɪst, AM 'naɪəl-] *n* Nihilist(in) *m(f)*

nihilistic [ˌniːɪ'lɪstɪk, AM ˌnaɪəl'-] *adj* nihilistisch

Nikkei [nɪ'keɪ, AM 'niːkeɪ] *n no pl,* **Nikkei Index** *n no pl* STOCKEX Nikkei Index *m*

nil [nɪl] *n no pl* ❶ (*nothing*) Nichts *nt,* Null *f;* ***the operating risks are virtually ~*** das Betriebsrisiko ist praktisch gleich Null
❷ *esp* BRIT SPORTS Null *f*

nimble ['nɪmbl̩] *adj* (*usu approv: agile*) gelenkig, beweglich; (*quick*) flink, behänd[e]; (*quick-witted*) [geistig] beweglich; **~ mind** beweglicher Geist

nimbleness ['nɪmbl̩nəs] *n no pl* (*usu approv: agility*) Gewandtheit *f,* Behändigkeit *f,* Geschicklichkeit *f;* (*quick-wittedness*) geistige Beweglichkeit

nimbly ['nɪmbli] *adv* (*usu approv: lithely*) flink, gewandt, behänd[e]; (*quick-witted*) schlagfertig

nimbus <*pl* -bi *or* -es> ['nɪmbəs, *pl* -baɪ] I. *n* ❶ (*cloud*) [tiefhängende] Regenwolke, Nimbostratus *m fachspr*
❷ (*halo*) Nimbus *m geh,* Heiligenschein *m*
II. *n modifier* **~ clouds** Regenwolken *pl*

Nimby *n,* **nimby** <*pl* -s> ['nɪmbi] I. *n* (*pej*) *acr for* **not in my back yard** *Person, die sich gegen umstrittene Bauvorhaben in der eigenen Nachbarschaft stellt, aber nichts dagegen hat, wenn diese woanders realisiert werden*
II. *n modifier* (*pej*) **~ attitudes** *beschreibt eine Haltung, die umstrittene Bauvorhaben überall, nur nicht in der eigenen Nachbarschaft zulassen will*

nincompoop ['nɪŋkəmpuːp, AM 'nɪn-] *n* (*pej fam*) Trottel *m pej fam*

nine [naɪn] I. *adj* (*9*) neun; **~ times out of ten** in neun von zehn Fällen; **at ~ o'clock** um neun [Uhr]
▶ PHRASES: **a <u>cat</u> has ~ lives** (*prov*) eine Katze hat neun Leben; **a ~ <u>days</u> wonder** (*dated*) [nur] eine Eintagsfliege *fig*
II. *n* (*number*) Neun *f*
▶ PHRASES: **be <u>dressed</u>** [BRIT **up**] **to the ~s** (*fam*) in Schale [geworfen] sein *fam,* aufgedonnert sein *fam*

999 [ˌnaɪnnaɪn'naɪn] BRIT I. *n no pl allgemeine Notrufnummer für Polizei, Feuerwehr und Rettungsdienst*
II. *adj* **~ call** Notruf *m*

911 [ˌnaɪnwʌn'wʌn] AM I. *n allgemeine Notrufnummer für Polizei, Feuerwehr und Rettungsdienst*
II. *adj* **~ call** Notruf *m*

ninepins ['naɪnpɪnz] *npl* Kegelspiel *nt,* Kegeln *nt kein pl;* **to be going down** [*or* **falling**] **like ~** wie [die] Kegel umfallen; (*hum*) *people* wie die Fliegen umfallen *fam*

nineteen [ˌnaɪn'tiːn] I. *n* Neunzehn *f*
II. *adj* neunzehn

nineteenth [ˌnaɪn'tiːn(t)θ] I. *n* ❶ (*after 18th*) Neunzehnte(r, s) *f(m,nt)*
❷ (*fraction*) Neunzehntel *nt*
II. *adj* neunzehnte(r, s); **~ century** neunzehntes Jahrhundert
III. *adv* an neunzehnter Stelle

nineteenth hole *n* SPORTS (*hum fam: golf club bar*) neunzehntes Loch *hum fam*

nineties ['naɪntiːz, AM -t̬-] *npl* ❶ (*temperature*) **temperatures in the ~** Temperaturen um neunzig Grad Fahrenheit
❷ (*decade*) die neunziger Jahre *pl,* die Neunziger *pl*
❸ (*age*) ***he's in his ~*** er ist in den Neunzigern

ninetieth ['naɪntiəθ, AM -t̬-] I. *n* ❶ (*after 89th*) Neunzigste(r, s) *f(m,nt)*
❷ (*fraction*) Neunzigstel *nt*
II. *adj* neunzigste(r, s); **~ birthday** neunzigster Geburtstag
III. *adv* an neunzigster Stelle

nine-to-five I. *adv* **to work ~** von neun bis fünf [Uhr] arbeiten
II. *adj* **a ~ schedule** ein Achtstunden[arbeits]tag *m*

ninety ['naɪnti, AM -t̬-] I. *n* Neunzig *f*
II. *adj* neunzig; **~ years/per cent** neunzig Jahre/Prozent

ninja ['nɪndʒə] *n* ❶ HIST, MIL Ninja *m*
❷ SPORTS Ninjutsu-Schüler(in) *m(f)*

ninjutsu [nɪn'dʒʌtsuː] *n no pl* Ninjutsu *nt*

ninny ['nɪni] *n* (*dated fam*) Dummkopf *m pej,* Trottel *m pej fam*

ninth ['naɪn(t)θ] I. *n* ❶ (*after 8th*) Neunte(r, s) *f(m,nt)*
❷ (*fraction*) Neuntel *nt*
II. *adj* neunte(r, s)
III. *adv* an neunter Stelle

nip¹ [nɪp] I. *vt* <-pp-> ■**to ~ sb/sth** (*bite*) jdn/etw beißen; (*pinch*) jdn/etw zwicken [*o* kneifen]; (*cut*) jdn/etw schneiden
▶ PHRASES: **to ~ sth in the <u>bud</u>** etw im Keim ersticken
II. *vi* <-pp-> ❶ (*bite*) beißen; ***this turtle will often ~ at people*** diese Schildkröte schnappt oft zu
❷ BRIT, AUS (*fam: go quickly*) ■**to ~ across to sth** schnell mal zu etw *dat* rüberspringen *fam;* ■**to ~ along** entlangflitzen *fam;* ***shall we ~ in to the bar for a bite to eat before the show?*** sollen wir schnell noch in die Bar gehen und etwas essen, bevor die Vorstellung anfängt?; ***I ~ped round to Bill's to borrow some sugar*** ich bin schnell zu Bill rübergegangen, um mir etwas Zucker zu borgen *fam*
III. *n* ❶ (*pinch*) Kniff *m;* (*bite*) Biss *m*
❷ *no pl* (*chill*) Kälte *f;* ***there's a ~ in the air*** es ist frisch

nip² [nɪp] *n* (*fam*) Schluck *m,* Schlückchen *nt;* **a ~ of whisky** ein Schluck Whisky

Nip [nɪp] *n* (*pej! sl*) Japs *m pej*

nip and tuck I. *adv* (*fam: neck and neck*) gleichauf; ***it was ~ at the halfway stage of the race*** auf der Hälfte der Strecke war es ganz knapp
II. *n* (*fam*) ❶ (*surgery*) Schönheitsoperation *f*
❷ (*financially*) **a nip here and a tuck there** hier ein bisschen und dort ein bisschen was einsparen *fam*

nipper ['nɪpəʳ, AM -ɚ] *n esp* BRIT (*fam*) Kleine(r) *f(m);* (*boy also*) Bengel *m fam;* (*girl also*) Göre *f* NORDD *fam*

nipple ['nɪpl̩] *n* ❶ (*on breast*) Brustwarze *f*
❷ AM (*for baby bottle*) Sauger *m*

nippy ['nɪpi] *adj* ❶ BRIT, AUS (*fam: quick*) schnell
❷ (*fam: cold*) kühl; ***it's a bit ~ today*** es ist etwas frisch heute

nirvana [nɪə'vɑːnə, AM nɪr'-] *n no pl* Nirwana *nt;* (*fig*) Traumwelt *f*

Nissen hut ['nɪsᵊn,hʌt] *n* Wellblechbaracke *f,* Nissenhütte *f*

nit [nɪt] *n* ❶ *esp* BRIT, AUS (*pej fam: idiot*) Dussel *m fam,* Blödmann *m pej*
❷ (*egg*) Nisse *f*

niter *n* AM *see* **nitre**

nitpick ['nɪtpɪk] *vi* (*fam: quibble*) [herum]nörgeln; (*find fault*) kleinlich [*o fam* pingelig] sein

nitpicker ['nɪtpɪkəʳ, AM -ɚ] *n* (*pej: quibbler*) Nörgler(in) *m(f) pej;* (*fault-finder*) Kleinigkeitskrämer(in) *m(f) pej*

nitpicking ['nɪtpɪkɪŋ] **I.** *adj* (*pej fam*) pedantisch, pingelig *fam*
II. *n no pl* (*pej fam*) Krittelei *f*

nitrate ['naɪtreɪt] *n* Nitrat *nt*

nitre ['naɪtəʳ] *n,* AM **niter** [-t̬ɚ] *n no pl* Salpeter *m*

nitric ['naɪtrɪk] *adj* CHEM ① (*of nitrogen*) Stickstoff-
② (*of nitre*) Salpeter-

nitric acid *n no pl* CHEM Salpetersäure *f*

nitrite ['naɪtraɪt] *n* CHEM Nitrit *nt*

nitrogen ['naɪtrədʒən] *n no pl* Stickstoff *m*

nitroglycerin(e) [ˌnaɪtrə(ʊ)'glɪsəriːn, AM -troʊ'-] *n no pl* Nitroglyzerin *nt*

nitrous ['naɪtrəs] *adj* ① (*of nitrogen*) Stickstoff-, stickstoffhaltig
② (*of nitre*) Salpeter-, salpetrig; ~ **acid** salpetrige Säure; ~ **oxide** Lachgas *nt*

nitty-gritty [ˌnɪti'grɪti, AM -t̬i'grɪt̬i] *n no pl* (*fam*) ■**the** ~ der Kern *fig,* das Wesentliche; **to get down to the** ~ zur Sache kommen

nitwit ['nɪtwɪt] *n* (*pej fam*) Dummkopf *m,* Schwachkopf *m pej*

nix [nɪks] AM **I.** *vt* (*fam*) ■**to** ~ **sth/sb** etw/jdn ablehnen
II. *adv inv* (*fam*) nichts, nix *fam;* ***I suppose she will say*** ~ ***to us going to the movies*** ich glaube, sie wird uns nicht ins Kino gehen lassen
III. *n no pl* nichts, nix *fam;* ***all that effort for*** ~**!** der ganze Aufwand für nichts und wieder nichts!

N.J. AM *abbrev of* **New Jersey**

NLP [ˌenel'piː] *n abbrev of* **Neuro-Linguistic Programming** NLP *nt*

NLQ [ˌenel'kjuː] *n abbrev of* **near-letter quality**

N.M. AM *abbrev of* **New Mexico**

no [nəʊ, nə, AM noʊ, nə] **I.** *adj* ① (*not any*) kein(e); ***there's*** ~ ***butter left*** es ist keine Butter mehr da; ***there's*** ~ ***doubt that he is the person we're looking for*** es besteht kein Zweifel, dass er die Person ist, die wir suchen; ~**one** keiner; **in** ~ **time** im Nu, in null Komma nichts *fam;* **to be of no interest/use** unwichtig/zwecklos sein
② (*in signs*) ***'~ parking'*** ‚Parken verboten'
③ (*not a*) kein; ***I'm*** ~ ***expert*** ich bin kein Fachmann
④ *with gerund* (*impossible*) **there's** ~ **denying** es lässt sich nicht leugnen; **there's** ~ **knowing/telling** [*or* **saying**] man kann nicht wissen/sagen
II. *adv* ① *inv* (*not at all*) nicht; ***the exam is*** ~ ***more difficult than ...*** das Examen ist nicht schwieriger als ...; ~ **less** nicht weniger; ~ **less than sb/sth** nicht weniger als jd/etw
② (*alternative*) **or** ~ (*form*) oder nicht; ***whether you like it or*** ~ ob du es magst oder nicht
③ (*negation*) nein; ***were there any survivors? —*** ~ gab es Überlebende? – nein; ***and you're not even a little bit jealous? —*** ~, ***not at all*** und du bist noch nicht mal ein kleines bisschen eifersüchtig? – nein, überhaupt nicht; ~, ***I suppose not*** nein, ich denke [wohl] nicht
④ (*doubt*) nein, wirklich nicht; ***I've never done anything like this before —*** ~? ***replied the policeman suspiciously*** ich habe so etwas noch nie zuvor getan – ach ja? erwiderte der Polizist misstrauisch
⑤ (*not*) nicht; ~ **can do** (*fam*) geht nicht *fam;* **to be** ~ **more** nicht mehr sein [*o* existieren]
III. *n* <*pl* -es *or* -s> ① (*refusal*) Absage *f;* (*negation*) Nein *nt kein pl;* **to not take** ~ **for an answer** ein Nein nicht [*o* kein Nein] akzeptieren
② (*negative vote*) Neinstimme *f;* ***the*** ~***es have it*** die Mehrheit ist dagegen
IV. *interj* ① (*refusal*) nein, auf keinen Fall
② (*comprehension*) natürlich nicht; ***we shouldn't worry about it —*** ~ wir sollten uns darüber keine Sorgen machen – nein, natürlich nicht
③ (*correcting oneself*) [ach] nein
④ (*surprise*) nein, nicht möglich; ***her husband ran off with the au pair —*** ~**!** ihr Mann ist mit dem Au-Pair-Mädchen durchgebrannt – nein! *fam*
⑤ (*distress*) ***oh*** ~**!** oh nein!

No. *n,* **no.** <*pl* Nos. *or* nos.> *n see* **number** Nr.; ~ **10** BRIT (*PM's residence*) Downing Street Nr. 10

no-account ['nəʊəˌkaʊnt, AM 'noʊ-] *adj esp* AM (*worthless*) wertlos; (*unimportant*) unbedeutend; ***he is a person of*** ~ er ist völlig unbedeutend

Noah's ark [ˌnəʊəz'-, AM ˌnoʊəz'-] *n no pl, no art* die Arche Noah

nob [nɒb, AM nɑːb] *n esp* BRIT (*hum pej fam*) Bessergestellte(r) *f(m);* ■**the** ~**s** *pl* die besseren Leute

no-ball *n* (*in cricket*) Fehlball *m*

nobble ['nɒbl̩] *vt* BRIT, AUS (*sl*) ① (*tamper with*) ■**to** ~ **an animal** *ein Tier durch Verabreichung von Drogen langsam machen*
② (*bribe*) ■**to** ~ **sb** jdn bestechen
③ (*spoil*) ■**to** ~ **sth** etw ruinieren [*o* verderben]
④ (*catch attention*) ■**to** ~ **sb** sich *dat* jdn greifen [*o* schnappen] *sl*

Nobel prize [ˌnəʊbel'-, AM ˌnoʊ-] *n* Nobelpreis *m*

Nobel prize winner *n* Nobelpreisträger(in) *m(f)*

nobility [nə(ʊ)'bɪləti, AM noʊ'bɪlət̬i] *n no pl* ① + *sing/pl vb* (*aristocracy*) ■**the** ~ der Adel
② (*approv: character*) Adel *m geh,* hohe Gesinnung

noble ['nəʊbl̩, AM 'noʊ-] **I.** *adj* ① (*aristocratic*) ad[e]lig; **to be of** ~ **birth** [*or* **descent**] ad[e]lig sein, von ad[e]liger Herkunft sein
② (*approv: estimable*) *ideals, motives, person* edel *geh,* nobel *geh;* ~ **act** [*or* **deed**] edle [*o* noble] Tat; ~ **cause** nobles Anliegen *geh,* noble Sache *geh;* ~**-sounding** edel klingend *geh*
③ (*approv: impressive*) prächtig; ~ **landscape/park/trees** prächtige Landschaft/prächtiger Park/prächtige Bäume; **a** ~ **whiskey** ein ausgezeichneter [*o* vortrefflicher] Whiskey; **a** ~ **horse/horse of** ~ **breeding** ein edles Pferd/ein Rassepferd
II. *n* Ad[e]lige(r) *f(m)*

nobleman *n* Ad[e]liger *m,* Edelmann *m hist*

noble-minded *adj* (*approv*) edel gesinnt *geh,* von edler Gesinnung *nach n geh*

nobleness ['nəʊblnəs, AM 'noʊ-] *n no pl* ① (*aristocratic*) Adel *m*
② (*approv: of motives*) Adel *m geh;* (*of actions*) Edelmut *m geh*
③ (*approv: impressiveness*) Pracht *f;* (*excellence*) Vortrefflichkeit *f*

noblesse oblige [nəʊˌblesəʊ'bliːʒ, AM noʊˌblesoʊ'-] *n* Adel verpflichtet

noblewoman *n* Ad[e]lige *f,* Edelfrau *f hist*

nobly ['nəʊbli, AM 'noʊ-] *adv* nobel *geh,* edel *geh*

nobody ['nəʊbədi, AM 'noʊbɑːdi] **I.** *pron indef* (*no people*) niemand; ***is there*** ~ ***here who can answer my question?*** kann niemand meine Frage beantworten?; ***we walked all afternoon and saw*** ~ wir gingen den ganzen Nachmittag und trafen niemand; ***tell*** ~ ***— this is top secret*** sag es niemandem – das ist streng geheim; ***he is like*** ~ ***I've ever met*** er ist anders als alle Menschen, die ich bisher getroffen habe; ~ ***was at home*** es war niemand zu Hause; ~ **else** niemand anderer; ~ ***else can calm me down like my sister*** niemand kann mich besser beruhigen als meine Schwester; ~ **here** niemand hier; ~ ***here should be without a pen and paper*** hier sollten alle Kugelschreiber und Papier haben
II. *n* <*pl* -dies> (*sb of no importance*) Niemand *m kein pl,* Nobody *m*

no-brainer ['noʊbreɪnɚ] *n* AM (*fam*) ■**to be a** ~ ein Kinderspiel sein

no-claim(s) bonus *n* BRIT, AUS, **no-claims discount** *n* BRIT, AUS FIN, ECON Schadenfreiheitsrabatt *m*

nocturnal [nɒk'tɜːnəl, AM nɑːk'tɜːr-] *adj inv* (*of the night*) nächtlich *attr,* Nacht-; ZOOL (*active at night*) nachtaktiv

nocturnally [nɒk'tɜːnəli, AM nɑːk'tɜːr-] *adv inv* nachts, in der Nacht

nocturne ['nɒktɜːn, AM 'nɑːktɜːrn] *n* MUS Nocturne *f o nt,* Notturno *nt*

nod [nɒd, AM nɑːd] **I.** *n usu sing* Nicken *nt kein pl;* **to get the** ~ grünes Licht bekommen; **to give sb a** ~ jdm zunicken; **to give sb the** ~ jdm ein Zeichen geben; **to give the** ~ **to sb** jdm Zustimmung *f* signalisieren
▶ PHRASES: **a** ~**'s as good as a wink** [**to a blind horse** [*or* **man**]] (*prov fam*) es bedarf keiner weiteren Worte *geh;* **on the** ~ BRIT (*fam*) stillschweigend, ohne Diskussion
II. *vt* <-dd-> ① (*as signal*) **to** ~ **one's head** mit dem Kopf nicken; **to** ~ [**one's**] **agreement** [*or* **assent**] zustimmend nicken; **to** ~ [**one's**] **approval** billigend nicken
② (*as greeting*) **to** ~ **a farewell to sb** jdm zum Abschied zunicken
III. *vi* <-dd-> ① (*as signal*) nicken; ***he simply*** ~***ded at the box he wanted us to take*** er zeigte einfach mit dem Kopf auf die Schachtel, die wir nehmen sollten; (*as greeting*) ■**to** ~ **to sb** jdm zunicken
② *esp* BRIT (*fam: sleep*) ein Nickerchen machen *fam*
◆**nod off** *vi* einnicken

nodal ['nəʊdəl, AM 'noʊ-] *adj inv* Knoten-; ~ **point** Knotenpunkt *m*

nodding ['nɒdɪŋ, AM 'nɑːd-] *adj* ① (*head*) nickend
② (*fleeting*) ~ **acquaintance** flüchtige Bekanntschaft; **to have only a** ~ **acquaintance with sth** (*superficial*) sich *akk* nur oberflächlich in [*o* mit] etw *dat* auskennen

noddle ['nɒdl̩, AM 'nɑːdl̩] *n* (*dated or esp hum sl: head*) Schädel *m fam;* (*fig*) Hirn *nt fam;* ***use your*** ~**!** schalt doch mal dein Hirn ein! *fam*

node [nəʊd, AM noʊd] *n* Knoten *m;* (*intersection*) Schnittpunkt *m;* COMPUT Schnittstelle *f,* Knotenpunkt *m;* **lymph** ~**s** Lymphknoten

no-deposit *adj inv* Einweg-; ~ **crates** Einwegverpackung *f;* ~ **bottle** Einwegflasche *f*

nodular ['nɒdjələʳ, AM 'nɑːdjəlɚ] *adj inv* knotig, knötchenartig

nodule ['nɒdjuːl, AM 'nɑːd-] *n* Knötchen *nt;* GEOL Klümpchen *nt*

Noel *n,* **Noël** [nəʊ'el, AM noʊ'-] *n no pl* Weihnachten *nt,* Weihnacht *f liter*

noes [nəʊz, AM noʊz] *n pl of* **no**

no-fault *adj attr, inv esp* AM Vollkasko-; ~ **compensation** Vollkaskoentschädigung; ~ **insurance** Vollkaskoversicherung *f* **no-fly zone** *n* Flugverbotszone *f* **no-frills** *adj attr, inv shop* [schlicht und] einfach; ~ **ceremony** schlichte Zeremonie; ~ **service** Service *m* ohne Extras; ~ **vehicle** Basis-/Einstiegsmodell *nt* **no-frills travel** *n* Pauschalreise *f*

noggin ['nɒgɪn, AM 'nɑːg-] *n* ① (*dated: drink*) **to have a** ~ **with sb** ein Gläschen mit jdm trinken
② *esp* AM (*fam: head*) Schädel *m fam;* ***use your*** ~ ***for once!*** benutz doch einmal deinen Schädel!

no-go *adj inv* AM (*fam*) ■**sth is** ~ etw geht nicht [*o* ist unmöglich]; ~ **situation** verfahrene Situation

no-go area *n* BRIT, **no-go zone** *n* AM ① (*prohibited*) verbotene Zone
② MIL Sperrgebiet *nt;* **to declare sth a** ~ etw zum Sperrgebiet erklären **no-good** *adj attr, inv* AM (*pej fam*) nichtsnutzig; ~ **person** Nichtsnutz *m*

No(h) [nəʊ, AM noʊ] *n no pl* THEAT *traditionelles japanisches Drama*

no-holds-barred *adj attr, inv* uneingeschränkt; *fight, report* schonungslos **no-hoper** *n* BRIT, AUS Taugenichts *m*

nohow ['nəʊhaʊ, AM 'noʊ-] *adv inv esp* AM (*fam*) keinesfalls, auf gar keinen Fall

noise [nɔɪz] **I.** *n* ① *no pl* (*loudness*) Lärm *m,* Krach *m;* **deafening** ~ ohrenbetäubender Lärm; **to make a** ~ Lärm [*o* Krach] machen; **to stand the** ~ den Lärm [*o* Krach] aushalten
② (*sound*) Geräusch *nt;* **strange** ~**s** seltsame Geräusche
③ *no pl* ELEC, PHYS (*interference*) Rauschen *nt*
▶ PHRASES: **to make** [**all**] **the correct** [*or* **proper**] [*or* **right**] ~**s** die richtigen Worte finden; **to make a** ~ Aufsehen *nt* erregen; **to make a** ~ **about sth/doing sth** (*fam*) viel Wind um etw *akk* machen; **to make** ~**s** (*fam*) Bemerkungen machen; (*make trouble*) Umstände machen; **to make** ~**s about sth** Aufhebens um etw *akk* machen
II. *n modifier* Lärm-; ~ **level** Lärmpegel *m;* ~ **reduction** Lärmverminderung *f;* ~ **nuisance** Lärmbelästigung *f*

III. *vt usu passive* (*dated*) ■ **to ~ sth about** etw verbreiten
noiseless ['nɔɪzləs] *adj inv breath, flight* geräuschlos, lautlos
noiselessly ['nɔɪzləsli] *adv inv* geräuschlos, lautlos
noisemaker *n* AM Krachmacher *m* **noise pollution** *n no pl* Lärmbelästigung *f* **noise prevention** *n no pl* Lärmvermeidung *f*
noisily ['nɔɪzɪli] *adv* geräuschvoll
noisiness ['nɔɪzɪnəs] *n no pl* ❶ (*making noise*) Lärmen *nt*
❷ (*full of noise*) Lärm *m*
noisome ['nɔɪsəm] *adj* (*liter*) ❶ (*fetid*) *smell* übel riechend; ~ **stench** übler Gestank
❷ (*offensive*) *man* unangenehm; *manner* abstoßend
noisy ['nɔɪzi] *adj* ❶ (*making noise*) laut; ~ **children** lärmende Kinder; ~ **music** laute Musik; ~ **protest** lautstarker Protest
❷ (*full of noise*) laut; **crowded and ~ pub** überfüllte und sehr laute Kneipe
❸ (*attention-seeking*) Aufmerksamkeit suchend *attr*
❹ ELEC rauschend
no-lose *adj inv* AM (*sl*) todsicher *fam*
nomad ['nəʊmæd, AM 'noʊ-] I. *n* Nomade, -in *m, f;* (*fig*) Wandervogel *m hum;* ***my father had been a ~ all his life*** mein Vater führte sein Leben lang ein richtiges Nomadendasein
II. *n modifier* ~ **life** Leben *nt* als Nomade; (*fig*) Nomadenleben *nt*
nomadic [nə(ʊ)'mædɪk, AM noʊ'-] *adj* nomadisch, Nomaden-; ~ **existence** [*or* **way of life**] (*fig*) Nomadendasein *nt;* ~ **tribe** Nomadenstamm
no-man's-land *n no pl* ❶ MIL Niemandsland *nt*
❷ (*quandary*) Teufelskreis *m;* **intellectual** ~ intellektueller Teufelskreis; **to be caught in** ~ im Teufelskreis gefangen sein
❸ (*limbo*) Schwebezustand *m*
nom de plume <*pl* **noms de plume**> [ˌnɔ̃ː(n)də'pluːm, AM ˌnɑːmdə'-] *n* LIT Pseudonym *nt;* ■ **under the** ~ unter dem Pseudonym; **to use a** ~ ein Pseudonym verwenden
nomenclature [nə(ʊ)'meŋklətʃəʳ, -kleɪ-, AM 'noʊmenkleɪtʃɚ] *n* SCI ❶ *no pl* (*system*) Nomenklatur *f geh*
❷ (*form: term*) Begriff *m*
nomenklatura [nɒˌmenklə'tjʊərə, AM ˌnoʊmenklæ'tuːrə] *n no pl* (*hist*) Nomenklatura *f*
nominal ['nɒmɪnəl, AM 'nɑːmə-] *adj* ❶ (*titular*) dem Namen nach *nach n,* nominell
❷ (*small*) *sum of money* gering
❸ (*stated*) angegeben; ~ **diameter** Nenndurchmesser *m*
nominal account *n* FIN Sachkonto *nt* **nominal interest rate** *n* Nominalzins *m*
nominalism ['nɒmɪnəlɪzəm, AM 'nɑːmən] *n no pl* PHILOS Nominalismus *m fachspr*
nominally ['nɒmɪnəli, AM 'nɑːmə-] *adv* dem Namen nach, nominell
nominal value *n* FIN Nennwert *m* **nominal yield** *n* STOCKEX Nominalverzinsung *f*
nominate ['nɒmɪneɪt, AM 'nɑːmə-] *vt* ❶ (*propose*) ■ **to ~ sb** jdn nominieren; **to ~ sb/sth for an award** jdn/etw für eine Auszeichnung nominieren; **to ~ sb for a post** jdn für einen Posten nominieren; **to be ~d for the presidency** für die Präsidentschaft nominiert werden
❷ (*appoint*) ■ **to ~ sb** [**as**] **sth** jdn zu etw *dat* ernennen
❸ (*fix a date*) ■ **to ~ sth** etw festlegen
nomination [ˌnɒmɪ'neɪʃən, AM ˌnɑːmə'-] *n* ❶ (*proposal*) Nominierung *f* (**for** für +*akk*)
❷ (*appointment*) Ernennung *f* (**to** zu +*dat*)
nominative ['nɒmɪnətɪv, AM 'nɑːmənəṭɪv] I. *n* ■ **the** ~ der Nominativ
II. *adj inv* Nominativ-; **to be in the ~ case** im Nominativ stehen
nominative absolute *n* LING absoluter Nominativ, Nominativus absolutus *m fachspr*
nominee [ˌnɒmɪ'niː, AM ˌnɑːmə'-] I. *n* Kandidat(in) *m(f),* vorgeschlagener Kandidat/vorgeschlagene Kandidatin; **Oscar ~s** Oscar-Anwärter *pl;* ~ **for a post** Kandidat(in) *m(f)* für einen Posten
II. *adj attr, inv* nominiert
nominee account *n* FIN Anderkonto *nt,* Mündelkonto *nt*
noms de plume [ˌnɔ̃ː(n)də'pluːm, AM ˌnɑːmdə'-] *n pl of* **nom de plume**
non- [ˌnɒn, AM ˌnɑːn] *in compounds* Nicht-, nicht-
non-acceptance *n no pl* ❶ (*rejection*) Nichtakzeptanz *f;* (*disrespect*) *of conditions* Nichteinhaltung *f* ❷ STOCKEX Annahmeverweigerung *f* **non-addictive** *adj inv* ~ **medicine** Medikament, das nicht süchtig macht; ■ **to be** ~ nicht süchtig machen
nonagenarian [ˌnəʊnədʒə'neəriən, AM ˌnɑːnədʒə'ner-] I. *n* ■ **to be a** ~ in den Neunzigern sein
II. *adj inv* in den Neunzigern *nach n*
non-aggression I. *n no pl* Gewaltverzicht *m* II. *n modifier* ~ **pact** Nichtangriffspakt *m* **non-aggression pact** *n,* **non-aggression treaty** *n* Nichtangriffspakt *m*
nonagon ['nɒnəgɒn, AM 'nɑːnəgɑn] *n* MATH Neuneck *nt*
non-alcoholic *adj inv drink, beer* alkoholfrei **non-aligned** *adj inv* ❶ (*neutral*) neutral; POL blockfrei; ~ **country** blockfreies Land ❷ COMPUT nicht richtig ausgerichtet **non-alignment** *n no pl* Neutralität *f;* POL Blockfreiheit *f*
no-name *adj inv esp* AM *product* No-Name-; ~ **cigarettes** Billigzigaretten
nonanswer *n* ausweichende Antwort **non-appearance** *n no pl* LAW Nichterscheinen *nt* vor Gericht **non-attendance** *n no pl* (*at school, a hearing*) Abwesenheit *f* **non-attributable** *adj inv* anonym; ~ **information** anonyme Hinweise *pl*
non-availability *n no pl* Unabkömmlichkeit *f*
non-believer *n* Ungläubige(r) *f(m)* **non-belligerent** I. *adj inv* ~ **country** Land, das keinen Krieg führt; ■ **to be** ~ keinen Krieg führen II. *n* Kriegsunbeteiligte(r) *f(m)* **non-bio** *adj inv* (*fam*) *short for* **non-biological** anorganisch **non-biodegradable** *adj inv plastic* biologisch nicht abbaubar **non-biological** *adj inv* anorganisch **non-cancerous** *adj inv* MED *tumour* gutartig
nonce[1] [nɒn(t)s, AM nɑːn-] *n* ► PHRASES: for the ~ für den Übergang, übergangsweise
nonce[2] [nɒn(t)s] *n* BRIT (*fam*) Sexualstraftäter(in) *m(f)*
nonce word *n* ad hoc gebildetes Wort
nonchalance ['nɒn(t)ʃələn(t)s, AM ˌnɑːnʃə'lɑː-] *n no pl* Nonchalance *f geh,* Gleichgültigkeit *f*
nonchalant ['nɒn(t)ʃələnt, AM ˌnɑːnʃə'lɑːnt] *adj* nonchalant *geh,* gleichgültig; ■ **sb is ~ about sth** jdm ist etw egal; **to appear** [*or* **seem**]/**sound** ~ gleichgültig erscheinen/klingen
nonchalantly ['nɒn(t)ʃələntli, AM ˌnɑːnʃə'lɑːn-] *adv* gleichgültig
non-collegiate [ˌnɒnkə'liːdʒiət, AM ˌnɑːnkə'liːdʒɪt] *adj inv* UNIV ❶ (*not composed of different colleges*) nicht aus Colleges bestehend ❷ (*not attached*) keinem College angehörend **non-com** [ˌnɒn'kɒm, AM ˌnɑːn'kɑːm] *n* MIL (*fam*) *short for* **non-commissioned officer** Unteroffizier(in) *m(f)* **non-combatant** *n* MIL Nichtkombattant(in) *m(f) geh,* Zivilist(in) *m(f)* **non-combustible** *adj inv* nicht brennbar; ~ **material** nicht brennbares Material **non-commissioned officer** *n* MIL Unteroffizier(in) *m(f)*
non-committal [ˌnɒnkə'mɪtəl, AM ˌnɑːnkə'mɪṭ-] *adj letter, tone* unverbindlich; ■ **to be ~ about sth** sich *akk* nicht auf etw *akk* festlegen [wollen]; ~ **response** unverbindliche Antwort
non-committally [ˌnɒnkə'mɪtəli, AM ˌnɑːnkə'mɪṭ-] *adv* unverbindlich **non-competitive** *adj inv sport* nicht wettkampforientiert **non-compliance** *n no pl with an order* Nichtbeachtung *f; with a wish* Nichterfüllung *f;* ~ **with the terms of the contract** die Nichteinhaltung der Vertragsbedingungen
non compos *adj,* **non compos mentis** [ˌnɒnˌkɒmpəs'mentɪs, AM ˌnɑːnˌkɑːmpoʊs'menṭɪs] *adj pred, inv* ❶ LAW nicht im Vollbesitz seiner geistigen Kräfte, unzurechnungsfähig
❷ (*hum: insane*) nicht ganz richtig *fig fam*
nonconformism *n no pl see* **nonconformity**
nonconformist I. *adj* ❶ (*independent*) nonkonformistisch; ~ **attitude** nonkonformistische Einstellung
❷ BRIT REL ■ **N~** nonkonformistisch; **the N~ Church** die nonkonformistische Kirche
II. *n* ❶ (*eccentric*) Nonkonformist(in) *m(f)*
❷ BRIT REL ■ **N~** Nonkonformist(in) *m(f)*
nonconformity *n no pl* ❶ (*refusal*) Nonkonformismus *m* (**in/to** gegenüber +*dat*)
❷ BRIT REL ■ **N~** Nonkonformismus *m*
non-contributory *adj inv* beitragsfrei; ~ **pension scheme** beitragsfreie Altersversorgung **non-controversial** [ˌnɒnkɒtrə'vɜːʃəl, AM ˌnɑːnkɑːtrə'vɜːrʃəl] *adj inv* unumstritten, nicht strittig **non-convertible** *adj inv* FIN nicht konvertierbar **non-cooperation** *n no pl* Kooperationsverweigerung *f,* mangelnde Kooperationsbereitschaft (**with** in Bezug auf +*akk*) **non-credit** *adj inv* UNIV *course* nicht anrechenbar **non-dairy** *adj inv* milchfrei; ■ **to be** ~ *person* sich *akk* milchfrei ernähren; ~ **diet** milchfreie Ernährung **non-delivery** [ˌnɒndɪ'lɪvəri, AM ˌnɑːndə'] *n no pl* LAW Nichtübergabe *f,* [dingliche] Nichterfüllung **non-denominational** [ˌnɒndɪˌnɒmɪ'neɪʃənəl, AM ˌnɑːndɪˌnɑːmə'] *adj inv* nicht konfessionsgebunden; *religious places* interkonfessionell; ~ **school** Simultanschule *f* **non-deposit bottle** *n* Einwegflasche *f*
nondescript ['nɒndɪskrɪpt, AM 'nɑːn-] *adj person, building* unscheinbar; *colour, taste* undefinierbar, unbestimmbar
non-destructive *adj* TECH zerstörungsfrei **non-drinker** *n* Nichttrinker(in) *m(f)* **non-drip** *adj paint* tropffrei **non-driver** *n* Nichtfahrer(in) *m(f)*
non-durables *npl* Verbrauchsgüter *pl*
none [nʌn] I. *pron* ❶ (*not any*) keine(r, s); ***she went to the shop to get some oranges but they had ~*** sie ging in den Laden, um Orangen zu kaufen, aber sie hatten keine; ***you've lost 4 kilos this month and I've lost ~*** du hast diesen Monat 4 Kilo abgenommen, und ich kein einziges; ***I'd like some more cheese — I'm sorry, there's ~ left*** ich hätte gerne noch etwas Käse – es tut mir Leid, es gibt keinen mehr; ***half a loaf is better than ~ at all*** ein halbes Brot ist besser als gar keins; ~ ***of your rudeness!*** sei nicht so unverschämt!; ~ ***of it matters anymore*** das spielt jetzt keine Rolle mehr; ~ ***of that!*** Schluss [jetzt] damit!; ***I'll have ~ of that bad language!*** (*form*) ich verbitte mir diese Ausdrucksweise!; ***I'll have ~ of your insolence!*** (*form*) sei nicht so unverschämt!; ***she tried to persuade him to retire, but he would have ~ of it*** (*form*) sie versuchte ihn zu überreden, sich pensionieren zu lassen, aber er wollte nichts davon hören; ~ **of the brothers/staff** + *sing/pl vb* keiner der Brüder/Angestellten; ~ **of us** + *sing/pl vb* niemand von uns; ~ **at all** [*or* **whatsoever**] gar keine(r, s), absolut nicht
❷ (*no person, no one*) ~ ***but a dedicated scientist would want to ...*** (*form*) niemand außer einem leidenschaftlichen Wissenschaftler würde ...; ~ ***but the most stupid of men would ...*** (*form*) nur ein Idiot würde ...; ~ ***could match her looks*** niemand sah so gut aus wie sie; ~ **better than ...** niemand ist besser als ...; ***I have seen ~ better than him in figure skating*** ich kenne niemand, der besser im Eiskunstlauf ist als er; ~ **other than ...** kein Geringerer/keine Geringere als ...; ***the first speech was given by ~ other than Clint Eastwood*** die erste Rede hielt kein Geringerer als Clint Eastwood
► PHRASES: **to be ~ of sb's business** [*or* **concern**] jdn nichts angehen; ***why are you asking all those personal questions? my private life is ~ of your business*** warum stellst du mir all diese persönlichen Fragen? Mein Privatleben geht dich nichts and; **to be second to ~** unvergleichlich sein; ***winning the gold medal in downhill skiing, he rightfully***

N

claimed to be second to ~ nach dem Gewinn der Goldmedaille im Abfahrtslauf behauptete er voller Recht, der Beste zu sein
II. *adv* kein bisschen; ***he's just got back from two weeks in Florida but he looks*** ~ ***the better for it*** er ist gerade vor zwei Wochen von Florida zurückgekommen, aber sieht kein bisschen besser aus; ***I read the instruction book, but I'm still*** ~ ***the wiser*** ich habe die Bedienungsanleitung durchgelesen und bin trotzdem kein bisschen klüger als vorher; ~ **too intelligent/pleased** (*form*) nicht sonderlich [*o* sehr] intelligent/erfreut

nonentity [ˌnɒnˈentəti, AM ˌnɑːnˈent̬ət̬i] *n* (*pej*) ❶ (*nobody*) ■**a** ~ ein Niemand *m*
❷ *no pl* (*insignificance*) Bedeutungslosigkeit *f*

non-essential I. *adj inv* überflüssig, unnötig; ~ **expenditures** unnötige Ausgaben
II. *n* unnötige [*o* überflüssige] Sache

nonetheless [ˌnʌnðəˈles] *adv inv* nichtsdestoweniger, trotzdem

non-event *n* (*fam*) *in one's life* Enttäuschung *f*; *party* Reinfall *m* **non-executive** [ˌnɒndɪkˈzekjətɪv, AM ˌnɑːnɪkˈzekjət̬ɪv] I. *adj inv director, employee* ohne Entscheidungsbefugnis *nach n* II. *n* Angestellte(r) *f(m)* ohne Entscheidungsbefugnis **non-executive director** *n* nichtgeschäftsführender Direktor/nichtgeschäftsführende Direktorin **non-existence** *n no pl* Nichtvorhandensein *nt* **non-existent** *adj inv* nicht vorhanden [*o* existent] **non-fat** *adj inv food* fettfrei **non-fattening** *adj inv* ■**to be** ~ nicht dick machen; ~ **food** Essen, das nicht dick macht

nonfeasance [ˌnɒnˈfiːzən(t)s, AM ˌnɑːn-] *n no pl* LAW [pflichtwidrige] Unterlassung; **act of** ~ Unterlassungsakt *m*

non-ferrous *adj inv* SCI *metals* nicht eisenhaltig **non-fiction** I. *n no pl* Sachliteratur *f* II. *n modifier* Sachliteratur-; ~ **author** Sachbuchautor(in) *m(f)*; ~ **books** Sachbücher *ntpl* **non-fictional** *adj inv* ~ **literature** Sachbücher *ntpl* **non-finite** [ˌnɒnˈfaɪnaɪt, AM ˌnɑːn] *adj inv* LING infinit *fachspr* **non-flammable** *adj inv material* nicht entflammbar **non-governmental** *adj inv organization* regierungsunabhängig **non-infectious** *adj inv disease* nicht ansteckend [*o* infektiös] **non-inflammable** *adj inv* nicht entflammbar **noninterference** *n no pl* Nichteinmischung *f* (**in** in +*akk*); **policy of** ~ Politik *f* der Nichteinmischung **non-interlaced** *adj inv* COMPUT zeilensprungfrei *fachspr*, Non-Interlaced- *fachspr* **nonintervention** *n no pl* Nichteinmischung *f* (**in** in +*akk*); **policy of** ~ Politik *f* der Nichteinmischung **noninterventionism** *n no pl* Politik *f* der Nichteinmischung **noninterventionist** *adj inv policy* der Nichteinmischung *nach n* **non-interventionist** [ˌnɒnɪntəˈvenʃənɪst, AM ˌnɑːnɪntɚ-] I. *adj inv* Nichteinmischungs-; ~ **policy** Politik *f* der Nichteinmischung II. *n Person, die sich nicht in fremde Belange einmischt* **non-invasive** *adj inv* MED *method, treatment, technique, procedure* nicht invasiv *fachspr* **non-iron** *adj inv* bügelfrei **non-judg(e)mental** *adj inv* unvoreingenommen, wertfrei; *book* neutral **non-malignant** *adj inv* MED *tumour* nicht bösartig, gutartig **non-member** I. *n* Nichtmitglied *nt* II. *n modifier* ~ **company** nichtangeschlossene Firma **non-metal** *n* CHEM Nichtmetall *nt fachspr* **non-metallic** *adj inv* nichtmetallisch **non-native** *adj inv* ❶ (*foreign*) fremd ❷ *speaker* nicht muttersprachlich **non-negotiable** *adj inv* ❶ LAW *terms, conditions* nicht verhandelbar ❷ FIN *document, bill of exchange* nicht übertragbar **non-nuclear** [ˌnɒnˈnjuːklɪər, AM ˌnɑːnˈnuːkliɚ] *adj inv* ❶ (*not nuclear*) nicht nuklear; *arms, energy* konventionell ❷ (*not possessing nuclear weapons*) atomwaffenfrei

no-no <*pl* -es> *n* (*fam*) Unding *nt*; ***that's a*** ~**!** das macht man nicht!, das gibt's nicht!

no-nonsense *adj attr, inv person, manner* sachlich, nüchtern

non-operational *adj inv* außer Betrieb *präd* **non-pareil** [ˈnɒnpərəl, AM ˌnɑːnpəˈreɪl] (*liter*) I. *adj inv person* einzigartig, einmalig, ohnegleichen *nach n*
II. *n* ❶ (*thing*) Nonpareille *f geh*, Einzigartigkeit *f* ❷ (*person*) unerreichter [*o* einzigartiger] Meister **non-partisan** [ˌnɒnpɑːtɪˈzæn, AM ˌnɑːnˈpɑːrt̬ɪzən] *adj inv* unvoreingenommen, unparteiisch **non-pathogenic** *adj inv* MED nicht pathogen **non-payment** *n* Zahlungsverzug *m*, Nichtzahlung *f*; ~ **of a debt** Nichtbezahlung *f* einer Verpflichtung **non-person** [ˈnɒnpɜːsən, AM ˈnɑːnpɜːrsən] *n* **to be treated as** ~ wie Luft behandelt werden **non-physical** *adj inv* nicht körperlich

nonplus <-ss-> [ˌnɒnˈplʌs, AM ˌnɑːnˈ-] *vt* ■**to** ~ **sb** jdn verblüffen

nonplussed [ˌnɒnˈplʌst, AM ˌnɑːnˈ-] *adj* ❶ (*confused*) überrascht, verblüfft (**at** von +*dat*); ~ **expression** überraschter Gesichtsausdruck; **to be completely** ~ völlig verblüfft sein
❷ *esp* AM (*fam: calm*) gelassen

non-political [ˌnɒnpəˈlɪtɪkəl, AM ˌnɑːnpəˈlɪt̬ə] *adj inv* unpolitisch, politikfrei **non-polluting** *adj inv by-product* ungiftig **non-prescription** *adj inv medicine* nicht verschreibungspflichtig, rezeptfrei **non-productive** *adj inv* nicht produktiv, unproduktiv; (*ineffective*) unwirksam; FIN *investment* nicht Gewinn bringend *attr*; ~ **employee** Arbeitnehmer(in) *m(f)* des Dienstleistungsbereiches **non-profit** *adj esp* AM, **non-profit-making** *adj inv* nicht gewinnorientiert; ~ **organization** gemeinnützige Organisation **non-proliferation** POL I. *n no pl* Nichtverbreitung *f*; ~ **of nuclear/chemical weapons** Nichtverbreitung von Atom-/Chemiewaffen II. *adj attr* Nichtverbreitungs-; ~ **agreement** Nichtverbreitungsabkommen *nt* **non-proliferation treaty** *n* POL Nichtverbreitungsvertrag *m*

nonracialism [ˌnɒnˈreɪʃəlɪzəm, AM ˌnɑːnˈ-] *n no pl* Rassengleichheit *f* **non-racist** *adj inv attitude* nicht rassistisch **non-reader** [ˌnɒnˈriːdər, AM ˌnɑːnˈriːdɚ] *n* Nichtleser(in) *m(f)* **non-refundable** *adj inv* nicht erstattungsfähig; *payment* nicht zurückzahlbar **non-renewable** *adj inv* ❶ (*limited*) *contract* befristet ❷ ECOL (*exhaustable*) *resources, source of energy* nicht erneuerbar **non-renewable resources** *npl* nicht erneuerbare Energien [*o* Ressourcen] *pl* **non-resident** I. *adj inv* ❶ (*non local*) auswärtig, ortsfremd; ~ **holidaymakers** BRIT auswärtige Urlauber ❷ COMPUT nicht resident II. *n* Nichtortsansässige(r) *f(m)*; (*in hotel*) Nichthotelgast *m* **non-restrictive** *adj inv* LING *clause, element* nicht einschränkend **non-retractile** *adj inv* ZOOL *claws* nicht einziehbar **non-returnable** *adj inv* nicht zurücknehmbar, Einweg-; ~ **packaging** Einwegverpackung *f* **non-returnable bottle** *n* Einwegflasche *f* **non-scheduled** *adj inv* unplanmäßig **non-sectarian** [ˌnɒnsekˈteəriən, AM ˌnɑːnsekˈteri] *adj inv* für alle offen

nonsense [ˈnɒnsən(t)s, AM ˈnɑːnsen-] I. *n no pl* ❶ (*absurdity*) Unsinn *m*, Quatsch *m*; ■**it is** [BRIT **a**] ~ **to do sth** es ist unsinnig, etw zu tun; **complete** [*or* **absolute**] ~ völliger Unsinn; **to make** [**a**] ~ **of sth** BRIT, AUS etw ad absurdum führen *geh*; **to make** ~ **of a claim/plan** BRIT, AUS eine Behauptung widerlegen/einen Plan verderben; **to talk** ~ Unsinn reden
❷ *no pl* (*misbehaviour*) Unfug *m*; ***what's all this*** ~**?** was soll dieser Unfug?
❸ (*showing disapproval*) Blödsinn *m*; ***I wish she'd give up all this acting*** ~ ich wünschte, sie würde diesen Blödsinn mit der Schauspielerei aufgeben
II. *adj attr, inv* ❶ LIT Blödel-; ~ **rhyme** Blödelreim *m*
❷ (*meaningless*) unsinnig, sinnlos
III. *interj* ■~! Quatsch!, Unsinn!

nonsensical [ˈnɒnsen(t)sɪkəl, AM ˈnɑːn-] *adj idea, plan* unsinnig

non sequitur [ˌnɒnˈsekwɪtər, AM ˌnɑːnˈsekwɪt̬ɚ] *n* unlogische Schlussfolgerung

non-sexist *adj inv person, attitude* nicht sexistisch **non-shrink** *adj inv material, clothing* einlaufsicher **non-skid** *adj*, **non-slip** *adj inv surface* rutschfest; ~ **bath mat** rutschfeste Badematte **non-smoker** *n* ❶ (*person*) Nichtraucher(in) *m(f)* ❷ BRIT (*fam: in train*) Nichtraucherabteil *nt* **non-smoking** *adj inv* ❶ *area* Nichtraucher-; ~ **compartment** Nichtraucherabteil *nt*; ~ **zone** Nichtraucherzone *f* ❷ *person* Nichtraucher(in) *m(f)* **non-specific** [ˌnɒnspəˈsɪfɪk, AM ˌnɑːn] *adj inv* ❶ (*general*) unbestimmt, nicht spezifisch ❷ MED (*not particularly assignable*) unspezifisch **non-specific urethritis** [-jʊərəˈθraɪtɪs, AM -jʊrəˈθraɪt̬-] *n no pl* Harnleiterinfektion *f* **non-standard** *adj inv* nicht standardgemäß; *dialect also* unüblich **non-starter** *n* (*fam*) ❶ (*person*) Versager(in) *m(f)*, Niete *f fam* ❷ (*idea*) Reinfall *m* **non-stick** *adj inv* antihaftbeschichtet **non-stop** I. *adj inv* Nonstop-; ~ **flight** Nonstopflug *m* II. *adv* nonstop; *talk, rain* ununterbrochen III. *n* ~ **flight/train** Direktflug/-zug *m* **non-swimmer** *n* Nichtschwimmer(in) *m(f)* **non-taxable** *adj inv income* steuerfrei **non-technical** *adj inv* untechnisch; **to explain sth in a** ~ **way** etw für den Laien verständlich erklären **non-toxic** *adj inv material, substance* ungiftig **non-transferable** *adj inv* LAW *property* nicht übertragbar **non-U** [ˌnɒnˈjuː] *adj inv* BRIT, AUS (*dated*) nicht vornehm **non-union** *adj inv person* nicht gewerkschaftsangehörig; *company* nicht gewerkschaftlich **non-verbal** *adj inv communication* nonverbal **non-vintage** *adj inv* ~ **wine** *mittelmäßiger Wein, der nicht von einem bestimmten Weingut stammt* **non-violence** *n* Gewaltverzicht *m*, Gewaltfreiheit *f* **non-violent** *adj inv protest* gewaltfrei; ~ **resistance** gewaltloser Widerstand **non-voting** *adj inv* ~ **shares** stimmrechtslose Aktien **non-white** (*usu pej!*) I. *adj inv* farbig; ~ **man/woman** farbiger Mann/farbige Frau, Farbige(r) *f(m)* II. *n* Farbige(r) *f(m)*

noodle [ˈnuːdl] I. *n* Nudel *f*; AM Pasta *f*; ■~**s** Nudeln *fpl*
II. *n modifier* (*soup, casserole*) Nudel-
III. *vi* AM (*fam*) herumpfuschen; (*at the piano*) [herum]klimpern *fam*; ■**to** ~ [**around**] **with sth** mit etw *dat* herummachen *fam*
◆**noodle around** *vi* AM (*sl*) herumhängen *fam*
◆**noodle over** *vt* (*fam*) ■**to** ~ **over sth** *a text* an etw *dat* herumfeilen

noodle² [ˈnuːdl] *n* (*fam*) ❶ (*silly person*) Nudel *f fig pej fam*, Dumpfbacke *f fig pej fam*
❷ (*head*) Birne *f fig fam*; **to use one's** ~ seinen Grips anstrengen

nook [nʊk] *n* Nische *f*, Ecke *f*; **with** ~**s and crannies** verwinkelt; [**in**] **every** ~ **and cranny** in allen Ecken und Winkeln

nookie, **nooky** [ˈnʊki] *n no pl* (*sl*) Sex *m fam*

noon [nuːn] *n no pl* Mittag *m*; ***at twelve*** ~ um 12 Uhr mittags; ■**by** ~ bis Mittag; ■**about** ~ um die Mittagszeit

noonday [ˈnuːndeɪ] I. *n* Mittag *m*, Mittagszeit *f*
II. *n modifier* Mittags-

no one [ˈnəʊwʌn, AM ˈnoʊ-] *pron see* **nobody**

noontime AM I. *n no pl* Mittag *m*
II. *n modifier* (*meal, break*) Mittags-

noose [nuːs] *n* Schlinge *f a. fig*; ■**the** ~ Tod *m* durch den Strang; **to hang oneself with a** ~ sich *akk* erhängen; **to put one's head in a** ~ (*fig*) sich *akk* selbst zu Fall bringen; **to have a** ~ **around one's neck** (*fig*) den Kopf in der Schlinge [stecken] haben *fig*

no-parking *adj attr* Parkverbots-; ~ **zone** Parkverbotszone *f*

no-par value share *n* nennwertlose Aktie

nope [nəʊp, AM noʊp] *adv inv* (*sl*) nö *fam*

noplace [ˈnoʊpleɪs] *adv inv* AM (*fam: nowhere*) nirgendwo

no-questions-asked *adj attr, inv* ohne viele Fragen *nach n*

nor [nɔːr, nər, AM nɔːr, nɚ] *conj* ❶ (*and not*) noch; **neither** … ~ … weder … noch …
❷ *after neg esp* BRIT (*neither*) noch; ***I can't be at the meeting and*** ~ ***can Andrew*** ich kann nicht zum Treffen kommen und Andrew auch nicht

Nordic [ˈnɔːdɪk, AM ˈnɔːr-] *adj inv country, person* nordisch

no-return *adj attr, inv* FIN nicht Gewinn bringend

norm [nɔːm, AM nɔːrm] *n* Norm *f*; **safety** ~ Sicherheitsnorm *f*; **to be/become the** ~ die Norm sein/

werden

normal ['nɔːmᵊl, AM 'nɔːrm-] **I.** *adj* ❶ *(ordinary) person, day* normal, üblich; ~ **intelligence** durchschnittliche Intelligenz
❷ *(usual) behaviour* normal (**for** für +*akk*); **in the ~ way of things** normalerweise; **to behave in the ~ way** sich *akk* normal verhalten; **as [is] ~** wie üblich
❸ *(fit)* gesund; **to be absolutely ~** völlig gesund sein
❹ *inv* MATH senkrecht (**to** zu +*dat*)
II. *n* ❶ *no pl* Normalzustand *m*; ***the temperature was above ~*** die Temperatur war höher als normal; ***she was back to ~ within a week of the accident*** sie war innerhalb einer Woche nach dem Unfall wieder in Ordnung; **to return to ~** *situation* sich normalisieren
❷ MATH Senkrechte *f*, Normale *f fachspr*

normalcy ['nɔːrmᵊlsi] *n* AM Normalität *f*; **to get back to ~** zur Normalität zurückkehren, sich *akk* normalisieren

normal distribution *n* SCI gleichmäßige Verteilung **normal-gauge** *adj inv* RAIL Standardmaß *nt*

normality [nɔː'mæləti, AM nɔːr'mælət̬i] *n no pl* Normalität *f*; **to get back to ~** zur Normalität zurückkehren, sich *akk* normalisieren

normalization [ˌnɔːmᵊlaɪ'zeɪʃᵊn, AM ˌnɔːrmᵊlɪ'] *n no pl* Normalisierung *f*

normalize ['nɔːmᵊlaɪz, AM 'nɔːrm-] **I.** *vt* ■**to ~ sth** ❶ *(make normal) blood pressure* etw normalisieren; **to ~ a relationship** eine Beziehung normalisieren
❷ *esp* COMPUT etw abgleichen; **to ~ results** Resultate abgleichen
❸ COMPUT *(covert)* etw standardisieren
II. *vi situation, relations* sich *akk* normalisieren

normally ['nɔːmᵊli, AM 'nɔːrm-] *adv* ❶ *inv (usually)* normalerweise; ***I'm not ~ one to complain*** normalerweise beschwere ich mich nicht
❷ *(in a normal way)* normal

Norman ['nɔːmən, AM 'nɔːrm-] **I.** *adj inv* normannisch
II. *n* HIST Normanne, -in *m, f*

Norman Conquest *n* ■**the ~** der normannische Eroberungszug

Normandy ['nɔːməndi, AM 'nɔːr] *n no pl (hist)* die Normandie

normative ['nɔːmətɪv, AM 'nɔːrmət̬-] *adj (form) behaviour* normativ *geh*

Norse [nɔːs, AM nɔːrs] *adj inv* HIST nordisch; ~ **language** nordische Sprache

Norseman ['nɔːsmən, AM 'nɔːrs-] *n* HIST Wikinger(in) *m(f)*

north [nɔːθ, AM nɔːrθ] **I.** *n no pl* ❶ *(direction)* Norden *m*; ■**in the ~** im Norden; ■**to the ~** nach Norden [hin]; **magnetic/true ~** magnetischer Nordpol/geographische Nordrichtung
❷ *(region)* ■**the N~** BRIT *(North England)* Nordengland *nt*; AM der Norden, die Nordstaaten *pl*
II. *adj inv* nördlich, Nord-; ~ **coast/side/wind** Nordküste *f*/-seite *f*/-wind *m*; ~ **of Manchester** nördlich von Manchester; ~ **part** nördlicher Teil; ~ **Vietnam** Nordvietnam *nt*
III. *adv inv* nordwärts; ■**up ~** *(fam)* im Norden; **to drive ~** in nördliche Richtung fahren

North Africa *n* Nordafrika *nt* **North African** **I.** *n* Nordafrikaner(in) *m(f)* **II.** *adj inv history, culture* nordafrikanisch **North America** *n* Nordamerika *nt* **North American** **I.** *n* Nordamerikaner(in) *m(f)* **II.** *adj inv* nordamerikanisch **North American Free Trade Agreement** *n no pl* NAFTA *f*, North American Free Trade Agreement [*o* Area] *(Freihandelsabkommen oder -zone zwischen den USA, Kanada und Mexiko)*

Northants BRIT *abbrev of* **Northamptonshire**

northbound *adj usu attr, inv road, traffic* in Richtung Norden *nach n*

north country <*pl* -ries> *n* Norden *m* des Landes

Northd BRIT *abbrev of* **Northumberland**

northeast **I.** *n no pl* ❶ *(direction)* Nordosten *m*; ■**to the ~** [**of ...**] nordöstlich [von ...]; **coming** [*or* **blowing**] **from the ~** *wind* von Nordosten kommend
❷ *(region)* ■**the N~** *of a state* der Nordosten
II. *adj inv* nordöstlich, Nordost-; ~ **England** Nordostengland *nt*; ~ **wind** Wind *m* von Nordost
III. *adv inv* nordostwärts (**of** von +*dat*)

northeasterly *adj (towards the northeast)* nordostwärts; *(of or in the northeastern part)* nordöstlich, Nordost-; ~ **direction** nordöstliche Richtung; ~ **wind** Wind *m* von Nordost **northeastern** *adj attr, inv* nordöstlich, Nordost-; ~ **part** nordöstlicher Teil; ~ **coast** Nordostküste *f* **northeastward** **I.** *adj inv migration* nordostwärts, nach Nordost *nach n*; ~ **direction** nordöstliche Richtung; ~ **route** Nordostroute *f* **II.** *adv* nordostwärts, nach Nordost **northeastwards** *adv inv* nordostwärts, nach Nordost; ***the plane turned ~*** das Flugzeug drehte nach Nordost

northerly ['nɔːðᵊli, AM 'nɔːrðɚli] *adj* nördlich, Nord-; ~ **coast** Nordküste *f*; ~ **part** nördlicher Teil; ~ **wind** Nordwind *m*

northern ['nɔːðᵊn, AM 'nɔːrðɚn] *adj attr, inv* nördlich

northerner ['nɔːðᵊnəʳ, AM 'nɔːrðɚnɚ] *n* Nordlicht *nt fig hum*; BRIT Nordengländer(in) *m(f)*; AM Nordstaatler(in) *m(f)*; ■**to be a ~** aus dem Norden kommen

Northern Lights *npl* Nordlicht *nt*

northernmost ['nɔːðᵊnməʊst, AM 'nɔːrðɚnmoʊst] *adj inv* nördlichste(r, s)

north-facing *adj inv* nach Norden gerichtet **North Pole** *n* ■**the ~** der Nordpol **North Sea** **I.** *n* ■**the ~** die Nordsee **II.** *n modifier (ferries, fish, oil)* Nordsee- **North-South divide** *n* ■**the ~** das Nord-Süd-Gefälle **North Star** *n* ■**the ~** der Polarstern

northward ['nɔːθwəd, AM 'nɔːrθwɚd] *inv* **I.** *adj migration* nach Norden *nach n*, Nord-; ~ **direction** nördliche Richtung; ~ **route** Nordroute *f*
II. *adv* nach Norden

northwards ['nɔːθwədz, AM 'nɔːrθwɚdz] *adv inv* nach Norden

northwest **I.** *n no pl* Nordwesten *m*; ■**the N~** der Nordwesten; ■**to the ~** [**of sth**] nordwestlich [von etw *dat*]; ■**to be in** [*or* **coming from**] **the ~** *wind* von Nordwesten kommend **II.** *adj inv* nordwestlich, Nordwest-; ~ **England** Nordwestengland *nt*; ~ **part** nordwestlicher Teil; ~ **wind** Wind *m* von Nordwest
III. *adv inv* nach Nordwesten **northwesterly** *adj* nordwestlich, Nordwest-; ~ **coast** Nordwestküste *f*; ~ **direction** nordwestliche Richtung; ~ **wind** Wind *m* aus Nordwest **northwestern** *adj attr, inv accent, sector* nordwestlich, Nordwest- **northwestward** **I.** *adj inv* nordwestlich, Nordwest-; ~ **direction** nordwestliche Richtung; ~ **route** Nordwestroute *f* **II.** *adv* nordwestwärts, nach Nordwesten **northwestwards** *adv inv* nordwestwärts, nach Nordwesten

Norway ['nɔːweɪ, AM 'nɔːr-] *n* Norwegen *nt*

Norwegian [nɔː'wiːdʒᵊn, AM nɔːr'-] **I.** *n* ❶ *(person)* Norweger(in) *m(f)*
❷ *no pl (language)* Norwegisch *nt*; **in ~** auf Norwegisch
II. *adj inv* norwegisch, Norwegisch-; ~ **lesson** Norwegischunterricht *m*

nos. *n pl abbrev of* **numbers** Nrn. *fpl*

nose [nəʊz, AM noʊz] **I.** *n* ❶ *(organ)* Nase *f*; **runny ~** laufende Nase; **to blow one's ~** sich *dat* die Nase putzen; **to breathe/speak through one's ~** durch die Nase atmen/sprechen
❷ *(front)* Nase *f*, Schnauze *f fam*; *of aircraft* Flugzeugnase *f*; ~ **to tail** dicht an dicht
❸ *no pl (smell)* Geruchssinn *m*; **to have a keen ~** einen guten Geruchssinn haben
❹ *(form: of wine)* Aroma *nt*, Bouquet *nt geh*
► PHRASES: **with one's ~ in the <u>air</u>** mit hoch erhobener Nase; **to keep/put one's ~ to the <u>grindstone</u>** *(fam)* sich *akk* dahinterklemmen *fam*; **to put sb's ~ out of <u>joint</u>** *(fam)* jdn aus der Fassung [*o* aus dem Konzept] bringen; **to keep one's ~ <u>clean</u>** *(fam)* seine Weste sauber halten *fam*; **to <u>get</u> up sb's ~** BRIT, AUS *(fam)* jdm auf den Wecker gehen *fam*; **to <u>have</u> a [good] ~ for sth** *(fam)* einen [guten] Riecher für etw *akk* haben; **to <u>keep</u> one's ~ out of sth** *(fam)* seine Nase aus etw *dat* heraushalten; **to <u>poke</u>** [*or* **<u>stick</u>**] **one's ~ into sth** *(fam)* seine Nase in etw *akk* hineinstecken; **to <u>win</u> by a ~** knapp gewinnen; **<u>on</u> the ~** AM *(fam)* genau, exakt; ***at eight on the ~*** genau um 8 Uhr; [**right**] **<u>under</u> sb's ~**, [[AM **right out**] **from**] **<u>under</u> sb's ~** [direkt] vor jds Nase
II. *vi* **to ~ forwards** sich *akk* vorsichtig vorwärts bewegen; ■**to ~ through sth** sich *dat* einen Weg durch etw *akk* bahnen
III. *vt* ■**to ~ sth somewhere** *a car* etw irgendwohin bugsieren *fam*; **to ~ one's way forwards/in/out/up** sich *akk* vorsichtig seinen Weg vorwärts/hinein-/hinaus-/hinaufbahnen

◆**nose about** **I.** *vi (fam)* herumstöbern *fam*
II. *vt* ■**to ~ about** [*or* **around**] **sth** in etw *dat* herumstöbern

◆**nose ahead** *vi* knapp an die Spitze gelangen

◆**nose around** *see* **nose about**

◆**nose into** *vi (fam)* ■**to ~ into sth** in etw *dat* herumschnüffeln *fam*

◆**nose out** **I.** *vt* ❶ *(discover)* ■**to ~ out** ⊂ **sth** *secrets, details* etw herausfinden; **to ~ out the truth** die Wahrheit herausfinden
❷ *(outdo)* ■**to ~ sb** ⊂ **out** jdn ausstechen; **to ~ out other candidates** andere Kandidaten ausstechen
II. *vi* sich *akk* langsam [*o* vorsichtig] herausbewegen; ***the taxi ~d out into the traffic*** das Taxi fädelte sich langsam in den Verkehr ein

◆**nose round** *vi* BRIT *(fam)* herumstöbern *fam*; *see also* **nose about**

nosebag *n* Hafersack *m* **noseband** ['nəʊzbænd, AM 'noʊz] *n* Nasenriemen *m* **nosebleed** *n* Nasenbluten *nt*; **to have/get a ~** Nasenbluten haben/bekommen **nose cone** *n* AVIAT Rumpfspitze *f* **nosedive** **I.** *n* ❶ AVIAT Sturzflug *m*; **to go into a ~** zum Sturzflug ansetzen ❷ *(fig)* Einbruch *m*; **sb/sth takes** [*or* **goes into**] **a ~** etw/jd erlebt einen Einbruch, mit etw/jdm geht es rapide bergab **II.** *vi* ❶ AVIAT im Sturzflug heruntergehen ❷ FIN *prices, economy* einbrechen **nose drops** *npl* Nasentropfen *pl*

nosegay ['nəʊzgeɪ, AM 'noʊz-] *n (old)* Gebinde *nt veraltend* **nose job** *n* MED *(fam)* Nasenkorrektur *f*; **to have a ~** eine Nasenkorrektur vornehmen lassen **nose ring** *n* Nasenring *m* **nose wheel** *n* AVIAT Bugrad *nt*

nosey ['nəʊzi, AM 'noʊzi] *adj (pej)* neugierig

nosh [nɒʃ, AM nɑːʃ] **I.** *n* ❶ *no pl* BRIT, AUS *(sl: food)* Futter *nt fam*, Fressalien *pl fam*
❷ BRIT, AUS *(sl: meal)* Imbiss *m*
❸ AM *(snack)* Häppchen *nt*, Snack *m*; **to have a little ~** einen Happen zu sich *dat* nehmen
II. *vi* futtern *fam*; ■**to ~ on sth** etw futtern *fam*; **to ~ to one's heart's content** sich *dat* nach Herzenslust den Bauch vollschlagen *fam*
III. *vt* ■**to ~ sth** etw futtern *sl*

no-show **I.** *n* jd, der nicht [*o* zu spät] erscheint; *(on flight)* No-show *m fachspr*
II. *n modifier* ~ **passenger** Fluggast, der nicht erscheint

nosh-up ['nɒʃʌp] *n* BRIT, AUS *(sl)* Gelage *nt fam*

nosily ['nəʊzɪli, AM 'noʊz-] *adv (pej)* neugierig

nosiness ['nəʊzɪnəs, AM 'noʊz-] *n no pl (pej)* Neugier *f*; **to curb one's ~** seine Neugier bremsen

no-smoking *adj inv area* Nichtraucher-; ~ **compartment** Nichtraucherabteil *nt*; ~ **zone** Nichtraucherzone *f*

nostalgia [nɒs'tældʒə, AM nɑː'st-] *n no pl* Nostalgie *f*; **to be overcome with ~ for sth** von nostalgischen Gefühlen für etw *dat* übermannt werden

nostalgic [nɒs'tældʒɪk, AM nɑː'st-] *adj* nostalgisch; **to feel ~** nostalgische Gefühle empfinden

nostalgically [nɒs'tældʒɪkᵊli, AM nɑː'st-] *adv* nostalgisch

no-strike agreement *n* Streikverbotsabkommen *nt*

nostril ['nɒstrᵊl, AM 'nɑː-] *n of a person* Nasenloch *nt*; *of a horse* Nüster *f*

N

nostro account *n* FIN Nostrokonto *nt*

nostrum ['nɒstrəm, AM 'nɑː] *n* ① (*ineffective medicine*) Quacksalbermedizin *f*
② (*pet scheme*) Allheilmittel *nt iron,* Patentlösung *f iron*

nosy ['nəʊzi, AM 'noʊ-] *adj* (*pej*) neugierig; ■**to be ~ about sth** viele Fragen über etw *akk* stellen

nosy parker *n esp* BRIT (*fam*) neugierige Person

not [nɒt, AM nɑːt] *adv inv* ① *after aux vb* nicht; ***I do ~*** [*or* ***don't***] ***want to go*** ich will nicht gehen; ***it's ~*** [*or* ***isn't***] ***unusual*** das ist nicht ungewöhnlich; ***isn't she beautiful?*** ist sie nicht schön?
② *in tag question* ***it's cold, is it ~*** [*or* ***isn't it***]? es ist kalt, nicht [wahr] [*o* meinst du nicht auch]?; ***you do ~*** [*or* ***don't***] ***like him, do you?*** du magst ihn nicht, nicht wahr?
③ *before n* kein, nicht; ***it's a girl, ~ a boy*** es ist ein Mädchen, kein Junge; ***it's John, ~ Peter*** es ist John, nicht Peter
④ *before infin* nicht; ***he's asked me ~ to do it*** er hat mich gebeten, es nicht zu tun
⑤ *before predeterminer* nicht; ***~ all children like swimming*** nicht alle Kinder schwimmen gerne
⑥ *before pron* nicht; ***~ me!*** ich nicht!
⑦ (*less than*) keine(r, s), weniger als; ***the deer was ~ 20 feet away from us*** der Hirsch stand weniger als 20 Fuß von uns entfernt; ***she left ~ two minutes before you*** sie ist keine zwei Minuten vor dir gegangen
⑧ *before adj, adv* (*meaning opposite*) nicht; **~ always** nicht immer; **~ happy/natural** nicht glücklich/natürlich; **~ much** nicht viel
⑨ *before adj* (*hum iron: emphasizing opposite*) nicht; ***he's ~ bad-looking*** er sieht nicht schlecht aus; ***I was ~ exactly thrilled*** ich war nicht gerade begeistert
⑩ (*substituting negative*) nicht; ***I hope ~!*** ich hoffe nicht!
⑪ (*esp hum fam: contradicting previous*) [aber] denkste! *fam;* ***that was the best meal I've ever had — ~!*** das war das beste Essen, das ich jemals gegessen habe – haha!
▶ PHRASES: **~ at all!** (*polite answer*) überhaupt nicht!; (*when thanked*) nicht der Rede wert!, gern geschehen!; (*denying vehemently*) überhaupt nicht!; **~ up to much** nicht besonders; **~ only … but also …** nicht nur …, sondern auch …; **~ just** [*or* **merely**] [*or* **simply**] **…** nicht nur [*o* einfach] …; **~ because …, but because …** nicht weil …, sondern weil …; **~ that …** nicht dass …; ***~ that I mind, but why didn't you phone yesterday?*** nicht dass es mir was ausmacht, aber warum hast du gestern nicht angerufen?

nota bene [ˌnəʊtɑː'beneɪ, AM ˌnoʊt̬ə'-] (*form*) notabene *geh*

notable ['nəʊtəbl̩, AM 'noʊt̬-] **I.** *adj* ① (*eminent*) *collection, philosopher* bedeutend; ■**to be ~ for sth** bekannt für etw *akk* sein; **with one ~ exception** mit einer besonderen Ausnahme
② (*remarkable*) *achievement, success* beachtlich, bemerkenswert
II. *n* Berühmtheit *f*

notably ['nəʊtəbli, AM 'noʊt̬-] *adv* ① (*particularly*) insbesondere, vor allem
② (*perceptably*) merklich, auffallend; **to be ~ absent** durch Abwesenheit glänzen

notarial [nəʊ'teəriəl, AM noʊ'teri] *adj inv* LAW notariell, Notariats-

notarize ['nəʊtəraɪz, AM 'noʊt̬ə-] *vt* ■**to ~ sth** etw notariell beglaubigen lassen

notary ['nəʊtəri, AM 'noʊt̬əi] *n,* **notary public** <*pl* notaries public> *n* Notar(in) *m(f)*

notate [nəʊ'teɪt, AM noʊ'] *vt* MUS ■**to ~ sth [in sth]** Noten [in etw *akk*] notieren

notation [nə(ʊ)'teɪʃən, AM noʊ'-] *n* ① MATH, MUS Notation *f fachspr;* **system of ~** Zeichensystem *nt*
② (*note*) Notiz *f,* Anmerkung *f*

notch [nɒtʃ, AM nɑːtʃ] **I.** *n* <*pl* -es> ① (*indentation*) Einkerbung *f*
② (*in belt*) Loch *nt*
③ (*for comparison*) Grad *m;* ■**a ~ above/below sb/sth** eine Klasse besser/schlechter als jd/etw; **to go up a ~** eine Klasse aufsteigen
④ AM (*valley*) Tal *nt*
II. *vt* ■**to ~ sth** ① (*cut V in*) etw einkerben
② (*fam: achieve*) etw erreichen [*o* erzielen]
◆**notch up** *vt* (*fam*) ■**to ~ up** ○ **sth** etw erreichen [*o* erzielen]

notchback ['nɒtʃbæk] *n* BRIT AUTO Stufenheck *nt*

notched [nɒtʃt, AM nɑːtʃt] *adj inv stick* eingekerbt

note [nəʊt, AM noʊt] **I.** *n* ① (*record*) Notiz *f;* (*message*) Bescheid *m,* Mitteilung *f;* **to leave a ~** eine Nachricht hinterlassen; **to keep a ~ of sth** [sich *dat*] etw notieren; **to make** [*or* **take**] **a ~ [of sth]** [sich *dat*] eine Notiz [von etw *dat*] machen; **to write sb a ~** [*or* **a ~ to sb**] jdm eine Nachricht hinterlassen
② (*attention*) **to take ~ of sth** von etw *dat* Notiz nehmen
③ LIT (*annotation*) Anmerkung *f*
④ MUS Note *f;* **black/white ~s** schwarze/weiße Tasten; **high/low ~** hohe/tiefe Note
⑤ (*sound*) Ton *m,* Klang *m;* (*overtone*) Unterton *m;* (*reflecting mood*) Ton[fall] *m;* **to change** [AM **its**] **~** seinen Ton [*o* Klang] verändern; **to strike a false/serious ~** einen unpassenden/ernsthaften Ton anschlagen; **to strike the right ~** den richtigen Ton treffen
⑥ *esp* BRIT, AUS (*money*) [Geld]schein *m*
⑦ (*form*) ■**of ~** von Bedeutung; ***he's a historian of ~*** er ist ein bedeutender Historiker; **nothing of ~** nichts von Bedeutung
⑧ (*scent*) [Duft]note *f; of perfume* [Parfüm]note *f;* (*flavour in beer, wine, tea*) [Geschmacks]note *f;* ***the fresh ~ of bergamot*** die frische Note von Bergamotte
⑨ ECON [**promissory**] **~** Schuldschein *m*
II. *vt* ■**to ~ sth** ① (*notice*) etw wahrnehmen [*o* bemerken]; (*pay attention to*) etw beachten; ■**to ~ that …** zur Kenntnis nehmen, dass …; ■**to ~ how/when/where …** zur Kenntnis nehmen, wie/wann/wo …; ***~ how easy it is to release the catch quickly*** beachten Sie, wie einfach und schnell sich der Verschluss öffnen lässt
② (*remark*) etw anmerken [*o* bemerken]; (*point out*) etw feststellen; ■**to ~ that …** feststellen, dass …
③ *see* **note down**
④ FIN **to ~ a bill** einen Wechsel protestieren
◆**note down** *vt* ■**to ~ down** ○ **sth** [sich *dat*] etw notieren; **to ~ down how/when/where …** [sich *dat*] notieren, wie/wann/wo …

notebook *n* ① (*book*) Notizbuch *nt* ② COMPUT Notebook *nt,* Notebook-Computer *m* **notebook computer** *n* COMPUT Notebook *nt,* Notebook-Computer *m*

noted ['nəʊtɪd, AM 'noʊt̬-] *adj attr* bekannt, berühmt (**for** für +*akk*); ***he's ~ as an expert*** er ist bekannt als Experte

note issuance facility *n* Fazilität zur revolvierenden Plazierung von Euronotes durch ein Bietungskonsortium

notelet ['nəʊtlət] *n* BRIT Kärtchen *nt*

notepad *n* ① (*pad*) Notizblock *m* ② COMPUT Notepad *nt,* Notepad-Computer *m* **notepad computer** *n* COMPUT Notepad *nt,* Notepad-Computer *m* **notepaper** *n no pl* Briefpapier *nt;* **a piece** [*or* **sheet**] **of ~** ein Bogen *nt* Briefpapier

notes [nəʊts, AM noʊts] *npl* Notizen *fpl,* Aufzeichnungen *fpl;* **to speak from/without ~** vom Blatt/frei sprechen; **to take** [*or* **make**] **~** [sich *dat*] Notizen machen

noteworthy ['nəʊtˌwɜːði, AM 'noʊtˌwɜːr-] *adj conclusions, results* beachtenswert; **nothing/something ~** nichts/etwas Besonderes

nothing ['nʌθɪŋ] **I.** *pron* ① (*not anything*) nichts; ***he's ~ if not charming*** wenn er eines ist, dann charmant; **~ of the kind** [*or* **sort**] nichts dergleichen; **~ interesting/new/special** nichts Interessantes/Neues/Besonderes; **to do/say ~** nichts tun/sagen; **to gain ~ by doing sth** durch etw *akk* nichts erreichen; **to have ~ on** nichts anhaben; **to know ~ about sth** über etw *akk* nichts wissen; **to make ~ of doing sth** nichts für etw *akk* tun; **~ else** nichts weiter; ***there's ~ else we can do to help*** es gibt nichts mehr, was wir tun können; **with ~ on** unbekleidet; **to sleep with ~ on** nackt schlafen; **~ but lies** nichts als Lügen
② (*of no importance or concern*) nichts; ***what are you laughing at? — oh, ~, sir*** worüber lachen Sie? – oh nichts, Sir; **~ much** nicht viel; **to be** [*or* **mean**] **~ to sb** jdm nichts bedeuten; ***money means ~ to him*** Geld bedeutet ihm nichts; **it's** [*or* **it was**] **~** (*fam*) nicht der Rede wert
③ (*zero*) Null *f;* ***thirty minus thirty is ~*** dreißig minus dreißig ist null
④ AM SPORTS (*no points*) null; ***the score is Yankees three, Red Sox ~*** die Yankees haben drei Punkte, die Red Sox null
▶ PHRASES: **like ~ [else] on earth** wie nichts [anderes] auf dieser Welt; **to look like ~ [else] on earth** aussehen wie nichts [anderes] auf dieser Welt; **all or ~** alles oder nichts; **to be ~ less/more than …** nichts Geringeres/weiter sein, als …; ***their goal was ~ less than creating a revolutionary new technology*** ihr Ziel war kein geringeres, als eine revolutionäre neue Technologie zu entwickeln; ***he is ~ more than an amateur*** er ist bloß ein Amateur; **to have ~ on** (*be free*) nichts vorhaben; **to be ~ special** nichts Besonderes sein; **to be** [*or* **have**] **~ to do with sb/sth** nichts mit jdm/etw zu tun haben; ***it's ~ to do with me*** das hat nichts mit mir zu tun; **~ doing** (*fam: no way*) nichts zu machen *fam;* (*not happening*) nichts passiert; **you ain't heard/seen ~ yet** (*fam*) das hast du noch nicht gehört/gesehen; **think ~ of it** keine Ursache!; **[all] for ~** [vollkommen] umsonst; **not for ~** nicht umsonst; **there's ~ for it but to do sth** BRIT es bleibt nichts anderes übrig, als etw zu tun; ***there's ~ for it but to get some extra help*** es bleibt keine andere Wahl, als zusätzliche Hilfe anzufordern; **there's ~ in it** es ist nichts dran; ***I heard the rumour, but there's ~ in it*** ich habe das Gerücht gehört, aber das ist völlig aus der Luft gegriffen; **there's ~ to it** dazu gehört nicht viel; ***windsurfing is easy — there's ~ to it*** Windsurfen ist einfach – da gehört nichts dazu
II. *adj attr, inv* (*fam*) *persons, activities* belanglos
III. *n* (*fam*) Niemand *m;* ***he's a ~*** er ist ein Niemand
IV. *adv inv* ① (*not*) überhaupt nicht; **to care ~ for others** sich *akk* überhaupt nicht um andere scheren *fam;* **to look ~ like sb/sth** jdm/etw nicht ähnlich sehen; **to look ~ like the others** nicht wie die anderen aussehen
② *after n* AM (*fam: emphatically not*) wahrlich nicht
▶ PHRASES: **~ daunted** *esp* BRIT unverzagt; **to be ~ short of sth** ganz genau auf etw *akk* zutreffen; ***the party was ~ short of a disaster*** die Party war ein völliges Desaster

nothingness ['nʌθɪŋnəs] *n no pl* ① (*emptiness*) Nichts *nt;* **the ~ of life** die Leere des Lebens
② (*worthlessness*) Bedeutungslosigkeit *f*

no through road *n* BRIT Einbahnstraße *f*

notice ['nəʊtɪs, AM 'noʊt̬-] **I.** *vt* ① (*see*) ■**to ~ sb/sth** jdn/etw bemerken; ***we ~d a car stopping outside the house*** wir bemerkten, wie ein Auto vor der Tür hielt; ■**to ~ that …** bemerken, dass …; ■**to ~ how/when/where …** mitbekommen, wie/wann/wo … *fam*
② (*acknowledge*) ■**to ~ sb** jdn bemerken [*o* wahrnehmen]; ■**to be ~d by sb** von jdm wahrgenommen werden, jdm auffallen
II. *vi* etw [be]merken; ***she waved at him but he didn't seem to ~*** sie winkte ihm zu, aber er schien es nicht zu bemerken
III. *n* ① *no pl* (*attention*) Beachtung *f;* **to come** [*or* **be brought**] **to sb's ~ [that] …** jdm zu Ohren kommen, dass …; **to deserve some ~** Beachtung *f* verdienen; **to escape sb's ~ [that …]** jds Aufmerksamkeit entgehen [*o* jdm entgehen][, dass …]; **to take ~** Notiz nehmen; ***I asked him to drive more slowly but he didn't take any ~*** ich bat ihn, langsamer zu fahren, aber er reagierte nicht; **to take ~ of sb/sth**

Notiz von jdm/etw *dat* nehmen
❷ (*poster*) Schild *nt*
❸ (*in newspaper*) Anzeige *f*
❹ *no pl* (*warning*) Vorankündigung *f*, Vorwarnung *f*; (*written notification*) Bescheid *m*, Benachrichtigung *f*; ***you must give seven days' ~ of withdrawal*** Sie haben sieben Tage Kündigungsfrist; **to give sb ~** jdn [vor]informieren; **to give sb ~ of a visit** jdm einen Besuch ankündigen; **at short ~** kurzfristig; **at a moment's ~** jederzeit; **until further ~** bis auf weiteres; **without ~** ohne Vorwarnung
❺ *no pl* LAW Frist *f*; ***she gave him a month's ~ to move out*** sie gab ihm eine Frist von einem Monat, um auszuziehen
❻ *no pl* (*resignation*) Kündigung *f*; **to give** [**in**] [*or* **hand in**] **one's ~** seine Kündigung einreichen; **to give sb his/her ~** jdm die Kündigung aussprechen; **to be given** [*or* **to get**] **one's ~** seine Kündigung erhalten

noticeable ['nəʊtɪsəbl̩, AM 'noʊt̬-] *adj improvement, increase* merklich, wahrnehmbar; **~ difference** merklicher Unterschied

noticeably ['nəʊtɪsəbli, AM 'noʊt̬-] *adv* merklich, wahrnehmbar

noticeboard *n* Aushang *m*, schwarzes Brett

notices ['nəʊtɪsɪz] *npl* BRIT Kritiken *fpl*

notifiable ['nəʊtɪfaɪəbl̩, AM 'noʊt̬ə-] *adj inv disease* meldepflichtig; *offence* anzeigepflichtig

notification [ˌnəʊtɪfɪ'keɪʃən, AM ˌnoʊt̬ə-] *n* Mitteilung *f*, Benachrichtigung *f*; *of birth etc* Anzeige *f*; **written/official ~** schriftliche/offizielle Mitteilung; **pending** [**further**] **~** noch anstehende [weitere] Mitteilungen

notify <-ie-> ['nəʊtɪfaɪ, AM 'noʊt̬ə-] *vt* ■**to ~ sb** [**of sth**] jdn [über etw *akk*] unterrichten [*o* informieren], jdn [von etw] in Kenntnis setzen; ■**to ~ sth to sb** jdm etw mitteilen; **to ~ a theft to the police** der Polizei einen Diebstahl melden; ■**to ~ sb that ...** jdn benachrichtigen, dass ..., jdm melden, dass ...; ■**to ~ sb how/what/where ...** jdm mitteilen, wie/was/wo ...

notion ['nəʊʃən, AM 'noʊ-] *n* ❶ (*belief*) Vorstellung *f*; (*vague idea*) Ahnung, f (**of** von +*dat*); ■**the ~ that ...** die Vorstellung, dass ...; ***I haven't the faintest ~*** [***of***] ***what you're talking about*** ich habe nicht die leiseste Ahnung, wovon du redest; ***have you any ~ how much the car costs?*** hast du irgendeine Vorstellung davon, was das Auto kostet?
❷ (*whim*) Vorstellung *f*; **to have** [*or* **take**] **a ~ to do sth** (*dated*) ein Bedürfnis verspüren, etw zu tun

notional ['nəʊʃənəl, AM 'noʊ-] *adj* (*form*) fiktiv; *payment* nominell, symbolisch; **~ income** fiktives Einkommen; **~ rent** Mietwert *m* (*einer eigengenutzten Eigentumswohnung*)

notionally ['nəʊʃənəli, AM 'noʊ] *adv inv* ❶ (*conceptually*) begrifflich, [rein] gedanklich
❷ (*imaginarily*) eingebildetermaßen, imaginär

notions ['noʊʃənz] AM **I.** *npl* Kurzwaren *pl*
II. *n modifier* (*department*) Kurzwaren-

notoriety [ˌnəʊtəraɪəti, AM ˌnoʊt̬ə'raɪət̬i] *n no pl* [traurige] Berühmtheit (**for** wegen +*gen*); **to achieve** [*or* **acquire**] [*or* **gain**] **~** [traurige] Berühmtheit erlangen

notorious [nə(ʊ)'tɔːriəs, AM noʊ'-] *adj temper, thief* notorisch; *criminals* berüchtigt; ■**to be ~ as sth** für etw *akk* berüchtigt [*o* bekannt] sein; **to be ~ for sth** bekannt [*o* berüchtigt] für etw *akk* sein

notoriously [nə(ʊ)'tɔːriəsli, AM noʊ'-] *adv* notorisch, bekanntlich; **~ difficult** bekanntlich schwierig

Notts BRIT *abbrev of* **Nottinghamshire**

notwithstanding [ˌnɒtwɪθ'stændɪŋ, AM ˌnɑːt-] (*form*) **I.** *prep* ungeachtet +*gen*
II. *adv* trotzdem, nichtsdestoweniger
III. *conj* ■**~ that ...** obwohl [*o* obgleich], ...

nougat ['nuːgɑː, AM -gət] *n no pl* Nougat *nt*

nought [nɔːt, AM *esp* nɑːt] *n* ❶ *esp* BRIT Null *f*
❷ *no pl see* **naught**

noughts and crosses *npl* BRIT, AUS Tic Tac Toe *nt* (*Strategiezeichenspiel für zwei Personen*)

noun [naʊn] *n* Hauptwort *nt*, Substantiv *nt*, Nomen *nt fachspr*; **common ~** Gattungsname *f*; **proper ~** Eigenname *m*

noun phrase *n* Nominalsatz *m*

nourish ['nʌrɪʃ, AM 'nɜːr-] *vt* ❶ (*feed*) ■**to ~ sb** jdn ernähren; ■**to ~ oneself on** [*or* **with**] **sth** sich *akk* von etw *dat* ernähren; **well ~ed** gut genährt
❷ (*enrich*) ■**to ~ sth** *skin* etw pflegen
❸ (*form: cherish*) **to ~ ambitions** Ambitionen haben; **to ~ the hope that ...** die Hoffnung hegen, dass ...

nourishing ['nʌrɪʃɪŋ, AM 'nɜːr-] *adj* ❶ (*healthy*) *food, drink* nahrhaft; ***sweets aren't very ~*** Süßigkeiten enthalten nicht viele Nährstoffe
❷ (*rich*) *cream* reichhaltig, gehaltvoll

nourishment ['nʌrɪʃmənt, AM 'nɜːr-] *n no pl* ❶ (*food*) Nahrung *f*; **to give ~ to sb** jdn ernähren; **to obtain** [*or* **get**] **~** Nahrung bekommen
❷ (*vital substances*) Nährstoffe *mpl*
❸ (*feeding*) Ernährung *f*; **poor ~** magere [*o* spärliche] Ernährung

nous [naʊs] *n no pl* BRIT, AUS (*fam*) Verstand *m*, Grips *m fam*; **business ~** Geschäftssinn *m*

nouveau riche <*pl* nouveaux riches> [ˌnuːvəʊ'riːʃ, AM -voʊ'-] (*pej*) **I.** *adj inv* neureich
II. *n* Neureiche(r) *f(m)*

nouvelle cuisine [ˌnuːvelkwɪ'ziːn, AM nuːˌvel-] *n no pl* Nouvelle Cuisine *f*

Nov *n abbrev of* **November** Nov.

nova <*pl* -vae> ['nəʊvə, AM 'noʊ-] *n* ASTRON Nova *f*

novel[1] ['nɒvəl, AM 'nɑː-] *n* (*book*) Roman *m*; **detective ~** Kriminalroman *m*, Krimi *m*

novel[2] ['nɒvəl, AM 'nɑː-] *adj* (*new*) neuartig; *way, approach, idea* neu

novelette [ˌnɒvəl'et, AM ˌnɑː-] *n* ❶ LIT Novelette *f fachspr*
❷ (*esp pej*) Kitschroman *m pej*

novelist ['nɒvəlɪst, AM ˌnɑː-] *n* Romanautor(in) *m(f)*

novelistic [ˌnɒvə'lɪstɪk, AM ˌnɑː] *adj* romanhaft

novella <*pl* -s *or* novelle> [nə(ʊ)'velə, AM noʊ-] *n* LIT Novelle *f*

novelty ['nɒvəlti, AM 'nɑːvəlt̬i] **I.** *n* ❶ (*new thing*) Neuheit *f*; ■**to be a ~** ein Novum sein; ***it's quite a ~ for me to have a Saturday morning off work*** es ist etwas ganz Neues für mich, samstagmorgens nicht arbeiten zu müssen
❷ *no pl* (*newness*) Neuartigkeit *f*
❸ (*trinket*) Krimskrams *m*; (*funny*) Scherzartikel *m*; (*surprising*) Überraschung *f*
II. *n modifier* ❶ (*new*) **to have ~ value** den Reiz des Neuen haben, [noch] etwas Neues sein
❷ (*cheap*) *key ring, toy, ashtray* Plastik-; **~ goods** Scherzartikel *mpl*; **~ shop** *Laden, in dem allerlei Krimskrams verkauft wird*

November [nəʊ'vembəʳ, AM noʊ'vembɚ] *n* ❶ (*month*) November *m*; *see also* **February**
❷ (*code word for letter N*) November *kein art*

novena [nəʊ'viːnə, AM noʊ'] *n* REL Novene *f*

novice ['nɒvɪs, AM 'nɑː-] **I.** *n* ❶ (*learner*) Anfänger(in) *m(f)*, Neuling *m*; **to be a complete ~ in** [*or* **at**] **sth** ein kompletter Anfänger/eine komplette Anfängerin bei [*o* in] etw *dat* sein
❷ REL Novize, -in *m, f*
II. *n modifier* ❶ (*learner*) *pilot, skier, workman, actor* unerfahren; ***I'm still at the ~ stage*** ich bin noch im Anfängerstadium
❷ REL **~ monk/nun** Mönch *m*/Nonne *f* in der Ausbildung

noviciate [nəʊ'vɪsiət, AM noʊ'vɪʃɪt] *n*, **novitiate** [nəʊ'vɪsiət, AM noʊ'vɪʃɪt] *n* ❶ *no pl* REL (*period or state*) Noviziat *nt*, Probezeit *f*
❷ (*novice*) Novize, -in *m, f*
❸ REL (*place*) Heim *nt* für Novizen/Novizinnen

novitiate [nə(ʊ)'vɪʃiət, AM noʊ'vɪʃɪt] *n* REL (*state*) Noviziat *nt*; (*person*) Novize, -in *m, f*; (*place*) Novizenhaus *nt*

Novocaine® ['nəʊvə(ʊ)keɪn, AM 'noʊvə-] *n no pl* PHARM Novocain® *nt*

now [naʊ] **I.** *adv inv* ❶ (*at present*) jetzt; ***and where do you live ~?*** und wo wohnen Sie jetzt?; ***thanks, I'm not hungry ~*** danke, aber im Moment bin ich satt; ***he's in the bath just ~, can he call you back?*** er ist jetzt gerade im Bad, kann er zurückrufen?; **until** [*or* **up to**] **~** bis jetzt
❷ (*at once*) [**right**] **~** jetzt, sofort, gleich; ***I don't want to wait, I want it*** [***right***] ***~!*** ich will nicht warten, ich will es jetzt [sofort]!
❸ (*till today*) jetzt, nun; ***she's been a vegetarian for ten years ~*** sie ist jetzt schon seit zehn Jahren Vegetarierin
❹ (*referring to past*) dann; ***it was getting dark ~ and we were tired*** dann wurde es dunkel und wir waren müde
❺ (*hence*) jetzt, nun; ***oh, yes, ~ I know who you mean*** ach ja, jetzt weiß ich, wen du meinst
❻ (*soon*) ***the puppies will be born any day ~*** die Hundewelpen können jetzt jeden Tag zur Welt kommen
❼ (*short time ago*) **just ~** gerade eben
❽ (*after repetition*) ***what do you want ~?*** was willst du denn nun?
❾ (*occasionally*) [**every**] **~ and then** [*or* **again**] ab und zu [*o* an]
❿ (*as introduction*) ***and ~ for something completely different*** und nun zu etwas völlig anderem
⓫ (*emphasizing following*) ***~ then, what's all this fuss about?*** also dann, worum geht's denn hier überhaupt?; (*inviting*) ***I'm afraid I can't go today — ~, if you'd asked me yesterday I would have said yes*** ich befürchte, ich kann heute nicht gehen, wenn du mich allerdings gestern gefragt hättest, hätte ich zugesagt
⓬ (*in request, command*) ***~, where did I put my hat?*** wo habe ich denn jetzt nur meinen Hut hingelegt?; ***hurry ~, or you'll miss the bus*** jetzt beeil dich doch, sonst verpasst du noch den Bus; ***well ~, what's been going on?*** was war denn [jetzt] los?
⓭ (*in pause*) ***let me see ~, oh yes, I remember*** lass mich mal sehen, oh ja, ich erinnere mich
⓮ (*in irony*) **~, ~** so, so
⓯ (*soothing*) **~, ~, *don't cry*** aber, aber, nicht weinen; (*warning*) **~, ~, *children, stop fighting!*** na, na, Kinder, hört auf zu streiten!
► PHRASES: [**it's/it was**] **~ or never** (*saying*) jetzt oder nie; **~ you're** [*or* **we're**] **talking!** (*saying*) schon besser!, hört sich schon besser an!
II. *n* Jetzt *nt*; ***~ isn't a good time to speak to him*** augenblicklich ist keine gute Zeit, mit ihm zu reden; ***you should have mentioned it before ~*** das hättest du vorher sagen sollen; ***that's all for ~*** das ist für den Augenblick alles; **by ~** mittlerweile; **from ~ on, as from ~** ab sofort
III. *conj* **~** [**that**] ... jetzt, wo ...

NOW account ['naʊəˌkaʊnt] *n* AM FIN *abbrev of* **negotiable order of withdrawal account** *verzinstes Sparkonto, über das mit übertragbaren Zahlungsanweisung verfügt werden kann*

nowadays ['naʊədeɪz] *adv inv* heutzutage

nowhere ['nəʊ(h)weəʳ, AM 'noʊ(h)wer] **I.** *adv inv* nirgends, nirgendwo; ***there's ~ I'd rather be at the moment*** nirgends wäre ich gerade lieber als hier; ***she was ~ to be seen*** sie war nirgends zu sehen; ***there was ~ for him to sit*** er fand nirgends einen Platz; ***without your help he would be ~*** ohne deine Hilfe wäre er nichts; ***that sort of bad manners will get you ~*** mit solchen schlechten Manieren kommst du auch nicht weiter; ***I'm trying to persuade her to come but I'm getting ~*** ich versuche ja, sie zum Mitkommen zu überreden, aber ich stoße nur auf Granit; **a road to ~** (*fig*) ausweglose Situation; **to be** [*or* **come in**] [*or* **finish**] **~** SPORTS keine Wertung erreichen; **from** [*or* **out of**] **~** aus dem Nichts *a. fig*; **to appear** [**as if**] **from** [*or* **out of**] **~** [wie] aus dem Nichts auftauchen
II. *n* Nirgendwo *nt*
III. *adj attr* (*fam*) ausweglos

no-win *adj attr, inv* (*fam: hopeless*) aussichtslos, hoffnungslos; **to be in a ~ situation** sich *akk* in einer aussichtslosen [*o* hoffnungslosen] Situation befinden

now-or-never *adj attr, inv situation* jetzt oder nie; ***29 is a ~ year in a young woman's life*** 29 ist für eine junge Frau ein Alter, in dem sie das Gefühl hat, jetzt oder nie

nowt [naʊt] *pron* Brit dial nix *fam;* ***that's got ~ to do with it!*** das hat nix damit zu tun!
► Phrases: **there's ~ so queer as** **folk** (*saying*) so was kommt vor *fam*

noxious [ˈnɒkʃəs, am ˈnɑːk-] *adj* (*form*) ① (*harmful*) schädlich; (*toxic*) *smoke, chemicals, fumes* giftig
② (*unpleasant*) übel; **~ smell** übler Geruch

nozzle [ˈnɒzl, am ˈnɑːzl] *n* Düse *f; of petrol pump* [Zapf]hahn *m*

nr *prep abbrev of* **near**

NRA [ˌenɑːrˈeɪ] *n no pl, + sing/pl vb* Am *abbrev of* **National Rifle Association** *Organisation in den USA, die das Recht auf freien Waffenkauf verteidigt*

N.S. Can *abbrev of* **Novia Scotia**

NSPCC [ˌenespiːsiːˈsiː] *n no pl, + sing/pl vb* Brit *abbrev of* **National Society for the Prevention of Cruelty to Children** ≈ Kinderschutzbund *m*

NSW Aus *abbrev of* **New South Wales**

NT Aus *abbrev of* **Northern Territory**

nth [enθ] *adj attr, inv* (*fam*) ① (*umpteenth*) x-te(r, s) *fam;* ***I glanced at my watch for the ~ time*** ich sah zum x-ten Mal auf meine Uhr
② (*greatest*) **to the ~ degree** bis zum Äußersten; ***she takes vegetarianism to the ~ degree*** sie ist eine fanatische Vegetarierin

Nth I. *n* Brit *abbrev of* **North** N.
II. *adj* Brit *abbrev of* **North** N-

NU Can *abbrev of* **Nunavut Territory**

nuance [ˈnjuːɑːn(t)s, am *esp* ˈnuː-] *n* Nuance *f; of meaning of word* Bedeutung *f;* **~s of meaning** Bedeutungsschattierungen *fpl*

nub [nʌb] *n* ① (*crux*) Kernpunkt *m;* **the ~ of the matter** der springende Punkt
② (*bump*) Stückchen *nt*

Nubian [ˈnjuːbiən, am ˈnuː] I. *adj inv* nubisch
II. *n* ① (*person*) Nubier(in) *m(f)*
② (*goat*) nubische Ziege

nubile [ˈnjuːbaɪl, am ˈnuːbɪl, ˈnjuː-] *adj* (*hum*) [sehr] anziehend; **a ~ woman** eine knackige junge Frau *fam*

nuclear [ˈnjuːkliəʳ, am ˈnuːkliɚ, ˈnjuː-] *adj inv* ① (*of energy*) Kern-, Atom-
② mil nuklear, atomar; **~-free zone** atomwaffenfreie Zone; **to go ~** Atomwaffen zum Einsatz bringen
③ nucl Kern-
④ (*freak out*) **to go ~** ausrasten *fam*

nuclear deterrent *n* nukleare Abschreckung **nuclear disarmament** *n* atomare Abrüstung **nuclear energy** *n no pl* Kernenergie *f* **nuclear family** *n* Kernfamilie *f* **nuclear fission** *n* Kernspaltung *f* **nuclear fusion** *n* Kernfusion *f* **nuclear holocaust** *n* atomarer Holocaust **nuclear medicine** *n no pl* Nuklearmedizin *f* **nuclear nonproliferation treaty** *n* Nichtverbreitungsabkommen *nt* über Atomwaffen **nuclear physicist** *n* Kernphysiker(in) *m(f)* **nuclear physics** *n + sing vb* Kernphysik *f* **nuclear power** *n no pl* Atomkraft *f* **nuclear-powered** *adj inv* atomgetrieben **nuclear power plant** *n,* **nuclear power station** *n* Kernkraftwerk *nt,* Atomkraftwerk *nt* **nuclear radiation** *n no pl* radioaktive Strahlung **nuclear reactor** *n* Atomreaktor *m* **nuclear scientist** *n* Atomwissenschaftler(in) *m(f)* **nuclear threat** *n* nukleare Bedrohung **nuclear war** *n* Atomkrieg *m* **nuclear warfare** *n no pl* nukleare Kriegsführung **nuclear waste** *n* Atommüll *m* **nuclear weapon** *n* Atomwaffe *f* **nuclear winter** *n* atomarer Winter

nuclei [ˈnjuːkliaɪ, am *esp* ˌnuː-] *n pl of* **nucleus**

nucleic acid [njuːˌkliːɪkˈ-, am *esp* nuːˌ-] *n* biol, chem Nukleinsäure *f*

nucleus <*pl* -clei *or* -es> [ˈnjuːkliəs, am *esp* ˈnuː-] *n* ① (*core*) Kern *m*
② biol Kern *m,* Nukleus *m fachspr*
③ nucl Kern *m,* Nukleus *m fachspr*

nude [njuːd, am *esp* nuːd] I. *adj inv* nackt; **~ model** Aktmodel *nt;* **~ painting** Akt *m;* **~ person** Nackte(r) *f(m);* **~ photo[graph]** Aktfoto *nt;* **~ sunbathing** Nacktbaden *nt;* **to pose ~** nackt posieren
II. *n* ① art Akt *m*
② (*nakedness*) **in the ~** nackt; **to pose in the ~** nackt posieren; **to sunbathe/swim in the ~** nackt sonnenbaden/schwimmen

nudge [nʌdʒ] I. *vt* ① (*push*) ■**to ~ sb** jdn stoßen; ■**to ~ sth somewhere** etw irgendwohin wegschieben; ***he ~d the cat off the sofa*** er schupste die Katze von dem Sofa
② (*fig: urge*) ■**to ~ sb into** [*or* **towards**] **sth** jdn zu etw *dat* drängen; **to ~ sb in the right direction** jdm in die richtige Richtung verhelfen; ■**to ~ sb into** [*or* **towards**] **doing sth** jdn dazu drängen, etw zu tun
③ (*approach*) ***he must be nudging 60 now*** er muss jetzt auch schon auf die 60 zugehen; ***the needle was nudging the red line*** die Nadel näherte sich dem roten Bereich
► Phrases: **~, ~** [**wink, wink**] Brit, Aus (*fam*) na, du weißt schon! (*mit den Augen zwinkernd auf eine sexuelle Komponente anspielen*)
II. *vi* Brit ***prices have ~d downward/ upward*** die Preise sind gesunken/gestiegen; ***just ~ forward so you can see round the bend*** beug dich ein bisschen nach vorne, damit du um die Kurve sehen kannst
III. *n* ① (*push*) Stoß *m,* Schubs *m;* **to give sb a ~** jdm einen Stoß [*o* Schubs] geben
② (*encouragement*) Anstoß *m;* **to give sb the ~ to do sth** jdm den Anstoß geben, etw zu tun

nudie [ˈnjuːdi, am *esp* ˈnuː-] (*fam*) I. *n* Porno *m*
II. *n modifier* (*magazine*) Porno-; (*picture*) Nackt-

nudism [ˈnjuːdɪzᵊm, am *esp* ˈnuː-] *n no pl* Freikörperkultur *f,* Nudismus *m geh*

nudist [ˈnjuːdɪst, am *esp* ˈnuː-] I. *n* Nudist(in) *m(f)*
II. *n modifier* FKK-; **~ colony** Nudistenkolonie *f*

nudist beach *n* FKK-Strand *m* **nudist camp** *n* Nudistenlager *nt,* FKK-Lager *nt fam*

nudity [ˈnjuːdəti, am ˈnuːdəṭi, ˈnjuː-] *n no pl* Nacktheit *f*

nudni(c)k [ˈnʊdnɪk] *n* Am (*fam*) Langweiler *m*

nugatory [ˈnjuːgətᵊri, am ˈnuːgətɔːri, ˈnjuː-] *adj* (*form*) belanglos; **~ amount** nichtiger Betrag

nugget [ˈnʌgɪt] *n* ① (*lump*) Klumpen *m;* **gold ~** Goldnugget *nt*
② food **chicken ~** Hähnchennugget *nt*
③ (*esp hum: fact*) Weisheit *f;* ***have you got any other astonishing ~s of wisdom for us?*** hast du noch mehr so erstaunliche Weisheiten für uns auf Lager?

nuisance [ˈnjuːsᵊn(t)s, am *esp* ˈnuː-] *n* ① (*pesterer*) Belästigung *f,* Plage *f;* ***those kids are real ~s*** diese Kinder sind richtige Quälgeister
② (*annoyance*) Ärger *m;* ***it's a ~ that I've got to work on Saturday*** ist das ärgerlich, dass ich am Samstag arbeiten muss!; ***what a ~!*** wie ärgerlich!; **to make a ~ of oneself** lästig werden
③ law Belästigung *f;* **public ~** öffentliches Ärgernis

nuisance call *n* anonymer Anruf **nuisance caller** *n* anonymer Anrufer/anonyme Anruferin **nuisance tax** *n* fin *häufig erhobene Steuer* **nuisance value** *n* (*fam*) *die Fähigkeit, zu stören und Ärger zu verursachen;* ***he will liven things up at the party — he has enormous ~*** er wird Leben in die Party bringen – er ist ein echter Störenfried!

NUJ [ˌenjuːˈdʒeɪ] *n no pl, + sing/pl vb* Brit *abbrev of* **National Union of Journalists** *britische Gewerkschaft der Journalisten*

nuke [njuːk, am *esp* nuːk] (*sl*) I. *vt* ■**to ~ sth** ① mil etw atomar angreifen
② *esp* Am, Aus (*in microwave*) etw warm machen
II. *n* ① (*power station*) Atomkraftwerk *nt*
② (*bomb*) Atombombe *f*

null [nʌl] *adj,* **null and void** *adj pred, inv* law null und nichtig; **to declare sth ~** etw für null und nichtig erklären; **to declare a marriage ~** eine Ehe annullieren; **to make** [*or* **render**] **sth ~** etw null und nichtig machen

nullification [ˌnʌlɪfɪˈkeɪʃᵊn] *n* Aufhebung *f; of an agreement, a law, a treaty* Ungültigkeitserklärung *f; of marriage* Annullierung *f*

nullify <-ie-> [ˈnʌlɪfaɪ] *vt* ■**to ~ sth** ① (*invalidate*) etw für ungültig [*o* nichtig] erklären; **to ~ a marriage** eine Ehe annullieren
② (*make useless*) *one's work* etw zunichte machen

nullity [ˈnʌləti, am -əṭi] *n no pl* law Nichtigkeit *f; of a marriage* Ungültigkeit *f*

NUM [ˌenjuːˈem] *n no pl, + sing/pl vb* Brit *abbrev of* **National Union of Mineworkers** *britische Gewerkschaft der Bergarbeiter*

numb [nʌm] I. *adj* ① *limbs* taub; **~ with cold** taub vor Kälte; **to feel ~** *limbs* sich *akk* taub anfühlen; **to go ~** *limbs* taub werden, einschlafen
② (*torpid*) benommen; **to feel ~** sich *akk* benommen fühlen
③ (*shocked*) **to be ~ with disbelief** ungläubig starren; **to be ~ with grief** vor Schmerz wie betäubt sein
II. *vt* ① (*deprive of feeling*) ■**to ~ sth** *limbs* etw taub machen; **~ed with grief** (*fig*) vor Schmerz ganz starr
② (*desensitize*) ■**to ~ sb** jdn [emotional] abstumpfen; ■**to be ~ed by sth** durch etw *akk* abgestumpft sein
③ (*lessen*) **to ~ the pain** den Schmerz betäuben

number[1] [ˈnʌmbəʳ, am -bɚ] I. *n* ① math Zahl *f;* (*numeral*) Ziffer *f;* **to crunch ~s** über Zahlen sitzen
② (*symbol*) Zahl *f*
③ (*sums*) ■**~s** *pl* Rechnen *nt kein pl,* Zahlen *fpl fam;* ***I never was much good at ~s*** Zahlen waren noch nie meine Stärke
④ (*identifying number*) Nummer *f;* **card/house/telephone ~** Karten-/Haus-/Telefonnummer [*o* Rufnummer] *f*
⑤ *no pl, + sing/pl vb* (*amount*) [An]zahl *f;* ***there were only a small ~ left*** es waren nur noch wenige da; ***a large ~ of invitations have*** [*or* ***form has***] ***been sent*** ein großer Teil der Einladungen ist bereits verschickt worden; ***a small ~ of children are*** [*or form* ***is***] ***educated at home*** eine kleine Anzahl von Kindern wird zu Hause unterrichtet; ***letters of complaint were surprisingly few in ~*** es gab erstaunlich wenig Beschwerdebriefe; ***any ~ of things could go wrong*** alles Mögliche könnte schief gehen; **in enormous/huge/large ~s** in enormen/riesigen/großen Stückzahlen; ***these magazines are produced in vast ~s*** diese Zeitschriften werden in riesigen Auflagen produziert
⑥ *no pl, + sing/pl vb* (*several*) ***I decided not to go for a ~ of reasons*** ich entschied mich aus vielerlei Gründen dagegen, dort hinzugehen
⑦ (*members*) Gruppe *f;* **one of our ~** eine(r) *f(m)* aus unserer Gruppe
⑧ (*issue*) Ausgabe *f,* Nummer *f;* **back ~** frühere Ausgabe
⑨ (*performance*) Auftritt *m;* (*music*) Stück *nt;* ***he played an old jazz ~ on the piano*** er spielte ein altes Jazzstück auf dem Piano
⑩ (*fam: clothing*) Kluft *f fam*
⑪ Am (*sl: person*) Nummer *f fam;* ***he's quite a ~, don't you think?*** er ist schon 'ne Nummer, findest du nicht?
⑫ Am (*sl: tale*) Nummer *f fam,* Masche *f fam;* ***he tried his usual ~ but she didn't fall for it*** er versuchte es auf die übliche Tour, aber sie fiel nicht darauf herein *fam*
⑬ Am (*game*) ■**the ~s** *pl* Zahlenlotto *nt* (*bestimmte Art*)
⑭ *no pl* ling Numerus *m*
► Phrases: **by** [**sheer**] **force** [*or* **weight**] **of ~s** [allein] aufgrund zahlenmäßiger Überlegenheit; **~ one** (*fam: oneself*) die Nummer eins; ***he only cares about ~ one*** er denkt nur an sich selbst; (*bestseller*) *book* Bestseller *m; album* Kassenschlager *m;* **to be** [**the**] **~ one** die Nummer eins sein; **to do ~ one/two** (*euph fam*) klein/groß machen *fam;* **there's safety in ~s** (*prov*) in der Menge ist man sicher; **N~ Ten** (*residence of Prime Minister*) Downing Street Nummer 10; (*Prime Minister*) der britische Premierminister/die britische Premierministerin; (*staff*) der Stab des britischen Premierministers/der britischen Premierministerin; **to do a ~ on**

sb AM (*sl*) eine Nummer mit jdm abziehen *fam;* **to have sb's ~** (*sl*) jdn durchschauen; **sb's ~ is up** (*fam*) jds [letztes] Stündlein hat geschlagen *fam;* **to look out for ~ one** (*fam*) sich *akk* nur um sich *akk* selbst kümmern; **beyond** [*or* **without**] **~** zahllos; **by [the] ~s** nach Schema F *pej*
II. *vt* ① (*mark in series*) ■**to ~ sth** etw nummerieren; **to ~ sth from … to …** etw von … bis … durchnummerieren
② (*count*) ■**to ~ sth** etw abzählen
③ (*comprise*) ■**to ~ sth** etw zählen; ***each team ~s 11 players*** jede Mannschaft zählt [*o* hat] elf Spieler
④ (*form: include*) ■**to ~ sb among sth** jdn zu etw *dat* zählen; ***at one time the club ~ed an archbishop among its members*** der Club zählte sogar einmal einen Erzbischof zu seinen Mitgliedern
number² [ˈnʌməʳ, AM ˈnʌmɚ] *adj comp of* **numb**
number-cruncher *n* ① (*often pej: person*) Rechenfreak *m fam*
② COMPUT ≈ Großrechner *m,* Zahlenfresser *m fam*
number-crunching *n no pl* ***nowadays computers do all the ~*** heutzutage berechnen Computer all die großen Datenmengen; ***it's really not very interesting work, just a lot of ~*** die Arbeit ist nicht sonderlich interessant, halt viel Rumrechnerei *fam*
numbering [ˈnʌmbərɪŋ] *n no pl* Nummerierung *f*
numberless [ˈnʌmbələs, AM -bɚ-] *adj inv* (*esp liter*) zahllos, unzählig
number-one **I.** *adj attr, inv* ① (*main*) Haupt-; **the ~ cause/reason** die Hauptursache/der Hauptgrund; **~ priority** oberste Priorität; **the ~ problem** das wichtigste [*o* vorrangige] Problem ② (*best*) *skier, detective* Spitzen-, Top-; ***the Beatles were the ~ pop group for years*** die Beatles waren jahrelang die Nummer eins unter den Popgruppen; **~ brand** Spitzenmarke *f;* **~ choice/priority** erste Wahl/Priorität; **~ position** Spitzenposition *f;* **~ song** Nummer-Eins-Hit *m* [*o* -Single *nt*] ③ (*bestselling*) *album, song* meistverkauft, bestverkauft **II.** *n esp* AM (*fig: one's self*) **to care about ~** [nur] an sich *akk* denken; **to look after ~** sich *akk* selbst an erster Stelle setzen **number plate** *n* BRIT Nummernschild *nt* **number theory** *n no pl* MATH Zahlentheorie *f*
numbing [ˈnʌmɪŋ] *adj effect, feeling* betäubend; **~ sensation** taubes Gefühl
numbly [ˈnʌmli] *adv* wie betäubt, benommen
numbness [ˈnʌmnəs] *n no pl* ① *of limbs* Taubheit *f*
② (*torpor*) Benommenheit *f;* (*because of shock, grief*) Starre *f*
numbskull *n see* **numskull**
numeracy [ˈnjuːmərəsi, AM *esp* ˈnuː-] **I.** *n no pl* MATH Rechnen *nt*
II. *n modifier* rechnerisch; ***these children are lacking the most basic of ~ skills*** diese Kinder verfügen nicht einmal über die grundlegendsten rechnerischen Fähigkeiten
numeral [ˈnjuːmərəl, AM *esp* ˈnuː-] *n* Ziffer *f*
numerate [ˈnjuːmərət, AM *esp* ˈnuː-] *adj* rechenfähig; ***a ~ child would have no problems here*** ein Kind, das rechnen kann, hätte hier keinerlei Schwierigkeiten
numeration [ˌnjuːməˈreɪʃən, AM ˌnuːmərˈ-, ˈnjuː-] *n no pl* (*form*) Nummerierung *f*
numerator [ˈnjuːməreɪtəʳ, AM ˈnuːməreɪt̬ɚ, ˈnjuː-] *n* MATH Zähler *m*
numeric [njuːˈmerɪk, AM *esp* nuːˈ-] **I.** *adj* numerisch
II. *n* Numerik *f*
numerical [njuːˈmerɪkəl, AM *esp* nuːˈ-] *adj inv* ① (*arithmetic*) numerisch; **in ~ order** in numerischer Reihenfolge; **~ skills** rechnerische Fähigkeiten
② (*expressed in numbers*) numerisch; **~ code** numerischer Code, Nummerncode *m;* **~ superiority** zahlenmäßige Überlegenheit; **to have a ~ superiority over sb** jdm zahlenmäßig überlegen sein
numerically [njuːˈmerɪkəli, AM *esp* nuːˈ-] *adv inv* zahlenmäßig; (*arithmetically*) numerisch; **~ superior** zahlenmäßig überlegen
numeric keypad *n* COMPUT numerisches Tastaturfeld, Ziffernblock *m*
numerological [ˌnjuːmərəˈlɒdʒɪkəl, AM ˌnuːmɚəˈlɑː-, njuː-] *adj sign* numerologisch *geh*
numerology [ˌnjuːməˈrɒlədʒi, AM ˌnuːməˈrɑː-, njuː-] *n* Numerologie *f geh*
numero uno [ˌnjuːmərəʊˈuːnəʊ, AM ˌnuːməroʊˈuːnoʊ] *n see* **number-one**
numerous [ˈnjuːmərəs, AM *esp* ˈnuː-] *adj* zahlreich; ***shops of this type, once rare, are now ~*** solche Läden gab es früher kaum und heute findet man sie fast überall; **on ~ occasions** bei zahlreichen Gelegenheiten
numismatic [ˌnjuːmɪzˈmætɪk, AM ˌnuːmɪzˈmæt̬ɪk] *adj inv* numismatisch *fachspr,* Münz[en]-
numismatics [ˌnjuːmɪzˈmætɪks, AM ˌnuːmɪzˈmæt̬ɪks, ˈnjuː-] *n no pl* Numismatik *f*
numismatist [njuːˈmɪzmətɪst, AM nuː] *n* Münzkenner(in) *m(f),* Numismatiker(in) *m(f) fachspr*
numskull [ˈnʌmskʌl] *n* Hohlkopf *m pej fam*
nun [nʌn] *n* Nonne *f*
nunciature [ˈnʌnsiətjʊəʳ, AM tjʊr] *n* REL, POL Nuntiatur *f*
nuncio [ˈnʌn(t)siəʊ, -ʃiəʊ, AM -sioʊ] *n* REL Nuntius *m*
nunnery [ˈnʌnəri] *n* (*liter or dated*) [Nonnen]kloster *nt*
nuptial [nʌpʃəl] *adj inv* (*form, liter*) ehelich; ***that's what I call ~ bliss*** Mann, die sind vielleicht im siebten Himmel; **~ bed** Ehebett *nt;* **~ promise** eheliches Versprechen; **~ vows** Ehegelöbnis *nt*
nuptials [nʌpʃəlz] *npl* (*form or hum*) Hochzeit *f*
nurd *n see* **nerd**
nurdy *adj see* **nerdy**
nurse [nɜːs, AM nɜːrs] **I.** *n* ① (*at hospital*) [Kranken]schwester *f;* (*male*) Krankenpfleger *m*
② (*nanny*) Kindermädchen *nt*
II. *vt* ① (*care for*) ■**to ~ sb/an animal** jdn/ein Tier pflegen; **to ~ sb/an animal back to health** jdn/ein Tier wieder gesund pflegen; **to ~ a patient** einen Patienten pflegen
② (*heal*) ■**to ~ sth** etw [aus]kurieren; **to ~ a cold** eine Erkältung auskurieren
③ (*tend*) ■**to ~ sth** *a plant* etw hegen [*o* pflegen]
④ (*nurture*) ■**to ~ sth** *a project* etw fördern; **to ~ the hope in sb that …** in jdm die Hoffnung nähren, dass …; **to ~ a plan** einen Plan hegen
⑤ (*harbour*) **to ~ a feeling for sb/sth** ein Gefühl für jdn/etw hegen; **to ~ a grudge against sb** einen Groll gegen jdn hegen; **to ~ a passion for sth** ein Faible für etw *akk* haben
⑥ (*cradle*) **to ~ a baby** ein Baby [vorsichtig] im Arm halten; ***she ~d him in her arms till he fell asleep*** sie wiegte ihn in ihren Armen, bis er einschlief
⑦ (*with glass*) ***he was sitting in the pub nursing an almost empty glass of beer*** er saß in der Kneipe bei einem fast leeren Glas Bier
⑧ (*suckle*) **to ~ a child** ein Kind stillen
III. *vi* in der Krankenpflege arbeiten
nursemaid **I.** *n* ① (*dated: nanny*) Kindermädchen *nt* ② (*pej: servant*) Kindermädchen *nt pej* **II.** *vt* ■**to ~ sb** jdn durch ein Kindermädchen pflegen lassen
nurse practitioner *n* AM anerkannte/geprüfte Krankenpflegekraft
nursery [ˈnɜːsəri, AM ˈnɜːr-] **I.** *n* ① (*creche*) Kindergarten *m;* (*school*) Vorschule *f;* **to go to ~** in den Kindergarten/in die Vorschule gehen
② (*room*) Kinderzimmer *nt*
③ HORT Gärtnerei *f;* (*for trees*) Baumschule *f*
II. *n modifier* Kinder-; **~ facilities** Betreuungsmöglichkeiten *fpl* für Kleinkinder; **~ teacher** (*at creche*) Kindergärtner(in) *m(f);* (*at school*) Vorschullehrer(in) *m(f)*
nursery education *n no pl* Vorschulunterricht *m*
nurseryman <*pl* -men> [ˈnɜːsərimən, AM ˈnɜːr] *n* Pflanzenzüchter *m* **nursery nurse** *n* BRIT Kindermädchen *nt* **nursery rhyme** *n* Kinderreim *m;* (*song*) Kinderlied *nt* **nursery school** *n* Vorschule *f* **nursery slopes** *npl* BRIT SKI Anfängerhügel *m,* Idiotenhügel *m hum*
nursey [ˈnɜːsi, AM ˈnɜːrsi] *n,* **nursie** *n* (*fam*) Kindermädchen *nt*
nursing [ˈnɜːsɪŋ, AM ˈnɜːr-] **I.** *n no pl* ① (*taking care*) [Kranken]pflege *f;* **to go into ~** Krankenpfleger/Krankenpflegerin werden
② (*feeding*) Stillen *nt*
II. *adj* ① (*caring*) Krankenpflege-; **~ department** Pflegestation *f;* **~ profession** Krankenpflegeberuf *m*
② (*feeding*) **~ mothers** stillende Mütter
nursing aid *n* AUS Hilfsschwester *f* **nursing auxiliary** *n* BRIT Schwesternhelferin *f;* (*male*) Hilfspfleger *m* **nursing bottle** *n* AM Fläschchen *nt* **nursing home** *n* ① (*for old people*) Pflegeheim *nt* ② (*for convalescents*) Genesungsheim *nt* ③ BRIT (*for pregnant women*) Entbindungsklinik *f*
nurture [ˈnɜːtʃəʳ, AM ˈnɜːrtʃɚ] **I.** *vt* (*form*) ① (*raise*) ■**to ~ sb** jdn aufziehen [*o* großziehen]; ***she wants to stay at home and ~ her children*** sie will zu Hause bleiben und sich um ihre Kinder kümmern; **to ~ a plant** eine Pflanze hegen
② (*encourage*) ■**to ~ sb/sth** jdn/etw fördern
③ (*harbour*) **to ~ ambitions** Ambitionen hegen; **to ~ a dream** einen Traum hegen
II. *n no pl* ① (*upbringing*) Erziehung *f*
② (*nourishing*) Nahrung *f a. fig*
NUS [ˌenjuːˈes] *n no pl, + sing/pl vb* BRIT *abbrev of* **National Union of Students** *britische Studentengewerkschaft*
nut [nʌt] **I.** *n* ① (*fruit*) Nuss *f*
② TECH Mutter *f;* **to tighten the ~ up** die Mutter festziehen
③ (*fam: madman*) Bekloppte(r) *f(m) sl*
④ (*fam: fool*) Verrückte(r) *f(m)*
⑤ (*fam: fan*) Fanatiker(in) *m(f);* **health/sports ~** Gesundheits-/Sportfanatiker(in) *m(f)*
⑥ (*fam: head*) Schädel *m fam,* Birne *f fam;* **to be off one's ~** übergeschnappt sein *fam;* **to do one's ~** BRIT, AUS ausrasten, durchdrehen *fam;* **to use one's ~** sein Hirn benutzen
⑦ AM (*fam: costs*) Geldbedarf *m*
► PHRASES: **the ~s and bolts of sth** die fundamentalen Grundlagen einer S. *gen;* **a hard** [*or* **tough**] **~ to crack** (*problem*) eine harte Nuss; (*person*) eine schwierige Person
II. *n modifier* **~ allergy** Nussallergie *f;* **~ cutlet** Nussschnitzel *nt;* **~ filling** Nussfüllung *f;* **~ tree** Nussbaum *m*
III. *vt* <-tt-> (*fam*) ■**to ~ sb** jdm eine Kopfnuss geben
nut-brown [ˈnʌtbraʊn] *adj inv* nussbraun **nutcase** *n* (*pej fam*) ① (*madman*) Verrückte(r) *f(m)*
② (*fool*) Spinner(in) *m(f)* **nutcracker** *n* Nussknacker *m;* [**a pair of**] **~s** BRIT ein Nussknacker *m* **nuthatch** *n* ORN Kleiber *m* **nuthouse** *n* (*sl*) Irrenanstalt *f fam,* Klapsmühle *f fam*
nutmeg [ˈnʌtmeg] *n* ① (*fruit*) Muskatnuss *f*
② *no pl* (*spice*) Muskat *m;* **grated** [*or* **ground**] **~** gemahlener Muskat
NutraSweet® [ˈnjuːtrəˌswiːt, AM *esp* ˈnuː-] *n no pl* NutraSweet® *nt* (*künstlicher Süßstoff*)
nutrient [ˈnjuːtriənt, AM *esp* ˈnuː-] **I.** *n* Nährstoff *m;* **to be full of ~s** voller Nährstoffe sein
II. *adj* ① BIOL, FOOD Nährstoff-; **~ solution** Nährstofflösung *f*
② (*nourishing*) nahrhaft
nutrition [njuːˈtrɪʃən, AM *esp* nuːˈ-] **I.** *n no pl* ① (*eating*) Ernährung *f;* **good/bad ~** gute/schlechte Ernährung
② (*science*) Ernährungswissenschaft *f*
II. *n modifier* Nahrungs-; **~ content** Nährstoffgehalt *m*
nutritional [njuːˈtrɪʃənəl, AM *esp* nuːˈ-] *adj* Ernährungs-; **~ deficiency** Nährstoffmangel *m;* **~ information** Nährwertangaben *fpl;* **~ value** Nährwert *m*
nutritional supplement *n* Nahrungsergänzung *f*
nutritionist [njuːˈtrɪʃənɪst, AM *esp* nuːˈ-] *n* Ernährungswissenschaftler(in) *m(f)*
nutritious [njuːˈtrɪʃəs, AM *esp* nuːˈ-] *adj* nährstoffreich; (*nourishing*) nahrhaft
nutritive [njuːˈtrətɪv, AM nuːˈtrət̬ɪv, ˈnjuː-] *adj see* **nutritional**
nuts [nʌts] **I.** *npl esp* AM (*fam!*) Eier *pl vulg;* ***if he tries to grab you, just knee him in the ~*** wenn er versucht, dich zu greifen, dann trete ihm einfach

N

eine in die Eier

II. *adj pred* ❶ (*foolish*) ■**to be** ~ verrückt sein
❷ (*angry*) **to go** ~ durchdrehen *fam,* ausrasten *fam*
❸ (*enthusiastic*) ■**to be** ~ **about** [*or* **over**] **sb/sth** verrückt nach jdm/etw sein *fam*

nutshell *n no pl* Nussschale *f*
▸ PHRASES: **to put it in a** ~ es auf den Punkt bringen; **in a** ~ kurz gesagt; ***that explains the problem in a*** ~ das erklärt das Problem kurz und bündig

nutter ['nʌtəʳ] *n* BRIT, AUS (*pej fam*) ❶ (*madman*) Verrückte(r) *f(m)*
❷ (*fool*) Spinner(in) *m(f) fam;* **to be a complete** ~ ein Vollidiot *m*/eine Vollidiotin sein *pej,* total spinnen

nuttiness ['nʌtɪnəs, AM 'nʌt̬ɪ-] *n no pl* Nussgeschmack *m*

nutty ['nʌti, AM 'nʌt̬i] *adj* ❶ (*full of nuts*) mit vielen Nüssen *nach n;* ~ **chocolate** Schokolade *f* mit vielen Nüssen
❷ (*tasting like nuts*) *taste, aroma* nussig
❸ (*fam: crazy*) *idea, person* verrückt; [**as**] ~ **as a fruitcake** vollkommen verrückt
❹ (*fam: enthusiastic*) ■**to be** ~ **about sb/sth** ganz verrückt nach jdm/auf etw *akk* sein

nuzzle ['nʌzl̩] I. *vt* ■**to** ~ **sb/sth** jdn/etw [sanft] berühren
II. *vi* **to** ~ **closer** [sich *akk*] näher herankuscheln; ■**to** ~ [**up**] **against** [*or* **up to**] **sb/sth** [sich *akk*] an jdn/etw ankuscheln; **to** ~ **at sb's shoulder** [sich *akk*] an jds Schulter kuscheln; ■**to** ~ **in**[**to**] **sth** *dogs, horses* die Schnauze in etw *akk* drücken

NVQ [,envi:'kju:] *n* SCH *abbrev of* **National Vocational Qualification**

NW I. *n no pl abbrev of* **northwest** NW.
II. *adj inv* ❶ *abbrev of* **northwest** NW-
❷ *abbrev of* **northwestern** NW-
III. *adv inv abbrev of* **northwest**

N.W.T. CAN *abbrev of* **Northwest Territories**

N.Y. AM *abbrev of* **New York**

NYC [,enwaɪ'si:] *n* AM *abbrev of* **New York City**

nylon ['naɪlɒn, AM -lɑ:n] I. *n* ❶ *no pl* Nylon *nt*
❷ (*dated: stockings*) ■~**s** *pl* Nylonstrümpfe *mpl,* Nylons *pl fam*
II. *n modifier* Nylon-; ~ **shirt** Nylonhemd *nt;* ~ **thread** Nylonfaden *m*

nymph [nɪm(p)f] *n* Nymphe *f*

nymphet(**te**) [nɪm(p)'fet, AM 'nɪm(p)fət] *n* (*fam*) Nymphlein *nt*

nympho ['nɪm(p)fəʊ, AM -foʊ] *n* (*pej fam*) *short for* **nymphomaniac** Nympho *f sl*

nymphomania [,nɪm(p)fə(ʊ)'meɪniə, AM -foʊ'-] *n no pl* Nymphomanie *f;* **to suffer from** ~ Nymphomanin sein

nymphomaniac [,nɪm(p)fə(ʊ)'meɪniæk, AM -foʊ'-] (*pej*) I. *n* Nymphomanin *f*
II. *adj* nymphomanisch

N. Yorks BRIT *abbrev of* **North Yorkshire**

NYPD [,enjaɪpi:'di:] *n no pl,* + *sing/pl vb* AM *abbrev of* **New York Police Department** *New Yorker Polizeirevier*

NYSE *n abbrev of* **New York Stock Exchange** New Yorker Börse *f*

NZ *n no pl abbrev of* **New Zealand**

O

O <*pl* 's>, **o** <*pl* 's *or* -s> [əʊ, AM oʊ] *n* ❶ (*letter*) O *nt,* o *nt;* ~ **for Oliver** [*or* AM **as in Oboe**] O für Otto; *see also* **A 1.**
❷ (*blood type*) O
❸ (*zero*) Null *f;* ***my phone number is three,*** ~, ***five, one*** meine Telefonnummer ist drei, null, fünf, eins

O [əʊ, AM oʊ] *interj* ❶ (*poet or old: as address*) ~ ***Zeus!*** O Zeus!
❷ (*dated: expressing emotion*) ~ ***no!*** O nein!

o' [ə] *prep short for* **of**

O. AM *abbrev of* **Ohio**

oaf [əʊf, AM oʊf] *n* (*pej fam*) ❶ (*rude person*) Rüpel *m*
❷ (*clumsy person*) Tölpel *m fam;* ***you clumsy*** ~**!** du altes Trampeltier! *pej*
❸ (*stupid person*) Dummkopf *m fam*

oafish ['əʊfɪʃ, AM 'oʊ-] *adj* (*pej fam*) ❶ (*rude*) *person, behaviour* rüpelhaft
❷ (*clumsy*) *person* tölpelig *fam*

oafishness ['əʊfɪʃnəs, AM 'oʊ-] *n no pl* (*pej fam*)
❶ (*rudeness*) Rüpelhaftigkeit *f*
❷ (*clumsiness*) Tollpatschigkeit *f*

oak [əʊk, AM oʊk] I. *n* ❶ (*tree*) Eiche *f*
❷ *no pl* (*wood*) Eiche *f,* Eichenholz *nt*
▸ PHRASES: **tall** [*or* **great**] ~**s from little acorns grow** (*prov*) gut Ding will Weile haben *prov*
II. *n modifier* ❶ (*wooden*) *furniture* aus Eichenholz *nach n*
❷ (*of tree*) *leaves* Eichen-

oaken ['əʊkᵊn, AM 'oʊk-] *adj inv* eichen, aus Eiche *nach n*

oakum ['əʊkəm, AM 'oʊk-] *n no pl* HIST Werg *nt*

oaky ['əʊki, AM 'oʊki] *adj* ❶ *wine* eichig; ~ **taste** Eichengeschmack *m*
❷ (*of oak*) Eichen-

OAP [,əʊer'pi] *n* BRIT *abbrev of* **old age pensioner**

OAPEC ['əʊpek, AM 'oʊ-] *n no pl,* + *sing/pl vb acr for* **Organization of Arab Petroleum Exporting Countries** OPEC *f*

oar [ɔ:ʳ, AM ɔ:r] *n* ❶ (*paddle*) Ruder *nt,* Riemen *m fachspr*
❷ (*person*) Ruderer *m*/Ruderin *f*
▸ PHRASES: **to put** [*or* **stick**] **one's** ~ **in** (*pej fam*) sich *akk* [in etw *akk*] einmischen, seine Nase [in etw *akk*] hineinstecken *fam*

oarlock *n* AM Riemenhalterung *f,* Ruderhalterung *f*

oarsman *n* Ruderer *m* **oarswoman** *n* Ruderin *f*

oases [əʊ'eɪsi:z, AM oʊ'-] *n pl of* **oasis**

oasis <*pl* -ses> [əʊ'eɪsɪs, AM oʊ'-, *pl* -si:z] *n*
❶ (*waterhole*) Oase *f*
❷ (*fig: haven*) Oase *f;* **an** ~ **of peace** eine Oase des Friedens

oast [əʊst, AM oʊst] *n* AGR Darre *f*

oat [əʊt, AM oʊt] *n* Hafer *m;* ■~**s** *pl* (*hulled grain*) Haferkörner *mpl;* (*rolled*) Haferflocken *fpl;* ***have you given the horses their*** ~***s yet?*** hast du den Pferden schon ihren Hafer gegeben?; **wild** ~ Flughafer *m*
▸ PHRASES: **to be off one's** ~**s** (*hum*) keinen Appetit haben; **to feel one's** ~**s** AM sich *akk* quicklebendig fühlen; **to get one's** ~**s** BRIT jdn vernaschen *hum;* **to sow one's wild** ~**s** sich *dat* die Hörner abstoßen

oatcake *n* Haferplätzchen *nt*

oath [əʊθ, AM oʊθ] *n* ❶ (*promise*) Eid *m;* **to break one's** ~ seinen Schwur brechen; **to declare under** ~ unter Eid aussagen; **to take** [*or* **make**] [*or* **swear**] **an** ~ **on sth** einen Eid auf etw *akk* schwören; **to take the** ~ vereidigt werden; **under** [*or* BRIT **up**|**on**] ~ unter Eid; ***witnesses are, of course, under*** ~ ***to tell the truth*** Zeugen werden natürlich darauf vereidigt, die Wahrheit zu sagen; **to be under** ~ unter Eid stehen
❷ (*dated: curse*) Schwur *m,* Fluch *m*

oatmeal ['əʊtmi:l, AM 'oʊt-] I. *n no pl* ❶ (*flour*) Hafermehl *nt*
❷ AM (*porridge*) Haferbrei *m*
❸ (*colour*) Hellbeige *nt*
II. *adj* ❶ (*containing oatmeal*) Hafer-; ~ **biscuits** [*or* AM **cookies**] Haferplätzchen *ntpl*
❷ (*colour*) hellbeige

OAU [,əʊer'ju:, AM ,oʊ-] *n abbrev of* **Organization of African Unity**

OB [,oʊ'bi:] *n* AM (*fam*) *abbrev of* **obstetrician**

obbligato <*pl* -os *or* -gati> [,ɒblɪ'gɑ:təʊ] *n* MUS *see* **obligato**

obduracy ['ɒbdjᵊrəsi, AM 'ɑ:bdʊrə-, -djʊ-] *n no pl* (*pej form*) Hartnäckigkeit *f*

obdurate ['ɒbdjᵊrət, AM 'ɑ:bdʊrɪt, -djʊ-] *adj* (*pej form*) ❶ (*stubborn*) hartnäckig; ~ **person** sture Person; **to remain** ~ hartnäckig [*o* stur] bleiben; ■**to be** ~ **on doing sth** darauf beharren, etw zu tun
❷ (*difficult*) *problem* hartnäckig

obdurately ['ɒbdjᵊrətli, AM 'ɑ:bdʊrɪt-, -djʊ-] *adv* (*pej form*) hartnäckig

OBE [,əʊbi:'i:] *n* BRIT *abbrev of* **Order of the British Empire** britischer Verdienstorden

obedience [ə(ʊ)'bi:diən(t)s, AM oʊ'-] *n no pl* Gehorsam *m* (**to** gegenüber +*dat*); **in** ~ **to the law** dem Gesetz entsprechend; **in** ~ **to the theory** gemäß der Theorie; **unquestioning** ~ unbedingter Gehorsam

obedient [ə(ʊ)'bi:diənt, AM oʊ'-] *adj* gehorsam; *child, dog also* folgsam; **to be** ~ **to sb/sb's commands** jdm/jds Befehlen gehorchen; **your** ~ **servant** (*old*) Ihr ergebenster Diener *veraltet*

obediently [ə(ʊ)'bi:diəntli, AM oʊ'-] *adv* gehorsam, folgsam; **to act** ~ gehorsam sein

obeisance [ə(ʊ)'beɪsᵊn(t)s, AM oʊ'-] *n* (*form*)
❶ *no pl* (*respect*) Respekt *m* (**to** gegenüber +*dat*); (*more formal*) Ehrerbietung *f,* Huldigung *f;* **to pay** [*or* **make**] ~ **to sb** jdn huldigen, jdm seine Huldigung darbringen
❷ (*bow*) Verbeugung *f;* **deep** ~ tiefe Verbeugung; **to make an** ~ eine Verbeugung machen, sich *akk* verbeugen; **to make one's** ~ **to sb** jdm seine Aufwartung machen *veraltet*

obelisk ['ɒbᵊlɪsk, AM 'ɑ:-] *n* Obelisk *m*

obese [ə(ʊ)'bi:s, AM oʊ'-] *adj* fett *pej; esp* MED fettleibig

obesity [ə(ʊ)'bi:səti, AM oʊ'bi:sət̬i] *n no pl* Fettheit *f pej; esp* MED Fettleibigkeit *f*

obey [ə(ʊ)'beɪ, AM oʊ'-] I. *vt* ❶ (*comply with*) ■**to** ~ **sb/sth** jdm/etw gehorchen; ***falling objects*** ~ ***the law of gravity*** fallende Gegenstände unterliegen dem Gesetz der Schwerkraft; **to** ~ **the law** sich *akk* an das Gesetz halten; **to** ~ **an order** einen Befehl befolgen, einem Befehl Folge leisten; **to** ~ **the rules** die Regeln befolgen, sich *akk* an die Regeln halten
❷ (*not fail*) ***her legs just wouldn't*** ~ ***her any longer*** ihre Beine gehorchten ihr nicht länger
II. *vi* gehorchen; ***he simply refused to*** ~ er weigerte sich schlichtweg zu gehorchen; ***her legs just wouldn't*** ~ ihre Beine gehorchten einfach nicht

obfuscate ['ɒbfʌskeɪt, AM 'ɑ:bfə-] *vt* (*form*) ■**to** ~ **sth** etw vernebeln; (*make unclear*) etw unklar machen; ■**to** ~ **sb** jdn verwirren

obfuscation [,ɒbfʌs'keɪʃᵊn, AM ,ɑ:bfə'skeɪ-] *n no pl* (*form*) Vernebelung *f; of person* Verwirrung *f*

OB-GYN [,oʊbi:dʒi:waɪ'en] *n* AM (*fam*) *short for* **obstetrician gynecologist** Geburtshelfer(in) *m(f)*

obit ['ɒbɪt, AM 'oʊ-] *n* (*fam*) *short for* **obituary** Nachruf *m*

obituary [ə(ʊ)'bɪtʃʊəri, AM oʊ'bɪtʊeri] *n* Nachruf *m;* ***I read in his*** ~ ***that he'd once lived in Alabama*** ich habe im Sterberegister gelesen, dass er einst in Alabama gelebt hat; ~ **column** Sterberegister *nt;* ~ **notice** Todesanzeige *f*

object[1] ['ɒbdʒɪkt, AM 'ɑ:b-] *n* ❶ (*thing*) Objekt *nt,* Gegenstand *m,* Sache *f;* ***the boss treats his employees as*** ~***s*** der Boss behandelt seine Arbeitnehmer wie Sachen
❷ *usu sing* (*aim*) Ziel *nt,* Zweck *m;* ***what was the*** ~ ***of it all?*** was war der Zweck des Ganzen?; **the** ~ **of the exercise is …** das Ziel der Übung ist …
❸ *usu sing* (*form: focus*) Gegenstand *m;* ■**to be/become the** ~ **of sth** der Mittelpunkt von etw *dat* sein/werden; **the** ~ **of sb's desire** das Objekt von jds Begierde
❹ LING Objekt *nt*
▸ PHRASES: **money is no** ~ Geld spielt keine Rolle

object[2] [ɒb'dʒekt] I. *vi* ❶ (*disapprove*) Einspruch erheben, Einwände haben; ***would anyone*** ~ ***if we started the meeting now?*** hätte irgendjemand etwas dagegen, wenn wir nun mit der Sitzung beginnen?; ■**to** ~ **to sth** etw ablehnen, mit etw *dat* nicht einverstanden sein; (*stronger*) sich *dat* etw verbitten; ***do you*** ~ ***to people smoking at the table?*** stört es Sie, wenn Leute bei Tisch rauchen?; **to** ~ **to an attitude** eine Einstellung missbilligen

❷ (*protest*) einwenden, entgegnen; ***"I can't allow that," the chairman ~ed*** „das kann ich nicht zulassen", wandte der Vorsitzende ein
II. *vt* ■**to ~ that ...** einwenden, dass ...

objectification [əb'dʒektɪfɪ'keɪʃᵊn, AM əb'dʒektə-] *n no pl* PSYCH Versachlichung *f*

objection [əb'dʒekʃᵊn] *n* Einwand *m;* **to have an ~ [to [*or* against] sth]** [gegen etw *akk*] einen Einwand haben; ***nobody had a single ~*** niemand hatte einen Einwand; ***does anyone have any ~s?*** hat irgendjemand einen Einwand?; ***if you have no ~, then we will continue*** wenn Sie nichts dagegen haben, würden wir gern fortfahren; **to raise [*or* voice] ~s [to sth]** Einwände [gegen etw *akk*] erheben

objectionable [əb'dʒekʃᵊnᵊbl] *adj* (*form*) unangenehm; (*offensive*) anstößig; *smell, sight* übel

objectionably [əb'dʒekʃᵊnᵊbli] *adv* (*form*) unangenehm

objective [əb'dʒektɪv] **I.** *n* ❶ (*aim*) Zielsetzung *f*, Ziel *nt;* **management by ~s** Unternehmensführung *f* mit Zielvorgabe; **long-term/short-term ~** langfristige/kurzfristige Zielsetzung; **main [*or* primary] ~** Hauptziel *nt;* **to achieve [*or* attain] [*or* meet] one's ~** sein Ziel erreichen
❷ PHOT Objektiv *nt*
II. *adj* ❶ (*unbiased*) objektiv
❷ (*actual*) sachlich; **~ fact** Tatsache *f*

objectively [əb'dʒektɪvli] *adv* ❶ (*impartially*) objektiv
❷ (*in fact*) sachlich

objectivism [əb'dʒektɪvɪzᵊm, AM tə] *n no pl* ❶ (*non-subjective attitude*) Objektivität *f*, objektive Einstellung [*o* Haltung]
❷ PHILOS Objektivismus *m*

objectivity [ˌɒbdʒɪk'tɪvəti, AM ˌɑːbdʒek'tɪvət̬i] *n no pl* ❶ (*impartiality*) Objektivität *f;* **to maintain one's ~** seine Objektivität bewahren
❷ (*actuality*) Sachlichkeit *f*

object language *n* ❶ LING Objektsprache *f* ❷ COMPUT Maschinensprache *fachspr* **object lesson** *n* (*approv*) Musterbeispiel *nt*, Paradebeispiel *nt* (**in** für +*akk*), Muster *nt* (**in** an +*dat*); ***the disaster was an ~ in how not to run a ship*** die Katastrophe war ein Musterbeispiel dafür, wie man ein Schiff nicht führen sollte

objector [əb'dʒektəʳ, AM -ɚ] *n* Gegner(in) *m(f)* (**to** +*gen*)

object-oriented *adj* COMPUT objektorientiert

objet d'art <*pl* objets d'art> [ˌɒbʒeɪ'dɑːʳ, *pl* ˌɒbʒeɪ'dɑːʳ, AM ˌɑːbʒeɪ'dɑːr, *pl* ˌɑːbʒeɪ'dɑːr] *n* Kunstobjekt *nt*, Kunstgegenstand *m*

oblation [əʊ'bleɪʃᵊn, AM ə'] *n* REL Opfergabe *f*, Opfer *nt*

obligate ['ɒblɪgeɪt, AM 'ɑːb] *vt* ■**to ~ sb to do sth** jdn [dazu] verpflichten [*o* nötigen] *fig*, etw zu tun

obligated ['ɒblɪgeɪtɪd, AM 'ɑːblɪgeɪtɪd] *adj pred esp* AM (*form*) ■**to be ~ to do sth** dazu verpflichtet sein, etw zu tun; **to feel ~ to do sth** sich *akk* dazu verpflichtet fühlen, etw zu tun; *see also* **oblige I 1**

obligation [ˌɒblɪ'geɪʃᵊn, AM 'ɑːblə-] *n* ❶ (*act of being bound*) Verpflichtung *f* (**to** gegenüber +*dat*); **to be under an ~ to do something** sich *akk* verpflichtet fühlen, etw zu tun; ***he is under no contractual ~ to buy*** er ist vertraglich nicht zum Kauf verpflichtet; ***you have a legal ~ to ...*** Sie sind gesetzlich dazu verpflichtet, ...; ***two week's free trial without ~*** zwei Wochen Probezeit ohne Kaufzwang; **to be under an ~ to sb** jdm verpflichtet sein; **to fulfil one's contractual ~s** seine Vertragspflicht [*o* vertraglichen Verpflichtungen] erfüllen; **to have an ~ to sb** jdm gegenüber eine Verpflichtung haben
❷ (*duty to pay a debt*) FIN Verbindlichkeit *f;* **to meet one's ~s** seinen Verbindlichkeiten nachkommen
❸ (*bond*) FIN Anleihe *f*, Obligation *f*

obligato <*pl* -os *or* -gati> [ˌɑːblɪ'gɑːt̬oʊ] *n* MUS selbständige Begleitstimme, Obligato *nt fachspr*

obligatory [ə'blɪgətᵊri, AM -tɔːri] *adj inv* obligatorisch *a. hum*, verpflichtend; ***it is ~ to stop at a red traffic light*** an einer roten Ampel muss man anhalten; **~ attendance** Anwesenheitspflicht *f;* **~ rules** verbindliche Regeln; **to make it ~ for sb to do sth** jdn dazu verpflichten, dass er/sie etw tut

oblige [ə'blaɪdʒ] **I.** *vt* ❶ (*force*) ■**to ~ sb to do sth** jdn zwingen, etw zu tun; ■**to be/feel ~d to do sth** verpflichtet sein/sich *akk* verpflichtet fühlen, etw zu tun; ***you're not ~d to do that*** Sie sind nicht verpflichtet, das zu tun; ***you're not ~d to answer these questions*** Sie brauchen diese Fragen nicht zu beantworten
❷ (*please*) ■**to ~ sb [by doing sth]** jdm [durch etw *akk*] einen Gefallen erweisen; ***would you please ~ me by waiting outside for a few moments?*** wären Sie so gut und würden einen Augenblick draußen warten?
❸ (*to thank*) **much ~d!** herzlichen Dank!; [***I am very***] ***much ~d*** [***to you***] (*dated*) ich danke Ihnen/dir vielmals; ***I'd be much ~d if you would complete the form as soon as possible*** ich wäre Ihnen sehr dankbar, wenn Sie das Formular baldmöglichst ausfüllen würden
❹ (*form: give*) ■**to ~ sb with sth** jdm etw geben; ***could you ~ me with a light?*** hätten Sie mir vielleicht Feuer?
II. *vi* helfen; **to be happy [*or* glad] to ~** bereitwillig helfen; ***my brother is always ready to ~*** mein Bruder ist immer sehr hilfsbereit; ***anything to ~*** stets zu Diensten

obliging [ə'blaɪdʒɪŋ] *adj* (*approv*) *behaviour* entgegenkommend; *character, person* freundlich, zuvorkommend

obligingly [ə'blaɪdʒɪŋli] *adv* entgegenkommenderweise, freundlicherweise, liebenswürdigerweise

oblique [ə(ʊ)'bliːk, AM oʊ-] **I.** *adj* ❶ (*indirect*) versteckt, indirekt; **~ look [*or* glance]** schiefer Blick; **~ reference** indirekte Anspielung
❷ (*slanting*) *line* schief
❸ MATH **~ angle** schiefer Winkel
II. *n* Schrägstrich *m*

obliquely [ə(ʊ)'bliːkli, AM oʊ-] *adv* ❶ (*indirectly*) versteckt, indirekt
❷ (*at an oblique angle*) schief

oblique stroke *n* BRIT, AUS Schrägstrich *m*

obliterate [ə'blɪtᵊreɪt, AM -'blɪt̬-] *vt* ❶ (*destroy*) **to ~ a town/village** eine Stadt/ein Dorf auslöschen [*o* vernichten]
❷ (*efface*) ■**to ~ sth** etw verwischen; ***centuries of wind and rain had ~d the words carved on the gravestones*** jahrhundertelanger Wind und Regen hatten die Worte auf den Grabsteinen so gut wie verschwinden lassen; **to ~ footprints** Fußabdrücke verwischen; **to ~ the view** die Sicht verdecken
❸ (*forget*) **to ~ the past** die Vergangenheit aus dem Gedächtnis tilgen; **to ~ a thought** einen Gedanken verdrängen

obliteration [əˌblɪtᵊr'eɪʃᵊn, AM ə'blɪt̬ə'reɪ-] *n no pl* ❶ (*destruction*) Auslöschung *f*, Vernichtung *f*
❷ (*effacing*) Verwischung *f;* ***the ~ of so many letters had rendered the text all but illegible*** dadurch, dass so viele Buchstaben nicht zu entziffern sind, ist der Text komplett unleserlich geworden
❸ (*suppression*) *of memories* Verdrängung *f*

oblivion [ə'blɪviən] *n no pl* ❶ (*obscurity*) Vergessenheit *f;* **to fall [*or* sink] into ~** in Vergessenheit geraten
❷ (*unconsciousness*) Besinnungslosigkeit *f;* **to drink oneself into ~** sich *akk* bis zur Besinnungslosigkeit betrinken; **to sink into ~** (*hum: fall asleep*) in Bewusstlosigkeit fallen
❸ (*extinction*) Verwüstung *f;* ***the planes bombed the city into ~*** die Flugzeuge haben die Stadt in Schutt und Asche gelegt

oblivious [ə'blɪviəs] *adj* ■**to be ~ of [*or* to] sth** sich *dat* einer S. *gen* nicht bewusst sein; (*not noticing*) etw gar nicht bemerken; ***absorbed in her work, she was totally ~ of her surroundings*** in ihre Arbeit vertieft, nahm sie ihre Umwelt gar nicht mehr wahr; **to be ~ to the beauty of sth** keinen Sinn für das Schöne einer S. *gen* haben

obliviously [ə'blɪviəsli] *adv* unbewusst; **to carry on ~** unbeirrt weitermachen

obliviousness [ə'blɪviəsnəs] *n no pl* Nichtwahrnehmung *f* (**to** von +*dat*); ***it's her total ~ to what's going on around her that annoys me*** was mich so an ihr stört, ist, dass sie überhaupt nichts von dem wahrnimmt, was um sie herum geschieht

oblong ['ɒblɒŋ, AM 'ɑːblɑːŋ] **I.** *n* Rechteck *nt*
II. *adj inv* rechteckig

obloquy ['ɒbləkwi, AM 'ɑːb-] *n* (*liter*) ❶ (*abuse*) Schmähung *f liter*
❷ (*disgrace*) Schmach *f liter*

obnoxious [əb'nɒkʃəs, AM əb'nɑːk-] *adj* (*pej*) widerlich; *person also* unausstehlich; ■**to be ~ of sb to do sth** widerwärtig von jdm sein, etw zu tun

obnoxiously [əb'nɒkʃəsli, AM əb'nɑːk-] *adv* ❶ (*pej: rudely*) unausstehlich
❷ (*hum: blithely*) eklig; ***why are you so ~ cheerful today?*** warum bist du heute so fürchterlich gut gelaunt?

obnoxiousness [əb'nɒkʃəsnəs, AM əb'nɑːk-] *n no pl* (*pej*) Widerlichkeit *f; of a person* Unausstehlichkeit *f;* ***the ~ of this remark was totally lost on his grandmother*** die Gemeinheit seiner Bemerkung wurde von seiner Großmutter überhaupt nicht wahrgenommen

oboe ['əʊbəʊ, AM 'oʊboʊ] *n* Oboe *f*

oboist ['əʊbəʊɪst, AM 'oʊboʊ-] *n* Oboist(in) *m(f)*

obscene [əb'siːn] *adj* ❶ (*offensive*) obszön, unzüchtig; **~ joke** zotiger Witz; **~ language** vulgäre Sprache; **~ phone call** obszöner Anruf
❷ (*immoral*) schamlos; ■**it is ~ to do sth** es ist unverschämt, etw zu tun
❸ (*repulsive*) Ekel erregend

obscenely [əb'siːnli] *adv* ❶ (*offensively*) obszön
❷ (*very*) Ekel erregend; ***that guy was just ~ fat*** der Typ war einfach eklig fett *fam;* **to be ~ rich** unverschämt reich sein

obscenity [əb'senɪti, AM -t̬i] *n* ❶ *no pl of behaviour, language* Obszönität *f*
❷ *of situation* Perversität *f;* ***such deliberate destruction of the environment is an ~*** so eine bewusste Zerstörung der Umwelt ist pervers
❸ (*words*) ■**obscenities** *pl* Obszönitäten *fpl;* **to use an ~** einen ordinären [*o* vulgären] Ausdruck benutzen

obscenity laws *npl* LAW *Gesetze zum Schutz der Öffentlichkeit vor Obszönitäten*

obscurantism [ˌɒbskjʊə'ræntizᵊm, AM ɑːb'skjʊrən] *n no pl* Aufklärungsfeindlichkeit *f*, Obskurantismus *m geh*

obscurantist [ˌɒbskjʊə'ræntist, AM ɑːb'skjʊrən] *adj* aufklärungsfeindlich, obskurantistisch *geh*

obscure [əb'skjʊəʳ, AM -'skjʊr] **I.** *adj* ❶ (*unknown*) *author, place, origins* unbekannt, obskur *geh*
❷ (*unclear*) unbestimmt; *reasons, comment, text* schwer verständlich; **for some ~ reason** aus irgendeinem unerfindlichen Grund
❸ (*not important*) unbedeutend
II. *vt* ❶ (*block*) ***heavy clouds were obscuring the sun*** schwere Wolken verdunkelten die Sonne; **to ~ the view** die Aussicht versperren
❷ (*suppress*) **to ~ the truth** die Wahrheit verschleiern; ■**to ~ sth from sb** etw vor jdm geheim halten [*o* verbergen]
❸ (*make unclear*) ■**to ~ sth** etw unklar machen

obscurely [əb'skjʊəli, AM əb'skjʊr] *adv* auf ungreifbare Weise, dunkel *fig*, vage; ***I felt ~ guilty*** ich fühlte mich irgendwie schuldig

obscurity [əb'skjʊərəti, AM -'skjʊrət̬i] *n no pl* ❶ (*anonymity*) Unbekanntheit *f;* (*of no importance*) Unbedeutendheit *f;* **to rise from ~** aus dem Nichts auftauchen; **to sink [*or* slide] into ~** in Vergessenheit geraten
❷ (*difficulty*) *of language, texts* Unverständlichkeit *f*, Unklarheit *f*

obsequies ['ɒbsɪkwiːz, AM 'ɑːbsɪ-] *npl* Trauerfeierlichkeit *f*, Leichenbegängnis *nt geh*

obsequious [əb'siːkwiːəs] *adj* (*pej form*) *person, manner* unterwürfig; ■**to be ~ to sb** sich *akk* jdm gegenüber unterwürfig verhalten

O

obsequiously [əbˈsiːkwiəsli] *adv* kriecherisch, servil

observable [əbˈzɜːvəbl̩, AM -ˈzɜːr-] *adj inv* wahrnehmbar; ***there's no ~ connection between the two events*** es besteht kein erkennbarer Zusammenhang zwischen den beiden Vorkommnissen; ***the doctors said that there is an ~ improvement*** die Ärzte sagten, es zeichne sich eine merkliche Besserung ab

observably [əbˈzɜːvəbli, AM -ˈzɜːr-] *adv inv* deutlich; ***the river is ~ dirtier than it was last year*** der Fluss ist erkennbar mehr verschmutzt als letztes Jahr; ***her health has ~ improved*** ihr Gesundheitszustand hat sich merklich gebessert

observance [əbˈzɜːvᵊn(t)s, AM -ˈzɜːr-] *n* (*form*)
① REL (*practice*) Einhaltung *f;* (*celebration*) Kirchenfeier *nt;* **religious ~s** religiöse Gebote
② (*obedience*) Beachtung *f; law* Befolgung *f;* **to show ~ of the rules** sich an die Regeln halten; ***~ of certain ancient customs is on the decline*** bestimmte alte Bräuche werden immer weniger gepflegt

observant [əbˈzɜːvᵊnt, AM -ˈzɜːr-] *adj* (*approv*)
① (*sharp-eyed*) aufmerksam; ***that's very ~ of you!*** das hast du aber gut beobachtet!
② (*heeding religious rule*) praktizierend *attr*

observantly [əbˈzɜːvᵊntli, AM -ˈzɜːr-] *adv* (*approv*) aufmerksam

observation [ˌɒbzəˈveɪʃᵊn, AM ˌɑːbzɚˈ-] *n* ① *no pl* (*watching closely*) Beobachtung *f;* LAW Überwachung *f,* Observation *f geh;* **~ of the enemy** MIL Feindaufklärung *f;* **to admit sb to hospital for ~** jdn zur Beobachtung ins Krankenhaus einweisen; **to keep sb in hospital for ~** jdn zur Beobachtung im Krankenhaus behalten; **under ~** unter Beobachtung; ***the police have him under ~*** die Polizei observiert ihn; **to keep/put sb/sth under [close] ~** jdn/etw [streng] überwachen
② *no pl* (*noticing things*) Beobachtung *f;* **powers of ~** Beobachtungsgabe *f*
③ (*form: thought*) Überlegung *f geh;* **~s on [*or* about] sth** Betrachtungen *fpl* über etw *akk*
④ (*remark*) Bemerkung *f;* **to make an ~ [about sb/sth]** eine Bemerkung [über jdn/etw] machen, sich *akk* [über jdn/etw] äußern

observation aircraft *n* Aufklärungsflugzeug *nt*

observational [ˌɒbzəˈveɪʃᵊnᵊl, AM ˌɑːzɚˈ-] *adj inv* Beobachtungs-, Wahrnehmungs-

observational research [ˌɒbzəˌveɪʃᵊnᵊl-, AM ˌɑːbzɚˌveɪʃᵊnᵊlˈ-] *n* empirische Forschung

observation balloon *n* Fesselballon *m* **observation car** *n,* BRIT *also* **observation coach** *n* Aussichtswagen *m,* Panoramawagen *m* **observation point** *n* Aussichtspunkt *m;* **to set up an ~** einen Aussichtspunkt errichten **observation post** *n* Beobachtungsposten *m,* Beobachtungsstand *m;* **to set up an ~** einen Beobachtungsposten errichten **observation satellite** *n* Beobachtungssatellit *m* **observation tower** *n* Aussichtsturm *m* **observation ward** *n* Beobachtungsstation *f*

observatory [əbˈzɜːvətri, AM -ˈzɜːrvətɔːri] *n* Observatorium *nt*

observe [əbˈzɜːv, AM -ˈzɜːrv] **I.** *vt* ① (*watch closely*) ■**to ~ sb/sth** jdn/etw beobachten; ***now, ~ the way the motor causes the little wheels to move up and down*** verfolge jetzt genau, wie der Motor die kleinen Räder sich auf und ab bewegen lässt; *by police* überwachen; ***if you want to learn from the football professionals, you're going to have to ~ them a lot more often*** wenn du von den Fußballprofis lernen willst, wirst du ihnen sehr viel öfter zusehen müssen
② (*form: notice*) ■**to ~ sb/sth** jdn/etw bemerken; ■**to ~ sb do[ing] sth** bemerken, wie jd etw tut; ■**to ~ that …** feststellen, dass …
③ (*form: remark*) ■**to ~ sth** etw bemerken; ***"I've always found German cars very reliable," he ~d*** „meiner Erfahrung nach sind deutsche Autos sehr verlässlich", bemerkte er; ■**to ~ that …** feststellen, dass …
④ (*form: obey*) **to ~ a ceasefire** einen Waffenstillstand einhalten; **to ~ the decencies** den Anstand wahren; **to ~ the law/an order** das Gesetz/eine Anordnung befolgen; **to ~ neutrality** die Neutralität einhalten, neutral bleiben; **to ~ a rule/speed limit** sich *akk* an eine Regel/Geschwindigkeitsbegrenzung halten
⑤ (*maintain*) **to ~ silence** Stillschweigen bewahren; **to ~ a minute of silence** eine Schweigeminute einlegen
⑥ (*celebrate*) ■**to ~ sth** etw begehen [*o* feiern]; ***do you ~ Passover?*** feiert ihr das Passahfest?; **to ~ an anniversary** einen Jahrestag begehen; **to ~ the Sabbath** den Sabbat einhalten
II. *vi* zusehen; ■**to ~ how …** beobachten, wie …

observer [əbˈzɜːvəʳ, AM -ˈzɜːrvɚ] *n* (*person who observes without participating*) Beobachter(in) *m(f);* (*spectator*) Zuschauer(in) *m(f);* ***my father was a keen ~ of the events surrounding the famous trial*** mein Vater hat die Ereignisse um den berühmten Prozess mit großem Interesse verfolgt; **UN ~** UN-Beobachter *m*

obsess [əbˈses] *vt* ■**to ~ sb** jdn verfolgen; ***the idea of finding her real mother seemed to ~ her*** sie schien von der Vorstellung besessen, ihre richtige Mutter zu finden

obsessed [əbˈsest] *adj* ■**to be ~ by [*or* with] sth** von etw *dat* besessen sein; **to be ~ with money** verrückt nach Geld sein *fam*

obsession [əbˈseʃᵊn] *n* ① (*preoccupation*) Manie *f,* Besessenheit *f; with cleanliness* Sauberkeitsfimmel *m fam;* ***cleanliness is an ~ with him*** er ist ein Sauberkeitsfanatiker; **to have an ~ with sth** von etw *dat* besessen sein; ***he has an ~ with looking good*** er will unbedingt immer gut aussehen
② PSYCH (*distressing idea*) Zwangsvorstellung *f,* Obsession *f geh*

obsessional [əbˈseʃᵊnᵊl] *adj see* **obsessive**

obsessionally [əbˈseʃᵊnᵊli] *adv see* **obsessively**

obsessional neurosis *n* Zwangsneurose *f;* **to suffer from ~** an einer Zwangsneurose leiden **obsessional neurotic** *n* Zwangsneurotiker(in) *m(f)*

obsessive [əbˈsesɪv] **I.** *adj* zwanghaft; **~ behaviour** Zwangsverhalten *nt;* **~ fear** Phobie *f geh;* ■**to be ~ about sth** von etw *dat* besessen sein; ***my partner is ~ about punctuality*** mein Partner ist ein Pünktlichkeitsfanatiker
II. *n* Besessene(r) *f(m)*

obsessive-compulsive disorder *n no pl* Zwangsneurose *f*

obsessively [əbˈsesɪvli] *adv* wie besessen; **to be ~ afraid of sth** wahnsinnige Angst vor etw *dat* haben *fam;* **to be ~ interested in football** fußballbesessen sein

obsessiveness [əbˈsesɪvnəs] *n no pl* Besessenheit *f*

obsidian [ɒbˈsɪdiən, AM əbˈ-] *n no pl* GEOL Obsidian *m*

obsolescence [ˌɒbsəˈlesᵊn(t)s, AM ˌɑːb-] *n no pl* Veralten *nt; law* Überalterung *f;* **to fall into ~** veralten

obsolescent [ˌɒbsəˈlesᵊnt, AM ˌɑːb-] *adj inv* ■**to be ~** im Begriff sein, zu veralten, außer Gebrauch kommen; **~ equipment** technisch [fast] überholte Ausstattung

obsolete [ˈɒbsᵊliːt, AM ˌɑːbsᵊlˈiːt] *adj inv* veraltet, überholt; (*no longer in force*) nicht mehr angewandt [*o* gültig]; **~ design** altmodisches Design; **~ law** nicht mehr gültiges Gesetz; **~ method** überholte Methode; **~ word** obsoletes Wort *geh;* **to become ~** veralten; ***record players are becoming ~*** Schallplattenspieler kommen außer Gebrauch

obsoleteness [ˈɒbsᵊliːtnəs, AM ˌɑːbsᵊlˈiːt-] *n no pl* Veraltetsein *nt;* ***the ~ of LPs is what has led him to start collecting them*** die Tatsache, dass LPs nicht mehr in Gebrauch sind, war der Grund dafür, dass er begonnen hat, sie zu sammeln

obstacle [ˈɒbstəkl̩, AM ˈɑːb-] *n* Hindernis *nt;* **to be an ~ in the way of [*or* to] sth** ein Hindernis auf dem Weg zu etw *dat* sein, etw *dat* im Weg[e] stehen; **an insurmountable ~** ein unüberwindbares Hindernis; **a major/the major ~** ein größeres/das größte Hindernis; **to negotiate [*or* overcome]/remove an ~** ein Hindernis überwinden/beseitigen

obstacle course *n* MIL Hindernisstrecke *f;* (*fig*) ***filling out applications is just one small part of the ~ of finding a job*** das Ausfüllen von Bewerbungsformularen ist nur ein kleiner Teil der Strapazen, die mit der Suche nach einem Arbeitsplatz verbunden sind **obstacle race** *n* Hindernisrennen *nt*

obstetric(al) [ɒbˈstetrɪk(ᵊl), AM əbˈ-] *adj inv* Geburts-, Entbindungs-

obstetric forceps *npl* Geburtszange *f*

obstetrician [ˌɒbstəˈtrɪʃᵊn, AM ˌɑːb-] *n* Geburtshelfer(in) *m(f)*

obstetrics [ɒbˈstetrɪks, AM əbˈ-] **I.** *n no pl* Geburtshilfe *f,* Obstetrik *f fachspr*
II. *adj* Entbindungs-; **~ ward** Entbindungsstation *f,* Wöchnerinnenstation *f veraltend*

obstinacy [ˈɒbstɪnəsi, AM ˈɑːbstə-] *n no pl* Hartnäckigkeit *f,* Sturheit *f pej*

obstinate [ˈɒbstɪnət, AM ˈɑːbstə-] *adj* **~ cold** hartnäckige Erkältung; **~ stain** hartnäckiger Fleck; **~ person** eigensinnige [*o* halsstarrige] [*o* sture] Person; **~ problem** hartnäckiges Problem; **~ refusal** sture Weigerung; **~ resistance** erbitterter Widerstand; **~ weed** hartnäckiges Unkraut; ■**to be ~ about sth** bei etw *dat* unnachgiebig sein

obstinately [ˈɒbstɪnətli, AM ˈɑːbstə-] *adv* hartnäckig; ***why do you always have to behave so ~?*** warum musst du immer so stur sein?

obstreperous [əbˈstrepᵊrəs] *adj* (*form*) aufmüpfig *fam; child* aufsässig; **~ customer** schwieriger Kunde/schwierige Kundin; **~ drunk** betrunkener Randalierer/betrunkene Randaliererin; **to get ~ about sth** sich *akk* über etw *akk* aufregen

obstreperously [əbˈstrepᵊrəsli] *adv* (*form*) aufmüpfig *fam*

obstreperousness [əbˈstrepᵊrəsnəs] *n no pl* (*form*) Aufsässigkeit *f*

obstruct [əbˈstrʌkt] *vt* ① (*block*) ■**to ~ sth** etw blockieren [*o* versperren]; ***her view was ~ed by a pillar*** eine Säule nahm ihr die Sicht; **to ~ sb's airways** jds Atemwege verstopfen; **to ~ the path** den Weg versperren; **to ~ a pipe** ein Rohr verstopfen; **to ~ progress** das Fortschreiten behindern; **to ~ reform** einer Reform im Wege stehen; **to ~ traffic** den Verkehr blockieren; ■**to ~ sb from doing sth** jdn daran hindern, etw zu tun
② (*interfere with*) **to ~ the course of justice** die Rechtsfindung behindern; **to ~ an officer** Widerstand gegen die Staatsgewalt leisten
③ SPORTS ■**to ~ sb** jdn sperren

obstruction [əbˈstrʌkʃᵊn] *n* ① (*blockage*) Blockierung *f; pipes* Verstopfung *f; traffic* [Verkehrs]stau *m;* MED Verstopfung *f,* Obstipation *f fachspr;* **to cause an ~** *traffic* den Verkehr behindern
② (*interference*) LAW Behinderung *f;* SPORTS Sperre *f;* **~ of justice** Behinderung *f* der Rechtspflege

obstructionism [əbˈstrʌkʃᵊnɪzᵊm] *n no pl* (*pej*) Obstruktionspolitik *f*

obstructionist [əbˈstrʌkʃᵊnɪst] **I.** *n* (*pej*) Obstruktionspolitiker(in) *m(f)*
II. *adj* (*pej*) Obstruktions-

obstructive [əbˈstrʌktɪv] *adj* (*pej*) hinderlich; **~ tactics** Verschleppungstaktik *f,* Verschleierungstaktik *f;* ■**to be ~** *thing* hinderlich sein; *person* sich *akk* quer stellen *fam*

obstructively [əbˈstrʌktɪvli] *adv* (*pej*) obstruktiv *geh;* **to act ~** sich *akk* quer stellen *fam*

obstructiveness [əbˈstrʌktɪvnəs] *n no pl* (*pej*) Quertreiberei *f fam*

obtain [əbˈteɪn] (*form*) **I.** *vt* ■**to ~ sth [from sb]** (*to be given*) etw [von jdm] bekommen [*o* erhalten]; (*to go and get*) sich *dat* etw [von jdm] verschaffen; ***iron is ~ed from iron ore*** Eisen wird aus Eisenerz gewonnen; **to ~ information** sich *dat* Informationen verschaffen; **to ~ permission** eine Erlaubnis erhalten; ***you must first ~ permission*** Sie müssen sich erst eine Genehmigung besorgen; **impossible to ~** nicht erhältlich
II. *vi conditions* herrschen; *rules* gelten, in Kraft sein

obtainability [əbˌteɪnəˈbɪlɪti] *n no pl* Erhältlich-

keit *f,* Verfügbarkeit *f*
obtainable [əbˈteɪnəbl̩] *adj inv* erhältlich
obtrude [əbˈtruːd] *(form)* **I.** *vt* **to ~ one's opinion on sb** jdm seine Meinung aufzwingen; ■**to ~ oneself** sich *akk* aufdrängen
II. *vi* ❶ *(be obtrusive)* sich *akk* aufdrängen
❷ *(project)* hervortreten
obtruder [əbˈtruːdəʳ, AM -ɚ] *n* aufdringliche Person
obtrusive [əbˈtruːsɪv] *adj* ❶ *(conspicuous)* zu auffällig
❷ *(importunate)* aufdringlich; **~ question** indiskrete Frage; **~ smell** penetranter Geruch
obtrusively [əbˈtruːsɪvli] *adv* ❶ *(indiscreetly)* aufdringlich; **to behave ~** aufdringlich sein
❷ *(conspicuously)* auffällig
obtrusiveness [əbˈtruːsɪvnəs] *n no pl* Aufdringlichkeit *f*
obtuse [əbˈtjuːs, AM ɑːbˈtuːs, -tjuːs] *adj* ❶ MATH stumpf; **~ angle** stumpfer Winkel
❷ *(form: blockheaded)* **~ person** begriffsstutziger [*o* beschränkter] Mensch; **~ remark/behaviour** dumme Bemerkung/dummes Verhalten
obtusely [əbˈtjuːsli, AM ɑːbˈtuːs-, -tjuːs] *adv (form)* beschränkt; **to act ~** sich *akk* blöd [*o* dumm] benehmen
obtuseness [əbˈtjuːsnəs, AM ɑːbˈtuːs-, -tjuːs] *n no pl (form)* Beschränktheit *f;* **~ of a remark** Dummheit *f* einer Bemerkung
obtuse triangle *n* stumpfes Dreieck
obverse [ˈɒbvɜːs, AM ˈɑːbvɜːrs] *n no pl (form)* ❶ *(opposite)* Gegenstück *nt; theory* Gegenteil *nt*
❷ *(heads side) coin, medal* Vorderseite *f,* Bildseite *f*
obviate [ˈɒbvieɪt, AM ˈɑːb-] *vt (form)* ■**to ~ sth** etw vermeiden [*o* umgehen]
obvious [ˈɒbviəs, AM ˈɑːb-] **I.** *adj* deutlich, offensichtlich; ***it was the ~ thing to do*** es war das Naheliegendste; **~ comparison/objection/solution** nahe liegender Vergleich/Einwand/nahe liegende Lösung; **~ defect** augenfälliger Defekt; **~ displeasure** deutliches Missfallen; **~ distress** sichtliche Not; **~ hints** eindeutige [*o* klare] Hinweise; **~ lie** offenkundige Lüge; **for ~ reasons** aus ersichtlichen Gründen; **~ snub** klare Abfuhr; **~ stain** auffälliger Fleck; **~ storyline** leicht durchschaubare Handlung; **to make sth ~** etw deutlich werden lassen; ■**to be ~ [that] ...** offenkundig sein, dass ...; ***it is becoming ~ [that] ...*** es zeichnet sich immer deutlicher ab, dass ...; ***it's quite ~ that ...*** man merkt sofort, dass ...; ■**it is ~ what/where/when/why ...** es liegt auf der Hand, was/wo/wann/warum ...
II. *n* ■**the ~** das Offensichtliche; **to miss the ~** das Naheliegendste übersehen, den Wald vor lauter Bäumen nicht sehen; **to state the ~** etw längst Bekanntes sagen
obviously [ˈɒbviəsli, AM ˈɑːb-] *adv* offensichtlich, deutlich; **~ *I'll accept your offer*** natürlich nehme ich Ihr Angebot an; ***he was ~ very upset*** er war sichtlich sehr aufgebracht; ***they're ~ American*** sie sind eindeutig Amerikaner; ***this camera is ~ defective*** diese Kamera ist offenbar defekt
obviousness [ˈɒbviəsnəs, AM ˈɑːb-] *n no pl* Offensichtlichkeit *f,* Deutlichkeit *f*
OC [ˌəʊˈsiː, AM ˌoʊˈ-] *n* MIL *abbrev of* **Officer Commanding** Oberbefehlshaber(in) *m(f)*
ocarina [ˌɒkəˈriːnə, AM ˈɑːk-] *n* Okarina *f*
occasion [əˈkeɪʒᵊn] **I.** *n* ❶ *(particular time)* Gelegenheit *f,* Anlass *m;* **to dress to suit the ~** sich *akk* dem Anlass entsprechend kleiden; ■**on the ~ of sth** anlässlich einer S. *gen;* ***congratulations on the ~ of your wedding anniversary*** alles Gute zu eurem Hochzeitstag; *(appropriate time)* [passende] Gelegenheit *f;* ***this is certainly not the ~ to discuss your personal problems*** dies ist sicherlich nicht der geeignete Moment, deine persönlichen Probleme zu besprechen; *(event)* Ereignis *nt;* **historic ~** historisches Ereignis; **on this particular ~** dieses eine Mal; **on another ~** ein anderes Mal, bei einer anderen Gelegenheit; **on one ~** einmal; **on several ~s** mehrmals; **on ~** gelegentlich
❷ *(reason)* Grund *m,* Veranlassung *f;* ***there's no ~ to be so rude*** es gibt keinen Grund, so unverschämt zu sein; ***the 200th anniversary of Mozart's death was the ~ for hundreds of special films*** anlässlich des 200. Todestages Mozarts kamen Hunderte von Sondersendungen; **should the ~ arise** sollte es nötig sein [*o* werden]; **to have ~ to do sth** Veranlassung haben, etw zu tun
❸ *(opportunity)* Gelegenheit *f;* ***an ~ may arise when you can use your knowledge of French*** vielleicht bietet sich eine Gelegenheit, deine Französischkenntnisse anzuwenden; **to take [*or* use] the ~ to do sth** eine Gelegenheit ergreifen [*o* nutzen], etw zu tun
II. *vt (form)* ■**to ~ sth** etw hervorrufen [*o* verursachen]; **to ~ a visit** einen Besuch nach sich ziehen; ***the case ~ed the authorities a lot of worry*** der Fall bereitete den Behörden viel Ärger
occasional [əˈkeɪʒᵊnᵊl] *adj inv* gelegentlich; ***my mother still gets an ~ back pain*** meine Mutter hat hin und wieder immer noch Rückenschmerzen; **to have an ~ beer** gelegentlich ein Bier trinken; **~ smoker** Gelegenheitsraucher(in) *m(f);* **to pay sb an ~ visit** jdm gelegentlich einen Besuch abstatten
occasionally [əˈkeɪʒᵊnᵊli] *adv inv* gelegentlich; **to hear from sb ~** hin und wieder [etw] von jdm hören; **to see sb ~** jdn ab und zu treffen
Occident [ˈɒksɪdᵊnt, AM ˈɑːksədənt] *n no pl (form, poet)* ■**the ~** der Westen, das Abendland *liter*
occidental [ˌɒksɪˈdentᵊl, AM ˌɑːksəˈdent̬ᵊl] *adj inv (form, poet)* westlich, abendländisch *liter,* okzidental *geh*
occidentalism [ˌɒksɪˈdentᵊlɪzᵊm, AM ˌɑːksəˈdent̬ᵊl-] *n* abendländische Kultur
occidentalist [ˌɒksɪˈdentᵊlɪst, AM ˌɑːksəˈdent̬ᵊl-] *n* ■**to be an ~** die westliche Lebensart bevorzugen
occipital [ɒkˈsɪpɪtᵊl, AM ɑːkˈsɪpɪt̬ᵊl] *adj* des Hinterkopfes *nach n,* okzipital *fachspr;* **~ wound** Wunde *f* am Hinterkopf
occiput [ˈɒksɪpʌt, AM ˈɑːk-] *n* Hinterkopf *m,* Hinterhaupt *nt,* Okziput *nt fachspr*
Occitan [ˈɒksɪtᵊn, AM ˈɑːk-] *n* Provenzalisch *nt*
occlude [əˈkluːd] *vt (form)* ❶ MED ■**to ~ sth** etw verstopfen; **to ~ the coronary artery** die Kranzarterie verschließen; **to ~ the waterfront with buildings** NAUT die Seeseite verbauen
❷ *(form: cover)* **to ~ an eye** ein Auge zuhalten
occluded [əˈkluːdɪd] *adj* MED **~ artery/blood vessel** verstopfte Arterie/verstopftes Blutgefäß
occluded front *n* METEO Okklusion *f fachspr*
occlusion [əˈkluːʒᵊn] *n* ❶ *(blockage) blood vessel, pipe* Verstopfung *f*
❷ MED *(teeth when clenched)* Biss *m,* [normale] Bissstellung *f,* Okklusion *f fachspr*
❸ METEO Okklusion *f fachspr*
occult [ˈɒkʌlt, əˈkʊlt, AM əˈkʊlt] **I.** *n no pl* ■**the ~** das Okkulte
II. *n modifier* okkult; **~ book** okkultistisches Buch; **~ group** Geheimbund *m;* **~ powers** übersinnliche [*o* okkulte] Kräfte; **~ ritual** okkulte Handlung, okkultes Ritual
occulting light *n* NAUT unterbrochenes Feuer
occultism [ˈɒkʌltɪzᵊm, AM əˈkʌlt-] *n no pl* Okkultismus *m*
occultist [ˈɒkʌltɪst, AM əˈkʌlt-] *n* Okkultist(in) *m(f)*
occupancy [ˈɒkjəpən(t)si, AM ˈɑːkjə-] *n no pl (form)* ❶ *(occupying property)* Bewohnen *nt; of hotel rooms* Belegung *f;* **level of a hotel's ~** Übernachtungszahlen *fpl* eines Hotels
❷ *(acquiring title to property)* Aneignung *f,* Besitzergreifung *f*
occupant [ˈɒkjəpənt, AM ˈɑːkjə-] *n (form)* ❶ *(tenant)* Bewohner(in) *m(f); (passenger)* Insasse, -in *m, f*
❷ *(title holder)* Inhaber(in) *m(f)*
occupation [ˌɒkjəˈpeɪʃᵊn, AM ˌɑːkjəˈ-] *n* ❶ *(form: profession)* Beruf *m*
❷ *(form: pastime)* Beschäftigung *f;* **favourite ~** Lieblingsbeschäftigung *f*
❸ *no pl* MIL Besetzung *f; of a country also* Okkupation *f geh*
❹ LAW **~ of a building** Bewohnen *nt* eines Gebäudes; *(possess)* Besitz *m* eines Gebäudes
occupational [ˌɒkjəˈpeɪʃᵊnᵊl, AM ˌɑːkjəˈ-] *adj* Berufs-, beruflich; **~ pension scheme** ECON Betriebsaltersversorgung *f*
occupational disease *n* Berufskrankheit *f* **occupational hazard** *n* Berufsrisiko *nt* **occupational illness** *n* Berufskrankheit *f*
occupationally [ˌɒkjəˈpeɪʃᵊnᵊli, AM ˌɑːkjəˈ-] *adv inv* berufsbedingt, von Berufs wegen
occupational medicine *n no pl Zweig der Medizin, der sich mit Berufskrankheiten befasst* **occupational pension scheme** *n* betriebliche Altersversorgung **occupational psychology** *n no pl* Arbeitspsychologie *f* **occupational therapist** *n* Beschäftigungstherapeut(in) *m(f)* **occupational therapy** *n* Beschäftigungstherapie *f*
occupation authorities *npl* Besatzungsbehörden *fpl* **occupation force** *n* Besatzungsmacht *f*
occupied [ˈɒkjəpaɪd, AM ˈɑːkjuː-] *adj inv* ❶ *(foreign-controlled)* besetzt; **~ territory** besetztes Gebiet
❷ *(taken)* besetzt; ***the bathroom's ~*** das Badezimmer ist besetzt; ***are those seats ~?*** sind die Sitzplätze dort schon belegt?
❸ *(preoccupied)* beschäftigt; **to keep sb ~** jdn beschäftigen; **to keep one's mind ~** sich *akk* geistig beschäftigen; **to be ~ in [*or* with] doing sth** mit etw *dat* beschäftigt sein
occupier [ˈɒkjəpaɪəʳ, AM ˈɑːkjuːpaɪɚ] *n* ❶ *(tenant)* Bewohner(in) *m(f)*
❷ *(conquerer)* Besatzer(in) *m(f)*
occupy <-ie-> [ˈɒkjəpaɪ, AM ˈɑːkjuː-] *vt* ❶ *(fill)* ■**to ~ sth** etw ausfüllen; *(live in)* etw bewohnen; **to ~ a niche in the market** eine Marktlücke füllen; **to ~ a position** eine Stellung bekleiden; **to ~ a post** einen Posten haben; **to ~ a room** ein Zimmer belegen; **to ~ a small space** *(form)* wenig Platz einnehmen; **to ~ the throne** den Thron innehaben; **to ~ time** Zeit ausfüllen
❷ *(preoccupy)* **to ~ one's mind** sich *akk* geistig beschäftigen; **to ~ sb's time** jds Zeit in Anspruch nehmen; **to ~ one's time in [*or* with] doing sth** die Zeit damit verbringen, etw zu tun; ■**to ~ oneself** sich *akk* beschäftigen
❸ *(take control of)* ■**to ~ sth** etw besetzen; **~ing forces** Besatzungstruppen *fpl*
occupying army *n + sing/pl vb* Besatzungsarmee *f*
occur <-rr-> [əˈkɜːʳ, AM -ˈkɜːr] *vi* ❶ *(take place)* geschehen; *accident* sich *akk* ereignen; *change* stattfinden; *symptom* auftreten; ***don't let it ~ again*** sieh zu, dass das nicht wieder passiert; ***that ~s very rarely*** das kommt sehr selten vor; ***an opportunity like that seldom ~s*** eine Gelegenheit wie diese ergibt sich nicht oft
❷ *(exist)* vorkommen
❸ *(come to mind)* ■**to ~ to sb** jdm einfallen; ***the thought ~red to me this morning*** der Gedanke kam mir heute Morgen in den Sinn; ■**to ~ to sb that ...** jdm in den Sinn kommen, dass ...; ***it never ~red to his parents to ask*** seine Eltern kamen nie auf den Gedanken, zu fragen
occurrence [əˈkʌrᵊn(t)s, AM -ˈkɜːr-] *n* ❶ *(event)* Vorfall *m,* Vorkommnis *nt,* Ereignis *nt;* ***street fights are an everyday ~ in this part of the city*** Straßenkämpfe sind eine alltägliche Erscheinung in diesem Teil der Stadt
❷ *no pl (incidence)* Vorkommen *nt; disease* Auftreten *nt*
ocean [ˈəʊʃᵊn, AM ˈoʊ-] *n* Meer *nt;* **Indian ~** Indischer Ozean
► PHRASES: **~s of sth** *(dated)* jede Menge etw *fam;* ***we've got ~s of time*** wir haben massenhaft Zeit *fam*
oceanarium <*pl* -s *or* -ria> [ˌəʊʃᵊnˈeəriəm, AM ˌoʊʃᵊnˈeriəm] *n* Ozeanarium *nt*
oceangoing *adj inv* hochseetauglich
Oceania [ˌəʊʃiˈɑːniə, AM ˌoʊʃiˈæniə] *n no pl* Ozeanien *nt*
oceanic [ˌəʊʃiˈænɪk, AM ˌoʊʃiˈ-] *adj inv* Meeres-; **~ voyage** Seereise *f*
ocean liner *n* Ozeandampfer *m*

oceanographer [ˌəʊʃᵊnˈɒgrəfəʳ, AM ˌoʊʃᵊnˈɑːgrəfɚ] *n* Ozeanograph(in) *m(f)*, Meereskundler(in) *m(f)*

oceanography [ˌəʊʃᵊnˈɒgrəfi, AM ˌoʊʃᵊnˈɑːgrəfi] *n no pl* Ozeanographie *f*, Meereskunde *f*

ocean tramp *n* Trampdampfer *m*

ocelot [ˈɒsᵊlɒt, ˈəʊ-, AM ˈɑːsəlɑːt, ˈoʊ-] *n* Ozelot *m*

och [ɒx] *interj* IRISH, SCOT ach [ja]!; ~ ***did he?*** so?; ~ ***well!*** na ja!

oche [ˈɒki, AM ˈɑːki] *n* Dartslinie *f*

ocher *n* AM *see* **ochre**

ochlocracy [ɒkˈlɒkrəsi, AM ɑːkˈlɑːk-] *n* Ochlokratie *f*, Pöbelherrschaft *f*

ochlocrat [ˈɒkləkræt, AM ˈɑːk-] *n* Ochlokrat(in) *m(f)*

ochlocratic [ˌɒkləˈkrætɪk, AM ˌɑːk'-] *adj* ochlokratisch

ochre [ˈəʊkəʳ, AM ˈoʊkɚ] *n no pl* ① (*yellowish brown colour*) Ocker *m o nt*
② (*earthy substance*) Ocker *m o nt*

ocker [ˈɒkəʳ] *n* AUS (*sl*) Spinner *m fam*

o'clock [əˈklɒk, AM -ˈklɑːk] *adv inv* ***it's two*** ~ es ist zwei Uhr

OCP *n abbrev of* **order code processor** OCP *f*

OCR [ˌəʊsiːˈɑːʳ, AM ˌoʊsiːˈɑːr] *n no pl* ① *abbrev of* **optical character recognition** OCR
② *abbrev of* **optical character reader** [maschineller] optischer Leser

Oct *n abbrev of* **October** Okt.

octagon [ˈɒktəgən, AM ˈɑːktəgɑːn] *n* Achteck *nt*, Oktagon *nt*

octagonal [ɒkˈtægᵊnᵊl, AM ɑːk'-] *adj inv* achteckig, oktagonal

octagonally [ɒkˈtægᵊnᵊli, AM ɑːk'-] *adv* achteckig, oktagonal

octahedron <*pl* -dra *or* -s> [ˈɒktəhiːdrᵊn, AM ˈɑːk-] *n* MATH Achtflächner *m*, Oktaeder *nt*

octane [ˈɒkteɪn, AM ˈɑːk-] *n* (*chemical*) Oktan *nt*; (*number*) Oktanzahl *f*

octane number *n* Oktanzahl *f*

octave [ˈɒktɪv, AM ˈɑːk-] *n* Oktave *f*

octavo <*pl* -os> [ɒkˈtɑːvəʊ, AM ɑːkˈteɪvoʊ] *n*
① (*size*) Oktav[format] *nt*
② (*book*) Oktavband *m*

octet [ɒkˈtet, AM ɑːk'-] *n* MUS ① + *sing/pl vb* (*group of eight*) Oktett *nt*
② (*composition for eight*) Oktett *nt*

October [ɒkˈtəʊbəʳ, AM ɑːkˈtoʊbɚ] *n* Oktober *m*; **the** ~ **Revolution** die Oktoberrevolution; *see also* **February**

octogenarian [ˌɒktə(ʊ)dʒəˈneəriən, AM ˌɑːktoʊdʒɪˈner-] *n* Achtzigjährige(r) *f(m)*

octopi [ˈɒktəpaɪ, AM ˈɑːk-] *n pl of* **octopus**

octopus <*pl* -es *or* -pi> [ˈɒktəpəs, AM ˈɑːk-, *pl* -pəsɪz, -paɪ] *n* Tintenfisch *m*; (*large*) Krake *f*

ocular [ˈɒkjələʳ, AM ˈɑːkjəlɚ] *adj inv* Augen-, okular *fachspr*

oculist [ˈɒkjəlɪst, AM ˈɑːk-] *n* (*dated*) Ophtalmologe, -in *m, f*, Augenarzt, Augenärztin *m, f*

OD [ˌəʊˈdiː, AM ˌoʊˈdiː] (*sl*) *abbrev of* **overdose** **I.** *vi* ■**to** ~ **on sth** eine Überdosis einer S. *gen* nehmen; (*fig*) etw übertreiben; ***you*** ~ ***on TV*** du schaust zu viel fern; **to** ~ **on heroin** eine Überdosis Heroin nehmen
II. *n esp* AM Überdosis *f*; **to take an** ~ [**of sth**] eine Überdosis [einer S. *gen*] nehmen

odalisk *n*, **odalisque** [ˈɒdᵊlɪsk, AM ˈɔʊ-] *n* Odaliske *f*

odd [ɒd, AM ɑːd] **I.** *adj* ① (*strange*) merkwürdig, seltsam; *person, thing also* eigenartig; ***he has an*** ~ ***way of showing his feelings*** er hat eine merkwürdige Art, seine Gefühle zu zeigen; ***these trains leave at*** ~ ***times*** diese Züge haben ausgefallene Abfahrtszeiten; ***what an*** ~ ***coincidence!*** was für ein sonderbarer Zufall!; **the** ~ **thing about it is that …** das Komische daran ist, dass …; **to find sth** ~ etw komisch [*o* merkwürdig] finden; **to look** ~ komisch aussehen
② *attr, inv* (*individual*) einzeln; ~ **shoes/socks** einzelne Schuhe/Socken; **the** ~ **one** [*or* **man**] **out** das fünfte Rad am Wagen; ***guess which number of the following sequence is the*** ~ ***one out*** rate mal, welche der folgenden Zahlen nicht dazugehört; ***she was always the*** ~ ***one out at school*** sie war immer eine Außenseiterin in der Schule
③ *inv* MATH ungerade
④ *attr, inv* (*occasional*) gelegentlich, Gelegenheits-; ***she does the*** ~ ***teaching job but nothing permanent*** sie unterrichtet gelegentlich, hat aber keinen festen Job; **to score the** ~ **goal** hin und wieder einen Treffer landen; ~ **visitor** vereinzelter Besucher/vereinzelte Besucherin
II. *n* ■~**s** *pl* (*probability*) ■**the** ~**s are …** es ist sehr wahrscheinlich, dass …; **to lengthen/shorten** [*or esp* AM **increase/decrease**] **the** ~**s** die Chancen erhöhen/verringern; ■**the** ~**s on/against sb doing sth** die Chancen, dass jd etw tut/nicht tut; ***what are the*** ~***s on him being late again?*** wie stehen die Chancen, dass er wieder zu spät kommt?; ***the*** ~***s against my horse winning are a hundred to one*** die Chancen, dass mein Pferd nicht gewinnt, stehen hundert zu eins; **to give long** ~**s on/against sth** etw *dat* große/sehr geringe Chancen einräumen
► PHRASES: ~**s and ends** [*or* BRIT, AUS **sods**] (*fam*) Krimskrams *m kein pl*; **to make no** ~**s** [**to sb**] *esp* BRIT, AUS (*fam*) [für jdn] keine Rolle spielen *fam*; ***it makes no*** ~***s to me*** es ist mir [völlig] einerlei; ***does it make any*** ~***s whether you use butter or oil?*** macht es einen Unterschied, ob du Butter oder Öl verwendest?; **against all** [**the**] ~**s** entgegen allen Erwartungen; **to be at** ~**s with sb** mit jdm uneins sein; **to be at** ~**s with sth** mit etw *dat* nicht übereinstimmen; **over the** ~**s** BRIT, AUS (*fam*) über das Normale hinaus; ***I got paid a bit over the*** ~***s for that job*** für diesen Job habe ich etwas mehr bezahlt bekommen

oddball [ˈɒdbɔːl, AM ˈɑːd-] (*fam*) **I.** *n* Verrückte(r) *f(m)*; ***his eldest sister is something of an*** ~ seine älteste Schwester ist etwas merkwürdig
II. *adj attr* verrückt; ~ **idea** ausgefallene [*o pej* komische] Idee

oddity [ˈɒdɪti, AM ˈɑːdəṭi] *n* ① (*strange person*) komischer Kauz *fam*
② (*strange thing*) Kuriosität *f*, komische Sache

odd job *n* Gelegenheitsarbeit *f* **odd-jobber** *n*, **odd-job man** *n* Gelegenheitsarbeiter(in) *m(f)* **odd lot** *n* STOCKEX gebrochener Schluss

oddly [ˈɒdli, AM ˈɑːd-] *adv* seltsam; ***I think she's*** ~ ***attractive*** ich finde sie auf [eine] seltsame Art attraktiv; ~ **shaped house** ein Haus mit einer eigenwilligen Form; ~ **enough** merkwürdigerweise, seltsamerweise; **to behave** ~ sich *akk* sonderbar benehmen

oddment [ˈɒdmənt, AM ˈɑːd-] *n usu pl* Rest[posten] *m*; ~**s of cloth** Stoffreste *mpl*

oddness [ˈɒdnəs, AM ˈɑːd-] *n no pl* Merkwürdigkeit *f*, Seltsamkeit *f*

odds-on *adj inv* sehr wahrscheinlich; **the** ~ **favourite** der aussichtsreichste Favorit/die aussichtsreichste Favoritin

ode [əʊd, AM oʊd] *n* Ode *f* (**to** an +*akk*)

odeum <*pl* odea *or* -s> [əʊˈdiːəm, AM oʊˈdiː-, *pl* -diːə] *n* Odeum *nt*

odious [ˈəʊdiːəs, AM ˈoʊ-] *adj* (*form*) ~ **crime** abscheuliches Verbrechen; ~ **person** abstoßender [*o* widerlicher] Mensch; ***what an*** ~ ***little man*** so ein Giftzwerg

odiously [ˈəʊdiːəsli, AM ˈoʊ-] *adv* (*form*) ekelhaft

odiousness [ˈəʊdiːəsnəs, AM ˈoʊ-] *n no pl* Abscheulichkeit *f*

odium [ˈəʊdiːəm, AM ˈoʊ-] *n no pl* (*form*) Hass *m*, Odium *nt geh*; **to hold sb up to public** ~ jdn dem Vorwurf der Öffentlichkeit aussetzen; **to bring** [*or* **cast**] ~ **upon sb** über jdn Schande bringen

odometer [əʊˈdɒmɪtəʳ, AM oʊˈdɑːməṭɚ] *n* Kilometerzähler *m*

odontologist [ˌɒdɒnˈtɒlədʒɪst, AM ˌoʊdɑːnˈtɑː-] *n* Odontologe, -in *m, f geh*, Zahnmediziner(in) *m(f)*

odontology [ˌɒdɒnˈtɒlədʒi, AM ˌoʊdɑːnˈtɑː-] *n no pl* Odontologie *f geh*, Zahnheilkunde *f*

odor *n* AM *see* **odour**

odoriferous [ˌəʊdᵊˈrɪfᵊrəs, AM ˌoʊdəˈrɪfɚəs] *adj* (*form*) duftend *attr*, Duft-

odorless *adj* AM *see* **odourless**

odorous [ˈəʊdᵊrəs, AM ˈoʊ] *adj inv* einen Geruch habend, riechend

odour [ˈəʊdəʳ], AM **odor** [ˈoʊdɚ] *n* ① (*certain smell*) Geruch *m*; (*fragrance*) Duft *m*; **sweet** ~ Duft *m*; (*fig liter*) Geruch *m*
② *no pl* (*smells in general*) Gerüche *mpl*
► PHRASES: **to be in good/bad** ~ **with sb** (*form*) gut/schlecht bei jdm angeschrieben sein

odourless [ˈəʊdələs], AM **odorless** [ˈoʊdɚ-] *adj inv* (*form*) geruchlos

odyssey [ˈɒdɪsi, AM ˈɑː-] *n usu sing* (*liter*) Odyssee *f a. fig*

OECD [ˌəʊiːsiːˈdiː, AM ˌoʊ-] *n abbrev of* **Organization for Economic Cooperation and Development** OECD *f*

oecumenical *adj* BRIT (*old*) *see* **ecumenical**

OED [ˌəʊiːˈdiː, AM ˌoʊ-] *n abbrev of* **Oxford English Dictionary**

oedema [ɪˈdiːmə] *n no pl* MED Ödem *nt fachspr*

Oedipal [ˈiːdɪpᵊl, AM ˈedɪ-] *adj* ödipal

Oedipus [ˈiːdɪpəs, AM ˈedɪ-] *n no pl* MYTH, LIT Ödipus *m*

Oedipus complex *n* Ödipuskomplex *m*

oeil-de-boeuf <*pl* oeils-> [ˌɔːɪdəˈbɔːf] *n* ARCHIT Bullauge *nt*

oenology [iːˈnɒlədʒi], AM **enology** [-ˈnɑːl-] *n* Önologie *f geh*, Weinkunde *f*

oenophile [ˈiːnə(ʊ)faɪl], AM **enophile** [ˈiːnəfaɪl] *n* (*form*) Weinkenner(in) *m(f)*

o'er [ɔəʳ, AM ɔːr] *prep* (*poet*) = **over**

oesophagus <*pl* -agi *or* -es> [iːˈsɒfəgəs], AM **esophagus** [ɪˈsɑːfə-] *n* Speiseröhre *f*, Ösophagus *m fachspr*

oestrogen [ˈiːstrə(ʊ)dʒᵊn], AM **estrogen** [ˈestrə-] *n no pl* Östrogen *nt*

oestrus [ˈiːstrəs, ˈɜstrəs] *n*, AM **estrus** *n* MED Östrus *m fachspr*, Brunft *f*

oeuvre [ˈɜːvrə] *n usu sing* (*liter*) Gesamtwerk *nt*

of [ɒv, əv, AM ɑːv, əv] *prep* ① *after n* (*belonging to*) von +*dat*; **people** ~ **this island** Menschen von dieser Insel; **the language** ~ **this country** die Sprache dieses Landes; **the employees** ~ **the company** die Angestellten des Unternehmens; **the cause** ~ **the disease** die Krankheitsursache; ***the colour*** ~ ***her hair*** ihre Haarfarbe; ***the government*** ~ ***India*** die indische Regierung; **sth** ~ **…** etw von … *dat*; ***a friend*** ~ ***mine*** ein Freund von mir; ***smoking is the worst habit*** ~ ***mine*** Rauchen ist meine schlimmste Angewohnheit
② *after n* (*expressing a whole's part*) von +*dat*; ***the sleeve*** ~ ***his coat*** der Ärmel an seinem Mantel; ***the days*** ~ ***the week*** die Wochentage; ***five*** ~ ***her seven kids are boys*** fünf ihrer sieben Kinder sind Jungen; ***there were ten*** ~ ***us on the trip*** wir waren auf der Reise zu zehnt; ***nine*** ~ ***the children came to the show*** neun Kinder kamen zur Vorstellung; **a third** ~ **the people** ein Drittel der Leute; **most** ~ **them** die Meisten; ***can you please give me more*** ~ ***the beans?*** könntest du mir noch etwas von den Bohnen geben?; ***I don't want to hear any more*** ~ ***that!*** ich will nichts mehr davon hören!; **a drop** ~ **rain** ein Regentropfen; **a piece** ~ **cake** ein Stück Kuchen; ***he's the best-looking*** ~ ***the three brothers*** er sieht von den drei Brüdern am besten aus; **on the point** [*or* **verge**] ~ **doing sth** kurz davor [*o* im Begriff] sein, etw zu tun; ***I'm on the point*** ~ ***telling him off*** ich werde ihn jetzt gleich rausschmeißen; **the best** ~ **sb/sth** der/die/das beste; ***they were the best*** ~ ***friends*** sie waren die besten Freunde; ~ **all** von allen; ***best*** ~ ***all, I liked the green one*** am besten gefiel mir der grüne; ***that*** ~ ***all his films, it's my favourite*** er gefällt mir von allen seinen Filmen am besten; **to be one** ~ **the sth** eine(r/s) von etw *dat* sein; ***she's one*** ~ ***the cleverest in the class*** sie ist eine der Schlauesten in der Klasse; ■**to be the sth** ~ **the sth** der/die/das etw von etw *dat* sein; ***he's one of the smartest*** ~ ***the smart*** er ist einer der Klügsten unter den Klugen

❸ *after n* (*containing*) a kilo ~ apples ein Kilo Äpfel; a litre ~ water ein Liter Wasser; a cup ~ tea eine Tasse Tee; she bought a book ~ short stories sie kaufte ein Buch mit Kurzgeschichten; they saw a pride ~ lions sie sahen ein Rudel Löwen [*o* Löwenrudel]; a bunch ~ parsley ein Bund Petersilie; a clove ~ garlic eine Knoblauchzehe; both ~ us wir beide; all ~ us were tired wir waren alle müde; a lot ~ money Unmengen an Geld
❹ *after vb* (*consisting of*) aus +*dat;* the sweater is made ~ the finest lambswool der Pullover ist aus feinster Schafwolle; *after n;* a land ~ ice and snow ein Land aus Eis und Schnee; dresses ~ lace and silk Kleider *pl* aus Spitze und Seide; house ~ stone Steinhaus *nt;* the smell ~ roses filled the air der Rosenduft lag in der Luft; a moment ~ silence ein Moment der Stille; I want a few minutes ~ quiet! ich will ein paar Minuten Ruhe!
❺ *after n* (*done by*) von +*dat;* there's a chapter on the use ~ herbs es gibt ein Kapitel über die Verwendung von Kräutern; the massacre ~ hundreds of innocent people das Massaker an Hunderten von Menschen; the destruction ~ the rain forest die Zerstörung des Regenwalds; the payment ~ his debts die Rückzahlung seiner Schulden; an admirer ~ Dickens ein Bewunderer von Dickens; in search ~ sb/sth auf der Suche nach jdm/etw; she's in search ~ a man sie sucht einen Mann; *after adj;* that was stupid ~ me das war dumm von mir
❻ *after vb* (*concerning*) I know ~ a guy who could fix that for you ich kenne jemanden, der das für dich reparieren kann; let's not speak ~ this matter lass uns nicht über die Sache reden; ~ her childhood, we know very little wir wissen nur sehr wenig über ihre Kindheit; speaking ~ sb/sth wo [*o* da] wir gerade von jdm/etw sprechen; speaking ~ time, do you have a watch on? da wir gerade von der Zeit reden, hast du eine Uhr?; he was accused ~ fraud er wurde wegen Betrugs angeklagt; we will notify you ~ any further changes wir werden Sie über alle Änderungen informieren; *after adj;* she's afraid ~ dogs sie hat Angst vor Hunden; he became jealous ~ all of her friends er wurde auf alle ihre Freunde eifersüchtig; she's often unsure ~ herself sie ist sich ihrer selbst oft nicht sicher; to be fond ~ swimming gerne schwimmen; I'm really appreciative ~ all your help ich bin dir für all deine Hilfe wirklich dankbar; he was worthy of the medal er hatte die Medaille verdient; I am certain ~ that ich bin mir dessen sicher; this is not uncharacteristic ~ them das ist für sie nichts ungewöhnliches; to be sick ~ sth etw satt haben, von etw *dat* genug haben; I'm sick ~ his excuses seine Entschuldigungen hängen mir zum Hals raus; *after n;* there was no warning ~ the danger es gab keine Warnung vor der Gefahr; a problem ~ space ein Raumproblem *nt;* the idea ~ a just society die Idee einer gerechten Gesellschaft; pain ~ separation Trennungsschmerz *m;* thoughts ~ revenge Rachegedanken *mpl;* his promises ~ loyalty seine Treueversprechen; the memories ~ her school years die Erinnerungen an ihre Schuljahre; he has a love ~ music er liebt die Musik; ■what ~ sb? was ist mit jdm?; and what ~ Adrian? was macht eigentlich Adrian?; what ~ it? was ist dabei?, ja und?
❼ *after n* (*expressing direction*) von +*dat;* I've never been north ~ Edinburgh ich war noch nie nördlich von Edinburgh; a lake south ~ the city ein See im Süden der Stadt; on the top ~ his head [oben] auf seinem Kopf; on the corner ~ the street an der Straßenecke; in the back ~ the car hinten im Auto; the zipper was on the back ~ the dress der Reißverschluss war hinten am Kleid; on the left ~ the picture links auf dem Bild
❽ (*with respect to scale*) von +*dat;* a rise ~ 2% in inflation ein Inflationsanstieg von 2 Prozent; the stocks experienced an average rise ~ 5% die Aktien sind im Durchschnitt um 5% gestiegen
❾ (*expressing age*) von +*dat;* at the age ~ six im Alter von sechs Jahren; he's a man ~ about 50 er ist um die 50 Jahre alt
❿ (*expressing category*) the city ~ Prague die Stadt Prag; I hate this kind ~ party ich hasse diese Art von Party
⓫ (*typical of*) ■sb/sth ~ sth jd/etw von etw *dat;* the love ~ a good woman die Liebe einer guten Frau; she moves with the grace ~ a dancer sie bewegt sich mit der Anmut einer Tänzerin; she has the face ~ an angel sie hat ein Gesicht wie ein Engel
⓬ *after n* (*expressing characteristic*) a subject ~ very little interest ein sehr wenig beachtetes Thema; she gave a scream ~ terror sie stieß einen Schrei des Entsetzens aus; a man/woman ~ sth ein Mann/eine Frau von etw *dat;* a woman ~ great charm and beauty eine Frau von großer Wärme und Schönheit; a man ~ honour ein Mann von Ehre
⓭ (*felt by*) von +*dat;* the suffering ~ millions das Leiden von Millionen; the anguish ~ the murdered child's parents die Qualen der Eltern des ermordeten Kindes
⓮ (*expressing cause*) to die ~ sth an etw *dat* sterben; he died ~ cancer er starb an Krebs; ~ one's own free will aus freien Stücken, freiwillig; ~ oneself von selbst; she would never do such a thing ~ herself so etwas würde sie nie von alleine tun
⓯ *after n* (*away from*) von +*dat;* we live within a mile ~ the city centre wir wohnen eine Meile vom Stadtzentrum entfernt; she came within two seconds ~ beating the world record sie hat den Weltrekord nur um zwei Sekunden verfehlt
⓰ *after n* (*in time phrases*) the eleventh ~ March der elfte März; the first ~ the month der erste [Tag] des Monats; I got married back in June ~ 1957 ich habe im Juni 1957 geheiratet; the most memorable events ~ the past decade die wichtigsten Ereignisse des letzten Jahrzehnts
⓱ *after vb* (*expressing removal*) they were robbed ~ all their savings ihnen wurden alle Ersparnisse geraubt; I've him ~ that nasty little habit ich habe ihm diese dumme Angewohnheit abgewöhnt; his mother had deprived him ~ love seine Mutter hat ihm ihre Liebe vorenthalten; to get rid ~ sb jdn loswerden; *after adj;* a room devoid ~ all furnishings ein Raum ganz ohne Möbel; free ~ charge kostenlos
⓲ (*who is*) von +*dat;* this complete idiot ~ a man dieser Vollidiot
⓳ (*dated: during*) an +*dat;* she died ~ a Sunday morning sie starb an einem Sonntagmorgen; (*fam*) I like to relax with my favourite book ~ an evening ich erhole mich abends gerne mit meinem Lieblingsbuch
⓴ AM (*to*) vor; it's quarter ~ five es ist viertel vor fünf [*o* dreiviertelfünf]
► PHRASES: ~ all the cheek [*or* nerve] das ist doch die Höhe!; ~ all sth gerade; Jane, ~ all people, is the last one I'd expect to see at the club gerade Jane ist die letzte, die ich in dem Club erwartet hätte; to be ~ sth (*possess*) etw besitzen; she is ~ the opinion that doctors are only out to experiment sie glaubt, Ärzte möchten nur herumexperimentieren; (*give rise to*) this work is ~ great interest and value diese Arbeit ist sehr wichtig und wertvoll

off [ɒf, AM ɑːf] **I.** *adv inv* ❶ (*not on*) aus; to switch [*or* turn] sth ~ etw ausschalten
❷ (*away*) weg-; someone's run ~ with my pen jemand hat mir meinen Stift geklaut *fam;* if we can get ~ early tomorrow morning we'll avoid most of the traffic wenn wir morgen frühzeitig loskommen, können wir den größten Verkehr vermeiden; (*fig*) I didn't get ~ to a very good start this morning der Tag hat für mich nicht gut angefangen; I'm ~ now — see you tomorrow ich gehe jetzt – wir sehen uns morgen; she's ~ to Canada next week sie fährt nächste Woche nach Kanada; to drive ~ wegfahren; to go ~ weggehen; I'm just going ~ to the shops ich gehe nur schnell mal einkaufen; to see sb ~ jdn verabschieden
❸ (*removed*) ab-; I'll take my jacket ~ ich werde meine Jacke ausziehen; ~ with his head! Kopf ab!; ~ with your jacket! zieh die Jacke aus!; one of my buttons has come ~ einer von meinen Knöpfen ist abgegangen; to cut sth ~ etw abschneiden
❹ (*completely*) between us we managed to finish ~ eight bottles of wine (*fam*) zusammen schafften wir es, acht Weinflaschen zu leeren; to burn sth ~ etw verbrennen; to kill sth ~ etw vernichten [*o* ausrotten]; to pay sth ~ etw abbezahlen
❺ (*in bad shape*) schlecht; to go ~ sich *akk* verschlechtern
❻ (*distant*) entfernt; to be far ~ weit weg sein; the exams are so far ~ es ist noch so lange hin bis zu den Prüfungen
❼ (*stopped*) abgesagt; the wedding's ~ die Hochzeit ist abgeblasen *fam;* his hockey match was rained ~ sein Hockeyspiel fand wegen Regen nicht statt; it's all ~ between Philippa and Mike (*fam*) zwischen Philippa und Mike ist es aus; to call sth ~ etw absagen
❽ (*discounted*) reduziert; there's 40% ~ this week on all winter coats diese Woche gibt es einen Preisnachlass von 40% auf alle Wintermäntel; to get money ~ Rabatt bekommen
❾ (*expressing separation*) to shut ~ streets Straßen sperren; to fence sth ~ etw abzäunen
❿ (*expressing riddance*) we went out for a while to walk ~ some of our dinner wir gingen eine Weile raus, um einen Verdauungsspaziergang zu machen; he's gone to sleep ~ a headache after rather too much alcohol er ist dabei, seinen Kater auszuschlafen; to laugh sth ~ etw mit einem Lachen abtun
II. *adj inv* ❶ (*switched off*) aus[geschaltet]; I can't find the ~ switch ich kann den Schalter nicht finden
❷ *pred* (*bad*) verdorben; *milk* sour; the cream is ~ die Sahne hat einen Stich; to go ~ schlecht werden
❸ (*not at work*) ■to be ~ freihaben; he's ~ at the moment er hat momentan frei; she had six weeks ~ because of sickness last year sie hatte letztes Jahr sechs Wochen wegen Krankheit freigenommen; to take/have some time ~ einige Zeit freinehmen/freibekommen
❹ *pred* (*fam: in bad shape*) schlecht; I'm having an ~ day today ich habe heute einen schlechten Tag
❺ (*provided for*) to be badly/well ~ schlecht/gut situiert sein; I'm quite well ~ for sweaters was Pullover angeht, bin ich gut ausgestattet; BRIT, AUS how are you ~ for money? wie sieht es bei dir mit dem Geld aus?
❻ *pred* FOOD (*run out*) aus; the waiter explained that the salmon was ~ der Kellner sagte, dass der Lachs ausverkauft sei
❼ *pred esp* BRIT (*fam*) a bit ~ ein dicker Hund *fam,* nicht die feine Art
III. *prep* ❶ *after vb* (*moving away*) [weg] von +*dat;* please take your foot ~ mine nimm bitte deinen Fuß von meinem [herunter]; I can't get this paint ~ my hands ich bekomme die Farbe nicht von meinen Händen ab; keep your dog ~ my property! halten Sie Ihren von meinem Grundstück fern!; that cherry stain won't come ~ the shirt dieser Kirschfleck geht nicht aus dem Hemd heraus; has anyone taken a book ~ my desk? hat jemand ein Buch von meinem Tisch weggenommen?; let's get ~ the bus at the next stop lass uns bei der nächsten Bushaltestelle aussteigen; to get ~ sb/sth (*fam*) jdn/etw in Ruhe lassen
❷ *after vb* (*moving down*) herunter [von] +*dat,* hinunter [von] +*dat;* they jumped ~ the cliff sie sprangen die Klippe hinunter; the boy fell ~ his bike several times der Junge fiel ein paar Mal von seinem Fahrrad herunter; he rolled ~ the bed er rollte aus dem Bett; the coat slipped ~ his arms der Mantel rutschte von seinen Armen
❸ *after vb* (*away from*) weg von +*dat;* single wires are leading ~ the main lines einzelne Drähte füh-

ren von der Hauptleitung weg; *after adj;* **far ~** weit entfernt; ***we're not far ~ London now*** wir sind nicht weit von London entfernt; ***how far ~ finishing the project are we?*** wie viel Zeit haben wir noch bis zum Ende des Projekts?; *after adv;* **just ~ sth** in der Nähe von etw *dat;* ***they live just ~ the main street*** sie wohnen gleich bei der Hauptstraße; *after n;* **a long way ~ doing sth** noch weit von etw *dat* entfernt sein; ***we're still a long way ~ finishing*** wir sind noch weit vom Ende entfernt; **~ the point** nicht relevant; ***somehow we keep getting ~ the point*** wir kommen irgendwie vom Thema ab; **~ the record** inoffiziell, nicht für die Öffentlichkeit bestimmt; **~ the subject of sth** nicht zu einem Thema gehörend, etw nicht betreffend; **to get ~ the subject** vom Thema abschweifen; ***I wish we could talk about something ~ the subjects of sports and cars*** ich würde gerne mal über ein anderes Thema als Sport oder Autos reden

❹ (*separated from*) von +*dat;* ***he wiped all the dust ~ the tables*** er wischte den ganzen Staub von den Tischen; **to cut a piece ~ the cheese** ein Stück Käse abschneiden

❺ *after vb* (*out at sea*) vor +*dat;* **to anchor ~ Blue Bay** vor Blue Bay ankern; *after n;* **six miles ~ Dunkirk** sechs Meilen vor Dünkirchen

❻ (*absent from*) **to be ~ work** am Arbeitsplatz fehlen; ***he's been ~ work for over six months*** er war seit sechs Monaten nicht mehr bei der Arbeit

❼ (*fam: stop liking*) ■**to be ~ sb/sth** jdn/etw leid sein; **to be ~ one's food** keinen Appetit haben; **to go ~ sb/sth** jdn/etw nicht mehr mögen; ***I used to love wine but I've gone ~ it recently*** ich habe immer gerne Wein getrunken, aber seit kurzem mag ich in nicht mehr

❽ (*not using*) **to come ~ the pill** die Pille nicht mehr nehmen; **to be/come ~ sth** etw weglassen; ***she's well enough to be ~ the medicine*** es geht ihr gut genug, um die Medizin abzusetzen; **to be ~ the tablets** ohne die Tabletten auskommen; **to have sb ~ one's feet** (*fig*) jdn umwerfen *fig*

❾ (*utilizing*) ■**to do sth ~ sth** etw von etw *dat* tun; ***they live ~ a small inheritance*** sie leben von einem kleinen Erbe; ***the car runs ~ solar energy*** der Wagen läuft mit Solarenergie

❿ (*fam: abstaining from*) ***he managed to stay ~ alcohol*** er schaffte es, keinen Alkohol mehr anzurühren

⓫ (*from source*) ■**to do sth ~ sb** etw von jdm tun; ***I don't like taking money ~ you*** ich möchte kein Geld von dir nehmen; ***the girl bought the boy's old bike ~ him*** das Mädchen kaufte dem Jungen sein altes Rad ab; **to get sth ~ sb** (*fam*) etw von jdm bekommen

⓬ *after n* (*minus*) weniger; ***I take $10 ~ the price of the jeans for you*** ich lasse Ihnen 10 Dollar vom Preis für die Jeans nach; ***there was $40 or $50 ~ most jackets in the shop*** die meisten Jacken in dem Laden waren um 40 Dollar oder 50 Dollar billiger

⓭ RADIO, TV (*stopped*) **to be ~ the air** nicht mehr senden; ***the TV station goes ~ the air at 11:30*** die Fernsehstation beendet ihr Programm um 23.30 Uhr

▶ PHRASES: **~ beam** BRIT (*fam*) daneben *fam;* **to be ~ beam** daneben liegen *fam;* **~ the cuff** aus dem Stegreif; **~ one's head** nicht ganz bei Trost; ***he is ~ his head*** er hat den Verstand verloren; **~ the top of one's head** aus dem Stegreif; **~ the wall** ausgeflippt *fam;* **to go ~ the wall** ausflippen *fam*

IV. *n no pl* **to be ready for the ~** bereit zum Gehen sein

V. *vt* AM (*sl*) ■**to ~ sb** jdn um die Ecke bringen *fam,* jdn abmurksen *sl* [*o fam* umlegen]

off-air [ˌɒfeəʳ, AM ˌɑːfer] **I.** *adj* nicht gesendet; ***to be ~*** nicht auf Sendung sein
II. *adv* ohne direkten Empfang

offal [ˈɒfəl, AM ˈɑː-] *n no pl* Innereien *pl*

off balance *adj* FIN bilanzneutral, bilanzunwirksam; **~ sheet assets** bilanzunwirksame Posten; **~ sheet financing** bilanzunwirksame Finanzierung

offbeat *adj* unkonventionell; **~ music** synkopische Musik; **~ sense of humour** ausgefallener Sinn für Humor; **~ taste in clothes** extravaganter Kleidergeschmack **off-Broadway** [ˌaːfbrɑːdweɪ] *adj inv* AM THEAT Off-Broadway- (*in New York, aber nicht am Broadway aufgeführt*) **off-campus** *adj* außerhalb des Campus *nach n* **off-center** AM, **off-centre** *adj* nicht in der Mitte *präd* **off-chance** *n* ■**on the ~** auf gut Glück; **to do sth in the ~ that ...** etw in der Hoffnung tun, dass ... **off-color** AM, **off-colour** *adj* ❶ (*somewhat sick*) unpässlich; **to feel ~** sich *akk* nicht wohl fühlen

❷ (*somewhat obscene*) schlüpfrig; **~ joke** unanständiger Witz **off-course** *adj* aus der Bahn geraten *a. fig* **off-day** *n* schlechter Tag; **to have an ~** einen schlechten Tag haben **off-drive** BRIT, AUS **I.** *vt* SPORTS **to ~ the ball** den Ball ins Abseits schlagen **II.** *n* SPORTS Schlag *m* ins Abseits **off-duty** *adj* ■**to be ~** dienstfrei haben; **an ~ police officer** ein Polizist *m* außer Dienst

offence [əˈfen(t)s], AM **offense** *n* ❶ LAW (*crime*) Straftat *f,* strafbare Handlung; ***he lost his driving licence after his drink-driving ~*** nachdem er sich der Trunkenheit am Steuer schuldig gemacht hatte, verlor er seinen Führerschein; **first ~** Straftat *f* eines Ersttäters; **minor ~** Vergehen *nt;* **serious ~** schweres Vergehen; **to convict sb of an ~** jdn einer Straftat für schuldig erklären

❷ *no pl* (*upset feelings*) Beleidigung *f;* (*fam*) ***no ~ intended*** nimm es mir nicht übel; **to cause** [*or* **give**] **~** Anstoß erregen; **to cause** [*or* **give**] **~ to sb** (*hurt*) jdn kränken; (*insult*) jdn beleidigen; **to take ~ [at sth]** [wegen einer S. *gen*] gekränkt/beleidigt sein

❸ AM SPORTS (*attack*) Angriff *m;* **to be on ~** angreifen

offend [əˈfend] **I.** *vi* ❶ (*commit a criminal act*) eine Straftat begehen

❷ (*form: infringe*) ■**to ~ against sth** gegen etw *akk* verstoßen; ***your behaviour is ~ing against good manners*** dein Benehmen gehört sich nicht
II. *vt* ■**to ~ sb** (*insult*) jdn beleidigen; (*hurt*) jdn kränken; ***I hope your sister won't be ~ed if ...*** ich hoffe, deine Schwester nimmt es mir nicht übel, wenn ...; **to be easily ~ed** schnell beleidigt sein

offender [əˈfendəʳ, AM -ɚ] *n* [Straf]täter(in) *m(f);* **first ~** Ersttäter(in) *m(f);* **young ~** jugendlicher Straffälliger/jugendliche Straffällige

offender profile *n* Täterprofil *nt*

offending [əˈfendɪŋ] *adj attr* (*hum*) ärgerlich; **the ~ object** der Stein des Anstoßes

offense *n esp* AM *see* **offence**

offensive [əˈfen(t)sɪv] **I.** *adj* ❶ (*causing offence*) anstößig; **~ joke** anzüglicher Witz; **~ language** Anstoß erregende Ausdrucksweise; **~ remark** unverschämte Bemerkung

❷ (*unpleasant*) **~ smell** übler Geruch

❸ (*attack*) Angriffs-

II. *n* MIL Angriff *m;* **to go on** [*or* **take**] **the ~** in die Offensive gehen, zum Angriff übergehen; **to launch an ~** eine Offensive starten

offensively [əˈfen(t)sɪvli] *adv* beleidigend, kränkend; **to act ~** unverschämt sein; **to speak ~** sich *akk* beleidigend ausdrücken

offensiveness [əˈfen(t)sɪvnəs] *n no pl* Unverschämtheit *f; of an odour* Widerlichkeit *f*

offer [ˈɒfəʳ, AM ˈɑːfɚ] **I.** *n* ❶ (*proposal*) Angebot *nt;* **~ of help** Angebot *nt* zu helfen; **~ of hospitality** Einladung *f;* **~ of support** Angebot *nt* finanzieller Hilfe; **to take sb up on an ~** (*fam*) von jds Angebot Gebrauch machen

❷ ECON Angebot *nt;* ***the house is under ~*** BRIT man hat ein Angebot für das Haus unterbreitet; **to make** [*or* **put in**] **an ~ for sth** ein Gebot für etw *akk* abgeben, ein Angebot für etw *akk* unterbreiten; **to be on [special] ~** BRIT, AUS im Angebot sein, ein [Sonder]angebot sein

II. *vt* ❶ (*present for acceptance*) ■**to ~ [sb] sth** [*or* **to ~ sth [to sb]**] [jdm] etw anbieten; **to ~ sb a bribe** jdm ein Bestechungsgeld anbieten; **to ~ one's resignation** seinen Rücktritt anbieten

❷ (*put forward*) ■**to ~ sth** etw vorbringen; ***would you care to ~ your opinion?*** möchten Sie Ihre Meinung dazu äußern?; **to ~ compensation** eine Entschädigung bewilligen; **to ~ one's condolences** sein Beileid aussprechen; **to ~ congratulations** Glückwünsche aussprechen; **to ~ an excuse** eine Entschuldigung vorbringen; **to ~ an explanation** eine Erklärung abgeben; **to ~ information** Informationen geben; **to ~ a money prize/a reward** einen Geldpreis/eine Belohnung aussetzen; **to ~ a suggestion** einen Vorschlag unterbreiten

❸ (*provide*) ■**to ~ [sb] sth** [*or* **to ~ sth [to sb]**] [jdm] etw bieten; **to ~ a glimpse** Einblick gewähren; **to ~ an incentive** einen Anreiz geben; **to ~ proof** einen Nachweis erbringen; **to ~ resistance** Widerstand leisten; **to ~ shelter** Schutz bieten; **to have much to ~** viel zu bieten haben

❹ (*bid*) ■**to ~ sth** etw bieten

❺ ECON ■**to ~ sb sth** jdm für etw *akk* ein Angebot machen; **~ed market** Markt *m* mit Überangebot; **~ed price** Briefkurs *m*

III. *vi* sich *akk* bereit erklären; ■**to ~ to do sth** sich *akk* bereit erklären, etw zu tun

◆**offer up** *vt* REL ■**to ~ up sth to sb** jdm etw darbringen; ***dear Lord, we ~ up our prayers ...*** Herr, wir beten zu Dir ...

offer document *n* ECON Übernahmeangebot *nt*

offer for sale *n* STOCKEX Zeichnungsangebot *nt,* Angebot *nt*

offering [ˈɒfərɪŋ, AM ˈɑːf-] *n* ❶ *usu pl* (*thing offered*) Spende *f;* **to give sb one's ~ of congratulations/thanks** jdm seinen Glückwunsch aussprechen/seinen Dank ausdrücken; **sacrificial ~** Opfergabe *f*

❷ ECON Angebot *nt;* **~ circular** verkürzter Verkaufsprospekt; **public ~** AM STOCKEX öffentliches Zeichnungsangebot

offering plate *n* REL Spendenteller *m*

offer period *n* STOCKEX Angebotsfrist *f,* Zeichnungsfrist *f* **offer price** *n* STOCKEX Emissionskurs *m,* Ausgabekurs *m*

offertory <*pl* -ries> [ˈɒfətəri, AM ˈɑːfɚtɔːri] *n* REL
❶ (*offering*) Offertorium *nt*
❷ (*collection of money*) Kollekte *f*

off-guard *adj* unvorbereitet; **to be caught** [*or* **taken**] **~** überrascht werden **offhand I.** *adj* ❶ (*uninterested*) gleichgültig; ***why do you always deal with me in such an ~ manner?*** warum bist du mir gegenüber immer so gleichgültig?; **to be/appear ~ with sb** jdm gegenüber kurz angebunden sein/erscheinen ❷ (*informal*) lässig; **~ remark** nebenbei fallen gelassene Bemerkung **II.** *adv* ohne weiteres, aus dem Stand; **to be able to quote sth ~** etw auf Anhieb angeben können **offhandedly** *adv* lässig; ***he has a way of always ~ assuming that we will help him*** er hält es immer für ganz selbstverständlich, dass wir ihm helfen **offhandedness** *n no pl* Lässigkeit *f*

office [ˈɒfɪs, AM ˈɑː-] *n* ❶ (*room*) Büro *nt;* (*firm*) Geschäftsstelle *f; lawyer* Kanzlei *f;* **to stay at the ~** im Büro bleiben

❷ BRIT POL (*government department*) **O~ of Management and Budget** *dem amerikanischen Präsidenten unterstehendes Exekutivorgan, das die Planung des Staatshaushalts vorbereitet und überwacht;* **O~ of Fair Trading** Amt *nt* für Verbraucherschutz; **Foreign/Home O~** Außen-/Innenministerium *nt;* **Serious Fraud Office** Ermittlungsbehörde *f* für Wirtschaftsstraftaten

❸ POL (*authoritative position*) Amt *nt;* **compensation for loss of ~** Entlassungsentschädigung *f;* **to be in ~** an der Macht sein; **to be out of ~** nicht an der Macht sein; **to come into** [*or* **take**] **~** sein Amt antreten; **to hold ~** im Amt sein

office-bearer [ˈɒfɪsbeərəʳ, AM ˈɑːfɪsberɚ] *n* Amtsinhaber(in) *m(f)* **office block** *n* BRIT, AUS Bürohaus *nt,* Bürogebäude *nt* **office boy** *n* Laufbursche *m* **office building** *n* Bürohaus *nt,* Bürogebäude *nt* **office equipment** *n no pl* Büroeinrichtung *f,* Büroausstattung *f* **office girl** *n* Bürogehilfin *f* **officeholder** *n* Amtsinhaber(in) *m(f)*

office hours *npl* Geschäftszeit[en] *f[pl]*, Öffnungszeit[en] *f[pl]*; **to do sth out[side] of ~** etw außerhalb der Dienstzeit[en] tun **office junior** *n* BRIT Bürogehilfe, -in *m, f* **office manager** *n* Büroleiter(in) *m(f)* **Office of Fair Trading** *n no pl* BRIT *britisches Kartellamt* **Office of Management and Budget** *n*, **OMB** *n* AM Amt *nt* für Personal und Haushalt

officer ['ɒfɪsəʳ, AM 'ɑːfɪsɚ] *n* ❶ MIL Offizier(in) *m(f)* ❷ *(authoritative person)* Beamte(r) *m*, Beamte [*o* -in] *f*; AM ***O~ Clarke*** Wachtmeister Clarke; ***~!*** Herr Wachtmeister!; **the company ~s** [*or* **the ~s of a company**] die Führungskräfte eines Unternehmens; **customs ~** Zollbeamte(r) *m*, Zollbeamte [*o* -in] *f*; **information ~** Pressereferent(in) *m(f)*; **personnel ~** Personalchef(in) *m(f)*, Personalreferent(in) *m(f)*; [**police**] **~** Polizeibeamte(r) *f(m)*, Polizist(in) *m(f)*; **training ~** Ausbildungsleiter(in) *m(f)* ❸ *of a company* Vorstandsmitglied *nt*

office space *n no pl* Bürofläche *f*; *(rooms)* Büroräume *mpl* **office staff** *n* Büropersonal *nt* **office supplies** *npl* Büromaterial *nt*, Bürobedarf *m kein pl* **office tower** *n* AM Bürohaus *nt*, Bürogebäude *nt* **office work** *n no pl* Büroarbeit *f* **office worker** *n* Büroangestellte(r) *f(m)*

official [ə'fɪʃəl] **I.** *n* ❶ *(holding public office)* Amtsperson *f*, Beamte(r) *m*, Beamte [*o* -in] *f*; **customs ~** Zollbeamte(r) *m*, Zollbeamte [*o* -in] *f*; **government/security ~** Regierungs-/Sicherheitsbeamte(r) *f(m)*; **high ~** höherer Beamte(r), höhere Beamte [*o* -in]; **minor ~** unterer Beamte(r), untere Beamte [*o* -in]; **top ~** Spitzenbeamte(r) *m*, Spitzenbeamte [*o* -in] *f* ❷ *(responsible person)* Offizielle(r) *f(m)*, Funktionsträger(in) *m(f)*; **trade-union ~** Gewerkschaftsfunktionär(in) *m(f)* ❸ *(referee)* Schiedsrichter(in) *m(f)*
II. *adj inv* ❶ *(relating to an office)* offiziell, amtlich; *(on business)* dienstlich; **~ business** Amtsgeschäfte *ntpl*; **~ duty** Dienstpflicht *f*; **~ residence** Amtssitz *m*; **~ use** Dienstgebrauch *m*; **~ visit** offizieller Besuch
❷ *(authorized)* offiziell; ***the ~ position is that …*** offiziell heißt es, dass …; **~ authorization** offizielle Genehmigung; **~ broker** amtlicher Börsenmakler/amtliche Börsenmaklerin; **~ inquiry** amtliche Untersuchung; **~ intervention** staatliche Intervention; **~ language** Amtssprache *f*; **O~ List** STOCKEX amtliches Kursblatt; **~ market** offizieller Aktienmarkt; **~ publication/transcript** autorisierter Artikel/autorisierte Abschrift *geh*; **~ receiver** Konkursverwalter(in) *m(f)*; **~ record** amtliche Aufzeichnungen *fpl*; LAW Gerichtsakte *f*; **~ spokesperson** offizieller Sprecher/offizielle Sprecherin; **~ strike** regulärer Streik
❸ *(officially announced)* offiziell, amtlich bestätigt; **~ communiqué/statement** amtliche Verlautbarung/Erklärung

official birthday *n* BRIT offizieller Geburtstag

officialdom [ə'fɪʃəldəm] *n* ❶ *no pl (pej: bureaucracy)* Bürokratie *f pej*
❷ + *sing/pl vb (officials collectively)* Beamtenschaft *f*, Beamtentum *nt*

officialese [əˌfɪʃəl'iːz] *n no pl* Beamtendeutsch *nt oft pej fam*, Behördensprache *f*

officially [ə'fɪʃəli] *adv inv* offiziell

official opening *n* offizielle Eröffnung **official receiver** *n* BRIT Konkursverwalter(in) *m(f)* **official receivership** *n no pl* BRIT Konkursverfahren *nt*; **to go into ~** in Konkurs gehen **official secret** *n* BRIT *(also iron)* Staatsgeheimnis *nt*; **to leak an ~** ein Staatsgeheimnis durchsickern lassen **Official Secrets Act** *n no pl* BRIT ■**the ~** Gesetz *nt* über die Wahrung von Staatsgeheimnissen

officiant [ə'fɪʃiənt, AM -ʃənt] *n* amtierender Geistlicher

officiate [ə'fɪʃieɪt] *vi (form)* ■**to ~ at sth** bei etw *dat* amtieren; ■**to ~ [at sth] as sth** [bei etw *dat*] als etw fungieren; **to ~ at several churches** *vicar* für mehrere Pfarreien zuständig sein; **to ~ at a match** SPORTS ein Spiel pfeifen; **to ~ at a wedding** eine Trauung vornehmen

officious [ə'fɪʃəs] *adj (pej)* ❶ *(bossy)* schikanierend
❷ *(interfering)* aufdringlich

officiously [ə'fɪʃəsli] *adv (pej)* ❶ *(in bossy fashion)* auf schikanierende Art
❷ *(in interfering way)* aufdringlich

officiousness [ə'fɪʃəsnəs] *n no pl (pej)* ❶ *(bossiness)* schikanierende Art
❷ *(interference)* Aufdringlichkeit *f*

offing ['ɒfɪŋ, AM 'ɑːf-] *n no pl* ■**to be in the ~** bevorstehen, zu erwarten sein; ***with an election in the ~ …*** mit einer sich abzeichnenden Wahl vor Augen …

offish ['ɒfɪʃ, AM 'ɑːf-] *adj (fam)* ❶ BRIT *(not interested)* uninteressiert
❷ *(stand-offish)* reserviert

off key **I.** *adv* falsch; **to sing ~** falsch singen **II.** *adj* ❶ *(out of tune)* verstimmt ❷ *(fig: inopportune)* unangebracht **off-label** *adj* MED, PHARM **~ use** *(of a drug)* Off-Label Einsatz *fachspr (von Medikamenten)*, zweckentfremdeter Gebrauch *(von Medikamenten)* **off-licence** *n* BRIT ❶ *(shop)* Wein- und Spirituosengeschäft *nt* ❷ *(licence)* Konzession *f* zum Alkoholverkauf **off-license** *n see* **off-licence** **off-limits** *adj inv, pred* ■**to be ~ to sb** für jdn tabu sein **off-line** **I.** *adj inv* offline **II.** *adv* offline; **to go ~** auf Offlinebetrieb schalten **off-line connection** *n* AVIAT Anschlussflug *m* mit einer anderen Fluglinie **offload** *vt* ❶ *(unload)* ■**to ~ sth** etw ausladen; **to ~ freight** Fracht löschen ❷ *(get rid of)* ■**to ~ sth [onto sb]** etw [bei jdm] loswerden *fam*; **to ~ the blame/responsibility [onto sb]** die Schuld/Verantwortung [auf jdn] abladen; **to ~ work [onto sb]** Arbeit [auf jdn] abladen ❸ COMPUT **to ~ data** Daten umladen **off-peak** **I.** *adj inv* ❶ *telephone call* außerhalb der Hauptsprechzeiten *nach n* ❷ *electricity supply* Schwachlastzeit-; **~ demand** Strombedarf *m* außerhalb der Hauptlastzeiten ❸ TOURIST ***I prefer to go on holiday at ~ times of the year*** ich ziehe es vor, außerhalb der Hauptreisezeiten in Urlaub zu fahren; **~ prices/travel** Preise *mpl*/Reise *f* außerhalb der Hauptreisezeit [*o* Hauptsaison] **II.** *adv* ❶ *(of telephone call)* außerhalb der Hauptsprechzeiten ❷ TOURIST **to travel ~** außerhalb der Hauptsaison verreisen **off-piste** *esp* BRIT **I.** *adv inv* abseits der Skipiste; **to ski ~** außerhalb gekennzeichneter Pisten fahren **II.** *adj inv* abseits der Skipiste *nach n*; **~ skiing** Skifahren *nt* abseits der Pisten **off-putting** *adj* abschreckend; **~ appearance/manner** abstoßendes Äußeres/abstoßende Art; **an ~ experience** *(disconcerting)* ein schreckliches Erlebnis; *(unpleasant)* ein unangenehmes Erlebnis; **~ smell** ek[e]liger Geruch; **to find sth ~** etw abschreckend finden **off-road** *adj inv* ❶ *(not on road)* im Gelände; ***we found an ~ camping site near the lake*** wir fanden einen Campingplatz abseits der Straße in der Nähe des Sees ❷ TRANSP **~ car/motorbike** Geländewagen *m*/-motorrad *nt*, Offroadauto/-motorrad *nt* **off-roading** *n no pl* SPORTS Geländefahren *nt* **off-sales** *npl* BRIT Verkauf *m* von Alkohol zum Mitnehmen **off-screen** [ˌɒf'skriːn, AM ˌɑːf-] *adj inv* ❶ *(not visible)* außerhalb der [Film]leinwand befindlich, nicht auf der Bildfläche vorhanden ❷ *(happening in reality)* wirklich, nicht gestellt **off season** *n* ■**the ~** die Nebensaison

offset[1] <-set, -set> [ˌɒf'set, AM ˌɑːf-] *vt usu passive* ■**to be ~ by sth** durch etw *akk* ausgeglichen [*o fam* wettgemacht] werden

offset[2] ['ɒfset, AM 'ɑːf-] **I.** *vt* <-set, -set> ❶ FIN ■**to ~ sth** etw ausgleichen; **to ~ a disadvantage** einen Nachteil aufwiegen; **to ~ sth against tax** AUS, BRIT etw von der Steuer absetzen; ■**to ~ sth by sth** etw durch etw *akk* ausgleichen
❷ *(print)* ■**to ~ sth** etw im Offsetverfahren drucken
II. *n* ❶ TECH **to have an ~ of sth** eine Abweichung von etw *akk* aufweisen
❷ FIN ■**to be an ~ against sth** ein Ausgleich zu etw *dat* sein
❸ HORT Ableger *m*
❹ GEOG Ausläufer *m*

offset lithography *n* Offsetlithographie *f* **offset printing** *n no pl* Offsetdruck *m fachspr* **offset value** *n* Relativzeigerwert *m*

offshoot *n* ❶ HORT Ableger *m*
❷ *(of company, organization)* Nebenzweig *m*
❸ *(of ocean)* Seitenarm *m* eines Meeres
❹ *(of political party)* Splitterpartei *f*
❺ *(of language)* **~ of a language** Tochtersprache *f*

offshore **I.** *adj inv* ❶ *(at sea)* küstennah, vor der Küste gelegen; **~ drilling** Offshorebohrung *f fachspr*
❷ *(of wind, current)* ablandig *fachspr*
❸ *inv* FIN Auslands-; **~ account/banking/funds** Auslandskonto *nt*/Offshorebanking *nt fachspr*/Offshorefonds *m fachspr*
II. *adv (of wind movement)* von der Küste her; **to drop anchor ~** vor der Küste ankern; **to fish ~** vor der Küste fischen

offshore banking *n* Offshore-Banking *nt* **offshore fishing** *n no pl* Fischen *nt* in Küstengewässern **offshore island** *n* Insel *f* vor der Küste **offshore islander** *n* Inselbewohner(in) *m(f)* **offshore oilfield** *n* Offshoreölfeld *nt fachspr* **offshore purchase** *n* Auslandskauf *m* **offshore race** *n* Offshorerennen *nt*

offside **I.** *adj inv* ❶ SPORTS abseits; **~ position** Abseitsstellung *f*
❷ *attr esp* BRIT AUTO auf der Fahrerseite *nach n*; **~ door** Fahrertür *f*
II. *adv inv* abseits
III. *n* ❶ SPORTS Abseits *nt*
❷ *esp* BRIT AUTO ■**on the ~** auf der Fahrerseite

offside rule *n* Abseitsregel *f*

off-site [ˌɒf'saɪt, AM ˌɑːf-] *adj inv* Außen-

offspring <*pl* -> ['ɒfsprɪŋ, AM 'ɑːf-] *n* ❶ *(animal young)* Junge(s) *nt*
❷ *(also hum: person's child)* Nachkomme *m*; *(esp son)* Sprössling *m hum fam*
❸ *(fig: result)* Ergebnis *nt*

offstage **I.** *adj inv* ❶ *(behind the stage)* hinter der Bühne *nach n* ❷ *(private)* **~ life** Privatleben *nt* **II.** *adv* ❶ *(privately)* im Privatleben, privat ❷ *(away from the stage)* hinter der Bühne; **to hear sb's voice ~** jds Stimme aus dem Off hören; **to walk ~** von der Bühne abgehen **off-street parking** *n no pl Parken auf Parkplätzen außerhalb des Stadtzentrums*

off-the-cuff **I.** *adj inv* spontan; **~ speech** Stegreifrede *f* **II.** *adv* aus dem Stegreif **off-the-job training** *n no pl* außerbetriebliche Fortbildung **off-the-peg** BRIT, **off-the-rack** *adj inv* AM Konfektions-, von der Stange *nach n*; **~ clothes** Konfektionskleidung *f* **off-the-record** **I.** *adj inv* inoffiziell **II.** *adv* inoffiziell

off-the-shelf company *n* ECON schlüsselfertiges Unternehmen **off-the-shoulder** [ˌɒfðə'ʃəʊldəʳ, AM ˌɑːfðə'ʃoʊldɚ] *adj inv* schulterfrei; ***to get a sour stick, Astrid expects Anette and Christiane to wear ~ tops*** um ein saures Stäbchen zu bekommen, erwartet Astrid von Anette und Christiane, dass sie ein schulterfreies Oberteil tragen **off-the-wall** *adj (fam)* seltsam, verschroben *pej*; **~ creativity** unkonventionelle Kreativität; **~ humour** seltsamer Humor

off-white *n no pl* gebrochenes Weiß

offy ['ɒfi] *n* BRIT *(sl) short for* **off-licence** Wein- und Spirituosenhandlung *f*

OFT *n* BRIT *abbrev of* **Office of Fair Trading**

oft [ɒft, AM ɑːft] *adv inv (dated liter)* oft

Oftel ['ɒftel] *n no pl*, + *sing/pl vb* BRIT *short for* **Office of Telecommunications** *Behörde für Telekommunikationsindustrie*

often ['ɒfən, AM 'ɑːf-] *adv* oft, häufig; ■**it's not ~ that …** es kommt selten [*o* nicht oft] vor, dass …; **as ~ as not** meistens; **every so ~** gelegentlich; **once too ~** einmal zu viel [*o* zu oft]
► PHRASES: **more ~ than sb has had hot dinners** öfter, als jd sich *dat* [auch nur annähernd] vorstellen kann

oft-repeated *adj* oft [*o* häufig] wiederholt; *(pej)* abgedroschen *pej*

O

Ofwat ['ɒfwɒt] *n no pl, + sing/pl vb* BRIT *short for* **Office of Water Services** *Behörde für Wasserindustrie*

ogle ['əʊgl, AM 'oʊgl] **I.** *vi* gaffen *pej;* ■**to ~ at sb** jdn angaffen *pej*
II. *vt* ■**to ~ sb** jdn angaffen [*o fam* anglotzen] *pej*

ogre ['əʊgəʳ, AM 'oʊgɚ] *n* Menschenfresser *m;* (*fig fam*) Scheusal *nt pej*

ogress <*pl* -es> ['əʊgrəs, AM 'oʊ-] *n* Menschenfresserin *f;* (*fig fam*) Scheusal *nt pej*

oh¹ [oʊ] *interj* ① (*to show surprise, disappointment, pleasure*) oh; ***I've warned him over and over again but, ~ well, he'll just have to learn the hard way*** ich habe ihn immer wieder gewarnt, aber naja, er muss es eben auf die harte Tour lernen; **~ hell!** was soll's! *fam;* **~ damn!** verdammt! *pej fam;* **~ dear!** oje!; **~ yes?** sag bloß?, ach ja?
② (*by the way*) ach, übrigens

oh² [əʊ] *n* BRIT (*in phone numbers*) Null *f*

OHIP ['oʊhɪp] *n* CAN *acr for* **Ontario Health Insurance Plan** gesetzliche Krankenversicherung in Ontario

ohm [əʊm, AM oʊm] *n* Ohm *nt*

OHP [ˌəʊeɪtʃ'piː, AM ˌoʊ-] *n abbrev of* **overhead projector**

oick, oik [ɔɪk] *n* BRIT (*pej sl*) Rowdy *m pej*

oil [ɔɪl] **I.** *n* ① (*lubricant*) Öl *nt;* **to change the ~** das Öl wechseln; AUTO einen Ölwechsel machen; **to check the ~** den Ölstand prüfen
② *no pl* (*petroleum*) [Erd]öl *nt;* **to drill for ~** nach Öl bohren
③ FOOD [Speise]öl *nt;* **to cook sth in/with ~** etw in/mit Öl braten; **to fry sth in deep ~** [*or* **to deep-fry sth in ~**] etw in schwimmendem Öl backen
④ (*for cosmetic use*) **hair/massage ~** Haar-/Massageöl *nt;* **suntan ~** Sonnenöl *nt*
⑤ (*oil-based paints*) ■**~s** *pl* Ölfarben *fpl;* ***can you do my portrait in ~s?*** können Sie mich in Öl porträtieren?
▸ PHRASES: **to burn the midnight ~** bis spät in die Nacht lernen; **to mix like ~ and water** nicht gut miteinander auskommen
II. *vt* ① (*treat*) ■**to ~ sth** etw ölen; ***lightly ~ a cake tin*** fetten Sie eine Kuchenform leicht ein
② *usu passive* (*be polluted*) ■**to be ~ed** mit Öl verschmutzt sein
▸ PHRASES: **to ~ sb's hand** [*or* **palm**] jdn schmieren *fam;* **to ~ the wheels** (*fam*) die Dinge erleichtern

oil baron *n* Ölmagnat(in) *m(f)* **oilcake** *n* AGR Ölkuchen *m fachspr* **oilcan** *n* Ölkännchen *nt* **oil change** *n* Ölwechsel *m;* **to have an ~** einen Ölwechsel machen lassen **oilcloth** *n* Wachstuch *nt* **oil company** *n* Ölfirma *f* **oil crisis** *n* Ölkrise *f* **oil deposits** *npl* Ölvorkommen *ntpl* **oil drum** *n* Ölfass *nt*

oiled [ɔɪld] *adj inv* ① (*lubricated*) [ein]geölt, eingefettet
② (*impreganted with oil*) ölhaltig
③ (*polluted with oil*) ölverschmiert, ölverschmutzt

oil-exporting *adj attr, inv* [Erd]öl exportierend; **~ countries** [Erd]öl exportierende Länder **oilfield** *n* Ölfeld *nt* **oil filter** *n* Ölfilter *m* **oil-fired** *adj inv* ölbeheizt; *central heating* ölbetrieben; **~ heating system** Ölheizung *f* **oil furnace** *n* Ölfeuerung *f* **oil gauge** *n* Ölstandsanzeiger *m*

oiliness ['ɔɪlɪnəs] *n no pl* ① FOOD Öligkeit *f,* Fettigkeit *f*
② (*of cosmetics*) Fettigkeit *f,* ölige Beschaffenheit
③ (*of hair, skin*) Fettigkeit *f*
④ (*fig: of behaviour*) aalglatte Art *pej*

oil lamp *n* Öllampe *f,* Petroleumlampe *f* **oilman** *n* (*seller*) Ölhändler(in) *m(f);* (*worker*) Ölarbeiter(in) *m(f);* (*industrialist*) Unternehmer(in) *m(f)* in der Ölbranche **oil paint** *n* Ölfarbe *f* **oil painting** *n* Ölbild *nt,* Ölgemälde *nt* ▸ PHRASES: **to be no ~** AUS, BRIT (*fig*) keine Schönheit sein **oil pipeline** *n* Ölpipeline *f,* Ölleitung *f* **oil platform** *n* Ölplattform *f* **oil pressure** *n* Öldruck *m kein pl* **oil-producing** *adj attr, inv* [Erd]öl produzierend; **~ countries** Ölförderländer *ntpl;* **~ shale** GEOL Ölschiefer *m* **oil production** *n no pl* [Erd]ölförderung *f* **oil refinery** *n* [Erd]ölraffinerie *f*

oil rig *n* Bohrinsel *f* **oilseed** *n no pl* Ölsamen *m* **oilseed rape** *n no pl* Raps *m* **oil sheik** *n* Ölscheich *m* **oilskin** *n* ① *no pl* (*waterproof cloth*) Öltuch *nt* ② (*waterproof clothing*) ■**~s** *pl* Ölzeug *nt kein pl* **oil slick** *n* Ölteppich *m* **oil spill** *n* Ölverschmutzung *f* **oil tanker** *n* Öltanker *m* **oil well** *n* Ölquelle *f*

oily ['ɔɪli] *adj* ① (*oil-like*) ölig
② FOOD ölig
③ *hair, skin* fettig
④ *objects* schmierig
⑤ (*fig: obsequious*) schmierig *pej fam*

oink [ɔɪŋk] (*fam*) **I.** *interj* grunz
II. *vi* grunzen

ointment ['ɔɪntmənt] *n* Salbe *f*

OK (*fam*), **okay** [ə(ʊ)'keɪ, AM oʊ'-] (*fam*) **I.** *adj* ① *pred, inv* (*acceptable*) okay *fam;* ***if it's ~ with you, …*** wenn es dir recht ist, …
② *pred, inv* (*healthy*) *person* in Ordnung; ***are you ~? you look a bit pale*** geht es dir gut? du siehst etwas blass aus
③ *pred, inv* (*not outstanding*) ganz gut; ***the meal was ~*** das Essen war nicht schlecht
④ *pred, inv* (*understanding*) ■**to be ~ about sth** mit etw *dat* einverstanden sein
⑤ *pred, inv* (*have no problems with*) ***are you ~ for money or shall I give you some?*** hast du genug Geld oder soll ich dir etwas geben?; **to be ~ for drink** etwas zu trinken haben; **to be ~ for work** genug Arbeit haben
⑥ (*pleasant*) **to be an ~ bloke** ein prima Kerl sein *fam*
II. *interj* gut, okay *fam;* **~ then** also gut
III. *vt* ■**to ~ sth** etw *dat* zustimmen, zu etw *dat* sein Okay geben *fam*
IV. *n* **to get the ~** das Okay bekommen *fam;* **to give [sth] the ~** [*or* **the ~ [to sth]**] das Okay [zu etw *dat*] geben *fam*
V. *adv inv* gut; ***I just phoned to make sure that you got there ~*** ich habe nur kurz angerufen, um sicherzugehen, dass du dort gut angekommen bist; **to do ~** sich *akk* gut machen; ***he was doing ~ until his mother arrived and interfered*** er machte seine Sache gut, bis seine Mutter kam und sich einmischte; **to go ~** in Ordnung sein, gut laufen *fig fam*

OK button *n* COMPUT Schaltfläche ‚OK'

okey-doke(y) [ˌəʊki'dəʊk(i), AM oʊki'doʊk(i)] *interj* (*fam*) okay *fam,* geht in Ordnung *fam,* gut; **~ then** also gut

okker *n* AUS *see* **ocker**

Okla. AM *abbrev of* **Oklahoma**

okra ['ɒkrə, AM 'oʊk-] *n no pl* Okra *f*

old [əʊld, AM oʊld] **I.** *adj* ① *person, animal* alt; ***there's life in the ~ boy yet!*** (*esp iron*) er steckt noch voller Leben!; **to be ~ enough to be sb's father/mother** (*fam*) jds Vater/Mutter sein können; **to be ~ enough to do sth** alt genug sein, um etw zu tun; **to grow ~ gracefully** mit Würde alt werden; **to be [a bit] too ~ to be doing sth** [ein bisschen] zu alt sein, um etw zu tun; **to get** [*or* **grow**] **~/~er** alt/älter werden; **to live to a ripe ~ age** ein hohes Alter erreichen; **to seem ~ beyond one's years** älter wirken, als man ist
② *object* alt; **~ cheese** alter Käse; **~ joke** abgedroschener Witz *fam;* **the ~ part of town** [*or* **the ~ quarter**] die Altstadt
③ *after n* (*denoting an age*) alt; ***Rosie's six years ~ now*** Rosie ist jetzt sechs Jahre alt
④ *attr, inv* (*former*) alt, ehemalig; **~ boyfriend** früherer Freund; **in the [good] ~ days** in der guten alten Zeit; **~ job** alter [*o* früherer] Job; **for ~ times' sake** um der alten Zeiten willen
⑤ *attr* (*long known*) altbekannt; ***with him, it's always the same ~ story!*** es ist doch immer die gleiche Geschichte mit ihm!; **~ friend** alter Freund/alte Freundin
⑥ *attr, inv* (*fam: expression of affection*) [gute(r)] alte(r); ***good ~ Pete!*** der gute alte Pete!; ***I hear poor ~ Frank's lost his job*** ich habe gehört, dem armen Frank wurde gekündigt
⑦ *attr, inv* (*pej fam*) **dirty ~ man** geiler alter Bock *pej vulg,* alter Wüstling *pej*
⑧ *attr, inv* (*fam: any*) ***why don't you put the shoes in the cupboard properly and not just any ~ how?*** warum räumst du die Schuhe nicht ordentlich in den Schrank und nicht immer nur so, wie sie dir gerade in die Hand fallen?; ***I don't want to eat in just any ~ place — I want to go to a romantic restaurant!*** ich möchte nicht einfach nur irgendwo essen – ich möchte in ein romantisches Restaurant gehen!; ***come round any ~ time you like*** komm vorbei, wann immer du möchtest; **any ~ present/rubbish/thing** irgendein Geschenk/irgendeinen Unsinn/irgendwas; **a load of ~ rubbish!** (*pej*) nichts als blanker Unsinn! *fam*
▸ PHRASES: **to be a chip off the ~ block** ganz der Vater sein *fam;* **to be as tough as ~ boots** hart im Nehmen sein; **you can't teach an ~ dog new tricks** (*saying*) der Mensch ist ein Gewohnheitstier *prov;* **there's no fool like an ~ fool** (*saying*) Alter schützt vor Torheit nicht *prov;* **you can't put an ~ head on young shoulders** (*saying*) man kann einen alten Kopf nicht auf junge Schultern verpflanzen; **to be as ~ as the hills** [*or* **as Methuselah**] [*or* **as time**] uralt [*o fam* so alt wie Methusalem] sein; **money for ~ rope** leicht verdientes Geld; **you're as ~ as you feel!** (*saying*) man ist so alt, wie man sich fühlt! *prov*
II. *n* ① (*elderly people*) ■**the ~** *pl* die Alten *pl;* **young and ~** Jung und Alt
② (*liter: in past times*) **in days of ~** in früheren Zeiten; **to know sb of ~** *esp* BRIT jdn seit langem kennen
III. *in compounds* ***a twenty-one-year-~*** ein Einundzwanzigjähriger/eine Einundzwanzigjährige; ***a three-month-~ puppy*** ein drei Monate altes Hündchen

old age *n no pl* Alter *nt;* ■**in [one's] ~** im Alter **old age pension** *n* AUS, BRIT [Alters]rente *f,* Altersversorgung *f* **old age pensioner** *n* AUS, BRIT Rentner(in) *m(f)* **Old Bailey** [əʊld'beɪliː] *n no pl* ■**the ~** das Old Bailey (*Gericht für Strafsachen von Bedeutung in London*) **Old Bill** *n no pl, + sing/pl vb* BRIT (*fam*) ■**the ~** die Bullen *mpl pej fam,* die Polente *sl* **old boy** *n* ① *esp* BRIT (*fam: old man*) Alte(r) ② *esp* BRIT (*dated fam: old friend*) alter Junge *fam* ③ AUS, BRIT (*former pupil*) ehemaliger Schüler; **~ reunion** Ehemaligentreffen *nt* **old-boy network** *n + sing/pl vb* ① AUS, BRIT (*of former students*) *Cliquenwirtschaft ehemaliger Schulkollegen* ② AM (*esp pej: of influential friends*) Seilschaft *f* **old country** *n no pl* (*also hum*) ■**the ~** das Heimatland **old dear** *n* ① (*patronizing address*) Muttchen *nt* ② (*affectionate address*) Liebste *kein art,* Liebes *kein art*

olde ['əʊld, AM 'oʊld] *adj attr, inv* (*hum*) *see* **old** alt

olden ['əʊldᵊn, AM 'oʊ-] *adj attr, inv* (*dated liter*) **in the ~ days** früher; **in ~ times** in alten Zeiten, früher

Old English *n no pl* LING Altenglisch *nt*

olde worlde [ˌəʊldi'wɜːldi] *adj* BRIT, AUS (*fam*) altertümlich

old-fashioned *adj* (*esp pej*) ① (*dated*) altmodisch; **~ clothes** altmodische Kleidung ② (*traditional*) altmodisch; *thinking* traditionsverbunden; **~ charm** antiquierter Charme; **~ opinions** [*or* **views**] traditionelle Ansichten ③ (*disapproving*) **to give sb an ~ look** jdn missbilligend ansehen **old flame** *n* (*fam*) alte Flamme *veraltend fam,* Verflossene(r) *f(m) fam* **old girl** *n* ① (*old woman*) alte Frau ② *esp* BRIT (*fam: patronizing address*) altes Mädchen *fam* ③ *esp* BRIT (*fam: affectionate address*) Schätzchen *nt fam* ④ AUS, BRIT (*former pupil*) ehemalige Schülerin **Old Glory** *n no pl* AM Sternenbanner *nt* **old gold** *n no pl* Altgold *nt* **old growth** *n* AM, AUS alter Baumbestand **old-growth forest** *n* unberührter Wald **old guard** *n no pl, + sing/pl vb* alte Garde **old hand** *n* alter Hase *fam* **old hat** *n no pl* (*pej*) ① (*old-fashioned*) ■**to be ~** altmodisch sein ② (*very familiar*) ***that's ~***

das ist ein alter Hut *fam*
oldie ['əʊldi, AM 'oʊ-] *n* (*fam*) ① (*song*) Oldie *m fam*
② (*older person*) Oldie *m hum fam*
oldish ['əʊldɪʃ, AM 'oʊ-] *adj inv* ältlich, älter
old lady *n* ① (*elderly female*) alte Dame ② (*fam: one's wife, mother*) ■**the/sb's** ~ die/jds Alte *fam* **old maid** *n* (*esp pej dated*) alte Jungfer *oft pej* **old-maidish** [-'meɪdɪʃ] *adj* (*esp pej dated*) jungfernhaft *meist pej*, altjüngferlich *pej* **old man** *n* ① (*elderly male*) alter Mann, Greis *m* ② (*sl: husband, father*) ■**the/sb's** ~ der Alte/jds Alter *fam* ③ (*boss, leader*) ■**the** ~ der Alte **Old Man River** *n no pl* AM Mississippi *m* **old master** *n* alter Meister **old money** I. *n no pl* ① + *sing/pl vb* (*well-established families*) alter Geldadel ② (*former currency*) alte Währung II. *adj inv* alteingesessen **Old Nick** *n no pl* (*hum dated*) der Teufel **old school** I. *n* (*approv*) ■**the** ~ die alte Schule; ***he's one of the*** ~ er ist [noch] einer der alten Schule II. *adj* der alten Schule *nach n* **old school tie** *n* BRIT ① (*tie*) *Krawatte der ehemaligen Schüleruniform* ② (*fig: cliquishness*) ■**the** ~ *Cliquenwirtschaft unter ehemaligen Schulkameraden* **old stager** *n* ① (*old man*) Oldie *m hum fam* ② (*long-time worker*) alter Hase *fam;* (*long-time resident*) Alteingesessene(r) *f(m)*
oldster ['oʊldstɚ] *n* AM (*fam*) alter Knabe *hum fam*
Old Testament *n* ■**the** ~ das Alte Testament **old-time** *adj attr, inv* (*esp approv*) aus alter Zeit *nach n;* ~ **atmosphere** Atmosphäre *f* vergangener Zeiten; ~ **dancing** alte Tänze **old-timer** *n* (*fam*) ① (*old man*) Oldie *m hum fam* ② (*long-time worker*) alter Hase *fam;* (*long-time resident*) Alteingesessene(r) *f(m)* **old wives' tale** *n* Ammenmärchen *nt* **old woman** *n* ① (*elderly female*) alte Frau ② (*mother, wife*) ■**sb's** ~ jds Alte *fam* ③ (*pej: fretful man*) altes Weib *pej fam* **old-world** *adj* (*approv*) altertümlich; ~ **courtesy** altväterliche Höflichkeit **Old World** *n no pl* ■**the** ~ die Alte Welt
oleaginous [,əʊli'ædʒɪnəs, AM ,oʊ-] *adj* ① (*of oil*) ölig
② (*fig: obsequious*) kriecherisch *pej*
oleander [,əʊli'ændɚ, AM ,oʊli'ændɚ] *n* Oleander *m*
O level *n* BRIT (*hist*) *short for* **ordinary level** ≈ mittlere Reife
olfactory [ɒl'fæktəri, AM ɑːl'fækteri] *adj inv* Geruchs-, olfaktorisch *fachspr*
olfactory bulb *n* ANAT Bulbus olfactorius *m fachspr* **olfactory lobe** *n* ANAT Geruchssinnlappen *m fachspr*, Lobus olfactorius *m fachspr* **olfactory nerve** *n* ANAT Riechnerv *m*, Nervus olfactorius *m fachspr*
oligarchic [,ɒlɪ'gɑːkɪk, AM ,ɑːlɪ'gɑːr] *adj inv* oligarchisch, Oligarchen-
oligarchy ['ɒlɪgɑːki, AM 'ɑːlɪgɑːr-] *n* Oligarchie *f*
oligogenic [,ɒlɪgə(ʊ)'dʒenɪk, AM ,ɑːlɪgoʊ-] *adj* MED ~ **illness** durch mehrere Gene bedingte Krankheit
oligopolistic [,ɒlɪgɒpə'lɪstɪk, AM ,ɑːlɪgɑːpə'-] *adj* ECON oligopolistisch *fachspr*
oligopoly [,ɒlɪ'gɒpəli, AM ,ɑːlɪ'gɑːp-] *n* ECON Oligopol *nt fachspr*
olive ['ɒlɪv, AM 'ɑːl-] *n* ① (*fruit*) Olive *f*
② (*tree*) Olivenbaum *m*, Ölbaum *m*
③ (*dish*) **beef/veal** ~ Kalbs-/Rindsroulade *f*
olive branch *n* ① HORT Olivenzweig *m*, Ölzweig *m*
② (*fig: symbol of peace*) Ölzweig *m;* **to hold out the** ~ [**to sb**] [jdm] seinen Friedenswillen zeigen **olive drab** AM, **olive green** *n* Olivgrün *nt* **olive grove** *n* Olivenhain *m* **olive oil** *n no pl* Olivenöl *nt*
ology ['ɒlədʒi, AM 'ɑːl-] *n* (*hum fam*) [irgendein] Wissenschaftszweig *m;* ***what's his new girlfriend studying? – oh, some ~ or other — pharmacology, I think*** was studiert seine neue Freundin [eigentlich]? – och, irgend so eine Wissenschaft – Pharmazie, glaube ich *fam*
Olympiad [ə(ʊ)'lɪmpiæd, AM oʊ'-] *n* Olympiade *f*, Olympische Spiele
Olympian [ə(ʊ)'lɪmpiən, AM oʊ'-] I. *adj inv* (*liter*) ① (*of Greek mythology*) olympisch
② (*aloof*) [überirdisch] entrückt
③ (*tremendous*) riesig; ~ **feat** titanische Leistung *geh*
④ *attr* (*of Olympic Games*) olympisch
II. *n* ① (*of gods*) Olympier(in) *m(f)*
② (*Olympic Games competitor*) Olympionike, -in *m, f*, olympischer Wettkämpfer/olympische Wettkämpferin
③ (*great person*) Titan *m geh*
Olympic [ə(ʊ)'lɪmpɪk, AM oʊ'-] *adj attr, inv* ① (*of Greek mythology*) olympisch
② SPORTS olympisch; ~ **champion** Olympiasieger(in) *m(f);* **International ~ Committee** Internationales Olympisches Komitee; ~ **flame** olympisches Feuer; ~ **stadium** Olympiastadion *nt*
Olympic Games, **Olympics** *npl* Olympische Spiele
Olympus [ə'lɪmpəs] *n no pl* Olymp *m*
OM [,əʊ'em] *n* BRIT *abbrev of* **Order of Merit** *britischer Verdienstorden*
Oman [ə(ʊ)'mɑːn, AM oʊ'-] *n no pl* Oman *m*
Omani [əʊ'mɑːni, AM oʊ'] I. *adj inv* omanisch
II. *n* Bewohner(in) *m(f)* Omans
OMB [,oʊem'biː] *n* AM *abbrev of* **Office for Management and Budget** Amt *nt* für Personal und Haushalt
ombudsman ['ɒmbʊdzmən, AM 'ɑːmbəd-] *n* Ombudsmann *m*
omega ['əʊmɪgə, AM oʊ'meɪ-] *n* Omega *nt*
omelet(te) ['ɒmlət, AM 'ɑːm-] *n* Omelett, nt
► PHRASES: **you can't make an ~ without breaking [a few] eggs** (*prov*) wo gehobelt wird, da fallen Späne *prov*
omen ['əʊmən, AM 'oʊ-] *n* Omen *nt;* **to be a bad/good ~ for sth** ein schlechtes/gutes Omen für etw *akk* sein
ominous ['ɒmɪnəs, AM 'ɑːmə-] *adj* unheilvoll; ~ **implications** verhängnisvolle Auswirkungen; ~ **silence** ominöses Schweigen *geh*
ominously ['ɒmɪnəsli, AM 'ɑːmə-] *adv* (*inauspiciously*) bedrohlich; (*alarming*) bedenklich; ~, ***the telephone line went dead just after I heard a scream*** ominöserweise wurde die Verbindung unterbrochen, nachdem ich einen Schrei gehört hatte
omission [ə(ʊ)'mɪʃən, AM oʊ'-] *n* Auslassung *f;* (*failure to sth*) Unterlassung *f*, Versäumnis *nt;* **errors and ~s excepted** Irrtümer und Auslassungen vorbehalten; **sb's ~ from the team** SPORTS jds Nichtberücksichtigung bei der Mannschaftsaufstellung
omit <-tt-> [ə(ʊ)'mɪt, AM oʊ'-] I. *vt* ■**to ~ sb/sth** jdn/etw auslassen [*o* weglassen]; (*ignore*) jdn/etw übergehen; (*fail to do*) etw unterlassen; **to ~ a dividend** STOCKEX eine Dividende ausfallen lassen; **to ~ any mention of** [*or* **reference to**] **sb/sth** jdn/etw nicht [*o* mit keinem Wort] erwähnen
II. *vi* ■**to ~ to do sth** es unterlassen, etw zu tun
omnibus <*pl* -es> ['ɒmnɪbəs, AM 'ɑːm-] *n* ① (*collection of texts*) Sammelband *m;* (*anthology*) Anthologie *f;* (*on radio, TV*) *Zusammenfassung einzelner Wochensendungen in einem Sammelprogramm*
② (*dated form: bus*) Omnibus *m*
► PHRASES: **the man/woman on the Clapham ~** der Mann/die Frau von der Straße, der Durchschnittsbürger/die Durchschnittsbürgerin
omnibus edition, **omnibus programme** *n* *Zusammenfassung einzelner Wochensendungen in einem Sammelprogramm*
omnidirectional [,ɒmnɪdɪ'rekʃənəl, AM ,ɑːm-] *adj inv* TELEC Rundstrahl-, allseitig abstrahlend; COMPUT mit Kugel[charakteristik]; ~ **microphone** Allrichtungsmikrofon *nt*
omnipotence [ɒm'nɪpətən(t)s, AM ɑːm'nɪpət̬ən(t)s] *n no pl* Allmächtigkeit *f*, Allmacht *f geh*, Omnipotenz *f geh*
omnipotent [ɒm'nɪpətənt, AM ɑːm'nɪpət̬ənt] *adj inv* allmächtig, omnipotent *geh*
omnipresence [,ɒmnɪ'prezən(t)s, AM ,ɑːm-] *n no pl* ① (*of God*) Allgegenwart *f*
② (*widespread occurrence*) Omnipräsenz *f geh*
omnipresent [,ɒmnɪ'prezənt, AM ,ɑːm-] *adj inv* ① REL allgegenwärtig
② (*widespread*) omnipräsent *geh;* (*everywhere*) überall; ~ **noise** ständiger Lärm
omniscience [ɒm'nɪsiən(t)s, AM ɑːm'nɪʃən(t)s] *n no pl* Allwissenheit *f*
omniscient [ɒm'nɪsiənt, AM ɑːm'nɪʃənt] *adj inv* allwissend
omnivore ['ɒmnɪvɔːr, AM 'ɑːmnɪvɔːr] *n* ZOOL Allesfresser *m*
omnivorous [ɒm'nɪvərəs, AM ɑːm'nɪvɚ-] *adj inv* ① (*eating plants and meat*) alles fressend *attr*, omnivor *fachspr;* ~ **animal** Allesfresser *m*
② (*fig: voracious*) unstillbar; ***Georgina's an ~ reader*** Georgina verschlingt jedes Buch
on [ɒn, AM ɑːn] I. *prep* ① (*on top of*) auf +*dat; with verbs of motion* auf +*akk;* ***there are many books ~ my desk*** auf meinem Tisch sind viele Bücher; ***he had to walk out ~ the roof*** er musste auf das Dach raus; **to get ~ a horse** auf ein Pferd aufsteigen [*o* aufsitzen]; ~ **top of sth** [ganz] oben auf etw *dat;* ***look at that cat ~ the chair!*** schau dir die Katze auf dem Stuhl an!
② (*from*) auf +*dat; with verbs of motion* auf +*akk;* ***she hung their washing ~ the line to dry*** sie hängte ihre Wäsche zum Trocknen auf die Leine; ***several bird houses hung ~ the branches*** an den Ästen hingen mehrere Nistkästen; **to hang a picture ~ the wall** ein Bild an die Wand hängen; ***a huge chandelier hung ~ the ceiling*** ein großer Kronenleuchter hing von der Decke
③ (*clothing*) an +*dat;* **with shoes ~ your feet** mit Schuhen an deinen Füßen; **the wedding ring ~ the ring finger** der Hochzeitsring am Ringfinger
④ (*in area of*) an +*dat*, auf +*dat;* ***our house is ~ Sturton Street*** unser Haus ist in der Sturton Street; ~ **the hill/mountain** auf dem Hügel/Berg; ***they lay ~ the beach*** sie lagen am Strand; ***the town is ~ the island*** die Stadt ist auf der Insel; ***her new house is ~ the river*** ihr neues Haus liegt am Fluss; ~ **her estate** auf ihrem Gut; **on the border** an der Grenze; ~ **the corner** an der Ecke; ***they waited for their train ~ platform three*** sie warteten auf Bahnsteig drei auf ihren Zug; ~ **track two** an Gleis zwei; ***our house is the first ~ the left*** unser Haus ist das erste auf der linken Seite; ~ **the balcony** auf dem Balkon
⑤ (*hurt by*) an +*dat;* ***I hit my head ~ the shelf*** ich stieß mir den Kopf am Regal an; ***she tripped ~ the wire*** sie blieb an dem Kabel hängen; **he cut his foot ~ some glass** er schnitt sich den Fuß an Glas auf
⑥ (*supported by*) auf +*dat;* **to stand ~ one's head** auf dem Kopf stehen; ***he was lying ~ his back*** er lag auf seinem Rücken
⑦ (*in possession of*) bei +*dat;* **to have sth ~ one** etw bei sich *dat* haben; ***have you got a spare cigarette ~ you?*** hast du noch eine Zigarette für mich?; ***I thought I had my driver's licence ~ me*** ich dachte, ich hätte meinen Führerschein dabei
⑧ (*marking surface of*) auf +*dat;* ***how did you get that blood ~ your shirt?*** wie kommt das Blut auf Ihr Hemd?; **a scratch ~ her arm** ein Kratzer an ihrem Arm; **a smile ~ her face** ein Lächeln in ihrem Gesicht
⑨ (*about*) über +*akk;* **a debate ~ the crisis** eine Debatte über die Krise; **to comment ~ the allegations** Vorwürfe kommentieren; ***he advised her ~ her taxes*** er gab ihr Ratschläge für ihre Steuern; ***I'll say more ~ that subject later*** ich werde später mehr dazu sagen; *after pron;* **to have something/anything ~ sb** etw gegen jdn in der Hand haben; ***do the police have anything ~ you?*** hat die Polizei etwas Belastendes gegen dich in der Hand?; *after n;* **a documentary ~ volcanoes** ein Dokumentarfilm über Vulkane; ***he needs some advice ~ how to dress*** er braucht ein paar Tips, wie er sich anziehen soll; ***essays ~ a wide range of issues*** Aufsätze zu einer Vielzahl von Themen
⑩ (*based on*) auf +*akk* ... hin; ***he reacted ~ a hunch*** er reagierte auf ein Ahnung hin; ***he swore ~***

his word er gab ihr sein Wort; ~ **account of sb/sth** wegen jdm/etw; ***they cancelled all flights ~ account of the weather*** sie sagten alle Flüge wegen dem Wetter ab; ~ **purpose** mit Absicht, absichtlich; **dependent/reliant ~ sb/sth** abhängig von jdm/etw; **to be based ~ sth** auf etw *dat* basieren; **to rely/depend ~ sb** sich *akk* auf jdn verlassen; ***he quit his job ~ the principle that he did not want to work for an oil company*** er kündigte seine Stelle, weil er nicht für eine Ölgesellschaft arbeiten wollte; **to be based ~ the ideas of freedom and equality** auf den Ideen von Freiheit und Gleichheit basieren

⑪ (*as member of*) in +*dat*; ***have you ever served ~ a jury?*** warst du schon einmal Mitglied in einer Jury?; ***how many people are ~ your staff?*** wie viele Mitarbeiter haben Sie?; ***whose side are you ~ in this argument?*** auf welcher Seite stehst du in diesem Streit?; **a writer ~ a women's magazine** eine Autorin bei einer Frauenzeitschrift; **to work ~ a farm** auf einem Bauernhof arbeiten

⑫ *after vb* (*against*) auf +*akk*; ***the dog turned ~ its own master*** der Hund ging auf seinen eigenes Herrchen los; ***the gangsters pulled a gun ~ him*** die Gangster zielten mit der Pistole auf ihn; ***her eyes were fixed ~ his dark profile*** sie fixiert mit ihren Augen sein düsteres Profil; **to force one's will ~ sb** jdm seinen Willen aufzwingen; *after n;* ***the attack ~ the village*** der Angriff auf das Dorf; ***they placed certain restrictions ~ large companies*** großen Unternehmen wurden bestimmte Beschränkungen auferlegt; ***there is a new ban ~ the drug*** die Droge wurde erneut verboten; **to place a limit ~ the number of items** die Anzahl der Positionen begrenzen; ***he didn't know it but the joke was ~ him*** er wußte nicht, dass es ein Witz über ihn war

⑬ (*through device of*) an +*dat*; ***he's ~ the phone*** er ist am Telefon; ***they weaved the cloth ~ the loom*** sie webte das Tuch auf dem Webstuhl; ***Chris is ~ drums*** Chris ist am Schlagzeug; ~ **the piano** auf dem [*o* am] Klavier; ***we work ~ flexitime*** wir arbeiten Gleitzeit

⑭ (*through medium of*) auf +*dat*; ***which page is that curry recipe ~?*** auf welcher Seite ist das Curry-Rezept?; ***I'd like to see that offer ~ paper*** ich hätte dieses Angebot gerne schriftlich; **to edit sth ~ the computer** etw im [*o* auf dem] Computer bearbeiten; **to be available ~ cassette** auf Kassette erhältlich sein; **to come out ~ video** als Video herauskommen; ***I saw myself ~ film*** ich sah mich selbst im Film; ***what's ~ TV tonight?*** was kommt heute abend im Fernsehen?; **the jazz ~ radio** der Jazz im Radio; ***I heard the story ~ the news today*** ich hörte die Geschichte heute in den Nachrichten

⑮ (*during*) auf +*dat*; ~ ***the way to town*** auf dem Weg in die Stadt

⑯ (*travelling with*) in +*dat*; ***I love travelling ~ buses/trains*** ich reise gerne in Bussen/Zügen; ***we went to France ~ the ferry*** wir fuhren auf der Fähre nach Frankreich; ***he got some sleep ~ the plane*** er konnte im Flugzeug ein wenig schlafen; ~ **foot/horseback** zu Fuß/auf dem Pferd

⑰ (*on day of*) an +*dat*; ***many shops don't open ~ Sundays*** viele Läden haben an Sonntagen geschlossen; ***what are you doing ~ Friday?*** was machst du am Freitag?; ***we always go bowling ~ Thursdays*** wir gehen donnerstags immer kegeln; ***my birthday's ~ the 30th of May*** ich habe am 30. Mai Geburtstag; ***I'm free ~ Saturday morning*** ich habe am Samstagvormittag nichts vor; ***I always go shopping ~ Wednesday morning*** ich gehe jeden Mittwochvormittag einkaufen; ~ ***a very hot evening in July*** an einem sehr heißen Abend im Juli

⑱ (*at time of*) bei +*dat*; ~ **his mother's death** beim Tod seiner Mutter; ~ **your arrival/departure** bei Ihrer Ankunft/Abreise; ~ ***the count of three, start running!*** bei drei lauft ihr los!; ***trains to London leave ~ the hour every hour*** die Züge nach London fahren jeweils zur vollen Stunde; ***the professor entered the room at 1:00 ~ the minute*** der Professor betrat den Raum auf die Minute genau um 13.00 Uhr; ~ **the dot** [auf die Sekunde] pünktlich; ~ ***receiving her letter*** als ich ihren Brief erhielt; ~ **arriving at the station** bei der Ankunft im Bahnhof

⑲ (*engaged in*) bei +*dat*; ***we were on page 42*** wir waren auf Seite 42; ***he was out ~ errands*** er machte ein paar Besorgungen; ~ **business** geschäftlich, beruflich; **to work ~ sth** an etw *dat* arbeiten

⑳ (*medicated by*) ■**to be ~ sth** etw nehmen; **to be ~ drugs** unter Drogen stehen, Drogen nehmen; ***my doctor put me ~ antibiotics*** mein Arzt setzte mich auf Antibiotika; **to be ~ medication** Medikamente einnehmen

㉑ (*paid by*) auf +*dat*; ***they bought that TV ~ credit*** sie kauften diesen Fernseher auf Kredit; ***we bought the furniture ~ time*** wir kauften die Möbel auf Raten; Brit ***she wants it done ~ the National Health Service*** sie möchte, das der National Health Service die Kosten übernimmt; (*fam*) ***this meal is ~ me*** das Essen bezahle ich; ***the drinks are ~ me*** die Getränke gehen auf meine Rechnung

㉒ (*added to*) zusätzlich zu +*dat*; ***a few pence ~ the electricity bill*** ein paar Pfennige mehr bei der Stromrechnung

㉓ (*connected to*) an +*dat*; ***dogs should be kept ~ their leads*** Hunde sollten an der Leine geführt werden; ~ **the phone** Aus, Brit telefonisch [*o* am Telefon] erreichbar; ***we've just moved and we're not ~ the phone yet*** wir sind gerade umgezogen und haben noch kein Telefon

㉔ (*according to*) auf +*dat*; ~ **the list** auf der Liste; **a point ~ the agenda** ein Punkt auf der Tagesordnung; **to be finished ~ schedule** planmäßig fertig werden; ~ **the whole** im Ganzen, insgesamt; ~ ***the whole, it was a good year*** alles in allem war es ein gutes Jahr

㉕ (*burdening*) auf +*dat*; ***it's been ~ my mind*** ich muss immer daran denken; ***she had something ~ her heart*** sie hatte etwas auf dem Herzen; ***that lie has been ~ his conscience*** er hatte wegen dieser Lüge ein schlechtes Gewissen

㉖ (*sustained by*) mit +*dat*, von +*dat*; ***does this radio run ~ batteries?*** läuft dieses Radio mit Batterien?; ***what do mice live ~?*** wovon leben Mäuse?; ***he lived ~ berries and roots*** er lebte von Beeren und Wurzeln; ***I've only got £50 a week to live ~*** ich lebe von nur 50 Pfund pro Woche; **people ~ average salaries** Menschen mit Durchschnittseinkommen; ***they are living ~ their savings*** sie leben von ihren Ersparnissen; **to live ~ welfare** von Sozialhilfe leben; **to go ~ the dole** stempeln gehen; ■**to be ~ sth** Brit, Aus etw verdienen

㉗ (*experiencing*) **to go ~ strike** streiken; **to set sth ~ fire** etw anzünden; ***crime is ~ the increase again*** die Verbrechen nehmen wieder zu; **to be ~ sth** (*undertake*) etw machen; ***I'll be away ~ a training course*** ich mache einen Ausbildungslehrgang; ***he's out ~ a date with a woman*** er hat gerade eine Verabredung mit einer Frau; ***we're going ~ vacation in two weeks*** wir gehen in zwei Wochen in Urlaub; ***I was ~ a long journey*** ich habe eine lange Reise gemacht; **to be ~ the go** Brit (*fig*) auf Trab sein; ***did you know that she's got a new book ~ the go?*** hast du gewusst, dass sie gerade ein neues Buch schreibt?

㉘ (*compared with*) ***I can't improve ~ my final offer*** dieses Angebot ist mein letztes Wort; ***the productivity figures are down ~ last week's*** die Produktivitäszahlen sind dieselben wie letzte Woche; **to have nothing** [*or* **not have anything**] ~ **sth** kein Vergleich mit etw *dat* sein; ***my new bike has nothing ~ the one that was stolen*** mein neues Fahrrad ist bei weitem nicht so gut wie das, das mir gestohlen wurde

㉙ *after vb* (*concerning*) **to frown ~ sth** etw mißbilligen; ***they settled ~ a price*** sie einigten sich auf einen Preis; **to congratulate sb ~ sth** jdn zu etw *dat* gratulieren; ***he cheated ~ her twice*** er betrog sie zweimal; *after adj;* ***she was bent ~ getting the job*** sie war entschlossen, die Stelle zu bekommen; ***don't be so hard ~ him!*** sei nicht so streng mit ihm!; *after n;* ***criticism has no effect ~ him*** Kritik kann ihm nichts anhaben

㉚ *after vb* (*as payment for*) für +*akk*; ***I've wasted a lot of money ~ this car*** ich habe für dieses Auto eine Menge Geld ausgegeben; *after n;* ***we made a big profit ~ that deal*** wir haben bei diesem Geschäft gut verdient; ***how much interest are you paying ~ the loan?*** wie viel Zinsen zahlst du für diesen Kredit?

㉛ (*responsibility of*) ***this is ~ your shoulders*** das liegt in deiner Hand, die Verantwortung liegt bei dir; ***the future of the company is ~ your shoulders*** du hast die Verantwortung für die Zukunft der Firma

㉜ *after vb* (*through no fault of*) ■~ **sb** ohne jds Verschulden; ***she was really worried when the phone went dead ~ her*** sie machte sich richtig Sorgen, als das Telefon ausfiel, ohne dass sie etwas getan hatte; ***the fire went out ~ me*** das Feuer ging ohne ihr Zutun aus

㉝ *after vb* (*encountering*) **to stumble ~ sth** über etw *akk* stolpern; **to chance ~ sb** jdn [zufällig] treffen, jdm [zufällig] begegnen

㉞ *after n* (*following*) ***the government suffered defeat ~ defeat*** die Regierung erlitt eine Niederlage nach der anderen; ***wave ~ wave of refugees has crossed the border*** in Wellen überquerten die Flüchtlinge die Grenze

㉟ Aus, Brit sports (*having points of*) ***Clive's team is ~ five points while Joan's is ~ seven*** das Team von Clive hat fünf Punkte, das von Joan hat sieben

► Phrases: **to have blood ~ one's hands** Blut an den Händen haben; ~ **the board** in Planung; **to be ~ sb's case** [to do sth] Am jdn nerven [, damit er/sie etw tut] *fam*; ~ **the fly** schnell; **to be out ~ a limb** alleine dastehen; ~ **the shelf** auf der langen Bank *fig*; ***we've had to put that project ~ the shelf*** wir mussten das Projekt auf die lange Bank schieben *fig*; ~ **side** loyal; **to have time ~ one's hands** noch genug Zeit haben; ~ **a whim** spontan, aus einer Laune heraus; **to border ~ sth** an etw *akk* grenzen; **to be ~ it** Aus (*fam*) sich *akk* volllaufen lassen *fam*, sich *dat* die Kanne geben; **what are you ~?** (*fam*) bist du noch ganz dicht? *fam*

II. *adv inv* ① (*in contact with*) auf; ***make sure the top's ~ properly*** pass auf, dass der Deckel richtig zu ist; ***they sewed the man's ear back ~*** sie haben das Ohr des Mannes wieder angenäht; **to screw sth ~** etw anschrauben; ***I wish you wouldn't screw the lid ~ so tightly*** schraube den Deckel bitte nicht immer so fest

② (*on body*) an; ***put a jumper ~!*** zieh einen Pullover drüber!; **with nothing ~** nackt; **to put clothes ~** Kleider anziehen; **to have/try sth ~** etw anhaben/anprobieren

③ (*indicating continuance*) weiter; **to get ~ with sth** mit etw *dat* weitermachen; **to keep ~ doing sth** etw weitermachen; ***if the phone's engaged, keep ~ trying!*** wenn besetzt ist, probier es weiter!; ~ **and ~** immer weiter; ***the noise just went ~ and ~*** der Lärm hörte gar nicht mehr auf; ***we talked ~ and ~*** wir redeten pausenlos

④ (*in forward direction*) vorwärts; ***would you pass it ~ to Paul?*** würdest du es an Paul weitergeben?; ***time's getting ~*** die Zeit vergeht; **from that day ~** von diesem Tag an; ***they never spoke to each other from that day ~*** seit diesem Tag haben sie kein Wort mehr miteinander gewechselt; **later ~** später; ***what are you doing later ~?*** was hast du nachher vor?; **to move ~** (*move forward*) weitergehen; (*transfer to another place*) umziehen; **to urge sb ~** jdn anspornen; ***I'd never have managed this if my friend hadn't urged me ~*** ich hätte das nie geschafft, wenn mein Freund mich nicht dazu gedrängt hätte

⑤ (*being shown*) ■**to be ~** auf dem Programm stehen; ***are there any good films ~ at the cinema this week?*** laufen in dieser Woche irgendwelche guten Filme im Kino?; ***what's ~ at the festival?*** was ist für das Festival geplant?; ***there's a good film ~ this afternoon*** heute nachmittag kommt ein guter Film

❻ (*scheduled*) geplant; ***is the party still ~ for tomorrow?*** ist die Party noch für morgen geplant?; ***I've got nothing ~ next week*** ich habe nächste Woche nichts vor; ***I've got a lot ~ this week*** ich habe mir für diese Woche eine Menge vorgenommen
❼ (*functioning*) an; ***the brakes are ~*** die Bremsen sind angezogen; ***is the central heating ~?*** ist die Zentralheizung an?; **to put the kettle ~** das Wasser aufsetzen; **to leave the light ~** das Licht anlassen; **the ~ switch** der Einschalter; **to switch/turn sth ~** etw einschalten; ***could you switch ~ the radio?*** könntest du das Radio anmachen?
❽ (*aboard*) ***the horse galloped off as soon as she was ~*** das Pferd galoppierte davon, sobald sie darauf saß; **to get ~** *bus, train* einsteigen; *horse* aufsitzen
❾ (*due to perform*) ***you're ~!*** du bist dran!
❿ (*on duty*) ■ **to be ~** Dienst haben, im Dienst sein
⓫ AM (*performing well*) ■ **to be ~** gut drauf sein *fam*
▸ PHRASES: **head** ~ frontal; **side** ~ AUS, BRIT seitlich; ***the bike hit our car side ~*** das Rad prallte von der Seite auf unser Auto; **this way** ~ AUS, BRIT auf diese Weise; ***it might fit better if you put it this way ~*** es passt vielleicht besser, wenn du es so anziehst; **to be well ~ in years** nicht mehr der Jüngste sein; **to be not ~** BRIT, AUS (*fam*) nicht in Ordnung sein; **~ and off, off and ~** hin und wieder, ab und zu; **sideways ~** AUS, BRIT seitlich; **to be well ~** spät sein; **to be ~** AM aufpassen; **to hang ~** warten; **to be ~ about sth** AUS, BRIT dauernd über etw *akk* reden; ***I never understand what she's ~ about*** ich verstehe nicht, wovon sie es dauernd hat *fam;* **to be [*or* get] ~ at sb** jdm in den Ohren liegen; ***she's still ~ at me to get my hair cut*** sie drängt mich dauernd, mir die Haare schneiden zu lassen; **to be ~ to sb** (*fam*) jds Absichten durchschauen; **to be ~ to something** (*fam*) etw spitz gekriegt haben *fam;* **you're ~!** einverstanden!, abgemacht! *fam*
III. *adj inv, attr* AM (*good*) gut; ***this seems to be one of her ~ days*** es scheint einer von ihren guten Tagen zu sein

onanism ['əʊnənɪzᵊm, AM 'oʊ] *n no pl* (*form*) ❶ (*masturbation*) Onanie *f*
❷ (*coitus interruptus*) Coitus interruptus *m*

on-board *adj attr, inv* ❶ (*on board a ship*) Bord-; **~ computer** Bordcomputer *m*
❷ COMPUT auf der Platine

once [wʌn(t)s] **I.** *adv inv* ❶ (*one time*) einmal; **~ in a lifetime** einmal im Leben; **~ a week** einmal pro [*o* die] Woche; **[every] ~ in a while** hin und wieder; **~ and for all** ein für alle Mal; **~ again** wieder einmal, erneut; **just for ~** nur einmal; **just this ~** nur dieses eine Mal; **~ or twice** ein paar Mal; ■ **for ~** ausnahmsweise; ■ **the ~** ein einziges Mal
❷ (*in the past*) einst *geh,* früher; **~ upon a time …** (*liter*) es war einmal …
❸ (*some point in time*) **~ more** (*one more time*) noch einmal; (*again, as before*) wieder; ■ **at ~** (*simultaneously*) auf einmal; (*immediately*) sofort
▸ PHRASES: **~ bitten, twice shy** (*prov*) ein gebranntes Kind scheut das Feuer *prov;* **~ a …, always a …** (*prov*) einmal ein[e] …, immer ein[e] …
II. *conj* (*as soon as*) sobald; ***you won't be able to cancel the contract ~ you've signed*** wenn du erst einmal unterschrieben hast, kommst du von dem Vertrag nicht mehr los
▸ PHRASES: **~ bitten, twice shy** (*prov*) gebranntes Kind scheut das Feuer *prov*

once-and-for-all *adj attr, inv* endgültig **once-flourishing** *adj attr, inv* **a ~ company** eine einst florierende Firma *geh* **once-in-a-lifetime** *adj attr, inv* einmalig **once-over** *n* (*fam*) ❶ (*cursory examination*) **to give sb/sth a/the ~** jdn/etw flüchtig ansehen ❷ (*cursory cleaning*) **to give sth a/the ~** etw rasch putzen; ***would you mind giving the living-room carpet a ~ with the vacuum cleaner?*** könntest du den Teppich im Wohnzimmer rasch absaugen? **once-thriving** *adj attr, inv* einst blühend *geh;* **an ~ village** ein einst blühendes Dorf *fig geh*

oncogene ['ɒŋkə(ʊ)dʒiːn, AM 'ɑːnkədʒ-] *n* MED Onkogen *nt meist pl fachspr*

oncologist [ɒŋ'kɒlədʒɪst, AM ɑːn'kɑːl-] *n* MED Onkologe, -in *m, f fachspr*

oncology [ɒŋ'kɒlədʒi, AM ɑːn'kɑːl-] *n no pl* MED Onkologie *f fachspr*

oncoming ['ɒn,kʌmɪŋ, AM 'ɑːn,-] *adj attr, inv* ❶ (*approaching*) [heran]nahend; *vehicle* entgegenkommend; **~ traffic** Gegenverkehr *m*
❷ (*fig: in near future*) bevorstehend

oncosts ['ɒnkɒsts] *npl* BRIT FIN Gemeinkosten *pl*

OND [,əʊen'diː] *n* BRIT (*hist*) *abbrev of* **Ordinary National Diploma** *Diplom einer technischen Fachschule*

one [wʌn] **I.** *n* ❶ (*number*) Eins *f;* ***~ is the smallest whole number*** Eins ist die kleinste ganze Zahl; ***the front door bore a big brass ~*** auf der Eingangstür war eine große Eins in Kupfer; **one/two/three hundred/million/thousand and ~** ein/zwei/drei Hundert/Millionen/Tausend und eins
❷ (*size of garment, merchandise*) Größe eins; ***little Jackie's wearing ~s now*** die kleine Jackie trägt jetzt Größe eins
II. *adj inv* ❶ (*not two*) ein(e,er,es); ***we have two daughters and ~ son*** wir haben zwei Töchter und einen Sohn; ***she'll be ~ year old tomorrow*** sie wird morgen ein Jahr alt; **~ hundred/million/thousand** einhundert/eine Million/eintausend; **~ third/fifth** ein Drittel/Fünftel *nt*
❷ (*one of a number*) ein(e,er/es); ***a glass tube closed at ~ end*** ein Glasröhrchen ist an einem Ende verschlossen; ***he can't tell ~ wine from another*** er kennt die Weine nicht auseinander
❸ (*single*) einzige(r, s); ***her ~ concern is to save her daughter*** ihre einzige Sorge ist, ihre Tochter zu retten; **not ~ man** kein Mensch; **to have just ~ thought** nur einen [einzigen] Gedanken haben; **all ~ sth** nur in einer/einem etw; ***I think we should paint the bedroom all ~ colour*** ich denke, wir sollten das Schlafzimmer nur in einer Farbe streichen; ■ **the ~ sth** der/die/das eine etw; ***do you think five of us will manage to squeeze into the ~ car?*** glaubst du, wir fünf können uns in dieses eine Auto quetschen?; ***there's too much data to fit onto just the ~ disk*** das sind zu viele Daten für nur eine Diskette; **the ~ and only sth** der/die/das einzige …; ***the title of his ~ and only book*** der Titel seines einzigen Buchs; **the ~ and only sb** der/die einzigartige …; ***the ~ and only Muhammad Ali*** der einzigartige Muhammed Ali; ***ladies and gentlemen, the ~ and only David Copperfield!*** meine Damen und Herren, der einzigartige David Copperfield!
❹ (*only*) ■ **the ~ sb/sth** die/die/das einzige; ***he's the ~ person you can rely on in an emergency*** er ist die einzige Person, auf die man sich im Notfall verlassen kann; (*this is the ~ type of computer that is easy to use for people who aren't experts*) das ist der einzige Computer, den Laien einfach verwenden können
❺ (*at an undecided time in the future*) irgendein(e); ***I'd like to go skiing ~ Christmas*** ich möchte irgendwann zu Weihnachten Skifahren gehen; ***we must have a drink together ~ evening*** wir müssen irgendwann am Abend was trinken gehen; (*at an unspecified time in the past*) ein(e); ***~ night we stayed up talking till dawn*** einen Abend plauderten wir bis zum Morgengrauen; ***~ afternoon in late October*** einen Nachmittag Ende Oktober; **~ day** (*in the past*) irgendwann; ***we first met each other ~ day in the park*** wir trafen uns das erste Mal im Park; ***one ~ a boy started teasing Grady*** irgendwann begann der Junge Grady zu ärgern; (*in the future*) irgendwann; ***why don't we meet for lunch ~ day next week?*** warum treffen wir uns nicht nächste Woche irgendwann zum Mittagessen?; ***I'd like to go to Berlin again ~ day*** ich möchte irgendwann wieder nach Berlin fahren; **from ~ minute to the next** von einer Minute auf die andere; **~ moment … the next [moment] …** einmal … im nächsten [Moment]; ***~ moment he says he loves me, the next moment he's asking for a divorce*** einmal sagt er, er liebt mich, und im nächsten Moment will er die Scheidung
❻ (*form: a certain person*) ein gewisser, eine gewisse; ***her solicitor is ~ John Wintersgill*** ihr Anwalt ist ein gewisser John Wintersgill
❼ *esp* AM (*emph fam: noteworthy*) ein(e); ■ **to be ~ sb/sth** ***his mother is ~ generous woman*** meine Mutter ist eine großzügige Frau; ***that's ~ big ice cream you've got there*** du hast aber ein großes Eis; ***it was ~ hell of a shock to find out I'd lost my job*** es war ein Riesenschock für mich, dass ich den Job verloren hatte; ***he was ~ hell of a snappy dresser*** er war immer todschick gekleidet
❽ (*identical*) ein(e); ***all types of training meet ~ common standard*** alle Trainingsarten folgen einem gemeinsamen Standard; **~ and the same** ein und derselbe/dieselb/dasselbe; ***the two things are ~ and the same*** diese beiden Dinge sind ein und dasselbe; ■ **to be ~** (*form a unity*) vereint sein; ***as husband and wife we are now ~*** als Mann und Frau sind sie nun vereint
❾ (*one year old*) eins, ein Jahr; ***little Jimmy's ~ today*** der kleine Jimmy wird heute eins [*o* ein Jahr alt]; (*one o'clock*) eins, ein Uhr; ***it's half past ~*** es ist halb zwei; ***we'll meet at ~ in the pub*** wir treffen uns um eins im Pub
▸ PHRASES: **a hundred** [*or* **million**] [*or* **thousand**] **and ~** (*very many*) hundertausend; ***I can't stand around chatting — I've got a hundred and ~ things to do this morning*** ich kann nicht hier herumstehen und tratschen – ich muss am Vormittag hunderttausend Dinge erledigen; **~ thing and another** (*fam*) alles gemeinsam; ***what with ~ thing and another she hadn't had much sleep recently*** da alles zusammenkam, bekam sie in letzter Zeit nicht sehr viel Schlaf; **~ way or another** [*or* **the other**] (*for or against*) für oder gegen; ***there is no evidence ~ way or the other about the effectiveness of the drug*** es gibt keinerlei Beweise über die Wirksamkeit oder Unwirksamkeit des Medikaments; (*any possible way*) irgendwie; ***the bills have to be paid ~ way or another*** die Rechnungen müssen irgendwie bezahlt werden; (*an unstated way*) irgendwie; ***everyone at the party was related in one way or another*** auf der Party waren alle irgendwie miteinander verwandt
III. *pron* ❶ (*single item*) eine(r, s); ***four parcels came this morning, but only ~ was for Mark*** heute Morgen kamen vier Pakete, aber nur eines war für Mark; ***which cake would you like? — the ~ at the front*** welchen Kuchen möchten Sie? – den vorderen; ***I'd rather eat French croissants than English ~s*** ich esse lieber französische Croissants als englische; ***do you want ~?*** möchtest du eine/einen/eines?; **~ or another** [*or* **the other**] eine oder die andere, einer oder der andere, eines oder das andere; (*not all instances fall neatly into ~ or another of these categories*) nicht alle Vorkommnisse fallen genau in eine dieser Kategorien; ■ **~ of sth** ***electronics is ~ of his hobbies*** die Elektronik ist eines seiner Hobbys; ***PolyGram is ~ of the [world's] largest record companies*** PolyGram ist eine der führenden Plattenfirmen [der Welt]; ***Luxembourg is ~ of the [world's] smallest countries*** Luxemburg ist eines der kleinsten Länder [der Welt]; ***Paula's had another ~ of her crazy ideas*** Paula hatte noch eine ihrer verrückten Ideen; **~ of many** eine(r, s) von vielen; ***our organization is just ~ of many charities*** unsere Organisation ist nur eine von vielen wohltätigen Vereinigungen; **not a single ~** kein Einziger, keine Einzige, kein Einziges; **this/that ~** diese(r, s); ***which one do you want? — that ~, please!*** welche(n) möchten Sie? – diese(n) bitte!; ***these ~s were all made in Japan*** diese wurden alle in Japan hergestellt
❷ (*single person*) eine(r); ***two could live as cheaply as ~*** zwei könnten so billig wie eine(r) leben; ■ **the ~** der, die, das; ***Chris is the ~ with curly brown hair*** Chris ist der/die mit den locki-

O

gen braunen Haaren; **one's loved ~s** (*one's family*) jds Geliebte; ***my friends and loved ~s*** meine Freunde und meine Geliebten; **to be ~ to do sth** jd sein, der etw tut; ***I've always been active and never really been ~ to sit around doing nothing*** du warst immer sehr aktiv und bist nie wirklich untätig herumgesessen; **to not** [*or* **never**] **be ~ to say no to sth** nie zu etw *dat* nein sagen können; ***he's never ~ to say no to a curry*** er kann bei einem Curry nie nein sagen; **to be** [**a**] **~ for sth** (*fam*) ein Fan einer S. *gen* sein; ***Jack's always been ~ for the ladies*** Jack stand immer auf Frauen; ***I've never really been ~ for football*** ich war nie ein wirklicher Fußballfan; **to not be much of a ~ for sth** (*fam*) etw nicht besonders mögen; ***I'm not much of a ~ for chocolate*** ich mag Schokolade nicht besonders; **to be** [**a**] **~ for doing sth** (*fam*) etw gerne machen; ***she was never a ~ for playing hockey*** sie spielte nie gerne Hockey; **to be a great ~ for doing sth** (*fam*) gut darin sein, etw zu tun; ***he's a great ~ for telling other people what to do*** er ist gut darin, anderen Leuten zu sagen, was sie machen sollen; **to be ~ that ...** ***he's always been ~ that enjoys good food*** ihm hat gutes Essen schon immer geschmeckt; **to not be ~ who ...** nicht zu denen gehören, die ...; ***you're not usually ~ who complains about the service in a restaurant*** du zählst nicht zu denen, die sich über das Service in einem Restaurant beschweren; **such a ~** (*someone remarkable*) ***you never saw such a ~ for figures*** er kann wirklich gut mit Zahlen umgehen; **~ and all** (*liter*) alle; ***the news of his resignation came as a surprise to ~ and all*** die Nachricht von seinem Rücktritt kam für alle überraschend; ***well done ~ and all!*** gut gemacht, ihr alle!; **like ~ + pp** ***Viv was running around like ~ possessed before the presentation*** Viv lief vor der Präsentation wie besessen herum; **~ of you/them/us** eine(r,) von euch/Ihnen/ihnen/uns; ***the money was here this morning so ~ of you must have taken it*** das Geld war diesen Morgen hier; einer von euch muss es genommen haben; ***~ of our daughters has just got married*** eine unserer Töchter hat gerade geheiratet; **~ of ... + superl** eine(r, s) der ...; ***Luxembourg is ~ of the*** [***world's***] ***smallest countries*** Luxemburg ist eines der kleinsten Länder [der Welt]; **~ of many** eine(r, s) von vielen

❸ (*used in comparisons*) eine(r, s); ***you may have ~ or the other, but not both*** du kannst nur eines davon haben, nicht beide; ***crime and freedom are inseparable — you can't have ~ without the other*** Verbrechen und Freiheit sind untrennbar verbunden – man kann nicht eines ohne das andere bekommen

❹ (*dated form: any person*) man; ***~ has an obligation to ~'s friends*** man hat Verpflichtungen seinen Freunden gegenüber; (*~ must admire him for his willingness*) man muss ihn für seinen Willen bewundern

❺ (*form: I, we*) ich, wir; ***~ gets the impression that he is ahead*** ich glaube, er ist vorne; ***~ has to do ~'s best*** ich muss mein [*o* wir müssen unser] Bestes geben

❻ (*question*) Frage *f*; ***what's the capital of Zaire? — oh, that's a difficult ~*** wie heißt die Hauptstadt von Zaire? – das ist eine schwierige Frage

❼ (*fam: alcoholic drink*) Getränk *nt*; ***this ~'s on me!*** diese Runde geht auf mich!; ***a cool ~ after a day on the water*** ein kühles Getränk nach einem Tag am Wasser

❽ (*fam: joke, story*) Witz *m*; ***that was a good ~!*** der ist gut!; ▪**the ~ about sb/sth** der [Witz] von jdm/etw; ***did I tell you the ~ about the blind beggar?*** habe ich dir den [Witz] von dem blinden Bettler erzählt?

❾ BRIT, AUS (*dated fam: sb who is lacking respect, rude, or amusing*) ▪**to be a ~** eine(r) sein

▸ PHRASES: **~ of the family** zur Familie gehören; **~ of a kind** zur Spitze gehören; ***in the world of ballet she was certainly ~ of a kind as a dancer*** in der Welt des Ballet zählte sie sicher zu den besten Tänzerinnen; **~ at a time** (*separately*) eine nach der anderen, einer/eines nach dem anderen; ***don't gobble them up all at once — eat them ~ at a time*** schling nicht alle auf einmal hinunter – iss sie langsam; **~ or two** (*fam*) ein paar; ***I've only had ~ or two cigarettes in my whole life*** ich habe nur ein paar Zigaretten in meinem ganzen Leben geraucht; (*hum*) ***I hear you've collected over 1,000 autographs! — well, I do have ~ or two*** ich habe gehört, du hast über 1.000 Autogramme gesammelt! – na ja, ich habe ein paar; **in ~s and twos** in geringer Zahl; ***we expected a flood of applications for the job, but we're only receiving them in ~s and twos*** wir erwarteten eine Flut von Bewerbungen, aber wir haben nur ein paar wenige bekommen; **to land** [*or* **sock**] **sb ~** [**on the jaw**] (*fam*) jdm eine stecken [*o* schmieren] *fam*; **~ after another** [*or* **the other**] (*following one another in quick succession*) eine nach der anderen, einer/eines nach dem anderen; ***~ after another the buses drew up*** die Busse kamen einer nach dem anderen; **as ~** (*form*) einer Meinung; ***we have discussed the matter fully and are as ~ on our decision*** wir haben die Angelegenheit gründlich erörtert und sind bei der Entscheidung einer Meinung; **to be at ~ with sb** (*form*) mit jdm einer Meinung sein; **to be at ~ with sth** (*form*) eins mit etw *dat* sein; ***they were completely at ~ with their environment*** sie leben mit ihrer Umwelt völlig in Harmonie; **~ by ~** (*separately and in succession, singly*) nacheinander; **sb for ~** jd seinerseits; ***I for ~ am getting a little sick of writing about it*** ich meinerseits habe es ein wenig satt, darüber zu schreiben; **in ~** (*in one draught*) in einem Zug; ***she downed her whisky in ~*** sie trank ihren Whisky in einem Zug; **to get sth in ~** (*fam: guess correctly at once*) etw sofort erraten; (*understand correctly at once*) etw kapieren *fam*; ***so are you saying she's leaving him? — yep, got it in ~*** du sagst also, dass sie ihn verlässt? – ja, du hast es kapiert; [**all**] **in ~** [alles] in einem; ***with this model you get a radio, CD player and cassette deck*** [***all***] ***in ~*** dieses Modell enthält Radio, CD-Player und Cassettendeck in einem; **to be/get ~ up on sb** jdn übertrumpfen; ***he's always trying to get ~ up on his brother*** er versucht immer, seinen Bruder zu übertrumpfen; **to be all ~ to sb** Chinesisch für jdn sein *fam*; ***Greek and Hebrew are all ~ to me*** Griechisch und Hebräisch sind Chinesisch für mich

one another *pron reciprocal see* **each other** einander; ***the couple kept looking at ~ and smiling*** das Paar schaute einander an und lächelte; ***they're always wearing ~'s clothes*** sie tauschen immer die Kleidung; ***why are you always arguing with ~*** warum streitet ihr immer miteinander; ***they communicate with ~ in French*** sie sprechen französisch miteinander; **to be made for ~** für einander bestimmt sein; ***my sister and Tom are so happy together — they are made for ~*** meine Schwester und Tom sind so glücklich miteinander – sie sind füreinander bestimmt

one-armed bandit *n* (*fam*) einarmiger Bandit *fam* **one-dimensional** *adj* ❶ *inv* (*having one dimension*) eindimensional ❷ (*superficial*) oberflächlich **one-eyed** *adj attr, inv* einäugig ▸ PHRASES: **the ~ man is king** [**in the land of the blind**] (*saying*) unter [den] Blinden ist der Einäugige König *prov* **one-handed I.** *adv* mit einer Hand **II.** *adj inv attr* einhändig **one-hit wonder** *n* Eintagsfliege *f fam* **one-horse** *adj attr, inv* einspännig **one-horse race** *n* Rennen *nt* mit feststehendem Ergebnis **one-horse town** *n* (*fam*) Kaff *nt fam* **one-legged** *adj attr, inv* einbeinig **one-liner** *n* Einzeiler *m*

one-man *adj attr, inv* ❶ (*consisting of one person*) Einmann- ❷ (*designed for one person*) für eine Person *nach n*; **~ boat** Einmannboot *nt*; **~ vehicle** Einsitzer *m* **one-man band** *n* Einmannband *f*; (*fig*) Einmannbetrieb *m* **one-man show** *n* THEAT Einmannshow *f*, One-Man-Show *f*; (*fig: organization*) Einmannbetrieb *m*

oneness ['wʌnnəs] *n no pl* ❶ (*unity*) Einheit *f* ❷ (*harmony*) Einigkeit *f*, Übereinstimmung *f* ❸ (*identity*) Gleichheit *f*, Identität *f* ❹ (*being unique*) Einzigartigkeit *f* ❺ (*being one in number*) Einssein *nt*

one-night stand *n* ❶ (*performance*) einmaliges Gastspiel ❷ (*sexual relationship*) Abenteuer *nt* für eine Nacht, One-Night-Stand *m* ❸ (*person*) Liebhaber(in) *m(f)* für eine Nacht **one-off I.** *n esp* BRIT (*fam*) ❶ (*event*) einmaliges Ereignis, einmalige Sache; ▪**to be a ~** einmalig sein ❷ (*person*) einzigartige Person ❸ COMM einmaliges Stück **II.** *adj inv* einmalig; **~ charge** einmalige Gebühr; **~ issue** STOCKEX Einmalemsission *f*; **~ model** einmaliges Stück [*o* Modell]; **~ payment** einmalige Zahlung; **~ situation** außergewöhnliche Situation **one-on-one** *adj inv* AM ❶ SPORTS **~ defense** Manndeckung *f* ❷ (*person-to-person*) persönlich; **to be with sb in a ~ situation** jdm Auge in Auge gegenüberstehen **one-parent family** *n + sing/pl vb* Einelternfamilie *f*; **to grow up in a ~** von einem Elternteil aufgezogen werden **one-person** *adj attr, inv* Einpersonen-; **~ play** Einpersonenstück *nt* **one-piece, one-piece swimsuit** *n* Badeanzug *m*, Einteiler *m*

onerous ['əʊnərəs, AM 'ɑːnɚ-] *adj* (*form*) ❶ (*very difficult*) beschwerlich, lästig; ***the repayment terms are particularly ~*** die Rückzahlungsbedingungen sind extrem schwer; **~ duty/task** schwere Pflicht/beschwerliche Aufgabe; **~ responsibility** schwerwiegende Verantwortung

❷ LAW [er]drückend

onerousness ['əʊnərəsnəs, AM 'ɑːnɚ-] *n no pl* (*form*) *of a task* Beschwerlichkeit *f*; *of conditions* Last *f*

oneself [wʌn'self] *pron reflexive* ❶ *after vb/prep* (*direct object*) sich

❷ (*emph: myself*) selbst

❸ (*personally*) selbst; **to see/taste/read/feel sth for ~** etw selbst sehen/kosten/lesen/fühlen

❹ (*alone*) **to have sth to ~** etw für sich haben; **to keep sth for ~** sich *dat* etw behalten; [**all**] **by ~** [ganz] alleine

❺ (*normal*) **to** [**just**] **be ~** [ganz] man selbst sein; ***freedom to be ~*** die Freiheit, man selbst zu sein; **to not be/feel/seem ~** nicht man selbst sein/zu sein scheinen; **to look ~** wie man selbst aussehen

one-shot *adj attr, inv* AM einmalig; *see also* **one-off** **one-sided** *adj* einseitig **one-sidedness** *n no pl* Einseitigkeit *f* **one-size-fits-all** *adj attr, inv* '~' ‚Einheitsgröße'; **~ solution** (*fig*) Notlösung *f* **one-star** *adj attr, inv* ❶ (*of quality*) **~ hotel/restaurant** Ein-Sterne-Hotel/-Restaurant *nt*, Hotel/Restaurant *nt* mit einem Stern ❷ AM MIL **~ general** Ein-Sterne-General *m* **one-stop** *adj attr, inv* an einem Ort *nach n*; **~ banking facilities** [alle] Bankeinrichtungen *fpl* an Ort und Stelle; ***~ shopping for hardware and software has made buying a computer system very easy*** dadurch, dass man heute Hardware und Software in ein und demselben Geschäft kaufen kann, ist der Kauf eines Computersystems sehr einfach geworden **one-time** *adj attr, inv* ❶ (*former*) ehemalig, früher ❷ (*happening only once*) einmalig **one-to-one** *adj attr, inv* ❶ (*direct*) direkt; ***a ~ relationship between pay levels and productivity*** eine Eins-zu-eins-Verbindung zwischen Gehaltsstufen und Produktivität ❷ (*person-to-person*) persönlich; **~ attention** Einzelbetreuung *f*; **~ lessons** Einzelunterricht *m* **one-track mind** *n* **to have a ~** immer nur eins im Kopf haben **one-two** *n* ❶ (*double hit*) zweifacher Haken; (*fig*) schwerer Schlag ❷ (*in football*) Doppelpass *m* **one-upmanship, one-upping** *n no pl* (*fam*) *die Kunst, anderen immer um eine Nasenlänge voraus zu sein*

one-way *adj inv* in einer Richtung *nach n*; (*fig*) einseitig; **~ mirror/valve** Einwegspiegel *m*/-ventil *nt* **one-way fare** *n* einfacher Fahrpreis **one-way street** *n* Einbahnstraße *f* **one-way ticket** *n* einfache Fahrkarte, Einzelfahrschein *m*; (*fig*) ***reflection of the peace deal would be a ~ to disaster*** ein Überdenken des Friedensabkommens wäre ein sicherer Weg in die Katastrophe

one-woman *adj attr, inv* Einfrau-; ~ **show** Einfraustück *nt*
ongoing ['ɒn,gəʊɪŋ, AM 'ɑːn,goʊ-] *adj inv* laufend *attr,* im Gang *präd*
onion ['ʌnjən] *n* Zwiebel *f*
► PHRASES: **to know one's ~s** sich *akk* auskennen
onion rings *npl* Zwiebelringe *mpl* **onion set** *n* HORT Steckzwiebel *f* **onion soup** *n* Zwiebelsuppe *f*
online [,ɒn'laɪn, AM ,ɑːn'-] COMPUT **I.** *adj inv* online, Online-; ~ **information service** Onlineinformationsdienst *m;* **to go** ~ online gehen; **to put sth** ~ etw online schalten
II. *adv inv* online; **to shop/work** ~ online einkaufen/arbeiten
online chat *n* Internetchat *m* **online profile** *n* Onlineprofil *nt* **online time** *n Zeit, die man online ist; **you've already had fifteen minutes of*** ~ du bist schon seit fünfzehn Minuten online
onlooker ['ɒn,lʊkəʳ, AM 'ɑːn,lʊkɚ] *n* (*also fig*) Zuschauer(in) *m(f);* (*after accident*) Schaulustige(r) *f(m)*
only ['əʊnli, AM 'oʊn-] **I.** *adj attr, inv* einzige(r, s); **sb's ~ daughter/son** jds einzige Tochter/einziger Sohn; **the ~ one** der/die/das Einzige; **the ~ thing** das Einzige; **the ~ way** die einzige Möglichkeit
► PHRASES: **sb is not the ~ pebble on the beach** jd ist nicht der einzige Mensch auf der Welt
II. *adv inv* ① (*exclusively*) nur; ***for members*** ~ nur für Mitglieder; ~ **if ...** nur, wenn ...
② (*just*) erst; ***I ~ arrived half an hour ago*** ich bin erst vor einer halben Stunde angekommen; ***it's ~ four o'clock*** es ist erst vier Uhr; ~ **the other day** erst neulich; ~ **last week/yesterday** erst letzte Woche/gestern; ~ **just** gerade [*o* eben] erst
③ (*merely*) nur, bloß; ***it's ~ me*** ich bin's nur; ***it's ~ natural*** es ist nur natürlich; ***he rushed into the office, ~ to find that everyone had gone home*** er stürzte ins Büro, nur um festzustellen, dass alle [schon] nach Hause gegangen waren; ~ **just** gerade eben; ***he has ~ just enough money to pay the rent*** er hat gerade genug Geld, um die Miete zu zahlen; **not ~ ..., but also ...** nicht nur ..., sondern auch ...
④ (*extremely*) ***if you invite me, I assure you I'll be ~ too pleased to show up*** wenn du micht einlädst, versichere ich dir, dass ich nur zu gerne kommen werde
⑤ (*unavoidably*) nur, unweigerlich; ***the economic situation can ~ worsen*** die wirtschaftliche Situation kann sich nur verschlechtern
⑥ (*to express wish*) **if ~ ...** wenn nur ...
⑦ (*indicating a surprising development*) ***he rushed into the office, ~ to find that everyone had gone home*** er stürzte ins Büro, nur um festzustellen, dass alle [schon] nach Hause gegangen waren
► PHRASES: **you ~ live once** (*saying*) man lebt nur einmal
III. *conj* ① (*however*) aber, jedoch; ***he's a good athlete, ~ he smokes too much*** er ist ein guter Sportler, bloß raucht er zu viel; ***she wasn't a bad student, ~ that she had to repeat a class once*** sie war keine schlechte Schülerin, wenn sie auch einmal eine Klasse wiederholen musste
② (*in addition*) ■ **not ~ ..., ...** [**too**] ***not ~ can she sing and dance, she can act and play the piano too*** sie kann nicht nur singen und tanzen, sie kann auch schau- spielern und Klavier spielen
only child *n* Einzelkind *nt*
o.n.o *adv inv* BRIT, AUS COMM *abbrev of* **or nearest offer:** ***for sale: baby's cot £30*** ~ zu verkaufen: Babybett 30 Pfund oder nächstbestes Angebot
on-off *adj inv* ① (*of relationship*) unstet
② (*of switch*) Ein-Aus-
onomatopoeia [,ɒnə(ʊ),mætə'piːə, AM ,ɑːnoʊ,mæt̬oʊ'-] *n no pl* LING Onomatopöie *f fachspr,* Lautmalerei *f*
onomatopoeic [,ɒnə(ʊ),mætə'piːɪk, AM ,ɑːnoʊ,mæt̬oʊ'-] *adj* LING onomatopoetisch *fachspr,* lautmalerisch
onrush <*pl* -es> ['ɒnrʌʃ, AM 'ɑːn-] *n* ① (*of emotion*) ■ **an ~ of sth** ein Anflug *m* einer S. *gen;* ***as he thought about his dead terrier an ~ of sadness overtook him*** als er über seinen toten Terrier nachdachte, übermannte ihn die Traurigkeit
② + *sing/pl vb* (*of people*) Ansturm *m*
③ (*of liquid*) **an ~ of the sea/water** ein Heranströmen *nt* des Meeres/ein Schwall *m* Wasser
onrushing ['ɒnrʌʃɪŋ, AM 'ɑːn] *adj attr, inv* anstürmend, [heftig] vorstoßend
on-screen *adj inv* FILM im Film *nach n;* ~ **partner** Filmpartner(in) *m(f);* COMPUT am Bildschirm *nach n*
on-screen graphics *npl* Computergrafik *f*
onset ['ɒnset, AM 'ɑːn-] *n no pl* Beginn *m* (**of** +*gen*); ~ **of disease** [*or* **illness**] Ausbruch *m* der Krankheit; ~ **of winter** Wintereinbruch *m*
onshore [,ɒn'ʃɔːʳ, AM ,ɑːn'ʃɔːr] *inv* **I.** *adj* Küsten-; ~ **wind** auflandiger Wind *fachspr*
II. *adv* an Land; (*blow*) landwärts
onside [,ɒn'saɪd, AM 'ɑːnsaɪd] *inv* SPORTS **I.** *adj* nicht abseits; **the ~ player** der Spieler/die Spielerin, der/die nicht im Abseits steht; ■ **to be ~** nicht im Abseits stehen
II. *adv* nicht abseits [*o* im Abseits]
on-site [,ɒn'saɪt, AM ,ɑːn'-] *inv* **I.** *adj* vor Ort *nach n,* Vor-Ort-
II. *adv* vor Ort
onslaught ['ɒnslɔːt, AM 'ɑːnslɑːt] *n* ① (*also fig: attack*) Ansturm *m;* **to withstand an ~** einem Ansturm standhalten; ■ **an ~ on sb** ein Angriff *m* auf jdn
② (*large amount*) Unmenge *f* (**of** an +*dat*/von +*dat*); **to face an ~ of criticism/questions** mit heftiger Kritik/vielen Fragen konfrontiert werden *akk*
onstage [,ɒn'steɪdʒ, AM ,ɑːn'-] *inv* **I.** *adj* auf der Bühne *nach n*
II. *adv* ① (*onto a stage*) auf die Bühne; **to walk ~** auf die Bühne gehen
② (*not backstage*) auf der Bühne; ***life ~ and backstage*** das Leben auf und hinter der Bühne
on-stream **I.** *adj inv* (*of production*) in Betrieb
II. *adv* (*in operation*) in Betrieb; **to go ~** in Betrieb gehen
Ont. CAN *abbrev of* **Ontario**
on-the-job *adj inv* Arbeits-; ~ **injury** Arbeitsunfall *m*
on-the-job training *n no pl* Ausbildung *f* am Arbeitsplatz **on-the-spot** [,ɒndə'spɒt, AM ,ɑːndə'spɑːt] *adj attr, inv* umgehend, sofortig
onto, on to ['ɒntuː, AM 'ɑːn-] *prep* ① *after vb* (*to inside*) **to get ~ a bus/plane/train** in einen Bus/ein Flugzeug/einen Zug einsteigen; **to get ~ a horse/bike/motorcycle** auf ein Pferd/Fahrrad/Motorrad [auf]steigen sunset; **to load sth ~ sth** etw auf etw *akk* laden
② *after vb* (*to surface of*) auf +*akk;* ***get back ~ the path*** geh' wieder auf den Pfad zurück
③ *after vb* (*connected to*) auf +*akk;* ***the door opened out ~ a beautiful patio*** die Tür führte auf eine herrliche Terrasse; ***hold ~ my hand*** halt' dich an meiner Hand fest
④ (*progress to*) ***how did we get ~ this subject?*** wie sind wir auf dieses Thema gekommen?; ***can we move ~ the next item?*** können wir zum nächsten Punkt kommen?; ***I'd now like to come ~ my next point*** ich würde jetzt gerne auf meinen nächsten Punkt kommen
⑤ (*in pursuit of*) **to be ~ sb/sth** jdm/etw auf der Spur sein
⑥ (*in touch with*) **to get ~ sth** an etw *akk* kommen; **to be ~ a good thing with sth** mit etw *dat* an einer guten Sache dran sein; ***can you put me ~ a good dentist?*** kannst du mir einen guten Zahnarzt empfehlen
⑦ (*fam: in reminder to*) **to get/be ~ sb about sth** jdn wegen etw *dat* erinnern, jdm wegen etw *dat* in den Ohren liegen *fam*
ontological [,ɒntə'lɒdʒɪkəl, AM 'ɑːntoʊ'lɑː] *adj inv* PHILOS das Sein betreffend, ontologisch
ontology [ɒn'tɒlədʒi, AM ɑːn'tɑː] *n no pl* PHILOS Seinslehre *f,* Ontologie *fachspr*
on top of *prep* ① (*resting on*) auf +*dat;* ***there was a pile of books ~ the table*** auf dem Tisch lag ein Stapel Bücher; ~ **the world** (*fig*) über dem Rest der Welt, obenauf
② (*handling well*) ***they've finally got ~ the situation*** sie haben die Situation endlich in den Griff bekommen
③ (*in addition to*) ■ ~ **sth** zusätzlich zu etw *dat;* ~ **that** obendrein; ~ **it all** zu allem Überfluss
onus ['əʊnəs, AM 'oʊ-] *n no pl* (*form*) Verantwortung *f* (**of** für +*akk*), Last *f,* Bürde *f;* **the ~ is on** [*or* **lies with**] **sb to do sth** es liegt an jdm, etw zu tun; (*more severe*) jd hat die Pflicht, etw zu tun; ***the ~ of proof rests with the prosecution*** die Beweislast liegt bei der Anklage
onward ['ɒnwəd, AM 'ɑːnwɚd] *inv* **I.** *adj attr* (*of journey*) Weiter-; **the ~ march of history/time** das Fortschreiten der Geschichte/Zeit; ~ **and upward** steil nach oben; ***it was ~ and upward from there*** und von da ging es steil nach oben *fig*
II. *adv* ① (*into the future*) **from that day/time ~** von diesem Tag/dieser Zeit an; ***from our foundation ~ we have been an independent organization*** seit unserer Gründung sind wir eine unabhängige Organisation
② (*of direction*) weiter; **to move ~ and upward[s]** (*fig*) steil nach oben steigen [*o* klettern] *fig;* **to travel ~ to other destinations** an weitere Bestimmungsorte weiterreisen
onward flight *n esp* BRIT, AUS Anschlussflug *m*
onwards ['ɒnwədz, AM 'ɑːnwɚd] *adv see* **onward II**
onward train *n esp* BRIT, AUS Anschlusszug *m*
onyx ['ɒnɪks, AM 'ɑːn-] **I.** *n no pl* Onyx *m*
II. *n modifier* (*necklace, ring, stone*) Onyx-
oodles ['uːdlz] *npl* (*fam*) Unmengen *fpl* (**of** an +*dat*/von +*dat*); ***how much cream would you like on your strawberries? — ~, please!*** wie viel Sahne möchtest du auf deine Erdbeeren? – jede Menge, bitte! *fam*
ooh [uː] **I.** *interj* ① (*in surprise, approval*) oh
② (*in pain*) au
II. *n usu pl* **~s and aahs** Ohs und Ahs
III. *vi* raunen; ***the crowd ~ed*** ein Raunen ging durch die Menge
oomph [ʊm(p)f] *n no pl* (*fam*) ① (*power*) Kraft *f;* *of a car* Leistung *f;* (*fig*) ***the government seems to be running out of ~*** der Regierung scheint die Luft auszugehen
② (*pizzazz*) Schwung *m,* Pep *m*
③ (*sex appeal*) Sexappeal *m*
oops [ʊps] *interj* (*fam*) hoppla
oops-a-daisy [,ʊpsə'deɪzi] *interj* (*fam*) hopsala *Kindersprache*
ooze [uːz] **I.** *n no pl* Schlamm *m*
II. *vi* (*seep out*) ■ **to ~ somewhere** irgendwohin tropfen; ***slime oozing down the walls*** Schleim an, der die Wände hinunterrinnt; ■ **to ~ from** [*or* **out of**] **sth** *blood, water* aus etw *dat* sickern; (*in drops*) aus etw *dat* tropfen; *mud* aus etw *dat* quellen; **to ~ with blood/oil** vor Blut/Öl triefen
III. *vt* ① (*seep out*) ■ **to ~ sth** etw absondern; **to ~ pus** eitern
② (*fig: overflow with*) **to ~ charisma/charm** (*also pej*) Charisma/Charme ausstrahlen; **to ~ sex appeal** Sexappeal versprühen; **to ~ talent** Talent ausstrahlen
◆**ooze out** *vi blood, water* heraussickern; *mud* herausquellen; ***she couldn't prevent tears from oozing out*** sie konnte nicht verhindern, dass ihr die Tränen kamen; ***the honey from the broken jar has ~d out all over the place*** der Honig ist aus dem zerbrochenen Krug überallhin getropft
oozy ['uːzi] *adj* überquellend *attr;* ■ **to be ~ with sth** vor etw *dat* triefen
op [ɒp, AM ɑːp] *n* ① *esp* BRIT, AUS MED (*fam*) *short for* **operation** OP *f*
② AM *short for* **opportunity** Gelegenheit *f;* (*possibility*) Möglichkeit *f*
③ MIL ■ **~s** *pl* (*operations*) Einsätze *mpl;* (*room*) Unterkünfte *fpl,* Ops *fpl sl*
Op *n* MUS *abbrev of* **opus** op.

opacity [ə(ʊ)'pæsəti, AM oʊ'pæsət̬i] *n no pl* ① *(non-transparency)* Opazität *f fachspr,* Lichtundurchlässigkeit *f*
② *(fig: obscurity)* Undurchsichtigkeit; *(incomprehensibility)* Unverständlichkeit *f*

opal ['əʊpəl, AM 'oʊ-] **I.** *n* Opal *m*
II. *n modifier (pendant, ring)* Opal-

opalescence [ˌəʊpəl'esən(t)s, AM ˌoʊ-] *n no pl* Opaleszenz *f fachspr; of jewellery* Schillern *nt*

opalescent [ˌəʊpəl'esənt, AM ˌoʊ-] *adj* schillernd; *(like an opal)* opalisierend

opaque [ə(ʊ)'peɪk, AM oʊ'-] *adj* ① *(not transparent)* undurchsichtig, opak *fachspr; of wax* lichtundurchlässig; *of window, liquid* trüb; ~ **glass** Milchglas *nt*
② *(fig: obscure)* undurchsichtig; *(incomprehensible)* unverständlich

opaquely [ə(ʊ)'peɪkli, AM oʊ'-] *adv* ① *(not clearly)* **to shine** ~ trüb scheinen
② *(fig: obscurely)* undurchsichtig; *(incomprehensibly)* unverständlich; *(unclearly)* unklar

op art *n no pl* Op-Art *f*

op cit [ˌɒp'sɪt, AM ˌɑːp'-] *adv inv (form)* op. cit.

OPEC ['əʊpek, AM 'oʊ-] *n no pl acr for* **Organization of Petroleum Exporting Countries** OPEC *f*

Op-Ed [ˌɑːp'ed] AM **I.** *n abbrev of* **opposite the editorial page** *die der Leitartikelseite gegenüberliegende Seite*
II. *n modifier (article, column, piece)* Sonderberichtseiten-

Op-Ed page *n* AM *die der Leitartikelseite gegenüberliegende Seite*

open ['əʊpən, AM 'oʊ-] **I.** *n* ① *no pl (out of doors)* ■**[out] in the** ~ draußen; *(in the open air)* im Freien; **to camp in the** ~ unter freiem Himmel nächtigen
② *no pl (not secret)* **to bring sth out into the** ~ etw publik machen [*o* an die Öffentlichkeit bringen]; **to come out into the** ~ ans Licht kommen, ruchbar werden *geh;* **to get sth [out] in[to] the** ~ etw [offen] zur Sprache bringen [*o* ansprechen]
③ SPORTS *(competition)* ■**O~** [offene] Meisterschaft, Meisterschaftsspiele *ntpl*
II. *adj* ① *inv (not closed)* offen, geöffnet; *book* aufgeschlagen; *map* auseinander gefaltet; *(not sealed)* offen; ***excuse me, your fly is*** ~ entschuldige, aber dein Hosenstall steht offen *fam;* **to welcome sb with** ~ **arms** *(fig)* jdn mit offenen Armen empfangen [*o* aufnehmen]; ~ **boat** Boot *nt* ohne Verdeck; **to do sth with one's eyes** ~ etw wissentlich tun; ***I got into this job with my eyes*** ~***, so I'm not surprised by what I see*** ich habe diesen Job ganz bewusst angenommen, daher überrascht mich das, was ich sehe, nicht; **wide** ~ [sperrangel]weit geöffnet; **to push sth** ~ etw aufstoßen; *(violently)* etw mit Gewalt öffnen
② *inv, pred (open for business)* geöffnet, offen; ***is the supermarket*** ~ ***yet?*** hat der Supermarkt schon auf?; **to be** ~ **for business** der Kundschaft offen stehen; ***is that new computer store*** ~ ***for business yet?*** hat dieser neue Computerladen schon aufgemacht?
③ *inv (undecided)* offen; **an** ~ **matter** eine schwebende Angelegenheit; **an** ~ **mind** eine unvoreingenommene Einstellung; **to have/keep an** ~ **mind** unvoreingenommen [*o* objektiv] sein/bleiben; ***she has a very*** ~ ***mind about new things*** sie steht neuen Dingen sehr aufgeschlossen gegenüber; **to keep one's options** ~ sich *dat* alle Möglichkeiten offen halten; **an** ~ **question** eine offene Frage; **to leave sth** ~ etw offen lassen
④ *inv (unrestricted)* offen; **to be in the** ~ **air** an der frischen Luft sein; **to get out in the** ~ **air** an die frische Luft gehen; ~ **field** freies Feld; ~ **road** freigegebene Straße; **on the** ~ **sea** auf hoher See, auf offenem Meer; ~ **ticket** Ticket *nt* mit offenem Reisedatum
⑤ *inv (accessible to all)* öffentlich zugänglich; ***this library is not*** ~ ***to the general public*** dies ist keine öffentliche Bibliothek; ***the competition is*** ~ ***to anyone over the age of sixteen*** an dem Wettbewerb kann jeder teilnehmen, der älter als 16 Jahre ist; ***the job is*** ~ ***to all applicants*** die Stelle steht allen Bewerbern offen; **to have** ~ **access to sth** freien Zugang zu etw *dat* haben; **an** ~ **discussion** eine öffentliche Diskussion
⑥ *inv* SPORTS offen; ~ **champion** Sieger(in) *m(f)* einer offenen Meisterschaft; ~ **championship** offene Meisterschaften *fpl*
⑦ *inv (not secret)* öffentlich; **in** ~ **court** in öffentlicher Verhandlung; ~ **hostility** offene Feindschaft; ~ **resentment** offene [*o geh* unverhohlene] Abneigung; **an** ~ **scandal** ein öffentlicher Skandal
⑧ *inv (exposed)* offen, ungeschützt; MIL ungedeckt, ohne Deckung; ■**to be** ~ **to sth** etw *dat* ausgesetzt sein; ***they left themselves*** ~ ***to criticism*** sie setzten sich selbst der Kritik aus; ***his macho attitude leaves him*** ~ ***to ridicule*** mit seinem Machogehabe gibt er sich selbst der Lächerlichkeit preis; ~ **drain** Abflussrinne *f;* **to be** ~ **to attack** Angriffen ausgesetzt sein; **to be** ~ **to doubt** zweifelhaft [*o* anzweifelbar] sein; **to be** ~ **to the enemy** feindlichem Zugriff unterliegen; **an** ~ **wound** eine offene Wunde; **to lay sth** ~ etw in Frage stellen
⑨ *inv* SPORTS *(unprotected)* frei, ungedeckt
⑩ *(frank)* offen; ***he is quite*** ~ ***about his weaknesses*** er spricht freimütig über seine Schwächen; ■**to be** ~ **with sb** offen zu jdm sein; **an** ~ **person** ein offener [*o* aufrichtiger] Mensch
⑪ *(willing to accept)* ~ ***to offers*** Angebote werden entgegengenommen; ***the company is*** ~ ***to offers for the empty factory*** die Firma zieht Angebote für die leerstehende Fabrik in Betracht; **to be** ~ **to advice/new ideas/suggestions** Ratschlägen/neuen Ideen/Vorschlägen gegenüber aufgeschlossen [*o* offen] sein; **to be** ~ **to bribes/offers/persuasion** für Bestechung/Angebote/Überredung zugänglich sein
⑫ *inv (available)* frei, verfügbar; ***there are still lots of opportunities*** ~ ***to you*** dir stehen noch viele Möglichkeiten offen; ***the line is*** ~ ***now*** die Leitung ist jetzt frei; ~ **time** verfügbare Zeit; ~ **vacancies** offene [*o* freie] Stellen
⑬ *inv (letting in air)* durchlässig, porös; **an** ~ **screen** ein Drahtgitter [*o* Drahtnetz] *nt;* **an** ~ **weave** eine lockere Webart
⑭ *inv* MUS ~ **note** Grundton *m;* ~ **pipe** offene [Orgel]pfeife; ~ **string** leere Saite
⑮ *inv* ELEC *(with break)* unterbrochen
⑯ *inv* MED *(not constipated)* nicht verstopft, frei
⑰ *inv* BRIT FIN *(not crossed)* ~ **cheque** Barscheck *m*
⑱ *inv (free of ice)* eisfrei
⑲ LING offen; **an** ~ **syllable** eine offene Silbe; ~ **vowel** offener Vokal
► PHRASES: **to be an** ~ **book** [wie] ein aufgeschlagenes [*o* offenes] Buch sein; **sth is an** ~ **book to sb** jd kann etw mit Leichtigkeit tun, etw ist für jdn ein Kinderspiel
III. *vi* ① *(from closed)* sich *akk* öffnen, aufgehen; ***the door*** ~***s much more easily now*** die Tür lässt sich jetzt viel leichter öffnen; ***the flowers*** ~ ***in the morning*** die Blumen öffnen sich am Morgen; ***I can't get the door to*** ~***!*** ich kann die Tür nicht aufkriegen!
② *(give access)* ■**to** ~ **onto sth** [direkt] zu etw *dat* führen; ***the door*** ~***s into the garden*** die Tür führt direkt in den Garten; ■**to** ~ **off sth** zu etw *dat* hinführen; ***the small path*** ~***ed off the main road*** der schmale Weg führte auf die Hauptstraße; **to wish the earth** [*or* **floor**] **would** ~ **up** am liebsten in den [Erd]boden versinken
③ *(for service)* öffnen, aufmachen *fam;* ***the cafe*** ~***s at ten o'clock*** das Café öffnet um zehn Uhr
④ *(start)* beginnen; ***the trial*** ~***s/the Olympic Games*** ~ ***tomorrow*** der Prozess wird/die Olympischen Spiele werden morgen eröffnet; ***the film*** ~***s in New York next week*** der Film läuft nächste Woche in New York an; ***who's going to*** ~***?*** *(in cards)* wer kommt raus?, wer hat das Ausspiel?; STOCKEX ***the shares*** ~***ed lower*** bei Börsenbeginn standen die Aktien niedriger
⑤ *(become visible)* sich *akk* zeigen; ***the valley*** ~***ed before them*** das Tal tat sich vor ihnen auf
⑥ *(start new business)* eröffnen, aufmachen
IV. *vt* ① *(change from closed)* **to** ~ **a book/magazine/newspaper** ein Buch/ein Magazin/eine Zeitung aufschlagen; **to** ~ **a box/window/bottle** eine Dose/ein Fenster/eine Flasche aufmachen [*o* öffnen]; **to** ~ **the curtains** [*or* **drapes**] die Vorhänge aufziehen; **to** ~ **the door** [*or* **doors**] **to sth** *(fig)* neue Perspektiven [*o* Möglichkeiten] für etw *akk* eröffnen; **to** ~ **one's eyes** seine Augen öffnen [*o* aufmachen]; **to** ~ **one's home to sb** jdn bei sich *dat* aufnehmen; **to** ~ **a letter/file** einen Brief/eine Akte öffnen; **to** ~ **a map** eine [Straßen]karte auffalten; **to** ~ **one's mouth** *(also fig)* den Mund aufmachen, etw ausplaudern *fig fam;* **to** ~ **a vein** *(hum)* zum Strick greifen *hum*
② *(begin)* **to** ~ **fire** MIL das Feuer eröffnen; **to** ~ **a meeting/rally** ein Treffen/eine Kundgebung eröffnen; **to** ~ **negotiations** in Verhandlungen eintreten; **to** ~ **the proceedings** das Verfahren eröffnen
③ *(set up)* **to** ~ **a bank account** ein Konto einrichten [*o* eröffnen]; **to** ~ **a business/branch** ein Geschäft/eine Zweigstelle eröffnen [*o* aufmachen]
④ *(for the day's business)* **to** ~ **a bakery/book store/restaurant** eine Bäckerei/einen Buchladen/ein Restaurant öffnen
⑤ *(declare ready for use)* **to** ~ **a building** ein Gebäude einweihen [*o* eröffnen]; **to** ~ **a road/tunnel** eine Straße/einen Tunnel für den Verkehr freigeben
⑥ *(break new ground)* ■**to** ~ **sth** etw erschließen; **to** ~ **a new field of science** wissenschaftliches Neuland erschließen
⑦ *(evacuate)* **to** ~ **one's bowels** den Darm entleeren
⑧ *(clear blockages)* ***the security team*** ~***ed a way through the crowd for the president*** das Sicherheitsteam bahnte dem Präsidenten einen Weg durch die Menge; **to** ~ **a canal** einen Kanal passierbar machen; **to** ~ **a pipe** ein Rohr durchgängig machen; **to** ~ **the view** den Blick [*o* die Sicht] ermöglichen
► PHRASES: **to** ~ **sb's <u>eyes</u> to sb/sth** jdm die Augen über jdn/etw öffnen; **to** ~ **the <u>floodgates</u> [to sb/sth]** [jdm/etw] Tür und Tor öffnen *pej;* **to** ~ **one's <u>heart</u> to sb** jdm sein Herz ausschütten, sich *akk* jdm anvertrauen; **to** ~ **one's <u>mind</u>** offener [*o* aufgeschlossener] werden

◆**open out I.** *vi* ① *(move apart)* sich *akk* ausbreiten; ***the ranks/troops*** ~***ed out*** die Mannschaften/Truppen öffneten die Reihen
② *(unfold) map* sich *akk* auffalten lassen; *flower* aufblühen, sich *akk* öffnen
③ *(grow wider)* sich *akk* erweitern [*o* [aus]weiten]; *street, river* sich *akk* verbreitern, breiter werden; *(grow bigger)* sich *akk* vergrößern; *group* anwachsen (**into** zu +*dat*)
④ *(relax)* aus sich *dat* herausgehen; ***he'll*** ~ ***out in time*** er taut schon noch auf
II. *vt* ① *(unfold)* **to** ~ **a folding bed** [*or* AM **cot**] ↔ **out** ein Feldbett aufschlagen; **to** ~ **a map/newspaper** ↔ **out** eine [Land]karte auseinander falten/eine Zeitung aufschlagen
② *(expand)* ■**to** ~ **out** ↔ **sth** etw erweitern [*o* vergrößern]

◆**open up I.** *vi* ① *(start business)* eröffnen, aufmachen *fam; radio station* auf Sendung gehen
② *(relax)* aus sich *dat* herausgehen, auftauen *fam*
③ *(shoot)* das Feuer eröffnen, losfeuern *fam*
④ *(accelerate)* Gas geben, beschleunigen
II. *vt* ① *(from closed)* **to** ~ **a canal/a pipe up** einen Kanal/ein Rohr passierbar machen; **to** ~ **up a car/a house/a store** einen Wagen/ein Haus/einen Laden aufschließen; **to** ~ **a door/a window** ↔ **up** eine Tür/ein Fenster aufmachen
② *(make available)* ■**to** ~ **up** ↔ **sth** [**to sb/sth**] [jdm/etw] etw zugänglich machen, etw [für jdn/etw] öffnen; ***the government plans to*** ~ ***up access to higher education*** die Regierung beabsichtigt, den Zugang zu höherer Bildung zu erleichtern; **to** ~ **land/territory up** Land/Terrain erschließen; **to** ~ **up the possibility of doing sth** die Mög-

lichkeit eröffnen, etw zu tun
❸ (*expand*) ■**to ~ up** ↔ **sth** etw erweitern
❹ MED (*fam: operate on*) ■**to ~ sb** ↔ **up** jdn aufschneiden *fam*

open admissions *npl + sing/pl vb* AM UNIV Aufnahme *f* ohne Zulassungsbeschränkungen **open adoption** *n esp* AM *Adoption eines Kindes mit Kontakt zu dessen leiblichen Eltern* **open-air** *adj inv* im Freien *nach n;* ~ **concert** Openairkonzert *nt;* ~ **stage** Freilichtbühne *f;* ~ **swimming pool** Freibad *nt* **open-and-shut** *adj* eindeutig, [sonnen]klar; ~ **case** klarer [*o* eindeutiger] Fall **open-cast** *adj inv* BRIT über Tage *nach n;* ~ **mining** Tagebau *m* **open classroom** *n* AM *zwanglose Form der freien Unterrichtsgestaltung* **open corporation** *n* AM offene Kapitalgesellschaft

open credit *n* FIN Blankokredit *m* **open-cut** *adj inv* AM, AUS über Tage *nach n;* ~ **mining** Tagebau *m* **open day** *n* BRIT, AUS Tag *m* der offenen Tür; **to have an** ~ einen Tag der offenen Tür veranstalten **open-door** *adj attr, inv* frei zugänglich; ~ **policy** Politik *f* der offenen Tür; ***our boss has an ~ policy*** unser Chef ist für uns immer zu sprechen **open-ended** *adj* BRIT, AM **open-end** *adj inv* mit offenem Ausgang *nach n;* ECON offen, unbeschränkt, unbefristet, Blanko-; ~ **fund** ECON offener Investmentfonds; ~ **question** ungeklärte Frage; ~ **promise** [noch] nicht eingelöstes Versprechen **open enrollment** *n no pl* AM UNIV Aufnahme *f* ohne Zulassungsbeschränkungen

opener [ˈəʊpᵊnəʳ, AM ˈoʊpᵊnɚ] *n* ❶ (*opening device*) Öffner *m;* **bottle/can** ~ Flaschen-/Dosenöffner *m*
❷ (*person*) ■**to be the** ~ den Anfang machen
❸ (*remark*) Anfang *m*
❹ AM (*fam: at first*) **for ~s** für den Anfang; ***how about cheese and crackers for ~s?*** wie wär's zum Auftakt mit Käse und Crackern?

open-eyed *adv inv* mit großen Augen **open fire** *n,* **open fireplace** *n* offener Kamin; ■**on an** ~ über dem offenen [Kamin]feuer **open-handed** *adj* großzügig, freigebig **open-hearted** *adj* offenherzig, aufrichtig **open-heart surgery** *n no pl* Operation *f* am offenen Herzen **open house** *n* ❶ AM (*open day*) Tag *m* der offenen Tür ❷ (*public event*) *Veranstaltung mit freiem Eintritt* [*und häufig freien Getränken*]; **to keep** ~ gastfreundlich sein ❸ AM (*at house for sale*) Hausbesichtigung *f;* **to hold** ~ ein Haus zur Besichtigung freigeben

opening [ˈəʊpᵊnɪŋ, AM ˈoʊ-] **I.** *n* ❶ *no pl* (*action*) Öffnen *nt,* Aufmachen *nt;* (*of shop*) **hours of** ~ Öffnungszeiten *fpl;* **late** ~ verlängerte Öffnungszeiten *fpl;* ***it's late ~*** heute haben die Geschäfte länger geöffnet
❷ (*hole*) Öffnung *f,* Loch *nt;* (*in a conversation*) [Gesprächs]pause *f;* (*in traffic*) Lücke *f;* (*in woods*) Lichtung *f*
❸ (*opportunity*) Möglichkeit *f,* günstige Gelegenheit; (*job*) freie Stelle
❹ (*vulnerable spot*) Blöße *f*
❺ (*introduction*) Einführung *f; of a novel* Einleitung *f; of a film* Anfang *m; of a trial* [Verhandlungs]eröffnung *f*
❻ (*inauguration*) Eröffnung *f;* [**formal**] ~ Einweihung *f; of a plant* Inbetriebnahme *f;* ***the ~ of the new tunnel will take place next month*** der neue Tunnel wird im nächsten Monat für den Verkehr geöffnet; ~ **ceremony** Eröffnungsfeierlichkeiten *fpl;* **official** ~ offizielle Eröffnung
❼ (*first performance*) Premiere *f*
❽ CHESS (*first move*) Eröffnung *f*
II. *adj attr, inv* (*at beginning*) Anfangs-, Eröffnungs-; ***who's making the ~ speech?*** wer wird als Erster reden?; ~ **move** CHESS erster Zug *a. fig;* ~ **remarks** einleitende Bemerkungen

opening act *n* THEAT erster Akt **opening balance** *n* ECON Eröffnungsbetrag *m* **opening bid** *n* Eröffnungsgebot *nt* **opening hours** *npl* Öffnungszeit[en] *f*[*pl*], Geschäftszeit[en] *f*[*pl*] **opening night** *n* THEAT Premierenabend *m;* SPORTS [abendliches] Eröffnungsspiel **opening time** *n* Öffnungszeit *f*

open letter *n* offener Brief *m*

openly [ˈəʊpᵊnli, AM ˈoʊ-] *adv* ❶ (*frankly*) offen
❷ *inv* (*publicly*) öffentlich

open market *n* FIN offener Markt; ECON freier Markt **open marriage** *n* offene Ehe **open mike night** *n Veranstaltung, bei der sich jede*[*r*] *aus dem Publikum zur allgemeinen Belustigung auf der Bühne produzieren kann* **open-minded** *adj* (*to new ideas*) aufgeschlossen; (*not prejudiced*) unvoreingenommen, vorurteilsfrei **open-mindedness** *n no pl* (*to new ideas*) Aufgeschlossenheit *f;* (*unbiasedness*) Unvoreingenommenheit *f* **open-mouthed** *adj inv* ❶ *pred* (*with open mouth*) mit offenem Mund; **to stare** ~ **at sth** etw begaffen *pej* ❷ *attr* (*shocked*) [sichtlich] betroffen; **with** ~ **amazement** mit ungläubigem Staunen; **with** ~ **horror** schreckensstarr **open-necked** *adj inv* mit offenem Kragen *nach n; blouse, dress* ausgeschnitten

openness [ˈəʊpᵊnnəs, AM ˈoʊ-] *n no pl* ❶ (*frankness*) Offenheit *f*
❷ (*publicness*) Öffentlichkeit *f*
❸ (*in character*) offenes Wesen
❹ (*lack of obstruction*) *of view, expanse* Weite *f,* Weitläufigkeit *f; of a room* Geräumigkeit *f*

open-pit *adj inv* AM, AUS über Tage *nach n;* ~ **mining** Tagebau *m* **open-plan** *adj inv room* offen [*o* frei] angelegt **open-plan office** *n* Großraumbüro *nt* **open position** *n* STOCKEX offene Position **open prison** *n* BRIT offene Strafvollzugsanstalt; **to be put into the** ~ in den offenen Strafvollzug gehen **open sandwich** *n* belegtes Brot **open season** *n* ❶ (*hunting season*) Jagdsaison *f;* ~ **on deer/ducks** Jagdzeit *f* für Rotwild/Enten ❷ (*fig: permission to attack*) Kesseltreiben *nt;* **to declare** ~ **on sth** etw zum Abschuss freigeben [*o* Freiwild machen] **open secret** *n* offenes Geheimnis **open sesame I.** *n* Schlüssel *m* zum Erfolg **II.** *interj* **~!** Sesam, öffne dich! **open system** *n* COMPUT kompatible Anlage **open-top** [ˈəʊpᵊntɒp, AM ˈoʊpᵊntɑːp] *adj,* **open-topped** [ˈəʊpᵊntɒpt, AM ˈoʊpᵊntɑːpt] *adj attr esp* AUTO offen

Open University *n no pl esp* BRIT ≈ Fernuniversität *f*

open verdict *n* BRIT LAW richterliche Feststellung auf unbekannte Todesursache

openwork [ˈəʊpᵊnwɜːk, AM ˌoʊpᵊnwɜːrk] *n modifier* durchbrochen gearbeitet

opera [ˈɒpᵊrə, AM ˈɑː-] *n* Oper *f*

operable [ˈɒpᵊrəbl, AM ˈɑː-] *adj* ❶ (*functioning*) funktionsfähig, betriebsfähig; AUTO fahrtüchtig
❷ MED *tumour, cancer* operabel

opera glasses *npl* Opernglas *nt* **opera house** *n* Opernhaus *nt* **opera singer** *n* Opernsänger(in) *m(f)*

operate [ˈɒpᵊreɪt, AM ˈɑː-] **I.** *vi* ❶ (*work, run*) funktionieren; **to ~ at maximum capacity** auf Höchststufe laufen
❷ (*act*) vorgehen, zu Werke gehen *geh;* MIL operieren; [*criminal*] *mind* arbeiten; ***destructive forces are clearly operating within the community*** innerhalb der Gemeinschaft sind eindeutig zersetzende Kräfte am Werk; **to ~ on a budget** sich *akk* an ein Budget halten; **to ~ at a loss/profit** mit Verlust/Gewinn arbeiten
❸ (*produce an effect*) [be]wirken, sich *akk* auswirken; ***the film ~d strongly on her emotions*** der Film bewegte sie sehr; ***the propaganda is beginning to ~*** die Propaganda zeitigt schon Wirkung
❹ (*perform surgery*) operieren; ■**to ~ on sb/sth** jdn/etw operieren
❺ (*do business*) operieren *geh,* Geschäfte betreiben; **to ~ in the stock market** im Börsengeschäft tätig sein
II. *vt* ■**to ~ sth** ❶ (*work*) etw bedienen; **to ~ sth manually** etw manuell betreiben
❷ (*manage*) etw betreiben; **to ~ a farm** eine Farm bewirtschaften; **to ~ a firm** eine Firma leiten; **to ~ a store** ein Geschäft betreiben [*o* führen]
❸ (*perform*) etw ausführen; **to ~ undercover activities** Geheimoperationen durchführen

operatic [ˌɒpᵊˈrætɪk, AM ˌɑːpəˈrætɪk] *adj* ❶ *inv* (*of the opera*) Opern-; ~ **voice** Opernstimme *f*
❷ (*fig: emotional*) opernhaft, theatralisch *pej*

operatically [ˌɒpᵊˈrætɪkᵊli, AM ˌɑːpəˈræt-] *adv* in opernhafter Manier, theatralisch *oft pej*

operating [ˈɒpᵊreɪtɪŋ, AM ˈɑːpᵊreɪt-] **I.** *n no pl* ❶ MED Operieren *nt*
❷ ECON Betrieb *m*
II. *adj attr, inv* ❶ (*in charge*) Dienst habend
❷ MED Operations-
❸ ECON ~ **profit/loss** Betriebsgewinn/-verlust *m*

operating expenses *npl* Betriebsausgaben *fpl;* **to keep ~ down** die laufenden Kosten niedrig halten **operating loss** *n* ECON Betriebsverlust *m* **operating manual** *n* Bedienungsanleitung *f,* Benutzerhandbuch *nt* **operating profit** *n* ECON Betriebsgewinn *m* **operating room** *n* MED Operationssaal *m* **operating system** *n* COMPUT Betriebssystem *nt* **operating table** *n* MED Operationstisch *m* **operating theater** AM, **operating theatre** *n* MED Operationssaal *m*

operation [ˌɒpᵊˈreɪʃᵊn, AM ˌɑːpəˈreɪ-] *n* ❶ *no pl* (*way of functioning*) Funktionsweise *f,* Arbeitsweise *f; of a theory* Umsetzung *f;* ***the ~ of communism requires people to give up their individual identities*** der Kommunismus kann nur dann funktionieren, wenn die Menschen ihre Eigenständigkeit aufgeben; ***the ~ of gravity keeps us standing on the ground*** dank der Schwerkraft bleiben wir auf dem Boden stehen; **day-to-day** [*or* **everyday**] ~ gewöhnlicher Betriebsablauf, Geschäftsgang *m*
❷ *no pl* (*functioning state*) Betrieb *m,* Einsatz *m;* LAW Wirksamkeit *f;* ■**to be in** ~ *machines* in Betrieb sein; *plan, rule, law* wirksam [*o* in Kraft] sein, gelten; **hours of** ~ Geschäftszeiten *fpl;* **by ~ of law** kraft Gesetzes; **daily/hourly** ~ täglicher/stündlicher Betrieb; ***the bus service is in hourly ~ during off-peak times*** außerhalb der Stoßzeiten fahren die Busse stündlich; **to come into** ~ *machines* in Gang kommen [*o* Betrieb genommen werden]; *plan, rule, law* in Kraft treten, wirksam werden; **to put sth into** ~ *machine* etw in Betrieb nehmen; *regulations* etw anwenden; *scheme, plan* etw in die Tat umsetzen
❸ (*process*) Vorgang *m;* ***repairing this old watch is a very delicate ~*** das Reparieren dieser alten Uhr ist eine sehr diffizile Angelegenheit; **to undertake an** ~ etwas vornehmen, an eine Sache herangehen
❹ (*business*) Geschäft *nt;* ***his ~ is based in Florida*** er betreibt seine Geschäfte von Florida aus; ***how is the ~ going these days?*** wie läuft denn der Betrieb jetzt so?
❺ (*activity*) Unternehmung *f,* Vorhaben *nt;* ***the company's ~s in West Africa ..*** die Geschäfte der Firma in West Afrika …; MIL Operation *f,* Einsatz *m;* ***O~ Desert Storm*** Operation Wüstensturm; **rescue** ~ Rettungsaktion *f;* **security** ~ Sicherheitsmaßnahmen *fpl,* Einsatz *m* von Sicherheitskräften; **undercover** ~ MIL verdeckte Operation, Geheimeinsatz *m;* **humanitarian** ~ humanitärer Einsatz; **to launch an** ~ mit einer Aktion beginnen; **to start ~s on sth** die Arbeit an etw *dat* aufnehmen
❻ (*surgery*) Operation *f;* **heart/lung** ~ Herz-/Lungenoperation *f;* **to perform an** ~ eine Operation durchführen
❼ FIN [finanzielle] Transaktion
❽ MATH Operation *f;* **mathematical** ~ mathematische Operation, Rechenvorgang *m*

operational [ˌɒpᵊˈreɪʃᵊnᵊl, AM ˌɑːpəˈreɪ-] *adj inv* ❶ (*in business*) betrieblich, Betriebs-; ~ **costs** Betriebskosten *pl*
❷ (*functioning*) betriebsbereit, funktionstüchtig; **to be fully** ~ (*concerning function*) voll funktionsfähig sein; (*concerning purpose*) voll einsatzfähig sein

operational budget *n* ECON Betriebsbudget *nt* **operational costs** *n* ECON Betriebskosten *pl*

operationally [ˌɒpᵊˈreɪʃᵊnᵊli, AM ˌɑːpəˈreɪ-] *adv inv* abwicklungstechnisch, die Durchführung betreffend

operational planning *n* ECON Betriebsplanung *f* **operational research** *n esp* AM, AUS, **operations research** *n no pl* Unternehmensforschung

O

f, Operational-Research *nt*

operations review *n* Überprüfung *f* der Betriebsabläufe, Betriebsanalyse *f*

operative [ˈɒpᵊrətɪv, AM ˈɑːpᵊəṭɪv] **I.** *n* ① *(in a factory)* [Fach]arbeiter(in) *m(f)* ② *(detective)* Privatdetektiv(in) *m(f); (secret agent)* Geheimagent(in) *m(f);* **FBI** ~ FBI-Agent(in) *m(f)*
II. *adj inv* ① *(functioning)* in Betrieb *präd; regulations* wirksam, gültig; ***these reasons still remain*** ~ diese Gründe bestehen immer noch
② *attr (surgical)* operativ; ~ **treatment** chirurgische Behandlung

operative word *n* ① *(what's important)* ■**the** ~ das entscheidende Wort [*o* Wort, auf das es ankommt]; ***in the house there were more statues — more being the*** ~ im Haus gab es mehr Statuen – mit der Betonung auf [dem Wort] mehr
② LAW ■ ~**s** *pl* rechtsgestaltende Worte

operator [ˈɒpᵊreɪtəʳ, AM ˈɑːpᵊreɪṭɚ] *n* ① *(worker)* Bediener(in) *m(f),* Arbeiter(in) *m(f);* **fork-lift** ~ Gabelstaplerfahrer(in) *m(f);* **machine** ~ Maschinist(in) *m(f);* **radio** ~ Funker(in) *m(f)*
② *(switchboard worker)* Telefonist(in) *m(f); (at telephone company)* ≈ Vermittlung *f*
③ *(company)* Unternehmer(in) *m(f);* STOCKEX Börsenspekulant(in) *m(f);* **tour** ~ Reiseveranstalter(in) *m(f)*
④ *(fam: clever person)* gewiefte [*o* raffinierte] Person; ***he is a canny*** ~ ***in wage negotiations*** er ist ein schlauer Verhandlungspartner bei Lohnverhandlungen; **to be a real** ~ **with the ladies** die Frauen um den Finger wickeln können; **smooth** ~ Schlitzohr *nt fam,* Schlawiner *m fam*
⑤ MATH [Rechen]symbol *nt,* Operator *m fachspr*

operculum <*pl* -la> [ə(ʊ)ˈpɜːkjʊləm, AM oʊˈpɜːrkjələm, *pl* -lə] *n* ZOOL *of snails* Operkulum *nt fachspr; of fish* Kiemendeckel *m*

operetta [ˌɒpᵊrˈetə, AM ˌɑːpəˈreṭə] *n* Operette *f*

ophthalmia [ɒfˈθælmiə, AM ɑːf-] *n no pl* Augenentzündung *f,* Ophthalmie *f fachspr*

ophthalmic [ɒfˈθælmɪk, AM ɑːf-] *adj attr, inv* Augen-, ophthalmisch *fachspr;* ~ **medicine** Augenheilkunde *f,* Ophthalmiatrie *f fachspr*

ophthalmic optician *n* Augenoptiker(in) *m(f)*

ophthalmologist [ˌɒfθælˈmɒlədʒɪst, AM ˌɑːfθælˈmɑː-] *n* Augenarzt, Augenärztin *m, f,* Ophthalmologe, -in *m, f fachspr*

ophthalmology [ˌɒfθælˈmɒlədʒi, AM ˌɑːfθælˈmɑː-] *n no pl* Augenheilkunde *f,* Ophthalmologie *f fachspr*

ophthalmoscope [ɒfˈθælməskəʊp, AM ɑːfˈθælməskoʊp] *n* MED Augenspiegel *m,* Ophthalmoskop *nt fachspr*

opiate [ˈəʊpiət, AM ˈoʊpiɪt] *n* Opiat *nt*

opine [ə(ʊ)ˈpaɪn, AM oʊˈ-] **I.** *vt (form)* ■**to** ~ **that ...** meinen, dass ...
II. *vi (form)* ■**to** ~ **on sth** sich *akk* zu etw *dat* äußern

opinion [əˈpɪnjən] *n* ① *(belief)* Meinung *f,* Ansicht *f;* ***it is my*** ~ ***that ...*** ich finde, dass ...; **popular** ~ weit verbreitete Meinung; **public** ~ die öffentliche Meinung
② *(view on topic)* Einstellung *f,* Standpunkt *m* (**on** zu +*dat*); ***it's my considered*** ~ ***that ...*** ich bin zu der Ansicht gelangt, dass ...; **difference of** ~ Meinungsverschiedenheit *f;* **just a matter of** ~ reine Ansichtssache; **range of** ~ Meinungsspektrum *nt,* Meinungsvielfalt *f;* **to be firmly of the** ~ **that ...** fest davon überzeugt sein, dass ...; **sb's** ~ **on sb changes** jdn ändert seine Meinung über jdn; **to have a high** [*or* **good**]/**bad** [*or* **poor**] [*or* **low**] ~ **of sb/sth** von jdm/etw eine hohe/keine gute Meinung haben; **to have a high** ~ **of oneself** sehr von sich *dat* überzeugt sein; **to express** [*or* **state**] [*or* **give**] **an** ~ **on sth** seine Meinung zu etw *dat* äußern, zu etw *dat* Stellung nehmen; **to form an** ~ sich *dat* eine Meinung bilden; **in my** ~ meiner Meinung [*o* Ansicht] nach
③ *(professional advice)* Gutachten *nt;* **second** ~ Zweitgutachten *nt*
④ LAW *(listing of reasons)* Urteilsbegründung *f*

opinionated [əˈpɪnjəneɪtɪd, AM -ṭ-] *adj (pej)* rechthaberisch *pej,* dogmatisch *meist pej*

opinion poll *n* Meinungsumfrage *f*

opium [ˈəʊpiəm, AM ˈoʊ-] *n no pl* Opium *nt*

opium den *n* Opiumhöhle *f* **opium fiend** *n* Opiumsüchtige(r) *f(m)* **opium poppy** *n* BOT Schlafmohn *m*

opossum <*pl* -s *or* -> [əˈpɒsəm, AM -ˈpɑː-] *n* Beutelratte *f,* Opossum *nt*

opp. *adj inv abbrev of* **opposite**

oppo [ˈɑːpoʊ] **I.** *adj* AM *short for* **opposition** Oppositions-, der Opposition *nach n*
II. *n* AM *short for* **opposition research** *Suche nach für den Opponenten schädlichen Informationen*

opponent [əˈpəʊnənt, AM -ˈpoʊ-] *n* POL Opponent(in) *m(f),* Widersacher(in) *m(f);* LAW Gegenpartei *f;* SPORTS Gegner(in) *m(f);* **to face an** ~ einem Gegner begegnen

opponent muscle *n* beweglicher Daumenmuskel

opportune [ˈɒpətjuːn, AM ˌɑːpɚˈtuːn, -ˈtjuːn] *adj* opportun *geh,* angebracht; ~ **chance** passende [*o* günstige] Gelegenheit; ~ **moment** geeigneter [*o* günstiger] Zeitpunkt

opportunely [ˌɒpəˈtjuːnli, AM ˌɒpɚˈtuːn] *adv* passend, gelegen

opportunism [ˌɒpəˈtjuːnɪzᵊm, AM ˌɑːpɚˈtuː-, -tjuː-] *n no pl* Opportunismus *m;* **blatant** ~ blanker Opportunismus

opportunist [ˌɒpəˈtjuːnɪst, AM ˌɑːpɚˈtuː-, -tjuː-] **I.** *n* Opportunist(in) *m(f)*
II. *adj (pej)* opportunistisch

opportunistic [ˌɒpətjuːˈnɪstɪk, AM ˌɑːpɚtuːˈ-, -tjuː-] *adj (esp pej)* opportunistisch

opportunistically [ˌɒpətjuːˈnɪstɪkᵊli, AM ˌɑːpɚtuːˈ-, -tjuː-] *adv* opportunistisch *geh*

opportunistic infection *n* MED opportunistische Infektion *fachspr*

opportunity [ˌɒpəˈtjuːnəti, AM ˌɑːpɚˈtuːnəṭi] *n* ① *(occasion)* Gelegenheit *f;* ***I used to enjoy going to the theatre, but I don't get much*** ~ ***now*** früher ging ich gern ins Theater, aber heute habe ich kaum noch [die] Gelegenheit dazu; **a window of** ~ eine Chance; **a world of** ~ eine Fülle von Möglichkeiten; **at the earliest** ~ bei der erstbesten Gelegenheit; ***please contact us at your earliest*** ~ bitte setzen Sie sich baldmöglichst mit uns in Verbindung!; **at every** ~ bei jeder Gelegenheit; **a unique** ~ **to do sth** eine einmalige Gelegenheit, [um] etw zu tun; **to get** [*or* **be given**] **the** ~ **of doing sth** die Chance erhalten, etw zu tun; **to grab** [*or* **seize**] **an** ~ eine Gelegenheit ergreifen [*o* beim Schopf[e] packen]
② *(for advancement)* Chance *f,* Möglichkeit *f;* ~ **for advancement** [*or* **promotion**] Aufstiegsmöglichkeit *f*
► PHRASES: ~ **knocks** das Schicksal winkt; ***he was waiting for*** ~ ***to knock*** er wartete auf die Chance seines Lebens

opportunity shop *n* AUS *karitativer Secondhandladen*

oppose [əˈpəʊz, AM -ˈpoʊz] *vt* ① *(disapprove)* ■**to** ~ **sb/sth** jdn/etw ablehnen, gegen jdn/etw sein; *(raise objection to)* Einspruch *m* gegen etw *akk* erheben
② *(resist)* ■**to** ~ **sb/sth** sich *akk* jdm/etw widersetzen; *(actively)* gegen jdn/etw vorgehen
③ SPORTS ■**to** ~ **sb** gegen jdn antreten
④ POL ■**to** ~ **sb** jds Gegenspieler/Gegenspielerin sein; *(election)* Herausforderer(in) *m(f)*
⑤ *(compare)* ■**to** ~ **sth to sth** etw gegen etw *akk* halten
⑥ LAW **to** ~ **bail** eine Kaution [*o* Sicherheitsleistung] ablehnen

opposed [əˈpəʊzd, AM -ˈpoʊzd] *adj pred* ① *(against)* ■**to be** ~ **to sth** etw *dat* ablehnend gegenüberstehen, gegen etw *akk* sein
② *(contrary)* ■**sth as** ~ **to sth** etw im Gegensatz zu etw *dat;* ***we're looking for practical experience as*** ~ ***to theoretical knowledge*** wir sind an praktischer Erfahrung im Unterschied zu theoretischem Wissen interessiert

opposing [əˈpəʊzɪŋ, AM -ˈpoʊzɪŋ] *adj attr* entgegengesetzt; *(in conflict)* einander widersprechend; ~ **faction** opponierende Splittergruppe; ~ **opinion** gegensätzliche Meinung; ~ **team** gegnerisches Team

opposite [ˈɒpəzɪt, AM ˈɑː-] **I.** *n* ■**the** ~ das Gegenteil; ***cold and hot are*** ~***s*** kalt ist das Gegenteil von heiß
II. *adj inv* ① *(contrary)* ~ **interests** gegensätzliche Interessen
② *(facing)* gegenüberliegend; ***they sat at*** ~ ***ends of the table from each other*** sie saßen sich an den beiden Tischenden gegenüber; **the** ~ **direction** die entgegengesetzte Richtung; **on the** ~ **page/side of the street** auf der gegenüberliegenden [*o* anderen] Seite/Straßenseite; *after n;* ***who owns that shop*** ~***?*** wem gehört der Laden gegenüber?
III. *adv inv* gegenüber; ***she asked the man sitting*** ~ ***what time it was*** sie fragte den ihr gegenübersitzenden Mann nach der Uhrzeit
IV. *prep* ① *(across from)* gegenüber +*dat;* ***we live*** ~ ***a bakery*** wir wohnen gegenüber einer Bäckerei
② FILM, TV, THEAT *(acting with)* **to play** ~ **sb** jds Gegenrolle [*o* Gegenüber] spielen

opposite number *n* Pendant *nt;* POL Amtskollege, -in *m, f* **opposite sex** *n + sing/pl vb, no pl* ■**the** ~ das andere Geschlecht **opposite to** *prep* gegenüber +*dat;* ***she always sits*** ~ ***her boss*** sie sitzt immer ihrem Chef gegenüber

opposition [ˈɒpəˈzɪʃᵊn, AM ˌɑː-] *n* ① *no pl (resistance)* Widerstand *m* (**to** gegen +*akk*); ***the unions are in*** ~ ***to the government over privatization*** die Gewerkschaften liegen wegen der Privatisierung mit der Regierung im Streit
② + *sing/pl vb (party not in power)* Opposition[spartei] *f;* **leader of the O~** Oppositionsführer(in) *m(f)*
③ *(contrast)* Gegensatz *m;* ■**in** ~ **to sth** im Gegensatz zu etw *dat*
④ *(opposing player)* Gegner(in) *m(f)*
⑤ + *sing/pl vb (opposing team)* gegnerische Mannschaft
⑥ ASTROL Opposition *f*

opposition research *n* AM *Suche nach für den Opponenten schädlichen Informationen*

oppress [əˈpres] *vt* ■**to** ~ **sb** ① *(subjugate)* jdn unterdrücken
② *(overburden)* auf jdm lasten, jdn bedrücken

oppression [əˈpreʃᵊn] *n no pl* ① *(subjugation)* Unterdrückung *f;* **the** ~ **of women** die Unterdrückung der Frau
② *(burden)* Druck *m,* Bedrängnis *f geh;* **an overall sense of** ~ ein Gefühl *m* völliger Überforderung

oppressive [əˈpresɪv] *adj* ① *(harsh) regime* unterdrückerisch, repressiv *geh;* ~ **taxes** drückende Steuern
② *(hard to bear)* erdrückend; ~ **atmosphere** bedrückende [*o* beklemmende] Atmosphäre; **an** ~ **sense of disaster** eine lähmende Vorausahnung bevorstehenden Unheils
③ *(stifling) heat, weather* drückend, schwül

oppressively [əˈpresɪvli] *adv* ① *(harshly)* grausam, hart
② *(hard to bear)* bedrückend; ***her worries weighed on her*** ~ ihre Sorgen belasteten sie sehr; ~ **humid** drückend schwül

oppressiveness [əˈpresɪvnəs] *n no pl* ① *(harshness)* Härte *f,* Tyrannei *f*
② *(burden)* Schwere *f,* drückende Last
③ METEO Schwüle *f;* **the** ~ **of the heat** die drückende Hitze

oppressor [əˈpresəʳ, AM -ɚ] *n* Unterdrücker(in) *m(f)*

opprobrium [əˈprəʊbriəm, AM -ˈproʊ-] *n no pl (form)* Schande *f,* Schmach *f geh;* **to heap** ~ **on sb/sth** jdn/etw tadeln [*o geh* schmähen]

op-shop [ˈɒpʃɒp] *n* AUS *(fam) short for* **opportunity shop** *karitativer Secondhandladen*

opt [ɒpt, AM ɑːpt] *vi* ■**to** ~ **for sth** sich *akk* für etw *akk* entscheiden
◆**opt in** *vi* mitmachen, sich *akk* beteiligen
◆**opt out** *vi* nicht mitmachen; *(withdraw)* aussteigen *fam;* ■**to** ~ **out of sth** bei etw *dat* nicht länger

mitmachen, aus etw *dat* aussteigen

optative [ˈɒptətɪv, AM ˈɑːptət̬ɪv] *adj inv* LING optativ *fachspr;* ~ **mood** Optativ *m fachspr*

optic [ˈɒptɪk, AM ˈɑːp-] **I.** *n* PHOT optisches Teil (*in einem Gerät*)
II. *adj attr, inv* Seh-; ~ **surgery** Augenoperation *f*

optical [ˈɒptɪkəl, AM ˈɑːp-] *adj inv* optisch; ~ **storage medium** optisches Speichermedium

optical bar reader *n* [optischer] Strichcodeleser, Balkencodeleser *m* **optical character reader** *n* COMPUT optischer Leser **optical character recognition** *n* COMPUT optische Zeichenerkennung **optical fiber** AM, **optical fibre** *n* Glasfaser *f,* Lichtleitfaser *f* **optical glass** *n no pl* optisches Glas **optical illusion** *n* optische Täuschung

optically [ˈɒptɪkəli, AM ˈɑːp-] *adv inv* optisch

optical microscope *n* Lichtmikroskop *nt*

optician [ɒpˈtɪʃən, AM ɑːp-] *n* Optiker(in) *m(f)*

optic nerve *n* Sehnerv *m*

optics [ˈɒptɪks, AM ˈɑːp-] *n + sing vb* Optik *f kein pl*

optimal [ˈɒptɪməl, AM ˈɑːp-] *adj inv* optimal

optimism [ˈɒptɪmɪzəm, AM ˈɑːptə-] *n no pl* Optimismus *m;* **to have grounds** [*or* **cause**] **for** ~ Grund [*o* Anlass] haben, optimistisch zu sein; **market** ~ STOCKEX Börsenoptimismus *m;* **a note of** ~ eine Spur Optimismus

optimist [ˈɒptɪmɪst, AM ˈɑːptə-] *n* Optimist(in) *m(f);* **to be a born** [*or* **natural**] ~ von Natur aus optimistisch sein

optimistic [ˈɒptɪmɪstɪk, AM ˈɑːptə-] *adj* optimistisch; ***she is ~ about her chances of winning a gold medal*** sie ist optimistisch, was ihre Chancen auf eine Goldmedaille betrifft; ***he takes an ~ view of the exchange rate*** er ist hinsichtlich des Wechselkurses zuversichtlich

optimistically [ˈɒptɪmɪstɪkəli, AM ˈɑːptə-] *adv* optimistisch

optimization [ˌɒptɪmaɪˈzeɪʃən, AM ˌɑːptəmɪˈ-] *n no pl* Optimierung *f*

optimize [ˈɒptɪmaɪz, AM ˈɑːptə-] *vt* ■ **to** ~ **sth** etw optimieren

optimum [ˈɒptɪməm, AM ˈɑːptə-] **I.** *n* <*pl* -tima *or* -s> Optimum *nt;* ■ **at an** ~ in optimalem Zustand; ***when conditions are at an ~, the plant life will thrive*** wenn optimale Bedingungen herrschen, kann das pflanzliche Leben bestens gedeihen
II. *adj inv* optimal, bestmöglich; **under** ~ **conditions** unter optimalen Bedingungen; ~ **weather** ideales Wetter

option [ˈɒpʃən, AM ˈɑːp-] *n* ① (*choice*) Wahl *f;* (*possibility*) Möglichkeit *f;* ***I had no money so I had no ~ but to work*** ich hatte kein Geld, also blieb mir nichts anderes übrig als zu arbeiten; **to keep** [*or* **leave**] **one's ~s open** sich *dat* alle Möglichkeiten offen halten, sich *akk* noch nicht festlegen; **to not be an** ~ nicht in Betracht [*o* Frage] kommen
② (*freedom to choose*) Wahlmöglichkeit *f,* Option *f*
③ (*right to buy or sell*) Option *f,* Optionsrecht *nt;* **a 90-day** ~ ein auf 90 Tage befristetes Vorkaufsrecht; **to take up one's** ~ sein Optionsrecht wahrnehmen
④ *usu pl* STOCKEX Option *f,* Optionsgeschäft *nt,* [Aktien]bezugsrecht *nt;* **call** ~ Kaufoption *f;* ~ **contract** Optionsvertrag *m;* ~ **dealing** [*or* **trading**] Optionsgeschäft *nt,* Optionshandel *m;* **double** ~ Stellage *f;* ~ **holder** Optionsinhaber(in) *m(f);* **put** ~ Verkaufsoption *f;* **share** ~ Aktienoption *f;* **stock** ~ Anrecht auf Belegschaftsaktien; **traded ~s** börsengehandelte Optionen; **writer of an** ~ Verkäufer einer Option

optional [ˈɒpʃənəl, AM ˈɑːp-] *adj inv* optional *geh,* fakultativ *geh,* wahlfrei; ***the amount of your donation is*** ~ es steht Ihnen frei, wie viel Sie spenden; ***the insurance cover is*** ~ Sie müssen sich nicht versichern; ~ **subject** SCH, UNIV Wahlfach *nt*

option contract *n* ECON Optionsvertrag *m* **option dealing** *n* ECON Optionsgeschäfte *pl,* Optionshandel *m* **option money** *n* STOCKEX Optionspreis *m* **option trading** *n see* **option dealing**

optoelectronics [ˌɒptəʊelekˈtrɒnɪks, AM ˌɑːptoʊɪlekˈtrɑːnɪks] *n + sing vb* Optoelektronik *f fachspr*

optometrist [ɒpˈtɒmətrɪst, AM ɑːpˈtɑːmə-] *n esp* AM, AUS ≈ Optiker(in) *m(f)*

optometry [ɒpˈtɒmətri, AM ɑːpˈtɑːmə-] *n no pl* Optometrie *f fachspr*

optophone [ˈɒptə(ʊ)fəʊn, AM ˈɑːptəfoʊn] *n* Lichtsprechgerät *nt*

opt-out *n Austritt aus der Kontrolle der Kommunalverwaltung;* ***the hospital organized an ~ from city funding control*** das Krankenhaus hat sich einer städtischen Kontrolle seiner Geldmittel entzogen **opt-out clause** *n* Rücktrittsklausel *f*

opulence [ˈɒpjələn(t)s, AM ˈɑːp-] *n no pl* ① (*wealth*) Reichtum *m,* Wohlstand *m*
② (*abundance*) Überfluss *m*

opulent [ˈɒpjələnt, AM ˈɑːp-] *adj* ① (*affluent*) wohlhabend, reich; ~ **lifestyle** aufwendiger Lebensstil
② (*luxurious*) feudal, luxuriös
③ (*abundant*) üppig, [über]reichlich

opulently [ˈɒpjələntli, AM ˈɑːp-] *adv* ① (*luxuriously*) luxuriös, feudal
② (*abundantly*) reichlich

opus <*pl* -es *or* opera> [ˈəʊpəs, *pl* ˈɒpərə, AM ˈoʊpəs, *pl* ˈoʊpərə] *n* ① (*piece of music*) Opus *nt*
② (*piece of art*) Werk *nt*

OR *n no pl* ① ECON *abbrev of* **operational research**
② GEOG *abbrev of* **Oregon**

or [ɔːr, AM ɔːr] *conj* ① (*as a choice*) oder
② (*otherwise*) sonst; ~ **else** sonst, ander[e]nfalls; ■ **either** ... ~ ... entweder…[,] oder
③ (*and also not*) ■ **not** ... ~ ... weder … noch …; ***he can't sing ~ dance*** er kann weder singen noch tanzen
④ (*also called*) oder auch, beziehungsweise
⑤ (*being non-specific or unsure*) **someone/something/somewhere/sometime** ~ **other** [irgend]jemand/[irgend]etwas/irgendwo/irgendwann; ***meet me at 10:00 ~ so at the cafe*** treffen wir uns so gegen zehn im Café *fam*
► PHRASES: ~ **else** ***mom's been calling you — you'd better go home ~ else*** Mammi wollte dich sprechen – besser, du gehst nach Hause, sonst … *fam;* ~ **what** (*fam, sl*) ***are you finally going to come, ~ what!*** also kommst du jetzt, oder was? *sl*

oracle [ˈɒrəkl, AM ˈɔːrə-] *n* ① (*place*) Orakel *nt;* **the O~ of Delphi** das Orakel zu [*o* von] Delphi; **to consult the** ~ das Orakel befragen
② (*person*) Seher(in) *m(f)*
③ (*response*) Orakel *nt,* Orakelspruch *m*
④ (*fig: adviser*) Autorität *f;* ***whenever I want to plant roses, I consult Bob, who is the garden ~*** wann immer ich Rosen pflanzen will, frage ich Bob, er weiß einfach alles übers Gärtnern

oracular [ɒrˈækjələr, AM ɔːˈrækjuːlər] *adj* ① (*mysterious*) orakelhaft, rätselhaft
② *inv* (*of an oracle*) Orakel-; ***the ~ advice was closely followed*** der Rat des Orakels wurde genau befolgt

oral [ˈɔːrəl] **I.** *adj inv* ① (*spoken*) mündlich; **to make an** ~ **agreement** eine mündliche Absprache treffen; ~ **exam/statement** mündliche Prüfung/Aussage; **to do an** ~ **presentation about sth** ein Referat über etw *akk* halten; ~ **skills** sprachliche Ausdrucksfähigkeit; ***he can write well, but how are his ~ skills?*** schreiben kann er gut, aber kann er sich auch mündlich ausdrücken?
② MED oral; ~ **contraceptive** orales Verhütungsmittel; ~ **hygiene** Mundhygiene *f;* ~ **medication** Medizin *f* zum Einnehmen; ~ **thermometer** Fieberthermometer *nt*
③ PSYCH oral; ~ **stage** orale Phase *fachspr*
II. *n* mündliche [Einzel]prüfung; ■ **~s** *pl* mündliches Examen; ■ **the ~s** das Mündliche *fam*

oral history *n no pl* mündlich überlieferte Geschichte

orally [ˈɔːrəli] *adv inv* ① (*spoken*) mündlich
② (*with mouth*) oral; **to be** ~ **fixated** PSYCH oral fixiert sein *fachspr;* (*fig*) ***I heard he's ~ fixated*** ich hab gehört, er macht's besonders gern mit dem Mund *sl*

oral sex *n no pl* Oralverkehr *m* **oral society** *n* Gemeinschaft *f* ohne Schriftsprache **oral tradition** *n* mündliche Tradition

orange [ˈɒrɪndʒ, AM ˈɔːr-] **I.** *n* ① (*fruit*) Orange *f,* Apfelsine *f*
② (*colour*) Orange *nt*
II. *n modifier* (*blossom, drink, ice, tree, section*) Orangen-, Apfelsinen-; ~ **grove** Orangenhain *m*
III. *adj* orange[farben], orangefarbig

orangeade [ˌɒrɪndʒˈeɪd, AM ˌɔːr-] *n* BRIT Orangeade *f,* Orangenlimonade *f*

orange juice *n no pl* Orangensaft *m*

Orangeman <*pl* -men> [ˈɒrɪndʒmən, AM ˈɔːrɪndʒ] *n* Mitglied *nt* des Oranierordens

orangeness [ˌɒrɪndʒnəs, AM ˈɔːr-] *n no pl* [intensiver] Orangeton

orange peel *n* Apfelsinenschale *f,* Orangenschale *f*

orangery <*pl* -ries> [ˈɒrɪndʒəri, AM ˈɔːrɪndʒri] *n* Orangerie *f* **orange soda** *n* Orangeade *f* **orange squash** *n* BRIT Orangensaftkonzentrat *nt*

orang-outang [ɔːˈræŋuːtæn, AM ɔːˈræŋə-] *n,* **orang-utan** *n* Orang-Utan *m*

orate [ɔːˈreɪt, AM *also* ˈɔːreɪt] *vi* (*esp pej*) eine Rede halten, große Reden schwingen *pej*

oration [ɔːˈreɪʃən] *n* (*speech*) [feierliche] Rede; (*address*) [förmliche] Ansprache; **funeral** ~ Grabrede *f*

orator [ˈɒrətər, AM ˈɔːrət̬ər] *n* Redner(in) *m(f),* Orator(in) *m(f) selten geh*

oratorical [ˌɒrəˈtɒrɪkəl, AM ˌɔːrəˈtɔːr-] *adj inv* rednerisch, oratorisch *geh;* ~ **skills** rhetorische Fähigkeiten

oratorio [ˌɒrəˈtɔːriəʊ, AM ˌɔːrəˈtɔːrioʊ] *n* MUS Oratorium *nt*

oratory¹ [ˈɒrətəri, AM ˈɔːrətɔːri] *n no pl* (*speaking*) Redekunst *f,* Rhetorik *f geh*

oratory² [ˈɒrətəri, AM ˈɔːrətɔːri] *n* (*chapel*) Kapelle *f,* Oratorium *nt*

orb [ɔːb, AM ɔːrb] *n* ① (*hist: of a king*) Reichsapfel *m hist*
② (*spherical body*) kugelförmiger Körper
③ ASTRON (*poet*) Gestirn *nt poet,* Himmelskörper *m;* ~ **of the sun** Sonnenball *m poet,* Sonnengestirn *nt poet*
④ *usu pl* (*liter: eye*) Augapfel *m;* **~s of blue** blaue Augensterne *poet*

orbicular [ɔːˈbɪkjələr, AM ɔːrˈbɪkjuːlər] *adj* kreisförmig, scheibenförmig

orbit [ˈɔːbɪt, AM ˈɔːr-] **I.** *n* ① (*constant course*) Umlaufbahn *f,* Kreisbahn *f,* Orbit *m fachspr;* ***the spacecraft went into ~ around the Earth*** das Raumfahrzeug trat in die Erdumlaufbahn ein; **electron** ~ Elektronen[kreis]bahn *f;* **planetary** ~ Planetenbahn *f*
② (*trip around*) Umkreisung *f*
③ (*fig: influence*) Wirkungskreis *m,* [Einfluss]bereich *m;* ***taxation falls within the ~ of a different department*** Besteuerung fällt in den Zuständigkeitsbereich einer anderen Abteilung
④ (*eye socket*) Augenhöhle *f*
► PHRASES: **to go into** ~ (*increase*) in den Himmel schießen *fam;* (*become angry*) [vor Wut] an die Decke gehen *fam*
II. *vi* kreisen
III. *vt* ① (*circle around*) **to** ~ **the Earth/Mars/the Sun** die Erde/den Mars/die Sonne umkreisen
② (*put into orbit*) **to** ~ **a rocket/satellite** eine Rakete/einen Satelliten in die Umlaufbahn bringen

orbital [ˈɔːbɪtəl, AM ˈɔːrbɪt̬əl] **I.** *n* NUCL Orbital *nt o m fachspr*
II. *adj inv* orbital; ~ **path** [*or* **way**] Ringstraße *f*

orbiter [ˈɔːbɪtər, AM ˈɔːrbɪt̬ər] *n* kreisender Flugkörper, Orbiter *m fachspr*

orca [ˈɔːkə, AM ˈɔːrkə] *n* Schwertwal *m*

Orcadian [ɔːˈkeɪdiən, AM ɔːrˈ-] **I.** *n* Bewohner(in) *m(f)* der Orkneyinseln
II. *adj inv* Orkney-; ~ **girl** Mädchen *nt* von den Orkneyinseln

orch *n abbrev of* **orchestra**

orchard [ˈɔːtʃəd, AM ˈɔːrtʃərd] *n* Obstgarten *m;* **apple** ~ [Obst]garten *m* mit Apfelbäumen; **cherry** ~ Kirschgarten *m*

orchestra [ˈɔːkɪstrə, AM ˈɔːr-] *n* ① + *sing/pl vb* (*musicians*) Orchester *nt;* **school** ~ Schulorchester *nt*
② (*orchestra pit*) Orchestergraben *m*

orchestral [ɔːˈkestrᵊl, AM ɔːrˈ-] *adj inv* Orchester-, orchestral

orchestra pit *n* Orchestergraben *m* **orchestra stalls** *npl* BRIT Parkett *nt*

orchestrate [ˈɔːkɪstreɪt, AM ˈɔːr-] *vt* ■**to** ~ **sth** ① (*arrange for orchestra*) etw orchestrieren; **to** ~ **music** ein Musikstück instrumentieren [*o* für Orchesterbesetzung umarbeiten]
② (*arrange*) etw organisieren [*o geh* ins Werk setzen]

orchestration [ˌɔːkɪˈstreɪʃᵊn, AM ˌɔːr-] *n* ① (*of music*) Orchestrierung *f,* Orchestration *f*
② (*of an event*) Organisation *f*

orchid [ˈɔːkɪd, AM ˈɔːr-] *n* Orchidee *f;* **wild** ~**s** wilde Orchideen

orcin [ˈɔːsɪn, AM ˈɔːr-] *n* CHEM Orcin *nt fachspr*

ordain [ɔːˈdeɪn, AM ɔːr-] *vt* ① (*to the ministry*) ■**to** ~ **sb** jdn ordinieren; **to** ~ **a minister/priest** einem Geistlichen/Priester die Weihen erteilen; **to** ~ **sb as a priest** jdn zum Priester weihen
② (*decree*) ■**to** ~ **that ...** bestimmen [*o* verfügen], dass ...; ***it was*** ~***ed that he go to China to be a missionary*** es wurde angeordnet, dass er als Missionar nach China gehen solle; ~**ed of God** gottgewollt

ordeal [ɔːˈdiːl, AM ɔːr-] *n* ① (*hist*) Gottesurteil *nt hist*
② (*fig: painful decision*) Feuerprobe *f,* Zerreißprobe *f*
③ (*torture*) Qual *f,* Martyrium *nt*

order [ˈɔːdəʳ, AM ˈɔːrdə˞]

I. NOUN	II. INTRANSITIVE VERB
III. TRANSITIVE VERB	

I. NOUN

① *no pl* (*tidiness*) Ordnung *f;* ***are your papers in*** ~***?*** sind Ihre Papiere in Ordnung?; ***is it in*** ~ ***for me to park my car here?*** ist es in Ordnung, wenn ich mein Auto hier parke?; **to leave sth in** ~ etw in ordentlichem Zustand hinterlassen; **to put sth in** ~ etw ordnen [*o* in Ordnung bringen]; **to put one's affairs in** ~ seine Angelegenheiten ordnen
② *no pl* (*sequence*) Reihenfolge *f,* Abfolge *f;* ***the children lined up in*** ~ ***of age*** die Kinder stellten sich dem Alter nach auf; ~ **of the day** Tagesordnung *f,* Agenda *f;* **in** ~ **of preference** in der bevorzugten Reihenfolge; ~ **of service** Gottesdienstordnung *f;* **word** ~ Wortstellung *f;* **in alphabetical/chronological/reverse** ~ in alphabetischer/chronologischer/umgekehrter Reihenfolge; **running** ~ BRIT Programm *nt,* Programmablauf *m;* **to be out of** ~ durcheinander geraten sein
③ (*command*) Befehl *m,* Anordnung *f;* LAW Verfügung *f;* COMPUT (*instruction*) Anweisung *f,* Befehl *m;* ***by*** ~ ***of the police*** auf polizeiliche Anordnung hin; **court** ~ richterliche Verfügung, Gerichtsbeschluss *m;* **doctor's** ~**s** ärztliche Anweisung; **to give/receive an** ~ eine Anweisung [*o* einen Befehl] geben/erhalten; **to take** ~**s from sb** von jdm Anweisungen entgegennehmen; ***if you don't learn to take*** ~***s, you're going to have a hard time*** wenn du nicht lernst, dir etwas sagen zu lassen, wirst du es schwer haben; **to be under** ~**s to stand guard/maintain silence** gehalten sein, Wache zu stehen/Schweigen zu bewahren
④ (*in a restaurant*) Bestellung *f;* (*portion*) Portion *f;* ***your*** ~ ***will be ready in a minute, sir*** Ihre Bestellung kommt gleich!; ***we'll take three*** ~***s of chicken nuggets*** wir nehmen dreimal die Chicken Nuggets
⑤ (*for supplies*) Bestellung *f,* Auftrag *m;* **to be on** ~ bestellt sein; **to put in an** ~ eine Bestellung aufgeben, einen Auftrag erteilen; **to take an** ~ eine Bestellung aufnehmen; **done** [*or* **made**] **to** ~ auf Bestellung [*o* nach Auftrag] [an]gefertigt
⑥ FIN Zahlungsanweisung *f,* Order *m;* ***pay to the*** ~ ***of Mr Smith*** zahlbar an Mr Smith; **banker's** [*or* **standing**] ~ Dauerauftrag *m;* **money** ~ Postanweisung *f*
⑦ STOCKEX Order *m;* **fill or kill** ~ Sofortauftrag *m;* **good-till-canceled** ~ AM Auftrag *m* bis auf Widerruf; **market** ~ Bestensauftrag *m;* **stop-loss** ~ Stop-Loss-Auftrag *m;* ~**-driven system** *Preissystem am Effektenmarkt, das sich nach Angebot und Nachfrage regelt*
⑧ *no pl* (*good discipline*) Ordnung *f,* Disziplin *f;* ~***! ~! please quieten down!*** Ruhe bitte! Bitte seien Sie leise!; **to keep** ~ Ordnung [be]wahren, die Disziplin aufrechterhalten; **to restore** ~ die Ordnung wiederherstellen; **out of** ~ BRIT (*fam: inappropriate, rude*) nicht angebracht; ***his behaviour was well out of*** ~ sein Verhalten fiel ziemlich aus dem Rahmen; ***you were definitely out of*** ~ du hast dich völlig daneben benommen *fam*
⑨ *no pl* (*procedural rules*) Verfahrensweise *f;* **to raise a point of** ~ eine Anfrage zur Geschäftsordnung haben; **rules of** ~ Verhandlungsrichtlinien *fpl,* Verfahrensregeln *fpl;* **to bring a meeting to** ~ eine Sitzung zur Rückkehr zur Tagesordnung aufrufen; **to call to** ~ das Zeichen zum Beginn geben; **to call a meeting to** ~ eine Versammlung zur Ordnung rufen; (*open officially*) einen Sitzung eröffnen
⑩ *no pl* (*condition*) Zustand *m;* **working** ~ Funktionsfähigkeit *f,* Betriebsfähigkeit *f;* **in running** [*or* **working**] ~ funktionsbereit, betriebsbereit; **out of** ~ nicht betriebsbereit, kaputt *fam*
⑪ *no pl* (*indicating purpose*) ■**in** ~ **to do sth** um etw zu tun; ***he came home early in*** ~ ***to see the children*** er kam früh nach Hause, um die Kinder zu sehen; ■**in** ~ **for ...** damit ...; ***in*** ~ ***for us to do our work properly, you have to supply us with the parts*** wenn wir die Arbeit richtig machen sollen, müssen Sie uns die Teile liefern; ■**in** ~ **that ...** damit ...; ***in*** ~ ***that you get into college, you have to study hard*** um aufs College gehen zu können, musst du viel lernen
⑫ (*type*) Art *f;* ***these were problems of a completely different*** ~ dies waren Probleme völlig anderer Art; ~ **of magnitude** Größenordnung *f;* **of the highest** ~ (*as regards quantity*) hochgradig; (*as regards quality*) von höchster Qualität; **of** [*or* **in**] **the** ~ **of sth** in der Größenordnung von etw *dat;* ***this project will cost something in the*** ~ ***of £500*** das Projekt wird so ungefähr 500 Pfund kosten
⑬ (*constitution*) Ordnung *f;* **a new world** ~ eine neue Weltordnung
⑭ BRIT (*social class*) Schicht *f,* [gesellschaftlicher] Rang; **the higher/lower** ~**s** die oberen/unteren Bevölkerungsschichten
⑮ BIOL (*in taxonomy*) Ordnung *f*
⑯ REL (*brotherhood*) [geistlicher] Orden; **Jesuit** ~ Jesuitenorden *m*
⑰ (*distinguished group*) Orden *m;* **O~ of the Garter** Hosenbandorden *m;* **O~ of Merit** Verdienstorden *m;* **Masonic O~** Freimaurerloge *f*
⑱ (*architectural style*) Säulenordnung *f;* **Doric/Ionic** ~ dorische/ionische Säulenordnung
⑲ MATH (*level of difficulty*) Ordnung *f;* **equations of the second** ~ Gleichungen *fpl* zweiten Grades
⑳ (*divine service*) Weihe *f; of confirmation, of marriage* Sakrament *nt*
㉑ REL ■~**s** *pl* Weihen *fpl;* **holy** ~**s** heilige Weihen; **to be in** [**holy**] ~**s** dem geistlichen Stand angehören; **to take** [**holy**] ~**s** in den geistlichen Stand eintreten, die Weihen empfangen
㉒ (*in House of Commons*) Geschäftsordnung *f*

II. INTRANSITIVE VERB

(*place an order*) bestellen; ***are you ready to*** ~***?*** möchten Sie schon bestellen?

III. TRANSITIVE VERB

① (*command*) ■**to** ~ **sb to do sth** jdm den Befehl geben [*o* jdn anweisen], etw zu tun; ***they*** ~***ed him to leave the room*** sie forderten ihn auf, den Raum zu verlassen; ***the doctor*** ~***ed him to stay in bed*** der Arzt verordnete ihm Bettruhe; ■**to** ~ **sth** etw anordnen [*o* befehlen]; ***police*** ~***ed the disco closed*** die Polizei ordnete die Schließung der Diskothek an; ■**to** ~ **sb out** jdn zum Verlassen auffordern, jdn hinausbeordern
② (*place request*) ■**to** ~ **sth** etw bestellen; **to** ~ **goods** Waren bestellen [*o* in Auftrag geben]
③ (*arrange*) ■**to** ~ **sth** etw ordnen; (*direct*) *meeting* etw abhalten; **to** ~ **one's thoughts** seine Gedanken ordnen
◆**order about, order around** *vt* ■**to** ~ **sb about** [*or* **around**] jdn herumkommandieren

order book *n* Auftragsbuch *nt;* POL (*in House of Commons*) Liste *f* der Anträge und Fragen **order cheque** *n* FIN Orderscheck *m*

ordered [ˈɔːdəd, AM ˈɔːrdə˞d] *adj* ordentlich, geordnet; **well-**~ **room** aufgeräumtes Zimmer

ordered pair *n* MATH geordnetes Paar

order form *n* Auftragsformular *nt,* Bestellformular *nt;* **to fill out an** ~ ein Auftragsformular [*o* Bestellformular] ausfüllen

orderliness [ˈɔːdəlɪnəs, AM ˈɔːrdə˞-] *n no pl* Ordnung *f,* geregelte [*o* geordnete] Verhältnisse *ntpl*

orderly [ˈɔːdᵊli, AM ˈɔːrdə˞li] **I.** *n* ① (*hospital attendant*) ≈ [Kranken]pfleger(in) *m(f);* (*unskilled*) Hilfskraft *f* (*in Betreuungseinrichtungen*)
② MIL (*carrier of orders*) Ordonnanz *f geh;* (*medical sergeant*) Sanitätsunteroffizier *m;* (*officer's servant*) [Offiziers]bursche *m veraltet*
II. *adj* ① (*methodical*) geordnet; (*tidy*) ordentlich; *room* aufgeräumt
② (*well-behaved*) gesittet; *demonstration* friedlich; ***in case of fire, proceed out of the building in an*** ~ ***fashion*** im Brandfalle das Gebäude geordnet und zügig verlassen!; **to live an** ~ **life** ein geregeltes Leben führen

order paper *n* ① BRIT POL [schriftliche] Tagesordnung, Sitzungsprogramm *nt* ② (*in banking*) Orderpapier *nt* **order picking** *n no pl* Auftragszusammenstellung *f,* Kommissionieren *nt fachspr* **order processing** *n no pl* Auftragsbearbeitung *f,* Auftragsabwicklung *f*

orders *npl* LAW Rechtsverordnungen *pl*

ordinal [ˈɔːdɪnᵊl, AM ˈɔːrdᵊn-] *n,* **ordinal number** *n* Ordinalzahl *f*

ordinance [ˈɔːdɪnen(t)s, AM ˈɔːrdᵊn-] *n* ① (*law*) Verordnung *f,* Erlass *m;* **city** [*or* **town**] ~ städtische Verordnung; **local** [*or* **municipal**] ~ Gemeindeverordnung *f,* Gemeindesatzung *f*
② (*rite*) Ritus *m*

ordinand [ˈɔːdɪnænd, AM ˈɔːrdᵊn] *n* REL Ordinandus *m*

ordinarily [ˈɔːdᵊnᵊrᵊli, AM ˈɔːrdᵊnerᵊ-] *adv inv* gewöhnlich, normalerweise

ordinariness [ˈɔːdᵊnᵊrɪnəs, AM ˌɔːrdᵊˈner-] *n no pl* Durchschnittlichkeit *f,* Normalität *f*

ordinary [ˈɔːdᵊnᵊri, AM ˈɔːrdᵊneri] **I.** *adj* gewöhnlich, normal; ***her last concert appearance was no*** ~ ***performance*** ihr letzter Konzertauftritt war eine außergewöhnliche Vorstellung; ~ **interest** AM gewöhnliche Zinsen; ~ **people** [ganz] normale Menschen; **in the** ~ **way** wie gewöhnlich, auf die übliche Art und Weise
II. *n* ① *no pl* (*normal state*) ■**the** ~ das Übliche [*o* Normale]; **out of the** ~ außergewöhnlich, ungewöhnlich; **nothing out of the** ~ nichts Ungewöhnliches [*o* Außergewöhnliches]
② BRIT (*judge*) ordentlicher Richter/ordentliche Richterin
③ (*archbishop, bishop*) Ordinarius *m*
④ REL ■**O~** (*in Catholic mass*) Messordnung *f,* Gottesdienstordnung *f;* (*book*) Ordinarium *nt fachspr*
⑤ AM (*hist: penny-farthing*) Hochrad *nt*

ordinary level *n* BRIT ≈ mittlere Reife **ordinary seaman** *n* BRIT Leichtmatrose *m* **ordinary share** *n* Stammaktie *f;* **deferred** ~ Nachzugsaktie *f* **ordinary share capital** *n* STOCKEX Grundkapital *nt* **ordinary shareholder** *n* STOCKEX Stammaktionär(in) *m(f)* **Ordinary Share Index** *n* STOCKEX Aktienindex *m* **ordinary stock** *n* BRIT

Stammaktie *f*
ordinate ['ɔːdənət, AM 'ɔːrdənɪt] *n* MATH Ordinate *f fachspr*
ordination [,ɔːdɪ'neɪʃən, AM ,ɔːrdən-] *n* REL ❶ *no pl* (*action*) Ordination *f*, Ordinierung *f*; **the ~ of women** die Einsetzung von Frauen in ein kirchliches Amt
❷ (*ceremony*) [feierliche] Priesterweihe
ordnance ['ɔːdnən(t)s, AM 'ɔːrd-] *n no pl* MIL Artillerie *f*, Geschütze *ntpl*
Ordnance Survey *n* BRIT amtliche Landvermessung **Ordnance Survey map** *n* BRIT amtliche topographische Karte
ordonnance ['ɔːdənən(t)s, AM 'ɔːrd-] *n* Ordnung *f*, Anordnung *f*
ordure ['ɔːdjʊəʳ, AM 'ɔːrdʒɚ] *n no pl* Kot *m*, Mist *m*; (*fig*) Schund *m*
ore [ɔːʳ, AM ɔːr] *n* Erz *nt*; **copper/iron ~** Kupfer-/Eisenerz *nt*
Ore. AM *abbrev of* **Oregon**
oregano [,ɒrɪ'gɑːnəʊ, AM ɔː'regənoʊ] *n no pl* Oregano *nt*
organ ['ɔːgən, AM 'ɔːr-] **I.** *n* ❶ MUS Orgel *f*; **church ~** Kirchenorgel *f*; **pipe ~** Orgel *f*; **electronic ~** elektronische Orgel
❷ ANAT Organ *nt*; **external/internal ~** äußeres/inneres Organ; **the male ~** das männliche Glied; **reproductive ~s** Fortpflanzungsorgane *ntpl*; **to reject an ~** ein Organ abstoßen
❸ (*euph: penis*) [männliches] Glied
❹ (*fig: mouthpiece*) Organ *nt*; ***this newspaper is the ~ of the conservative party*** dieses Blatt ist das Sprachrohr der konservativen Partei
II. *n modifier* (*bench, music, piece, solo, player*) Orgel-; **~ recital** Orgelkonzert *nt*
organdie ['ɔːgəndi, AM 'ɔːrgən] *n* FASHION Organdy *m*
organ donor *n* Organspender(in) *m(f)*
organdy <*pl* -dies> ['ɔːgəndi, AM 'ɔːrgən] *n* AM *see* **organdie**
organ grinder *n* Drehorgelspieler(in) *m(f)*, Leierkastenmann, Leierkastenfrau *m, f*
organic [ɔː'gænɪk, AM ɔːr-] *adj inv* ❶ (*of bodily organs*) organisch
❷ (*living*) organisch; **~ compound** organische Verbindung; **~ matter** organisches Material
❸ AGR **~ fruits** Obst *nt* aus biologischem Anbau, Biofrüchte *fpl*; **~ farming methods** biodynamische Anbaumethoden
❹ (*fundamental*) elementar, substantiell
❺ (*systematic*) organisch; **an ~ whole** ein in sich geschlossenes Ganzes
organically [ɔː'gænɪkəli, AM ɔːr-] *adv inv* organisch; AGR biologisch, biodynamisch; **~ grown** biologisch angebaut
organic chemistry *n no pl* organische Chemie
organisational psychology *n no pl* Betriebspsychologie *f*
organism ['ɔːgənɪzəm, AM 'ɔːr-] *n* Organismus *m*
organist ['ɔːgənɪst, AM 'ɔːr-] *n* Organist(in) *m(f)*
organization [,ɔːgənaɪ'zeiʃən, AM ,ɔːrgənɪ'-] *n* ❶ *no pl* (*action*) Organisation *f*; *of time* Einteilung *f*; **~ chart** Diagramm *nt* der Unternehmensstruktur
❷ + *sing/pl vb* (*association*) Organisation *f*, Vereinigung *f*; **aid ~** Hilfsorganisation *f*; **non-profit ~** nicht gewinnorientierter [*o* gemeinnütziger] Verein
❸ + *sing/pl vb* (*company*) Organisation *f*
❹ *no pl* (*tidiness*) Aufgeräumtheit *f*, Ordentlichkeit *f*
❺ *no pl* (*composition*) Anordnung *f*; *of a painting* Aufbau *m*; *of a room* Aufteilung *f*
organizational [,ɔːgənaɪ'zeiʃənəl, AM ,ɔːrgənɪ'-] *adj inv* organisatorisch, Organisations-; **~ skills** organisatorische Fähigkeiten; **~ talent** Organisationstalent *nt*
organization chart *n* ECON Organisationsplan *m*, Organogramm *nt fachspr* **Organization for Economic Cooperation and Development** *n no pl*, ■**the ~** die Organisation für wirtschaftliche Zusammenarbeit und Entwicklung **Organization of African Unity** *n no pl* die Organisation für Afrikanische Einheit **Organization of Petroleum Exporting Countries** *n no pl* Organisation *f* erdölexportierender Länder, OPEC *f*
organize ['ɔːgənaɪz, AM 'ɔːr-] *vt* ❶ (*into a system*) ■**to ~ sth** *activities* etw organisieren [*o* koordinieren]; *books, files* etw ordnen [*o* sortieren]; **to ~ space** Raum aufteilen; **to ~ a story so as to build suspense** eine Geschichte so aufbauen, dass Spannung entsteht; **to get [oneself] ~d** mit sich *dat* selbst ins Reine kommen
❷ POL **to ~ blacks/minorities/women** die Schwarzen/Minderheiten/Frauen [politisch] organisieren
❸ (*prepare*) ■**to ~ sth** etw vorbereiten [*o* organisieren]; **to ~ a committee/search party/team** einen Ausschuss/eine Suchmannschaft/ein Team zusammenstellen; **to ~ a defence** eine Verteidigung aufbauen; **to ~ an escape** eine Flucht vorbereiten
❹ (*be responsible for*) ■**to ~ sth** für etw *akk* sorgen, etw organisieren *fam*; **to get sb/oneself ~d with sth** sich *dat*/jdm etw verschaffen
organized ['ɔːgənaɪzd, AM 'ɔːr-] *adj* organisiert, geplant; **~ tour** organisierte Gruppenreise
organized crime *n no pl* organisiertes Verbrechen
organized labor AM, **organized labour** *n no pl* gewerkschaftlich organisierte Arbeiterschaft
organized religion *n no pl* die religiösen Institutionen
organizer ['ɔːgənaɪzəʳ, AM 'ɔːrgənaɪzɚ] *n* ❶ (*book*) Terminplaner *m*
❷ (*person*) Organisator(in) *m(f)*
organ loft *n* Orgelempore *f*
organotherapy [,ɔːgənəʊ'θerəpi, AM ,ɔːrgənoʊ'-] *n no pl* Organ[o]therapie *f fachspr*
organ pipe *n* Orgelpfeife *f* **organ screen** *n* MUS, REL Orgellettner *m fachspr* **organ stop** *n* MUS ❶ (*set of pipes*) Register *nt* ❷ (*mechanism*) Registerzug *m* **organ transplant** *n* Organtransplantation *f*, Organverpflanzung *f* **organ transplant surgery** *n no pl* Organtransplantation *f*
organum ['ɔːgənəm, AM 'ɔːr-] *n* MUS Organum *nt fachspr*
organza [ɔː'gænzə, AM ɔːr'-] *n modifier* Organza-, aus Organza *nach n*
orgasm ['ɔːgæzəm, AM 'ɔːr-] **I.** *n* Orgasmus *m*, [sexueller] Höhepunkt; **multiple ~s** multipler Orgasmus; **to fake/have an ~** einen Orgasmus vortäuschen/haben; **to reach [*or* achieve] an ~** zum Orgasmus kommen
II. *vi* einen Orgasmus haben
orgasmic [ɔː'gæzmɪk, AM ɔːr-] *adj* orgastisch *geh*; (*fig fam*) lustvoll, aufregend
orgiastic [,ɔːdʒi'æstɪk, AM ,ɔːr-] *adj* (*form*) orgiastisch *geh*, zügellos
orgy ['ɔːdʒi, AM 'ɔːr-] *n* Orgie *f*; **~ of drinking** Trinkgelage *nt*, Sauforgie *f pej fam*; **sex ~** Sexorgie *f*; **to indulge in an ~ of spending** sich *akk* einem hemmungslosen Kaufrausch hingeben
oriel ['ɔːriəl] *n* ❶ (*recess*) Erker *m*
❷ (*window*) Erkerfenster *nt*
oriel window *n* Erkerfenster *nt*
orient ['ɔːriənt] *vt esp* AM ❶ (*position*) ■**to ~ sth** etw *dat* eine Richtung geben; **to ~ a building north and south** ein Haus in Nord-Süd-Richtung bauen; **to ~ a church** eine Kirche ostwärts ausrichten [*o* osten]
❷ (*determine position*) ■**to ~ oneself** sich *akk* orientieren [*o* zurechtfinden]
❸ (*gear*) ■**to ~ oneself to[ward] sb/sth** sich *akk* auf jdn/etw einstellen
Orient ['ɔːriənt] *n no pl* ■**the ~** der Orient
oriental [,ɔːri'entəl] *adj inv* orientalisch; **~ cuisine** orientalische Küche; **~ studies** Orientalistik *f*
oriental carpet *n*, **oriental rug** *n* Orientteppich *m*
orientalist [,ɔːri'entəlɪst] *n* Orientalist(in) *m(f)*
orientate ['ɔːriənteɪt] *vt* ❶ (*position*) **to ~ a building north and south** ein Gebäude in nordsüdlicher Richtung erstellen; **to ~ a church** eine Kirche ostwärts ausrichten [*o* osten]
❷ (*determine position*) ■**to ~ oneself [by sth]** sich *akk* [nach etw *dat*] orientieren
❸ (*make familiar*) ■**to ~ oneself** sich *akk* zurechtfinden; ■**to ~ sb to sth** jdn mit etw *dat* vertraut machen
❹ (*gear*) ■**to ~ oneself to[ward] sb/sth** sich *akk* nach jdm/etw richten; ***it is important that the public sector ~s itself more towards the consumer*** es ist wichtig, dass der öffentliche Sektor sich stärker zum Kunden hin orientiert; ■**to ~ sth to[wards] sth** etw auf etw *akk* hin ausrichten; ***he ~d his ideas to the company's philosophy*** er brachte seine Vorstellungen mit der Firmenphilosophie in Einklang
-orientated ['ɔːrienteɪtɪd, AM t̬ɪd] *in compounds*, **-oriented** ['ɔːrientɪd, AM t̬ɪd] *in compounds* -orientiert
orientation [,ɔːriən'teɪʃən] *n* ❶ *no pl* (*being oriented*) Orientierung *f*; **to get [*or* find] one's ~** sich *akk* orientieren können; **to lose one's ~** die Orientierung verlieren
❷ (*tendency*) Ausrichtung *f*; ***the ~ of the course is very much towards psychology*** der Kurs geht sehr in Richtung Psychologie
❸ (*attitude*) Orientierung *f*; **political ~** politische Gesinnung; **sexual ~** sexuelle Neigung
❹ (*introduction*) Einweisung *f*, Einführung *f*; **freshman ~** Einführungsveranstaltung *f* für Hochschulneulinge
❺ (*direction*) *of a ship* Kursbestimmung *f*; *of rocks* Ausrichtung *f*; *of atoms, radicals* Orientierung *f*
orienteering [,ɔːriən'tɪərɪŋ, AM -'tɪrɪŋ] *n no pl* Orientierungslauf *m*
orifice ['ɒrɪfɪs, AM 'ɔːrə-] *n* Öffnung *f*
origami [,ɒrɪ'gɑːmi, AM ,ɔːrɪ'-] *n no pl* Origami *nt*
origin ['ɒrɪdʒɪn, AM 'ɔːrə-] *n* ❶ (*beginning, source*) Ursprung *m*; *of a river* Quelle *f*; ***the story has obscure ~s*** der Ursprung dieser Geschichte ist unklar; ■**in ~** ursprünglich, ***her problems are psychological in ~*** ihre Probleme sind psychischer Natur; **the ~ of the universe** der Ursprung [*o* die Entstehung] des Universums
❷ (*place sth/sb comes from*) Herkunft *f kein pl*; (*ancestory also*) Abstammung *f kein pl*; ***his ~s are in the south of France*** er stammt aus Südfrankreich; **country of ~** Herkunftsland *nt*; **products of foreign ~** Produkte ausländischer Herkunft; **to be of African/Chinese/French ~** afrikanischer/chinesischer/französischer Abstammung sein; **to be of humble ~s** aus einfachen Verhältnissen kommen [*o* stammen]
❸ MATH [Koordinaten]ursprung *m*, Nullpunkt *m*
original [ə'rɪdʒɪnəl] **I.** *n* ❶ (*first version*) Original *nt*; **to read sth in the ~** etw im Original lesen
❷ (*unusual person*) Original *nt*
II. *adj inv* ❶ (*first*) ursprünglich; **to read sth in the ~ French** etw im französischen Original lesen; **the ~ version** die Originalversion; *of a book* die Originalausgabe [*o* Erstausgabe]
❷ (*unique*) originell, außergewöhnlich; (*innovative*) bahnbrechend, innovativ; (*creative*) kreativ; **~ artwork** originelles [*o* ungewöhnliches] Bildmaterial; **an ~ thinker** (*creative*) ein kreativer Denker/eine kreative Denkerin; (*innovative*) ein Vordenker/eine Vordenkerin; **an ~ thought** ein origineller Gedanke
❸ (*from creator*) original; ***is this an ~ Rembrandt?*** ist das ein echter Rembrandt?; **~ manuscript** Originalmanuskript *nt*; **~ painting** Original *nt*; **~ print** Originaldruck *m*; **the ~ score** die originale Filmmusik
originality [ə,rɪdʒɪ'næləti, AM -t̬i] *n no pl* Originalität *f*
originally [ə'rɪdʒɪnəli] *adv inv* ❶ (*at first*) ursprünglich
❷ (*uniquely*) außergewöhnlich
original sin *n no pl* Erbsünde *f*
originate [ə'rɪdʒɪneɪt] **I.** *vi* entstehen, seinen Anfang nehmen; ***I think the rumour ~d with Janet*** ich glaube, Janet hat das Gerücht in die Welt gesetzt; ■**to ~ in sth** [ursprünglich] aus etw *dat* kommen; **to ~ in Stuttgart/London** aus Stuttgart/

O

London kommen; *airplane* von [*o* in] Stuttgart/London starten; *train, bus* von [*o* in] Stuttgart/London losfahren; ■**to ~ from sth** von etw *dat* stammen
II. *vt* ■**to ~ sth** etw hervorbringen; (*invent*) etw erfinden; **to ~ a rumour** ein Gerücht in die Welt setzen; **to ~ a story** eine Geschichte in Umlauf bringen

originator [əˈrɪdʒɪneɪtər, AM -t̬ɚ] *n* Urheber(in) *m(f)*, Initiator(in) *m(f) geh;* (*founder*) Gründer(in) *m(f);* (*inventor*) Erfinder(in) *m(f);* **to be the ~ of an idea** als Erster/Erste eine Idee haben

oriole [ˈɔːriə(ʊ)l, AM -oʊl] *n* Pirol *m*

Orion [əˈraɪən, AM oʊˈ-] *n* Orion *m*

Oriya [ɒrˈiːə, AM ɔːˈ-] *n* (*state in India*) Orissa *nt*

Orkney Islands [ˈɔːkniːˌaɪləndz, AM ˈɔːrkniː-], **Orkneys** *npl* ■**the ~** die Orkneyinseln *fpl*

orlop [ˈɔːlɒp, AM ˈɔːrlɑːp] *n* NAUT Orlopdeck *nt fachspr*

ormer [ˈɔːmər, AM ˈɔːrmɚ] *n* ZOOL Seeohr *nt*

ormolu [ˈɔːməluː, AM ˈɔːr] *n no pl* Goldbronze *f*

ornament **I.** *n* [ˈɔːnəmənt, AM ˈɔːr-] ❶ (*pretty object*) Ziergegenstand *m;* (*figurine*) Figürchen *nt;* ART Ornament *nt;* **Christmas ~s** Weihnachtsschmuck *m;* **garden ~s** Zierobjekte *ntpl* für den Garten; **glass ~** Glasfigürchen *nt*
❷ *no pl* (*adornment*) Verzierung *f,* Schmuck *m;* (*decoration*) Dekoration *f;* ***the queen's gown was rich in ~*** das Kleid der Königin war reich verziert; **to be used for ~** als Dekoration dienen
❸ (*fig: adding beauty or honour*) Zierde *f;* ***she is an ~ to this town*** sie ist ein Aushängeschild für unsere Stadt
❹ *usu pl* (*in music*) Ornament *nt,* Ausschmückung *f*
❺ REL ■**~s** *pl* Kirchenschmuck *m kein pl;* (*accessories of worship*) sakrale Geräte
II. *vt* [ˈɔːnəment, AM ˈɔːr-] ■**to ~ sth** etw [ver]zieren [*o* [aus]schmücken] [*o* dekorieren]

ornamental [ˌɔːnəˈmentəl, AM ˌɔːrnəˈment̬əl] *adj* Zier-, dekorativ, ornamental *geh;* **~ cabbage** Zierkohl *m;* **~ garden** Ziergarten *m*

ornamentation [ˌɔːnəmenˈteɪʃən, AM ˌɔːr-] *n* (*form*) ❶ (*thing*) Verzierung *f;* ART Ornament *nt;* ***a plain silver tray with no ~*** ein schlichtes, schnörkelloses Silbertablett
❷ *no pl* (*act*) Verzieren *nt,* Verzierung *f;* (*of a room, text*) Ausschmückung *f*

ornate [ɔːˈneɪt, AM ɔːrˈ-] *adj object* prunkvoll, reich verziert; *music* ornamentreich; *language, style* kunstvoll, blumig; (*pej*) *language, style* geschraubt *pej,* gedrechselt *pej;* **an ~ ceiling** eine ornamentale Decke; **~ writing** Zierschrift *f*

ornately [ɔːˈneɪtli, AM ɔːrˈ-] *adv* kunstvoll

ornateness [ɔːˈneɪtnəs, AM ɔːrˈ-] *n no pl* [kunstvolle [*o* reiche]] Verzierung [*o* Ausschmückung]; *of a building* Prunk *m; of language* geschraubter Stil

ornery [ˈɔːrnɚi] *adj* AM (*fam*) gereizt; (*tending to argue*) aggressiv; **to be in an ~ mood** in gereizter Stimmung sein

ornithological [ˌɔːnɪθəˈlɒdʒɪkəl, AM ˌɔːrnəθəˈlɑː-] *adj inv* vogelkundlich, ornithologisch *fachspr*

ornithologist [ˌɔːnɪˈθɒlədʒɪst, AM ˌɔːrnəˈθɑː-] *n* Vogelkundler(in) *m(f),* Ornithologe, -in *m, f fachspr*

ornithology [ˌɔːnɪˈθɒlədʒi, AM ˌɔːrnəˈθɑː-] *n no pl* Vogelkunde *f,* Ornithologie *f fachspr*

orogeny [ɔːˈrɒdʒəni, AM ɔːˈrɑː-] *n no pl* GEOG Gebirgsbildung *f,* Orogenese *f fachspr*

orotund [ˈɒrə(ʊ)tʌnd, AM ˈɔːrətʌnd] *adj* (*form*) ❶ (*full*) *voice* volltönend, sonor
❷ (*pompous*) *speech, writing* pompös, bombastisch

orphan [ˈɔːfən, AM ˈɔːr-] **I.** *n* ❶ (*without parent*) Waise *f,* Waisenkind *nt*
❷ COMPUT Schusterjunge *m fachspr*
II. *n modifier* Waisen-, verwaist; **~ boy** Waisenjunge *m veraltend;* **~ child** Waisenkind *nt veraltend;* **~ girl** Waise *f*
III. *vt* ■**to be ~ed** [zur] Waise [*o* elternlos] werden

orphanage [ˈɔːfənɪdʒ, AM ˈɔːr-] *n* Waisenhaus *nt*

orpiment [ˈɔːpɪmənt, AM ˈɔːr-] *n no pl* CHEM gelbes Arsenik, Operment *nt fachspr,* Auripigment *nt fachspr*

orpine [ˈɔːpaɪn, AM ˈɔːr-] *n* BOT Große Fetthenne

orris [ˈɒrɪs, AM ˈɔːrɪs] *n no pl* Florentiner Schwertlilie *f*

orthodontic [ˌɔːθə(ʊ)ˈdɒntɪk, AM ˌɔːrθoʊˈdɑːnt̬ɪk] *adj inv* kieferorthopädisch

orthodontics [ˌɔːθə(ʊ)ˈdɒntɪks, AM ˌɔːrθoʊˈdɑːnt̬ɪks] *n + sing vb* Kieferorthopädie *f kein pl*

orthodontist [ˌɔːθə(ʊ)ˈdɒntɪst, AM ˌɔːrθoʊˈdɑːnt̬ɪst] *n* Kieferorthopäde, -in *m, f*

orthodox [ˈɔːθədɒks, AM ˈɔːrθədɑːks] *adj* ❶ (*generally accepted*) herkömmlich, üblich; (*not innovative*) starr, orthodox *geh;* **~ treatment** schulmedizinische Behandlung; **~ views** gängige Ansichten
❷ (*strictly religious*) strenggläubig, rechtgläubig
❸ (*of the O~ Church*) orthodox; **Greek/Russian O~** griechisch/russisch orthodox

Orthodox Church *n no pl* ■**the ~** die christlich orthodoxe Kirche **Orthodox Jew** *n* orthodoxer Jude/orthodoxe Jüdin **orthodox medicine** *n no pl* Schulmedizin *f*

orthodoxy [ˈɔːθədɒksi, AM ˈɔːrθədɑːksi] *n* ❶ (*practice*) verbreitete [*o* übliche] Denkweise, Orthodoxie *f geh;* **political orthodoxies** überkommene politische Denkweisen
❷ *no pl* (*quality*) Rechtgläubigkeit *f*
❸ REL (*group*) die Orthodoxen *pl*

orthoepy [ˈɔːθəʊepi, AM ɔːrˈθoʊəpi] *n no pl* LING Orthoepie *f fachspr,* Orthoepik *f fachspr*

orthogenesis [ˌɔːθə(ʊ)ˈdʒenəsɪs, AM ˌɔːrθoʊˈ-] *n no pl* BIOL Orthogenese *f fachspr*

orthogonal [ɔːˈθɒgənəl, AM ɔːrˈθɑː-] *adj inv* MATH orthogonal *fachspr*

orthographic [ˌɔːθə(ʊ)ˈgræfɪk, AM ˌɔːrθoʊˈ-] *adj inv* orthographisch *geh,* Rechtschreib-; **~ conventions** Rechtschreibregeln *fpl;* **~ reform** Rechtschreibreform *f*

orthographically [ˌɔːθə(ʊ)ˈgræfɪkəli, AM ˌɔːrθoʊˈ-] *adv inv* orthographisch *geh*

orthography [ɔːˈθɒgrəfi, AM ɔːrˈθɑː-] *n no pl* Orthographie *f geh*

orthopaedic [ˌɔːθə(ʊ)ˈpiːdɪk] BRIT, AM **orthopedic** [ˌɔːrθoʊˈ-] *adj* orthopädisch; **~ surgery** orthopädische Chirurgie

orthopaedic device *n* orthopädisches Hilfsmittel **orthopaedic mattress** *n* orthopädische Matratze

orthopaedics [ˌɔːθə(ʊ)ˈpiːdɪks] BRIT, AM **orthopedics** [ˌɔːrθoʊˈ-] *n + sing vb* Orthopädie *f kein pl*

orthopaedist [ˌɔːθə(ʊ)ˈpiːdɪst] BRIT, AM **orthopedist** [ˌɔːrθoʊˈ-] *n* Orthopäde, -in *m, f*

orthopaedy [ˌɔːθə(ʊ)ˈpiːdi] BRIT, AM **orthopedy** [ˌɔːrθoʊˈ-] *n no pl* Orthopädie *f*

orthopedic *adj* AM *see* **orthopaedic**

orthopedics *n* AM *see* **orthopaedics**

orthopedist *n* AM *see* **orthopaedist**

orthopedy *n* AM *see* **orthopaedy**

orthoptic [ɔːˈθɒptɪk, AM ɔːrˈθɑːptɪk] *adj inv* normalsichtig, orthoptisch *fachspr*

OS *n* [ˌəʊˈes, AM ˌoʊˈ-] ❶ COMPUT *abbrev of* **operating system**
❷ BRIT *abbrev of* **Ordnance Survey**

Oscar [ˈɒskər, AM ˈɑːskɚ] **I.** *n* FILM Oscar *m*
II. *n modifier* Oscar-; **~ ceremony** Oscar-Verleihung *f;* **~ winner** Oscar-Preisträger(in) *m(f)*

oscillate [ˈɒsɪleɪt, AM ˈɑːsəl-] **I.** *vi* ❶ (*swing*) schwingen, oszillieren *fachspr*
❷ (*fig: fluctuate*) [hin und her] schwanken
II. *vt* ■**to ~ sth** etw pendeln [*o* hin und her schwingen] lassen

oscillation [ˌɒsɪˈleɪʃən, AM ˌɑːsəlˈ-] *n* ❶ (*movement*) Schwingung *f,* Oszillation *f fachspr,* Oszillieren *nt kein pl fachspr*
❷ (*fig: fluctuation of moods*) Schwankung *nt*

oscilloscope [əˈsɪləskəʊp, AM -skoʊp] *n* Schwingungsmesser *m,* Oszilloskop *nt fachspr*

osier [ˈəʊziər, AM ˈoʊʒɚ] **I.** *n* BOT (*tree*) Korbweide *f;* (*branch*) Weidenrute *f*
II. *n modifier* (*basket*) Weiden-; (*chair, table*) Korb-

osmosis [ɒzˈməʊsɪs, AM ɑːzˈmoʊ-] *n no pl* BIOL, CHEM Osmose *f fachspr;* ■**by ~** durch Osmose; (*fig*) ***the children just learned the songs by ~*** die Kinder lernten die Lieder allein durchs Zuhören

osmotic [ɒzˈmɒtɪk, AM ɑːzˈmɑːt̬ɪk] *adj inv* BIOL, CHEM osmotisch *fachspr*

osmotic pressure *n* BIOL osmotischer Druck *fachspr*

osprey [ˈɒspreɪ, AM ˈɑːspriː] *n* ORN Fischadler *m*

ossification [ˌɒsɪfɪˈkeɪʃən, AM ˌɑːsəfɪˈ-] *n no pl* ❶ (*changing into bone*) Verknöcherung *f,* Ossifikation *f fachspr*
❷ (*fig form: becoming inflexable*) Verknöcherung *f fig,* Erstarrung *f fig*

ossified [ˈɒsɪfaɪd, AM ˈɑːsə-] *adj* (*fig form*) verknöchert *fig,* erstarrt *fig,* unbeweglich *fig*

ossify <-ie-> [ˈɒsɪfaɪ, AM ˈɑːsə-] **I.** *vi* ❶ (*become bone*) verknöchern, ossifizieren *fachspr*
❷ (*fig: become inflexible*) verknöchern *fig,* erstarren *fig*
II. *vt* ■**to ~ sth** etw erstarren lassen *fig*

osso bucco [ˌɒsəʊˈbuːkəʊ, AM ˌɑːsoʊˈbuːkoʊ] *n no pl* Osso bucco *nt* (*geschmorte Kalbshaxe*)

Ostend [ɒsˈtend, AM ɑːˈstend] *n no pl* Ostende *nt*

ostensible [ɒˈsten(t)sɪbl̩, AM ɑːˈsten(t)sə-] *adj attr, inv* angeblich, vorgeblich

ostensibly [ɒˈsten(t)sɪbli, AM ɑːˈsten(t)sə-] *adv inv* angeblich, vorgeblich

ostentation [ˌɒstenˈteɪʃən, AM ˌɑːstənˈ-] *n no pl* Großtuerei *f,* Prahlerei *f,* Angeberei *f*

ostentatious [ˌɒstenˈteɪʃəs, AM ˌɑːstənˈ-] *adj* prahlerisch; *lifestyle* protzig, pompös; *gesture* demonstrativ, ostentativ *geh;* **~ *display of wealth*** betonte [*o geh* ostentative] Zurschaustellung des Reichtums; **~ jewellery** protziger Schmuck

ostentatiously [ˌɒstenˈteɪʃəsli, AM ˌɑːstənˈ-] *adv* protzig, pompös; (*in showy manner*) demonstrativ, ostentativ *geh*

osteoarthritis [ˌɒstiəʊɑːˈθraɪtɪs, AM ˌɑːstioʊɑːrˈθraɪt̬ɪs] *n no pl* Arthrose *f,* Osteoarthritis *f fachspr,* Arthrosis deformans *f fachspr*

osteology [ˌɒstiˈɒlədʒi, AM ˌɑːstiˈɑːlə-] *n no pl* ANAT Knochenlehre *f,* Osteologie *f fachspr*

osteopath [ˈɒstiə(ʊ)pæθ, AM ˈɑːstioʊ-] *n* MED Osteopath(in) *m(f) fachspr,* Spezialist(in) *m(f)* für Knochenleiden; ***the ~ carefully manipulated my damaged shoulder*** mit sanftem Druck und Bewegungsübungen behandelte der Osteopath meine verletzte Schulter

osteopathy [ˌɒstiˈɒpəθi, AM ˌɑːstiˈɑːpə-] *n no pl* MED Osteopathie *f fachspr,* Heilverfahren *nt* für Knochenleiden; **~ *aims to stimulate the body to heal itself*** die Osteopathie will die Selbstheilungskräfte des Körpers anregen

osteoporosis [ˌɒstiəʊpəˈrəʊsɪs, AM ˌɑːstioʊpəˈroʊ-] *n no pl* MED Knochenschwund *m,* Osteoporose *f fachspr*

ostler [ˈɒslər, AM ˈɑːslɚ] *n* (*hist*) Stallknecht *m hist,* Stallbursche *m*

ostracism [ˈɒstrəsɪzəm, AM ˈɑːstrə-] *n no pl* Ächtung *f*

ostracize [ˈɒstrəsaɪz, AM ˈɑːstrə-] *vt* ■**to ~ sb** ❶ (*exclude*) jdn ächten; **to be ~d by society** von der Gesellschaft ausgestoßen werden
❷ (*banish*) jdn verbannen

ostrich [ˈɒstrɪtʃ, AM ˈɑːstrɪtʃ] **I.** *n* ❶ ORN Strauß *m*
❷ (*person*) ■**to be an ~** vor Problemen die Augen verschließen *fig,* den Kopf in den Sand stecken *fig;* ***he's a real ~*** er betreibt eine regelrechte Vogel-Strauß-Politik
II. *n modifier* (*egg, feather, nest, foot, meat*) Straußen-

ostrich-like *adj pred* Vogel-Strauß-; ■**to be ~** den Kopf in den Sand stecken *fig;* ■**to be ~ about sth** vor etw *dat* die Augen verschließen *fig*

OT *n abbrev of* **Old Testament** AT *nt*

OTC [ˌəʊtiːˈsiː] *n + sing/pl vb* BRIT *abbrev of* **Officers' Training Corps** *Verband für die Ausbildung von Offizieren*

other [ˈʌðər, AM -ɚ] **I.** *adj det* ❶ (*different*) andere(r, s); ***there's no ~ way*** es gibt keine Alternative, anders geht es nicht; **~ people** andere [Leute]; **some ~ time** ein anderes Mal; **in ~ words** mit anderen Worten
❷ (*not long ago*) **the ~ day** neulich, vor kurzem;

the ~ **evening/morning/night** neulich abends/morgens/nachts; **the ~ week** (*last week*) letzte Woche; (*some weeks ago*) vor einigen Wochen
❸ (*additional*) andere(r, s), weitere(r, s); ***are there any ~ questions?*** gibt es noch [weitere] Fragen?
❹ (*alternative*) andere(r, s); **one's ~ half** (*euph*) meine bessere Hälfte; **on the ~ hand** andererseits; **a member of the ~ sex** ein Vertreter *m*/eine Vertreterin des anderen Geschlechts; **every ~** jede(r, s) zweite; **one or ~** eine(r, s) von beiden
❺ (*not being exact*) **some company or ~** irgendeine Firma; **some man or ~** irgendein Mann *m;* **some time or ~** irgendwann [einmal]; **somehow or ~** irgendwie; **someone or ~** irgendwer; **something or ~** irgend[et]was
❻ *after n* (*except*) ***I've never told this to any person ~ than you*** außer dir habe ich das noch nie jemandem erzählt; ***there was no choice ~ than to walk home*** es blieb uns nichts anderes übrig, als nach Hause zu laufen; **to do nothing** [*or* **not do anything**] **~ than sth** etw nur [*o* ausschließlich] tun; ***don't you do anything ~ than complain?*** kannst du dich eigentlich nur beschweren?
II. *pron* ❶ (*the remaining*) ■**the ~** der/die/das andere; ***hold the racquet in one hand and the ball in the ~*** halte den Schläger in einer Hand und den Ball in der anderen; **one from the ~** voneinander; ***it's often difficult to distinguish one from the ~*** es ist oft schwierig, sie voneinander zu unterscheiden; **one without the ~** eine ohne die andere, einer ohne den anderen, eines ohne das andere; **one or the ~** eines davon; ***you may have one or the ~ but not both*** du kannst eines haben, nicht beide
❷ + *sing vb* (*either, or*) **one or** [**the**] **~ of sth** eine(r, s) von etw *dat;* ***one or the ~ of us will be home when you call*** einer von uns wird zu Hause sein, wenn du anrufst; ***take that car to one or ~ of the mechanics — they're both good*** bringe das Auto zu einem der Mechaniker – sie sind beide gut
❸ (*being vague*) **someone or ~** irgendwer; **something or ~** irgendwas; ***I was just doing something or ~ — what was it?*** ich machte gerade was – was war das?
► PHRASES: **a bit of the ~** (*euph fam: sex*) ein bisschen Vergnügen; ***time for bed and a bit of the ~*** Zeit für das Bett und ein bisschen Vergnügen

otherness [ˈʌðənəs, AM -ɚ-] *n no pl* (*form*) Andersartigkeit *f,* Anderssein *nt*

others [ˈʌðəz, AM -ɚz] *pron pl* ❶ (*people*) andere; ***he tries not to hurt ~ through his own actions*** er versuchte, andere durch seine Handlungen nicht zu verletzen
❷ (*different ones*) andere; ***I only know about this book but there might be ~*** ich kenne nur dieses Buch, aber es könnte auch andere geben; ***you shouldn't expect ~ to do your work for you*** du solltest nicht erwarten, dass andere deine Arbeit erledigen

otherwise [ˈʌðəwaɪz, AM -ɚ-] I. *adj pred, inv* (*dated form*) anders *präd;* ***I would that it were ~*** ich wünschte, es wäre anders; ***the truth is quite ~*** die Wahrheit sieht völlig anders aus
II. *adv inv* ❶ (*differently*) anders; ***the police believe he is the thief, but all the evidence suggests ~*** die Polizei hält ihn für den Dieb, aber das Beweismaterial spricht dagegen; ***unless you let me know ~, …*** sofern ich nichts Gegenteiliges von dir höre, …
❷ (*except for this*) sonst, ansonsten, im Übrigen
❸ (*alternatively*) ***Marion Morrison, ~ known as the film star John Wayne, …*** Marion Morrison, auch bekannt als der Filmstar John Wayne, …; **to be ~ engaged** [*or* **occupied**] (*form*) anderweitig zu tun haben [*o* beschäftigt sein]
III. *conj* andernfalls, sonst

other-worldliness [ˌʌðəˈwɜːldlɪnəs, AM ˌʌðɚˈwɜːrld] *n no pl* ❶ (*of an immaterial world*) Jenseitigkeit *f,* Außerweltlichkeit *f* ❷ (*unworldliness*) Weltfremdheit *f* **other-worldly** *adj* ❶ (*supernatural*) übernatürlich; **~ attributes** übernatürliche Eigenschaften; **of ~ beauty** von überirdischer Schönheit ❷ (*heavenly*) jenseitig, im Jenseits *nach n;* **~ punishment** die Strafe des Himmels ❸ (*etherial*) *smile* vergeistigt, entrückt; *person* [wie] nicht von dieser Welt *präd*

otiose [ˈəʊtiəʊz, AM ˈoʊʃioʊs] *adj inv* ❶ (*doing nothing*) müßig, untätig
❷ (*without purpose*) müßig, zwecklos

OTT [ˌəʊtiːˈtiː] BRIT (*fam*) *abbrev of* **over the top:** ***her outfit was a bit ~*** also diesmal ist sie mit ihrem Outfit definitiv zu weit gegangen! *fam*

otter [ˈɒtəʳ, AM ˈɑːtɚ] *n* ZOOL Otter *m*

ottoman [ˈɒtə(ʊ)mən, AM ˈɑːt̬əmən] *n* ❶ (*couch*) Ottomane *f*
❷ (*stool*) Polsterschemel *m* (*oft mit eingebauten Schubladen*)
❸ *no pl* (*cloth*) Ottoman *m*

Ottoman [ˈɒtə(ʊ)mən, AM ˈɑːt̬əmən] I. *n* HIST Osmane, -in *m, f,* Ottomane, -in *m, f selten*
II. *adj* HIST osmanisch

OU [ˌəʊˈjuː, AM ˌoʊ-] *n abbrev of* **Open University** VHS *f*

ouch [aʊtʃ] *interj* aua, autsch

ought [ɔːt, AM *also* ɑːt] *aux vb* ❶ (*indicating duty*) ■**sb ~ to do sth** jd sollte etw tun; ***we ~ to tidy up before we go home*** wir sollten [besser] aufräumen, bevor wir nach Hause gehen; ■**sb/sth ~ not to** ***we ~ not to have agreed*** wir hätten nicht zustimmen sollen; ***it ~ not to be allowed*** das sollte nicht erlaubt sein
❷ (*indicating probability*) ■**sb ~ to be/do sth** jd sollte [*o* müsste] [eigentlich] etw sein/tun; ***she ~ to be able to …*** sie sollte eigentlich in der Lage sein, …; ***we ~ to be home by 7 o' clock*** bis um sieben müssten wir eigentlich wieder zu Hause sein; ***they ~ to have arrived at lunchtime*** sie hätten eigentlich um die Mittagszeit ankommen sollen; ***I say the kids are tired and I ~ to know!*** ich sage, die Kinder sind müde und ich muss es wohl wissen; ■**sth ~ to be sth** ***ten minutes ~ to be enough time*** zehn Minuten müssten eigentlich genügen; ***so, that ~ to be enough now*** so, das sollte jetzt genügen; ***will dinner be ready on time? — yes, it ~ to be*** wird das Essen rechtzeitig fertig? – ja, das müsste hinhauen *fam*
❸ (*indicating advice*) ■**sb ~ to do sth** jd sollte etw tun; ***he ~ to go into politics*** er sollte in die Politik gehen; ***what ~ I to do?*** und was sollte ich tun?

oughtn't [ˈɔːtᵊnt, AM *also* ˈɑːt-] = **ought not to** *see* **ought**

Ouija board® [ˈwiːdʒə-] *n Buchstaben- und Zahlentafel für spiritistische Sitzungen*

ounce [aʊn(t)s] *n* Unze *f;* ***if he's got an ~ of common sense, …*** wenn er auch nur einen Funken gesunden Menschenverstand hat, …; ***there's not an ~ of truth to the rumour*** an dem Gerücht ist aber auch überhaupt nichts dran; ***this will take every ~ of strength you have*** das wird dir deine ganze Kraft abverlangen; **to never put on an ~** kein Gramm zunehmen
► PHRASES: **an ~ of prevention is worth a pound of cure** (*prov*) vorbeugen ist besser als heilen *prov*

our [aʊəʳ, AM aʊɚ] *adj poss* unser(e); **O~ Father** (*in prayer*) Vater unser; **the O~ Father** der Vaterunser; ***~ Tommy is a good climber*** unser Tommy kann gut klettern

Our Father *n* REL ❶ (*title for God*) Heiliger Vater, Vater *m* im Himmel ❷ (*Lord's Prayer*) Vaterunser *nt;* **to say the ~** das Vaterunser beten **Our Lady** *n* REL (*title for the Virgin Mary*) [Heilige] Mutter Gottes **Our Lord** *n* REL (*title for god*) Heiliger Vater, Vater *m* im Himmel; (*title for Jesus Christ*) Herr *m* Jesus Christus

ours [aʊəz, AM aʊɚz] *pron poss* (*belonging to us*) unsere(r, s); ***which table is ~?*** welcher Tisch ist unserer?; ***that's their problem — not ~*** das ist ihr Problem – nicht unseres; ***~ was the ugliest house on the block*** unser Haus war das hässlichste im ganzen Block; ***he's a cousin of ~*** er ist ein Cousin von uns; ***bowling is a favourite pastime of ~*** wir gehen in der Freizeit besonders gerne Bowling; ***this chat of ~ is strictly between us*** dieses Gespräch bleibt nur unter uns

ourself [aʊəˈself, AM aʊɚ-] *pron* ❶ (*fam: ourselves*) uns; ***we see ~ as the market leader in film*** wir betrachten uns als Marktführer in der Filmbranche; (*emph*) ***this is our affair — we deal with it ~*** das ist unsere Angelegenheit – wir kümmern uns selbst darum
❷ (*old: royal myself*) selbst
❸ (*editorial myself*) uns

ourselves [aʊəˈselvz, AM aʊɚ-] *pron reflexive* ❶ *after vb/prep* (*direct object*) uns; ***we enjoyed ~ at the party very much*** wir hatten großen Spaß bei der Party; ***we told ~ it would be easy*** wir sagten uns, dass es einfach würde; ***for this we can only blame ~*** daran können wir uns nur selbst die Schuld geben; ***we wanted to make a nice evening for ~*** wir wollten uns einen gemütlichen Abend machen; ***we laugh to ~ often at the things we hear people say*** wir lachen oft insgeheim über die Dinge, die andere Leute sagen
❷ (*form: we, us*) wir
❸ (*emph: personally*) wir persönlich; ***don't worry, we will look into the matter ~*** machen Sie sich keine Sorgen, wir werden uns persönlich um die Angelegenheit kümmern; ***we invented it ~*** wir erfanden das selbst; **we ~ …** wir selbst …; **to see/taste/hear/feel sth for ~** etw selbst sehen/kosten/hören/fühlen
❹ (*alone*) ***we always do our taxes ~*** wir machen immer selbst die Steuererklärung; **to have sth** [**all**] **to ~** etw [ganz] für uns haben; **to keep sth for ~** uns etw freihalten; ■[**all**] **by ~** [ganz] allein; ***we can get dressed all by ~ now, Mama*** wir können uns ganz alleine anziehen, Mama
❺ (*normal*) **to** [**just**] **be ~** [ganz] wir selbst sein; **to not be/feel/seem ~** nicht wir selbst sein/zu sein scheinen; **to look ~** wie ich selbst aussehen

oust [aʊst] *vt* ❶ (*expel*) ■**to ~ sb** jdn vertreiben [*o fam* hinauswerfen]; (*by taking their position*) jdn verdrängen; ■**to be ~ed** verdrängt werden; ***he was ~ed as chairman after 30 years*** nach 30 Jahren wurde er als Vorsitzender abgesägt *fam;* **~ sb from a club/party** jdn aus einem Klub/einer Partei ausschließen; **~ sb from a job** jdn entlassen; **~ sb from an office** jdn aus einem Amt entfernen; **to ~ a party from power** eine Partei entmachten
❷ LAW **to ~ sb's freehold** jdm seinen Immobiliarbesitz entziehen; **to ~ the jurisdiction of a court** die Zuständigkeit eines Gerichts ausschließen

ouster [ˈaʊstəʳ, AM ˈaʊstɚ] *n no pl* ❶ AM (*expulsion*) Verdrängung *f,* Vertreibung *f;* (*from a position*) Amtsenthebung *f*
❷ LAW (*of jurisdiction*) Ausschluss *m* der Zuständigkeit des Gerichts; (*removal from property*) Zwangsräumung *f*

out [aʊt]

I. ADJECTIVE	II. ADVERB
III. TRANSITIVE VERB	IV. PREPOSITION

I. ADJECTIVE

❶ (*absent*) abwesend, nicht da, weg *fam; workers* im Ausstand; ***the library book was ~*** das Buch war [aus der Bücherei] entliehen; ***the jury is ~, considering their verdict*** die Geschworenen haben sich zur Beratung des Urteilsspruchs zurückgezogen; ***the workers were ~, demanding higher wages*** die Arbeiter waren auf der Straße, um für höhere Löhne zu demonstrieren
❷ (*outside*) ■**to be ~** draußen sein; *sun, moon, stars* am Himmel stehen; ***they are ~ in the garden*** sie sind draußen im Garten; ***everyone was ~ on deck*** alle waren [draußen] an Deck; **to be ~ of hospital/prison** aus dem Krankenhaus/Gefängnis entlassen worden sein; ***he's ~*** (*prisoner*) er ist [wieder] draußen *fam*
❸ (*on the move*) unterwegs; ***the army was ~*** die Armee war ausgerückt; ***the postman was ~ on his rounds*** der Postbote machte gerade seine Runde; **to be ~ and about** unterwegs sein; (*after an illness*)

wieder auf den Beinen sein
④ *(in blossom)* ■ **to be ~** blühen
⑤ *(far away)* draußen; ***the fishing boats were ~ at sea*** die Fischerboote waren draußen auf See; ***he lived ~ in Zambia*** er lebte in [*o* im fernen] Zambia; **~ here** hier draußen; **~ west** AM an der Westküste; ***they moved ~ west*** sie an die Westküste gezogen
⑥ *(available)* erhältlich, zu haben *fam;* (*on the market*) auf dem Markt; *book* veröffentlicht, herausgekommen; ***this is the best automatic camera ~*** das ist die beste Automatikkamera auf dem Markt
⑦ *(fam: existing)* vorhanden; ***I think he's the greatest footballer ~*** ich halte ihn für den besten Fußballer, den es zur Zeit gibt
⑧ *(not secret)* heraus, raus *fam;* ***the secret is ~*** das Geheimnis ist gelüftet [worden]; ***once the news is ~, …*** wenn die Neuigkeit erst einmal bekannt ist, …; ***[the] truth will ~*** die Wahrheit wird ans Licht kommen
⑨ *(asleep)* ■ **to be ~** schlafen; (*unconscious*) bewusstlos [*o fam* weg] sein; **to be ~ for the count** BOXING k.o. [*o* ausgezählt] sein; (*fig*) total hinüber [*o* erledigt] sein *fam;* **to be ~ like a light** sofort einschlafen [*o fam* weg sein]; **to be ~ cold** bewusstlos sein
⑩ *(finished)* aus, zu Ende; ***school will be ~ in June*** die Schule endet im Juni; **before the drive/the film/the song is ~** bevor die Fahrt/der Film/das Lied vorbei ist; **before the month/year is ~** vor Ende [*o* Ablauf] des Monats/Jahres; **over and ~** AVIAT ≈ Ende der Durchsage, over and out *fachspr*
⑪ SPORTS *(not playing)* nicht [mehr] im Spiel, draußen *fam;* (*in cricket, baseball*) aus; (*outside a boundary*) *ball, player* im Aus; ***Johnson is ~ on a foul*** Johnson wurde wegen eines Fouls vom Platz gestellt; ***Owen is ~ with an injury*** Owen ist mit einer Verletzung ausgeschieden
⑫ *(fam: thrown-out)* draußen *fam;* ■ **to be ~** (*of school*) fliegen *fam;* **to be ~ on the streets** (*be unemployed*) arbeitslos sein, auf der Straße stehen *fam;* (*be homeless*) obdachlos sein, auf der Straße leben
⑬ *(fam: unacceptable)* unmöglich *fam;* (*unfashionable*) aus der Mode, passee *fam,* out *fam*
⑭ *(not possible)* unmöglich; ***that plan is absolutely ~*** dieser Plan kommt überhaupt nicht in Frage
⑮ *(off) light, TV* aus; (*not burning*) *fire* aus, erloschen
⑯ *(inaccurate)* falsch, daneben *fam;* **to be ~** danebenliegen *fam;* ***our estimates were ~ by a few dollars*** wir lagen mit unseren Schätzungen um ein paar Dollar daneben; **to be ~ in one's calculations** sich *akk* verrechnet haben, mit seinen Berechnungen danebenliegen *fam*
⑰ *(in search of)* ■ **to be ~ for sth** auf etw *akk* aus sein *fam,* es auf etw *akk* abgesehen haben; ***he's just ~ for a good time*** er will sich nur amüsieren; ■ **to be ~ to do sth** es darauf abgesehen haben, etw zu tun; ***they're ~ to get me*** die sind hinter mir her *fam;* **to be ~ for trouble** Streit suchen
⑱ *(revealed as homosexual)* **to be ~** sich *akk* geoutet haben *sl;* ***she's been ~ for three years now*** sie hat sich vor drei Jahren geoutet
⑲ *(at lowest point)* **the tide is ~** es ist Ebbe; ***we had a walk here when the tide was ~*** bei Ebbe sind wir hier spazieren gegangen
⑳ *(introduced to society)* in die Gesellschaft eingeführt; ***Jane isn't ~ yet*** Jane ist noch nicht in die Gesellschaft eingeführt worden

II. ADVERB

inv ① *(outdoors)* draußen, im Freien; ***it's bitterly cold ~ today*** es ist heute schrecklich kalt draußen; ***"Keep ~!"*** „Betreten verboten!"
② *(with outward movement)* nach draußen, raus *fam;* ***get ~!*** raus hier! *fam;* ***can you find your way ~?*** finden Sie selbst hinaus?; ***~ with it*** heraus damit! *fam,* [he]raus mit der Sprache! *fam;* **to ask sb ~** jdn einladen; ***he's asked her ~*** er hat sie gefragt, ob sie mit ihm ausgehen will; **to eat ~** im Restaurant [*o* auswärts] essen; **to go ~** ausgehen, weggehen, rausgehen *fam;* ***are you going ~ tonight?*** gehst du heute Abend weg?; **to see sb ~** jdn hinausbegleiten; **to turn sth inside ~** *clothes* etw auf links drehen
③ *(removed)* heraus, raus *fam;* ***I can't get the stain ~*** ich kriege den Fleck nicht wieder raus *fam;* **to put a fire ~** ein Feuer löschen; **to cross ~ sth** etw ausstreichen [*o* durchstreichen]
④ *(completely)* ganz, völlig; **burnt ~** (*also fig*) ausgebrannt *a. fig; fuse* durchgebrannt; *candle* heruntergebrannt; **tired ~** völlig erschöpft; **~ and away** AM bei weitem; ***she is ~ and away the best student I have ever taught*** sie ist mit Abstand die beste Studentin, die ich jemals hatte
⑤ *(aloud)* ***he cried ~ in pain*** er schrie vor Schmerzen auf; ***she called ~ to him to stop*** sie rief ihm zu, er solle anhalten; **to laugh ~ [loud]** [laut] auflachen
⑥ *(to an end)* **to die ~** aussterben; (*fig*) *applause* verebben; **to fight sth ~** etw [untereinander] austragen [*o* ausfechten]
⑦ *(free from prison)* entlassen; **to come [*or* get] ~** freikommen; **to let sb ~** jdn freilassen
⑧ *(unconscious)* **to go ~ like a light** (*fig*) auf der Stelle einschlafen, sofort weg sein *fam;* **to knock sb ~** jdn bewusstlos [*o* k.o.] schlagen; **to pass ~** in Ohnmacht fallen
⑨ *(dislocated)* **to put sth ~** etw ausrenken; ***when she was in the car accident, it put her back ~*** sie verrenkte sich bei dem Autounfall den Rücken
⑩ *(open)* **to open ~** ausbreiten; ***can you open ~ the sofa bed for me?*** kannst du die Schlafcouch für mich ausziehen?; **to open ~ a map** eine Karte ausbreiten [*o* auseinander falten]
⑪ *(unfashionable)* **to go ~** aus der Mode kommen, altmodisch werden; **to have gone ~ with the ark** völlig altmodisch [*o* von vorgestern] [*o hum fam* von anno Tobak] sein
⑫ *(time off)* ***he took ten minutes ~*** er nahm eine Auszeit von zehn Minuten
⑬ *(reach lowest point)* **the tide is coming ~** die Ebbe setzt ein

III. TRANSITIVE VERB

■ **to ~ sb** ① *(eject)* jdn rausschmeißen *fam;* SPORTS jdn vom Platz stellen
② BOXING jdn k.o. schlagen
③ *usu passive (reveal homosexuality)* jdn outen *sl*

IV. PREPOSITION

aus +*dat;* ***she ran ~ the door*** sie rannte zur Tür hinaus

outa ['aʊt̬ə] *prep* AM (*fam*) *see* **out of:** ***I'm ~ this place tomorrow*** ich bin hier morgen weg *fam;* **get ~ here!** hau ab! *fam;* (*expression of disbelief*) niemals!; ***you know, she's left her husband — get ~ here! not Sheila!*** hast du schön gehört, dass sie ihren Mann verlassen hat? – echt? doch nicht Sheila!

outage ['aʊtɪdʒ] *n* Ausfall *m;* **power ~** Stromausfall *m*

out-and-out *adj attr, inv* ausgemacht, durch und durch *nach n,* absolut; ***he's an ~ rogue*** er ist ein ausgemachter Schurke; **an ~ disaster** eine einzige Katastrophe; **~ lie** unverschämte Lüge

outback ['aʊtbæk] *n no pl* Hinterland *nt* [Australiens]; **to live in the ~** im [australischen] Busch leben

outbid <-bid, -bid> *vt* ■ **to ~ sb** jdn überbieten; ***the retail group ~ all three competitors for space in the shopping centre*** die Handelsgruppe hat alle drei Mitbewerber bei der Vergabe eines Platzes im Einkaufszentrum überboten

outboard, outboard motor *n* Außenborder *m,* Außenbordmotor *m*

outbound *adj inv, pred* abfahrend *attr; train* [aus dem Bahnhof] ausfahrend *attr; ship* [aus dem Hafen] auslaufend *attr; plane* abfliegend *attr;* **~ traffic** *Verkehr, der aus der Stadt/dem Land hinausgeht*

out-box *n* Ablage *f* (*für ausgehende Post*)

outbreak ['aʊtbreɪk] *n of a disease, hostilities, a war* Ausbruch *m;* **thundery ~s** [plötzliche] gewittrige Niederschläge

outbuilding *n* Nebengebäude *nt*

outburst ['aʊtbɜːst, AM -bɜːrst] *n* Ausbruch *m;* **an ~ of anger [*or* rage]** ein Wutanfall *m;* **to receive an ~ of applause** einen donnernden Applaus bekommen; **a sudden ~ of laughter** plötzlich ausbrechendes Gelächter; **an ~ against a proposal** eine Attacke gegen einen Vorschlag

outcast ['aʊtkɑːst, AM -kæst] **I.** *n* Ausgestoßene(r) *f(m),* Geächtete(r) *f(m);* **social ~** gesellschaftlicher Außenseiter/gesellschaftliche Außenseiterin, Outcast *m geh*
II. *adj inv* ausgestoßen, verstoßen

outclass [ˌaʊt'klɑːs, AM -'klæs] *vt* ■ **to ~ sb** jdn deklassieren *geh* [*o* in den Schatten stellen]

outcome ['aʊtkʌm] *n* Ergebnis *nt,* Resultat *nt;* **the ~ of the election** das Wahlergebnis; **the immediate ~** die unmittelbare Folge

outcrop ['aʊtkrɒp, AM -krɑːp] *n* GEOL Felsnase *f;* **an ~ of rocks** zutage liegendes Gestein

outcry ['aʊtkraɪ] *n* ① (*protest*) lautstarker Protest, Sturm *m* der Entrüstung (**over** gegen +*akk*); **to provoke a public ~** einen Sturm der Entrüstung in der Öffentlichkeit auslösen; **to raise an ~ against sth** gegen etw *akk* lautstarken Protest erheben
② STOCKEX **open ~ system** Ermittlung *f* von Kontraktpreisen durch offenen Zuruf oder Handzeichen

outdated [ˌaʊt'deɪtɪd, AM -t̬-] *adj* veraltet; *ideas, views* überholt, antiquiert *geh*

outdistance [ˌaʊt'dɪstən(t)s] *vt* ■ **to ~ sb** jdn hinter sich *dat* lassen [*o* abhängen]; ■ **to be ~d** SPORTS ***Smith was ~d by Jones*** Smith fiel hinter Jones zurück

outdo <-did, -done> [ˌaʊt'duː] *vt* ■ **to ~ sb** jdn übertreffen [*o* ausstechen]; ***Pat was wearing an outrageous dress, so not to be outdone, I put on my bright red suit*** Pat trug ein sehr gewagtes Kleid, und um mithalten zu können, zog ich meinen knallroten Anzug an

outdoor [ˌaʊt'dɔːʳ, AM -'dɔːr] *adj inv* ***he's very much an ~ person*** er hält sich gern und viel im Freien auf; **~ concert** Freiluftkonzert *nt,* Openairkonzert *nt;* **~ clothes** Kleidung *f* für draußen; **~ furniture** Gartenmöbel *pl;* **~ jacket** warme Jacke, Outdoorjacke *f;* **~ swimming pool** Freibad *nt;* **~ sports** Sportarten *fpl* im Freien

outdoors [ˌaʊt'dɔːz, AM -'dɔːrz] **I.** *n* + *sing vb* **in the great ~** in der freien Natur
II. *adv* im Freien, draußen; **to eat/sleep/play ~** draußen essen/schlafen/spielen

outdoorsy [ˌaʊt'dɔːrzi] *adj* AM ■ **to be ~** gern in der freien Natur [*o* an der frischen Luft] sein; ***he's an ~ type*** er ist ein Naturbursche

outed ['aʊtɪd, AM -t̬-] *adj attr, inv* geoutet *sl*

outer ['aʊtəʳ, AM -t̬ɚ] **I.** *n* BRIT SPORTS äußerster Ring (*einer Zielscheibe*)
II. *adj inv* ① (*external*) äußerlich, Außen-; **~ door** Außentür *f*
② (*far from centre*) äußere(r, s), Außen-; **one's ~ circle of friends** jds weiterer Bekanntenkreis; **~ city bypass** Umgehungsstraße *f;* **the ~ lane of the motorway** die äußere Fahrspur [auf] der Autobahn; **the ~ suburbs** die Randbezirke

outer ear *n* äußeres Ohr **outer man** *n* ■ **the ~** das Äußere, das äußere Erscheinungsbild

outermost ['aʊtəməʊst, AM -t̬ɚmɛst] *n attr, inv* äußerste(r, s); **the ~ layer** die oberste Schicht; **the ~ regions of the solar system** die entferntesten Regionen des Sonnensystems

outer space *n* der Weltraum, das Weltall **outer wear** *n no pl* Oberbekleidung *f* **outer world** *n* ■ **the ~** die Außenwelt

outface [ˌaʊt'feɪs] *vt* ■ **to ~ sb** jdm [erfolgreich] die Stirn bieten **outfall** *n* Mündung *f; of drain, sewer* Ausfluss *m;* **river ~** Flussmündung *f* **outfall pipe** *n* Abwasserrohr *nt* (*das ins Meer mündet*) **outfield** *n no pl* Außenfeld *nt* **outfielder** *n* Außenfeldspieler(in) *m(f)*

outfight <-fought, -fought> [ˌaʊt'faɪt] *vt* ■ **to ~ sb** jdn bezwingen [*o* schlagen]; ■ **to be outfought**

unterliegen; **to ~ an army** eine Armee schlagen [*o* besiegen]

outfit ['aʊtfɪt] **I.** *n* ❶ (*clothes*) Kleidung *f,* Kleider *pl,* Outfit *nt sl;* **cowboy ~** Cowboykostüm *nt;* **riding ~** Reitkleidung *f;* **wedding ~** Hochzeitsgarderobe *f*
❷ (*fam: group*) Verein *m fam;* (*company*) Laden *m fam;* (*musicians, sports team*) Truppe *f;* **jazz ~** Jazzband *f;* **theatre ~** Theatergruppe *f*
❸ (*equipment*) Ausrüstung *f,* Ausstattung *f*
II. *vt* <-tt-> ■**to ~ sb with sth** jdn mit etw *dat* ausrüsten [*o* ausstatten]

outfitter ['aʊtˌfɪtəʳ, AM -t̬ɚ] *n* ❶ BRIT (*dated: for clothing*) ■**~s** *pl* Ausstatter *m;* **gentlemen's ~s** Herrenausstatter *m;* **schools' ~s** Fachgeschäft *nt* für Schuluniformen
❷ AM (*for outdoor pursuits*) **canoe ~** Fachgeschäft *nt* für den Kanubedarf; **sports' ~** Sportgeschäft *nt*

outflank [ˌaʊt'flæŋk] *vt* ❶ MIL **to ~ an army/the enemy** eine Armee/den Feind von der Flanke angreifen; (*surround*) eine Armee/den Feind umfassen
❷ (*outwit*) ■**to ~ sb** jdn austricksen

outflanking movement *n* MIL Umfassungsbewegung *f*

outflow ['aʊtfləʊ, AM -floʊ] *n* Ausfluss *m;* **~ of capital** Kapitalabfluss *m;* **~ of refugees** Flüchtlingsstrom *m*

outfought [ˌaʊt'fɔːt, AM 'fɑːt] *vt pt, pp of* **outfight** aus dem Feld geschlagen

outfox [ˌaʊt'fɒks, AM -'fɑːks] *vt* ■**to ~ sb** jdn austricksen

outgoing [ˌaʊt'gəʊɪŋ, AM 'aʊtgoʊ-] *adj* ❶ (*approv: extroverted*) kontaktfreudig; ***he has an ~ personality*** er ist jemand, der auf die Menschen zugeht
❷ *attr* (*retiring*) [aus]scheidend, abtretend; **the ~ President** der [aus dem Amt] scheidende Präsident
❸ (*outward bound*) ausgehend; **~ calls/mail** ausgehende Telefongespräche/Post

outgoings [ˌaʊt'gəʊɪŋz, AM 'aʊtgoʊ-] *npl* BRIT Ausgaben *fpl,* Ausgänge *mpl*

outgrow <-grew, -grown> [ˌaʊt'grəʊ, AM -'groʊ-] *vt* ❶ (*become too big for*) ■**to ~ sth** aus etw *dat* herauswachsen; **to ~ a jacket/shoes/trousers** aus einer Jacke/Schuhen/einer Hose herauswachsen
❷ (*leave behind*) ■**to ~ sth** einer S. *gen* entwachsen; ***she has outgrown dolls already*** für Puppen ist sie schon zu groß; ***luckily, he has ~ those friends*** zum Glück hat er sich mit dem Älterwerden von diesen Freunden gelöst; **to ~ a habit** eine Gewohnheit ablegen; **to ~ an opinion** über eine Ansicht hinaus sein
❸ (*become bigger than*) **to ~ one's brother/mother** seinem Bruder/seiner Mutter über den Kopf wachsen; **sth ~s its novelty** etw läuft sich *akk* tot [*o* verliert den Reiz des Neuen]; **to ~ one's strength** zu schnell aufschießen

outgrowth ['aʊtgrəʊθ, AM -groʊθ] *n* Auswuchs *m a. fig;* (*development*) *of an idea, a theory* Weiterentwicklung *f;* ***he has a small ~ of hair on his chin*** auf seinem Kinn sprießen ein paar Haare

outgun <-nn-> [ˌaʊt'gʌn] *vt* ■**to ~ sb** ❶ (*beat*) jdn schlagen; ***he ~ned the sharpshooters*** er zeigte es den Scharfschützen; ■**to be ~ned** unterliegen, eine Niederlage erleiden
❷ MIL jdm an Waffenkraft überlegen sein; ***despite being heavily ~ned, the rebel forces have held on to their position*** obwohl die Rebellen über deutlich weniger Waffen verfügen, haben sie ihre Stellung behaupten können

outhouse ['aʊthaʊs] **I.** *n* ❶ (*building*) Außengebäude *nt;* (*joined*) Nebengebäude *nt*
❷ AM (*toilet*) Außentoilette *f*
II. *vt* ■**to ~ sth** etw separat lagern [*o* aufbewahren]

outing ['aʊtɪŋ, AM -t̬-] *n* ❶ (*trip*) Ausflug *m;* **to go on an ~** einen Ausflug machen; **class ~** Klassenausflug *m;* **family ~** Familienausflug *m;* **school ~** Schulausflug *m*
❷ (*fam: appearance*) [öffentlicher] Auftritt
❸ *no pl* (*revealing homosexuality*) [Sich]outen *nt,* Outing *nt*

outlandish [ˌaʊt'lændɪʃ] *adj* absonderlich, sonderbar, seltsam; *behaviour, ideas also* bizarr, befremdlich; **~ clothing** skurrile Kleidung; **~ prices** horrende Preise

outlandishly [ˌaʊt'lændɪʃli] *adv* absonderlich, sonderbar, seltsam

outlandishness [ˌaʊt'lændɪʃnəs] *n no pl* Absonderlichkeit *f,* Befremdlichkeit *f,* Bizarrheit *f*

outlast [ˌaʊt'lɑːst, AM -'læst] *vt* ■**to ~ sth** etw überdauern, sich *akk* länger halten als etw; ■**to ~ sb** jdn überleben; **to ~ sb in holding one's breath** länger die Luft anhalten als jd

outlaw ['aʊtlɔː, AM -lɑː] **I.** *n* (*criminal*) Bandit(in) *m(f);* (*fugitive from law*) Geächtete(r) *f(m),* Vogelfreie(r) *f(m),* Outlaw *m geh*
II. *vt* ■**to ~ sth** etw für ungesetzlich erklären; **to ~ smoking** das Rauchen verbieten; **an ~ed political group** eine verbotene politische Gruppierung

outlawry ['aʊtlɔːri, AM lɑː] *n no pl* ❶ (*ban*) Ächtung *f,* Verfemung *f*
❷ (*criminality*) Verbrechertum *nt*

outlay ['aʊtleɪ] **I.** *n* Aufwendungen *fpl,* Auslagen *fpl*
II. *vt* <-laid, -laid> AM ■**to ~ sth [on sth]** etw [für etw *akk*] ausgeben

outlet ['aʊtlet] *n* ❶ (*exit*) Ausgang *m,* Austritt *m; for water* Abfluss *m,* Ablauf *m;* (*chimney*) Abzug *m*
❷ AUTO, TECH Abluftstutzen *m*
❸ (*means of expression*) Ventil *nt fig,* Ausdrucksmöglichkeit *f;* **an emotional ~** ein Ventil *nt* für jds Gefühle
❹ (*store*) Verkaufsstelle *f,* Vertriebsstelle *f;* **factory ~** Fabrikverkaufsstelle *f;* **fast-food ~** Schnellrestaurant *nt;* **retail ~** Einzelhandelsgeschäft *nt,* Verkaufsstelle *f* für Endabnehmer
❺ (*market*) [Absatz]markt *m,* Absatzmöglichkeit[en] *f[pl];* **commercial ~** Absatzmarkt *m*
❻ AM ELEC (*power point*) Steckdose *f*
❼ COMPUT Ausgang *m*

outline ['aʊtlaɪn] **I.** *n* ❶ (*brief description*) Übersicht *f,* [kurzer] Überblick (**of** über +*akk*); *in novel-writing* Entwurf *m,* Konzept *nt;* (*general summary*) Zusammenfassung *f,* Abriss *m;* **a course ~** eine [kurze] Kursbeschreibung; **an ~ of a country's history** ein Abriss *m* über die Geschichte eines Landes; **to give a broad ~ of sth** etw kurz umreißen [*o* in groben Zügen beschreiben]
❷ (*contour*) Umriss *m,* Kontur *f; against fading light* Silhouette *f;* ***the mountain was visible only in ~ as the light faded*** als es dämmerte, sah man nur noch die Silhouette des Berges; **to draw the ~ of sth** die Umrisse [*o* Konturen] von etw *dat* zeichnen
II. *vt* ■**to ~ sth** ❶ (*draw*) die Umrisse [*o* Konturen] von etw *dat* zeichnen; ***the area we're interested in is ~d in red on the map*** das Gebiet, das uns interessiert, ist auf der Karte rot umrandet; ***the house was ~d against the setting sun*** die Silhouette des Hauses malte sich gegen die untergehende Sonne ab
❷ (*summarize*) etw [kurz] umreißen [*o* skizzieren]

outline planning permission *n* vorläufige Baugenehmigung

outlive [ˌaʊt'lɪv] *vt* ❶ (*live longer than*) ■**to ~ sb** jdn überleben; ■**to ~ sth** etw überdauern; ***the system had ~d its usefulness*** das System hatte ausgedient
❷ (*survive*) ■**to ~ sth** etw überleben *a. fig*

outlook ['aʊtlʊk] *n* ❶ (*view*) Aussicht *f*
❷ (*future prospect*) Perspektive *f,* Aussicht[en] *f[pl];* **economic ~** Konjunkturaussichten *fpl*
❸ (*attitude*) Einstellung *f,* Haltung *f;* **positive ~ on life** positive Lebenseinstellung
❹ METEO [Wetter]aussichten *fpl*

outlying ['aʊtˌlaɪɪŋ] *adj attr area, region, village* abgelegen, entlegen

outmaneuver [ˌaʊtmə'nuːvɚ] AM, **outmanoeuvre** [ˌaʊtmə'nuːvəʳ] *vt* BRIT, AUS ■**to ~ sb** jdn ausmanövrieren

outmoded [ˌaʊt'məʊdɪd, AM -'moʊ-] *adj* (*pej*) altbacken *pej,* unzeitgemäß, altmodisch; **~ clothing/furniture** altmodische Kleidung/Möbel; **~ ideas** überholte [*o* veraltete] Vorstellungen; **~ style** altbackener Stil *pej*

outmost ['aʊtməʊst, AM -'moʊst] *adj* äußerste(r, s); *place* weit entlegen

outnumber [ˌaʊt'nʌmbəʳ, AM -bɚ] *vt* ■**to ~ sb/sth** jdm/etw zahlenmäßig überlegen sein; ■**to be ~ed** in der Unterzahl sein; (*in vote*) überstimmt sein; ***rainy days have ~ed the pleasant ones this year*** wir hatten dieses Jahr mehr Regen- als Sonnentage; ***in our office the females ~ the males 3 to 1*** bei uns im Büro arbeiten dreimal so viele Frauen wie Männer

out of *prep* ❶ *after vb* (*towards outside*) aus +*dat;* ***I jumped ~ bed*** ich sprang aus dem Bett; ***my daughter's just come ~ [the] hospital*** meine Tochter ist gerade aus dem Krankenhaus entlassen worden; ***he came ~ prison*** er wurde aus dem Gefängnis entlassen; ***he took an apple ~ his backpack*** er nahm einen Apfel aus seinem Rucksack
❷ *after vb* (*situated away from*) außerhalb +*gen;* ***he is ~ town this week*** er ist diese Woche nicht in der Stadt; ***Mr James is ~ the country until July 4th*** Herr James hält sich bis zum 4. Juli außer Landes auf; ***there are many Americans living ~ the country*** viele Amerikaner leben im Ausland; ***she's ~ the office at the moment*** sie ist zurzeit nicht an ihrem [Arbeits]platz [*o* nicht im Büro]; *after n* außerhalb +*gen,* von +*dat* ... entfernt; ***five miles ~ San Francisco;*** fünf Meilen außerhalb von San Francisco; ***he's from ~ town*** er ist nicht von hier [*o* fremd hier] [*o* aus einer anderen Gegend]
❸ *after vb* (*taken from*) von +*dat;* ***buy a house ~ the inheritance*** von [*o* mit Geld aus] der Erbschaft ein Haus kaufen; ***he copied his essay straight ~ a textbook*** er schrieb seinen Aufsatz wörtlich aus einem Lehrbuch ab; ***you should not expect too much ~ life*** man sollte nicht zu viel vom Leben erwarten; **~ one's pocket** aus der eigenen Tasche; ***she had to pay for it ~ her pocket*** sie musste es aus der eigenen Tasche bezahlen; ***she gets a lot of joy ~ working with children*** es macht [*o* bereitet] ihr große Freude, mit Kindern zu arbeiten; ***they get a lot of fun ~ practicing dangerous sports*** das Betreiben gefährlicher Sportarten macht ihnen einen Riesenspaß; ***they didn't make a dime ~ that deal*** sie haben bei dem Geschäft keinen Pfennig verdient; *after n* aus +*dat;* ***the report ~ the Middle East*** der Bericht aus dem Nahen Osten; ***like a character ~ a 19th century novel*** wie eine Figur aus einem Roman des neunzehnten Jahrhunderts
❹ (*excluded from*) aus +*dat;* ***they voted him ~ the town board*** er wurde aus dem Stadtrat abgewählt; ***he's ~ the team*** er ist aus der Mannschaft ausgeschieden; ***I'm glad to be ~ it*** ich bin froh, dass ich das hinter mir habe [*o* damit nichts mehr zu tun habe]; ***it's hard to get ~ trouble*** es ist schwer, aus den Schwierigkeiten wieder herauszukommen; ***giving up is ~ the question*** Aufgeben kommt überhaupt nicht infrage [*o* in Frage]; ***after injuring his knee, he was ~ the race*** nachdem er sich am Knie verletzt hatte, war er aus dem Rennen; ***Oxford United are ~ the FA Cup*** Oxford United ist aus der FA-Pokalrunde ausgeschieden; ***I've got ~ the habit of cycling to work*** ich fahre nicht mehr ständig mit dem Fahrrad zur Arbeit; ***he talked her ~ going back to smoking*** er redete es ihr aus, wieder mit dem Rauchen anzufangen
❺ (*spoken by*) aus +*dat;* ***I couldn't get the secret ~ her*** ich konnte ihr das Geheimnis nicht entlocken; ***we'll get the information ~ him*** wir werden die Informationen [schon] aus ihm herauskriegen
❻ (*made from*) aus +*dat;* ***a bench fashioned ~ a tree trunk*** eine aus einem Baumstamm gearbeitete Bank
❼ (*motivated by*) aus +*dat;* ■**to do sth ~ sth** etw aus etw tun; **~ *jealousy over her new boyfriend*** aus Eifersucht wegen ihres neuen Freundes; ***she did it ~ spite*** sie tat es aus Boshaftigkeit
❽ *after n* (*ratio of*) von +*dat;* ***no one got 20 ~ 20 for the test*** niemand bekam alle 20 möglichen Punkte für den Test; ***nine times ~ ten*** neun von

zehn Malen

❾ (*without*) ■ ~ **sth** ohne etw +*akk;* ***he was ~ money*** er stand ohne Geld da; ***they were ~ luck*** sie hatten kein Glück [mehr]; ***you're ~ time*** Ihre Zeit ist um [*o* abgelaufen]; ***they had run ~ cash*** sie hatten kein Bargeld mehr, ihnen war das Bargeld ausgegangen; ***she was finally ~ patience*** schließlich riss ihr der Geduldsfaden; ***they were ~ gas*** sie hatten kein Benzin mehr, ihnen war das Benzin ausgegangen; [***all***] ~ ***breath*** [völlig] außer Atem; ***be ~ work*** ohne Arbeit [*o* arbeitslos] sein; ***he was ~ a job*** er hat seine Stelle verloren; ***I'm sorry sir, we're ~ the salmon*** tut mir leid, der Lachs ist aus [*o* ist uns ausgegangen]

❿ (*beyond*) außer +*dat;* ~ ***bounds*** außerhalb des Spielfeldes; ~ ***reach*** außer Reichweite; ~ ***sight/earshot*** außer Sicht[weite]/Hörweite; ~ [***firing***] ***range*** außer Schussweite; ***the photo is ~ focus*** das Foto ist unscharf; ***the patient is ~ danger*** der Patient ist außer [Lebens]gefahr; ~ ***order*** außer Betrieb; ***the delay is ~ our control*** die Verspätung entzieht sich unserer Kontrolle; ***baseball is ~ season at the moment*** zurzeit ist nicht Baseballsaison; ***deer are ~ season*** Hirsche haben Schonzeit; ***he's been ~ touch with his family for years*** er hat seit Jahren keinen Kontakt mehr zu seiner Familie; ~ **the way** aus dem Weg; ***get ~ the way!*** aus dem Weg!, mach Platz!; ***be*** [***a bit***] ~ ***sb's way*** ein [kleiner] Umweg für jdn sein; ***go ~ one's way to mail the letters*** einen Umweg machen, um die Briefe einzuwerfen; ***she went ~ her way to get the work handed in on time*** sie gab sich ganz besondere Mühe, um die Arbeit rechtzeitig abzugeben

⓫ (*sheltered from*) ***he was so cold he had to come ~ the snow*** ihm war so kalt, dass er dem Schnee entfliehen musste; ***get ~ the rain/the summer heat*** dem Regen/der sommerlichen Hitze entrinnen

⓬ *after vb* (*not current about*) aus +*dat;* ~ **fashion** [*or* **style**] aus der Mode; ***you're really ~ touch with the music scene*** du hast keine Ahnung, was auf der Musikszene angesagt ist; ***she's really ~ touch with reality*** sie hat jeglichen Bezug zur Realität verloren

► PHRASES: **he's come ~ the <u>closet</u> and admitted that he's homosexual** er hat sich geoutet und zugegeben, dass er schwul ist; **to get ~ <u>hand</u>** außer Kontrolle geraten; ~ **<u>line</u>** unangebracht; **he must be ~ his <u>mind</u>!** [*or* **<u>head</u>**] er muss den Verstand verloren haben!; ***he was ~ his mind with jealousy*** er war völlig verrückt [*o* drehte völlig durch] vor Eifersucht; [**jump**] ~ **the <u>pan</u> and into the fire** (*prov*) vom Regen in die Traufe [kommen]; ~ **<u>place</u>** fehl am Platz; ~ **<u>sight</u>** *dated* [*or* **this <u>world</u>**] ausgezeichnet, spitze *fam;* ~ **<u>it</u>** (*fam: not included*) ***I felt really ~ it*** ich fühlte mich richtig ausgeschlossen; (*unaware*) ***you can't be completely ~ it!*** du musst doch irgendwas davon mitgekriegt haben!; AM (*drowsy*) ***she felt sleepily, still ~ it*** sie fühlte sich schläfrig, war noch nicht ganz da; (*drunk, drugged*) ***after twenty vodkas he was completely ~ it*** nach zwanzig Wodka war er total benebelt

out-of-body experience *n* körperloser Schwebezustand; ***he felt as if he was having an ~*** er fühlte sich, als habe er seinen Körper verlassen **out-of-court settlement** *n* LAW außergerichtliche Einigung, außergerichtlicher Vergleich **out of date** *adj pred,* **out-of-date** *adj attr* veraltet, überholt; *clothing* altmodisch, unmodern; ~ **furniture** antiquierte Möbel; ~ **ideas** überholte [*o* veraltete] Vorstellungen; ~ **style** altmodischer Stil **out-of-doors** [ˌaʊtəv'dɔːz, AM ˌaʊt̬əv'dɔːrz] **I.** *adv* draußen, im Freien **II.** *adj* Freiland-; *sports* Außen-, Freiluft- **out-of-pocket** *adj* FIN ~ **expenses** Spesen *pl* **out of the way** *adj pred,* **out-of-the-way** *adj attr spot, place* abgelegen, entlegen **out-of-towner** *n* Auswärtige(r) *f(m);* ■ **to be an ~** nicht aus der Stadt sein **out-of-town shopping centre** *n* außerhalb der Stadt gelegenes Einkaufszentrum

outpace [ˌaʊt'peɪs] *vt* ■ **to ~ sb** (*in sports*) jdn hinter sich *dat* lassen, jdn abhängen *fam;* (*in business*) jdn ausstechen; **to ~ one's rivals/the competition** seine Rivalen/die Konkurrenz ausstechen

out-patient *n* ambulanter Patient/ambulante Patientin

outperform [ˌaʊtpə'fɔːm, AM -pɚ'fɔːrm] *vt* ■ **to ~ sb/sth** jdn/etw übertreffen, bessere Leistungen bringen als jd/etw

outplay [ˌaʊt'pleɪ] *vt* ■ **to ~ sb** jdm [spielerisch] überlegen sein, besser spielen als jd; **to be completely ~ed** regelrecht an die Wand gespielt werden

outpoint [ˌaʊt'pɔɪnt] *vt* BOXING ■ **to ~ sb** jdn nach Punkten schlagen

outpost ['aʊtpəʊst, AM -poʊst] *n* ❶ MIL (*guards*) Außenposten *m,* Vorposten *m;* (*base*) Stützpunkt *m* ❷ (*remote branch*) Außenposten *m; of a company* Außenstelle *f,* [abgelegene] Zweigstelle; ***the last ~ before the desert*** die letzte Siedlung vor der Wüste; (*fig*) ***free jazz has been described as the last ~ of modernism*** Free Jazz gilt als das letzte Überbleibsel des Modernismus; (*fig*) ***Berlin was a capitalist ~ in the middle of communist East Germany*** Berlin war wie eine kapitalistische Festung inmitten der kommunistischen DDR

outpouring ['aʊtˌpɔːrɪŋ] *n* ❶ (*of emotion*) Ausbruch *m* ❷ (*of products*) beachtlicher Ausstoß, Flut *f fig* ❸ (*of gasses*) Ausströmen *nt*

output ['aʊtpʊt] **I.** *n no pl* ECON Ausstoß *m,* Produktion *f,* Output *m o nt;* COMPUT Ausgabe *f,* Output *m o nt;* ELEC Leistung *f;* MIN Förderleistung *f;* ~ **of adrenalin** BIOL Adrenalinausssstoß *m;* ~ **per hour** ECON Produktionsleistung *f* pro Stunde, Stundenleistung *f;* **agricultural** ~ [Ernte]ertrag *m;* **industrial** ~ Industrieausstoß *m,* industrielle Produktion[sleistung]; **manufacturing** ~ Produktionsausstoß *m;* **total** ~ Gesamtproduktion *f*

II. *vt* ■ **to ~ sth** *image, data* etw ausgeben

output bonus *n* ECON Produktionsprämie *f* **output data** *n + sing/pl vb* COMPUT Ausgabedaten *pl;* ECON Produktionszahlen *fpl* **output tax** *n* ECON Bruttomehrwertsteuer *f*

outrage ['aʊtreɪdʒ] **I.** *n* ❶ *no pl* Empörung *f,* Entrüstung *f* (**at** über +*akk*); **to express** ~ sich *akk* entsetzt [*o* empört] zeigen; **to provoke public** ~ öffentliche Empörung auslösen ❷ (*deed*) Schandtat *f;* (*crime*) Verbrechen *nt;* (*disgrace*) Schande *f kein pl;* **anti-semitic ~s** antisemitische Ausschreitungen; **terrorist** ~ Terroranschlag *m*

II. *vt* ❶ (*arouse indignation*) ■ **to ~ sb** jdn erzürnen [*o* gegen sich *akk* aufbringen]; ■ [**to be**] **~d by** [*or* **at**] **sth** entrüstet [*o* schockiert] über etw *akk* [sein] ❷ (*violate*) ■ **to ~ sth** etw gröblich verletzen [*o* mit Füßen treten]; **to ~ a law/principle** gegen ein Gesetz/Prinzip gröblich verstoßen

outrageous [ˌaʊt'reɪdʒəs] *adj* ❶ (*terrible*) empörend; (*unacceptable*) unerhört, ungeheuerlich; (*shocking*) schockierend; ■ **it is ~ that …** es ist eine Schande, dass … ❷ (*unusual and shocking*) außergewöhnlich; *outfit also* gewagt ❸ (*exaggerated*) ungeheuerlich, haarsträubend; *story, statement also* unwahrscheinlich, an den Haaren herbeigezogen; **to make an ~ claim** eine ungeheuerliche Behauptung aufstellen; **an ~ demand** eine völlig überzogene Forderung; **an ~ lie** eine freche [*o* schamlose] Lüge; ~ **prices** horrende [*o* unverschämte] Preise ❹ (*approv sl: excellent*) super *fam*

outrageously [ˌaʊt'reɪdʒəsli] *adv* (*terribly*) fürchterlich, furchtbar; (*unacceptably*) unverschämt, maßlos, haarsträubend; (*strangely*) außergewöhnlich; ~ **funny** haarsträubend komisch; **to be ~ dressed** ausgefallen [*o* gewagt] gekleidet sein; **to exaggerate** ~ maßlos übertreiben; **to lie** ~ frech [*o* schamlos] lügen

outran [ˌaʊt'ræn] *vt pt of* **outrun**

outrange [ˌaʊt'reɪndʒ] *vt* ■ **to ~ sth** etw [in der Reichweite [*o* Schussweite]] übertreffen

outrank [ˌaʊt'ræŋk] *vt* ■ **to ~ sb** einen höheren Rang haben als jd; ■ **to ~ sth** etw übertreffen

outré ['uːtreɪ, AM uː'treɪ] *adj* (*form*) ausgefallen; **an ~ hat** ein extravaganter Hut; **an ~ play** ein bizarres Stück

outreach I. *n* ['aʊtriːtʃ] *no pl* AM soziales Engagement; **community** ~ Gemeindehilfe *f*

II. *n* ['aʊtriːtʃ] *modifier* AM ~ **work** soziales Engagement; ~ **worker** ≈Streetworker(in) *m(f);* ~ **program** Programm *nt* zur sozialen Unterstützung

III. *vt* [ˌaʊt'riːtʃ] ■ **to ~ sb/sth** jdn/etw übertreffen

outrider ['aʊtraɪdəʳ, AM -dɚ] *n Mitglied in einer motorisierten* (*seltener berittenen*) *Eskorte*

outrigger ['aʊtrɪgəʳ, AM -ɚ] *n* NAUT Ausleger *m;* (*boat*) Auslegerboot *nt*

outright ['aʊtraɪt] **I.** *adj attr, inv* ❶ (*total*) total, absolut; **an ~ disaster** eine absolute Katastrophe; ~ **inconsideration** völlige Rücksichtslosigkeit; ~ **nonsense** kompletter Unsinn ❷ (*undisputed*) offensichtlich; ~ **winner** eindeutiger Gewinner/eindeutige Gewinnerin; ~ **victory** klarer [*o* eindeutiger] Sieg ❸ (*direct*) direkt, unumwunden; ~ **hostility** offene Feindseligkeit; **an ~ lie/refusal** eine glatte Lüge/Weigerung

II. *adv inv* ❶ (*totally*) total, komplett, gänzlich ❷ (*clearly*) eindeutig ❸ (*directly*) offen, direkt; ***you have been ~ lying to me*** AM du hast mich frech angelogen; **to reject/refuse sth** ~ etw glattweg zurückweisen/ablehnen ❹ (*immediately*) sofort, gleich; **to be killed** ~ auf der Stelle tot sein

outro ['aʊtrəʊ, AM -roʊ] *n* MUS Outro *nt geh,* Schlussstück *nt*

outrun <-ran, -run, -nn-> [ˌaʊt'rʌn] *vt* ■ **to ~ sb** schneller laufen als jd, jdm davonlaufen; ■ **to ~ sth** über etw *akk* hinausgehen, etw übersteigen

outs [aʊts] *npl* AM ■ **to be on the ~** [miteinander] Streit haben, sich *dat* in den Haaren liegen *fam*

outsell <-sold, -sold> [ˌaʊt'sel] **I.** *vt* ■ **to ~ sth** sich *akk* besser verkaufen als etw; ■ **to ~ sb** ***Smith is ~ing Jones in the movies*** Smith zieht inzwischen mehr Leute in die Kinos als Jones

II. *vi* höhere Verkaufszahlen haben

outset ['aʊtset] *n no pl* Anfang *m,* Beginn *m;* ■ **at the ~** zu Beginn, am Anfang; ■ **from the ~** von Anfang an

outshine <-shone *or* -shined, -shone *or* -shined> [ˌaʊt'ʃaɪn] *vt* ❶ (*shine more brightly*) ■ **to ~ sth** heller sein als etw, etw überstrahlen ❷ (*be better*) ■ **to ~ sb** jdn in den Schatten stellen [*o* ausstechen]; SPORTS über jdn triumphieren

outside [ˌaʊt'saɪd] **I.** *n* ❶ (*exterior*) Außenseite *f; of a fruit* Schale *f;* (*fig*) ***she was on the ~ of the clique girls*** in der Clique war sie eine Außenseiterin; ■ **from the ~** von außen ❷ (*external appearance*) ■ **on the ~** äußerlich, nach außen hin; ■ **by the ~** vom Äußeren her; ***you can never tell what he's thinking by the ~*** man sieht ihm nie an, was er gerade denkt ❸ (*of pavement*) Straßenseite *f,* Seite *f* zur Straße hin ❹ (*not within boundary*) ■ **on the ~** draußen; (*out of prison*) in Freiheit

► PHRASES: **<u>at</u> the ~** (*fig*) im äußersten Fall

II. *adj attr, inv* ❶ (*outer*) *door, entrance* äußere(r, s); ~ **seat** Sitz *m* am Gang; ~ **wall** Außenmauer *f* ❷ (*external*) außenstehend, extern; **the world** ~ [*or* ~ **world**] die Welt draußen ❸ (*very slight*) *chance, possibility* [sehr] klein, minimal ❹ (*highest, largest*) höchste(r, s) *attr,* äußerste(r, s) *attr;* ~ **price** Höchstpreis *m,* äußerster Preis

III. *adv* ❶ (*not in building*) außen, außerhalb ❷ (*in open air*) im Freien, draußen ❸ (*sl: not imprisoned*) draußen

IV. *prep* ❶ (*beyond*) außerhalb; ***that would be ~ my job description*** das fiele nicht in meine Zuständigkeit; ~ **of London** außerhalb von London ❷ (*apart from*) ausgenommen; ~ ***of us three*** außer uns dreien

outside broadcast *n* Außenübertragung *f* (*eines Radiosenders oder des Fernsehens*) **outside**

dealer *n* STOCKEX Wertpapierhändler(in) *m(f)*, der/die nicht der Börse angehört **outside influences** *npl* äußere Einflüsse *mpl* **outside lane** *n* (1) BRIT (*far from edge*) innere Fahrbahn, Überholspur *f*; ■**in the** ~ auf der Überholspur (2) AM (*near edge*) äußere Fahrbahn [*o* Spur] (3) SPORTS Außenbahn *f* **outside left** *n* linke Außenseite **outside line** *n* Telefonleitung *f* für externe Gespräche

outsider [ˌaʊt'saɪdəʳ, AM aʊt'saɪdɚ] *n* (1) (*not a member*) Außenstehende(r) *f(m)*
(2) (*outcast*) Außenseiter(in) *m(f)*, Outsider *m*
(3) (*in sports*) Außenseiter(in) *m(f)*

outside right *n* rechte Außenseite

outside shareholders *n* STOCKEX Minderheitsaktionäre *mpl*, außenstehende [*o* freie] Aktionäre

outsize ['aʊtsaɪz] *adj attr, inv* (1) (*very large*) übergroß; ~ **clothes** Kleidung *f* in Übergrößen
(2) (*fig*) überragend, herausragend

outsized ['aʊtsaɪzd] *adj attr, inv* übergroß; ~ **clothes** Kleidung *f* in Übergrößen

outskirts ['aʊtskɜːts, AM -skɜːrts] *npl* Stadtrand *m*, Randbezirke *mpl* [einer Stadt]

outsmart [ˌaʊt'smɑːt, AM -'smɑːrt] *vt* (*fam*) ■**to** ~ **sb** jdn austricksen

outsource [ˌaʊt'sɔːs, AM -'sɔːrs] *vt* ECON (1) (*hire*) ■**to** ~ **sb/sth** jdn/etw anmieten
(2) (*contract out*) ■**to** ~ **sth** etw auslagern [*o fachspr* outsourcen]

outsourcing [ˌaʊt'sɔːsɪŋ, AM -'sɔːrs-] *n no pl* Outsourcing *nt fachspr*; *of staff* Beschäftigung *f* betriebsfremden [*o* externen] Personals; *of services* Nutzung *f* externer Dienstleistungen; *of production* Produktionsauslagerung *f*

outspoken [ˌaʊt'spəʊkᵊn, AM -'spoʊ-] *adj* offen; *criticism* unverblümt, direkt; *opponent* entschieden

outspokenly [ˌaʊt'spəʊkᵊnli, AM 'spoʊ] *adv* freimütig, [ganz] unverblümt

outspokenness [aʊt'spəʊkᵊnnəs, AM -spoʊ-] *n no pl* Unverblümtheit *f*, Direktheit *f*

outspread [ˌaʊt'spred, AM aʊt-] *adj inv* ausgebreitet; **an** ~ **newspaper/map** eine aufgeschlagene Zeitung/Karte; **with** ~ **wings** mit [weit] ausgebreiteten Flügeln

outstanding [ˌaʊt'stændɪŋ] *adj* (1) (*excellent*) außergewöhnlich, unvergleichlich; *effort, contribution* bemerkenswert; *actor, student, performance* hervorragend, brillant; ~ **ability** außerordentliche Fähigkeit; ~ **achievement** überragende Leistung; ~ **intelligence** außergewöhnliche Intelligenz; ~ **talent** außerordentliches Talent
(2) (*clearly noticeable*) auffallend, hervorstechend; **of** ~ **beauty** von auffallender Schönheit, unvergleichlich schön
(3) FIN (*unpaid*) ausstehend; ***the*** ~ ***balance on your credit card is £453,25*** Sie sind mit ihrer Kreditkarte mit £453.25 im Minus; ~ **debt** ausstehende Schulden; ~ **invoice** unbezahlte [*o* offene] Rechnung
(4) (*not solved*) unerledigt, offen; ~ **problems** ungelöste [*o* ungeklärte] Probleme

outstandingly [ˌaʊt'stændɪŋli] *adv* außergewöhnlich, bemerkenswert; ~ **successful** ausgesprochen [*o* extrem] erfolgreich

outstation ['aʊtsteɪʃᵊn] *n esp* BRIT MIL Außenposten *m*, Vorposten *m*

outstay [ˌaʊt'steɪ] *vt* **to** ~ **one's break** seine Pause überziehen; **to** ~ **a competitor** länger durchhalten als der Gegner/die Gegnerin, einen Rivalen/eine Rivalin abhängen; **to** ~ **one's welcome** länger bleiben, als man erwünscht ist

outstretch [ˌaʊt'stretʃ] *vt* (1) (*reach out*) **to** ~ **one's arm/hand** seinen Arm/seine Hand ausstrecken
(2) (*exceed limit*) ■**to** ~ **sth** etw übersteigen; **to** ~ **sb's patience/hospitality** jds Geduld/Gastfreundschaft überstrapazieren

outstretched I. *adj* [ˌaʊt'stretʃt] *pred, inv* ausgestreckt; *arms also* ausgebreitet
II. *adj* ['aʊtstretʃt] *attr, inv hands, legs* ausgestreckt

outstrip <-pp-> [ˌaʊt'strɪp] *vt* (1) (*surpass*) ■**to** ~ **sb** (*be better*) jdn übertreffen [*o* schlagen]; (*go faster*) jdn überholen
(2) (*be greater*) ■**to** ~ **sth** etw übersteigen

outta ['aʊṭə] *prep esp* AM (*fam*) *see* **out of**

out-take *n* herausgeschnittene Sequenz (*aus einem Programm, einer Sendung*) **out-tray** *n* Ablage *f* für Ausgangspost

outturn ['aʊttɜːn, AM -tɜːrn] *n no pl* Produktion[sleistung] *f*, Ausstoß *m*

outvote [ˌaʊt'vəʊt, AM -'voʊt] *vt* ■**to** ~ **sb/sth** jdn/etw überstimmen; ■**to be** ~**d** überstimmt werden; POL eine Abstimmung verlieren

outward ['aʊtwəd, AM -wɚd] **I.** *adj attr* (1) (*exterior*) äußere(r, s), Außen-; (*superficial*) äußerlich, vordergründig; ~ **signs** äußerliche Anzeichen; **to all** ~ **appearances** allem Anschein nach; **an** ~ **show of confidence/toughness** ein demonstratives Zurschaustellen von Zuversicht/Stärke
(2) (*going out*) ausgehend; ~ **flight** Hinflug *m*; ~ **voyage** Hinreise *f*
II. *adv* nach außen; ***the door opens*** ~ die Tür geht nach außen auf

outward-bound *adj* ■**to be** ~ wegfahren; (*from a country*) ausreisen; ***the*** ~ ***train for Detroit is now departing*** der Zug nach Detroit fährt jetzt ab; **an** ~ **ship** ein auslaufendes Schiff; ~ **traffic** *Verkehr, der aus der Stadt/dem Land hinausgeht* **outward-looking** *adj* nach außen orientiert; ■**to be** ~ über den Tellerrand schauen *fig*; **an** ~ **Europe** ein international orientiertes Europa

outwardly ['aʊtwədli, AM -wɚd-] *adv inv* äußerlich, nach außen hin

outwards ['aʊtwədz, AM -wɚdz] *adv inv* nach außen

outwash ['aʊtwɒʃ, AM -wɑːʃ] *n* GEOL Sander *m fachspr*

outweigh [ˌaʊt'weɪ] *vt* (1) (*in weight*) ■**to** ~ **sb** schwerer sein als jd
(2) (*in importance*) ■**to** ~ **sth** gegenüber etw *dat* überwiegen, etw wettmachen

outwit <-tt-> [ˌaʊt'wɪt] *vt* ■**to** ~ **sb** jdn austricksen

outwork ['aʊtwɜːk, AM -wɜːrk] *n* (1) MIL Vorwerk *nt*, Außenbefestigung *f*
(2) *no pl* (*work*) Arbeit *f* außerhalb der Firmengebäude; (*at home*) Heimarbeit *f*, Bildschirmarbeit *f*; **to do** ~ **for a company** außerhalb der Firma arbeiten; (*at home*) zu Hause arbeiten

outworker ['aʊtwɜːkəʳ, AM -wɜːrkɚ] *n* ■**to be an** ~ außerhalb der Firma arbeiten; (*at home*) Bildschirmarbeiter/Bildschirmarbeiterin sein

outworn [ˌaʊt'wɔːn, AM -'wɔːrn] *adj inv* abgenutzt; ~ **ideas** überholte Ideen

ouzo ['uːzəʊ, AM -zoʊ] *n* Ouzo *m*

ova ['əʊvə, AM 'oʊ-] *n pl of* **ovum**

oval ['əʊvᵊl, AM 'oʊ-] **I.** *n* Oval *nt*; ***her eyes were large*** ~***s*** sie hatte große Mandelaugen
II. *adj* oval, eiförmig

Oval Office *n* AM POL ■**the** ~ das Oval Office (*Büro des US-Präsidenten*)

ovarian [əʊ'veəriən, AM oʊ'veri] *adj inv* Eierstock-, ovarial *fachspr*; ~ **cancer** Eierstockkrebs *m*, Ovarialkarzinom *nt fachspr*; ~ **cyst** Zyste *f* am Eierstock

ovary ['əʊvᵊri, AM 'oʊ-] *n* Eierstock *m*, Ovarium *nt fachspr*

ovation [ˌə(ʊ)'veɪʃᵊn, AM ˌoʊ'-] *n* Applaus *m*, [begeisterter] Beifall; **standing** ~ Standing ovations, stehende Ovationen; **to get** [*or* **receive**] **an** ~ viel Applaus bekommen, [stürmischen] Beifall erhalten; **to give sb an** ~ jdm applaudieren

oven ['ʌvᵊn] **I.** *n* [Back]ofen *m*, Backrohr *nt* ÖSTERR; **microwave** ~ Mikrowellenherd *m*, Mikrowelle *f*; **built-in** ~ Einbauherd *m*; **fan-assisted** [*or* **convection**] ~ Umluftherd *m*, Heißluftherd *m*; ***Calcutta in summer is like an*** ~ Kalkutta ist im Sommer der reinste Backofen; **to cook sth in a slow/moderate/hot** ~ etw bei schwacher/mittlerer/starker Hitze backen
II. *n modifier* Backofen-; ~ **temperature** Backofenhitze *f*, [Back]ofentemperatur *f*

ovenable ['ʌvᵊnəbl] *adj inv* BRIT (1) (*oven-cookable*) ■**to be** ~ im Backofen zubereitbar; ~ **meal** bratfertiges Gericht
(2) (*ovenproof*) feuerfest, hitzebeständig

oven chips *npl* BRIT, AUS Backofen-Pommes frites *pl* **oven cleaner** *n* Backofenreiniger *m* **ovencloth** *n* Topflappen *m* **oven glove** *n* BRIT, **oven mitt** *n* AM, AUS Topfhandschuh *m* **ovenproof** *adj inv* feuerfest, hitzebeständig **oven-ready** *adj inv* bratfertig, backfertig **ovenware** *n no pl* (*pots and pans*) feuerfestes Geschirr; (*baking tin, cake tin*) feuerfeste [Back]formen; ~ **set** feuerfestes Geschirr

over ['əʊvəʳ, AM 'oʊvɚ] **I.** *adv inv, pred* (1) (*across*) hinüber; ***come*** ~ ***here*** komm hierher; ***let's go*** ~ ***there where the children are*** komm, gehen hinüber zu den Kindern; ***she brought some flowers*** ~ ***to her neighbour*** sie brachte ein paar Blumen hinüber zu ihrer Nachbarin/ihrem Nachbarn; ***why don't you come*** ~ ***for dinner on Thursday?*** kommt doch am Donnerstag zum Abendessen zu uns; **to go** ~ **to the enemy** zum Feind überlaufen; (*towards speaker*) herüber; ~ **here** hier herüber; ***they walked*** ~ ***to us*** sie liefen zu uns herüber; ***he is flying*** ~ ***from the States tomorrow*** er kommt morgen aus den Staaten 'rüber *fam*; ***she ist coming*** ~ ***from England for the wedding*** sie kommt aus England herüber für die Hochzeit; (*on the other side*) drüben; ***I've got a friend*** ~ ***in Munich*** ein Freund von mir lebt in München; ~ **there** dort drüben; **to move** [**sth**] ~ [etw] [beiseite] rücken
(2) (*another way up*) ***the dog rolled*** ~ ***onto its back*** der Hund rollte sich auf den Rücken; **to turn** ~ umdrehen; **to turn a page** ~ [eine Seite] umblättern; ~ **and** ~ [immer wieder] um sich *akk* selbst; ***the children rolled*** ~ ***and*** ~ ***down the gentle slope*** die Kinder kugelten den leichten Abhang hinunter
(3) (*downwards*) **to fall** ~ hinfallen; **to knock sth** ~ etw umstoßen
(4) (*changing hands*) ***could you two change*** ~, ***please*** würdet ihr beiden bitte die Plätze tauschen; **to change** ~ **to sth** auf etw *akk* umsteigen *fam*; **to hand** [*or* **pass**] **sth** ~ etw übergeben [*o* überreichen]; ***pass it*** ~ ***here when you've finished*** reiche es [mir] herüber, wenn du fertig bist; **to hand** ~ **prisoners of war** Kriegsgefangene übergeben; **to swap sth** ~ BRIT etw umtauschen
(5) (*finished*) ■**to be** ~ vorbei [*o* aus] sein; ***the game was*** ~ ***by 5 o'clock*** das Spiel war um 5 Uhr zu Ende; ***it's all*** ~ ***between us*** zwischen uns ist es aus; ***that's all*** ~ ***now*** das ist jetzt vorbei, damit ist es jetzt aus; **to be all** ~ **bar the shouting** so gut wie gelaufen sein *fam*; **to get sth** ~ **with** etw abschließen; **to get sth** ~ **and done with** etw hinter sich *akk* bringen
(6) (*remaining*) übrig; **left** ~ übrig gelassen; ***there were a few sandwiches left*** ~ ein paar Sandwiches waren noch übrig
(7) (*thoroughly, in detail*) **to talk sth** ~ etw durchsprechen; **to think sth** ~ etw überdenken
(8) AM (*again*) noch einmal; **all** ~ alles noch einmal; ***I'll make you write it all*** ~ ich lasse dich alles noch einmal schreiben; ~ **and** ~ immer [*o* wieder und] wieder
(9) (*to another speaker*) ***and now it's*** ~ ***to John Regis for his report*** wir geben jetzt weiter an John Regis und seinen Bericht; ***now we're going*** ~ ***to Wembley for commentary*** zum Kommentar schalten wir jetzt hinüber nach Wembley
(10) AVIAT, TELEC (*signalling end of speech*) over, Ende; ~ **and out** Ende [der Durchsage] *fam*
(11) (*more*) mehr; ***this shirt cost me*** ~ ***£50!*** dieses Hemd hat mich über £50 gekostet!; ***don't fill the water*** ~ ***the line*** das Wasser nicht über die Linie auffüllen; ***people who are 65 and*** ~ Menschen, die 65 Jahre oder älter sind
► PHRASES: **to have one** ~ **the <u>eight</u>** BRIT einen sitzen haben *fam*; **to <u>give</u>** ~ die Klappe halten *sl*; **to <u>hold</u> sth** ~ etw verschieben
II. *prep* (1) (*across*) über +*akk*; ***the bridge*** ~ ***the motorway*** die Brücke über der Autobahn; ***she put a new tablecloth*** ~ ***the table*** sie breitete eine neue Tischdecke über den Tisch; ***he spilled wine*** ~ ***his shirt*** er goss sich Wein über sein Hemd; ***she leaned*** ~ ***the table to get the bottle*** sie lehnte über den Tisch um die Flasche zu greifen; ***drive*** ~ ***the bridge***

O

and then turn left fahren sie über die Brücke und dann links abbiegen; ***from the top of the tower you could see for miles ~ the city*** von dem Aussichtsturm konnte man über Meilen über die Stadt sehen; ***I looked ~ my shoulder*** ich schaute über meine Schulter; ***he looked ~ his newspaper*** er guckte über die Zeitung

❷ (*on the other side of*) über +*dat*; ***once we were ~ the bridge*** als wir über die Brücke hinüber waren; ***the village is just ~ the next hill*** das dorf liegt hinter dem nächsten Hügel; ***the diagram is ~ the page*** das Diagramm ist auf der nächsten Seite; **~ the way** [*or* **road**] BRIT auf der anderen Straßenseite, gegenüber; ***they live just ~ the road from us*** sie wohnen auf der anderen Straßenseite von uns

❸ (*above*) über +*dat*; ***he sat there, bent ~ his books*** er saß da, über seine Bücher gebeugt; ***we're lucky to have a roof ~ our heads*** wir haben Glück, dass wir ein Dach überm Kopf haben; ***his jacket was hanging ~ the back of his chair*** seine Jacke hing über seine Rückenlehne; (*moving above*) über +*akk*; ***a flock of geese passed ~*** eine Schar von Gänsen flog über uns hinweg; **to jump ~ sth** über etw *akk* springen

❹ (*everywhere*) [überall] in +*dat*; (*moving everywhere*) durch +*akk*; **all ~** überall in +*dat*; ***all ~ Britain*** überall in Großbritannien; ***all ~ the world*** in der ganzen Welt; ***we travelled all ~ the country*** wir sind durch das ganze Land gereist; ***she had blood all ~ her hands*** sie hatte die Hände voller Blut; ***you've got mustard all ~ your face*** du hast Senf überall im Gesicht, du hast das ganze Gesicht voller Senf; **to be all ~ sb** (*overly attentive towards*) sich an jdm ranschmeißen *fam*; **to show sb ~ the house** jdm das Haus zeigen

❺ (*during*) in +*dat*, während +*gen*; ***much has happened ~ the last six months*** vieles ist passiert in den letzten sechs Monaten; ***~ the years he became more and more depressed*** mit den Jahren wurde er immer deprimierter; ***shall we talk about it ~ a cup of coffee?*** sollen wir das bei einer Tasse Kaffee besprechen?; ***gentlemen are asked not to smoke ~ dinner*** die Herren werden gebeten, während des Essens nicht zu rauchen; ***I was in Seattle ~ the summer*** ich war im Sommer in Seattle; ***he was stuck ~ a difficult question*** er war bei einer schweren Frage stecken geblieben; ***she fell asleep ~ her homework*** sie nickte bei ihren Hausaufgaben ein

❻ (*more than, longer than*) über +*dat*; ***he values money ~ anything else*** für ihn geht Geld über alles andere; ***they are already 25 million dollars ~ budget*** sie haben das Budget bereits um 25 Millionen Dollar; ***he will not survive ~ the winter*** er wird den Winter nicht überstehen; **~ and above** über +*dat* ... hinaus; ***she receives an extra allowance ~ and above the usual welfare payments*** sie bekommt über den üblichen Sozialhilfeleistungen hinaus eine zusätzliche Beihilfe; ***~ and above that*** darüber hinaus

❼ (*through*) ***he told me ~ the phone*** er sagte es mir am Telefon; ***we heard the news ~ the radio*** wir hörten die Nachricht im Radio

❽ (*in superiority to*) über +*dat*; ***he has authority ~ thirty employees*** er hat Autorität über dreißig Mitarbeiter; ***her husband always did have a lot of influence ~ her*** ihr Mann hat schon immer einen großen Einfluss auf sie gehabt; ***the victory ~ the French at Waterloo*** der Sieg über die Franzosen bei Waterloo; ***she has a regional sales director ~ her*** sie hat einen regionalen Verkaufsdirektor über ihr; ***a colonel is ~ a sergeant in the army*** ein Colonel steht über einem Sergeant in der Armee

❾ (*about*) über +*akk*; ***there's no point in arguing ~ it*** es hat keinen Sinn, darüber zu streiten; ***she was puzzling ~ the political cartoon*** sie rätselte über die Karikatur; ***don't fret ~ him — he'll be alright*** mach dir keine Sorgen um ihn – es wird ihm schon gut gehen; ***there was public outcry ~ the death of a young teenager*** es herrschte öffentliche Empörung über den Tod eines Teenagers

❿ *after vb* (*to check*) durch +*akk*; ***could you go ~ my essay again?*** kannst du nochmal meinen Aufsatz durchschauen; ***she checked ~ the list once more*** sie sah sich noch einmal die Liste durch; ***he always had to watch ~ his younger brother*** er musste öfters auf seinen jüngeren Bruder aufpassen

⓫ (*already discussed*) ***let's go ~ this one more time*** lass es uns noch einmal durchsprechen; ***we've been ~ this before — no TV until you've done your homework*** das hatten wir doch alles schon – kein Fernsehen bis du deine Hausaufgaben gemacht hast

⓬ (*past*) über +*dat* ... hinweg; ***is he ~ the flu yet?*** hat er seine Erkältung auskuriert?; ***he's not fully recovered but he's certainly ~ the worst*** er hat sich zwar noch nicht gänzlich erholt, aber er hat das Schlimmste überstanden; **to be/get ~ sb** über jdm hinweg sein/kommen

⓭ MATH (*in fraction*) durch +*dat*; ***48 ~ 7 is roughly 7*** 48 durch 7 ist ungefähr 7; ***2 ~ 5 is the same as 40%*** zweifünftel entsprechen 40%

over- [əʊvəʳ, AM oʊvɚ] *in compounds* über-

over- [əʊvəʳ, AM oʊvɚ] *in compounds* über-, zu [sehr]; ***the children got rather ~-excited*** die Kinder drehten ziemlich auf; ***I'm not ~-keen on flying*** ich fliege nicht sehr gerne; **~-optimistic** zu optimistisch; **~-polite** übertrieben höflich

overabundance *n no pl* Überfluss *m*, Überangebot *nt* (**of** an +*dat*) **overabundant** *adj inv* übermäßig, überreichlich **overachieve** *vi* zu viel arbeiten, sich *akk* übernehmen; (*in school*) immer der/die Beste sein **overact** I. *vi* THEAT übertreiben II. *vt* ■**to ~ sth** etw überziehen; **to ~ a role** eine Rolle übertrieben spielen **overactive** *adj* überaktiv; **to have an ~ imagination** zu viel Fantasie haben; **~ thyroid** Schilddrüsenüberfunktion *f*

overage [ˈəʊvəʳɪdʒ, AM ˈoʊ-] *n* ECON Überschuss *m*

over age *adj* ***this is an ~ applicant*** dieser Bewerber ist zu alt; ■**to be ~** zu alt [*o* überaltert] sein

overall I. *n* [ˈəʊvəʳɔːl, AM ˈoʊvɚ-] ❶ BRIT (*smock*) [Arbeits]kittel *m*

❷ BRIT (*protective suit*) ■**~s** *pl* Overall *m*, Arbeitsanzug *m*

❸ AM (*dungarees*) ■**~s** *pl* Latzhose *f*

II. *adj* [ˌəʊvəʳˈɔːl, AM ˌoʊvɚˈɑːl] *attr* ❶ (*general*) Gesamt-, allgemein; ***the company reported an ~ fall in profits*** das Unternehmen meldete insgesamt einen Gewinnverlust; **~ pattern** Gesamtbild *nt*; **~ plan** Gesamtplan *m*; **~ results** Gesamtergebnisse *ntpl*

❷ (*over all others*) Gesamt-; **~ commander** Oberkommandierende(r) *f(m)*; **~ majority** absolute Mehrheit; **~ winner** Gesamtsieger(in) *m(f)*

III. *adv* [ˌəʊvəʳˈɔːl, AM ˌoʊvɚˈɑːl] *inv* insgesamt, im Großen und Ganzen

overambitious [ˌəʊvəʳræmˈbɪʃəs, AM ˌoʊvɚ] *adj inv* übertrieben ehrgeizig, überambitioniert

overanxious *adj* ❶ (*too fearful*) überängstlich, übertrieben besorgt (**about** über +*akk*) ❷ (*very eager*) begierig; ■**to be ~ to do sth** etw unbedingt tun wollen; ■**to not be ~ to do sth** nicht scharf darauf sein, etw zu tun **overarch** *vt* ■**to ~ sth** etw überspannen [*o* überwölben] **overarching** [ˌəʊvəʳˈɑːtʃɪŋ, AM ˌoʊvɚˈɑːrtʃ] *adj inv* ❶ (*forming an arch*) überwölbend ❷ (*all-embracing*) in sich *akk* schließend, [mit]umfassend **overarm** *esp* BRIT I. *adj attr* mit gestrecktem Arm *nach n*; **~ serve** Aufschlag *m* von oben; **~ throw** Wurf *m* mit gestrecktem Arm II. *adv inv* mit gestrecktem Arm [über die Schulter]; **to throw sth ~** etw von oben werfen **overawe** *vt usu passive* ■**to be ~d by sb/sth** (*be impressed*) von jdm/etw überwältigt [*o* tief beeindruckt] sein; (*be intimidated*) von jdm/etw eingeschüchtert sein; ■**to ~ sb** jdm Ehrfurcht einflößen **overbalance** I. *vi person* das Gleichgewicht verlieren; *object* umkippen; *boat* kentern II. *vt* ■**to ~ sb** jdn aus dem Gleichgewicht bringen; ■**to ~ sth** etw umkippen [*o* umwerfen]; **to ~ a boat** ein Boot zum Kentern bringen **overbearing** *adj* (*pej: arrogant*) anmaßend, arrogant; (*authoritative*) herrisch **overbid** <-bid, -bid *or* -bidden> I. *vt* ■**to ~ sb** jdn überbieten II. *vi* mehr bieten **overblown** *adj* ❶ (*overdone*) geschraubt, schwülstig, geschwollen ❷ *flower* verblühend; ■**to be ~** fast verblüht sein **overboard** *adv inv* über Bord; ***man ~!*** Mann über Bord!; **to fall ~** über Bord gehen; **to throw** [*or* **chuck**] [*or* **toss**] **sb/sth ~** jdn/etw über Bord werfen; (*fig*) jdn/etw hinauswerfen; **to throw one's principles ~** seine Grundsätze über Bord werfen ▶ PHRASES: **to go ~** (*pej fam*) zu weit gehen, es übertreiben; **to go ~ for sb/sth** nach jdm/etw verrückt sein *fam* **overbold** *adj* [sehr] dreist **overbook** I. *vt usu passive* TOURIST ■**to be ~ed** überbucht sein II. *vi* zu viele Buchungen vornehmen, überbuchen **overbooking** *n no pl* Überbuchen *nt* **overborrow** *vi* sich *akk* überschulden **overborrowed** *adj* FIN überschuldet **overburden** *vt* ■**to ~ sb/sth** jdn/etw überlasten; **to be ~ed with debts** zu viele Schulden haben **overcapacity** *n* Überkapazität *f* **overcast** *adj sky* bedeckt, bewölkt, trüb; *weather* regnerisch, trüb **overcautious** *adj* übervorsichtig, übertrieben vorsichtig **overcharge** I. *vt* ❶ (*charge too much*) ■**to ~ sb [for sth]** jdm [für etw *akk*] zu viel berechnen ❷ ELEC ■**to ~ sth** *electrical device* etw überlasten; **to ~ a battery** eine Batterie überladen II. *vi* zu viel berechnen; ■**to ~ for** [*or* **on**] **sth** für etw *akk* zu viel verlangen III. *n* FIN Betrag, der zu viel berechnet wurde

overcoat [ˈəʊvəkəʊt, AM ˈoʊvɚkoʊt] *n* Mantel *m*

overcome <-came, -come> [ˌəʊvəˈkʌm, AM ˌoʊvɚ-] I. *vt* ❶ (*cope with*) ■**to ~ sth** etw bewältigen; **to ~ a crisis** eine Krise überwinden; **to ~ difficulties/problems** Schwierigkeiten/Probleme meistern; **to ~ one's fear/shyness** seine Angst/Schüchternheit überwinden; **to ~ an illness** eine Krankheit besiegen; **to ~ opposition/resistance** [einen] Widerstand überwinden; **to ~ temptation** der Versuchung widerstehen

❷ *usu passive* (*render powerless*) ■**to be ~ by** [*or* **with**] **sth** *sleep, emotion, grief* von etw *dat* überwältigt werden; *fumes, exhausts* von etw *dat* ohnmächtig werden

❸ (*defeat*) ■**to ~ sb/sth** jdn/etw besiegen [*o* bezwingen]

II. *vi* siegen

overcompensate *vi* in übersteigertem Maß ausgleichen; ■**to ~ for sth [with sth]** etw [durch etw *akk*] überkompensieren **overconfidence** *n no pl* übersteigertes Selbstvertrauen; (*self-assurance*) übersteigertes Selbstbewusstsein **overconfident** *adj* (*extremely self-assured*) übertrieben selbstbewusst [*o* selbstsicher]; (*too optimistic*) übertrieben zuversichtlich, zu optimistisch; **to be ~ of victory** zu siegessicher sein **overcook** *vt* ■**to ~ sth** (*in water*) etw verkochen; (*in oven*) etw verbraten **overcrowd** [ˌəʊvəˈkraʊd, AM ˌoʊvɚ] *vt* ❶ (*fill beyond capacity*) ■**to ~ sth** etw überfüllen ❷ (*house beyond space*) ■**to ~ sb/an animal** jdn/ein Tier der Übervölkerung aussetzten *a. fig* **overcrowded** *adj* überfüllt; **~ profession** überlaufener Beruf; **~ region** Ballungsgebiet *nt*; **~ town** übervölkerte Stadt **overcrowding** *n no pl of room, train* Überfüllung *f*; *of town, city* Überbevölkerung *f* **overdeveloped** *adj* ❶ (*physically, mentally*) überentwickelt ❷ PHOT überentwickelt

overdo <-did, -done> [ˌəʊvəˈduː, AM ˌoʊvɚ-] *vt* ❶ (*overexert oneself*) **to ~ it** [*or* **things**] sich *akk* überanstrengen [*o* übernehmen]; (*overindulge*) es übertreiben; (*go too far*) zu weit gehen; ***by all means try and make a good impression, but don't ~ it!*** versuche auf jeden Fall, einen guten Eindruck zu machen, aber trage nicht zu dick auf!

❷ (*use too much*) ■**to ~ sth** von etw *dat* zu viel verwenden; **to ~ [it with] the garlic/sugar** zu viel Knoblauch/Zucker verwenden; **to ~ the drink** zu viel trinken

❸ (*exaggerate*) ■**to ~ sth** etw übertreiben; ***it's ~ing it a bit to call it a catastrophe*** ich finde es überzogen, von einer Katastrophe zu reden; ***rumours have been ~ne*** die Gerüchte wurden aufgebauscht; **to ~ a role** eine Rolle übertrieben spielen

❹ (*overcook*) ■**to ~ sth** *in water* etw verkochen; *in oven* etw verbraten

overdone [ˌəʊvəˈdʌn, AM ˌoʊvɚˈ-] *adj* ❶ (*exaggerated*) übertrieben; **~ make-up** zu starkes Make-up ❷ (*overcooked*) *in water* verkocht; *in oven* verbraten

overdose I. *n* [ˈəʊvədəʊs, AM ˈoʊvɚdoʊs] Überdosis *f;* **drugs ~** Überdosis *f* Drogen; **massive ~** hohe Überdosis
II. *vi* [ˌəʊvəˈdəʊs, AM ˌoʊvɚˈdoʊs] eine Überdosis nehmen; **to ~ on sleeping pills** eine Überdosis Schlaftabletten nehmen

overdraft *n* Kontoüberziehung *f;* **to have an ~** sein Konto überzogen haben; **to pay off an ~** einen Überziehungskredit abbezahlen [*o* zurückzahlen] **overdraft facility** *n* BRIT Dispositionskredit *nt;* (*exceeding fixed limit*) Überziehungskredit *m* **overdraft limit** *n* Dispolimit *nt* **overdraw** <-drew, -drawn> **I.** *vi* [sein Konto] überziehen **II.** *vt* **to ~ one's account** sein Konto überziehen; ***your account is ~n*** [*or* ***you are overdrawn***] Ihr Konto ist überzogen **overdrawn** *adj account* überzogen; ***I am*** [***£ 300***] **~** ich habe mein Konto [um 300 Pfund] überzogen **overdress** *vi* sich *akk* zu fein anziehen **overdressed** *adj* (*too formally*) overdressed, zu fein angezogen; (*wearing too many clothes*) zu dick angezogen **overdrive** *n no pl* ❶ AUTO, TECH Overdrive *m fachspr,* Schongang *m* ❷ (*fig: effort*) ■**to be in ~** auf Hochtouren laufen; **to go into ~** sich *akk* ins Zeug legen *fam* **overdue** *adj usu pred* ❶ (*late*) überfällig; ■**to be ~** Verspätung haben; ***she is ~*** sie müsste längst da sein ❷ (*not yet happened*) überfällig; **to be** [**long**] **~** [seit langem] überfällig sein; ***she feels she's ~ for promotion*** ihrer Meinung nach hätte sie schon längst befördert werden müssen **overeager** *adj* übereifrig; ***they were not ~ to see him*** sie waren nicht wild darauf, ihn zu sehen **overeagerness** [ˌəʊvəʳrˈiːɡənəs, AM ˌoʊvɚˈiːɡɚ] *n no pl* Übereifer *m* **over easy** *adj inv* AM **~ egg** *auf beiden Seiten gebratenes Spiegelei* **overeat** <-ate, -eaten> *vi* zu viel essen; ■**to ~ on sth** sich *akk* an etw *dat* überessen **overeating** *n no pl* übermäßiges Essen **over-egg** *vt* BRIT ▸ PHRASES: **to ~ the pudding** es übertreiben; ***this would be ~ing the pudding*** das wäre des Guten zu viel **over-elaborate** [ˌəʊvəʳrɪˈlæbəʳrət, AM ˌoʊvɚ] *adj inv* gewollt *fig,* gekünstelt **overemphasis** [ˌəʊvəʳrˈemfəsɪs, AM ˌoʊvɚˈ] *n no pl* Überbetonung *f* **overemphasize** *vt* ■**to ~ sth** etw überbetonen; ***I cannot ~ the importance of this mission*** ich kann gar nicht oft genug betonen, wie wichtig diese Mission ist **overenthusiastic** [ˌəʊvəʳrɪn,θjuːziˈæstɪk, AM ˌoʊvɚen,θuː] *adj inv* übertrieben begeistert, restlos hingerissen *iron fam*

overestimate I. *n* [ˌəʊvəʳrˈestɪmət, AM ˌoʊvɚˈestɪmɪt] Überbewertung *f;* **to be an ~** eine zu hohe Schätzung sein
II. *vt* [ˌəʊvəʳrˈestɪmeɪt, AM ˌoʊvɚˈestɪ-] ❶ (*value too highly*) ■**to ~ sth** etw überbewerten; **to ~ the demand** die Nachfrage zu hoch einschätzen ❷ (*estimate too much*) ■**to ~ sb/sth** jdn/etw überschätzen

overexcite *vt* ■**to ~ sb** jdn zu sehr aufregen **overexcited** *adj usu pred* ■**to be/become ~** ganz aufgeregt sein/werden, [vor Freude] außer sich *dat* sein/geraten; ***the children are ~*** die Kinder sind total aufgedreht **overexcitement** *n no pl* zu starke Aufregung; *of adults* Überreiztheit *f; of children* Aufgedrehtheit *f* **overexert** *vt* ■**to ~ oneself** sich *akk* überanstrengen **overexertion** *n no pl* Überanstrengung *f* **overexpose** *vt* ■**to be ~d** ❶ PHOT überbelichtet sein ❷ *usu passive* (*overpublicize*) *person* zu sehr im Rampenlicht der Öffentlichkeit stehen; *subject* zu sehr in den Medien breitgetreten werden; **to be ~d to risks** zu starken Risiken ausgesetzt sein **overexposure** *n no pl* ❶ PHOT Überbelichtung *f* ❷ (*in the media*) *of person* zu große Präsenz; *of subject* zu häufige Diskussion ❸ FIN übermäßige Belastung durch zu hohe Kreditexpansion **overextend** *vt* ■**to ~ oneself** [**on sth**] sich *akk* [bei etw *dat*] [finanziell] übernehmen **overfamiliar** *adj* ❶ (*too friendly*) aufdringlich; ■**to be ~ with sb** jdm zu nahe treten ❷ *usu with neg* (*very familiar*) sehr vertraut; ■**to be not ~ with sth** sich *akk* mit etw *dat* kaum auskennen **overfeed** <-fed, -fed> **I.** *vt* **to ~ an animal** ein Tier überfüttern **II.** *vi* sich *akk* überfressen **overfeeding** *n no pl of child, animal* Überfütterung *f; of adult* Überernährung *f* **overfill** [ˌəʊvəˈfɪl, AM ˌoʊvɚˈ] *vt* ■**to ~ sth** etw überfüllen **overfishing** [ˌəʊvəˈfɪʃɪŋ, AM ˌoʊvɚˈ] *n no pl* Überfischung *f*

overflight *n* Überflug *m*

overflow I. *n* [ˈəʊvəfləʊ, AM ˈoʊvɚfloʊ] ❶ *no pl* (*act of spilling*) Überlaufen *nt*
❷ (*overflowing liquid*) überlaufende Flüssigkeit
❸ (*outlet*) Überlauf *m*
❹ (*surplus*) Überschuss *m* (**of** an +*dat*); **population ~** Bevölkerungsüberschuss *m*
❺ COMPUT (*result exceeding storage limits*) Überlauf *m*
❻ COMPUT (*transmissions greater than line capacity*) Kapazitätsüberschreitung *f*
II. *vi* [ˌəʊvəˈfləʊ, AM ˌoʊvɚˈfloʊ] *river, tank* überlaufen; ***his room is ~ing with books*** sein Zimmer quillt vor Büchern über; ***the pub was so full that people were ~ing into the street*** die Kneipe war so voll, dass die Leute bis auf die Straße standen; **to be ~ing with emotion** sehr gerührt sein; **to be ~ing with ideas** vor Ideen sprühen; **to be full to ~ing** *container* bis zum Überlaufen voll sein; *building, room* überfüllt sein
III. *vt* [ˌəʊvəˈfləʊ, AM ˌoʊvɚˈfloʊ] ■**to ~ sth** *container, tank* etw zum Überlaufen bringen; (*fig*) *area* etw überschwemmen [*o* überfluten] *fig;* ***the river has ~ed its banks*** der Fluss ist über seine Ufer getreten

overflow pipe *n* Überlauf *m,* Überlaufrohr *nt*

overfly <-flew, -flown> *vt* AVIAT ■**to ~ sth** (*fly over*) etw überfliegen; (*fly beyond*) über etw *akk* hinausfliegen **overfond** *adj pred* ■**to be ~ of sth/doing sth** etw nur zu gern haben/tun; ***I'm not ~ of lemon cake*** ich bin kein großer Freund von Zitronenkuchen **overfull** [ˌəʊvəˈfʊl, AM ˌoʊvɚˈ] *adj inv* übervoll; *rooms, vehicles, cases* vollgestopft **overgenerous** [ˌəʊvəˈdʒenəʳrəs, AM ˌoʊvɚˈ] *adj inv* allzu großzügig *a. fig,* allzu entgegenkommend **overground** [ˈəʊvəɡraʊnd, AM ˈoʊvɚ] *adv inv* ❶ (*above ground*) über dem Erdboden befindlich ❷ (*legitimately, not subversively*) **to go ~** aus dem Untergrund hervorkommen, salonfähig werden **overgrown** *adj* ❶ (*with plants*) überwachsen, überwuchert; ■**to be ~ with sth** von etw *dat* überwuchert sein ❷ (*usu pej: childish*) ***he is just an ~ schoolboy*** er ist wie ein großer Schuljunge

overhand AM **I.** *adj attr, inv* SPORTS mit gestrecktem Arm; **~ serve** Aufschlag *m* von oben; **~ throw** Wurf *m* mit gestrecktem Arm
II. *adv inv* mit gestrecktem Arm [über die Schulter]; **to throw sth ~** etw von oben werfen

overhang I. *n* [ˈəʊvəhæŋ, AM ˈoʊvɚ-] ❶ (*sticking out*) Überhang *m*
❷ TECH vorspringender Teil
❸ FIN Überangebot *nt,* Überhang *m*
II. *vt* <-hung, -hung> [ˌəʊvəˈhæŋ, AM ˌoʊvɚˈ-] ❶ (*project over*) ■**to ~ sth** über etw *akk* hinausragen; ARCHIT über etw *akk* hervorstehen [*o* hervorragen]; ***a part of the patio is overhung with washing*** über einem Teil des Hofes hängt frisch gewaschene Wäsche; **to be overhung with plants** mit Pflanzen überwachsen sein
❷ (*fig: loom over*) ■**to ~ sth** etw überschatten
❸ FIN **to ~ the market** den Markt überschütten

overhanging *adj inv branch* überhängend; *rock* hervorstehend

overhasty [ˌəʊvəˈheɪsti, AM ˌoʊvɚˈ] *adj inv* voreilig, übereilt, allzu hastig

overhaul I. *n* [ˈəʊvəhɔːl, AM ˈoʊvɚhɑːl] [Generalüberholung *f;* (*revision*) Revision *f,* Überarbeitung *f*
II. *vt* [ˌəʊvəˈhɔːl, AM ˌoʊvɚˈhɑːl] ❶ (*repair*) ■**to ~ sth** etw überholen
❷ (*improve*) ■**to ~ sth** etw überprüfen; (*reform*) etw überarbeiten
❸ BRIT (*overtake*) ■**to ~ sb/sth** jdn/etw überholen; (*catch up with*) jdn/etw einholen

overhead I. *n* [ˈəʊvəhed, AM ˈoʊvɚ-] ❶ (*running costs of business*) ■**~s** *pl* BRIT, AUS, ■**~** AM laufende Geschäftskosten, allgemeine Unkosten; (*not chargeable to a particular product*) indirekte Kosten
❷ (*fam: projector*) Overheadprojektor *m;* (*transparency*) Folie *f*
❸ (*extra code*) Zusatzcode *m*
II. *adj* [ˈəʊvəhed, AM ˈoʊvɚ-] *attr, inv* ❶ (*above head level*) Hoch-; **~ tank** Hochbehälter *m;* ELEC oberirdisch; **~ cable** Freileitung *f,* Luftkabel *nt;* (*between towns*) Überlandleitung *f;* (*with high voltage*) Hochspannungsleitung *f*
❷ (*of running costs of business*) laufend; **~ costs** [*or* **expenses**] laufende Geschäftskosten, allgemeine Unkosten; (*not chargeable to a particular product*) indirekte Kosten
❸ (*taken from above*) von oben *nach n;* **~ shot** Aufnahme *f* von oben
❹ SPORTS Überkopf-
III. *adv* [ˌəʊvəˈhed, AM ˌoʊvɚˈ-] in der Luft; ***a plane circled ~*** ein Flugzeug kreiste über uns

overhead camshaft *n* TECH obenliegende Nockenwelle **overhead lighting** *n no pl* Deckenbeleuchtung *f* **overhead projector** *n* Overheadprojektor *m* **overhead railway** *n* BRIT Hochbahn *f* **overhead volley** *n* TENNIS Schmetterball *m*

overhear <-heard, -heard> **I.** *vt* ■**to ~ sth** etw zufällig mithören; ■**to ~ sb** jdn unabsichtlich belauschen; ***I ~d him telling her that …*** ich habe mitbekommen [*o* aufgeschnappt], wie er sagte, dass … **II.** *vi* unabsichtlich mithören; ***I'm sorry — I couldn't help ~ing*** tut mir Leid – ich wollte euch nicht belauschen **overheat I.** *vt* ■**to ~ sth** etw überhitzen; **to get ~ed** (*fig*) sich *akk* erhitzen; ***things got a bit ~ed at the meeting*** bei der Versammlung ging es ziemlich heiß her **II.** *vi* sich *akk* überhitzen *a. fig; motor also* heiß laufen **overindulge I.** *vt* ■**to ~ sb** jdm zu viel durchgehen lassen, gegenüber [*o* mit] jdm zu nachsichtig sein; ■**to ~ oneself** sich *akk* zu sehr gehen lassen **II.** *vi* (*overdo*) es übertreiben, des Guten zu viel tun; (*eat too much*) sich *dat* den Bauch voll schlagen *fam;* (*drink too much*) sich *akk* voll laufen lassen *fam;* ■**to ~ in sth** etw im Übermaß genießen **overindulgence** *n no pl* ❶ (*excess*) übermäßiger Genuss; (*towards a person*) allzu große Nachsicht, zu große Nachgiebigkeit; **~ in drink** übermäßiges Trinken, Saufen *nt fam;* **~ in food** übermäßiges Essen, Völlerei *f veraltend* ❷ (*excessive use*) Übermaß *nt* (**in** an +*dat*); **~ in chocolate** übermäßiger Schokoladengenuss; **~ in nostalgia** übertriebene Nostalgie ❸ (*pampering*) Verwöhnen *nt,* Verhätscheln *nt* **overindulgent** [ˌəʊvəʳrɪnˈdʌldʒənt, AM ˌoʊvɚ] *adj inv* überaus nachsichtig **overjoyed** *adj pred* überglücklich (**at** über +*akk*) **overkeen** *adj esp* BRIT übereifrig; ***actually, I'm not ~ on her fiancé*** ich bin von ihrem Verlobten nicht gerade begeistert **overkill** *n no pl* ❶ MIL Overkill *m* ❷ (*pej: excessiveness*) Übermaß *nt;* ■**to be ~** übertrieben [*o* des Guten zu viel] sein **overladen** [ˌəʊvəˈleɪdᵊn, AM ˌoʊvɚˈ] *adj inv* überladen

overland I. *adj* [ˈəʊvəlænd, AM ˈoʊvɚ-] *attr* Überland-, Land-; **~ journey** [*or* **trip**] Reise *f* auf dem Landweg; **~ route** Landweg *m;* **~ transport** Überlandverkehr *m*
II. *adv* [ˌəʊvəˈlænd, AM ˌoʊvɚˈ-] *inv* auf dem Landweg

overlap I. *n* [ˈəʊvəlæp, AM ˈoʊvɚ-] ❶ (*overlapping part*) Überlappung *f;* GEOL, PHYS Überlagerung *f*
❷ (*similarity*) Überschneidung *f*
❸ *no pl* (*common ground*) Gemeinsamkeit *f*
II. *vi* <-pp-> [ˌəʊvəˈlæp, AM ˌoʊvɚˈ-] ❶ (*lie edge over edge*) sich *akk* überlappen
❷ (*be partly similar*) sich *akk* überschneiden; ■**to ~ with sth** sich *akk* teilweise mit etw *dat* decken
III. *vt* <-pp-> [ˌəʊvəˈlæp, AM ˌoʊvɚˈ-] ■**to ~ sth**

O

❶ (*place edge over edge*) etw *akk* überlappen lassen
❷ (*extend over*) etw überschneiden lassen
❸ (*partly duplicate*) etw ineinander übergehen lassen

overlapping *adj inv* ❶ (*partly covering*) überlappend
❷ (*similar*) teilweise identisch, sich *akk* überschneidend

overlay I. *n* [ˈəʊvəleɪ, AM ˈoʊvɚleɪ] ❶ (*covering*) Überzug *m*, Schicht *f*; (*transparent covering*) Folie *f*; **metal** ~ Metallauflage *f*
❷ (*small tablecloth*) Deckchen *nt*
❸ COMPUT (*program section*) Overlay *nt*, Overlayprogramm *nt*, Überlagerungsmodul *nt*
II. *vt* <-laid, -laid> [ˌəʊvəˈleɪ, AM ˌoʊvɚˈleɪ] ■**to ~ sth** (*cover*) etw bedecken; (*with metal*) etw belegen; (*with film*) etw überziehen; ■**to be overlaid with sth** mit etw *dat* beschichtet sein; (*fig*) von etw *dat* überlagert sein

overleaf *adv inv* auf der Rückseite; ***see*** ~ siehe umseitig!

overlie <-lying, -lay, -lain> [ˌəʊvəˈlaɪ, AM ˌoʊvɚˈ-] *vt* ■**to ~ sth** (*also fig*) etw überlagern

overload I. *n* [ˈəʊvələʊd, AM ˈoʊvɚloʊd] ❶ ELEC Überlast[ung] *f*, Überladung *f*; TRANSP Übergewicht *nt*
❷ *no pl* (*excess*) Überbelastung *f*; **information** ~ Überangebot *nt* an Informationen
II. *vt* [ˌəʊvəˈləʊd, AM ˌoʊvɚˈloʊd] ■**to ~ sth** ❶ (*overburden*) *vehicle* etw überladen; *road, system* etw überlasten; ■**to ~ sb** jdn überlasten; ■**to be ~ed with sth** mit etw *dat* überlastet sein; ***the market is already ~ed with car magazines*** es gibt schon zu viele Autozeitschriften auf dem Markt
❷ COMPUT, ELEC, PHYS, TELEC etw überlasten

overlong I. *adj usu pred, inv* überlang; ■**to be** ~ zu lang sein; ***the film is*** ~ der Film hat Überlänge
II. *adv* zu lange; **to wait** ~ zu lange warten

overlook I. *n* [ˈoʊvɚlʊk] AM Aussichtspunkt *m*
II. *vt* [ˌəʊvəˈlʊk, AM ˌoʊvɚˈ-] ❶ (*look out onto*) ■**to ~ sth** etw überblicken; **a room ~ing the sea** ein Zimmer mit Blick auf das Meer
❷ (*not notice*) ■**to ~ sb/sth** jdn/etw übersehen [*o* nicht bemerken]; (*ignore*) jdn/etw übergehen [*o* ignorieren]; (*forget*) jdn/etw vergessen
❸ (*disregard*) ■**to ~ sth** über etw *akk* hinwegsehen

overlord *n* ❶ (*hist: powerful landowner*) Oberherr *m hist*
❷ (*person in power*) Herrscher *m*

overlordship [ˈəʊvəlɔːdʃɪp, AM ˈoʊvɚlɔːrd] *n* Oberherrschaft *f*

overly [ˈəʊvəli, AM ˈoʊvɚ-] *adv inv* allzu, übermäßig; ***I'm not ~ well today*** mir geht es heute nicht allzu gut; ***he hasn't done it ~ well*** er hat es nicht gerade besonders gut gemacht

overmanned *adj usu pred* ■**to be** ~ überbesetzt sein **overmanning** *n no pl* Überbesetzung *f* **overmantel** [ˈəʊvəˌmæntəl, AM ˈoʊvɚˌmæntəl] *n* Kaminaufsatz *m* **overmuch** I. *adj attr, inv* allzu viel II. *adv inv* übermäßig, zu viel **overnight** I. *adj* ❶ *attr, inv* (*for a night*) Nacht-, Übernachtungs-; ~ **bus** Nachtbus *m*; ~ **guest** Übernachtungsgast *m*; ~ **stay** [*or* **stop**] Übernachtung *f*; ***we're making an ~ stop in Paris on the way to the Dordogne*** auf dem Weg in die Dordogne übernachten wir einmal in Paris ❷ (*sudden*) ganz plötzlich; ~ **star** Shootingstar *m*; ~ **success** Blitzerfolg *m* ❸ SPORTS (*from previous day*) ~ **leader** Vortagessieger(in) *m(f)* II. *adv inv* ❶ (*till next day*) in der Nacht, über Nacht; ***she went by train ~ to Paris*** sie fuhr mit dem Nachtzug nach Paris; **to stay ~ with sb** bei jdm übernachten ❷ (*fig: suddenly*) in kurzer Zeit, über Nacht; ***she became a success ~*** sie hatte vom einen Tag auf den anderen Erfolg **overnight bag** *n*, **overnight case** *n* Reisetasche *f* **overpackaged** *adj* zu aufwendig verpackt **overpackaging** *n no pl* ECON zu aufwendige Verpackung **overpaid** *adj* ❶ (*paid more than deserved*) überbezahlt; **grossly** ~ stark überbezahlt ❷ *attr* (*paid in excess*) ~ **tax** zu viel bezahlte Steuer **overpass** *n* AM Überführung *f* **overpay** <-paid, -paid> *vt* ❶ (*overremunerate*) ■**to ~ sb** jdn überbezahlen ❷ (*pay more than required*) ■**to ~ sth** für etw *akk* zu viel bezahlen **overpayment** [ˌəʊvəˈpeɪmənt, AM ˌoʊvɚˈ-] *n* Überbezahlung *f* **overplay** *vt* ■**to ~ sth** etw zu sehr hochspielen ▶ PHRASES: **to ~ one's hand** den Bogen überspannen **overpopulated** *adj* überbevölkert **overpopulation** *n no pl* Überbevölkerung *f* **overpower** *vt* ❶ (*overwhelm*) ■**to ~ sb** jdn überwältigen; SPORTS jdn bezwingen; **to be ~ed by the heat** von der Hitze außer Gefecht gesetzt werden ❷ AUTO ■**to be ~ed** *vehicle* übermotorisiert **overpowering** *adj* überwältigend; *smell* durchdringend **overprice** [ˌəʊvəˈpraɪs, AM ˌoʊvɚˈ-] *vt* ■**to ~ sth** etw überteuern **overpriced** *adj* überteuert; *share* überbewertet **overprint** [ˌəʊvəˈprɪnt, AM ˌoʊvɚˈ-] *vt* ■**to ~ sth** etw bedrucken, etw mit einem Aufdruck versehen **overproduce** I. *vi* überproduzieren, zu viel produzieren II. *vt* ❶ (*produce too much*) ■**to ~ sth** von etw *dat* zu viel produzieren ❷ THEAT (*make too complicated*) **to ~ a play** ein Stück zu kompliziert inszenieren **overproduction** *n no pl* ❶ ECON Überproduktion *f* (**of** an +*dat*) ❷ THEAT, FILM zu komplizierte Regieführung **overprotect** [ˌəʊvəprəˈtekt, AM ˌoʊvɚ-] *vt* ■**to ~ sb/sth** jdn/etw überfürsorglich behandeln **overprotective** *adj* (*pej*) überfürsorglich; ■**to be ~ of** [*or* **towards**] **sb** jdn zu sehr behüten **overqualified** *adj* überqualifiziert (**for** für +*akk*) **overrate** *vt* ■**to ~ sb/sth** jdn/etw überbewerten [*o* überschätzen] **overrated** *adj* überbewertet, überschätzt **overreach** *vt* ■**to ~ oneself** sich *akk* übernehmen **overreact** *vi* überreagieren; ■**to ~ to sth** auf etw *akk* unangemessen [*o* übertrieben] reagieren **overreaction** *n* Überreaktion *f* (**to** auf +*akk*)

override [ˌəʊvəˈraɪd, AM ˌoʊvɚˈraɪd] I. *n* ❶ (*device*) Übersteuerung *f*; **manual** ~ Automatikabschaltung *f*
❷ AM (*overruling*) Außerkraftsetzen *nt*; ~ **of a veto** Aufhebung *f* eines Vetos
II. *vt* <-rid, -ridden> ❶ (*disregard*) ■**to ~ sb/sth** sich *akk* über jdn/etw hinwegsetzen
❷ POL, LAW ■**to be overridden** aufgehoben [*o* außer Kraft gesetzt] werden
❸ (*control*) ■**to ~ sth** etw abschalten
III. *vi* <-rid, -ridden> weiter fahren als erlaubt

overrider *n* ❶ BRIT AUTO Stoßstangenhorn *nt*
❷ LAW außerordentliche Provision

overrider *n*, **overriding commission** *n* ECON außerordentliche Provision, Superprovision *f* **overriding** I. *adj attr, inv* vorrangig, vordringlich II. *n no pl* Fahrt *f* über das Fahrziel hinaus **overripe** *adj* überreif **overrule** *vt* ■**to ~ sb** jdn überstimmen; ■**to ~ sth** etw ablehnen [*o* verwerfen]; **to ~ a decision** eine Entscheidung aufheben [*o* außer Kraft setzen]; **to ~ an objection** einen Einspruch zurückweisen; **objection ~d!** LAW Einspruch abgewiesen!

overrun I. *n* Kostenüberschreitung *f*; ***they're predicting an ~ of 15% on that project*** die Mehrkosten für dieses Projekt sollen 15% betragen
II. *vt* <-ran, -run> ■**to ~ sth** ❶ MIL (*occupy*) etw überrollen; **to ~ a country** in ein Land einfallen; **to ~ an enemy position** eine feindliche Stellung überrennen
❷ (*spread over*) sich *akk* in etw *dat* ausbreiten; ■**to be ~ with** [*or* **by**] **sth** von etw *dat* wimmeln; *market* von etw *dat* überschwemmt werden
❸ (*go beyond*) über etw *akk* hinausgehen, etw überschreiten; **to ~ a budget** ein Budget überschreiten; **to ~ one's time** seine Zeit überziehen
III. *vi* <-ran, -run> ❶ (*exceed time*) überziehen; ***the meeting overran by half an hour*** die Besprechung dauerte eine halbe Stunde länger
❷ (*financially*) überschreiten; ***our costs are likely to ~ by several million dollars*** unsere Kosten werden wahrscheinlich um mehrere Millionen Dollar höher sein als geplant; **to ~ on costs** die Kosten sprengen
❸ COMPUT überlaufen

overseas I. *adj attr, inv* (*abroad*) Übersee-, in Übersee *nach n*; (*destined for abroad*) Übersee-, nach Übersee *nach n*; (*from abroad*) Übersee-, aus Übersee *nach n*; ~ **assignment** Auslandseinsatz *m*; ~ **mail** Auslandspost *f*; ~ **student** BRIT ausländischer Student/ausländische Studentin; ~ **trade** Überseehandel *m*; ~ **visitor** Besucher(in) *m(f)* aus Übersee
II. *adv inv* (*in foreign country*) im Ausland; (*to foreign country*) ins Ausland; ***my brother is a student ~*** mein Bruder studiert im Ausland; **to go/travel ~** ins Ausland fahren/reisen

oversee <-saw, -seen> *vt* ■**to ~ sb** jdn beaufsichtigen; ■**to ~ sth** etw überwachen; **to ~ a project** ein Projekt leiten **overseer** [ˈəʊvəˌsiːəʳ, AM ˈoʊvɚˌsiːɚ] *n* (*dated*) Aufseher(in) *m(f)*, Vorarbeiter(in) *m(f)* **oversell** <-sold, -sold> I. *vt* ■**to ~ sth** ❶ (*sell too many*) von etw *dat* zu viel verkaufen; ECON etw über den Bestand verkaufen; ***the flight had been oversold*** der Flug war überbucht; ***he is oversold*** er hat mehr verkauft, als er liefern kann; ***the market is oversold*** die Kurse fallen aufgrund einer Überzahl an Verkäufern ❷ (*overhype*) etw zu sehr anpreisen, für etw *akk* zu viel Reklame machen II. *vi* ECON zu große Mengen verkaufen **oversensitive** *adj* überempfindlich, übersensibel **oversew** <-sewed, -sewed *or* -sewn> *vt* ■**to ~ sth** ❶ (*stitch over edge*) etw umnähen ❷ (*join a book*) *Sektionen eines Buches mit einer bestimmten Nähtechnik zusammenfügen* **oversexed** *adj* (*esp pej*) sexbesessen, unersättlich **overshadow** *vt* ❶ (*cast shadow over*) ■**to ~ sth** etw überschatten ❷ (*make insignificant*) ■**to ~ sb/sth** jdn/etw in den Schatten stellen; ***she has always been ~ed by her sister*** sie stand immer im Schatten ihrer Schwester ❸ (*cast gloom over*) ■**to ~ sth** etw überschatten

overshoe [ˈəʊvəʃuː, AM ˈoʊvɚ-] *n* Überschuh *m*

overshoot <-shot, -shot> *vt* ■**to ~ sth** über etw *akk* hinausschießen; ***the plane overshot the runway*** das Flugzeug schoss über die Rollbahn hinaus ▶ PHRASES: **to ~ the mark** über das Ziel hinausschießen

oversight *n* ❶ (*mistake*) Versehen *nt*; ■**by an ~** aus Versehen ❷ *no pl* (*form: surveillance*) Aufsicht *f*, Beaufsichtigung *f* **oversimplification** *n* ❶ (*oversimplified account*) vereinfachte Darstellung ❷ *no pl* (*oversimplifying*) grobe Vereinfachung **oversimplify** <-ie-> *vt* ■**to ~ sth** etw grob vereinfachen [*o* zu einfach darstellen] **oversize** *adj*, *esp* AM **oversized** *adj* übergroß, überdimensional; ***he has an ~ ego*** er hat ein übersteigertes Selbstwertgefühl **overskirt** *n* Überkleid *nt* (*über einem anderen Kleid getragen*) **oversleep** <-slept, -slept> *vi* verschlafen **oversold** [ˌəʊvəˈsəʊld, AM ˌoʊvɚˈsoʊld] *vt pp, pt of* **oversell** **overspend** <-spent, -spent> I. *vi* zuviel [Geld] ausgeben; **to ~ on a budget** ein Budget überschreiten II. *vt* ■**to ~ sth** etw überziehen; **to ~ a budget/target** einen Etat/eine Ausgabengrenze überschreiten; **to ~ one's income** über seine Verhältnisse leben; ■**to be overspent on sth** *bank account* etw überzogen haben; *budget* etw überschritten haben **overspill** *n* Bevölkerungsüberschuss *m* **overstaffed** *adj* überbesetzt **overstaffing** *n no pl* Überbesetzung *f* **overstate** *vt* ■**to ~ sth** etw übertreiben; **to ~ a case** einen Fall übertrieben darstellen **overstatement** *n* Übertreibung *f* **overstay** *vt* **to ~ one's time** länger als vorgesehen bleiben; **to ~ a visa** ein Visum überschreiten; **to ~ one's welcome** jds Gastfreundschaft überbeanspruchen **oversteer** I. *vi* AUTO übersteuern II. *n no pl* Übersteuern *nt* **overstep** <-pp-> *vt* ■**to ~ sth** etw überschreiten; **to ~ the bounds of good taste** die Grenzen des guten Geschmacks missachten ▶ PHRASES: **to ~ the mark** über das Ziel hinausschießen, zu weit gehen **overstock** I. *n* zu großer Vorrat (**of** an +*dat*); AM ECON ■**~** *pl* Überbestand *m* II. *vi* zu viel lagern; **to ~ with goods** zu viele Waren auf Lager haben, zu große Warenbestände haben III. *vt* ■**to ~ sth with sth** etw mit etw *dat* überfüllen; ECON etw mit etw *dat* überbestücken; **to ~ the market** den Markt überschwemmen **overstretch** [ˌəʊvəˈstretʃ, AM ˌoʊvɚˈ-] *vt* ■**to ~ sth** etw überdehnen; (*fig*) etw überfordern; ***you shouldn't ~ your imagination***

du solltest deine Fantasie nicht überstrapazieren

oversubscribe *vt usu passive* ■**to be ~d** mehr als ausgebucht sein; *shares* überzeichnet sein; ***the concert was ~d*** zu viele Leute wollten in das Konzert

oversubscription *n* STOCKEX Überzeichnung *f*

oversupply I. *n no pl (supply)* Überangebot *nt* (**of** an *+dat*); *(inventory)* Überbestand *m* (**of** an *+dat*) II. *vt* <-ie-> *usu passive* ■**to be oversupplied with sth** einen zu großen Vorrat an etw *dat* haben

overt [ə(ʊ)'vɜːt, AM oʊ'vɜːrt] *adj* offen, offensichtlich, offenkundig; ~ **racism/sexism** unverhohlener [*o* offener] Rassismus/Sexismus

overtake <-took, -taken> I. *vt* ① *esp* BRIT, AUS ■**to ~ sb/sth** *(pass from behind)* jdn/etw überholen; *(catch up)* jdn/etw einholen ② *(surpass)* ■**to ~ sb/sth** jdn/etw überholen *fig* ③ *(befall)* ■**to ~ sb** jdn überraschen; **to be ~n by events** von den Ereignissen überholt werden ④ *(affect)* ■**to ~ sb** jdn überkommen; ***weariness overtook her*** Müdigkeit überkam sie II. *vi esp* BRIT überholen

overtaking lane *n* BRIT, AUS Überholspur *f*

overtax *vt* ① FIN ■**to ~ sb** jdn überbesteuern; ■**to ~ sth** etw zu hoch besteuern ② *(exhaust)* ■**to ~ sb** jdn überfordern [*o* überlasten]; ■**to ~ oneself** sich *akk* übernehmen; **to ~ one's strength** sich *akk* überanstrengen

over-the-counter *adj attr, inv* ① *(without prescription) drugs, medications, remedies* rezeptfrei, frei verkäuflich; ***this is an ~ drug*** dieses Medikament ist nicht verschreibungspflichtig ② FIN außerbörslich; ~ **business** Schaltergeschäft *nt fachspr,* Tafelgeschäft *nt fachspr;* ~ **market** Freiverkehr[smarkt] *m,* börsenfreier Optionshandel; ~ **sale** Verkauf *m* im Freiverkehr

over-the-top *adj* exzessiv *geh,* übertrieben; ~ **aggressiveness** gesteigerte Aggressivität

overthrow I. *n* ['əʊvəθrəʊ, AM 'oʊvɚθroʊ] ① *(removal from power)* Sturz *m*
② SPORTS *(in baseball, cricket)* zu weiter Wurf
II. *vt* <-threw, -thrown> [ˌəʊvə'θrəʊ, AM ˌoʊvɚ'θroʊ] ① *(topple)* ■**to ~ sb/sth** jdn/etw stürzen; **to ~ the enemy** den Feind schlagen [*o* besiegen]; **to ~ an opponent** einen Gegner aus dem Weg räumen; **to ~ plans** Pläne über den Haufen werfen; **to ~ a regime** ein Regime zu Fall bringen
② AM, AUS SPORTS ■**to ~ sb** für jdn zu weit werfen

overtime *n no pl* ① *(extra work)* Überstunden *fpl;* **to be on** [*or* **do**] [*or* **work**] ~ Überstunden machen
② *(pay)* Überstundenvergütung *f;* ~ **premium** Überstundenzuschlag *m;* **to earn ~** Überstunden bezahlt bekommen ③ AM SPORTS *(extra time)* Verlängerung *f;* ***the game went into ~*** das Spiel ging in die Verlängerung

overtire *vt* ■**to ~ sb** jdn übermüden; ■**to ~ oneself** sich *akk* übernehmen [*o* überanstrengen]

overtired *adj inv* übermüdet

overtiredness *n no pl* Übermüdung *f*

overtly [ə(ʊ)'vɜːtli, AM oʊ'vɜːr-] *adv* unverhohlen, offen

overtone *n* ① *(implication)* Unterton *m;* ***there was an ~ of despair in what he said*** aus seinen Worten sprach Verzweiflung; ***her remark had ~s of jealousy*** in ihrer Bemerkung schwang Eifersucht mit
② MUS Oberton *m*

overture ['əʊvətjʊəʳ, AM 'oʊvɚtʃɚ] *n* ① *(introductory music)* Ouvertüre *f* (**to** zu *+dat*)
② *(initial contact)* Angebot *nt;* **to make an ~** ein Angebot machen
③ *(approach)* ■**~s** *pl* Annäherungsversuche *mpl;* **to make ~s to sb** jdm ein Angebot machen; *(fam: sexually)* bei jdm Annäherungsversuche machen

overturn I. *vi* umkippen, umstürzen; *car* sich *akk* überschlagen; *boat* kentern II. *vt* ■**to ~ sth** ① *(turn upside down)* etw umstoßen [*o* umkippen]; **to ~ a boat** ein Boot zum Kentern bringen ② *(reverse)* etw revidieren; *judgement, ruling, decision* etw aufheben; **to ~ a government** eine Regierung stürzen; **to ~ sb's majority** jds Mehrheit zu Fall bringen

overtype *vt* ■**to ~ sth** etw überschreiben

overuse I. *n* [ˌəʊvə'juːs, AM ˌoʊvɚ'-] *no pl* übermäßiger Gebrauch II. *vt* [ˌəʊvə'juːz, AM ˌoʊvɚ'-] ■**to ~ sth** etw zu oft verwenden [*o* zu häufig gebrauchen]

overvaluation *n no pl* ECON, FIN Überbewertung *f*

overvalue *vt* ① *(give high value)* ■**to ~ sth** etw überbewerten ② *(admire)* ■**to ~ sb** eine zu hohe Meinung von jdm haben; ■**to ~ sth** etw überschätzen

overvalued *adj* überbewertet

overview *n* Überblick *m* (**of** über *+akk*); **to take an ~ of sth** sich *dat* einen Überblick über etw *akk* verschaffen

overweening *adj (pej form)* maßlos, übersteigert

overweeningly *adv* maßlos

overweight I. *n* ['əʊvəweɪt] *no pl* AM Übergewicht *nt*
II. *adj* [ˌəʊvə'weɪt, AM ˌoʊvɚ'-] zu schwer; *person also* übergewichtig; ***you're about 20 pounds ~ for your age and height*** du bist für dein Alter und deine Größe 10 Kilo zu schwer; **to be ~ by a few kilos** ein paar Kilo Übergewicht haben; ~ **luggage** [*or* **baggage**] Übergepäck *nt*

overwhelm [ˌəʊvə'(h)welm, AM ˌoʊvɚ'-] *vt* ① *(affect powerfully)* ■**to ~ sb** jdn überwältigen; **to be ~ed by** [*or* **with**] **grief/joy** von Kummer/Freude überwältigt sein
② *(overpower)* ■**to ~ sb/sth** jdn/etw überwältigen; **to ~ the enemy** den Feind besiegen [*o* bezwingen]
③ *(flood)* ■**to ~ sth** etw überschwemmen [*o* überfluten]

overwhelming [ˌəʊvə'(h)welmɪŋ, AM ˌoʊvɚ'-] *adj* ① *(very powerful)* überwältigend, riesig; ~ **desire** unwiderstehliches [*o* heftiges] Verlangen; ~ **grief** unermesslicher Kummer; ~ **joy** große Freude; ~ **need** unwiderstehliches Bedürfnis; ~ **rage** unbändige Wut; **to feel an ~ urge to do sth** einen unwiderstehlichen Drang verspüren, etw zu tun
② *(very large)* überwältigend; ***he has succeeded against ~ odds*** er hat sich gegen immense Widerstände durchgesetzt

overwhelmingly [ˌəʊvə'(h)welmɪŋli, AM ˌoʊvɚ'-] *adv* ① *(intensely)* überwältigend; ~ **friendly** unheimlich freundlich
② *(by a very large margin)* deutlich; **to defeat sb/sth ~** jdn/etw eindeutig besiegen

overwind <-wound, -wound> *vt* ■**to ~ sth** etw überdrehen; **to ~ a watch** eine Armbanduhr zu stark aufziehen

overwinter [ˌəʊvə'wɪntəʳ, AM ˌoʊvɚ'wɪntɚ] I. *vi* ① *(spend the winter)* den Winter verbringen
② *(live through the winter) animal, plant* überwintern
II. *vt* ■**to ~ sth** etw über [*o* durch] den Winter bringen

overwork I. *n* ['əʊvəwɜːk, AM 'oʊvɚwɜːrk] *no pl* Überarbeitung *f,* [Arbeits]überlastung *f*
II. *vi* [ˌəʊvə'wɜːk, AM ˌoʊvɚ'wɜːrk] sich *akk* überarbeiten
III. *vt* [ˌəʊvə'wɜːk, AM ˌoʊvɚ'wɜːrk] ① *(give too much work)* ■**to ~ sb** jdn [mit Arbeit] überlasten
② *(overuse)* ■**to ~ sth** etw überstrapazieren; **an ~ed expression** ein abgenutzter Ausdruck

overwrite <-wrote, -written> *vt* ■**to ~ sth** etw überschreiben

overwritten *adj* *(too strong)* zu stark formuliert; *(too rhetorical)* zu schwülstig; *(too flowery)* zu blumig

overwrought *adj* überreizt; **to be in an ~ condition** [*or* **state**] mit den Nerven am Ende sein

overzealous [ˌəʊvə'zeləs, AM ˌoʊvɚ'-] *adj inv* übereifrig

Ovid ['ɒvɪd, AM 'ɑːvɪd] *n no pl* LIT Ovid *m*

oviduct ['əʊvɪdʌkt, AM 'oʊ-] *n* ANAT, MED Eileiter *m*

oviparous [əʊ'vɪpərəs, AM oʊ'vɪpə-] *adj inv* BIOL, ZOOL Eier legend, ovipar *fachspr*

ovoid ['əʊvɔɪd, AM ˌoʊvɚ'wɪntɚ] I. *adj inv* ① *(3D)* eiförmig, ovoid *geh*
② *(2D)* oval
II. *n* ① *(3D)* eiförmiges Gebilde
② *(2D)* Oval *nt*

ovulate ['ɒvjəleɪt, AM 'ɑːvjuː-] *vi* [einen] Eisprung haben

ovulation [ˌɒvjə'leɪʃᵊn, AM ˌɑːvjuː'-] *n no pl* Eisprung *m,* Ovulation *f fachspr*

ovum <*pl* -va> ['əʊvəm, AM 'oʊ-, *pl* -və] *n* Eizelle *f,* Ovum *nt fachspr*

ow [aʊ] *interj* au

owe [əʊ, AM oʊ] *vt* ① *(be in debt)* ■**to ~ sb sth** [*or* **sth to sb**] jdm etw schulden [*o* schuldig sein]; ■**to ~ it to oneself to do sth** es sich *dat* schuldig sein, etw zu tun; **to ~ sb an explanation** jdm eine Erklärung schuldig sein; **to ~ sb thanks/gratitude** [*or* **to ~ thanks/gratitude to sb**] *(form)* jdm zu Dank verpflichtet sein; **to ~ sb one** *(fam)* jdm noch was schuldig sein
② *(be indebted)* ■**to ~ sb sth** jdm etw verdanken; ***I ~ it all to my parents*** ich habe alles meinen Eltern zu verdanken
► PHRASES: **to ~ sb a grudge** einen Groll gegen jdn hegen

owing ['əʊɪŋ, AM 'oʊ-] *adj inv, pred* ausstehend; ■**to be ~** ausstehen, noch zu zahlen sein; ***money is ~ to the company*** die Firma hat noch Außenstände; ***I've got £50 ~ to me for a job I did last month*** ich bekomme noch 50 Pfund für eine Arbeit, die ich letzten Monat gemacht habe

owing to *prep (form)* ■**~ sth** wegen einer S. *gen*

owl [aʊl] *n* Eule *f;* *(fig)* ***he was a wise old ~*** er war ein weiser alter Mann; **barn ~** Schleiereule *f;* **tawny ~** Waldkauz *m*

owlet ['aʊlət, AM -lɪt] *n* Eulenjunges *nt,* junge Eule

owlish ['aʊlɪʃ] *adj* eulenhaft; ***our teacher was an ~ woman*** unsere Lehrerin sah aus wie eine Eule

owlishly ['aʊlɪʃli] *adv* eulenhaft, wie eine Eule

own [əʊn, AM oʊn] I. *pron* ① *(belonging to oneself)* ■**sb's ~ …** jds eigene(r, s) …; ***is that your mum's car? — no, it's my ~*** ist das das Auto deiner Mutter? – nein, es ist mein eigenes; ***she has a daughter of her ~*** sie hat selbst eine Tochter; ***she's got too many problems of her ~*** sie hat zu viele eigene Probleme; ***his time is his ~*** er kann über seine Zeit frei verfügen; **a house of his/her ~** sein/ihr eigenes Haus; **to make sth** [**all**] **one's ~** sich *dat* etw [ganz] zu eigen machen
② *(people)* ***we like to take care of our ~*** wir kümmern uns um unsere Leute; ***they think of her as one of their ~*** sie sehen sie als eine von ihnen
► PHRASES: **to get one's ~ back** [**on sb**] *esp* BRIT *(fam)* sich *akk* an jdm rächen; **in a class of one's ~** eine Klasse für sich *akk;* **to come into one's ~** *(show one's qualities)* zeigen, was in einem steckt; *(get due recognition)* die verdiente Anerkennung erhalten; [**all**] **on one's ~** *(alone)* [ganz] für sich *akk* allein[e]; *(without help)* [ganz] allein[e]; ***I like living*** [***all***] ***on my ~*** ich mag es, alleine zu leben; ***I can't lift this on my ~*** ich kann das nicht alleine anheben
II. *adj attr, inv* ① *(belonging to sb)* eigene(r, s); ***was that your ~ idea?*** war das deine eigene Idee?; ***his/her ~ car*** sein/ihr eigenes Auto; **to hear/see sth with one's ~ ears/eyes** etw mit eigenen Ohren/Augen hören/sehen
② *(particular and different)* eigene(r, s); ***he's got his ~ special way of doing things*** er hat seinen eigenen speziellen Stil, sich um Dinge zu kümmern; ~ **opinion/style** eigene Meinung/eigener Stil
③ *(by or for oneself)* selbst; ***you'll have to get your ~ dinner*** du musst dich selbst um das Abendessen kümmern; ***she makes all her ~ bread*** sie bäckt ihr ganzes Brot selbst; ***you'll have to make up your ~ mind*** das musst du für dich alleine entscheiden
► PHRASES: **sb's ~ flesh and blood** jds eigen[es] Fleisch und Blut; **on your ~ head be it** BRIT auf deine Verantwortung; **to be one's ~ man/woman/person** sein eigener Herr sein; **in one's ~ right** *(not due to others)* aus eigenem Recht; *(through one's talents)* aufgrund der eigenen Begabung; **for sth's ~ sake** um einer S. *gen* selbst willen; **to do one's ~ thing** tun, was man will *fam;* **in one's ~ time** *(outside working hours)* in seiner Freizeit; *(at own speed)* im eigenen Tempo
III. *vt* ① *(possess)* ■**to ~ sth** etw besitzen; ***you don't ~ me!*** ich bin nicht dein Privateigentum!; ***who ~s this piece of land?*** wem gehört dieses Landstück?; ***the house is privately ~ed*** dieses Haus ist im Privatbesitz; ***he walked into the office as if he ~ed the place*** er spazierte in das Büro hinein, als ob es sein eigenes wäre; ■**to be ~ed by**

sb jdm gehören, in jds Besitz sein *geh*
② *(form: admit)* ■**to ~ [that] …** zugeben, dass …
IV. *vi (form)* ■**to ~ to sth** etw eingestehen; ***they ~ed to failing to pay their taxes*** sie gaben zu, ihre Steuern nicht bezahlt zu haben
◆**own up** *vi* es zugeben; ***if nobody ~s up, the whole class will get a detention*** wenn es niemand zugibt, muss die ganze Klasse nachsitzen; ■**to ~ up to sth** etw zugeben
own brand *n* BRIT ECON hauseigene Marke, Hausmarke *f*
own-brand *adj inv* BRIT ECON Hausmarken-
owner ['əʊnəʳ, AM 'oʊnɚ] *n* Besitzer(in) *m(f)*, Eigentümer(in) *m(f)*; **~'s manual** Bedienungsanleitung *f*; **to be the proud ~ of sth** der stolze Besitzer/die stolze Besitzerin einer S. *gen* sein
ownerless ['əʊnələs, AM 'oʊnɚ-] *adj inv* herrenlos
owner-occupied *adj inv* vom Eigentümer/von der Eigentümerin selbst bewohnt **owner-occupier** *n* Bewohner(in) *m(f)* des eigenen Grundbesitzes
ownership ['əʊnəʃɪp, AM 'oʊnɚ-] *n no pl* Besitz *m*, Eigentum *nt*; ***the ~ of the company has passed to the banks*** das Eigentumsrecht an dem Unternehmen ist auf die Banken übergangen; **home ~** Wohneigentum *nt*; **proof of ~** Eigentumsnachweis *m*; **common** [*or* **collective**] **~** Miteigentum *nt*, Kollektivinhaberschaft *f*; **joint ~** Miteigentum *nt*; **to be under** [*or* **in**] **private/public ~** sich in Privat-/Staatsbesitz befinden; ***there is a debate about whether these industries should be in public or private ~*** es wird darüber debattiert, ob diese Branchen in öffentlichem oder Privatbesitz sein sollten; **to claim ~** seine Besitzansprüche anmelden; ***several people have claimed ~ of the bracelet found in the park on Saturday*** mehrere Leute haben behauptet, dass das Armband, das am Samstag im Park gefunden wurde, ihnen gehört
own goal *n (also fig)* Eigentor *nt a. fig*; **to score an ~** ein Eigentor schießen *a. fig* **own label** *n* BRIT eigene Marke, Hausmarke *f* **own-label** *adj inv* BRIT Hausmarken-
owt [aʊt] *pron* NBRIT, DIAL *see* **anything**
ox <*pl* -en> [ɒks, AM ɑːks] *n* Ochse *m*
Oxbridge ['ɒksbrɪdʒ, AM 'ɑːks-] **I.** *n no pl die Universitäten Oxford und Cambridge*
II. *adj inv* der Universitäten Oxford und Cambridge *nach n*; ***she's an ~ student*** sie studiert in Oxford/Cambridge
ox cart *n* Ochsenkarren *m*
oxen ['ɒksᵊn, AM 'ɑːk-] *n pl of* **ox**
ox-eye daisy [ˌɒksaɪ'deɪsi, AM ˌɑːks] *n* BOT *see* **marguerite**
Oxfam ['ɒksfæm, AM 'ɑːk-] *n no pl abbrev of* **Oxford Committee for Famine Relief** Oxfam
Oxfam shop *n* BRIT Oxfam-Laden *m*, ≈ Dritte-Welt-Laden *m*
oxford ['ɒksfəd, AM 'ɑːksfɚd] *n* Halbschuh *m* zum Schnüren
Oxford ['ɒksfəd, AM 'ɑːksfɚd] *n* ① *(town)* Oxford *nt*; *(Oxford University)* Universität *f* Oxford
② *(cloth) bestimmte Stoffart für Hemden, die etwas schwerer ist als normaler Hemdenstoff*
oxidation [ˌɒksɪ'deɪʃᵊn, AM ˌɑːk-] *n* CHEM Oxydation *f*, Oxidation *f*
oxide ['ɒksaɪd, AM 'ɑːk-] *n* Oxyd *nt*, Oxid *nt*; **iron ~** Eisenoxyd *nt*
oxidization [ˌɒksɪdaɪ'zeɪʃᵊn, AM 'ɑːksɪdɪ'-] *n no pl* CHEM Oxydation *f*, Oxidation *f*
oxidize ['ɒksɪdaɪz, AM 'ɑːk-] **I.** *vi* oxidieren
II. *vt* ■**to ~ sth** etw oxidieren
Oxon BRIT *abbrev of* **Oxfordshire**
oxtail *n* ① *(tail)* Ochsenschwanz *m* ② *no pl (meat)* Ochsenschwanz *m* **oxtail soup** *n* Ochsenschwanzsuppe *f*
oxyacetylene [ˌɒksiə'setᵊliːn, AM ˌɑːksiə'seṭ-] *n no pl* Azetylensauerstoff *m*; **~ lamp** [*or* **torch**] Autogenschweißbrenner *m*; **~ welder** Autogenschweißgerät *nt*; **~ welding** Autogenschweißen *nt*
oxygen ['ɒksɪdʒən, AM 'ɑːk-] *n no pl* Sauerstoff *m*
oxygenate ['ɒksɪdʒəneɪt, AM 'ɑːk-] *vt* ■**to ~ sth** etw mit Sauerstoff anreichern, etw oxigenieren *fachspr*
oxygen cylinder *n* Sauerstoffflasche *f* **oxygen mask** *n* Sauerstoffmaske *f* **oxygen tank** *n* Sauerstoffbehälter *m* **oxygen tent** *n* Sauerstoffzelt *nt*
oxymoron [ˌɒksɪ'mɔːrɒn, AM ˌɑːksɪ'mɔːrɑːn] *n* Oxymoron *nt*
oyez [əʊ'jez, AM 'oʊjez] *interj* hört [her]!, Achtung, Achtung!
oyster ['ɔɪstəʳ, AM -ɚ] *n* ① *(shellfish)* Auster[nmuschel] *f*; **~ shell** Austernschale *f*
② FOOD Auster *f*
③ *(in poultry) sehr zartes Fleisch neben dem Rückgrat*
► PHRASES: **the world is sb's ~** jdm steht die Welt offen
oyster bank *n*, **oyster bed** *n* Austernbank *f*
oystercatcher *n* ORN Austernfischer *m*
oz <*pl* -> *n abbrev of* **ounce**
Oz [ɒz] *n* BRIT, AUS *(fam)* Australien *nt*
ozone ['əʊzəʊn, AM 'oʊzoʊn] *n no pl* ① *(chemical)* Ozon *nt*
② *(fam: clean air)* saubere [frische] Luft
ozone-friendly *adj* ohne Treibgas *nach n, präd*; **~ product** FCKW-freies Produkt **ozone layer** *n* Ozonschicht *f*
Ozzie ['ɒzi] BRIT, AUS **I.** *n* ① *(fam: Australian)* Australier(in) *m(f)*
② *no pl (fam: Australia)* Australien *nt*
II. *adj inv (fam)* australisch

P

P <*pl* -'s>, **p** <*pl* 's *or* -s> [piː] *n* p *nt*, P *nt*
► PHRASES: **to mind one's ~'s and Q's** sich *akk* anständig benehmen; ***don't forget your ~'s and Q's*** denk daran, dich anständig zu benehmen
p [piː] **I.** *n* ① <*pl* -> *abbrev of* **penny, pence**
② <*pl* pp> *abbrev of* **page** S.
③ *abbrev of* **pico-** p
II. *adv* MUS *abbrev of* **piano** p
P[1] [piː] *n no pl abbrev of* **parking** P
P[2] *abbrev of* **peta-** P
pa[1] [pɑː] *n (fam or dated: father)* Papa *m fam*; ■**P~** *(fam or dated)* Papa *fam*, Vati *fam*
pa[2] [ˌpiː'eɪ] *adv inv abbrev of* **per annum** p.a.
Pa. AM *abbrev of* **Pennsylvania**
PA [ˌpiː'eɪ] *n* ① AM *abbrev of* **Pennsylvania**
② *(assistant) abbrev of* **personal assistant** pers. Ass.
③ *(loudspeaker) abbrev of* **public address system**
PAC [ˌpiːeɪ'siː] *n abbrev of* **political action committee** politisches Aktionskomitee
pace[1] [peɪs] **I.** *n* ① *(speed)* Tempo *nt*; ***we started out at a fairly slow ~*** wir begannen recht langsam; ***schoolchildren should be allowed to work at their own ~*** Schüler sollten in ihrem eigenen Tempo arbeiten dürfen; **to force/keep up the ~** das Tempo forcieren/halten; **to gather ~** an Fahrt gewinnen; **to quicken one's ~** sein Tempo beschleunigen; **to set the ~** das Tempo vorgeben; ***for many years this company has set the ~ in the communications industry*** diese Firma war viele Jahre lang der Schrittmacher in der Kommunikationsbranche; **to stand the ~** das Tempo durchhalten; *(fig)* mithalten; ***they moved out of the city because they couldn't stand the ~ [of life there]*** sie zogen aus der Stadt weg, weil es ihnen [dort] zu hektisch zuging
② *(step)* Schritt *m*; **to take a ~ forward/backward** einen Schritt nach vorne/zurück machen; **at 20 ~s** auf zwanzig Schritte; *(fig)* ***I can spot a winner at 20 ~s*** einen Gewinner erkenne ich sofort; **to keep ~ with sb** mit jdm Schritt halten; **to keep ~ with sth** *(fig)* mit etw *dat* Schritt halten
► PHRASES: **to put sb/sth through their/its ~s** jdn/etw auf Herz und Nieren prüfen; ***I'm going to take my new car out and put it through its ~s*** ich mache eine Spritztour, um zu sehen, was mein neues Auto so hergibt
II. *vt* ① *(walk up and down)* ***he ~d the room nervously*** er ging nervös im Zimmer auf und ab
② *(measure)* ■**to ~ sth** ↻ [**off** [*or* **out**]] etw abschreiten; **to ~ off** [*or* **out**] **a distance** eine Entfernung mit Schritten ausmessen [*o* abmessen]
③ SPORTS ■**to ~ sb** jdm das Tempo vorgeben; ■**to ~ oneself** sich *dat* seine Kräfte einteilen
III. *vi* gehen, schreiten *geh*; **to ~ up and down** auf und ab gehen [*o* schreiten]
pace[2] [peɪsi] *prep (form)* entgegen +*gen*
pace bowler *n (in cricket)* schneller Werfer *(beim Cricketspiel)* **pacemaker** *n* ① SPORTS *(speed setter)* Schrittmacher(in) *m(f)*; *(fig)* ***they are the ~s in computer-aided design*** sie setzen Maßstäbe auf dem Gebiet der computergestützten Konstruktion ② *(for heart)* [Herz]schrittmacher *m* **paceman** *n (in cricket)* schneller Werfer *(beim Cricketspiel)*
pacer ['peɪsəʳ, AM ɚ] *n* ① *(pacemaker)* Schrittmacher *m*
② AM *(horse)* Passgänger *m*
pacesetter *n* Schrittmacher(in) *m(f)*
pacey ['peɪsi] *adj esp* BRIT spannungsreich, spannend, voller Action *nach n fam*; **~ film** Actionfilm *m*
pachyderm ['pækɪdɜːm, AM -dɜːrm] *n* ZOOL Dickhäuter *m*
pacific [pə'sɪfɪk] *adj* friedliebend, friedfertig; **~ gesture** friedliche Geste
Pacific [pə'sɪfɪk] **I.** *n no pl* ■**the ~** der Pazifik
II. *adj inv* pazifisch, Pazifik-; **~ coast** Pazifikküste *f*
pacifically [pə'sɪfɪkᵊli] *adv* friedliebend; **to be ~ inclined** friedlich eingestellt sein
pacification [pæsɪfɪ'keɪʃᵊn, AM -fə'-] *n no pl* Befriedung *f*
Pacific Ocean *n no pl* ■**the ~** der pazifische Ozean [*o* Pazifik] **Pacific Rim** *n no pl* ■**the ~** der Pazifikgürtel [*o* pazifische Raum] **Pacific time** *n no pl* Pazifische Zeit
pacifier ['pæsɪfaɪəʳ, AM -ɚ] *n* ① *(peacemaker)* Friedensstifter(in) *m(f)*
② *(calmer of emotions)* Schlichter(in) *m(f)*
③ AM *(baby's dummy)* Schnuller *m*
pacifism ['pæsɪfɪzᵊm, AM -sə-] *n no pl* Pazifismus *m*
pacifist ['pæsɪfɪst, AM -sə-] **I.** *n* Pazifist(in) *m(f)*
II. *adj* pazifistisch
pacify <-ie-> ['pæsɪfaɪ, AM -sə-] *vt* ① *(establish peace)* **to ~ an area/a country** eine Gegend/ein Land befrieden
② *(calm)* ■**to ~ sb** jdn beruhigen
pack [pæk] **I.** *n* ① *(type of bag)* Bündel *nt*; *(filled bag)* Rucksack *m*; **ice ~** Eisbeutel *m*
② COMM *(packet)* Packung *f*, Schachtel *f*; **in ~s of six** im Sechserpack
③ *(folder of documents)* Paket *nt*; **information ~** Informationspaket *nt*
④ + *sing/pl vb (group)* Gruppe *f*, Schar *f*; **of wolves**, *hounds* Rudel *nt*; **cub ~** Pfadfindergruppe *f*; **a ~ of lies** *(fig)* ein Haufen *m* Lügen
⑤ *(set of cards)* [Karten]spiel *nt*
⑥ *(beauty treatment)* Packung *f*; **face/mud ~** Gesichts-/Schlammpackung *f*
⑦ SPORTS *(in rugby)* Stürmer *mpl*
⑧ COMPUT Stapel *m*
► PHRASES: **to keep ahead of the ~** der Konkurrenz immer eine Nasenlänge voraus sein
II. *vi* ① *(for journey)* packen; ***have you ~ed yet?*** hast du schon gepackt?
② *(be able to be packed)* passen; ***all this food will never ~ into that small basket*** diese ganzen Lebensmittel werden nie in diesen kleinen Korb passen; ***I love this silk dress, but it doesn't ~ very well*** ich liebe dieses Seidenkleid, aber es knittert [beim Packen] leicht
► PHRASES: **to send sb ~ing** *(send sb away)* jdn fortschicken [*o* wegschicken]; *(dismiss)* jdn entlassen
III. *vt* ① *(put in container)* ■**to ~ sth** etw [ein]packen; ***I haven't ~ed my clothes yet*** ich habe

meine Kleider noch nicht gepackt; ***could you ~ me a spare pair of shoes, please?*** könntest du mir bitte ein Paar Ersatzschuhe einpacken?; **to ~ sth tightly** etw fest verpacken
❷ (*fill*) ■**to ~ sth** *a bag, suitcase, trunk* etw packen; *a box, container* etw voll packen; **to ~ one's bags** seine Koffer packen; ■**to ~ sth with sth** etw mit etw *dat* [voll] packen
❸ (*wrap*) ■**to ~ sth** *object* etw einpacken [*o* einwickeln]; *food* etw abpacken; ***she ~ed tissue paper around the shoes*** sie wickelte die Schuhe in Seidenpapier; **to ~ a parcel** ein Paket packen; **to ~ sth in newspaper/straw/tissue paper** etw in Zeitungspapier/Stroh/Seidenpapier einwickeln
❹ (*cram*) ■**to ~ sth [with sth]** etw [mit etw *dat*] voll stopfen; ■**to ~ sth [with sb]** etw [mit jdm] füllen; **to be ~ed with people** gerammelt voll [*o* voll gestopft] [mit Leuten] sein *fam;* ***the people on the bus were ~ed like sardines*** die Leute standen im Bus wie die Sardinen
❺ (*load*) ■**to be ~ed with sth** *information* mit etw *dat* voll gepackt sein
❻ (*compress*) ■**to ~ sth** etw zusammenpressen [*o* zusammendrücken]; COMPUT etw verdichten
❼ (*carry*) ■**to ~ sth** etw bei sich *dat* tragen; **to ~ a gun** eine Schusswaffe bei sich *dat* führen
❽ (*contain*) ■**to ~ sth** etw enthalten; ***each missile ~s several warheads*** jede Rakete trägt mehrere Sprengköpfe
❾ (*fill with supporters*) ■**to ~ sth [with sb]** etw [mit eigenen Leuten] besetzen; **to ~ a jury** eine Jury mit eigenen Leuten besetzen
► PHRASES: **to ~ a punch** [*or* **wallop**] (*hit hard*) kräftig zuschlagen; (*be strong*) *drink* reinhauen *sl;* ***Tony's cocktails ~ quite a punch*** Tonys Cocktails hauen ganz schön rein
◆**pack away I.** *vt* ■**to ~ away** ○ **sth** ❶ (*put back*) etw wegpacken
❷ (*fam: eat*) etw vertilgen *fam*
II. *vi tent, sleeping bag* sich *akk* verstauen lassen
◆**pack in I.** *vt* ❶ (*put in*) ■**to ~ sth in sth** etw in etw *akk* einpacken
❷ (*cram in*) ■**to ~ in** ○ **sb/sth** jdn/etw hineinstopfen [*o* hineinpferchen]
❸ (*attract an audience*) ■**to ~ in** ○ **sb** jdn anziehen; ***the latest exhibition is really ~ing them in*** die derzeitige Austellung ist ein echter Publikumsmagnet
❹ (*fam: stop*) ■**to ~ sth in** etw an den Nagel hängen *fam;* ***I think I'm going to ~ this job in pretty soon*** ich glaube, ich werde diesen Job ziemlich bald hinschmeißen; ~ ***it in!*** Schluss jetzt!, jetzt reicht's!; **to ~ it all in** alles hinschmeißen *fam*
❺ (*fam: break up with*) ■**to ~ sb in** jdm den Laufpass geben *fam*
II. *vi* ❶ (*come in crowds*) scharenweise [*o* in Massen] kommen
❷ (*fam: stop*) zusammenpacken *fam,* Feierabend machen *fam*
◆**pack into I.** *vt* ❶ (*for transportation*) ■**to ~ sth into sth** etw in etw *akk* hineinpacken
❷ (*cram*) ■**to ~ sb/sth into sth** jdn/etw in etw *akk* hineinverfrachten *hum fam*
❸ (*fit*) ■**to ~ sth into sth** etw in etw *akk* hineinpacken; ***I don't know how you manage to ~ so much work into one day*** ich weiß nicht, wie du es schaffst, so viel Arbeit an einem einzigen Tag zu erledigen
II. *vi* ❶ (*fit*) ■**to ~ into sth** in etw *akk* hineinpassen
❷ (*come in crowds*) ■**to ~ into sth** in etw *akk* hineindrängen [*o* strömen]
◆**pack off** *vt* (*fam*) ■**to ~ off** ○ **sb** jdn wegschicken [*o* fortschicken]; ***we are going to ~ him off to boarding school*** wir schicken ihn auf [*o fam* stecken ihn in] ein Internat
◆**pack out** *vt usu passive* BRIT (*fam*) **to be ~ed out** überfüllt [*o fam* gerammelt voll] sein
◆**pack up I.** *vt* ■**to ~ up** ○ **sth** ❶ (*put away*) etw zusammenpacken [*o* wegpacken]; **to ~ one's house up** seinen Haushalt einlagern
❷ (*fam: finish*) etw beenden; ***what time do you ~ up work?*** wann machst du Schluss [*o* Feierabend]? *fam;* ***she ~ed up her job, and went off to Australia*** sie gab ihren Job auf und zog nach Australien; ***it's time you ~ed up smoking*** es ist an der Zeit, dass du das Rauchen aufgibst; **to ~ [it] up** [damit] aufhören
II. *vi* (*fam*) ❶ (*stop work*) Feierabend machen
❷ BRIT (*stop functioning*) den Geist aufgeben *fam*
package [ˈpækɪdʒ] **I.** *n* ❶ (*parcel*) Paket *nt*
❷ AM (*packet*) Packung *f*
❸ (*set*) Paket *nt;* **software ~** Softwarepaket *nt*
❹ (*comprehensive offer*) Paket *nt;* **an aid/a rescue ~** ein Hilfs-/Rettungspaket *nt*
II. *vt* ❶ (*pack*) ■**to ~ sth** etw verpacken
❷ (*fig: present*) ■**to ~ sb/sth** jdn/etw präsentieren
package deal *n* Pauschalangebot *nt*
packaged food *n* abgepackte Nahrungsmittel **package goods** *npl* AM Spirituosen *pl* **package holiday** *n* BRIT Pauschalurlaub *m* **package store** *n* AM (*off-licence*) Spirituosenladen *m,* Spirituosengeschäft *nt* **package tour** *n,* AM *also* **package trip** *n* Pauschalurlaub *m*
packaging [ˈpækɪdʒɪŋ] *n no pl* ❶ (*materials*) Verpackungsmaterial *nt*
❷ (*activity*) Verpackung *f*
❸ (*presentation*) Präsentation *f*
❹ PUBL Packaging *nt*
pack animal *n* Packtier *nt,* Lasttier *nt*
packed [pækt] *adj* ❶ (*full*) voll; ***the train was ~*** der Zug war gerammelt voll *fam;* **a ~ house** ein volles Haus *fam*
❷ *pred, inv* (*ready for journey*) reisefertig; ***are you ~ yet?*** hast du alles gepackt?
packed lunch *n* Lunchpaket *nt,* Vesperpaket *nt* SÜDD
packer [ˈpækəʳ, AM -ɚ] *n* [Ver]packer(in) *m(f);* (*of furniture*) Möbelpacker(in) *m(f);* (*machine*) Verpackungsmaschine *f*
packet [ˈpækɪt] *n* ❶ (*container*) Packung *f,* Schachtel *f;* **a ~ of biscuits** eine Packung Kekse; **a ~ of cigarettes** eine Schachtel Zigaretten; **a ~ of crisps** eine Tüte Chips
❷ BRIT, AUS (*fam: a lot of money*) ■**a ~** ein Vermögen *nt,* ein Haufen *m* Geld *fam*
❸ BRIT (*vulg: man's sexual organs*) Gehänge *nt sl*
packhorse [ˈpækhɔːs, AM hɔːrs] *n* Packpferd *nt*
pack ice *n no pl* Packeis *nt*
packing [ˈpækɪŋ] *n no pl* ❶ (*action*) Packen *nt*
❷ (*protective wrapping*) Verpackung *f*
❸ COMPUT Verdichtung *f*
packing box *n* AM, **packing case** *n* [Umzugs]karton *m,* [Umzugs]kiste *f* **packing costs** *npl* Verpackungskosten *pl* **packing crate** *n* AM [Umzugs]karton *m,* [Umzugs]kiste *f* **packing list** *n* Packliste *f* **packing material** *n* Verpackungsmaterial *nt*
pact [pækt] *n* Pakt *m,* Abkommen *nt,* Bündnis *nt;* **Stability and Growth P~** EU Stabilitäts- und Wachstumspakt *m*
pacy *adj see* **pacey**
pad¹ [pæd] *vi* trotten; (*walk softly*) tappen
pad² [pæd] **I.** *n* ❶ (*wad*) Pad *m o nt;* **cotton wool ~** Wattebausch *m;* **stamp ~** Stempelkissen *nt*
❷ SPORTS (*protector*) Polster *nt;* **knee ~** Knieschoner *m,* Knieschützer *m;* **shin ~** Schienbeinschoner *m,* Schienbeinschützer *m*
❸ (*for shaping*) Polster *nt;* **shoulder ~** Schulterpolster *nt*
❹ (*of paper*) Block *m;* **a ~ of paper** ein Papierblock *m;* **drawing/writing ~** Mal-/Schreibblock *m*
❺ (*on animal's foot*) Ballen *m;* ***the dog had a thorn in it's ~*** der Hund hatte einen Dorn in der Pfote
❻ AEROSP, AVIAT Abflug- und Landeplatz *m;* **helicopter ~** Hubschrauberlandeplatz *m;* **launch ~** Startrampe *f,* Abschussrampe *f;* **missile ~** Raketenabschussrampe *f*
❼ (*sl: house, flat*) Bude *f fam*
❽ (*leaf*) Seerosenblatt *nt*
❾ (*number of keys together*) Block *m*
II. *vt* <-dd-> ■**to ~ sth** etw [aus]polstern; **to ~ an expense account** (*fig*) zu viel an Spesen in Rechnung stellen
◆**pad out** *vt* (*also iron*) ■**to ~ out** ○ **sth** etw ausschmücken *a. iron;* **to ~ out a piece of writing/a speech** ein Schreiben/eine Rede ausschmücken
PAD *n* COMPUT *abbrev of* **packet assembler/disassembler** Paketieren *nt*/Depaketieren *nt*
pad character *n* Auffüllzeichen *nt*
padded [ˈpædɪd] *adj inv* [aus]gepolstert; **~ bra** wattierter BH; **~ envelope** gefütterter [Brief]umschlag
padded cell *n* Gummizelle *f*
padding [ˈpædɪŋ] *n no pl* ❶ (*protective material*) Polsterung *f*
❷ (*shaping material*) Polster *nt*
❸ (*superfluous material*) Füllwerk *nt*
❹ COMPUT (*to fill out a string*) Auffüllen *nt*
paddle¹ [ˈpædl̩] **I.** *n* ❶ (*oar*) Paddel *nt*
❷ NAUT (*on paddle wheel*) Schaufel *f;* (*paddle wheel*) Schaufelrad *nt*
❸ SPORTS (*bat*) Schläger *m*
II. *vt* ❶ (*row*) **to ~ a boat/canoe** ein Boot/Kanu mit Paddeln vorwärts bewegen
❷ *esp* AM (*fam: spank*) ■**to ~ sb** jdn versohlen *fam*
► PHRASES: **to ~ one's own canoe** auf eigenen Beinen [*o* Füßen] stehen
III. *vi* ❶ (*row*) paddeln
❷ (*swim*) paddeln
paddle² [ˈpædl̩] **I.** *n* Planschen *nt kein pl;* **to go for** [*or* **have**] **a ~** planschen gehen
II. *vi* planschen
paddle ball *n no pl* AM *Hallenballspiel, ähnlich dem amerikanischen Handball* **paddle boat** *n,* **paddle steamer** *n* [Schaufel]raddampfer *m* **paddle tennis** *n no pl* AM Paddle-Tennis *nt* (*Sportart*) **paddle wheel** *n* Schaufelrad *nt*
paddling pool *n esp* BRIT, AUS Planschbecken *nt*
paddock [ˈpædək] *n* ❶ (*for animals*) Koppel *f*
❷ AUS (*farm field*) Feld *nt*
❸ (*in horse racing*) Sattelplatz *m*
❹ (*in motor racing*) Fahrerlager *nt*
paddy¹ [ˈpædi] *n* BRIT (*dated*) Wutausbruch *m,* Koller *m fam;* **to get in[to] a ~** einen Wutanfall bekommen; ■**to be in a ~** einen Koller haben *fam;* ***I'd keep away from him this morning — he's in one of his paddies*** ich würde mich heute Morgen von ihm fern halten – er hat einen seiner Anfälle
paddy² [ˈpædi] *n* Reisfeld *nt*
Paddy [ˈpædi] *n* (*pej! fam!*) Paddy *m fam* (*meist abwertende Bezeichnung für Iren*)
paddy field *n* Reisfeld *nt* **paddy wagon** *n* AM, AUS (*fam*) grüne Minna *hum fam*
padlock [ˈpædlɒk, AM -lɑːk] **I.** *n* Vorhängeschloss *nt*
II. *vt* ■**to ~ sth** etw [mit einem Vorhängeschloss] verschließen
padre [ˈpɑːdreɪ] *n* Feldkaplan *m,* Feldgeistliche(r) *m,* Herr Kaplan
paean [ˈpiːən] *n* (*liter*) Loblied *nt,* Lobeshymne *f geh*
paederast *n* BRIT, AUS (*dated*) *see* **pederast**
paederasty *n* BRIT, AUS (*dated*) *see* **pederasty**
paediatric [ˌpiːdiˈætrɪk], AM **pediatric** *adj inv* pädiatrisch; **~ hospital** Kinderkrankenhaus *nt;* **~ medicine** Kinderheilkunde *f,* Pädiatrie *f fachspr*
paediatrician [ˌpiːdiəˈtrɪʃᵊn], AM **pediatrician** *n* MED Kinderarzt, Kinderärztin *m, f,* Pädiater *m fachspr*
paediatrics [ˌpiːdiˈætrɪks], AM **pediatrics** *n + sing vb* Kinderheilkunde *f,* Pädiatrie *f fachspr*
paedophile [ˌpiːdə(ʊ)ˈfaɪl], AM **pedophile** [ˌpedoʊˈ-] *n* Pädophile(r) *m*
paedophile ring *n* Kinderpornoring *m*
paedophilia [ˌpiːdə(ʊ)ˈfɪliə], AM **pedophilia** [ˌpedoʊˈfiːl-] *n no pl* PSYCH Pädophilie *f*
paella [parˈelə, AM -ˈjelə] *n no pl* FOOD Paella *f*
pagan [ˈpeɪgᵊn] **I.** *n* ❶ (*polytheist*) Heide, -in *m, f*
❷ (*unbeliever*) Ungläubige(r) *f(m),* Heide, -in *m, f pej*
II. *adj* heidnisch
paganism [ˈpeɪgᵊnɪzᵊm] *n* ❶ *no pl* (*polytheism*) Heidentum *nt*
❷ (*unbelief*) Unglaube *m*

P

page[1] [peɪdʒ] **I.** *n* ❶ (*single sheet*) Blatt *nt;* (*single side*) Seite *f;* ***see ~ 18*** s. Seite 18; ***for details on how to enter the competition, see ~ 134*** die Einzelheiten, wie man am Wettbewerb teilnehmen kann, finden Sie auf Seite 134; **front/sports ~** Titel-/Sportseite *f*
❷ COMPUT Seite *f*
❸ (*fig: important event*) Kapitel *nt;* **a ~ in history** ein Kapitel *nt* [in] der Geschichte
II. *vi* ❶ (*read*) **to ~ through a book/magazine** ein Buch/eine Zeitschrift durchblättern
❷ COMPUT ■ **to ~ up/down** auf der Seite nach oben/unten gehen
III. *vt* ❶ COMPUT ■ **to ~ sth** etw umlagern
❷ TYPO ■ **to ~ sth** etw paginieren *fachspr*

page[2] [peɪdʒ] **I.** *n* ❶ (*hist: knight's attendant*) Knappe *m hist*
❷ (*hotel worker*) Page *m*
II. *vt* ■ **to ~ sb** (*over loudspeaker*) jdn ausrufen; (*by pager*) jdn anpiepsen

pageant ['pædʒənt] *n* ❶ (*play*) Historienspiel *nt*
❷ (*procession*) Festzug *m,* festlicher Umzug

pageantry ['pædʒəntri] *n no pl* Prunk *m,* Pomp *m*

pageboy ['peɪdʒbɔɪ] *n* ❶ (*in hotel*) Page *m*
❷ (*at wedding*) Brautführer *m*
❸ (*hairstyle*) Pagenfrisur *f,* Pagenkopf *m*

page-jacking ['peɪdʒ,dʒækɪŋ] *n* Page-Jacking *nt* (*Lotsen von Internetbenutzern auf eigene Seiten durch Manipulation mit unverfänglichen Angeboten oder von Pornoanbietern aufgestellte Internetfalle, die den Benutzer von einer etablierten Webseite auf die eigene Seite ‚entführt'*)

pager ['peɪdʒəʳ, AM -ɚ] *n* Pager *m,* Personenrufempfänger *m,* Piepser *m fam*

Page Three girl *n* BRIT, AUS *Oben-ohne-Fotomodell in Boulevardzeitungen* **page-turner** *n* (*fam*) fesselndes Buch

page view *n no pl* Besucherstatistik *f* (*einer Webseite*)

pagination [,pædʒɪ'neɪʃᵊn, AM -dʒᵊn'eɪ-] *n no pl* PUBL Seitennummerierung *f,* Paginierung *f fachspr*

pagoda [pə'gəʊdə, AM -'goʊ-] *n* Pagode *f*

paid [peɪd] **I.** *pt, pp of* **pay**
II. *adj attr, inv* ❶ (*in exchange for money*) bezahlt; **~ bills** bezahlte Rechnungen; **~ holiday** [*or* AM **vacation**] bezahlter Urlaub
❷ (*employed*) **~ assistant** fest engagierter Assistent/engagierte Assistentin

paid-in *adj inv* AM (*paid-up*) voll eingezahlt; **~ capital** FIN eingebrachtes Kapital; **~ member** Mitglied *nt* ohne Beitragsrückstände

paid political broadcast *n* AM (*party political broadcast*) parteipolitische Sendung

paid-up *adj inv* BRIT ❶ (*subscribing*) voll eingezahlt; **~ capital** voll einbezahltes Kapital; **~ member** Mitglied *nt* ohne Beitragsrückstände; ***she's a ~ member of the Labour Party*** sie ist ein vollwertiges Mitglied der Labour Party; **~ shares** STOCKEX voll bezahlte Aktien
❷ (*fig: enthusiastic*) [sehr] begeistert

pail [peɪl] *n* Eimer *m*

pailful ['peɪlfʊl] *n* Eimer *m;* **a ~ of water** ein Eimer *m* [voll] Wasser

paillasse ['pæliæs, AM pæl'jæs] *n* Strohsack *m*

paillette [pæl'jet] *n* Paillette *f*

pain [peɪn] **I.** *n* ❶ (*feeling*) Schmerz *m;* **aches and ~s** Gebrechen *ntpl;* **a ~ in one's leg/side** Schmerzen *mpl* im Bein/in der Seite; **~s and pleasures** Freuden und Leiden; **dull/sharp/stabbing ~** schwacher/heftiger/stechender Schmerz; **to give sb ~** jdm Schmerzen bereiten
❷ *no pl* (*physical suffering*) Schmerz[en] *m[pl]*; **to ease the ~** die Schmerzen lindern; **to be in ~** Schmerzen haben; ***are you in ~?*** haben Sie Schmerzen?; **to double up in** [*or* **be doubled up with**] **~** sich *akk* vor Schmerzen krümmen; **sth gives sb ~** etw tut jdm weh
❸ *no pl* (*mental suffering*) Leid *nt;* ***they are still in great ~ over her death*** sie leiden noch immer sehr unter ihrem Tod; **~ of loss/parting** Trennungs-/Abschiedsschmerz *m*
❹ (*great care*) ■ **~s** *pl* Mühe *f;* **to go to** [*or* **take**] **great ~s to do sth** keine Mühe scheuen, etw zu tun; ***I went to great ~s to select the best staff available*** ich habe alles darangesetzt, die besten Leute auszuwählen, die ich bekommen konnte; ■ **to be at ~s to do sth** sich *dat* [große] Mühe geben, etw zu tun
❺ (*fam: nuisance*) **to be a ~** einem auf die Nerven gehen *fam;* ***it's such a ~ having to go shopping*** Einkaufen gehen zu müssen finde ich sehr lästig; ***that child is a real ~*** das Kind ist eine Nervensäge
► PHRASES: **to be a ~ in the backside** [*or* BRIT, AUS *also* **arse**] [*or* AM *also* **butt** [*or* **ass**]] (*fam!*) einem auf den Wecker [*o* Geist] gehen *fam;* ***writing these reports is a ~ in the arse*** diese Berichte zu schreiben nervt unglaublich; ***will you stop being such a ~ in the butt?*** willst du vielleicht endlich mal aufhören, mich ständig zu nerven?; **no gain without ~, no ~, no gain** ohne Fleiß kein Preis; **to be a ~ in the neck** (*fam*) einem auf die Nerven gehen *fam;* ***he's a ~ in the neck*** er ist eine Nervensäge; **for sb's ~s** zum Dank für jds Mühe; ***he tried to help and was told to eff off for his ~s*** er versuchte zu helfen und zum Dank dafür sagte man ihm, er solle sich verpissen; **on** [*or* **under**] **~ of sth** unter Androhung einer S. *gen*
II. *vt* ■ **it ~s sb to do sth** es tut jdm Leid, etw zu tun

pain barrier *n* Schmerzgrenze *f*

pained [peɪnd] *adj expression, look* gequält

painful ['peɪnfᵊl] *adj* ❶ (*causing physical pain*) schmerzhaft; **~ death** qualvoller Tod
❷ (*upsetting*) schmerzlich; ***it was my ~ duty to tell him the news*** ich hatte die traurige Aufgabe, ihm die Nachricht mitzuteilen; ***the latest murder is a ~ reminder of the violence in the city*** der jüngste Mordfall erinnert wieder einmal auf tragische Weise an die Gewalt, die in der Stadt herrscht

painfully ['peɪnfᵊli] *adv* ❶ (*suffering pain*) unter Schmerzen; ***the animal died slowly and ~*** das Tier verendete langsam und qualvoll
❷ (*unpleasantly*) schmerzlich; ***I am ~ aware of the fact that …*** ich bin mir der Tatsache schmerzlich bewusst, dass …
❸ (*extremely*) schrecklich *fam,* furchtbar *fam;* ***he is ~ shy*** er ist furchtbar schüchtern; ***the work is progressing, but ~ slowly*** die Arbeit kommt voran, allerdings nur sehr zäh
❹ (*with great effort*) quälend; ***she inched her way ~ towards the door*** sie quälte sich mühsam in Richtung Tür

painkiller *n* Schmerzmittel *nt*

painkilling *adj inv* schmerzstillend *attr*

painless ['peɪnləs] *adj* ❶ *inv* (*without pain*) schmerzlos
❷ (*fig: without trouble*) *solution* einfach; *war* schmerzlos

painlessly ['peɪnləsli] *adv* schmerzlos

painstaking ['peɪnz,teɪkɪŋ] *adj* [sehr] sorgfältig; **~ care** äußerste Sorgfalt; **~ effort** große Mühe; **~ research** gewissenhafte Forschung; **~ search** gründliche Suche

painstakingly ['peɪnz,teɪkɪŋli] *adv* [sehr] sorgfältig

paint [peɪnt] **I.** *n* ❶ *no pl* (*substance*) Farbe *f;* (*on car, furniture also*) Lack *m;* ***the ~ was flaking off the wood*** der Anstrich blätterte vom Holz ab; **gloss ~** Glanzlack *m;* **oil/poster ~** Öl-/Plakatfarbe *f*
❷ (*art colour*) ■ **~s** *pl* Farben *fpl;* **oil ~s** Ölfarben *fpl*
❸ *no pl* (*make-up*) Schminke *f*
❹ COMPUT (*in graphics programme*) Füllfarbe *f,* Füllmuster *nt*
II. *vi* ❶ ART malen; **to ~ in oils/watercolours** [*or* AM **watercolors**] mit Öl-/Wasserfarben malen
❷ (*decorate rooms*) streichen
III. *vt* ❶ (*make picture*) ■ **to ~ sb/sth** jdn/etw malen
❷ (*decorate*) **to ~ a house** ein Haus anstreichen; **to ~ a room/wall** ein Zimmer/eine Wand streichen
❸ (*apply make-up*) ***she ~ed her nails a bright red*** sie lackierte ihre Nägel knallrot; **to ~ one's face** sich *akk* das Gesicht schminken, sich *akk* anmalen *fam*
❹ (*fig: describe*) ■ **to ~ sb/sth** jdn/etw beschreiben; **to ~ a picture of sth** etw schildern; **to ~ a grim/rosy picture of sth** ein trostloses/rosiges Bild von etw *dat* zeichnen
❺ COMPUT (*in graphics programme*) ■ **to ~ sth** etw ausfüllen
► PHRASES: **to ~ oneself into a corner** sich *akk* selbst in die Enge treiben; **to ~ the town red** auf die Pauke hauen *fam;* **not to be as bad** [*or* **black**] **as he/she/it is ~ed** besser als sein/ihr/sein Ruf sein

◆**paint out** *vt,* **paint over** *vt* ■ **to ~ out** [*or* **over**] ⇄ **sth** etw übermalen; (*on wall*) etw überstreichen

paintball *n no pl Gelände-/Kriegsspiel, bei dem die Teilnehmer mit Farbpistolen aufeinander schießen*

paintbox *n* Malkasten *m,* Farbkasten *m* **paintbrush** *n* [Farb]pinsel *m*

painted ['peɪntɪd, AM -ţ-] *adj inv* bemalt, farbig; ZOOL, BOT bunt

painted lady *n* Distelfalter *m*

painter[1] ['peɪntəʳ, AM -ţɚ] *n* ❶ (*artist*) [Kunst]maler(in) *m(f)*
❷ (*decorator*) Maler(in) *m(f),* Anstreicher(in) *m(f);* **~ and decorator** Maler *m* und Tapezierer

painter[2] ['peɪntəʳ, AM -ţɚ] *n* NAUT Fangleine *f*

painterly ['peɪntəli, AM ţɚli] *adj* ❶ (*like a painter*) malermäßig
❷ (*of a painting*) Maleigenschaften aufweisend

pain threshold *n* ❶ (*start of pain*) Schmerzschwelle *f*
❷ (*limit of endurance*) Schmerzgrenze *f*

painting ['peɪntɪŋ, AM -ţ-] *n* ❶ (*picture*) Bild *nt,* Gemälde *nt geh*
❷ *no pl* (*art*) Malerei *f;* ***my hobbies are ~ and writing short stories*** meine Hobbys sind Malen und Kurzgeschichtenschreiben; **19th-century French ~** die französische Malerei des 19. Jahrhunderts
❸ *no pl* (*house decorating*) Streichen *nt*

paint pot *n* Farbtopf *m,* Farbeimer *m* **paint roller** *n* Farbroller *m* **paint stripper** *n* Ablauger *m,* Abbeizer *m,* Abbeizmittel *nt* **paintwork** *n no pl of a house, room, wall* Anstrich *m; of a car* Lack *m,* Lackierung *f*

pair [peəʳ, AM per] **I.** *n* ❶ (*two items*) Paar *nt;* ***I've only got one ~ of hands*** ich habe [auch] nur zwei Hände; **a ~ of eyes** ein Augenpaar *nt;* **a ~ of gloves/socks** ein Paar *nt* Handschuhe/Socken
❷ (*two-part item*) Paar *nt;* **a ~ of glasses** eine Brille; **a ~ of scissors** eine Schere; **a ~ of trousers** eine Hose; **a ~ of tweezers** eine Pinzette
❸ + *sing/pl vb* (*two people*) Paar *nt;* **in ~s** paarweise; (*couple in a relationship*) Paar *nt,* Pärchen *nt*
❹ + *sing/pl vb* ZOOL Pärchen *nt*
❺ + *sing/pl vb* (*two horses*) Zweiergespann *nt;* **a carriage and ~** ein Zweispänner *m*
❻ BRIT POL *verabredete Abwesenheit von Abgeordneten verschiedener Parteien bei einer Abstimmung*
II. *vi animals* sich *akk* paaren
III. *vt usu passive* ■ **to be ~ed with sb/sth** mit jdm/etw ein Paar bilden; BRIT POL ■ **to be ~ed with sb** *mit einem Abgeordneten einer gegnerischen Partei ein Abkommen für die beiderseitige Abwesenheit bei einer Abstimmung treffen*

◆**pair off I.** *vi* einen Partner/eine Partnerin finden
II. *vt* ■ **to ~ sb off** [**with sb**] jdn [mit jdm] verkuppeln *fam*

◆**pair up** *vi* sich *akk* paarweise gruppieren; ■ **to ~ up with sb** sich *akk* mit jdm zusammentun

pairing ['peərɪŋ, AM 'per-] *n no pl* Paarung *f;* **~ call/time** Paarungsruf *m*/-zeit *f*

pair-skating *n no pl* Paarlaufen *nt*

paisley ['peɪzli] *adj attr, inv pattern* türkisch; *tie, shirt* türkisch gemustert

pajamas *npl* AM *see* **pyjamas**

Paki ['pæki] (*pej!*) **I.** *n* (*fam!*) *short for* **Pakistani** *abwertende Bezeichnung für einen Pakistani/eine Pakistanerin*
II. *adj inv* (*fam!*) *short for* **Pakistani** pakistanisch

Pakistan [,pɑːkɪ'stɑːn, AM 'pækɪstæn] *n* Pakistan *nt*

Pakistani [,pɑːkɪ'stɑːni, AM ,pækɪ'-] **I.** *n* Pakistani

m, Pakistaner(in) *m(f)*
II. *adj inv* pakistanisch
pal [pæl] **I.** *n* (*fam*) ❶ (*friend*) Kumpel *m fam*
❷ (*form of address*) Kumpel *m fam;* ***look, ~, you're asking for trouble*** pass mal auf, mein Freund, du suchst anscheinend Ärger
II. *vi* <-ll-> AM ■**to ~ around [with sb]** [mit jdm] befreundet sein
◆**pal up** *vi esp* BRIT, AUS (*dated*) sich *akk* anfreunden; ■**to ~ up with sb** sich *akk* mit jdm anfreunden
palace ['pælɪs, AM -əs] *n* ❶ (*official residence*) Palast *m,* Palais *nt;* **royal ~** königlicher Palast; ■**the P~** das Königshaus, der König/die Königin
❷ (*fam: splendid house*) Palast *m*
❸ (*dated: large public building*) Palast *m veraltet;* **movie ~** Filmpalast *m*
paladin ['pælədɪn] *n* HIST Paladin *m*
palaeography [ˌpæli'ɒgrəfi, ˌpeɪli-], AM **paleography** [ˌpeɪli'ɑ:g-] *n no pl* Paläographie *f*
palaeolithic [ˌpæliə(ʊ)'lɪθɪk, ˌpeɪli-], AM **paleolithic** [ˌpeɪlioʊ'-] *adj inv* paläolithisch *geh,* altsteinzeitlich; ■**P~** paläolithisch, des Paläolithikums *nach n*
palaeontologist [ˌpælɪɒn'tɒlədʒɪst, ˌpeɪli-], AM **paleontologist** [ˌpeɪliɑ:n'tɑ:l-] *n* Paläontologe, -in *m, f*
palaeontology [ˌpælɪɒn'tɒlədʒ, ˌpeɪli-], AM **paleontology** [ˌpeɪliɑ:n'tɑ:l-] *n no pl* Paläontologie *f*
palamino *n see* **palomino**
palankeen ['pælənki:n] *n,* **palanquin** ['pælənki:n] *n* Sänfte *f*
palatable ['pælətəbl̩, AM -t̬-] *adj* ❶ (*of food, drink*) schmackhaft
❷ (*fig: acceptable*) annehmbar, akzeptabel
palatal ['pælətəl, AM -t̬əl] *adj inv* LING palatal; **~ consonant** palataler Konsonant, Palatal *m*
palate ['pælət] *n* Gaumen *m;* (*fig*) Gaumen *m,* Geschmack *m;* ***these are wines to suit the most discriminating of ~s*** dies sind Weine, die selbst den verwöhntesten Gaumen zufrieden stellen
palatial [pə'leɪʃəl] *adj* prachtvoll, prunkvoll
palaver [pə'lɑ:vəʳ, AM -'lævɚ] *n* (*fam*) Theater *nt fam;* ***what a ~!*** was für ein Theater!
pale¹ [peɪl] **I.** *adj* ❶ (*lacking colour*) blass, bleich; **~ complexion/skin** blasse Gesichtsfarbe/Haut; **to look/turn ~** blass aussehen/werden
❷ (*not dark*) blass, hell
► PHRASES: **a ~ imitation of sth** eine billige Imitation [*o fam* ein Abklatsch *m*] von etw *dat*
II. *vi* ❶ (*go white*) bleich [*o* blass] werden
❷ (*seem unimportant*) **to ~ in comparison with** [*or* **beside**] **sth** neben etw *dat* verblassen; **to ~ into insignificance** bedeutungslos [*o* unwichtig] erscheinen; ***everything else in my life ~s into insignificance beside that one event*** neben diesem einen Ereignis erscheint alles andere in meinem Leben unwichtig
pale² [peɪl] *n* ❶ (*post*) Pfosten *m,* Pfahl *m*
❷ *no pl* ■**the P~** *Gebiet in Irland, das vom 12. bis zum 16. Jahrhundert englischer Jurisdiktion unterlag*
► PHRASES: **beyond the ~** indiskutabel; ***the manager's treatment of the visitors was beyond the ~*** wie der Geschäftsführer die Besucher behandelt hat, war einfach unmöglich
pale ale *n* helles Bier **paleface** *n* (*pej!*) Bleichgesicht *nt pej o hum*
palely ['peɪlli] *adv* bleich, blass
paleness ['peɪlnəs] *n no pl* Blässe *f*
paleography *n* AM *see* **palaeography**
paleolithic *adj* AM *see* **palaeolithic**
paleontologist *n* AM *see* **palaeontologist**
paleontology *n* AM *see* **palaeontology**
Palestine ['pæləstaɪn] *n* Palästina *nt*
Palestine Liberation Organization *n no pl, + sing/pl vb* ■**the ~** die Palästinensische Befreiungsorganisation
Palestinian [ˌpælə'stɪniən] **I.** *n* Palästinenser(in) *m(f)*
II. *adj inv* palästinensisch
palette ['pælət, AM -ɪt] *n* ART ❶ (*for mixing paint*) Palette *f*
❷ (*range of colours*) [Farb]palette *f*
palette knife *n* ❶ ART (*for paints*) Palettenmesser *nt,* Palettenspachtel *m*
❷ (*for spreading*) Streichmesser *nt*
palfrey ['pɔ:lfri] *n* (*old: horse*) Zelter *m*
palimony ['pælɪmoʊni] *n no pl* AM (*fam*) Alimente *ntpl*
palimpsest ['pælɪmsest] *n* Palimpsest *m o n*
palindrome ['pælɪndrəʊm, AM -droʊm] *n* LING Palindrom *nt*
paling ['peɪlɪŋ] *n* Lattenzaun *m;* ■**~s** *pl* BRIT, AUS Umzäunung *f*
palisade [ˌpælɪ'seɪd, AM -ə'-] *n* ❶ (*fence*) Palisade *f,* Palisadenzaun *m*
❷ (*cliffs*) ■**~s** *pl* Steilufer *nt,* Klippen *fpl*
palish ['peɪlɪʃ] *adj inv* blass, blässlich; ***the sky was a ~ blue*** der Himmel war blassblau
pall¹ [pɔ:l] *vi* an Reiz verlieren; ***the pleasure of not having to work quickly ~ed*** die Freude darüber, nicht arbeiten zu müssen, ließ schnell nach
pall² [pɔ:l] *n* ❶ (*for coffin*) Sargtuch *nt*
❷ AM (*coffin*) Sarg *m*
❸ (*cloud*) [Rauch]wolke *f;* **~ of smoke** Rauchwolke *f;* **to cast a ~ over sth** (*fig*) einen Schatten auf etw *akk* werfen, etw überschatten
pallbearer *n* Sargträger(in) *m(f)*
pallet ['pælɪt] *n* ❶ (*for goods*) Palette *f*
❷ (*bed*) Pritsche *f*
palliasse ['pæliæs, AM pæl'jæs] *n* Strohmatratze *f*
palliate ['pælieɪt] *vt* ■**to ~ sth** etw lindern; (*fig*) etw beschönigen, etw bemänteln
palliative ['pæliətɪv, AM -t̬-] **I.** *n* ❶ (*drug*) Schmerzmittel *nt,* Pallativ[um] *nt fachspr*
❷ (*fig: problem-easer*) Beschönigung *f*
II. *adj* ❶ *inv* (*pain-relieving*) schmerzstillend *attr,* palliativ *fachspr*
❷ (*fig: problem-easing*) beschönigend
pallid ['pælɪd] *adj* ❶ (*very pale*) sehr blass, fahl
❷ (*lacking verve*) temperamentlos, fad[e]
pallor ['pæləʳ, AM -ɚ] *n* Blässe *f,* Fahlheit *f*
pally ['pæli] *adj esp* BRIT (*fam*) kumpelhaft *fam;* ■**to be ~ with sb** mit jdm [sehr] gut befreundet sein
palm¹ [pɑ:m] *n* ❶ (*tree*) Palme *f;* **date ~** Dattelpalme *f*
❷ (*liter: prize*) ■**the ~** die Siegespalme; **to win** [*or* AM *also* **carry off**] **the ~** die Siegespalme erringen
palm² [pɑ:m] **I.** *n* Hand[innen]fläche *f,* Handteller *m;* ***it fits into the ~ of your hand*** es ist nicht größer als deine Handfläche; **to read sb's ~** jdm aus der Hand lesen
► PHRASES: **to have sb in the ~ of one's hand** jdn in der Hand haben; **to have sb eating out of the ~ of one's hand** jdn so weit haben, dass er einem aus der Hand frisst *fam;* ***he's got his boss eating out of the ~ of his hand*** sein Chef frisst ihm aus der Hand *fam;* **to have an itching ~** AM geldgierig sein
II. *vt* ■**to ~ sth** ❶ (*make disappear*) etw [in der Hand] verschwinden lassen; **to ~ a card** eine Karte im Ärmel verstecken
❷ (*steal*) etw verschwinden lassen *fam*
◆**palm off** *vt* ■**to ~ off** ⟲ **sth on sb** jdm etw andrehen *fam;* ***he tried to ~ the painting off as a genuine Picasso*** er versuchte das Bild als echten Picasso zu verkaufen; ■**to ~ sb off with sth** jdn mit etw *dat* abspeisen *fam*
palm frond *n* Palmwedel *m*
palmist ['pɑ:mɪst] *n* Handleser(in) *m(f)*
palmistry ['pɑ:mɪstri] *n no pl* Handlesekunst *f*
palm leaf *n* Palmenblatt *nt* **palm oil** *n* Palmöl *nt* **Palm Pilot®** *n* Palm Pilot® *m* **palm-size** *adj* handflächengroß **palm-size PC** [ˌpɑ:msaɪzpi:'si:] *n* [handflächengroßer] Taschencomputer, Palmtop *m* **Palm Sunday** *n* Palmsonntag *m* **palmtop** ['pɑ:mtɒp, AM -tɑ:p] *n* Palmtop *m* **palm tree** *n* Palme *f*
palmy <-ier, -iest> ['pɑ:mi] *adj* erfolgreich, Erfolgs-, glorreich *meist iron*
palomino [ˌpælə'mi:nəʊ, AM -noʊ] *n* Palominopferd *nt*
palpable ['pælpəbl̩] *adj* ❶ (*obvious*) offenkundig, deutlich; ***her relief was ~*** sie war sichtlich erleichtert
❷ (*tangible*) spürbar, greifbar
palpably ['pælpəbli] *adv* offenkundig, eindeutig
palpate [pæl'peɪt] *vt* ■**to ~ sth** etw abtasten, etw befühlen
palpitate ['pælpɪteɪt, AM -pə-] *vi heart* [schnell] klopfen, palpitieren *fachspr;* ***my heart was palpitating with joy*** mir klopfte das Herz vor Freude
palpitations [ˌpælpɪ'teɪʃənz, AM -pə'-] *npl* MED Herzklopfen *nt kein pl;* **to have ~** (*fig*) einen [Herz]anfall bekommen
palsy ['pɔ:lzi, AM *esp* 'pɑ:l-] *n* Lähmung *f;* **cerebral ~** Kinderlähmung *f*
palsy-walsy [ˌpælzi'wælzi] *adj* (*fam*) *relationship* freundschaftlich; ■**to be ~** ein Herz und eine Seele sein; ***she's ~ with him*** die beiden sind ein Herz und eine Seele; ***I don't know why she's suddenly trying to be ~ with us*** ich weiß nicht, warum sie auf einmal so überfreundlich zu uns ist
paltry ['pɔ:ltri, AM *esp* 'pɑ:l-] *adj* ❶ (*small*) armselig; **~ sum** lächerliche Summe; **~ wage** geringer [*o* kärglicher] Lohn
❷ (*contemptible*) billig *pej*
pampas ['pæmpəs, AM 'pæmpəz, 'pɑm-,] *n + sing/pl vb* Pampa *f*
pampas grass *n no pl* Pampa[s]gras *nt*
pamper ['pæmpəʳ, AM -ɚ] *vt* ■**to ~ sb [with sth]** jdn [mit etw *dat*] verwöhnen; ■**to ~ oneself with sth** sich *dat* etw gönnen
pampered ['pæmpəd, AM -ɚd] *adj* verwöhnt
pamphlet ['pæmflɪt] *n* [kleine] Broschüre *f,* Faltblatt *nt;* POL Flugblatt *nt,* Pamphlet *nt geh*
pamphleteer [ˌpæmflə'tɪəʳ, AM flɪtɪr] *n* Pamphletist(in) *m(f)*
pan¹ [pæn] *vi* FILM, COMPUT schwenken
pan² [pæn] **I.** *n* ❶ (*for cooking*) Pfanne *f;* AM (*for oven cooking*) Topf *m;* **pots and ~s** Kochtöpfe *mpl,* Kochgeschirr *nt;* **frying/grill ~** Brat-/Grillpfanne *f;* **non-stick ~** antihaftbeschichtete Pfanne
❷ (*for gold*) Goldpfanne *f*
❸ BRIT (*toilet bowl*) Toilettenschüssel *f*
❹ AM (*sl: face*) Gesicht *nt*
► PHRASES: **to go down the ~** den Bach runtergehen *fam*
II. *vt* <-nn-> ❶ AM (*cook*) ■**to ~ sth** etw [in der Pfanne] braten
❷ (*wash*) **to ~ gold** Gold waschen
❸ (*fam: criticize*) ■**to ~ sb/sth** jdn/etw heftig kritisieren [*o fam* verreißen]; **to ~ a book/film** einen Film/ein Buch verreißen; **to get ~ned** verrissen werden
III. *vi* <-nn-> **to ~ for gold** Gold *nt* waschen
◆**pan out** *vi* ❶ (*develop*) sich *akk* entwickeln; ***we'll have to see how things ~ out*** wir müssen abwarten, wie sich die Dinge entwickeln
❷ (*succeed*) funktionieren, klappen *fam;* ***their attempt didn't ~ out*** ihr Versuch ging daneben *fam*
pan- [pæn] *in compounds* pan-, Pan-
panacea [ˌpænə'si:ə] *n* Allheilmittel *nt,* Wundermittel *nt;* (*fig*) Patentlösung *f*
panache [pə'næʃ] *n no pl* Elan *m,* Schwung *m;* **with great ~** sehr schwungvoll
pan-African [pæn'æfrikən] *adj inv* panafrikanisch
panama [ˌpænə'mɑ:, AM 'pænəmɑ:] *n* Panamahut *m*
Panama [ˌpænə'mɑ:, AM 'pænəmɑ:] *n* Panama *nt*
Panama Canal *n no pl* ■**the ~** der Panamakanal
panama hat *n* Panamahut *m*
Panamanian [ˌpænə'meɪniən] **I.** *n* Panamaer(in) *m(f)*
II. *adj inv* panamaisch
Pan-American [ˌpænə'merɪkən] *adj inv* panamerikanisch
panatella [ˌpænə'telə] *n Zigarrensorte*
pancake *n* Pfannkuchen *m* **Pancake Day** *n* BRIT (*fam*) Fastnachtsdienstag *m,* Faschingsdienstag *m* **pancake landing** *n* Bauchlandung *f* **pancake roll** *n* BRIT *aufgerollter gefüllter Pfannkuchen*
pancreas <*pl* -es> ['pæŋkriəs, AM *esp* 'pæn-] *n*

P

Bauchspeicheldrüse *f*, Pankreas *nt fachspr*

pancreatic [ˌpæŋkri'ætɪk, AM ˌpænkri'æţ-, ˌpæŋ-] *adj inv* Pankreas-; ~ **juice** Pankreassaft *m*

panda ['pændə] *n* Panda *m;* **red** ~ Katzenbär *m*

panda car *n* BRIT Streifenwagen *m*

pandemic [pæn'demɪk] **I.** *n* Seuche *f*, Pandemie *f fachspr;* ~ **of influenza** Grippepandemie *f*
II. *adj* pandemisch; (*fig*) weit verbreitet

pandemonium [ˌpændə'məʊniəm, AM -'moʊ-] *n no pl* ❶ (*noisy confusion*) Chaos *nt;* ~ **reigns** es herrscht Chaos
❷ (*fig: uproar*) Tumult *m*, Höllenlärm *m fam*

pander ['pændəʳ, AM -ɚ] *vi* (*pej*) ■**to** ~ **to sth** etw *dat* nachgeben; ***political leaders almost inevitably*** ~ ***to big business*** führende Politiker fügen sich fast zwangsläufig der Großindustrie; **to** ~ **to sb's whims** auf jds Launen eingehen

P & L [ˌpiːᵊn(d)'el] *n* ECON *abbrev of* **profit and loss account**

Pandora's box [pænˌdɔːrəz'bɒks, AM -'bɑːks] *n no pl* die Büchse der Pandora; **to open** [**up**] ~ die Büchse der Pandora öffnen

P & P [ˌpiːᵊn(d)'piː] *n no pl* BRIT *abbrev of* **postage and packing**

pane [peɪn] *n* [Fenster]scheibe *f;* **window** ~ Fensterscheibe *f*

panegyric [ˌpænə'dʒɪrɪk] *n* (*form*) Lobrede *f;* **to deliver a** ~ **on sb** eine Lobrede auf jdn halten

panel ['pænᵊl] **I.** *n* ❶ (*wooden*) [Holz]paneel *nt*
❷ (*metal*) Blech *nt*
❸ FASHION (*part of garment*) [Stoff]streifen *m*
❹ PUBL (*on page*) Feld *nt*
❺ + *sing/pl vb* (*team*) Gruppe *f*, Team *nt;* **a** ~ **of experts** ein Expertenteam *nt*
❻ (*instrument board*) Tafel *f;* **control** ~ Schalttafel *f;* **instrument** ~ AVIAT Instrumentenbrett *nt;* AUTO Armaturenbrett *nt*
II. *vt* <BRIT -ll- *or* AM *usu* -l-> ■**to** ~ **sth** [**in sth**] etw [mit etw *dat*] täfeln

panel beater *n* BRIT Autoschlosser(in) *m(f)* **panel discussion** *n* Podiumsdiskussion *f*

paneled ['pænᵊld] *adj usu* AM, **panelled** ['pænᵊld] *adj inv* getäfelt, holzverkleidet

panel game *n* BRIT TV Ratespiel *nt*, Ratequiz *nt*

paneling *n* AM *see* **panelling**

panelist *n* AM *see* **panellist**

panelling ['pænᵊlɪŋ], AM **paneling** *n no pl* [Holz]täfelung *f*, [Holz]verkleidung *f*

panellist ['pænᵊlɪst], AM **panelist** *n* ❶ (*in expert team*) Mitglied *nt* [einer Expertengruppe]
❷ (*in quiz team*) Teilnehmer(in) *m(f)* (*an einer Quizshow*)

panel pin *n* BRIT Stift *m* **panel truck** *n* AM Lieferwagen *m*

panettone <*pl* -ni> [ˌpænə'təʊneɪ, AM -ɪ'toʊ-] *n* Panettone *m*

pan-fry <-ie-> *vt* ■**to** ~ **sth** etw [in der Pfanne] braten

pang [pæŋ] *n* [plötzliches] Schmerzgefühl; ~ **of guilt/jealousy/remorse** Anwandlung *f* von Schuldgefühlen/Eifersucht/Reue

panhandle I. *n* ❶ (*on pan*) Pfannenstiel *m* ❷ GEOG Zipfel *m* ❸ BRIT (*vulg: erect penis*) Steifer *m vulg;* **dead man's** ~ *Erektion, die gelegentlich bei Toten auftritt* **II.** *vi* schnorren **III.** *vt* **to** ~ **money** Geld schnorren **panhandler** *n* (*fam*) Schnorrer(in) *m(f)*

panic ['pænɪk] **I.** *n no pl* ❶ (*overwhelming fear*) Panik *f;* ~ ***spread through the crowd*** Panik breitete sich in der Menge aus ❷ (*hysterical fear*) panische Angst; **to get in**[**to**] **a** ~ panische Angst bekommen, in Panik geraten; **to be in a** ~ panische Angst haben **II.** *vi* <-ck-> in Panik geraten; ***don't*** ~, ***everything will be OK*** nur keine Panik, alles wird gut; ■**to** ~ **about** [*or* **over**] **sth** wegen einer S. *gen* in Panik geraten **III.** *vt* ■**to** ~ **sb** unter jdm Panik auslösen; ***rumours of war*** ~***ked many investors into selling their shares*** Gerüchte über einen möglichen Krieg verleiteten viele Anleger zum panikartigen Verkauf ihrer Aktien **panic attack** *n* Panikattacke *f*, Panikanfall *m;* **to have a** ~ eine Panikattacke [*o* einen Panikanfall] bekommen **panic button** *n* Alarmknopf *m;* **to hit** [*or* **press**] [*or* **push**] **the** ~ den Alarmknopf drücken; (*fig fam*) in Panik geraten *fam* **panic buying** *n no pl* Panikkauf *m*

panicky ['pænɪki] *adj* panisch; ~ **action** Kurzschlusshandlung *f;* ~ **feeling** Gefühl *nt* von Panik; ***I get a*** ~ ***feeling just as the aircraft starts to move*** ich werde furchtbar nervös, sobald sich das Flugzeug in Bewegung setzt

panic selling *n no pl* STOCKEX Panikverkauf *m* **panic stations** *npl* + *sing vb* BRIT höchster Alarmzustand *fam;* ***two weeks before an exam it's always*** ~ zwei Wochen vor einer Prüfung bricht bei mir immer die große Panik aus **panic-stricken** [ˌstrɪkᵊn] *adj* von Panik ergriffen; ~ ***people were running in all directions*** Menschen rannten in Panik in alle Richtungen

pannier ['pæniəʳ, AM -njɚ] *n* (*bag*) Satteltasche *f;* (*basket*) Tragkorb *m*

panoply ['pænəpli] *n no pl* ❶ ART Palette *f*
❷ (*pomp*) Prunk *m;* ***with the full*** ~ ***of royal ceremony*** mit allem Pomp einer königlichen Zeremonie

panorama [ˌpænᵊr'ɑːmə, AM -ə'ræmə] *n* Panorama *nt;* (*fig*) Überblick *m*, Übersicht *f;* **a** ~ ***of British history*** ein Überblick über die britische Geschichte

panoramic [ˌpænᵊr'ɑːmɪk, AM -ə'ræm-] *adj* Panorama-; ~ **scene** Panoramabild *nt*, Panoramaansicht *f*

panoramic view *n* Panoramablick *m*

pan pipes *npl* Panflöte *f* **pan scourer** *n esp* BRIT Topfkratzer *m*

pansy ['pænzi] *n* ❶ (*flower*) Stiefmütterchen *nt*
❷ (*pej dated fam: male homosexual*) Homo *m fam*, Schwule(r) *m fam;* (*effeminate male*) Waschlappen *m pej fam*, Weichei *nt pej fam*

pant¹ [pænt] **I.** *vi* ❶ (*breathe*) keuchen, schnaufen
❷ (*crave*) **to** ~ **for breath** nach Luft schnappen
❸ (*liter: throb*) *heart* pochen *liter*
II. *n* ❶ (*breath*) Keuchen *nt kein pl*
❷ (*liter: throb*) pochen *liter*

pant² [pænt] FASHION **I.** *n* ■~**s** *pl* ❶ *esp* BRIT (*underpants*) Unterhose *f;* **a pair of** ~**s** eine Unterhose
❷ AM (*trousers*) [lange] Hose
► PHRASES: **to** __**bore**__ **the** ~**s off sb** (*fam*) jdn zu Tode langweilen; **to** __**piss**__ [*or* __**wet**__] [*or* __**shit**__] **one's** ~**s** (*vulg sl*) sich *dat* [vor Angst] in die Hosen machen *fam*, Schiss haben *sl;* **to** __**scare**__ [*or* __**frighten**__] **the** ~**s off sb** jdm einen Riesenschrecken einjagen *fam;* **to be caught with one's** ~ __**down**__ (*fam*) auf frischer Tat ertappt werden
II. *n modifier* (*leg, pocket*) Hosen-; ~ **cuff** Hosenaufschlag *m*

pantaloons [ˌpæntə'luːnz, AM ţə'] *npl* ❶ (*woman's baggy trousers*) Pluderhose *f*
❷ HIST (*men's breeches*) Pantalons *pl*

pantechnicon [pæn'teknɪkən] *n* BRIT (*old*) Möbelwagen *m*

pantheism ['pæn(t)θiɪzᵊm] *n no pl* Pantheismus *m geh*

pantheist ['pæn(t)θiɪst] **I.** *n* Pantheist(in) *m(f) geh*
II. *adj inv* pantheistisch *geh*

pantheistic(**al**) [ˌpæn(t)θi'ɪstɪk(ᵊl)] *adj inv* pantheistisch *geh*

pantheistically [ˌpæn(t)θi'ɪstɪkᵊli] *adv* pantheistisch *geh*

pantheon ['pæn(t)θiən, AM -ɑːn] *n* (*form*) ❶ ARCHIT Pantheon *nt fachspr*, Ruhmeshalle *f*
❷ *usu sing* (*group*) Pantheon *nt fig geh;* ***Malcom X belongs to the*** ~ ***of black civil rights heroes*** Malcom X gehört zu den wichtigsten Figuren der schwarzen Bürgerrechtsbewegung

panther <*pl* – *or* -s> ['pæn(t)θəʳ, AM -ɚ] *n*
❶ (*leopard*) Panther *m*
❷ AM *also* (*cougar*) Puma *m*

pantie girdle *n see* **panty girdle**

panties ['pæntiz, AM -ţiz] *npl* (*fam*) [Damen]slip *m*

pantihose *npl* AM, AUS *see* **pantyhose**

pantile ['pæntaɪl] *n* Dachpfanne *f*

panting ['pæntɪŋ, AM -ţɪŋ] *adj pred* ■**to be** ~ **for** [*or* **after**] **sth** sehr interessiert an etw *dat* sein, ganz wild auf etw *akk* sein *fam;* ■**to be** ~ **to do sth** ganz wild darauf sein, etw zu tun *fam*

panto ['pæntəʊ] *n* BRIT (*fam*) *short for* **pantomime** Pantomime *f*

pantograph ['pæntəʊgrɑːf, AM ţəgræf] *n*
❶ (*drawing instrument*) Storchschnabel *m*
❷ (*current conveyor*) Stromabnehmer *m*

pantomime ['pæntəmaɪm, AM -ţ-] **I.** *n* ❶ BRIT (*play*) [Laien]spiel *nt;* (*for Christmas*) Weihnachtsspiel *nt*
❷ (*mime*) Pantomime *f;* **to do a** ~ **of sth** etw pantomimisch darstellen; ***she did a*** ~ ***of putting a key in a lock*** sie tat so, als würde sie einen Schlüssel in ein Schloss stecken
II. *vt* ■**to** ~ **sth** etw pantomimisch darstellen; ***she*** ~***d the act of climbing a wall*** sie tat so, als würde sie eine Mauer hochklettern

pantomime dame *n* BRIT *ein Pantomime, der eine Frauenrolle spielt* **pantomime horse** *n* BRIT *von zwei Schauspielern in einem einzigen Kostüm dargestelltes Pferd*

pantry ['pæntri] *n* Vorratskammer *f*

pants suit *n* AM, **pantsuit** ['pæntsuːt] *n* AM, AUS Hosenanzug *m*

panty girdle *n* Miederhöschen *nt* **pantyhose** *npl* AM, AUS Strumpfhose *f* **panty liner** *n* Slipeinlage *f*

pap [pæp] *n no pl* ❶ (*esp pej: food*) Babybrei *m*
❷ (*pej fam: entertainment*) Schund *m pej*

papa [pɑːpə] *n* ❶ AM (*fam*) Papa *m fam*
❷ BRIT (*dated*) Papa *m fam*
❸ (*code word*) *zum Buchstabieren des Buchstaben ‚p'*

papacy ['peɪpəsi] *n* ❶ (*pope's jurisdiction*) ■**the** ~ das Pontifikat
❷ *usu sing* (*pope's tenure*) Pontifikat *nt*, päpstliche Amtszeit
❸ (*system of government*) Papsttum *nt*

papal ['peɪpᵊl] *adj inv* päpstlich, Papst-; ~ **dispensation** päpstlicher Dispens; ~ **election** Papstwahl *f;* ~ **infallibility** Unfehlbarkeit *f* des Papstes; ~ **messenger** Legat *m*, päpstlicher Gesandter

paparazzi [ˌpæpᵊr'ætsi, AM ˌpɑːpɑː'rɑː-] *npl* Paparazzi *pl*, Sensationsreporter(innen) *mpl(fpl)*

paparazzo [ˌpæpᵊr'ætsəʊ, AM ˌpɑːpɑː'rɑːtsoʊ] *n sing of* **paparazzi**

papaya [pə'paɪjə] *n* Papaya *f*

paper ['peɪpəʳ, AM -ɚ] **I.** *n* ❶ *no pl* (*for writing*) Papier *nt;* **a piece** [*or* **sheet**] **of** ~ ein Blatt *nt* Papier; **recycled** ~ Altpapier *nt;* **to commit sth to** ~ etw zu Papier bringen; **to get** [*or* **put**] **sth down on** ~ etw schriftlich festhalten; **to look good on** ~ auf dem Papier gut aussehen; ***several candidates looked good on*** ~ einige Kandidaten machten in ihrer schriftlichen Bewerbung einen guten Eindruck
❷ (*newspaper*) Zeitung *f;* **daily** ~ Tageszeitung *f; see also* **newspaper**
❸ (*wallpaper*) Tapete *f*
❹ *usu pl* (*document*) Dokument *nt*, Schriftstück *nt*
❺ (*government report*) [offizieller] Bericht
❻ (*credentials*) ■~**s** *pl* [Ausweis]papiere *pl*
❼ (*wrapper*) [Einpack]papier *nt;* (*for presents*) Geschenkpapier *nt*
❽ BRIT, AUS SCH Arbeit *f;* UNIV Klausur *f;* **to sit a** ~ eine Klausur schreiben
❾ (*essay*) Paper *nt*, Referat *nt;* **to give** [*or* **read**] **a** ~ ein Referat halten
❿ *no pl* THEAT (*sl*) Freikarten *fpl*
► PHRASES: **to** __**make**__ **the** ~**s** in den Zeitungen erscheinen; (*make the headlines*) Schlagzeilen machen
II. *n modifier* (*ball, doll, hat*) Papier-
III. *vt* ❶ **to** ~ **walls** die Wände tapezieren
❷ THEAT **to** ~ **a theatre** [*or* AM **theater**] *ein Theater durch den Verkauf von Freikarten füllen*

◆**paper over** *vt* **to** ~ **over a problem** ein Problem vertuschen; **to** ~ **over the cracks** Probleme herunterspielen

paperback ['peɪpəbæk, AM -pɚ-] *n* Taschenbuch *nt*, Paperback *nt;* ■**in** ~ als Taschenbuch

paperback edition *n* Taschenbuchausgabe *f*

paper bag *n* Papiertüte *f* **paperbark** *n* BIOL Kajeputbaum *m* **paper boy** *n* Zeitungsjunge *m* **paperchase** *n* ① BRIT (*game*) Schnitzeljagd *f* ② ECON Übernahmeangebot *nt* **paper clip** *n* Büroklammer *f,* Heftklammer *f* **paper cup** *n* Pappbecher *m* **paper cutter** *n* Papierschneidemaschine *f,* Papierschneider *m* **paper girl** *n* Zeitungsmädchen *nt,* Zeitungsausträgerin *f* **paperknife** *n* Brieföffner *m* **paperless** ['peɪpələs, AM pɚ-] *adj inv* papierfrei, ohne Papier *nach n* **paper loss** *n* ECON nicht realisierter Verlust **paper mill** *n* Papierfabrik *f,* Papiermühle *f* **paper millionaire** *n* STOCKEX Aktienmillionär(in) *m(f)* **paper money** *n no pl* Papiergeld *nt* **paper napkin** *n* [Papier]serviette *f* **paper offer** *n* ECON Übernahmeangebot *nt* **paper profit** *n* FIN rechnerischer Gewinn, Buchgewinn *m* **paper-pusher** ['peɪpɚ,pʊʃɚ] *n esp* AM (*pej*) Bürohengst *m pej* **paper round** *n* BRIT, **paper route** *n* AM Zeitungszustellung *f;* **to have** [*or* **do**] **a ~** Zeitungen austragen **paper serviette** *n* BRIT, CAN Papierserviette *f* **paper shop** *n* BRIT Zeitungskiosk *m,* Trafik *f* ÖSTERR **paper tape** *n no pl* COMPUT (*hist*) Lochstreifen *m* **paper-thin** I. *adj inv* hauchdünn II. *adv inv* hauchdünn **paper tiger** *n* (*pej*) Papiertiger *m* **paper tissue** *n* Papiertaschentuch *nt* **paper towel** *n* BRIT Papierhandtuch *nt,* Einmalhandtuch *nt;* AM Küchenrolle *f* **paper trail** *n esp* AM belastende Unterlagen **paperweight** *n* ① (*heavy object*) Briefbeschwerer *m* ② (*measurement*) Papiergewicht *nt* **paperwork** *n no pl* Büroarbeit *f,* Schreibarbeit *f;* **to do ~** [den] Papierkram machen *fam;* **to drown in ~** (*fig*) im Papierkram ersticken *fam;* **to catch up on some ~** liegen gebliebene Büroarbeiten erledigen

papery ['peɪpᵊri, AM -ɚi] *adj plaster* bröckelig; *skin* pergamenten

papier mâché [,pæpieɪ'mæʃeɪ, AM ,peɪpɚmə'ʃeɪ] I. *n no pl* Pappmaschee *nt*
II. *n modifier* (*animal, car, figure*) Pappmaschee-

papist ['peɪpɪst] (*pej*) I. *n* Papist(in) *m(f)*
II. *adj inv* papistisch

papoose [pə'pu:s, AM pæp'u:s] *n* (*dated*) Indianerbaby *nt;* (*carrier for baby*) Tragegestell *nt*

pappy¹ ['pæpi] *n* AM Papi *m fam*

pappy² ['pæpi] *adj* ① FOOD (*esp pej*) pappig
② (*pej fam: poor quality*) minderwertig; **~ entertainment** seichte Unterhaltung

paprika ['pæprɪkə, AM pæp'ri:-] *n no pl* Paprika *m*

Pap smear *n* AM, AUS, **Pap test** *n* AM, AUS MED Abstrich *m*

Papuan ['pæpuən, AM juən] I. *n* Papuaner(in) *m(f)*
II. *adj inv* papuanisch

papyri [pə'paɪ(ə)raɪ, AM -'paɪraɪ] *n pl of* **papyrus**

papyrus <*pl* -es *or* -ri> [pə'paɪ(ə)rəs, AM -'paɪrəs, *pl* -raɪ] *n* ① Papyrusstaude *f*
② (*paper*) Papyrus *m;* ■ **on ~** auf Papyrus

par [pɑ:ʳ, AM pɑ:r] I. *n* ① *no pl* (*standard*) **below** [*or* **under**]/**above ~** unter/über dem Standard; **to feel under ~** sich *akk* nicht auf der Höhe fühlen; **to not be up to ~** unterdurchschnittlich sein
② (*equality*) ■ **to be on a ~ with sb/each other** jdm/einander ebenbürtig sein
③ (*in golf*) Par *nt;* **below** [*or* **under**]/**above ~** unter/über Par, weniger/mehr als die festgesetzte Schlagzahl
④ STOCKEX Nennwert *m,* Nominalwert *m;* **above ~** über dem Nennwert, über pari; **below ~** unter Nennwert, unter pari; **at ~** zum Nennwert, zu pari
▶ PHRASES: **it's ~ for the course** (*fam*) das war [ja] zu erwarten
II. *vt* SPORTS **to ~ a hole** ein Loch innerhalb des Pars spielen

para ['pærə, AM 'perə] I. *n* (*fam*) ① MIL *short for* **paratrooper** Fallschirmjäger(in) *m(f)*
② (*text*) *short for* **paragraph** Absatz *m*
II. *adj pred* BRIT *short for* **paranoid** paranoid

parable ['pærəbl̩, AM 'per-] *n* Parabel *f,* Gleichnis *nt*

parabola <*pl* -s *or* -lae> [pə'ræbᵊlə, *pl* -li:] *n* MATH Parabel *f fachspr*

parabolic [,pærə'bɒlɪk, AM ,perə'bɑ:l-] *adj inv* ① (*like a parabola*) parabolisch, Parabol-; **~ trajectory** parabolische Flugbahn
② (*expressed using parable*) gleichnishaft; **~ teaching** Unterweisung *f* durch Gleichnisse

paracetamol® <*pl* – *or* -s> [,pærə'si:təmɒl] *n* BRIT, AUS Paracetamol® *nt*

parachute ['pærəʃu:t, AM 'per-] I. *n* ① ECON, MIL Fallschirm *m*
② ECON **golden ~** großzügige Entlassungsabfindung im Falle einer Übernahme
II. *n modifier* Fallschirm-; **~ pack** zusammengefalteter Fallschirm
III. *vi* mit dem Fallschirm abspringen
IV. *vt* ■ **to ~ sb** jdn mit dem Fallschirm abspringen lassen; ■ **to ~ sth** etw mit dem Fallschirm abwerfen
◆ **parachute in** *vi* mit dem Fallschirm eindringen

parachute flare *n* Fallschirmleuchtkugel *f* **parachute jump** *n* Fallschirmabsprung *m* **parachute jumper** *n* Fallschirmspringer(in) *m(f)*

parachuting ['pærəʃu:tɪŋ, AM 'perəʃu:t̬-] *n no pl* Fallschirmspringen *nt*

parachutist ['pærəʃu:tɪst, AM 'perəʃu:t̬-] *n* Fallschirmspringer(in) *m(f)*

parade [pə'reɪd] I. *n* ① (*procession*) Parade *f,* Umzug *m;* **victory ~** Siegeszug *m*
② MIL [Truppen]parade *f;* **military ~** Militärparade *f;* (*inspection of soldiers*) Truppenschau *f*
③ LAW **identification** [*or* **identity**] **~** Gegenüberstellung *f* zur Identifikation des Täters
④ (*fig: series*) [lange] Reihe; ***the senators listened to a ~ of local residents*** die Senatoren hörten sich die Meinung der zahlreich erschienenen ortsansässigen Bürger an
⑤ BRIT *of shops* Geschäftsstraße *f*
II. *vi* ① (*walk in procession*) einen Umzug machen
② MIL marschieren
③ (*show off*) ■ **to ~ about** auf und ab stolzieren, umherstolzieren; **to ~ up and down in one's best clothes** seine besten [Kleidungs]stücke zur Schau tragen
III. *vt* ① (*march*) **to ~ the streets** durch die Straßen marschieren; (*during a procession*) durch die Straßen ziehen
② (*exhibit*) ■ **to ~ sb/sth** jdn/etw vorführen
③ (*fig: show off*) ■ **to ~ sth** etw stolz vorführen; (*fig*) *knowledge, wealth* etw zur Schau tragen

parade ground *n* MIL Exerzierplatz *m*

paradigm ['pærədaɪm, AM 'per-] *n* (*form*) ① (*model*) Paradigma *nt geh,* Muster *nt;* (*example*) Beispiel *nt*
② LING Paradigma *nt fachspr*

paradigmatic [,pærədɪg'mætɪk, AM ,perədɪg'mæt̬-] *adj* (*form*) paradigmatisch *geh*

paradigmatically [,pærədɪg'mætɪkli, AM ,perədɪg'mæt̬-] *adv* (*form*) paradigmatisch *geh*

paradigm shift *n* Paradigmenwechsel *m geh;* ***Darwin's theory of evolution was a ~ in scientific understanding*** Darwins Evolutionstheorie veränderte in revolutionärer Weise das wissenschaftliche Verständnis

paradisaical [,pærədɪ'seɪɪkᵊl, AM ,perə-] *adj,* **paradisal** [,pærə'daɪsᵊl, AM ,per-] *adj* paradiesisch

paradise ['pærədaɪs, AM 'per-] *n no pl* Paradies *nt;* ■ **P~** das Paradies; **a children's ~** (*fig*) ein Paradies *nt* für Kinder; **to go to ~** ins Paradies eingehen [*o* kommen]

paradisiacal [,pærədɪ'saɪəkᵊl, AM ,perə-] *adj,* **paradisical** [,pærə'dɪsɪkᵊl, AM ,per-] *adj* paradiesisch

paradox <*pl* -es> ['pærədɒks, AM 'perədɑ:ks] *n* Paradox[on] *nt geh; no pl* Paradoxie *f geh;* ■ **it is a ~ that …** es ist paradox, dass …

paradoxical [,pærə'dɒksɪkᵊl, AM ,perə'dɑ:k-] *adj* paradox

paradoxically [,pærə'dɒksɪkᵊli, AM ,perə'dɑ:k-] *adv* paradoxerweise

paraffin ['pærəfɪn, AM 'per-] *n no pl* ① BRIT (*fuel*) Kerosin *nt*
② (*wax*) Paraffin *nt*

paraffin heater *n* BRIT Kerosinofen *m* **paraffin lamp** *n* BRIT Kerosinlampe *f* **paraffin lantern** *n* BRIT Kerosinlaterne *f* **paraffin oil** *n* BRIT Paraffinöl *nt* **paraffin wax** *n no pl* Paraffin *nt*

paraglide ['pærəglaɪd, AM 'per-] *vi* SPORTS Paragliding betreiben

paraglider ['pærə,glaɪdəʳ, AM 'perə,glaɪdɚ] *n* SPORTS Paraglider(in) *m(f)*

paragliding ['pærə,glaɪdɪŋ, AM 'perə,-] *n no pl* Paragliding *nt,* Gleitschirmfliegen *nt*

paragon ['pærəgən, AM 'perəgɑ:n] *n* ① (*perfect example*) Muster[beispiel] *nt,* Vorbild *nt;* **a ~ of discretion** ein Muster an Verschwiegenheit; **a ~ of democracy** das Musterbeispiel einer Demokratie; **a ~ of virtue** (*iron*) ein Ausbund *m* an Tugend
② (*diamond*) hundertkarätiger Solitär

paragraph ['pærəgrɑ:f, AM 'perəgræf] I. *n* ① (*text*) Absatz *m,* Abschnitt *m*
② (*newspaper article*) [kurze] Zeitungsnotiz [*o* Meldung]
II. *vt* **to ~ a text** Absätze [in einem Text] machen

Paraguayan [,pærə'gwaɪən, AM 'perə,gweɪ] *adj inv* paraguayisch

parakeet [,pærə'ki:t, AM 'perəki:t] *n* Sittich *m*

paralegal [,perə'li:gᵊl] LAW I. *n esp* AM juristische Hilfskraft, Anwaltsassistent(in) *m(f)*
II. *adj esp* AM paralegal *fachspr*

parallax ['pærəlæks, AM ,per] *n no pl* MATH, ASTRON Parallaxe *f*

parallel ['pærəlel, AM 'per-] I. *adj inv* ① *inv lines* parallel, gleichlaufend; ***Hills Road is ~ to Mill Road*** die Hills Road verläuft parallel zur Mill Road
② (*corresponding*) **~ example** Parallelbeispiel *nt;* **~ experiments** Parallelversuche *mpl;* **~ contest** CHESS Simultanspiel *nt*
③ ELEC **in ~** parallel geschaltet
④ COMPUT parallel; *computer system* simultan
II. *n* ① (*similarity*) Parallele *f,* Entsprechung *f;* ■ **without ~** ohnegleichen; **to draw a ~** einen Vergleich ziehen
② MATH Parallele *f fachspr*
③ *esp* AM GEOG **~** [**of latitude**] Breitenkreis *m*
III. *vt* ■ **to ~ sth** ① (*correspond to*) etw *dat* entsprechen; (*be similar to*) etw *dat* ähneln [*o* gleichen]; **not ~ed** beispiellos
② (*run side-by-side*) zu etw *dat* parallel [ver]laufen
IV. *adv inv* parallel; **to run ~ to sth** zu etw *dat* parallel verlaufen

parallel bars *npl* (*in gymnastics*) Barren *m* **parallel circulation** *n* FIN *of currencies* Parallelumlauf *m* **parallel currency** *n* Parallelwährung *f*

parallelism ['pærəlelɪzᵊm, AM 'per-] *n no pl* Parallelität *f*

parallel line *n* Parallele *f* **parallel of latitude** *n* Breitenkreis *m*

parallelogram [,pærə'leləgræm, AM ,per-] *n* Parallelogramm *nt fachspr*

parallel parking *n no pl* Parken *nt* am Straßenrand (*parallel zum Straßenverlauf*) **parallel processing** *n no pl* COMPUT Parallelverarbeitung *f fachspr*

Paralympic [,pærə'lɪmpɪk, AM ,perə'] *adj inv* paralympisch

Paralympic Games *npl,* **Paralympics** [,pærə'lɪmpɪks, AM ,perə'] *npl* ■ **the ~** die Paralympischen Spiele *pl* (*olympische Spiele für Behinderte*)

paralyse ['pærəlaɪz] *vt* BRIT, AUS ① MED ■ **to ~ sb/sth** jdn/etw lähmen [*o fachspr* paralysieren]
② (*stupefy*) ■ **to ~ sb** jdn lähmen *fig;* **to feel ~d with fear** vor Angst wie gelähmt sein
③ (*bring to halt*) ■ **to ~ sth** etw lahm legen

paralysed ['pærəlaɪzd] *adj* BRIT, AUS ① MED gelähmt, paralysiert *fachspr*
② (*stupefied*) wie gelähmt *präd,* handlungsunfähig
③ (*brought to halt*) lahm gelegt; (*blocked*) blockiert

paralyses [pə'ræləsi:z] *n pl of* **paralysis**

paralysing ['pærᵊlaɪzɪŋ] *adj* BRIT, AUS (*also fig*) lähmend, paralysierend *geh*

paralysis <*pl* -ses> [pə'ræləsɪs, *pl* -si:z] *n* Paralyse *f fachspr,* Lähmung *f a. fig*

paralytic [,pærə'lɪtɪk, AM ,perə'lɪt̬-] I. *adj* ① MED paralytisch, Lähmungs-
② *esp* BRIT (*fam: drunk*) stockbetrunken *fam;* **to drink oneself into a ~ state** sich *akk* sinnlos betrinken

P

II. *n* Paralytiker(in) *m(f) fachspr*
paralyze ['perəlaɪz] *vt* AM *see* **paralyse**
paralyzed ['perəlaɪzd] *adj* AM *see* **paralysed**
paralyzing ['perəlaɪzɪŋ] *adj* AM *see* **paralysing**
paramedic [ˌpærə'medɪk, AM ˌper-] *n* ärztlicher Assistent/ärztliche Assistentin(in) *m(f)*, Sanitäter(in) *m(f)*
parameter [pə'ræmɪtəʳ, AM -əṭɚ] *n usu pl* ❶ SCI Parameter *m geh*, Bestimmungsfaktor *m*
❷ (*set of limits*) ■~s *pl* Leitlinien *pl*, Rahmen *m*
paramilitary [ˌpærə'mɪlɪtᵊri, AM ˌperə'mɪləteri] I. *adj inv* paramilitärisch
II. *n* Milizionär(in) *m(f)*
paramount ['pærəmaʊnt, AM 'per-] *adj inv* (*form*) ❶ (*have priority*) vorrangig, oberste(r, s), höchste(r, s), Haupt-; ■**to be** ~ an erster Stelle stehen; **of ~ importance** von größter Wichtigkeit
❷ *attr* (*rare: in supreme power*) *chief, leader* oberste(r) *attr*
paramour ['pærəmʊəʳ, AM 'perəmʊr] *n* (*dated liter*) Geliebte(r) *f(m)*
paranoia [ˌpærə'nɔɪə, AM ˌper-] *n* ❶ PSYCH Paranoia *f geh*, Verfolgungswahn *m*
❷ (*anxiousness*) Hysterie *f*
paranoiac [ˌpærə'nɔɪæk, AM ˌper-] I. *adj* paranoisch *geh*
II. *n* Paranoiker(in) *m(f) geh*
paranoid [ˌpærə'nɔɪd, AM ˌper-] I. *adj* ❶ PSYCH paranoid; ■**to be** ~ unter Verfolgungswahn leiden
❷ (*mistrustful*) wahnhaft; ■**to be ~ about sth/sb** in ständiger Angst vor etw/jdm leben; ~ **delusion** Wahnvorstellung *f*; **to be** [*or* **feel**] ~ Wahnvorstellungen haben
► PHRASES: **just because I'm ~ it doesn't mean that they're not out to get <u>me</u>** (*saying fam*) auch wenn ich unter Verfolgungswahn leide, so heißt das noch lange nicht, dass sie nicht hinter mir her sind
II. *n* Paranoiker(in) *m(f) geh*
paranoid schizophrenia *n* paranoide Schizophrenie *fachspr* **paranoid schizophrenic** *n* PSYCH **to be a** ~ unter paranoider Schizophrenie leiden *fachspr*
paranormal [ˌpærə'nɔːməl, AM ˌperə'nɔːr-] I. *adj* übernatürlich, paranormal *geh*; ~ **powers** [*or* **forces**] übersinnliche Kräfte
II. *n no pl* ■**the** ~ übernatürliche Erscheinungen
parapente ['pærəpɒnt] *n no pl* AUS *Sportart mit abgeändertem Fallschirm*
parapet ['pærəpɪt, AM 'perəpet] *n* Geländer *nt*, Brüstung *f*
paraphernalia [ˌpærəfə'neɪliə, AM ˌperəfɚ'neɪljə] *npl + sing/pl vb* Zubehör *nt kein pl*; (*pej*) Brimborium *nt kein pl fam*
paraphrase ['pærəfreɪz, AM 'per-] I. *vt* ■**to ~ sth** etw umschreiben [*o geh* paraphrasieren], etw [mit anderen Worten] wiedergeben; ■**to ~ sb** jdn frei zitieren
II. *n* Paraphrase *f geh*; ***she gave us a quick ~ of what had been said*** sie gab kurz mit eigenen Worten wieder, was gesagt worden war
paraplegia [ˌpærə'pliːdʒə, AM ˌper-] *n no pl* MED Querschnittslähmung *f*, Paraplegie *f fachspr*
paraplegic [ˌpærə'pliːdʒɪk, AM ˌper-] I. *adj inv* doppelseitig gelähmt
II. *n* doppelseitig Gelähmte(r) *f(m)*
parapsychology [ˌpærəsaɪ'kɒlədʒi, AM ˌperəsaɪ'kɑːl-] *n no pl* PSYCH Parapsychologie *f*
Paraquat® ['pærəkwɒt, AM 'perəkwɑːt] *n no pl* Paraquat *nt* (*ein Pflanzenvernichtungsmittel*)
parasail ['pærəseɪl, AM 'per-] SPORTS, NAUT I. *vi* gleitsegeln; *see also* **parasailing**
II. *n* Fallschirm *m* (*zum Gleitsegeln*)
parasailing ['pærəˌseɪlɪŋ, AM 'per-] *n* ≈Gleitfliegen *nt* (*Sportart, bei der sich ein Fallschirmflieger von einem Auto oder Boot in die Luft ziehen lässt*)
parascending ['pærəˌsendɪŋ, AM 'per-] *n no pl* BRIT ❶ (*paragliding*) Paragliding *nt*
❷ *see* **parasailing**
parasite ['pærəsaɪt, AM 'per-] *n* Parasit *m a. fig*, Schmarotzer *m a. fig*
parasitic(al) [ˌpærə'sɪtɪkᵊl, AM ˌperə'sɪṭ-] *adj* ❶ BIOL parasitär; ~ **disease** parasitäre Krankheit
❷ (*fig pej*) *person* schmarotzerhaft
parasitism ['pærəs(a)ɪtɪzᵊm, AM 'per-] *n no pl* ❶ BIOL Parasitismus *m*
❷ (*fig pej: exploitation*) Parasitentum *nt*, Schmarotzertum *nt*
parasitology [ˌpærəsaɪ'tɒlədʒi, AM ˌperəsaɪ'tɑː-] *n no pl* SCI Parasitologie *f fachspr*
parasol ['pærəsɒl, AM 'perəsɑːl] *n* Sonnenschirm *m*, Parasol *m o nt veraltet*; **paper** ~ Papierschirmchen *nt*
parasol mushroom *n* BOT Schirmling *m*, Parasolpilz *m*
parathyroid [ˌpærə'θaɪ(ə)rɔɪd, AM ˌperə'θaɪrɔɪd] *n*, **parathyroid gland** *n* Nebenschilddrüse *f*
paratrooper ['pærəˌtruːpəʳ, AM 'perəˌtruːpɚ] *n* Fallschirmjäger(in) *m(f)*
paratroops ['pærətruːps, AM 'per-] *npl* Fallschirmtruppen *fpl*, Luftlandetruppen *fpl*
paratyphoid [ˌpærə'taɪfɔɪd, AM ˌper-] MED I. *n no pl* Paratyphus *m fachspr*
II. *adj attr* paratyphoid *fachspr*
par avion [ˌpɑːræ'vjɔ̃(n)] *adv* per Luftpost
parboil ['pɑːbɔɪl, AM 'pɑːr-] *vt* **to ~ food** Lebensmittel kurz vorkochen [*o* halb gar kochen] (*um sie dann weiterzuverarbeiten*)
parboiled rice *n no pl* Parboiled-Reis *m*
parcel ['pɑːsᵊl, AM 'pɑːr-] I. *n* ❶ (*for mailing*) Paket *nt*; (*small parcel*) Päckchen *nt*
❷ (*piece of land*) ~ **of land** Parzelle *f*, Grundstück *nt*
❸ STOCKEX ~ **of shares** Aktienpaket *nt*
II. *n modifier* ~ **delivery** (*service*) Paketzustelldienst *m*; (*action*) Paketzustellung *f*
III. *vt* <BRIT -ll- *or* AM *usu* -l-> ■**to ~ sth** etw einpacken [*o* verpacken]
◆**parcel out** *vt* ■**to ~ out** ⊂ **sth** etw aufteilen; **to ~ out land** Land parzellieren *fachspr*
◆**parcel up** *vt* ■**to ~ up** ⊂ **sth** etw einpacken [*o* verpacken]
parcel bomb *n* BRIT Paketbombe *f* **parcel office** *n* BRIT Paketabfertigung *f* **parcel post** *n* Paketpost *f*
parch [pɑːtʃ, AM pɑːrtʃ] I. *vt* ■**to ~ sth** ❶ (*make dry*) etw austrocknen [*o* ausdörren]
❷ (*roast*) *corn, grain* etw rösten
II. *vi* (*become dry*) austrocken, ausdörren
parched [pɑːtʃt, AM pɑːr-] *adj* ❶ (*dried out*) vertrocknet, verdorrt; ~ **throat** ausgedörrte Kehle
❷ *attr* (*fig fam: very thirsty*) ■**to be ~ [with thirst]** am Verdursten sein *fam*
❸ (*roasted*) *corn, grain* geröstet
parchment ['pɑːtʃmənt, AM 'pɑːr-] *n* ❶ *no pl* (*animal skin*) Pergament *nt*
❷ (*manuscript*) Pergament *nt*; **an ancient ~** eine alte Handschrift (*auf Pergament*)
❸ *no pl* (*paper*) Pergamentpapier *nt*
❹ (*fam: document*) Urkunde *f*
parchment paper *n* Pergamentpapier *nt*
pardner ['pɑːrdnɚ] *n* AM DIAL Kumpel *m fam*
pardon ['pɑːdᵊn, AM 'pɑːr-] I. *n no pl* LAW Begnadigung *f*
II. *vt* ❶ (*forgive*) ■**to ~ sth** etw verzeihen [*o* entschuldigen]; ***if you'll ~ the expression!*** verzeihen Sie bitte den Ausdruck!; ~ ***me interrupting!*** entschuldigen Sie, wenn ich unterbreche!
❷ LAW ■**to ~ sb** jdn begnadigen
III. *interj* (*apology*) ***I beg your ~!*** [*or* AM *also* ~ ***me!***] Entschuldigung!, tut mir Leid!; (*request for repetition*) wie bitte?, Entschuldigung, was sagten Sie?; (*reply to offensiveness*) erlauben Sie mal!, na, hören Sie mal!
► PHRASES: ~ **me for <u>breathing</u>** [*or* **<u>living</u>**] [*or* **<u>existing</u>**] (*fam*) tut mir Leid, ich kann mich leider nicht in Luft auflösen
pardonable ['pɑːdᵊnəbl̩, AM 'pɑːr-] *adj* verzeihlich
pardonably ['pɑːdᵊnəbli, AM 'pɑːr-] *adv* verständlicherweise
pare [peəʳ, AM per] *vt* ■**to ~ sth** ❶ (*trim*) etw [ab]schneiden; **to ~ fruit** Obst schälen; **to ~ one's nails** sich *dat* die Nägel schneiden
❷ (*reduce gradually*) ■**to ~ sth** etw kürzen [*o* reduzieren]; **to ~ sth to the bone** etw auf ein Minimum reduzieren
◆**pare down** *vt* ■**to ~ down** ⊂ **sth** etw reduzieren; **to ~ sth down to the bone/the minimum** etw drastisch kürzen/auf ein Mimimum reduzieren; **to ~ expenses** Ausgaben drastisch einschränken
◆**pare off** *vt* ■**to ~ off** ⊂ **sth** etw [ab]schälen
parent ['peərᵊnt, AM 'per-] I. *n* ❶ *of a child* Elternteil *m*; ■~**s** Eltern *pl*; **single** ~ Alleinerziehende(r) *f(m)*
❷ *of an animal* Elterntier *nt*; ■~**s** *pl* Elternpaar *nt*, Elterntiere *pl*; *of a plant* Mutterpflanze *f*
❸ (*parent company*) Muttergesellschaft *f*
II. *n modifier* ❶ (*of parents*) Eltern-
❷ (*of organizations*) Mutter-; ~ **organization** Mutterorganisation *f*
III. *vt* ■**to ~ sb** jdn großziehen
parentage ['peərᵊntɪdʒ, AM 'perᵊnṭ-] *n no pl* ❶ (*descent*) Abstammung *f*; **a child of unknown ~** ein Kind unbekannter Herkunft
❷ (*position*) Elternschaft *f*
❸ (*fig: origin*) Herkunft *f*
parental [pə'rentᵊl] *adj inv* elterlich, Eltern-; ~ ***choice in the selection of a child's school*** das Recht der Eltern, die Schule für ihr Kind selbst zu wählen; ~ **authority** elterliche Gewalt; ~ **consent** Zustimmung *f* der Eltern; **to be supported by ~ contributions** von den Eltern finanziell unterstützt werden; ~ **control/neglect** Beaufsichtigung *f*/Vernachlässigung *f* durch die Eltern; ~ **figure** (*a man*) Vaterfigur *f*; (*a woman*) Mutterersatz *m*
parental leave *n no pl* Erziehungsurlaub *m*
parental-notification law [pəˌrentᵊlnoʊtɪfɪ'keɪʃᵊnlɑː] *n* AM *Gesetz, nach dem die Eltern über ihre minderjährigen Kinder informiert werden müssen*
parental rights *n* elterliche Rechte *ntpl*
parental-rights [pəˌrentᵊl'raɪtz] *n modifier* die elterlichen Rechte betreffend
parent company *n* Muttergesellschaft *f*
parenteral [pə'rentᵊrᵊl, AM pæ'rentərəl] *adj* MED parenteral *fachspr*; ~ **medication** parenterale Applikation von Medikamenten
parentheses [pə'ren(t)θəsiːz] *pl of* **parenthesis**
parenthesis <*pl* -ses> [pə'ren(t)θəsɪs, *pl* -siːz] *n* ❶ (*explanation*) eingeschobener Satz[teil], Parenthese *f fachspr*
❷ *usu pl esp* AM, AUS (*round brackets*) [runde] Klammern; **in parentheses** in [runden] Klammern; (*fig*) nebenbei, beiläufig
parenthetic(al) [ˌpærᵊn'θetɪk(ᵊl), AM ˌperᵊn'θeṭ-] *adj inv* (*form*) parenthetisch *geh*, eingeschoben; ~ **remark** beiläufige Bemerkung
parenthetically [ˌpærᵊn'θetɪkᵊli, AM ˌperᵊn'θeṭ-] *adv inv* (*form*) parenthetisch *geh*
parenthood ['peərᵊnthʊd, AM 'per-] *n no pl* Elternschaft *f*
parenting ['peərᵊntɪŋ, AM 'per-] *n no pl* Verhalten *nt* als Eltern, Kindererziehung *f*; ~ **skills** elterliches Geschick
parentless ['peərᵊntləs, AM 'per-] *adj inv* elternlos, verwaist; ~ **child** Waise *f*, Waisenkind *nt*
Parents and Citizens *n* AUS, **parent-teacher association** *n*, **parent-teacher organization** *n esp* AM Eltern-Lehrer-Organisation *f*
par excellence [ˌpɑːr'eksᵊlɑ̃(n)s, AM ˌpɑːrˌeksə'lɑːn(t)s] *adj pred, inv* ❶ (*best*) par excellence; ***this is undoubtedly the cooking chocolate*** ~ dies ist ohne Zweifel die beste Schokolade zum Kochen
❷ (*typical*) par excellence; ***the wedding ring is the symbol ~ of eternal love*** der Ehering ist das Symbol schlechthin für ewige Liebe; ***Bombay is a film city*** ~ Bombay ist eine Filmstadt, wie sie im Buche steht
pariah [pə'raɪə] *n* ❶ (*in India*) Paria *m*
❷ (*fig*) Außenseiter(in) *m(f)*
parietal [pə'raɪətᵊl] *adj inv* ❶ ANAT parietal *fachspr*
❷ ARCHEOL Wand-
pari-mutuel [ˌpɑːrɪ'mjuːtʃʊəl, AM ˌpærɪ-] I. *n* Wett-

system, bei dem der gesamte Einsatz abzüglich der Verwaltungskosten prozentual an die Gewinner verteilt wird
II. *n modifier* ~ **betting** *Form des Wettens, bei dem der gesamte Einsatz abzüglich der Verwaltungskosten prozentual an die Gewinner verteilt wird*

paring ['peərɪŋ, AM 'per-] *n usu pl of fruit, vegetable* Schale *f;* **nail ~s** abgeschnittene Fingernägel

paring knife *n* Schälmesser *nt*

Paris ['pærɪs, AM 'per] *n no pl* Paris *nt*

parish ['pærɪʃ, AM 'per-] *n* ① REL (*area*) [Pfarr]gemeinde *f,* Pfarrei *f*
② BRIT POL Gemeinde *f,* Bezirk *m*

parish church *n* Pfarrkirche *f* **parish clerk** *n* Küster(in) *m(f)* **parish council** *n* BRIT Gemeinderat *m*

parishioner [pə'rɪʃənəʳ, AM -ɚ] *n* Gemeindemitglied *nt*

parish priest *n* Pfarrer(in) *m(f)* **parish-pump politics** *n* + *sing/pl vb* BRIT Kirchturmpolitik *f* **parish register** *n* Kirchenbuch *nt*

Parisian [pə'rɪziən, AM rɪʒən] I. *adj inv* Pariser, pariserisch
II. *n* Pariser(in) *m(f)*

par issue *n* Pari-Emission *f*

parity ['pærəti, AM 'perət̬i] *n no pl* ① (*equality*) Parität *f geh,* Gleichheit *f;* **pay** ~ gleiche Verdienstmöglichkeit
② FIN Parität *f fachspr;* ***the banks are hoping the pound will maintain its current ~ with the mark*** die Banken hoffen, dass das Pfund seinen [amtlichen] Wechselkurs gegenüber der D-Mark hält; ***the pound fell to ~ with the dollar*** das Pfund fiel auf den gleichen Wechselkurs wie der Dollar; **central** ~ Leitkurs *m,* ECU-Parität *f*
③ MATH, PHYS Parität *f fachspr;* **even/odd** ~ gerade/ungerade Parität

parity realignment *n* Neufestsetzung *f* des Wechselkurses

park [pɑːk, AM pɑːrk] I. *n* ① (*for recreation*) Park *m*
② BRIT (*surrounding house*) Parkanlagen *fpl*
③ (*for animals*) **national** ~ Nationalpark *m;* **wildlife** ~ Naturpark *m*
④ *esp* BRIT SPORTS (*fam*) ■**the** ~ der [Sport]platz, das [Spiel]feld
⑤ (*for specific purpose*) **amusement** ~ Freizeitpark *m;* **industrial** ~ Industriepark *m*
⑥ *esp* BRIT AUTO Parkplatz *m;* **car** ~ PKW-Parkplatz *m;* **coach** ~ Busparkplatz *m*
II. *vt* ■**to** ~ **sth** ① AUTO etw [ein]parken; **to** ~ **a satellite** AEROSP einen Satelliten in einer Umlaufbahn belassen
② (*fig fam: position*) ■**to** ~ **sth** etw abladen [*o* abstellen]; **to** ~ **oneself** sich *akk* [irgendwo] hinpflanzen *fam*
③ COMPUT **to** ~ **a hard disc** eine Festplatte parken
III. *vi* parken

parka ['pɑːkə, AM 'pɑːr-] *n* Parka *m*

parkade [pɑːr'keɪd] *n* CAN Parkhaus *nt*

park-and-ride [,pɑːkən'raid, AM ,pɑːrk] *n* Park-and-Ride-System *nt*

park bench *n* Parkbank *f*

parked [pɑːkt, AM pɑːrkt] *adj inv* geparkt; ***I'm ~ just at the end of the road*** ich habe am Ende der Straße geparkt

parking ['pɑːkɪŋ, AM 'pɑːr-] *n no pl* ① (*action*) Parken *nt;* **illegal** ~ unerlaubtes Parken
② (*space*) Parkmöglichkeit *f,* Parkplatz *m*

parking area *n* Parkplatz *m* **parking attendant** *n* Parkwächter(in) *m(f)* **parking bay** *n* Parkbucht *f* **parking brake** *n* AM Feststellbremse *f* **parking disc** *n* Parkscheibe *f* **parking fine** *n* Geldstrafe *f* für unerlaubtes Parken **parking garage** *n* Parkhaus *nt* **parking light** *n* AM, AUS Standlicht *nt* **parking lot** *n esp* AM Parkplatz *m* **parking meter** *n* Parkuhr *f* **parking offence** *n* Parkvergehen *nt* **parking offender** *n* Parksünder(in) *m(f)* **parking permit** *n* Parkerlaubnis *f,* Parkgenehmigung *f* **parking place** *n,* **parking space** *n* Parkplatz *m,* Parklücke *f* **parking ticket** *n* Strafzettel *m* für unerlaubtes Parken; **to get a** ~ einen Strafzettel bekommen **parking violation** *n* Parkvergehen *nt*

Parkinson's ['pɑːkɪnsənz, AM 'pɑːr-] *n,* **Parkinson's disease** *n no pl* Parkinsonkrankheit *f,* parkinsonsche Krankheit

Parkinson's law *n* ECON parkinsonsches Gesetz

park keeper *n* BRIT Parkaufseher(in) *m(f)* **parkland** *n no pl* Parklandschaft *f* **parkway** *n* ① AM, AUS (*highway*) Autobahn *f* ② BRIT RAIL *Parkmöglichkeiten in der Nähe eines Bahnhofs;* **Didcot P~** Bahnhof Didcot (*mit Parkmöglichkeiten*)

parky ['pɑːki] *adj* BRIT (*fam*) *weather* frisch, kühl

parlance ['pɑːlən(t)s, AM 'pɑːr-] *n no pl* (*form*) Ausdrucksweise *f;* **common** ~ allgemeiner Sprachgebrauch; ***as it is known in common ~*** wie man so sagt; **in medical** ~ in der Medizinsprache

parlay ['pɑːli, AM *esp* 'pɑːrleɪ] *vt esp* AM **to** ~ **money** Geld Gewinn bringend anlegen; ***they ~ed a small inheritance into a vast fortune*** sie machten aus einer kleinen Erbschaft ein großes Vermögen; **to** ~ **skills** Fähigkeiten nutzen; ***computer skills are the easiest to ~ into jobs*** Computerkenntnisse kann man im Berufsleben am besten nutzen

parley ['pɑːli, AM 'pɑːr-] I. *n* (*dated or hum*) [Friedens]verhandlungen *pl;* ***the vicar tried to arrange a ~ between two neighbours*** der Pfarrer versuchte zwischen zwei Nachbarn zu vermitteln
II. *vi* verhandeln; (*often hum*) parlieren *hum;* ■**to** ~ **with sb** sich *akk* mit jdm besprechen

parliament ['pɑːləmənt, AM 'pɑːr-] *n* ① *no pl, no art* (*institution*) ■**P~** Parlament *nt;* ■**in P~** im Parlament; ***P~ is in session*** das Parlament tagt
② (*period*) Legislaturperiode *f*

parliamentarian [,pɑːləmen'teəriən, AM ,pɑːrləmen'teri-] I. *n* ① BRIT (*Member of Parliament*) [Parlaments]abgeordnete(r) *f(m),* Mitglied *nt* des britischen Unterhauses
② AM *of Congress* Verhandlungsleiter *m*
II. *adj* parlamentarisch

parliamentarianism [,pɑːləmən'teərienɪzəm, AM ,pɑːrləmən'ter] *n no pl* POL Parlamentarismus *m*

parliamentary [,pɑːlə'mentəri, AM ,pɑːrlə'ment̬ɚi] *adj inv* parlamentarisch; ~ **bill** parlamentarischer Gesetzentwurf; ~ **candidate** Kandidat(in) *m(f)* für das Parlament; ~ **election/session** Parlamentswahl *f*/-sitzung *f*

parliamentary chamber *n* Kammer *f* des Parlaments **parliamentary democracy** *n* parlamentarische Demokratie **parliamentary government** *n* parlamentarische Regierung

parlor *n* AM *see* **parlour**

parlor car *n* AM RAIL Salonwagen *m*

parlour ['pɑːləʳ], AM **parlor** ['pɑːrlɚ] *n* ① *esp* AM (*shop*) Salon *m;* **beauty** ~ Schönheitssalon *m;* **ice-cream** ~ Eisdiele *f;* **pizza** ~ Pizzeria *f;* **funeral** ~ Bestattungsinstitut *nt*
② (*dated: room*) Salon *m,* Empfangszimmer *nt;* **front** ~ Wohnzimmer *nt*
③ (*for milking*) **milking** ~ Melkstall *m*

parlour game *n* Gesellschaftsspiel *nt* **parlourmaid** *n* (*hist*) Stubenmädchen *nt hist*

parlous ['pɑːləs, AM 'pɑːr-] *adj* (*form or hum*) desolat; ***my finances are in a ~ state*** mit meinen Finanzen sieht's düster aus

Parma ham [,pɑːmə'hæm, AM ,pɑːr] *n no pl* FOOD Parmaschinken *m*

Parmesan ['pɑːmɪ,zæn, AM 'pɑːrməzɑːn] *n,* **Parmesan cheese** *n no pl* Parmesan[käse] *m*

Parnassus [pɑː'næsəs, AM pɑːr'] *n no pl* Parnass *m*

parochial [pə'rəʊkiəl, AM -'roʊ-] *adj* ① *inv* REL Gemeinde-, Pfarr-; ~ **church council** Kirchenvorstand *m;* (*elected by the parish*) Pfarrgemeinderat *m*
② (*pej: provincial*) provinziell; (*narrow-minded*) engstirnig, kleinkariert

parochialism [pə'rəʊkiəlɪzəm, AM -'roʊ-] *n no pl* (*pej*) Provinzialismus *m geh;* (*narrow-mindedness*) Engstirnigkeit *f*

parochially [pə'rəʊkiəli, AM -'roʊ-] *adv* (*pej*) provinziell; (*narrow-mindedly*) engstirnig

parochial school *n* AM Konfessionsschule *f*

parodic [pæ'rɒdɪk, AM -'rɑː-] *adj inv* parodistisch

parodist ['pærədɪst, AM 'per-] *n* Parodist(in) *m(f)*

parody ['pærədi, AM 'per-] I. *n* ① (*imitation*) Parodie *f* (**of** auf +*akk*); **a strong element of** ~ ein stark parodistischer Zug; **self-~** Eigenparodie *f*
② (*pej: travesty*) Parodie *f;* ***it was a ~ of a trial*** der Prozess war eine Farce
II. *vt* <-ie-> ■**to** ~ **sb/sth** jdn/etw parodieren

parole [pə'rəʊl, AM -'roʊl] I. *n no pl* bedingte Haftentlassung, Hafturlaub *m;* ■**without** ~ ohne die Möglichkeit der bedingten Haftentlassung; ■**to be out on** ~ auf Hafturlaub sein; **to apply for** ~ Hafturlaub beantragen; **to be eligible for** ~ für bedingte Haftentlassung in Frage kommen; **to be released on** ~ bedingt [aus der Haft] entlassen werden
II. *vt usu passive* ■**to** ~ **sb** jdm bedingt entlassen; ■**to be ~d** bedingt [aus der Haft] entlassen werden

parole board *n Gremium, das über Gewährung von Hafturlaub entscheidet*

paroxysm ['pærəksɪzəm, AM 'per-] *n* ① (*outburst*) ~ **of joy** Freudentaumel *m;* **to go into ~s of delight** in einen Freudentaumel verfallen; **to be seized by a ~ of rage** einen Wutanfall bekommen
② MED Anfall *m,* Paroxysmus *m fachspr*

par price *n* Parikurs *m*

parquet ['pɑːkeɪ, AM pɑːr'keɪ] I. *n no pl* ① Parkett *nt;* ~ **floor** Parkettfußboden *m*
② AM THEAT Parkett *nt*
II. *vt* **to** ~ **a room** in einem Zimmer Parkettfußboden [ver]legen

parquetry ['pɑːkɪtri, AM 'pɑːrkə] *n no pl* Parkett *nt,* Parkettarbeit *f*

parricide ['pærɪsaɪd, AM 'perə-] *n* LAW ① *no pl* (*murder*) *of both parents* Elternmord *m; of mother* Muttermord *m; of father* Vatermord *m*
② (*murderer*) *of both parents* Elternmörder(in) *m(f); of mother* Muttermörder(in) *m(f); of father* Vatermörder(in) *m(f)*

parrot ['pærət, AM 'per-] I. *n* ① (*bird*) Papagei *m*
② (*person who mimics*) ■**to be a** ~ alles nachahmen [*o* nachmachen]
II. *vt* (*pej*) ■**to** ~ **sth** etw nachplappern; ■**to** ~ **sb** jdn nachäffen

parrot-fashion *adv* **to repeat** [*or* **recite**] **sth** ~ etw wie ein Papagei nachplappern *fam* **parrot fever** *n* (*fam*) Papageienkrankheit *f*

parry ['pæri, AM 'peri] I. *vt* <-ie-> ■**to** ~ **sth** ① (*avert*) etw abwehren; **to** ~ **a blow** einen Schlag abwehren; **to** ~ **a weapon** eine Waffe ablenken
② (*fig: deal with*) **to** ~ **enquiries** [*or* **questions**] Fragen [geschickt] ausweichen; **to** ~ **criticism** Kritik [schlagfertig] abwehren
II. *vi* <-ie-> parieren
III. *n* ① *of an attack* Parade *f,* Abwehr *f*
② (*fig*) *of a question* Ausweichmanöver *nt*

parse [pɑːz, AM pɑːrs] *vt* ① (*analyse grammatically*) **to** ~ **a sentence** einen Satz grammatisch analysieren; **to** ~ **a word** ein Wort grammatisch beschreiben
② COMPUT, LING **to** ~ **a text** einen Text parsen *fachspr* [*o* syntaktisch analysieren]; **to** ~ **a string** eine Zeichenabfolge analysieren

Parsee *adj,* **Parsi** [,pɑː'siː, AM 'pɑːrsiː] REL I. *n* Parse, -in *m, f*
II. *adj inv* parsisch

parser ['pɑːzəʳ, AM 'pɑːrzɚ] *n* COMPUT Parser *m fachspr*

parsimonious [,pɑːsɪ'məʊniəs, AM ,pɑːrsə'moʊ-] *adj* (*pej form*) geizig, knauserig; **to be** ~ **with the truth** (*fig*) mit der Wahrheit hinterm Berg halten

parsimoniously [,pɑːsɪ'məʊniəsli, AM ,pɑːrsə'moʊ-] *adv* (*pej form*) geizig

parsimoniousness [,pɑːsɪ'məʊniəsnəs, AM ,pɑːrsə'moʊ-] *n,* **parsimony** ['pɑːsɪməʊni, AM 'pɑːrsəmoʊ-] *n no pl* (*pej form*) Geiz *m,* übertriebene Sparsamkeit

parsley ['pɑːsli, AM 'pɑːr-] *n no pl* Petersilie *f*

parsnip ['pɑːsnɪp, AM 'pɑːr-] *n* Pastinak *m,* Pastinake *f*

parson ['pɑːsən, AM 'pɑːr-] *n* (*dated or hum*) Pastor(in) *m(f),* Pfarrer(in) *m(f)*

parsonage ['pɑːsənɪdʒ, AM 'pɑːr-] *n* Pfarrhaus *nt*

parson's nose *n* (*fam*) Bürzel *m* (*von Geflügel*)

part [pɑːt, AM pɑːrt] **I.** *n* ① (*not the whole*) Teil *m*; ***the film was good in ~s*** der Film war phasenweise ganz gut; **body ~** Körperteil *m*; **the best** [*or* **better**] **~ of the day** den größten Teil des Tages; **~ of the family** Familienmitglied *nt*; **constituent ~** Bestandteil *m*; **the easy/hard ~** das Einfache/Schwierige [an einer Sache]; **essential** [*or* **important**] [*or* **integral**] **~** wesentlicher Bestandteil; **~ *of growing up is …*** es gehört zum Erwachsenwerden …; **in ~** teilweise, zum Teil; **in large ~** zum großen Teil; **for the most ~** zum größten Teil
② (*component*) [Ersatz]teil *nt*; **spare ~s** Ersatzteile *ntpl*
③ (*measure*) [An]teil *m*; ***mix one ~ of the medicine with three ~s water*** mischen Sie die Medizin mit Wasser im Verhältnis eins zu drei
④ (*episode*) Teil *m*, Folge *f*
⑤ ANAT **~s of the body** Körperteile *mpl*; **private ~s** Geschlechtsteile *ntpl*
⑥ GEOG Gegend *f*; **in** [*or* **around**] **these** [*or* **those**] **~s** (*fam*) in dieser Gegend
⑦ (*character*) Rolle *f*, Part *m*; **to play the ~ of the king** die Rolle des Königs spielen; **large ~** wichtige Rolle, Hauptrolle *f*; **small ~** kleine Rolle, Nebenrolle *f*
⑧ MUS Part *m*, Stimme *f*
⑨ (*involvement*) Beteiligung *f* (**in** an +*dat*); **to want no ~ in** [*or* **of**] **sth** mit etw *dat* nichts zu tun haben wollen
⑩ AM (*of hair*) Scheitel *m*
► PHRASES: **to become ~ of the furniture** selbstverständlich werden; **to be ~ and parcel of sth** untrennbar mit etw *dat* verbunden sein; **to dress** [*or* **look**] **the ~** sich *akk* [dem Anlass] entsprechend kleiden; **to take sb's ~** sich *akk* auf jds Seite stellen; **on sb's ~** (*form*) von seiten einer Person *gen*, seitens einer Person *gen*; ***it was a mistake on Julia's ~*** es war Julias Fehler; **for my ~** was mich betrifft, ich für meinen Teil
II. *adv inv* teils, teilweise; ***she is ~ African*** sie hat afrikanisches Blut in sich; **~ … ~ …** teils … teils …
III. *vi* ① (*separate*) sich *akk* trennen; *curtains* aufgehen; **to ~ on good/bad terms** im Guten/Bösen auseinander gehen
② (*form: leave*) [weg]gehen; (*say goodbye*) sich *akk* verabschieden
IV. *vt* ① (*separate*) ■**to ~ sb/sth** jdn/etw [voneinander] trennen
② (*with hair*) **to ~ hair** einen Scheitel ziehen, Haar scheiteln
► PHRASES: **to ~ company** sich *akk* trennen
◆**part with** *vt* ■**to ~ with sth** sich *akk* von etw *dat* trennen; **to ~ with one's cash** (*fam*) sein Geld herausrücken *fam*

partake [pɑːˈteɪk, AM pɑːrˈ-] *vi* <-took, -taken> ① (*form: in activity*) ■**to ~ in sth** an etw *dat* teilnehmen [*o* teilhaben]
② (*form or hum: food, drink*) **to ~ of drink/food** etw mittrinken/mitessen; ***would you care to ~ of a little wine with us?*** würden Sie uns die Ehre erweisen, ein Gläschen Wein mit uns zu trinken? *geh*
③ (*have*) ■**to ~ of sth** etw [an sich *akk*] haben

parted [ˈpɑːtɪd, AM ˈpɑːrt̬-] *adj inv* ① (*opened*) **~ lips** leicht geöffnete Lippen
② (*separated*) ■**to be ~ from sb/sth** von jdm/etw getrennt sein

parterre [pɑːˈteər, AM pɑːrˈter] *n* ① (*of a garden*) Parterreanlage *f*
② AM THEAT Parterre *nt veraltend*

part exchange *n esp* BRIT Inzahlungnahme *f* (**for** gegen +*akk*); **to give/take sth in ~** etw in Zahlung geben/nehmen

parthenogenesis [ˌpɑːθənə(ʊ)ˈdʒenɪsɪs, AM ˌpɑːrθənoʊˈdʒenə-] *n no pl* Jungfernzeugung *f*, Parthenogenese *f fachspr*

parthenogenetic [ˌpɑːθənə(ʊ)ˈdʒenɪk, AM ˌpɑːrθənoʊˈ-] *adj* parthenogenetisch *fachspr*

parthenogenetically [ˌpɑːθənə(ʊ)ˈdʒenɪkli, AM ˌpɑːrθənoʊˈ-] *adv* parthenogenetisch *fachspr*

Parthian shot [ˌpɑːθiənˈʃɒt, AM ˌpɑːrθiənˈʃɑːt] *n* letztes, boshaftes Wort

partial [ˈpɑːʃəl, AM ˈpɑːr-] **I.** *adj inv* ① (*incomplete*) Teil-, teilweise, partiell *geh*; ***he got ~ compensation for the damage to his house*** der Schaden an seinem Haus wurde zum Teil ersetzt; ***their success was only ~*** sie hatten nur teilweise Erfolg; **~ paralysis** partielle Lähmung; **~ success** Teilerfolg *m*; **~ withdrawal** Teilrückzug *m*
② (*biased*) parteiisch
③ *pred* (*be fond of*) ■**to be ~ to sth** eine Vorliebe für etw *akk* haben
II. *n* MUS Oberton *m*

partial-birth abortion [ˌpɑːʃəlbɜːθəˈbɔːʃən, AM ˌpɑːrʃəlbɜːrθəˈbɔːr-] *n* Abtreibung *f* im fortgeschrittenen Stadium der Schwangerschaft

partial eclipse *n* partielle Finsternis; **~ of the moon** partielle Mondfinsternis

partiality [ˌpɑːʃiˈæləti, AM ˌpɑːrʃiˈælət̬i] *n* ① *no pl* (*bias*) Parteilichkeit *f*, Voreingenommenheit *f*
② (*liking*) ■**to have a ~ for sth** eine Vorliebe [*o* Schwäche] für etw *akk* haben

partial loss *n* ECON Teilverlust *m*, Teilschaden *m*

partially [ˈpɑːʃəli, AM ˈpɑːr-] *adv inv* teilweise; **~ clad** halb nackt; **~ cooked** vorgekocht

partially sighted *adj* halbblind

participant [pɑːˈtɪsɪpənt, AM pɑːrˈtɪsə-] *n* Teilnehmer(in) *m(f)*

participate [pɑːˈtɪsɪpeɪt, AM pɑːrˈtɪsə-] *vi* ■**to ~** [**in sth**] [an etw *dat*] teilnehmen, sich *akk* [an etw *dat*] beteiligen

participating bond *n* Gewinnschuldverschreibung *f* **participating preference shares** *n*, AM **participating preferred stock** *n* Vorzugsaktien *pl* mit zusätzlicher Gewinnbeteiligung

participation [pɑːˌtɪsɪˈpeɪʃən, AM pɑːrˌtɪsəˈ-] *n no pl* Teilnahme *f*, Partizipation *f geh* (**in** an +*dat*); ECON Beteiligung *f*

participation certificate *n* Genussschein *m* **participation fee** *n* FIN Provision an eine Bank für Anleihesyndizierungen

participative [pɑːˈtɪsɪpətɪv, AM pɑːrˈ] *adj* ① (*taking part*) teilnehmend, beteiligt
② (*encouraging participation*) teilnehmerorientiert, Beteiligung vorsehend

participator [pɑːˈtɪsɪpeɪtər, AM pɑːrˈtɪsəpeɪt̬ɚ] *n* Teilnehmer(in) *m(f)*; FIN Gesellschafter(in) *m(f)*

participatory [pɑːˈtɪsɪpətəri, AM pɑːrˈtɪsəpəˌtɔːri] *adj* teilnehmend; POL auf Mitbestimmung ausgerichtet

participatory democracy *n* partizipatorische Demokratie *fachspr*, Bürgerdemokratie *f*

participle [pɑːˈtɪsɪpl, AM ˈpɑːrtɪ-] *n* Partizip *nt*

particle [ˈpɑːtɪkl̩, AM ˈpɑːrt̬ə-] *n* ① (*minute amount*) Teilchen *nt*; **~ of dust** Staubkörnchen *nt*
② (*fig: smallest amount*) Spur *f*, Fünkchen *nt*
③ LING Partikel *f fachspr*

particle accelerator *n* Teilchenbeschleuniger *m* **particle board** *n no pl see* **chipboard** **particle physics** *n* [Elementar]teilchenphysik *f*

particoloured [ˈpɑːtɪkʌləd, AM ˈpɑːrtɪkʌlɚd] *adj inv* bunt, verschiedenfarbig

particular [pəˈtɪkjələr, AM pɚˈtɪkjəlɚ] **I.** *adj* ① *attr* (*individual*) bestimmt; **a ~ instance** ein bestimmter Moment
② *attr* (*special*) besondere(r, s), speziell; **to be of ~ concern to sb** jdn besonders interessieren; **no ~ reason** kein bestimmter Grund
③ *pred* (*fussy*) eigen; (*demanding*) anspruchsvoll (**about** hinsichtlich +*gen*); **to be ~ about one's appearance** sehr auf sein Äußeres achten
II. *n* (*form*) ① (*detail*) Einzelheit *f*, Detail *nt*; **in every ~** bis ins Detail
② (*information*) ■**~s** *pl* Einzelheiten *pl*, Details *pl*; **to take down sb's ~** jds Personalien aufnehmen
③ *no pl* (*example*) **the ~** die Details *pl*, das Besondere
► PHRASES: **nothing in ~** nichts Besonderes; **in ~** insbesondere

particularity [pəˌtɪkjəˈlærəti, AM pɚˌtɪkjəˈlerət̬i] *n* (*form*) ① *no pl* (*detailedness*) Genauigkeit *f*
② (*small details*) ■**particularities** *pl* Einzelheiten *pl*, besondere Umstände *pl*

particularize [pəˈtɪkjələraɪz, AM pɚˈtɪkjələ-] *vt* (*form*) ■**to ~ sth** ① (*itemize*) etw spezifizieren [*o* konkretisieren]
② (*focus on*) sich *akk* auf etw *akk* konzentrieren [*o* beschränken]

particularly [pəˈtɪkjələli, AM pɚˈtɪkjəlɚ-] *adv* besonders, vor allem; ***I didn't ~ want to go*** ich hatte keine große Lust hinzugehen

Partie Québecois *n* CAN *separatistische Partei der Provinz Québec*

parting [ˈpɑːtɪŋ, AM ˈpɑːrt̬-] **I.** *n* ① (*farewell*) Abschied *m*; (*separation*) Trennung *f*; ***the ~ of the ways came after a series of disagreements*** nach einer Reihe von Missverständnissen gingen sie getrennte Wege; **pain of ~** Trennungsschmerz *m*
② BRIT, AUS *of hair* Scheitel *m*; **centre ~** Mittelscheitel *m*; **side ~** Seitenscheitel *m*
II. *adj attr, inv* Abschieds-; **~ words** Abschiedsworte *ntpl*

parting shot *n* letztes [sarkastisches] Wort, letzte Spitze

Parti Québécois [parˈtiːˌkeɪbekˈwɑː] *n* CAN *kanadische Separatistenpartei, die sich für die Abspaltung des französischsprachigen Teils Kanadas ausspricht*

partisan [ˌpɑːtɪˈzæn, AM ˈpɑːrt̬ɪzən] **I.** *n* ① (*supporter*) *of a party* Parteigänger(in) *m(f)*, Parteifreund(in) *m(f)*; *of a person* Anhänger(in) *m(f)*
② MIL Partisan(in) *m(f)*, Freischärler(in) *m(f)*
II. *adj* parteiisch, voreingenommen; **~ line** parteiische Haltung; **~ spirit** Parteilichkeit *f*, Voreingenommenheit *f*

partisanship [ˌpɑːtɪˈzænʃɪp, AM ˈpɑːrt̬ɪzən-] *n no pl* Parteilichkeit *f*

partition [pɑːˈtɪʃən, AM pɑːrˈ-] **I.** *n* ① *no pl* POL Teilung *f*
② (*structure*) Trennwand *f*, Raumteiler *m*
③ COMPUT (*part of hard disk*) Partition *f*
④ LAW Grundstückstellung *f*
II. *vt* ① POL ■**to ~ sth** etw [auf]teilen; **to ~ a country** ein Land teilen
② (*divide*) ■**to ~ sth** etw [unter]teilen; **to ~ a room** ein Zimmer aufteilen
③ COMPUT (*divide disk*) ■**to ~ sth** etw partitionieren
◆**partition off** *vt* **to ~ off a room** ein Zimmer abteilen

partizan *n, adj see* **partisan**

partizanship *n no pl see* **partisanship**

partly [ˈpɑːtli, AM ˈpɑːr-] *adv inv* zum Teil, teils, teilweise; **~-paid capital** teilweise eingezahltes Aktienkapital; **~-secured creditors** nur zum Teil gesicherte Gläubiger; **~-paid shares** teilweise eingezahlte Aktien

partner [ˈpɑːtnər, AM ˈpɑːrtnɚ] **I.** *n* ① (*owner*) Teilhaber(in) *m(f)*, Gesellschafter(in) *m(f)*; (*in a law firm*) Sozius *m*
② (*accomplice*) **~ in crime** Komplize, -in *m, f*
③ (*in dancing*) [Tanz]partner(in) *m(f)*; (*in sports*) Partner(in) *m(f)*
④ (*spouse*) Ehepartner(in) *m(f)*; (*unmarried*) [Lebens]partner(in) *m(f)*; **sexual ~** Sexualpartner(in) *m(f)*
II. *vt usu passive* ■**to ~ sb** jds Partner sein; ■**to be ~ed by sb** jdn als [*o* zum] Partner haben
III. *vi* AM ■**to ~ with sb** sich *akk* mit jdm zusammentun [*o* zusammenschließen]

partnership [ˈpɑːtnəʃɪp, AM ˈpɑːrtnɚ-] *n* ① *no pl* (*condition*) Partnerschaft *f*; **the ~ of marriage** LAW die eheliche Gemeinschaft
② (*company*) Teilhaberschaft *f*, Personengesellschaft *f*, [offene] Handelsgesellschaft; *of lawyers* Sozietät *f*; **limited ~** Kommanditgesellschaft *f*; **to go** [*or* **enter**] **into ~ with sb** mit jdm eine Geschäftsverbindung eingehen

partnership agreement *n* Gesellschaftsvertrag *m*, Sozietätsvertrag *m*

part of speech <*pl* parts of speech> *n* LING Wortart *f*

partook [pɑːˈtʊk, AM pɑːrˈ] *vi pt of* **partake**

part owner *n* ECON Miteigentümer(in) *m(f)* **part ownership** *n* ECON Miteigentümerschaft *f* **part payment** *n* Teilzahlung *f*

partridge <*pl* – *or* -s> ['pɑːtrɪdʒ, AM 'pɑːr-] *n* Rebhuhn *nt*

part-song *n* mehrstimmiges Lied **part-time I.** *adj* Teilzeit-, Halbtags-; ~ **worker** Teilzeitbeschäftigte(r) *f(m)*, Halbtagskraft *f*; ~ **staff** Teilzeitkräfte *fpl*; ~ **student** *Student, der kein reguläres Studium absolviert* **II.** *adv* **to work** ~ einer Teilzeitbeschäftigung nachgehen, halbtags arbeiten **part-time job** *n* Teilzeitarbeit *f*, Halbtagsarbeit *f* **part-timer** *n* Teilzeitbeschäftigte(r) *f(m)*, Halbtagskraft *f*

parturient [pɑː'tjʊəriənt, AM pɑːr'tjʊr-] *adj* (*giving birth*) gebärend *attr*; (*relating to birth*) der Geburt *nach n*

parturition [ˌpɑːtjʊ(ə)'rɪʃən, AM ˌpɑːrtuː'-] *n no pl* (*spec*) Niederkunft *f form*, Geburt *f*

part-way *adv inv* zum Teil, teilweise; ***we'll stop for coffee when we are ~ there*** auf halbem Wege halten wir an und trinken einen Kaffee

party ['pɑːti, AM 'pɑːrt̬i] **I.** *n* ❶ (*celebration*) Party *f*, Feier *f*; **all-night** ~ Party *f* bis zum frühen Morgen; **to have** [*or* **give**] [*or* **throw**] **a** ~ eine Party geben
❷ + *sing/pl vb* POL Partei *f*; **opposition** ~ Oppositionspartei *f*; **the** ~ **in power** die regierende Partei; **working** ~ Arbeitsausschuss *m*
❸ + *sing/pl vb* (*group*) [Reise]gruppe *f*; **coach** ~ Gruppe *f* von Busreisenden; **royal** ~ Gruppe *f* von Mitgliedern des Königshauses; **school** ~ Schülergruppe *f*; **fishing** ~ Gruppe *f* von Anglern; **search** ~ Suchtrupp *m*
❹ (*person involved*) Partei *f*; **the guilty** ~ die schuldige Partei; **third** ~ Dritter *m*, dritte Person; **to be** [**a**] ~ **to an arrangement** etw von einer Abmachung wissen; **to be** [**a**] ~ **to a secret** in ein Geheimnis eingeweiht sein; **to be** [**a**] ~ **to a crime** LAW an einem Verbrechen beteiligt sein
❺ (*fam: person*) Person *f*
II. *n modifier* ❶ (*of a party*) Party-; ~ **balloons** Luftballons *mpl*; ~ **spirit** Partylaune *f*, Partystimmung *f*; ~ **snack** Partysnack *m*, [Party]häppchen *nt*
❷ POL Partei-; ~ **donation** Parteispende *f*; ~ **affiliations** Parteizugehörigkeit *f*; ~ **candidate** Kandidat(in) *m(f)* einer Partei; ~ **convention** Parteiversammlung *f*; **Democratic P~ Convention** Versammlung *f* der Demokraten; **the** ~ **faithful** die [treuen] Parteianhänger *pl*
III. *vi* <-ie-> (*fam*) feiern

party animal *n* Partylöwe *m fam*, begeisterter Partygänger/begeisterte Partygängerin **party boss** *n* Parteibonze *m* **party caucus** *n* POL ❶ (*grouping*) Parteiclique *f* ❷ (*meeting*) Parteitag *m* **party conference** *n* BRIT, **party congress** *n* AM Parteitag *m* **party delegate** *n* Parteiabgeordnete(r) *f(m)* **party elite** *n* Parteispitze *f* **party-goer** *n* (*guest*) Partygast *m*; (*frequenter of parties*) Partygänger(in) *m(f)* **party hack** *n* (*pej*) Hinterbänkler(in) *m(f)*

partying ['pɑːtiɪŋ, AM 'pɑːrt̬i-] *n no pl* Feiern *nt*

party leader *n* Parteivorsitzende(r) *f(m)*, Parteichef(in) *m(f)* **party leadership** *n* Parteiführung *f* **party line** *n* ❶ POL Parteilinie *f*; **to toe** [*or* **follow**] **the** ~ der Parteilinie folgen, linientreu sein ❷ TELEC Gemeinschaftsanschluss *m* **party-liner** *n* Linientreue(r) *f(m)* **party machine** *n* Parteimaschinerie *f* **party man** *n* treuer Parteianhänger **party member** *n* Parteimitglied *nt*; **paid-up** ~ vollwertiges Parteimitglied, Parteimitglied *nt* ohne Beitragsrückstände **party organ** *n* Parteiorgan *nt* **party piece** *n* BRIT (*hum*) Showeinlage *f* auf einer Party **party political** *adj* parteipolitisch **party political broadcast** *n* BRIT, AUS Wahlsendung *f* [einer Partei] **party politics** *n* + *sing/pl vb* Parteipolitik *f* **party-pooper** *n esp* AM (*hum fam*) Spielverderber(in) *m(f)*, Miesmacher(in) *m(f) fam* **party wall** *n* [gemeinsame] Grenzmauer, Brandmauer *f* **party whip** *n* BRIT ■**the** ~ die Parteidisziplin

par value *n* STOCKEX Nennwert *m*, Nominalwert *m*; ~ **share** Nennwertaktie *f*; **at/above/below** ~ zum/über/unter Nennwert

parvenu ['pɑːvənjuː, AM 'pɑːrvənuː] **I.** *n* (*pej form*) Emporkömmling *m*, Parvenü *m geh*
II. *adj* nach Art eines Emporkömmlings

Pascal *n*, **PASCAL** [pæs'kæl] *n no pl* COMPUT Pascal *nt*

paschal ['pæskəl] *adj inv* (*form*) Oster-

pas de deux <*pl* -> [ˌpɑːdə'dɜː] *n* Pas de deux *m*

pasha ['pɑːʃə, AM pə'ʃɑː] *n* HIST Pascha *m*

paso doble <*pl* -s> [ˌpæsəʊ'dəʊbleɪ, AM ˌpɑːsoʊ'doʊbleɪ] *n* Paso doble *m*

pass [pɑːs, AM pæs]

I. NOUN **II.** TRANSITIVE VERB
III. INTRANSITIVE VERB

I. NOUN

<*pl* -es> ❶ TRANSP (*road*) Pass *m*; ***one of the highest ~es in Europe*** einer der höchsten Pässe in Europa; **mountain** ~ [Gebirgs]pass *m*
❷ FBALL, SPORTS (*of a ball*) Pass *m*, Vorlage *f* (*für ein Tor*); ***that was a beautiful ~ to the centre forward*** das war ein gekonnter Pass zum Mittelstürmer
❸ (*sweep*) *by a plane* [Darüber]streichen *nt kein pl*; ***they had seen the aircraft flying low in a ~ over the ski resort*** sie hatten gesehen, wie das Flugzeug sehr tief über das Skigebiet hinwegflog; *by a magician, conjuror* [Hand]bewegung *f*; ***the magician made some ~es with his hands over her body*** der Zauberer fuhr mit der Hand mehrmals über ihren Körper
❹ (*fam: sexual advance*) Annäherungsversuch *m*; **to make a** ~ [**at sb**] einen Annäherungsversuch [bei jdm] machen, sich *akk* an jdn ranmachen *fam*
❺ BRIT SCH, UNIV (*exam success*) Bestehen *nt kein pl* (*einer Prüfung*); **to achieve grade A ~es** sehr gute Noten bekommen; **to get/obtain a ~ in an exam** eine Prüfung bestehen; AM (*grade*) Bestehen *nt kein pl* (*einer Prüfung*); ***in those courses they don't grade students — they just get a ~ or fail*** in diesen Kursen bekommen die Studenten keine Noten, sie können nur entweder bestehen oder durchfallen; (*proof of completion*) Bestanden *nt*
❻ (*permit*) Passierschein *m*; ***only people with a ~ are allowed to enter the nuclear power station*** nur Personen mit einem entsprechenden Ausweis dürfen das Kernkraftwerk betreten; *for a festival* Eintritt *m*, Eintrittskarte *f*; *for public transport* [Wochen-/Monats-/Jahres-]karte *f*; **bus** ~ Busfahrkarte *f* (*die über einen bestimmten Zeitraum gültig ist*); **free** ~ Freikarte *f*; ***disabled people have a free ~ for the public transport system*** Behinderte können die öffentlichen Verkehrsmittel kostenlos benutzen; *esp* AM SCH *to leave class* Entschuldigung *f* (*für das Fernbleiben vom Unterricht*); ***why aren't you at the math class? — I've got a ~*** warum bist du nicht im Matheunterricht? — ich hab eine Entschuldigung
❼ *no pl* (*predicament*) Notlage *f*, kritische Lage; ***this is a ~ — we can't get back into the hotel*** da haben wir uns ja was Schönes eingebrockt – wir können nicht ins Hotel zurück *fam*; **to come to a pretty** ~ ziemlich übel [für jdn] aussehen *fam*; ***it's come to a pretty ~ when you can't even have a few quiet drinks with friends*** wenn man nicht mal mehr in aller Ruhe mit seinen Freunden ein paar Gläschen trinken kann, dann stimmt was nicht *fam*; **to reach a** ~ außer Kontrolle geraten, ausufern

II. TRANSITIVE VERB

❶ (*go past*) ■**to ~ sb/sth** an jdm/etw vorbeikommen; ***if you ~ a supermarket, can you get me some milk?*** würdest du mir Milch mitbringen, wenn du beim Supermarkt vorbeikommst?
❷ (*exceed*) ***it ~es all belief that he could have been so selfish*** es ist doch wirklich nicht zu fassen, dass er dermaßen selbstsüchtig sein konnte; **to ~ a closing date/sell-by date** verfallen; ***don't buy goods which have ~ed their sell-by date*** kauf keine Waren, deren Verfallsdatum bereits abgelaufen ist; **to ~ a limit** eine Grenze überschreiten; **to ~ the time limit** das Zeitlimit überschreiten; ***I'm sorry, you've ~ed the time limit*** es tut mir Leid, aber Sie haben überzogen
❸ (*hand to*) ■**to ~ sth to sb** jdm etw [herüber]reichen; (*bequeath to*) jdm etw vererben; ***could you ~ the salt please?*** könnten Sie mir bitte mal das Salz [herüber]reichen?; ***I asked if I could see the letter, so she ~ed it to me reluctantly*** ich fragte, ob ich den Brief mal sehen könnte, also gab sie ihn mir widerwillig; ***the deceased's estate was ~ed to his distant relatives*** der Besitz des Verstorbenen fiel an seine entfernten Verwandten; ***Gerald ~ed the note to me*** Gerald gab mir die Notiz; **to ~ the hat** [**around**] (*fig*) den Hut herumgehen lassen; (*transfer to*) ■**to be ~ed to sb** auf jdn übergehen; ***the responsibility was gradually ~ed to the British government*** die Verantwortung wurde nach und nach der britischen Regierung übertragen
❹ (*put into circulation*) **to ~ money** Geld in Umlauf bringen; ***I saw someone get caught trying to ~ forged five pound notes in the supermarket*** ich sah, wie jemand dabei erwischt wurde, als er versuchte im Supermarkt mit gefälschten Fünfpfundnoten zu bezahlen; ***I haven't trusted him since he ~ed me a forged fiver*** ich trau ihm einfach nicht mehr, seit er versucht hat, mir einen gefälschten Fünfer anzudrehen *fam*
❺ FBALL, SPORTS **to ~ the ball to sb** jdm den Ball zuspielen; ***the crowd were shouting at the player to ~ the basketball*** die Zuschauermenge schrie dem Basketballspieler zu, er solle den Ball abgeben; **to ~ the baton to sb** den Stab an jdn abgeben; ***the timing of the athletes in a relay race must be perfect to ~ the baton smoothly*** das Timing beim Staffellauf muss absolut stimmen, damit der Stab sauber übergeben werden kann
❻ FOOD (*process*) ***the cook ~ed the carrots through the mixer*** der Koch pürierte die Karotten im Mixer; **to ~ the water through the filter** das Wasser durch den Filter laufen lassen
❼ SCH, UNIV (*succeed*) **to ~ an exam/a test** eine Prüfung/eine Arbeit bestehen; (*fig: meet requirements*) eine Prüfung bestehen, gut genug sein; ***she ~ed the oral but failed the written exam*** die mündliche Prüfung hat sie bestanden, aber in der schriftlichen ist sie durchgefallen; ***why the questions? — am I supposed to ~ some silly imaginary test?*** warum fragst du mich das? soll das vielleicht so eine Art Prüfung für mich sein?; **to ~ muster** akzeptabel sein; ***new teams won't be admitted to the league if their stadiums don't ~ muster*** neue Mannschaften werden nur dann in die Liga aufgenommen, wenn ihre Stadien auf dem erforderlichen Stand sind
❽ (*of time*) **to ~ one's days/holiday** [*or* AM **vacation**]/**time doing sth** seine Tage/Ferien/Zeit mit etw *dat* verbringen; ***it was a long train journey, but they managed to ~ three hours playing cards*** es war eine lange Zugfahrt, aber sie haben drei Stunden davon mit Kartenspielen herumgebracht *fam*; **to ~ the time** sich *dat* die Zeit vertreiben; ***I'm not very good at drawing but it helps to ~ the time*** ich kann zwar nicht sehr gut zeichnen, aber es ist doch ein ganz schöner Zeitvertreib; ***I just wanted to ~ the time of day with her, but she completely ignored me*** ich wollte wirklich nur kurz guten Tag sagen und ein wenig mit ihr plaudern, aber sie hat mich völlig links liegen lassen
❾ POL (*approve*) ■**to ~ sth** etw verabschieden; ***they are hoping to ~ legislation which will forbid drivers aged under 25 to drink alcohol*** man hofft darauf, ein Gesetz einzuführen, das Fahrern unter 25 den Genuss von Alkohol verbieten würde; **to ~ a bill/law** ein Gesetz verabschieden; **to ~ a motion** einen Antrag genehmigen; **to ~ a resolution** eine Resolution verabschieden; **to ~ sb/sth as fit** [*or* **suitable**] jdn/etw [als] geeignet erklären; ***the restaurant was serving meat that had not been ~ed as fit for human consumption*** in dem Restaurant wurde Fleisch serviert, das nicht für den Ver-

P

zehr freigegeben war; ***he was ~ed fit for military service*** er wurde für wehrdiensttauglich erklärt; ***the censors ~ed the film as suitable for children*** die Zensurstelle gab den Film für Kinder frei

⑩ (*utter*) **to ~ a comment** einen Kommentar abgeben, sich *akk* äußern; **to ~ a comment on sb** eine Bemerkung über jdn machen; **to ~ judgement [on sb/sth]** [über jdn/etw] urteilen [*o* ein Urteil fällen]; ***the jury at the film festival ~ed judgement on the films they had seen*** die Jury gab beim Filmfestival ihr Urteil über die Filme ab, die sie gesehen hatte; **to ~ one's opinion** seine Meinung sagen; **to ~ a remark** eine Bemerkung machen; ***I heard she'd been been ~ing remarks about me behind my back*** ich hörte, dass sie hinter meinem Rücken über mich hergezogen war; **to ~ sentence [on sb]** LAW das Urteil [über jdn] fällen

⑪ MED (*form: excrete*) ■**to ~ sth** etw ausscheiden; **to ~ blood** Blut im Stuhl/Urin haben; **to ~ faeces** Kot ausscheiden; **to ~ urine** urinieren; **to ~ water** Wasser lassen

⑫ FIN **to ~ a dividend** eine Dividende ausfallen lassen

▸ PHRASES: **to ~ the buck [to sb/sth]** (*pej fam*) die Verantwortung abschieben, jdm/etw den Schwarzen Peter zuschieben; ***the government has simply ~ed the buck to the local authorities without offering any support*** die Regierung hat die Verantwortung ganz einfach auf die Kommunen abgewälzt, ohne ihnen irgendeine Unterstützung anzubieten

III. INTRANSITIVE VERB

① (*move by*) vorbeigehen, vorbeikommen; ***I was just ~ing so I thought I'd drop in for a chat*** ich bin gerade vorbeigekommen und dachte, ich schau mal kurz auf ein paar Worte rein; ***we often ~ed on the stairs*** wir sind uns oft im Treppenhaus begegnet; ***the road will ~ near the village*** die Straße wird nahe am Dorf vorbeiführen; ***the marchers ~ed by without stopping*** die Demonstranten zogen vorüber, ohne anzuhalten; ***not one car ~ed while I was there*** während ich dort war, fuhr nicht ein einziges Auto vorbei; ***the Queen ~ed among the crowd*** die Königin mischte sich unter die Menge; ***he ~ed nearby our group without even knowing we were there*** er lief nicht weit von unserer Gruppe entfernt vorbei, völlig ohne mitzukriegen, dass wir da waren; ***you'll have to ~ not far from where we'll be standing*** du musst sowieso ganz in der Nähe von wo wir stehen vorbei; ***the planes ~ed noisily overhead*** die Flugzeuge donnerten vorbei *fam;* ***the bullet ~ed between her shoulder blades*** die Kugel ging genau zwischen ihren Schulterblättern durch; (*fig*) ***a momentary look of anxiety ~ed across his face*** für einen kurzen Moment überschattete ein Ausdruck der Besorgnis seine Miene; **to ~ unnoticed** unbemerkt bleiben, überhaupt nicht auffallen; ■**to ~ over sth** über etw *akk* gleiten; *plane* über etw *akk* hinwegfliegen; ■**to ~ under sth** unter etw *dat* hindurchfahren [*o* gehen]; ***the road ~es under the railway line*** die Straße führt unter einer Eisenbahnbrücke hindurch

② (*enter*) eintreten, hereinkommen; ***may I ~?*** kann ich hereinkommen?; ***that helps prevent fats ~ing into the bloodstream*** das verhindert, dass Fette in die Blutbahn gelangen; **to let sb [*or* allow sb to] ~** jdn durchlassen; **they shall not ~!** sie werden nicht durchkommen! (*Kampfruf der Antifaschisten*)

③ (*go away*) vergehen, vorübergehen, vorbeigehen; ***it'll soon ~*** das geht schnell vorbei; ***I felt a bit nauseous, but the mood ~ed*** mir war ein bisschen schlecht, aber es war gleich wieder vorbei

④ (*change*) ■**to ~ from sth to sth** von etw *dat* zu etw *dat* übergehen; ***wax ~es from solid to liquid when you heat it*** beim Erhitzen wird festes Wachs flüssig; ***the water ~es from a liquid state to a solid state when frozen*** Wasser wird fest, wenn es gefriert

⑤ (*move into*) ***gradually all these English words have ~ed into the German language*** mit der Zeit sind all diese englischen Wörter in die deutsche Sprache eingegangen

⑥ (*exchange*) ***no words have ~ed between us since our divorce*** seit unserer Scheidung haben wir kein einziges Wort miteinander gewechselt; ***the looks ~ing between them suggested they had a very close relationship*** die Blicke, die sie miteinander wechselten, ließen darauf schließen, dass sie sich sehr nahe standen; ***greetings were always ~ed between them, despite their mutual animosity*** obwohl sie sich gegenseitig nicht ausstehen konnten, grüßten sie sich immer

⑦ FBALL (*of a ball*) zuspielen, [den Ball] abgeben; ***he's a good player but he should ~ more*** er ist ein guter Spieler, aber er sollte den Ball auch öfter einmal den anderen zuspielen

⑧ SCH (*succeed*) bestehen, durchkommen; ***after taking his driving test four times he ~ed at the fifth attempt last week*** nachdem er viermal durch die Fahrprüfung gefallen war, bestand er sie letzte Woche beim fünften Anlauf

⑨ *usu passive* (*approve*) ***the resolution was ~ed unanimously*** die Resolution wurde einstimmig angenommen; ***"motion ~ed by a clear majority," said the speaker of the house*** „Antrag mit deutlicher Mehrheit angenommen", sagte der Parlamentspräsident

⑩ (*go by*) vergehen, verstreichen; ***the evening ~ed without any great disasters*** der Abend verlief ohne größere Zwischenfälle; ***time seems to ~ so slowly when you're in school*** wenn man in der Schule ist, scheint die Zeit unheimlich langsam zu vergehen; ***I saw that I had let a golden opportunity ~*** ich merkte, dass ich eine wirklich einmalige Gelegenheit ungenutzt hatte verstreichen lassen; ***for a moment she thought he was going to kiss her, but the moment ~ed*** einen kurzen Augenblick lang dachte sie, er würde sie küssen – aber dieser Moment verstrich, und nichts geschah

⑪ (*fig: not answer*) passen [müssen]; ***what's happened here? — I'll have to ~, I don't know either*** was ist denn hier passiert? – fragen Sie mich nicht, ich weiß es auch nicht; ***~ — I don't know the answer*** ich passe – ich weiß es nicht; ***the second contestant ~ed on four questions*** der zweite Wettbewerbsteilnehmer musste bei vier Fragen passen

⑫ (*fig fam: not consume*) ■**to ~ on sth** auf etw *akk* verzichten; ***thanks, but I think I'll ~ on the chocolates since I'm dieting*** danke, aber ich verzichte lieber auf die Pralinen, weil ich eine Diät mache

⑬ (*be accepted as*) ***I really want to go to the film, but I don't think I'd ~ as 18*** ich will den Film unbedingt sehen, aber die glauben mir nie, dass ich 18 bin; ***do you think this non-matching jacket and trousers could ~ as a suit?*** meinst du, ich kann diese Jacke und die Hose as Anzug anziehen, obwohl sie nicht zusammengehören?; ***they recruited somebody they hoped would ~ as a German in the film*** für den Film haben sie jemanden engagiert, von dem sie hoffen, dass er als Deutscher durchgeht

◆**pass along I.** *vt* ■**to ~ along ⊂ sth** etw weitergeben; ***he couldn't give it back to me personally so his mother ~ed along the book to me*** er konnte mir das Buch nicht persönlich zurückgeben, also brachte es mir seine Mutter mit; **to ~ a message along** eine Nachricht weiterleiten

II. *vi* vorbeigehen; ***I heard footsteps ~ing along the corridor outside*** ich hörte Schritte draußen auf dem Gang; ***the policemen told the crowd to ~ along*** die Polizei wies die Menge an, weiterzugehen

◆**pass around** *vt* ■**to ~ sth ⊂ around** etw herumreichen; ***she ~ed around the petition and everybody signed it*** sie ließ die Petition herumgehen und jeder unterschrieb; ***a cup containing alcohol would be ~ed around from person to person*** ein Becher mit Alkohol machte immer die Runde; **to ~ around chocolate/crisps [*or* AM chips]** Schokolade/Chips herumreichen; ***I bought the drinks and then ~ed them around the group*** ich kaufte die Getränke und verteilte sie dann an die Gruppe; **to ~ the hat around** den Hut herumgehen lassen; (*fig*) eine Sammlung veranstalten

◆**pass away I.** *vi* ① (*euph: die*) verscheiden *geh,* entschlafen *euph geh;* ***she's terribly upset because her father ~ed away*** das Hinscheiden Ihres Vaters hat sie furchtbar mitgenommen

② (*fade*) nachlassen; *anger* verrauchen; ***the look of elation that had come on her face ~ed away*** der verzückte Ausdruck, der auf ihr Gesicht getreten war, wich

II. *vt* ■**to ~ away ⊂ sth** etw verbringen; ***we ~ed away the evening watching TV*** wir verbrachten den Abend mit Fernsehen; ***those two can't ~ away a few hours together without arguing*** die beiden können nicht ein paar Stunden zusammen sein, ohne sich in die Haare zu kriegen *fam*

◆**pass by I.** *vi* ① (*elapse*) *time* vergehen

② (*go past*) vorbeigehen, vorübergehen; ***he ~ed by as if he had not even seen me*** er ging an mir vorbei, als ob er mich überhaupt nicht gesehen hätte; **to ~ by on the other side** *esp* BRIT (*fig*) völlig unberührt bleiben; ***no one seeing the plight of these refugees could ~ by on the other side*** niemanden, der die Not dieser Flüchtlinge sieht, kann das einfach kalt lassen

③ (*travel past*) vorbeifahren; ***she sat looking out of the train window at the countryside ~ing by*** sie saß da und schaute aus dem Zugfenster auf die vorbeiziehende Landschaft

II. *vt* ① (*miss sb*) ■**to ~ sb by** an jdm vorbeigehen; ***do you ever feel that life is ~ing you by?*** hast du manchmal das Gefühl, dass das Leben an dir vorbeigeht?; ***I regarded the whole affair as a nonsense, and so let it ~ me by*** ich habe die ganze Sache als Unsinn betrachtet und mich deswegen nicht weiter darum gekümmert

② (*go past*) ■**to ~ sb/sth ⊂ by** an jdm/etw vorübergehen [*o* vorbeigehen]; ***I had often ~ed this shop by*** ich bin schon oft an diesem Laden vorbeigegangen

◆**pass down** *vt* ① *usu passive* (*bequeath*) ■**to ~ down ⊂ sth** etw weitergeben; **to ~ down songs/tales** Lieder/Geschichten überliefern; **to ~ down a tradition** eine Traditon weitergeben; ***this tradition had been ~ed down through the family for centuries*** diese Tradition wurde jahrhundertelang innerhalb der Familie weitergeführt; ■**to ~ sth down to sb** etw an jdn weitergeben; ***in turn each father ~ed down the secrets of the trade to his sons*** die Väter gaben ihre Berufsgeheimnisse jeweils an ihre Söhne weiter; ***the suit our teacher was wearing had been ~ed down to him by his father*** den Anzug, den unser Lehrer trug, hatte ihm sein Vater vermacht

② (*hand down*) ■**to ~ sth ⊂ down** etw hinunterreichen; ***as they left the train he ~ed their luggage down to his wife*** als sie aus dem Zug ausstiegen, reichte er seiner Frau das Gepäck hinaus

◆**pass off I.** *vt* ① (*deflect attention*) ■**to ~ off ⊂ sth** etw abtun; **to ~ off one's embarrassment** seine Verlegenheit überspielen; **to ~ off an episode** einen Zwischenfall übergehen

② (*pretend*) ■**to ~ sth ⊂ off as sth** etw als etw *akk* ausgeben; ***the dealer was trying to ~ off fakes as valuable antiques*** der Händler versuchte Fälschungen als echte Antiquitäten zu verkaufen; ***he tried to ~ this nonsense off as literature*** er versuchte diesen Quatsch als Literatur hinzustellen *fam;* **to ~ oneself off as a Dubliner** sich *akk* als Dubliner ausgeben

II. *vi* ① (*take place*) verlaufen

② (*fade*) nachlassen; *elation* verfliegen

◆**pass on I.** *vi* ① (*proceed*) fortfahren, weitermachen; ■**to ~ on to sth** zu etw *dat* übergehen [*o* kommen]; ***"if we could ~ on to the next item now, please?" asked the chairman, exasperatedly*** „könnten wir jetzt bitte zum nächsten Thema übergehen?" fragte der Vorsitzende verärgert

② (*euph: die*) entschlafen *euph geh,* verscheiden

geh
II. *vt* ❶ BIOL ■**to ~ sth** ⊂ **on** [**to sb**] etw [an jdn] weitergeben [*o* [weiter]vererben]
❷ (*transmit*) ■**to ~ sth** ⊂ **on** etw weitergeben
❸ (*infect*) ■**to ~ sth** ⊂ **on** *disease* etw übertragen
❹ *usu passive* (*hand down*) **to ~ on clothes** Kleidung weitergeben; **to ~ on a fortune/jewellery** [*or* AM **jewelry**] ein Vermögen/Schmuck [weiter]vererben; **to ~ on stories** Geschichten überliefern; **to ~ on traditions** Traditionen weitergeben
❺ (*refer*) **to ~ sb on to a higher authority/ a specialist** jdn an eine höhere Stelle/einen Fachmann verweisen; ***the doctor told me that he would have to ~ me on to a specialist*** der Arzt sagte mir, er müsse mich an einen Spezialisten überweisen
❻ ECON (*raise prices*) ■**to ~ sth** ⊂ **on to sb** etw auf jdn umverteilen; ***the increased costs were ~ed on to the consumer*** die höheren Kosten wurden auf die Verbraucher abgewälzt
◆**pass out I.** *vi* ❶ (*faint*) in Ohnmacht fallen, bewusstlos werden, umkippen *fam; **when I opened the office door, I was hit on the head and ~ed out*** als ich die Tür zum Büro öffnete, bekam ich einen Schlag auf den Kopf und verlor das Bewusstsein
❷ (*leave*) hinausgehen; ■**to ~ out of sth** etw verlassen; ***this is confidential so don't let it ~ out of your possession*** das ist vertraulich, also geben Sie es bitte nicht aus der Hand
❸ BRIT, AUS UNIV abgehen; ***the new officer ~ed out from naval college only last week*** der neue Offizier hat erst in der vergangenen Woche seine Ausbildung an der Marineakademie abgeschlossen
II. *vt* AM ■**to ~ out** ⊂ **sth** etw verteilen [*o* austeilen]; ***she ~ed out the cookies to the children*** sie verteilte die Kekse an die Kinder
◆**pass over** *vt* ❶ *usu passive* (*not promote*) ■**to ~ over** ⊂ **sb** jdn übergehen; ***he left the company after being ~ed over yet again*** er verließ die Firma, nachdem man ihn erneut bei der Beförderung übergangen hatte; **to ~ sb over for promotion** jdn bei der Beförderung übergehen
❷ (*overlook*) ■**to ~ over** ⊂ **sth** etw übergehen [*o* ignorieren]; ***he seemed to ~ over the most important points in his speech*** er schien über die wichtigsten Punkte in seiner Rede hinwegzugehen
❸ (*move overhead*) ■**to ~ over sb/sth** über jdn/etw hinweggehen; ***did you hear that plane ~ over the house last night?*** hast du letzte Nacht das Flugzeug über das Haus fliegen hören?
◆**pass round** *vt* BRIT *see* **pass around**
◆**pass through** *vi* ❶ (*experience*) ■**to ~ through sth** etw durchlaufen; **to ~ through different cycles/stages** verschiedene Zyklen/Stadien durchlaufen; **to ~ through bitter days and months** schwierige Tage und Monate durchmachen; **to ~ through a terrible ordeal** ein furchtbares Martyrium erleiden müssen [*o fam* durchmachen]
❷ (*journey through*) durchreisen; ***I wanted to stop but my friends said we had to ~ through*** ich wollte anhalten, aber meine Freunde wollten weiterfahren; ***we were only ~ing through so I couldn't stop and say hi*** wir waren nur auf der Durchreise, also konnte ich nicht mal eben vorbeischauen; ■**to ~ through sth** durch etw *akk* [hindurch]gehen; ***we ~ed through Stuttgart on our way to the Black Forest*** auf unserer Fahrt in den Schwarzwald kamen wir durch Stuttgart; ***why didn't you visit us while you were in Stuttgart? — we only ~ed through the station*** warum haben Sie uns nicht besucht, als Sie in Stuttgart waren? – wir hatten nur einen kurzen Aufenthalt im Bahnhof; **to ~ through the customs/a detector** den Zoll/einen Detektor passieren
◆**pass up** *vt* ■**to ~ up** ⊂ **sth** sich *dat* etw entgehen lassen; ***he's never one to ~ up a free meal*** eine kostenlose Mahlzeit lässt [d]er sich nie entgehen

passable [ˈpɑːsəbl, AM ˈpæs-] *adj* ❶ (*traversable*) passierbar, befahrbar
❷ (*satisfactory*) [ganz] passabel; ***she could speak ~ Russian*** sie konnte ganz passabel Russisch sprechen; **only ~** nur so leidlich; **very ~** durchaus annehmbar
passably [ˈpɑːsəbli, AM ˈpæs-] *adv* passabel, [ganz] ordentlich
passage [ˈpæsɪdʒ] *n* ❶ (*narrow corridor*) Gang *m,* Flur *m;* **underground ~** Unterführung *f*
❷ (*long path*) Durchgang *m*
❸ LIT (*excerpt*) [Text]passage *f;* MUS Stück *nt*
❹ (*onward journey*) Durchfahrt *f,* Durchreise *f;* **bird of ~** Zugvogel *m*
❺ (*dated: sea voyage*) Überfahrt *f,* [Schiffs]passage *f;* **to take ~ to South Africa** eine Schiffsreise nach Südafrika unternehmen; **to work one's ~** seine Überfahrt abarbeiten; (*fig*) ***he's worked his ~*** er hat es sich redlich verdient
❻ (*way of escape*) Durchlass *m;* ***the hijackers demanded safe ~ out of the country*** die Entführer verlangten sicheren Abzug aus dem Land
❼ *no pl* (*progression*) Voranschreiten *nt; of troops* Durchzug *m; of a plane* Überfliegen *nt; of fire* ungehindertes Sichausbreiten; ***many meteorites explode during their ~ through the atmosphere*** viele Meteoriten zerbersten auf ihrem Weg durch die Erdatmosphäre; **the ~ of time** das Verstreichen der Zeit; **with the ~ of time** im Lauf[e] der Zeit
❽ POL (*passing*) *of a law* Verabschiedung *f; of a resolution* Annahme *f*
passageway *n* Korridor *m,* [Durch]gang *m*
passbook *n* Sparbuch *nt* **pass degree** *n* UNIV ❶ AM (*without honours*) *unterster akademischer Grad* ❷ AUS (*course*) Kurzstudium *nt*
passé [pæsˈeɪ] *adj* (*pej*) passé, veraltet, out *sl;* **to look ~** altmodisch aussehen
passel [ˈpæsəl] *n* ■**a ~ of sth** AM (*fam*) eine Unmenge einer S. *gen*
passenger [ˈpæsəndʒəʳ, AM -ɚ] **I.** *n* (*on a bus, tube*) Fahrgast *m;* (*of an airline*) Passagier(in) *m(f),* Fluggast *m;* (*on a train*) Reisende(r) *f(m);* (*in a car*) Mitfahrer(in) *m(f),* Insasse, -in *m, f;* [**front-seat**] **~** Beifahrer(in) *m(f);* BRIT (*fig*) Trittbrettfahrer(in) *m(f) pej,* Schmarotzer(in) *m(f) pej*
II. *n modifier* (*numbers, plane, ship, transport*) Passagier-; **~ lift/service/traffic** Personenaufzug *m/* -beförderung *f/*-verkehr *m;* **~ liner/vessel** Passagierschiff *nt/*-dampfer *m;* **~ side** Beifahrerseite *f;* **~ space** Fahrgastraum *m*
passenger accident insurance *n no pl* BRIT Reiseunfallversicherung *f* **passenger aircraft** *n* Passagierflugzeug *nt* **passenger cabin** *n* Fluggastraum *m* **passenger car** *n* RAIL Personenwaggon *m;* AUTO Personenwagen *m,* Pkw *m* **passenger coach** *n* Reisebus *m* **passenger flight** *n* Passagierflug *m* **passenger jet** *n* Passagierflugzeug *nt* **passenger list** *n* Passagierliste *f* **passenger mile** *n* Personenmeile *f;* AVIAT Passagiermeile *f* **passenger seat** *n* Beifahrersitz *m* **passenger traffic** *n no pl* Personenverkehr *m* **passenger train** *n* Personenzug *m*
passer-by <*pl* passers-> [ˌpɑːsəˈbaɪ, AM ˌpæsɚˈ-] *n* Passant(in) *m(f),* Vorübergehende(r) *f(m)*
pass-fail course *n esp* AM *Kurse, für die es nur das Zertifikat ‚bestanden' oder ‚nicht bestanden' gibt*
passim [ˈpæsɪm] *adv inv* passim
passing [ˈpɑːsɪŋ, AM ˈpæs-] **I.** *adj attr* ❶ *inv* (*going past*) *vehicle* vorbeifahrend; *person* vorbeikommend; **with each** [*or* **every**] **~ day** mit jedem weiteren Tag[, der vergeht]; **~ trade** Laufkundschaft *f*
❷ (*fleeting*) *glance, thought* flüchtig; **~ acquaintance** flüchtiger Bekannter/flüchtige Bekannte; **~ fad** Eintagsfliege *f;* **a ~ fancy** nur so eine Laune; ***he was a ~ fancy of hers*** er war nur so eine von ihren flüchtigen Liebschaften; **to be of ~ interest** von temporärem Interesse sein; **~ shower** kurzer Regenschauer
❸ (*casual*) *remark* beiläufig; **to receive only a ~ mention** nur beiläufig erwähnt [*o* am Rande gestreift] werden; **in ~** nebenbei, beiläufig; ***in ~, it is worth noting that …*** nebenbei ist erwähnenswert, dass …; **to mention in ~** [ganz] nebenbei bemerken, beiläufig erwähnen
❹ *inv* (*slight*) *resemblance* gering
II. *n no pl* ❶ (*death*) Ableben *nt geh,* Hinscheiden *nt euph geh*
❷ (*end*) Niedergang *m;* **the ~ of an era** das Ende einer Ära
❸ (*going by*) Vergehen *nt;* **with the ~ of the years** [*or* **time**] im Lauf der Jahre
❹ SPORTS Passen *nt,* Zuspielen *nt* (*des Balls*); ***his ~ has improved*** seine Ballabgabetechnik hat sich verbessert
passing lane *n* AM Überholspur *f* **passing mark** *n,* **passing grade** *n* AM SCH, UNIV Ausreichend *nt* (*Mindestnote für das Bestehen einer Prüfung*)
passing-out *n* BRIT, AUS MIL, UNIV Abschlussfeier *f*
passing-out ceremony *n* BRIT, AUS, **passing-out parade** *n* BRIT, AUS MIL, UNIV Abschlusszeremonie *f* **passing place** *n* Ausweichstelle *f*
passing shot *n* TENNIS Passierschlag *m*
passion [ˈpæʃən] *n* ❶ (*fancy*) Passion *f,* Vorliebe *f;* **to be one of sb's ~s** zu jds besonderen Vorlieben zählen; **to have a ~ for sth** ein Faible für etw *akk* haben; **to have a ~ for doing sth** etw leidenschaftlich gerne tun; ***his ~ for gambling eventually ruined him*** seine Spielsucht ruinierte ihn schließlich; **to have a consuming ~** [**for sth**] eine große Leidenschaft [für etw *akk*] hegen
❷ (*love*) [große] Leidenschaft; ***her latest ~ is for a bus driver*** jetzt hat sie sich leidenschaftlich in einen Busfahrer verliebt
❸ *no pl* (*fervour*) Leidenschaft *f,* Erregung *f;* **to arouse a ~** leidenschaftliche Gefühle wecken
❹ (*strong emotion*) **crime of ~** Verbrechen *nt* aus Leidenschaft; **to hate sb/sth with a ~** jdn/etw aus tiefstem Herzen hassen; **to be hated with a ~** zutiefst verhasst sein; ■**~s** *pl* Leidenschaften *fpl;* ***~s are running high*** die Wogen der Erregung schlagen hoch; ***mention her ex and that really gets her ~s roused*** man braucht ihren Ex nur zu erwähnen und schon geht sie hoch [wie eine Rakete] *fam;* **to inflame ~s** den Hass schüren
Passion [ˈpæʃən] *n* ❶ *no pl* REL (*Jesus's suffering*) Passion *f,* Leiden *nt* Christi; **the ~ of Christ on the cross** das Leiden und Sterben Christi am Kreuz
❷ LIT, REL Passion *f,* Leidensgeschichte *f*
❸ MUS, REL Passion *f*
passionate [ˈpæʃənət, AM -nɪt] *adj* ❶ (*strongly emotional*) leidenschaftlich; **~ rhetoric** mitreißende Rede[kunst]; ■**to be ~ about sth** sich *akk* brennend für etw *akk* interessieren
❷ (*amorous*) *embrace, kiss* leidenschaftlich; **~ desire** brennender Wunsch
passionately [ˈpæʃənətli, AM -nɪt-] *adv* ❶ (*intensely*) leidenschaftlich, begeistert; **to argue ~** heftig streiten; **to argue ~ about whether …** leidenschaftlich [darüber] debattieren, ob …; **to believe ~ in sth** mit allen Fasern seines Herzens an etw *akk* glauben; **to support sth ~** etw nach Kräften unterstützen
❷ (*amorously*) **to embrace/kiss ~** sich *akk* leidenschaftlich umarmen/küssen
passion flower *n* Passionsblume *f* **passion fruit** *n* Passionsfrucht *f* **passionless** *adj* (*pej*) leidenschaftslos; *marriage, relationship also* fad, lau
passion play *n* Passionsspiel *nt* **Passion Week** *n* Karwoche *f*
passive [ˈpæsɪv] **I.** *n no pl* LING Passiv *nt;* **to change sth into the ~** etw ins Passiv setzen
II. *adj* ❶ (*inactive*) *role* passiv; **~ aggression** stumme Aggression; **~ victim** hilfloses Opfer
❷ (*indifferent*) *spectator* teilnahmslos; **~ audience** lahmes Publikum
❸ (*submissive*) unterwürfig; **to prefer to be ~** lieber [still] im Hintergrund bleiben; **to be too ~** sich *dat* zu viel gefallen lassen
❹ *inv* LING passiv, passivisch; **~ participle** passivisches Partizip; **~ vocabulary** passiver Wortschatz; **the ~ voice** das Passiv
passively [ˈpæsɪvli] *adv* passiv; (*indifferently*) teil-

P

nahmslos; (*without resisting*) widerstandslos; **to ~ accept sth** etw widerstandslos [als gegeben] hinnehmen; **to behave** ~ ein passives Verhalten an den Tag legen, sich *akk* passiv verhalten; **to wait** ~ untätig abwarten

passiveness [ˈpæsɪvnəs] *n no pl* (*inactivity*) Passivität *f*, Untätigkeit *f*; (*apathy*) Teilnahmslosigkeit *f*

passive resistance *n no pl* gewaltloser Widerstand **passive smoking** *n no pl* passives Rauchen

passivity [pæsˈɪvəti, AM -əţi] *n no pl* (*inactivity*) Passivität *f*, Untätigkeit *f*; (*apathy*) Teilnahmslosigkeit *f*; **to give the impression of helpless** ~ den Eindruck eines hilflosen Opfers vermitteln

passivization [ˌpæsɪvaɪˈzeɪʃᵊn, AM -vɪˈ-] *n no pl* LING Passivbildung *f*

passivize [ˈpæsɪvaɪz] *vt* LING ■**to ~ sth** etw *akk* ins Passiv setzen

pass key *n* Hauptschlüssel *m* **pass mark** *n* BRIT, AUS Ausreichend *nt kein pl* (*Mindestnote für das Bestehen einer Prüfung*); **to get** [*or* **obtain**]/ **manage a** ~ eine Vier bekommen/schaffen

Passover [ˌpɑːsˈəʊvəʳ, AM ˈpæs,oʊvɚ] *n* Passah *nt*, Passahfest *nt*

passport [ˈpɑːspɔːt, AM ˈpæspɔːrt] *n* [Reise]pass *m*; (*fig*) Schlüssel *m* (**to** zu +*dat*); **to travel on a British/German** ~ mit einem britischen/deutschen Pass reisen; **sb's ~ to happiness** (*fig*) jds Schlüssel zum Glück

passport control *n no pl* Passkontrolle *f* **passport holder** *n* [Reise]passinhaber(in) *m(f)* **passport inspection** *n* Passkontrolle *f*; *see also* **passport control** **passport photo** *n* Passfoto *nt*

pass rate *n* [An]zahl derer, die bestanden haben

password *n* Parole *f*, Losungswort *nt*; FIN Kennwort *nt*; COMPUT Passwort *nt*; **to enter one's** ~ sein Passwort angeben; **to give the** ~ das Losungswort nennen

past [pɑːst, AM pæst] **I.** *n no pl* ① (*not present*) Vergangenheit *f*; (*past life*) Vorleben *nt*; ***she was somebody with a*** ~ sie war eine Frau mit Vergangenheit; **to have a** ~ eine [dubiose] Vergangenheit haben; **in the** ~ in der Vergangenheit, früher; **to live in the** ~ in der Vergangenheit leben

② LING (*in grammar*) Vergangenheit[sform] *f*

II. *adj inv* ① *attr* (*preceding*) vergangen; (*former*) frühere(r, s); ***I know this from ~ experience*** ich weiß das aus meinen früheren Erfahrungen; **over the ~ two days** während der letzten beiden Tage; **centuries/years** ~ (*liter*) in früheren Jahrhunderten/Jahren; **the ~ decade/year** das letzte [*o* vergangene] Jahrzehnt/Jahr; ~ **generations** frühere Generationen; **sb's ~ life** jds Vorleben; **for the ~ five weeks** während der letzten fünf Wochen

② (*over*) vorüber, vorbei; ***what's ~ is ~*** was vorbei ist, ist vorbei

III. *adv inv* vorbei, vorüber; **to go ~ sb/sth** an jdm/etw vorbeigehen; *vehicle* an jdm/etw vorbeifahren; **to jog** ~ vorbeilaufen

▶ PHRASES: **to not put it ~ sb to do sth** jdn für fähig halten [*o* jdm zutrauen], etw zu tun

IV. *prep* ① (*to other side*) an +*dat* … vorbei; **to go/drive/walk** ~ vorbeigehen/-fahren/-laufen; (*at other side*) hinter +*dat*, nach +*dat*; ***just ~ the post office*** gleich hinter der Post

② (*after the hour of*) nach +*dat*; ***it's quarter ~ five*** es ist Viertel nach Fünf

③ (*beyond*) ■**to be ~ sth** jenseits von etw *dat* sein; ***it was ~ description*** es war unbeschreiblich; ***do what you want, I'm ~ caring*** mach was du willst, mir ist es mittlerweile egal; ***she's ~ the age …*** sie ist aus dem Alter heraus …; ***even though he's ~ retirement age …*** obwohl er schon über dem Rentenalter ist …; ***the meat was ~ the expiration date*** das Fleisch hatte das Verfallsdatum überschritten; **to not put sth ~ sb** jdm etw *akk* zutrauen; **to be ~ it** (*pej hum*) zu alt sein

④ (*further than*) über +*akk* … hinaus; ***he can't see ~ the issue*** er kann einfach nicht über die Sache hinaus sehen; ***I just can't get ~ the idea*** ich werde den Gedanken einfach nicht los

pasta [ˈpæstə, AM ˈpɑː-] *n no pl* Nudeln *fpl*, Teigwaren *fpl*

past continuous *n no pl* LING Verlaufsform *f* der Vergangenheit

paste [peɪst] **I.** *n no pl* ① (*soft substance*) Paste *f*; **fungicide** ~ pilztötendes Mittel zum Auftragen

② (*sticky substance*) Kleister *m*; **wallpaper** ~ Tapetenkleister *m*; **sticky** ~ Klebstoff *m*

③ FOOD (*mixture*) Teig *m*; **to make a** ~ einen Teig anrühren

④ FOOD (*product*) Paste *f*; **anchovy** ~ Sardellenpaste *f*; **beef/fish** ~ Rindfleisch-/Fischpaste *f*; **tomato** ~ Tomatenmark *nt*

⑤ (*costume jewellery*) Strass *m*

II. *vt* ① (*affix*) ■**to ~ sth** [**on** [*or* **onto**] **sth**] etw [auf etw *akk*] kleben; **to ~ cut-outs** Zeitungsausschnitte einkleben; **to ~ glue** Klebstoff auftragen

② COMPUT ■**to ~ sth** etw einfügen

③ (*fam: beat*) ■**to ~ sb** jdm eine kleben *fam*

④ SPORTS (*fam*) ■**to ~ sb** jdn haushoch schlagen [*o fam* vom Platz fegen]

◆**paste up** *vt* ■**to ~ sth ↻ up** etw aufkleben; **to ~ up pages/texts** Seiten/Texte [ausschneiden und] zusammenkleben

pasteboard [ˈpeɪs(t)bɔːd, AM -bɔːrd] *n no pl* Karton *m*, Pappe *f*

pastel [ˈpæstᵊl, AM pæsˈtel] **I.** *n* ① ART (*material*) Pastellkreide *f*, Pastellstift *m*; (*drawing*) Pastell *nt*, Pastellzeichnung *f*

② (*colour*) Pastellfarbe *f*, Pastellton *m*

II. *adj inv* pastellfarben; **the ~ greens and blues** die grünen und blauen Pastelltöne; ~ **shades** Pastelltöne *mpl*, zarte Pastellfarben

pastern [ˈpæstɜːn, AM -tɚn] *n* Hornschuh *m fachspr*

paste-up *n* Klebeumbruch *m*, Montage *f*

pasteurization [ˌpæstʃᵊraɪˈzeɪʃᵊn, AM -tʃɚɪˈ-] *n no pl* Pasteurisation *f*, Pasteurisierung *f*

pasteurize [ˌpæstʃᵊraɪz, AM -tʃər-] *vt usu passive* ■**to ~ sth** etw pasteurisieren

pasteurized milk *n no pl* pasteurisierte Milch

pastiche [pæsˈtiːʃ] *n* ART, MUS ① (*imitation*) Imitation *f*, Pastiche *m fachspr*; LIT Persiflage *f* (**of** auf +*akk*); **to write** ~ den Stil eines Autors nachahmen

② (*mixture*) Mischung *f* (*von Kunststilen*)

pastille [ˈpæstᵊl, AM pæsˈtiːl] *n* Pastille *f*; **fruit** ~ Bonbon *m o nt* mit Fruchtgeschmack, Fruchtbonbon *m o nt*; **throat** ~ Halspastille *f*

pastime [ˈpɑːstaɪm, AM ˈpæs-] *n* Zeitvertreib *m*; **family** ~ Zeitvertreib *m* für die ganze Familie; **national** ~ Nationalsport *m a. fig*; **popular** ~ allgemeine Lieblingsbeschäftigung

pasting [ˈpeɪstɪŋ] *n usu sing* (*fam*) ① (*thrashing*) Tracht *f* Prügel, Prügel *pl*, Dresche *f kein pl fam*; **to get a** ~ [eine Tracht] Prügel bekommen, verdroschen werden *fam*

② (*fig: cultural criticism*) **to take a** ~ verrissen werden

③ ECON (*fig*) **to take a** ~ beträchtliche Einbußen erleiden

④ SPORTS **to get a** ~ fertig gemacht werden *fam*, haushoch verlieren

pastis <*pl* -> [pæsˈtiːs] *n* Pastis *m*, Anislikör *m*

past master *n* (*approv*) Meister(in) *m(f)* (**at** in +*dat*)

pastor [ˈpɑːstəʳ, AM ˈpæstɚ] *n* Pfarrer *m*, Pastor *m*

pastoral [ˈpɑːstᵊrᵊl, AM ˈpæs-] *adj inv* ① REL pastoral, seelsorgerisch; ~ **letter** Hirtenbrief *m*

② LIT, ART idyllisch, Hirten-, Schäfer-; ~ **scene** ländliche Szene

pastoral care *n no pl* ① REL Seelsorge *f*

② SCH *von der Schule organisierte Hilfe bei privaten Problemen der Schüler*

pastorale <*pl* – *or* -rali> [ˌpæstəˈrɑːl] *n* MUS Hirtenlied *nt*, pastorales Musikstück

past participle *n* LING Partizip Perfekt *nt* **past perfect** *n no pl*, **past perfect tense** *n no pl* LING Plusquamperfekt *nt* **past perfect continuous** *n no pl* LING Verlaufsform *f* des Plusquamperfekts **past progressive** *n no pl* LING Verlaufsform *f* der Vergangenheit

pastrami [pæsˈtrɑːmi, AM pəˈstrɑː-] *n no pl gewürztes und geräuchertes Rindfleisch*

pastry [ˈpeɪstri] *n* ① *no pl* (*dough*) [Torten]teig *m*, [Kuchen]teig *m*; ~ **brush** Backpinsel *m*; **choux/ flaky** [*or* **puff**]/**shortcrust** ~ Brand-/Blätter-/Mürbeteig *m*

② (*cake*) Gebäckstück *nt*

pastry cook *n* Konditor(in) *m(f)* **pastry shop** *n* Konditorei *f*

past simple *n no pl* LING einfache Vergangenheitsform **past tense** *n* LING Vergangenheit *f*; **to talk about sb in the** ~ von jdm in der Vergangenheit[sform] sprechen

pasturage [ˈpɑːstjʊrɪdʒ, AM ˈpæstʃɚ] *n no pl* ① (*land used for pasture*) Weide *f*, Weideland *nt*

② (*occupation or process*) Weiden *nt*

pasture [ˈpɑːstʃəʳ, AM ˈpæstʃɚ] *n* Weide *f*, Weideland *nt*; **to put animals out to** ~ Tiere auf die Weide treiben; **greener ~s** (*fig*) bessere Möglichkeiten; **~s new** BRIT (*fig*), **new ~s** AM (*fig*) neue Aufgaben, etwas Neues; ***he's off to ~s new*** er bricht auf zu neuen Ufern; ***she feels like moving to new ~s*** ihr steht der Sinn nach einer neuen Herausforderung; **to put sb out to** ~ (*fig fam*) jdn vor die Tür setzen

pasture land *n no pl* Weideland *nt*

pasty[1] [ˈpæsti] *n* BRIT, CAN Pastete *f*; **beef** ~ Fleischpastete *f*; **cheese-and-onion** ~ Pastete *f* mit Käse-Zwiebel-Füllung; **Cornish** ~ *Pastete mit einer Füllung aus Fleisch und Kartoffeln bzw. Gemüse*

pasty[2] [ˈpeɪsti] *adj* (*pej*) *complexion* bleich, blass, käsig *fam*; **to have a ~ skin** blass sein

pasty-faced *adj inv* (*pej fam*) bleichgesichtig *fam*

pat[1] [pæt] **I.** *vt* <-tt-> ■**to ~ sb/an animal** jdn/ein Tier tätscheln; ***the rain was ~ting the windows*** der Regen prasselte gegen die Fensterscheiben; **to ~ sb/oneself on the back** (*fig*) jdm/sich selbst auf die Schulter klopfen; **to ~ vegetables dry** Gemüse trocken tupfen

II. *n* ① (*tap*) [freundlicher] Klaps, Tätscheln *nt kein pl*; **a ~ on the back** (*fig*) ein [anerkennendes] Schulterklopfen; **to give sb/an animal a** ~ jdm/einem Tier einen liebevollen Klaps geben, jdn/ein Tier tätscheln

② (*dab*) **a ~ of butter** eine [kleine] Portion Butter

pat[2] [pæt] *inv* **I.** *adj answer, response* vorfabriziert

II. *adv* **to have an answer/explanation off** [*or* AM **down**] ~ immer eine Antwort/Ausrede parat haben; **to come** ~ genau richtig kommen

Pat [pæt] *n* BRIT (*pej!*) Ire *m*

Patagonia [ˌpætəˈgəʊniə, AM ˌpæţəˈgoʊ] *n no pl* GEOG Patagonien *nt*

Patagonian [ˌpætəˈgəʊniən, AM ˌpæţəˈgoʊ] *adj inv* patagonisch

patch [pætʃ] **I.** *n* <*pl* -es> ① (*spot*) Fleck[en] *m*; ■**in ~es** stellenweise; **fog** ~ Nebelfeld *nt*; **ice** [*or* **icy**]/**snow** ~ vereiste/verschneite Stelle; **vegetable** ~ [kleines] Gemüsebeet

② BRIT (*fam: phase*) Phase *f*; **to go through a bad** [*or* **difficult**] [*or* **sticky**] [*or* **rough**] ~ eine schwere Zeit durchmachen

③ BRIT SOCIOL (*work area*) *of a prostitute* Revier *nt*; *of the police* [Polizei]revier *nt*; *of a social worker* Bereich *m*, Bezirk *m*

④ (*fabric*) Flicken *m*; (*for an eye*) Augenklappe *f*; (*plaster*) Pflaster *nt*; **nicotine** ~ Nikotinpflaster *nt*

⑤ COMPUT (*temporary correction*) Korrektur *f*

▶ PHRASES: **to not be a ~ on sb/sth** BRIT, AUS (*fam*) jdm/etw nicht das Wasser reichen können

II. *vt* ① (*cover*) ■**to ~ sth** etw flicken; **to ~ a tyre** einen Reifen flicken

② ELEC, COMPUT, TECH (*link*) ■**to ~ sth into sth** etw mit etw *dat* verbinden; ***I couldn't ~ my computer into the network*** ich konnte nicht einloggen; **to ~ a call through to sb's phone** einen Anruf zu jdm durchstellen

③ (*integrate*) ■**to ~ sth into sth** etw in etw *akk* einfügen [*o* integrieren]

◆**patch together** *vt* ■**to ~ sth ↻ together** etw aus Flicken zusammennähen; (*fig*) etw bunt zusammenwürfeln; **to ~ together a treaty** einen Vertrag

zusammenschustern *pej fam*
◆**patch up** *vt* ■**to ~ up** ⊃ **sth** ❶ (*repair*) etw zusammenflicken *fam;* **to ~ up an injury** eine Verletzung notdürftig verarzten
❷ (*fig: conciliate*) etw wieder ins Lot bringen; **to ~ up one's marriage** seine Ehe kitten *fam;* **to ~ up a quarrel** einen Streit beilegen
patchiness ['pætʃɪnəs] *n no pl* Ungleichmäßigkeit *f; of a book, work* Schwankungen *fpl* im Niveau
patchouli [pə'tʃu:li, AM *also* 'pɑtʃu:li] *n no pl* Patschuli *nt*
patch test *n* Allergietest *m*
patchwork I. *n* ❶ *no pl* (*needlework*) Patchwork *nt*
❷ (*fig: mishmash*) Flickwerk *nt;* **a ~ of fields** ein bunter Fleckenteppich aus Feldern und Äckern; **a ~ of the old and the new** eine [bunte] Mischung aus Alt und Neu
II. *adj* Flicken-; **~ cushion/jacket/quilt** Patchworkkissen *nt*/-jacke *f*/-decke *f*
patchy ['pætʃi] *adj* ❶ METEO ungleichmäßig; **~ cloud/rain** stellenweise wolkig/Regen; ***tomorrow will start with some ~ rain at first*** morgen wird es zunächst vereinzelt [*o* stellenweise] Regen geben
❷ (*fig: inconsistent*) großen Qualitätsschwankungen unterworfen, von sehr unterschiedlicher Qualität *nach n, präd;* (*incomplete*) unvollständig; *knowledge* lückenhaft
pate [peɪt] *n* (*dated or hum*) Schädel *m fam,* Birne *f fam;* **bald ~** Glatze *f,* kahler Schädel
pâté ['pæteɪ, AM pɑ:'teɪ] *n* Pastete *f;* **[goose-]liver ~** [Gänse]leberpastete *f*
patella <*pl* -lae> [pə'telə, *pl* -li:] *n* (*spec*) Kniescheibe *f,* Patella *f fachspr*
patellae [pə'teli:] *n pl of* **patella**
paten ['pæt^ən] *n* REL Hostienteller *m,* Patene *f fachspr*
patent ['peɪt^ənt, 'pæt-, AM *esp* 'pæt-] I. *n* LAW Patent *nt* (**on** auf +*akk*); **to file a ~ application** ein Patent anmelden, eine Patentanmeldung einreichen; **to forfeit a ~** ein Patent verfallen lassen [*o* verwirken]; **to grant** [*or* **issue**] **a ~ on sth** ein Patent auf etw *akk* erteilen; **to infringe a ~** ein Patent verletzen; **to take out** [*or* **file**] **a ~ on sth** [sich *dat*] etw patentieren lassen
II. *adj* ❶ *attr, inv* (*copyrighted*) Patent-, patentiert; **~ screwdriver** Patentschraubenzieher *m*
❷ (*form: blatant*) offenkundig, offensichtlich; **with ~ distaste** mit deutlichem Widerwillen
III. *vt* **to ~ an/one's invention** eine Erfindung/sich *dat* seine Erfindung patentieren lassen
patentable ['peɪt^əntəbl̩, AM 'pæ-] *adj inv* patentfähig, patentierbar
patent agent *n* ECON Patentanwalt, Patentanwältin *m, f*
patented ['peɪt^əntɪd, 'pæt-, AM *esp* 'pæt-] *adj inv* ❶ (*copyrighted*) patentiert
❷ (*characteristic*) typisch, charakteristisch
patentee [ˌpeɪt^ən'ti:, ˌpæt-, AM ˌpæt-] *n* Patentinhaber(in) *m(f)*
patent infringement *n,* **infringement of patent** *n* Patentverletzung *f* **patent law** *n no pl* Patentrecht *nt* **patent leather** I. *n* Lackleder *nt*
II. *n modifier* (*handbag, jacket, shoes*) Lackleder-, aus Lackleder *nach n*
patently ['peɪt^əntli, AM *also* 'pæt-] *adv* offensichtlich, offenkundig; **~ absurd** völlig absurd; **~ obvious** ganz klar
patent medicine *n* [patentrechtlich] geschütztes Arzneimittel **patent office** *n* Patentamt *nt* **patent pending** *adj inv* ■**to be ~** zum Patent angemeldet sein
pater ['peɪtə^r, 'pɑ:-, AM 'pɑ:t̬ɚ] *n* BRIT (*dated or hum*) alter Herr *hum fam;* ***I'm spending Christmas with mater and ~*** ich verbringe Weihnachten mit meinen alten Herrschaften *hum fam*
paterfamilias <*pl* patresfamilias> [ˌpeɪtəfə'mɪliæs, AM ˌpeɪt̬ɚ-] *n* Familienvater *m,* Hausvater *m*
paternal [pə'tɜ:n^əl, AM -'tɜ:r-] *adj* ❶ *attr* (*on the father's side*) väterlich; **~ ancestors/relatives** Vorfahren *mpl*/Verwandte *pl* väterlicherseits
❷ (*fatherly*) väterlich
paternalism [pə'tɜ:n^əlɪz^əm, AM -'tɜ:r-] *n no pl* Paternalismus *m fachspr*
paternalist [pə'tɜ:n^əlɪst, AM -'tɜ:r-] *n* Patriarch *m meist pej*
paternalistic [pəˌtɜ:n^əl'ɪstɪk, AM -ˌtɜ:r-] *adj* paternalistisch *fachspr,* patriarchalisch *meist pej*
paternally [pə'tɜ:n^əli, AM -'tɜ:r-] *adv* väterlich; **to behave ~** wie ein Vater sein; **to speak ~ of sb** mit väterlichem Wohlwollen von jdm sprechen
paternity [pə'tɜ:nəti, AM -'tɜ:rnət̬i] *n no pl* (*form*) ❶ (*fatherhood*) Vaterschaft *f;* **to deny ~** die Vaterschaft abstreiten
❷ (*fig: origin*) Urheberschaft *f;* ***there are a lot of arguments about the ~ of this idea*** die Frage, von wem diese Idee stammt, ist heftig umstritten
paternity leave *n no pl* Vaterschaftsurlaub *m,* Erziehungsurlaub *m* für Väter **paternity suit** *n* Vaterschaftsprozess *m* **paternity test** *n* Vaterschaftstest *m;* **to take a ~** sich *akk* einem Vaterschaftstest unterziehen
paternoster [ˌpætə'nɒstə^r, AM ˌpɑ:t̬ɚ'nɑ:stɚ] *n* ❶ REL Vaterunser[gebet] *nt*
❷ (*lift*) Paternoster *m*
path [pɑ:θ, AM pæθ] *n* ❶ (*way*) Weg *m,* Pfad *m;* **garden ~** Gartenweg *m;* **beaten ~** Trampelpfad *m;* **to clear a ~** einen Weg bahnen; ***snowploughs cleared a ~ to the village*** Schneepflüge räumten den Weg zum Dorf; **to follow a ~** einem Weg folgen
❷ (*direction*) Weg *m; of a bullet* Bahn *f;* ***the ~ of the bullet was through his left arm*** die Kugel durchschlug seinen linken Arm; **to move in spiral ~s** sich *akk* spiralförmig bewegen; **to block sb's ~** jdm den Weg verstellen
❸ (*fig: course*) Weg *m; of a person* Lebensweg *m;* **to block sb's ~** sich *akk* jdm in den Weg stellen; **to choose a ~** einen Weg einschlagen; **to cross sb's ~** jdm über den Weg laufen; ***I hope our ~s cross again in the future*** ich hoffe, dass unsere Wege sich wieder einmal kreuzen werden
❹ (*fig: development*) Weg *m;* **the ~ to success** der Weg zum Erfolg
❺ COMPUT Pfad *m*
❻ (*in a communications network*) Datenübertragungsweg *m*
pathetic [pə'θetɪk, AM -t̬-] *adj* ❶ (*heart-rending*) Mitleid erregend; **a ~ sight** ein Bild des Jammers
❷ (*pej: pitiful*) jämmerlich *pej,* erbärmlich *pej; attempt* kläglich; *answer, reply* dürftig; *excuse* schwach; ***don't be so ~!*** sei nicht so ein Jammerlappen! *fam*
pathetically [pə'θetɪk^əli, AM -t̬-] *adv* ❶ (*heart-rendingly*) Mitleid erregend; **to cry ~** herzzerreißend schluchzen; **to whimper ~** kläglich winseln
❷ (*pej: pitifully*) erbärmlich *pej,* kläglich *pej;* **~ inadequate** völlig unzulänglich; **~ little** herzlich wenig
pathfinder *n* (*person*) Wegbereiter(in) *m(f),* Pionier(in) *m(f);* (*thing*) bahnbrechende Neuerung
pathfinder prospectus *n* ECON vorläufiger Emissionsprospekt
pathless ['pɑ:θləs, AM 'pæθ-] *adj inv* (*liter*) weglos
pathname *n* COMPUT Pfadname *m*
pathogen ['pæθə(ʊ)dʒən, AM -ədʒ-] *n* Krankheitserreger *m*
pathogenic [ˌpæθə(ʊ)'dʒenɪk, AM -ə'-] *adj* krankheitserregend, pathogen *fachspr*
pathological [ˌpæθə'lɒdʒɪk^əl, AM -'lɑ:dʒ-] *adj* ❶ PSYCH (*fam*) krankhaft, pathologisch *fachspr;* **~ condition/fear** krankhafte Veranlagung/Angst; **~ liar** notorischer Lügner/notorische Lügnerin; **~ state** krankhafter Zustand
❷ *inv* UNIV, MED Pathologie-; **~ analysis/examination** pathologische Analyse/Untersuchung; **~ science** Pathologie *f*
pathologically [ˌpæθə'lɒdʒɪkli, AM -'lɑ:dʒ-] *adv* ❶ (*abnormally*) krankhaft, pathologisch *fachspr;* **~ jealous** krankhaft eifersüchtig; **~ protective** überbeschützend; **~ secretive** (*fig*) übertrieben geheimnistuerisch
❷ *inv* (*causing disease*) **~ contaminated** gesundheitsschädigend verseucht
pathologist [pə'θɒlədʒɪst, AM -'θɑ:l-] *n* Pathologe, -in *m, f*
pathology [pə'θɒlədʒi, AM -'θɑ:l-] *n no pl* ❶ (*study of illnesses*) Pathologie *f*
❷ (*disease characteristics*) Krankheitsbild *nt*
❸ (*fig: abnormal behaviour*) krankhaftes Verhalten
pathos ['peɪθɒs, AM -θɑ:s] *n no pl* Pathos *nt geh*
pathway *n* ❶ (*also fig: routeway*) Weg *m a. fig;* **pedestrian ~** Fußweg *m;* **the ~ to the top** der Weg an die Spitze
❷ MED, BIOL Leitungsbahn *f*
patience ['peɪʃ^ən(t)s] *n no pl* ❶ (*endurance*) Geduld *f;* **~!** nur Geduld!; **to have the ~ of Job** (*dated*) eine Hiobsgeduld haben; **to have ~ with sb/sth** mit jdm/etw Geduld haben; **to lose one's ~** die Geduld verlieren; **sth requires** [*or* **takes**] **~** etw erfordert Geduld; **to try sb's ~** jds Geduld auf eine harte Probe stellen
❷ BRIT, AUS CARDS Patience *f;* **to play ~** eine Patience legen
patient ['peɪʃ^ənt] I. *adj* geduldig; ***just be ~!*** hab noch etwas Geduld!; ■**to be ~ with sb** mit jdm Geduld haben
II. *n* MED Patient(in) *m(f);* **~s' rights** Rechte *ntpl* der Patienten; **in-~** stationärer Patient/stationäre Patientin; **out-~** ambulanter Patient/ambulante Patientin
patiently ['peɪʃ^əntli] *adv* geduldig
patina ['pætɪnə, AM -t^ənə] *n no pl* ❶ CHEM, SCI, TECH (*film*) Film *m,* Belag *m;* (*on copper, brass*) Patina *f fachspr,* Edelrost *m;* (*verdigris*) Grünspan *m;* (*sheen*) Firnis *m;* **~ *had formed on the batteries*** die Batterien waren oxidiert
❷ (*fig form: veneer*) Fassade *f*
patio ['pætiəʊ, AM -t̬ioʊ] I. *n* ❶ (*courtyard*) Patio *m geh,* Innenhof *m;* ■**on the ~** im Innenhof
❷ (*veranda*) Terrasse *f,* Veranda *f*
II. *n modifier* (*courtyard*) (*tiles*) Innenhof-; (*veranda*) Veranda-; **~ door** Verandatür *f;* **~ furniture/party** Gartenmöbel *ntpl*/Gartenparty *f*
patisserie [pə'ti:s^əri] *n* ❶ (*shop*) Konditorei *f,* Patisserie *f*
❷ *no pl* (*cakes*) feines Gebäck
patois <*pl* -> ['pætwɑ:, *pl* -wɑ:z] *n* Dialekt *m,* Mundart *f*
patriarch ['peɪtriɑ:k, AM -ɑ:rk] *n* ❶ (*bishop*) Patriarch *m*
❷ (*father figure*) Familienoberhaupt *nt,* Patriarch *m*
❸ (*founder*) Begründer *m,* Vater *m*
patriarchal [ˌpeɪtri'ɑ:k^əl, AM -'ɑ:r-] *adj* patriarchalisch; **the ~ hegemony** die Vorherrschaft der Männer
patriarchy ['peɪtriɑ:ki, AM -ɑ:rki] *n* ❶ SOCIOL Patriarchat *nt*
❷ *no pl* (*male domination*) Patriarchat *nt*
patrician [pə'trɪʃ^ən] I. *n* ❶ (*hist: member of Roman aristocracy*) Patrizier(in) *m(f) hist*
❷ (*aristocrat*) Aristokrat(in) *m(f);* (*pej*) Großtuer(in) *m(f) pej;* ***he gives himself the air of a ~*** er tut so vornehm
II. *adj* ❶ *inv* (*hist: of Roman aristocracy*) patrizisch, Patrizier- *hist;* **~ family** Patriziergeschlecht *nt*
❷ (*aristocratic*) aristokratisch; (*pej*) vornehm *iron;* **to speak with a ~ accent** wie die feinen Leute sprechen *iron fam*
patricide ['pætrɪsaɪd, AM -rə-] *n no pl* Vatermord *m*
patrilineal [ˌpætrɪ'lɪniəl, AM -rə'-] *adj inv* (*form*) patrilinear *geh*
patrimony ['pætrɪməni, AM rəmoʊ] *n no pl* ❶ (*inheritance from the father*) väterliches Erbe
❷ (*heritage*) Erbe *nt*
❸ HIST (*estate belonging to the church*) Kirchengut *nt*
patriot ['pætriət, 'peɪ-, AM 'peɪ-] *n* Patriot(in) *m(f)*
patriotic [ˌpætri'ɒtɪk, ˌpeɪ-, AM ˌpeɪtri'ɑ:t̬-] *adj* patriotisch
patriotically [ˌpætri'ɒtɪkli, ˌpeɪ-, AM ˌpeɪtri'ɑ:t̬-] *adj* patriotisch
patriotism ['pætriətɪz^əm, ˌpeɪ-, AM 'peɪ-] *n no pl* Patriotismus *m,* Vaterlandsliebe *f*
► PHRASES: **~ is the last refuge of the scoundrel**

esp BRIT (*prov*) die schlimmsten Schurken schreiben sich noch die Vaterlandsliebe auf ihre Fahnen

patrol [pə'trəʊl, AM -'troʊl] **I.** *vi* <-ll-> patrouillieren **II.** *vt* <-ll-> ■**to ~ sth** etw abpatrouillieren; ***the whole town is ~led by police*** in der ganzen Stadt sind Polizeistreifen unterwegs; ***a security guard with a dog ~s the building site*** ein Sicherheitsbeamter mit Hund macht auf der Baustelle seine Runde; **to ~ one's beat** (*police*) auf Streife sein; (*watchman*) seine Runde machen; **to ~ the streets** durch die Straßen patrouillieren
III. *n* Patrouille *f,* [Polizei]streife *f;* **highway ~** AM *Polizei, die die Highways überwacht;* ■**to be on ~** [*or* BRIT *also* **on a ~**] auf Patrouille sein; **to go on ~** auf Streife gehen

patrol boat *n* Patrouillenboot *nt* **patrol car** *n* Streifenwagen *m* **patrol duty** *n* Streifendienst *m* **patrolman** *n* AM, AUS Streifenpolizist(in) *m(f)* **patrol officer** *n* AM, AUS Streifenbeamte(r) *m* [*o* -beamtin] *f* **patrol wagon** *n* AM, AUS Gefangenenwagen *m* (*der Polizei*)

patron ['peɪtr(ə)n] *n* ❶ (*form: customer*) [Stamm]kunde *m*
❷ (*benefactor*) Schirmherr *m;* **~ of the arts** Mäzen(in) *m(f)* der [schönen] Künste; **~ of the needy** Wohltäter(in) *m(f)* der Bedürftigen

patronage ['pætr(ə)nɪdʒ, 'peɪ-, AM *esp* 'peɪ-] *n no pl* ❶ (*support*) Schirmherrschaft *f,* Patronat *nt;* **by the kind ~ of sb/sth** durch die freundliche Unterstützung einer Person/einer S. *gen;* **to enjoy sb's ~** jds Unterstützung genießen, unter jds Schirmherrschaft stehen; **under sb's ~** unter jds Schirmherrschaft
❷ ECON (*form*) Kundschaft *f;* ***we would like to thank all our customers for their ~ in the past*** wir möchten uns bei all unseren Kunden für das Vertrauen bedanken, das sie uns in der Vergangenheit entgegengebracht haben
❸ POL (*esp pej*) Recht *nt* auf Ämterbesetzung

patroness <*pl* -es> [,peɪtrə'nes, 'pæt-, AM 'peɪtrənɪs] *n* ❶ (*benefactress*) Schirmherrin *f,* Gönnerin *f;* **~ of the arts/sciences** Förderin *f* der [schönen] Künste/Wissenschaften
❷ REL Schutzpatronin *f*

patronize ['pætr(ə)naɪz, AM *esp* 'peɪ-] *vt* ❶ (*form: frequent*) ■**to ~ sth** [Stamm]kunde bei etw *dat* sein; ***we always ~ Beaumont's*** wir gehen immer zu Beaumont's
❷ (*pej: treat condescendingly*) ■**to ~ sb** jdn herablassend [*o* von oben herab] behandeln
❸ (*support*) ■**to ~ sth** etw unterstützen

patronizing ['pætr(ə)naɪzɪŋ, AM *esp* 'peɪ-] *adj* (*pej*) *attitude* herablassend; *look, tone* gönnerhaft, von oben herab *präd*

patronizingly ['pætr(ə)naɪzɪŋli, AM 'peɪ] *adv* herablassend, gönnerhaft

patron saint *n* Schutzpatron(in) *m(f)*

patsy ['pætsi] *n* AM, AUS (*sl*) naives Ding, leichtgläubige Person; ***listen, no one makes a ~ of me*** hör mal, ich lass mich doch nicht verarschen *sl*

patten ['pæt(ə)n] *n* HIST Holzschuh *m*

patter ['pætəʳ, AM -t̬ɚ] **I.** *n no pl* ❶ (*spiel*) Sprüche *mpl,* Gelaber *nt pej fam*
❷ (*jargon*) Fachjargon *m*
❸ (*sound*) *of rain* Prasseln *nt; of snowflakes* Rieseln *nt; of feet* Getrippel *nt,* Trippeln *nt*
► PHRASES: **the ~[ing] of tiny <u>feet</u>** (*esp hum*) Nachwuchs *m*
II. *vi feet* trippeln; *rain* prasseln; ■**to ~ about** [*or* **around**] herumtrippeln

pattern ['pætən, AM -t̬ɚn] **I.** *n* ❶ (*structure*) Muster *nt;* **behaviour[al]** [*or* AM **behavior[al]**] **~** Verhaltensmuster *nt;* **the ~ of family life** die Familienstruktur
❷ (*design*) Muster *nt;* **chevron/floral/pinstripe ~** Zickzack-/Blumen-/Nadelstreifenmuster *nt;* **paisley ~** türkisches Muster; **polka-dot/striped/tartan ~** Tupfen-/Streifen-/Schottenmuster *nt*
❸ FASHION (*for sewing*) Schnitt *m,* Schnittmuster *nt*
❹ ECON (*sample*) Muster *nt*
❺ *usu sing* (*standard*) Maßstab *m,* Standard *m;* ***the hotel is a ~ of elegance*** das Hotel ist von beispielhafter Eleganz; **to set the ~ for sb/sth** Maßstäbe für jdn/etw setzen
II. *vt* ■**to ~ sth on sth** etw nach dem Vorbild einer S. *gen* gestalten; ■**to ~ oneself on sb** jdm nacheifern

pattern book *n* Musterbuch *nt*

patterned ['pætənd, AM -t̬ɚnd] *adj inv* gemustert, mit Muster[n] *nach n*

patty ['pæti, AM -t̬-] *n* Pastetchen *nt*

paucity ['pɔːsəti, AM 'pɑːsət̬i] *n no pl* (*form*) Mangel *m* (**of** an +*dat*); **~ of information** Informationsdefizit *nt*

paunch <*pl* -es> [pɔːn(t)ʃ, AM pɑːntʃ] *n* Bauch *m,* Wanst *m fam*

paunchiness ['pɔːn(t)ʃɪnəs, AM 'pɑːntʃ-] *n no pl* Dickbäuchigkeit *f*

paunchy ['pɔːn(t)ʃi, AM 'pɑːntʃi] *adj* dickbäuchig

pauper ['pɔːpəʳ, AM 'pɑːpɚ] *n* Arme(r) *f(m);* **~'s grave** Armengrab *nt;* (*fig*) ***you'll end up in a ~'s grave!*** mit dir wird es noch einmal schlimm enden!

pauperism ['pɔːp(ə)rɪz(ə)m, AM 'pɑː] *n no pl* Massenarmut *f,* Pauperismus *m geh*

pauperization [,pɔːp(ə)raɪ'zeɪʃ(ə)n, AM ,pɑpɚɪ'] *n no pl* Verarmung *f*

pause [pɔːz, AM *esp* pɑːz] **I.** *n* Pause *f;* ***there will now be a brief ~ in the proceedings*** die Verhandlung wird für kurze Zeit unterbrochen; **pregnant ~** bedeutungsvolles Schweigen
► PHRASES: **to <u>give</u> sb ~** (*form*) jdm zu Denken geben
II. *vi* eine [kurze] Pause machen; *speaker* innehalten

pave [peɪv] *vt usu passive* ❶ (*cover*) ■**to ~ sth [with sth]** etw [mit etw *dat*] pflastern; (*fig*) ***the streets are ~d with gold*** das Geld liegt auf der Straße
❷ (*fig: pathfind*) **to ~ the way for** [*or* **to**] **sth** etw *dat* den Weg ebnen

◆**pave over** *vt* ■**to ~ over** ↻ **sth** etw zupflastern; (*with concrete*) etw betonieren; (*with asphalt*) etw asphaltieren

pavement ['peɪvmənt] *n* ❶ BRIT (*footway*) Gehsteig *m,* Bürgersteig *m*
❷ *no pl* AM, AUS (*road surface*) Asphalt *m,* Asphaltdecke *f*

pavement artist *n* BRIT Pflastermaler(in) *m(f)*

pavilion [pə'vɪljən] *n* ❶ BRIT SPORTS Klubhaus *nt*
❷ AM (*block*) Gebäudeflügel *m*
❸ AM (*venue*) Pavillon *m*
❹ (*at an exhibition*) [Messe]pavillon *m*

paving ['peɪvɪŋ] *n no pl* ❶ (*paved area*) Pflaster *nt*
❷ *esp* BRIT (*material*) Pflastersteine *mpl;* AM Asphalt *m*

paving stone *n esp* BRIT Pflasterstein *m*

pavlova ['pævləvə] *n* BRIT, AUS *Süßspeise aus Sahne, Früchten und Baiser*

Pavlovian [pæv'ləʊviən, AM pɑːv'loʊ] *adj inv* (*also fig*) Pawlowsch'e(r, s), pawlowsche(r, s)

paw [pɔː, AM *esp* pɑː] **I.** *n* Pfote *f; of a big cat, bear* Tatze *f,* Pranke *f;* (*hum fam*) Pfote *f sl;* ***take your filthy ~s off*** nimm deine dreckigen Pfoten weg *sl*
II. *vt* ❶ (*scrape*) **to ~ the ground** scharren, in der Erde wühlen
❷ (*fam: touch*) ■**to ~ sb** jdn betatschen [*o* begrabschen] *fam*
III. *vi dog* scharren; *bull, horse* mit den Hufen scharren; ■**to ~ at sb** jdn anstupsen

pawn¹ [pɔːn, AM *esp* pɑːn] *n* CHESS Bauer *m;* (*fig*) Marionette *f,* Schachfigur *f*

pawn² [pɔːn, AM *esp* pɑːn] **I.** *vt* ■**to ~ sth** etw verpfänden
II. *n* ■**to be in** [*or* BRIT *also* **at**] **~** im Pfandhaus sein

pawnbroker *n* Pfandleiher(in) *m(f);* ■**the ~'s** das Pfandhaus **pawnbroking** *n no pl* Pfandleihe *f;* **to go into ~** Pfandleiher/Pfandleiherin werden **pawnshop** *n* Pfandleihe *f,* Leihhaus *nt veraltend* **pawn ticket** *n* Pfandschein *m,* Leihschein *m*

pawpaw ['pɔːpɔː, AM *esp* 'pɑːpɑː] *n* Papaya *f*

Pax [pæks] *n no pl* POL Pax *f,* Frieden *m;* **~ Americana** Pax Americana *f;* **~ Romana** Pax Romana *f hist*

pay [peɪ] **I.** *n no pl* Lohn *m,* Gehalt *nt; of civil servant* Bezüge *fpl; of soldier* Sold *m;* ***it's a nice job but the ~ is appalling*** die Arbeit ist ganz in Ordnung, aber die Bezahlung ist sehr schlecht; **basic ~** Ecklohn *m,* Grundgehalt *nt;* **take-home ~** Nettoverdienst *m;* ■**to be in sb's ~** in jds Diensten stehen
II. *vt* <paid, paid> ❶ (*give money*) ■**to ~ sth** etw bezahlen; ***every ~ing adult*** jeder zahlende Erwachsene; ■**to ~ sb sth** jdm etw zahlen; ***she paid the porter £5*** sie gab dem Gepäckträger 5 Pfund; ***I paid the driver [with] cash*** ich gab dem Fahrer Bargeld; ■**to ~ [sb] to do sth** [jdn] bezahlen, damit er/sie etw tut; ***I think we'll need to ~ a builder to take this wall down*** ich finde, wir sollten einen Bauunternehmer mit dem Abriss dieser Mauer beauftragen; ■**to ~ sth for sb** etw für jdn zahlen; ■**to ~ sb for sth** jdm für etw *akk* Geld geben; ***we paid her $60 for the table*** wir zahlten ihr 60 Dollar für den Tisch; ***how much did you ~ for the tickets?*** wie viel hast du für die Eintrittskarten bezahlt?; **to ~ sth into an account** etw auf ein Konto einzahlen; **to ~ one's bill/debts** seine Rechnung/seine Schulden [be]zahlen; **to ~ a bounty/ransom** Kopfgeld/Lösegeld [be]zahlen; **to ~ cash/money/[in] dollars** [in] bar/Geld/in Dollar [be]zahlen; **to ~ a commission/compensation** [*or* **damages**] eine Provision/Entschädigung zahlen; **to ~ the costs** die Kosten begleichen; **to ~ a dividend** die Dividende ausbezahlen; **to ~ top dollar** AM sehr tief in die Tasche greifen *fam,* einen Wucherpreis bezahlen *fam;* **to ~ one's dues** seinen Beitrag leisten; (*fig*) ***I've paid my dues*** ich habe meine Schuldigkeit getan; (*fig*) ***I've raised three children and I feel I've paid my dues*** ich habe drei Kinder großgezogen und ich denke, ich habe mein Soll erfüllt; **to ~ duty [on sth]** Zoll [auf etw *akk*] zahlen; **to ~ a fine** eine Bußgeld entrichten; **to ~ indemnity/reparations** Schadenersatz/Reparationen leisten; **to ~ one's instalments** [*or* AM **installments**] seine Raten abzahlen; **to ~ a penalty/a premium** Strafe/eine Prämie zahlen; **to ~ the postage [on sth]** das Porto [für etw *akk*] zahlen; **to ~ the price [for sth]** (*fig*) [für etw *akk*] bezahlen, die Rechnung [für etw *akk*] präsentiert bekommen; **to ~ the ultimate price** (*fig*) für das Vaterland sterben; **to ~ a refund** Geld zurückerstatten; **to offer to ~ a reward** eine Belohnung aussetzen; **to ~ tax [on sth]** [auf etw *akk*] Steuern zahlen; **to ~ one's way** (*fig*) finanziell unabhängig sein; **to ~ a dowry for sb** jdm eine Mitgift mitgeben; **to ~ sb's tuition** jdm Nachhilfestunden *fpl* bezahlen
❷ (*remunerate*) ■**to ~ sth** etw zahlen; ***the workers haven't been paid for months*** die Arbeiter haben schon seit Monaten keinen Lohn mehr erhalten; **to ~ a bonus** eine Prämie zahlen; **to ~ a salary/wage** ein Gehalt/einen Lohn [aus]zahlen; **to ~ sb poorly** jdn schlecht bezahlen
❸ (*be worthwhile*) ■**to ~ sb** sich *akk* für jdn bezahlt machen [*o* lohnen]; ***hard training now will ~ you richly later*** ein hartes Training wird sich später auszahlen; **to ~ dividends** (*fig*) sich *akk* auszahlen [*o* bezahlt machen]
❹ (*bestow*) **to ~ attention [to sth]** [auf etw *akk*] Acht geben; **to ~ a call on sb** [*or* **sb a call**] jdn besuchen, jdm einen Besuch abstatten *form;* **to ~ [sb] a compliment** [jdm] ein Kompliment machen; **to ~ heed to sth** auf etw *akk* hören, etw beachten; **to ~ homage to sb/sth** jdm/etw ehren [*o* huldigen]; **to ~ one's respects to sb** jdm die letzte Ehre erweisen; **to ~ tribute to sb/sth** jdm/etw Tribut zollen; **to put paid to sth** BRIT, AUS (*fig*) etw zunichte machen
► PHRASES: **you ~s your <u>money</u> and you takes your choice** [*or* **chance**] (*saying fam*) das ist gehupft wie gesprungen *fam;* **to ~ through the <u>nose</u> for sth** (*fam*) einen Wucherpreis für etw *akk* bezahlen *fam;* **he who ~s the <u>piper</u> calls the tune** (*prov*) derjenige, der bezahlt, gibt den Ton an
III. *vi* <paid, paid> ❶ (*of money*) zahlen; ***accountancy ~s well*** als Buchhalter wird man gut bezahlt; ■**to ~ for sth/sb** für etw/jdn [be]zahlen; ***have the tickets been paid for?*** sind die Eintritts-

karten schon bezahlt?; **to ~ by cash** bar bezahlen; **to ~ in cash/dollars/hard currency** [in] bar/in Dollar/in harter Währung bezahlen; **to ~ by cheque** [*or* AM **check**]/**credit card** mit Scheck/Kreditkarte [be]zahlen; **to ~ by instalments** [*or* AM **installments**] in Raten zahlen; **to ~ with one's life** (*fig*) mit dem Leben bezahlen
❷ (*be worthwhile*) sich *akk* auszahlen, rentabel sein; ***the business doesn't ~*** das Geschäft wirft keinen Gewinn ab; ***the advertising should ~ for itself by increasing sales*** die Werbekosten sollten sich eigentlich aufgrund des steigenden Absatzes bezahlt machen
❸ (*fig: suffer*) [be]zahlen, büßen; ■**to ~ for sth** für etw *akk* bezahlen [*o* büßen]; ***you'll ~ for this mistake!*** für diesen Fehler wirst du mir büßen!

◆**pay back** *vt* ■**to ~ back** ○ **sb** ❶ (*with money*) jdm sein Geld zurückgeben; (*fig*) es jdm heimzahlen; ***he swore he'd ~ her back for all she'd done to him*** er schwor, dass er ihr alles, was sie ihm angetan hatte, heimzahlen würde; ■**to ~ sb sth back** jdm etw zurückzahlen [*o* zurückgeben]; **to ~ sb back in the same coin** (*fig*) es jdm mit gleicher Münze heimzahlen
❷ AM (*with revenge*) es jdm heimzahlen, sich *akk* an jdm rächen

◆**pay down** *vt* FIN **to ~ down money** Geld anzahlen

◆**pay in I.** *vi* LAW Geld *nt* bei Gericht hinterlegen
II. *vt* **to ~ in cash/one's wages** Geld/sein Gehalt einzahlen

◆**pay into** *vt* LAW **to ~ money into court** Geld *nt* bei Gericht hinterlegen

◆**pay off I.** *vt* ❶ (*repay*) ■**to ~ sth** ○ **off** etw abbezahlen; *debts* etw begleichen; ■**to ~ off** ○ **sb** jdn ausbezahlen; **to ~ off one's creditors** seine Gläubiger befriedigen; **to ~ off a mortgage** eine Hypothek tilgen; **to ~ off old scores** (*fig*) alte Rechnungen begleichen
❷ (*fam: bribe*) ■**to ~ off** ○ **sb** jdn bestechen [*o fam* kaufen]
❸ (*make redundant*) ■**to ~ off** ○ **sb** jdn entlohnen; NAUT jdn abmustern
II. *vi* (*fig*) sich *akk* auszahlen [*o* lohnen]

◆**pay out I.** *vt* ❶ (*spend*) **to ~ out money** Geld ausgeben
❷ SPORTS **to ~ out the rope** Seil geben, das Seil abrollen lassen
❸ BRIT (*take revenge*) ■**to ~ sb** ○ **out** es jdm heimzahlen
II. *vi* sich *akk* auszahlen [*o* lohnen]

◆**pay over** *vt* BRIT ■**to ~ sth** ○ **over** etw aushändigen

◆**pay up I.** *vi* [be]zahlen
II. *vt* ■**to ~ up** ○ **sth** etw vollständig zurückzahlen; **to ~ up a debt** eine Schuld [ganz] begleichen

payable ['peɪəbl] *adj attr, inv* zahlbar; (*due*) fällig; **~ *at sixty days*** zahlbar innerhalb von sechzig Tagen; **to make a cheque ~ to sb/sth** einen Scheck auf jdn/etw ausstellen; **~ on delivery** zahlbar bei Lieferung; **~ on demand** zahlbar bei Sicht [*o* auf Verlangen]; **shares ~ on application** bei Antragstellung zahlbare Wertpapiere

pay as you earn *n* BRIT Quellenabzugssystem *nt* (*Steuerverfahren, bei dem der Arbeitgeber die Lohnsteuer direkt an das Finanzamt weiterleitet*) **pay award** *n* Lohnerhöhung *f,* Gehaltserhöhung *f*

payback *n no pl esp* AM Lohn *m* ▸ PHRASES: **~'s a bitch** AM (*fam*) Rache ist süß *prov* **payback clause** *n* Rückzahlungsklausel *f* **payback period** *n* Amortisationszeit *f fachspr*

pay check AM, **pay cheque** *n* Lohnscheck *m,* Gehaltsscheck *m* **pay claim** *n* BRIT, AUS Lohnforderung *f,* Gehaltsforderung *f* **pay cut** *n* Lohnkürzung *f,* Gehaltskürzung *f* **pay day** *n no pl* Zahltag *m* **pay deal** *n* Lohnvereinbarung *f,* Gehaltsvereinbarung *f* **pay dirt** *n no pl* AM abbauwürdiges Erzlager; **to hit** [*or* **strike**] **~** (*fig*) auf eine Goldader stoßen **paydown** *n* AM FIN Anzahlung *f*

PAYE [ˌpiːeɪwaɪ'iː] *n no pl* BRIT *abbrev of* **pay as you earn**

payee *n* Remittent(in) *m(f)*; COMM Zahlungsempfänger(in) *m(f)*

pay envelope *n* AM (*pay packet*) Lohntüte *f*

payer ['peɪəʳ, AM -ɚ] *n* Zahler(in) *m(f)*; **fee** [*or* **licence**] [*or* AM **license**] **~** Gebührenzahler(in) *m(f)*; **mortgage ~** Hypothekenzahler(in) *m(f),* Hypothekenschuldner(in) *m(f)*; **bad ~** säumiger Zahler/säumige Zahlerin

pay freeze *n* Lohnstopp *m*

paying ['peɪɪŋ] **I.** *adj attr, inv* ECON ❶ (*which makes a profit*) rentabel, Gewinn bringend, lukrativ, einträglich; ***it is not a ~ proposition*** das ist kein lukratives [*o* lohnendes] Geschäft
❷ (*which pays*) zahlend; **~ agent** Zahlstelle *f*; **~ customers** zahlende Kundschaft
II. *n no pl* Zahlen *nt*

paying guest *n* zahlender Gast

paying-in book *n* Einzahlungsbuch *nt* **paying-in slip** *n* Einzahlungsbeleg *m*

payload *n* ❶ TRANSP, AEROSP Nutzlast *f* ❷ MIL Bombenlast *f*; **~ capacity** Bombenkapazität *f* **paymaster** *n* Zahlmeister(in) *m(f)*

payment ['peɪmənt] *n* ❶ (*sum*) Zahlung *f*; (*fig*) Lohn *m*; **system of ~s** Zahlungssystem *nt*; **back ~ *of wages*** Lohnnachzahlung *f*; ***of overcharged amount*** Rückzahlung *f*; **lump-sum ~** Pauschalzahlung *f*; **one-off ~** BRIT einmalige Zahlung
❷ (*act of paying*) Begleichung *f,* Bezahlung *f*; **to ask for ~** um Bezahlung bitten; **~ due** Fälligkeitstag *m*

pay negotiations *npl* Tarifverhandlungen *fpl*; **to engage in** [*or* **open up**]/**settle ~** Tarifverhandlungen aufnehmen/abschließen **pay-off** *n* ❶ (*bribe*) Bestechung *f*; **to accept a ~** Bestechungsgelder annehmen; **to make a ~ to sb** jdn bestechen; **to receive a ~ from sb** von jdm bestochen werden ❷ (*fam: positive result*) Lohn *m*; (*as punishment*) Quittung *f* ❸ (*on leaving a job*) Abfindung *f* ❹ (*sum payment*) Tilgungssumme *f*; **mortgage ~** Tilgung *f* einer Hypothek; **to make a mortgage ~** eine Hypothek zurückzahlen [*o* tilgen] **pay office** *n* Lohnbüro *nt,* Lohnbuchhaltung *f*

payola [peɪ'əʊlə] *n no pl* AM (*dated sl*) Schmiergeld[er] *nt[pl] fam*; **to accept** [*or* **take**] **~** sich *akk* schmieren lassen *fam*

payout *n* FIN Ausschüttung *f,* Dividende[nzahlung] *f*; ECON Subventionszahlungen *fpl*; **maximum/minimum ~** Höchst-/Mindestsatz *m*

pay packet *n* BRIT, AUS (*for blue-collar worker*) Lohntüte *f*; (*for white-collar worker*) Gehalt *m*; **to pick up** [*or* **collect**] **one's ~** seinen Lohn/sein Gehalt entgegennehmen **pay-per-view** *n no pl* Pay-per-view *nt* (*System, bei dem der Zuschauer nur für die Sendungen zahlt, die er auch tatsächlich gesehen hat*) **payphone** *n* Münzfernsprecher *m*; **to use a ~** von einer Telefonzelle aus telefonieren **pay raise** *n* AM, **pay rise** *n* BRIT, AUS (*for blue-collar worker*) Lohnerhöhung *f*; (*for white-collar worker*) Gehaltserhöhung *f*; **cost of living ~** Teuerungszulage *f*; **to ask for/get** [*or* **receive**] **a ~** eine Gehalts-/Lohnerhöhung verlangen/bekommen **payroll** *n usu sing* (*for white-collar worker*) Gehaltsliste *f*; (*for blue-collar worker*) Lohnliste *f*; **a monthly/weekly ~** monatliche/wöchentliche Lohnzahlungen *fpl*; **to do the ~** die Lohnabrechnung machen; **to put sb on the ~** jdn einstellen **pay round** *n* Tarifrunde *f* **pay settlement** *n* Tarifvereinbarung *f*; ***her new job included a generous ~*** in ihrem neuen Job bekam sie ein großzügiges Gehalt; ***the strikers were offered a better ~*** den Streikenden wurde eine Lohnerhöhung angeboten **payslip** *n* Gehaltstreifen *m*; (*for blue-collar worker*) Lohnzettel *m* **pay station** *n* BRIT [öffentliche] Telefonzelle **pay talks** *npl* Tarifverhandlungen *fpl*; **to continue/engage in** [*or* **open up**]/**settle ~** Tarifverhandlungen fortsetzen/aufnehmen/abschließen **pay TV** *n no pl* (*fam*) Pay-TV *nt*; **to subscribe to ~** Pay-TV abonnieren

PBS [ˌpiːbiː'es] *n no pl, no art abbrev of* **Public Broadcasting Service** *amerikanischer Fernsehsender*

pc [ˌpiː'siː] *n abbrev of* **per cent** p.c.

PC [ˌpiː'siː] **I.** *n* ❶ *abbrev of* **personal computer** PC *m*
❷ BRIT *abbrev of* **police constable**
❸ *abbrev of* **political correctness**
❹ COMPUT *abbrev of* **printed circuit** [**board**] gedruckte Schaltkarte
❺ COMPUT *abbrev of* **program counter** Programmzähler *m*
❻ LAW *abbrev of* **Privy Council**
❼ LAW *abbrev of* **Privy Councillor**
II. *adj inv abbrev of* **politically correct** pc

PCB [ˌpiːsiː'biː] *n* ❶ CHEM *abbrev of* **polychlorinated biphenyl** PCB *nt*
❷ COMPUT *abbrev of* **printed circuit board**
❸ FIN *abbrev of* **petty cash book** Portokassenbuch *nt*

pcm [ˌpiːsiː'em] BRIT *abbrev of* **per calendar month**

PCP [ˌpiːsiː'piː] *n no pl* MED *abbrev of* **pneumocystis carinii pneumonia** Pneumocystis-carinii-Pneumonie *f fachspr,* interstitielle plasmazelluläre Lungenentzündung

PDA [piːdiː'eɪ] *n abbrev of* **personal digital assistant** PDA *m*

pdq *adv,* **PDQ** [ˌpiːdiː'kjuː] *adv inv* BRIT, AM (*fam*) *abbrev of* **pretty damn/darn quick**: ***the boss wants your report and he wants it ~*** der Chef braucht Ihren Bericht und zwar am besten gestern! *fam*

PE [ˌpiː'iː] *n no pl abbrev of* **physical education**

P/E FIN *abbrev of* **price earnings ratio** KGV

pea [piː] **I.** *n* Erbse *f*
▸ PHRASES: **to be like two ~s in a <u>pod</u>** sich *dat* gleichen wie ein Ei dem anderen
II. *n modifier* (*colour*) **~ green** erbsengrün

pea-brain *n* (*sl*) Dummkopf *m pej*; ***you ~!*** du Dummkopf! *pej*; ***don't be such a ~!*** stell dich doch nicht so dämlich an! *fam* **pea-brained** *adj* (*sl*) dämlich *fam,* schwachsinnig *pej fam*; ***don't be so ~!*** stell dich doch nicht so dämlich an! *fam*

peace [piːs] *n no pl* ❶ (*no war*) Frieden *m*; ***this continent is now at ~*** auf diesem Kontinent herrscht jetzt Frieden; **~ talks** Friedensgespräche *ntpl*; **lasting ~** dauerhafter Frieden; **to long for ~** sich *akk* nach Frieden sehnen; **to make ~** Frieden schließen
❷ (*social order*) Ruhe *f,* Frieden *m*; **to be arrested for disturbing the ~** wegen Ruhestörung verhaftet werden; **to disturb** [*or* **break**] **the ~** die Ruhe stören; **to keep the ~** den Frieden wahren; **to make one's ~ with sb** sich *akk* mit jdm versöhnen
❸ (*tranquillity*) ***he will give me no ~ until I give in*** er wird keine Ruhe geben, bis ich nachgebe; **~ of mind** Seelenfrieden *m,* innere Ruhe; **~ and quiet** Ruhe und Frieden; **to leave sb in ~** jdn in Frieden [*o* Ruhe] lassen; ■**to be at ~** in Frieden ruhen; **to be at ~ about one's situation** sich *akk* seinem Schicksal fügen; **to be at ~ with the world** mit sich und der Welt im Einklang sein
❹ REL **the Prince of P~** der Friedensfürst (*Jesus Christus*); **~ be with you** Friede sei mit dir
▸ PHRASES: **to <u>hold</u>** [*or* **<u>keep</u>**] **one's ~** (*form*) ruhig [*o* still] sein, schweigen

peaceable ['piːsəbl] *adj* friedlich; **~ person** friedliebende Person

peaceably ['piːsəbli] *adv* friedlich, ruhig

peace activist *n* Friedensaktivist(in) *m(f)* **peace conference** *n* Friedenskonferenz *f* **Peace Corps** *n no pl* ■**the ~** das Friedenskorps; **to join the ~** sich *akk* für das Friedenskorps verpflichten **peace dividend** *n* Friedensdividende *f* **peace enforcement** *n* Friedensvermittlung *f*; **~ troop** Friedenstruppe *f*

peaceful ['piːsfəl] *adj* friedlich; *nation also* friedfertig; (*calm*) ruhig; **~ coexistence** friedliches Nebeneinander; **a ~ person** ein friedliebender Mensch

peacefully ['piːsfəli] *adv* friedlich; **the right to gather ~** das Recht auf Versammlungsfreiheit; **to be able to sleep ~ again** wieder ruhig schlafen können; **to coexist ~** in Frieden miteinander leben

peacefulness ['piːsfəlnəs] *n no pl* Friedlichkeit *f*;

P

of a place Ruhe *f; of a situation* friedliche Atmosphäre; ***a kind of ~ overcame him*** ein Gefühl des Friedens durchdrang ihn
peace initiative *n* Friedensinitiative *f;* **to respond to a ~** auf eine Friedensinitiative reagieren; **to take the ~** Friedensverhandlungen aufnehmen **peacekeeper** *n* Friedenswächter(in) *m(f)* **peacekeeping I.** *n no pl* Friedenssicherung *f* **II.** *n modifier* Friedens-; **~ force** [*or* **troops**] Friedenstruppe *f* **peace-loving** *adj* friedliebend **peacemaker** *n* Frieden[s]stifter(in) *m(f)* **peacemaking** *n* Befriedung *f geh;* **programme of positive ~** Programm *nt* der aktiven Friedenssicherung **peace march** *n* Friedensdemonstration *f;* **to hold a ~** eine Friedensdemonstration veranstalten **peace movement** *n* Friedensbewegung *f* **peace negotiations** *npl* Friedensverhandlungen *fpl;* **to engage in** [*or* **open up**]**/hold ~** Friedensverhandlungen aufnehmen/führen **peace offensive** *n* Friedensoffensive *f* **peace offer** *n,* **peace offering** *n* Friedensangebot *nt* **peace pipe** *n* Friedenspfeife *f;* **to smoke the ~ with sb** mit jdm die Friedenspfeife rauchen **peace settlement** *n* Friedensabkommen *nt* **peace sign** *n* Friedenszeichen *nt* (*mit dem Zeige- und Mittelfinger gebildetes V*) **peacetime I.** *n no pl* Friedenszeiten *fpl* **II.** *n modifier* in Friedenszeiten *nach n;* ***the country enjoyed 10 years of ~ prosperity*** das Land lebte 10 Jahre lang in Frieden und Wohlstand **peace treaty** *n* Friedensvertrag *m;* **to adhere to/break/sign a ~** einen Friedensvertrag einhalten/brechen/unterzeichnen
peach [piːtʃ] **I.** *n* <*pl* -es> ① (*fruit*) Pfirsich *m;* (*tree*) Pfirsichbaum *m;* **~ orchard** Pfirsichgarten *m*
② (*fig fam: nice person*) Schatz *m;* (*old: woman*) Prachtweib *nt veraltend o pej;* **a ~ of a day/an evening** ein wunderbarer Tag/Abend
II. *n modifier* (*ice cream, jam, tree*) Pfirsich-; **to have a ~es-and-cream complexion** eine Pfirsichhaut haben; **~ stone** Pfirsichkern *m*
III. *vt* ■**to ~ sb** BRIT (*old*) jdn anklagen
IV. *vi* ■**to ~ against** [*or* **on**] **sb** (*old*) jdn verpfeifen *fam*
V. *adj inv* pfirsichfarben
Peach Melba [-ˈmelbə] *n* Pfirsich Melba *m*
peach pie *n* AM *Kuchen mit Mürbe- oder Blätterteigboden und Pfirsichfüllung*
peachy [ˈpiːtʃi] *adj* wunderbar, toll; ***now everything is just ~ between us*** bei uns herrscht wieder eitel Sonnenschein; **to be ~-keen** AM (*dated*) doll sein *veraltend*
peacock [ˈpiːkɒk, AM -kɑːk] *n* ① (*bird*) Pfau *m*
② (*person*) eitler Pfau *pej;* **to strut like a ~** wie ein Pfau umherstolzieren
peacock blue I. *n no pl* Pfauenblau *nt,* Türkisblau *nt*
II. *adj inv* pfauenblau, türkisblau
pea-green I. *n no pl* Erbsengrün *nt* **II.** *adj inv* erbsengrün **peahen** *n* Pfauenhenne *f*
peak [piːk] **I.** *n* ① (*mountain top*) Gipfel *m,* Bergspitze *f*
② FOOD ***beat the egg whites until they are stiff enough to form firm ~s*** das Eiweiß steif schlagen, bis ein Messerschnitt sichtbar bleibt
③ (*highest point*) Spitze *f,* Gipfel *m; of a curve, line* Scheitelpunkt *m;* **to be at the ~ of one's career** sich *akk* auf dem Höhepunkt seiner Karriere befinden; **to be at the very ~ of one's fitness** in Topform sein; **to reach** [*or* **hit**] **a ~** den Höchststand erreichen
④ BRIT (*hat part*) Hutkrempe *f*
II. *vi career, economy* den Höhepunkt erreichen; *athletes* [seine] Höchstleistung erbringen; *skill* zur Perfektion gelangen; *figures, rates, production* den Höchststand erreichen; ***his fever ~ed to 41°C during the night*** über Nacht stieg sein Fieber auf 41°C an
III. *n modifier* ① (*busiest*) Haupt-; **~ rush hour** Hauptverkehrszeit *f;* **~ viewing time** Hauptsendezeit *f*
② (*best, highest*) Spitzen-; **~ productivity** maximale Produktivität; **~ speed** Höchstgeschwindigkeit *f*
peak capacity *n usu sing* Auslastung *f kein pl;* **to maintain ~** mit der maximalen Produktionsleistung arbeiten; **to reach** [*or* **hit**] **~** voll ausgelastet sein **peak demand** *n* Spitzenbedarf *m kein pl* (**for** an +*dat*); **to meet ~** den Spitzenbedarf decken
peaked [piːkt] *adj* ① *inv* (*pointed*) *hat* spitz
② AM (*tired, sick*) kränklich, abgespannt; **to look ~** spitz aussehen *fam*
peak hours *npl* Stoßzeit *f,* Spitzenzeit *f* **peak level** *n no pl* Höchststand *m;* **to reach** [*or* **hit**] **~** den Höchststand erreichen **peak load** *n* Maximalladung *f,* Höchstgewicht *nt; of lorries* Spitzenlast *f;* ELEC Spitzenlast *f,* Belastungsspitze *f* **peak period** *n* Stoßzeit *f;* (*when most power is being used*) Hauptbelastungszeit *f;* **~ for travel** Hauptreisezeit *f* **peak power** *n no pl* Höchstleistung *f;* **to work at ~** mit voller Leistung arbeiten **peak season** *n usu sing* Hochsaison *f;* **during** [*or* **in**] **~** in der Hochsaison **peak-time** [ˈpiːktaɪm] *adj attr, inv* zur Hauptsendezeit *nach n;* **~ television** Hauptsendezeit *f;* **~ travel** Hauptverkehrszeit *f,* Stoßzeit *f* **peak traffic hours** *npl esp* AM Stoßzeit *f,* Hauptverkehrszeit *f*
peaky [piːki] *adj pred* BRIT kränklich, blass; **to feel ~** sich *akk* nicht gut fühlen
peal [piːl] **I.** *n* ① (*sound*) Dröhnen *nt kein pl;* **~ of bells** Glockengeläut[e] *nt kein pl;* **to go** [*or* **break**] **into a ~ of laughter** in schallendes Gelächter ausbrechen; **~ of thunder** Donnerschlag *m*
② (*set*) **~ of bells** Glockenspiel *nt*
II. *vi thunderstorm* dröhnen; *bells* läuten; **to ~ with laughter** sich *akk* vor Lachen nicht mehr halten können
III. *vt* (*rare*) ■**to ~ sth** etw erschallen lassen
♦**peal out** *vi* ertönen; *laughter also* erschallen; *thunder* dröhnen
peanut [ˈpiːnʌt] **I.** *n* ① (*nut*) Erdnuss *f*
② (*fam: very little*) ■**~s** *pl* Klacks *m fam;* **to pay ~s** einen Hungerlohn zahlen
II. *n modifier* (*oil, plant*) Erdnuss-
peanut brittle *n no pl esp* AM Erdnusskrokant *m* **peanut butter** *n no pl* Erdnussbutter *f* **peanut gallery** *n* AM THEAT (*sl*) Galerie *f,* Olymp *m hum fam;* (*fam*) ***hey, enough from the ~ over there!*** Ruhe auf den billigen Plätzen! *fam*
pear [peəʳ, AM per] **I.** *n* Birne *f*
II. *n modifier* (*ice cream, salad*) Birnen-; **~ Williams liqueur** AM Williams Christ *m;* **~ orchard** Birnenplantage *f;* **~ tree** Birnbaum *m*
pearl [pɜːl, AM pɜːrl] **I.** *n* ① (*jewel*) Perle *f;* ■**~s** *pl* Perlen *fpl,* Perlenkette *f;* **string** [*or* **rope**] **of ~s** Perlenkette *f;* **to wear ~s** Perlen [*o* eine Perlenkette] tragen
② (*fig: a drop*) Tropfen *m,* Perle *f;* **~ of dew** Tautropfen *m;* **~s of sweat** Schweißperlen *fpl*
③ (*fig: fine example*) Juwel *nt fig;* ***that was a ~ of a good job*** das war ein Traumjob
► PHRASES: **to be a ~ of great price** nicht in Gold aufzuwiegen sein; **to cast one's ~s before swine** Perlen vor die Säue werfen *prov*
II. *n modifier* (*necklace, ring, brooch, button*) Perlen-
III. *adj* perlweiß; **~ grey** perlgrau
pearl barley *n no pl* Perlgraupen *fpl* **pearl button** *n* Perlmuttknopf *m* **pearl diver** *n,* **pearl fisher** *n* Perlentaucher(in) *m(f)* **pearl fishing** *n no pl* Perlenfischen *nt* **pearl-fishing industry** *n* Perlenfischerei *f* **pearl oyster** *n* Perlmuschel *f*
pearly [ˈpɜːli, AM ˈpɜːrli] *adj* perlmuttartig; (*adorned with pearls*) mit Perlen besetzt; **~ white teeth** perlweiße Zähne
Pearly Gates *npl* (*liter or hum*) Himmelstür *f liter;* **at the ~** an der Himmelspforte **pearly king** *n,* **pearly queen** *n* BRIT *Straßenhändler(in), der/die mit Perlmuttknöpfen besetzte Kleidungsstücke trägt und Geld für wohltätige Zwecke sammelt*
pear-shaped *adj figure, bottle* birnenförmig
► PHRASES: **to go ~** BRIT (*sl*) schief gehen [*o* laufen]
peasant [ˈpezᵊnt] **I.** *n* ① (*small farmer*) [Klein]bauer, [Klein]bäuerin *m, f*
② (*pej! fam*) Bauer *m pej*
II. *n modifier* [klein]bäuerlich; **~ clothing** Bauerntracht *f;* **~ food** Hausmannskost *f;* **~ revolt** [*or* **uprising**] Bauernaufstand *m;* **~ tradition** bäuerliches Brauchtum; **~ woman** Bäuerin *f*
peasantry [ˈpezᵊntri] *n no pl* [Klein]bauernstand *m*
pease pudding [piːzˈpʊdɪŋ] *n no pl* BRIT Erbsenpudding *m*
peashooter *n* ① (*child's toy*) Pusterohr *nt* ② AM (*small gun*) [kleine] Pistole **pea soup** *n* Erbsensuppe *f* **pea-souper** *n* ① BRIT (*dated fam*) *dichter Nebel, oft auch Smog* ② CAN (*pej: French Canadian*) Frankokanadier(in) *m(f)* **pea soup fog** *n* AM, AUS *dichter Nebel, oft auch Smog*
peat [piːt] *n no pl* Torf *m;* **to dig** [*or* **cut**] **~** Torf stechen
peat bog *n* Torfmoor *nt*
peaty [ˈpiːti, AM -ţi] *adj* torfig; **~ soil** Torfboden *m*
pebble [ˈpebl̩] **I.** *n* Kieselstein *m;* **~ beach** Kiesstrand *m*
II. *vt* ■**to ~ sth** Kies auf etw *akk* schütten
pebbled [ˈpebl̩d] *adj inv* Kies-; **~ beach** Kiesstrand *m*
pebbly [ˈpebli] *adj* steinig
pecan [piːkæn, AM -ˈkɑːn] **I.** *n* Pecannuss *f*
II. *n modifier esp* AM *cookies, squares* Pecannuss-; **~ tree** Hickory[baum] *m*
pecan pie *n esp* AM Pecannusskuchen *m*
peccadillo <*pl* -s *or* -es> [ˌpekəˈdɪləʊ, AM -oʊ] *n* kleine Sünde, Kavaliersdelikt *nt;* **youthful ~** Jugendsünde *f*
peck¹ [pek] *n* (*old*) ① (*dry measure*) Viertelscheffel *m*
② (*large amount*) **to have a ~ of troubles** in großen Schwierigkeiten stecken
peck² [pek] **I.** *n* ① (*bite*) Picken *nt kein pl;* **to give sb/sth a ~** nach jdm/etw hacken
② (*quick kiss*) Küsschen *nt;* **to give sb a ~** [**on the cheek**] jdn flüchtig [auf die Wange] küssen
II. *vt* ① (*bite*) ■**to ~ sb/sth** nach jdm/etw hacken; **to ~ a hole** ein Loch picken
② (*kiss quickly*) **to ~ sb on the cheek** jdn flüchtig auf die Wange küssen
III. *vi* ① (*with the beak*) picken; **to ~ around** herumpicken; ■**to ~ at sth** etw aufpicken
② (*with pointed tool*) ■**to ~ at sth** gegen etw *akk* hämmern; **to ~ at one's typewriter** in die Tasten hämmern
③ (*nibble*) **to ~ at one's food** in seinem Essen herumstochern
④ AM (*nag*) ■**to ~ at sb** jdn sticheln
pecker [ˈpekəʳ, AM -ɚ] *n* ① AM (*vulg: penis*) Schwanz *m vulg*
② AM (*fam: insult*) Arschloch *nt vulg*
► PHRASES: **to keep one's ~ up** BRIT (*dated fam*) die Ohren steif halten *fam*
pecking [ˈpekɪŋ] *n* ① (*striking with beak*) Picken *nt kein pl*
② (*fig*) *of a typewriter* Klappern *nt kein pl*
③ AM (*nagging*) Nörgeln *nt kein pl*
pecking order *n* Hackordnung *f*
peckish [ˈpekɪʃ] *adj* BRIT, AUS **to feel rather** [*or* **a bit**] **~** den kleinen Hunger verspüren
pecs [peks] *npl* (*fam*) *short for* **pectoral muscles** Brustmuskeln *fpl;* **to work on one's ~** die Brustmuskeln trainieren
pectin [ˈpektɪn] *n no pl* Pektin *nt*
pectoral [ˈpektᵊrᵊl] *adj* Brust-, pektoral *fachspr;* **~ fin** Brustflosse *f;* **~ muscle** Brustmuskel *m*
pectorals [ˈpektᵊrᵊlz] *npl* Brustmuskeln *mpl*
peculate [ˈpekjəleɪt] *vt* ■**to ~ sth** etw unterschlagen [*o* veruntreuen]
peculation [ˌpekjəˈleɪʃᵊn] *n* Unterschlagung *f,* Veruntreuung *f*
peculiar [pɪˈkjuːliəʳ, AM -ljɚ] *adj* ① (*strange*) seltsam, merkwürdig; **sth seems** [*or* **is**] **a little ~ to sb** etw kommt jdm nicht ganz geheuer vor
② (*nauseous*) unwohl; **to have a ~ feeling** sich *akk* eigenartig fühlen; **to feel a little ~** sich *akk* nicht [ganz] wohl fühlen
③ (*belonging to, special*) ■**to be ~ to sb** typisch für

jdn sein; ▪**to be ~ to sth** etw *dat* eigen[tümlich] sein; **of ~ interest** von besonderem Interesse
peculiarity [pɪˌkju:liˈærəti, AM -liˈerət̬i] *n* ❶ *no pl* (*strangeness*) Seltsamkeit *f*, Eigenartigkeit *f*
❷ (*strange habit*) Eigenheit *f*
❸ (*idiosyncrasy*) Besonderheit *f*, Eigenart *f*
peculiarly [pɪˈkju:liərli, AM -ljəli] *adv* ❶ (*strangely*) eigenartig, seltsam; **most ~** höchst eigenartig
❷ *inv* (*specially*) typisch
❸ *inv* (*especially*) besonders, außerordentlich
pecuniary [pɪˈkju:niəri, AM -nieri] *adj inv* (*form*) finanziell *attr*, pekuniär *attr geh*; **~ aid/interest** finanzielle Unterstützung/Beteiligung; **~ benefit** Vermögensvorteil *m*; **~ consideration** finanzielle Erwägungen *fpl*; **~ loss** Vermögensverlust *m*; **~ matter** Geldangelegenheit *f*
pedagogic [ˌpedəˈgɒdʒɪk, AM -ˈgɑ:-] *adj inv* pädagogisch
pedagogically [ˌpedəˈgɒdʒɪkli, AM -ˈgɑ:-] *adv inv* pädagogisch; **~ *speaking, ...*** pädogogisch gesehen ...
pedagogue [ˈpedəgɒg, AM -ˈgɑ:g] *n* (*old*) Schulmeister(in) *m(f) veraltet o pej*; (*teacher*) Pädagoge, -in *m, f*
pedagogy [ˈpedəˈgɒdʒi, AM -gɑ:-] *n no pl* Pädagogik *f*
pedal [ˈpedəl] **I.** *n* Pedal *nt*; **accelerator/brake ~** Gas-/Bremspedal *nt*; **foot ~** Fußhebel *m*; **to put one's foot down on the ~** aufs Gas treten
II. *vt* <BRIT, AUS -ll- *or* AM *usu* -l-> **to ~ a bicycle** Rad fahren; ***he struggled to ~ his bicycle up the hill*** er strampelte mühsam den Berg hinauf
III. *vi* <BRIT, AUS -ll- *or* AM *usu* -l-> Rad fahren; ***she ~ed through the city*** sie radelte durch die Stadt
IV. *n modifier* Tret-; **~ car** Tretauto *nt*
pedal bike *n* Fahrrad *nt*; **to ride a ~** Fahrrad fahren
pedal bin *n* Treteimer *m* **pedal boat** *n*, **pedalo** [ˈpedələʊ, AM -oʊ] *n* Tretboot *nt*
pedant [ˈpedənt] *n* Pedant(in) *m(f) pej*
pedantic [pɪˈdæntɪk, AM pedˈ-] *adj* pedantisch *pej*, kleinlich *pej*
pedantically [pɪˈdæntɪkəli, AM pedˈ-] *adv* pedantisch *pej*
pedantry [ˈpedəntri] *n* Pedanterie *f a. pej*
peddle [ˈpedḷ] *vt* ▪**to ~ sth** ❶ (*esp pej: sell*) etw verscherbeln *pej*; **to ~ sth door to door** mit etw *dat* hausieren gehen; ***these products are generally ~d door to door*** diese Waren werden in der Regel von Hausierern angeboten; **to ~ drugs** mit Drogen handeln
❷ (*pej: spread*) etw verbreiten, mit etw *dat* hausieren gehen *pej*
peddler *n* AM *see* **pedlar**
peddling [ˈpedlɪŋ] *n no pl* (*pej*) ❶ (*selling*) Hausieren *nt*
❷ (*spreading*) Verbreiten *nt*
pederast [ˈpedəræst, AM ˈpedə-] *n* Päderast *m*
pederasty [ˈpedəræsti, AM ˈpedə-] *n no pl* Päderastie *f*; **to engage in ~** Päderastie betreiben
pedestal [ˈpedɪstəl] **I.** *n* Sockel *m*, Säulenfuß *m*
▶ PHRASES: **to knock sb off his/her ~** jdn vom seinem hohen Ross holen [*o* vom Sockel stoßen]; **to put sb on a ~** jdn auf ein Podest stellen
II. *n modifier* Sockel-, Stand-; **~ desk** Stehpult *nt*; **~ washbasin** [*or* **sink**] Standwaschbecken *nt*
pedestrian [pɪˈdestriən] **I.** *n* Fußgänger(in) *m(f)*
II. *n modifier* (*bridge, tunnel, underpass*) Fußgänger-
III. *adj inv* (*form*) langweilig; *speech* trocken; **to do sth in a ~ way** etw nach Schema F machen *pej*
pedestrian crossing *n* BRIT Fußgängerübergang *m*
pedestrianize [pɪˈdestriənaɪz] *vt* ▪**to ~ sth** etw in eine Fußgängerzone umwandeln
pedestrianized [pɪˈdestriənaɪzd] *adj inv* Fußgänger-; **~ area** Fußgängerzone *f*; **~ shopping area** *Einkaufsgebiet in einer Fußgängerzone*
pedestrian mall *n* AM, AUS, **pedestrian precinct** *n* BRIT Fußgängerzone *f*
pediatric *adj* AM *see* **paediatric**
pediatrician *n* AM *see* **paediatrician**

pedicure [ˈpedɪkjʊər, AM -kjʊr] *n* Pediküre *f*, Fußpflege *f*; **to have** [*or* **get**] **a ~** seine Füße pediküren lassen, zur Pediküre gehen; **to treat oneself to a ~** sich *dat* eine Pediküre gönnen
pedicurist [ˈpedɪkjʊrɪst] *n* Fußpfleger(in) *m(f)*
pedigree [ˈpedɪgri:] **I.** *n* ❶ (*genealogy*) Stammbaum *m*; **to have an aristocratic/a royal ~** von aristokratischer/königlicher Abstammung sein
❷ (*background*) Laufbahn *f*; **to have an impeccable ~** eine makellose Ausbildung haben
❸ (*history of idea*) Geschichte *f*
❹ (*criminal record*) Vorstrafenregister *nt*
II. *n modifier* (*dog, cattle, horse*) reinrassig, mit Stammbaum *nach n*
pedigreed [ˈpedɪgri:d] *adj inv* reinrassig, mit Stammbaum *nach n*
pediment [ˈpedɪmənt] *n* Giebel *m*, Giebeldreieck *nt*
pedlar [ˈpedlər] *n* BRIT, AUS ❶ (*drug dealer*) Drogenhändler(in) *m(f)*
❷ (*dated: travelling salesman*) Hausierer(in) *m(f)*; **door-to-door ~** fliegender Händler/fliegende Händlerin
❸ (*pej*) **~ of gossip** Klatschmaul *nt*; **~ of lies** Lügenmaul *nt pej*
pedometer [pɪˈdɒmɪtər, AM -ˈdɑ:mət̬ɚ] *n* Schrittzähler *m*, Pedometer *nt fachspr*
pedophile *n* AM *see* **paedophile**
pedophilia *n* AM *see* **paedophilia**
pee [pi:] (*fam*) **I.** *n no pl* ❶ (*urine*) Pipi *nt Kindersprache*
❷ (*act*) Pinkeln *nt*; **to go ~** (*childspeak*) Pipi machen gehen *Kindersprache*; **to have** [*or* **take**] **a ~** pinkeln gehen *fam*
II. *vi* pinkeln *fam*; **to ~ in one's pants** in die Hose[n] machen *fam*
III. *vt* ▪**to ~ oneself** sich *akk* voll pinkeln [*o* bepinkeln]; **to ~ one's pants** in die Hose[n] machen *fam*
◆**pee off** *vt* (*fam!*) ▪**to ~ off** ⊂ **sb** jdn ankotzen *derb*; ▪**to be ~d off** stinksauer sein *fam*
peek [pi:k] **I.** *n* ❶ (*brief look*) flüchtiger Blick; (*furtive look*) heimlicher Blick; **to have** [*or* **take**] **a ~** [**at sth/sb**] einen kurzen Blick auf etw/jdn werfen; **to have** [*or* **take**] **a ~ through the keyhole** durchs Schlüsselloch gucken
❷ COMPUT Direktleseanweisung *f*
II. *vi* blinzeln; ▪**to ~ into sth** in etw *akk* hineinspähen, einen kurzen Blick in etw *akk* werfen; ▪**to ~ over sth** über etw *akk* gucken; **to ~ behind the scenes of sth** hinter die Kulissen einer S. *gen* blicken
◆**peek out** *vi* hervorgucken; ***his jacket had a white handkerchief ~ing out of the breast pocket*** aus der Brusttasche seines Jacketts ragte ein weißes Taschentuch; ▪**to ~ out from behind sth** *person* hinter etw *dat* hervorgucken
peek-a-boo [ˈpi:kəbu:] **I.** *n no pl* Guck-Guck-Spiel *nt*; **to play ~** guck-guck spielen
II. *adj attr, inv* ❶ (*revealing*) durchsichtig; *blouse, dress* offenherzig
❷ (*covering one eye*) **~ haircut** *Frisur, die ein Auge verdeckt*
peel [pi:l] **I.** *n* ❶ (*skin of fruit*) Schale *f*
❷ (*skin care*) Peeling *nt*
II. *vt* ▪**to ~ sth** *fruit* etw schälen; **to ~ the paper off sth** das Papier von etw *dat* abziehen, etw auswickeln; **to ~ the wrapping from sth** die Verpackung von etw *dat* abmachen
▶ PHRASES: **to keep one's eyes ~ed for sth** (*fam*) nach etw *dat* Ausschau [*o* die Augen offen] halten
III. *vi paint, rust, wallpaper* sich *akk* lösen; *skin* sich *akk* schälen
◆**peel off I.** *vt* ▪**to ~ off** ⊂ **sth** etw schälen; *clothing* etw abstreifen; **to ~ off an adhesive strip** ein Klebeband abziehen; **to ~ the wallpaper off** die Tapete abziehen [*o* ablösen]
II. *vi* ❶ (*come off*) *poster, wallpaper* sich *akk* lösen
❷ (*veer away*) *car, motorbike* ausscheren; ***a figure ~ed off to the left*** eine Gestalt wich nach links
peeler [ˈpi:lər, AM -ɚ] *n* ❶ (*utensil*) Schäler *m*, Schälmesser *nt*

❷ BRIT (*old sl: policeman*) Schutzmann *m veraltet*
peelings [ˈpi:lɪŋz] *npl* Schalen *fpl*
peep[1] [pi:p] **I.** *n usu sing* ❶ (*answer, statement*) Laut *m*; ***one more ~ out of you and there'll be no television tomorrow*** einen Ton noch und du darfst morgen nicht fernsehen; **to not give** [*or* **make**] **a ~** keinen Laut von sich *dat* geben, keinen Mucks machen; **to not hear** [**so much as**] **a ~ from sb** keinen Mucks von jdm hören; **to not make** [*or* **raise**] **a ~ about sth** keinen Ton über etw *akk* verlieren
❷ (*bird sound*) Piep *m*, Piepser *m*; **to make a ~** piepsen
II. *vt* ▪**to ~ sth** etw flüstern
III. *vi* piepsen; **to ~ at sth/sb** etw/jdn anpiepsen
peep[2] [pi:p] **I.** *n* ❶ (*look*) [verstohlener] Blick; **sth allows a ~ at sth** etw gibt [*o* gewährt] Einblick in etw *akk*; **to have** [*or* **take**] **a ~ at sth** auf etw *akk* einen kurzen Blick werfen
❷ (*first coming*) **at the** [**first**] **~ of day** bei Tagesanbruch; **the first ~ of spring** die ersten Anzeichen *ntpl* des Frühlings
II. *vi* ❶ (*look*) ▪**to ~ at sth/sb** verstohlen auf etw/jdn blicken; ▪**to ~ into sth** einen Blick in etw *akk* werfen; ▪**to ~ through sth** durch etw *akk* spähen
❷ (*appear*) hervorkommen; ***a few early flowers had ~ed up through the snow*** die ersten Frühlingsboten lugten durch die Schneedecke
◆**peep out** *vi toe, finger* herausgucken; ***after the rain, the sun began to ~ out*** nach dem Regen kam die Sonne wieder raus
peep-bo [ˈpi:pˌbəʊ, AM -boʊ] *n no pl* BRIT Guck-Guck-Spiel *nt*; **to play ~** guck-guck spielen
peeper [ˈpi:pər, AM ɚ] *n* ▪**~s** *pl* (*fam*) [Glotz]augen *ntpl*
peephole *n* Guckloch *nt*; **security ~** Spion *m*
peeping [ˈpi:pɪŋ] *n no pl* Piepsen *nt*
peeping Tom I. *n* Voyeur *m*, Spanner *m fam*
II. *adj attr, inv* (*photographer, journalist*) voyeuristisch
peepshow *n* Peepshow *f*
peer[1] [pɪər, AM pɪr] *vi* (*look closely*) spähen; **to ~ into the distance** in die Ferne starren; **to ~ over one's glasses** über die Brille schauen; **to ~ over sb's shoulder** jdm über die Schulter gucken; ▪**to ~ through sth** durch etw *akk* spähen
peer[2] [pɪər, AM pɪr] *n* ❶ (*equal*) Gegenstück *nt*, Counterpart *nt*; **to have few ~s** zu den Besten gehören; **to have no ~s** unvergleichlich sein; **to be liked by one's ~s** unter seinesgleichen beliebt sein
❷ LAW **to be tried** [*or* **judged**] **by a jury of one's ~s** von seinesgleichen gerichtet werden
❸ BRIT (*noble*) Angehöriger *m* des britischen Hochadels; POL Peer *m*; **life ~** Peer *m* auf Lebenszeit; **~ of the realm** Peer *m* mit ererbtem Sitz im Oberhaus
❹ COMPUT Peer *m*
peerage [ˈpɪərɪdʒ, AM ˈpɪr-] *n* ❶ *no pl* BRIT (*peers*) Peerage *f*; (*rank*) Peerswürde *f*; **member of the ~** Mitglied *nt* des Hochadels; **to be elevated to the ~** in den Adelsstand erhoben werden; **to be given a ~** einen Adelstitel verliehen bekommen, geadelt werden; **to renounce one's ~** auf die Peerswürde verzichten
❷ (*book*) Adelskalender *m*
peeress [ˈpɪəres] *n* BRIT Peeress *f*
peer group *n* SOCIOL Peergroup *f*, Gleichrangigengruppe *f* **peer group pressure** *n no pl* Druck *m* durch Gleichaltrige; **to be under ~** unter sozialem Druck stehen
peerless [ˈpɪələs, AM ˈpɪr-] *adj inv* (*form*) unvergleichlich, einzigartig
peerlessly [ˈpɪələsli, AM ˈpɪr-] *adv inv* (*form*) unvergleichlich, einzigartig
peer pressure *n no pl* Druck *m* durch Gleichaltrige; **to be under ~** unter sozialem Druck stehen
peeve [pi:v] *vt* ▪**to ~ sb** jdn ärgern [*o fam* auf die Palme bringen]
peeved [pi:vd] *adj* (*fam*) verärgert; ***she was ~ to discover they had gone without her*** sie war sauer, als sie merkte, dass die anderen ohne sie gegangen waren *fam*; ▪**to be ~ at sb for sth** wegen

P

einer S. *gen* auf jdn sauer sein *fam*
peevish ['pi:vɪʃ] *adj* mürrisch, gereizt
peevishly ['pi:vɪʃli] *adv* mürrisch, gereizt
peewee ['pi:wi:] **I.** *n* ❶ AM (*pej fam: small person*) Kleine(r) *f(m) pej*
❷ AUS (*magpie lark*) Grallina cyanoleuca *f* (*elsterähnlicher Singvogel*); BRIT (*lapwing*) Kiebitz *m*
II. *adj attr, inv* AM Kinder-; ~ **league** Kinderliga *f*
peewit ['pi:wɪt] *n* ❶ (*bird*) Kiebitz *m*
❷ (*bird's call*) Kiwitt *nt*
peg [peg] **I.** *n* ❶ (*hook*) Haken *m;* (*stake*) Pflock *m;* (*for a barrel*) Spund *m;* **clothes** ~ Wäscheklammer *f;* **guitar/violin** ~ Gitarren-/Geigenwirbel *m;* **tent** ~ Hering *m;* **to buy off the** ~ (*fig*) von der Stange kaufen; **to hang sth on a** ~ etw aufhängen [*o* an einen Haken hängen]
❷ (*excuse*) Ausrede *f;* (*reason*) Grund (**for** für +*akk*); **to use sth as a** ~ **for sth** etw als Anlass für etw *akk* nehmen
❸ AM SPORTS Peg *m;* **to make/throw a** ~ einen Peg machen/werfen
❹ FIN Festsatz *m;* **adjustable** ~ limitierte Stufenflexibilität; **crawling** ~ Gleitparität *f*
► PHRASES: **to be a square** ~ **in a round hole** [*or* **a round** ~ **in a square hole**] fehl am Platz sein; **to need taking down a** ~ einen Dämpfer verdienen; **to take** [*or* **bring**] **sb down a** ~ **or two** jdm einen Dämpfer aufsetzen; **to use sth as a** ~ **to hang sth on** etw als Aufhänger für etw *akk* benutzen
II. *vt* <-gg-> ■**to** ~ **sth** ❶ (*bind down*) etw mit Haken sichern
❷ (*hold at certain level*) etw fixieren; **to** ~ **a currency** eine Währung stützen; **to** ~ **emissions at a certain level** die Emissionshöhe auf einen bestimmten Wert begrenzen; **to** ~ **prices** Preise stützen; **to** ~ **wage increases to the cost-of-living index** Lohnerhöhungen *pl* auf dem Niveau des Lebenshaltungskostenindexes halten
❸ AM (*throw*) etw werfen
❹ AM (*fig: guess correctly*) etw erfassen; ***you ~ged it right on the head!*** du hast den Nagel auf den Kopf getroffen!
❺ (*mark*) ■**to** ~ **sb as sth** jdn als etw *akk* abstempeln
III. *vi signal level meter* ausschlagen
◆**peg away** *vi* (*fam*) schuften *fam;* ■**to** ~ **away at sth** sich *akk* in etw *akk* hineinknien, sich *akk* hinter etw *akk* klemmen *fam*
◆**peg out I.** *vt* ❶ (*hang out*) ■**to** ~ **out clothes** Wäsche aufhängen
❷ (*mark*) ■**to** ~ **sth** ○ **out** etw markieren; **to** ~ **out a plot of land** Land abstecken
II. *vi* BRIT, AUS ❶ (*fig fam: die*) den Löffel abgeben *fam*
❷ (*stop working*) *car, machine* den Geist aufgeben *fam*
Pegasus ['pegəsəs] *n no pl* Pegasus *m,* Pegasos *m*
peg leg *n* (*dated fam*) Holzbein *nt*
P.E.I. CAN *abbrev of* **Prince Edward Island**
peignoir ['peɪnwa:ʳ, AM peɪn'wa:r] *n* Negligee *nt*
pejorative [pɪ'dʒɒrətɪv, AM pɪ'dʒɔ:rət̬ɪv] (*form*)
I. *adj* abwertend, negativ besetzt, pejorativ
II. *n* abwertender Ausdruck, Pejorativum *nt fachspr*
pejoratively [pɪ'dʒɒrətɪvli, AM 'dʒɔ:rət̬ɪv] *adv* abwertend
peke [pi:k] *n* (*fam*) *short for* **pekinese** Pekinese *m*
pekinese [,pi:kɪ'ni:z, AM -kə'-], **pekingese** [,pi:kɪŋ'i:z] **I.** *n* <*pl* – *or* -s> Pekinese *m*
II. *adj inv* Pekinesen-; ~ **dog** Pekinese *m*
Pekinese [,pi:kɪ'ni:z, AM -kə'-], **Pekingese** [,pi:kɪŋ'i:z] **I.** *n* <*pl* – *or* -s> ❶ (*person*) Pekinger(in) *m(f)*
❷ (*dialect*) Pekinger Dialekt *m*
II. *adj inv* aus Peking *nach n;* ~ **architecture/dialect** Pekinger Architektur *f*/Dialekt *m;* ~ **man/woman** Pekinger *m*/Pekingerin *f*
pelican ['pelɪkᵊn] *n* Pelikan *m*
pelican crossing *n* BRIT Fußgängerüberweg *m* (*mit Ampel*); **to cross** [**the street**]/**wait at a** ~ an der Fußgängerampel über die Straße gehen/warten
pelisse [pel'i:s, AM pə'li:s] *n* HIST [pelzgefütterter] Umhang
pellet ['pelɪt] **I.** *n* ❶ (*ball*) Kugel *f*
❷ (*excrement*) Kötel *m;* **sheep/rabbit** ~ Schaf-/Hasenkötel *m*
❸ (*gunshot*) Schrot *nt o m kein pl,* Schrotkugel *f;* **to fire ~s** Schrotkugeln abfeuern
II. *n modifier* Schrot-; ~ **gun** Schrotflinte *f;* ~ **mill** Futtermehlpresse *f*
pelleted ['pelɪtɪd] *adj inv* gepresst; ~ **animal food** Trockenfutter *nt;* ~ **chicken manure** getrockneter Hühnerdung
pell-mell [,pel'mel] (*dated*) **I.** *adj* chaotisch, hektisch; ~ **dash** wilde Jagd; ~ **style** [*or* **manner**] hektische Art
II. *adv* panisch, chaotisch; ***the kids ran ~ for the ice cream van*** ein wilder Haufen Kinder stürmte auf den Eiswagen zu
pellucid [pɪ'lu:sɪd, AM pə'] *adj* ❶ *inv* (*translucently clear*) durchsichtig, [glas]klar
❷ (*form: easily understood*) klar, deutlich
pelmet [,pel'mɪt] *n* BRIT *of wood* Blende *f; of fabric* Schabracke *f,* Querbehang *m;* **to hang a** ~ eine Schabracke anbringen
Peloponnese [,peləpə'ni:z] *n no pl* ■**the** ~ der [*o* die] Peloponnes
Peloponnesian [,peləpə'ni:ʃᵊn, -ʒᵊn, AM -ʒᵊn, -ʃən] *adj* peloponnesisch; **the** ~ **War** der Peloponnesische Krieg
pelota [pə'lɒtə, AM pə'loʊt̬ə] *n* SPORTS Pelota *f*
peloton ['pɜlətɒn, AM -tɑ:n] *n* SPORTS Peloton *nt*
pelt[1] [pelt] *n* (*animal skin*) Fell *nt;* (*fur*) Pelz *m*
pelt[2] [pelt] **I.** *vt* ❶ (*bombard*) ■**to** ~ **sb with sth** jdn mit etw *dat* bewerfen; ***a meteorite shower ~ed the Earth yesterday*** gestern prasselte ein Meteoritenschauer auf die Erde nieder
❷ (*fig: assail*) ■**to** ~ **sb with sth** jdn mit etw *dat* bombardieren; **to** ~ **sb with insults** jdm Beleidigungen ins Gesicht schleudern
II. *vi* ❶ *impers* (*rain heavily*) ■**it's ~ing** es schüttet [*o* gießt] *fam*
❷ (*run*) umhertollen; **to** ~ **across the yard/into the room** über den Hof/in das Zimmer rennen; **to** ~ **through a book** durch ein Buch rasen *fam;* **to** ~ **through one's homework** seine Hausarbeiten runterrasseln *fam;* ■**to** ~ **after sth** etw *dat* hinterherjagen
III. *n no pl* ► PHRASES: **to drive at full** ~ mit Höchstgeschwindigkeit fahren; **to run at full** ~ volle Pulle rennen *fam*
◆**pelt down** *vi rain, hail* niederprasseln; ***it's ~ing down with rain*** es gießt in Strömen *fam*
pelting ['peltɪŋ] **I.** *n no pl* ❶ (*sound*) Prasseln *nt*
❷ (*get beaten*) **to take a** ~ verprügelt werden
II. *adj rain* prasselnd; ***the boxer attacked his opponent with ~ blows*** der Boxer ließ ein Feuerwerk an Schlägen auf seinen Gegner niederprasseln
pelvic ['pelvɪk] *adj attr, inv* Becken-; ~ **area** [*or* **region**] Beckengegend *f;* ~ **fin** Bauchflosse *f*
pelvis <*pl* -es> ['pelvɪs] *n* Becken *nt*
pen[1] [pen] **I.** *n* (*writing utensil*) Feder *f;* (*pencil*) Stift *m;* **ballpoint** ~ Kugelschreiber *m;* **felt-tip** ~ Filzstift *m;* **fountain** ~ Füllfederhalter *m,* Füller *m,* Füllfeder *f* ÖSTERR, SÜDD, SCHWEIZ; **to make one's living by the** ~ sich *dat* seinen Lebensunterhalt als Schriftsteller/Schriftstellerin verdienen; **to put** [*or* **set**] ~ **to paper** zur Feder greifen; **with a stroke of the** ~ mit einem Federstrich; **to live by one's** ~ vom Schreiben leben; **to write in** ~ mit Tinte schreiben
► PHRASES: **the** ~ **is mightier than the sword** (*prov*) die Feder ist mächtiger als das Schwert
II. *vt* <-nn-> ■**to** ~ **sb sth** [*or* **sth to sb**] jdm etw schreiben
pen[2] [pen] **I.** *n* ❶ (*enclosed area*) Pferch *m;* MIL Bunker *m;* **to put an animal in a** ~ ein Tier einpferchen
❷ AM (*fig sl: jail*) Kittchen *nt fam,* Knast *m fam;* **in the** ~ im Kittchen; **to lock sb up in the** ~ jdn hinter schwedische Gardinen sperren *fam;* **to throw sb in the** ~ jdn in den Knast werfen *fam*
II. *vt* <-nn-> *usu passive* ■**to be ~ned** eingesperrt sein
◆**pen in** *vt* ❶ (*encage*) ■**to** ~ **in an animal** ein Tier einsperren; ■**to be ~ned in** *people* eingeschlossen sein; (*in car*) eingeklemmt sein
❷ *usu passive* (*fig: restrict*) **to feel ~ned in by sth** sich *akk* von etw *dat* eingeengt fühlen
◆**pen up** *vt* ■**to** ~ **up** ○ **sb/an animal** jdn/ein Tier einschließen *a. fig;* ■**to be ~ned up** festsitzen
penal ['pi:nᵊl] *adj inv* ❶ *attr* (*of punishment*) Straf-; ~ **code** Strafgesetzbuch *nt;* ~ **institution** Strafanstalt *f;* ~ **law/statute** Strafgesetz *nt;* ~ **offence** Straftat *f;* ~ **servitude/sentence** Zwangsarbeit *f*
❷ (*severe*) belastend; ***a ~ rate of tax on tobacco*** eine extrem [*o* empfindlich] hohe Tabaksteuer
penal colony *n* Strafkolonie *f*
penalization [,pi:nᵊlaɪ'zeɪʃᵊn] *n* (*form*) Bestrafung *f*
penalize ['pi:nᵊlaɪz] *vt* ❶ (*punish*) ■**to** ~ **sb** [**for sth**] jdn [für etw *akk*] bestrafen
❷ (*cause disadvantage*) ■**to** ~ **sb** jdn benachteiligen
penal reform *n* Strafrechtsreform *f* **penal settlement** *n* Strafkolonie *f* **penal system** *n* Rechtssystem *nt*
penalty ['penᵊlti, AM -t̬i] *n* ❶ LAW Strafe *f,* Strafmaß *nt;* ***~ for improper use £50*** bei Missbrauch 50 Pfund Strafe; **on** ~ **of arrest** unter Androhung einer Haftstrafe; **maximum/minimum** ~ Höchst-/Mindeststrafe *f;* **to carry a** ~ eine Strafe vorsehen; **to pay a** ~ **for sth** für etw *akk* eine Strafe bezahlen
❷ (*fig: punishment*) Strafe *f;* **a heavy** [*or* **stiff**] ~ eine hohe Strafe; **to pay a** ~ **for sth** für etw *akk* bezahlen [*o* büßen]
❸ (*disadvantage*) Preis *m;* ***the ~ of freedom is responsibility*** Freiheit hat ihren Preis
❹ (*fine*) [Extra]gebühr *f;* **premium** ~ Prämienzahlung *f*
❺ FBALL **to award** [*or* **give**] **a** ~ einen Elfmeter geben [*o* verhängen]; **to concede/convert a** ~ einen Elfmeter verursachen/verwandeln
penalty area *n* FBALL Strafraum *m* **penalty box** *n* ❶ FBALL Strafraum *m* ❷ (*in ice hockey*) Strafbank *f;* **to sit** [**out**] **in the** ~ auf der Strafbank sitzen **penalty clause** *n* [restriktive] Vertragsklausel, Strafklausel *f* **penalty interest, penalty rate** *n* Negativzins *m* **penalty point** *n* ≈ Punkt in Flensburg **penalty shoot-out** *n* FBALL Elfmeterschießen *nt* **penalty spot** *n* FBALL Elfmeterpunkt *m*
penance ['penən(t)s] *n no pl* ❶ (*self-punishment*) Buße *f*
❷ REL Buße *f;* **to do** ~ **for sth** für etw *akk* Buße tun
pen-and-ink [,penən'ɪŋk] *adj inv* Feder-, Tusche-; ~ **drawing** Tusche-/Federzeichnung *f*
penates [pɪn'ɑ:ti:z, AM pə'neɪt̬i:z] *npl* REL Penaten *pl fachspr*
pen cap *n* Federkappe *f,* Füllerkappe *f*
pence [pen(t)s] *n pl of* **penny**
penchant ['pɑ̃:(ŋ)ʃɑ̃:(ŋ), AM *and also* BRIT 'pentʃənt] *n usu sing* (*usu pej*) Neigung *f;* **to have a** ~ **for sth** einen Hang zu etw *dat* haben, eine Vorliebe für etw *akk* haben
pencil ['pen(t)sᵊl] **I.** *n* ❶ (*writing utensil*) Bleistift *m;* ■**in** ~ mit Bleistift; ~ **and paper** Papier und Bleistift; **to put** [*or* **set**] ~ **to paper** den Bleistift zücken; **coloured** ~ Farbstift *m;* **with** ~ **poised** mit gezücktem Stift; **to sharpen a** ~ einen Bleistift spitzen
❷ (*thin line*) **a** ~ **of light** ein Lichtstrahl *m;* ~ **thin** *people* dünn wie ein Bleistift *präd; things* hauchdünn
II. *n modifier* ❶ FASHION ~ **eyeliner/eyeshadow** Eyeliner-/Lidschattenstift *m*
❷ (*made by pencil*) ~ **drawing** Bleistiftzeichnung *f;* ~ **mark** Bleistiftmarkierung *f;* ~ **note** mit Bleistift geschriebene Notiz
❸ (*very thin*) ~ **beam** dünner Strahl; ~ **moustache** dünner Oberlippenbart; ~ **skirt** Etuikleid *nt*
III. *vt* <BRIT -ll- *or* AM *usu* -l-> ■**to** ~ **sth** etw mit Bleistift schreiben
◆**pencil in** *vt* ■**to** ~ **in** ○ **sb/sth** jdn/etw vormerken
pencil box *n* Federkasten *m veraltend* **pencil**

case *n* Federmäppchen *nt,* Federpenal *nt* ÖSTERR
penciled AM, **pencilled** ['pen(t)səld] *adj inv* mit Bleistift geschrieben; ~ **eyebrows** nachgezogene Augenbrauen *fpl*
pencil lead *n no pl* Bleistiftmine *f* **pencil pusher** *n* AM (*pej fam*) Bürohengst *m pej fam* **pencil sharpener** *n* [Bleistift]spitzer *m*
pendant ['pendənt] **I.** *n* Anhänger *m;* **to wear a** ~ eine Halskette mit Anhänger tragen
II. *adj inv* herabhängend *attr;* ~ **lamp** Hängelampe *f*
pendent ['pendənt] *adj inv* (*form*) ❶ (*dangling*) herabhängend; ~ **lamp** Hängelampe *f*
❷ LAW (*to be decided*) anhängig; ~ **case/lawsuit** schwebendes Verfahren
❸ (*incomplete*) ~ **sentence** abgebrochener Satz
pending ['pendɪŋ] **I.** *adj inv* LAW anhängig; ~ **deal** bevorstehender Abschluss; ~ **lawsuit** schwebendes Verfahren
II. *prep* (*form*) ~ ***advice from our lawyers ...*** bis zur Benachrichtigung durch unsere Anwälte ...; ~ ***the notification of relatives*** bis zur Verständigung der Angehörigen; ~ ***an investigation*** bis zu einer Untersuchung
pendulous ['pendjələs, AM -dʒələs] *adj* (*form*) herabhängend *attr;* ~ **breasts** Hängebusen *m;* ~ **ears** Segelohren *ntpl*
pendulum ['pendjələm, AM *esp* -dʒələm] **I.** *n* Pendel *nt;* (*fig*) ***after the red card the ~ swung back in United's favour*** nach der roten Karte gewann die Mannschaft von United wieder die Oberhand
II. *n modifier* Pendel-; (*swinging*) schwingend; ~ **clock** Pendeluhr *f;* ~ **swing** Pendelbewegung *f*
penetrable ['penɪtrəbl̩] *adj* durchdringlich; (*permeable*) durchlässig; (*knowledge*) ergründbar, verständlich
penetrate ['penɪtreɪt] *vt* ■**to** ~ **sth** ❶ (*move into*) in etw *akk* eindringen; **to** ~ **a market** in einen Markt eindringen; **to be ~d by a spy** ausspioniert werden
❷ (*spread through*) *smell* etw durchdringen
❸ (*fig: see through*) etw ergründen; **to** ~ **sb's ideas** jds Gedanken verstehen; **to** ~ **sb's mind** jdn durchschauen
❹ MED *vein* etw durchstechen
penetrating ['penɪtreɪtɪŋ, AM -t̬ɪŋ] *adj* durchdringend *attr; analysis* eingehend; *observation* scharfsinnig; *scream* markerschütternd; *voice* schrill; ~ **cold/heat** durchdringende Kälte/Hitze; **to give sb a** ~ **look** jdn mit einem bohrenden Blick ansehen; ~ **mind** scharfer Verstand
penetratingly ['penɪtreɪtɪŋli] *adv* durchdringend; (*remark*) scharfsinnig; (*observation*) scharf; ***he could be ~ serious*** er konnte durch und durch ernst sein
penetration [,penɪ'treɪʃən] *n* ❶ (*act*) Eindringen *nt kein pl* (**of** in +*akk*)
❷ (*sexual act*) Penetration *f*
❸ (*fig: insight*) Ergründung *f;* ***we can rely on his ~ to unearth the problem*** mit seinem Scharfsinn wird er das Problem sicher ausfindig machen können
penetrative ['penɪtrətɪv, AM -treɪt̬ɪv] *adj* ❶ (*piercing*) durchdringend; *smell* stechend; **to make a** ~ **attack** einen Eroberungszug beginnen; ~ **sex** Geschlechtsverkehr *m*
❷ (*showing insight*) ~ **remark** scharfsinnige Bemerkung
penfriend *n* BRIT, AUS Brieffreund(in) *m(f)*
penguin ['peŋgwɪn] *n* Pinguin *m*
penguin suit *n* (*fam*) Frack *m*
penholder *n* ❶ (*shaft*) Federhalter *m*
❷ (*rack*) Behälter *m* für Schreibutensilien, Federkasten *m veraltend*
penicillin [,penɪ'sɪlɪn] *n* Penicillin *nt*
penile ['pi:naɪl] *adj inv* ANAT Penis-; ~ **prosthesis** Penisprothese *f*
peninsula [pə'nɪn(t)sjələ, AM -sələ] *n* Halbinsel *f;* **the Iberian P~** die iberische Halbinsel
peninsular [pə'nɪn(t)sjələr, AM -sələ˞] *adj inv* Halbinsel-; ***there is a lovely ~ highway running along the coast*** auf der Halbinsel gibt es eine wunderschöne Straße, die die Küste umrundet; **the P~ War** der spanische Unabhängigkeitskrieg
penis <*pl* -es *or* -nes> [pi:nɪs, *pl* -ni:z] *n* Penis *m;* ~ **envy** Penisneid *m*
penitence ['penɪtən(t)s] *n no pl* ❶ (*repentance*) Reue *f;* **to express** [*or* **show**] ~ Reue zeigen; **to be without** ~ keine Reue zeigen
❷ REL Buße *f;* **to perform** ~ Buße tun
penitent ['penɪtənt] **I.** *n* REL Büßer(in) *m(f),* reuiger Sünder/reuige Sünderin
II. *adj* (*form*) reumütig
penitential [,penɪ'ten(t)ʃəl] *adj* reuevoll, reuig; ~ **act** Bußtat *f;* ~ **punishment** Buße *f*
penitentiary [,penɪ'ten(t)ʃəri, AM -əri] **I.** *n* AM Gefängnis *nt;* **to lock sb up in/send sb to the** ~ jdn ins Gefängnis sperren/stecken
II. *adj inv* ❶ (*repenting*) *mood, act* reumütig
❷ AM LAW ~ **crime** strafbare Handlung, Straftat *f* (*auf die Gefängnisstrafe steht*)
penitently ['penɪtəntli] *adv* (*form*) reumütig
penknife *n* Taschenmesser *nt* **pen lid** *n* BRIT Füllerkappe *f* **penlight** *n* Taschenlampe *f* **pen-name** *n* Pseudonym *nt*
pennant ['penənt] **I.** *n* (*flag*) Wimpel *m;* AM SPORTS Siegeswimpel *m*
II. *n modifier* AM SPORTS ~ **race** *Kampf um die Meisterschaft in einer Regionalliga*
penniless ['penɪləs] *adj* mittellos; ■**to be** ~ keinen Pfennig [Geld] haben; **to leave sb** ~ jdn ohne einen Pfennig zurücklassen; **to wind up** ~ alles verlieren
pennon ['penən] *n* Militärfahne *f*
penn'orth ['penəθ] *n* BRIT *see* **pennyworth**
Pennsylvanian [,pensɪl'veɪniən, AM səl'veɪnjən] *adj inv* pennsylvanisch
penny <*pl* -nies *or* BRIT pence> ['peni, *pl* pen(t)s] *n* Penny *m;* AM (*fam*) Centstück *nt;* (*fig*) ***I'll give you $5,000 and not a ~ more*** ich gebe Ihnen 5.000 Dollar und keinen Pfennig [*o* ÖSTERR Groschen] mehr; **a 50** ~ **piece** ein 50-Pence-Stück *m;* **to not cost a** ~ nichts kosten; **to save up one's pennies** sparen
▶ PHRASES: **pennies from heaven** (*dated*) ein Geschenk des Himmels; **to not have a** ~ **to one's name** keinen Pfennig haben *fam;* **in for a ~, in for a pound** (*prov*) wer A sagt, muss auch B sagen *prov;* **look after** [*or* **take care of**] **the pennies and the pounds will look after** [*or* **take care of**] **themselves** (*prov*) wer den Pfennig nicht ehrt, ist des Talers nicht wert *prov;* **a** ~ **for your thoughts** was [*o* woran] denkst du gerade?; **to keep turning up like a bad** ~ immer wieder auftauchen; **a pretty** ~ eine [ganze] Stange Geld *fam;* **to be two** [*or* **ten**] **a** ~ BRIT (*fam*) spottbillig sein, verramscht werden; **to not have two pennies to rub together** arm wie eine Kirchenmaus sein *fam;* **to be worth every** ~ sein Geld wert sein; **to count every** ~ jeden Pfennig [*o* ÖSTERR Groschen] zweimal umdrehen; **the** ~ [**has**] **dropped** BRIT der Groschen ist gefallen; **a** ~ **saved is a** ~ **earned** (*prov*) spare in der Zeit, dann hast du in der Not *prov;* **to spend a** ~ pinkeln gehen *fam*
penny ante [,peni'ænt̬i] *adj inv* AM unbedeutend
penny arcade *n* Spielsalon *m* **penny dreadful** *n* Groschenroman *m pej* **penny-farthing** *n* BRIT (*hist*) Hochrad *nt* **penny-pinching** **I.** *n no pl* Pfennigfuchserei *f pej fam* **II.** *adj inv* geizig, knausrig
penny share *n* FIN Kleinaktie *f* **penny whistle** *n* Blechflöte *f* **penny wise** *adj* ■**to be** ~ das Geld zusammenhalten; **to be** ~ **and pound foolish** am falschen Ende sparen **pennyworth** ['peniwəθ] *n* BRIT ❶ (*dated*) ***I'd like a ~ of humbugs, please*** ich möchte bitte für einen Penny Pfefferminzbonbons ❷ (*fig*) ***can you give me a ~ of your time?*** hast du einen Augenblick Zeit für mich?; **not a** ~ nicht das Geringste; ***it won't make a ~ of difference to me*** das ist mir völlig gleich
penologist [pi:'nɒlədʒɪst, AM 'nɑ:] *n* Pönologe, -in *m, f*
penology [pi:'nɒlədʒi, AM 'nɑ:] *n no pl* Pönologie *f*
pen pal *n* Brieffreund(in) *m(f)* **pen-pusher** *n* BRIT, AUS (*pej fam*) Bürohengst *m pej fam*
pension ['pen(t)ʃən] **I.** *n* ❶ (*retirement money*) Rente *f;* (*for civil servants*) Pension *f;* **occupational** ~ betriebliche Altersversorgung, Betriebsrente *f;* **portable** ~ [auf eine andere Firma] übertragbarer Rentenanspruch; **portable** ~ **plan** [auf eine andere Firma] übertragbares Altersversorgungssystem; **to draw a** ~ Rente beziehen; **to live on** [*or* **off**] **a** ~ von der Rente leben; **to retire on a** ~ in Rente/Pension gehen
❷ (*boarding house*) Pension *f*
II. *n modifier* (*contribution, payment*) Renten-; ~ **book** Rentenausweis *m*
◆**pension off** *vt* ■**to** ~ **off** ↔ **sb** jdn [vorzeitig] pensionieren [*o* in den Ruhestand versetzen]; ■**to** ~ **off** ↔ **sth** etw ausrangieren
pensionable ['pen(t)ʃənəbl̩] *adj inv* BRIT pensionsberechtigt; **of** ~ **age** im Pensions-/Rentenalter
pensioner ['pen(t)ʃənər, AM -ə˞] *n* BRIT Rentner(in) *m(f);* (*for civil servants*) Pensionär(in) *m(f),* Pensionist(in) *m(f)* ÖSTERR
pension fund *n* Pensionskasse *f,* Rentenfonds *m;* **to draw on one's** ~ Rente beziehen; **to pay** [*or* **make a payment**] **into one's** ~ in die Rentenkasse einzahlen **pension plan** *n* Altersversorgungsplan *m* **pension reserves** *npl* Pensionsrückstellungen *fpl* **pension rights** *npl* Rentenanspruch *m* **pension scheme** *n* BRIT, AUS Rentenversicherung *f,* Altersversorgungsplan *m;* **contributory** ~ beitragspflichtige Rentenversicherung; **graduated** ~ gestaffeltes Rentensystem; **non-contributory** ~ beitragsfreie Rentenversicherung
pensive ['pen(t)sɪv] *adj* nachdenklich; ~ **person** ernsthafter Mensch; ~ **silence** gedankenverlorene Stille; ■**to become** ~ schwermütig werden
pensively ['pen(t)sɪvli] *adv* nachdenklich
pentacle ['pentək̩l, AM -t̬-] *n* Pentakel *nt,* fünfeckiger Stern
pentagon ['pentəgən, AM 'pent̬əgɑ:n] *n* Fünfeck *nt*
Pentagon ['pent̬əgɑ:n] AM **I.** *n no pl* ■**the** ~ das Pentagon
II. *n modifier* (*worker, official*) Pentagon-, aus dem Pentagon *nach n*
pentagonal [pen'tægənəl] *adj inv* fünfeckig, pentagonal *fachspr;* (*pyramid*) fünfseitig
pentagram ['pentəgræm] *n* Pentagramm *nt fachspr,* Drudenfuß *m fachspr*
pentameter [pen'tæmɪtər, AM -ət̬ə˞] *n usu sing* LIT Pentameter *m fachspr;* **iambic** ~ jambischer Pentameter
Pentateuch ['pentətju:k, AM -t̬ətu:k] *n no pl* ■**the** ~ die fünf Bücher *ntpl* Mose
pentathlete [pen'tæθli:t] *n* Fünfkämpfer(in) *m(f)*
pentathlon [pen'tæθlɒn, AM -lɑ:n] *n* Fünfkampf *m;* **to compete in a** ~ an einem Fünfkampf teilnehmen
pentatonic [,pentə'tɒnɪk, AM t̬ə'tɑ:n] *adj inv* MUS pentatonisch *fachspr,* Fünfton-; ~ **scale** fünfstufige Tonleiter
Pentecost ['pentɪkɒst, AM -t̬ɪkɑ:st] *n no pl* REL ❶ (*Jewish*) jüdisches Erntefest
❷ (*Christian*) Pfingsten *nt*
Pentecostal [,pentɪ'kɒstəl, AM -t̬ɪ'kɑ:st-] REL **I.** *n* Anhänger(in) *m(f)* der Pfingstbewegung
II. *adj inv* pfingstlerisch
Pentecostalism [,pentɪ'kɒstəlɪzəm, AM -t̬ɪ'kɑ:st-] *n no pl* REL Pfingstbewegung *f*
penthouse ['penthaʊs] *n* Penthaus *nt,* Penthouse *nt*
penthouse suite *n* Dachterrassenwohnung *f,* Penthaus *nt,* Penthouse *nt;* **to stay in a** ~ in einem Penthouse wohnen
pent-in *adj,* **pent-up** *adj inv emotions* aufgestaut
penultimate [pə'nʌltɪmət, AM pɪ'nʌlt̬əmət] (*form*) **I.** *n* ■**the** ~ der/die/das Vorletzte
II. *adj attr, inv* vorletzte(r, s)
penumbra [pə'nʌmbrə, AM pɪ-] *n* Halbschatten *m*
penurious [pə'njʊəriəs, AM -'nʊri-] *adj* (*form*) arm; ~ **accommodation** karge Unterbringung; ~ **conditions** ärmliche Bedingungen *fpl*
penury ['pənjəri, AM -jʊri] *n no pl* (*form*) Armut *f;* *of a company* finanzielle Schwierigkeiten *fpl*

P

peon ['piːən, AM 'piːɑːn] *n* Tagelöhner(in) *m(f)* (*in Südamerika*)

peony ['piːəni] *n* Pfingstrose *f*

people ['piːpl̩] **I.** *n* ❶ *pl* (*persons*) Leute *pl,* Menschen *mpl;* **city** ~ Städter *mpl;* **country** ~ Landbevölkerung *f;* **the beautiful** ~ die Reichen und die Schönen; **homeless** ~ Obdachlose *mpl;* **rich** ~ die Reichen *pl;* **the right** ~ die richtigen Leute
❷ *pl* (*comprising a nation*) Volk *nt;* **~'s democracy/republic** Volksdemokratie/-republik *f;* **the chosen** ~ REL das auserwählte Volk
❸ *pl* (*ordinary citizens*) ■**the** ~ das Volk, die breite Masse; **a ~'s car** ein Auto *nt* für jedermann; **~'s park** öffentlicher Park; **the will of the** ~ der Wille des Volkes
❹ (*comprising a race, tribe*) ■**~s** *pl* Völker *ntpl;* **the ~s of the world** die Völker der Erde
❺ *pl* (*dated fam: family*) **my** ~ meine Leute [*o* Familie]
II. *vt usu passive* ■**to be ~d** bevölkert [*o* besiedelt] sein; ■**sth is ~d by sth** *book, novel, movie* etw ist voll [*o* wimmelt] von etw *dat;* ***these luxurious yachts are ~d by the rich*** auf diesen Luxusjachten tummeln sich die Reichen
III. *n modifier* **a ~ person** ein geselliger Mensch; **~ skills** Menschenkenntnis *f kein pl*

people carrier *n* Minivan *m*

people mover *n* Peoplemover *m* (*Fahrzeug zur Personenbeförderung*)

people-watch ['piːpl̩wɒtʃ, AM -wɑːtʃ] *vi* Leute studieren [*o* beobachten]

pep [pep] **I.** *n no pl* (*fam*) Elan *m,* Schwung *m;* **to be full of** ~ voller Energie stecken
II. *vt* <-pp-> ■**to ~ sb** ⊂ **up** jdn in Schwung bringen [*o* munter machen]; ■**to ~ sth** ⊂ **up with sth** etw mit etw *dat* aufpeppen; **to ~ up business** das Geschäft ankurbeln

pepper ['pepəʳ, AM -ɚ] **I.** *n* ❶ *no pl* (*spice*) Pfeffer *m;* **black/ground/white** ~ schwarzer/gemahlener/weißer Pfeffer; **cayenne** ~ Cayennepfeffer *m*
❷ (*vegetable*) Paprika *f;* **sweet** [*or* AM **bell**] ~ Paprikaschote *f;* ■**~s** *pl* Paprikaschoten *fpl*
❸ CAN (*pej dated sl: person*) *Französischsprachiger aus Québec*
II. *n modifier* (*sauce, grinder*) Pfeffer-; **~ mace** Pfefferspray *nt* (*zur Selbstverteidigung*); **~ steak** Pfeffersteak *nt*
III. *vt* ❶ (*add pepper*) ■**to ~ sth** etw pfeffern
❷ (*pelt*) ■**to ~ sth/sb with sth** etw/jdn mit etw *dat* bombardieren; ***they ~ed the newly-weds with rice*** sie bewarfen die Neuvermählten mit Reis; **to ~ sb with bullets** jdn mit Kugeln durchsieben; ■**to be ~ed with sth** *speech, comments* mit etw *dat* gespickt sein; *landscape, hill* mit etw *dat* übersät sein; **to be ~ed with mistakes** vor Fehlern strotzen

pepper-and-salt *adj attr, inv* graumeliert **pepperbox** *n* AM Pfefferstreuer *m* **peppercorn** *n* Pfefferkorn *nt* **peppercorn rent** *n no pl* BRIT, AUS symbolische Miete; **to charge/pay a ~** nur symbolisch Miete verlangen/zahlen

peppered ['pepəd, AM ɚd] *adj inv* gepfeffert, mit Pfeffer *nach n*

pepper mill *n* Pfeffermühle *f* **peppermint** **I.** *n* ❶ *no pl* (*plant*) Pfefferminze *f* ❷ (*sweet*) Pfefferminz[bonbon] *nt* **II.** *n modifier* (*tea, leaves, sweet*) Pfefferminz- **pepper pot** *n* BRIT, AUS, **pepper shaker** *n* AM Pfefferstreuer *m*

peppery ['pepᵊri] *adj* ❶ (*with pepper flavour*) pfeffrig; (*full of pepper*) gepfeffert; **~ dish** scharfes Gericht
❷ (*fig: irritable*) aufbrausend, hitzköpfig; **~ person** Hitzkopf *m;* **~ temper** hitziges Temperament

pep pill *n* Aufputschmittel *nt*

peppy <-ier, -iest> ['pepi] *adj* AM (*fam*) lebhaft, quirlig; (*performance*) schwungvoll

pep rally *n* AM SPORTS Aufwärmspiel *nt;* **to hold a ~** ein Aufwärmspiel machen

Pepsi ['pepsi] *n* CAN (*pej dated sl*) *Französischsprachiger aus Québec* **pep talk** *n* Motivationsgespräch *nt;* **to give sb a ~** mit jdm ein Motivationsgespräch führen

peptic ['peptɪk] *adj inv* ANAT Verdauungs-, peptisch *fachspr;* **~ ulcer** Magengeschwür *nt*

péquiste ['peɪkɪst] *n* CAN (*fam*) *Mitglied der separatistischen Partei von Québec, der Partie Québecois*

per [pɜːʳ, pəʳ, AM pɜːr, pɚ] *prep* ❶ (*for a*) pro; **~ litre/person** pro Liter/Person; **~ capita** pro Kopf; **~ procura** ECON per procura, im Auftrag
❷ (*in a*) pro; **~ kilometre/day/hour** pro Kilometer/Tag/Stunde; **ten ~ hundred** zehn aus hundert; **~ annum** ECON, FIN (*form*) pro Jahr; **~ calendar month** (*form*) pro Kalendermonat
❸ (*through means of*) **~ mail/telephone/fax** per Post/Telefon/Fax
❹ (*as stated in*) **as ~ sth** gemäß etw *dat;* ***as ~ our telephone conversation*** wie telefonisch besprochen; **as ~ usual** (*normal*) wie gewöhnlich

perambulate [pə'ræmbjəleɪt] **I.** *vi* (*form*) umherwandern
II. *vt* ■**to ~ sth** durch etw *akk* spazieren [*o geh* wandeln]

perambulation [pəˌræmbjə'leɪʃᵊn] *n* (*dated form*) Spaziergang *m*

perambulator [pə'ræmbjəleɪtəʳ, AM -t̬ɚ] *n* (*form or dated*) Kinderwagen *m*

per annum [pəʳ'ænəm, AM pɚ-] *adv inv* (*form*) per annum *geh,* pro [*o* im] Jahr

percale [pə'keɪl, AM pɚ-] *n no pl* FASHION Perkal *m fachspr*

per calendar month *adv inv* (*form*) pro Monat

per capita [pəʳ'kæpɪtə, AM pɚ'kæpɪt̬ə] *inv* (*form*) **I.** *adv* ❶ (*per head*) pro Person [*o* Kopf]
❷ LAW (*divided among beneficiaries*) nach Köpfen
II. *adj attr* Pro-Kopf-; **~ consumption** Pro-Kopf-Verbrauch *m;* **~ income** Pro-Kopf-Einkommen *nt*

perceivable [pə'siːvəbl̩, AM pɚ-] *adj* wahrnehmbar; **~ change/improvement** spürbare Veränderung/Verbesserung

perceive [pə'siːv, AM pɚ-] *vt* ■**to ~ sth** ❶ (*see*) etw wahrnehmen; (*sense*) etw empfinden; ■**to ~ that ...** fühlen, dass ...
❷ (*regard*) etw betrachten; ***I ~d his comments as very critical*** seine Kommentare haben sehr kritisch auf mich gewirkt; ***how do the French ~ the British?*** wie sehen die Franzosen die Engländer?; ■**to ~ sb/sth to be sth** jdn/etw für etw *akk* halten

per cent [pə'sent], AM **percent** [pɚ-] **I.** *n* Prozent *nt;* ***what ~ ...?*** wie viel Prozent ...?
II. *adv inv* -prozentig, prozentual; ***I'm 100 ~ sure that ...*** ich bin mir hundertprozentig sicher, dass ...
III. *adj attr, inv* **25/50** 25-/50-prozentig; **~ increase** prozentualer Anstieg

percentage [pə'sentɪdʒ, AM pɚ'sent̬ɪdʒ] **I.** *n* ❶ (*rate*) Prozentsatz *m;* ***what ~ ...?*** wie viel Prozent ...?; ***the ~ of people who ...*** der Anteil der Leute, die ...; **to express sth as a ~** etw in Prozenten ausdrücken; **to get a ~ of sth** bei etw *dat* Provision [*o* Prozente] bekommen
❷ AM, AUS (*advantage*) Vorteil *m*
▸ PHRASES: **to play the ~s** *bei Glücksspielen: Wetten auf die Favoriten setzen, nichts riskieren*
II. *n modifier* Prozent-; **on a ~ basis** prozentual; **~ sign** Prozentzeichen

percentage point *n* Prozentpunkt *m;* **to rise by one ~** um ein Prozent steigen

percentile [pə'sentaɪl, AM pɚ-] *n* ≈Prozent *nt;* UNIV, SCH *Bewertungssystem in Großbritannien, bei dem man bei 100% die beste Note erreicht hat;* ***she's in the 95th ~ for chemistry*** in Chemie gehört sie zu den besten fünf Prozent

percept [pɜː'sept, AM pɜːr-] *n* PHILOS wahrgenommener Gegenstand

perceptible [pə'septəbl̩, AM pɚ-] *adj* wahrnehmbar; **~ change** spürbare Veränderung; **~ to the ears/the eye** mit den Ohren/für das Auge wahrnehmbar

perceptibly [pə'septəbli, AM pɚ-] *adv* merklich; **to change/improve/worsen** ~ sich *akk* merklich verändern/verbessern/verschlechtern

perception [pə'sepʃᵊn, AM pɚ-] *n usu sing* Wahrnehmung *f kein pl; of a conception* Auffassung *f kein pl;* **powers of ~** Wahrnehmungsvermögen *nt;* **~ of reality** Wahrnehmung *f* der Wirklichkeit; **~ of time** Zeitempfinden *nt*

perceptive [pə'septɪv, AM pɚ-] *adj* einfühlsam; (*attentive*) aufmerksam; *analysis, remark* scharfsinnig; *observer* aufmerksam

perceptively [pə'septɪvli, AM pɚ-] *adv* scharfsinnig; (*attentive*) aufmerksam, umsichtig; **to speak/write ~ on sth** etw kritisch beleuchten

perceptiveness [pə'septɪvnəs, AM pɚ-] *n no pl* Wahrnehmungsvermögen *nt;* (*sensitivity*) Einfühlungsvermögen *nt;* (*attentiveness*) Aufmerksamkeit *f*

perceptual [pə'septʃuəl] *adj* wahrnehmend, erfassend

perch[1] [pɜːtʃ, AM pɜrtʃ] **I.** *n* <*pl* -es> ❶ (*for birds*) Sitzstange *f*
❷ (*high location*) Hochsitz *m*
▸ PHRASES: **to come** [*or* **get**] **off one's ~** von seinem hohen Ross heruntersteigen; **to knock sb off his/her ~** jdn von seinem hohen Ross runterholen
II. *vi* ■**to ~ on sth** *bird* auf etw *dat* sitzen; *person* auf etw *dat* thronen
III. *vt* ■**to ~ sth somewhere** etw auf etw *akk* stecken; ***with his glasses ~ed on his nose, ...*** mit der Brille auf der Nase ...; ■**to be ~ed somewhere** auf etw *dat* thronen; ■**to ~ oneself on sth** sich *akk* auf etw *dat* niederlassen

perch[2] <*pl* – *or* -es> [pɜːtʃ, AM pɜrtʃ] *n* (*fish*) Flussbarsch *m*

perchance [pə'tʃɑːn(t)s, AM pɚ'tʃæn(t)s] *adv inv* (*liter or old*) vielleicht, zufällig

percipient [pə'sɪpiənt, AM pɚ-] *adj* (*form*) scharfsinnig; *eyes* scharf; ■**to be ~ of sth** etw erkennen

percolate ['pɜːkᵊleɪt, AM 'pɜr-] **I.** *vt* ■**to ~ sth** etw filtrieren; **to ~ coffee** Filterkaffee zubereiten
II. *vi* ❶ (*filter through*) *water* durchsickern; *sand* durchrieseln; *coffee* durchlaufen
❷ (*fig: spread*) durchsickern

percolator ['pɜːkᵊleɪtəʳ, AM 'pɜrkᵊleɪt̬ɚ] *n* Kaffeemaschine *f*

percussion [pə'kʌʃᵊn, AM pɚ-] **I.** *n no pl* Percussion *f,* Schlagzeug *nt;* **to play ~** Schlagzeug spielen; ■**to be on ~** am Schlagzeug sein
II. *n modifier* ❶ MUS Schlag-; **~ instrument** Schlaginstrument *nt;* **~ player** Schlagzeuger(in) *m(f);* **~ solo** Schlagzeugsolo *nt*
❷ (*striking*) **~ gun** Perkussionsgewehr *nt*

percussion cap *n* Zündhütchen *nt*

percussionist [pə'kʌʃᵊnɪst, AM pɚ-] *n* Schlagzeuger(in) *m(f)*

percussive [pə'kʌsɪv, AM pɚ-] *adj inv* Schlag-; **~ rhythm** Perkussion-Rhythmus *m*

perdition [pə'dɪʃᵊn, AM pɚ-] *n no pl* ❶ (*liter: damnation*) [ewige] Verdammnis
❷ (*fig: ruin*) Verderben *nt*

perdurable [pə'djuːrəbl̩, AM pɚ'duː-, pɚ'djuː-] *adj* (*form*) immer während

peregrination [ˌperəgrɪ'neɪʃᵊn] *n* (*form*) Reise *f,* Wanderschaft *f geh*

peregrine ['perəgrɪn] **I.** *n* Wanderfalke *m*
II. *adj attr, inv* (*old*) fremdländisch

peregrine falcon *n* Wanderfalke *m*

peremptorily [pə'rem(p)tᵊrili] *adv inv* gebieterisch, herrisch

peremptory [pə'rem(p)tᵊri] *adj inv* ❶ (*autocratic*) gebieterisch; **~ behaviour** herrisches [*o* diktatorisches] Verhalten; **~ statement** kategorische Anordnung
❷ LAW End-; **~ challenge** *Ablehnung eines Geschworenen ohne Angabe der Gründe;* **~ decision** Endurteil *nt;* **~ writ** gerichtliche Verfügung

perennial [pə'reniəl] **I.** *n* mehrjährige Pflanze
II. *adj attr, inv* ❶ (*not annual*) mehrjährig, perennierend *fachspr*
❷ (*constant*) immer während; (*repeated*) immer wiederkehrend *attr;* **~ beauty/truth** unsterbliche Schönheit/Wahrheit; **~ favourite** Dauerbrenner *m;* **~ problem** ewiges Problem

perennially [pə'reniəli] *adv inv* ständig

perestroika [ˌperə'strɔɪkə] *n no pl* POL Perestroika *f*

fachspr

perfect **I.** *adj* ['pɜːfɪkt, AM 'pɜːr-] *inv* vollkommen, perfekt; **to have ~ attendance** nie fehlen; **~ calm** völlige [*o* vollkommene] Ruhe; **~ circle** vollkommener Kreis; **in ~ condition** im makellosen Zustand; **~ crime** perfektes Verbrechen; **~ gentleman** vollkommener Gentleman; **~ happiness** vollkommenes Glück; **~ idiot** [*or* **fool**] völliger Idiot; **to be ~ in a language** eine Sprache perfekt beherrschen; **to be a ~ match for sth/sb** perfekt zu etw/jdm passen; **~ opportunity** ideale Gelegenheit; **sb has a ~ right to do sth** es ist jds gutes Recht, etw zu tun; **~ silence** vollkommene Stille; **~ stranger** völlig Fremde(r) *f(m)*; **~ in every way** absolut vollkommen; **to be far from ~** alles andere als perfekt sein **II.** *vt* [pə'fekt, AM pɜːr'-] ■**to ~ sth** etw perfektionieren [*o* vervollkommnen]; ***he has ~ed the art of cheating*** er beherrscht perfekt die Kunst des Falschspiels **III.** *n* ['pɜːfɪkt, AM 'pɜːr-] *no pl* LING Perfekt *nt*; **future ~** vollendete Zukunft; **past ~** Plusquamperfekt *nt fachspr*, Vorvergangenheit *f*; [**present**] **~** Perfekt *nt fachspr*, zweite Vergangenheit

perfectibility [pəˌfektɪ'bɪləti, AM pəˌfektə'bɪləṭi] *n no pl* Verbesserungsfähigkeit *f*

perfectible [pə'fektɪbl̩, AM pɜːr'-] *adj inv* vervollkommnungsfähig, perfektionibel *veraltet geh*

perfection [pə'fekʃən, AM pɜːr'-] *n no pl* Perfektion *f*, Vollkommenheit *f*; ***the fish was cooked to ~*** der Fisch war vollauf gelungen; **sheer ~** Perfektion *f* in Vollendung; **to attain** [*or* **achieve**] **~** Perfektion [*o* Vollkommenheit] erlangen; **to be ~ itself** absolut perfekt sein; ■**to do sth to ~** etw vortrefflich [*o* perfekt] machen

perfectionism [pə'fekʃənɪzəm, AM pɜːr'-] *n no pl* Perfektionismus *m*; **obsessive ~** zwanghafter Perfektionismus

perfectionist [pə'fekʃənɪst, AM pɜːr'-] *n* Perfektionist(in) *m(f)*

perfective [pə'fektɪv, AM pə'-] LING **I.** *adj inv* perfektivisch **II.** *n no pl* ■**the ~** die perfektive Aktionsart

perfectly ['pɜːfɪktli, AM 'pɜːr-] *adv inv* vollkommen, perfekt; ***you know ~ well what I'm talking about*** du weißt ganz genau, wovon ich rede; **~ clear** absolut klar *fam*; **~ happy** vollkommen glücklich; **to be ~ honest** [*or* **frank**] **...** ehrlich gesagt, ..., um ehrlich zu sein, ...; **~ horrible** wirklich schrecklich; **~ possible** gut möglich; **to be ~ right** vollkommen Recht haben; **to be ~ still** mucksmäuschenstill sein; **to stand ~ still** völlig regungslos dastehen

perfect participle *n* LING Partizip Perfekt *nt* **perfect pitch** *n no pl* absolutes Gehör; **to have ~** das absolute Gehör haben

perfidious [pə'fɪdiəs, AM pə'-] *adj* (*liter*) perfid[e] *geh*; **~ attack** heimtückischer Anschlag; **~ lie** gemeine Lüge

perfidy ['pɜːfɪdi, AM 'pɜːrfə-] *n no pl* (*liter*) Perfidie *f geh*

perforate ['pɜːfəreɪt, AM 'pɜːrfər-] *vt* ■**to ~ sth** etw perforieren; (*once*) etw durchstechen

perforated ['pɜːfəreɪtɪd, AM 'pɜːrfəreɪṭ-] *adj inv* perforiert; **~ eardrum** geplatztes Trommelfell; **~ metal** Lochmetall *nt*; **~ ulcer** durchgebrochenes [*o fachspr* perforiertes] Magengeschwür

perforated spoon *n* Schaumlöffel *m*

perforation [ˌpɜːfər'eɪʃən, AM ˌpɜːrfə'reɪ-] *n* ❶ (*hole in sth*) Loch *nt*
❷ *also* MED (*set of holes*) Perforation *f*
❸ *no pl* (*act*) Perforieren *nt*

perforce [pə'fɔːs, AM pə'fɔːrs] *adv inv* (*liter*) notgedrungen

perform [pə'fɔːm, AM pə'fɔːrm] **I.** *vt* ❶ ■**to ~ sth** (*entertain*) etw vorführen; *play, opera, ballet, symphony* etw aufführen; (*sing*) etw singen [*o* vortragen]; (*on an instrument*) etw spielen; **to ~ a part** eine Rolle spielen
❷ (*do*) ■**to ~ sth** etw verrichten; **to ~ one's duty/a function** seine Pflicht/eine Funktion erfüllen; **to ~ a task** eine Aufgabe verrichten
❸ MED, SCI (*carry out*) ■**to ~ sth** etw durchführen; **to ~ an experiment** ein Experiment durchführen; **to ~ an operation** eine Operation durchführen [*o* vornehmen]
❹ REL **to ~ a ceremony/ritual** eine Zeremonie/ein Ritual vollziehen
II. *vi* ❶ (*on stage*) auftreten; (*sing*) singen; (*play*) spielen; **to ~ on the piano** Klavier spielen; **to ~ on stage** auftreten
❷ (*function*) funktionieren; *car* laufen; (*respond*) sich *akk* fahren; **to ~ poorly/well** schlecht/gut funktionieren; ***these tyres ~ poorly in hot weather*** diese Reifen bieten bei Hitze schlechte Haftung; ***the equipment ~ed well during the tests*** die Ausrüstung hat sich bei den Tests bewährt
❸ (*do, act*) ***how did she ~?*** wie war sie?; **to ~ badly/well** schlecht/gut sein; ***did the team ~ well?*** hat die Mannschaft gut gespielt?; **to ~ well in a competition/an exam/a test** bei einem Wettbewerb/einer Prüfung/einem Test gut abschneiden

performance [pə'fɔːmən(t)s, AM pə'fɔːrm-] **I.** *n* ❶ (*entertaining, showing*) Vorführung *f*; *of a play, opera, ballet, symphony* Aufführung *f*; *of a part* Darstellung *f*; *of a song, musical piece* Darbietung *f*; (*show, event*) Vorstellung *f*; **farewell ~** Abschiedsvorstellung *f*; **to put on a ~ of a play** ein Stück aufführen; **a very creditable ~** eine ganz akzeptable Vorstellung; **to give a ~** eine Vorstellung geben; **to avoid a repeat ~** (*fig*) eine Wiederholung vermeiden
❷ (*capability, effectiveness*) Leistung *f*; ***the poor ~ of the shares on the stock market*** das schlechte Abschneiden der Aktien an der Börse; **to give a good/poor ~** eine starke/schwache Leistung zeigen
❸ *no pl* (*execution*) ■**the ~ of sth** die Ausführung einer S. *gen*; **the ~ of a duty/task** die Erfüllung einer Pflicht/Aufgabe; **in the ~ of one's duty** in Ausübung seiner Pflicht
❹ (*fam: fuss*) Theater *nt kein pl fig pej fam*; ***what a ~!*** was für ein Theater! *fig pej fam*; ***he repeated his ~ at dinner*** beim Essen benahm er sich wieder genauso daneben; ***to get a visa for that country is quite a ~*** es ist ein ziemlicher Akt, für dieses Land ein Visum zu bekommen *fam*
❺ BRIT (*fam: difficult job*) **to be quite/such a ~** eine Heidenarbeit sein *fam*
❻ LING Performanz *f fachspr*
❼ FIN Wertentwicklung *f*
II. *n modifier* (*evaluation, problem, results*) Leistungs-; **~ bonus** Leistungsprämie *f*; **~ statistics of a car** Leistungsmerkmale *ntpl* eines Autos; **~ test** Eignungstest *m*

performance art *n no pl* Performance *f*

performance fund *n Investmentfonds, der einen möglichst hohen Wertzuwachs anstrebt* **performance level** *n* ❶ (*achievement*) Leistungsniveau *nt*, Leistung *f* ❷ ECON, MECH (*output*) Leistung *f*; (*efficiency*) Wirkungsgrad *m* **performance report** *n* Leistungsbericht *m*; **to write** [*or* **put together**] **a ~ on sth** einen Leistungsbericht über etw *akk* schreiben **performance share** *n* STOCKEX Aktie *f* mit potenziell hohem Wertgewinn

performative [pə'fɔːmətɪv, AM pə'fɔːrməṭɪv] LING, PHILOS **I.** *adj inv* performativ, performatorisch **II.** *n* Performanz *f*

performer [pə'fɔːmər, AM pə'fɔːrmər] *n* ❶ (*artist*) Künstler(in) *m(f)*; **accomplished ~** talentierter Künstler/talentierte Künstlerin; (*actor*) Darsteller(in) *m(f)*
❷ (*achiever*) **to be a poor ~** [**in school**] ein schlechter Schüler/eine schlechte Schülerin sein; **star ~** Star *m*

performing [pə'fɔːmɪŋ, AM pə'fɔːr-] **I.** *n no pl* THEAT Theaterspielen *nt*; MUS Spielen *nt* **II.** *adj attr, inv animals* dressiert

performing arts *npl* ■**the ~** die darstellenden Künste **performing rights** *npl* Aufführungsrechte *ntpl*

perfume **I.** *n* ['pɜːfjuːm, AM 'pɜːr-] ❶ (*scented liquid*) Parfüm *nt*; **to put on ~** sich *akk* parfümieren; **to wear ~** Parfüm tragen
❷ *of a flower* Duft *m*
II. *n* ['pɜːfjuːm, AM 'pɜːr-] *modifier* (*shop, bottle, counter*) Parfüm-; **~ maker** Parfümhersteller(in) *m(f)*, Parfümeur(in) *m(f)*
III. *vt* [pə'fjuːm, AM pə'-] ■**to ~ sth** etw parfümieren; ***flowers ~ the air*** der Duft der Blumen erfüllt die Luft; **to ~ a sauce with sth** eine Soße mit etw *dat* würzen [*o fachspr* parfümieren]

perfumed ['pɜːfjuːmd, AM pə'fjumd] *adj inv* ❶ (*naturally sweet-smelling*) duftend *attr*
❷ (*with perfume added*) parfümiert

perfumer [pə'fjuːmər, AM pə'fjumər] *n* ❶ (*maker of perfumes*) Parfümeur *m*/Parfümeuse *f*
❷ (*shop, person selling perfume*) Parfümhändler(in) *m(f)*

perfumery <*pl* -ries> [pə'fjuːməri, AM pə'] *n* ❶ *no pl* (*production of perfumes*) Parfümherstellung *f*
❷ (*shop*) Parfümerie *f*
❸ (*manufacturer of perfumes*) Parfümhersteller *m*

perfunctorily [pə'fʌŋ(k)tərəli, AM pə'fʌŋ(k)təəli] *adv* flüchtig; ***she ~ dismissed the idea as nonsense*** sie hat den Vorschlag einfach als unsinnig abgetan; **to examine/read sth ~** etw überfliegen; **to smile ~** abwesend lächeln

perfunctory [pə'fʌŋ(k)təri, AM pə'-] *adj* flüchtig; *examination* oberflächlich; ***she made a ~ enquiry about his health*** der Form halber erkundigte sie sich nach seiner Gesundheit; **~ manner** abweisende Art

pergola ['pɜːgələ, AM 'pɜːr-] *n* Pergola *f*

perhaps [pə'hæps, præps, AM pə'hæps] *adv inv* ❶ (*maybe*) vielleicht; **~ so** ja, vielleicht
❷ (*about*) etwa, ungefähr

peridot ['perɪdɒt, AM -dɑːt] *n* Peridot *m fachspr*

peril ['perəl] *n* (*form: danger*) Gefahr *f*; (*risk*) Risiko *nt*; **to be in ~** in Gefahr sein; ***he is in ~ of his life*** er ist in Lebensgefahr; **at one's ~** auf eigene Gefahr

perilous ['perələs] *adj* (*form: dangerous*) gefährlich; (*risky*) riskant

perilously ['perələsli] *adv* (*form*) gefährlich

perimeter [pə'rɪmɪtər, AM -əṭər] *n* ❶ (*border*) Grenze *f* ❷ MATH Umfang *m*, Perimeter *m fachspr*

perimeter fence *n* Umzäunung *f*

perineum <*pl* -s> [ˌperi'niːəm] *n* ANAT Perineum *nt*, Damm *m*

period ['pɪəriəd, AM 'pɪr-] **I.** *n* ❶ (*length of time*) Zeitspanne *f*, Zeitraum *m*, Periode *f*; ***he was unemployed for a long ~*** [***of time***] er war lange [Zeit] arbeitslos; **~ of gestation** Schwangerschaftsdauer *f*; **~ of grace** Nachfrist *f*; **for a ~ of three months** für die Dauer von drei Monaten; **~s of sun** sonnige Abschnitte; **trial ~** Probezeit *f*; **during** [*or* **in**] [*or* **over**] **a ~ of ten years** in einem [*o* über einen] Zeitraum von zehn Jahren; **within the agreed ~** innerhalb der festgelegten Frist; **a fixed ~** eine festgelegte Frist
❷ (*lesson*) Stunde *f*; ***what have you got*** [***in***] ***third ~?*** was hast du in der dritten Stunde?
❸ (*time in life, history, development*) Zeit *f*; (*distinct time*) Zeitabschnitt *m*, Periode *f geh*; (*phase*) Phase *f*; **incubation ~** Inkubationszeit *f*; **~ of office** Amtszeit *f*; **colonial ~** Kolonialzeit *f*; **Dali's surrealistic ~** Dalis surrealistische Periode; **the Victorian ~** das viktorianische Zeitalter; **of the ~** der damaligen Zeit
❹ GEOL Periode *f geh*; **Precambrian ~** Präkambrium *nt fachspr*
❺ (*fam: menstruation*) Periode *f*; ***she missed her ~*** ihre Periode ist ausgeblieben; **to get/have one's ~** seine Periode bekommen/haben
❻ AM LING (*also fig: full stop*) Punkt *m a. fig*; ***you are not getting into the team, ~!*** du kommst nicht in die Mannschaft, Punkt, aus!
II. *n modifier* ❶ (*of an earlier period*) *chair, clothing, vase* historisch; (*set in an earlier period*) *drama, novel* historisch
❷ (*concerning menstruation*) *cramps, days* Menstruations-; **~ pain** Menstruationsschmerzen *mpl*

period costume *n* historische Kleidung *f* **period dress** *n no pl* historisches Kostüm **period furniture** *n no pl* (*antique*) antike Möbel; (*repro-*

P

duction) Stilmöbel *ntpl*

periodic [ˌpɪəriˈɒdɪk, AM ˌpɪriˈɑːd-] *adj attr, inv* ❶ (*reoccurring*) periodisch *geh*, regelmäßig [wiederkehrend]
❷ CHEM ~ **law** Gesetz *nt* der Periodizität *fachspr;* ~ **system** Periodensystem *nt fachspr*

periodical [ˌpɪəriˈɒdɪkəl, AM ˌpɪriˈɑːd-] **I.** *n* Zeitschrift *f;* (*specialist journal also*) Periodikum *nt fachspr*
II. *adj attr, inv* periodisch *geh*, regelmäßig wiederkehrend

periodically [ˌpɪəriˈɒdɪkəli, AM ˌpɪriˈɑːd-] *adv inv* periodisch, in regelmäßigen Abständen

periodicity [ˌpɪəriəˈdɪsəti, AM ˌpɪrioʊˈdɪsət̬i] *n no pl* (*spec*) Periodizität *f;* ELEC Periodenzahl *f*

periodic table *n no pl* CHEM Periodensystem *nt fachspr*

period piece *n* ❶ LIT historisches Stück
❷ (*antique*) antikes Stück

peripatetic [ˌperipəˈtetɪk, AM -ˈtet̬-] *adj attr, inv* ❶ (*form: travelling*) umherreisend; ~ **salesman** fliegender Händler; ~ **teacher** *Lehrer/-rin, der/die an mehreren Schulen unterrichtet*
❷ PHILOS peripathetisch *fachspr*

peripheral [pəˈrɪfərəl, AM -ˈrɪfɚ-] **I.** *adj inv* ❶ (*minor*) unbedeutend, unwesentlich; ■**to be** ~ **to sth** für etw *akk* von geringer Bedeutung sein
❷ MED peripher *fachspr;* ~ **nervous system** peripheres Nervensystem; ~ **vision** peripheres Gesichtsfeld
❸ (*at the edge*) Rand-, peripher *geh*
II. *n* COMPUT Peripherie *f fachspr*, Peripheriegerät *nt;* (*to be attached to main computer*) Anschlussgerät *nt*

periphery [pəˈrɪfəri, AM -ˈrɪfɚi] *n usu sing* Rand *m; of a town, an area* Peripherie *f;* **on the** ~ **of society** am Rand der Gesellschaft; **on the** ~ **of one's vision** am Rand des Blickfelds

periphrasis <*pl* -ses> [pəˈrɪfrəsɪs] *n* Paraphrase *f fachspr*

periscope [ˈperɪskəʊp, AM -skoʊp] *n* Periskop *nt*

perish [ˈperɪʃ] **I.** *vi* ❶ (*form, liter: die*) sterben, umkommen; (*be destroyed*) untergehen *a. fig*
❷ BRIT, AUS (*deteriorate*) *rubber, leather* brüchig werden; *food* verderben
II. *vt* ■**to** ~ **sth** etw zugrunde richten
▸ PHRASES: ~ **the thought** (*fam*) Gott behüte [*o* bewahre]!

perishable [ˈperɪʃəbl̩] *adj* ❶ *food* [leicht] verderblich
❷ (*transitory*) vergänglich

perishables [ˈperɪʃəbl̩z] *npl* leicht verderbliche Lebensmittel

perished [ˈperɪʃt] *adj inv* ❶ *food* verdorben
❷ AUS, BRIT (*fig fam: overcome*) ***I'm*** ~ ***with hunger*** ich komme fast um vor Hunger; **to be** ~ **with cold** völlig durchgefroren sein

perisher [ˈperɪʃər] *n* BRIT (*fam*) Teufelsbraten *m fam*

perishing [ˈperɪʃɪŋ] *adj inv* ❶ BRIT, AUS (*fam: extremely cold*) bitterkalt
❷ *attr, inv* BRIT, AUS (*dated: damn*) verdammt *pej fam*, verflucht *pej fam*

peristyle [ˈperɪstaɪl] *n* ARCHIT Säulengang *m*, Peristyl *nt fachspr*

peritonitis [ˌperɪtə(ʊ)ˈnaɪtɪs, AM -toʊˈnaɪt̬ɪs] *n no pl* MED Peritonitis *f fachspr*, Bauchfellentzündung *f*

periwinkle [ˈperɪˌwɪŋkl̩] *n* ❶ (*evergreen plant*) Immergrün *nt*
❷ AM (*sea snail*) Strandschnecke *f*

perjure [ˈpɜːdʒər, AM ˈpɜːrdʒɚ] *vt* ■**to** ~ **oneself** einen Meineid schwören

perjured [ˈpɜːdʒəd, AM ˈpɜːrdʒɚd] *adj inv testimony, witness* meineidig

perjurer [ˈpɜːdʒərər, AM ˈpɜːrdʒɚɚ] *n* Meineidige(r) *f(m)*

perjury [ˈpɜːdʒəri, AM ˈpɜːr-] *n* Meineid *nt;* **to accuse sb of** ~ jdn des Meineids beschuldigen; **to commit** ~ einen Meineid schwören

perk¹ [pɜːk, AM pɜːrk] *n* ❶ (*additional benefit*) Vergünstigung *f*
❷ (*advantage*) Vorteil *m*

perk² [pɜːk, AM pɜːrk] **I.** *vt* (*fam*) **to** ~ **coffee** Kaffee machen
II. *vi* (*fam*) durchlaufen

◆**perk up** **I.** *vi* ❶ (*cheer up*) aufleben, munter werden; ■**sb ~s up at sth** etw heitert jdn auf
❷ (*become more awake, livelier*) munter werden
❸ (*increase, recover*) steigen, sich *akk* erholen; *share prices* fester tendieren
II. *vt* ❶ (*cheer up*) ■**to** ~ **up** ↻ **sb** jdn aufheitern
❷ (*energize*) ■**to** ~ **up** ↻ **sb** jdn aufmuntern [*o* munter machen]
❸ (*cause increase*) ■**to** ~ **up** ↻ **sth** etw steigern; **to** ~ **up a business** ein Geschäft ankurbeln; **to** ~ **up the stocks** den Aktienkurs in die Höhe schnellen lassen

perkily [ˈpɜːkɪli, AM ˈpɜːrk-] *adv* ❶ (*cheerfully*) munter
❷ (*cheekily*) keck

perkiness [ˈpɜːkɪnəs, AM ˈpɜːrk-] *n no pl* ❶ (*liveliness*) Munterkeit *f*
❷ (*cheekiness*) Keckheit *f*

perky [ˈpɜːki, AM ˈpɜːrki] *adj* ❶ (*lively*) munter
❷ (*cheeky*) keck

perm¹ [pɜːm, AM pɜːrm] *n* ❶ (*fam*) *short for* **permanent wave** Dauerwelle *f*
❷ BRIT (*fam*) *short for* **permutation**

perm² [pɜːm, AM pɜːrm] *vt* **to** ~ **hair** Dauerwellen machen; **to** ~ **sb's hair** jdm eine Dauerwelle machen; **~ed hair** Dauerwellen *fpl;* **to get** [*or* **have**] **one's hair ~ed** sich *dat* eine Dauerwelle machen lassen

permafrost [ˈpɜːməfrɒst, AM ˈpɜːrməfrɑːst] *n no pl* Dauerfrost[boden] *m*

permanence [ˈpɜːmənən(t)s, AM ˈpɜːr-] *n*, **permanency** [ˈpɜːmənən(t)si, AM ˈpɜːr-] *n no pl* Beständigkeit *f*, Permanenz *f geh;* ***children need a sense of stability and*** ~ Kinder brauchen Stabilität und Halt

permanent [ˈpɜːmənənt, AM ˈpɜːr-] **I.** *adj inv* ❶ (*lasting indefinitely*) permanent, ständig; *agreement* unbefristet; *relationship* dauerhaft; ~ **abode** [*or* **address**] fester Wohnsitz; ~ **appointment** Ernennung *f* auf Lebenszeit; ~ **committee** ständiger Ausschuss; ~ **damage/hearing loss** bleibender Schaden/Hörverlust; ~ **disability** bleibende Behinderung; ~ **display** Dauerausstellung *f;* ~ **ink** unlöschbare Tinte; ~ **job** Dauerstellung *f;* ~ **member** ständiges Mitglied; ~ **peace** dauerhafter Frieden; ~ **position/site** fester Standort; ~ **press** bügelfreie Kleidung; ~ **resident** *Staatsbürger mit unbeschränkter Aufenthaltserlaubnis;* ~ **tooth** fester Zahnersatz; ~ **teeth** die zweiten Zähne; ~ **way** BRIT Bahnkörper *m*
❷ (*continual*) ständig, permanent
II. *n* Dauerwelle *f*

permanently [ˈpɜːmənəntli, AM ˈpɜːr-] *adv inv* ❶ (*all the time*) ständig, immer
❷ (*long term*) auf Dauer; ***are you working here*** ~? sind Sie hier fest angestellt?; **to damage sb's health** ~ jds Gesundheit dauerhaft schädigen; **to have settled** ~ sich *akk* für immer niedergelassen haben

Permanent Secretary *n* BRIT ständiger Staatssekretär/ständige Staatssekretärin **permanent wave** *n* Dauerwelle *f*

permanganate [pɜːˈmæŋɡəneɪt, AM pɚˈ-] *n* CHEM Permanganat *nt fachspr*

permeability [ˌpɜːmiəˈbɪləti, AM ˌpɜːrmiəˈbɪlət̬i] *n no pl* (*form*) Durchlässigkeit *f*, Permeabilität *f fachspr;* COMPUT magnetische Durchlässigkeit, Permeabilität *f fachspr*

permeable [ˈpɜːmiəbl̩, AM ˈpɜːr-] *adj* (*also fig form*) durchlässig *a. fig*, permeabel *fachspr;* ~ **to water** wasserdurchlässig

permeate [ˈpɜːmieɪt, AM ˈpɜːr-] **I.** *vt* ■**to** ~ **sth** etw durchdringen
II. *vi* (*form*) ■**to** ~ **into/through sth** etw durchdringen

permed [pɜːmd, AM pɜːrmd] *adj* ***her hair is*** ~ sie hat eine Dauerwelle; ~ **hair** Dauerwellen *fpl*

permissible [pəˈmɪsəbl̩, AM pɚˈ-] *adj inv* gestattet, zulässig; ***is it*** ~ ***to park my car here?*** ist hier Parken erlaubt?; ***that isn't legally*** ~ das ist gesetzlich unzulässig; ~ **level for emissions** Höchstgrenze *f* für Emissionen

permission [pəˈmɪʃən, AM pɚˈ-] *n no pl* Erlaubnis *f;* (*from an official body*) Genehmigung *f;* COMPUT Berechtigung *f;* ***with your*** ~, ***I'd like to …*** wenn Sie gestatten, würde ich gerne …; **with sb's written** ~ mit jds schriftlichem Einverständnis; **to ask for** [*or* **request**] [**sb's**] ~ [jdn] um Erlaubnis fragen; **to ask** ~ **of sb** [*or* **sb for** ~] jdn um Erlaubnis fragen; **to give** [*or* **grant**] **sb** ~ **to do sth** jdm erlauben, etw zu tun; (*official body*) jdm die Genehmigung zu etw *dat* erteilen; **to need** ~ **from sb** [*or* **sb's** ~] **to do sth** jds Erlaubnis für etw *akk* benötigen; **to refuse** ~ die Genehmigung verweigern

permission-based marketing [pəˌmɪʃənbeɪstˈmɑːkɪtɪŋ, AM pɚˌmɪʃənbeɪstˈmɑːr-] *n no pl Versenden von Werbe-E-Mails an dafür registrierte Internetbenutzer*

permissive [pəˈmɪsɪv, AM pɚˈ-] *adj* (*pej*) nachgiebig, permissiv *fachspr;* (*sexually*) freizügig; ■**to be** ~ **towards sth** etw *dat* gegenüber liberal eingestellt sein

permissiveness [pəˈmɪsɪvnəs, AM pɚˈ-] *n no pl* Toleranz *f;* [**sexual**] ~ sexuelle Freizügigkeit

permissive society *n usu sing* BRIT, AUS (*pej*) freizügige Gesellschaft

permit **I.** *n* [ˈpɜːmɪt, AM ˈpɜːr-] Genehmigung *f;* **export** ~ Exporterlaubnis *f;* **hunting** ~ Jagdschein *m;* **residence** ~ Aufenthaltsgenehmigung *f;* **work** ~ Arbeitserlaubnis *f;* **to get** [*or* **obtain**] **a** ~ eine Genehmigung erhalten; **to hold a** ~ über eine Genehmigung verfügen
II. *vt* <-tt-> [pəˈmɪt, AM pɚˈ-] ❶ (*allow, give permission*) ■**to** ~ **sth** etw gestatten [*o* erlauben]; ***smoking is not*** ~***ted here*** Rauchen ist hier nicht gestattet; (*form*) ~ ***me to help you*** darf ich Ihnen helfen?; ■**to** ~ **sb/oneself to do sth** jdm/sich erlauben [*o* gestatten], etw zu tun; ■**to** ~ **oneself sth** sich *dat* etw genehmigen [*o* erlauben]
❷ (*make possible*) ■**to** ~ **sb to do sth** jdm ermöglichen, etw zu tun
III. *vi* [pəˈmɪt, AM pɚˈ-] ❶ (*allow*) erlauben, gestatten; ***if time*** ~***s …*** wenn es die Zeit erlaubt, …; ***as far as his health*** ~***s*** soweit es seine Gesundheit gestattet; **circumstances ~ting** wenn die Umstände es erlauben; **weather ~ting** vorausgesetzt, das Wetter spielt mit
❷ (*form*) ■**to** ~ **of sth** etw zulassen

permitted [pəˈmɪtɪd, AM pɚˈmɪt̬-] *adj inv* zulässig; ***you are only allowed to enter the building during*** ~ ***hours*** das Betreten des Gebäudes ist nur zu bestimmten Zeiten gestattet

permutation [ˌpɜːmjʊˈteɪʃən, AM ˌpɜːrmjuː-] *n* ❶ *also* MATH (*possible ordering*) Umstellung *f*, Permutation *f fachspr*
❷ BRIT SPORTS (*combination*) Kombination *f*

permute [pəˈmjuːt, AM pɚˈ-] *vt* ■**to** ~ **sth** etw umstellen [*o fachspr* permutieren]

pernicious [pəˈnɪʃəs, AM pɚˈ-] *adj* ❶ (*form*) schädlich; ~ **effect** negative Auswirkungen
❷ MED bösartig, perniziös *geh;* ~ **anemia** perniziöse Anämie *fachspr*

pernickety [pəˈnɪkəti, AM pɚˈnɪkət̬i] *adj* (*pej*) ❶ (*fussy*) pingelig *fam*, kleinlich *pej;* ***he is*** ~ ***about his food*** er ist, was Essen angeht, sehr pingelig
❷ (*tricky*) heikel; ***it's very*** ~ ***work*** die Arbeit erfordert Fingerspitzengefühl

perorate [ˈperəreɪt, AM -rər-] *vi* (*form*) sich *akk* auslassen; ***he would*** ~ ***for hours against his enemies*** er konnte sich stundenlang über seine Feinde auslassen

peroration [ˌperəˈreɪʃən] *n* Schlusswort *nt*

peroxide [pəˈrɒksaɪd, AM -ˈrɑːk-] **I.** *n no pl* Peroxyd *nt*
II. *vt* ■**to** ~ **sth** etw mit Peroxyd behandeln; **to** ~ **hair** Haar bleichen

peroxide blonde (*pej*) **I.** *n* Wasserstoffblondine *f pej*

II. *adj inv* wasserstoffblond

perp[1] [pɜːp, AM pɜːrp] *adj inv (fam) short for* **perpendicular** senkrecht

perp[2] [pɜːp, AM pɜːrp] *n (sl) short for* **perpetrator** Täter(in) *m(f)*

perpendicular [ˌpɜːpᵊnˈdɪkjʊləʳ, AM ˌpɜːrpənˈdɪkjuːlɚ] I. *adj inv* senkrecht, perpendikular *fachspr;* ■**to be ~ to sth** senkrecht zu etw *dat* stehen II. *n* Senkrechte *f;* MATH, ARCHIT ■**the ~** das Lot; **to be out of the ~** nicht im Lot sein; **to drop a ~** das Lot fällen

perpendicularly [ˌpɜːpᵊnˈdɪkjʊləli, AM ˌpɜːrpənˈdɪkjuːlɚli] *adv inv* senkrecht, perpendikulär *fachspr*

perpetrate [ˈpɜːpɪtreɪt, AM ˈpɜːrpə-] *vt (form)* ■**to ~ sth** etw begehen; **to ~ atrocities/a crime** Gräueltaten/ein Verbrechen begehen [*o* verüben]; **to ~ a breach of good taste** gegen den guten Geschmack verstoßen; **sb ~s an error** jdm unterläuft ein Fehler; **to ~ a hoax on sb** jdm einen Streich spielen

perpetration [ˌpɜːpɪˈtreɪʃᵊn, AM ˌpɜːrpəˈ-] *n* LAW *(form)* Begehen *nt; of crime also* Verübung *f*

perpetrator [ˈpɜːpɪtreɪtəʳ, AM ˈpɜːrpətreɪt̬ɚ] *n (form)* Täter(in) *m(f);* **~ of fraud** Betrüger(in) *m(f);* **~ of violence** Gewalttäter(in) *m(f)*

perpetual [pəˈpetʃuəl, AM pɚˈ-] *adj attr, inv* ❶ *(everlasting)* immer während, ständig; **~ bliss** dauerhaftes Glück; **~ calendar** immer währender Kalender; **~ check** Dauerschach *nt;* **~ motion machine** Perpetuum mobile *nt;* **~ student** ewiger Student/ewige Studentin; **~ trust** ständiger Fonds ❷ *(repeated)* fortgesetzt, wiederholt

perpetually [pəˈpetʃuəli, AM pɚˈ] *adv* ewig; *(continually)* ständig

perpetuate [pəˈpetʃueɪt, AM pɚˈ-] *vt* ■**to ~ sth** etw aufrechterhalten; **to ~ sb's name** jds Namen [*o* jdn] verewigen; **to ~ the species** die Rasse vor dem Aussterben bewahren; **to ~ a stereotype** ein Vorurteil fortbestehen lassen

perpetuation [pəˌpetʃuˈeɪʃᵊn, AM pɚˌ-] *n no pl (form)* Aufrechterhaltung *f; of a system* Fortbestand *m*

perpetuity [ˌpɜːpɪˈtjuːəti, AM ˌpᵊːrpəˈtuːət̬i] *n no pl (form)* Ewigkeit *f;* **rule against ~** *Bestimmung, die eine zeitlich unbegrenzte Verfügung über [Grund-]Eigentum verbietet;* **in ~** auf ewig; LAW lebenslänglich

perplex [pəˈpleks, AM pɚˈ-] *vt* ❶ ■**to ~ sb** *(confuse)* jdn verwirren; *(puzzle)* jdn verblüffen ❷ *(complicate)* ■**to ~ sth** etw verkomplizieren; **to ~ a situation** eine Situation erschweren

perplexed [pəˈplekst, AM pɚˈ-] *adj* perplex; *(confused also)* verwirrt; *(puzzled also)* verblüfft

perplexedly [pəˈpleksɪdli, AM pɚˈ-] *adj* perplex; *(confused also)* verwirrt; *(puzzled also)* verblüfft

perplexing [pəˈpleksɪŋ, AM pɚˈ-] *adj (confusing)* verwirrend; *(puzzling)* verblüffend

perplexity [pəˈpleksəti, AM pɚˈpleksət̬i] *n* ❶ *(puzzlement)* Verblüffung *f; (confusion)* Verwirrung *f;* **to look/stare at sth in ~** etw verständnislos [*o* ganz perplex] ansehen/anstarren ❷ *usu pl (complicated situation)* Verwicklungen *fpl*

perquisite [ˈpɜːkwɪzɪt, AM ˈpɜːr-] *n (form)* ❶ *(additional benefit)* Vergünstigung *f* ❷ HIST *(customary benefit)* ***the clerk got to take home his old desk as a ~*** seinen ausrangierten Schreibtisch konnte der Angestellte umsonst mit nach Hause nehmen

per se [ˌpɜːˈseɪ, AM ˌpɜːrˈ-] *adv inv (form)* an sich, per se *geh;* ***this is not a bad idea ~*** an sich ist das keine schlechte Idee

persecute [ˈpɜːsɪkjuːt, AM ˈpɜːr-] *vt usu passive* ■**to ~ sb** jdn verfolgen; ■**to be ~d for sth** wegen einer S. *gen* verfolgt werden; **to be ~d by the press** von der Presse gehetzt werden

persecution [ˌpɜːsɪˈkjuːʃᵊn, AM ˌpɜːr-] *n usu sing* Verfolgung *f;* **fear of ~** Angst *f* vor Verfolgung; **to suffer [terrible] ~ for sth** wegen einer S. *gen* [erbarmungslos] verfolgt werden

persecution complex *n,* **persecution mania** *n no pl* Verfolgungswahn *m*

persecutor [ˈpɜːsɪkjuːtəʳ, AM ˈpɜːrsɪkjuːt̬ɚ] *n* Verfolger(in) *m(f)*

perseverance [ˌpɜːsɪˈvɪərᵊn(t)s, AM ˌpɜːrsəˈvɪr-] *n no pl* Beharrlichkeit *f,* Ausdauer *f;* ***they had ~ in their Christian way of life*** sie hielten an ihrer christlichen Lebensweise fest

persevere [ˌpɜːsɪˈvɪəʳ, AM ˌpɜːrsəˈvɪr] *vi* nicht aufgeben, beharrlich bleiben, perseverieren *fachspr;* ■**to ~ in [doing] sth** an etw *dat* festhalten, auf etw *dat* beharren; **to ~ in one's attempt to do sth** unermüdlich versuchen, etw zu tun; **to ~ in quitting smoking/in staying on the wagon** fest entschlossen sein, nicht wieder zu rauchen/trinken; ■**to ~ with sth** an etw *dat* festhalten, auf etw *dat* beharren; *(continue)* mit etw *dat* weitermachen; *project, crusade, programme* etw [unbeirrt] fortsetzen; **to ~ in [or with] one's studies** UNIV [trotzdem] weiterstudieren

persevering [ˌpɜːsɪˈvɪərɪŋ, AM ˌpɜːrsəˈvɪr-] *adj* beharrlich, ausdauernd; **~ worker** verlässlicher Arbeiter/verlässliche Arbeiterin

Persia [ˈpɜːʃə, AM ˈpɜːrʒə] *n no pl* Persien *nt*

Persian [ˈpɜːʃən, AM ˈpɜːrʒən] I. *adj inv* persisch; **~ blue** Persischblau *nt;* **~ green** Persischgrün *nt* II. *n* ❶ *(person)* Perser(in) *m(f)* ❷ *(language)* Persisch *nt*

Persian carpet *n* Perserteppich *m* **Persian cat** *n* Perserkatze *f* **Persian rug** *n* Perserteppich *m*

persimmon [pəˈsɪmən, AM pɚˈ-] I. *n* Persimone *f* II. *n modifier (tart, juice)* Persimonen-

persist [pəˈsɪst, AM pɚˈ-] *vi* ❶ *(continue to exist)* andauern; *cold, heat, rain* anhalten; *habit, tradition* fortbestehen; MED persistieren *fachspr* ❷ *(to not give up)* beharrlich bleiben, insistieren *geh;* ■**to ~ in sth** an etw *dat* festhalten, auf etw *dat* beharren; **to ~ in one's opinion** an seiner Meinung festhalten ❸ *(continue)* ■**to ~ in doing sth** weiterhin etw tun, nicht aufhören, etw zu tun; ■**to ~ with sth** mit etw *dat* weitermachen; *project, crusade, programme* etw unbeirrt fortsetzen; **to ~ with one's efforts to do sth** sich unermüdlich bemühen, etw zu tun

persistence [pəˈsɪstᵊn(t)s, AM pɚˈ-] *n no pl* ❶ *(continuation)* Anhalten *nt* ❷ *(perserverance)* Beharrlichkeit *f,* Hartnäckigkeit *f;* ■**sb's ~ with sth** jds hartnäckiges Festhalten an etw *dat* ❸ PHYS Nachleuchtdauer *f*

persistent [pəˈsɪstᵊnt, AM pɚˈ-] *adj* ❶ *(long lasting) difficulties* anhaltend; *cough, rumour* hartnäckig ❷ *(constant)* unaufhörlich; **~ demand** ständige Nachfrage; **~ rain** Dauerregen *m* ❸ *(perservering)* beharrlich, hartnäckig; **~ offender** Gewohnheitsverbrecher(in) *m(f);* ■**to be ~ in sth** auf etw *dat* beharren, an etw *dat* festhalten; ***he is very ~ in his requests*** er ist sehr hartnäckig, wenn er etwas möchte

persistently [pəˈsɪstᵊntli, AM pɚˈ-] *adv* ständig, andauernd; **to fail ~ [or to ~ fail an exam]** wiederholt durchfallen; **to knock ~ [on the door]** hartnäckig an die Tür klopfen; **to warn sb ~** jdn immer wieder warnen

persnickety [pɚˈsnɪkət̬i] *adj* AM *see* **pernickety**

person <*pl* people *or form* -s> [ˈpɜːsᵊn, AM ˈpɜːr-] *n* ❶ *(human)* Person *f,* Mensch *m;* ***not a single ~ came*** kein Mensch kam; ***what is a ~ to do?*** was soll man da machen?; **~ of great ability** sehr begabte Person; **book ~** Bücherwurm *m;* **cat/dog ~** Katzen-/Hundeliebhaber(in) *m(f);* **morning/night ~** Morgen-/Nachtmensch *m;* **people ~** geselliger Mensch; **~ of principle** Mensch *m* mit Prinzipien; **homeless ~** Obdachlose(r) *f(m);* **~s unknown** Unbekannte *pl;* **about [or on] one's ~** am Körper; **as a ~** als Mensch; **in ~** persönlich; **in the ~ of sb** in der Gestalt einer Person *gen;* **per [or a] ~** pro Person ❷ LING *(verb form)* Person *f;* **first/second ~** erste/zweite Person; **the third ~ plural** die dritte Person Plural

❸ LAW **legal [or artificial] ~** juristische Person
► PHRASES: **to be one's own ~** seinen eigenen Weg gehen *fig*

persona <*pl* -nae *or* -s> [pəˈsəʊnə, AM pɚˈsoʊ-, *pl* -niː] *n* Fassade *f meist pej;* **public ~** Image *nt* in der Öffentlichkeit

personable [ˈpɜːsᵊnəbl̩, AM ˈpɜːr-] *adj* sympathisch

personae [pəˈsəʊniː, AM pɚˈsoʊ-] *n pl of* **persona**

personage [ˈpɜːsᵊnɪdʒ, AM ˈpɜːr-] *n (form or hum)* Persönlichkeit *f;* ***he is quite a disgusting ~*** er ist ein ziemlich widerlicher Zeitgenosse *pej*

persona grata <*pl* -> [pəˌsəʊnəˈɡrɑːtə, AM pɚˌsoʊnəˈɡrɑːt̬ə] *n (form)* Persona grata *f*

personal [ˈpɜːsᵊnᵊl, AM ˈpɜːr-] *adj* ❶ *(of a particular person)* persönlich; ***it's only my ~ opinion*** das ist nur meine ganz persönliche Meinung; **~ belongings [or effects]** persönliches Eigentum; **~ chemistry [or magnetism]** Anziehungskraft *f;* **~ data** Personalien *fpl;* **~ estate [or property]** Privatvermögen *nt;* **~ fulfilment** Selbstverwirklichung *f;* **to do sth for ~ gain** etw zur persönlichen Bereicherung tun; **~ responsibility** Eigenverantwortung *f;* **~ vendetta** persönliche Rache ❷ *(direct, done in person)* persönlich; **to make a ~ appearance** persönlich erscheinen; **to give sth ~ attention** sich *akk* persönlich um etw *akk* kümmern; **to have ~ experience/knowledge of sth** Erfahrung mit/Kenntnis von etw *dat* haben ❸ *(private)* privat, persönlich; **~ debt** Privatschulden *fpl;* **~ diary** Tagebuch *nt;* **~ letter** Privatbrief *m;* **~ life** Privatleben *nt;* **~ space** Intimsphäre *f;* **for ~ use** für den persönlichen Gebrauch ❹ *(offensive)* persönlich; ***nothing ~, but …*** es geht nicht gegen Sie persönlich [*o* nehmen Sie es bitte nicht persönlich], aber …; ***I didn't mean to be ~*** ich wollte nicht persönlich werden; **~ comment [or remark]** anzügliche Bemerkung; **to get ~** persönlich werden ❺ *(bodily)* körperlich; **~ appearance** äußeres Erscheinungsbild; **~ hygiene** Körperpflege *f;* **~ injury** Körperverletzung *f* ❻ *(human)* persönlich; **~ quality** Charaktereigenschaft *f;* **~ touch** persönliche Note

personal ad *n* Kontaktanzeige *f;* **to place [or put] a ~ in the paper** eine Kontaktanzeige aufgeben; **to answer a ~** auf eine Kontaktanzeige antworten

personal allowance *n* BRIT [persönlicher] Steuerfreibetrag **personal-care product** [ˌpɜːsᵊnᵊlˈkeəˌprɒdʌkt, AM ˌpɜːrsᵊnᵊlˈkerˌprɑː-] *n* Körperpflegeprodukt *nt* **personal column** *n* BRIT, AUS Rubrik *f* ‚Kontakte'; **to place [or put] sth in the ~** eine Kontaktanzeige aufgeben **personal computer** *n* Personalcomputer *m,* PC *m* **personal digital assistant** *n* PDA *m,* [handflächengroßer] Taschencomputer **personal-growth** [ˌpɜːsᵊnᵊlˈɡrəʊθ, AM ˌpɜːrsᵊnᵊlˈɡroʊθ] *n modifier* das persönliche Wachstum betreffend *nach n* **personal identification number** *n* PIN-Code *m*

personality [ˌpɜːsᵊnˈæləti, AM ˌpɜːr-] I. *n* ❶ *(character)* Persönlichkeit *f,* Charakter *m;* **to have a strong ~** eine starke Persönlichkeit sein; **to have no [or lack] ~** keine Persönlichkeit haben ❷ *(celebrity)* ■**a ~** eine Persönlichkeit ❸ LAW **corporate ~** juristische Körperschaft; **legal ~** Rechtspersönlichkeit *f* II. *n modifier (problem, test, trait)* Persönlichkeits-; **~ pattern** Persönlichkeitsstruktur *f*

personality clash *n* Aufeinanderprallen *nt* gegensätzlicher Persönlichkeiten; ***he was continually involved in ~es*** er geriet ständig mit allen aneinander **personality cult** *n* Personenkult *m* **personality disorder** *n* Persönlichkeitsstörung *f*

personalize [ˈpɜːsᵊnᵊlaɪz, AM ˈpɜːr-] *vt* ❶ *(make personal)* ■**to ~ sth** etw persönlich[er] gestalten, etw *dat* eine persönliche Note verleihen; *(for certain user)* etw individuell anfertigen; **to ~ an argument** in einem Streit persönlich werden ❷ *(make real)* ***the preacher ~d his sermon by telling of his own problems*** der Prediger machte seine Rede lebendig, indem er von seinen eigenen Problemen erzählte

P

personalized ['pɜːsənəlaɪzd, AM 'pɜːr-] *adj inv* persönlich

personally ['pɜːsənəli, AM 'pɜːr-] *adv* persönlich; ***it belongs to him*** ~ es ist sein persönliches Eigentum; ~, ***I think he's crazy*** ich für meinen Teil halte ihn für verrückt; **to take sth** ~ etw persönlich nehmen

personal organizer *n* Terminplaner *m* **personal pronoun** *n* Personalpronomen *nt*

personals ['pɜːrsənəlz] *n + sing vb* AM Rubrik *f* ‚Kontakte'

personal shopper *n* persönlicher Einkaufsberater/persönliche Einkaufsberaterin, persönlicher Shopping-Dienst (*jd, der jdn beim Einkaufen begleitet und individuell berät*)

personal stereo *n* Walkman® *m*

personal trainer *n* Sportberater(in) *m(f)*, Privattrainer(in) *m(f)*

personalty ['pɜːsənəlti, AM 'pɜːrsənəlṯi] *n* [bewegliches] Privatvermögen

persona non grata <*pl* -> [pəˌsəʊnənɒn'grɑːtə, AM pɚˌsoʊnənɑːn'grɑːṯə] *n* (*form*) Persona non grata *f*; **to be** ~ **to a country** in einem Land unerwünscht sein; **to be declared** ~ zur Persona non grata erklärt werden

personification [pəˌsɒnɪfɪ'keɪʃən, AM pɚˌsɑːnə-] *n* LIT Personifikation *f a. fig geh*, Personifizierung *f a. fig geh*; (*fig*) ***she is the*** ~ ***of virtue*** sie ist die Tugend in Person

personified [pə'sɒnɪfaɪd, AM pɚ'sɑːnə-] *adj inv, after n* in Person *nach n*

personify [pə'sɒnɪfaɪ, AM pɚ'sɑːnə-] *vt* ■**to** ~ **sth** etw personifizieren; (*be the personification of also*) etw verkörpern

personnel [ˌpɜːsən'el, AM ˌpɜːr-] **I.** *n* ❶ *pl* (*employees*) Personal *nt kein pl*

❷ *no pl* (*human resources department*) Personalabteilung *f*

II. *n modifier* Personal-; ~ **cut** Personalkürzung *f*; ~ **policy** Personalpolitik *f*; ~ **roster** Personalplan *m*

personnel carrier *n* Mannschaftstransportfahrzeug *nt* **personnel department** *n* Personalabteilung *f* **personnel director** *n* Personalchef(in) *m(f)* **personnel management** *n no pl* ❶ (*directors*) Personalleitung *f* ❷ (*theory*) Personalwesen *nt* **personnel manager** *n* Personalchef(in) *m(f)* **personnel turnover** *n no pl* Personalfluktuation *f*

person-to-person I. *adj attr, inv* persönlich; ~ **call** angemeldetes Telefongespräch; ~ **talk** Gespräch *nt* unter vier Augen

II. *adv inv* persönlich, direkt; **to be faced** ~ **with sb** jdm Auge in Auge gegenüberstehen

perspectival [ˌpɜːspek'taɪvəl, AM ˌpɜːr-] *adj* perspektivisch

perspective [pə'spektɪv, AM pɚ'-] *n* ❶ (*viewpoint*) Perspektive *f*, Blickwinkel *m*; ■~ **on sth** Einschätzung *f* einer S. *gen*; **from a historical** ~ aus geschichtlicher Sicht; **to see sth in a new** ~ etw aus einem neuen Blickwinkel sehen; **to get** [*or* **keep**] **sth in** ~ etw nüchtern betrachten; **to put sth in** [*or* **into**] ~ etw in die richtige Perspektive rücken

❷ (*method of representation*) Perspektive *f*; **in** ~ perspektivisch; **out of** ~ perspektivisch verzerrt

Perspex® ['pɜːspeks] *n no pl* BRIT, AUS Plexiglas *nt*

perspicacious [ˌpɜːspɪ'keɪʃəs, AM ˌpɜːr-] *adj* (*form: astute*) scharfsinnig; (*far-sighted*) weit blickend, weitsichtig

perspicacity [ˌpɜːspɪ'kæsəti, AM ˌpɜːrspɪ'kæsəṯi] *n no pl* (*form: astuteness*) Scharfsinn *m*; (*insight*) Scharfblick *m*; (*far-sightedness*) Weitblick *m*

perspicuity [ˌpɜːspɪ'kjuːəti, AM ˌpɜːrspɪ'kjuːəṯi] *n no pl* (*form*) Klarheit *f*, Verständlichkeit *f*

perspicuous [pə'spɪkjuəs, AM pɚ'-] *adj* (*form*) klar, verständlich

perspiration [ˌpɜːspər'eɪʃən, AM ˌpɜːrspə'reɪ-] *n no pl* Schweiß *m*, Transpiration *f geh*; **beads of** ~ Schweißperlen *fpl*; **bathed in** ~ schweißgebadet; **dripping with** ~ schweißüberströmt

perspire [pə'spaɪər, AM pɚ'spaɪɚ] *vi* schwitzen, transpirieren *geh*; **to** ~ **profusely** stark schwitzen

persuade [pə'sweɪd, AM pɚ'-] *vt* ■**to** ~ **sb** (*talk into*) jdn überreden; (*convince*) jdn überzeugen; ■**to** ~ **sb into sth** jdn zu etw *dat* überreden; ■**to** ~ **sb of sth** jdn von etw *dat* überzeugen; ■**to** ~ **sb out of sth** jdm etw ausreden; ■**to** ~ **sb to do sth** jdn dazu bringen, etw zu tun; ■**to** ~ **sb that ...** jdn überzeugen, dass ...

persuader [pə'sweɪdər, AM pɚ'sweɪdɚ] *n* ❶ (*person*) Überredungskünstler(in) *m(f)*; **hidden** ~**s** heimliche Verführer *mpl*

❷ (*fam: gun*) Kanone *f fam*

persuasion [pə'sweɪʒən, AM pɚ'-] *n usu sing* ❶ (*talking into*) Überredung *f*; (*convincing*) Überzeugung *f*; ***he didn't need much*** ~ ich musste ihn nicht lange überreden; **sb's powers of** ~ (*of talking into*) jds Überredungskünste; (*of convincing*) jds Überzeugungskraft

❷ (*conviction*) Überzeugung *f*; (*hum*) ***he's of the Arsenal*** ~ er ist Arsenalfan; **to be of the Catholic/Protestant** ~ katholischen/protestantischen Glaubens sein; **to be of the same** ~ dieselbe Überzeugung vertreten

persuasive [pə'sweɪsɪv, AM pɚ'-] *adj* überzeugend; ~ **powers** (*of talking into*) Überredungskünste *fpl*; (*of convincing*) Überzeugungskraft *f*

persuasively [pə'sweɪsɪvli, AM pɚ'-] *adv* überzeugend

persuasiveness [pə'sweɪsɪvnəs, AM pɚ'-] *n no pl* (*ability to talk into*) Überredungskünste *fpl*; (*to convince*) Überzeugungskraft *f*

pert [pɜːt, AM pɜːrt] *adj* ❶ (*attractively small*) wohl geformt

❷ (*impudent*) frech, keck

❸ (*neat and jaunty*) adrett

pertain [pə'teɪn, AM pɚ'-] *vi* (*form*) ■**to** ~ **to sth/sb** etw/jdn betreffen; (*belong to*) zu etw *dat* gehören; ***this does not*** ~ ***to my competence*** das fällt nicht in meinen Kompetenzbereich; **the infirmities** ~**ing to old age** die Gebrechen, die das hohe Alter mit sich bringt

pertinacious [ˌpɜːtɪ'neɪʃəs, AM ˌpɜːrtən'eɪ-] *adj* (*form: persevering*) beharrlich; (*stubborn*) hartnäckig

pertinacity [ˌpɜːtɪ'næsəti, AM ˌpɜːrtən'æsəṯi] *n no pl* (*form: perseverance*) Beharrlichkeit *f*; (*stubbornness*) Hartnäckigkeit *f*; **with indefatigable** ~ unermüdlich, mit unermüdlicher Ausdauer

pertinence ['pɜːtɪnəns, AM 'pɜːrtənəns] *n no pl* Relevanz *f*; **of no** ~ ohne Bedeutung [*o* Belang]

pertinent ['pɜːtɪnənt, AM 'pɜːrtənənt] *adj* (*form*) relevant; *argument* stichhaltig; *question* sachdienlich; ■**to be** ~ **to sth** für etw *akk* relevant sein; ~ **remark/suggestion** treffende Bemerkung/brauchbarer Vorschlag

pertinently ['pɜːtɪnəntli, AM 'pɜːrtənənt] *adv* passenderweise; **more** ~ noch mehr zum Punkt; ~ **observed** genau beobachtet

pertly ['pɜːtli, AM ˌpɜːrt] *adv* ❶ (*sexily*) herausfordernd

❷ (*cheekily*) frech, unverschämt

❸ (*neatly*) keck

pertness ['pɜːtnəs, AM 'pɜːrt-] *n no pl* ❶ (*impudence*) Keckheit *f*, Kessheit *f*

❷ (*neatness and stylishness*) Adrettheit *f*

perturb [pə'tɜːb, AM pɚ'tɜːrb] *vt* (*form*) ■**to** ~ **sb** jdn beunruhigen; ***his imagination was*** ~***ed by strange fantasies*** befremdliche Vorstellungen drängten sich ihm auf

perturbation [ˌpɜːtə'beɪʃən, AM ˌpɜːrṯɚ'-] *n* (*form*) ❶ (*uneasiness*) Unruhe *f*; **to show no** ~ die Ruhe bewahren

❷ PHYS, ASTRON Störung *f*

perturbed [pə'tɜːbd, AM pɚ'tɜːrbd] *adj* (*form*) beunruhigt

Peru [pə'ruː] *n* Peru *nt*

perusal [pə'ruːzəl] *n no pl* (*form*) Durchlesen *nt*; **to be deep in the** ~ **of sth** [völlig] in etw *dat* vertieft sein; **for sb's** ~ zu jds Einsicht

peruse [pə'ruːz] *vt* (*form*) ■**to** ~ **sth** (*read*) etw durchlesen; (*check*) etw durchsehen; (*study*) etw studieren

Peruvian [pə'ruːviən] **I.** *adj inv* peruanisch

II. *n* Peruaner(in) *m(f)*

perv [pɜːv, AM pɜːrv] *n* (*pej fam*) *short for* **pervert**

❶ (*sexual deviant*) Perverse(r) *f(m)*

❷ (*creepy person*) Perversling *m pej fam*

pervade [pə'veɪd, AM pɚ'-] *vt* (*form*) ■**to** ~ **sth** etw erfüllen; (*quality, philosophy, attitude*) etw durchziehen

pervading [pə'veɪdɪŋ, AM pɚ'-] *adj attr* (*form*) vorherrschend; ~ **influence** ausschlaggebender Einfluss; ~ **smell** durchdringender Geruch

pervasive [pə'veɪsɪv, AM pɚ'-] *adj* (*form: penetrating*) durchdringend *attr*; (*widespread*) weit verbreitet; ***the influence of Freud is*** ~ ***in her work*** der Einfluss Freuds zieht sich durch ihr gesamtes Werk; ~ **smell** durchdringender Geruch; **all-**~ alles beherrschend

pervasively [pə'veɪsɪvli, AM pɚ'-] *adv* (*form*) durchdringend; **to be** ~ **present** allgegenwärtig sein

pervasiveness [pə'veɪsɪvnəs, AM pɚ'-] *n no pl* (*form: quality*) durchdringender Charakter; (*omnipresence*) Allgegenwart *f geh*

perverse [pə'vɜːs, AM pɚ'vɜːrs] *adj* (*pej*) ❶ (*deliberately unreasonable*) abwegig; *person* eigensinnig; ~ **delight** diebische Freude; ~ **pride** widernatürlicher Stolz

❷ (*rare: sexually deviant*) pervers

perversely [pə'vɜːsli, AM pɚ'vɜːr-] *adv* (*pej: unreasonably*) seltsamerweise

perverseness [pə'vɜːsnəs, AM pɚ'vɜːr-] *n no pl* (*pej*) ❶ (*unreasonableness*) *of a person* Eigensinn *m*; *of a situation*; ***the*** ~ ***of it all is that I love being scared to death in movies*** das Perverse ist, dass ich es sogar genieße, wenn ich bei einem Film richtig Angst kriege *fam*

❷ (*rare: sexual deviance*) Perversität *f*

perversion [pə'vɜːʃən, AM pɚ'vɜːrʒən] *n* (*pej*) ❶ (*unnatural behaviour*) Perversion *f*; **sexual** ~ sexuelle Perversion

❷ (*corruption*) Pervertierung *f geh*; ~ **of justice** Rechtsbeugung *f*; ~ **of the truth** Verdrehung *f* der Wahrheit

perversity [pə'vɜːsəti, AM pɚ'vɜːrsəṯi] *n* (*pej*) ❶ (*unreasonable behaviour*) Eigensinn *m kein pl*

❷ (*unnatural behaviour*) Perversität *f*

pervert I. *n* ['pɜːvɜːt, AM 'pɜːrvɜːrt] (*pej*) ❶ (*sexual deviant*) Perverse(r) *f(m)*

❷ (*creepy person*) Perversling *m pej fam*

II. *vt* [pə'vɜːt, AM pɚ'vɜːrt] (*pej*) ❶ (*corrupt*) ■**to** ~ **sb** jdn verderben

❷ (*distort*) ■**to** ~ **sth** etw verdrehen; **to** ~ [**the course of**] **justice** das Recht verdrehen [*o* beugen]; **to** ~ **the truth** die Wahrheit verzerren

perverted [pə'vɜːtɪd, AM pɚ'vɜːrṯɪd] *adj* ❶ (*sexually deviant*) pervers

❷ (*distorted*) verdreht; ~ **notions** verdrehte Vorstellungen

peseta <*pl* -s> [pə'seɪtə, AM ṯə] *n* Pesete *f*, Peseta *f*

pesky ['peski] *adj esp* AM (*fam*) verdammt *fam*; ~ **fly** lästige Fliege; ~ **kid** nerviges Kind

pessary ['pesəri, AM -ɚi] *n* ❶ (*contraceptive*) Pessar *nt*

❷ (*suppository*) Vaginalzäpfchen *nt*

pessimism ['pesɪmɪzəm, AM -səm-] *n no pl* Pessimismus *m* (**over/about** hinsichtlich +*gen*)

pessimist ['pesɪmɪst, AM -səm-] *n* Pessimist(in) *m(f)*

pessimistic [ˌpesɪ'mɪstɪk, AM -ə'-] *adj* pessimistisch; ■**to be** ~ **about sth** [eher] pessimistisch sein, was etw angeht; ***they are*** ~ ***about it*** sie sind da sehr pessimistisch, sie sehen da schwarz

pessimistically [ˌpesɪ'mɪstɪkəli, AM -ə'-] *adv* pessimistisch

pest [pest] *n* ❶ (*destructive animal*) Schädling *m*

❷ (*fig fam: annoying person*) Quälgeist *m fam*, Nervensäge *f fam*; (*annoying thing*) Plage *f*; ***that guy is a real*** ~! der Typ nervt! *fam*

pest control *n* ❶ *no pl* (*removal*) Schädlingsbekämpfung *f*

❷ (*service*) Kammerjäger *m*

pester ['pestər, AM -ɚ] *vt* ■**to** ~ **sb** jdn belästigen; ***he*** ~***ed me to death*** er ging mir voll auf den Geist *fam;* ■**to ~ sb for sth** jdm mit etw *dat* keine Ruhe lassen; (*beg*) jdn um etw *akk* anbetteln; ***he is always ~ing me for something*** ständig will er etwas von mir; ■**to ~ sb with sth** jdn mit etw *dat* plagen [*o sl* nerven]; ■**to ~ sb to do sth** jdn drängen, etw zu tun

pesticide ['pestɪsaɪd, AM -tə-] *n* Schädlingsbekämpfungsmittel *nt,* Pestizid *nt*

pestiferous [pes'tɪfᵊrəs, AM -fᵊəs] *adj* (*rare*) ansteckend; (*fig*) lästig, ärgerlich

pestilence ['pestɪlᵊn(t)s, AM -tᵊl-] *n usu sing* (*form*) ❶ (*plague*) Seuche *f*
❷ (*fig: destructive force*) Übel *nt*

pestilent ['pestɪlᵊnt, AM -tᵊl-] *adj,* **pestilential** [,pestɪ'len(t)ʃᵊl, AM -tə'-] *adj inv* ❶ (*deadly*) tödlich
❷ (*fig: morally destructive*) zerstörerisch, verderblich
❸ (*troublesome*) lästig

pestle ['pesl̩] *n* Stößel *m;* **~ and mortar** Stößel und Mörser

pesto ['pestəʊ, AM -toʊ] *n no pl* Pesto *nt*

pet [pet] **I.** *n* ❶ (*animal*) Haustier *nt*
❷ (*pej: favourite*) Liebling *m;* **teacher's ~** Liebling *m* des Lehrers/der Lehrerin
❸ (*fam: nice person*) Schatz *m fam*
❹ AUS, BRIT (*fam: darling*) Schatz *m fam,* Liebling *m*
II. *n modifier* ❶ (*concerning animals*) Tier-; **~ cat** Hauskatze *f;* **~ shop** Tierhandlung *f;* **~ snake** Schlange *f* als Haustier
❷ (*favourite*) (*project, theory, charity*) Lieblings-; **to be one's ~ hate** jdm ein Gräuel sein
III. *vi* <-tt-> (*fam*) fummeln *fam*
IV. *vt* <-tt-> ■**to ~ sb/an animal** jdn/ein Tier streicheln [*o* liebkosen]

PETA [,piːiːtiː'eɪ] *n abbrev of* **People for the Ethical Treatment of Animals** Tierschutzbewegung *f*

petal ['petᵊl, AM -t̬ᵊl] *n* ❶ (*flower part*) Blütenblatt *nt*
❷ BRIT (*fam: darling*) Schatz *m fam,* Liebling *m*

petard [pet'ɑːd, AM pɪ'tɑːrd] *n* ❶ (*bomb*) Sprengkörper *m*
❷ (*firecracker*) Feuerwerkskörper *m,* Petarde *f*
► PHRASES: **he was hoist**[**ed**] **by** [*or* **with**] **his own ~** der Schuss ging für ihn nach hinten los *fig fam*

peter ['piːtəʳ, AM -t̬ɚ] **I.** *n* AM (*sl: willy*) Zipfel *m fam*
II. *vi* ■**to ~ out** [allmählich] zu Ende gehen; *conversation, interest* sich *akk* totlaufen; *storm* abklingen; *trail, track, path* sich *akk* verlieren

Peter ['piːtəʳ, AM -t̬ɚ] ► PHRASES: **to rob ~ to pay Paul** das eine Loch stopfen und ein anderes aufmachen *fig*

Peter Pan *n* (*hum fam*) Peter Pan; ***don't be such a ~!*** sei nicht immer so kindisch! **Peter Pan collar** *n kleiner, abgerundeter Kragen*

petit bourgeois [,peti'bɔːʒwɑː, AM pə,tiːbʊr'ʒwɑː] *adj inv* (*also pej*) kleinbürgerlich *a. pej*

petit bourgeoisie [,peti,bɔːʒwɑː'ziː, AM pə,tiːbʊr-] *n no pl* (*also pej*) Kleinbürgertum *nt*

petite [pə'tiːt] *adj inv* (*approv*) *person* zierlich; FASHION **~ clothing** Kleidung *f* in kleinen Größen

petit four <*pl* petits fours> [,peti'fɔːʳ, AM ,pet̬i'fɔːr] *n* Petits fours *pl*

petition [pə'tɪʃᵊn] **I.** *n* ❶ (*signed document*) Petition *f,* Unterschriftenliste *f* (**against/for** gegen/für +*akk*); **to get up a ~ against/for sth** Unterschriften gegen/für etw *akk* sammeln
❷ LAW (*written request*) Gesuch *nt,* Bittschrift *f;* **to file a ~ for divorce** eine Scheidungsklage einreichen
II. *vi* ❶ (*start a written action*) ■**to ~ about** [*or* **for**] **sth** für etw *akk* Unterschriften sammeln
❷ LAW (*request formally*) ■**to ~ for sth** einen Antrag auf etw *akk* stellen; **to ~ for divorce** eine Scheidungsklage einreichen
III. *vt* ■**to ~ sb for sth** jdn um etw *akk* ersuchen *form;* ■**to ~ sb to do sth** jdn ersuchen, etw zu tun *form*

petitioner [pə'tɪʃᵊnəʳ, AM -ɚ] *n* ❶ (*collecting signatures*) Unterschriftensammler(in) *m(f)*
❷ LAW Kläger(in) *m(f);* **~ in bankruptcy** Konkurssteller(in) *m(f)*

petit mal [,peti'mæl, AM pə'tiː'mɑːl] *n no pl* MED Petit mal *nt fachspr,* abortiver epileptischer Anfall *fachspr* **petit point** [,peti'pɔɪnt, AM 'pet̬i,pɔɪnt] *n no pl* ❶ (*embroidery*) Petit point *nt* ❷ (*stitch*) Perlstich *m* **petit pois** [,peti'pwɑː] *npl* BRIT Zuckererbsen *fpl*

petits fours [,peti'fɔːz, AM ,pet̬i'fɔːrz] *n pl of* **petit four**

pet name *n* Kosename *m*

Petrarch ['petrɑːk, AM 'piːtrɑːrk] *n no pl* Petrarca

petrel ['petrᵊl] *n* Sturmvogel *m*

Petri dish ['petri,-, AM 'piːt-] *n* Petrischale *f*

petrifaction [,petrɪ'fækʃᵊn] *n,* **petrification** [,petrɪfɪ'keɪʃᵊn] *n* ❶ (*changing to stone*) Versteinerung *f,* Petrifikation *f fachspr*
❷ (*state of terror*) Versteinerung *f fig,* Lähmung *f fig*

petrified ['petrɪfaɪd] *adj inv* ❶ (*fossilized*) versteinert
❷ (*terrified*) versteinert *fig,* gelähmt *fig;* ■**to be ~ of sth** vor etw *dat* panische Angst haben; **to be ~ with fear** vor Angst wie gelähmt sein
❸ *attr* (*liter: old and unchanging*) aus grauer Vorzeit *nach n*

petrify ['petrɪfaɪ] **I.** *vi* versteinern, petrifizieren *fachspr*
II. *vt* ■**to ~ sb** jdm schreckliche Angst einjagen

petrifying ['petrɪfaɪɪŋ] *adj* Furcht erregend; **to have a ~ fear of sth** vor etw *dat* eine Heidenangst haben *fam*

petrochemical [,petrə(ʊ)'kemɪkᵊl, AM -troʊ'-] **I.** *n* petrochemisches Produkt
II. *adj attr, inv* petrochemisch

petrodollar ['petrəʊ,dɒləʳ, AM -troʊ,dɑːlɚ] *n* Petrodollar *m*

petrol ['petrᵊl] BRIT, AUS **I.** *n no pl* Benzin *nt;* ***I'm a bit low on ~*** ich hab kaum noch Benzin; ***I/my car ran out of ~*** mir ging das Benzin aus; **unleaded ~** bleifreies Benzin; **to get ~** [*or* **put ~ in**] tanken
II. *n modifier* (*tank, leak*) Benzin-; **~ cap** Tankdeckel *m;* **~ company** Erdölgesellschaft *f*

petrol bomb *n* Molotowcocktail *m* **petrol-bomb** *vt* BRIT, AUS ■**to ~ sth/sb** etw/jdn mit Molotowcocktails bewerfen **petrol-bombing** *n* BRIT, AUS Anschlag *m* mit Molotowcocktails **petrol can** *n* BRIT, AUS Benzinkanister *m* **petrol consumption** *n no pl* BRIT, AUS Benzinverbrauch *m* **petrol dump** *n* BRIT, AUS Benzinlager *nt* **petrol engine** *n* BRIT, AUS Benzinmotor *m*

petroleum [pə'trəʊliəm, AM -'troʊ-] **I.** *n* Erdöl *nt,* Mineralöl *nt;* **~ exporting countries** Erdöl exportierende Länder; **crude ~** Rohöl *nt*
II. *n modifier* (*industry, company, product, leak*) Erdöl-

petroleum industry *n* ECON Erdöl verarbeitende Industrie **petroleum jelly** *n no pl* Vaseline *f* **petroleum products** *n* ECON Rohölprodukte *ntpl* **petroleum revenues** *n* ECON Erdöleinnahmen *fpl*

petrol gauge *n* Benzinuhr *f,* Tankanzeige *f* **petrol lorry** *n* BRIT, AUS Tankwagen *m*

petrology [pet'rɒlədʒi, AM pə'trɑː] *n no pl* GEOL Petrologie *f*

petrol pipe *n* BRIT, AUS Benzinleitung *f* **petrol pump** *n* BRIT, AUS Zapfsäule *f;* (*nozzle*) Zapfhahn *m* **petrol station** *n* BRIT, AUS Tankstelle *f* **petrol tank** *n* BRIT, AUS Benzintank *m*

pet-sitter ['petsɪtəʳ, AM -t̬ɚ] *n* Haustiersitter *m, jd, der ein Haustier während der Abwesenheit des Besitzers versorgt*

petticoat ['petɪkəʊt, AM -t̬ɪkoʊt] *n* (*dated*) Unterrock *m;* (*stiff*) Petticoat *m;* (*hanging from the shoulders*) Unterkleid *nt*

pettifogging ['petɪ,fɒgɪŋ, AM -t̬ɪ,fɑːg-] *adj* (*pej dated: petty*) kleinlich *pej;* (*insignificant*) belanglos; **~ lawyer** Winkeladvokat(in) *m(f) pej*

pettiness ['petɪnəs, AM -t̬-] *n no pl* ❶ (*insignificance*) Belanglosigkeit *f;* (*triviality*) Trivialität *f*
❷ (*small-mindedness*) Kleinlichkeit *f pej*

petting ['petɪŋ, AM -t̬-] *n no pl* ❶ (*stroking*) Streicheln *nt*
❷ (*sexual fondling*) Petting *nt*

petting zoo *n* Streichelzoo *m*

pettish ['petɪʃ, AM -t̬-] *adj person* reizbar; *reaction, mood* gereizt; **~ behaviour** Widerborstigkeit *f*

pettishly ['petɪʃli, AM 'pet̬-] *adv* übellaunig

petty ['peti, AM -t̬i] *adj* (*pej*) ❶ (*insignificant*) unbedeutend, belanglos; (*trivial*) trivial; **~ annoyance/intrigue** kleines Ärgernis/kleine Intrige
❷ (*small-minded*) kleinlich *pej,* kleinkariert *pej fam;* **~ jealousy** Eifersüchteleien *fpl*
❸ LAW (*on a small scale*) geringfügig; **~ larceny** [*or* **theft**] Bagatelldiebstahl *m;* **~ racketeer** kleiner Gauner/kleine Gaunerin *pej*

petty bourgeois [,peti'bɔːʒwɑː, AM pə,tiːbʊr'ʒwɑː] *adj inv* (*also pej*) kleinbürgerlich *a. pej*

petty bourgeoisie [,peti,bɔːʒwɑː'ziː, AM pə,tiːbʊr-] *n no pl* (*also pej*) Kleinbürgertum *nt*

petty cash *n no pl* Portokasse *f* **petty crime** *n* Bagatelldelikt *nt* **petty-minded** *adj* (*pej*) kleinkariert *pej fam* **petty officer** *n* NAUT ≈ Marineunteroffizier *m*

petulance ['pejələn(t)s, AM 'petʃə-] *n no pl* (*pej*) Verdruss *m,* Missmut *m; of a child* Bockigkeit *f;* **in an outburst of ~** voll Verdruss

petulant ['pejələnt, AM 'petʃə-] *adj* (*pej*) verdrießlich; *child* bockig; *look* verdrossen

petulantly ['pejələntli, AM 'petʃə-] *adv* (*pej*) verdrossen

petunia [pɪ'tjuːniə, AM pə'tuːnjə] *n* Petunie *f*

pew [pjuː] *n* Kirchenbank *f*
► PHRASES: **have** [*or* **take**] **a ~** (*fam*) setz dich

pewit *n esp* AM *see* **peewit**

pewter ['pjuːtəʳ, AM -t̬ɚ] **I.** *n no pl* Zinn *nt*
II. *n modifier* (*plate, statue, urn*) Zinn-

peyote [peɪ'oʊt̬i] *n no pl* AM Peyotl *m*

pfft [fət] *adv* AM (*fam*) kaputt *fam;* **to go ~** kaputtgehen *fam; marriage* in die Brüche gehen

PG [,piː'dʒiː] *abbrev of* **parental guidance I.** *adj inv* **to be rated ~** nicht jugendfrei sein; **~-13** frei ab 13
II. *n* ***the film's a ~*** der Film ist nicht jugendfrei

pg *n* <*pl* pp> AM *abbrev of* **page** S.

PGA [,piːdʒiː'eɪ] *n no pl, + sing/pl vb* AM *abbrev of* **Professional Golfers' Association** PGA *f*

PGCE [,piːdʒiːsiː'iː] BRIT *abbrev of* **Postgraduate Certificate in Education**

pH [,piː'eɪtʃ] **I.** *n usu sing* pH-Wert *m*
II. *n modifier* pH-; **~ value** pH-Wert *m;* **~-balanced** [*or* **~-neutral**] pH-neutral

phagocyte ['fægə(ʊ)saɪt, AM -goʊ-] *n* MED Phagozyt *m fachspr,* Fresszelle *f*

phalanges [fæl'ændʒiːz, AM fə'læn-] *n pl of* **phalanx**

phalanx <*pl* -es *or* phalanges> ['fælæŋ(k)s, *pl* fæl'ændʒiːz, AM 'feɪl-, *pl* fə'lændʒiːz] *n* (*form*) Phalanx *f geh*

phallic ['fælɪk] *adj inv* phallisch; **~ period** (*form*) phallische Phase *geh*

phallocentric [,fælə(ʊ)'sentrɪk, AM -loʊ'-] *adj* (*liter*) phallozentrisch *geh*

phallus <*pl* -es *or* -li> ['fæləs, *pl* -laɪ] *n* Phallus *m geh*

phantasm ['fæntæzᵊm] *n* (*liter*) ❶ (*something imaginary*) Trugbild *nt;* PSYCH Phantasma *nt fachspr*
❷ (*illusory being*) Geistererscheinung *f*

phantasmagoria [,fæntæzmə'gɔːriə] *n* (*liter*) Phantasmagorie *f geh,* Trugbild *nt*

phantasmagorical [,fæntæzmə'gɒrɪkᵊl, AM 'gɔːrɪk] *adj* phantasmagorisch *geh*

phantasmal [fæn'tæzmᵊl] *adj inv* (*liter*) ❶ (*imaginary*) erfunden, Fantasie-
❷ (*ghost-like*) fantastisch, geisterhaft

phantasy <*pl* -sies> ['fæntəsi, AM t̬ə] *n* PSYCH (*old*) *see* **fantasy** Fantasie *f*

phantom ['fæntəm, AM -t̬-] **I.** *n* Geist *m,* Gespenst *nt;* **~s of one's past** Gespenster *ntpl* der Vergangenheit
II. *adj attr, inv* ❶ (*ghostly*) Geister-; **~ ship** Geisterschiff *nt*
❷ (*caused by mental illusion*) Phantom-; **~ limb**

P

pains Phantomschmerzen *mpl*
③ (*for show*) Schein-; ~ **organization** Scheinfirma *f*
phantom pregnancy *n* BRIT, AUS Scheinschwangerschaft *f*
pharaoh ['feərəʊ, AM 'feroʊ] *n* Pharao *m*
pharisaic(al) [ˌfærɪ'seɪɪk(ᵊl), AM ˌferɪ'-] *adj inv* ① (*of Jewish sect*) pharisäisch *geh*
② (*fig pej: hypocritical*) pharisäerhaft, pharisäisch *geh*
Pharisee ['færɪsiː, AM 'fer-] *n* ① ■**the ~s** *pl* (*Jewish tribe*) die Pharisäer *pl*
② (*fig liter: hypocrite*) Pharisäer(in) *m(f) geh*
pharmaceutic [ˌfɑːmə'sjuːtɪk, AM ˌfɑːrmə'suːt̬-] *adj inv* pharmazeutisch; ~ **company** Pharmafirma *f*
pharmaceutical [ˌfɑːmə'sjuːtɪkᵊl, AM ˌfɑːrmə'suːt̬-] *adj attr, inv* pharmazeutisch; ~ **industry** Pharmaindustrie *f*
pharmaceuticals [ˌfɑːmə'sjuːtɪkᵊlz, AM ˌfɑːrmə'suːt̬-] *npl* Pharmaka *ntpl*
pharmaceutics [ˌfɑːmə'sjuːtɪks, AM ˌfɑːrmə'suːt̬-] *n no pl* Pharmazie *f*; **to go into** ~ Pharmazie studieren
pharmaceutics industry *n no pl* Pharmaindustrie *f*
pharmacist ['fɑːməsɪst, AM 'fɑːr-] *n* Apotheker(in) *m(f)*, Pharmazeut(in) *m(f)*
pharmacogenomics [ˌfɑːməkə(ʊ)dʒɪ'nɒmɪks, AM ˌfɑːrməkoʊdʒɪ'nɑːmɪks] *n + sing vb* Pharmagenomics *pl fachspr* (*Verbindung von pharmazeutischer Genetik und Bioinformatik, um maßgeschneiderte Medikamente zu erzeugen*)
pharmacognosy [ˌfɑːmə'kɒgnəsi, AM ˌfɑːrmə'kɑːg-] *n no pl* Kunde *f* der Naturdrogen
pharmacological [ˌfɑːməkə'lɒdʒɪkᵊl, AM ˌfɑːrməkə'lɑː] *adj inv* pharmakologisch
pharmacologist [ˌfɑːmə'kɒlədʒɪst, AM ˌfɑːrmə'kɑːl-] *n* Pharmakologe, -in *m, f*
pharmacology [ˌfɑːmə'kɒlədʒi, AM ˌfɑːrmə'kɑːl-] *n no pl* Pharmakologie *f*
pharmacopoeia [ˌfɑːməkə'piːə, AM ˌfɑːrmə'koʊ-] *n usu sing* ① (*drugs book*) Pharmakopöe *f fachspr*, amtliches Arzneibuch
② (*stock of medicine*) Arzneimittellager *nt*
pharmacy ['fɑːməsi, AM 'fɑːr-] *n* ① (*store*) Apotheke *f*
② *no pl* (*study*) Pharmazie *f*
pharyngeal [fə'rɪndʒiəl] *adj* pharyngeal *fachspr*, Rachen-, im Rachenraum *nach n*
pharyngitis [ˌfærɪn'dʒaɪtɪs, AM ˌferɪn'dʒaɪt̬-] *n no pl* Pharyngitis *f fachspr*, Rachenentzündung *f*
pharynx <*pl* pharynges> ['færɪŋks, *pl* fær'ɪndʒiːz, AM *pl* fə'rɪn-] *n* MED Pharynx *m fachspr*, Rachen *m*
phase [feɪz] **I.** *n* Phase *f*; (*part*) Abschnitt *m*; *of illness* Stadium *nt*; **moon** ~ Mondphase *f*; **developmental** ~ Entwicklungsphase *f*; **to go through a** ~ eine Phase durchlaufen; **in** ~ phasengleich *fachspr*, in Phase *fachspr*; **out of** ~ phasenverschoben *fachspr*
II. *vt usu passive* ■**to ~ sth** (*implement*) etw stufenweise durchführen; (*introduce*) etw stufenweise einführen; (*coordinate*) etw synchronisieren [*o* aufeinander abstimmen]; **~d withdrawal of troops** schrittweiser Truppenrückzug; ■**to ~ sth into sth** etw in etw *akk* eingliedern
◆**phase in** *vt* ■**to ~ in** ⊂ **sth** etw stufenweise einführen
◆**phase out** *vt* ① ECON (*gradually stop*) ■**to ~ out** ⊂ **sth** etw auslaufen lassen; **to ~ out production** die Produktion stufenweise einstellen
② (*fig: get rid of*) ■**to ~ sb out** jdn abservieren *fam*
phase-out *n* schrittweiser Abbau
phasing ['feɪzɪŋ] *n no pl* Synchronisierung *f*, Gleichschaltung *f*
phat [fæt] *adj* (*sl: Black English: cool, hip*) toll, schick, super *sl*
phatic ['fætɪk, AM 'fæt̬] *adj inv* LING phatisch
PhD [ˌpiːeɪtʃ'diː] *n abbrev of* **Doctor of Philosophy** Dr., Doktor *m*; ***she has a ~ in physics*** sie ist promovierte Physikerin; ***he's doing a ~ at Oxford*** er macht gerade in Oxford seinen Doktor *fam*; ***she is a ~*** sie hat einen Doktortitel; ~ **student** Doktorand(in) *m(f)*; ~ **thesis** Doktorarbeit *f*, Dissertation *f*
pheasant <*pl* -s *or* -> ['fezᵊnt] *n* Fasan *m*; **golden** ~ Goldfasan *m*
phenol ['fiːnɒl, AM noʊl] *n* CHEM Phenol *nt*
phenom [fɪ'nɑːm] *n* AM (*sl*) *short for* **phenomenon** Phänomen *nt geh*
phenomena [fɪ'nɒmɪnə, AM fə'nɑːmə-] *n pl of* **phenomenon**
phenomenal [fɪ'nɒmɪnᵊl, AM fə'nɑːmə-] *adj* (*great*) phänomenal, überwältigend
phenomenalism [fɪ'nɒmɪnᵊlɪzᵊm, AM fə'nɑːmə] *n no pl* PHILOS Phänomenalismus *m*
phenomenally [fɪ'nɒmɪnᵊli, AM fə'nɑːmə-] *adv* phänomenal
phenomenological [fɪˌnɒmɪnə'lɒdʒɪkᵊl, AM fəˌnɑːmənə'lɑːdʒ-] *adj* PHILOS phänomenologisch *fachspr*
phenomenology [fɪˌnɒmɪ'nɒlədʒi, AM fəˌnɑːmə'nɑːl-] *n* PHILOS Phänomenologie *f fachspr*
phenomenon <*pl* -mena *or* -s> [fɪ'nɒmɪnən, *pl* -mɪnə, AM fə'nɑːmənɑːn, *pl* -mənə] *n* Phänomen *nt geh*
phenotype ['fenə(ʊ)taɪp, AM -noʊ-] *n* BIOL Phänotypus *m fachspr*
pheromone ['ferəməʊn, AM -moʊn] *n* BIOL Pheromon *nt meist pl fachspr*
phew [fjuː] *interj* (*fam*) puh
phial ['faɪəl] *n* BRIT (*dated*) Phiole *f*
Phi Beta Kappa [ˌfaɪˌbiːtə'kæpə, AM -ˌbeɪt̬ə'-] *n no pl* AM ① (*organization*) *amerikanische Vereinigung herausragender Akademiker/-innen*
② (*person*) *Mitglied dieser Vereinigung*
philander [fɪ'lændəʳ, AM -ɚ] *vi* (*pej dated*) schäkern *oft hum*, tändeln *veraltend*; ■**to ~ with sb** mit jdm schäkern
philanderer [fɪ'lændᵊrəʳ, AM -ɚɚ] *n* (*pej dated*) Schäker *m oft hum*, Schürzenjäger *m pej fam*
philandering [fɪ'lændᵊrɪŋ, AM -ɚ-] **I.** *n no pl* (*pej dated*) Geschäker *a. pej*
II. *adj inv* (*pej dated*) schäkernd *a. hum*
philanthropic [ˌfɪlən'θrɒpɪk, AM -æn'θrɑː-] *adj* philanthropisch *geh*, menschenfreundlich; ~ **organization** Hilfsorganisation *f*
philanthropist [fɪ'læn(t)θrəpɪst, AM fə'-] *n* (*donor*) Philanthrop(in) *m(f) geh*, Menschenfreund(in) *m(f)*
philanthropy [fɪ'læn(t)θrəpi, AM fə'-] *n no pl* Wohltätigkeit *f*, Philanthrophie *f geh*; ***in the spirit of ~ he donated a large sum of money*** in Geberlaune spendete er eine hohe Geldsumme
philatelic [ˌfɪlə'telɪk] *adj inv* philatelistisch *geh*; ~ **collection** Briefmarkensammlung *f*
philatelist [fɪ'lætᵊlɪst, AM -'læt̬-] *n* Philatelist(in) *m(f) geh*, Briefmarkensammler(in) *m(f)*
philately [fɪ'lætᵊli, AM -'læt̬-] *n no pl* Philatelie *f*, Briefmarkenkunde *f*
philharmonic [ˌfɪl(h)ɑː'mɒnɪk, AM -hɑːr'mɑːn-] *adj attr, inv* philharmonisch; **the Vienna ~ Orchestra** die Wiener Philharmoniker *pl*
Philharmonic [ˌfɪl(h)ɑː'mɒnɪk, AM -hɑːr'mɑːn-] *n* Philharmonie *f*
philhellenic [ˌfɪlhel'iːnɪk, AM -hə'len-] *adj* philhellenistisch
philhellenism [fɪl'helɪnɪzᵊm, AM -'helə-] *n* Philhellenismus *m*
philhellenist [fɪl'helɪnɪst, AM -'helə-] *n* Philhellene, -in *m, f*
philippic [fɪ'lɪpɪk] *n* (*form*) Strafpredigt *f*, Philippika *f geh*
Philippine ['fɪlɪpiːn, AM 'fɪlə] *adj inv* philippinisch
Philippines ['fɪlɪpiːnz, AM -ləp-] *npl* ■**the** ~ die Philippinen *pl*
philistine ['fɪlɪstaɪn, AM -stiːn] (*pej*) **I.** *n* Banause *m pej*
II. *adj inv* banausisch *pej*
Philistine ['fɪlɪstaɪn, AM -stiːn] *n* HIST Philister *m*
philistinism ['fɪlɪstɪnɪzᵊm, AM 'fɪlɪsti:] *n no pl* Banausentum *nt*, Philistertum *nt geh*
philological [ˌfɪlə'lɒdʒɪkᵊl, AM -'lɑːdʒ-] *adj inv* (*dated*) philologisch
philologist [fɪ'lɒlədʒɪst, AM -'lɑːlə-] *n* Philologe, -in *m, f*
philology [fɪ'lɒlədʒi, AM -'lɑːlə-] *n no pl* Philologie *f*
philosopher [fɪ'lɒsəfəʳ, AM -'lɑːsəfɚ] *n* Philosoph(in) *m(f)*; **the ~s' stone** der Stein der Weisen
philosophic(al) [ˌfɪlə'sɒfɪk(ᵊl), AM -'sɑːf-] *adj* ① PHILOS philosophisch
② (*calm*) abgeklärt, gelassen
philosophically [ˌfɪlə'sɒfɪkᵊli, AM -'sɑːf-] *adv* ① (*calmly*) abgeklärt, gelassen
② PHILOS philosophisch betrachtet
philosophize [fɪ'lɒsəfaɪz, AM -'lɑːs-] *vi* philosophieren; (*make excuses*) sich *akk* herausreden; ■**to ~ about sth** über etw *akk* philosophieren
philosophy [fɪ'lɒsəfi, AM -'lɑːs-] **I.** *n no pl* Philosophie *f*; ***the ~ of religion is based on the idea that there is a God*** grundlegend für alle Religionen ist die Annahme, dass es einen Gott gibt; ~ **on life** Lebensphilosophie *f*
II. *n modifier* (*degree, course, writer*) Philosophie-
philter ['fɪlt̬ɚ] AM, **philtre** [-təʳ] *n* Liebestrank *m*
phlebitis [flɪ'baɪtɪs, AM fliː'baɪt̬-] *n* MED Phlebitis *f fachspr*, Venenentzündung *f*; **to contract** ~ an einer Venenentzündung erkranken
phlebotomy <*pl* -mies> [flɪ'bɒtəmi, AM -'bɑːt̬ə-] *n modifier* Phlebotomie *f*
phlegm [flem] *n no pl* ① (*mucus*) Schleim *m*; **to cough up** ~ Schleim abhusten
② (*calmness*) Gleichmut *m*
③ (*apathetic temperament*) Phlegma *nt geh*
phlegmatic [fleg'mætɪk, AM -t̬ɪk] *adj* ① (*calm*) gleichmütig
② (*apathetic*) phlegmatisch
phlox <*pl* - *or* -es> [flɒks, AM flɑːks] *n* Phlox *m*, Flammenblume *f*
phobia ['fəʊbiə, AM 'foʊ-] *n* Phobie *f*; ■**~ about sth** [krankhafte] Angst *dat* vor etw
phobic ['fəʊbɪk, AM 'foʊ-] *adj* ① PSYCH phobisch
② (*fig fam: very wary*) panisch; ■**to be ~ about sth** [eine hysterische] Angst vor etw *dat* haben *fam*; **to be ~ about spiders** eine Spinnenphobie haben
Phoenician [fɪ'nɪʃᵊn, AM fə'] **I.** *n* ① (*person*) Phönizier(in) *m(f)*
② *no pl* (*language*) Phönizisch *nt*
II. *adj inv* phönizisch
phoenix ['fiːnɪks] *n usu sing* Phönix *m*; **to rise like a ~ from the ashes** wie ein Phönix aus der Asche aufsteigen
phon [fɒn, AM fɑːn] *n* Phon *nt*
phone [fəʊn, AM foʊn] **I.** *n* Telefon *nt*; ***she put down the ~ on me*** sie hat [bei unserem Gespräch] einfach aufgelegt; **to answer the** ~ ans Telefon gehen; **to hang up** [*or* **put down**] **the** ~ auflegen; **to pick up the** ~ abheben, abnehmen; **to speak** [**to sb**] **by** [*or* **on the**] ~ [mit jdm] telefonieren; **on the** ~ am Telefon; BRIT **to be on the** ~ (*telephoning*) telefonieren; (*dated: have a telephone*) ans Telefonnetz angeschlossen sein
II. *n modifier* (*receiver, table*) Telefon-; ~ **call** [Telefon]anruf *m*; ~ **line** Telefonleitung *f*
III. *vt* ■**to ~ sb/sth** jdn/etw anrufen; ***you should ~ home*** du solltest zu Hause anrufen
IV. *vi* telefonieren
◆**phone back** *vt* ■**to ~ back** ⊂ **sb** jdn zurückrufen
◆**phone in I.** *vi* anrufen; **to ~ in ill** [*or* **sick**] sich *akk* telefonisch krank melden
II. *vt* ① (*information*) ■**to ~ in** ⊂ **sth** etw telefonisch durchgeben; **to ~ in a message** eine Nachricht hinterlassen
② (*call to come*) ■**to ~ sb in** ***they ~d me in because someone was sick*** ich bekam einen Anruf, dass ich arbeiten musste, weil jemand krank geworden war
◆**phone round** *vi* BRIT herumtelefonieren *fam*
◆**phone through** *vi* ■**to ~ through for sth** etw telefonisch erfragen; ■**to ~ through with sth** etw telefonisch durchgeben
◆**phone up** *vt* ■**to ~ up** ⊂ **sb/sth** jdn/etw anrufen
phone bank *n* (*phones*) Telefonpool *m*; (*people*) *Gruppe von Leuten, die telefonische Umfragen*

macht **phone book** *n* Telefonbuch *nt* **phone booth** *n* Telefonzelle *f* **phone box** *n* Brit Telefonzelle *f* **phonecard** *n* Telefonkarte *f* **phone-in** **I.** *n Sendung, bei der sich das Publikum telefonisch beteiligen kann* **II.** *adj attr, inv* ~ **listener** *Hörer/Hörerin von Anrufsendungen;* ~ **programme** *Sendung mit telefonischer Publikumsbeteiligung*
phoneme ['fəʊniːm, Am 'foʊ-] *n* Ling Phonem *nt fachspr*
phonemic [fəʊ'nemɪk, Am foʊ'] *adj inv* Ling phonemisch *fachspr*
phonetic [fə(ʊ)'netɪk, Am fə'neṭ-] *adj inv* Ling phonetisch *fachspr;* ~ **transcription** phonetische Umschrift
phonetically [fə(ʊ)'netɪkᵊli, Am fə'neṭ-] *adv inv* Ling phonetisch *fachspr*
phonetic alphabet *n* Ling phonetisches Alphabet *fachspr;* **the International P~ A~** das Internationale Phonetische Alphabet
phonetician [,fəʊnɪ'tɪʃᵊn, Am ,foʊnə'-] *n* Ling Phonetiker(in) *m(f) fachspr*
phonetics [fə(ʊ)'netɪks, Am fə'neṭ-] *n + sing vb* Ling Phonetik *f kein pl fachspr*
phoney ['fəʊni, Am 'foʊ-] *(pej)* **I.** *adj (fam) accent, smile* aufgesetzt, künstlich; *address* falsch; *documents* gefälscht, faul *fam;* ~ **business people** zweifelhafte Geschäftsleute; ~ **market researchers** angebliche Marktforscher
► Phrases: **to be as ~ as a two-dollar bill** Am *(fam) person* ein falscher Fuffziger sein; *(fam) qualifications* fauler Zauber sein
II. *n (impostor)* Hochstapler(in) *m(f); (pretender)* Schwindler(in) *m(f); (fake)* Fälschung *f;* ***the doctor was a ~*** der Doktor war ein Scharlatan
phoney war *n esp* Brit *(hist) ruhiger Zeitabschnitt im Zweiten Weltkrieg*
phonic ['fɒnɪk, Am 'fɑː-] *adj* Ling phonisch *fachspr*
phonograph ['fəʊnəgrɑːf, Am 'foʊnəgræf] *n* ❶ *(hist: type of gramophone)* Phonograph *m hist*
❷ Am *(record player)* Plattenspieler *m*
phonological [,fəʊnə'lɒdʒɪkᵊl, Am ,foʊnə'lɑː-] *adj inv* Ling phonologisch *fachspr*
phonology [fə(ʊ)'nɒlədʒi, Am fə'nɑː-] *n no pl* Ling Phonologie *f fachspr*
phony *adj* Am *see* **phoney**
phooey ['fuːi] *interj (hum fam)* pah *fam,* pfui *fam*
phosphate ['fɒsfeɪt, Am 'fɑːs-] *n* Phosphat *nt*
phosphor ['fɒsfəʳ, Am 'fɑːs] *n,* **phosphorus** ['fɒsfəʳəs, Am 'fɑːs] *n* Chem *(old)* Phosphor *m,* [phosphoreszierende] Leuchtmasse *f*
phosphorescence [,fɒsfᵊr'esᵊn(t)s, Am ,fɑːsfə'res-] *n no pl* Phosphoreszenz *f,* Postlumineszenz *f*
phosphorescent [,fɒsfᵊr'esᵊnt, Am ,fɑːsfə'res-] *adj* phosphoreszierend
phosphoric [fɒs'fɒrɪk, Am fɑːs'fɔːr-] *adj,* **phosphorous** ['fɒsfᵊrəs, Am 'fɑːs-] *adj* Chem phosphorig *fachspr*
phosphorus ['fɒsfᵊrəs, Am 'fɑːs-] *n no pl* Phosphor *m*
photo ['fəʊtəʊ, Am 'foʊṭoʊ] *n short for* **photograph** Foto *nt*
photo- ['fəʊtəʊ, Am 'foʊṭoʊ] *in compounds* ❶ *(relating to photography)* Foto-
❷ *(relating to light)* Licht-, Photo- *fachspr*
photo album *n* Fotoalbum *nt* **photocall** *n* Fototermin *m* **photocell** *n* Fotozelle *f*
photochemical *adj inv* photochemisch; ~ **reaction** photochemische Reaktion; ~ **smog** Ozonsmog *m* **photocomposition** *n no pl* Publ Lichtsatz *m fachspr* **photocopier** *n* [Foto]kopierer *m* **photocopy** **I.** *n* [Foto]kopie *f;* **to make a ~ of sth** eine [Foto]kopie von etw *dat* machen, etw [foto]kopieren **II.** *vt* ■**to ~ sth** etw [foto]kopieren
photocopying *n* Phot ~ **bureau** Fotokopierbüro *nt* **photoelectric** *adj inv* photoelektrisch **photoelectric cell** *n* photoelektrische Zelle
photo finish *n* Sports Fotofinish *nt fachspr* **photofit** ['fəʊtə(ʊ)fɪt] *n,* **photofit picture** *n* Brit Phantombild *nt* **photo frame** *n* Fotorahmen *m*
photogenic [,fəʊtə(ʊ)'dʒenɪk, Am ,foʊṭə'-] *adj* fotogen
photograph ['fəʊtəgrɑːf, Am 'foʊṭəgræf] **I.** *n* Fotografie *f,* Foto *nt;* **aerial** ~ Luftaufnahme *f;* **colour** [*or* Am **color**]/**black-and-white** ~ Farbfotografie/Schwarz-Weiß-Fotografie *f;* **nude** ~ Nacktfoto *nt,* Aktfoto *nt;* **to take a ~ [of sb/sth]** [jdn/etw] fotografieren, ein Foto [von jdm/etw] machen
II. *vt* ■**to ~ sb/sth** jdn/etw fotografieren
III. *vi* **to ~ well/badly** gut/schlecht auf Fotos aussehen; ***he ~s well*** er ist fotogen
photograph album *n* Fotoalbum *nt*
photographer [fə'tɒgrəfəʳ, Am -'tɑːgrəfɚ] *n* Fotograf(in) *m(f);* **~'s model** Fotomodell *nt;* **press** ~ Pressefotograf(in) *m(f);* **amateur** ~ Hobbyfotograf(in) *m(f)*
photographic [,fəʊtə'græfɪk, Am ,foʊṭə'-] *adj inv* fotografisch; ~ **equipment** Fotoausrüstung *f;* ~ **film** Film *m;* ~ **image** Fotografie *f*
photographically [,fəʊtə'græfɪkᵊli, Am ,foʊṭə'-] *adv inv* fotografisch
photographic memory *n* fotografisches Gedächtnis
photography [fə'tɒgrəfi, Am -'tɑːg-] *n no pl* Fotografie *f*
photogravure [fəʊtəʊgrə'vjʊəʳ, Am foʊṭoʊgrə'vjʊr] *n no pl* Photogravüre *f*
photojournalism *n no pl* Fotojournalismus *m*
photojournalist *n* Fotojournalist(in) *m(f)*
photometer [fə(ʊ)'tɒmɪtəʳ, Am foʊ'tɑːmɪṭɚ] *n* Tech Photometer *nt fachspr*
photomontage [,fəʊtə(ʊ)mɒn'tɑːʒ, Am ,foʊṭoʊmɑːn'-] *n* Fotomontage *f*
photon ['fəʊtɒn, Am 'foʊtɑːn] *n* Phys Photon *nt fachspr*
photo op *n (fam) short for* **photo opportunity** Fototermin *m* **photo opportunity** *n* Fototermin *m* **photo reporter** *n* Fotoreporter(in) *m(f)*
photosensitive *adj* lichtempfindlich **photosensitize** *vt* ■**to ~ sth** etw lichtempfindlich machen
photo session *n* Fototermin *m* **photosetting** *n no pl* Publ Lichtsatz *m fachspr*
photostat <-tt-> ['fəʊtə(ʊ)stæt, Am 'foʊtoʊ-] *vt* ■**to ~ sth** etw fotokopieren **photostat®** *n* Fotokopierer *f; (copy)* Fotokopie *f* **photosynthesis** *n no pl* Biol, Chem Photosynthese *f fachspr* **photosynthesize** **I.** *vt* Biol, Chem ■**to ~ sth** etw durch Photosynthese umwandeln **II.** *vi* Photosynthese betreiben
phototropism [fəʊ'tɒtrəpɪzᵊm, Am foʊ'tɑː-] *n no pl* Bot Phototropismus *m fachspr*
photovoltaic [,fəʊtə(ʊ)vɒl'teɪɪk, Am ,foʊṭoʊvɑːl'-] *adj* ~ **technology** Photovoltaik *f fachspr (Teilgebiet der Elektronik)*
phrasal ['freɪzᵊl] *adj inv* Ling Satz-
phrasal verb *n* Ling Phrasal Verb *nt (Grundverb mit präpositionaler oder adverbialer Ergänzung)*
phrase [freɪz] **I.** *n* ❶ *(words)* Satz *m; (idiomatic expression)* Ausdruck *m,* [Rede]wendung *f;* **noun/verb** ~ Ling Nominal-/Verbalphrase *f fachspr;* **turn of** ~ Ausdrucksweise *f; (in writing)* Stil *m;* ***she had a clever turn of ~ on occasion*** gelegentlich drückte sie sich sehr clever aus; ■**in sb's** ~ mit jds Worten; ***'I came,' in Caesar's ~, 'I saw, and I conquered'*** um es wie Cäsar auszudrücken: ‚ich kam, sah und siegte'
❷ Mus *(series of notes)* Phrase *f fachspr*
II. *vt* ■**to ~ sth** etw formulieren
phrase book *n* Sprachführer *m*
phraseology [,freɪzi'ɒlədʒi, Am -'ɑːl-] *n no pl* Ausdrucksweise *f;* Ling Phraseologie *f fachspr*
phrasing ['freɪzɪŋ] *n no pl* ❶ *(manner of speaking or writing)* Formulierung *f;* ***the ~ of the contract is rather ambiguous*** der Vertrag ist ziemlich zweideutig formuliert
❷ Mus Phrasierung *f fachspr*
phrenetic *adj see* **frenetic**
phrenology [frɪ'nɒlədʒi, Am -'nɑː-] *n* Phrenologie *f fachspr*
phut [fʌt] *interj* Brit, Aus peng; **to go** ~ *(fam)* kaputtgehen *fam,* den Geist aufgeben *iron fam*
pH value ['piː'eɪtʃ,-] *n* pH-Wert *m*
phyllo *n,* **phyllo pastry** *n no pl see* **filo**
physic ['fɪzɪk] *n no pl (old)* ❶ *(medicinal drugs)* Arznei *f veraltend,* Arzneimittel *nt[pl]*
❷ *(art of healing)* Heilkunde *f*
physical ['fɪzɪkᵊl] **I.** *adj* ❶ *(of the body) condition, strength, weakness* körperlich, physisch *geh;* ***I'm not a very ~ sort of person*** *(don't like sports)* ich bin nicht gerade sehr sportlich; *(don't like touching)* ich bin mit Berührungen eher zurückhaltend; ~ **contact** Körperkontakt *m;* **to have a ~ disability** körperbehindert sein; ~ **exercise** sportliche Betätigung; ~ **jerks** Brit *(hum dated)* Turnübungen *fpl;* **to get** ~ rabiat werden
❷ *(sexual) contact, love, relationship* körperlich; ~ **attraction** körperliche Anziehung; **to get** ~ sich *akk* anfassen
❸ *inv (material)* physisch; *object, world* stofflich, dinglich; ***the ~ characteristics of the terrain*** die geophysischen Eigenschaften der Gegend; ***insurers are worried about the ~ condition of the vessels*** die Versicherungen machen sich Sorgen um den Materialzustand der Schiffe
❹ *inv (of physics)* physikalisch
II. *n* Med Untersuchung *f*
physical appearance *n* Aussehen *nt,* Äußere(s) *nt* **physical education** *n no pl* Sport[unterricht] *m* **physical examination** *n* körperliche Untersuchung **physical geography** *n no pl* Geophysik *f*
physicality [,fɪzɪ'kæləti, Am -əṭi] *n no pl (liter)* Körperlichkeit *f*
physically ['fɪzɪkᵊli] *adv* ❶ *(concerning the body)* körperlich; ***it's just not ~ possible*** das ist schon rein physisch nicht möglich; ***he was creating such a disturbance that he had to be ~ removed from the room*** er verursachte so einen Aufruhr, dass er unter Anwendung von Gewalt aus dem Raum entfernt werden musste; ~ **attractive** gut aussehend; ~ **disabled** [*or* **handicapped**] körperbehindert
❷ *(not imagined)* wirklich, real; ***being ~ in the stadium is different from watching the match on TV*** ein Spiel im Stadion mitzuerleben ist etwas anderes, als es im Fernsehen zu sehen
❸ *inv (structurally)* ***Britain is ~ isolated from the mainland*** Großbritannien ist geographisch vom Festland abgeschnitten
physicals *n* Econ Waren *fpl*
physical sciences *npl* Naturwissenschaften *fpl*
physician [fɪ'zɪʃᵊn] *n esp* Am *(GP)* Arzt, Ärztin *m, f*
► Phrases: ~ **heal thyself** *(prov)* kehr erstmal vor deiner eigenen Tür *fam*
physicist ['fɪzɪsɪst] *n* Physiker(in) *m(f)*
physics ['fɪzɪks] **I.** *n + sing vb* Physik *f*
II. *n modifier (lecture, teacher, textbook)* Physik-
physio ['fɪziəʊ, Am -oʊ] *n* ❶ Brit, Aus *(fam) short for* **physiotherapist** Physiotherapeut(in) *m(f)*
❷ *no pl esp* Brit *short for* **physiotherapy** Physiotherapie *f*
physiognomy [,fɪzi'ɒnəmi, Am -'ɑːn-] *n (form)* Physiognomie *f geh*
physiological [,fɪziə'lɒdʒɪkᵊl, Am -'lɑːdʒ-] *adj inv* physiologisch *geh*
physiologist [,fɪzi'ɒlədʒɪst, Am -'ɑːl-] *n* Physiologe, -in *m, f*
physiology [,fɪzi'ɒlədʒi, Am -'ɑːl-] *n no pl* Physiologie *f*
physiotherapist [,fɪziə(ʊ)'θerəpɪst, Am -oʊ'-] *n esp* Brit Med Physiotherapeut(in) *m(f) fachspr,* Krankengymnast(in) *m(f)*
physiotherapy [,fɪziə(ʊ)'θerəpi, Am -oʊ'-] *n no pl esp* Brit Med Physiotherapie *f fachspr*
physique [fɪ'ziːk] *n* Körperbau *m; (appearance)* Figur *f*
pi [paɪ] *n no pl* Math Pi *nt fachspr*
pianissimo [,piːə'nɪsɪməʊ, Am moʊ] Mus **I.** *adj inv* ganz leise, pianissimo *fachspr*
II. *n* <*pl* -os *or* -mi> Pianissimo *nt fachspr*
pianist ['piːənɪst, Am 'piːᵊn-] *n* Klavierspieler(in) *m(f); (professional)* Pianist(in) *m(f)*
piano [pi'ænəʊ, Am -noʊ] **I.** *n* Klavier *nt,* Piano *nt;*

P

to play [the] ~ Klavier spielen; ■**at** [*or* **on**] **the** ~ am Klavier; ■**for** ~ für Klavier
II. *n modifier* (*concerto, duet, lessons, player, practice, teacher, solo*) Klavier-

pianoforte [pi,ænəʊ'fɔ:teɪ, AM noʊ'fɔ:r] *n* MUS (*form*) *see* **piano** Klavier *nt,* Pianoforte *nt geh*

piano recital *n* Klavierkonzert *nt* **piano stool** *n* Klavierstuhl *m* **piano tuner** *n* Klavierstimmer(in) *m(f)* **piano wire** *n* Klaviersaitendraht *m*

piazza [pi'ætsə, AM -'ɑ:t-] *n* Marktplatz *m,* Piazza *f geh*

pic [pɪk] *n* (*fam*) ❶ (*photo*) Foto *nt;* (*snapshot*) Schnappschuss *m*
❷ (*cinema film*) Film *m;* ***there are some good ~s on*** es laufen ein paar gute Filme

picador ['pɪkədɔ:ʳ, AM -dɔ:r] *n* Picador(in) *m(f)*

picaresque [,pɪkᵊr'esk, AM -ə'-] *adj* LIT pikaresk *fachspr,* pikarisch *fachspr*

picayune ['pɪkəju:n] *adj inv* AM unbedeutend, banal; (*small-minded*) kleinlich

piccalilli [,pɪkə'lɪli, AM 'pɪkəlɪli] *n no pl* FOOD Relish *nt*

piccaninny [,pɪkə'nɪni, AM 'pɪkənɪni] *n* (*pej!*) *abwertender Ausdruck für ein schwarzes Kind*

piccolo ['pɪkələʊ, AM -loʊ] *n* Pikkoloflöte *f*

pick [pɪk] **I.** *n* ❶ (*choice*) Auswahl *f;* **to have first** ~ die erste Wahl haben; **to have one's** ~ **of sth** sich *dat* etw aussuchen können; **to take one's** ~ sich *dat* etw aussuchen
❷ + *sing/pl vb* (*best*) ■**the** ~ **of sth** *of things* das Beste; *of people* die Elite; ***the ~ of the furniture*** die besten Möbel; ***the ~ of this year's racehorses is Gandy Dancer*** Gandy Dancer ist dieses Jahr der Star unter den Rennpferden; **the** ~ **of the bunch** der/die/das Beste
❸ (*pickaxe*) Spitzhacke *f,* Pickel *m;* **with ~s and shovels** mit Hacke und Spaten
❹ MUS Plättchen *nt,* Plektrum *nt fachspr*
II. *vt* ❶ (*select*) ■**to** ~ **sb/sth** jdn/etw aussuchen [*o* auswählen]; ***we ~ed the loveliest puppy [for ourselves]*** wir suchten uns den hübschesten Welpen aus; ***you ~ed a fine time to lose your wallet!*** da hast du dir ja genau den richtigen Zeitpunkt ausgesucht, um deine Brieftasche zu verlieren! *iron;* ***she ~ed her way down the steps*** sie ging vorsichtig die Treppe hinunter; ***they ~ed their way through the mud*** sie bahnten sich ihren Weg durch den Schlamm; ***there are many good reasons to ~ Washington*** es gibt viele gute Gründe, sich für Washington zu entscheiden; **to** ~ **sth/sb at random** [*or* **out of a** [*or* **the**] **hat**] jdn/etw [völlig] willkürlich aussuchen; **to** ~ **an instance** [*or* **example**] **at random** um nur mal ein Beispiel zu nehmen; **to** ~ **a winner** eine gute Wahl treffen; **to** ~ **and choose sth** mit etw *dat* sehr wählerisch sein; ■**to** ~ **sb for sth** jdn für etw *akk* auswählen
❷ (*fam: start*) **to** ~ **a fight** [*or* **quarrel**] **with sb** mit jdm einen Streit anfangen [*o fam* anzetteln]
❸ (*harvest*) ■**to** ~ **sth** etw pflücken; **to** ~ **an apple off the tree** einen Apfel vom Baum pflücken; **to** ~ **grapes** Trauben lesen; **to** ~ **mushrooms** Pilze sammeln
❹ (*scratch*) ■**to** ~ **sth** an etw *dat* kratzen; ***don't ~ your sore!*** lass deine Wunde in Ruhe!, kratz nicht!; ***stop ~ing your spots!*** hör auf, an deinen Pickeln herumzudrücken!; **to** ~ **one's nose** in der Nase bohren; **to** ~ **one's teeth** [sich *dat*] in den Zähnen herumstochern
❺ (*gnaw*) **to** ~ **a bone** einen Knochen abnagen; **to** ~ **sth clean** etw sauber abnagen
❻ (*take*) ■**to** ~ **sth from** [*or* **out of**]/**off** [**of**] **sth** etw aus/von etw *dat* nehmen; ***he ~ed the knife from [or out of] the drawer*** er nahm das Messer aus der Schublade; ***the beetles need to be ~ed off the trees*** die Käfer müssen von den Bäumen heruntergesammelt werden; ***I ~ed a piece of fluff off my suit*** ich entfernte einen Fussel von meinem Anzug; **to** ~ **pockets** Taschendiebstahl begehen; ***he ~ed the pockets of unsuspecting tourists*** der Taschendieb beklaute die nichts ahnenden Touristen
❼ MUS (*play*) ■**to** ~ **sth** etw zupfen
► PHRASES: **to** ~ **one's brain** sich *dat* sein Gehirn zermartern; **to** ~ **sb's brain[s]** jdn genau befragen; **to** ~ **holes in sth** etw auseinander nehmen; **to** ~ **a lock** ein Schloss aufbrechen
III. *vi* ❶ (*be choosy*) aussuchen; **to** ~ **and choose** sich *dat* der/die/das Beste herauspicken
❷ (*toy with*) ■**to** ~ **at one's food** in seinem Essen herumstochern
❸ (*scratch*) ■**to** ~ **at sth** an etw *dat* [herum]kratzen

◆**pick off** *vt* ❶ (*shoot*) ■**to** ~ **off** ↔ **sb/sth** jdn/etw einzeln abschießen
❷ (*fig: take best*) ■**to** ~ **off** ↔ **sth** sich *dat* das Beste herauspicken

◆**pick on** *vi* ❶ (*select*) ■**to** ~ **on sb/sth** [**for sth**] jdn/etw [für etw *akk*] aussuchen [*o* auswählen]
❷ (*victimize*) ■**to** ~ **on sb** auf jdm herumhacken

◆**pick out** *vt* ❶ (*select*) ■**to** ~ **out** ↔ **sth/sb** etw/jdn aussuchen
❷ (*recognize*) ■**to** ~ **out** ↔ **sth/sb** etw/jdn ausmachen [*o* erkennen]; ***we ~ed our parents out quite easily in the old photographs*** wir fanden unsere Eltern auf den alten Fotografien ziemlich schnell
❸ (*highlight*) ■**to** ~ **out** ↔ **sth/sb** etw/jdn hervorheben; ***the critics had ~ed him out as one of the most outstanding male dancers of the decade*** die Kritiker priesen ihn als einen der besten Tänzer des Jahrzehnts; **~ed out by a spotlight/searchlight** von einem Scheinwerfer/Suchlicht erfasst
❹ MUS **to** ~ **out a tune on an instrument** auf einem Instrument improvisieren; ***I can't do more than ~ out a simple tune on the piano*** auf dem Klavier bringe ich nur einfache Melodien zustande

◆**pick over, pick through** *vt* ■**to** ~ **sth** ↔ **over** [*or* **through**] etw gut durchsehen; ***~ over the strawberries and keep a few big ones for decoration*** sortier mal die Erdbeeren und behalte ein paar große für die Dekoration übrig

◆**pick up I.** *vt* ❶ (*lift*) ■**to** ~ **up** ↔ **sth/sb** etw/jdn aufheben; **to** ~ **up the phone** [den Hörer] abnehmen; (*make phone call*) anrufen
❷ (*stand up*) ■**to** ~ **oneself up** aufstehen; (*collect oneself*) sich *akk* aufrappeln *fam;* **to** ~ **oneself up off the floor** (*fig*) sich *akk* [langsam] erholen, sich *akk* wieder aufrappeln *fam*
❸ (*acquire*) ■**to** ~ **up** ↔ **sth** etw erwerben; ***she ~ed up an American accent while she was working in Boston*** sie hat sich, während sie in Boston gearbeitet hat, einen amerikanischen Akzent angeeignet; ***I ~ed up some useful ideas at the seminar*** aus dem Seminar habe ich einige gute Ideen mitgenommen; ***where did she ~ up the information?*** woher hat sie diese Informationen?; **to** ~ **up a bargain** [*or* **good buy**] ein Schnäppchen machen; **to** ~ **up an illness** eine Krankheit fangen *fam,* sich *akk* mit einer Krankheit anstecken; **to** ~ **up a prize** einen Preis verliehen bekommen
❹ (*learn*) ■**to** ~ **up** ↔ **sth** etw aufschnappen [*o* mitkriegen] *fam*
❺ (*collect*) ■**to** ~ **up** ↔ **sb/sth** jdn/etw abholen; ***do you mind ~ing me up from the station?*** würde es dir etwas ausmachen, mich vom Bahnhof abzuholen?; ***I ~ed up the dry-cleaning while I was in town*** während ich in der Stadt war, holte ich die Sachen von der Reinigung ab; ***the crew of the sinking tanker were ~ed up by helicopter*** die Besatzung des sinkenden Tankers wurde von einem Hubschrauber an Bord genommen; **to** ~ **up passengers** Fahrgäste [*o* Passagiere] aufnehmen
❻ (*fam: for sexual purposes*) ■**to** ~ **up** ↔ **sb** jdn abschleppen [*o* aufreißen] *fam*
❼ (*detect*) ■**to** ~ **up** ↔ **sth** etw wahrnehmen; ***he's awfully quick to ~ up any mistakes in your grammar*** er reagiert immer wie der Blitz darauf, wenn man einen grammatischen Fehler macht; **to** ~ **up the scent** Witterung aufnehmen; **to** ~ **up the whiff of a fox** einen Fuchs wittern
❽ (*on radio*) ***can you ~ up Moscow on your radio?*** kannst du mit deinem Radio den Moskauer Sender empfangen?; **to** ~ **up a signal** ein Signal empfangen; (*fig*) ***I'm ~ing up signals that it's time we were on our way*** ich glaube, mir wird da signalisiert, dass wir uns jetzt auf den Weg machen sollten
❾ (*increase*) **to** ~ **up speed** [*or* **momentum**] schneller werden; (*fig*) sich *akk* verstärken; ***her career began to ~ up speed*** mit ihrer Karriere ging es steil bergauf
❿ (*fam: stop*) ■**to** ~ **up** ↔ **sb** jdn schnappen *fam;* ***she was ~ed up by the police for speeding*** sie wurde von der Polizei wegen überhöhter Geschwindigkeit angehalten
⓫ BRIT, AUS (*correct*) ■**to** ~ **sb up on sth** jdn auf etw *akk* aufmerksam machen; ***the teacher ~ed him up on his pronunciation*** der Lehrer verbesserte seine Aussprache
⓬ (*fam: earn*) **to** ~ **up £300** 300 Pfund verdienen; ***he can ~ up $100 an evening just in tips*** er kann am Abend allein in Trinkgeldern bis zu 100 Dollar machen
⓭ (*resume*) ■**to** ~ **up** ↔ **sth** an etw *akk* anknüpfen, auf etw *akk* zurückkommen; ***we ~ed up the conversation again more or less where we had left off the previous evening*** wir setzten die Unterhaltung mehr oder weniger da fort, wo wir gestern Abend stehen geblieben waren
► PHRASES: **to** ~ **up the bill** [*or* **tab**] [*or* AM *also* **check**] (*fam*) [die Rechnung] [be]zahlen; ***the consumer will be forced to ~ up the bill for this scheme*** am Ende wird der Verbraucher für dieses Programm zur Kasse gebeten werden; **to** ~ **up the pieces** die Scherben kitten; **to** ~ **up the threads** den Faden wieder aufnehmen; ***they ~ed up the threads of their conversation/discussion*** sie nahmen den Faden ihres Gesprächs/ihrer Diskussion wieder auf; ***they ~ed up the threads of their marriage*** sie haben in ihrer Ehe einen Neuanfang gemacht
II. *vi* ❶ (*improve*) sich *akk* bessern, besser werden; *numbers* steigen; *market* sich erholen; ***his spirits began to ~ up*** seine Laune begann sich zu bessern; ***my interest ~ed up when the film became centred in the trial proceedings*** mein Interesse erwachte wieder, als der Film sich auf die Gerichtsverhandlung konzentrierte
❷ (*resume*) **to** ~ **up where one left off** da weitermachen, wo man aufgehört hat
❸ (*notice*) ■**to** ~ **up on sb/sth** jdn/etw bemerken [*o* wahrnehmen]; (*react to*) auf etw *akk* reagieren
❹ *esp* AM (*clean up*) aufräumen; ■**to** ~ **up after sb** jdm hinterherräumen
❺ *esp* BRIT (*come into contact*) ■**to** ~ **up with sb** mit jdm Bekanntschaft schließen

pickaback *n* (*fam*) *see* **piggyback**

pick and mix *n no pl* BRIT (*with sweets*) Süßwarenbar *f;* **cheese** ~ Käsebar *f* **pick-and-mix holidays** *npl* BRIT *Pauschalurlaub, den man individuell zusammenstellen kann* **pickax** AM, **pickaxe** *n* Spitzhacke *f,* Pickel *m*

picker ['pɪkəʳ, AM -ɚ] *n* ❶ (*of crops*) Erntehelfer(in) *m(f);* **cotton** ~ Baumwollpflücker(in) *m(f)*
❷ *esp* AM STOCKEX [**stock**] ~ *jd, der Börsentipps verkauft*
❸ (*sl: thief*) [in einer Bande arbeitender] Taschendieb

picket ['pɪkɪt] **I.** *n* ❶ (*striker*) Streikposten *m;* (*blockade*) Streikblockade *f*
❷ (*stake*) Palisade *f;* ~ [**fence**] Palisadenzaun *m*
II. *vt* ■**to** ~ **sth** (*in a strike*) vor etw *dat* Streikposten aufstellen; (*demonstrate at*) vor etw *dat* demonstrieren; (*blockade*) etw blockieren
III. *vi* demonstrieren; ***~ing miners*** Streikposten *mpl* der Bergleute

picketer ['pɪkɪtəʳ, AM -t̬ɚ] *n* Demonstrant(in) *m(f);* (*in a strike*) Streikposten *m*

picket fence *n* Palisadenzaun *m*

picketing ['pɪkɪtɪŋ, AM -t̬-] *n no pl* (*by strikers*) Aufstellen *nt* von Streikposten; (*by demonstrators*) Blockade *f* von Demonstranten

picket line *n* Streikpostenkette *f;* **to be on the** ~ ein Streikposten sein; **to cross the** ~ die Streikpostenkette durchbrechen

pickings ['pɪkɪŋz] *npl* **rich** [*or* **easy**] ~ schnelles Geld; **slim** ~ mageres Angebot, wenig Auswahl

pickle ['pɪkl] **I.** *n* ❶ *no pl* [Mixed] Pickles *pl;* (*sauce*) Relish *nt;* **sour/sweet** ~ pikantes/süßes Relish
❷ AM (*conserved gherkin*) saure Gurke
❸ (*brine*) Salzlake *f*
❹ (*solution with vinegar*) Essigbrühe *f*
► PHRASES: **to be in a** [**pretty** [*or* **right**]] ~ (*fam*) sich *akk* in etw *akk* reingeritten haben *fam,* ganz schön in der Scheiße stecken *derb*
II. *vt* ■**to** ~ **sth** etw einlegen

pickled ['pɪkld] *adj* ❶ *inv* (*preserved*) eingelegt
❷ (*fig fam: drunk*) blau *fam,* besoffen *fam;* **to get** ~ sich *akk* besaufen *fam*

pickling ['pɪklɪŋ] *adj attr, inv* zum Einlegen *nach n*

picklock ['pɪklɒk, AM -lɑːk] *n* (*burglar*) Einbrecher(in) *m(f);* (*instrument*) Dietrich *m*

pick-me-up *n* Muntermacher *m;* (*fig*) ***the President's visit to the troops was a real*** ~ ***for them*** der Besuch des Präsidenten wirkte wie eine Vitaminspritze auf die Truppen; **morning** ~ morgentlicher Muntermacher **pick 'n' mix** *n no pl* BRIT *see* **pick and mix** **pickpocket** *n* Taschendieb(in) *m(f)*

pickup *n* ❶ (*on gramophone*) Tonabnehmer *m,* Pick-up *m fachspr* ❷ (*fam: collection*) Abholen *nt kein pl;* ***we arranged a ten o'clock*** ~ ***to take Cathy to the station*** wir verabredeten mit Cathy, dass wir sie um zehn Uhr abholen und zum Bahnhof bringen würden; **to make a** ~ *van driver* Ladung aufnehmen; *taxi driver* Passagiere aufnehmen ❸ (*fam: collection point*) Treffpunkt *m* ❹ (*fam: passenger*) Passagier(in) *m(f);* (*in a private car*) Mitfahrer(in) *m(f)* ❺ (*fam: casual sexual acquaintance*) Eroberung *f hum* ❻ (*increase*) Ansteigen *nt kein pl,* Zunahme *f;* ~ **in demand** gesteigerte Nachfrage; **wage** ~ Lohnzuwachs *m* ❼ (*van*) Pick-up *m fachspr,* Kleintransporter *m* **pickup bar** *n,* AM *also* **pickup joint** *n* (*sl*) Aufreißerschuppen *m sl* **pickup point** *n* Treffpunkt *f;* (*for bus*) Haltestelle *f* **pickup truck** *n* ❶ (*small van*) Pick-up *m fachspr,* Kleintransporter *m* ❷ BRIT (*breakdown lorry*) Abschleppwagen *m*

picky ['pɪki] *adj* (*pej fam*) pingelig *fam; eater* wählerisch

pick-your-own *adj attr, inv* ~ **farm** Selbstpflückplantage *f;* ~ **raspberries/strawberries** Himbeeren/Erdbeeren *fpl* zum Selberpflücken

picnic ['pɪknɪk] **I.** *n* Picknick *nt;* **to go on a** ~ ein Picknick machen; **to take a** ~ etw zum Essen mitnehmen; (*fig fam*) ***the current crisis makes last year's hard work seem like a*** ~ die aktuelle Krise lässt die harte Arbeit des letzten Jahres wie ein Kinderspiel erscheinen; **to be no** [*or* **not a**] ~ kein Spaziergang sein
II. *vi* <-ck-> picknicken
III. *n modifier* Picknick-; ~ **lunch** Picknick *nt;* ~ **site** Ort *m* für ein Picknick; (*for barbecuing*) Grillplatz *m*

picnic basket *n* Picknickkorb *m*

picnic hamper *n* Picknickkorb *m*

picnicker ['pɪknɪkəʳ, AM -ɚ] *n jd, der ein Picknick macht* **picnic table** *n* Klapptisch *m* (*für ein Picknick*)

Pict [pɪkt] *n* HIST Pikte, -in *m, f*

Pictish ['pɪktɪʃ] *adj inv* piktisch, Pikten-

pictogram ['pɪktə(ʊ)græm, AM -toʊ-] *n* LING Piktogramm *nt fachspr*

pictorial [pɪk'tɔːriəl] *adj inv* (*done as picture*) Bild-; (*done like picture*) bildhaft; *book, brochure* illustriert; ~ **history** Bilderchronik *f*

pictorially [pɪk'tɔːriəli] *adv inv* in Bildern; (*done like picture*) bildhaft

picture ['pɪktʃəʳ, AM -ɚ] **I.** *n* ❶ (*painting, drawing*) Bild *nt;* **to draw/paint a** ~ ein Bild zeichnen/malen
❷ (*photograph*) Bild *nt,* Foto *nt;* **to get one's** ~ **in the paper** [mit Foto] in die Zeitung kommen; **wedding** ~ Hochzeitsfoto *nt;* **to take a** ~ ein Foto machen; ***I hate having my*** ~ ***taken*** ich hasse es, fotografiert zu werden
❸ (*on TV screen*) [Fernseh]bild *nt;* **satellite** ~ Satellitenbild *nt*
❹ (*film*) Film *m;* **to make a** ~ einen Film drehen; **to be** [*or* **work**] **in** ~**s** im Filmgeschäft sein
❺ (*dated: cinema*) ■**the** ~**s** *pl* das Kino
❻ (*fig: impression*) Bild *nt;* ***this is not an accurate*** ~ das ist eine Verdrehung der Tatsachen; ***the true*** ~ ***of what went on is only just beginning to emerge*** was da wirklich so vor sich ging, kommt erst jetzt langsam ans Tageslicht; ***I have a very vivid*** ~ ***of the first time I met her*** ich habe unsere erste Begegnung noch lebhaft vor Augen; **mental** ~ Vorstellung *f;* ***the people were asked to form a mental*** ~ ***of the man*** die Leute wurden gebeten, sich den Mann vorzustellen; **to paint a** ~ **of sth** ein Bild von etw *dat* zeichnen; **to paint a gloomy/rosy** ~ **of sth** etw in düsteren/rosigen Farben ausmalen
❼ (*embodiment*) ■**the** ~ **of sth** der Inbegriff [*o* die Verkörperung] einer S. *gen;* ***he looks the very*** ~ ***of health*** er strotzt nur so vor Gesundheit
❽ (*situation*) Bild *nt;* ***the*** ~ ***is brighter than six months ago*** es sieht besser aus als noch vor sechs Monaten; **the broad** [*or* AM *usu* **big**] ~ die allgemeine Situation
► PHRASES: **sb's face is a** ~ jd macht ein komisches Gesicht; ***my boss's face was a*** ~ ***when I said I was joining his rival*** du hättest das Gesicht von meinem Chef sehen sollen, als ich ihm sagte, dass ich zur Konkurrenz gehe; **one** [*or* **a**] ~ **is worth a thousand words** (*saying*) ein Bild sagt mehr als tausend Worte *prov;* **as pretty as a** ~ bildschön; **to be** [*or* **look**] **a** ~ (*approv fam*) wie gemalt aussehen; **to be in the** ~ (*informed*) im Bilde [*o* auf dem neuesten Stand] sein; (*involved*) beteiligt sein; (*in the public sphere*) im Rampenlicht stehen; **to be out of the** ~ (*uninformed*) nicht im Bilde sein; (*not involved*) unbeteiligt sein; (*not on the scene*) von der Bildfläche verschwunden sein; ***he drifted out of the*** ~ er geriet in Vergessenheit; ***keep the press out of the*** ~ ***as long as possible*** haltet die Presse so lange wie möglich raus; **to get the** ~ etw verstehen [*o fam* kapieren]; **to keep sb in the** ~ [**about sb/sth**] jdn [über jdn/etw] auf dem Laufenden halten; **to put sb in the** ~ jdn auf den neuesten Stand bringen
II. *vt* ■**to** ~ **sth** sich *dat* etw vorstellen; (*depict*) etw darstellen; ***he*** ~***d himself as a visionary*** er sah sich als einen Visionär
III. *vi* ■**to** ~ **to oneself how …** sich *dat* vorstellen, wie …

picture book *n* (*for children*) Bilderbuch *nt;* (*for adults*) Buch *nt* mit Illustrationen

picture editor *n* Bildredakteur(in) *m(f)* **picture frame** *n* Bilderrahmen *m* **picture gallery** *n* [Kunst]galerie *f* **picture-goer** *n* Kinogänger(in) *m(f)* **Picture-in-Picture** [ˌpɪktʃeʳɪn'pɪktʃəʳ, AM ˌpɪktʃɚɪn'pɪktʃɚ] *n modifier* TV Bild-im-Bild- **picture library** *n* Bildarchiv *nt* **picture-perfect** ['pɪktʃɚˌpɜːrfekt] *adj inv* bildschön; *day, view* wie gemalt *nach n; house* Traum-; *village* schmuck **picture postcard** *n* Ansichtskarte *f* **picture-postcard** *adj inv* idyllisch, Bilderbuch-; ***it was a*** ~ ***village*** es war ein Dorf wie aus einem Bilderbuch **picture puzzle** *n* Puzzle *nt* **picture rail** *n* Bilderleiste *f* **picture researcher** *n* Bildbeschaffer(in) *m(f)* **picture show** *n* [Gemälde]ausstellung *f*

picturesque [ˌpɪktʃəʳ'resk] *adj scenery* malerisch, pittoresk *geh; language* bildhaft

picturesquely [ˌpɪktʃəʳ'reskli] *adv* malerisch, pittoresk *geh*

picturesqueness [ˌpɪktʃəʳ'resknəs] *n no pl* Idylle *f*

picture tube *n* Bildröhre *f* **picture window** *n* Panoramafenster *nt*

piddle ['pɪdl] (*fam!*) **I.** *n* (*esp childspeak*) ❶ *no pl* (*urine*) Pipi *nt fam,* Pisse *f derb*
❷ *usu sing esp* BRIT (*action*) Pinkeln *nt fam,* Pissen *nt derb;* ***Kate was desperate for a*** ~ Kate musste ganz dringend *fam*
II. *interj* (*expresses irritation*) Mist! *fam,* Scheiße! *derb*
III. *vi* pinkeln *fam,* pissen *derb*

piddling ['pɪdlɪŋ] *adj* (*pej fam!*) lächerlich *pej*

pidgin ['pɪdʒɪn] **I.** *n* LING Pidgin *nt fachspr*
II. *adj attr, inv* Pidgin-; ~ **German** gebrochenes Deutsch

pidgin English *n no pl* Pidginenglisch *nt fachspr* (*gebrochenes Englisch*)

pie [paɪ] *n* FOOD Pastete *f*
► PHRASES: **a** ~ **in the sky** Luftschlösser *ntpl;* ***that's just a*** ~ ***in the sky*** das sind nur Luftschlösser; **easy as** ~ kinderleicht

piebald ['paɪbɔːld] **I.** *adj inv* scheckig, gescheckt
II. *n* Schecke *f o m*

piece [piːs] **I.** *n* ❶ (*bit*) Stück *nt;* (*part*) Teil *nt o m;* **a** ~ **of bread/cake/pizza** eine Scheibe Brot/ein Stück *nt* Kuchen/ein Stück *nt* Pizza; **a** ~ **of broken glass** eine Glasscherbe; [**all**] **in one** ~ unbeschädigt, heil, in einem Stück; **to break/tear a** ~ **off** [**sth**] ein Stück [von etw *dat*] abbrechen/abreißen; **to break/smash/tear sth in** [*or* **into**] [*or* **to**] ~**s** etw in Stücke brechen/schlagen/reißen; **to come to** ~**s** (*break apart*) in seine Einzelteile zerfallen; (*for disassembly*) zerlegbar sein; **to go** [*or* **fall**] **to** ~**s** (*fig*) *person* zusammenbrechen, durchdrehen *fam; marriage* zerbrechen, sich *akk* auflösen; **to pick** [*or* **tear**] [*or* BRIT *also* **pull**] **sb/sth to** ~**s** (*fig fam*) jdn/etw in der Luft zerreißen; ***the moment she'd left, they began to pull her to*** ~***s*** sie hatte kaum die Tür hinter sich geschlossen, als sie anfingen sich das Maul über sie zu zerreißen *fam;* **to take sth to** ~**s** BRIT etw zerlegen [*o* auseinander nehmen]; ■ ~ **by** ~ Stück für Stück; ■**in** ~**s** *glass, vase* in Scherben
❷ (*item*) Stück *nt;* ~ **of baggage** [*or* **luggage**] Gepäckstück *nt;* ~ **of clothing** Kleidungsstück *nt;* ~ **of equipment** Ausrüstungsgegenstand *m;* ~ **of paper** Blatt *nt* Papier; **a** ~ **of wood** ein Stück *nt* Holz
❸ (*non-physical item*) **a** ~ **of advice** ein Rat *m;* **a** ~ **of evidence** ein Beweis *m,* ein Beweisstück *nt;* **a** ~ **of information** eine Information; **a** ~ **of legislation** ein Gesetz *nt,* eine Gesetzesvorlage; ~ **of luck** Glücksfall *m;* ~ **of news** Neuigkeit *f,* Nachricht *f;* **a skilful** [*or* AM **skillful**] ~ **of research** ein geschickt recherchierter Beitrag
❹ (*in chess*) Figur *f;* (*in backgammon, draughts*) Stein *m*
❺ ART, LIT, MUS, THEAT Stück *nt,* Werk *nt;* **a** ~ **of writing** ein literarisches Werk; **a choral** ~ eine Komposition für Chor; **an instrumental** ~ ein Instrumentalstück *nt*
❻ JOURN Beitrag *m,* Artikel *m*
❼ (*coin*) Stück *nt;* **a 50p** ~ ein 50-Pence-Stück *nt;* ~ **of eight** (*hist*) mexikanischer [*o* spanischer] Dollar, Achterstück *nt*
❽ (*pej! fam: woman*) Weib *nt pej,* Tussi *f pej sl;* **a** ~ **of skirt** alles, was Röcke anhat *fam;* ~ **of tail** [*or* AM **ass**] (*vulg, sl*) Fotze *f vulg*
❾ (*dated fam: gun*) Schusswaffe *f;* **artillery** ~ [Artillerie]geschütz *nt*
❿ AM (*sl: gun*) Knarre *f fam*
► PHRASES: **a** ~ **of the action** *esp* AM ein Stück *nt* des Kuchens; **to be a** ~ **of cake** (*fam*) kinderleicht sein; **to want a** ~ **of the cake** ein Stück des Kuchens abhaben wollen; **to give sb a** ~ **of one's mind** (*fam*) jdm [mal gehörig] die Meinung sagen; **to say one's** ~ sagen, was man zu sagen hat; **a** ~ AM (*fam*) ein Katzensprung *m;* ***the sea is only a*** ~ ***away from our hotel*** vom Hotel ist es nur ein Katzensprung bis zum Meer
II. *vt* ■**to** ~ **together sth** [*or* **to** ~ **sth together**] etw zusammensetzen [*o* zusammenfügen]; (*reconstruct*) etw rekonstruieren; ***the prosecution team gradually*** ~***d together the evidence that was to lead to the conviction*** die Staatsanwaltschaft fügte die Beweise, die zur Verurteilung führten, nach und nach zusammen

-piece [piːs] *in compounds with numbers* -teilig; ***he plays in a five-*** ~ ***band*** er spielt in einer Fünfpersonenband; **one-/two-**~ **swimsuit** einteiliger/zweiteiliger Badeanzug; **three-**~ **suite** dreiteilige Couchgarnitur

P

pièce de résistance <*pl* pièces de résistance> [pi,esdərezɪ'stɑ̃(n)s, AM ,pjesdə,reɪziː'-] *n usu sing* Meisterstück *nt*

piecemeal I. *adv* (*bit by bit*) Stück für Stück, stück[chen]weise; (*in fits and starts*) unsystematisch II. *adj* (*bit by bit*) stück[chen]weise; (*in fits and starts*) unsystematisch **piece price** *n* Stückpreis *m* **piece rate** *n* Akkordlohn *m*

pièces de résistance [pi,esdərezɪ'stɑ̃(n)s, AM ,pjesdə,reɪziː'-] *pl of* **pièce de résistance**

piecework *n no pl* Akkordarbeit *f;* **to do ~** im Akkord arbeiten **pieceworker** *n* Akkordarbeiter(in) *m(f)*

pie chart *n* MATH Tortendiagramm *nt* **piecrust** *n* ❶ (*baked crust*) Kruste *f;* **cheese ~** Käsekruste *f;* (*in open-faced pie*) [Teig]boden *m* ❷ *no pl* AM (*dough*) Mürbeteig *m*

pied [paɪd] *adj attr, inv* ZOOL gescheckt, gefleckt; **a ~ crow** eine schwarz-weiße Krähe; **a ~ kingfisher** ein bunter Königsfischer

pied à terre <*pl* pieds à terre> [,pjeɪdɑː'teəʳ, AM -'ter] *n* Zweitwohnung *f*

Pied Piper *n,* **Pied Piper of Hamelin** *n* LIT ■**the ~** der Rattenfänger von Hameln

pieds à terre [,pjeɪdɑː'teəʳ, AM -'ter] *pl of* **pied à terre**

pie-eyed *adj* (*fam*) [total] blau *fam,* [völlig] besoffen *fam;* **we got ~** wir haben uns total besoffen **pieman** *n* Pastetenbäcker *m*

pier [pɪəʳ, AM pɪr] *n* ❶ NAUT Pier *m o fachspr f,* Hafendamm *m,* [Hafen]mole *f;* (*landing stage*) Landungsbrücke *f*
❷ ARCHIT (*wall support*) Trumeau *m;* (*pillar*) Pfeiler *m;* **bridge ~** Brückenpfeiler *m*

pierce [pɪəs, AM pɪrs] I. *vt* (*make hole in*) ■**to ~ sth** etw durchstechen; (*penetrate*) in etw *akk* eindringen; (*forcefully*) etw durchstoßen; (*break through*) etw durchbrechen; (*shine through*) durch etw *akk* scheinen; **to have ~d ears** Ohrlöcher haben
II. *vi* (*drill*) ■**to ~ into sth** sich *akk* in etw *akk* bohren; ■**to ~ through sth** durch etw *akk* eindringen; (*forcefully*) etw durchstoßen

pierced [pɪəst, AM pɪrst] *adj inv* durchbohrt, durchstochen, gepierct *sl*

piercing ['pɪəsɪŋ, AM 'pɪrs-] I. *adj* ❶ (*loud*) durchdringend; (*pej*) *voice also* schrill
❷ (*cold*) eisig; **~ cold** Eiseskälte *f;* **~ rain** eisiger Regen; **~ wind** schneidender Wind
❸ (*penetrating*) *eyes, gaze, look* durchdringend, stechend; *question, reply, wit* scharf; *sarcasm* beißend
❹ (*liter: deeply felt*) tief; **~ shame** brennende Scham
II. *n no pl* (*body-piercing*) Piercing *nt*

piercingly ['pɪəsɪŋli, AM 'pɪrs-] *adv* durchdringend

pierhead ['pɪəhed, AM 'pɪr-] *n usu sing* Pierende *nt*

Pierrot ['pɪərəʊ, AM ,piːə'roʊ] *n* THEAT Pierrot *m*

pietà [,piːet'ɑː, AM ,piːeɪ'tɑː] *n* REL Pieta *f fachspr*

pietism ['paɪətɪzᵊm] *n no pl* ❶ (*religious bigotry*) Frömmelei *f,* Muckertum *nt liter*
❷ HIST (*17th-century religious movement*) ■**P~** der Pietismus

pietistic [,paɪə'tɪstɪk] *adj* ❶ (*affecting piety*) frömmelnd
❷ HIST pietistisch

piety ['paɪəti, AM -t̬i] *n no pl* Pietät *f geh,* Frömmigkeit *f;* (*deep loyalty*) Achtung *f;* **filial ~** Achtung *f* vor den Eltern

piezoelectric [pi,etsəʊɪ'lektrɪk, AM paɪ,iːzoʊ-] *adj inv* TECH piezoelektrisch *fachspr*

piffle ['pɪfl] *n no pl* (*dated fam*) Quatsch *m fam;* **to talk a lot of ~** ziemlichen Blödsinn verzapfen *fam*

piffling ['pɪflɪŋ] *adj* (*dated fam*) lächerlich

pig [pɪg] I. *n* ❶ (*animal*) Schwein *nt*
❷ (*fam: greedy person*) Vielfraß *m fam;* ***you greedy ~!*** du Vielfraß!; **to make a [real] ~ of oneself** fressen wie ein Scheunendrescher *fam*
❸ (*pej fam: bad person*) Schwein *nt pej fam;* ***you ~!*** du Schwein!; ■**to be a ~ to sb** sich *akk* jdm gegenüber wie ein Schwein verhalten
❹ (*sl: police officer*) Bulle *m fam*
❺ BRIT (*difficult thing*) ■**to be a ~** vertrackt sein *fam*
► PHRASES: **to make a ~'s ear of sth** BRIT (*fam*) etw total versauen *fam;* **to buy** [*or* **get**] **a ~ in a poke** die Katze im Sack kaufen; **and ~s might fly** (*prov: unlikely*) da müsste schon ein Wunder geschehen; (*not believable*) wer's glaubt, wird selig; (*never*) wenn Ostern und Pfingsten auf einen Tag fallen
II. *vt* <-gg-> ■**to ~ oneself on sth** sich *akk* mit etw *dat* voll stopfen
◆**pig out** *vi* (*fam*) ■**to ~ out [on sth]** sich *akk* [mit etw *dat*] voll stopfen *fam*

pigeon¹ ['pɪdʒən] *n* Taube *f;* **carrier ~** Brieftaube *f*

pigeon² ['pɪdʒən] *n* ► PHRASES: **that's [not] my ~** BRIT das ist [nicht] meine Sache [*o* Angelegenheit]

pigeon-chested *adj inv* ■**to be ~** eine Hühnerbrust haben **pigeon fancier** *n* BRIT, AUS Brieftaubenfreund(in) *m(f)* **pigeon-hole** I. *n* [Post]fach *nt,* Ablage *f;* **to check one's ~** in seinem Postfach nachsehen; **to put sb/sth in a ~** (*fig*) jdn/etw in eine Schublade stecken II. *vt* ❶ (*categorize*) ■**to ~ sb/sth** jdn/etw in eine Schublade stecken; ***she was ~d as a leftist*** sie wurde als Linke abgestempelt ❷ (*defer*) **to ~ a project** ein Projekt auf Eis legen; **to ~ worries** Sorgen [erst einmal] beiseite schieben **pigeon loft** *n* BRIT Taubenschlag *m,* Taubenhaus *nt* **pigeon-toed** *adj inv* mit einwärts gerichteten Füßen *nach n;* ■**to be ~** über den großen Onkel gehen *veraltend fam*

pig farm *n* Schweinemästerei *f,* Schweinefarm *f*

piggery ['pɪgᵊri, AM -ɚi] *n* ❶ AGR Schweinezucht *f*
❷ *no pl* (*pej: unpleasant behaviour*) Widerwärtigkeit *f;* (*gluttony*) Verfressenheit *f pej fam*

piggish ['pɪgɪʃ] *adj* (*pej*) *behaviour, manners* schweinisch *pej fam,* unflätig *pej*

piggy ['pɪgi] (*fam*) I. *n* (*childspeak*) Schweinchen *nt*
II. *adj esp* BRIT (*pej*) schweinisch *pej fam,* unflätig *pej;* (*in appetite*) verfressen; (*unhygienic*) schweinisch *fam;* ***his new girlfriend is rather ~*** seine neue Freundin sieht aus wie ein Marzipanschweinchen; **~ eyes** Schweinsäuglein *ntpl*

piggyback I. *n* ***little Gemma loves ~s*** die kleine Gemma wird liebend gerne huckepack getragen; **to give sb a ~** jdn huckepack nehmen [*o* tragen] II. *vi* huckepack machen III. *vt* COMPUT ■**to ~ sth** *two circuits, chips* etw huckepack verbinden **piggyback ride** *n* **to give sb a ~** jdn huckepack nehmen [*o* tragen]

piggy bank *n* Sparschwein *nt* **pigheaded** *adj* (*pej*) stur, starrköpfig **pigheadedly** *adv* (*pej*) stur, starrköpfig **pigheadedness** *n no pl* (*pej*) Sturheit *f,* Starrköpfigkeit *f* **pig in the middle** *n* BRIT, **piggy in the middle** *n* BRIT *Spiel, bei dem eine zwischen zwei anderen stehende Person versucht einen Ball zu fangen, den diese sich zuwerfen;* **to be ~** (*fig*) zwischen den Stühlen sitzen **pig iron** *n no pl* Roheisen *nt*

piglet ['pɪglət, AM -lɪt] *n* Ferkel *nt*

pigment ['pɪgmənt] *n* Pigment *nt*

pigmentation [,pɪgmən'teɪʃᵊn] *n no pl* Pigmentation *f,* Pigmentierung *f*

pigmented [pɪg'mentɪd, AM -t̬-] *adj inv* pigmentiert

Pigmy *n, adj see* **pygmy**

pig-out *n* (*pej or hum fam*) Völlerei *f pej o hum fam,* großes Fressen *pej o hum fam* **pigpen** *n* AM Schweinestall *m* **pigskin** I. *n* ❶ (*hide*) Schweinshaut *f* ❷ *no pl* (*leather*) Schweinsleder *nt* ❸ AM SPORTS (*fam*) Leder *nt* (*Ball beim American Football*) II. *n modifier* (*bag, belt, gloves, jacket, vest*) Schweinsleder-, schweinsledern **pigsty** *n* (*pej, also fig*) Schweinestall *m pej, a. fig* **pigswill** *n no pl* Schweinefutter *nt* (*aus Essensresten*); (*pej: very unpleasant food*) [Schweine]fraß *m pej fam* **pigtail** *n* (*tied at back*) Pferdeschwanz *m;* (*braided*) Zopf *m;* ■**~s** *pl* Zöpfe *m*

pike¹ [paɪk] *n* ZOOL Hecht *m*

pike² [paɪk] *n* ❶ MIL, HIST (*weapon*) Spieß *m,* Pike *f* ❷ NBRIT (*hill*) spitze Erhebung; **Scafell P~** Scafell Pike

pike³ [paɪk] *n* AM Mautstraße *f*
► PHRASES: **sth comes down the ~** etw kommt auf uns zu; ***looks like there's a whole lot of trouble coming down the ~*** sieht so aus, als ob da gewaltig Ärger auf uns zukommt

piker ['paɪkəʳ] *n* AUS (*pej fam*) Waschlappen *m pej fam,* Memme *f pej fam*

pikestaff ['paɪkstɑːf] *n* BRIT ► PHRASES: **as plain as a ~** glasklar, sonnenklar

pilaf ['pɪlɑːf, AM piː'lɑːf] *n esp* AM, AUS FOOD Pilaw *m,* Pilau *m*

pilaster [pɪ'læstəʳ, AM -ɚ] *n* ARCHIT Pilaster *m fachspr,* Halbpfeiler *m*

pilau ['pɪlaʊ, AM pɪ'lɔː] *n* FOOD *see* **pilaf**

pilau rice *n no pl* FOOD Pilawreis *m*

pilchard ['pɪltʃəd, AM -ɚd] *n* ZOOL Pilchard *m,* Sardine *f;* **a tin of ~s** eine Büchse Sardinen

pile¹ [paɪl] *n* ARCHIT Pfahl *m*

pile² [paɪl] *n no pl* Flor *m*

pile³ [paɪl] I. *n* ❶ (*stack*) Stapel *m;* (*heap*) Haufen *m;* ***there were ~s of books all over the floor*** überall auf dem Boden waren Bücherstapel; ***I'm just working my way through a great ~ of ironing*** ich arbeite mich gerade durch einen großen Berg Bügelwäsche; ***her clothes lay in untidy ~s on the floor*** ihre Kleider lagen in unordentlichen Haufen auf dem Boden
❷ (*fam: large amount*) Haufen *m;* ***I've got ~s*** [*or* **a ~**] ***of things to do today*** ich habe heute wahnsinnig viel zu tun *fam;* ***he's got a ~ of money*** er hat einen Haufen; **to make a ~** (*fam*) ein Vermögen verdienen
❸ (*esp hum: big building*) großes Haus, Palast *m hum*
II. *vt* ■**to ~ sth** etw stapeln; ***her plate was ~d high with salad*** auf ihren Teller hatte sie eine Riesenportion Salat gehäuft; **to ~ them high and sell them cheap** BRIT Massenware billig anbieten; ■**to ~ sth on[to]** [*or* **on top of**] **sth** etw auf etw *akk* häufen; (*on a stack*) etw auf etw *akk* stapeln
III. *vi* ❶ (*fam: crowd into*) **to ~ into the car/onto the bus/up the stairs** sich *akk* ins Auto zwängen/in den Bus reindrücken/die Treppen raufquetschen *fam*
❷ (*collide*) ■**to ~ into sth** ineinander rasen; ***20 cars ~d into each other*** 20 Autos sind aufeinander gerast
◆**pile in** *vi* in etw *akk* [hinein]strömen; (*forcefully*) sich *akk* in etw *akk* [hinein]drängen
◆**pile on** *vt* ■**to ~ on** ↔ **sth** etw anhäufen; **to ~ on the agony** [*or* **it on**] (*fam*) dick auftragen *fam;* ***you're really piling it on with the compliments tonight*** du bist ja heute Abend so großzügig mit Komplimenten *hum*
◆**pile out** *vi* [heraus]strömen; (*forcefully*) sich *akk* [heraus]drängen
◆**pile up** I. *vi debts, problems* sich *akk* anhäufen; (*get more frequent*) sich *akk* häufen; ***the magazines have been piling up*** der Zeitschriftenstapel wird immer größer
II. *vt* ■**to ~ up** ↔ **sth** etw anhäufen; ***the company ~d up losses*** die Firma machte immer höhere Verluste

piledriver *n* Ramme *f fachspr*

piles [paɪlz] *npl* (*fam*) Hämorrhoiden *pl*

pile-up *n* ❶ AUTO (*crash*) Massenkarambolage *f*
❷ (*accumulation*) Anhäufung *f,* Ansammlung *f,* Berg *m fig;* (*backlog*) Rückstand *m;* **a ~ of data** ein Berg *m* [von] Daten

pilfer ['pɪlfəʳ, AM -ɚ] I. *vt* ■**to ~ sth** etw klauen [*o* mitgehen lassen] *fam*
II. *vi* stehlen, klauen *fam;* ***he was caught ~ing from the shop*** er wurde erwischt, wie er in dem Geschäft etwas mitgehen ließ *fam*

pilferage ['pɪlfᵊrɪdʒ] *n no pl* Mauserei *f,* Stibitzerei *f fam*

pilferer ['pɪlfᵊrəʳ, AM -ɚɚ] *n* kleiner Dieb/kleine Diebin, Langfinger *m*

pilfering ['pɪlfᵊrɪŋ, AM -fɚ-] *n no pl* Bagatelldiebstahl *m form*

pilgrim ['pɪlgrɪm] *n* Pilger(in) *m(f)*

pilgrimage ['pɪlgrɪmɪdʒ] *n* REL Pilgerfahrt *f;* (*esp Christian*) Wallfahrt *f* (**to** nach +*dat*); **to make** [*or* **go on**] **a** ~ eine Pilgerfahrt machen, pilgern; (*fig*) ***for many football fans, the ground is a site of*** ~ für viele Fußballfans ist das Spielfeld ein Wallfahrtsort
Pilgrim Fathers *npl,* **Pilgrims** *npl* HIST ■**the** ~ die Pilgerväter *pl,* die Pilgrim Fathers *pl*
pill [pɪl] *n* ❶ (*tablet*) Tablette *f;* **to swallow/take a** ~ eine Tablette schlucken/nehmen
❷ (*contraceptive*) ■**the** ~ die Pille; **to be on the** ~ die Pille nehmen
► PHRASES: **to be a hard** ~ **to swallow** eine bittere Pille sein; **to sweeten** [*or* **sugar**] **the** ~ die Sache ein bisschen versüßen
pillage ['pɪlɪdʒ] I. *vt* (*form*) ■**to** ~ **sth** etw plündern; ***works of art were ~d from many countries in the days of the Empire*** in den Zeiten des Empire wurden aus vielen Ländern Kunstwerke geraubt; **to** ~ **a shop** [*or* **store**] ein Geschäft [aus]plündern
II. *vi* plündern
III. *n no pl* (*form*) Plündern *nt,* Plünderungen *fpl*
pillar ['pɪləʳ, AM -ɚ] *n* ❶ (*column*) Pfeiler *m,* Säule *f;* ~ **of flame** Flammensäule *f;* ~ **of smoke** Rauchsäule *f*
❷ (*fig: mainstay*) Stütze *f*
► PHRASES: **from** ~ **to post** hin und her; **to go from** ~ **to post** von Pontius zu Pilatus gehen
pillar box *n* BRIT Briefkasten *m*
pillbox *n* ❶ (*for tablets*) Pillendose *f*
❷ MIL Bunker *m*
❸ (*hat*) Pillbox *f o m fachspr*
pillion ['pɪliən, AM -jən] I. *n* (*seat*) Soziussitz *m*
II. *adj attr, inv* BRIT, AUS Beifahrer-
III. *adv inv* BRIT, AUS **to ride/sit** ~ auf dem Beifahrersitz mitfahren/sitzen
pillion passenger *n* BRIT, AUS Sozius, Sozia *m, f*
pillock ['pɪlək] *n* BRIT (*pej fam!*) Idiot(in) *m(f) fam;* **a complete** ~ ein Volltrottel *m fam*
pillory ['pɪlᵊri, AM -ɚi] I. *vt* <-ie-> ■**to** ~ **sb** jdn an den Pranger stellen *a. fig*
II. *n* Pranger *m*
pillow ['pɪləʊ, AM -loʊ] I. *n* ❶ (*for bed*) [Kopf]kissen *nt*
❷ AM (*cushion*) Kissen *nt*
II. *vt* **to** ~ **one's head on sth** seinen Kopf auf etw *akk* legen
pillowcase *n,* **pillow cover** *n,* **pillowslip** *n* [Kopf]kissenbezug *m* **pillow talk** *n no pl* Bettgeflüster *nt*
pill-popper ['pɪlpɒpəʳ, AM -pɑːpɚ] *n* (*fam*) Pillenschlucker(in) *m(f) fam*
pill-popping *n no pl* [unkontrolliertes] Tablettenschlucken
pilot ['paɪlət] I. *n* ❶ AVIAT Pilot(in) *m(f);* NAUT Lotse, -in *m, f*
❷ TV Pilotfilm *f*
❸ TECH (*pilot light*) Kontrolllampe *f;* (*flame*) Zündflamme *f*
II. *vt* ❶ AVIAT, NAUT **to** ~ **an aircraft** ein Flugzeug fliegen; **to** ~ **a ship** ein Schiff lotsen
❷ (*fig: guide*) ■**to** ~ **sth** etw durchbringen; **to** ~ **a bill through Parliament** einen Gesetzesentwurf durch das Parlament bringen
❸ (*test*) ***the test was ~ed in schools*** eine erste Testreihe wurde an Schulen durchgeführt; **to** ~ **a project** ein Pilotprojekt durchführen
III. *adj usu attr, inv* Pilot-; ~ **study** Pilotstudie *f;* **a** ~ **test** ein erster Test
pilot boat *n* Lotsenboot *nt* **pilot episode** *n* Pilotfilm *f* **pilot fish** *n* ZOOL Lotsenfisch *m,* Pilotfisch *m* **pilot lamp** *n* Kontrolllampe *f*
pilotless ['paɪlətləs] *adj inv* führerlos
pilot light *n* ❶ (*monitoring light*) Kontrolllampe *f*
❷ (*flame*) Zündflamme *f*
pilot plant *n* Versuchsanlage *f,* Pilotanlage *f* **pilot program** *n* AM, **pilot scheme** *n* BRIT, AUS Testreihe *f;* (*model project*) Pilotprojekt *nt* **pilot's licence,** AM **pilot's license** *n* Flugschein *m,* Pilotenschein *m*
pilsner ['pɪlznəʳ, AM -nɚ] I. *n* Pils[e]ner *nt,* Pils *nt*
II. *n modifier* (*of pilsner*) (*beer, tradition*) Pils[e]ner-; ~ **beer** Pils[e]ner *nt,* Pils *nt;* **in** ~ **tradition** nach Pils[e]ner Brauart
pimento [pɪ'mentəʊ, AM -toʊ], AM *usu* **pimiento** [pɪ'mjentoʊ] *n* ❶ (*sweet red pepper*) [rote] Paprika
❷ (*spice*) Piment *m o nt,* Nelkenpfeffer *m*
pimp [pɪmp] I. *n* Zuhälter *m*
II. *vi* als Zuhälter arbeiten; ■**to** ~ **for sb** jds Zuhälter sein
pimpernel <*pl* – *or* -s> ['pɪmpənel, AM pɚ] *n* BOT Pimpernelle *f*
pimping ['pɪmpɪŋ] *n no pl* Zuhälterei *f*
pimple ['pɪmpl̩] *n* Pickel *m,* Pustel *f*
pimpled ['pɪmpl̩d] *adj* pickelig
pimply ['pɪmpl̩i] *adj* pickelig
PIN [pɪn] *n abbrev of* **personal identification number** PIN
pin [pɪn] I. *n* ❶ (*sharp object*) Nadel *f;* **drawing** ~ Reißzwecke *f;* **as bright** [*or* **clean**] **as a new** ~ blitzblank
❷ (*for clothing*) [Ansteck]nadel *f;* AM (*brooch*) Brosche *f;* **hat** ~ Hutnadel *f;* **tie** ~ Krawattennadel *f*
❸ MIL (*on grenade*) Sicherungsstift *m*
❹ *usu pl* (*hum dated*) Bein *nt;* ***I'm still a bit shaky on my ~s*** ich bin immer noch ziemlich wackelig auf den Beinen
❺ COMPUT Kontaktstift *m*
► PHRASES: **to be on ~s and needles** AM auf glühenden Kohlen sitzen; **to have ~s and needles** das Kribbeln haben *fam;* **you could hear a** ~ **drop** man konnte eine Stecknadel fallen hören
II. *vt* <-nn-> ❶ (*attach with pin*) ■**to** ~ **sth** [**up**]**on** [*or* **to**] **sth** etw an etw *dat* befestigen; ***a large picture of the president was ~ned to the office wall*** ein großes Bild des Präsidenten war an die Bürowand geheftet; **to** ~ **back one's ears** *esp* BRIT (*fig fam*) die Ohren spitzen; **to** ~ **all one's hopes on sth** (*fig*) seine ganze Hoffnung auf etw *akk* setzen
❷ (*hold firmly*) ***she was ~ned under a fallen beam from the roof*** sie saß unter einem vom Dach gefallenen Balken fest; **to** ~ **sb against the door/in a corner/to the floor** jdn gegen die Tür/in eine Ecke drücken/auf den Boden drücken
❸ (*fix blame unfairly*) ■**to** ~ **sth on sb** jdm etw zuschieben, etw auf jdn schieben; ***the guilt was ~ned on him alone*** die Schuld wurde allein ihm zugeschoben
❹ AM (*dated: in college fraternity*) ■**to** ~ **a woman** *die feste Freundin mit dem Mitgliedsabzeichen seiner Verbindung beschenken*
◆**pin down** *vt* ❶ (*define exactly*) ■**to** ~ **down** ⟲ **sth** etw genau definieren; (*locate precisely*) etw genau bestimmen
❷ (*make decide*) ■**to** ~ **down** ⟲ **sb** [**to sth**] jdn [auf etw *akk*] festnageln; ***she's very difficult to ~ down*** man wird nicht richtig schlau aus ihr
❸ (*hold fast*) ■**to** ~ **down** ⟲ **sb** jdn fest halten
◆**pin up** *vt* ■**to** ~ **sth** ⟲ **up** etw anstecken; **to** ~ **up one's hair** die Haare hochstecken; **to** ~ **up a picture on the wall** ein Bild an die Wand hängen
pinafore ['pɪnəfɔːʳ, AM -fɔːr] *n* ❶ (*apron*) [große] Schürze
❷ *esp* BRIT, AUS Trägerkleid *nt,* ärmelloses Kleid
pinafore dress *n esp* BRIT Trägerkleid *nt,* ärmelloses Kleid
pinball *n no pl* Flipper *m;* **to play** ~ flippern
pinball machine *n* Flipper *m*
pince-nez <*pl* -> [ˌpɛ̃(n)s'neɪ, *pl* -neɪz] *n* Zwicker *m,* Kneifer *m;* **a pair of** ~ ein Zwicker [*o* Kneifer] *m*
pincer ['pɪn(t)səʳ, AM -ɚ] *n* ❶ *usu pl* ZOOL Schere *f,* Zange *f*
❷ (*tool*) ■**~s** *pl* [Kneif]zange *f,* [Beiß]zange *f*
pincer movement *n* MIL Zangenbewegung *f*
pinch [pɪn(t)ʃ] I. *vt* ❶ (*nip*) ■**to** ~ **sb/sth** jdn/etw kneifen [*o bes* SÜDD, ÖSTERR zwicken]; (*squeeze*) jdn/etw quetschen; ***these shoes ~ my feet*** diese Schuhe drücken mich an den Füßen; ■**to** ~ **sth in sth** etw in etw *dat* einklemmen
❷ (*fam: steal*) ■**to** ~ **sth** etw klauen [*o* mitgehen lassen] *fam*
❸ (*fam: get*) ■**to** ~ **sb** jdn schnappen *fam*
► PHRASES: **to** ~ **pennies** jeden Pfennig zweimal umdrehen
II. *vi* kneifen, zwicken; *boots, shoes, slippers* drücken
► PHRASES: **to** ~ **and scrape** sich *dat* die Butter vom Mund absparen
III. *n* <*pl* -es> ❶ (*nip*) Kneifen *nt,* Zwicken *nt;* **to give sb a** ~ jdn kneifen; ***he gave her a playful ~ on the bottom*** er kniff sie aus Spaß in den Hintern
❷ (*small quantity*) Prise *f;* **a** ~ **of salt/sugar/dried thyme** eine Prise Salz/Zucker/getrockneter Thymian
► PHRASES: **to take sth with a** ~ **of salt** etw mit Vorsicht genießen; **to feel the** ~ merken, dass das Geld knapp wird; **at** [*or* AM **in**] **a** ~ wenn es nicht anders geht, zur Not
pinchbeck ['pɪn(t)ʃbek] I. *n no pl* Tombak *m*
II. *n modifier* (*made of pinchbeck*) aus Tombak *nach n;* ~ **jewellery** [*or* AM **jewelry**] Talmischmuck *m*
pinched [pɪn(t)ʃt] *adj* verhärmt
pinch-hit <-tt-> *vi* einspringen
pinch-hitter *n* SPORTS Ersatzspieler(in) *m(f);* AM (*fig*) Ersatz *m,* Lückenbüßer(in) *m(f)*
pin curl *n usu pl* Löckchen *nt*
pincushion *n* Nadelkissen *nt*
pine¹ [paɪn] I. *n* ❶ (*tree*) Kiefer *f*
❷ *no pl* (*wood*) Kiefer *f,* Kiefernholz *nt*
❸ BRIT (*stone pine*) Pinie *f*
❹ *no pl* BRIT (*wood of stone pines*) Pinie *f,* Pinienholz *nt*
II. *n modifier* (*board, chair, table*) aus Kiefer[nholz] *nach n;* BRIT (*of stone pine*) aus Pinie[nholz] *nach n;* ***the furniture had a ~ look*** die Möbel waren aus Kiefer-/Pinienimitat; ~ **forest** Kiefern-/Pinienwald *m*
pine² [paɪn] *vi* sich *akk* vor Sehnsucht verzehren *liter;* ■**to** ~ **for sb/sth** sich *akk* nach jdm/etw sehnen
◆**pine away** *vi* sich *akk* vor Sehnsucht verzehren *liter*
pineal ['pɪniəl] *adj* zapfenähnlich
pineal body *n,* **pineal gland** *n* Zirbeldrüse *f,* Epiphyse *f fachspr*
pineapple ['paɪnæpl̩] I. *n* Ananas *f;* **tinned ~s** Dosenananas *f*
II. *n modifier* (*juice, ice cream, ring, tart*) Ananas-
pine cone *n* Kiefernzapfen *m;* BRIT (*of stone pine*) Pinienzapfen *m* **pine grove** *n* Kiefernwäldchen *nt;* BRIT (*with stone pines*) Pinienhain *m* **pine kernel** *n* BRIT, AUS Pinienkern *m* **pine needle** *n* Kiefernnadel *f;* BRIT (*of stone pine*) Piniennadel *f* **pine nut** *n* Pinienkern *m* **pine tar** *n* BOT Kiefernharz *nt* **pine tree** *n* Kiefer *f;* BRIT (*stone pine*) Pinie *f* **pine-wood** *n no pl* Kiefernholz *nt;* BRIT (*of stone pine*) Pinienholz *nt*
piney ['paɪni] *adj* Kiefern-; ~ **aroma/smell** Kiefernnadelaroma *nt*/-duft *m;* ~ **oil** Kiefernnadelöl *nt*
ping [pɪŋ] I. *n* [kurzes] Klingeln; *of glass* Klirren *nt;* (*click*) Klicken *nt*
II. *vi* ❶ (*make sound*) [kurz] klingeln; *glass* klirren; (*click*) klicken
❷ AM, AUS AUTO *engine* klingeln
ping-pong ['pɪŋˌpɒŋ, AM -ˌpɑːŋ] I. *n no pl* (*fam*) Tischtennis *nt,* Pingpong *nt*
II. *n modifier* (*ball, game, player, table, tournament*) Tischtennis-, Pingpong-; ~ **paddle** Tischtennisschläger *m*
pinhead *n* ❶ (*of pin*) Stecknadelkopf *m* ❷ (*pej fam: simpleton*) Idiot(in) *m(f) fam,* Blödmann *m fam*
pinhole *n* Nadeleinstich *m*
pinion¹ ['pɪnjən] *vt* ■**to** ~ **sb** jdn fest halten; ***he was ~ed to the wall*** er wurde gegen die Mauer gedrückt
pinion² ['pɪnjən] *n* TECH Ritzel *nt,* kleines Zahnrad; **rack-and-~ assembly** Zahn[radan]trieb *m*
pink¹ [pɪŋk] I. *n* Rosa *nt,* Pink *nt*
► PHRASES: **the** ~ **of condition** die Topform; ***she reached the ~ of condition*** sie erreichte ihre Topform; **to be in the** ~ (*esp hum*) vor Gesundheit

strotzen
II. *adj* ❶ (*pale red*) rosa, pink; *cheeks* rosig; *face, nose* gerötet
❷ (*of gay, lesbian power*) rosa; **the ~ pound** [*or* AM **dollar**] *die Kaufkraft der homosexuellen Klientel*
❸ (*pej dated: socialist*) rot angehaucht, mit sozialistischen Tendenzen *nach n*
► PHRASES: **to see ~ elephants** (*hum*) weiße Mäuse sehen *hum*

pink² [pɪŋk] *n* (*flower*) [Garten]nelke *f*

pink³ [pɪŋk] *vt* ■**to ~ sth** etw durchstechen; (*with pinking shears*) etw auszacken

pink⁴ [pɪŋk] *vi* BRIT AUTO *engine* klingeln

pink-collar *adj attr, inv* AM SOCIOL Frauen-; **~ profession** Frauenberuf *m*

pinkie ['pɪŋki] *n* (*fam*) kleiner Finger

pinking shears *npl* Zickzackschere *f*

pinkish ['pɪŋkɪʃ] *adj* rötlich, [blass]rosa

pinko <*pl* -s *or* -es> ['pɪŋkəʊ, AM -koʊ] *n* (*pej dated fam*) Rote(r) *f(m)*, Linke(r) *f(m)*

pink slip *n* AM (*fam*) Kündigungsschreiben *nt*, Kündigung *f*, blauer Brief *fam*

pink-slip <-pp-> *vt* AM (*fam*) ■**to ~ sb** jdn rauswerfen *fam*

pin money *n no pl* (*fam*) Taschengeld *nt* (*das man sich dazuverdient*); **to get** [*or* **earn**] **a little ~** ein bisschen Geld nebenher verdienen

pinnace ['pɪnɪs] *n* NAUT Pinasse *f*

pinnacle ['pɪnəkl] *n* ❶ *usu pl of a mountain* Berggipfel *m*, Bergspitze *f*
❷ ARCHIT (*on a building*) Fiale *f fachspr*
❸ *usu sing* (*culmination*) Höhepunkt *m*, Gipfel *m*

PIN number ['pɪn,nʌmbəʳ, AM -ɚ] *n short for* **personal identification number** PIN *f*

pinny ['pɪni] *n* BRIT, AUS (*fam*) *short for* **pinafore** Schürze *f* mit Latz

pinpoint I. *vt* ■**to ~ sth** etw [genau] feststellen [*o* bestimmen]; **to ~ the cause of sth** den Grund für etw *akk* feststellen; **to ~ the location** [*or* **source**] **of sth** etw lokalisieren II. *adj attr, inv* sehr genau, haargenau; **~ accuracy** hohe Genauigkeit; *of missile, shot* hohe Zielgenauigkeit III. *n* winziger Punkt; **a ~ of light** ein winziger Lichtpunkt **pinprick** *n* Nadelstich *m*; (*fig: cause of irritation*) [kleine] Widrigkeit **pinstripe** *n* ❶ *no pl* (*pattern*) Nadelstreifen *m* ❷ (*suit*) Nadelstreifenanzug *m* **pinstriped** *adj inv* Nadelstreifen-; **~ cloth** Stoff *m* mit Nadelstreifen **pinstripe suit** *n* Nadelstreifenanzug *m*

pint [paɪnt] *n* ❶ (*measurement*) Pint *nt* (*0,568 l*)
❷ BRIT (*fam: beer*) ≈ eine Halbe [*o* ein Halbes] *fam*; ***can I have a ~ of beer please?*** eine Halbe bitte!; ***he usually goes out for a ~ at lunchtime*** mittags geht er meistens auf ein Bier

pinta ['paɪntə] *n* BRIT (*dated fam*) Pint *nt* Milch

pinto bean ['pɪntəʊbi:n, AM ţoʊ] *n* gefleckte Feldbohne

pint-size(d) *adj* (*fam*) winzig; (*fig*) unbedeutend, knirpsig; ***he's just a ~ nobody*** er ist bloß ein unbedeutender Wicht

pin-up I. *n* ❶ (*picture*) [Star]poster *nt o m* ❷ (*fam: person*) Pin-up-Girl *nt*; ***he's the latest teenage ~*** er ist der neueste Teenagerschwarm II. *adj attr, inv* Pin-up-; **~ magazine** *Zeitschrift mit vielen Postern zum Aufhängen* **pinwheel** *n* AM (*windmill*) Windmühle *f*

◆**pin with** *vt* ■**to ~ sb with sth** jdn einer S. *gen* beschuldigen

piny *adj see* **piney**

pioneer [,paɪə'nɪəʳ, AM -'nɪr] I. *n* Pionier(in) *m(f)*, Wegbereiter(in) *m(f)*
II. *n modifier* Pionier-, bahnbrechend; (*innovative*) innovativ
III. *vt* ■**to ~ sth** den Weg für etw *akk* bereiten, für etw *akk* Pionierarbeit leisten; ***our paper was ~ing articles like that last year*** unsere Zeitung hat letztes Jahr als Erste solche Artikel gedruckt

pioneering [,paɪə'nɪərɪŋ, AM -'nɪr-] *adj* bahnbrechend; (*innovative*) innovativ

pious ['paɪəs] *adj* ❶ REL (*devout*) fromm, [streng]gläubig
❷ (*iron: well-intentioned*) gut gemeint; **~ hope** BRIT frommer Wunsch; **~ intentions** gute Vorsätze; **~ promises** wohlklingende Versprechungen
❸ (*pej: hypocritical*) scheinheilig, heuchlerisch

piously ['paɪəsli] *adv* ❶ (*devoutly*) fromm, [streng]gläubig
❷ (*well-intentioned*) guten Glaubens
❸ (*hypocritically*) scheinheilig, heuchlerisch

piousness ['paɪəsnəs] *n no pl* REL Frömmigkeit *f*

pip¹ [pɪp] *n* HORT Kern *m*

pip² [pɪp] *n usu pl esp* BRIT Piep *m*

pip³ [pɪp] *n* ► PHRASES: **to give sb the ~** BRIT (*dated fam*) jdm auf den Wecker gehen *fam*

pip⁴ <-pp-> [pɪp] *vt* BRIT (*fam*) ■**to ~ sb** jdn [knapp] besiegen [*o* schlagen]; **to ~ sb at the post** jdn um Haaresbreite schlagen *fam*; ***I was ~ped at the post by the other candidate for promotion*** der andere Kandidat schnappte mir die Beförderung vor der Nase weg

pipe [paɪp] I. *n* ❶ TECH (*tube*) Rohr *nt*; (*small tube*) Röhre *f*; *for gas, water* Leitung *f*
❷ (*for smoking*) Pfeife *f*; **to light one's ~** sich *dat* eine Pfeife anzünden
❸ MUS (*instrument*) Flöte *f*; (*in organ*) [Orgel]pfeife *f*; ■**~s** *pl* Dudelsack *m*
❹ COMPUT Pipe-Symbol *nt*, Verkettungszeichen *nt*
► PHRASES: **put** [*or* **stick**] **that in your ~ and smoke it** (*fam*) da beißt die Maus keinen Faden ab *prov fam*, damit musst du dich abfinden
II. *vt* ❶ (*transport*) **to ~ gas/oil/water** Gas/Öl/Wasser leiten; ***hot water is ~d to all apartments*** alle Wohnungen werden mit Heißwasser versorgt
❷ (*speak shrilly*) ■**to ~ sth** etw piepsen; *esp women* etw zwitschern *oft hum*; (*loudly*) etw kreischen
III. *vi* piepsen; *esp women* zwitschern *oft hum*; (*loudly*) kreischen

◆**pipe down** *vi* (*fam: be quiet*) den Mund halten *fam*; (*be quieter*) leiser sein

◆**pipe up** *vi* sich *akk* zu Wort melden, den Mund aufmachen

pipe bomb *n* Rohrbombe *f* **pipe cleaner** *n* Pfeifenreiniger *m*

piped music *n no pl* Musik *f* aus der Konserve

pipe dream *n* [Tag]traum *m*; **to be no more than a** [*or* **just a**] **~** nur ein Luftschloss sein

pipe-fitter *n* Installateur(in) *m(f)* (*von Rohrleitungen*) **pipeline** I. *n* Pipeline *f*; **in the ~** (*fig*) in Planung II. *vt* COMPUT ■**to ~ sth** etw im Pipelinesystem verarbeiten **pipeline processing** *n* COMPUT Fließbandverarbeitung *f* **pipelining** *n* COMPUT Pipelining *nt fachspr*, Überlappung *f*

piper ['paɪpəʳ, AM -ɚ] *n* Dudelsackspieler(in) *m(f)*
► PHRASES: **he who pays the ~, calls the tunes** (*prov*) wer bezahlt, darf auch bestimmen; **to pay the ~** für die Kosten aufkommen

pipes [paɪps] *npl short for* **bagpipes** Dudelsack *m*

pipe smoker *n* Pfeifenraucher(in) *m(f)*

pipette [pɪ'pet, AM paɪ'-] *n* Pipette *f*, Saugröhrchen *nt*

pipework ['paɪpwɜ:k, AM wɜ:rk] *n no pl* Rohr[leitungs]netz *nt*, Röhrenwerk *nt*

piping ['paɪpɪŋ] I. *n no pl* Paspel *f*; (*on furniture*) Kordel *f*; FOOD Spritzgussverzierung *f*
II. *adv* **~ hot** kochend heiß

pipistrelle [,pɪpɪ'strel] *n*, **pipistrelle bat** ['pɪp-] *n* ZOOL Zwergfledermaus *f*

pipit <*pl* – *or* -s> ['pɪpɪt] *n* ORN Pieper *m*

pippin ['pɪpɪn] *n* ❶ (*apple*) Pippinapfel *m*
❷ AM (*fam: excellent person*) toller Typ *sl*; (*excellent thing*) tolle Sache *sl*

pipsqueak ['pɪpskwi:k] *n* (*pej fam*) Würstchen *nt pej fam*

piquancy ['pi:kən(t)si] *n no pl* pikanter [*o* würziger] Geschmack, Würze *f*; (*fig: vitality*) Pikanterie *f*; **to add ~ to sth** den Reiz einer S. *gen* erhöhen

piquant ['pi:kənt] *adj* pikant, würzig; (*fig: stimulating*) interessant, faszinierend; (*with sexual overtones*) pikant

piquantly ['pi:kəntli] *adv* interessant, faszinierend; **to speak/talk ~ about sth** etw unterhaltsam erzählen

piqué *n* Piqué *nt fachspr*

pique [pi:k] I. *n no pl* Ärger *m*, Verärgerung *f*; ***he stormed from the room in a fit of ~*** er rannte eingeschnappt aus dem Zimmer
II. *vt* ■**to ~ sb** jdn verärgern; **to ~ sb's curiosity/interest** jds Neugier/Interesse wecken

piqued [pi:kt] *adj* gekränkt, beleidigt, pikiert *geh*

piracy ['paɪ(ə)rəsi, AM 'paɪrə-] *n no pl* ❶ (*at sea*) Piraterie *f*, Seeräuberei *f*, Freibeuterei *f*; **~ on the high seas** Piraterie *f* auf hoher See
❷ (*of copyrights*) Raubkopieren *nt*, Produktpiraterie *f*; **software/video ~** Software-/Videopiraterie *f*

piranha <*pl* -s *or* -> [pɪ'rɑ:nə, AM pə'rɑ:njə] *n* Piranha *m*

pirate ['paɪ(ə)rət, AM 'paɪrət] I. *n* ❶ (*buccaneer*) Pirat(in) *m(f)*, Seeräuber(in) *m(f)*, Freibeuter(in) *m(f)*
❷ (*plagiarizer*) Raubkopierer(in) *m(f)*
II. *adj attr, inv video, CD* raubkopiert; **~ copy** Raubkopie *f*
III. *vt* ■**to ~ sth** eine Raubkopie von etw *dat* machen, etw illegal vervielfältigen

pirated ['paɪ(ə)rətɪd, AM 'paɪrəţ-] *adj inv* raubkopiert, illegal vervielfältigt; **~ copy** Raubkopie *f*

piratical [paɪ(ə)'rætɪkəl, AM paɪ'ræţ-] *adj* (*form*) Piraten-; **~ crime** Piraterie *f*; **~ merchants** verschlagene Händler(innen) *mpl(fpl)*

pirouette [,pɪru'et] I. *n* Pirouette *f*
II. *vi* eine Pirouette drehen

Piscean ['paɪsiən] I. *n* ASTROL Fisch *m*
II. *adj inv* Fisch-

Pisces <*pl* -> ['paɪsi:z] *n* ASTROL ❶ *no pl* (*sign*) Fische *mpl*; **under ~** im Sternzeichen Fische
❷ (*person*) Fisch *m*

piss [pɪs] (*fam!*) I. *n no pl* Pisse *f derb*; **to have** [*or* AM **take**] **a ~** aufs Klo gehen *fam*, pinkeln *fam*, pissen *derb*; **to need a ~** mal [pinkeln] müssen *fam*
► PHRASES: **to take the ~** [**out of sb**] BRIT jdn veräppeln *fam*, jdn verarschen *derb*
II. *vi* ❶ (*urinate*) pinkeln *fam*, pissen *derb*
❷ *impers* BRIT, AUS (*sl: rain*) gießen *fam*, pissen *derb*; ***it was ~ing all afternoon*** es pisste den ganzen Nachmittag *derb*
III. *vt* ■**to ~ oneself** in die Hose machen, sich *akk* bepinkeln *fam* [*o derb* bepissen]; (*fig: laugh*) sich *dat* vor Lachen in die Hosen machen *fam*, sich *akk* kaputtlachen *fam*

◆**piss about, piss around** BRIT, AUS I. *vi* (*fam!: be silly*) Blödsinn machen *fam*; (*waste time*) herumtrödeln *fam*; ***stop ~ing about!*** hör auf mit dem Blödsinn!
II. *vt* (*fam!*) ■**to ~ sb about** [*or* **around**] (*mess about*) jdm auf die Nerven gehen *fam*; (*waste time*) jds Zeit verschwenden; ***stop ~ing me about*** jetzt komm endlich zur Sache

◆**piss away** *vt* (*fam!*) ■**to ~ away** ○ **sth** etw wegwerfen; **to ~ one's chances away** sich *dat* seine Chancen versauen *fam*

◆**piss down** *vi impers* BRIT, AUS (*fam!*) gießen *fam*, pissen *derb*; ***how's the weather? — ~ing down right now*** wie ist das Wetter? – es pisst gerade *derb*

◆**piss off** I. *vi* (*fam!*) abhauen *fam*, sich *akk* verpissen *derb*; ***~ off!*** verpiss dich! *derb*; ***why don't you just ~ off!*** verpiss dich [doch] einfach! *derb*
II. *vt* ■**to ~ sb off** jdn ankotzen *derb*, jdm auf die Nerven [*o derb* auf den Sack] gehen

piss artist *n* BRIT (*fam!*) ❶ (*heavy drinker*) Säufer(in) *m(f)*
❷ (*botcher*) Penner(in) *m(f) fam*
❸ (*glib person*) Schwätzer(in) *m(f)*, Laberer *m fam*

pissed [pɪst] *adj* (*fam!*) ❶ BRIT, AUS besoffen *fam*, blau *fam*; **to be ~ out of one's head** [*or* **mind**] [*or* **skull**] sternhagelvoll [*o* stockbesoffen] sein *fam*; **to be ~ as a newt** [*or* **fart**] sternhagelvoll [*o* stockbesoffen] sein *fam*
❷ AM [stink]sauer *fam*

pissed off *adj pred* (*fam!*) [stink]sauer *fam*

pisser ['pɪsəʳ] *n* AM (*fam!*) ❶ (*bad thing*) Scheiß *m derb*; **a ~ of a film/car** ein Scheißfilm/Scheißauto *derb*

❷ (*good thing*) ■**to be a ~** der Bringer sein *fam*, [sau]geil sein *sl*
pissoir ['pɪswɑːʳ, AM piː'swɑːr] *n* Pissoir *nt*
piss-poor *adj esp* BRIT (*fam!*) ❶ (*broke*) sehr arm; ***I'm sick of being ~*** ich bin es leid, ein armer Schlucker zu sein ❷ (*bad*) erbärmlich [schlecht], Scheiß- *derb* **pisspot** *n* (*fam!*) ❶ *esp* BRIT (*chamber pot*) Pisspott *m derb* ❷ AUS (*drunkard*) Säufer(in) *m(f)*
piss-take *n* BRIT (*fam!*) Veräppelung *f fam*, Verarschung *f derb*; **to do a ~ of sb** jdn nachmachen
piss-up *n* BRIT, AUS (*fam!*) Besäufnis *nt* ► PHRASES: **sb couldn't organize a ~ in a brewery** jd kann nicht bis drei zählen
pistachio [pɪ'stɑːʃiəʊ, AM -'stæʃioʊ] I. *n* Pistazie *f* II. *n modifier* (*ice cream, shell*) Pistazien-
piste [piːst] *n* Piste *f*
pistil ['pɪstɪl] *n* BOT Stempel *m*, Pistill *nt fachspr*
pistol ['pɪstᵊl] *n* Pistole *f*; **to hold** [*or* **put**] **a ~ to sb's head** (*fig*) jdm die Pistole an die Brust setzen
pistol shot *n* [Pistolen]schuss *m* **pistol-whip** *vt* AM, AUS (*sl*) ■**to ~ sb** jdn mit dem Knauf einer Pistole schlagen
piston ['pɪstᵊn] *n* TECH Kolben *m*
piston engine *n* TECH Kolbenmotor *m* **piston ring** *n* TECH Kolbenring *m fachspr* **piston stroke** *n* TECH Kolbenhub *m fachspr*
pit¹ [pɪt] I. *n* ❶ (*in ground*) Grube *f*, [Erd]loch *nt*; (*scar*) Narbe *f*; TECH (*hollow*) Loch *nt*; (*in compact disc*) Einbrenngrube *f fachspr*; MED (*in body*) Grube *f*, Höhle *f*; **in the ~ of the stomach** in der Magengrube
❷ (*mine*) Bergwerk *nt*, Zeche *f*; **chalk/clay/gravel ~** Kreide-/Lehm-/Kiesgrube *f*; **to go down the ~** [*or* **work in the ~s**] unter Tage arbeiten
❸ BRIT (*dated fam: bed*) Falle *f*; ***I'm going to my ~*** ich hau mich in die Falle *fam*
❹ (*pej fam: untidy place*) Schweinestall *m fam*
❺ *esp* BRIT THEAT (*seating area*) Parkett *nt*
❻ MUS (*orchestral area*) Orchestergraben *m*
❼ SPORTS ■**the ~s** *pl* die Boxen *fpl*
❽ STOCKEX Maklerstand *m*; AM Börsensaal *m*, Ring *m*, Bieterraum *m*
► PHRASES: **to be the ~s** (*fam*) das Letzte sein
II. *vt* <-tt-> *usu passive* ■**sth is ~ted** [**with sth**] etw ist [von etw *dat*] zerfurcht; ***his face was ~ted with pockmarks*** sein Gesicht war mit Pockennarben übersät
pit² [pɪt] I. *n esp* AM (*stone*) Kern *m*; **hard ~** Stein *m*
II. *vt* <-tt-> ❶ FOOD ■**to ~ sth** etw entkernen; **to ~ an avocado** eine Avocado entsteinen
❷ ■**to ~ sth against sth** *products* etw gegen etw *akk* ins Rennen schicken; ***a war that ~ted neighbour against neighbour*** ein Krieg, in dem der Nachbar gegen den Nachbarn kämpfte; ■**to ~ oneself against sb/sth** sich mit jdm/etw messen; ***the climbers ~ted themselves against the mountain*** die Kletterer maßen sich an dem Berg
pita ['pɪtə, AM 'piːt̬ə] *n no pl*, **pita bread** *n no pl* AM Pittabrot *nt*
pit-a-pat [ˌpɪtə'pæt, AM ˌpɪt̬-] I. *adv inv feet* tapsend; *heart, rain* klopfend; ***the rain went ~ on the window*** der Regen klopfte gegen die Fensterscheibe
II. *n no pl of feet* Getrappel *nt*; *of the heart, rain* Klopfen *nt*; *of water* Plätschern *nt*; ***you could hear the ~ of the little girl's feet*** man konnte das kleine Mädchen tapsen hören
pit bull *n*, **pit bull terrier** *n* Pitbull[terrier] *m*
pitch¹ *n* ❶ COMPUT (*characters per inch*) Zeichendichte *f*
❷ (*satellite/antenna movement*) Nicken *nt*
pitch² [pɪtʃ] *n no pl* Pech *nt*
pitch³ [pɪtʃ] I. *n* <*pl* -es> ❶ BRIT, AUS SPORTS (*playing field*) [Spiel]feld *nt*, Platz *m*; BRIT (*for camping*) [Zelt]platz *m*; **football ~** Fußballfeld *nt*, Fußballplatz *m*
❷ AM SPORTS (*in baseball*) Wurf *m*
❸ MUS, LING (*tone*) Tonhöhe *f*; *of voice* Stimmlage *f*; *of instrument* Tonlage *f*; (*volume*) Lautstärke *f*; (*fig*) Ton *m*, Atmosphäre *f*; **to be at fever ~** (*worked-up*) [schrecklich] aufgeregt sein; *children* [völlig] aufgedreht sein; **perfect ~** absolutes Gehör; **to get the ~ right** den richtigen Ton treffen
❹ (*persuasion*) [Verkaufs]gerede *nt*; ***he gave me his ~ about quality and reliability*** er spulte seine Sprüche über Qualität und Zuverlässigkeit ab; **sales ~** Verkaufssprüche *mpl*; **to make a ~ for sth** sich *akk* um etw *akk* bemühen
❺ *esp* BRIT ECON (*sales area*) Platz *m*
❻ (*slope*) Schräge *f*, Neigung *f*; **low/steep ~** flache/steile Schräge [*o* Neigung]
II. *vt* ❶ (*throw*) ■**to ~ sb/sth** jdn/etw werfen; ***the bouncer picked him up and ~ed him into the street*** der Türsteher hob ihn hoch und warf ihn hinaus; ■**to ~ sb into sth** (*fig*) jdn zu etw *dat* zwingen; **to be ~ed** [**headlong**] **into despair** in [tiefe] Verzweiflung gestürzt werden; **to ~ sb into a situation** jdn in eine [bestimmte] Situation bringen
❷ SPORTS (*throw*) ***he has ~ed the last 3 innings*** er spielte in den letzten 3 Runden den Werfer; **to ~ a ball** einen Ball werfen; ***she ~ed a curve ball*** sie schnitt den Ball an
❸ (*set music*) ■**to ~ sth** *instrument* etw stimmen; *song* etw anstimmen; (*be in tune*) *note* etw treffen; ***the tune was ~ed*** [***too***] ***high/low*** die Melodie war [zu] hoch/tief
❹ (*target*) ■**to ~ sth at** [*or* AM **to**] **sb** etw auf jdn ausrichten; ***we decided to ~ the film at young adults*** wir entschieden, dass die Zielgruppe des Films junge Erwachsene sein sollten
❺ (*advertise, promote*) ■**to ~ sth** etw propagieren [*o sl* pushen]
III. *vi* ❶ *ship, yacht* schießen; ***the ship ~ed from side to side in the rough sea*** die raue See warf das Schiff von rechts nach links; ***the passengers ~ed forward*** die Passagiere wurden nach vorne geschleudert
❷ AM SPORTS (*in baseball*) werfen; (*in cricket*) [auf den Boden] aufkommen
❸ (*slope*) sich *akk* neigen
❹ (*aim for*) ■**to ~ for sth** etw anstreben [*o* versuchen]; ***he's ~ing for Amnesty International to try and persuade the politicians*** er versucht, Amnesty International dazu zu bewegen, die Politiker zu überzeugen
❺ (*attack*) ■**to ~ into sb** jdn angreifen
❻ (*start*) ■**to ~ into sth** etw [entschlossen] angehen [*o* anpacken]
◆**pitch in** *vi* (*fam: contribute*) helfen, mit anpacken *fam*; (*financially*) zusammenlegen; ■**to ~ in with sth** sich *akk* mit etw *dat* einbringen; ***everyone ~ed in with comments*** jeder machte seine Bemerkungen
◆**pitch up** *vi* BRIT (*fam*) auftauchen *fam*
pitch-black *adj inv* pechschwarz **pitchblende** ['pɪtʃblend] *n no pl* CHEM Pechblende *f fachspr* **pitch darkness** *n no pl* völlige Dunkelheit
pitched [pɪtʃt] *adj inv* ❶ (*with tar*) geteert
❷ (*sloping*) **~ roof** Dachschräge *f*
pitched battle *n* MIL offene [Feld]schlacht; (*fig: confrontation*) offener Schlagabtausch
pitcher¹ ['pɪtʃəʳ, AM -ɚ] *n* ❶ BRIT (*container*) Henkelkrug *m*
❷ *esp* AM (*jug*) Krug *m*; **tea ~** *Krug für kalten, meist süßen Tee*
pitcher² ['pɪtʃəʳ, AM -ɚ] *n* SPORTS (*in baseball*) Werfer(in) *m(f)*, Pitcher(in) *m(f) fachspr*; **relief ~** Ersatzwerfer(in) *m(f)*
pitchfork I. *n* (*for hay*) Heugabel *f*; (*for manure*) Mistgabel *f* II. *vt* (*fig*) ■**to ~ sb into sth** jdn unerwartet mit etw *dat* konfrontieren **pitch pine** *n* Pechkiefer *f*
piteous ['pɪtiəs, AM -t̬-] *adj* Mitleid erregend, herzzerreißend; **to give a ~ cry** kläglich schreien; **to be a ~ sight** einen bemitleidenswerten Anblick bieten
piteously ['pɪtiəsli, AM -t̬-] *adv* Mitleid erregend, herzzerreißend
piteousness ['pɪtiəsnəs, AM -t̬-] *n no pl* Mitleiderregen *nt*; ***~ may not be the best way to get people to contribute to charities*** die Mitleidstour ist nicht immer der beste Weg, um Leute zum Spenden zu bewegen *fam*
pitfall *n usu pl* Falle *f*, Fußangel *f*; *of a language, subject* Hauptschwierigkeit *f*
pith [pɪθ] *n no pl* ❶ (*of orange, grapefruit etc*) weiße Innenhaut; ***he carefully removed the ~*** er entfernte sorgfältig alle weißen Fasern
❷ (*in plants*) Mark *nt*
❸ (*fig: essence*) Kern *m*, Hauptpunkt *m*
❹ (*fig: substance of speech*) Substanz *f*; ***his speech was full of ~*** seine Rede enthielt viele wichtige Gedanken; **sth lacks ~** es mangelt etw *dat* an Substanz
pithead ['pɪthed] I. *n usu sing* MIN (*entrance*) Zecheneinstieg *m*; (*buildings*) Übertageanlagen *fpl* II. *adj attr, inv* Tagebau-, Übertage-; **~ ballot** Abstimmung *f* der im Tagebau Beschäftigten; **~ building** Schachthaus *nt*; **~ staff** Übertagearbeiter(innen) *mpl(fpl)*
pith helmet *n* (*esp hist*) Tropenhelm *m*
pithily ['pɪθɪli] *adv* prägnant, kurz und treffend
pithiness ['pɪθɪnəs] *n no pl* Markigkeit *f*, Prägnanz *f*
pithy ['pɪθi] *adj* ❶ (*succinct*) prägnant, kurz und treffend, markig; ***her later books are pithier*** ihre späteren Bücher haben mehr Substanz; **a ~ phrase** ein markiger Satz
❷ (*of citrus fruits*) dickschalig; ***these oranges are very ~*** diese Orangen haben eine dicke weiße Haut
pitiable ['pɪtiəbl, AM -t̬-] *adj* ❶ (*arousing pity*) bemitleidenswert, herzzerreißend; (*terrible*) schrecklich, furchtbar
❷ (*despicably*) lächerlich, erbärmlich
pitiably ['pɪtiəbli, AM -t̬-] *adv* (*form*) ❶ (*distressingly*) bemitleidenswert; (*terribly*) erschreckend, fürchterlich
❷ (*despicably*) lächerlich, erbärmlich
pitiful ['pɪtɪfᵊl, AM -t̬-] *adj* ❶ (*arousing pity*) bemitleidenswert, herzzerreißend; (*terrible*) *conditions etc* schrecklich, furchtbar; **~ sight** [*or* **spectacle**] trauriger Anblick; **a ~ state of affairs** unhaltbare Zustände
❷ (*unsatisfactory*) erbärmlich, jämmerlich; **~ excuse** jämmerliche Ausrede; **~ pay** erbärmliche Bezahlung
pitifully ['pɪtɪfᵊli, AM -t̬-] *adv* ❶ (*distressingly*) bemitleidenswert; (*terribly*) erschreckend, fürchterlich
❷ (*despicably*) lächerlich, erbärmlich
pitifulness ['pɪtɪfᵊlnəs, AM -t̬-] *n no pl* Bedauernswerte *nt*, Bemitleidenswerte *nt*; **the ~ of a predicament** das Tragische an einer Zwangslage; **the ~ of a situation** die Tragik einer Situation; **the ~ of a tragedy** die Größe einer Tragödie
pitiless ['pɪtɪləs, AM -t̬-] *adj* erbarmungslos, unbarmherzig; ***he told us his story in ~ detail*** er ersparte uns kein einziges Detail seiner Geschichte; **the ~ midday sun** die erbarmungslose Mittagshitze; **~ rule** hartes Regime
pitilessly ['pɪtɪləsli, AM -t̬-] *adv* erbarmungslos, unbarmherzig, ohne Gnade
pitilessness ['pɪtɪləsnəs, AM -t̬-] *n no pl* Erbarmungslosigkeit *f*, Unbarmherzigkeit *f*; (*brutality*) Grausamkeit *f*
pitman <*pl* -men> ['pɪtmən] *n* Grubenarbeiter *m*, Bergmann *m*
piton ['piːtɒn, AM -tɑːn] *n* SPORTS (*for rock*) Felshaken *m*; (*for ice*) Eishaken *m*
pit pony *n* BRIT (*hist*) Grubenpony *nt*, Grubenpferd *nt* **pit stop** *n* SPORTS Boxenstop *m*; (*fig hum: journey break*) Reiseunterbrechung *f*
pitta ['pɪtə, AM 'piːt̬ə] *n*, **pitta bread** *n no pl* Pittabrot *nt*
pittance ['pɪtᵊn(t)s] *n usu sing* (*pej*) Hungerslohn *m*, erbärmlich niedriger Lohn; **a mere ~** nur ein Taschengeld *nt*; ***..., but for the company it's a mere ~*** ..., aber das Unternehmen bezahlt das aus der Portokasse
pitted ['pɪtɪd, AM -t̬-] *adj inv* AM, AUS *prunes etc* entkernt
pitter-patter ['pɪtəˌpætəʳ, AM -t̬ɚˌpæt̬ɚ] I. *n no pl* Klopfen *nt*; *of feet, steps* Tapsen *nt*, Trappeln *nt*; (*fig hum*) ***do I hear the ~ of tiny feet?*** ist da schon an

P

Nachwuchs gedacht?
II. *vi* klopfen; *people, feet* tapsen, trappeln
III. *adv inv* klopfend; *people, feet* tapsend, trappelnd

pituitary [pɪ'tju:ɪtᵊri, AM 'tu:əteri] *n*, **pituitary gland** *n* ANAT Hirnanhangsdrüse *f*, Hypophyse *f fachspr*

pity ['pɪti, AM -ṭ-] **I.** *n no pl* ❶ (*compassion*) Mitleid *nt;* **for ~'s sake** um Himmels willen; **to feel** [*or* **have**] **~ for sb, to take ~ on sb** mit jdm Mitleid haben; ■**in** [*or* **with**] **~** mitleidig
❷ (*shame*) ***what a ~!*** wie schade!; **more's the ~** *esp* BRIT leider; ■**to be a ~** schade [*o* bedauerlich] sein; ■[**it's a**] **~ that ...** [es ist] [wirklich] schade, dass ...; ■**the ~ of it is that ...** das Traurige daran ist, dass ...
II. *vt* <-ie-> ■**to ~ sb** jdn bedauern, Mitleid mit jdm haben

pitying ['pɪtiɪŋ, AM -ṭ-] *adj* mitleidig; (*condescending*) herablassend

pityingly ['pɪtiɪŋli, AM -ṭ-] *adv* mitleidig; (*condescendingly*) herablassend

pivot ['pɪvət] **I.** *n* ❶ MECH, TECH (*shaft*) [Dreh]zapfen *m*, Scharnier *nt;* (*fig: focal point*) Dreh- und Angelpunkt *m*
❷ (*fig: key person*) Schlüsselfigur *f;* ■**to be the ~ of sth** im Zentrum einer S. *gen* stehen
II. *vi* ❶ (*revolve*) ■**to ~ around sth** (*also fig*) um etw *akk* kreisen *a. fig;* ***lights which ~ on brackets*** Scheinwerfer, die sich auf Trägern drehen; ■**to ~ round** [*or* AM **around**] sich *akk* [um]drehen
❷ (*fig: depend on*) von etw *dat* abhängen; ***this peace process ~s around certain personalities*** der Friedensprozess steht und fällt mit bestimmten Persönlichkeiten

pivotal ['pɪvətᵊl, AM -ṭ-] *adj* Schlüssel-, Haupt-; **~ figure** Schlüsselfigur *f;* **~ idea** Grundgedanke *m;* **~ role** entscheidende Rolle

pix [pɪks] *npl* (*fam*) *short for* **pictures** Fotos *ntpl*, Bilder *ntpl*

pixel ['pɪksᵊl] *n* Pixel *nt fachspr*, Bildpunkt *m*

pixie ['pɪksi] *n* Kobold *m*

pixilated ['pɪksɪleɪṭɪd] AM, **pixillated** [-t-] *adj* (*form*) bizarr, überspannt

pixy ['pɪksi] *n* Kobold *m*

pizza ['pi:tsə] *n* Pizza *nt;* **deep-pan ~** Pfannenpizza *f;* **French-bread ~** Pizzabaguette *nt*

pizza-face *n* (*pej sl*) Pickelgesicht *nt fam* **pizza house** *n* BRIT, **pizza parlor** *n* AM Pizzeria *f* **pizza pie** *n* AM (*pizza*) Pizza *f* **pizza place** *n* Pizzeria *f*

pizzazz *n no pl* (*fam*), **pzazz** [pɪ'zæz] *n no pl* (*fam*) Pfiff *m*, Flair *m; of people* Ausstrahlung *f; of a performance* Schwung *m*

pizzeria [ˌpi:tsə'ri:ə] *n* Pizzeria *f*

pizzicato [ˌpɪtsɪ'kɑ:təʊ, AM -toʊ] *inv* MUS **I.** *adj* gezupft, pizzicato *fachspr;* **~ music** Pizzikato *nt fachspr*
II. *adv* pizzicato *fachspr;* **to play ~** zupfen

pl LING **I.** *n no pl abbrev of* **plural** Pl.
II. *n modifier abbrev of* **plural**: **~ ending** Pluralendung *f*

Pl *n no pl abbrev of* **Place** Pl.

placard ['plækɑ:d, AM -ɑ:rd] *n* Plakat *nt;* (*at demonstrations also*) Transparent *nt*

placate [plə'keɪt, AM 'pleɪkeɪt] *vt* ■**to ~ sb** (*soothe*) jdn beruhigen; (*appease*) jdn beschwichtigen; ***outraged minority groups will not be ~d by promises*** erzürnte Minderheiten werden sich nicht mit Versprechungen abspeisen lassen

placatory [plə'keɪtᵊri, AM 'pleɪkətɔ:ri] *adj* (*calming*) beschwichtigend; (*appeasing*) versöhnlich

place [pleɪs]

I. NOUN	II. TRANSITIVE VERB
III. INTRANSITIVE VERB	

I. NOUN

❶ [*location*] Ort *m;* ***I hate busy ~s*** ich hasse Orte, an denen viel los ist; ***the hotel was one of those big, old-fashioned ~s*** das Hotel war eines dieser großen altmodischen Häuser; ***we're staying at a bed-and-breakfast ~*** wir übernachten in einer Frühstückspension; ***let's go to a pizza ~*** lass uns eine Pizza essen gehen; ***this is the exact ~!*** das ist genau die Stelle!; ***this plant needs a warm, sunny ~*** diese Pflanze sollte an einem warmen, sonnigen Ort stehen; ***Scotland is a very nice ~*** Schottland ist ein tolles Land *fam;* ***that café is a nice ~*** dieses Café ist echt nett *fam;* ***a nice little ~ at the seaside*** ein netter kleiner Ort am Meer; ***please put this book back in its ~*** bitte stell dieses Buch wieder an seinen Platz zurück; ***this is the ~ my mother was born*** hier wurde meine Mutter geboren; ***sorry, I can't be in two ~s at once*** tut mir Leid, ich kann nicht überall gleichzeitig sein; **~ of birth** Geburtsort *m;* **~ of death** Sterbeort *m;* **~ of refuge** Zufluchtsort *m;* **~ of residence** Wohnort *m;* **a ~ in the sun** (*fig*) ein Plätzchen an der Sonne; **~ of work** Arbeitsplatz *m*, Arbeitsstätte *f;* **to go ~s** AM weit herumkommen, viel sehen; **in ~s** stellenweise; ***this plant still exists in ~s*** diese Pflanze kommt noch vereinzelt vor
❷ *no pl* [*appropriate setting*] [geeigneter] Ort; ***this meeting isn't the ~ to discuss individual cases*** diese Konferenz ist nicht der Ort, um Einzelfälle zu diskutieren; ***university was not the ~ for me*** die Universität war irgendwie nicht mein Ding *fam;* ***that bar is not a ~ for a woman like you*** Frauen wie du haben in solch einer Bar nichts verloren
❸ [*home*] ***I'm looking for a ~ to live*** ich bin auf Wohnungssuche; ***we'll have a meeting at my ~/Susan's ~*** wir treffen uns bei mir/bei Susan; ***where's your ~?*** wo wohnst du?; (*fam*) ***your ~ or mine?*** zu dir oder zu mir?; ***they're trying to buy a larger ~*** wir sind auf der Suche nach einer größeren Wohnung
❹ [*fig: position, rank*] Stellung *f;* ***she's got friends in high ~s*** sie hat Freunde in hohen Positionen; ***they have a ~ among the country's leading exporters*** sie zählen zu den führenden Exporteuren des Landes; ***it's not your ~ to tell me what to do*** es steht dir nicht zu, mir zu sagen, was ich zu tun habe; ***I'm not criticizing you — I know my ~*** das ist keine Kritik – das würde ich doch nie wagen!; **to keep sb in their ~** jdn in seine Schranken weisen; **to put sb in his/her ~** [*or* **show sb his/her ~**] jdm zeigen, wo es lang geht *fam*
❺ [*instead of*] ■**in ~ of** stattdessen; ***you can use margarine in ~ of butter*** statt Butter kannst du auch Margarine nehmen; ***I invited Jo in ~ of Les, who was ill*** Les war krank, daher habe ich Jo eingeladen
❻ [*proper position*] ■**to be in ~** an seinem Platz sein; (*fig: completed*) fertig [*o* abgeschlossen] sein; ***the chairs were all in ~*** die Stühle waren alle dort, wo sie sein sollten; (*fig*) ***the arrangements are all in ~ now*** die Vorbereitungen sind jetzt abgeschlossen; (*fig*) ***the new laws are now in ~*** die neuen Gesetze gelten jetzt; (*fig*) ***suddenly all fell into ~*** plötzlich machte alles Sinn; **to be out of ~** nicht an der richtigen Stelle sein; *person* fehl am Platz[e] sein; (*fig*) ***the large desk was totally out of ~ in such a small room*** der große Schreibtisch war in solch einem kleinen Zimmer völlig deplatziert; ***what you've just said was completely out of ~*** was du da gerade gesagt hast, war völlig unangebracht; **to push sth in ~** etw in die richtige Position schieben
❼ MATH [*in decimals*] Stelle *f;* ***to five ~s of decimals*** bis auf fünf Stellen hinter dem Komma
❽ [*job, position*] Stelle *f;* (*in team*) Platz *m;* (*at university*) Studienplatz *m;* ***your ~ is here by my side*** du gehörst an meine Seite; **to take the ~ of sb** jds Platz einnehmen
❾ [*in book*] Stelle *f;* **to find one's ~** die [richige] Stelle wiederfinden; **to keep one's ~** markieren, wo man gerade ist/war; **to lose one's ~** die Seite verblättern[, wo man gerade war]; (*on page*) nicht mehr wissen, wo man gerade ist
❿ [*seat*] Platz *m;* ***is this ~ taken?*** ist dieser Platz noch frei?; **to change ~s with sb** mit jdm die Plätze tauschen; **to keep sb's ~** [*or* **save sb a ~**] jdm den Platz freihalten; **to lay a/another ~** ein/noch ein Gedeck auflegen; **to take one's ~ at table** Platz nehmen
⓫ [*position*] Stelle *f;* ***just put yourself in my ~*** versetzen Sie sich doch mal in meine Lage!; ***if I were in your ~ ...*** ich an deiner Stelle ...; ***what would you do in my ~?*** was würden Sie an meiner Stelle tun?
⓬ [*ranking*] Platz *m*, Position *f;* ***the song went from tenth to second ~ in the charts*** das Lied stieg vom zehnten auf den zweiten Platz in den Charts; ***our team finished in second ~*** unsere Mannschaft wurde Zweiter; **to take** [*or esp* BRIT **get**] **first/second ~** Erste(r)/Zweite(r) werden; **to take first/second ~** (*fig*) an erster/zweiter Stelle kommen; ***their children always take first ~*** ihre Kinder stehen für sie immer an erster Stelle; **in second ~** auf dem zweiten Platz
⓭ SPORTS **to get a ~** sich *akk* platzieren; AM Zweite(r) werden
⓮ AM [*fam: somewhere*] ***I know I left that book some ~*** ich weiß, dass ich das Buch irgendwo gelassen habe
► PHRASES: **there is a ~ and time for everything** alles zu seiner Zeit; **all over the ~** (*everywhere*) überall; (*badly organized*) [völlig] chaotisch; (*spread around*) in alle Himmelsrichtungen zerstreut; **in the first ~** (*at first*) zuerst; (*at all*) überhaupt; ***we shouldn't have got married in the first ~!*** wir hätten erst gar nicht heiraten dürfen!; ***but why didn't you say that in the first ~?*** aber warum hast du denn das nicht gleich gesagt?; **in the first/second ~** (*firstly, secondly*) erstens/zweitens; **to give ~ to sb/sth** jdm/etw Platz machen; **to go ~s** (*fam*) auf dem Weg nach oben sein; **to take ~** stattfinden; **a ~ for everything and everything in its ~** (*prov*) jedes Ding hat seinen Platz

II. TRANSITIVE VERB

❶ [*position*] ■**to ~ sth somewhere** etw irgendwohin stellen; (*lay*) etw irgendwohin legen; ***bowls of flowers had been ~d on tables*** auf den Tischen waren Blumenvasen aufgestellt; ***the Chancellor ~d a wreath on the tomb*** der Kanzler legte einen Kranz auf das Grab nieder; ***she ~d her name on the list*** sie setzte ihren Namen auf die Liste; ***he ~d his hand on my shoulder*** er legte mir die Hand auf die Schulter; **to ~ an advertisement in the newspaper** eine Anzeige in die Zeitung setzen; **to ~ sth on the agenda** etw auf die Tagesordnung setzen; **to ~ a bet on sth** auf etw *akk* wetten; **to ~ sb under sb's care** jdn in jds Obhut geben; **to ~ a comma** ein Komma setzen; **to ~ one foot in front of the other** einen Fuß vor den anderen setzen; **to ~ a gun at sb's head** jdn eine Pistole an den Kopf setzen; **to ~ money on sth** Geld auf etw *akk* setzen; ■**to be ~d** *shop, town* liegen
❷ [*impose*] **to ~ an embargo on sb/sth** über jdn/etw ein Embargo verhängen; **to ~ a limit** [*or* **ceiling**] **on sth** etw begrenzen; **to ~ ten pounds/half a million on sth** etw mit zehn Pfund/einer halben Million veranschlagen
❸ [*ascribe*] **to ~ the blame on sb** jdm die Schuld geben; **to ~ one's faith** [*or* **trust**] **in sb/sth** sein Vertrauen in jdn/etw setzen; **to ~ one's hopes on sb/sth** seine Hoffnungen auf jdn/etw setzen; **to ~ importance on sth** auf etw *akk* Wert legen; ***... and she ~d the emphasis on the word 'soon'*** ... und die Betonung lag auf ‚schnell'; ***he ~d stress on every second syllable*** er betonte jede zweite Silbe
❹ [*arrange for*] **to ~ a call** ein Telefongespräch anmelden; **to ~ sth at sb's disposal** jdm etw überlassen
❺ [*appoint to a position*] ■**to ~ sb/sth somewhere** jdn/etw irgendwo unterbringen [*o* SCHWEIZ platzieren]; **to ~ sb on** [**the**] **alert** jdn in Alarmbereitschaft versetzen; **to ~ sb under arrest** jdn festnehmen; **to ~ sb in charge** [**of sth**] jdm die Leitung [von etw *dat*] übertragen; **to ~ sb in jeopardy** jdn in Gefahr bringen; **to ~ sb under pressure** jdn unter Druck setzen; **to ~ a strain on sb/sth** jdn/etw belasten; **to ~ staff** Personal unterbringen [*o* vermit-

teln]; **to ~ sb under surveillance** jdn unter Beobachtung stellen; ***the town was ~d under the control of UN peacekeeping troops*** die Stadt wurde unter die Aufsicht der UN-Friedenstruppen gestellt
⑥ *(recognize)* ■**to ~ sb/sth** *face, person, voice, accent* jdn/etw einordnen
⑦ *(categorize, rank)* ■**to ~ sb/sth** jdn/etw einordnen; **to be ~d** SPORTS sich *akk* platzieren; AM unter die ersten zwei kommen; **to be ~d first/second** SPORTS Erste(r)/Zweite(r) werden; ■**to ~ sth above** [*or* **before**] [*or* **over**] **sth** etw über etw *akk* stellen; **sb ~s sth above all other things** etw steht bei jdm an erster Stelle; ***I'd ~ him among the world's ten most brilliant scientists*** für mich ist er einer der zehn hervorragendsten Wissenschaftler der Welt; ***they ~d the painting in the Renaissance*** sie ordneten das Bild der Renaissance zu
⑧ ECON ■**to ~ sth** *goods* etw absetzen; **to ~ an order for sth** etw bestellen; **to ~ an order with a firm** einer Firma einen Auftrag erteilen
⑨ *passive (good position)* ■**to be well ~d for sth** für etw *akk* eine gute Ausgangsposition haben; ***we're well ~d for the shops*** wir haben es nicht weit zum Einkaufen *fam;* **to be well ~d financially** finanziell gut dastehen; **to be well ~d to watch sth** von seinem Platz aus etw gut sehen können
⑩ *passive (have at disposal)* ■**to be well ~d for sth** ***how ~d are you for time/money?*** wie sieht es mit deiner Zeit/deinem Geld aus?

III. INTRANSITIVE VERB

SPORTS sich *akk* platzieren; AM *also (finish second)* Zweite(r) werden

placebo [plə'siːbəʊ, AM -boʊ] *n* MED Placebo *nt,* Scheinmedikament *nt;* *(fig)* Ablenkungsmanöver *nt*
placebo effect *n* MED Placeboeffekt *m*
place card *n* Tischkarte *f*
placed [pleɪst] *adj inv* platziert, positioniert; ***he was well ~ to watch the cricket match*** er hatte einen guten Platz, um das Kricketmatch zu verfolgen; ***a highly ~ official was arrested*** ein hoher Beamter wurde festgenommen; ***how are you ~ for Tuesday night?*** wie sieht es bei dir mit Dienstagabend aus?
place kick *n* SPORTS Platztritt *m*
placeman <*pl* -men> ['pleɪsmən] *n* BRIT POL *(pej)* Posteninhaber *m,* Futterkrippenpolitiker *m pej*
place mat *n* Set *nt o m,* Platzdeckchen *nt*
placement ['pleɪsmənt] **I.** *n* ① *(being placed)* Platzierung *f,* Positionierung *f; of building* Lage *f;* ***they were surprised by the ~ of the article in this particular book*** sie waren überrascht, dass der Artikel gerade in diesem Buch erschien; **~ of an order** Bestellung *f*
② *(by job service)* Vermittlung *f; (job itself)* Stelle *f*
II. *adj attr, inv* Einstufungs-; **~ examination** [*or* **test**] Einstufungstest *m;* **~ service** Stellenvermittlung *f,* Vermittlungsdienst *m*
place name *n* Ortsname *m*
placenta <*pl* -s *or* -tae> [plə'sentə, *pl* -tiː] *n* MED Plazenta *f*
placentae [plə'sentiː] *pl of* **placenta**
place of interest <*pl* places of interest> *n* Sehenswürdigkeit *f* **place of work** <*pl* places of work> *n* Arbeitsplatz *m,* Arbeitsstelle *f* **place of worship** <*pl* places of worship> *n* Gotteshaus *nt; (temple)* Tempel *m* **place setting** *n* Gedeck *nt*
placid ['plæsɪd] *adj* ruhig, friedlich; *person also* friedfertig, gelassen
placidity [plə'sɪdəti, AM -əṭi] *n no pl,* **placidness** ['plæsɪdnəs] *n no pl* Friedfertigkeit *f; (stillness)* Ruhe *f*
placidly ['plæsɪdli] *adv* ruhig, friedlich; **to say sth ~** etw bedächtig sagen
placings ['pleɪsɪŋz] *npl* SPORTS Platzierung *f*
plagiarism ['pleɪdʒᵊrɪzᵊm, AM -dʒə-] *n no pl* Plagiat *nt,* Plagiieren *nt geh,* geistiger Diebstahl
plagiarist ['pleɪdʒᵊrɪst, AM -dʒə-] *n* Plagiator(in) *m(f) geh*
plagiarize ['pleɪdʒᵊraɪz, AM -dʒə-] **I.** *vt* ■**to ~ sth** etw plagiieren *form,* etw abschreiben
II. *vi* abschreiben, geistigen Diebstahl begehen *form;* ■**to ~ from sth** aus etw *dat* abschreiben
plague [pleɪg] **I.** *n* ① *(disease)* Seuche *f; (dated)* ***a ~ on you!*** verflucht seist du! *veraltet;* ■**the ~** die Pest; **to avoid sb/sth like the ~** jdn/etw wie die Pest meiden
② *of insects* Plage *f; (fig)* ***a ~ of journalists descended on the town*** ein Schwarm von Journalisten fiel in die Stadt ein
II. *vt* ■**to ~ sb** jdn bedrängen, jdm zu schaffen machen; *(irritate)* jdn ärgern; ***he's been plaguing me for an answer*** er drängt mich, ihm eine Antwort zu geben; ■**to ~ sb with sth** jdn mit etw *dat* belästigen, jdm mit etw *dat* auf die Nerven gehen; ■**to be ~d with sth** von etw *dat* geplagt werden; ***the team has been ~d with injuries*** in der Mannschaft kommt es in letzter Zeit ständig zu Verletzungen; **to be ~d with bad luck** vom Pech verfolgt sein
plaice <*pl* -> [pleɪs] *n* ZOOL Scholle *f*
plaid [plæd] **I.** *n no pl esp* AM FASHION Schottenmuster *nt; see also* **tartan**
II. *adj attr, inv* kariert; **~ skirt** Schottenrock *m; see also* **tartan**
plain [pleɪn] **I.** *adj* ① *(simple)* einfach; *(not flavoured)* natur *nach n;* **~ food** einfaches Essen; ***my father says he likes good ~ food*** mein Vater sagt, er isst gerne einfache Hausmannskost; **~ omelette** Omelette nature *f;* **~ paper** *(unlined)* unliniertes Papier; *(of one colour)* einfarbiges Papier; **~ yoghurt** Naturjoghurt *m o nt*
② *(uncomplicated)* einfach; **~ folks** [*or* **people**] einfache Leute; **~ and simple** ganz einfach
③ *(clear)* klar, offensichtlich; ***her meaning was ~*** es war klar, was sie meinte; ***it's ~ that they …*** sie wollen ganz offensichtlich, dass …; ***the sign was ~ enough — we just didn't see it*** das Schild war klar und deutlich – wir haben es nur einfach übersehen; **to be perfectly ~** ganz offensichtlich sein; ***the reason is perfectly ~*** der Grund liegt auf der Hand; **to make sth ~** etw klarstellen; ***have I made myself ~ to you?*** habe ich mich klar ausgedrückt?; ■**to be ~ with sb** jdm gegenüber [ganz] offen sein
④ *attr, inv (sheer)* rein, pur; ***it was ~ torture*** es war die reinste Tortur; ***the ~ truth is that …*** die traurige Wahrheit ist, dass …
⑤ *(unattractive)* unscheinbar, unansehnlich; **~ Jane** Mauerblümchen *nt*
► PHRASES: **to be as ~ as the <u>nose</u> on one's face** [*or* BRIT *also* **as a <u>pikestaff</u>**] ganz offensichtlich sein, klar wie Kloßbrühe sein *fam*
II. *adv* ① *(simply)* ohne großen Aufwand; ***the fish had been grilled and served ~*** der Fisch war gegrillt und kam ohne weitere Zutaten auf den Tisch
② *(fam: downright)* einfach; **~ awful** einfach furchtbar
III. *n* ① *(area of flat land)* Ebene *f;* ■**the ~s** *pl* die Ebene, das Flachland *kein pl;* **the Great P~s** die Great Plains *(in den USA)*
② *(in knitting)* rechte Masche
plainchant ['pleɪntʃɑːnt, AM -tʃænt] *n no pl* MUS gregorianischer Gesang, Cantus planus *m fachspr*
plain chocolate *n no pl* [Halb]bitterschokolade *f*
plain clothes *npl* Zivilkleidung *f kein pl;* **in ~** in Zivil **plain-clothes** *adj attr, inv* Zivil-, in Zivil; **a ~ police officer** ein Polizeibeamter *m*/eine Polizeibeamtin in Zivil **plain-colored** AM, **plain-coloured** *adj inv* einfarbig **plain English** **I.** *n no pl* **to speak ~** sich *akk* klar [und deutlich] ausdrücken; ■**in ~** mit verständlichen Worten; ***in ~, he's an arse*** auf gut Deutsch: er ist ein Arsch **II.** *adj inv* **~ campaign** BRIT *Kampagne gegen die unverständliche Amtssprache* **plain flour** *n no pl* BRIT, AUS Mehl *nt (ohne Backtriebmittel)* **plain language** *n no pl* Alltagssprache *f*
plainly ['pleɪnli] *adv* ① *(simply)* einfach, schlicht
② *(clearly)* deutlich, klar; *(obviously)* offensichtlich, offenkundig; **to be ~ visible** deutlich zu sehen [*o* zu erkennen] sein
plainness ['pleɪnnəs] *n no pl* ① *(simplicity)* Einfachheit *f,* Schlichtheit *f*
② *(obviousness)* Eindeutigkeit *f,* Klarheit *f*
③ *(unattractiveness)* Unscheinbarkeit *f,* Unansehnlichkeit *f*
plain sailing *n no pl (fig)* ■**to be ~** wie geschmiert laufen *fam; (on motorway)* freie Fahrt haben; ***this project isn't going to be all ~, you know*** weißt du, dieses Projekt wird nicht ganz ohne Schwierigkeiten über die Bühne gehen **plainsong** *n no pl* MUS gregorianischer Gesang, Cantus planus *m fachspr* **plain speaking** *n no pl* offene [*o* deutliche] Worte **plain-spoken** *adj* ■**to be ~** eine deutliche Sprache sprechen; ***he's very ~*** er ist sehr direkt
plaint [pleɪnt] *n* ① BRIT LAW Klage *f; document* Klageschrift *f*
② *(poet: complaint, lamentation)* Wehklage *f poet*
plaintiff ['pleɪntɪf, AM -ṭ-] *n* Kläger(in) *m(f)*
plaintive ['pleɪntɪv, AM -ṭ-] *adj* klagend, traurig; *(wistful)* melancholisch; **~ cry** klagender Ruf; **~ voice** traurige Stimme
plaintively ['pleɪntɪvli, AM -ṭ-] *adv* klagend, traurig; *(wistfully)* melancholisch
plaintiveness ['pleɪntɪvnəs, AM -ṭ-] *n no pl* Melancholie *f,* Traurigkeit *f;* ***the ~ of Turkish music*** der klagende Klang türkischer Musik
plait [plæt] *esp* BRIT **I.** *n (hair)* Zopf *m; (material)* Flechtwerk *nt;* ***the ~ of the leather belt was unusual*** der Ledergürtel war auf eine ungewöhnliche Art geflochten; **French ~** französischer Zopf
II. *vt* ■**to ~ sth** etw flechten
III. *vi* flechten
plan [plæn] **I.** *n* ① *(detailed scheme)* Plan *m;* **the best-laid ~s** die ausgefeiltesten Pläne; **five-year ~** Fünfjahresplan *m;* **four-point ~** Vierpunkteplan *m;* **to go according to ~** wie geplant verlaufen; **to make ~s for sth** für etw *akk* Pläne machen; *(for contingencies)* für etw *akk* Vorkehrungen treffen
② *(intention)* Plan *m,* Absicht *f;* ***what are your ~s for this weekend?*** was hast du dieses Wochenende vor?; **to change ~s** umdisponieren; **to have ~s** etw vorhaben
③ *(payment scheme)* Plan *m,* Programm *nt;* **healthcare ~** Krankenversicherungsprogramm *m;* **savings ~** Sparplan *m*
④ *(diagram)* Plan *m,* Verzeichnis *nt;* **street ~** Stadtplan *m*
⑤ *(drawing)* ■**~s** *pl* Pläne *mpl,* Zeichnungen *fpl;* **to draw up ~s** eine Planskizze machen
► PHRASES: **~ <u>B</u>** Plan *m* B; **the best-laid ~s of <u>mice</u> and men gang aft agley** SCOT *(prov)* der Mensch denkt und Gott lenkt *prov*
II. *vt* <-nn-> ■**to ~ sth** ① *(draft)* etw planen
② *(prepare)* etw vorbereiten [*o* organisieren]
③ *(envisage)* etw planen [*o* vorsehen]; ***our meeting wasn't ~ned*** unser Treffen hat sich einfach ergeben
④ *(intend)* etw vorhaben
III. *vi* ① *(prepare)* planen; **to ~ carefully** sorgfältig planen; ■**to ~ for sth** mit etw *dat* rechnen; **to ~ for one's old age** Vorkehrungen für das Alter treffen
② ■**to ~ on sth** *(expect)* mit etw *dat* rechnen, auf etw *akk* vorbereitet sein; *(intend)* etw vorhaben; ***we were ~ning on a meal together*** wir wollten eigentlich zusammen essen gehen; ***I'd ~ed on going out tonight*** eigentlich hatte ich vor, heute Abend auszugehen
◆**plan ahead** *vi* vorausschauend planen
◆**plan out** *vt* ■**to ~ out** ⇄ **sth** etw [durch]planen
◆**plan up** *vt usu passive* ■**sth is ~ned up** etw ist organisiert
plane¹ [pleɪn] **I.** *n* ① *(surface)* Fläche *f;* MATH Ebene *f;* **inclined ~** MATH schiefe Ebene
② *(level)* Ebene *f,* Niveau *nt;* ***sometimes I think she's on a different ~ from the rest of us*** manchmal habe ich den Eindruck, sie lebt in einer ganz anderen Welt; ■**to be on a similar ~ to/higher ~ than sb/sth** auf dem gleichen Niveau wie/einem höheren Niveau als jd/etw sein
③ *(aircraft)* Flugzeug *nt;* **to board the ~** das Flugzeug besteigen; **by ~** mit dem Flugzeug; ***we'll be***

P

travelling by ~ wir werden fliegen
II. *vi* gleiten
III. *adj attr, inv* flach, eben; ~ **angle** MATH gestreckter Winkel *fachspr*

plane² [pleɪn] **I.** *n* Hobel *m*
II. *vt* ■**to** ~ **sth** etw hobeln; (*until smooth*) etw abhobeln [*o* glatt hobeln]

plane³ [pleɪn] *n* Platane *f*

plane crash *n* Flugzeugunglück *nt*

planet ['plænɪt] *n* Planet *m;* ~ **Earth** der Planet Erde, die Erde; ~ **Jupiter** der [Planet] Jupiter; ~ **Venus** der Planet Venus, die Venus; **to be on a different** ~ (*fig*) in einer anderen Welt sein; ■**the** ~ die Erde, unser Planet *m*

planetaria [ˌplænɪ'teəriə, AM -'teriə] *pl of* **planetarium**

planetarium <*pl* -s *or* -ria> [ˌplænɪ'teəriəm, AM -'teriəm, *pl* -riə] *n* Planetarium *nt*

planetary ['plænɪtəri, AM -teri] *adj inv* planetarisch *geh;* **the** ~ **motion** die Bewegung der Planeten

plane ticket *n* Flugticket *nt* **plane tree** *n* Platane *f*

plangent ['plændʒənt] *adj* (*liter*) lautstark, schallend

plank [plæŋk] *n* ❶ (*timber*) Brett *nt,* Latte *f;* (*in house*) Diele *f;* NAUT Planke *f*
❷ (*fig: element*) Pfeiler *m,* Grundgedanke *m*

planking ['plæŋkɪŋ] *n no pl* Bretter *fpl;* NAUT Planken *fpl,* Beplankung *f;* **floor** ~ Diele *f,* Dielenboden *m;* **ship's** ~ Schiffsplanken *fpl*

plankton ['plæŋktən] *n no pl* Plankton *nt*

planned economy *n* Planwirtschaft *f* **planned obsolescence** *n no pl* ECON geplanter Verschleiß **Planned Parenthood** *n* AM ≈ Pro Familia *f*

planner ['plænər, AM -ɚ] *n* ❶ (*person*) Planer(in) *m(f);* **city** [*or* **town**] [*or* **urban**] ~ Städteplaner(in) *m(f);* **traffic** ~ Verkehrsplaner(in) *m(f)*
❷ COMPUT Planprogramm *nt*
❸ (*office diary*) Kalender *m* zur Arbeitsplanung; **desk** ~ Tischkalender *m* zur Arbeitsplanung; **wall** ~ Wandkalender *m* zur Arbeitsplanung

planning ['plænɪŋ] **I.** *n no pl* Planung *f;* **city** [*or* **town**] [*or* **urban**] ~ Städteplanung *f;* **environmental** ~ Umweltplanung *f*
II. *n modifier* Planungs-; ~ **application** BRIT Bauantrag *m;* **at the** ~ **stage** in der Planung[sphase]

planning blight *n no pl* BRIT *bezeichnet den Wertverfall von Immobilien in Gegenden, in denen z. B. eine Autobahn geplant ist* **planning permission** *n no pl* BRIT Baugenehmigung *f*

plant [plɑːnt, AM plænt] **I.** *n* ❶ (*organism*) Pflanze *f;* **indoor** ~ Zimmerpflanze *f*
❷ (*factory*) Werk *nt,* Fabrik *f,* Betrieb *m*
❸ *no pl* (*machinery*) Maschinen *fpl,* Maschinenpark *m*
❹ BRIT, AUS (*for road-building*) Baumaschinen *fpl;* ***slow — heavy*** ~ ***crossing*** Achtung – Baustelle
❺ *usu sing* (*set-up*) ***he insisted that the money was a*** ~ er bestand darauf, dass man ihm das Geld untergeschoben hatte
II. *n modifier* (*fertilizer, food, growth, specialist, stand*) Pflanzen-; **the** ~ **kingdom** das Pflanzenreich, die Flora; ~ **life** die Pflanzenwelt
III. *vt* ■**to** ~ **sth** ❶ (*put in earth*) etw pflanzen; ***the garden is densely*** ~***ed*** der Garten ist dicht bepflanzt
❷ (*lodge*) etw platzieren; ***he*** ~***ed a kiss on her forehead*** er drückte ihr einen Kuss auf die Stirn; ***Foreman*** ~***ed a blow on Clay's chin*** Foreman platzierte einen Schlag auf Clays Kinn; **to** ~ **oneself on the sofa** (*fam*) sich *akk* aufs Sofa pflanzen *fam*
❸ (*circulate*) etw verbreiten; **to** ~ **doubts about sth** Zweifel an etw *dat* hervorrufen [*o* wachrufen]; **to** ~ **a rumour** [*or* AM **rumor**] ein Gerücht in die Welt setzen; **to** ~ **a story** eine Geschichte in Umlauf bringen
❹ (*fam: frame*) etw [heimlich] platzieren; ■**to** ~ **sth on sb** jdm etw unterschieben; **to** ~ **a secret agent** einen Geheimagenten/eine Geheimagentin einschleusen; **to** ~ **a bomb** eine Bombe legen; **to** ~ **a bugging device** ein Abhörgerät anbringen; **to** ~ **evidence** falsches Beweismaterial platzieren [*o* fabrizieren]; ***evidence was*** ~***ed on innocent people*** gegen unschuldige Menschen wurden belastende Beweise hervorgezaubert
❺ COMPUT ■**to** ~ **sth** etw zwischenspeichern

◆**plant out** *vt* **to** ~ **out geraniums** Geranien umtopfen; **to** ~ **out seedlings** Sämlinge auspflanzen

plantain¹ ['plæntɪn] *n* FOOD, BOT Kochbanane *f*

plantain² ['plæntɪn] *n* BOT (*weed*) Wegerich *m*

plantation [ˌplæn'teɪʃən] *n* ❶ (*estate*) Plantage *f*
❷ (*plants*) Pflanzung *f;* (*trees*) Schonung *f*

planter ['plɑːntər, AM 'plænt̬ɚ] *n* ❶ (*plantation owner*) Plantagenbesitzer(in) *m(f),* Pflanzer(in) *m(f)*
❷ (*container*) Pflanzgefäß *nt,* Blumentopf *m;* (*stand*) Blumenständer *m;* **hanging** ~ Hängeampel *f*
❸ (*machine*) Pflanzmaschine *f;* (*for sowing*) Sämaschine *f*

plant hire *n* BRIT, AUS [Bau]maschinenverleih *m*

planting ['plɑːntɪŋ, AM 'plænt̬ɪŋ] **I.** *n* Pflanzen *nt*
II. *adj attr, inv* Pflanz-; **the** ~ **season** die Zeit der Aussaat

plant pot *n esp* BRIT Blumentopf *m*

plaque [plɑːk, plæk, AM plæk] *n* ❶ (*plate*) Tafel *f;* **brass** ~ Messingschild *nt;* **stone** ~ Steintafel *f;* **blue** ~ BRIT *Schild an einem Gebäude, das auf den früheren Wohnort einer bedeutenden Persönlichkeit hinweist;* **commemorative** [*or* **memorial**] ~ Gedenktafel *f*
❷ *no pl* MED [Zahn]belag *m,* Plaque *f fachspr*

plash [plæʃ] (*liter*) **I.** *n* <*pl* -es> *usu sing* Platsch *m;* *of a stream, waterfall, waves* Plätschern *nt;* ***we heard the*** ~ ***as the stone hit the water*** wir hörten, wie es platschte, als der Stein ins Wasser fiel
II. *vi* platschen

plasm ['plæzəm] *n* Plasma *nt*

plasma ['plæzmə] **I.** *n no pl* MED, PHYS, ASTRON Plasma *nt*
II. *n modifier* (*cell, count, donation, donor, membrane*) Plasma-

plaster ['plɑːstər, AM 'plæstɚ] **I.** *n no pl* ❶ (*in building*) [Ver]putz *m*
❷ MED (*gypsum*) Gips *m,* Gipsverband *m;* ***he has his leg in*** ~ er hat ein Gipsbein
❸ BRIT (*for cuts*) Pflaster *nt;* **sticking** ~ Heftpflaster *nt*
II. *vt* ■**to** ~ **sth** ❶ (*mortar*) etw verputzen; (*fig*) ***the rain had*** ~***ed her hair to her head*** durch den Regen klebte ihr das Haar am Kopf; **to** ~ **a hole** ein Loch zugipsen [*o* vergipsen]
❷ (*fam: put all over*) etw voll kleistern *fam;* ~***ed with mud*** voller Schlamm; **to** ~ **the walls with posters** die Wände mit Postern bepflastern; (*fig*) ***he had his name*** ~***ed all over the press*** sein Name ging durch die gesamte Presse; ***the story was*** ~***ed all over the front pages*** die Geschichte war überall der Aufmacher

plasterboard *n no pl* Gipskarton *m,* Rigips® *nt*

plaster cast *n* Gipsverband *m;* ART Gipsabguss *m,* Gipsabdruck *m*

plastered ['plɑːstəd, AM 'plæstɚd] *adj pred* (*fam*) blau *fam,* stockbesoffen *fam;* **to get** ~ sich *akk* zusaufen *fam*

plasterer ['plɑːstərər, AM 'plæstɚɚ] *n* Gipser(in) *m(f)*

plastering ['plɑːstərɪŋ, AM 'plæstɚ-] *n no pl* [Ver]putz *m;* (*action*) Verputzen *nt;* MED Eingipsen *nt*

plaster of Paris *n no pl* Gips *m*

plastic ['plæstɪk] **I.** *n* ❶ (*material*) Plastik *nt kein pl,* Kunststoff *m*
❷ (*industry*) ■~**s** *pl* Kunststoffindustrie *f;* ***the company has moved into*** ~***s*** das Unternehmen stellt jetzt Kunststoffe her
❸ *no pl* (*fam: credit cards*) Plastikgeld *nt fam;* **to pay with cash instead of** ~ bar statt mit Kreditkarte bezahlen
II. *adj* ❶ *inv* (*of plastic*) Plastik-
❷ (*pej: artificial*) künstlich; (*false also*) unecht; *smile* aufgesetzt; ***the food was horribly*** ~ das Essen schmeckte nur nach Chemie
❸ ART (*malleable*) formbar, modellierbar; (*fig: impressionable*) leicht formbar; ***children at that age have very*** ~ ***personalities*** Kinder in diesem Alter sind sehr leicht zu beeinflussen

plastic arts *npl* die gestaltenden Künste **plastic bag** *n* Plastiktüte *f* **plastic bomb** *n* Plastikbombe *f* **plastic bullet** *n* Gummigeschoss *nt* **plastic cup** *n* Plastikbecher *m* **plastic explosive** *n* Plastiksprengstoff *m*

Plasticine® ['plæstəsiːn] *n no pl* BRIT Plastilin *nt,* Knetgummi *m o nt*

plasticity [plæs'tɪsəti, AM -əţi] *n no pl* Formbarkeit *f*

plastic money *n no pl* Plastikgeld *nt fam* **plastics industry** *n* Kunststoffindustrie *f* **plastic surgeon** *n* Schönheitschirurg(in) *m(f)* **plastic surgery** *n no pl* Schönheitschirurgie *f;* ***she had*** ~ ***on her nose*** sie ließ ihre Nase operieren

plate [pleɪt] **I.** *n* ❶ (*dish*) Teller *m;* **tea** ~ BRIT Kuchenteller *m;* **heaped** ~ übervoller Teller; **to pass round the** [**collection**] ~ den Klingelbeutel herumgehen lassen
❷ (*panel*) Platte *f;* **steel** ~ Stahlplatte *f*
❸ (*sign*) Schild *nt,* Tafel *f,* Platte *f;* **brass** ~ Messingschild *nt*
❹ AUTO Nummernschild *nt;* **licence** [*or* AM **license**] [*or* **number**] ~ Nummernschild *nt*
❺ TYPO (*in printing*) [Druck]platte *f*
❻ *no pl* (*metal layer*) Überzug *m;* **chrome** ~ Verchromung *f;* **gold** ~ Vergoldung *f;* **silver** ~ Versilberung *f;* ***the knives and forks are silver*** ~ die Messer und Gabeln sind versilbert
❼ *no pl* (*objects made of metal*) Silber und Gold; (*silver cutlery*) Tafelsilber *nt;* (*gold cutlery*) Tafelgold *nt;* ***the thieves got away with £15,000 worth of church*** ~ die Diebe stahlen den Kirchenschatz im Wert von 15.000 Pfund
❽ TYPO (*illustration*) [Bild]tafel *f*
▶ PHRASES: **to have a lot** [*or* **so much**] **on one's** ~ *esp* BRIT viel zu tun haben; **to have** [**more than**] **enough on one's** ~ [mehr als] genug zu tun haben; **to give** [*or* **hand**] **sth to sb on a** ~ (*fam*) jdm etw auf einem silbernen Tablett servieren [*o* präsentieren]; ***that gave United the victory on a*** ~ dadurch wurde United der Sieg praktisch geschenkt
II. *vt* ■**to** ~ **sth** etw überziehen; **to** ~ **sth with gold/nickel/silver** etw vergolden/vernickeln/versilbern

plateau <*pl* BRIT -x *or* AM, AUS -s> ['plætəʊ, AM plæ'toʊ] *n* ❶ GEOG (*upland*) [Hoch]plateau *nt,* Hochebene *f*
❷ ECON (*flat period*) Stagnation *f;* (*stabilization*) Stabilisierung *f;* **to reach a** ~ stagnieren; (*become stable*) sich *akk* einpendeln [*o* stabilisieren]

plateaux ['plætəʊz] BRIT *pl of* **plateau**

plated ['pleɪtɪd, AM -ţ-] *adj inv* überzogen; ~ **with chrome/gold/silver** verchromt/vergoldet/versilbert; ~ **jewellery** [*or* AM **jewelry**] plattierter Schmuck

-plated ['pleɪtɪd, AM -ţ-] *in compounds* **chrome-**~ verchromt; **copper-**~ verkupfert; **gold-**~ vergoldet

plateful ['pleɪtfʊl] *n* Teller *m;* **a** ~ **of lasagna** ein Teller *m* [voll] Lasagne

plate glass *n no pl* Flachglas *nt fachspr,* Walzglas *nt fachspr* **plate-glass** *adj attr, inv* Flachglas- *nt fachspr;* ~ **university** BRIT (*pej*) *neue, frühestens in den 60er Jahren gebaute Universität* **platelayer** *n* BRIT RAIL Streckenarbeiter(in) *m(f)*

platelet ['pleɪtlət] *n* [Blut]plättchen *nt*

plate rack *n* Geschirrständer *m* **plate tectonics** *n + sing vb* GEOL Plattentektonik *f kein pl fachspr*

plate-warmer *n* Tellerwärmer *m*

platform ['plætfɔːm, AM -fɔːrm] *n* ❶ (*elevated area*) Plattform *f;* (*raised structure*) Turm *m;* **viewing** ~ Aussichtspunkt *m*
❷ (*on station*) Bahnsteig *m;* **railway** ~ Bahnsteig *m*
❸ (*stage*) Podium *nt,* Tribüne *f;* ***a question for the*** ~ eine Frage an das Podium; **concert** ~ Konzertbühne *f;* **to mount** [*or* **take**] **the** ~ auf die Bühne gehen; ***speaker after speaker mounted the*** ~ ein Sprecher nach dem anderen stellte sich ans Mikro-

fon; **to share a ~** gemeinsam auftreten
④ (*opportunity to voice views*) Plattform *f*
⑤ (*policies*) [Partei]programm *nt*; ***we campaign on a ~ of low taxation*** in unserem Wahlkampf nimmt die Steuersenkung eine zentrale Stellung ein
⑥ (*shoes*) ■ **~s** *pl* Plateauschuhe *mpl*
⑦ COMPUT Plattform *f*

platform party *n* Podium *nt* **platform shoes** *npl* Plateauschuhe *mpl*

plating ['pleɪtɪŋ, AM -t̬-] *n* Überzug *m*, Schicht *f*; **~ of chrome/gold/silver** Verchromung/Vergoldung/Versilberung *f*; ***the statuette had a ~ of gold*** die Figur war vergoldet

platinum ['plætɪnəm, AM 'plætnəm] **I.** *n no pl* Platin *nt*
II. *n modifier* (*band, necklace, ring*) Platin-

platinum blonde I. *n* platinblonde [*o* wasserstoffblonde] Frau
II. *adj inv* platinblond, wasserstoffblond

platitude ['plætɪtju:d, AM -t̬ətu:d, -tju:d] *n* (*pej*) Platitüde *f geh*, Plattheit *f*; **to mouth ~s** Platitüden von sich *dat* geben

platitudinous [,plætɪ'tju:dɪnəs, AM -t̬ə'tu:dᵊn-, -tju:d-] *adj* (*pej form*) nichts sagend, banal, platt

platonic [plə'tɒnɪk, AM -'tɑ:n-] *adj* platonisch; **~ love** platonische Liebe

platoon [plə'tu:n] *n + sing/pl vb* MIL Zug *m*

platter ['plætəʳ, AM -t̬ɚ] *n* ① (*food selection*) Platte *f*; **a ~ of cheese and biscuits** eine Käseplatte
② AM, AUS (*main course*) Teller *m*; **fish ~** Fischteller *m*; **cold ~** kalte Platte
③ COMPUT Platte *f*

platypus <*pl* -es> ['plætɪpəs, AM -t̬-] *n* Schnabeltier *nt*

plaudits ['plɔ:dɪts, AM *esp* 'plɑ:-] *npl* (*form*) Beifall *m kein pl*; **to earn** [*or* **win**] **~** Beifall finden

plausibility [,plɔ:zɪ'bɪləti, AM ,plɑ:zə'bɪlət̬i] *n no pl* Plausibilität *f*, Glaubwürdigkeit *f*; *of an argument* Schlagkraft *f*

plausible ['plɔ:zɪbl̩, AM 'plɑ:zə-] *adj* plausibel, einleuchtend; *person* glaubhaft; **~ argument** überzeugendes Argument; **~ excuse** glaubhafte Entschuldigung

plausibly ['plɔ:zɪbli, AM 'plɑ:zə-] *adv* (*believably*) glaubhaft; (*convincingly*) überzeugend

play [pleɪ]

I. NOUN	**II.** INTRANSITIVE VERB
III. TRANSITIVE VERB	

I. NOUN

① *no pl* (*recreation*) Spiel *nt*; **to be at ~** beim Spiel sein, spielen; **to do sth in ~** etw [nur] zum Spaß tun; ***it's only in ~*** es ist doch nur Spaß
② *no pl* SPORTS (*during game*) Spiel *nt*; ***rain stopped ~*** wegen des Regens wurde das Spiel unterbrochen; **the start/close of ~** der Beginn/das Ende des Spiels; **to be in/out of ~** im Spiel/im Aus sein
③ AM SPORTS (*move*) Spielzug *m*; **to make a bad/good ~** ein schlechtes/gutes Spiel machen; **a foul ~** ein Foul[spiel] *nt*
④ THEAT [Theater]stück *nt*; **one-act ~** Einakter *m*; **radio ~** Hörspiel *nt*; **television ~** Fernsehspiel *nt*, Fernsehfilm *m*; **to go to see a ~** ins Theater gehen; **to put on** [*or* **stage**] [*or fam* **do**] **a ~** ein Stück inszenieren
⑤ *no pl* (*change*) **the ~ of light** [**on sth**] das Spiel des Lichts [auf etw *dat*]; ***the ~ of emotion across his face revealed his conflict*** seine widerstreitenden Gefühle spiegelten sich in seinem Gesicht wider
⑥ (*freedom to move*) Spielraum *m*; **to allow** [*or* **give**] **sth full ~** etw *dat* freien Lauf lassen; TECH Spiel *nt*
⑦ *no pl* (*interaction*) Zusammenspiel *nt*; **to bring sth into ~** etw ins Spiel bringen; **to come into ~** eine Rolle spielen; **to bring sth into ~** etw einsetzen
⑧ *no pl* (*dated: gambling*) Spielen *nt*
⑨ *no pl* (*attention from the media*) Medieninteresse *nt*, Aufmerksamkeit *f* in den Medien; **to get a lot of ~** das Interesse der Medien auf sich *akk* ziehen, Thema Nummer eins sein *fam*
▶ PHRASES: **to make a ~ for sth/sb** sich *akk* an etw/jdn heranpirschen; **to make great ~ of** [*or* **with**] **sth** viel Aufhebens von etw *dat* machen

II. INTRANSITIVE VERB

① (*amuse oneself*) spielen; ***can Jenny come out and ~?*** kann Jenny zum Spielen rauskommen?; ■ **to ~ with sb/sth** mit jdm/etw spielen; ***do you want to ~ with us?*** willst du mitspielen?; **to ~ on the swings** schaukeln; **to ~ in the sandpit** im Sandkasten spielen
② SPORTS spielen; ***Leonora always ~s to win*** Leonora will immer gewinnen; ■ **to ~ against sb** gegen jdn spielen; ***they're a difficult team to ~ against*** diese Mannschaft ist ein schwieriger Gegner; **to ~ in attack/defence** in der Offensive/als Verteidiger(in) spielen; **to ~ for a city/team** für eine Stadt/ein Team spielen; **to ~ in the match** am Spiel teilnehmen; **to ~ fair/rough** fair/hart spielen; (*fig*) ***it wasn't really ~ing fair not to tell her*** es war nicht besonders fair, dass du ihr nichts gesagt hast
③ THEAT *actor* spielen; ***'Hamlet' is ~ing at the Guildhall*** in der Guildhall kommt zur Zeit der ‚Hamlet'; **to ~ to a full house** vor ausverkauftem Haus spielen; ***Macbeth ~ed to full houses*** die Macbeth-Vorstellungen waren immer ausverkauft; ■ **to ~ opposite sb** mit jdm [zusammen] spielen
④ MUS spielen
⑤ (*move*) ***the searchlights ~ed across*** [*or* ***over***] ***the facade of the palace*** die [Such]scheinwerfer strichen über die Schlossfassade; ***we watched the light ~ing on the surface of the water*** wir beobachteten das Spiel des Lichts auf dem Wasser; ***she could hear the fountain ~ing in the courtyard outside*** sie hörte den Springbrunnen im Hof plätschern; ***a smile ~ed across*** [*or* ***on***] [*or* ***over***] ***his lips*** ein Lächeln spielte um seine Lippen
⑥ (*gamble*) spielen; **to ~ for fun** zum Spaß [*o* ohne Einsatz] spielen; **to ~ for money** um Geld spielen
⑦ (*fam: be received*) ***how will this ~ with the voters?*** wie wird das bei den Wählern ankommen?
▶ PHRASES: **to ~ to the gallery** (*pej*) billige Effekthascherei betreiben *pej*; (*of a politician*) populistische Stammtischparolen ausgeben *pej*; **to ~ into sb's hands** jdm in die Hände arbeiten; **to ~ for time** versuchen, Zeit zu gewinnen, auf Zeit spielen; **to ~ fast and loose with sth/sb** bei etw *dat*/mit jdm ein falsches Spiel spielen

III. TRANSITIVE VERB

① (*take part in*) ■ **to ~ sth** etw spielen; **to ~ cards/darts/tag** Karten/Darts/Fangen spielen; **to ~ house** [*or* **mothers and fathers**] Vater-Mutter-Kind spielen; **to ~ football/golf/tennis** Fußball/Golf/Tennis spielen; **to ~ a match** ein Spiel bestreiten, spielen; **to ~ a round/set** eine Runde/einen Satz spielen; ***Luke ~s centre forward/back*** Luke ist Mittelstürmer/Verteidiger
② (*compete against*) ■ **to ~ sb** gegen jdn spielen; ***Sampras will be ~ing Agassi*** Sampras wird gegen Agassi antreten
③ (*execute*) **to ~ a shot** schießen; (*in snooker*) stoßen; ■ **to ~ the ball** den Ball spielen; **to ~ a stroke** schlagen
④ (*have*) **to ~ a part** [*or* **role**] eine Rolle spielen; **to ~ an important part on sth** (*fig*) bei etw *dat* eine wichtige Rolle spielen
⑤ (*act as*) ■ **to ~ sb/sth** jdn/etw spielen; **to ~ an act/a scene** einen Akt/eine Szene spielen; **to ~ Cupid/God** (*fig*) Amor/Gott spielen; **to ~ the lead** die Hauptrolle spielen; **to ~ host to sb** jds Gastgeber/Gastgeberin sein; **to ~ host to sth** *event* etw ausrichten; ***don't ~ the innocent with me*** tu nicht so unschuldig
⑥ MUS ■ **to ~ sth** etw spielen; **to ~ the bagpipes/piano/violin** Dudelsack/Klavier/Geige spielen; **to ~ a solo/symphony** ein Solo/eine Symphonie spielen; **to ~ sth by ear** etw nach Gehör spielen; **to ~ it by ear** (*fig*) improvisieren; **to ~ an encore** eine Zugabe geben; **~ *us a song*** [*or* ***a song for us***] ***then!*** spiel uns ein Lied [vor]!
⑦ (*operate*) ■ **to ~ sth** *CD, tape* etw [ab]spielen; **to ~ the radio** Radio hören; **to ~ one's stereo** seine Anlage anhaben; ***they're ~ing African music on the radio*** im Radio kommt gerade afrikanische Musik; ***must you ~ your radio loud?*** musst du dein Radio so laut stellen?; **to ~ a video** sich *dat* ein Video ansehen; (*start ~ing*) eine Videokassette einlegen
⑧ MUS, THEAT (*perform at*) **to play Berlin/London/San Francisco** in Berlin/London/San Francisco spielen; ***the band is ~ing Los Angeles on the 29th*** die Band spielt am 29. in Los Angeles
⑨ (*gamble*) **to ~ the horses** auf Pferde wetten; **to ~ a slot machine** an einem Spielautomaten spielen; **to ~ the stock market** an der Börse spekulieren
⑩ (*perpetrate*) **to ~ a trick** [*or* **joke**] **on sb** jdn hochnehmen *fig fam*, jdn veräppeln *fam*; (*practical joke*) [jdm] einen Streich spielen; ***he's always ~ing tricks*** der ist vielleicht ein Scherzkeks *sl*, er wandte einen Trick an
⑪ (*direct*) ■ **to ~ sth on** [*or* **onto**] [*or* **over**] **sth** etw auf etw *akk* richten; ***the rescue team ~ed searchlights over the area*** das Rettungsteam ließ Scheinwerfer über die Gegend schweifen
⑫ CARDS (*put down*) **to ~ an ace/a king** ein Ass/einen König [aus]spielen; **to ~ a trump** einen Trumpf spielen
⑬ (*when fishing*) **to ~ a fish** einen Fisch auszappeln lassen (*durch Nachlassen der Leine*)
▶ PHRASES: **to ~ ball** [**with sb**] (*fam*) [mit jdm] mitziehen [*o* mitspielen]; **to ~ silly buggers** BRIT (*sl*) sich *akk* wie ein Idiot aufführen; **to ~** [**with**] **one's cards close to one's chest** seine Karten nicht offen legen *fig*; **to ~ one's cards right** geschickt taktieren; **to ~ ducks and drakes with sth** BRIT (*money*) etw verprassen; (*plans*) etw durcheinander bringen; **to ~ ducks and drakes with sb** BRIT jdn schlecht behandeln; **to ~ second fiddle** [**to sb**] [im Verhältnis zu jdm] die zweite Geige spielen *fam*; **to ~ the field** sich *akk* umsehen; ***the firm continues to ~ the field and do business with six other companies*** die Firma sondiert das Terrain und verhandelt mit sechs weiteren Firmen; **to ~ the fool** [*or* **clown**] herumalbern, rumspinnen *fam*, sich *akk* zum Narren machen; **to ~ footsie with sb** (*fam*) mit jdm füßeln DIAL; **to ~ the game** BRIT sich *akk* an die [Spiel]regeln halten; **to ~ gooseberry** BRIT das fünfte Rad am Wagen sein; (*chaperone sb*) den Anstandswauwau spielen *hum fam*; **to ~ hardball** *esp* AM andere Saiten aufziehen *fig*; **to ~ havoc with sth** etw durcheinander bringen; **to ~** [**merry**] **hell with sth** etw völlig durcheinander bringen; **to ~ hook(e)y** *esp* AM, AUS blaumachen *fam*, schwänzen *fam*; **to ~ a** [*or* **one's**] **hunch** aus dem hohlen Bauch heraus agieren *fam*, seiner Nase folgen; **to ~ possum** (*pretend to be asleep*) sich *akk* schlafend stellen; (*pretend to be ignorant*) sich *akk* dumm stellen; **to ~ truant** [**from school**] BRIT schwänzen *fam*; **to ~ it cool** den Unbeteiligten spielen; **to ~ dumb** sich *akk* taub stellen; **to ~ sb false** (*form*) jdn hintergehen; **to ~ hard to get** sich *akk* unnahbar zeigen, einen auf unnahbar machen *fam*; **to ~** [**it**] **safe** auf Nummer sicher gehen

◆**play about** *vi see* **play around**

◆**play along I.** *vi* ■ **to ~ along with it** gute Miene zum bösen Spiel machen; ■ **to ~ along with sth** etw [zum Schein] mitmachen; ■ **to ~ along with sb** ***he ~ed along with them for a while in order to find out more about their plans*** er machte eine Zeit lang mit, um mehr über ihre Pläne herauszufinden
II. *vt* (*pej*) ■ **to ~ sb along** jdn hinhalten [*o* vertrösten]

◆**play around** *vi* ① (*mess around*) *children* spielen; ***stop ~ing around!*** hör mir dem Blödsinn auf! *fam*
② (*pej fam: be unfaithful*) fremdgehen *fam*; ■ **to ~ around with sb** mit jdm herummachen *sl*
③ (*experiment*) ■ **to ~ around with sth** mit etw

P

dat [herum]spielen [*o* experimentieren]; (*try out*) etw ausprobieren; **to ~ around with ideas** etw in Gedanken durchspielen
④ (*pej: tamper with*) ■**to ~ around with sth** mit etw *dat* herumspielen [*o* herumexperimentieren] *fam*
◆**play at** *vi* ① (*play game*) ■**to ~ at sth** etw spielen; **to ~ at mothers and fathers/cowboys and indians/cops and robbers** Vater-Mutter-Kind/Indianer/Räuber und Gendarm spielen
② (*pretend*) ■**to ~ at being sb** so tun, als wäre man jd; ***he likes to ~ at being the big boss*** er spielt gerne den Chef
③ (*pej: do*) ■**to ~ at sth** etw treiben *oft iron fam;* ***what are you ~ing at in there?*** was treibt ihr denn da drinnen?; ***we need to find out what exactly they're ~ing at*** wir müssen herausfinden, was für ein Spiel sie spielen
◆**play back** *vt* ■**to ~ back ↔ sth** etw noch einmal abspielen; (*rewind*) etw zurückspulen
◆**play down** *vt* ■**to ~ down ↔ sth** etw herunterspielen; **to ~ down the seriousness of a situation** den Ernst einer Situation herunterspielen
◆**play off** I. *vi* ■**to ~ off for sth** um etw *akk* spielen
II. *vt* ■**to ~ off ↔ sb against sb** jdn gegen jdn ausspielen
◆**play on** *vi* ① (*exploit*) ■**to ~ on sth** etw ausnutzen, sich *dat* etw zunutze machen; **to ~ on sb's feelings/weakness** jds Gefühle/Schwäche ausnutzen
② (*liter: develop cleverly*) ■**to ~ on sth** mit etw *dat* spielen; **to ~ on a phrase/word** mit einem Ausdruck/einem Wort spielen
③ MUS, SPORTS (*keep playing*) weiterspielen
◆**play out** I. *vt* ① *usu passive* (*take place*) ■**to be ~ed out** *scene* sich *akk* abspielen
② (*act out*) ■**to ~ out ↔ sth** etw umsetzen; **to ~ out a scene** eine Szene [vor]spielen
③ (*play to end*) **to ~ out a play/scene** THEAT ein Stück/eine Szene [zu Ende] spielen; **to ~ out the last few seconds/the rest of the first half** SPORTS die letzten Sekunden/den Rest der ersten Halbzeit spielen; **to ~ out time** das Ergebnis über die Zeit retten; ***he just has to ~ out these last three games*** er muss nur noch die letzten drei Spiele über die Bühne bringen
④ (*blow over*) ■**to ~ itself out** von selbst verschwinden
II. *vi esp* AM bekannt werden; (*make itself felt*) sich *akk* manifestieren
◆**play through** I. *vt* MUS ■**to ~ through ↔ sth** etw [von Anfang bis Ende] [durch]spielen; **to ~ through a series of pieces** ein Reihe von Stücken spielen
II. *vi* SPORTS *auf dem Golfplatz eine langsamer spielende Gruppe überholen*
◆**play up** I. *vt* ① (*emphasize*) ■**to ~ up ↔ sth** etw hochspielen
② BRIT (*fam*) ■**to ~ up ↔ sb** (*cause trouble*) jdm zu schaffen machen; (*cause pain*) jdm Schmerzen bereiten
③ BRIT (*fam: annoy*) ■**to ~ up ↔ sb** jdn nerven *fam*
II. *vi* (*fam*) ① (*flatter*) ■**to ~ up to sb** sich *akk* bei jdm einschmeicheln [*o fam* lieb Kind machen]
② BRIT (*misbehave*) sich *akk* danebenbenehmen *fam;* (*throw a tantrum*) Theater machen *fig fam,* ausflippen *fam; children a.* ungezogen [*o* unartig] sein
③ BRIT, AUS (*malfunction*) verrückt spielen *fam*
④ BRIT, AUS (*hurt*) weh tun *fam*
◆**play upon** *vi* (*form*) *see* **play on**
◆**play with** *vi* ① (*entertain oneself with*) ■**to ~ with sth** mit etw *dat* spielen
② (*play together*) ■**to ~ with sb** mit jdm spielen; ***do you want to ~ with us?*** willst du mitspielen?
③ (*manipulate nervously*) ■**to ~ with sth** mit etw *dat* herumspielen *fam;* **to ~ with one's food** mit dem Essen herumspielen *fam;* ***stop ~ing with your food!*** mit Essen spielt man nicht!
④ (*consider*) **to ~ with an idea** mit einem Gedanken spielen
⑤ (*treat insincerely*) ■**to ~ with sb** (*pej*) mit jdm spielen
⑥ (*have available*) **to have sth to ~ with** etw zur Verfügung haben
► PHRASES: **to ~ with fire** mit dem Feuer spielen *fig;* **to ~ with oneself** (*euph: masturbate*) sich *akk* selbst befriedigen; *man* wichsen *vulg,* sich *dat* einen runterholen *derb;* ***go and ~ with yourself!*** fick dich ins Knie! *vulg*

playable ['pleɪəbl̩] *adj* MUS spielbar; ***... pieces that he wouldn't have considered ~ a year ago ...*** Stücke, die er sich vor einem Jahr nicht zugetraut hätte; SPORTS zu spielen; (*in tennis*) unhaltbar; (*in golf*) ***that golf ball may be ~ for him, but not for me*** er könnte diesen Ball vielleicht schlagen, ich aber nicht
play-act *vi* (*pretend emotion*) Theater spielen *fig;* (*make fuss*) Theater machen *fig* **play-acting** *n no pl* Theater *nt;* (*pretending also*) Schauspielerei *f;* ***he was just indulging in a little ~*** er schauspielerte nur **playback** *n* ① (*pre-recorded version*) Playback *nt,* Wiedergabe *f* ② *no pl* (*replaying*) Wiederholung *f* einer Aufnahme; ***do us a ~ of those last few frames*** zeig uns die letzten Bilder noch einmal; ***you can see it again on ~*** Sie können sich die Aufnahme noch einmal ansehen **playbill** *n* ① (*poster*) Theaterplakat *nt* ② AM Theaterprogramm *nt,* Programmzettel *m* **playboy** *n* (*usu pej*) Playboy *m* **play-by-play commentary** *n* AM SPORTS Livekommentar *m*
Play-Doh® *n no pl* (*plasticine*) Knetmasse *f,* Knete *f fam*
played out *adj* ① (*fam: exhausted*) erschöpft, erledigt *fam;* **to be all** [*or* **totally**] ~ total ausgebrannt sein
② (*outmoded*) *policies* überholt
player ['pleɪəʳ, AM -ɚ] *n* ① SPORTS Spieler(in) *m(f);* **football/tennis ~** Fußball-/Tennisspieler(in) *m(f);* **card ~** Kartenspieler(in) *m(f);* **a key** [*or* **leading**] **~** ein wichtiger Spieler/eine wichtige Spielerin
② (*musical performer*) Spieler(in) *m(f);* **cello ~** Cellist(in) *m(f);* **oboe ~** Oboist(in) *m(f)*
③ (*dated: actor*) Schauspieler(in) *m(f)*
④ (*playback machine*) **cassette ~** Kassettenrecorder *m;* **CD ~** CD-Player *m;* **record ~** Schallplattenspieler *m;* **video ~** Videorecorder *m*
⑤ POL (*participant*) ■**to be a ~** eine Rolle spielen; ***the unions want to be a ~ when the party ...*** die Gewerkschaften wollen ein Mitspracherecht haben [*o fam* [ein Wörtchen] mitreden], wenn die Partei ...; **a key** [*or* **leading**] **~** Schlüsselfigur *f,* führende [*o* zentrale] Figur; **to be a secondary ~** eine untergeordnete Rolle spielen
playfellow *n* (*dated*) Spielkamerad(in) *m(f)*
playful ['pleɪfᵊl] *adj* ① (*not serious*) spielerisch, scherzhaft; ***his teasing is only ~*** Paul neckt dich nur [*o* macht nur Spaß]
② (*frolicsome*) verspielt; ***he was in a ~ mood*** er war zum Spielen/Scherzen aufgelegt
playfully ['pleɪfᵊli] *adv* scherzhaft; (*in play*) spielerisch, im Spiel
playfulness ['pleɪfᵊlnəs] *n no pl* (*joking nature*) *of remark etc* Humor *m;* (*frolicsomeness*) Verspieltheit *f;* ***this really is no time for your ~*** jetzt ist wirklich nicht der Augenblick, um sich so kindisch zu verhalten
playgoer *n* Theaterbesucher(in) *m(f)* **playground** *n* Spielplatz *m;* (*fig: for adults*) ***the ~ of the rich and famous*** der Tummelplatz der Reichen und Berühmten **playgroup** *n* Spielgruppe *f,* Krabbelgruppe *f;* (*kindergarten*) Kindergarten *m* **playhouse** *n* ① (*theatre*) Schauspielhaus *nt,* Theater *nt* ② (*toy house*) Spielhaus *nt* (*für Kinder*)
playing card *n* Spielkarte *f* **playing field** *n* Sportplatz *m;* **school ~** Schulsportplatz *m*
playlet ['pleɪlət] *n* THEAT kurzes Theaterstück, Dramolett *nt fachspr*
playlist ['pleɪlɪst] RADIO I. *n* Titelliste *f,* Programm *nt* II. *vt* ■**to ~ sth** etw ins Programm [auf]nehmen
playmaker *n* SPORTS Spielmacher(in) *m(f)* **playmate** *n* ① (*for child*) Spielkamerad(in) *m(f)* ② (*fam: for adult*) Geliebte(r) *f(m),* Gespiele, -in *m, f iron* ③ (*in magazine*) Pin-up-Girl *nt* **play-off** I. *n* Play-off *nt* II. *n modifier* **~ game** [*or* **match**] Entscheidungsspiel *nt* **play on words** <*pl* plays on words> *n* Wortspiel *nt* **playpen** *n* Laufstall *m* **playroom** *n* Spielzimmer *nt* **playschool** *n* BRIT Kindergarten *m* **playsuit** *n* Spielanzug *m* **plaything** *n* ① (*toy*) Spielzeug *nt* ② (*pej: exploited person, thing*) *of force, power* Spielball *m fig;* **to treat sb as a ~** jdn wie eine Sache behandeln; (*as sex object*) jdn zum Sexualobject machen; ***he treats his women like ~s*** er spielt nur mit den Frauen **playtime** *n no pl* ① (*in school*) Pause *f* ② (*for recreation*) Freizeit *f* **playwright** *n* Dramatiker(in) *m(f)*
plaza ['plɑːzə, AM *also* 'plæzə] *n* ① (*open square*) Marktplatz *m*
② (*to shop*) [**shopping**] **~** Einkaufszentrum *nt*
plc [,piːel'siː] *n esp* BRIT *abbrev of* **public limited company** AG *f*
plea [pliː] *n* ① (*appeal*) Appell *m;* (*entreaty*) [flehentliche] Bitte; **to make a ~ for sth** zu etw *dat* aufrufen; **to make a ~ for help/mercy** um Hilfe/Gnade bitten
② LAW [Sach]einwand *m,* Einlassung *f;* **to put in a ~** eine Einrede erheben [*o* geltend machen]; **~ of insanity** Einrede *f* der Unzurechnungsfähigkeit; **to enter a ~ of guilty** sich *akk* schuldig bekennen; **to enter a ~ of not guilty** sich *akk* für nicht schuldig erklären
③ (*form: reason*) Grund *m;* (*pretext*) Ausrede *f,* Vorwand *m*
plea bargaining *n no pl* LAW *Vereinbarung zwischen Staatsanwalt und Angeklagtem, der sich zu einem geringeren Straftatbestand bekennen soll*
plead <pleaded, pleaded *or* SCOT, AM *also* pled, pled> [pliːd] I. *vi* ① (*implore*) [flehentlich] bitten, flehen; **to ~ for forgiveness/justice/mercy** um Verzeihung/Gerechtigkeit/Gnade bitten; ■**to ~ with sb** [**to do sth**] jdn anflehen[, etw zu tun]
② LAW (*as advocate*) plädieren; (*speak for*) ■**to ~ for sb** jdn verteidigen
③ + *adj* LAW (*answer charge*) **to ~ guilty** sich *akk* schuldig bekennen; **to ~ not guilty** [*or* **innocent**] sich *akk* für nicht schuldig erklären; ***how do you ~?*** bekennen Sie sich schuldig?; ***he ~ed guilty to the charge of indecent assault*** er gestand die sexuelle Nötigung
II. *vt* ① (*claim*) ■**to ~ sth** etw behaupten [*o* angeben]; ***your best bet is to ~ inexperience*** am besten weisen Sie auf ihre Unerfahrenheit hin; **to ~ one's ignorance** sich *akk* auf Unkenntnis berufen; **to ~ insanity** LAW auf Unzurechnungsfähigkeit plädieren
② (*argue for*) **to ~ a/sb's cause** [**with sb**] [jdm] einen/jds Fall vortragen; **to ~ a case** LAW eine Sache vor Gericht vertreten
pleading ['pliːdɪŋ] I. *adj* flehend; **~ look** flehentlicher Blick
II. *n* LAW [vorbereitender] Schriftsatz, Parteivorbringen *nt* vor Gericht
pleadingly ['pliːdɪŋli] *adv* flehentlich
pleasant ['plezᵊnt] *adj* ① (*pleasing*) *day, experience, sensation, time* angenehm, schön, hübsch; *chat, smile* nett; ***what a ~ surprise!*** was für eine angenehme Überraschung!; ***have a ~ day/journey!*** einen schönen Tag/eine gute Reise!; ***it was ~ to sit down*** es tat gut, sich zu setzen; **~ weather** schönes Wetter
② (*friendly*) freundlich, liebenswürdig; ■**to be ~** [**to sb**] [zu jdm] nett [*o* freundlich] sein
pleasantly ['plezᵊntli] *adv* ① (*nicely*) freundlich; **to treat sb ~** jdn freundlich behandeln
② (*causing pleasure*) angenehm; **~ surprised** angenehm überrascht
③ (*nice-looking*) hübsch
pleasantness ['plezᵊntnəs] *n no pl* ① (*friendliness*) Freundlichkeit *f;* **~ of manner** freundliche [*o* zuvorkommende] Art

② (*pleasant look*) Liebreiz *m*
③ (*enjoyableness*) Angenehme *nt*

pleasantry ['plezᵊntri] *n usu pl* Kompliment *nt;* **an exchange of pleasantries** ein Austausch von höflichen Floskeln [*o iron* Artigkeiten]

please [pli:z] **I.** *interj* ① (*in requests*) bitte; ***may I see your passport, ~?*** kann ich bitte Ihren Pass sehen?; ***~, David, put the gun down*** David, bitte nimm die Pistole runter!; **pretty ~** (*childspeak*) bitte, bitte
② (*when accepting sth*) ja, bitte; ***more potatoes? — ~*** noch Kartoffeln? – gern; ***may I …? — ~ do*** darf ich …? – selbstverständlich
③ Brit (*to attract attention*) ***~, Miss, I know the answer!*** bitte, ich weiß die Antwort!
II. *vt* ① (*make happy*) ■**to ~ sb** jdm gefallen [*o* eine Freude machen]; ***I'll do it to ~ you*** ich mache es, nur dir zuliebe; ***it ~s me to see …*** es freut mich, … zu sehen; **to be hard/easy to ~** schwer/leicht zufrieden zu stellen sein; ***she's notoriously hard to ~*** man kann es ihr kaum recht machen; ■**to ~ oneself** (*fam*) ***oh well, ~ yourself*** bitte, wie du meinst
② (*form or iron: be will of*) jdm belieben; ***if it may ~ the court, …*** wenn es dem Hof genehm ist, …
III. *vi* ① (*be agreeable*) **eager to ~** [unbedingt] gefallen [*o* einen guten Eindruck machen] wollen; ***he's a bit too eager to ~ if you ask me*** er ist ein bisschen übereifrig [*o* zu eifrig], wenn du mich fragst; **sth is sure to ~** etw wird sicher gefallen
② (*wish*) **to do as one ~s** machen, was man möchte [*o* will]; ***come whenever you ~*** kommt, wann immer ihr wollt; **~ God!** so Gott will!; **if you ~** (*form: please*) bitte; ***and then, if you ~, she had the cheek to say …*** und dann, mit Verlaub, hatte sie doch die Frechheit zu sagen, …

pleased [pli:zd] *adj* ① (*happy*) froh, erfreut; (*content*) zufrieden; **a ~ smile** ein zufriedenes Lächeln; ■**to be ~ about sth** sich *akk* über etw *akk* freuen; ■**to be ~ about sb** sich *akk* für jdn freuen; ■**to be ~ with sth/sb** mit jdm/etw zufrieden sein; ■**to be ~ that …** froh sein, dass …; ■**to be ~ with oneself** mit sich *dat* selbst zufrieden sein; ***I'm ~ to report/say that…*** ich bin froh, sagen zu können, dass…; ***I'm very ~ to meet you*** es freut mich, Sie kennen zu lernen; ***my father wasn't exactly ~*** mein Vater war nicht gerade begeistert
② (*willing*) ■**to be ~ to do sth** bereit sein, etw zu tun; ***I'm only too ~ to help*** ich helfe wirklich gerne
► Phrases: **to be as ~ as Punch [about sth]** sich *akk* wie ein Schneekönig [über etw *akk*] freuen *fam*

pleaser ['pli:zəʳ, Am -ɚ] *n jd, der immer versucht, es anderen recht zu machen*

pleasing ['pli:zɪŋ] *adj* angenehm; ***it's ~ that so many people could come*** es ist schön, dass so viele Leute kommen konnten; **to be ~ to the ear/eye** hübsch klingen/aussehen; **~ manner** zuvorkommende Art; **~ news** erfreuliche Nachricht[en] *f[pl]*

pleasingly ['pli:zɪŋli] *adv* angenehm; ***she's not fat, she's just ~ plump*** sie ist nicht fett, sie hat nur ein paar hübsche Rundungen

pleasurable ['pleʒᵊrəbl] *adj* angenehm

pleasurably ['pleʒᵊrəbli] *adv* ① (*enjoyingly*) genießerisch, genüßlich; **to recall sth ~** mit Vergnügen an etw zurückdenken; **to react ~** sich *akk* angenehm berührt zeigen
② (*enjoyably*) wohltuend, vergnüglich

pleasure ['pleʒəʳ, Am -ɚ] *n* ① *no pl* (*enjoyment*) Freude *f,* Vergnügen *nt;* ***it gives me great ~ to announce the winner*** es ist mir eine große Freude, den Sieger anzukündigen; ***it was such a ~ to meet you*** es hat mich sehr gefreut, Ihre Bekanntschaft zu machen; ***business or ~?*** geschäftlich oder privat?; **to give sb ~** jdm Freude bereiten; **to take ~ in sth/in doing sth** Vergnügen an etw *dat* finden/daran finden, etw zu tun; **with ~** mit Vergnügen
② (*source of enjoyment*) Freude *f;* ***smoking is one of my few ~s*** das Rauchen ist eine meiner wenigen Freuden [im Leben]; [**a**] [*or* **my**] **~** keine Ursache; ***please don't mention it, it was a ~*** nicht der Rede wert, das habe ich doch gern getan; (*form*) ***may I have the ~?*** darf ich bitten?; ***Mrs Smith requests the ~ of Mrs Jones's company*** Frau Smith gibt sich die Ehre, Frau Jones einzuladen *form*
③ (*form: desire*) Wunsch *m;* ***what is your ~, Madame?*** womit kann ich Ihnen dienen?, was wünschen Sie?
④ Brit Law **to be detained at the King's/Queen's ~** in Haft sein

pleasure boat *n* Vergnügungsdampfer *m*

pleasure ground *n* (*dated*) Vergnügungspark *m*

pleasure principle *n no pl* Lustprinzip *nt*

pleasure-seeker ['pleʒə,si:kəʳ, Am ʒɚ,si:kɚ] *n* Vergnügungssüchtige(r) *f(m),* Hedonist(in) *m(f) geh*

pleasure trip *n* Vergnügungsreise *f*

pleat [pli:t] *n* Falte *f*

pleated ['pli:tɪd, Am -t̬-] *adj* Falten-; **to be ~** Falten haben; **~ skirt** Faltenrock *m*

pleb [pleb] *n usu pl* Brit (*pej fam*) *short for* **plebeian** Prolet(in) *m(f) pej,* Proll *m pej fam;* ■**the ~s** der Mob *pej*

plebby ['plebi] *adj* Brit (*pej fam*) proletenhaft *pej,* prollig *pej fam*

plebeian [plə'bi:ən, Am 'plɪ-] **I.** *adj* (*pej form*) primitiv, plebejisch *geh o oft iron;* ■**to be ~** unter jds Würde sein; **~ origins** niedrige soziale Herkunft
II. *n* Hist Plebejer(in) *m(f);* (*fig*) Prolet(in) *m(f) pej;* ■**the ~s** das gemeine Volk

plebiscite ['plebɪsaɪt, Am -əsaɪt] *n* Plebiszit *nt fachspr,* Volksentscheid *m;* **to hold a ~ [on sth]** das Volk [über etw *akk*] entscheiden lassen

plectra ['plektrə] *n pl of* **plectrum**

plectrum <*pl* -s *or* -tra> ['plektrəm, *pl* -trə] *n* Plektron *nt,* Plektrum *nt*

pled [pled] *vi, vt esp* Am, Scot *pt, pp of* **plead**

pledge [pledʒ] **I.** *n* ① (*promise*) Versprechen *nt,* Zusicherung *f;* **to fulfil** [*or* **honour**] **a ~** ein Versprechen halten; **to give** [*or* **make**] **a ~ to do sth** versprechen, etw zu tun; **to make a ~ that …** geloben, dass …; **to sign** [*or* **take**] **the ~** (*hum dated*) dem Alkohol abschwören
② (*token*) **a ~ of friendship/good faith/loyalty** ein Unterpfand *nt* [*o* Beweis *m*] der Freundschaft/des Vertrauens/der Treue
③ (*promise of donation*) Spendenzusage *f*
④ (*sth pawned*) Pfand *nt;* **to redeem a ~** ein Pfand einlösen
⑤ (*state of being pledged*) Verpfändung *f*
⑥ Am Univ (*of fraternity*) *jemand, der die Zusage zur Mitgliedschaft in einer Studentenverbindung erhalten hat, der aber noch nicht initiiert worden ist;* (*of a man*) ≈ Fuchs *m* (*in einer Burschenschaft*)
II. *vt* ① (*solemnly promise*) ■**to ~ sth** etw versprechen; ***I've been ~d to secrecy*** ich bin zur Verschwiegenheit verpflichtet worden; **to ~ allegiance to one's country** den Treueid auf sein Land leisten; **to ~ loyalty** Treue schwören; **to ~ support** Unterstützung zusichern; ■**to ~ to do sth** versprechen, etw zu tun; ■**to ~ that …** versprechen, dass …
② (*promise to contribute*) **to ~ money** Geld versprechen
③ (*form: drink health of*) ■**to ~ sb/sth** auf jdn/etw trinken
④ Am Univ (*promise to join*) **to ~ a fraternity/sorority** einer Studentenverbindung [*o* Burschenschaft]/[weiblichen] Verbindung beitreten wollen
⑤ (*give as security*) ■**to ~ sth** etw verpfänden

Pleistocene ['plaɪstə(ʊ)si:n, Am -stoʊ-] **I.** *n no pl* Geol ■**the ~** das Pleistozän
II. *adj inv* Geol pleistozän; **the ~ epoch** das Pleistozän

plenary ['pli:nᵊri] **I.** *adj inv* ① (*attended by all members*) **~ assembly** Vollversammlung *f,* Plenarversammlung *f;* **~ meeting** [*or* **session**] Plenarsitzung *f,* Vollversammlung *f;* **~ session** Plenarsitzung *f,* Plenarversammlung *f*
② (*form: unqualified*) unbeschränkt; **~ power** absolute Macht; **~ indulgence** umfassende [*o* völlige] Absolution, Freisprechung *f* von allen Sünden
II. *n* Vollversammlung *f*

plenipotentiary [,plenipə(ʊ)'ten(t)ʃᵊri, Am -poʊ'ten(t)ʃieri] **I.** *n* Pol (*dated form*) Bevollmächtigte(r) *f(m),* Regierungsgesandte(r) *f(m)*
II. *adj inv* Pol (*dated form*) bevollmächtigt; **~ power** Vollmacht *f*

plenitude ['plenɪtju:d, Am tu:d] *n* ① (*abundance*) [Über]fülle *f,* Überfluss *m*
② *no pl* (*fullness, completeness*) Vollkommenheit *f;* **the ~ of power** Machtfülle *f*

plenteous ['plentiəs, Am t̬i] *adj* (*liter*) reichlich [vorhanden]

plentiful ['plentɪfᵊl, Am -t̬-] *adj* reichlich *präd;* ***strawberries are ~ in the summer*** im Sommer gibt es reichlich Erdbeeren [*o* Erdbeeren im Überfluss]; **~ supply** großes [*o* reichhaltiges] Angebot

plentifully ['plentɪfᵊli, Am -t̬-] *adv* reichlich; **to be ~ stocked** [*or* **supplied**] **[with sth]** [etw] in großen Mengen vorrätig haben

plenty ['plenti, Am -t̬-] **I.** *n no pl* (*form: abundance*) Reichtum *m;* ***such natural phenomena as famine and ~*** Naturphänomene wie Hunger und Überfluss; **food in ~** Nahrung *f* in Hülle und Fülle; **a land of ~** ein Land *nt,* wo Milch und Honig fließen *prov;* **the land of ~** das Land der unbegrenzten Möglichkeiten; **a time of ~** üppige Jahre; **seven years of ~** Rel sieben fette Jahre; **to live in ~** im Überfluss leben
II. *adv inv* (*fam*) ***I'm ~ warm enough, thank you*** mir ist warm genug, fast schon zu warm, danke; ***the house is ~ big enough*** das Hause ist mehr als groß genug; **~ more** noch viel mehr; ***there's ~ more beer in the fridge*** es ist noch mehr als genug Bier im Kühlschrank; ***have another sandwich — there are ~ more*** nimm dir noch ein Sandwich – wir haben mehr als genug; ***she has ~ more ideas*** sie hat noch viele Ideen; **there are ~ more where he/she came from** (*pej*) an der nächsten Ecke steht wieder ein Neuer/eine Neue von der Sorte, andere Mütter haben auch schöne Söhne/Töchter *hum;* **~ good/bad** Am sehr gut/schlecht
III. *pron* ① (*more than enough*) mehr als genug; ***there's still ~ of storage space in the attic*** auf dem Dachboden kann man immer noch einiges unterstellen; ***he's had ~ of opportunities to apologize*** er hatte genügend Gelegenheiten, sich zu entschuldigen; ***I spent an hour with them one day and that was ~*** ich verbrachte einmal eine Stunde mit ihnen, und das war mehr als genug; **~ of money/time** viel Geld/Zeit; ***we've got ~ of time before we need to leave for the airport*** wir haben noch viel Zeit, bevor wir zum Flughafen fahren müssen; ***they've always had ~ of money*** sie hatten immer viel Geld; **~ of people/reasons** viele Leute/Gründe
② (*a lot*) genug; ***do we have problems? — yeah, we've got ~*** haben wir Probleme? – ja, allerdings!; ***~ to do/see*** viel zu tun/sehen; ***you'll have ~ to keep you busy*** du hast genug zu tun, damit du beschäftigt bist; Am (*fam*) ***this car cost me ~*** dieses Auto hat mich eine Stange Geld gekostet *fam;* ***there's ~ of work to be done*** wir haben [*o* es gibt] viel Arbeit zu erledigen
IV. *adj inv* Dial (*fam: much*) viel; ***there was ~ room*** es war genug Platz

plenum ['pli:nəm] *n* (*spec*) Plenum *nt*

pleonasm ['pli:ə(ʊ)næzᵊm, Am -oʊ-] *n no pl* Ling Pleonasmus *m*

pleonastic [,pli:ə(ʊ)'næstɪk, Am -oʊ'-] *adj* Ling pleonastisch

plethora ['pleθᵊrə, Am -ɚə] *n no pl* ■**a ~ of sth** eine Fülle von etw *dat;* (*oversupply*) ein Übermaß *nt* an etw *dat;* **~ of books** Bücherschwemme *f*

pleurisy ['plʊərəsi, Am 'plʊr-] *n no pl* Med Rippenfellentzündung *f,* Pleuritis *f fachspr*

'plex [pleks] *n short for* **cineplex** Cineplex *nt* (*großer Kinokomplex*)

Plexiglas® ['pleksɪglæs] *n no pl* Am (*perspex*) Plexiglas® *nt*

plexus <*pl* -es *or* -> ['pleksəs] *n* ① Anat Plexus *m;* **solar ~** Sonnengeflecht *nt,* Solarplexus *m fachspr*
② (*network*) Netzwerk *nt,* Flechtwerk *nt*

pliability [ˌplaɪəˈbɪləti, AM -ət̬i] *n no pl* Biegsamkeit *f;* (*fig*) *of personality* Fügsamkeit *f;* (*conformity*) Überangepasstheit *f*
pliable [ˈplaɪəbl̩] *adj* biegsam; (*fig: easily influenced*) gefügig, fügsam
pliancy [ˈplaɪən(t)si] *n no pl* Biegsamkeit *f;* (*fig*) *of personality* Fügsamkeit *f;* (*comforming*) Überangepasstheit *f*
pliant [ˈplaɪənt] *adj* ❶ (*pliable*) biegsam; ~ **rubber** biegsames Gummi
❷ (*fig: compliant*) fügsam; (*influencable*) nachgiebig; ■**to be** ~ leicht zu beeinflussen sein
pliantly [ˈplaɪəntli] *adv* flexibel
plié [ˈpliːeɪ, AM pliːˈeɪ] *n* Plié *nt*
pliers [ˈplaɪəz, AM -ɚz] *npl* Zange *f;* **a pair of** ~ eine Zange
plight [plaɪt] **I.** *n* Not[lage] *f;* ***the ~ of starving people*** die Not hungernder Menschen; **to be in a dreadful/sad/sorry** ~ in einer schrecklichen/traurigen/erbärmlichen Lage sein
II. *vt* **to** ~ **one's troth** (*hum dated: get engaged*) sich *akk* verloben, sich *dat* die Treue schwören *veraltet;* (*form: in marriage service*) jdm die [ewige] Treue schwören
plimsoll [ˈplɪm(p)səl] *n* BRIT Turnschuh *m*
Plimsoll line *n,* **Plimsoll mark** *n* NAUT Kiellinie *f*
plinth [plɪn(t)θ] *n* Plinthe *f*
Pliocene [ˈplaɪə(ʊ)siːn, AM -oʊ-] **I.** *n no pl* GEOL ■**the** ~ das Pliozän
II. *adj inv* GEOL pliozän; **the** ~ **epoch** das Pliozän
PLO [ˌpiːelˈəʊ, AM -ˈoʊ] *n no pl abbrev of* **Palestine Liberation Organization:** ■**the** ~ die PLO
plod [plɒd, AM plɑːd] **I.** *n* Marsch *m*
II. *vi* <-dd-> ❶ (*walk slowly*) stapfen; **to** ~ **along the street/up the hill** die Straße entlang/den Hügel hinauf stapfen; **to** ~ **through the mud** durch den Schlamm waten
❷ (*work slowly*) ■**to** ~ **through sth** sich *akk* durch etw *akk* hindurcharbeiten [*o* hindurchwühlen] [*o* durchkämpfen]
◆**plod along** *vi* ❶ (*walk*) stapfen
❷ (*work*) vor sich *akk* hin arbeiten; ***Alex is just ~ding along at school*** Alex ist ein fleißiger, aber mittelmäßiger Schüler
◆**plod away** *vi* vor sich *akk* hin arbeiten; **to** ~ **away at sth** etw [freudlos] tun; (*work hard*) schuften *pej fam;* ***for years, he's ~ded away at the same routine job*** seit Jahren macht er dieselbe stumpfe Routinearbeit
◆**plod on** *vi* ❶ (*continue walking*) weiterstapfen
❷ (*continue working*) weiterarbeiten
plodder [ˈplɒdəʳ, AM ˈplɑːdɚ] *n* Arbeitstier *nt fam;* ■**to be a** ~ stur vor sich *akk* hinarbeiten
plodding [ˈplɒdɪŋ, AM ˈplɑːd-] *adj* mühsehlig; **a** ~ **account** ein zäher [*o* mühsam zu lesender] Bericht; *person* schwerfällig
plonk[1] [plɒŋk] *n no pl esp* BRIT, AUS (*fam: wine*) billiger Wein, Gesöff *nt pej fam;* **a bottle of** ~ eine Flasche mit billigem, schlechten Wein
plonk[2] [plɒŋk, AM plɑːŋk, plʌŋk] **I.** *n* (*fam: sound*) Ploppen *nt fam*
II. *adv* (*fam*) dumpf knallend; ***I heard something go*** ~ ich hörte, wie etwas dumpf aufschlug [*o fam* plopp machte]
III. *vt* (*fam*) ❶ (*set down heavily*) ■**to** ~ **sth somewhere** etw irgendwo hinknallen *fam*
❷ (*sit heavily*) **to** ~ **oneself down on a chair/sofa** sich *akk* auf einen Stuhl/ein Sofa fallen [*o fam* plumpsen] lassen
◆**plonk away** *vi* (*fam*) ■**to** ~ **away on sth** auf etw *dat* herumklimpern *fam*
◆**plonk down** (*fam*) **I.** *vt* ■**to** ~ **down** ⊂ **sth** etw hinknallen *fam;* ■**to** ~ **oneself down** sich *akk* hinfallen [*o fam* hinplumpsen] lassen
II. *vi* sich *akk* fallen lassen
◆**plonk out** *vt* (*fam*) **to** ~ **out a song/tune** [**on sth**] ein Lied/eine Melodie [auf etw *dat*] klimpern *fam*
plonker [ˈplɒŋkəʳ] *n* BRIT (*sl*) Blödmann *m fam,* Trottel *m fam*
plop [plɒp, AM plɑːp] **I.** *n* Platsch[er] *m fam;* ***it fell into the water with a*** ~ es platschte [*o fam* plumpste] ins Wasser
II. *adv* platschend
III. *vi* <-pp-> ❶ (*fall into liquid*) platschen *fam*
❷ (*drop heavily*) plumpsen *fam*
◆**plop down** (*fam*) **I.** *vi* sich *akk* hinfallen [*o fam* hinplumpsen] lassen
II. *vt* ■**to** ~ **down** ⊂ **sth** etw hinschmeißen *fam*
plosive [ˈpləʊsɪv, AM ˈploʊ] LING **I.** *adj inv* plosiv *fachspr*
II. *n* Plosiv *nt fachspr,* Plosivlaut *m fachspr*
plot [plɒt, AM plɑːt] **I.** *n* ❶ (*conspiracy*) Verschwörung *f;* **the Gunpowder P~** die Pulververschwörung; **to foil a** ~ einen Plan [*o* ein Vorhaben] vereiteln; **to hatch a** ~ einen Plan aushecken; ■**a** ~ **against sb/sth** eine Verschwörung gegen jdn/etw; **a** ~ **to overthrow the government** ein Plan, die Regierung zu stürzen
❷ LIT (*storyline*) Handlung *f,* Plot *m fachspr;* ~ **line** Handlungsverlauf *m*
❸ (*of land*) Parzelle *f;* **building** ~ Bauland *nt;* **garden/vegetable** ~ Garten-/Gemüsebeet *nt*
❹ COMPUT graphische Darstellung
► PHRASES: **to** <u>**lose**</u> **the** ~ (*fam*) den Überblick verlieren; **the** ~ <u>**thickens**</u> (*hum*) die Lage spitzt sich zu
II. *vt* <-tt-> ❶ (*conspire*) ■**to** ~ **sth** etw [im Geheimen] planen *a. hum*
❷ (*mark out*) ■**to** ~ **sth** etw [graphisch] darstellen; ***radar operators ~ted the course of the incoming missile*** Radarschirme haben den Kurs der herannahenden Rakete geortet; **to** ~ **a curve** eine Kurve zeichnen [*o* darstellen]; **to** ~ **a position** eine Position ausmachen
❸ (*create storyline*) ■**to** ~ **sth** *novel, play, scene* sich *dat* die Handlung für etw *akk* ausdenken; ***we've already ~ted the first three episodes*** die Handlung der ersten drei Folgen steht schon
III. *vi* <-tt-> ■**to** ~ **against sb/sth** sich *akk* gegen jdn/etw verschwören; ■**to** ~ **to do sth** (*also hum*) planen, etw zu tun; ***they're ~ting to take over the company*** sie ziehen im Hintergrund die Fäden, um die Firma zu übernehmen
◆**plot out** *vt* ■**to** ~ **out** ⊂ **sth** ❶ *route* etw [grob] planen
❷ *scene, story* etw umreißen
plotter [ˈplɒtəʳ, AM ˈplɑːtɚ] *n* ❶ (*conspirator*) Verschwörer(in) *m(f)*
❷ COMPUT Plotter *m,* Kurvenschreiber *m*
plough [plaʊ], AM **plow I.** *n* Pflug *m;* ***this field is under the*** ~ dieses Feld wird bestellt [*o geh* ist unter dem Pflug]
► PHRASES: **put one's** <u>**hand**</u> **to the** ~ den Stein ins Rollen bringen *fig*
II. *vt* ❶ AGR **to** ~ **the field/soil** das Feld/den Boden pflügen; ***they ~ed fertilizer into the field*** sie pflügten den Dünger unter
❷ (*move with difficulty*) **to** ~ **one's way through sth** sich *dat* seinen Weg durch etw *akk* bahnen; (*fig*) sich *akk* durch etw *akk* [hindurch] wühlen *fig*
III. *vi* ❶ AGR pflügen
❷ (*move with difficulty*) ■**to** ~ **through sth** sich *akk* durch etw *akk* durchkämpfen; (*fig*) sich *akk* durch etw *akk* [hindurch] wühlen *fig*
◆**plough ahead** *vi* weitermachen; ***sales have been ~ing ahead*** die Verkaufszahlen sind [langsam] gestiegen
◆**plough back** *vt* ■**to** ~ **back** ⊂ **sth** *plants* etw unterpflügen; **to** ~ **back money/profits** (*fig*) Geld/Profite reinvestieren
◆**plough in** *vt* ■**to** ~ **in** ⊂ **sth** etw unterpflügen
◆**plough into I.** *vi* ■**to** ~ **into sth** in etw *akk* hineinrasen
II. *vt* ■**to** ~ **sth into sth** etw in etw *akk* investieren
◆**plough on** *vi* stur weitermachen (**with** mit +*dat*)
◆**plough up** *vt* **to** ~ **up fields/land** Felder/Land umpflügen; **to** ~ **up sb's lawn** jds Rasen umgraben
Plough [plaʊ] *n no pl* ■**the** ~ der Große Wagen
ploughed [plaʊd], AM **plowed** *adj inv* gepflügt; ~ **fields** gepflügte Felder
ploughland, AM **plowland** *n no pl* Ackerland *nt*
ploughman, AM **plowman** *n* Pflüger *m*
ploughman's <*pl* -> *n* BRIT, AUS, **ploughman's lunch** *n* BRIT, AUS *Mittagessen, das aus Brot, Käse und Pickle besteht*
ploughshare, AM **plowshare** *n* Pflugschar *f*
► PHRASES: **to beat one's** <u>**swords**</u> **into ~s** (*prov liter*) die Waffen schweigen lassen *prov geh,* die Schwerter zu Pflugscharen machen
plover [ˈplʌvəʳ, AM -ɚ] *n* Bachstelze *f*
plow *n* AM *see* **plough**
plowed *adj* AM *see* **ploughed**
plowland [ˈplaʊlənd] *n* AM Ackerland *nt*
plowman <*pl* -men> [ˈplaʊmən] *n* AM Pflüger *m*
plowshare *n* AM *see* **ploughshare**
ploy [plɔɪ] *n* Plan *m,* Strategie *f;* (*trick*) Trick *m;* **a clever/subtle** ~ eine clevere/subtile Strategie; **a** ~ **to deceive sb** ein Plan, jdn hinters Licht zu führen
pluck [plʌk] **I.** *n* Mut *m,* Schneid *m o* ÖSTERR *f fam;* **to have** [*or* **show**] [**a lot of**] ~ [viel] Schneid [*o* Mumm] haben *fam,* mutig sein
II. *vt* ❶ (*pick*) ■**to** ~ **sth** [**from** [*or* **off**] **sth**] *fruit, flower* etw [von etw *dat*] abpflücken; *grass, dead leaves, loose thread* etw [von etw *dat*] abzupfen
❷ (*remove*) *feathers* ausrupfen; *hair* entfernen; (*with pincers*) auszupfen; **to** ~ **a chicken/goose** ein Huhn/eine Gans rupfen; **a ~ed chicken** ein gerupftes Huhn; **to** ~ **one's eyebrows** sich *dat* die Augenbrauen zupfen
❸ (*pull*) ■**to** ~ **sth/sb** jdn/etw schnell nehmen *akk;* ***he ~ed the letter out of my hand*** er riss mir den Brief aus der Hand; ***she ~ed the ball out of the air*** sie fing den Ball in der Luft; (*pull cautiously*) zupfen; **to** ~ **sb's sleeve** [*or* **sb by the sleeve**] jdn am Ärmel zupfen
❹ (*remove from situation*) ■**to** ~ **sb from** [*or* **out of**] **sth** jdn aus etw *dat* herausholen
❺ MUS ■**to** ~ **sth** etw zupfen
► PHRASES: **to** ~ **sth out of the** <u>**air**</u> etw [frei] erfinden [*o* aus der Luft greifen]
III. *vi* ■**to** ~ **at sth** an etw *dat* zupfen
◆**pluck out** *vt* ■**to** ~ **out** ⊂ **sth** etw auszupfen; *feathers* etw ausrupfen
◆**pluck up** *vt* **to** ~ **up one's** [*or* **the**] **courage** [**to do sth**] allen Mut zusammennehmen[, um etw zu tun]
pluckiness [ˈplʌkɪnəs] *n no pl* (*fam*) Mut *m,* Schneid *m o* ÖSTERR *f fam*
plucky [ˈplʌki] *adj* schneidig
plug [plʌg] **I.** *n* ❶ (*connector*) Stecker *m;* **to pull the** ~ [**on sth**] den Stecker [aus etw *dat*] herausziehen; (*fig*) ***the Administration has pulled the ~ on this project*** die Verwaltung hat diesem Projekt ihre Unterstützung aufgekündigt
❷ (*socket*) Steckdose *f*
❸ (*for basin, sink*) Stöpsel *m;* **bath** ~ Wannenstöpsel *m*
❹ (*stopper*) Pfropfen *m; cask* Spund *m;* (*bung*) Zapfen *m; of cotton wool* Wattekügelchen *nt*
❺ (*fam: publicity*) ■**a** ~ [**for sb/sth**] eine Werbung [für jdn/etw]; **to give sb/sth a** ~ Werbung für jdn/etw machen
❻ (*spark plug*) Zündkerze *f*
❼ (*chunk*) ~ **of tobacco** Priem *m*
II. *vt* <-gg-> ❶ (*stop up*) **to** ~ **a hole/leak** ein Loch/Leck stopfen; ■**to** ~ **sth with sth** etw mit etw *dat* [zu]stopfen
❷ (*publicize*) ■**to** ~ **sth** etw anpreisen
❸ AM (*sl: shoot*) ■**to** ~ **sb/sth** jdn/etw treffen (*mit einer Gewehr-, Pistolenkugel*); **to** ~ **sb in the arm/leg** jdm in den Arm/ins Bein schießen
◆**plug away** *vi* verbissen [*o* hart] arbeiten (**at** an +*dat*), sich abmühen (**at** mit +*dat*)
◆**plug in I.** *vt* ■**to** ~ **in** ⊂ **sth** etw einstöpseln [*o* anschließen]
II. *vi electrical device* sich anschließen lassen
◆**plug into I.** *vt* ❶ (*connect electrically*) ■**to** ~ **sth into sth** etw an etw *akk* anschließen; (*into the plug a.*) etw in etw *akk* einstöpseln
❷ *usu passive* (*have connections with*) ■**to be ~ged into sth** ein Teil von etw *dat* sein; (*have contacts*) Verbindungen [*o* Kontakte] zu etw *dat* haben

II. *vi* ■to ~ into sth ① ELEC an etw *akk* angeschlossen werden
② COMPUT angeschlossen sein; **to ~ into a network** an ein Netz angeschlossen sein
③ (*fig*) sich *akk* eingliedern, sich *akk* in etw *akk* integrieren lassen
◆**plug up** *vt* ■to ~ up ○ sth [with sth] etw mit etw *dat* zustopfen
plughole *n* Abfluss *m*
► PHRASES: **to go down the ~** den Bach runtergehen *fam*
plug-in ['plʌgɪn] *n* Plug-in *nt* (*Erweiterung für ein existierendes Softwareprogramm*)
plug-ugly I. *adj* potthässlich *fam*
II. *n* AM (*sl: thug*) Schläger *m*, Gorilla *m fig fam*
plum [plʌm] I. *n* ① (*fruit*) Pflaume *f*; **damson ~** Zwetsche *f*
② (*tree*) ~ [tree] Pflaumenbaum *m*
③ (*good opportunity*) gute Gelegenheit, Chance *f*
④ (*colour*) Pflaumenblau *nt*
II. *n modifier* (*juice, pit, tart*) Pflaumen-; **~ jam** Pflaumenmus *nt*; (*of damson plum*) Zwetschenmus *nt*
III. *adj* ① *inv* (*colour*) pflaumenfarben; **~[-coloured] shirt** pflaumenfarbenes Hemd
② <plummer, plummest> *attr* (*exceptionally good*) traumhaft *fam*; ***the ~mest site in the city*** die attraktivste Lage in der Stadt; **~ job** Traumberuf *m*, Traumjob *m fam*; **~ part** Traumrolle *f*
plumage ['plu:mɪdʒ] *n no pl* Federkleid *nt*
plumb¹ [plʌm] I. *vt* ① (*determine depth*) ■to ~ sth etw [aus]loten; **to ~ the depth** die Tiefe loten
② (*fig: fathom*) ■to ~ sth etw ergründen
► PHRASES: **to ~ the depths** einen Tiefpunkt erreichen; ***Roy ~ed the depths of despair when …*** Roy war völlig am Boden zerstört, als …; (*hum*) ***they must really be ~ing the depths if …*** sie müssen wirklich verzweifelt sein, wenn …
II. *adj pred, inv* gerade, im Lot *fachspr*; **to be out of ~** schief sein, nicht im Lot [*o* außer Lot] sein *fachspr*
III. *adv* ① (*fam: exactly*) genau; ***he hit me ~ on the nose*** er hat mich mitten [*o* direkt] auf die Nase gehauen
② AM (*fam: completely*) **~ crazy** total verrückt *fam*
IV. *n* Lot *nt*
plumb² [plʌm] *vt* ***our house isn't ~ed properly*** die Installationen in unserem Haus sind schlecht gemacht; ■**to ~ sth into sth** etw an etw *akk* anschließen; ■**to be ~ed for sth** die nötigen Anschlüsse für etw *akk* haben
◆**plumb in** *vt* ■to ~ in ○ sth *washing machine, dishwasher* etw anschließen [*o* installieren]
plumbago [plʌm'beɪgəʊ, AM -goʊ] *n* ① (*graphite*) Graphit *nt*
② (*plant*) Bleiwurz *m*
plumber ['plʌməʳ, AM -ɚ] *n* Klempner(in) *m(f)*, Santitärinstallateur(in) *m(f) fachspr*, Sanitär(in) *m(f)* SCHWEIZ
plumber's friend *n*, **plumber's helper** *n* AM (*plunger*) Saugpumpe *f* (*für verstopfte Abwasserleitungen im Haushalt*) **plumber's snake** *n* Drahtbürste *f*
plumbing ['plʌmɪŋ] I. *n no pl* Wasserleitungen *fpl*
II. *adj attr, inv* **~ contractor** beauftragter Installateur/beauftragte Installateurin; **a ~ fixture** Installationszubehör *nt*; **~ work** Installationsarbeiten *fpl*
plumb line *n* Lot *nt* **plum-colored** AM, **plum-coloured** *adj inv* pflaumenfarben
plume [plu:m] I. *n* ① (*large feather*) Feder *f*; **ostrich ~** Straußenfeder *f*; **tail ~** Schwanzfeder *f*; (*as ornament*) Federbusch *m*
② (*cloud*) **~ of smoke** Rauchwolke *f*; **~ of dust** Staubwolke *f*; **~ of steam** Dunstglocke *f*
► PHRASES: **to be dressed in** [*or* **to wear**] **borrowed ~s** (*pej liter*) sich *akk* mit fremden Federn schmücken
II. *vt* ① (*dated: preen*) ■to ~ oneself sich *akk* aufplustern
② (*pej liter: pride oneself*) ■**to ~ oneself on sth** sich *akk* mit etw *dat* brüsten
plumed [plu:md] *adj attr, inv* mit Federn geschmückt; **~ headdress** mit Federn verzierter Kopfschmuck
plummet ['plʌmɪt] I. *vi* ① (*plunge*) fallen, [herunter]stürzen; (*with loud noise*) [herunter]donnern; **to ~ to earth/the ground** auf die Erde/zu Boden stürzen; **to ~ out of** [*or* **from**] **the sky** abstürzen
② (*be reduced*) *prices* [stark] sinken [*o* fallen], absacken; ***house prices have ~ed*** die Häuserpreise sind in den Keller gefallen; ***morale has absolutely ~ed*** die Stimmung ist auf den Nullpunkt gesunken
II. *n* Lot *nt*
plummy ['plʌmi] *adj* ① (*resembling plum*) pflaumenartig
② (*of plum colour*) pflaumenfarben
③ (*exceptionally desirable*) toll *fam*; **~ job** Traumjob *m fam*
④ (*rich-toned*) sonor; (*high-brow*) affektiert *pej*; **~ voice** sonore Stimme
plump [plʌmp] I. *adj* (*rounded*) rund; (*euph*) *person* rundlich, füllig, mollig; **~ arms** rundliche Arme; **~ cheeks** runde Wangen [*o fam* Bäckchen]; **~ chicken** Masthuhn *nt*; **~ and juicy grapes** runde [*o* volle] und saftige Trauben; **pleasingly** [*or* AM *also* **pleasantly**] **~** rund und gesund
II. *adv* (*fam*) **to sit down ~** sich *akk* hinplumpsen lassen *fam*; ***he sat down ~ on the bed*** mit einem Plumps ließ er sich aufs Bett fallen *fam*; **sth drops down ~** etw plumpst runter *fam*
III. *vi* ■**to ~ for sb/sth** sich *akk* für jdn/etw entscheiden
IV. *vt* **to ~ a cushion/pillow** ein Kissen/Kopfkissen aufschütteln
◆**plump down** (*fam*) I. *vt* ■to ~ down ○ sth etw hinplumpsen lassen *fam*; ***Joan ~ed her bags down next to her*** Joan ließ ihre Taschen mit einem Plumps neben sich fallen *fam*; **to ~ oneself down in a chair/on the sofa** sich *akk* in einen Stuhl/aufs Sofa fallen [*o fam* hinplumpsen] lassen
II. *vi* **to ~ down in a chair/on the sofa** sich *akk* auf einen Stuhl/ein Sofa fallen [*o fam* hinplumpsen] lassen
◆**plump out** *vi* (*dated: gain weight*) zulegen *fam*, zunehmen
◆**plump up** *vt* **to ~ up a cushion/pillow** ein Kissen/Kopfkissen aufschütteln
plumply ['plʌmpli] *adv* drall, stramm
plumpness ['plʌmpnəs] *n no pl* Fülligkeit *f*; *fruit* Größe *f*
plum pudding *n* BRIT (*dated*) Plumpudding *m*
plunder ['plʌndəʳ, AM -dɚ] I. *vt* ■to ~ sth *gold, treasure* etw plündern; *church, palace, village* etw [aus]plündern; (*fig*) *the planet, environment* etw ausbeuten
II. *vi* plündern
III. *n no pl* ① (*booty*) Beute *f*
② (*act of plundering*) Plünderung *f*; *of planet* Ausbeutung *f*
plunderer ['plʌndᵊrəʳ, AM -dɚɚ] *n* Plünderer, Plünderin *m, f*
plunge [plʌndʒ] I. *n* ① (*drop*) Sprung *m*; (*fall*) Sturz *m*, Fall *m*; (*dive*) **to make a ~** tauchen; ***a sixty-foot ~ into the sea*** sechzig Fuß unter der Meeresoberfläche
② (*swim*) ~ [**in the pool**] Schwimmen [im Pool] *nt kein pl*
③ (*sharp decline*) Sturz *m*; ***there has been a ~ in the value of the dollar today*** der Wert des Dollar ist heute dramatisch gefallen; **the ~ of the dollar** der Sturz des Dollar; **a ~ in profits** dramatisch sinkende Profite; **a ~ in value** dramatischer Wertverlust
► PHRASES: **to take the ~** einen Schritt wagen, ins kalte Wasser springen *fig*
II. *vi* ① (*fall*) stürzen; ***Niagara Falls ~s 55.5 metres*** die Niagarafälle stürzen 55,5 m in die Tiefe; ■**to ~ into sth** sich *akk* in etw *akk* stürzen; ***we ~d into the sea*** wir sprangen ins Meer; **to ~ to one's death** in den Tod stürzen
② (*decrease dramatically*) dramatisch sinken [*o* fallen]
③ (*dash*) stürzen; ■**to ~ into sth** in etw *akk* stürzen; ***she ~d forward*** sie warf sich nach vorne
④ (*fig: begin abruptly*) ■**to ~ into sth** sich *akk* in etw *akk* [hinein]stürzen *fig*
III. *vt* ① (*immerse*) ■**to ~ sth into sth** etw in etw *akk* eintauchen; (*in cooking*) etw in etw *akk* geben
② (*thrust*) **to ~ a dagger/knife/needle into sb** jdn mit einem Dolch/einem Messer/einer Nadel stechen
③ (*suddenly cause*) ■**to ~ sth/sb into sth** etw/jdn in etw *akk* hineinstürzen *fig*; ***the blackout plunged the town into darkness*** der Stromausfall tauchte die Stadt in Dunkelheit
◆**plunge in** I. *vi* ① (*dive in*) eintauchen
② (*fig: get involved*) sich *akk* einmischen; (*do without preparation*) ins kalte Wasser springen *fig*; ***Tom took a deep breath and ~d in with a bid of $500*** Tom holte einmal tief Luft und warf ein Angebot von $500 in den Raum
II. *vt* ■**to ~ sth in** *knife* etw reinstechen; *hand* etw reinstecken
plunger ['plʌndʒəʳ, AM -ɚ] *n* Saugpumpe *f*
plunging neckline [ˌplʌndʒɪŋ'-] *n* Dekolletee *nt*
plunk [plʌŋk] *n, adv, vt* AM *see* **plonk²**
pluperfect [ˌplu:'pɜ:fɪkt, AM -'pɜ:r-] I. *adj inv* LING Plusquamperfekt-; **a ~ form** eine Plusquamperfektform, eine Form im Plusquamperfekt; **the ~ tense** das Plusquamperfekt
II. *n* LING ■**the ~** das Plusquamperfekt, die Vorvergangenheit
plural ['plʊərᵊl, AM 'plʊrᵊl] I. *n* ■**the ~** der Plural, die Mehrzahl; **in the ~** im Plural, in der Mehrzahl; **first/second/third person ~** erste/zweite/dritte Person Plural
II. *adj inv* ① LING Plural-, pluralisch; **~ form** Pluralform *f*; **~ usage** pluralischer Gebrauch *m*
② (*pluralistic*) pluralistisch
③ (*multiple*) mehrfach *attr*; **~ citizenship** mehrere Staatsbürgerschaften
pluralism ['plʊərᵊlɪzᵊm, AM 'plʊrᵊl-] *n no pl* Pluralismus *m geh*
pluralist ['plʊərᵊlɪst, AM 'plʊrᵊl-] I. *n* Pluralist(in) *m(f) geh*
II. *adj* pluralistisch *geh*
pluralistic [ˌplʊərᵊl'ɪstɪk, AM ˌplʊrᵊl'-] *adj* pluralistisch *geh*; **~ society** pluralistische Gesellschaft
plurality [plʊə'ræləti, AM plʊ'ræl-] *n* ① *no pl* (*variety*) ■**a ~ of sth** eine Vielfalt an etw *dat*; **~ of opinions** Meinungsvielfalt *f*
② AM POL (*of votes*) Mehrheit *f*; **to have** [*or* **win**] **a ~** eine Mehrheit gewinnen; AM einfache Mehrheit
③ *no pl* (*plural condition*) Pluralität *f geh*
pluralize ['plʊərᵊlaɪz, AM 'plʊrᵊl-] *vt* LING **sth is able/not able to be ~d** etw hat einen/keinen Plural [*o* kann/kann nicht in den Plural gesetzt werden]; ***you can't ~ it*** es hat keine Mehrzahl
plus [plʌs] I. *prep* plus +*dat*, zuzüglich +*dat*
II. *n* <*pl* -es *or pl* -ses> Plus *nt kein pl fam*; MATH *also* Pluszeichen *nt*; (*advantage also*) Pluspunkt *m*
III. *adj inv* ① *attr* (*above zero*) plus; **~ 8** [plus] acht; **~ two degrees** zwei Grad plus [*o* über Null]
② *pred* (*or more*) mindestens; **20/30/250 ~** mindestens 20/30/250, 20/30/250 oder mehr; ***it'll take us six ~ hours to get there*** wir werden gut [*o* mindestens] sechs Stunden brauchen, um dorthin zu gelangen; ***her eldest son must be 20 ~*** ihr ältester Sohn muss über 20 sein
③ (*slightly better than*) **A ~** ≈ Eins plus *f*
④ (*positive*) **the ~ side** [**of sth**] das Positive an etw *dat*; **the ~ side of the account** FIN die Habenseite des Kontos
plus factor *n* Plus *nt kein pl*, Pluspunkt *m* **plus fours** *npl* (*dated*) Knickerbockers *pl*
plush [plʌʃ] I. *adj* ① (*luxurious*) exklusiv; **~ restaurant** Nobelrestaurant *nt*
② (*made of plush*) Plüsch-; **~ upholstery** Plüschbezug *m*
II. *n* Plüsch *m*
plushness ['plʌʃnəs] *n no pl* ① (*luxuriousness*) Eleganz *f*
② (*softness*) Plüschige *nt*
plushy ['plʌʃi] *adj* nobel, elegant

P

plus point *n* BRIT Pluspunkt *m*
plus sign *n* Pluszeichen *nt*
Plutarch ['plu:tɑ:k, AM tɑ:rk] *n no pl* LIT, HIST Plutarch *m*
Pluto ['plu:təʊ, AM -t̬oʊ] *n* Pluto *m*
plutocracy [plu:'tɒkrəsi, AM -'tɑ:krə-] *n* Plutokratie *f geh;* (*fig: wealthy elite*) die oberen Zehntausend
plutocrat ['plu:tə(ʊ)kræt, AM -t̬ə-] *n* ❶ (*rich and powerful person*) Plutokrat(in) *m(f) geh*
❷ (*pej hum: very wealthy person*) Krösus *m oft hum*
plutocratic [,plu:tə(ʊ)'krætɪk, AM -t̬oʊ'kræt̬-] *adj* plutokratisch *geh;* **to have a ~ lifestyle** das Leben der Reichen und Mächtigen [*o geh* eines Plutokraten] führen
plutonium [plu:'təʊniːəm, AM -'toʊ-] *n no pl* Plutonium *nt*
ply¹ [plaɪ] *n no pl* ❶ (*thickness*) Stärke *f,* Dicke *f;* ***several plies of the material*** verschiedene Stärken des Materials
❷ (*layer*) Schicht *f;* **four-~ plywood** vierschichtiges Sperrholz
❸ (*strand*) **two-~ rope** zweilagiges Seil; **three-~ wool** dreifädige Wolle
❹ *no pl* (*fam: plywood*) Schichtholz *nt,* Sperrholz *nt*
ply² <-ie-> [plaɪ] **I.** *vt* ❶ (*work steadily*) **to ~ a trade** ein Gewerbe betreiben; **to ~ one's work** seiner Arbeit nachgehen
❷ (*manipulate*) ■**to ~ sth** etw benutzen [*o* schwingen] *oft hum fam*
❸ (*sell*) **to ~ drugs** mit Drogen handeln; **to ~ one's wares** seine Waren anpreisen [*o* anbieten]
❹ (*supply continuously*) ■**to ~ sb with sth** jdn mit etw *dat* versorgen; **to ~ sb with whisky** jdn mit Whisky abfüllen *fam;* **to ~ sb with advice** jdn mit Ratschlägen überschütten; **to ~ sb with questions** jdn mit Fragen löchern
❺ (*travel over*) **to ~ an ocean** einen Ozean regelmäßig überqueren; **to ~ a route** eine Strecke regelmäßig befahren
II. *vi* ❶ BRIT ECON **to ~ for business** [*or* **trade**] für sich *akk* Werbung machen
❷ (*travel*) **to ~ between two cities** *ship, train* zwischen zwei Städten verkehren
plywood ['plaɪwʊd] *n no pl* Schichtholz *nt,* Sperrholz *nt*
pm *n abbrev of* **premium** Prämie *f*
pm *adv,* **p.m.** [,pi:'em] *adv inv abbrev of* **post meridian:** ***one*** ~ ein Uhr mittags, dreizehn Uhr; ***eight*** ~ acht Uhr abends, zwanzig Uhr
PM [,pi:'em] *n* ❶ BRIT *abbrev of* **Prime Minister** Premierminister(in) *m(f)*
❷ *abbrev of* **post-mortem**
PMS [,pi:em'es] *n* MED *abbrev of* **premenstrual syndrome** PMS *nt*
PMT [,pi:em'ti:] *n* ❶ BRIT MED, PSYCH *abbrev of* **premenstrual tension**
❷ *abbrev of* **photomechanical transfer** fotomechanische Übertragung
pneumatic [nju:'mætɪk, AM nu:'mæt̬-, nju:-] *adj inv* pneumatisch; **~ brakes** pneumatische Bremsen; **~ tyre** Luftreifen *m*
pneumatically [nju:'mætɪkᵊli, AM nu:'mæt̬-, nju:-] *adv inv* pneumatisch; **to be operated ~** mit Luftdruck betrieben werden
pneumatic drill *n* Presslufthammer *m*
pneumonia [nju:'məʊniːə, AM nu:'moʊnjə, nju:-] *n no pl* Lungenentzündung *f,* Pneumonie *f fachspr;* **double ~** doppelseitige Lungenentzündung; **to catch** [*or* **get**] **~** eine Lungenentzündung bekommen
PO [,pi:'əʊ, AM -'oʊ] *n abbrev of* **Post Office**
POA [,pi:əʊ'eɪ] *n no pl,* + *sing/pl vb* BRIT *abbrev of* **Prison Officers' Association** *Verband der Justizvollzugsbeamten*
poach¹ [pəʊtʃ, AM poʊtʃ] *vt* ■**to ~ sth** etw pochieren, etw dünsten; **to ~ an egg** ein Ei pochieren
poach² [pəʊtʃ, AM poʊtʃ] **I.** *vt* ❶ (*catch illegally*) **to ~ animals/game** Tiere/Wild wildern
❷ (*steal*) ■**to ~ sth** sich *dat* etw unrechtmäßig aneignen; ***Jeff always ~es my ideas*** Jeff stiehlt mir immer meine Ideen
❸ (*lure away*) ■**to ~ sb** [**from sb**] jdn [jdm] abwerben
II. *vi* ❶ (*catch illegally*) wildern
❷ (*steal*) stehlen
❸ (*encroach*) auf die Pirsch [*o* Jagd] gehen *oft hum*
► PHRASES: **to ~ on sb's territory** [*or* **preserves**] in fremden Revieren jagen *fig*
poached egg *n* pochiertes Ei
poacher¹ ['pəʊtʃəʳ, AM 'poʊtʃɚ] *n* Dünster *m;* **egg ~** Eierkocher *m* (*für pochierte Eier*)
poacher² ['pəʊtʃəʳ, AM 'poʊtʃɚ] *n* Wilderer *m*
poaching ['pəʊtʃɪŋ, AM 'poʊtʃ-] *n no pl* ❶ HUNT Wilderei *f*
❷ (*taking unfairly*) Wegnehmen *nt,* Abjagen *nt; of workers* Abwerben *nt* von Arbeitskräften
PO box *n abbrev of* **post office box: ~ *3333*** Postfach 3333
pock [pɒk, AM pɑ:k] *n usu pl* Pockennarbe *f*
pocked [pɒkt, AM pɑ:kt] *adj* ❶ *face* pockennarbig; **~ face** pockenvernarbtes Gesicht
❷ (*with holes*) ■**to be ~ with sth** von etw *dat* durchlöchert sein
pocket ['pɒkɪt, AM 'pɑ:-] **I.** *n* ❶ (*in clothing*) Tasche *f;* **back/breast/inside ~** Gesäß-/Brust-/Innentasche *f;* **coat/jacket/trouser ~** Mantel-/Jacken-/Hosentasche *f;* **patch ~** aufgenähte [*o* aufgesetzte] Tasche; **from** [*or* **out of**] **one's ~** aus der Tasche
❷ (*on bag, in car*) Fach *nt;* ***the outside ~ of her rucksack*** das Außenfach [*o* die Außentasche] ihres Rucksacks; **the side ~ of the driver's door** das Seitenfach der Fahrertür; **zip ~** Reißverschlusstasche *f*
❸ (*fig: financial resources*) Geldbeutel *m fig;* **out-of-~ expenses** Auslagen *fpl;* **to have deep ~s** eine dicke Brieftasche haben *fig;* **to pay for sth out of one's own ~** etw aus eigener Tasche bezahlen; **to be in ~** Geld übrig haben, Plus machen *fam;* **to be out of ~** Geld verlieren; ***we ended up $300 in/out of ~*** am Ende hatten wir $300 Gewinn/Verlust gemacht
❹ (*small area*) Insel *f fig;* **~ of greenery** Grünfläche *f;* **~ of resistance** vereinzelter Widerstand, Widerstandsnest *nt;* **~ of turbulence** AVIAT Turbulenz *f*
❺ SPORTS (*on snooker table*) Loch *nt*
► PHRASES: **to put one's pride in one's ~** seinen Stolz überwinden; **to have sb in one's ~** jdn in der Hand haben; **to have sth in one's ~** etw in der Tasche haben *fig fam;* **to line one's ~s** sich *dat* die Taschen füllen *fig fam;* **to live in sb's ~** (*pej*) jdm auf der Pelle sitzen *fam;* **to put one's hand in one's ~** bezahlen, in die Tasche greifen *fig fam*
II. *vt* ❶ (*put in one's pocket*) ■**to ~ sth** etw in die Tasche stecken; **to ~ one's change** sein Wechselgeld wegstecken *fam*
❷ (*keep sth for oneself*) ■**to ~ sth** etw behalten [*o fam pej* einstecken]
❸ SPORTS (*in snooker, billiards*) **to ~ a ball** einen Ball ins Loch spielen
► PHRASES: **to ~ one's pride** seinen Stolz überwinden
III. *n modifier* (*pocket-sized*) *knife, phone, calculator* Taschen-; **~ battleship** (*hist*) Westentaschenkreuzer *m* (*schwer bewaffnetes kleines Panzerschiff*); **~ dictionary** Taschenwörterbuch *nt;* **~ edition** Taschenbuchausgabe *f;* **a ~ Venus** (*dated*) Kindfrau *f*
pocketbook *n* AM ❶ (*woman's handbag*) Handtasche *f* ❷ (*paperback*) Taschenbuch *nt* ❸ (*fig: ability to pay*) Brieftasche *f fig;* **to vote with one's ~** aus finanziellen Erwägungen heraus wählen **pocket calculator** *n* Taschenrechner *m* **pocket camera** *n* Pocketkamera *f* **pocket diary** *n* Taschenkalender *m* **pocketful** *n* **~s of candy** Taschen voller [*o* voll mit] Süßigkeiten; **a ~** [*or* **~s**] **of money** (*fig*) Unmengen *fpl* von Geld **pocket handkerchief I.** *n* (*dated*) Taschentuch *f* **II.** *adj* BRIT winzig; **~ garden** winziger Garten **pocket knife** *n* Taschenmesser *nt* **pocket money** *n no pl* Taschengeld *nt;* (*fig: small amount of money*) ein Taschengeld *nt fig fam* **pocket-size(d)** *adj* im Taschenformat *nach n;* **~ television** Fernseher im Taschenformat; **~ kid** (*fig*) Winzling *m fam* **pocket veto** *n* AM (*presidential veto*) aufschiebendes Veto **pocket watch** *n* Taschenuhr *f*
pockmark *n* Pockennarbe *f*
pockmarked *adj* ❶ *face* pockennarbig; **~ face** pockenvernarbtes Gesicht
❷ (*with holes*) ■**to be ~ with sth** von etw *dat* durchlöchert sein
p.o.'d *adj* (*fam*) *abbrev of* **pissed off** angewidert; ■**to be ~** die Schnauze voll haben *fam*
pod [pɒd, AM pɑ:d] *n* ❶ (*seed container*) Hülse *f; pea, vanilla* Schote *f*
❷ (*on aircraft*) Gondel *f;* (*to hold jet*) Düsenaggregat *nt,* Triebwerksgondel *f* (*unter der Tragfläche*); **missile ~** Raketengeschoss *nt*
podginess ['pɒdʒɪnəs, AM 'pɑ:dʒ-] *n no pl* Körperfülle *f,* Molligkeit *f*
podgy ['pɒdʒi, AM 'pɑ:dʒi] *adj* (*esp pej*) dick *fam,* fett *pej fam,* speckig *pej fam;* **~ face** Mondgesicht *nt hum fam*
podia ['pəʊdiə, AM 'poʊ-] *n pl of* **podium**
podiatrist [pə(ʊ)'daɪətrɪst, AM 'pə'-] *n esp* AM, AUS (*chiropodist*) Fußspezialist(in) *m(f)*
podiatry [pə(ʊ)'daɪətri, AM 'pə'-] *n no pl esp* AM, AUS (*chiropody*) Fußheilkunde *f*
podium <*pl* -dia> ['pəʊdiəm, AM 'poʊ-, *pl* -diə] *n* Podium *nt;* **winner's ~** Siegerpodest *nt*
poem ['pəʊɪm, AM 'poʊəm] *n* (*also fig*) Gedicht *nt;* **epic/lyric/narrative ~** episches/lyrisches/dramatisches Gedicht; **love/war ~** Liebesgedicht/Kriegsgedicht *nt*
poesy ['pəʊɪzi, AM 'poʊəsi] *n no pl* (*liter or old*) Dichtkunst *f,* Poesie *f*
poet ['pəʊɪt, AM 'poʊət] *n* Dichter(in) *m(f)*
poetaster [,pəʊɪ'tæstəʳ, AM 'poʊətæstɚ] *n* Schreiberling *m pej,* Dichterling *m pej*
poetess <*pl* -es> [,pəʊɪ'tes, AM 'poʊɪt̬ɪs] *n see* **poet** Dichterin *f*
poetic(al) [pəʊ'etɪk(ᵊl), AM poʊ'et̬-] *adj* ❶ (*relating to poetry*) dichterisch; ***Dryden's ~ works*** Drydens Lyrik [*o* dichterisches Werk]; **~ language** Dichtersprache *f;* **to have a ~ temperament** Sinn für Poesie [*o* ein poetisches Gemüt] haben
❷ (*like poetry*) poetisch
poetically [pəʊ'etɪkᵊli, AM poʊ'et̬-] *adv* dichterisch, poetisch; ***he put it very ~*** er drückte sich sehr poetisch aus, er redet wie ein Dichter; **to be ~ gifted** eine dichterische [*o* schriftstellerische] Begabung haben
poetic justice *n no pl* ausgleichende Gerechtigkeit
poetic licence *n no pl* dichterische Freiheit
poet laureate *n* (*fig*) Poeta laureatus *m* **Poet Laureate** <*pl* -s *or* **Poets Laureate**> *n* BRIT Poeta laureatus *m*
poetry ['pəʊɪtri, AM 'poʊə-] *n no pl* ❶ (*genre*) Dichtung *f,* Lyrik *f;* ***she writes ~*** sie schreibt Gedichte; **epic/lyric/narrative ~** epische/lyrische/dramatische Dichtung; **love ~** Liebesdichtung/Liebeslyrik *f;* **war ~** Kriegsdichtung *f;* **Goethe's/Milton's ~** Goethes/Miltons Dichtung [*o* Lyrik] *f*
❷ (*poetic quality*) Poesie *f;* ***she was ~ in motion*** es war eine Freude, ihr zuzuschauen, sie hatte wunderschöne Bewegungen
poetry reading *n* Dichterlesung *f*
po-faced [,pəʊ'feɪst] *adj* BRIT, AUS ❶ (*pej: humourless*) todernst, sauertöpfisch *pej fam;* (*bad-tempered*) mürrisch, griesgrämig *fam;* ***the film is serious but not ~*** der Film ist ernst, aber nicht düster
❷ (*expressionless*) ausdruckslos, mit unbewegter Miene [*o* unbewegtem Gesicht] *nach n*
pogey ['poʊgi] *n no pl* CAN (*pej: social welfare*) Sozialhilfe *f;* (*unemployment benefit*) Arbeitslosengeld *nt*
pogo stick ['pəʊgəʊ,-, AM 'poʊgoʊ-] *n* Springstab *m,* Springstock *m*
pogrom ['pɒgrəm, AM 'poʊ-] *n* Pogrom *nt*
poignancy ['pɔɪnjən(t)si] *n no pl* Eindringlichkeit *f;* ***his words had a particular ~ for me*** seine Worte waren sehr bewegend für mich [*o* berührten

mich tief]

poignant ['pɔɪnjənt] *adj* bewegend, ergreifend; (*distressing*) erschütternd; *memories* melancholisch

poignantly ['pɔɪnjəntli] *adv* eindringlich, bewegend

poinsettia [,pɔɪn(t)'setiə, AM -seṭ-] *n* Weihnachtsstern *m*

point [pɔɪnt]

I. NOUN	II. INTRANSITIVE VERB
III. TRANSITIVE VERB	

I. NOUN

1 (*sharp end*) Spitze *f*; *of a star* Zacke *f*; *of deer* Ende *nt fachspr*, Sprosse *f fachspr*; **the ~ of the chin** die Kinnspitze; **knife/pencil ~** Messer-/Bleistiftspitze *f*; **to hold sb at gun~/knife~** jdn mit vorgehaltener Pistole/vorgehaltenem Messer bedrohen
2 (*dot*) Punkt *m*; **~ of light** Lichtpunkt *m*
3 (*punctuation mark*) Punkt; (*in Hebrew*) Vokalzeichen *nt*
4 (*decimal point*) Komma; **decimal ~** Dezimalpunkt *m*
5 (*position*) Stelle *f*, Punkt *m*; ***... at London and all ~s west ...*** in London und allen Orten westlich davon; **~ of contact** Berührungspunkt *m*; **~ of departure** [*or* **starting ~**] Ausgangspunkt *m a. fig*; **~ of entry** (*border*) Ort *m* der Einreise; (*bullet wound*) Einschussstelle *f*; **to reach the ~ of no return** den Punkt erreichen, an dem man nicht mehr zurück kann; **at this ~** an dieser Stelle
6 (*particular time*) Zeitpunkt *m*; ***this seems like a good ~*** dies scheint ein günstiger Zeitpunkt zu sein; ***she was on the ~ of collapse*** sie stand kurz vor dem Zusammenbruch; ***I was completely lost at one ~*** an einer Stelle hatte ich mich komplett verlaufen; ***when it comes to the ~ that ...*** wenn es einmal so weit kommt, dass ...; ***they tickled him to the ~ of torture*** sie kitzelten ihn so sehr, dass es fast zur Folter wurde; ***at no ~ did I think our relationship wouldn't work out*** zu keinem Zeitpunkt hatte ich daran gezweifelt, dass es zwischen uns nicht klappen würde; **to be** [*or* **lie**] **at the ~ of death** an der Schwelle des Todes stehen *geh*, im Sterben liegen; **at this/that ~ in time** zu dieser/jener Zeit; **at that ~** zu diesem Zeitpunkt; (*then*) in diesem Augenblick; **from that ~ on ...** von da an ...
7 (*about to do*) **to be on the ~ of doing sth** [gerade] im Begriff sein, etw zu tun; ***I was on the ~ of ringing you myself actually*** ich wollte dich auch gerade anrufen!; ***she was on the ~ of telling him the truth when ...*** sie wollte ihm gerade die Wahrheit sagen, als ...; ***I was on the ~ of handing in my resignation*** beinahe hätte ich gekündigt; ***I was on the ~ of leaving him*** ich war kurz davor, ihn zu verlassen
8 (*argument, issue*) Punkt *m*; ***ok ok, you've made your ~!*** ja, ich hab's jetzt verstanden! *fam*; ***you made some interesting ~s in your speech*** Sie haben in Ihrer Rede einige interessante Punkte angesprochen; ***what ~ are you trying to make?*** worauf wollen Sie hinaus?; ***you have a ~ there*** da ist was dran *fam*; ***she does have a ~ though*** so ganz Unrecht hat sie nicht; ***she made the ~ that ...*** sie wies darauf hin, dass ...; (*stress*) sie betonte, dass ...; ***my ~ was that ...*** ich wollte sagen, dass ...; ***my ~ exactly*** das sag ich ja *fam*; ***ok, that's a ~ taken*** ok, ich hab schon begriffen *fam*; ***that's a ~*** das ist ein Argument *sl*; ***I take your ~*** einverstanden; ***I can see your ~*** ich weiß, was du sagen willst; **the ~ under dispute** der strittige Punkt; **~ of detail** Detailfrage *f*; **to make** [*or* **raise**] **a ~ in favour of/against sth** ein Argument für etw *akk*/gegen etw *akk* einbringen; **to drive home the ~** seinen Standpunkt klar machen; **~ of honour** Ehrensache *f*; **~ of law** Rechtsfrage *f*; **a 5-~ plan** ein Fünfpunkteplan *m*; **to make/prove one's ~** seinen Standpunkt deutlich machen; **~ by ~** Punkt für Punkt
9 *no pl* (*most important idea*) ■**the ~** der springende Punkt; ***the ~ is ...*** der Punkt ist nämlich der, ...; ***more to the ~, however, ...*** wichtiger jedoch ist ...; ***your arguments were very much to the ~*** deine Argumente waren wirklich sehr sachbezogen; ***that's beside the ~*** [*or* ***not the ~***]***!*** darum geht es doch gar nicht!; **to come** [*or* **get**] **to the ~** auf den Punkt [*o* zur Sache] kommen; **to get the ~ of sth** etw verstehen; **to keep** [*or* **stick**] **to the ~** beim Thema bleiben; **to make a ~ of doing sth** [großen] Wert darauf legen, etw zu tun; **to miss the ~ of sth** nicht verstehen [*o* begreifen], worum es geht
10 *no pl* (*purpose*) Sinn *m*, Zweck *m*; ***but that's the whole ~!*** aber das ist doch genau der Punkt!; ***what's the ~ of waiting for them?*** warum sollten wir auf sie warten?; ***there's no ~ of talking about it any longer*** es hat keinen Zweck, sich noch länger darüber zu unterhalten; ***I really don't see the ~ of going to this meeting*** ich weiß wirklich nicht, warum ich zu dieser Besprechung gehen sollte; ***but that's the whole ~ of doing it!*** aber deswegen machen wir es ja gerade!; ***what's the ~ anyway?*** was soll's?
11 (*stage in process*) Punkt *m*; ***from that ~ on ...*** von diesem Moment an ...; ***the high ~ of the evening ...*** der Höhepunkt des Abends ...; ***things have reached a ~ where I just can't bear it any longer*** ich bin an einen Punkt angelangt, wo ich es einfach nicht mehr aushalten kann; ***it got to the ~ where no one knew what was going on*** irgendwann wusste dann keiner mehr, was Sache war; ***... when it came to the ~ ...*** ... als es soweit war, ...; ***we'll start again tomorrow from the ~ where we left off today*** wir werden morgen dort da weitermachen, wo wir heute aufgehört haben; **up to a ~** bis zu einem gewissen Grad [*o* Maße]
12 (*important characteristic*) Merkmal *nt*; ***being single does have its ~s*** single zu sein hat auch seine Vorteile; **bad/good ~s** schlechte/gute Seiten; ***the book has its ~s*** das Buch hat auch seine guten Seiten; **sb's strong ~s** jds Stärken; **sb's weak ~s** jds Schwächen
13 (*in sports*) Punkt *m*; ***San Francisco has scored 31 ~s*** San Francisco hat 31 Punkte erzielt; **a win on ~s** ein Sieg *m* nach Punkten; **to win on ~s** nach Punkten siegen
14 (*unit*) STOCKEX Punkt *m*; (*with prices*) [Prozent]punkt *m*; **to have risen seven ~s** sieben Punkte gestiegen sein
15 (*for diamonds*) 0,01 Karat
16 (*on compass*) Strich *m*; (*on thermometer*) Grad *m*
17 (*in bridge*) Punkt *m*
18 BOXING Kinnspitze *f*
19 (*in ballet*) Spitze *f*; **to dance on ~s** auf Spitzen tanzen
20 BRIT, AUS (*socket*) Steckdose *f*
21 AUTO ■**~s** *pl* Unterbrecherkontakte *mpl*
22 BRIT RAIL ■**~s** *pl* Weichen *fpl*
23 (*promontory*) Landspitze *f*
24 TYPO Punkt *m*; ***the small letters are in 6 ~*** die kleinen Buchstaben haben Schriftgröße 6 Punkt
25 (*cricket*) *Position in der Nähe des Schlagmannes*
26 (*extremities*) ■**~s** *pl of horse, dog* Extremitäten *pl*
27 (*punch line*) *of a story* Pointe *f*
▸ PHRASES: **to be a good case in ~** [für etw *akk*] ein gutes Beispiel sein; **to not put too fine a ~ on sth** nicht um den heißen Brei herumreden *fam*; ***not to put too fine a ~ on it, ...*** ehrlich gesagt ...; **sb makes a ~ of doing sth** für jdn ist es wichtig, etw zu tun; ***I know the door was locked because I made a point of checking it*** ich weiß, dass die Tür abgeschlossen war, weil ich extra nochmal nachgesehen habe

II. INTRANSITIVE VERB

1 (*with finger*) deuten, zeigen; ■**to ~ at** [*or* **to**] **sth/sb** [mit dem Finger] auf etw/jdn zeigen; ***it's rude to ~ at people*** man zeigt nicht mit dem Finger auf Leute
2 (*be directed*) weisen; ***there was an arrow ~ing to the door*** ein Pfeil wies den Weg zur Tür; ***the needle was ~ing to 'empty'*** die Nadel zeigte auf ‚leer'; **to ~ east/west** nach Osten/Westen weisen [*o* zeigen]
3 (*indicate*) ■**to ~ to sth** auf etw *akk* hinweisen [*o* hindeuten]; ***all the signs ~ to his reinstatement*** alles deutet darauf hin, dass er wieder eingestellt wird
4 (*use as evidence*) ■**to ~ to sth** auf etw *akk* verweisen
5 HUNT *dog* vorstehen

III. TRANSITIVE VERB

1 (*aim*) ■**to ~ sth at sb/sth** *weapon* etw [auf jdn/etw] richten; *stick, one's finger* mit etw *dat* auf jdn/etw zeigen; **to ~ the finger** [**at sb**] (*fig*) sich *akk* [über jdn] beschweren
2 (*direct*) **to ~ sb in the direction of sth** jdn den Weg zu etw *dat* beschreiben; ***could you ~ me in the direction of the bus station, please?*** könnten Sie mir bitte sagen, wie ich zum Busbahnhof komme?; **to ~ the way** [**to sth**] (*fig*) den Weg [für etw *akk*] ebnen
3 (*extend*) **to ~ one's toes** die Zehen strecken
4 (*building*) ■**to ~ sth** etw verfugen [*o* ausfugen]
5 HUNT ■**to ~ sth** *dog* etw anzeigen
6 (*punctuate*) ■**to ~ sth** etw interpunktieren *fachspr*; (*in Hebrew*) etw vokalisieren; **to ~ a psalm** einen Psalm mit Deklamationszeichen versehen

◆**point out** *vt* 1 (*show*) ■**to ~ out** ⊂ **sth/sb** [**to sb**] [jdn] auf etw/jdn hinweisen; (*with finger*) [jdn] etw/jdn zeigen; ***if you see her, please ~ her out to me*** wenn du sie siehst, zeige sie mir bitte
2 (*inform*) ■**to ~ out** ⊂ **sth** [**to sb**] [jdn] auf etw *akk* aufmerksam machen [*o* hinweisen]; ■**to ~ out that ...** darauf aufmerksam machen, dass ...

◆**point up** *vt* (*form*) ■**to ~ up** ⊂ **sth** etw hervorheben [*o* unterstreichen]; (*show*) etw zeigen [*o* veranschaulichen]

point-and-click *adj inv* COMPUT Anklick- **point-and-shoot** *adj inv* PHOT Autofokus-, mit Autofokus *nach n* **point-blank** I. *adv inv* 1 (*at very close range*) aus nächster Nähe; **to fire** [**a weapon**] **~** aus nächster Nähe schießen 2 (*bluntly*) geradewegs, unumwunden; ***she asked me ~ to help her*** sie bat mich unverblümt um Hilfe II. *adj attr* 1 (*very close*) nah; **to shoot sb/sth at ~ range** auf jdn/etw aus nächster Nähe schießen 2 (*blunt*) unverhohlen; **~ question** unverblümte Frage **point duty** *n* NBRIT Verkehrsregelung *f*; ***he has ~ on New Year's Eve*** er ist am Silvesterabend für die Verkehrsregelung eingeteilt

pointed ['pɔɪntɪd, AM -ṭɪd] *adj* 1 (*with sharp point*) spitz
2 (*emphatic*) pointiert *geh*; **~ criticism** scharfe Kritik; **~ question** unverblümte Frage; **~ remark** spitze Bemerkung; **~ reminder** eindrückliche Erinnerung

pointedly ['pɔɪntɪdli, AM -ṭɪdli] *adv* bewusst; ***he ~ ignored her*** er übersah sie absichtlich

pointer ['pɔɪntəʳ, AM -ɚ] *n* 1 (*on dial*) Zeiger *m*
2 (*rod*) Zeigestock *m*
3 *usu pl* (*fam: tip*) Tipp *m fam*; (*instructions*) Hinweis *m*; ***can you give me a few ~s as to the best way to tackle the problem?*** kannst du mir ein paar Tipps geben, wie das Problem am besten zu lösen ist?
4 (*indicator*) Gradmesser *m fig*
5 (*dog*) Vorstehhund *m*; (*breed*) Pointer *m*
6 COMPUT (*variable*) Hinweisadresse *f*

pointer file *n* COMPUT Verweisungsdatei *f*

Pointers ['pɔɪntəz, AM -ṭɚz] *npl* ASTRON ■**the ~** *Sterne im Großen Bären, die in Verlängerung zum Nordpol zeigen*

pointillism ['pɔɪntɪlɪzᵊm, AM 'pwæntəlɪ-] *n no pl* ART Pointillismus *m fachspr*

pointillist ['pɔɪntɪlɪst, AM 'pwæntəlɪ-] ART I. *n* Pointillist(in) *m(f) fachspr*
II. *adj inv* pointillistisch *fachspr*

pointing ['pɔɪntɪŋ, AM ṭɪŋ] *n no pl* ARCHIT 1 (*acti-*

vity) Verputzen *nt*
❷ (*plaster*) Putz *m*

pointless ['pɔɪntləs] *adj* sinnlos, zwecklos; *remark* überflüssig; ***Anelli finds this all rather ~*** Anelli findet das alles ziemlich sinnlos; ***it's ~ arguing with him*** es hat keinen Zweck, mit ihm zu diskutieren

pointlessly ['pɔɪntləsli] *adv* sinnlos; ***I tried, rather ~, to change her mind*** ich versuchte ohne großen Erfolg, sie umzustimmen

pointlessness ['pɔɪntləsnəs] *n no pl* Sinnlosigkeit *f*

point man *n* AM Kontaktmann *m*

point of honour <*pl* points of honour> *n* Ehrensache *f kein pl* **point of law** <*pl* points of law> *n* Rechtsfrage *f* **point of order** <*pl* points of order> *n* [**on a**] **~, Mr Chairman** ein Antrag zur Geschäftsordnung, Herr Vorsitzender; **to raise a ~** die Debatte mit einer Anfrage nach Verletzung der Geschäftsordnung unterbrechen **point of sale** <*pl* points of sale> *n* Verkaufsstelle *f* **point of view** <*pl* points of view> *n* Ansicht *f*, Einstellung *f*; ***try and look at the situation from her ~*** versuche, die Situation aus ihrer Sicht zu betrachten; **from a student's ~** aus studentischer Sicht; **from a purely practical ~** rein praktisch betrachtet **point shoe** *n* Ballettschuh *m* **pointsman** *n* BRIT ❶ RAIL Weichensteller(in) *m(f)* ❷ ADMIN (*with point duty*) Verkehrspolizist(in) *m(f)* **point system** *n* Punktesystem *nt*

point to point *n* COMPUT (*communications network*) Punkt zu Punkt **point-to-point** *n*, **point-to-point race** *n* SPORTS Jagdrennen *nt* **point work** *n* Spitzentanz *m*; **to do ~ work** auf der Spitze tanzen

pointy ['pɔɪnti, AM -t̬i] *adj* spitz

pointy head *n* AM (*hum fam: egghead*) Eierkopf *m oft pej*

poise [pɔɪz] I. *n no pl* Haltung *f*; **to lose/regain one's ~** die Fassung verlieren/wiedergewinnen
II. *vt usu passive* ❶ (*balance*) ■**to ~ sth** etw balancieren; ***he ~d himself on the very edge of the seat*** er balancierte auf der Stuhlkante; ***my pencil was ~d over the page, ready to take down her words*** ich hielt meinen Bleistift gezückt, um ihre Worte niederzuschreiben; **to be ~d to jump** sprungbereit sein; (*hover*) ■**to be ~d** schweben
❷ (*fig*) ■**to be ~d to do sth** (*about to*) nahe daran sein, etw zu tun; ***the company is ~d to launch its new advertising campaign*** die Firma wird ihre Werbekampagne in nächster Zeit starten

poised [pɔɪzd] *adj* beherrscht, souverän *geh*

poison ['pɔɪzᵊn] I. *n* Gift *nt*; (*fig*) ***that woman is pure ~!*** diese Frau ist voller Gift!; **rat ~** Rattengift *nt*; **to lace sth with ~** etw mit Gift präparieren; **to take ~** Gift nehmen
► PHRASES: **one man's meat is another man's ~** (*prov*) über Geschmack lässt sich nicht streiten *prov*; **what's** [*or* **name**] **your ~?** (*hum*) was möchtest du trinken?
II. *vt* ❶ (*give poison to*) ■**to ~ sb/an animal** jdn/ein Tier vergiften; ***try the spinach, it won't ~ you*** probiere mal den Spinat, es wird dich wohl nicht umbringen
❷ (*spoil*) ■**to ~ sth** etw vergiften *fig*; **to ~ sb's mind against sb/sth** jdn gegen jdn/etw einnehmen

poisoned ['pɔɪzᵊnd] *adj* vergiftet; **~ arrow** Giftpfeil *m*; **~ chalice** Giftbecher *m*, Schierlingsbecher *m geh*; (*fig*) ***the new party leader had been handed a ~ chalice*** der neue Parteiführer hatte die Katze im Sack gekauft

poisoner ['pɔɪzᵊnəʳ, AM -ɚ] *n* Giftmischer(in) *m(f)*

poison gas *n no pl* Giftgas *nt*; **~ attack** Giftgasangriff *m*

poisoning ['pɔɪzᵊnɪŋ] *n* ❶ *no pl* (*act*) Vergiften *nt* ❷ (*condition*) Vergiftung *f*; (*individual case*) Fall *m* von Vergiftung; **barbiturate ~** Schlafmittelvergiftung *f*; **blood/lead ~** Blut-/Bleivergiftung *f*; **food ~** Lebensmittelvergiftung *f*

poison ivy *n no pl* Giftsumach *m*

poisonous ['pɔɪzᵊnəs] *adj* ❶ (*containing poison*) giftig; **~ mushroom** Giftpilz *m*; **~ plant** Giftpflanze *f*; **~ snake** Giftschlange *f*
❷ (*malicious*) giftig *fig*, boshaft; ***he is a ~ little man*** er ist ein kleiner Giftzwerg *pej fam*; **~ allegation** böswillige Anspielung; **~ atmosphere** vergiftete Atmosphäre; **~ remark** spitze [*o* giftige] Bemerkung

poison-pen letter *n* verleumderischer Brief

poke[1] [pəʊk, AM poʊk] *n* ❶ *esp* SCOT (*bag*) Beutel *m*
❷ AM (*fam: purse*) Portmonee *nt*
❸ COMPUT Direktspeicheranweisung *f*
► PHRASES: **to buy a pig in a ~** (*pej*) die Katze im Sack kaufen *fig*

poke[2] [pəʊk, AM poʊk] I. *n* ❶ (*jab*) Stoß *m*; **to give sb a ~** jdm einen Stoß versetzen
❷ (*vulg sl: sex*) Fick *m vulg*
► PHRASES: **it's better than a ~ in the eye with a burnt** [*or* **pointed**] **stick** besser als nichts, man kann's schlimmer erwischen
II. *vt* ❶ (*prod*) ■**to ~ sb/sth** jdn/etw anstoßen; (*with umbrella, stick*) jdn/etw stechen; **to ~ sb in the arm/ribs** jd in den Arm/die Rippen knuffen; **to ~ a hole in sth** ein Loch in etw *akk* bohren; **to ~ holes in an argument** ein Argument in der Luft zerreißen
❷ ■**to ~ sth into/through sth** (*prod with*) etw in/durch etw *akk* stecken; (*thrust*) etw in/durch etw *akk* stoßen
❸ (*stir*) **to ~** [**up**] **a fire** ein Feuer schüren
❹ (*extend*) **to ~ one's head up/through the window** den Kopf in die Höhe/durch das Fenster strecken; ***Cathy ~d her head round the door*** Cathy steckte ihren Kopf zur Tür herein
❺ AM (*fam: hit*) ■**to ~ sb** [**on the nose**] jdn [auf die Nase] schlagen [*o fam* hauen]
► PHRASES: **to ~ fun at sb** sich *akk* über jdn lustig machen; **to ~ one's nose into sb's business** (*fam*) seine Nase in jds Angelegenheiten stecken; ***stop poking your nose into my business!*** halt dich da raus! *fam*
III. *vi* ❶ (*jab repeatedly*) ■**to ~ at sth/sb** an etw/jdm herumfummeln *fam*; **to ~ at sth with one's finger/a stick** mit einem Finger/Stock an etw *akk* stoßen; **to ~ at one's food** in seinem Essen herumstochern
❷ (*break through*) ■**to ~ through** durchscheinen

◆**poke about, poke around** *vi* (*fam*) ■**to ~ about** [*or* **around**] herumstöbern *fam*; (*without permission*) herumschnüffeln *fam*; ***she's always poking about in her bag looking for her keys*** immer kramt sie in ihrer Tasche und sucht ihre Schlüssel

◆**poke out** I. *vi* ■**to ~ out** [**of sth**] [aus etw *dat*] hervorgucken [*o* SÜDD, ÖSTERR herausschauen]
II. *vt* ❶ (*stick out*) **to ~ one's head out** den Kopf herausstecken; **to ~ one's tongue out** die Zunge herausstrecken
❷ (*remove*) ■**to ~ out** ↻ **sth** etw herausschieben; **to ~ out sb's eyes** jdm die Augen ausstechen

◆**poke round** *vi* BRIT *see* **poke around**

◆**poke up** I. *vi* hervorragen; ■**to ~ up over sth** über etw *dat* herausragen; ***you can just see the roof poking up over the trees*** du kannst noch gerade das Dach über den Bäumen sehen
II. *vt* **to ~ up a fire** ein Feuer schüren

poker[1] ['pəʊkəʳ, AM 'poʊkɚ] *n* (*card game*) Poker *m o nt*; **a game of ~** eine Runde Poker

poker[2] ['pəʊkəʳ, AM 'poʊkɚ] *n* (*fireplace tool*) Schürhaken *m*

poker face *n* Pokerface *nt* **poker-faced** *adj* ausdruckslos; **to sit/be ~** seine Miene nicht verziehen

poker machine *n* AUS (*slot machine*) Spielautomat *m*

pokey ['pəʊki, AM 'poʊki] I. *adj see* **poky**
II. *n* ❶ AM (*dated sl: prison*) Bau *m fam*, Kittchen *nt fam*; ***he'll get three years in ~ if he's caught*** wenn man ihn schnappt, muss er drei Jahre sitzen *fam*
❷ AUS *see* **pokie**

pokie ['pəʊki] *n* AUS (*fam*) Spielautomat *m*

poky ['pəʊki, AM 'poʊki] *adj* (*pej*) ❶ (*small*) winzig
❷ AM (*slow*) lahm, träge

pol [pɑːl] *n* (*sl*) Politiker(in) *m(f)*

Polack ['poʊlæk] *n* AM (*pej! sl*) Polack[e], -in *m, f pej sl*

Poland ['pəʊlənd, AM 'poʊ-] *n* Polen *nt*

polar ['pəʊləʳ, AM 'poʊlɚ] *adj attr, inv* ❶ (*near pole*) polar; **~ explorer** Polarforscher(in) *m(f)*; **~ ice caps** polare Eiskappen; **~ region** Polargebiet *nt*
❷ (*opposite*) gegensätzlich, polar *geh*; **~ extremes** extreme Gegensätze *mpl*; **~ opposites** diametrale Gegensätze *geh*; **~ opposition** frontale Gegenposition

polar air *n no pl* polare Kaltluft **polar bear** *n* Eisbär *m* **polar circle** *n* Polarkreis *m* **polar front** *n* METEO Polarfront *f* **polar ice** *n no pl* Polareis *nt*

polarity [pə(ʊ)'lærɪti, AM poʊ'lerət̬i] *n* SCI Polarität *f*; (*fig also*) Gegensätzlichkeit *f*

polarity therapy *n* Polaritätstherapie *f*

polarization [ˌpəʊlᵊraɪ'zeɪʃᵊn, AM ˌpoʊlɚɪ'-] *n no pl* Polarisierung *f*

polarize ['pəʊlᵊraɪz, AM 'poʊlə-] I. *vt* ■**to ~ sb/sth** jdn/etw polarisieren
II. *vi* sich *akk* polarisieren; ***public opinion has ~d*** die öffentliche Meinung hat sich in zwei Fronten gespalten

polar lights *npl* Polarlicht *nt*

Polaroid® ['pəʊlᵊrɔɪd, AM 'poʊlə-] I. *n* ❶ (*camera*) Polaroidkamera® *f*, Sofortbildkamera *f*
❷ (*photo*) Polaroidfoto® *nt*
❸ (*sunglasses*) ■**~s** *pl* entspiegelte Sonnenbrille
II. *n modifier* (*camera, picture*) Polaroid-

polar zone *n* Polarzone *f*

pole[1] [pəʊl, AM poʊl] *n* Stange *f*; (*pointed at one end*) Pfahl *m*; **electricity ~** Hochspannungsmast *m*; **fishing ~** *esp* AM Angelrute *f*; **flag~** Fahnenmast *m*; **telegraph ~** Telegrafenmast *m*
► PHRASES: **to be up the ~** BRIT übergeschnappt sein *fam*

pole[2] [pəʊl, AM poʊl] *n* ❶ GEOG, ELEC Pol *m*; **the magnetic ~** der Magnetpol; **the North/South P~** der Nord-/Südpol; **the minus/positive ~** der Minus-/Pluspol
❷ (*extreme*) Extrem *nt*; **to be ~s apart** Welten voneinander entfernt sein; ***my sister and I are ~s apart*** meine Schwester und mich trennen Welten

Pole [pəʊl, AM poʊl] *n* Pole, -in *m, f*

poleaxe ['pəʊlæks, AM 'poʊl-] I. *n* Schlächterbeil *nt*
II. *vt* ■**to ~ sb** ❶ (*strike powerfully*) jdn zusammenschlagen
❷ (*shock strongly*) jdn schockieren [*o fam* [völlig] umhauen]; ***he was completely ~d when …*** er war wie vor den Kopf gestoßen, als …

polecat ['pəʊlkæt, AM 'poʊl-] *n* ❶ BRIT (*wild cat*) Iltis *m*
❷ AM (*dated: skunk*) Stinktier *nt*; (*fig: person also*) Stinkstiefel *m pej fam*

polemic [pə'lemɪk] I. *n* Polemik *f*
II. *adj* polemisch

polemical [pə'lemɪkᵊl] *adj* polemisch

polemicist [pə'lemɪsɪst] *n* Polemiker(in) *m(f)*

polemics [pə'lemɪks] *n + sing vb* Polemik *f*

pole position *n no pl* SPORTS Poleposition *f fachspr*; (*fig*) ***this company is boasting the ~ in the frozen food business*** die Firma rühmt sich, die Nummer eins auf dem Markt für Tiefkühlprodukte zu sein; **to be in ~** die Poleposition haben; (*fig*) an der Spitze stehen **Pole Star** *n no pl* ASTRON Polarstern *m*; (*fig liter: guiding principle*) Leitgedanke *m* **pole vault** I. *n* Stabhochsprung *m kein pl* II. *n modifier* (*equipment, champion, mat*) Stabhochsprung-; **~ record** Rekord *m* im Stabhochsprung **pole-vaulter** *n* Stabhochspringer(in) *m(f)*

police [pə'liːs] I. *npl* ❶ (*force*) ■**the ~** die Polizei *kein pl*; ***the ~ are investigating …*** die Polizei untersucht …; ***he's a member of the ~*** er ist bei der Polizei; **to call the ~** die Polizei rufen
❷ (*police officers*) Polizisten, -innen *mpl, fpl*; **to put more ~ on the beat** das Polizeiaufgebot verstärken
II. *vt* ❶ (*guard*) ■**to ~ sth** etw überwachen
❷ (*regulate*) ■**to ~ sb/sth/oneself** jdn/etw/sich

selbst kontrollieren
❸ AM MIL ▪ **to ~ sth** *an event* irgendwo Wache halten
III. *n modifier* (*helmet, patrol, uniform*) Polizei-; **to be in ~ custody** in Polizeigewahrsam sein; **~ investigation** polizeiliche Untersuchung; **to ask for ~ protection** Polizeischutz anfordern

police action *n* MIL Polizeiaktion *f* **police blotter** *n* AM (*charge sheet*) Polizeiprotokoll *nt* **police car** *n* Polizeiauto *nt* **police commissioner** *n* Polizeipräsident(in) *m(f)*; **the Metropolitan P~ C~** der Chef/die Chefin der Londoner Polizei **police constable** *n* BRIT Polizeiwachtmeister(in) *m(f)* **police court** *n* ≈Amtsgericht *nt* **police department** *n* Polizeidienststelle *f* **police dog** *n* Polizeihund *m* **police escort** *n* Polizeieskorte *f*; **under ~** unter Polizeischutz **police force** *n* ❶ *no pl* (*the police*) ▪ **the ~** die Polizei ❷ (*unit of police*) Polizeieinheit *f* **police informer** *n* Informant(in) *m(f)* [der Polizei], Polizeispitzel(in) *m(f) pej* **police inspector** *n* Polizeikommissar(in) *m(f)* **police intervention** *n no pl* Polizeieinsatz *m* **police magistrate** *n* Polizeirichter(in) *m(f)* **policeman** *n* Polizist *m*; **a ~'s beat** das Revier eines Polizisten **police officer** *n* Polizeibeamte(r) *m*, Polizeibeamte [*o* -in] *f* **police precinct** *n* Polizeibezirk *m*, [Polizei]revier *nt* **police presence** *n no pl* Polizeipräsenz *f*, Polizeiaufgebot *nt*; ***we will maintain ~ at all points*** wir werden überall Polizeiposten aufstellen **police raid** *n* Razzia *f* **police record** *n* ❶ (*dossier*) Polizeiakte *f* ❷ (*history of convictions*) Vorstrafenregister *nt*; **to have a long ~** ein langes Vorstrafenregister haben **police scientist** *n* polizeiliche(r) Untersuchungsbeamte(r), -beamtin *m, f* **police state** *n* (*pej*) Polizeistaat *m* **police station** *n* Polizeiwache *f* **policewoman** *n* Polizistin *f*

policing [pəˈliːsɪŋ] *n no pl* polizeiliche Betreuung *f*, Aufrechterhaltung *f* von Recht und Ordnung

policy[1] [ˈpɒləsi, AM ˈpɑː-] *n* ❶ (*plan*) Programm *nt*, Strategie *f*; (*principle*) Grundsatz *m*; ***Europe needs a common defence ~*** Europa braucht eine gemeinsame Verteidigungspolitik; ***the school has a ~ on drug abuse*** die Schule vertritt eine klare Linie bei Drogenmissbrauch; ***what's your party's ~ on immigration?*** welche Linie vertritt Ihre Partei in der Immigrationsfrage?; ***my ~ is to tell the truth whenever possible*** mein Grundsatz ist es, nach Möglichkeit die Wahrheit zu sagen; **to work out a ~** eine Strategie entwickeln
❷ *no pl* Politik *f*; **a change in ~** ein Richtungswechsel *m* in der Politik; **company ~** Firmenpolitik *f*; **domestic ~** Innenpolitik *f*; **economic ~** Wirtschaftspolitik *f*; **to make** [*or* **set**] **~ on sth** Richtlinien *fpl* für etw *akk* festlegen

policy[2] [ˈpɒləsi, AM ˈpɑː-] *n* (*in insurance*) Police *f*, Polizze *f* ÖSTERR; **to take out a ~** eine Versicherung abschließen

policy adviser *n* Strategieberater(in) *m(f)* **policyholder** *n* Versicherungsnehmer(in) *m(f)* **policy-making** *n no pl* Festsetzen *nt* von Richtlinien **policy number** *n* Versicherungsnummer *f*, Polizzennummer *f* ÖSTERR **policy statement** *n* Aussage *f*

polio [ˈpəʊliəʊ, AM ˈpoʊlioʊ] *n*, **poliomyelitis** [ˌpəʊliə(ʊ)maɪəˈlaɪtɪs, AM ˌpoʊlioʊˌmaɪəˈlaɪt̬əs] *n* (*spec*) Kinderlähmung *f*, Polio[myelitis] *f fachspr*

polio vaccine *n* Polioimpfstoff *m*

polish [ˈpɒlɪʃ, AM ˈpɑː-] **I.** *n* ❶ (*substance*) Politur *f*; **furniture/silver ~** Möbel-/Silberpolitur *f*; **shoe ~** Schuhcreme *f*
❷ *usu sing* (*act*) Polieren *nt kein pl*; **to give sth a ~** etw polieren
❸ (*fig: refinement*) [gesellschaftlicher] Schliff; ***this is a musical with ~ and wit*** dieses Musical hat Witz und Eleganz
II. *vt* ❶ (*rub*) ▪ **to ~ sth** etw polieren; **to ~ shoes/silver** Schuhe/Silber putzen
❷ (*fig: refine*) ▪ **to ~ sth** etw überarbeiten [*o fig* aufpolieren]
◆**polish off** *vt* ❶ (*eat up*) ▪ **to ~ off ⟲ sth** *food* etw verdrücken *fam*
❷ (*deal with*) ▪ **to ~ off ⟲ sth** etw schnell erledigen [*o* vom Tisch schaffen]; ***I ~ed the report off in a couple of hours*** ich habe den Bericht in ein paar Stunden runtergerissen *fam*
❸ (*defeat easily*) ▪ **to ~ off ⟲ sb** jdn vom Platz fegen
◆**polish up** *vt* ▪ **to ~ up ⟲ sth** etw aufpolieren; (*fig*) etw auffrischen *fig*; **to ~ up one's French** sein Französisch auffrischen

Polish [ˈpəʊlɪʃ, AM ˈpoʊ-] **I.** *n* Polnisch *nt*
II. *adj* polnisch; ***her grandparents were ~*** ihre Großeltern stammten aus Polen

polished [ˈpɒlɪʃt, AM ˈpɑː-] *adj* ❶ (*gleaming*) glänzend *attr*
❷ (*showing great skill*) formvollendet; **~ performance** großartige Leistung
❸ (*refined*) gebildet; **~ manners** geschliffene Manieren

polisher [ˈpɒlɪʃəʳ, AM ˈpɑːlɪʃɚ] *n* ❶ (*person*) Polierer(in) *m(f)*; **silver ~** Silberputzer(in) *m(f)*
❷ (*tool*) **floor ~** Bohner[besen] *m*; **electric floor ~** Bohnermaschine *f*

politburo [ˈpɒlɪtˌbjʊərəʊ, AM ˈpɑːlɪtbjʊroʊ] *n* (*hist*) Politbüro *nt hist*

polite [pəˈlaɪt] *adj* ❶ (*courteous*) höflich; **to make ~ conversation** höfliche Konversation machen; **~ refusal** höfliche Ablehnung
❷ (*cultured*) vornehm; **~ society** gehobene [*o* feine] Gesellschaft

politely [pəˈlaɪtli] *adv* höflich; **~ but firmly** höflich aber bestimmt

politeness [pəˈlaɪtnəs] *n no pl* Höflichkeit *f*

politesse [ˌpɒlɪˈtes, AM ˌpɑː-] *n no pl* Politesse *f veraltet*, Höflichkeit *f*

politic [ˈpɒlətɪk, AM ˈpɑː-] *adj* ❶ (*prudent*) [taktisch] klug; ***it would not be ~ for you to be seen there*** es wäre nicht besonders klug, wenn man Sie dort sähe
❷ POL **the body ~** die Nation, der Staat

political [pəˈlɪtɪkᵊl, AM -ˈlɪt̬ə-] *adj* ❶ (*of politics*) politisch; **a ~ animal** ein politikinteressierter Mensch; **to make ~ capital out of sth** aus etw *dat* politisches Kapital schlagen; **~ leaders** politische Größen *fpl*; **~ platform** politische Bühne; **to commit ~ suicide** politischen Selbstmord begehen
❷ *esp* AM (*pej: tactical*) taktisch

political action committee *n* politisches Aktionskomitee (*zum Auftreiben von Wahlkampfgeldern*)

political asylum *n no pl* politisches Asyl; **to request** [*or* **seek**]/**grant** [*or* **offer**] **~** politisches Asyl beantragen/gewähren **political correctness** *n no pl* politische Korrektheit

politically [pəˈlɪtɪkᵊli, AM -ˈlɪt̬ə-] *adv* ❶ (*of politics*) politisch; **~ aware** politisch gebildet; **to be ~ informed** in der Politik auf dem Laufenden sein; **to be ~ naive** keine Ahnung von Politik haben; **~ speaking** politisch gesehen
❷ *esp* AM (*pej: self-interestedly*) taktisch; ***Patrick thinks ~ and acts to benefit himself*** Patrick ist ein Taktierer und handelt nur zu seinem Vorteil

politically correct *adj* politisch korrekt

political party *n* [politische] Partei **political prisoner** *n* politische(r) Gefangene(r) *f(m)* **political science** *n no pl* Politologie *f*, Politikwissenschaft *f*

politician [ˌpɒlɪˈtɪʃᵊn, AM ˌpɑːlə-] *n* ❶ (*job*) Politiker(in) *m(f)*
❷ *esp* AM (*pej: self-interested person*) Taktierer(in) *m(f)*

politicization [pəˌlɪtɪsaɪˈzeɪʃᵊn, AM ˌlɪt̬əsɪˈ-] *n no pl* Politisierung *f*

politicize [pəˈlɪtɪsaɪz, AM -ˈlɪt̬ə-] **I.** *vt* ▪ **to ~ sth/sb** etw/jdn politisieren *geh*; ***the whole issue has become increasingly ~d*** die ganze Angelegenheit wurde immer mehr zu einem Politikum *geh*; ***the party tried to ~ the unemployed*** die Partei versuchte, die Arbeitslosen politisch zu mobilisieren; **to become ~d** sich *akk* politisch engagieren
II. *vi* politisieren *geh*, sich *akk* politisch engagieren

politicking [ˈpɒlətɪkɪŋ, AM ˈpɑː-] *n no pl* (*esp pej fam*) Politisieren *nt geh*

politico <*pl* -os> [pəˈlɪtɪkəʊ, AM ˈlɪt̬ɪkoʊ] *n* (*pej fam*) politischer Sektierer/politische Sektiererin *pej*, Weltverbesserer, -in *m, f fig pej*

politics [ˈpɒlətɪks, AM ˈpɑː-] *n* ❶ + *sing vb* Politik *f kein pl*; **global/local ~** Welt-/Lokalpolitik *f kein pl*; **to be in ~** in der Politik sein; **to go into ~** in die Politik gehen; **to talk ~** politisieren *geh*
❷ + *pl vb* (*political beliefs*) politische Ansichten *fpl*
❸ + *sing vb* (*within group*) Vetternwirtschaft *f kein pl pej*; **office ~** Büroklüngelei *f pej*; **to play ~** Winkelzüge machen
❹ + *sing vb* BRIT (*political science*) Politologie *f kein pl*, Politikwissenschaft *f kein pl*

polity <*pl* -ties> [ˈpɒləti, AM ˈpɑːlət̬i] *n* ❶ (*constitution*) Regierungsform *f*, politisches System
❷ (*organized society*) Staatswesen *nt*, Gemeinwesen *nt*

polka [ˈpɒlkə, AM ˈpoʊ(l)kə] **I.** *n* Polka *f*
II. *vi* Polka tanzen

polka dot *n usu pl* Tupfen *m* **polka-dot** *adj attr* getupft; **a ~ bow tie** eine getupfte Fliege

poll [pəʊl, AM poʊl] **I.** *n* ❶ (*voting*) Abstimmung *f*; (*public survey*) Erhebung *f*; **a** [**public**] **opinion ~** eine [öffentliche] Meinungsumfrage; ***the latest opinion ~ gives the Democrats a clear lead*** einer neueren Meinungsumfrage zufolge liegen die Demokraten klar in Führung; **to conduct** [*or* **carry out**] [*or* **take**] **a ~** eine Umfrage machen
❷ (*voting places*) ▪ **the ~s** *pl* die Wahllokale *ntpl*; **to go to the ~s** wählen [gehen]
❸ (*result of vote*) [Wähler]stimmen *fpl*; **to head the ~** in Führung liegen
❹ (*number of votes cast*) Wahlbeteiligung *f*; **a heavy/light ~** eine hohe/geringe Wahlbeteiligung
II. *vt* ❶ (*canvass in poll*) ▪ **to ~ sb** jdn befragen; ***half the people ~ed said ...*** die Hälfte der befragten Leute gab an, dass ...
❷ (*receive*) ▪ **to ~ sth** ***the party ~ed 67% of the vote*** die Partei hat 67 % der Stimmen erhalten
❸ AGR (*remove horns*) ▪ **to ~ an animal** ein Tier kappen *fachspr*
❹ COMPUT ▪ **to ~ sth** etw abrufen

pollack <*pl* – *or* -s> [ˈpɒlæk, AM ˈpɑː-] *n* (*fish*) Pollack *m*

pollard [ˈpɒləd, AM ˈpɑːlɚd] **I.** *n* ❶ (*tree*) gekappter Baum
❷ (*animal*) hornloses Tier
II. *vt* **to ~ a tree/an animal** einen Baum/ein Tier kappen

pollen [ˈpɒlən, AM ˈpɑː-] *n no pl* Blütenstaub *m*, Pollen *m*

pollen count *n* Pollenflug *m kein pl*

pollinate [ˈpɒləneɪt, AM ˈpɑː-] *vt* BOT ▪ **to ~ sth** etw bestäuben

pollination [ˌpɒləˈneɪʃᵊn, AM ˌpɑː-] *n no pl* BOT Bestäubung *f*

polling [ˈpəʊlɪŋ, AM ˈpoʊl-] *n no pl* ❶ (*election*) Wahl *f*; (*referendum*) Abstimmung *f*
❷ COMPUT Sendeaufruf *m*

polling booth *n* BRIT, AUS Wahlkabine *f* **polling card** *n* BRIT, AUS Wahlbenachrichtigung *f* **form polling day** *n no art* BRIT, AUS Wahltag *m* **polling place** *n* AM, **polling station** *n* BRIT, AUS Wahllokal *nt*

pollock *n see* **pollack**

pollster [ˈpəʊlstəʳ, AM ˈpoʊlstɚ] *n* Meinungsforscher(in) *m(f)*

poll tax *n* ❶ (*tax*) Kopfsteuer *f*
❷ BRIT (*hist: council tax*) Kommunalsteuer *f*, Gemeindesteuer *f*

pollutant [pəˈluːtᵊnt] *n* Schadstoff *m*

pollute [pəˈluːt] *vt* ❶ (*contaminate*) ▪ **to ~ sth** etw verschmutzen; **to ~ the atmosphere/environment** die Luft/Umwelt verschmutzen
❷ (*fig: corrupt*) ▪ **to ~ sth** etw besudeln *fig pej*; **to ~ sb's mind** jds Charakter verderben

polluted [pəˈluːtɪd, AM -t̬ɪd] *adj* ❶ (*contaminated*) verschmutzt; **~ air** verpestete Luft; **~ environment** verschmutzte Umwelt; **~ river/soil** verseuchter Fluss/Boden
❷ (*fig: corrupted*) befleckt, verdorben; **a society ~**

P

by racism eine durch Rassenhass moralisch verkommene Gesellschaft

polluter [pə'lu:tə^r^, AM -t̬ɚ] *n* Umweltverschmutzer(in) *m(f)*

polluter pays principle *n no pl* Verursacherprinzip *nt*

pollution [pə'lu:ʃən] *n no pl* ① (*polluting*) Verschmutzung *f*; **air** ~ Luftverschmutzung *f*; ~ **of the environment, environmental** ~ Umweltverschmutzung *f*; **water** ~ Wasserverschmutzung *f*; **toxic** ~ Verseuchung *f* mit giftigen Substanzen ② (*pollutants*) Schadstoffe *mpl*; **a cloud of** ~ eine Schadstoffwolke ③ (*corruption*) Besudelung *f fig pej*

Pollyanna [ˌpɒli'ænə, AM ˌpɑ:-] *n esp* AM, AUS überoptimistischer Mensch; ***I see grounds for cautious optimism, but I don't want to be a*** ~ ich sehe Grund zu vorsichtigem Optimismus, möchte aber nicht zu euphorisch sein

polo ['pəʊləʊ, AM 'poʊloʊ] **I.** *n* ① *no pl* SPORTS Polo *nt* ② (*shirt*) Polohemd *nt* **II.** *n modifier* (*player, equipment, field*) Polo-; ~ **game** [*or* **match**] Polospiel *nt*

polonaise [ˌpɒlə'neɪz, AM ˌpɑ:-] **I.** *n* (*dance, music*) Polonäse *f* **II.** *adj after n* auf polnische Art; **carp** ~ Karpfen polnisch [*o* auf polnische Art]

polo neck *n* Rollkragen *m* **polo-necked** *adj attr, inv* Rollkragen-; ~ **jumper** [*or* **sweater**] Rollkragenpullover *m* **polo pony** *n* Polopferd *nt* **polo shirt** *n* Polohemd *nt*

poltergeist ['pɒltəgaɪst, AM 'poʊltɚ-] *n* Poltergeist *m*

poltroon [pɒl'trun, AM pɑ:l] *n* (*liter or old*) Feigling *m*, Memme *f*

poly ['pɒli] *n* BRIT (*fam*) *short for* **polytechnic** Fachhochschule *f*

polyamide [ˌpɒli'æmaɪd, AM ˌpɑ:-] *n no pl* CHEM Polyamid *nt*

polyandry ['pɒliændri, AM 'pɑ:li,æn-] *n no pl* Polyandrie *f fachspr*, Vielmännerei *f*

polyanthus <*pl* -> [ˌpɒli'ænθəs, AM ˌpɑ:li'] *n* BOT Schlüsselblume *f*

poly bag *n* BRIT (*fam*) Plastiktüte *f*, Plastiktasche *f*

polychlorinated biphenyl [pɒlɪˌklɔ:rɪneɪtɪdbaɪ'fenɪl, AM pɑ:lɪˌklɔ:rɪneɪt̬ɪdbaɪ'fenəl] *n no pl* CHEM *see* **PCB** Polychlorbiphenyl *nt fachspr*

polychrome ['pɒlɪkrəʊm, AM 'pɑ:lɪkroʊm] **I.** *adj* polychrom *fachspr*; ~ **printing** Farbdruck *m* **II.** *n* ART (*statue*) polychrome Statue *fachspr*; (*sculpture*) polychrome Skulptur *fachspr*

polychronic [ˌpɒlɪ'krɒnɪk, AM ˌpɑ:lɪ'krɑ:nɪk] *adj* ~ **personality** [*or* **type**] *Persönlichkeitstyp, der viele Dinge gleichzeitig machen kann*

polyclinic [ˌpɒlɪ'klɪnɪk, AM ˌpɑ:-] *n* Poliklinik *f*

polyester [ˌpɒli'estə^r^, AM ˌpɑ:li'estɚ] **I.** *n no pl* (*polymer*) Polyester *m* **II.** *n modifier* (*material*) Polyester-; ~ **shirt/trousers** Hemd *nt*/Hose *f* aus Polyester

polyethylene [ˌpɑ:li'eθəli:n] *n no pl* AM CHEM (*polythene*) Polyäthylen *nt fachspr*

polygamist [pə'lɪgəmɪst] *n* Polygamist(in) *m(f) geh*

polygamous [pə'lɪgəməs] *adj inv* polygam *geh*

polygamy [pə'lɪgəmi] *n no pl* Polygamie *f geh*

polyglot ['pɒlɪglɒt, AM 'pɑ:lɪglɑ:t] **I.** *adj* (*form*) vielsprachig, polyglott *geh*; ~ **Bible** mehrsprachige Bibel, Polyglottenbibel *f fachspr*; ~ **city** polyglotte Stadt **II.** *n* (*form*) Polyglotte(r) *f(m) geh*

polygon ['pɒlɪgən, AM 'pɑ:lɪgɑ:n] *n* Vieleck *nt*, Polygon *nt fachspr*

polygonal [pə'lɪgənəl] *adj inv* vieleckig, polygonal *fachspr*

polygraph ['pɒlɪgrɑ:f, AM 'pɑ:lɪgræf] *n esp* AM Lügendetektor *m*, Polygraph *m fachspr*

polyhedron [ˌpɒlɪ'hi:drən, AM ˌpɑ:-] *n* MATH Polyeder *nt fachspr*

polymath ['pɒlɪmæθ, AM ˌpɑ:-] *n* (*approv form*) universell Gebildete(r)

polymer ['pɒlɪmə^r^, AM 'pɑ:lɪmɚ] *n* CHEM Polymer *nt fachspr*

polymeric [ˌpɒlɪ'merɪk, AM ˌpɑ:-] *adj inv* CHEM polymer *fachspr*

polymorphic [ˌpɒlɪ'mɔ:fɪk, AM ˌpɑ:lɪ'mɔ:r-] *n*, **polymorphous** [ˌpɒlɪ'mɔ:fəs, AM ˌpɑ:lɪ'mɔ:r-] *adj inv* (*form or spec*) polymorph *fachspr*, vielgestaltig; ~ **perversity** PSYCH polymorphe Perversion *fachspr*

Polynesia [ˌpɒlɪ'ni:ʒə, AM ˌpɑ:lə-] *n* Polynesien *nt*

Polynesian [ˌpɒlɪ'ni:ʒən, AM ˌpɑ:lə-] **I.** *adj* polynesisch **II.** *n* ① (*native of Polynesia*) Polynesier(in) *m(f)* ② (*language group*) polynesische Sprachen *fpl*

polyp ['pɒlɪp, AM 'pɑ:-] *n* MED, ZOOL Polyp *m*

polyphonic [ˌpɒlɪ'fɒnɪk, AM ˌpɑ:lɪ'fɑ:-] *adj inv* MUS polyphon *fachspr*; ~ **music** polyphone Musik

polyphony [pə'lɪfəni] *n no pl* MUS Polyphonie *f fachspr*

polypropylene [ˌpɒli'prɒpɪli:n, AM ˌpɑ:li'proʊpə] *n no pl* CHEM Polypropylen *nt fachspr*

polypus <*pl* -pi *or* -es> ['pɒlɪpəs, AM ˌpɑ:-, *pl* -paɪ] *n* (*old*) *see* **polyp**

polystyrene [ˌpɒlɪ'staɪ(ə)ri:n] BRIT, AUS **I.** *n no pl* Styropor® *nt* **II.** *n modifier* Styropor-; ~ **chips** Styroporschnitzel *ntpl*; ~ **insulation tile** Isolierplatte *f* aus Styropor

polysyllabic [ˌpɒlɪsɪ'læbɪk, AM ˌpɑ:-] *adj inv* mehrsilbig, polysyllabisch *fachspr*

polysyllable [ˌpɒlɪ'sɪləbl̩, AM ˌpɑ:-] *n* LING mehrsilbiges Wort, Polysyllabum *nt fachspr*

polytechnic [ˌpɒlɪ'teknɪk, AM ˌpɑ:-] **I.** *n esp* BRIT Fachhochschule *f* **II.** *n modifier* ~ **degree/lecturer/student** Abschluss *m*/Dozent(in) *m(f)*/Student(in) *m(f)* an einer Fachhochschule

polytheism ['pɒlɪθi:ɪzəm, AM 'pɑ:-] *n no pl* REL Polytheismus *m fachspr*

polytheistic [ˌpɒlɪθi:'ɪstɪk, AM ˌpɑ:-] *adj inv* REL polytheistisch *fachspr*

polythene ['pɒlɪθi:n] BRIT, AUS **I.** *n no pl* CHEM Polyäthylen *nt fachspr* **II.** *n modifier* (*sheet, wrap*) Polyäthylen-; ~ **bag** Plastiktüte *f*, Plastiktasche *f*

polyunsaturated [ˌpɒliʌn'sætʃəreɪtɪd, AM ˌpɑ:liʌn'sætʃəreɪt̬-] *adj inv* CHEM mehrfach ungesättigt

polyunsaturated fats *n*, **polyunsaturates** [ˌpɒliʌn'sætʃərəts, AM ˌpɑ:liʌn'sætʃə-] *npl* CHEM (*fatty acids*) mehrfach ungesättigte Fettsäuren; (*fats*) Fette mit einem hohen Anteil an mehrfach ungesättigten Fettsäuren

polyurethane [ˌpɒlɪ'jʊərəθeɪn, AM ˌpɑ:lɪ'jʊrə-] *n no pl* CHEM Polyurethan *nt fachspr*

polyvalent [ˌpɒlɪ'veɪlənt, AM ˌpɑ:-] *adj inv* CHEM polyvalent *fachspr*

pom [pɒm] AUS, NZ **I.** *n* (*pej! sl*) *abwertende Bezeichnung für Briten* **II.** *n modifier* (*pej! sl*) ~ **bastard** Britenschwein *nt pej derb*

pomade [pə(ʊ)'meɪd, AM pɑ:'-] (*dated*) **I.** *n no pl* Pomade *f veraltend* **II.** *vt* **to** ~ **sb's hair** jdm Pomade ins Haar streichen *veraltend*

pomander [pə'mændə^r^, AM 'poʊmændɚ] *n* Duftkissen *nt*

pomegranate ['pɒmɪgrænɪt, AM 'pɑ:mˌgrænɪt] *n* Granatapfel *m*

Pomerania [ˌpɒmə'reɪniə, AM ˌpɑ:-] *n* (*hist*) Pommern *nt hist*

Pomeranian [ˌpɒmə'reɪniən, AM ˌpɑ:-] **I.** *adj* (*hist*) pommer[i]sch *hist* **II.** *n* ① (*hist: person*) Pommer(in) *m(f) hist* ② (*dog*) Spitz *m*

pommel ['pɒməl, AM 'pʌm-] **I.** *n* ① (*on saddle*) Sattelknopf *m* ② (*on sword handle*) Schwertknauf *m* **II.** *vt esp* AM *see* **pummel**

pommel horse *n* (*in gymnastics*) Pferd *nt*

pommie, pommy ['pɒmi] AUS, NZ **I.** *n* (*pej! sl*) *abwertende Bezeichnung für Briten* **II.** *n modifier* (*pej! sl*) ~ **bastard** Britenschwein *nt pej derb*

PoMo ['poʊmoʊ] *n modifier short for* **postmodernism** postmodern, der Postmoderne *nach n*

pomp [pɒmp, AM pɑ:mp] *n no pl* Pomp *m*, Prunk *m*; **with** ~ **and circumstance** mit Glanz und Gloria

pompadour ['pɒmpədʊə^r^, AM 'pɑ:mpədɔ:r] *n* Dutt *m*; AM (*quiff*) [Haar]tolle *f*

Pompeii [pɒm'peɪi, AM pɑ:m'] *n no pl* Pompeji *nt*

Pompey ['pɒmpi, AM 'pɑ:m] *n no pl* HIST Pompeius *m*

pompom ['pɒmpɒm, AM 'pɑ:mpɑ:m] *n* ① (*bobble*) Quaste *f*, Pompon *m* ② (*flower*) Pompondahlie *f*

pom-pom ['pɒmpɒm] *n* BRIT MIL automatische Flugzeugabwehrkanone

pomposity [pɒm'pɒsəti, AM pɑ:m'pɑ:sət̬i] *n no pl* Selbstgefälligkeit *f*, Aufgeblasenheit *f*

pompous ['pɒmpəs, AM 'pɑ:m-] *adj* ① (*self-important*) *person* selbstgefällig; ***he is a*** ~ ***ass*** er ist ein aufgeblasener Wichtigtuer *pej* ② (*pretentious*) *language* schwülstig *pej*, geschraubt *pej*

pompously ['pɒmpəsli, AM 'pɑ:m-] *adv manner* aufgeblasen *pej*; *choice of words* geschraubt *pej*

pompousness ['pɒmpəsnəs, AM 'pɑ:m-] *n no pl* Selbstgefälligkeit *f*, Aufgeblasenheit *f pej*

'pon [pɒn, AM pɑ:n] *prep* DIAL (*poet*) *see* **upon**: ~ ***my soul!*** bei meiner Seele!

ponce [pɒn(t)s] **I.** *n* ① BRIT, AUS (*pej fam: effeminate man*) Mimose *f oft pej*, Softie *m oft pej sl* ② BRIT (*fam: pimp*) Zuhälter *m* **II.** *vi* ■**to** ~ **about** [*or* **around**] ① BRIT, AUS (*behave effeminately*) herumtänzeln *fam* ② BRIT (*muck about*) herumlungern *fam*, herumhängen *fam*

poncho ['pɒntʃəʊ, AM 'pɑ:ntʃoʊ] *n* FASHION Poncho *m*

poncy ['pɒn(t)si] *adj* BRIT, AUS (*pej fam*) affig *pej fam*

pond [pɒnd, AM pɑ:nd] *n* ① (*body of water*) Teich *m*; **fish** ~ Fischteich *m* ② (*hum: Atlantic Ocean*) ■**the** ~ der Große Teich *hum*

ponder ['pɒndə^r^, AM 'pɑ:ndɚ] **I.** *vt* ■**to** ~ **sth** etw durchdenken **II.** *vi* nachdenken; ***he appeared to be*** ~***ing deeply*** er schien tief in Gedanken versunken; ■**to** ~ **on** [*or* **over**] **sth** über etw *akk* nachdenken, sich *dat* über etw *akk* Gedanken machen; ■**to** ~ **whether/why …** sich *akk* fragen, ob/warum …

ponderous ['pɒndərəs, AM 'pɑ:n-] *adj* (*pej*) ① (*heavy and awkward*) mühsam, beschwerlich ② (*laborious*) schwerfällig

ponderously ['pɒndərəsli, AM 'pɑ:n-] *adv* ① (*heavily and awkwardly*) mühsam ② (*tediously*) schwerfällig

pone [poʊn] *n* AM [**corn**] ~ Maisbrot *nt*

pong [pɒŋ] BRIT, AUS **I.** *n* (*fam*) Mief *m pej fam*; ***what a*** ~***!*** was für ein Mief! *pej fam*; ***there was a*** ~ ***of old cigar smoke in the room*** das Zimmer miefte nach kaltem Zigarrenrauch *pej fam* **II.** *vi* (*fam*) ■**to** ~ **of sth** nach etw *dat* miefen *pej fam*

pongy ['pɒŋi] *adj* BRIT, AUS (*pej fam*) muffig *meist pej*

pontiff ['pɒntɪf, AM 'pɑ:nt̬ɪf] *n* REL (*form*) ■**the** ~ der Papst; **the sovereign** [*or* **supreme**] ~ der Oberhirte *geh*; **the supreme ~, His Holiness John Paul II** das Oberhaupt der katholischen Kirche, Seine Heiligkeit Johannes Paul II.

pontifical [pɒn'tɪfɪkəl, AM pɑ:n'-] REL **I.** *adj* päpstlich; ~ **mass** Papstmesse *f* **II.** *n* (*form*) ① (*vestments*) ■~**s** *pl* Pontifikalien *ntpl fachspr* ② (*book of liturgy*) Pontifikale *nt fachspr*

pontificate [pɒn'tɪfɪkət, AM pɑ:n'-] **I.** *vi* (*pej*) ■**to** ~ **about** [*or* **on**] **sth** sich *akk* über etw *akk* auslassen **II.** *n* REL (*form*) Pontifikat *m o nt fachspr*

pontoon [pɒn'tu:n, AM pɑ:n'-] *n* ① (*floating device*) Ponton *m*

❷ *no pl* BRIT (*blackjack*) Siebzehnundvier *nt*

pontoon bridge *n* Pontonbrücke *f*

pony ['pəʊni, AM 'poʊni] **I.** *n* ❶ (*small horse*) Pony *nt*
❷ (*fam: racehorse*) ■**the ponies** *pl* die Rennpferde *ntpl;* ***Roger has lost his week's wages betting on the ponies again*** Roger hat wieder mal bei der Pferdewette seinen ganzen Wochenlohn verloren
❸ (*fam: small glass*) Schnapsglas *nt,* Stamperl *nt* SÜDD, ÖSTERR
❹ AM (*fam: crib*) Eselsbrücke *f sl,* Pons *m* DIAL *sl,* Schmierer *m* ÖSTERR *sl*
❺ BRIT (*fam: £25*) 25 Pfund
II. *vi* <-ie-> AM (*sl: pay one's account*) blechen *fam*

◆**pony up I.** *vt* ■**to ~ up sth for sth** (*sl*) etw für etw *akk* blechen müssen *fam*
II. *vi* (*dated fam*) ■**to ~ up for sth** für etw *akk* blechen *fam*

ponytail *n* Pferdeschwanz *m;* (*braided*) Zopf *m*

pony-trekking *n no pl* Ponyreiten *nt;* **to go ~** Pony reiten

poo *n* BRIT, AUS (*childspeak*) *see* **pooh**

pooch <*pl* -es> [pu:tʃ] *n* (*esp hum fam*) Hündchen *nt,* Hundetier *nt meist hum fam*

poodle ['pu:dl̩] *n* ❶ Pudel *m;* **miniature ~** Zwergpudel *m*
❷ BRIT (*pej hum*) Handlanger *m pej,* Büttel *m pej;* ■**to be sb's ~** jds Handlanger sein *pej*

poof¹ [pʊf] *n* BRIT, AUS (*pej! sl*) Tunte *f meist pej fam*

poof² [pʊf] *interj* (*fam*) hui!

poofter ['pʊftəʳ] *n* BRIT, AUS (*pej! sl*) Tunte *f meist pej fam*

poofy <-ier, -iest> ['pʊfi, AM 'pu:fi] *adj* BRIT (*pej fam*) schwuchtelhaft *pej sl,* tuntenhaft *pej sl*

pooh [pu:] (*fam*) **I.** *n usu pl* (*childspeak*) Aa *nt kein pl Kindersprache;* **to do a ~** Aa machen *Kindersprache*
II. *vi* (*childspeak*) Aa machen *Kindersprache*
III. *interj* ❶ (*in disgust*) pfui!, igitt!; ***~! what a ghastly smell!*** pfui, wie das hier stinkt!
❷ (*in impatience*) ach was

pooh-pooh [pu:'pu:] *vt* (*fam*) ■**to ~ sth** etw abtun

pool¹ [pu:l] **I.** *n* ❶ (*natural*) Tümpel *m;* **rock ~** Wassertümpel *m*
❷ (*of liquid*) Lache *f;* **~ of blood** Blutlache *f;* **~ of oil** Öllache *f;* (*fig*) ***the shrubbery illuminated in a ~ of moonlight*** die Büsche, die in Mondlicht gebadet waren
❸ (*construction*) Becken *nt;* **ornamental ~** Zierteich *m;* [**swimming**] **~** Schwimmbecken *nt;* (*private*) Swimmingpool *m;* (*public*) Schwimmbad *nt*
II. *vi liquid* sich *akk* stauen

pool² [pu:l] **I.** *n* ❶ (*spec*) Pool *m fachspr;* **car ~** Autopool *m;* **gene ~** Erbmasse *f;* **typing ~** (*dated*) Schreibpool *m*
❷ *no pl* SPORTS Poolbillard *nt;* **to shoot ~** *esp* AM (*fam*) Poolbillard spielen
❸ (*in card games*) Jackpot *m;* AM (*in gambling*) Wetteinsatz *m;* **the office ~** der Wetteinsatz im Büro
❹ BRIT ■**~s** *pl,* ■**the ~s** Toto *nt o m;* **football ~s** Fußballtoto *nt o m;* **to do the ~s** Toto spielen
❺ AM FIN *Kombinierung mehrerer Hypotheken und anderer Sicherheiten im Kreditgeschäft*
► PHRASES: **that is dirty ~** AM (*fam*) das ist unfair
II. *vt* ■**to ~ sth** etw zusammenlegen; **to ~ money** Geld zusammenlegen

pool hall *n,* **pool room** *n* Billardzimmer *nt* **pool shark** *n* AM (*fam: expert pool player*) Poolhai *m pej fam* **pool table** *n* Poolbillardtisch *m*

poontang ['pu:ntæŋ] *n no pl* AM (*sl!*) Geschlechtsverkehr *m*

poop¹ [pu:p] *n* (*of ship*) Heck *nt;* **~ deck** Hüttendeck *nt*

poop² [pu:p] *n no pl* AM (*fam*) [Insider]informationen *fpl;* ***did you get all the ~ on the candidates?*** hast du über die Kandidaten etwas herausbekommen?

poop³ [pu:p] **I.** *n no pl* (*euph or esp childspeak*) Aa *nt Kindersprache,* Kacka *f Kindersprache;* ■**to do a ~** Aa [*o* Kacka] machen *Kindersprache;* **dog ~** Hundedreck *m fam*
II. *vi* (*fam*) Aa [*o* Kaka] machen *Kindersprache;* ***he ~ed in his pants*** er hat in die Hose gekackt *fam*

pooped [pu:pt] *adj usu pred esp* AM, AUS (*fam*) erledigt; ***I'm ~!*** bin ich geschafft!; **to be too ~ to pop** AM fix und fertig sein *fam*

pooper scooper ['pu:pə,sku:pəʳ, AM -pɚ,sku:pɚ] *n,* **poop scoop** *n Schaufel zum Entfernen von Hundedreck*

poop out *vi* AM, AUS (*fam*) ❶ (*become tired*) schlappmachen *fam*
❷ (*not persevere*) sich *akk* geschlagen geben

poop sheet *n* AM JOURN (*fam: information sheet*) Infoblatt *nt*

poor [pɔ:ʳ, AM pʊr] **I.** *adj* ❶ (*lacking money*) arm; **~ man's caviar** der Kaviar des armen Mannes; **a ~ area/family/country** eine arme Region/Familie/ein armes Land
❷ (*inadequate*) unzureichend, mangelhaft; ***their French is still quite ~*** ihr Französisch ist noch ziemlich bescheiden; ***margarine is a ~ substitute for butter*** Margarine ist ein minderer Ersatz für Butter; ■**to be ~ at sth** schlecht in etw *dat* sein; **to give a ~ account of oneself** sich *akk* von seiner schlechtesten Seite zeigen; **~ attendance** geringer Besucherandrang; **a ~ excuse** eine faule Ausrede; ***he must be a ~ excuse for a carpenter if …*** er muss ein ziemlich mieser Tischler sein, wenn …; **~ eyesight/hearing** schlechtes Seh-/Hörvermögen; **to cut a ~ figure** [**as sth**] (*dated*) eine schlechte Figur [als etw] machen; **~ harvest** schlechte Ernte; **to be in ~ health** in schlechtem gesundheitlichen Zustand sein; **to make a ~ job of** [**doing**] **sth** bei etw *dat* schlechte Arbeit leisten; **to be a ~ loser** ein schlechter Verlierer/eine schlechte Verliererin sein; **~ memory** schlechtes Gedächtnis; **to be a ~ sailor** seeuntauglich sein; **to come a ~ second** [**in sth**] [bei etw *dat*] weit abgeschlagen an zweiter Stelle landen; **~ showing** armselige Vorstellung; **~ soil** karger Boden; **~ visibility** schlechte Sicht
❸ *attr* (*deserving of pity*) arm; ***you ~ thing!*** du armes Ding!
❹ *pred* (*lacking*) ■**to be ~ in sth** arm an etw *dat* sein; ***Iceland is ~ in natural resources*** Island hat kaum Bodenschätze
❺ *attr* (*hum dated: humble*) bescheiden; **in my ~ opinion** meiner unmaßgeblichen Meinung nach
► PHRASES: [**as**] **~ as a church mouse** (*dated*) [so] arm wie eine Kirchenmaus; **to take a ~ view of sth** etw missbilligen [*o* nicht gerne sehen]
II. *n* ■**the ~** *pl* die Armen *pl*

poor box *n* Almosenbüchse *f* **poorhouse** *n* (*hist*) Armenhaus *nt hist* **Poor Law** *n* BRIT (*hist*) Armengesetzgebung *f* (*im England des 19. Jahrhunderts*)

poorly ['pɔ:li, AM 'pʊr-] **I.** *adv* ❶ (*not rich*) arm; ■**to be ~ off** arm [dran] sein *fam;* **~ dressed** ärmlich gekleidet
❷ (*inadequately*) schlecht; **~ dressed** schlecht gekleidet; **to think ~ of sb/sth** (*dated*) eine schlechte Meinung von jdm/etw haben
II. *adj pred* **to feel ~** sich *akk* schlecht fühlen; BRIT, AUS ***the doctor described his condition as ~*** die Ärztin beschrieb seinen Zustand als kritisch

poorness ['pɔ:nəs, AM 'pʊr-] *n no pl* ❶ (*inadequacy*) Dürftigkeit *f,* Mangelhaftigkeit *f;* **the ~ of his judgment** sein mangelndes Urteilsvermögen
❷ (*poverty*) Armut *f*

poor relation *n* arme(r) Verwandte(r) *f(m);* (*fig*) Stiefkind *nt fig;* **to treat sb like a ~** jdn stiefmütterlich behandeln **poor-spirited** *adj* verängstigt, verschüchtert

pop¹ [pɒp, AM pɑ:p] **I.** *n* ❶ (*noise*) Knall *m;* ***there were a few ~s*** es knallte ein paar Mal
❷ *no pl* (*dated fam: effervescent drink*) Limonade *f,* Brause *f veraltend;* **a bottle of** [**fizzy**] **~** eine Flasche Limonade; **orange ~** Orangenlimonade *f*
❸ *usu sing* AM, AUS COMM ■**a ~** pro Stück; ***she gives lectures and gets paid $5000 a ~*** sie hält Vorlesungen und bekommt 5000 Dollar pro Veranstaltung
II. *adv* **to go ~** (*make noise*) einen Knall machen; (*toy gun*) peng machen; (*burst*) explodieren
III. *vi* <-pp-> ❶ (*make noise*) knallen; ***my ears always ~ as the plane comes in to land*** in meinen Ohren knackt es immer, wenn das Flugzeug im Landeanflug ist; **to let the cork ~** den Korken knallen lassen
❷ (*burst*) platzen
❸ (*go quickly*) ■**to ~ out** hinausgehen; ***Paula must have ~ped out for a minute*** Paula wird kurz rausgegangen sein; ■**to ~ over** vorbeikommen; ***why don't you ~ over and see us this afternoon?*** warum kommst du heute Nachmittag nicht mal eben vorbei?; **to ~ upstairs** die Treppen hinaufspringen
► PHRASES: **sb's eyes** [**nearly**] **~** [**out of his/her head**] jdm fallen [beinahe] die Augen heraus
IV. *vt* <-pp-> ❶ (*burst*) ■**to ~ sth** etw platzen lassen; **to ~ corn** Popcorn machen
❷ (*put quickly*) ***~ the pizza in the oven*** schieb die Pizza in den Ofen; ***she ~ped the children into bed*** sie steckte die Kinder ins Bett; **to ~ one's clothes on/off** sich *dat* ein Kleidungsstück überstreifen/ausziehen; (*at the doctor's*) sich *akk* frei machen
❸ AM (*fam*) ■**to ~ sb** (*shoot*) jdn abknallen; (*hit*) jdn schlagen
► PHRASES: **to ~ one's clogs** BRIT (*fam*) den Löffel abgeben *fam;* **to ~ pills** Pillen schlucken; **to ~ the question** die entscheidende Frage stellen; ***Harry still hasn't ~ped the question*** Harry hat ihr noch immer keinen Heiratsantrag gemacht

◆**pop in** *vi* vorbeischauen; ***my neighbour often ~s in for a cup of coffee*** mein Nachbar kommt oft auf eine Tasse Kaffee vorbei; **to keep ~ping in and out** dauernd rein und rauslaufen

◆**pop into** *vi* **to ~ into a shop** [nochmal] schnell bei einem Geschäft vorbeischauen [*o* vorbeigehen]

◆**pop off I.** *vi* ❶ (*hum fam: die*) abkratzen *derb*
❷ (*fam: leave*) abhauen *fam;* **to ~ off home** nach Hause düsen *fam*
II. *vt* COMPUT ■**to ~ off sth** etw wegnehmen

◆**pop on** *vt* COMPUT ■**to ~ on sth** etw hervorholen

◆**pop out** *vi* ❶ (*come out*) herausspringen
❷ (*leave*) kurz weg sein; ■**to ~ out for sth** schnell etw besorgen; ***I'll just ~ out for a coffee*** ich gehe mal eben einen Kaffee holen

◆**pop up** *vi* ❶ (*appear unexpectedly*) auftauchen; **to ~ up out of nowhere** aus dem Nichts auftauchen
❷ (*in pop-up book*) sich *akk* aufrichten; ***the pictures ~ up when you spread the pages open*** die Bilder falten sich auf, wenn man die Seiten öffnet
❸ AM SPORTS (*hit a short fly ball*) einen Ball im Flug berühren

pop² [pɒp, AM pɑ:p] **I.** *n no pl* (*music*) Pop *m*
II. *n modifier* (*group, music, singer, song, star, video*) Pop-
III. *adj attr* ❶ (*popular*) populär; ***Dario Fo is a ~ poet*** Dario Fo ist ein Poet des Volkes; **~ culture** Popkultur *f;* **~ film-making** populäre Filmkunst
❷ (*also pej: popularized*) populär; **~ psychology** populärwissenschaftliche Psychologie

pop³ [pɒp, AM pɑ:p] *n esp* AM (*esp childspeak fam*) Paps *m fam,* Papa *m fam*

pop⁴ *n no pl abbrev of* **population** Bev. *f*

pop art *n no pl* Pop-Art *f* **pop charts** *npl* Pop-Charts *pl* **pop concert** *n* Popkonzert *nt* **popcorn** *n no pl* Popcorn *nt* **pop culture** *n no pl* Popkultur *f* **pop-down menu** *n* Pop-down-Menü *nt,* Hervorholmenü *nt,* Einblendmenü *nt*

pope [pəʊp, AM poʊp] *n* Papst, Päpstin *m, f*

Popemobile ['pəʊpmə(ʊ)bi:l, AM 'poʊpmoʊ-] *n* Papstmobil *nt,* Papamobil *nt*

popery ['pəʊpᵊri, AM 'poʊ-] *n no pl* (*old or pej*) Papismus *m pej geh,* Pfaffentum *nt pej veraltend*

pop-eyed *adj inv* ❶ (*with surprise*) mit Stielaugen *fam;* ■**to be ~** Stielaugen bekommen ❷ (*with bulging eyes*) mit hervortretenden Augen [*o* Glupschaugen] *nach n,* glupschäugig **pop fly** *n* SPORTS *bezeichnet im Baseball einen Ball, der leicht zu fan-*

P

gen ist **pop group** *n* Popgruppe *f* **popgun** *n* Spielzeugpistole *f*

popinjay ['pɒpɪndʒeɪ, AM 'pɑːp-] *n* (*old*) Geck *m veraltend*, Lackaffe *m pej fam*, Dandy *m meist pej*

popish ['pəʊpɪʃ, AM 'poʊ-] *adj inv* (*pej old*) papistisch *pej geh*, streng katholisch

poplar ['pɒpləʳ, AM 'pɑːplɚ] *n* Pappel *f*

poplin ['pɒplɪn, AM 'pɑːp-] **I.** *n no pl* Popelin *m*, Popeline *f*
II. *n modifier* (*dress, shirt, shawl*) Popelin-

pop music *n no pl* Popmusik *f*

poppa ['pɑːpə] *n* AM (*esp childspeak: father*) Papa *m fam*, Papi *m fam*, Paps *m fam*

poppadom *n*, **poppadum** ['pɒpədəm, AM 'pɑː-] *n* FOOD Papadam *m o nt* (*hauchdünner fritierter Teigfladen aus Linsenmehl*)

popper ['pɒpəʳ] *n* BRIT (*fam*) Druckknopf *m*

poppet ['pɒpɪt, AM 'pɑː-] *n esp* BRIT, AUS (*fam*) Schatz *m fam*; (*form of address also*) Schätzchen *nt fam*; ***be a ~ and fetch me my dressing gown*** sei so lieb und bring mir mal meinen Morgenmantel

pop psychology *n no pl* populärwissenschaftliche Psychologie

poppy ['pɒpi, AM 'pɑː-] *n* Mohn *m kein pl*, Mohnblume *f*

poppycock *n no pl* (*pej dated fam*) Quatsch *m fam*, Unsinn *m*, Blödsinn *m fam* **Poppy Day** *n* BRIT *Sonntag, der dem 11. November am nächsten kommt, an dem insbesondere der Gefallenen der beiden Weltkriege gedacht wird* **poppy seed** *n* Mohnsamen *m*, Mohn *m kein pl*

pops [pɑːps] *n + sing vb* AM (*esp childspeak fam: dad*) Papa *m fam*, Papi *m fam*, Paps *m fam*

Popsicle® ['pɑːpsɪkl] *n* AM (*ice lolly*) Eis *nt* am Stiel

popsie *n* BRIT (*dated*) *see* **popsy**

pop singer *n* Popsänger(in) *m(f)* **pop song** *n* Popsong *m* **pop star** *n* Popstar *m*

popsy ['pɒpsi] *n* BRIT (*dated*) Mieze *f veraltend sl*, [flotte] Biene *veraltend sl*

populace ['pɒpjələs, AM 'pɑːpjəlɪs] *n no pl* SOCIOL ■**the ~** die breite Masse [der Bevölkerung], das Volk; **the general ~** die Durchschnittsbevölkerung

popular ['pɒpjələʳ, AM 'pɑːpjəlɚ] *adj inv* ❶ (*widely liked*) beliebt, populär; ***the new scheme has proved enormously ~*** das neue System kommt sehr gut an; ***you won't be very ~ if you burn the sausages*** du wirst dich nicht grade beliebt machen, wenn du die Würstchen verbrennst; (*iron hum*) ***I bet you were ~ when your parents got their phone bill!*** ich wette, deine Eltern haben sich sehr bei dir bedankt, als sie ihre Telefonrechnung gesehen haben! *iron hum*; ■**to be ~ with sb** bei jdm beliebt sein; **a ~ brand** eine beliebte [*o* bekannte] Marke
❷ *attr* (*not high-brow*) populär; **~ music** Unterhaltungsmusik *f*; **the ~ press** die Massenmedien *ntpl*; **~ science** Populärwissenschaft *f*
❸ *attr* (*widespread*) weit verbreitet, allgemein verbreitet; ***it is a ~ belief that ...*** viele glauben, dass ...; **a ~ saying** ein geflügeltes Wort
❹ *attr* (*of the people*) Volks-; ***the socialists can no longer be sure of the ~ vote*** die Sozialisten können sich nicht mehr auf die Unterstützung der breiten Massen verlassen; **by ~ request** auf allgemeinen Wunsch; **~ revolt** [*or* **uprising**] Volksaufstand *m*, Massenunruhen *pl*; **~ support** Unterstützung *f* durch breite Schichten der Bevölkerung

popularity [ˌpɒpjə'lærəti, AM ˌpɑːpjə'lerəṱi] *n no pl* Beliebtheit *f*, Popularität *f*; ***movie-going in America is enjoying an upsurge of ~*** das Interesse an Kinobesuchen hat in den USA rapide zugenommen; ***how do you account for Tom's amazing ~ with women?*** wie erklärst du dir, dass Tom bei den Frauen so gut ankommt?

popularization [ˌpɒpjələraɪ'zeɪʃən, AM ˌpɑːpjələɪ-] *n no pl* ❶ (*making liked*) Beliebtwerden *nt*; ***TV has been responsible for the ~ of landscape gardening*** das Fernsehen hat Landschaftsgärtnerei populär gemacht
❷ (*making accessible*) [allgemeine] Verbreitung, Popularisierung *f geh*; ***the ~ of air travel took place mainly in the 1960s*** Flugreisen wurden eigentlich erst in den 60er-Jahren der breiten Öffentlichkeit zugänglich

popularize ['pɒpjələraɪz, AM 'pɑːpjələ-] *vt* ❶ (*make liked*) ■**to ~ sb/sth** jdn/etw populär machen; **to ~ an artist** einem Künstler/einer Künstlerin zum Durchbruch verhelfen
❷ (*make accessible*) ■**to ~ sth** etw breiteren Kreisen zugänglich machen

popularizer ['pɒpjələraɪzəʳ, AM 'pɑːpjələraɪzɚ] *n* ❶ (*of activity*) *jd, der etw populär macht*
❷ (*of academic subject*) *jd, der etw allgemein verständlich darstellt*

popularly ['pɒpjələli, AM 'pɑːpjəlɚ-] *adv* ❶ (*commonly*) allgemein; ***it is ~ assumed that ...*** es ist eine weit verbreitete Annahme, dass ...; **to be ~ known as sth** *city* etw allgemein genannt werden; *person* allgemeinhin als etw bekannt sein; **as is ~ believed** wie man allgemein annimmt; **to be ~ thought of as sth** allgemein für etw *akk* gehalten werden
❷ (*by the people*) vom Volk; **to be ~ elected** vom Volk gewählt sein

populate ['pɒpjəleɪt, AM 'pɑːp-] *vt* ❶ *usu passive* (*inhabit*) ■**to be ~d** bevölkert sein; *island* bewohnt sein (**by/with** von +*dat*); ***the river is ~d mainly by smaller species of fish*** in dem Fluss sind vor allem kleinere Fischarten heimisch; **a very sparsely/densely ~d area** eine sehr dünn/dicht besiedelte Gegend
❷ (*provide inhabitants*) ■**to ~ sth** etw besiedeln; ***Eastern Canada was initially ~d by the French*** in Ostkanada ließen sich ursprünglich die Franzosen nieder; **to ~ a stream with trout** in einem Bach Forellen ansiedeln
❸ COMPUT ■**to ~ sth** etw bestücken

populated board *n* COMPUT bestückte Leiterplatte

population [ˌpɒpjə'leɪʃən, AM ˌpɑːp-] **I.** *n* ❶ *usu sing* (*inhabitants*) Bevölkerung *f kein pl*; (*of particular place*) Einwohnerschaft *f kein pl*; ***there's been a rise in the prison ~*** die Zahl der in Haft befindlichen Personen ist gestiegen; **the entire ~ of the area** die gesamte [orts]ansässige Bevölkerung; **the American/urban ~** die amerikanische/städtische Bevölkerung; **the civilian ~** die Zivilbevölkerung
❷ *no pl* (*number of people*) Einwohnerzahl *f*; ***a ~ of 1.2 million*** 1,2 Millionen Einwohner
❸ BIOL Population *f fachspr*, Bestand *m*; **the deer ~** der Hirschbestand; **the dolphin ~** die Delphinpopulation, der Delphinbestand; **the fish ~** die Fischvorkommen *ntpl*, der Fischbestand
❹ (*in statistics*) Grundgesamtheit *f*
II. *n modifier* (*group, problems*) Bevölkerungs-, Einwohner-; **~ change** Veränderung *f* der Bevölkerung; **~ increase** Bevölkerungswachstum *nt*, Bevölkerungszunahme *f*; **~ decrease** sinkende Einwohnerzahlen, Bevölkerungsschwund *m*; **world ~** Weltbevölkerung *f*

population control *n no pl* Geburtenkontrolle *f* **population density** *n no pl* Bevölkerungsdichte *f* **population explosion** *n* Bevölkerungsexplosion *f*

populism ['pɒpjəlɪzəm, AM 'pɑːp-] *n no pl* Populismus *m geh*

populist ['pɒpjəlɪst, AM 'pɑːp-] (*esp pej*) **I.** *adj inv* populistisch *geh*
II. *n* Populist(in) *m(f) geh*

populous ['pɒpjələs, AM 'pɑːp-] *adj* (*form*) bevölkerungsreich; *region, area* dicht besiedelt; ***China is the world's most ~ country*** China ist das Land mit der höchsten Bevölkerungsdichte

pop-up ['pɒpʌp, AM 'pɑːp] **I.** *adj attr, inv* ❶ *book, card, computer* Popup-
❷ *toaster* Automatic-
II. *n* ❶ (*in a book*) Auffaltungskarton *m*
❷ COMPUT Popup *nt*

p.o.q. [ˌpiːəʊ'kjuː] *vi* AUS (*fam*) abzischen *fam*

porcelain ['pɔːsəlɪn, AM 'pɔːr-] **I.** *n no pl* Porzellan *nt*; **Meissen ~** Meißener Porzellan
II. *n modifier* (*bowl, factory, plate*) Porzellan-

porch <*pl* -es> [pɔːtʃ, AM pɔːrtʃ] *n* ❶ (*without walls*) Vordach *nt*; (*with walls*) Vorbau *m*; *of a church* Portal *nt*
❷ AM (*veranda*) Veranda *f*

porcine ['pɔːsaɪn, AM 'pɔːr] *adj* schweineähnlich, Schweine-, wie ein Schwein *nach n*

porcupine ['pɔːkjəpaɪn, AM 'pɔːr-] *n* Stachelschwein *nt*

pore¹ [pɔːʳ, AM pɔːr] *n* Pore *f*

pore² [pɔːʳ, AM pɔːr] *vi* ■**to ~ over sth** über etw *dat* brüten; **to ~ over books** über Büchern hocken *fam*; **to ~ over a map/newspaper** eine Landkarte/Zeitung eingehend studieren

pork [pɔːk, AM pɔːrk] **I.** *n no pl* Schweinefleisch *nt*
II. *n modifier* (*fat, meat, roast*) Schweine-, Schweins-; **~ escalope** [*or* AM **cutlet**] Schweineschnitzel *nt*; **~ sausage** Schweinswurst *f*

pork-barrel *adj attr, inv* AM POL (*pej sl*) *bezeichnet die Vergabe von Regierungsgelder für kommunale Projekte, um damit Wählerstimmen zu gewinnen* **pork butcher** *n* BRIT Schweinemetzger(in) *m(f)* **pork chop** *n* Schweinekotelett *nt*

porker ['pɔːkəʳ, AM 'pɔːrkɚ] *n* Mastschwein *nt*

porkie ['pɔːki] *n usu pl* BRIT (*hum rhyming sl*) Lüge[ngeschichte] *f*; ***have you been telling them ~s again?*** hast du ihnen wieder einmal einen Bären aufgebunden? *fam*

pork pie *n* BRIT ❶ (*food*) Schweinefleischpastete *f*
❷ (*hum rhyming sl*) *see* **porkie** **pork scratchings** *npl* BRIT, **pork rinds** *npl* AM [Speck]grieben *fpl* (*als Snack*), Grammeln *fpl* ÖSTERR

porky ['pɔːki, AM 'pɔːrki] **I.** *adj* (*pej fam*) fett; ***hey, look at that ~ little boy*** hey, schau dir mal den kleinen Fettsack an *pej fam*
II. *n* ❶ AM (*fam*) Stachelschwein *nt*
❷ BRIT (*hum rhyming sl*) *see* **porkie**

porky-pie *n* BRIT (*hum rhyming sl*) *see* **porkie**

porn [pɔːn, AM pɔːrn] (*fam*) **I.** *n no pl short for* **pornography** Porno *m*; **hard-core ~** harter Porno; **soft ~** Softporno *m*
II. *adj attr short for* **pornographic** Porno-; **~ film** [*or* **movie**] Pornofilm *m*, Pornostreifen *m*; **~ magazine** Pornoheft *nt*

porno ['pɔːnəʊ, AM 'pɔːrnoʊ] *adj attr* (*fam*) *short for* **pornographic** Porno-; *see also* **porn**

pornographer [pɔː'nɒgrəfəʳ, AM pɔːr'nɑːgrəfɚ] *n* Pornograf(in) *m(f) geh*

pornographic [ˌpɔːnə'græfɪk, AM ˌpɔːr-] *adj inv* ❶ (*containing pornography*) pornografisch, Porno-; **~ literature** Pornoliteratur *f*
❷ (*obscene*) obszön, schmutzig

pornography [pɔː'nɒgrəfi, AM pɔːr'nɑːg-] *n no pl* Pornografie *f*; **hard-core ~** harter Porno; **soft-core ~** Softporno *m*

porny ['pɔːni, AM 'pɔːrni] *adj* (*fam*) *short for* **pornographic** pornografisch, Porno-

porosity [pɔː'rɒsəti, AM -'rɑːsəṱi] *n no pl* (*form*) Porosität *f*, Porigkeit *f*

porous ['pɔːrəs] *adj* ❶ (*permeable*) porös
❷ (*not secure*) durchlässig; **~ information/security system** undichtes Informations-/Sicherheitssystem

porpoise ['pɔːpəs, AM 'pɔːr-] *n* ZOOL Tümmler *m*

porridge ['pɒrɪdʒ, AM 'pɔːr-] *n no pl* ❶ (*boiled oats*) Porridge *m o nt*, Haferbrei *m*
❷ BRIT (*fam: time in prison*) ***five years ~*** fünf Jahre Knast *fam*; **to do ~** [hinter Gittern [*o* im Knast]] sitzen *fam*

porridge oats *npl* BRIT Haferflocken *fpl*

port¹ [pɔːt, AM pɔːrt] *n* ❶ (*harbour*) Hafen *m*; **~ of embarkation** Einschiffungshafen *m*; **fishing/naval ~** Fischerei-/Seehafen *m*; **to come into ~** [in den Hafen] einlaufen; **to leave ~** auslaufen
❷ (*town*) Hafenstadt *f*
► PHRASES: **it's any ~ in a storm** (*prov*) in der Not frisst der Teufel Fliegen *prov*

port² [pɔːt, AM pɔːrt] **I.** *n no pl* AVIAT, NAUT Backbord *nt* ÖSTERR *a. m*; **to turn to ~** nach Backbord drehen
II. *n modifier* AVIAT, NAUT Backbord-; **on the ~ bow** Backbord voraus; **the ~ side** die Backbordseite; **on the ~ side** backbord

port³ [pɔːt, AM pɔːrt] *n* ❶ COMPUT Anschluss *m,* Schnittstelle *f,* Port *m fachspr; **have you got a ~ for a joystick on your computer?*** kannst du einen Joystick an deinen Computer anschließen?; **terminal** ~ Port *m fachspr*
❷ NAUT *(porthole)* Bullauge *nt,* Luke *f*
❸ NAUT, MIL *(gun port)* Geschützpforte *f*

port⁴ [pɔːt, AM pɔːrt] *n no pl (wine)* Portwein *m;* **ruby/tawny** ~ Ruby/Tawny Port *m*

port⁵ [pɔːt] *n* AUS *(fam: travelling bag)* Reisetasche *f*

portability [ˌpɔːtəˈbɪləti, AM ˌpɔːrt̬əˈbɪlət̬i] *n no pl* ❶ *(to be carried)* Tragbarkeit *f; **the advantage of the smaller model is its greater ~*** das kleinere Modell hat den Vorteil, dass man es besser tragen kann
❷ COMPUT Übertragbarkeit *f*

portable [ˈpɔːtəbl̩, AM ˈpɔːr-] **I.** *adj inv* ❶ *(to be carried)* tragbar, portabel *geh;* ~ **computer** tragbarer Computer; ~ **radio** Kofferradio *nt,* tragbares Radiogerät; ~ **TV set** tragbarer Fernseher, Portable *m o nt fachspr;* ~ **typewriter** Kofferschreibmaschine *f,* Reiseschreibmaschine *f* ❷ COMPUT übertragbar, kompatibel **II.** *n* ■**a** ~ ein tragbarer Computer, ein Portable

portable pension *n* FIN [auf eine andere Firma] übertragbarer Rentenanspruch

portacabin *n* BRIT *see* **Portakabin®**

Portacrib® [ˈpɔːrt̬əˌkrɪb] *n* AM *(carrycot)* Babytrag[e]tasche *f*

portage [ˈpɔːtɪdʒ, AM ˈpɔːr-] *n* ❶ *no pl* TRANSP, NAUT *(carrying)* Transport *m* über Land
❷ *no pl (costs)* Transportkosten *pl*
❸ *(place)* Portage *f*

Portakabin® [ˈpɔːtəˌkæbɪn] *n* BRIT Wohncontainer *m*

portal [ˈpɔːtᵊl, AM ˈpɔːrt̬-] *n* ❶ *(form)* Portal *nt;* **the ~s of heaven** die Himmelspforten *fpl poet*
❷ COMPUT Portal *nt*

Portaloo® [ˈpɔːtəˌluː, AM ˈpɔːrt̬-] *n* BRIT, **Portapotty** [ˈpɔːrt̬əˌpɑːt̬i] *n* AM *(fam)* Miet-WC *nt*

port authority *n* Hafenbehörde *f*

port charges *npl,* **port dues** *npl* Hafengebühr[en] *f[pl]*

portcullis <*pl* -es> [ˌpɔːtˈkʌlɪs, AM ˌpɔːrtˈ-] *n* Fallgitter *nt,* Fallgatter *nt*

porte cochère [ˌpɔːtkɒˈʃeəʳ, AM ˌpɔːrtekɑːˈʃer] *n* Toreinfahrt *f,* Wagenauffahrt *f*

portend [pɔːˈtend, AM pɔːrˈ-] *vt (form)* ■**to** ~ **sth** auf etw *akk* hindeuten; **to** ~ **calamity** Unheil ankündigen

portent [ˈpɔːtent, AM ˈpɔːr-] *n (form)* Vorzeichen *nt,* Omen *nt; **this could be a ~ of worse weather to come*** das könnte auf eine Wetterverschlechterung hindeuten; ***worrying economic ~s for the coming year*** beunruhigende Hinweise auf die Wirtschaftsentwicklung des kommenden Jahres

portentous [pɔːˈtentəs, AM pɔːrˈtent̬-] *adj inv* ❶ *(form: highly significant)* bedeutungsvoll; *(ominous)* unheilvoll; *(grave)* schicksalhaft; **a ~ step** ein verhängnisvoller Schritt
❷ *(pej: pompous)* hochtrabend *pej*

portentously [pɔːˈtentəsli, AM pɔːrˈtent̬-] *adv (form)* ❶ *(ominously)* unheilvoll
❷ *(pej: pompously)* gewichtig

porter¹ [ˈpɔːtəʳ, AM ˈpɔːrt̬ɚ] *n* ❶ *(baggage-carrier)* Gepäckträger *m; (on expedition)* Träger *m*
❷ *no pl (beer)* Porter *nt*

porter² [ˈpɔːtəʳ, AM ˈpɔːrt̬ɚ] *n* ❶ *esp* BRIT *(doorkeeper)* Portier, Portiersfrau *m, f;* **the college** ~ der Pförtner/die Pförtnerin des College[s]; **hall/night** ~ Empfangs-/Nachtportier *m;* **hotel** ~ Hotelportier *m;* **~'s lodge** Pförtnerloge *f*
❷ AM RAIL *(on sleeping car)* [Schlafwagen]schaffner(in) *m(f)*

porterage [ˈpɔːtərɪdʒ, AM ˈpɔːrt̬ɚ-] *n no pl* ❶ *(action)* ***in this kind of terrain, ~ is the best option*** in solchem Terrain ist es am besten Träger anzustellen; ***nowadays most rail and air travellers do their own ~*** heutzutage tragen die meisten Bahn- und Flugreisenden ihr Gepäck selbst
❷ *(cost)* Trägerlohn *m*

porterhouse *n* AM, AUS, **porterhouse steak** *n* AM, AUS Porterhouse-Steak *nt*

port facilities *npl* Hafenanlage *f*

portfolio [ˌpɔːtˈfəʊliəʊ, AM ˌpɔːrtˈfoʊlioʊ] *n* ❶ *(case)* Aktenmappe *f,* Aktentasche *f*
❷ *(of drawings, designs)* Mappe *f;* **to build up a ~** eine Mappe anlegen
❸ FIN *(financial investments)* Portefeuille *nt fachspr,* Wechselbestand *m,* Wertpapierbestand *m,* Aktienportfeuille *nt fachspr*
❹ POL *(ministerial position)* Portefeuille *nt fachspr,* Geschäftsbereich *m;* **minister without ~** Minister(in) *m(f)* ohne Geschäftsbereich [*o fachspr* Portefeuille]

porthole *n* NAUT Bullauge *nt,* Luke *f;* AVIAT Kabinenfenster *nt*

portico <*pl* -es *or* -s> [ˈpɔːtɪkəʊ, AM ˈpɔːrt̬ɪkoʊ] *n* Säulengang *m,* Portikus *m fachspr*

portion [ˈpɔːʃᵊn, AM ˈpɔːr-] **I.** *n* ❶ *(part)* Teil *m;* **a large ~ of time** ein Großteil der Zeit
❷ *(share)* Anteil *m; **I accept my ~ of the blame*** ich bekenne mich zu meinem Teil der Schuld
❸ *(serving)* Portion *f; (piece)* Stück *nt;* **child's ~** Kinderportion *f;* **a huge ~** eine Riesenportion
❹ LAW Ausstattung *f* eines Kindes mit Vermögen
II. *vt* ■**to** ~ **out** ○ **sth** etw aufteilen [*o* verteilen]; ***we'll have to ~ the money out between the six of us*** wir werden uns das Geld zu sechst teilen müssen; **to ~ out blame** *(fig)* [die] Schuld zuweisen

portly [ˈpɔːtli, AM ˈpɔːr-] *adj (esp hum)* korpulent, [wohl] beleibt

portmanteau [pɔːtˈmæntəʊ, AM pɔːrtˈmæntoʊ] **I.** *n* <*pl* -s *or* -x> *(dated)* Reisekoffer *m*
II. *adj attr, inv* umfassend, weit gespannt; ~ **word** Schachtelwort *nt*

port of call <*pl* ports of call> *n* ❶ NAUT Anlaufhafen *m* ❷ *(place to stop)* Anlaufstelle *f* **port of departure** <*pl* ports of departure> *n* NAUT Abgangshafen *m* **port of entry** <*pl* ports of entry> *n* NAUT Einlaufhafen *m*

portrait [ˈpɔːtrɪt, AM ˈpɔːr-] *n* ❶ *(picture)* Porträt *nt,* Bildnis *nt;* **to paint a ~ of sb** [*or* **sb's ~**] jds Porträt malen; **to have one's ~ painted** sich *akk* porträtieren lassen; **to sit for one's ~** jdm [für sein Porträt] Modell sitzen
❷ *(fig: description)* Bild *nt,* Porträt *nt fig;* **to paint a vivid ~ of sth** ein lebendiges Bild einer S. *gen* zeichnen
❸ *no art* TYPO *(format)* Hochformat *nt*

portraitist [ˈpɔːtrɪtɪst, AM ˈpɔːrtrɪt̬-] *n,* **portrait painter** *n* Porträtist(in) *m(f),* Porträtmaler(in) *m(f)*

portraiture [ˈpɔːtrɪtʃəʳ, AM ˈpɔːrtrɪtʃɚ] *n no pl* Porträtmalerei *f*

portray [pɔːˈtreɪ, AM pɔːrˈ-] *vt* ❶ *(paint)* ■**to** ~ **sb** jdn porträtieren
❷ *(describe)* ■**to** ~ **sb/sth** jdn/etw darstellen [*o* porträtieren]

portrayal [pɔːˈtreɪəl, AM pɔːrˈ-] *n* Porträt *nt fig,* Darstellung *f; (in literature)* Schilderung *f*

Port Salut [ˌpɔːsəˈluː, AM ˌpɔːrsælˈuː] *n no pl* Port Salut *m (französischer Weichkäse)*

Portugal [ˈpɔːtʃəgᵊl, AM ˈpɔːr-] *n* Portugal *nt*

Portuguese [ˌpɔːtʃəˈgiːz, AM ˌpɔːr-] **I.** *n* ❶ <*pl* -> *(person)* Portugiese, -in *m, f*
❷ *no pl (language)* Portugiesisch *nt*
II. *adj* ❶ *(of Portugal)* portugiesisch; ***her husband is ~*** ihr Mann kommt aus Portugal; **a ~ woman** eine Portugiesin
❷ *(of language) course, teacher* Portugiesisch-

Portuguese man-of-war *n,* **Portuguese man-o'-war** *n* ZOOL Staatsqualle *f,* Röhrenqualle *f*

port wine *n no pl* Portwein *m*

POS, p.o.s. *n* ECON ❶ *abbrev of* **point of sale** Verkaufsstelle *f,* Verkaufsort *m*
❷ *(in shop) abbrev of* **point of sale** Kasse *f*

pose [pəʊz, AM poʊz] **I.** *n* ❶ *(bodily position)* Haltung *f,* Pose *f;* **to adopt** [*or* **assume**] [*or* **strike**] **a ~** eine Pose einnehmen; **to hold a ~** eine Pose beibehalten, in einer Haltung verharren
❷ *usu sing (pretence)* Getue *nt fig,* Gehabe *nt pej;* ***it's all a ~*** das ist alles bloß Show *fam*
II. *vi* ❶ *(adopt position)* posieren, eine Haltung einnehmen; ■**to** ~ **for sb** für jdn Modell sitzen [*o* stehen]; **to ~ for one's photograph** sich fotografieren lassen; **to ~ nude/topless** sich *akk* nackt/ohne Oberteil fotografieren lassen; ***the actress is known for posing topless*** die Schauspielerin ist als Oben-ohne-Model bekannt
❷ *(pretend)* ■**to** ~ **as sth** sich *akk* als etw ausgeben; ***he's just posing!*** das ist doch alles nur Bluff!
❸ *(behave affectedly)* sich *akk* geziert [*o* affektiert] benehmen
III. *vt* ❶ *(cause)* ■**to** ~ **sth** etw aufwerfen; ***it does ~ the problem of where/how/when …*** es stellt sich dann natürlich das Problem, wo/wie/wann …; **to ~ difficulties** Schwierigkeiten mit sich *dat* bringen; **to ~ a threat to sb/sth** eine Bedrohung für jdn/etw darstellen
❷ *(ask)* **to ~ a question** eine Frage stellen
❸ *(for picture)* ■**to** ~ **sb** jdn Positur einnehmen [*o* posieren] lassen

poser [ˈpəʊzəʳ, AM ˈpoʊzɚ] *n (fam)* ❶ *(problem)* schwierige [*o* knifflige] Frage
❷ *(pej: person)* Angeber(in) *m(f); **you look like a real ~ in your fancy sports car*** in deinem tollen Sportwagen siehst du ja ziemlich schickimicki aus! *pej fam*

poseur [pəʊˈzɜːʳ, AM poʊˈzɜːr] *n (pej)* Angeber(in) *m(f)*

posey [ˈpəʊzi, AM ˈpoʊ-] *adj* BRIT *(pej fam)* protzig *pej,* großspurig *pej*

posh [pɒʃ, AM pɑːʃ] *(fam)* **I.** *adj* ❶ *(stylish)* vornehm, piekfein; ~ **area** vornehme Gegend; ~ **car** Luxusschlitten *m fam;* ~ **hat** todschicker Hut *fam;* ~ **hotel** vornehmes [*o* feudales] Hotel; ~ **restaurant** feines Restaurant; ~ **shop** schicker Laden
❷ *esp* BRIT *(upper-class)* vornehm; ~ **accent** vornehmer Akzent; **a ~ woman** eine feine Dame
II. *adv* BRIT vornehm; ***stop acting so ~!*** sei nicht so überkandidelt!; ***she talks dead ~*** sie spricht so furchtbar gestelzt

posing pouch *n esp* BRIT Suspensorium *nt fachspr*

posit [ˈpɒzɪt, AM ˈpɑː-] *vt (form)* ■**to** ~ **sth** etw postulieren *geh,* auf etw *dat* basieren

position [pəˈzɪʃᵊn] **I.** *n* ❶ *(place)* Platz *m,* Stelle *f; building* Lage *f; **the house has a good ~ overlooking the valley*** man hat vom Haus aus einen guten Blick über das Tal; ***the sofa is in a different ~ now*** jetzt steht das Sofa woanders; **to take up a ~** sich *akk* platzieren
❷ *(appointed place)* Platz *m;* **to be in ~** an seinem/ihrem Platz sein; **to get** [*or* **move**] **into ~** seinen/ihren Platz einnehmen; ***the dancers moved into ~*** die Tänzer nahmen ihre Position[en] ein; **to move sth into ~** etw zurechtrücken; **to move out of ~** seinen/ihren Platz verlassen
❸ *(in navigation)* Position *f,* Standort *m*
❹ *(posture)* Stellung *f,* Lage *f;* **yoga ~** Yogahaltung *f;* **lying/sitting ~** liegende/sitzende Stellung, liegend/sitzend; **to change one's ~** eine andere Stellung einnehmen
❺ SPORTS *(in team)* [Spieler]position *f; **his ~ is in midfield*** er ist Mittelstürmer
❻ *(rank)* Position *f,* Stellung *f;* **the ~ of women in society** die gesellschaftliche Stellung der Frau; **to jockey** [*or esp* BRIT **jostle**] **for ~** um eine Position rangeln *fam*
❼ BRIT, AUS *(in race, competition)* Platz *m; **she finished the race in third ~*** sie belegte bei dem Rennen am Schluss den dritten Platz
❽ *(job)* Stelle *f,* Position *f;* **a ~ of responsibility** ein verantwortungsvoller Posten; **a ~ of trust** eine Vertrauensstellung; **a teaching ~** eine Stelle als Lehrer/Lehrerin; **to apply for a ~** sich *akk* um eine [Arbeits]stelle bewerben
❾ *usu sing (situation)* Situation *f,* Lage *f; **put yourself in my ~*** versetz dich in meine Lage; ■**to be in a/no ~ to do sth** in der Lage/nicht in der Lage sein, etw zu tun; **to put sb in an awkward ~** jdn in eine unangenehme Lage bringen; **financial ~** Vermögensverhältnisse *pl*
❿ *usu sing (form: opinion)* Haltung *f,* Standpunkt *m; **what's the company's ~ on recycling?*** wel-

P

chen Standpunkt vertritt die Firma in der Frage des Recycling?; ***his ~ is that …*** er steht auf dem Standpunkt, dass …; ***a party's ~ on defence*** die Position einer Partei zur Frage der Verteidigung; **to take the ~ that …** die Meinung vertreten, dass …

⓫ *usu pl* MIL Stellung *f*

⓬ STOCKEX [Wertpapier]position *f,* Stellung *f;* **to take a ~ in a share** Aktien für eigene Rechnung kaufen; **bear ~** Baisseposition *f;* **bull ~** Hausse-Engagement *nt,* Hausseposition *f;* **to close a ~** eine Position schließen [*o* glattstellen]; **to cover a ~** eine Position abdecken; **long ~** Hausse-Engagement *nt,* Long-Position *f;* **short ~** Baisse-Engagement *nt,* Short-Position *f*

II. *vt* ■**to ~ sb/sth** jdn/etw platzieren; ***I ~ed myself as far away from him as possible*** ich habe mich so weit wie möglich von ihm weggesetzt; **to ~ guns/troops** MIL Gewehre in Stellung bringen/Truppen positionieren

positional [pəˈzɪʃənəl] *adj inv esp* SPORTS Stellungs-, positionell *fachspr;* **a ~ change** ein Stellungswechsel

positive [ˈpɒzətɪv, AM ˈpɑːzət̬-] **I.** *adj inv* ❶ (*certain*) sicher, bestimmt; ***are you sure …? — absolutely ~!*** bist du sicher, dass …? – aber klar [doch]!; ***are you sure you're coming tonight? — ~!*** und du kommst heute Abend ganz bestimmt? – ganz bestimmt!; ■**to be ~ about sth** sich *dat* einer S. *gen* sicher sein; ■**to be ~ that …** sicher sein, dass …; **~ proof** [*or* **proof ~**] ein sicherer Beweis

❷ (*optimistic*) positiv; **~ attitude** optimistische [*o* positive] Einstellung; **~ criticism** konstruktive Kritik; **~ development** positive [*o* viel versprechende] Entwicklung; **~ feedback** positive Reaktion; ***I gave her some ~ feedback on it*** ich habe ihr eine positive Rückmeldung dazu gegeben; **~ person/thinking** positiver Mensch/positives Denken; **a ~ response** eine positive Antwort; **to think ~** positiv denken

❸ *inv* MED positiv; **to be HIV-~** HIV-positiv sein

❹ *attr, inv* (*complete*) wirklich, absolut; ***she was a ~ joy to have around*** es war wirklich eine Freude, sie hier zu haben; **a ~ disadvantage/miracle** ein echter Nachteil/ein echtes Wunder

❺ *inv* MATH (*above zero*) positiv; **a ~ quantity** eine positive Menge

❻ *inv* ELEC (*carried by protons*) Plus-, positiv

II. *n* Stärke *f,* Pluspunkt *m*

positive discrimination *n* BRIT affirmative [*o* bestätigende] Diskriminierung *geh;* **a policy of ~** der Grundsatz, wieblichen Bewerbern bei gleicher Qualifikation den Vorzug zu geben

positive display *n* COMPUT schwarz auf weiß Anzeige *f*

positively [ˈpɒzətɪvli, AM ˈpɑːzət̬-] *adv* ❶ (*definitely*) bestimmt; *say, promise* fest

❷ (*optimistically*) positiv

❸ *inv* (*fam: completely*) völlig, absolut; ***Nicky ~ glows with health*** Nicky strotzt [ja] richtig vor Gesundheit; ***rich? — they're ~ loaded!*** reich? – die schwimmen geradezu im Geld! *fam;* **to be ~ rude** regelrecht grob sein

positiveness [ˈpɒzətɪvnəs, AM ˈpɑːzət̬-] *n no pl* ❶ (*certainty*) Bestimmtheit *f*

❷ (*optimism*) Zuversicht *f;* **the ~ of sb's criticism/development/response** jds konstruktive Kritik/positive Entwicklung/positive Antwort

positive vetting *n* BRIT Sicherheitsüberprüfung *f*

positivism [ˈpɒzɪtɪvɪzəm, AM ˈpɑːzɪt̬-] *n no pl* PHILOS Positivismus *m fachspr*

positivist [ˈpɒzɪtɪvɪst, AM ˈpɑːzɪt̬-] **I.** *n* PHILOS Positivist(in) *m(f) fachspr*

II. *adj* positivistisch *fachspr*

positivistic [ˌpɒzɪtɪˈvɪstɪk, AM ˌpɑːzɪt̬ɪ] *adj inv* positivistisch

positron [ˈpɒzɪtrɒn, AM ˈpɑːzɪtrɑːn] *n* PHYS, ELEC Positron *nt fachspr*

poss [pɒs, AM pɑːs] *adj pred, inv* (*fam*) *short for* **possible** möglich

posse [ˈpɒsi, AM ˈpɑːsi] *n* ❶ (*group of people*) Gruppe *f,* Schar *f;* **a whole ~ of armed policemen/reporters** ein ganzes Aufgebot an bewaffneten Polizeikräften/Reportern

❷ (*sl: group of friends*) Clique *f fam*

❸ (*hist: summoned by sheriff*) [Hilfs]trupp *m*

possess [pəˈzes] *vt* ❶ (*own, have*) ■**to ~ sth** etw besitzen; **to ~ charm** Charme haben [*o* besitzen]; **to ~ dignity** voller Würde sein; **to ~ magical powers** über magische Kräfte verfügen; **to ~ special skills** besondere Fähigkeiten besitzen

❷ LAW (*carry illegally*) ■**to ~ sth** etw [illegal] besitzen; ***he was sentenced to six months' imprisonment for ~ing heroin*** er wurde wegen Heroinbesitzes zu sechs Monaten Haft verurteilt; ***they've been charged with ~ing guns and explosives*** sie sind wegen Waffen- und Sprengstoffbesitzes angeklagt worden

❸ (*fam: cause*) ■**to ~ sb** ***what ~ed you?*** was ist denn [bloß] in dich gefahren?; ***whatever ~ed him to …*** wie ist er bloß auf den Gedanken gekommen, …

❹ *usu passive* (*control*) **to be ~ed by demons/the Devil** von Dämonen/vom Teufel besessen sein; **to be ~ed by the urge to do sth** von dem Drang besessen sein, etw tun zu müssen; **like [some]one/a man/woman ~ed** wie ein Besessener/eine Besessene

❺ *passive* (*form: have*) ■**to be ~ed of sth** etw besitzen [*o* haben]; **to be ~ed of a sense of humour** Humor haben

► PHRASES: **to ~ oneself in <u>patience</u>** sich *akk* in Geduld üben

possession [pəˈzeʃən] *n* ❶ *no pl* (*having*) Besitz *m;* **to be in full ~ of one's faculties** im Vollbesitz seiner geistigen Kräfte sein; ■**to be in sb's ~** sich *akk* in jds Besitz befinden; ■**to be in the ~ of sb** in jds Besitz sein; ***he was found in ~ of explosives*** man fand Sprengstoff bei ihm; **to come into ~ of sth** (*form*) in den Besitz einer S. *gen* kommen; ***how did this painting come into your ~?*** wie ist dieses Gemälde in Ihre Hände gelangt?; **to gain** [*or* **take**] **~ [of sth]** LAW etw in Besitz nehmen; **to have sth in one's ~** (*form*) etw in seinem Besitz haben

❷ *usu pl* (*something owned*) Besitz *m kein pl*

❸ POL (*area of land*) Besitzung[en] *f[pl] geh,* Landbesitz *m kein pl*

❹ *no pl* SPORTS **to regain ~ [of the ball]** wieder in den Ballbesitz gelangen

► PHRASES: **~ is nine <u>tenths</u>** [*or* BRIT *also* **<u>points</u>**] **of the law** der Eigentümer hat das letzte Wort

possessive [pəˈzesɪv] *adj* ❶ (*not sharing*) eigen; ***he's a bit ~ about his clothes*** was seine Kleidung angeht, ist er etwas eigen

❷ (*jealous*) besitzergreifend; ■**to be ~ towards** [*or* **about**] **sb** ***he's very ~ towards his wife*** was seine Frau angeht, ist er sehr besitzergreifend

❸ LING (*showing possession*) besitzanzeigend, possessiv *fachspr;* **the ~ singular of a noun** der Genitiv Singular eines Substantivs

possessively [pəˈzesɪvli] *adv* besitzergreifend

possessiveness [pəˈzesɪvnəs] *n no pl* Besitzgier *f;* (*towards people*) Besitzansprüche *mpl*

possessive pronoun *n* besitzanzeigendes Fürwort, Possessivpronomen *nt fachspr*

possessor [pəˈzesəʳ, AM -ɚ] *n usu sing* (*form or hum*) Besitzer(in) *m(f);* **to be the proud ~ of sth** der stolze Besitzer einer S. *gen* sein

posset [ˈpɒsɪt, AM ˈpɑː] *n* FOOD, HIST *Getränk aus heißer Milch, Alkohol und Gewürzen*

possibility [ˌpɒsəˈbɪləti, AM ˌpɑːsəˈbɪlət̬i] *n* ❶ (*event or action*) Möglichkeit *f;* **there's a ~ that …** es kann sein, dass …, möglicherweise …; **there is every** [*or* **a strong**] **~ that …** es ist sehr wahrscheinlich, dass …, höchstwahrscheinlich …; **to consider/examine the possibilities** alle Möglichkeiten durchdenken; **to consider the ~ of sth** etw in Erwägung ziehen

❷ *no pl* (*likelihood*) Möglichkeit *f,* Wahrscheinlichkeit *f;* ***is there any ~*** [***that***] …? besteht irgendeine Möglichkeit, dass …?; ***there's not much ~ of that happening*** die Wahrscheinlichkeit, dass das passiert, ist sehr gering; ***it's not beyond the bounds of ~ that …*** es ist nicht völlig auszuschließen, dass …

❸ (*potential*) ■**possibilities** *pl* Möglichkeiten *fpl;* **to have possibilities** entwicklungsfähig sein; ***the old cottage definitely has possibilities*** aus dem alten Landhaus lässt sich durchaus etwas machen

possible [ˈpɒsəbl̩, AM ˈpɑːs-] **I.** *adj inv* ❶ *usu pred* (*feasible*) möglich; ***it's just not ~*** das ist einfach nicht machbar; ***is it ~ to book tickets in advance?*** kann man die Karten auch im Voraus reservieren?; ***would it be ~ to …*** könnten wir vielleicht …; **the best/cheapest ~ …** der/die/das allerbeste/allerbilligste …; **as clean/early/good as ~** so sauber/früh/gut wie möglich; **as much/soon as ~** so viel/bald wie möglich; **if ~** wenn möglich

❷ (*that could happen*) möglich, vorstellbar, denkbar; ***I never thought it ~, but …*** ich habe es nie für möglich gehalten, aber …; ***anything's ~*** alles ist möglich; **to make sth ~** etw ermöglichen

II. *n* Kandidat(in) *m(f);* (*sth to consider*) **to be a ~** in Frage kommen

possibly [ˈpɒsəbli, AM ˈpɑːs-] *adv inv* ❶ (*feasibly*) ***I kept the speech as short as I ~ could*** ich habe die Rede so kurz gehalten, wie ich nur konnte; ***he can't ~ have drunk all that on his own!*** das kann er doch unmöglich alles allein getrunken haben!; **to do all that one ~ can** alles Menschenmögliche tun

❷ (*perhaps*) möglicherweise, vielleicht; ***I might ~ be a little late*** ich werde mich möglicherweise ein wenig verspäten; **very** [*or* **quite**] **~** durchaus möglich; (*more likely*) sehr wahrscheinlich

❸ (*in polite use*) möglicherweise; ***could I ~ ask you to …?*** dürfte ich Sie vielleicht bitten, …?; ***could you ~ speak up a little?*** würde es Ihnen etwas ausmachen, ein wenig lauter zu sprechen?; ***another chocolate? — no, really, I couldn't ~*** noch ein Stück Schokolade? – danke, aber das wäre wirklich zu viel

possum <*pl* – *or* -s> [ˈpɒsəm, AM ˈpɑːs-] *n* Opossum *nt,* Beutelratte *f*

post [pəʊst, AM poʊst] **I.** *n* ❶ (*pole*) Pfosten *m,* Pfahl *m;* **concrete/iron/wooden ~** Beton-/Eisen-/Holzpfosten *m*

❷ (*in horse race*) ■**the ~** (*finishing post*) der Zielpfosten, das Ziel; (*starting post*) der Startpfosten *m*

❸ (*fam: goalpost*) [Tor]pfosten *m;* **to hit the ~** den Pfosten treffen; ***the ball hit the ~*** der Ball prallte gegen den Pfosten

II. *vt* ❶ (*send*) ■**to ~ sth** etw [per Post] schicken

❷ (*give notice*) ■**to ~ sth** etw [durch Aushang] bekannt geben; **to ~ sth on the [Inter]net** etw über das Internet bekannt geben; **to ~ sth on the noticeboard** etw am schwarzen Brett aushängen; **to be ~ed missing** MIL als vermisst gemeldet sein

❸ FIN **to ~ an entry** einen Posten buchen

◆**post up** *vt* ■**to ~ up** ⟲ **sth** *message* etw anschlagen [*o* aushängen]; **to ~ up an announcement on the noticeboard** eine Mitteilung am schwarzen Brett anschlagen

post- [pəʊst, AM poʊst] *in compounds* nach-/Nach-, post-/Post-

postage [ˈpəʊstɪdʒ, AM ˈpoʊ-] *n no pl* Porto *nt,* Postgebühren *fpl* **postage and packing** *n no pl* BRIT, AUS Porto und Verpackung **postage meter** *n* AM (*franking machine*) Frankiermaschine *f* **postage paid** *adj inv* [porto]frei; **~ envelope** Freiumschlag *m;* **~ reply card** frankierte Rückantwortkarte **postage rate** *n* Porto *nt,* Postgebühren *fpl* **postage stamp** *n* (*form*) Briefmarke *f,* Postwertzeichen *nt form*

postal [ˈpəʊstəl, AM ˈpoʊ-] *adj attr, inv* Post-, postalisch *geh;* **~ worker** Postangestellte(r) *f(m);* **to go ~** (*fam*) durchdrehen, ausflippen *fam*

postal ballot *n* BRIT POL Briefwahl *f* **postal charges** *npl* Postgebühren *fpl* **postal code** *n* BRIT, AUS Postleitzahl *f* **postal order** *n esp* BRIT Postanweisung *f* **postal vote** *n* BRIT POL Briefwahl *f*

postbag *n* BRIT ❶ (*letters*) Zuschriften *fpl;* (*by readers*) Leserzuschriften *fpl;* (*by viewers*) Zuschauerzuschriften *fpl;* (*by listeners*) Hörerzuschriften *fpl;* **to have an enormous** [*or* **a heavy**] **~ on a subject**

zahllose [*o* Unmengen von] Zuschriften zu einem Thema bekommen haben ❷ (*bag*) Postsack *m* **postbox** *n esp* BRIT, AUS Briefkasten *m* **postcard** *n* Postkarte *f;* **to drop** [*or* **send**] **sb a ~** jdm eine [Post]karte schicken

post-chaise <*pl* -s> [ˈpəʊʃeɪz, AM ˈpoʊs] *n* HIST Postchaise *f*

post-classical [ˌpəʊstˈklæsɪkəl, AM ˌpoʊst] *adj inv* nachklassisch

postcode *n* BRIT, AUS Postleitzahl *f*

post-coital *adj attr, inv* postkoital *geh,* nach dem Koitus *nach n geh*

postcolonial [ˌpəʊs(t)kəˈləʊniəl, AM ˌpoʊs(t)kəˈloʊ-] *adj inv* postkolonial **post-date** *vt* ❶ (*give later date*) ■**to ~ sth** etw vordatieren; **~d cheque** [*or* AM **check**]**/letter** vordatierter Scheck/Brief ❷ (*happen after*) ■**to ~ sth** sich *akk* später ereignen **postdoctoral** *adj* im Anschluss an die Promotion *nach n*

poster [ˈpəʊstəʳ, AM ˈpoʊstɚ] *n* ❶ (*advertisement*) [Werbe]plakat *nt*
❷ (*large picture*) Poster *nt*

poster child *n* ■**to be a ~ for sth** ein Aushängeschild *nt* für etw *akk* sein

poster color AM, **poster colour** *n* Plakatfarbe *f*

poste restante [ˌpəʊstˈrestɑːnt, AM ˌpoʊstresˈtɑːnt] **I.** *n usu sing* Aufbewahrungs- und Abholstelle *f* für postlagernde Briefe und Sendungen; (*on envelopes*) '~' ‚postlagernd'
II. *n modifier* **sb's ~ address** *die Adresse, an die man jdm postlagernd schreiben kann*
III. *adv inv* postlagernd, poste restante

posterior [pɒsˈtɪəriəʳ, AM pɑːˈstriɚ] **I.** *n* (*hum*) Hinterteil *nt hum,* Hintern *m fam*
II. *adj attr, inv* (*form*) ❶ (*later in time*) spätere(r, s)
❷ (*towards the back*) hintere(r, s)

posterity [pɒsˈterəti, AM pɑːˈsterət̬i] *n no pl* (*form*) Nachwelt *f geh;* **to preserve sth for ~** etw der Nachwelt erhalten

postern [ˈpɒstən, AM ˈpoʊstɚn] *n* (*old: at back*) Hintertür *f;* (*at side*) Seitentür *f,* Nebentür *f*

poster paint *n* Plakatfarbe *f* **post-feminism** *n no pl* Postfeminismus *m geh*

post-feminist I. *adj inv* postfeministisch *geh*
II. *n* Postfeminist(in) *m(f) geh*

post-free BRIT **I.** *adj inv* portofrei, gebührenfrei; **~ reply card** frankierte Rückantwortkarte; **~ service** gebührenfreie Zustellung
II. *adv* portofrei, gebührenfrei

postgrad I. *n* (*fam*) *short for* **postgraduate** Postgraduierte(r) *f(m) fachspr,* Student(in) *m(f)* im Aufbaustudium (*nach Erreichen des ersten akademischen Grades*) **II.** *adj attr, inv* (*fam*) *short for* **postgraduate** weiterführend, Postgraduierten- *fachspr,* Aufbau-; *see also* **postgraduate postgraduate I.** *n* Postgraduierte(r) *f(m) fachspr,* Student(in) *m(f)* im Aufbaustudium (*nach Erreichen des ersten akademischen Grades*) **II.** *adj attr, inv* weiterführend, Postgraduierten- *fachspr,* Aufbau-; **~ research** weiterführende Forschungsarbeiten; **~ studies** Aufbaustudium *nt* **Postgraduate Certificate in Education** *n* BRIT *in Großbritannien für Lehramtskandidaten/-kandidatinnen vorgeschriebenes einjähriges Referendariat nach Ablegen des ersten Examens* **post-haste** *adv inv* (*dated form*) schnellstens, eilends; ***may I suggest you pay that bill ~?*** darf ich Ihnen vorschlagen, die Rechnung baldigst zu begleichen? *form* **posthumous** [ˈpɒstjəməs, AM ˈpɑːstʃə-] *adj inv* (*form*) post[h]um *form; child* nachgeboren; **a ~ award/novel** ein post[h]um verliehener Preis/veröffentlichter Roman **posthumously** [ˈpɒstjəməsli, AM ˈpɑːstʃə-] *adv inv* (*form*) post[h]um *form;* ***his last novel was published ~*** sein letzter Roman wurde nach seinem Tode veröffentlicht; **to be awarded ~** post[h]um verliehen werden

postie [ˈpəʊsti] *n* BRIT (*fam*) Briefträger(in) *m(f),* Postbote, -in *m, f*

post-Impressionist [ˌpəʊstɪmˈpreʃənɪst, AM ˌpoʊst] *adj inv* nachimpressionistisch

post-industrial *adj inv* postindustriell *geh*

posting [ˈpəʊstɪŋ, AM ˈpoʊ-] *n esp* BRIT ❶ (*appointment to job*) Versetzung *f;* MIL Abkommandierung *f;* **overseas ~** Versetzung *f* nach Übersee
❷ (*location*) *Ort, an den jd versetzt wird;* MIL ***we moved from one ~ to another all through our childhood*** während meiner Kindheit zogen wir von einer Einheit zur anderen um

Post-it® *n,* **Post-it note®** *n* Post-it® *nt,* Haftnotiz *f*

postlude [ˈpəʊstljuːd, AM ˈpoʊstluːd, -ljuːd] *n* MUS Nachspiel *nt*

postman *n* Postbote *m,* Briefträger *m* **postman's knock** *n* BRIT *Kinderspiel, bei dem mit Küssen für imaginäre Briefe bezahlt wird* **postmark I.** *n* Poststempel *m;* **date as ~** Datum des Poststempels **II.** *vt usu passive* ■**to be ~ed** abgestempelt sein; **to be ~ed Manchester/the thirtieth of September** in Manchester/am dreißigsten September abgestempelt sein; ***the envelope hadn't been ~ed*** auf dem Umschlag war kein Poststempel **postmaster** *n* Leiter *m* einer Postdienststelle **postmaster general** [ˌpəʊsmɑːstəˈdʒenərəl, AM ˌpoʊsmæstɚ] *n* BRIT (*hist*) Postminister *m*

post meridiem [ˌpəʊs(t)məˈrɪdiəm, AM ˌpoʊ-] *adv inv see* **p.m.**

postmillennial [ˌpəʊs(t)mɪˈleniəl, AM ˌpoʊs(t)-] *adj* nach der Jahrtausendwende *nach n*

postmistress *n* Leiterin *f* einer Postdienststelle

postmodern *adj inv* postmodern *geh* **postmodernism** *n no pl* Postmoderne *f geh* **postmodernist I.** *n* Postmodernist(in) *m(f) geh* **II.** *adj inv* postmodernistisch *geh* **post-mortem** [ˌpəʊs(t)ˈmɔːtem, AM ˌpoʊs(t)ˈmɔːrt̬əm] **I.** *n* ❶ MED (*examination*) Obduktion *f,* Autopsie *f;* **to carry out** [*or* **conduct**] [*or* **perform**] **a ~** eine Autopsie vornehmen ❷ (*fam: discussion*) Nachbesprechung *f,* Manöverkritik *f hum* ❸ COMPUT Post-Mortem-Fehlersuche *f* **II.** *adj attr, inv* (*done after death*) nach dem Tod *nach n,* postmortal *fachspr;* **~ report** Obduktionsbericht *m* **postmortem examination** *n* MED Obduktion *f,* Autopsie *f; see also* **postmortem post-natal** *adj inv* nach der Geburt *nach n,* postnatal *fachspr;* **~ blues** Wochenbettdepression *f;* **~ care** Versorgung *f* nach der Geburt; **~ depression** postnatale Depression *fachspr;* **the ~ period** die Zeit nach der Geburt **postnuptial** *adj inv* nach der Hochzeit *nach n;* ZOOL nach der Paarungszeit *nach n* **postnuptial agreement** *n* Ehevertrag *m*

Post Office *n* ■**the ~** die Post *kein pl* **post office** *n* ❶ (*for postal services*) Postamt *nt,* Post *f kein pl;* ■**at the ~** auf der Post; (*have account etc*) bei der Post; **to go to the ~** zur [*o* auf die] Post gehen ❷ AM (*postman's knock*) *Kinderspiel, bei dem imaginäre Briefe mit Küssen bezahlt werden*

post-operative *adj inv* MED postoperativ *fachspr;* **~ care** [medizinische] Versorgung nach einer Operation; **the immediate ~ period** die Zeit unmittelbar nach der Operation

post-paid I. *adj inv* portofrei, gebührenfrei, frei[gemacht]; **~ reply card** frankierte Rückantwortkarte; **~ service** gebührenfreie Zustellung
II. *adv* gebührenfrei, portofrei; ***it went ~*** die Zustellung war gebührenfrei

post-partum [ˌpəʊstˈpɑːtəm, AM ˌpoʊstˈpɑːr] *adj inv* MED post partum *fachspr,* postpartal *fachspr,* nach der Geburt auftretend *attr*

postpone [pəʊs(t)ˈpəʊn, AM poʊs(t)ˈpoʊn] *vt* ■**to ~ sth** etw verschieben [*o* aufschieben]; **to ~ a meeting** eine Sitzung vertagen; **to ~ sth for a week/until** [*or* **to**] **Thursday** etw um eine Woche/auf Donnerstag verschieben

postponement [pəʊs(t)ˈpəʊnmənt, AM poʊs(t)ˈpoʊ-] *n* ❶ (*delay*) Verschiebung *f;* ***we were disappointed by yet another ~ of our trip*** wir waren enttäuscht, dass wir unsere Reise noch einmal verschieben mussten
❷ *no pl* (*deferment*) Aufschub *m; of a court case* Vertagung *f;* **~ of payment** Zahlungsaufschub *m;* **to apply for a ~** LAW eine Vertagung [der Gerichtsverhandlung] beantragen

postprandial [ˌpəʊs(t)ˈprændiəl, AM ˌpoʊs(t)ˈ-] *adj inv* (*hum*) Verdauungs-, nach dem Essen *nach n;* **~ walk** [*or* **stroll**] Verdauungsspaziergang *m* **post-production I.** *n* FILM, RADIO, TV Post Production *f fachspr;* ***after filming ends, ~ will take about six months*** nach Abschluss der Dreharbeiten dauert es etwa sechs Monate, bis der Film fertig ist **II.** *adj attr, inv* nach den Dreharbeiten *nach n*

post room *n* BRIT Poststelle *f*

postscript [ˈpəʊs(t)skrɪpt, AM ˈpoʊ-] *n* ❶ (*to a letter*) Postskript[um] *nt;* **to add a ~ to a letter** ein Postskript[um] anfügen ❷ (*to piece of writing*) Nachwort *nt* ❸ (*sequel*) Fortsetzung *f;* ***and did the matter end there, or was there a ~?*** und war die Geschichte damit zu Ende, oder gab es ein Nachspiel? **postseason I.** *n esp* AM SPORTS Nachsaisonspiel *nt* **II.** *adj esp* AM Nachsaison-; **~ game** Nachsaisonspiel *nt*

post-traumatic *adj* posttraumatisch **post-traumatic stress disorder** *n no pl* posttraumatisches Stresssyndrom *fachspr* **post-traumatic stress syndrome** *n* posttraumatisches Belastungssyndrom

postulate (*form*) **I.** *vt* [ˈpɒstjəleɪt, AM ˈpɑːstʃə-] ■**to ~ sth** etw postulieren *geh;* ■**to ~ that ...** die These vertreten, dass ...
II. *n* [ˈpɒstjələt, AM ˈpɑːstʃəlɪt] Postulat *nt geh*

postural [ˈpɒstʃərəl, AM ˈpɑːs] *adj inv* Haltungs-, Stellungs-, Lagerungs-

posture [ˈpɒstʃəʳ, AM ˈpɑːstʃɚ] **I.** *n* ❶ *no pl* (*natural*) [Körper]haltung *f;* (*pose also*) Stellung *f,* Pose *f;* **to have a good/bad ~** eine gute/schlechte Haltung haben; **in a very awkward ~** in einer sehr merkwürdigen Haltung [*o* Stellung]; **in a kneeling/an upright ~** in kniender/aufrechter Stellung; **to adopt** [*or* **assume**] [*or* **get into**] **a ~** eine Pose einnehmen
❷ *no pl* (*attitude*) Haltung *f* (**on** zu +*dat*); **to adopt a defensive ~** eine defensive Haltung einnehmen
II. *vi* (*pej*) sich *akk* in Pose werfen

posturing [ˈpɒstʃərɪŋ, AM ˈpɑːstʃɚ-] *n no pl* (*pej*) Gehabe *nt pej,* Getue *nt pej;* **intellectual ~** intellektuelles Getue *pej;* **macho ~** Machogehabe *nt pej*

post-war *adj inv* Nachkriegs-, der Nachkriegszeit *nach n;* **~ era** Nachkriegsära *f;* **~ Europe** Nachkriegseuropa *nt;* **the immediate ~ period** die unmittelbare Nachkriegszeit; **the ~ rationing** die Rationierung[en] *f[pl]* in der Nachkriegszeit

postwoman *n* Postbotin *f,* Briefträgerin *f*

post-work [ˌpəʊs(t)ˈwɜːk, AM ˌpoʊs(t)ˈwɜːrk] *adj attr* nach der Arbeit *nach n;* ***on a Friday afternoon we often go for a ~ drink*** freitags nachmittags gehen wir oft nach der Arbeit noch was trinken

posy [ˈpəʊzi, AM ˈpoʊ-] *n* Sträußchen *nt;* **~ of anemones/flowers** Anemonen-/Blumensträußchen *nt*

pot[1] *n short for* **potentiometer**

pot[2] [pɒt, AM pɑːt] *n no pl* (*sl*) Pot *nt sl;* **to smoke ~** Pot rauchen

pot[3] [pɒt, AM pɑːt] **I.** *n* ❶ (*for cooking*) Topf *m;* **~s and pans** Töpfe und Pfannen
❷ (*container*) Topf *m;* (*glass*) Glas *nt;* **coffee ~/tea~** Kaffee-/Teekanne *f;* **jam/mustard ~** BRIT Marmeladen-/Senfglas *nt;* **paint ~** Farbtopf *m*
❸ (*amount*) **a ~ of coffee/tea** eine Kanne Kaffee/Tee; ***make a fresh ~*** [***of tea***] mach noch mal Tee; **two ~s of sour cream/yoghurt** BRIT zwei Becher *mpl* saure Sahne/Joghurt; **a ~ of moisturizing cream** BRIT ein Tiegel *m* Feuchtigkeitscreme; **a ~ of paint** BRIT ein Topf *m* Farbe
❹ (*for plants*) Blumentopf *m;* **terracotta ~** Terrakottatopf *m*
❺ (*clay container*) Keramikgefäß *nt*
❻ (*sl: trophy*) Pokal *m*
❼ (*fam: a lot*) ■**~s** *pl* jede Menge; **to have ~s of money** steinreich sein, jede Menge [*o* massenhaft] Geld haben; ***she's got ~s of money*** sie hat Geld wie Heu *fam*
❽ (*potty*) Töpfchen *nt,* Topf *m*
❾ *usu sing* (*esp hum: pot belly*) Wampe *f pej fam*
❿ *esp* BRIT (*potshot*) Schuss *m* aufs Geratewohl; **to**

take a ~ at sb/sth aufs Geratewohl auf jdn/etw schießen; (*fig*) jdn/etw aufs Korn nehmen
⓫ (*in billiards, snooker*) Stoß *m;* (*in cards*) Pott *m;* (*jackpot*) Topf *m*
► PHRASES: ~ **of gold at the end of the rainbow** ein unerfüllter Wunsch; ***she's still searching for that ~ of gold*** sie jagt immer noch ihrem Traum hinterher; **it's** [**a case of**] **the ~ calling the kettle black** ein Esel schimpft den anderen Langohr; **to go to ~** (*fam*) vor die Hunde gehen *fam,* auf den Hund kommen *fam; country, economy, business* den Bach runtergehen *fam; hopes* sich *akk* zerschlagen; *plan* ins Wasser fallen *fig;* **to let sth go to ~** etw verwildern lassen; **to keep the ~ boiling** sich/jdn über Wasser halten
II. *vt* <-tt-> ❶ (*put in pot*) ■**to ~ sth** [**up**] *plants* etw eintopfen [*o* in einen Topf pflanzen]; *food* etw in Töpfe [*o* einen Topf] füllen
❷ (*shoot*) ■**to ~ sth** etw abschießen [*o fam* abknallen]
❸ SPORTS (*in billiards, snooker*) **to ~ the black/green** die schwarze/grüne Kugel einlochen
III. *vi* ■**to ~ at sth** auf etw *akk* schießen
◆**pot on** *vt* **to ~ a plant on** BRIT eine Pflanze [in einen größeren Topf] umtopfen
potable ['pəʊtəbl, AM 'poʊt̬-] *adj* (*form*) trinkbar; ~ **water** [sauberes] Trinkwasser
potage [pɒt'ɑːʒ, AM poʊ'tɑːʒ] *n no pl* (*old*) [dicke] Suppe
potash ['pɒtæʃ, AM 'pɑːt-] *n no pl* Pottasche *f,* Kaliumkarbonat *nt fachspr*
potassium [pə'tæsiəm] *n no pl* CHEM Kalium *nt*
potassium chloride *n no pl* CHEM Kaliumchlorid *nt fachspr* **potassium cyanide** *n no pl* CHEM Kaliumzyanid *nt fachspr,* Zyankali *nt* **potassium permanganate** *n no pl* CHEM Kaliumpermanganat *nt fachspr*
potato <*pl* -es> [pə'teɪtəʊ, AM -t̬oʊ] *n* Kartoffel *f,* Erdapfel *m* ÖSTERR; **baked ~** Ofenkartoffel *f;* **fried/roasted ~es** Brat-/Röstkartoffeln *fpl;* **mashed ~es** Kartoffelbrei *m,* Kartoffelpüree *nt;* **to dig up** [*or* **lift**] **~es** Kartoffeln ausgraben [*o* ernten]
potato beetle *n,* **potato bug** *n* AM Kartoffelkäfer *m* **potato chip** *n* AM, AUS, **potato crisp** *n usu pl* BRIT Kartoffelchip *m* **potato dumpling** *n* Kartoffelkloß *m,* Erdäpfelknödel *m* ÖSTERR **potato masher** *n* Kartoffelstampfer *m* **potato peeler** *n* Kartoffelschäler *m,* Kartoffelmesser *nt* **potato salad** *n no pl* Kartoffelsalat *m*
pot-bellied *adj inv* dickbäuchig, mit einer Wampe *nach n;* **starving ~ children** hungernde Kinder mit aufgeblähten Bäuchen **pot belly** *n* dicker Bauch, Wampe *f fam;* (*sign of illness*) Blähbauch *m* **pot-belly stove** *n* Kanonenofen *m* **potboiler** *n* (*pej: music*) rein kommerzielles Stück; (*novel*) rein kommerzieller Roman **pot-bound** *adj inv plant* eingewachsen
poteen [pɒt'iːn] *n* IRISH *illegal gebrannter irischer Schnaps*
potency ['pəʊtᵊn(t)si, AM 'poʊ-] *n no pl* ❶ (*strength*) Stärke *f; of evil, temptation, a spell* Macht *f; of a drug, poison* Wirksamkeit *f; of a weapon* Durchschlagskraft *f*
❷ (*sexual*) Potenz *f*
potent ['pəʊtᵊnt, AM 'poʊ-] *adj* ❶ (*strong*) mächtig, potent *geh; antibiotic, drink, poison* stark; *argument* schlagkräftig; *symbol* aussagekräftig; *weapon* durchschlagend
❷ (*sexual*) potent
potentate ['pəʊtᵊnteɪt, AM 'poʊ-] *n* (*esp pej liter*) Potentat(in) *m(f) pej geh*
potential [pə(ʊ)'ten(t)ʃᵊl, AM poʊ'-] **I.** *adj inv* potenziell *geh,* möglich; ***she is a ~ Olympic gold medallist*** sie ist eine Anwärterin auf Olympisches Gold; ~ **buyer** potenzieller Käufer/potenzielle Käuferin; ~ **customer** potenzieller Kunde/potenzielle Kundin; ~ **dangers** potenzielle Gefahren; ~ **market** potenzieller Markt
II. *n no pl also* ELEC Potenzial *nt geh;* **the growth ~ of the company** das Wachstumspotenzial des Unternehmens; **share with a growth ~** [*or* **with a ~ for growth**] Aktie *f* mit Wachstumspotenzial; **untapped ~** ungenutztes [*o* nicht ausgeschöpftes] [*o* brachliegendes] Potenzial; **to achieve** [*or* **fulfil**] **one's ~** sein volles Potenzial ausschöpfen; **to have the ~ to do sth** das Zeug dazu haben, etw zu tun; **to have** [**a lot of**] ~ *building, idea* [vollkommen] ausbaufähig sein; *person* [sehr] begabt sein, [großes] Talent haben; *song* viel versprechend sein; ***this room has got a lot of ~*** aus diesem Raum lässt sich eine ganze Menge machen
potential difference *n* ELEC Potenzialunterschied *m*
potentiality [pə(ʊ),ten(t)ʃi'æləti, AM poʊ,ten(t)ʃi'æləţi] *n no pl* (*form: ability*) Potenzial *nt geh,* Möglichkeiten *fpl;* (*capacity*) Leistungsfähigkeit *f;* ~ **of danger** Gefahrenpotenzial *nt;* ~ **for development** Entwicklungsmöglichkeiten *fpl;* ~ **for growth** Wachstumschancen *fpl*
potentially [pə(ʊ)'ten(t)ʃᵊli, AM poʊ'-] *adv inv* potenziell *geh;* ~ **disastrous/successful** möglicherweise verheerend/erfolgreich; **sth is ~ fatal** etw kann tödlich sein
potentiometer [pə,ten(t)ʃi'ɒmɪtəʳ, AM -'ɑːmɪţɚ] *n* Potenziometer *m*
potently ['pəʊtᵊntli, AM 'poʊ-] *adv* mächtig; **to demonstrate** [**most**] **~ that …** [nur zu] deutlich zeigen, dass …
pothead ['pɒthed, AM 'pɑːt-] *n* (*sl*) Kiffer(in) *m(f) sl*
pother ['pɒðəʳ, AM 'pɑːðɚ] *n* (*liter*) Wirbel *m;* **to make a ~** viel Wirbel machen
pot-herb *n* Küchenkraut *nt* **pot holder** *n esp* AM, AUS Topflappen *m* **pothole** *n* ❶ (*in road*) Schlagloch *nt;* **to hit a ~** über ein Schlagloch fahren; (*fig*) ***the road to economic recovery is full of ~s*** der Weg zur wirtschaftlichen Erholung ist voller Hindernisse ❷ (*underground hole*) Höhle *f* **potholed** *adj inv street* voller Schlaglöcher *nach n,* mit Schlaglöchern übersät **potholer** *n esp* BRIT *jd, der als Hobby Höhlen erforscht* **potholing** *n esp* BRIT Höhlenforschung *f* als Hobby **pot-hook** *n* ❶ (*for pot*) Kesselhaken *m* ❷ (*in writing*) unbeholfener Schnörkel **pot-hunter** *n* (*sl*) Preisjäger(in) *m(f) fam*
potion ['pəʊʃᵊn, AM 'poʊ-] *n* Trank *m;* **love/magic ~** Liebes-/Zaubertrank *m;* (*esp pej: medicine*) Mittelchen *nt hum o pej*
pot luck *n no pl* Zufallstreffer *m;* **to take ~** nehmen, was es gerade gibt; ***I took ~ and got on the first available flight*** ich nahm aufs Geratewohl den nächsten freien Flug; **to take ~ with sth** mit etw *dat* vorlieb nehmen **potluck dinner** *n,* AM *also* **potluck supper** *n Abendessen, zu dem die Gäste verschiedene Gerichte mitbringen und miteinander teilen* **pot plant** *n esp* BRIT, AUS Topfpflanze *f*
pot-pourri [,pəʊ'pʊəri, AM ,poʊpʊ'riː] *n* ❶ *no pl* (*mixture*) Potpourri *nt*
❷ (*pot*) Potpourrigefäß *nt*
❸ (*medley*) bunte Mischung, Potpourri *nt;* MUS Medley *nt geh*
pot roast *n* Schmorbraten *m* **potshot** *n* (*with gun*) blinder Schuss, Schuss *m* ins Blaue; (*fig: verbal attack*) scharfe Kritik, Seitenhieb *m;* **to take a ~ at sb/sth** [aufs Geratewohl] auf jdn/etw schießen; (*fig*) Seitenhiebe gegen jdn/etw austeilen
potted ['pɒtɪd, AM 'pɑːţ-] *adj attr, inv* ❶ (*in a pot*) Topf-; ~ **palm** Zimmerpalme *f;* ~ **plant** Topfpflanze *f*
❷ (*preserved*) eingelegt; ~ **shrimps** eingelegte Krabben
❸ BRIT (*fam: shorter*) gekürzt; ~ **biography** Kurzbiografie *f;* ~ **version** gekürzte Ausgabe
potter[1] ['pɒtəʳ, AM 'pɑːţɚ] *n* Töpfer(in) *m(f)*
potter[2] ['pɒtəʳ, AM 'pɑːţɚ] *esp* BRIT **I.** *n no pl* (*stroll*) Bummel *m;* (*around town*) Stadtbummel *m*
II. *vi* ❶ (*unhurriedly*) bummeln, schlendern
❷ (*do nothing in particular*) vor sich *akk* hin werkeln *fam*
◆**potter about** *esp* BRIT, **potter around** *esp* BRIT, **potter round** *vi* BRIT ❶ (*go unhurriedly*) herumschlendern; (*in car*) dahinzuckeln *fam;* **to ~ around the village** im Dorf umherschlendern, durchs Dorf bummeln
❷ (*do nothing in particular*) vor sich *akk* hin werkeln *fam;* **to ~ about** [*or* **around**] [*or* **round**] **in the kitchen** in der Küche werkeln [*o* hantieren] *fam*
potter's wheel *n* Töpferscheibe *f*
pottery ['pɒtᵊri, AM 'pɑːţɚi] *n* ❶ *no pl* (*activity*) Töpfern *nt*
❷ (*objects*) Keramik *f kein pl,* Töpferwaren *fpl*
❸ (*factory*) Töpferei *f*
pottiness ['pɒtɪnəs] *n no pl* BRIT (*fam*) Verrücktheit *f*
potting compost ['pɒtɪŋkɒmpɒst, AM 'pɑːţɪŋkɑːmpoʊ ːst] *n no pl* Blumenerde *f* **potting shed** *n esp* BRIT Gartengeräteschuppen *m*
potty ['pɒti, AM 'pɑːţi] **I.** *adj esp* BRIT (*fam*) verrückt; ***I must have been ~ to …*** ich war wohl nicht ganz bei Trost, als ich …; ■**to be ~ about sb/sth** nach jdm/etw verrückt sein; **to drive sb ~** jdn zum Wahnsinn treiben; **to go ~** (*get angry*) ausflippen *sl;* (*become eccentric*) nicht mehr richtig ticken *fam*
II. *n* Töpfchen *nt*
potty-trained *adj inv* ■**to be ~** sauber sein; ***is Sammy ~ yet?*** geht der Sammy schon aufs Töpfchen?
potty-training *n no pl* Sauberkeitserziehung *f*
pouch <*pl* -es> [paʊtʃ] *n* ❶ (*small bag*) Beutel *m;* ***food sealed in foil ~es*** in Folie eingeschweißte Lebensmittel; **leather/tobacco ~** Leder-/Tabaksbeutel *m*
❷ ZOOL (*of kangaroo, koala*) Beutel *m;* (*of hamster*) Tasche *f*
❸ (*under eyes*) ■**~es** *pl* Tränensäcke *mpl*
pouf[1] [puːf] *n* Puff *m*
pouf[2] *n esp* BRIT, AUS (*pej sl*) *see* **poof**
pouffe *n see* **pouf**[1]
poulterer ['pəʊltᵊrəʳ] *n* BRIT Geflügelhändler(in) *m(f)*
poultice ['pəʊltɪs, AM 'poʊl-] *n* MED Breiumschlag *m,* Breipackung *f*
poultry ['pəʊltri, AM 'poʊ-] *n* ❶ *pl* (*birds*) Geflügel *nt kein pl*
❷ *no pl* (*meat*) Geflügel[fleisch] *nt*
poultry farm *n* Geflügelfarm *f* **poultry farming** *n no pl* Geflügelzucht *f*
pounce [paʊn(t)s] *vi* ❶ (*jump*) losspringen; *attacker, animal* einen Satz machen; *bird of prey* niederstoßen
❷ (*fig: seize opportunity*) *police, journalist* zuschlagen, zuschnappen *fam; interrogator* sich *akk* auf sein Opfer stürzen *fig*
◆**pounce on, pounce upon** *vi* ❶ (*spring forward*) ■**to ~ on** [*or* **upon**] **sb/sth** sich *akk* auf jdn/etw stürzen, über jdn/etw herfallen, auf jdn/etw losgehen; *police* jdn fassen; *criminal* jdn überfallen; **to ~ on its prey** [sich *akk*] auf seine Beute stürzen; *bird of prey* auf seine Beute niederstoßen
❷ (*grab quickly*) ■**to ~ on** [*or* **upon**] **sth** [hastig] nach etw *dat* greifen; ***she ~d on the money as soon as I offered it to her*** kaum hatte ich es ihr angeboten, schon grapschte sie nach dem Geld
❸ (*fig: take advantage of*) ■**to ~ on sth** etw aufgreifen, sich *akk* auf etw *akk* stürzen *fig;* **to ~ on an idea** sich *akk* auf eine Idee stürzen; **to ~ on an opportunity** eine Gelegenheit sofort beim Schopfe packen
pound[1] [paʊnd] *n* Pfund *nt;* (*coin*) Pfundmünze *f;* ■**the ~** das [englische] Pfund; **five-~ note** Fünfpfundschein *m;* ~ **for ~** BRIT, AUS auf Heller und Pfennig
pound[2] [paʊnd] *n* ≈ Pfund *nt* (*454 g*)*;* ***I'd like three ~s of bananas*** ich hätte gern drei Pfund Bananen; **by the ~** pfundweise, pro Pfund
► PHRASES: **to get one's ~ of flesh from sb** gnadenlose Forderungen an jdn stellen, keine Gnade kennen
pound[3] [paʊnd] **I.** *vt* ❶ (*hit repeatedly*) ■**to ~ sth** auf etw *akk* hämmern, auf etw *dat* herumtrommeln; **to ~ the door** gegen die Tür hämmern; **to ~ the piano** [*or* **keyboard**] in die Tasten hauen; **to ~ the**

typewriter auf der Schreibmaschine herumhämmern
2 MIL (*bombard*) **to ~ the enemy positions/town** die feindlichen Stellungen/Stadt bombardieren; ***the town was ~ed to rubble*** die Stadt wurde in Schutt und Asche gelegt; (*fig*) ***the storm ~ed southern France*** der Sturm peitschte über Südfrankreich hinweg
3 *esp* BRIT *esp* FOOD (*crush*) ■**to ~ sth** etw zerstampfen
4 (*fam: walk along repeatedly*) herumlaufen; **to ~ the beat** *policeman* auf Streife gehen
► PHRASES: **to ~ one's ear** AM (*hum*) schlafen; **to ~ the pavement** AM Arbeit suchen
II. *vi* 1 (*strike repeatedly*) hämmern; ***we watched the huge waves ~ing against the shore*** wir beobachteten, wie die gewaltigen Wellen sich an der Küste brachen; **to ~ on the door/wall** an [*o* gegen] die Tür/Wand hämmern; **to ~ on the table** auf den Tisch hämmern
2 (*run noisily*) stampfen; ■**to ~ up to sb** auf jdn zustürmen
3 (*beat*) *pulse* schlagen; *heart also* pochen; ***I could feel my heart ~ing*** ich konnte fühlen, wie mir das Herz bis zum Halse schlug
◆**pound away** *vi* ■**to ~ away at** [*or* **on**] **sth** auf etw *dat* [herum]hämmern; **to ~ away on the computer/typewriter** auf der Computertastatur/der Schreibmaschine herumhämmern; **to ~ away on a piano** heftig in die Tasten hauen
◆**pound out** I. *vt* **to ~ out a letter/tune** einen Brief/eine Melodie herunterhämmern
II. *vi* dröhnen

poundage ['paʊndɪdʒ] *n* BRIT Gebühr *f* [pro Pfund]; (*commission*) Provision *f* [pro Pfund]

pound cake *n* Napfkuchen *m*

-pounder ['paʊndəʳ, AM -ɚ] *in compounds with numbers* -pfünder

pounding ['paʊndɪŋ] I. *n* 1 *no pl* (*noise*) *of guns* Knattern *nt; of heart* Schlagen *nt;* (*in head*) Pochen *nt; of music, drum* Dröhnen *nt; of waves* Brechen *nt;* ***I could hear the ~ of my heart as I stepped onto the stage*** ich konnte mein eigenes Herz klopfen hören, als ich auf die Bühne stieg
2 (*attack*) Beschuss *m kein pl;* (*from air*) Bombardement *nt;* **to take a ~** unter schweren Beschuss geraten, heftig bombardiert werden; (*fig*) ziemlich unter Beschuss geraten *fig*, heftig [*o* scharf] kritisiert werden
3 (*defeat*) Niederlage *f;* (*in election, match*) Schlappe *f*
II. *adj drum, music* dröhnend; *head, heart* pochend

pound note *n* Pfundnote *f* **pound sign** *n* Pfundzeichen *nt*, Pfundsymbol *nt* **pound sterling** *n* Pfund *nt* [Sterling]

pour [pɔːʳ, AM pɔːr] I. *vt* 1 (*cause to flow*) ■**to ~ sth into/onto sth** etw in/auf etw *akk* gießen; *flour, rice, paint* etw in/auf etw *akk* schütten; **~ *about two kilos of salt into the water softener*** dem Wasserenthärter etwa zwei Kilogramm Salz zugeben; ■**to ~ sth onto sb/oneself** (*accidently*) etw über jdn/sich kippen; ■**to ~ sb/oneself sth** [*or* **sth for sb/oneself**] jdm/sich etw einschenken; (*as refill*) jdm/sich etw nachschenken; **~ *yourself a drink*** nimm dir was zu trinken
2 (*fig: give in large amounts*) ■**to ~ sth into sth** *money, resources* etw in etw *akk* fließen lassen [*o fig fam* pumpen]; *energies* etw in etw *akk* stecken
► PHRASES: **to ~ money down the drain** das Geld zum Fenster hinauswerfen *fig;* **to ~ oil on troubled waters** Öl auf die Wogen gießen *fig;* **to ~ scorn on sth/sb** etw/jdn mit Spott überhäufen; **to ~ scorn on an idea/theory** eine Idee/Theorie verreißen
II. *vi* 1 (*fill glasses, cups*) eingießen, einschenken; ***shall I ~?*** soll ich einschenken?
2 (*flow*) ■**to ~ into/out of sth** in etw *akk*/aus etw *dat* fließen [*o* strömen]; ***the sunlight came ~ing into the room*** das Sonnenlicht durchströmte den Raum; ***donations are ~ing into the appeal office*** Spenden gehen in großer Zahl beim Spendenbüro ein; ***smoke was ~ing from a pipe*** Rauch quoll aus einem Rohr; **to be ~ing with sweat** schweißgebadet sein
3 *impers* (*rain*) **it's ~ing** [**with rain**] es gießt in Strömen, es schüttet *fam*
◆**pour away** *vt* ■**to ~ away** ⟲ **sth** etw weggießen; *solid substances* etw wegschütten
◆**pour down** *vi impers* **it's ~ing down** [**with rain**] es gießt in Strömen, es schüttet *fam*
◆**pour forth** I. *vi* (*form*) *liquid* ausströmen; *gas, vapour also* ausgestoßen werden; *smoke* herausquellen, hervorquellen; (*fig*) *crowds, tourists, troops* herausströmen
II. *vt* (*form*) ■**to ~ forth** ⟲ **sth** etw ausstoßen
◆**pour in** *vi* hereinströmen, hineinströmen; *letters, donations* massenweise eintreffen
◆**pour off** *vt* ■**to ~ off** ⟲ **sth** etw weggießen; *pasta or vegetable water* etw abgießen; *solid substances* etw wegschütten
◆**pour out** I. *vt* 1 (*serve from a container*) ■**to ~ out** ⟲ **sth** *liquids* etw ausgießen; *solids* etw ausschütten; **to ~ out a cup of tea** eine Tasse Tee einschenken
2 (*fig: recount*) ■**to ~ out** ⟲ **sth** *feelings, words* etw hervorstoßen; **to ~ out the whole story** mit der ganzen Geschichte herausrücken; ■**to ~ out** ⟲ **sth to sb** jdn mit etw *dat* überschütten *fig;* **to ~ out one's problems/thoughts/worries** sich *dat* Probleme/Gedanken/Sorgen von der Seele reden
3 (*produce quickly*) ■**to ~ out sth** etw ausstoßen
► PHRASES: **to ~ one's heart out to sb** jdm sein Herz ausschütten
II. *vi* 1 (*come out*) ausströmen; *smoke* herausquellen, hervorquellen
2 (*be expressed*) *words etc* herauskommen *fig*

pouring ['pɔːrɪŋ] *adj attr, inv* strömend *attr;* **the ~ rain** der strömende Regen

pout [paʊt] I. *vi* einen Schmollmund machen; (*sulk*) schmollen
II. *vt* **to ~ one's lips** die Lippen spitzen
III. *n* Schmollmund *m*

poutine [puː'tiːn] *n* CAN FOOD *Pommes frites mit gebrökeltem Frischkäse und brauner Soße*

pouting ['paʊtɪŋ, AM -ţ-] *adj attr, inv* ***the gorgeous ~ Tanya*** die umwerfende Tanya mit dem Kussmund; **~ lips** gespitzte Lippen; **~ mouth** Schmollmund *m*

poverty ['pɒvəti, AM 'pɑːvɚţi] *n no pl* 1 (*state of being poor*) Armut *f;* **to live in** [**abject**] **~** in [entsetzlicher] Armut leben; **extreme/grinding ~** drückende/bittere Armut; **intellectual/spiritual ~** geistige/seelische Armut; **to alleviate ~** die Armut lindern
2 (*form: lack*) Mangel *m* (**of** an +*dat*)
► PHRASES: **when ~ comes in at the door, love flies out of the window** (*prov*) wenn die Armut zur Tür hereinkommt, fliegt die Liebe zum Fenster hinaus

poverty line *n* ■**the ~** die Armutsgrenze; **to live below the ~** unter der Armutsgrenze leben **poverty-stricken** *adj* bitterarm, bettelarm; **the ~ countryside** die armen ländlichen Gegenden **poverty trap** *n* BRIT Armutsfalle *f;* **to be caught in the ~** in der Armutsfalle sitzen

POW [ˌpiːəʊ'dʌbljuː, AM -oʊ'-] *n*, BRIT *also* **PoW** *n* (*hist*) *abbrev of* **prisoner of war** KG

pow [paʊ] *interj* (*fam: esp in children's comics*) peng, zack

powder ['paʊdəʳ, AM -ɚ] I. *n* 1 *no pl* Pulver *nt;* **baking ~** Backpulver *nt;* **curry ~** Currypulver *nt;* **to crush** [*or* **grind**] **sth to a ~** etw zu Pulver zermahlen
2 *no pl* (*make-up*) Puder *m;* ***dust the face lightly with ~*** pudern Sie sich ganz leicht das Gesicht; **to cover oneself with talcum ~** sich *dat* den Körper pudern; **loose ~** loser Puder
3 *no pl* (*snow*) Pulverschnee *m*
4 BRIT (*washing powder*) Waschpulver *nt;* **biological ~** Biowaschmittel *nt*
II. *vt* ■**to ~ sth/sb/oneself** etw/jdn/sich pudern; ■**to be ~ed with sth** mit etw *dat* bestreut [*o* bestäubt] sein; **~ed with snow** mit Puderzucker bestäubt; **~ with dandruff** mit Schuppen übersät; **to ~ one's nose** sich *dat* die Nase pudern; (*euph hum: go to the lavatory*) ***would you get me another drink while I go and ~ my nose?*** würdest du mir noch einen Drink bestellen, während ich mal kurz verschwinde? *fam*

powder blue [ˌpaʊdə'bluː, AM -ɚ'-] I. *n no pl* Himmelblau *nt*
II. *adj attr* himmelblau

powder compact *n* Puderdose *f*

powdered ['paʊdəd, AM -ɚd] *adj inv* 1 (*in powder form*) Pulver-, pulverisiert; **~ coffee** Pulverkaffee *m;* **~ egg** Trockenei *nt;* **~ milk** Trockenmilch *f*, Milchpulver *nt*
2 (*covered with powder*) gepudert

powder keg *n* Pulverfass *nt* **powder magazine** *n* (*hist*) Pulverkammer *f*, Pulvermagazin *nt* **powder puff** *n* Puderquaste *f* **powder room** *n* (*dated*) Damentoilette *f* **powder snow** *n no pl* Pulverschnee *m*

powdery ['paʊdəri, AM -ɚi] *adj* pulvrig; (*finer*) pudrig; **~ chalk** bröck[e]lige [*o* brös[e]lige] Kreide

power ['paʊəʳ, AM -ɚ] I. *n* 1 *no pl* (*ability to control*) Macht *f;* (*influence*) Einfluss *m;* **black/gay ~ movement** schwarze Bürgerrechtsbewegung/Schwulenbewegung *f;* **to have ~ over sb/sth** Macht über jdn/etw haben; (*influence*) Einfluss auf jdn/etw haben; ***he seems to have a mysterious ~ over her*** sie scheint ihm auf eine rätselhafte Art verfallen zu sein; **to be in sb's ~** völlig unter jds Einfluss stehen; **to have sb in one's ~** jdn in seiner Gewalt haben
2 *no pl* (*political control*) Macht *f;* **absolute ~** absolute Macht; **executive/legislative ~** die exekutive/legislative Gewalt; **to be in/out of ~** an der Macht/nicht an der Macht sein; **to come to ~** an die Macht kommen; **to fall from ~** die Macht abgeben müssen; **to restore sb to ~** jdn wieder an die Macht bringen; **to be returned to ~** wieder [*o* erneut] an die Macht kommen; **to seize ~** die Macht ergreifen [*o* übernehmen]
3 (*country*) [Führungs]macht *f;* **industrial/military ~** Industriemacht/Militärmacht *f;* **naval** [*or* **sea**] **~** Seemacht *f;* **nuclear ~** Atommacht *f;* **the West's leading ~s** die westlichen Führungsmächte; **world ~** Weltmacht *f*
4 (*powerful person, group*) Macht *f*, Kraft *f;* ***she is becoming an increasingly important ~ in the company*** sie wird innerhalb des Unternehmens zunehmend wichtiger; ***Mother Teresa was a ~ for good*** Mutter Teresa hat viel Gutes bewirkt; **the ~s of darkness** (*liter*) die Mächte der Finsternis *liter*
5 *no pl* (*right*) Berechtigung *f*, Befugnis *f;* ***it is*** [***within***] ***my ~ to order your arrest*** ich bin dazu berechtigt, Sie unter Arrest zu stellen; **to have the ~ of veto** das Vetorecht haben
6 (*rights*) ■**~s** *pl* Kompetenz[en] *f*[*pl*]; **to act beyond one's ~s** seine Kompetenzen überschreiten; **to give sb full ~s to do sth** jdn bevollmächtigen, etw zu tun
7 *no pl* (*ability*) Vermögen *nt*, Macht *f;* ***it is beyond my ~ to ...*** es steht nicht in meiner Macht, ...; ***the doctors will soon have it within their ~ to ...*** die Ärzte werden bald in der Lage sein, ...; **to do everything in one's ~** alles in seiner Macht Stehende tun; **to have the ~ to do sth** die Fähigkeit haben, etw zu tun, etw tun können; ***they have the ~*** [*or* ***have it in their ~***] ***to destroy us*** sie haben die Macht, uns zu zerstören
8 (*abilities*) ■**~s** *pl* Vermögen *nt kein pl*, Fähigkeiten *fpl;* **~s of absorption** Absorptionsvermögen *nt;* **~s of concentration** Konzentrationsfähigkeit *f;* **~s of endurance** Durchhaltevermögen *nt;* **to be at the height** [*or* **peak**] **of one's ~s** auf dem Höhepunkt seiner Leistungsfähigkeit sein; **intellectual/mental ~s** intellektuelle/geistige Fähigkeiten; **~s of oberservation** Beobachtungsfähigkeit *f;* **~s of persuasion** Überzeugungskraft *f*
9 *no pl* (*strength*) Kraft *f*, Stärke *f;* (*of the sea, wind*) Gewalt *f;* (*of a nation, political party*) Stärke *f*, Macht *f;* **the explosive ~ of a bomb** die Spreng-

kraft einer Bombe; **the economic ~ of a country** die Wirtschaftsmacht eines Landes; **the ~ of an explosion** die Gewalt einer Explosion; **military ~** militärische Stärke
(10) *no pl* (*emotional force*) Intensität *f; of words* Macht *f;* ***she is a poet of immense ~*** sie ist eine Dichterin von unglaublicher Ausdruckskraft
(11) *no pl* (*electricity*) Strom *m,* Elektrizität *f;* **source of ~** Energiequelle *f,* Energielieferant *m;* **hydro-electric ~** Wasserkraft *f;* **nuclear ~** Atomenergie *f;* **solar ~** Solarenergie *f,* Sonnenenergie *f;* **to cut off the ~** den Strom abstellen; **to disconnect the ~** den Strom abschalten
(12) *no pl* (*mechanical force*) Kraft *f; of electrical appliance* Leistung *f;* **water ~** Wasserkraft *f;* ***this machine runs on diesel ~*** diese Maschine wird von einem Dieselmotor angetrieben
(13) *no pl* (*magnifying strength*) Stärke *f;* ***what's the magnification ~ of your binoculars?*** wie stark ist Ihr Fernglas?
(14) *no pl* MATH Potenz *f;* ***two to the ~ [of] four*** [*or* ***to the fourth ~***] zwei hoch vier
► PHRASES: **more ~ to your elbow** [*or* AM **to you**]! nur zu!, viel Erfolg!; **to do sb a ~ of good** jdm wirklich gut tun; **a ~ behind the throne** eine graue Eminenz; **the ~s that be** die Mächtigen; ***it's up to the ~s that be to decide what ...*** sollen die da oben doch entscheiden, was ... *fam*
II. *n modifier* (1) (*of electricity*) (*source, supply*) Strom-; **~ failure** [*or* **loss**] Stromausfall *m;* **~ industry** Energiewirtschaft *f;* **~ output** elektrische Leistung, Stromleistung *f;* **~ switch** [Strom]schalter *m*
(2) (*concerning political power*) (*block, game, structure*) Macht-; **~ politics** Machtpolitik *f;* **~ struggle** Machtkampf *m;* **~ vacuum** Machtvakuum *nt*
III. *vi* (1) (*fam: move forcefully*) sausen *fam,* rasen
(2) (*work hard*) sich *akk* mächtig ins Zeug legen *fam*
IV. *vt* ■**to ~ sth** etw antreiben; ***trucks are usually ~ed by diesel engines*** LKWs haben normalerweise Dieselantrieb
◆**power down** *vt* ELEC, TECH ■**to ~ down** ◌ **sth** etw abschalten; **to ~ down a computer** einen Computer herunterfahren
◆**power up I.** *vt* (1) ELEC, TECH ■**to ~ up** ◌ **sth** etw einschalten [*o* anschalten]; **to ~ up a computer** einen Computer hochfahren
(2) (*fig: energize*) ■**to ~ up** ◌ **sb** jdn aufbauen [*o* motivieren]
II. *vi* (1) TECH, COMPUT hochfahren
(2) (*fig: gain energy*) Kräfte sammeln; (*to confront sth/sb*) sich *akk* rüsten; ***the baseball team is ~ing up for the new season*** die Baseballmannschaft trainiert zurzeit fleißig für die neue Saison
power-assisted *adj attr, inv* Servo-; **~ brakes** Servobremsen *fpl;* **~ steering** Servolenkung *f* **power base** *n* POL Stütze *f,* Hochburg *f fig* **powerboat** *n* Rennboot *nt* **power brakes** *npl* Servobremsen *fpl* **power breakfast** *n* (*fam*) Arbeitsfrühstück *nt* **power broker** *n* einflussreicher Politiker/einflussreiche Politikerin; *of a party* Parteigröße *f* **power cable** *n* Stromkabel *nt* **power cut** *n* BRIT, AUS (*accidental*) Stromausfall *m;* (*deliberate*) Stromsperre *f* **power dive** *n* Sturzflug *m* **power-dive** <-d *or* AM *also* -dove, -d *or* AM *also* -dove> *vi* einen Sturzflug machen **power dressing** *n no pl Kleidung, die berufliche Autorität unterstreicht* **power drill** *n* Bohrmaschine *f* **power-driven** *adj inv* Motor-; (*by electricity*) elektrisch, Elektro-
-powered ['paʊəd, AM -ɚd] *in compounds battery-, nuclear-, solar-,* -betrieben
powerful ['paʊəfᵊl, AM -ɚ-] *adj* (1) (*mighty*) mächtig; (*influential*) einflussreich
(2) (*physically strong*) stark, kräftig; *swimmer* kraftvoll; **~ arms/legs** kräftige Arme/Beine; **~ voice** kraftvolle Stimme
(3) (*having physical effect*) stark; **~ bite/blow** kraftvoller [*o* kräftiger] Biss/Schlag; **~ drug** starkes Medikament; **~ explosion** heftige Explosion; **~ kick** kräftiger [*o* heftiger] Tritt; **~ smell** durchdringender Geruch; **~ storm/wind** starker [*o* heftiger] Sturm/Wind
(4) (*compelling*) *effect, influence* stark; **~ argument** schlagkräftiges [*o* überzeugendes] Argument; **~ evidence** überzeugender Beweis; **~ gaze** fester [*o* durchdringender] Blick; **~ incentive** [*or* **stimulus**] mächtiger [*o* starker] Anreiz; **to have a ~ presence** eine starke Ausstrahlung haben
(5) (*emotionally moving*) mitreißend; *literature, music also* ausdrucksvoll; *speech also* bewegend; *language, painting* ausdrucksstark; **~ emotions** starke [*o* überwältigende] Gefühle; **~ drama/novel** packendes Drama/packender Roman
(6) TECH, TRANSP leistungsstark, leistungsfähig; **~ car/computer/motor** leistungsfähiger Wagen/Computer/Motor; **~ light** starkes [*o* helles] Licht
(7) (*with high magnification*) *lens, microscope, telescope* stark
powerfully ['paʊəfᵊli, AM -ɚ-] *adv* (1) (*strongly*) stark; (*very much*) sehr; **to be ~ influenced by sth/sb** sehr stark von jdm/etw beeinflusst sein
(2) (*using great force*) kraftvoll, mit Kraft; *argue* schlagkräftig
powerfully built *adj* kräftig gebaut
power hood *n* AM elektrisches Schiebedach
powerhouse *n* treibende Kraft, Motor *m fig;* (*of ideas, suggestions*) unerschöpfliche Quelle; **to be an academic ~** eine Hochburg der Wissenschaft sein; **to be an economic ~** eine führende Wirtschaftsmacht sein
powerless ['paʊələs, AM -ɚ-] *adj* machtlos (**against** gegen +*akk*); (*without authority*) *monarchy* ohne Machtbefugnis; ■**to be ~ to do sth** unfähig [*o* nicht in der Lage] sein, etw zu tun
powerlessness ['paʊələsnəs, AM -ɚ-] *n no pl* Machtlosigkeit *f*
power line *n* Stromkabel *nt* **power loom** *n* Webmaschine *f,* maschineller Webstuhl **power lunch** *n* (*fam*) Arbeitsessen *nt* **power mower** *n* (*electric*) elektrischer Rasenmäher; (*petrol-driven*) Benzinrasenmäher *m* **power of attorney** <*pl* powers of attorney> *n* LAW (1) *no pl* (*right*) Handlungsvollmacht *f;* **to give ~ to sb** jdm Handlungsvollmacht erteilen; **to have ~** die Vollmacht haben
(2) (*document*) Bevollmächtigung *f;* **general commercial ~** Prokura *f fachspr* **power outage** *n* AM (*power cut*) Stromausfall *m;* (*deliberate*) Stromsperre *f* **power pack** *n* ELEC (1) (*source*) Leistungsaggregat *nt* (2) (*transformer*) Netzgerät *nt,* Netz[anschluss]teil *nt* **power plant** *n* (1) *esp* AM Kraftwerk *nt; see also* **power station** (2) TECH (*engine*) Triebwerk *nt,* Antriebsmaschine *f;* (*equipment*) Triebwerkanlage *f,* Antriebsaggregat *nt fachspr* **power player** *n jd, der seine Macht für politische oder wirtschaftliche Ziele einsetzt* **power point** *n* BRIT, AUS Steckdose *f* **power rating** *n* Leistung *f,* Leistungsstärke *f* **power saw** *n* Motorsäge *f* **power series** *n* MATH Potenzreihe *f* **power set** *n* MATH Potenzmenge *f* **power sharing I.** *n no pl* POL [Auf]teilen *nt* der Macht **II.** *n modifier* **~ agreement** *Übereinkunft, bei der die Macht unter den verschiedenen Parteien aufgeteilt wird* **power station** *n* Kraftwerk *nt;* **coal-fired ~** Kohlekraftwerk *nt;* **nuclear ~** Atomkraftwerk *nt* **power steering** *n no pl* Servolenkung *f* **power supply** *n* Stromversorgungseinheit *f* **power tool** *n* Motorwerkzeug *nt;* (*electric*) Elektrowerkzeug *nt,* elektrisch angetriebenes Werkzeug **power train** *n* TECH Kraftübertragung *f*
power-up [paʊəʳʌp, AM paʊɚ-] *n* COMPUT Hochfahren *nt*
power walking *n no pl* Walking *nt*
powwow ['paʊwaʊ] *n* Powwow *nt* (*indianische Versammlung*); (*fig fam*) Versammlung *f,* Treffen *nt;* **a family ~** ein Familienrat *m*
pox [pɒks, AM pɑːks] *n no pl* (*dated fam*) ■**the ~** die Syphilis
poxy ['pɒksi] *adj* BRIT (*fam*) verflixt *fam,* verdammt *fam;* (*stupid*) blöd *fam;* **a ~ three pounds an hour** lächerliche 3 Pfund in der Stunde; **a ~ little village** eine gottverlassene kleine Ortschaft
pp *npl* (*form*) *abbrev of* **pages** S.; ***see ~ 101–123 for more information*** s. a. S. 101–123
pp, p.p. (*form*) *abbrev of* **per pro[curation]** i.A.; **to ~ a letter** einen Brief i.A. von jdm unterschreiben
PPE [ˌpiːpiːˈiː] *n no pl* UNIV *abbrev of* **philosophy, politics and economics** Philosophie, politische Wissenschaften und Wirtschaft
PPS¹ [ˌpiːpiːˈes] *n* BRIT *abbrev of* **Parliamentary Private Secretary** *Abgeordnete(r), die/der einem/einer Minister(in) zuarbeitet*
PPS² [ˌpiːpiːˈes] *adv inv see* **post postscriptum** PPS
PR [ˌpiːˈɑːʳ, AM -ˈɑːr] **I.** *n no pl* (1) *abbrev of* **public relations** PR
(2) *abbrev of* **proportional representation**
II. *n modifier* (*decision, department, firm*) PR-; **a ~ campaign/exercise** eine PR-Kampagne/PR-Maßnahme; **~ man** PR-Mann *m*
practicability [ˌpræktɪkəˈbɪləti, AM -əṭi] *n no pl* (*form*) Durchführbarkeit *f*
practicable [ˈpræktɪkəbl̩] *adj* (*form*) durchführbar, machbar, praktikabel; **~ idea** Idee, die [auch] umsetzbar ist; **~ solution** praktikable Lösung; **~ timetable** realistischer Zeitplan
practicably [ˈprætɪkəbli] *adv* praktikabel; **~ reasonable** [*or* **possible**] im Rahmen des Möglichen
practical [ˈpræktɪkᵊl] **I.** *adj* (1) (*not theoretical*) praktisch; ***what does his decision mean in ~ terms?*** was soll diese Entscheidung denn nun konkret bedeuten?; **~ experience** praktische Erfahrung, Praxiserfahrung *f;* **to offer ~ advice** praktische [*o* realisierbare] Vorschläge anbieten; **~ use/application** praktischer Nutzen/praktische Anwendung; **for all ~ purposes** de facto, tatsächlich, in Wirklichkeit; **the ~ side of things** die Praxis
(2) (*suitable*) praktisch; **~ clothing/equipment** praktische Kleidung/Ausrüstung; **~ footwear** praktisches Schuhwerk; ■**to be ~ for sth** sich zu etw *dat* eignen
(3) (*approv: good at doing things*) praktisch [veranlagt]; ***she has a lot of interesting ideas, but she's not very ~*** sie hat eine Menge interessanter Ideen, kann sie aber in der Praxis nicht so richtig umsetzen; ***we need someone ~ who ...*** wir brauchen einen Praktiker, der ...; **to have a ~ attitude** praxisorientiert sein
(4) (*possible*) realisierbar, praktikabel; **~ method/technique** [in der Praxis] anwendbare Methode/Technik
(5) (*fam: virtual*) praktisch; ***it's a ~ certainty that ...*** es ist praktisch sicher, dass ...; ***the car was a ~ write-off*** der Wagen sah so ziemlich nach Totalschaden aus
II. *n* praktische Prüfung; **biology/chemistry ~** praktische Biologie-/Chemieprüfung
practicality [ˌpræktɪˈkæləti, AM -əṭi] *n* (1) *no pl* (*feasibility*) Durchführbarkeit *f,* Machbarkeit *f;* (*practical gain*) praktischer Nutzen; **to lack ~** in der Praxis kaum durchführbar sein
(2) (*not theoretically*) ■**the practicalities** *pl* die praktische Seite
(3) *no pl* (*usability*) Nützlichkeit *f;* ***I bought these shoes for their ~ not their appearance*** ich habe diese Schuhe gekauft, weil sie praktisch sind, und nicht wegen ihres Aussehens
(4) (*approv*) *of a person* praktische Veranlagung; ***he's got no sense of ~ at all*** er ist ohne jeden Sinn für die praktischen Dinge des Lebens
practical joke *n* Streich *m;* **to play a ~ on sb** jdm einen Streich spielen **practical joker** *n* Witzbold *m,* Spaßvogel *m*
practically [ˈpræktɪkᵊli, AM -kli] *adv inv* (1) (*almost*) praktisch; ***we're ~ home*** wir sind fast zu Hause; ***she ~ forced me to drive her home*** sie hat mich geradezu gezwungen, sie nach Hause zu fahren; **~ all/no one/nothing** praktisch alle/keiner/nichts; **~ everybody** praktisch jeder; **~ impossible/useless** praktisch unmöglich/zwecklos (2) (*not theoretically*) praktisch; ***is there anything we can do ~ to help?*** können wir Ihnen auch ganz konkret helfen?; **~ based** [*or* **oriented**] praxisorientiert; **to be ~ minded** praktisch denken [*o* veranlagt sein]; **~ speaking** praktisch betrachtet, von der praktischen

Seite her **practical nurse** *n* AM (*auxiliary nurse*) Hilfsschwester *f*

practice ['præktɪs] **I.** *n* ❶ *no pl* (*preparation*) Übung *f;* ***it will take a lot of ~*** ich werde noch viel üben müssen; ***I've had plenty of ~ at answering difficult questions*** ich bin es gewohnt, schwierige Fragen zu beantworten; ■**to be out of/in ~** aus der/in Übung sein
❷ (*training session*) [Übungs]stunde *f;* SPORTS Training *nt;* **choir ~** Chorprobe *f;* **driving ~** Fahrstunde *f;* **football/hockey ~** Fußball-/Hockeytraining *nt*
❸ *no pl* (*actual performance*) Praxis *f;* ■**in ~** in der Praxis; **to put sth into ~** etw [in die Praxis] umsetzen; **to put a method/theory into ~** eine Methode/Theorie anwenden; **to put a plan into ~** einen Plan verwirklichen [*o* ausführen]
❹ *no pl* (*usual procedure*) Praxis *f;* **code of ~** Verhaltenskodex *m;* **to be accepted** [*or* **normal**] [*or* **standard**] **~** üblich sein; (*to be good/bad ~*) ratsam/inakzeptabel sein; ***it is very bad ~ to …*** es zeugt von schlechten Geschäftspraktiken, wenn man …
❺ (*regular activity*) Praktik *f,* Gewohnheit *f;* (*custom*) Sitte *f;* **business/working ~s** Geschäfts-/Arbeitspraktiken *fpl;* **a cruel ~** eine grausame Sitte; **traditional religious ~s** traditionelle religiöse Praktiken; **to make a ~ of sth** etw zu einer Gewohnheit werden lassen
❻ (*business*) Praxis *f;* **dental/medical/veterinary ~** Zahnarzt-/Arzt-/Tierarztpraxis *f;* **legal ~** [Rechtsanwalts]kanzlei *f;* **private ~** [Privat]praxis *f*
❼ *no pl* (*work*) Praktizieren *nt;* **to go into private ~** eine eigene Praxis aufmachen; ■**to be in ~** praktizieren
► PHRASES: **~ makes perfect** (*prov*) Übung macht den Meister! *prov*
II. *n modifier* (*game, shot*) Probe-; SPORTS Trainings-; **a ~ session** ein Training
III. *vt* AM *see* **practise**

practiced *adj* AM *see* **practised**

practice master *n* Rechtspfleger *m* (*im High Court*) **practice teacher** *n* AM (*student teacher*) ≈Referendar(in) *m(f)*

practicing *adj attr, inv* AM *see* **practising**

practicum credit ['præktɪkʌm,-] *n* AM *schulischer Nachweis über eine praktische Arbeit oder Feldforschung*

practise ['præktɪs], AM **practice** **I.** *vt* ❶ (*rehearse*) ■**to ~ [doing] sth** etw üben; (*improve particular skill*) an etw *dat* arbeiten; **to ~ one's backhand** die Rückhand trainieren; **to ~ the flute/piano/violin** Flöte/Klavier/Geige üben; **to ~ one's German/English** Deutsch/Englisch üben; (*verbally*) mehr Deutsch/English sprechen; **to ~ a sonata/song** eine Sonate/ein Lied proben
❷ (*do regularly*) ■**to ~ sth** etw [üblicherweise] machen [*o* tun], etw praktizieren; ***I have started practising meditation*** ich habe angefangen zu meditieren; ***foot-binding is no longer ~d in China*** in China ist es nicht mehr üblich, den Mädchen die Füße zu binden; **to ~ austerity** ein einfaches Leben führen, bescheiden leben; **to ~ birth control** verhüten; **to ~ black magic/sorcery/voodoo** schwarze Magie/Zauberei/Voodoozauber betreiben; **to ~ cannibalism** Kannibalismus praktizieren; **to ~ celibacy/monogamy/poligamy** zölibatär/monogam/polygam leben; **to ~ a custom** einen Brauch befolgen; **to ~ deceit** [*or* **deception**] [gewohnheitsmäßig] betrügen; **to ~ discrimination** diskriminieren; **to ~ a religion** eine Religion ausüben; **to ~ safe sex** sicheren Sex [*o* Safersex] praktizieren; **to ~ thrift** sparsam leben
❸ (*work in*) ■**to ~ sth** etw praktizieren; ***she ~d medicine for twenty years*** sie war zwanzig Jahre lang als Ärztin tätig; **to ~ dentistry** als Zahnarzt/Zahnärztin praktizieren; **to ~ law** als Anwalt/Anwältin praktizieren; **to ~ medicine** als Arzt/Ärztin praktizieren, den Arztberuf ausüben
► PHRASES: **to ~ what one preaches** nach den Grundsätzen leben, die man anderen predigt; **to not ~ what one preaches** Wasser predigen und Wein trinken *prov*
II. *vi* ❶ (*improve skill*) üben; SPORTS trainieren
❷ (*work in a profession*) praktizieren, als etw tätig sein; ***he trained as a lawyer but he's no longer practising*** er ist Anwalt, übt seinen Beruf aber nicht mehr aus; **to ~ as a doctor** praktizierender Arzt/praktizierende Ärztin sein; **to ~ as a lawyer** praktizierender Anwalt/praktizierende Anwältin sein

practised ['præktɪst], AM **practiced** *adj* ❶ (*experienced*) erfahren; ■**to be ~ in sth** in etw *dat* geübt [*o* erfahren] sein; ■**to be ~ at doing sth** sich *akk* mit etw *dat* auskennen, Übung in etw *dat* haben; **~ ear/eye** geübtes Ohr/Auge; **~ hand** geübte Hand; **~ liar** gekonnter Lügner/gekonnte Lügnerin
❷ (*form: obtained by practice*) gekonnt; ***she performed the song with ~ skill*** sie trug das Lied absolut gekonnt vor; **~ deceit** gekonnte Täuschung; **~ skill** große Fertigkeit

practising ['præktɪsɪŋ], AM **practicing** *adj attr, inv* praktizierend; **~ Christians/Muslims** praktizierende Christen/Muslime

practitioner [præk'tɪʃᵊnəʳ, AM -ɚ] *n* (*form*) ■**to be a ~ [of sth]** [etw] praktizieren; *of a job, profession* etw ausüben; ***the ~s of many professions are now able to work in any EC country*** Angehörige zahlreicher Berufsgruppen können nun in jedem Land der EG arbeiten; **dental ~** praktizierender Zahnarzt/praktizierende Zahnärztin; **legal ~** praktizierender Rechtsanwalt/praktizierende Rechtsanwältin; **medical ~** praktischer Arzt/praktische Ärztin

praesidium [prɪ'sɪdiəm] *n + sing/pl vb see* **presidium**

praetor ['pri:təʳ, AM tɚ] *n* Prätor *m*

praetorian guard [prɪ,tɔ:rian'gɑ:d, AM 'gɑ:rd] *n* Prätorianer *m*

pragmatic [præg'mætɪk, AM -ţ-] *adj person, attitude* pragmatisch; *idea, reason* vernünftig

pragmatically [præg'mætɪkᵊli, AM -ţ-] *adv* pragmatisch

pragmatism ['prægmətɪzᵊm] *n no pl* Pragmatismus *m*

pragmatist ['prægmətɪst] *n* Pragmatiker(in) *m(f)*

prairie ['preəri, AM 'preri] *n* [Gras]steppe *f;* (*in North America*) Prärie *f*

prairie chicken *n* Präriehuhn *nt* **prairie dog** *n* Präriehund *m* **prairie oyster** *n* Prärieauster *f* **prairie schooner** *n* AM Planwagen *m* **prairie wolf** *n* AM Präriewolf *m*

praise [preɪz] **I.** *vt* ❶ (*express approval*) ■**to ~ sb/sth** jdn/etw loben [*o* rühmen] [*o geh* preisen]; ■**to ~ sb for sth** jdn für etw *akk* loben; **a widely ~d documentary** eine viel gepriesene Dokumentation; **to ~ sb/sth to the skies** jdn/etw in den Himmel heben [*o fam* über den grünen Klee loben]
❷ (*worship*) **to ~ God/the Lord** Gott/den Herrn preisen *geh;* ***hymns are sung to ~ God*** Hymnen werden zum Lobpreis Gottes gesungen; **~ *the Lord!*** gelobt sei der Herr!
II. *n no pl* ❶ (*approval*) Lob *nt;* ***a poem in ~ of older women*** ein Lobgedicht auf die reiferen Frauen; ***that's high ~, coming from her*** aus ihrem Mund ist das ein großes Kompliment; **~ *from Rachel is ~ indeed*** ein Lob aus Rachels Munde! das will etwas heißen!; **to have nothing but ~ for sb/sth** jdn/etw nur loben können; ***I have nothing but ~ for her*** ich bin von ihr begeistert; **to heap** [*or* **shower**] **~ on sb, to shower sb with ~** jdn mit Lob überschütten; **to sing the ~ of sb/sth** über jdn/etw ein Loblied singen *fig;* **to sing one's own ~s** sich *akk* selbst loben; **to win ~ for sth** für etw *akk* [großes] Lob ernten; **sth wins sb ~** etw bringt jdm Lob ein
❷ (*form: worship*) Lobpreis *m geh;* **a hymn of ~** ein Loblied; **to give ~ to God/the Lord** Gott/den Herrn preisen *geh;* **~ be!** (*dated*) dem Himmel sei Dank! *veraltend*

praiseworthy ['preɪz,wɜ:ði, AM -,wɜ:r-] *adj* lobenswert

praline ['prɑ:li:n, AM *also* 'preɪ-] *n* ❶ *no pl* (*filling*) Nougat *m o nt*
❷ *no pl* AM (*roasted almonds*) gebrannte Mandeln
❸ (*chocolate*) Nougatpraline *f*

pram [præm] *n* BRIT, AUS Kinderwagen *m*

prance [prɑ:n(t)s, AM præn(t)s] *vi person* stolzieren; (*horse*) tänzeln; ***she ~d into the office*** sie kam einfach ins Büro [herein]spaziert; ■**to ~ around** [*or* **about**] herumhüpfen; *children* umhertollen

prang [præŋ] **I.** *vt esp* BRIT, AUS (*fam*) ■**to ~ sth** etw ramponieren *fam*
II. *n* BRIT, AUS (*fam*) Bums *m fam,* Rums *m fam;* ***there was a ~ at the crossroads this morning*** an der Kreuzung hat es heute Morgen ordentlich gekracht *fam;* **to have a ~** in einen Unfall verwickelt sein; (*cause an accident*) einen Unfall bauen *fam*

prank [præŋk] *n* Streich *m;* **childish ~s** kindische Faxen; **to play a ~ on sb** jdm einen Streich spielen, jdn verulken

prankster ['præŋkstəʳ, AM -ɚ] *n* Scherzbold *m*

prat [præt] **I.** *n* ❶ BRIT (*fam*) Dummkopf *m pej fam,* Trottel *m pej fam;* ***he looked a right ~ in that pink suit*** in dem pinkfarbenen Anzug sah er einfach idiotisch aus *pej;* **to make a ~ of oneself** sich *akk* zum Narren machen
❷ (*sl: buttocks*) Hintern *m fam*
II. *vi* <-tt-> BRIT (*fam*) ■**to ~ about** [*or* **around**] herumspinnen *fam*

prate [preɪt] *vi* (*pej form*) schwadronieren *geh o oft pej,* [große] Reden schwingen *iron*

pratfall ['prætfɔ:l] *n* ❶ *esp* AM (*fall*) Plumps *m* aufs Hinterteil; **to take a ~** sich *akk* auf den Hintern setzen *fam*
❷ (*fig: humiliation*) Reinfall *m*

prattle ['prætl̩, AM -ţ-] **I.** *vi* ❶ (*talk foolishly*) plappern; ■**to ~ away** ununterbrochen plappern
❷ (*talk at length*) schwafeln *pej,* labern *pej fam;* ■**to ~ on** immer weiterreden; ■**to ~ on about sth** von nichts anderem als etw *dat* reden
II. *n no pl* ❶ (*foolish talk*) Geplapper *nt*
❷ (*inconsequential talk*) Geschwafel *nt pej,* Gelabere *nt pej fam*

prattler ['prætl̩əʳ, AM -ţl̩ɚ] *n* (*pej*) Schwafelkopf *m pej fam,* Schwafler(in) *m(f) pej*

prawn [prɔ:n, AM *esp* prɑ:n] **I.** *n* Garnele *f,* Krabbe *f fam;* **giant ~** Riesengarnele *f*
► PHRASES: **to come the raw ~ with sb** AUS (*fam*) jdn übers Ohr hauen wollen *fam;* ***don't come the raw ~ with me*** versuch jetzt nicht, mich für dumm zu verkaufen *fam*
II. *n modifier* (*recipe, salad, shell*) Garnelen-, Krabben- *fam*

prawn cocktail *n* Krabbencocktail *m* **prawn cracker** *n* Krabbenchip *m,* Kroepoek *m*

pray [preɪ] **I.** *vi* ❶ REL beten; ***let us ~*** lasset uns beten; ■**to ~ for sb** für jdn beten; ■**to ~ for sth** für [*o* um] etw *akk* beten; ***we ~ for God's blessing on their marriage*** wir erbitten Gottes Segen für diese Hochzeit; **to ~ to God** [zu Gott] beten; ***she ~ed to God to keep her children safe from harm*** sie bat Gott, ihre Kinder vor allem Übel zu bewahren; **to ~ to be absolved/forgiven/healed** um Absolution/Vergebung/Heilung bitten
❷ (*fig: hope*) ■**to ~ for sth** für etw *akk* beten, auf etw *akk* hoffen; ***we're hoping and ~ing for rain*** wir hoffen und beten, dass es Regen gibt; **to ~ [to God] that …** [hoffen und] beten, dass …, [zu Gott] beten, dass …
❸ LAW **to ~ in aid of sth** sich *akk* auf etw *akk* berufen
II. *vt* (*form*) ■**to ~ sth** um etw *akk* bitten; **~ *God they've come to no harm!*** hoffentlich ist ihnen nichts passiert!, gebe Gott, dass ihnen nichts passiert ist! *veraltend*
III. *adv* ❶ (*old form: please*) **~ *take a seat*** nehmen Sie doch bitte Platz *form*
❷ (*iron form*) ***and who, ~, are you?*** und mit wem habe ich die Ehre? *oft iron;* ***and what, ~, is that supposed to mean?*** und was, bitte, soll das heißen?

prayer ['preəʳ, AM 'prer] *n* ❶ (*request to a god*) Gebet *nt;* **evening/morning ~** Abend-/Morgenge-

P

bet *nt;* (*for children*) Gute-Nacht-Gebet *nt;* **family** ~ Gebet *nt* in der Familie, Familiengebet *nt;* ~ **for forgiveness** Bitte *f* um Vergebung; **to answer sb's** ~[**s**] jds Gebet[e] erhören; **to say a** ~ ein Gebet sprechen; **to say a** ~ **for sb** für jdn beten; **to say one's** ~**s** sein Gebet verrichten *form*

❷ *no pl* (*action of praying*) Gebet *nt,* Beten *nt;* ■**to be at** ~ [gerade] beten; **to kneel/clasp one's hands in** ~ zum Gebet niederknien/die Hände falten

❸ (*fig: hope*) Hoffnung *f;* **to not have a** ~ (*fam*) kaum Aussichten [*o* Chancen] haben; ***she hasn't a ~ of winning the competition*** ihre Chancen, den Wettkampf zu gewinnen, sind gleich Null

❹ (*service*) ■~**s** *pl* Andacht *f;* **evening/morning** ~**s** Abend-/Morgenandacht *f*

❺ LAW Klageantrag *m*

prayer beads *npl* Perlen *fpl* des Rosenkranzes; (*rosary*) Rosenkranz *m* **prayer book** *n* Gebetbuch *nt* **prayer mat** *n* Gebetsteppich *m* **prayer meeting** *n* Gebetsstunde *f,* Andacht *f* **prayer rug** *n* Gebetsteppich *m* **prayer service** *n* Andacht *f* **prayer wheel** *n* Gebetsmühle *f*

praying mantis *n* ZOOL Gottesanbeterin *f*

pre- [pri:] *in compounds* prä-

pre-accession country *n* EU Beitrittskandidat *m*

Pre-Accession Lending Facility *n* EU Vor-Beitritts-Fazilität *f*

preach [pri:tʃ] **I.** *vi* ❶ (*give a sermon*) predigen; ■**to** ~ **to sb** vor jdm predigen [*o* eine Predigt halten]

❷ (*pej: lecture*) ■**to** ~ **at** [*or* **to**] **sb** jdm eine Predigt halten *fig;* ***she's always ~ing at me about keeping my room tidy*** sie predigt mir immer, dass ich mein Zimmer in Ordnung halten soll

▸ PHRASES: **to** ~ **to the converted** offene Türen einrennen *fig*

II. *vt* ❶ (*give*) **to** ~ **a sermon** eine Predigt halten; (*proclaim*) **to** ~ **the Gospel** das Evangelium verkünden

❷ (*advocate*) ■**to** ~ **sth** etw predigen *fig;* **to** ~ **austerity/peace** Enthaltsamkeit/Frieden predigen *fam;* **to** ~ **communism** den Kommunismus propagieren; **to** ~ **a doctrine** eine Doktrin verkünden; **to practise** [*or* AM **practice**] **what one** ~**es** sich *dat* an die eigene Nase fassen

preacher ['pri:tʃəʳ, AM -ɚ] *n* ❶ (*priest*) Geistliche(r) *f(m),* Pfarrer(in) *m(f)*

❷ *esp* AM Prediger(in) *m(f)*

preachify <-ie-> ['pri:tʃɪfaɪ] *vi* (*pej fam*) ❶ (*preach*) [einschläfernd] predigen, eine langatmige Predigt halten

❷ (*moralize*) Moralpredigten halten

preachy <-ier, -iest> ['pri:tʃi] *adj* (*fam*) predigerhaft

pre-adolescent [ˌpri:ædə'lesᵊnt] *adj inv person* im Vorpubertätsalter *nach n;* ~ **gawkiness** jugendliche Ungeschicktheit

preadvice [ˌprɪˌəd'vaɪs] *n* Vorabbenachrichtigung *f*

preamble ['pri:æmbl] *n* (*form*) ❶ (*introduction*) Einleitung *f,* Vorwort *nt;* (*to a lecture*) einleitende Worte, Einführung *f*

❷ *no pl* (*fig: introductory material*) Einleitung *f,* Vorbemerkung[en] *f*[*pl*]; ***I like to get straight down to business, without a lot of ~*** ich möchte ohne lange Worte direkt zum Geschäftlichen kommen

preamp [pri:'æmp] *n* ELEC, RADIO (*fam*) *short for* **preamplifier** Vorverstärker *m*

preamplifier [pri:'æmplɪfaɪəʳ, AM -əfaɪɚ] *n* ELEC, RADIO Vorverstärker *m*

pre-arrange [ˌpri:ə'reɪndʒ] *vt usu passive* ■**to** ~ **sth** etw vorplanen [*o* vorbereiten]; ■**to** ~ **sth with sb** etw vorher mit jdm absprechen

pre-arranged [ˌpri:ə'reɪndʒd] *adj inv* vorher vereinbart [*o* abgesprochen]; ~ **meeting/signal** vereinbartes Treffen/Signal; ~ **visit** vereinbarter Besuch

prebend ['prebənd] *n* ❶ (*stipend*) Präbende *f,* Pfründe *f*

❷ (*prebendary*) Pfründner(in) *m(f)*

prebendary ['prebᵊndᵊri, AM -deri] *n* Pfründner(in) *m(f)*

prebuilt [ˌpri:'bɪlt] *adj inv* AM (*prefabricated*) vorgefertigt

precancerous [ˌpri:'kæn(t)sᵊrəs] *adj inv* MED ~ **cell/growth** Krebszelle *f*/Krebstumor *m* im Frühstadium

precarious [prɪ'keəriəs, AM -'ker-] *adj* (*hazardous*) gefährlich, prekär *geh;* (*insecure*) *hold, balance* unsicher; *peace* unstabil; ***he makes a rather ~ living*** seine Einkommensverhältnisse sind ziemlich ungesichert; ~ **financial position** prekäre finanzielle Lage; **to be in a** ~ **position** sich *akk* in einer gefährlichen [*o* prekären] Lage befinden

precariously [prɪ'keəriəsli, AM -'ker-] *adv* gefährlich; (*insecurely*) unsicher; ***her suitcase was ~ balanced on the tiny luggage rack*** ihr Koffer hing gefährlich schief in dem winzigen Gepäcknetz; ***he lived rather ~ from one day to the next*** er lebte von der Hand in den Mund

precariousness [prɪ'keəriəsnəs, AM -'ker-] *n no pl* Gefährlichkeit *f;* (*insecurity*) Unsicherheit *f,* Labilität *f;* ***the ~ of the new democracies*** die prekäre Situation der neuen Demokratien; **to be made aware of the** ~ **of one's authority/health/position** sich *dat* bewusst werden, wie gefährdet die eigene Autorität/Gesundheit/Position ist

precast [ˌpri:'kɑ:st, AM 'pri:kæst] *adj inv* vorgefertigt; ~ **concrete** Fertigbeton *m;* ~ **concrete slab** vorgefertigte Betonplatte

precaution [prɪ'kɔ:ʃᵊn, AM *esp* -'kɑ:-] *n* ❶ (*to prevent sth*) Vorkehrung *f;* **fire** ~**s** Brandschutzmaßnahmen *mpl;* **to take the** ~ **of doing sth** etw sicherheitshalber [*o* vorsichtshalber] tun; **to take** ~**s** [**against sth**] [Sicherheits]vorkehrungen [gegen etw *akk*] treffen; **as a** ~ sicherheitshalber, vorsichtshalber, zur Vorsicht; **as a** ~ **against sth** als Vorsorgemaßnahme [*o* Vorsichtsmaßnahme] gegen etw *akk*

❷ (*euph*) ■~**s** *pl* Verhütungsmittel *ntpl;* **to take** ~**s** verhüten

precautionary [prɪ'kɔ:ʃᵊnᵊri, AM -'kɑ:ʃᵊneri] *adj inv* Vorsichts-; ~ **measure** [*or* **step**] Vorsichtsmaßnahme *f;* ***he took the ~ step of writing his address on his luggage*** er versah sein Gepäck vorsichtshalber mit Adressaufschriften

precede [pri:'si:d, AM prɪ'-] *vt* ❶ (*in time*) ■**to** ~ **sth** etw *dat* vorausgehen

❷ (*in space*) ■**to** ~ **sb/sth** jdm/etw vorangehen [*o* vorausgehen]; ■**sb/sth is** ~**d by sb/sth** jd/etw geht jdm/etw voran; ***we were ~d into the hall by the chancellor*** der Rektor schritt uns voraus in die Halle; ***if the instruction is ~d by an asterisk, …*** wenn ein Sternchen vor der Anweisung steht, …; ■**to** ~ **sth by** [*or* **with**] **sth** etw mit etw *dat* einleiten [*o* beginnen]

precedence ['presɪdᵊn(t)s, AM -ədən(t)s] *n no pl* ❶ (*priority*) Priorität *f,* Vorrang *m;* **to give** ~ **to sb/sth** jdm/etw den Vorrang geben [*o* Priorität einräumen]; **to take** ~ [**over sth/sb**] Priorität [*o* Vorrang] [gegenüber jdm/etw] haben; ***caring for my children takes ~ over everything else*** die Versorgung meiner Kinder ist das Allerwichtigste für mich

❷ (*form: order of priority*) Rangordnung *f;* ***the order of ~ for titled nobility is …*** die Hierarchie der Adelstitel lautet …; **to take** ~ **over sb** ranghöher als jd sein, im Rang über jdm stehen

precedent ['presɪdᵊnt, AM -əd-] *n* ❶ (*example*) vergleichbarer Fall, Präzedenzfall *m geh;* **to set** [*or* **establish**] **a** ~ einen Präzedenzfall schaffen, ein Beispiel setzen; **without** ~ noch nie da gewesen, ohne Beispiel; ***this situation is entirely without ~*** so etwas hat es noch nie gegeben

❷ LAW Präzedenzfall *m,* Präjudiz *nt fachspr;* ***is there any ~ in a case like this?*** gibt es dafür irgendeinen Präzedenzfall?; ***there is no ~ for an annulment being granted in a case like this*** in einem solchen Fall hat es noch nie eine Annullierung gegeben; **to set a** ~ einen Präzedenzfall schaffen

❸ *no pl* (*past procedure*) Tradition *f;* **to break with** ~ [**by doing sth**] [durch etw *akk*] mit der Tradition brechen

preceding [pri:'si:dɪŋ, AM prɪ'-] *adj attr, inv* vorhergehend, vorangegangen; **the** ~ **article/paragraph/chapter** der vorherige Artikel/Paragraph/das vorherige Kapitel; **the** ~ **day** der vorige Tag [*o* Tag davor]; **the** ~ **letter/vowel** der Buchstabe/Vokal davor; **the** ~ **page** die vorige Seite; **the** ~ **summer/winter** der vorige [*o* letzte] Sommer/Winter; **the** ~ **year** das Jahr davor

precentor [ˌpri:'sentəʳ, AM t̬ɚ] *n* REL Vorsänger(in) *m(f),* Präzentor(in) *m(f) fachspr*

precept ['pri:sept] *n* ❶ (*form: rule*) Regel *f;* (*principle*) Prinzip *nt,* Grundsatz *m;* **common** ~**s of decency** allgemeine Anstandsregeln

❷ LAW gerichtliche Anordnung

pre-Christian [ˌpri:'krɪstʃᵊn] *adj inv* vorchristlich

precinct ['pri:sɪŋ(k)t] *n* ❶ (*boundaries*) ■~**s** *pl* [*or* ~] (*form*) Bereich *m,* Umgebung *f,* Gelände *nt;* **the** ~**s of a castle/palace** der Schlossbezirk/Palastbezirk; **the cathedral** ~ das Domgelände; **within the** ~**s of the monastery/the museum** ~**s** auf dem Gelände des Klosters/des Museums

❷ BRIT (*restricted traffic zone*) verkehrsberuhigte Zone; **pedestrian** ~ Fußgängerzone *f;* **shopping** ~ Einkaufszone *f*

❸ AM (*police district*) Bezirk *m,* Polizeirevier *nt;* (*electoral district*) Wahlbezirk *m*

preciosity [ˌpresi'ɒsəti, AM ˌpreʃi'ɑ:sət̬i] *n no pl* (*pej*) Affektiertheit *f*

precious ['preʃəs] **I.** *adj* ❶ (*of great value*) wertvoll, kostbar; ■**to be** ~ **to sb** jdm viel bedeuten; ~ **commodity** kostbarer [*o* wertvoller] Rohstoff; ~ **memory/moment** kostbare Erinnerung/kostbarer Moment; **a** ~ **possession** ein wertvoller Besitz; **to waste** ~ **time** wertvolle Zeit verschwenden

❷ (*pej: affected*) *manner, style* manieriert *geh,* geziert; *person* affektiert *geh;* ■**to be** ~ **about sth** viel Aufhebens [*o* großes Getue] um etw *akk* machen

❸ *attr, inv* (*iron fam: with annoyance*) heiß geliebt *iron;* ***if it weren't for your ~ short cut, …*** wenn wir nicht deine heiß geliebte Abkürzung genommen hätten, … *iron;* ***a ~ lot he cares about it!*** es kümmert ihn herzlich wenig [*o fam* einen Dreck]!

II. *adv* (*fam*) ~ **little** herzlich wenig; ***there's ~ little chance of that happening*** die Chance, dass so etwas passiert, ist wohl minimal; **to be** ~ **little help** wohl kaum eine große Hilfe sein; ~ **few** nur eine Handvoll

preciously ['preʃəsli] *adv* (*pej*) affektiert *geh,* geziert

precious metal *n* Edelmetall *nt*

preciousness ['preʃəsnəs] *n no pl* ❶ (*value*) Kostbarkeit *f*

❷ (*pej*) Affektiertheit *f*

precious stone *n* Edelstein *m*

precipice ['presɪpɪs, AM -sə-] *n* (*steep drop*) Abgrund *m;* (*cliff face*) Steilhang *m,* Abhang *m;* **to stand at the edge of the** ~ am Abgrund stehen; **to fall over a** ~ in einen Abgrund stürzen; **to push sb over the** ~ **into financial ruin/mental breakdown** (*fig*) jdn in den finanziellen Ruin stürzen/in den Wahnsinn treiben

precipitant [prɪ'sɪpɪtᵊnt] *n* ❶ (*cause*) Auslöser *m*

❷ PSYCH Vorläufer *m*

precipitate **I.** *vt* [prɪ'sɪpɪteɪt] ❶ (*form: trigger*) ■**to** ~ **sth** etw auslösen; ***the affair ultimately ~d his downfall*** die Affäre versetzte ihm schließlich den Todesstoß; **to** ~ **a political crisis/a war** eine politische Krise/einen Krieg auslösen

❷ *usu passive* (*form: throw*) ■**to** ~ **sb/sth somewhere** jdn/etw irgendwohin schleudern

❸ (*force suddenly*) ■**to** ~ **sb/sth into sth** jdn/etw in etw *akk* stürzen; **to** ~ **sb into action** jdn zwingen, aktiv zu werden; **to** ~ **sb/sth into crisis** jdn/etw in eine Krise stürzen

❹ *usu passive* CHEM etw ausfällen *fachspr*

II. *vi* [prɪ'sɪpɪteɪt] ■**to** ~ [**out**] CHEM ausfallen *fachspr;* METEO einen Niederschlag bilden

III. *adj* [prɪ'sɪpɪtət, AM -tɪt] (*form*) übereilt, hastig; ■**to be** ~ übereilt handeln, vorschnell sein; **to act with** ~ **haste** voreilig [*o* vorschnell] handeln

IV. *n* [prɪ'sɪpɪteɪt, AM -tɪt] Satz *m;* GEOL, MED Sediment *nt fachspr;* CHEM [Aus]fällung *f fachspr;* METEO

Niederschlag *m;* **to form a ~** sich *akk* setzen; CHEM eine Ausfällung bilden; METEO einen Niederschlag bilden

precipitately [prɪ'sɪpɪtətli, AM -tɪt-] *adv* hastig, überstürzt, übereilt; **to act ~** voreilig handeln; **to begin/end ~** abrupt beginnen/enden; **to decide ~** eine übereilte [*o* überstürzt eine] Entscheidung treffen

precipitation [prɪ,sɪpɪ'teɪʃᵊn] *n no pl* ❶ (*form: haste*) Hast *f,* Eile *f;* **to act with ~** übereilt handeln ❷ (*forming into a solid*) Setzen *nt;* GEOL, MED Sedimentieren *nt;* CHEM Ausfällung *f fachspr,* Ausfällen *nt fachspr;* METEO Niederschlag *m* ❸ (*triggering*) **the ~ of a conflict/crisis** das Auslösen eines Konflikts/einer Krise

precipitous [prɪ'sɪpɪtəs, AM -t̬-] *adj* ❶ (*very steep*) steil, abschüssig, steil abfallend *attr;* ■**to be ~** steil [*o* abschüssig] sein, steil abfallen; **~ slope** Steilhang *m* ❷ (*fig: abrupt*) abrupt; **a ~ fall/decline** ein abrupter [*o* plötzlicher] Fall/Rückgang; ***there has been a ~ fall in car sales*** die Autoverkäufe sind schlagartig zurückgegangen ❸ (*form: precipitate*) voreilig, übereilt

precipitously [prɪ'sɪpɪtəsli, AM -t̬-] *adv* ❶ (*steeply*) steil; ***the cliff face fell away ~ to the raging sea below*** die Vorderfront der Klippe fiel jäh zu der tosenden See hin ab ❷ (*fig: abruptly*) abrupt; **to drop ~** schlagartig abfallen; **to rise ~** sprunghaft ansteigen

précis ['preɪsi:] **I.** *n* <*pl* -> Zusammenfassung *f,* Précis *nt geh;* **~ of a statement** Kurzfassung *f* einer Aussage **II.** *vt* (*form*) ■**to ~ sth** etw [kurz] zusammenfassen

precise [prɪ'saɪs] *adj* ❶ (*exact*) genau, präzise; **~ details** genaue Einzelheiten; **~ instructions** präzise [*o* exakte] Angaben; **at the ~ moment** genau in dem Moment; **to be ~** um genau zu sein ❷ (*approv: careful*) sorgfältig, genau; *movement* [ziel]sicher; *pronunciation, spelling* korrekt; ■**to be ~ about doing sth** etw sehr genau nehmen; ***he has always been very ~ about recording expenditures*** er hat über seine Ausgaben immer peinlich genau Buch geführt

precisely [prɪ'saɪsli] *adv* ❶ (*exactly*) genau, präzise, exakt; ***at eight o'clock ~*** um Punkt acht Uhr; ***£14.20 ~*** genau 14,20 Pfund ❷ (*just*) genau; **~!** genau!; ***I know ~ what you mean*** ich weiß [haar]genau, was Sie meinen; ***that is ~ what the government is trying to avoid*** das versucht die Regierung doch gerade zu vermeiden; **to do ~ the opposite** genau das Gegenteil machen; **to do ~ that** genau das tun; **~ because** eben [*o* gerade] wegen ❸ (*approv: carefully*) sorgfältig

precision [prɪ'sɪʒᵊn] **I.** *n no pl* ❶ (*accuracy*) Genauigkeit *f,* Präzision *f,* Exaktheit *f;* **with absolute/mathematical ~** mit absoluter/mathematischer Genauigkeit ❷ (*approv: meticulous care*) Sorgfalt *f* **II.** *adj attr, inv* exakt, präzise; **~ drilling** exakte Bohrung; **~ timing** präzise Zeitplanung, genaues Timing

precision instruments *n,* **precision tools** *npl* Präzisionsinstrumente *ntpl*

précis-writing ['preɪsi:,-, AM -t̬-] *n* das Schreiben eines Précis *geh*

preclude [prɪ'klu:d] *vt* (*form*) ■**to ~ sth** etw ausschließen [*o* unmöglich machen]; ***the planning regulations ~ all construction other than in natural stone*** die Bauvorschriften lassen als Baumaterial nur Naturstein zu; ■**to ~ sb from doing sth** (*form*) jdn davon abhalten [*o* daran hindern], etw zu tun

preclusion [prɪ'klu:ʒᵊn] *n no pl* (*form*) Hindernis *nt,* Hinderungsgrund *m*

precocious [prɪ'kəʊʃəs, AM -'koʊ-] *adj* ❶ (*developing early*) frühreif; **~ skill** früh entwickelte Fertigkeit; **~ talent** frühe Begabung ❷ (*pej: maturing too early*) altklug; **a ~ little brat** ein altkluges kleines Gör *pej fam*

precociously [prɪ'kəʊʃəsli, AM -'koʊ-] *adv* ❶ (*at early stage*) früh; **at a ~ young age** in sehr jungen Jahren; **~ developed/gifted** früh entwickelt/begabt; **~ mature** frühreif ❷ (*pej*) altklug

precociousness [prɪ'kəʊʃəsnəs, AM -'koʊ-] *n no pl* (*form*), **precocity** [prɪ'kɒsəti, AM -'kɑ:sət̬i] *n no pl* (*form*) ❶ (*early development*) Frühreife *f* ❷ (*pej: maturing too early*) Altklugheit *f*

precognition [,pri:kɒg'nɪʃᵊn, AM -kɑ:g'-] *n no pl* Vorausahnung *f,* Präkognition *f fachspr;* **to give sb a ~** jdm die Zukunft zeigen

precognitive [,pri:'kɒgnətɪv, AM -'kɑ:gnət̬-] *adj inv* präkognitiv *fachspr;* **to have ~ abilities** in die Zukunft sehen können, präkognitive Fähigkeiten haben

pre-Columbian [,pri:kə'lʌmbiən] *adj* präkolumbianisch

preconceived [,pri:kən'si:vd] *adj* (*esp pej*) vorgefasst; **a ~ idea** [*or* **notion**] eine vorgefasste Meinung

preconception [,pri:kən'sepʃᵊn] *n* (*esp pej*) vorgefasste Meinung; ■**~s about** [*or* **of**] **sth/sb** feste [*o* genaue] Vorstellungen von etw/jdm

precondition [,pri:kən'dɪʃᵊn] *n* Vorbedingung *f,* Voraussetzung *f*

pre-cook [,pri:'kʊk] *vt* ■**to ~ sth** etw vorkochen

pre-cooked [,pri:'kʊkt] *adj inv* vorgekocht

precursor [,pri:'kɜ:səʳ, AM prɪ'kɜ:rsɚ] *n* (*form*) ❶ (*forerunner*) Vorläufer *m;* (*preparing way for sth*) Wegbereiter *m* ❷ (*harbinger*) Vorbote *m;* **a ~ *to pneumonia*** das erste Zeichen einer Lungenentzündung

predate [,pri:'deɪt] *vt* (*form*) ■**to ~ sth** etw *dat* zeitlich vorausgehen, älter als etw sein

predator ['predətəʳ, AM -t̬ɚ] *n* ❶ (*animal*) Raubtier *nt;* (*bird*) Raubvogel *m;* (*fish*) Raubfisch *m;* ***there are no ~s of the fox*** der Fuchs hat keine natürlichen Feinde ❷ (*pej: person*) Profiteur(in) *m(f) pej;* (*vulture*) Aasgeier *m fig pej fam* ❸ (*company*) *Unternehmen, das darauf aus ist, ein anderes zu übernehmen*

predatory ['predətᵊri, AM -tɔ:ri] *adj* ❶ (*preying*) Raub-, räuberisch; **~ animal** Raubtier *nt;* **~ bird** Raubvogel *m;* **~ fish** Raubfisch *m;* **~ instincts** Raubtierinstinkte *mpl* ❷ (*esp pej: exploitative*) raubtierhaft, rücksichtslos; (*greedy*) [raff]gierig ❸ (*in business*) expansionistisch *geh* ❹ (*pej: sexually obtrusive*) lüstern, geil *oft pej*

predatory pricing *n no pl* COMM Einsatz *m* von Dumpingpreisen **predatory pricing policy** *n no pl* COMM Verdrängungswettbewerb *m*

predecease [,pri:dɪ'si:s, AM -di:'-] *vt* LAW (*form*) ■**to ~ sb** vor jdm sterben

predecessor [,pri:dɪ'sesəʳ, AM 'predəsesɚ] *n* Vorgänger(in) *m(f)*

predestinate [,pri:'destɪneɪt, AM -tə-] *vt* (*liter*) ■**to ~ sth** etw vor[her]bestimmen

predestination [,pri:destɪ'neɪʃᵊn] *n no pl* REL Vor[her]bestimmung *f,* Prädestination *f fachspr*

predestine [,pri:'destɪn] *vt* ■**to ~ sth** etw vor[her]bestimmen [*o geh* prädestinieren]

predestined [,pri:'destɪnd] *adj inv* vor[her]bestimmt; ***it was a ~ disaster*** das musste einfach schief gehen *fam;* **to be ~ to fail** zum Scheitern verurteilt sein; **to feel ~ to become sth** sich *akk* zu etw *dat* berufen fühlen

predetermination [,pri:dɪ,tɜ:mɪ'neɪʃᵊn, AM -,tɜ:rmə'-] *n no pl* (*form*) Vor[her]bestimmung *f;* PHILOS Prädetermination *f*

predetermine [,pri:dɪ'tɜ:mɪn, AM -'tɜ:rmən] *vt usu passive* (*form*) ■**to ~ sth** etw vor[her]bestimmen; **at a ~d signal** auf ein verabredetes Zeichen hin; **at a ~d time** zu einem vorher festgelegten Zeitpunkt

predetermined [,pri:dɪ'tɜ:mɪnd, AM 'tɜ:rmənd] *adj inv* vorherbestimmt

predeterminer [,pri:dɪ'tɜ:mɪnəʳ, AM -'tɜ:rmənɚ] *n* LING Predeterminer *m fachspr* (*grammatikalischer Oberbegriff für Vervielfältigungszahlwörter wie z.B. doppelt, zwei-, dreifach usw., indefinite Zahladjektive und Indefinitpronomen*)

predicament [prɪ'dɪkəmənt] *n* Notlage *f;* **financial ~** prekäre Finanzlage; **legal ~** verzwickte Rechtslage; **to be** [*or* **find oneself**] **in a ~** sich *akk* in einer misslichen Lage befinden; ***I'm in a bit of a ~ because …*** ich sitze in der Zwickmühle, weil …; ***he found himself in a real ~*** er steckte wirklich in der Klemme *fam;* **to get oneself into a ~** sich *akk* in Schwierigkeiten bringen

predicate I. *n* ['predɪkət, AM -kɪt] LING, COMPUT Prädikat *nt fachspr;* LING *also* Satzaussage *f fachspr* **II.** *vt* ['predɪkeɪt] (*form*) ❶ (*assert*) ■**to ~ that …** behaupten, dass … ❷ *usu passive* (*base*) ■**to be ~d on** [*or* **upon**] **sth** auf etw *dat* basieren

predicative [prɪ'dɪkətɪv, AM -t̬-] *adj inv* LING prädikativ *fachspr*

predicator ['predɪkeɪtəʳ, AM t̬ɚ] *n* LING Prädikator *m*

predict [prɪ'dɪkt] *vt* ■**to ~ sth** etw vorhersagen [*o* voraussagen]; *sb's future etc* etw prophezeien; ■**to ~ that …** vorhersagen [*o* voraussagen] [*o* im Voraus sagen], dass …; **to ~ the future/the outcome/the winner** die Zukunft/den Ausgang/den Gewinner vorhersagen [*o* voraussagen]; **to ~ the weather** das Wetter vorhersagen; ***the storms are ~ed to reach London tomorrow morning*** laut Vorhersage erreichen die Unwetter morgen Vormittag London

predictability [prɪ,dɪktə'bɪləti, AM -əti] *n no pl* Vorhersagbarkeit *f*

predictable [prɪ'dɪktəbl̩, AM -t̬-] *adj* ❶ (*foreseeable*) vorhersehbar, voraussagbar ❷ (*pej: not very original*) berechenbar; ***her answer was so ~*** es war von vornherein klar, was sie antworten würde

predictably [prɪ'dɪktəbli, AM -t̬-] *adv* erwartungsgemäß; (*without fail*) zuverlässig

prediction [prɪ'dɪkʃᵊn] *n* ❶ (*forecast*) Vorhersage *f,* Voraussage *f,* Prophezeiung *f;* ECON, POL Prognose *f;* **to make a ~ about sth** etw vorhersagen; ECON, POL eine Prognose zu etw *dat* abgeben ❷ *no pl* (*act of predicting*) Vorhersagen *nt;* **the methods of weather ~** die Methoden der Wettervorhersage

predictive [prɪ'dɪktɪv] *adj inv* **~ accuracy** [*or* **value**] Vorhersagegenauigkeit *f;* **~ speech/words** prophetische Rede/Worte

predictor [prɪ'dɪktəʳ, AM ɚ] *n* Anzeige *f*

predigested [,pri:daɪ'dʒestɪd] *adj inv* ❶ (*simplified*) [leicht] verständlich; ***if I wanted my news ~, I'd …*** wenn ich die Nachrichten vorgekaut haben wollte, würde ich … *fam* ❷ *food* vorverdaut

predilection [,pri:dɪ'lekʃᵊn, AM ,predᵊl'ek-] *n* (*form*) Vorliebe *f,* Schwäche *f,* Faible *nt* (**for** für +*akk*); **to have a ~ for sth** etw gern haben

predispose [,pri:dɪ'spəʊz, AM -'spoʊz] *vt* ❶ (*form: influence*) ■**to ~ sb to** [*or* **towards**] **sth** jdn zu etw *dat* neigen lassen; ■**to be ~d to** [*or* **towards**] **sth** zu etw *dat* neigen; ■**to ~ sb to do sth** jdn zu etw tendieren lassen ❷ (*make susceptible*) ■**to ~ sb to** [*or* **towards**] **sth** jdn zu etw *dat* prädisponieren *geh,* jdn für etw *akk* anfällig [*o* empfänglich] machen; ***smoking ~s you to lung cancer*** wer raucht, bekommt leichter Lungenkrebs; ***his childhood ~d him to a life of crime*** angesichts seiner Kindheit war ihm eine Verbrecherlaufbahn regelrecht vorbestimmt; ■**to be ~d to** [*or* **towards**] **sth** für etw *akk* anfällig [*o geh* prädisponiert] sein

predisposition [,pri:dɪspə'zɪʃᵊn] *n* ❶ (*form: tendency*) Neigung *f;* ■**a ~ to** [*or* **towards**] **sth/sb** eine Neigung zu etw/jdm; ■**to have a ~ in favour** [*or* AM **favor**] **of sth/sb** zu etw/jdm neigen, eine Vorliebe für etw/jdn haben; ■**to have a ~ against sth/sb** eine Abneigung gegen etw/jdn haben ❷ MED (*susceptibility*) ■**a ~ to** [*or* **towards**] **sth** eine Anfälligkeit [*o fachspr* Prädisposition] für etw *akk;* **a ~ to asthma/bronchitis** eine Asthma-/Bronchitisanfälligkeit

predominance [prɪ'dɒmɪnən(t)s, AM -'dɑ:mə-] *n no pl* ❶ (*greater number*) zahlenmäßige Überlegenheit; ***there is a ~ of people with an arts degree***

P

on the council Personen mit einem geisteswissenschaftlichen Abschluss sind in dem Rat in der Überzahl
❷ (*predominant position*) Vorherrschaft *f;* **to have ~ [in sth]** die Vorherrschaft [bei etw *dat*] haben, [bei etw *dat*] dominieren [*o* in der Übermacht sein]

predominant [prɪˈdɒmɪnənt, AM -ˈdɑːmə-] *adj inv* vorherrschend, beherrschend; ■**to be ~** führend sein, dominieren; **a ~ characteristic** [*or* **feature**] eine hervorstechende [*o* auffällige] Eigenschaft; **to have a ~ role** eine führende Rolle spielen; ***dancers have a ~ role in this performance*** den Tänzern kommt bei dieser Vorstellung eine tragende Rolle zu

predominantly [prɪˈdɒmɪnəntli, AM -ˈdɑːmə-] *adv inv* überwiegend

predominate [prɪˈdɒmɪneɪt, AM -ˈdɑːmə-] *vi* ❶ (*be most important*) vorherrschen
❷ (*be more numerous*) überwiegen; ***in the Cotswolds, stone buildings ~ over brick ones*** in den Cotswolds gibt es mehr Häuser aus Naturstein als Backsteinhäuser

predominately [prɪˈdɒmɪnətli, AM ˈdɑːmɪnɪt] *adv see* **predominantly** überwiegend

pre-eclampsia [ˌpriːɪˈklæmsiə] *n no pl* MED Präeklampsie *f fachspr,* Eklampsismus *m fachspr,* Schwangerschaftstoxikose *f* [mit Organschäden]

pre-election [ˌpriːɪˈlekʃən] *adj attr, inv* vor der Wahl *nach n*

preemie [ˈpriːmiː] *n* AM (*fam*) *short for* **premature baby** Frühchen *nt*

pre-eminence [ˌpriːˈemɪnən(t)s] *n no pl* (*form*) Überlegenheit *f,* überragende Bedeutung; ***she achieved ~ as a director with her first movie*** mit ihrem ersten Film erwies sie sich als hervorragende Regisseurin; **sb's intellectual ~** jds intellektuelle [*o* geistige] Überlegenheit

pre-eminent [ˌpriːˈemɪnənt] *adj* (*form*) herausragend, überragend; **to be ~ in one's field** eine Koryphäe auf seinem Gebiet sein

pre-eminently [ˌpriːˈemɪnəntli] *adv* (*form*) hauptsächlich, vor allem; **a ~ critical attitude** eine überwiegend kritische Haltung

pre-empt [ˌpriːˈem(p)t] *vt* ❶ (*form: act in advance*) ■**to ~ sb/sth** jdm/etw zuvorkommen
❷ (*form: appropriate in advance*) ■**to ~ sth** etw mit Beschlag belegen
❸ AM LAW **to ~ public land** staatlichen Grundbesitz aufgrund eines Vorkaufsrechts erwerben

pre-emption [ˌpriːˈem(p)ʃən] *n no pl* ❶ LAW (*purchase*) Vorkaufsrecht *nt;* STOCKEX Bezugsrecht *nt;* **~ clause** Bezugsrechtsklausel *f;* **right of ~** Vorkaufsrecht *nt; of shareholders* Bezugsrecht *nt*
❷ (*form: pre-empting*) Ausüben *nt* des Vorkaufsrechts, Vorkauf *m*
❸ MIL präventive Kriegsführung; **war of ~** Präventivkrieg *m*

pre-emptive [ˌpriːˈem(p)tɪv] *adj inv* ❶ (*preventive*) vorbeugend, Präventiv-; **~ measure** Präventivmaßnahme *f*
❷ LAW, ECON zum Vorkauf berechtigend, Präventiv-, Vorkaufs-, Bezugs-; **~ right** Vorkaufsrecht *nt;* (*of shareholders*) Bezugsrecht *nt;* **~ strike against a takeover bid** Präventivstreik *m* gegen ein Übernahmeangebot
❸ MIL (*forestalling the enemy*) präventiv; **~ attack** [*or* **strike**] Erstschlag *m;* **~ war** Präventivkrieg *m*

preen [priːn] **I.** *vi* ❶ *bird* sich *akk* putzen
❷ (*pej*) *person* sich *akk* herausputzen [*o pej* auftakeln]
❸ (*esp pej: congratulate oneself*) **to ~ and posture** sich *akk* stolz präsentieren [*o* in die Brust werfen]
II. *vt* ❶ (*of bird*) ■**to ~ its feathers** sein Gefieder putzen
❷ (*pej: groom*) ■**to ~ oneself** sich *akk* herausputzen [*o pej* auftakeln]
❸ (*esp pej: congratulate*) ■**to ~ oneself** sich *akk* stolz präsentieren [*o* in die Brust werfen]; ***politicians like nothing more than an opportunity to ~ themselves*** Politiker lieben nichts mehr als eine Gelegenheit zur Selbstdarstellung; ■**to ~ oneself on** [*or* **for**] **sth** sich *akk* mit etw *dat* brüsten

pre-exist [ˌpriːɪgˈzɪst] (*form*) **I.** *vi* vorher existieren; PHILOS, REL präexistieren *fachspr*
II. *vt* ■**to ~ sth/sb** vor etw/jdm existieren [*o* vorhanden sein], jdm/etw vorausgehen

pre-existence [ˌpriːɪgˈzɪstən(t)s] *n no pl* vorherige Existenz; PHILOS, REL Präexistenz *f fachspr*

pre-existent [ˌpriːɪgˈzɪstənt] *adj inv* vorher vorhanden; (*contract*) vorher bestehend *attr*

prefab [ˈpriːfæb] (*fam*) **I.** *n short for* **prefabricated house** Fertighaus *nt*
II. *adj inv short for* **prefabricated** vorgefertigt

prefabricate [ˌpriːˈfæbrɪkeɪt] *vt* ■**to ~ sth** etw vorfertigen; **to ~ a building/house** genormte Fertigteile für ein Gebäude/Haus herstellen

prefabricated [ˌpriːˈfæbrɪkeɪtɪd, AM -t̬-] *adj inv* vorgefertigt

prefabrication [ˌpriːfæbrɪˈkeɪʃən] *n no pl* Vorfertigung *f*

preface [ˈprefɪs] **I.** *n* ❶ (*introduction*) Einleitung *f; to a novel, play, collection of poems* Vorwort *nt* (to zu +*dat*)
❷ (*fig: preceding event*) ■**as a ~** als Einstieg; (*to entertainment etc*) zur Einstimmung; **a ~ to peace** eine Vorstufe zum Frieden
II. *vt* ❶ (*provide with preface*) ■**to ~ sth** eine Einleitung [*o* einleitende Worte] zu etw *dat* verfassen; ■**to be ~d by sth** durch etw *akk* eingeleitet werden; ■**to ~ sth with sth** etw mit etw *dat* einleiten; **to ~ a book** ein Buch mit einem Vorwort versehen; **to ~ a speech/reply with sth** einer Rede/Antwort etw vorausschicken; ***she ~d all her replies with a giggle*** sie kicherte jedes Mal, bevor sie etwas entgegnete
❷ (*lead up to*) ■**to ~ sth** etw einleiten; *disaster etc* zu etw *dat* führen

prefatory [ˈprefətəri, AM -tɔːri] *adj inv* (*form*) einleitend *attr,* zur Einleitung *nach n;* **after a few ~ remarks/words** nach ein paar einleitenden Bemerkungen/Worten

prefect [ˈpriːfekt] *n* ❶ (*official*) Präfekt(in) *m(f)*
❷ *esp* BRIT, AUS SCH *Schüler, der die Jüngeren beaufsichtigen muss*

prefecture [ˈpriːfektʃəʳ, AM tʃɚ] *n* Präfektur *f*

prefer <-rr-> [prɪˈfɜːʳ, AM priːˈfɜːr] *vt* ❶ (*like better*) ■**to ~ sth/sb** etw/jdn vorziehen [*o* bevorzugen]; ***do you ~ hot or cold weather?*** mögen Sie lieber heißes oder kaltes Wetter?; ***she ~s it if you ...*** es ist ihr lieber, wenn du ...; (*form*) ***I would ~ that the concert be cancelled*** mir wäre [es] lieber, das Konzert würde abgesagt; ■**to ~ sth/sb to sth/sb** jdn/etw jdm/etw vorziehen; ***she ~s Daniel to his brother*** sie mag Daniel lieber als seinen Bruder; ■**to ~ doing sth [to doing sth]** etw lieber [als etw] tun; ***he ~s watching rugby to playing it*** er sieht sich lieber ein Rugbyspiel an, als selbst Rugby zu spielen; ■**to ~ to do sth** etw lieber tun; ■**to ~ sb to do sth** es vorziehen, dass jd etw tut; ***I'd ~ you not to smoke, please*** ich möchte Sie bitten, hier nicht zu rauchen
❷ BRIT LAW **to ~ charges [against sb]** Anklage [gegen jdn] erheben, Klage [gegen jdn] einreichen

preferable [ˈprefərəbl̩] *adj inv* besser; ***surely a diplomatic solution is ~ to war*** eine diplomatische Lösung ist einem Krieg sicherlich vorzuziehen; ***wouldn't it be ~ to ...?*** wäre es nicht besser, ...?

preferably [ˈprefərəbli] *adv inv* am besten, vorzugsweise

preference [ˈprefərən(t)s] *n* ❶ *no pl* (*priority*) Priorität *f,* Vorzug *m;* ***I phoned Mary in ~ to Liz because ...*** ich habe lieber Mary als Liz angerufen, weil ...; **in order of ~** nach Prioritäten; **to give ~ to sb/sth** [*or* **sb/sth ~**] jdm/etw den Vorzug geben [*o* Priorität einräumen]; **to be given ~** Vorrang haben, vorrangig behandelt werden; **to give ~ to sb/sth** [*or* **give sb/sth ~**] **over sb/sth** jdm/etw vor jdm/etw den Vorzug geben; ***why do you never give me ~ over your work?*** warum ist dir deine Arbeit immer wichtiger als ich?
❷ *no pl* (*greater liking*) Vorliebe *f* (**for** für +*akk*); ***her ~ is for comfortable rather than smart clothes*** sie kleidet sie lieber bequem als schick; **sexual ~** sexuelle Neigung
❸ (*preferred thing*) Vorliebe *f;* ***what are your ~s in music?*** welche Musik hören Sie am liebsten?; ***which is your personal ~?*** was ist Ihnen persönlich lieber?; ■**to have a ~ for sth** eine Vorliebe für etw *akk* haben, etw bevorzugen; ***red or white wine? — I have no ~*** Rotwein oder Weißwein? – ich mag beides; **to express a ~** sagen, was man [lieber] mag
❹ FIN [Gläubiger]begünstigung *f;* **special ~s** Sonderkonditionen *fpl*

preference share *n* BRIT, **preference stock** *n* BRIT Vorzugsaktie *f*

preferential [ˌprefərˈen(t)ʃəl] *adj attr* Vorzugs-, Präferenz-; **~ rates** Sonderraten *fpl;* **~ tariff** Präferenzzoll *m,* Vorzugszoll *m;* **~ terms** Sonderkonditionen *fpl;* **~ treatment** Vorzugsbehandlung *f;* **to get** [*or* **be given**] [*or* **receive**] **~ treatment** eine Sonderbehandlung erhalten, bevorzugt behandelt werden

preferentially [ˌprefərˈen(t)ʃəli] *adv* bevorzugt

preferment [prɪˈfɜːmənt, AM ˈfɜːr] *n* Beförderung *f,* Vorankommen *nt*

preferred [prɪˈfɜːd, AM priːˈfɜːrd] *adj attr, inv* bevorzugt, Lieblings-; **the ~ choice** die erste Wahl; **sb's ~ drink** jds Lieblingsgetränk; **~ route** Lieblingsroute *f;* **~ venue** bevorzugter Treffpunkt

preferred share *n* AM, **preferred stock** *n* AM (*preference share*) Vorzugsaktie *f;* **cumulative ~** kumulative Vorzugsaktie; **participating ~** Aktie *f* mit Gewinnbeteiligung

prefigure [priːˈfɪgəʳ, AM -gjɚ] *vt* (*form*) ■**to ~ sth** etw anzeigen; **to ~ a change** eine Veränderung ankündigen

prefix **I.** *n* <*pl* -es> [ˈpriːfɪks] ❶ LING Präfix *nt fachspr,* Vorsilbe *f*
❷ (*something prefixed*) Namensvorsatz *m;* **to add sth as a ~** etw voranstellen; ***the Institute was granted the ~ 'Royal' in 1961*** das Institut erhielt 1961 die Erlaubnis, das Wort ‚Royal' vor seinen Namen zu setzen
❸ (*title*) Anrede *f;* (*Dr etc.*) Titel *m*
❹ BRIT (*dialling code*) Vorwahl *f*
❺ PHYS Vorsatz *m*
❻ COMPUT Vorspann *m*
II. *vt* [ˌpriːˈfɪks, AM ˈpriːfɪks] ■**to ~ sth to sth** [*or* **sth with sth**] etw einer S. *dat* voranstellen; BRIT (*in phone numbers*) **~ *83 to the existing number*** [*or* ***the existing number with 83***] wählen Sie zusätzlich zu der Nummer die 83 vor

preflight [ˌpriːˈflaɪt] *adj inv* vor dem Flug **preflight checks** *npl* letzte Kontrollen vor dem Flug

preform [ˌpriːˈfɔːm, AM ˈfɔːrm] *vt* ■**to ~ sth** etw vorbilden

preggers [ˈpregəz, AM -ɚz] *adj pred, inv esp* BRIT (*fam*) schwanger

pregnancy [ˈpregnən(t)si] *n* Schwangerschaft *f;* ZOOL Trächtigkeit *f*

pregnancy test *n* Schwangerschaftstest *m;* **to do a ~** einen Schwangerschaftstest machen

pregnant [ˈpregnənt] *adj inv* ❶ (*with child*) *woman* schwanger; *animal* trächtig; ***she's eight months ~*** sie ist im achten Monat [schwanger]; ***my sister is ~ with twins*** meine Schwester erwartet Zwillinge; ■**to be ~ by sb** ein Kind von jdm bekommen; **heavily** [*or* AM *hum fam* **very**] **~** hochschwanger; **to become** [*or* **get**] **~ [by sb]** [von jdm] schwanger werden; **to get sb ~** jdn schwängern, jdm ein Kind machen *fam*
❷ (*fig: meaningful*) bedeutungsvoll; (*tense*) spannungsgeladen; ***she sensed that the situation was ~ with danger*** sie spürte, dass die Situation große Gefahren in sich barg; **~ with meaning** bedeutungsschwanger; **~ pause/remark** bedeutungsvolle Pause/Bemerkung; **to be ~ with possibilities for sth** zahlreiche Möglichkeiten für etw *akk* bieten

preheat [ˌpriːˈhiːt] *vt* ■**to ~ sth** etw vorheizen (**to** auf +*akk*)

prehensile [prɪˈhen(t)saɪl, AM priːˈhen(t)sɪl] *adj inv* ZOOL Greif-; **~ tail** Greifschwanz *m*

prehistoric [ˌprɪ(h)ɪˈstɒrɪk, AM -hɪˈstɔːr-] *adj inv* ❶ (*before written history*) prähistorisch *geh,* vorge-

schichtlich; ~ **man** der prähistorische Mensch; **a ~ monster** ein urzeitliches Monster; ~ **remains** prähistorische Überreste, Überreste aus vorgeschichtlicher Zeit [*o* aus der Frühzeit]; **in ~ times** in prähistorischer Zeit
❷ (*pej fam: outdated*) steinzeitlich *pej fig*, völlig veraltet; ~ **methods** Steinzeitmethoden *fpl pej fig*; ~ **management structures** völlig überholte Managementmethoden; ~ **views** völlig veraltete Ansichten

prehistory [ˌpriːˈhɪstᵊri] *n no pl* Prähistorie *f geh*, Vorgeschichte *f*; **human ~** die Vorgeschichte der Menschheit

pre-industrial [ˌpriːɪnˈdʌstriəl] *adj inv* vorindustriell; **in ~ times** in der Zeit vor der industriellen Revolution

pre-invasive [ˌpriːɪnˈveɪsɪv] *adj* nicht invasiv *fachspr*

prejudge [ˌpriːˈdʒʌdʒ] *vt* ■**to ~ sb/sth** vorschnell ein Urteil über jdn/etw fällen, eine vorgefasste Meinung über jdn/etw haben; **to ~ the issue** ein vorschnelles Urteil fällen

prejudg(e)ment [ˌpriːˈdʒʌdʒmənt] *n* ❶ (*premature conclusion*) Vorurteil *nt*, vorgefasste Meinung; **to make a ~ [about sb/sth]** ein vorschnelles Urteil [über jdn/etw] fällen
❷ *no pl* (*premature judging*) vorschnelles Urteilen

prejudice [ˈpredʒədɪs] **I.** *n* ❶ (*preconceived opinion*) Vorurteil *nt*
❷ *no pl* (*bias*) Vorurteil *nt* (**against** gegen +*akk*), Voreingenommenheit *f* (**against** gegen +*akk*); **racial ~** Rassenvorurteil *nt*; ~ **against homosexuals/women** Vorurteil *nt* gegen Homosexuelle/Frauen
❸ *no pl* LAW [Rechts]nachteil *m*, Schaden *m*, Benachteiligung *f*; **without ~** ohne Schaden für die eigenen Rechte, freibleibend, ohne Verbindlichkeit; **without ~ to sth** unbeschadet einer S. *gen*
II. *vt* ❶ (*harm*) ■**to ~ sb/sth** jdn/etw schädigen; **to ~ sb's chances** jds Chancen beeinträchtigen; **to ~ an outcome** [*or* **result**] ein Ergebnis [*o* Resultat] beeinträchtigen
❷ (*bias*) ■**to ~ sb [against/in favour** [*or* AM **favor**] **of sb/sth]** jdn [gegen/für jdn/etw] einnehmen; **to ~ a case** LAW den Ausgang eines Prozesses beeinflussen; **to ~ a witness** LAW einen Zeugen/eine Zeugin beeinflussen

prejudiced [ˈpredʒədɪst] *adj* voreingenommen; ***he is racially ~*** er hat Rassenvorurteile; ***he was such a ~ man*** er steckte voller Vorurteile; ■**to be ~ about sth/sb** Vorurteile gegenüber etw/jdm haben; ■**to be ~ against sb/sth** Vorurteile gegen jdn/etw haben, jdm/etw gegenüber voreingenommen sein; ■**to be ~ in favour** [*or* AM **favor**] **of sb/sth** gegenüber jdm/etw positiv eingestellt sein; ~ **attitude/opinion** vorgefasste Einstellung/Meinung; ~ **judgment** vorgefasstes Urteil; ~ **witness** befangener Zeuge/befangene Zeugin

prejudicial [ˌpredʒəˈdɪʃᵊl] *adj* (*form*) abträglich; ■**to be ~ to sb/sth** jdm/etw abträglich sein; **to have a ~ effect on sth** eine nachteilige Wirkung auf etw *akk* haben; **to be ~ to sb's health/safety** jds Gesundheit/Sicherheit beeinträchtigen; ***these chemicals are ~ to health*** diese Chemikalien sind gesundheitsschädlich

pre-K *n short for* **pre-kindergarten** ≈Krabbelgruppe *f* (*vor dem Kindergarten*)

prelate [ˈprelɪt] *n* Prälat *m*

prelim [ˈpriːlɪm] *n* (*fam*) ❶ (*preliminary examination*) *short for* **preliminary** Vorprüfung *f*
❷ SPORTS *short for* **preliminary** Vorrunde *f*
❸ TYPO ■**~s** *pl short for* **preliminary pages** Titelei *f*
❹ (*fam*) *short for* **preliminary announcement** erste [*o* vorläufige] Bekanntmachung

preliminary [prɪˈlɪmɪnᵊri, AM -əneri] **I.** *adj attr, inv* einleitend; (*preparatory*) vorbereitend; ~ **arrangements** Vorbereitungen *fpl*; **a ~ draft/step** ein erster Entwurf/Schritt; **a ~ drawing/estimate** eine erste Skizze/Schätzung; ~ **hearing** Voruntersuchung *f*; ~ **results** erste [*o* vorläufige] Ergebnisse; **a ~ selection/stage/study** eine Vorauswahl/Vorstufe/Vorstudie; ~ **sketch** Vorstudie *f*, Rohskizze *f*; ~ **talks** Vorgespräche *ntpl*
II. *n* ❶ (*introduction*) Einleitung *f*; (*preparation*) Vorbereitung *f*; **after a few polite preliminaries** nach einigen einleitenden Höflichkeitsfloskeln; **as** [*or* **by way of**] **a ~** als Einleitung
❷ SPORTS (*heat*) Vorrunde *f*
❸ (*form: preliminary exam*) Vorprüfung *f*
❹ PUBL ■**preliminaries** *pl* Titelei *f*

preliminary matter *n no pl*, **preliminary pages** *npl* Titelei *f*

preliterate [priːˈlɪtᵊrət, AM -ˈlɪt̬ᵊət] *adj inv* vorschriftlich, ohne Schrift *nach n*; **a ~ culture** eine Kultur ohne schriftliche Zeugnisse; ~ **tribes** Stämme, die keine Schrift kennen

prelude [ˈpreljuːd, AM *also* ˈpreɪluːd] **I.** *n* ❶ *usu sing* (*preliminary*) Vorspiel *nt*, Auftakt *m*; ***the changes are a ~ to wide-ranging reforms*** die Veränderungen werden weit reichende Reformen einleiten; **a ~ to the negotiations** ein Auftakt zu den Verhandlungen
❷ MUS Prélude *nt fachspr*, Präludium *nt fachspr*; **Chopin's ~s** die Préludes von Chopin
II. *vt* ■**to ~ sth** etw einleiten; ***the incident might ~ more violence*** der Vorfall könnte vielleicht noch mehr Gewalt provozieren

pre-lunch drink *n* Aperitif *m*

premarital [ˌpriːˈmærɪtᵊl, AM -ˈmerət̬ᵊl] *adj inv* vorehelich *attr*; ~ **pregnancy** Schwangerschaft *f* vor der Ehe; ~ **sex** vorehelicher Geschlechtsverkehr

premarket trading *n* vorbörslicher Handel

premature [ˈprematʃəʳ, AM ˌpriːməˈtʃʊr, -ˈtʊr] *adj* ❶ (*too early*) verfrüht, vorzeitig; ~ **aging/death** vorzeitiges Altern/vorzeitiger Tod; ~ **announcement/criticism/decision** voreilige Ankündigung/Kritik/Entscheidung; ~ **departure/resignation** vorzeitige Abreise/Kündigung
❷ MED ~ **baby** Frühgeburt *f*, Frühchen *nt*; **to be ~** zu früh geboren werden [*o* zur Welt kommen], eine Frühgeburt sein; ***he was born six weeks ~*** er kam sechs Wochen zu früh; ~ **twins** zu früh geborene Zwillinge

prematurely [ˈprematʃəli, AM ˌpriːməˈtʃʊr-] *adv* ❶ (*too early*) verfrüht, vorzeitig; **to make sb go ~ grey** jdn vorzeitig ergrauen lassen; **to age ~** vorzeitig altern; **to decide ~** eine übereilte Entscheidung treffen; **to depart/resign ~** vorzeitig abreisen/kündigen; **to die/leave ~** frühzeitig sterben/gehen
❷ MED **to be born ~** zu früh geboren werden [*o* zur Welt kommen], eine Frühgeburt sein

pre-med [ˌpriːˈmed] *adj no pl short for* **pre-medication** Prämedikation *f fachspr*, Narkosevorbereitung *f*, Vornarkose *f*

pre-medication [ˌpriːmedɪˈkeɪʃᵊn] *n* ❶ MED Prämedikation *f fachspr*, Narkosevorbereitung *f*, Vornarkose *f*
❷ LAW Vorbedacht *m*, Überlegung *f*

premeditated [ˌpriːˈmedɪteɪtɪd, AM -t̬-] *adj inv* vorsätzlich, geplant; ~ **act** überlegtes Vorgehen; ~ **attack** vorsätzlicher [*o* geplanter] Angriff; ~ **crime/murder** vorsätzlich begangenes Verbrechen/vorsätzlicher Mord

premeditation [ˌpriːmedɪˈteɪʃᵊn] *n no pl* (*form*) [wohl durchdachtes] Planen; **with/without ~** mit/ohne Absicht; *of a crime* mit/ohne Vorsatz

premenstrual [ˌpriːˈmen(t)struəl, AM -strəl] *adj attr, inv* prämenstruell

premenstrual syndrome *n*, **premenstrual tension** *n no pl* BRIT prämenstruelles Syndrom

premie [ˈpriːmi] *n* AM (*fam*) *short for* **premature baby** Frühchen *nt*

premier [ˈpremiəʳ, AM prɪˈmɪr] **I.** *n* Premierminister(in) *m(f)*, Premier *m*; CAN, AUS Ministerpräsident(in) *m(f)*
II. *adj attr, inv* führend; **the ~ port** der bedeutendste [*o* wichtigste] Hafen; **the ~ sport arena** das bedeutendste Stadion

première [ˈpremieəʳ, AM prɪˈmɪr] **I.** *n* Premiere *f*, Uraufführung *f*; **world ~** Weltpremiere *f*, Welturaufführung *f*
II. *vt* ■**to ~ sth** etw uraufführen
III. *vi* **to ~ in New York/London** in New York/London uraufgeführt werden

Premier League *n* BRIT ■**the ~** die Premier League, ≈ die erste Liga

premiership [ˈpremieəʃɪp, AM prɪˈmɪr-] *n* ❶ (*office*) Amt *nt* des Premierministers/der Premierministerin
❷ (*period of office*) Amtszeit *f* [*o* Amtsperiode *f*] als Premierminister/Premierministerin

Premiership [ˈpremieəʃɪp] *n* BRIT SPORTS ■**the ~** die Saison der Premier League

premillennial [ˌpriːmɪˈleniəl] *adj* vor der Jahrtausendwende *nach n*

premise **I.** *n* [ˈpremɪs] Prämisse *f geh*, Voraussetzung *f*; ■**on** [*or* **with**] **the ~ that ...** unter der Voraussetzung, dass ...; **to start from the ~ that ...** von der Voraussetzung [*o geh* Prämisse] ausgehen, dass ...
II. *vt* [prɪˈmaɪz, AM ˈpremɪs] (*form*) ❶ (*base*) ■**to ~ sth on** [*or* **upon**] **sth** etw auf etw *akk* [auf]bauen; ■**to be ~d on sth** auf etw *dat* basieren [*o* beruhen]; **to ~ one's argument on sth** sein Argument auf etw *akk* aufbauen [*o* gründen]
❷ AM (*preface*) ■**to ~ sth** etw einleiten

premises [ˈpremɪsɪz] *npl* ❶ (*building[s]*) Gebäude *nt*; (*building[s] and site*) [bebautes] Gelände; (*rooms*) Räumlichkeiten *fpl*; **business ~** Geschäftsgebäude *nt*, Geschäftsräume *mpl*; **school ~** Schulgelände *nt*; **residential ~** Privatgrund *m* mit Wohnhaus; **off the ~** außerhalb des Gebäudes/Geländes; **on the ~** (*in the building*) im Gebäude, in den Räumlichkeiten; (*on the site*) auf dem Gelände; **to be made on the ~** an Ort und Stelle [*o* [direkt] vor Ort] hergestellt werden
❷ (*personal property*) Land *nt*, Grundstück *nt*
❸ (*things referred to*) Vorstehendes, Vorangehendes, Obenerwähntes

premiss *n esp* BRIT (*form*) *see* **premise**

premium [ˈpriːmiəm] **I.** *n* ❶ (*insurance payment*) [Versicherungs]prämie *f*; **insurance ~** Versicherungsbeitrag *m*, Versicherungsprämie *f*; **life insurance ~s** Lebensversicherungsprämie *f*; **additional ~** Beitragszuschlag *m*, Prämienzuschlag *m*
❷ (*extra charge*) Zuschlag *m*; (*rate above a previous rate*) Aufschlag *m* (**on** auf +*akk*), Aufgeld *nt*; **exchange ~** Agio *nt*, Aufgeld *nt*; **to attract a ~** teurer sein, mehr kosten; **to be [sold]** [*or* **sell**] **at a ~** zu einem höheren Preis verkauft werden; ***organic vegetables will always sell at a ~*** Biogemüse wird immer teurer sein; **at a 5% ~** für einen Aufschlag von 5%; **shares sold at a ~** Aktienverkauf *m* über Pari [*o* mit Agio]
❸ (*bonus*) Prämie *f*, Bonus *m*; **to earn a ~ for sth** eine Prämie für etw *akk* bekommen; ~ **on a salary** Bonus *m* [*o* Prämie *f*] zusätzlich zum Gehalt
❹ *no pl* AM (*petrol*) Super[benzin] *nt*
❺ (*amount paid to a landlord*) Abstandssumme *f*
▶ PHRASES: **to place** [*or* **put**] **a ~ [up]on sth** auf etw *akk* besonderen Wert legen; **to be at a ~** [sehr] wertvoll [*o* kostbar] sein; ***free time is at a ~ for working parents*** Freizeit ist für berufstätige Eltern ein kostbares Gut
II. *adj attr, inv* ❶ (*high*) hoch; ~ **price** hoher Preis; ~ **rent** hohe Miete
❷ (*top-quality*) Spitzen-; **the ~ brand** die führende Marke; ~ **fruit** erstklassige Früchte, Früchte *pl* der Klasse 1 A; ~ **product** Spitzenprodukt *nt*; ~ **sausages** Qualitätswürste *fpl*, erstklassige Würste

Premium Bond *n* BRIT Prämienaktie *f*, Lotterieaktie *f*; ■**~s** *pl* Sparprämienanleihen *fpl* **premium gas** *n* AM, **premium gasoline** *n* AM Super[benzin] *nt* **premium income** *n* Prämienaufkommen *nt* **premium offer** *n* Werbegeschenk *nt*

premmie [ˈpriːmiː] *n* AUS (*fam*) *short for* **premature baby** Frühchen *nt*

premonition [ˌpreməˈnɪʃᵊn] *n* [böse] Vorahnung, [schlechtes] Vorgefühl; ***this ~ of defeat ...*** die dunkle Ahnung einer bevorstehenden Niederlage...; ~ **of disaster/danger** Vorahnung einer Katastrophe/drohenden Gefahr; ~ **of death** Todesahnung *f*; **to have a ~ [that ...]** [so] eine Vorahnung haben[, dass …]

premonitory [prɪˈmɒnɪtᵊri, AM ˈmɑːnətɔːri] *adj* warnend *attr;* ~ **feeling** ungutes Gefühl

prenatal [ˌpriːˈneɪtᵊl, AM -t̬ᵊl] *adj attr, inv* AM, AUS vorgeburtlich, pränatal *fachspr;* ~ **care** vorgeburtliche Betreuung, Geburtsvorbereitung *f*

prenuptial [ˌpriːˈnʌp(t)ʃᵊl] *adj inv* vor der Heirat [*o* Hochzeit] *nach n;* ~ **contract** [*or* **agreement**] Ehevertrag *m*

preoccupation [priːˌɒkjəˈpeɪʃᵊn, AM -ˌɑːkjuːˈ-] *n* ❶ (*dominant concern*) Sorge *f;* **main** ~ Hauptsorge *f*
❷ *no pl* (*state of mind*) ■[**a**] ~ **with sth** gedankliches Kreisen um etw *akk,* ständige [gedankliche] Beschäftigung mit etw *dat,* Absorbiertsein *nt* von etw *dat;* **a** ~ **with death/work** die ständige Beschäftigung mit dem Tod/mit der Arbeit; **to have a** ~ **with sth** von etw *dat* besessen sein; **to have a** ~ **with sex** sexbesessen sein

preoccupied [ˌpriːˈɒkjəpaɪd, AM priːˈɑːkjuː-] *adj* ❶ (*distracted*) gedankenverloren; (*absorbed*) nachdenklich; ***my mind has*** [*or* ***I have***] ***been so*** ~ ***lately*** ich hatte in letzter Zeit so viel im Kopf; ***she is quite*** ~ ***at the moment*** sie hat im Moment zu viel um die Ohren; ■**to be** ~ **with sb/sth** sich *akk* mit jdm/etw stark beschäftigen, unablässig an etw/jdn denken; ***he is so*** ~ ***with his own problems that …*** er ist so von seinen Problemen in Anspruch genommen, dass …
❷ (*worried*) besorgt; ~ **frown** besorgtes Stirnrunzeln

preoccupy <-ie-> [ˌpriːˈɒkjəpaɪ, AM priːˈɑːkjuː-] *vt* ■**to** ~ **sb** jdn [sehr stark] beschäftigen; **to** ~ **sb's mind** [*or* **thoughts**] jdn stark beschäftigen, jdm ständig im Kopf herumgehen

preordain [ˌpriːɔːˈdeɪn, AM -ɔːrˈ-] *vt usu passive* (*form*) ■**to be** ~**ed** vorherbestimmt sein; **a** ~**ed path** [*or* **route**] [*or* **direction**] ein vorgezeichneter Weg; **to be** ~**ed to fail** zum Scheitern verurteilt sein; **sb/sth is** ~ **to succeed** der Erfolg ist jdm/etw sicher

prep[1] [prep] *n no pl* (*fam*) ❶ (*preparation*) Vorbereitung *f*
❷ BRIT (*homework*) Hausaufgaben *fpl,* Hausarbeiten *fpl;* **history** ~ Geschichtshausaufgaben *fpl,* Hausaufgaben *fpl* in Geschichte
❸ BRIT (*time for homework*) Hausaufgabenstunde *f;* (*at school*) Übungs- und Lernstunde *f*
❹ AM (*prep school*) *private Vorbereitungsschule vor dem College*

prep[2] [prep] *n* LING *abbrev of* **preposition** Präp.

pre-pack [ˌpriːˈpæk] *vt esp* BRIT ■**to** ~ **sth** etw abpacken

pre-package [ˌpriːˈpækɪdʒ] *vt esp* AM, AUS ■**to** ~ **sth** etw abpacken

pre-packaged [ˌpriːˈpækɪdʒd] *adj inv esp* AM, AUS abgepackt

pre-packed [ˌpriːˈpækt] *adj inv esp* BRIT abgepackt

prepaid [ˌpriːˈpeɪd] *adj inv* im Voraus bezahlt, bereits bezahlt; ***$20*** ~, ***$25 at the door*** $20 im Vorverkauf, $25 an der Abendkasse; ~ **reply envelope** frankierter Rückumschlag; ~ **envelope/postcard** freigemachter Umschlag/freigemachte Postkarte

prepaid reply *n* frankierte Rückantwortkarte

preparation [ˌprepᵊrˈeɪʃᵊn, AM -əˈreɪ-] **I.** *n* ❶ *no pl* (*getting ready*) Vorbereitung *f; of food* Zubereitung *f;* **to do a lot of/very little** ~ [**for sth**] sich *akk* sehr gut/kaum [auf etw *akk*] vorbereiten; **in** ~ **for sth** als Vorbereitung auf etw *akk;* ***the church was being decorated in*** ~ ***for the wedding*** die Kirche wurde für die Hochzeit dekoriert
❷ (*measures*) ■~**s** *pl* Vorbereitungen *fpl* (**for** für +*akk*); (*precautions*) Vorkehrungen *fpl;* ~**s for a flight** Flugvorbereitungen *fpl;* ~**s for a journey/voyage** Reisevorbereitungen *fpl;* ~**s for war** Kriegsvorbereitungen *fpl;* **to make** [**one's**] ~**s for sth** Vorbereitungen für etw *akk* treffen
❸ (*substance*) Präparat *nt,* Mittel *nt;* **beauty** ~ Schönheitsmittel *nt;* **pharmaceutical** ~ Arzneimittel *nt,* pharmazeutisches Präparat

II. *n modifier* (*time, work*) Vorbereitungs-; ~ **stage** Vorbereitungsstadium *nt*

preparatory [prɪˈpærətᵊri, AM -ˈperətɔːri] *adj inv* vorbereitend *attr;* ~ **course** Vorbereitungskurs *m;* ~ **meeting** Vorbereitungstreffen *nt;* ~ **stage** Vorbereitungsstadium *nt;* ~ **work** vorbereitende Arbeiten *fpl,* Vorbereitung *f;* **to be** ~ [**to sth**] als Vorbereitung [auf [*o* für] etw *akk*] dienen; ***a task force was formed*** ~ ***to the conference*** es wurde eine Taskforce gegründet, um die Konferenz vorzubereiten

preparatory school *n* AM (*form: mixed private school*) *private Vorbereitungsschule vor dem College;* BRIT (*for public school*) *private Vorbereitungsschule vor einer Public School*

prepare [prɪˈpeəʳ, AM -ˈper] **I.** *vt* ❶ (*get ready*) ■**to** ~ **sth/sb/oneself** [**for sth**] etw/jdn/sich [auf etw *akk*] vorbereiten; ***you need to*** ~ ***yourself for a long wait*** Sie sollten sich auf eine lange Wartezeit einstellen; ***I hadn't*** ~***d myself for such a shock*** auf einen solchen Schock war ich nicht gefasst; **to** ~ **a site** ein Grundstück erschließen; **to** ~ **the way** [**for sb/sth**] den Weg [für jdn/etw] bereiten
❷ (*make*) ■**to** ~ **sth** etw zubereiten [*o* vorbereiten]; ***our products are*** ~***d in the most hygienic conditions*** unsere Produkte werden unter strengen hygienischen Bedingungen hergestellt; ~**d by hand** selbst gemacht; **to** ~ **breakfast/dinner/lunch** das Frühstück/Abendessen/Mittagessen machen

II. *vi* ■**to** ~ **for sth** sich *akk* auf etw *akk* vorbereiten, sich *akk* für etw *akk* rüsten; ***we should*** ~ ***for a time of troubles*** wir sollten uns auf schwierige Zeiten gefasst machen; ■**to** ~ **to do sth** sich *akk* darauf vorbereiten, etw zu tun; **to** ~ **for take-off** sich *akk* zum Start bereit machen; **to** ~ **to enter/leave** sich *akk* anschicken, hineinzugehen/wegzugehen; **to** ~ **to fight** sich *akk* für den Kampf rüsten, sich *akk* auf den Kampf vorbereiten; **to** ~ **to speak** anheben zu sprechen

prepared [prɪˈpeəd, AM -ˈperd] *adj* ❶ *pred* (*ready*) bereit, fertig *fam;* ***I'm not*** ~ ich bin noch nicht so weit; ■**to be** ~ **for sb/sth** auf jdn/etw vorbereitet sein; ***be*** ~***!*** allzeit bereit!; ***they were*** ~ ***for the worst*** sie waren auf das Schlimmste gefasst; **to be** ~ **for a journey** reisefertig sein
❷ *pred* (*willing*) ■**to be** ~ **to do sth** bereit sein, etw zu tun; ***I am not*** ~ ***to stand by and do nothing*** ich denke nicht daran, untätig zuzusehen
❸ (*arranged previously*) vorbereitet; ***his speech was obviously*** ~ seine Rede hatte er offensichtlich schon vorher abgefasst; ***the room had been specially*** ~ das Zimmer war extra zurechtgemacht worden; ~ **meal** Fertiggericht *nt;* ~ **statement** vorbereitete Erklärung

preparedness [prɪˈpeədnəs, AM -ˈperd-] *n no pl* (*form*) Bereitschaft *f;* ~ **for conflict/battle** Konfliktbereitschaft/Kampfbereitschaft *f;* **sb's** ~ **for an exam** jds Vorbereitung auf ein Examen; **the nation's military** ~ die militärische Einsatzbereitschaft der Nation

prepay <-paid, -paid> [ˌpriːˈpeɪ] *vt* ■**to** ~ **sth** etw im Voraus bezahlen; ***the cost of postage had been prepaid*** die Zustellungsgebühr war bereits bezahlt

prepayment [ˌpriːˈpeɪmənt] *n* Vorauszahlung *f,* Bezahlung *f* im Voraus **prepayment penalty** *n* Vorfälligkeitsentschädigung *f*

preponderance [ˌpriːˈpɒndᵊrᵊn(t)s, AM -ˈpɑːn-] *n no pl* (*form*) [überwiegende] Mehrheit; (*fact of being in majority*) zahlenmäßiges Übergewicht; ***there is a*** ~ ***of women in part-time work*** Frauen sind bei Teilzeitarbeitsstellen in der Überzahl

preponderant [ˌpriːˈpɒndᵊrᵊnt, AM -ˈpɑːn-] *adj inv* (*form*) vorherrschend *attr;* ■**to be** ~ [**in sth**] [bei etw *dat*] eine vorherrschende Rolle spielen; (*in numbers*) [bei etw *dat*] überwiegen [*o* in der Mehrheit sein]; ~ **influence** entscheidender Einfluss; ~ **role** herausragende Rolle

preponderantly [ˌpriːˈpɒndᵊrᵊntli, AM -ˈpɑːn-] *adv inv* (*form*) überwiegend, mehrheitlich

preponderate [ˌpriːˈpɒndᵊreɪt, AM -ˈpɑːndə-] *vi* (*form*) überwiegen, in der Überzahl sein; ***a garden where white flowers*** ~ ein Garten, in dem weiße Blumen bestimmend sind

preposition [ˌprepəˈzɪʃᵊn] *n* Verhältniswort *nt,* Präposition *f*

prepositional [ˌprepəˈzɪʃᵊnᵊl] *adj inv* LING präpositional, Verhältnis-; ~ **phrase** Präpositionalgefüge *nt fachspr;* ~ **word** Verhältniswort *nt,* Präposition *f*

prepositional verb *n* Präpositionalverb *nt fachspr,* präpositionales Verb *fachspr*

prepossessing [ˌpriːpəˈzesɪŋ] *adj usu neg* einnehmend, anziehend; **to be not very** ~ nicht sehr ansprechend sein; *person* nicht sehr einnehmend sein

preposterous [prɪˈpɒstᵊrəs, AM -ˈpɑːstɚ] *adj* absurd, unsinnig, widersinnig; ~ **accusation** absurder [*o* unsinniger] Vorwurf

preposterously [prɪˈpɒstᵊrəsli, AM ˈpɑːstɚ] *adv* absurd[erweise]

prepped [prept] *adj* AM *person* vorbereitet; **to get** ~ sich *akk* auf etw *akk* gefasst machen

preppie, preppy [ˈprepi] AM **I.** *n Schüler(in) einer privaten „prep school", der/die großen Wert auf gute Kleidung und das äußere Erscheinungsbild legt*
II. *adj appearance* adrett; *clothes, look* popperhaft *meist pej fam;* ***it's a*** ~ ***neighborhood*** die Nachbarschaft ist ziemlich etepetete *fam*

pre-printed [ˌpriːˈprɪntɪd, AM t̬ɪd] *adj inv* vorgedruckt

prep school *n* (*fam*) ❶ BRIT (*private school*) *vorbereitende Privatschule für die Aufnahme an einer „Public School"* ❷ AM (*preparatory school*) *vorbereitende* [*Privat*]*schule für die Aufnahme an einem College* **prep time** *n no pl* AM Vorbereitungszeit *f* (*für den Unterricht*)

pre-publication [ˌpriːpʌblɪˈkeɪʃᵊn] PUBL **I.** *adj attr, inv* vor der Veröffentlichung *nach n;* ~ **promotion** Werbekampagne *f* vor einer Veröffentlichung
II. *n* Vorveröffentlichung *f*

prepuce [ˈpriːpjuːs] *n* ANAT (*spec: foreskin*) [Penis]vorhaut *f,* Präputium *nt* penis *fachspr;* (*spec: clitoral foreskin*) Vorhaut *f* der Klitoris, Präputium *nt* clitoridis *fachspr*

prequel [ˈpriːkwəl] *n usu sing* FILM, LIT, THEAT *die Vorgeschichte eines bereits bekannten Films, Buchs, oder erzählenden Werks*

Pre-Raphaelite [ˌpriːˈræfiᵊlaɪt] ART **I.** *n* Präraffaelit *m fachspr*
II. *adj inv* präraffaelitisch *fachspr;* ~ **works** Werke der Präraffaeliten, präraffaelitische Werke; **to have** ~ **looks** präraffaelitisch aussehen

pre-record I. *vt* [ˌpriːrɪˈkɔːd, AM -ˈkɔːrd] ■**to** ~ **sth** *music, speech* etw vorher aufzeichnen [*o* aufnehmen]; **a** ~**ed cassette** eine bespielte Kassette; ~**ed message** Bandansage *f* (*z. B. beim Anrufbeantworter*)
II. *n* [ˌpriːˈrekɔːd, AM -ˈkɔːrd] Voraufzeichnung *f*

prerequisite [ˌpriːˈrekwɪzɪt] *n* (*form*) [Grund]voraussetzung *f,* Vorbedingung *f* (**of/to** für +*akk*)

prerogative [prɪˈrɒgətɪv, AM -ˈrɑːgət̬-] *n usu sing* (*form*) ❶ (*right*) Recht *nt;* (*privilege*) Vorrecht *nt,* Privileg *nt;* **the** ~ **of the rich** das Privileg der Reichen; **the Royal P**~ das [königliche] Hoheitsrecht [*o veraltet* Prärogativ]; **to exercise** [*or* **use**] **one's** ~ [**to do sth**] sein Recht ausüben[, etw zu tun]
❷ (*responsibility*) Zuständigkeit *f;* **to remain the** ~ **of sb** jds Vorrecht bleiben; ***foreign policy will remain the*** ~ ***of the central authorities*** Außenpolitik bleibt allein in der Hand der zentralen Regierung

Pres [prez] *n short for* **President** Präs.

presage [ˈpresɪdʒ, AM prɪˈseɪdʒ] *vt* (*form*) ■**to** ~ **sth** (*predict*) etw ankündigen [*o* anzeigen]; (*intuit*) etw ahnen, eine Vorahnung einer S. *gen* haben; **to** ~ **a fine day** einen schönen Tag verheißen

presbyope [ˌpresbiˈəʊp, AM -ˈoʊp] *n* MED Presbyoper *m fachspr,* [alters]weitsichtige Person

presbyopia [ˌpresbiˈəʊpiə, AM -ˈoʊp-] *n* MED Presbyopie *f fachspr,* [Alters]weitsichtigkeit *f*

Presbyterian [ˌprezbɪˈtɪəriən, AM -ˈtɪr-] **I.** *n* Presbyterianer(in) *m(f)*
II. *adj inv* presbyterianisch

presbytery [ˈprezbɪtᵊri, AM -teri] *n* REL

① (*sanctuary*) Altarraum *m,* Presbyterium *nt fachspr*
② (*administrative body*) Kirchenvorstand *m,* Presbyterium *nt fachspr*
③ (*Catholic priest's residence*) Pfarrhaus *nt,* Pfarre *f*

pre-school ['pri:sku:l] **I.** *n* AM, AUS Kindergarten *m*
II. *adj attr, inv* vorschulisch, Vorschul-; ~ **age** Vorschulalter *nt;* ~ **children** Kinder *ntpl* im Vorschulalter; ***is your child of ~ age?*** ist Ihr Kind im Vorschulalter?

pre-schooler ['pri:sku:lər, AM -ɚ] *n* AM, AUS Kind *nt* im Vorschulalter

prescience ['presiəns, AM 'preʃəns] *n no pl* Vorherwissen *nt,* Voraussicht *f*

prescient ['presiənt, AM 'preʃənt] *adj* (*form*) vorausschauend, vorhersehend

prescribe [prɪ'skraɪb] *vt* ① (*medical*) ■**to ~ sth [for sb]** [*or* **[sb] sth**] [jdm] etw verschreiben; ■**to be ~d sth** etw verschrieben bekommen; ***I've been ~d painkillers*** man hat mir ein schmerzstillendes Mittel verschrieben; **to ~ sth for headache/a cough** etw gegen Kopfschmerzen/Husten verschreiben [*o* verordnen]; **a widely ~d drug** ein häufig verschriebenes Medikament
② (*recommend*) ■**to ~ sth [to sb]** *a special diet* [jdm] etw verordnen; *fresh air, exercise* [jdm] etw empfehlen
③ (*form: state*) ■**to ~ sth** etw vorschreiben; **~d by law** gesetzlich vorgeschrieben; **internationally ~d standards** international vorgeschriebene Normen; **the ~d time** die vorgeschriebene Zeit; ***the law ~s that ...*** es ist gesetzlich vorgeschrieben, dass ...
④ LAW **to ~ rights** Gewohnheitsrechte *pl* geltend machen, Rechte *pl* aufgrund von Ersitzung geltend machen

prescription [prɪ'skrɪpʃən] *n* ① (*medical*) Rezept *nt* (**for** für +*akk*), Verschreibung *f;* **repeat ~** Wiederholungsrezept *nt;* **on ~** auf Rezept; **to be only available on ~** verschreibungspflichtig [*o* rezeptpflichtig] sein
② (*form: rule*) Vorschrift *f* (**for** für +*akk*); (*instruction*) Belehrung *f meist pej;* ***she would prefer guidance to ~*** ihr wäre Anleitung statt Belehrungen lieber
③ LAW Erwerb *m* durch ständigen Genuss, Ersitzung *f*

prescription charge *n* BRIT Rezeptgebühr *f*

prescription drug *n,* **prescription medicine** *n* verschreibungspflichtiges [*o* rezeptpflichtiges] Arzneimittel

prescriptive [prɪ'skrɪptɪv] *adj* (*pej form*) normativ *geh;* ~ **guidelines** bindende Richtlinien; LING präskriptiv *fachspr*

prescriptive grammar *n no pl* LING präskriptive Grammatik *fachspr*

preseason [,pri:'si:zən] **I.** *n* SPORTS, TOURIST Zeit *f* vor Saisonbeginn; SPORTS Vorbereitungszeit *f*
II. *adj attr, inv* vor Saisonbeginn *nach n;* ~ **match** Vorbereitungsspiel *nt*

pre-select [,pri:sɪ'lekt] *vt* ■**to ~ sb/sth** jdn/etw vorher auswählen; ***the candidates have been ~ed*** die Kandidaten wurden im Voraus bestimmt

presence ['prezən(t)s] *n* ① *no pl* (*attendance*) Anwesenheit *f;* (*occurrence*) Vorhandensein *nt;* (*form*) ***your ~ is requested*** Sie sind eingeladen; **to make one's ~ felt** sich *akk* bemerkbar machen; **in sb's ~, in the ~ of sb** in jds Gegenwart [*o* Anwesenheit]; **in the ~ of a third party** Dritten gegenüber; **in the ~ of two witnesses** in Gegenwart [*o* im Beisein] zweier Zeugen/Zeuginnen; **in my ~** in meiner Gegenwart
② (*approv: dignified bearing*) Haltung *f,* Auftreten *nt;* **to have ~** *of person* ein gutes Auftreten haben
③ (*supernatural*) Gegenwart *f kein pl;* **to feel sb's ~** jds Gegenwart [förmlich] spüren können
④ (*representation*) Präsenz *f kein pl;* **military/police ~** Militär-/Polizeipräsenz *f*

presence of mind *n no pl* (*approv*) Geistesgegenwart *f;* **to have the ~ to do sth** die Geistesgegenwart besitzen [*o* geistesgegenwärtig [genug] sein], etw zu tun; **to keep one's ~** geistesgegenwärtig handeln [*o* sein], einen kühlen [*o* klaren] Kopf bewahren

present[1] ['prezənt] **I.** *n* ① *no pl* (*now*) ■**the ~** die Gegenwart; **to live for the ~** im Hier und Jetzt leben; ■**at ~** zurzeit, im Moment; ***that's all*** [*or* ***that will be all***] ***for the ~*** das ist vorläufig [*o* zunächst einmal] alles; **to be set** [*or* **take place**] **in the ~** in der Gegenwart spielen
② LING Gegenwart *f,* Präsens *nt*
► PHRASES: **there's no time like the ~** (*prov*) was du heute kannst besorgen, das verschiebe nicht auf morgen *prov*
II. *adj* ① *attr, inv* (*current*) derzeitig, jetzig, gegenwärtig; **sb's ~ address** jds derzeitige Adresse; **in the ~ case** im vorliegenden Fall[e]; **the ~ generation** die heutige Generation; **at the ~ moment** [*or* **time**] zum jetzigen [*o* gegenwärtigen] Zeitpunkt
② *inv, usu pred* (*in attendance*) anwesend; ■**to be ~ [at sth]** [bei etw *dat*] anwesend [*o geh* zugegen] sein; ***how many people will be ~ at the ceremony?*** wie viele Personen werden an der Feier teilnehmen?; (*existing*) vorhanden; ***are there certain chemicals ~ in the air?*** sind in der Luft bestimmte Chemikalien enthalten?; ~ **company excepted** Anwesende ausgenommen; **all those ~** alle Anwesenden

present[2] **I.** *n* ['prezənt] (*gift*) Geschenk *nt,* Präsent *nt a. hum geh;* ***as a retirement ~ she was given a week's vacation to the Caribbean*** zur Pensionierung schenkte man ihr eine Woche Urlaub in der Karibik; **a birthday/Christmas/wedding ~** ein Geburtstags-/Weihnachts-/Hochzeitsgeschenk *nt;* **to get sth as a ~** etw geschenkt bekommen; **to give sth to sb** [*or* **sb sth**] **as a ~** jdm etw schenken; **to make sb a ~ of sth** jdm etw schenken [*o geh* zum Geschenk machen]
II. *vt* [prɪ'zent] ① (*give formally*) ■**to ~ sth [to sb/sth]** *gift* [jdm/etw] etw schenken; *award, medal, diploma* [jdm/etw] etw überreichen [*o* verleihen]; ■**to ~ sb with sth** *gift* jdm etw schenken [*o geh* zum Geschenk machen]; *award, medal, diploma* jdm etw überreichen [*o* verleihen]; ***he is going to ~ the town with a new hospital*** er wird der Stadt ein neues Krankenhaus stiften; **to ~ sb with a challenge** jdn vor eine Herausforderung stellen; **to ~ one's compliments** jds Komplimente an jdn weitergeben; ***please ~ my compliments to the chef*** mein Kompliment an den Koch; **to ~ sb with [the] facts** jdm die Fakten vor Augen führen; **to be ~ed with different options** verschiedene Wahlmöglichkeiten geboten bekommen; **to ~ sb with an ultimatum** jdm ein Ultimatum stellen
② (*offer*) ■**to ~ sth [to sb/sth]** [jdm/etw] etw bieten; (*exhibit*) [jdm/etw] etw darlegen [*o* zeigen]; ***she ~ed her passport at the checkpoint*** sie zeigte ihren Reisepass am Kontrollpunkt vor; **to ~ one's apologies** (*form*) sich *akk* entschuldigen lassen; **to ~ a contrast to sth** einen Gegensatz zu etw *dat* darstellen; **to ~ one's credentials** sich *akk* [als jd] ausweisen; **to ~ a united front** *organization, people* sich *akk* geeint zeigen; **to ~ a paper/report** eine Arbeit/einen Bericht vorlegen; **to ~ proof of payment** einen Zahlungsnachweis erbringen
③ (*put forward*) ■**to ~ sth** etw darlegen; **to ~ an argument** ein Argument anführen; **to ~ a critique of sth** Kritik an etw *dat* äußern [*o* üben]; **to ~ a petition** eine Petition vorbringen; **to ~ a plan/theory** einen Plan/eine Theorie darlegen; **to ~ a proposal** einen Vorschlag unterbreiten; **to ~ one's thoughts/view** seine Gedanken/Ansichten darlegen
④ (*cause*) **to ~ difficulties for sb** jdm Schwierigkeiten bereiten; **to ~ a problem for sb** [*or* **sb with a problem**] jdn vor ein Problem stellen, ein Problem für jdn darstellen
⑤ (*form: introduce formally*) ■**to ~ sb [to sb]** jdn [jdm] vorstellen; ***may I ~ Professor Carter?*** darf ich Professor Carter vorstellen?; ***allow me to ~ Mrs Richards to you*** darf ich Ihnen Frau Richards vorstellen?
⑥ (*show to public*) ■**to ~ sth [to sb]** [*or* **[sb] sth**] *of cinema, theatre* etw aufführen [*o* zeigen]; *of company, firm* etw [für jdn] präsentieren
⑦ BRIT, AUS RADIO, TV (*host*) ■**to ~ sth** etw präsentieren; **to ~ a programme** eine Sendung moderieren
⑧ (*deliver formally*) ■**to ~ sth** etw vorlegen; **to ~ a bill** ECON einen Wechsel vorlegen; LAW einen Gesetzentwurf einbringen
⑨ LAW ■**to ~ sth** *complaint, evidence* etw vorbringen
⑩ (*appear*) ■**to ~ oneself** erscheinen, sich *akk* einfinden *geh;* ■**to ~ itself** *idea, opportunity* sich *akk* ergeben; ***the opportunity to work in Boston ~ed itself quite out of the blue*** die Gelegenheit, in Boston zu arbeiten, kam aus heiterem Himmel
⑪ MIL **to ~ arms** das Gewehr präsentieren; ~ ***arms!*** präsentiert das Gewehr!
► PHRASES: **to ~ one's compliments** (*dated form: greeting*) sich *akk* empfehlen *geh o veraltet;* (*also hum fam: taking leave*) sich *akk* empfehlen [lassen]; ***Mr Barney ~s his compliments*** Herr Barney lässt sich empfehlen *geh o veraltet*
III. *vi* [prɪ'zent] MED ■**to ~ with sth** etw aufzeigen; ***the patient ~ed with a serious case of TB*** der Patient zeigte ernste Anzeichen von Tuberkulose

present[3] *n* LAW ■**these ~s** vorliegende Urkunde

presentable [prɪ'zentəbl] *adj person* vorzeigbar, *hum* gesellschaftsfähig; *thing* ansehnlich; ***I can't answer the door — I'm not ~*** ich kann nicht an die Tür, so wie ich aussehe!; **to look ~** vorzeigbar aussehen, sich *akk* sehen lassen können; **to make oneself [look] ~** sich *akk* zurechtmachen [*o* SÜDD herrichten] *fam;* **to make sth ~** etw herrichten [*o* in einen präsentablen Zustand bringen]

presentation [,prezən'teɪʃən] *n* ① (*giving*) Präsentation *f; of a theory* Darlegung *f; of a dissertation, thesis* Vorlage *f; of gifts* Überreichung *f,* Übergabe *f;* (*awarding*) Verleihung *f*
② (*lecture, talk*) Präsentation *f* (**on** zu +*dat*), Vortrag *f* (**on** über +*akk*)
③ *no pl* (*display*) *of photographs, works* Ausstellung *f*
④ (*exhibition, theatre*) Inszenierung *f*

presentation copy *n* PUBL Widmungsexemplar *nt,* Dedikationsexemplar *nt geh*

present continuous *n* LING Verlaufsform *f* [des] Präsens; **to be in the ~** in der Verlaufsform [des] Präsens stehen

present-day *adj usu attr* heutig *attr;* ~ **facilities** heutige [*o* moderne] Einrichtungen; ~ **London** das heutige London

presenteeism [,prezen'ti:ɪzəm] *n no pl die Praktik, länger als nötig am Arbeitsplatz bleiben,um positiv aufzufallen*

presenter [prɪ'zentər] *n* BRIT, AUS RADIO, TV Moderator(in) *m(f)*

presentiment [prɪ'zentɪmənt] *n* (*form*) Vorahnung *f* (**of** +*gen*); **to have a ~ of sth** eine Vorahnung [*o* ein ungutes Gefühl] in Bezug auf etw *akk* haben; **to have a ~ of danger** eine Gefahr vorausahnen

presently ['prezəntli] *adv inv* ① (*soon*) bald, gleich, in Kürze; **to do sth ~** etw bald [*o geh* in Kürze] erledigen
② *esp* BRIT, AUS (*now*) zurzeit, derzeit, gegenwärtig

present participle *n* LING Partizip *nt* Präsens

present perfect *n* LING Perfekt *nt,* vollendete Gegenwart; **to be in the ~** im Perfekt stehen

present progressive *n* LING Verlaufsform *f* [des] Präsens; *see also* **present continuous**

present simple *n* LING einfache Form des Präsens; **to be in the ~** in der einfachen Form des Präsens stehen

present tense *n* LING Präsens *nt,* Gegenwartsform *f;* **to be/write in the ~** im Präsens stehen/schreiben

present value *n* FIN Barwert *m,* Zeitwert *m,* Gegenwartswert *m;* **the ~ of an annuity of $100** der Kapitalwert einer Jahresrente von 100 Dollar

preservation [,prezə'veɪʃən, AM -ɚ'-] **I.** *n no pl* ① (*upkeep*) Erhaltung *f;* **the ~ of listed buildings** die Erhaltung unter Denkmalschutz stehender Gebäude; **state of ~** Erhaltungszustand *m;* **to be in an excellent/a poor state of ~** noch außerordent-

P

lich gut/nicht mehr gut erhalten sein; **historic** ~ AM Erhaltung *f* historischer Stätten, Denkmalschutz *m*
❷ (*conservation*) Bewahrung *f; of order* Aufrechterhaltung *f;* (*protection*) Schutz *m; of* [*national*] *interests* Wahrung *f;* **the ~ of the countryside** der Erhalt der ländlichen Landschaftsstriche
❸ FOOD Konservierung *f,* Einmachen *nt,* Einkochen *nt,* Einwecken *nt;* **food ~** Lebensmittelkonservierung *f*
II. *adj attr, inv* Konservierungs-; **~ method** Konservierungsmethode *f*

preservationist [ˌprezəˈveɪʃənɪst, AM -ɚˈ-] *n* Verfechter(in) *m(f)* der Denkmal[s]pflege

preservation order *n* BRIT, AUS *Erlass, der etwas unter Denkmalschutz stellt;* **to have a ~ on it/them** unter Denkmalschutz stehen; **to issue a ~ on sth** etw unter Denkmalschutz stellen **preservation specialist** *n* Denkmal[s]pfleger(in) *m(f);* (*curator, keeper*) Konservator(in) *m(f);* (*restorer*) Restaurator(in) *m(f)*

preservative [prɪˈzɜːvətɪv, AM -ˈzɜːrvət̬-] *n* Konservierungsmittel *nt,* Konservierungsstoff *m;* **free from artificial** [*or* **with no added**] **~s** ohne Konservierungsstoffe

preserve [prɪˈzɜːv, AM -ˈzɜːrv] **I.** *vt* ■**to ~ sth** ❶ (*maintain*) etw erhalten; **to do sth to ~ one's sanity** etw tun, damit man nicht verrückt wird *fam;* **to ~ the appearance of sth** den Schein einer S. *gen* wahren; **to ~ the character of sth** den Charakter einer S. *akk* erhalten; **to ~ customs/tradition** Bräuche/die Tradition bewahren; **to ~ one's sense of humour** sich *dat* seinen Humor bewahren; **to ~ the peace/the status quo** den Frieden/den Status quo bewahren; **to ~ one's right to do sth** sich *dat* das Recht vorbehalten, etw zu tun
❷ (*conserve*) etw konservieren; *wood* etw [mit Holzschutzmittel] behandeln; *fruit and vegetables* etw einmachen [*o* einkochen] [*o* einwecken]; **to ~ gherkins in cider vinegar** Gurken in Apfelessig einlegen
❸ (*protect*) etw schützen; **to ~ the environment** die Umwelt schützen
II. *n* ❶ *usu pl* (*food*) Eingemachte(s) *nt kein pl;* ***a jar of ~s*** ein Glas *nt* Eingemachtes; **apricot/strawberry ~** eingemachte Aprikosen/Erdbeeren
❷ (*domain*) Domäne *f;* ***the gardening is Jo's ~*** für die Gartenarbeit ist Jo zuständig; **to be the ~ of the rich** den Reichen vorbehalten sein; (*responsibility*) Wirkungsbereich *m; of a department* Ressort *nt;* (*property*) Besitztum *nt;* ***she regards that cupboard as her own ~*** sie betrachtet dieses Schränkchen als ihr ganz privates Eigentum
❸ *esp* AM (*reserve*) Reservat *nt;* **game ~** Wildpark *m;* **nature/wildlife ~** Naturschutzgebiet *nt*

preserved [prɪˈzɜːvd, AM -ˈzɜːrvd] *adj* ❶ (*maintained*) konserviert; **~ building** erhaltenes Gebäude; **to be badly/well ~** nicht [mehr] gut/sehr gut erhalten sein
❷ FOOD eingemacht, eingelegt, eingeweckt; **~ fruit/vegetables** eingemachtes Obst/Gemüse; **~ food** konservierte Lebensmittel

preserver [prɪˈzɜːvəʳ, AM ˈzɜːrvɚ] *n* ❶ (*protector, saviour*) [Be]wahrer(in) *m(f),* Erhalter(in) *m(f)*
❷ (*agent*) Konservierungsmittel *nt*

preset [priːˈset] **I.** *vt* <-set, -set> ■**to ~ sth** *machine* etw vorher einstellen; (*arrange in advance*) etw vorher absprechen; COMPUT etw voreinstellen; **to ~ an agenda** [vorher] eine Tagesordnung festlegen; (*fig: predetermine*) etw vorherbestimmen
II. *adj inv* [vorher] eingestellt; **~ button** (*for recording*) Aufnahmeknopf *m;* (*for setting time*) [Ein]stellschalter *m;* **on a ~ course** auf einem vorgegebenen Kurs; **at a ~ price** zu einem festgelegten Preis; **at a ~ time** zu einer vorher festgelegten Zeit, zu einem vorher festgelegten Zeitpunkt

pre-shrunk [ˌpriːˈʃrʌŋk] *adj inv clothes* vorgewaschen

preside [prɪˈzaɪd] *vi* ❶ (*be in charge*) *of meeting, rally* den Vorsitz haben; ■**to ~ at sth** bei etw *dat* den Vorsitz haben, etw *dat* vorsitzen; ■**to ~ over sth** etw leiten, etw *dat* präsidieren; **to ~ over a case** LAW bei einer Verhandlung den Vorsitz haben [*o* führen]; **to ~ over a change/dissolution** für eine Änderung/Auflösung verantwortlich sein, bei einer Änderung/Auflösung die Federführung haben; **to ~ over a meeting/rally/seminar** einer Sitzung/Versammlung/einem Seminar vorsitzen [*o* präsidieren]
❷ (*dominate*) ■**to ~ over sth** (*iron hum*) etw beherrschen *fig,* über etw *akk* hinausragen; (*hum*) ***Ma and Grandma were presiding over lunch*** Mutter und Großmutter gaben bei Tisch den Ton an *hum*

presidency [ˈprezɪdənt(t)si] *n* ❶ (*office*) Präsidentschaft *f;* **to assume the ~** das Amt des Präsidenten/der Präsidentin antreten; **to stand for the ~** für das Amt des Präsidenten/der Päsidentin kandidieren
❷ (*tenure*) Präsidentschaft *f;* **during his/her ~** während seiner/ihrer Amtszeit als Präsident/Präsidentin; (*of company*) Aufsichtsratsvorsitz *m*

president [ˈprezɪdənt] *n* ❶ (*head of state*) Präsident(in) *m(f);* **Madam/Mr P~** Frau Präsidentin/Herr Präsident
❷ (*head*) *of society* Präsident(in) *m(f); of company, corporation* [Vorstands- [*o* Aufsichtsrats]]vorsitzende(r) *f(m);* **vice-~** Vizepräsident(in) *m(f)*

president-elect <*pl* presidents-elect> *n* gewählter Präsident/gewählte Präsidentin (*vor der Amtseinführung*)

presidential [ˌprezɪˈden(t)ʃəl] *adj* ❶ *inv, usu attr* POL (*of president*) Präsidenten-; (*of office*) Präsidentschafts-; **~ ambitions** Ambitionen *fpl* auf die Präsidentschaft; **~ aspirations** [das] Streben nach der Präsidentschaft; **~ authority** Amtsgewalt *f* des Präsidenten/der Präsidentin; **~ contender** [*or* **hopeful**] Präsidentschaftskandidat(in) *m(f);* **~ election** Präsidentschaftswahl *f;* **~ primary** Vorwahl *f* für die Präsidentschaft; **~ race** Rennen *nt* um die Präsidentschaft
❷ *attr, inv* (*of head of organization*) **~ address** Ansprache *f* des/der Vorsitzenden [*o* des Präsidenten/der Präsidentin]

presidential aide *n* POL Berater(in) *m(f)* des Präsidenten/der Präsidentin **presidential palace** *n* POL Präsidentenpalast *m* **presidential year** *n* AM POL Jahr *nt* der Präsidentschaftswahlen, Wahljahr *nt* (*für die Präsidentschaft*)

presiding judge *n* LAW Gerichtspräsident(in) *m(f),* Vorsitzende(r) *f(m)* des Gerichts

presidium [prɪˈsɪdiəm] *n + sing/pl vb* POL [Partei]präsidium *nt,* [Partei]vorstand *m;* **the P~ of the Supreme Soviet** (*hist*) das Präsidium des Obersten Sowjets

press [pres] **I.** *n* <*pl* -es> ❶ (*push*) Druck *m;* **at the ~ of a button** auf Knopfdruck; **to give sth a ~** [auf] etw *akk* drücken
❷ (*ironing*) Bügeln *nt kein pl;* **to give sth a ~** etw bügeln
❸ (*instrument*) Presse *f;* **garlic ~** Knoblauchpresse *f;* **trouser ~** Hosenpresse *f;* **wine ~** Weinpresse *f,* Kelter *f*
❹ (*news media, newpapers*) ■**the ~** + *sing/pl vb* die Presse; ***the story has been all over the ~*** die Geschichte wurde in allen Zeitungen gebracht; **freedom of the ~** Pressefreiheit *f;* **to be in** [*or* AM **on**] **~** im Druck sein; **to go to ~** *newspaper, book* in Druck gehen; *editorial staff* Redaktionsschluss haben; **to hold the ~**[**es**] den Druck verzögern; **to inform the ~** [**about sth**] [mit etw *dat*] an die Presse gehen; **to leak sth to the ~** etw der Presse zuspielen; **in the ~** in der Presse
❺ (*publicity*) Presse *f;* **to have a bad/good ~** eine schlechte/gute Presse bekommen, schlechte/gute Kritiken bekommen
❻ (*publishing house*) Verlag *m,* Verlagshaus *nt*
II. *vt* ❶ (*push*) ■**to ~ sth** [auf] etw *akk* drücken; ***to speak to an operator, ~ '0' now*** um mit der Vermittlung zu sprechen, wählen Sie jetzt die ‚0'; ***Sammy ~ed his nose against the windowpane*** Sammy drückte die Nase gegen die Fensterscheibe; **to ~ a bell/button/switch** auf eine Klingel/einen Knopf/einen Schalter drücken; **to ~ on the brake pedal** auf das Bremspedal treten [*o fam* steigen]; ■**to ~ sth ↔ down** etw herunterdrücken; ■**to ~ sth into sth** etw in etw *akk* hineindrücken
❷ (*flatten*) ■**to ~ sth** etw zusammendrücken; **to ~ flowers** Blumen pressen
❸ (*extract juice from*) ■**to ~ sth** etw auspressen; **to ~ grapes** Weintrauben keltern
❹ (*iron*) ■**to ~ sth** etw bügeln [*o* SCHWEIZ glätten] [*o* NORDD *a.* plätten]
❺ (*manufacture*) ■**to ~ sth** *CD, record* etw pressen
❻ (*fig: urge, impel*) ■**to ~ sb** jdn bedrängen [*o* unter Druck setzen]; ■**to ~ sb to do sth** jdn bedrängen, etw zu tun; ■**to ~ sb for sth** jdn zu etw *dat* drängen, jdn dazu drängen, etw zu tun; ■**to ~ sb on sb/sth** jdn über jdn/zu etw *dat* befragen; ***they are ~ing demands on the country's leaders*** sie versuchen massiv, ihre Forderungen bei den führenden Vertretern des Landes durchzusetzen; ■**to ~ sb/sth into sth** jdn/etw zu etw *dat* bringen [*o* zwingen]; *of person also* jdn zu etw *dat* nötigen; **to ~ sb for an answer/decision** jdn zu einer Antwort/Entscheidung drängen; **to ~ sb into a role** jdn in eine Rolle hineindrängen; **to ~ sb into service** jdn [gezwungenermaßen] in Dienst nehmen, jdn einspannen *fam;* **to ~ sb/sth into service** [**as sth**] jdn/etw [als etw] einsetzen [*o fam* einspannen]
❼ (*forcefully promote*) ■**to ~ sth** etw forcieren; **to ~ one's case** seine Sache durchsetzen wollen; **to ~ one's claim** auf seiner Forderung beharren; **to ~ one's point** beharrlich seinen Standpunkt vertreten, auf seinem Standpunkt herumreiten *fam*
❽ (*insist on giving*) ■**to ~ sth** [**up**]**on sb** *gift, offer* jdm etw aufdrängen
❾ *usu passive* (*face difficulty*) ■**to be ~ed** unter Druck stehen; ***they'll be hard ~ed to complete the assignment*** wenn sie den Auftrag ausführen wollen, müssen sie sich aber ranhalten
❿ LAW (*bring*) **to ~ charges** Anklage erheben (**against** gegen +*akk*)
▶ PHRASES: **to ~ home ↔ sth** etw durchzusetzen versuchen; **to ~ home one's advantage** seinen Vorteil ausnutzen
III. *vi* ❶ (*push*) drücken; ***~ down firmly on the lever*** drücken Sie fest auf den Hebel; ***stop ~ing! you'll all get your turn*** hört auf zu drängeln! es kommen alle an die Reihe; **to ~ against a door** sich *akk* gegen eine Tür stemmen; **to ~ hard** fest drücken
❷ (*be urgent*) drängen, dringlich sein *geh;* **time is ~ing** die Zeit drängt

◆**press ahead** *vi* ■**to ~ ahead** [**with sth**] [mit etw *dat*] weitermachen, etw vorantreiben [*o geh* forcieren], etw mit Nachdruck betreiben; **to ~ ahead with the negotiations/talks** mit den Verhandlungen/Gesprächen fortfahren

◆**press for I.** *vi* ■**to ~ for sth** auf etw *akk* drängen; **to ~ for reform** um eine Reform kämpfen
II. *vt* ❶ (*forcefully persuade*) ■**to ~ sb for sth** jdn zu etw *dat* drängen; **to ~ sb for an explanation** jdm eine Erklärung abfordern
❷ *usu passive* (*have barely enough*) **to be** [**hard**] **~ed** [**for sth**] [mit etw *dat*] [sehr [*o* SÜDD arg]] knapp dran sein *fam;* **to be** [**hard**] **~ed for an answer** um eine Antwort verlegen sein; **to be ~ed for cash** [*or* **money**] in Geldnot [*o* Geldnöten] sein, knapp bei Kasse sein *fam;* **to be ~ed for space** zu wenig Platz haben; **to be ~ed for time** unter Zeitdruck stehen

◆**press on I.** *vi* ■**to ~ on** [**with sth**] [mit etw *dat*] [zügig] weitermachen [*o geh* fortfahren]; **to ~ on with one's journey** seine Reise fortsetzen; **to ~ on with one's plans** seine Pläne vorantreiben; **to ~ on with one's work** sich *akk* bei der Arbeit ranhalten *fam;* **to ~ on regardless** trotzdem [*o geh* dessenungeachtet] weitermachen
II. *vt* ■**to ~ sth on sb** jdm etw aufdrängen [*o fam* aufdrücken]

◆**press upon** *vt see* **press on II**

press agency *n* Presseagentur *f* **press agent** *n* Presseagent(in) *m(f)* **press attaché** *n* Presseattaché *m* **press baron** *n* Pressezar *m* **press box** *n* (*room*) Pressekabine *f;* (*area*) Pressetribüne *f*

press-button *adj, n see* **push-button** **press campaign** *n* Pressekampagne *f,* Pressefeldzug *m;* **to initiate** [*or* **launch**] [*or* **start**] **a** ~ eine Pressekampagne [*o* einen Pressefeldzug] starten **press card** *n* Presseausweis *m* **press clipping** *n* Zeitungsausschnitt *m* **press conference** *n* Pressekonferenz *f;* **to attend a** ~ an einer Pressekonferenz teilnehmen; **to carry/hold/schedule a** ~ eine Pressekonferenz übertragen/abhalten/ansetzen **press corps** *n no pl* Pressevertreter(innen) *mpl(fpl),* Pressekorps *nt* **press coverage** *n* ❶ (*scale of reporting*) Berichterstattung *f* (*in der Presse*) ❷ (*footage*) [Fernseh]übertragung *f;* **live** ~ Liveübertragung *f* **press cutting** *n* Zeitungsausschnitt *m* **press deadline** *n* **to meet a** ~ einen Presseschlusstermin einhalten

pressed [prest] *adj* ❶ (*flattened*) gepresst, Press-; ~ **steel** Pressstahl *m;* **to be** ~ **up close against sb/sth** auf Tuchfühlung mit jdm/etw stehen/sitzen/liegen
❷ FOOD (*crushed, squeezed*) gepresst; **freshly** ~ **orange juice** frisch gepresster Orangensaft

press gallery *n* Pressetribüne *f* **press gang** I. *n* (*hist*) Werber *mpl fachspr veraltet* II. *vt* ■**to press-gang sb into doing sth** jdn [dazu] zwingen, etw zu tun; ***we press-ganged Simon into playing football*** wir haben Simon regelrecht zum Fußballspielen gezwungen

pressie ['prezi] *n* BRIT, AUS (*fam*) Geschenk *nt*

pressing ['presɪŋ] I. *adj* (*urgent*) *issue, matter, bills, engagements* dringend, dringlich; *requests* nachdrücklich
II. *n* (*manufacture of CD, record*) Pressung *f;* (*series made together*) Auflage *f*

pressman *n* Zeitungsmann, Zeitungsfrau *m, f sl,* Pressevertreter(in) *m(f)* **press office** *n* Pressestelle *f* **press officer** *n* Pressereferent(in) *m(f)* **press photographer** *n* Pressefotograf(in) *m(f)* **press release** *n* Pressemitteilung *f,* Pressemeldung *f,* Presseverlautbarung *f;* **to issue** [*or* **put out**] **a** ~ eine Pressemitteilung herausgeben **press report** *n* Pressebericht *m* **press reporter** *n* [Presse]berichterstatter(in) *m(f)* **press secretary** *n* Pressesprecher(in) *m(f)* **press stud** *n* BRIT, AUS Druckknopf *m* **press-up** *n* BRIT Liegestütz *m*

pressure ['preʃəʳ, AM -ɚ] I. *n* ❶ *no pl* (*physical force*) Druck *m;* ***massage with gentle*** ~ mit leichten Druckbewegungen massieren; **to apply** ~ Druck ausüben; ***apply*** ~ ***to the bleeding wound*** drücken Sie die Wunde ab; **to put** ~ **on sth** auf etw *akk* drücken
❷ PHYS Druck *m;* ***under deep-sea*** ~***s*** bei Tiefseedruck; **to store gas at a particular** ~ Gas unter einem bestimmten Druck lagern
❸ *no pl* (*stress*) Druck *m,* Stress *m,* Belastung *f;* (*stronger*) Überlastung *f;* **the** ~ **of work** die Arbeitsbelastung; (*stronger*) die Arbeitsüberlastung; **to be under** ~ **to do sth** unter Druck stehen, etw zu tun, etw dringend tun müssen; **to handle** ~ Belastungen [*o* Druck] aushalten; ***she is very good at handling*** ~ sie kann sehr gut mit Stress umgehen; **there is a lot of** ~ **on sb** jd hat Stress [*o* ist im Stress] [*o* steht unter Druck]
❹ *no pl* (*insistence*) Druck *m;* ~ ***to abandon the new motorway is increasing*** die Forderungen, die neuen Autobahnpläne zu verwerfen, werden lauter; ~ **of public opinion** Druck *m* der öffentlichen Meinung; **to do sth under** ~ etw gezwungenermaßen [*o* unter Druck] tun; **to do sth under** ~ **from sb** etw auf jds Drängen hin tun; **to put** ~ [*or* **bring** ~ **to bear**] **on sb** [**to do sth**] (*form*) jdn unter Druck setzen[, damit er/sie etw tut]
❺ (*demands, stress*) ■~**s** *pl* Druck *m kein pl,* Belastung[en] *f[pl];* ***he's got a lot of*** ~***s on him just now*** er ist im Moment starken Belastungen ausgesetzt
II. *vt esp* AM ■**to** ~ **sb to do** [*or* **into doing**] **sth** jdn dazu drängen [*o* unter Druck setzen], etw zu tun

pressure cabin *n* AVIAT [Über]druckkabine *f* **pressure cooker** *n* Dampfkochtopf *m,* Schnellkochtopf *m;* (*fig*) ***this job is like being in a*** ~ ***all day long*** bei diesem Job steht man den ganzen Tag unter Druck **pressure gauge** *n* Druckmesser *m,* Manometer *nt fachspr* **pressure group** *n* POL Pressuregroup *f* **pressure point** *n* ❶ (*sensitive area*) Druckpunkt *m* ❷ (*fig: time*) kritischer [*o* heikler] Punkt; (*area*) kritische [*o* heikle] Zone **pressure sore** *n* MED wunde [*o* wund gelegene] Stelle **pressure suit** *n* AVIAT Druckanzug *m* **pressure tactics** *n + sing vb* Druckmittel *ntpl;* (*negotiating*) aggressive Verhandlungsmethoden *fpl;* **to resort to** ~ auf Druckmittel zurückgreifen; **to use** ~ Druckmittel [zur Überzeugung] einsetzen, mit harten Bandagen kämpfen **pressure vessel** *n* Druckbehälter *m*

pressurization [ˌpreʃəraɪ'zeɪʃən, AM -ɚɪ'-] *n no pl* Druckausgleich *m;* **the** ~ **of a cabin** die Haltung des Normaldrucks in einer Kabine

pressurize ['preʃəraɪz, AM -ʃɚ-] *vt* ❶ (*control air pressure*) ■**to** ~ **sth** etw druckfest [*o* auf Normaldruck] halten
❷ (*persuade by force*) ■**to** ~ **sb to do** [*or* **into doing**] **sth** jdn [massiv] dazu drängen, etw zu tun, auf jdn [massiven] Druck ausüben, damit er/sie etw tut; ***the protests were an attempt to*** ~ ***the government into agreeing*** durch die Demonstrationen erhoffte man sich, die Regierung zum Einlenken zu bringen

pressurized ['preʃəraɪzd] *adj* komprimiert, Druck-

prestige [pres'tiːʒ, AM -'tiː(d)ʒ] I. *n no pl* Prestige *nt,* Ansehen *nt;* **loss of** ~ Prestigeverlust *m;* **to acquire** ~ [**with sth**] sich *dat* [mit etw *dat*] Geltung verschaffen; **to hurt sb's** ~ jds Ansehen schaden
II. *n modifier* angesehen, renommiert *geh;* ~ **hotel** vornehmes Hotel, Luxushotel *nt*

prestige value *n* Prestigewert *m*

prestigious [pres'tɪdʒəs] *adj* angesehen, renommiert *geh,* Prestige-; **to have a** ~ **career** eine außergewöhnliche Karriere machen; **to have a** ~ **reputation** einen ausgezeichneten [*o geh* exzellenten] Ruf haben, großes Ansehen besitzen; **to be** [**very**] ~ [einen hohen] Prestigewert haben

presto ['prestəʊ, AM toʊ] MUS I. *adj inv* schnell, presto *fachspr*
II. *n* <*pl* -os> Presto *nt fachspr*

prestressed [ˌpriː'strest] *adj inv* TECH vorgespannt; ~ **concrete** Spannbeton *m*

presumable [prɪ'zjuːməbl̩, AM -'zuː-] *adj* vermutlich

presumably [prɪ'zjuːməbli, AM -'zuː-] *adv inv* vermutlich; ~***, they're on their way here*** ich nehme mal an, dass sie auf dem Weg hierher sind

presume [prɪ'zjuːm, AM -'zuː-] I. *vt* (*suppose, believe*) ■**to** ~ **sth** etw annehmen [*o* vermuten]; ***you are Dr Smith, I*** ~**?** ich nehme an, Sie sind Dr. Smith?; ~**d dead** mutmaßlich tot [*o* verstorben]; **to be** ~**d innocent** als unschuldig gelten; **I** ~ **so/not** ich denke [*o* glaube] ja/nein; ***are we walking to the hotel? — I*** ~ ***so*** laufen wir zum Hotel? – ich denke schon; ■**to** ~ **that ...** annehmen [*o* vermuten], dass ...; ***I'd*** ~***d that your train would be on time*** ich bin davon ausgegangen, dass dein Zug rechtzeitig ankommen würde; ■**to be** ~**d** [**to be**] **sth** für etw *akk* gehalten werden; ***she's*** ~***d to have shot him in cold blood*** man sagt ihr nach, sie hätte ihn kaltblütig erschossen
II. *vi* ❶ (*be rude*) anmaßend [*o geh* vermessen] sein
❷ (*take advantage of*) ■**to** ~ **on** [*or* **upon**] **sth** etw über Gebühr in Anspruch nehmen [*o* ausnützen] [*o* strapazieren], etw überbeanspruchen; **to** ~ **on sb's good nature** jds Gutmütigkeit ausnutzen; **to** ~ **on sb's time** jds Zeit in Anspruch nehmen; ***could I*** ~ ***on your time for a moment?*** hätten Sie wohl einen Moment Zeit für mich?
❸ (*dare*) ■**to** ~ **to do sth** sich *dat* erlauben [*o* herausnehmen], etw zu tun; ***she would never*** ~ ***to question my authority*** sie würde sich nie anmaßen, meine Autorität in Frage zu stellen; **to** ~ **to claim that ...** sich *akk* zu der Behauptung versteigen, dass ...; ***I don't wish to*** ~***, but shouldn't you apologize to her?*** ich will ja nicht aufdringlich sein, aber solltest du dich nicht bei ihr entschuldigen?

presumedly [prɪ'zjuːmɪdli, AM -'zuː-] *adv* ~ [**so**] vermutlich [ja [*o* schon]]; ~ **not** vermutlich nicht

presuming [prɪ'zjuːmɪŋ, AM -'zuː-] *adj* (*dated: arrogant*) *person, tone of voice* anmaßend; (*impertinent*) *action, behaviour, person* dreist, unverschämt

presumption [prɪ'zʌmpʃən] *n* ❶ (*assumption*) Annahme *f,* Vermutung *f;* ~ **of death** LAW Todesvermutung *f;* **the** ~ **of innocence** LAW die Unschuldsvermutung; **to be based on the** ~ **that ...** auf der Annahme basieren, dass ...; **the** ~ **is that ...** man vermutet [*o* es wird angenommen], dass ...; **to make a** ~ eine Vermutung anstellen, etw annehmen; **under the** ~ **that ...** unter der Annahme [*o* davon ausgehend], dass ...
❷ *no pl* (*form: arrogance*) Vermessenheit *f geh,* Überheblichkeit *f*

presumptive [prɪ'zʌmptɪv] *adj attitude, reasoning* vermutlich, mutmaßlich; ~ **diagnosis** Verdachtsdiagnose *f*

presumptive evidence *n* LAW Indizienbeweis *m,* Primafaciebeweis *m fachspr*

presumptuous [prɪ'zʌmptʃuəs, AM -tʃuːəs] *adj* (*arrogant*) *person, behaviour* anmaßend, großspurig; *attitude* vermessen *geh,* überheblich; (*forward*) dreist, unverschämt; ***I hope I won't be considered*** ~ ***if I ...*** ich hoffe, Sie nehmen es mir nicht übel, wenn ich ...

presumptuously [prɪ'zʌmptʃuəsli, AM -tʃuːəs-] *adv* (*arrogantly*) dreist, unverschämt; **to act** ~ sich *akk* dreist [*o* unverschämt] benehmen; **to** ~ **assume that ...** (*arrogantly*) dreisterweise davon ausgehen, dass ...; (*forwardly*) überheblicherweise davon ausgehen, dass ...

presumptuousness [prɪ'zʌmptʃuəsnəs, AM -tʃuːəs-] *n no pl* Überheblichkeit *f;* (*arrogance also*) Vermessenheit *f geh*

presuppose [ˌpriːsə'pəʊz, AM -'poʊz] *vt* (*form*) ■**to** ~ **sth** etw voraussetzen, etw zur Voraussetzung haben; ■**to** ~ **that ...** voraussetzen, dass ...

presupposition [ˌpriːsʌpə'zɪʃən] *n* Voraussetzung *f,* Annahme *f;* **to be based on false** ~**s** von falschen [*o* irrigen] Voraussetzungen ausgehen, auf falschen [*o* irrigen] Annahmen basieren

prêt-à-porter [ˌpretɑː'pɔːteɪ, AM -pɔːr'teɪ] I. *n no pl* Konfektion *f,* Prêt-à-porter *nt kein pl selten*
II. *adj attr* Konfektions-; ~ **department** Abteilung *f* mit Konfektionsware; ~ **fashions** Konfektionsmode *f*

pre-tax [ˌpriː'tæks] *adj inv* unversteuert, vor Abzug der Steuern *nach n,* vor [der] Versteuerung *nach n,* Brutto-; ~ **earnings** Bruttoeinnahmen *fpl;* ~ **income** Bruttoeinkommen *nt;* ~ **loss/profit** [*or* **margin**] Verlust *m*/Gewinn *m* vor Abzug der Steuern, Bruttoverlust *m*/Bruttogewinn *m;* ~ **yield** Rendite *f* vor Steuern

pre-teen [ˌpriː'tiːn] *adj attr ca. zwischen dem zehnten und zwölften Lebensjahr;* ~ **children** *Kinder im Alter von zehn bis zwölf*

pretence [prɪ'ten(t)s], AM **pretense** ['priːt-] *n no pl* ❶ (*false behaviour, insincerity*) Vortäuschung *f,* Vorspiegelung *f;* **under the** ~ **of friendship** unter dem Deckmantel der Freundschaft; **under** [*or* **by**] **false** ~**s** *also* LAW unter Vorspiegelung falscher Tatsachen; **to give up a** ~ **of sth** etw nicht länger vortäuschen; **to keep up a** ~ **of sth** etw vortäuschen, den [An]schein einer S. *gen* vermitteln; ***they kept up a*** ~ ***of normality*** sie wahrten den Anschein der Normalität; ***the army has given up any*** ~ ***of neutrality*** die Armee hat ihre vorgetäuschte Neutralität aufgegeben; **to make a** ~ **of doing sth** [nur] so tun, als ob man etw tut; **to make no** ~ **of sth** etw nicht verhehlen, keinen Hehl aus etw *dat* machen, mit etw *dat* nicht hinter dem Berg halten; **to make no** ~ **of doing sth** nicht vorgeben, etw zu tun; ***I had made no*** ~ ***of being interested in her*** ich hatte ihr keinerlei Hoffnungen gemacht
❷ (*story, excuse*) Vorwand *m;* **under the** ~ **of doing sth** unter dem Vorwand, etw zu tun
❸ (*claim*) **to make no** ~ **to sth** keinen Anspruch

P

auf etw *akk* erheben; ***I make no ~ to having any athletic skill*** ich behaupte gar nicht, sportlich zu sein

④ (*imagination*) Vorstellungskraft *f,* Fantasie *f;* ***~ is engaged in by young children in order to learn*** kleine Kinder lernen mit Hilfe ihrer Fantasie

pretend [prɪ'tend] **I.** *vt* ① (*behave falsely*) ■**to ~ sth** etw vorgeben [*o* vortäuschen]; **to ~ surprise** so tun, als ob man überrascht wäre [*o* als sei man überrascht]; ■**to ~ that …** vorgeben [*o* vortäuschen], dass …; **to ~ that one is asleep** sich *akk* schlafend stellen; ■**to ~ to be/do sth** vorgeben, etw zu sein/zu tun; **to ~ to be interested** Interesse vortäuschen, so tun, als sei man interessiert

② (*imagine*) ■**to ~ to be sb/sth** so tun, als sei man jd/etw [*o* als ob man jd/etw wäre]; ***as a child, I used to ~ I was Robin Hood*** als Kind habe ich immer Robin Hood gespielt; ■**to ~ that …** so tun, als ob …; ***I'll just ~ that I didn't hear that*** ich tue einfach so, als hätte ich das nicht gehört

II. *vi* ① (*feign*) sich *dat* etw vormachen; ***let's not ~ any more*** machen wir uns doch nicht länger etwas vor; ***relax, I'm only ~ing*** immer mit der Ruhe, ich hab doch nur Spaß gemacht *fam;* ■**to ~ to sb** jdm etw vormachen

② (*form: claim*) ■**to ~ to sth** etw für sich *akk* in Anspruch nehmen; ***I don't ~ to remember all the details*** ich behaupte nicht, mich an alle Einzelheiten zu erinnern

III. *adj attr* (*fam: in deception, game*) Spiel-; ***this doll is Katie's ~ baby*** mit dieser Puppe spielt Katie Baby

pretended [prɪ'tendɪd] *adj attr* vorgetäuscht, geheuchelt, gespielt

pretender [prɪ'tendə(r), AM -ɚ] *n* ■**a ~ to sth** *to position, title* ein Anwärter/eine Anwärterin auf etw *akk,* ein Prätendent/eine Prätendentin auf etw *akk geh;* **~ to the throne** Thronanwärter(in) *m(f)*

pretense *n no pl esp* AM *see* **pretence**

pretension [prɪ'ten(t)ʃ(ə)n] *n* ① *usu pl* (*claim*) Anspruch *m* (**to** auf +*akk*); (*aspiration*) Ambition *f;* ***his ~s to his father's wealth …*** mit den Ansprüchen, die er auf das Vermögen seines Vaters stellt, …; **of modest ~s** mit geringen Ambitionen; **to have ~s to being/doing sth** [für sich *akk*] den Anspruch erheben, etw zu sein/zu tun

② *no pl* (*pej*) *see* **pretentiousness**

pretentious [prɪ'ten(t)ʃəs] *adj* (*pej: boastful*) *person* angeberisch *fam,* großspurig *pej;* (*pompous*) *manner, speech, style* hochtrabend *pej,* hochgestochen *pej fam;* (*ostentatious*) protzig *meist pej fam,* großkotzig *pej sl; house, style* pompös, bombastisch

pretentiously [prɪ'ten(t)ʃəsli] *adv* (*pej: ostentatious*) *attitude* protzig *meist pej fam,* großkotzig *pej sl;* (*boastfully*) *person* angeberisch *fam,* großspurig *pej*

pretentiousness [prɪ'ten(t)ʃəsnəs] *n no pl* (*arrogance*) Überheblichkeit *f,* Anmaßung *f;* (*boastfulness*) Angeberei *f fam,* Großspurigkeit *f pej*

preterit(e) ['pret(ə)rɪt, AM -t̬ɚt] LING **I.** *n* Präteritum *nt,* Imperfekt *nt*

II. *adj attr* Präteritums-; **~ form** Präteritum *nt,* Imperfekt *nt,* Verbform *f* im Präteritum [*o* Imperfekt]

preternatural [ˌpri:tə'nætʃ(ə)r(ə)l, AM -t̬ɚ'nætʃɚəl] *adj* (*form*) ① (*exceptional*) außergewöhnlich

② (*supernatural*) übernatürlich

preternaturally [ˌpri:tə'nætʃ(ə)r(ə)li, AM -t̬ɚ'nætʃɚ-] *adv* (*form*) außergewöhnlich

pretext ['pri:tekst] *n* Vorwand *m* (**for** für +*akk*); **on** [*or* **under**] **the ~ of doing sth** unter dem Vorwand, etw zu tun; **to give sth as a ~** etw als Vorwand [*o* Ausrede] benutzen

prettify <-ie-> ['prɪtɪfaɪ, AM -t̬-] *vt* ■**to ~ sth** *room etc* etw verschönern

prettily ['prɪtɪli, AM -t̬-] *adv* (*charmingly*) reizend; (*pleasingly*) nett, hübsch; **to sing ~** schön singen; **to speak ~** (*dated*) sich *akk* gepflegt ausdrücken

prettiness ['prɪtɪnəs, AM -t̬-] *n no pl of person* hübsches [*o* nettes] Aussehen; **the ~ of her smile** ihr nettes Lächeln; *of place* Schönheit *f; of manners* Artigkeit *f*

pretty ['prɪti, AM -t̬i] **I.** *adj* ① (*attractive*) *person* hübsch; *thing* nett; **to be not just a ~ face** (*hum iron*) nicht nur gut aussehen, sondern auch was im Kopf haben *sl;* **not a ~ sight** kein schöner Anblick

② (*dated or iron: not good*) schön *iron,* prima *iron fam;* ***that's a ~ mess*** das ist ja ein schönes Durcheinander *iron;* **a ~ state of affairs** eine schöne Geschichte *iron*

▸ PHRASES: **to reach** [*or* **come to**] [*or* **be at**] **a ~ pass** schon weit gekommen sein *fig;* **to cost/pay a ~ penny** eine schöne [*o* hübsche] Stange Geld kosten/[be]zahlen *fam*

II. *adv inv* (*fam*) ① (*fairly*) ziemlich; **to be ~ certain** [*or* **sure**] [sich *dat*] ziemlich sicher sein; **~ difficult** reichlich [*o* ziemlich] schwierig; (*very*) ganz; **~ good** (*fam*) ganz gut; **~ damn good/quick** (*fam*) verdammt gut/schnell *fam*

② (*almost*) **~ well everything** beinah alles; **~ well all the …** so ziemlich alle …; **~ much** [*or* **nearly**] [*or* **well**] fast, nahezu; **~ nearly finished** so gut wie fertig

▸ PHRASES: **to be sitting ~** gut dastehen, seine Schäfchen im Trockenen haben *oft pej fam;* **~ please!** bitte bitte!

III. *vt* ■**to ~ oneself** ⊂ **up** sich *akk* zurechtmachen [*o* schön machen] [*o* SÜDD herrichten] *fam;* ■**to ~ up** ⊂ **sth** [**with sth**] (*enhance*) etw [mit etw *dat*] verschönern; (*enliven*) etw [mit etw *dat*] aufpeppen *sl* [*o fam* aufmotzen]

pretty much *adv* (*sl*) ziemlich

pretzel ['prets(ə)l] *n* Brezel *f* ÖSTERR *a. nt;* (*dried*) Salzstange *f*

prevail [prɪ'veɪl] *vi* ① (*triumph*) *justice, good* siegen; *person* sich *akk* durchsetzen, die Oberhand gewinnen; ***did greed ~ over generosity?*** war die Gier größer als der Großmut?

② (*induce*) ■**to ~ on** [*or* **upon**] **sb to do sth** jdn dazu bewegen [*o* bringen], etw zu tun

③ (*exist, be widespread*) *custom* weit verbreitet sein; *opinion* geläufig sein

prevailing [prɪ'veɪlɪŋ] *adj attr, inv wind* vorherrschend; *weather* derzeit herrschend; **under the ~ circumstances** unter den gegebenen Umständen, bei den derzeit herrschenden Bedingungen; **under ~ law** nach geltendem Recht [und Gesetz]; **~ mood** momentane Stimmung; **~ opinion** aktuelle Meinungslage; **~ wind** vorherrschender Wind; **~ westerly winds** vorherrschend westliche Winde

prevalence ['prev(ə)lən(t)s, AM -vəl-] *n no pl* (*common occurrence*) *of crime, disease* weite Verbreitung, Häufigkeit *f; of bribery, of drugs* Überhandnehmen *nt;* (*predominance*) Vorherrschen *nt*

prevalent ['prev(ə)lənt, AM -vəl-] *adj* (*common*) vorherrschend *attr; disease* weit verbreitet; *opinion* geläufig, weit verbreitet; (*frequent*) besonders häufig; ■**to be ~** besonders häufig vorkommen

prevaricate [prɪ'værɪkeɪt, AM -'ver-] *vi* (*form*) Ausflüchte machen; ■**to ~** [**over sth**] sich *akk* [in Bezug auf etw *akk*] ausweichend verhalten; ***Jane is prevaricating over whether to buy a new house*** Jane kann sich einfach nicht zu dem Kauf eines neuen Hauses entscheiden

prevarication [prɪˌværɪ'keɪʃ(ə)n, AM -ˌver-] *n no pl* (*form*) Ausflüchte *fpl,* Ausweichmanöver *nt meist pl;* **to be an expert at ~** nie um Ausflüchte verlegen sein

prevent [prɪ'vent] *vt* ■**to ~ sth** etw verhindern; MED etw *dat* vorbeugen; **to ~ accidents/confusion/panic** Unfälle/Verwirrung/Panik vermeiden; **to ~ crime** Verbrechen verhüten; ■**to ~ sb/sth** [**from**] **doing sth** jdn/etw daran hindern [*o* davon abhalten], etw zu tun; ***there's nothing to ~ us from doing it*** davon kann uns überhaupt nichts abhalten; **to ~ a bomb from exploding/a disease from spreading** verhindern, dass eine Bombe explodiert/dass sich eine Krankheit ausbreitet

preventable [prɪ'ventəbl̩, AM -t̬-] *adj* vermeidbar

preventative [prɪ'ventətɪv, AM -t̬ət̬ɪv] *adj inv see* **preventive**

prevention [prɪ'ven(t)ʃ(ə)n] *n no pl of disaster* Verhinderung *f; of accident* Vermeidung *f; of crime* Verhütung *f;* **society for the ~ of cruelty to animals/children** Tierschutz-/Kinderschutzverein *m*

▸ PHRASES: **~ is better than cure** BRIT (*prov*), AM **an ounce of ~ is worth a pound of cure** (*prov*) vorbeugen ist besser als heilen *prov*

preventive [prɪ'ventɪv, AM -t̬-] *adj inv* vorbeugend, präventiv *geh,* Präventiv-; ■**to be ~** zur Vorbeugung dienen; **~ maintenance** vorsorgliche Wartung; **~ measures** Präventivmaßnahmen *fpl*

preventive maintenance *n* Wartung *f* (*als Schutz- oder Präventivmaßnahme*) **preventive medicine** *n* Präventivmedizin *f*

preview ['pri:vju:] **I.** *n of a film, play* Vorpremiere *f,* Voraufführung *f;* **sneak ~** Vorpremiere *f; of a trailer* Vorschau *f; of an exhibition* Vorbesichtigung *f,* Vernissage *f geh; of new products* Vor[ab]besichtigung *f*

II. *vt* ■**to ~ sth** ① (*detail in advance*) *film, theatre, TV* etw vorab ankündigen; *book* etw vorab besprechen [*o geh* rezensieren]; *report* etw vorab besprechen

② (*see in advance*) *film, theatre* etw schon vorher [*o* in einer Vorpremiere] sehen; (*read in advance*) etw schon vorher lesen; TYPO das Layout einer S. *gen* kontrollieren

III. *vi* eine Voraufführung geben; ***Miller's new play is ~ing at the Theatre Royal*** das Theatre Royal gibt eine Voraufführung von Millers neuem Stück

previous ['pri:viəs] *adj attr, inv* ① (*former*) vorig, vorausgegangen; (*prior*) vorherig; ***all the singer's ~ engagements …*** alle bisherigen Auftritte des Sängers …; **~ conviction** Vorstrafe *f;* **no ~ experience required** keine Vorkenntnisse erforderlich; **~ holder/owner** Vorbesitzer(in) *m(f),* voriger [*o* früherer] Besitzer/vorige [*o* frühere] Besitzerin

② (*preceding*) vorig, vorhergehend; ***could you please repeat the ~ question?*** könnten Sie die letzte Frage bitte wiederholen?; **on the ~ day** am Tag davor [*o* zuvor]; **the ~ evening/week** der Abend/die Woche zuvor; **the ~ speaker** der Vorredner/die Vorrednerin; **the ~ summer** im vorigen Sommer; ***on my ~ visit to Florida*** bei meinem letzten Besuch in Florida; **the ~ ten years** die vergangenen [*o* letzten] zehn Jahre

previously ['pri:viəsli] *adv inv* (*beforehand*) zuvor, vorher; (*formerly*) früher; ***she was ~ employed as a tour guide*** sie arbeitete früher als Reiseleiterin; **~ unknown/unreleased** bisher unbekannt/unveröffentlicht; **to have met sb ~** jdn schon kennen

previous question *n* POL Vorfrage *f* (*ob eine Abstimmung ohne weitere Debatte durchgeführt werden soll*); **to call for a ~** eine Vorfrage für eine Abstimmung fordern

pre-war [ˌpri:'wɔ:(r), AM -'wɔ:r] *adj inv* Vorkriegs-; **~ period** Vorkriegszeit *f*

pre-wash <*pl* -es> [ˌpri:'wɒʃ, AM 'wɑ:ʃ] *n* vor dem Waschen

prey [preɪ] **I.** *n no pl* ① (*food*) Beute *f,* Beutetier *nt;* ■**to be ~ to sb/sth** jds Beute/die Beute einer S. *gen* sein

② (*fig: victim*) Beute *f fig;* ECON Opfer *nt* [einer Übernahme]; **to be easy ~ for sb** leichte Beute für jdn sein *fig;* **to be** [*or* **fall**] **~ to sb/sth** jds Opfer/das Opfer einer S. *gen* sein/werden; ***he had fallen ~ to a swindler*** er war einem Schwindler aufgesessen; **to be ~ to all sorts of fears** von allen möglichen Ängsten befallen werden

II. *vi* ① (*kill*) ■**to ~ on** [*or* **upon**] **sth** Jagd [*o* Beute] auf etw *akk* machen

② (*exploit*) ■**to ~ on** [*or* **upon**] **sb** jdn ausnutzen; (*abuse*) jdn ausnehmen [*o sl* abzocken]; **to ~ on old people** sich *dat* alte Menschen als Opfer [aus]suchen

▸ PHRASES: **to ~ on sb's mind** jdm keine Ruhe lassen, an jdm nagen, jdn quälen *fig*

prezzie ['prezi] *n* BRIT, AUS (*fam*) Geschenk *nt*

priapic [praɪ'æpɪk] *adj* phallisch *geh,* Phallus-; **~ symbol** Phallussymbol *nt*

price [praɪs] **I.** *n* ① (*money*) Preis *m;* (*monetary sum*) [Geld]preis *m;* ***what ~ are apples this week?*** was kosten diese Woche die Äpfel?; ***~s have been on the rise*** die Preise sind gestiegen; ***for a ~ of***

£200 für 200 Pfund; **asking** ~ STOCKEX Briefkurs *m;* **closing/opening** ~ STOCKEX Schlusskurs *m*/Eröffnungskurs *m;* **computer ~s** Preise *mpl* für Computer, Computerpreise *mpl;* **the ~ of oil** der Ölpreis; **to fetch a bad/good/high/low** ~ einen schlechten/guten/hohen/niedrigen Preis erzielen; **to name** [*or* **quote**] **a** ~ einen Preis angeben [*o* nennen]; **at** [*or* **for**] **a** ~ zum entsprechenden Preis, für entsprechendes Geld; **to buy sth at** [*or* **for**] **a** ~ einen horrenden Preis für etw *akk* bezahlen; **at any** ~ um jeden Preis; (*fig*) koste es, was es wolle *fig;* **beyond** ~ unerschwinglich, unbezahlbar
❷ (*forfeit*) Preis *m kein pl fig;* ***what ~ fame?*** wie viel ist dir der Ruhm wert?; ***one's privacy is the ~ one has to pay for fame*** Ruhm geht auf Kosten der Privatsphäre; ***I'll do it for a ~*** das kostet dich aber was *sl;* **that's too high a ~ [to pay] for ...** das ist ein zu hoher Preis für ...; **to pay a [heavy** [*or* **steep**]/**small**] ~ einen [hohen/geringen] Preis zahlen *fig;* **to pay the** ~ Opfer *ntpl* bringen; **at** [*or* **for**] **a** ~ (*not without difficulty*) um einen hohen Preis *fig,* unter Inkaufnahme von Opfern; **not at any** ~ um keinen Preis
▸ PHRASES: **to have a ~ on one's head** steckbrieflich gesucht werden; **to put** [*or* **set**] **a ~ on sb's head** eine Belohnung auf jdn [*o* auf jds Kopf] aussetzen
II. *vt* ■**to ~ sth** ❶ (*mark with price*) etw auszeichnen; (*set value*) den Preis für etw *akk* festsetzen; **to ~ oneself/sth out of the market** durch [die eigene] schlechte Preispolitik an Wettbewerbsfähigkeit verlieren; **to be ~d at $10/£50** $10/£50 kosten; **to be reasonably ~d** einen angemessenen Preis haben, angemessen im Preis sein
❷ (*inquire about cost*) die Kosten für etw *akk* erfragen

price ceiling *n* FIN Preisobergrenze *f,* oberste Preisgrenze; **to raise the** ~ die oberste Preisgrenze anheben **price-conscious** *adj* preisbewusst **price control** *n* Preiskontrolle *f* **price cut** *n* Preissenkung *f* **price cutting** *n* [plötzliche] Preissenkung **price differential** *n* Preisgefälle *nt;* STOCKEX Kursgefälle *nt* **price-earnings ratio** *n* STOCKEX Kursgewinnverhältnis *nt* **price fixing** *n no pl* Preisabsprache *f,* Preisvereinbarung *f* **price fluctuation** *n* Preisschwankung *f,* Preisfluktuation *f* **price freeze** *n* Preisstopp *m* **price index** *n* Preisindex *m* **price label** *n* Preisschild *nt*

priceless ['praɪsləs] *adj* ❶ (*invaluable*) unbezahlbar, von unschätzbarem Wert *nach n;* ■**to be** ~ von unschätzbarem Wert [*o* unbezahlbar] sein
❷ (*fig fam: funny*) *remark, situation* köstlich; *of person* unbezahlbar *hum;* ■**to be** ~ *person, remark, situation* [zu] köstlich sein, zum Piepen [*o* Totlachen] sein *fam; person* [einfach] unbezahlbar sein

price list *n* Preisliste *f* **price maintenance, price support** *n* Kursstützung *f* **price range** *n* Preislage *f,* Preisklasse *f* **price ring** *n* Preiskartell *nt* **price-sensitive** *adj information* preisempfindlich, preissensibel **price stability** *n* Preisstabilität *f* **price sticker** *n* Preisaufkleber *m* **price tag** *n,* **price ticket** *n* ❶ (*label*) Preisschild *nt*
❷ (*fam: cost*) Preis *m* (**for** für +*akk*); ***these suits have designer names and a ~ to match*** das sind Designeranzüge zum [dem]entsprechenden Preis **price war** *n* Preiskrieg *m*

pricey ['praɪsi] *adj* (*fam*) kostspielig, teuer, [ein bisschen [*o* ziemlich]] happig *fam*

pricing ['praɪsɪŋ] *n no pl* Preisgestaltung *f,* Preisfestlegung *f*

prick [prɪk] **I.** *n* ❶ (*act of piercing*) Stechen *nt;* (*pierced hole, mark*) Stich *m;* (*fig: sharp pain*) Stich *m fig;* **a ~ of anxiety/resentment** ein Anflug *m* von Angst/Groll
❷ (*vulg: penis*) Schwanz *m vulg*
❸ (*vulg: idiot*) Scheißkerl *m derb,* Arsch *m vulg,* Arschloch *nt vulg*
II. *vt* ■**to ~ sb/sth** jdn/etw stechen; **to ~ one's finger** sich *dat o akk* in den Finger stechen; **to ~ a potato with a fork** eine Kartoffel mit einer Gabel einstechen
▸ PHRASES: **to ~ one's/the balloon** [*or* **bubble**] *esp* BRIT alles wie eine Seifenblase zerplatzen lassen; ***I'm sorry to ~ your bubble, but ...*** tut mir Leid, dir alles kaputtzumachen, aber ... *fam;* **to ~ sb's conscience** jdm Gewissensbisse [*o* ein schlechtes Gewissen] bereiten [*o* verursachen]
◆**prick out** *vt* ■**to ~ out ⊂ sth** ❶ HORT etw auspflanzen [*o* setzen]
❷ (*draw, decorate*) *design, pattern, shape* etw punktieren
◆**prick up I.** *vt* **to ~ up one's ears** die Ohren spitzen
II. *vi* **sb's ears ~ up [at sth]** jd spitzt die Ohren [bei etw *dat*]

prickle ['prɪkl] **I.** *n* ❶ (*thorn*) *of plant* Dorn *m; of animal* Stachel *m*
❷ (*sensation*) *by beard, wool* Kratzen *nt;* (*fig*) Kribbeln *nt a. fig fam;* **to feel a ~ of excitement** vor [lauter] Aufregung ganz kribb[e]lig sein *fam*
II. *vi of beard, wool* jucken, kratzen; (*fig*) kribbeln *fig,* prickeln *fig*
III. *vt* ■**to ~ sb** *wool sweater etc* jdn kratzen

prickly ['prɪkli] *adj* ❶ (*thorny*) stachelig
❷ (*scratchy*) kratzig; ***woollen jumpers are so ~*** Wollpullover kratzen immer so
❸ (*fam: easily offended*) *person* [leicht] reizbar; (*stronger*) bissig, kratzbürstig; **a ~ subject** [*or* **issue**] ein heikles Thema

prickly heat *n* MED Frieselausschlag *m,* Hitzeausschlag *m,* Miliaria *f fachspr* **prickly pear** *n* ❶ (*plant*) Feigenkaktus *m* ❷ (*fruit*) Kaktusfeige *f*

prick-tease I. *vt* (*vulg*) ■**to ~ a man** einen Mann [zum Spaß] aufgeilen [*o fam* scharf machen] [*o fam* anmachen] [und dann abblitzen lassen] *derb*
II. *vi* (*fam!*) [zum Spaß] Männer aufgeilen [*o fam* scharf machen] [*o fam* anmachen] [und dann abblitzen lassen] *derb*

prick-teaser *n* (*pej fam!*) **to be a** ~ Männer [zum Spaß] aufgeilen [*o fam* scharf machen] [*o fam* anmachen] [und dann abblitzen lassen] *derb*

pricy *adj see* **pricey**

pride [praɪd] **I.** *n* ❶ *no pl* (*arrogance*) Hochmut *m,* Überheblichkeit *f;* (*satisfaction*) Stolz *m;* **to feel great** ~ besonders stolz sein; **to take ~ in sb/sth** stolz auf jdn/etw sein; **to take [great] ~ in doing sth** [großen] Wert auf etw *akk* legen; (*self-respect*) Stolz *m;* **to have too much ~ to do sth** zu stolz sein, um etw zu tun, sich *dat* zu schade sein, [um] etw zu tun *pej;* **to hurt** [*or* **wound**] **sb's** ~ jds Stolz verletzen
❷ *no pl* (*object of satisfaction*) Stolz *m;* **the ~ of one's/sb's collection** das Glanzstück in der eigenen/jds Sammlung; **to be sb's ~ and joy** jds ganzer Stolz sein; **to have** [*or* **take**] **~ of place** einen Ehrenplatz einnehmen
❸ (*animal group*) Rudel *nt;* **a ~ of lions** ein Rudel *nt* Löwen
▸ PHRASES: **~ comes** [*or* **goes**] **before a fall** (*prov*) Hochmut kommt vor dem Fall *prov;* **to swallow one's** ~ seinen Stolz überwinden
II. *vt* ■**to ~ oneself on** [*or* **upon**] **sth** auf etw *akk* [besonders] stolz sein, sich *akk* mit etw *dat* rühmen; ■**to ~ oneself on** [*or* **upon**] **doing sth** [besonders] stolz darauf sein, etw zu tun; ***he ~s himself that he's never ...*** er kann von sich mit Stolz behaupten, dass er noch nie im Leben ...

priest [priːst] *n* Priester *m,* Geistlicher *m*

priestess <*pl* -es> [ˌpriːs'tes, AM 'priːstɪs] *n* Priesterin *f,* Geistliche *f*

priesthood ['priːsthʊd] *n no pl* ❶ (*position, office*) Priestertum *nt;* **to enter the** ~ Priester/Priesterin werden; **to leave the** ~ das Priesteramt niederlegen
❷ (*body of priests*) Priesterschaft *f*

priestly ['priːstli] *adj* priesterlich, Priester-; **~ blessing** priesterlicher Segen; **~ caste** Priesterkaste *f*

prig [prɪg] *n* (*pej: moralist*) Tugendbold *m pej;* (*pedant*) Erbsenzähler *m pej fam;* ***why must you always be such a ~?*** warum bist du bloß so schrecklich kleinkariert? *pej fam*

priggish ['prɪgɪʃ] *adj* (*pej: self-righteous*) tugendhaft, selbstgefällig *pej;* (*prudish*) kleinkariert, übertrieben tugendhaft

priggishness ['prɪgɪʃnəs] *n no pl* Dünkel *m,* Eingebildetheit *f*

prim <-mm-> [prɪm] *adj* (*pej: stiffly formal*) steif, spröde; (*prudish*) prüde; (*neat*) *house* mustergültig, untadelig; *clothes* streng; **to be ~ and proper** etepetete sein *fam*

prima ballerina [ˌpriːməbæləʳ'riːnə, AM -ə'riː-] *n* Primaballerina *f*

primacy ['praɪməsi] *n no pl* (*form*) Vorrang *m,* Primat *m o nt geh*

prima donna [ˌpriːmə'dɒnə, AM -'dɑːnə] **I.** *n* (*also fig*) Primadonna *f;* **to behave like a right** ~ sich *akk* aufführen wie eine Primadonna
II. *n modifier* arrogant *pej,* primadonnenhaft *pej*

prima donna-ish [ˌpriːmə'dɒnəɪʃ, AM -'dɑːn-] *adj* (*pej fam*) primadonnenhaft *pej*

primaeval *adj esp* BRIT *see* **primeval**

prima facie [ˌpraɪmə'feɪʃi] *adj attr, inv* LAW (*form*) auf den ersten Blick *nach n;* **~ case** Rechtsfall *m* mit klarem Sachverhalt [*o* Tatbestand]; **to have a ~ case** genügend Beweise haben; **~ evidence** glaubhafter Beweis, Anscheinsbeweis *m fachspr,* Primafaciebeweis *m fachspr*

primal ['praɪmᵊl] *adj inv* ursprünglich, Ur-

primal scream *n* PSYCH Urschrei *m* **primal therapy** *n* PSYCH Urschreitherapie *f,* Primärtherapie *f*

primarily [praɪ'merᵊli] *adv inv* vorwiegend, hauptsächlich, in erster Linie

primary ['praɪmᵊri, AM -meri] **I.** *adj inv* ❶ (*principal*) primär *geh,* Haupt-; **~ concern** Hauptanliegen *nt;* **to have ~ jurisdiction** zuständig sein; ***the FBI still has ~ jurisdiction*** die Zuständigkeit liegt zunächst beim FBI; **~ responsibility** Hauptverantwortlichkeit *f*
❷ (*not derivative*) roh gewonnen, Roh-; **~ source materials** Rohmaterialien *ntpl*
❸ *esp* BRIT, AUS (*education*) Grundschul[s]-
II. *n* AM POL (*election*) Vorwahl *f*

primary care *n no pl* medizinische Grundversorgung **primary care physician** *n* AM Allgemeinarzt, -ärztin *m, f* **primary color** AM, **primary colour** *n* Grundfarbe *f* **primary education** *n no pl esp* BRIT Grundschul[aus]bildung *f* **primary election** *n* AM POL (*candidate selection*) Vorwahl *f* **primary health care** *n no pl* medizinische Grundversorgung **primary market** *n* Primärmarkt *m* **primary school** *n esp* BRIT Grundschule *f* **primary stress** *n no pl* LING Hauptakzent *m* **primary teacher** *n* BRIT Grundschullehrer(in) *m(f)* **primary tooth** *n* Milchzahn *m*

primate ['praɪmeɪt] *n* ❶ ZOOL (*mammal*) Primat *m*
❷ REL (*priest*) Primas *m fachspr*

primatologist [ˌpraɪmə'tɒlədʒɪst, AM -'tɑːl-] *n* SCI Primatologe, -in *m, f fachspr,* Primatenforscher(in) *m(f)*

primatology [ˌpraɪmə'tɒlədʒi, AM -'tɑːl-] *n no pl* SCI Primatologie *f fachspr,* Primatenforschung *f*

prime [praɪm] **I.** *adj attr, inv* ❶ (*main*) wesentlich, Haupt-; **of ~ importance** von äußerster Wichtigkeit; **~ objective** oberstes Ziel; **~ suspect** Hauptverdächtige(r) *f(m)*
❷ (*best*) erstklassig; **~ cuts of meat** Fleischstücke *ntpl* bester Qualität; **a ~ example** ein ausgezeichnetes [*o* vortreffliches] Beispiel
II. *n no pl* ❶ (*time of greatest success*) Blütezeit *f fig;* **the ~ of life** das beste Alter; **in the ~ of one's youth** in der Blüte der Jugend *geh;* **to be in one's ~** im besten Alter sein, in der Blüte seiner Jahre stehen *geh;* **to be past one's ~** die besten Jahre hinter sich *dat* haben, [schon] bessere Zeiten gesehen haben *fam*
❷ AM FIN Prime Rate *f,* Leitzins *m* [für erste Adressen]
❸ MATH Primzahl *f*
III. *vt* ❶ (*prepare*) ■**to ~ sb** jdn vorbereiten; ■**to be ~d to do sth** bereit [*o* darauf vorbereitet] sein, etw zu tun; ■**to ~ oneself to do sth** sich *akk* darauf vorbereiten [*o* einstellen], etw zu tun
❷ TECH, MIL ■**to ~ sth** (*for exploding*) etw scharf

machen; (*for firing*) etw schussbereit machen; (*undercoat*) *canvas, metal, wood* etw grundieren; **to ~ an engine** Anlasskraftstoff [in einen Motor] einspritzen; **to ~ a pump** eine Pumpe mit Wasser füllen (*um sie betriebsbereit zu machen*)
③ *usu passive* MED, BIOL ■**to ~ sth** etw stärken; ***the immune system is ~d to attack diseased cells*** das Immunsystem ist darauf ausgerichtet, kranke Zellen anzugreifen
④ (*brief*) ■**to ~ sb** jdn instruieren

prime meridian *n* GEOG Nullmeridian *m* **prime minister** *n* Premierminister(in) *m(f)*, Ministerpräsident(in) *m(f)* **prime mover** *n* treibende Kraft; *also* PHILOS bewegende Kraft, Triebfeder *f*; **to be a ~ in sth** die treibende Kraft einer S. *gen* sein **prime number** *n* Primzahl *f*

primer¹ ['praɪməʳ, AM -ɚ] *n* (*paint*) Grundierfarbe *f*; (*coat*) Grundierung *f*

primer² ['praɪməʳ, AM 'prɪmɚ] *n* ① SCH (*dated*) Fibel *f*
② COMPUT Elementarbuch *nt*

prime rate *n* AM Leitzins *m* für erste Adressen **prime time** *n* Hauptsendezeit *f*

primeval [ˌpraɪ'miːvəl] *adj* urzeitlich, Ur-; **~ desire** Urverlangen *nt*; **~ forest** Urwald *m*

primigravida <*pl* -s *or* -dae> [ˌpriːmɪ'grævɪdə, *pl* -diː] *n* (*spec*) MED Primigravida *f fachspr*, Erstschwangere *f*

primipara <*pl* -rae> [praɪ'mɪpᵊrə, AM -ərə, *pl* -riː] *n* (*spec*) MED Primipara *f fachspr*, Erstgebärende *f*

primiparous [praɪ'mɪpᵊrəs, AM -ərəs] *adj usu attr* (*spec*) MED primipar *fachspr*, erstgebärend *attr*

primitive ['prɪmɪtɪv, AM -t̬-] I. *adj* ① (*early stage*) primitiv; ZOOL urzeitlich; **~ mammal** Säugetier *nt* aus der Urzeit; (*unsophisticated, unreasoned*) *society, tribe, behaviour, emotion* primitiv
② (*pej: simple*) primitiv *pej*
③ ART naiv; **~ style** naiver [Kunst]stil
④ ECON frühzeitlich; **~ economy** frühzeitliche Wirtschaftsform; (*pej*) primitiv *pej*
II. *n* COMPUT Grundroutine *f*, Elementarroutine *f*; (*in graphics*) Grafikelement *nt*

primitively ['prɪmɪtɪvli, AM -t̬-] *adv* primitiv

primitiveness ['prɪmɪtɪvnəs, AM -t̬-] *n no pl* (*in development*) Primitivität *f*; (*simplicity*) Einfachheit *f*

primitivism ['prɪmɪtɪvɪzᵊm, AM ɪt̬ɪ] *n no pl* ① (*uncivilizedness*) Rohheit *f*, Unkultur *f*
② (*school of art*) Primitivismus *m fachspr*

primly ['prɪmli] *adv* (*stiffly, formally*) steif, spröde, [übertrieben] sittsam; (*prudishly*) prüde; (*neatly*) mustergültig, untadelig; **~ dressed** sittsam [*o* streng] gekleidet

primness ['prɪmnəs] *n no pl* Sprödigkeit *f*, [Über]korrektheit *f*

primogeniture [ˌpraɪməʊ'dʒenɪtʃəʳ, AM -oʊ'dʒenɪtʃɚ] *n no pl* (*spec*) LAW ① (*being first-born*) Primogenitur *f fachspr*, Erstgeburt *f*
② (*right of succession*) Primogenitur *f fachspr*, Erstgeburtsrecht *nt*

primordial [praɪ'mɔːdiəl, AM -'mɔːr-] *adj* (*form*) ① ASTRON (*primeval*) Ur-, ursprünglich, primordial *fachspr*; **~ dust** Urstaub *m*; **~ gas** Urgas *nt*; **~ rain forest** ursprünglicher Regenwald
② (*basic, fundamental*) Ur-, ureigen *attr*; **~ feelings** Urinstinkte *mpl*, ureigene Instinkte *mpl*

primp [prɪmp] I. *vi* sich *akk* zurechtmachen, sich *akk* herausputzen
II. *vt* ■**to ~ sth/oneself** etw/sich *akk* zurechtmachen

primrose ['prɪmrəʊz, AM -roʊz] *n* [gelbe] Schlüsselblume

primula ['prɪmjələ] *n* Primel *f*

Primus® ['praɪməs] *n*, **Primus stove®** *n* Campingkocher *m*

prince [prɪn(t)s] *n* ① (*royal*) Prinz *m*; (*head of principality*) Fürst *m*
② (*fig: one of best*) herausragende Erscheinung; **to be a ~ [among sb]** eine herausragende Persönlichkeit [unter jdm] sein

Prince Charming *n* (*hum fam*) Märchenprinz *m*

prince consort *n* Prinzgemahl *m*

princeling ['prɪnslɪŋ] *n* (*esp pej*) Prinzchen *nt*

princely ['prɪn(t)sli] *adj* (*approv*) fürstlich; **a ~ income/salary** ein fürstliches Einkommen/Gehalt; **for the ~ sum of …** (*iron hum: very small*) für die gewaltige Summe von … *iron hum*

Prince of Darkness *n* (*liter*) Fürst *m* der Finsternis *liter*

Prince of Wales *n* Prinz *m* von Wales

princess <*pl* -es> [prɪn'ses, AM 'prɪn(t)sɪs] *n* Prinzessin *f*; **P~ Royal** die Princess Royal (*Titel für die älteste Tochter der regierenden Monarchin*)

principal ['prɪn(t)səpᵊl] I. *adj attr, inv* ① (*most important*) Haupt-, hauptsächlich; **~ character** FILM, THEAT Hauptdarsteller(in) *m(f)*; LIT zentrale Figur [*o* Gestalt], Hauptfigur *f*; **~ export** Hauptexportartikel *m*; **~ ingredient** Hauptbestandteil *m*; **~ reason** Hauptgrund *m*; **one of the ~ towns** eine der bedeutendsten [*o* wichtigsten] Städte
② FIN (*original sum*) Kapital-; **~ amount/investment** Kapitalbetrag *m*/-anlage *f*
③ (*law of agency*) Auftraggeber(in) *m(f)*
II. *n* ① AM, AUS (*head person*) *in a school* Direktor(in) *m(f)*, Schulleiter(in) *m(f)*; *in a company* Vorgesetzte(r) *f(m)*, Chef(in) *m(f)*; *in a play* Hauptdarsteller(in) *m(f)*; *in an orchestra* Solist(in) *m(f)*; (*duellist*) Duellant(in) *m(f)*; (*person responsible for crime*) Hauptschuldige(r) *f(m)*
② (*client of lawyer*) Klient(in) *m(f)*, Mandant(in) *m(f)*
③ *usu sing* (*of investment*) Kapitalsumme *f*; (*of loan*) Kreditsumme *f*
④ ECON *für eigene Rechnung kaufender Händler/kaufende Händlerin*

principal boy *n* BRIT THEAT *meist von einer weiblichen Darstellerin gespielte junge männliche Hauptrolle in britischen Weihnachtsaufführungen* **principal clause** *n* Hauptsatz *m*

principality [ˌprɪn(t)sɪ'pæləti, AM -sə'pælət̬i] *n* Fürstentum *nt*

principally ['prɪn(t)səpli] *adv inv* hauptsächlich, vorwiegend, in erster Linie

principle ['prɪn(t)səpl̩] *n* ① (*basic concept*) Prinzip *nt*; **basic [*or* guiding] ~** Grundprinzip *nt*, Leitsatz *m*; **on Socialist ~s** nach sozialistischen Prinzipien
② (*fundamental*) Grundlage *f*; **the elementary ~s of physics** die Grundgesetze *ntpl* der Physik; **to function [*or* operate] on a ~** nach einem Prinzip funktionieren
③ (*approv: moral code*) Prinzip *nt*, Grundsatz *m*; ***it's the ~ of the thing*** es geht [dabei] ums Prinzip; ***cheating is against my ~s*** Betrug verstößt gegen meine Prinzipien; **to be a man of ~** ein Mann mit Prinzipien [*o* Grundsätzen] sein; **to stick to one's ~s** an seinen Prinzipien festhalten
④ CHEM Grundbestandteil *m*
► PHRASES: **on** [*or* **as a matter of**] **~** aus Prinzip; **in ~** im Prinzip

principled ['prɪn(t)səpl̩d] *adj* ① (*moral*) prinzipientreu; **a ~ man** ein Mann *m* mit Prinzipien [*o* Grundsätzen]; **to take a ~ stand against sth** aus Überzeugung gegen etw *akk* Stellung beziehen
② *inv* (*based on rules*) fundiert

print [prɪnt] I. *n* ① (*lettering*) Gedruckte(s) *nt*; **bold ~** Fettdruck *m*; **in large ~** in Großschrift; **the small [*or* fine] ~** das Kleingedruckte; **to write sth in ~** etw in Druckschrift schreiben
② *no pl* (*printed form*) Druck *m*; **to appear in ~** veröffentlicht [*o* gedruckt] werden; **to be in/out of ~** erhältlich/vergriffen sein; **to get into ~** erscheinen, gedruckt werden; **to go out of ~** nicht mehr gedruckt [*o* aufgelegt] werden; **to put sth into ~** etw in Druck geben; **to rush sth into ~** etw schnell veröffentlichen
③ (*printed media*) ■**the ~s** *pl* die Presse *kein pl*; ■**in ~** in der Presse
④ (*photo*) Abzug *m*, Kopie *f*; (*film*) Kopie *f*; (*reproduction*) Kopie *f*; (*copy of artwork*) Druck *m*
⑤ (*pattern*) [Druck]muster *nt*; **floral ~** Blumenmuster *nt*
⑥ (*footprint*) Fußabdruck *m*; (*fam: fingerprint*) Fingerabdruck *m*; **to leave ~s** Fingerabdrücke hinterlassen; **to take sb's ~s** jds Fingerabdrücke nehmen
II. *n modifier* (*concerning media*) (*industry, sales, worker*) Druck-; **~maker** Grafiker(in) *m(f)*; **~ scandal** Presseskandal *m*; **~ union** Druckergewerkschaft *f*
III. *vt* ■**to ~ sth** ① TYPO etw drucken; **to ~ a magazine/newspaper** eine Zeitschrift/Zeitung herausgeben
② PUBL etw veröffentlichen; (*in magazine, newspaper*) etw abdrucken; **to be ~ed in hardback** in gebundener Ausgabe erscheinen; **to ~ a special issue** eine Sonderausgabe herausbringen; **to ~ only lies** nur Lügen drucken; **to ~ the truth about sb/sth** die Wahrheit über jdn/etw veröffentlichen
③ COMPUT etw ausdrucken
④ PHOT etw abziehen, von etw *dat* einen Abzug machen
⑤ (*on fabric*) etw bedrucken; **~ed by hand** handbedruckt; **to ~ a pattern on sth** etw mit einem Muster bedrucken, ein Muster auf etw *akk* [auf]drucken
⑥ (*write by hand*) etw in Druckschrift [*o* Druckbuchstaben] schreiben; ***please ~ your name below your signature*** schreiben Sie bitte ihren Namen in Druckbuchstaben unter ihre Unterschrift
IV. *vi* ① (*be in preparation*) sich *akk* im Druck befinden; ***the book is ~ing*** das Buch ist im Druck
② (*make copy*) drucken; **to ~ in black and white/colour** in schwarzweiß/Farbe drucken
③ (*write in unjoined letters*) in Druckschrift [*o* Druckbuchstaben] schreiben; **to ~ clearly/sloppily** deutlich/unleserlich schreiben

◆**print off** *vt* ■**to ~ off** ⊂ **sth** etw drucken; **to ~ off a photograph** ein Foto abziehen, von einem Foto einen Abzug machen

◆**print out** *vt* ■**to ~ out** ⊂ **sth** etw ausdrucken

printable ['prɪntəbl̩, AM -t̬ə-] *adj inv* druckfähig, druckbar; *manuscript* druckfertig

printed circuit *n*, **printed circuit board** *n* ELEC Leiterplatte *f* **printed matter** *n no pl* Drucksache *f* **printed word** *n no pl* ■**the ~** das gedruckte Wort

printer ['prɪntəʳ, AM -t̬ɚ] *n* ① (*person*) Drucker(in) *m(f)*; **to be sent to the ~** zum Druck gehen
② (*machine*) Drucker *m*; **ink-jet ~** Tintenstrahldrucker *m*; **laser ~** Laserdrucker *m*

printer cable *n* Druckerkabel *nt* **printer's error** *n* Druckfehler *m*

printing ['prɪntɪŋ, AM -t̬-] I. *n* ① *no pl* (*act*) Drucken *nt*
② (*print run*) Auflage *f*; ***the book is already in the fifth ~*** das Buch erscheint bereits in der fünften Auflage
③ *no pl* (*handwriting*) Druckschrift *f*
II. *n modifier* (*equipment, industry*) Druck-; **~ costs** Druckkosten *pl*; **~ shop** Druckerei *f*, grafischer Betrieb

printing house *n* Druckerei *f* **printing ink** *n* Druckerschwärze *f*, Druckfarbe *f* **printing office** *n* [Buch]druckerei *f* **printing press** *n* Druckerpresse *f*

print journalism *n no pl* Zeitungsjournalismus *m* **printmaker** ['prɪntmeɪkəʳ, AM ɚ] *n* Grafiker(in) *m(f)* **printmaking** ['prɪntmeɪkɪŋ] *n no pl* ① (*technique*) grafische Herstellung, Grafik *f* ② (*art*) grafische Künste *fpl* **printout** *n* Ausdruck *m*; **computer ~** Computerausdruck *m* **print quality** *n no pl* Druckqualität *f* **print run** *n* ① TYPO Auflage *f*, Auflagenhöhe *f* ② COMPUT Drucklauf *m* **print shop** *n* ① (*factory*) Druckmaschinensaal *m* ② (*copy store*) Druckerei *f* ③ (*shop*) Grafikhandlung *f* **printwheel** *n* (*dated*) Typenrad *nt* **printworks** *n + sing/pl vb* [Textil]druckerei *f*, Kattundruckerei *f*

prior¹ ['praɪəʳ, AM -ɚ] I. *adv* ■**~ to sth** vor etw *dat*; ***what did you do ~ to getting this acting role?*** was haben Sie gemacht, bevor Sie diese Schauspielrolle erhielten?
II. *adj attr, inv* ① (*earlier*) frühere(r, s), vorherige(r,

s); ***she has denied ~ knowledge of the meeting*** sie hat geleugnet, von dem Treffen schon früher gewusst zu haben; ~ **engagement** vorher getroffene Verabredung; ~ **arrest** LAW frühere Festnahme; ~ **conviction** LAW Vorstrafe *f*

❷ (*having priority*) vorrangig; ~ **claim** LAW vorrangiger Anspruch, bevorrechtigte Forderung

III. *n* AM (*prior conviction*) Vorstrafe *f*

prior[2] ['praɪəʳ, AM -ɚ] *n* (*of abbey/priory*) Prior *m*

prioress <*pl* -es> ['praɪərəs, AM -ɚɪs] *n* (*of abbey/priory*) Priorin *f*

prioritization [praɪˌɒrɪtaɪ'zeɪʃᵊn, AM -ˌɔːrətɪ'-] *n no pl* ❶ (*ordering*) Ordnung *f* nach der Priorität

❷ (*preference*) Einräumung *f* einer Vorrangstellung; ***this order deserves ~*** dieser Auftrag hat Vorrang

prioritize [praɪ'ɒrɪtaɪz, AM -'ɔːrə-] *esp* AM **I.** *vt* ▪**to ~ sth** ❶ (*order*) etw der Priorität nach ordnen

❷ (*give preference to*) etw *dat* [den] Vorrang einräumen, etw vorrangig behandeln

II. *vi* Prioritäten setzen

priority [praɪ'ɒrəti, AM -'ɔːrəṭi] **I.** *n* ❶ (*deserving greatest attention*) vorrangige Angelegenheit; **first/top ~** Angelegenheit *f* von höchster Priorität; ***my first ~ is to find somewhere to live*** für mich ist es vorrangig, eine Wohnung zu finden; **to get one's priorities right** [*or* **straight**] seine Prioritäten richtig setzen; **to set priorities** Prioritäten setzen, Schwerpunkte festlegen

❷ *no pl* (*great importance*) Priorität *f*, Dringlichkeit *f*; **first/top ~** höchste Priorität, größte Dringlichkeit; **to have high ~** dringend anstehen

❸ *no pl* (*precedence*) Vorrang *m*, Vorzug *m*, Priorität *f*; **to give ~ to sb/sth** jdm/etw den Vorzug geben, jdn/etw vorrangig behandeln; **to have** [*or* **take**] **~** Vorrang [*o* Priorität] haben

❹ *no pl* (*right of way*) Vorfahrt *f*, Vorfahrtsrecht *nt*

II. *n modifier* ❶ (*urgent*) (*task*) vordringlich; ~ **mail** AM Expresszustellung *f*

❷ (*preferential*) vorrangig; ~ **treatment** Vorzugsbehandlung *f*

priory ['praɪəri, AM 'praɪri] *n* Priorat *nt*

prise [praɪz] *esp* BRIT, AUS, AM **prize** *vt* ▪**to ~ sth open** etw [mit einem Hebel] aufbrechen [*o* aufstemmen]; **to ~ sb's hand open** jds Hand [mit Gewalt] öffnen

◆**prise apart** *vt* ▪**to ~ apart** ↻ **sth** etw auseinander stemmen

◆**prise away** *vt* ▪**to ~ away** ↻ **sth** etw wegbrechen [*o* abreißen]; ▪**to ~ sb away from sth** jdn von etw *dat* wegreißen; ▪**to ~ sth away from sth** etw aus etw *dat* herausbrechen

◆**prise off** *vt* ▪**to ~ off** ↻ **sth** etw [mit Gewalt] entfernen

◆**prise out** *vt* ▪**to ~ sth out of sb** etw aus jdm herausbekommen *fam*; **to ~ a secret out of sb** jdm ein Geheimnis entlocken

prism ['prɪzᵊm] *n* Prisma *nt*

prismatic [prɪz'mætɪk, AM -ṭɪk] *adj inv* ❶ (*shape*) prismatisch, prismenförmig

❷ (*formed by a prism*) Prismen-; ~ **colours** Spektralfarben *fpl*

prison ['prɪzᵊn] **I.** *n* ❶ (*also fig: jail*) Gefängnis *nt a. fig*; **maximum-security ~** Hochsicherheitsgefängnis *nt*; **minimum-security ~** *Besserungsanstalt mit Arbeitsprogrammen, Freigang und niedrigen Sicherheitsstandards;* **to be in ~** im Gefängnis sitzen, einsitzen *fam*; **to escape from ~** aus dem Gefängnis ausbrechen [*o* fliehen]; **to go to ~** ins Gefängnis kommen; **to put sb in ~** jdn einsperren *fam*; **to send sb to ~** jdn ins Gefängnis schicken; **to throw sb into ~** jdn ins Gefängnis werfen *fam*

❷ *no pl* (*time in jail*) Haft *f*

II. *n modifier* (*facility, guard, routine*) Gefängnis-; **the ~ life** das Leben im Gefängnis; ~ **work** Gefangenenarbeit *f*

prison break *n* Gefängnisausbruch *m* **prison camp** *n* (*for POWs*) [Kriegs]gefangenenlager *nt*; (*for political prisoners*) Gefangenenlager *nt*, Straflager *nt* **prison cell** *n* Gefängniszelle *f* **prison chapel** *n* Gefängniskapelle *f* **prison chaplain** *n* Gefängnisgeistlicher *m* **prison compound** *n* (*buildings and land*) Gefängnisanlage *f*; (*yard*) Gefängnishof *m*

prisoner ['prɪzᵊnəʳ, AM -ɚ] *n* (*also fig*) Gefangene(r) *f(m) a. fig*, Häftling *m*, Sträfling *m*; (*fig*) ***I'm a ~ of my past*** ich bin meiner Vergangenheit gefangen; **category B ~** Häftling *m* der zweithöchsten Gefährlichkeitsstufe; **category C ~** *relativ ungefährlicher Häftling, der trotzdem nicht als Freigänger beschreiben werden kann;* **category D ~** Freigänger(in) *m(f)*; **political ~** politischer Häftling; **to hold** [*or* **keep**] **sb ~** jdn gefangen halten; **to take sb ~** jdn gefangen nehmen

► PHRASES: **take no ~s!** keine Kompromisse!

prisoner of conscience *n* politischer Häftling **prisoner of war** <*pl* prisoners of war> *n* Kriegsgefangene(r) *f(m)* **prisoner of war camp** *n* [Kriegs]gefangenenlager *nt* **prisoner of war interrogator** *n* Vernehmungsoffizier *m*

prison governor *n* BRIT Gefängnisdirektor(in) *m(f)* **prison guard** *n* Gefängniswärter(in) *m(f)*, Gefängnisaufseher(in) *m(f)* **prison inmate** *n* Gefängnisinsasse, -in *m, f*, Häftling *m* **prison riot** *n* Gefängnisaufstand *m*, Gefängnisrevolte *f* **prison sentence, prison term** *n* Gefängnisstrafe *f*, Freiheitsstrafe *f*; **to serve a ~** eine Freiheitsstrafe verbüßen **prison warden** *n* AM Gefängnisdirektor(in) *m(f)* **prison warder** *n* BRIT, AUS Gefängnisaufseher(in) *m(f)* **prison yard** *n* Gefängnishof *m*

priss <*pl* -es> [prɪs] *n* AM (*pej sl*) Zicke *f pej sl*, Zimtziege *f pej fam*

prissily ['prɪsɪli] *adv* (*pej*) zickig *pej fam*; **to act ~** zickig sein

prissy ['prɪsi] *adj* (*pej*) *person* zickig *pej fam*, zimperlich *pej*; *dress, hairstyle* brav *pej*

pristine ['prɪstiːn] *adj* (*approv: original*) ursprünglich; *nature* unberührt; (*perfect*) tadellos, makellos; **in ~ condition** in tadellosem Zustand

prithee ['prɪði] *interj* (*old*) bitte[!]

privacy ['prɪvəsi, AM 'praɪ-] *n no pl* ❶ (*personal realm*) Privatsphäre *f*, Intimsphäre *f*, Privatleben *nt*; **in the ~ of one's home** in den eigenen vier Wänden *fam*; **right to ~** Recht *nt* auf [Achtung der] Privatsphäre; **to have no ~** keine Privatsphäre [*o* kein Privatleben] haben; **to disturb sb's ~** jdn in seiner Privatsphäre stören; **to invade sb's ~** in jds Privatsphäre eindringen

❷ (*time alone*) Zurückgezogenheit *f*, Abgeschiedenheit *f*; **to desire** [*or* **yearn for**] **~** sich *akk* nach Ruhe sehnen; **to give sb ~** jdn alleine lassen

❸ (*secret*) Geheimhaltung *f*; ▪**in ~** unter Geheimhaltung; **in strict ~** streng vertraulich

private ['praɪvɪt, AM -vət] **I.** *adj* ❶ *inv* (*personal*) privat, Privat-; ~ **initiative/life** Privatinitiative *f*/ -leben *nt*; ~ **joke** Insiderwitz *m fam*; **to speak in some ~ language** in seiner eigenen Sprache reden; **sb's ~ opinion** jds persönliche Meinung; ~ **papers** persönliche Papiere

❷ (*not open to public*) privat, Privat-; *discussion, meeting* nicht öffentlich; ~ **beach/club/collection** Privatstrand *m*/-klub *m*/-sammlung *f*; ~ **function** Privatveranstaltung *f*, private Feier; ~ **funeral** Beerdigung *f* in aller Stille; ~ **land** Privatgrund *m*; ~ **wedding ceremony** Hochzeitsfeier *f* im engsten Familienkreis

❸ (*confidential*) vertraulich; **to keep sth ~** etw für sich *akk* behalten

❹ (*not social*) zurückhaltend, introvertiert; **to be a very ~ sort of person** ein sehr verschlossener [*o* in sich *akk* gekehrter] Mensch sein

❺ (*secluded*) abgelegen; (*undisturbed*) ungestört

❻ *inv* (*not governmental*) privat, Privat-; ~ **business** Privatwirtschaft *f*; ~ **financing** Privatfinanzierung *f*; ~ **funds** private Gelder; ~ **hospital** Privatklinik *f*

❼ (*not as official*) **as a ~ person** als Privatperson

II. *n* ❶ *no pl* (*not in public*) ▪**in ~** privat, im Privatleben; LAW unter Ausschluss der Öffentlichkeit; **to speak** [*or* **talk**] **to sb in ~** jdn [*o* mit jdm] unter vier Augen sprechen

❷ (*fam: genitals*) ▪**~s** *pl* Geschlechtsteile *ntpl*

❸ (*soldier*) Gefreiter *m*, einfacher Soldat

private citizen *n* Privatperson *f* **private detective** *n* Privatdetektiv(in) *m(f)*; **to hire a ~** einen Privatdetektiv/eine Privatdetektivin engagieren

private enterprise *n* ❶ *no pl* (*free enterprise*) Privatwirtschaft *f*, freie Marktwirtschaft

❷ (*a business*) Privatunternehmen *nt*

privateer [ˌpraɪvə'tɪəʳ, AM -'tɪr] *n* (*hist*) ❶ (*armed ship*) Kaperschiff *nt*, Freibeuter *m* ❷ (*person*) Kaper *m*, Freibeuter *m* **private eye** *n* (*fam*) Privatdetektiv(in) *m(f)*, Schnüffler(in) *m(f) pej fam* **private first class** <*pl* privates first class> *n* MIL Obergefreite(r) *f(m)*; **to promote sb to ~** jdn zum/zur Obergefreiten befördern **private income** *n no pl* private Einkünfte, Privateinkommen *nt*; *see also* **private means private investigator** *n* Privatdetektiv(in) *m(f)* **private lessons** *npl* Privatstunden *fpl*, Privatunterricht *m kein pl*; **to get/give/take ~** Privatunterricht bekommen/geben/nehmen

privately ['praɪvɪtli, AM -vət-] *adv* ❶ (*not in public*) privat; **to celebrate ~** im kleinen Kreis feiern; **to speak ~ with sb** mit jdm unter vier Augen sprechen

❷ (*secretly*) heimlich, insgeheim; ***~ he was worried*** insgeheim machte er sich Sorgen

❸ (*personally*) persönlich; **to benefit ~ from sth** von etw *dat* persönlich profitieren, aus etw *dat* persönlichen Nutzen ziehen

privately-owned business, privately-owned company *n* privates Unternehmen, Unternehmen *nt* in Privatbesitz

private means *npl* Privatvermögen *nt kein pl*; **to have ~** Privatvermögen besitzen; **to live off ~** von seinem privaten Vermögen leben **private parts** *npl* (*fam*) Geschlechtsteile *ntpl*, Genitalien *ntpl*; **to cover one's ~** seine Blöße bedecken *geh* **private practice** *n* MED Privatpraxis *f*; LAW eigene Anwaltskanzlei **private property** *n no pl* (*property*) Privateigentum *nt*, Privatbesitz *m*; (*land*) Privatgrund *m*; **~, *no trespassing!*** kein Durchgang, Privatgrundstück! **private school** *n* Privatschule *f* **private secretary** *n* Privatsekretär(in) *m(f)* **private sector I.** *n no pl* ECON Privatwirtschaft *f*, privater Sektor **II.** *n modifier* (*funds, funding*) Privat-; ~ **business** privatwirtschaftliches Unternehmen; ~ **market** privater Markt; ~ **profits** private Gewinne **private tutor** *n* Privatlehrer(in) *m(f)* **private view, private viewing** *n* Vorabbesichtigung *f*, Vernissage *f*

privation [praɪ'veɪʃᵊn] *n* (*form*) ❶ *no pl* Armut *f*, Not *f*

❷ (*hardship*) Entbehrung *f*, Einschränkung *f*; **to suffer ~s** Entbehrungen leiden

privatization [ˌpraɪvɪtaɪ'zeɪʃᵊn, AM -vətɪ'-] *n no pl* Privatisierung *f*

privatize ['praɪvɪtaɪz, AM -və-] *vt* ▪**to ~ sth** etw privatisieren

privet ['prɪvɪt] *n* Liguster *m*

privet hedge *n* Ligusterhecke *f*

privilege ['prɪvᵊlɪdʒ] **I.** *n* ❶ (*special right*) Privileg *nt*, Vorrecht *nt*; **to enjoy** [*or* **have**] **a ~** ein Vorrecht besitzen [*o* Privileg genießen]

❷ (*honour*) Ehre *f*; (*iron*) Vergnügen *nt iron*; ▪**it is a ~ [for sb] to do sth** es ist [jdm] eine Ehre, etw zu tun; ***it's a ~ to meet you, Mr Rauh*** es ist mir eine Ehre, Sie kennen zu lernen, Herr Rauh; **to have the ~ of doing sth** die Ehre haben, etw tun zu dürfen

❸ *no pl* (*advantage*) Sonderrecht *nt*, Privileg *nt*; **to be a man of wealth and ~** reich und privilegiert sein; **to enjoy** [*or* **have**] **certain ~s** gewisse Sonderrechte besitzen [*o* genießen]; **diplomatic ~** diplomatische Immunität; **parliamentary ~** BRIT Immunität *f* eines Abgeordneten/einer Abgeordneten

❹ LAW **attorney-client ~** Aussageverweigerungsrecht *nt* des Anwalts/der Anwältin, Anwaltsgeheimnis *nt*

❺ COMPUT Zugriffsrecht *nt*

II. *vt usu passive* ❶ (*give privileges to*) ▪**to ~ sb** jdn privilegieren [*o* bevorrechtigen]; ***I am ~d to be able to present to you Robin Williams*** ich habe die

besondere Ehre, Ihnen Robin Williams vorstellen zu dürfen
❷ (*exempt from*) ■**to be ~d from sth** von etw *dat* befreit [*o* ausgenommen] sein
privileged ['prɪvəlɪdʒd] *adj* ❶ (*with privileges*) privilegiert, bevorrechtigt; ~ **class** privilegierte Klasse [*o* Schicht]; **the ~ few** die kleine Gruppe von Privilegierten; ~ **status** Sonderstatus *m*
❷ *inv* LAW ~ **communication/information** vertrauliche Mitteilung/Information
❸ *diplomat* immun
privily ['prɪvɪli] *adv inv* (*old: hidden, secretly*) heimlich, insgeheim *liter*
privy ['prɪvi] I. *adj inv* (*form*) ■**to be ~ to sth** in etw *akk* eingeweiht sein
II. *n* ❶ (*old: toilet*) Abort *m selten*
❷ LAW Mitinteressent(in) *m(f)*, Beteiligte(r) *f(m)*
Privy Council *n* BRIT Geheimer Staatsrat, Kronrat *m* **privy councillor** *n* BRIT Mitglied *nt* des Geheimen Staatsrats **privy seal** *n* BRIT Kleines Siegel, Geheimsiegel *nt*
prize[1] [praɪz] I. *n* ❶ (*sth won*) Preis *m*; (*in lottery*) Gewinn *m*; (*in competition*) Preis *m*, Auszeichnung *f*; **to carry off** [*or* **win**] **a ~** einen Preis gewinnen; **to receive a ~** einen Preis erhalten; **to take a ~ for sth** einen Preis für etw *akk* bekommen
❷ (*reward*) Lohn *m*; NAUT Prise *f*, Beute *f*; ***the competitors were struggling for the ~ of market dominance*** die Konkurrenten kämpften um die Vorherrschaft auf dem Markt
❸ (*beautiful thing*) Kostbarkeit *f*
▶ PHRASES: **there are no ~s for guessing** dreimal darfst du raten *a. iron*
II. *adj attr, inv* ❶ (*dated or iron fam: first-rate*) erster Güte *nach n a. iron*, erstklassig *a. iron*; ~ **idiot** Vollidiot(in) *m(f) pej sl*
❷ (*prize-winning*) preisgekrönt, präm[i]iert; ~ **horse** Siegerpferd *nt*
III. *vt usu passive* ■**to ~ sth** etw schätzen; ■**to ~ sth above sth** etw über etw *dat* stellen; ***she ~s money above all*** für sie ist Geld am wichtigsten; **sb's ~d possession** jds wertvollster Besitz; **to ~ sth highly** etw hoch schätzen
prize[2] *vt* AM *see* **prise**
prize court *n* LAW Prisengericht *nt* **prizefight** *n* Profiboxkampf *m*, Preisboxkampf *m* **prizefighter** *n* Profiboxer(in) *m(f)*, Berufsboxer(in) *m(f)*, Preisboxer(in) *m(f)* **prizefighting** *n no pl* Profiboxen *nt*, Preisboxen *nt* **prize-giving** *n* Preisverleihung *f* **prize list** *n* Gewinnerliste *f* **prize money** *n no pl* Geldpreis *m*; SPORTS Preisgeld *nt* **prize ring** *n* [Box]ring *m* **prizewinner** *n* Gewinner(in) *m(f)*, Preisträger(in) *m(f)* **prize-winning** *adj attr, inv* preisgekrönt
pro[1] [prəʊ, AM proʊ] (*fam*) I. *n* Profi *m*; **tennis ~** Tennisprofi *m*; **to handle sth like a ~** etw wie ein Profi machen
II. *adj attr, inv* Profi-; ~ **sports** Profisport *m*
pro[2] [prəʊ, AM proʊ] I. *adv* dafür
II. *n* Pro *nt*; ■**the ~s of sth** die Vorteile *mpl* einer S. *gen*; **the ~s and cons of sth** das Pro und Kontra [*o* Für und Wider] einer S. *gen*; **to weigh the ~s and cons of sth** die Vor- und Nachteile einer S. *gen* gegeneinander abwägen
III. *prep* (*in favour of*) für
IV. *adj inv* pro-; **a measure's ~ arguments** die Argumente *ntpl* für eine Maßnahme
pro- [prəʊ, AM proʊ] *in compounds* pro-; **~-environment** umweltfreundlich
proactive [ˌprəʊ'æktɪv, AM ˌproʊ'ækt̬-] *adj* initiativ *geh*; ***some firms should be taking a more ~ attitude towards exporting*** manche Firmen sollten, was den Export betrifft, mehr Eigeninitiative zeigen; ~ **strategy** Offensivstrategie *f*
proactively [ˌprəʊ'æktɪvli, AM ˌproʊ'ækt̬-] *adv* initiativ *geh*
pro-am [ˌprəʊ'æm, AM ˌproʊ'-] *adj inv short for* **professional-amateur** für Profis und Amateure *nach n*; ~ **tournament** Turnier *nt* der Profis gegen Amateure
probabilistic [ˌprɒbəbəl'ɪstɪk, AM ˌprɑː] *adj inv* SCI, PHILOS Wahrscheinlichkeits-, probabilistisch *fachspr*
probability [ˌprɒbə'bɪləti, AM ˌprɑːbə'bɪlət̬i] *n* Wahrscheinlichkeit *f*; ***the ~ is that little will come of the environmental summit*** wahrscheinlich wird der Umweltgipfel kaum neue Ergebnisse bringen; ***it looks like peace is now a ~*** der Friede scheint jetzt in greifbarer Nähe; ***the ~ of her making a full recovery is quite good*** ziemlich wahrscheinlich wird sie wieder ganz gesund; **high/strong ~** hohe/große Wahrscheinlichkeit; **in all ~** aller Wahrscheinlichkeit nach, höchstwahrscheinlich
probability distribution *n no pl* Wahrscheinlichkeitsverteilung *f*, Zufallsverteilung *f* **probability theory** *n no pl* Wahrscheinlichkeitstheorie *f*
probable ['prɒbəbl, AM 'prɑːb-] I. *adj* wahrscheinlich
II. *n* POL, ECON Kandidat(in) *m(f)*; SPORTS ***they are ~s for the competition*** sie werden wahrscheinlich am Wettkampf teilnehmen
probable cause *n no pl* AM LAW hinreichender [Tat]verdacht; **to arrest sb on ~** jdn aufgrund eines hinreichenden Tatverdachts verhaften
probably ['prɒbəbli, AM 'prɑːb-] *adv* wahrscheinlich
probate ['prəʊbeɪt, AM 'proʊ-] I. *n no pl* ❶ LAW gerichtliche Testamentsbestätigung [und Erbscheinerteilung]; **to grant ~ of a will** ein Testament gerichtlich bestätigen; **to grant sb ~** jdm einen Erbschein ausstellen
❷ AUS (*tax*) Erbschaftssteuer *f*
II. *vt* AM ■**to ~ sth** etw gerichtlich bestätigen; **to ~ an estate** einen Nachlass feststellen; **to ~ a will** ein Testament eröffnen und als rechtswirksam bestätigen lassen
probate court *n* AM Nachlassgericht *nt*; **to settle a matter in ~** eine Angelegenheit über das Nachlassgericht regeln
probation [prə(ʊ)'beɪʃən, AM proʊ'-] *n no pl* ❶ (*trial period*) Probezeit *f*; **to be on ~** Probezeit haben
❷ LAW Bewährung *f*; **to be [out] on ~** auf Bewährung [draußen] sein; **to get ~** Bewährung bekommen; **to be let out on ~** auf Bewährung aus dem Gefängnis entlassen werden; **to put** [*or* **place**] **sb on ~** jdn unter Bewährung stellen; **to revoke sb's ~** jds Bewährungsstrafe aufheben
❸ AM SCH, UNIV (*disciplinary period*) Besserungsfrist *f*; **to place sb on ~** jdm eine Besserungsfrist einräumen
probationary [prə(ʊ)'beɪʃənəri, AM proʊ'beɪʃəneri] *adj inv* Probe-; LAW Bewährungs-; ~ **period** Probezeit *f*; LAW Bewährungsfrist *f*
probationer [prə(ʊ)'beɪʃənəʳ, AM proʊ'beɪʃənɚ] *n* ❶ (*ex-convict*) auf Bewährung Freigelassene(r) *f(m)*
❷ (*employee*) Angestellte(r) *f(m)* auf Probe
probation officer *n* Bewährungshelfer(in) *m(f)*
probe [prəʊb, AM proʊb] I. *vi* ❶ (*investigate*) forschen; (*pester*) bohren *pej fam*; ■**to ~ for sth** nach etw *dat* forschen [*o* suchen]; **to ~ for inconsistencies** nach Ungereimtheiten suchen; ■**to ~ into sth** einer S. *dat* auf den Grund gehen; ***we will ~ into the circumstances surrounding her death*** wir werden uns eingehend mit den Umständen ihres Todes befassen; **to ~ into sb's past/private life** in jds Vergangenheit/Privatleben herumschnüffeln *pej fam*
❷ (*physically search*) Untersuchungen durchführen
II. *vt* ■**to ~ sth** ❶ (*investigate*) etw untersuchen [*o* erforschen]; **to ~ a mystery** ein Geheimnis ergründen; **to ~ public opinion** versuchen, die öffentliche Meinung zu erfahren; **to ~ a scandal** einem Skandal auf den Grund gehen
❷ MED etw untersuchen
III. *n* ❶ (*investigation*) Untersuchung *f*; ~ **into a murder/scandal** Untersuchung *f* eines Mordes/Skandals; ~ **into sb's past/private life** Herumschnüffeln *nt* in jds Vergangenheit/Privatleben *pej fam*
❷ MED Sonde *f*; **to insert a ~** eine Sonde einführen; AEROSP [Raum]sonde *f*
probing ['prəʊbɪŋ, AM 'proʊ-] I. *adj attr* prüfend; *question* bohrend; ~ **fingers** suchende Finger; ~ **glance** forschender Blick
II. *n* (*investigation*) Untersuchung *f*, Prüfung *f*; MED Untersuchung *f*; ***they did some ~ into her private life*** sie stellten Nachforschungen über ihr Privatleben an; ~ **into sb's activities** eine Überprüfung der Aktivitäten einer Person *gen*
probity ['prəʊbəti, AM 'proʊbət̬i] *n no pl* (*form*) Rechtschaffenheit *f*, Redlichkeit *f*, Integrität *f*
problem ['prɒbləm, AM 'prɑːb-] I. *n* ❶ (*difficulty*) Schwierigkeit *f*, Problem *nt*; ***it's not my ~!*** das ist [doch] nicht mein Problem!; ***and you think you've got ~s!*** deine Probleme möchte ich haben!; ***stay out of my ~s!*** halte dich aus meinen Angelegenheiten raus!; ***he had no ~ in getting the job*** er bekam die Arbeit ohne Probleme; (*fam*) **no ~** (*sure*) kein Problem; (*don't mention it*) keine Ursache; ***what's your ~?*** was ist [mit dir] los?; **family/financial/personal ~s** familiäre/finanzielle/persönliche Probleme; **main ~** Hauptproblem *nt*; **to face a ~** vor einem Problem stehen; **to get involved in sb's ~s** sich *akk* in jds Probleme einmischen; **to have ~s at home/school/work** daheim/in der Schule/bei der Arbeit Probleme haben; **to have a ~ with sb/sth** mit jdm/etw ein Problem haben; **to pose** [*or* **present**] **a ~ [for sb]** [für jdn] ein Problem sein; **to solve/tackle a ~** ein Problem lösen/angehen [*o* in Angriff nehmen]
❷ (*task*) Aufgabe *f*, Problem *nt*; ***that's her ~!*** das ist ihre Sache!
❸ MED Problem *nt*; **drinking/drug/weight ~** Alkohol-/Drogen-/Gewichtsproblem *nt*; **to have ~s with drinking** ein Alkoholproblem haben, [zu viel] trinken; **to have a drugs ~** [*or* **a ~ with drugs**] ein Drogenproblem haben; **health ~s** gesundheitliche Probleme
❹ MATH [Rechen]aufgabe *f*, Problem *nt*
II. *n modifier* (*area, family, play*) Problem-; ~ **day** schwerer Tag
problematic [ˌprɒblə'mætɪk, AM ˌprɑːblə'mæt̬] *n usu pl* Problem *nt*, Problematik *f*; ■**the ~s of unrestrained capitalism** das Problematische am uneingeschränkten Kapitalismus
problematic(al) [ˌprɒblə'mætɪk(əl), AM ˌprɑːblə'mæt̬-] *adj* ❶ (*difficult*) problematisch
❷ (*questionable*) fragwürdig
problematically [ˌprɒblə'mætɪkəli, AM ˌprɑːblə'mæt̬-] *adv* problematisch
problem child *n* Problemkind *nt*, Sorgenkind *nt* **problem diagnosis** *n* COMPUT Fehlererkennung *f* **problem person** *n* schwierige Person **problem-solving** *n no pl* Problemlösen *nt* **problem-solving ability**, **problem-solving skill** *n* Fähigkeit *f*, Probleme zu lösen
pro bono [ˌproʊ'boʊnoʊ] *adj attr, inv* AM LAW kostenlos; **on a ~ basis** unentgeltlich; ~ **lawyer** kostenloser Rechtsanwalt/kostenlose Rechtsanwältin; ~ **legal services** kostenlose Rechtsleistungen
probosces [prə(ʊ)'bɒsiːz, AM proʊ'bɑː-] *n pl of* **proboscis**
proboscis <*pl* -sces> [prə(ʊ)'bɒsɪs, AM proʊ'bɑː-, *pl* -siːz] *n* ❶ ZOOL Rüssel *m*
❷ (*hum: person's nose*) Rüssel *m hum fam*
proboscis monkey *n* Nasenaffe *m*
procedural [prə'siːdʒərəl, AM -dʒɚəl] *adj inv* verfahrenstechnisch; LAW prozessual, verfahrensrechtlich, Verfahrens-; COMPUT Prozedur-, verfahrensorientiert
procedure [prə(ʊ)'siːdʒəʳ, AM prə'siːdʒɚ] *n* ❶ (*particular course of action*) Verfahren *nt*, Vorgehensweise *f*; ***what is the correct ~ for dealing with such patients?*** wie sollte man mit solchen Patienten umgehen?; **standard ~** übliche Vorgehensweise; **operating ~** TECH Fertigungsverfahren *nt*; **to follow ~** sich *akk* an die übliche Vorgehensweise halten
❷ (*operation*) Vorgang *m*, Prozedur *f*
❸ LAW Verfahren *nt*, Prozess *m*; **court ~** Gerichtsverfahren *nt*
❹ COMPUT Prozedur *f*
proceed [prə(ʊ)'siːd, AM proʊ'-] *vi* (*form*)

❶ (*make progress*) fortschreiten, vorangehen; ***preparations were ~ing smoothly*** die Vorbereitungen gingen reibungslos voran
❷ (*advance*) vorrücken; **to ~ to university** auf die Universität wechseln, mit dem Studium beginnen
❸ (*continue*) fortfahren, weiterfahren SÜDD, SCHWEIZ; ***his lawyer will know how to ~ from here*** sein Anwalt weiß, wie weiter zu verfahren ist; ■**to ~ with** [*or* **in**] **sth** mit etw *dat* fortfahren; ***the detective decided to ~ with the investigation*** der Kriminalbeamte entschied sich, die Ermittlungen fortzuführen; ***shall we ~ with our planning?*** sollen wir mit unserer Planung weitermachen?
❹ ■**to ~ from sth** (*come from*) von etw *dat* kommen; (*be caused by*) von etw *dat* herrühren; ***does hard drug use ~ from marijuana use?*** führt der Konsum von Marihuana zum Konsum harter Drogen?
❺ (*form: drive*) [weiter]fahren; (*walk*) [weiter]gehen; ***please ~ to building 4*** fahren Sie bitte bis zu Gebäude 4 weiter; ~ ***with caution!*** vorsichtig [weiter]fahren!; **to ~ down** [*or* **along**] **a street** eine Straße entlang fahren
❻ (*continue speaking*) fortfahren [zu sprechen]; ***may I ~?*** darf ich weitersprechen?
❼ (*go on*) ■**to ~ to do sth** sich *akk* anschicken, etw zu tun
❽ LAW ■**to ~ against sb** gegen jdn gerichtlich vorgehen [*o* einen Prozess anstrengen]

proceeding [prə(ʊ)'si:dɪŋ, AM proʊ'-] *n* ❶ (*action*) Vorgehen *nt kein pl;* (*manner*) Vorgehensweise *f*
❷ LAW (*legal action*) ■**~s** *pl* Verfahren *nt;* **court ~s** Gerichtsverfahren *nt;* **criminal/disciplinary ~s** Strafprozess *m,* Straf-/Disziplinarverfahren *nt;* **to institute** [*or* **start**] [*or* **take**] **~s against sb** ein Verfahren gegen jdn einleiten, gegen jdn gerichtlich vorgehen
❸ (*event*) ■**~s** *pl* Veranstaltung *f;* **to open ~s** eine Veranstaltung eröffnen
❹ ADMIN (*report*) ■**~s** *pl* Bericht *m;* (*minutes*) Protokoll *nt*

proceeds ['prəʊsi:dz, AM 'proʊ-] *npl* Einnahmen *fpl;* **~ of a fund-raising event** Erlös *m* einer Benefizveranstaltung

process¹ ['prəʊses, AM 'prɑ:-] **I.** *n* <*pl* -es> ❶ (*set of actions*) Prozess *m;* **~ of ageing** Alterungsprozess *m;* **by a ~ of elimination** durch Auslese; **by a ~ of trial and error** durch [stetes] Ausprobieren, auf dem Weg der Empirie *geh;* **digestive ~** Verdauungsvorgang *m*
❷ (*method*) Verfahren *nt;* **a new ~ for treating breast cancer** eine neue Methode zur Behandlung von Brustkrebs; **to develop a new ~** ein neues Verfahren entwickeln
❸ *no pl* (*going on*) Verlauf *m;* ■**in ~** im Gange; **in the ~** dabei; ■**to be in the ~ of doing sth** dabei sein, etw zu tun
❹ ANAT Fortsatz *m*
❺ (*summons*) gerichtliche Verfügung; **to serve sb a ~** [*or* **a ~ on sb**] jdn vorladen
II. *vt* ❶ (*deal with*) ■**to ~ sth** etw bearbeiten; **to ~ an application/a document/the mail** einen Antrag/ein Dokument/die Post bearbeiten; **to ~ sb's papers** [*or* **paperwork**] jds Papiere durcharbeiten; ■**to ~ sb** jdn abfertigen
❷ COMPUT **to ~ data/information** Daten/Informationen verarbeiten
❸ (*fig: comprehend*) ■**to ~ sth** etw verstehen [*o* [geistig] verarbeiten]
❹ (*treat*) ■**to ~ sth** etw bearbeiten [*o* behandeln]; **to ~ beans for freezing/canning** Bohnen zum Einfrieren/Einmachen verarbeiten; **to ~ food** Nahrungsmittel haltbar machen [*o* konservieren]; **to ~ raw materials** Rohstoffe [weiter]verarbeiten; **to ~ milk** Milch sterilisieren
❺ PHOT **to ~ a film** einen Film entwickeln

process² [prə(ʊ)'ses, AM prə'-] *vi* (*form*) [in einer Prozession] mitgehen

process chart *n* Arbeitsablaufdiagramm *nt;* COMPUT Verfahrensdiagramm *nt*

processed cheese *n no pl* Schmelzkäse *m*

processed food *n* ❶ (*specifically treated*) behandelte Lebensmittel ❷ (*industrially processed*) industriell verarbeitete Nahrungsmittel

process engineering *n no pl* Verfahrenstechnik *f*

processing ['prəʊsesɪŋ, AM 'prɑ:-] *n no pl* ❶ (*dealing with*) *of application* Bearbeitung *f;* **the ~ of a claim for insurance** Schadensbearbeitung der Versicherung *f*
❷ (*treatment*) TECH Weiterverarbeitung *f,* Veredelung *f;* FOOD Konservierung *f,* Behandlung *f; of milk* Sterilisierung *f*
❸ COMPUT Verarbeitung *f;* **~ of data** Datenverarbeitung *f*
❹ PHOT Entwicklung *f;* **one-hour ~** Entwicklung *f* in einer Stunde

procession [prə'seʃən] *n* ❶ (*line*) Umzug *m;* REL Prozession *f;* **~ of cars** Autokorso *m;* **funeral ~** Trauerzug *m,* Leichenzug *m;* **wedding ~** Hochzeitszug *m;* ■**in ~** hintereinander; **to go** [*or* **march**] [*or* **walk**] **in ~** einen Umzug machen; REL eine Prozession machen
❷ (*fig: group*) Schlange *f,* Reihe *f;* **a non-stop ~ of visitors** ein nicht abreißender Besucherstrom

processional [prə'seʃənəl] **I.** *adj attr, inv* Prozessions-; **~ route** Prozessionsweg *m*
II. *n* (*book*) Prozessionsbuch *nt;* (*hymn*) Prozessionshymne *f*

processor ['prəʊsesəʳ, AM 'prɑ:sesɚ] *n* ❶ (*company*) [Weiter]verarbeitungsbetrieb *m,* Veredelungsbetrieb *m,* Verarbeiter *m*
❷ (*machine*) **food ~** Küchenmaschine *f*
❸ COMPUT Prozessor *m;* **word ~** Textverarbeitungscomputer *m*

process printing *n no pl* Vierfarbendruck *m*

process server *n* Zusteller(in) *m(f)* einer gerichtlichen Verfügung; **to act as a ~** eine gerichtliche Verfügung zustellen

pro-choice [,prəʊ'tʃɔɪs, AM ,proʊ'-] *adj inv esp* AM für das Recht auf Abtreibung; **~ advocate** Verfechter(in) *m(f)* des Rechts auf Abtreibung; **~ conservative** AM konservativer Abtreibungsbefürworter/konservative Abtreibungsbefürworterin; **the ~ movement** die Abtreibungsbefürworter *pl;* ■**to be ~** für das Recht auf Abtreibung sein

proclaim [prə(ʊ)'kleɪm, AM proʊ'-] *vt* ■**to ~ sth** ❶ (*form: announce*) etw verkünden [*o* erklären]; **to ~ one's independence** seine Unabhängigkeit erklären; **to ~ sb king/queen** jdn zum König/zur Königin ausrufen; **to ~ oneself king/queen** sich *akk* zum König/zur Königin erklären; **to ~ one's loyalty** seine Loyalität bekunden; **to ~ a republic/a state of emergency** eine Republik/den Notstand ausrufen; **to ~ a victory** einen Sieg verkünden
❷ (*liter: signify*) etw zum Ausdruck bringen; ■**to ~ sb sth** ***his vast knowledge ~s him an expert*** seine umfassenden Kenntnisse weisen ihn als Experten aus

proclamation [,prɒklə'meɪʃən, AM ,prɑ:k-] *n* ❶ (*form: act of proclaiming*) Verkündigung *f,* öffentliche Bekanntmachung, Proklamation *f geh;* **~ of the republic** Ausrufung *f* der Republik; **to make** [*or* **issue**] **a ~** einen Aufruf ergehen lassen
❷ (*decree*) Erlass *m;* **royal ~** königlicher Erlass; **to issue** [*or* **make**] **a ~** einen Erlass herausgeben
❸ (*liter: sign*) Ausdruck *m* (**of** +*gen*)

proclivity [prə(ʊ)'klɪvəti, AM proʊ'klɪvəṭi] *n* (*form*) Hang *m kein pl,* Neigung *f* (**for** zu +*dat*), Schwäche *f* (**for** für +*akk*); **sexual proclivities** sexuelle Neigungen [*o* Vorlieben]

proconsul [prəʊ'kɒnsəl, AM proʊ'kɑ:n] *n* ❶ HIST (*in ancient Rome*) Prokonsul *m*
❷ (*in a modern colony*) Statthalter *m*

procrastinate [prə(ʊ)'kræstɪneɪt, AM proʊ'kræstə-] *vi* (*form*) zögern, zaudern

procrastination [prə(ʊ),kræstɪ'neɪʃən, AM proʊ,kræstə'-] *n no pl* (*form*) Zögern *nt,* Zaudern *nt*

procrastinator [prə(ʊ)'kræstɪneɪtəʳ, AM proʊ'kræstəneɪṭɚ] *n* (*form*) Zögerer *m,* Zauderer *m*

procreate ['prəʊkrieɪt, AM 'proʊ-] **I.** *vi* sich *akk* fortpflanzen
II. *vt* (*also fig*) ■**to ~ sb/sth** jdn/etw zeugen *a. fig;* ■**to ~ sth** etw hervorbringen

procreation [,prəʊkri'eɪʃən, AM ,proʊ-] *n no pl* Fortpflanzung *f;* (*fig*) Erzeugung *f,* Hervorbringen *nt*

procreative ['prəʊkrieɪtɪv, AM 'proʊkrieṭ-] *adj inv* ■**to be ~** sich *akk* fortpflanzen

Procrustean [prəʊ'krʌstiən, AM proʊ'] *adj* Prokrustes- *geh;* **~ bed** Prokrustesbett *nt*

proctologist [prɒk'tɒlədʒɪst, AM prɑ:k'tɑ:l-] *n* MED Proktologe, -in *m, f fachspr*

proctology [prɒk'tɒlədʒi, AM prɑ:k'tɑ:l-] *n no pl* MED Proktologie *f fachspr*

proctor ['prɒktəʳ, AM 'prɑ:ktɚ] **I.** *n* ❶ AM (*for exam*) [Prüfungs]aufsicht *f; see also* **invigilator**
❷ BRIT UNIV Disziplinarbeamte(r) *m,* Disziplinarbeamte [*o* -in] *f*
❸ LAW Aufsichtsbeamte(r) *f(m)* einer Universität
II. *vi* AM Aufsicht führen; *see also* **invigilate**
III. *vt* AM **to ~ an exam** eine Prüfung beaufsichtigen; *see also* **invigilate**

procurable [prə'kjʊərəbḷ, AM proʊ'kjʊr-] *adj* erhältlich, beschaffbar; **to be easily ~** leicht zu bekommen sein

procurator ['prɒkjʊ(ə)reɪtəʳ, AM 'prɑ:kjəreɪṭɚ] *n* ❶ (*representative*) Bevollmächtigte(r) *f(m);* **to appoint a ~** einen Bevollmächtigten/eine Bevollmächtigte ernennen
❷ SCOT (*attorney*) Anwalt, Anwältin *m, f*

procurator fiscal *n* SCOT Staatsanwalt, Staatsanwältin *m, f;* (*for lesser offences*) Amtsanwalt, Amtsanwältin *m, f*

procure [prə'kjʊəʳ, AM proʊ'kjʊr] (*form*) **I.** *vt* ❶ (*obtain*) ■**to ~ sth** etw beschaffen [*o* besorgen]; ■**to ~ sb sth** jdm etw besorgen [*o* beschaffen]; **to ~ sb's release** jds Freilassung erreichen [*o geh* erwirken]
❷ (*form: pimp*) ■**to ~ sb** jdn verkuppeln; **to ~ women for prostitution** Zuhälterei betreiben
II. *vi* (*form*) Zuhälterei treiben; **to be suspected of procuring** der Zuhälterei verdächtigt werden

procurement [prə'kjʊəmənt, AM proʊ'kjʊr-] *n* (*form*) ❶ (*acquisition*) Beschaffung *f,* Besorgung *f;* **~ of military supplies** Beschaffung *f* von militärischem Nachschub
❷ *no pl* (*system*) Beschaffungswesen *nt;* **public ~** öffentliches [*o* staatliches] Beschaffungswesen
❸ *of prositutes* Kuppelei *f,* Zuhälterei *f*

procurer [prə'kjʊərəʳ, AM proʊ'kjʊrɚ] *n* (*form*) Zuhälter *m,* Kuppler *m pej*

procuress <*pl* -es> [prə'kjʊəres, AM proʊ'kjʊrɪs] *n* (*form*) Kupplerin *f pej*

prod [prɒd, AM prɑ:d] **I.** *n* ❶ (*tool*) Ahle *f;* **cattle ~** [elektrischer] Viehtreibstab
❷ (*poke*) Schubs *m fam,* [leichter] Stoß; **to give sb a ~** jdm einen Stoß versetzen, jdn schubsen *fam*
❸ (*fig: incitation*) Anstoß *m fig;* (*reminder*) Gedächtnisanstoß *m;* ***he needs an occasional ~*** manchmal muss man seinem Gedächtnis nachhelfen; **to give sb a ~** jdm auf die Sprünge helfen
► PHRASES: **to be on the ~** AM Streit suchen
II. *vt* <-dd-> ■**to ~ sb** ❶ (*poke*) jdn stoßen [*o fam* anstupsen]; ***I felt someone ~ me in the back*** ich spürte einen Stups in den Rücken *fam;* **to ~ a cake with a fork** mit einer Gabel in einem Kuchen herumstochern; **to ~ a horse with a stick** ein Pferd mit einem Stock vorwärts treiben
❷ (*fig: encourage*) jdn antreiben [*o* anspornen]; ■**to ~ sb into doing sth** jdn dazu drängen, etw zu tun; **to ~ sb into action** jdn auf Trab bringen *fam*
III. *vi* <-dd-> stoßen; *with a fork* stochern

proddy ['prɒdi] *n* BRIT, AUS (*fam*) Protestant(in) *m(f)*

prodigal ['prɒdɪgəl, AM 'prɑ:d-] *adj* verschwenderisch; ■**to be ~ of sth** etw verschwenden

prodigality [,prɒdɪ'gæləti, AM ,prɑ:dɪ'gæləṭi] *n* ❶ *no pl* (*wastefulness*) Verschwendungssucht *f*
❷ (*instance*) Verschwendung *f*
❸ (*lavishness*) Üppigkeit *f,* Fülle *f*

prodigally ['prɒdɪgəli, AM 'prɑ:d-] *adv* verschwenderisch

prodigal son *n* REL ■**the ~** der verlorene Sohn *a.*

fig; **the return of the** ~ die Rückkehr des verlorenen Sohnes
prodigious [prəˈdɪdʒəs] *adj* (*form*) ❶ (*enormous*) gewaltig, ungeheuer
❷ (*wonderful*) wunderbar, erstaunlich
prodigiously [prəˈdɪdʒəsli] *adv* ❶ (*enormously*) gewaltig; **to drink/eat** ~ [sehr] ausgiebig trinken/essen
❷ (*wonderfully*) wunderbar; ~ **gifted artist** begnadeter Künstler/begnadete Künstlerin
prodigy [ˈprɒdɪdʒi, AM ˈprɑːd-] *n* ❶ (*person*) außergewöhnliches Talent; **child** ~ Wunderkind *nt;* **tennis** ~ Tenniswunder *nt fam;* **mathematical** ~ Mathematikgenie *nt*
❷ (*accomplishment*) Wunder *nt;* ■ **to be a** ~ **of sth** ein Wunder an etw *dat* sein
produce I. *vt* [prəˈdjuːs, AM -ˈduːs] ❶ (*make*) ■ **to** ~ **sth** etw herstellen [*o* produzieren]; **to** ~ **antibodies/red blood cells** Antikörper/rote Blutkörperchen produzieren; **to** ~ **coal/oil** Kohle/Erdöl fördern; **to** ~ **electricity** Strom erzeugen; **to** ~ **ideas/thoughts** Ideen/Gedanken entwickeln; **to** ~ **an illusion** eine falsche Vorstellung erwecken; **to** ~ **a meal** eine Mahlzeit zubereiten; **to** ~ **noise** Lärm verursachen; **to** ~ **a novel/report** einen Roman/Bericht schreiben [*o* verfassen]; **to** ~ **an odour** einen Geruch absondern; **to** ~ **a painting/a sculpture** ein Gemälde/eine Skulptur schaffen; **to** ~ **a shadow** einen Schatten werfen; **to** ~ **a state of hypnosis** einen Hypnosezustand herbeiführen; **to** ~ **statics/sparks** atmosphärische Störungen/Funken verursachen [*o* hervorrufen]; **to** ~ **wheat** Weizen produzieren
❷ (*bring about*) ■ **to** ~ **sth** etw bewirken [*o* hervorrufen]; **to** ~ **a change** eine Änderung bewirken; **to** ~ **an echo** ein Echo hervorrufen; **to** ~ **an effect** eine Wirkung erzielen; **to** ~ **hysteria/uncertainty** Hysterie/Unsicherheit hervorrufen; **to** ~ **profits/revenue** Gewinne/Erträge erzielen [*o* einbringen]; **to** ~ **results** zu Ergebnissen führen; **to** ~ **a shift in public opinion** die öffentliche Meinung ändern
❸ ZOOL (*give birth to*) ■ **to** ~ **sb/sth** jdn/etw zur Welt bringen; **to** ~ **kittens/puppies/young** [Katzen]junge/Welpen/Junge bekommen; **to** ~ **offspring** Nachwuchs bekommen, für Nachwuchs sorgen *hum*
❹ FILM, MUS ■ **to** ~ **sth** *film, programme* etw produzieren; THEAT *play, opera* etw inszenieren; **to** ~ **top artists** Spitzenkünstler/Spitzenkünstlerinnen produzieren; **to** ~ **a CD/record** eine CD/Schallplatte produzieren
❺ (*show*) ■ **to** ~ **sth** etw hervorholen; **to** ~ **a gun/a knife/a weapon** eine Pistole/ein Messer/eine Waffe ziehen; **to** ~ **identification/one's passport** seinen Ausweis/Pass zeigen; **to** ~ **a present** ein Geschenk hervorzaubern; **to** ~ **a receipt** eine Quittung vorlegen
❻ LAW **to** ~ **an alibi/a witness** ein Alibi/einen Zeugen/eine Zeugin beibringen; **to** ~ **evidence/proof** den Beweis/Nachweis erbringen
II. *vi* [prəˈdjuːs, AM -ˈduːs] ❶ (*bring results*) Ergebnisse erzielen; ECON einen Gewinn erwirtschaften
❷ (*give output*) produzieren; *mine* fördern
❸ (*be fertile*) *humans* Nachwuchs bekommen; *plant* Früchte tragen; *land* ertragreich sein
❹ FILM einen Film produzieren; THEAT ein Stück inszenieren
III. *n* [ˈprɒdjuːs, AM ˈprɑːduːs, ˈproʊ-] *no pl* ❶ AGR Erzeugnisse *ntpl,* Produkte *ntpl;* **dairy** ~ Milchprodukte *ntpl,* Molkereiprodukte *ntpl;* **French** ~ [*or* ~ **of France**] französische Erzeugnisse
❷ AM (*fruit and vegetables*) Obst *nt* und Gemüse *nt*
IV. *n* [ˈprɒdjuːs, AM ˈprɑːduːs, ˈproʊ-] *modifier* AM (*market, order, purveyor*) Obst- und Gemüse-; ~ **section** Obst- und Gemüseabteilung *f*
producer [prəˈdjuːsəʳ, AM -ˈduːsə] *n* ❶ (*manufacturer*) Hersteller *m,* Produzent *m;* AGR Erzeuger *m*
❷ FILM, TV Produzent(in) *m(f);* THEAT Regisseur(in) *m(f);* MUS [Musik]produzent(in) *m(f)*
product [ˈprɒdʌkt, AM ˈprɑː-] *n* ❶ (*sth produced*) Produkt *nt,* Erzeugnis *nt;* **dairy** ~**s** Milchprodukte *ntpl;* **food** ~**s** Nahrungsmittel *ntpl;* **to be a** ~ **of one's environment** (*fig*) ein Produkt seiner Umgebung sein; **to be a** ~ **on one's mind** (*hum*) nur in jds Vorstellung existieren; **to be a** ~ **of the 1960s/one's time** ein Kind der 60er-Jahre/seiner Zeit sein
❷ (*result*) Ergebnis *nt,* Folge *f*
❸ MATH Produkt *nt*
product cycle *n* Produktzyklus *m,* Lebensdauer *f* eines Produkts
product development I. *n no pl* Produktentwicklung *f*
II. *n modifier* (*costs, engineer, laboratory*) [Produkt]entwicklungs-; ~ **department** Abteilung *f* für Produktentwicklung
production [prəˈdʌkʃᵊn] I. *n* ❶ *no pl* (*process*) Produktion *f,* Herstellung *f; of coal* Förderung *f; of energy* Erzeugung *f;* ~ **of agricultural products** Erzeugung *f* landwirtschaftlicher Produkte; **to be [no longer] in** ~ [nicht mehr] hergestellt werden; **to go into** ~ (*factory*) die Produktion aufnehmen; (*product*) in Produktion [*o* Fertigung] gehen
❷ *no pl* (*yield*) Produktion *f;* **drop in** ~ Produktionsrückgang *m;* **agricultural** ~ landwirtschaftliche Produktion; **industrial** ~ Industrieproduktion *f*
❸ *no pl* FILM, TV, RADIO, MUS Produktion *f;* THEAT Inszenierung *f;* **to do the** ~ **[on a record]** [eine Schallplatte] produzieren; **to get into** ~ in das Produzieren einsteigen *fam;* **to go into** ~ produziert werden
❹ (*finished film, etc*) Produktion *f;* (*version of play/opera*) Inszenierung *f*
❺ *no pl* (*form: presentation*) Vorweisen *nt,* Vorlegen *nt;* ***entry is permitted on*** ~ ***of a ticket*** Einlass nur gegen Vorlage einer Karte; **upon** ~ **of your documents** bei Vorlage Ihrer Papiere
▶ PHRASES: **to make a** ~ **[number] of sth** aus etw *dat* ein Drama machen
II. *n modifier* ❶ (*of factory*) (*output, worker*) Produktions-, Fertigungs-; ~ **schedule** Fertigungsplan *m*
❷ FILM (*company, quality, studio*) Produktions-
production capacity *n no pl* Produktionskapazität *f,* Fertigungskapazität *f* **production costs** *npl* Produktionskosten *pl,* Herstellungskosten *pl* **production director** *n* RADIO Sendeleiter(in) *m(f)* **production line** *n* Fließband *nt,* Fertigungsstraße *f* **production manager** *n* Produktionsleiter(in) *m(f)* **production time** *n* Produktionszeit *f,* Fertigungszeit *f* **production volume** *n* Fertigungsvolumen *nt,* Produktionsmenge *f*
productive [prəˈdʌktɪv] *adj* ❶ (*with large output*) produktiv; *land, soil* fruchtbar, ertragreich; *mine, well* ergiebig; ~ **conversation** (*fig*) fruchtbares Gespräch; ~ **discussion** ergiebige [*o* produktive] Diskussion; ~ **meeting** ergiebiges Treffen; ~ **period of a writer** schöpferische [*o* produktive] Phase eines Schriftstellers/einer Schriftstellerin; **sb's** ~ **years** jds Schaffenszeit
❷ (*profitable*) *business* rentabel; ~ **capital** arbeitendes [*o* Gewinn bringendes] Kapital
❸ (*efficient*) leistungsfähig; ~ **employee** produktiver Mitarbeiter/produktive Mitarbeiterin
❹ (*useful*) sinnvoll; ***would it be*** ~ ***to ask him why?*** hat es Sinn, ihn nach dem Grund zu fragen?; ~ **exercise** sinnvolle [*o* gute] Übung
❺ *pred* (*causative*) ■ **to be** ~ **of sth** etw hervorbringen [*o* erzeugen]
❻ LING häufig
productively [prəˈdʌktɪvli] *adv* produktiv; **to use one's time** ~ seine Zeit effektiv nutzen; **to work more** ~ effizienter arbeiten
productivity [ˌprɒdʌkˈtɪvəti, AM ˌproʊdʌkˈtɪvət̬i] *n no pl* ❶ (*output*) Produktivität *f;* **high/low** ~ hohe/niedrige Produktivität
❷ (*effectiveness*) Effektivität *f,* Effizienz *f;* **to boost** ~ die Effizienz erhöhen
❸ (*profitability*) Rentabilität *f*
❹ ECON (*rate of return of capital*) Ertragskraft *f*
productivity bonus *n* Leistungszulage *f,* Produktivitätsprämie *f;* **to earn** [*or* **receive**] **a** ~ eine Leistungszulage erhalten **productivity incentive** *n* Leistungsanreiz *m,* Produktivitätsanreiz *m* **productivity level, productivity rate** *n* Produktivitätsrate *f*
product line *n* Produktlinie *f,* Produktpalette *f*
product mix *n* Sortiment *nt*
product-mix *adj attr, inv* ~ **projections** Vorausplanung *f* der Produkte in einer Produktlinie **product placement** *n* Productplacement *nt fachspr* **product range** *n* Produktpalette *f,* Sortiment *nt; of plant* Fertigungsspektrum *nt*
prof [prɒf, AM prɑːf] *n* (*hum fam*) *short for* **professor** Prof *m fam*
profanation [ˌprɒfəˈneɪʃᵊn, AM ˌprɑː-] *n* Entweihung *f,* Profanierung *f geh*
profane [prəˈfeɪn, AM *esp* proʊˈ-] I. *adj* ❶ (*blasphemous*) gotteslästerlich, frevelhaft; ~ **language** lästerliche Sprache
❷ (*form: secular*) weltlich, profan *geh*
II. *vt* ■ **to** ~ **sth** etw entweihen
profanity [prəˈfænəti, AM proʊˈfænət̬i] *n* ❶ *no pl* (*blasphemy*) Gotteslästerung *f*
❷ (*swearing*) Fluch *m*
❸ (*word*) vulgärer Ausdruck, Kraftausdruck *m;* **to utter a** ~ eine ordinäre Bemerkung machen
❹ (*behaviour*) Lasterhaftigkeit *f,* Verderbtheit *f*
profess [prəˈfes, AM *also* proʊˈ-] *vt* ■ **to** ~ **sth** ❶ (*claim*) etw erklären [*o geh* bekunden]; (*insistingly*) etw beteuern; **to** ~ **little enthusiasm** wenig Begeisterung zeigen; **to** ~ **love for sb** seine Liebe zu jdm gestehen; ■ **to** ~ **oneself sth** sich *akk* als etw bezeichnen; ***she*** ~***ed herself a communist*** sie bekannte sich zum Kommunismus; **to** ~ **oneself satisfied with sth** sich *akk* über etw *akk* zufrieden äußern; ***I never*** ~***ed myself satisfied with my looks*** ich war mit meinem Aussehen noch nie zufrieden; ■ **to** ~ **to be sth** behaupten, etw zu sein
❷ (*affirm*) sich *akk* zu etw *dat* bekennen; **to** ~ **one's faith** sich *akk* zu seinem Glauben bekennen
professed [prəˈfest, AM *also* proʊˈ-] *adj attr, inv* ❶ (*openly declared*) *Marxist, communist* erklärt; ***he is my*** ~ ***enemy*** er ist mein erklärter Feind
❷ (*alleged*) angeblich
❸ (*with vows*) ~ **nun** Nonne *f,* die die Gelübde abgelegt hat
professedly [prəˈfesɪdli, AM *also* proʊˈ-] *adv* ❶ (*admittedly*) zugegebenermaßen, erklärtermaßen; ***he was*** ~ ***tired*** er gab zu, müde zu sein
❷ (*allegedly*) angeblich
profession [prəˈfeʃᵊn] *n* ❶ (*field of work*) Beruf *m;* **teaching** ~ Lehrberuf *m;* **the oldest** ~ **in the world** das älteste Gewerbe der Welt; **to enter a** ~ einen Beruf ergreifen; **by** ~ von Beruf
❷ (*body of workers*) Berufsstand *m;* **the medical** ~ die Ärzteschaft
❸ (*claim*) Bekundung *f,* Erklärung *f;* ~ **of faith** Glaubensbekenntnis *nt;* ~ **of love/loyalty** Liebes-/Loyalitätserklärung *f*
professional [prəˈfeʃᵊnᵊl] I. *adj* ❶ (*of a profession*) beruflich, Berufs-; ***are you meeting with me in a personal or*** ~ ***capacity?*** ist Ihr Treffen mit mir privater oder geschäftlicher Natur?; ***he is a*** ~ ***troubleshooter*** er ist ein professioneller Krisenmanager; ~ **career** berufliche Laufbahn [*o* Karriere]; **to be a** ~ **courtesy** zu den beruflichen Gepflogenheiten gehören; ~ **dress** Berufskleidung *f;* ~ **experience** Berufserfahrung *f;* ~ **interest** berufliches Interesse; ~ **jargon/journal/literature** Fachjargon *m/*-zeitschrift *f/*-literatur *f;* ~ **misconduct** standeswidriges Verhalten, Berufspflichtverletzung *f;* ~ **name** Künstlername *m;* ~ **qualifications** berufliche Qualifikationen
❷ (*not tradesman*) freiberuflich, akademisch; ~ **man/woman** Akademiker *m/*Akademikerin *f;* ~ **people** Angehörige *pl* der freien [*o* akademischen] Berufe; ~ **types** (*fam*) Akademiker(innen) *mpl(fpl)*
❸ (*expert*) fachmännisch, fachlich; ***is that your personal or*** ~ ***opinion?*** ist das Ihre private Meinung oder Ihre Meinung als Fachmann?; ~ **advice** fachmännischer Rat
❹ (*approv: businesslike*) professionell, fachmännisch; **to maintain** ~ **conduct** professionell auftre-

ten; **to do a ~ job** etw fachmännisch erledigen; **~ manner** professionelles Auftreten; **in a ~ manner** fachmännisch; **to look ~** professionell aussehen
❺ (*not amateur*) Berufs-; SPORTS Profi-; **~ career** Profilaufbahn *f*, Profikarriere *f*; **~ dancer/gambler/soldier** Berufstänzer(in) *m(f)*/-spieler(in) *m(f)*/-soldat(in) *m(f)*; **~ player** Profispieler(in) *m(f)*; **in ~ sports** im Profisport; **to be a ~ writer** von Beruf Schriftsteller(in) *m(f)* sein; **to go** [*or* **turn**] **~** Profi werden; SPORTS ins Profilager [über]wechseln *fam*
❻ (*fam: habitual*) notorisch; **~ liar** notorischer Lügner/notorische Lügnerin, Lügenbold *m fam*; **~ matchmaker** professioneller Ehestifter/professionelle Ehestifterin
II. *n* ❶ (*not an amateur*) Fachmann, Fachfrau *m, f*; SPORTS Profi *m*
❷ (*not a tradesman*) Akademiker(in) *m(f)*, Angehörige(r) *f(m)* der freien [*o* akademischen] Berufe

professional foul *n* absichtliches Foul; **to commit a ~** absichtlich ein Foul begehen **professional help** *n no pl* professionelle Hilfe

professionalism [prəˈfeʃənəlɪzəm] *n no pl* ❶ (*skill and experience*) Professionalität *f*, Routiniertheit *f*; (*attitude*) professionelle Einstellung; **to handle sth with ~** mit etw *dat* professionell [*o* fachmännisch] umgehen; **to handle oneself with ~** sich *akk* professionell verhalten
❷ SPORTS Profitum *nt*

professionally [prəˈfeʃənəli] *adv* ❶ (*by a professional*) von einem Fachmann/einer Fachfrau; **to do sth ~** etw fachmännisch erledigen; **to get sth done ~** etw von einem Fachmann/einer Fachfrau machen lassen
❷ (*not as an amateur*) berufsmäßig; **to do sth ~** etw beruflich betreiben; **to play tennis ~** Tennisprofi sein

professor [prəˈfesəʳ, AM -ɚ] *n* ❶ (*at university*) Professor(in) *m(f)*; **~ of history/mathematics** Professor(in) *m(f)* für Geschichte/Mathematik; AM (*teacher at university*) Dozent(in) *m(f)*
❷ (*affirmer*) Bekenner(in) *m(f)*

professor emeritus [prəˈfesəʳɪˌmerɪtəs, AM -ɚɪˌmerət̬əs] *n* Professor emeritus, emeritierter Professor/emeritierte Professorin

professorial [ˌprɒfɪˈsɔːriəl, AM ˌproʊfəˈ-] *adj inv* Professoren-; **~ manner** professorales Gehabe *pej*; **~ post** Professorenstelle *f*

professorship [prəˈfesəʃɪp, AM -ɚ-] *n* Professur *f*, Lehrstuhl *m*; **to apply for a ~** sich *akk* um eine Professur bewerben; **to get a ~** eine Professur erhalten

proffer [ˈprɒfəʳ, AM ˈprɑːfɚ] *vt* (*form*) ■**to ~ sth** etw anbieten; **to ~ sb one's hand** jdm seine Hand reichen; **to ~ an observation/opinion** eine Beobachtung/Meinung vorbringen; **to ~ thanks** Dank aussprechen

proficiency [prəˈfɪʃən(t)si] *n no pl* Tüchtigkeit *f*, Können *nt*; **~ at the computer** Computerkenntnisse *fpl*; **his ~ in computer programming** sein Können als Programmierer; **~ at one's job** Tüchtigkeit *f* im Beruf; **~ in a language** Sprachkenntnisse *fpl*; **to test sb's ~ in maths** jds Kenntnisse in Mathematik testen; **~ in writing** schriftstellerisches Können; **to show ~** sein Können [*o* seine Fertigkeiten] unter Beweis stellen

proficiency exam, proficiency test *n* Leistungstest *m*

proficient [prəˈfɪʃənt] *adj* fähig, tüchtig; **to be ~ in a language** eine Sprache beherrschen; **to be a ~ liar** gut lügen können; **to be ~ at swimming** gut schwimmen können

profile [ˈprəʊfaɪl, AM ˈproʊ-] **I.** *n* ❶ (*side view*) Profil *nt*; **to draw/photograph sb in ~** jdn im Profil zeichnen/fotografieren
❷ (*description*) Porträt *nt fig*; (*restricted in scope*) Profil *nt*
❸ (*public image*) **to raise sb's ~** jdn hervorheben; **to raise sth's ~** etw bewusst[er] machen; **to raise an issue's ~ with the public** eine Thematik in der Öffentlichkeit stärker bewusst machen; **to be in a high-~ position** eine bedeutende Position innehaben
▸ PHRASES: **to keep a low ~** sich *akk* zurückhalten [*o* bedeckt halten]
II. *vt* ■**to ~ sb** ❶ (*write*) jdn porträtieren *fig*
❷ (*draw*) jdn im Profil zeichnen, eine Profilzeichnung von jdm anfertigen

profiler [ˈprəʊfaɪləʳ, AM ˈproʊfaɪlɚ] *n* Profiler(in) *m(f) fachspr* (*Fachmann für die Erstellung eines psychologischen Profils eines gesuchten Täters*); (*program*) Profilerprogramm *nt*

profiling [ˈprəʊfaɪlɪŋ, AM ˈproʊ-] *n* Profiling *nt fachspr* (*Erstellung eines Persönlichkeitsprofils*)

profit [ˈprɒfɪt, AM ˈprɑː-] **I.** *n* ❶ (*money earned*) Gewinn *m*, Profit *m*; **gross/net ~** Brutto-/Reingewinn *m*; **pre-tax ~** Gewinn *m* vor Steuern; **to make a ~** Gewinn [*o* Profit] machen [*o* erzielen]; **to run at a ~** Gewinn abwerfen; **to sell sth at a ~** etw mit Gewinn verkaufen
❷ (*advantage*) Nutzen *m*, Vorteil *m*; ***what ~ is there in it for me?*** was habe ich davon? [*o fam* springt für mich dabei heraus?]; ***there's no ~ to be gained from these endless discussions*** diese endlosen Diskussionen führen zu nichts
II. *vi* ❶ (*gain financially*) profitieren, Gewinn machen; ■**to ~ by** [*or* **from**] **sth** von etw *dat* profitieren, aus etw *dat* Gewinn ziehen
❷ (*benefit*) profitieren; ■**to ~ by** [*or* **from**] **sth** von etw *dat* profitieren, aus etw *dat* Nutzen ziehen; **to ~ enormously** erheblich profitieren, großen Nutzen ziehen
III. *vt* ■**to ~ sb** jdm nützlich sein [*o* nützen], jdm von Nutzen [*o* Vorteil] sein

profitability [ˌprɒfɪtəˈbɪləti, AM ˌprɑːfɪt̬əˈbɪlət̬i] *n no pl* Rentabilität *f*, Wirtschaftlichkeit *f*; **measurement of ~** Rentabilitätsberechnung *f*

profitable [ˈprɒfɪtəbl̩, AM ˈprɑːfɪt̬-] *adj* ❶ (*in earnings*) Gewinn bringend, rentabel, profitabel; **~ business** einträgliches Geschäft; **~ investment** lohnende [*o* Gewinn bringende] Investition
❷ (*advantageous*) nützlich, vorteilhaft; **to make ~ use of one's time** seine Zeit sinnvoll nutzen, mit seiner Zeit etw Sinnvolles anfangen

profitably [ˈprɒfɪtəbli, AM ˈprɑːfɪt̬-] *adv* ❶ (*at a profit*) Gewinn bringend, rentabel
❷ (*advantageously*) nutzbringend, vorteilhaft; **to spend one's time ~** seine Zeit sinnvoll nutzen

profit and loss account *n* Gewinn- und Verlustrechnung *f* **profit and loss statement** *n* Gewinn- und Verlustrechnung *f* **profit centre** *n* Profitcenter *nt*

profiteer [ˌprɒfɪˈtɪəʳ, AM ˌprɑːfɪˈtɪr] **I.** *n* (*pej*) Profitjäger(in) *m(f) pej*, Geschäftemacher(in) *m(f) pej*
II. *vi* ❶ (*make excessive profit*) riesige Gewinne erzielen; (*make unfair profit*) sich *akk* bereichern
❷ (*earn money on black market*) Schwarzhandel treiben

profiteering [ˌprɒfɪˈtɪərɪŋ, AM ˌprɑːfɪˈtɪr-] *n no pl*
❶ (*profit-seeking*) Geschäftemacherei *f pej*
❷ (*selling at too high prices*) Wucher *m pej*

profiterole [prɒfɪtərəʊl, AM prəˈfɪtəroʊl] *n* Profiterole *f*

profitless [ˈprɒfɪtləs, AM ˈprɑː] *adj* unergiebig, unrentabel; *talk, argument* zwecklos

profit-making *adj inv* Gewinn bringend, rentabel; **non-~** gemeinnützig **profit margin** *n* Gewinnspanne *f*, Gewinnmarge *f* **profit-orientated** [-ˌɔːrienteɪtɪd] BRIT, **profit-oriented** [-ˌɔːrientɪd, AM -t̬-] *adj esp* AM gewinnorientiert; ■**to be ~** auf Gewinn ausgerichtet sein **profit-seeking** *adj inv* gewinnorientiert, profitorientiert **profit-sharing** *n no pl* Gewinnbeteiligung *f*, Ergebnisbeteiligung *f*; **~ loan stock** BRIT Gewinnschuldverschreibung *f* **profit-taking** *n no pl* Gewinnmitnahme *f*, Gewinnrealisierung *f*

profligacy [ˈprɒflɪgəsi, AM ˈprɑːf-] *n no pl* (*form*)
❶ (*lack of restraint*) Sittenlosigkeit *f*, Lasterhaftigkeit *f*
❷ (*wastefulness*) Verschwendung *f*; (*extravagance*) Verschwendungssucht *f*

profligate [ˈprɒflɪgət, AM ˈprɑːflɪgɪt] **I.** *adj* (*form*)
❶ (*wasteful*) verschwenderisch
❷ (*without moral*) lasterhaft, ausschweifend
II. *n* ❶ (*wasteful person*) Verschwender(in) *m(f)*
❷ (*immoral person*) lasterhafter Mensch; (*rake*) Wüstling *m pej*

pro forma [ˌprəʊˈfɔːmə, AM ˌproʊˈfɔːr-] (*form*)
I. *adj* Pro-forma-
II. *adv* pro forma
III. *n* Pro-forma-Rechnung *f*
IV. *vt* ■**to ~ sth** etw pro forma schicken

pro forma invoice *n* Pro-forma-Rechnung *f*

profound [prəˈfaʊnd] *adj* ❶ (*extreme*) tief gehend; *change* tief greifend; *effect* nachhaltig; *impression* tief; *interest* lebhaft, stark; *sleep* fest, tief; *sight* tief; **~ ignorance** völlige Unwissenheit
❷ (*strongly felt*) tief, heftig; *compassion, gratification, gratitude* tief empfunden; *respect, reverence, veneration, love* groß; **~ anger** tief sitzende Wut; **~ distress** großes Leid
❸ (*intellectual*) tiefsinnig, tiefgründig; (*iron*) ***that was very ~ of you*** das war sehr tiefsinnig von dir *iron*; **~ knowledge** umfassendes [*o geh* profundes] Wissen; **~ thoughts** tief schürfende Gedanken; **~ truth/wisdom** tiefe Wahrheit/Weisheit

profoundly [prəˈfaʊndli] *adv* ❶ (*extremely*) zutiefst; **~ deaf** hochgradig schwerhörig; **~ grateful** überaus dankbar; **~ religious** tief religiös; **~ wise** sehr weise; **to change ~** sich *akk* tief greifend verändern; **to ~ influence sb** jdn nachhaltig [*o* stark] beeindrucken
❷ (*intellectually*) tiefschürfend, tiefgründig

profundity [prəˈfʌndəti, AM proʊˈ-] *n* (*form*) ❶ *no pl* (*great depth*) Tiefe *f*; **the ~ of his knowledge** sein umfangreiches Wissen
❷ *no pl* (*intellectual depth*) Tiefgründigkeit *f*, Tiefsinnigkeit *f*
❸ (*deep remark*) Weisheit *f*; ■**profundities** *pl* tiefsinnige Gedanken

profuse [prəˈfjuːs] *adj* überreichlich; *bleeding, perspiration* stark; *praise, thanks* überschwänglich; **to be ~ in one's apologies** sich *akk* wieder und wieder entschuldigen; **to be ~ in hospitality** überaus gastfreundlich sein; **to be ~ in one's praise of sth** etw überschwänglich loben

profusely [prəˈfjuːsli] *adv* überschwänglich, übermäßig; **to apologize ~** sich *akk* vielmals entschuldigen; **to bleed/sweat ~** stark bluten/schwitzen; **to thank sb ~** jdm überschwänglich danken

profusion [prəˈfjuːʒən] *n no pl* (*form*) Überfülle *f*; **in ~** in Hülle und Fülle

progenitor [prə(ʊ)ˈdʒenɪtəʳ, AM proʊˈdʒenət̬ɚ] *n* (*form: ancestor*) Vorfahr(in) *m(f)*, Ahn(in) *m(f) geh*; (*predecessor*) Vorläufer(in) *m(f)*; (*intellectual ancestor*) geistiger Vater/geistige Mutter

progeny [ˈprɒdʒəni, AM ˈprɑː-] *n + sing/pl vb* (*form*) Nachkommenschaft *f*, Nachkommen *mpl*

progesterone [prə(ʊ)ˈdʒestərəʊn, AM proʊˈdʒestəroʊn] *n no pl* Gelbkörperhormon *nt*, Progesteron *nt fachspr*

prognoses [prɒgˈnəʊsiːz, AM prɑːgˈnoʊ-] *n* (*form*) *pl of* **prognosis**

prognosis <*pl* -ses> [prɒgˈnəʊsɪs, AM prɑːgˈnoʊ-, *pl* -siːz] *n* (*prediction*) Prognose *f*, Vorhersage *f*, Voraussage *f*; MED Prognose *f*; **to make a ~** eine Prognose stellen [*o* Voraussage machen]

prognostic [prɒgˈnɒstɪk, AM prɑːgˈnɑːs] *adj inv esp* MED prognostisch, Prognose-

prognosticate [prɒgˈnɒstɪkeɪt, AM prɑːgˈnɑːs-] *vt* ■**to ~ sth** etw voraussagen [*o* vorhersagen] [*o geh* prognostizieren]

prognostication [prəgˌnɒstɪˈkeɪʃən, AM prɑːgˌnɑːs-] *n* (*form*) ❶ *no pl* (*action*) Prognostizierung *f fachspr*, Voraussage *f*, Vorhersage *f*
❷ (*instance*) Prophezeiung *f*

prognosticator [prɒgˈnɒstɪkeɪtəʳ, AM prɑːgˈnɑːstɪkeɪt̬ɚ] *n* ❶ SCI, SOCIOL Prognostiker(in) *m(f)*
❷ ASTROL Wahrsager(in) *m(f)*

program [ˈprəʊgræm, AM ˈproʊ-] **I.** *n* ❶ COMPUT Programm *nt*; **to write a ~** ein Programm schreiben
❷ *esp* AM, AUS *see* **programme**
▸ PHRASES: **to get with the ~** (*fam*) sich *akk* sammeln

II. *vt* <-mm-> ① COMPUT ▪**to ~ sth** etw programmieren
② *esp* AM, AUS *see* **programme**

program director *n* AM Programmdirektor(in) *m(f)*

programer *n* AM *see* **programmer**

programmable [prə(ʊ)ˈgræməbl̩, AM ˈproʊ-] *adj* programmierbar

programme [ˈprəʊgræm], AM **program** [ˈproʊ-]
I. *n* ① RADIO, TV Programm *nt*, Sendefolge *f*; (*single broadcast*) Sendung *f*
② (*list of events*) Programm *nt;* THEAT (*for all plays*) Spielplan *m;* (*for one play*) Programmheft *nt*
③ (*plan*) Programm *nt*, Plan *m;* ***what's on the ~ for today?*** was steht heute auf dem Programm?; **fitness/modernization ~** Fitness-/Modernisierungsprogramm *nt*
II. *vt* <-mm-> ① (*instruct*) ▪**to ~ sth** etw programmieren; **to ~ a VCR** einen Videorecorder programmieren [*o* einstellen]
② *usu passive* (*mentally train*) ▪**to ~ sb to do sth** jdn darauf programmieren, etw zu tun; ***I'm ~d to wake up at seven*** ich wache automatisch um sieben Uhr auf; ▪**to ~ oneself to do sth** sich *dat* etw angewöhnen

programmer [ˈprəʊgræməʳ], AM **programer** [ˈproʊgræmɚ] *n* ① (*operator*) Programmierer(in) *m(f)*
② (*component*) Programmiergerät *nt*
③ COMPUT **computer ~** Programmierer(in) *m(f)*

programming [ˈprəʊgræmɪŋ, AM ˈproʊ] *n no pl*
① COMPUT Programmieren *nt*, Programmierung *f*
② RADIO, TV Programm[e] *nt[pl]*, Programmgestaltung *f*

programming language *n* Programmiersprache *f*

progress I. *n* [ˈprəʊgres, AM ˈprɑːg-] *no pl* ① (*onward movement*) Vorwärtskommen *nt;* **to make slow/good ~** langsam/gut vorwärts [*o* voran] kommen
② (*development*) Fortschritt *m;* ***~ was slow in the early stages of the project*** in seinem Anfangsstadium kam das Projekt nur schleppend voran; **to make [good/slow] ~** [gute/langsame] Fortschritte machen
③ (*to be going*) **to be in ~** im Gange sein; ADMIN in Bearbeitung sein; ***the talks are in ~*** die Gespräche laufen [gerade]
④ *no art* (*general improvement*) Fortschritt *m*
II. *vi* [prə(ʊ)ˈgres, AM prəˈ-] ① (*develop*) Fortschritte machen; ***how's the work ~ing?*** wie geht's mit der Arbeit voran?; ***the patient seems to be ~ing well*** der Patient scheint gute Fortschritte zu machen
② (*move onward*) *in space* vorankommen; *in time* fortschreiten; ***we started talking about literature then ~ed to politics*** wir begannen über Literatur zu sprechen und kamen dann auf Politik

progress chaser [-tʃeɪsəʳ] *n* BRIT Terminjäger(in) *m(f)*

progression [prə(ʊ)ˈgreʃᵊn, AM prəˈ-] *n no pl*
① (*development*) Entwicklung *f;* **~ of a disease** Entwicklung einer Krankheit; **a natural ~** eine natürliche Entwicklung
② MATH (*series*) Reihe *f;* ***in the ~ 1, 2, 3, 4, five is the next number*** in der Reihe 1, 2, 3, 4 ist fünf die nächste Zahl

progressionist [prə(ʊ)ˈgreʃᵊnɪst, AM prəˈ-] *n*
① (*advocate of socio-political progress*) Progressist(in) *m(f) geh*
② (*adherant of a philosophy*) Fortschrittler(in) *m(f)*

progressive [prə(ʊ)ˈgresɪv, AM prəˈ-] I. *adj* ① (*gradual*) fortschreitend; (*gradually increasing*) zunehmend; **a ~ change/increase/decline** eine allmähliche Veränderung/Zunahme/ein allmählicher Verfall; **a ~ disease** eine fortschreitende Krankheit
② (*reformist*) progressiv; **~ party** fortschrittliche Partei
③ (*forward-looking*) fortschrittlich, progressiv; **~ education** moderne Ausbildung
④ MUS (*avant-garde*) progressiv; **~ jazz** progressiver Jazz
⑤ LING (*verb form*) **~ form** Verlaufsform *f*
II. *n* ① (*reformist*) Progressive(r) *f(m)*
② LING ▪**the ~** die Verlaufsform

progressively [prə(ʊ)ˈgresɪvli, AM prəˈ-] *adv* zunehmend; ***my eyesight has got ~ worse over the years*** mein Sehvermögen hat sich im Lauf der Zeit immer mehr verschlechtert

progressive tax *n* Progressivsteuer *f fachspr*

progress report *n* Entwicklungsbericht *m;* (*on work*) Tätigkeitsbericht *m*

prohibit [prə(ʊ)ˈhɪbɪt, AM proʊˈ-] *vt* ▪**to ~ sth** ① (*forbid*) etw verbieten [*o* untersagen]; **to be ~ed by law** gesetzlich verboten sein; ***parking strictly ~ed*** Parken verboten; ▪**to ~ sb from doing sth** jdm verbieten [*o* untersagen], etw zu tun
② (*prevent*) etw verhindern

prohibition [ˌprəʊ(h)ɪˈbɪʃᵊn, AM ˌproʊ-] *n* ① (*ban*) Verbot *nt* (**of/on** gegen +*akk*); **~ on smoking** Rauchverbot *nt*
② *no pl* (*banning*) Verbieten *nt;* **to be under ~** gesetzlich verboten sein
③ (*hist: US alcohol ban*) ▪**P~** *no art* die Prohibition *hist*
④ (*High Court order*) Zuständigkeitsentziehung *f* durch ein höheres Gericht

prohibitive [prəʊˈhɪbətɪv, AM proʊˈhɪbəṭ-] *adj*
① (*too expensive*) *price* unerschwinglich
② (*prohibiting*) **~ legislation** Verbotsgesetzgebung *f;* **~ measures** Verbotsmaßnahmen *fpl*

prohibitively [prəʊˈhɪbətɪvli, AM proʊˈhɪbəṭ-] *adv* **~ expensive** unverschämt teuer *fam*

project I. *n* [ˈprɒdʒekt, AM ˈprɑː-] ① (*undertaking*) Projekt *nt*, Vorhaben *nt;* **research ~** Forschungsprojekt *nt*
② (*plan*) Plan *m*
II. *n* [ˈprɒdʒekt, AM ˈprɑː-] *modifier* (*coordinator, costs, deadline, director, leader, team*) Projekt-; **~ planning** Projektplanung *f*
III. *vt* [prə(ʊ)ˈdʒekt, AM prəˈ-] ① (*forecast*) ▪**to ~ sth** etw vorhersagen; *profit, expenses, number* etw veranschlagen; ***revenue from tourism is ~ed to grow by 15% next year*** Einnahmen durch Tourismus sollen nächstes Jahr um 15% ansteigen
② (*propel*) ▪**to ~ sth** etw schleudern; **to ~ one's mind into the future** sich *akk* in die Zukunft hineinversetzen; **to ~ one's voice** (*fig*) laut und deutlich sprechen
③ (*onto screen*) ▪**to ~ sth [onto sth]** *slides, film* etw [auf etw *akk*] projizieren
④ PSYCH (*attribute to*) ▪**to ~ sth onto sb** etw auf jdn projizieren; ▪**to ~ oneself onto sb** von sich *dat* auf andere schließen
⑤ (*display*) ▪**to ~ sth** etw darstellen; **to ~ a tougher image** ein härteres Image vermitteln; ▪**to ~ oneself** sich *akk* selbst zur Geltung bringen
IV. *vi* [prə(ʊ)ˈdʒekt, AM prəˈ-] ① (*protrude*) hervorragen; ▪**to ~ over sth** über etw *akk* [hinaus]ragen; ***the hotel's dining room ~s [out] over the sea*** der Speisesaal des Hotels ragt über das Meer; **a ~ing nail/branch** ein abstehender Nagel/Ast
② THEAT (*throw voice*) laut und deutlich sprechen

project analysis *n* ECON Projektanalyse *f*

projected [prə(ʊ)ˈdʒektɪd, AM prəˈ-] *adj inv*
① (*forecast*) vorhergesagt; *expenses* veranschlagt
② (*planned*) geplant

project engineer *n* ECON Projektingenieur(in) *m(f)*

projectile [prə(ʊ)ˈdʒektaɪl, AM prəˈdʒektᵊl] *n* (*thrown object*) Wurfgeschoss *nt;* (*bullet, shell*) Geschoss *nt*, Projektil *nt geh;* (*missile*) Rakete *f*

projection [prə(ʊ)ˈdʒekʃᵊn, AM prəˈ-] *n*
① (*forecast*) Prognose *f; of expenses* Voranschlag *m*
② (*protrusion*) Vorsprung *m*
③ *no pl* (*on screen*) Vorführung *f;* (*projected image*) Projektion *f*
④ *no pl* PSYCH (*unconscious transfer*) Projektion *f;* **the ~ of feelings onto sb** die Projektion von Gefühlen auf jdn; (*mental image*) Projektion *f*
⑤ *no pl* (*presentation*) Darstellung *f*, Präsentation *f*

projectionist [prə(ʊ)ˈdʒekʃᵊnɪst, AM prəˈ-] *n* Filmvorführer(in) *m(f)*

projection room *n* Vorführraum *m*

projective [prəʊˈdʒektɪv, AM proʊ] *adj inv* projektiv, Projektions-

project management *n* Projektmanagement *nt*, Projektleitung *f* **project manager** *n* Projektmanager(in) *m(f)*

projector [prə(ʊ)ˈdʒektəʳ, AM prəˈdʒektɚ] *n* Projektor *m*, Vorführgerät *nt*

prolapse [ˈprəʊlæps, AM ˈproʊ-] *n* MED Prolaps *m fachspr*, Vorfall *m*

prolapsed [ˈprəʊlæpst, AM ˈproʊ-] *adj* MED prolabiert *fachspr*

prole [prəʊl, AM proʊl] (*pej or hum*) I. *n short for* **proletarian** Prolet(in) *m(f)*
II. *adj inv short for* **proletarian** proletarisch, proletenhaft

proletarian [ˌprəʊlɪˈteəriən, AM ˌproʊləˈter-] I. *n* Proletarier(in) *m(f)*
II. *adj inv* proletarisch

proletariat [ˌprəʊlɪˈteəriət, AM ˌproʊləˈter-] *n no pl* Proletariat *nt;* **the industrial ~** das industrielle Proletariat

pro-life [ˌprəʊˈlaɪf, AM ˌproʊˈ-] *adj inv* **~ demonstration** Demonstration *f* gegen Abtreibung; **~ poster** Poster *nt* gegen Abtreibung

pro-lifer [ˌprəʊˈlaɪfəʳ, AM ˌproʊˈlaɪfɚ] *n* (*usu pej*) Abtreibungsgegner(in) *m(f)*

proliferate [prəʊˈlɪfᵊreɪt, AM proʊˈlɪfə-] *vi* stark zunehmen; (*animals*) sich *akk* stark vermehren

proliferation [prəʊˌlɪfᵊrˈeɪʃᵊn, AM proʊˌlɪfəˈreɪ-] *n no pl* starke Zunahme; (*of animals*) starke Vermehrung

prolific [prə(ʊ)ˈlɪfɪk, AM proʊˈ-] *adj* ① (*productive*) produktiv
② (*producing many offspring*) fruchtbar
③ *pred* (*abundant*) ▪**to be ~** in großer Zahl vorhanden sein

prolix [ˈprəʊlɪks, AM proʊˈlɪks] *adj* (*pej form*) weitschweifig

prolixity [prəʊˈlɪksəti, AM proʊˈlɪksəṭi] *n no pl* Weitschweifigkeit *f*

prologue [ˈprəʊlɒg], AM *also* **prolog** [ˈproʊlɑːg] *n* ① (*introduction*) Vorwort *nt;* THEAT Prolog *m*
② (*fig fam: preliminary event*) Vorspiel *nt;* **to be a ~ to sth** ein Vorspiel zu etw *dat* sein

prolong [prə(ʊ)ˈlɒŋ, AM proʊˈlɑːŋ] *vt* ▪**to ~ sth** etw verlängern; **to ~ the agony** die Qual hinauszögern

prolongation [ˌprə(ʊ)lɒŋˈgeɪʃᵊn, AM ˌproʊlɑːŋˈ-] *n no pl* Verlängerung *f*

prolonged [prə(ʊ)ˈlɒŋd, AM proʊˈlɑː-] *adj* [lang] anhaltend, langwierig *pej;* **~ applause** anhaltender Applaus; **a ~ debate** eine langwierige Debatte

prom [prɒm, AM prɑːm] *n* ① AM (*school dance*) *Ball am Ende des Jahres in einer amerikanischen High School*
② BRIT (*concert*) Konzert *nt* (*Aufführung im Theater oder Konzert, wobei die Sitze im Parkett entfernt werden, um mehr Platz zu schaffen*); **the P~s** *Konzertreihe in London in der Albert Hall, deren Parkettsitze dafür entfernt werden, so dass die meisten Zuschauer stehen*
③ BRIT (*seaside walkway*) [Strand]promenade *f*

promenade [ˌprɒməˈnɑːd, AM ˌprɑː-] I. *n* ① (*walkway*) [Strand]promenade *f*
② (*form or dated: walk*) Spaziergang *m;* (*in vehicle*) Spazierfahrt *f*
II. *vi* (*dated*) promenieren

promenade concert *n* BRIT Konzert *nt; see also* **prom 2** **promenade deck** *n* Promenadendeck *nt*

Promethean [prə(ʊ)ˈmiːθiən, AM proʊˈ-] *adj* prometheisch *geh*

prominence [ˈprɒmɪnən(t)s, AM ˈprɑːmə-] *n*
① *no pl* (*projecting nature*) Auffälligkeit *f*
② *no pl* (*conspicuousness*) Unübersehbarkeit *f;* **to give sth ~ [*or* ~ to sth]** etw in den Vordergrund stellen
③ *no pl* (*importance*) Bedeutung *f;* **to gain [*or* come to] [*or* rise to] ~** bekannt werden

❹ (*projection*) Vorsprung *m;* **a rocky ~** ein Felsvorsprung *m;* **a solar ~** ASTRON Sonnenprotuberanz *f*

prominent ['prɒmɪnənt, AM 'prɑːmə-] *adj* ❶ (*projecting*) vorstehend *attr;* **~ chin** vorspringendes Kinn; **~ teeth** vorstehende Zähne
❷ (*conspicuous*) auffällig; **to put sth in a ~ position** etw deutlich sichtbar hinstellen
❸ (*distinguished*) prominent; ■**to be ~ in sth** eine herrausragende Position in etw *dat* einnehmen; **a ~ position** eine führende Position

prominently ['prɒmɪnəntli, AM 'prɑːmə-] *adv* auffallend *attr,* deutlich sichtbar; ***her name stands out ~ amongst those who signed the petition*** ihr Name ist der bekannteste von allen Unterzeichnern der Petition

promiscuity [ˌprɒmɪ'skjuːəti, AM ˌprɑːmɪ'skjuːət̬i] *n no pl* Promiskuität *f geh*

promiscuous [prə'mɪskjuəs] *adj* (*pej*) promisk, promiskuitiv *geh;* **~ behaviour** [*or* AM **behavior**] häufiger Partnerwechsel; **~ sex** Sex *m* mit häufig wechselnden Partnern

promiscuously [prə'mɪskjuəsli] *adv* promisk, promiskuitiv *geh*

promise ['prɒmɪs, AM 'prɑː-] **I.** *vt* ❶ (*pledge*) ■**to ~ sb sth** [*or* **sth to sb**] jdm etw versprechen; ■**to ~ do sth** versprechen, etw zu tun; ■**to ~ [sb] that ...** [jdm] versprechen, dass ...; ■**to ~ oneself sth** sich *dat* etw versprechen; (*intend*) sich *dat* etw schwören
❷ (*have the potential*) ■**to ~ to be sth** versprechen, etw zu sein; ***the men's final ~s to be an exciting match*** das Finale der Männer verspricht ein spannendes Spiel zu werden
▶ PHRASES: **to ~ sb the earth/moon** jdm das Blaue vom Himmel versprechen *fam*
II. *vi* ❶ (*pledge*) versprechen; ***I ~!*** ich verspreche es!; **to do sth as ~d** etw wie versprochen tun
❷ (*be promising*) **to ~ well** viel versprechen
III. *n* ❶ (*pledge*) Versprechen *nt;* ***and that's a ~!*** großes Ehrenwort!, versprochen!; ***~s, ~s!*** Versprechen, nichts als Versprechen!; **to break/keep one's ~ [to sb]** sein Versprechen [gegenüber jdm] brechen/halten; **to make a ~** ein Versprechen geben [*o* machen]; ***I'm not making any ~s*** ich kann [aber] nichts versprechen
❷ *no pl* (*potential*) **to have got ~** viel versprechend sein; **to show ~** aussichtsreich sein; (*person*) viel versprechend sein; **a ~ of fine weather/success** eine Aussicht auf gutes Wetter/Erfolg; **a young person of ~** eine viel versprechende junge Person; **to show [great] ~** [sehr] viel versprechend sein
▶ PHRASES: **a ~ is a ~** versprochen ist versprochen

Promised Land *n no pl* (*also fig*) ■**the ~** das Gelobte Land

promising ['prɒmɪsɪŋ, AM 'prɑː-] *adj* viel versprechend; **a ~ career** eine Erfolg versprechende Karriere

promisingly ['prɒmɪsɪŋli, AM 'prɑː-] *adv* viel versprechend

promissory note [ˌprɒmɪsᵊri'nəʊt, AM 'prɑːmɪsɔːriˌnoʊt] *n* Solawechsel *m,* Schuldschein *m*

promo ['prəʊməʊ, AM 'proʊmoʊ] **I.** *n* ❶ (*fam*) *short for* **promotional film** Werbevideo *nt*
❷ AM, AUS *short for* **promotion** Werbung *f*
II. *adj inv short for* **promotional** Werbe-

promontory ['prɒməntᵊri, AM 'prɑːməntɔːri] *n* GEOG Vorgebirge *nt,* Kap *nt; see also* **headland**

promote [prə'məʊt, AM -'moʊt] *vt* ❶ (*raise in rank*) ■**to ~ sb [to sth]** jdn [zu etw *dat*] befördern; ***he was ~ed to the rank of sergeant*** er wurde zum Feldwebel befördert
❷ SPORTS ■**to be ~d** *team* aufsteigen
❸ AM SCH ■**to be ~d** versetzt werden
❹ (*encourage*) ■**to ~ sth** etw fördern; ***regular exercise ~s good health*** regelmäßige Bewegung ist gut für die Gesundheit; **to ~ awareness of sth** etw ins Bewusstsein rufen
❺ (*advertise*) ■**to ~ sth** für etw *akk* werben; **to ~ a new book/product** für ein neues Buch/Produkt Werbung machen
❻ POL **to ~ a bill** eine Gesetzesvorlage einbringen

promoter [prə'məʊtəʳ, AM -'moʊt̬ɚ] *n* ❶ (*encourager*) Förderer, -in *m, f*
❷ (*organizer*) Veranstalter(in) *m(f)*
❸ ECON *of a company* Gründer(in) *m(f)*
❹ POL *jd, der eine Gesetzesvorlage einbringt*

promotion [prə'məʊʃᵊn, AM -'moʊ-] *n* ❶ *no pl* (*in rank*) Beförderung *f* (**to** zu +*dat*); **to get ~** befördert werden
❷ (*raise in status*) Beförderung *f*
❸ SPORTS (*of team*) Aufstieg *m;* **~ race** Kampf *m* um den Aufstieg
❹ (*advertising campaign*) Werbekampagne *f;* **sales ~** Werbung *f*
❺ *of company* Gründung *f*

promotional [prə'məʊʃᵊnᵊl, AM -'moʊ-] *adj* Werbe-; **~ literature** Verkaufsliteratur *f*

promotional material *n* Werbematerial *nt*

prompt [prɒm(p)t, AM prɑːm(p)t] **I.** *vt* ❶ (*spur*) ■**to ~ sth** etw veranlassen; ***her speech has ~ed an angry response from both parties*** ihre Rede hat auf beiden Seiten verärgerte Reaktionen hervorgerufen; ■**to ~ sb [to do sth]** jdn [dazu] veranlassen, etw zu tun; ***what ~ed you to say that?*** was hat dich dazu veranlasst, das zu sagen?
❷ THEAT (*remind of lines*) ■**to ~ sb** jdm soufflieren
❸ COMPUT ■**to ~ sb [to do sth]** jdn auffordern[, etw zu tun]
II. *adj* ❶ (*swift*) prompt; ■**to be ~ in** [*or* **about**] **doing sth** etw schnell [*o* zügig] tun; **~ action** sofortiges Handeln; **~ delivery** unverzügliche Lieferung; **~ reply** prompte Antwort
❷ (*punctual*) pünktlich
III. *adv inv* pünktlich; ***classes start at ten o'clock ~*** der Unterricht beginnt Punkt zehn Uhr
IV. *n* ❶ COMPUT Befehlsaufforderung *f,* Prompt *m fachspr*
❷ THEAT (*reminder*) Stichwort *nt*
❸ THEAT (*fam: prompter*) Souffleur, Souffleuse *m, f*

prompt box *n* THEAT Souffleurkasten *m*

prompter ['prɒm(p)təʳ, AM 'prɑːm(p)tɚ] *n* THEAT Souffleur, Souffleuse *m, f*

prompting ['prɒm(p)tɪŋ, AM 'prɑːm-] *n* ❶ *no pl* (*urging*) Drängen *nt;* ***she volunteered to do it off her own bat, without any ~ from us*** sie hat es von sich aus angeboten, ohne dass wir sie darum bitten mussten
❷ (*reminding*) Vorsagen *nt;* THEAT Soufflieren *nt;* ***it was only at the ~ of his wife that he remembered the date*** erst als seine Frau ihn daran erinnerte, fiel ihm die Verabredung wieder ein; **the ~s of conscience** die Stimme des Gewissens

promptitude ['prɒm(p)tɪtjuːd, AM 'prɑːm(p)tɪtuːd, -tjuːd] *n no pl* (*form*) Promptheit *f*

promptly ['prɒm(p)tli, AM 'prɑːm-] *adv* ❶ (*quickly*) prompt
❷ (*fam: immediately afterward*) gleich danach, unverzüglich
❸ (*in time*) pünktlich; **to leave ~ at one** Punkt eins [*o* pünktlich um eins] gehen

promptness ['prɒm(p)tnəs, AM 'prɑːm-] *n no pl* Promptheit *f*

prompt note *n* Mahnung *f*

promulgate ['prɒmᵊlgeɪt, AM 'prɑːm-] *vt* (*form*) ❶ (*spread*) ■**to ~ sth** etw verbreiten
❷ LAW (*proclaim*) **to ~ a law/decree** ein Gesetz/Urteil verkünden

promulgation [ˌprɒmᵊl'geɪʃᵊn, AM ˌprɑːməl'-] *n no pl* (*form*) ❶ (*spread*) Verbreitung *f*
❷ LAW (*proclamation*) Verkündung *f*

pron *n* LING *abbrev of* **pronoun**

prone [prəʊn, AM proʊn] *adj* ❶ (*disposed*) ■**to be ~ to sth** zu etw *dat* neigen; ■**to be ~ to do sth** dazu neigen, etw zu tun
❷ *inv* (*form*) **to be** [*or* **lie**] **~** auf dem Bauch liegen; **~ position** in Bauchlage

proneness ['prəʊnnəs, AM 'proʊn-] *n no pl* Neigung *f* (**to** zu +*dat*)

prong [prɒŋ, AM prɑːŋ] *n* Zacke *f,* Zinke *f; of antler* Ende *nt,* Sprosse *f fachspr*

-pronged [prɒŋd, AM prɑːŋd] *in compounds* -zackig; **a three-~ fork** eine dreizackige Gabel; **a four-~ strategy** eine Vier-Punkte-Strategie

pronominal [prə(ʊ)'nɒmɪnᵊl, AM proʊ'nɑːmə-] *adj* LING Pronominal- *fachspr*

pronoun ['prəʊnaʊn, AM 'proʊ-] *n* Pronomen *nt,* Fürwort *nt*

pronounce [prə'naʊn(t)s] **I.** *vt* ❶ (*speak*) ■**to ~ sth** etw aussprechen
❷ (*announce*) **to ~ a verdict/decision** einen Urteilsspruch/eine Entscheidung verkünden; **to ~ sentence on sb** das Urteil über jdn verkünden
❸ (*declare*) ■**to ~ sb/sth sth** ***the jury ~d him guilty*** die Geschworenen erklärten ihn für schuldig; ***he ~d them man and wife*** er erklärte sie zu Mann und Frau; ■**to ~ that ...** verkünden, dass ...
II. *vi* ■**to ~ on** [*or* **upon**] **sth** zu etw *dat* Stellung nehmen

pronounceable [prə'naʊn(t)səbl̩] *adj* aussprechbar

pronounced [prə'naʊn(t)st] *adj* deutlich; ***she has a ~ limp*** sie hinkt sehr stark; **a ~ accent** ein ausgeprägter [*o* starker] Akzent; **~ views** klare Vorstellungen

pronouncement [prə(ʊ)'naʊn(t)smənt, AM prə'-] *n* Erklärung *f;* **to make a ~ on sth** eine Erklärung zu etw *dat* abgeben

pronto ['prɒntəʊ, AM 'prɑːntoʊ] *adv inv* (*fam*) fix *fam;* ***do it ~!*** aber dalli!

pronunciation [prəˌnʌn(t)si'eɪʃᵊn] *n usu no pl* Aussprache *f;* ***what is the correct ~ of this word?*** wie wird dieses Wort richtig ausgesprochen?

proof [pruːf] **I.** *n* ❶ *no pl* (*confirmation*) Beweis *m* (**of** für +*akk*); **to have ~ of sth** einen Beweis für etw *akk* haben, etw beweisen können; **~ of purchase** Kaufbeleg *m;* **the burden of ~** LAW die Beweislast
❷ (*piece of evidence*) Beweis *m;* **~s of sb's guilt** Beweise für jds Schuld
❸ (*proving argument*) Beweis *m* (**of/for** für +*akk*)
❹ TYPO (*trial impression*) Korrekturfahne *f;* PHOT Probeabzug *m*
❺ MATH Beweis *m*
❻ *no pl* (*degree of strength*) Volumenprozent *nt,* Vol.-% *nt; of alcohol* Alkoholgehalt *m*
❼ ECON **~ of debt** Anmeldung *f* einer Konkursforderung
▶ PHRASES: **the ~ of the pudding is in the eating** (*prov*) Probieren geht über Studieren *prov;* **to put sth/sb to the ~** etw/jdn auf die Probe stellen
II. *adj inv* ■**to be ~ against sth** gegen etw *akk* unempfindlich [*o geh* gefeit] sein; **to be ~ against temptation** gegen Versuchungen immun sein; **~ against wind and weather** wetterfest; **to be ~ against burglars** einbruchssicher sein
III. *vt* ■**to ~ sth** ❶ (*treat*) etw imprägnieren; (*make waterproof*) etw wasserdicht machen
❷ TYPO (*proofread*) etw Korrektur lesen
❸ (*rise*) *dough* etw gehen lassen
❹ TYPO, PUBL einen Korrekturabzug von etw *dat* anfertigen

-proof [pruːf] *in compounds* -sicher; **bullet-~** kugelsicher; **charm-~** (*fig*) gegen Charme gefeit; **inflation-~ pension** ECON inflationssichere Pension

proof positive *n no pl* eindeutiger Beweis

proof-read <-read, -read> **I.** *vt* ■**to ~ sth** etw Korrektur lesen
II. *vi* Korrektur lesen

proof-reader *n* Korrektor(in) *m(f),* Korrekturleser(in) *m(f)*

proof-reading **I.** *n no pl* Korrekturlesen *nt*
II. *adj attr, inv* Korrektur-; **at the ~ stage** im Korrekturstadium

prop¹ [prɒp, AM prɑːp] *n usu pl* ❶ (*for play, film*) Requisite *f*
❷ (*theatre worker*) ■**P~s** *pl* Requisiteur(in) *m(f)*

prop² [prɒp, AM prɑːp] *n* ❶ *short for* **proprietor** Inhaber(in) *m(f)*
❷ *short for* **propeller** Propeller *m*
❸ AM POL *short for* **proposition** [Gesetzes]vorlage *f*

prop³ [prɒp, AM prɑːp] **I.** *n* ❶ (*support*) Stütze *f;* (*fig*) Halt *m*
❷ SPORTS (*rugby forward*) *Rugbyspieler, der am*

P

äußeren Ende der ersten Reihe zum Einsatz kommt
II. *vt* <-pp-> ■**to ~ sth against sth** etw gegen etw *akk* lehnen; ■**to ~ sth on sth** etw auf etw *akk* stützen; **to ~ sth open** etw offen halten

◆**prop up** *vt* ■**to ~ sth** ↔ **up** etw aufbocken; ■**to ~ oneself up** sich *akk* abstützen; **to ~ up the industry** (*fig*) die Industrie stützen
► PHRASES: **to ~ up the bar** sich *dat* einen hinter die Binde kippen [*o* gießen] *fam*

propaganda [ˌprɒpəˈgændə, AM ˌprɑːp-] **I.** *n no pl* (*usu pej*) Propaganda *f*
II. *n modifier* (*campaign, material*) Propaganda-

propagandist [ˌprɒpəˈgændɪst, AM ˌprɑːp-] **I.** *n* (*usu pej*) Propagandist(in) *m(f)*
II. *adj* propagandistisch; **a ~ film** ein Propagandafilm *m*

propagandize [ˌprɒpəˈgændaɪz, AM ˌprɑːp-] **I.** *vi* propagieren
II. *vt* ■**to ~ sth** etw propagieren

propagate [ˈprɒpəgeɪt, AM ˈprɑː-] **I.** *vt* ❶ (*breed*) ■**to ~ sth** etw züchten; (*plants*) etw vermehren; ■**to ~ oneself** sich *akk* vermehren
❷ (*form: disseminate*) ■**to ~ sth** etw verbreiten; **to ~ a lie** eine Lüge verbreiten
II. *vi* sich *akk* fortpflanzen; *plants* sich *akk* vermehren

propagating error *n* COMPUT mitlaufender Fehler

propagation [ˌprɒpəˈgeɪʃᵊn, AM ˌprɑː-] *n no pl* ❶ (*reproduction*) Fortpflanzung *f;* **the ~ of plants** die Vermehrung von Pflanzen
❷ (*spread*) *of rumour, lie* Verbreitung *f*

propagator [ˈprɒpəgeɪtəʳ, AM ˈprɑːpəgeɪt̬ɚ] *n* ❶ (*person*) Propagator(in) *m(f) geh*
❷ HORT (*box*) Keimungsbehälter *m*

propane [ˈprəʊpeɪn, AM ˈproʊ-] **I.** *n no pl* Propan *nt*
II. *n modifier* (*gas, heater, tank, torch*) Propan-; **~ stove** Propangasofen *m*

propel <-ll-> [prəˈpel] *vt* ■**to ~ sth** etw antreiben; (*fig*) ***the country was being ~led towards civil war*** das Land wurde in den Bürgerkrieg getrieben

propellant [prəˈpelənt] *n* ❶ (*fuel*) Treibstoff *m*
❷ (*gas*) Treibgas *nt*

propeller [prəˈpeləʳ, AM -ɚ] *n* Propeller *m*

propeller blade *n* Propellerblatt *nt* **propeller shaft** *n* Antriebswelle *f*

propelling pencil *n* BRIT, AUS Drehbleistift *m*

propensity [prə(ʊ)ˈpen(t)səti, AM prəˈpen(t)sət̬i] *n no pl* (*form*) Neigung (**for** zu +*dat*); ■**to have a ~ for sth** eine Neigung zu etw *dat* haben, zu etw *dat* neigen; **to have a ~ to do sth** dazu neigen, etw zu tun

proper [ˈprɒpəʳ, AM ˈprɑːpɚ] **I.** *adj inv* ❶ (*real*) echt, richtig; **a ~ meal** eine anständige Mahlzeit
❷ (*correct*) richtig; ***she likes everything to be in its ~ place*** sie hat gern alles an seinem angestammten Platz; **in the ~ sense of the word** im wahrsten Sinne des Wortes; **the ~ tools/equipment** das richtige Werkzeug/die richtige Ausrüstung; **to put sth to its ~ use** etw zweckentsprechend benutzen
❸ (*socially respectable*) anständig
❹ *after n, inv* (*form: itself*) selbst *nach n;* ***they're not the party ~*** sie stellen nicht die Partei selbst dar
❺ BRIT (*fam: total*) absolut; ***you've got yourself into a ~ mess there!*** da hast du dich ja in schöne Schwierigkeiten gebracht!
II. *adv* BRIT (*fam*) ❶ (*very*) richtig *fam;* ***they felt ~ daft when they were caught in the act*** sie kamen sich richtig doof vor, als sie auf frischer Tat ertappt wurden
❷ (*usu hum: genteelly*) vornehm; **to talk ~** vornehm sprechen

proper fraction *n* MATH echter Bruch

properly [ˈprɒpᵊli, AM ˈprɑːpɚ-] *adv inv* ❶ (*correctly*) richtig; **to be dressed ~** korrekt gekleidet sein; **~ speaking** genau [*o* streng] genommen
❷ (*socially respectably*) anständig; ***he very ~ refused*** er hat sich zu Recht geweigert; **to behave ~** sich *akk* korrekt benehmen
❸ BRIT (*thoroughly*) ganz schön *fam;* ***they were ~ disgusted*** sie waren ganz schön angewidert

proper name *n,* **proper noun** *n* Eigenname *m*

propertied [ˈprɒpətid, AM ˈprɑːpɚt̬id] *adj inv* begütert *attr;* **the ~ classes** die besitzenden Klassen

property [ˈprɒpəti, AM ˈprɑːpɚt̬i] *n* ❶ *no pl* (*things owned*) Eigentum *nt;* ***that desk is school ~*** dieser Schreibtisch gehört der Schule; **personal ~** Privateigentum *nt;* **other people's ~** Fremdeigentum *nt form*
❷ *no pl* (*owned buildings*) Immobilienbesitz *m;* (*owned land*) Grundbesitz *m;* **private ~** Privatbesitz *m;* **a man of ~** (*form or hum*) ein begüterter Mann
❸ (*piece of real estate*) Immobilie *f*
❹ (*attribute*) Eigenschaft *f;* ***herbs have medicinal properties*** Kräuter haben heilende Kräfte
❺ THEAT (*dated: prop*) Requisite *f*
► PHRASES: **to be** [**a**] **hot ~** sehr gefragt sein

property developer *n* ECON *Bauunternehmer(in), der/die zum Wiederverkauf baut oder renoviert*
property development *n* Grundstückserschließung *f* **property insurance** *n no pl* Gebäudeversicherung *f* **property man** *n,* **property manager** *n* THEAT Requisiteur *m* **property market** *n no pl* Immobilienmarkt *m* **property mistress** *n* THEAT Requisiteurin *f* **property room** *n* THEAT Requisitenkammer *f* **property speculation** *n no pl* Immobilienspekulation *f* **property tax** *n* AM (*on land*) ≈ Grundsteuer *f;* (*general*) Vermögenssteuer *f*

prophecy [ˈprɒfəsi, AM ˈprɑː] *n* ❶ (*prediction*) Prophezeiung *f*
❷ *no pl* (*ability*) Weissagen *nt*

prophesy <-ie-> [ˈprɒfəsaɪ, AM ˈprɑː] **I.** *vt* ■**to ~ sth** etw prophezeien; ■**to ~ that ...** prophezeien, dass ...; ■**to ~ whether/what/when/who ...** vorhersagen, ob/was/wann/wer ...
II. *vi* Prophezeiungen machen

prophet [ˈprɒfɪt, AM ˈprɑː] *n* ❶ (*religious figure*) Prophet *m;* **an Old Testament ~** ein Prophet des alten Testamentes
❷ (*foreteller*) Prophet(in) *m(f);* **a ~ of doom** Unheilsverkünder(in) *m(f),* Schwarzseher(in) *m(f) fig*
❸ (*precursor*) Vorkämpfer(in) *m(f)*

prophetess <*pl* -es> [ˌprɒfɪˈtes, AM ˈprɑːfɪt̬əs] *n* Prophetin *f*

prophetic [prə(ʊ)ˈfetɪk, AM prəˈ-] *adj* prophetisch; ***his words proved to be ~*** seine Voraussagen trafen ein

prophetically [prə(ʊ)ˈfetɪkᵊli, AM prəˈ-] *adv* prophetisch

prophylactic [ˌprɒfɪˈlæktɪk, AM ˌproʊfəˈ-] **I.** *adj inv* MED prophylaktisch *fachspr,* vorbeugend *attr*
II. *n* ❶ (*medicine*) Prophylaktikum *nt fachspr*
❷ *esp* AM (*condom*) Präservativ *nt*

prophylactically [ˌprɒfɪˈlæktɪkᵊli, AM ˌproʊfəˈ-] *adv* MED prophylaktisch *fachspr*

prophylaxis [ˌprɒfɪˈlæksɪs, AM ˌproʊfəˈ-] *n no pl* MED Prophylaxe *f fachspr*

propinquity [prə(ʊ)ˈpɪŋkwəti, AM proʊˈpɪŋkwət̬i] *n no pl* (*form*) ❶ (*proximity*) Nähe *f*
❷ (*similarity, kinship*) Verwandtschaft *f*

propitiate [prəˈpɪʃieɪt, AM proʊˈ-] *vt* (*form*) ■**to ~ sb** jdn besänftigen; **to ~ the gods** die Götter versöhnlich stimmen

propitiation [prəˌpɪʃiˈeɪʃᵊn, AM proʊˈ-] *n no pl* Besänftigung *f*

propitiatory [prəˈpɪʃiətᵊri, AM proʊˈpɪʃiətɔːri] *adj* (*form*) besänftigend *attr;* **a ~ gesture** eine versöhnliche Geste

propitious [prəˈpɪʃəs] *adj* (*form*) günstig

propitiously [prəˈpɪʃəsli] *adv* (*form*) günstig

prop jet [ˈprɒpdʒet, AM ˈprɑːp-] *n* (*plane*) Turbo-Prop-Flugzeug *nt;* (*engine*) Turbo-Prop-Triebwerk *nt*

proponent [prə(ʊ)ˈpəʊnənt, AM prəˈpoʊ-] *n* Befürworter(in) *m(f);* **to be a ~ of sth** ein Befürworter einer S. *gen* sein

proportion [prəˈpɔːʃᵊn, AM -ˈpɔːr-] *n* ❶ (*part*) Anteil *m*
❷ *no pl* (*relation*) Proportion *f,* Verhältnis *nt;* **in ~ to sb/sth** im Verhältnis zu jdm/etw; **to be in/out of ~** [**to sth**] im/in keinem Verhältnis zu etw *dat* stehen; **to be in/out of ~** [**to each other**] in den Proportionen [zueinander] stimmen/nicht stimmen; ***I'm all out of ~ in this picture*** auf diesem Bild stimmen die Proportionen überhaupt nicht
❸ (*in drawing*) ■**~s** *pl* Proportionen *pl*
❹ (*balance*) Verhältnis *nt;* **to have/keep a sense of ~** bei etw *dat* den richtigen Maßstab anlegen; **to blow sth out of** [**all**] **~** etw maßlos übertreiben; **to keep sth in ~** etw im richtigen Verhältnis sehen
❺ (*size*) ■**~s** *pl* Ausmaße *pl;* **a building of gigantic ~s** ein Gebäude von gewaltigen Ausmaßen; **to assume** [*or* **take on**] **massive/exaggerated ~s** massive/übertriebene Ausmaße annehmen

proportional [prəˈpɔːʃᵊnᵊl, AM -ˈpɔːr-] *adj* proportional; ■**to be ~ to sth** proportional zu etw *dat* sein; **inversely ~** umgekehrt proportional

proportionality [prəˌpɔːʃᵊnˈæləti, AM -ˌpɔːrʃᵊnˈælət̬i] *n no pl* Verhältnismäßigkeit *f;* **principle of ~** Grundsatz *m* der Verhältnismäßigkeit

proportionally [prəˈpɔːʃᵊnᵊli, AM -ˈpɔːr-] *adv* proportional; ■**~ to sth** proportional [*o* im Verhältnis] zu etw *dat*

proportional representation *n no pl* Verhältniswahlsystem *nt*

proportionate [prəˈpɔːʃᵊnət, AM -ˈpɔːrʃᵊnɪt] *adj* proportional; *see also* **proportional**

proportionately [prəˈpɔːʃᵊnətli, AM -ˈpɔːrʃᵊnɪt-] *adv* proportional; *see also* **proportionally**

proportioned [prəˈpɔːʃᵊnd, AM -ˈpɔːr-] *adj* **beautifully/finely ~** ebenmäßig/anmutig proportioniert; **perfectly ~** vollendet proportioniert; **well ~** wohl proportioniert; **to be generously ~** (*hum*) sehr beleibt sein

proposal [prəˈpəʊzᵊl, AM -ˈpoʊ-] *n* ❶ (*suggestion*) Vorschlag *m;* **to put forward a ~** einen Vorschlag unterbreiten
❷ (*offer of marriage*) Antrag *m;* **a marriage ~** [*or* **a ~ of marriage**] ein Heiratsantrag *m*

propose [prəˈpəʊz, AM -ˈpoʊz] **I.** *vt* ❶ (*suggest*) ■**to ~ sth** etw vorschlagen; ■**to ~ doing sth** vorschlagen, etw zu tun; ■**to ~ that ...** vorschlagen, dass ...
❷ (*intend*) ■**to ~ to do/doing sth** beabsichtigen, etw zu tun; ***I do not ~ to reveal details*** ich habe nicht die Absicht, Einzelheiten preiszugeben; ***how do you ~ tackling this problem?*** wie wollen Sie dieses Problem angehen?
❸ (*nominate*) ■**to ~ sb** jdn vorschlagen; **to ~ sb as a candidate** jdn als Kandidaten aufstellen
❹ (*put forward*) **to ~ a motion** einen Antrag stellen; **to ~ a toast** einen Toast ausbringen
II. *vi* ■**to ~** [**to sb**] [jdm] einen [Heirats]antrag machen
► PHRASES: **man ~s, God disposes** (*prov*) der Mensch denkt, Gott lenkt

proposed [prəˈpəʊzd, AM -ˈpoʊ-] *adj inv* geplant, beabsichtigt

proposer [prəˈpəʊzəʳ, AM -ˈpoʊzɚ] *n* (*of motion*) Antragsteller(in) *m(f);* (*of candidate*) Vorschlagende(r) *f(m)*

proposition [ˌprɒpəˈzɪʃᵊn, AM ˌprɑːp-] **I.** *n* ❶ (*assertion*) Aussage *f;* PHILOS These *f;* LING Proposition *f fachspr*
❷ (*proposal*) Vorschlag *m;* **business ~** geschäftliches Angebot; **paying ~** lohnendes Geschäft
❸ (*matter*) Unternehmen *nt;* **a difficult ~** ein schwieriges Unterfangen
❹ (*person*) Wahl *f;* ***he's a better ~*** er ist die bessere Wahl
❺ (*offer of sex*) [eindeutiges] Angebot *euph*
II. *vt* ■**to ~ sb** jdm ein eindeutiges Angebot machen *euph*

propound [prəˈpaʊnd] *vt* (*form*) ■**to ~ sth** etw darlegen; **to ~ an argument/a theory** ein Argument/eine Theorie darlegen

proprietary [prəˈpraɪətᵊri, AM -teri] *adj* ❶ ECON, LAW (*with legal right*) urheberrechtlich geschützt, Marken-; **~ article** Markenartikel *m;* **~ drug** patentrechtlich geschütztes Arzneimittel; **a ~ name** ein gesetzlich geschützter Name

❷ (*owner-like*) besitzergreifend; ***he looked around with a ~ air*** er sah sich mit einem Ausdruck um, als würde ihm alles gehören
proprietary company *n* SA, AUS Gesellschaft *f* mit beschränkter Haftung
proprietor [prəˈpraɪətəʳ, AM proʊˈpraɪət̬ɚ] *n* Inhaber(in) *m(f)*, Eigentümer(in) *m(f)*; **~ of a business** Geschäftsinhaber(in) *m(f)*
proprietorial [prəˌpraɪəˈtɔːriəl] *adj* Besitzer-; **to be ~ about sth/sb** etw/jdn als seinen Besitz betrachten
proprietorship [prəˈpraɪətəʃɪp, AM -t̬ɚ-] *n* ❶ (*possession*) Besitz *m*
❷ LAW Eigentumsrecht *nt* an Grundbesitz
proprietress <*pl* -es> [prəˈpraɪətrɪs, AM proʊˈ-] *n* Inhaberin *f*; *of land* Eigentümerin *f*, Besitzerin *f*
propriety [prəˈpraɪəti, AM -ət̬i] *n* ❶ *no pl* (*decency*) Anstand *m*
❷ *no pl* (*correctness*) Richtigkeit *f*
❸ (*standards of conduct*) ■**the proprieties** *pl* höfliche Umgangsformen; **to observe the proprieties** die Regeln der Höflichkeit wahren
propshaft [ˈprɒpʃæft, AM ˈprɑːp-] *n* AUTO Gelenkwelle *f*, Antriebswelle *f*
props man *n*, **props master** *n* THEAT Requisiteur *m* **props mistress** *n* THEAT Requisiteurin *f*
propulsion [prəˈpʌlʃən] *n no pl* Antrieb *m*
pro rata [ˌprə(ʊ)ˈrɑːtə, AM ˌproʊˈreɪt̬ə] **I.** *adj inv* (*form*) anteilmäßig; **~ payment** anteilmäßige Bezahlung
II. *adv* (*form*) anteilmäßig
prorate [ˌproʊˈreɪt] *vt* AM ■**to ~ sth** etw anteilmäßig aufteilen [*o* verteilen]
proration [ˌprə(ʊ)ˈreɪʃən, AM ˌproʊˈ-] *n* anteilmäßige Aufteilung
pro-rector [ˌprə(ʊ)ˈrektəʳ, AM ˌproʊˈrektɚ] *n* Prorektor(in) *m(f)*
prorogation [prəʊrəʊˈgeɪʃən, AM proʊroʊˈ] *n esp* POL Vertagung *f*
prorogue [prəʊˈrəʊg, AM proʊˈroʊg] *vt esp* POL ■**to ~ sth** etw vertagen
prosaic [prə(ʊ)ˈzeɪɪk, AM proʊˈ-] *adj* nüchtern, prosaisch *geh*
prosaically [prəʊˈzeɪɪkli, AM proʊ] *adv* nüchtern, trocken *fig*, prosaisch *geh*
proscenium <*pl* -s *or* -nia> [prə(ʊ)ˈsiːniəm, AM proʊˈ-, *pl* -niə] *n* THEAT Proszenium *nt fachspr*; **~** [**arch**] Bühnenrahmen *m*
prosciutto [prə(ʊ)ˈʃuːtəʊ, AM proʊˈʃuːt̬oʊ] *n no pl* Parmaschinken *m*
proscribe [prə(ʊ)ˈskraɪb, AM proʊˈ-] *vt* (*form*) ■**to ~ sth** etw verbieten
proscription [prə(ʊ)ˈskrɪpʃən, AM proʊˈ-] *n no pl* (*form*) Verbot *nt*
proscriptive [prə(ʊ)ˈskrɪptɪv, AM proʊˈ-] *adv* (*form*) restriktiv *geh*
prose [prəʊz, AM proʊz] **I.** *n no pl* Prosa *f*
II. *n modifier* (*passage, poem, writer*) Prosa-; **~ comedy/story** Komödie/Geschichte in Prosa; **~ style** Stil *m*
prosecutable [ˌprɒsɪˈkjuːtəbl̩, AM ˌprɑːsɪˈkjuːt̬-] *adj* strafbar
prosecute [ˈprɒsɪkjuːt, AM ˈprɑːs-] **I.** *vt* ❶ LAW ■**to ~ sb** [**for sth**] jdn [wegen einer S. *gen*] strafrechtlich verfolgen [*o* belangen]; ***shoplifters will be ~d*** Ladendiebstahl wird zur Anzeige gebracht
❷ (*form: carry on*) **to ~ an enquiry** [*or* AM **inquiry**]/**investigation** eine Untersuchung/Ermittlung durchführen; **to ~ studies** Studien verfolgen
II. *vi* ❶ (*bring a charge*) Anzeige erstatten, gerichtlich vorgehen
❷ (*in court*) für die Anklage zuständig sein
prosecuting [ˈprɒsɪkjuːtɪŋ, AM ˈprɑːsɪkjuːt̬-] *adj attr* Anklage-; **~ attorney** Staatsanwalt, Staatsanwältin *m, f*
prosecution [ˌprɒsɪˈkjuːʃən, AM ˌprɑː-] *n* ❶ *no pl* (*legal action*) strafrechtliche Verfolgung; **to be liable to ~** sich *akk* strafbar machen; **to face ~** sich *akk* vor Gericht verantworten müssen
❷ (*case*) Anklage[erhebung] *f* (**for** wegen +*gen*), Gerichtsverfahren *nt* (**for** gegen +*akk*)
❸ *no pl* (*legal team*) ■**the ~** die Anklagevertretung; **witness for the ~** Belastungszeuge, -in *m, f*, Zeuge/Zeugin der Anklage
❹ *no pl* (*form: pursuance*) Verfolgen *nt*; *of inquiry, investigation* Durchführung *f*; **~ of a policy** das Verfolgen einer Politik
prosecutor [ˈprɒsɪkjuːtəʳ, AM ˈprɑːsɪkjuːt̬ɚ] *n* Ankläger(in) *m(f)*, ≈ Staatsanwalt, Staatsanwältin *m, f*
proselyte [ˈprɒsəlaɪt, AM ˈprɑːs-] *n* REL (*form*) Neubekehrte(r) *f(m)*, Proselyt(in) *m(f)*
proselytize [ˈprɒsəlɪtaɪz, AM ˈprɑːsə-] **I.** *vt* ■**to ~ sb** jdn bekehren
II. *vi* Leute bekehren
proselytizer [ˈprɒsəlɪtaɪzəʳ, AM ˈprɑːsəlɪtaɪzɚ] *n* Bekehrer(in) *m(f)*
prosodic [prəˈsɒdɪk, AM proʊˈsɑːd] *adj inv* LIT das Silbenmaß betreffend, prosodisch *fachspr*
prosody [ˈprɒsədi, AM ˈprɑːs-] *n no pl* ❶ LING Prosodie *f fachspr*
❷ LIT Verslehre *f*
prospect **I.** *n* [ˈprɒspekt, AM ˈprɑː-] ❶ (*idea*) Aussicht *f* (**of** auf +*akk*); ***I have to meet my boss tomorrow and I don't relish the ~*** ich habe morgen ein Gespräch mit meinem Chef und könnte dankend darauf verzichten; ■**the ~ of doing sth** die Aussicht, etw zu tun
❷ (*likelihood*) Aussicht *f*, Wahrscheinlichkeit *f* (**of** auf +*akk*); ***what are the ~s of success in this venture?*** wie steht es um die Erfolgsaussichten bei diesem Unternehmen?
❸ (*opportunities*) ■**~s** *pl* Aussichten *pl*, Chancen *pl*; ***her ~s are good*** ihre Aussichten stehen gut; **employment ~s** Aussichten auf Arbeit
❹ (*liter: extensive view*) Aussicht *f* (**of** auf +*akk*, **over** über +*akk*)
❺ (*potential customer*) potenzieller Kunde/potenzielle Kundin; (*potential employee*) aussichtsreicher Kandidat/aussichtsreiche Kandidatin
II. *vi* [prəˈspekt, AM ˈprɑː-] nach Bodenschätzen suchen; **to ~ for gold** nach Gold suchen
prospective [prəˈspektɪv] *adj inv* voraussichtlich; **~ candidate** möglicher Kandidat/mögliche Kandidatin; **~ customer** potenzieller Kunde/potenzielle Kundin; **~ dividend** zu erwartende Dividende; **~ P/E ratio** voraussichtliches Kurs-Gewinn-Verhältnis
prospective press *n* ECON zu erwartende Dividende
prospector [prəˈspektəʳ, AM ˈprɑːspektɚ] *n* MIN Prospektor(in) *m(f) fachspr*; **gold ~** Goldsucher(in) *m(f)*
prospectus [prəˈspektəs] *n* ❶ (*booklet*) Prospekt *m*; **university ~** Studienführer *m*
❷ FIN Emissionsprospekt *m*, Subskriptionsprospekt *m*
prosper [ˈprɒspəʳ, AM ˈprɑː-] *vi* ❶ (*financially*) florieren
❷ (*physically*) gedeihen
prosperity [prɒsˈperəti, AM prɑːˈsperət̬i] *n no pl* Wohlstand *m*, Prosperität *f geh*; **a period of peace and ~** eine Zeit des Friedens und Wohlstands; **in times of ~** in Zeiten allgemeinen Wohlstandes
prosperous [ˈprɒspərəs, AM ˈprɑːspɚ-] *adj* ❶ (*well off*) wohlhabend, reich; **~ business** gut gehendes [*o* florierendes] Geschäft; **~ economy** blühende [*o* florierende] Wirtschaft
❷ (*successful*) erfolgreich
prosperously [ˈprɒspərəsli, AM ˈprɑːspɚ-] *adv* florieren; **to live ~** im Wohlstand leben
prostaglandin [ˌprɒstəˈglændɪn, AM ˌprɑːs] *n* BIOL, CHEM Prostaglandin *nt fachspr*
prostate [ˈprɒsteɪt, AM ˈprɑːs-] **I.** *n* Prostata *f*, Vorsteherdrüse *f*
II. *n modifier* Prostata-; **~ gland** Prostata *f*, Vorsteherdrüse *f*
prosthesis <*pl* -ses> [ˈprɒsθɪsɪs, AM ˈprɑːsθə-, *pl* -siːz] *n* Prothese *f*
prosthetic [prɒsˈθetɪk, AM prɑːsˈθet̬-] *adj inv* prothetisch
prostitute [ˈprɒstɪtjuːt, AM ˈprɑːstətuːt, -tjuːt] **I.** *n* Prostituierte(r) *f(m)*
II. *vt* ❶ (*sexually*) ■**to ~ oneself** sich *akk* prostituieren
❷ (*debase*) ■**to ~ sth** etw vermarkten; **to ~ one's talents** seine Talente verschleudern; **to ~ oneself** sich *akk* selbst verraten
prostitution [ˌprɒstɪˈtjuːʃən, AM ˌprɑːstəˈtuː-] *n no pl* Prostitution *f*
prostrate **I.** *adj* [ˈprɒstreɪt, AM ˈprɑː-] ❶ (*face downward*) ausgestreckt; **to lie ~ on sth** ausgestreckt auf etw *dat* liegen
❷ (*overcome*) überwältigt; ■**to be ~ with sth** von etw *dat* überwältigt sein; **to be ~ with grief** von Trauer übermannt sein
II. *vt* [prɒsˈtreɪt, AM ˈprɑːstreɪt] ■**to ~ oneself** sich *akk* zu Boden werfen
prostrated [prɒsˈtreɪtɪd, AM ˈprɑːstreɪt̬-] *adj pred, inv* ■**to be ~ by sth** *grief, exhaustion* von etw *dat* übermannt sein; *illness* von etw *dat* geschwächt sein
prostration [prɒsˈtreɪʃən, AM prɑːˈstreɪ-] *n* ❶ (*prostrating oneself*) Fußfall *m*
❷ *no pl* (*exhaustion*) Erschöpfung *f*
prostyle [ˈprəʊstaɪl, AM ˈproʊ-] *n* Prostylos *m fachspr*
prosy [ˈprəʊzi, AM ˈproʊ-] *adj* (*pej*) langatmig
protagonist [prəʊˈtægənɪst, AM proʊˈ-] *n* ❶ (*main character*) Protagonist(in) *m(f)*
❷ (*advocate*) Verfechter(in) *m(f)* (**of** von +*dat*)
protean [prəʊˈtiːən, AM ˈproʊtiːən] *adj* (*liter*) proteisch *geh*
protect [prəˈtekt] *vt* ❶ (*safeguard*) ■**to ~ sb/sth** jdn/etw schützen; ■**to ~ oneself** sich *akk* selbst schützen; ■**to ~ sb/sth against sb/sth** jdn/etw gegen jdn/etw schützen; ■**to ~ sb/sth from sb/sth** jdn/etw vor jdm/etw schützen; *from danger* jdn/etw vor jdm/etw beschützen; **to ~ one's interests** seine Interessen wahren
❷ ECON (*shield from competition*) **to ~ farmers/industry** die Bauern/die Industrie durch Protektionismus schützen
protected [prəˈtektɪd] *adj species* geschützt
protected sex *n no pl* kondomgeschützter Sex
protection [prəˈtekʃən] *n* ❶ (*defence*) Schutz *m* (**against** gegen +*akk*, **for** für +*akk*); *of interests* Wahrung *f*; **police ~** Polizeischutz *m*; **to be under sb's ~** unter jds Schutz stehen
❷ *no pl* (*paid to criminals*) Schutzgeld *nt*; **to pay ~** Schutzgeld zahlen
protection factor *n* Lichtschutzfaktor *m*
protectionism [prəˈtekʃənɪzəm] *n no pl* Protektionismus *m*
protectionist [prəˈtekʃənɪst] **I.** *adj inv* (*pej*) protektionistisch
II. *n* Protektionist(in) *m(f)*
protection money *n no pl* Schutzgeld *nt* **protection racket** *n* Erpressung *f* von Schutzgeld; (*organization*) Erpresserorganisation *f*
protective [prəˈtektɪv] *adj* ❶ (*affording protection*) Schutz-; **~ clothing** Schutzkleidung *f*; **~ colouring** [*or* AM **coloring**] Tarnfarbe *f*
❷ (*wishing to protect*) fürsorglich; ■**to be ~ of** [*or* **towards**] **sb/sth** jdm/etw gegenüber fürsorglich sein
protective custody *n no pl* Schutzhaft *m*
protectively [prəˈtektɪvli] *adv* schützend; (*with care*) beschützend
protectiveness [prəˈtektɪvnəs] *n no pl* Beschützerinstinkt *m*
protective tariff *n* Schutzzoll *m*
protector [prəˈtektəʳ, AM -ɚ] *n* ❶ (*person*) Beschützer *m*
❷ (*device*) Schutzvorrichtung *f*
❸ HIST (*regent*) ■**P~** Protektor *m*
protectorate [prəˈtektərət, AM -ɚət] *n* Protektorat *nt*
protectress <*pl* -es> [ˌprəˈtektrɪs, AM ˌpro] *n* Beschützerin *f*; REL Schutzgottheit *f*
protégé *n*, **protégée** [ˈprɒtɪʒeɪ, AM ˈproʊt̬ə-] *n* Protegé *m geh*, Schützling *m*
protein [ˈprəʊtiːn, AM ˈproʊ-] **I.** *n* ❶ *no pl* (*collectively*) Eiweiß *nt*

P

❷ (*specific substance*) Protein *nt*
II. *n modifier* (*content*) Eiweiß-; ~ **deficiency** Eiweißmangel *m;* ~ **source** Proteinquelle *f*
protein shake *n* Proteindrink *m*
pro tem [ˌprəʊ'tem, AM ˌproʊ'-] *adv inv short for* **pro tempore** befristet, vorübergehend
pro tempore [ˌprəʊ'tempəri:, AM ˌproʊ'-] *adv inv* befristet, vorübergehend
protest **I.** *n* ['prəʊtest, AM 'proʊ-] ❶ (*strong complaint*) Protest *m;* **to make** [*or* **register**] **a** ~ eine Beschwerde einreichen; **to do sth in** ~ [**against sth**] etw aus Protest [gegen etw *akk*] tun; **to do sth under** ~ etw unter Protest tun
❷ (*demonstration*) Protestkundgebung *f*
❸ (*legal document*) Protest *m*
❹ FIN Wechselprotest *m*
II. *vi* [prə(ʊ)'test, AM proʊ'-] protestieren; ■**to** ~ **against sth/sb** gegen etw/jdn protestieren
III. *vt* [prə(ʊ)'test, AM proʊ'-] ❶ (*assert*) ■**to** ~ **sth** etw beteuern; ■**to** ~ **that ...** beteuern, dass ...; **to** ~ **one's innocence** seine Unschuld beteuern
❷ AM (*object to*) ■**to** ~ **sth** gegen etw *akk* protestieren
❸ FIN **to** ~ **a bill** Wechselprotest einlegen
Protestant ['prɒtɪstᵊnt, AM 'prɑ:t̬ə-] **I.** *n* Protestant(in) *m(f)*
II. *adj inv* protestantisch; (*in Germany*) evangelisch; **the** ~ **church** die evangelische Kirche
Protestantism ['prɒtɪstᵊntɪzᵊm, AM 'prɑ:t̬ə-] *n no pl* Protestantismus *m*
Protestant work ethic *n* protestantische Arbeitsmoral
protestation [ˌprɒtes'teɪʃᵊn, AM ˌprɑ:t̬es'-] *n usu pl* ❶ (*strong objection*) Protesterklärung *f*
❷ (*strong affirmation*) Beteuerung *f*
protester [prə'testəʳ, AM -ɚ] *n* (*objector*) Protestierende(r) *f(m);* (*demonstrator*) Demonstrant(in) *m(f)*
protest march *n* Protestmarsch *m*
protestor *n see* **protester**
protest song *n* Protestlied *nt* **protest vote** *n* Proteststimme *f*
Proteus ['prəʊtiu:s, AM 'proʊt̬iəs] *n* Proteus *m*
protocol ['prəʊtəkɒl, AM 'proʊt̬əkɔ:l] *n* ❶ *no pl* (*system of rules*) Protokoll *nt;* **breach of** ~ Protokollverstoß *m*
❷ (*international agreement*) Protokoll *nt;* **the Geneva P~** das Genfer Protokoll
proton ['prəʊtɒn, AM 'proʊtɑ:n] *n* PHYS Proton *nt fachspr*
protoplasm ['prəʊtə(ʊ)plæzᵊm, AM 'proʊt̬ə-] *n no pl* BIOL Protoplasma *nt fachspr*
prototype ['prəʊtə(ʊ)taɪp, AM 'proʊt̬ə-] *n* Prototyp *m* (**for** für +*akk*)
prototypical [ˌprəʊtəʊ'tɪpɪkᵊl, AM ˌproʊt̬ə'] *adj inv* prototypisch *geh*
protozoan <*pl* -s *or* -zoa> [ˌprəʊtə(ʊ)'zəʊən, *pl* -zəʊə, AM ˌproʊt̬ə'zoʊ-, *pl* -zoʊə] *n* BIOL Protozoon *m fachspr,* Urtierchen *nt*
protract [prəʊ'trækt, AM proʊ'-] *vt* (*form*) ■**to** ~ **sth** etw in die Länge ziehen
protracted [prəʊ'træktɪd, AM proʊ'-] *adj* langwierig; ~ **negotiations** langwierige Verhandlungen
protraction [prəʊ'trækʃᵊn, AM proʊ'-] *n* ❶ *no pl* (*prolonging*) Ausdehnung *f*
❷ (*muscle action*) Streckung *f*
protractor [prəʊ'træktəʳ, AM proʊ'træktɚ] *n* ❶ MATH Winkelmesser *m*
❷ ANAT (*muscle*) Streckmuskel *m*
protrude [prəʊ'tru:d, AM proʊ'-] **I.** *vi jaw* vorstehen; *branch, ears* abstehen; ■**to** ~ **from sth** aus etw *dat* hervorragen
II. *vt* ■**to** ~ **sth** etw vorstrecken [*o* herausstrecken]
protruding [prəʊ'tru:dɪŋ, AM proʊ'-] *adj attr* ~ **jaw** vorstehendes Kinn; ~ **ears** abstehende Ohren; ~ **eyes** vortretende Augen
protrusion [prəʊ'tru:ʒᵊn, AM proʊ'-] *n* ❶ *no pl* (*sticking out*) Vorstehen *nt*
❷ (*bump*) Vorsprung *m*
protuberance [prəʊ'tju:bᵊrᵊn(t)s, AM proʊ'tu:b-, -tju:b-] *n* (*form*) Beule *f*
protuberant [prəʊ'tju:bᵊrᵊnt, AM proʊ'tu:b-] *adj* (*form*) vorstehend; ~ **eyes** vortretende Augen
proud [praʊd] **I.** *adj* ❶ (*pleased*) stolz; ■**to be** ~ **of sth/sb** stolz auf etw/jdn sein; ■**to be** ~ **to do sth** stolz sein, etw zu tun; ■**to be** ~ **that ...** stolz [darauf] sein, dass ...; ***it was a*** ~ ***moment for me*** es war ein erhebender Moment für mich
❷ (*having self-respect*) stolz; ***theirs was a small but*** ~ ***country*** sie waren ein kleines, aber stolzes Land
❸ (*pej: arrogant*) eingebildet; **as** ~ **as a peacock** stolz wie ein Pfau
❹ BRIT (*protrude*) **to stand** ~ [**of sth**] [von etw *dat*] abstehen
II. *adv* **to do sb** ~ BRIT, AUS (*dated: treat well*) jdn verwöhnen; AM (*please by doing well*) jdn mit Stolz erfüllen
proud flesh *n no pl* MED wildes Fleisch
proudly ['praʊdli] *adv* ❶ (*with pride*) stolz
❷ (*pej: haughtily*) hochnäsig *fam*
provable ['pru:vəbl̩] *adj* beweisbar, nachweisbar; **a** ~ **claim** eine beweisbare Tatsache; **a** ~ **theory** eine nachweisbare Theorie
prove <-d, -d *or* AM *usu* proven> [pru:v] **I.** *vt* ❶ (*establish*) ■**to** ~ **sth** etw beweisen; **to** ~ **the truth of sth** die Richtigkeit von etw *dat* nachweisen; **to** ~ **a point** beweisen, dass man Recht hat
❷ (*show*) ■**to** ~ **oneself sb/sth** ***during the rescue she*** ~***d herself to be a highly competent climber*** während der Rettungsaktion erwies sie sich als sehr geübte Kletterin; ■**to** ~ **oneself sth** sich *dat* selbst etw beweisen
II. *vi* ❶ + *n, adj* sich *akk* erweisen; ***working with children*** ~***d to require more patience than he'd expected*** mit Kindern zu arbeiten erforderte mehr Geduld, als er gedacht hatte; **to** ~ **successful** sich *akk* als erfolgreich erweisen
❷ BRIT (*rise*) *dough* gehen lassen
proven ['pru:vᵊn] **I.** *vt, vi esp* AM *pp of* **prove**
II. *adj* ❶ (*tested*) nachgewiesen; **a** ~ **liar** ein bekannter Lügner; **a** ~ **remedy** ein erprobtes Heilmittel
❷ SCOT LAW **not** ~ unbewiesen
provenance ['prɒvᵊnən(t)s, AM 'prɑ:vᵊnᵊn(t)s] *n no pl* (*form*) Herkunft *f,* Provenienz *f geh;* **to be of unknown** ~ unbekannter Herkunft sein
Provençal [ˌprɒvɑ̃(n)'sɑ:l, AM ˌproʊvɑ:n'-] **I.** *n* ❶ (*language*) Provenzalisch *nt*
❷ (*person*) Provenzale, -in *m, f*
II. *adj* provenzalisch
provender ['prɒvɪndəʳ, AM 'prɑ:vᵊndɚ] *n no pl* ❶ AGR (*dated: dry fodder*) [Trocken]futter *nt*
❷ (*hum: sustenance*) Futter *nt hum fam*
provenience [prə'vi:njən(t)s] *n* AM (*provenance*) Herkunft *f,* Provenienz *f geh*
proverb ['prɒvɜ:b, AM 'prɑ:vɜ:rb] *n* ❶ (*saying*) Sprichwort *nt*
❷ (*fig: well-known for*) ■**to be a** ~ **for sth** für etw *akk* berühmt [*o pej* berüchtigt] sein; ***she's a*** ~ ***for lateness*** ihre Unpünktlichkeit ist geradezu sprichwörtlich
❸ REL ■**P~s** + *sing vb* Sprüche *ntpl;* **the book of P~s** die Sprüche Salomos
proverbial [prə(ʊ)'vɜ:biəl, AM prə'vɜ:r-] *adj* ❶ (*from a proverb*) sprichwörtlich
❷ (*fig: well-known*) sprichwörtlich
proverbially [prə(ʊ)'vɜ:biəli, AM prə'vɜ:r-] *adv* sprichwörtlich
provide [prə(ʊ)'vaɪd, AM prə'-] **I.** *vt* ■**to** ~ **sth** etw zur Verfügung stellen [*o* bereitstellen]; ***we will not be able to*** ~ ***the same standard of teaching if there are funding cuts*** wir werden dieses Unterrichtsniveau nicht aufrechterhalten können, wenn der Etat gekürzt wird; **to** ~ **employment** Arbeitsplätze schaffen; **to** ~ **evidence/an explanation** Beweise/eine Erklärung liefern; **to** ~ **information about sb/sth** Informationen über jdn/etw geben; **to** ~ **inspiration** inspirieren; **to** ~ **proof** einen Nachweis erbringen; **to** ~ **a thrill** für Nervenkitzel sorgen; ■**to** ~ **sb/sth with sth** [*or* **sth for sb/sth**] (*supply*) jdn/etw mit etw *dat* versorgen; (*offer*) jdm/etw etw bieten [*o* geben]; **to** ~ **ammunition for sb/sth** [*or* **sb/sth with ammunition**] (*fig*) jdm/etw Munition liefern *fig;* ***by being late he*** ~***d ammunition for his boss to use against him*** durch sein Zuspätkommen lieferte er seinem Chef Material, das dieser gegen ihn verwenden konnte; **to** ~ **a backdrop for sth** den Hintergrund für etw *akk* liefern; **to** ~ **a reference for sb** jdm eine Referenz geben; **to** ~ **sanctuary/shelter for sb/sth** jdm/etw Zuflucht/Schutz bieten; **to** ~ **treatment for sb/sth** jdn/etw behandeln
II. *vi* ❶ (*form: anticipate*) ■**to** ~ **for sth** für etw *akk* vorsorgen [*o* Vorsorge treffen]; ■**to** ~ **against sth** Vorkehrungen gegen etw *akk* treffen, sich *akk* vor etw *dat* schützen
❷ (*look after*) ■**to** ~ **for sb/oneself** für jdn/sich selbst sorgen
❸ (*form: enable*) ■**to** ~ **for sth** etw ermöglichen; *law* etw erlauben; ***current legislation*** ~***s for the detention of suspects*** die gegenwärtige Gesetzgebung erlaubt die Inhaftierung von Verdächtigen
❹ LAW (*form: stipulate*) ■**to** ~ **that ...** festlegen [*o* bestimmen] [*o* vorsehen], dass ...; ***section 17*** ~***s that all decisions must be circulated in writing*** Artikel 17 schreibt vor, dass alle Entscheidungen schriftlich weitergeleitet werden müssen
provided [prə(ʊ)'vaɪdɪd, AM prə'-] **I.** *adj inv* mitgeliefert, beigefügt; ***instructions on installation are*** ~ ***with the software*** Installationsanweisungen liegen der Software bei
II. *conj see* **providing (that)**
providence ['prɒvɪdᵊn(t)s, AM 'prɑ:və-] *n no pl* Vorsehung *f;* **by** [*or* **through**] **an act** [*or* **stroke**] **of** ~ durch eine Fügung des Schicksals; **divine** ~ göttliche Vorsehung; **to tempt** ~ das Schicksal herausfordern
provident ['prɒvɪdᵊnt, AM 'prɑ:və-] *adj* (*approv form*) ❶ (*foresighted*) vorausschauend, weitsichtig; **to be a** ~ **person** ein vorausblickender Mensch sein
❷ ECON Unterstützungs-, Fürsorge-
❸ (*thrifty*) sparsam
providential [ˌprɒvɪ'den(t)ʃᵊl, AM ˌprɑ:və'-] *adj* (*form*) günstig, glücklich; ***it was*** ~, ***my meeting you*** ein Glück, dass ich dich getroffen habe
providentially [ˌprɒvɪ'den(t)ʃᵊli, AM ˌprɑ:və'-] *adv* (*form*) glücklicherweise
providently ['prɒvɪdᵊntli, AM 'prɑ:və-] *adv* (*approv form*) vorausschauend, weitsichtig
provider [prə(ʊ)'vaɪdəʳ, AM prə'vaɪdɚ] *n* ❶ (*supplier*) Lieferant(in) *m(f)*
❷ (*breadwinner*) Ernährer(in) *m(f)*
providing (**that**) [prə(ʊ)'vaɪdɪŋ, AM prə'-] *conj* (*as long as*) sofern, falls; ~ ***we find the money to finance our business, we have a good chance of opening up a new market*** wir haben gute Chancen, einen neuen Markt zu erschließen, vorausgesetzt, wir bekommen das Geld für die Finanzierung
Provie ['prəʊvi] *n* BRIT (*fam*) *short for* **Provo** Mitglied *nt* der provisorischen IRA
province ['prɒvɪn(t)s, AM 'prɑ:-] *n* ❶ (*territory*) Provinz *f;* ■**the P~** BRIT Nordirland *nt*
❷ *no pl* (*area of knowledge*) [Fach]gebiet *nt;* (*area of responsibility*) Zuständigkeitsbereich *m;* **to be within/outside the** ~ **of sth** für etw *akk* zuständig/nicht zuständig sein
provinces ['prɒvɪn(t)sɪz, AM 'prɑ:-] *npl* ■**the** ~ (*outside capital*) die Provinz *kein pl;* AM (*outside major cities*) die Vororte
province-wide ['prɒvɪn(t)sˌwaɪd, AM 'prɑ:-] *adj inv* provinzweit, überall in der Provinz *nach n*
provincial [prə(ʊ)'vɪn(t)ʃᵊl, AM prə'-] **I.** *adj* ❶ (*of a province*) Provinz-; ~ **city/government** Provinzstadt *f*/-verwaltung *f*
❷ (*pej: unsophisticated*) provinziell *pej;* ~ **attitude** provinzielle Einstellung
II. *n* ❶ (*province inhabitant*) Provinzbewohner(in) *m(f)*
❷ (*pej: unsophisticated person*) Provinzler(in) *m(f) pej*
provincialism [prə(ʊ)'vɪn(t)ʃᵊlɪzᵊm, AM prə'-] *n no pl* ❶ (*pej: narrow-mindedness*) Provinzialismus

m pej
❷ (*localism*) Provinzialismus *m*

proving flight *n* MIL, AVIAT Testflug *m* **proving ground** *n* Versuchsgelände *nt;* (*fig*) ***these elections were a ~ for his popularity with his voters*** diese Wahlen waren ein Stimmungsbarometer für seine Beliebtheit bei den Wählern

provision [prə(ʊ)'vɪʒən, AM prə'-] **I.** *n* ❶ *no pl* (*providing*) Versorgung *f,* Bereitstellung *f;* (*financial precaution*) Vorkehrung *f;* **to make ~ for sb/sth** für jdn/etw Vorsorge treffen
❷ (*something supplied*) Vorrat *m* (**of** an +*dat*)
❸ (*stipulation*) Auflage *f;* **with the ~ that …** unter der Bedingung, dass …
II. *vt* (*form*) ■**to ~ sb/sth** jdn/etw versorgen
III. *vi* vorsorgen; ■**to ~ against sth** gegen etw *akk* Vorkehrungen treffen

provisional [prə(ʊ)'vɪʒənəl, AM prə'-] **I.** *adj* ❶ (*temporary*) vorläufig; **~ government** Übergangsregierung *f;* **~ solution** provisorische Lösung
❷ BRIT (*of the IRA*) ■**P~** *inoffizieller Flügel der IRA*
II. *n* BRIT ■**P~** Mitglied *nt* der provisorischen IRA

provisional licence *n* BRIT, AUS Führerschein *m* auf Probe

provisionally [prə(ʊ)'vɪʒənəli, AM prə'-] *adv* vorläufig, zeitweilig

provisions [prə(ʊ)'vɪʒənz, AM prə'-] *npl* Vorräte *mpl;* **to be low on ~** [nur noch] wenig Vorräte haben

proviso [prə(ʊ)'vaɪzəʊ, AM prə'vaɪzoʊ] *n* Auflage *f,* Bedingung *f;* LAW Vorbehaltsklausel *f;* ■**with** [*or* **on**] **the ~ that …** unter der Bedingung, dass …

Provo ['prəʊvəʊ] *n* BRIT (*fam*) *short for* **Provisional** Mitglied *nt* der provisorischen IRA

provocation [ˌprɒvə'keɪʃən, AM ˌprɑ:-] *n* Provokation *f;* **to be under** [**severe**] **~** [stark] provoziert werden

provocative [prə'vɒkətɪv, AM -'vɑ:kəṭ-] *adj* ❶ (*provoking*) provokativ *geh*
❷ (*sexually arousing*) provokant *geh,* provozierend *attr*

provocatively [prə'vɒkətɪvli, AM -'vɑ:kəṭ-] *adv* ❶ (*provokingly*) provokativ *geh*
❷ (*sexually arousing*) provokant *geh,* provozierend *attr*

provoke [prə'vəʊk, AM -'voʊk] *vt* ❶ (*vex*) ■**to ~ sb** [**into doing sth**] jdn [zu etw *dat*] provozieren; **to ~ sb to fury** jdn in Rage bringen
❷ (*give rise to*) ■**to ~ sth** *worries, surprise, outrage* etw hervorrufen [*o geh* provozieren]

provoking [prə'vəʊkɪŋ, AM -'voʊk-] *adj* provozierend *attr; question* provokativ *geh; statement* provokant *geh*

provost ['prɒvəst, AM 'proʊvoʊst] *n* ❶ BRIT UNIV Hochschulleiter(in) *m(f);* AM [hoher] Verwaltungsbeamte(r), [hohe] Verwaltungsbeamte [*o* -in]
❷ SCOT (*mayor*) Bürgermeister(in) *m(f); see also* **Lord Provost**

prow [praʊ] *n* NAUT Bug *m*

prowess ['praʊɪs] *n no pl* (*esp form*) Können *nt;* **sexual/sporting ~** sexuelle/sportliche Leistungsfähigkeit

prowl [praʊl] **I.** *n* (*fam*) Streifzug *m;* **to be on the ~** auf einem Streifzug sein, umherstreifen; (*fig*) ***after the severe famine, death is now on the ~*** nach der schweren Hungersnot geht jetzt der Tod um
II. *vt* ■**to ~ sth** etw durchstreifen
III. *vi* ■**to ~** [**around**] umherstreifen, herumstreifen; *suspect* sich *akk* herumtreiben

prowl car *n* AM (*patrol car*) Streifenwagen *m*

prowler ['praʊləʳ, AM -ɚ] *n* Herumtreiber(in) *m(f) fam*

prox. [prɒks, AM 'prɑ:ksəmoʊ] *short for* **proximo** [des] nächsten Monats

proxemics [prɒk'si:mɪks, AM prɑ:k'-] *n + sing vb* PSYCH *Wissenschaft, die sich mit gesellschaftlich konditionierten räumlichen Beziehungsfragen beschäftigt*

proximity [prɒk'sɪməti, AM prɑ:k'sɪməṭi] *n no pl* Nähe *f;* ■**to be in ~ to sb/sth** sich *akk* nahe bei jdm/etw befinden; **in close ~ to sb/sth** in unmittelbarer Nähe zu jdm/etw befinden

proximity fuse, AM *also* **proximity fuze** *n* MIL, TECH Annäherungszünder *m*

proximo ['prɒksɪməʊ, AM 'prɑ:ksɪmoʊ] *adj pred* FIN, ECON (*dated*) [des] nächsten Monats

proxy ['prɒksi, AM 'prɑ:-] *n* ❶ (*person*) Bevollmächtigte(r) *f(m); to sign* Zeichnungsbevollmächtigte(r); **to do sth by ~** etw in Vertretung tun
❷ (*document*) Vollmachtsurkunde *f*

Prozac® ['prəʊzæk, AM 'proʊ] *n no pl* MED Prozac® *nt*

prude [pru:d] *n* prüder Mensch; **to be a ~** prüde sein

prudence ['pru:dən(t)s] *n no pl* Vorsicht *f,* Besonnenheit *f;* **to show ~** Vorsicht an den Tag legen

prudent ['pru:dənt] *adj* vorsichtig, umsichtig; *action* klug; **~ man rule** FIN *Standard für Anlagebeschränkungen zugunsten bestimmter geschützter Vermögen;* **~ step** weiser Schritt

prudently ['pru:dəntli] *adv* vorsichtig, umsichtig

prudery ['pru:dəri, AM -ɚi] *n* Prüderie *f*

prudish ['pru:dɪʃ] *adj* prüde

prudishly ['pru:dɪʃli] *adv* prüde

prudishness ['pru:dɪʃnəs] *n no pl* Prüderie *f*

prune[1] [pru:n] *vt* HORT ■**to ~ sth** etw [be]schneiden [*o* stutzen]; (*fig*) etw reduzieren; *costs* etw kürzen; **to ~ back branches** Zweige zurückschneiden; **to ~ down a hedge/a tree** eine Hecke/einen Baum zurückschneiden; **to ~ staff** das Personal reduzieren

prune[2] [pru:n] *n* ❶ (*plum*) Dörrpflaume *f*
❷ (*fam: person*) Miesmacher(in) *m(f) pej fam,* Miesepeter *m fam*

pruner ['pru:nəʳ, AM ɚ] *n* Gartenmesser *nt*

pruning ['pru:nɪŋ] **I.** *adj* Schneide-; **~ tool** Gartengerät *nt* zum Zurückschneiden von Ästen
II. *n no pl* HORT Zurückschneiden *nt,* Stutzen *nt*

pruning hook *n* HORT Schneidehaken *m* **pruning knife** *n* Gartenmesser *nt* **pruning saw** *n* Astsäge *f,* Baumsäge *f* **pruning shears** *npl* AM (*secateurs*) Gartenschere *f,* Heckenschere *f*

prurience ['prʊəriən(t)s, AM 'prʊr-] *n no pl* (*pej form: obsession*) *with sexual matters* Lüsternheit *f; with unpleasantness* Abartigkeit *f,* Perversität *f*

prurient ['prʊəriənt, AM 'prʊr-] *adj* (*pej form*) lüstern; *inclination* abartig *pej*

pruriently ['prʊəriəntli, AM 'prʊr-] *adv* (*pej form*) anzüglich; (*obsessed with sex*) lüstern

prurigo [prʊə'raɪgəʊ, AM prʊ'raɪgoʊ] *n no pl* MED Prurigo *f fachspr*

pruritus [prʊə'raɪtəs, AM prʊ'raɪṭ-] *n no pl* MED Pruritus *m fachspr,* Juckreiz *m*

Prussia ['prʌʃə] *n* HIST Preußen *nt*

Prussian ['prʌʃən] **I.** *n* (*hist*) Preuße, -in *m, f*
II. *adj inv* HIST preußisch

prussic acid *n no pl* (*dated*) Blausäure *f*

pry[1] <-ie-> [praɪ] *vi* neugierig sein; ***I don't wish to ~, but …*** ich möchte ja nicht aufdringlich sein, aber …; ■**to ~ about** [*or* **around**] herumschnüffeln *fam;* ■**to ~ into sth** sich *akk* in etw *akk* einmischen, seine Nase in etw *akk* stecken *fam*

pry[2] <-ie-> [praɪ] *vt esp* AM (*prise*) ■**to ~ sth open** etw aufbrechen; **to ~ a secret out of sb** jdm ein Geheimnis entlocken

prying ['praɪɪŋ] *adj* (*pej*) neugierig; **~ eyes** neugierige Blicke

PS [ˌpi:'es] *n* ❶ *abbrev of* **postscript** PS *nt*
❷ *abbrev of* **private secretary**

Ps. *n* REL *abbrev of* **psalm**

psalm [sɑ:m] *n* REL Psalm *m*

psalm book *n* REL Psalter *m,* Psalmenbuch *nt*

psalmist ['sɑ:mɪst] *n* REL Psalmist *m*

psalmody ['sælmədi, AM 'sɑ:lm-] *n* REL Psalmodie *f,* Psalmengesang *m*

psalter ['sɔ:ltəʳ, AM ṭɚ] *n* REL Psalter *m,* Buch *nt* der Psalmen

PSBR [ˌpi:esbi:'ɑ:ʳ] *n* BRIT ECON, FIN *abbrev of* **public-sector borrowing requirement** Kreditbedarf *m* der öffentlichen Hand

psephological [ˌsefə'lɒdʒɪkəl, AM ˌsi:fə'lɑ:] *adj inv* Wahlforschungs-

psephologist [sɪ'fɒlədʒɪst, AM si:'fɑ:] *n* Wahlforscher(in) *m(f)*

psephology [(p)sɪ'fɒlədʒi, AM si:'fɑ:l-] *n no pl* Wahlanalyse *f,* Wahlforschung *f*

pseud [sju:d] BRIT **I.** *n* (*pej*) Angeber(in) *m(f),* Möchtegern *m fam*
II. *adj inv* (*pej*) angeberisch

pseud- [sju:d, AM su:d] *in compounds,* **pseudo-** ['sju:dəʊ, AM 'su:doʊ] *in compounds* pseudo-

pseudo ['sju:dəʊ, AM 'su:doʊ] **I.** *adj* ❶ (*false*) Pseudo-, Möchtegern-; **~-intellectual** Pseudointellektuelle(r) *f(m)*
❷ (*insincere*) heuchlerisch, verlogen
II. *n* Heuchler(in) *m(f)*

pseudo- *in compounds* Pseudo-, pseudo-

pseudonym ['sju:dənɪm, AM 'su:dən-] *n* Pseudonym *nt*

pseudonymous [sju:'dɒnɪməs, AM su:'dɑ:-] *adj inv* **~ novels** unter einem Pseudonym geschriebene Romane

pseudoscience *n* Pseudowissenschaft *f*

pseudy ['sju:di] *adj attr, inv* BRIT (*pej fam*) Pseudo- *pej;* **~ sentences** Pseudosprüche *mpl*

psi [psaɪ, AM saɪ] *n* ❶ (*Greek letter*) Psi *nt*
❷ *no pl* (*psychokinesis*) Psi *nt*

psilocybin [ˌsaɪlə(ʊ)'saɪbɪn, AM ˌsɪlə'-] *n no pl* Psilocybin *nt* (*Art von Halluzinogen*)

psittacism ['sɪtəsɪzəm, AM 'sɪṭə-] *n no pl* ❶ PSYCH Psittazismus *m fachspr* (*krankhaftes Wiederholen unverstandener Wörter oder Sätze*)
❷ (*pej form: unreflecting repetition of words, ideas*) Nachplappern *nt pej fam*

psittacosis [ˌ(p)sɪtə'kəʊsɪs, AM ˌsɪtə'koʊ-] *n no pl* MED Psittakose *f fachspr*

psoriasis [(p)sə'raɪəsɪs, AM sə'-] *n no pl* Schuppenflechte *f,* Psoriasis *f fachspr*

psst [pst] *interj* (*fam*) pst

PST [ˌpi:es'ti:] *n* ❶ *abbrev of* **Pacific Standard Time** pazifische Zeit
❷ CAN *abbrev of* **Provincial Sales Tax** *Mehrwertsteuer auf Provinzebene*

psych [saɪk] *vt* (*fam*) ❶ (*psychoanalyse*) ■**to ~ sb** jdn psychiatrisch behandeln
❷ (*prepare*) ■**to ~ oneself/sb up** sich *akk*/jdn [psychisch] aufbauen
◆**psych out** *vt* (*fam*) ❶ (*intimidate*) ■**to ~ out** ↻ **sb** jdn psychologisch schwächen
❷ (*analyse*) ■**to ~ sth** ↻ **out** etw analysieren

psych- [saɪk] *in compounds* Psycho-

psyche[1] [saɪk] *vt see* **psych**

psyche[2] ['saɪki] *n* Psyche *f*

psyched [saɪkt] *adj pred* (*sl: excited*) aufgedreht *fam,* aufgeputscht, überdreht *pej fam*

psychedelia [ˌsaɪkɪ'di:liə, AM -kə'-] *n no pl* psychedelische Gegenstände

psychedelic [ˌsaɪkɪ'delɪk, AM -kə'-] *adj* ❶ (*kaleidoscopic*) psychedelisch
❷ (*hallucinogenic*) psychedelisch, bewusstseinsverändernd

psychiatric [ˌsaɪki'ætrɪk] *adj inv* psychiatrisch

psychiatrically [ˌsaɪki'ætrɪkəli] *adv inv* psychiatrisch

psychiatric hospital *n* psychiatrisches Krankenhaus, psychiatrische Klinik **psychiatric nurse** *n* psychiatrischer Pfleger/psychiatrische Pflegerin

psychiatrist [saɪ'kaɪətrɪst] *n* Psychiater(in) *m(f)*

psychiatry [saɪ'kaɪətri] *n no pl* Psychiatrie *f;* **to practise ~** als Psychiater/Psychiaterin tätig sein

psychic ['saɪkɪk] **I.** *n* Medium *nt,* Mensch *m* mit medialen Fähigkeiten
II. *adj* ❶ (*supernatural*) übernatürlich, telepathisch; **~ abilities** telepathische Fähigkeiten
❷ (*of the mind*) psychisch, seelisch; **~ illness** psychische Erkrankung

psychical ['saɪkɪkəl] *adj* ❶ (*supernatural*) übernatürlich
❷ (*of the mind*) psychisch

psychically ['saɪkɪkəli] *adv* psychisch; **to be ~ connected** geistig miteinander verbunden sein

psycho ['saɪkəʊ, AM -koʊ] (*fam*) **I.** *n* Psychopath(in) *m(f);* AM (*fig fam*) Spinner *m*
II. *adj* psychopathisch

P

III. *adv* (*fam*) to go ~ ausrasten *fam*
psycho- ['saɪkəʊ, AM -koʊ] *in compounds* Psycho-
psychoanalyse [,saɪkəʊ'ænəlaɪz, AM -koʊ'ænə-] *vt* ■**to ~ oneself/sb** sich *akk*/jdn psychoanalysieren
psychoanalysis [,saɪkəʊə'næləsɪs, AM -koʊə'-] *n no pl* Psychoanalyse *f*
psychoanalyst [,saɪkəʊ'ænəlɪst, AM -koʊ'ænə-] *n* Psychoanalytiker(in) *m(f)*
psychoanalytic(al) [,saɪkəʊ,ænəl'ɪtɪk(əl), AM -koʊ,ænə'lɪṭ-] *adj* psychoanalytisch
psychobabble ['saɪkəʊ,bæbḷ, AM -koʊ,-] *n no pl* (*pej fam*) Psychogeschwätz *nt pej sl*
psychobiography [,saɪkəʊbaɪ'ɒgrəfi, AM -koʊbaɪ'ɑːgrəfi] *n* Psychographie *f*
psychobiology [,saɪkəʊbaɪ'ɒlədʒi, AM -koʊbaɪ'ɑːl-] *n no pl Wissenschaft, die die biologischen Grundlagen des Verhaltens erforscht*
psychodrama ['saɪkəʊ,drɑːmə, AM -koʊ,-] *n* ① *no pl* PSYCH Psychodrama *nt*
② TV, MEDIA Psychodrama *nt*
psychodynamic [,saɪkəʊdaɪ'næmɪk, AM koʊ] *adj inv* psychodynamisch
psychodynamics [,saɪkəʊdaɪ'næmɪks, AM -koʊ-] *n + sing vb* Psychodynamik *f*
psychokinesis [,saɪkəʊkaɪ'niːsɪs, AM -koʊkɪ'-] *n no pl* Psychokinese *f*
psychokinetic [,saɪkəʊkɪ'netɪk, AM -koʊ-] *adj* psychokinetisch
psycholinguistic [,saɪkəʊlɪŋ'gwɪstɪk, AM koʊ] *adj inv* psycholinguistisch
psycholinguistics [,saɪkəʊlɪŋ'gwɪstɪks, AM koʊ] *n + sing vb* Psycholinguistik *f*
psychological [,saɪkə'lɒdʒɪkəl, AM -'lɑːdʒ-] *adj* ① (*of the mind*) psychisch; ~ **boost** seelischer Auftrieb; ~ **effect** Auswirkung *f* auf die Psyche; ~ **well-being** seelisches Wohlbefinden
② (*of psychology*) psychologisch; ~ **test** psychologischer Test, Psychotest *m*
③ (*not physical*) psychisch; ***my headaches are purely*** ~ meine Kopfschmerzen sind rein psychischer Natur
psychologically [,saɪkə'lɒdʒɪkəli, AM -'lɑːdʒ-] *adv* ① (*mental*) psychisch; ~ **disturbed** psychisch gestört
② PSYCH psychologisch
psychological moment *n* **the right/wrong** ~ der psychologisch richtige/falsche Moment **psychological profile** *n* MED, PSYCH, LAW psychologisches Profil; (*offender profile*) Täterprofil *nt* **psychological warfare** *n* psychologische Kriegführung; **to employ** ~ **against sb** (*fig*) jdn psychisch unter Druck setzen
psychologist [saɪ'kɒlədʒɪst, AM -'kɑːl-] *n* Psychologe, -in *m, f*
psychology [saɪ'kɒlədʒi, AM -'kɑːl-] *n* ① *no pl* (*science*) Psychologie *f*
② (*thought processes*) Psychologie *f*; ~ **of the crowd** Massenpsychologie *f*
psychometrics [,saɪkə(ʊ)'metrɪks, AM -koʊ'-] *n + sing vb* Psychometrie *f*
psychopath ['saɪkə(ʊ)pæθ, AM -kə-] *n* ① (*violent person*) Psychopath(in) *m(f) pej fam*
② PSYCH, MED Psychopath(in) *m(f)*
psychopathic [,saɪkə(ʊ)'pæθɪk, AM -kə'-] *adj* ① (*violent*) psychopathisch *pej fam*
② PSYCH, MED psychopathisch
psychopathology [,saɪkə(ʊ)pæθ'ɒlədʒi, AM -koʊpæθ'ɑːl-] *n no pl* Psychopathologie *f*
psychopathy [saɪ'kɒpəθi, AM -'kɑːp-] *n no pl* Psychopathie *f*
psychoses *n pl of* **psychosis**
psychosexual [,saɪkəʊ'sekʃʊəl, AM -koʊ'sekʃu-] *adj* psychosexuell; ~ **disorders** psychosexuelle Störungen
psychosis <*pl* -ses> [saɪ'kəʊsɪs, AM -'koʊ-, *pl* -siːz] *n* Psychose *f*
psychosocial [,saɪkəʊ'səʊʃəl, AM koʊ'soʊ] *adj inv* psychosozial
psychosomatic [,saɪkə(ʊ)sə(ʊ)'mætɪk, AM -koʊsoʊ'mæṭ-] *adj* psychosomatisch; ~ **disorder/illness** psychosomatische Störung/Erkrankung
psychotherapist [,saɪkə(ʊ)'θerəpɪst, AM -koʊ'-] *n* Psychotherapeut(in) *m(f)*
psychotherapy [,saɪkə(ʊ)'θerəpi, AM -koʊ'-] *n no pl* Psychotherapie *f*
psychotic [saɪ'kɒtɪk, AM -'kɑːṭ-] **I.** *adj* psychotisch
II. *n* Psychotiker(in) *m(f)*
psychotropic [,saɪkəʊ'trəʊpɪk, AM koʊ'troʊp] *adj inv* MED, CHEM wesensverändernd [wirksam], psychotrop *fachspr*
pt *n* ① *abbrev of* **part I 3, 4**
② *abbrev of* **pint** Pint *nt* (*0,568 l*)
③ *abbrev of* **point I 14, 24**
PT [,piː'tiː] *n no pl* ① (*dated*) *abbrev of* **physical training** Leibesübungen *fpl veraltet*
② MED *abbrev of* **physical therapy** Physiotherapie *f*
PTA [,piːtiː'eɪ] *n abbrev of* **parent-teacher association**
ptarmigan ['tɑːmɪgən, AM 'tɑːr-] *n* Schneehuhn *nt*
PT boat *n* AM MIL (*hist: MTB*) Torpedoboot *nt*
Pte *n* ECON (*in Singapore*) *abbrev of* **private limited company** GmbH *f*
pterodactyl [,terə(ʊ)'dæktɪl, AM -ə'dæktəl] *n* ZOOL Pterodaktylus *m*
pto [,piːtiː'əʊ, AM -'oʊ] *abbrev of* **please turn over** b.w.
PTO [,piːtiː'əʊ, AM -'oʊ] *n esp* AM *abbrev of* **parent-teacher organization** ≈ Elternbeirat *m*
Ptolemaic [,tɒlə'meɪɪk, AM ,tɑːlə'] *adj inv* ptolemäisch
Ptolemy ['tɒləmi, AM 'tɑːlə] *n* HIST ① (*astronomer*) Ptolemäus *m*
② (*ruler*) Ptolemaois *m*
③ (*dynasty*) Ptolemäer *mpl*
ptomaine poisoning [,təʊmeɪn-, AM ,toʊ-] *n* (*dated*) Leichenvergiftung *f*
P2P [,piːtə'piː] *n modifier abbrev of* **peer to peer** P2P- *fachspr;* ~ **computing** P2P-Computing *nt fachspr* (*Webkommunikation ohne zentralen Verbindungsserver durch ein Programm, das die vernetzten Rechner der Benutzer selbst zu Servern umwandelt*)
Pty AUS, NZ, SA *abbrev of* **proprietary company** Gesellschaft *f* mit beschränkter Haftung
pub¹ [pʌb] *n* (*fam*) *short for* **public house** Kneipe *f fam*
pub² [pʌb] *n short for* **publication** Publikation *f*
pub crawl *n esp* BRIT (*fam*) Kneipentour *f fam;* **to go on a** ~ eine Sauftour machen *fam*
puberty ['pjuːbəti, AM -bəṭi] *n no pl* Pubertät *f*
pubes¹ [pjuːbz] *npl* (*fam*) Schamhaare *ntpl*, Schambehaarung *f kein pl*
pubes² ['pjuːbiːz] *n pl of* **pubis**
pubescent [pjuː'besənt] *adj inv* heranwachsend *attr,* pubertierend *attr geh*
pubic ['pjuːbɪk] *adj attr, inv* Scham-; ~ **area/hair** Schamgegend *f*/-behaarung *f*
pubis <*pl* -bes> ['pjuːbɪs, *pl* -biːz] *n* ANAT Schambein *nt*
public ['pʌblɪk] **I.** *adj inv* ① (*of the people*) *opinion* öffentlich; ~ **approval** allgemeine Zustimmung; **in the ~ interest** im Interesse der Öffentlichkeit
② (*for the people*) *library* öffentlich; ~ **baths** *esp* BRIT öffentliches Bad; ~ **institution** öffentliche Einrichtung
③ (*not private*) öffentlich; ~ **announcement/hearing** öffentliche Bekanntmachung/Anhörung; **to go ~ with sth** etw öffentlich bekannt geben [*o* bekannt machen]; **to make sth ~** etw öffentlich bekannt geben; (*esp in writing*) etw veröffentlichen
④ (*state*) öffentlich, staatlich; ~ **building** öffentliches Gebäude
⑤ STOCKEX ***the company is going*** ~ das Unternehmen wird in eine Aktiengesellschaft umgewandelt; ~ **offering** öffentliches Zeichnungsangebot; ~ **placing** AM öffentliche Platzierung
II. *n + sing/pl vb* ① (*the people*) ■**the** ~ die Öffentlichkeit, die Allgemeinheit; **a member of the** ~ jemand aus der Öffentlichkeit; **the general** ~ die allgemeine Öffentlichkeit; **the American/British/Canadian** ~ die amerikanische/britische/kanadische Öffentlichkeit; **the Great British P~** BRIT (*hum fam*) die breite britische Öffentlichkeit
② (*patrons*) Anhängerschaft *f; of newspapers* Leser *mpl; of TV* Zuschauer *mpl,* Publikum *nt*
③ (*not in private*) Öffentlichkeit *f;* **in** ~ in der Öffentlichkeit, öffentlich
public accountant *n* AM (*licensed by state*) Buchprüfer(in) *m(f);* (*chartered*) ≈ Wirtschaftsprüfer(in) *m(f)* **public address** *n,* **public address system** *n* Lautsprecheranlage *f* **public affairs** **I.** *npl* öffentliche Angelegenheiten **II.** *n modifier* für öffentliche Angelegenheiten *nach n*
publican ['pʌblɪkən] *n* BRIT, AUS Kneipenbesitzer(in) *m(f) fam,* Kneipier *m veraltend*
public appearance *n* POL, ART öffentlicher Auftritt **public appointment** *n* POL, ADMIN öffentliche Bestellung **public assistance** *n* AM staatliche Fürsorge
publication [,pʌblɪ'keɪʃən] *n* ① *no pl* (*publishing*) Veröffentlichung *f*
② (*published work*) Publikation *f*
publication date *n* Erscheinungsdatum *nt*
public bar *n* BRIT [Steh]ausschank *m* **public comfort station** *n* AM (*euph: public toilet*) öffentliche Toilette, öffentliches WC **public company** *n* BRIT Aktiengesellschaft *f* **public convenience** *n* BRIT, AUS (*euph form*) öffentliche Toilette, öffentliches WC **public conveyance** *n* (*old*) öffentliches Verkehrsmittel **public debt** *n* Staatsverschuldung *f,* Verschuldung *f* der öffentlichen Hand **public domain** *n* ① (*government property*) öffentliches Eigentum, Staatsbesitz *m* ② (*not subject to copyright*) Gemeingut *nt;* **to be in the** ~ zum Allgemeingut gehören **public domain software** *n* COMPUT urheberrechtlich nicht geschützte Software **public enemy** *n* Staatsfeind *m* **public enemy number one** *n* Staatsfeind Nummer Eins *m;* (*fig*) sehr großes Problem **public expenditure** *n,* **public expense** *n* Staatsausgaben *pl* **public eye** *n* ■**in the** ~ im Licht der Öffentlichkeit **public figure** *n* Figur *f* des öffentlichen Lebens **public funds** *npl* öffentliche Gelder **public good** *n* **to act for the** ~ im Interesse der Allgemeinheit handeln **public health** *n no pl* Volksgesundheit *f veraltend* **public-health** *adj attr, inv* volksgesundheitlich **public health service** *n* [staatliches] Gesundheitssystem **public holiday** *n* gesetzlicher Feiertag **public house** *n* BRIT (*form*) Kneipe *f fam* **public housing** *n* AM, AUS sozialer Wohnungsbau **public information officer** *n* Pressesprecher(in) *m(f)* **public inquiry** *n* LAW öffentliche Untersuchung **public interest** *n* öffentliches Interesse; **to be in the** ~ im öffentlichen Interesse liegen **public issue** *n* STOCKEX öffentliche Emission
publicist ['pʌblɪsɪst] *n* ① (*agent*) Publizist(in) *m(f)*
② (*pej: attention-seeker*) **self-~** Selbstdarsteller(in) *m(f)*
publicity [pʌb'lɪsəti, AM -əṭi] **I.** *n no pl* ① (*promotion*) Publicity *f,* Reklame *f;* **bad/good** ~ schlechte/gute Publicity
② (*attention*) Aufsehen *nt,* Aufmerksamkeit *f,* Publicity *f;* **the glare of** ~ das Licht der Öffentlichkeit; **to attract** [*or* **generate**] ~ Aufsehen erregen
▶ PHRASES: **any** ~ **is good** ~ (*saying*) jede Art von Publicity ist gute Publicity
II. *adj* Publicity-, Werbe-; ~ **material** Werbematerial *nt*
publicity agent *n* Werbeagent(in) *m(f)* **publicity campaign** *n* Werbekampagne *f* **publicity department** *n* Werbeabteilung *f* **publicity hound** *n* publicitygeiler Mensch **publicity-shy** <more ~, most ~> [pʌb'lɪsətiʃaɪ, AM əṭi,] *adj* publicityscheu **publicity stunt** *n* Werbegag *m fam*
publicize ['pʌblɪsaɪz] *vt* ■**to ~ sth** etw bekannt [*o geh* publik] machen; (*advertise*) für etw *akk* Werbung machen
public law *n* öffentliches Recht **public library** *n* öffentliche Bibliothek **public life** *n* öffentliches Leben, Öffentlichkeit *f* **public limited company** *n* BRIT Aktiengesellschaft *f* **public loan** *n* Staatsanleihe *f*

publicly ['pʌblɪkli] *adv inv* ❶ (*not privately*) öffentlich
❷ (*by the state*) staatlich; **to be ~ owned** sich *akk* im Staatseigentum befinden
public nuisance *n* ❶ (*act*) öffentliches Ärgernis
❷ (*fam: person*) Störenfried *m* **public office** *n* öffentliches Amt; **to hold ~** ein öffentliches Amt innehaben **public opinion** *n* öffentliche Meinung **public opinion poll** *n* Meinungsumfrage *f* **public ownership** *n no pl* Staatsbesitz *m;* **to be in ~** sich *akk* im Staatseigentum befinden **public property** *n no pl* Staatseigentum *nt* **public prosecutor** *n* Staatsanwalt, Staatsanwältin *m, f* **public purse** *n esp* BRIT, AUS Staatskasse *f,* öffentliche Hand, Staatssäckel *m fam* **Public Record Office** *n* BRIT Staatsarchiv *nt* **public records** *npl* staatliche Archive
public relations I. *npl* MEDIA, POL Public Relations *pl,* Öffentlichkeitsarbeit *f kein pl* II. *n modifier* (*campaign, department, manager, team*) Public-Relations-; **~ consultant** PR-Berater(in) *m(f);* **~ expert** PR-Experte, -in *m, f;* **~ gesture** Imageaufbesserungsmaßnahme *f iron;* **~ work** PR-Arbeit *f* **public-relations exercise** *n* POL, MEDIA (*pej*) Imageaufbesserungsmaßnahme *f iron* **public-relations officer** *n* POL, MEDIA Öffentlichkeitsreferent(in) *m(f)*
public school *n* BRIT Privatschule *f;* AM, AUS, SCOT staatliche Schule
public sector *n* öffentlicher Sektor **public-sector borrowing requirement** *n* BRIT Kreditbedarf *m* der öffentlichen Hand **public servant** *n* ❶ (*state employee*) Angestellte(r) *f(m)* im öffentlichen Dienst ❷ AUS, NZ (*state administrator*) Staatsbeamte(r) *m,* Staatsbeamte [*o* -in] *f* **public service** I. *n* ❶ (*domain*) öffentlicher Dienst; AUS, NZ (*state administration*) Staatsdienst *m;* **to work in ~** im öffentlichen Dienst beschäftigt sein ❷ *no pl* (*common good*) Dienst *m* an der Allgemeinheit II. *n modifier* öffentlich; **~ announcement** öffentliche Bekanntgabe; **~ employee** öffentliche Bedienstete/öffentlicher Bediensteter; **~ job programme** BRIT Arbeitsbeschaffungsprogramm *nt* der öffentlichen Hand **public service corporation** *n* AM öffentlicher Versorgungsbetrieb **public-spirited** *adj* (*approv*) von Gemeinsinn zeugend *attr;* ***she's a very ~ person*** sie hat viel Gemeinsinn **public telephone** *n esp* BRIT öffentlicher Fernsprecher **public toilet** *n esp* BRIT öffentliche Toilette **public transport** *n* BRIT, **public transportation** *n esp* AM öffentliche Verkehrsmittel **public trial** *n* LAW öffentliche Verhandlung **public utility** *n* ECON Leistungen *fpl* der öffentlichen Versorgungsbetriebe; (*company*) öffentlicher Versorgungsbetrieb **public works** *npl* öffentliche [*o* staatliche] Bauprojekte
publish ['pʌblɪʃ] *vt* ❶ (*produce*) **to ~ an article/a result** einen Artikel/ein Ergebnis veröffentlichen; **to ~ a book/magazine/newspaper** ein Buch/Magazin/eine Zeitung herausgeben
❷ REL (*before marriage*) **to ~ the banns** das Aufgebot bestellen
publisher ['pʌblɪʃəʳ, AM -ɚ] *n* MEDIA ❶ (*company*) Verlag *m;* **~ of books/magazines** Buch-/Zeitschriftenverlag *m*
❷ (*person*) Verleger(in) *m(f)*
❸ AM (*newspaper owner*) Herausgeber(in) *m(f)*
publishing ['pʌblɪʃɪŋ] I. *n no pl, no art* Verlagswesen *nt*
II. *adj attr, inv* Verlags-; **~ empire** Verlagsimperium *nt*
publishing house *n* Verlag *m,* Verlagshaus *nt*
pub lunch *n Mittagessen, das in einem Pub serviert wird*
puce [pju:s] I. *n no pl* Braunrot *nt*
II. *adj* braunrot
puck [pʌk] *n* SPORTS Puck *m*
pucker ['pʌkəʳ, AM -ɚ] I. *vt* ■**to ~ sth** etw *akk* in Falten legen; **to ~ [up] one's lips** seine Lippen spitzen; **to ~ [up] one's eyebrows** seine Augenbrauen runzeln
II. *vi* ■**to ~ [up]** *cloth* sich *akk* kräuseln; *lips* sich *akk* spitzen; *eyebrows* sich *akk* runzeln
puckish ['pʌkɪʃ] *adj* spitzbübisch
pud [pʊd] *n* BRIT (*fam*) *abbrev of* **pudding 1**
pudding ['pʊdɪŋ] *n* ❶ BRIT (*dessert course*) Süßspeise *f,* Nachspeise *f*
❷ *no pl* AM (*blancmange*) Pudding *m*
❸ *esp* BRIT (*with suet pastry*) [Fleisch]pastete *f;* **black ~** ≈ Blutwurst *f*
pudding basin *n* BRIT Puddingform *f* (*meist aus Keramik*) **pudding-basin haircut** *n* FASHION Topfschnitt *m,* Pilzkopf *m* **pudding club** *n* ► PHRASES: **to be <u>in</u> the ~** BRIT (*hum dated fam*) einen Braten in der Röhre haben *derb* **pudding-head** *n* (*dated fam*) Dummkopf *m fam*
puddle ['pʌdḷ] *n* Pfütze *f*
pudenda [pju:'dendə] *npl* (*form*) Genitalien *pl*
pudginess ['pʌdʒɪnəs] *n no pl esp* AM Rundlichkeit *f*
pudgy ['pʌdʒi] *adj esp* AM rundlich; *face* schwammig; *person* pummelig
puerile ['pjʊəraɪl, AM 'pju:ɚɪl] *adj* kindlich, kindisch *pej*
puerility [pjʊə'rɪləti, AM pju:ə'rɪləṭi] *n no pl*
❶ (*childlikeness*) kindliches Wesen
❷ (*pej: childishness*) Albernheit *f,* Infantilität *f geh*
puerperal fever [pju'ɜ:pᵊrᵊl'fi:vəʳ, AM 'ɜ:rpᵊrᵊl'fi:vɚ] *n no pl* MED Kindbettfieber *nt*
Puerto Rican [ˌpwɜ:tə(ʊ)'ri:kən, AM ˌpwerṭə'-] I. *n* Puertorikaner(in) *m(f)*
II. *adj* puertorikanisch
Puerto Rico [ˌpwɜ:tə(ʊ)'ri:kəʊ, AM ˌpwerṭə'ri:koʊ] *n* Puerto Rico *nt*
puff [pʌf] I. *n* ❶ (*fam: short blast*) Windstoß *m; of breath* Atemstoß *m; of vapour* Wolke *f;* **a ~ of air/wind** ein Luft-/Windstoß *m;* **a ~ of dust/smoke** eine Staub-/Rauchwolke
❷ AM, CAN (*quilt*) Federbett *nt; see also* **eiderdown**
❸ *no pl* BRIT (*fam: breath*) Puste *f fam;* ■**to be out of ~** außer Puste sein
❹ (*drag*) Zug *m;* **to take ~s on [*or* at] a cigar/cigarette** an einer Zigarre/Zigarette ziehen
❺ (*pastry*) Blätterteig *m;* (*savoury snack*) [Mais]flips *pl,* [Erdnuss]flips *pl*
❻ (*fam: praise*) Lobeshymne *f fig hum,* Lobgesang *m fig hum*
II. *vi* ❶ (*breathe heavily*) schnaufen; ***he was ~ing after his jog*** nach seinem Dauerlauf war er außer Atem
❷ (*smoke*) **to ~ at [*or* on] a cigar/cigarette** eine Zigarre/Zigarette paffen *fam;* **to ~ on a pipe** eine Pfeife paffen *fam*
III. *vt* ❶ (*smoke*) **to ~ a cigar/cigarette** eine Zigarre/Zigarette paffen
❷ (*fam: praise*) ■**to ~ sth** etw aufbauschen
◆**puff away** *vi* ■**to ~ away [on [*or esp* BRIT at] sth]** *cigarette* [etw] paffen
◆**puff out** *vt* ❶ (*expand*) ■**to ~ out** ⇄ **sth** etw aufblähen; *feathers* etw aufplustern
❷ BRIT (*exhaust*) ■**to ~ out** ⇄ **sb** jdn erschöpfen; ***after the walk we were totally ~ed out*** nach dem Spaziergang waren wir vollkommen aus der Puste *fam*
◆**puff up** I. *vt* ❶ (*make swell*) ■**to ~ up** ⇄ **sth** etw [an]schwellen lassen
❷ (*fig*) ■**to ~ oneself up** *person* sich *akk* aufblasen; **to be ~ed up with pride** ganz aufgeblasen sein
II. *vi* [an]schwellen
puff adder *n* Puffotter *f* **puffball** *n* BOT Bovist *m*
puffed [pʌft] *adj pred esp* BRIT (*fam*) [völlig] außer Puste *fam*
puffed sleeves *npl* Puffärmel *mpl*
puffer train *n* BRIT (*childspeak dated*) Puff-Puff-Zug *m Kindersprache*
puffery ['pʌfᵊri, AM -ɚi] *n no pl* (*fam*) überschwängliches Lob
puffin ['pʌfɪn] *n* ZOOL Papageientaucher *m*
puffiness ['pʌfɪnəs] *n no pl* [Auf]geblähtheit *f,* [Auf]gedunsenheit *f*
puff pastry *n no pl* Blätterteig *m* **puff piece** *n* AM JOURN Lobschrift *f,* Lobeshymne *f fig* **puff sleeves** *npl* Puffärmel *mpl*
puffy ['pʌfi] *adj* geschwollen, verschwollen
pug [pʌg] *n* Mops *m*
pugilism ['pju:dʒɪlɪzᵊm] *n* ❶ SPORTS (*dated: boxing*) Boxsport *m,* Boxen *nt;* (*fight*) Faustkampf *m geh*
❷ (*fam: enjoying hitting*) Prügellust *f*
pugilist ['pju:dʒɪlɪst] *n* ❶ (*dated: boxer*) Boxkämpfer *m,* Faustkämpfer *m geh*
❷ (*fam: one who enjoys hitting*) Schläger *m fam*
pugnacious [pʌg'neɪʃəs] *adj* (*form*) kampflustig, streitlustig
pugnaciousness [pʌg'neɪʃəsnəs] *n no pl* (*form*) Streitlust *f*
pugnacity [pʌg'næsəti, AM -əṭi] *n no pl* (*form*) Kampflust *f*
pug nose *n* Stupsnase *f*
puke [pju:k] I. *vt* (*fam!*) ■**to ~ sth** ⇄ **[up]** etw [aus]kotzen *sl*
II. *vi* (*sl*) ■**to ~ [up]** kotzen *sl,* spucken DIAL *fam;* **sb/sth makes sb [want to] ~** (*fig*) jd findet jdn/etw zum Kotzen *sl;* ***go away! you make me ~*** verschwinde! du kotzt mich an *sl*
III. *n no pl* (*sl*) Kotze *f sl*
pukka ['pʌkə] *adj* (*dated fam: genuine*) echt, original; (*of good quality*) ausgezeichnet
Pulitzer Prize [ˌpʊlɪtsɚ'praɪz] *n* Pulitzerpreis *m*
pull [pʊl] I. *n* ❶ (*tug*) Zug *m,* Ziehen *nt*
❷ *no pl* (*force*) Zugkraft *f*
❸ *no pl* (*fam: influence*) Einfluss *m*
❹ (*handle*) [Hand]griff *m;* **curtain ~** Vorhangzugstange *f*
❺ *no pl* (*effort*) Anstrengung *f*
❻ *no pl* (*attraction*) *of an event, a thing* Anziehung *f,* Anziehungskraft *f; of a person* Anziehungskraft *f*
❼ BRIT, AUS (*sl: seek partner*) ■**to be on the ~** auf Aufriss sein *sl;* ***Sally was out on the ~ again last night!*** Sally war gestern Abend mal wieder auf Männerfang
❽ (*on a cigarette*) Zug *m;* (*on a bottle*) Schluck *m*
❾ (*in baseball, golf*) Fehlschuss/-schlag *m;* (*in cricket*) *besonders gekonnter Schlag von einer Seite zur anderen*
II. *vt* ❶ (*draw*) ■**to ~ sth** etw ziehen; **to ~ a cart/plough** einen Wagen/Pflug ziehen; **to ~ a lever/rope** an einem Hebel/Seil ziehen
❷ (*of clothes*) **to ~ sth over one's head** sich *dat* etw über den Kopf ziehen [*o fam* überziehen]
❸ MED **to ~ a tooth** einen Zahn ziehen
❹ MED (*strain*) ■**to ~ sth** *muscle, tendon* sich *dat* etw zerren
❺ (*fam: take out*) **to ~ a gun/knife** eine Pistole/ein Messer ziehen; **to ~ a gun/knife on sb** jdn mit einer Pistole/einem Messer bedrohen
❻ (*attract*) ■**to ~ sb** *crowd* jdn anziehen; BRIT, AUS (*sl: sexually*) jdn aufreißen *sl*
❼ (*involve*) ■**to ~ sb into sth** jdn in etw *akk* hineinziehen; ***he was ~ed into the argument against his wishes*** er wurde gegen seinen Wunsch in die Diskussion verwickelt
❽ (*help through*) ■**to ~ sb through sth** jdn durch etw *akk* durchbringen; ***the doctor ~ed him through the illness*** der Arzt half ihm, die Krankheit durchzustehen
❾ (*draw beer*) **to ~ [sb/oneself] a pint** BRIT [jdm/sich *dat*] ein Bier zapfen
❿ (*grimace*) **to ~ a face [at sb]** [jdm] eine Grimasse schneiden
⓫ (*in baseball, golf*) ■**to ~ sth** etw verpatzen [*o fam* vermasseln]; **to ~ a shot** einen Schlag/Schuss verpatzen; **to ~ the ball** (*in cricket*) *den Ball gekonnt von einer Seite auf die andere spielen*
⓬ COMPUT ■**to ~ sth** *data* etw herausnehmen
► PHRASES: **to ~ sth out of the <u>bag</u> [*or* <u>hat</u>]** etw aus dem Hut zaubern; **to ~ the <u>carpet</u> [*or* <u>rug</u>] from under sb** jdm den Boden unter den Füßen wegziehen; **to ~ sb's <u>leg</u>** (*fam*) jdn auf den Arm nehmen; **~ the other <u>leg</u> [*or* <u>one</u>] [it's got bells on]** BRIT (*fam*) das kannst du deiner Oma erzählen *fam;* **to ~ the**

P

plug (*fam*) den Hahn zudrehen; **to ~ one's punches** (*fam*) sich *akk* zurückhalten; **to ~ [all] the stops out** sich *akk* ins Zeug legen; **to ~ strings** Beziehungen spielen lassen; **to ~ one's weight** (*fam*) seinen [An]teil beitragen [*o* leisten], sich *akk* einsetzen; **to ~ a fast one** (*sl*) einen [gerissenen] Trick anwenden

III. *vi* ① (*draw*) ziehen; ***you ~ and I'll push*** du ziehst und ich schiebe; ■**to ~ at sth** an etw *dat* ziehen

② (*struggle on*) sich *akk* anstrengen; ***you can hear the engine ~ing, the hill's too steep for the little car*** man kann hören, wie der Motor arbeitet, die Steigung ist zu viel für das kleine Auto

③ (*drive in*) ■**to ~ into sth** in etw *akk* hineinfahren [*o* einbiegen]; ***the car ~ed into the driveway*** das Auto fuhr in die Einfahrt

④ BRIT (*sl: attract sexually*) jdn aufreißen *sl*; ***so, did you ~ last night?*** und, hast du letzte Nacht jemanden aufgerissen?

⑤ (*smoke*) **to ~ at** [*or* **on**] **a cigar/cigarette** an einer Zigarre/Zigarette ziehen

⑥ (*fam: support*) ■**to ~ for sb** jdn anfeuern

◆**pull about** *vt* ■**to ~ sb/sth ↔ about** jdn/etw herumzerren

◆**pull ahead** *vi* (*overtake*) überholen; (*move away from*) in Führung gehen, sich *akk* an die Spitze setzen; (*make a career*) weiterkommen *fam*

◆**pull apart** *vt* ① (*break*) ■**to ~ sth ↔ apart** etw zerlegen [*o fam* auseinander nehmen]

② (*separate*) ■**to ~ sb/sth ↔ apart** jdn/etw auseinander ziehen; *fighting parties* jdn/etw trennen

③ (*criticize*) ■**to ~ sth ↔ apart** *book, play* etw zerpflücken [*o* verreißen]

◆**pull around I.** *vt* ■**to ~ sb around** jdn herumzerren [*o* herumschubsen]; ■**to ~ sth around** etw herumzerren

II. *vi* sich *akk* erholen

◆**pull aside** *vt* ■**to ~ sb aside** jdn zur Seite [*o* beiseite] nehmen

◆**pull away I.** *vi* ■**to ~ away from sb/sth** (*leave*) sich *akk* von jdm/etw wegbewegen; (*leave behind*) jdn/etw zurücklassen; SPORTS *runner* sich *akk* vom Feld absetzen; (*recoil*) vor jdm/etw zurückweichen

II. *vt* ■**to ~ away ↔ sb/sth** jdn/etw wegreißen; ■**to ~ sth ↔ away from sb/sth** jdm/etw etw wegnehmen

◆**pull back I.** *vi* ① (*recoil*) zurückschrecken

② MIL sich *akk* zurückziehen

③ (*back out*) ■**to ~ back [from sth]** [von etw *dat*] einen Rückzieher machen; (*from policies*) sich *akk* [von etw *dat*] distanzieren

II. *vt* ① (*draw back*) ■**to ~ back ↔ sth** etw zurückziehen; **to ~ back the bed sheets** die Bettlaken zurückschlagen; **to ~ back the curtains** die Vorhänge aufziehen

② (*score*) ■**to ~ back ↔ sth** etw [wieder] aufholen; **to ~ back a goal** ein Tor aufholen

◆**pull down** *vt* ① (*move down*) ■**to ~ down ↔ sth** etw herunterziehen

② (*demolish*) ■**to ~ down ↔ sth** *building* etw abreißen

③ (*hold back*) ■**to ~ sb ↔ down** jdn [moralisch] runterziehen *fam*

④ AM (*fam: earn*) ■**to ~ down ↔ sth** etw verdienen [*o fam* kassieren]

◆**pull in I.** *vi* TRANSP ① (*arrive*) einfahren

② (*move over*) [wieder] einscheren

II. *vt* ① (*attract*) ■**to ~ sth ↔ in** *fans, crowd* etw anziehen

② (*fam: arrest*) ■**to ~ in ↔ sb** jdn einkassieren *fam*

③ BRIT (*fam: earn*) ■**to ~ in ↔ sth** etw kassieren *fam*

④ (*suck in*) **to ~ one's stomach** [*or* **belly**] **in** den Bauch einziehen

◆**pull off I.** *vt* ① (*take off*) ■**to ~ off ↔ sth** etw [schnell] ausziehen

② (*fam: succeed*) ■**to ~ off ↔ sth** etw durchziehen *fam*; **to ~ off a deal** ein Geschäft zustande bringen; **to ~ off an order** einen Auftrag an Land ziehen; **to ~ off a victory** einen Sieg davontragen

③ (*leave*) **to ~ off a road** von einer Straße abfahren

II. *vi* losfahren, abfahren

◆**pull on I.** *vi* ■**to ~ on sth** an etw *dat* ziehen

II. *vt* ■**to ~ on ↔ sth** etw [schnell] anziehen [*o fam* überziehen]

◆**pull out I.** *vi* ① (*move out*) *vehicle* ausscheren; **to ~ out from behind sth** hinter etw *dat* ausscheren; **to ~ out of a road** von einer Straße abfahren; **to ~ out onto a road** in eine Straße einfahren

② (*leave*) ausfahren; ***the train was just ~ing out of the station*** der Zug fuhr gerade aus dem Bahnhof

③ (*withdraw*) aussteigen *fam*, einen Rückzieher machen *fam*; ■**to ~ out of sth** sich *akk* aus etw *dat* zurückziehen, aus etw *dat* aussteigen *fam*; ***she knew she had to ~ out of the relationship*** sie wusste, dass sie die Beziehung beenden musste

④ MIL abziehen

II. *vt* ① MIL **to ~ out troops** Truppen abziehen

② (*get out*) ■**to ~ sth out of sth** etw aus etw *dat* [heraus]ziehen [*o fam* herausholen]

③ (*take out*) ■**to ~ out ↔ sth** etw herausziehen; *hair* etw herausreißen; ***he ~ed a box out from under the table*** er zog eine Kiste unter dem Tisch hervor

④ BRIT (*withdraw*) ■**to ~ out ↔ sth** *money* etw abheben

⑤ COMPUT ■**to ~ out ↔ sth** etw auswählen [*o fam* herausziehen]

◆**pull over I.** *vt* ① (*make fall*) ■**to ~ over ↔ sb/sth** jdn/etw umreißen; (*when falling*) jdn/etw mit sich *dat* reißen

② (*stop*) ■**to ~ over ↔ sb/sth** jdn/etw anhalten; ***the police ~ed me over last night*** letzte Nacht hat mich die Polizei rausgewunken

II. *vi vehicle* zur Seite fahren

◆**pull round** BRIT **I.** *vi* sich *akk* erholen

II. *vt* ■**to ~ sth round** etw [her]umdrehen

◆**pull through I.** *vi* (*survive*) durchkommen *fam*

II. *vt* ■**to ~ sb/sth through [sth]** jdn/etw [durch etw *akk*] durchbringen *fam*

◆**pull to** *vt* **to ~ a door/a window to** eine Tür/ein Fenster zuziehen

◆**pull together I.** *vt* ① (*regain composure*) ■**to ~ oneself together** sich *akk* zusammennehmen [*o fam* zusammenreißen]

② (*organize*) ■**to ~ sth together** etw auf die Beine stellen *fig fam*

II. *vi* zusammenarbeiten, an einem Strang ziehen *fig fam*

◆**pull under** *vt* ■**to ~ sb under** jdn herunterziehen [*o fam* runterziehen]

◆**pull up I.** *vt* ① (*raise*) ■**to ~ up ↔ sth** etw hochziehen; **to ~ up blinds** die Rollläden hochziehen

② (*sit down*) **to ~ up a chair** einen Stuhl heranziehen

③ (*fam: reprimand*) ■**to ~ sb up** jdn zurechtweisen

④ ELEC **to ~ up a line** eine Leitung unter Spannung setzen

▶ PHRASES: **to ~ one's socks up** (*fam*) sich *akk* zusammenreißen [*o* am Riemen reißen] *fam*

II. *vi vehicle* [heranfahren und] anhalten

pullback ['pʊlbæk] *n* MIL Truppenrückzug *m* **pull date** *n* AM (*sell-by date*) [Mindest]haltbarkeitsdatum *nt* **pull-down menu** *n* COMPUT Pulldown-Menü *nt*, Balkenmenü *nt*

pullet ['pʊlɪt] *n* Junghenne *f*

pulley ['pʊli] *n* TECH Flaschenzug *m*

pull-in *n* BRIT Raststätte *f*

pulling power *n* Anziehungskraft *f*

Pullman ['pʊlmən] *n* RAIL (*dated*) Pullmanwaggon *m*

pull-out I. *n* ① MIL Rückzug *m*

② MEDIA [Sonder]beilage *f*

II. *adj* herausziehbar; **~ bed/table** Ausziehbett *nt*/-tisch *m*

pullover ['pʊləʊvəʳ, AM -oʊvɚ] *n esp* BRIT Pullover *m*

pull-tab *n* AM (*ring pull*) Aufreißring *m*, Dosenring *m* **pull-up** *n* ① (*exercise*) Klimmzug *m* ② BRIT (*service area*) Raststätte *f*

pulmonary ['pʌlmənəri, AM -neri] *adj inv* Lungen-, Pulmonal- *fachspr*; **~ disease/embolism** Lungenerkrankung *f*/-embolie *f*

pulmonary artery *n* Lungenarterie *f*, Pulmonalarterie *f fachspr* **pulmonary vein** *n* Lungenvene *f*, Pulmonalvene *f fachspr*

pulp [pʌlp] **I.** *n* ① (*mush*) Brei *m*, breiige Masse; **to beat sb to a ~** (*fig fam*) jdn zu Brei schlagen *fig sl*; **to mash sth to a ~** etw zu Brei kneten; **to reduce sb to [a] ~** (*fig*) jdn einschüchtern

② (*in paper-making*) [Papier]brei *m*

③ FOOD Fruchtfleisch *nt kein pl*

II. *n modifier* ① (*pej: trashy*) Schund- *pej*; **~ fiction** [*or* **literature**] Schundliteratur *f*; **~ magazine** Groschenheft *nt*; **~ novel** Schundroman *m*

② (*in paper-making*) Papier-; **~ mill** Papiermühle *f*

III. *vt* ■**to ~ sth** ① (*mash*) etw zu Brei verarbeiten; *food* etw zerstampfen

② (*destroy printed matter*) etw einstampfen

pulpit ['pʊlpɪt] *n* ① REL (*platform*) Kanzel *f*; (*preachers collectively*) ■**the ~** die Kanzel

② NAUT Kanzel *f*

pulpwood *n no pl* Industrieholz *nt*

pulpy ['pʌlpi] *adj* breiig, matschig, breiweich *a. fig*; *fruit* saftig, fleischig

pulsar ['pʌlsɑːʳ, AM -sɑːr] *n* ASTRON Pulsar *m*

pulsate [pʌl'seɪt, AM 'pʌlseɪt] *vi* pulsieren; (*with noise*) *building, loudspeaker* vibrieren; (*move rhythmically*) sich *akk* rhythmisch bewegen; ***she could feel his artery pulsating*** sie konnte das Pulsieren seiner Arterie fühlen; ***rue St. Denis is the pulsating heart of street life in Montreal*** die Rue St. Denis ist das pulsierende Zentrum des Straßenlebens in Montreal

pulsation [pʌl'seɪʃən] *n* Pulsieren *nt*

pulse¹ [pʌls] **I.** *n* ① (*heartbeat*) Puls *m*; **strong/weak ~** starker/schwacher Puls; **to take sb's ~** jds Puls fühlen

② (*vibration*) [Im]puls *m*; **a ~ of light/sound** ein Licht-/Klangimpuls *m*

③ (*fig: mood*) **to take** [*or* **feel**] **the ~ of sth** etw sondieren *geh*; **to have/keep one's finger on the ~** am Ball sein/bleiben; ***she's someone with her finger on the ~ of current affairs*** sie ist am Puls der Zeit

④ ELEC Impuls *m*

II. *n modifier* (*rate*) Puls-

III. *vi* pulsieren

IV. *vt* ELEC ■**to ~ sth** etw *dat* einen Impuls geben

pulse² [pʌls] *n* FOOD Hülsenfrucht *f*

pulse amplitude modulation *n* ELEC Impulsamplitudenmodulation *f*

pulverization [ˌpʌlvəraɪ'zeɪʃən, AM -rɪ'-] *n no pl* ① (*reduction*) Pulverisierung *f*

② SPORTS (*fig fam*) [vernichtende] Niederlage

pulverize ['pʌlvəraɪz, AM -və-] *vt* ① (*crush*) ■**to ~ sth** etw pulverisieren

② (*fam: damage*) ■**to ~ sth** etw zermalmen [*o fam* demolieren]

③ (*fig fam: thrash*) ■**to ~ sb** jdn zu Brei schlagen *fig fam*, jdn fertig machen *fam*; SPORTS jdn vernichtend schlagen

puma ['pjuːmə] *n* Puma *m*

pumice ['pʌmɪs] *n*, **pumice stone** *n no pl* GEOL Bimsstein *m*

pummel <BRIT -ll- *or* AM *usu* -l-> ['pʌməl] *vt* ① (*hit*) ■**to ~ sb** auf jdn einprügeln

② (*fig: defeat*) ■**to ~ sb** jdn fertig machen *fam*

③ (*criticize*) ■**to ~ sb/sth** jdn/etw niedermachen *fam*

pummeling AM, **pummelling** ['pʌməlɪŋ] *n* ① (*beating*) Prügel *fpl*

② (*fig: criticism*) Verriss *m*

pump¹ [pʌmp] *n* ① BRIT, AUS (*for gymnastics*) Gymnastikschuh *m*; (*for dancing*) Tanzschuh *m*; (*for ballet*) Balletschuh *m*

② AM, AUS (*court shoe*) Pumps *m*

pump² [pʌmp] **I.** *n* Pumpe *f*; **fuel/petrol/water ~** Treibstoff-/Benzin-/Wasserpumpe *f*

II. *vt* ■**to ~ sth** etw pumpen; ***blood is ~ed round the body*** das Blut wird durch den Körper gepumpt; **to ~ the brakes** mehrmals kurz auf das Bremspedal treten; **to ~ iron** (*fam*) Gewichte heben [*o* stemmen]; **to ~ one's fists** mit den Fäusten [in die Luft] schlagen; **to ~ ideas/money/resources into sth** Ideen/Geld/Mittel in etw *akk* pumpen [*o* stecken] *fam;* ■**to ~ sb for sth** (*fig*) etw aus jdm herausholen; **to ~ sb for news** jdn ausfragen [*o fam* ausquetschen]; ■**to ~ sth out of sb** (*fig*) etw aus jdm herausholen; ***they tried to ~ the information out of him*** sie versuchten ihm die Informationen zu entlocken

♦**pump away I.** *vi* [kräftig] pumpen
II. *vt* **to ~ oil/water away** Öl/Wasser abpumpen

♦**pump in** *vt* ■**to ~ in** ⊂ **sth** etw in etw *akk* pumpen *a. fig;* **to ~ money in sth** Geld in etw *akk* stecken *fam*

♦**pump out** *vt* ■**to ~ out** ⊂ **sth** ① (*remove*) etw herauspumpen; *stomach, room, container* etw auspumpen
② (*fam: blast out*) von sich *dat* geben
③ (*pej fam: churn out*) etw herunterleiern *fam*

♦**pump up** *vt* ① (*inflate*) ■**to ~ sth** ⊂ **up** etw aufpumpen
② (*force up*) **to ~ up gas/oil** Gas/Öl fördern; **to ~ up water** Wasser hochpumpen
③ MUS (*fam: increase*) ■**to ~ sth** ⊂ **up** etw aufdrehen *fam;* **to ~ up the bass/volume** den Bass/die Lautstärke aufdrehen
④ (*fig fam: fill with enthusiasm*) ■**to ~ sb** ⊂ **up** jdn in Stimmung bringen; ***I'm really ~ed up for today's game*** ich bin so richtig in Stimmung für das Spiel heute

pump-action *adj attr* **~ container** Behälter *m* ohne Treibgas; **~ toothpaste tube** Zahnpasta[dosier]spender *m*

pumped [pʌmpt] *adj pred* (*sl*) begeistert

pumpernickel [ˈpʌmpəˌnɪkl̩, AM -pɚ-] *n no pl* Pumpernickel *nt*

pumping [ˈpʌmpɪŋ] **I.** *n no pl* Pumpen *nt*
II. *adj attr, inv* Pump-; **~ machine** [*or* **device**] Pumpe *f*

pumping station *n* Pumpstation *f,* Pumpwerk *nt,* Wasserhebewerk *nt*

pumpkin [ˈpʌmpkɪn] **I.** *n* ① (*vegetable*) [Garten]kürbis *m*
② AM (*fig: term of endearment for child*) Schatz *m,* Mäuschen *nt*
II. *n modifier* (*bread, muffin, soup*) Kürbis-; **~ head** Dummkopf *m pej,* Tölpel *m pej;* **~ pie** AM Kürbiskuchen *m;* **~ seed** AM (*fam: drug*) Meskalin *nt;* (*kernel*) Kürbiskern *m;* (*fish*) Sonnenbarsch *m,* Butterfisch *m*

pump-priming *n* ① MECH Ansaugenlassen *nt* der Pumpe ② *esp* AM ECON, HIST Ankurbelung *f* der Wirtschaft, konjunkturelle Starthilfe (*insbesondere durch Staatsaufträge, erstmals nach der Depression der dreißiger Jahre*) **pump room** *n* ① (*storage area*) Pumpenhaus *nt* ② TOURIST (*at spas*) Kurhaus *nt,* Trinkhalle *f* ③ (*fig fam: bar*) Kneipe *f fam*

pun [pʌn] **I.** *n* Wortspiel *nt;* ***no ~ intended*** das soll kein Wortspiel sein
II. *vi* <-nn-> Wortspiele machen

punch[1] [pʌn(t)ʃ, AM pʌntʃ] **I.** *n hot or cold* Punsch *m; cold* Bowle *f*
II. *n modifier* (*glasses, set*) Punsch-, Bowlen-; **~ ladle** Bowlenlöffel *m*

punch[2] [pʌn(t)ʃ, AM pʌntʃ] **I.** *n* <*pl* -es> ① (*hit*) [Faust]schlag *m,* Hieb *m,* Stoß *m;* (*in boxing*) Punch *m kein pl fachspr,* Schlagkraft *f kein pl;* **to pack a hard ~** einen harten Schlag haben; **to beat sb to the ~** (*also fig fam*) jdm den entscheidenden Schlag zuvorkommen [*o a. fig* Schritt voraus sein]; **to give sb a ~** jdn boxen, jdm einen [Faust]schlag/Hieb versetzen; **to give sb a ~ on the chin** jdm einen Kinnhaken geben; **to give sb a ~ on** [*or* AM **in**] **the nose/in the stomach** jdn auf die Nase schlagen/in den Bauch boxen; **to land a** [**knockout**] **~** einen [K.-o.-]Treffer landen [*o* erzielen]; **to land a ~ to the head/nose** den Kopf/die Nase treffen
② (*perforation*) Stanzen *nt kein pl,* Lochen *nt kein pl,* Punzen *nt kein pl*
③ (*piercing tool*) Stanzwerkzeug *nt,* Lochstanze *f,* Locheisen *nt;* (*for leather, metal*) Punze *f;* [**hole**] **~** (*for paper*) Locher *m;* [**ticket**] **~** Lochzange *f;* (*stamping tool*) [Präge]stempel *m*
④ (*strong effect*) Durchschlagskraft *f kein pl; of arguments* Überzeugungskraft *f kein pl;* ***his performances usually pack a big ~*** seine Auftritte sind gewöhnlich ein durchschlagender Erfolg; (*power*) *of a speech* Schwung *m,* Lebendigkeit *f; of music* Schwung *m,* Schmiss *m;* **a piece with ~** ein Stück *nt* mit Schwung; **a rhythm with ~** ein schwungvoller [*o fam* fetziger] Rhythmus; *of criticism* Biss *m fam; of a presentation* Pep *m fam;* **to lack ~** keinen Schwung [*o* Pep] haben
II. *vt* ① (*hit*) ■**to ~ sb/sth** jdn/gegen etw *akk* [mit der Faust] schlagen; **to ~ the air** mit den Händen [*o* Armen] in der Luft herumfuchteln; **to ~ sb in the eye/nose** jdm aufs Auge/auf die Nase schlagen; **to ~ sb in the stomach** jdn in den Bauch boxen; **to ~ sb black and blue** jdn grün und blau schlagen; **to ~ sb unconscious** jdn bewusstlos schlagen
② *esp* AM (*strike*) ■**to ~ sth** *buttons* etw drücken; *keyboard* auf etw *akk* hauen [*o* hämmern]
③ (*stamp*) ■**to ~ sth** *coin, ring* etw stempeln; (*pierce*) *metal, leather* etw [aus]stanzen [*o* punzen]; *paper* etw lochen; **to ~ holes in a belt** Löcher in einen Gürtel stanzen; **to ~ a ticket** eine Fahrkarte entwerten [*o* knipsen]; **to ~ the** [**time**] **clock** [die Kontrolluhr] stechen
④ AM, CAN AGR (*drive*) **to ~ cattle/a herd** Vieh/eine Herde treiben

♦**punch in I.** *vi* [bei Arbeitsbeginn] die Kontrolluhr stechen
II. *vt* ■**to ~ in** ⊂ **sth** *data, phone number* etw eintippen [*o fachspr* [über die Tastatur] eingeben]

♦**punch out I.** *vi* [bei Arbeitsende] die Kontrolluhr stechen
II. *vt* ① (*type out*) ■**to ~ out** ⊂ **sth** etw tippen; ***I ~ed out an angry letter on my typewriter*** ich haute einen wütenden Brief in meine Schreibmaschine
② (*extract information: from a computer*) **to ~ out data** Daten [über die Tastatur] abrufen
③ (*sl: hit repeatedly*) ■**to ~ out** ⊂ **sb** jdn zusammenschlagen
④ (*make holes*) ■**to ~ out** ⊂ **sth** *patterns, shapes* etw ausstanzen

♦**punch up** *vt* ① (*register*) ■**to ~ up** ⊂ **sth** etw eintippen [*o* eingeben]; **to ~ up data** *on a computer* Daten aufrufen
② AM (*brighten up*) ■**to ~ sth** ⊂ **up** [**with sth**] *presentation, speech* etw [mit etw *dat*] aufpeppen

Punch [pʌn(t)ʃ, AM pʌntʃ] *n* Kasper *m,* Kasperle *nt;* **~ and Judy** [**show**] Kasperletheater *nt;* **to be as pleased as ~** (*fig fam*) sich *akk* freuen wie ein Schneekönig *fig fam;* **to be as proud as ~** (*fig fam*) mächtig stolz [*o* stolz wie ein Spanier] sein *fig*

punchbag [ˈpʌnʃbæg, AM ˈpʌntʃ] *n* BRIT ① (*for boxers*) Sandsack *m* ② (*person*) Opfer *nt fig*

punchball *n* SPORTS ① BRIT (*punching bag*) Punchingball *m fachspr* ② AM (*rubber ball*) Gummiball *m;* (*ball game*) mit der Faust gespielter Baseball (*dabei werden statt der Schläger die Fäuste benutzt – wird auf der Straße gespielt*) **punchbowl** *n* Punschschüssel *f,* Punschterrine *f,* Bowle *f,* Bowlengefäß *nt* **punchcard** *n* COMPUT (*hist*) Lochkarte *f hist,* Hollerithkarte *f fachspr hist* **punch-clock** *n* Stechuhr *f* **punch-drunk** *adj inv* ① (*of boxers*) hirngeschädigt; **to be ~** Hirnschäd[igung]en haben ② (*unstable*) wackelig [auf den Beinen] ③ (*fig: dazed*) ■**to be ~** benommen [*o* benebelt] sein ④ (*fig: overwhelmed*) [tief] erschüttert, ganz mitgenommen *fig*

punching bag *n* AM SPORTS Punchingball *m fachspr,* Sandsack *m*

punching doll *n* Watschenmann *m* ÖSTERR *fam,* Stehaufmännchen *nt*

punchline *n* Pointe *f,* Knalleffekt *m fig* **punch-tape** *n* COMPUT (*hist*) Lochstreifen *m hist*

punch-up *n* BRIT Schlägerei *f,* Prügelei *f;* **to get into a ~** *voluntarily* eine Schlägerei anfangen; *involuntarily* in eine Schlägerei geraten; **to have a ~** sich *akk* prügeln

punchy [ˈpʌn(t)ʃi, AM -tʃi] *adj* ① (*effective*) eindrucksvoll, [ausdrucks]stark, peppig *fam;* **a ~ rhythm** ein schwungvoller [*o fam* fetziger] Rhythmus; **a ~ speech** eine mitreißende [*o* zündende] Rede
② AM (*fam: unstable*) wackelig [auf den Beinen]
③ AM (*fam: dazed*) benommen, benebelt
④ AM (*fam: stupid*) blöd[e]

punctilious [pʌŋkˈtɪliəs] *adj* (*also pej form*) ① (*thorough*) *in observing rules* [peinlich] genau, penibel *a. pej,* pedantisch *pej;* ■**to be ~ about sth** es mit etw *dat* peinlich genau nehmen
② (*formal*) *in clothing* [übertrieben] festlich *a. pej,* korrekt; *in conduct* [übertrieben] förmlich *a. pej,* [sehr] steif *pej,* korrekt, [form]vollendet

punctiliously [pʌŋkˈtɪliəsli] *adv* (*also pej form*) ① (*thoroughly*) [peinlich] genau, penibel *a. pej,* pedantisch *pej*
② (*correctly*) *in clothing* [übertrieben] festlich *a. pej,* korrekt; *in conduct* [übertrieben] förmlich *a. pej,* [sehr] steif *pej*

punctiliousness [pʌŋkˈtɪliəsnəs] *n no pl* (*also pej form*) ① (*thoroughness*) [peinliche] Genauigkeit, Penibilität *f a. pej,* Pedanterie *f pej*
② (*correctness*) *in clothing* [übertriebene] Festlichkeit *a. pej,* Korrektheit *f; in conduct* [übertriebene] Förmlichkeit *a. pej,* [übermäßige] Steifheit *pej,* Korrektheit *f,* vollendete Form

punctual [ˈpʌŋktʃuəl] *adj* pünktlich; ■**to be ~ in doing sth** etw pünktlich tun; **to be ~ for an appointment** pünktlich zu einem Termin erscheinen

punctuality [ˌpʌŋktʃuˈæləti, AM -əṭi] *n no pl* Pünktlichkeit *f*

punctually [ˈpʌŋktʃuəli] *adv* pünktlich

punctuate [ˈpʌŋktʃueɪt] *vt* ■**to ~ sth** ① LING (*mark*) *written matter* etw mit Satzzeichen versehen [*o fachspr* interpunktieren]
② (*fig form: accentuate*) etw unterstreichen [*o* betonen] *fig*
③ (*intersperse*) etw [hier und da] einfügen [*o* einstreuen]; (*interrupt*) etw [immer wieder] unterbrechen; ***he ~s his conversation with snatches of songs*** er untermalt seine Worte mit Songeinlagen; ***his speech was ~d by applause*** seine Rede wurde immer wieder von Beifall unterbrochen

punctuation [ˌpʌŋktʃuˈeɪʃən] *n no pl* Zeichensetzung *f,* Interpunktion *f fachspr*

punctuation mark *n* Satzzeichen *nt,* Interpunktionszeichen *nt fachspr*

puncture [ˈpʌŋktʃəʳ, AM -ɚ] **I.** *vt* ■**to ~ sth** ① (*pierce*) *cardboard, leather* etw durchstechen [*o* durchbohren]; ***the animal's fangs ~d her skin*** die Zähne des Raubtiers bohrten sich in ihre Haut; **to ~ a hole in sth** ein Loch in etw *akk* bohren; **a ~d organ** MED Perforation eines Organs *fachspr*
② (*fig: make collapse*) *dream, hope* etw zerstören [*o* zunichte machen] *fig pej; mood* etw verderben; **to ~ a fallacy** mit einem Irrtum aufräumen *fig pej;* **to ~ a myth** einen Mythos entzaubern; ***any inflated egos tend to be quickly ~d here*** wer allzu eingenommen von sich selbst ist, wird hier meist schnell zurechtgestutzt
II. *vi* (*burst*) *tyre* ein Loch bekommen; *plastic* einreißen
III. *n* Loch *nt* [im Reifen], Reifenpanne *f;* **a slow ~** BRIT eine undichte Stelle; **to have a ~** eine Reifenpanne [*o fam* einen Platten] haben
IV. *n modifier* ① TRANSP Flick-; **~ patch** Flicken *m;* **~ repair kit** *on bikes, cars* Flickzeug *nt; on cars* Reifenreparatursatz *m*
② MED **~ wound** leichte Stichwunde; (*of an insect*) Stich *m*

pundit [ˈpʌndɪt] *n* ① REL (*scholar*) Pandit *m fachspr* (*Ehrentitel indischer Gelehrter, hauptsächlich von Brahmanen geführt*)
② ECON, POL (*also pej: authority*) Experte, -in *m, f,*

P

Koryphäe *f,* Guru *m hum pej*
❸ (*pej: commentator*) autoritärer Kritiker/autoritäre Kritikerin *pej*

pungency ['pʌndʒᵊn(t)si] *n of smell, taste* Schärfe *f;* (*fig*) *of criticism, wit* Schärfe *f kein pl a. pej; of comments, remarks* Bissigkeit *f kein pl*

pungent ['pʌndʒᵊnt] *adj* ❶ (*also pej: strong*) *smell* scharf, stechend *pej,* beißend *pej; taste* scharf, pikant
❷ (*fig: biting*) *wit, words* scharf; ~ **criticism** scharfe [*o* beißende] Kritik; *comment, remark* bissig; (*pointed*) *comment, expression* treffend; *style* pointiert, scharfzüngig

pungently ['pʌndʒᵊntli] *adv* beißend, ätzend

punish ['pʌnɪʃ] *vt* ❶ (*penalize*) ■**to** ~ **sb** jdn bestrafen [*o geh* strafen]; ■**to** ~ **sth** *crime, offence* etw bestrafen [*o geh* ahnden]; ***murder, in some states, can be ~ed with the death penalty*** auf Mord steht in manchen Staaten die Todesstrafe; **to** ~ **sb heavily/severely** jdn hart/streng bestrafen; **to** ~ **sb with a fine** jdn mit einer Geldstrafe belegen
❷ (*treat roughly*) ■**to** ~ **sb/sth** jdn/etw strapazieren [*o* stark beanspruchen] [*o fig* arg mitnehmen]; (*treat badly*) ■**to** ~ **sb** jdn malträtieren; *in a fight* jdn übel zurichten; ■**to** ~ **sth** etw malträtieren [*o fam* ramponieren]
❸ (*exert oneself*) ■**to** ~ **oneself** sich *akk* [ab]quälen [*o* [ab]schinden]
❹ (*fig fam: consume*) ■**to** ~ **sth** *food* etw verputzen [*o* wegputzen] *fig fam; drink* etw zischen *fig fam;* **to** ~ **a beer** ein Bier zischen; **to** ~ **a bottle of whisky** eine Flasche Whiskey köpfen *fig fam*

punishable ['pʌnɪʃəbl] *adj inv* LAW strafbar; ***murder is ~ by life imprisonment*** Mord wird mit lebenslanger Haft bestraft; ~ **offence** strafbare Handlung *fachspr;* ~ **offender** Straffällige(r) *f(m) fachspr*

punishing ['pʌnɪʃɪŋ] **I.** *adj attr* (*fig*) ❶ (*heavy*) *pace, workload* Mords-, mörderisch *fig fam;* ~ **blow** Mordsschlag *m;* ~ **storms** mörderische Stürme
❷ (*brutal*) mörderisch *fig fam,* gnadenlos; ~ **air strikes** gnadenlose Luftangriffe
❸ (*tough*) hart, schwer, anstrengend; **a** ~ **schedule** ein anstrengender [*o* alle Kräfte beanspruchender] Terminplan; **a** ~ **race** ein schweres [*o* hartes] Rennen
II. *n* TECH (*severe handling*) starke [*o* harte] Beanspruchung, Strapazierung *f;* (*rough treatment*) Malträtierung *f;* **to take a** ~ *device, equipment* stark beansprucht werden; (*be damaged*) malträtiert [*o fam* ramponiert] werden, leiden [müssen] *fig; boxer* Prügel beziehen *fig fam,* eine Packung kriegen *fig fam*

punishingly ['pʌnɪʃɪŋli] *adv* extrem, mörderisch, gnadenlos; **a** ~ **fast pace** ein extrem [*o* gnadenlos] schnelles Tempo; **a** ~ **heavy workload** ein extrem [*o* mörderisch] hohes Arbeitspensum

punishment ['pʌnɪʃmənt] *n* ❶ (*penalty*) Bestrafung *f,* Strafe *f;* **capital** ~ Todesstrafe *f;* **corporal** ~ körperliche Züchtigung, Prügelstrafe *f;* **full** [*or* **maximum**] ~ Höchststrafe *f;* **minimum** ~ Mindeststrafe *f;* **to administer a** ~ (*form*) eine Strafe verhängen; LAW **to award a** ~ (*form*) eine Strafe zuerkennen; **to escape** ~ der Strafe entgehen; **to incur a** ~ sich *akk* strafbar machen; **to inflict a** ~ eine Strafe verhängen *fachspr;* **to mete out** ~ Strafe zumessen *fachspr;* **to mitigate the** ~ die Strafe mildern *fachspr;* **as a** ~ [**for sth**] als Strafe [für etw *akk*]
❷ TECH (*severe handling*) starke [*o* harte] Beanspruchung, Strapazierung *f;* (*rough treatment*) harte [*o* grobe] Behandlung; **to take** ~ *in boxing* Prügel beziehen *fam,* schwer einstecken müssen *fig fam*
❸ (*strain*) Strapaze *f,* Belastung *f,* Schlauch *m fig fam;* **to take a lot of** ~ *device, equipment* stark beansprucht [*o* strapaziert] werden
► PHRASES: **let** [*or* **make**] **the** ~ **fit the crime** (*prov*) [die Dinge] nicht mit zweierlei Maß messen

punitive ['pju:nətɪv, AM -t̬ɪv] *adj* (*form*) ❶ (*penalizing*) Straf-; **to take** ~ **action** [*or* **measures**] [**against sb**] eine Strafaktion [gegen jdn] unternehmen, Strafmaßnahmen [gegen jdn] treffen; ~ **damages** LAW *in case of libel, slander* verschärfter Schaden[s]ersatz, Schaden[s]ersatz *m* mit Strafwirkung *fachspr;* ~ **detention** BRIT [kurzfristige] Jugendhaft *fachspr;* ~ **expedition** MIL Strafexpedition *f fachspr;* ~ **justice** LAW Strafgerichtsbarkeit *f,* Strafjustiz *f;* ***they are seeking ~ justice*** sie wollen vor Gericht ihr Recht einklagen; ~ **law** Strafgesetz *nt;* ~ **sanctions** Strafsanktionen *fpl*
❷ ECON, FIN (*severe*) streng, rigoros, einschneidend; ~ **measures** einschneidende Maßnahmen; ~ **taxation** strenge [*o* rigorose] Besteuerung
❸ FIN (*extreme*) unverhältnismäßig [*o* übermäßig] [hoch]; ~ **import duties** übermäßig hohe Einfuhrzölle

punitively ['pju:nətɪvli, AM -t̬ɪv-] *adj* ❶ (*severely*) empfindlich, spürbar; **to tax imports** ~ FIN Importe streng [*o* rigoros] besteuern; **to act** ~ **against sb** LAW strafrechtlich gegen jdn vorgehen *fachspr*
❷ (*extremely*) unerhört, unverschämt, verboten *fam*

Punjab [ˌpʌn'dʒɑ:b, AM pʌn'-] *n no pl* GEOG Pandschab *nt o veraltet f*

Punjabi [pʌn'dʒɑ:bi:] **I.** *n* ❶ (*person*) Pandschabbewohner(in) *m(f)*
❷ (*language*) Pandschabi *nt*
II. *adj inv* pandschabisch

punk [pʌŋk] **I.** *n* ❶ *esp* AM (*pej sl: worthless person*) Dreckskerl *m sl,* Mistkerl *m fam*
❷ AM (*pej sl:* [*young*] *male criminal*) [kleiner] [Jung]ganove *fam*
❸ *esp* AM (*pej sl: troublemaker*) Randalierer(in) *m(f) fam,* Rabauke *m fam*
❹ AM (*pej sl: novice*) Grünschnabel *m fig pej fam; also in addressing* Anfänger(in) *m(f) pej fam*
❺ AM (*pej sl: dull person*) Blödmann *m fam,* Dummkopf *m pej*
❻ (*pej: young rebel*) Punker(in) *m(f)*
❼ *no pl* (*anarchist movement*) Punk *m*
❽ *no pl* (*music*) Punk[rock] *m;* (*fan*) Punkrocker(in) *m(f),* Punker(in) *m(f)*
II. *n modifier* (*clothes, group, song*) Punk[er]-; ~ **band** Punkband *f;* ~ **haircut** Punkerfrisur *f;* **the** ~ **scene** die Punkszene

punk rock *n no pl* Punk[rock] *m* **punk rocker** *n* Punkrocker(in) *m(f),* Punker(in) *m(f)*

punnet ['pʌnɪt] *n* BRIT, AUS [Obst]körbchen *nt*

punster ['pʌnstəʳ, AM -ɚ] *n* Spaßvogel *m,* Witzbold *m fam;* (*for woman also*) Nudel *f fam*

punt¹ [pʌnt] SPORTS **I.** *vt* **to** ~ **the ball** *in American football* einen Befreiungsschlag ausführen *fachspr; in rugby* einen Falltritt ausführen *fachspr*
II. *n* (*kick*) *in American football* Befreiungsschlag *m fachspr; in rugby* Falltritt *m fachspr*

punt² [pʌnt] **I.** *vt* NAUT staken *fachspr;* **to** ~ **a boat** [**through the reeds**] einen Stechkahn [durch das Schilf] staken *fachspr*
II. *vi* NAUT staken *fachspr;* **to go** ~**ing** Stechkahn fahren; ***we ~ed up the river*** wir stakten flussaufwärts
III. *n* NAUT flaches [viereckiges] Boot, Stechkahn *m fachspr*

punt³ [pʌnt] **I.** *vi* ❶ (*bet against bank*) *at card game* gegen die Bank setzen [*o* den Bankhalter spielen]
❷ (*bet*) *at horse races* wetten, [auf ein Pferd] setzen
❸ (*gamble on stocks*) [an der Börse] spekulieren; **to** ~ **in the stock market** an der Börse spekulieren
II. *n* Wette *f;* **to make** [*or* **place**] **a** ~ **on sth** Geld auf etw *akk* setzen, auf etw *akk* wetten

punt⁴ [pʌnt] *n* irisches Pfund

punter¹ ['pʌntəʳ] *n* BRIT ❶ (*gambler*) [Glücks]spieler(in) *m(f),* Zocker(in) *m(f) sl; in lottery, pools* Tipper(in) *m(f); at horse races* [kleiner] Wetter/[kleine] Wetterin (*das Wetten wird berufsmäßig betrieben*); *on stocks* [Börsen]spekulant(in) *m(f)*
❷ (*fam: customer*) Kunde, -in *m, f,* Käufer(in) *m(f); of a casino* Besucher(in) *m(f);* **the average** ~ (*fam*) Otto Normalverbraucher *fam;* **to attract** [*or* **pull in**] [**the**] ~**s** [die] Kundschaft [*o* Käufer] anlocken; (*user*) *newspaper reader* Leser(in) *m(f)*
❸ (*fam: prostitute's customer*) Freier *m sl*

punter² ['pʌntəʳ, AM -ɚ] *n* Stechkahnfahrer(in) *m(f)*

puny ['pju:ni] *adj* ❶ (*pej: sickly*) *person* schwächlich, mick[e]rig
❷ (*small*) *person* winzig *pej*
❸ (*fig pej: lacking in power*) schwach; **a** ~ **argument** ein schwaches [*o* wenig überzeugendes] Argument; **a** ~ **attempt** ein schüchterner Versuch; **a** ~ **excuse** eine billige Ausrede
❹ (*minor*) belanglos, unerheblich, unmaßgeblich; **a** ~ **objection** ein belangloser [*o* unerheblicher] Einwand; **a** ~ **opinion** eine unmaßgebliche Meinung

pup [pʌp] **I.** *n* ❶ (*baby dog*) junger Hund, Welpe *m;* ■**to be in** [*or* **with**] ~ trächtig sein
❷ (*baby animal*) *of a fox, otter, seal* Junge(s) *nt*
❸ BOT (*young plant*) Schößling *m fachspr*
❹ (*fig pej: inexperienced young man*) Grünschnabel *m oft pej,* junger Spund *fam;* (*brash young man*) junger Schnösel *m pej fam;* **conceited** ~ Fatzke *m pej fam*
❺ AM (*fig pej sl: stupid person*) Blödmann *m derb,* Dummkopf *m pej*
❻ AM (*fig pej sl: penis*) Schwanz *m fig pej sl*
❼ BRIT COMM, ECON (*fig pej sl: bad investment*) Fehlinvestition *f,* Pleite *f pej fam,* Niete *f pej*
► PHRASES: **to <u>be</u> in** ~ AM (*pej sl*) einen dicken Bauch haben *pej fam;* **to <u>sell</u> sb a** ~ jdn über den Tisch ziehen, jdm etw andrehen *fig pej fam;* **to be <u>sold</u> a** ~ übers Ohr gehauen werden
II. *vi* <-pp-> [Junge] werfen

pupa <*pl* -s *or* -pae> ['pju:pə, *pl* -pi:] *n* BIOL ❶ (*covering*) Puppe *f fachspr*
❷ (*stage*) Puppenstadium *nt fachspr; see also* **pupal stage**

pupae ['pju:pi:] *n pl of* **pupa**

pupal ['pju:pᵊl] *adj inv* BIOL Puppen- *fachspr*

pupal stage *n* BIOL Puppenstadium *nt fachspr*

pupate ['pju:peɪt] *vi* BIOL sich *akk* verpuppen *fachspr*

pupil¹ ['pju:pᵊl] *n* ❶ (*schoolchild*) Schüler(in) *m(f);* ***he is a second-year*** ~ er ist in der zweiten Klasse
❷ (*follower*) Schüler(in) *m(f);* **a** ~ **of Titian** ein Titianschüler/eine Titianschülerin
❸ LAW (*ward*) Mündel *nt fachspr;* SCOT Minderjährige(r) *f(m)* (*Mädchen bis 12, Jungen bis 14*)

pupil² ['pju:pᵊl] *n* ANAT Pupille *f*

pupil-teacher ratio *n* Lehrer-Schüler-Verhältnis *nt,* Klassenstärke *f*

puppet ['pʌpɪt] **I.** *n* ❶ (*theatre doll*) [Hand]puppe *f;* (*on strings*) Drahtpuppe *f,* Gliederpuppe *f,* Marionette *f;* **finger** ~ Fingerpuppe *f;* **glove** [*or* **hand**] ~ Handpuppe *f*
❷ (*pej fig: controlled by another*) Marionette *f pej;* **to be sb's** ~ **on a string** (*fig*) von jdm am Gängelband geführt werden *fig fam*
II. *n modifier* (*maker, play*) Puppen-; (*play, strings*) Marionetten-

puppeteer [ˌpʌpɪ'tɪəʳ, AM -ə'tɪr] *n* ❶ THEAT (*entertainer using puppets*) Puppenspieler(in) *m(f);* (*theatre operator*) Betreiber(in) *m(f)* eines Figurentheaters
❷ (*pej: manipulator*) **to be the** ~ **of sth** der Drahtzieher/die Drahtzieherin einer S. *gen* sein

puppet government *n* Marionettenregierung *f* **puppet player** *n* Puppenspieler(in) *m(f)* **puppet regime** *n* Marionettenregierung *f*

puppetry ['pʌpɪtri] *n no pl* Puppenspiel *nt*

puppet show *n* Puppenspiel *nt,* Marionettentheater *nt,* Figurentheater *nt* **puppet state** *n* Marionettenstaat *m* **puppet theater** AM, **puppet theatre** *n* Puppentheater *nt,* Figurentheater *nt*

puppy ['pʌpi] *n* ❶ (*baby dog*) junger Hund, Welpe *m*
❷ (*baby animal*) Junge(s) *nt*
❸ (*dated or fig, usu pej fam: inexperienced young man*) Grünschnabel *m oft pej,* junger Spund *fam*
❹ AM (*fig pej sl: weak person*) Waschlappen *m,* Weichei *nt fig pej fam*
❺ AM (*fig fam: thing*) Dings *nt fam*

puppy-dog *n* ❶ (*childspeak: young dog*) Hündchen *nt* ❷ (*fig hum: enamoured innocent*) verliebter Kater *fig hum* **puppy fat** *n no pl* (*fam*) Babyspeck *m hum fam* **puppy love** *n no pl* (*fam*) erste Liebe, Jugendliebe *f,* Jugendschwärmerei *f*

pup tent *n* MIL Schutzzelt *nt;* (*for one person*) Einmannzelt *nt;* (*for two people*) Zweimannzelt *nt*

purchasable ['pɜːtʃəsəbl̩, AM 'pɜːr-] *adj inv* (*also fig, pej*) käuflich *a. fig, pej; at a shop* erhältlich; *house, real estate* zum Kauf [aus]stehend *attr*

purchase ['pɜːtʃəs, AM 'pɜːr-] **I.** *vt* ❶ (*form: buy*) ■**to ~ sth** etw kaufen [*o geh* erstehen]
❷ FIN, LAW (*form: acquire*) ■**to ~ sth** etw [käuflich] erwerben *geh;* **to ~ sb's debt/loan** jds Restschuld/Restdarlehen übernehmen *fachspr*
❸ (*pej: by bribery*) ■**to ~ sth** *career, success* sich *dat* etw erkaufen *pej*
❹ NAUT (*lift up*) **to ~ the anchor** den Anker hieven [*o* lichten]; **to ~ a rope** [*or* **cable**] ein Tau einholen
II. *n* (*form*) ❶ (*something to be bought*) [Handels]ware *f,* Kaufobjekt *nt;* (*something bought*) Kauf *m,* Ankauf *m,* Einkauf *m;* ■**~s** *pl* COMM, FIN Wareneingänge *mpl;* LAW *real property* gekaufte Sache *fachspr;* **to make a ~** einen Kauf tätigen; *bulky goods* eine Anschaffung machen
❷ (*act of buying*) Kauf *m;* **compulsory ~** BRIT LAW Enteignung *f fachspr*
❸ FIN, LAW (*acquisition*) Erwerb *m kein pl;* **~ of a debt/loan** Übernahme *f* einer Restschuld/eines Restdarlehens
❹ (*old: return*) *from rent* [jährlicher] Mietertrag; *from land* [jährlicher] Pachtertrag
❺ *no pl* (*spec: hold*) Halt *m;* TECH (*grip*) Haftung *f fachspr;* ***these tyres don't provide much ~ on the road*** diese Reifen haben keine ausreichende Bodenhaftung; (*fig*) ***I just couldn't get a ~ on what he was saying*** ich hatte einfach keine Ahnung, worauf er hinaus wollte
❻ TECH (*power*) Hebelwirkung *f,* Hebelkraft *f fachspr; device* [einfaches] Hebezeug *fachspr;* (*fig*) Einfluss *m*
III. *n modifier* COMM Kauf-, Einkaufs-, [Waren]eingangs-; **~ account** Wareneingangskonto *nt fachspr,* Einkaufskonto *nt;* **~ budget/discount** Einkaufsbudget *nt*/Einkaufsrabatt *m;* **~ invoice** Eingangsrechnung *f,* Lagerrechnung *f fachspr;* **~ price** [Ein]kauf[s]preis *m,* Anschaffungspreis *m;* **~ receipt** Quittung *f;* (*from a cash machine*) Kassenbon *m,* Kassenzettel *m*

purchase book *n* FIN Wareneingangsbuch *nt,* Eingangsjournal *nt fachspr* **purchase ledger** *n* FIN Kreditorenjournal *nt fachspr* **purchase order** *n* Bestellung *f,* Kaufauftrag *m;* **to place** [*or* **make**] **a ~** [**with sb/a company**] etw [bei jdm/einer Firma] bestellen [*o* in Auftrag geben]

purchaser ['pɜːtʃəsəʳ, AM 'pɜːrtʃəsɚ] *n* ❶ (*buyer*) Käufer(in) *m(f),* Abnehmer(in) *m(f);* FIN, LAW Erwerber(in) *m(f);* **first ~** Ersterwerber(in) *m(f) fachspr*
❷ (*purchasing agent*) Einkäufer(in) *m(f)*

purchase tax *n* ECON Kaufsteuer *f*

purchasing ['pɜːtʃəsɪŋ, AM 'pɜːr-] *n no pl* (*form*) Erwerb *m geh,* [Ein]kaufen *nt,* [Ein]kauf *m;* **~ of goods** Wareneinkauf *m*

purchasing agent *n* Einkäufer(in) *m(f);* (*manager*) Einkaufsleiter(in) *m(f)* **purchasing department** *n* Einkaufsabteilung *f,* Einkauf *m kein pl fachspr* **purchasing manager** *n* Einkaufsleiter(in) *m(f)* **purchasing order** *n* Kaufauftrag *m,* Bestellung *f;* **to place** [*or* **make**] **a ~** [**with sb/a company**] etw [bei jdm/einer Firma] bestellen [*o* in Auftrag geben] **purchasing power** *n no pl* Kaufkraft *f*

purdah ['pɜːdə, AM 'pɜːr-] *n no pl* ❶ (*seclusion*) *hinduistisch-muslimische Praxis, nach der Frauen im Inneren eines Hauses den Blicken fremder Männer durch Zwischenwände bzw. Vorhänge entzogen werden;* ***the women in the village live in strict ~*** die Frauen des Dorfes leben streng abgeschirmt
❷ (*state of wearing veil*) Verschleierung *f;* ■**out of ~** unverschleiert; **to be in ~** einen Schleier tragen; **to go into ~** (*fig*) *thing* aus dem Blickfeld verschwinden; *person* sich *akk* zurückziehen
❸ (*screen*) Vorhang *m,* Zwischenwand *f*

pure [pjʊəʳ, AM pjʊr] *adj* ❶ (*unmixed*) rein, pur; **~ alcohol** reiner [*o fachspr* absoluter] Alkohol; **~ chocolate** unverfälschte Schokolade; **~ cotton** reine Baumwolle; **~ gold** reines [*o* pures] Gold, Feingold *nt fachspr;* **~ orange juice/honey** reiner Orangensaft/Honig; ***I have ~ Irish ancestry*** ich bin rein irischer Abstammung; ZOOL (*purebred*) reinrassig *fachspr;* **~ German shepherd** reinrassiger deutscher Schäferhund
❷ (*clean*) *air, water* sauber, klar
❸ (*fig: utter*) rein, pur, wahr; ***the film was ~ Disney*** der Film war Disney pur; ***that's ~ guesswork*** das sind bloße Vermutungen; ***the hot bath was ~ bliss*** das heiße Bad war eine wahre Wohltat; ***that was ~ hell for us*** das war die reinste Hölle für uns; **~ chance** reiner Zufall; **a ~ delight** eine reine [*o* wahre] Freude; **~ insanity** glatter Wahnsinn, kompletter Schwachsinn *fam;* **for ~ joy** aus reinem [*o* nur zum] Vergnügen; **~ luck** reines Glück, reiner Zufall; **~ and utter rubbish** ausgemachter Blödsinn; **~ and simple** schlicht und einfach
❹ (*free of evil*) unschuldig, rein; **~ feelings** reine Gefühle; **to be ~ in heart** ein reines Herz haben *geh;* **~ intentions** ehrliche [*o geh* lautere] Absichten; **~ motives** uneigennützige Motive
❺ (*non-sexual*) rein *geh,* keusch
❻ (*virginal*) rein *geh,* unberührt
❼ MUS (*in tune*) rein
❽ LING (*single-sounded*) monophthongisch *fachspr;* **a ~ vowel** ein Monophthong *m fachspr*
❾ (*abstract*) rein, theoretisch; **~ geometry** projektive [*o* synthetische] Geometrie *fachspr;* **~ mathematics** reine [*o* abstrakte] Mathematik *fachspr;* **~ reason** reine Vernunft; ***as ~ reason that makes perfect sense*** rein theoretisch ist das vollkommen klar

pure blood *n* reinrassiges Tier **pure-bred** **I.** *n* reinrassiges Tier **II.** *adj inv* reinrassig

purée ['pjʊəreɪ, AM pjʊ'reɪ] **I.** *vt* <puréed, puréeing> ■**to ~ sth** etw pürieren
II. *n no pl* Püree *nt;* **tomato ~** passierte Tomaten *fpl*

purely ['pjʊəli, AM 'pjʊr-] *adv* ❶ (*completely*) rein, ausschließlich; ***any resemblance to any person, living or dead, is ~ coincidental*** jede Ähnlichkeit mit lebenden oder verstorbenen Personen ist rein zufällig; **a ~ vegetarian diet** eine rein vegetarische Kost
❷ (*merely*) bloß, lediglich; **~ and simply** schlicht und einfach
❸ (*free of evil*) unschuldig
❹ (*virtuously*) keusch; **to live ~** keusch leben

purgation [pɜː'geɪʃᵊn, AM pɜːr'-] *n* ❶ MED (*bowel movement*) Darmentleerung *f,* Stuhlentleerung *f;* *by using a drug* Abführen *nt fachspr*
❷ REL Reinigung *f,* Läuterung *f;* LAW (*old*) Rechtfertigung *f,* Purgation *f veraltet o fachspr;* REL (*hist*) *by an oath, ordeal* Reinigung *f* [durch Eideshelfer] *hist,* Purgation *f hist o fachspr*

purgative ['pɜːgətɪv, AM 'pɜːrgəţ-] **I.** *n* MED Abführmittel *nt,* Laxativum *nt fachspr*
II. *adj* ❶ MED abführend, Abführ-
❷ (*fig liter*) befreiend

purgatorial [ˌpɜːgə'tɔːriəl, AM ˌpɜːrgə'] *adj* höllisch

purgatory ['pɜːgətᵊri, AM 'pɜːrgətɔːri] *n no pl* ❶ REL ■**P~** das Fegefeuer [*o geh* Purgatorium]; **to be in P~** im Fegefeuer sein
❷ (*fig: unpleasant experience*) die Hölle; ***this is sheer ~!*** das ist die reinste Hölle!; **to go through ~** Höllenqualen ausstehen

purge [pɜːdʒ, AM pɜːrdʒ] **I.** *vt* ❶ (*also fig: cleanse*) ■**to ~ sb/sth of sth** jdn/etw von etw *dat* reinigen *a. fig;* **to ~ metal of dross** Metall von Schlacke reinigen; **to ~ oneself/sb of a suspicion** sich/jdn von einem Verdacht lossprechen; ■**to ~ sth of sth** (*fig*) *organization* etw von etw *dat* säubern; ■**to ~ oneself/sb of sth** *guilt, suspicion* sich/jdn von etw *dat* rein waschen; ***most government officials have been ~d of charges of corruption*** die meisten Regierungsangestellten sind von Korruptionsvorwürfen freigesprochen worden; REL (*fig*) ■**to ~ sb/sth of sth** jdn/etw von etw *dat* befreien [*o* rein waschen] *fig;* ***Roman Catholics go to confession to ~ their souls of sin*** Katholiken gehen zur Beichte, um ihre Seele von Sünden rein zu waschen
❷ POL (*get rid of*) ■**to ~ sth of** [*or* **from**] **sb/sth** *organization* etw von jdm/etw säubern; ***the new state governor has promised to ~ the police force of corruption*** der neue Gouverneur hat versprochen, die Polizei von korrupten Elementen zu säubern; ■**to ~ sb** (*also euph*) *unwanted members* jdn liquidieren *euph*
❸ LAW (*wipe out*) **to ~ an offence** ein Verbrechen sühnen; **to ~ one's contempt** [*or* **a contempt of court**] sich *akk* für Missachtung des Gerichts entschuldigen
❹ MED (*empty*) **to ~ the bowels** Stuhlgang haben, den Darm entleeren, abführen; ■**to ~ sb** jdn abführen lassen, jdm Abführmittel geben
❺ COMPUT ■**to ~ sth** etw löschen
II. *vi* MED **to binge and ~** sich *akk* voll stopfen und [anschließend] erbrechen
III. *n* ❶ (*cleaning out*) Reinigung *f,* Säuberung *f*
❷ POL (*getting rid of*) Säuberung[saktion] *f*
❸ (*dated: laxative*) Abführmittel *nt*

purification [ˌpjʊərɪfɪ'keɪʃᵊn, AM ˌpjʊrə-] **I.** *n no pl* ❶ (*cleansing*) Reinigung *f*
❷ REL (*spiritual cleansing*) Reinigung *f,* Läuterung *f*
II. *n modifier* ❶ (*for cleansing*) Reinigungs-
❷ REL (*cleansing of sins*) Reinigungs-; **to undergo a ~ ritual** sich *akk* einem Reinigungsritual unterziehen

purifier ['pjʊərɪfaɪəʳ, AM 'pjʊrəfaɪɚ] *n* ❶ CHEM, TECH (*apparatus*) Reiniger *m,* Reinigungsanlage *f*
❷ (*agent*) Reinigungsmittel *nt,* reinigendes Mittel

purify ['pjʊərɪfaɪ, AM 'pjʊrə-] *vt* ❶ (*cleanse*) ■**to ~ sth** [**of** [*or* **from**] **sth**] *air, metal, water* etw [von etw *dat*] reinigen [*o* säubern]
❷ REL (*cleanse morally*) ■**to ~ sth** etw reinigen [*o* läutern]; **to ~ one's mind** seinen Geist reinigen [*o* läutern]; ■**to ~ oneself of** [*or* **from**] **sth** sich *akk* von etw *dat* befreien; (*free from guilt*) etw entlasten

purism ['pjʊərɪzᵊm, AM 'pjʊr-] *n no pl* ❶ (*usu pej: school of thought*) *in language, style* Purismus *m oft pej*
❷ (*French art form*) ■**P~** der Purismus

purist ['pjʊərɪst, AM 'pjʊr-] *n* Purist(in) *m(f)*

puritan ['pjʊərɪtᵊn, AM 'pjʊr-] **I.** *n* ❶ (*Protestant*) Puritaner(in) *m(f);* ■**the P~s** *pl* die Puritaner *pl*
❷ (*fig, usu pej: strict person*) Puritaner(in) *m(f) fig, a. pej,* Tugendwächter(in) *m(f) oft pej,* Frömmler(in) *m(f) pej;* ***don't be such a ~*** sei nicht so prüde *pej*
II. *adj* ❶ (*of Puritans*) puritanisch
❷ (*fig, usu pej: strict*) puritanisch *fig, a. pej,* sittenstreng, prüde *fig pej*

puritanical [ˌpjʊərɪ'tænɪkᵊl, AM ˌpjʊrɪ'-] *adj* (*usu pej*) puritanisch, sittenstreng, prüde *pej*

puritanically [ˌpjʊərɪ'tænɪkᵊli, AM ˌpjʊrɪ'-] *adv* puritanisch, sittenstreng

Puritanism ['pjʊərɪtᵊnɪzᵊm, AM 'pjʊr-] *n no pl* Puritanismus *m*

purity ['pjʊərəti, AM 'pjʊrɪţi] **I.** *n no pl* ❶ (*cleanness*) Sauberkeit *f*
❷ (*freedom from admixture*) Reinheit *f*
❸ REL (*moral goodness*) Reinheit *f;* (*innocence*) Unschuld *f,* Keuschheit *f,* Unberührtheit *f*
❹ MUS (*true sound*) Reinheit *f,* Klarheit *f;* ***her singing has ~, clarity and strength*** sie singt rein, klar und kraftvoll
II. *n modifier* CHEM *standard, test* Reinheits-; **~ degree** Reinheitsgrad *m fachspr;* **~ campaign** POL Sauberkeitskampagne *f*

purl [pɜːl, AM pɜːrl] **I.** *n* linke Masche; **a row of ~** eine links gestrickte Reihe
II. *adj attr, inv* linke(r, s); **~ stitch** linke Masche
III. *vt* ■**to ~ sth** etw links stricken; ***knit one, ~ one*** eine Masche rechts, eine links stricken
IV. *vi* links stricken

purloin [pɜː'lɔɪn, AM pɚ'-] *vt* (*form*) ■**to ~ sth** etw entwenden *form;* (*hum fam: pinch*) etw mitgehen lassen *hum fam*

P

purple ['pɜːpl̩, AM 'pɜːrpl̩] **I.** *adj* ❶ (*red/blue mix*) violett; (*more red*) lila[farben]; (*crimson*) purpurn, purpurrot; ~ **grapes** dunkle Trauben
❷ (*darkly coloured*) hochrot; **to go** [*or* **become**] ~ [**in the face**] hochrot [im Gesicht] anlaufen
❸ (*fig approv: brilliant*) *patch* glänzend, Glanz-, brillant
❹ (*fig, usu pej: elaborate*) *passage, patch* überreich ausgeschmückt, blumig *oft pej; prose, style* überladen, blumig *fig pej*
II. *n* ❶ (*blue/red mix*) Violett *nt;* (*more red*) Lila *nt;* (*crimson*) Purpur *m kein pl;* **dark/light** ~ dunkles/helles Lila [*o* Violett]
❷ (*robe*) Purpur *m kein pl*
❸ (*fig: high position*) ■**the** ~ *nobility* der [Hoch]adel; *high society* die höchsten Kreise; *in church* die Kardinalswürde/Bischofswürde; **to raise sb to the** ~ (*fig*) jdn in den Kardinalsrang/Bischofsrang erheben
▸ PHRASES: **to hit a** ~ **patch** (*be lucky*) eine Glückssträhne haben; (*be successful*) eine Erfolgssträhne haben; **to be born in** [*or* **to**] **the** ~ (*of aristocracy*) blaues Blut in den Adern haben *prov;* (*of high society*) zu den höchsten Kreisen gehören *geh;* (*of royalty*) von königlichem Geblüt sein *geh*
III. *vt* ■**to** ~ **sth** etw violett [*o* lila] [ein]färben; (*crimson*) etw purpurn [*o* purpurrot] [ein]färben
IV. *vi* violett [*o* lila] werden; (*crimson*) purpurn [*o* purpurrot] werden; **to** ~ **with rage** vor Wut hochrot anlaufen

purple heart *n* BRIT Amphetamintablette *f* **Purple Heart** *n* AM Verwundetenabzeichen *nt* (*in der US-amerikanischen Armee*)

purpleness ['pɜːpl̩nəs, AM 'pɜːrpl̩-] *n no pl* violette Färbung; (*crimson*) purpurne Färbung

purplish ['pɜːpl̩ɪʃ, AM 'pɜːrpl̩-] *adj* [leicht] violett [*o* lila]

purport [pə'pɔːt, AM pɜːr'pɔːrt] **I.** *vi* (*form*) ❶ (*claim*) ■**to** ~ **to do sth** vorgeben, etw tun zu wollen; ***they*** ~ ***to look after our interests*** sie nehmen angeblich unsere Interessen wahr; ***he is*** ~***ed to be a spy*** man sagt ihm nach, er sei ein Spion
❷ (*convey meaning*) ■**to** ~ **that …** bedeuten [*o* besagen] [*o* zum Inhalt haben], dass …; ***his speech*** ~***ed that …*** seiner Rede war zu entnehmen, dass …
II. *n* (*form*) ❶ (*meaning*) Inhalt *m,* Sinn *m,* Tenor *m geh*
❷ (*object*) Zweck *m,* [erklärte] Absicht, Intention *f geh*

purpose ['pɜːpəs, AM 'pɜːr-] **I.** *n* ❶ (*reason*) Grund *m;* **to do sth for financial/humanitarian** ~**s** etw aus finanziellen/humanitären Gründen tun
❷ (*goal*) Absicht *f,* Ziel *nt,* Zielsetzung *f,* Zweck *m,* Sinn *m;* ***the*** ~ ***of this organization is to help homeless people*** Zweck dieser Organisation ist es, Obdachlosen zu helfen; **to give sb a** ~ **in life** [*or* **their lives**] jds Leben einen Sinn geben; **to have a** ~ **in life** ein Lebensziel haben; **to be** [*or* **talk**] **at cross** ~**s** sich *akk* [unabsichtlich] missverstehen, aneinander vorbeireden; **to all intents and** ~**s** in jeder Hinsicht; **for that** [*or* **this**] **very** ~ eigens zu diesem Zweck; ***I came to Brighton for the express*** ~ ***of seeing you*** ich bin einzig und allein nach Brighton gekommen, um Sie zu sehen; **on** ~ absichtlich, vorsätzlich *pej,* mit Absicht [*o* Bedacht] [*o pej* Vorsatz]; **to the** ~ zweckdienlich
❸ (*resoluteness*) Entschlossenheit *f,* Zielbewusstheit *f;* **lack of** ~ mangelnde Entschlossenheit, Unentschlossenheit *f;* **singleness of** ~ Zielstrebigkeit *f;* **strength of** ~ Entschlusskraft *f;* ***you need more*** ~ ***in your life, young woman!*** Sie müssen Ihr Leben mehr in die Hand nehmen, junge Frau!
❹ (*intention*) Zweck *m;* **to answer** [*or* **serve**] **a** ~ einem Zweck entsprechen [*o* dienen]
❺ (*effect*) Erfolg *m,* Nutzen *m;* **for** [**all**] **practical** ~**s** im Endeffekt, praktisch [genommen]; **to put** [*or* **turn**] **sth to good** ~ *energy, money* etw nutzbringend verwenden [*o* einsetzen]; **to be to little** ~ von geringem Nutzen [*o* nicht sehr erfolgreich] sein; **to be to no** ~ nutzlos [*o* erfolglos] sein; ***all her efforts turned out to be to no*** ~ alle ihre Bemühungen waren letztlich erfolglos; ***it's to no*** ~ ***to vacuum*** es bringt sowieso nichts, Staub zu saugen
II. *vi* (*form*) ■**to** ~ **to do sth** (*intend*) vorhaben [*o* beabsichtigen], etw zu tun; (*resolve*) beschließen [*o geh* den Entschluss fassen], etw zu tun

purpose-built *adj inv* ❶ (*manufactured*) *part of machinery* speziell gefertigt, Spezial-
❷ (*erected*) speziell gebaut [*o* errichtet], Zweck-; ~ **facilities** Zweckbauten *mpl*

purposeful ['pɜːpəsfᵊl, AM 'pɜːr-] *adj* ❶ (*single-minded*) zielbewusst, zielstrebig
❷ (*resolute*) entschlossen
❸ (*meaningful*) *existence* sinnvoll
❹ (*useful*) zweckdienlich
❺ (*intentional*) absichtlich, vorsätzlich *pej,* mit Absicht [*o pej* Vorsatz] *nach n;* ***each move was*** ~ jeder Schritt geschah mit Absicht

purposefully ['pɜːpəsfᵊli, AM 'pɜːr-] *adv* ❶ (*single-mindedly*) zielstrebig, zielbewusst
❷ (*resolutely*) entschlossen; **to act** ~ entschlossen handeln
❸ (*intentionally*) absichtlich, vorsätzlich *pej,* mit Absicht [*o pej* Vorsatz]

purposefulness ['pɜːpəsfᵊlnəs, AM 'pɜːr] *n no pl* Zielstrebigkeit *f,* Entschlossenheit *f;* (*usefulness*) Zweckhaftigkeit *f*

purposeless ['pɜːpəsləs, AM 'pɜːr-] *adj* ❶ (*lacking goal*) ziellos
❷ (*lacking meaning*) zwecklos, sinnlos; **to lead a** ~ **life** ein sinnloses Leben führen
❸ (*useless*) unzweckmäßig

purposelessly ['pɜːpəsləsli, AM 'pɜːr-] *adv* ❶ (*without goal*) ziellos
❷ (*without meaning*) zwecklos, sinnlos
❸ (*without use*) unzweckmäßig

purposelessness ['pɜːpəsləsnəs, AM 'pɜːr-] *n no pl* ❶ (*aimlessness*) Ziellosigkeit *f*
❷ (*meaninglessness*) Zwecklosigkeit *f,* Sinnlosigkeit *f*
❸ (*uselessness*) Unzweckmäßigkeit *f*

purposely ['pɜːpəsli, AM 'pɜːr-] *adv* ❶ (*intentionally*) absichtlich, mit Absicht, bedacht, bewusst
❷ (*expressly*) ausdrücklich, gezielt

purposive ['pɜːpəsɪv, AM 'pɜːr] *adj inv* zielstrebig, entschlossen

purposively ['pɜːpəsɪvli, AM 'pɜːr] *adv inv* entschlossen; (*intentionally*) absichtsvoll

purr [pɜːʳ, AM pɜːr] **I.** *vi* ❶ (*cat*) schnurren
❷ (*fig: person*) schnurren
❸ (*engine*) surren, schnurren, summen
II. *n* ❶ (*cat's sound*) Schnurren *nt kein pl;* **to give a** ~ schnurren
❷ (*engine noise*) Surren *nt kein pl,* Schnurren *nt kein pl,* Summen *nt kein pl*

purse [pɜːs, AM pɜːrs] **I.** *n* ❶ BRIT (*for money*) Portmonee *nt,* Geldbeutel *m,* Geldbörse *f;* **change** ~ Geldbeutel *m* für Wechselgeld [*o* Kleingeld]; **common** [*or* **joint**] ~ (*fig*) gemeinsame Kasse
❷ AM (*handbag*) Handtasche *f*
❸ SPORTS (*prize money*) Preisgeld *nt;* (*in boxing*) Börse *f*
❹ (*financial resources*) **public** ~ Staatskasse *f;* **to be beyond one's** ~ jds finanzielle Möglichkeiten übersteigen; ***this is beyond my*** ~ das kann ich mir nicht leisten
▸ PHRASES: **to hold the** ~ **strings** den Geldbeutel [*o* die Haushaltskasse] verwalten; **to loosen/tighten the** ~ **strings** den Geldhahn aufdrehen/zudrehen *fig*
II. *vt* **to** ~ **one's lips/mouth** die Lippen schürzen/den Mund spitzen; (*sulkily*) die Lippen aufwerfen/einen Schmollmund machen
III. *vi* ***under stress her lips would*** ~ ***slightly*** wenn sie angespannt war, verzog sich ihr Mund ein wenig

purser ['pɜːsəʳ, AM 'pɜːrsɚ] *n* AVIAT Purser *m;* NAUT Zahlmeister(in) *m(f) fachspr*

purserette ['pɜːsəret, AM 'pɜːr-] *n* AVIAT Purserette *f*

pursuance [pə'sjuːən(t)s, AM pɚ'suː-] *n no pl* (*form*) ❶ (*seeking after*) *of freedom, ideal, truth* Streben *nt*
❷ (*execution*) *of a plan* Verfolgung *f,* Ausführung *f; of instructions* Befolgung *f,* Ausführung *f; of duties* Erfüllung *f*
❸ (*accordance*) Übereinstimmung *f;* **in** ~ **of the terms** [**of a contract**] LAW gemäß den Bestimmungen [eines Vertrages]

pursuant [pə'sjuːənt, AM pɚ'suː-] *adv inv* LAW (*form*) ■~ **to sth** laut [*o* gemäß] einer S. *dat;* ***she acted*** ~ ***to an order of her government*** sie befolgte eine Anweisung ihrer Regierung; ~ **to the contract** gemäß dem [*o* laut] Vertrag; ~ **to the statute** nach dem Gesetz *fachspr*

pursue [pə'sjuː, AM pɚ'suː] *vt* ❶ (*follow*) ■**to** ~ **sb/sth** jdn/etw verfolgen, jdm/etw auf den Fersen sein *fam*
❷ (*fig: seek to achieve*) ■**to** ~ **sth** etw verwirklichen [*o* erreichen] wollen; **to** ~ **one's goals** [*or* **aims**] seine Ziele verfolgen
❸ (*fig pej: repeatedly attack*) ■**to** ~ **sb** jdn verfolgen *fig pej;* ***misfortune seems to*** ~ ***him*** er scheint vom Pech verfolgt zu sein
❹ (*investigate*) ■**to** ~ **sth** etw weiterverfolgen, einer S. *dat* nachgehen; **to** ~ **a theory/an idea** eine Theorie/eine Idee weiterverfolgen
❺ (*engage in*) ■**to** ~ **sth** etw betreiben; **to** ~ **a career** einen Beruf ausüben [*o* einem Beruf nachgehen]; **to** ~ **a hobby** ein Hobby betreiben, einem Hobby nachgehen; **to** ~ **a policy/strategy** eine Politik/Strategie betreiben [*o* verfolgen]; **to** ~ **one's studies** seinem Studium nachgehen; **to** ~ **a trade** ein Gewerbe betreiben
❻ (*fig: admire*) ■**to** ~ **sb** *film star* jdn [schwärmerisch] verehren [*o fig* anhimmeln]

pursuer [pə'sjuːəʳ, AM pɚ'suːɚ] *n* Verfolger(in) *m(f)*

pursuit [pə'sjuːt, AM pɚ'suːt] *n* ❶ (*chase*) Verfolgung[sjagd] *f; of knowledge, fulfilment* Streben *nt* (**of** nach +*dat*); (*hunt*) Jagd *f a. pej* (**of** nach +*dat*); ***he began writing books in*** ~ ***of happiness and satisfaction*** er fing an, Bücher zu schreiben, um Glück und Erfüllung zu finden; **to be in** ~ **of sb/sth** jdn/etw verfolgen; **to be in hot** ~ **of sb** jdm dicht auf den Fersen sein; **right of hot** ~ LAW Verfolgungsrecht *nt,* Recht *nt* auf Nacheile *fachspr* (*danach kann ein fremdes Handelsschiff im Falle eines Unrechts auf hoher See verfolgt werden*)
❷ (*activity*) Aktivität *f,* Beschäftigung *f,* Betätigung *f;* ***she wants to engage in social*** ~***s*** sie möchte sich sozial engagieren; **indoor/outdoor** ~**s** Innen-/Außenaktivitäten *fpl;* **leisure** ~**s** Freizeitaktivitäten *fpl*

purulent ['pjʊərʊlənt, AM 'pjʊrə-] *adj* MED eitrig, purulent *fachspr;* **to become** ~ eitern

purvey [pə'veɪ, AM pɚ'-] *vt* (*form*) ❶ (*trade*) ■**to** ~ **sth** *food* mit etw *dat* handeln
❷ (*provide*) ■**to** ~ **sth to sb** *food* jdm etw liefern, jdn mit etw *dat* versorgen
❸ (*supply*) ■**to** ~ **sth** *service* etw anbieten; *information* etw liefern [*o* zur Verfügung stellen]; (*spread*) *news* etw verbreiten

purveyance [pə'veɪən(t)s, AM pɚ'-] *n no pl* ❶ (*trading*) *in food* Handel *m*
❷ (*form: supplying*) Lieferung *f,* Beschaffung *f*

purveyor [pə'veɪəʳ, AM pɚ'veɪɚ] *n* (*form*) ❶ (*trader*) *in food* Händler(in) *m(f)*
❷ (*supplier*) Lieferant(in) *m(f),* Versorger(in) *m(f),* Beschaffer(in) *m(f);* ***radio stations are*** ~***s of music and information*** Radiosender versorgen die Öffentlichkeit mit Musik und Informationen; ~ **to Her Majesty the Queen** [*or* **the Royal Household**] Hoflieferant *m*

purview ['pɜːvjuː, AM 'pɜːr-] *n* (*form*) ❶ LAW (*scope*) *of a law* Geltungsbereich *m,* verfügender Teil, gesetzgeberische Absicht; *of jurisdiction* Zuständigkeitsbereich *m;* **to fall outside/within sb's** ~ nicht in/in jds Zuständigkeit fallen
❷ (*domain*) Aufgabenbereich *m,* Ressort *nt,* Zuständigkeitsbereich *m;* **to be** [*or* **come**] [*or* **lie**] **under** [*or* **within**] **sb's** ~ in jds Ressort [*o* Aufgabenbereich] [*o* Zuständigkeit] fallen
❸ (*sphere*) Wirkungskreis *m,* Wirkungsbereich *m*

pus [pʌs] *n no pl* Eiter *m*

push [pʊʃ]

I. NOUN II. TRANSITIVE VERB III. INTRANSITIVE VERB

I. NOUN

<*pl* -es> ① *(shove)* Stoß *m;* *(slight push)* Schubs *m fam;* ***my car won't start — can you give me a ~?*** mein Auto springt nicht an, kannst du mal anschieben?; **to give sb/sth a ~** jdm/etw einen Stoß versetzen; ***he gave the girl on the swing a ~*** er schubste das Mädchen auf der Schaukel an
② *(press)* Druck *m;* **at the ~ of a button** auf Knopfdruck *a. fig*
③ *(fig: motivation)* Anstoß *m;* ***she needs a little ~ to get motivated*** man muss sie ein bisschen anstoßen, um sie zu motivieren
④ *(concerted effort)* Anstrengung[en] *f[pl]*, Kampagne *f;* ***the company plans to make a big ~ into Europe*** das Unternehmen will eine große Kampagne zur Erschließung des europäischen Marktes starten; **to make a ~ for sth** etw anstreben; **to make a ~ to do sth** Anstrengungen unternehmen, etw zu tun
⑤ *(publicity)* **to get** [*or* **be given**] **a ~** gepusht werden *sl;* ***the company is giving passion fruit a ~ this month*** die Firma macht diesen Monat Werbung für Passionsfrüchte
⑥ *(military attack)* Vorstoß *m*
► PHRASES: **if/when it comes to the ~, if/when ~ comes to shove** *(fam)* wenn es hart auf hart kommt; **to get** [*or* **be given**] **the ~** *(fam: boy-/girlfriend)* den Laufpass kriegen *fam;* *(be fired)* gefeuert werden *fam;* **to give sb the ~** *(fam: break up)* mit jdm Schluss machen *fam;* *(fire)* jdn rausschmeißen *fam;* **at a ~** BRIT im Notfall; ***at a ~, I could make 7.30*** wenn ich mich sehr beeile, könnte ich es bis 7.30 Uhr schaffen

II. TRANSITIVE VERB

① *(shove)* ■**to ~ sb** jdn schieben; *(in a crowd)* [jdn] drängeln; *(violently)* jdn stoßen [*o* schubsen]; ***he ~ed his way through the herd of cattle*** er kämpfte sich durch die Viehherde; **to ~ sth to the back of one's mind** *(fig)* etw verdrängen
② *(move forcefully)* ■**to ~ sth** etw schieben; *(give a push)* etw stoßen; ***she ~ed the drawer hard*** sie drückte fest gegen die Schublade; ***he ~ed his plate away from him*** er schob seinen Teller weg; ***she ~ed her hair out of her eyes*** sie strich sich die Haare aus den Augen; ***he ~ed the ball over the bar*** er stieß den Ball über die Latte; **to ~ the door open/shut** eine Tür auf-/zuschieben; *(violently)* eine Tür auf-/zustoßen; **to ~ things to the limit** *(fig)* etw bis zum Äußersten [*o* auf die Spitze] treiben; **to ~ sth down sb's throat** *(fig)* jdm etw aufdrängen
③ *(manoeuvre)* ■**to ~ sb towards sth** jdn in eine Richtung drängen; **to ~ the nation toward recovery** die Nation auf den Weg des wirtschaftlichen Aufschwungs bringen; **to ~ sb out of the running** *(also fig)* jdn aus dem Rennen werfen
④ *(impose)* ■**to ~ sth [on sb]** [jdm] etw aufdrängen [*o* aufzwingen]
⑤ *(pressure)* ■**to ~ sb to do sth** jdn [dazu] drängen, etw zu tun; *(force)* jdn zwingen, etw zu tun; *(persuade)* jdn überreden, etw zu tun; ■**to ~ sb into doing sth** jdn dazu drängen, etw zu tun; **to ~ a share** STOCKEX jdn drängen, eine Aktie zu kaufen
⑥ *(press)* ■**to ~ sth** auf etw *akk* drücken; ***he ~ed the money into my hand*** er drückte mir das Geld in die Hand; **to ~ a button** auf einen Knopf drücken; **to ~ the doorbell** klingeln; **to ~ one's point home** seinen Standpunkt verdeutlichen
⑦ *(be persistent)* ■**to ~ sb** jdn drängen; ***when I ~ed him, he admitted that …*** als ich ihn in die Enge trieb, gab er zu, dass …; ***why do you keep ~ing me? I've said no*** warum nervst du mich ständig? ich habe nein gesagt *fam*
⑧ *(demand a lot)* ■**to ~ oneself** sich *dat* alles abverlangen; **to not ~ oneself** sich *akk* nicht überanstrengen *iron;* **to ~ sb to his/her limit** jdn bis zum Äußersten treiben; ***sometimes you ~ me to the point of violence!*** manchmal treibst du mich echt zur Weißglut! *fam*
⑨ *(find sth difficult)* ■**to be** [**hard**] **~ed to do sth** *esp* BRIT [große] Schwierigkeiten haben, etw zu tun
⑩ *esp* BRIT *(be short of)* **to be ~ed for money/time** wenig Geld/Zeit haben; ***I'm rather ~ed for cash*** ich bin ziemlich knapp bei Kasse; ***she looks rather ~ed*** sie sieht ziemlich gehetzt aus
⑪ *(sl: promote)* ■**to ~ sth** etw propagieren; ECON etw pushen *sl*
⑫ *(sl: sell illegal drugs)* ■**to ~ sth** mit etw *dat* dealen, etw pushen *sl;* **to ~ drugs to sb** Drogen an jdn verkaufen
⑬ *(approach)* **to be ~ing 30/40** *(age)* auf die 30/40 zugehen; *(drive at)* fast 30/40 fahren
⑭ *(fam: overdo)* **to ~ sth too far** etw übertreiben; ***that's ~ing it a bit*** das ist etwas übertrieben
► PHRASES: **to ~ one's luck** den Bogen überspannen *fig;* **to ~ one's nose into sth** *(fig)* seine Nase in etw *akk* stecken

III. INTRANSITIVE VERB

① *(exert force)* drängel[l]n; *(press)* drücken; *(move)* schieben; ***I'm sorry, I didn't mean to ~ in front of you*** Entschuldigung, ich wollte mich nicht vordrängeln; *"~" (on a door)* „Drücken"; **to ~ hard** mit Kraft [*o fam* feste] drücken; **to ~ and pull** [*or* **shove**] hin- und herschieben
② *(manoeuvre through)* sich *akk* durchdrängen; MIL vorstoßen; ■**to ~ into sth** sich *dat* Zugang zu etw *dat* verschaffen; ■**to ~ past sb** sich *akk* an jdm vorbeidrängen; ■**to ~ by [sth/sb]** sich *akk* [an jdm/etw] vorbeidrängen
③ *(bear down)* pressen
④ *(support)* ■**to ~ for sb** jdn unterstützen; *(wish luck)* jdm die Daumen drücken

◆**push about** *vt* ① *(move around)* ■**to ~ about ○ sth** etw herumschieben [*o* herumstoßen]; ■**to ~ sb about** *(in a wheelchair)* jdn herumfahren
② *(fig pej: bully)* ■**to ~ sb about** jdn herumkommandieren; *(violently)* jdn herumstoßen [*o fam* herumschubsen]; *(fig)* ***you can't ~ me about like that*** so kannst du mit mir nicht umspringen

◆**push ahead** I. *vi* ① *(approv fig: continue despite trouble)* ■**to ~ ahead [with sth]** *plans, projects* [mit etw *dat*] weiterkommen *fig*
② *(approv fig: take the lead)* sich *akk* bis zur Spitze vorarbeiten [*o* an die Spitze kämpfen]; *(in a race)* sich *akk* an die Spitze setzen
③ *(continue travelling)* [noch] weiterfahren
④ MIL *(advance)* weiter vorrücken [*o* vorstoßen]
II. *vt* ■**to ~ sth ahead** etw [energisch] vorantreiben [*o* weiterverfolgen]

◆**push along** I. *vi (fig fam: leave [one's host])* sich *akk* [wieder] auf den Weg [*o fam* die Socken] machen, [wieder] weg [*o* los] müssen *fam*
II. *vt* ■**to ~ sth along** etw vorantreiben [*o* [energisch] weiterverfolgen]

◆**push around** *vt* ① *(move around)* ■**to ~ sth ○ around** etw herumschieben; *(violently)* etw herumstoßen; ■**to ~ sb around** *(in a wheelchair)* jdn herumfahren
② *(fig pej: bully)* ■**to ~ sb ○ around** jdn herumkommandieren; **to ~ a child about** ein Kind herumstoßen [*o* herumschubsen] *fig fam*

◆**push aside** *vt* ① *(move away)* ■**to ~ sb/sth aside** jdn/etw zur Seite schieben [*o* beiseite schieben]; *(violently)* jdn/etw zur Seite stoßen [*o* beiseite stoßen]
② *(fig pej: reject)* ■**to ~ sb aside** *spouse* jdn links liegen lassen, jdm die kalte Schulter zeigen; *applicant* jdn unberücksichtigt lassen [*o* übergehen]
③ *(fig, usu pej: not think about)* ■**to ~ sth aside** *problem* etw verdrängen; *thought* von etw *dat* loskommen

◆**push back** *vt* ① *(move backwards)* ■**to ~ sth back** etw zurückschieben; ■**to ~ sb back** jdn zurückdrängen
② *(fig: delay)* **to ~ back a date** ein Datum verschieben; ■**to ~ sb back** jdn zurückwerfen
③ *(fig pej: ignore)* ■**to ~ sth back** etw verdrängen

◆**push down** *vt* ① *(knock down)* ■**to ~ down ○ sb/sth** jdn/etw umstoßen [*o fam* umschubsen]
② *(press down)* ■**to ~ down ○ sth** *lever* etw hinunterdrücken [*o fam* runterdrücken]
③ ECON *(fig pej: cause decrease)* ■**to ~ down ○ sth** *prices* etw [nach unten] drücken; *value* etw mindern

◆**push forward** I. *vt* ① *(approv fig: advance)* ■**to ~ forward ○ sth** *development, process* etw [ein großes Stück] voranbringen [*o* vorwärts bringen]
② *(present forcefully)* ■**to ~ sth ○ forward** etw in den Vordergrund stellen [*o* schieben]; ***he always tries to ~ his own ideas forward*** er versucht immer, seine eigenen Ideen herauszustellen; **to ~ forward a claim** eine Forderung geltend machen
③ *(draw attention)* ■**to ~ oneself forward** sich *akk* vordrängen [*o* in den Vordergrund stellen [*o* schieben]] *fig*
II. *vi* ① *(continue)* ■**to ~ forward [with sth]** [mit etw *dat*] weitermachen
② *(continue travelling)* weiterfahren

◆**push in** I. *vt* ① *(destroy)* ■**to ~ in ○ sth** etw eindrücken
② *(fig, also pej: force in)* **to ~ one's way in** sich *akk* hineindrängen
II. *vi* ① *(fig, also pej: force way in)* sich *akk* hineindrängen, sich *dat* Zugang verschaffen
② *(fig pej: jump queue)* sich *akk* vordränge[l]n; ***that man there just ~ed in in front of me*** der Mann da hat sich gerade vor mich gedrängelt! *fam*

◆**push off** I. *vi* ① *(fig, also pej fam: leave)* losziehen, sich *akk* verziehen *fam*, abschieben *fam;* ***well, I have to ~ off now*** also, ich muss jetzt los *fam*
② NAUT *(set sail)* abstoßen, ablegen *fachspr*
II. *vt* NAUT abstoßen *fachspr;* **to ~ off a boat [from the quayside]** ein Boot [von der Kaimauer] abstoßen

◆**push on** I. *vi* ① *(continue despite trouble)* ■**to ~ on with sth** *plan, project* mit etw *dat* weiterkommen
② *(take the lead)* sich *akk* bis zur Spitze vorarbeiten [*o* an die Spitze kämpfen]; *(in a race)* sich an die Spitze setzen
③ *(continue travelling)* [noch] weiterfahren
II. *vt* ■**to ~ sth ○ on** etw [energisch] vorantreiben [*o* weiterverfolgen]

◆**push out** I. *vt* ① *(force out)* ■**to ~ sb/sth ○ out** *person, cat, dog* jdn/etw hinausjagen [*o* nach draußen jagen]
② ■**to ~ sb ○ out** *(dismiss)* jdn hinauswerfen; *(reject)* jdn ausstoßen
③ ECON *(produce)* ■**to ~ out ○ sth** etw ausstoßen [*o* produzieren] [*o fam* raushauen]
► PHRASES: **to ~ the boat out [on sth]** BRIT *(fam: celebrate)* [etw] ganz groß feiern *fam;* *(spend money)* viel Geld [für etw *akk*] hinlegen [*o fam* berappen]
II. *vi* HORT *buds, flowers* sprießen; *buds, seed* treiben; *buds, trees* austreiben *veraltend geh; bushes, trees* ausschlagen *veraltend geh*

◆**push over** *vt* ■**to ~ sth over** etw umwerfen [*o* umstoßen]; ■**to ~ sb over** jdn umstoßen [*o* zu Boden werfen]

◆**push round** *vt, vi* BRIT *see* **push around**

◆**push through** I. *vi (manoeuvre through)* ■**to ~ through sth** sich *akk* durch etw *akk* drängen; ***we ~ed through the undergrowth*** wir bahnten uns einen Weg durch das Unterholz
II. *vt* ① POL *(make pass)* ■**to ~ through ○ sth** *bill, motion* etw durchdrücken *fam;* ***we are trying to ~ this deal through as quickly as possible*** wir versuchen, dieses Geschäft so schnell wie möglich durchzuziehen
② *(help to succeed)* ■**to ~ sb through sth** ***the school manages to ~ most of its students through their exams*** die Schule bringt die meisten ihrer Schüler durch die Prüfungen

◆**push to** *vt* ■**to ~ sth to** *door* etw zumachen

P

◆**push up** **I.** *vt* ① (*move higher*) **to ~ a bike up a hill** ein Fahrrad den Hügel hinaufschieben; ■**to ~ sb ↔ up** jdn hochheben
② ECON (*cause increase*) ■**to ~ up ↔ sth** *demand* etw steigern; *prices* etw hochtreiben [*o* in die Höhe treiben]
▶ PHRASES: **to be ~ing up [the] daisies** (*euph hum*) sich *dat* die Radieschen von unten besehen *euph hum*
II. *vi* ① (*fig: grow*) *weeds* [nach oben] kommen [*o fig* schießen]
② (*fig fam: move*) [rüber]rücken [*o* rutschen] *fam,* Platz machen; **~ *up!*** rück mal rüber! *fam*

push-bar *n* Riegel *m,* Querholz *nt* **pushbike** *n* BRIT, AUS (*fam*) [Fahr]rad *nt,* Drahtesel *m fig hum fam;* **to ride a ~** Rad fahren **push-button** **I.** *adj inv* ① (*automated*) Druckknopf-, [Druck]tasten-, [voll]automatisch; **a ~ control panel/telephone** ein Tastenfeld/Tastentelefon *nt;* **a ~ home** ein vollautomatischer Haushalt ② (*using complex weapons*) mit modernsten Waffensystemen [*o* modernster Elektronik] *nach n;* **~ warfare** Krieg *m* mit modernsten Waffensystemen **II.** *n* Druckknopf *m,* [Druck]taste *f* **push-button switch** *n* Druckschalter *m* **push-button telephone** *n* Drucktastentelefon *nt* **pushcart** *n* ① (*barrow*) Handkarren *m,* Schubkarren *m,* Gepäckkarren *m* ② (*trolley*) Einkaufswagen *m* **pushchair** *n* BRIT [Kinder]sportwagen *m*
pusher [ˈpʊʃəʳ, AM -ɚ] *n* (*pej*) Dealer(in) *m(f),* Pusher(in) *m(f) sl;* **drug ~** Drogendealer(in) *m(f)*
pushily [ˈpʊʃɪli] *adv* (*fig pej fam*) ① (*aggressively*) aggressiv, rücksichtslos
② (*obnoxiously*) in aufdringlicher [*o* penetranter] Weise
pushiness [ˈpʊʃɪnəs] *n no pl* (*fig*) ① (*ambition*) Tatkraft *f,* Unternehmungsgeist *m*
② (*pej fam: aggressiveness*) Aggressivität *f,* Rücksichtslosigkeit *f*
③ (*pej fam: obnoxiousness*) Aufdringlichkeit *f,* Penetranz *f*
pushing [ˈpʊʃɪŋ] **I.** *n no pl* Gedränge[l] *nt;* **~ and shoving** [großes] [Geschiebe und] Gedränge
II. *adj* (*fig*) ① (*ambitious*) tatkräftig, dynamisch
② (*pej: forceful*) aggressiv, rücksichtslos
③ (*pej: obnoxious*) aufdringlich, penetrant
pushover *n* ① (*approv fig fam: easy success*) Kinderspiel *nt kein pl,* kinderleichte Sache; ***the test will be a ~ for her*** den Test macht sie mit links ② (*fig pej fam: easily defeated opponent*) leichter Gegner/leichte Gegnerin; ***the other applicants are ~s for her*** ihre Mitbewerber haben gegen sie nichts drin *fam;* (*fig pej fam: easily influenced*) Umfaller(in) *m(f) fig pej fam,* leicht rumzukriegender [*o* zu bequatschender] Mensch *fam;* **to be a real ~** echt leicht rumzukriegen [*o* bequatschen] sein *fam;* **to be a ~ for sb/sth** auf jdn/etw hereinfallen **pushpin** *n* AM Reißzwecke *f,* Reißnagel *m* **push-pull** [ˌpʊʃˈpʊl] *adj inv* im Gegentakt *nach n;* ELEC Gegentakt- **push-start** **I.** *vt* ① (*jump-start*) **to ~ a car** ein Auto anschieben ② (*fig: begin improvement*) **to ~ the economy** der Wirtschaft auf die Beine helfen, die Wirtschaft ankurbeln *fig* **II.** *n* ① (*jump-start*) *of a car* Anschieben *nt kein pl;* **to give sb a ~** (*fig*) jdm auf die Sprünge helfen *fig fam* ② (*fig: helpful prompt*) Starthilfe *f;* **to give a ~ to the economy** der Wirtschaft eine Konjunkturspritze geben *fig*
Pushtu [ˈpʌʃtuː] LING **I.** *n* Puschtu *nt,* Paschto *nt*
II. *adj inv* Puschtu-, Paschto-
push-up *n* Liegestütz *m;* **to do ~s** Liegestütze machen
pushy [ˈpʊʃi] *adj* (*fig fam*) ① (*ambitious*) tatkräftig, dynamisch
② (*pej: aggressive*) aggressiv, rücksichtslos
③ (*pej: obnoxious*) aufdringlich, penetrant
pusillanimity [ˌpjuːsɪləˈnɪməti, AM -ət̬i] *n no pl* (*form*) Kleinmütigkeit *f geh,* Verzagtheit *f geh,* Feigheit *f*
pusillanimous [ˌpjuːsɪˈlænɪməs, AM -ˈlænə-] *adj* (*form*) kleinmütig *geh,* verzagt *geh,* ängstlich
pusillanimously [ˌpjuːsɪˈlænɪməsli, AM -ˈlænə-] *adv* (*form*) zaghaft *geh,* ängstlich, feige
puss <*pl* -es> [pʊs] *n* ① (*fam*) Mieze[katze] *f fam*
② AM (*fig, also pej fam: female*) Puppe *f,* Biene *f fig, a. pej*
③ IRISH, SCOT, AM (*sl: face*) Visage *f fam;* (*mouth*) Fresse *f derb,* Klappe *f fam,* Maul *nt fam;* ***shut your ~!*** halt's Maul! *derb;* **to smack sb in the ~** jdm in die Fresse hauen *derb*
pussy [ˈpʊsi] *n* ① (*cat*) Mieze[katze] *f fam*
② *no pl* (*fig pej vulg: woman's genitals*) Muschi *f vulg;* (*fig pej vulg: copulation*) Fick *m vulg;* **to have some ~** ficken *vulg,* vögeln *vulg*
③ AM (*fig pej sl: effeminate male*) Waschlappen *m pej fam,* Schlappschwanz *m fig pej fam*
pussy cat *n* ① (*childspeak: cat*) Mieze[katze] *f fam*
② AM (*fig, also pej fam: female*) Puppe *f fam,* Biene *f fig, a. pej sl* ③ AM (*fig pej fam: mild-mannered male*) Softie *m fig pej fam;* (*fig pej sl: effeminate male*) Waschlappen *m pej fam,* Schlappschwanz *m fig pej fam;* (*fig pej fam: timid male*) Angsthase *m fig pej fam* ④ AM (*fig fam: non-threatening person*) [im Grunde völlig] harmloser Mensch; ***he's a real ~*** er tut wirklich keiner Fliege was [zuleide] *fig fam;* (*fig fam: thing not threatening*) [im Grunde völlig] harmlose Sache **pussyfoot** *vi* (*fig pej fam*) ① (*move cautiously*) schleichen *fig pej fam;* ■**to ~ around** [*or* **about**] herumschleichen *fam* ② (*be evasive*) sich *akk* [herum]drücken *fig pej fam;* ■**to ~ around** [*or* **about**] herumreden *fam;* ***we've been ~ing around far too long*** wir haben uns zu lange um die Sache herumgedrückt **pussy willow** *n* Salweide *f,* Palmweide *f*
pustule [ˈpʌstjuːl, AM -tʃuːl] MED **I.** *n* Eiterbläschen *nt,* Pustel *f,* Pustula *f fachspr*
II. *vi* eitern

put <-tt-, put, put> [pʊt]

I. TRANSITIVE VERB **II.** INTRANSITIVE VERB
III. NOUN

I. TRANSITIVE VERB

① [*place*] ■**to ~ sth somewhere** etw irgendwohin stellen [*o* setzen]; (*lay down*) etw irgendwohin legen; (*push in*) etw irgendwohin stecken; ***they ~ a horseshoe above*** [*or* ***over***] ***their door*** sie brachten ein Hufeisen über ihrer Tür an; ***he was ~ up against the wall*** man stellte ihn an die Wand; ***he looked at the pile of work his boss had ~ before him*** er sah sich den Haufen Arbeit an, den seine Chefin ihm hingelegt hatte; ***you've got to ~ the past behind you*** du musst die Vergangenheit vergangen sein lassen [*o* begraben]; ***~ your clothes in the closet*** häng deine Kleider in den Schrank; ***he ~ his hands in his pockets*** er steckte die Hände in die Taschen; ***she ~ some milk in her coffee*** sie gab etwas Milch in ihren Kaffee; **to ~ the ball in the net** (*tennis*) den Ball ins Netz schlagen; (*football*) den Ball ins Netz spielen; ***this ~s me in a very difficult position*** das bringt mich in eine schwierige Situation; ***I ~ my complete confidence in him*** ich setze mein volles Vertrauen auf ihn [*o* in ihn]; **to ~ oneself in sb's place** [*or* **position**] [*or* **shoes**] sich *akk* in jds Situation versetzen; ***~ the cake into the oven*** schieb den Kuchen in den Backofen; ***they ~ the plug into the socket*** sie steckten den Stecker in die Steckdose; ***he ~ salt into the sugar bowl by mistake*** er hat aus Versehen Salz in die Zuckerdose gefüllt; ***they ~ him into a cell*** sie brachten ihn in eine Zelle; **to ~ sth into storage** etw einlagern; **to ~ a child into care** ein Kind in Pflege geben; **to ~ sb into a home** jdn in ein Heim stecken; **to ~ sb in[to] prison** jdn ins Gefängnis bringen; **to ~ fear into sb's heart** jdn ängstigen, jdm Angst machen; **to ~ an idea in[to] sb's head** jdn auf eine Idee bringen; ***whatever ~ that idea into your head?*** wie kommst du denn darauf?; **to ~ one's ideas into practice** seine Ideen in die Praxis umsetzen; ***Sam will eat anything you ~ in front of him*** Sam isst alles, was man ihm vorsetzt; ***~ the soup spoons next to the knives*** leg die Suppenlöffel neben die Messer; ***we should ~ my mum next to Mrs Larson*** wir sollten meine Mutter neben Frau Larson setzen; ***she ~ her coffee cup on the table*** sie stellte ihre Kaffeetasse auf den Tisch; ***do you know how to ~ a saddle on a horse?*** weißt du, wie man ein Pferd sattelt?; ***I ~ clean sheets on the bed*** ich habe das Bett frisch bezogen; ***he ~ his head on my shoulder*** er legte seinen Kopf auf meine Schulter; ***you can't ~ a value on friendship*** Freundschaft lässt sich nicht mit Geld bezahlen; **to ~ the emphasis on sth** den Schwerpunkt auf etw *akk* legen, etw betonen; ***a price of £10,000 was ~ on the car*** das Auto wurde mit 10.000 Pfund veranschlagt; ***she ~ her arm round him*** sie legte ihren Arm um ihn; ***he ~ his head round the door*** er steckte den Kopf zur Tür herein; ***he ~ his finger to his lips to call for silence*** er hielt seinen Finger vor die Lippen und bat um Ruhe; **to ~ a glass to one's lips** ein Glas zum Mund führen; ***she ~ the shell to her ear*** sie hielt sich die Muschel ans Ohr; **to ~ sb to bed** jdn ins Bett bringen; ***he was ~ under the care of his aunt*** er wurde in die Obhut seiner Tante gegeben; ***I didn't know where to ~ myself*** ich wusste nicht wohin mit mir; **to stay ~** *person* sich nicht von der Stelle rühren; *object* liegen/stehen/hängen bleiben; *hair* halten; **~ *it there!*** (*congratulating*) gratuliere!; (*concluding a deal*) abgemacht!; **to ~ the shot** SPORTS Kugel stoßen
② [*invest*] **to ~ effort/energy/money/time into sth** Mühe/Energie/Geld/Zeit in etw *akk* stecken [*o* investieren]; ***we ~ most of the profits towards research*** wir verwenden den Großteil der Gewinne für die Forschung; ***everyone could ~ £3 towards a new coffee machine*** jeder könnte £3 zum Kauf einer neuen Kaffeemaschine dazugeben; **to ~ money into an account** Geld auf ein Konto einzahlen; ***she ~ money on a horse*** sie setzte auf ein Pferd; ***we ~ back all our profits into the company*** all unsere Gewinne fließen in die Firma zurück
③ [*impose*] **to ~ the blame on sb** jdm die Schuld geben; **to ~ sb to great cost** [*or* **expense**] jdn viel kosten, jdm große Ausgaben verursachen; **to ~ demands upon sb** von jdm etwas verlangen; **to ~ an embargo on sth** ein Embargo über etw *akk* verhängen; **to ~ an embargo on trade** ein Handelsembargo verhängen; **to ~ faith** [*or* **trust**] **in sth** sein Vertrauen in etw *akk* setzen; **to ~ the heat** [*or* **screws**] **on sb for sth** (*sl*) jdm wegen einer S. *gen* die Hölle heiß machen *fam;* **to ~ sb under oath** jdn vereidigen; **to ~ a premium on sth** etw hoch einschätzen; **to ~ pressure on sb** jdn unter Druck setzen; **to ~ sb under pressure** [*or* **strain**] jdn unter Druck setzen; **to ~ a restriction** [*or* **limitation**] **on sth** etw einschränken; **to ~ a spell** [*or* **curse**] **on sb** jdn verwünschen [*o* verfluchen]; ***the children were ~ on their best behaviour*** den Kindern wurde gesagt, dass sie sich ja gut zu benehmen haben; **to ~ a tax on sth** etw besteuern [*o* mit einer Steuer belegen]; **to ~ sb/sth to the test** jdn/etw auf die Probe stellen; (*put a strain on*) jdn/etw strapazieren; **to ~ sb on trial** jdn vor Gericht bringen; **to ~ sb to a lot of trouble** jdm viel Mühe bereiten [*o* machen]
④ [*present*] **to ~ a case to** [*or* **before**] **a judge** einen Fall vor Gericht bringen; **to ~ sth to a discussion** etw zur Diskussion stellen; **to ~ an idea** [*or* **a suggestion**] **to sb** jdm etw vorschlagen; **to ~ one's point of view** seinen Standpunkt darlegen; **to ~ a problem to sb** jdm ein Problem darlegen; **to ~ a proposal before a committee** einem Ausschuss einen Vorschlag unterbreiten; **to ~ a question to sb** jdm eine Frage stellen; **to ~ sth to a vote** etw zur Abstimmung bringen
⑤ [*include*] ■**to ~ sth in[to] sth** etw in etw *akk o dat* aufnehmen, etw in etw *akk* einfügen; **to ~ sth on the agenda** etw auf die Tagesordnung setzen; FOOD (*add*) **~ *some more salt in*** füge noch etwas Salz hinzu
⑥ [*indicating change of condition*] ***she always ~s her guests at ease right away*** sie schafft es immer,

dass ihre Gäste sich sofort wohl fühlen; **to ~ sb at risk** [*or* **in danger**] jdn in Gefahr bringen; **to ~ sb in a good/bad mood** jds Laune heben/verderben; **to ~ one's affairs in order** seine Angelegenheiten in Ordnung bringen; **to ~ a plan into operation** einen Plan in die Tat umsetzen; **to ~ sth out of order** etw kaputtmachen *fam;* **to ~ sb/an animal out of his/its misery** jdn/ein Tier von seinen Qualen erlösen; **to ~ sb to death** jdn hinrichten; **to ~ sb to flight** jdn in die Flucht schlagen; **to ~ sb to shame** jdn beschämen; **to ~ a stop** [*or* **an end**] **to sth** etw beenden; **to ~ sb under arrest** jdn unter Arrest stellen; **to ~ sb under hypnosis** jdn hypnotisieren; **to ~ sth right** etw in Ordnung bringen; **to ~ sb straight** jdn korrigieren

7 (*express*) ■**to ~ sth** etw ausdrücken; ***let me ~ it this way*** lass es mich so sagen; ***how should I ~ it?*** wie soll ich mich ausdrücken?; ***to ~ it bluntly*** um es deutlich zu sagen; ***to ~ it mildly, we were shocked at your behaviour*** wir waren, gelinde gesagt, geschockt über dein Verhalten; ***that's ~ting it mildly*** das ist ja noch milde ausgedrückt; ***as Shakespeare ~ it*** wie Shakespeare schon sagte; ***she didn't know how to ~ her thoughts into words*** sie wusste nicht, wie sie ihre Gedanken in Worte fassen sollte; ***~ting Shakespeare into modern English is difficult*** Shakespeare in zeitgenössisches Englisch zu übertragen ist schwierig; ***she really ~s passion into her performance*** sie steckt viel Leidenschaftlichkeit in ihren Vortrag; **to ~ one's feelings into words** seine Gefühle ausdrücken; **to ~ a verb into the past tense** ein Verb in die Vergangenheit setzen

8 (*write*) **to ~ a cross/tick next to sth** etw ankreuzen/abhaken; **to ~ one's signature to sth** seine Unterschrift unter etw setzen; ***please ~ your signature here*** bitte unterschreiben Sie hier

9 (*estimate, value*) ***I wouldn't ~ him among the best film directors*** ich würde ihn nicht zu den besten Regisseuren zählen; ***she ~s her job above everything else*** für sie geht ihr Beruf allem anderen vor, sie stellt ihren Beruf vor allem anderen; **to ~ sb/sth in a category** jdn/etw in eine Kategorie einordnen; **to ~ sb/sth on a level** [*or* **par**] **with sb/sth** jdn/etw auf eine Stufe mit jdm/etw stellen; **to ~ a value of £10,000 on sth** den Wert einer S. *gen* auf 10.000 Pfund schätzen; **to ~ sb/sth at sth** jdn/etw auf etw *akk* schätzen; ***I'd ~ him at about 50*** ich schätze ihn auf ungefähr 50

10 (*direct*) ■**to ~ sb onto sth/sb** jdn auf etw/jdn aufmerksam machen; ***the phone book ~ me onto the dentist*** durch das Telefonbuch kam ich auf den Zahnarzt; ***they ~ three people on the job*** sie setzen drei Leute ein für diesen Job; **to ~ sb to do sth** [*or* **doing sth**] jdn abordnen, etw zu tun

11 (*see someone off*) ■**to ~ sb on sth** jdn zu etw *dat* bringen; ***he ~ his girlfriend on the plane*** er brachte seine Freundin zum Flugzeug; **to ~ sb onto the bus** jdn zum Bus bringen; **to ~ sb in a taxi** jdn in ein Taxi setzen

12 (*install*) ■**to ~ sth into sth** MECH etw in etw *akk* einsetzen; **to ~ heating/a kitchen into a house** eine Heizung/Küche in einem Haus installieren; ***we ~ a new hard drive on our computer*** wir haben eine neue Festplatte in unseren Computer eingebaut

13 MED (*prescribe*) ■**to ~ sb on sth** jdm etw verschreiben; ***the doctor has ~ her on a strict diet*** der Arzt hat ihr eine strenge Diät verordnet

II. INTRANSITIVE VERB

NAUT **to ~ to sea** in See stechen

III. NOUN

STOCKEX Verkaufsoption *f*

◆**put about I.** *vt* 1 (*scatter within*) ■**to ~ sth about sth** etw in etw *dat* verteilen; ***she ~ the balloons about the room*** sie verteilte die Ballons im Zimmer

2 (*spread rumour*) ■**to ~ sth about** etw verbreiten [*o* herumerzählen]; ***he has been ~ting it about that I'm having an affair*** er hat überall herumerzählt, dass ich eine Affäre habe

3 BRIT (*fam: be promiscuous*) ■**to ~ it** [*or* **oneself**] **about** mit jedem/jeder ins Bett gehen

4 (*fam: be extroverted*) ■**to ~ oneself about** sich in Szene setzen

II. *vi* NAUT wenden, stagen *fachspr,* umlegen *fachspr*

◆**put across** *vt* 1 (*make understood*) ■**to ~ sth across** etw vermitteln [*o fam* rüberbringen]; ■**to ~ sth across to sb** jdm etw sagen; ***how are we going to ~ a new product across to the public?*** wie werden wir ein neues Produkt an den Mann bringen?

2 (*fam: trick*) **to ~ one across sb** jdn hintergehen [*o fam* reinlegen]; ***that salesman ~ one across me*** dieser Händler hat mich letztes Mal reingelegt

◆**put aside** *vt* 1 (*save*) ■**to ~ aside** ↔ **sth** etw auf die Seite [*o* beiseite] legen; ***I had the dress ~ aside until tomorrow*** ich habe das Kleid bis morgen zurücklegen lassen; **to ~ some money aside** etwas Geld zurücklegen

2 (*postpone*) ■**to ~ aside** ↔ **sth** *activity* mit etw *dat* aufhören; *book etc.* etw beiseite legen

3 (*fig: abandon*) ■**to ~ aside** ↔ **sth** etw aufgeben; *plan* etw über Bord werfen *fam;* **to ~ aside disagreements/animosity/anger** Streit/Feindlichkeiten/Wut begraben

◆**put away** *vt* 1 (*tidy up*) ■**to ~ away** ↔ **sth** etw wegräumen [*o* aufräumen]; (*in storage place*) etw einräumen; ***~ your money away — I'm paying for this!*** steck dein Geld wieder ein — du bist eingeladen!; ***don't forget to ~ the car away*** vergiss nicht, das Auto wegzustellen

2 (*set aside*) ■**to ~ away** ↔ **sth** *book, game, glasses* etw beiseite legen

3 (*save*) ■**to ~ away** ↔ **sth** *money, savings* etw zurücklegen

4 (*fam: eat a lot*) ■**to ~ away** ↔ **sth** etw in sich *akk* hineinstopfen *fam*

5 (*fam: have institutionalized*) ■**to ~ sb away** (*in an old people's home*) jdn in Pflege [*o* ins Altenheim] geben; (*in prison*) jdn einsperren; **to ~ sb away for life** jdn lebenslänglich einsperren

6 AM (*fam: kill*) ■**to ~ sb away** jdn umlegen *fam*

◆**put back** *vt* 1 (*replace*) ■**to ~ back** ↔ **sth** etw zurückstellen [*o* zurücklegen]; ***~ that book back on*** [***to***] ***the shelf, please*** stell das Buch bitte wieder in das Regal

2 (*reassemble*) ■**to ~ sth back together** etw wieder zusammensetzen [*o* zusammenbauen]; ■**to ~ sth back on** *clothes* etw wieder anziehen

3 (*postpone*) ■**to ~ back** ↔ **sth** etw verschieben; *time, clock* etw zurückstellen; ***the economic crisis has ~ us back at least two months*** die Wirtschaftskrise hat uns bestimmt zwei Monate zurückgeworfen

4 SCH (*not progress*) ■**to ~ sb back** jdn eine Klasse zurückstufen

5 *esp* BRIT (*fam: drink a lot*) ■**to ~ back** ↔ **sth** etw trinken [*o fam* picheln]

◆**put behind** *vt* 1 (*put in the past*) ■**to ~ sth behind oneself** etw hinter sich *dat* lassen

2 (*delay*) ■**to ~ sb behind** jdn in Verzug bringen; (*in fulfilling a task*) jdn zurückwerfen

◆**put by** *vt* ■**to ~ by** ↔ **sth** etw zurücklegen; *money a.* etw auf die hohe Kante legen; ***he's got a bit ~ by*** er hat was auf der hohen Kante

◆**put down I.** *vt* 1 (*set down*) ■**to ~ sth** ↔ **down** etw ablegen [*o* abstellen]; **to not be able to ~ a book down** (*fig*) ein Buch nicht aus der Hand legen können

2 (*put to bed*) **to ~ a child down** ein Kind ins Bett bringen; ***I think I'll ~ little Jane down for her nap*** ich bringe die kleine Jane ins Bett, damit sie ein bisschen schläft

3 (*lower*) ■**to ~ sth** ↔ **down** *arm, feet* etw herunternehmen; **to ~ down the car roof** das Dach runterkurbeln; **to ~ down the** [**tele**]**phone** [*or* **the receiver**] [den Hörer] auflegen; ■**to ~ sb** ↔ **down** jdn runterlassen

4 (*drop off*) ■**to ~ down** ↔ **sb** jdn rauslassen [*o* absetzen]; ***this bus will ~ you down right at the train station*** dieser Bus hält direkt am Bahnhof

5 (*spread*) **to ~ down poison** Gift auslegen; **to ~ down roots** (*also fig*) Wurzeln schlagen *a. fig*

6 (*write*) ■**to ~ down** ↔ **sth** etw aufschreiben; ***we'll ~ your name down on the waiting list*** wir setzen Ihren Namen auf die Warteliste; ***~ the date of the party down in your diary*** schreib das Datum der Party in deinen Kalender; **to ~ sth down on paper** etw aufschreiben; (*sign up for*) ■**to ~ sb down for sth** jdn für etw *akk* eintragen; **to ~ one's name down for sth** sich *akk* für etw *akk* in eine Liste eintragen

7 ECON (*leave as deposit*) ■**to ~ sth down** *money* etw anzahlen; **to ~ down a deposit** eine Anzahlung machen

8 (*stop*) ■**to ~ down** ↔ **sth** *rebellion* etw niederschlagen; *crime* etw besiegen; *rumour* etw zum Verstummen bringen; ■**to ~ down** ↔ **sb** *rebels* jdn niederwerfen; *critics* jdn zum Schweigen bringen

9 (*deride*) ■**to ~ down** ↔ **sb/oneself** jdn/sich *akk* schlecht machen

10 (*assume to be*) ■**to ~ sb down as sb/sth** jdn [fälschlicherweise] für jdn/etw halten; ***I'd ~ her down as about 40*** ich würde sie auf etwa 40 schätzen

11 (*have killed*) ■**to ~ an animal down** ein Tier einschläfern lassen

12 (*give as cause*) ■**to ~ sth down to sth** den Grund für etw *akk* bei etw *dat* sehen, etw auf etw *akk* zurückführen; **to ~ sth down to experience** etw als Erfahrung mitnehmen

II. *vi* AVIAT landen

◆**put forth** *vt* ■**to ~ forth** ↔ **sth** *argument, idea* etw vorbringen; *theory* etw propagieren

◆**put forward** *vt* 1 (*propose*) ■**to ~ sth** ↔ **forward** *idea, plan* etw vorbringen; **to ~ forward a proposal** [*or* **a suggestion**] einen Vorschlag machen [*o geh* unterbreiten]; **to ~ a candidate forward** einen Kandidaten vorschlagen

2 (*make earlier*) ■**to ~ sth** ↔ **forward to …** etw auf … vorverlegen

3 (*set later*) **to ~ the clock/time forward** die Uhr vorstellen

◆**put in I.** *vt* 1 (*place in*) ■**to ~ in** ↔ **sth** etw hineinsetzen/-legen/-stellen

2 (*add*) ■**to ~ in** ↔ **sth** *food, ingredients* etw hinzufügen; *plants* etw [ein]pflanzen; (*in speech*) etw hinzufügen; ***he put in the remark that …*** er warf ein, dass …; ***"we all know that!" she ~ in impatiently*** „das wissen wir doch alle!" sagte sie ungeduldig; **to ~ in a comma/full stop** ein Komma/einen Punkt setzen

3 (*install*) ■**to ~ sth** ↔ **in** etw installieren; ***we had a new central heating system ~ in*** bei uns wurde eine neue Zentralheizung installiert

4 (*elect*) ■**to ~ sb/sth** ↔ **in** jdn/etw einsetzen

5 (*enter, submit*) ■**to ~ sb/sth** ↔ **in for sth** *exam, school, competition* jdn/etw für etw anmelden; **to ~ in an order for sth** etw bestellen

6 FIN (*deposit*) ■**to ~ sth** ↔ **in** etw einzahlen; (*for a birthday present*) etw beisteuern

7 (*invest*) ■**to ~ in** ↔ **sth** *time, work* etw investieren; ***I ~ in an hour on the tennis court*** ich habe eine Stunde Tennis gespielt; ***I ~ in a good day's work today*** ich habe heute ein ordentliches Arbeitspensum erreicht; **to ~ in a** [**phone**] **call to sb** jdn anrufen

8 (*cause to be*) **to ~ sb/sth in jeopardy** jdn/etw in Gefahr bringen; **to ~ sb in a rage** jdn wütend machen; ***this ~s me in a very difficult position*** das bringt mich in eine sehr schwierige Situation; ***he was able to ~ them in a good mood*** er konnte sie aufheitern

9 (*evaluate as*) ■**to ~ sb/sth in sth** jdn/etw in etw *akk* einordnen; ***it can't be ~ in the same category as a Rolls Royce*** man kann es nicht auf eine Stufe mit einem Rolls Royce stellen; ***I would ~ her in her 50s*** ich würde sie so in den Fünfzigern schätzen

II. *vi* 1 NAUT anlegen, vor Anker gehen; **to ~ into the dock** am Dock anlegen, vor Anker gehen; **to ~**

P

into Hamburg/harbour in Hamburg/im Hafen einlaufen
② ■**to ~ in for sth** *job* sich *akk* um etw *akk* bewerben; *pay rise, transfer* etw beantragen
◆**put off** *vt* ① (*delay*) ■**to ~ off ↻ sth** etw verschieben; **to ~ guests off** Gäste ausladen; **to ~ sth off for a week** etw um eine Woche verschieben; (*avoid*) ***we've been ~ting off the decision about whether to have a baby*** wir haben die Entscheidung, ob wir ein Kind haben wollen, vor uns her geschoben
② (*fob off*) ■**to ~ sb off** jdn vertrösten; ***you're not going to ~ me off with excuses*** ich lasse mich von dir nicht mit Ausreden abspeisen
③ (*deter*) ■**to ~ sb off** jdn abschrecken; ***his description really ~ me off*** seine Beschreibung hat mir wirklich die Lust genommen; ■**to ~ sb off sth** jdm etw verleiden; ***he was really trying to ~ me off*** er wollte es mir richtig mies machen; ***I didn't think the film was very good, but don't let that ~ you off going*** ich fand den Film nicht besonders gut, aber lass dich dadurch nicht abschrecken; ***his tone ~s people off*** sein Ton verschreckt die Leute; **to ~ sb right off sb/sth** jdn sofort gegen jdn/etw einnehmen
④ (*distract*) ■**to ~ sb off** jdn ablenken; ***once she's made up her mind to do something, nothing will ~ her off*** wenn sie sich einmal entschlossen hat, etwas zu tun, wird sie nichts davon abbringen; ■**to ~ sb off sth** jdn von etw *dat* ablenken; (*prevent*) jdn von etw *dat* abbringen; ***you're ~ting me right off*** du bringst mich völlig raus; **to ~ sb off their stride** (*fig*) jdn aus dem Konzept bringen; **to be ~ off a scent** [*or* **trail**] die Spur verlieren; **to ~ sb off the track** jdn von der Fährte bringen
⑤ BRIT TRANSP (*drop off*) ■**to ~ off sb** jdn aussteigen lassen; (*forcibly*) jdn hinauswerfen
⑥ ELEC (*turn off*) ■**to ~ off ↻ sth** etw ausmachen [*o* ausschalten]
► PHRASES: **never ~ off until tomorrow what you can do today** (*prov*) was du heute kannst besorgen, das verschiebe nicht auf morgen *prov*
◆**put on** *vt* ① (*wear*) ■**to ~ on ↻ sth** *clothes, shoes* etw anziehen; **to ~ on one's thinking cap** gründlich nachdenken; **to ~ on a happy face** ein fröhliches Gesicht machen; **to ~ on a frown** (*fig*) die Stirn runzeln; **to ~ on make-up** Make-up auflegen; ***I'll ~ on a plaster for you*** ich mach dir ein Pflaster drauf *fam;* **to ~ on a smile** (*fig*) lächeln, ein Lächeln aufsetzen; ***why are you ~ting on that silly voice?*** warum redest du so albern?; ***there's no need to ~ on that injured expression*** du brauchst nicht so gekränkt zu schauen
② (*pretend*) ■**to ~ sth ↻ on** etw vorgeben; ***it's all ~ on*** es ist alles nur Schau; ***I can't tell whether he's really upset, or if he's just ~ting it on*** ich weiß nicht, ob er wirklich gekränkt ist, oder ob er nur so tut; **to ~ on an air of innocence/a display of anger** eine unschuldige/böse Miene aufsetzen
③ (*turn on*) ■**to ~ on ↻ sth** etw einschalten [*o* anmachen]; **to ~ on the brakes** bremsen; **to ~ the kettle on** das Wasser für den Tee/Kaffee aufsetzen; **to ~ on the light** das Licht anschalten; **to ~ on Mozart** Mozart auflegen
④ (*provide*) ■**to ~ sth ↻ on** etw bereitstellen; ***additional buses had to be ~ on after the concert*** nach dem Konzert mussten zusätzliche Busse eingesetzt werden; (*fam*) ***she ~ on a fantastic spread for her birthday*** sie zauberte für ihren Geburtstag ein wahres Festmahl; **to ~ on an exhibition** eine Ausstellung veranstalten; **to ~ on a play** ein Theaterstück aufführen; **to ~ sth on the market** etw auf den Markt bringen; **to ~ sth on the menu** etw auf die Karte setzen; **to ~ on a party** eine Party geben; **to ~ on a protest** eine Protestkundgebung veranstalten
⑤ (*increase*) ***ten pence was ~ on the price of cigarettes*** der Preis von Zigaretten wurde um zehn Pence erhöht; (*gain weight*) **to ~ on a few pounds** ein paar Pfund zunehmen; **to ~ on weight** zunehmen
⑥ (*bet*) **to ~ money on a horse** Geld auf ein Pferd setzen; **to ~ a bet on a race** beim Rennen setzen; (*fig*) ***I wouldn't ~ my money on it*** darauf würde ich nichts geben
⑦ (*start cooking*) ■**to ~ on ↻ sth** etw aufsetzen [*o* aufstellen]; ***I'll just ~ the potatoes on*** ich setze schnell die Kartoffeln auf; **to ~ the dinner on** mit dem Kochen anfangen, anfangen zu kochen
⑧ (*allow to speak on phone*) **to ~ sb on [the telephone** [*or* **line**]] jdm den Hörer weitergeben
◆**put out I.** *vt* ① (*place outside*) **to ~ the cat/dog out** die Katze/den Hund nach draußen bringen [*o fam* rausbringen]; ■**to ~ sb out** (*ask to leave*) jdn vor die Tür setzen; **to ~ the washing out [to dry]** die Wäsche draußen aufhängen; **to ~ sb/sth out of business** jdn/etw verdrängen, jdn/etw aus dem Geschäft drängen; **to ~ sb out of a job** jdn entlassen; **to ~ sb/sth out of one's mind** [*or* **head**] jdn/etw vergessen; ***I just can't ~ her out of my mind*** sie geht mir einfach nicht aus dem Kopf
② (*extend*) ■**to ~ out ↻ sth** *hand, foot* etw ausstrecken; ***she ~ her head out of the window*** sie lehnte den Kopf aus dem Fenster; **to ~ out feelers** (*also fig*) die Fühler ausstrecken; **to ~ out one's hand** die Hand ausstrecken; **to ~ out one's tongue** die Zunge herausstrecken; **to ~ out the welcome mat for sb** (*fig*) jdm einen freundlichen Empfang bereiten
③ MEDIA (*publish, circulate*) ■**to ~ out ↻ sth** etw veröffentlichen
④ (*produce*) ■**to ~ out ↻ sth** etw herstellen [*o* produzieren]; HORT (*sprout*) *leaves, roots* etw austreiben
⑤ (*place ready*) ■**to ~ sth out [for sb/sth]** *cutlery, plate, dish* [jdm/etw] etw hinstellen [*o* hinlegen] [*o* hinsetzen]
⑥ (*contract out*) ■**to ~ out ↻ sth** etw vergeben [*o* außer Haus geben]; ***the contract was ~ out to the competition*** der Auftrag ging an die Konkurrenz
⑦ (*inconvenience*) ■**to ~ sb out** jdm Umstände machen; ***would it ~ you out if we came tomorrow?*** wäre es dir recht, wenn wir morgen kommen?; ■**to ~ oneself out for sb** sich *akk* jds wegen Umstände machen
⑧ (*bother*) ■**to be ~ out by sth** über etw *akk* verärgert sein
⑨ (*extinguish*) ■**to ~ out ↻ sth** *fire* etw löschen; *candle, cigarette* etw ausmachen; (*turn off*) *lights* etw ausschalten [*o* ausmachen]
⑩ (*hurt*) ■**to ~ out ↻ sth** *knee, shoulder* sich *akk* an etw *dat* verletzen; ***he ~ his back out*** er hat seinen Rücken verrenkt; **to ~ sb's eyes out** jdn die Augen ausstechen
⑪ (*knock out*) ■**to ~ sb out** jdn narkotisieren; ***the medication really ~ me out*** die Medikamente haben mich total benommen gemacht
⑫ (*eliminate*) **to ~ sb out of the competition** jdn aus dem Rennen werfen
II. *vi* ① NAUT (*set sail*) in See stechen; ***the ship ~ out of London harbour*** das Schiff lief aus dem Londoner Hafen aus
② AM (*vulg: have sex*) es treiben *sl,* es machen *fam;* ■**to ~ out for sb** es mit jdm treiben *sl*
◆**put over** *vt* ① (*make understood*) ■**to ~ sth over** etw verständlich machen [*o fam* rüberbringen]
② (*fool*) **to ~ one over on sb** sich *dat* mit jdm einen Scherz erlauben, jdn veräppeln *fam*
◆**put past** *vt* ■**to not ~ sth past sb** jdm etw zutrauen; ***I wouldn't ~ it past him to sue his own mother*** ich würde es ihm durchaus zutrauen, seine eigene Mutter zu verklagen
◆**put through** *vt* ① (*insert through*) ■**to ~ sth through sth** etw durch etw *akk* schieben; (*pierce*) etw durch etw *akk* stechen; ***he ~ his hand through the hole in the fence*** er steckte seine Hand durch das Loch im Zaun; ***she ~ her arm through his*** sie hakte sich bei ihm unter
② TELEC (*connect*) ■**to ~ sb through** jdn durchstellen; ■**to ~ sb through to sb** jdn mit jdm verbinden; **to ~ a call through to sb** einen Anruf an jdn weiterleiten
③ (*cause to undergo*) **to ~ a car through the carwash** ein Auto in die Waschanlage bringen; **to ~ sb through hell** jdm das Leben zur Hölle machen
④ (*support*) **to ~ sb through college/school** jdn zum College/zur Schule schicken; ***we spent over $100,000 ~ting our daughter through college*** wir haben $100.000 für den Collegebesuch unserer Tochter ausgegeben; **to ~ oneself through college/school** sich *dat* den Collegebesuch/Schulbesuch selbst finanzieren
⑤ (*carry through*) ■**to ~ through ↻ sth** *bill, plan, proposal* etw durchbringen; *claim* etw weiterleiten
◆**put to** *vt* ① (*suggest*) ■**to ~ it to sb that ...** jdm unterstellen, dass ...; ***I ~ it to you that you were in the building at the time of the murder*** ich behaupte, dass Sie zur Tatzeit in dem Gebäude waren
② (*assign*) ■**to ~ sth to sth** *date, name* sich *akk* an etw *akk* erinnern; ***I can't ~ a name to his face*** ich komme nicht auf seinen Namen; ***I couldn't ~ a precise date to it*** ich kann mich nicht an das genaue Datum erinnern
③ (*apply, devote*) **to ~ one's mind to sth** sich *akk* auf etw *akk* konzentrieren
④ AGR (*mate*) **to ~ a cow to a bull** eine Kuh mit einem Bullen decken
◆**put together** *vt* ① (*assemble*) ■**to ~ together ↻ sth** etw zusammensetzen; *machine, model, radio* etw zusammenbauen; **to ~ together a [jigsaw] puzzle** puzzeln; **to ~ sth back together** etw wieder zusammensetzen; *machine, model, radio* etw wieder zusammenbauen
② (*place near*) ■**to ~ sth together** etw zusammenschieben; ***let's ~ these tables together*** lass uns diese Tische zusammenschieben
③ (*make*) ■**to ~ together ↻ sth** etw zusammenstellen; **to ~ together a joint venture** sich in einem Jointventure zusammentun; **to ~ together a dinner/snack** ein Mittagessen/einen Imbiss fertig machen; **to ~ together a list** eine Liste aufstellen; **to ~ together a plan** einen Plan entwerfen [*o* ausarbeiten]
④ MATH (*add*) **to ~ 10 and 15 together** 10 und 15 zusammenzählen [*o* addieren]; (*fig*) ***she earns more than all the rest of us ~ together*** sie verdient mehr als wir alle zusammengenommen
⑤ FOOD (*mix*) ■**to ~ together ↻ sth** etw mischen
► PHRASES: **to ~ two and two together** zwei und zwei zusammenzählen
◆**put up I.** *vt* ① (*hang up*) ■**to ~ sth up** *decorations, curtains, notice* etw aufhängen; **to ~ up a flag/sail** eine Flagge/ein Segel hissen [*o* aufziehen]
② (*raise*) ■**to ~ sth up** etw hochheben; ***~ your hand up if you know the answer*** hebt die Hand hoch, wenn ihr die Antwort wisst; ***~ 'em up!*** (*surrender*) Hände hoch!; (*to fight*) mach schon, schlag doch zu!; **to ~ up a drip** MED einen Tropf anbringen; **to ~ up one's dukes** (*dated*) seine Fäuste hochnehmen; **to ~ one's feet up** die Füße hochlegen; **to ~ one's hair up** sich *dat* das Haar aufstecken; (*open*) etw öffnen [*o* aufmachen]; **to ~ up the car window** das Autofenster zumachen; **to ~ up an umbrella** einen Schirm öffnen [*o* aufklappen]; ***why don't you ~ up your hood?*** warum nimmst du nicht deine Kapuze?
③ (*build*) ■**to ~ up ↻ sth** etw bauen; **to ~ up a fence** einen Zaun errichten; **to ~ up a tent** ein Zelt aufstellen [*o* aufschlagen]
④ (*increase*) ■**to ~ up ↻ sth** *numbers, price, sales, blood pressure* etw erhöhen [*o* hoch treiben]
⑤ (*offer*) ■**to ~ up ↻ sth** *Summe* etw bezahlen; ***the money was ~ up by an anonymous donor*** das Geld wurde von einem anonymen Spender aufgebracht; **to ~ up bail** eine Kaution zahlen; **to ~ up capital** Kapital aufbringen; **to ~ one's child up for adoption** sein Kind zur Adoption freigeben; **to ~ sth up for rent** etw vermieten; **to ~ up a reward** eine Belohnung aussetzen; **to ~ sth up for sale** etw zum Verkauf anbieten
⑥ (*give shelter*) ■**to ~ up ↻ sb** jdn unterbringen; ***we're ~ting up my sister for the weekend/a while*** meine Schwester bleibt [*o* wohnt] das Wo-

chenende über/eine Weile bei uns
❼ (*propose*) ■**to ~ up** ⊂ **sb/sth** jdn/etw vorschlagen; ***he ~ up the argument that ...*** er hat argumentiert, dass ...; **to ~ up a candidate** einen Kandidaten/eine Kandidatin vorschlagen [*o* aufstellen]; **to ~ sb up for election** jdn zur Wahl stellen; **to ~ up a proposal** etwas vorschlagen
❽ (*cause to do*) ■**to ~ sb up to sth** jdn zu etw *dat* verleiten; *to a fight, criminal offence* jdn zu etw *dat* anstiften; ***she must have ~ him up to it*** sie muss ihn dazu verleitet haben
❾ (*resist*) **to ~ up opposition** [*or* **objections**] widersprechen; ***no one has yet ~ up any objections to the proposal*** bis jetzt hat sich noch niemand gegen den Vorschlag ausgesprochen; **to ~ up a struggle** [*or* **fight**] kämpfen; ***the villagers did not ~ up any resistance*** die Dorfbewohner leisteten keinen Widerstand
II. *vi* (*stay*) **to ~ up in a hotel/at sb's place** in einem Hotel/bei jdm unterkommen; **to ~ up in a hotel/at sb's place for the night** die Nacht in einem Hotel/bei jdm verbringen
◆**put upon** *vi usu passive* (*form: take advantage of*) ■**to ~ upon sb** jdn ausnutzen; ■**to be ~ upon by sb** von jdm ausgenutzt werden
◆**put up with** *vi* ■**to ~ up with sth/sb** sich *akk* mit etw/jdm abfinden; ***I don't know why she ~s up with him*** ich weiß nicht, wie sie es mit ihm aushält; ***they have a lot to ~ up with*** sie haben viel zu ertragen; ***I'm not ~ing up with this any longer*** ich werde das nicht länger dulden

putative ['pju:tətɪv, AM -t̬ət̬ɪv] *adj attr, inv* (*form*) ❶ (*reputed*) *efficiency, superiority* angeblich
❷ (*supposed*) *father, leader, offender* mutmaßlich
putatively ['pju:tətɪvli, AM -t̬ət̬ɪv-] *adv inv* (*form*) angeblich
put-down *n* ❶ (*landing*) *of an aircraft* Landung *f*
❷ (*fam: disparagement*) verächtliche [*o* herabsetzende] Bemerkung, Verächtlichmachung *f kein pl*, Herabsetzung *f kein pl*; (*embarrassment*) peinliche Bemerkung, Peinlichkeit *f*; (*snub*) brüskierende Bemerkung, Brüskierung *f*; **to give sb a ~** jdm eine Abfuhr erteilen *fam* **put-off** *n* ❶ (*delay*) Verschiebung *f*, Aufschub *m* ❷ (*fam: excuse*) Ausrede *f*, Ausflucht *f*, Vorwand *m*; **to give sb a ~** jdm mit einer Ausrede kommen *fam* **put-on** *n* AM (*fam*) ❶ (*act of teasing*) Veräppelung *f kein pl fig fam*, Neckerei *f*, Scherz *m* ❷ (*affected manner*) Theater *nt fig fam*, Schau *f fig fam*, Getue *nt fam*, Theater *nt fam*
put option *n* STOCKEX Verkaufsoption *f*
putrefaction [,pju:trɪ'fækʃᵊn, AM -ə'-] *n no pl* (*form*) ❶ (*decay*) MED *of a body* Verwesung *f*, Putrefaktion *f fachspr*, Putreszenz *f fachspr*; BIOL *of organic matter* Fäulnis *f*, Fäulnisprozess *m*, Zersetzung *f*, Verrottung *f*, Putrefaktion *f fachspr*, Putreszenz *f fachspr*
❷ (*fig: corruption*) *of a culture, morals* Verfall *m fig*, Zersetzung *f fig*
putrefy <-ie-> ['pju:trɪfaɪ, AM -trə-] *vi* (*form*) MED *body* verwesen, putreszieren *fachspr*; BIOL *organic matter* [ver]faulen, sich *akk* zersetzen, verrotten, vermodern, putreszieren *fachspr*; (*fig: become corrupt*) verfallen, verkommen, verrotten *fig*
putrid ['pju:trɪd] *adj* (*form*) ❶ (*decayed*) MED *corpse* verwest, putrid *fachspr*; BIOL *organic matter* verfault, verrottet; *water* faul, mod[e]rig; **~ infection** MED Fäulnisbakterieninfektion *f*
❷ (*foul*) *smell* faulig, übel riechend
❸ (*fig: corrupt*) verworfen, verdorben
❹ (*fig: objectionable*) *behaviour* widerlich, abstoßend; (*fam: horrible*) grässlich, scheußlich; ***that was a pretty ~ trick!*** das war ein ziemlich übler Trick!
❺ (*fig: worthless*) *effort, achievement* armselig, erbärmlich, miserabel
putsch <*pl* -es> [pʊtʃ] *n* Putsch *m*, Staatsstreich *m*, Umsturz[versuch] *m*; **army ~** Militärputsch *m*
putt [pʌt] SPORTS **I.** *vt* ■**to ~ sth** etw putten [*o* einlochen]; ***let's go and ~ a few holes!*** lass uns ein paar Bälle einlochen!
II. *vi* putten, einlochen, einen Putt schlagen
III. *n* Putt *m*
puttee ['pʌti, AM pʌt'i:] *n* ❶ MIL (*hist: strip of cloth*) *worn by soldier* Wickelgamasche *f hist*
❷ AM (*legging*) *worn by rider* [Leder]gamasche *f*
putter[1] ['pʌtəʳ, AM -t̬ɚ] *n* SPORTS ❶ *golf club* Putter *m*
❷ (*golfer*) Einlocher(in) *m(f)*; **to be a good ~** gut putten, einen guten Putt schlagen
putter[2] ['pʌt̬ɚ] *vi* AM ❶ (*busy oneself*) geschäftig sein, werkeln SÜDD, hantieren; **to ~ in the garden** im Garten werkeln; **to ~ in the kitchen** in der Küche hantieren; **to ~ with a bike** an einem Fahrrad herumbasteln
❷ (*move slowly*) [herum]trödeln
❸ (*idle*) die Zeit mit Nichtstun verbringen, [lustlos] herumhängen *fam*
putting ['pʌtɪŋ, AM -t̬-] **I.** *n no pl* SPORTS *in golf* Putten *nt*, Einlochen *nt*
II. *adj attr, inv* zum Putten *nach n*; **~ iron** Putter *m*
putting green *n* SPORTS ❶ (*grassy area*) Grün *nt*
❷ (*practising area*) Übungsgrün *nt*
putty ['pʌti, AM -t̬i] **I.** *n no pl* [Dichtungs]kitt *m*, Spachtel[kitt] *m*, Dichtungsmasse *f*; [**glazier's**] **~** Glaserkitt *m*, Fensterkitt *m*; [**plasterer's**] **~** Kalkbrei *m*, Kalkteig *m*
▸ PHRASES: **to be like ~ in sb's** <u>**hands**</u> Wachs in jds Händen sein
II. *vt* <-ie-> [ver]kitten, [ver]spachteln
putty-knife *n of a glazier* Kittmesser *nt*; *of a plasterer* Spachtelmesser *nt*, Spachtel *m o f*
put-up *adj inv* (*fam*) abgemacht, abgekartet *fam*; **~ job** abgekartetes Spiel *fam*, abgekartete Sache *fam*, Schiebung *f fig pej fam* **put-upon** *adj* (*fam*) vereinnahmt, ausgenutzt, missbraucht *fig*; **to feel ~** sich *akk* ausgenutzt fühlen
putz <*pl* -es> [pʌtz] *n* AM (*sl*) ❶ (*fool*) Blödmann *m fam*, Dussel *m fam*
❷ (*penis*) Schwanz *m vulg sl*
puzzle ['pʌzl] **I.** *n* ❶ (*test of ingenuity*) Rätsel *nt*, Fragespiel *nt*, Denksportaufgabe *f*; **crossword ~** Kreuzworträtsel *nt*; **jigsaw ~** Puzzle *nt*
❷ (*test of patience*) Geduldsspiel *nt*, Puzzlespiel *nt*
❸ (*question*) Rätsel *nt*, schwieriges Problem; **to be a ~** ein Rätsel [*o* rätselhaft] sein; **to be a ~ to sb** jdm ein Rätsel sein, jdn vor ein Rätsel stellen
❹ (*mystery*) Rätsel *nt*, Geheimnis *nt*; **to solve a ~** ein Rätsel lösen, hinter ein Geheimnis kommen
❺ (*confusion*) Verwirrung *f*, Fassungslosigkeit *f*
II. *vt* ■**to ~ sb** jdn vor ein Rätsel stellen [*o* verwirren] [*o* verdutzen]; ***it ~s me why she said that*** es ist mir ein Rätsel, warum sie das gesagt hat
III. *vi* ■**to ~ about sth** über etw *akk* nachgrübeln [*o* rätseln]
◆**puzzle out I.** *vt* ■**to ~ out** ⊂ **sth** ❶ (*find out*) *answer, solution* etw herausfinden [*o* herausbekommen] [*o fam* herauskriegen]; **to ~ out a message** eine Botschaft entschlüsseln [*o* enträtseln]
❷ (*work out*) *plan, strategy* etw austüfteln [*o* ausknobeln] *fam*
II. *vi* herausfinden; ***I can't ~ out how he did it*** ich kann mir nicht erklären, wie er das geschafft hat
◆**puzzle over I.** *vi* ■**to ~ over sth** über etw *akk* nachgrübeln [*o* rätseln]
II. *vt* **to ~ one's head over sth** sich *dat* den Kopf über etw *akk* zerbrechen
puzzled ['pʌz|d] *adj* ❶ (*helpless*) *expression* ratlos, verständnislos; **~ look** fragender Blick; ***she's ~ about what would be the best thing to do*** sie weiß nicht so richtig, was das Beste für sie wäre
❷ (*confused*) verwirrt, fassungslos
❸ (*surprised*) [sehr] überrascht, verdutzt, verblüfft
❹ (*disconcerted*) *expression* irritiert, befremdet
puzzlement ['pʌz|mənt] *n no pl* ❶ (*helplessness*) Ratlosigkeit *f*, Verständnislosigkeit *f*
❷ (*confusion*) Verwirrung *f*, Fassungslosigkeit *f*
❸ (*surprise*) Verblüffung *f*, [große] Überraschung; **much to my ~** zu meiner großen Überraschung
❹ (*disconcertment*) Irritation *f*, Befremden *nt*
puzzler ['pʌzləʳ, AM -ɚ] *n* ❶ (*usu fam: question*) Rätsel *f*, Geheimnis *nt*, schwieriges Problem, harte Nuss *fig fam*
❷ (*fig: difficult person*) Rätsel *nt fig*
❸ (*thinker*) Puzzler(in) *m(f)*, Puzzlespieler(in) *m(f)*
puzzling ['pʌz|ɪŋ] *adj* ❶ (*mysterious*) *mechanism, story* rätselhaft, geheimnisvoll
❷ (*difficult*) *question, situation* schwierig
❸ (*confusing*) verwirrend
❹ (*surprising*) *outcome, success* verblüffend, [sehr] überraschend; **~ trick** verblüffender Trick
PVC [,pi:vi:'si:] CHEM **I.** *n abbrev of* **polyvinyl chloride** PVC *nt*
II. *adj attr abbrev of* **polyvinyl chloride** PVC-, aus PVC *nach n*
PV technology *n abbrev of* **photovoltaic technology** Photovoltaik *f kein pl*
pw *adv* BRIT *abbrev of* **per week** wöchentlich, die Woche
PWA [,pi:,dʌb|ju'eɪ] *n* AM *abbrev of* **person with Aids** Aidskranke(r) *f(m)*
PX [,pi:'eks] *n* AM MIL *abbrev of* **post exchange** P.X.-Laden *m* (*eigens für Angehörige der US-Armee im Ausland*)
pygmy ['pɪgmi:] **I.** *n* (*pej*) ❶ (*short person*) Zwerg(in) *m(f)*, Liliputaner(in) *m(f)*
❷ (*fig pej: insignificant person*) Zwerg(in) *m(f) fig pej*, Wicht *m fig pej*; **political ~** politischer Zwerg
II. *adj attr, inv* Zwerg-; ZOOL (*chimpanzee, rabbit*) Zwerg-; **~ lamp** ELEC Zwerglampe *f fachspr*
Pygmy ['pɪgmi:] **I.** *n* Pygmäe *m*
II. *adj inv* Pygmäen-, pygmäisch; **a ~ man/woman** ein Pygmäenmann/eine Pygmäenfrau
pyjama [pɪ'dʒɑ:mə, AM pə'-] *adj attr, inv* Pyjama-, Schlafanzug-; **~ bottom[s]** [*or* **trousers**] Pyjamahose *f*; **~ top** [*or* **jacket**] Pyjamaoberteil *nt*; **~ party** Pyjamaparty *f*
pyjamas [pɪ'dʒɑ:məz, AM pə'-] *npl* Pyjama *m*, Schlafanzug *m*; **in [one's] ~** im Pyjama [*o* Schlafanzug]; **a pair of ~** ein Pyjama *m* [*o* Schlafanzug *m*]
pylon ['paɪlɒn, AM -lɑ:n] *n* ❶ ELEC (*power lines pole*) freitragender Stahlmast [*o* Leitungsmast]; [**electricity**] **~** Hochspannungsmast *m*; AVIAT (*fin-like device*) Außen[bord]lastträger *m* (*für Zusatztanks, Bomben etc*)
❷ AVIAT (*guidance pole*) *in gliding* Orientierungsturm *m*, Wendepunkt *m*, Wendemarke *f*
PYO [,pi:waɪ'əʊ, AM -'oʊ] **I.** *n abbrev of* **pick your own** Selberpflücken *nt*, Selberernten *nt*
II. *adj attr, inv abbrev of* **pick your own** *raspberries, strawberries* zum Selberpflücken *nach n*; *carrots, mushrooms, vegetables* zum Selberernten *nach n*
pyorrhea [,paɪə'ri:ə] *n* AM, **pyorrhoea** [-'rɪə] *n no pl* MED Eiterfluss *m*, Pyorrhö *f fachspr*
pyramid ['pɪrəmɪd] *n* ❶ (*geometry*) Pyramide *f*
❷ (*Egyptian tombs*) Pyramide *f*; **the Great P~** die Große Pyramide; **the ancient ~s** die [alten] Pyramiden
❸ (*billiard game*) ■**~s** *pl* [Pool]billard *nt kein pl*
pyramidal [pɪ'ræmɪdᵊl] *adj inv* pyramidenförmig, pyramidenartig, pyramidal *fachspr*
pyramid scheme *n* AM STOCKEX [sofortige] Wiederanlage nicht realisierter Spekulationsgewinne *fachspr*, Anhäufung *f* von Spekulationsgewinnen **pyramid selling** *n no pl* ECON, LAW Vertrieb *m* nach dem Schneeballprinzip, Schneeballsystem *nt* (*der Vertrieb läuft über eine Kette von Vertretern und Untervertretern*) **pyramid structure** *n* AM ECON Verschachtelungsstruktur *f*, verschachtelte Struktur
pyre ['paɪəʳ, AM -ɚ] *n* Scheiterhaufen *m*
Pyrenean [,pɪrə'ni:ən] *adj inv* pyrenäisch
Pyrenees [,pɪrə'ni:z] *npl* ■**the ~** die Pyrenäen *pl*
Pyrex® ['paɪ(ə)reks, AM 'paɪreks] **I.** *n* Pyrex-Glas®, Hartglas *nt*
II. *n modifier* (*baking dish, pan, bowl*) Pyrex-®, aus Pyrex-Glas® [*o* Hartglas] *nach n*
pyrite ['paɪəraɪt, AM 'paɪraɪt] *n* MIN *see* **pyrites** Pyrit *m*, Eisenkies *m*
pyrites [paɪ(ə)'raɪti:z, AM paɪ'-] *n + sing vb* GEOL Pyrit *m fachspr*, [Schwefel]kies *m*, [Eisen]kies *m*; [**iron**] **~** Eisenkies *m*

pyromania [ˌpaɪ(ə)rə(ʊ)ˈmeɪniə, AM ˌpaɪroʊˈ-] *n no pl* PSYCH krankhafter Brandstiftungstrieb, Pyromanie *f fachspr*
pyromaniac [ˌpaɪ(ə)rə(ʊ)ˈmeɪniæk, AM ˌpaɪroʊˈ-] *n* PSYCH Brandstifter(in) *m(f)* [aus krankhafter Veranlagung], Feuerteufel *m fig fam,* Pyromane, -in *m, f fachspr*
pyrotechnic [ˌpaɪ(ə)rə(ʊ)ˈteknɪk, AM ˌpaɪroʊˈ-] *adj attr, inv* ❶ *(fireworks)* pyrotechnisch, Feuerwerks-; ~ **display** Feuerwerk *nt*
❷ MIL *(ammunition)* ~ **bomb/charge** pyrotechnische Bombe/Ladung; *for signalling* Leucht-; ~ **cartridge** Leuchtpatrone *f;* ~ **pistol** Leuchtpistole *f*
❸ *(fig: sensational) musical performance, rhetoric* brillant, glänzend; ~ **recital** brillanter [*o* glänzender] Vortrag; *wit* sprühend
pyrotechnics [ˌpaɪ(ə)rə(ʊ)ˈteknɪks, AM ˌpaɪroʊˈ-] *n sing* ❶ *(art of making fireworks)* Pyrotechnik *f,* Feuerwerkerei *f*
❷ *(firework display)* Feuerwerk *nt*
❸ *(fig: sensational display) of musical performance, rhetoric* Feuerwerk *nt,* Brillanz *f;* **musical** ~ musikalisches Feuerwerk, musikalische Brillanz; **verbal** ~ brillante Wortwahl, rednerische Brillanz
pyrrhic [ˈpɪrɪk] *adj inv* ~ **victory** Pyrrhussieg *m;* ~ **defeat** Scheinniederlage *f*
Pyrrhic victory [ˌpɪrɪkˈvɪktᵊri] *n* Pyrrhussieg *m*
Pythagoras [paɪˈθægᵊrəs, AM pɪˈθægəəs] *n no pl* Pythagoras *m;* ~**' theorem** der Satz des Pythagoras
Pythagorean [paɪˌθægᵊrˈiːən, AM pɪˌθægəˈriːən]
I. *adj inv* pythagoräisch
II. *n* Pythagoräer *m*
python <*pl* -s *or* -> [ˈpaɪθᵊn, AM -θɑːn] *n* Python *m,* Pythonschlange *f*
pyx <*pl* -es> [pɪks] *n* REL Pyxis *f,* Hostienkelch *m*
pzazz [pəˈzæz] *n no pl (fam) see* **pizzazz**

Q

Q <*pl* 's>, **q** <*pl* 's *or* -s> [kjuː] *n* Q *nt,* q *nt;* ~ **for Queenie** [*or* AM **as in Queen**] Q für Quelle
Q¹ [kjuː] *n* ❶ *abbrev of* **Queen** Königin *f*
❷ SCH, UNIV *abbrev of* **question** Frage *f*
❸ ECON *abbrev of* **quarter** Quartal *nt*
Q² *n* REL *(gospel source)* Logienquelle *f* Q *(dient als Symbol für Stellen bei Matthäus und Lukas, die nicht bei Markus vorhanden sind)*
Q and A section *n* SCH, UNIV *(question and answer part)* Übungsaufgaben *fpl,* Übungen *fpl*
QC [ˌkjuːˈsiː] *n* BRIT *abbrev of* **Queen's Counsel**
QED¹ [ˌkjuːiːˈdiː] *n* MATH *abbrev of* **quod erat demonstrandum** q.e.d.
QED² [ˌkjuːiːˈdiː] *n (fig: and that's the solution)* ganz einfach, so geht das
Qld. AUS *abbrev of* **Queensland**
qt *n* AM *abbrev of* **quart**
q.t. [ˌkjuːˈtiː] *n (fam)* **on the** ~ im Stillen, in aller Stille, insgeheim; **to meet sb on the** ~ jdn heimlich treffen
Q-Tip® [ˈkjuːtɪp] *n* AM Wattestäbchen *nt*
qu *n* AM *abbrev of* **question**
qua [kweɪ, kwɑ] *prep* LAW *(form)* [in der Eigenschaft] als, qua *geh;* **art** ~ **art** Kunst [in ihrer Eigenschaft] als Kunst [*o* solche]
quack¹ [kwæk] I. *n* ❶ *(duck's sound)* Quaken *nt*
❷ *(childspeak: duck)* ■ ~-~ Quakente *f Kindersprache*
II. *vi* quaken, quak machen *fam*
quack² [kwæk] *(pej)* I. *n* MED *(fake doctor)* Quacksalber(in) *m(f) pej;* BRIT, AUS *(sl: doctor)* Doktor *m fam*
II. *adj attr, inv (pej)* ~ **doctor** Kurpfuscher(in) *m(f) pej,* Quacksalber(in) *m(f) pej;* ~ **medicine** [*or* **remedy**] Mittelchen *nt pej;* ~ **treatment** Quacksalberei *f pej,* Kurpfuscherei *f pej*
quackery [ˈkwækᵊri] *n no pl* MED *(pej)* Kurpfuscherei *f pej,* Quacksalberei *f pej;* **to practice** ~ Kurpfuscherei [*o* Quacksalberei] betreiben
quack-quack [ˈkwækˌkwæk] *n (childspeak: duck)* Quakente *f Kindersprache*
quad¹ [kwɒd, AM kwɑːd] *n* ❶ *(fam) abbrev of* **quadruplet** Vierling *m*
❷ *abbrev of* **quadrangle** *(block of buildings)* [Häuser]block *m,* Geviert *nt;* *(on a campus)* Hof, [viereckiger] Innenhof; *(on school grounds)* viereckiger Schulhof
quad² [kwɒd, AM kwɑːd] I. *n* ❶ MEDIA *(space) in printing* Geviert *nt*
❷ PHYS *(energy unit)* Quad *nt*
❸ ELEC, TELEC *(cable)* Vierer *m,* Viererkabel *nt*
❹ MED *(fam: paralysed person)* Tetraplegiker(in) *m(f)*
❺ COMPUT *(sheet of paper)* Quartblatt *nt*
II. *adj* vierfach
quadrangle [ˈkwɒdræŋgl̩, AM ˈkwɑː-] *n (form)*
❶ *(figure)* Viereck *nt,* Karree *nt*
❷ *(square) of buildings* [Häuser]block *m,* Geviert *nt;* BRIT *on a campus* von Gebäuden umschlossener viereckiger Hof *(z. B. in Oxford); of a court* [viereckiger] Innenhof; *on school grounds* viereckiger Schulhof
❸ AM GEOG *in surveying* Landkartenviereck *nt fachspr*
quadrangular [kwɒdˈræŋgjələʳ, AM kwɑːˈdræŋgjələ] *adj inv* viereckig
quadrant [ˈkwɒdrᵊnt, AM ˈkwɑː-] *n* ❶ MATH *(quarter) of a circle* Viertelkreis *m,* Viertelebene *f,* Quadrant *m fachspr;* **one** ~ **of a circle** ein Viertelkreis *m; of two axes* Viertelebene *f,* Quadrant *m fachspr; of a sphere* Viertelkugel *f;* ASTRON Viertel *nt,* Quadrant *m fachspr;* **the first** ~ **of the moon** das erste Viertel des Mondes
❷ ASTRON, NAUT *(instrument)* Quadrant *m fachspr*
quadraphonic [ˌkwɒdrəˈfɒnɪk, AM ˌkwɑːdrəˈfɑːn-] *adj inv* MUS, COMPUT quadrophon[isch]; ~ **sound system** Quadroanlage *f*
quadratic [kwɒdˈrætɪk, AM kwɑːˈdræt̬-] I. *adj inv* quadratisch, zweiten Grades *nach n;* ~ **curve** Kurve *f* zweiten Grades; ~ **equation** quadratische Gleichung, Gleichung *f* zweiten Grades
II. *n* quadratische Gleichung, Gleichung *f* zweiten Grades
quadrilateral [ˌkwɒdrɪˈlætᵊrᵊl, AM ˌkwɑːdrɪˈlæt̬ə-]
I. *adj inv* vierseitig
II. *n (shape)* Viereck *nt*
quadrille [kwəˈdrɪl] *n* Quadrille *f*
quadripartite [ˌkwɒdrɪˈpɑːtaɪt, AM ˌkwɑːdrɪˈpɑːr-] *adj (form)* vierteilig, Vier[er]-; ~ **agreement** Viermächteabkommen *nt,* Viererabkommen *nt;* ~ **conference** Viermächtekonferenz *f,* Viererkonferenz *f;* **the** ~ **division of Berlin** POL, HIST die Teilung Berlins in vier Teile; ~ **pact** Viererpakt *m;* ~ **plan** Vierpunkteplan *m*
quadriplegia [ˌkwɒdrɪˈpliːdʒə, AM ˌkwɑːdrɪˈ-] *n no pl* MED Tetraplegie *f fachspr,* Lähmung *f* aller vier Gliedmaßen
quadriplegic [ˌkwɒdrɪˈpliːdʒɪk, AM ˌkwɑːdrɪˈ-] MED
I. *adj inv* tetraplegisch *fachspr*
II. *n* Tetraplegiker(in) *m(f) fachspr; see also* **quadriplegia**
quadrophonic *adj esp* BRIT, AUS *see* **quadraphonic**
quadruped [ˈkwɒdrʊped, AM ˈkwɑːdrə-] I. *adj* ZOOL vierfüßig
II. *n* Vierfüßer *m,* Tetrapode *m*
quadruple [ˈkwɒdrʊpl̩, AM kwɑːˈdruː-] I. *vt* ■ **to** ~ **sth** etw vervierfachen
II. *vi* sich *akk* vervierfachen
III. *adj* vierfach *attr;* ~ **the amount/number** die vierfache Menge/Anzahl; ~ **alliance** POL Viererbündnis *nt,* Viererbund *m;* **Q~ Alliance** HIST Quadrupelallianz *f fachspr;* ~ **time** [*or* **beat**] MUS Vierertakt *m,* Viervierteltakt *m*
IV. *adv* vierfach [ausgelegt]
quadruplegic *adj, n* AUS MED *see* **quadriplegic**
quadruplet [ˈkwɒdrʊplət, AM kwɑːˈdruːplɪt] *n* ❶ *(fourth offspring)* Vierling *m;* **identical/fraternal** ~**s** eineiige/zweieiige Vierlinge
❷ MUS *(fugue)* Quadrupelfuge *f fachspr*
quaff [kwɒf, AM kwɑːf] *(hum)* I. *vt (dated)* ■ **to** ~ **sth** etw [in großen Zügen] trinken [*o akk* in sich *fam* hineinschütten], *fam* [hinein]kippen
II. *vi (dated or dated)* zechen *veraltet,* [in großen Zügen [*o* Mengen]] trinken
quaffable [ˈkwɒfəbl̩, AM ˈkwɑːf-] *adj (dated or hum) wine* süffig *fam*
quagmire [ˈkwɒgmaɪəʳ, AM ˈkwægmaɪə] *n* ❶ *(muddy ground)* aufgeweichter Boden, Sumpf[boden] *m,* Morast[boden] *m;* ***at the end of the match the pitch was a real*** ~ nach dem Spiel war der Platz völlig aufgeweicht
❷ *(fig: difficult situation)* Sumpf *m fig,* Morast *m fig,* Patsche *f fig;* **to be caught in a** ~ in der Patsche sitzen; **a** ~ **of corruption** ein Morast der Korruption; **a** ~ **of violence** ein Sumpf der Gewalt
❸ *(fig: mess)* Wust *m fig,* Chaos *nt fig;* **a** ~ **of details/instructions** ein Wust *m* von Einzelheiten/Instruktionen
quail¹ <*pl* -s *or* -> [kweɪl] *n* ❶ *(bird)* Wachtel *f*
❷ AM *(fig pej sl: girl)* Mieze *f fig pej fam*
quail² [kweɪl] *vi* bangen *geh,* verzagen *geh,* den Mut verlieren [*o* sinken lassen]; ***she*** ~***ed with fear*** ihr war Angst und Bange; ***he*** ~***ed before the consequences*** ihm bangte vor den Konsequenzen
quaint [kweɪnt] *adj* ❶ *(charming)* reizend, entzückend, wunderschön; *landscape, village* idyllisch, malerisch, pittoresk *geh; cottage, pub* urig
❷ *(also pej: strangely old-fashioned) customs, way of speaking* altmodisch [*o* altertümlich] [anmutend] *a. pej; expression, name* altmodisch [*o* altertümlich] [klingend] *a. pej*
❸ *(usu pej: strange) person* eigenartig, sonderbar, wunderlich, schrullig, verschroben *oft pej;* ~ **old man** alter Sonderling [*o pej* Kauz]; ~ **old woman** schrullige [*o* wunderliche] Alte; *customs, ideas, sight* eigenartig, eigentümlich, sonderbar, seltsam, kurios *oft pej;* **a** ~ **sense of humour** ein seltsamer [*o* eigenartiger] Sinn für Humor; *views* eigentümlich, verschroben *oft pej*
❹ *(pleasantly unusual) encounter, sound* wundersam
quaintly [ˈkweɪntli] *adv* ❶ *(charmingly)* reizend, entzückend, wunderschön; **to be** ~ **decorated** wunderschön geschmückt sein
❷ *(also pej: old-fashionedly)* altmodisch, altertümlich *a. pej;* **to be** ~ **worded** altmodisch [*o* in einem altertümlich anmutenden Stil] formuliert sein
❸ *(usu pej: strangely)* merkwürdig, seltsam, eigentümlich *oft pej;* ***he was*** ~ ***dressed*** er war eigentümlich gekleidet; ***she's*** ~ ***helpful*** sie ist auf eine wunderliche Art hilfsbereit
quaintness [ˈkweɪntnəs] *n no pl* ❶ *(charm)* Reiz *m; of landscape, village* idyllischer [*o* malerischer] Charakter, das Idyllische [*o* Malerische]; *of pub* Urigkeit *f,* das Urige
❷ *(usu pej: strangeness) of a person* Schrulligkeit *f,* Verschrobenheit *f oft pej; of customs, ideas, sight* Merkwürdigkeit *f,* Eigentümlichkeit *f,* Kuriosität *f oft pej; of views* Eigentümlichkeit *f,* Verschrobenheit *f oft pej; of way of speaking* Eigenartigkeit *f,* Seltsamkeit *f oft pej*
quake [kweɪk] I. *n (fam)* [Erd]beben *nt,* Erschütterung *f*
II. *vi* ❶ *(move) earth* beben; ***they felt the ground*** ~ sie fühlten, dass die Erde bebte
❷ *(fig: shake)* zittern, [er]beben, sich *akk* schütteln; **to** ~ **at the prospect** [*or* **thought**] bei der Aussicht [*o* dem Gedanken] erbeben *fig;* ***her voice*** ~***d with emotion*** ihre Stimme bebte vor Erregung *fig*
Quaker [ˈkweɪkəʳ, AM -ə] I. *n* Quäker(in) *m(f);* ■ **the** ~**s** *pl* die Quäker *mpl*
II. *adj attr* ❶ *(meeting of Quakers)* Quäker-; ~ [*or* ~**s'**] **meeting** schweigende Quäkerversammlung
❷ *(fam: gathering)* schweigende Versammlung [*o fam* Runde]
Quakerism [ˈkwækᵊrɪzᵊm] *n no pl* Quäkerreligion *f,* Religion *f* der Quäker
qualification [ˌkwɒlɪfɪˈkeɪʃᵊn, AM ˌkwɑːl-] *n*

❶ (*skill*) Qualifikation *f;* (*document*) Abschlusszeugnis *nt;* ***do you have any teaching ~s?*** haben Sie Unterrichtserfahrung?; ***he left school with no ~s*** er verließ die Schule ohne einen Abschluss
❷ *no pl* (*completion of training*) Abschluss *m* seiner Ausbildung; *from school* [Schul]abschluss *m; from university* [Studien]abschluss *m;* ***after his ~ as a doctor he went to Africa*** nach Abschluss seiner ärztlichen Ausbildung ging er nach Afrika
❸ (*restriction*) Einschränkung *f,* Vorbehalt *m;* ~ **of an offer** COMM Einschränkung *f* eines Angebots; **without any** ~ ohne jede Einschränkung
❹ (*change*) [Ab]änderung *f,* Modifikation *f;* ***after certain ~s, the proposal was accepted*** nach einigen Abänderungen wurde der Vorschlag angenommen; **subject to ~s** COMM Änderungen vorbehalten
❺ (*condition*) [notwendige] Voraussetzung *f* (**for/of** für +*akk*); ~ **for citizenship** Voraussetzung *f* für den Erwerb der Staatsbürgerschaft; ~ **for an examination** AM UNIV Zulassung zu einer Prüfung *f;* ~ **for public office** Voraussetzung *f* [*o* Vorbedingung *f*] für ein öffentliches Amt; ~ **procedure** AM UNIV Zulassungsverfahren *nt*
❻ (*eligibility*) Berechtigung *f;* ~ **for election** Wahlberechtigung *f;* STOCKEX (*for directorship*) Pflichtaktienkapital *nt* [eines Vorstandsmitglieds]; ~ **for dividend** Dividendenberechtigung *f*
❼ SPORTS (*preliminary test*) Qualifikation *f,* Ausscheidung *f*
❽ LING (*modification*) nähere Bestimmung

qualified ['kwɒlɪfaɪd, AM 'kwɑːl-] *adj* ❶ (*competent*) qualifiziert, befähigt, geeignet, ausgebildet; **highly** ~ hoch qualifiziert; **well** ~ gut geeignet
❷ (*certified*) ausgebildet, -meister [*o* -meisterin]; ~ **mason** Maurermeister(in) *m(f);* ~ **radiologist** ausgebildeter Radiologe/ausgebildete Radiologin; (*at university*) graduiert; (*by the state*) staatlich anerkannt [*o* zugelassen], diplomiert; ~ **medical practitioner** approbierter praktischer Arzt/approbierte praktische Ärztin; ***Tim is now a ~ architect*** Tim ist jetzt Diplomarchitekt; **to be ~ to practise as a doctor/lawyer** approbiert/als Anwalt zugelassen sein; ***he is not ~ to teach this course*** er hat nicht die für die Erteilung dieses Kurses erforderlichen Qualifikationen
❸ (*restricted*) bedingt, eingeschränkt, mit Einschränkungen *nach n;* ~ **acceptance** COMM bedingte Annahme [eines Wechsels], bedingtes [*o* eingeschränktes] Akzept *fachspr;* ~ **approval/reply** Zustimmung *f*/Antwort *f* unter Vorbehalt; ~ **as to time** zeitlich beschränkt; ~ **endorsement** COMM eingeschränktes Indossament, Indossament *nt* ohne Obligo *fachspr;* ~ **majority** COMM, ECON qualifizierte Mehrheit; **in a ~ sense** mit Einschränkungen; **to make a ~ statement** eine Erklärung unter Einschränkungen abgeben; **to be a ~ success** kein uneingeschränkter [*o* voller] Erfolg sein, ein mäßiger Erfolg sein
❹ (*eligible*) berechtigt, imstande; **to be ~ to vote** wahlberechtigt [*o* stimmberechtigt] sein; ***I don't feel ~ to speak for her*** ich sehe mich nicht imstande, für sie zu sprechen
❺ ECON, FIN ~ **accounts** berichtigter Jahresabschluss; ~ **auditors' report** [*or* AM **audit report**] [*or* **opinion**] eingeschränkter Bestätigungsvermerk

qualifier ['kwɒlɪfaɪəʳ, AM 'kwɑːlɪfaɪɚ] *n* ❶ (*restriction*) Einschränkung *f;* (*condition*) Bedingung *f*
❷ SPORTS (*test*) Qualifikationsspiel *nt,* Qualifikationskampf *m,* Ausscheidungsspiel *nt,* Ausscheidungskampf *m;* (*person*) Qualifikant(in) *m(f);* ■**to be a ~** sich *akk* qualifiziert haben
❸ LING (*modifier*) nähere Bestimmung

qualify <-ie-> ['kwɒlɪfaɪ, AM 'kwɑːl-] **I.** *vt* ❶ (*make competent*) ■**to ~ sb for sth** jdn für etw *akk* qualifizieren [*o* zu etw *dat* befähigen]; ***your course on cookery doesn't ~ you as an expert chef*** dein Kochkurs macht dich noch keinen Meisterkoch
❷ (*make eligible*) ■**to ~ sb** [**for sth**] jdm das Recht [*o* den Anspruch] [auf etw *dat*] geben; ***being a single parent qualifies you for extra benefits*** als allein erziehender Elternteil hat man Anspruch auf Sonderleistungen; ■**to ~ sb to do sth** jdn berechtigen etw zu tun
❸ (*restrict*) ■**to ~ sth** *criticism, judgement* etw einschränken [*o* modifizieren] [*o* unter Vorbehalt äußern]; **to ~ an opinion/remark** eine Meinung/Bemerkung unter Vorbehalt [*o* einschränkend] äußern; **to ~ a statement** eine Erklärung [*o* Feststellung] einschränken
❹ LING (*modify*) ■**to ~ sth** *adjective, noun* etw näher bestimmen
II. *vi* ❶ (*complete training*) die Ausbildung abschließen; UNIV das Studium abschließen; ***Chris has just qualified as a doctor*** Chris hat gerade seinen Doktor in Medizin gemacht; **to ~ as an officer** ein Offizierspatent erwerben
❷ (*prove competence*) ■**to ~** [**for sth**] sich *akk* [für etw *akk*] qualifizieren [*o* als geeignet erweisen], seine Eignung [für etw *akk*] nachweisen; **to ~ for the semi-final** SPORTS sich *akk* für das Halbfinale qualifizieren
❸ (*meet requirements*) ■**to ~** [**for sth**] *citizenship, membership, an office* [für etw] die [nötigen] Voraussetzungen [*o* Bedingungen] erfüllen; (*be eligible*) *benefits, a job* für etw *akk* in Frage kommen; ***he barely qualified*** er hat die Voraussetzungen [*o* Bedingungen] gerade noch erfüllt; **to ~ for a scholarship** den Qualifikationsnachweis für ein Stipendium erbringen

◆**qualify as** *vi* LAW ■**to ~ as sth** seine Ausbildung als etw abschließen

◆**qualify for** *vi* LAW ■**to ~ for sth** zu etw berechtigt sein

qualifying ['kwɒlɪfaɪɪŋ, AM 'kwɑːl-] **I.** *n no pl* ❶ (*meeting requirement*) Qualifizierung *f*
❷ (*restricting*) Einschränkung *f,* Modifizierung *f*
❸ SPORTS (*preliminary testing*) Qualifizierung *f*
II. *adj attr, inv* ❶ (*restrictive*) einschränkend, modifizierend
❷ (*testing standard*) Qualifikations-, Eignungs-; ~ **examination** [*or* **test**] Eignungsprüfung *f;* SCH, UNIV Aufnahmeprüfung *m,* Aufnahmetest *m;* ~ **heat** [*or* **round**] SPORTS Qualifikationsrunde *f,* Ausscheidungsrunde *f;* ~ **match** [*or* **game**] SPORTS Qualifikationsspiel *nt,* Ausscheidungsspiel *nt;* ~ **period** LAW Anwartschaftszeit *f,* Wartezeit *f;* ~ **shares** FIN, LAW Pflichtaktien *pl;* ~ **test** [*or* **exam**] SCH, UNIV Aufnahmetest *m,* Aufnahmeprüfung *f*
❸ LING (*modifying*) *adjective, adverb* bestimmend

qualifying period *n* FIN *for bonds, deposits* Sperrfrist *f fachspr;* COMM, LAW *for insurance benefits* Wartezeit *f,* Karenzzeit *f fachspr;* ECON, LAW *for pension claims* Anwartschaftszeit *f fachspr* **qualifying shares** *npl* FIN, STOCKEX Pflichtaktien *fpl* [eines Vorstandsmitglieds]

qualitative ['kwɒlɪtətɪv, AM 'kwɑːlɪteɪt̬ɪv] *adj inv* qualitativ, Qualitäts-, gütemäßig; ~ **classification** Einteilung *f* [*o* Wert] nach Güte, gütemäßige Klassifizierung; ~ **difference** Qualitätsunterschied *m*

qualitative analysis *n* CHEM qualitative Analyse *fachspr;* **to perform** [**a**] ~ **on sth** eine qualitative Analyse von etw *dat* durchführen **qualitative distribution** *n* MATH qualitative Verteilung *fachspr*

qualitatively ['kwɒlɪtətɪvli, AM 'kwɑːlɪteɪt̬-] *adj* qualitativ

quality ['kwɒləti, AM 'kwɑːlət̬i] **I.** *n* ❶ (*standard*) Qualität *f,* Güte *f,* Wert *m;* MECH, TECH Gütegrad *m fachspr;* ~ **of life** Lebensqualität *f;* **of high/low ~** von hoher/minderer Qualität, hochwertig/minderwertig; **first/second ~** erste/zweite Qualität [*o* Wahl] [*o* Klasse]; **to vary in ~** sich *akk* qualitätsmäßig unterscheiden
❷ (*character*) Art *f,* Beschaffenheit *f,* Natur *f;* ***the unique ~ of their relationship*** die Einzigartigkeit ihrer Beziehung
❸ (*feature*) Eigenschaft *f,* Merkmal *nt;* **artistic ~** künstlerisches Merkmal; **managerial qualities** Führungsqualitäten *fpl,* Führungseigenschaften *fpl;* ***the school has many excellent qualities*** die Schule hat viele Vorzüge; ***this cheese has a rather rubbery ~ to it*** dieser Käse hat etwas ziemlich Gummiartiges an sich
❹ (*dated or hum: high rank*) Rang *m,* hohes Ansehen; **to be a person of ~** jd von Rang [und Namen] sein
II. *n modifier* [qualitativ] hochwertig, Qualitäts-; ~ **control** COMPUT Qualitätskontrolle *f;* ~ **goods/products** Qualitätswaren *fpl*/Qualitätserzeugnisse *ntpl;* (*fam*) ***that's a real ~ job you've done there*** das hast du wirklich toll gemacht *fam*

quality control *n usu sing* Qualitätskontrolle *f,* Qualitätsüberwachung *f,* Qualitätssicherung *f,* Gütеprüfung *f,* Fertigungskontrolle *f* **quality daily** *n,* **quality newspaper** *n,* **quality paper** *n* seriöse [*o* angesehene] [Tages]zeitung **quality press** *n no pl* seriöse Presse **quality time** *n no pl die Zeit, die man dafür aufbringt, familiäre Beziehungen zu entwickeln und zu pflegen*

qualm [kwɑːm] *n* ❶ (*doubt*) ■**~s** *pl* Bedenken *pl,* Zweifel *m meist pl,* Skrupel *m meist pl;* **to feel** [**no**] [*or* **have**] **~s** [**about doing sth**] [keine] Bedenken [*o* Skrupel] haben [etw zu tun]
❷ (*uneasiness*) ungutes [*o* unangenehmes] Gefühl; **without the slightest ~** ohne die geringsten [*o* jeden] Skrupel
❸ (*feeling of faintness*) [plötzliche] Schwäche, Schwächeanfall *m*
❹ (*feeling of sickness*) [plötzliche] Übelkeit, [plötzliches] Unwohlsein

quandary ['kwɒndᵊri, AM 'kwɑːn-] *n usu sing* ❶ (*indecision*) Unentschiedenheit *f,* Unentschlossenheit *f;* **to be in a ~** sich *akk* nicht entscheiden können, unentschlossen sein; ***we're in a ~ over*** [*or* ***about***] ***where to spend Christmas*** wir wissen nicht, wo wir Weihnachten feiern sollen
❷ (*difficult situation*) [große] Verlegenheit, verzwickte Lage, verfahrene Situation; ***I've got myself into a ~*** ich habe mich in eine äußerst schwierige Lage hineinmanövriert; **to put sb in a ~** jdn in große Verlegenheit bringen; **legal ~** schwierige Rechtslage, rechtlicher Problemfall

quango ['kwæŋgəʊ] *n* BRIT (*usu pej*) *acr for* **quasi-autonomous non-governmental organization** halbautonome nichtstaatliche Organisation

quanta ['kwɒntə, AM 'kwɑːnt̬ə] *n pl of* **quantum**

quantifiable ['kwɒntɪfaɪəbl̩, AM 'kwɑːnt̬ə-] *adj inv* mengenmäßig messbar [*o* bestimmbar], quantifizierbar *fachspr;* COMPUT in Zahlen ausdrückbar

quantification [ˌkwɒntɪfɪ'keɪʃᵊn, AM ˌkwɑːnt̬ə-] *n* mengenmäßige Messung [*o* Bestimmung], Quantifizierung *f fachspr*

quantifier ['kwɒntɪfaɪəʳ, AM 'kwɑːnt̬əfaɪɚ] *n* ❶ (*particle*) *in logic* Quantor *m fachspr,* Quantifikator *m fachspr*
❷ MATH (*expression*) Klammerausdruck *m fachspr*
❸ LING (*modifier*) Zahlwort *nt,* Numeral *nt fachspr*
❹ COMPUT Quantor *m*

quantify <-ie-> ['kwɒntɪfaɪ, AM 'kwɑːnt̬-] *vt* ■**to ~ sth** etw mengenmäßig messen [*o* bestimmen] [*o fachspr* quantifizieren]; **to ~ the effect of sth** COMPUT die Auswirkungen von etw in Zahlen ausdrücken

quantitative ['kwɒntɪtətɪv, AM 'kwɑːnt̬əteɪtɪv] *adj* quantitativ *geh,* mengenmäßig; **a ~ analysis/study** eine quantitative Analyse/Studie

quantitatively ['kwɒntɪtətɪvli, AM 'kwɑːnt̬əteɪt̬-] *adv* quantitativ *geh,* mengenmäßig

quantity ['kwɒntəti, AM 'kwɑːnt̬əti] **I.** *n* ❶ (*amount*) Menge *f,* Quantität *f;* ***you can buy the paper plates in quantities of 10, 100, and 1000*** Sie können Pappteller in Stückzahlen von 10, 100 oder 1000 kaufen; **a large/small ~ of apples/flour** eine große/kleine Menge Äpfel/Mehl
❷ (*large amount*) Menge *f,* große Menge[n] *f[pl],* Unmenge[n] *f[pl];* **to buy in ~** ECON in großen Mengen [*o fachspr* en gros] kaufen
❸ (*huge amount*) ■**quantities** *pl* große Menge[n] *f[pl],* Unmenge[n] *f[pl];* ***they drank quantities of beer at the party*** sie tranken Unmengen von Bier bei der Party
❹ MATH (*magnitude*) [direkt messbare] Größe
II. *n modifier* in großen Mengen *nach n;* ECON en gros *nach n;* ~ **theory** ECON Quantitätstheorie *f*

quantity discount *n* ECON Mengenrabatt *m*
quantity surveyor *n* BRIT ARCHIT, FIN Kalkulator(in) *m(f) fachspr,* Kostenplaner(in) *m(f)*

quantum <*pl* -ta> ['kwɒntəm, AM 'kwɑːnt̬-, *pl* -t̬ə] *n* ❶ (*form: amount*) Menge *f,* Anzahl *f,* Quantum *nt geh* (**of** an +*dat*)
❷ (*portion*) [An]teil *m*
❸ PHYS (*unit*) Quant[um] *nt fachspr;* ~ **of action** Wirkungsquant[um] *nt,* Plancksche Konstante *fachspr;* ~ **of energy** Energiequant[um] *nt;* ~ **of light** Lichtquant[um] *nt,* Strahlungsquant[um] *nt,* Photon *nt fachspr*
❹ COMPUT Quantum *nt*
❺ LAW Schadenhöhe *f,* Entschädigungssumme *f*

quantum jump *n,* **quantum leap** *n* ❶ PHYS (*transition*) Quantensprung *m fachspr,* Quantenübergang *m fachspr*
❷ (*fig: advance*) gewaltiger Sprung *fig,* riesiger Fortschritt **quantum mechanics** *n + sing vb* Quantenmechanik *f kein pl*

quarantine ['kwɒrᵊntiːn, AM 'kwɔːr-] **I.** *n* Quarantäne *f;* **to place sb under** ~ jdn unter Quarantäne stellen; **to be in** ~ in Quarantäne sein
II. *vt* ■**to** ~ **sb/an animal** jdn/ein Tier unter Quarantäne stellen

quark [kwɑːk, AM kwɑːrk] *n* PHYS Quark *nt*

quarrel ['kwɒrᵊl, AM 'kwɔːr-] **I.** *n* ❶ (*argument*) Streit *m,* Auseinandersetzung *f,* Zank *m;* **a** ~/~**s over border territory** ein Grenzstreit/Grenzstreitigkeiten; **to have a** ~ sich *akk* streiten [*o* zanken], Streit [*o* eine Auseinandersetzung] haben; **to patch up a** [*or* **the**] ~ (*fig*) einen [*o* den] Streit beilegen *fig;* **to pick** [*or* **start**] **a** ~ **with sb** einen Streit anfangen [*o fig* vom Zaun brechen]
❷ (*cause of complaint*) Einwand *m,* Gegengrund *m;* **to have no** ~ **with sth** *decisions, methods, verdict* keinen Einwand gegen etw *akk* haben, nichts gegen etw *akk* einzuwenden haben
II. *vi* <-ll-> ❶ (*argue*) sich *akk* streiten [*o* zanken]; ***stop ~ling, you two!*** hört auf zu streiten, ihr beiden!; ■**to** ~ **about** [*or* **over**] **sth** [sich *akk*] über [*o* um] etw *akk* streiten; ***what did you ~ about?*** worüber habt ihr gestritten?; ***they seemed to ~ about money*** sie schienen sich um Geld zu streiten; ■**to** ~ **with sb** [sich *akk*] mit jdm streiten
❷ (*disagree with*) ■**to** ~ **with sth** etw an etw *dat* aussetzen; ***you can't ~ with that*** daran gibt es nichts auszusetzen

quarrelsome ['kwɒrᵊlsəm, AM 'kwɔːr-] *adj* (*pej*) streitsüchtig, zänkisch

quarry[1] ['kwɒri, AM 'kwɔːri] **I.** *n* ❶ (*rock pit*) Steinbruch *m;* **marble** ~ Marmor[stein]bruch *m;* **slate** ~ Schieferbruch *m;* (*fig*) Fundgrube *f fig,* Quelle *f fig*
❷ (*square stone*) Quader[stein] *m*
II. *vt* <-ie-> ■**to** ~ **sth** ❶ (*obtain*) *marble, stone* etw brechen [*o* abbauen]
❷ (*fig: make visible*) *contradictions, secrets* etw zutage fördern *fig*
❸ (*fig: gather*) *data, information* etw zusammentragen [*o* erarbeiten]

quarry[2] ['kwɒri, AM 'kwɔːri] *n* ❶ (*hunted animal*) gejagtes [*o* verfolgtes] Wild, Jagdbeute *f*
❷ (*pursued person*) *criminal* gejagte [*o* verfolgte] Person; (*fig: victim*) Opfer *nt fig,* Beute *f fig*

quarryman *n* Steinbrucharbeiter *m,* Brecher *m fachspr*

quart [kwɔːt, AM kwɔːrt] *n* Quart *nt* (*1,14 l in England, 0,95 l in Amerika*); **a** ~ **of beer/water** ein Quart *nt* Bier/Wasser
▸ PHRASES: [**to try**] **to put a** ~ **into a pint pot** BRIT (*saying*) [versuchen,] etwas Unmögliches [zu] tun; ***it's like putting a ~ into a pint pot*** das ist ein Ding der Unmöglichkeit

quarter ['kwɔːtəʳ, AM 'kwɔːrt̬ɚ] **I.** *n* ❶ (*one fourth*) Viertel *nt;* ***the bottle was a ~ full*** es war noch ein Viertel in der Flasche; **for a** ~ **of the price** [*or* **for** ~ **the price**] zu einem Viertel des Preises; **a** ~ [**of a pound**] **of tea** ein Viertel[pfund] Tee; **three** ~**s** drei Viertel; **to divide sth into** ~**s** etw in vier Teile teilen
❷ (*time*) Viertel *nt;* **a** ~ **of a century** ein Vierteljahrhundert *nt;* **a** ~ **of an hour** eine Viertelstunde; **an hour and a** ~ eineinviertel Stunden; **a** ~ **to** [*or* AM **of**]/**past** [*or* AM **after**] **three** Viertel vor/nach drei
❸ (*1/4 of year*) Quartal *nt;* AM (*school term*) Quartal *nt;* **paid by the** ~ vierteljährlich bezahlt
❹ (*1/4 of a game*) Viertel *nt*
❺ AM (*25 cents*) Vierteldollar *m;* ■~**s** *pl ein Spiel, bei dem ein Vierteldollar in ein Glas Bier geschnippt wird*
❻ (*area*) Gegend *f;* (*neighbourhood*) Viertel *nt*
❼ (*unspecified place*) Seite *f;* (*place*) Stelle *f;* ***help came from a totally unexpected*** ~ Hilfe kam von völlig unerwarteter Seite; **in certain** ~**s** in gewissen Kreisen; **from high** ~**s** von höherer Stelle
❽ (*mercy*) Gnade *f kein pl,* Erbarmen *nt kein pl;* **to ask/cry for** ~ um Gnade bitten/flehen; ***no ~ was asked for and none given*** es wurde auf beiden Seiten schonungslos gekämpft; **to give** ~ Erbarmen haben
❾ (*lodgings*) ■~**s** *pl* Wohnung *f;* MIL Quartier *nt,* Unterkunft *f;* **married** ~**s** Familienunterkunft *f;* **servants'**~**s** Dienstbotenwohnung *f;* **to be confined to** ~**s** MIL Stubenarrest haben
❿ (*area of compass*) [Himmels]richtung *f;* **from the north/west** ~ aus nördlicher/westlicher Richtung
⓫ NAUT (*part of ship*) **on the port** ~ backbord; **on the starboard** ~ steuerbord
▸ PHRASES: **at** <u>**close**</u> ~**s with sb** in jds Nähe; ***they fought at close ~s*** sie kämpften Mann gegen Mann
II. *vt* ❶ (*cut into four*) ■**to** ~ **sth** etw vierteln; ■**to** ~ **sb** HIST jdn vierteilen
❷ (*give housing*) ■**to** ~ **sb somewhere** jdn irgendwo unterbringen; ■**to be** ~**ed with sb** bei jdm untergebracht [*o* einquartiert] werden; ■**to** ~ **oneself on sb** sich *akk* bei jdm einquartieren
III. *adj inv* Viertel-; ~ **hour** Viertelstunde *f;* ~ **pound** Viertelpfund *nt*

quarterback *n* AM ❶ SPORTS (*in American Football*) Quarterback *m fachspr,* offensiver Rückraumspieler ❷ (*leader*) Gruppenleiter(in) *m(f),* Teamchef(in) *m(f)* ▸ PHRASES: **to be a** <u>**Monday**</u> **morning** ~ ein alter Besserwisser sein **quarter day** *n* BRIT Quartalstag *m* [für fällige Zahlungen]; *for rent* Mietzahltag *m;* FIN *for interest* Zinstag *m,* Zinstermin *m;* MIL *for pay* Zahltag *m,* Löhnungstag *m* **quarterdeck** *n* NAUT Quarterdeck *nt fachspr,* Achterdeck *nt fachspr,* Hinterdeck *nt* **quarterfinal** *n* SPORTS Viertelfinale *nt;* ■**the/in the** ~**s** das/im Viertelfinale **quarter-finalist** *n* Viertelfinalist(in) *m(f)*

quartering ['kwɔːtᵊrɪŋ, AM 'kwɔːrt̬ɚ-] *n* ❶ *no pl* (*dividing into fourths*) Vierteln *nt,* [Auf]teilen *nt* in Viertel [*o* gleiche Teile]
❷ *no pl* (*lodging*) Unterbringung *f,* Beherbergung *f;* MIL Einquartierung *f fachspr*
❸ (*divisions*) ■~**s** *pl in heraldry* Wappenfelder *pl*

quarterly ['kwɔːtᵊli, AM 'kwɔːrt̬ɚ-] **I.** *adv* vierteljährlich, quartal[s]weise; **to be paid** ~ vierteljährlich gezahlt werden
II. *adj* vierteljährlich, Vierteljahres-, Quartals-; ~ **journal** [*or* **magazine**] Vierteljahr[e]s[zeit]schrift; ~ **payment** vierteljährliche Zahlung, Quartalszahlung *f*
III. *n* AM ECON Vierteljahr *nt*

quartermaster ['kwɔːtəˌmɑːstəʳ, AM 'kwɔːrt̬ɚˌmæstɚ] *n* ❶ MIL (*army officer*) Quartiermeister *m*
❷ NAUT (*steersman*) *in merchant marine* Quartermeister *m,* Steu[e]rer *m;* *rank in navy* Steuermannsmaat *m*

Quartermaster General <*pl* Quartermasters General> *n* MIL Generalquartiermeister *m*
quarter note *n* MUS Viertelnote *f* **quarter-tone** *n* MUS Viertelton *m*

quartet *n,* **quartette** [kwɔː'tet, AM kwɔːr'-] *n* MUS Quartett *nt;* **string** ~ Streichquartett *nt*

quartile ['kwɔːtaɪl, AM 'kwɔːr-] *n* MATH, ECON *in statistics* Quartil *nt,* Viertel[s]wert *m*

quarto ['kwɔːtəʊ, AM 'kwɔːrt̬oʊ] *n* ❶ TYPO Quart[format] *nt*
❷ COMPUT Quarto *nt*

quartz [kwɔːts, AM kwɔːrts] **I.** *n no pl* Quarz *m,* Kiesel *m;* **rose** ~ Rosenquarz *m*
II. *n modifier* Quarz-; ~ **crystal** MIN Bergkristall *m;* TECH Quarzkristall *m;* ~ **glass** Quarzglas *nt*

quartz clock *n* Quarzuhr *f* **quartz iodine lamp** *n,* **quartz lamp** *n* Quarz[halogen]lampe *f;* MED künstliche Höhensonne

quartzite ['kwɔːtsaɪt, AM 'kwɔːrt] *n no pl* MIN Quarzit *m*

quasar ['kweɪzɑːʳ, AM -zɑːr] *n* ASTRON Quasar *m*

quash [kwɒʃ, AM kwɑːʃ] *vt* ■**to** ~ **sth** ❶ (*destroy*) *bones, a hand, people* etw zermalmen; (*fig*) *hopes, plans* etw zerstören [*o* zunichte machen] *fig*
❷ (*fig: suppress*) *rebellion, revolt* etw [gewaltsam] unterdrücken [*o fig* niederschlagen] [*o fig* niederwerfen]; **to** ~ **an objection** einen Einwand zurückweisen [*o fig* abschmettern]; **to** ~ **rumours** Gerüchte zum Verstummen bringen *fig;* **to** ~ **a suggestion** einen Vorschlag ablehnen [*o* verwerfen] [*o fig* abschmettern]; **to** ~ **a bill** POL eine Gesetzesvorlage zu Fall bringen [*o* ablehnen]
❸ LAW (*annul*) etw aufheben [*o* annullieren]; **to** ~ **a conviction/decision/sentence** einen Schuldspruch/Beschluss/ein Urteil aufheben *fachspr;* **to** ~ **an indictment** *in a criminal case* ein Verfahren einstellen, freisprechen *fachspr;* **to** ~ **a law** ein Gesetz für ungültig erklären [*o* außer Kraft setzen] *fachspr;* **to** ~ **the proceedings** *in a civil case* das Verfahren einstellen [*o* niederschlagen] *fachspr;* **to** ~ **a writ** eine gerichtliche [*o* richterliche] Anweisung aufheben [*o* für nichtig erklären] *fachspr*

quasi ['kweɪzaɪ, AM -saɪ] *adj attr, inv* Quasi-; **to be a** ~ **member** ein Quasimitglied sein

quasi- ['kweɪzaɪ, AM -saɪ] *in compounds* ❶ (*resembling*) (*religion, science*) Quasi-; (*philosophical, spiritual*) quasi-; (*official*) halb-; (*legislative*) -ähnlich; LAW (*partner, partnership*) Schein-; ~ **contract** vertragsähnliches [Schuld]verhältnis *fachspr;* ~ **contractual relationship** vertragsähnliches Rechtsverhältnis *fachspr;* ~ **crime** verbrechensähnliches Delikt; ~ **judicial functions** quasigerichtliche [*o* quasirichterliche] Aufgaben *fachspr;* ~ **optical** PHYS quasioptisch *fachspr*
❷ (*pej: seeming*) (*intellectual, scientific*) pseudo-*pej*

quaternary [kwə'tɜːnᵊri, AM 'kwɑːt̬ɚneri] *adj inv* quartär

quatrain ['kwɒtreɪn, AM 'kwɑː-] *n* LIT Vierzeiler *m,* Quatrain *nt o m fachspr*

quaver ['kweɪvəʳ, AM 'kweɪvɚ] **I.** *vi* ❶ (*shake*) *person, voice* zittern, beben; ***the little boy ~ed with fear*** der kleine Junge zitterte vor Angst; ***her voice ~ed*** ihre Stimme bebte
❷ (*utter*) mit zitternder Stimme sprechen
❸ MUS (*sing*) trillern *fam,* mit Tremolo singen *fachspr,* tremolieren *fachspr;* (*sound*) *on organ, piano, string instrument* mit Tremolo spielen *fachspr,* tremolieren *fachspr*
II. *n* ❶ (*shake*) Zittern *nt kein pl,* Beben *nt kein pl;* **a** ~ **in one's voice** ein Beben *nt* in der Stimme
❷ BRIT, AUS MUS (*note*) Achtelnote *f fachspr;* (*sound*) Tremolo *nt fachspr*

quavery ['kweɪvᵊri] *adj* zitternd, bebend

quay [kiː, AM *also* keɪ] *n* Kai *m,* Hafendamm *m,* Kaje *f* NORDD; NAUT **along the** ~ längsseits des Kais, *fachspr* Kai

quayside I. *n* Kai *m,* Hafendamm *m,* Kaje *f* NORDD; **the bars at** [*or* **on**] **the** ~ die Bars am Hafen
II. *n modifier* Kai-, Hafen-

Que. CAN *abbrev of* **Québec**

queasily ['kwiːzɪli] *adv* [über]empfindlich, [leicht] gereizt; ***his stomach tends to react*** ~ sein Magen reagiert leicht mit Übelkeit

queasiness ['kwiːzɪnəs] *n no pl* ❶ (*sickness*) Übelkeit *f;* **a** ~ **in one's stomach** ein flaues Gefühl im Magen
❷ (*irritability*) [Über]empfindlichkeit *f*

queasy ['kwiːzi] *adj* ❶ (*easily upset*) *person, stomach* [über]empfindlich; **to be** ~ [*or* **have a** ~ **stomach**] empfindlich sein, einen empfindlichen Magen haben
❷ (*upset*) übel *nach n,* schlecht *nach n fam;* ***he feels*** ~ ihm ist übel; **a** ~ **feeling** ein Gefühl der

Übelkeit [*o* flaues Gefühl im Magen]; **to have a ~ stomach** Magenbeschwerden haben
❸ (*fig: uneasy*) **a ~ conscience** ein schlechtes Gewissen; **with a ~ conscience** mit Gewissensbissen; **to feel ~** [*or* **have a ~ feeling**] **about sth** ein ungutes [*o fig fam* mulmiges] Gefühl bei etw *dat* haben, sich *akk* bei etw *dat* nicht wohl fühlen

queen [kwi:n] **I.** *n* ❶ (*female monarch*) Königin *f;* **the ~ of England** die englische Königin, die Königin von England; ***Marie Antoinette was ~ to Louis XVI*** Marie Antoinette war die Gemahlin von Ludwig XVI; **the Q~ of Heaven** die Himmelskönigin
❷ (*fig: top lady*) Königin *f fig;* **beauty ~** Schönheitskönigin *f;* **carnival ~** Karnevalskönigin *f;* **Q~ of the May** Maikönigin *f;* **Venus, ~ of love** Venus, Göttin der Liebe
❸ (*card*) **~ of hearts/diamonds** Herzkönigin/Karokönigin *f;* (*chess piece*) Dame *f*
❹ (*pej fam: flamboyant gay man*) Schwuchtel *f pej sl,* Tunte *f oft pej sl;* **drag ~** Transvestit *m*
II. *vt* ❶ (*make queen*) ■**to ~ sb** jdn [zur Königin] krönen
❷ (*chess*) **to ~ a pawn** einen Bauern in eine Dame verwandeln
❸ (*fig pej: behave affectedly*) **to ~ it** die große [*o* feine] Dame spielen *fig pej;* (*behave dominatingly*) sich *akk* aufspielen *fig pej;* **to ~ it over sb** sich *akk* gegenüber jdm aufspielen, jdn von oben herab behandeln *fig pej*

Queen Anne's lace *n no pl esp* AM HORT wilde Möhre *fachspr* **queen ant** *n* Ameisenkönigin *f* **queen bee** *n* ❶ ZOOL (*fertile female*) Bienenkönigin *f fachspr* ❷ (*fig: leader*) tonangebende Frau *fig,* Frau *f* in exponierter Stellung [*o* herausragender Position]; (*fig pej*) sich *akk* [überall] wichtig machende [*o* als etwas Besonderes aufspielende] Frau *pej* **queen dowager** *n* Königinwitwe *f*

queenly ['kwi:nli] *adj* ❶ (*belonging to a queen*) königlich; (*befitting a queen*) königlich, einer Königin geziemend *nach n geh;* **~ raiment** (*poet*) königliches Gewand *liter*
❷ (*like a queen*) königlich, wie eine Königin *nach n,* majestätisch; **to have a ~ appearance** aussehen wie eine Königin; **a ~ stance** eine königliche Haltung; **to give a ~ wave** majestätisch winken

Queen Mother *n* Königinmutter *f*

Queensberry rules [ˌkwi:nzbᵊri'ru:lz, AM beri'] *npl* BOXING Queensberry-Regeln *fpl*

Queen's Counsel *n* BRIT LAW Kronanwalt, Kronanwältin *m, f fachspr* **Queen's English** *n no pl* BRIT Standardenglisch *nt,* reines [*o* gutes] Englisch; **to speak the ~** die [englische] Hochsprache sprechen **Queen's evidence** *n no pl* BRIT LAW Aussage *f* des Kronzeugen/der Kronzeugin *fachspr;* **to turn ~** als Kronzeuge/Kronzeugin auftreten [*o* aussagen] *fachspr* **queenside I.** *n no pl* (*chess*) Damenflügel *m* **II.** *adj inv* auf dem [*o* über den] Damenflügel **queen-size** *adj,* **queen-sized** *adj* übergroß, mit Übergröße; **~ bed** französisches Bett, Bett *nt* mit Übergröße (*ca. 150 cm breit und 200 cm lang*) **Queen's Speech** *n* BRIT POL Thronrede *f fachspr,* Parlamentseröffnungsrede *f* (*von der Königin zur Eröffnung einer parlamentarischen Sitzungsperiode verlesene Regierungserklärung*) **queen wasp** *n* Wespenkönigin *f*

queer [kwɪəʳ, AM kwɪr] **I.** *adj* ❶ (*strange*) seltsam, merkwürdig, komisch; **a ~ fish** (*fig*) ein seltsamer Vogel [*o* komischer Kauz] *fig;* **to be [a bit] ~ in the head** nicht [ganz] richtig im Kopf sein; **to have ~ ideas** [*or* **notions**] schräge Ideen [*o* merkwürdige Vorstellungen] haben; **to have a ~-sounding name** einen merkwürdig klingenden Namen haben
❷ (*usu pej: homosexual*) schwul *fam*
❸ (*suspicious*) merkwürdig; ***there's something ~ about that house*** irgendetwas stimmt nicht mit diesem Haus
❹ BRIT (*fam or dated: not well*) unwohl, schwach, komisch; (*giddy*) schwind[e]lig, schwumm[e]rig *fam;* ***suddenly she came over all ~*** plötzlich wurde ihr ganz komisch; **to feel rather ~** sich *akk* ziemlich daneben fühlen *sl*
► PHRASES: **to be in Q~ Street** BRIT (*old sl: in trouble*) in der Bredouille [*o* Tinte] [*o* in Schwulitäten] sein *fam;* (*in financial trouble*) in Geldnöten [*o* Zahlungsschwierigkeiten] sein
II. *n* (*pej fam: homosexual*) Schwule(r) *m oft pej fam; female* Lesbe *f oft pej fam; male* warmer Bruder *pej fam*
III. *vt* (*spoil*) ■**to ~ sth** *bargain, deal* etw verderben [*o fam* vermasseln]
► PHRASES: **to ~ sb's pitch** AUS, BRIT (*fig pej fam*) jdm einen Strich durch die Rechnung machen [*o* die Tour vermasseln] [*o* die Suppe versalzen] *fig pej fam*

queer-bashing *n* Verprügeln *nt* [*o* Aufmischen *nt fam*] von Schwulen

queerly ['kwɪəli, AM 'kwɪr] *adv* sonderbar, seltsam

quell [kwel] *vt* ❶ (*suppress*) ■**to ~ sth** *opposition, protest* etw [gewaltsam] unterdrücken [*o* ersticken]; *rebellion, revolt* etw niederschlagen [*o* niederwerfen]
❷ (*fig: subdue*) **to ~ one's anger** seinen Zorn bezwingen [*o* zügeln] *fig;* **to ~ one's passions** seine Leidenschaften bändigen [*o* zügeln] *fig;* (*overcome*) **to ~ one's fear** seine Angst überwinden
❸ (*fig: quiet*) ■**to ~ sb** jdn beschwichtigen [*o* besänftigen]; **to ~ sb's anxieties/doubts/fears** jds Befürchtungen/Zweifel/Ängste zerstreuen; **to ~ sb's anger** jds Zorn besänftigen; **to ~ sb's feelings/passion** jds Gefühle/Leidenschaft bändigen [*o* zügeln]

quench [kwen(t)ʃ] *vt* ❶ (*also fig: put out*) ■**to ~ sth** *fire, flames* etw löschen; **to ~ sb's ardour/enthusiasm** (*fig*) jds Eifer/Begeisterung dämpfen
❷ (*also fig: satisfy*) ■**to ~ sth** etw befriedigen; **to ~ one's thirst [for knowledge]** seinen [Wissens]durst löschen [*o* stillen] *a. fig*

querulous ['kwerʊləs, AM -rjəl-] *adj* ❶ (*peevish*) missmutig, übellaunig, gereizt, unleidlich *veraltend;* **in a ~ voice** in gereiztem Ton
❷ (*complaining*) nörg[e]lig, queng[e]lig *fam,* ständig jammernd [*o* lamentierend]; **a ~ child/old man** ein quengeliges Kind/nörgeliger alter Mann; **a ~ person** ein Querulant/eine Querulantin

querulously ['kwerʊləsli, AM -rjəl-] *adv* (*peevishly*) gereizt; **to answer ~** gereizt antworten; **to discuss sth ~** etw in gereiztem Ton diskutieren; (*complainingly*) in queng[e]ligem [*o* nörg[e]ligem] [*o* lamentierendem] Ton

query ['kwɪəri, AM 'kwɪri] **I.** *n* ❶ (*also fig: question*) [zweifelnde] Frage, Rückfrage *f,* Zweifel *m fig;* **to have a ~ about** [*or* **concerning**] **sth** eine [Rück]frage zu etw *dat* haben; **to have a ~ for sb** eine [Rück]frage an jdn haben; **to put a ~** eine [Rück]frage stellen, nachfragen; **to raise a ~** eine Frage aufwerfen, Zweifel anmelden; **to settle a ~** eine [Rück]frage beantworten; **~, *when was the contract signed?*** Frage, wann wurde der Vertrag unterzeichnet?; **~, *if this would be acceptable*** die Frage ist, ob dies annehmbar wäre
❷ TYPO (*question mark*) *on printer's proof* [anzweifelndes] Fragezeichen *fachspr*
❸ COMPUT Abfrage *f*
II. *vt* <-ie-> (*form*) ❶ (*question*) ■**to ~ sth** etw in Frage stellen [*o* in Zweifel ziehen] [*o* bezweifeln]; ■**to ~ whether ...** bezweifeln, dass ...; ***"but is that really the case?" he queried*** „aber ist das wirklich so?" fragte er
❷ AM (*put questions to*) ■**to ~ sb** jdn befragen
❸ TYPO (*mark*) ■**to ~ sth** *on printer's proof* etw mit einem [anzweifelnden] Fragezeichen versehen

quest [kwest] **I.** *n* (*also fig*) Suche *f* (**for** nach +*dat*); **a ~ for a treasure** eine Schatzsuche; **the ~ for the Holy Grail** die Suche nach dem Heiligen Gral; **~ for truth** Wahrheitssuche *f;* **in ~ of sth** auf der Suche nach etw *dat;* **to go in ~ of sb/sth** (*old liter*) sich *akk* auf die Suche nach jdm/etw begeben *geh*
II. *vi* (*liter*) ■**to ~ after** [*or* **for**] **sb/sth** nach jdm/etw suchen

question ['kwestʃən] **I.** *n* ❶ (*inquiry*) Frage *f;* ***don't ask so many ~s*** frag nicht so viel; ***what a ~ [to ask]!*** was für eine Frage!; ***they'll do what you tell them to do and no ~s asked*** sie machen das, was du ihnen sagst und stellen keine dummen Fragen; ***[that's a] good ~!*** [das ist eine] gute Frage!; **to put** [*or* **direct**] **a ~ to sb** jdm eine Frage stellen; **to beg the ~** die Frage aufwerfen; **in answer to your ~** um Ihre Frage zu beantworten; **a direct/indirect ~** LING direkte/indirekte Frage; **to pop the ~** jdm einen [Heirats]antrag machen
❷ *no pl* (*doubt*) Zweifel *m;* ***is there any ~ as to the feasibility?*** gibt es irgendwelche Zweifel darüber, ob das machbar ist?; ***there's no ~ about it*** keine Frage; **the time/place in ~** LAW besagte Zeit/besagter Ort; **to be beyond ~** außer Zweifel stehen; **to be open to ~** umstritten sein; **to call sth into ~** etw bezweifeln; **to come into ~** in Zweifel gezogen [*o* angezweifelt] werden; **without ~** zweifellos
❸ (*matter*) Frage *f;* ***it's a ~ of life or death*** es geht um Leben und Tod; ***there's no ~ of a general strike*** von einem Streik kann keine Rede sein; **to raise a ~** eine Frage aufwerfen; **to be out of the ~** nicht in Frage kommen
❹ SCH, UNIV (*test problem*) Frage *f,* Aufgabe *f;* **to do a ~** eine Frage [*o* Aufgabe] bearbeiten
❺ COMPUT Frage *f*
II. *vt* ❶ (*ask*) ■**to ~ sb about sth** jdn über etw *akk* befragen
❷ (*interrogate*) ■**to ~ sb [about sth]** jdn [zu etw *dat*] verhören
❸ (*doubt*) ■**to ~ sth** etw bezweifeln [*o* in Zweifel ziehen]; *facts, findings* etw anzweifeln, an etw *akk* zweifeln
❹ SCH (*test*) **to ~ sb on sth** jdn in etw *akk* prüfen

questionable ['kwestʃənəbl] *adj* ❶ (*uncertain*) fraglich, zweifelhaft, ungewiss; **a ~ assumption/decision** eine zweifelhafte Behauptung/Entscheidung; **a ~ future** eine ungewisse Zukunft; ***it is ~ how reliable those statements are*** es ist fraglich, wie glaubwürdig diese Aussagen sind
❷ (*not respectable*) fragwürdig, zweifelhaft, bedenklich; **to do ~ business** bedenkliche Geschäfte machen; **a person of ~ character/reputation** eine Person von zweifelhaftem Charakter/Ansehen; **in a ~ company** in zweifelhafter Gesellschaft; **to live in a ~ neighbourhood** in einer anrüchigen Gegend wohnen; **a ~ offer/profit** ein fragwürdiges Angebot/fragwürdiger Gewinn; **to pursue ~ plans** bedenkliche Pläne verfolgen; **~ traditions** fragwürdige Traditionen *fpl;* ***some of his jokes were in ~ taste*** manche seiner Witze waren von etwas zweideutiger Natur

question-and-answer session [ˌkwestʃənən(d)'ɑ:n(t)səˌseʃᵊn, AM -'æn(t)sɚ,-] *n* Diskussionsrunde *f; with the press* Pressekonferenz *f;* ***the spokesman held a ~ with the press*** der Sprecher stellte sich den Fragen der Presse

questioner ['kwestʃənəʳ, AM -ɚ] *n* Fragesteller(in) *m(f)*

questioning ['kwestʃənɪŋ] **I.** *n no pl* Befragung *f;* LAW *by police* Verhör *nt,* Vernehmung *f fachspr;* **to be brought in for ~** ins Verhör genommen werden *fachspr;* **to be taken in** [*or* **held for**] **~** zwecks Verhör [*o* Vernehmung] in Haft genommen werden *fachspr;* ***the applicant was subjected to persistent ~*** der Bewerber wurde einer intensiven Befragung unterzogen
II. *adj* fragend, forschend; **to have a ~ mind** einen forschenden Geist besitzen; **a ~ look** ein fragender Blick; **in a ~ voice** in fragendem Ton

questioningly ['kwestʃənɪŋli] *adv* fragend

question mark *n* ❶ TYPO (*symbol*) Fragezeichen *nt* ❷ (*fig: doubt*) Fragezeichen *nt fig;* ***there seems to hang a [big] ~ over his future*** seine Zukunft muss man wohl mit einem [großen] Fragezeichen versehen **question master** *n* BRIT Moderator(in) [bei einer Quizsendung] *m,* Quizmaster *m*

questionnaire [ˌkwestʃə'neəʳ, AM -'ner] **I.** *n* Fragebogen *m*
II. *n modifier* [anhand] eines Fragebogens [*o* von Fragebögen] *nach n;* **~ analysis/construction** die Analyse/Erstellung von Fragebögen; **~ surveys**

Q

COMM, ECON Umfragen *fpl* anhand von Fragebögen
question time *n* Zeit *f* für Fragen, Diskussionszeit *f;* POL *in parliament* Fragestunde *f*
queue [kju:] **I.** *n* BRIT, AUS ① (*line*) Schlange *f,* Reihe *f;* **a ~ of cars** eine Autoschlange [*o* Autokolonne]; **a ~ of people** eine Menschenschlange [*o* Warteschlange]; **to join the ~** sich *akk* mit anstellen; (*fig*) mit von der Partie sein *fig;* **to jump the ~** sich *akk* vordränge[l]n; *driver* aus der Kolonne ausscheren, aus der Reihe tanzen *fig;* **to stand** [*or* **wait**] **in a ~** Schlange stehen, in einer Reihe warten, anstehen, sich *akk* anstellen; ***there was a long ~ for the toilets*** vor den Toiletten stand eine lange Schlange
② ECON (*of documents*) Unterlagenstapel *m;* ***his order went to the end of the ~*** seine Bestellung [*o* wanderte an das Ende des Stapels] landete zuunterst; **mortgage ~** Hypothekenwarteliste *f*
③ (*number*) [ganze] Anzahl [*o* Reihe]
④ (*old: braid of hair*) [Haar]zopf *m*
⑤ COMPUT Warteschlange *f*
II. *vi* anstehen, Schlange stehen, sich *akk* anstellen
III. *vt* COMPUT ■**to ~ sth** etw in die Warteschlange einreihen
◆**queue up** *vi* BRIT ■**to ~ up** [**for sth**] *meat, tickets* sich *akk* [nach etw *dat*] anstellen, [nach etw *dat*] anstehen [*o* Schlange stehen]
queue-jumping *n no pl* BRIT Vordränge[l]n *nt; by driver* Kolonnenspringen *nt*
quibble ['kwɪbl̩] **I.** *n* ① (*pej: petty argument*) spitzfindiges [*o fig pej* haarspalterisches] Argument, Spitzfindigkeit *f pej;* (*petty arguments*) Spitzfindigkeit *f pej,* Haarspalterei *f fig pej,* Wortklauberei *f fig pej*
② (*also pej: minor criticism*) Krittelei *f pej,* kleine [*o pej* kleinliche] Kritik, [kleiner] Kritikpunkt (**about/over/with** an +*dat*)
II. *vi* ■**to ~ about** [*or* **over**] [*or* **with**] **sth** sich *akk* über [*o* um] etw *akk* streiten; ***no one would ~ with that*** das würde niemand bestreiten
quibbler ['kwɪblə^r, AM -ə-] *n* ① (*pej: petty arguer*) Streithahn *m fig pej,* Querulant(in) *m(f) pej*
② (*over-critical person*) kleinlicher Kritiker/kleinliche Kritikerin *pej,* Nörgler(in) *m(f) pej,* Kritikaster *m pej*
quibbling ['kwɪblɪŋ] **I.** *n* (*pej*) Zankerei *f pej,* Streiterei *f pej;* ***quit your ~!*** hört auf zu streiten!
II. *adj* (*pej: petty*) kleinlich *pej,* spitzfindig *pej,* haarspalterisch *fig pej;* (*quarrelsome*) streitsüchtig
quiche <*pl* -> [ki:ʃ] *n* Quiche *f*
quick [kwɪk] **I.** *adj* ① (*also fig: fast*) schnell, rasch, sofortig; **to be ~ about sth** sich *akk* mit etw *dat* beeilen, schnell mit etw *dat* machen; **~ as lightning** [*or* **a flash**] schnell wie der Blitz *fig;* **a ~ decision** eine schnelle [*o* rasche] [*o* sofortige] Entscheidung; **to have a ~ drink/meal** [noch] schnell [*o* mal eben] etw trinken/essen; MIL **~ march** Eilmarsch *m fachspr;* **~ *march!*** im Gleichschritt, marsch! *fachspr;* **a ~ one** (*fig fam: drink*) ein Schluck *m* auf die Schnelle *fam;* (*sex*) ein Quickie *m fam,* eine schnelle Nummer *fig fam;* **to have a ~ one** (*fig fam*) *drink* einen auf die Schnelle kippen *fam; sex* eine schnelle Nummer schieben *fam;* **in ~ succession** in schneller [*o* rascher] [Ab]folge, schnell [*o* kurz] nacheinander; **to have a ~ temper** (*fig pej*) ein rasch aufbrausendes Temperament haben, sich *akk* schnell aufregen; ***my boss needs a ~ answer*** mein Chef braucht eine rasche Antwort; ■**to be ~ to do sth** (*fig, usu pej*) rasch mit etw *dat* bei der Hand sein; ***he is always ~ to criticize*** mit Kritik ist er rasch bei der Hand
② (*short*) kurz; **to give sb a ~ call** jdn kurz anrufen; **to have a ~ look at sth** sich *dat* etw kurz ansehen; **to ask sb a ~ question** jdn [noch] kurz etw fragen, jdm eine kurze Frage stellen; **the ~est way** der kürzeste Weg; ***could I have a ~ word with you?*** könnte ich Sie kurz sprechen?
③ (*hurried*) noch schnell [*o* kurz]; **to say a ~ goodbye/hello** noch schnell auf Wiedersehen/hallo sagen; **to give sb a ~ hug** jdn noch kurz umarmen
④ (*alert*) [geistig] gewandt [*o* beweglich], intelligent, klug, scharfsinnig; **to have a ~ mind** ein kluger Kopf sein, einen scharfen Verstand [*o* wachen Geist] haben; **~ wit** Aufgewecktheit *f; in replying* Schlagfertigkeit *f fig;* ***she's a ~ girl*** sie ist ein aufgewecktes Mädchen; ***he's too ~ for me*** mit ihm kann ich nicht mithalten
► PHRASES: **to be ~ with child** (*old*) hochschwanger sein
II. *adv* schnell, rasch; **as ~ as possible** so schnell wie möglich; **to get rich ~** schnell reich werden
III. *interj* schnell
IV. *n* ① (*sensitive part*) **to bite/cut nails to the ~** die Nägel bis auf das Nagelbett abbeißen/schneiden; **to cut sb to the ~** (*fig*) jdn bis ins Mark treffen *fig*
② (*liter: living persons*) **the ~ and the dead** die Lebenden und die Toten
quick-acting *adj* schnell wirksam; ■**to be ~** schnell [*o* sofort] wirken **quick-change artist** *n* THEAT Verwandlungskünstler(in) *m(f) fachspr;* (*fig*) Lebenskünstler(in) *m(f) fig*
quicken ['kwɪk^ə^n] **I.** *vt* ① (*make faster*) ■**to ~ sth** etw beschleunigen; **to ~ one's steps/the pace** seine Schritte/das Tempo beschleunigen
② (*fig: awaken*) ■**to ~ sth** etw anregen [*o fig* wecken]; **to ~ sb's curiosity/interest** jds Neugier/Interesse wecken; **to ~ the imagination** die Fantasie anregen [*o fig geh* beflügeln]
II. *vi* ① (*increase speed*) schneller werden; ***her heart ~ed*** ihr Herz schlug schneller; ***his pulse ~ed*** sein Pulsschlag erhöhte sich
② (*old or fig: become alive*) [wieder] aufleben [*o* aufblühen] *fig,* zu neuem Leben erwachen *fig; spirit* sich regen *fig*
◆**quicken up I.** *vt* **to ~ up the speed** die Geschwindigkeit beschleunigen
II. *vi* schneller werden
quickfire *adj inv* Schnellfeuer-; **~ dialogue** Schlagabtausch *m,* Wortgefecht *nt fig;* **~ gun** MIL Schnellfeuergewehr *nt;* **to shoot ~ questions at sb** (*fig*) jdn mit Fragen bombardieren; **~ round** Schnellraterunde *f* **quick fix** *n* Notbehelf *m,* Notlösung *f,* Provisorium *nt* **quick-fix** *adj* Not-, notdürftig *attr,* behelfsmäßig *attr,* provisorisch *attr;* **~ solution** Notlösung *f,* provisorische Lösung **quick-freeze** <-froze, -frozen> *vt* ■**to ~ sth** etw tiefgefrieren **quick-frozen** *adj inv* tiefgefroren *attr*
quickie ['kwɪki] **I.** *n* ① (*fam: fast thing*) kurze Sache; ***this meeting will have to be a ~*** diese Besprechung müssen wir kurz halten *fam;* **to make it a ~** es [*o* die Sache] kurz machen
② (*fam: fast drink*) Schluck *m* [*o fig fam* einen] auf die Schnelle; **to have a ~** einen auf die Schnelle kippen *fig fam*
③ (*fam: quick sex*) Quickie *m fam,* schnelle Nummer *fig fam*
④ (*fam*) LAW Blitzscheidung *f*
II. *adj* (*also pej fam*) Schnell-, schnell [erledigt [*o fig fam* hingehauen]]; **a ~ paper** ein schnell hingehauenes Referat; ***the movie was a ~ production*** der Film war eine Schnellproduktion; **a ~ divorce** eine schnelle und unkomplizierte Scheidung [*o* Scheidung im Schnellverfahren]
quickie divorce *n* LAW Blitzscheidung *f*
quicklime *n no pl* ungelöschter [*o* gebrannter] Kalk, Löschkalk *m*
quickly ['kwɪkli] *adv* schnell, rasch; **to read/work ~** schnell lesen/arbeiten; **to act ~** rasch handeln; ***he said goodbye ~*** er sagte noch schnell auf Wiedersehen; ***we'll have to walk ~*** wir müssen uns beeilen
quickness ['kwɪknəs] *n no pl* ① (*speed*) Schnelligkeit *f*
② (*fig pej: temper*) Hitzigkeit *f fig pej;* **~ of temper** rasch aufbrausendes Temperament [*o* Wesen] *fig pej*
③ (*approv: alertness*) Intelligenz *f,* [geistige] Beweglichkeit, schnelle Auffassungsgabe; **~ of mind** scharfer [*o* wacher] Verstand *fig*
quicksand *n no pl* GEOL Treibsand *m fachspr;* (*fig*) ***they ran into moral ~*** sie gerieten moralisch in die Bredouille **quicksilver** *n no pl* (*old*) *see* **mercury** Quecksilber *nt* **quickstep I.** *n no pl* ① (*dancing*) ■**the ~** der Quickstep ② MUS Quickstep *m;* ***the group played the ~*** die Band spielte einen Quickstep **II.** *vi* <-pp-> Quickstep tanzen **quick-tempered** *adj* [rasch] aufbrausend, hitzköpfig **quick-witted** *adj* (*alert*) aufgeweckt; (*quick in replying*) schlagfertig; **a ~ reply** eine schlagfertige Antwort
quid[1] <*pl* -> [kwɪd] *n* BRIT (*fam: money*) Pfund *nt;* ***could you lend me twenty ~, mate?*** kannst du mir zwanzig Piepen leihen? *fam;* ■**to be ~s in** (*fig*) dick drin sein, ein dickes Geschäft machen *fig fam;* **to not be the full ~** AUS (*fig pej*) nicht ganz dicht [*o* bei Trost] sein *fig pej fam*
quid[2] [kwɪd] *n* Stück *nt* Kautabak, Priem *m*
quid pro quo [ˌkwɪdprəʊ'kwəʊ, AM -proʊ'kwoʊ] *n* (*form*) ECON, LAW Gegenleistung *f*
quiescence [kwi:'es^ə^n(t)s, kwaɪ'-, AM *esp* kwaɪ'-] *n no pl* (*form*) Ruhe *f,* Stille *f*
quiescent [kwi:'es^ə^nt, kwaɪ'-, AM *esp* kwaɪ'-] *adj* (*form*) ruhig, still; COMPUT ruhig
quiet [kwaɪət] **I.** *adj* <-er, -est *or* more ~, most ~> ① (*not loud*) *voice, appliance, machine* leise; **to speak in a ~ voice** leise sprechen
② (*silent*) ruhig; ***please be ~*** Ruhe bitte!; **~ nap** BRIT (*after lunch*) Nachmittagsruhe *f;* **to keep ~** ruhig sein; ***they were told to keep ~*** ihnen wurde gesagt, dass sie still sein sollen; ***give the baby a bottle to keep her ~*** gib mal dem Baby die Flasche, damit es nicht schreit; ***the new teacher can't keep the children ~*** der neue Lehrer hat die Kinder nicht im Griff; **a ~ corner/place** eine ruhige Ecke/ein ruhiger Platz; **in ~ contemplation** in stiller Betrachtung
③ (*not talkative*) still; *person* schweigsam; *child* ruhig; ***you've been very ~ all evening — is anything the matter?*** du warst den ganzen Abend sehr ruhig – ist irgendwas?; **to keep ~ about sth** über etw *akk* Stillschweigen bewahren; ***if she knows something, she's keeping very ~ about it*** wenn sie etwas davon weiß, so sagt sie nichts darüber; **to keep sb ~** jdn zum Schweigen bringen
④ (*secret*) heimlich; **to feel a ~ satisfaction** eine stille Genugtuung empfinden; **to have a ~ word with sb** mit jdm ein Wörtchen im Vertrauen reden *fam;* ***can I have a ~ word with you?*** könnte ich Sie [mal] unter vier Augen sprechen?; **to keep sth ~** etw für sich *akk* behalten
⑤ (*not ostentatious*) schlicht; *clothes* dezent; *colour* gedämpft; ***they wanted a ~ wedding*** sie wollten eine Hochzeit in kleinem Rahmen
⑥ (*not exciting*) geruhsam; ***it's a ~ peaceful little village*** es ist ein beschaulicher und friedlicher kleiner Ort; (*not busy*) *street, town* ruhig
► PHRASES: **anything for a ~ life!** wenn ich doch nur eine Sekunde mal meine Ruhe hätte!; **as ~ as a mouse** mucksmäuschenstill *fam*
II. *n no pl* ① (*silence*) Stille *f;* ***let's have some ~!*** Ruhe bitte!
② (*lack of excitement*) Ruhe *f;* **peace and ~** Ruhe und Frieden; ***I just want peace and ~ for five minutes*** ich will nur fünf Minuten lang meine Ruhe haben; ***I go camping for some peace and ~*** ich gehe zelten, weil ich ein wenig Ruhe und Stille finden möchte
► PHRASES: **on the ~** heimlich; **to get married on the ~** in aller Stille heiraten
III. *vt esp* AM ■**to ~ sb/sth** jdn/etw besänftigen; **to ~ children** Kinder zur Ruhe bringen
IV. *vi esp* AM sich *akk* beruhigen
◆**quiet down** *vt, vi* AM *see* **quieten down**
quieten ['kwaɪət^ə^n] **I.** *vi* ① (*become quiet*) sich *akk* beruhigen
② (*become calm*) ruhiger werden
II. *vt* ① (*make quiet*) ■**to ~ sb** jdn beruhigen; ***she went out to ~ the shouting children*** sie ging hinaus, um die kreischenden Kinder zur Ruhe zu ermahnen
② (*calm*) ■**to ~ sth** etw beruhigen; **to ~ sb's fears** jds Ängste zerstreuen; **to ~ tension** Spannung lösen
◆**quieten down I.** *vi* ① (*become quiet*) leiser werden; ***all right kids, I want everyone to ~ down please*** also, Kinder, nun seid mal bitte ein bisschen leiser!
② (*become calm*) sich *akk* beruhigen
II. *vt* ■**to ~ down** ↔ **sb** ① (*make less noisy*) jdn

zur Ruhe bringen; ***go and ~ those children down*** stell die Kinder mal ruhig! *fam*
❷ (*calm [down]*) jdn beruhigen

quietism ['kwaɪətɪzəm] *n no pl* PHILOS (*form*) Quietismus *m fachspr*

quietist ['kwaɪətɪst] REL **I.** *n* Quietist(in) *m(f)*
II. *adj inv* quietistisch

quietly ['kwaɪətli] *adv* ❶ (*not loudly*) leise; ***he is a ~ spoken, thoughtful man*** er ist ein nachdenklicher Mann, der mit leiser Stimme spricht
❷ (*silently*) still; ***it's a fair cop — I'll come ~*** erwischt! – ich werde kein Theater machen und mitkommen *fam;* **to sit ~** still sitzen; **to wait ~** ruhig warten
❸ (*unobtrusively*) unauffällig; ***the plan has been ~ dropped*** der Plan wurde stillschweigend fallen gelassen; **to chuckle/laugh ~ to oneself** in sich *akk* hineinkichern/-lachen; **to be ~ confident** insgeheim überzeugt sein

quietness ['kwaɪətnəs] *n no pl* Ruhe *f;* (*silence*) Stille *f*

quietude ['kwaɪətju:d, AM *esp* -tu:d] *n no pl* (*form*) Ruhe *f,* Frieden *m;* **the ~ of the countryside** die Beschaulichkeit des Landlebens

quietus <*pl* -es> [kwaɪ'i:təs, AM ţəs] *n* [befreiender] Tod, [erlösendes] Ende

quiff [kwɪf] *n* [Haar]tolle *f,* Stirnlocke *f*

quill [kwɪl] *n* ❶ (*feather*) Feder *f*
❷ (*of porcupine*) Stachel *m*
❸ (*pen*) Federkiel *m;* (*fig hum*) Feder *f fig*

quill pen *n* Federkiel *m*

quilt [kwɪlt] **I.** *n* Steppdecke *f;* **patchwork ~** Patchworkdecke *f,* Quilt *m*
II. *vt* ■**to ~ sth** etw [ab]steppen

quilted ['kwɪltɪd] *adj* gesteppt; **~ bedspread** Patchworkdecke *f,* Patchworküberwurf *m;* **~ dressing gown** gesteppter Morgenmantel; **~ jacket** Steppjacke *f*

quilting ['kwɪltɪŋ] *n no pl* Quilten *nt*

quilting bee *n* Quiltkränzchen *nt,* Quiltrunde *f*

quim [kwɪm] *n* BRIT (*vulg sl*) Möse *f vulg,* Fotze *f vulg*

quin [kwɪn] *n* BRIT (*fam*) *short for* **quintuplet** Fünfling *m*

quince [kwɪn(t)s] **I.** *n* Quitte *f;* (*tree also*) Quittenbaum *m*
II. *n modifier* (*jam, jelly, tart*) Quitten-

quincentenery [ˌkwɪnsen'ti:nəri, AM kwɪn'sentəneri] *n* Fünfhundertjahrfeier *f;* **sth celebrates its ~** etw feiert sein fünfhundertjähriges Bestehen

quinine ['kwɪni:n, AM 'kwaɪnaɪn] *n no pl* Chinin *nt*

quinquennial [kwɪŋ'kweniəl, AM kwɪn'] *adj inv* fünfjährlich, alle fünf Jahre durchgeführt

quinquereme ['kwɪnkwəri:m] *n* NAUT, HIST Fünfdecker *m fachspr*

quinsy ['kwɪnzi] *n* Halsentzündung *f*

quint [kwɪnt] *n* AM (*fam*) *short for* **quintuplet** Fünfling *m*

quintessence [kwɪn'tesən(t)s] *n no pl* Quintessenz *f geh;* (*embodiment*) Inbegriff *m;* **to be the ~ of sth** etw verkörpern

quintessential [ˌkwɪntɪ'sen(t)ʃəl] *adj inv* (*form*) essentiell *geh,* wesentlich; ***this is the ~ English village*** dies ist der Inbegriff eines englischen Dorfes; ***the ~ Corsican meal*** korsische Küche pur

quintessentially [ˌkwɪntɪ'sen(t)ʃəli] *adv inv* (*form*) von Grund auf, durch und durch

quintet(te) [kwɪn'tet] *n* ❶ MUS Quintett *nt*
❷ COMPUT Fünf-Bit-Byte *nt*

quintuple ['kwɪntju:pl̩, AM kwɪn'tu:] **I.** *vi* sich *akk* verfünffachen
II. *vt* ■**to ~ sth** etw verfünffachen

quintuplet [kwɪn'tju:plət, AM -'tʌplɪt] *n* Fünfling *m*

quip [kwɪp] **I.** *n* Bonmot *nt,* witzige [*o* geistreiche] Bemerkung
II. *vi* <-pp-> witzeln

quire [kwaɪər, AM kwaɪɚ] *n* TYPO ❶ (*24 sheets*) 24 Bogen Papier; **a book in ~s** ein Buch in Lagen, ein [noch] nicht gebundenes Buch
❷ (*single sheet*) Bogen *m*

quirk [kw3:k, AM kw3:rk] *n* ❶ (*odd habit*) Marotte *f,* Schrulle *f*
❷ (*oddity*) Merkwürdigkeit *f kein pl;* **by some strange** [*or* **an odd**] **~ of fate** durch eine [merkwürdige] Laune des Schicksals, wie das Leben eben manchmal so spielt

quirkiness ['kw3:kɪnəs, AM 'kw3:r] *n no pl* ❶ (*characteristic*) Schrulle *f*
❷ (*whimsicalness*) Schrulligkeit *f,* Schnurrigkeit *f,* kurioses [*o* marottenhaftes] Wesen
❸ (*wittiness*) geistreiche [*o* treffsichere] Art
❹ (*shrewdness*) Findigkeit *f,* trickreiche [*o* fintenreiche] Reaktionen *fpl*

quirky ['kw3:ki, AM 'kw3:rki] *adj* schrullig *fam*

quisling ['kwɪzlɪŋ] *n* Kollaborateur(in) *m(f),* Quisling *m veraltend*

quit <-tt-, quit *or* quitted, quit *or* quitted> [kwɪt] **I.** *vi* ❶ (*resign*) *worker* kündigen; *manager, official* zurücktreten; **to threaten to ~** mit einem Rücktritt drohen
❷ (*leave rented flat*) kündigen; **to give sb notice to ~** jdm kündigen
❸ COMPUT (*exit*) aussteigen
❹ (*give up*) aufgeben; AM (*fam: stop*) **~!** hör [damit] auf!
II. *vt* ❶ *esp* AM (*stop*) ■**to ~ sth** mit etw *dat* aufhören; ***will you ~ that!*** wirst du wohl damit aufhören!; ■**to ~ doing sth** aufhören etw zu tun; ***~ wasting my time*** hör auf meine Zeit zu verschwenden; **to ~ smoking** (*as a habit*) das Rauchen aufgeben; (*put cigarette out*) zu rauchen aufhören
❷ (*give up*) ■**to ~ sth** etw aufgeben; **to ~ one's job** kündigen
❸ (*leave*) ■**to ~ sth** *building, place* etw verlassen; **to ~ London/one's home town** London/seine Heimatstadt verlassen; **to ~ a flat/room** eine Wohnung/einen Raum kündigen
❹ COMPUT (*end*) **to ~ the program** aus dem Programm aussteigen
III. *adj pred, inv* (*rid*) ■**to be ~ of sth/sb** jdn/etw loswerden

quite [kwaɪt] *adv inv* ❶ (*fairly*) ziemlich *fam;* ***we had ~ a pleasant evening in the end*** schließlich war es doch noch ein recht netter Abend; ***I'm feeling ~ a bit better, thank you*** es geht mir schon viel besser, danke; ***that was ~ something!*** das war echt nicht schlecht!; (*fam*) ***that girl's ~ something!*** das Mädchen ist wirklich klasse! *fam;* ***I had to wait ~ a time*** ich musste ganz schön lange warten *fam;* **~ a distance away** ziemlich [*o fam* ganz schön] weit weg
❷ (*completely*) ganz, völlig; ***that's ~ out of the question*** das ist völlig ausgeschlossen; ***her new book is not ~ as good as her last one*** ihr neues Buch ist nicht ganz so gut wie ihr letztes; ***I don't ~ know what to say*** ich weiß nicht so recht, was ich sagen soll; ***I didn't ~ catch what he said*** ich habe nicht ganz mitbekommen, was er gesagt hat *fam;* ***I'm not ~ sure*** ich bin nicht ganz sicher; **~ different** ganz [*o* völlig] verschieden; **~ frankly** [*or* **honestly**] ganz ehrlich; **~ honestly, …** ehrlich gesagt …; **to be ~ frank** [*or* **honest**] um ganz ehrlich zu sein; **~ sure** ganz [*o* völlig] sicher; **~ wrong** völlig falsch

quits [kwɪtz] *adj pred, inv* quitt *fam;* (*fam*) **to be ~** [with sb] [mit jdm] quitt sein *fam;* **to call it ~** es gut sein lassen; ***let's just call it ~*** lassen wir es dabei bewenden

quitter ['kwɪtər, AM -ţɚ] *n esp* AM *jdm, der schnell aufgibt;* **to be a ~** schnell aufgeben; ***I'm no ~*** ich werfe doch nicht gleich die Flinte ins Korn *fam;* ***are you calling me a ~?*** willst du sagen, dass ich gleich aufgebe?

quiver¹ ['kwɪvər, AM -ɚ] **I.** *n* (*shiver*) Zittern *nt kein pl;* ***a ~ went down my spine*** mir lief ein kalter Schauder über den Rücken *geh;* **to send a ~ of excitement/fear through sb** jdn vor Erregung/Angst erschaudern lassen *geh*
II. *vi* zittern; **to ~ with rage** vor Wut beben [*o* zittern]

quiver² ['kwɪvər, AM -ɚ] *n* (*arrow holder*) Köcher *m*

qui vive [ˌki:'vi:v] *n* ► PHRASES: **on the ~** auf dem Quivive, auf der Hut

quixotic [kwɪk'sɒtɪk, AM -'sɑ:ţɪk] *adj* (*liter*) *personality* schwärmerisch; *idea, suggestion, vision* unrealistisch; *attempt* naiv; ***he's ~*** er ist ein Don Quichotte

quixotically [kwɪk'sɒtɪkəli, AM -'sɑ:ţɪk-] *adv* (*liter: idealistically*) schwärmerisch; (*unrealistically*) unrealistisch; (*naively*) naiv

quiz [kwɪz] **I.** *n* <*pl* -es> ❶ (*question game*) Quiz *nt,* Ratespiel *nt*
❷ AM SCH, UNIV (*test*) [kurze] Prüfung, Abfragen *nt kein pl;* **to start the class with a short ~** den Unterricht mit einer kleinen Prüfung beginnen
II. *n modifier* ❶ (*question*) Quiz-; **~ night** BRIT Quizabend *m;* **~ team** Rateteam *nt*
❷ AM SCH, UNIV (*question, results*) Prüfungs-
III. *vt* ■**to ~ sb** ❶ (*question*) jdn befragen (**about** zu +*dat*)
❷ AM SCH, UNIV jdn prüfen (**on** über +*akk*)

quizmaster *n* Quizmaster *m* **quiz show** *n* Quizsendung *f*

quizzical ['kwɪzɪkəl] *adj* ❶ (*questioning*) fragend; **~ expression** zweifelnder [*o* fragender] Gesichtsausdruck; **~ look** fragender Blick
❷ (*teasing*) spöttisch, schelmisch

quizzically ['kwɪzɪkəli] *adv* ❶ (*questioningly*) fragend, zweifelnd
❷ (*teasingly*) spöttisch, schelmisch

quoin [kwɔɪn] *n* ARCHIT [vorspringende] Ecke; (*quoin stone*) Eckstein *m*

quoit [kwɔɪt] *n* ❶ (*dolmen*) Dolmen *m,* Steintischgrab *nt*
❷ ■**~s** *pl* (*game*) Wurfringspiel *nt;* **deck ~** *Wurfringspiel, das auf dem Deck eines Kreuzfahrtschiffs gespielt wird*

quokka ['kwɒkə, AM 'kwɑ:-] *n* [kleines] Wallaby

Quonset hut® ['kwɑ:n(t)sɪt,-] *n* AM Nissenhütte *f veraltend; see also* **Nissen hut**

quorate ['kwɔ:reɪt, AM 'kwɔ:rɪt] *adj inv* handlungsfähig; LAW beschlussfähig

quorum ['kwɔ:rəm] *n* ❶ (*in a society, gathering*) Quorum *nt geh*
❷ ECON, LAW beschlussfähige Anzahl; **to have a ~** beschlussfähig sein

quota ['kwəʊtə, AM 'kwoʊţə] *n* ❶ (*fixed amount*) Quote *f;* **export ~** Exportanteil *m,* Ausfuhrkontingent *nt;* **import ~** Einfuhrkontingent *nt;* **production ~** Produktionsquote *f*
❷ (*fig: proportion*) Quantum *nt,* Menge *f;* ***no more for me, thanks, I've had my ~*** für mich nichts mehr, danke, ich habe bereits mein Quantum

quotable ['kwəʊtəbl̩, AM 'kwoʊţə-] *adj* ❶ (*suitable for quoting*) zitierbar
❷ POL (*on the record*) für die Öffentlichkeit bestimmt

quotation [kwə(ʊ)'teɪʃən, AM kwoʊ-] *n* ❶ (*from book, person*) Zitat *nt;* ■**a ~ from sb/sth** ein Zitat *nt* von jdm/aus etw *dat*
❷ *no pl* (*quoting*) Zitieren *nt*
❸ (*estimate*) Kostenvoranschlag *m;* ***I can give you a ~ tomorrow*** morgen kann ich Ihnen ein Angebot machen
❹ STOCKEX (*price of stock*) [Kurs]notierung *f;* ***what's today's ~ on BASF's shares?*** wie stehen die BASF-Aktien heute?

quotation marks *npl* Anführungszeichen *ntpl;* **to close/open ~** Anführungszeichen oben/unten setzen

quote [kwəʊt, AM kwoʊt] **I.** *n* ❶ (*fam: quotation*) Zitat *nt*
❷ (*fam: quotation marks*) ■**~s** *pl* Gänsefüßchen *ntpl fam*
❸ (*fam: estimate*) Kostenvoranschlag *m,* [Preis]angebot *nt;* **to give sb a ~** jdm ein Angebot machen
► PHRASES: **~** [unquote] ***Mr Brown stated that, ~, …*** Hr. Brown meinte, ich zitiere …; (*implying disbelief*) ***they are ~, 'just good friends'*** sie sind – in Anführungszeichen – ‚nur gute Freunde'
II. *vt* ❶ (*say words of*) ■**to ~ sth/sb** jdn/etw zitieren; ■**to ~ sb on sth** jdn zu etw *dat* zitieren; ***but don't ~ me on that!*** aber sag's nicht weiter! *fam*

Q

② (*give*) ■ **to ~ a price** einen Preis nennen; ***the architect has ~d £3000 for it*** der Architekt hat dafür 3000 Pfund Sterling verlangt; **to ~ sb a price** jdm ein Angebot machen
③ STOCKEX etw notieren; ***shares ~d on the stock exchange*** Aktien, die an der Börse notiert sind
④ (*name*) ■ **to ~ sth** etw nennen; ***~ me one organization that …*** nenne mir eine Organisation, die …
III. *vi* zitieren; **to ~ from memory** auswendig [*o* aus dem Kopf] zitieren; ■ **to ~ from sb** jdn zitieren; ■ **to ~ from sth** aus etw *dat* zitieren; ***he's always quoting from the Bible*** er bringt immer Zitate aus der Bibel

quote marks *npl* Anführungszeichen *ntpl*

quoth [kwəʊθ, AM kwoʊθ] *vt* (*old or hum*) ***"o woe, alas," ~ he*** „nun denn", sprach er *veraltet liter*

quotidian [kwə(ʊ)'tɪdiən, AM kwoʊ-] *adj inv* (*form*) [all]täglich; ***television has become part of ~ existence*** das Fernsehen ist zu einem festen Bestandteil des Alltags geworden

quotient ['kwəʊʃᵊnt, AM 'kwoʊ-] *n also* MATH Quotient *m*

Qur'an *n see* **Koran**

q.v. [ˌkjuː'viː] *abbrev of* **quod vide** s.d.

qwerty keyboard [ˌkwɜːtiː'-, AM ˌkwɜːrt̬i'-] *n*, **QWERTY keyboard** *n* QWERTY-Tastatur *f* (*englische Standard-Computertastatur*)

R

r, R <*pl* -'s *or* -s> [ɑːʳ, AM ɑːr] *n* r, R *nt*

r *adv abbrev of* **right** re.

R¹ I. *n no pl* ① (*Queen*) *abbrev of* **Regina** Regina; ***Elizabeth ~*** Elizabeth Regina
② (*King*) *abbrev of* **Rex** Rex; ***George ~*** George Rex
③ *abbrev of* **river** I 1
II. *adj* ① *abbrev of* **right** re.
② *abbrev of* **Royal** königl.

R² [ɑːr] *adv* AM FILM *abbrev of* **Restricted: rated ~** nicht für Jugendliche unter 16 Jahren, nicht jugendfrei

R & D *n* COMPUT *abbrev of* **research and development: ~ department** Forschungs- und Entwicklungsabteilung *f*

R & R *n abbrev of* **R and R**

rabbi ['ræbaɪ] *n* Rabbiner *m;* **Chief R~** Oberrabbiner *m*

rabbinical [rə'bɪnɪkᵊl] *adj inv* rabbinisch

rabbit ['ræbɪt] **I.** *n* ① (*animal*) Kaninchen *nt;* **a pet** [*or* **tame**] **~** ein Hauskaninchen *nt;* **to run like a frightened** [*or* **scared**] **~** wie ein erschrecktes Kaninchen davonlaufen; **wild ~** Wildkaninchen *nt;* **to breed like ~s** (*pej*) sich *akk* wie die Karnickel vermehren *pej*
② *no pl* (*meat*) Hase *m kein pl*
▸ PHRASES: **to pull a ~ out of the hat** einen Trumpf aus dem Ärmel schütteln *fam*
II. *vi* BRIT, AUS (*pej fam*) quasseln *oft pej fam* (**about** über +*akk*), schwafeln *pej fam;* ***for goodness sake stop ~ing!*** jetzt hör doch endlich mal mit dem Geschwafel auf! *fam*

rabbit burrow *n* Kaninchenbau *m* **rabbit food** *n* (*hum fam*) Hasenfutter *nt fam,* Grünfutter *nt fam* **rabbit fur** *n no pl* Kaninchenfell *nt* **rabbit hole** *n* Kaninchenbau *m* **rabbit hutch** *n* Kaninchenstall *m,* Hasenstall *m* **rabbit pie** *n* Hasenauflauf *m* **rabbit punch** *n* Nackenschlag *m,* Genickschlag *m* **rabbit skin** *n* Kaninchenfell *nt* **rabbit stew** *n no pl* Haseneintopf *m* **rabbit warren** *n* Kaninchenbau *m;* (*fig*) Labyrinth *nt fig*

rabble ['ræbl̩] *n no pl* (*pej*) ① (*disorderly group*) ungeordneter Haufen *pej fam*
② (*mob*) ■ **the ~** der Mob *pej,* der Pöbel *pej*

rabble-rouser *n* Aufwiegler(in) *m(f),* Aufwiegler(in) *m(f);* ***Johnson was unpopular with the management because he was a well-known ~*** Johnson war bei der Führungsspitze unbeliebt, weil er die anderen aufhetzte

rabble-rousing *adj inv* Hetz-, [auf]hetzerisch; **~ speech/oratory** Hetzrede *f;* **to make ~ speeches** Hetzreden halten, agitieren

Rabelaisian [ˌræbə'leɪziən, AM 'leɪʒᵊn] *adj inv* ① (*by Rabelais*) Rabelaisisch
② (*in the manner of Rabelais*) Rabelaisisch

rabid ['ræbɪd] *adj* ① (*esp pej: fanatical*) fanatisch; **a ~ critic** ein scharfer Kritiker/eine scharfe Kritikerin; **a ~ feminist** eine fanatische Feministin; **a ~ nationalist** ein radikaler Nationalist/eine radikale Nationalistin
② *inv* (*having rabies*) tollwütig

rabidly ['ræbɪdli] *adv* (*esp pej*) fanatisch; **a ~ nationalistic newspaper** eine radikale nationalistische Zeitung

rabies ['reɪbiːz] **I.** *n* + *sing vb* Tollwut *f;* **to carry ~** Tollwut übertragen
II. *n modifier* (*case, danger, warning*) Tollwut-; **~ injection** [*or* **shot**] Tollwutimpfung *f*

RAC <*pl* -> [ˌɑːʳeɪ'siː] *n abbrev of* **Royal Automobile Club:** ■ **the ~** der RAC

raccoon [rə'kuːn, ræ-, AM *esp* ræ-] **I.** *n* Waschbär(in) *m(f)*
II. *n modifier* (*coat, fur, hat*) Waschbären-

race¹ [reɪs] **I.** *n* ① (*competition*) Rennen *nt;* **car/dog/horse ~** Auto-/Hunde-/Pferderennen *nt;* **cycle/motorcycle ~** Rad-/Motorradrennen *nt;* **cross-country/100-metre/obstacle ~** Gelände-/Hundertmeter-/Hindernislauf *m;* **egg-and-spoon ~** Eierlaufen *nt kein pl;* **pancake ~** Pfannkuchenrennen *nt* (*findet in England am Faschingsdienstag statt*); **road/track ~** Straßen-/Bahnrennen *nt;* **sack ~** Sackhüpfen *nt kein pl;* **three-legged ~** Dreibeinlauf *m;* **to go in for** [*or* **take part in**] **a ~** an einem Wettlauf teilnehmen; **to have** [*or* **run**] **a ~** einen Wettlauf machen; ***let's have a ~*** komm, wir laufen um die Wette; **to keep** [*or* **stay**] **in the ~** im Rennen bleiben *a. fig;* **to win/lose a ~** einen Wettkampf gewinnen/verlieren
② (*fig: contest*) Rennen *nt;* (*competition*) Wettkampf *m fig;* **a ~ against time** [*or* **the clock**] ein Wettlauf gegen die Uhr; ***the two are involved in a ~ for promotion*** die zwei liefern sich ein Kopf-an-Kopf-Rennen um die Beförderung; **presidential ~** Präsidentenwahlkampf *m;* **the space ~** der Wettlauf im All *fig*
③ *no pl* (*rush*) Hetze *f,* Hektik *f;* ***it's always a ~ to get out of the house on time in the mornings*** in der Früh ist es immer eine Hetzerei, damit man rechtzeitig aus dem Haus kommt *pej fam*
④ SPORTS ■ **~s** *pl,* ■ **the ~s** das Pferderennen; **a day at the ~s** ein Tag *m* beim Pferderennen
⑤ (*fast-flowing water*) *river* Stromschnelle *f; sea* Strömung *f;* **mill ~** Mühl[en]bach *m*
⑥ COMPUT Zeitbedingung *f*
II. *vi* ① (*compete*) *people, animals* Rennen laufen; *vehicles* Rennen fahren; ***I enjoy running for fun, but I refuse to ~*** ich laufe gern zum Vergnügen, aber ich weigere mich, an Wettläufen teilzunehmen; ■ **to ~ with sb** mit jdm um die Wette laufen; ■ **to ~ against sb** gegen jdn antreten
② (*rush*) rennen; ***the boys came racing across the playground*** die Jungen kamen über den Schulhof gerannt; ***she ~d for the bus*** sie rannte, um den Bus zu erreichen; **to ~ along** [*or* **down**] **the street** die Straße entlangrennen; **to ~ into the house** in das Haus rennen; **to ~ up the stairs** die Treppe hinaufrennen
③ (*pass quickly*) ■ **to ~ by** [*or* **past**] schnell vergehen; ***the summer seems to have ~d by*** der Sommer ist wie im Nu vergangen *fam*
④ (*beat fast*) *heart* heftig schlagen; *pulse* rasen
III. *vt* ① ■ **to ~ sb** (*in competition*) gegen jdn antreten; (*for fun*) mit jdm ein Wettrennen machen; ***come on, I'll ~ you home*** los, wir laufen um die Wette bis nach Hause
② (*enter for races*) **to ~ a greyhound/horse** einen Greyhound/ein Pferd Rennen laufen lassen; **to ~ a car** an einem Autorennen teilnehmen
③ (*rev up*) **to ~ the car engine** den Motor hochjagen *sl*
④ (*transport fast*) ■ **to ~ sb somewhere** jdn schnellstmöglich irgendwohin bringen; ***the ambulance ~d the injured to hospital*** der Krankenwagen brachte den Verletzten mit Blaulicht ins Krankenhaus

race² [reɪs] *n* ① (*ethnic grouping*) Rasse *f;* **~ relations** Beziehungen *fpl* zwischen den Rassen; **to be of mixed ~** gemischtrassig sein
② (*species*) **the human ~** die menschliche Rasse; (*of animals, plants*) Spezies *f;* ***crops which are resistant to different ~s of pest*** Getreidesorten, die gegen verschiedene Krankheiten resistent sind
③ + *sing/pl vb* (*people*) Volk *nt;* (*fig*) Gruppe *f;* ***the British are an island ~*** die Briten sind ein Inselvolk; **the French/Russian ~** die Franzosen/die Russen

racecard *n* Rennprogramm *nt* **race conflict** *n no pl* Rassenkonflikt *m* **racecourse** *n* Rennbahn *f* **racegoer** *n* Besucher(in) *m(f)* von Rennen; **sb is a keen ~** jd besucht gern Pferderennen **race hatred** *n no pl* Rassenhass *m* **racehorse** *n* Rennpferd *nt;* **a string of ~s** eine Gruppe von Rennpferden **race meet** *n* AM, **race meeting** *n* Rennen *nt;* **the ~ meeting at Ascot** das Pferderennen in Ascot

racer ['reɪsəʳ, AM -ɚ] *n* ① (*runner*) [Renn]läufer(in) *m(f);* (*horse*) Rennpferd *nt*
② (*boat*) Rennboot *nt;* (*cycle*) Rennrad *nt;* (*car*) Rennwagen *m;* (*yacht*) Rennjacht *f*

race relations *npl* Beziehungen *fpl* zwischen den Rassen **race relations officer** *n* Beauftragte(r) für Rassenfragen *f(m)* **race riot** *n* Rassenunruhen *fpl* **racetrack** *n* ① (*racecourse*) Rennbahn *f; esp* AM (*for horses also*) Rennstrecke *f* ② (*racing complex*) Rennplatz *m*

racial ['reɪʃᵊl] *adj inv* ① (*to do with race*) rassisch, Rassen-; ***they lived in ~ harmony*** die verschiedenen Volksgruppen lebten in Frieden miteinander; **~ equality** Rassengleichheit *f;* **~ groups** rassische Gruppierungen *fpl;* **~ hatred** Rassenhass *m;* **~ minority** rassische Minderheit; **~ supremacy** Vormachtstellung *f* einer Rasse
② (*motivated by racism*) rassistisch; ***the attack was ~*** der Angriff war rassistisch motiviert; **~ discrimination/segregation** Rassendiskriminierung *f*/-trennung *f;* **~ prejudice** Vorurteile *ntpl* gegen eine Rasse

racialism ['reɪʃᵊlɪzᵊm] *n no pl* BRIT Rassismus *m*

racialist ['reɪʃᵊlɪst] BRIT **I.** *n* Rassist(in) *m(f)*
II. *adj* rassistisch

racially ['reɪʃᵊli] *adv* ① (*ethnically*) rassisch; **~ mixed child** gemischtrassiges Kind; **a ~ mixed class/group** eine gemischtrassige Klasse/Gruppe
② (*by racism*) **~ motivated** rassistisch motiviert; **to be ~ prejudiced** Vorurteile gegen Menschen anderer Hautfarbe haben

racial slur *n* rassistische Bemerkung

racily ['reɪsɪli] *adv* flott *fam*

raciness ['reɪsɪnəs] *n no pl* Draufgängertum *nt;* ***he was attractive, sporty-looking with a hint of ~*** er war attraktiv, sportlich und draufgängerisch

racing ['reɪsɪŋ] *n no pl* ① (*in horse racing: event*) Pferderennen *nt;* (*sport*) Pferderennsport *m;* **to go ~** an einem Pferderennen teilnehmen
② (*conducting races*) Rennen *nt;* **dog/greyhound ~** Hunde-/Greyhoundrennen *nt;* **motor/motorcycle ~** Auto-/Motorradrennen *nt;* **stock-car ~** Stock-Car-Rennen *nt*

racing bicycle *n,* **racing bike** *n* (*fam*) Rennrad *nt* **racing car** *n* Rennwagen *m* **racing driver** *n* Rennfahrer(in) *m(f)* **racing pigeon** *n* Brieftaube *f* **racing stable** *n* Rennstall *m* **racing start** *n* ECON Wettbewerbsvorteil *m;* **to have a ~** [**over sb**] einen Wettbewerbsvorteil [gegenüber jdm] haben **racing yacht** *n* Rennjacht *f*

racism ['reɪsɪzᵊm] *n no pl* Rassismus *m;* **institutionalized ~** behördlich sanktionierter Rassismus;

overt ~ offener Rassismus, unverhohlen rassistische Einstellung
racist ['reɪsɪst] **I.** *n* Rassist(in) *m(f)*
II. *adj* rassistisch; ~ **attack** rassistisch motivierter Angriff; ~ **remark** rassistische Bemerkung
rack¹ [ræk] *n no pl* ~ **and ruin** Verfall *m;* **to go to ~ and ruin** verkommen, vor die Hunde gehen *fam;* ***the economy has gone to ~ and ruin*** die Wirtschaft is total heruntergekommen
rack² [ræk] *vt* **to ~ [off] wine/beer** Wein/Bier abfüllen
rack³ [ræk] **I.** *n* ❶ *(for storage)* Regal *nt;* **clothes ~** AM Kleiderständer *m;* **luggage ~** Gepäcknetz *nt;* **magazine/newspaper ~** Zeitschriften-/Zeitungsständer *m;* **plate/toast ~** Abtropf-/Toastständer *m;* **roof ~** [Dach]gepäckträger *m;* **soap ~** Seifenschale *f;* **towel ~** Handtuchhalter *m;* **vegetable ~** Gemüsekorb *m;* **wine ~** Weinregal *nt;* **metal ~** Metallständer *m;* **wire ~** Drahtgestell *nt;* **wooden ~** Holzregal *nt;* **~s of dresses/children's clothes** Ständer *mpl* mit Kleidern/Kinderkleidung; **off the ~** AM von der Stange; ***I never buy dresses off the ~*** ich kaufe nie Kleider von der Stange
❷ *(for torture)* Folterbank *f;* **to be on the ~** *(fig)* Höllenqualen ausstehen *fam;* ***he was on the ~, following accusations of fraud*** als man ihm Bestechung vorwarf, durchlitt er wahre Höllenqualen; **to put sb on the ~** *(fig)* jdn auf die Folter spannen
❸ *(bar with teeth)* Zahnstange *f;* **~-and-pinion gearing** Zahnstangengetriebe *nt*
❹ FOOD *(joint)* ~ **of lamb** Lammrippchen *ntpl*
❺ COMPUT Rahmen *m*
II. *vt* ❶ *(hurt)* ■**to ~ sb** jdn quälen [*o* plagen]; ***at the end, his cancer ~ed his body*** am Ende zerfraß der Krebs seinen Körper; **to be ~ed with doubts/pain** von Zweifeln/Schmerzen gequält [*o* geplagt] werden; **to be ~ed with guilt** von Gewissensbissen gequält werden, unter Gewissensbissen leiden
❷ *(afflict)* ■**to ~ sth** etw erschüttern; ***the violence that has ~ed the region*** die Welle der Gewalt, von der die Region heimgesucht wurde; ■**to be ~ed by** [*or* **with**] **sth** von etw *dat* erschüttert werden *fig*
► PHRASES: **to ~ one's brains** sich *dat* den Kopf zerbrechen [*o fam* zermartern], sich *dat* das Hirn zermartern *fam*
◆**rack up** *vt esp* AM ■**to ~ up** ↔ **sth** etw zu verzeichnen haben; ***the show has ~ed up 450 performances*** die Show hat es auf 450 Vorstellungen gebracht; **to ~ up losses** Verluste hinnehmen müssen
racket¹ ['rækɪt] **I.** *n* ❶ SPORTS Schläger *m,* Racket *nt;* **badminton ~** Badmintonschläger *m,* Federballschläger *m;* **squash/tennis ~** Squash-/Tennisschläger *m*
❷ *(game)* ■**~s** *pl* Racketball *nt kein pl*
II. *n modifier (handle, strings)* Schläger-; ~ **abuse** Werfen *nt* des Schlägers; ~ **case** Schutzhülle *f* für den Schläger; ~ **press** Spanner *m*
racket² ['rækɪt] **I.** *n (fam)* ❶ *no pl (din)* Krach *m,* Lärm *m;* ***there was such a ~ going on outside, that ...*** es war draußen so laut, dass ...; ***stop that ~!*** hör(t) auf mit dem Krach!, jetzt ist aber Schluss mit dem Radau! *fam;* **to make** [*or* **kick up**] **a ~** Krach machen *fam,* lärmen
❷ *(pej: dishonest scheme)* unsauberes Geschäft; ***telephone chat lines are a bit of a ~*** Chat Lines sind ziemliche Halsabschneiderei *pej fam;* **drug-smuggling ~** Drogengeschäft *nt;* **protection ~** Schutzgelderpressung *f;* **to run a ~** ein [einträgliches] Geschäft betreiben
❸ *(hum: business)* Geschäft *nt;* **the advertising/insurance ~** die Werbe-/Versicherungsbranche
II. *vi* lärmen, Krach machen
racketeer [ˌrækɪ'tɪəʳ, AM -ə'tɪr] *n* Gauner(in) *m(f),* Betrüger(in) *m(f),* Gangster *m pej*
racketeering [ˌrækɪ'tɪərɪŋ, AM -ə'tɪr-] *n no pl* dunkle Machenschaften *pl pej*
racking ['rækɪŋ] *adj* fürchterlich, quälend *attr;* **a ~ headache** rasende Kopfschmerzen *pl;* **a ~ toothache** entsetzliche Zahnschmerzen *pl;* **a ~ pain** furchtbare [*o* quälende] Schmerzen *pl*
rack rent *n* ECON ❶ *(high rent)* überhöhte Miete [*o* Pacht], Wuchermiete *f pej,* Wahnsinnsmiete *f pej fam*
❷ *(full yearly renty)* [volle] Jahresmiete [*o* Jahrespacht]
raconteur [ˌrækɒn'tɜːʳ, AM -ɑːn'tɜːr] *n* Geschichtenerzähler(in) *m(f),* Erzähler(in) *m(f)* von Anekdoten
racoon *n see* **raccoon**
racquet *n see* **racket¹**
racy ['reɪsi] *adj* ❶ *(risqué) behaviour, novel* anzüglich; **to tell ~ stories** schlüpfrige Geschichten erzählen *pej*
❷ *(sexy) clothing* gewagt; ~ **swimsuit** tief ausgeschnittener Badeanzug
❸ *(lively and vigorous) person, image* draufgängerisch; *wine, car, yacht* rassig
rad [ræd] *adj inv* AM *(sl: wonderful)* toll *fam*
RADA ['rɑːdə] *n no pl, no art acr for* **Royal Academy of Dramatic Art** RADA *f,* Königliche Schauspielakademie
radar ['reɪdɑːʳ, AM -dɑːr] **I.** *n no pl* Radar *m o nt*
II. *n modifier (screen, signal, station)* Radar-; ~ **contact** Radarerfassung *f;* ~ **operator** Bediener(in) *m(f)* eines Radargerätes; ~ **scanner** Radarsuchgerät *nt*
radar screen *n* Radarschirm *m*
radar trap *n* Radarfalle *f;* **to be caught in a ~ trap** in eine Radarfalle geraten
raddle ['rædḷ] *n no pl* Rötel *m*
radial ['reɪdiəl] **I.** *adj inv* ❶ *(radiating)* strahlenförmig; ~ **road system** sternförmig angeordnetes Straßennetz
❷ TECH radial *fachspr,* Radial- *fachspr;* ~ **engine** Sternmotor *m;* ~ **symmetry** Radialsymmetrie *f fachspr*
II. *n* Gürtelreifen *m*
radially ['reɪdiəli] *adj inv* sternförmig; BOT strahlig
radial tyre *n* Gürtelreifen *m*
radiance ['reɪdiən(t)s] *n no pl* ❶ *(glowing beauty)* Strahlen *nt;* ***the ~ of her smile*** ihr strahlendes Lächeln
❷ *(heat and light)* Leuchten *nt; of sun* strahlendes Licht
radiant ['reɪdiənt] *adj* ❶ *(happy)* strahlend *attr fig;* ***the bride looked ~*** die Braut strahlte vor Glück; **to be ~ with happiness/pride** vor Glück/Stolz strahlen; **a ~ smile** ein strahlendes Lächeln; ***he gave a ~ smile when he heard the news*** er strahlte, als er die Nachricht hörte
❷ *(splendid) weather, day* wunderschön, strahlend *attr fig*
❸ *attr* PHYS *(shining)* Strahlungs-; ~ **energy** Strahlungsenergie *f;* ~ **heat** Strahlungswärme *f;* **the ~ heat of the sun** die gleißende Hitze der Sonne *geh;* ~ **heater** Heizsonne *f*
radiantly ['reɪdiəntli] *adv* strahlend *a. fig*
radiate ['reɪdieɪt] **I.** *vi* ❶ *(spread out)* ■**to ~** [**from sth**] strahlenförmig [von etw *dat*] ausgehen; *roads* strahlenförmig [von etw *dat*] wegführen; ***flows of lava ~d from the volcano's crater*** Lavaströme flossen aus dem Vulkankrater in alle Richtungen
❷ *(be given off)* ■**to ~ from sth** von etw *dat* abstrahlen; *light, energy, bad vibes* etw ausstrahlen; ***a single beam of light ~d from the lighthouse*** vom Leuchtturm war ein einzelner Lichtstrahl zu sehen
II. *vt (also fig)* ■**to ~ sth** etw ausstrahlen [*o* aussenden]; ***he was radiating joy and happiness*** er strahlte vor lauter Glück und Freude *fam;* ***she ~d health*** sie strotzte regelrecht vor Gesundheit; **to ~ energy/light** Energie/Licht ausstrahlen [*o* abgeben]; **to ~ heat** Hitze abstrahlen [*o* abgeben]
radiation [ˌreɪdi'eɪʃᵊn] *n no pl* ❶ *(radiated energy)* Strahlung *f;* **electromagnetic/radioactive/ultraviolet ~** elektromagnetische/radioaktive/ultraviolette Strahlung; **harmful ~** schädliche Strahlen *mpl;* **microwave ~** Mikrowellenstrahlen *mpl*
❷ *(emitting)* Abstrahlen *nt;* **the ~ of heat/energy** [**from sth**] das Abstrahlen von Hitze/Energie [von etw *dat*]
❸ *(conversion of electrical signals)* Ausstrahlung *f*
radiation burn *n* MED Strahlenverbrennung *f*
radiation sickness *n no pl* Strahlenkrankheit *f*
radiation therapy *n* Strahlentherapie *f*
radiator ['reɪdieɪtəʳ, AM -t̬ə] **I.** *n* ❶ *(heating device)* Heizkörper *m,* Radiator *m selten*
❷ *(to cool engine)* Kühler *m*
II. *n modifier (fluid, parts)* Kühler-; ~ **cap** Kühlerverschlussdeckel *m;* ~ **grill**[**e**] Kühlergrill *m*
radical ['rædɪkᵊl] **I.** *adj* ❶ POL radikal; ~ **activist** radikaler Aktivist/radikale Aktivistin; ~ **bookshop/newspaper** radikaler Buchladen/radikale Zeitung; ~ **feminist** radikale Feministin; **the ~ left/right** die radikale [*o* äußerste] Linke/Rechte; ~ **views** radikale [*o* extreme] Ansichten; **the ~ wing of the party** der radikale Parteiflügel
❷ *(fundamental)* fundamental, total; ***we need to take a ~ look at our operating procedures*** wir müssen unsere Vorgehensweise nochmals eingehend überprüfen; **to make some ~ changes** tief greifende [*o* weit reichende] Veränderungen vornehmen; ~ **difference** grundlegender [*o* fundamentaler] Unterschied; ~ **measures** tief greifende [*o* grundlegende] Maßnahmen; **a ~ restructuring of a company** eine völlige Umstrukturierung einer Firma; **a ~ transformation** ein grundlegender Wandel
❸ MED radikal; ~ **surgery** Radikaloperation *f;* **to undergo ~ surgery** sich *akk* einer Totaloperation unterziehen
II. *n* ❶ *(person)* Radikale(r) *f(m);* **left-wing ~** radikale(r) Linke(r) *f(m);* **right-wing ~** radikale(r) Rechte(r) *f(m)*
❷ CHEM Radikal *nt*
radicalism ['rædɪkᵊlɪzᵊm] *n no pl* Radikalismus *m*
radically ['rædɪkᵊli] *adv* radikal, völlig; *(fundamentally)* grundlegend; ~ **new ideas** völlig neue Ideen; **to change sth ~** etw von Grund auf ändern
radicle ['rædɪkḷ] *n* ❶ BOT Keimwurzel *f*
❷ ANAT Wurzel *f*
radii ['reɪdiaɪ] *n pl of* **radius**
radio ['reɪdiəʊ, AM -oʊ] **I.** *n* ❶ *(receiving device)* Radio *nt* SÜDD, ÖSTERR, SCHWEIZ *a. m;* **car ~** Autoradio *nt;* **portable ~** tragbares Radio[gerät]; **transistor ~** Transistorgerät *nt;* **to turn** [*or* **switch**] **the ~ on/off** das Radio auf-/abdrehen; ***the ~ was turned up to full volume*** das Radio spielte mit voller Lautstärke
❷ *(transmitter and receiver)* Funkgerät *nt;* **ship's ~** Schiffsfunk *m;* **on** [*or* **over**] **the ~** über Funk
❸ *no pl (broadcasting)* Radio *nt,* [Rund]funk *m;* ***he's got a job in ~*** er arbeitet beim Radio; **to listen to the ~** Radio hören; ***did you hear the news on the ~ this morning?*** hast du heute Morgen die Radionachrichten gehört?; **on the ~** im Radio; ***what's on the ~?*** was kommt im Radio? *fam;* (*in names of stations*) **R~ Bristol/Moscow** *esp* BRIT Radio Bristol/Moskau
❹ *no pl (medium)* Funk *m;* **to receive a message by ~** einen Funkspruch empfangen
II. *n modifier* ❶ *(of communications) (frequency, receiver, signal)* Funk-; ~ **beam** Funkleitstrahl *m;* ~ **navigation** Funknavigation *f;* ~ **telephone** Funktelefon *nt;* ~ **waves** Funkwellen *fpl*
❷ *(of broadcasting) (broadcast, commercial, network)* Radio-; ~ **commentator** Rundfunkkommentator(in) *m(f)*
III. *vt* ❶ *(call on radio)* ■**to ~ sb/sth** jdm/etw funken; *base, shore* jdn/etw anfunken
❷ *(send by radio)* ■**to ~ sth** etw funken [*o* über Funk mitteilen]; ***we ~ed our position to the Coastguard*** wir gaben unsere Position über Funk an die Küstenwache durch
IV. *vi* funken, sich *akk* über Funk melden; **to ~ for help/assistance** über Funk Hilfe/Unterstützung anfordern
radioactive [ˌreɪdiəʊ'æktɪv, AM -oʊ'-] *adj* radioaktiv; ~ **cloud** radioaktive Wolke; ~ **decay** Zerfall *m* radioaktiven Materials; ~ **dust/fallout** radioaktiver Staub/Niederschlag; ~ **isotope/material** radioaktives Isotop/Material; ~ **waste** radioaktiver Abfall, Atommüll *m*
radioactivity [ˌreɪdiəʊæk'tɪvəti, AM -oʊæk'tɪvət̬i]

R

n no pl Radioaktivität *f*

radio alarm *n,* **radio alarm clock** *n* Radiowecker *m* **radio announcer** *n* Rundfunk-/Radiosprecher(in) *m(f)* **radio beacon** *n* Funkfeuer *nt,* Funkbake *f fachspr* **radio broadcast** *n* Radiosendung *f,* Rundfunksendung *f* **radiocarbon** *n no pl* PHYS Radiokarbon *nt* **radiocarbon dating** *n no pl* Radiokarbonmethode *f* **radio cassette recorder** *n* Radiorecorder *m* **radio communication** *n* TELEC ❶ *no pl (connection)* Funkverbindung *f* ❷ ■**~s** *pl (communication)* Funkverkehr *m* **radio contact** *n* Funkkontakt *m* **radio-controlled** *adj inv* ferngesteuert, ferngelenkt; **a ~ car** ein Auto *nt* mit Fernsteuerung **radio engineer** *n* Rundfunktechniker(in) *m(f)*

radiogram [ˈreɪdiə(ʊ)græm, AM -oʊ-] *n* ❶ *short for* **radio telegram** Funktelegramm *nt*
❷ BRIT *(dated) short for* **radiogramophone** Musiktruhe *f veraltet*

radiogramophone [ˌreɪdiəʊˈgræməphəʊn] *n* BRIT *(dated)* Musiktruhe *f veraltet*

radiograph [ˈreɪdiə(ʊ)grɑːf, AM -oʊgræf] *n* Röntgenbild *nt,* Röntgenaufnahme *f*

radiographer [ˌreɪdiˈɒgrəfəʳ, AM -ˈɑːgrəfɚ] *n* Röntgenassistent(in) *m(f)*

radiography [ˌreɪdiˈɒgrəfi, AM -ˈɑːgrə-] **I.** *n* Röntgenographie *f*
II. *n modifier* ***I was sent to the ~ unit*** ich wurde zum Röntgen geschickt

radio ham *n* Funkamateur(in) *m(f)*

radioisotope [ˌreɪdiəʊˈaɪsətəʊp, AM oʊˈaɪsətoʊp] *n* CHEM Radioisotop *nt fachspr*

radiological [ˌreɪdiəʊˈlɒdʒɪkəl, AM oʊˈlɑː] *adj inv* PHYS, MED radiologisch *fachspr,* Röntgen-

radiologist [ˌreɪdiˈɒlədʒɪst, AM -ˈɑːlə-] *n* Radiologe, -in *m, f*

radiology [ˌreɪdiˈɒlədʒi, AM -ˈɑːlə-] *n no pl* Radiologie *f*

radio operator *n* Funker(in) *m(f)* **radio play** *n* Hörspiel *nt* **radio programme** *n* ❶ *(broadcast)* Rundfunkprogramm *nt,* Radioprogramm *nt,* Programm *nt* im Radio ❷ *(dated: radio channel)* [Radio]sender *m*

radioscopy [ˌreɪdiˈɒskəpi, AM -ˈɑːskə-] *n no pl* MED Radioskopie *f fachspr*

radio set *n* Radioapparat *m,* Rundfunkgerät *nt* **radio show** *n* Radioshow *f* **radio silence** *n no pl* Funkstille *f* **radio station** *n* ❶ *(radio channel)* Radiosender *m;* **commercial/independent/local ~** kommerzieller/unabhängiger/lokaler Radiosender; **pirate ~** Piratensender *m;* **to tune in to a ~** einen Sender einschalten ❷ *(building)* Rundfunkstation *f* **radio-telephone** *n* Funktelefon *nt* **radiotelephony** *n no pl* Funktelefonie *f* **radio telescope** *n* Radioteleskop *nt* **radiotherapy** *n no pl* Strahlentherapie *f* **radio transmitter** *n* Funkgerät *nt* **radio wave** *n* Radiowelle *f*

radish <*pl* -es> [ˈrædɪʃ] *n* Rettich *m;* **black ~** schwarzer Rettich; **red ~** Radieschen *nt;* **white ~** Rettich *m*

radium [ˈreɪdiəm] *n no pl* Radium *nt*

radium therapy *n,* **radium treatment** *n* Radiumtherapie *f*

radius <*pl* -dii> [ˈreɪdiəs, *pl* -diaɪ] *n* ❶ MATH Radius *m*
❷ *(distance from centre)* Radius *m;* ***within a ~ of 10 miles*** in einem Umkreis von 10 Meilen; **~ of action** Aktionsradius *m,* Wirkungsbereich *m*
❸ ANAT Speiche *f*

radon [ˈreɪdɒn, AM dɑːn] *n no pl* CHEM Radon *nt*

RAF [ˌɑːrˈeɪˈef, AM ˌɑːr-] *n abbrev of* **Royal Air Force**: ■**the ~** die R.A.F.; **~ base** R.A.F.-Stützpunkt *m*

Rafferty's rule [ˈræfətiz-] *n* AUS *(sl)* ***according to ~*** ohne jegliche Regeln

raffia [ˈræfiə] **I.** *n no pl* Raphia[bast] *m*
II. *n modifier (basket, hat, mat)* Raphia-; **~ work** *(of activity)* Raphiabastarbeit *f;* *(of result)* Arbeiten *fpl* aus Raphiabast

raffish [ˈræfɪʃ] *adj* ❶ *(rakish)* flott *fam,* verwegen
❷ *(disreputable) area, place* verrufen, mit schlechtem Ruf *nach n;* ***she seems to have had a ~ past*** sie scheint ja eine Frau mit zweifelhafter Vergangenheit zu sein

raffishness [ˈræfɪʃnəs] *n no pl* Verwegenheit *f*

raffle [ˈræfl] **I.** *n* Tombola *f,* Verlosung *f;* **prize in a ~** Preis *m* bei der Tombola
II. *vt* ■**to ~ sth** etw verlosen
◆**raffle off** *vt* ■**to ~ off** ○ **sth** etw verlosen

raffle ticket *n* Los *nt (für die Tombola)*

rafia *n see* **raffia**

raft¹ [rɑːft, AM ræft] **I.** *n (vessel)* Floß *nt;* **rubber ~** Schlauchboot *nt;* **inflatable ~** aufblasbares Schlauchboot
II. *vi* an einem Rafting teilnehmen
III. *vt* ■**to ~ sth** etw auf einem Floß transportieren

raft² [rɑːft, AM ræft] *n esp* AM *(large number)* ■**a ~ of sth** eine [ganze] Menge einer S. *gen;* **a ~ of papers** ein Riesenstapel an Unterlagen *fam;* ***we have designed a whole ~ of measures to improve the system*** wir haben einen ganzen Maßnahmenkatalog erstellt, um das System zu verbessern

rafter¹ [ˈrɑːftəʳ, AM ˈræftɚ] *n* ARCHIT Dachsparren *m*
► PHRASES: **to make the ~s** <u>**ring**</u> Krach machen, dass sich die Balken biegen *fam*

rafter² [ˈrɑːftəʳ, AM ˈræftɚ] *n (sb using a raft)* Rafter(in) *m(f)*

rafting [ˈrɑːftɪŋ, AM ˈræft-] *n no pl* Rafting *nt;* **white-water ~** Wildwasserrafting *nt*

rag¹ [ræg] *n* ❶ *(old cloth)* Lumpen *m;* *(for cleaning)* Lappen *m,* ÖSTERR Fetzen *m;* *(for dust)* Staubtuch *nt,* Staublappen *m*
❷ *(worn-out clothes)* ■**~s** *pl* Lumpen *mpl pej,* Fetzen *mpl pej fam;* **to be dressed in ~s** in Lumpen herumlaufen *pej*
❸ *(fig: remnants)* ■**~s** *pl* Reste *mpl;* **the ~s of one's pride/self-esteem** das letzte bisschen Stolz/Selbstachtung
❹ *(pej fam: newspaper)* Käseblatt *nt pej fam,* Schmierblatt *nt* ÖSTERR *pej fam,* Schundblatt *nt pej;* **local ~** Lokalblättchen *nt pej fam*
► PHRASES: **to be like a red ~ to a** <u>**bull**</u> **[to sb]** [jdm] ein rotes Tuch sein; **to go from ~s to** <u>**riches**</u> vom Tellerwäscher zum Millionär werden; **to be in ~s and** <u>**tatters**</u> in zerschlissenen Lumpen herumlaufen *pej;* **to feel like a** <u>**wet**</u> **~** *(fam)* sich *akk* wie ein nasser Sack fühlen *fam;* **to be** <u>**in**</u> **~s** zerlumpt sein; **to be** <u>**on**</u> **the ~** AM *(sl)* die Regel haben

rag² [ræg] **I.** *n* BRIT *(students' fund-raising event) studentische karnevalistische Veranstaltung, um Spenden für wohltätige Zwecke zu sammeln;* **~ day/week** *Zeit, in der die Studenten nach Aufführungen für wohltätige Zwecke sammeln*
II. *vt* <-gg-> *(fam)* ■**to ~ sb** jdn aufziehen (**about** wegen +*gen*)
III. *vi* <-gg-> AM *(pej sl)* ■**to ~ on sb** jdn nerven *sl;* *(scold)* auf jdm herumhacken *fam*

rag³ [ræg] *n* Ragtime *m*

raga [ˈrɑːgə] *n* MUS Raga *m*

ragamuffin [ˈrægəˌmʊfɪn] *n (fam or dated)* Dreckspatz *m fam;* ***you little ~*** du kleiner Schmutzfink *fam*

rag and bone man *n* BRIT *(dated)* Lumpensammler *m veraltet* **ragbag I.** *n* Sammelsurium *nt* **II.** *adj attr, inv* **~ collection** bunte Mischung, Sammelsurium *nt* **rag book** *n Bilderbuch mit Stoffseiten* **rag doll** *n* Stoffpuppe *f*

rage [reɪdʒ] **I.** *n* ❶ *no pl (violent anger)* Wut *f,* Zorn *m;* **to react with ~ to sth** wütend auf etw *akk* reagieren; **in ~** wutentbrannt, zornig; ***she screamed at them in ~*** sie schrie sie voller Zorn an
❷ *(fit of anger)* **a towering ~** rasende [*o* unbändige] Wut, Tobsuchtsanfall *m;* **to be in a ~** wütend sein, toben; **to get in a ~** sich *akk* aufregen (**about** über +*akk*)
❸ *(mania)* ***why this sudden ~ for Australian films?*** warum sind australische Filme plötzlich so modern?; **to be [all] the ~** der letzte Schrei sein *fam*
❹ AUS *(fam: lively event)* Knüller *m fam;* ***the party was a ~*** auf der Party ging's echt ab *sl,* das war eine Wahnsinnsparty *sl*
II. *vi* ❶ *(express fury)* toben; ■**to ~ at sb** jdn anschreien; ■**to ~ at sth** sich *akk* über etw *akk* aufregen; ■**to ~ against sth** gegen etw *akk* wettern *fam,* heftig gegen etw *akk* aufbegehren *geh;* ***he ~d against fate*** er haderte heftig mit dem Schicksal *geh*
❷ *(continue violently) argument, debate* toben; *battle, war, storm* toben; *epidemic, fire* wüten; ***the fire is raging through the forest*** die Feuerwand rast durch den Wald; ***a hurricane was raging in the west*** ein Hurrikan fegte über den Westen des Landes

ragga [ˈrægə] *n* Ragga *m (Musikstil, Kombination aus Reggae und Rap)*

raggamuffin [ˈrægəˌmʌfɪn] *n* ❶ *(child)* [schmutziges] Gassenkind
❷ *(person in rags)* Gossenköter *m fig derb,* Vogelscheuche *f fig*
❸ *no pl (music)* Ragamuffin *m*

ragged [ˈrægɪd] *adj* ❶ *(torn) clothes* zerlumpt, zerfetzt, zerissen; *cuffs, hem* ausgefranzt
❷ *(wearing worn clothes) children* zerlumpt; **~ appearance** verlottertes Erscheinungsbild *pej;* **~ tramp** abgerissener Landstreicher
❸ *(jagged)* **~ coastline** zerklüftete Küste; ***the leaves of this plant have ~ edges*** die Blätter dieser Pflanze haben gezackte Ränder; *(irregular)* abgehackt; ***the patient's breathing was ~ and uneven*** der Patient atmete stoßweise und unregelmäßig
❹ *(disorderly) people, group* unorganisiert; *esp in sports* stümperhaft; *rooms* unordentlich; *hair* zottig; ***a ~ line of people*** ein Menschenhaufen
❺ COMPUT ausgefranst
► PHRASES: **to** <u>**run**</u> **sb ~** *(fam)* jdn schlauchen *fam*

raggedly [ˈrægɪdli] *adv* ❶ *(in torn clothes)* abgerissen; ***the old tramp was ~ dressed*** der alte Penner kam völlig zerlumpt daher *fam*
❷ *(in a disorganized manner)* chaotisch
❸ *(irregularly)* unregelmäßig; ***the patient was breathing ~*** der Patient atmete stoßweise

raggedness [ˈrægɪdnəs] *n no pl* ❶ *(torn condition)* Abgerissenheit *f*
❷ *(shaggy appearance)* zerlumptes Aussehen; ***she was shocked by his ~*** sie war schockiert, wie abgerissen er aussah
❸ *(irregularity)* Unregelmäßigkeit *f*
❹ *(disorderliness)* Uneinheitlichkeit *f*

ragged robin *n* Kuckuckslichtnelke *f*

raging [ˈreɪdʒɪŋ] *adj* ❶ GEOG *(flowing fast)* reißend *attr;* ***the rains had turned the stream into a ~ torrent*** die Regenfälle hatten den Bach in einen reißenden Strom verwandelt; **the ~ floodwaters** die reißenden Fluten
❷ *(burning fiercely) fire* lodernd *attr;* **a ~ inferno** ein flammendes Inferno
❸ METEO *(very violent)* tobend *attr;* **a ~ blizzard/gale** ein tobender Schneesturm/Sturm; **the ~ sea** die tosende See; **a ~ storm** ein heftiges Unwetter
❹ *(severe)* rasend; **a ~ fever** wahnsinniges Fieber *fam;* **a ~ headache/toothache** rasende Kopf-/Zahnschmerzen *mpl;* **to have a ~ temperature** sehr hohes Fieber haben; **~ thirst** schrecklicher Durst
❺ *(fam: extreme)* äußerst; **a ~ bore** ein totaler Langweiler *fam;* **a ~ success** ein voller Erfolg

raglan [ˈræglən] *adj inv* ❶ *(material)* Raglan-; **~ sleeve** Raglanärmel *m*
❷ *(with raglan sleeves)* **~ blouse/jacket/pullover** Bluse *f*/Jacke *f*/Pullover *m* mit Raglanärmeln

raglan-sleeved *adj inv* mit Raglanärmeln *nach n*

rag mag *n* BRIT *Studentenzeitung mit oft derben Witzen und Cartoons* **ragman** *n* AM Altwarenhändler *m,* Gebrauchtwarenhändler *m*

ragout [ræg'uː] *n no pl* Ragout *nt;* **~ of veal** Kalbsragout *nt*

rag rug *n* Flickenteppich *m,* Fleckerlteppich *m* SÜDD, ÖSTERR **rags-to-riches** *adj inv* **to tell a ~ story** die Geschichte vom Tellerwäscher erzählen, der zum Millionär wurde **ragtag I.** *n* Pöbel *m kein pl pej,* Gesindel *nt kein pl pej,* das gemeine Volk *kein pl veraltend fam;* **~ and bobtail** Hinz und Kunz *pej fam,* Krethi und Plethi *pej geh* **II.** *adj* pöbelhaft; ***a ~ crowd gathered outside the factory gates*** eine lärmende und pöbelnde Menge sammelte sich vor den Fabriktoren **ragtime I.** *n no pl* Ragtime *m* **II.** *n modifier* (*band, composer, concert*) Ragtime-; ~ **music** Ragtime *m;* ~ **beat** Ragtimerhythmus *m* **rag trade** *n* (*sl*) ■**the** ~ die Fetzenindustrie *pej fam;* ***her dad's in the*** ~ ihr Vater hat irgendwas mit Klamotten zu tun *sl,* ihr Vater ist im Fetzengeschäft *pej fam*

ragwort <*pl* – *or* -s> ['rægwɜːt, AM wɜːrt] *n* BOT [Jakobs]kreuzkraut *nt*

rah-rah ['rɑːrɑː] *adj attr* AM (*fam: showing great enthusiasm*) überschwänglich; (*uncritical*) überenthusiastisch *pej*

raid [reɪd] **I.** *n* ❶ (*military attack*) Angriff *m;* **air/bombing** ~ Luft-/Bombenangriff *m;* **a daring** ~ ein kühner Angriff; **a** ~ **on Belgrade/London** ein Angriff *m* auf Belgrad/London; **to carry out** [*or* **make**] [*or* **stage**] **a** ~ einen Angriff machen
❷ (*robbery*) Überfall *m;* **bank** ~ Banküberfall *m;* **a** ~ **on a post office/security van** ein Überfall *m* auf ein Postamt/einen Geldtransporter; (*fig hum*) ***I'm going to have to make a ~ on my savings*** ich werde mein Sparkonto plündern müssen *hum fam*
❸ (*by police*) Razzia *f*
❹ STOCKEX (*takeover bid*) *Drücken der Kurse durch Aktienverkäufe;* **dawn** ~ aggressives Überraschungsmanöver; **bear** ~ Baissemanöver *nt,* Baissierangriff *m*
II. *vt* ■**to** ~ **sth/sb** ❶ MIL (*attack*) etw/jdn überfallen; (*bomb*) etw/jdn bombardieren; **to** ~ **a town** eine Stadt plündern
❷ (*by police*) eine Razzia in etw *dat*/bei jdm durchführen; ***police ~ed the bar looking for drugs*** die Polizei führte eine Drogenrazzia in einer Bar durch
❸ (*steal from*) etw/jdn ausplündern; (*fig*) **to** ~ **a bank/post office** eine Bank/ein Postamt überfallen; **to** ~ **the fridge/larder/orchard** den Kühlschrank/die Speisekammer/den Obstgarten plündern *hum;* **to** ~ **sb's handbag/purse** jds Handtasche/Geldbörse plündern *hum;* **to** ~ **one's moneybox** [*or* **piggybank**] sein Sparschwein plündern [*o* schlachten] *hum*
III. *vi* ❶ (*steal*) einen Diebstahl begehen; ***during the riots people were looting and ~ing*** während der Aufstände plünderten und stahlen die Menschen
❷ MIL (*make incursions*) einfallen

raider ['reɪdəʳ, AM -ɚ] *n* ❶ (*attacker*) Angreifer(in) *m(f)*
❷ (*robber*) Einbrecher(in) *m(f);* (*bank*) Bankräuber(in) *m(f)*
❸ (*pej*) [**corporate**] ~ Firmenaufkäufer(in) *m(f);* STOCKEX Raider *m,* aggressiver Aktienaufkäufer/aggressive Aktienaufkäuferin (*mit Übernahmeabsicht*)

raiding party *n* Überfallkommando *nt,* Stoßtrupp *m*

rail[1] [reɪl] *vi* ■**to** ~ **against** [*or* **at**] **sth** gegen etw *akk* wettern, über etw *akk* schimpfen

rail[2] [reɪl] *n* (*bird*) Ralle *f*

rail[3] [reɪl] **I.** *n* ❶ *no pl* (*transport system*) Bahn *f;* **by** ~ mit der Bahn, per Bahn
❷ (*railway track*) Schiene *f;* **to leave** [*or* **go off**] [*or* **run off**] **the ~s** entgleisen
❸ (*on stairs*) Geländer *nt;* (*on fence*) Stange *f;* (*on ship*) Reling *f;* ***hold onto the*** ~ halten Sie sich am Geländer fest; ***special ~s for the disabled*** spezielle Haltegriffe für Behinderte
❹ (*to hang things on*) [**hanging**] ~ Halter *m,* Stange *f;* **clothes** ~ Kleiderstange *f;* **curtain** ~ Vorhangstange *f,* Gardinenstange *f;* **picture/towel** ~ Bilder-/Handtuchhalter *m;* **off the** ~ von der Stange; ***I never buy dresses off the*** ~ ich kaufe nie Kleider von der Stange
❺ (*at racecourse*) ■**the** ~**s** Absperrung *f,* Umzäunung *f;* **on the ~s** auf der Außenbahn
► PHRASES: **to get sth back on the ~s** etw wieder in den Griff bekommen *fam;* **to go off the ~s** *people* aus der Bahn geworfen werden; *things* aus den Fugen geraten
II. *n modifier* (*pass, strike, worker*) Bahn-; ~ **ticket** Fahrschein *m;* ~ **travel** Bahnfahrt *f*
◆**rail in** *vt* ■**to** ~ **in** ↔ **sth** etw einzäunen
◆**rail off** *vt* ■**to** ~ **off** ↔ **sth** etw abzäunen [*o* absperren]

railcar ['reɪlkɑːʳ] *n* BRIT RAIL Triebwagen *m* **railcard** *n* BRIT Bahnkarte *f;* **family** ~ Familienpass *m;* **young person's** ~ Juniorenticket *nt* **rail fare** *n* Fahrpreis *m* **rail freight** *n no pl* Bahnfracht *f;* (*load of goods*) Bahntransport *m* **railhead** *n* ❶ (*end of track*) Gleisstutzen *m,* Gleisabschluss *m* ❷ (*depot*) Kopfbahnhof *m*

railing ['reɪlɪŋ] *n* ❶ (*fence*) Geländer *nt;* **iron/wood** ~ Eisen-/Holzgeländer *nt*
❷ (*on a ship*) Reling *f*

raillery ['reɪlᵊri] *n no pl* Necken *nt,* Neckerei *f*

rail link *n* Bahnverbindung *f* **rail network** *n* Bahnnetz *nt,* Schienennetz *nt* **rail passenger** *n* Bahnreisende(r) *f(m)*

railroad I. *n* AM ❶ (*train track*) Schienen *fpl,* Gleise *ntpl;* (*stretch of track*) Strecke *f*
❷ (*railway system*) [Eisen]bahn *f kein pl*
II. *n modifier* AM (*bridge, tunnel*) [Eisen]bahn-; ~ **accident** Eisenbahnunglück *nt;* ~ **worker** Bahnarbeiter(in) *m(f)*
III. *vt* ■**to** ~ **sb** jdn zwingen; ■**to have been ~ed into sth** gezwungen worden sein, etw zu tun; ■**to** ~ **sth** etw durchpeitschen *fig pej fam*

railroad car *n* AM (*for people*) Waggon *m;* (*for goods*) Güterwagen *m* **railroad switch** *n* AM Weiche *f* **railroad tie** *n* AM [Bahn]schwelle *f* **railroad track** *n* Schienen *fpl* **railroad train** *n* Zug *m*

rail system *n* Bahnnetz *nt* **rail traffic** *n no pl* Bahnverkehr *m*

railway ['reɪlweɪ] **I.** *n esp* BRIT ❶ (*train tracks*) Gleise *ntpl,* Schienen *fpl*
❷ (*rail system*) ■**the** ~[**s**] die [Eisen]bahn; ***he worked on the*** ~[***s***] ***for forty years*** er hat vierzig Jahre bei der Bahn gearbeitet; **the trans-continental/Trans-Siberian** ~ die transkontinentale/Transsibirische Eisenbahn
II. *n modifier* (*museum, tunnel*) [Eisen]bahn-; ~ **accident** Eisenbahnunglück *nt;* ~ **worker** Bahnarbeiter(in) *m(f);* ~ **yard** Rangierbahnhof *m,* Verschiebebahnhof *m*

railway bridge *n* ❶ (*carrying railway line*) Eisenbahnbrücke *f* ❷ (*over railway*) Brücke *f* über einen Bahndamm **railway carriage** *n* Personenwagen *m* **railway cutting** *n* Durchstich *m* **railway embankment** *n* Bahndamm *m* **railway engine** *n* Lokomotive *f* **railway line** *n* ❶ (*train track*) Bahnlinie *f* ❷ (*stretch of track*) Bahnstrecke *f,* Bahnabschnitt *m* **railwayman** *n* Eisenbahner *m* **railway porter** *n* Gepäckträger *m* (*bei der Bahn*) **railway station** *n* Bahnhof *m* **railway timetable** *n* Fahrplan *m* **railway track** *n* Gleis *nt* **railway train** *n* Zug *m* **railway truck** *n* Güterwagen *m*

raiment ['reɪmənt] *n no pl* (*old*) Gewand *nt geh*

rain [reɪn] **I.** *n* ❶ *no pl* (*precipitation*) Regen *m;* ~ ***is forecast for tomorrow*** morgen soll es regnen; ~ ***stopped play*** das Spiel wurde wegen Regens abgebrochen; **in case of** ~ falls es regnet; **gentle** [*or* **light**] ~ leichter Regen, Nieselregen *m;* **heavy** ~ heftige [*o* starke] Regenfälle *pl;* **pouring** ~ strömender Regen; **steady** ~ Landregen *m,* Dauerregen *m;* **torrential** ~ sintflutartige Regenfälle *pl;* **in the** ~ im Regen; **to be** [*or* **get**] **caught in the** ~ in den Regen kommen; **out of the** ~ ins Trockene
❷ (*rainy season*) ■**the ~s** *pl* Regenzeit *f*
► PHRASES: **to not have enough sense to come in out of the** ~ strohdumm sein; ~ **before seven, fine before eleven** BRIT (*prov*) heut' Regen, morgen Sonnenschein; **come** ~ **or shine** bei jedem Wetter, ob's regnet oder schneit *fig,* was auch geschieht
II. *n modifier* (*cloud, shower, water*) Regen-
III. *vi impers* regnen; ***it's ~ing heavily*** es gießt in Strömen
► PHRASES: **to** ~ **cats and dogs** (*fam*) [wie aus Kübeln] gießen *fam,* [wie aus Eimern] schütten *fam*
IV. *vt* (*fig*) ■**to** ~ **sth on sb** jdn mit etw *dat* überhäufen *fig,* überschütten; ***he ~ed blows on him*** er ließ die Schläge nur so auf ihn niederprasseln; **to** ~ **abuse on sb** jdn mit Beschimpfungen überhäufen
◆**rain down I.** *vi* hinabregnen; ***bombs and shells ~ed down on the city*** ein wahrer Bomben- und Granatenhagel ging auf die Stadt nieder
II. *vt* (*fig*) ■**to** ~ **down** ↔ **sth on sb** etw auf jdn niederprasseln lassen *fig;* ***he ~ed blows down on him*** er ließ die Schläge auf ihn niederprasseln; **to** ~ **down questions on sb** jdn mit Fragen überhäufen
◆**rain off** BRIT, **rain out** *vt passive* AM ■**to be ~ed off** [*or* **out**] wegen Regens abgesagt werden

rainbow ['reɪnbəʊ, AM -boʊ] **I.** *n* Regenbogen *m;* **to shimmer with** [**all**] **the colours** [*or* AM **colors**] **of the** ~ in allen Regenbogenfarben schillern
II. *n modifier* (*colours*) Regenbogen-; ~ **assortment** bunte Auswahl, breite Palette

rainbow coalition *n ein Bündnis verschiedener Minderheitengruppierungen* **rainbow trout** *n* Regenbogenforelle *f*

rain check *n esp* AM ❶ (*fam*) **to take a** ~ **on sth** später auf etw *akk* zurückkommen, etw verschieben ❷ SPORTS *Ersatzticket für Sportveranstaltungen, die wegen Regen abgesagt werden müssen* ❸ COMM (*dated*) *Gutschein für ausverkaufte, reduzierte Waren* **rain cloud** *n* Regenwolke *f* **raincoat** *n* Regenmantel *m* **raindrop** *n* Regentropfen *m* **rainfall** *n no pl* ❶ (*period of rain*) Niederschlag *m;* **heavy/light** ~ starke/leichte Niederschläge *pl* ❷ (*quantity of rain*) Niederschlagsmenge *f;* **the average** ~ die durchschnittliche Niederschlagsmenge; **high/low** ~ hoher/geringer Niederschlag **rain forest** *n* Regenwald *m;* **tropical** ~ tropischer Regenwald **rain gage** AM, **rain gauge** *n* Regenmesser *m*

raininess ['reɪnɪnəs] *n no pl* Regenwetter *nt*

rainless ['reɪnləs] *adj inv* niederschlagsfrei, ohne Regen *nach n*

rainout *n* ❶ AM (*cancellation*) *Ausfall einer Veranstaltung wegen Regen* ❷ (*fallout*) radioaktiver Niederschlag **rainproof** *adj* wasserdicht; ~ **coat/hat** Wasser abweisender Mantel/Hut **rainstorm** *n* starke Regenfälle *pl* **rainswept** *adj* regengepeitscht

rainy ['reɪni] *adj* regnerisch; **a** ~ **day** ein verregneter Tag; (*fig*) schlechte Zeiten *pl;* ~ **weather** Regenwetter *nt;* **a** ~ **week** eine verregnete Woche

raise [reɪz] **I.** *n* AM, AUS (*rise*) Gehaltserhöhung *f,* Lohnerhöhung *f*
II. *vt* ❶ (*lift*) ■**to** ~ **sth** etw heben; **to** ~ **an anchor** einen Anker lichten; **to** ~ **one's arm/hand/leg** den Arm/die Hand/das Bein heben; **to** ~ **the baton** den Taktstock heben; **to** ~ **the blinds/the window shade** die Jalousien/das Springrollo hochziehen; **to** ~ **one's eyebrows** die Augenbrauen hochziehen; **to** ~ **one's eyes** die Augen erheben *geh,* aufblicken, hochblicken; **to** ~ **one's fist to sb** die Faust gegen jdn erheben; **to** ~ **a flag/a sail** eine Flagge/ein Segel hissen; **to** ~ **the glass** das Glas erheben; **to** ~ [**up**] **a ship** ein Schiff heben
❷ (*cause to rise*) **to** ~ **a drawbridge** eine Zugbrücke hochziehen; **to** ~ **the landing gear** AVIAT das Fahrgestell einfahren
❸ (*rouse*) ■**to** ~ **sb** jdn [auf]wecken; **to** ~ **sb from the dead** jdn wieder zum Leben erwecken
❹ (*stir up*) **to** ~ **dust** Staub aufwirbeln
❺ (*increase*) ■**to** ~ **sth** etw erhöhen; ***press this button to ~ the volume*** drücken Sie auf diesen Knopf, wenn Sie lauter stellen möchten; **to** ~ **sb's awareness** jds Bewusstsein schärfen; **to** ~ **public awareness** [*or* **consciousness of the masses**] das öffentliche Bewusstsein schärfen; **to** ~ **oneself to one's full height** sich *akk* zu seiner vollen Größe aufrichten; **to** ~ **the speed limit** das Tempolimit erhöhen; **to** ~ **one's voice** seine Stimme erheben; (*speak louder*) lauter sprechen
❻ (*in gambling*) ***I'll ~ you*** ich erhöhe den Einsatz [*o* [gehe mit und] erhöhe]; ***I'll ~ you $50*** ich erhöhe Ihren Einsatz um 50 Dollar
❼ MATH **to** ~ **sth to the power of ten** etw hoch

R

zehn nehmen; ***ten ~d to the power of six*** zehn hoch sechs

❽ (*improve*) ■**to ~ sth** etw anheben; **to ~ the morale** die Moral heben; **to ~ the quality** die Qualität verbessern; **to ~ sb's spirits** jdm Mut machen; **to ~ the standard** einen höheren Maßstab anlegen; **to ~ the tone** *esp* BRIT (*hum*) das Niveau heben

❾ (*promote*) **to ~ sb to the peerage** jdn in den Adelsstand erheben; **to ~ sb in rank** jdn befördern

❿ (*arouse*) ■**to ~ sth** etw auslösen; **to ~ a cheer/a laugh/a murmur** Jubel/Gelächter/Gemurmel hervorrufen; ***the announcement ~d a cheer*** die Ankündigung wurde mit lautem Jubel begrüßt; ***Joe couldn't ~ a laugh in the audience*** Joe konnte das Publikum nicht zum Lachen bringen; **to ~ a commotion** Unruhe verursachen; **to ~ doubts** Zweifel aufkommen lassen [*o* wecken]; **to ~ fears** Ängste auslösen [*o* hervorrufen]; **to ~ havoc** ein Chaos anrichten; ***this scheme will ~ havoc with the staff*** dieser Plan wird zu einem Aufruhr unter den Angestellten führen; **to ~ hopes** Hoffnungen wecken; ***don't ~ your hopes too high*** mach dir nicht allzu große Hoffnungen; **to ~ a ruckus** zu Krawallen [*o* Ausschreitungen] führen; **to ~ a rumpus** (*fam*) Krach schlagen *fam;* **to ~ suspicions** Verdacht erregen; ***our suspicions were ~d*** wir schöpften Verdacht; **to ~ welts** Striemen hinterlassen

⓫ (*moot*) ■**to ~ sth** etw vorbringen; ***I want to ~ two problems with you*** ich möchte zwei Probleme mit Ihnen erörtern; **to ~ an issue/a question** ein Thema/eine Frage aufwerfen; **to ~ an objection** *also* LAW einen Einwand erheben

⓬ (*to write out*) **to ~ an invoice** eine Rechnung ausstellen

⓭ FIN ■**to ~ sth** etw beschaffen; **to ~ capital/money** Kapital/Geld aufbringen [*o fam* auftreiben]; **to ~ funds for charities** Spenden für wohltätige Zwecke sammeln

⓮ (*form: erect*) **to ~ a building/a monument** ein Gebäude/ein Monument errichten

⓯ (*bring up*) **to ~ children** Kinder aufziehen [*o* großziehen]; ***she was ~d by her grandparents*** sie wuchs bei ihren Großeltern auf

⓰ *esp* AM **to ~ animals** (*breed*) Tiere züchten; (*look after*) Tiere aufziehen; **to ~ an animal by hand** ein Tier mit der Flasche aufziehen; **to ~ livestock** Vieh züchten, Viehzucht betreiben

⓱ AGR ■**to ~ sth** *crops* etw anbauen

⓲ (*end*) **to ~ an embargo/sanctions/the siege** ein Embargo/Sanktionen/die Belagerung aufheben

⓳ (*contact*) ■**to ~ sb** (*by telephone*) jdn [telefonisch] erreichen; (*by radio*) jdn [über Funk] erreichen

► PHRASES: **to ~ Cain** [*or* **hell**] (*fam*) Krach schlagen *fam;* **to ~ eyebrows** einiges Erstaunen hervorrufen; **to ~ the roof** ausrasten *sl;* ***the audience ~d the roof*** das Publikum tobte vor Begeisterung

raisin ['reɪzɪn] *n* Rosine *f*

raising agent *n* Treibmittel *nt,* Backtriebmittel *nt*

raison d'être <*pl* raisons d'etre> [ˌreɪzɔ̃(n)'deɪtr(ə), AM -zoʊn'det] *n* Daseinsberechtigung *f*

Raj [rɑːʒ] *n no pl* ■**the** [**British**] **~** *die britische Kolonialzeit in Indien*

rajah ['rɑːdʒə] *n* Radscha *m*

rake [reɪk] **I.** *n* ❶ (*garden tool*) Harke *f,* Rechen *m;* **garden ~** Rechen *m;* **lawn** [*or* **grass**] **~** Laubrechen *m;* **steel ~** Stahlrechen *m;* **wooden ~** Holzrechen *m;* **bug-~, flea-~** (*fig sl*) Kamm *m*

❷ (*incline*) Neigung *f*

❸ (*pej: dissolute man*) Lebemann *m,* Windhund *m pej*

II. *vt* ❶ (*treat*) **to ~ the soil** den Boden harken [*o* lockern]

❷ (*gather up*) ■**to ~ sth** etw [zusammen]rechen; **to ~ leaves/the lawn** Laub/den Rasen rechen

❸ (*sweep*) ■**to ~ sth** *with the eyes* etw durchstreifen; *with gunfire* etw beharken; *with a searchlight* etw absuchen

❹ (*comb*) **to ~ one's fingers through one's hair** sich *dat* mit den Fingern durchs Haar fahren

III. *vi* ■**to ~ through sth** etw durchsuchen; **to ~ through a cupboard** einen Schrank durchsuchen; **to ~ through a pile of washing** einen Wäscheberg durchwühlen

◆**rake about, rake around** *vi* ■**to ~ about** [*or* **around**] **in sth** in etw *dat* herumstöbern; **to ~ about** [*or* **around**] **in a drawer** eine Schublade durchwühlen

◆**rake in** *vt* ❶ (*work in*) ■**to ~ in** ○ **sth** etw rechen; ***spread the seed thinly and ~ it in lightly*** streuen Sie die Saat dünn aus und mischen Sie sie dann mit dem Rechen leicht unter das Erdreich

❷ (*fam: of money*) ■**to ~ in** ○ **sth** etw zusammenbringen, etw kassieren *fam* [*o pej* einstreichen]; **to ~ it in** [*or* **in cash**] Geld scheffeln *fam*

◆**rake out** *vt* ■**to ~ sth** ○ **out** etw herausholen [*o fam* herauskramen]

◆**rake over** *vt* ■**to ~ sth** ○ **over** ❶ (*treat*) etw harken

❷ (*fig: revive*) etw aufwühlen *fig;* **to keep raking over sth** immer wieder mit etw *dat* anfangen

► PHRASES: **to ~ over the ashes** [*or* [**old**] **coals**] BRIT alte Geschichten wieder ausgraben; **to ~ sb over the coals** AM jdn regelrecht runterputzen *fam*

◆**rake up** *vt* ■**to ~ up** ○ **sth** ❶ (*gather up*) etw zusammenrechen; (*fig*) etw einstreichen; **to ~ up the leaves** das Laub zusammenrechen

❷ (*fig: revive*) etw aufwärmen *fam;* ***she's always raking up the past*** ständig muss sie die alten Geschichten wieder aufwärmen; **to ~ up a quarrel** einen Streit schüren

❸ (*get together*) ***see if you can ~ up a few costumes for the carnival*** sieh zu, ob du ein paar Faschingskostüme auftreiben kannst; **to ~ up a few people** ein paar Leute zusammentrommeln *fam*

raked [reɪkt] *adj inv* geneigt, mit einer Schräge *nach n;* **~ funnel/mast** schräger Schornstein/Mast; **a steeply ~ ramp** eine steil ansteigende Rampe

rake-off ['reɪkɒf, AM -ɑːf] *n* (*fam*) Anteil *m; esp* ECON Provision *f*

rakish ['reɪkɪʃ] *adj* ❶ (*jaunty*) flott, keck, frech; ***he wore his hat at a ~ angle*** er hatte seinen Hut frech aufgesetzt

❷ (*dissolute*) ausschweifend; **~ behaviour** freizügiges Verhalten; **~ charm** verwegener Charme

rakishly ['reɪkɪʃli] *adv* ❶ (*dissolutely*) ausschweifend; ***he lived ~*** er war ein richtiger Lebemann

❷ (*jauntily*) flott, keck; **to tip one's hat ~ to one side** seinen Hut frech zur Seite hin aufsetzen

rakishness ['reɪkɪʃnəs] *n no pl* ❶ (*dissoluteness*) ausschweifendes Verhalten

❷ (*jauntiness*) Verwegenheit *f*

rally ['ræli] **I.** *n* ❶ (*motor race*) Rallye *f;* **the Paris-Dakar ~** die Rallye Paris-Dakar

❷ SPORTS (*in tennis*) Ballwechsel *m*

❸ (*meeting*) [Massen]versammlung *f,* Treffen *nt,* Zusammenkunft *f;* **vintage car ~** Oldtimertreffen *nt;* **county ~** Bezirkstreffen *nt;* **a ~ of 2000 people** eine Versammlung von 2000 Menschen; **Scout ~** Pfadfindertreffen *nt;* **annual ~** Jahrestreffen *nt;* **election ~** Wahlversammlung *f;* **peace ~** Friedenskundgebung *f;* **to hold a ~** [**against sth**] eine Kundgebung [gegen etw *akk*] abhalten; **to stage a ~** eine Kundgebung abhalten

❹ ECON (*recovery*) Erholung *f;* (*increase in value*) Aufschwung *m*

II. *vt* <-ie-> ■**to ~ sth** etw sammeln; **to ~ forces/troops** Streitkräfte/Truppen sammeln; **to ~ support** Unterstützung gewinnen; **to ~ supporters** Anhänger mobilisieren; ■**to ~ sb against/in favour** [*or* AM **favor**] **of sth** jdn gegen/für etw *akk* mobilisieren; ■**to ~ sb around** [*or* **round**] **sb** jdn um jdn scharen; ***father's death rallied the family around mother*** nach Vaters Tod scharte sich die Familie um Mutter

III. *vi* <-ie-> ❶ (*support*) ■**to ~ behind** [*or* **to**] **sb** sich *akk* geschlossen hinter jdn stellen; ■**to ~ round sb** sich *akk* jds annehmen, sich *akk* um jdn kümmern; **to ~ around the flag** Patriotismus [*o* sich patriotisch] zeigen

❷ MED sich *akk* erholen; SPORTS sich *akk* fangen *fam;* FIN, STOCKEX sich *akk* erholen, anziehen

rally-cross *n no pl* BRIT Crossrallye *nt* **rally driver** *n* Rallyefahrer(in) *m(f)*

rallying call *n,* **rallying cry** *n* (*also fig*) Schlachtruf *m*

ralph [rælf] *n no pl* AM (*sl: vomit*) Kotze *f derb*

RAM [ræm] *n* COMPUT *acr for* **Random Access Memory** RAM *m o nt,* Direktzugriffsspeicher *m*

ram [ræm] **I.** *n* ❶ (*implement*) Rammbock *m,* Ramme *f;* **battering ~** Sturmbock *m,* Rammbock *m*

❷ TECH Presskolben *m,* Stoßheber *m*

❸ (*sheep*) Widder *m,* Schafbock *m*

❹ ASTROL **the sign of the ~** das Sternzeichen Widder

II. *vt* <-mm-> ❶ (*hit*) ■**to ~ sth** etw rammen

❷ (*push in*) ■**to ~ sth into sth** ***he ~med the sweets into his mouth*** er stopfte sich die Süßigkeiten in den Mund; ■**to ~ sth into sb** (*fig*) jdm etw eintrichtern *fig fam* [*o* einschärfen]; ***it's time someone ~med a bit of sense into you*** es ist höchste Zeit, dass dir mal jemand Vernunft beibringt

❸ (*push down*) **to ~ down the soil** den Boden feststampfen

❹ (*slam in*) **to ~ sth home** *bolt* etw zuknallen; **to ~ sth home to sb** jdm etw deutlich vor Augen führen; **to ~ one's point home** seinen Standpunkt [mit Vehemenz] klar machen

► PHRASES: **to ~ sth down sb's throat** jdm etw eintrichtern *fig fam;* ***his mother is always ~ming his failed marriage down his throat*** seine Mutter hält ihm andauernd seine verkorkste Ehe vor

III. *vi* <-mm-> ■**to ~ into sth** gegen etw *akk* prallen; (*with car also*) gegen etw *akk* fahren

◆**ram in** *vt* ■**to ~ sth** ○ **in** etw hineinzwängen [*o fam* reinquetschen]

◆**ram through** *vt* (*fam*) ■**to ~ sth** ○ **through** *proposal* etw durchdrücken [*o* durchboxen] *fam*

Ramadan [ˌræmə'dæn, AM -'dɑːn] *n no pl* Ramadan *m*

ramble ['ræmbl̩] **I.** *n* Wanderung *f,* Spaziergang *m;* **to go for a ~** eine Wanderung [*o* einen Spaziergang] machen

II. *vi* ❶ (*walk*) wandern, umherstreifen (**through** durch +*akk*); **to go rambling** einen Spaziergang machen

❷ (*spread*) sich *akk* ranken, klettern

❸ (*meander*) *stream* sich *akk* winden [*o* schlängeln]

❹ (*be incoherent*) faseln *fam,* unzusammenhängendes Zeug reden *pej;* (*be too detailed*) vom Hundertsten ins Tausendste kommen; ***sorry, I'm rambling — let me get back to the point*** Verzeihung, ich schweife ab – lassen Sie mich wieder zurück zum Thema kommen

◆**ramble on** *vi* schwafeln *fam;* ■**to ~ on about sth** etw stundenlang erzählen

rambler ['ræmbləʳ, AM -ɚ] *n* ❶ (*walker*) Wanderer(in) *m(f)*

❷ HORT, BOT (*rose*) Kletterrose *f*

❸ (*incoherent talker*) Schwafler(in) *m(f) fam*

rambling ['ræmblɪŋ] **I.** *n* ■**~s** *pl* Gefasel *nt kein pl pej*

II. *adj* ❶ (*sprawling*) *building* weitläufig

❷ BOT, HORT rankend *attr,* Kletter-; **a ~ plant** eine Kletterpflanze

❸ (*incoherent*) unzusammenhängend, zusammenhanglos; **a rather ~ discussion** eine ziemlich zusammenhanglose Diskussion; **a ~ letter** ein unzusammenhängender Brief; **~ talk** unsinniges Gefasel *fam*

Rambo ['ræmbəʊ, AM -boʊ] *n* Rambo *m fam*

Ramboesque [ˌræmbəʊ'esk, AM -boʊ'-] *adj* rambohaft *fam,* wie Rambo *nach n*

rambunctious [ræm'bʌŋ(k)ʃəs] *adj esp* AM (*fam*) lärmend *attr; character* plump *pej; horse* wild

ramekin ['ræmɪkɪn, AM -mə-] *n* [kleine] Auflaufform

ramen ['rɑːmen] *n no pl* (*Japanese noodles*) Ramen-Nudeln *fpl*

ram extrusion *n* TECH Sinterextrusion *f fachspr*

ramification [ˌræmɪfɪ'keɪʃᵊn] *n usu pl* (*conse-*

quences) Auswirkung *f*, Konsequenz *f*; (*subdivision of a structure*) Verzweigung *f*; ***have you considered the ~s of your suggestion?*** haben Sie alle möglichen Konsequenzen Ihres Vorschlags bedacht?
ramify <-ie-> ['ræmɪfaɪ] *vi* sich *akk* verzweigen
ramp [ræmp] *n* ① (*slope*) Rampe *f*; AVIAT Gangway *f* ② BRIT (*speed deterrent*) Schwelle *f*, Bodenwelle *f* ③ AM (*slip road*) Auffahrt *f*, Ausfahrt *f* ④ ECON Schieberei *f*, Schiebergeschäft *nt*
rampage I. *n* ['ræmpeɪdʒ] Randale *f*, Ausschreitungen *fpl*; **to go on a ~** Randale machen, randalieren; **on the ~** angriffsbereit, angriffslustig
II. *vi* [ræm'peɪdʒ] randalieren, wüten; ***the demonstrators ~d through the town*** die Demonstranten zogen randalierend durch die Stadt
rampaging [ræm'peɪdʒɪŋ] *adj inv* tobend *attr*; *mob* randalierend *attr*; (*fig*) grassierend *attr*, rasch um sich greifend; **~ inflation** galoppierende Inflation
rampant ['ræmpənt] *adj* ① (*unrestrained*) ungezügelt; **~ inflation** galoppierende Inflation; **~ nationalism/racism** zügelloser Nationalismus/Rassismus; **to encounter ~ prejudice** sich *akk* mit zahllosen [*o* unzähligen] Vorurteilen konfrontiert sehen
② (*spreading*) ■**to be ~** grassieren, um sich *akk* greifen
③ *inv, after n* (*rearing*) sprungbereit; **a lion ~** ein [drohend] aufgerichteter Löwe
rampart ['ræmpɑːt, AM -pɑːrt] *n* [Schutz]wall *m*, Befestigungswall *m*; **earth ~** Erdwall *m*
ram-raid BRIT I. *n Einbruch, bei dem die Schaufensterscheibe eines Geschäfts mit einem Auto zertrümmert wird* II. *vt* ■**to ~ sth** *mit einem Auto die Schaufenster eines Geschäfts zertrümmern und anschließend das Geschäft ausrauben* **ram-raider** *n* BRIT *Dieb, der bei einem Einbruch ein Auto als Rammbock einsetzt* **ramrod** *n* Ladestock *m*; ***he stood as stiff as a ~*** er stand so steif da, als hätte er einen Besenstiel verschluckt; **to stand ~-stiff** [*or* **-straight**] in Hab-Acht-Stellung stehen **ramshackle** ['ræm,ʃækl] *adj* ① (*dilapidated*) klapp[e]rig, wackelig; *building* baufällig ② (*fig pej: disorganized*) chaotisch, systemlos
ran [ræn] *pt of* **run**
ranch [rɑːn(t)ʃ, AM ræntʃ] I. *n* <*pl* -es> Farm *f*; **cattle ~** Rinderfarm *f*; **sheep ~** Schaffarm *f*
II. *n modifier* Farm-; **~ hand** Farmarbeiter(in) *m(f)*; **~ mink** Zuchtnerz *m*
III. *vi* Viehwirtschaft treiben
IV. *vt* **to ~ cattle** Rinder züchten; **to ~ mink** Nerze züchten; **to ~ salmon** Lachse züchten, eine Lachszucht betreiben
rancher ['rɑːn(t)ʃəʳ, AM 'ræntʃə˞] *n* ① (*ranch owner*) Viehzüchter(in) *m(f)*
② (*ranch worker*) Farmarbeiter(in) *m(f)*
ranch house *n* ① (*farm house*) Farmhaus *nt*
② AM (*one-level house*) Bungalow *m*
ranching ['rɑːn(t)ʃɪŋ, AM 'ræntʃ-] *n no pl, no art* Viehwirtschaft *f*
ranch-style house *n* AM Bungalow *m*
rancid ['ræn(t)sɪd] *adj* ranzig; **to go ~** ranzig werden
rancor *n* AM, AUS *see* **rancour**
rancorous ['ræŋkᵊrəs] *adj* bitter; **a ~ dispute/feud** eine bittere Auseinandersetzung/Fehde; **a ~ quarrel** ein erbitterter Streit; **a ~ tone** ein giftiger [*o* bösartiger] Ton
rancour ['ræŋkəʳ], AM **rancor** [-ə˞] *n no pl* (*bitterness*) Verbitterung *f*, Groll *m* (**towards** gegenüber +*dat*); (*hatred*) Hass *m*
rand [rænd] *n* FIN Rand *m*
R and B *n abbrev of* **rhythm and blues** R & B *m*
R and D *n abbrev of* **research and development** Forschung *f* und Entwicklung *f*
randiness ['rændɪnəs] *n no pl* (*fam*) Geilheit *f fam*
random ['rændəm] I. *n no pl* ① (*aimlessly*) **at ~** willkürlich, wahllos; **to choose at ~** auf Gutglück wählen; **to open a book at ~** ein Buch irgendwo aufschlagen; **to talk at ~** irgendetwas daherreden, einfach drauflosreden *fam*; **to wander at ~ through the streets** ziellos durch die Straßen wandern
② (*by chance*) **at ~** zufällig, per Zufallsprinzip
II. *adj* zufällig, wahllos; **a ~ choice of sth** eine willkürliche Auswahl an [*o* von] etw *dat*; **a ~ sample** eine Stichprobe; **a ~ selection** eine willkürliche Auswahl; ***we asked a ~ selection of people what they thought*** wir fragten irgendwelche x-beliebigen Leute nach ihrer Meinung
random breath test *n* AUS [stichprobenartig durchgeführter] Alkoholtest (*bei Autofahrern*) **random error** *n* unvorhersehbarer Fehler; *esp* ECON Zufallsfehler *m*
randomly ['rændəmli] *adv* zufällig, wahllos, willkürlich; **~ chosen/selected** zufällig gewählt/ausgesucht; **~ variable** beliebig veränderbar
R & R [,ɑːrən(d)'ɑːr] *n no pl* AM MIL *abbrev of* **rest and recuperation** Ruhe und Erholung
R and R ① AM (*fam*) *abbrev of* **rest and recreation** Spaß *m* und Spiel *nt*; MIL Diensturlaub *m* für Armeeangehörige
② *abbrev of* **rock and roll**
③ MED *abbrev of* **rescue and resuscitation** Bergung und Wiederbelebung
randy ['rændi] *adj* (*fam*) geil *fam*; **to feel ~** scharf sein *fam*
ranee *n see* **rani**
rang [ræŋ] *pt of* **ring**
range¹ [reɪndʒ] I. *n* ① *no pl* (*limit*) Reichweite *f*; (*area*) Bereich *m*; ***that is beyond my price ~*** das übersteigt meine finanziellen Möglichkeiten; **to be out of ~** außer Reichweite sein; **to be beyond** [*or* **out of**] [*or* **outside**] **sb's ~ of competence/experience** außerhalb jds Kompetenz-/Erfahrungsbereiches liegen; **hearing ~** Hörweite *f*; TECH Tragweite *f* des Tons; **to be beyond** [*or* **out of**] [*or* **outside**]**/in sb's ~ of hearing** für jdn außer/in Hörweite sein; **~ of knowledge** Wissensgebiet *nt*; *of a specialist* Fachgebiet *nt*; **temperature ~** Temperaturbereich *m*; **narrow ~** enger Spielraum; ***the value of sterling fluctuated within a narrow ~ yesterday*** der Wert des englischen Pfundes war gestern geringfügigen Schwankungen unterworfen
② (*series of things*) Reihe *f*; **narrow/wide ~ of sth** kleine/große Auswahl an etw *dat*; **a wide ~ of opinions** eine große Meinungsvielfalt
③ (*selection*) Angebot *nt*, Sortiment *nt*; ***our full ~ of cars is on display in our showroom*** die ganze Palette unserer Automodelle ist in unserem Ausstellungsraum zu sehen; **autumn** [*or* AM **fall**]**/spring ~** Herbst-/Frühjahrskollektion *f*
④ MUS *of a voice* Stimmumfang *m*; *of an instrument* Tonumfang *m*
⑤ (*distance*) Entfernung *f*; *of a gun* Schussweite *f*; *of a missile* Reichweite *f*; ***you can't miss the target at this close ~*** auf diese geringe Entfernung kannst du das Ziel nicht verfehlen; **at point-blank ~** aus [aller]nächster Nähe; **out of/within ~** außer/in Schussweite
⑥ MIL (*practice area*) **firing** [*or* **shooting**] **~** Schießplatz *m*; **missile ~** Raketenbasis *f*; **rifle ~** Schießstand *m*
⑦ COMPUT Wertebereich *m*
II. *vi* ① (*vary*) schwanken; *temperature, price* sich *akk* bewegen, schwanken; ***dress sizes ~ from petite to extra large*** die Kleidergrößen gehen von S bis XL *fam*
② (*roam*) umherstreifen, umherschweifen *geh*; ***the walkers ~ through the hills all day*** die Spaziergänger wandern den ganzen Tag in den Bergen
③ (*deal with*) ■**to ~ over sth** *discussion* sich *akk* auf etw *akk* erstrecken; ■**to ~ from sth to sth** von etw *dat* bis etw *dat* reichen; **a wide-ranging investigation** eine umfassende Ermittlung; **a wide-ranging survey** eine breit angelegte Umfrage
III. *vt* ① (*arrange*) ■**to ~ sb** jdn in Reih und Glied aufstellen; ■**to ~ oneself** sich *akk* aufreihen [*o* aufstellen]; ***the crowd ~ed itself along the route of the procession*** die Menschenmenge reihte sich entlang des Prozessionsweges auf; ■**to ~ oneself with sb** (*fig*) sich *akk* auf jds Seite schlagen *fam*; ■**to ~ sb against sth** (*fig*) jdn gegen etw *akk* aufwiegeln [*o* aufbringen]
② (*count among*) ■**to ~ sb among** [*or* **with**] **sth** jdn zu etw *dat* zählen
③ COMPUT ■**to ~ sth** etw ausrichten [*o* verschieben]
range² [reɪndʒ] *n* ① GEOG (*of mountains*) Hügelkette *f*, Bergkette *f*
② AM (*pasture*) Weide *f*, Weideland *nt*
range³ [reɪndʒ] *n* [Koch]herd *m*; **kitchen ~** Küchenherd *m*
-range [reɪndʒ] *in compounds* (*of distance*) **long-~** Langstrecken-; **medium-~** Mittelstrecken-; **short-~** Kurzstrecken-; (*of time*) **short-/medium-/long-~ weather forecast** die Wettervorhersage für heute und morgen/für die nächsten Tage/für die nächste Zeit
ranged [reɪndʒd] *adj* ■**to be ~d against sb/sth** gegen jdn/etw [ein]gestellt sein; ***on really bad days, it seems like everything is ~d against you*** an schwarzen Tagen sieht es manchmal so aus, als hätte man die ganze Welt gegen sich
range finder *n* Entfernungsmesser *m*
rangeland *n* AM offenes Grasland
ranger ['reɪndʒəʳ, AM -ə˞] *n* Aufseher(in) *m(f)*; AM (*mounted soldier*) Ranger(in) *m(f)*; BRIT (*Girl Guide*) Pfadfinderin *f*; **forest ~** Förster(in) *m(f)*; **park ~** Parkaufseher(in) *m(f)*
Ranger Guide *n* Pfadfinderin *f*
rangy ['reɪndʒi] *adj* hoch aufgeschossen, hoch gewachsen
rani ['rɑːniː] *n* ① (*ruler*) Rani *f*
② (*raja's wife*) Rani *f*
rank¹ [ræŋk] I. *n* ① *no pl* POL (*position*) Position *f*, [hohe [*o* leitende]] Stellung; **to pull ~** den Vorgesetzten herauskehren *fam*; POL Rang *m*; **a top ~ of government** ein Spitzenposten *m* in der Regierung
② MIL Dienstgrad *m*, Rang *m*; ■**the ~s** *pl* (*non-officers*) einfache Soldaten *mpl*; **to close ~s** die Reihen schließen; (*fig*) sich *akk* zusammenschließen; **to join the ~s** in die Armee eintreten; **to join the ~s of sth** sich *akk* in etw *akk* einreihen; ***John has joined the ~s of the unemployed*** John ist dem Heer der Arbeitslosen beigetreten; **to be promoted to the ~ of captain** zum Hauptmann befördert werden; **to rise from** [*or* **through**] **the ~s** sich *akk* zum Offizier hochdienen; (*fig*) sich *akk* hocharbeiten
③ (*membership*) ■**the ~s** Mitglieder *ntpl*; ***there is great concern about safety among the ~s of racing drivers*** unter Rennfahrern herrscht große Sorge über die Sicherheit; **party ~s** Parteimitglieder *ntpl*
④ (*row*) Reihe *f*; **cab** [*or* **taxi**] **~** Taxistand *m*; **the front ~ of sth** die vorderste Reihe einer S. *gen*; **serried ~s of sth** ganze Reihen von etw *dat*
II. *adj attr, inv* (*absolute*) absolut, ausgesprochen; **a ~ amateur** ein absoluter Amateur; **a ~ beginner** ein blutiger Anfänger/eine blutige Anfängerin; **~ cowardice** reine Feigheit; **~ injustice** zum Himmel schreiende Ungerechtigkeit; **~ insubordination** pure Aufsässigkeit; MIL schiere Gehorsamsverweigerung; **~ negligence** extreme Vernachlässigung; **a ~ novice** ein absoluter Neuling; **a ~ outsider** ein totaler Außenseiter/eine totale Außenseiterin; **~ stupidity** reine [*o* schiere] Dummheit
III. *vi* ① (*hold a position*) ■**to ~ above sb** einen höheren Rang als jd einnehmen, im Rang über jdm stehen
② (*be classified as*) ***he currently ~s second in the world as a tennis player*** er steht derzeit als Tennisspieler auf Platz zwei der Weltrangliste; ***she ~s among the theatre's greatest actors*** sie gehört mit zu den größten Theaterschauspielern
IV. *vt* ① (*classify*) ■**to ~ sth/sb** jdn/etw einstufen; ■**to ~ sb among sb/sth** jdn zu jdm/etw zählen; ■**to ~ sb/sth alongside sb/sth** jdn/etw auf die gleiche Stufe mit jdm/etw stellen
② (*arrange*) ■**to ~ sth** etw anordnen; **to ~ sb/sth in order of size** jdn/etw der Größe nach aufstellen
rank² [ræŋk] *adj* ① (*growing thickly*) *of a plant* üppig wuchernd, wild wachsend
② (*overgrown*) verwildert, überwuchert
③ (*rancid*) stinkend *attr*; ■**to be ~ with sth** nach etw *dat* stinken; ***his body was ~ with sweat*** er stank nach Schweiß; **~ smell/odour** [*or* AM **odor**]

R

übler Geruch/Gestank

rank and file I. *n* ① (*non-officers*) einfache Soldaten *pl*
② (*non-leaders*) Basis *f*, das einfache Volk *hum fam; of a party* [Partei]basis *f*
II. *n modifier* einfache(r, s); ~ **citizens** einfache Bürger, Menschen wie du und ich *fam;* ~ **workers** einfache Arbeiter

ranker ['ræŋkəʳ, AM ɚ] *n* BRIT MIL ① (*officer*) Fachoffizier *m*
② (*soldier*) einfacher Soldat

ranking officer *n* AM ranghoher Offizier **ranking order** *n* ① (*classification*) Rangordnung *f; of preference* Beliebtheitsskala *f* ② (*scale of importance*) Rangordnung *f*, Hierarchie *f*

rankle ['ræŋkl] *vi* ■**to** ~ **with sb** jdm zu schaffen machen, jdn wurmen *fam;* ■**it** ~**s that …** es tut weh, dass …, es geht jdm nach, dass …

rankness ['ræŋknəs] *n no pl* ① (*growth*) Üppigkeit *f;* **the** ~ **of the vegetation** das üppige [Pflanzen]wachstum
② (*smell*) ranziger Geruch

rank order *n* ① (*classification*) Rangordnung *f;* (*fig*) Beliebtheitsgrad *m*
② (*scale of importance*) Rangordnung *f*, Hierarchie *f*

ransack ['rænsæk] *vt* ① (*search*) ■**to** ~ **sth** *cupboard* etw durchwühlen
② (*plunder*) ■**to** ~ **sth** etw plündern; (*rob*) etw ausrauben; (*also fig hum*) über etw *akk* herfallen *fam*, etw plündern *fig*

ransom ['ræn(t)sᵊm] I. *n* Lösegeld *nt;* **to demand a** ~ [ein] Lösegeld fordern; **to hold sb to** [*or* AM **for**] ~ jdn als Geisel [fest]halten; (*fig*) jdn erpressen
▸ PHRASES: **a** <u>**king's**</u> ~ ein Vermögen, eine Riesensumme *fam*
II. *n modifier* (*amount, demand, pickup*) Lösegeld-; ~ **money** Lösegeld *nt*
III. *vt* ■**to** ~ **sb** jdn auslösen [*o* freikaufen]

rant [rænt] I. *n* ① *no pl* (*angry talk*) Geschimpfe *nt*, Gezeter *nt fam*
② (*tirade*) Schimpfkanonade *f;* **to go into a** ~ **about** [*or* **against**] **sb/sth** eine Tirade gegen jdn/etw loslassen *geh*, gegen jdn/etw wettern *fam*
II. *vi* [vor sich *akk* hin] schimpfen, schwadronieren *veraltend;* **to** ~ **and rave** herummeckern *fam*, herumnörgeln *fam;* ■**to** ~ **about sb/sth** gegen jdn/etw wettern *fam*, sich *akk* über jdn/etw auslassen; ■**to** ~ **on about sb/sth** ewig weiter über jdn/etw wettern *fam;* ■**to** ~ **that …** sich *akk* darüber auslassen, dass …

ranting ['ræntɪŋ] *n* ① *no pl* (*talking angrily*) Geschimpfe *nt;* **mindless** ~ leeres Gerede, dummes Geschwätz *fam*
② (*angry talk*) ■~**s** *pl* wütendes Gerede

rap¹ [ræp] I. *n* ① (*knock*) Klopfen *nt kein pl*, Pochen *nt kein pl*
② (*fam: rebuke*) Anpfiff *m fam*, Anschiss *m sl*
③ AM (*sl: criticism*) Verriss *m fam;* **to get a** ~ [**in the papers**] [in den Zeitungen] verrissen werden
④ AM (*sl: punishment*) Gefängnisstrafe *f*, Knast *m sl;* ***he got a bum*** ~ ***from the judge*** er wurde vom Richter zu Knast verdonnert; **to beat the** ~ nicht hinter Gittern landen *fam*, dem Knast entgehen *fam;* **to take the** ~ **for sb** für jdn den Kopf hinhalten *fam*
⑤ (*fam: a jot*) **sb does not care a** ~ **about** [*or* **for**] **sth** etw ist jdm [völlig] egal [*o fam* schnuppe]
▸ PHRASES: **to get** [*or* **be given**] **a** ~ **on** [*or* **over**] **the** <u>**knuckles**</u> eins auf die Finger [*o* auf den Deckel] bekommen *fam;* **to give sb a** ~ **on** [*or* **over**] **the** <u>**knuckles**</u> jdm auf die Finger klopfen *fam*
II. *vt* <-pp-> ① (*strike*) ■**to** ~ **sth** an [*o* auf] etw *akk* klopfen
② (*fig: criticize*) ■**to** ~ **sb** jdn scharf kritisieren
③ (*fam: find guilty of a crime*) ■**to** ~ **sb** [**for sth/for doing sth**] jdn [einer S. *gen*] für schuldig befinden, jdn [zu etw *dat*] verknacken
▸ PHRASES: **to be** ~**ped on the** <u>**knuckles**</u>, **to get one's** <u>**knuckles**</u> ~**ped** eins auf die Finger kriegen *fam;* **to** ~ **sb on** [*or* **over**] **the** <u>**knuckles**</u> jdm auf die Finger klopfen *fam*

rap² [ræp] I. *n* ① *no pl* MUS (*music*) Rap *m*
② *no pl* MUS (*spoken interlude*) Rap *m*
③ (*sl: conversation*) Plausch *m kein pl* DIAL, SÜDD, Plauderei *f*
II. *n modifier* ① MUS ~ **musician** Rapmusiker(in) *m(f);* ~ **music** Rapmusik *f*
② PSYCH (*dated*) ~ **session** (*group therapy*) Gruppensitzung *f*, Gesprächsrunde *f*
III. *vi* MUS rappen
◆**rap out** *vt* ① (*say sharply*) **to** ~ **out instructions** lauthals Anweisungen geben; **to** ~ **out orders** Befehle bellen [*o* brüllen]
② (*beat*) **to** ~ **out a rhythm** einen Rhythmus klopfen [*o* schlagen]

rapacious [rə'peɪʃəs] *adj* (*form*) ① (*grasping*) habgierig; ~ **appetite** Wolfshunger *m;* **a** ~ **landlord/businessman** ein raffgieriger Vermieter/Geschäftsmann
② (*plundering*) plündernd *attr;* ~ **soldiers** plündernde Soldaten

rapaciously [rə'peɪʃəsli] *adv* (*form*) habgierig

rapaciousness [rə'peɪʃəsnəs] *n no pl* (*form*) Habgier *f*

rapacity [rə'pæsəti, AM -ət̬i] *n no pl* Habgier *f*

rape¹ [reɪp] I. *n* ① *no pl* (*sexual assault*) Vergewaltigung *f;* **to commit** ~ eine Vergewaltigung begehen
② *no pl* (*fig: destruction*) Zerstörung *f;* **the** ~ **of the countryside** die Verschandelung der Landschaft
③ *no pl* (*liter poet: kidnapping*) Raub *m*, Entführung *f*
II. *n modifier* (*victim*) Vergewaltigungs-; ~ **case** Vergewaltigung *f;* ~ **charge** Anklage wegen Vergewaltigung
III. *vt* ■**to** ~ **sb** jdn vergewaltigen
IV. *vi* eine Vergewaltigung begehen

rape² [reɪp] *n no pl* BOT, AGR Raps *m;* **oilseed** ~ Raps[öl]pflanze *f*

rapeseed oil *n* Rapsöl *nt*

rapid ['ræpɪd] *adj* ① (*quick*) schnell; ~ **change/growth/expansion** rascher Wandel/rasches Wachstum/rasche Expansion; ~ **improvement** schnelle Verbesserung; ~ **increase/rise** rapider [*o* steiler] Anstieg; **to have made a** ~ **recovery** sich *akk* schnell erholt haben; ~ **progress** rascher Fortschritt; **to make** ~ **strides** große Fortschritte machen, gut vorankommen
② (*sudden*) plötzlich

rapid eye movement sleep *n no pl* REM-Phase *f* (*des Schlafes*) **rapid fire** *n no pl* Schnellfeuer *nt*

rapid-fire *adj attr* Schnellfeuer-, schnell aufeinander folgend; ~**-fire jokes** ein wahres Feuerwerk an Witzen

rapidity [rə'pɪdəti, AM -ət̬i] *n no pl* ① (*suddenness*) Plötzlichkeit *f*
② (*speed*) Geschwindigkeit *f*, Schnelligkeit *f*

rapidly ['ræpɪdli] *adv* schnell, rasch; **to speak** ~ schnell sprechen

Rapid Reaction Force *n* MIL schnelle Eingreiftruppe

rapids ['ræpɪdz] *npl* Stromschnellen *fpl;* **to shoot the** ~**s** die Stromschnellen hinunterfahren

rapid transit system *n* ≈ S-Bahn *f* **rapid transit train** *n* ≈ S-Bahnzug *m*

rapier ['reɪpiəʳ, AM -ɚ] I. *n* Rapier *nt*
II. *n modifier* (*wit*) scharf
III. *adj attr* (*fig*) schlagfertig, scharfzüngig; *see also* **rapier-like**

rapier-like *adj attr* schlagfertig, scharfzüngig; **to have a** ~ **tongue** eine scharfe Zunge haben, schlagfertig sein

rapist ['reɪpɪst] *n* Vergewaltiger *m*

rappel <-ll-> [ræp'el] *vi* AM (*abseil*) sich *akk* abseilen

rapper ['ræpəʳ, AM -ɚ] *n* ① (*artist*) Rapper(in) *m(f)*
② (*fan*) Rapper(in) *m(f)*, Fan *m* von Rapmusik

rapport [ræp'ɔːʳ, AM -'ɔːr] *n no pl* Übereinstimmung *f*, Harmonie *f;* ***there is absolutely no*** ~ ***in the team*** das Team harmoniert einfach nicht; **a close/good** ~ **between sb and sb** ein enges/gutes Verhältnis zwischen jdm und jdm; **to have a** ~ **with sb** ein gutes Verhältnis zu jdm haben

rapprochement [ræp'rɒʃmɑ̃(ŋ), AM ˌræprɔːʃ'mɑ̃(ŋ)] *n* (*form*) Annäherung *f*

rapt [ræpt] *adj* ① (*engrossed*) versunken, selbstvergessen; ***they held the audience completely*** ~ sie hielten das Publikum völlig in Atem; **with** ~ **attention** gespannt, mit ungeteilter Aufmerksamkeit
② AUS (*fam*) *see* **wrapped**

rapture ['ræptʃəʳ, AM -ɚ] *n* ① *no pl* (*bliss*) Verzückung *f*, Entzücken *nt;* ***his supporters greeted his speech with*** ~ seine Anhänger begrüßten seine Rede mit wahren Begeisterungsstürmen
② (*expression of joy*) ■~**s** *pl* **to be in** ~**s about** [*or* **over**] **sth** entzückt [*o* außer sich *dat* vor Freude] über etw *akk* sein; **to go into** ~**s** [richtig] ins Schwärmen geraten

rapturous ['ræptʃᵊrəs, AM -ɚəs] *adj* ① (*delighted*) entzückt, hingerissen; ~ **facial expression** hingerissener Gesichtsausdruck; ~ **smile** verzücktes Lächeln
② (*enthusiastic*) begeistert; ~ **applause** stürmischer Applaus; **a** ~ **reception/welcome** eine begeisterte Aufnahme/ein begeisterter Empfang

rapturously ['ræptʃᵊrəsli, AM -ɚəs-] *adv* ① (*delightedly*) verzückt, entzückt
② (*enthusiastically*) begeistert, hingerissen; ***the audience received the play*** ~ das Publikum nahm das Stück mit Begeisterung auf

rare¹ [reəʳ, AM rer] *adj* ① (*uncommon*) rar, selten; ***it's*** ~ ***to find these birds in England*** diese Vögel findet man in England nur selten; **a** ~ **breed/species** eine seltene Rasse/Spezies
② (*thin*) dünn; ~ **air** dünne Luft
▸ PHRASES: **to be a** ~ <u>**bird**</u> ein komischer Vogel sein *fig fam;* **to have a** ~ **old** <u>**time**</u> (*dated*) eine schöne Zeit verbringen; **to have a** ~ **old** <u>**time**</u> **doing sth** (*dated*) viel Mühe haben, etw zu tun

rare² [reəʳ, AM rer] *adj meat* nicht durch[gebraten] *präd*, blutig

rarebit ['reəbɪt, AM 'rer-] *n* **buck** ~ *überbackene Käseschnitte mit Ei;* **Welsh** ~ *überbackene Käseschnitte*

rarefied ['reərɪfaɪd, AM 'rerə-] *adj* ① (*of air*) dünn
② (*fig: select*) exklusiv

rarefy ['reərɪfaɪ, AM 'rerə-] *vt* ■**to** ~ **sth** etw verdünnen

rarely ['reəli, AM 'rer-] *adv* selten, nicht oft

rarified *adj see* **rarefied**

raring ['reərɪŋ, AM 'rer-] *adj* ■**to be** ~ **to do sth** großes Verlangen haben [*o fam* ganz wild darauf sein], etw zu tun; **to be** ~ **to go** startbereit sein, in den Startlöchern sitzen *fig fam*

rarity ['reərəti, AM 'rerət̬i] *n* Rarität *f*, Seltenheit *f;* **to be something of a** ~ eine Rarität sein

rarity value *n no pl* Seltenheitswert *m*

rascal ['rɑːskᵊl, AM 'ræs-] *n* ① (*scamp*) Schlingel *m;* (*child*) Frechdachs *m;* **old/little** ~ alter/kleiner Schlawiner *fam*
② (*dated: dishonest person*) Schurke, -in *m, f veraltend*

rascally ['rɑːskᵊli, AM 'ræs-] *adv* ① (*mischievous*) frech; ~ **children** kleine Schlingel
② (*dishonest*) gemein, niederträchtig, schurkisch *veraltend*

rash [ræʃ] I. *n* <*pl* -es> ① (*skin condition*) Ausschlag *m;* **nettle** ~ Nesselausschlag *m*, Nesselsucht *f;* **to come out** [*or* AM **break out**] **in a** ~ einen Ausschlag bekommen
② *no pl* (*spate*) ■**a** ~ **of sth** Unmengen *fpl* von etw *dat*
II. *adj* übereilt, hastig, vorschnell; ***it was very*** ~ ***of you*** das war sehr unbesonnen von dir; **a** ~ **decision** ein überstürzter [*o* übereilter] Entschluss; **in a** ~ **moment** in einem unbedachten Augenblick

rasher ['ræʃəʳ, AM -ɚ] *n* ~ [**of bacon**] Speckscheibe *f*

rashly ['ræʃli] *adv* unbedacht, unbesonnen, übereilt

rashness ['ræʃnəs] *n no pl* Unbedachtheit *f*, Unbesonnenheit *f;* **in a moment of** ~ in einem unbedachten Augenblick

rasp [rɑːsp, AM ræsp] I. *n* ① (*tool*) Raspel *f*, Grobfeile *f*
② (*noise*) schneidendes Geräusch

II. *vt* ■**to ~ sth** ❶ (*file*) etw feilen
❷ (*rub roughly*) etw wegschaben; *skin* etw aufreiben
III. *vi* ❶ (*of a noise*) kratzen
❷ (*talk roughly*) krächzen, schnarren
► PHRASES: **to ~ on sb** [*or* **sb's nerves**] jdm auf die Nerven gehen *fam*
raspberry ['rɑːzbᵊri, AM 'ræz,beri] **I.** *n* ❶ (*fruit*) Himbeere *f*
❷ (*fam: disapproving noise*) verächtliches Schnauben; **to blow a ~** verächtlich prusten; **to get a ~** Buhrufe bekommen; **to give sb the ~** jdn auspfeifen
II. *n modifier* (*cake, jam, syrup, vinegar*) Himbeer-; **~ bush** Himbeerstrauch *m;* **~ cane** Himbeerzweig *m*
rasping ['rɑːspɪŋ, AM 'ræs-] *adj* krächzend; **a ~ voice** eine krächzende Stimme; **~ breath** rasselnder Atem
raspy ['rɑːspi, AM 'ræspi] *adj* rau, krächzend
Rasta ['ræstə, AM 'rɑː-] *n* (*fam*) *short for* **Rastafarian** Rasta *m*
Rastafarian [,ræstə'feəriən, AM ,rɑːstə'fer-] **I.** *n* Rastafari *m*
II. *adj inv* Rasta-; **~ music** Rastamusik *f*
Rastafarianism [,ræstə'feəriənɪzᵊm, AM ,rɑːstə'fer-] *n no pl religiöse Bewegung der Rastafari*
raster ['ræstəʳ, AM -ɚ] *n* TV, COMPUT Raster *nt*
rat [ræt] **I.** *n* ❶ (*rodent*) Ratte *f;* **to put out a ~ trap** eine Rattenfalle aufstellen; **to have ~s** Ratten haben
❷ (*fam: person*) Ratte *f pej fam;* ***he's a real ~*** er ist eine ganz miese Ratte
II. *vi* <-tt-> ❶ (*inform on*) ■**to ~ on sb** [**to sb**] jdn [an jdn] verraten [*o fam* verpfeifen]
❷ (*let down*) ■**to ~ on sb** jdn im Stich lassen; **to ~ on a deal** sich *akk* nicht an eine Abmachung halten; **to ~ on one's promise** sein Versprechen brechen
ratable *adj see* **rateable**
rat-arsed BRIT (*sl*), AM **rat-assed** *adj* (*sl*) sturzbesoffen *sl*, sternhagelvoll *sl*
ratatouille [,rætə'twiː, AM -'tuːi] *n no pl* Ratatouille *f o nt*
ratbag *n* BRIT, AUS (*fam*) Fiesling *m*, Miststück *nt fam*
ratchet ['rætʃɪt] *n* TECH Ratsche *f*, Sperrklinke *f fachspr*
◆**ratchet up** *vt* (*fam*) ■**to ~ up** ↻ **sth** etw Schritt für Schritt verstärken [*o fam* hochkurbeln] [*o fam* hochfahren]
ratchet wheel *n* TECH Sperrrad *nt fachspr*
rate [reɪt] **I.** *n* ❶ (*speed*) Geschwindigkeit *f;* **at a fast/slow ~** schnell/langsam; **at a tremendous ~** rasend schnell; **at one's own ~** in seinem eigenen Rhythmus [*o* Tempo]
❷ (*measure*) Maß *nt*, Menge *f;* ***in the winter months there is usually a rise in the ~ of absenteeism*** in den Wintermonaten kommt es gewöhnlich zu einer Zunahme der Ausfälle; **growth/inflation ~** Wachstums-/Inflationsrate *f;* **mortality ~** Sterblichkeitsrate *f*, Sterblichkeitsziffer *f;* **unemployment ~** Arbeitslosenrate *f*, Arbeitslosenzahlen *fpl*
❸ (*payment*) Satz *m;* ***we agreed a ~ with the painter before he started work*** wir haben einen Stundensatz mit dem Maler vereinbart, bevor er mit der Arbeit begann; **the going ~** die übliche Bezahlung
❹ (*premium payable*) Zinssatz *m;* (*excise payable*) Steuersatz *m;* **fixed/variable ~** fester/variabler Zinssatz; **high/low ~ of interest/taxation** [*or* **interest/taxation ~**] hoher/niedriger Zins-/Steuersatz; ***interest ~s have risen again*** die Zinsen sind wieder gestiegen; ***the country has a high taxation ~*** in dem Land sind die Steuern sehr hoch
❺ FIN (*amount of interest paid*) Rate *f;* **~ of return** Rendite *f*
❻ FIN (*value of a currency*) Kurs *m*, Wechselkurs *m;* **cross ~** Kreuzkurs *m;* **exchange ~** [*or* **~ of exchange**] Wechselkurs *m;* **to calculate costs on a fixed exchange ~** die Kosten berechnen anhand eines festen Wechselkurses; **forward ~** Devisenterminkurs *m*
❼ BRIT, AUS (*dated: local tax*) ■**~s** *pl* Haus- und Grundsteuern *fpl*
❽ COMPUT Rate *f*
► PHRASES: **at a ~ of knots** (*fam*) in null Komma nichts *fam;* **at any ~** (*whatever happens*) auf jeden Fall; (*at least*) zumindest, wenigstens; ***I don't think they liked my idea — at any ~, they didn't show much enthusiasm*** ich glaube nicht, dass sie meine Idee gut fanden – zumindest zeigten sie keine große Begeisterung; **at this ~** unter diesen Umständen
II. *vt* ❶ (*regard*) ■**to ~ sb/sth** jdn/etw einschätzen; ***how do you ~ the new government?*** was halten Sie von der neuen Regierung?; ***she is ~d very highly by the people she works for*** die Leute, für die sie arbeitet, halten große Stücke auf sie; ***she ~s him among her closest friends*** sie zählt ihn zu ihren engsten Freunden; ■**to ~ sb as sth** ***how do you ~ him as a footballer?*** was hältst du von ihm als Fußballer? *fam;* (*fam*) ***what do you think of her as a singer? — I don't really ~ her*** wie findest du sie als Sängerin? – nicht so toll *fam*
❷ (*be worthy of*) **to ~ a mention** der Rede wert [*o* erwähnenswert] sein
❸ BRIT, AUS (*dated: value*) ■**to ~ sth** den besteuerbaren Wert einer S. *gen* schätzen, etw veranlagen; ***they ~ the property in this area very heavily*** Immobilienbesitz in dieser Gegend wird sehr hoch besteuert
❹ COMPUT ■**to ~ sth** etw abschätzen
III. *vi* ■**to ~ as sth** als etw gelten; ***that ~s as the worst film I've ever seen*** das war so ziemlich der schlechteste Film, den ich jemals gesehen habe
-rate [reɪt] *in compounds* ❶ (*good*) -klassig; **first-~** erstklassig, hervorragend
❷ (*mediocre*) **second-/third-~** zweit-/drittklassig, mittelmäßig; **to produce second-/third-~ goods** zweit-/drittklassige Waren herstellen
rateable ['reɪtəbl̩] *adj inv* BRIT ECON (*dated*) steuerpflichtig; **~ value** Einheitswert *m*, steuerbarer Wert
rate-cap <-pp-> *vt* BRIT ADMIN (*hist*) ■**to ~ sth** einer S. *dat* eine finanzielle Obergrenze setzen, etw finanziell beschränken **rate-capping** *n no pl* BRIT ADMIN (*hist*) finanzielle Beschneidung, finanzielle Einschnitte *mpl* **rate of return** <*pl* rates-> *n* FIN, ECON [Rein]gewinn *m* **rate of sales** <*pl* rates-> *n* ECON Absatz *m kein pl;* **the ~ of sth booms** etw findet reißenden Absatz **ratepayer** *n* BRIT [Gemeinde]steuerzahler(in) *m(f)*
rather ['rɑːðəʳ, AM 'ræðɚ] **I.** *adv inv* ❶ (*somewhat*) ziemlich; ***it's ~ cold/difficult*** es ist ziemlich kalt/schwer; ***I've ~ foolishly lost their address*** ich habe dummerweise ihre Adresse verlegt; ***I ~ doubt …*** ich bin nicht ganz sicher, ob …; **to be ~ more expensive than sb was expecting** um einiges teurer sein als erwartet
❷ (*very*) ziemlich, recht; ***I was ~ pleased to be invited to the wedding*** ich war hocherfreut darüber, dass ich zur Hochzeit eingeladen war; ***he's ~ a nice man*** er ist ziemlich nett; **it's ~ a shame that …** es ist wirklich schade, dass …; **to be ~ ill** ziemlich krank sein
❸ (*on the contrary*) eher; ***no, I'm not tired — ~ the opposite in fact*** nein, ich bin nicht müde – ganz im Gegenteil
❹ (*in preference to*) ***I'd like to stay at home this evening ~ than going out*** ich möchte heute Abend lieber zu Hause bleiben und nicht ausgehen; ***I've got to have two teeth out next week — ~ you than me*** mir werden nächste Woche zwei Zähne gezogen – besser dir als mir
❺ (*more exactly*) genauer [*o* besser] gesagt; ***he's my sister's friend really, ~ than mine*** eigentlich ist er der Freund meiner Schwester, und nicht so sehr meiner
II. *interj esp* BRIT (*dated*) na klar [doch] *fam*
ratification [,rætɪfɪ'keɪʃᵊn, AM ,ræṭə-] *n no pl* Ratifizierung *f geh*, Genehmigung *f*
ratify <-ie-> ['rætɪfaɪ, AM -ṭə-] *vt* LAW ■**to ~ sth** etw ratifizieren; **to ~ an amendment/contract** einen Änderungsantrag/Vertrag sanktionieren
rating ['reɪtɪŋ, AM -ṭ-] *n* ❶ *no pl* (*assessment*) Einschätzung *f;* ***what's your ~ of our chances of winning?*** wie schätzt du unsere Gewinnchancen ein?
❷ (*regard*) Einstufung *f;* ***the government's ~ in the opinion polls sank to an all-time low*** die Regierung hatte in Meinungsumfragen noch nie so schlecht abgeschnitten
❸ (*audience*) ■**~s** *pl* [Einschalt]quoten *fpl*, Zuschauerzahlen *fpl*
❹ *esp* BRIT MIL (*sailor*) Matrose *m*
ratio ['reɪʃiəʊ, AM -oʊ] *n* ECON, COMPUT Verhältnis *nt;* **price-dividend ~** Preis-Dividenden-Rate *f;* **price-earnings ~** Kurs-Gewinn-Verhältnis *nt*
ratio analysis *n* ECON Kennzahlenanalyse *f*
ration ['ræʃᵊn] **I.** *n* ❶ (*fixed amount*) Ration *f;* **butter/milk/sugar ~** Butter-/Milch-/Zuckerration *f;* **~ of food** Essensration *f;* **~ book** (*hist*) Bezugsscheinbuch *nt hist;* **~ card** (*hist*) Bezugsschein *m hist;* **daily ~** Tagesration *f;* **a full/short ~** eine ganze/halbe Ration; **to be** [**put**] **on short ~s** auf halbe Ration gesetzt werden; **more than one's ~ of sth** (*fig*) jede Menge *fam;* **combat ~** MIL Feldration *f*
❷ (*food supplies*) ■**~s** *pl* [Lebensmittel]marken *fpl*
II. *vt* ■**to ~ sth** etw rationieren; ***my children would watch television all day long, but I ~ it*** meine Kinder würden den ganzen Tag vor dem Fernseher sitzen, aber ich erlaube ihnen nur ganz bestimmte Fernsehzeiten; ■**to ~ sth to sth** etw auf etw *akk* beschränken; ***I ~ myself to three cups of coffee a day*** ich habe mir ein Limit von drei Tassen Kaffee pro Tag gesetzt; ■**to ~ sb** jdn kurz halten *fam*
◆**ration out** *vt* ■**to ~ sth** ↻ **out** etw [in Rationen] austeilen [*o* aufteilen]
rational ['ræʃᵊnᵊl] *adj* rational; ***she was too upset to be ~*** sie war zu aufgeregt, um vernünftig denken zu können; **a ~ approach** ein rationaler Ansatz; **a ~ argument** ein vernüftiges Argument; **the most ~ course of action** die sinnvollste Vorgehensweise; **a ~ explanation** eine rationale Erklärung
rationale [,ræʃə'nɑːl, AM -'næl] *n* Gründe *mpl;* ■**the ~ behind sth** die Hintergründe *mpl* einer S. *gen;* **sth lacks any ~** etw entbehrt jeder Grundlage; **to provide a ~ for sth** einen [vernünftigen] Grund für etw *akk* nennen
rationalism ['ræʃᵊnᵊlɪzᵊm] *n no pl* ❶ PHILOS Rationalismus *m*
❷ (*belief in reason*) Rationalismus *m geh*
rationalist ['ræʃᵊnᵊlɪst] **I.** *n* ❶ PHILOS Rationalist(in) *m(f)*
❷ (*believer in reason*) Rationalist(in) *m(f) geh*
II. *adj* ❶ PHILOS rationalistisch
❷ (*believing in reason*) rationalistisch *geh*
rationalistic [,ræʃᵊnᵊl'ɪstɪk] *adj* ❶ PHILOS rationalistisch
❷ (*believing in reason*) rationalistisch *geh*
rationality [,ræʃᵊn'æləti, AM -əṭi] *n no pl* ❶ (*clear reasoning*) Rationalität *f geh*, Vernunft *f*
❷ (*sensibleness*) Vernünftigkeit *f*
rationalization [,ræʃᵊnᵊlaɪ'zeɪʃᵊn, AM -lɪ'-] *n no pl* ❶ (*logical explanation*) vernünftige Erklärung; PSYCH Rationalisierung *f*
❷ (*improve efficiency*) Rationalisierung *f*
rationalize ['ræʃᵊnᵊlaɪz] **I.** *vt* ❶ (*explain*) ■**to ~ sth** etw [vernünftig] erklären; (*give reasons*) etw begründen
❷ (*make efficient*) ■**to ~ sth** etw rationalisieren
II. *vi* rationalisieren, Rationalisierungsmaßnahmen *fpl* durchführen
rationally ['ræʃᵊnᵊli] *adv* ❶ (*sensibly*) vernünftig
❷ (*using reason*) rational; **~, *he knows that she won't ever go back to him, but emotionally he can't accept it*** vom Kopf her weiß er, dass sie nie zu ihm zurückkehren wird, aber gefühlsmäßig kann er es nicht akzeptieren
rationing ['ræʃᵊnɪŋ] *n no pl* Rationierung *f;* **food/fuel ~** Lebensmittel-/Treibstoffrationierung *f*
rat poison *n* Rattengift *nt* **rat race** *n* erbarmungsloser Konkurrenzkampf; **to get out of the ~** dem Konkurrenzkampf Ade sagen; **to join the ~** sich *akk* ins Heer der arbeitenden Bevölkerung einreihen, in

die Tretmühle einsteigen

rattan [rə'tæn] *n* Rattan *nt*

rattle ['rætḷ, AM -ṭḷ] **I.** *n* ❶ *no pl (sound)* Klappern *nt; (of chains)* Rasseln *nt; (of hail)* Prasseln *nt*
❷ MUS Rassel *f;* [**baby's**] ~ Klapper *f,* Rassel *f;* [**football**] ~ Ratsche *f*
❸ *(of a rattlesnake)* Klapper *f*
II. *vi* ❶ *(make noise)* klappern; *keys* rasseln; *hail* prasseln; *engine* knattern; *bottles [in a crate]* klirren; *coins* klingen
❷ *(move noisily)* rattern
❸ *(talk)* ■**to ~ away** [los]plappern *fam;* ■**to ~ on** [drauflos]quasseln *fam*
III. *vt* ❶ *(jangle)* ■**to ~ sth** *windows* etw zum Klirren bringen; *keys* mit etw *dat* rasseln; *crockery* mit etw *dat* klappern [*o* klirren]
❷ *(make nervous)* ■**to ~ sb** jdn durcheinander bringen [*o fam* aus dem Konzept bringen]
◆**rattle off** *vt* ■**to ~ off** ⊂ **sth** etw herunterrattern [*o fam* herunterrasseln]
◆**rattle through** *vi* ■**to ~ through sth** ❶ *(do quickly)* etw ruckzuck [*o* im Nu] erledigen *fam*
❷ *(say quickly)* etw herunterrasseln *fam*

rattler ['rætḷəʳ, AM -ṭḷɚ] *n* ❶ *(fam: rattlesnake)* Klapperschlange *f*
❷ *(old vehicle)* [alte] Klapperkiste *fam,* [alte] Rostlaube *fam*

rattlesnake *n* Klapperschlange *f* **rattletrap I.** *n (fam)* [alte] Klapperkiste *fam,* [alte] Rostlaube *fam*
II. *adj attr, inv (fam)* klapp[e]rig

rattling ['rætlɪŋ, AM -ṭḷ-] **I.** *adj inv* ❶ *(making a noise)* klappernd *attr; car, engine* ratternd *attr; windows* klirrend *attr; keys* rasselnd *attr*
❷ *inv (fast)* [rasend] schnell, geschwind DIAL; **at a ~ pace** im Eiltempo
II. *adv inv* ***that was a ~ good story*** das war eine wirklich tolle Geschichte

ratty ['ræti, AM -ṭ-] *adj (fam)* ❶ BRIT *(ill-tempered)* gereizt
❷ *(shabby) house, chair* verlottert; *hair* verknotet

raucous ['rɔːkəs, AM 'rɑː-] *adj* ❶ *(loud and harsh)* rau, heiser; **the ~ call of the crows** die krächzenden Rufe der Krähen; **~ laughter** heiseres Lachen; *(boisterous)* kreischendes Gelächter
❷ *(noisy)* lärmend *attr,* wild; **~ crowd** johlende Menge

raucously ['rɔːkəsli, AM 'rɑː-] *adv* krächzend *attr,* rau; *(boisterously)* wild

raucousness ['rɔːkəsnəs, AM 'rɑː-] *n no pl* Lärm *m; (boisterousness)* wilde Ausgelassenheit; **the ~ of the discos** der Diskolärm

raunchily ['rɔːn(t)ʃɪli, AM 'rɑːntʃ-] *adv* provokant; *dressed* aufreizend; *look* lüstern

raunchiness ['rɔːn(t)ʃɪnəs, AM 'rɑːntʃ-] *n no pl* vulgäre Art, Vulgarität *f geh*

raunchy ['rɔːn(t)ʃi, AM 'rɑːntʃi] *adj* vulgär, scharf *fam;* **~ conversation** schlüpfriges Gespräch; **~ film** scharfer Film *fam;* **~ video** heißes Video *fam*

ravage ['rævɪdʒ] *vt* ■**to ~ sth** etw verwüsten [*o* vernichten], verheerende Schäden an etw *dat* anrichten; **to ~ a face** ein Gesicht verunstalten [*o geh* schwer zeichnen]

ravages ['rævɪdʒɪz] *npl of a fire* Wüten *nt kein pl; of time, a disease* Spuren *fpl;* ***their business plans were ruined by the ~ of inflation*** ihre Geschäftspläne wurden durch die verheerenden Auswirkungen der Inflation zunichte gemacht; **the ~ of war** die Verwüstungen des Krieges

rave [reɪv] **I.** *n* BRIT *(fam)* Party *f,* Fete *f fam,* Rave *m o nt (mit Technomusik)*; **an all-night ~** eine Party, die die ganze Nacht dauert
II. *n modifier* BRIT Rave-; **~ music** Rave *m;* **~ scene** Raverszene *f*
III. *adj attr* begeistert, enthusiastisch; **to receive ~ reviews** von den Kritikern hoch gelobt werden, glänzende Kritiken bekommen
IV. *vi* ❶ *(talk wildly)* toben, wüten; ■**to ~ against sb/sth** gegen jdn wettern *fam;* ■**to ~ on** [**about**] **sth** sich *akk* [maßlos] über etw *akk* aufregen; ■**to ~** [**on**] **at sb** jdm die Hölle heiß machen *fam,* jdm den Marsch blasen *sl;* ■**to ~ that …** seinem Unmut darüber Luft machen, dass …; **to rant and ~** auf hundertachtzig sein *fam,* toben
❷ *(fam: praise)* schwärmen; **to ~ about sth** von etw *dat* schwärmen

ravel <BRIT -ll- *or* AM *usu* -l-> ['rævᵊl] **I.** *vi* sich *akk* verwickeln; *thread* sich *akk* verheddern
II. *vt* ■**to ~ sth** etw verwickeln; *thread* etw verheddern

raven ['reɪvᵊn] **I.** *n* Rabe *m*
II. *adj attr (liter)* rabenschwarz; **~ locks** rabenschwarze Locken

ravening ['rævᵊnɪŋ] *adj inv (liter)* [beute]hungrig; **a pack of ~ wolves** ein Rudel hungriger Wölfe; **to be pursued by ~ journalists** *(fig)* von sensationsgierigen Journalisten verfolgt werden

ravenous ['rævᵊnəs] *adj (very hungry)* ausgehungert; *(predatory)* räuberisch; ***I'm ~*** ich habe einen Bärenhunger; **~ appetite** unbändiger Appetit; **~ hunger** Riesenhunger *m*

ravenously ['rævᵊnəsli] *adv* [heiß]hungrig, völlig ausgehungert; ***I'm ~ hungry*** ich habe einen Bärenhunger

rave party *n* Raveparty *f; see also* **rave I**

raver ['reɪvəʳ, AM -ɚ] *n (fam)* ❶ *(uninhibited person)* **to be a ~** einen lockeren Lebenswandel führen; ***at weekends she's a right little ~*** am Wochenende lässt sie's immer ordentlich krachen
❷ BRIT *(rave party-goer)* Raver(in) *m(f)*

rave-up ['reɪvʌp] *n* BRIT *(fam)* ausgelassene Party

ravine [rə'viːn] *n* Schlucht *f,* Klamm *f*

raving ['reɪvɪŋ] **I.** *n* ❶ *no pl (delirium)* wirres Gerede
❷ *(ramblings)* ■**~s** *pl* Hirngespinste *ntpl,* Fantastereien *fpl*
II. *adj attr, inv* absolut, total *fam;* ***she's a ~ beauty*** sie ist eine wahre Schönheit; **a ~ idiot** ein kompletter Idiot *fam;* **a ~ lunatic** ein total Verrückter/eine total Verrückte *fam;* **a ~ nightmare** ein echter Alptraum; **a ~ success** ein Wahnsinnserfolg *fam*
III. *adv* völlig; [**stark**] **~ mad/crazy** völlig verrückt; **to go** [**stark**] **~ mad** völlig durchdrehen [*o* ausrasten] *fam*

ravioli [ˌrævi'əʊli, AM -'oʊ-] *n* Ravioli *pl*

ravish ['rævɪʃ] *vt* ❶ *(delight)* ■**to ~ sb** jdn entzücken; ■**to be ~ed by sb/sth** von jdm/etw hingerissen sein
❷ *(old: rape)* ■**to ~ sb** jdn vergewaltigen

ravishing ['rævɪʃɪŋ] *adj* ❶ *(beautiful)* hinreißend, bildschön; *countryside* atemberaubend
❷ *(delicious)* köstlich, wundervoll

ravishingly ['rævɪʃɪŋli] *adv* entzückend, hinreißend

ravishment ['rævɪʃmənt] *n* ❶ *(dated: rape)* Schändung *f veraltet,* Vergewaltigung *f*
❷ *(enrapture)* Entzücken *nt,* Hingerissensein *nt*

raw [rɔː, AM *esp* rɑː] **I.** *adj inv* ❶ *(unprocessed)* roh, unbehandelt; **~ material** Rohstoff *m;* **~ sewage** ungeklärte Abwässer *pl;* **~ silk** Rohseide *f*
❷ *(uncooked)* roh; **in their ~ state** im Rohzustand, in ungekochtem Zustand
❸ *(of information)* Roh-; **~ data** Rohdaten *pl;* **~ evidence** unbestätigter Hinweis; **~ figures** Schätzzahlen *fpl,* Schätzungen *fpl*
❹ *(inexperienced)* unerfahren; **a ~ beginner/recruit** ein blutiger Anfänger/eine blutige Anfängerin
❺ *(unbridled)* rein; **~ energy** pure Energie; **~ power** rohe Kraft
❻ *(outspoken)* offen; **a ~ drama** ein offenes Drama
❼ *(sore)* wund; *(fig) nerves, emotions* blank, empfindlich
❽ *(cold)* rau; **a ~ wind** ein rauer Wind
► PHRASES: **to get** [*or* **be given**] **a ~ deal** unfair behandelt werden, zu kurz kommen; **to expose a ~ nerve** [*or* **spot**] einen wunden Punkt berühren; **to come the ~ prawn** AUS unschuldig tun
II. *n* ❶ *(fam: naked)* **in the ~** nackt
❷ *(hiding nothing)* **in the ~** ungeschönt, ohne jede Beschönigung
► PHRASES: **to touch sb on the ~** BRIT, AUS jdn an einer empfindlichen Stelle treffen, einen wunden Punkt bei jdm berühren

raw-boned *adj* abgemagert, knochig **rawhide** *n no pl* ungegerbtes Leder

Rawlplug® ['rɔːlˌ-] *n* BRIT Dübel *m*

rawness ['rɔːnəs, AM *esp* 'rɑː-] *n no pl* ❶ *(harshness)* Rauheit *f;* **the ~ of the weather** das raue Wetter
❷ *(soreness)* Wundsein *nt*

ray¹ [reɪ] *n* ❶ *(beam)* Strahl *m;* **light ~s** Lichtstrahlen *mpl;* **the sun's ~s** die Strahlen der Sonnen
❷ *(trace)* Spur *f;* **not even the smallest ~ of comfort** ohne jeglichen Komfort; **a ~ of hope** ein Hoffnungsschimmer *m*
❸ PHYS *(radiation)* Strahlung *f;* **radioactive ~s** radioaktive Strahlung, radioaktive Strahlen *mpl*
► PHRASES: **a ~ of sunlight** ein Lichtstreif am Horizont, ein Hoffnungsschimmer; **a ~ of sunshine** ein [wahrer] Sonnenschein *fig fam*

ray² [reɪ] *n (fish)* Rochen *m;* **manta ~** Manta[rochen] *m;* **sting ~** Stachelrochen *m*

rayon ['reɪɒn, AM -ɑːn] FASHION **I.** *n no pl* ❶ *(fibre)* Kunstseide *f,* Viskose *f,* Reyon *m o nt veraltet*
❷ *(cloth)* Viskose *f*
II. *n modifier (blouse, dress)* Viskose-

raze [reɪz] *vt* ■**to ~ sth** etw [völlig] zerstören; MIL etw schleifen; **to ~ sth to the ground** etw dem Erdboden gleichmachen

razor ['reɪzəʳ, AM -zɚ] **I.** *n* Rasierapparat *m,* Rasierer *m fam; (cutthroat)* Rasiermesser *nt;* **electric ~** Elektrorasierer *m,* Trockenrasierer *m*
II. *n modifier* Rasier-; **~ case** Rasierapparatetui *nt;* **~ kit** Rasierzeug *nt fam;* **~ shave** Rasur *f* mit dem Elektrorasierer; **~ slash** Schnittverletzung *f (durch Rasiermesser)*
III. *vt* **to ~ hair** Haare [ab]rasieren

razorback *n* ❶ *(rorqual)* Finnwal *m* ❷ AM *(hog)* [halbwildes] spitzrückiges Schwein ❸ *(narrow ridge)* schmaler Grat **razorbill** *n* ORN Tordalk *m* **razor blade** *n* Rasierklinge *f* **razor cut** *n* FASHION Messerschnitt *m* **razor-cut** *vt* **to ~ hair** das Haar millimeterkurz [ab]rasieren, einen Messerschnitt machen **razor edge** *n* ❶ *(sharp edge)* Grat *m; of a knife, sword* Schneide *f* ❷ *(fig: mentally sharp state)* Scharfsinn *m kein pl,* messerscharfer Verstand ❸ *(fig: cutting edge)* ■**the ~** der [aller]letzte Schrei *fig* ❹ *(tiny difference)* minimaler Unterschied
► PHRASES: **to be** [**balanced**] **on a ~** auf [des] Messers Schneide stehen **razor knife** *n* AM Teppichmesser *nt,* Kartonmesser *nt,* Cutter *m fam* **razor's edge** *n see* **razor edge razor sharp** *adj pred,* **razor-sharp** *adj attr* ❶ *(sharp)* scharf wie ein Rasiermesser [*o* eine Rasierklinge]; **~ teeth** messerscharfe Zähne
❷ *(fig: intelligent) person* [äußerst] scharfsinnig; **~ brain** [*or* **mind**] [messer]scharfer Verstand **razor thin** *adj pred,* **razor-thin** *adj attr* hauchdünn **razor wire** *n no pl* Nato-Draht *m fam*

razz [ræz] *vt esp* AM *(sl)* ■**to ~ sb** jdn nerven [*o* ärgern] *fam*

razzamatazz ['ræzəmətæz] *n no pl* ❶ *(commotion)* Trubel *m,* Rummel *m fam*
❷ *(pej: humbug)* Zirkus *m pej fam,* Zinnober *m pej sl*

razzle ['ræzḷ] *n no pl* BRIT *(fam)* **to be** [**out**] **on the ~** einen draufmachen *fam,* auf den Putz hauen *fam*

razzle-dazzle [ˌræzḷ'dæzḷ] *n no pl esp* AM Trubel *m,* Rummel *m fam,* Tamtam *nt pej fam;* **to go on the ~** eine Sause machen *sl,* einen draufmachen *fam*

razzmatazz ['ræzmətæz] *n no pl see* **razzamatazz**

RBT [ˌɑːbiː'tiː] *n* AUS *abbrev of* **random breath test**

RC [ˌɑː'siː, AM ˌɑːr-] *n* ❶ REL *abbrev of* **Roman Catholic** r.-k., röm.-kath.
❷ *(organization) abbrev of* **Red Cross** RK *nt*
❸ ARCHIT *abbrev of* **reinforced concrete**

RCMP [ˌɑːsiːem'piː, AM ˌɑːr-] *n + pl vb* CAN *abbrev of* **Royal Canadian Mounted Police** *berittene Polizeieinheit*

Rd *n abbrev of* **road** Str.

RDF [ˌɑːdiː'ef, AM ˌɑːr-] *n* ❶ *abbrev of* **radio**

direction finder *Gerät zur Funkpeilung*
② AM MIL *abbrev of* **rapid deployment force** schnelle Eingreiftruppe
③ *abbrev of* **refuse-derived fuel** BRAM *m*, Brennstoff *m* aus Müll

re¹ [riː] MUS re *nt*

re² [riː] *prep* bezüglich +*gen geh*, in Bezugnahme auf +*akk*; ***I spoke to her ~ your accident*** ich habe mit ihr wegen Ihres Unfalls gesprochen; (*in letter*) betrifft, Betr[eff] *veraltend*; ~***: your letter of 03/15/01*** Ihr Schreiben vom 15.03.01

Re *n no pl* CHEM *abbrev of* **rhenium** Re *nt*

RE [ˌɑːrˈiː] *n* BRIT ① + *pl vb* MIL *abbrev of* **Royal Engineers** Pionierkorps der britischen Armee
② *no pl* REL, SCH *abbrev of* **religious education** Religionslehre *f*

reach [riːtʃ] **I.** *n* <*pl* -es> ① (*act of reaching*) **to make a ~ for sb/sth** nach jdm/etw greifen; (*fig*) ***it takes quite a ~ of the imagination to ...*** es bedarf schon einer gehörigen Portion Vorstellungskraft, um ...
② *of sb's arm* Reichweite *f*; BOXING Reichweite *f*; **a long/short ~** lange/kurze Arme *mpl*; **to be out of** [*or* **beyond**]**/within** [*or* **in**] **[sb's] ~** sich *akk* [nicht] in jds Reichweite befinden; ***the apples were on a branch just out of [my] ~*** die Äpfel hingen an einem Ast, an den ich nicht herankam; ***he's so tall that even the top shelf is within his ~*** er ist so groß, dass er sogar an das oberste Regal [heran]kommt; ***I like to keep a notebook and pencil within [arm's] ~*** ich habe immer etwas zum Schreiben parat; ***keep out of ~ of children*** für Kinder unzugänglich aufbewahren!; **to be within easy** [*or* **arm's**] **~** in greifbarer Nähe sein; **to be within [easy] ~ [of a place]** [ganz] in der Nähe sein
③ *no pl* (*range of power*) Reichweite *f*
④ TV, RADIO [Sende]bereich *m*
⑤ ■ **~es** *pl* (*stretch of land*) Gebiet *nt*; (*stretch of river*) [Fluss]abschnitt *m*; **the lower/upper ~es** das untere/obere Gebiet; **the farthest** [*or* **outermost**] **~es** die entlegensten Bereiche; **the higher ~es of government** (*fig*) die oberen Regierungskreise
▶ PHRASES: **sb's ~ exceeds his/her grasp** diese Trauben hängen zu hoch für jdn; **to be out of** [*or* **beyond**]**/within** [*or* **in**] **[sb's] ~** (*unattainable/attainable*) nicht im Rahmen/im Rahmen des Möglichen liegen; ***I came within ~ of solving the crossword, but ...*** ich war kurz davor, das Kreuzworträtsel zu lösen, aber dann ...; (*financially*) jds finanzielle Möglichkeiten übersteigen/für jdn finanziell möglich sein
II. *vi* ① (*attempt to grab*) greifen; ■ **to ~ for sth** nach etw *dat* greifen
② (*be able to touch*) fassen [können]; ***could you get that book for me, please — I can't ~*** könntest du mir bitte das Buch geben – ich komme nicht dran *fam*
③ (*extend*) ■ **to ~ to sth** an etw *akk* heranreichen; ***the snow ~ed almost to the children's knees*** der Schnee ging den Kindern fast bis zu den Knien
▶ PHRASES: **~ for the sky** [*or* **skies**]**!** AM (*dated sl*) Hände hoch!; **to ~ for the stars** (*fig*) nach den Sternen greifen
III. *vt* ① (*arrive at*) **to ~ a place** einen Ort erreichen; ***how long will it take this letter to ~ Italy?*** wie lange braucht dieser Brief bis nach Italien?; ■ **to ~ sb** jdn erreichen; ***the news of your accident has only just ~ed me*** ich habe die Nachricht von deinem Unfall gerade erst erhalten; **to ~ one's destination** an seinem Bestimmungsort ankommen; **to ~ land** Land erreichen; **to ~ the finishing line** [*or* **the tape**] die Ziellinie überqueren, durchs Ziel laufen *fam*; AM **to ~ base** SPORTS das Base [*o* Mal] erreichen
② (*attain*) ■ **to ~ sth** etw erreichen; ***the temperature is expected to ~ 25°C today*** heute soll es bis zu 25°C warm werden; ***she had ~ed the nadir of her existence*** sie war an einem absoluten Tiefpunkt [in ihrem Leben] angelangt; ***the diplomats appear to have ~ed an impasse in their negotiations*** die Diplomaten scheinen bei ihren Verhandlungen nicht mehr weiterzukommen; **to ~ adulthood** [*or* **maturity**]**/one's majority** erwachsen/volljährig werden; **to ~ an agreement/consensus** eine Übereinkunft/Übereinstimmung erzielen; **to ~ a certain altitude/velocity** eine bestimmte Höhe/Geschwindigkeit erreichen; **to ~ the conclusion/decision that ...** zu dem Schluss/zu der Entscheidung kommen, dass ...; **to ~ [a] deadlock** in einer Sackgasse landen *fig*; **to ~ fever pitch** den Siedepunkt erreichen; **to ~ one's goal** sein Ziel erreichen; **to ~ manhood/womanhood** zum Mann/zur Frau werden; **to ~ orgasm** zum Orgasmus kommen; **to ~ the point of no return** einen Punkt erreichen, an dem es kein Zurück [mehr] gibt; **to ~ one's prime/puberty** ins beste Alter/in die Pubertät kommen; **to ~ a settlement** zu einer Einigung gelangen; **to ~ the turning point** zum Wendepunkt kommen; **to ~ a verdict** zu einem Urteil gelangen
③ (*extend to*) ■ **to ~ sth** ***her hair ~es her waistline*** ihre Haare reichen ihr bis zur Taille
④ (*contact with hand*) **to be able to ~ sth** an etw *akk* [heran]reichen können; ***our daughter can ~ the door handle now*** unsere Tochter kommt jetzt schon an den Türgriff ran
⑤ (*pass*) ■ **to ~ sb sth** jdm etw [herüber]reichen
⑥ (*communicate with*) ■ **to ~ sb** jdn erreichen; (*phone*) jdn [telefonisch] erreichen
⑦ TV, RADIO **to ~ an audience** ein Publikum erreichen
⑧ (*influence*) ■ **to ~ sb** jdn erreichen *fig*, zu jdm vordringen *fig*

◆**reach across** *vt, vi see* **reach over**

◆**reach down I.** *vi* ① (*stretch arms downward*) hinuntergreifen, hinunterlangen *fam*, nach unten greifen
② (*extend downward*) hinabreichen; ***her hair ~es down to her waist*** das Haar geht [*o* reicht] ihr bis zur Taille
II. *vt* ■ **to ~ sth down [for sb]** [*or* **to ~ [sb] down sth**] [jdm] etw hinunterreichen

◆**reach out I.** *vt* **to ~ out** ↔ **one's hand [for sth]** die Hand [nach etw *dat*] ausstrecken
II. *vi* die Hand ausstrecken

◆**reach out to** *vi* ■ **to ~ out to sb** ① (*appeal to for help*) sich *akk* [Hilfe suchend] an jdn wenden
② (*offer help*) für jdn da sein *fam*

◆**reach over I.** *vi* hinübergreifen, hinüberlangen *fam*; ***she ~ed over and took his hand in hers*** sie streckte die Hand aus und nahm seine Hand in ihre
II. *vt* ■ **to ~ over sth** über etw *akk* [hinüber]greifen [*o fam* hinüberlangen]

◆**reach up** *vi* ① (*stretch arms upward*) nach oben greifen, hinauflangen *fam*
② (*extend upward*) hinaufreichen

reachable [ˈriːtʃəbl̩] *adj* erreichbar

react [riˈækt] *vi* ① (*respond*) reagieren; ■ **to ~ against sth** etw *dat* widersprechen; *law* etw *dat* zuwiderhandeln; **to ~ quickly/strongly** schnell/heftig reagieren; **to be slow to ~** langsam reagieren; ■ **to ~ to sb/sth** auf jdn/etw reagieren; **to ~ to a stimulus** auf einen Reiz reagieren
② MED ■ **to ~ to sth** auf etw *akk* reagieren [*o* ansprechen]; ■ **to ~ on sth** eine Reaktion bei etw *dat* hervorrufen
③ CHEM ■ **to ~ with sth** mit etw *dat* reagieren

reactant [riˈæktᵊnt, AM -tənt] *n* CHEM Reaktionspartner *m*

reaction [riˈækʃᵊn] *n* ① (*response*) Reaktion *f* (**to** auf +*akk*); ***what was his ~ when you told him you were leaving him?*** wie reagierte er, als du ihm sagtest, du würdest ihn verlassen?; ***there has been a widespread ~ against the government's proposed tax increases*** die von der Regierung vorgesehenen Steuererhöhungen stoßen weitgehend auf Ablehnung; **chain ~** Kettenreaktion *f*
② (*reflexes*) ■ **~s** *pl* Reaktionsfähigkeit *f kein pl*, Reaktionsvermögen *nt kein pl*; **to have quick ~s** ein gutes Reaktionsvermögen haben
③ MED Reaktion *f*; **to cause a ~ in [certain] people** bei [bestimmten] Personen eine Reaktion hervorrufen; **to have an allergic ~ to sth** auf etw *akk* allergisch reagieren
④ CHEM, PHYS Reaktion *f*; **nuclear ~** Kernreaktion *f*
⑤ *no pl* POL (*pej form*) Reaktion *f pej*; **the forces of ~** die reaktionären Kräfte
⑥ (*opposite response*) [Gegen]reaktion *f*; **action and ~** Wirkung *f* und Gegenwirkung *f*, Aktion *f* und Reaktion *f*

reactionary [riˈækʃᵊnᵊri, AM -eri] **I.** *adj* POL (*pej*) reaktionär *pej*
II. *n* POL (*pej*) Reaktionär(in) *m(f) pej*

reactivate [riˈæktɪveɪt, AM -tə-] **I.** *vt* ■ **to ~ sth** etw reaktivieren; ***there are plans to ~ the old railway line*** es gibt Pläne, die alte Eisenbahnstrecke wieder in Betrieb zu nehmen; **to ~d memories for sb** Erinnerungen in jdm wachrufen
II. *vi* wieder aktiv werden; *virus* wieder ausbrechen

reactive [riˈæktɪv] *adj* ① (*showing response*) gegenwirkend
② (*acting in response*) ■ **to be ~** als Gegenreaktion erfolgen
③ PSYCH, MED reaktiv *fachspr*, durch einen Reiz ausgelöst, Abwehr-; **~ disease** [*or* **illness**] reaktive Krankheit
④ CHEM reaktiv, reaktionsfähig; **~ gas** reaktives Gas
⑤ ELEC Blind-; **~ current** Blindstrom *m*

reactor [riˈæktəʳ, AM -tɚ] *n* ① (*sb or sth that reacts*) **to be a quick/slow ~** schnell/langsam reagieren
② NUCL Reaktor *m*; **nuclear ~** Kernreaktor *m*
③ CHEM Reaktionsapparat *m*
④ MED *jd, der auf ein Medikament reagiert*; **to be a non-~** nicht reagieren, keine Wirkung zeigen
⑤ ELEC Induktor *m*

reactor core *n* NUCL Reaktorkern *m*

read¹ [riːd] **I.** *n usu sing* ① BRIT, AUS (*act of reading*) Lesen *nt*; **to have a quiet ~** (*fam*) in Ruhe lesen; **to have a ~ of sth** in etw *akk* hineinschauen *fam*, einen Blick in etw *akk* werfen
② (*fam: book*) **good/bad ~** spannende/langweilige Lektüre; **to be a good ~** sich *akk* gut lesen [lassen]
③ AM (*interpretation*) Lesart *f*
II. *vt* <read, read> ① (*understand written material*) ■ **to ~ sth** etw lesen; *handwriting* etw entziffern; **to ~ sth avidly** etw leidenschaftlich gern lesen; **to ~ sth voraciously** etw geradezu verschlingen; **to ~ a map** eine Karte lesen
② MUS **to ~ music** Noten lesen
③ (*speak aloud*) **to ~ sth aloud** [*or* **out loud**] etw laut vorlesen; ■ **to ~ sb sth** [*or* **sth to sb**] jdm etw vorlesen
④ (*discern*) **to ~ an emotion** ein Gefühl erraten; **to ~ sb's face** in jds Gesicht lesen; **to ~ sth in sb's face** jdm etw vom Gesicht ablesen
⑤ (*interpret*) interpretieren, deuten; ***if I've ~ the situation aright, ...*** wenn ich die Situation richtig verstehe, ...
⑥ (*substitute*) ■ **to ~ sth for sth** statt etw etw heißen; ***on page 19, for Blitish, please ~ British*** auf Seite 19 muss es statt Blitish British heißen
⑦ (*proof-read*) ■ **to ~ sth** etw Korrektur lesen; **to ~ a proof** Korrektur lesen
⑧ POL, LAW **to ~ a bill/measure** eine Gesetzesvorlage/gesetzliche Verfügung lesen
⑨ (*inspect and record*) ■ **to ~ sth** etw ablesen; **to ~ a meter** einen Zählerstand ablesen
⑩ (*show information*) ■ **to ~ sth** etw anzeigen; ***the thermometer is ~ing 40°C in the shade*** das Thermometer zeigt 40°C im Schatten an
⑪ BRIT UNIV (*form*) ■ **to ~ sth** *chemistry, English, history* etw studieren
⑫ COMPUT **to ~ a card** eine Karte [ein]lesen; **to ~ data** Daten lesen; **~/write head** Lese-/Schreibkopf; **~ only** nur zum Lesen; **~-only memory** Festwertspeicher *m*
⑬ RADIO, TELEC ■ **to ~ sb** jdn verstehen; (*fig: understand sb's meaning*) jdn verstehen; ***do you ~ me? — loud and clear*** können Sie mich verstehen? – laut und deutlich; ***I don't ~ you*** ich verstehe nicht, was du meinst
⑭ (*prophesy*) **to ~ sb's palm** jdm aus der Hand lesen; **to ~ the tea leaves** aus dem Kaffeesatz lesen;

R

to ~ sth in the cards etw in den Karten lesen
► PHRASES: **to ~ sb like a book** in jdm lesen können wie in einem [offenen] Buch; **to ~ sb a lecture** (*form*) jdm die Leviten lesen *fam;* **~ my lips!** hör [mal] ganz genau zu!; **to ~ sb's lips** jdm von den Lippen lesen; **to ~ sb's mind** [*or* **thoughts**] jds Gedanken lesen; **to ~ sb the Riot Act** jdm gehörig die Leviten lesen *fam;* **to ~ the runes** BRIT die Zeichen der Zeit erkennen
III. *vi* <read, read> ❶ (*understand written material*) lesen; **to ~ avidly** leidenschaftlich gern lesen; **to ~ voraciously** Bücher geradezu verschlingen; ■**to ~ about** [*or* **of**] **sb/sth** über jdn/etw lesen
❷ (*speak aloud*) **to ~ aloud** [*or* **out loud**] [**to sb**] [jdm] laut vorlesen
❸ (*create impression*) **to ~ well** *book, letter, article, magazine* sich *akk* gut lesen
❹ (*have wording*) lauten; ***there was a sign ~ing "No Smoking"*** auf einem Schild stand „Rauchen verboten"
❺ THEAT, FILM **to ~ for a part** sich *akk* in eine Rolle einlesen
❻ *esp* BRIT UNIV (*form*) ■**to ~ for sth** etw studieren; **to ~ for the Bar** Jura studieren
► PHRASES: **to ~ between the lines** zwischen den Zeilen lesen
◆**read back** *vt* ■**to ~ back** ↔ **sth** etw nochmals gründlich durchlesen
◆**read down** *vt* **to ~ down a list** eine Liste verlesen
◆**read in** *vt* COMPUT **to ~ in data** Daten einlesen
◆**read into** *vt* (*interpret*) **to ~ a meaning/significance into sth** eine Bedeutung in etw *akk* hineininterpretieren; **to ~ too much into sth** zu viel in etw *akk* hineininterpretieren
◆**read off** *vt* ■**to ~ off** ↔ **sth** ❶ (*note exactly*) *measurements, technical readings* etw ablesen
❷ (*enumerate*) etw herunterlesen
◆**read out** *vt* ❶ (*read aloud*) ■**to ~ out** ↔ **sth** etw laut vorlesen [*o form* verlesen]; ■**to ~ out sth to sb** jdm etw laut vorlesen
❷ COMPUT **to ~ out data** Daten auslesen
❸ *esp* AM (*expel*) **to ~ sb out of a body/an organization** jdn aus einem Gremium/einer Organisation ausschließen
◆**read over, read through** *vt* ■**to ~ over** [*or* **through**] ↔ **sth** etw [schnell] durchlesen [*o* überfliegen]
◆**read up I.** *vt* ■**to ~ sb/sth** ↔ **up** sich *akk* über jdn/etw informieren
II. *vi* nachlesen; ■**to ~ up on** [*or* **about**] **sb/sth** sich *akk* über jdn/etw informieren

read² [red] **I.** *vt, vi pt, pp of* read
II. *adj* ► PHRASES: **to take sth as ~** etw als selbstverständlich voraussetzen; ***we will take the minutes as ~*** wir setzen das Protokoll als bekannt voraus

readability [ˌriːdəˈbɪləti, AM -ət̬i] *n no pl* Lesbarkeit *f*

readable [ˈriːdəbl̩] *adj* ❶ (*legible*) lesbar, leserlich
❷ (*enjoyable to read*) lesenswert; **highly ~** sehr lesenswert
❸ (*easy to read*) [gut] lesbar

readdress [ˌriːəˈdres] *vt* ❶ (*write new address*) **to ~ an envelope/a letter/a parcel** einen Umschlag/einen Brief/ein Paket umadressieren
❷ (*re-examine*) **to ~ an issue/a problem** sich *akk* einer Frage/einem Problem erneut zuwenden

reader [ˈriːdəʳ, AM -ɚ] *n* ❶ (*person who reads*) Leser(in) *m(f);* **to be an avid ~ of sth** etw leidenschaftlich gern lesen
❷ (*person who reads aloud*) Vorleser(in) *m(f)*
❸ (*in library*) Leser(in) *m(f)*
❹ PUBL **publisher's ~** [Verlags]lektor(in) *m(f)*
❺ (*proof-corrector*) Lektor(in) *m(f)*
❻ (*book of extracts*) Aufsatzsammlung *f;* SCH Lesebuch *nt;* UNIV Reader *m*
❼ BRIT UNIV ≈ Dozent(in) *m(f);* ***he is a ~ in history at Liverpool*** er ist Dozent für Geschichte in Liverpool
❽ (*device*) Leser *m;* **microfilm/microfiche ~** Mikrofilm-/Mikrofichelesegerät *nt*

readership [ˈriːdəʃɪp, AM -dɚ-] *n + sing/pl vb* ❶ (*readers*) Leserschaft *f,* Leserkreis *m*
❷ BRIT UNIV Dozentenstelle *f*

readily [ˈredɪli] *adv* ❶ (*willingly*) bereitwillig
❷ (*easily*) einfach, ohne weiteres

readiness [ˈredɪnəs] *n no pl* ❶ (*willingness*) Bereitwilligkeit *f,* Bereitschaft *f;* **to declare one's ~ to do sth** sich *akk* bereit erklären, etw zu tun
❷ (*preparedness*) Bereitschaft *f;* ***the scaffolding has been put up in ~ for the repair work*** das Gerüst wurde für die Ausbesserungsarbeiten bereit gehalten
❸ (*quickness*) Schnelligkeit *f*

reading [ˈriːdɪŋ] **I.** *n* ❶ *no pl* (*activity*) Lesen *nt; of a legal document* Verlesen *nt;* **~ and writing** Lesen und Schreiben *nt*
❷ *no pl* (*material to be read*) Lesestoff *m;* **to catch up on one's ~** den Stoff nachholen
❸ *no pl* (*with indication of quality*) **to make** [**good/bad**] **~** eine [gute/schlechte] Lektüre sein; **bedtime ~** Bettlektüre *f;* **compulsory** [*or* **required**] **~** Pflichtlektüre *f;* **light/heavy ~** leichte/[sehr] schwierige Lektüre
❹ (*form: literacy*) Belesenheit *f;* **to be of wide ~** sehr belesen sein
❺ (*recital*) Lesung *f;* **poetry ~** Dichterlesung *f*
❻ REL Lesung *f;* **~s from the Bible** Lesungen *fpl* aus der Bibel
❼ (*interpretation*) *of a literary work, a passage, a sentence* Deutung *f,* Interpretation *f; of a situation, the facts* Einschätzung *f*
❽ (*amount shown*) Anzeige *f;* **meter ~** Zählerstand *m;* **to take a ~ of sth** etw ablesen
❾ POL Lesung *f;* **to give a bill its first/second/third ~** über ein Gesetz in erster/zweiter/dritter Lesung beraten
❿ COMPUT Ablesewert *m*
II. *n modifier* (*relating to reading*) Lese-; **~ material** Lesestoff *m,* Lektüre *f;* **~ speed** Lesegeschwindigkeit *f;* **~ skills** Lesefähigkeit *f kein pl,* Fähigkeit *f* zu lesen

reading age *n* **to have a ~ of seven** wie eine Siebenjährige lesen [können] **reading book** *n* Lesebuch *nt* **reading glasses** *npl* Lesebrille *f* **reading knowledge** *n no pl* ***I've got a good ~ of French*** ich kann Französisch gut lesen **reading lamp** *n* Leselampe *f* **reading list** *n* Lektüreliste *f,* Leseliste *f* **reading public** *n* Leserschaft *f* **reading room** *n* Lesesaal *m*

readjust [ˌriːəˈdʒʌst] **I.** *vt* ■**to ~ sth** ❶ (*correct*) etw [wieder] neu anpassen; ***he ~ed his tie*** er rückte seine Krawatte zurecht
❷ TECH *machine* etw neu einstellen
II. *vi* ❶ (*adjust again*) *objects, machines* sich *akk* neu einstellen; *clock* sich *akk* neu stellen
❷ (*readapt*) ■**to ~ to sth** sich *akk* wieder an etw *akk* gewöhnen

readjustment [ˌriːəˈdʒʌstmənt] *n* ❶ TECH Neueinstellung *f,* Korrektur *f*
❷ POL Neuorientierung *f,* Neuausrichtung *f*
❸ ECON Anpassung *f,* Neuregelung *f*

read-only *adj* COMPUT Nur-Lese-, Fest- **read-only memory** *n* COMPUT Festspeicher *m,* ROM *m o nt* **read-out** *n* COMPUT [Sicht]anzeige *f* **read-through** *n* THEAT Durchlesen *nt* (*von Rollentexten*) **read-write head** *n* COMPUT Schreib-Lese-Kopf *m*

ready [ˈredi] **I.** *adj* ❶ *pred* (*prepared*) fertig, bereit; ***are you ~? — I'm ~ if you are*** bist du bereit? – ich bin fertig, wenn du so weit bist; **to be ~** [**for sth**] [für etw *akk*] bereit sein; **to get** [*or* **make**] **~** [**for sth**] sich *akk* [für etw *akk*] fertig machen; ***I hope you have made ~ for the trip*** ich hoffe, du bist reisefertig; ■**to be ~ to do sth** bereit sein, etw zu tun; ***the waiter asked, "are you ~ to order?"*** der Ober fragte: „haben Sie schon gewählt?"; **to get ~ to get out/leave** sich *akk* zum Ausgehen/Weggehen fertig machen; **to get** [*or* **make**] **sth ~** etw fertig machen; **to get a meal ~** ein Essen vorbereiten; **to get sb ~** [**for sth**] jdn [auf etw *akk*] vorbereiten; **to be ~ and waiting** bereit sein
❷ (*willing*) ■**to be ~ to do sth** bereit sein, etw zu tun; ■**to be ~ with sth** etw gerne [*o* bereitwillig] geben; ***he is always ~ with compliments*** er verteilt gerne Komplimente
❸ (*on verge of*) ■**to be ~ to do sth** kurz davor stehen, etw zu tun; ***he looked ~ to collapse*** er sah aus, als würde er gleich zusammenbrechen
❹ (*immediately available*) verfügbar; **~ supply** sofort verfügbarer Nachschub; **~ to hand** zur Hand, griffbereit
❺ *attr* (*esp approv: quick*) prompt, schnell; **to find ~ acceptance** bereitwillig aufgenommen werden; **~ access** schneller Zugang; **~ mind** wacher Verstand; **to have a ~ reply** immer eine Antwort parat haben; **to have a ~ tongue** [*or* **wit**] schlagfertig sein; **to be too ~ to do sth** etw allzu schnell tun
❻ (*fam: desirous*) ■**to be ~ for sth** etw wollen; (*in need of*) etw brauchen; **to be ~ for a drink** etw zum Trinken brauchen [*o* trinken müssen]; **to be ~ for a fight** kämpfen wollen
► PHRASES: **~, steady, go!** BRIT SPORTS auf die Plätze, fertig, los!
II. *n* (*money*) ■**readies** [*or* **the ~**] *pl* BRIT (*fam*) Bare(s) *nt kein pl fam;* **to be short of the ~** nicht flüssig [*o* knapp bei Kasse] sein *fam*
► PHRASES: **at the ~** bereit; ***he stood by the phone, pencil at the ~*** er stand mit gezücktem Bleistift am Telefon
III. *vt* <-ie-> ■**to ~ sb/sth** [**for sth**] jdn/etw [für etw *akk*] bereit machen

ready cash *n see* ready money **ready-made** *adj* ❶ (*ready for use*) gebrauchsfertig; FOOD fertig; **~ meal** Fertiggericht *nt* ❷ FASHION Konfektions-; **~ clothing/suit** Konfektionskleidung *f*/-anzug *m* ❸ (*available immediately*) vorgefertigt; **to have a ~ answer/excuse** eine Antwort/Entschuldigung parat haben **ready-mixed** *adj inv* gebrauchsfertig **ready money** *n no pl* (*fam*) Bare(s) *nt fam,* Bargeld *nt* **ready reckoner** *n* BRIT Rechentabelle *f* **ready-to-wear** *adj* Konfektions-; **~ clothes** Konfektionskleidung *f*

reaffirm [ˌriːəˈfɜːm, AM -ˈfɜːrm] *vt* **to ~ sth** etw bestätigen; **to ~ one's belief/one's intentions** seine Überzeugung/seine Absichten erneut beteuern; **to ~ one's commitment/support** seine Einsatzbereitschaft/Unterstützung nochmals betonen; **to ~ one's opposition** seinen Widerstand nochmals zum Ausdruck bringen

reaffirmation [ˌriːæfəˈmeɪʃən, AM -fɜːrˈ-] *n no pl* [wiederholte] Bestätigung

reafforest [ˌriːəˈfɒrɪst, AM -ˈfɔːr-] *vt* BRIT, AUS ECOL *see* **reforest**

reafforestation [ˌriːəˌfɒrɪˈsteɪʃən, AM -ˌfɔːr-] *n no pl* BRIT, AUS ECOL *see* **reforestation**

reagent [ˌriːˈeɪdʒənt] *n* CHEM Reagens *nt,* Reagenz *nt*

real [rɪəl, AM riːl] **I.** *adj* ❶ (*not imaginary*) wirklich, real; *things* dinglich, Sach-; *land* unbeweglich; **in ~ life** im wirklichen Leben; **the ~ world** die wirkliche Welt
❷ (*genuine*) echt; ***she is a ~ godsend*** sie ist wahrhaft ein Geschenk des Himmels; **~ beauty** wahre Schönheit; **~ danger** echte Gefahr; **made of ~ leather/silver** aus echtem Leder/Silber gefertigt; **~ pleasure** wahre Freude; ***it's a ~ pleasure to meet you*** ich bin sehr erfreut, Sie kennen zu lernen; **to be one's ~ self** sich *akk* so geben, wie man ist, ganz man selbst sein; **~ threat** wirkliche [*o* reale] Bedrohung
❸ (*for emphasis*) **~ bargain** echt günstiges Angebot [*o fam* Schnäppchen] *nt;* **to be a ~ dump** die reinste Müllkippe sein *fam*
❹ FOOD unbehandelt; **~ coffee** Bohnenkaffee *m*
❺ (*hum: proper*) **a ~ man** ein richtiger Mann; **a ~ gentleman** ein wahrer Gentleman
❻ (*fam: utter*) **a ~ disaster** eine echte Katastrophe *fam*
❼ *attr* FIN, ECON effektiv, real, Real-; **~ earnings** [*or* **income**] Realeinkommen *nt,* effektives Einkommen; **in ~ terms** effektiv; **~ wages** Reallohn *m*
❽ MATH **~ number** reelle Zahl; **~ quantity** reale

Menge
❾ PHOT ~ **image** reales [*o* echtes] Bild
▸ PHRASES: **to be the ~ McCoy** (*fam*) der/die/das einzig Wahre sein *fam;* **the ~ thing** (*not fake*) das Echte [*o* Wahre]; (*true love*) die wahre Liebe; **to look like the ~ thing** echt aussehen; **get ~!** *esp* AM (*fam*) mach dir doch nichts vor!; **for ~** (*fam*) echt, wahr; ***is this letter a joke or is it for ~?*** ist dieser Brief ein Scherz oder [ist er] ernst gemeint?
II. *adv esp* AM (*fam*) wirklich *fam,* total *sl,* echt *sl;* ***this lemonade is ~ good!*** diese Limonade schmeckt wirklich toll!

real ale *n no pl esp* BRIT FOOD Real Ale *nt,* echtes Ale

real estate *n no pl esp* AM, AUS ARCHIT Immobilien *fpl;* **a piece of ~** ein Immobilienobjekt *nt* **real estate agent** AM, AUS, **real estate broker** *n* AUS ARCHIT Immobilienmakler(in) *m(f); see also* **estate agent real estate developer** *n* AM Immobilienhändler(in) *m(f)*

realign [ˌriːəˈlaɪn] *vt* ❶ (*align again*) ■**to ~ sth** etw neu ordnen; **to ~ books** Bücher umsortieren; **to ~ a joint** eine Nahtstelle richten
❷ POL **to ~ one's policies** sein Parteiprogramm neu ausrichten; **to ~ with the opposition** sich *akk* der Opposition anschließen

realignment [ˌriːəˈlaɪnmənt] *n* ❶ (*new alignment*) Neuordnung *f,* Neuaufstellung *f;* TECH [neuerliches] Fluchten; AUTO [neuerliche] Spureinstellung
❷ POL Neuordnung *f,* Neugruppierung *f*

real income *n,* **real wages** *npl* ECON Realeinkommen *nt* **real interest rate** *n* Realzins *m*

realism [ˈrɪəlɪzᵊm, AM ˈriː-] *n no pl* ❶ (*attitude*) Wirklichkeitssinn *m,* Realitätssinn *m,* Realismus *m*
❷ ART, LIT Realismus *m*
❸ PHILOS Realismus *m*

realist [ˈrɪəlɪst, AM ˈriː-] **I.** *n* ❶ (*realistic person*) Realist(in) *m(f)*
❷ ART, LIT Realist(in) *m(f),* Vertreter(in) *m(f)* des Realismus
II. *n modifier* ART, LIT realistisch; **~ painter** Maler(in) *m(f)* des Realismus, realistischer Maler/realistische Malerin

realistic [ˌrɪəˈlɪstɪk, AM ˌriːəˈ-] *adj* ❶ (*practical*) realistisch; ***I wish Jason were more ~*** ich wünschte, Jason hätte etwas mehr Sinn für die Realität; ■**to be ~ about sth** etw [ganz] realistisch sehen
❷ ART, LIT realistisch

realistically [ˌrɪəˈlɪstɪkli, AM ˌriːəˈ-] *adv* realistisch

reality [riˈæləti, AM -əṭi] *n* ❶ *no pl* (*the actual world*) Realität *f,* Wirklichkeit *f;* **to be in/out of touch with ~** den Sinn für die Realität haben/verloren haben; **to bear little resemblance to ~** wenig mit der Realität zu tun haben; **to come back to ~** auf den Boden der Tatsachen zurückkehren; **to escape from ~** vor der Realität flüchten; **to face** [*or* **confront**] **~** den Tatsachen ins Auge sehen, sich *akk* der Realität stellen; **to lose touch with ~** den Sinn für die Realität verlieren; **the ~ of the situation is that ...** die tatsächliche Situation sieht so aus, dass ...
❷ (*fact*) Tatsache *f;* **harsh ~** harte Tatsache; **to become a ~** wahr werden, sich *akk* verwirklichen; **to make one's ambition/goal/plan a ~** seine Ambitionen/sein Ziel/seinen Plan in die Tat umsetzen; **to make sb's dream a ~** jds Traum wahr werden lassen
❸ *no pl* ART, LIT Realität *f; of a portrayal, painting* Naturtreue *f*
▸ PHRASES: **in ~** in Wirklichkeit, tatsächlich

reality check *n* (*fam*) Augenöffner *m fig fam;* ■**to do a ~** der Wahrheit ins Auge blicken

realizable [ˌrɪəˈlaɪzəbḷ, AM ˌriːəˈ-] *adj* ❶ (*able to happen*) realisierbar, umsetzbar
❷ FIN realisierbar *fachspr,* veräußerbar

realization [ˌrɪəlaɪˈzeɪʃᵊn, AM ˌriːəlɪˈ-] *n* ❶ (*awareness*) Erkenntnis *f;* ***the ~ was dawning that ...*** allmählich dämmerte ihnen, dass ...; **sobering ~** ernüchternde Erkenntnis
❷ *no pl* (*fulfilment*) Realisierung *f,* Verwirklichung *f,* Ausführung *f;* ECON *also* Durchführung *f;* **the ~ of a project** die Ausführung eines Planes
❸ *no pl* FIN Realisierung *f fachspr,* Veräußerung *f;* **~ of assets** Veräußerung *f* von Vermögenswerten; **~ of profits** Gewinnerzielung *f*

realize [ˈrɪəlaɪz, AM ˈriːə-] *vt* ❶ (*be aware of*) ■**to ~ sth** sich *dat* einer S. *gen* bewusst [*o* über etw *akk* im Klaren] sein; (*become aware of*) etw erkennen [*o* begreifen], sich *dat* einer S. *gen* bewusst werden, sich *dat* etw klar machen, sich *dat* über etw *akk* im Klaren sein; ***you're standing on my foot — sorry, I didn't ~*** du stehst auf meinem Fuß – entschuldige, das habe ich gar nicht gemerkt; ***I ~ how difficult it's going to be*** mir ist klar, wie schwierig das sein wird; ■**to ~ that ...** bemerken [*o* erkennen], dass ...
❷ (*make real*) ■**to ~ sth** etw realisieren [*o* verwirklichen]; (*come true*) *fears* sich *akk* bewahrheiten; **to ~ one's potential** sich *akk* verwirklichen; **to ~ a wish** einen Wunsch erfüllen
❸ ART, LIT **to ~ a film/play** einen Film/ein Stück [künstlerisch] umsetzen
❹ FIN ■**to ~ sth** etw veräußern [*o fachspr* realisieren], etw zu Geld machen *fam;* **to ~ assets** Vermögenswerte veräußern; **to ~ a price/profit** einen Preis/Gewinn erzielen; FIN **~d profit** erzielter Gewinn

real life I. *n* reales Leben
II. *n modifier* ■**real-life** real; **to be based on a ~ story** auf einer wahren Begebenheit beruhen

reallocate [ˌriːˈæləkeɪt] *vt* ■**to ~ sb/sth** [**to sb/sth**] [*or* [**sb/sth**] **sb/sth**] jdn/etw [jdm/etw *dat*] neu zuteilen [*o* zuweisen]

really [ˈrɪəli, AM ˈriːə-] **I.** *adv* ❶ (*in fact*) wirklich; ***the film was ~ quite good/ quite good ~*** der Film war wirklich ziemlich gut/recht gut
❷ (*used to stress sth*) tatsächlich, wirklich; ***I ~ don't think that this is of any importance to us*** ich glaube wirklich nicht, dass das eine Rolle für uns spielt; ***the film was ~ good*** der Film war echt stark *fam*
❸ (*seriously*) ernsthaft; ***did you ~ believe that ...*** haben Sie im Ernst geglaubt, dass ...
▸ PHRASES: **to be ~ something** schon etwas [Tolles] sein *fam;* ***wow! your new car is ~ something!*** Mann! dein neues Auto macht ganz schön was her! *fam*
II. *interj* ❶ (*indicating surprise, disbelief*) wirklich, tatsächlich; ***I'm getting married to Fred — ~? when?*** Fred und ich werden heiraten – nein, wirklich? wann denn?
❷ (*indicating annoyance*) also wirklich, [also] so was; ***well, ~! I think he might have called us!*** nein, wirklich! ich finde, er hätte uns [wenigstens] anrufen können!
❸ AM (*indicating agreement*) in der Tat

realm [relm] *n* ❶ (*dated liter: kingdom*) [König]reich *nt;* **in the coin of the ~** in der Landeswährung; **in defence of the ~** (*form*) in Verteidigung des Landes; **Defence of the R~ Act** BRIT Ermächtigungsgesetz *nt* zur Verteidigung des Königreiches; **peer of the ~** Peer *m,* Mitglied *nt* des britischen Oberhauses
❷ (*sphere of interest*) Bereich *m;* **to** [**not**] **be within the ~**[**s**] **of possibility** [nicht] im Bereich des Möglichen liegen

real number *n* MATH reelle Zahl

realpolitik [reɪˈɑːlpɒlɪˌtiːk, AM -poʊlɪ-] *n no pl, no art* Realpolitik *f*

real property *n no pl* BRIT Grundbesitz *m,* Immobilien *fpl* **real tennis** *n no pl* BRIT *ursprüngliche Form des Tennis* **real time I.** *n* Echtzeit *f,* Realtime *f* **II.** *n modifier* COMPUT ■**real-time** Realzeit-, Echtzeit-; **~ application** Anwendung *f* im Echtzeitbetrieb; **~ control program** Echtzeitsteuerprogramm *nt*

realtor [ˈriːəltəʳ] *n* AM Grundstücksmakler(in) *m(f),* Immobilienmakler(in) *m(f)*

realty [ˈrɪəlti, AM ˈriːəlti] *n no pl* Immobilien *fpl,* Grundbesitz *m;* LAW Rechte *ntpl* an Grund und Boden

ream¹ [riːm] *n* ❶ (*500 sheets*) [altes] Ries *veraltet*
❷ (*fam*) ■**~s** *pl* Bände *mpl*

ream² [riːm] *vt* ❶ (*widen*) **to ~ a bore/a hole** ein Bohrloch/ein Loch größer machen
❷ AM **to ~ fruit** Obst auspressen
❸ AM (*vulg sl*) ■**to ~ sb** jdn in den Arsch ficken *vulg*
▸ PHRASES: **to ~ sb's ass** [*or* **butt**] AM (*vulg sl*) jdn zusammenscheißen *vulg*
◆**ream out** *vt* AM (*fam*) ■**to ~ out** ⟲ **sb** jdn zusammenstauchen [*o* rüffeln] *fam,* jdm den Kopf waschen *fam*

reamed [riːmd] *adj* (*fam!*) verarscht *derb*

reamer [ˈriːməʳ, AM -ɚ] *n* Reibahle *f*

reanimate [riˈænɪmeɪt] *vt* ❶ (*revive*) ■**to ~ sb** jdn wiederbeleben
❷ (*give fresh activity to*) ■**to ~ sth** [neuen] Schwung in etw *akk* bringen, etw [neu] beleben; ■**to ~ sb** jdm neuen Schwung [*o* Elan] geben

reanimation [ˌriːænɪˈmeɪʃᵊn] *n no pl* Reanimation *f fachspr,* Wiederbelebung *f;* (*fig*) *of an artist, actor, singer* Come-back *nt*

reap [riːp] *vt* ❶ (*gather*) **to ~ the crops** ernten; **to ~ a field** ein Feld abernten
❷ (*fig: receive*) ■**to ~ sth** etw ernten *fig;* ***only years later he ~ed the rewards of his earlier investments*** erst Jahre später machten sich seine früheren Investitionen für ihn bezahlt; **to ~ the benefits** [*or* **rewards**] [**of sth**] [für etw *akk*] entlohnt werden; **to ~ profits** Gewinne realisieren
▸ PHRASES: **to ~ the fruits of one's labours** die Früchte seiner Arbeit ernten; **to ~ the bitter harvest** [*or* **fruits**] [**of sth**] den Preis [für etw *akk*] bezahlen müssen *fig,* [für etw *akk*] büßen müssen; **to ~ a rich harvest from sth** reichlich von etw *dat* profitieren; **he who sows the wind shall ~ the whirlwind** (*prov*) wer Wind sät, wird Sturm ernten *prov;* **to ~ what one has sown** ernten, was man gesät hat

reaper [ˈriːpəʳ, AM -ɚ] *n* ❶ (*dated: person*) Mäher(in) *m(f) veraltet,* Schnitter(in) *m(f) veraltet liter*
❷ (*dated: machine*) Mähmaschine *f*
▸ PHRASES: **the Grim R~** der Sensenmann *euph*

reaper-binder *n* AGR (*dated*) Mähbinder *m*

reaping hook *n* AGR (*dated*) Sichel *f*

reappear [ˌriːəˈpɪəʳ, AM -ˈpɪr] *vi* wieder auftauchen; *moon, sun* wieder zum Vorschein kommen

reappearance [ˌriːəˈpɪərᵊn(t)s, AM -ˈpɪr-] *n* Wiederauftauchen *nt kein pl,* erneutes Erscheinen

reapply <-ie-> [ˌriːəˈplaɪ] **I.** *vi* ■**to ~ for sth** sich *akk* nochmals um etw *akk* bewerben; LAW etw erneut beantragen
II. *vt* ❶ (*apply differently*) **to ~ a principle/rule** ein Prinzip/eine Regel anders anwenden
❷ (*spread again*) ■**to ~ sth** etw erneut auftragen

reappoint [ˌriːəˈpɔɪnt] *vt* ■**to ~ sb** jdn wieder einstellen

reappointment [ˌriːəˈpɔɪntmənt] *n* Wiederernennung *f,* Wiederanstellung *f*

reappraisal [ˌriːəˈpreɪzᵊl] *n* ❶ (*new assessment*) Neubewertung *f,* Neubeurteilung *f*
❷ FIN Neuschätzung *f*

reappraise [ˌriːəˈpreɪz] *vt* ❶ (*assess again*) ■**to ~ sb/sth** jdn/etw neu bewerten; **to ~ a situation** eine Situation neu beurteilen
❷ FIN ■**to ~ sth** den Wert einer S. *gen* neu schätzen

rear¹ [rɪəʳ, AM rɪr] **I.** *n* ❶ (*back*) ■**the ~** der hintere Teil; ***we went to the ~ of the house*** wir gingen hinter das Haus
❷ MIL Nachhut *f*
❸ ANAT (*fam: buttocks*) Hintern *m fam;* **a kick in the ~** ein Tritt *m* in den Hintern; **to be a pain in the ~** einem [fürchterlich] auf den Wecker gehen *fam*
▸ PHRASES: **to bring up the ~** [**of sth**] die Nachhut [einer S. *gen*] bilden
II. *adj attr, inv* ❶ (*backward*) hintere(r, s), Hinter-; **~ entrance** Hintereingang *m;* **~ legs** *of an animal* Hinterbeine *ntpl*
❷ AUTO Heck-; **~ axle/wheel** Hinterachse *f*/-rad *nt;* **~ seat** Rücksitz *m;* **~ window** Heckscheibe *f*

rear² [rɪəʳ, AM rɪr] **I.** *vt* ❶ *usu passive* (*bring up*) **to ~ an animal** ein Tier aufziehen; **to ~ a child** ein Kind

großziehen [*o* aufziehen]
❷ (*breed*) **to ~ livestock** Vieh züchten; **to hand-~ an animal** ein Tier aufziehen
❸ (*cultivate*) **to ~ crops/plants** Getreide/Pflanzen anbauen
❹ (*raise*) **to ~ one's head** den Kopf heben
❺ (*form: erect*) **to ~ a structure** ein Gebäude errichten
► PHRASES: **to ~ its [ugly] head** (*pej*) seine [hässliche] Fratze zeigen *pej*
II. *vi* ❶ (*rise up on hind legs*) *horse, pony* sich *akk* aufbäumen
❷ (*rise high*) ■**to ~ above** [*or* **over**] **sth** *building, mountain* sich *akk* über etw *akk* erheben, etw überragen
◆**rear up** *vi* ❶ (*rise up on hind legs*) *horse* sich *akk* aufbäumen; *four-legged animal* sich *akk* aufrichten
❷ (*rise high*) *building, mountain* sich *akk* erheben
❸ (*exhibit anger*) sich *akk* auf die Hinterbeine stellen

rear admiral *n* MIL Konteradmiral(in) *m(f)* **rear echelon** *n* MIL rückwärtiger Stab **rear end** *n* ❶ (*back end*) hinteres Ende ❷ (*euph fam: buttocks*) Hinterteil *nt fam;* **to work one's ~ off** (*sl*) sich *akk* abrackern *fam* **rear-end** *vt* (*fam*) ■**to ~ sb** jds Wagen von hinten rammen; **to ~ a vehicle** auf das Heck eines Wagens auffahren **rear-engined** *adj* mit Heckantrieb *nach n;* ■**to be ~** Heckantrieb haben

rearguard [ˈrɪəgɑːd, AM ˈrɪrgɑːrd] *n no pl* MIL Nachhut *f*

rearguard action *n* MIL Nachhutgefecht *nt;* **to fight a ~** (*fig*) versuchen zu retten, was zu retten ist

rear lamp, rear light *n esp* BRIT Rücklicht *nt*

rearm [ˌriːˈɑːm, AM -ˈɑːrm] **I.** *vt* ■**to ~ sb** jdn wieder aufrüsten
II. *vi* sich *akk* wieder bewaffnen

rearmament [riˈɑːməmənt, AM -ˈɑːr-] *n no pl* Wiederbewaffnung *f; of a country* Wiederaufrüstung *f*

rearmost [ˈrɪəməʊst, AM ˈrɪrmoʊst] *adj attr, inv* ■**the ~ …** der/die/das hinterste …

rearrange [ˌriːəˈreɪndʒ] *vt* ■**to ~ sth** ❶ (*arrange differently*) etw umstellen [*o* umräumen]; ***he ~d his limbs into a more comfortable position*** er nahm eine bequemere Position ein
❷ (*change*) ■**to ~ sth [for sth]** etw [zeitlich] [auf etw *akk*] verlegen; **to ~ the order of sth** die Reihenfolge von etw *dat* ändern

rearrangement [ˌriːəˈreɪndʒmənt] *n* Umstellen *nt kein pl;* **~s of a molecule's structure** Veränderungen *fpl* an der Struktur eines Moleküls

rear view mirror *n* AUTO Rückspiegel *m*

rearward [ˈrɪəwəd, AM ˈrɪrwɚd] **I.** *adj* hintere(r, s), rückwärtige(r, s)
II. *adv* nach hinten
III. *n* (*liter*) Rückseite *f;* ■**to** [*or* **in**] [*or* **at**] [*or* **on**] **the ~ of sb/sth** hinter jdm/etw

rear-wheel drive *n* AUTO Hinterradantrieb *m*

reason [ˈriːzᵊn] **I.** *n* ❶ (*cause*) Grund *m* (**for** für +*akk*); ***the ~ [that] I'm asking is that …*** der Grund, warum ich frage, ist, dass …; ***for ~s best known to herself, she's decided to …*** aus Gründen, die nur sie allein kennt, hat sie beschlossen, …; ***the ~ why …*** der Grund, warum …; **for ~s of health** aus gesundheitlichen Gründen; **not guilty by ~ of insanity** LAW nicht schuldig wegen Unzurechnungsfähigkeit; **to have every/good/no ~ to do sth** allen/guten/keinen Grund haben, etw zu tun; ***give me one good ~ why …*** nenne mir einen guten Grund, warum …; **for no particular ~** aus keinem besonderen Grund; **for personal ~s** aus persönlichen Gründen; **for some ~** aus irgendeinem Grund
❷ *no pl* (*good cause*) Grund *m;* **to do sth with ~** etw aus gutem Grund tun; ***she was furious, and with ~*** sie war wütend, und das aus gutem Grund
❸ (*premise*) Voraussetzung *f*
❹ *no pl* (*power to think*) Denkvermögen *nt;* **the power of ~** logisches Denkvermögen
❺ (*common sense*) Vernunft *f;* ***you can choose your own gift, within ~*** wenn es im Rahmen bleibt, kannst du dir dein Geschenk selbst aussuchen; **the Age of R~** das Zeitalter der Vernunft; **to reach the age of ~** vernünftig werden; **to be** [*or* **go**] **beyond all ~** vollkommen unsinnig sein; **to see** [*or* **listen to**] **~** auf die Stimme der Vernunft hören; ***they tried to persuade him, but he wouldn't listen to ~*** sie versuchten, ihn zu überreden, aber er ließ sich einfach nichts sagen; **it stands to ~ that …** es ist logisch, dass …
❻ (*sanity*) Verstand *m;* **to lose one's ~** den Verstand verlieren
► PHRASES: **for ~s of <u>state</u>** aus Gründen der Staatsräson; **<u>by</u> ~ of sth** aufgrund [*o* wegen] einer S. *gen*
II. *vi* ❶ (*form judgments*) ■**to ~ from sth** von etw *dat* ausgehen; ***~ing from past experience, she was convinced that …*** aufgrund ihrer [früheren] Erfahrung war sie davon überzeugt, dass …
❷ (*persuade*) ■**to ~ with sb** vernünftig mit jdm reden; ***the police ~ed with the hijackers to at least let the children go*** die Polizei versuchte, die Kidnapper zu überreden, wenigstens die Kinder freizulassen; ■**to ~ with sb that …** jdm klarmachen, dass …
III. *vt* ❶ (*use logic*) ■**to ~ that …** schlussfolgern, dass …
❷ (*persuade*) ■**to ~ sb into [doing] sth** jdn zu etw *dat* überreden; ■**to ~ sb out of [doing] sth** jdm etw ausreden
◆**reason out** *vt* ■**to ~ out ↔ sth** etw folgern

reasonable [ˈriːzᵊnəbl̩] *adj* ❶ (*sensible*) *person, answer* vernünftig; ***her story is ~*** ihre Geschichte klingt ganz vernünftig
❷ (*understanding*) *person* einsichtig, verständig; ***be ~!*** sei [doch] vernünftig!
❸ (*justified*) angebracht; ***it's only ~ that we allow you this*** es ist nur recht und billig, dass wir Ihnen dies gestatten; **beyond [a] ~ doubt** ohne [jeden] berechtigten Zweifel
❹ (*decent*) relativ gut, [ganz] passabel; ***the meal was ~*** das Essen war in Ordnung; **~ chance** reelle Chance; **~ compromise** akzeptabler [*o* vernünftiger] Kompromiss; **~ offer** akzeptables Angebot
❺ (*inexpensive*) annehmbar; **~ prices** reelle [*o fam* zivile] Preise

reasonableness [ˈriːzᵊnəbl̩nəs] *n no pl* ❶ (*quality of being sensible*) Vernünftigkeit *f*
❷ (*quality of being moderate*) Angemessenheit *f,* Vertretbarkeit *f*

reasonably [ˈriːzᵊnəbli] *adv* ❶ (*in a sensible manner*) vernünftig
❷ (*justifiably*) **to ~ believe** vernünftigerweise glauben
❸ (*fairly*) ziemlich, ganz; **~ good** ziemlich gut, ganz passabel *fam;* **to be ~ lucky** einigermaßen Glück haben
❹ (*inexpensively*) **~ priced** preiswert, günstig

reasoned [ˈriːzᵊnd] *adj* **well/poorly ~** gut/schlecht durchdacht

reasoning [ˈriːzᵊnɪŋ] **I.** *n no pl* logisches Denken, Logik *f;* **to follow sb's ~** jds Gedankengang [*o* Argumentation] folgen; **the ~ behind sth** die Logik hinter etw *dat*
II. *n modifier* **~ ability** [*or* **power**] logisches Denkvermögen

reassemble [ˌriːəˈsembl̩] **I.** *vi* sich *akk* wieder versammeln, wieder zusammentreten
II. *vt* ■**to ~ sth** etw wieder zusammenbauen

reassembly [ˌriːəˈsembli] *n no pl* nochmaliger Zusammenbau, nochmalige Montage

reassert [ˌriːəˈsɜːt, AM ˈsɜːrt] *vt* ■**to ~ sth** ❶ (*state again*) etw erneut zum Ausdruck bringen, etw [nochmals] hervorstreichen
❷ (*claim*) etw geltend machen; ***by his victory the Prime Minister has ~ed his shattered authority*** mit seinem Sieg hat der Premierminister seine angeschlagene Autorität wieder gestärkt

reassess [ˌriːəˈses] *vt* ■**to ~ sth** etw neu bewerten [*o* beurteilen]; FIN, ECON etw veranlagen, etw neu schätzen

reassessment [ˌriːəˈsesmənt] *n* Neubewertung *f,* Neubeurteilung *f,* Neuveranlagung *f,* Neuschätzung *f*

reassign [ˌriːəˈsaɪn] *vt* ❶ (*reappoint*) **to ~ sb to a different post** jdn versetzen, jdm eine andere Stelle zuteilen; **to ~ sb to a different task** jdm eine andere Aufgabe zuweisen
❷ (*distribute differently*) **to ~ resources/work** Ressourcen/Arbeit neu verteilen

reassignment [ˌriːəˈsaɪnmənt] *n* ❶ (*reappointment*) Versetzung *f*
❷ (*redistribution*) Neuverteilung *f*

reassume [ˌriːəˈsjuːm, AM ˈsuːm] *vt* ■**to ~ sth** *attitude, posture* etw wieder annehmen; *office, activity* etw wieder aufnehmen; **to ~ control** die Kontrolle wieder übernehmen; *position, place* etw wieder einnehmen

reassurance [ˌriːəˈʃʊərᵊn(t)s, AM -ˈʃʊr-] *n* ❶ *no pl* (*action*) Bestärkung *f;* ***I was in desperate need of some ~*** ich brauchte dringend etwas, das mir den Rücken stärkte
❷ (*statement*) Versicherung *f,* Beteuerung *f;* ***despite her father's ~s she was still frightened of the dark*** obwohl ihr Vater ihr beruhigend zuredete, hatte sie immer noch Angst im Dunkeln
❸ ECON Rückversicherung *f*

reassure [ˌriːəˈʃʊəʳ, AM -ˈʃʊr] *vt* ■**to ~ sb** ❶ (*soothe*) jdn [wieder] beruhigen; ***he ~d me that my cheque would arrive soon*** er versicherte mir, dass mein Scheck bald eintreffen würde; ***I was nervous on my first day at college, but I was ~d to see some friendly faces*** an meinem ersten Tag im College war ich nervös, aber es machte mir Mut, einige freundliche Gesichter zu sehen
❷ ECON (*insure*) jdn rückversichern

reassuring [ˌriːəˈʃʊərɪŋ, AM -ˈʃʊr-] *adj* beruhigend

reassuringly [ˌriːəˈʃʊərɪŋli, AM -ˈʃʊr-] *adv* beruhigend

reawaken [ˌriːəˈweikᵊn] **I.** *vt* ■**to ~ sth** etw wieder erwecken, etw erneut wachrufen
II. *vi* wieder erwachen, wachgerufen werden

rebarbative [rɪˈbɑːbətɪv, AM ˈbɑːrbət̬ɪv] *adj* (*form*) widerwärtig, abschreckend

rebate [ˈriːbeɪt] *n* ❶ (*refund*) Rückzahlung *f,* Rückvergütung *f;* **tax ~** Steuerrückzahlung *f*
❷ (*discount*) [Preis]nachlass *m*

rebel I. *n* [ˈrebᵊl] ❶ (*against government*) Rebell(in) *m(f),* Aufständische(r) *f(m)*
❷ (*against authority*) Rebell(in) *m(f)*
II. *n* [ˈrebᵊl] *modifier* ❶ *army, guerrillas, forces* aufständisch, rebellierend
❷ *person* rebellisch
III. *vi* <-ll-> [rɪˈbel] ❶ (*oppose*) ■**to ~ [against sb/sth]** [gegen jdn/etw] rebellieren, sich *akk* [gegen jdn/etw] erheben
❷ (*show repugnance*) rebellieren; ***his conscience ~led at the thought of keeping the stolen money*** sein Gewissen plagte ihn bei dem Gedanken, das gestohlene Geld zu behalten

rebellion [rɪˈbeliən, AM -jən] *n* ❶ *no pl* (*resistance to government*) Rebellion *f;* (*resistance to authority*) Rebellion *f fig,* heftiger Widerstand; **open ~** offene Rebellion; ■**to be in ~ [against sth]** [gegen etw *akk*] rebellieren, sich *akk* [gegen etw *akk*] auflehnen
❷ (*instance of this*) [Rebellen]aufstand *m*

rebellious [rɪˈbeliəs, AM -jəs] *adj* ❶ (*insubordinate*) *child* aufsässig, widerspenstig
❷ POL rebellierend, aufständisch
❸ (*unmanageable*) *hair* widerspenstig

rebelliously [rɪˈbeliəsli, AM -jəs-] *adv* rebellisch

rebelliousness [rɪˈbeliəsnəs, AM -jəs-] *n no pl* Aufsässigkeit *f,* Widerspenstigkeit *f*

rebel yell *n* AM (*hist*) [*Kampf*]*schrei konföderierter Soldaten im Amerikanischen Bürgerkrieg*

rebirth [ˌriːˈbɜːθ, AM -ˈbɜːrθ] *n no pl* ❶ (*reincarnation*) Wiedergeburt *f,* Reinkarnation *f;* **to experience ~** wiedergeboren werden
❷ (*enlightenment*) Wiedergeburt *f fig*
❸ (*revival*) Wiederaufleben *nt,* Renaissance *f geh*

reboot [ˌriːˈbuːt] COMPUT **I.** *vt* **to ~ a computer system** einen Computer neu starten

II. *vi* rebooten *fachspr,* erneut booten [*o* starten]
III. *n* Rebooten *nt kein pl fachspr,* Warmstart *m*

reborn [ˌriːˈbɔːn, AM -ˈbɔːrn] *adj* ❶ (*rejuvenated*) **to feel** ~ sich *akk* wie neu geboren fühlen
❷ REL wieder geboren

rebound I. *vi* [rɪˈbaʊnd, AM ˈriːbaʊnd] ❶ (*bounce back*) abprallen, zurückprallen; ■**to** ~ **off sth** von etw *dat* abprallen
❷ (*recover in value*) *stocks* wieder stark an Wert gewinnen [*o* nach oben schnellen], wieder ansteigen
❸ (*have negative effect*) ■**to** ~ **on** [*or* **upon**] **sb** auf jdn zurückfallen, sich *akk* negativ für jdn auswirken
II. *n* [ˈriːbaʊnd] ❶ *no pl* (*ricochet*) Abprallen *nt,* Zurückprallen *nt*
❷ (*in basketball*) Rebound *m*
❸ (*increase*) *of profits* Ansteigen *nt*
► PHRASES: **on the** ~ (*after bouncing*) als Abpraller; (*in basketball*) als Rebound; (*from relationship*) unter einer gescheiterten Beziehung leidend

rebuff [rɪˈbʌf] I. *vt* ■**to** ~ **sb/sth** jdn/etw [schroff] zurückweisen [*o* abweisen], jdn/etw abblitzen lassen *fam*
II. *n* Zurückweisung *f;* **to meet with** [*or* **suffer**] **a** ~ zurückgewiesen werden, sich *dat* eine Abfuhr holen *fam*

rebuild <rebuilt, rebuilt> [ˌriːˈbɪld] *vt* ■**to** ~ **sth** ❶ (*build again*) etw wieder aufbauen; **to** ~ **one's life** (*fig*) sein Leben ändern [*o* neu ordnen]
❷ TECH etw umbauen; **to** ~ **an engine** einen Motor [vollständig] überholen
❸ (*restructure*) etw umstrukturieren [*o* neu organisieren]

rebuke [rɪˈbjuːk] I. *vt* ■**to** ~ **sb** [**for sth**] jdn [für etw *akk*] rügen [*o* zurechtweisen]
II. *n* ❶ (*reproof*) Zurechtweisung *f;* **to receive a stern** ~ streng zurechtgewiesen werden
❷ *no pl, no art* (*censure*) Verweis *m,* Tadel *m*

rebus <*pl* -es> [ˈriːbəs] *n* Bilderrätsel *nt,* Rebus *m o nt*

rebut <-tt-> [rɪˈbʌt] *vt* ■**to** ~ **sth** etw widerlegen; LAW etw ablehnen

rebuttal [rɪˈbʌtᵊl, AM -t̬-] *n* Widerlegung *f;* **to issue a** ~ einen Gegenbeweis anführen

rec [rek] *n modifier short for* **recreation** Freizeit-; ~ **sports** Freizeitsport *m kein pl*

recalcitrance [rɪˈkælsɪtrən(t)s] *n no pl* Aufsässigkeit *f*

recalcitrant [rɪˈkælsɪtrənt] I. *adj* ❶ (*defiant*) aufmüpfig, unbequem; *child* aufsässig
❷ (*not responsive*) widerspenstig, hartnäckig
❸ (*resisting restraint*) *animal* störrisch
II. *n* Widerspenstige(r) *f(m)*

recall I. *vt* [rɪˈkɔːl] ❶ (*remember*) ■**to** ~ **sth** sich *akk* an etw *akk* erinnern; ■**to** ~ **how/that/what/when ...** sich *akk* [daran] erinnern, wie/dass/was/wann ...; ■**to** ~ **doing sth** sich *akk* [daran] erinnern, etw getan zu haben; **to distinctly/faintly/vividly** ~ **sth** sich *akk* genau/nur schwach/lebhaft an etw *akk* erinnern
❷ (*call back to mind*) ■**to** ~ **sth** an etw *akk* erinnern; ***his paintings*** ~ ***the style of Picasso*** seine Gemälde erinnern an den Stil Picassos
❸ COMPUT ■**to** ~ **sth** *data* etw aufrufen [*o* abrufen]
❹ (*order to return*) ■**to** ~ **sb** jdn zurückrufen [*o* zurückbeordern]; **to** ~ **an ambassador** einen Botschafter abberufen; **to** ~ **sb to the present** (*fig*) jdn in die Gegenwart zurückholen
❺ SPORTS **to** ~ **a player** einen Spieler [in die Mannschaft] zurückholen
❻ (*request to return*) **to** ~ **a product** ein Produkt zurückrufen
❼ (*revoke*) ■**to** ~ **sth** etw zurücknehmen; **to** ~ **an action/a decision** eine Handlung/eine Entscheidung rückgängig machen; **to** ~ **a bid** ein Gebot zurückziehen
II. *n* [rɪˈkɔːl, AM ˈriːkɔːl] ❶ (*instance of recalling*) Zurückrufung *f*
❷ AM (*dismissal*) *of an elected official* Abberufung *f,* Absetzung *f*
❸ ECON *of a product* Rückruf *m*
❹ *no pl* (*ability to remember*) **powers of** ~ Erinnerungsvermögen *nt;* **to have total** ~ ein absolutes Erinnerungsvermögen besitzen
❺ COMPUT Aufruf *m*
► PHRASES: **to be lost beyond** ~ für immer verloren sein

recant [rɪˈkænt] I. *vi* widerrufen
II. *vt* ■**to** ~ **sth** etw widerrufen; **to** ~ **one's belief/faith** seiner Überzeugung/seinem Glauben abschwören

recantation [ˌriːkænˈteɪʃᵊn] *n* Widerruf *m*

recap¹ [ˈriːkæp] I. *vt* <-pp-> *short for* **recapitulate**: ■**to** ~ **sth** etw [kurz] zusammenfassen [*o geh* rekapitulieren]
II. *vi* <-pp-> *short for* **recapitulate** [kurz] zusammenfassen, rekapitulieren *geh*
III. *n short for* **recapitulation** [kurze] Zusammenfassung, Rekapitulation *f geh*

recap² [ˈriːkæp] *vt* AM AUTO **to** ~ **tyres** Reifen runderneuern

recapitulate [ˌriːkəˈpɪtjəleɪt, AM -ˈpɪtʃə-] I. *vt* ■**to** ~ **sth** etw [kurz] zusammenfassen
II. *vi* [kurz] zusammenfassen, rekapitulieren *geh*

recapitulation [ˌriːkəˌpɪtjəˈleɪʃᵊn, AM -ˌpɪtʃəˈ-] *n* ❶ (*summary*) [kurze] Zusammenfassung, Rekapitulation *f geh*
❷ MUS, THEAT, FILM Reprise *f*

recapture [ˌriːˈkæptʃəʳ, AM -tʃɚ] I. *vt* ❶ (*capture again*) **to** ~ **an animal** ein Tier wieder einfangen; **to** ~ **an escapee** einen Flüchtigen wieder ergreifen; **to** ~ **a town** MIL eine Stadt zurückerobern [*o* wiedererobern]
❷ (*fig: re-experience*) ■**to** ~ **sth** etw noch einmal erleben; (*recreate*) etw wieder lebendig werden [*o* neu aufleben] lassen; **to** ~ **an emotion** ein Gefühl wieder aufleben lassen; **to** ~ **the past/one's youth** die Vergangenheit/seine Jugendjahre heraufbeschwören; **to** ~ **a style** einen Stil wiederbeleben
II. *n* MIL Rückeroberung *f,* Wiedereroberung *f,* Wiedereinnahme *f*

recast <recast, recast> [ˌriːˈkɑːst, AM -ˈkæst] *vt* ❶ (*change form*) **to** ~ **a metal object** einen Metallgegenstand in eine andere Form gießen
❷ (*arrange differently*) ■**to** ~ **sth** etw neu arrangieren; (*rewrite*) *play, novel* etw umschreiben
❸ THEAT, FILM (*cast again*) **to** ~ **a film/a play** die Rollen in einem Film/einem Stück neu besetzen; **to** ~ **a role** eine Rolle neu besetzen [*o* umbesetzen]

recce [ˈreki] I. *n esp* BRIT MIL (*fam*) *short for* **reconnaissance** Auskundschaftung *f kein pl;* **to be on** ~ auf Spähpatrouille sein; (*by plane*) auf einem Aufklärungsflug sein; **to do a** ~ (*fig*) die Lage peilen *sl*
II. *vt esp* BRIT MIL (*fam*) *short for* **reconnoitre**: ■**to** ~ **sth** etw auskundschaften [*o* erkunden]
III. *vi short for* **reconnoitre** das Terrain sondieren *a. fig,* sich *akk* umsehen

recede [rɪˈsiːd] *vi* ❶ (*move farther away*) *sea, tide* zurückgehen; *fog* sich *akk* auflösen
❷ (*appear farther off*) **to** ~ **into the distance** in der Ferne verschwinden
❸ (*fig: diminish*) weniger werden; *memories* verblassen; *prices, hopes* sinken
❹ (*stop growing*) *hair* aufhören zu wachsen; (*go bald*) kahl[köpfig] werden, eine Glatze bekommen

receding chin *n* fliehendes Kinn **receding hairline** *n* einsetzende Stirnglatze

receipt [rɪˈsiːt] I. *n* ❶ *no pl* (*act of receiving*) Eingang *m,* Erhalt *m;* **to acknowledge** ~ den Erhalt bestätigen; **on** ~ bei Erhalt [*o* Empfang]; ***goods will be delivered on*** ~ ***of payment*** die Warensendung erfolgt nach Zahlungseingang; **payable on** ~ zahlbar bei Erhalt; **to be in** ~ **of sth** (*form*) im Besitz einer S. *gen* sein; **to be in** ~ **of a letter** einen Brief erhalten haben; **to be in** ~ **of stolen goods** LAW im Besitz von Diebesgut sein
❷ (*statement acknowledging payment*) Quittung *f;* (*statement acknowledging acquisition*) Empfangsbestätigung *f*
❸ (*money*) ■~**s** *pl* Einnahmen *fpl*
❹ AM, DIAL (*dated: recipe*) Rezept *nt*
II. *vt* **to** ~ **a bill** eine Rechnung quittieren, den Erhalt einer Rechnung bestätigen

receipt book *n* Quittungsbuch *nt* **receipt stamp** *n* (*on letter*) Eingangsstempel *m;* (*on receipt*) Quittungsstempel *m*

receivable [rɪˈsiːvəbl̩] I. *adj pred, inv* ECON offen, ausstehend; **accounts** ~ Außenstände *pl;* **bills** ~ Wechselforderungen *fpl*
II. *n* FIN ■~**s** *pl* Außenstände *pl,* ausstehende Zahlungen, Forderungen *fpl*

receive [rɪˈsiːv] I. *vt* ❶ (*get*) ■**to** ~ **sth** etw erhalten [*o* bekommen]; ***he*** ~***d his education at Eton and Oxford*** er wurde in Eton und Oxford ausgebildet; ***they*** ~***d a visit from the police*** die Polizei stattete ihnen einen Besuch ab; **to** ~ **asylum/citizenship/a loan from sb** Asyl/die Staatsbürgerschaft/einen Kredit von jdm [gewährt] bekommen; **to** ~ **a clean bill of health** eine gute Gesundheit attestiert bekommen; **to** ~ **credit for sth** für etw *akk* Anerkennung erhalten; **to** ~ **custody of one's children** das Sorgerecht für seine Kinder zugesprochen bekommen; **to** ~ **Communion** die heilige Kommunion empfangen; **to** ~ **the last rites** die Letzte Ölung bekommen; **to** ~ **a pay increase** mehr Gehalt bekommen; **to** ~ **a pension/a salary** Rente/[ein] Gehalt beziehen; **to** ~ **a rebuke/a tongue-lashing** eine Abfuhr/eine Abreibung bekommen *fam;* **to** ~ **a scolding** ausgeschimpft werden; **to** ~ **a standing ovation** stehende Ovationen erhalten; **to** ~ **recognition** Anerkennung finden; **to** ~ **treatment** behandelt werden; **to** ~ **a hearty** [*or* **warm**] **welcome** herzlich empfangen werden
❷ (*be awarded*) ■**to** ~ **sth** etw erhalten [*o* [verliehen] bekommen]; **to** ~ **a degree** einen akademischen Grad erhalten; **to** ~ **a knighthood** in den Adelsstand erhoben werden; **to** ~ **a prize** [*or* **a reward**] einen Preis [verliehen] bekommen, mit einem Preis ausgezeichnet werden
❸ (*get in writing*) ■**to** ~ **sth** etw erhalten; (*take delivery of*) etw annehmen [*o* entgegennehmen]; **to** ~ **authorization** die Genehmigung erhalten; **to** ~ **clearance for sth** die Freigabe für etw *akk* bekommen; **to** ~ **official notification of sth** offiziell über etw *akk* informiert werden; **to** ~ **one's orders** seine Befehle erhalten; **to** ~ **an ultimatum** ein Ultimatum gestellt bekommen
❹ *esp* BRIT LAW **to** ~ **stolen goods** Hehlerei mit Diebesgut betreiben; **to be convicted of receiving stolen property** der Hehlerei überführt werden
❺ RADIO, TV ■**to** ~ **sth** etw empfangen; **to** ~ **sb loud and clear** jdn laut und deutlich hören
❻ (*form*) **to** ~ **an idea** eine Idee formulieren; **to** ~ **an impression** einen Eindruck gewinnen
❼ (*consent to hear*) ■**to** ~ **sb/sth** jdn/etw anhören; REL jdn/etw erhören; **to** ~ **sb's confession/an oath** jdm die Beichte/einen Eid abnehmen; **to** ~ **a petition** ein Gesuch entgegennehmen
❽ (*be receptacle for*) etw auffangen; **to** ~ **blood** das Blut auffangen
❾ (*suffer*) ■**to** ~ **sth** *blow, shock* etw erleiden
❿ (*react to*) ■**to** ~ **sth** etw aufnehmen; ***his speech was well*** ~***d*** seine Rede wurde positiv aufgenommen; ***her suggestions were coldly*** ~ ihre Vorschläge trafen auf Ablehnung
⓫ (*welcome*) ■**to** ~ **sb** jdn begrüßen; ***the returning soldiers were*** ~***d as heroes*** die zurückkehrenden Soldaten wurden als Helden gefeiert [*o* empfangen]
⓬ (*admit to membership*) **to** ~ **sb into an organization** jdn in eine Organisation aufnehmen
⓭ (*form: provide space for*) ■**to** ~ **sb** jdn unterbringen [*o* aufnehmen]; ■**to** ~ **sth** etw unterbringen; **to** ~ **stock** das Vieh unterbringen
► PHRASES: **to** ~ [**no**] **quarter** [nicht] verschont werden
II. *vi* (*in tennis*) den Ball bekommen
► PHRASES: **it is more blessed to give than to** ~ (*prov*) geben ist seliger denn nehmen *prov*

received [rɪˈsiːvd] *adj attr, inv* allgemein akzeptiert; ~ **opinion** landläufige Meinung

received pronunciation, received standard *n no pl* BRIT LING britische Standardaussprache

receiver [rɪ'siːvəʳ, AM -ɚ] *n* ① *(telephone component)* Hörer *m*
② RADIO, TV Receiver *m,* Empfänger *m*
③ *also* ECON *(person)* Empfänger(in) *m(f)*
④ *esp* BRIT, AUS *of stolen goods* Hehler(in) *m(f)*
⑤ *(in bankruptcy cases)* **the official** ~ der [gerichtlich bestellte] Konkursverwalter/die [gerichtlich bestellte] Konkursverwalterin; **to be put in the hands of the** ~ liquidiert werden

receivership [rɪ'siːvəʃɪp] *n no pl* Konkursverwaltung *f,* Zwangsverwaltung *f;* **to be in** ~ unter Konkursverwaltung stehen; **to go into** ~ in Konkurs gehen, Konkurs machen

receiving blanket *n* AM *(dated)* Babydecke *f* **receiving end** *n no pl* **to be on** [*or* **at**] **the** ~ **of sth** derjenige sein, der bei etw *dat* am Ende die Prügel einsteckt *fig* **receiving line** *n* Empfangsreihe *f* *(zur offiziellen Begrüßung)* **receiving order** *n* BRIT ECON Konkurseröffnungsbeschluss *m* **receiving set** *n* RADIO *(dated)* Empfangsgerät *nt*

recency ['riːsənsi] *n no pl* Neuheit *f*

recent ['riːsənt] *adj* kürzlich; ~ **developments** die neuesten [*o* jüngsten] Entwicklungen; ~ **events** die jüngsten Ereignisse; **in/from the** ~ **past** in/aus der jüngsten Vergangenheit; **in** ~ **times** in der letzten Zeit; ~ **trends** die neuesten Trends

recently ['riːsəntli] *adv* kürzlich, vor kurzem, neulich; ***have you seen any good films*** ~**?** hast du in letzter Zeit irgendwelche guten Filme gesehen?

receptacle [rɪ'septəkl] *n* [Sammel]behälter *m*

reception [rɪ'sepʃən] *n* ① *no pl (receiving)* Aufnehmen *nt*
② *(response)* Aufnahme *f;* ***his speech received an enthusiastic/a frosty*** ~ seine Rede wurde begeistert/sehr zurückhaltend aufgenommen; **chilly/cool/warm** ~ eisiger/kühler/herzlicher Empfang
③ *no pl* RADIO, TV Empfang *m*
④ *no pl (receiving people)* Empfang *m,* Aufnahme *f*
⑤ *no pl (formal welcoming)* offizieller Empfang
⑥ *(social occasion)* Empfang *m;* **to give a** ~ einen Empfang geben; **wedding** ~ Hochzeitsempfang *m*
⑦ *no pl, no art (area for greeting guests)* Rezeption *f,* Empfang *m;* **at** [*or* **in**] ~ am Empfang, an der Rezeption
⑧ BRIT SCH *see* **reception class**

reception area *n* TOURIST Rezeption *f,* Empfang *m* **reception centre** *n* BRIT Aufnahmelager *nt,* Sammellager *nt* **reception class** *n* BRIT SCH erste Klasse; **to be in the** ~ in die erste Klasse gehen **reception desk** *n* TOURIST Rezeption *f,* Empfang *m* **reception hall** *n* Empfangshalle *f*

receptionist [rɪ'sepʃənɪst] *n (in hotels)* Empfangschef *m; (female)* Empfangsdame *f; (with offices)* Vorzimmerdame *f,* Empfangssekretärin *f; (in hospitals)* Herr *m*/Dame *f* an der Anmeldung

reception order *n* BRIT Einweisungsbescheid *m* *(in eine psychiatrische Klinik)* **reception room** *n* ① *(in hotel)* Aufenthaltsraum *m; (room for receiving visitors)* Empfangshalle *m* ② BRIT *(form: in private home)* Wohnzimmer *nt* **reception teacher** *n* BRIT SCH Grundschullehrer(in) *m(f)*

receptive [rɪ'septɪv] *adj* ■**to be** ~ **to sth** empfänglich [*o* offen] für etw *akk* sein

receptiveness [rɪ'septɪvnəs], **receptivity** [ˌrɪsep'tɪvəti, AM -t̬i] *n no pl* Empfänglichkeit *f,* Aufnahmebereitschaft *f*

receptor [rɪ'septəʳ, AM -ɚ] *n* BIOL Rezeptor *m*

recess ['riːses, rɪ'ses] **I.** *n* <*pl* -es> ① LAW, POL [Sitzungs]pause *f,* Parlamentsferien *pl;* **to go into** ~ sich *akk* in die Sommerpause begeben; **to be in** ~ in der Sommerpause sein; **to be recalled from** ~ aus der Sommerpause zurückgerufen werden
② *esp* AM, AUS SCH Pause *f*
③ ARCHIT Nische *f*
④ *(fig: secret places)* ■~**es** *pl* Winkel *mpl fig;* **the deepest** [*or* **innermost**] ~**es** die verborgensten Winkel
II. *vt* ① ARCHIT **to** ~ **a fitment** eine Nische aussparen
② *(suspend)* **to** ~ **proceedings** die Verhandlung vertagen
III. *vi esp* AM, AUS [eine] Pause machen; LAW, POL sich *akk* vertagen

recessed [rɪ'sest] *adj inv* eingelassen, eingebaut; ~ **lights** versenkte Lichter

recession [rɪ'seʃən] *n* ECON Rezession *f,* Konjunkturrückgang *m;* **times of** ~ Zeiten *fpl* der Rezession; **to be in** ~ einen Konjunkturrückgang erleben, von einer Rezession betroffen sein

recessional [rɪ'seʃənəl] **I.** *adj* ECON ~ **times** Zeiten *fpl* der Rezession
II. *n* MUS, REL Schlusschoral *m*
III. *n modifier* Schluss-; ~ **hymn** Schlusschoral *m*

recessive [rɪ'sesɪv] *adj* BIOL rezessiv

recharge [ˌriː'tʃɑːdʒ, AM -'tʃɑːrdʒ] **I.** *vt* **to** ~ **a battery** eine Batterie [neu] aufladen; **to** ~ **a gun** ein Gewehr nachladen; **to** ~ **one's batteries** *(fig)* neue Kräfte tanken
II. *vi battery* sich *akk* [neu] aufladen; *(fig) person* neue Kräfte tanken

rechargeable [ˌriː'tʃɑːdʒəbl̩, AM -'tʃɑːrdʒ-] *adj inv* [wieder] aufladbar

rechargeable battery *n* wieder aufladbare Batterie

recheck [ˌriː'tʃek] *vt* ■**to** ~ **sth** etw nochmals [über]prüfen [*o* kontrollieren] [*o* checken] *fam*

recherché [rə'ʃeəʃeɪ, AM -'ʃer-] *adj (form: exotic) menu, wine* ausgesucht, erlesen; *(obscure) topic, book* ausgefallen

rechristen [ˌriː'krɪsən] *vt* ■**to** ~ **sb/sth** jdn/etw umtaufen [*o* umbenennen]; ***Hermione was*** ~***ed Sally by her friends*** Hermione wurde von ihren Freunden in Sally umbenannt; ■**to** ~ **sb** REL jdn noch einmal taufen

recidivism [rə'sɪdɪvɪzəm, AM -'sɪdə-] *n no pl* Rückfälligkeit *f;* **rate of** ~ Rückfallquote *f*

recidivist [rə'sɪdɪvɪst, AM -'sɪdə-] **I.** *n* Rückfalltäter(in) *m(f),* Wiederholungstäter(in) *m(f)*
II. *adj inv* rückfällig

recipe ['resɪpi] *n* ① *(in cooking)* Rezept *nt* (**for** für +*akk*); **to follow a** ~ etw nach Rezept zubereiten
② *(for producing sth)* **a** ~ **for growth/happiness/profit** ein Rezept für Wachstum/Fröhlichkeit/Gewinn; **a** ~ **for success** ein Erfolgsrezept *nt;* ***lifting the arms embargo would be a*** ~ ***for bloodshed*** mit dem Aufheben des Waffenembargos wäre ein Blutvergießen vorprogrammiert

recipe book *n* Rezeptbuch *nt,* Kochbuch *nt*

recipient [rə'sɪpiənt] *n* Empfänger(in) *m(f);* **to be the** ~ **of sb's attentions** die Person sein, der jds Aufmerksamkeiten gelten; ~ **of the Nobel Prize** Empfänger(in) *m(f)* des Nobelpreises; ~ **of an organ transplant** Organempfänger(in) *m(f);* **welfare** ~ Sozialhilfeempfänger(in) *m(f)*

reciprocal [rə'sɪprəkəl] **I.** *adj inv* ① *(mutual)* beidseitig; *favour, help* gegenseitig; ***the feeling is*** ~ das Gefühl beruht auf Gegenseitigkeit
② *(reverse)* umgekehrt; ***her natural generosity was matched by his*** ~ ***stinginess*** ihre natürliche Großzügigkeit und seine entsprechende Knauserigkeit passten gut zusammen
③ MATH, LING reziprok; ~ **pronoun/verb** reziprokes Pronomen/Verb
④ ECON gegenseitig, wechsel-; ~ **holdings** gegenseitige Beteiligung; ~ **trade** zweiseitiger Handel
II. *n* MATH reziproker Wert *fachspr,* Kehrwert *m*

reciprocally [rə'sɪprəkəli] *adv* gegenseitig, wechselseitig; LING reziprok

reciprocate [rə'sɪprəkeɪt] **I.** *vt* **to** ~ **help/a favour** sich *akk* für die Hilfe/einen Gefallen revanchieren; **to** ~ **love/trust** Liebe/Vertrauen erwidern [*o* zurückgeben]
II. *vi* sich *akk* revanchieren (**with** mit +*dat*)

reciprocating [rə'sɪprəkeɪtɪŋ, AM -t̬-] *adj attr, inv* TECH sich *akk* hin- und herbewegend; **a** ~ **piston** ein auf- und abgehender Kolben

reciprocating engine *n* TECH Kolbenmotor *m*

reciprocation [rəˌsɪprə'keɪʃən] *n no pl* Erwiderung *f;* ***she helped him and in*** ~ ***he found her an inexpensive apartment*** sie half ihm, und als Revanche dafür fand er eine billige Wohnung für sie; TECH Hin und Her *nt; of pistons* Auf und Ab *nt*

reciprocity [resɪ'prɒsəti, AM -'prɑːsət̬i] *n no pl* Gegenseitigkeit *f,* Wechselseitigkeit *f,* Reziprozität *f* *fachspr;* ~ **agreement** Gegenseitigkeitsabkommen *nt*

recirculate [ˌriː'sɜːkjəleɪt, AM -'sɜːr-] **I.** *vi air, water* ständig zirkulieren
II. *vt* **to** ~ **a journal/memo** eine Zeitschrift/Mitteilung erneut in Umlauf bringen; ***used envelopes are*** ~***d in this office*** in diesem Büro werden benutzte Briefumschläge wiederverwendet

recital [rɪ'saɪtəl] *n* ① *(performance) of poetry, music* Vortrag *m; of dance* Aufführung *f,* Recital *nt* *fachspr;* **piano** ~ Klavierkonzert *nt;* **vocal** ~ Liederabend *m;* **to give a** ~ ein Konzert geben
② *(description)* Schilderung *f,* Bericht *m; of facts, details* Aufzählung *f;* ***she gave us a long, boring*** ~ ***of all her troubles*** sie gab uns eine lange und langweilige Schilderung all ihrer Schwierigkeiten
③ ■~**s** *pl* LAW *(introduction)* einleitender Teil

recitation [ˌresɪ'teɪʃən] *n* LIT Rezitation *f,* Vortrag *m;* **to give a** ~ **of sth** etw rezitieren [*o* vortragen]

recitative [ˌresɪtə'tiːv] *n* MUS Rezitativ *nt*

recite [rɪ'saɪt] **I.** *vt* ① *(say aloud)* **to** ~ **a lesson/an oath** eine Lesung/einen Eid rezitieren [*o* vortragen]; **to** ~ **a monologue/poem** einen Monolog/ein Gedicht [auswendig] aufsagen; **to** ~ **the rosary** den Rosenkranz beten
② *(tell)* **to** ~ **one's adventures/a story** seine Abenteuer/eine Geschichte vortragen
③ *(enumerate)* **to** ~ **arguments/complaints/details** Argumente/Beschwerden/Einzelheiten aufzählen; **to** ~ **dates/facts/names** Namen/Daten/Fakten hersagen
II. *vi* rezitieren, vortragen

reckless ['rekləs] *adj (not cautious)* unbesonnen, leichtsinnig; *disregard, speed* rücksichtslos; ***he drinks with*** ~ ***abandon*** er trinkt völlig maßlos; ~ **of consequences/danger** ungeachtet der Konsequenzen/Gefahr; LAW grob fahrlässig; ~ **driving** rücksichtslose Fahrweise; **to be** ~ **with sb's feelings/money** leichtsinnig mit jds Gefühlen/Geld umgehen

recklessly ['rekləsli] *adv* unbesonnen, leichtsinnig; *drive, disregard* rücksichtslos

recklessness ['rekləsnəs] *n no pl* Leichtsinn *m; of sb's driving* Rücksichtslosigkeit *f; of speed* Gefährlichkeit *f; in sports* Gewagtheit *f;* LAW [grobe] Fahrlässigkeit

reckon ['rekən] **I.** *vt* ① *(calculate)* ■**to** ~ **sth** etw berechnen [*o* ausrechnen]; ***the inflation rate is now*** ~***ed to be 10%*** die Inflationsrate wird momentan mit 10% angegeben
② *(judge)* ■**to** ~ **sb** [**to be**] **sth** jdn für etw *akk* halten; ***she*** ~***s him*** [***to be***] ***a talented pianist*** sie hält ihn für einen talentierten Pianisten; ■**to be** ~**ed** [**to be**] **sth** als etw gelten; ***she was widely*** ~***ed the best actress*** sie galt als die beste Schauspielerin weit und breit; ***I don't*** ~ ***much to*** [*or* ***of***] ***their chances of winning*** bei ihnen rechne ich nicht wirklich mit Gewinnchancen; ■**to** ~ **sb among sth** jdn zu etw *dat* zählen; ***she is*** ~***ed to be among the greatest professional ice skaters of all time*** sie zählt zu den größten Profischlittschuhläuferinnen aller Zeiten; ***I*** ~ ***that you won't see her again*** ich denke nicht, dass du sie je wiedersehen wirst
II. *vi* *(fam)* ① *(believe)* meinen; ***can you fix my car today? — I*** ~ ***so/not*** können Sie mein Auto heute reparieren? – ich denke schon/glaube nicht
② ■**to** ~ **on sth/sb** *(need)* auf etw/jdn zählen; *(hope)* mit etw/jdm rechnen; ***I don't*** ~ ***on him ever coming back*** ich rechne nicht damit, dass er jemals zurückkommt
③ *(take into account)* ■**to** ~ **with sth/sb** mit etw/jdm rechnen; ***I didn't*** ~ ***with having to re-type the whole document*** ich habe nicht damit gerechnet, das ganze Schriftstück noch mal tippen zu müssen; ***Margaret was a woman to be*** ~***ed with*** Margaret war eine Frau, mit der man rechnen musste; ■**to** ~ **without sth/sb** mit etw/jdm nicht rechnen; ***they wanted to build a nuclear power station in our little town, but they*** ~***ed without us*** sie

wollten in unserer kleinen Stadt ein Kernkraftwerk bauen, aber da haben sie die Rechnung ohne den Wirt gemacht

◆**reckon in** *vt* **to ~ in** ↻ **overtime/tax** Überstunden/Steuern [mit] einrechnen

◆**reckon up** *vt* **to ~ a bill/costs/an estimate** ↻ **up** eine Rechnung/Kosten/einen Kostenvoranschlag zusammenrechnen

reckoner ['rekᵊnəʳ, AM -ɚ] *n* MATH Rechentabelle *f*

reckoning ['rekᵊnɪŋ] *n* ❶ *no pl* (*calculation*) Berechnung *f*; ***your ~ is out** [or **off**] **by £10*** du hast dich um £10 verrechnet; **by sb's ~** nach jds Rechnung

❷ (*opinion*) **to be out in one's ~** falsch liegen, sich *akk* verrechnet haben *fig fam*; ***in life, people will take you very much at your own ~*** im Leben wird man so beurteilt, wie man sich selbst einschätzt

❸ (*vengeance*) Abrechnung *f*; **the day of ~** der Tag der Abrechnung

❹ (*old: bill*) [Ab]rechnung *f*

reclaim [rɪ'kleɪm] *vt* ❶ (*claim back*) ■**to ~ sth** etw zurückverlangen; LAW etw zurückfordern; **to ~ one's luggage** sein Gepäck abholen

❷ (*make usable*) **to ~ land** Land urbar machen [*o* kultivieren]; **to ~ land from the sea** dem Meer Land abgewinnen; **to ~ waste material** Abfälle wiederverwerten

❸ (*form: reform*) ***the organization is dedicated to ~ing drug addicts and alcoholics*** der Verband ist darin engagiert, Drogen- und Alkoholabhängige von ihrer Sucht zu befreien; **to ~ sb from alcoholism/smoking** jdn vom Alkoholismus/Rauchen abbringen

reclaimable [rɪ'kleɪməbl̩] *adj* geltend zu machen[d], reklamierbar

reclamation [ˌreklə'meɪʃᵊn] *n no pl* ❶ (*demanding*) Rückforderung *f*; (*receiving*) Rückgewinnung *f*; **~ of expenses** Kostenrückerstattung *f*

❷ *of land, resources* Kultivierung *f*, Urbarmachung *f*; **land ~** Landgewinnung *f*; **~ of waste materials** Wiedergewinnung *f* von Altmaterialien

❸ (*form: redemption*) *person* Besserung *f*, Bekehrung *f*

recline [rɪ'klaɪn] **I.** *vi person* sich *akk* zurücklehnen; **to ~ on a bed/sofa/in a chair** sich *akk* auf einem Bett/Sofa/in einem Stuhl ausruhen; *chair* verstellbar sein

II. *vt* **to ~ one's chair/seat** die Rückenlehne seines Stuhls/Sitzes nach hinten stellen; **to ~ one's head against** [or **on**] **sth** den Kopf an etw *akk* lehnen

recliner [rɪ'klaɪnəʳ, AM -ɚ] *n* [verstellbarer] Lehnstuhl

reclining chair, reclining seat *n* [verstellbarer] Lehnstuhl; (*in a bus, car, plane*) Liegesitz *m*

recluse [rɪ'klu:s, AM *usu* 'reklu:s] *n* Einsiedler(in) *m(f)*; **to live** [or **lead**] **the life of a ~** ein Einsiedlerleben führen; ***she has lead the life of a ~ since her husband died*** seit dem Tod ihres Mannes lebt sie sehr zurückgezogen

reclusive [rɪ'klu:sɪv] *adj* einsiedlerisch, zurückgezogen

recognition [ˌrekəg'nɪʃᵊn] *n no pl* ❶ (*act, instance*) [Wieder]erkennung *f*; **to change beyond** [or **out of all**] **~** nicht wiederzuerkennen sein

❷ (*appreciation*) Anerkennung *f*; ***the company never gave her any ~ for her work*** niemand in der Firma erkannte ihre Arbeit an; ***they gave him a gold watch in ~ of his years of service*** sie gaben ihm eine goldene Uhr als Anerkennung seiner Dienstjahre; **to achieve ~** Anerkennung finden

❸ (*acknowledgement*) Anerkennung *f*; [**diplomatic**] **~** [diplomatische] Anerkennung

❹ COMPUT [Wieder]erkennung *f*

recognizable [ˌrekəg'naɪzəbl̩, AM 'rekəgnaɪ-] *adj* erkennbar; ***despite everything he's still ~ as himself*** trotz allem ist er er selbst geblieben

recognizably [ˌrekəg'naɪzəbli, AM 'rekəgnaɪ-] *adv* erkennbar

recognizance [rɪ'kɒgnɪzᵊn(t)s, AM -'kɑ:g-] *n* LAW schriftliche Verpflichtung (*vor Gericht*); **to enter into a ~** ein Sicherheitsversprechen abgeben; **to be released on one's own ~** gegen ein Kautionsversprechen freigelassen werden

recognize ['rekəgnaɪz] *vt* ❶ ■**to ~ sb/sth** (*identify*) *person, symptoms* jdn/etw erkennen; ***I never would have ~d her*** ich hätte sie niemals erkannt; (*know again*) *person, place* jdn/etw wiedererkennen

❷ (*demonstrate appreciation*) ■**to ~ sth** etw anerkennen; ■**to ~ sb** jdm Anerkennung zollen

❸ *esp* POL, ECON (*acknowledge*) ■**to ~ sth/sb** etw/jdn anerkennen; **to ~ a country/regime/state** ein Land/Regime/einen Staat anerkennen; **to ~ a union** eine Gewerkschaft anerkennen; ***he refuses to ~ the fact that he's getting older*** er weigert sich, die Tatsache anzuerkennen, dass er älter wird; ■**to be ~d as sth** als etw gelten

❹ LAW (*allow to speak*) ■**to ~ sb** jdm das Wort erteilen

❺ COMPUT ■**to ~ sth** etw [wieder]erkennen

recognized ['rekəgnaɪzd] *adj attr* anerkannt; **~ agent** zugelassener Vertreter/zugelassene Vertreterin; **~ professional body** anerkannter Berufsverband

recoil **I.** *vi* [rɪ'kɔɪl] ❶ (*spring back*) zurückspringen; (*draw back*) zurückweichen; **to ~ in disgust** zurückschaudern; **to ~ in horror** zurückschrecken; (*mentally*) ■**to ~ at** [or **from**] **sth** vor etw *dat* zurückschrecken; ***she ~ed at the idea of paying $70 for a theatre ticket*** ihr graut bei dem Gedanken, $70 für eine Theaterkarte zu bezahlen

❷ (*fig: have bad effect*) ■**to ~ on** [or **upon**] **sb/oneself** auf jdn/einen zurückfallen; ***his evil plan ~ed on himself*** sein teuflischer Plan rächte sich an ihm selbst

❸ (*be driven backwards*) *gun* einen Rückstoß haben; *rubber band, spring* zurückschnellen

II. *n* ['ri:kɔɪl] Rückstoß *m*

recollect [ˌrekᵊ'lekt, AM -ə'-] **I.** *vt* ■**to ~ sth/sb** sich *akk* an etw/jdn erinnern; ***do you ~ where she went?*** kannst du dich [daran] erinnern, wo sie hingegangen ist?; ***he does not ~ seeing her at the party*** er entsinnt sich nicht, sie auf der Party gesehen zu haben

II. *vi* sich *akk* erinnern

recollection [ˌrekᵊ'lekʃᵊn, AM -ə'-] *n* ❶ (*memory*) Erinnerung *f*; **to have no ~ of sth** sich *akk* an etw *akk* nicht erinnern können; ***I have no ~ of having requested this catalogue*** ich kann mich nicht daran erinnern, diesen Katalog bestellt zu haben

❷ *no pl* (*ability to remember*) **power of ~** Erinnerungsvermögen *nt*; ***to the best of my ~ I have never seen her before*** soweit ich mich erinnern kann, habe ich sie nie zuvor gesehen

recommence [ˌri:kə'mens] **I.** *vt* ■**to ~ sth** etw wieder beginnen

II. *vi fighting* wieder beginnen [*o* anfangen]

recommend [ˌrekə'mend] *vt* ■**to ~ sth/sb** etw/jdn empfehlen; **to highly/strongly ~ sth** etw wärmstens empfehlen; ***the city has much to ~ it*** es spricht viel für die Stadt; ***I ~ sending her flowers*** ich empfehle, ihr Blumen zu schicken; ***she has been ~ed for promotion*** sie ist für eine Beförderung vorgeschlagen worden; ***the doctor ~s*** [**that**] ***I take more exercise*** der Arzt rät, dass ich mich mehr bewege

recommendable [ˌrekə'mendəbl̩] *adj* empfehlenswert

recommendation [ˌrekəmen'deɪʃᵊn] *n* ❶ (*suggestion*) Empfehlung *f*; **letter of ~** Empfehlungsschreiben *nt*; **to do sth on sb's ~** etw auf jds Empfehlung hin tun

❷ (*advice*) Empfehlung *f*, Rat *m*; **to follow sb's ~** jds Rat folgen; **to make a ~ on sth** etw empfehlen

recommended [ˌrekə'mendɪd] *adj* empfohlen; **to come highly ~** einen ausgezeichneten Ruf haben

recommended daily allowance *n esp* AM **the ~ of Vitamin A/B12** die empfohlene Tagesdosis an Vitamin A/B12 **recommended price, recommended retail price** *n* unverbindliche Preisempfehlung **recommended speed** *n* Richtgeschwindigkeit *f*

recompense ['rekəmpen(t)s] **I.** *n no pl* ❶ (*reward*) Belohnung *f*; **as a ~** als [*o* zur] Belohnung; **in ~ for** als Belohnung für

❷ (*retribution*) Entschädigung *f*, Ersatz *m* (**for** für +*akk*)

II. *vt* ■**to ~ sb** (*pay back*) jdm eine Entschädigung zahlen; (*for damages*) jdn entschädigen (**for** für +*akk*)

recon ['ri:kɑ:n] *n no pl* AM MIL (*fam*) *short for* **reconnaissance** Aufklärung *f*; ***who's on ~ in this sector?*** wer ist im Aufklärungseinsatz in diesem Sektor?

reconcile ['rekᵊnsaɪl] *vt* ❶ (*make friends*) ■**to ~ sb** jdn versöhnen; ***my brother and I were finally ~d with*** [or **to**] ***each other*** mein Bruder und ich haben uns schließlich versöhnt

❷ (*make compatible*) **to ~ a conflict** einen Streit schlichten; **to ~ differences** Meinungsverschiedenheiten beilegen; ***it's difficult to ~ different points of view*** es ist schwierig, verschiedene Standpunkte unter einen Hut zu bringen; ■**to ~ sth and** [or **with**] **sth** etw mit etw *dat* vereinbaren [*o* abstimmen] [*o* in Einklang bringen]; **to ~ accounts/one's checkbook** AM FIN Konten/sein Scheckbuch abgleichen

❸ (*accept*) ■**to ~ oneself to sth** sich *akk* mit etw *dat* abfinden; **to be ~d to sth** an etw *akk* gewöhnt sein; ***he slowly became ~d to living a solitary life*** langsam gewöhnte er sich daran, ein einsames Leben zu führen

reconcilement *n* AM, **reconciliation** *n* ECON Abstimmung *f*; **bank ~** Abstimmung *f* zwischen dem Konto einer Bank und einem Kundenkonto; **~ statement** Erklärung *f* von Kontenabstimmungsdifferenzen

reconciliation [ˌrekᵊnsɪli'eɪʃᵊn] *n* ❶ (*of good relations*) Aussöhnung *f*, Versöhnung *f* (**with** mit +*dat*)

❷ *no pl* (*making compatible*) Beilegung *f*; ***the ~ of their differences was at this point no longer possible*** die Beilegung ihrer Meinungsverschiedenheiten war zu diesem Zeitpunkt nicht mehr möglich; ***the ~ of the facts with the theory is not always easy*** das Vereinbaren von Fakten mit der Theorie ist nicht immer einfach

reconciliatory [ˌrekᵊnsɪli'eɪtᵊri] *adj* versöhnlich

recondite ['rekᵊndaɪt] *adj* (*form*) *information, fact* abstrus

recondition [ˌri:kᵊn'dɪʃᵊn] *vt* **to ~ an engine/a ship** einen Motor/ein Schiff [general]überholen; **a ~ed engine** ein Austauschmotor *m*

reconnaissance [rɪ'kɒnɪsᵊn(t)s, AM -'kɑ:nə-] **I.** *n* MIL Aufklärung *f*; **to be on ~** auf Spähpatrouille sein; ***they made a ~ before planning the attack*** sie führten einen Aufklärungseinsatz durch, bevor sie den Angriff planten

II. *adj attr, inv* MIL Aufklärungs-; **~ flight/mission/satellite** Aufklärungsflug/-einsatz/-satellit *m*; **~ patrol** Spähpatrouille *f*; **~ plane** Aufklärungsflugzeug *nt*, Aufklärer *m*

reconnoiter [ˌri:kə'nɔɪt̬ɚ] AM, **reconnoitre** [ˌrekə'nɔɪtəʳ] **I.** *vt* MIL **to ~ a coast/enemy territory** eine Küste/feindliches Gebiet auskundschaften [*o* erkunden]

II. *vi* MIL das Gelände erkunden [*o* auskundschaften]

III. *n* (*fam*) Aufklärungseinsatz *m*

reconquer [ˌri:'kɒŋkəʳ, AM 'kɑ:ŋkɚ] *vt* ■**to ~ sb/sth** etw/jdn zurückerobern

reconquest [ˌri:'kɒŋkwest, AM 'kɑ:ŋ] *n* Rückeroberung *f*, Wiedereroberung *f*

reconsider [ˌri:kᵊn'sɪdəʳ, AM -ɚ] **I.** *vt* ■**to ~ sth** etw [noch einmal] überdenken; *facts* etw neu erwägen; *case* etw wieder aufnehmen

II. *vi* sich *dat* etw [noch einmal] überlegen

reconsideration [ˌri:kᵊnˌsɪdə'reɪʃᵊn] *n no pl* Überdenken *nt*; ***our recommendations were returned for ~*** unsere Empfehlungen wurden uns zur nochmaligen Beratung zurückgeschickt

reconstitute [ˌri:'kɒnstɪtju:t, AM -'kɑ:nstətu:t, -tju:t] *vt* ■**to ~ sth** ❶ FOOD *milk, orange juice* etw aus Konzentrat zubereiten

❷ (*reorganize*) etw wieder herstellen; ***the Health***

R

Council has been ~d as the Health Authority der Gesundheitsrat wurde als Gesundheitsbehörde neu eingerichtet

❸ COMPUT etw rekonstituieren [*o* wieder herstellen]

reconstituted [ˌriːˈkɒnstɪtjuːtɪd, AM -ˈkɑːnstətuːt̬ɪd, -tjuːt̬-] *adj attr, inv milk, orange juice* aus einem Konzentrat zubereitet

reconstitution [ˌriːˌkɒnstɪˈtjuːʃᵊn, AM ˌkɑːnstɪˈtuː] *n* ❶ *(change)* Umbildung *f*, Neugestaltung *f*

❷ *(restitution)* Wiederherstellung *f*

reconstruct [ˌriːkᵊnˈstrʌkt] *vt* ❶ *(build again)* ■**to ~ sth** etw wieder aufbauen [*o* rekonstruieren]; **to ~ an army/economy/a government** eine Armee/Wirtschaft/Regierung wiederherstellen

❷ *(reorganize)* **to ~ a company/public transport system** eine Firma/ein öffentliches Verkehrssystem umstrukturieren; **to ~ one's life** [im Leben] noch einmal von vorn anfangen; ***after the divorce, it took him almost a year to ~ his life*** nach der Scheidung brauchte er fast ein Jahr, um sein Leben wieder in den Griff zu bekommen

❸ *(in an investigation)* **to ~ a crime/events** ein Verbrechen/Ereignisse rekonstruieren

reconstruction [ˌriːkᵊnˈstrʌkʃᵊn] *n* ❶ *no pl (rebuilding)* Rekonstruktion *f*; *of a country* Wiederaufbau *m*; **economic ~** Wiederaufbau *m* der Wirtschaft

❷ *(reorganization) system* Neustrukturierung *f*, Neuaufbau *m*; **~ of a company** Sanierung *f* eines Unternehmens

❸ *of crime, events* Rekonstruktion *f*

Reconstruction [ˌriːkᵊnˈstrʌkʃᵊn] *n* AM *(hist)* ■**the ~** *die Phase der wirtschaftspolitischen Neuordnung nach dem Sezessionskrieg (1861–1865) zwischen den Nord- und Südstaaten Amerikas*

reconstructive surgery *n no pl* MED rekonstruktive [*o* plastische] Chirurgie

record I. *n* [ˈrekɔːd, AM -ɚd] ❶ *(information)* Aufzeichnungen *fpl*, Unterlagen *fpl*; *(document)* Akte *f*; *of attendance* Liste *f*; *(minutes)* Protokoll *nt*, Niederschrift *f*; ***this summer has been the hottest on ~*** dieser Sommer war der heißeste, der jemals verzeichnet wurde; ***the coach went on ~ as saying …*** der Trainer äußerte sich öffentlich dahingehend, dass …; **to be a matter of** [**public**] **~** [offiziell] belegt [*o* dokumentiert] sein; **to keep ~s** *(register)* Buch führen; *(list)* eine Liste führen; *historian* Aufzeichnungen machen; **to keep a private ~ of sth** sich *dat* etw notieren; **for the ~** *(for the minutes)* für das Protokoll; *(as a matter of form)* der Ordnung halber

❷ *no pl (past history)* Vorgeschichte *f*; *of achievements* bisherige Leistungen; ***this applicant has the best ~*** dieser Bewerber hat die besten Voraussetzungen; ***he's got a clean ~*** er hat sich nichts zu Schulden kommen lassen; *(no convictions)* er ist nicht vorbestraft; ***given Mr Smith's ~ as a good credit risk, we can give him the loan*** in Anbetracht der Tatsache, dass Herr Smith sich in der Vergangenheit bereits als kreditwürdig erwiesen hat, können wir ihm das Darlehen geben; **police ~** Vorstrafen *fpl*; **safety ~** Sicherheitszeugnis *nt*; **criminal ~** Vorstrafenregister *nt*; **dental ~** zahnärztliche Unterlagen *pl*; **to have an excellent ~** *worker, employee* ausgezeichnete Leistungen vorweisen können; **to have a good/bad ~** einen guten/schlechten Ruf haben; **medical ~** Krankenblatt *nt*

❸ *(music)* [Schall]platte *f*; **hit ~** Hit *m fam*; **to change/play/put on a ~** eine Platte umdrehen/spielen/auflegen; **to make** [*or* **cut**] **a ~** eine [Schall]platte aufnehmen

❹ SPORTS Rekord *m*; **Olympic ~** olympischer Rekord; **world ~** Weltrekord *m*; **to break** [*or* **beat**] **a ~** einen Rekord brechen; **to set** [*or* **establish**] **a ~** einen Rekord aufstellen

❺ LAW *(court report)* [Gerichts]protokoll *nt*, Gerichtsakte *f*; **a court of ~** ein ordentliches Gericht

❻ COMPUT [Daten]satz *m*

► PHRASES: **to put** [*or* **set**] **the ~ straight** für Klarheit sorgen, alle Missverständnisse aus dem Weg räumen; **to say sth on/off the ~** etw offiziell/inoffiziell sagen; **strictly off the ~** ganz im Vertrauen, streng vertraulich

II. *adj* [ˈrekɔːd, AM -ɚd] *inv* Rekord-; **~ crop/turnout/year** Rekordernte *f*/-beteiligung *f*/-jahr *nt*; **to reach a ~ high/low** ein Rekordhoch/Rekordtief *nt* erreichen; **to do sth in ~ time** etw in Rekordzeit erledigen

III. *vt* [rɪˈkɔːd, AM -ˈkɔːrd] ❶ *(store)* ■**to ~ sth** *facts, events* etw aufzeichnen [*o* festhalten]; ***the temperature fell today, with -14°C being ~ed in some places*** die Temperaturen fielen heute, stellenweise wurden -14°C gemessen; **to ~ a birth/a death/a marriage** LAW eine Geburt/einen Todesfall/eine Heirat registrieren [*o* [ins Register] eintragen]; **to ~ one's feelings/ideas/thoughts** seine Gefühle/Ideen/Gedanken niederschreiben; **to ~ sth in the minutes of a meeting** etw in einem Sitzungsprotokoll vermerken

❷ *(register)* **to ~ rotations/the speed/the temperature** Umdrehungen/die Geschwindigkeit/die Temperatur anzeigen [*o* messen]; ***the needle ~ed 50 mph*** die Nadel zeigte 80 km/h

❸ *(for later reproduction)* ■**to ~ sth** FILM, MUS etw aufnehmen; *event* etw dokumentieren; **to ~ a speech** eine Rede aufzeichnen

IV. *vi* [rɪˈkɔːd, AM -ˈkɔːrd] *(on tape, cassette)* Aufnahmen machen; *person* eine Aufnahme machen; *machine* aufnehmen; ***the VCR is ~ing*** der Videorecorder nimmt gerade auf

record-breaker *n (performance)* Rekordleistung *f*, Rekordergebnis *nt*; *(person)* Rekordler(in) *m(f) fam*

record-breaking *adj attr, inv* Rekord-; **a ~ year** ein Rekordjahr *nt* **record changer** *n* Plattenwechsler *m* **record collection** *n* [Schall]plattensammlung *f* **record company** *n* [Schall]plattenfirma *f*

recorded [rɪˈkɔːdɪd, AM -ˈkɔːrd-] *adj inv* ❶ *(appearing in records)* verzeichnet, dokumentiert, belegt; ***the level of ~ crime has decreased by 5% this year*** die Zahl der registrierten Verbrechen ist dieses Jahr um 5% zurückgegangen; **throughout ~ history** seit der Geschichtsschreibung

❷ *(stored electronically)* aufgenommen, aufgezeichnet; **a ~ message** eine aufgezeichnete Nachricht

recorded delivery *n* BRIT Einschreiben *nt*; **by ~** per Einschreiben

recorder [rɪˈkɔːdəʳ, AM -ˈkɔːrdɚ] *n* ❶ *(record-keeper)* Registriergerät *nt*

❷ *(machine)* Rekorder *m*

❸ MUS *(instrument)* Blockflöte *f*

❹ BRIT LAW *(judge)* Anwalt, Anwältin *m, f* in Richterfunktion, nebenamtlicher Richter/nebenamtliche Richterin

❺ COMPUT Aufnahmegerät *nt*

record holder *n* Rekordhalter(in) *m(f)*

recording [rɪˈkɔːdɪŋ, AM -ˈkɔːrd-] *n* ❶ *no pl (process)* Aufnahme *f*, Aufzeichnen *nt*

❷ *(of sound)* Aufnahme *f*; *(of programme)* Aufzeichnung *f*

❸ ECON *(in a register etc.)* Eintragung *f*, Registrierung *f*

recording angel *n* REL ■**the ~** *Engel, der die guten und schlechten Taten eines Menschen vermerkt* **recording artist** *n Musiker, dessen Musikstücke produziert werden* **recording contract** *n* Plattenvertrag *m* **recording session** *n* Aufnahme *f* **recording studio** *n* Aufnahme-/Tonstudio *nt*

record label *n (dated)* [Schall]plattenfirma *f*, Plattenlabel *nt* **record library** *n* Plattenverleih *m*; *archives* Phonothek *f*; *(collection)* Plattensammlung *f* **record player** *n* [Schall]plattenspieler *m* **record token** *n (dated)* [Schall]plattengutschein *m*

recount¹ I. *vt* [ˌriːˈkaʊnt] ■**to ~ sth** *(count again)* etw nachzählen; **to ~ votes** Stimmen noch einmal auszählen

II. *vi* [ˌriːˈkaʊnt] POL eine erneute Stimmenauszählung durchführen

III. *n* [ˈriːkaʊnt] POL erneute Stimmenauszählung

recount² [rɪˈkaʊnt] *vt (tell)* ■**to ~ sth** etw [ausführlich] erzählen; ***he often ~ed how he had played for Manchester United when he was 19*** er hat oft erzählt, wie er für Manchester United gespielt hat, als er 19 war

recoup [rɪˈkuːp] **I.** *vt* ❶ *(regain)* **to ~ costs/one's investment** Kosten/seine Investition wieder einbringen [*o* hereinbekommen]; **to ~ one's losses** seine Verluste wettmachen; **to ~ one's strength** wieder zu Kräften kommen

❷ *(reimburse)* ■**to ~ sb for sth** jdn für etw *akk* entschädigen

II. *vi* sich *akk* erholen; ■**to ~ from** [*or* **after**] **sth** sich *akk* von [*o* nach] etw *dat* erholen; ***she'll need some time to ~ after her sickness*** sie wird etwas Zeit brauchen, um sich nach ihrer Krankheit zu erholen

recourse [rɪˈkɔːs, AM -ˈkɔːrs] *n no pl* Zuflucht *f*; ECON Regress *m*; **to have ~ to sb** sich *akk* an jdn wenden können; **to have ~ to sth** Zuflucht zu etw *dat* nehmen können; **to decide to have ~ to the courts to obtain money due** auf gerichtlichem Wege Forderungen geltend machen; ■**without ~ to sth/sb** ohne etw/jdn in Anspruch zu nehmen; ***it is hoped that the dispute will be settled without ~ to litigation*** man hofft, dass sich der Streit außergerichtlich beilegen lässt; ■**without ~** FIN ohne Regress

recover [rɪˈkʌvəʳ, AM -ɚ] **I.** *vt* ❶ *(get back)* ■**to ~ sth** *one's health* etw zurückerlangen; *sth lent* etw zurückbekommen; *one's appetite* etw wiedergewinnen; *stolen goods* etw sicherstellen; **to ~ one's balance/composure** sein Gleichgewicht/seine Selbstbeherrschung wiederfinden; **to ~ consciousness** das Bewusstsein wiedererlangen, wieder zu Bewusstsein kommen; **to ~ one's costs** seine Kosten decken; **to ~ data/a directory/file** COMPUT Daten/ein Verzeichnis/eine Datei wiederherstellen; **to ~ one's health** wieder gesund werden; **to ~ one's hearing/sight** wieder hören/sehen können; **to ~ one's strength** wieder zu Kräften kommen; **to be fully ~ed** völlig genesen sein; ■**to ~ oneself** sich *akk* wieder fangen [*o* fassen]; FIN **to ~ one's disbursement** seine Auslagen vergütet bekommen; **to ~ money** Geld wieder hereinholen

❷ *(obtain)* **to ~ coal/ore** Kohle/Erz gewinnen; **to ~ compensation/damages** LAW *(legally)* eine Entschädigung/Schadenersatz erhalten; **to ~ possession** den Besitz wiedererlangen

II. *vi* sich *akk* erholen; ■**to ~ from** [*or* **after**] **sth** sich *akk* von [*o* nach] etw *dat* erholen; ***the economy has ~ed after the slump*** die Wirtschaft hat sich nach der Rezession wieder erholt

re-cover [ˌriːˈkʌvəʳ, AM -ɚ] *vt* **to ~ a chair/sofa** einen Stuhl/ein Sofa neu beziehen

recoverable [rɪˈkʌvᵊrəbl] *adj inv* FIN eintreibbar; ECON *also* erstattungsfähig; COMPUT wiederherstellbar; **~ ACT** Rückerstattungsanspruch auf vorausgezahlte Körperschaftssteuer; **~ amount** Zeitwert *m*; **~ costs** erstattungsfähige Kosten; **~ damage/loss** ersetzbarer Schaden/Verlust

recovery [rɪˈkʌvᵊri, AM -ɚi] *n* ❶ *no pl* MED *(action)* Erholung *f*, Gesundung *f geh*, Genesung *f geh*; *of sight/hearing* Wiedererlangung *f*; **to be on the road to ~** sich *akk* auf dem Weg[e] der Besserung befinden; **to show signs of ~** [erste] Zeichen einer Besserung zeigen; ECON [Anzeichen für] einen Aufschwung erkennen lassen; **to be beyond** [*or* **past**] **~** nicht mehr zu retten sein; ***the coal industry in this area is beyond ~*** für die Kohleindustrie gibt es in dieser Region keine Zukunftsperspektive

❷ *(instance) medical* Erholung *f*, Genesung *f geh*; **to make a full/quick/slow ~ from sth** sich *akk* völlig/schnell/langsam von etw *dat* erholen; ***hope you make a speedy ~!*** ich hoffe, dass du schnell wieder gesund wirst!; *economic* Aufschwung *m*, Erholung *f*, Wiederbelebung *f*; **economic ~** wirtschaftlicher Aufschwung

❸ *no pl (getting back)* Wiedererlangung *f*, Zurückgewinnung *f*; FIN Wiedererlangung *f*, Rückgewinnung *f*; *of a body/an object* Bergung *f*; **cost ~** Kostendeckung *f*; **~ of damages** Erlangung *f* eines

Schaden[s]ersatzes; ~ **of debts** Eintreibung *f* von Schulden; **investment** ~ Rückgewinnung *f* von investiertem Kapital

❹ (*recovered item*) Fundstück *nt*

❺ AM (*in American football*) **to make a** ~ den Ball wieder unter Kontrolle bekommen

❻ COMPUT Wiederaufnahme *f*

recovery room *n* Aufwachraum *m* **recovery service** *n* Abschleppdienst *m* **recovery shares** *npl* FIN im Aufschwung begriffene Aktien **recovery ship** *n* Bergungsschiff *nt* **recovery vehicle** *n* Abschleppwagen *m*

recreate [ˌriːkriˈeɪt] *vt* ■**to** ~ **sth** ❶ (*create again*) etw wieder herstellen [*o geh* erschaffen]; *friendship* etw wieder beleben; ***will we ever be able to ~ the spontaneous enthusiasm for this cause?*** werden wir jemals in der Lage sein, die spontane Begeisterung für diese Angelegenheit wiederzuerlangen?; ***the garden was ~d here*** der Garten ist hier erneut angelegt worden

❷ (*reproduce*) etw nachstellen; ***they tried to ~ the events*** sie versuchten die Ereignisse nachzustellen

recreation[1] [ˌriːkriˈeɪʃən] *n* ❶ *no pl* (*creation again*) Wiedergestaltung *f*; ***they felt that a ~ of their love was now impossible*** sie fühlten, dass eine Wiederbelebung ihrer Liebe zu diesem Zeitpunkt nicht mehr möglich war

❷ (*reproduction*) Nachstellung *f*; ***this is not the actual event — it's only a ~*** dies ist nicht das tatsächliche Ereignis – es ist nur nachgestellt

recreation[2] [ˌrekriˈeɪʃən] *n* ❶ (*hobby*) Freizeitbeschäftigung *f*, Hobby *nt*

❷ *no pl* (*fun*) Erholen *nt*, Entspannen *nt*; **to do sth for** ~ etw zur Erholung tun

❸ (*in school*) Pause *f*

recreational [ˌrekriˈeɪʃənəl] *adj* Freizeit-, Erholungs-; ~ **activities/facilities** Freizeitaktivitäten/-einrichtungen *fpl*; ~ **drug** weiche Droge; ~ **therapy** PSYCH Rekreationstherapie *f*

recreational drug *n* Freizeitdroge *f*

recreational vehicle *n* AM Caravan *m*, Wohnwagen *m*

recreation center *n* AM Freizeitzentrum *nt* **recreation ground** *n* BRIT Freizeitgelände *nt* **recreation room** *n* Aufenthaltsraum *m*, Freizeitraum *m*

recreative [ˌrekriˈeɪtɪv, AM -t̬-] *adj* erholsam, entspannend

recriminate [rəˈkrɪmɪneɪt, AM -ˈkrɪmə-] *vi* gegenseitige Anschuldigungen vorbringen

recrimination [rəˌkrɪmɪˈneɪʃən, AM -ˌkrɪmə-] *n usu pl* Gegenbeschuldigung *f*; LAW Gegenklage *f*; **mutual ~s** gegenseitige Beschuldigungen

recriminatory [rəˈkrɪmɪnətəri, AM -ənətɔːri] *adj remarks, atmosphere* von gegenseitigen Beschuldigungen erfüllt

rec room [ˈrekˌruːm] *n* AM Aufenthaltsraum *m*, Freizeitraum *m*

recrudescence [ˌriːkruːˈdesən(t)s] *n no pl* (*form*) erneutes Auftreten, Wiederauftreten *nt*; *of violence, a virus* erneuter Ausbruch; MED Rekrudeszenz *f fachspr*, Wiederaufleben *nt*

recruit [rɪˈkruːt] **I.** *vt* ❶ ■**to** ~ **sb** (*persuade to join*) *employees* jdn einstellen; **to** ~ **members** Mitglieder werben; **to** ~ **soldiers** Soldaten rekrutieren; **to** ~ **volunteers** Freiwillige finden; (*fam: get help from*) jdn heranziehen; ***she ~ed her friends to help her move*** sie zog ihre Freunde heran, um ihr beim Umziehen zu helfen

❷ (*form*) ■**to** ~ **sth** etw rekrutieren; ***we ~ed our data processing department from the local college*** unsere EDV-Abteilung setzt sich aus Abgängern des örtlichen Colleges zusammen

II. *vi army* Rekruten anwerben; *company* Neueinstellungen vornehmen; *club, organization* neue Mitglieder werben

III. *n* MIL Rekrut(in) *m(f)*; *to party, club* neues Mitglied; *staff* neu eingestellte Arbeitskraft; ***new ~s are being given four weeks of training before beginning at the office*** die Neuen müssen sich einer vierwöchigen Schulung unterziehen, bevor sie im Büro anfangen

recruiting [rɪˈkruːtɪŋ] **I.** *n no pl* MIL Rekrutierung *f*; (*in business*) [An]werben *nt* [von Arbeitskräften], [Personal]rekrutierung *f*

II. *adj attr, inv* (*in army*) Rekrutierungs-; (*in business*) Einstellungs-; ~ **agent** [Personal]anwerber(in) *m(f)*; ~ **centre** Rekrutierungsstelle *f*; ~ **office** (*in a company*) Anstellungsbüro *nt*; (*in the army*) Rekrutierungsbüro *nt*; ~ **officer** Werbeoffizier *m*; ~ **tactics** Strategie *f* zur Personalanwerbung

recruitment [rɪˈkruːtmənt] **I.** *n no pl of soldiers* Rekrutierung *f*; *of employees* Neueinstellung *f*; *of members, volunteers* Anwerbung *f*; **graduate** ~ Anwerbung *f* von Hochschulabgängern, -innen *mpl, fpl*

II. *adj attr, inv* Anwerbungs-; ~ **agency** Personal[vermittlungs]agentur *f*; ~ **drive** Anwerbungskampagne *f*

rectal [ˈrektəl] *adj inv* MED Mastdarm-, rektal *fachspr*, Rektum- *fachspr*; ~ **examination** rektale Untersuchung; ~ **thermometer** Rektalthermometer *nt*; ~ **suppository** Rektalzäpfchen *nt*

rectally [ˈrektəli] *adv* MED rektal *fachspr*; **to take sb's temperature** ~ jds Temperatur rektal messen

rectangle [ˈrektæŋgl] *n* Rechteck *nt*

rectangular [rekˈtæŋgjələr, AM -lər] *adj inv* rechteckig; ~ **coordinates** rechtwinklige Koordinaten

rectification [ˌrektɪfɪˈkeɪʃən, AM -tə-] *n* ❶ *no pl of a mistake, situation* Berichtigung *f*, Korrektur *f*; *of a statement* Richtigstellung *f*

❷ ELEC *of current* Gleichrichtung *f*

rectifier [ˈrektɪfaɪər, AM -təfaɪər] *n* ❶ ELEC (*conversion device*) Gleichrichter *m*

❷ CHEM (*distiller*) Rektifikator *m*

rectify <-ie-> [ˈrektɪfaɪ, AM -tə-] *vt* ❶ (*set right*) ■**to** ~ **sth** etw korrigieren [*o* verbessern]; *omission* etw nachholen; **to** ~ **a statement** eine Aussage richtig stellen [*o* berichtigen]

❷ ELEC, COMPUT ■**to** ~ **sth** etw gleichrichten; **to** ~ **current** Strom gleichrichten

❸ CHEM (*refine*) **to** ~ **liquor** [*or* **a spirit**] Spirituosen rektifizieren

rectilinear [ˌrektɪˈlɪniər, AM -ər] *adj inv* g[e]radlinig

rectitude [ˈrektɪtjuːd, AM -tətuːd, -tjuːd] *n no pl* (*form*) Rechtschaffenheit *f*

recto [ˈrektəʊ, AM -toʊ] *n* TYPO (*right hand page*) rechte Seite (*eines Buches*); (*cover page*) Rekto *nt fachspr*

rector [ˈrektər, AM -tər] *n* ❶ BRIT REL (*parish priest*) Pfarrer *m*

❷ SCOT UNIV (*student rep*) Rektor(in) *m(f)*; AM (*head of school*) Rektor(in) *m(f)*

rectory [ˈrektəri] *n* Pfarrhaus *nt*

rectum <*pl* -ta *or* -s> [ˈrektəm, *pl* -tə] *n* MED Rektum *nt fachspr*, Mastdarm *m*

recumbent [rɪˈkʌmbənt] *adj* (*liter*) liegend, ruhend; **to be** ~ liegen; *plant* kleinwüchsig sein

recuperate [rɪˈkjuːpəreɪt, AM -ˈkuːpə-] **I.** *vi* **to** ~ **from the flu/injuries/an operation** sich *akk* von der Grippe/Verletzungen/einer Operation erholen; ***no one knows if the almost bankrupt steel industry will ~*** niemand weiß, ob sich die fast bankrotte Stahlindustrie erholen wird

II. *vt* ■**to** ~ **sth** etw wettmachen; **to** ~ **losses** Verluste wieder gutmachen

recuperation [rɪˌkjuːpərˈeɪʃən, AM -ˌkuːpəˈreɪ-] *n no pl* Erholung *f*; MED Gesundung *f geh*, Genesung *f geh* (**from** von +*dat*); **powers of** ~ Heilkräfte *fpl*; ***the human body's powers of ~ are amazing*** die Heilkräfte des menschlichen Körpers sind erstaunlich

recuperative [rɪˈkjuːpərətɪv, AM -ˈkuːpərət̬ɪv] *adj inv* heilsam, erholsam

recur <-rr-> [rɪˈkɜːr, AM -ˈkɜːr] *vi* ❶ (*happen again*) *event* wieder passieren, sich *akk* wiederholen; *opportunity* sich *akk* wieder bieten; *pain, symptoms* wieder auftreten; *problem, theme* wieder auftauchen

❷ (*come to mind*) ■**to** ~ **to sb** jdm wieder einfallen; ***his words of goodbye kept ~ring to me*** seine Abschiedsworte kamen mir immer wieder

recurrence [rɪˈkʌrən(t)s, AM -ˈkɜːr-] *n* Wiederholung *f*, erneutes Auftreten; ***the doctor told him to go to the hospital if there was a ~ of his symptoms*** der Arzt wies ihn an, ins Krankenhaus zu gehen, falls die Symptome wiederkehrten

recurrent [rɪˈkʌrənt, AM -ˈkɜːr-] *adj attr, inv*, **recurring** [rɪˈkɜːrɪŋ] *adj attr, inv* sich wiederholend; *dream, nightmare, theme* [ständig] wiederkehrend; *bouts, problems* häufig [*o* wiederholt] auftretend; ~ **costs** laufende Kosten

recurring decimal *n* MATH periodischer Dezimalbruch

recusant [ˈrekjʊzənt] **I.** *n* ❶ HIST *Person, die sich dem Anspruch der anglikanischen Staatskirche verweigert*

❷ (*fig*) Verweigerer, -in *m, f*

II. *adj inv* ❶ HIST den anglikanischen Gottesdienst verweigernd

❷ (*fig*) renitent, verweigernd

recyclable [rɪˈsaɪkləbl] *adj* recycelbar, wiederverwertbar

recycle [rɪˈsaɪkl] *vt* ❶ (*covert into sth new*) **to** ~ **glass/paper/plastic** Glas/Papier/Plastik recyceln [*o* recyclieren] [*o* wieder aufbereiten]

❷ (*fig: use again*) ■**to** ~ **sth** etw wiederverwenden; ***critics claimed he just ~d material from his previous books*** die Kritiker behaupteten, dass er einfach nur das Material aus seinen vorherigen Büchern wiederverwendet hat

recycled [rɪˈsaɪkld] *adj attr* recycelt, wiederverwertet; (*fig*) wiederverwendet

recycled paper *n no pl* Recyclingpapier *nt*, Umweltschutzpapier *nt*

recycling [rɪˈsaɪklɪŋ] **I.** *n no pl* ❶ (*of glass, plastic etc*) Recycling *nt*, Wiederverwertung *f*, Wiederaufbereitung *f*

❷ FIN Rückschleusung *f* von Geldern

II. *adj attr, inv* Recycling-; ~ **bin** Wertstoff[sammel]behälter *m*, Wertstofftonne *f*; ~ **container** Wertstoffcontainer *m*, Sammelcontainer *m*; ~ **plant** Recyclinganlage *f*

recycling center AM, **recycling centre** *n* BRIT Wertstoffsammelstelle *f*

red [red] **I.** *adj* <-dd-> ❶ (*colour*) rot

❷ (*fig: flushing*) **to be/go** [*or* **turn**] ~ rot sein/werden; ***she's gone bright ~ with embarrassment/shame/anger*** sie wurde ganz rot vor Verlegenheit/Scham/Wut; **to be/turn** ~ **as a beetroot** [*or* AM **beet**] puterrot [*o* rot wie eine Tomate] sein/werden; ***there were lots of ~ faces on the committee when the accusations were made public*** es gab eine Menge hochroter Köpfe im Komitee, als die Anschuldigungen veröffentlicht wurden

❸ (*bloodshot*) *eyes* rot, gerötet; ***she knew he had been drinking last night because his eyes were totally ~*** sie wusste, dass er letzte Nacht getrunken hatte, weil seine Augen ganz rot unterlaufen waren; (*from crying*) rot geweint

❹ POL (*Socialist*) rot; *Communist* kommunistisch

II. *n* ❶ (*colour*) Rot *nt*; (*shade*) Rotton *m*; ***the pictures were painted in blues and ~s*** die Gemälde waren in Blau- und Rottönen gehalten

❷ (*clothes/fabric*) Rot *nt*; [**dressed**] **all in** ~ ganz in Rot gekleidet

❸ *no pl* FIN **to be in the** ~ in den roten Zahlen sein; **to be out of the** ~ aus den roten Zahlen heraus sein

❹ POL (*pej fam: left-winger*) Rote(r) *f(m) fam*

► PHRASES: **to see** ~ rot sehen *fig*

Red [red] POL **I.** *n* (*pej fam*) Rote(r) *f(m)*

II. *adj inv* rot; *Communist* kommunistisch

red admiral *n* Admiral *m* **red alert** *n* höchste Alarmbereitschaft; **to be on** ~ in höchster Alarmbereitschaft sein **Red Army** *n no pl* MIL ■**the** ~ die Rote Armee **Red Army Faction** *n* POL Rote-Armee-Fraktion *f* **red blood cell** *n* MED rotes Blutkörperchen **red-blooded** *adj* heißblütig **redbreast** *n* ORN Rotkehlchen *nt* **red-brick** *adj attr, inv* aus rotem Ziegelstein [*o* Backstein] **red-brick university** *n* BRIT *im späten 19./frühen 20. Jahrhundert gegründete Universität, die weniger traditionell und elitär ausgelegt ist als etwa Oxford und*

Cambridge **red cabbage** *n* ❶ *no pl* (*dish*) Rotkohl *m*, SÜDD *a.* Rotkraut *nt*, Blaukraut *nt* SÜDD, ÖSTERR, Blaukabis *m* SCHWEIZ, Rotkabis *m* SCHWEIZ ❷ (*head*) Rotkohl[kopf] *m* **redcap** *n* ❶ BRIT MIL (*sl: policeman*) Militärpolizist *m* ❷ AM (*dated: at railway*) Gepäckträger *m* **red carpet** I. *n no pl* (*usu fig*) roter Teppich *a. fig;* **to roll out the ~ for sb** den roten Teppich für jdn ausrollen *a. fig* II. *adj attr, inv* **to be given the ~ treatment** mit allen Ehren [*o fam* mit großem Bahnhof] empfangen werden **red cent** *n no pl* AM **to not give a** [*or* **one**] **~ for sth** keinen roten Heller für etw *akk* geben **Red China** *n* (*fam*) Rotchina *nt* **redcoat** *n* BRIT ❶ (*hist*) MIL Rotrock *m*, britischer Soldat ❷ (*at Butlin's® holiday camp*) *Animateur(in) im englischen Butlin's® Ferienclub* **red corpuscle** *n* MED rotes Blutkörperchen **Red Crescent** *n* ■**the ~** der Rote Halbmond **Red Cross** *n* ■**the ~** das Rote Kreuz **redcurrant** I. *n* [rote] Johannisbeere II. *n modifier* Johannisbeer-; **~ jelly** Johannisbeergelee *nt* **red deer** *n* ❶ (*animal*) Rothirsch *m* ❷ *no pl* (*species*) Rotwild *nt*

redden ['red^ə^n] I. *vi face, eyes* sich *akk* röten; *person* rot werden, erröten *geh; leaves, sky, water* sich *akk* rot färben; **to ~ with embarrassment** vor Verlegenheit erröten *geh*
II. *vt* ■**to ~ sth** etw rot färben; **to ~ sb's cheeks** jds Wangen erröten lassen *geh*

reddish ['redɪʃ] *adj* rötlich

redecorate [ˌriː'dekəreɪt] I. *vt* ■**to ~ sth** (*by painting*) etw neu streichen; (*by wallpapering*) etw neu tapezieren
II. *vi* renovieren

redecoration [ˌriːdekə'reɪʃ^ə^n] *n* Renovierung *f;* (*with paint*) Neuanstrich *m;* (*with wallpaper*) Neutapezieren *nt*

redeem [rɪ'diːm] *vt* ❶ (*compensate for*) ■**to ~ sth** *fault, mistake* etw wettmachen [*o* wieder gutmachen]
❷ (*save*) **to ~ one's good name/reputation** seinen guten Namen/Ruf wiederherstellen; ***he tried to ~ himself in her eyes by giving her a huge bunch of flowers*** er versuchte, sie mit einem riesigen Strauß Blumen wieder versöhnlich zu stimmen; ■**to ~ sb** REL jdn erlösen; (*dated form: buy freedom*) jdn auslösen
❸ FIN (*convert*) **to ~ a bond/coupon/savings certificate** einen Pfandbrief/Gutschein/Sparbrief einlösen; (*from pawnshop*) ■**to ~ sth** etw [gegen Zahlung] zurückerhalten; **to ~ a bond** eine Obligation verkaufen
❹ FIN (*pay off*) ■**to ~ sth** etw ab[be]zahlen; **to ~ one's debts** seine Schulden abtragen; **to ~ a mortgage/debt** eine Hypothek/Schulden tilgen [*o* ablösen]
❺ (*fulfil*) ■**to ~ sth** etw erfüllen; **to ~ a promise** ein Versprechen einlösen

redeemable [rɪ'diːməbl̩] *adj inv* ❶ (*financially*) *coupon, savings certificate, voucher* einlösbar; *mortgage* tilgbar; *loan* rückzahlbar; **~ government stock** rückkaufbare Staatspapiere; **~ preference share** rückzahlbare Vorzugsaktie; **~ security** rückzahlbares Wertpapier
❷ (*by compensation*) ■**to be ~** *faux pas, fault* wieder gutzumachen sein

Redeemer [rɪ'diːmə^r^, AM -mɚ] *n* REL ■**the ~** der Erlöser [*o* Retter] [*o* Heiland]

redeeming [rɪ'diːmɪŋ] *adj attr* ausgleichend; ***the only ~ feature of the dull film was the soundtrack*** das einzig Positive an dem langweiligen Film war die Filmmusik; ***he has absolutely no ~ qualities*** er hat aber auch gar nichts Gewinnendes an sich

redefine [ˌriːdɪ'faɪn] *vt* ■**to ~ sb/sth** [**as sth**] jdn/etw neu definieren [als etw]

redemption [rɪ'dem(p)ʃ^ə^n] *n no pl* ❶ (*from blame/guilt*) Wiedergutmachung *f*, Ausgleich *m;* REL (*from sin*) Erlösung *f*
❷ (*rescue*) **to be beyond** [*or* **past**] **~** nicht mehr zu retten sein
❸ FIN (*conversion*) *of a bond, coupon, voucher* Einlösen *nt; of a debt, loan, mortgage* Tilgung *f*, Abzahlung *f*, Rückzahlung *f;* **~ before due date** Rückzahlung vor Fälligkeit

redemption date *n* FIN Tilgungstermin *m* **redemption value** *n* FIN Rückzahlungswert *m* **redemption yield** *n* FIN Tilgungserlös *m*, Aktienrendite *f*

redemptive [rɪ'dem(p)tɪv] *adj* heilend *attr*, rettend *attr*

redeploy [ˌriːdɪ'plɔɪ] *vt* ■**to ~ sb/sth** *workers, staff, troops* jdn/etw verlegen; **to ~ soldiers/troops** Soldaten/Truppen verlegen

redeployment [ˌriːdɪ'plɔɪmənt] *n of workers, staff, troops* Verlegung *f*

redevelop [ˌriːdɪ'veləp] *vt* ■**to ~ sth** *neighbourhood, area* etw sanieren; *machine* etw neu entwickeln

redevelopment [ˌriːdɪ'veləpmənt] I. *n* Sanierung *f;* **neighbourhood ~** Sanierung *f* einer Wohngegend
II. *n modifier* (*fund, loan*) Sanierungs-; **~ area** Sanierungsgebiet *nt;* **~ project** Sanierungsprojekt *nt*

red-eye *n* AM (*sl*) ❶ (*flight*) Nachtflug *m* ❷ (*dated: whisky*) Fusel *m fam* ❸ (*in photos*) *Rotfärbung der Augen auf Blitzlichtfotos* **red-faced** *adj* rotgesichtig; **to be ~ with anger/embarrassment/shame** vor Wut/Verlegenheit/Scham einen [hoch]roten Kopf haben **red flag** *n* ❶ (*indicating danger*) Warnflagge *f*, Signalflagge *f* ❷ (*of socialist revolution*) Rote Fahne **red giant** *n* ASTRON roter Riese **red-haired** *adj inv* rothaarig **red-handed** *adj* **to catch sb ~** jdn auf frischer Tat ertappen **redhead** *n* Rothaarige(r) *f(m)*, Rotschopf *m* **red-headed** *adj* ❶ (*person*) rothaarig ❷ (*bird*) mit roter Haube *nach n;* **~ woodpecker** Rotkopfspecht *m* **red herring** *n* ❶ (*fish*) Räucherhering *m* ❷ (*sth misleading*) Ablenkungsmanöver *nt;* ***the police investigated many clues, but they were all ~s*** die Polizei ging etlichen Hinweisen nach, aber es waren alles falsche Spuren ❸ AM ECON vorläufiger Emissionsprospekt **red-hot** *adj* ❶ (*glowing*) **to be ~** [rot] glühen; (*fig: very hot*) glühend heiß sein ❷ (*fam: emotional*) heiß *fam;* ***he plays some ~ jazz!*** er spielt heißen Jazz!; ***there was ~ anger in his eyes*** seine Augen glühten vor Wut; **a ~ mama** AM (*sl*) eine heiße Torte *sl* ❸ (*brand new*) *news, data* brandaktuell, brandheiß *fam*

redial [ˌriː'daɪəl, AM -'daɪ(ə)l] I. *vt* <BRIT -ll- *or* AM *usu* -l-> ■**to ~ sb** jdn wieder [*o* erneut] anrufen; **to ~ a number** eine Nummer nochmals wählen
II. *vi* <BRIT -ll- *or* AM *usu* -l-> [die Telefonnummer] erneut wählen, wieder anrufen
III. *n no pl* Wahlwiederholung *f*

Red Indian *n* (*pej! dated*) Indianer(in) *m(f)* **red ink** *n no pl* AM COMM Verlust *m;* **to be drowning in ~** rote Zahlen schreiben *fig;* **to go into ~** in die roten Zahlen geraten

redirect [ˌriːdɪ'rekt] *vt* **to ~ one's energy to sth** seine Energie anderweitig für etw *akk* einsetzen; **to ~ one's interests** seine Interessen neu ausrichten; **to ~ a letter/package** einen Brief/ein Paket nachsenden; **to ~ resources** Mittel umverteilen; **to ~ traffic** Verkehr umleiten; ■**to ~ sth** COMPUT etw umleiten

rediscover [ˌriːdɪs'kʌvə^r^, AM -ɚ] *vt* ■**to ~ sth** etw wieder entdecken

rediscovery [ˌriːdɪ'skʌv^ə^ri] *n* Wiederentdeckung *f*

redistribute [ˌriːdɪ'strɪbjuːt] *vt* **to ~ land/resources/wealth** Land/Mittel/Vermögen umverteilen [*o* neu verteilen]; ***one manager was fired and his work ~d among the others*** ein Manager wurde gefeuert und seine Arbeit anderen zugeteilt

redistribution [ˌriːdɪstrɪ'bjuːʃ^ə^n] *n no pl* Umverteilung *f*, Neuverteilung *f;* **~ of risk** Risikoumverteilung *f;* **~ of wealth** Verögensumverteilung *f*

red-letter day *n ein besonderer Tag, den man sich im Kalender rot anstreichen muss* **red light** *n* rote Ampel; **to run** [*or* **jump**] [*or* **drive through**] **a ~** bei Rot über eine Ampel fahren **red-light district** *n* Rotlichtviertel *nt* **redline** ['redlaɪn] *vt* ■**to ~ sb** jdn ausgrenzen **red meat** *n no pl* dunkles Fleisch (*wie Rind, Lamm und Reh*) **redneck** *n esp* AM (*pej fam*) *weißer Arbeiter aus den am. Südstaaten, oft mit reaktionären Ansichten*

redness ['rednəs] *n no pl* Röte *f*

redo <-did, -done> [ˌriː'duː] *vt* ❶ (*do again*) ■**to ~ sth** etw noch einmal machen; *task* mit etw *dat* von vorn beginnen
❷ (*redecorate*) **to ~ an apartment/house/room** eine Wohnung/ein Haus/Zimmer renovieren

redolent ['red^ə^lənt] *adj pred* (*form*) ■**to be ~ with** [*or* **of**] **sth** ❶ (*smelling*) nach etw *dat* duften
❷ (*suggestive*) [stark] an etw *akk* erinnern; ***such slogans are ~ of the cold war*** solche Slogans erinnern stark an den Kalten Krieg

redouble [ˌriː'dʌbl̩] I. *vt* ■**to ~ sth** etw verdoppeln; **to ~ one's efforts** seine Anstrengungen verdoppeln
II. *vi* sich *akk* verdoppeln

redoubt [rɪ'daʊt] *n* ❶ MIL (*fort*) Redoute *f hist*
❷ (*fig: stronghold*) Bastion *f*

redoubtable [rɪ'daʊtəbl̩] *adj person* Respekt einflößend; (*hum*) gefürchtet; **~ opponent** gefürchtete Gegner/gefürchtete Gegnerin

redound [rɪ'daʊnd] *vi* (*form*) ❶ (*contribute*) **to ~ to sb's advantage/honour** jdm zum Vorteil/zur Ehre gereichen *geh;* ***her financial support of the artist ~ed to her credit*** ihre finanzielle Unterstützung für den Künstler wurde ihr hoch angerechnet
❷ (*come back*) ■**to ~ on** [*or* **upon**] **sb** [negativ] auf jdn zurückfallen

red pepper I. *n* ❶ (*fresh*) rote(r) Paprika
❷ *no pl* (*powdered*) Paprikagewürz *nt;* (*Cayenne*) Cayennepfeffer *m*
II. *n modifier* rote Paprika-; **~ flakes** getrocknete rote Paprikaraspeln; **~ stripes** rote Paprikastreifen

redraft [ˌriː'drɑːft, AM -'dræft] I. *vt* **to ~ a contract/law/proposal** einen Vertrag/ein Gesetz/einen Vorschlag neu entwerfen; **to ~ a map** eine Karte überarbeiten
II. *n* Neuentwurf *m*, überarbeiteter Entwurf

red rag *n* ▶ PHRASES: **sth is like a ~ to a bull to sb** etw ist für jdn wie ein rotes Tuch

redress I. *vt* [rɪ'dres] ■**to ~ sth** *mistake* etw wieder gutmachen; *situation* etw bereinigen; *grievance* etw beseitigen; ***most managers and politicians are men — how can women ~ the imbalance?*** die meisten Manager und Politiker sind Männer – wie können Frauen das Ungleichgewicht beheben?
II. *n* [rɪ'dres, AM 'riːdres] *no pl* Wiedergutmachung *f*, Abhilfe *f;* **to have no ~** unumstößlich feststehen; *of an imbalance* Behebung *f; of a grievance* Beseitigung *f;* LAW **legal ~** Rechtshilfe *f;* **to seek ~** einen Regressanspruch geltend machen

Red Riding Hood *n* Rotkäppchen *nt* **Red Sea** *n* ■**the ~** das Rote Meer **redshank** <*pl* – *or* -s> *n* ORN Rotschenkel *m* **redskin** *n* (*pej! dated*) Indianer(in) *m(f)*, Rothaut *f pej* **Red Square** *n* Roter Platz **redstart** <*pl* -s *or* -> *n* ORN Rotschwänzchen *nt* **red tape** *n no pl* ❶ (*tape*) rotes Band [mit dem Dokumente verschnürt werden] ❷ (*fig: rules*) Bürokratie *f*, Bürokratismus *nt pej*, Amtsschimmel *m pej;* ***my passport application is stuck in ~*** mein Passantrag steckt irgendwo in den Mühlen der Verwaltung fest

reduce [rɪ'djuːs, AM *esp* -'duːs] I. *vt* ❶ (*make less*) ■**to ~ sth** etw verringern [*o* reduzieren]; **to ~ sb's authority/duties/responsibilities** jds Autorität/Aufgaben/Verantwortlichkeiten einschränken; *price* etw heruntersetzen; ***after the scandal, the officer was ~d in rank*** nach dem Skandal wurde der Offizier degradiert; **to ~ a backlog** einen Rückstand aufholen; **to ~ speed/velocity** die Geschwindigkeit verringern; **to ~ taxes** Steuern senken; **to ~ wages** Löhne kürzen; ***we must ~ expenditures by 10% in the second quarter*** wir müssen die Ausgaben im zweiten Quartal um 10% reduzieren; ***the television was ~d from £500 to £350 in the sales*** der Fernseher war von £500 auf £350 heruntergesetzt; ***my wage has been ~d to £160*** mein Lohn wurde auf £160 gekürzt; ***the judge ~d his sentence to 1 year in jail*** der Richter setzte sein Strafmaß auf 1 Jahr Gefängnis herab

❷ (*make smaller*) **to ~ a drawing/photo** eine Zeichnung/ein Foto verkleinern; **to ~ a fraction** MATH einen Bruch kürzen [*o fachspr* reduzieren]; **to ~ liquids/a sauce** Flüssigkeiten/eine Soße einkochen lassen; ~ ***the sauce to*** [*or* ***by***] ***half over a medium flame*** die Soße bis zur halben Menge bei mittlerer Hitze einkochen lassen
❸ (*bring down*) **to ~ sth to ashes** [*or* **rubble**] [*or* **ruins**] etw in Schutt und Asche legen; ***Allied bombing ~d the city to ruins*** alliierte Bombenangriffe legten die Stadt in Schutt und Asche; ■ **to ~ sb to sth** [*or* **doing sth**] jdn dazu treiben, etw zu tun; ***when he lost his job, they were ~d to begging help from his parents*** als er seine Arbeit verlor, waren sie gezwungen, seine Eltern um Hilfe zu bitten; **to ~ sb to obedience/submission** jdn zum Gehorsam/zur Unterwerfung bringen; **to ~ sb to the ranks** MIL jdn [in den Mannschaftsdienstgrad] degradieren; **to ~ sb to tears** jdn zum Weinen bringen
❹ MED (*repair*) **to ~ a dislocated arm/joint** einen ausgekugelten Arm/ein Gelenk einrenken
II. *vi* AM abnehmen; **to be reducing** eine Diät machen

reduced [rɪˈdjuːst, AM *esp* -ˈduːst] *adj attr* ❶ (*in price*) reduziert, heruntergesetzt; ~ **fare** ermäßigter Fahrpreis; ~ **wage** gekürzter Lohn
❷ (*in number, size, amount*) reduziert, verringert; **to be** [*or* **live**] **in ~ circumstances** in verarmten Verhältnissen leben; ~ **risk** niedriges Risiko; **on a ~ scale** in kleinerem Umfang; ~ [**jail**] **sentence** herabgesetzte [Gefängnis]strafe

reduced time *n no pl* Kurzarbeit *f*; **to be** [**put**] **on ~** kurzarbeiten [müssen]

reducer [rɪˈduːsəʳ, -ˈdjuː-] *n* AM *Person, die eine Diät macht*

reducible [rɪˈdjuːsɪbl, AM ˈduː] *adj inv, pred* ■ **to be ~ to sth** auf etw reduzierbar sein, sich *akk* auf etw zurückführen lassen

reduction [rɪˈdʌkʃᵊn] *n* ❶ *no pl* (*action*) Reduzierung *f*, Reduktion *f*, Verringerung *f*; *in taxes* Senkung *f*; *of staff* Abbau *m*; *in price* Ermäßigung *f*, Herabsetzung *f*; **cost/price ~** Kosten-/Preissenkung *f*
❷ (*decrease*) Reduzierung *f*, Verminderung *f*; ~ **in rank** Degradierung *f*; ~ **in taxes** Steuersenkung *f*; *in production, output* Drosselung *f*; *authorities* Schwächung *f*; *in expense, salary* Reduzierung *f*, Senkung *f*; **a ~ in traffic** ein verringertes Verkehrsaufkommen; ~ **in wages** Lohnkürzung *f*
❸ *of drawing, photo* Verkleinerung *f*
❹ (*simplification*) Vereinfachung *f*

reductionism [rɪˈdʌkʃᵊnɪzᵊm] *n no pl* (*pej*) Reduktionismus *m pej geh*

reductive [rɪˈdʌktɪv] *adj* reduzierend, Reduktions-

redundancy [rɪˈdʌndən(t)si] *n* ❶ *no pl* BRIT, AUS (*downsizing*) Personalfreisetzung *f euph*, Entlassung *f* (*aus Arbeitsmangel oder Rationalisierungsgründen*); (*unemployment*) Arbeitslosigkeit *f*; ***he is terrified of ~*** er hat Angst, seinen Arbeitsplatz zu verlieren; (*person*) Arbeitslose(r) *f(m)*; **voluntary ~** freiwilliges Ausscheiden
❷ BRIT, AUS ECON (*instance*) Entlassung *f*; ***the depression means 10,000 redundancies in the East*** der Konjunkturrückgang bedeutet 10.000 Entlassungen im Osten
❸ *no pl* LING Redundanz *f*
❹ LING (*instance*) Überflüssigkeit *f*
❺ COMPUT Redundanz *f*

redundancy payment *n* BRIT, AUS ECON Entlassungsabfindung *f*, Abfindung[szahlung] *f*, Entlassungsgeld *nt*

redundant [rɪˈdʌndənt] *adj* ❶ (*superfluous*) überflüssig; LING redundant
❷ BRIT, AUS (*unemployed*) arbeitslos; (*fig*) überflüssig; **to make sb ~** jdn entlassen
❸ COMPUT redundant

reduplicate [rɪˈdjuːplɪkeɪt, AM -ˈduːplə-, -ˈdjuː-] *vi* LING reduplizieren

reduplication [rɪˌdjuːplɪˈkeɪʃᵊn, AM -ˌduːpləˈ-, -ˈdjuː-] *n* LING Reduplikation *f*

red wine *n* Rotwein *m*

redwing <*pl* – *or* -s> *n* ORN Rotdrossel *f*

redwood *n* BOT ❶ (*tree*) Mammutbaum *m* ❷ *no pl* (*wood*) Redwood *nt*, Rotholz *nt*

re-echo <-oes, -oing, -oed> [ˌriːˈekəʊ, AM oʊ] I. *vt* ■ **to ~ sb/sth** jdn/etw echoartig wiederholen
II. *vi* widerhallen

reed [riːd] I. *n* ❶ BOT (*plant*) Schilf[gras] *nt*; **to be slim as a ~** dünn wie eine Bohnenstange sein *fam*
❷ BRIT (*straw*) Stroh *nt* (*zum Decken von Strohdächern*)
❸ MUS (*of an instrument*) Rohrblatt *nt*
❹ MUS (*reed instrument*) Rohrblattinstrument *nt*
▶ PHRASES: **to be a <u>broken</u> ~** ein schwankendes Rohr sein
II. *n modifier* (*curtain*) aus Schilfrohr; ~ **basket** Korb *m* aus Schilfrohr

reed instrument *n* Rohrblattinstrument *nt*; **a double-~** ein [Rohrblatt]instrument *nt* mit doppeltem Rohrblatt

re-edit [ˌriːˈedɪt] *vt* ■ **to ~ sth** etw überarbeitet herausgeben

reed organ *n* Harmonium *nt*

re-educate [ˌriːˈedʒʊkeɪt] *vt* ■ **to ~ sb** jdn umerziehen

re-education [ˌriːˌedʒʊˈkeɪʃᵊn] *n no pl* ❶ *esp* POL Umerziehung *f*; ***between your age and mine a ~ has taken place*** zwischen unseren Jahrgängen hat ein Prozess des Umlernens stattgefunden
❷ SCH Umschulung *f*

reedy [ˈriːdi] *adj* ❶ (*full of reeds*) schilfig, schilfbedeckt
❷ *voice* durchdringend, grell
❸ (*thin*) *person* dünn

reef [riːf] I. *n* ❶ GEOG Riff *nt*; **coral ~** Korallenriff *nt*; (*of gold ore*) [Gold]ader *f*
❷ (*of a sail*) Reff *nt*
II. *vt* **to ~ the sails** die Segel reffen

reefer [ˈriːfəʳ, AM -fɚ] *n* ❶ *no pl* (*sl: marijuana*) Pot *nt fam*
❷ (*sl: joint*) Joint *m fam*
❸ (*jacket*) [kurze] Seemannsjacke

reefer jacket *n* [kurze] Seemannsjacke

reef knot *n* Reffknoten *m*; (*square knot*) Kreuzknoten *m*

reek [riːk] I. *n* Gestank *m*, [übler] Geruch
II. *vi* ❶ (*smell bad*) übel riechen [*o* stinken]; **to ~ of alcohol/garlic/manure** übel nach Alkohol/Knoblauch/Dünger riechen [*o* stinken]
❷ (*fig: be pervaded with*) stinken *fig fam*; **to ~ of corruption/favouritism/racism** nach Korruption/Vetternwirtschaft/Rassismus stinken

reel¹ [riːl] I. *n* ❶ (*device*) Rolle *f*; (*for film, yarn, tape*) Spule *f*; (*for fishing line*) Angelrolle *f*; **~-to-~ tape** [**station**] Magnetbandgerät *nt* mit zwei Rollen
❷ (*unit*) ~ **of film** Filmrolle *f*; ~ **of thread** Fadenspule *f*; ~ **of yarn** BRIT Garnrolle *f*
II. *vt* **to ~ thread** Faden *m* aufspulen
◆**reel in** *vt* **to ~ in** ○ **a fish** einen Fisch einholen; **to ~ in the line** die Angelschnur einrollen; ■ **to ~ sb in** (*fig fam*) jdn angeln *fam*
◆**reel off** *vt* ■ **to ~ off** ○ **sth** etw herunterrasseln *fam*; **to ~ off the same programme/speech/text** immer wieder das gleiche Programm/die gleiche Rede/den gleichen Text abspulen *fig*
◆**reel out** *vt* **to ~ out** ○ **a fishing line/a hose** eine Angelschnur/einen Schlauch ausrollen; **to ~ out a thread** einen Faden abspulen

reel² [riːl] I. *n* ❶ (*dance*) Reel *m*
❷ MUS Reel *m*
II. *vi* ❶ (*sway*) *person* torkeln, taumeln; *ground* sich *akk* drehen; **to send sb ~ing** jdn taumeln lassen; ***the next punch sent the boxer ~ing against the ropes*** der nächste Schlag ließ den Boxer gegen die Seile taumeln
❷ (*be shaken*) schaudern; ***they are still ~ing with shock*** sie sind noch benommen von dem Schock; (*be in a whirl*) sich *akk* drehen; ***my mind is ~ing*** in meinem Kopf dreht sich alles
❸ (*dance*) [einen] Reel tanzen
◆**reel back** *vi* taumeln, zurücktaumeln; ***she hit him so hard that he ~ed back*** sie traf ihn so hart, dass er nach hinten taumelte; ***he ~ed back in shock*** er prallte entsetzt zurück

re-elect [ˌriːɪˈlekt] *vt* ■ **to ~ sb** jdn wieder wählen

re-election [ˌriːɪˈlekʃᵊn] *n* Wiederwahl *f*; **to seek** [*or* **stand for**] [*or* AM **run for**] **~** sich *akk* zur Wiederwahl stellen

re-emerge [ˌriːɪˈmɜːdʒ, AM ˈmɜːrdʒ] *vi* wieder hervorkommen; (*fig*) wieder auftauchen; ***he ~d some time later*** er ist später wieder aufgetaucht

re-enact [ˌriːɪˈnækt] *vt* ❶ (*act out*) ■ **to ~ sth** etw wiederholen; *battle, event* etw nachstellen; *play* etw neu aufführen [*o* inszenieren]; **to ~ a crime** ein Verbrechen nachvollziehen
❷ LAW **to ~ a law** ein Gesetz wieder in Kraft setzen

re-enactment [ˌriːɪˈnæktmənt] *n* ❶ (*acting out*) Wiederaufführung *f*, Neuinszenierung *f*, Wiederholung *f*
❷ LAW Wiederinkraftsetzung *f*

re-enter [ˌriːˈentəʳ, AM -t̬ɚ] I. *vt* ❶ (*go in again*) **to ~ the** [**earth's**] **atmosphere** wieder in die [Erd]atmosphäre eintreten; **to ~ a bus/car** in einen Bus/ein Auto wieder einsteigen; **to ~ a country** in ein Land wieder einreisen; **to ~ a driveway/parking lot** in eine Einfahrt/einen Parkplatz wieder einfahren; **to ~ a house/store** in ein Haus/Geschäft wieder hineingehen; **to ~ a room** ein Zimmer wieder betreten
❷ (*enrol*) ■ **to ~ sth** sich *akk* wieder an etw *dat* beteiligen; **to ~ a club** einem Verein wieder beitreten; **to ~ a competition** an einem Wettbewerb wieder teilnehmen; **to ~ Parliament** wieder ins Parlament einziehen; **to ~ politics** sich *akk* wieder an der Politik beteiligen, wieder am politischen Geschehen teilnehmen; **to be ~ed for** [*or* **in**] **a competition** für einen Wettkampf wieder aufgestellt werden
❸ COMPUT (*type in*) **to ~ sth** etw nochmals eingeben; **to ~ data** Daten neu eingeben
II. *vi* ❶ (*go in*) ■ **to ~ through** [*or* **by**] **sth** durch etw *akk* wieder eintreten
❷ (*join*) wieder Mitglied werden [*o* beitreten]

re-entry [ˌriːˈentri] *n* ❶ *no pl* (*going in*) Wiedereintritt *m*; (*in a car*) Wiedereinstieg *m*; (*into a country*) Wiedereinreise *f*; ~ **to the atmosphere** Wiedereintritt *m* in die Atmosphäre
❷ LAW Wiederinbesitznahme *f*
❸ COMPUT Rücksprung *m*

re-entry shock *n no pl* Kulturschock *m* bei Rückkehr

re-erect [ˌriːɪˈrekt] *vt usu passive* ■ **to ~ sth** etw wieder aufbauen [*o* errichten]

re-establish [ˌriːɪˈstæblɪʃ] *vt* ■ **to ~ sth** *custom, department* etw wieder einrichten [*o* einführen]; **to ~ contact/order/peace** Kontakt/Ordnung/Frieden wieder herstellen; **to ~ contact with sb** Kontakt zu jdm wieder herstellen; **to ~ a system** ein System wieder einführen; **to ~ oneself** [*or* **one's presence**] [**in a field**] sich *akk* [auf einem Gebiet] wieder behaupten [*o* durchsetzen]

re-establishment [ˌriːɪˈstæblɪʃmənt] *n* Wiederherstellung *f*, Wiedereinführung *f*; *state, enterprise* Neu[be]gründung *f*

re-evaluate [ˌriːɪˈvæljueɪt] *vt* ■ **to ~ sb/sth** jdn/etw wieder schätzen; **to ~ one's life** sein Leben erneut abwägen; **to ~ a patient** einen Patienten neu beurteilen

reeve [riːv] *n* HIST Vogt *m*

re-examination [ˌriːɪgˌzæmɪˈneɪʃᵊn] *n* ❶ (*test*) Nachprüfung *f*, Wiederholungsprüfung *f*
❷ LAW nochmalige Untersuchung; *witness, culprit* nochmaliges Verhör, erneute Zeugenvernehmung

re-examine [ˌriːɪgˈzæmɪn] *vt* ❶ (*check again*) ■ **to ~ sth** *evidence, facts* etw überprüfen; **to ~ priorities** Prioritäten erneut überprüfen
❷ SCH, UNIV (*test*) ■ **to be ~ed** noch einmal geprüft werden; **to ~ a witness** LAW einen Zeugen/eine Zeugin erneut [*o* nochmals] vernehmen

re-export I. *vt* [ˌriːɪkˈspɔːt, -ek-, AM -ˈspɔːrt] ■ **to ~ sth** *clothing, cars, raw materials* etw wieder ausführen
II. *n* [ˌriːˈekspɔːt, AM -spɔːrt] ECON Wiederausfuhr *f*, Reexport *m geh*

ref [ref] *n* ❶ (*fam*) *abbrev of* **referee** Schieri *m fam*
❷ *abbrev of* **reference** AZ
❸ ECON *abbrev of* **reference** Zeugnis *nt,* Referenz *f*

refectory [rɪ'fektəri, AM -tɚi] *n of a school* Speisesaal *m; of a university* Mensa *f; of a monastery* Refektorium *nt*

refer <-rr-> [rɪ'fɜːʳ, AM -'fɜːr] **I.** *vt* ❶ (*to an authority/expert*) ■**to ~ sb/sth to sb/sth** jdn/etw an jdn/etw überweisen; ***the patient was ~red to a specialist*** der Patient wurde an einen Facharzt überwiesen; (*to hospital*) ■**to ~ sb** jdn verlegen; **to ~ a case to sb/sth** LAW jdm/etw einen Fall übertragen; **to ~ a cheque** FIN einen Scheck zurückschicken; **to ~ a decision to sb** jdm eine Entscheidung übergeben; **to ~ a problem to sb** ein Problem an jdn weiterleiten
❷ (*for guidance*) ■**to ~ sb to sb/sth** jdn an jdn/auf etw *akk* verweisen; ***the reader is ~red to the Bible*** der Leser möge die Bibel [zum Vergleich] heranziehen; **to ~ sb to an article** jdn auf einen Artikel hinweisen [*o* verweisen]
❸ (*send*) **to ~ an application/a letter/a request** eine Bewerbung/einen Brief/eine Bitte weiterleiten
II. *vi* ❶ (*allude*) ■**to ~ to sb/sth** auf jdn/etw hinweisen; ***who are you ~ring to?*** wen meinst du?, von wem sprichst du?; ***it's you I am ~ring to*** dich meine ich; ***he always ~s to his wife as 'the old woman'*** er spricht von seiner Frau immer als ‚der Alten'; **~ring to your letter/phone call, ...** Bezug nehmend auf Ihren Brief/Anruf ...
❷ (*concern*) ■**to ~ to sb/sth** jdn/etw betreffen; *law, rule* für jdn/etw *akk* gelten; *criticism* sich *akk* auf jdn/etw beziehen
❸ (*consult*) ■**to ~ to sb** sich *akk* an jdn wenden, jdn hinzuziehen [*o geh* konsultieren]; ■**to ~ to sth** auf etw *akk* zurückgreifen, etw zu Hilfe nehmen; ***he ~red to a history book*** er schlug in einem Geschichtsbuch nach; **to ~ to one's notes** seine Aufzeichnungen zu Hilfe nehmen
◆**refer back I.** *vt* ❶ LAW, ADMIN (*send back*) ■**to ~ sb/sth back to sb/sth** *case, plan, proposal* jdn/etw an jdn/etw zurückverweisen
❷ (*direct attention*) ■**to ~ sb back to sth** jdn auf etw *akk* zurückverweisen; ***the reader is constantly ~red back to the introduction*** der Leser wird ständig auf die Einleitung zurückverwiesen
II. *vi* sich *akk* beziehen (**to** auf +*akk*)

referee [ˌrefəʳ'iː, AM -ə'riː] **I.** *n* ❶ (*umpire*) Schiedsrichter *m;* **to play to the ~'s whistle** sich *akk* an die Spielregeln halten
❷ (*arbitrator*) Schlichter(in) *m(f);* (*decision maker*) Schiedsrichter(in) *m(f),* Sachverständige(r) *f(m)*
❸ BRIT (*endorser*) Referenz *f;* **to act as ~** als Referenz dienen; **to give sb as ~** jdn als Referenz angeben
II. *vt* **to ~ a match** bei einem Spiel Schiedsrichter sein, ein Spiel pfeifen *fam*
III. *vi* die Leitung eines Spiels übernehmen, Schiedsrichter sein

reference ['refəʳən(t)s] **I.** *n* ❶ (*to an authority*) Rücksprache *f;* (*to a book, article*) Verweis *m;* ***I cut out the article for future ~*** ich schnitt den Artikel heraus, um ihn später verwenden zu können; **to make ~ to sb** mit jdm Rücksprache halten; **to make ~ to sth** etw erwähnen
❷ (*responsibility*) **terms of ~** Aufgabenbereich *m,* Zuständigkeiten *fpl*
❸ (*allusion*) *indirect* Anspielung *f; direct* Bemerkung *f;* (*direct mention*) Erwähnung *f,* Bezugnahme *f;* ***with ~ to what was said at the last meeting, ...*** mit Bezug [*o* unter Bezugnahme] auf das Gesagte bei der letzten Sitzung, ...; **with particular ~ to sth** unter besonderer Berücksichtigung einer S. *gen;* **to make a ~ to sb/sth** auf jdn/etw anspielen; **to make a passing ~ to sb/sth** nebenbei auf jdn/etw zu sprechen kommen, jdn/etw nebenbei erwähnen; **in** [*or* **with**] **~ to sb/sth** mit Bezug [*o* Bezug nehmend] auf jdn/etw; ***I am writing to you in ~ to your letter of March 15*** mit diesem Schreiben nehme ich Bezug auf Ihren Brief vom 15. März
❹ (*citation*) Verweis *m;* **list of ~s** Anhang *m,* Glossar *nt;* **~ mark** Verweiszeichen *nt;* (*information*) Hinweis *m;* **for future ~** [als Hinweis] für die Zukunft; ***for future ~ please note that we do need your account number*** für die Zukunft bitten wir Sie, zur Kenntnis zu nehmen, dass wir Ihre Kontonummer benötigen
❺ (*in correspondence*) Aktenzeichen *nt;* **to use** [*or* **quote**] **~** das Aktenzeichen angeben
❻ (*in library*) Ansicht *f;* ***the books in that section of the library are for ~ only*** die Bücher in diesem Teil der Bibliothek sind nur zum Nachschlagen gedacht
❼ (*recommendation*) Empfehlungsschreiben *nt,* [Arbeits]zeugnis *nt,* Referenz *f geh;* **to have bad/good ~s** schlechte/gute Referenzen haben; **to ask a company for trade/bank ~s** ein Unternehmen um Handelsauskünfte/Bankreferenzen ersuchen; **to write sb a glowing ~** jdm ein glänzendes [Arbeits]zeugnis ausstellen; **letter of ~** Zeugnis *nt,* Referenz *f;* **to give sb a ~** jdm eine Referenz [*o* ein [Arbeits]zeugnis] ausstellen; **to take up ~s** Referenzen einholen
❽ COMPUT (*starting point value*) Bezugspunkt *m*
❾ LAW (*person*) Referenz *f;* (*passing of problem*) *Vorlage einer Frage an einen Schiedsrichter oder Sachverständigen*
II. *vt* ■**to ~ sth** ❶ (*allude to*) auf etw *akk* anspielen
❷ COMPUT auf etw *akk* zugreifen

reference book *n* Nachschlagewerk *nt* **reference library** *n* Präsenzbibliothek *f* **reference mark** *n* Verweiszeichen *nt* **reference number** *n* (*in letters*) Aktenzeichen *nt;* (*on goods*) Artikelnummer *f* **reference publishing** *n no pl* Verlegen *nt* von Nachschlagewerken **reference section** *n* Präsenzabteilung *f*

referenda [ˌrefəʳ'endə, AM -ə'r-] *n* POL *pl of* **referendum**

referendum <*pl* -s *or* -da> [ˌrefəʳ'endəm, AM -ə'r-, *pl* -də] *n* POL Referendum *nt geh,* Volksentscheid *m;* **to be decided in** [*or* **by**] **a ~** durch ein Referendum entschieden werden; **to hold a ~** ein Referendum abhalten

referral [rɪ'fɜːrəl] *n* ❶ (*case*) Überweisung *f;* (*to the hospital*) Einweisung *f,* Einlieferung *f*
❷ *no pl* (*action*) Einweisung *f*

refill I. *n* ['riːfɪl] Auffüllen *nt,* Nachfüllen *nt; for fountain pen* Nachfüllpatrone *f; for ballpoint* Nachfüllmine [*o* Ersatzmine] *f; for lipstick* Nachfüllstift *m; for printer* Nachfüllblätter *ntpl;* **a ~ for** [*or* **on**] **medication/a prescription** eine Neuverordnung einer Behandlung/eines Rezeptes; **to give sb a ~** (*with drink, coffee*) jdm etw nachschenken
II. *vt* [ˌriː'fɪl] **to ~ a cup/glass** eine Tasse/ein Glas wieder füllen

refinance *vt* ■**to ~ sth** etw umfinanzieren; (*take over existing loan*) etw refinanzieren

refine [rɪ'faɪn] **I.** *vt* ❶ (*from impurities*) **to ~ metal/oil/sugar** Metall/Öl/Zucker raffinieren
❷ (*fig: improve*) ■**to ~ sth** etw verfeinern; ■**to ~ sb** jdm Benimm [*o* Manieren] beibringen *fam;* ■**to ~ oneself** an sich *dat* arbeiten, sich *akk* bilden; **to ~ one's behaviour** sein Benehmen kultivieren; **to ~ one's style** LIT seinen Stil verbessern
II. *vi* ■**to ~ on sth** etw verfeinern, an etw *dat* feilen *fig;* **to ~ on a method** eine Methode verfeinern

refined [rɪ'faɪnd] *adj* ❶ (*processed*) raffiniert; **~ foods** aufbereitete Nahrungsmittel; **~ metal** veredeltes Metall; **~ oil** raffiniertes Öl; **~ sugar** Raffinade *f*
❷ (*approv: sophisticated*) [hoch] entwickelt, verfeinert; **highly ~** hoch entwickelt; **a ~ film** ein anspruchsvoller Film; **~ methods** ausgeklügelte Methoden; **~ tastes** feiner Geschmack
❸ (*well-mannered*) *person* gebildet, kultiviert

refinement [rɪ'faɪnmənt] *n* ❶ *no pl* (*processing*) Raffinieren *nt,* Raffination *f; of metal* Veredelung *f;* **the ~ of raw opium** die Aufbereitung von Rohopium
❷ (*improvement*) Verbesserung *f;* **with all the latest ~s** mit den neuesten technischen Raffinessen; *of ideas, methods* Überarbeitung *f,* Verbesserung *f;* ***the hypothesis does need some ~*** an der Hypothese muss noch überarbeitet werden *fam*
❸ *no pl* (*good manners*) Gebildetheit *f,* Kultiviertheit *f*

refinery [rɪ'faɪnəri, AM -ɚi] *n* Raffinerie *f;* **oil/sugar ~** Öl-/Zuckerraffinerie *f*

refit I. *vi* <BRIT -tt- *or* AM *usu* -t-> [ˌriː'fɪt] NAUT überholt werden
II. *vt* <BRIT -tt- *or* AM *usu* -t-> [ˌriː'fɪt] **to ~ a factory** eine Fabrik neu ausstatten; **to ~ a ship** ein Schiff überholen
III. *n* ['riːfɪt] NAUT Überholung *f*

reflate [ˌriː'fleɪt] **I.** *vt* **to ~ a currency** eine Währung [bewusst] inflationieren; **to ~ the economy** die Wirtschaft ankurbeln
II. *vi* [bewusst] inflationieren

reflation [ˌriː'fleɪʃən] *n* Reflation *f,* Konjunkturbelebung *f,* Ankurbelung *f* der Wirtschaft

reflationary [ˌriː'fleɪʃənəri, AM -eri] *adj inv* reflationär; **~ measures** [*or* **moves**] reflationäre Maßnahmen

reflect [rɪ'flekt] **I.** *vt* ❶ (*throw back*) ■**to be ~ed in sth** sich *akk* in etw *dat* spiegeln; ***he saw himself ~ed in the shop window*** er sah sein Spiegelbild im Schaufenster; **to ~ heat/light/sound** Hitze/Licht/Schall reflektieren
❷ (*show*) ■**to ~ sth** *hard work, multiculturalism, one's views* etw zeigen [*o* zum Ausdruck bringen]; *honesty, generosity* für etw *akk* sprechen; ***his refusal to accept the bribe ~s his integrity*** es spricht für seine Integrität, dass er ein Bestechungsgeld abgelehnt hat; **to ~** [**great**] **credit on sb/sth** jdm [viel] Ehre machen
❸ (*think*) ■**to ~ that ...** denken, dass ...; ***she ~ed that this was probably the last time she would see him*** sie dachte bei sich, dass dies vielleicht das letzte Mal war, dass sie ihn sah
II. *vi* ❶ *light, mirror* reflektieren
❷ (*ponder*) nachdenken, reflektieren *geh;* **to ~ closely** [*or* **carefully**] [*or* **seriously**] gründlich nachdenken; ■**to ~ on** [*or* **upon**] **sb/sth** über jdn/etw nachdenken
❸ (*make impression*) ■**to ~ on** [*or* **upon**] **sth** etw in einem Licht erscheinen lassen; ***will the accident ~ on his ability to do his job?*** wird der Unfall seine Arbeitsfähigkeit beeinträchtigen?; ■**to ~ on** [*or* **upon**] **sb** ein Licht auf jdn werfen; **to ~ badly/well on** [*or* **upon**] **sb/sth** gegen/für jdn/etw sprechen; ***it ~ed badly on his character*** es warf ein schlechtes Licht auf seinen Charakter

reflecting [rɪ'flektɪŋ] *adj attr, inv* reflektierend; **~ telescope** Spiegelteleskop *nt*

reflection [rɪ'flekʃən] *n* ❶ (*relecting*) Reflexion *f;* **heat/light ~** Hitze-/Lichtreflexion *f;* **sound ~** Hall *m;* **sound ~ effect** Halleffekt *m*
❷ (*mirror image*) Spiegelbild *nt*
❸ (*fig: sign*) Ausdruck *m;* ***his unhappiness is a ~ of ...*** seine Unzufriedenheit ist ein Zeichen für ...; **~ of a lack of breeding/education** Zeichen *nt* für mangelnde Erziehung/Bildung; **to be a fair** [*or* **accurate**] **~ of sth** etw richtig widerspiegeln [*o* wiedergeben]
❹ *no pl* (*consideration*) Betrachtung *f,* Überlegung *f* (**on/about** über +*akk*); **on** [*or* **after**] **~** nach reiflicher Überlegung
❺ (*thought, comment*) Betrachtung *f;* **~s on** [*or* **about**] **life** Betrachtungen *fpl* über das Leben
❻ (*discredit*) ■**to be a ~ on sb/sth** ein Licht auf jdn/etw werfen; **to cast a ~ upon sb's abilities** jds Fähigkeiten in Frage stellen; ***it's no ~ on your character*** [*or* ***personality***] es geht nicht gegen Sie persönlich

reflective [rɪ'flektɪv] *adj* ❶ *glass, clothing* reflektierend
❷ *person* nachdenklich

reflectively [rɪ'flektɪvli] *adv* nachdenklich

reflectiveness [rɪ'flektɪvnəs] *n no pl* ❶ PHYS Reflexionsvermögen *nt*
❷ (*thoughfulness*) Nachdenklichkeit *f;* (*ability to consider things*) Wohlüberlegtheit *f*

reflector [rɪ'flektəʳ, AM -ɚ] *n* ❶ (*device*) Reflektor

m; on a bicycle, car Rückstrahler *m,* Katzenauge *nt*
❷ (*telescope*) Spiegelteleskop *nt*
❸ AM (*on road*) Reflektor *m*

reflex ['ri:fleks] **I.** *n* <*pl* -es> Reflex *m;* **conditioned** ~ bedingter Reflex; **to test sb's ~es** jds Reflexe prüfen
II. *n modifier* (*text, point*) Reflex-; ~ **sneeze** reflexartiges Niesen

reflex action *n* Reflexhandlung *f* **reflex angle** *n* MATH überstumpfer Winkel **reflex camera** *n* Spiegelreflexkamera *f*

reflexion *n esp* BRIT *see* **reflection**

reflexive [rɪ'fleksɪv] **I.** *adj* AM ❶ (*involuntary*) reflexartig
❷ *inv* LING reflexiv
II. *n* LING Reflexiv *nt*

reflexively [rɪ'fleksɪvli] *adv* ❶ (*involuntarily*) reflexartig
❷ *inv* LING reflexiv

reflexive pronoun *n* Reflexivpronomen *nt* **reflexive verb** *n* reflexives Verb

reflexology [,ri:flek'sɒlədʒi, AM -'sɑ:l-] *n no pl* Reflexologie *f*

reflex response *n* Reflexhandlung *f*

refloat [,ri:'fləʊt, AM 'floʊt] *vt* ■**to** ~ **sth** etw [wieder] flottmachen

reflux <*pl* -es> ['ri:flʌks] *n* Rückfluss *m;* ***tides have a flux and*** ~ Gezeiten haben eine Flut und eine Ebbe

reforest [,ri:'fɒrɪst, AM -'fɔ:r-] *vt esp* AM **to** ~ **land/an area** Land/ein Gebiet aufforsten

reforestation [,ri:fɒrɪ'steɪʃᵊn, AM -fɔ:rɪ'-] **I.** *n no pl esp* AM Aufforstung *f*
II. *adj attr, inv* ~ **programme/project** Aufforstungsprogramm *nt*/-projekt *nt*

reforge [,ri:'fɔ:dʒ, AM -'fɔ:rdʒ] *vt* ■**to** ~ **sth** etw wiederherstellen; **to** ~ **a new identity** sich *dat* ein neues Leben aufbauen

reform [rɪ'fɔ:m, AM -'fɔ:rm] **I.** *vt* ■**to** ~ **sth** *institution, system* etw reformieren; **to** ~ **a criminal/drug addict** einen Kriminellen/Drogenabhängigen/eine Kriminelle/Drogenabhängige bessern; ■**to** ~ **oneself** sich *akk* bessern
II. *vi person* sich *akk* bessern; ***for years I was an alcoholic but I ~ed*** ich war jahrelang Alkoholiker, aber ich bin davon losgekommen
III. *n* Reform *f; of self, a criminal* Besserung *f;* **~s to the system** Reformen *fpl* am System; ■**to be beyond** ~ nicht reformierbar sein; **far-reaching** [*or* **sweeping**] [*or* **wide-ranging**] ~ weitreichende Reform; **social** ~ Sozialreform *f;* **to cry out for** ~ nach Reform schreien
IV. *n modifier* (*measures, programme*) Reform-

re-form [,ri:'fɔ:m, AM -'fɔ:rm] **I.** *vt* ■**to** ~ **sth** etw umformen [*o* umgestalten]
II. *vi clouds* eine neue Form annehmen; *police, troops* sich *akk* neu formieren; *committee, management* sich *akk* wieder [*o* erneut] bilden

reformat <-tt-> [,ri:'fɔ:mæt, AM -'fɔ:rm-] *vt* COMPUT ■**to** ~ **sth** etw neu formatieren; **to** ~ **a disk** eine Diskette neu formatieren

reformation [,refə'meɪʃᵊn, AM -ɚ'-] *n institution* Reformierung *f; person* Besserung *nt;* **to undergo a** ~ sich *akk* bessern

Reformation [,refə'meɪʃᵊn, AM -ɚ'-] *n* ■**the** ~ die Reformation

reformative [rɪ'fɔ:mətɪv, AM 'fɔ:rmət̬ɪv] *adj* auf Reform *f* ausgerichtet *nach n*

reformatory [rɪ'fɔ:mətᵊri, AM -'fɔ:rmətɔ:ri] **I.** *n* AM Besserungsanstalt *f veraltet,* Jugendhaftanstalt *f*
II. *adj attr, inv* reformatorisch, Reform-; ~ **punishment** Strafe *f* zur Besserung; **to give sb a** ~ **speech** jdm eine Strafpredigt halten

reformed [rɪ'fɔ:md, AM -'fɔ:rmd] *adj attr* gebessert; ~ **alcoholic** trockener Alkoholiker/trockene Alkoholikerin; ~ **criminal** resozialisierte[r] Kriminelle[r]; ~ **drug addict/gambler** geheilter Drogenabhängiger/Spieler/geheilte Drogenabhängige/Spielerin; **a** ~ **person** ein neuer [*o* anderer] Mensch

reformer [rɪ'fɔ:məʳ, AM -'fɔ:rmɚ] *n* Reformer(in) *m(f);* **social** ~ Sozialreformer(in) *m(f);* REL Reformator *m*

reformism [rɪ'fɔ:mɪzᵊm, AM 'fɔ:rm] *n no pl* (*reforms happening*) [stille] Reformen; (*intenion to implement reforms*) Wille *m* zur Reform

reformist [rɪ'fɔ:mɪst, AM -'fɔ:rm-] **I.** *n* Reformist(in) *m(f)*
II. *adj* reformistisch

Reform Judaism *n no pl* Reformjudentum *nt*

reform school *n* Besserungsanstalt *f veraltet,* Erziehungsheim *nt*

refract [rɪ'frækt] *vt* PHYS **to** ~ **a ray of light** einen Lichtstrahl brechen; ***one can see light ~ed in water*** man kann sehen, wie sich das Licht im Wasser bricht

refracting telescope *n* Refraktor *m*

refraction [rɪ'frækʃᵊn] *n no pl* Refraktion *f fachspr,* Brechung *f;* **light** ~ Lichtbrechung *f;* ~ **of light** Brechung *f* des Lichtes

refractive [rɪ'fræktɪv] *adj* brechend, Refraktions-, Brechungs-; ~ **error** Refraktionsfehler *m,* Brechungsfehler *m*

refractory [rɪ'fræktᵊri, AM -ɚi] *adj person* starrsinnig *geh,* stur; *disease* hartnäckig; *metal* hitzebeständig

refrain¹ [rɪ'freɪn] *n* (*in a song*) Refrain *m;* (*in a poem*) Kehrreim *m;* (*comment*) häufiger Ausspruch; **constant** ~ ständiger Spruch, ewige Leier *pej fam*

refrain² [rɪ'freɪn] *vi* sich *akk* zurückhalten, Abstand nehmen *geh;* ■**to** ~ **from sth** LAW etw unterlassen; ***please ~ from smoking*** (*on a sign*) „Bitte nicht rauchen!"; ***kindly ~ from smoking/talking*** wir bitten, das Rauchen/Sprechen zu unterlassen; ■**to** ~ **oneself** sich *akk* zurückhalten; **to** ~ **from laughing** sich *dat* das Lachen verkneifen

refresh [rɪ'freʃ] *vt* ❶ (*reinvigorate*) ■**to** ~ **sb** *sleep, a holiday* jdn erfrischen [*o* beleben]; **to** ~ **oneself** sich *akk* erfrischen; ~ ***yourselves!*** (*with drink*) nehmen Sie doch eine Erfrischung!; (*with food*) stärken Sie sich!
❷ (*cool*) ■**to** ~ **sb/oneself** jdn/sich *akk* abkühlen; ■**to** ~ **sth** *food* etw abschrecken
❸ (*fig*) **to** ~ **one's knowledge/skills** sein Wissen/seine Kenntnisse auffrischen; **to** ~ **one's memory** seinem Gedächtnis auf die Sprünge helfen; **screen** ~ COMPUT Bildwiederholung *f*
❹ AM (*refill*) **to** ~ **sb's coffee/glass/lemonade** jds Kaffee/Glas/Limonade nachfüllen
❺ COMPUT (*update*) ■**to** ~ **sth** etw wiederauffrischen

refreshed [rɪ'freʃt] *adj* ❶ (*rejuvenated*) erholt, belebt; **to feel** ~ sich *akk* erholt fühlen
❷ (*cooled*) erfrischt, abgekühlt; **to feel** ~ sich *akk* erfrischt fühlen

refresher [rɪ'freʃəʳ, AM -ɚ] *n* ❶ (*course*) Auffrischungskurs *m;* **one-day** ~ eintägiger Auffrischungskurs
❷ (*drink*) Erfrischung *f*
❸ BRIT LAW (*fee*) zusätzliches Honorar (*für einen Anwalt bei längerer Prozessdauer*)

refresher course *n* Auffrischungskurs *m*

refreshing [rɪ'freʃɪŋ] *adj* ❶ (*rejuvenating*) *air, colour, drink* erfrischend; **to taste** ~ erfrischend schmecken
❷ (*pleasing*) [herz]erfrischend; **a** ~ **change** eine willkommene Abwechslung; **a** ~ **thought** ein wohltuender Gedanke

refreshingly [rɪ'freʃɪŋli] *adv* erfrischend *fig,* wohltuend; ~ **honest/unusual** wohltuend ehrlich/ungewöhnlich

refreshment [rɪ'freʃmənt] **I.** *n* ❶ (*rejuvenation*) Erfrischung *f,* Belebung *f*
❷ ■**~s** *pl* (*drink*) Erfrischungen *fpl;* (*food*) Snacks *mpl;* **light ~s** Erfrischungsgetränke und Snacks; **a little** ~ ein [kleiner] Imbiss
II. *n modifier* Erfrischungs-; ~ **bar** Büfett *nt;* ~ **concession** Schankerlaubnis *f,* Schankkonzession *f;* ~ **stand** Getränkestand *m*

refried beans *npl* FOOD mexikanisches Bohnenpüree

refrigerant [rɪ'frɪdʒᵊrᵊnt, AM -ɚᵊnt] *n* Kühlmittel *nt*

refrigerate [rɪ'frɪdʒᵊreɪt, AM -əreɪt] **I.** *vt* ■**to** ~ **sth** *food, drink* etw im Kühlschrank aufbewahren
II. *vi* ~ **after opening** nach dem Öffnen kühl aufbewahren

refrigerated [rɪ'frɪdʒᵊreɪtɪd, AM -əreɪt̬ɪd] *adj* ❶ (*in transport*) Kühl-; ~ **lorry** Kühlwagen *m;* ~ **ship** Kühlschiff *nt*
❷ (*chilled*) *food* gekühlt; (*frozen*) tiefgekühlt; ~ **meat/vegetables** Tiefkühlfleisch/-gemüse *nt*

refrigeration [rɪ,frɪdʒᵊr'eɪʃᵊn, AM -ə'reɪ-] *n no pl* Kühlung *f*

refrigerator [rɪ'frɪdʒᵊreɪtəʳ, AM -əreɪt̬ɚ] *n* Kühlschrank *m*

refrigerator-freezer *n* AM Kühl- und Gefrierkombination *f*

refuel <BRIT -ll- *or* AM *usu* -l-> [,ri:'fju:əl] **I.** *vi plane* auftanken
II. *vt* **to** ~ **an airplane/a lorry** ein Flugzeug/einen Lastwagen auftanken; **to** ~ **controversy/speculation** (*fig*) die Kontroverse/Spekulation anheizen

refueling, AM **refuelling** [,ri:'fju:əlɪŋ] **I.** *n* Auftanken *nt*
II. *adj attr, inv* ~ **stop** Zwischenstopp *m* zum Auftanken

refuge ['refju:dʒ] *n* ❶ (*secure place*) Zuflucht *f,* Zufluchtsort *m;* **game** ~ Wildreservat *nt;* **mountain** ~ Unterstand *m* in den Bergen; **women's** ~ Frauenhaus *nt;* **to take** [*or* **seek**] ~ **in sth** in etw *dat* Zuflucht suchen
❷ (*from reality*) **to seek** ~ **in sth** in etw *dat* Zuflucht suchen; **to take** ~ **in sth** sich *akk* in etw *akk* flüchten; **to take** ~ **in drink/drugs/religion** Zuflucht im Trinken/in Drogen/in der Religion nehmen

refugee [,refjʊ'dʒi:] **I.** *n* Flüchtling *m;* **economic** ~ Wirtschaftsflüchtling *m;* **political** ~ politischer Flüchtling; **to conceal/harbour ~s** Flüchtlinge verstecken/beherbergen
II. *n modifier* (*tribunal*) Flüchtlings-; ~ **status** Rechtsstellung *f* als [anerkannter] Flüchtling

refugee camp *n* Flüchtlingslager *nt*

refund I. *vt* [,ri:'fʌnd] **to** ~ **expenses/money** Auslagen/Geld zurückerstatten; ■**to** ~ **sb sth** jdm etw *akk* zurückerstatten
II. *n* ['ri:fʌnd] Rückzahlung *f;* ***I'd like a ~ on this shirt, please*** ich hätte gern mein Geld für dieses Hemd zurück; **to demand a** ~ eine Rückzahlung fordern; **to be due a** ~ Anrecht *nt* auf eine Rückzahlung haben; ***I'm due a*** ~ mir steht eine Rückzahlung zu; **to obtain** [*or* **get**] **a** ~ eine Rückzahlung erhalten

refundable [,ri:'fʌndəbl] *adj inv* zurückzahlbar, zurückerstattbar; ***all your expenses on the business trip are*** ~ all Ihre Ausgaben für die Geschäftsreise werden erstattet; **a** ~ **sum of £30** ein Pfand *nt* von £30; ~ **deposit** Kaution *f*

refurbish [,ri:'fɜ:bɪʃ, AM -'fɜ:rb-] *vt* ■**to** ~ **sth** etw aufpolieren; *furniture* etw verschönern; **to** ~ **a house** ein Haus renovieren

refurbished [,ri:'fɜ:bɪʃt, AM -'fɜ:rb-] *adj attr house* renoviert; *interior of car* aufpoliert; *furniture* verschönert

refurbishment [,ri:'fɜ:bɪʃmənt, AM -'fɜ:rb-] *n house* Renovierung *f; interior of car* Aufpolierung *f; furniture* Verschönerung *f;* **to carry out ~s** Renovierungsarbeiten durchführen

refurnish [,ri:'fɜ:nɪʃ, AM -'fɜ:rn-] *vt* ■**to** ~ **sth** etw neu einrichten; **to** ~ **a room** ein Zimmer neu möblieren

refusal [rɪ'fju:zᵊl] *n* Ablehnung *f; of offer* Zurückweisung *f; of invitation* Absage *f; of food, visa* Verweigerung *f;* ~ **of an application/planning permission** Ablehnung *f* eines Antrags/einer Baugenehmigung; **the right of** ~ **to guests** das Recht, Gästen den Zutritt zu verweigern; **to shake one's head in** ~ ablehnend den Kopf schütteln; **to have first** ~ **on a house/land** das Vorkaufsrecht für ein Haus/Land haben; **to promise first** ~ **on sth** das Vorkaufsrecht für etw *akk* einräumen; **a flat** [*or* **blunt**] [*or* **point-blank**] ~ eine klare Absage; **to**

R

meet with [*or* **receive**] **a** ~ eine Absage erhalten

refuse¹ [rɪˈfjuːz] **I.** *vi* ablehnen; *horse* verweigern; ***I ~ to be ordered about*** ich lasse mich nicht herumkommandieren; **to ~ to eat/pay/talk** sich *akk* weigern zu essen/bezahlen/sprechen
II. *vt* ■**to ~ sth** etw ablehnen; ■**to ~ sb** jdn zurückweisen; ■**to ~ sb sth** jdm etw *akk* verweigern; **to ~ admittance** den Zutritt verweigern; **to ~ compensation** Schadenersatzansprüche *mpl* ablehnen [*o* abweisen]; **to ~ consent** die Zustimmung verweigern; **to ~ sb credit** jdm keinen Kredit gewähren; **to ~ a fence/obstacle** *horse* ein Hindernis verweigern; ***the horse ~d the obstacle*** das Pferd hat am Hindernis verweigert; **to ~ all** [**offers of**] **help** jegliche Hilfe ablehnen; **to ~ an offer** ein Angebot ausschlagen; **to ~ a request** eine Bitte abschlagen

refuse² [ˈrefjuːs] *n* (*form*) Abfall *m;* **garden/kitchen ~** Garten-/Küchenabfälle *mpl*

refuse bin *n* Mülltonne *f* **refuse chute** *n* Müllschlucker *m* **refuse collection** *n no pl* Müllabfuhr *f* **refuse collector** *n* (*form*) Müllwerker *m geh,* Müllmann *m* **refuse-derived fuel** *n no pl* Müllbrennstoff *m* **refuse disposal** *n no pl* Müllbeseitigung *f* **refuse dump** *n* Mülldeponie *f* **refuse incineration** *n no pl* Müllverbrennung *f* **refuse incineration plant** *n* Müllverbrennungsanlage *f*

refusenik [rɪˈfjuːznɪk] *n* POL ❶ (*hist*) Flüchtling (*ursprünglicher Ausdruck für russische Juden, denen die Emigration aus einem Land verweigert wird*)
❷ (*protestor*) Verweigerer, -in *m, f pej*

refutable [ˈrefjʊtəbl̩, AM rɪˈfjuːt̬-] *adj* widerlegbar, falsifizierbar *geh*

refutation [ˌrefjʊˈteɪʃən] *n* Widerlegung *f;* ■**~ of an accusation/charge/evidence** Widerlegung *f* einer Anschuldigung/eines Vorwurfs/eines Beweises; **~ of an argument/a theory** Widerlegung *f* eines Arguments/einer Theorie; **~ of the prosecution's case** Entkräftung *f* der Vorwürfe der Staatsanwaltschaft

refute [rɪˈfjuːt] *vt* ■**to ~ sth** ❶ (*disprove*) etw widerlegen [*o* entkräften]; **to ~ an assertion** [*or* **contention**] eine Behauptung widerlegen [*o* entkräften]; **to ~ a charge** [*or* **an allegation**] einen Vorwurf entkräften; **to ~ a statement/testimony** eine Aussage/Zeugenaussage entkräften
❷ (*deny*) etw widerlegen; **to ~ an argument/theory/thesis** ein Argument/eine Theorie/eine These widerlegen

reg¹ [reg] *n usu pl* **rules and ~s** (*sl*) Verordnungen *fpl,* Vorschriften *fpl*

reg² [redʒ] *n* BRIT (*fam*) *short for* **registration number**

regain [rɪˈgeɪn] *vt* ■**to ~ sth** ❶ (*get again*) etw wiederbekommen [*o* zurückbekommen]; **to ~ the championship/cup** den Meisterschaftstitel/Cup zurückgewinnen [*o* zurückholen]; **to ~ consciousness** das Bewusstsein wiedererlangen; **to ~ one's footing** wieder Stand [*o* Halt] finden; **to ~** [**lost**] **ground** [verlorenen] Boden zurückgewinnen; **to ~ one's health** wieder gesund werden; **to ~ a position** eine Position wiedererlangen; **to ~ possession of sth** wieder in den Besitz einer S. *gen* gelangen; **to ~ a region/territory** MIL eine Region/ein Gebiet zurückgewinnen; **to ~ one's self-control** [*or* **composure**] seine Selbstbeherrschung wiedergewinnen; **to ~ lost time** verlorene Zeit wieder einholen; **to ~ the use of one's legs/fingers** seine Beine/Finger wieder gebrauchen können; **to ~** [**one's**] **vigour** [*or* **strength**] seine Kraft zurückgewinnen
❷ (*form liter: reach again*) etw wieder erreichen; ***we'll drive on little roads for a while, and ~ the main road later*** wir benutzen eine Zeit lang Nebenstraßen, und kommen später auf die Hauptstraße zurück

regal [ˈriːgəl] *adj* königlich, majestätisch; **~ bearing** majestätische Haltung; **~ manner** vornehme Art, Vornehmtun *nt pej,* vornehmes Gehabe *pej;* **~ splendour** königlicher Prunk

regale [rɪˈgeɪl] *vt* ■**to ~ sb with sth** *stories, jokes* jdn mit etw *dat* aufheitern; *food, drink* jdn mit etw *dat* verwöhnen

regalia [rɪˈgeɪliə, AM -ljə] *n + sing/pl vb* Kostüme *ntpl,* Aufmachung *f kein pl hum;* (*of royalty*) Insignien *pl;* **the Queen's ~** die Insignien der Königin; **in full ~** in voller Montur *hum;* **military ~** volle Uniform; **to appear in ~** in vollem Staat erscheinen

regally [ˈriːgəli] *adv* königlich; **to behave ~** sich *akk* majestätisch benehmen

regard [rɪˈgɑːd, AM -ˈgɑːrd] **I.** *vt* ❶ (*consider*) betrachten; ■**to ~ sb/sth as sth** jdn/etw als etw *akk* betrachten; ***her parents always ~ed her as the cleverest of their children*** für ihre Eltern war sie immer das klügste ihrer Kinder; ***she is ~ed as a talented actress*** sie wird für eine talentierte Schauspielerin gehalten; ■**to ~ sth with sth** etw mit etw *dat* betrachten; ***local people ~ this idea of a motorway through their village with horror*** für die Anwohner ist die Vorstellung einer Autobahn durch ihr Dorf schrecklich; **to ~ sb with great respect** jdn sehr schätzen; **to ~ sb highly** jdn hoch schätzen; (*be considerate of*) große Rücksicht auf jdn nehmen; **to not ~ sb's needs/situation/wishes** jds Bedürfnisse/Situation/Wünsche nicht berücksichtigen
❷ (*look at*) ■**to ~ sb/sth** jdn/etw betrachten; **to ~ sb/sth curiously/strangely** jdn/etw neugierig/befremdet betrachten
❸ (*concerning*) ***as ~s the excessive noise from your neighbours, on that point we may be able to help you*** was den enormen Lärm, den Ihre Nachbarn machen, angeht, so können wir Ihnen in diesem Punkt wahrscheinlich helfen
II. *n* ❶ (*consideration*) Rücksicht *f;* ***he has no ~ for other people's feelings*** er nimmt keine Rücksicht auf die Gefühle von anderen; **without** [*or* **with no**] **~ for sb/sth** ohne Rücksicht auf jdn/etw; **without ~ to race or colour** egal welcher [*o* ungeachtet der] Rasse und Hautfarbe; **to pay ~ to sth** auf etw *akk* Rücksicht nehmen; **to pay no ~ to a warning** eine Warnung in den Wind schlagen
❷ (*respect*) Achtung *f* (**for** vor *+dat*); **to hold sb/sth in high** [*or* **the highest**] **~** Hochachtung vor jdm/etw haben; ***the work of the theatre is held in the highest ~*** die Arbeit des Theaters wird hoch geschätzt; **to hold sb/sth in low ~** jdn/etw gering schätzen; **to lose one's ~ for sb** seine Achtung vor jdm verlieren
❸ (*gaze*) Starren *nt;* ***she became aware of his ~*** sie merkte, dass er sie anstarrte
❹ (*aspect*) **in this** [*or* **that**] **~** in dieser Hinsicht
❺ (*concerning*) ■**with** [*or* **in**] **~ to …** in Bezug auf …; ***I am writing to you with ~ to your letter of 15 March*** mit diesem Schreiben nehme ich Bezug [*o* beziehe ich mich] auf Ihr Schreiben vom 15. März; ***there is no problem as ~s the financial arrangements*** es gibt kein Problem, was die finanziellen Vereinbarungen angeht; ***having ~ to the fire regulations, …*** der Brandschutzverordnung entsprechend …

regardful [rɪˈgɑːdfəl, AM -ˈgɑːrd-] *adj pred* ■**to be ~ of sth** auf etw *akk* Rücksicht nehmen; ***when travelling you should be ~ of local customs*** wenn man reist, sollte man die örtlichen Gebräuche beachten

regarding [rɪˈgɑːdɪŋ, AM -ˈgɑːrd-] *prep* ■**~ sth** bezüglich einer S. *gen,* was etw *akk* anbetrifft, im Hinblick auf etw *akk;* **~ *your inquiry*** bezüglich Ihrer Anfrage

regardless [rɪˈgɑːdləs, AM -ˈgɑːrd-] *adv inv* trotzdem; ***I want the account, ~ of what we have to do to get it*** ich möchte die Aufzeichnung, egal was wir tun müssen, um sie zu bekommen; **~ of age/consequences/danger** trotz [*o* ungeachtet] des Alters/der Konsequenzen/der Gefahr; **~ of the expense** ungeachtet der [*o* ohne Rücksicht auf die] Kosten; **~ of sb's opposition** gegen jds Widerstand; **to press on ~** trotzdem weitermachen; ***press on ~!*** Augen zu und durch!

regards [rɪˈgɑːdz, AM -ˈgɑːrdz] *npl* Grüße *mpl;* **kind** [*or* **best**] **~** (*in a letter*) viele Grüße; **to give** [*or* **convey**] **sb's ~ to sb** jdm jds Grüße ausrichten [*o* übermitteln]; ***please give my ~ to your mother*** bitte grüße deine Mutter von mir; **to send sb one's ~** jdn grüßen lassen

regather [rɪˈgæðəʳ, AM -ɚ] **I.** *vi troops* sich *akk* wieder sammeln
II. *vt* **to ~ one's thoughts** sich *akk* sammeln *fig*

regatta [rɪˈgætə, AM -ˈgɑːt̬ə] *n* Regatta *f;* **the Henley R~** die Henley-Regatta

regency [ˈriːdʒən(t)si] **I.** *n* Regentschaft *f;* (*period of rule*) Regentschaft[szeit] *f;* **the R~ of the Empire** die Herrschaft des britischen Empire
II. *adj attr, inv* Régence-; **~ architecture** Régence[bau]stil *m;* **~ furniture** Régencemöbel *pl;* **R~ style** Régencestil *m*

regenerate [rɪˈdʒenəreɪt, AM -əreɪt] **I.** *vt* ■**to ~ sth** ❶ (*revive*) etw erneuern; **to ~** [**inner**] **cities** [Innen]städte neu gestalten; **to ~ enthusiasm/an issue/a movement** Begeisterung/ein Problem/eine Bewegung neu aufleben lassen; **to ~ sb/sb's spirit** REL jdn/jds Geist erneuern
❷ ELEC etw rückkoppeln
❸ (*grow again*) *claw, tissue* etw neu bilden; ***a lizard can ~ its tail*** bei einer Eidechse wächst der Schwanz wieder nach
❹ COMPUT etw regenerieren
II. *vi* BIOL sich *akk* regenerieren *geh; tissue* sich *akk* neu bilden

regeneration [rɪˌdʒenəˈreɪʃən, AM -əˈreɪ-] *n no pl* ❶ (*improvement*) Erneuerung *f,* Regeneration *f;* **~ of cities/a region** Erneuerung *f* von Städten/einer Region; **urban ~** Stadtsanierung *f; of issue* Neubildung *f; of spirit* Erholung *f;* REL Erneuerung *f*
❷ ELEC Rückkoppelung *f*
❸ BIOL (*regrowth*) Regeneration *f geh,* Neubildung *f;* **~ of cells/skin/tissue** Regeneration *f* von Zellen/der Haut/des Gewebes; **skin ~** Regeneration *f* der Haut
❹ COMPUT Regeneration *f*

regenerative [rɪˈdʒenərətɪv, AM -ərət̬ɪv] *adj inv* ❶ (*improving*) erneuernd, aufbauend; *spiritually* erneuernd
❷ BIOL (*causing growth*) regenerierend; **~ activity of the cells** regenerative Funktion der Zellen; **~ cream** Aufbaucreme *f*

regenerative medicine *n no pl* Reproduktionsmedizin *f fachspr* (*auf die Gentechnik gestützter medizinischer Forschungszweig*)

regent [ˈriːdʒənt] **I.** *n* Regent(in) *m(f)*
II. *adj after n* **Prince R~** Prinzregent *m*

reggae [ˈregeɪ] **I.** *n no pl* Reggae *m*
II. *n modifier* (*group, CD, concert, singer*) Reggae-

regicide [ˈredʒɪsaɪd] *n* (*person*) Königsmörder(in) *m(f);* (*act*) Ermordung *f* eines Königs; (*crime*) Königsmord *m;* **attempted ~** versuchter Königsmord

regime [reɪˈʒiːm, AM rəˈ-] *n* ❶ (*government*) Regime *nt;* **the Hitler/Stalin ~** das Hitler-/Stalinregime; **totalitarian ~** totalitäres Regime
❷ (*in management*) Führung *f,* Leitung *f*
❸ (*procedure*) Behandlungsweise *f*

regimen [ˈredʒɪmən, AM -dʒə-] *n* ❶ (*plan for health*) Gesundheitsplan *m* (*entsprechend ärztlichen Anweisungen*); ***the doctor put him on a strict ~*** der Arzt verordnete ihm eine streng gesunde Lebensweise; **drug ~** Medikamentenverordnung *f*
❷ (*routine*) geregelter Tagesablauf

regiment I. *n* [ˈredʒɪmənt, AM -dʒə-] *+ sing/pl vb*
❶ (*in military*) Regiment *nt;* **the 8th ~** das achte Regiment
❷ (*group of people*) Schar *f;* **a whole ~ of people** eine ganze Schar von Leuten; **a ~ of youths** eine Schar Jugendlicher
II. *vt* [ˈredʒɪment, AM -dʒə-] ❶ MIL **to ~ troops** Truppen in Gruppen einordnen
❷ (*regulate*) ■**to ~ sb** jdn kontrollieren; ■**to ~ sth** etw reglementieren; ***their behaviour was strictly ~ed*** ihr Verhalten war genau reglementiert

regimental [ˌredʒɪˈmentəl, AM -əˈment̬əl-] **I.** *adj* ❶ *inv* (*of a regiment*) Regiments-; **~ club** Regi-

mentskasino *nt;* ~ **commander** Regimentskommandant *m;* ~ **uniform** Regimentsuniform *f*
❷ (*strict*) reglementiert, starr
II. *n* ▪ ~**s** *pl* Uniform *f*

regimental colour *n* BRIT Regimentsfarbe *f*

regimentation [ˌredʒɪmenˈteɪʃᵊn, AM -əmən'-] *n* Reglementierung *f*

regimented [ˈredʒɪmentɪd, AM -əmenṭɪd] *adj* reglementiert; ~ **school/society** straff organisierte Schule/Gesellschaft

region [ˈriːdʒᵊn] *n* ❶ (*geographical*) Region *f;* **the Birmingham** ~ die Region um Birmingham; **desert** ~ Wüstengebiet *nt;* **mountain** ~ Bergregion *f*
❷ (*administrative*) [Verwaltungs]bezirk *m,* Provinz *f*
❸ (*of the body*) Gegend *f;* **in the** ~ **of the head** im Bereich des Kopfes; **the stomach** ~ die Magengegend
❹ (*approximately*) ▪ **in the** ~ **of ...** etwa bei ..., im Bereich von ..; ***the cost would be in the ~ of £500*** die Kosten belaufen sich auf ca. 500 Pfund
❺ COMPUT Region *f,* Bereich *m*

regional [ˈriːdʒᵊnᵊl] **I.** *adj inv* regional; ~ **accent/dialect** regionaler Akzent/Dialekt; ~ **economic integration** EU regionale wirtschaftliche Integration; ~ **loyalties** regionale Bindungen; ~ **newspaper** Lokalzeitung *f;* ~ **sales manager** regionaler Verkaufsleiter; **R~ Tourist Board** BRIT regionales Fremdenverkehrsamt
II. *n* ▪ **the** ~**s** *pl* SPORTS regionaler Wettbewerb

regionalism [ˈriːdʒᵊnᵊlɪzᵊm] *n* ❶ *no pl* Regionalismus *m*
❷ LING Regionalismus *m; word* nur regional verwendeter Ausdruck

regionalist [ˈriːdʒᵊnᵊlɪst] **I.** *n* Regionalist(in) *m(f)*
II. *adj inv* ❶ (*opposed to centralist*) dezentral; *person* provinziell *pej*
❷ (*peculiar to a particular region*) regional

regionally [ˈriːdʒᵊnᵊli] *adv inv* regional

register [ˈredʒɪstəʳ, AM -ɚ] **I.** *n* ❶ (*official list*) Register *nt,* Verzeichnis *nt;* ~ **of births, marriages and deaths** Personenstandsregister *nt;* **bridal** ~ Hochzeitstisch *m;* **class** ~ Klassenbuch *nt;* **electoral** ~ Wählerverzeichnis *nt;* ~ **of electors** [*or* **voters**] Wählerverzeichnis *nt;* **hotel** ~ Gästebuch *nt;* ~ **of members** [*or* **shareholders**] BRIT Aktienbuch *nt*
❷ (*device*) Registriergerät *nt;* AM (*till*) Kasse *f*
❸ (*range*) Volumen *nt,* Stimmumfang *m;* (*part of span*) Stimmlage *f;* **higher/lower** ~ höhere/tiefere Stimmlage
❹ LING Register *nt fachspr,* Sprachebene *f;* **informal** ~ informelles Register; **transactional** ~ Transaktionsregister *nt*
❺ (*of fire place*) Klappe *f;* (*of heater*) Lüftungsschieber *m*
❻ (*in printing*) [Inhalts]verzeichnis *nt*
❼ (*of book*) Lesezeichen *nt*
❽ COMPUT Register *nt*
II. *vt* ❶ (*report*) ▪ **to** ~ **sb/sth** jdn/etw registrieren [*o* eintragen]; **to** ~ **a birth/death** eine Geburt/einen Tod anmelden [*o* eintragen lassen]; **to** ~ **a car** ein Auto zulassen; ***she ~ed the car in her name*** sie meldete das Auto auf ihren Namen an; **to** ~ **a copyright/trademark** ein Urheberrecht/Warenzeichen eintragen; **to** ~ **an invention** eine Erfindung patentieren lassen; **to** ~ **luggage** BRIT Gepäck aufgeben; **to** ~ **a voter** einen Wähler registrieren
❷ (*measure*) ▪ **to** ~ **sth** etw anzeigen; **to** ~ **heat/light/movement/rainfall** Hitze/Licht/Bewegung/Regen registrieren
❸ (*at post office*) **to** ~ **a letter/parcel** einen Brief/ein Päckchen per Einschreiben schicken
❹ (*notice*) ▪ **to** ~ **sth** sich *dat* etw merken
❺ (*show*) **to** ~ **disappointment/shock/surprise** sich *akk* enttäuscht/schockiert/überrascht zeigen; **to** ~ **protest** Protest zum Ausdruck bringen
❻ COMPUT ▪ **to** ~ **sth** (*react to stimulus*) auf etw *akk* ansprechen
III. *vi* ❶ (*person*) sich *akk* melden; *to vote* sich *akk* eintragen; *at university* sich *akk* einschreiben [*o* immatrikulieren]; ***the bridal couple ~ed at a popular department store*** das Hochzeitspaar stellte einen Hochzeitstisch in einem beliebten Warenhaus auf; **to** ~ **with the authorities/police** sich *akk* behördlich/polizeilich melden; **to** ~ **for a course** [*or* **class**] einen Kurs [*o* eine Klasse] belegen; (*at university*) sich *akk* für einen Kurs einschreiben; **to** ~ **for the draft** *esp* AM sich *akk* zum Wehrdienst melden; **to** ~ **at a hotel** sich *akk* in einem Hotel anmelden; **to** ~ **as unemployed** sich *akk* arbeitslos melden
❷ *machine, measuring device* angezeigt werden; ***the earthquake was too small to ~ on the Richter scale*** das Erdbeben war zu klein, um auf der Richterskala angezeigt zu werden
❸ (*fam: be understood*) ankommen *fam;* ***I did mention the address but I'm not sure that it ~ed [with him]*** ich habe die Adresse genannt, aber ich bin nicht sicher, ob sie bei ihm angekommen ist
❹ (*show*) sich *akk* zeigen; ***a smile slowly ~ed on his face*** ein Lächeln zeigte sich langsam auf seinem Gesicht
❺ COMPUT (*superimpose images*) Register halten

registered [ˈredʒɪstəd, AM -ɚd] *adj inv* registriert, gemeldet; ~ **charity** eingetragene [*o* offiziell anerkannte] Hilfsorganisation; ~ **childminder** professionelle Tagesmutter; ~ **Democrat/Republican** AM POL demokratisches/republikanisches Parteimitglied; ~ **nurse** *esp* AM examinierte [*o* staatlich anerkannte] Krankenschwester; ~ **patent** eingetragenes Patent; ~ **trademark** eingetragenes Warenzeichen; ~ **vehicle** amtlich zugelassenes Fahrzeug; ~ **voter** eingetragener Wähler

registered bond *n* FIN Namensschuldverschreibung *f* **registered capital** *n* FIN genehmigtes Kapital **Registered General Nurse** *n* BRIT examinierte [*o* staatlich geprüfte] Krankenschwester **registered letter** *n* eingeschriebener Brief, Einschreiben *nt;* **to send sth to sb by** ~ jdm etw *akk* per Einschreiben schicken **registered mail** *n* AM, **registered post** *n no pl* BRIT, AUS Einschreibesendung *f* **registered security** *n usu pl* ECON Namensaktie *f* **registered share** *n* Namensaktie *f*

register office *n* BRIT Standesamt *nt; see also* **registry office**

registrar [ˌredʒɪˈstrɑːʳ, AM ˈredʒɪstrɑːr] *n* ❶ (*for the state*) Standesbeamte(r) *m,* Standesbeamte [*o* -in] *f;* **district** ~ Standesbeamte(r) *f(m)* eines Gerichtsbezirkes
❷ LAW (*in civil cases*) Gerichtsbeamte(r) *f(m),* Rechtspfleger(in) *m(f)*
❸ UNIV (*office*) Studentensekretariat *nt; person* höchste(r) Verwaltungsbeamte(r)/höchste Verwaltungsbeamtin
❹ ECON Registrator(in) *m(f),* Registerführer(in) *m(f),* Archivar(in) *m(f);* **company** ~ Unternehmensregistrator(in) *m(f),* Führer(in) *m(f)* des Gesellschaftsregisters; **R~ of Companies** Leiter(in) *m(f)* der britischen Gesellschaftsregisterbehörde
❺ BRIT, AUS (*at hospital*) Assistenzarzt, Assistenzärztin *m, f*

registration [ˌredʒɪˈstreɪʃᵊn] *n* ❶ (*action*) Anmeldung *f;* (*at university*) Einschreibung *f;* **car** ~ Autozulassung *f;* **voter** ~ Wählereintragung *f* ❷ LAW (*official notation*) Eintragung *f,* Registrierung *f,* Erfassung *f;* ~ **fee** Anmeldegebühr *f;* **land** ~ Grundbucheintragung *f;* ~ **number** Eintragungsnummer *f,* Registrierungsnummer *f* ❸ AUTO (*certificate*) Kraftfahrzeugbrief *m;* (*number*) Kraftfahrzeugkennzeichen *nt* **registration document** *n* BRIT Kraftfahrzeugbrief *m*

registration fee *n* Anmeldegebühr *f;* UNIV Einschreibegebühr *f* **registration form** *n* Anmeldeformular *nt* **registration number** *n* Kraftfahrzeugkennzeichen *nt*

registry [ˈredʒɪstri] *n* BRIT Standesamt *nt;* **business** ~ Handelsregister *nt;* **electoral** ~ Wahlaufsichtsbehörde *f;* **land** ~ Katasteramt *nt*

registry office *n* BRIT Standesamt *nt;* **to marry at the** ~ standesamtlich heiraten

regress [rɪˈgres] *vi* (*lose ability*) sich *akk* verschlechtern, Rückschritte machen; (*deteriorate*) *person* sich *akk* zurückentwickeln; *society* sich *akk* rückläufig entwickeln; PSYCH regredieren *fachspr;* ***she ~ed to the mental age of a five-year-old child*** sie fiel auf den geistigen Entwicklungsstand einer Fünfjährigen zurück

regression [rɪˈgreʃᵊn] *n no pl* ❶ MED (*physical*) Regression *f fachspr,* Verschlechterung *f;* (*mental*) Zurückentwicklung *f;* ***her ~ into her depression*** ihr Rückfall in die Depression
❷ MATH Regression *f*

regressive [rɪˈgresɪv] *adj* ❶ (*becoming worse*) rückschrittlich
❷ (*tax type*) regressiv; ~ **tax/taxation** regressive Steuer/Besteuerung
❸ (*in philosophy*) rückläufig

regret [rɪˈgret, re-] **I.** *vt* <-tt-> ▪ **to** ~ **sth** etw bedauern; ***they ~ted pouring paint on the neighbour's car*** es tat ihnen Leid, dass sie Farbe auf das Auto des Nachbarn geschüttet hatten; ***it is to be ~ted that there are less registrations for the event this year*** es ist leider so, dass es weniger Anmeldungen für die diesjährige Veranstaltung gibt; ***we ~ any inconvenience to passengers*** die Passagiere werden um Verständnis gebeten
II. *vi* <-tt-> ▪ **to** ~ **to do sth** bedauern, etw tun zu müssen; ***the airline ~s to announce the cancellation of flight BA 205 to Madrid*** die Fluggesellschaft bedauert, die Streichung des Fluges BA 205 nach Madrid bekannt geben zu müssen; ***I ~ to have to inform you that ...*** leider muss ich Ihnen mitteilen, dass ...
III. *n* Bedauern *nt kein pl;* ***my only ~ is that ...*** das Einzige, was ich bedaure, ist, dass ...; **a pang of** ~ ein Anflug *m* von Reue; **to have** [*or* **feel**] **a pang of** ~ Reue empfinden; **much to sb's** ~ sehr zu jds Bedauern; ***we think, much to our ~, that we will not be able to visit you next year*** es tut uns sehr Leid, aber wir glauben, dass wir euch nächstes Jahr nicht besuchen werden können; **much to my** ~ zu meinem großen Bedauern; **to express** ~ **at** [*or* **for**] **sth** seinem Bedauern über etw *akk* Ausdruck verleihen, sein Bedauern über etw *akk* aussprechen; **to have no** ~**s about sth** etw nicht bereuen; **to send one's** ~**s** sich *akk* entschuldigen [lassen]

regretful [rɪˈgretfᵊl, re-] *adj* bedauernd; ▪ **to be** ~ **about sth** etw bedauern; **a** ~ **feeling** ein Gefühl *nt* des Bedauerns; **to say a** ~ **goodbye** schweren Herzens auf Wiedersehen sagen; ~ **smile** wehmütiges Lächeln; **to sound** ~ sein Bedauern zum Ausdruck bringen

regretfully [rɪˈgretfᵊli, re-] *adv* mit Bedauern; ***I left New York*** ~ schweren Herzens verließ ich New York

regrettable [rɪˈgretəbl̩, re-, AM -ṭə-] *adj* bedauerlich; ***it is deeply ~ that the government refuses to listen to our ideas*** es ist äußerst enttäuschend, dass die Regierung sich weigert, sich unsere Ideen anzuhören; **a deeply** ~ **mistake** ein äußerst bedauerlicher Fehler

regrettably [rɪˈgretəbli, re-, AM -ṭəbli] *adv* leider, bedauerlicherweise; ~ **slow/unwilling** bedauerlich langsam/unwillig

regroup [ˌriːˈgruːp] **I.** *vt* **to** ~ **books/members/pupils** Bücher/Mitglieder/Schüler neu gruppieren [*o* umgruppieren]; **to** ~ **one's forces** die Streitkräfte neu formieren
II. *vi troops, demonstrators* sich *akk* neu formieren [*o* gruppieren]

regt *n abbrev of* **Regiment** Reg.

regular [ˈregjələʳ, AM -ɚ] **I.** *adj* ❶ (*routine*) regelmäßig; ***she's a ~ churchgoer*** sie geht regelmäßig zur Kirche; ***he's a ~ contributor*** er spendet regelmäßig; ~ **appearances** regelmäßiges Erscheinen; **to make** ~ **appearances on TV** regelmäßig im Fernsehen auftreten; **to do sth on a** ~ **basis** etw regelmäßig tun; ***we met on a ~ basis*** wir trafen uns regelmäßig; ~ **check-up** regelmäßige Kontrolluntersuchung; ~ **customer** [*or* **patron**] Stammkunde, -in *m, f;* ~ **exercise** regelmäßiges Training; **to take** ~ **exercises** *esp* BRIT regelmäßig trainieren; ~ **guest**

Stammgast *m;* **a man/woman of ~ habits** ein Mann/eine Frau mit festen Gewohnheiten; **~ income** geregeltes Einkommen; **~ meetings** regelmäßige Treffen; **to have ~ meetings** sich *akk* regelmäßig treffen; **~ price** regulärer Preis; **~ procedure** übliche Vorgehensweise; **~ reader** Stammleser(in) *m(f);* **~ working hours** reguläre Arbeitszeiten
❷ (*steady in time*) **~ beat** regelmäßiger Takt; **~ breathing** regelmäßiges Atmen; **to keep ~ hours** sich *akk* an feste Zeiten halten; **~ intervals** regelmäßige Abstände; **to eat ~ meals** regelmäßig essen; **~ service** regelmäßige [Bus-/Flug-/Zug]verbindung; **to be ~** MED (*of digestive system*) eine regelmäßige Verdauung haben; (*of menstruation*) einen regelmäßigen Zyklus haben
❸ (*well-balanced*) regelmäßig; *surface* gleichmäßig; MATH symmetrisch; **~ features** regelmäßige [*o geh* ebenmäßige] Gesichtszüge; **~ quadrilateral** gleichseitiges Viereck; **~ teeth** regelmäßige [*o* gerade] Zähne
❹ (*not unusual*) üblich, normal; (*not special*) normal; ***it's a pretty dress but too ~*** es ist ein schönes Kleid, aber nicht ausgefallen genug; ***her ~ secretary was off for a week*** ihre fest angestellte Sekretärin hatte eine Woche frei; ***my ~ doctor was on vacation*** mein Hausarzt hatte Urlaub; **~ gas** AM Normalbenzin *nt*
❺ (*correct*) korrekt, ordentlich; **~ work arrangements** geordnetes [*o* ordentliches] Arbeitsverhältnis; **to do things the ~ way** etwas so machen, wie es sich gehört
❻ *attr, inv* AM (*size*) **~ fries** normale Portion Pommes Frites; (*of clothing*) **~ size** Normalgröße *f*
❼ LING regelmäßig; **~ conjugation** regelmäßige Konjugation; **~ verb** regelmäßiges Verb
❽ (*approv: nice*) nett, umgänglich; **a ~ [sort of] fellow** [*or* AM **guy**] ein umgänglicher Typ
❾ *attr, inv* (*esp hum fam: real, absolute*) regelrechte(r, s) *fam,* richtige(r, s) *fam;* ***this child is a ~ charmer/nuisance*** dieses Kind ist ein richtiger Charmeur/Plagegeist
❿ *soldier, officer* Berufs-; **~ troops** Berufsheer *nt*
⓫ REL **~ clergy** Ordensgeistlichkeit *f*
► PHRASES: **as ~ as clockwork** auf die Minute pünktlich
II. *n* ❶ (*customer*) Stammgast *m*
❷ MIL Berufssoldat *m*

regular army *n* Berufsheer *nt*

regularity [ˌregjəˈlærəti, AM -ˈlerət̬i] *n no pl* (*in time*) Regelmäßigkeit *f,* Gleichmäßigkeit *f;* ***the magazine appears with improved ~*** das Magazin erscheint jetzt regelmäßiger; (*in shape*) Ebenmäßigkeit *f*

regularization [ˌregjələraɪˈzeɪʃən, AM -rɪˈ-] *n no pl* ❶ (*standardization*) Einheitlichkeit *f*
❷ (*normalization*) Normalisierung *f*

regularize [ˈregjələraɪz, AM -lər-] **I.** *vt* ■**to ~ sth** ❶ (*make consistent*) *a language, work hours* etw standardisieren [*o* vereinheitlichen]
❷ (*normalize*) *status, relationship* etw normalisieren
II. *vi breathing, heart beat* sich *akk* regulieren

regularly [ˈregjələli, AM -əli] *adv* ❶ (*evenly*) regelmäßig; **~ spaced intervals** regelmäßige Abstände; **to breathe ~** gleichmäßig atmen
❷ (*frequently*) regelmäßig *pej;* ***accidents ~ occur at this bend*** an dieser Kurve kommt es ständig zu Unfällen
❸ (*equally*) gleichmäßig; **~ divided** gleichmäßig aufgeteilt
❹ AM COMM, ECON (*normally*) regulär; ***the cameras are ~ priced at $500*** die Kameras kosten normalerweise $500

regulate [ˈregjəleɪt] *vt* ■**to ~ sth** ❶ (*supervise*) etw regeln [*o* steuern]; ■**to ~ whether/how/when …** festlegen, ob/wie/wann …; **~d industry** öffentlich gebundene Unternehmen; **to ~ the use of additives/alcohol/radiation** den Gebrauch von Zusätzen/Alkohol/Strahlungen regeln
❷ (*adjust*) etw regulieren; **to ~ the clock [from winter time to summer time]** die Uhr [von Winter- auf Sommerzeit] umstellen; **to ~ the flow of input/supplies/water** den Eingaben-/Versorgungs-/Wasserfluss regeln; **to ~ the temperature** die Temperatur regulieren [*o* einstellen]

regulation [ˌregjəˈleɪʃən] **I.** *n* ❶ (*rule*) Vorschrift *f,* Bestimmung *f* (**on** über +*akk*); LAW Regelung *f,* Regulierung *f;* **in accordance with the ~s** vorschriftsmäßig; **EU-~** EU-Vorschrift *f;* **fire ~s** Brandschutzbestimmungen *fpl;* **health ~s** Gesundheitsverordnungen *fpl;* **rules and ~s** Regeln und Bestimmungen; **safety ~s** Sicherheitsvorschriften *fpl,* Sicherheitsbestimmungen *fpl;* **traffic ~s** Verkehrsregeln *fpl;* **against** [*or* **contrary to**] **the ~s** gegen die Vorschriften, vorschriftswidrig; **under the ~s** laut Vorschrift
❷ *no pl* (*supervision*) Überwachung *f;* **government ~** staatliche Überwachung
II. *adj inv* vorgeschrieben; ***it's ~ to wear suits at the office*** das Tragen von Anzügen im Büro ist vorgeschrieben; **the ~ pin-stripe suit** der obligatorische Nadelstreifenanzug; **~ uniform** MIL Dienstuniform *f;* SCH Schuluniform *f*

regulative [ˈregjələtɪv, AM leɪt̬ɪv] *adj* regulativ

regulator [ˈregjəleɪtəʳ, AM -t̬ɚ] *n* Regulator *m,* aufsichtsführende Person

regulatory [ˈregjələtəri, AM -tɔːri] *adj inv* ECON Aufsichts-, Kontroll-; LAW regulativ, regelnd; **~ agency** [*or* **body**] [*or* **organization**] Aufsichtsbehörde *f;* **~ enzymes/hormones** Regulierungsenzyme/-hormone *ntpl;* **~ powers** (*measures*) ordnungspolitische Instrumente; (*power to use measures*) Aufsichts- und Kontrollbefugnisse *fpl*

regurgitate [rɪˈgɜːdʒɪteɪt, AM -ˈgɜːrdʒə-] *vt* ■**to ~ sth** ❶ (*throw up*) *food* etw wieder hochwürgen
❷ (*pej: repeat*) *facts, information* etw nachplappern

regurgitation [rɪˌgɜːdʒʊˈteɪʃən, AM ˌgɜːrdʒə] *n no pl* ❶ *of food* Herauswürgen *nt*
❷ (*fig: repetition*) Wiederkäuen *nt pej*

rehab [ˈriːhæb] *n* (*fam*) *abbrev of* **rehabilitation** Reha *f;* ■**to be in ~** auf Reha sein *fam*

rehabilitate [ˌriːhəˈbɪlɪteɪt, AM -lə-] *vt* ■**to ~ sb** ❶ (*have therapy*) jdn rehabilitieren; **to ~ a criminal** einen Kriminellen resozialisieren; **to ~ victims of accidents** Unfallopfer wieder ins normale Leben eingliedern
❷ (*restore reputation*) jdn rehabilitieren, jds Ruf wiederherstellen

rehabilitation [ˌriːhəˌbɪlɪˈteɪʃən, AM -bɪlə'-] **I.** *n no pl* ❶ *of criminals* Resozialisierung *f; of drug addicts* Rehabilitation *f geh; of victims* Wiedereingliederung *f* ins normale Leben
❷ (*of reputation*) Rehabilitation *f geh;* **to be given a ~** rehabilitiert werden
❸ (*renovation*) Instandsetzung *f,* Sanierung *f;* **~ of buildings/flats** Instandsetzung *f* von Gebäuden/Wohnungen
II. *n modifier* (*facility, method, therapist, programme*) Rehabilitations-

rehabilitation center AM, **rehabilitation centre** *n* Rehabilitationszentrum *nt;* **drug ~** Entziehungsanstalt *f*

rehash I. *vt* [ˌriːˈhæʃ] ■**to ~ sth** ❶ (*pej fam: offer as new*) etw aufwärmen *pej fig fam*
❷ (*discuss*) etw wiederkäuen *pej fig,* etw noch einmal durchgehen; **to ~ events** Ereignisse noch einmal durchsprechen
II. *n* <*pl* -es> [ˈriːhæʃ] (*fam*) Aufguss *m,* Abklatsch *m pej fam;* **~ of Elvis Presley** Elvis-Presley-Verschnitt *m*

rehearsal [rɪˈhɜːsəl, AM -ˈhɜːr-] *n* ❶ THEAT Probe *f;* ■**to be in ~** *play* geprobt [*o* einstudiert] werden; **wedding ~** Hochzeitsprobe *f;* **~ dinner** AM *Familienessen nach der Hochzeitsprobe;* **to have** [*or* **hold**] **a ~** proben; MIL Truppenübung *f*
❷ (*recital*) **a ~ of arguments/complaints/criticisms** eine Aufzählung von Argumenten/Beschwerden/Kritiken

rehearse [rɪˈhɜːs, AM -ˈhɜːrs] **I.** *vt* ❶ (*in dance, theat, mus*) **to ~ a play/scene** ein Stück/eine Szene proben; **to ~ one's lines** seinen Text vorsprechen; ***the actors appeared to be well ~d*** die Schauspieler schienen ihre Rollen gut einstudiert zu haben; (*in thought*) etw [in Gedanken] durchgehen
❷ (*prepare*) ■**to ~ sb** jdn vorbereiten; ***the PM appeared to have been carefully ~d by advisors*** der Ministerpräsident schien von seinen Beratern genauestens instruiert worden zu sein
❸ (*repeat*) ■**to ~ sth** *arguments, old theories* etw aufwärmen *fig*
II. *vi* proben

reheat [ˌriːˈhiːt] *vt* ■**to ~ sth** *food* etw aufwärmen

rehouse [ˌriːˈhaʊz] *vt usu passive* ■**to ~ sb** jdn umsiedeln [*o* umquartieren]

Reich [raɪk, raɪx] *n* (*hist*) Reich *nt hist;* **the Second ~** das deutsche Kaiserreich (*1871–1918*); **the Third ~** das Dritte Reich (*1933–1945*)

reify [ˈreɪɪfaɪ, AM ˈriːə] *vt* (*form*) ■**to ~ sth** etw konkretisieren *geh*

reign [reɪn] **I.** *vi* ❶ (*be king/queen*) regieren, herrschen; (*be head of state*) regieren; **to ~ over a country** ein Land regieren
❷ (*be dominant*) dominieren; ■**to ~ over sb/sth** jdn/etw beherrschen; ***chaos ~ed over the city*** in der Stadt herrschte Chaos; **confusion/peace/silence ~s** es herrscht Verwirrung/Frieden/Stille; **to ~ supreme** [absolut] herrschen; ***love ~s supreme in her heart*** ihr Herz ist voller Liebe
II. *n* Herrschaft *f;* **the ~ of Henry VIII** die Herrschaft Heinrichs VIII.; **during the ~ of Queen Victoria** unter der Herrschaft von Königin Victoria; **~ of terror** Schreckensherrschaft *f*

reigning [ˈreɪnɪŋ] *adj inv* SPORTS **~ champion** der gegenwärtige Champion

reimburse [ˌriːɪmˈbɜːs, AM -ˈbɜːrs] *vt* ■**to ~ sb** jdn entschädigen *geh;* **to ~ sth** etw ersetzen; **to ~ expenses** Auslagen [rück]erstatten [*o* vergüten]

reimbursement [ˌriːɪmˈbɜːsmənt, AM -ˈbɜːrs-] *n* Rückzahlung *f; of expenses* Erstattung *f geh; of loss* Entschädigung *f*

reimpose [ˌriːɪmˈpəʊz, AM ˈpoʊz] *vt* ■**to ~ sth** *embargo* etw wieder verhängen; *law* etw wieder auferlegen; *charges* etw wieder einführen

rein [reɪn] **I.** *n usu pl* (*for horse*) Zügel *m;* BRIT (*for children*) Laufgurt *m;* (*fig*) ***who's at the ~s in that company?*** wer hält in dieser Firma die Zügel?; **to draw ~** die Zügel anziehen; **to assume the ~s of government** die Regierung übernehmen
► PHRASES: **to give free ~ to sb** [*or* **sb a free ~**] jdm freie Hand lassen; **to keep a tight ~ on sb/sth** [*or* **sb/sth on a tight ~**] jdn/etw an der kurzen Leine [*o* kurz] halten; **to keep one's emotions/imagination on a tight ~** seine Gefühle/Fantasie im Zaum halten; **to hand over the ~s** die Kontrolle übergeben
II. *vt* **to ~ a horse in** [*or* **back**] [*or* **to ~ in** [*or* **back**] **a horse**] ein Pferd zügeln; (*fig*) ■**to ~ sb in** [*or* **back**] jdn an die Kandare nehmen *fig;* ■**to ~ in** [*or* **back**] ↔ **sth** etw im Zaum halten; **to ~ in** [*or* **back**] **power** Macht einschränken [*o* beschneiden]; **to ~ in** [*or* **back**] **spending** Ausgaben einschränken

reincarnate [ˌriːɪnkɑːˈneɪt, AM -ˈkɑːr-] *usu passive* **I.** *vi* ■**to be ~d** wiedergeboren werden
II. *vt* (*fig*) ■**to ~ sth** etw wieder zum Leben erwecken *fig;* ***they have ~d the old Mini Cooper*** sie haben den alten Mini Cooper wieder auferstehen lassen

reincarnated [ˌriːɪnkɑːˈneɪtɪd, AM -ˈkɑːrneɪt̬ɪd] *adj attr, inv* wiedergeboren; (*fig*) ***he became a ~ film star*** er kam als Filmstar erneut zu Ruhm

reincarnation [ˌriːɪnkɑːˈneɪʃən, AM -kɑːr'-] *n* ❶ (*rebirth*) Reinkarnation *f geh,* Wiedergeburt *f;* (*fig*) *product* Nachbau *m*
❷ *no pl* (*philosophy*) Reinkarnation[slehre] *f*

reindeer <*pl* -> [ˈreɪndɪəʳ, AM -dɪr] *n* Rentier *nt*

reinforce [ˌriːɪnˈfɔːs, AM -ˈfɔːrs] *vt* ❶ (*strengthen*) ■**to ~ sth** etw verstärken; ***that just ~s what I've been saying*** das unterstreicht genau das, was ich gesagt habe; **to ~ an argument with sth** ein Argument mit etw *dat* untermauern; **to ~ concrete** Beton armieren; **to ~ evidence** einen Beweis bestätigen; **to ~ findings** Ergebnisse bestätigen; **to ~ an impression** einen Eindruck verstärken; **to ~ sb's**

opinion jds Meinung bestätigen; **to ~ sb's prejudices** [*or* **bias**] jds Vorurteile bestätigen
❷ (*in military*) **to ~ a border/one's position/troops** eine Grenze/seine Position/Truppen verstärken; ***Buchanan did not ~ Anderson at Ft. Sumter*** Buchanan gab Anderson im Fort Sumter keine Verstärkung

reinforced concrete *n no pl* Stahlbeton *m*

reinforcement [ˌriːɪn'fɔːsmənt, AM -'fɔːrs-] *n* ❶ *no pl wall, highway* Verstärkung *f*, Armierung *f fachspr;* **steel ~** Stahlträger *m meist pl; of troops, policy* Verstärkung *f*
❷ PSYCH (*reward*) Belohnung *f*
❸ ■**~s** *pl* (*troops*) Verstärkungstruppen *fpl;* (*equipment*) Verstärkung *f*

reinstate [ˌriːɪn'steɪt] *vt* ❶ (*at job*) ■**to ~ sb** jdn wieder einstellen; **to ~ sb in a position** jdn in eine Position wieder einsetzen
❷ (*re-establish*) ■**to ~ sth** *death penalty, sales tax* etw wieder einführen; **to ~ law and order** die öffentliche Ordnung wiederherstellen; **to ~ a policy** eine Politik wieder einführen

reinstatement [ˌriːɪn'steɪtmənt] *n no pl* ❶ *of a worker* Wiedereinstellung *f*
❷ *of law, tax* Wiedereinführung *f*

reinsurance [ˌriːɪn'ʃʊərəns, AM 'ʃʊr] *n no pl* Rückversicherung *f*

reinsure [ˌriːɪn'ʃʊər, AM -'ʃʊr] **I.** *vt* ■**to ~ sth** *a risk* etw rückversichern
II. *vi* rückversichern

reintegrate [ˌriː'ɪntɪgreɪt, AM -t̬ə-] *vt* **to ~ a criminal into society** einen Kriminellen resozialisieren; **to ~ a patient** einen Patienten wieder [in die Gesellschaft] eingliedern

reintegration [ˌriːɪntɪ'greɪʃən, AM -t̬ə'-] *n of a criminal* Resozialisierung *f; of a patient* Wiedereingliederung *f*

re-introduce [ˌriːɪntrə'djuːs, AM *esp* -'duːs] *vt* ■**to ~ sth** etw wieder einführen; **to ~ the death penalty** die Todesstrafe wieder einführen; **to ~ an animal into the wild** ein Tier in die Wildnis zurückführen

re-introduction [ˌriːɪntrə'dʌkʃən] *n* Wiedereinführung *f*

reinvent [ˌriːɪn'vent] *vt* ■**to ~ sth** etw neu erfinden; ■**to ~ oneself** *artist* sich *akk* neu erschaffen [*o* ein neues Image geben]; **to ~ the wheel** (*iron*) noch einmal bei Null [*o* Adam und Eva] anfangen, das Rad noch einmal erfinden *fig*

reinvest [ˌriːɪn'vest] FIN **I.** *vt* ■**to ~ sth [in sth]** etw [in etw *akk*] reinvestieren
II. *vi* ■**to ~ [in sth]** [in etw *akk*] reinvestieren

reissue [ˌriː'ɪʃuː, AM -juː] **I.** *vt* **to ~ a novel/recording** einen Roman/eine Aufnahme neu herausgeben [*o* auflegen]
II. *n* Neuauflage *f*, Neuausgabe *f*

reiterate [ri'ɪtəreɪt, AM -'ɪt̬ər-] *vt* ■**to ~ sth** etw wiederholen

reiteration [riˌɪtər'eɪʃən, AM -ˌɪt̬ə'r-] *n* Wiederholung *f;* **explicit ~** ausdrückliche Wiederholung

reject I. *vt* [rɪ'dʒekt] ❶ (*decline*) ■**to ~ sth** etw ablehnen [*o* zurückweisen]; **to ~ an application/a request** eine Bewerbung/Bitte ablehnen; **to ~ an article/a manuscript** einen Artikel/ein Manuskript ablehnen; **to ~ a bill/motion** einen Gesetzesvorschlag/Antrag ablehnen; **to ~ a candidate** [*or* **applicant**] einen Bewerber ablehnen; **to ~ a claim** eine Forderung [*o* einen Anspruch] zurückweisen; **to ~ a complaint/protest** einen Vorwurf/Protest zurückweisen; **to ~ a compromise/demand/proposal** einen Kompromiss/eine Forderung/einen Vorschlag ablehnen; **to ~ an excuse** eine Entschuldigung nicht annehmen; **to ~ the minutes** das Protokoll beanstanden; **to ~ an offer/a plan/a plea** ein Angebot/einen Plan/ein Gesuch ablehnen; **to ~ a religion** eine Religion ablehnen, nicht an eine Religion glauben
❷ (*snub*) ■**to ~ sb** jdn abweisen [*o* zurückweisen]; **to feel ~ed** sich *akk* als Außenseiter fühlen; ***she felt as though her parents had ~ed her*** sie hatte das Gefühl, von ihren Eltern verstoßen worden zu sein
❸ MED **to ~ a drug** ein Medikament nicht vertragen; **to ~ a transplant** ein Transplantat abstoßen
❹ (*not accept*) ■**to ~ sth** *token, bill, coin, card* etw nicht annehmen
II. *n* ['riːdʒekt] (*product*) Fehlerware *f*, Ausschussware *f;* (*person*) Außenseiter(in) *m(f)*

rejection [rɪ'dʒekʃən] *n* ❶ (*dismissing*) Ablehnung *f*, Absage *f;* ECON Zurückweisung *f*, Abweisung *f;* **fear of ~** Furcht *f* vor Ablehnung; **letter of ~, ~ letter** Absage *f*, Absageschreiben *nt;* **to meet with ~** auf Ablehnung stoßen; ***he was met with ~*** man brachte ihm Ablehnung entgegen; **~ slip** Absage *f* (*eines Verlags*)*; of goods* Aussortierung *f*
❷ MED Abstoßung *f*
❸ COMPUT Zurückweisung *f*

reject shop *n* Ramschladen *m fam*

rejig <-gg-> [ˌriː'dʒɪg] *vt* BRIT, AUS (*fam*), **rejigger** [ˌriː'dʒɪgər] *vt* AM (*fam*) ■**to ~ sth** etw umgestalten [*o* neu gestalten], etw umkrempeln *fam;* **to ~ the furniture** die Möbel umstellen

rejoice [rɪ'dʒɔɪs] *vi* sich *akk* freuen; ***I ~d to see that she had made a quick recovery*** ich war erfreut zu sehen, dass sie schnell wieder gesund wurde; ■**to ~ at sth** sich *akk* an etw *dat* erfreuen *geh;* **to ~ in sb's enthusiasm/spontaneity** sich *akk* an jds Begeisterung/Spontaneität erfreuen; ***~ in the Lord!*** freut euch im Herrn!; ■**to ~ in doing sth** genießen, etw zu tun; **to ~ in the name of …** (*hum iron*) sich *akk* des Namens … erfreuen *hum iron*

rejoicing [rɪ'dʒɔɪsɪŋ] *n no pl* Freude *f* (**at** über +*akk*); ***there was much ~ at the good news*** die Freude über die guten Nachrichten war groß; **cause for ~** Anlass *m* zur Freude; **an occasion for general ~** ein Anlass zu allgemeinem Jubel

rejoin¹ [riː'dʒɔɪn] *vt* (*reunite with*) ■**to ~ sb/sth** sich *akk* mit jdm/etw wieder vereinigen; ***she ~ed her husband in Toronto*** in Toronto traf sie wieder mit ihrem Ehemann zusammen; **to ~ the motorway** [*or* AM **highway**] wieder auf die Autobahn fahren; **to ~ a political party** wieder in eine Partei eintreten; **to ~ one's regiment** sich *akk* seinem Regiment wieder anschließen

rejoin² [rɪdʒɔɪn] *vt* (*reply*) ■**to ~ sth** etw erwidern *geh*

rejoinder [rɪ'dʒɔɪndər, AM -ə] *n* Erwiderung *f geh;* **~ to** [*or* **for**] **a question** Antwort *f* auf eine Frage; **amusing/sharp/witty ~** witzige/spitze/schlagfertige Erwiderung

rejuvenate [rɪ'dʒuːvəneɪt, AM -və-] *vt* ■**to ~ sb** ❶ (*energize*) jdn revitalisieren *geh*, jdm jugendliche Frische geben; **to feel ~d** (*after a rest, holiday*) sich *akk* frisch und munter fühlen
❷ (*make younger, modernize*) jdn verjüngen; ***since he fell in love, he has felt ~d*** seit er sich verliebt hat, fühlt er sich Jahre jünger; **to ~ a factory/firm/town** eine Fabrik/Firma/Stadt modernisieren

rejuvenation [rɪˌdʒuːvən'eɪʃən, AM -və'neɪ-] *n no pl* (*enlivening*) Revitalisierung *f geh; of youthful feelings* Verjüngung *f; of a company, factory* Modernisierung *f*

rekindle [ˌriː'kɪndl] *vt* ❶ (*light again*) **to ~ a fire** ein Feuer wieder entfachen
❷ (*fig*) ■**to ~ sth** etw wieder entfachen *fig;* **to ~ a friendship/romance** eine Freundschaft/Romanze wieder aufleben lassen; **to ~ sb's hope/passion** jds Hoffnung/Leidenschaft wieder erwecken; **to ~ sb's interest** jds Interesse wieder wecken; **to ~ memories** Erinnerungen wieder erwecken

relapse I. *n* ['riːlæps] MED Rückfall *m;* (*in economy*) Rückschlag *m;* **to have/suffer a ~** einen Rückfall haben/erleiden
II. *vi* [rɪ'læps] ❶ MED (*after improvement*) einen Rückfall haben; ECON *economy* einen Rückschlag erleiden; **to ~ into alcoholism/drug abuse** wieder dem Alkoholismus/Drogenkonsum verfallen
❷ (*to previous state*) **to ~ into coma/sleep** in ein Koma/einen Schlaf verfallen; **to ~ into silence** in Schweigen verfallen

relate [rɪ'leɪt] **I.** *vt* ❶ (*show relationship*) ■**to ~ sth with sth** etw mit etw *dat* in Verbindung [*o* Zusammenhang] bringen
❷ (*narrate*) ■**to ~ sth** etw erzählen; ■**to ~ sth to sb** jdm etw berichten, jdm über etw *akk* Bericht erstatten; **strange to ~** so unglaublich es klingt; **to ~ an anecdote/stories/tales** eine Anekdote/Geschichten/Märchen erzählen [*o* wiedergeben]
II. *vi* ❶ (*fam: get along*) sich *dat* zugetan sein; ■**to ~ to sb/sth** eine Beziehung [*o* Zugang] zu jdm/etw finden; ***my father cannot ~ to the idea of working with computers*** mein Vater kann sich nicht mit dem Gedanken anfreunden, mit Computern zu arbeiten; ***can you ~ to country music?*** hast du etwas für Countrymusic übrig?; **to find it hard** [*or* **difficult**] **to ~ to sth** sich *akk* nur schwer mit etw *dat* abfinden können
❷ (*be about*) ■**to ~ to sb/sth** von jdm/etw handeln; (*be relevant to*) auf jdn/etw zutreffen, mit jdm/etw zu tun haben, sich *akk* auf jdn/etw beziehen; ***chapter nine ~s to the effect of inflation*** in Kapitel neun geht es um die Auswirkungen der Inflation; ***I fail to see how your proposal ~s to me*** es ist mir nicht klar, inwiefern Ihr Vorschlag mich betrifft

related [rɪ'leɪtɪd, AM -t̬ɪd] *adj inv* ❶ (*connected*) verbunden; ***we discussed inflation, unemployment and ~ issues*** wir diskutierten über Inflation, Arbeitslosigkeit und damit zusammenhängende Themen; **~ subject matter** einschlägiges Material; **to be directly ~ to sth** in direktem Zusammenhang mit etw *dat* stehen
❷ (*in family*) verwandt; *species, language* verwandt; **to be ~ by blood** blutsverwandt sein; **to be ~ by marriage** durch Heirat verwandt sein; [**closely**] **~ species** [eng] miteinander verwandte Arten; **closely/distantly ~** nah/entfernt verwandt; **to be ~ to sb** mit jdm verwandt sein

relating to *prep* ■**~ sth** in Zusammenhang mit etw *dat*, in Bezug auf etw *akk*

relation [rɪ'leɪʃən] *n* ❶ *no pl* (*correspondence*) Verbindung *f*, Bezug *m;* **in** [*or* **with**] **~ to** in Bezug auf; ***I haven't understood what this question is in ~ to*** ich verstehe nicht, worauf sich diese Frage bezieht; **to bear no ~** keinerlei Beziehung haben; (*in appearance*) **to bear no ~ to sb** jdm überhaupt nicht ähnlich sehen
❷ (*relative*) Verwandte(r) *f(m);* ***is Hans any ~ to you?*** ist Hans irgendwie mit dir verwandt?; **~ by marriage** angeheirateter Verwandter/angeheiratete Verwandte; **closest living ~** nächster lebender Verwandter/nächste lebende Verwandte; **to have ~s in a country** in einem Land Verwandte haben
❸ (*between people, countries*) ■**~s** *pl* Beziehungen *fpl*, Verhältnis *nt* (**between** zwischen +*dat*); **to enjoy friendly ~s with sb** freundschaftliche Kontakte mit jdm pflegen; **to break off/restore diplomatic ~s** die diplomatischen Beziehungen abbrechen/wiederherstellen; **to have sexual ~s with sb** ein intimes Verhältnis mit jdm haben; **to break off ~s with sb/sth** den Kontakt zu jdm/etw abbrechen

relational [rɪ'leɪʃənəl] *adj inv* relational *geh*

relationship [rɪ'leɪʃənʃɪp] *n* ❶ (*connection*) Beziehung *f;* **to establish a ~ between sth and sth** zwischen etw *dat* und etw *dat* eine Verbindung herstellen
❷ (*in family*) Verwandtschaftsverhältnis *nt*, verwandtschaftliche Beziehung; **family ~** familiäre Beziehung
❸ (*association*) Verhältnis *nt*, Beziehung *f* (**to/with** zu +*dat*); **business ~** Geschäftsbeziehung *f;* **to have a love-hate ~ with sb** für jdn eine Hassliebe empfinden; **patient-doctor ~** Patient-Arzt-Verhältnis *nt;* **to find it difficult to have ~s with people** Kontaktschwierigkeiten haben; **to have a bad/good ~ with sb/sth** zu jdm/etw ein schlechtes/gutes Verhältnis haben; (*romantic*) Beziehung *f*, Verhältnis *nt veraltend;* **a six-year ~** eine sechsjährige Beziehung; ■**to be in a ~ with sb** mit jdm eine feste Beziehung haben

relative ['relətɪv, AM *also* -t̬ɪv] **I.** *adj inv* ❶ (*connected to*) relevant; ■**to be ~ to sth** (*important*) relevant für etw *akk* sein *geh;* (*relevant*) sich *akk* auf etw *akk* beziehen

R

❷ (*corresponding*) jeweilige(r, s); **the ~ advantages** die jeweiligen Vorteile; **~ merits** jeweilige Vorzüge; ■**to be ~ to sth** von etw *dat* abhängen; ***petrol consumption is ~ to a car's speed*** der Benzinverbrauch hängt von der Geschwindigkeit des Autos ab

❸ (*comparative*) relative(r, s), vergleichbare(r, s); (*not absolute*) *age, evil, happiness* relativ; **to live in ~ comfort** in relativem Wohlstand leben; **~ to sb** verglichen mit jdm

II. *adv* ■**~ to** sich *akk* beziehend auf; ***~ to the country, city air is quite polluted*** verglichen zur Landluft, ist die Luft in der Stadt ziemlich verschmutzt

III. *n* Verwandte(r) *f(m)*, Angehörige(r) *f(m)*; **blood ~** Blutsverwandte(r) *f(m)*; **~ by marriage** angeheiratete̲r Verwandter/angeheiratete Verwandte; **distant ~** entfernter Verwandter/entfernte Verwandte

relative clause *n* Relativsatz *m* **relative density** *n* PHYS, SCI relative Dichte **relative humidity** *n no pl* METEO relative Feuchtigkeit

relatively [ˈrelətɪvli, AM *also* -t̬ɪvli] *adv inv* relativ; **~ few people** relativ wenige Leute; **~ little** relativ wenig; **~ speaking** relativ gesehen

relative pronoun *n* Relativpronomen *nt*

relativism [ˈrelətɪvɪzᵊm, AM t̬ɪ] *n no pl* Relativismus *m*

relativist [ˈrelətɪvɪst, AM t̬ɪ] **I.** *n* Relativist(in) *m(f)*
II. *adj inv* relativistisch

relativistic [ˌrelətɪˈvɪstɪk, AM t̬ɪˈ] *adj inv* ❶ PHYS relativistisch

❷ *see* **relativist II** relativistisch

relativity [ˌreləˈtɪvəti, AM -əţi] *n no pl* ❶ (*condition*) Relativität *f geh*

❷ (*theory*) **[Einstein's] Theory of R~** [Einsteins] Relativitätstheorie *f*

relaunch [rɪˈlɔːn(t)ʃ, AM *esp* -ˈlɑːn-] **I.** *vt* ❶ AEROSP **to ~ a rocket** eine Rakete erneut starten

❷ ECON **to ~ a product** ein Produkt erneut auf den Markt bringen

II. *n* [ˈriːlɔːn(t)ʃ, AM *esp* -lɑːn-] ❶ AEROSP, TRANSP **~ of a rocket** Zweitstart *m* einer Rakete; **~ of a ship** zweiter Stapellauf eines Schiffes

❷ ECON **~ of a brand/a product** Wiedereinführung *f* einer Marke/eines Produkts

relax [rɪˈlæks] **I.** *vi* sich *akk* entspannen; **~!** entspann dich!; (*don't worry*) beruhige dich!; **to ~ with a cup of tea** sich *akk* bei einer Tasse Tee entspannen

II. *vt* **to ~ one's efforts** in seinen Bemühungen nachlassen; **to ~ one's grip** [*or* **hold**] **on sth** seinen Griff um etw *akk* lockern; **to ~ one's tight hold on sth** (*fig*) seine Kontrolle über etw *akk* lockern; **to ~ one's muscles** (*by resting*) die Muskeln entspannen; (*by massage or movement*) die Muskeln lockern; **to ~ rules** [*or* **regulations**]/**supervision** Vorschriften/die Kontrolle lockern; **to ~ security** die Sicherheitsmaßnahmen einschränken

relaxant [rɪˈlæksᵊnt] *n* ❶ (*drug*) Relaxans *nt fachspr*

❷ (*relaxing substance or activity*) Entspannungsmittel *nt*; ***fishing is a very good ~*** Angeln ist sehr entspannend

relaxation [ˌriːlækˈseɪʃᵊn] **I.** *n* ❶ (*recreation*) Entspannung *f*; ***Yoga is one of my favourite ~s*** yoga ist eine meiner liebsten Entspannungsmethoden; ***do you find ~ in knitting?*** kannst du dich beim Stricken entspannen?

❷ (*liberalizing*) **~ of discipline** Nachlassen *nt* der Disziplin; **~ of laws** Liberalisierung *f* von Gesetzen; **~ in** [*or* **of**] **the rules** Lockerung *f* der Vorschriften

II. *adj attr* Entspannungs-; **~ exercise** [*or* **technique**] Entspannungsübung *f*

relaxed [rɪˈlækst] *adj* ❶ (*at ease*) entspannt; **to feel ~** sich *akk* entspannt fühlen

❷ (*easy-going*) locker, gelassen; **~ atmosphere** lockere [*o* entspannte] Atmosphäre; **~ manner** [*or* **style**] lässige Art; **to have a ~ manner** sich *akk* lässig geben; **to be ~ about sth** etw gelassen sehen; **to take a ~ approach to sth** gelassen an etw *akk* herangehen

relaxing [rɪˈlæksɪŋ] *adj* entspannend, erholsam; **~ day** Tag *m* zum Ausspannen; **~ holidays** [*or* AM **vacation**] erholsame Ferien; **~ place** Ort *m* der Erholung

relay [ˈriːleɪ] **I.** *vt* ❶ (*communicate*) ■**to ~ sth to sb** jdm etw mitteilen; **to ~ a message** eine Meldung weiterleiten; **to ~ the news to sb** jdm die Neuigkeiten weitererzählen

❷ COMPUT, TV ■**to ~ sth** etw [weiter]übertragen; **to ~ TV pictures** Fernsehbilder übertragen

II. *n* ❶ (*group*) Ablösung *f*; *of workers* Schicht *f*; ***to break the record for playing chess non-stop, he needed ~s of opponents*** um den Rekord im Dauerschachspielen brechen zu können, benötigte er ständig neue Gegner; **to organize into ~s** in Schichten einteilen; **to work in ~s** in Schichten arbeiten

❷ SPORTS **~** [**race**] Staffellauf *m*

❸ ELEC (*device*) Relais *nt*

re-lay <-laid, -laid> [ˌriːˈleɪ] *vt* **to ~ a carpet** einen Teppich neu verlegen; **to ~ a floor** einen Boden neu auslegen

relay race *n* (*running*) Staffellauf *m*; (*swimming*) Staffelschwimmen *nt* **relay team** *n* Staffel *f*

release [rɪˈliːs] **I.** *vt* ❶ (*set free*) ■**to ~ sb/an animal** jdn/ein Tier freilassen; ***the zoo keepers ~d the lions from their cage*** die Zoowärter ließen die Löwen aus dem Käfig; ■**to ~ sb** jdn freigeben [*o* freistellen]

❷ LAW ■**to ~ sb** jdn [aus der Haft] entlassen [*o* freilassen]; **to ~ sb on bail** jdn gegen Kaution auf freien Fuß setzen; **to ~ sb on parole** jdn bedingt aus der Haft entlassen; **to ~ sb from prison** jdn aus dem Gefängnis entlassen; **to ~ sb on probation** jdn auf Bewährung entlassen; **to be ~d early for good behaviour** [*or* AM **behavior**] wegen guter Führung vorzeitig entlassen werden

❸ (*fig: free from suffering*) ■**to ~ sb from sth** jdn von etw *dat* befreien

❹ (*move sth from fixed position*) ■**to ~ sth** etw lösen; **to ~ the brake** die Bremse lösen; **to ~ the shutter** PHOT den Auslöser betätigen

❺ (*detonate, drop*) **to ~ a bomb** eine Bombe abwerfen; **to ~ a missile** eine Rakete abschießen

❻ (*allow to escape*) **to ~ gas/steam** Gas/Dampf freisetzen; **to ~ sth into the atmosphere** etw in die Atmosphäre entweichen lassen; ***steam was ~d*** Dampf entwich

❼ (*relax pressure*) ■**to ~ sth** etw loslassen; **to ~ one's grip** [*or* **hold**] seinen Griff lockern

❽ (*make public, circulate*) ■**to ~ sth** etw verbreiten [*o* in Umlauf bringen] [*o* der Öffentlichkeit zugänglich machen]; (*issue*) etw veröffentlichen [*o* herausbringen]; ■**to ~ sth to sb** jdm etw aushändigen; **to ~ a film/a CD** einen Film/eine CD herausbringen; **to ~ a statement** eine Erklärung abgeben; **to be ~d** erscheinen, auf den Markt kommen

❾ ECON **to ~ dues** überfällige Bestellungen abwickeln

❿ (*put on market*) ■**to ~ sth** etw zum Verkauf freigeben, etw herausbringen

⓫ COMPUT (*release block of memory*) ■**to ~ sth** etw freigeben

II. *n no pl* ❶ (*setting free*) Entlassung *f*; **~ of a hostage** Freilassung *f* einer Geisel; **~ from prison** Entlassung *f* aus dem Gefängnis

❷ ECON (*from work*) Freistellung *f*; **day ~** BRIT Freistellung zur beruflichen Fortbildung

❸ (*mechanism*) Auslöser *m*; **brake/clutch ~** Brems-/Kupplungsausrückmechanismus *m*; **~ cord** Reißleine *f*; **steam ~** Dampfventil *nt*

❹ (*action*) *of a handbrake* Lösen *nt*

❺ (*items on hold*) *of funds, goods* Freigabe *f*

❻ (*relaxation*) Entspannung *f*; *of tension* Nachlassen *nt*; (*freeing from unpleasant feeling*) Erleichterung *f*; **merciful ~** (*euph*) Erlösung *f euph*; **to experience a feeling of ~** ein Gefühl der Erleichterung verspüren

❼ (*escape of gases etc.*) Entweichen *nt*

❽ *no pl* (*publication*) Veröffentlichung *f*

❾ (*information document*) Verlautbarung *f*; **press ~** Pressemitteilung *f*, Presseverlautbarung *f*

❿ (*new CD etc.*) Neuerscheinung *f*; (*new film*) neuer Film; ***her latest ~ is a song about hopeless love*** sie hat zuletzt ein Lied über hoffnunglose Liebe herausgebracht; **to go on ~** *film* [in den Kinos] anlaufen

⓫ COMPUT (*version*) Version *f*

⓬ LAW Verzicht *m*, Aufgabe *f*

relegate [ˈrelɪgeɪt, AM -lə-] *vt usu passive* ❶ (*lower in status*) ■**to ~ sb/sth to sth** jdn/etw auf etw *akk* verweisen; ***the story was ~d to the middle pages of the paper*** die Story wurde in den Mittelteil der Zeitung verschoben; ■**to ~ sb out of sth** jdn aus etw *dat* verbannen *geh*; **to ~ sb to the background** jdn in den Hintergrund drängen; **to ~ sb to a secondary role** jdn in eine untergeordnete Position abdrängen

❷ BRIT SPORTS **to ~ a team** eine Mannschaft absteigen lassen; **to be ~d from a higher to a lower division** aus einer höheren Liga in eine niedrigere absteigen

relegation [ˌrelɪˈgeɪʃᵊn, AM -əˈ-] *n no pl* ❶ BRIT SPORTS Abstieg *m*, Relegation *f geh*; **to face ~** abstiegsgefährdet sein; **~ struggle** Abstiegskampf *m*

❷ (*demotion*) [Zurück]verweisung *f*, Verbannung *f* (to auf +*akk*)

relent [rɪˈlent] *vi people* nachgeben; *wind, rain* nachlassen

relentless [rɪˈlentləs] *adj* (*unwilling to compromise*) unnachgiebig; (*without stopping*) unablässig; **~ persecution** gnadenlose Verfolgung; **~ pressure** unaufhörlicher Druck; **~ pressure to succeed** ständiger Erfolgsdruck; **~ pursuit** gnadenlose Verfolgung[sjagd]; **~ pursuit of sth** unaufhörliches Streben nach etw *dat*; **~ summer heat** anhaltende sommerliche Hitze; ■**to be ~ in doing sth** etw unermüdlich tun

relentlessly [rɪˈlentləsli] *adv* unaufhörlich; (*tirelessly*) unermüdlich; (*continuously*) beständig

relet <-tt-> [ˌriːˈlet] *vt* BRIT ■**to ~ sth** etw wieder [*o* neu] vermieten

relevance [ˈreləvən(t)s] *n no pl*, **relevancy** [ˈreləvən(t)si] *n no pl* ❶ (*appropriateness*) Relevanz *f geh*, Bedeutsamkeit *f* (to für +*akk*); ***I don't quite understand the ~ of your question*** ich weiß nicht so recht, worauf Sie mit Ihrer Frage hinauswollen; **to have** [*or* **bear**] **~ to sth** Bezug auf etw *akk* haben

❷ (*significance*) Bedeutung *f* (**to** für +*akk*); **to have ~ for sb/sth** für jdn/etw relevant [*o* von Bedeutung] sein

❸ COMPUT Relevanz *f*

relevant [ˈreləvənt] *adj* ❶ (*appropriate*) relevant, entsprechend; *department, personnel* zuständig; ***for further information please refer to the ~ leaflet*** weitere Informationen entnehmen Sie bitte der entsprechenden Broschüre; **to be** [**hardly**] **~ to sth** für etw *akk* [kaum] von Bedeutung [*o* Belang] sein; ***the question is not ~ to the case*** die Frage gehört nicht zur Sache; **~ documents** zweckdienliche Unterlagen; ***please bring all the ~ documents*** bitte bringen Sie die nötigen Papiere mit; **~ evidence** sachdienliches Beweismaterial; **~ question** angebrachte Frage

❷ (*important*) wichtig, bedeutend; **highly ~** höchst bedeutungsvoll

❸ (*appropriate to modern life*) gegenwartsbezogen; **to remain ~** seine Aktualität bewahren

reliability [rɪˌlaɪəˈbɪləti, AM -əţi] *n no pl* ❶ (*dependability*) Zuverlässigkeit *f*

❷ (*trustworthiness*) Vertrauenswürdigkeit *f*

reliable [rɪˈlaɪəbl] *adj* ❶ (*dependable*) verlässlich, zuverlässig; **~ memory** gutes Gedächtnis

❷ (*credible*) glaubwürdig; **~ authority** verlässliche [*o* glaubwürdige] Quelle; **~ criterion** sicheres Kriterium; **~ evidence** glaubwürdiger Beweis; **to have sth on ~ evidence from a good source** etw aus zuverlässiger Quelle erfahren haben; **~ figures/statistics** verlässliche [*o* glaubwürdige] Zahlen/Statistiken; **~ source** sichere [*o* zuverlässige] Quelle; **~ testimony** verlässliche Zeugenaussage

❸ (*trustworthy*) vertrauenswürdig, seriös

reliably [rɪˈlaɪəbli] *adv* verlässlich; **to be ~ informed that ...** aus sicherer Quelle wissen, dass ...

reliance [rɪˈlaɪən(t)s] *n no pl* ❶ *(dependence)* Verlass *m* (**on** auf +*akk*); ***the region's ~ on tourism is unwise*** es ist unklug, dass die Region sich nur auf den Tourismus verlässt; **sb cannot avoid ~ on sth** jd ist auf etw *akk* angewiesen; **to place ~ on sth** sich *akk* auf etw *akk* verlassen
❷ *(trust)* Vertrauen *nt;* **to place ~ on sb/sth** Vertrauen in jdn/etw setzen

reliant [rɪˈlaɪənt] *adj* ▪**to be ~ on sb/sth** von jdm/etw abhängig sein; ▪**to be ~ on sb/sth to do sth** abhängig davon [*o* darauf angewiesen] sein, dass jd/etw etw tut

relic [ˈrelɪk] *n* ❶ *(object)* Relikt *nt,* Überbleibsel *nt,* Überrest *m;* **Iron Age ~s** Überreste *mpl* aus der Eisenzeit
❷ *(pej: survival from past)* Relikt *nt;* *(hum: sth old-fashioned)* altmodisches Ding *hum,* Ding *nt* von anno dazumal *hum;* **~ of the past** Relikt *nt* der Vergangenheit
❸ *(saintly remains etc.)* Reliquie[n] *f[pl]*

relief[1] [rɪˈliːf] **I.** *n* ❶ *no pl (assistance for poor)* Hilfsgüter *ntpl;* *(help)* Hilfe *f,* Unterstützung *f;* **shipment of ~** Hilfsgütersendung *f;* **to be on ~** AM *(fam)* von der Sozialhilfe leben; **disaster/famine ~** Katastrophen-/Hungerhilfe *f*
❷ *(diminution)* Entlastung *f;* **~ of hunger/suffering** Linderung *f* von Hunger/Leid; **tax ~** Steuerermäßigung *f*
❸ *(release from tension)* Erleichterung *f;* ***that's*** [*or* ***what***] ***a ~!*** was für eine Erleichterung!; ***you can imagine my ~*** du kannst dir vorstellen, wie erleichtert ich war; ***it was such a ~ to hear that Glen had been found safe and well*** mir fiel ein Stein vom Herzen, als ich hörte, dass man Glen sicher und wohlauf gefunden hatte; **sense of ~** Gefühl *nt* der Erleichterung; **to feel an incredible sense of ~** sich *akk* unglaublich erleichtert fühlen; **a sigh of ~** ein Seufzer *m* der Erleichterung; **to breathe a sigh of ~** erleichtert aufatmen; **light** [*or* **comic**] **~** THEAT befreiende Komik; **to be greeted with ~** mit Erleichterung aufgenommen werden; **much to my** [*or* **to my great**] **~** zu meiner großen Erleichterung
❹ *(substitute)* Ersatz *m,* Vertretung *f*
❺ MIL *(liberation)* **~ of a country/a town** Entsatz *m* eines Landes/einer Stadt
❻ LAW *(remedy)* Klagebegehren *nt*
II. *n modifier* Ersatz-, Vertretungs-; **~ driver** Ersatzfahrer(in) *m(f)*

relief[2] [rɪˈliːf] *n* ❶ *(three-dimensional representation)* Reliefdruck *m*
❷ *(sculpture)* Relief *nt;* **bronze ~** Bronzerelief *nt*
❸ *no pl (sharpness of image)* Kontrast *m;* ▪**to be in ~ against sth** sich *akk* von etw *dat* abheben; **to stand out in sharp** [*or* **bold**] **~** sich *akk* deutlich von etw *dat* [*o* gegen etw *akk*] abheben; **to throw sth into ~** etw hervortreten lassen

relief agency *n* Hilfsorganisation *f* **relief map** *n* Reliefkarte *f* **relief road** *n* BRIT Umgehungsstraße *f* **relief supply** *n* Notversorgung *f;* **~ of water** Wassernotversorgung *f* **relief train** *n* Sonderzug *m* **relief worker** *n* Mitarbeiter(in) *m(f)* einer Hilfsorganisation; *(in third-world countries)* Entwicklungshelfer(in) *m(f)*

relieve [rɪˈliːv] *vt* ❶ *(assist)* ▪**to ~ sb** jdm [in einer Notsituation] helfen; ▪**to ~ sth** etw lindern; **to ~ the famine** die Hungersnot lindern
❷ *(take burden from)* ▪**to ~ sb of sth** jdm etw abnehmen; *(hum: steal)* jdn um etw *akk* erleichtern *hum;* ***she was ~d of financial pressures*** sie war von finanziellen Sorgen befreit
❸ *(take over)* ▪**to ~ sb** jdn ablösen; **to ~ sb of a position** jdn eines Amtes entheben *geh*
❹ MIL *(break a siege)* **to ~ a city** eine Stadt befreien [*o fachspr* entsetzen]
❺ *(weaken negative feelings)* ▪**to ~ sth** etw erträglicher machen; **to ~ one's anxiety** seine Angst [teilweise] überwinden; ***the good news ~d my anxiety*** die guten Nachrichten beruhigten mich; **to ~ boredom** gegen die Langeweile angehen; **to ~ one's feeling[s] of frustration** seiner Enttäuschung Luft machen; **to ~ the pressure** den Druck verringern; **to ~ the tension** die Spannung abbauen
❻ *(alleviate)* **to ~ the pain/the suffering** den Schmerz/das Leid lindern
❼ *(improve)* ▪**to ~ sth** etw bessern; **to ~ pressure on sth** etw entlasten
❽ *(euph dated: urinate)* **to ~ oneself** sich *akk* erleichtern *euph*

relieved [rɪˈliːvd] *adj* erleichtert; ***I'm so ~ to find you*** ich bin so froh, dich zu sehen; **to be ~ at sth** über etw *akk* erleichtert sein; **to be ~ to hear/see sth** etw mit Erleichterung hören/sehen; **to feel ~** sich *akk* erleichtert fühlen

reliever [rɪˈliːvəʳ, AM -ɚ] *n* Ersatzspieler(in) *m(f),* Auswechselspieler(in) *m(f)*

relight <-lit *or* AM -lighted, -lit *or* AM -lighted> [ˌriːˈlaɪt] *vt* **to ~ a cigarette** eine Zigarette wieder anzünden

religion [rɪˈlɪdʒən] *n* ❶ *no pl (faith in god(s))* Religion *f;* *(set of religious beliefs)* Glaube *m*
❷ *(system of worship)* Kult *m;* **to practise** [*or* AM **practice**] **a ~** eine Religion praktizieren [*o* ausüben]; ***he practises the Jewish ~*** er ist praktizierender Jude
❸ *(fig: sth done with devotion)* Kult *m;* **to make a ~ of sth** einen Kult mit etw *dat* treiben
❹ *(also hum: personal set of beliefs)* Glaube *m,* Überzeugung *f;* ***it's against his ~ to do the gardening*** es verstößt gegen seine heiligen Prinzipien, die Gartenarbeit zu verrichten *hum*

religiosity [rɪˌlɪdʒiˈɒsəti, AM ˈɑːsət̬i] *n no pl* Religiosität *f*

religious [rɪˈlɪdʒəs] *adj* ❶ *(of religion)* religiöse(r, s), Religions-; **~ bigotry** Frömmelei *f;* **~ creed/organization** Glaubensbekenntnis *nt*/-gemeinschaft *f;* **~ denomination** [religiöses] Bekenntnis, Konfession *f;* **~ education/practice** Religionsunterricht *m*/-ausübung *f;* **~ equality** Gleichstellung *f* der Religionen; **~ fanatic** religiöser Fanatiker/religiöse Fanatikerin; **~ zealot** religiöser Eiferer/religiöse Eiferin; **~ fervour** [*or* AM **fervor**] [*or* **zeal**] religiöser Eifer; **~ festival** religiöses Fest; **~ freedom** [*or* **liberty**] Religionsfreiheit *f,* Glaubensfreiheit *f;* **~ holiday** religiöser Feiertag; **~ observance** religiöse Pflicht; **~ persecution** Verfolgung *f* aufgrund der Religionszugehörigkeit; **~ service** Gottesdienst *m;* **~ retreat** *(place for religious meditation)* religiöser Einkehrort; *(for Roman Catholics)* Exerzitien *ntpl;* **~ tradition/upbringing** religiöser Brauch/religiöse Erziehung
❷ *(pious)* religiös, fromm; **deeply ~** tief religiös
❸ *(fig: meticulous)* gewissenhaft; ***to be very ~ about doing sth*** eifrig darauf bedacht sein, etw zu tun

religiously [rɪˈlɪdʒəsli] *adv* ❶ *(concerning religion)* religiös
❷ *(fig: done conscientiously)* gewissenhaft

religious right *n no pl* ▪**the ~** die religiöse Rechte

reline [ˌriːˈlaɪn] *vt* ▪**to ~ sth** ❶ *drapes* neu [aus]füttern
❷ *painting* doublieren *fachspr*
❸ TECH neu belegen

relinquish [rɪˈlɪŋkwɪʃ] *vt (form)* ▪**to ~ sth** ❶ *(abandon)* etw aufgeben; **to ~ one's belief/a claim/a plan** seine Überzeugung/einen Anspruch/einen Plan aufgeben; **to ~ a chair/a seat** einen Vorsitz/einen Sitz aufgeben; **to ~ one's seat** seinen Sitz aufgeben [*o geh* zur Disposition stellen]; **to ~ the leadership** auf die Führung verzichten, die Führung abgeben; **to ~ a right** auf ein Recht verzichten; ▪**to ~ sth to sb** jdm etw überlassen; *responsibility* jdm etw übertragen
❷ *(lose)* **to ~ one's hold on reality** den Bezug zur Realität verlieren; **to ~ the lead** die Führung verlieren
❸ *(weaken grip)* **to ~ one's grip** [*or* **hold**] seinen Griff lockern

relinquishment [rɪˈlɪŋkwɪʃmənt] *n* Aufgabe *f;* *of claim, territory* Verzicht *m*

reliquary [ˈrelɪkwəri, AM -əkweri] *n* Reliquiar *nt*

relish [ˈrelɪʃ] **I.** *n* ❶ *no pl (enjoyment)* Genuss *m;* ▪**with ~** genüsslich; ▪**to have no ~ for doing sth** kein Vergnügen dabei empfinden, etw zu tun; ***I have no ~ for hunting and killing animals*** es macht mir keinen Spaß, zu jagen und Tiere zu töten
❷ *(chunky sauce)* Relish *nt;* **tomato and onion ~** Tomaten-Zwiebel-Relish *nt*
II. *vt* ▪**to ~ sth** etw genießen; ▪**to ~ doing sth** etw sehr gern tun; ***I don't ~ telling her*** [***that***] ***...*** es ist mir nicht gerade eine große Freude, ihr sagen zu müssen, dass ...; **to ~ the thought that ...** sich *akk* darauf freuen, dass ...; **to ~ the prospect of doing sth** sich *akk* darauf freuen, etw zu tun

relive [ˌriːˈlɪv] *vt* **to ~ a traumatic experience** eine traumatische Erfahrung nochmals durchleben; **to ~ the past** die Vergangenheit noch einmal erleben

rellie [ˈreli] *n* AUS *(fam) short for* **relative** Verwandte(r) *f(m)*

reload [ˌriːˈləʊd, AM -ˈloʊd] **I.** *vt (load again)* **to ~ a gun/a pistol** ein Gewehr/eine Pistole nachladen; **to ~ a camera** eine Kamera neu laden *fam,* einen neuen Film in eine Kamera einlegen; **to ~ a ship** ein Schiff wieder beladen; **to ~ software** Software neu laden
II. *vi (load again) weapon* nachladen

relocate [ˌriːlə(ʊ)ˈkeɪt, AM -ˈloʊ-] **I.** *vi* umziehen; ***the company has ~d from London to Liverpool*** die Firma hat ihren Sitz von London nach Liverpool verlegt
II. *vt* ▪**to ~ sb** jdn versetzen; ▪**to ~ sth** etw verlegen

relocation [ˌriːlə(ʊ)ˈkeɪʃən, AM -loʊ'-] *n* ❶ *of a company* Verlegung *f; of a person* Versetzung *f*
❷ COMPUT Verschiebung *f*

reluctance [rɪˈlʌktən(t)s] *n no pl* Widerwillen *m,* Widerstreben *nt;* ▪**with ~** widerwillig, ungern; **to accept sth with ~** etw widerwillig akzeptieren [*o* annehmen]

reluctant [rɪˈlʌktənt] *adj* widerwillig, widerstrebend; ▪**to be ~ to do sth** sich *akk* dagegen sträuben, etw zu tun, etw nur ungern tun; **to feel ~ to do sth** etw ungern tun; ***many parents feel ~ to talk openly with their children*** vielen Eltern widerstrebt es, offen mit ihren Kindern zu sprechen; **to be a ~ participant in sth** sich *akk* gegen eine Teilnahme an etw *dat* sträuben, an etw *dat* nur ungern teilnehmen

reluctantly [rɪˈlʌktəntli] *adv* widerwillig; ***I say it ~ but ...*** ich sage es ungern, aber ...; **to accept sth ~** etw widerstrebend akzeptieren; **to agree ~** widerwillig zustimmen

rely [rɪˈlaɪ] *vi* ❶ *(have confidence in)* ▪**to ~ on** [*or* **upon**] **sb/sth** sich *akk* auf jdn/etw verlassen; ***British weather can never be relied upon*** auf das britische Wetter ist kein Verlass; ▪**to ~ on** [*or* **upon**] **sb/sth to do** [*or* **doing**] **sth** sich *akk* darauf verlassen [*o* darauf vertrauen], dass jd/etw etw tut; ***don't ~ on that lot winning the match*** sei nicht so sicher, dass die da das Spiel gewinnen
❷ *(depend on)* ▪**to ~ on** [*or* **upon**] **sb/sth** von jdm/etw abhängen; ▪**to ~ on** [*or* **upon**] **sb/sth doing sth** darauf angewiesen sein, dass jd/etw etw tut

REM[1] [ˌɑːriːˈem, rem] *abbrev of* **Rapid Eye Movement** REM

REM[2] COMPUT *(in BASIC) short for* **remark** REM

remade [ˌriːˈmeɪd] *pt, pp of* **remake**

remain [rɪˈmeɪn] *vi* ❶ *(stay)* bleiben; **to ~ in bed** im Bett bleiben; **to ~ behind** zurückbleiben; **to ~ where one is** auf seinem Platz bleiben, [da] bleiben, wo man ist
❷ *+ n, adj (not change)* bleiben; ***the epidemic has ~ed unchecked*** die Epidemie hält unvermindert an; **to ~ friends** Freunde bleiben; **to ~ aloof** Distanz wahren; **to ~ anonymous/unnamed** anonym/ungenannt bleiben; **to ~ cool** einen kühlen Kopf bewahren, cool bleiben *sl;* **to ~ faithful** [*or* **loyal**] [**to sb**] [jdm] treu bleiben [*o* die Treue halten]; **to ~ open** *shop* geöffnet bleiben; **to ~ silent** [*or* **quiet**] Stillschweigen bewahren *geh;* **to ~ seated**

R

sitzen bleiben; **to ~ unclaimed** nicht beansprucht werden; **to ~ undecided** sich *akk* nicht entscheiden können; **to ~ unpunished** ungestraft davonkommen; **to ~ untreated** nicht behandelt [*o* versorgt] werden
❸ (*survive, be left over*) übrig bleiben; *person* überleben; ***is there any food ~ing?*** ist noch etwas zu essen übrig?; ***much ~s to be done*** es muss noch vieles getan werden; **the fact ~s that …** das ändert nichts an der Tatsache, dass …; **it [only] ~s for me to …** mir bleibt nur noch übrig, zu …; **it ~s to be seen [who/what/how …]** es bleibt abzuwarten[, wer/was/wie …]

remainder [rɪ'meɪndəʳ, AM -ɚ] **I.** *n no pl* ❶ (*residue, rest*) Rest *m;* ***for the ~ of his life*** für den Rest seines Lebens; ■ **~s** *pl* Restauflage *f*
❷ MATH (*number*) Rest *m;* ***9 divided by 4 is 2 ~ 1*** 9 dividiert durch 4 ist 2 Rest 1
II. *vt usu passive* ■ **to ~ sth** etw verramschen; **to ~ books** Bücher billig verkaufen [*o fam* verramschen]

remaining [rɪ'meɪnɪŋ] *adj attr, inv* übrig, restlich; ***the two ~ lectures*** die letzten beiden Vorträge; **our only ~ hope** unsere letzte Hoffnung

remains [rɪ'meɪnz] *npl* ❶ (*leftovers*) Überbleibsel *ntpl,* Überreste *mpl;* **the ~ of a 12th-century monastery** die Überreste eines Klosters aus dem 12. Jahrhundert
❷ (*form: corpse*) sterbliche Überreste *geh;* **animal/human ~** tierische/menschliche Überreste

remake I. *vt* <-made, -made> [ˌriː'meɪk] **to ~ a film** einen Film neu drehen, einen Stoff neu verfilmen
II. *n* ['riːmeɪk] Neuverfilmung *f,* Remake *nt;* **to do a ~** ein Remake machen, eine Neuverfilmung drehen

remand [rɪ'mɑːnd, AM -'mænd] **I.** *vt usu passive* (*form*) ■ **to ~ sb on sth** jdn wegen einer S. *gen* in Untersuchungshaft nehmen; **to ~ on bail** auf Kaution freilassen; **to ~ sb in custody** jdn in Untersuchungshaft behalten; **to ~ sb to prison** jdn ins Untersuchungsgefängnis bringen
II. *n no pl* **custodial ~** Untersuchungshaft *f;* **to be on ~** in Untersuchungshaft sitzen *fam;* **to hold [*or* keep] sb on ~** jdn in Untersuchungshaft behalten

remand centre *n* BRIT, AUS Untersuchungsgefängnis *nt,* Untersuchungshaftanstalt *f;* (*for youths*) Jugendstrafanstalt *f* **remand home** *n* BRIT, AUS Untersuchungshaftanstalt *f* (*für Jugendliche*)

remark [rɪ'mɑːk, AM -'mɑːrk] **I.** *vt* äußern, bemerken; **sb once ~ed [that] …** jd hat einmal gesagt, dass …
II. *vi* eine Bemerkung machen; ■ **to ~ on sb/sth** sich *akk* über jdn/etw äußern; **it has often been ~ed upon that …** es ist oft darauf hingewiesen worden, dass …
III. *n* ❶ (*comment*) Bemerkung *f,* Äußerung *f;* **to make [*or* pass] ~s about sb/sth** Bemerkungen über jdn/etw machen
❷ COMPUT (*in BASIC*) Kommentar *m*

remarkable [rɪ'mɑːkəbl̩, AM -'mɑːrk-] *adj* ❶ (*approv: extraordinary*) bemerkenswert, erstaunlich; *ability* beachtlich; ***it's ~ for a woman of her age to be so alert*** es ist beachtlich, dass eine Frau in ihrem Alter geistig noch so rege ist
❷ (*surprising*) merkwürdig; ■ **to be ~ for sth** sich *akk* durch etw *akk* auszeichnen; **~ coincidence** merkwürdiger Zufall; **it's ~ [that] …** es ist erstaunlich, dass …, erstaunlicherweise …

remarkably [rɪ'mɑːkəbli, AM -'mɑːrk-] *adv* ❶ (*strikingly*) bemerkenswert, auffällig; ***this is a ~ noisy city*** diese Stadt ist besonders laut
❷ (*surprisingly*) überraschenderweise, erstaunlicherweise

remarriage [ˌriː'mærɪdʒ, AM *esp* -'mer-] *n* Wiederverheiratung *f* (**to** mit +*dat*)

remarry <-ie-> [ˌriː'mæri, AM *esp* -'meri] **I.** *vt* ■ **to ~ sb** jdn wieder heiraten; **to ~ each other** noch einmal heiraten
II. *vi* sich *akk* wieder verheiraten

remaster [ˌriː'mɑːstəʳ, AM -'mæstɚ] *vt* MUS ■ **to ~ sth** das Mastertape von etw *dat* neu aufnehmen; **to ~ a recording** das Mastertape einer Aufnahme [technisch] verbessern; **~ed edition of sth** [verbesserte] Neuaufnahme einer S. *gen*

remediable [rɪ'miːdiəbl̩] *adj* (*form*) ❶ (*curable*) heilbar
❷ (*rectifiable*) behebbar; *damage* wieder gutzumachen
❸ LAW anfechtbar

remedial [rɪ'miːdiəl] *adj* (*form*) ❶ (*relief*) Hilfs-; **~ action** Hilfsmaßnahme *f*
❷ SCH Förder-; **~ education** Förderunterricht *m;* **~ reading** Lesen *nt* für Leseschwache
❸ MED Heil-; **~ exercises [*or* training]** Heilgymnastik *f*

remedial lessons *npl,* **remedial teaching** *n esp* BRIT, AUS Förderunterricht *m*

remedy ['remədi] **I.** *n* ❶ (*medicinal agent*) Heilmittel *nt* (**for** gegen +*akk*); ■ **to be beyond [*or* past] ~** unheilbar sein
❷ (*solution*) Mittel *nt* (**for** zu +*dat*), Lösung *f* (**for** für +*akk*)
❸ (*legal redress*) Abhilfe *f;* **[legal] ~** Rechtsmittel *nt*
II. *vt* (*form*) ■ **to ~ sth** etw in Ordnung bringen; LAW etw *dat* Abhilfe schaffen, etw wieder gutmachen; **to ~ a mistake** einen Fehler berichtigen; **to ~ poverty** die Armut beseitigen

remember [rɪ'membəʳ, AM -ɚ] **I.** *vt* ❶ (*recall*) ■ **to ~ sb/sth** sich *akk* an jdn/etw erinnern; (*memorize*) ■ **to ~ sth** sich *dat* etw merken; ***I find it easy to ~ people's faces*** ich kann mir Gesichter von Leuten gut merken; ***I never ~ her birthday*** ich denke nie an ihren Geburtstag; ■ **to be ~ed for sth** für etw *akk* bekannt sein; ***she will be ~ed for her courage*** ihr Mut wird für immer im Gedächtnis bleiben; ***he was ~ed as being a very outgoing and helpful person*** man erinnerte sich an ihn als an einen sehr offenen und hilfsbereiten Menschen; ■ **to ~ doing sth** sich *akk* daran erinnern, etw getan zu haben; ■ **to ~ sb/sth doing sth** sich *akk* daran erinnern, dass jd/etw etw getan hat; ■ **to ~ oneself** sich *akk* benehmen [*o fam* zusammenreißen]
❷ (*commemorate*) ■ **to ~ sb/sth** einer Person/einer S. *gen* gedenken
❸ (*give a present*) ■ **to ~ sb** jdn beschenken; ■ **to ~ sb with sth** jdm etw hinterlassen [*o* vermachen]
❹ (*form: greetings*) ■ **to ~ sb to sb** jdn von jdm grüßen; ***please ~ me to your parents*** bitte grüß deine Eltern von mir!; ■ **to be ~ed to sb** (*esp form*) jdn grüßen lassen, jdm Grüße bestellen
II. *vi* ❶ (*recall*) sich *akk* erinnern; ***I can't ~*** ich kann mich nicht erinnern; ***it was a night to ~*** es war eine Nacht, die man nicht vergisst; ***it's on the tip of my tongue — I'll ~ in a minute*** es liegt mir auf der Zunge – es fällt mir gleich wieder ein; ■ **to ~ [that] …** sich *akk* daran erinnern, [dass] …; ■ **to ~ what/who/why …** sich *akk* daran erinnern, was/wer/warum …; ***can you ~ what her telephone number is?*** weißt du ihre Telefonnummer noch?; **please [*or* will you] ~ that …** denk bitte daran, dass …; **please [*or* will you] ~ to do sth** denk bitte daran, etw zu tun
❷ (*fam: indicating prior knowledge*) ***we had tea in the little cafe — you ~ the one next to the bookshop*** wir tranken Tee in dem kleinen Cafe – du weißt schon, das neben der Buchhandlung; ***Henry the Eighth, you will ~, executed three of his wives*** Heinrich der Achte hat, wie Sie wissen, drei seiner Frauen hinrichten lassen

remembrance [rɪ'membrᵊn(t)s] *n* (*form*) ❶ *no pl* (*act of remembering*) Gedenken *nt geh;* ■ **in ~ of sb/sth** zum Gedenken an jdn/etw
❷ (*a memory/recollection*) Erinnerung *f* (**of** an +*akk*)

Remembrance Day *n,* **Remembrance Sunday** *n* BRIT, CAN ≈ Volkstrauertag *m* (*britischer Gedenktag für die Gefallenen der beiden Weltkriege*) **Remembrance Service** *n* BRIT *Gedenkgottesdienst am Remembrance Day*

remind [rɪ'maɪnd] *vt* ■ **to ~ sb** jdn erinnern; ***that [or which] ~s me!*** das erinnert mich an etwas!, dabei fällt mir etwas ein!; ■ **to ~ sb to do sth** jdn daran erinnern, etw zu tun; ■ **to ~ sb [that]** jdn daran erinnern, dass …; ■ **to ~ sb about sth** jdn an etw *akk* erinnern; ■ **to ~ sb of sb/sth** jdn an jdn/etw erinnern

reminder [rɪ'maɪndəʳ, AM -ɚ] *n* ❶ (*prompting recall*) Mahnung *f;* **to give sb a gentle ~ [that] …** jdn freundlich darauf hinweisen, dass …; **to send sb a ~** jdm eine Mahnung schicken; **as a ~ to oneself that …** um sich *akk* daran zu erinnern, dass …
❷ (*awakening memories*) Erinnerung *f* (**of** an +*akk*); **stark ~** unübersehbares Mahnmal

reminisce [ˌremɪ'nɪs, AM -ə'-] *vi* (*form*) in Erinnerungen schwelgen; ■ **to ~ about sb/sth** von jdm/etw erzählen

reminiscence [ˌremɪ'nɪsᵊn(t)s, AM -ə'-] *n* (*form*) ❶ *no pl* (*reflection on past*) Erinnerung *f*
❷ (*memory*) Erinnerung *f* (**of/about** an +*akk*), Reminiszenz *f geh* (**of/about** an +*akk*)
❸ LIT (*form: book of memoirs*) ■ **~s** *pl* Memoiren *pl;* **to write/publish one's ~s** seine Memoiren schreiben/veröffentlichen

reminiscent [ˌremɪ'nɪsᵊnt, AM -ə'-] *adj* ❶ (*suggestive, evocative*) ■ **to be ~ [of sb/sth]** Erinnerungen [an jdn/etw] hervorrufen, sich *akk* an jdn/etw erinnern
❷ (*recalling the past*) **to be in a ~ mood** in Erinnerungen schwelgen

reminiscently [ˌremɪ'nɪsᵊntli, AM -ə'-] *adv* sich *akk* erinnernd; ***they smiled ~ as they recalled how they had once been in love*** sie lächelten in Erinnerung daran, wie verliebt sie einmal gewesen waren

remiss [rɪ'mɪs] *adj pred* (*form*) nachlässig; ***you have been ~ in your duties*** du hast deine Pflichten vernachlässigt

remission [rɪ'mɪʃᵊn] *n no pl* ❶ BRIT (*reduction in sentence*) Straferlass *m;* ***he was given three months' ~ for good behaviour*** wegen guter Führung wurden ihm drei Monate [Gefängnis] erlassen
❷ (*cancellation of debt etc.*) Erlass *m;* **~ of debt/fee** Schulden-/Gebührenerlass *m;* ECON **~ of taxes** Steuerrückzahlung *f*
❸ (*form: lessening of pain*) Nachlassen *nt; of symptoms* Remission *f fachspr;* ***her cancer has been in ~ for several years*** seit einigen Jahren hat sie keine Krebssymptome mehr gehabt
❹ *no pl* (*form: pardon*) Vergebung *f*

remit I. *vt* <-tt-> [rɪ'mɪt] (*form*) ❶ (*shorten prison sentence*) **to ~ a sentence** eine Strafe erlassen; ***his prison sentence was ~ted to two years*** seine Gefängnisstrafe wurde auf zwei Jahre verkürzt
❷ (*tender money*) **to ~ money [to sb]** [jdm] Geld überweisen
❸ (*pass on*) ■ **to ~ sth** etw weiterleiten; **to ~ a case to sb/sth** jdm/etw einen Fall übertragen
II. *n* ['riːmɪt] *no pl* Aufgabengebiet *nt;* **the ~ of an inquiry** der Zweck einer Befragung

remittance [rɪ'mɪtᵊn(t)s] *n* (*form*) Überweisung *f;* **~ man** ECON (*hist*) *Emigrant, der aus seinem Heimatland finanzielle Unterstützung erhält*

remittance slip *n* BRIT FIN Überweisungsbeleg *m,* Einzahlungsschein *m*

remittent [rɪ'mɪtᵊnt] *adj* MED (*form*) ■ **to be ~** nachlassen, remittieren *fachspr;* **~ fever** Wechselfieber *nt*

remix MUS **I.** *vt* [ˌriː'mɪks] ❶ (*mix tracks again*) **to ~ songs** einen Remix von Liedern machen
❷ (*re-record*) **to ~ songs** Lieder neu aufnehmen
II. *n* <*pl* -es> ['riːmɪks] Remix *m*

remnant ['remnənt] *n* Rest *m;* ■ **~s** *of a meal* Reste *mpl; of a body* Leichenreste *mpl*

remnant sale *n* Resteverkauf *m*

remodel <BRIT -ll- *or* AM *usu* -l-> [ˌriː'mɒdᵊl, AM -'mɑːdᵊl] *vt* ■ **to ~ sth** etw umgestalten

remold *vt* AM *see* **remould**

remonstrance [rɪ'mɒn(t)strᵊn(t)s, AM -'mɑːn-] *n* (*form*) ❶ (*reproachful protest*) Vorwurf *m,* Vorhaltung[en] *f[pl]*
❷ (*complaint, protest*) Protest *m,* Einspruch *m;* **to make a ~ against sth** gegen etw *akk* Einspruch erheben

remonstrate ['remənstreɪt, AM rɪ'mɑːn(t)s-] *vi*

(*form*) protestieren, sich *akk* beschweren; ■**to ~ against sb/sth** sich *akk* über jdn/etw beschweren; ■**to ~ with sb about sth** jdm wegen einer S. *gen* Vorhaltungen machen

remorse [rɪˈmɔːs, AM -ˈmɔːrs] *n no pl* (*form*) Reue *f;* **feeling** [*or* **twinge**] **of ~** Schuldgefühl[e] *nt[pl]*, Gefühl *nt* der Reue; **in a fit of ~** in einem Anfall von Reue; **sign of ~** Anzeichen *nt* von Reue; **to be filled with ~** zutiefst bereuen; **to feel ~ for** [*or* **about**] **sth** etw bereuen; **to show ~** Reue zeigen; ■**without ~** erbarmungslos; ***the defendant was without ~*** der Angeklagte zeigte keine Reue

remorseful [rɪˈmɔːsfᵊl, AM -ˈmɔːrs] *adj* (*form: filled with regret*) reuevoll *geh; sinner* reuig *geh;* (*apologetic*) schuldbewusst; **to be ~ for sth** etw bereuen

remorsefully [rɪˈmɔːsfᵊli, AM -ˈmɔːrs] *adv* (*form*) reumütig *geh*, voller Reue

remorseless [rɪˈmɔːsləs, AM -ˈmɔːrs] *adj* (*form*) ❶ (*relentless*) unerbittlich
❷ (*callous*) gnadenlos, unbarmherzig; **~ attack** brutaler Überfall; **~ cruelty** gnadenlose Grausamkeit; **~ judge** unbarmherzig strenger Richter; ■**to be ~ in sth** unerbittlich in etw *dat* sein

remorselessly [rɪˈmɔːsləsli, AM ˈmɔːrs] *adv* erbarmungslos, unerbittlich

remortgage [ˌriːˈmɔːgɪdʒ, AM -ˈmɔːr] **I.** *vt* ❶ (*mortgage again*) ■**to ~ sth** etw erneut hypothekarisch belasten
❷ (*alter conditions*) ■**to ~ sth** die Hypothek für etw *akk* neu festsetzen
II. *vi* ❶ (*mortgage again*) erneut eine Hypothek aufnehmen
❷ (*alter conditions*) die Hypothek neu festsetzen
III. *n* Zweithypothek *f*

remote <-er, -est *or* more ~, most ~> [rɪˈməʊt, AM -ˈmoʊt] *adj* ❶ (*distant in place*) fern, [weit] entfernt; (*far from conurbations*) abgelegen; **~ area** abgelegene [*o* abgeschiedene] Gegend; **to be ~ from everyday** [*or* **normal**] **life** (*fig*) realitätsfern sein
❷ (*distant in time*) lang vergangen; **~ ancestors** Urahnen *mpl;* **~ geological times** frühe geologische Epochen; **~ past/future** ferne Vergangenheit/Zukunft
❸ (*standoffish*) distanziert, unnahbar
❹ (*slight*) gering; **~ chance/likelihood** geringe Chance/Wahrscheinlichkeit; **~ resemblance** entfernte Ähnlichkeit; **not to have the ~st idea about sth** von etw *dat* nicht die geringste Ahnung haben
❺ COMPUT entfernt, fern-, Fern-
❻ LAW *damage, allegation* abgelegen, vage

remote access *n no pl* Fernabfrage *f*

remote control *n* ❶ (*control from distance*) Fernsteuerung *f* ❷ (*device*) Fernbedienung *f* **remote-controlled** *adj inv* ferngesteuert; **~ television** Fernsehen *nt* mit Fernbedienung

remotely [rɪˈməʊtli, AM -ˈmoʊt-] *adv inv* ❶ (*far away*) entfernt; **to be ~ placed** fernab liegen, abgeschnitten sein; **~ related** entfernt [miteinander] verwandt; **~ situated** abgelegen
❷ (*in any way*) irgendwie; ***we're not even ~ interested in your proposal*** wir sind nicht im Mindesten an Ihrem Vorschlag interessiert

remoteness [rɪˈməʊtnəs, AM -ˈmoʊt-] *n no pl* ❶ (*inaccessibility*) Abgelegenheit *f*
❷ (*aloofness*) Distanziertheit *f;* **air of ~** unnahbare Art
❸ LAW Ferne *f*, Entlegenheit *f;* **~ of damage** Nichtzurechenbarkeit *f* eines Schadens

remould, AM **remold I.** *vt* [ˌriːˈməʊld, AM -ˈmoʊld] ■**to ~ sth** etw neu gestalten; **to ~ one's image** sein Image aufpolieren *fam;* **to ~ a tyre** [*or* **wheel**] einen Reifen runderneuern
II. *n* [ˈriːməʊld, AM -moʊld] *of a tyre* Runderneuerung *f*

remount [ˌriːˈmaʊnt] *vt* **to ~ a bicycle/horse/motorbike** wieder auf ein Fahrrad/Pferd/Motorrad steigen

removable [rɪˈmuːvəbl̩] *adj inv* ❶ (*cleanable*) *ink* abwaschbar; **~ stain** auswaschbarer Fleck
❷ (*detachable*) *sleeves* abnehmbar, zum Abnehmen *nach n*
❸ COMPUT auswechselbar

removal [rɪˈmuːvᵊl] *n* ❶ *esp* BRIT (*changing address*) Umzug *m;* **~ man** BRIT Möbelpacker(in) *m(f);* **to do ~s** Umzüge übernehmen
❷ *no pl* (*expulsion*) Beseitigung *f*, Abschaffung *f; of a dictator* Absetzung *f;* (*abolition*) *of customs duties* Abschaffung *f;* (*fire from job*) Entlassung *f*, Absetzung *f;* **~ from power** Absetzung *f* (*der Regierung*)
❸ *no pl* (*cleaning*) Entfernung *f*
❹ *no pl* (*taking off*) Abnahme *f*, Entfernung *f*
❺ COMPUT Beseitigung *f*
❻ LAW (*move to new court*) Verweisung *f* [an ein anderes Gericht]

removal expenses *n* BRIT Umzugskosten *pl*
removal firm *n* BRIT Umzugsfirma *f*

removalist [rɪˈmuːvᵊlɪst] *n* AUS Umzugsspediteur *m*

removal van *n* BRIT Möbelwagen *m*

remove [rɪˈmuːv] **I.** *vt* ❶ (*take away*) ■**to ~ sth** etw entfernen [*o* wegräumen]; ***she angrily asked him to ~ himself from the room*** sie forderte ihn wütend auf, den Raum zu verlassen; **to ~ a mine** MIL eine Mine räumen; **to ~ a roadblock** eine Straßensperre beseitigen; **to ~ a wrecked vehicle** ein Autowrack abschleppen
❷ (*get rid of*) ■**to ~ sth** etw entfernen; (*cancel*) etw streichen; ***he is having the stitches ~d today*** heute bekommt er die Fäden gezogen; **to ~ the cork from a bottle** eine Flasche entkorken; **to ~ a dent** eine Delle ausbeulen; **to ~ sth from an embargo** etw von einem Embargo ausnehmen; **to ~ an entry/a name** einen Eintrag/einen Namen streichen; **to ~ the film from the camera** den Film aus der Kamera nehmen; **to ~ hair/warts** Haare/Warzen entfernen; **to ~ handcuffs** Handschellen abnehmen; **to ~ one's make-up/a stain** sein Make-up/einen Fleck entfernen; **to ~ sb's doubts** [*or* **suspicions**]**/fears** (*fig*) jds Zweifel/Ängste ausräumen [*o* beseitigen]
❸ (*take off clothes*) ■**to ~ sth** etw ausziehen; **to ~ a tie** eine Krawatte ablegen
❹ (*form: dismiss*) **to ~ sb** [**from office**] jdn [aus dem Amt] entlassen
II. *n* (*form*) Distanz *f*, Entfernung *f;* **to be at one ~ from sth** ganz nah an etw *dat* sein; ***we are at one ~ from war*** wir stehen kurz vor einem Krieg; **several** [*or* **many**] **~s** [**away**] **from sth** von etw *dat* meilenweit entfernt

removed [rɪˈmuːvd] *adj* ❶ (*form: not close*) **first cousin once/twice ~** Cousin/Cousine ersten/zweiten Grades
❷ (*distant*) entfernt; **to be** [**far**] **~ from sb/sth** von jdm/etw [weit] entfernt sein

remover [rɪˈmuːvəʳ, AM -ɚ] *n* ❶ BRIT (*sb doing home removals*) Möbelpacker *m*
❷ (*cleaning substance*) Reinigungsmittel *nt;* **nail-varnish ~** Nagellackentferner *m;* **stain ~** Fleckenentferner *m*

remunerate [rɪˈmjuːnᵊreɪt, AM -nər-] *vt* (*form*) ■**to ~ sb for sth** jdn für etw *akk* bezahlen [*o geh* entlohnen]

remuneration [rɪˌmjuːnᵊrˈeɪʃᵊn, AM -nəˈreɪ-] *n* ECON ❶ (*form: action*) Vergütung *f geh*, Entgelt *nt*, Remuneration *f* ÖSTERR (**for** für +*akk*)
❷ (*money*) Bezahlung *f*, Lohn *m*, Honorar *nt*

remunerative [rɪˈmjuːnᵊrətɪv, AM -nəreɪtɪv] *adj* ECON (*form*) einträglich, lukrativ *geh*

renaissance [rəˈneɪsᵊn(t)s, AM ˌrenəˈsɑːn(t)s] *n* Wiedergeburt *f fig*, Renaissance *f*

Renaissance [rəˈneɪsᵊn(t)s, AM ˌrenəˈsɑːn(t)s] *n* ■**the ~** die Renaissance; **~ art** Kunst *f* der Renaissance; **~ music/painting** Renaissancemusik *f*/-malerei *f*

Renaissance Man *n* Alleskönner *m*, Allroundtalent *nt fam* (*besonders in der Kunst und den Wissenschaften*)

renal [ˈriːnᵊl] *adj inv* Nieren-; **~ dialysis** Dialyse *f;* **~ failure/transplant** Nierenversagen *nt*/-transplantation *f;* **~ specialist** Nierenspezialist(in) *m(f);* **~ unit** Abteilung *f* für Nierenkrankheiten, Dialysezentrum *nt*

rename [ˌriːˈneɪm] *vt* ■**to ~ sth** etw umbenennen; COMPUT etw neu benennen

renascent [rɪˈneɪsᵊnt, AM *esp* ˈnæ-] *adj* (*form*) wieder erwachend *attr geh;* **~ fervour** [*or* AM **fervor**] **for doing sth** wieder aufkeimender Eifer, etw zu tun

rend <rent *or* AM *also* rented, rent *or* AM *also* rented> [rend] *vt* ❶ (*old esp liter: separate violently*) ■**to ~ sth** etw zerreißen; ***a terrifying scream ~s the air*** ein furchtbarer Schrei zerreißt die Luft; **to ~ sth asunder** [*or* **apart**] etw in Stücke reißen; **to ~ one's garments into pieces** seine Kleider zerreißen
❷ (*drag out*) **to ~ sb free** [**of sth**] jdn [aus etw *dat*] herauszerren
❸ (*split into parts*) ■**to ~ sth** etw spalten *fig;* ***the former Yugoslavia was rent by civil war in the early '90s*** das ehemalige Jugoslawien wurde zu Beginn der 90er-Jahre durch einen Bürgerkrieg gespalten

render [ˈrendəʳ, AM -ɚ] *vt* (*form*) ❶ (*cause to become*) ■**to ~ sb/sth + adj** jdn/etw … werden lassen [*o* machen]; ***she was ~ed unconscious by the explosion*** sie wurde durch die Explosion ohnmächtig; **to ~ sb speechless** jdn sprachlos machen
❷ (*interpret*) ■**to ~ sth** etw wiedergeben; **to ~ a song** ein Lied vortragen
❸ (*offer*) **to ~ aid** [*or* **assistance**] Hilfe leisten; **to ~** [**faithful**] **service** [treue] Dienste leisten; **to ~ services to the Crown** der Krone [*o* dem König/der Königin] dienen
❹ (*submit*) ■**to ~ sth** etw vorlegen; **to ~ an account** eine Rechnung vorlegen; **to ~ an account of sth to sb/sth** jdm/etw Rechenschaft über etw *akk* ablegen; **to ~ a report on sth to sb/sth** jdm/etw einen Bericht über etw *akk* vorlegen; LAW **to ~ a decision** eine Entscheidung bekannt geben; **to ~ a judgement** [*or* **verdict**] ein Urteil verkünden
❺ (*translate*) ■**to ~ sth** etw übersetzen; **to ~ a phrase into English** einen Satz ins Englische übersetzen [*o* übertragen]
❻ (*put plaster on wall*) **to ~ sth in plaster** etw mit Mörtel bewerfen [*o* verputzen]
◆**render down** *vt* **to ~ fat down** Fett auslassen

rendering [ˈrendᵊrɪŋ, AM -ɚ-] *n* ❶ (*performance of art work*) Interpretation *f; song* Vortrag *m; of a part* Darstellung *f*
❷ (*translation*) Übertragung *f*, Übersetzung *f*
❸ (*account*) Schilderung *f;* **~ of what happened** LAW Schilderung *f* des Tathergangs

rendezvous [ˈrɒndɪvuː, AM ˈrɑːndeɪ-] **I.** *n* <*pl* -> ❶ (*meeting*) Rendezvous *nt*, Stelldichein *nt veraltend o hum*, Treffen *nt*, Verabredung *f*
❷ (*meeting place*) Treffpunkt *m*, Treff *m fam;* **a ~ for artists** ein Künstlertreff *m*
II. *vi* sich *akk* heimlich treffen

rendition [renˈdɪʃᵊn] *n* Wiedergabe *f; of a song* Interpretation *f*, Version *f*

renegade [ˈrenɪgeɪd, AM -nə-] **I.** *n* Abtrünnige(r) *f(m) pej*, Renegat(in) *m(f) pej geh*
II. *adj attr priest, province* abtrünnig; **~ soldier** Deserteur(in) *m(f)*

renege [rɪˈniːg, AM -ˈnɪg] *vi* **to ~ on a deal** sich *akk* nicht an ein Abkommen halten; **to ~ on a promise** ein Versprechen nicht halten [*o* brechen]

renew [rɪˈnjuː, AM *esp* -ˈnuː] *vt* ❶ (*resume*) ■**to ~ sth** etw erneuern; **to ~ an attack on sb** jdn erneut angreifen; **to ~ one's efforts to do sth** seine Bemühungen, etw zu tun, wieder aufnehmen; **to ~ old friendships** alte Freundschaften erneuern [*o* auffrischen]; **to ~ a relationship with sb/sth** eine Beziehung zu jdm/etw wieder aufnehmen; **to ~ relations** [*or* **one's contact**] **with sb** die Beziehungen zu jdm wieder aufnehmen; **to ~ pressure** erneut Druck ausüben
❷ ECON ■**to ~ sth** etw verlängern, etw erneuern; *bill of exchange* etw prolongieren
❸ (*revalidate*) **to ~ a book/membership/visa** ein Buch/eine Mitgliedschaft/ein Visum verlängern lassen; **to ~ an insurance policy** eine Versicherung erneuern; **to ~ a subscription** ein Abonnement

R

erneuern
❹ (*grant continued validity*) **to ~ a passport** einen Pass verlängern
❺ (*repair*) ■**to ~ sth** etw reparieren; (*to mend in places*) etw ausbessern
renewable [rɪ'nju:əbl̩, AM *esp* -'nu:-] *adj inv* ❶ *energy sources* erneuerbar; **~ energy** erneuerbare Energie
❷ *contract, documents, passport* verlängerbar
renewal [rɪ'nju:əl, AM *esp* -'nu:-] *n* ❶ (*extension*) *of a passport* Verlängerung *f*
❷ (*process of renewing*) Erneuerung *f;* **~ of an acquaintence with sb** Wiederaufnahme *f* einer Beziehung zu jdm
❸ MECH Austausch *m*
❹ (*urban regeneration*) Erneuerung *f,* Entwicklung *f*
renewed [rɪ'nju:d, AM *esp* -'nu:d] *adj inv* erneuert *attr;* **~ interest** wieder erwachtes Interesse; **~ relationship** wieder aufgenommene Beziehung; **to receive ~ support** erneut Unterstützung erhalten
rennet ['renɪt] *n,* **rennin** ['renɪn] *n no pl* FOOD Lab *nt*
renounce [rɪ'naʊn(t)s] *vt* ■**to ~ sth** ❶ (*formally give up*) etw aufgeben; *right* auf etw *akk* verzichten; **to ~ arms/force/the use of violence** auf Waffen/Gewalt/die Anwendung von Gewalt verzichten; **to ~ one's citizenship** seine Staatsbürgerschaft aufgeben; **to ~ one's family** seine Familie aufgeben; **to ~ one's faith/religion** seinem Glauben/seiner Religion abschwören; **to ~ the world** (*liter*) der Welt entsagen *liter*
❷ (*deny sb's authority*) **to ~ sb's authority** die Autorität einer Person *gen* ablehnen; **to ~ allegiance to the king** (*hist*) dem König die Gefolgschaft verweigern
renovate ['renəveɪt] *vt* **to ~ a flat** [*or* AM **apartment**]/**a house** eine Wohnung/ein Haus renovieren
renovation [ˌrenə'veɪʃᵊn] *n* (*small and large scale*) Renovierung *f;* (*large scale only*) Sanierung *f;* **~ work** Renovierungsarbeiten *fpl;* **to make ~s** Renovierungsarbeiten durchführen; **to be closed for ~** wegen Renovierungsarbeiten geschlossen sein; **to be under ~** gerade renoviert werden
renown [rɪ'naʊn] *n no pl* (*form liter*) Ruhm *m,* guter Ruf; **great ~** hohes Ansehen; **to win ~** [**as sth**] sich *dat* Ansehen [als etw] verschaffen, zu Ansehen [*o* Berühmtheit] gelangen; **of ~** von Ansehen; ***she was a woman of ~*** sie war eine angesehene Frau
renowned [rɪ'naʊnd] *adj* (*form liter*) berühmt; ■**to be ~ as sth** als etw berühmt sein; ■**to be ~ for sth** für etw *akk* berühmt sein
rent¹ [rent] I. *n* Riss *m*
II. *pt, pp of* **rend**
rent² [rent] I. *n* (*for accommodation, business premises or objects*) Miete *f;* (*esp for land and business*) Pacht *f;* (*for accommodation and especially business premises*) Mietzins *m* SÜDD, ÖSTERR, SCHWEIZ; **~ ceiling** Höchstmiete *f;* **~ control** Mietpreisbindung *f;* **~ controls** Mietgesetze *ntpl;* **~-a-room** AM Mietraum *m;* **~-a-room company** Zimmervermittlung *f;* **monthly ~ of £55** Monatsmiete *f* von 55 £; **to pay ~** Miete bezahlen; **to raise ~s** [*or* AM **the ~**] die Mieten erhöhen; **to be behind with the ~** mit der Miete in Verzug [*o* im Rückstand] sein; ■**for ~** AM zu vermieten; **flats** [*or* AM **apartments**] **for ~** Wohnungen zu vermieten
II. *vt* ■**to ~ sth** ❶ (*let*) *flat, house, office* etw vermieten
❷ (*hire*) etw mieten; **to ~ land** Land pachten; **to ~ sth from sb** etw von jdm mieten
III. *vi* vermietet werden; ■**to ~ at sth** gegen [*o* für] etw *akk* zu mieten sein
◆**rent out** *vt* ■**to ~ out** ↔ **sth** etw vermieten; *land* etw verpachten; ■**to ~ sth out to sb** etw an jdn vermieten
rent-a- ['rentə] *in compounds* (*hum*) **~crowd** mobilisierte Massen *pl* **rent-a-car** *n* Mietwagen *m,* Leihwagen *m* **rent-a-cop** *n* AM (*pej fam*) Aushilfspolizist(in) *m(f)*
rental ['rentᵊl] I. *n* Miete *f;* **property ~** Pachtgebühr *f;* **video and television ~** Leihgebühr *f* für Video- und Fernsehgeräte
II. *adj attr* Miet-; **~ agency** Verleih *m,* Verleihfirma *f;* **~ library** *esp* AM Leihbücherei *f*
rental company *n* Verleih *m;* **car ~** Autovermietung *f,* Autoverleih *m*
rent arrears *npl* Mietrückstände *mpl* **rent boy** *n* BRIT (*fam*) Strichjunge *m sl,* Stricher *m pej derb*
rent-free *adj* mietfrei
rentier ['rɑ:ntieɪ, AM ˌrɑ:n'tjeɪ] *n* (*esp pej form*) Rentier *m;* **~ class** *von Mieteinkommen lebende Gesellschaftsschicht*
rent strike *n* Mietstreik *m*
rent tribunal *n* Schiedsgericht *nt* für Mietstreitigkeiten
renumber [ˌri:'nʌmbəʳ, AM bɚ] *vt* ■**to ~ sth** etw umnummerieren, etw neu beziffern
renunciation [rɪˌnʌn(t)si'eɪʃᵊn] *n no pl* Verzicht *m* (**of** auf *+akk*); **letter of ~** Abtretungsformular für Bezugsrechte; **~ of a peerage** Verzicht *m* auf einen Adelstitel; **~ of the throne/violence** Thron-/Gewaltverzicht *m*
reoccupy <-ie-> [ˌri:'ɒkjəpaɪ, AM 'ɑ:kjə] *vt* ■**to ~ sth** ❶ MIL etw wieder besetzen
❷ (*building*) etw wieder benutzen; (*flat*) etw wieder bewohnen
reoccur <-rr-> [ˌri:ə'kɜ:ʳ, AM -'kɜ:r] *vi* sich *akk* wiederholen; *cancer, ulcers* erneut auftreten
reoccurrence [ˌri:ə'kʌrən(t)s, AM -'kɜ:r-] *n* nochmaliges Vorkommen; ***the ~ of attacks on foreigners is causing serious concern*** die wiederholten Überfälle auf Ausländer sind Anlass zu ernster Besorgnis
reopen [ˌri:'əʊpᵊn, AM -'oʊ-] I. *vt* ❶ (*open again*) **to ~ a door/window** eine Tür/ein Fenster wieder aufmachen; **to ~ a shop** ein Geschäft wieder eröffnen
❷ (*start again*) **to ~ a case** LAW einen Fall wieder eröffnen; **to ~ negotiations** die Verhandlungen wieder aufnehmen
II. *vi* wieder eröffnen
reorder [ˌri:'ɔ:dəʳ, AM -'ɔ:rdɚ] I. *n* Nachbestellung *f;* **to send** [*or* **put in**] **a ~** nachbestellen
II. *vt* ■**to ~ sth** ❶ (*order again*) etw nachbestellen
❷ (*rearrange*) etw umordnen; **to ~ priorities** Prioritäten neu festlegen
reorganization [ri:ˌɔ:gᵊnaɪ'zeɪʃᵊn, AM -ˌɔ:rgᵊnɪ'-] *n* Reorganisation *f,* Umstrukturierung *f,* Sanierung *f;* LAW Neuordnung *f*
reorganize [ri:'ɔ:gᵊnaɪz, AM -'ɔ:r-] I. *vt* ■**to ~ sth** etw umorganisieren [*o* reorganisieren]; LAW etw neu ordnen; **to ~ a company/department** eine Firma/Abteilung reorganisieren
II. *vi* reorganisieren, eine Umstrukturierung vornehmen
reorient [ˌri:'ɔ:riənt] I. *vt* ■**to ~ sth** etw neu ausrichten; ***as the company started making losses they had to ~ their staff*** als die Firma anfing, Verluste zu machen, musste sie entsprechende neue Direktiven an ihre Belegschaft ausgeben; ■**to ~ sb** PSYCH jdm helfen, sich *akk* wieder [im Leben] zurechtzufinden
II. *vi* sich *akk* einleben; ■**to ~ to sth** sich *akk* an etw *akk* anpassen; ■**to ~ oneself** [**to sth**] sich *akk* [in etw *dat*] zurechtfinden
reorientation [ri:ˌɔ:riən'teɪʃᵊn, AM -rien'-] *n* ❶ (*new direction*) Umorientierung *f*
❷ (*personal adjustment*) Eingewöhnung *f*
rep [rep] I. *n* ❶ (*fam: salesperson*) *short for* **representative** Vertreter(in) *m(f),* Klinkenputzer *m pej fam*
❷ *no pl* THEAT (*fam*) *short for* **repertory company/theatre** (*single*) Repertoireensemble *nt,* Repertoiretheater *nt;* (*in general*) Repertoiretheater *nt*
II. *vi* <-pp-> (*fam*) Klinken putzen *pej fam*
repaid [ˌri:'peɪd, rɪ'-] *pt, pp of* **repay**
repaint [ˌri:'peɪnt] I. *vt* ■**to ~ sth** etw neu streichen
II. *vi* neu bemalen
repair [rɪ'peəʳ, AM -'per] I. *vt* ❶ (*restore*) ■**to ~ sth** etw reparieren; **to ~ a road** eine Straße ausbessern; **to ~ a puncture** eine Reifenpanne beheben; **to ~ a tyre** [*or* AM **tire**] einen Reifen flicken; **to ~ the ravages wrought by war** die Kriegsschäden beseitigen
❷ (*put right*) ■**to ~ sth** etw [wieder] in Ordnung bringen; **to ~ the damage** den Schaden wieder gutmachen; **to ~ a friendship** eine Freundschaft kitten *fam*
❸ (*dated: retire*) ■**to ~ to sth** sich *akk* zu etw *dat* begeben *geh*
II. *n* ❶ (*overhaul*) Reparatur *f;* ■**~s** *pl* Reparaturarbeiten *fpl,* Instandsetzungsarbeiten *fpl form* (**to** an *+dat*); (*specific improvement*) Reparaturstelle, ausgebesserte Stelle *f;* ***my car is in the garage for ~s*** mein Auto ist zur Reparatur in der Werkstatt; ***the motorway will be under ~ until January*** an der Autobahn werden bis Januar Ausbesserungsarbeiten durchgeführt; **in need of ~** reparaturbedürftig; **~ service** Reparaturdienst *m;* **to do** [*or* **carry out**] **~s** Reparaturen durchführen; **to make ~s to sth** etw ausbessern; **beyond ~** irreparabel
❷ (*state*) Zustand *m;* **to be in good/bad ~** in gutem/schlechtem Zustand sein; **state of ~** *of building* baulicher Zustand; **to be in an excellent/a terrible state of ~** in einem ausgezeichneten/schlimmen Zustand sein; **to keep sth in** [**very**] **good ~** etw [sehr gut] instand halten
repairable [rɪ'peərəbl̩, AM -'per-] *adj* reparabel; ***the watch is not ~*** die Armbanduhr kann nicht [mehr] repariert werden
repairer [rɪ'peərəʳ, AM 'perɚ] *n* Reperaturwerkstatt *f;* (*of ships*) Reperaturwerft *f*
repair kit *n* Flickzeug *nt kein pl;* **bicycle ~** Fahrradflickzeug *nt* **repairman** *n* (*for domestic installations*) Handwerker *m;* (*for cars*) Mechaniker *m;* **computer ~** Computerfachmann *m;* **TV ~** Fernsehtechniker *m;* **watch ~** Uhrmacher *m* **repair shop** *n* Reparaturwerkstatt *f*
repaper [ˌri:'peɪpəʳ, AM -ɚ] *vt* ■**to ~ sth** etw neu tapezieren
reparable ['repᵊrəbl̩] *adj* reparabel; **~ loss** LAW ersetzbarer Schaden
reparation [ˌrepᵊr'eɪʃᵊn, AM -ə'reɪ-] *n* (*form*) Entschädigung *f;* ■**~s** *pl* (*for war victims*) Wiedergutmachung *f kein pl;* (*for a country*) Reparationen *fpl;* **to make ~ to sb** jdn entschädigen, jdm eine Entschädigung zahlen
repartee [ˌrepɑ:'ti:, AM -ɑ:r'-] *n no pl* schlagfertige Antwort
repast [rɪ'pɑ:st, AM -'pæst] *n* (*form liter*) Mahl *nt geh*
repatriate [ri:'pætrieɪt, AM -'peɪ-] *vt* ■**to ~ sb** jdn [in sein Heimatland] zurückschicken [*o geh* repatriieren]; **to ~ prisoners of war/refugees** Kriegsgefangene/Flüchtlinge repatriieren
repatriation [ri:ˌpætri'eɪʃᵊn, AM rɪˌpeɪ-] *n no pl* Repatriierung *f geh,* Wiedereinbürgerung *f,* Rückführung *f;* **~ camp** Rückführungslager *nt*
repay <-paid, -paid> [ˌri:'peɪ] *vt* ❶ (*pay back*) ■**to ~ sth** etw zurückzahlen; **to ~ debts/a loan** Schulden/ein Darlehen tilgen; **to ~ sth with labour** [*or* AM **labor**] etw abarbeiten; ■**to ~ sb** jdm Geld zurückzahlen; **to ~ money to sb** jdm Geld zurückzahlen
❷ (*fig*) ■**to ~ sb for sth** jdm etw vergelten, sich *akk* bei jdm für etw *akk* revanchieren; **to ~ a kindness** sich *akk* für eine Gefälligkeit erkenntlich zeigen; ■**to ~ sth by sth** etw mit etw *dat* vergelten; ***the government repaid his contributions to party funds by awarding him a peerage*** die Regierung dankte ihm für seine Spenden an die Partei, indem sie ihm einen Adelstitel verlieh; ■**to ~ sth with sth** etw mit etw *dat* belohnen [*o geh* vergelten]; ***the team repaid their manager's faith with a series of wins*** das Team bedankte sich beim Manager für sein Vertrauen mit einer Siegesserie; **sth ~s one's attention/interest/time** *esp* BRIT etw ist jds Aufmerksamkeit/Interesse/Zeit wert; ***you should read this article — it would ~ your interest*** du solltest diesen Artikel lesen – es lohnt sich
repayable [ˌri:'peɪəbl̩] *adj inv* ECON rückzahlbar

repayment [ˌriːˈpeɪmənt] *n of a loan* Rückzahlung *f*, Tilgung *f*, Rückerstattung *f;* **mortgage** ~ Hypothekenrückzahlung *f;* ***he fell behind with his mortgage*** ~ er war im Rückstand mit seinen Hypothekentilgungen; **immediate** [*or* **prompt**] ~ sofortige Rückzahlung; **to spread** ~**s** die Rückzahlung in Raten aufteilen

repayment mortgage *n* ECON Tilgungshypothek *f*

repeal [rɪˈpiːl] **I.** *vt* **to** ~ **a decree/a law** ein Urteil/ein Gesetz aufheben [*o* außer Kraft setzen]
II. *n no pl of a decree, law* Aufhebung *f*

repeat [rɪˈpiːt] **I.** *vt* ❶ (*say again*) ■**to** ~ **sth** etw wiederholen; **to** ~ **a/the question** eine/die Frage wiederholen; ~ ***after me*** bitte mir nachsprechen; ***it can't be*** ~***ed too often that …*** es kann nicht oft genug gesagt werden, dass …; ■**to** ~ **oneself** sich *akk* wiederholen
❷ (*communicate*) etw weitersagen; **don't** ~ **this but …** sag es nicht weiter, [aber] …; **to** ~ **a secret to sb** jdm ein Geheimnis weitererzählen
❸ (*emphasizing*) ***I am not,*** ~ ***not, going to allow you to hitchhike by yourself*** ich werde dir nicht, ich betone nicht, erlauben, allein zu trampen
❹ (*recite*) **to** ~ **a poem** ein Gedicht aufsagen
❺ (*do again*) ■**to** ~ **sth** etw wiederholen [*o* noch einmal machen]; ***history*** ~***s itself*** die Geschichte wiederholt sich; ***this is an offer never to be*** ~***ed*** dies ist ein einmaliges Angebot; **to** ~ **a class/a year** eine Klasse/ein Schuljahr wiederholen; **to** ~ **an offence** LAW eine Straftat wiederholen; **to** ~ **an order** nachbestellen
II. *vi* ❶ (*recur*) sich *akk* wiederholen; ***the same pattern is*** ~***ing over and over again*** es läuft immer wieder nach dem gleichen Muster ab
❷ (*fam: taste*) ■**sth** ~**s on sb** etw stößt jdm auf; ***cucumber always*** ~***s on me*** Gurke stößt mir immer auf
III. *n* ❶ (*recurrence*) Wiederholung *f;* ~ **performance** LAW Nachahmungstat *f*
❷ TV (*reshowing of programme*) Wiederholung *f*
IV. *adj attr* Wiederholungs-; ~ **business** Stammkundschaft *f;* ~ **pattern** sich *akk* wiederholendes Muster; (*on material, carpets etc.*) Rapport *m fachspr*

repeated [rɪˈpiːtɪd, AM -t̬-] *adj inv* wiederholte(r, s); **despite** ~ **attempts** trotz wiederholter Versuche

repeatedly [rɪˈpiːtɪdli, AM -t̬-] *adv inv* wiederholt; (*several times*) mehrfach

repeater [rɪˈpiːtəʳ, AM ˈt̬ɚ] *n* ❶ (*weapon*) Repetiergewehr *nt*, Mehrlader *m*
❷ (*watch, clock*) Repetieruhr *f*

repeating [rɪˈpiːtɪŋ, AM ˈt̬ɪŋ] *adj attr, inv also* MATH sich wiederholend

repeat order *n* Nachbestellung *f;* **to place a** ~ eine Nachbestellung aufgeben **repeat performance** *n* ❶ (*repetition of show*) Wiederholungsvorstellung *f* ❷ (*pattern*) Wiederholung *f;* LAW Nachahmungstat *f*

repel <-ll-> [rɪˈpel] *vt* ❶ (*ward off*) ■**to** ~ **sb** jdn zurückweisen [*o* abweisen]; ■**to** ~ **sth** etw abweisen; ***this coat*** ~***s moisture*** dieser Mantel ist Wasser abweisend
❷ MIL (*form: repulse*) ■**to** ~ **sb/sth** jdn/etw abwehren; **to** ~ **an attack** einen Angriff abwehren
❸ PHYS ■**to** ~ **sth** *magnets* etw abstoßen
❹ (*disgust*) ■**sb is** ~**led by sth** etw stößt jdn ab; **to be** ~**led by the sight of sb/sth** vom Anblick einer Person/einer S. *gen* abgestoßen werden

repellent [rɪˈpelᵊnt] **I.** *n* Insektenspray *nt;* **insect/mosquito** ~ Insekten-/Mückenspray *nt*
II. *adj* abstoßend, widerwärtig; ***I find this idea*** ~ diese Vorstellung ist mir zuwider

repent [rɪˈpent] **I.** *vi* (*form*) bereuen; ■**to** ~ **of sth** etw bereuen; **to** ~ **of one's sins** seine Sünden bereuen; ■**to** ~ **doing sth** bereuen, etw getan zu haben
II. *vt* ■**to** ~ **sth** etw bereuen; **to** ~ **one's sins** seine Sünden bereuen

repentance [rɪˈpentən(t)s, AM -tᵊn(t)s] *n no pl* Reue *f;* **lack of** ~ Mangel *m* an Reue; **to show** ~ Reue zeigen

repentant [rɪˈpentənt, AM -tᵊnt] *adj* (*form*) reuig *geh;* **to feel** ~ Reue fühlen, reumütig sein

repercussion [ˌriːpəˈkʌʃᵊn, AM -pɚ-] *n usu pl* Auswirkung[en] *f*[*pl*]; **far-reaching** ~**s** weit reichende Konsequenzen

repertoire [ˈrepətwɑːʳ, AM -pɚtwɑːr] *n* Repertoire *nt;* ~ **of songs/stories** Repertoire *nt* an Liedern/Geschichten; **large** [*or* **wide**] ~ großes Repertoire

repertory [ˈrepətᵊri, AM -ɚtɔːri] *n no pl* ❶ (*repeated performances*) ■**to be in** ~ *play* auf dem Spielplan stehen; ***Macbeth is in*** ~ ***at the Royal Shakespeare Company*** Macbeth gehört zum Repertoire der Royal Shakespeare Company
❷ (*theatre*) Repertoiretheater *nt;* ***she's working in*** ~ sie spielt in einem Repertoiretheater

repertory company *n* Repertoireensemble *nt*

repertory theater AM, **repertory theatre** *n* ❶ (*theatre company*) Repertoiretheater *nt;* **Manchester's** ~ Manchesters Repertoiretheater
❷ *no pl* (*theatre*) Repertoiretheater *nt*

repetition [ˌrepɪˈtɪʃᵊn, AM -əˈ-] *n* ❶ (*say again*) Wiederholung *f;* **mere** ~ **of sth** bloße Wiederholung einer S. *gen;* **sth is full of** ~ etw ist voll von Wiederholungen
❷ (*do again*) Wiederholung *f*

repetitious [ˌrepɪˈtɪʃəs, AM -əˈ-] *adj,* **repetitive** [rɪˈpetətɪv, AM -t̬ət̬ɪv] *adj* sich *akk* wiederholend *attr,* monoton *pej;* ~ **factory work** monotone Fabrikarbeit; **boringly** ~ stumpfsinnig

repetitive motion injury *n* Repetitive Strain Injury *f*, RSI-Syndrom *nt*

repetitive strain injury *n* Repetitive Strain Injury *f fachspr*, RSI *f fachspr* (*chronische Beschwerden durch einseitige Belastung*)

repetitive stress syndrome *n no pl* Überlastungssyndrom *nt*, Überlastungserscheinung *f* durch gleich bleibende Beanspruchung

rephrase [ˌriːˈfreɪz] *vt* ■**to** ~ **sth** etw neu formulieren

repine [rɪˈpaɪn] *vi* (*form liter*) unzufrieden sein; ***we're in a terrible situation but it won't do us any good to*** ~ wir sind in einer schlimmen Lage, aber Jammern bringt uns auch nicht weiter

replace [rɪˈpleɪs] *vt* ❶ (*take the place of*) ■**to** ~ **sb/sth** [**with sb/sth**] jdn/etw [durch jdn/etw] ersetzen
❷ (*put back*) ■**to** ~ **sth** etw [an seinen Platz] zurücklegen [*o* zurückstellen]; **to** ~ **the receiver** [**on the hook**] den Hörer wieder auflegen
❸ (*substitute*) ■**to** ~ **sth** etw ersetzen; **to** ~ **a dressing** [*or* **bandage**] einen Verband wechseln; **to** ~ **a loss** einen Schaden ersetzen
❹ COMPUT ■**to** ~ **sth** etw austauschen

replaceable [rɪˈpleɪsəbl̩] *adj inv* ersetzbar

replacement [rɪˈpleɪsmənt] **I.** *n* ❶ (*substitute*) Ersatz *m;* (*person*) Vertretung *f*
❷ *no pl* (*substitution*) Ersetzung *f;* ***the*** ~ ***of pencil and paper with computers is not yet complete*** Stift und Papier wurden noch nicht völlig von Computern verdrängt
II. *adj attr* Ersatz-; ~ **hip/knee joint** künstliches Hüft-/Kniegelenk

replant [ˌriːˈplɑːnt, AM ˈplænt] *vt* ■**to** ~ **sth** ❶ *trees, plants* etw neu pflanzen; (*plant sth again*) etw umpflanzen
❷ *land* etw neu bepflanzen

replay **I.** *vt* [ˌriːˈpleɪ] ❶ (*game*) **to** ~ **a match** [*or* **game**] ein Spiel wiederholen
❷ (*recording*) **to** ~ **a video** ein Video nochmals abspielen; **to** ~ **sth over and over again in one's mind** (*fig*) etw in Gedanken immer wieder durchspielen
II. *n* [ˈriːpleɪ] ❶ (*match*) Wiederholungsspiel *nt;* **the semi-final** ~ das Wiederholungsspiel im Halbfinale; ~ **of a final/match** Wiederholung *f* eines Endspiels/Spiels
❷ (*recording*) Wiederholung *f;* **instant** [*or* BRIT *also* **action**] ~ Instantreplay *nt;* **slow-motion** ~ Wiederholung *f* in Zeitlupe; **television** ~ Fernsehwiederholung *f*
❸ COMPUT Wiedergabe *f*

ReplayTV® [ˌriːpleɪtiːˈviː] *n* ReplayTV® *nt fachspr*, TV-Server *m fachspr*, digitales TV-Aufnahmegerät, digitaler Videorekorder

replenish [rɪˈplenɪʃ] *vt* ❶ (*form: fill*) **to** ~ **a glass** ein Glas wieder füllen; **to** ~ **petrol** [*or* AM **gas**] auftanken; **to** ~ **supplies** Vorräte [wieder] auffüllen; **to** ~ **coal stocks with imports from abroad** die Kohlenvorräte durch Importe aus dem Ausland aufstocken
❷ COMPUT ■**to** ~ **sth** etw wieder aufladen

replenishment [rɪˈplenɪʃmənt] *n no pl* (*form*) *of stocks, supplies* Auffüllung *f*

replete [rɪˈpliːt] *adj pred* (*form*) ❶ (*no longer hungry*) *person* satt, gesättigt, voll *fam;* **to feel** ~ satt sein
❷ (*provided*) ■**to be** ~ **with sth** mit etw *dat* großzügig ausgestattet sein

repletion [rɪˈpliːʃᵊn] *n no pl* (*form*) ❶ (*satisfying of hunger*) Sättigung *f*
❷ (*filling of something*) Füllen *nt*

replica [ˈreplɪkə] *n* Kopie *f; painting* Replik *f geh;* ***he is a*** ~ ***of his father*** er ist seinem Vater wie aus dem Gesicht geschnitten; ~ **of a car/ship** Auto-/Schiffsmodell *nt*

replicate [ˈreplɪkeɪt] **I.** *vt* (*form*) ■**to** ~ **sth** etw nachbilden [*o geh* reproduzieren]; **to** ~ **an experiment** ein Experiment wiederholen; ■**to** ~ **oneself** BIOL sich *akk* replizieren *fachspr*
II. *vi* (*form*) BIOL sich *akk* replizieren *fachspr*

replication [ˌreplɪˈkeɪʃᵊn, AM -ləˈ-] *n* (*form*) ❶ (*exact copy*) Kopie *f*, Reproduktion *f geh;* (*model*) Nachbildung *f;* ~ **of the original** Originalkopie *f;* ~ **of a ship** Schiffsmodell *nt*
❷ BIOL Replikation *f fachspr;* ~ **of cells** Zellreplikation *f*
❸ COMPUT Replikation *f*

reply [rɪˈplaɪ] **I.** *vi* <-ie-> ❶ (*respond*) antworten, erwidern; **to** ~ **in the affirmative/negative** die Frage bejahen/verneinen; **to** ~ **to letters/a question** Briefe/eine Frage beantworten
❷ (*fig: react*) ■**to** ~ **to sth** auf etw *akk* reagieren
❸ LAW (*answer claims*) Stellung *f* nehmen, entgegnen
II. *n* ❶ (*answer*) Antwort *f;* (*verbal also*) Erwiderung *f*, Replik *f geh;* ~ **to a question** Antwort *f* auf eine Frage; **to make** [*or* **give**] **a** ~ [**to sth**] [auf etw *akk*] antworten
❷ (*reaction*) Reaktion *f* (**to** auf +*akk*); ***we advertised the job but received very few replies*** wir haben die Stelle ausgeschrieben, bekamen aber nur sehr wenige Zuschriften; ■**as a** ~ **to sth** als Reaktion auf etw *akk*
❸ LAW (*speech*) Gegenplädoyer *nt* des Klägers auf Klagebeantwortung

reply coupon *n* BRIT Antwortcoupon *m* **reply-paid** *adj* BRIT ~ **envelope** Freiumschlag *m;* **to make a letter** ~ einen Brief freimachen

repo [ˈriːpəʊ, AM -poʊ] *n* ❶ LAW (*fam*) *abbrev of* **repossession** Zwangsenteignung *f;* **to do a** ~ eine Zwangsenteignung durchführen; ~ **man** Gerichtsvollzieher *m*
❷ ECON (*fam*) *abbrev of* **repurchase agreement** Rückkaufvereinbarung *f*

repoint [ˌriːˈpɔɪnt] *vt* ■**to** ~ **sth** etw neu ausfugen [*o* verfugen]

repopulate [ˌriːˈpɒpjəleɪt, AM ˈpɑːpjə] *vt* ■**to** ~ **sth** etw neu besiedeln

report [rɪˈpɔːt, AM -ˈpɔːrt] **I.** *n* ❶ (*news*) Meldung *f* (**on** über +*akk*); **newspaper** ~ Zeitungsbericht *m*, Zeitungsmeldung *f;* ~**s in the newspaper/press** Zeitungs-/Presseberichte *mpl*
❷ (*formal statement*) Bericht *m* (**on** über +*akk*); ***the project leader gave a progress*** ~ ***on what had been achieved so far*** der Projektleiter erstattete Bericht über die bisher gemachten Fortschritte; [**school**] ~ BRIT Schulzeugnis *nt;* **stock market/weather** ~ Börsen-/Wetterbericht *m;* **annual/financial** ~ [**of a company**] Jahres-/Rechenschaftsbericht *m* [einer Firma]; **weekly/yearly** ~ wöchentlicher/jährlicher Bericht; **to give** [*or* **make**] [*or* **submit**] **a** ~ einen Bericht vorlegen

❸ (*unproven claim*) Gerücht *nt;* **according to ~s …** Gerüchten zufolge …
❹ (*form: sound of gunshot*) Knall *m;* **~ of a gun** Knallen *nt* eines Gewehrs; **sharp ~** durchdringender Knall
II. *vt* ❶ (*communicate information*) ▪**to ~ sth [to sb]** [jdm] etw berichten [*o* melden]; ***the assassination was ~ed in all the cities*** über den Mordanschlag wurde in allen Städten berichtet; ***he was ~ed missing in action*** er wurde als vermisst gemeldet; **to ~ casualties** Verluste melden; **to ~ a crime/break-in/theft [to the police]** ein Verbrechen/einen Einbruch/einen Diebstahl anzeigen [*o* [der Polizei] melden]; **to ~ information to the authorities** Informationen an die Behörden weiterleiten; **to ~ having seen sth** aussagen, dass man etw gesehen hat; ***several people ~ed having seen the stolen car*** mehrere Leute gaben an, das gestohlene Auto gesehen zu haben
❷ (*denounce*) ▪**to ~ sb** jdn melden; ***the foreman ~ed the lorry driver to the boss*** der Vorarbeiter meldete den Lastwagenfahrer beim Chef; **to ~ sb to the police** jdn anzeigen
❸ (*claim*) ▪**sb/sth is ~ed to be sth** jd/etw soll etw sein; ***the new management are ~ed to be more popular among the staff*** es heißt, dass die neue Geschäftsleitung bei der Belegschaft beliebter sei
❹ (*give account*) ▪**to ~ sth** etw wiedergeben; ***I heard that the account ~ed in the press is completely false*** ich habe gehört, der Bericht in der Presse sei völlig falsch
III. *vi* ❶ (*make public*) Bericht erstatten; ▪**to ~ on sb/sth to sb** [*or* **to sb on sb/sth**] (*once*) jdm über jdn/etw Bericht erstatten; (*ongoing*) jdn über jdn/etw auf dem Laufenden halten; ***I want you to ~ on progress every Friday*** ich möchte, dass sie mir jeden Freitag über die gemachten Fortschritte Bericht erstatten; ▪**to ~ [that] …** mitteilen, [dass] …
❷ ADMIN (*be accountable to sb*) ▪**to ~ to sb** jdm unterstehen; ***you will ~ directly to the boss*** Sie sind direkt dem Chef unterstellt
❸ (*arrive at work*) **to ~ for duty/work** sich *akk* zum Dienst/zur Arbeit melden; **to ~ sick** *esp* BRIT sich *akk* krankmelden
❹ (*present oneself formally*) ▪**to ~ to** [*or* **at**] **somewhere/sb** sich *akk* irgendwo/bei jdm melden, irgendwo/bei jdm vorsprechen; ***some foreigners have to ~ to the police station once a month*** manche Ausländer müssen sich einmal im Monat bei der Polizei melden
◆**report back I.** *vt* (*communicate results*) ▪**to ~ back sth [to sb]** [jdm] über etw *akk* berichten [*o* Bericht erstatten]
II. *vi* Bericht erstatten; ▪**to ~ back on sth** über etw *akk* Bericht erstatten; ▪**to ~ back to sb** jdm Bericht erstatten

reportage [ˌrepɔːˈtɑːʒ, AM rɪˈpɔːrt̬ɪdʒ] *n no pl* Reportage *f*

report card *n* AM [Schul]zeugnis *nt*

reported [rɪˈpɔːtɪd, AM -ˈpɔːrt̬-] *adj inv* gemeldete(r, s); ***there has been a ~ hijack in Tel Aviv*** einer Meldung zufolge hat in Tel Aviv eine Entführung stattgefunden

reportedly [rɪˈpɔːtɪdli, AM -ˈpɔːrt̬-] *adv inv* wie verlautet *geh;* ***New York is ~ a very exciting place to live*** angeblich ist es sehr aufregend in New York zu wohnen; ***the minister ~ said that …*** Berichten zufolge hat der Minister erklärt, dass …

reported speech *n no pl* indirekte Rede

reporter [rɪˈpɔːtəʳ, AM -ˈpɔːrt̬ɚ] *n* Reporter(in) *m(f)*

repose [rɪˈpəʊz, AM -ˈpoʊz] **I.** *vi* (*form*) ❶ (*rest*) sich *akk* ausruhen
❷ (*lie*) liegen; ***the necklace ~d in its case*** die Halskette lag in der Schatulle
❸ (*be buried*) ruhen *geh*
II. *vt* (*form*) **to ~ hope/trust in sb/sth** Hoffnung/Vertrauen auf jdn/etw setzen
III. *n no pl* (*form*) Ruhe *f;* **in ~** in [der] Ruhe, im Ruhezustand

repository [rɪˈpɒzɪtᵊri, AM -ˈpɑːzɪtɔːri] *n* (*form*) ❶ (*place*) Aufbewahrungsort *m;* (*fig*) ***my diary is a ~ for all my secret thoughts*** in meinem Tagebuch bewahre ich all meine geheimen Gedanken auf
❷ (*container*) Behältnis *nt;* (*fig*) Quelle *f fig;* **~ of information** Informationsquelle *f*

repossess [ˌriːpəˈzes] *vt* ▪**to ~ sth** etw wieder in Besitz nehmen

repossession [ˌriːpəˈzeʃᵊn] *n* Wiederinbesitznahme *f;* **mortgage ~** Zwangsenteignung *f*

reprehensible [ˌreprɪˈhen(t)səbl̩] *adj* (*form*) verurteilenswert; **~ act** verwerfliche Tat; **morally ~** moralisch verwerflich

reprehensibly [ˌreprɪˈhen(t)səbli] *adv* (*form*) verurteilenswert; ***he had behaved ~*** sein Verhalten war zu missbilligen

represent [ˌreprɪˈzent] *vt* ❶ (*act on behalf of*) ▪**to ~ sb/sth** jdn/etw repräsentieren [*o* vertreten]; POL der Abgeordnete für jdn/etw sein, jdn/etw vertreten; **to be poorly/strongly/well ~ed** schwach/stark/gut vertreten sein
❷ LAW ▪**to ~ sb** jdn vertreten, der Vertreter von jdm sein
❸ (*depict*) ▪**to ~ sth** etw darstellen [*o* zeigen]
❹ (*be a symbol of*) ▪**to ~ sth** etw symbolisieren, für etw *akk* stehen
❺ (*state*) ▪**to ~ sth [to sb]** (*form*) [jdm gegenüber] etw vorbringen; ***we ~ed our demands to the boss*** wir unterbreiteten dem Chef unsere Forderungen; ▪**to ~ oneself as sth** (*form*) sich *akk* als etw darstellen; ***he ~s himself as an expert*** er gibt sich als Experte aus
❻ (*be the result of*) ▪**to ~ sth** etw darstellen; ***this book ~s ten years of research*** dieses Buch ist das Ergebnis von zehn Jahren Forschung
❼ (*be typical of*) ▪**to ~ sth** etw widerspiegeln; ***what she said ~ed the feelings of many of those present*** mit dem, was sie sagte, brachte sie die Gefühle vieler Anwesender zum Ausdruck
❽ COMPUT ▪**to ~ sth** etw repräsentieren [*o* vertreten]

re-present *vt* ▪**to ~ sth** *cheque* etw nochmals vorlegen

representation [ˌreprɪzenˈteɪʃᵊn] *n* ❶ *no pl* (*acting on behalf of a person*) [Stell]vertretung *f;* POL, LAW Vertretung *f;* (*political system*) Volksvertretung *f;* **legal ~** gesetzliche Vertretung
❷ (*something that depicts*) Darstellung *f*
❸ (*statement*) Erklärung *f,* Zusicherung *f,* Angabe *f*
❹ *no pl* (*act of depicting*) Darstellung *f;* **the ~ of women in art** die Darstellung der Frau in der Kunst
❺ COMPUT Darstellung *f*
▶ PHRASES: **to make ~s** (*form*) Vorhaltungen machen, Vorstellungen erheben; **to make a ~** [*or* **~s**] **to sb about sth** (*form*) wegen einer S. *gen* bei jdm vorstellig werden *geh,* sich wegen einer S. *gen* an jdn wenden

representational [ˌreprɪzenˈteɪʃᵊnᵊl] *adj* ART gegenständlich

representative [ˌreprɪˈzentətɪv, AM -t̬ətɪv] **I.** *adj* ❶ POL repräsentativ; **~ democracy/government** parlamentarische Demokratie/Regierung
❷ (*like others*) *cross section, result* repräsentativ
❸ (*typical*) typisch; ▪**to be ~ of sb/sth** für jdn/etw typisch sein
II. *n* ❶ (*person*) [Stell]vertreter(in) *m(f);* ECON Vertreter(in) *m(f);* **company ~** Firmenvertreter(in) *m(f)*
❷ POL [Volks]vertreter(in) *m(f),* Abgeordnete(r) *f(m),* Repräsentant(in) *m(f);* **elected ~** gewählter Vertreter/gewählte Vertreterin
❸ AM (*member of House of Representatives*) Mitglied *nt* des Repräsentantenhauses, Abgeordnete(r) *f(m)*
❹ COMPUT Vertreter(in) *m(f),* Beauftragte(r) *f(m)*

repress [rɪˈpres] *vt* ▪**to ~ sth** etw unterdrücken; **to ~ laughter/one's tears/a thought** das Lachen/seine Tränen/einen Gedanken unterdrücken

repressed [rɪˈprest] *adj* ❶ (*hidden*) unterdrückt; PSYCH verdrängt; **~ emotions/feelings** verdrängte Emotionen/Gefühle
❷ (*unable to show feelings*) gehemmt, verklemmt *fam*

repression [rɪˈpreʃᵊn] *n no pl* ❶ POL Unterdrückung *f,* Repression *f geh;* **political ~** politische Unterdrückung
❷ PSYCH Verdrängung *f*

repressive [rɪˈpresɪv] *adj* repressiv *geh;* **~ regime** unterdrückerisches Regime

repressiveness [rɪˈpresɪvnəs] *n no pl* unterdrückerisches Wesen; *of an organization* repressives Vorgehen

reprieve [rɪˈpriːv] **I.** *vt* ▪**to ~ sb** jdn begnadigen; LAW jdm [Straf]vollstreckungsaufschub *m* gewähren; (*fig*) ▪**to ~ sb/sth** jdn/etw verschonen; ***the government has ~d the hospitals threatened with closure*** die Regierung hat die von der Schließung bedrohten Krankenhäuser [noch einmal] verschont
II. *n* ❶ LAW (*official order*) Begnadigung *f;* **to be granted** [*or* **given**] **a ~** begnadigt werden
❷ LAW (*delay of punishment*) [Straf]vollstreckungsaufschub *m*
❸ (*fig: respite*) Gnadenfrist *f fig,* Schonfrist *f fig*

reprimand [ˈreprɪmɑːnd, AM -əmænd] **I.** *vt* ▪**to ~ sb [for sth]** ❶ (*rebuke*) jdn [für etw *akk* [*o* wegen einer S. *gen*]] rügen [*o* tadeln] [*o* zurechtweisen]
❷ LAW jdm [für etw *m*] einen Verweis *akk* erteilen, jdn [wegen einer S. *gen*] verwarnen
II. *n* ❶ (*rebuke*) Rüge *f;* **to give sb a ~ [for sth]** jdm [für etw *akk*] eine Rüge erteilen; **to give sb a ~ for doing sth** jdn rügen, weil er/sie etw getan hat
❷ LAW Verweis *m,* Verwarnung *f*

reprint I. *vt* [ˌriːˈprɪnt] ▪**to ~ sth** etw nachdrucken [*o* neu auflegen]
II. *vi* [ˌriːˈprɪnt] nachgedruckt werden
III. *n* [ˈriːprɪnt] Nachdruck *m,* Neuauflage *f*

reprisal [rɪˈpraɪzᵊl] *n* Vergeltungsmaßnahme *f;* **to take ~s against sb** Vergeltungsmaßnahmen gegenüber jdm ergreifen; ▪**as a** [*or* **in**] **~ for sth** als Vergeltung für etw *akk;* **for/without fear of ~s** aus/ohne Angst vor Vergeltungsmaßnahmen

reprise [rɪˈpriːz] *n* MUS Reprise *f fachspr*

repro [ˈriːprəʊ, AM -oʊ] **I.** *n* ART, COMPUT (*fam*) *short for* **reproduction** Repro *f o nt*
II. *n modifier* ART (*fam*) (*table, chair*) Repro-; **~ Georgian table** Repro *f o nt* eines Tisches im georgianischen Stil; **~ proof** Reproabzug *m;* ***is it genuine? — no, it's ~*** ist das echt? – nein, das ist nachgemacht

reproach [rɪˈprəʊtʃ, AM -ˈproʊtʃ] **I.** *vt* ▪**to ~ sb** jdm Vorwürfe machen; ▪**to ~ sb for doing sth** jdm wegen einer S. *gen* Vorwürfe machen; ▪**to ~ sb with sth** jdm etw vorwerfen; ▪**to ~ oneself** sich *dat* Vorwürfe machen
II. *n* <*pl* -es> ❶ *no pl* (*criticism*) Vorwurf *m;* ▪**to be a ~ to sb/sth** ein schlechtes Bild auf jdn/etw werfen; ***the recent drop in passenger numbers should be a ~ to the airline*** die Fluglinie sollte auf den jüngsten Rückgang der Passagierzahlen reagieren; **a look of ~** ein vorwurfsvoller Gesichtsausdruck; **to be above** [*or* **beyond**] **~** über jeden Tadel erhaben sein
❷ (*expression of criticism*) Vorwurf *m*

reproachful [rɪˈprəʊtʃfᵊl, AM -ˈproʊtʃ-] *adj* vorwurfsvoll

reproachfully [rɪˈprəʊtʃfᵊli, AM -ˈproʊtʃ-] *adv* vorwurfsvoll

reprobate [ˈreprə(ʊ)beɪt, AM -rəbeɪt] *n* (*form or hum*) Gauner *m fam,* Halunke *m fam*

reprocess [ˌriːˈprəʊses, AM -ˈprɑː-] *vt* ▪**to ~ sth** ECOL, TECH etw wiederaufbereiten

reprocessing [ˌriːˈprəʊsesɪŋ, AM -ˈprɑː-] *n no pl* ECOL, TECH Wiederaufbereitung *f*

reprocessing plant *n* ECOL, TECH Wiederaufbereitungsanlage *f*

reproduce [ˌriːprəˈdjuːs, AM *esp* -ˈduːs] **I.** *vi* ❶ (*produce offspring*) sich *akk* fortpflanzen; (*multiply*) sich *akk* vermehren; **to ~ sexually/asexually** sich *akk* geschlechtlich/ungeschlechtlich fortpflanzen
❷ (*be copied*) sich *akk* kopieren lassen
II. *vt* ❶ (*produce offspring*) ▪**to ~ oneself** sich *akk* fortpflanzen; (*multiply*) sich *akk* vermehren

❷ (*produce a copy*) ■**to ~ sth** etw reproduzieren; (*in large numbers*) etw vervielfältigen
❸ (*repeat sth*) ■**to ~ sth** etw wiederholen
❹ (*recreate*) ■**to ~ sth** etw neu erstehen lassen; **to ~ an atmosphere** eine Atmosphäre wiedergeben

reproducible [ˌriːprəˈdjuːsɪbl̩, AM ˈduː] *adj* reproduzierbar

reproduction [ˌriːprəˈdʌkʃᵊn] **I.** *n* ❶ *no pl* (*producing offspring*) Fortpflanzung *f;* (*multiplying*) Vermehrung *f*
❷ *no pl* (*copying*) Reproduktion *f,* Vervielfältigung *f*
❸ (*repeating*) Wiederholung *f*
❹ (*quality of sound*) Wiedergabe *f;* ***my new hi-fi system gives marvellous ~*** meine neue Hi-Fi-Anlage hat eine fantastische [Klang]wiedergabe
❺ (*copy*) Reproduktion *f,* Kopie *f; of construction* Nachbau *m;* **facsimile ~** Faksimileausgabe *f*
❻ COMPUT Kopieren *nt*
II. *n modifier* ❶ (*concerning the production of offspring*) (*process, rate*) Fortpflanzungs-; **~ instinct** Fortpflanzungstrieb *m*
❷ (*copying an earlier style*) (*chair, desk, furniture*) nachgebaut; **~ furniture** Stilmöbel *pl*

reproductive [ˌriːprəˈdʌktɪv] *adj inv* Fortpflanzungs-; **~ behaviour** [*or* AM **behavior**]/**organs** Fortpflanzungsverhalten *nt*/-organe *ntpl*

reprogram <-mm- *or* AM *also* -m-> [ˌriːˈprəʊgræm, AM -ˈproʊ-] *vt* COMPUT ■**to ~ sth** etw umprogrammieren [*o* neu programmieren]

reproof¹ [rɪˈpruːf] *n* (*form*) ❶ (*words expressing blame*) Tadel *m geh;* **to get** [*or* **receive**] **a** [**sharp**] **~ for sth** für etw *akk* [streng] getadelt werden *geh*
❷ *no pl* (*blame*) Vorwurf *m;* **to look at sb with ~** jdn vorwurfsvoll ansehen

reproof² [ˌriːˈpruːf] *vt* ■**to ~ sth** etw neu imprägnieren

reprove [rɪˈpruːv] *vt* (*form*) ■**to ~ sb** jdn zurechtweisen *geh*

reproving [rɪˈpruːvɪŋ] *adj* (*form*) tadelnd, vorwurfsvoll; **to look ~** vorwurfsvoll dreinblicken

reprovingly [rɪˈpruːvɪŋli] *adv* missbilligend, tadelnd

reptile [ˈreptaɪl] *n* Reptil *nt*

reptile house *n* Reptilienhaus *nt*

reptilian [repˈtɪliən] *adj inv* ❶ (*of reptiles*) Reptilien-, reptilienartig
❷ (*pej: unpleasant*) *person* unangenehm; **~ stare** stechender Blick

republic [rɪˈpʌblɪk] *n* Republik *f*

republican [rɪˈpʌblɪkən] **I.** *n* Republikaner(in) *m(f)*
II. *adj inv* republikanisch

Republican [rɪˈpʌblɪkən] **I.** *n* ❶ AM POL Republikaner(in) *m(f)*
❷ (*supporter of Irish Republicanism*) Republikaner(in) *m(f)*
II. *adj inv* ❶ AM POL republikanisch
❷ (*concerning Republicanism in Ireland*) republikanisch

republicanism [rɪˈpʌblɪkənɪzᵊm] *n no pl* POL Republikanismus *m,* republikanische Gesinnung

Republicanism [rɪˈpʌblɪkənɪzᵊm] *n no pl* ❶ AM POL Republikanismus *m*
❷ (*belief in united Ireland*) Republikanismus *m*

Republican Party AM **I.** *n no pl* ■**the ~** die republikanische Partei
II. *n modifier* (*funding, headquarters, policy*) der republikanischen Partei *nach n;* **~ leaders** Führung *f* der republikanischen Partei; **~ member** Mitglied *nt* der republikanischen Partei

republication [ˌriːˌpʌblɪˈkeɪʃᵊn] *n no pl* Neuveröffentlichung *f,* Neuauflage *f*

republish [ˌriːˈpʌblɪʃ] *vt usu passive* ■**to ~ sth** etw wieder [*o* erneut] veröffentlichen

repudiate [rɪˈpjuːdieɪt] *vt* (*form*) ■**to ~ sth** etw zurückweisen, etw nicht anererkennen, sich *akk* gegen etw *akk* verwahren *geh;* **to ~ an accusation/a claim** eine Anschuldigung/eine Forderung zurückweisen; **to ~ an agreement/a contract** eine Vereinbarung/einen Vertrag nicht anerkennen; **to ~ a suggestion** einen Vorschlag ablehnen

repudiation [rɪˌpjuːdiˈeɪʃᵊn] *n no pl* Zurückweisung *f; of a suggestion* Ablehnung *f;* LAW Erfüllungsverweigerung *f; of a treaty* Nichtanerkennung *f*

repugnance [rɪˈpʌgnən(t)s] *n no pl* (*form*) Abscheu *m o f;* **to fill sb with ~** jdn mit Abscheu erfüllen

repugnant [rɪˈpʌgnənt] *adj* (*form*) widerlich; ■**to be ~ to sb** jdm zuwider sein, jdn anwidern; ***it is ~ for these essential services to rely on charity*** es ist skandalös, dass diese wichtigen Einrichtungen auf Almosen angewiesen sind; **~ behaviour** [*or* AM **behavior**] abstoßendes Verhalten; **~ smell** widerlicher Geruch

repulse [rɪˈpʌls] **I.** *vt* ❶ MIL ■**to ~ sb/sth** jdn/etw abwehren; **to ~ an offensive** eine Offensive zurückschlagen
❷ (*reject*) ■**to ~ sb/sth** jdn/etw zurückweisen; **to ~ sb's friendship/an offer** jds Freundschaft/ein Angebot zurückweisen
❸ (*disgust*) ■**to ~ sb** jdn abstoßen [*o* anwidern]
II. *n* (*form*) Abwehr *f*

repulsion [rɪˈpʌlʃᵊn] *n no pl* ❶ (*disgust*) Abscheu *m,* Ekel *m;* **to fill sb with ~** jdn mit Abscheu [*o* Ekel] erfüllen
❷ PHYS Abstoßung *f,* Repulsion *f fachspr;* **magnetic ~** magnetische Abstoßung

repulsive [rɪˈpʌlsɪv] *adj* abstoßend

repurchase [ˌriːˈpɜːtʃəs, AM -ˈpɜːr-] *vt* ■**to ~ sth** etw zurückkaufen [*o* rückkaufen]; **~ agreement** Rückkaufvereinbarung *f*

repurchase price *n* Rückkaufspreis *m*

reputable [ˈrepjətəbl̩, AM -t̬-] *adj* angesehen, achtbar; **~ company** seriöse Firma

reputably [ˈrepjətəbli, AM -t̬-] *adv* angesehen, achtbar; **~ established firm** seriöse alteingesessene Firma

reputation [ˌrepjəˈteɪʃᵊn] *n no pl* ❶ (*general estimation*) Ruf *m;* **to have a bad/good ~** einen schlechten/guten Ruf haben; **to have a ~ for sth** für etw *akk* bekannt sein; **to have a ~ as sth** einen Ruf als etw haben; ***he has a ~ as an acknowledged expert*** er steht im Ruf, ein anerkannter Experte zu sein; **to establish** [*or* **gain**] [*or* **acquire**] **a ~ as sth** sich *dat* einen Ruf als etw erwerben; **to make a ~ for oneself** [**as sth**] sich *dat* [als etw] einen Namen machen; **to live up to one's ~** seinem Ruf gerecht werden
❷ (*being highly regarded*) Ansehen *nt,* guter Ruf; **to destroy/ruin sb's ~** jds Ansehen [*o* guten Ruf] zerstören/ruinieren
❸ (*being known for sth*) Ruf *m;* ***she has the ~ of being a good doctor*** sie gilt als gute Ärztin; **to know sb/sth by ~** jdn/etw vom Hörensagen kennen

repute [rɪˈpjuːt] *n no pl* Ansehen *nt;* **of ~** angesehen; ***she's a doctor of ~*** sie ist eine angesehene Ärztin; **sth of ill** [*or* **evil**]/**good ~** etw von zweifelhaftem/gutem Ruf; ***there are several bars of ill ~ down by the docks*** unten bei den Docks gibt es etliche verrufene Bars; **of great** [*or* **high**] [*or* **some**] **~** hoch angesehen, von hohem Ansehen *nach n;* **to be held in high ~** [**by sb**] [bei jdm] einen guten Ruf genießen [*o* hoch angesehen sein]; ***he was held in high ~ by his colleagues*** er wurde von seinen Kollegen sehr geschätzt

reputed [rɪˈpjuːtɪd, AM -t̬-] *adj* ❶ *inv* (*believed*) angenommen, vermutet; ***she is widely ~ to be 25 years younger than her husband*** es wird allgemeinhin angenommen, dass sie 25 Jahre jünger ist als ihr Mann
❷ *attr, inv* (*supposed*) mutmaßlich; ***he was employed because of his ~ skill in dealing with the press*** er wurde wegen seines angeblichen Geschicks im Umgang mit der Presse eingestellt

reputedly [rɪˈpjuːtɪdli, AM -t̬-] *adv inv* angeblich; ***he is ~ extremely rich*** es wird gemutmaßt, dass er ungeheuer reich ist

request [rɪˈkwest] **I.** *n* ❶ (*act of asking*) Bitte *f* (**for** um +*akk*), Anfrage *f* (**for** nach +*dat*); **to make a ~ for sth** um etw *akk* bitten; **at sb's ~** auf jds Bitte [*o* Wunsch] hin; **on ~** auf Anfrage [*o* Wunsch]
❷ (*formal entreaty*) Antrag *m;* **to submit a ~ that …** beantragen, dass …
❸ RADIO (*requested song etc.*) [Musik]wunsch *m*
II. *vt* ❶ (*ask for*) ■**to ~ sth** (*form*) um etw *akk* bitten; ***I ~ed a taxi for 8 o'clock*** ich bestellte ein Taxi für 8 Uhr; ***visitors are ~ed not to walk on the grass*** die Besucher werden gebeten, den Rasen nicht zu betreten; **as ~ed** wie gewünscht
❷ RADIO (*ask for song*) ■**to ~ sth** [sich *dat*] etw wünschen

request programme *n* BRIT, **request show** *n* AM RADIO Wunschprogramm *nt* **request stop** *n* BRIT Bedarfshaltestelle *f*

requiem [ˈrekwiəm] *n,* **requiem mass** *n* ❶ (*church service*) Requiem *nt,* Totenmesse *f*
❷ (*piece of music*) Requiem *nt*

require [rɪˈkwaɪəʳ, AM -ɚ] *vt* ❶ (*need*) ■**to ~ sth** etw brauchen; ***the house ~s painting*** das Haus müsste mal gestrichen werden *fam;* ***this decision ~s much careful thought*** diese Entscheidung bedarf gründlicher Überlegung; ■**to be ~d for sth** für etw *akk* erforderlich sein; ***what qualifications are ~d for this position?*** welche Qualifikationen werden für diese Stelle verlangt?
❷ (*demand*) ■**to ~ sth** [**of sb**] etw [von jdm] verlangen
❸ (*officially order*) ■**to ~ sb to do sth** von jdm verlangen, etw zu tun; ***regulations ~ all visitors to sign in at the porter's lodge*** nach den Bestimmungen muss sich jeder Besucher beim Portier eintragen; ***the rules ~ that …*** die Vorschriften besagen, dass …
❹ (*wish to have*) ■**to ~** [*or* **be requiring**] **sth** (*form*) etw wünschen; ***"will you be requiring anything else, sir?", asked the waiter*** „wünschen Sie sonst noch etwas, mein Herr?", fragte der Kellner

required [rɪˈkwaɪəd, AM -ɚd] *adj attr, inv* erforderlich; **to do sth in the ~ time** etw in der festgesetzten [*o* vorgeschriebenen] Zeit tun

required reading *n* Pflichtlektüre *f*

requirement [rɪˈkwaɪəmənt, AM -ɚmənt] *n* ❶ (*necessary condition*) Voraussetzung *f* (**for** für +*akk*); ***it is a legal ~ that …*** es ist gesetzlich vorgeschrieben, dass …; ***my ~s from life are a well-paid job and a fast car*** ich erwarte vom Leben einen gut bezahlten Job und ein schnelles Auto; **minimum ~** Grundvoraussetzung *f;* **to meet the ~s** die Voraussetzungen erfüllen; ***I do hope that the new computer will meet your ~s*** ich hoffe, der neue Computer wird Ihren Anforderungen gerecht
❷ ECON (*specific need*) Erfordernis *f,* Bedarf *m;* **the ~s of a market** [*or* **market ~s**] Marktbedarf *m;* **public sector borrowing ~** Kreditbedarf *m* der öffentlichen Hand; **budgetary ~s** Budgeterfordernisse *fpl*

requisite [ˈrekwɪzɪt] **I.** *adj attr, inv* (*form*) erforderlich
II. *n usu pl* Notwendigkeit *f;* ***a good book is a ~ for long journeys*** ein gutes Buch ist auf langen Reisen ein Muss; **toilet ~s** Toilettenartikel *mpl*

requisition [ˌrekwɪˈzɪʃᵊn] **I.** *vt* ❶ (*repossess*) ■**to ~ sth** [**from sb**] etw [von jdm] beschlagnahmen
❷ ECON (*request supplies*) ■**to ~ sth** etw anfordern
❸ LAW ■**to ~ sth** etw beschlagnahmen, requirieren
II. *n* ❶ *no pl* (*official request*) Ersuchen *nt,* Aufforderung *f;* **~ on title** LAW Ersuchen um Auskunft über Grundstückseigentumsnachweis
❷ (*written request*) Anforderung *f,* Antrag *m* (**for** auf +*akk*); **to make a ~ for sth** etw anfordern

requite [rɪˈkwaɪt] *vt* (*form*) ■**to ~ sth** etw erwidern

reran [ˌriːˈræn] *vt pt of* **rerun**

reread <-read, -read> [ˌriːˈriːd, *pt, pp* -ˈred] *vt* ■**to ~ sth** etw noch einmal lesen

reredos <*pl* -> [ˈrɪərədɒs, AM ˈrɪrdɑːs] *n* REL Altarwand *f*

re-release [ˌriːrɪˈliːs] *vt* ■**to ~ sth** etw wieder auflegen

reroute [ˌriːˈruːt, AM *also* -ˈraʊt] *vt* ■**to ~ sth** etw umsteuern; **to ~ a demonstration/a flight/a**

R

phone call eine Demonstration/einen Flug/ein Telefongespräch umleiten

rerun I. *vt* <-ran, -run> [ˌriːˈrʌn] ■**to ~ sth** etw wiederholen; **to ~ an election/a race** eine Wahl/ein Rennen wiederholen; **to ~ a film** einen Film noch einmal zeigen; **to ~ a play** ein Stück noch einmal aufführen

II. *n* [ˈriːrʌn] ❶ FILM, TV (*repeated programme*) Wiederholung *f*

❷ (*fig: repeat of*) Wiederholung *f; of an event, situation* Wiederkehr *f*

resale [ˈriːseɪl] *n* Wiederverkauf *m,* Weiterverkauf *m; **these samples are free and not for ~*** diese Proben sind umsonst und nicht für den Weiterverkauf vorgesehen

resale price *n* Wiederverkaufspreis *m* **resale price maintenance** *n* BRIT Preisbindung *f* der zweiten Hand, vertikale Preisbindung **resale value** *n* Wiederverkaufswert *m*

resat [ˌriːˈsæt] *vt pt of* **resit**

reschedule [ˌriːˈʃedjuːl, AM -ˈskedʒuːl] *vt* ❶ (*rearrange time*) **to ~ a date** einen Termin verschieben; **to ~ an event** eine Veranstaltung verlegen

❷ (*postpone payment*) ■**to ~ sth** *debts* etw stunden

rescind [rɪˈsɪnd] *vt* (*form*) ■**to ~ sth** *esp* LAW etw aufheben [*o* widerrufen]; ECON etw annulieren [*o* rückgängig machen] [*o* für nichtig erklären]; **to ~ a contract** von einem Vertrag zurücktreten

rescission [rɪˈsɪʒᵊn] *n esp* LAW (*form*) Aufhebung *f,* Annullierung *f geh;* **~ of contract** Rücktritt *m* vom Vertrag; **~ of sale** Wandelung *f*

rescue [ˈreskjuː] I. *vt* ■**to ~ sb/sth** (*save*) jdn/etw retten; (*free*) jdn/etw befreien; **to ~ a hostage/a prisoner** eine Geisel/einen Gefangenen befreien; **to ~ sb from danger** jdn aus einer Gefahr retten; **to ~ sb/sth from a fire** jdn/etw aus einem Feuer retten

II. *n* ❶ (*act of saving*) Rettung *f*

❷ *no pl* (*being saved*) Rettung *f;* **to come** [*or* **go**] **to sb's ~** jdm zu Hilfe kommen

III. *n modifier* (*attempt, helicopter*) Rettungs-; **~ bid** Rettungsversuch *m;* **~ mission** Rettungsmission *f,* Rettungseinsatz *m;* **~ operation** Rettungsarbeiten *fpl,* Bergungsarbeiten *fpl;* **~ package** Notpaket *nt;* **~ team** Rettungsmannschaft *f*

rescuer [ˈreskjuːəʳ, AM -ɚ] *n* Retter(in) *m(f)*

reseal [ˌriːˈsiːl] *vt* ■**to ~ sth** FOOD etw wieder [luftdicht] verschließen; **to ~ a bottle/a letter/a packet** eine Flasche/einen Brief/ein Paket wieder versiegeln

resealable [ˌriːˈsiːləbl] *adj inv* wieder verschließbar

research I. *n* [rɪˈsɜːtʃ, AM ˈriːsɜːrtʃ] ❶ *no pl* (*study*) Forschung *f* (**into/in/on** über +*akk*); **cancer ~** Krebsforschung *f;* **medical/scientific ~** medizinische/wissenschaftliche Forschung

❷ *no pl* (*study of*) Erforschung *f* (**into/in/on** +*gen*); **~ in human genetics** Forschungen *fpl* auf dem Gebiet der Humangenetik; **to carry out** [*or* **conduct**] [*or* **pursue**] **~** [**into** [*or* **in**] [*or* **on**] **sth**] [etw er]forschen

❸ (*studies*) ■**~es** *pl* Untersuchungen *fpl* (**in** über +*akk*)

II. *n* [rɪˈsɜːtʃ, AM ˈriːsɜːrtʃ] *modifier* (*centre, programme, project, unit, work*) Forschungs-; **~ assistant** wissenschaftlicher Mitarbeiter/wissenschaftliche Mitarbeiterin; **~ institute/facility** Forschungsinstitut *nt*/Forschungsanstalt *f;* **~ scientist** Forscher(in) *m(f);* **~ team** Forschungsteam *nt,* Forscherteam *nt*

III. *vi* [rɪˈsɜːtʃ, AM -ˈsɜːrtʃ] forschen; ■**to ~ into** [*or* **in**] **sth** etw erforschen [*o* untersuchen]

IV. *vt* [rɪˈsɜːtʃ, AM -ˈsɜːrtʃ] ■**to ~ sth** ❶ SCI etw erforschen

❷ JOURN etw recherchieren; **a well-~ed article** ein gut recherchierter Artikel

research and development I. *n* ❶ (*investigative activities*) Forschung *f* und Entwicklung *f*

❷ (*department*) Forschungs- und Entwicklungsabteilung *f*

II. *n modifier* (*department, programme, unit*) Forschungs- und Entwicklungs-; **~ budget** Forschungs- und Entwicklungsetat *m;* **~ grant** (*for student*) Forschungsstipendium *nt;* (*for institutes, scientists*) Zuschuss *m*

researcher [rɪˈsɜːtʃəʳ, AM -ˈsɜːrtʃɚ] *n* Forscher(in) *m(f)*

research fellow *n* Forschungsstipendiat(in) *m(f)* **research fellowship** *n* Forschungsstipendium *nt*

resection [ˌriːˈsekʃᵊn] *n* MED Resektion *f fachspr*

reselect [ˌriːsɪˈlekt] *vt usu passive* ■**to ~ sb/sth** ❶ (*choose for the first time*) jdn/etw neu auswählen; *candidate* jdn/etw neu aufstellen

❷ (*choose for another time*) jdn/etw erneut auswählen; *candidate* jdn erneut aufstellen; **to be ~ed as a candidate** wieder als Kandidat aufgestellt werden

reselection [ˌriːsɪˈlekʃᵊn] *n esp* POL ❶ (*first election*) Neuaufstellung *f*

❷ (*repeated election*) Wiederaufstellung *f*

resell <-sold, -sold> [ˌriːˈsel] I. *vt* ■**to ~ sth** [**to sb**] [*or* [**sb**] **sth**] etw [jdm [*o* an jdn]] wieder verkaufen

II. *vi* ■**to ~** [**to sb**] [an jdm] weiter verkaufen

resemblance [rɪˈzemblən(t)s] *n no pl* Ähnlichkeit *f;* **family ~** Familienähnlichkeit *f;* **to bear a ~ to sb/sth** Ähnlichkeit mit jdm/etw haben, jdm/etw ähnlich sehen; ***this account bears no ~ to the truth*** diese Darstellung hat nichts mit der Wahrheit zu tun; ***there isn't much ~ between them*** sie haben nicht viel Ähnlichkeit miteinander

resemble [rɪˈzembl] *vt* ■**to ~ sb/sth** jdm/etw ähneln [*o* ähnlich sehen]; ***after the earthquake the city ~d a battlefield*** nach dem Erdbeben glich die Stadt einem Schlachtfeld

resent [rɪˈzent] *vt* ■**to ~ sb/sth** sich *akk* [sehr] über jdn/etw ärgern; ■**to ~ doing sth** etw [äußerst] ungern tun, es hassen, etw zu tun *fam;* ■**to ~ sb's doing sth** jdm übelnehmen [*o* verübeln], dass jd etw tut

resentful [rɪˈzentfᵊl] *adj* ❶ (*feeling resentment*) verbittert, verärgert; ■**to be ~ of sb/sth** sich *akk* über jdn/etw ärgern; ***he had felt ~ towards his stepmother for many years*** er hatte seiner Stiefmutter gegenüber jahrelang Groll empfunden

❷ (*showing resentment*) nachtragend

resentfully [rɪˈzentfᵊli] *adv* verbittert, verärgert; ***she looked at him ~*** sie sah ihn böse an

resentfulness [rɪˈzentfᵊlnəs] *n no pl* Verbitterung *f,* Groll *m*

resentment [rɪˈzentmənt] *n* Verbitterung *f,* Groll *m;* **to feel** [*or* **harbour**] [**a**] **~ against** [*or* **at**] [*or* **towards**] **sb** einen Groll gegen jdn hegen

reservation [ˌrezəˈveɪʃᵊn, AM -zɚˈ-] *n* ❶ *usu pl* (*doubt*) Bedenken *ntpl;* **to have ~s about sth** wegen einer S. *gen* Bedenken haben; **with/without ~**[**s**] mit/ohne Vorbehalt [*o* vorbehaltlos]

❷ TOURIST Reservierung *f;* **flight/hotel/table ~** Flug-/Hotel-/Tischreservierung *f;* **to make a ~** eine Reservierung vornehmen *geh,* reservieren

❸ *no pl* TOURIST Reservierung *f;* **~ of seats** Sitzplatzreservierung *f*

❹ (*area of land*) Reservat *nt*

❺ LAW Einschränkung *f,* Vorbehalt *m*

reserve [rɪˈzɜːv, AM -ˈzɜːrv] I. *n* ❶ *no pl* (*form: doubt*) Zurückhaltung *f;* **with ~** mit Vorbehalt; **without ~** ohne Vorbehalt, vorbehaltlos

❷ (*store*) Reserve *f,* Vorrat *m;* **oil ~s** Ölreserven *fpl;* **to have/keep sth in ~** etw in Reserve haben/halten; ***she keeps a little money in ~*** sie hat etwas Geld auf der hohen Kante *fam;* **to put sth on ~** [**for sb**] etw [für jdn] reservieren; **to put a book on ~ for sb** jdm ein Buch zurücklegen

❸ (*area*) Reservat *nt;* **wildlife ~** Naturschutzgebiet *nt*

❹ SPORTS Ersatzspieler(in) *m(f);* ■**~s** Reservemannschaft *f*

❺ MIL Reserve *f;* ■**the ~**[**s**] die Reserve

❻ (*lowest price at auction*) Mindestgebot *nt*

❼ *no pl* (*self-restraint*) Reserviertheit *f,* Zurückhaltung *f*

II. *vt* ❶ (*keep*) **to ~ the leftovers/the rest** die Überbleibsel/den Rest aufheben

❷ (*save*) ■**to ~ sth** [**for sth**] etw [für etw *akk*] reservieren [*o* zurückhalten] [*o* aufheben]; ***the best brandy is ~d for special occasions*** der beste Brandy ist für besondere Anlässe bestimmt; ■**to ~ sth for sb** etw für jdn reservieren; **to ~ judgment** [**on sth**] seine Meinung [zu etw *dat*] nicht [gleich] kundtun; **to ~ the right to do sth** sich *dat* das Recht vorbehalten, etw zu tun

❸ (*arrange for own use*) **to ~ a room/table/ticket** ein Zimmer/einen Tisch/eine Karte vorbestellen [*o* reservieren]; ***if you get there early, ~ me a seat*** halte mir einen Platz frei, wenn du früher da bist

❹ LAW ■**to ~ sth** [sich *dat*] etw vorbehalten [*o* zurückbehalten]; **to ~ one's defence** sich *dat* Einwendungen vorbehalten; **to ~ judgement** die Urteilsverkündung aussetzen; **to ~ the right to do sth** sich *dat* das Recht vorbehalten, etw zu tun

reserve currency *n* Leitwährung *f,* Reservewährung *f*

reserved [rɪˈzɜːvd, AM -ˈzɜːr-] *adj* ❶ (*booked*) reserviert, vorbestellt; **~ seat/table** reservierter Sitzplatz/Tisch

❷ (*restrained*) *person* reserviert, zurückhaltend; *smile* verhalten

reserve price *n* ECON Vorbehaltspreis *m;* (*at auctions*) Mindestpreis *m*

reservist [rɪˈzɜːvɪst, AM -ˈzɜːr-] *n* MIL Reservist(in) *m(f)*

reservoir [ˈrezəvwɑːʳ, AM -ɚvwɑːr] *n* ❶ (*large lake*) Wasserreservoir *nt,* Speichersee *m*

❷ (*fig: supply of*) Reservoir *nt fig,* Fundus *m*

reset <-tt-, -set, -set> [ˌriːˈset] *vt* ❶ (*set again*) **to ~ a clock/a timer** eine Uhr/einen Wecker neu stellen

❷ MED **to ~ a broken bone** einen gebrochenen Knochen [ein]richten

❸ COMPUT (*set to initial state*) ■**to ~ sth** etw in Grundstellung bringen; (*set to zero*) etw auf Null stellen; **to ~ a computer/a system** einen Computer/ein System neu starten

reset button *n* COMPUT, ELEC Resetknopf *m,* Resettaste *f,* Rückstelltaste *f*

resettle [ˌriːˈsetl, AM -t̬-] I. *vi* sich *akk* neu niederlassen

II. *vt* ■**to ~ sb** jdn umsiedeln

resettlement [ˌriːˈsetlmənt, AM -t̬l-] *n no pl* Umsiedlung *f*

reshape [ˌriːˈʃeɪp] *vt* ■**to ~ sth** ❶ (*return to original shape*) etw [wieder] in Form bringen; ***~ the pullover while wet*** ziehen Sie den Pullover noch nass in Form

❷ (*give new form*) etw umformen [*o* umgestalten]

reshuffle [ˌriːˈʃʌfl] I. *vt* POL **to ~ a cabinet/an organization** ein Kabinett/eine Organisation umbilden

II. *n* POL Umbildung *f;* **cabinet ~** Kabinettsumbildung *f*

reside [rɪˈzaɪd] *vi* (*form*) ❶ (*be living*) wohnen, residieren *geh,* wohnhaft sein *form*

❷ (*form: be kept*) aufbewahrt werden

❸ (*form: have the right*) ***the power to sack employees ~s in the Board of Directors*** nur der Vorstand hat das Recht, Angestellte zu entlassen

residence [ˈrezɪdᵊn(t)s] *n* ❶ (*form: domicile*) Wohnsitz *m;* ■**to be in ~** ansässig sein; **to take up ~ in a country** sich *akk* in einem Land niederlassen

❷ *no pl* (*act of residing*) Wohnen *nt;* ■**to be in ~** wohnen; *monarch* residieren

❸ (*building*) Wohngebäude *nt; of a monarch* Residenz *f*

❹ UNIV (*for research*) Forschungsaufenthalt *m;* (*for teaching*) Lehraufenthalt *m; **he will remain in ~ for the remainder of the academic year*** sein Lehraufenthalt dauert noch bis zum Ende des Studienjahres

residence hall *n* AM (*hall of residence*) [Studenten]wohnheim *nt* **residence permit** *n* Aufenthaltserlaubnis *f,* Aufenthaltsgenehmigung *f*

residency [ˈrezɪdᵊn(t)si] *n no pl* (*form*) Wohnsitz

m; **permanent** ~ ständiger Wohnsitz; **to take up** ~ **abroad** seinen Wohnsitz ins Ausland verlegen

resident ['rezɪdᵊnt] **I.** *n* ❶ (*person living in a place*) Bewohner(in) *m(f); of a town* Bewohner(in) *m(f); of a hotel* [Hotel]gast *m;* **local** ~ Anwohner(in) *m(f)*
❷ POL ~ ***of Canada*** wohnhaft in Canada; ***is she a*** ~ ***of Canada?*** lebt sie in Canada?
II. *adj* ❶ *inv* (*stay*) ansässig, wohnhaft; **to be** ~ **in a town/country** in einer Stadt/einem Land leben
❷ *attr, inv* (*living where one is employed*) im Haus lebend *nach n;* ~ **doctor** Arzt/Ärztin im Haus
❸ (*employed in a particular place*) hauseigen; ***she is the university's*** ~ ***expert on Italian literature*** sie ist an der Universität die Expertin für italienische Literatur
❹ COMPUT ständig vorhanden, resident

residential [ˌrezɪ'den(t)ʃᵊl] *adj inv* ❶ (*housing area*) Wohn-; ~ **district** Wohngebiet *nt*
❷ (*job requiring person to live in*) mit Wohnung im Haus *nach n;* ***my job is*** ~ ich wohne an meinem Arbeitsplatz
❸ (*used as a residence*) Wohn-; ~ **establishment** Wohnheim *nt;* ~ **hotel** Hotel *nt* für Dauergäste
❹ (*concerning residence*) Aufenthalts-

residual [rɪ'zɪdjuəl, AM -'zɪdʒ-] *adj inv* ❶ (*remaining*) restlich, übrig; ~ **moisture/warmth** Restfeuchtigkeit *f*/-wärme *f;* ~ **opposition** vereinzelter Widerstand; ~ **value** Restwert *m*
❷ COMPUT Rest-, rest-

residual income *n* BRIT Nettogehalt *nt*

residuary [rɪ'zɪdjʊəri, AM 'zɪdʒʊeri] *adj inv* ❶ LAW restlich; ~ **estate** Restnachlass
❷ CHEM rückständig

residue ['rezɪdjuː, AM -əduː, -djuː] *n usu sing*
❶ (*form: remainder*) Rest *m*
❷ CHEM Rückstand *m*
❸ LAW restlicher Nachlass
❹ ECON Restbetrag *m*

residuum <*pl* -dua *or* -s> [rɪ'zɪdjʊəm, AM 'zɪdʒ] *n*
❶ (*spec: residue*) Rückstand *m,* Rest *m,* Residuum *nt geh*
❷ SOCIOL Bodensatz *m fig,* unterstes Unten

resign [rɪ'zaɪn] **I.** *vi* ❶ (*leave one's job*) kündigen; **to** ~ **from a job** einen Job kündigen; **to** ~ **from an office/post** von einem Amt/einem Posten zurücktreten
❷ CHESS aufgeben
II. *vt* ❶ (*give up*) ■**to** ~ **sth** etw aufgeben; **to** ~ **an office/a post** ein Amt/einen Posten niederlegen
❷ CHESS **to** ~ **a hopeless position** das Spiel aufgeben
❸ (*accept*) **to** ~ **oneself to a fact/one's fate/the inevitable** sich *akk* mit einer Tatsache/seinem Schicksal/dem Unvermeidlichen abfinden

resignation [ˌrezɪg'neɪʃᵊn] *n* ❶ (*official letter*) Kündigung *f;* **to hand** [*or* **give**] [*or* **send**] **in one's** ~ seine Kündigung einreichen
❷ *no pl* (*act of resigning*) Kündigung *f; from post, office* Rücktritt *m,* Amtsniederlegung *f*
❸ *no pl* (*acceptance*) Resignation *f;* ***they received the news with*** ~ sie nahmen die Nachricht schicksalsergeben auf

resigned [rɪ'zaɪnd] *adj* resigniert; ■**to be** ~ **to sth** sich *akk* mit etw *dat* abgefunden haben; ~ **expression/look** resignierter Ausdruck/Blick

resignedly [rɪ'zaɪnɪdli] *adv* resigniert

resilience [rɪ'zɪliən(t)s, AM -jən(t)s] *n no pl,* **resiliency** [rɪ'zɪliən(t)si, AM -jən-] *n no pl* ❶ (*ability to regain shape*) Elastizität *f*
❷ (*ability to recover*) Widerstandskraft *f,* Zähigkeit *f,* Durchhaltevermögen *nt*

resilient [rɪ'zɪliənt, AM -jənt] *adj* ❶ (*able to keep shape*) *material* elastisch
❷ (*fig: able to survive setbacks*) unverwüstlich *fig,* zäh *fig; health* unverwüstlich; ***she's a*** ~ **girl** sie ist hart im Nehmen *fam;* ***he seems to be*** ~ ***to stress*** er scheint mit Stress gut zurechtzukommen

resin ['rezɪn] *n no pl* Harz *nt;* **fir/pine** ~ Tannen-/Kiefernharz *nt;* **industrial/plastic** ~ Industrie-/Kunst[stoff]harz *nt*

resinous ['rezɪnəs] *adj* harzig

resist [rɪ'zɪst] **I.** *vt* ❶ (*fight against*) ■**to** ~ **sth** etw *dat* Widerstand leisten; **to** ~ **arrest** LAW sich *akk* der Verhaftung widersetzen
❷ (*refuse to accept*) ■**to** ~ **sth** sich *akk* gegen etw *akk* wehren, sich *akk* etw *dat* widersetzen
❸ (*be unaffected by*) ■**to** ~ **sth** etw *dat* widerstehen; **to** ~ **corrosion** korrosionsbeständig sein; **to** ~ **a disease/an infection** gegen eine Krankheit/eine Infektion resistent sein
❹ (*not give into*) ■**to** ~ **sb/sth** jdm/etw widerstehen; ***she couldn't*** ~ ***laughing*** sie musste einfach loslachen *fam;* **to** ~ **a desire/a temptation** einem Verlangen/einer Versuchung widerstehen
II. *vi* ❶ (*fight an attack*) sich *akk* wehren, Widerstand leisten
❷ (*refuse sth*) widerstehen
III. *n* COMPUT Abdeckmittel *nt*

resistance [rɪ'zɪstᵊn(t)s] *n* ❶ *no pl* (*military opposition*) Widerstand *m* (**to** gegen +*akk*)
❷ (*organization*) ■**the R~** der Widerstand; **the** [**French**] **R~** die [französische] Résistance
❸ (*refusal to accept*) Widerstand *m* (**to** gegen +*akk*); **to offer no** ~ [**to sb/sth**] [jdm/etw] keinen Widerstand leisten; **to put up** [**a**] **determined** [*or* **stiff**] ~ erbitterten Widerstand leisten
❹ *no pl* (*ability to withstand illness*) Widerstandskraft *f;* ~ **to a disease/an infection** Resistenz *f* gegen eine Krankheit/eine Infektion
❺ *no pl* (*force*) Widerstand *m;* **air/wind** ~ Luft-/Windwiderstand *m*
❻ *no pl* PHYS, ELEC, COMPUT Widerstand *m*
❼ LAW Widerstand *m*
► PHRASES: **to take the <u>path</u>** [*or* BRIT *usu* **<u>line</u>**] **of least** ~ den Weg des geringsten Widerstands gehen

resistance fighter *n* Widerstandskämpfer(in) *m(f)* **resistance movement** *n* Widerstandsbewegung *f*

resistant [rɪ'zɪstᵊnt] *adj* ❶ (*refusing to accept*) ablehnend; ■**to be** ~ **to sth** etw *dat* ablehnend gegenüberstehen
❷ (*hardened against damage*) resistent; ■**to be** ~ **to sth** gegen etw *akk* resistent [*o* immun] sein; ~ **to corrosion** korrosionsbeständig

-resistant [rɪ'zɪstᵊnt] *in compounds* + *n* -beständig; **corrosion-/heat-/rust-~** korrosions-/hitze-/rostbeständig; **disease-~** krankheitsresistent; **flame-~** feuerfest; **stain-~** Schmutz abweisend; **water-/dirt-~** Wasser/Schmutz abweisend

resister [rɪ'zɪstəʳ, AM ɚ] *n* Gegner(in) *m(f),* Widerstandleistende(r) *f(m)*

resistor [rɪ'zɪstəʳ, AM -ɚ] *n* ELEC, COMPUT Widerstand *m*

resit *esp* BRIT **I.** *vt* <-tt-, -sat, -sat> [ˌriː'sɪt] SCH, UNIV **to** ~ **an examination** eine Prüfung wiederholen
II. *n* ['riːsɪt] SCH, UNIV Wiederholungsprüfung *f*

reskill *vt* ■**to** ~ **sb** jdn umschulen

resolute ['rezᵊluːt, AM -zə-] *adj* (*form*) entschlossen; ■**to be** ~ **in sth** hartnäckig in etw *dat* sein; ~ **belief** fester [*o* unbeirrbarer] Glaube; ~ **character** entschlossener Charakter; ~ **person** energische [*o* resolute] Person; ~ **stand** fester Standpunkt

resolutely ['rezᵊluːtli, AM -zə-] *adv* resolut, entschlossen; **to** ~ **refuse to do sth** sich *akk* hartnäckig weigern, etw zu tun

resoluteness ['rezᵊluːtnəs, AM -zə-] *n no pl* (*approv*) Resolutheit *f,* Entschlossenheit *f*

resolution [ˌrezᵊl'uːʃᵊn, AM -ə'luː-] *n* ❶ *no pl* (*approv: determination*) Resolutheit *f,* Entschlossenheit *f*
❷ *no pl* (*form: solving of*) Lösung *f; of crises* Überwindung *f;* ~ **of a difficulty/dilemma** Lösung *f* eines Problems/Dilemmas; ~ **of a question** Klärung *f* einer Frage
❸ POL (*proposal*) Beschluss *m,* Resolution *f geh;* **to lay down** [*or* **propose**] **a** ~ [**that ...**] eine Resolution einbringen[, dass ...]; **to pass/reject a** ~ [**to do sth**] eine Resolution [etw zu tun] verabschieden/ablehnen
❹ (*decision*) Entscheidung *f;* (*intention*) Vorsatz *m;* **to make a** ~ eine Entscheidung treffen; **joint** ~ AM gemeinsame Entschließung [*o* Resolution]
❺ *no pl* CHEM, TECH Aufspaltung *f*
❻ *no pl* COMPUT, PHOT, TV (*picture quality*) Auflösung *f*

resolvable [rɪ'zɒlvəbl̩, AM -'zɑːlv-] *adj* lösbar

resolve [rɪ'zɒlv, AM -'zɑːlv] **I.** *vt* ❶ (*solve*) ■**to** ~ **sth** etw lösen [*o* klären]; **to** ~ **a problem** ein Problem lösen
❷ (*settle*) **to** ~ **one's differences** seine Differenzen beilegen; ***the crisis*** ~***d itself*** die Krise legte sich von selbst
❸ (*separate*) ■**to** ~ **sth into sth** etw in etw *akk* zerlegen
❹ (*form: decide*) ■**to** ~ **that ...** beschließen, dass ...
II. *vi* ❶ (*decide*) beschließen; ■**to** ~ **to do sth** beschließen, etw zu tun; ■**to** ~ **on doing sth** beschließen [*o* sich *akk* entschließen], etw zu tun
❷ (*separate into*) sich *akk* auflösen
III. *n* (*form*) Entschlossenheit *f*

resolved [rɪ'zɒlvd, AM -'zɑːlvd] *adj pred* entschlossen; ■**to be** ~ **to do sth** [fest] entschlossen sein, etw zu tun

resonance ['rezᵊnən(t)s] *n* ❶ *no pl* (*echo*) [Nach]hall *m,* Resonanz *f geh;* ~ **of an instrument/of laughter/of thunder** der [Nach]hall eines Instruments/von Gelächter/von Donner
❷ (*form*) Erinnerung *f;* **to have** ~**s for sb** für jdn mit Erinnerungen behaftet sein
❸ COMPUT Resonanz *f*

resonant ['rezᵊnənt] *adj* [wider]hallend; ■**to be** ~ **with sth** von etw *dat* widerhallen; **to be** ~ **with memories** (*fig*) Erinnerungen aufkommen lassen

resonate ['rezᵊneɪt] **I.** *vi* ❶ (*resound*) hallen; ***the hall*** ~***d with laughter*** der Saal hallte von Gelächter wider
❷ (*fig: be important*) ■**to** ~ **with sth** etw ausstrahlen *fig;* ***the building*** ~***s with historic significance*** das Gebäude hat eine geschichtsträchtige Aura; ■**to** ~ **with sb** bei jdm Echo [*o* Widerhall] finden
❸ *esp* AM (*fig: share an understanding*) einer Meinung sein; ■**to** ~ **with sth** mit etw *dat* im Einklang sein
II. *vt* ■**to** ~ **sth** mit etw *dat* Resonanzen erzeugen

resonator ['rezᵊneɪtəʳ, AM -t̬ɚ] *n* MUS Resonator *m*

resort [rɪ'zɔːt, AM -'zɔːrt] **I.** *n* ❶ (*place for holidays*) Urlaubsort *m;* **health/holiday** [*or* AM *also* **vacation**] ~ Kur-/Ferienort *m*
❷ *no pl* (*employment*) Einsatz *m,* Anwendung *f;* ***he should have won easily without*** ~ ***to such underhand methods*** er hätte leicht gewinnen können, auch ohne auf solch zweifelhafte Methoden zurückgreifen zu müssen; **without** ~ **to violence** ohne Gewaltanwendung; **as a last** ~ als letzten Ausweg [*o* letzte Möglichkeit]; ***you're my last*** ~***!*** du bist meine letzte Hoffnung!
❸ LAW **court of last** ~ Gericht *nt* letzter Instanz; **lender of the last** ~ Kreditgeber(in) *m(f)* der letzten Instanz
II. *vi* ■**to** ~ **to sth** auf etw *akk* zurückgreifen, etw anwenden; ***when she didn't answer I*** ~***ed to standing outside and calling up to her*** als sie nicht antwortete, blieb mir nichts anderes übrig, als draußen zu stehen und zu ihr hoch zu rufen; **to** ~ **to alcohol** sich *akk* dem Alkohol zuwenden

resound [rɪ'zaʊnd] *vi* ❶ (*resonate*) [wider]hallen; ***a gong*** ~***ed*** ein Gong ertönte
❷ (*fig: cause sensation*) Furore machen; ***the rumour*** ~***ed through the whole world*** das Gerücht ging um die ganze Welt

resounding [rɪ'zaʊndɪŋ] *adj pred* ❶ (*very loud*) schallend; ~ **applause** tosender Applaus; ~ **laughter** schallendes Gelächter
❷ (*emphatic*) unglaublich; ~ **defeat** schwere Niederlage; ~ **success** durchschlagender Erfolg

resoundingly [rɪ'zaʊndɪŋli] *adv* ❶ (*very loudly*) schallend
❷ (*emphatically*) unglaublich

resource [rɪ'zɔːs, AM 'riːsɔːrs] **I.** *n* ❶ *usu pl* (*asset*) Ressource *f*

R

❷ *(source of supply)* ■ **~s** *pl* Ressourcen *fpl;* **energy ~s** Energieressourcen *fpl;* **natural ~s** Bodenschätze *mpl*
❸ *(wealth)* ■ **~s** *pl* [finanzielle] Mittel; ***the cost of the new project is easily within our ~s*** die Kosten für das neue Projekt liegen durchaus im Rahmen unserer finanziellen Möglichkeiten
❹ *(approv form: resourcefulness)* Ideenreichtum *m,* Einfallsreichtum *m*
❺ COMPUT Betriebsmittel *nt*
II. *vt* ■ **to ~ sth with sth** etw mit etw *dat* ausstatten

resourced [rɪˈzɔːst, AM ˈriːsɔːrst] *adj* ❶ *(wealthy)* wohlhabend
❷ *(financed)* finanziert; **under-~** unterfinanziert

resourceful [rɪˈzɔːsfᵊl, AM ˈriːsɔːr-] *adj (approv)* ideenreich, einfallsreich

resourcefully [rɪˈzɔːsfᵊli, AM ˈriːsɔːr-] *adv (approv)* clever, geschickt

resourcefulness [rɪˈzɔːsfᵊlnəs, AM ˈriːsɔːr-] *n no pl (approv)* Einfallsreichtum *m,* Ideenreichtum *m*

resource room *n* SCH, UNIV Informationsraum *m*

respect [rɪˈspekt] **I.** *n* ❶ *no pl (esteem)* Respekt *m,* Achtung *f* (**for** vor +*dat*); **to have great ~ for sth** große Achtung vor etw *dat* haben; ***I have great ~ for his ideas*** ich schätze seine Ideen sehr; **to have great ~ for sb, to hold sb in great ~** große Achtung vor jdm haben; **to show ~ for sb/sth** jdm/etw Respekt [*o* Achtung] erweisen; **to command ~** eine Respektsperson sein, sich *dat* Respekt verschaffen; **to earn** [*or* **gain**] [*or* **win**] **the ~ of sb** [*or* **sb's ~**] sich *dat* jds Respekt verdienen
❷ *no pl (consideration)* Rücksicht *f;* **to have** [*or* **show**] **~ for sb/sth** Rücksicht auf jdn/etw nehmen; **to have no ~ for sth** etw nicht respektieren; **to show a lack of ~ for sth** einen Mangel an Respekt gegenüber etw *dat* zeigen; **out of ~ for sb's feelings** aus Rücksicht auf jds Gefühle
❸ *(form: polite greetings)* ■ **~s** *pl* Grüße *mpl;* ***please convey my ~s to your parents*** bitte grüße deine Eltern von mir; **to pay one's ~s** [**to sb**] jdm einen Besuch abstatten; **to pay one's last ~s to sb** jdm die letzte Ehre erweisen
► PHRASES: **in <u>all</u>/<u>many</u>/<u>some</u> ~s** in allen/vielen/einigen Punkten; **in <u>every</u> ~** in jeglicher Hinsicht; **<u>in</u> ~ of** [*or* **<u>with</u> ~ to**] **sth** *(form)* in [*o* mit] Bezug auf etw *akk,* bezüglich +*gen,* hinsichtlich +*gen;* ***I am writing with ~ to your letter of 15 June*** ich schreibe Ihnen Bezug nehmend auf Ihren Brief vom 15. Juni; **in <u>most</u> ~s** in den meisten Punkten, in vielerlei Hinsicht; **in <u>this</u> ~** in dieser Hinsicht; **with <u>great</u>** [*or* **the <u>greatest</u>** [**of**]] [*or* **the <u>utmost</u>**] **~** [**to sb**] mit größtem Respekt [jdm gegenüber]; **with all <u>due</u> ~** bei allem nötigen Respekt
II. *vt* ❶ *(esteem)* ■ **to ~ sb/sth** jdn/etw respektieren; LAW jdn/etw anerkennen [*o* berücksichtigen], Hochachtung vor jdm/etw haben; **to ~ sb's decision/opinions** jds Entscheidung/Ansichten respektieren; ■ **to ~ oneself** Selbstachtung haben
❷ *(show consideration towards)* **to ~ sb's decision/opinions/wishes** jds Entscheidung/Ansichten/Wünsche respektieren; **to ~ sb's feelings/privacy/rights** jds Gefühle/Privatsphäre/Rechte respektieren

respectability [rɪˌspektəˈbɪləti, AM -əṭi] *n no pl* Ansehen *nt,* Respektabilität *f geh;* **to gain** [*or* **achieve**] **~** Ansehen gewinnen

respectable [rɪˈspektəbḷ] *adj* ❶ *(decent)* anständig, ehrbar; **~ area** anständige Gegend; **~ behaviour** [*or* AM **behavior**] anständiges [*o* korrektes] Benehmen
❷ *(presentable)* anständig, ordentlich; **~ clothes** anständige Kleidung
❸ *(acceptable)* *salary, sum* anständig *fam,* ordentlich *fam,* ansehnlich
❹ *(deserving respect)* respektabel; **~ person** angesehene Person
❺ *(hum: be dressed)* **to be ~** angezogen sein, etw anhaben; **to make oneself ~** sich *dat* was anziehen *fam*

respectably [rɪˈspektəbli] *adv* ❶ *(in a respectable manner)* anständig, ordentlich
❷ *(reasonably well)* passabel *fam*

respected [rɪˈspektɪd] *adj* angesehen; **to be well ~** hoch angesehen sein

respecter [rɪˈspektəʳ, AM -ɚ] *n* Anhänger(in) *m(f);* ■ **to be no ~ of sth** etw *dat* keine Beachtung schenken; ***air pollution is no ~ of national frontiers*** Luftverschmutzung macht an Landesgrenzen nicht Halt

respectful [rɪˈspektfᵊl] *adj* respektvoll; **to be ~ of sth** etw respektieren [*o* achten], etw *dat* Respekt entgegenbringen

respectfully [rɪˈspektfᵊli] *adv* respektvoll; **R~ yours** hochachtungsvoll, Ihr(e)

respecting [rɪˈspektɪŋ] *prep (form)* bezüglich

respective [rɪˈspektɪv] *adj attr, inv* jeweilig

respectively [rɪˈspektɪvli] *adv inv* beziehungsweise

respiration [ˌrespᵊrˈeɪʃᵊn, AM -pəˈreɪ-] *n no pl (form or spec)* Atmung *f;* **artificial ~** künstliche Beatmung; **to give sb artifical ~** jdn künstlich beatmen

respirator [ˈrespᵊreɪtəʳ, AM -pəreɪṭɚ] *n* ❶ MED *(breathing equipment)* Beatmungsgerät *nt;* **to put sb on a ~** jdn an ein Beatmungsgerät anschließen
❷ *(air-filtering mask)* Atem[schutz]gerät *nt*

respiratory [rɪˈspɪrətᵊri, AM ˈrespᵊətɔːri] *adj attr, inv (form)* Atem-; **~ complaint/failure** Atembeschwerden *fpl*/-stillstand *m;* **~ disease** Atemwegserkrankung *f*

respiratory system *n* Atmungssystem *nt*

respire [rɪˈspaɪəʳ, AM -ɚ] *vi* BIOL, MED *(spec)* atmen, respirieren *fachspr*

respite [ˈrespaɪt, AM -pɪt] *n no pl (form)* ❶ *(pause)* Unterbrechung *f,* Pause *f;* ***the injection provided only a temporary ~ from the pain*** die Spritze befreite nur vorübergehend von den Schmerzen; **without ~** pausenlos, ohne Pause
❷ *(delay)* Aufschub *m*

respite care *n* BRIT *zeitweilige Pflege von bedürftigen Personen*

resplendence [rɪˈsplendən(t)s] *n no pl (form)* Pracht *f*

resplendent [rɪˈsplendənt] *adj (form or liter)* prächtig, prachtvoll; ***I saw her, ~ in a red cocktail dress*** ich sah sie, eine strahlende Erscheinung in einem roten Cocktailkleid

resplendently [rɪˈsplendəntli] *adv (form or liter)* prachtvoll, prächtig

respond [rɪˈspɒnd, AM -ˈspɑːnd] **I.** *vt* ■ **to ~ that …** erwidern, dass …
II. *vi* ❶ *(answer)* antworten; ■ **to ~ to sth** auf etw *akk* antworten; **to ~ to a letter/a question** auf einen Brief/eine Frage antworten, einen Brief/eine Frage beantworten
❷ *(react)* reagieren; ■ **to ~ to sth** auf etw *akk* reagieren; ***how did she ~ to the news?*** wie hat sie auf die Neuigkeit reagiert?; **to ~ to the controls** der Steuerung gehorchen
❸ MED *(react)* **to ~ to treatment** auf eine Behandlung ansprechen

respondent [rɪˈspɒndənt, AM -ˈspɑːn-] *n* ❶ *(person who answers)* Befragte(r) *f(m)*
❷ LAW Angeklagte(r) *f(m),* Berufungsbeklagte(r) *f(m); (person answering petition)* [Scheidungs]beklagte(r) *f(m)*

response [rɪˈspɒn(t)s, AM -ˈspɑː-] *n* ❶ *(answer)* Antwort *f* (**to** auf +*akk*); **to have/receive a ~** eine Antwort haben/bekommen; **to make no ~** keine Antwort geben
❷ *(act of reaction)* Reaktion *f;* **to meet with a bad/good ~** eine schlechte/gute Resonanz finden; ***her proposals have met with an enthusiastic ~*** ihre Vorschläge wurden begeistert aufgenommen; ***his comments provoked an angry ~ from the government*** seine Bemerkungen riefen eine wütende Reaktion seitens der Regierung hervor; **in ~ to sth** in Erwiderung auf etw *akk;* ***I am writing in ~ to your advertisement*** ich schreibe auf Ihre Anzeige hin
❸ *no pl (sign of reaction)* Reaktion *f*
❹ *(part of church service)* Responsorium *nt*

responsibility [rɪˌspɒn(t)səˈbɪləti, AM -ˌspɑːn(t)səˈbɪləṭi] *n* ❶ *no pl* Verantwortung *f* (**for** für +*akk*); **to claim ~ for sth** sich *akk* für etw *akk* verantwortlich erklären; **to take** [*or* **accept**] **full ~ for sth** die volle Verantwortung für etw *akk* übernehmen
❷ *(duty)* Verantwortlichkeit *f,* Zuständigkeit *f;* ***it's her ~ to ensure the project finishes on time*** es liegt in ihrer Verantwortung, dass das Projekt rechtzeitig abgeschlossen wird; ***who has ~ here?*** wer ist hier zuständig?; **to have a ~ to sb/sth** jdm/etw gegenüber eine Verpflichtung haben
❸ *no pl (being responsible)* Verantwortung *f;* **sense of ~** Verantwortungsbewusstsein *nt;* **to act on one's own ~** auf eigene Verantwortung handeln; **to carry a lot of ~** eine große Verantwortung tragen

responsible [rɪˈspɒn(t)səbḷ, AM -ˈspɑː-] *adj* ❶ *(accountable)* verantwortlich; ■ **to be ~ for sth** für etw *akk* verantwortlich sein; LAW für etw *akk* haften; **to hold sb ~** [**for sth**] jdn [für etw *akk*] verantwortlich machen; LAW jdn [für etw *akk*] haftbar machen
❷ *(in charge)* verantwortlich, zuständig; ■ **to be ~ for sb/sth** für jdn/etw verantwortlich sein; **to be ~ to sb** jdm gegenüber verantwortlich sein
❸ *(sensible)* verantwortungsbewusst
❹ *(requiring responsibility)* *job, task* verantwortungsvoll; **a ~ job** eine verantwortungsvolle Stellung

responsibly [rɪˈspɒn(t)səbli, AM -ˈspɑː-] *adv* verantwortungsbewusst

responsive [rɪˈspɒn(t)sɪv, AM -ˈspɑː-] *adj* gut reagierend; ***I always found him very ~*** ich fand ihn immer sehr entgegenkommend; ***we had a wonderfully ~ audience for last night's performance*** das Publikum ging bei der Vorstellung gestern Abend sehr gut mit *fam;* ***the new car has a very ~ engine*** das neue Auto hat einen Motor, der sehr gut anspringt; **to be ~ to treatment** auf eine Behandlungsmethode ansprechen

responsively [rɪˈspɒn(t)sɪvli, AM -ˈspɑː-] *adv* [gut] ansprechend; ***he reacted very ~ to your praise*** er zeigte sich sehr empfänglich für deine Lobrede

responsiveness [rɪˈspɒn(t)sɪvnəs, AM -ˈspɑː-] *n no pl* gute Reaktionsfähigkeit; MED Ansprechen *nt;* ***we are studying the ~ of this condition to ultrasound treatment*** wir untersuchen, wie dieses Leiden auf eine Ultraschallbehandlung anspricht

rest[1] [rest] *n + sing/pl vb* ■ **the ~** der Rest; ***the ~ is silence*** der Rest ist Schweigen

rest[2] [rest] **I.** *n* ❶ *(period of repose)* [Ruhe]pause *f;* **to have a ~** eine Pause machen [*o* einlegen]; **to need a ~** eine Pause brauchen; ***I feel like I need a ~ from all my problems*** ich könnte eine Verschnaufpause von allen meinen Problemen gebrauchen
❷ *no pl (repose)* Erholung *f;* **for a ~** zur Erholung
❸ MUS Pause *f; (symbol)* Pausenzeichen *nt*
❹ *(support)* Stütze *f,* Lehne *f; (in billiards)* Führungsqueue *m o nt;* **arm/foot/book ~** Arm-/Fuß-/Buchstütze *f*
► PHRASES: **to <u>come</u> to ~** zur Ruhe kommen; **to <u>give</u> sth a ~** etw ruhen lassen; **to <u>give</u> it a ~** *(fam)* es sein lassen *fam,* damit aufhören; **to be <u>at</u> ~** *(not moving)* sich *akk* im Ruhezustand befinden; *(dead)* ruhen *euph*
II. *vt* ❶ *(repose)* **to ~ one's eyes/legs** seine Augen/Beine ausruhen; **to ~ oneself** sich *akk* ausruhen
❷ *(support)* ■ **to ~ sth against/**[**up**]**on sth** etw gegen/an etw *akk* lehnen; ***she ~ed her head on my shoulder*** sie lehnte den Kopf an meine Schulter
❸ AM LAW *(conclude evidence)* **to ~ one's case** seine Beweisführung abschließen
III. *vi* ❶ *(cease activity)* [aus]ruhen, sich *akk* ausruhen; **to not ~ until …** [so lange] nicht ruhen, bis …
❷ *(not to mention sth)* **to let sth ~** etw ruhen lassen; *(fam)* ***let it ~!*** lass es doch auf sich beruhen!; ***why won't you let me come with you? — oh, let it ~!*** warum darf ich nicht mitkommen? – ach, hör doch endlich auf!
❸ *(form: remain)* ruhen; ***the problem cannot be allowed to ~*** das Problem darf nicht aufgeschoben

werden; ***it ~s on her to decide*** die Entscheidung liegt bei ihr

④ (*be supported*) ruhen; ***the child's head ~ed in her lap*** der Kopf des Kindes ruhte in ihrem Schoß; ■**to ~ against sth** an etw *dat* lehnen

⑤ (*depend on*) ■**to ~ on sth** auf etw *dat* ruhen; (*be based on*) auf etw *dat* beruhen; ***the prosecution's case ~s almost entirely on circumstancial evidence*** die Anklage gründet sich fast ausschließlich auf Indizienbeweise; ■**to ~ on** [*or* **with**] **sb** auf jdm ruhen, jdm obliegen *geh*; ***the final decision ~s with the planning committee*** die endgültige Entscheidung ist Sache des Planungskomitees

⑥ (*form or liter: alight on*) ■**to ~** [**up**]**on sb/sth** *gaze* auf jdm/etw ruhen

► PHRASES: **to ~ on one's laurels** sich *akk* auf seinen Lorbeeren ausruhen; **~ in peace** ruhe in Frieden; ***may he/she ~ in peace*** möge er/sie in Frieden ruhen; [**you can**] **~ assured** [*or* **easy**] [**that ...**] seien Sie versichert, dass ...; **to be ~ing** BRIT (*fam*) arbeitslos sein

◆**rest up** *vi* AM ausruhen

restart [ˌriːˈstɑːt, AM ˈstɑːrt] **I.** *vt* ■**to ~ sth** etw wieder in Gang bringen [*o* setzen], mit etw *dat* erneut anfangen; *motor* etw wieder anlassen; *machine* etw wieder anwerfen; *activity, talk* etw wieder aufnehmen

II. *vi* wieder anfangen [*o* beginnen]; *machine* wieder starten

III. *n usu sing* ① (*continuation*) Wiederaufnahme *f*; *factory* Wiederinbetriebnahme *f*

② (*recommencement*) Neubeginn *m*

③ (*re-opening*) Wiedereröffnung *f*

restate [ˌriːˈsteɪt] *vt* ■**to ~ sth** etw noch einmal [mit anderen Worten] sagen [*o* neu formulieren]

restatement [ˌriːˈsteɪtmənt] *n no pl* Neuformulierung *f*, Umformulierung *f*

restaurant [ˈrestᵊrɔ̃(ŋ), AM -tərɑːnt] **I.** *n* Restaurant *nt*, Gaststätte *f*

II. *n modifier* (*owner, staff*) Gaststätten-; **~ food** Essen *nt* in der Gaststätte; **~ prices** Gaststättenpreise *mpl*, Restaurantpreise *mpl*

restaurant car *n* BRIT Speisewagen *m*, Zugrestaurant *nt form* **restaurant chain** *n* Restaurantkette *f*

restaurateur [ˌrestɒrəˈtɜːʳ, AM -tərəˈtɜːr] *n* Gastwirt(in) *m(f)*, Gastronom(in) *m(f)*

rest cure *n* Erholungskur *f* **rest day** *n* Ruhetag *m*

rested [ˈrestɪd] *adj* erholt; **to feel ~** sich *akk* erholt fühlen

restful [ˈrestfᵊl] *adj* erholsam; *sound* beruhigend; *atmosphere* entspannt; *place* friedlich; **to be ~ to the eyes** eine Erholung für die Augen sein

restfulness [ˈrestfᵊlnəs] *n no pl* Erholsamkeit *f*

rest home *n* Altersheim *nt*

resting place *n* ① (*euph: burial place*) **sb's** [**final** [*or* **last**]] ~ jds [letzte] Ruhestätte *euph*

② (*place to relax*) Rastplatz *m*, Ruheplatz *m*

restitution [ˌrestɪˈtjuːʃᵊn, AM *esp* -ˈtuː-] *n no pl* ① (*return*) Rückgabe *f*; *of sb's rights* Wiederherstellung *f*; *of money* [Zu]rückerstattung *f*; *of a house, estates etc.* [Zu]rückgabe *f*; **export ~** Exporterstattung *f*

② (*compensation*) Entschädigung *f*; (*financial usu*) Schaden[s]ersatz *m*; **to make ~** [**to sb**] **for sth** [jdm] für etw *akk* Ersatz leisten

restive [ˈrestɪv] *adj* ① (*restless and impatient*) unruhig, nervös

② (*stubborn*) widerspenstig; **a ~ horse** ein störrisches Pferd

restively [ˈrestɪvli] *adv* unruhig

restiveness [ˈrestɪvnəs] *n no pl* ① (*restlessness*) Rastlosigkeit *f*; (*nervousness*) Unruhe *f*, Nervosität *f*

② (*stubbornness*) Widerspenstigkeit *f*

restless [ˈrestləs] *adj* ① (*agitated*) unruhig

② (*uneasy*) rastlos; **to get ~** anfangen, sich *akk* unwohl zu fühlen

③ (*wakeful*) ruhelos; **a ~ night** eine schlaflose Nacht

restlessly [ˈrestləsli] *adv* unruhig

restlessness [ˈrestləsnəs] *n no pl* ① (*agitation*) Unruhe *f*

② (*impatience*) Rastlosigkeit *f*

restock [ˌriːˈstɒk, AM -ˈstɑːk] **I.** *vt* ■**to ~ sth** [**with sth**] etw wieder [mit etw *dat*] auffüllen; **to ~ the bar with soft drinks** die Bar wieder mit alkoholfreien Getränken auffüllen; **to ~ a lake** den See wieder mit Fischen besetzen

II. *vi* Vorräte erneuern

restocking fee [ˌriːˈstɒkɪŋˌfiː, AM -ˈstɑːk-] *n* Umtauschgebühr *f*

restoration [ˌrestᵊrˈeɪʃᵊn, AM -təˈreɪ-] **I.** *n* ① *no pl* (*act of restoring*) Restaurieren *nt*

② (*instance of restoring*) Restaurierung *f*

③ *no pl* (*re-establishment*) Wiederherstellung *f*; **the ~ of the death penalty** die Wiedereinführung der Todesstrafe; **~ of health** Wiederherstellung *f* der Gesundheit; **the ~ of law and order** die Wiederherstellung der [öffentlichen] Ordnung

④ *no pl* (*form: return to owner*) Rückgabe *f*; **the full ~ of the misappropriated funds** die volle Rückerstattung der fehlgeleiteten Gelder

⑤ *no pl* (*return to position*) Wiedereinsetzung *f* (**to** in + *akk*)

II. *n modifier* (*costs*) Restaurierungs-; **~ work** Restaurierungsarbeiten *fpl*

Restoration [ˌrestᵊrˈeɪʃᵊn, AM -təˈreɪ-] HIST **I.** *n* ■**the R~** die Restauration

II. *n modifier* **~ architecture/art** die Architektur/Kunst der Restaurationszeit; **~ house** Haus *nt* aus der Restaurationszeit

restorative [rɪˈstɒrətɪv, AM -ˈstɔːrət̬ɪv] **I.** *n* Stärkungsmittel *nt*

II. *adj* stärkend *attr*; **~ powers** [**of sth**] (*strengthening*) kräftigende Wirkung [von etw *dat*]; (*healing*) heilende Wirkung [von etw *dat*]

restore [rɪˈstɔːʳ, AM -ˈstɔːr] *vt* ① (*renovate*) ■**to ~ a building/painting** ein Gebäude/Gemälde restaurieren

② (*re-establish*) ■**to ~ sth** etw wiederherstellen; **to ~ sb's faith in sth** jdm sein Vertrauen in etw *akk* zurückgeben; **to ~ sb to health** jds Gesundheit [*o* jdn] wiederherstellen; **to ~ a law** ein Gesetz wieder einführen; **to ~** [**law and**] **order** die [öffentliche] Ordnung wiederherstellen; **to ~ sb to life** jdn ins Leben zurückbringen; **to ~ sb's sight** jds Sehvermögen wiederherstellen

③ (*form: return to owner*) ■**to ~ sth to sb** jdm etw zurückgeben; ■**to ~ sb to sb** jdn [zu] jdm zurückbringen

④ (*reinstate*) ■**to ~ sb to sth** jdn wieder in etw *akk* einsetzen; **to ~ sb to their former position** jdn in seine/ihre frühere Position wieder einsetzen; **to ~ sb to power** jdn wieder an die Macht bringen

restorer [rɪˈstɔːrəʳ, AM -ˈstɔːrə˞] *n* ① ARCHIT, ART (*person*) Restaurator(in) *m(f)*

② (*hair growth treatment*) **hair ~** Haarwuchsmittel *nt*

restrain [rɪˈstreɪn] *vt* ① (*physically check*) ■**to ~ sb** jdn zurückhalten; (*forcefully*) jdn bändigen; ■**to ~ sb from** [**doing**] **sth** jdn davon abhalten, etw zu tun

② (*hold back*) ■**to ~ sth** etw zurückhalten; ■**to ~ oneself** sich *akk* beherrschen; **to ~ an impulse to do sth** einen Drang, etw zu tun, unterdrücken; ***she ~ed her impulse to smile*** sie unterdrückte ein Lächeln

③ (*keep under control*) ■**to ~ sth** etw einschränken [*o* beschränken] [*o geh* restringieren]; **to ~ arms sales** den Waffenverkauf mit Restriktionen belegen; **to ~ inflation** die Inflation aufhalten

restrained [rɪˈstreɪnd] *adj* beherrscht; ***she was ~, despite the anger that welled up inside her*** sie war sehr beherrscht trotz des Zorns, der in ihr aufstieg; **~ criticism** verhaltene Kritik; **~ manners** gepflegte Manieren; **~ policy** zurückhaltende Politik

restraining influence *n* beruhigender Einfluss; **to act as a ~ on sb** einen beruhigenden Einfluss auf jdn ausüben **restraining order** *n* LAW einstweilige Verfügung *fachspr*; **to obtain a ~** eine einstweilige Verfügung erwirken

restraint [rɪˈstreɪnt] *n* ① *no pl* (*self-control*) Beherrschung *f*; **to exercise ~** Zurückhaltung üben *f*; **to laugh without ~** frei und unbeschwert lachen

② ECON (*restriction*) Einschränkung *f*, Beschränkung *f*; **~s on imports** Einfuhrbeschränkungen *fpl*; **a ~ on the press** eine Beschneidung der Pressefreiheit; **pay** [*or* **wage**] **~** *esp* BRIT Lohnstopp *m*

③ LAW **to place/keep sb under ~** jdn in Gewahrsam nehmen/behalten

restraint of trade *n* ECON ① (*obligation to maintain secrecy*) Geheimhaltungspflicht *f*

② (*trading restriction*) Wettbewerbsbeschränkung *f*, Handelsbeschränkung *f*

restrict [rɪˈstrɪkt] *vt* ① (*limit*) ■**to ~ sth** etw beschränken [*o* einschränken]; *number* etw begrenzen; ■**to ~ sb to sth** ***we will have to ~ managers to half an hour's lunch break*** wir müssen die Mittagspause für Manager auf eine halbe Stunde beschränken; ■**to ~ oneself to sth** sich *akk* auf etw beschränken; **to ~ freedom of speech** die Redefreiheit beschneiden; **to ~ the sale of cigarettes** den Verkauf von Zigaretten mit Restriktionen belegen; **to ~ vision** [*or* **visibility**] die Sicht einschränken

② (*deprive of right*) ■**to ~ sb from sth** jdm etw untersagen

③ (*confine*) ■**to ~ sb to sth** jdn in etw *akk* einsperren; **to be ~ed to barracks** Kasernenarrest haben

restricted [rɪˈstrɪktɪd] *adj* ① (*limited*) *choice, vocabulary* begrenzt; *view* eingeschränkt

② (*subject to limitation*) eingeschränkt; *view, number* beschränkt; ■**to be ~ to sb/sth** auf jdn/etw beschränkt sein; *privilege* jdm/etw vorbehalten sein *geh*; **~ area** MIL Sperrgebiet *nt*; (*with speed limits*) verkehrsberuhigte Zone; **~ document** geheimes Dokument; **~ entry** beschränkte Zufahrt

③ (*spatially confined*) eng

restriction [rɪˈstrɪkʃᵊn] *n* ① (*limit*) Begrenzung *f*, Beschränkung *f*, Einschränkung *f*, Restriktion *f*; **speed ~** Geschwindigkeitsbegrenzung *f*; **~ on trade** Handelsbeschränkung *f*; **to be subject to ~s** Beschränkungen [*o geh* Restriktionen] unterliegen; **to impose** [*or* **place**] **a ~ on sth** etw mit Restriktionen belegen; **to lift ~s** Restriktionen aufheben

② *no pl* (*action of limiting*) Einschränken *nt*

③ COMPUT Einschränkung *f*

restrictive [rɪˈstrɪktɪv] *adj* (*esp pej*) einschränkend, einengend; *measure* restriktiv; **~ trade practices** wettbewerbsbeschränkende Handelspraktiken

restrictive practice *n* BRIT unwirtschaftliche Arbeitspraktiken **restrictive trade practices** *npl* wettbewerbsbeschränkende Geschäftspraktiken

restring <-strung, -strung> [rɪˈstrɪŋ] *vt* **to ~ an instrument** ein Instrument neu besaiten; **to ~ pearls** Perlen neu aufziehen; **to ~ a tennis racket** einen Tennisschläger neu bespannen

restroom *n esp* AM (*toilet*) Toilette *f*

restructure [ˌriːˈstrʌktʃəʳ, AM -ə˞] *vt* ECON ■**to ~ sth** etw umstrukturieren [*o* restrukturieren] [*o* reorganisieren]

restructuring [ˌriːˈstrʌktʃᵊrɪŋ, AM -ə˞ɪŋ] *n* Restrukturierung *f*, Umstrukturierung *f*; **to undergo ~** umstrukturiert werden

restructuring plan *n* Reorganisationsprogramm *nt*, Sanierungsplan *m*

restrung [rɪˈstrʌŋ] *vt pt, pp of* **restring**

rest stop *n* AM (*lay-by*) Raststätte *f*

result [rɪˈzʌlt] **I.** *n* ① (*consequence*) Folge *f*; ■**with the ~ that ...** mit dem Ergebnis [*o* so], dass ...; ■**as a ~ of sth** als Folge [*o* wegen] einer S. *gen*; **~s of an accident** Unfallfolgen *fpl*

② (*outcome*) Ergebnis *nt*; ***the ~ of the match was 4 to 2*** das Spiel ist 4 zu 2 ausgegangen; **election ~s** Wahlergebnisse *ntpl*; **end ~** Endergebnis *nt*; **football ~s** Fußballergebnisse *ntpl*; **~s of a test** Testresultate *ntpl*; **with no** [*or* **without**] **~** ergebnislos

③ ECON (*corporate performance*) ■**~s** *pl* Ergebnisse *ntpl*; ***Smith's annual ~s will be published on Friday*** der Jahresbericht von Smith wird am Freitag veröffentlicht; (*for year*) Jahresergebnis *nt*

④ (*satisfactory outcome*) ■**~s** *pl* Erfolg *m*, Resultat

R

nt; **to get/see ~s** Erfolge erzielen/sehen; **to have good ~s with sth** gute Ergebnisse mit etw *dat* erzielen

❺ BRIT *(fam: a win)* Sieg *m*

❻ MATH *of a calculation, a sum* Resultat *nt,* Ergebnis *nt*

❼ COMPUT Ergebnis *nt*

II. *vi* ❶ *(ensue)* resultieren, sich *akk* ergeben; ***chaos ~ed*** es kam zu einem Chaos, es entstand ein Chaos; ■**to ~ from sth** aus etw *dat* resultieren, sich *akk* aus etw *dat* ergeben, auf etw *akk* hinauslaufen

❷ *(cause)* ■**to ~ in sth** etw zur Folge haben, zu etw *akk* führen

resultant [rɪˈzʌltᵊnt] *adj attr, inv (form),* **resulting** [rɪˈzʌltɪŋ] *adj attr, inv* resultierend *attr,* sich daraus ergebend *attr*

resume [rɪˈzjuːm, AM *esp* -ˈzuːm] **I.** *vt* ❶ *(start again)* ■**to ~ sth** etw wieder aufnehmen; **to ~ a journey** eine Reise fortsetzen; **to ~ work** die Arbeit wieder aufnehmen; ■**to ~ doing sth** fortfahren, etw zu tun

❷ *(form: reoccupy)* etw wieder einnehmen; **to ~ one's seat** sich *akk* wieder auf seinen Platz begeben

II. *vi* wieder beginnen; *(after short interruption)* weitergehen

résumé [ˈrezjuːmeɪ, AM ˈrezʊ-] *n* ❶ *(summary)* Zusammenfassung *f,* Resümee *nt geh;* **to give [sb] a ~ of sth** [jdm] eine Zusammenfassung über etw *akk* geben, etw [für jdn] zusammenfassen

❷ AM, AUS *(curriculum vitae)* Lebenslauf *m*

resumption [rɪˈzʌm(p)ʃᵊn] *n* ❶ *no pl (act) of a game, negotiations, talks* Wiederaufnahme *f*

❷ *(instance)* Wiederbeginn *m kein pl;* ***there have been several ~s of hostilities during the negotiations*** während der Verhandlungen kam es immer wieder zu Feindseligkeiten

resurface [ˌriːˈsɜːfɪs, AM -ˈsɜːr-] **I.** *vi* ❶ *(rise to surface) submarine, diver* wieder auftauchen

❷ *(reappear)* wieder zum Vorschein kommen [*o fam* auftauchen]; *(fig) memories, topic* aufkommen

II. *vt* ■**to ~ sth** die Oberfläche einer S. *gen* erneuern; **to ~ a road** den Straßenbelag erneuern

resurgence [ˌriːˈsɜːdʒᵊn(t)s, AM -ˈsɜːr-] *n no pl (form)* Wiederaufleben *nt;* **to enjoy a ~ in popularity** *band* ein Come-back erleben

resurgent [ˌriːˈsɜːdʒᵊnt, AM -ˈsɜːr-] *adj usu attr (form)* wieder auflebend *attr*

resurrect [ˌrezᵊrˈekt, AM -əˈrekt] *vt* ❶ *(revive)* ■**to ~ sth** etw wieder aufleben lassen; **to ~ a fashion** eine Mode wiederbeleben; **to ~ an idea** eine Idee wieder aufleben lassen

❷ *(bring back to life)* **to ~ sb [from the dead]** jdn [von den Toten] auferstehen lassen; **to ~ the dead** die Toten wieder zum Leben erwecken

Resurrection [ˌrezᵊrˈekʃᵊn, AM -əˈrek-] *n no pl* ■**the ~** *(raising of Christ)* die Auferstehung; *(at Last Judgment)* die Wiederauferstehung

resurrection [ˌrezᵊrˈekʃᵊn, AM -əˈrek-] *n no pl* Wiederbelebung *f;* **the ~ of a law** die Wiedereinführung eines Gesetzes

resuscitate [rɪˈsʌsɪteɪt, AM -ˈsʌsə-] *vt* ❶ MED ■**to ~ sb** jdn wiederbeleben

❷ *(fig)* ■**to ~ sth** etw [neu] beleben; **to ~ a play/poem** ein Stück/Gedicht aus der Versenkung hervorholen *fig*

resuscitation [rɪˌsʌsɪˈteɪʃᵊn, AM -səˈ-] *n* ❶ MED *(revival)* Wiederbelebung *f;* **mouth-to-mouth ~** Mund-zu-Mund-Beatmung *f*

❷ COMM *(reanimation)* Belebung *f;* **~ of the economy** Belebung *f* der Wirtschaft

retail [ˈriːteɪl] **I.** *n no pl* Einzelhandel *m,* Kleinhandel *m,* Detailhandel *m* SCHWEIZ; **experience in ~** Einzelhandelserfahrung *f*

II. *n modifier (customer, goods, shop)* Einzelhandels-; **~ dealer** Einzelhändler(in) *m(f);* **~ sales** Umsatzzahlen *fpl* im Einzelhandel

III. *vt* ■**to ~ sth** etw im Einzelhandel verkaufen

IV. *vi* ■**to ~ at** [*or* **for**] **sth** ***this model of computer is ~ing at £650*** im Einzelhandel kostet dieses Computermodell 650 Pfund

V. *adv inv* im Einzelhandel; **to buy/sell sth ~** etw im Einzelhandel einkaufen/verkaufen

retail banking *n* Privatkundengeschäft *nt*

retailer [ˈriːteɪləʳ, AM -ɚ] *n* Einzelhändler(in) *m(f)*

retail outlet *n* Einzelhandelsgeschäft *nt,* Verkaufsstelle *f* [für Endabnehmer] **retail price** *n* Einzelhandelspreis *m,* Ladenpreis *m,* Endpreis *m;* ***this product sells at a ~ price of ...*** im Einzelhandel kostet dieses Produkt ... **retail price(s) index** *n* BRIT ECON ■**the ~** der Einzelhandelspreisindex

retain [rɪˈteɪn] *vt* ❶ *(keep)* ■**to ~ sth** etw behalten; **to ~ sb's attention** jds Aufmerksamkeit halten; **to ~ the championship** SPORTS Meister/Meisterin bleiben; **to ~ one's composure** die Haltung bewahren; **to ~ control of sth** etw weiterhin in der Gewalt haben; **to ~ one's dignity/independence** seine Würde/Unabhängigkeit wahren; **to ~ the right to do sth** LAW sich *akk* das Recht vorbehalten, etw zu tun; **to ~ a title** SPORTS einen Titel behalten

❷ *(not alter)* ■**to ~ sth** etw beibehalten, bei etw *dat* bleiben

❸ *(not lose)* ■**to ~ sth** etw speichern; ***limestone ~s water*** Kalkstein nimmt viel Wasser auf

❹ *(remember)* ■**to ~ sth** sich *dat* etw merken; ***I am able to ~ names easily*** ich kann Namen gut behalten

❺ *(hold in place)* ■**to ~ sth** etw zurückhalten; ***the wall of this dam ~s 5,000,000 cubic metres of water*** die Wand dieses Dammes hält 5.000.000 Kubikmeter Wasser

❻ *(secure services of)* **to ~ a lawyer** [*or* AM **attorney**] einen Anwalt [durch Zahlung eines Vorschusses] verpflichten

retained earnings *npl* FIN, ECON *(corporate income)* Gewinnrücklagen *fpl; of a business, company, firm* thesaurierter Gewinn *fachspr*

retainer [rɪˈteɪnəʳ, AM -ɚ] *n* ❶ LAW *(fee)* Vorschuss *m;* ECON Honorarvorschuss *m*

❷ *(dated: servant)* Faktotum *nt veraltend*

retaining [rɪˈteɪnɪŋ] *adj attr, inv* Halte-, Sicherungs-, Sperr-; *wall* Stütz-; *water* Stau-

retaining fee *n see* **retainer** *esp* LAW Anwaltsvorschuss *m* **retaining wall** *n* Stützmauer *f*

retake **I.** *vt* <-took, -taken> [ˌriːˈteɪk] ■**to ~ sth** ❶ *(take again)* etw wiederholen; **to ~ an exam** eine Prüfung wiederholen

❷ *(regain)* etw wiedergewinnen; **to ~ the lead** SPORTS sich *akk* wieder an die Spitze setzen; *(in a race)* wieder die Führung übernehmen; **to ~ a town** MIL eine Stadt zurückerobern

❸ *(film again)* **to ~ a scene** eine Szene nochmals drehen

II. *n* [ˈriːteɪk] ❶ *esp* BRIT *(repeated exam)* Wiederholungsprüfung *f*

❷ *(filming again)* Neuaufnahme *f;* ***it took seven ~s to get the scene right*** er drehte die Szene siebenmal, um sie richtig hinzukriegen

retaken [ˌriːˈteɪkᵊn] *vt pp of* **retake**

retaliate [rɪˈtælieɪt] *vi* Vergeltung üben, sich *akk* rächen; *for insults* sich *akk* revanchieren (**to** für +*akk*); ***the terrorists ~d against the government with a bomb attack*** die Terroristen schlugen mit einem Bombenanschlag gegen die Regierung zurück

retaliation [rɪˌtæliˈeɪʃᵊn] *n no pl* Vergeltung *f,* Vergeltungsmaßnahme *f; (in fighting)* Vergeltungsschlag *m;* **in ~ for sth** als Vergeltung für etw *akk;* ***the bomb attack was in ~ for the arrest of two terrorists*** der Bombenanschlag war ein Vergeltungsschlag für die Verhaftung von zwei Terroristen

retaliatory [rɪˈtæliətᵊri, AM -tɔːri] *adj attr, inv* Vergeltungs-; **~ measures** Vergeltungsmaßnahmen *fpl*

retard **I.** *vt* [rɪˈtɑːd, AM -ˈtɑːrd] *(form)* ■**to ~ sth** etw verzögern [*o* verlangsamen]; **to ~ the development of a country** die Entwicklung eines Landes aufhalten; **to ~ economic growth** das Wirtschaftswachstum bremsen

II. *n* [ˈriːtɑːrd] AM *(pej! fam)* Idiot *m pej;* ***get out of my way, ~!*** aus dem Weg, du Blödmann!

retardant [rɪˈtɑːdᵊnt, AM -ˈtɑːr-] *n* CHEM Verzögerungsmittel *nt;* **growth ~** Wachstumsverzögerungsmittel *nt;* **fire ~** Feuerhemmer *m*

-retardant [rɪˈtɑːdᵊnt, AM -ˈtɑːr-] *in compounds* TECH **heat-~ properties** hitzehemmende Eigenschaften; **fire-~ materials** feuerhemmende Materialien

retardation [ˌriːtɑːˈdeɪʃᵊn, AM -tɑːrˈ-] *n no pl (form)* Verzögerung *f;* **growth ~** Wachstumsverzögerung *f;* **mental ~** *(dated or pej!)* geistige Retardation *geh*

retarded [rɪˈtɑːdɪd, AM -ˈtɑːr-] *(dated or pej!)* **I.** *adj* zurückgeblieben; **emotionally ~** emotional gehemmt; **mentally ~** geistig zurückgeblieben

II. *n* ■**the [mentally] ~** + *pl vb* [geistig] Zurückgebliebene *pl,* die [geistig] Zurückgebliebenen *pl*

retarder [rɪˈtɑːdəʳ, AM -ˈtɑːrdɚ] *n* CHEM Verzögerungsmittel *nt*

retch [retʃ] *vi* würgen; **to make sb ~** jdn zum Würgen bringen

retd *adj after n, inv abbrev of* **retired** a.D.

retell <-told, -told> [ˌriːˈtel] *vt* ■**to ~ sth** etw wieder [*o* nochmals] erzählen; ***she told and retold herself that she wouldn't give in*** sie sagte sich immer wieder, daß sie nicht klein beigeben würde; ***the film ~s the story of Anne Frank*** der Firm erzählt die Geschichte der Anne Frank

retention [rɪˈten(t)ʃᵊn] *n no pl* ❶ *(keeping)* Beibehaltung *f; of funds, payments* Einbehaltung *f,* Zurückbehaltung *f;* **~ of power** Machterhalt *m;* **~ of a title** SPORTS Verteidigung *f* eines Titels

❷ *(preservation)* Erhaltung *f;* **~ of rights** Wahrung *f* von Rechten; **staff ~** ECON Personalerhaltung *f*

❸ *(not losing)* Speicherung *f;* MED Retention *f fachspr;* ***she suffers from water ~*** sie leidet unter Wasseransammlungen im Gewebe; **~ of heat** Hitzespeicherung *f*

❹ *(form: memory)* Gedächtnis *nt;* **powers of ~** Merkfähigkeit *f*

❺ *esp* LAW *(securing sb's services)* **~ of a lawyer** Mandat *nt* [nach geleisteter Vorauszahlung]

retentive [rɪˈtentɪv, AM -t̬-] *adj* aufnahmefähig; **to have a ~ memory** ein sehr gutes Gedächtnis haben

rethink **I.** *vt* <-thought, -thought> [ˌriːˈθɪŋk] ■**to ~ sth** etw überdenken; ■**to ~ how/why/whether ...** überdenken, wie/warum/ob ...

II. *vi* <-thought, -thought> [ˌriːˈθɪŋk] überlegen

III. *n* [ˈriːθɪŋk] *no pl* Überdenken *nt;* **to have a ~** etw noch einmal überdenken

rethought [ˌriːˈθɔːt, AM *esp* -ˈθɑːt] *vt pt, pp of* **rethink**

reticence [ˈretɪsᵊn(t)s, AM ˈret̬ə-] *n no pl* Zurückhaltung *f; (taciturnity)* Wortkargheit *f*

reticent [ˈretɪsᵊnt, AM ˈret̬ə-] *adj (form)* zurückhaltend; *(taciturn)* wortkarg; ■**to be ~ [about sth/sb]** [in Bezug auf etw/jdn] nicht sehr gesprächig sein; ***he is very ~ about his past*** über seine Vergangenheit schweigt er sich aus

reticently [ˈretɪsᵊntli, AM ˈret̬ə-] *adv (form)* zurückhaltend

reticulate [rɪˈtɪkjələt, AM -lɪt] *adj inv,* **reticulated** [rɪˈtɪkjəleɪtɪd, AM -t̬-] *adj inv* BOT, ZOOL netzartig, retikular *fachspr*

reticulation [rɪˌtɪkjəˈleɪʃᵊn] *n* TECH Geflecht *nt*

retina <*pl* -s *or* -nae> [ˈretɪnə, AM -ᵊnə, *pl* -niː] *n* Netzhaut *f,* Retina *f fachspr*

retinal [ˈretɪnəl, AM -ᵊnəl] *adj attr, inv* ANAT Netzhaut-; **~ detachment** Netzhautablösung *f*

retinue [ˈretɪnjuː, AM -tᵊnuː, -njuː] *n + sing/pl vb* Gefolge *nt kein pl*

retire [rɪˈtaɪəʳ, AM -ɚ] **I.** *vi* ❶ *(stop working)* in den Ruhestand treten; *worker* in Rente gehen; *civil servant* in Pension gehen; *self-employed person* sich *akk* zur Ruhe setzen; *soldier* aus der Armee ausscheiden; SPORTS seine Karriere beenden; **to ~ from business** sich *akk* aus dem Geschäftsleben zurückziehen; **to ~ from a company** aus einer Firma ausscheiden

❷ SPORTS ausscheiden; ***he ~d injured*** [*or* ***hurt***] er schied verletzungsbedingt aus

❸ *(form: withdraw)* sich *akk* zurückziehen; LAW ***the jury ~d to consider the verdict*** die Jury zog sich zur Urteilsfindung zurück

❹ *(form: go to bed)* sich *akk* zu Bett begeben *geh*

II. *vt* ❶ *(cause to stop working)* ■**to ~ sb** jdn in den

Ruhestand versetzen; *worker* jdn verrenten
❷ *(pull back)* **to ~ troops** Truppen zurückziehen
❸ *(fam: stop using)* ■**to ~ sth** etw ausrangieren
❹ FIN **to ~ a loan** eine Anleihe zurückzahlen; **to ~ a note** [*or* **bill**] [**from circulation**] eine Banknote aus dem Verkehr ziehen

retired [rɪ'taɪəd, AM -ɚd] *adj inv (not working any longer)* im Ruhestand *präd; worker* in Rente *präd; civil servant* pensioniert; ***he is a ~ soldier*** er ist ein ehemaliger Soldat

retiree [rɪ,taɪ(ə)'riː, AM rɪ'taɪriː] *n* AM Ruheständler(in) *m(f); (retired worker)* Rentner(in) *m(f); (retired civil servant)* Pensionär(in) *m(f)*

retirement [rɪ'taɪəmənt, AM -ɚ-] **I.** *n* ❶ *(from job)* Ausscheiden *nt* aus dem Arbeitsleben; *of a civil servant* Pensionierung *f; of a soldier* Verabschiedung *f*
❷ *no pl esp* SPORTS *(ceasing to compete)* Ausscheiden *nt*
❸ *no pl (after working life)* Ruhestand *m;* ■**on ~** bei Eintritt in den Ruhestand; **to be in ~** im Ruhestand sein; **to come out of ~** wieder zur Arbeit zurückkehren; **to go into ~** *worker* in Rente gehen; *self-employed person* sich *akk* zur Ruhe setzen; *civil servant* sich *akk* pensionieren lassen; **to take early ~** *(as a worker)* in Frührente gehen; *(as a civil servant)* sich *akk* frühzeitig pensionieren lassen
❹ *no pl (form: seclusion)* Zurückgezogenheit *f;* **to live in ~** zurückgezogen leben
❺ LAW das Sichzurückziehen [der Jury]
II. *n modifier* Pensions-, Renten-; **~ benefit** Altenhilfe *f;* **~ pay** *(for worker)* [Alters]rente *f; (for civil servant)* [Alters]ruhegeld *nt;* **~ plan** Altersversorgungsschema *nt;* **~ village** Rentnerdorf *nt*

retirement age *n of a worker* Rentenalter *nt; of a civil servant* Pensionsalter *nt* **retirement community** *n* betreutes Wohnen **retirement home** *n* Altenheim *nt* **retirement pension** *n* Altersversorgung *f; (for worker)* [Alters]rente *f; (for civil servant)* [Alters]ruhegeld *nt,* Pension *f*

retiring [rɪ'taɪərɪŋ, AM -ɚ-] *adj* ❶ *attr, inv (stopping work)* ausscheidend
❷ *(reserved)* zurückhaltend

retold [,riː'təʊld] *vt pp, pt of* **retell**

retook [,riː'tʊk] *vt pt of* **retake**

retool [,riː'tuːl] ECON **I.** *vt* ■**to ~ sth** etw mit neuen Maschinen bestücken; **to ~ an assembly line** ein Montageband neu ausrüsten
II. *vi* sich *dat* neue Maschinen anschaffen

retort [rɪ'tɔːt, AM -'tɔːrt] **I.** *vt* ■**to ~ that ...** scharf erwidern, dass ...; ***"no need to be so rude," she ~ed*** „kein Grund so unhöflich zu sein", gab sie zurück
II. *vi* scharf antworten
III. *n* scharfe Anwort [*o* Erwiderung]; ***he made an angry ~*** er antwortete verärgert und mit scharfen Worten

retouch [,riː'tʌtʃ] *vt* ■**to ~ sth** etw retuschieren

retrace [rɪ'treɪs] *vt* ■**to ~ sth** etw zurückverfolgen; *in mind* etw [geistig] nachvollziehen; **to ~ one's steps** denselben Weg zurückgehen

retract [rɪ'trækt] **I.** *vt* ■**to ~ sth** ❶ *(withdraw)* etw zurückziehen; **to ~ an offer/a statement** ein Angebot/eine Behauptung zurücknehmen
❷ *(draw back)* etw zurückziehen; *(into body)* etw einziehen; ***the cat ~ed its claws*** die Katze zog ihre Krallen ein; ***the pilot ~ed the undercarriage*** der Pilot zog das Fahrgestell ein
II. *vi* ❶ *(withdraw words)* einen Rückzieher machen *fam*
❷ *(be drawn back)* eingezogen werden

retractable [rɪ'træktəbl] *adj inv* einziehbar

retraction [rɪ'trækʃᵊn] *n (form)* Zurücknahme *f kein pl*

retrain [rɪ'treɪn] **I.** *vt* ❶ *(train for work)* ■**to ~ sb** jdn umschulen; **to ~ staff** das Personal umschulen
❷ COMPUT ■**to ~ sth** etw resynchronisieren
II. *vi* umgeschult werden

retraining [rɪ'treɪnɪŋ] *n no pl* Umschulung *f*

retread I. *vt* [,riː'tred] AUTO **to ~ a tyre** [*or* AM **tire**] einen Reifen runderneuern
II. *n* ['riːtred] runderneuerter Reifen

retreat [rɪ'triːt] **I.** *vi* ❶ MIL sich *akk* zurückziehen, den Rückzug antreten
❷ *(move backwards)* zurückweichen; *(become smaller) flood waters* zurückgehen, fallen; *ice* schmelzen; *shares* fallen; ***when she came towards me shouting I ~ed behind my desk*** als sie schreiend auf mich zukam, bin ich hinter meinen Schreibtisch geflüchtet
❸ *(withdraw)* sich *akk* zurückziehen; *(hide)* sich *akk* verstecken; ■**to ~ into oneself** sich *akk* in sich selbst zurückziehen; **to ~ into a fantasy world** sich *akk* in eine Fantasiewelt flüchten; **to ~ into the shade** sich *akk* in den Schatten zurückziehen
❹ *(fail to uphold)* einen Rückzieher machen; **to ~ from one's beliefs** seine Überzeugungen ändern; **to ~ from one's principles** von seinen Prinzipien abweichen; **to ~ from one's promises/proposals** seine Versprechen/Vorschläge zurücknehmen
II. *n* ❶ MIL *(withdrawal)* Rückzug *m;* ■**to be in ~** sich *akk* auf dem Rückzug befinden; ***enemy soldiers are now in full ~*** die feindlichen Soldaten haben jetzt den totalen Rückzug angetreten; **to sound a ~** zum Rückzug blasen
❷ *no pl (withdrawal)* Abwendung *f,* Abkehr *f* (**from** von +*dat*)
❸ *(private place)* Zufluchtsort *m;* ***she's gone off to a Buddhist ~ in the mountains*** sie hat sich zu den Buddhisten in die Berge zurückgezogen
❹ *(period of seclusion)* Zeit *f* der Ruhe und Abgeschiedenheit; **to go on ~** REL in Klausur gehen
❺ *(failure to uphold)* Abweichung *f;* **to mark** [*or* **signal**] **a ~ from sth** eine Abweichung von etw *dat* darstellen

retreating [rɪ'triːtɪŋ, AM -ţ-] *adj attr, inv* MIL sich im Rückzug befindend *attr*

retrench [rɪ'tren(t)ʃ, AM -'trentʃ] **I.** *vi (form)* sich *akk* einschränken, sparen
II. *vt* ❶ *(reduce costs)* **to ~ one's expenditure** seine Ausgaben reduzieren
❷ AUS *(make redundant)* ■**to ~ sth** etw einsparen; **to ~ personnel** Personal abbauen

retrenchment [rɪ'tren(t)ʃmənt, AM -'trentʃ-] *n* ❶ ECON *(form: financial cut)* Kürzung *f,* Senkung *f,* Abbau *m,* Einschränkung *f*
❷ *no pl (reducing spending)* Einschränken *nt*
❸ AUS *(dismissal from employment)* Stellenstreichung *f;* **~ of personal** Personalabbau *m*

retrial [,riː'traɪəl, AM 'riːtraɪ(ə)l] *n* LAW Wiederaufnahmeverfahren *nt; **the ~ of Atkinson's case is scheduled for April*** der Fall Atkinson wird im April wieder aufgenommen

retribution [,retrɪ'bjuːʃᵊn, AM -rə'-] *n no pl (form)* Vergeltung *f;* ***~ overtook him*** die Strafe holte ihn schnell ein; ■**in ~ for sth** als Vergeltung für etw *akk;* **divine ~** die gerechte Strafe Gottes; **to escape ~** seiner Strafe entgehen

retributive [rɪ'trɪbjuːtɪv, AM -ţ-] *adj attr (form)* Vergeltungs-; **~ justice** ausgleichende Gerechtigkeit

retrievable [rɪ'triːvəbl] *adj* ❶ *(available)* [wieder] beschaffbar, beizubringen[d]
❷ *(replacable)* ersetzbar

retrieval [rɪ'triːvəbl] *n no pl* ❶ *(regaining)* Wiedererlangen *nt;* ***he had little hope for the ~ of the stolen painting*** er hatte wenig Hoffnung, dass das gestohlene Gemälde wieder auftauchen würde
❷ *(rescuing)* Rettung *f; (of wreckage)* Bergung *f;* **to be beyond** [*or* **past**] **~** hoffnungslos verloren sein
❸ COMPUT **data/information ~** *(obtaining)* Daten-/Informationsabruf *m; (getting back)* Retrieval *nt fachspr,* Daten-/Informationsrückgewinnung *f,* Wiederauffinden *nt*

retrieve [rɪ'triːv] *vt* ■**to ~ sth** ❶ *(get back)* etw wiederfinden; ***so far, the police have ~d very little of the stolen jewellery*** bis jetzt konnte die Polizei nur wenig von dem gestohlenen Schmuck aufspüren; **to ~ forgotten memories** sich *akk* wieder erinnern können
❷ *(fetch)* etw heraus-/herunter-/zurückholen; ***my hat blew off in the wind but I managed to ~ it*** der Wind hatte meinen Hut weggeblasen, aber ich konnte ihn noch fangen
❸ *(rescue)* etw retten; *(from wreckage)* etw bergen; **to ~ the situation** die Situation retten
❹ COMPUT **to ~ data/information** Daten/Informationen abrufen
❺ *(by dog)* etw apportieren

retriever [rɪ'triːvəʳ, AM -ɚ] *n* Retriever *m*

retro ['retrəʊ, AM -roʊ] *adj* Retro-; **~ 60s fashions** Retromode *f* der Sechziger; ***the restaurant is called '1830' and its design is suitably ~*** das Restaurant heißt ‚1830' und ist dieser Zeit entsprechend aufgemacht

retro- ['retrəʊ, AM -troʊ] *in compounds* Rück-, rück-

retroactive [,retrəʊ'æktɪv, AM -roʊ'-] *adj inv* rückwirkend; ***your pay rise is ~ to January of last year*** Ihre Gehaltserhöhung gilt rückwirkend ab Januar des letzten Jahres; **~ law** rückwirkendes Gesetz

retroactively [,retrəʊ'æktɪvli, AM -roʊ'-] *adv* rückwirkend

retrochoir ['retrəʊ,kwaɪəʳ, AM -roʊ,kwaɪɚ] *n* Chorraum *m*

retrograde ['retrə(ʊ)greɪd, AM -rəgreɪd] *adj* ❶ *(form: regressive) development* rückläufig; **~ policy** rückschrittliche Politik; **~ step** Rückschritt *m*
❷ GEOL, ASTRON rückläufig, retrograd *fachspr*

retrogress [,retrə(ʊ)'gres, AM 'retrəgres] *vi (form)* sich *akk* zurückentwickeln

retrogression [,retrə(ʊ)'greʃᵊn, AM -rə'-] *n no pl (form)* Rückentwicklung *f*

retrogressive [,retrə(ʊ)'gresɪv, AM 'retrəgre-] *adj (form) policy, reforms* rückschrittlich; *development* rückläufig

retrorocket ['retrəʊ,rɒkɪt, AM -roʊ,rɑːk-] *n* AVIAT Bremsrakete *f*

retrospect ['retrə(ʊ)spekt, AM -rə-] *n no pl* **in ~** im Rückblick [*o* Nachhinein], rückblickend

retrospection [,retrə(ʊ)'spekʃᵊn, AM -rə'-] *n no pl, no def art* Rückblick *m,* Retrospektion *f geh;* ***too much ~ makes me sad*** es macht mich traurig, wenn ich zu viel über Vergangenheit nachdenke

retrospective [,retrə(ʊ)'spektɪv, AM -rə'-] **I.** *adj* ❶ *(looking back)* rückblickend; **~ mood** nachdenkliche Stimmung
❷ *esp* LAW *(form)* rückwirkend; **~ pay award** rückwirkende Lohn-/Gehaltserhöhung
II. *n* Retrospektive *f*

retrospectively [,retrə(ʊ)'spektɪvli, AM -rə'-] *adv* ❶ *(with hindsight)* im Nachhinein
❷ *esp* LAW *(form: retroactively)* rückwirkend, retrospektiv *fachspr*

retrovirus <*pl* -es> ['retrə(ʊ)vaɪ(ə)rəs, AM -roʊvaɪrəs] *n* MED Retrovirus *nt fachspr*

retry <-ie-> [,riː'traɪ] **I.** *vt* LAW ■**to ~ sb** gegen jdn neu verhandeln; **to ~ a case** einen Prozess [*o* ein Verfahren] wieder aufnehmen
II. *vi* COMPUT wieder eingeben, neu eingeben

retsina [ret'siːnə] *n no pl* Retsina *m*

retune [,riː'tjuːn, AM *esp* -'tuːn] **I.** *vt* ■**to ~ sth** ❶ MUS *(tune again)* etw stimmen; **to ~ a piano** ein Klavier stimmen
❷ RADIO, TV *(readjust)* etw einstellen
II. *vi* einstellen; **to ~ to another frequency** eine andere Frequenz einstellen

return [rɪ'tɜːn, AM -'tɜːrn] **I.** *n* ❶ *(to a place/time)* Rückkehr *f* (**to** zu +*dat*), Wiederkehr *f geh;* **~ home** Heimkehr *f;* ***after his ~ from the war, ...*** nachdem er aus dem Krieg zurückgekehrt war, ...; **~ to school** Schulbeginn *m*
❷ *(reoccurrence) of an illness* Wiederauftreten *nt*
❸ *(giving back)* Rückgabe *f;* **~ of goods** *(by post etc.)* Warenrücksendung *f; (handed back)* Rückgabe *f;* **by ~** [**of post**] BRIT, AUS postwendend
❹ *(recompense)* Gegenleistung *f;* ***a small ~ for your kindness*** ein kleines Zeichen der Dankbarkeit für Ihre Zuvorkommenheit; ***in ~ for your cooperation we will give you a free gift*** als Anerkennung für Ihre Mitarbeit erhalten Sie ein Geschenk von uns
❺ BRIT, AUS *(ticket)* Hin- und Rückfahrkarte *f;* **day ~** Tagesfahrkarte *f;* **first-class/second-class ~** Hin- und Rückfahrkarte *f* erster/zweiter Klasse; **weekend ~** Wochenendkarte *f*

R

⑥ SPORTS (*stroke*) Rückschlag *m;* ~ **of serve** Return *m*
⑦ ECON (*proceeds*) Gewinn *m*, Ertrag *m*, Rendite *f;* **~s on capital** Rendite *f;* **law of diminishing ~s** Gesetzmäßigkeit *f* vom abnehmenden Ertragszuwachs
⑧ POL (*election*) Wahl *f* [eines Parlamentsabgeordneten]; **his ~ to power** seine Wiederwahl
⑨ AM POL ■**the ~s** *pl* die Wahlergebnisse
⑩ ECON (*returned goods*) ■**~s** *pl* Rücksendungen *fpl*, Retourwaren *fpl*, Remittenden *mpl*
⑪ *no pl* COMPUT (*key on keyboard*) Return, Return-Taste *f*, Eingabetaste *f*
⑫ FIN **[income] tax ~** [Einkommens]steuererklärung *f*
⑬ (*end of line indication*) Zeilenbruch *m*
⑭ COMPUT (*instruction*) Rücksprung *m*
► PHRASES: **many happy ~s [of the day]** herzlichen Glückwunsch zum Geburtstag; **to do sth by ~** BRIT etw sofort tun
II. *adj attr, inv postage, flight, trip* Rück-
III. *vi* ① (*come/go back*) zurückkehren, zurückkommen; (*fig*) ***is there any hope that peace will ~?*** besteht die Hoffnung, dass es je wieder Frieden geben wird?; **to ~ home** (*come back home*) nach Hause kommen; (*go back home*) nach Hause gehen; (*after long absence*) heimkehren; ■**to ~ from somewhere** von irgendwo zurückkommen [*o* zurückkehren]; ■**to ~ to somewhere** irgendwohin zurückkehren; **~ to sender** zurück an Absender
② (*reoccur*) *pain, illness* wiederkommen
③ (*revert to*) ■**to ~ to sth** etw wieder aufnehmen; ***she ~ed to making her own clothes*** sie nähte sich ihre Kleider wieder selbst; ***she longed to ~ to her gardening*** sie sehnte sich danach, wieder im Garten zu arbeiten; **to ~ to office [*or* power]** wiedergewählt werden; **to ~ to a problem** sich *akk* einem Problem wieder zuwenden; **to ~ to a subject** auf ein Thema zurückkommen; **to ~ to a task** sich *akk* einer Aufgabe wieder widmen; **to ~ to one's old ways** in seine alten Gewohnheiten zurückfallen; **to ~ to normal** *things* sich wieder normalisieren; *person* wieder zu seinem alten Ich zurückfinden
IV. *vt* ① (*give back*) ■**to ~ sth** etw zurückgeben; ***when are you going to ~ the money you owe me?*** wann zahlst du mir das Geld zurück, das du mir schuldest?; ■**to ~ sth to sb/sth** (*in person*) jdm/etw etw zurückgeben; (*by post*) jdm/etw etw zurückschicken; **to ~ goods** Waren zurücksenden; **to ~ sth to its place** etw an seinen Platz zurückstellen
② (*reciprocate*) ■**to ~ sth** etw erwidern; **to ~ a blow/a salute/a wave** zurückschlagen/-grüßen/-winken; **to ~ sb's call** jdn zurückrufen; **to ~ a compliment/a greeting** ein Kompliment/einen Gruß erwidern; **to ~ a favour** sich *akk* revanchieren; ***let me ~ your favour*** jetzt tue ich *dir* einen Gefallen; **to ~ fire** das Feuer erwidern; **to ~ good for evil** Böses mit Gutem vergelten; **to ~ sb's love** jds Liebe erwidern
③ (*place back*) ■**to ~ sth somewhere** etw irgendwohin zurückstellen [*o* zurücklegen]; **to ~ animals to the wild** Tiere auswildern
④ POL ■**to ~ sb** BRIT jdn wählen; **to ~ sb to power [*or* office]** jdn wieder ins Amt wählen; **~ing officer** Wahlleiter(in) *m(f)*
⑤ FIN **to ~ a profit** einen Gewinn einbringen [*o* abwerfen]
⑥ LAW (*pronounce*) **to ~ a verdict of guilty/not guilty** einen Schuldspruch/Freispruch aussprechen
⑦ TENNIS **to ~ a volley** einen Volley annehmen
returnable [rɪˈtɜːnəbl̩, AM -ˈtɜːrn-] *adj* ① (*recyclable*) wiederverwendbar, Mehrweg-; **~ bottle** Mehrwegflasche *f;* **~ bottle with deposit** Pfandflasche *f*
② (*accepted back*) umtauschbar; ***these items are not ~*** diese Waren sind vom Umtausch ausgeschlossen
returnee [rɪˌtɜːˈni, AM ˌtɜːr] *n esp* POL Rückkehrer(in) *m(f)*, Rückkehrwillige(r) *f(m)*
returner [rɪˈtɜːnəʳ, AM ˌtɜːrnɚ] *n* Zurückkehrende(r) *f(m); job* Wiedereinsteiger(in) *m(f)*
returning [rɪˈtɜːnɪŋ, AM -ˈtɜːrn-] *adj attr* rückkehrend; **~ soldier** heimkehrender Soldat
returning officer *n* NBRIT, CAN POL Wahlleiter(in) *m(f)*
return key *n* Eingabetaste *f* **return mail** *n* AM, AUS **to do sth by ~** etw postwendend [*o* umgehend] tun **return match** *n* Rückspiel *nt* **return on investment** *n* AM (*yield*) Kapitalrendite *f*, Ertrag aus investiertem Kapital, Investitionsrentabilität *f* **return receipt** *n* AM Rückschein *m* **return ticket** *n* ① BRIT, AUS (*ticket there and back*) Hin- und Rückfahrkarte *f;* AVIAT Hin- und Rückflugticket *nt*, Hin- und Rückflugschein *m* ② AM (*ticket for return*) Rückfahrkarte *f*
reunification [ˌriːjuːnɪfɪˈkeɪʃᵊn, AM riːˌjuːnə-] *n no pl* Wiedervereinigung *f*
reunify <-ie-> [ˌriːˈjuːnɪfaɪ, AM nə] *vt* ■**to ~ sth** wiedervereinigen
reunion [ˌriːˈjuːniən, AM -njən] *n* ① (*gathering*) Treffen *nt*, Zusammenkunft *f;* **family ~** Familientreffen *nt*
② *no pl* (*form: bringing together*) Wiedervereinigung *f;* (*coming together*) Wiedersehen *nt;* ***he had a tearful ~ with his parents*** als er seine Eltern endlich wiedersah, flossen viele Tränen; **the ~ of East and West Germany** die Wiedervereinigung Deutschlands, die deutsche Wiedervereinigung; **~ of people** Zusammenführung *f* von Menschen
reunite [ˌriːjuːˈnaɪt] I. *vt* ■**to ~ sb with sb** jdn mit jdm [wieder] zusammenbringen; **to ~ families** Familien wieder zusammenführen; **to ~ a party** eine Partei einigen
II. *vi* sich *akk* wiedervereinigen; *people* wieder zusammenkommen
reusable [ˌriːˈjuːzəbl̩] *adj* (*in the same shape*) wiederverwendbar; (*reprocessed*) wiederverwertbar; **~ plastic** wiederverwertbares Plastik
reuse [ˌriːˈjuːz] *vt* ① (*use again*) ■**to ~ sth** etw wiederverwenden; ***the tape can be erased and ~d*** das Band kann gelöscht und neu bespielt werden
② (*recycle by processing*) **to ~ waste material** Abfall wiederverwerten
Rev. *n abbrev of* **Reverend**
rev¹ [rev] *n* (*fam*) *short for* **revolution** Drehzahl *f;* ■**~s** *pl* Umdrehungen *fpl* [pro Minute]
rev² <-vv-> [rev] I. *vt* **to ~ [up] an engine** einen Motor auf Touren bringen [*o fam* hochjagen]; (*noisily*) einen Motor aufheulen lassen
II. *vi* ■**to ~ [up]** *engine* auf Touren kommen; (*make noise*) aufheulen; (*fig*) *person* aufdrehen
revaluation [riːˌvæljuˈeɪʃᵊn] *n* ① (*value again*) Neubewertung *f*
② (*change in value*) *of a currency* Aufwertung *f*
revalue [ˌriːˈvæljuː] *vt* ■**to ~ sth** etw neu bewerten; **to ~ an asset** ein Vermögen neu schätzen lassen; **to ~ a currency** eine Währung aufwerten
revamp [ˌriːˈvæmp] *vt* (*fam*) ■**to ~ sth** etw aufpeppen *fam; room* etw aufmöbeln *fam;* ***the words have been ~ed but the song's still no good*** der Text hat zwar jetzt mehr Pep, aber der Song ist noch immer nicht gut; **to ~ a department** eine Abteilung auf Vordermann bringen; **to ~ one's image/a play** sein Image/ein Theaterstück aufpolieren *fam*
RevCan *n* CAN (*fam*) ≈ Finanzamt *nt*
rev counter *n* Drehzahlmesser *m*
Revd *n abbrev of* **Reverend**
reveal [rɪˈviːl] *vt* ① (*allow to be seen*) ■**to ~ sth** etw zeigen [*o* zum Vorschein bringen]; ***her veil only ~ed her eyes*** der Schleier ließ nur ihre Augen frei; ***a gap in the clouds ~ed the Atlantic far below*** durch die aufgerissenen Wolken konnte man weit unten den Atlantik sehen; **to ~ a talent** ein Talent erkennen lassen
② (*disclose*) ■**to ~ sth** etw enthüllen [*o* offen legen]; *particulars* etw preisgeben; ***the reporter has refused to ~ his sources*** der Reporter weigerte sich, seine Quellen preiszugeben; ■**to ~ that ...** enthüllen, dass ...; (*admit*) zugeben, dass; ■**to ~ how/where/why ...** verraten, wie/wo/warum ...; ***she later ~ed why she had been so reluctant to come forward*** sie erklärte später, warum sie so gezögert hatte, sich zu melden; **to ~ sb's identity** jds Identität zu erkennen geben; **to ~ a secret** ein Geheimnis verraten
③ REL (*make known*) ■**to ~ sth [to sb]** [jdm] etw offenbaren
④ COMPUT ■**to ~ sth** etw aufdecken
revealing [rɪˈviːlɪŋ] *adj* ① (*displaying body*) freizügig; **a ~ dress** ein gewagtes Kleid
② (*divulging sth*) *account, comment, interview* aufschlussreich; ***his scathing review was all too ~ of his own envy of the author's success*** seine beißende Kritik zeigt nur allzu deutlich, dass er auf den Erfolg des Autors einfach neidisch ist
revealingly [rɪˈviːlɪŋli] *adv* ① (*physically revealing*) freizügig
② (*openly*) offen; **to speak ~ about sth** offen über etw *akk* sprechen
reveille [rɪˈvæli, AM ˈrevᵊli] *n no pl* MIL Reveille *f veraltet*, Wecksignal *nt;* **to play [*or* sound] ~** zum Wecken blasen
revel <BRIT -ll- *or* AM *usu* -l-> [ˈrevᵊl] *vi* (*liter or hum*) feiern; ■**to ~ in sth** seine wahre Freude an etw *dat* haben
revelation [ˌrevᵊlˈeɪʃᵊn] *n* ① *no pl* (*act of revealing*) Enthüllung *f*, Aufdeckung *f*
② (*sth revealed*) Enthüllung *f;* ***his wife divorced him after the ~ that he was having an affair*** seine Frau ließ sich von ihm scheiden, nachdem herausgekommen war, dass er ein Verhältnis hatte; **~s about sb's private life** Enthüllungen über jds Privatleben
③ *no pl* REL (*supernatural revealing*) Offenbarung *f;* **divine ~** göttliche Offenbarung
► PHRASES: **to be a ~ for [*or* to] sb** jdn umhauen *fam*
Revelations [ˌrevᵊlˈeɪʃᵊnz] *npl no art* REL die Offenbarung [des Johannes]; **the Book of ~** das Buch der Offenbarung
revelatory [ˌrevəˈleɪtᵊri] *adj* offenbarend, aufschlussreich
reveler [ˈrevᵊləʳ], AM **reveller** [-ɚ] *n* Feiernde(r) *f(m)*
revelry [ˈrevᵊlri] *n* ① *no pl* (*noisy merry-making*) [ausgelassenes] Feiern; **sounds of ~** Partygeräusche *ntpl*
② *usu pl* (*festivity*) [ausgelassene] Feier
revenge [rɪˈvendʒ] I. *n no pl* ① (*retaliation*) Rache *f* (**on** an +*dat*); SPORTS Revanche *f;* ■**in ~ for sth** als Rache für etw *akk;* **to exact [*or* take] [one's] ~ [on sb] [for sth]** sich *akk* [an jdm] [für etw *akk*] rächen; **to get one's ~** sich *akk* rächen; SPORTS sich *akk* revanchieren
② (*desire for retaliation*) Rachedurst *m;* **to do sth out of ~** etw aus Rache tun
► PHRASES: **~ is sweet** (*prov*) Rache ist süß *prov*
II. *n modifier* (*attack, bombing, raid*) aus Rache *nach n;* **~ killing** Vergeltungsmord *m*
III. *vt* ■**to ~ sth** etw rächen; ■**to ~ oneself [*or* be ~d] [up]on sb** (*liter or old*) sich *akk* an jdm rächen; SPORTS sich *akk* bei jdm revanchieren
revengeful [rɪˈvendʒfᵊl] *adj* rachsüchtig; **~ act** Racheakt *m*
revengefully [rɪˈvendʒfᵊli] *adv* rachsüchtig
revenue [ˈrevᵊnjuː, AM *esp*-vənuː] *n* ① *no pl* (*income*) Einkünfte *fpl* (**from** aus +*dat*); **the firm's ~** die Firmeneinnahmen *fpl*
② *no pl* (*of a state*) öffentliche Einnahmen, Staatseinkünfte *fpl*
③ (*instances of income*) ■**~s** *pl* **sales ~s** Verkaufseinnahmen *fpl;* **state ~s** Staatseinkünfte *fpl;* **tax ~s** Steueraufkommen *nt*
Revenue Canada *n* CAN ≈ Finanzamt *nt*
revenue sharing *n no pl* AM Finanzausgleich *m*
revenue stamp *n* AM Steuermarke *f*
reverb [rɪˈvɜːb, AM -ˈvɜːrb] *n* ELEC, MUS ① *no pl* (*effect*) Hall[effekt] *m*
② (*device*) Hallerzeuger *m*
reverberate [rɪˈvɜːbᵊreɪt, AM -ˈvɜːrbər-] *vi* ① (*echo*) widerhallen, nachhallen; ■**to ~ through[out] sth** durch etw *akk* [hindurch]hallen;

the narrow street ~d with the sound of workmen's drills der Lärm der Bohrarbeiten ließ die enge Straße vibrieren; ***the sound of the explosion ~d around the canyon*** der Knall der Explosion erfüllte das ganze Tal

❷ (*be recalled*) ▪**to ~ through[out]** [*or* **[a]round]** **sth** ***his terrible childhood experiences ~d throughout the whole of his life*** die schlimmen Kindheitserfahrungen wirkten sein ganzes Leben lang nach

❸ (*be widely heard*) ▪**to ~ through[out]** [*or* **[a]round] sth** durch etw *akk* gehen; ***news of the disaster ~d through the company*** die Nachricht von der Katastrophe ging wie ein Lauffeuer durch die Firma

reverberation [rɪˌvɜːbəˈreɪʃən, AM -ˌvɜːrbəˈreɪ-] *n* (*form*) ❶ *no pl* (*echoing*) Widerhallen *nt*, Nachhallen *nt*

❷ *usu pl* (*an echo*) Widerhall *m*, Nachhall *m*

❸ *usu pl* (*long-lasting effects*) Nachwirkungen *fpl*

revere [rɪˈvɪəʳ, AM -ˈvɪr] *vt* (*form*) ▪**to ~ sb [for sth]** jdn [für etw *akk*] verehren; ▪**to ~ sth** etw achten; **to ~ sb's work** jds Arbeit hoch schätzen

reverence [ˈrevərən(t)s] *n no pl* Verehrung *f* (**for** für +*akk*); **to feel** [*or* **have**] **~ for sb** jdn hoch schätzen [*o* verehren]; **to pay** [*or* **show**] **~ to sb/sth** jdm/etw Ehrfurcht bezeigen *geh*; **to treat sth/sb with ~** etw/jdn ehrfürchtig behandeln

reverend [ˈrevərənd] *n* ≈ Pfarrer *m*, ≈ Pastor *m*; ***the R~ James Fraser*** Herr Pfarrer James Fraser; **the Most/Right/Very R~ John Jones** Erzbischof/Bischof/Dekan John Jones

Reverend Mother *n* ▪**the ~** die Mutter Oberin

reverent [ˈrevərənt] *adj* ehrfürchtig, ehrfurchtsvoll; **~ behaviour** [*or* AM **behavior**] ehrerbietiges Benehmen

reverential [ˌrevəˈren(t)ʃəl] *adj* (*form*) ehrfürchtig, ehrfurchtsvoll

reverently [ˈrevərəntli] *adv* (*form*) ehrfürchtig, ehrfurchtsvoll; ***you ought to behave more ~ in church!*** Sie sollten in der Kirche mehr Ehrfurcht zeigen!

reverie [ˈrevəri, AM -əri] *n* ❶ (*liter: daydream*) Träumerei *f* (**about** über +*akk*)

❷ *no pl* (*liter: daydreaming*) Tagträumen *nt*; **to be [lost] in ~** traumverloren sein, in Träumereien versunken sein; **to fall into [a state of] ~** ins Träumen kommen

❸ MUS (*instrumental piece*) Reverie *f fachspr*

revers <*pl* -> [rɪˈvɪəʳ, AM -ˈvɪr] *n usu pl* Revers *nt o* ÖSTERR *m*

reversal [rɪˈvɜːsəl, AM -ˈvɜːr-] *n* ❶ (*changing effect*) Wende *f*; **~ of a trend** Trendwende *f*

❷ (*changing situation*) Umkehrung *f*; **role ~** Rollentausch *m*

❸ (*misfortune*) Rückschlag *m*; **a financial/political/military ~** ein finanzieller/politischer/militärischer Rückschlag; **to suffer a ~** einen Rückschlag erleiden

❹ (*annulment*) Aufhebung *f*, Widerruf *m*; **~ of a verdict** Urteilsaufhebung *f*

❺ ECON (*financial downturn*) Rückschlag *m*; STOCKEX *usu* Umschwung *m*

reverse [rɪˈvɜːs, AM -ˈvɜːrs] **I.** *vt* ❶ *esp* BRIT, AUS (*move sth backwards*) **to ~ a car/truck** ein Auto/einen Lkw zurücksetzen, mit einem Auto/Lkw rückwärts fahren

❷ (*change to opposite*) ▪**to ~ sth** etw umkehren; ***now our situations are ~d*** jetzt ist unsere Situation umgekehrt; **to ~ the charges** ein R-Gespräch führen; **to ~ a judgement** LAW ein Urteil aufheben; **to ~ the order of sth** die Reihenfolge von etw *dat* vertauschen; **to ~ a vasectomy** MED eine Vasektomie rückgängig machen

❸ (*turn sth over*) ▪**to ~ sth** etw umdrehen; **to ~ a coat** eine Jacke wenden

II. *vi esp* BRIT, AUS (*move backwards*) rückwärts fahren; (*short distance*) zurücksetzen; ▪**to ~ into/out of sth** rückwärts in etw *akk* hinein-/aus etw *dat* herausfahren; ***she ~d into her father's car*** beim Zurücksetzen fuhr sie in das Auto ihres Vaters; **to ~ into a parking space** rückwärts einparken

III. *n* ❶ *no pl* (*opposite*) ▪**the ~** das Gegenteil; ***no, quite the ~!*** nein, ganz im Gegenteil!; **to do the ~ of what sb expects** das Gegenteil tun von dem, was jd erwartet; **to do sth in ~** etw umgekehrt tun

❷ (*gear*) Rückwärtsgang *m*; **to get** [*or* **put**] **a vehicle in[to] ~** den Rückwärtsgang [eines Fahrzeugs] einlegen; **to go into ~** in den Rückwärtsgang schalten; (*fig*) rückläufig sein; ***the trend towards home ownership has gone into ~*** der Trend zum Hauseigentum ist rückläufig

❸ (*misfortune*) Rückschlag *m*; **a damaging ~** eine vernichtende Niederlage; **to suffer a ~** eine Niederlage erleiden

❹ (*back*) ▪**the ~** die Rückseite; *of a coin, medal also* Kehrseite *f*

IV. *adj* umgekehrt; **~ direction** entgegengesetzte Richtung; **to do sth in ~ order** etw in umgekehrter Reihenfolge tun

reverse-charge call *n* BRIT R-Gespräch *nt*; **to make/place a ~ [to sb]** ein R-Gespäch [mit jdm] führen/anmelden **reverse discrimination** *n no pl Diskriminierung von Mehrheiten und damit einhergehende bevorzugte Behandlung von Minderheiten oder benachteiligten Gruppen* **reverse gear** *n* Rückwärtsgang *m*; **to get** [*or* **put**] **a vehicle in[to] ~** den Rückwärtsgang [eines Fahrzeugs] einlegen; **to go into ~** den Rückwärtsgang einlegen **reverse takeover** *n* ECON gegenläufige Übernahme [*o* Fusion] (*Übernahme einer größeren Gesellschaft durch ein kleinere*)

reversibility [rɪˌvɜːsəˈbɪləti, AM ˌvɜːrsəˈbɪləṭi] *n no pl* Umkehrbarkeit *f*, Reversibilität *f geh*

reversible [rɪˈvɜːsəbl, AM -ˈvɜːr-] *adj* ❶ (*inside out*) zum Wenden *nach n*; **~ cloth** Doubleface *nt o m*; **~ coat** Wendejacke *f*

❷ (*alterable*) umkehrbar, reversibel *geh*; ***the new manager hoped that the decline in the company's fortunes would be ~*** der neue Leiter hoffte, dass der Niedergang der Firma sich abwenden ließe

reversing light *n* BRIT Rückfahrscheinwerfer *m*

reversion [rɪˈvɜːʃən, AM -ˈvɜːrʒən] *n no pl* ❶ (*form: return to earlier position*) Umkehr *f* (**to** zu +*dat*); (*to bad state*) Rückfall (**to** in +*akk*)

❷ LAW Rückfallsrecht *nt fachspr*; **~ of property to the state** Heimfall *m* von Besitz an den Staat; **right of ~** Anwartschaftsrecht *nt*

reversionary [rɪˈvɜːʃənəri, AM ˈvɜːrʒəneri] *adj inv* LAW anwartschaftlich, Erwartungs-; *estate* Heimfallsvermögen *nt fachspr*; **~ interest** aussichtsreiche Erwartung

revert [rɪˈvɜːt, AM -ˈvɜːrt] *vi* ❶ (*go back*) ▪**to ~ to sth** zu etw *dat* zurückkehren; *bad state* in etw *akk* zurückfallen; ***if left untouched, this heath would ~ to woodland*** wenn man sie unberührt ließe, würde diese Heide wieder zu Wald werden; ***he has ~ed to type*** er ist wieder ganz der Alte; **to ~ to a method** auf eine Methode zurückgreifen; **to ~ to a question** auf eine Frage zurückkommen

❷ LAW (*become sb's property*) ▪**to ~ to sb** an jdn zurückfallen

review [rɪˈvjuː] **I.** *vt* ▪**to ~ sth** ❶ (*examine*) etw [erneut] [über]prüfen [*o geh* revidieren]; (*reconsider*) etw überdenken; **to ~ a contract** einen Vertrag einer Revision unterziehen; **to ~ a decision** eine Entscheidung überdenken; **to ~ discounts** Preisnachlässe neu überdenken; **to ~ salaries** die Gehälter revidieren

❷ (*look back over*) auf etw *akk* zurückblicken; ***let's ~ what has happened so far*** führen wir uns vor Augen, was bis jetzt passiert ist

❸ (*read again*) **to ~ one's notes** seine Notizen noch einmal durchgehen

❹ (*produce a criticism*) etw besprechen; **to ~ a book/film/play** ein Buch/einen Film/ein Stück rezensieren

❺ MIL **to ~ the troops** eine Parade abnehmen

❻ AM (*study again*) etw wiederholen

❼ COMPUT etw überprüfen

II. *n* ❶ (*assessment*) Überprüfung *f*, Revision *f geh*; ***the party is conducting a ~ of its campaign strategy*** die Partei überdenkt gerade die Strategie ihrer Wahlkampagne; ▪**to be under ~** überprüft werden; **a thorough ~ of the facts** eine gründliche Überprüfung der Tatsachen; **~ of a sentence** LAW Überprüfung *f* eines Urteils; **to carry out a ~ of sth** eine Überprüfung einer S. *gen* durchführen; **to come under** [*or* **up for**] **~** überprüft [*o* erneut geprüft] werden; LAW *case* wieder aufgenommen werden; **to be subject to ~** nachgeprüft werden; ***this decision is subject to ~ — it can be revoked at any time*** dieser Beschluss gilt unter Vorbehalt – er kann jederzeit zurückgezogen werden

❷ *esp* ECON (*summary*) Überblick *m* (**of** über +*akk*); **~ of the market** Marktbericht *m*; **month/year under ~** Berichtsmonat *m*/Berichtsjahr *nt*; **financial ~** Finanzprüfung *f*; **rent ~** Mieterhöhung *f*; **wage** [*or* **salary**] **~** Gehaltsrevision *f*; ***she had a salary ~ last April*** ihr Gehalt wurde letzten April revidiert

❸ (*criticism*) *of a book, play* Kritik *f*, Rezension *f*; **film ~** Filmbesprechung *f*; **to get a bad/good ~** eine schlechte/gute Kritik bekommen

❹ MEDIA Magazin *nt*; **arts ~** Kunstmagazin *nt*

❺ MIL Truppenschau *f*, Parade *f*; **to hold a ~** eine Parade abhalten

❻ THEAT Revue *f*

III. *n modifier* BRIT **~ section** JOURN Nachrichtenteil *m*; **~ programme** RADIO, TV Magazin *nt*

reviewer [rɪˈvjuːəʳ, AM -ɚ] *n* Kritiker(in) *m(f)*; *of plays, literature also* Rezensent(in) *m(f)*

revile [rɪˈvaɪl] *vt* (*form*) ▪**to ~ sb/sth** jdn/etw verunglimpfen *geh*; ▪**to ~ sb for sth** jdn wegen einer S. *gen* beschimpfen

revise [rɪˈvaɪz] **I.** *vt* ▪**to ~ sth** ❶ (*reread*) etw überarbeiten; **to ~ a book** ein Buch redigieren

❷ (*reconsider*) etw überdenken [*o geh* revidieren]; **to ~ one's opinion** seine Meinung ändern

❸ BRIT, AUS (*increase/decrease*) ▪**to ~ sth upwards/downwards** *estimates, number* etw nach oben/unten korrigieren

❹ BRIT, AUS (*study again*) etw wiederholen

❺ COMPUT etw überarbeiten [*o* revidieren]

II. *vi* BRIT, AUS den Stoff wiederholen; **to ~ for an exam** auf eine Prüfung lernen

revised [rɪˈvaɪzd] *adj attr, inv* ❶ (*reread*) revidiert; **~ edition** überarbeitete Ausgabe

❷ (*reconsidered*) abgeändert

revision [rɪˈvɪʒən] *n* ❶ *no pl* (*act of revising*) Revision *f*, Überarbeitung *f*; ▪**for ~** zur Revision

❷ (*reconsidered version*) Neufassung *f*; **~ of a book** überarbeitete Ausgabe; **~ of a contract** Neufassung *f* eines Vertrages

❸ (*alteration*) Änderung *f*; **to make a ~ [to sth]** eine Änderung [an etw *dat*] vornehmen

❹ *no pl* BRIT, AUS (*studying a subject again*) Wiederholung *f* [des Stoffs]; **~ for an exam** Prüfungsvorbereitung *f*; **to do ~** den Stoff wiederholen

revisionism [rɪˈvɪʒənɪzəm] *n no pl* POL Revisionismus *m fachspr*

revisionist [rɪˈvɪʒənɪst] POL **I.** *n* Revisionist(in) *m(f) fachspr*

II. *adj* revisionistisch *fachspr*

revisit [ˌriːˈvɪzɪt] *vt* ▪**to ~ a place/sb** einen Ort/jdn wieder [*o* nochmals] besuchen

revitalize [ˌriːˈvaɪtəlaɪz, AM -ṭəl-] *vt* ▪**to ~ sb** jdn neu beleben [*o geh* revitalisieren]; **to ~ trade** die Wirtschaft wiederbeleben [*o* ankurbeln]

revival [rɪˈvaɪvəl] *n* ❶ *no pl* (*restoration to life*) Wiederbelebung *f*

❷ *no pl* (*coming back*) *of an idea etc* Wiederaufleben *f*, Revival *nt*, Come-back *nt*; *of a custom, fashion also* Renaissance *f*; ***recently, there has been some ~ of interest in ancient music*** seit kurzem besteht wieder Interesse an altertümlicher Musik; **economic ~** wirtschaftlicher Aufschwung; **to undergo a ~** eine Renaissance erleben; *person* ein Come-back feiern

❸ (*new production*) Neuauflage *f*; *of a film* Neuverfilmung *f*; *of a play* Neuaufführung *f*; **musical ~** Revival *nt* eines Songs

❹ REL Erweckung *f*; **to hold a ~** eine Erweckungs-

R

veranstaltung abhalten

revivalism [rɪ'vaɪvəlɪzəm] *n no pl* ❶ (*revitalization*) Wiederbelebung *f*, Neubelebung *f*, Erneuerung *f*
❷ REL [religiöse] Erweckungsbewegung

revivalist [rɪ'vaɪvəlɪst] I. *n* REL Anhänger(in) *m(f)* einer [religiösen] Erweckungsbewegung
II. *adj inv* ❶ (*renewing*) Erneuerungs-, erneuernd
❷ REL der Erweckungsbewegung *nach n;* **the ~ movement** die Erweckungsbewegung

revival meeting *n* AM REL (*dated*) Erweckungsversammlung *f*

revive [rɪ'vaɪv] I. *vt* ❶ (*bring back to life*) ■**to ~ sb** jdn wiederbeleben; **to ~ flowers** Blumen [wieder] aufpäppeln *fam*
❷ (*give new energy*) ■**to ~ sb** jdn beleben; ■**to ~ oneself** sich *akk* fit machen *fam*
❸ (*resurrect*) ■**to ~ sth** etw wieder aufleben lassen; **to ~ the economy** die Wirtschaft ankurbeln [*o* beleben]; **to ~ sb's hopes** jdm neue Hoffnungen machen; **to ~ an idea** eine Idee wieder aufgreifen; **to ~ interest in sb/sth** das Interesse an jdm/etw wieder wecken; **to ~ a political movement** eine politische Bewegung zu neuem Leben erwecken; **to ~ sb's spirits** jds Stimmung wieder heben
❹ MUS, THEAT ■**to ~ sth** etw wieder aufführen; **to ~ a musical** ein Musical wieder auf die Bühne bringen
II. *vi* ❶ (*be restored to consciousness*) wieder zu sich *dat* kommen
❷ (*be restored to health*) *person, animal, plant* sich *akk* erholen
❸ (*be resurrected*) sich *akk* erholen; *economy also* wieder aufblühen; *custom, tradition* wieder aufleben; *confidence, hopes* zurückkehren; *suspicions* wieder aufkeimen; ***their flagging spirits soon ~d when Jack produced a bottle of whisky*** ihre sinkende Laune besserte sich zusehends, als Jack ein Flasche Whisky auspackte

revivify <-ie-> [ˌriː'vɪvɪfaɪ] *vt* (*form*) ■**to ~ sth** etw wiederbeleben; **to ~ a political party** wieder Schwung in eine politische Partei bringen

revocation [ˌrevəʊ'keɪʃən, AM və'] *n* Widerruf *m*, Aufhebung *f*

revoke [rɪ'vəʊk, AM -'voʊk] *vt* (*form*) ■**to ~ sth** etw aufheben, rückgängig machen; LAW etw annullieren [*o* widerrufen]; **to ~ a decision** eine Entscheidung widerrufen; **to ~ a licence** [*or* AM **license**] eine Lizenz entziehen; **to ~ an order** einen Auftrag zurückziehen; **to ~ a sentence** ein Urteil aufheben

revolt [rɪ'vəʊlt, AM -'voʊlt] I. *vi* rebellieren, revoltieren; ■**to ~ against sb/sth** gegen jdn/etw rebellieren, sich *akk* gegen jdn/etw auflehnen
II. *vt* ■**to ~ sb** jdn abstoßen; ***the way he eats ~s me*** die Art, wie er isst, widert mich an; ■**to be ~ed by sth** von etw *dat* angeekelt sein
III. *n* ❶ (*rebellion*) Revolte *f*, Aufstand *m;* **~ against the government** Regierungsputsch *m;* **armed ~** bewaffneter Aufstand; **to crush** [*or* **put down**] **a ~** einen Aufstand niederschlagen; **to incite** [*or* **stir up**] **a ~** eine Revolte anzetteln; **to start a ~** eine Revolte anfangen
❷ *no pl* (*insurrection*) ■**to be in ~** [**against sb/sth**] [gegen jdn/etw] rebellieren; **to rise in ~** [**against sb/sth**] einen Aufstand [gegen jdn/etw] machen, sich *akk* [gegen jdn/etw] erheben

revolting [rɪ'vəʊltɪŋ, AM -'voʊ-] *adj* abstoßend; ■**it is ~ that ...** es ist widerlich, dass ...; **~ smell** ekelhafter [*o* widerlicher] Geruch; **~ person** widerliche Person; **to look/smell/taste ~** ekelhaft aussehen/riechen/schmecken

revoltingly [rɪ'vəʊltɪŋli, AM -'voʊ-] *adv* abstoßend; *dirty* widerlich

revolution [ˌrevəl'uːʃən, AM -ə'luː-] *n* ❶ (*overthrow*) Revolution *f;* **the American/French/Russian R~** die Amerikanische/Französische/Russische Revolution; **the green ~** die grüne Revolution
❷ (*fig: complete change*) Revolution *f*, [umwälzende] Neuerung
❸ ASTRON Umlauf *m*, Rotation *f geh;* ***the moon makes one ~ of the Earth in approximately 29.5 days*** der Mond umkreist die Erde in ungefähr 29,5 Tagen
❹ TECH Umdrehung *f;* **~s per minute** Drehzahl *f*, Umdrehungen *fpl* pro Minute

revolutionary [ˌrevəl'uːʃənəri, AM -ə'luːʃəneri] I. *n* Revolutionär(in) *m(f)*
II. *adj* revolutionär *a. fig;* (*fig*) umwälzend, bahnbrechend; **the American R~ War** der Amerikanische Revolutionskrieg

revolutionize [ˌrevəl'uːʃənaɪz, AM -ə'luː-] *vt* ■**to ~ sth** etw revolutionieren

revolve [rɪ'vɒlv, AM -'vɑːlv] I. *vi* sich *akk* drehen; ■**to ~ around** [*or* BRIT **round**] **sth** sich *akk* um etw *akk* drehen *a. fig;* (*fig*) ***he thinks everything ~s around him*** er glaubt, alles drehe sich nur um ihn; **to ~ on an axis** sich *akk* um eine Achse drehen
II. *vt* ■**to ~ sth** etw drehen

revolver [rɪ'vɒlvəʳ, AM -'vɑːlvɚ] *n* Revolver *m*

revolving [rɪ'vɒlvɪŋ, AM -'vɑːl-] *adj attr, inv* rotierend, Dreh-; **~ chair** Drehstuhl *m;* **~ credit** FIN Revolvingkredit *m fachspr*

revolving door *n* Drehtür *f*

revue [rɪ'vjuː] *n* Revue *f;* **satirical ~** Kabarett *nt*

revulsion [rɪ'vʌlʃən] *n no pl* Abscheu *f;* ■**~ against** [*or* **at**] [*or* **towards**] **sth** Abscheu *f* gegen etw *akk*, Ekel *m* vor etw *dat;* ■**in ~** mit Abscheu, angeekelt; **to fill sb with ~** jdn mit Abscheu [*o* Ekel] erfüllen; **to be filled with ~** mit Abscheu [*o* Ekel] erfüllt sein

reward [rɪ'wɔːd, AM -'wɔːrd] I. *n* ❶ (*recompense*) Belohnung *f; for merit, service* Anerkennung *f* (**for** für +*akk*); (*for return of sth lost*) Finderlohn *m;* ■**in** [*or* **as a**] **~** als Belohnung; ***the ~s of motherhood outweigh the anguish*** die Freuden der Mutterschaft wiegen die damit verbundenen Schmerzen auf
❷ (*money*) Belohnung *f*, Entgelt *nt form;* **to offer a ~** eine Belohnung aussetzen
II. *vt* ❶ (*give a reward*) ■**to ~ sb** [**for/with sth**] jdn [für etw *akk*/mit etw *dat*] belohnen
❷ (*form: repay*) ■**to ~ sth/sb** [**with sth**] etw/jdn [mit etw *dat*] belohnen; ***I'd like to ~ your loyalty by taking you out to dinner*** als Zeichen der Anerkennung Ihrer Loyalität möchte ich Sie gerne zum Essen einladen; **to ~ sb's generosity/kindness** sich *akk* für jds Großzügigkeit/Liebenswürdigkeit revanchieren
❸ (*form: be worth*) ■**to ~ sth** etw wert sein [*o* verdienen]; ■**to be ~ed** belohnt werden; **to ~ sb's attention** jds Aufmerksamkeit verdienen

rewarding [rɪ'wɔːdɪŋ, AM -'wɔːrd-] *adj* befriedigend; **a ~ experience** eine lohnende Erfahrung; **a ~ work** eine dankbare Aufgabe

rewind I. *vt* <-wound, -wound> [ˌriː'waɪnd] **to ~ a cable** eine Kabel aufwickeln; **to ~ a cassette/tape** eine Kassette/ein Band zurückspulen; **to ~ a watch** eine Uhr aufziehen
II. *vi* <-wound, -wound> [ˌriː'waɪnd] *cassette, tape* zurückspulen
III. *n* ['riːwaɪnd] *of a cassette, tape* Zurückspulen *nt*
IV. *n* ['riːwaɪnd] *modifier* (*button, control*) Rückspul-

rewire [ˌriː'waɪəʳ, AM -ɚ] *vt* ■**to ~ sth** ❶ (*replace wiring system*) **to ~ a building/house** ein Gebäude/Haus neu verkabeln
❷ (*insert wires*) **to ~ a plug** einen Stecker neu anschließen

reword [ˌriː'wɜːd, AM -'wɜːrd] *vt* ■**to ~ sth** etw umschreiben [*o* umformulieren]; **to ~ a contract** einen Vertrag neu abfassen

rework [ˌriː'wɜːk, AM -'wɜːrk] *vt* ■**to ~ sth** etw überarbeiten; **to ~ a speech** eine Rede umschreiben; **to ~ a theme** ein Thema neu verarbeiten

reworking [ˌriː'wɜːkɪŋ, AM -'wɜːrk-] *n* Überarbeitung *f; of existing material* Wiederaufbereitung *f*

rewound [ˌriː'waʊnd] *vt, vi pt, pp of* **rewind**

rewrite <-wrote, -written> I. *vt* [ˌriː'raɪt] ■**to ~ sth** etw neu schreiben; (*revise*) etw überarbeiten; (*recast*) etw umschreiben; **to ~ history** die Geschichte neu schreiben; (*fig*) ***you can't ~ history*** Vergangenes lässt sich nicht ändern; **to ~ the rules** [*or* **the rule book**] (*fig*) die Regeln neu schreiben *fig*, neue Maßstäbe setzen
II. *n* ['riːraɪt] ❶ (*revision*) Überarbeitung *f;* ***the producer demands a ~ of the script*** der Produzent verlangt, dass das Skript umgeschrieben wird
❷ COMPUT erneuter Schreibvorgang

RFC [ˌɑːʳef'siː] *n* BRIT *abbrev of* **rugby football club**

RGN [ˌɑːʳdʒiː'en] *n* BRIT *abbrev of* **Registered General Nurse** examinierte [*o* staatlich anerkannte] Krankenschwester

rhapsodic [ræp'sɒdɪk, AM -'sɑːd-] *adj* (*form*) ❶ (*expressing enthusiasm*) *speech* ekstatisch; *style* enthusiastisch
❷ MUS rhapsodisch *fachspr*

rhapsodize ['ræpsədaɪz] *vi* (*form*) [überschwänglich] schwärmen; ■**to ~ about** [*or* **over**] **sth/sb** von etw/jdm schwärmen

rhapsody ['ræpsədi] *n* ❶ (*piece of music*) Rhapsodie *f*
❷ (*form: great enthusiasm*) Schwärmerei *f;* **to go into rhapsodies** [**about** [*or* **over**] **sth**] [über etw *akk*] ins Schwärmen geraten

rhea <*pl* – *or* -s> ['riːə] *n* ORN Nandu *m*

Rhenish ['renɪʃ] I. *adj inv* rheinisch, rheinländisch
II. *n no pl* FOOD Rheinwein *m*

rheostat ['riːə(ʊ)stæt, AM 'riːoʊ-] *n* TECH Regelwiderstand *m*, Rheostat *m fachspr*

rhesus <*pl* -es> ['riːsəs] *n* Rhesus *m*

rhesus factor *n no pl* Rhesusfaktor *m* **rhesus monkey** *n* Rhesusaffe *m* **rhesus-negative** *adj inv* Rhesusfaktor negativ **rhesus-positive** *adj inv* Rhesusfaktor positiv

rhetoric ['retərɪk, AM 'reţɚ-] *n no pl* ❶ (*persuasive language*) Redegewandtheit *f*
❷ (*bombastic language*) Phrasendrescherei *f pej;* **empty ~** leere Worte
❸ (*effective use of language*) Rhetorik *f geh*, Redekunst, f; **the art of ~** die Rhetorik [*o* Redekunst]

rhetorical [rɪ'tɒrɪkəl, AM -'tɔːr-] *adj* ❶ (*relating to rhetoric*) rhetorisch
❷ (*overdramatic*) *gesture* übertrieben dramatisch; *commitment* plakativ *geh*

rhetorically [rɪ'tɒrɪkəli, AM -'tɔːr-] *adv* ❶ (*not expecting answer*) rhetorisch
❷ (*overdramatically*) *speak, write* schwülstig *pej*

rhetorical question *n* rhetorische Frage

rhetorician [ˌretər'ɪʃən, AM ˌreţə'r-] *n* Rhetoriker(in) *m(f)*

rheumatic [ruː'mætɪk, AM -ţ-] I. *adj* rheumatisch; *joint also* rheumakrank; ***he is ~*** er hat Rheuma; **to suffer from a ~ condition** an Rheuma leiden; **~ hip** rheumatische Hüfte; **~ pain** rheumatischer Schmerz, Rheumaschmerz *m*
II. *n* ❶ (*person*) Rheumatiker(in) *m(f)*
❷ (*fam*) ■**~s** *usu + sing vb* Rheuma *nt kein pl;* **to have the ~s** Rheuma haben

rheumatic fever *n no pl* rheumatisches Fieber

rheumatism ['ruːmətɪzəm] *n no pl* Rheuma *nt*, Rheumatismus *m*

rheumatoid arthritis [ˌruːmətɔɪd] *n no pl* MED rheumatoide Arthritis *fachspr*

rheumatology [ruːmə'tɒlədʒi, AM 'tɑːlə] *n no pl* MED Rheumatologie *f fachspr*

rheumy ['ruːmi] *adj* wässerig, feucht

Rh factor *n no pl* MED *abbrev of* **rhesus factor** Rh-Faktor *m*

Rhine [raɪn] *n no pl* GEOG ■**the ~** der Rhein

Rhineland *n no pl* GEOG ■**the ~** das Rheinland

rhinestone *n* Rheinkiesel *m*

rhino ['raɪnəʊ, AM -noʊ] *n* (*fam*) *short for* **rhinoceros** Nashorn *nt*, Rhinozeros *nt*

rhinoceros <*pl* -es *or* -> [raɪ'nɒsərəs, AM -'nɑːsɚ-] *n* Nashorn *nt*, Rhinozeros *nt*

rhinoplasty ['raɪnə(ʊ)plæsti, AM -noʊ-] *n* Rhinoplastik *f fachspr* (*chirurgische Korrektur der Nase*)

rhizome ['raɪzəʊm, AM -zoʊm] *n* BOT Wurzelstock *m*, Rhizom *nt fachspr*

Rhodes [rəʊdz, AM roʊdz] *n no pl* Rhodos *nt*

Rhodesia [rə(ʊ)'diːʒə, AM roʊ'-] *n no pl* (*hist*) Rhodesien *nt hist*

Rhodesian [rə(ʊ)'di:ʒən, AM roʊ'-] (*hist*) **I.** *n* Rhodesier(in) *m(f) hist*
II. *adj inv* rhodesisch *hist*
Rhodes Scholar *n* UNIV Rhodes-Stipendiat(in) *m(f)* (*mit einem Stipendium der Universität von Oxford für Studenten aus den Commonwealthländern, Deutschland und den USA*)
Rhodes Scholarship *n* UNIV Rhodes-Stipendium *nt* (*Stipendium der Universität von Oxford für Studenten aus den Commonwealthländern, Deutschland und den USA*)
rhododendron [,rəʊdə'dendrən, AM ,roʊ-] *n* Rhododendron *m*
rhombi ['rɒmbaɪ, AM 'rɑ:m-] *n pl of* **rhombus**
rhomboid ['rɒmbɔɪd, AM 'rɑ:m] *n* Rhomboid *nt*
rhombus <*pl* -es *or* -bi> ['rɒmbəs, AM 'rɑ:m-, *pl* -baɪ] *n* Rhombus *m*, Raute *f*
Rhône [rəʊn, AM roʊn] *n no pl* GEOG ■**the** ~ die Rhone
rhubarb ['ru:bɑ:b, AM -bɑ:rb] **I.** *n* ① *no pl* FOOD, BOT Rhabarber *m*
② *no pl esp* BRIT (*fam: noise*) Rhabarber *nt*
③ *no pl* BRIT (*fam: nonsense*) Blödsinn *m fam*
④ AM (*sl: dispute*) Krach *m*
II. *n modifier* Rhabarber-; ~ **flan** Rhabarberkuchen *m;* ~ **pie** gedeckter Rhabarberkuchen; ~ **plant** Rhabarber *m*, Rhabarberpflanze *f;* ~ **season** Rhabarberzeit *f;* ~ **stalk** Rhabarberstängel *m;* ~ **tart** Rhabarbertorte *f*
rhyme [raɪm] **I.** *n* ① *no pl* (*identity in sound*) Reim *m;* ■**in** ~ gereimt, in Reimform
② (*poem*) Reim[vers] *m*
③ (*word*) Reimwort *nt*
► PHRASES: **without** ~ **or reason** ohne [jeden] Sinn und Verstand
II. *vi* ■**to** ~ [**with sth**] *poem, song, words* sich *akk* [auf etw *akk*] reimen
III. *vt* **to** ~ **words** Wörter reimen
rhyme scheme *n* LIT Reimschema *nt*
rhyming ['raɪmɪŋ] *adj inv* Reim-; ~ **couplet** Reimpaar *nt;* ~ **verse** Reimvers *m*
rhyming slang *n no pl* LING Rhyming Slang *m* (*aus dem Cockney in Großbritannien bekannter regionaler Sprachgebrauch, bei dem das eigentliche Wort durch ein sich reimendes Wort ersetzt wird, z.B. ‚porky pie' statt ‚lie'*)
rhythm ['rɪðəm] *n* Rhythmus *m*, Takt *m;* ***she didn't give the German player the opportunity to establish any*** ~ sie gab der deutschen Spielerin keine Gelegenheit, zu ihrem Spiel zu finden; **the** ~ **of nature** der Rhythmus der Natur; **the** ~ **of the seasons** der Wechsel der Jahreszeiten; **sense of** ~ Rhythmusgefühl *nt;* **biological** ~ biologischer Rhythmus
rhythm and blues *n no pl* Rhythm and Blues *m*
rhythmic(al) ['rɪðmɪk(ə)l)] *adj* rhythmisch
rhythmically ['rɪðmɪkəli] *adv* rhythmisch; **to breathe deeply and** ~ tief und gleichmäßig atmen; **to dance** ~ nach dem Rhythmus tanzen
rhythm method *n* MED Knaus-Ogino-Methode *f*
rhythm section *n* MUS Rhythmusgruppe *f*
R.I. AM *abbrev of* **Rhode Island**
rib [rɪb] **I.** *n* ① ANAT Rippe *f;* **to break a** ~ sich *dat* eine Rippe brechen; **to dig** [*or* **poke**] **sb in the ~s** jdm einen Stoß in die Rippen versetzen
② FOOD ■**~s** Rippchen *nt;* **prime** ~ Hochrippe *f*
③ *of a boat, roof* Spant *m*
④ *of a lute, violin* Zarge *f*
⑤ *of an umbrella* Speiche *f*
⑥ (*in aerofoil*) Stab *m*, Stange *f*
⑦ *of an insect's wing, a leaf* Rippe *f*
⑧ *of land, rock* Grat *m*, Erhebung *f*
⑨ *no pl* (*in knitting*) Rippung *f*
⑩ *esp* AM (*fam: joke*) Scherz *m*
II. *vt* <-bb-> ① *usu passive* (*mark with ridges*) ■**to** ~ **sth** etw mit Speichen versehen
② (*fam: tease*) ■**to** ~ **sb** [**about sth**] jdn [wegen einer S. *gen*] aufziehen [*o* necken]
RIBA [,ɑ:aɪbi:'eɪ] *n no pl,* + *sing/pl vb* BRIT *abbrev of* **Royal Institute of British Architects**
ribald ['rɪbəld, 'raɪ-] *adj* (*dated*) unanständig
ribaldry ['rɪbəldri, 'raɪ] *n no pl* (*dated*) Ferkeleien *fpl*
riband ['rɪbənd] *n* (*old*) *see* **ribbon** [Zier-]Band *nt;* **the Blue R~** das Blaue Band
ribbed [rɪbd] *adj inv* FASHION gerippt, Ripp-; ~ **tights** gerippte Strumpfhose
ribbing ['rɪbɪŋ] *n* ① *no pl* FASHION Rippung *f*
② *usu sing* (*fam: teasing*) Necken *nt kein pl;* **to get a** ~ aufgezogen werden
ribbon ['rɪbən] *n* ① (*strip of fabric*) Band *nt;* (*fig*) Streifen *m;* **a** ~ **of road** ein Straßenband *nt*
② MIL Ordensband *nt*
③ (*rag*) ■**in ~s** in Fetzen; **to cut sb/sth to ~s** jdn/etw zerfetzen [*o* in Stücke reißen]; (*fig*) jdn/etw in der Luft zerreißen
④ *of a typewriter* Farbband *nt*
ribbon development *n* BRIT, AUS Zeilenbauweise *f* (*Bebauung entlang stadtauswärts führenden Straßen*)
rib cage *n* ANAT Brustkorb *m*
riboflavin [,raɪbə(ʊ)'fleɪvɪn, AM 'raɪbəfleɪ-] *n no pl* BIOL, CHEM Riboflavin *nt fachspr*
ribonucleic acid [,raɪbə(ʊ)nju:,kli:ɪk'-, AM -boʊnu:,-] *n no pl* BIOL, CHEM Ribonukleinsäure *f fachspr*
rib-tickler *n* (*fam*) urkomischer Witz; ***this is a real*** ~ das ist ein echt guter Witz *fam*
rib-tickling *adj* (*fam*) urkomisch
rib-ticklingly *adv* (*fam*) urkomisch
rice [raɪs] **I.** *n no pl* Reis *m;* **brown** ~ Naturreis *m;* **white** ~ [weißer] Reis
II. *vt* AM **to** ~ **potatoes/vegetables** Kartoffeln/Gemüse passieren [*o* durch ein Sieb treiben]
rice bowl *n* Reisschüssel *f;* **the** ~ **of China/India** (*fig*) die Reiskammer Chinas/Indiens **rice field** *n* Reisfeld *nt* **rice-growing** *n no pl* Reisanbau *m* **rice paddy** *n* Reisfeld *nt* **rice paper** *n no pl* Reispapier *nt* **rice pudding** *n no pl* Milchreis *m*
ricer ['raɪsəʳ, AM -ɚ] *n esp* AM FOOD [Kartoffel]presse *f*
rich [rɪtʃ] **I.** *adj* ① (*wealthy*) reich; ~ **nation** reiches Land; ~ **pickings** reiche [Aus]beute; *for pickpockets* leichte Beute; **to get** ~ **quick** schnell zu Reichtum kommen [*o* reich werden]; **to become** [*or* **grow**] ~ reich werden
② (*abounding*) reich; ■**to be** ~ **in sth** reich an etw *dat* sein; ***it was a journey*** ~ ***in incidents*** es war eine Reise voller Zwischenfälle; ~ **deposits of minerals** reiche Mineralienvorkommen; ~ **in detail** sehr detailliert; ~ **in ideas** ideenreich; ~ **source** unerschöpfliche Quelle; ~ **in vitamins** vitaminreich
③ (*very fertile*) *land* fruchtbar, reich; *earth, soil also* fett; ~ **harvest** reiche Ernte; ~ **vegetation** üppige Vegetation
④ (*opulent*) *carvings, furniture* prachtvoll; ~ **buildings** Prachtbauten *mpl*
⑤ (*valuable*) ~ **offerings** reiche Gaben; ~ **reward** großzügige Belohnung
⑥ (*of food*) gehaltvoll; (*hard to digest*) schwer; **a** ~ **meal** ein opulentes Mahl
⑦ *drink* schwer, vollmundig
⑧ (*intense*) ~ **colour** [*or* AM **color**] satte [*o* kräftige] Farbe; ~ **flavour** [*or* AM **flavor**] reiches Aroma; ~ **smell** schwerer Duft; ~ **taste** voller Geschmack; ~ **tone** voller [*o* satter] Klang
⑨ AUTO ~ **mixture** fettes Gemisch *fachspr*
⑩ (*interesting*) reich; *life also* erfüllt; ~ **experience** wertvolle Erfahrung; ~ **history** bedeutende Vergangenheit
⑪ MIN ~ **mine** ergiebige Mine; ~ **mineral deposit** fündiger Erzgang
⑫ *pred* (*fam: causing amusement*) *criticism, remark* lächerlich; ***that's*** ~ ***coming from him!*** das muss gerade er sagen!, das ist ein starkes Stück von ihm! *fam*
II. *n* ■**the** ~ *pl* die Reichen *pl*
riches ['rɪtʃɪz] *npl* ① (*material wealth*) Reichtümer *mpl;* (*fig: success*) Erfolge *mpl;* **to accumulate** ~ Reichtümer anhäufen; **to hoard** ~ Reichtümer horten
② (*resources*) Vorkommen *ntpl;* **oil** ~ Ölvorkommen *ntpl*
richly ['rɪtʃli] *adv* ① (*lavishly*) prachtvoll, prächtig; ~ **decorated** reich verziert
② (*generously*) ~ **illustrated** reich bebildert; ~ **rewarded** reich belohnt
③ (*plentifully*) reichhaltig; ***they have a*** ~ ***stocked wine cellar*** sie haben einen gut bestückten Weinkeller
④ (*fully*) **to be** ~ **deserved** [*or* **earned**] wohlverdient sein
richness ['rɪtʃnəs] *n no pl* ① (*wealth*) Reichtum *m;* ~ **of detail** (*fig*) Detailgenauigkeit *f*
② (*fattiness*) Reichhaltigkeit *f*
③ (*intensity*) Stärke *f; of a colour* Sattheit *f*
Richter scale ['rɪktə,-, AM -tɚ,-] *n* ■**the** ~ die Richterskala
rick¹ [rɪk] **I.** *n* Heuhaufen *m*, Dieme *f* NORDD, Schochen *m* SÜDD, ÖSTERR
II. *vt* AGR **to** ~ **hay** Heu schobern [*o* ÖSTERR schöbern]; **to** ~ **wood** Holz aufschichten [*o* stapeln]
rick² [rɪk], AM *also* **wrick** MED **I.** *n* Verzerrung *f*
II. *vt* (*fam*) **to** ~ **one's back/neck** sich *dat* eine Zerrung im Rücken/Nacken zuziehen
rickets ['rɪkɪts] *npl* + *sing/pl vb* MED Rachitis *f*
rickety ['rɪkəti, AM -ət̬i] *adj* ① (*likely to collapse*) wack[e]lig; **a** ~ **bus** ein klapp[e]riger Bus; **a** ~ **chair** ein wack[e]liger Stuhl; ~ **wooden stairs** morsche Holzstufen
② (*decrepit*) *person* alt und klapp[e]rig; (*tottering*) gebrechlich
③ (*suffering from rickets*) rachitisch
ricksha(w) ['rɪkʃɔ:, AM *esp* -ʃɑ:] *n* Rikscha *f*
ricochet ['rɪkəʃeɪ] **I.** *n* ① *no pl* (*action*) Abprallen *nt kein pl*, Abprall *m kein pl*
② (*a rebounding ball*) Abpraller *m; bullet* Querschläger *m;* **to be hit** [*or* **struck**] **by a** ~ von einem Querschläger getroffen werden
II. *vi* ■**to** ~ [**off sth**] [von etw *dat*] abprallen
ricotta [rɪ'kɒtə, AM -'kɑ:t̬ə] *n no pl* Ricotta *m*
rictus <*pl* -es> ['rɪktəs] *n* [Gesichts]verzerrung, f
rid <-dd-, rid *or old* ridded, rid *or old* ridded> [rɪd] *vt* ■**to** ~ **sth/sb of sth** etw/jdn von etw *dat* befreien; ***he*** ~ ***himself of all worry during his weekend vacation*** bei seinem Wochenendurlaub ließ er [endlich einmal] all seine Sorgen hinter sich; ■**to be** ~ **of sb/sth** jdn/etw los sein; **to get** ~ **of sb/sth** jdn/etw loswerden; ***the cream got*** ~ ***of my skin rash*** durch die Creme bin ich meinen Hautausschlag losgeworden
riddance ['rɪdən(t)s] *n* (*fam*) *no pl* Loswerden *nt*
► PHRASES: **good** ~ [**to bad rubbish**] Gott sei Dank [, dass wir den/die/das los sind]; **to bid sb good** ~ jdn dahin wünschen, wo der Pfeffer wächst *fam*
ridden ['rɪdən] *pp of* **ride**
-ridden ['rɪdən] *in compounds* -geplagt; **debt-~** von einem Schuldenberg erdrückt; **disease-~** von Krankheiten gebeutelt; **fear-~** angsterfüllt; **guilt-~** schuldgeplagt; **insect-~** von Insekten heimgesucht; **scandal-~** skandalgebeutelt *fam*
riddle¹ ['rɪdl] **I.** *n* Rätsel *nt a. fig;* **to solve a** ~ ein Rätsel lösen; **to speak** [*or* **talk**] **in ~s** (*fig*) in Rätseln sprechen
II. *vi* in Rätseln sprechen
III. *vt* ■**to** ~ **sth** etw enträtseln; ***can you*** ~ ***me this?*** kannst du mir dieses Rätsel erklären?
riddle² ['rɪdl] **I.** *vt usu passive* ■**to** ~ **sth** ① (*perforate*) etw durchlöchern, Löcher in etw *akk* machen; (*fig: permeate*) etw durchdringen; **to** ~ **sth/sb with bullets** etw/jdn mit Kugeln durchlöchern [*o* durchsieben]
② (*sift through sieve*) etw [aus]sieben
II. *n* [Schüttel]sieb *nt*
riddled ['rɪdld] *adj pred, inv* durchlöchert; (*fig: permeated*) durchsetzt; **to be** ~ **with errors** (*fig*) vor Fehlern strotzen; **to be** ~ **with loopholes** (*fig*) äußerst lückenhaft sein; ***tax law is*** ~ ***with loopholes*** im Steuerrecht gibt es viele Schlupflöcher
ride [raɪd] **I.** *n* ① (*journey*) Fahrt *f* (**on** mit + *dat*); (*on a horse*) Ritt *m;* **bus** ~ Busfahrt *f;* **motorcycle** ~ Motorradfahrt *f;* **bumpy** ~ holperige Fahrt; **to go for a** ~ eine Fahrt machen; (*with horse*) ausreiten

R

② AM (*person*) Fahrer(in) *m(f)*
③ (*trip costing nothing*) Mitfahrgelegenheit *f;* **to give sb a ~** jdn [im Auto] mitnehmen
④ AM (*fam: motor vehicle*) fahrbarer Untersatz *fam*
⑤ (*quality*) Fahrweise *f;* ***this is a great car to take on longer trips because of its smooth ~*** dieser Wagen eignet sich wunderbar für längere Strecken, weil er sich so angenehm fährt
⑥ (*path*) [Reit]weg *m*
⑦ (*at a fair*) [Karussell]fahrt *f*
⑧ (*vulg: sex*) Fick *m vulg*
► PHRASES: **to take sb for a ~** (*fam*) jdn übers Ohr hauen *fam*
II. *vt* <rode, ridden> ① (*sit on*) **to ~ a bicycle/motorcycle** [Fahr]rad/Motorrad fahren; ***I ~ my bicycle to work*** ich fahre mit dem Fahrrad zur Arbeit; **to ~ a bobsled** Bob fahren; **to ~ a horse** ein Pferd reiten; ***they rode their horses into town*** sie ritten auf ihren Pferden in die Stadt ein
② (*as a passenger*) **to ~ the bus/train** Bus/Zug fahren; **to ~ the merry-go-round** Karussell fahren
③ (*traverse*) **to ~ an area** eine Gegend durchqueren, ein Gebiet befahren; ***the ship rode the waves*** das Schiff durchpflügte die Wellen *liter;* ***they rode the waves at the beach*** sie surften am Strand; **to ~ the rapids** die Stromschnellen befahren; **to ~ [the crest of] a wave of popularity** (*fig*) auf einer Welle der Beliebtheit schwimmen
④ (*take part on race*) **to ~ a race** an einem Rennen [*o* Wettlauf] teilnehmen
⑤ (*take the lift*) **to ~ a lift** [*or* AM **elevator**] mit einem Aufzug [*o* Lift] fahren
⑥ (*prevent blow*) **to ~ a blow** einen Schlag abfangen
⑦ (*vulg sl: have sex with*) ■**to ~ sb** jdn vögeln *derb* [*o vulg* ficken]
⑧ AM (*pester*) ■**to ~ sb** jdn antreiben *fam;* ***your boss is riding you much too hard at the moment*** dein Chef nimmt dich momentan viel zu hart ran *fam*
⑨ *usu passive* (*full of*) **to be ridden with anger** wutentbrannt [*o* zornentbrannt] sein; **to be ~den with guilt** von [schweren] Schuldgefühlen geplagt werden
► PHRASES: **to ~ the brakes** (*fam*) auf die Tube drücken *sl,* rasen *fam*
III. *vi* <rode, ridden> ① (*as a sport*) reiten; **to ~ to hounds** *esp* BRIT an einer Parforcejagd [*o* Fuchsjagd] teilnehmen
② (*travel on animal*) reiten; ■**to ~ by** [*or* **past**] vorbeireiten, vorüberreiten
③ (*travel on vehicle*) fahren; ***I rode home from work on the bus*** ich fuhr mit dem Bus von der Arbeit nach Hause; **to ~ in a sports car** in einem Sportwagen mitfahren; **to ~ on a motorbike** auf einem Motorrad fahren
④ (*have said character*) laufen; **to ~ smoothly** *car* sich *akk* angenehm fahren
► PHRASES: **to be riding for a fall** (*fam*) in sein Unglück [*o* Verderben] rennen; **to ~ high** obenauf sein; ***now that he's managing director, he's really riding high*** jetzt wo er leitender Direktor ist, ist er wirklich obenauf; **to ~ roughshod over sb** rücksichtslos über jdn hinweggehen, jdn unterbuttern *sl;* **to let sth ~** (*fam*) etw laufen lassen *fam*
◆**ride on** *vi* ■**to ~ on sth** von etw *dat* abhängen; ***the future of the company ~s on the success of the talks*** die Zukunft des Unternehmens hängt vom Erfolg der Gespräche ab
◆**ride out** *vt* ■**to ~ out** ⊂ **sth** etw überstehen; **to ~ out a crisis** eine Krise durchstehen
◆**ride up** *vi T-shirt, skirt* nach oben rutschen, hochrutschen
rider ['raɪdər, AM -ɚ] *n* ① *of a horse* Reiter(in) *m(f); of a vehicle* Fahrer(in) *m(f)*
② (*form: amendment*) Zusatzklausel *f,* Zusatzvereinbarung *f*
③ POL (*to a bill*) Nachtrag *m,* [Gesetzes]novelle *f;* BRIT LAW (*to a verdict*) zusätzliche Empfehlung
riderless ['raɪdələs, AM -dɚ-] *adj inv horse* reiterlos; *vehicle* fahrerlos
ridge [rɪdʒ] *n* ① GEOG Grat *m;* **mountain ~** Gebirgskamm *m*
② *of a roof* Dachfirst *m*
③ METEO **~ of high/low pressure** Hoch-/Tiefdruckkeil *m*
► PHRASES: **to have been around the ~s** AUS viel erlebt haben
ridged [rɪdʒd] *adj inv soles* geriffelt; *rock, sand, surface* zerfurcht
ridge pole *n* Firststange *f* **ridgeway** *n* Gratweg *m*
ridicule ['rɪdɪkju:l] **I.** *n no pl* Spott *m,* Hohn *m;* **object of ~** Zielscheibe *f* des Gespötts; ***he was regarded as an object of ~ because of his eccentric ideas concerning sexuality*** seine exzentrischen Vorstellungen über Sexualität machten ihn zum Gespött der Leute; **to lay oneself open to ~** sich *akk* lächerlich machen; **to hold sb/sth up to ~** sich *akk* über jdn/etw lustig machen
II. *vt* ■**to ~ sb/sth** jdn/etw verspotten
ridiculous [rɪ'dɪkjələs] **I.** *adj* ① (*comical*) lächerlich, albern; ***you look ~ in that old hat*** mit diesem alten Hut siehst du ziemlich albern aus; **to make oneself look ~** sich *akk* lächerlich machen
② (*inane*) absurd, hirnverbrannt *fam;* ***don't be so ~!*** mach keine Witze!
③ BRIT (*approv sl: incredible*) unglaublich
II. *n no pl* ■**the ~** das Absurde; **from the sublime to the ~** vom Erhabenen zum Lächerlichen
ridiculously [rɪ'dɪkjələsli] *adv* ① (*laughably*) lächerlich; **to behave** [*or fam* **act**] **~** sich *akk* zum Narren machen
② (*unbelievably*) unglaublich, wahnsinnig; **~ easy** unglaublich [*o fam* total] einfach
ridiculousness ['rɪdɪkjələsnəs] *n no pl* Lächerlichkeit *f,* Lachhaftigkeit *f*
riding ['raɪdɪŋ] **I.** *n* ① *no pl* (*sport*) Reiten *nt*
② BRIT (*path*) Reitweg *m*
③ CAN POL (*constituency*) ≈ Wahlkreis *m,* Wahlbezirk *m*
II. *adj attr, inv* Reit-; **~ holiday** [*or* AM **vacation**] Reitferien *pl*
riding boot *n* Reitstiefel *m* **riding breeches** *npl* Reithose *f* **riding crop** *n* Reitgerte *f* **riding habit** *n* (*dated*) Reitkleid *nt veraltet* **riding hat** *n* Reitkappe *f* **riding lamp** *n,* **riding light** *n* NAUT Ankerleuchte *f* **riding school** *n* Reitschule *f* **riding whip** *n* Reitpeitsche *f*
rife [raɪf] *adj inv pred* (*form*) ① (*widespread*) weit verbreitet
② (*full of*) voller (**with** +*gen*); ***the office was ~ with rumours*** im Büro kursierten jede Menge Gerüchte
riff **I.** *vt* ■**to ~ on sth** ① (*play jazz music*) auf etw *dat* Riffs spielen
② (*sl: make fun of*) etw auf die Schippe nehmen *fam*
II. *n* ① MUS Riff *m fachspr*
② (*pej: repeated theme*) Leier *f fig pej fam*
riffle ['rɪfl] **I.** *vt* ① (*leaf through*) **to ~ the pages of a book** ein Buch durchblättern
② (*ruffle*) **to ~ sb's hair** *wind* jdm das Haar zerzausen
③ (*shuffle*) **to ~ [playing] cards** Karten mischen
II. *vi* **to ~ through a book** ein Buch durchblättern
III. *n* ① *usu sing* (*search*) Durchsuchung *f*
② (*rustle of paper*) Rascheln *nt kein pl*
③ CARDS Mischen *nt kein pl*
④ *esp* AM *of a stream* seichte Stelle, seichter Abschnitt
riff-raff ['rɪfræf] *n no pl,* + *sing/pl vb* (*pej*) Gesindel *nt kein pl pej*
rifle¹ ['raɪfl] **I.** *n* ① (*gun*) Gewehr *nt*
② (*troops*) ■**~s** *pl* Schützen, -innen *mpl, fpl*
II. *n modifier* (*bullet, fire, grenade*) Gewehr-; **~ ammunition** Gewehrmunition *f*
rifle² ['raɪfl] **I.** *vi* ■**to ~ through sth** etw durchwühlen; **to ~ through a bag/papers** eine Tasche/Papiere durchwühlen
II. *vt* ■**to ~ sth** etw plündern; **to ~ the safe** den Safe plündern [*o fam* ausräumen]
rifle butt *n* Gewehrkolben *m* **rifleman** *n* Schütze *m* **rifle range** *n* ① (*for practice*) Schießstand *m*
② (*shooting distance*) ■**within ~** in Schussweite [eines Gewehrs]
riflery ['raɪfl̩ri] *n no pl* AM Gewehrschießen *nt*
rifle shot *n* ① (*shot*) Gewehrschuss *m*
② *no pl* (*distance*) Schussweite *f*
③ (*person*) Gewehrschütze, -in *m, f;* **a skilled ~** ein geübter Gewehrschütze/eine geübte Gewehrschützin
rift [rɪft] **I.** *n* ① (*open space*) Spalt *m;* ***a ~ in the clouds appeared*** die Wolken rissen für einen kurzen Augenblick auf
② GEOL [Erd]spalt *m*
③ (*fig: disagreement*) Spaltung *f* (**between** zwischen +*dat*); (*in friendship*) Bruch *m;* **to heal a ~** eine Kluft überbrücken
II. *vi* GEOL ■**to ~ away** sich *akk* abspalten
III. *vt* ■**to ~ sth** etw spalten
rift valley *n* GEOG Grabenbruch *m fachspr*
rig¹ [rɪg] **I.** *vt* <-gg-> *esp* ECON ■**to ~ sth** etw manipulieren; **to ~ an election/results** eine Wahl/Ergebnisse manipulieren; **to ~ the market/prices** den Markt/Preise manipulieren; **~ging of ballots** [*or* **ballot-~ging**] Wahlmanipulation *f*
II. *n* (*old*) Scheinmanöver *nt,* Schwindel *m*
rig² [rɪg] **I.** *n* ① NAUT Takelage *f fachspr,* Takelung *f fachspr*
② (*apparatus*) Vorrichtung *f;* **hi-fi ~** Hi-Fi-Anlage *f;* **lighting ~** Beleuchtungsanlage *f*
③ (*for fishing tackle*) [Vorfach]montage *f fachspr*
④ (*drilling/oil rig*) **drilling ~** Bohrinsel *f;* **gas/oil ~** Gas-/Ölbohrinsel *f*
⑤ (*fam*) FASHION Outfit *nt sl;* **in full ~** in voller Montur *fam*
⑥ *esp* AM TRANSP (*semi-trailer*) [mehrachsiger] Sattelschlepper
II. *vt* <-gg-> ① NAUT **to ~ a boat/ship/yacht** ein Boot/ein Schiff/eine Jacht takeln *fachspr;* **to ~ sails/shrouds/stays** Segel/Wanten/Stags anschlagen *fachspr*
② AVIAT **to ~ an aircraft** ein Flugzeug aufrüsten *fachspr*
③ (*set up*) ■**to ~ sth** etw [behelfsmäßig] zusammenbauen
◆**rig out** *vt* (*fam*) ■**to ~ out** ⊂ **oneself/sb** sich/jdn ausstaffieren; *esp woman* sich *akk* auftakeln *pej o hum*
◆**rig up** *vt* ■**to ~ up** ⊂ **sth** ① NAUT etw auftakeln *fachspr*
② (*set up hastily*) etw [behelfsmäßig] aufbauen [*o* aufstellen], etw improvisieren
rigger¹ ['rɪgər, AM -ɚ] *n* ① NAUT Takler(in) *m(f) fachspr*
② (*scaffolder*) Gerüstbauer(in) *m(f)*
③ (*on oil rig*) Arbeiter(in) *m(f)* auf einer Bohrinsel
rigger² ['rɪgər, AM -ɚ] *n* Manipulant(in) *m(f);* FIN Kurstreiber(in) *m(f)*
rigging¹ ['rɪgɪŋ] *n no pl* ① NAUT Auftakeln *nt fachspr;* (*ropes and wires*) Takelung *f fachspr,* Takelage *f fachspr*
② AVIAT Aufrüstung *f fachspr*
rigging² ['rɪgɪŋ] *n no pl* (*manipulating*) Manipulation *f;* **ballot ~** Wahlmanipulation *f*

right [raɪt]

I. ADJECTIVE	II. ADVERB
III. NOUN	IV. TRANSITIVE VERB
V. INTERJECTION	

I. ADJECTIVE

① (*morally justified*) richtig; ***it was ~ of you to come and see me*** es war richtig von dir, mich aufzusuchen; ***you're ~ to be annoyed*** du bist zu Recht verärgert; ***it is only ~ that men and women should be paid the same*** es ist nur gerecht, dass Männer und Frauen gleich bezahlt werden; ***it is/seems only ~ and proper that …*** es ist/scheint nur recht und billig, dass …; **to do the ~ thing** das Richtige tun

❷ [correct] *answer, direction, order* richtig; *time* genau; ***is your watch ~?*** geht deine Uhr richtig?; ***do you know what the ~ time is?*** kannst du mir bitte die genaue Uhrzeit sagen?; ***were you given the ~ change?*** hat man dir richtig herausgegeben?; **to get sth ~** etw richtig machen; ***you got three answers ~*** du hast drei Antworten richtig; ***did you get that calculation ~?*** hast du da richtig gerechnet?
❸ *pred* [*correct in opinion*] ***am I ~ in thinking that …*** gehe ich recht in der Annahme, dass …; ***you were ~ about him*** was ihn angeht, haben Sie Recht gehabt
❹ [*interrogative*] oder?; ***you're planning to leave on Monday, ~?*** Sie haben doch vor, am Montag abzufahren, oder?
❺ [*correct for situation*] **the ~ way round** [*or* AM **around**] richtig herum
❻ [*best*] richtig; ***he's the ~ person for the job*** er ist der Richtige für den Job; ***he thought the time was ~*** er hielt den Zeitpunkt für passend [*o* angebracht] *geh;* **to be on the ~ lines** auf dem richtigen Weg sein; **to be in the ~ place at the ~ time** (*approv*) zur rechten Zeit am rechten Ort sein
❼ [*socially acceptable, influential*] richtig; ***he likes to be seen in the ~ clubs*** er lässt sich gerne in den richtigen Clubs sehen; ***she knows the ~ people*** sie kennt die richtigen Leute
❽ *pred* [*in correct state*] richtig, in Ordnung *präd;* ***something isn't quite ~ with the brakes*** irgend etwas stimmt [da] mit den Bremsen nicht ganz *fam;* **to put sth ~** etw richtig stellen; **to put a clock ~** eine Uhr richtig einstellen; **to put a machine ~** eine Maschine in Ordnung bringen [*o* reparieren]; **to put matters ~** Tatsachen richtig stellen
❾ [*not left*] rechte(r, s); **~ foot/hand/side** rechter Fuß/rechte Hand/rechte Seite; (*fam*) ***I would give my ~ hand to meet the President*** ich würde alles dafür geben, wenn ich nur einmal den Präsidenten treffen könnte; **a ~ hook** SPORTS ein rechter Haken; **to make a ~ turn** rechts abbiegen
❿ [*located on east side*] auf der Ostseite [*o* rechten Seite] liegend
⓫ *attr esp* BRIT [*fam: complete*] völlig; ***he's a ~ idiot*** er ist ein Vollidiot [*o* totaler Idiot] *fam*
⓬ [*conservative*] *groupings* rechte(r, s)
► PHRASES: **to be not [quite] ~ in the head** (*fam*) nicht [ganz] richtig im Kopf sein; **to be/be not in one's ~ mind** [ganz]/nicht [ganz] bei Verstand sein; **to be as ~ as rain** (*fam*) sich *akk* ganz in Ordnung [*o* gut] [*o* kerngesund] fühlen; **to put** [*or* **set**] **sb ~** (*make healthy*) jdn gesund machen; (*fam: make understand*) jdm etw klar machen, jdn eines Besseren belehren; **a ~ one** BRIT (*fam*) Dummkopf *m fam;* ***we've got a ~ one here!*** hier haben wir ja einen richtigen Knallkopf! *fam*

II. ADVERB

❶ [*completely*] völlig, ganz *fam;* ***the car ran ~ out of fuel*** im Autotank war bald überhaupt kein Benzin mehr; ***she walked ~ past me without noticing me*** sie lief direkt an mir vorbei, ohne mich zu bemerken
❷ [*all the way*] ganz; (*directly*) genau; ***I filled the bath ~ up to the top*** ich habe die Badewanne [bis zum Rand] voll laufen lassen; ***we tried to go ~ to the top of the mountain*** wir versuchten, ganz bis zum Gipfel zu kommen; ***she came up ~ behind me*** plötzlich stand sie direkt hinter mir
❸ [*fam: immediately*] gleich; ***he'll be ~ back*** er ist gleich zurück; ***I'll be ~ with you*** ich bin gleich bei dir; *clerk, store* einen Augenblick, ich komme sofort [zu Ihnen]; **~ now** gleich jetzt, im Moment
❹ [*correctly*] richtig; **to guess ~** richtig raten
❺ [*properly*] gut; **to go ~** gut [aus]gehen; ***things have been going ~ for me*** es läuft gut für mich
❻ [*eastwards*] rechts; **to go** [*or* **turn**] **~** [nach] rechts abbiegen
❼ BRIT [*form: in title*] ■**R~** ehrenwert; ***the R~ Honourable Sarah Bast, MP*** die sehr Ehrenwerte Sarah Bast, Mitglied des Parliaments
► PHRASES: **~ away** [*or* BRIT *also fam* **off**] sofort, [jetzt] gerade; **to be ~ behind sb** voll hinter jdm stehen; **~ through** durch und durch

III. NOUN

❶ *no pl* [*goodness*] Recht *nt;* ***the difference between ~ and wrong*** der Unterschied zwischen Recht und Unrecht
❷ [*morally correct thing*] das Richtige, das Rechte; ***they discussed the ~s and wrongs of the issue*** sie diskutierten über das Für und Wider der Angelegenheit
❸ [*claim*] Recht *nt;* ***you have the ~ to call a lawyer*** Sie haben das Recht, einen Anwalt anzurufen; ***it's my ~ as a doctor not to reveal this information*** es ist mein Recht als Arzt, diese Informationen nicht preiszugeben; **preemptive ~** ECON Bezugsrecht *nt;* **~ of asylum** Asylrecht *nt;* **~ of free speech** Recht *nt* auf freie Meinungsäußerung; **women's ~s** die Frauenrechte *ntpl,* die Rechte *ntpl* der Frau[en]; **to have the ~ to do sth** das Recht haben, etw zu tun; ***what ~ have you got to criticize me?*** was gibt dir das Recht, mich zu kritisieren?; **to know one's ~s** seine Rechte kennen; **to stand up for one's ~s** für seine Rechte einstehen; **to be within one's ~s** [**to do sth**] das Recht haben[, etw zu tun]
❹ [*authority, ownership*] ■**~s** *pl* Rechte *ntpl* (**to** an +*dat*); **~s of a book** Rechte *ntpl* an einem Buch; **fishing ~s** Fischereirechte *ntpl*
❺ *no pl* [*right side*] Rechte *f;* **on** [*or* **to**] **the ~** rechts, auf der rechten Seite, zur Rechten *liter*
❻ [*turn*] **to make** [*or* **take**] [*or* AM *fam* **hang**] **a ~** [nach] rechts abbiegen
❼ [*road*] **the first/second ~** die erste/zweite [Straße] rechts; ***take the second ~*** fahren Sie die zweite rechts [rein] *fam*
❽ [*fist*] Rechte *f;* (*blow*) rechter Haken
❾ + *sing/pl vb* POL ■**the R~** die Rechte
❿ + *sing/pl vb* [*political section*] **the far ~** die Rechtsextremen; **on the ~** im rechten Lager
► PHRASES: **in one's own ~** aus eigener Kraft; **to be in the ~** im Recht sein; **to put** [*or* **set**] **sth to ~s** etw in Ordnung bringen; **to put** [*or* **set**] **the world to ~s** die Welt verbessern; **by ~s** von Rechts wegen; **by ~ of sth** aufgrund einer S. *gen*

IV. TRANSITIVE VERB

❶ [*restore to correct position*] ■**to ~ sth** etw aufrichten; (*restore to correct condition*) etw in Ordnung bringen; ***the boat will ~ itself if it capsizes*** das Boot balanciert sich von selbst wieder aus, wenn es kentert
❷ [*rectify*] **to ~ a mistake/wrong** einen Fehler/ein Unrecht wieder gutmachen

V. INTERJECTION

❶ [*fam: states accord*] richtig, in Ordnung; (*dated*) ***~ you are!*** in Ordnung!; BRIT ***too ~!*** wohl [*o* nur zu] wahr!
❷ [*fam: filler word*] also; ***so we were on our way to work, ~, and all of a sudden we heard this loud explosion*** also, wir waren auf dem Weg zur Arbeit und plötzlich hörten wir diese laute Explosion
❸ [*fam: as introduction*] ***~, you lot, can we begin?*** also, ihr Lieben, können wir anfangen?
❹ AUS [*fam: expresses reassurance*] nur keine Sorge

right angle *n* rechter Winkel **right-angled** *adj inv* rechtwinklig; **~ triangle** BRIT, AUS rechtwinkliges Dreieck

righteous ['raɪtʃəs] (*form*) **I.** *adj* ❶ (*virtuous*) *person* rechtschaffen
❷ (*justifiable*) *anger, indignation* berechtigt, gerechtfertigt
❸ (*pej iron: self-righteous*) selbstgerecht *pej*
II. *n* ■**the ~** *pl* die Gerechten *pl*

righteously ['raɪtʃəsli] *adv* (*usu iron pej*) selbstgerecht; **to ~ maintain that …** selbstgerecht behaupten, dass …

righteousness ['raɪtʃəsnəs] *n no pl* Rechtschaffenheit *f*

right field *n esp* AM (*in baseball*) *der rechte Teil des Spielfeldes neben dem Spieler am Abschlag;* (*player*) rechter Außenfeldspieler/rechte Außenfeldspielerin

rightful ['raɪtfᵊl] *adj attr, inv* rechtmäßig; **~ claimant** Anspruchsberechtigte(r) *f(m);* **~ owner** rechtmäßiger Eigentümer/rechtmäßige Eigentümerin; **~ share** rechtmäßiger Anteil

rightfully ['raɪtfᵊli] *adv inv* rechtmäßig

right hand *n* ❶ ANAT Rechte *f,* rechte Hand ❷ (*direction*) rechte Seite; **on the ~ of the street** auf der rechten Straßenseite ❸ (*position*) **to stand at sb's ~** zu jds Rechten stehen ❹ (*assistant*) rechte Hand **right-hand** *adj attr, inv* ❶ (*on the right*) rechte(r, s); **on the ~ side** auf der rechten Seite ❷ (*with the right hand*) mit der Rechten *nach n;* **~ punch** Schlag *m* mit der Rechten, rechter Haken **right-hand drive I.** *n no pl* Rechtslenkung *f* **II.** *n modifier* **~ car** Wagen *m* mit Rechtslenkung **right-handed** *adj inv* rechtshändig **right-hander** *n* ❶ (*person*) Rechtshänder(in) *m(f)* ❷ (*in boxing*) rechter Haken **right-hand man** *n* (*fig approv*) ■**sb's ~** jds rechte Hand

rightism ['raɪtɪzᵊm, AM -t̬-] *n no pl* POL rechtsgerichtete Ideologie

rightist ['raɪtɪst, AM -t̬-] **I.** *n* POL Rechte(r) *f(m)*
II. *adj* rechtsgerichtet

rightly ['raɪtli] *adv inv* ❶ (*correctly*) richtig; **to ~ assess sth** etw richtig einschätzen; **to remember ~** sich *akk* genau erinnern
❷ (*justifiably*) zu Recht; **quite ~** völlig zu Recht; [**whether**] **~ or wrongly** [ob] zu Recht oder zu Unrecht
❸ (*suitably*) **~ dressed** passend gekleidet

right-minded *adj* (*approv*) vernünftig; **every ~ person** jeder vernünftige Mensch

rightness ['raɪtnəs] *n no pl* Richtigkeit *f;* ***he is convinced of the ~ of his actions*** er ist davon überzeugt, dass er das Richtige tut

right of establishment *n* LAW Niederlassungsrecht *nt* **right of way** <*pl* rights-> *n* ❶ *no pl* (*right to pass*) Durchgangsrecht *nt* ❷ (*path*) Wegerecht *nt* ❸ AUTO, AVIAT, NAUT Vorfahrt *f* **right-on** *adj* ❶ (*usu pej: in fashion*) linientreu ❷ (*approv sl: excellent*) super *sl,* klasse *fam* **rights department** *n* Rechtsabteilung *f* **rights issue** *n* BRIT STOCKEX Bezugsrechtsemission *f fachspr* **right-thinking** *adj* (*approv*) vernünftig **right-to-life** *adj inv* Antiabtreibungs- **right triangle** *n* AM rechtwinkliges Dreieck **right whale** *n* ZOOL Glattwal *m* **right wing** *n* + *sing/pl vb* POL, SPORTS ■**the ~** der rechte Flügel; **to be on the ~** POL dem rechten Flügel angehören **right-wing** *adj* POL rechts *präd,* rechte(r, s) **right-winger** *n* POL Rechte(r) *f(m)*

righty ['raɪt̬i] *n* AM (*fam*) Rechtshänder(in) *m(f)*

rigid ['rɪdʒɪd] **I.** *adj* ❶ (*inflexible*) starr, steif; **to be ~ with fear/pain** gelähmt vor Angst/Schmerzen sein; **to be bored ~** BRIT (*fam*) zu Tode gelangweilt sein
❷ (*fig: unalterable*) *routine, rules, principles* starr; (*overly stringent*) streng, hart; **~ censorship** strenge Zensur
II. *n* BRIT Lkw *m*

rigidity [rɪ'dʒɪdəti, AM -əṭi] *n no pl* ❶ (*inflexibility*) Starrheit *f,* Steifheit *f; of concrete* Härte *f*
❷ (*pej: intransigence*) Starrheit *f,* Unbeugsamkeit *f*

rigidly ['rɪdʒɪdli] *adv* ❶ (*not flexibly*) starr
❷ (*esp pej: strictly*) streng; **to ~ adhere to sth** eisern an etw *dat* festhalten

rigmarole ['rɪgmᵊrəʊl, AM -roʊl] *n usu sing* (*pej*) ❶ (*procedure*) Prozedur *f;* ***what a ~!*** was für ein Umstand!; **to go through the [whole] ~** die [ganze] Prozedur noch einmal wiederholen
❷ (*rambling story*) Gelabere *nt pej*

rigor *n* AM *see* **rigour**

rigor mortis [ˌrɪgə'mɔːtɪs, AM -gɚ'mɔːrt̬-] *n no pl* MED Leichenstarre *f*

rigorous ['rɪgᵊrəs, AM -gɚ-] *adj* ❶ (*approv: thorough*) [peinlich] genau, präzise; **~ testing** gründliches Testen

R

2 (*disciplined*) strikt, streng; ***she is a ~ vegetarian*** sie lebt strikt vegetarisch; ~ **discipline** strenge Disziplin
3 (*physically demanding*) hart; ~ **training** hartes Training
4 (*harsh*) ~ **climate/weather** raues Klima/Wetter

rigorously ['rɪgᵊrəsli, AM -gɚ-] *adv* 1 (*approv: thoroughly*) [peinlich] genau, präzise; ***he ~ notes down every penny he spends*** er führt ganz genau Buch über seine Ausgaben
2 (*strictly*) strikt; **to ~ adhere to rules** Regeln strikt einhalten
3 (*severely*) hart; **to train ~** hart trainieren

rigour ['rɪgəʳ], AM **rigor** [-ɚ] *n* 1 *no pl* (*approv: thoroughness*) Genauigkeit *f,* Präzision *f*
2 *no pl* (*strictness*) Strenge *f,* Härte *f*
3 (*demanding conditions*) ■**~s** *pl* Härten *fpl;* **the ~s of the winter** die Härten des Winters

rig-out ['rɪgaʊt] *n esp* BRIT (*dated fam*) Putz *m kein pl veraltet,* Klamotten *fpl fam*

rile [raɪl] *vt* (*fam*) 1 (*annoy*) ■**to ~ sb** jdn ärgern; ***don't let her ~ you*** lass dich nur nicht von ihr provozieren; **to get sb ~d** jdn verärgern
2 AM **to ~ water** Wasser verschmutzen [*o* trüben]

rill [rɪl] *n* 1 (*small stream*) kleiner Bach, Rinnsal *nt*
2 (*shallow cut*) Rille *f*

rim [rɪm] I. *n* 1 (*brim*) *of a cup, plate* Rand *m*
2 (*boundary*) Rand *m;* ~ **of a lake** Seeufer *nt;* **on the Pacific ~** am Rande des Pazifiks; **the ~ of the solar system** der Rand des Sonnensystems
3 *of a wheel* Felge *f,* Radkranz *m*
4 *usu pl* (*spectacle frames*) Fassung *f*
5 (*stain*) Rand *m;* ~ **of dirt** Schmutzrand *m*
II. *vt* <-mm-> ■**to ~ sth** etw umgeben; (*frame*) etw umrahmen; ***the garden was ~med with a wall*** der Garten war von einer Mauer umgeben; ***the lake was ~med by trees*** der See war von Bäumen gesäumt

rime¹ [raɪm] (*liter*) I. *n no pl* [Rau]reif *m*
II. *vt* ■**to ~ sth** etw mit [Rau]reif bedecken

rime² *n* (*old*) *see* **rhyme**

rim job *n* (*vulg*) *orale Stimulierung im Bereich des Afters*

rimless ['rɪmləs] *adj inv* randlos; ~ **glasses** [*or* **spectacles**] randlose Brille

-rimmed [rɪmd] *in compounds* -randig, -gerandet; ***he wears gold~ spectacles*** er trägt eine Brille mit Goldrand; ***he blinked red~ eyes*** er blinzelte aus rotgeränderten Augen

rind [raɪnd] I. *n no pl* Schale *f;* (*of a tree*) [Baum]rinde *f;* **bacon ~** [Speck]schwarte *f;* **cheese ~** Käserinde *f;* [**grated**] **lemon ~** [geriebene] Zitronenschale; **whale ~** Fettschicht *f* eines Wals
II. *vt* **to ~ a tree** einen Baum entrinden

ring¹ [rɪŋ] I. *n* 1 (*jewellery*) Ring *m;* **diamond ~** Diamantring *m*
2 (*circular object*) Ring *m;* **metal/onion ~** Metall-/Zwiebelring *m*
3 ASTRON Ring *m;* **the ~s of Saturn** die Ringe des Saturn
4 (*marking*) Rand *m;* ***the wet glass left a ~ on the table*** das nasse Glas hinterließ einen Rand auf dem Tisch; **to have ~s around one's eyes** Ringe unter den Augen haben
5 BRIT (*cooking device*) Kochplatte *f*
6 (*arena*) Ring *m;* **boxing ~** Boxring *m;* **circus ~** Manege *f*
7 + *sing/pl vb* (*circle of people*) Kreis *m*
8 + *sing vb* (*circle of objects*) Kreis; **to sit in a ~ around sb** im Kreis um jdn herumsitzen
9 + *sing/pl vb* (*clique*) Ring *m,* Kartell *nt,* Syndikat *nt;* (*at an auction*) Händlerring *m* bei einer Auktion; **drug/spy ~** Drogen-/Spionagering *m*
10 CHEM ringförmige atomare Struktur
11 (*circular course*) Kreis *m;* ***they ran around in a ~*** sie liefen [*o* rannten] im Kreis herum
12 STOCKEX (*trading floor*) Börsenstand *m*
13 COMPUT (*data list*) Ring *m;* (*topology of network*) Ringtopologie *f*
▸ PHRASES: **to <u>run</u> ~s [a]round sb** jdn in die Tasche stecken *fam*
II. *vt* 1 *usu passive* (*surround*) ■**to ~ sb/sth** jdn/etw umringen; ***armed police ~ the hijacked plane*** bewaffnete Polizisten kreisen das entführte Flugzeug ein; ***the harbour is ~ed by rocks and reefs*** der Hafen ist von Felsen und Riffen umgeben
2 BRIT (*draw*) ■**to ~ sth** etw einkreisen
3 BRIT (*put ring on*) **to ~ a bird** einen Vogel beringen; **to ~ a bull/a pig** einen Stier/ein Schwein mit einem Nasenring versehen
4 (*falsify*) Chassis- oder Motornummer *f* an etw *dat* betrügerisch verändern

ring² [rɪŋ] I. *n* 1 (*act of sounding bell*) Klingeln *nt kein pl;* **to give a ~** klingeln; ***he gave a ~ at the door*** er klingelte [*o* läutete] an der Tür
2 (*sound made*) Klingeln *nt kein pl,* Läuten *nt kein pl;* ***there was a ~ at the door*** es hat geklingelt [*o* geläutet]
3 *usu sing esp* BRIT (*telephone call*) **to give sb a ~** jdn anrufen
4 (*loud sound*) Klirren *nt kein pl;* **the ~ of iron on stone** das Klirren von Eisen auf Stein
5 *usu sing* (*quality*) Klang *m;* ***your name has a familiar ~*** Ihr Name kommt mir bekannt vor; ***his story had the ~ of truth*** seine Geschichte hörte sich glaubhaft an
6 (*set of bells*) Glockenspiel *nt; of a church* Läut[e]werk *nt*
II. *vi* <rang, rung> 1 (*produce bell sound*) *telephone* klingeln, läuten; (*cause bell sound*) klingen
2 (*summon*) läuten; ■**to ~ for sth** nach etw *dat* läuten
3 (*have humming sensation*) klingen; ***my ears are still ~ing from the explosion*** mir klingen noch die Ohren von der Explosion
4 (*reverberate*) **to ~ with** [*or* **to**] **a sound** von einem Klang widerhallen; ***the room rang with laughter*** der Raum war von Lachen erfüllt; (*fig*) ***his voice rang with anger*** seine Stimme bebte vor Zorn
5 (*appear*) **to ~ false/true** unglaubhaft/glaubhaft klingen; **to ~ hollow** hohl klingen *pej*
6 *esp* BRIT (*call on telephone*) anrufen; **to ~ for an ambulance/a taxi** einen Krankenwagen/ein Taxi rufen; **to ~ home** zu Hause anrufen; ■**to ~ back** zurückrufen
▸ PHRASES: **sth ~s in sb's <u>ears</u>** [*or* <u>**head**</u>] etw klingt jdm im Ohr
III. *vt* <rang, rung> 1 (*make sound*) **to ~ a bell** eine Glocke läuten; **to ~ the alarm** Alarm auslösen
2 (*of a church*) **to ~ the hour** die Stunde schlagen; **to ~ a peal** die Glocken läuten
3 *esp* BRIT (*call on telephone*) ■**to ~ sb** jdn anrufen; ■**to ~ sb back** jdn zurückrufen
▸ PHRASES: **to ~ a <u>bell</u>** Assoziationen hervorrufen; ***the name rang a bell*** der Name kam mir irgendwie bekannt vor; **to ~ the <u>changes</u>** [**on sth**] für Abwechslung [bei etw *dat*] sorgen

◆**ring around** *vi* BRIT herumtelefonieren

◆**ring down** *vt* 1 THEAT **to ~ down ⊂ the curtain** den Vorhang herunterlassen; **to ~ down the curtain on sth** (*fig*) etw abschließen, einen Schlussstrich unter etw *akk* ziehen
2 TELEC ■**to ~ sb ⊂ down** einen Rundruf machen

◆**ring in** I. *vi* BRIT sich *akk* telefonisch melden; **to ~ in sick** sich *akk* telefonisch krankmelden
II. *vt* ■**to ~ in ⊂ sb** nach jdm klingeln; ■**to ~ in ⊂ sth** etw einläuten; **to ~ in the New Year** das neue Jahr einläuten

◆**ring off** *vi* BRIT auflegen

◆**ring out** I. *vi* ertönen; ***a cry of warning rang out*** ein Warnruf ertönte
II. *vt* ■**to ~ out ⊂ sth** etw ausläuten; ***the bells are ~ing out the old year*** die Glocken läuten das alte Jahr aus; ■**to ~ out ⊂ sb** jdm durch ein Klingelzeichen zu verstehen geben, dass er/sie nicht mehr gebraucht wird

◆**ring round** *vi* BRIT herumtelefonieren

◆**ring up** I. *vt* 1 *esp* BRIT (*telephone*) ■**to ~ up ⊂ sb** jdn anrufen
2 COMM **to ~ up an amount** einen Betrag [in die Kasse] eintippen
3 THEAT **to ~ up ⊂ the curtain on a performance** den Vorhang zu einer Vorstellung hochgehen lassen; **to ~ up ⊂ the curtain on a new epoch** (*fig*) ein neues Zeitalter einläuten
II. *vi* BRIT anrufen

ring binder *n* Ringbuch *nt* **ring dove** *n* Ringeltaube *f*

ringer¹ ['rɪŋəʳ, AM -ɚ] *n* 1 *esp* AM SPORTS (*fam*) *Spieler, der unerlaubt an einem Wettkampf teilnimmt oder gegen das Reglement eingewechselt wird;* (*in horseracing*) Ringer *m* (*vertauschtes Pferd*)
2 (*impostor*) Schwindler(in) *m(f)*
3 (*person*) Glöckner(in) *m(f)*
▸ PHRASES: **to be a <u>dead</u> ~ for sb** (*fam*) jdm aufs Haar gleichen

ringer² ['rɪŋəʳ] *n* 1 AUS, NZ (*shearer*) [Schaf]scherer(in) *m(f)*
2 AUS (*stockman*) Farmarbeiter(in) *m(f);* (*employed in droving*) Viehtreiber(in) *m(f)*

ring finger *n* Ringfinger *m* **ring-in** *n* AUS (*fam*) Quereinsteiger(in) *m(f)*

ringing ['rɪŋɪŋ] I. *adj attr, inv* 1 (*resounding*) schallend; ~ **cheer** lauter Jubel; ~ **crash** ohrenbetäubendes Krachen
2 (*unequivocal*) eindringlich
II. *n no pl* Klingeln *nt*

ringleader *n* Anführer(in) *m(f)*

ringlet ['rɪŋlɪt] *n usu pl* Locke *f;* **in ~s** in Locken, lockig

ringmaster *n* Zirkusdirektor *m* **ring-pull** I. *n* Aufreißring *m,* Dosenring *m* II. *n modifier* (*can*) Aufreißring- **ring road** *n* BRIT, AUS Ringstraße *f,* Umgehungsstraße *f* **ringside** I. *n* ■**the ~** (*in boxing*) die Sitzreihe am Boxring; (*in a circus*) die Sitzreihe an der Manege II. *n modifier* ~ **seat** (*in boxing*) Ringplatz *m;* (*in a circus*) Manegenplatz *m;* **to have a ~ seat** [*or* **view**] (*fig*) einen Logenplatz haben **ring-tailed** *adj inv* ZOOL mit beringtem Schwanz *nach n* **ring tone** *n* Klingelton *m* **ringtoss** *n no pl* Wurfringspiel *nt,* Wurfringe *mpl;* **to play ~** Wurfringe werfen **ringworm** *n no pl* MED Flechte *f*

rink [rɪŋk] *n* Bahn *f;* **ice ~** Eisbahn *f,* Schlittschuhbahn *f;* **rollerskating ~** Rollschuhbahn *f*

rinky-dink ['rɪŋkidɪŋk] *adj* AM (*fam: amateurish*) *business, operation* dilettantisch; (*shoddy*) *bike, recorder* schäbig

rinse [rɪns] I. *n* 1 (*action*) Spülung *f;* **to give a bottle/one's mouth a ~** eine Flasche/sich *dat* den Mund ausspülen; **to give clothes/one's hair a ~** Kleidungsstücke/sich *dat* die Haare spülen; **to give dishes/one's hands a ~** das Geschirr/sich *dat* die Hände abspülen; **cold/hot ~** Kalt-/Heißspülen *nt*
2 (*for mouth*) Mundspülung *f*
3 (*conditioner*) [Haar]spülung *f;* (*for tinting hair*) Tönung *f*
II. *vt* ■**to ~ sth** etw spülen; **to quickly ~ one's hands** sich *dat* kurz die Hände abspülen; **to ~ laundry** Wäsche spülen; **to ~ one's mouth** sich *dat* den Mund ausspülen; **to ~ the suds from the dishes** den Schaum vom Geschirr abspülen
III. *vi* spülen; **to ~ thoroughly** gründlich spülen

◆**rinse off** I. *vt* ■**to ~ off ⊂ sth** etw abspülen
II. *vi* [ab]spülen

◆**rinse out** *vt* ■**to ~ out ⊂ sth** etw ausspülen

riot ['raɪət] I. *n* 1 (*disturbance*) Krawall *m,* Unruhen *fpl,* Ausschreitungen *fpl;* (*uproar*) Aufstand *m a. fig,* Aufruhr *m a. fig;* **race ~** Rassenunruhen *fpl;* **to trigger a ~** Unruhen auslösen
2 *no pl* (*fig approv: display*) **a ~ of colour[s]** eine Farbenpracht
3 *no pl* (*fig: outburst*) **a ~ of emotions** ein Gefühlsausbruch *m*
4 *no pl* (*fam: entertaining person, thing*) **to have a ~ of a time** eine tolle Zeit haben *fam;* **to be a ~** zum Schießen [*o* Schreien] sein *fam*
▸ PHRASES: **to <u>run</u> ~** (*behave uncontrollably*) *people* Amok laufen; *emotions* verrückt spielen; *artist* sich *akk* in [wilden] Farb-/Klangorgien ergehen; (*spread uncontrollably*) *prejudices* um sich *akk* greifen; *weeds* wuchern; ***my imagination ran ~*** die Fanta-

sie ist mit mir durchgegangen
II. *vi* ① (*act violently*) randalieren, Krawall machen
② (*fig: behave uncontrollably*) wild feiern

riot act *n* ▶ PHRASES: **to read sb the** ~ jdm die Leviten lesen

rioter ['raɪətəʳ, AM -t̬ɚ] *n* Aufständische(r) *f(m)*, Aufrührer(in) *m(f)*, Unruhestifter(in) *m(f)*, Randalierer(in) *m(f)*

riot gear *n no pl* Schutzanzug *m*

rioting ['raɪətɪŋ, AM -t̬-] *n no pl* Randalieren *nt*, Krawalle *mpl*

riotous ['raɪətəs, AM -t̬-] *adj* ① (*involving disturbance*) aufständisch
② (*boisterous*) ausschweifend; **a ~ party** eine wilde Party
③ (*vivid*) **a ~ display** eine hemmungslose Zurschaustellung

riotously ['raɪətəsli, AM -t̬-] *adv* ① (*uncontrollably*) **to behave** ~ völlig außer Rand und Band sein, sich *akk* aufführen wie die Wilden
② (*approv*) unglaublich *fam*; ~ **funny** unglaublich komisch *fam*, urkomisch; ***it is ~ funny*** es ist einfach zum Schreien

riotousness ['raɪətəsnəs, AM -t̬-] *n no pl* Bereitschaft *f* auf die Barrikaden zu gehen

riot police *n + sing/pl vb* Bereitschaftspolizei *f*

riot shield *n* Schutzschild *m*

rip[1] [rɪp] *n* GEOG, NAUT Kabbelung *f fachspr*

rip[2] [rɪp] I. *n* ① (*tear*) Riss *m*
② *usu sing* (*act*) Zerreißen *nt*; (*with knife*) Zerschlitzen *nt*
II. *vt* <-pp-> ■**to ~ sth** etw zerreißen; ***I ~ped my shirt on a nail*** ich bin an einem Nagel hängen geblieben und habe mir das Hemd aufgeschlitzt; **to ~ sth into shreds** etw zerfetzen [*o* in Fetzen reißen]; **to ~ sth open** etw aufreißen; (*with knife*) etw aufschlitzen; **to ~ open a seam** einen Saum auftrennen; ■**to ~ sth apart** etw auseinander reißen
III. *vi* <-pp-> ① (*tear*) reißen; *seams of clothing* platzen
② (*rush*) ■**to ~ through sth** durch etw *akk* fegen; ***the tornado ~ped through town*** der Wirbelsturm fegte durch die Stadt

◆**rip into** *vi* (*fam*) ■**to ~ into sb** über jdn herfallen; (*fig*) auf jdn losgehen

◆**rip off** *vt* ① (*take off fast*) ■**to ~ off** ↔ **sth** etw abreißen; ***they ~ped off their clothes*** sie rissen sich die Kleider vom Leib
② (*fam: overcharge*) ■**to ~ off** ↔ **sb** jdn übers Ohr hauen *fam*
③ (*fam: steal*) ■**to ~ off** ↔ **sth** etw mitgehen lassen *fam*; **to ~ off ideas** Ideen klauen *fam*; ■**to ~ off** ↔ **sb** jdn beklauen *fam*

◆**rip out** *vt* ■**to ~ sth** ↔ **out** etw herausreißen

◆**rip up** *vt* ■**to ~ up** ↔ **sth** etw zerreißen; **to ~ the carpets up** den Teppichboden herausreißen

RIP [ˌɑːraɪ'piː, AM ˌɑːr-] *abbrev of* **rest in peace** R.I.P.

riparian [raɪ'peəriən, AM rɪ'per-] LAW I. *adj inv* Ufer-; ~ **state** Uferstaat *m*
II. *n Eigentümer von Uferland an einem Fluss;* ***he is a ~*** sein Grundstück liegt direkt am Flussufer

ripcord ['rɪpkɔːd, AM -kɔːrd] *n* Reißleine *f*

ripe [raɪp] *adj* ① (*ready to eat*) *fruit, grain* reif
② (*matured*) *cheese, wine* ausgereift
③ (*intense*) *flavour, smell* beißend
④ ZOOL *insect, fish* reif für die Eiablage *präd*
⑤ *pred* (*prepared*) ■**to be ~ for sth** reif für etw *akk* sein
⑥ *pred* (*full of*) ■**to be ~ with sth** von etw *dat* erfüllt sein
⑦ *attr* (*advanced*) fortgeschritten; **to live to a ~ old age** ein hohes [*o* reifes] Alter erreichen; ~ **in years** in fortgeschrittenem Alter
⑧ (*hum dated*) anrüchig; ~ **joke** obszöner Witz
▶ PHRASES: **the time is** ~ die Zeit ist reif [*o* gekommen]

ripen ['raɪpᵊn] I. *vi* [heran]reifen *a. fig;* ***my plans are ~ing*** meine Pläne nehmen Gestalt an
II. *vt* **to ~ fruit** eine Frucht reifen [*o* reif werden] lassen

ripeness ['raɪpnəs] *n no pl* Reife *f*

rip-off *n* (*fam*) Wucher *m kein pl pej;* (*fraud*) Schwindel *m*, Beschiss *m kein pl derb;* ***that's just a ~ of my idea!*** da hat doch bloß einer meine Idee geklaut! *fam*

riposte [rɪ'pɒst, AM -'poʊst] I. *n* ① (*usu approv liter: reply*) [schlagfertige] Antwort
② (*in fencing*) Riposte *f fachspr*
II. *vt* (*usu approv*) ■**to ~ that ...** [schlagfertig] kontern, dass ...
III. *vi* ripostieren *fachspr*

ripping ['rɪpɪŋ] *adj* BRIT (*dated fam*) großartig, spitzenmäßig *sl*, famos *veraltend*

ripple ['rɪpl̩] I. *n* ① (*in water*) leichte Welle, Kräuselung *f*; (*fig*) ***~s of the crisis are continuing to spread*** die Krise schlägt weiterhin [ihre] Wellen
② (*sound*) Raunen *nt kein pl;* **a ~ of applause** ein kurzer Applaus; **a ~ of laughter** ein leises Lachen
③ (*feeling*) Schauer *m;* **a ~ of excitement** ein Schauer der Erregung
④ (*reaction*) Wirkung *f;* ***news of the war hardly caused a ~*** die Berichte über den Krieg verhallten nahezu wirkungslos
⑤ *no pl* ELEC Brummstrom *m*, Brummspannung *f*
⑥ *no pl* (*ice cream*) **chocolate/raspberry ~** [*Vanille*]*eiscreme, die marmorartig mit Schokoladen-/Himbeersirup durchzogen ist*
II. *vi* ① (*form waves*) *water* sich *akk* kräuseln
② (*flow with waves*) [kleine] Wellen schlagen, plätschern
③ (*move with waves*) *grain* wogen; ***his muscles ~d under his skin*** man sah das Spiel seiner Muskeln [unter der Haut]
④ (*spread*) *feeling* sich *akk* breit machen; *sound* ertönen, erschallen
III. *vt* ① (*produce wave in*) **to ~ the water** das Wasser kräuseln
② (*make wavy*) **to ~ grain** Getreide wogen lassen; **to ~ muscles** die Muskeln spielen lassen

ripple effect *n* Nachwirkungen *fpl*

rip-roaring *adj attr* (*fam*) *match* sagenhaft, mitreißend; *person* Aufsehen erregend

rip tide *n* GEOG, NAUT Kabbelung *f fachspr*

rise [raɪz] I. *n* ① (*upward movement*) *of theatre curtain* Hochgehen *nt kein pl*, Heben *nt kein pl; of the sun* Aufgehen *nt kein pl*
② (*in fishing*) Steigen *nt kein pl*
③ MUS *of a pitch, sound* Erhöhung *f*
④ (*in society*) Aufstieg *m;* ~ **to power** Aufstieg *m* an die Macht; **meteoric ~** kometenhafter Aufstieg
⑤ (*hill*) Anhöhe *f*, Erhebung *f;* (*in a road*) [Straßen]kuppe *f*
⑥ (*height*) *of an arch, incline, step* Höhe *f;* (*in trousers*) Schritt *m*
⑦ (*increase*) Anstieg *m kein pl*, Steigen *nt kein pl;* ***the team's winning streak has triggered a ~ in attendance*** die Erfolgsserie der Mannschaft hat die Zuschauerzahlen ansteigen lassen; [**pay**] ~ BRIT Gehaltserhöhung *f*, Lohnerhöhung *f;* **temperature ~** Temperaturanstieg *m;* **to be on the ~** im Steigen begriffen sein; ***inflation is on the ~*** die Inflation steigt
⑧ (*origin*) *of a brook* Ursprung *m;* ***the river Cam has its ~ in a place called Ashwell*** der Fluss Cam entspringt an einem Ort namens Ashwell
▶ PHRASES: **to get** [*or* **take**] **a ~ out of sb** (*fam*) jdn [total] auf die Palme bringen *fam;* **to give ~ to sth** etw verursachen, Anlass zu etw *akk* geben; **to give ~ to a question** eine Frage aufwerfen
II. *vi* <rose, risen> ① (*ascend*) steigen; *curtain* aufgehen, hochgehen; ***the curtain is rising*** der Vorhang geht auf [*o* hebt sich]
② (*become visible*) *moon, sun* aufgehen
③ (*move towards water surface*) *fish* an die Oberfläche kommen
④ (*become higher in pitch*) *voice* höher werden
⑤ (*improve position*) aufsteigen; **to ~ to fame** berühmt werden; **to ~ in the hierarchy** in der Hierarchie aufsteigen; **to ~ in the ranks** im Rang steigen; **to ~ through the ranks** befördert werden; **to ~ in sb's esteem** in jds Ansehen steigen
⑥ (*from a chair*) sich *akk* erheben; LAW ***all ~*** bitte erheben Sie sich
⑦ (*get out of bed*) aufstehen
⑧ *esp* BRIT (*form: adjourn*) enden, schließen; ***the meeting rose at 6p.m.*** die Besprechung endete um 18.00 Uhr
⑨ (*be reborn*) auferstehen; **to ~ from the dead** von den Toten auferstehen; **to ~ again** wieder auferstehen
⑩ (*blow*) *wind* aufkommen; ***they noticed that the wind was rising*** sie bemerkten, dass der Wind stärker wurde
⑪ (*originate*) *river* entspringen
⑫ (*rebel*) sich *akk* auflehnen; ■**to ~ against sb/sth** sich *akk* gegen jdn/etw auflehnen
⑬ (*incline upwards*) *ground* ansteigen
⑭ (*be higher than surroundings*) sich *akk* erheben; ***the mountains ~ above the woods*** die Berge ragen über den Wäldern empor
⑮ (*stand on end*) *hair* zu Berge stehen; ***his hair rose*** ihm standen die Haare zu Berge
⑯ (*be constructed*) *building* entstehen; ***we were impressed by the skyscrapers rising above the plain*** wir waren beeindruckt von den Wolkenkratzern, die sich über der Ebene erhoben
⑰ FOOD *yeast, dough* aufgehen
⑱ (*appear*) *blister, bump, weal* sich *akk* bilden
⑲ (*get nauseated*) *stomach* sich *akk* umdrehen [*o* heben]
⑳ (*increase*) [an]steigen; (*in height*) *river, sea* steigen; ***house prices have ~n sharply*** die Immobilienpreise sind stark gestiegen
㉑ *of emotion* sich *akk* erhitzen; ***tempers were rising at the meeting*** die Gemüter erhitzten sich auf der Besprechung; ***he felt panic ~ in him*** er fühlte Panik in sich aufsteigen
㉒ (*become louder*) *voice* lauter werden, sich *akk* erheben; ***murmurs of disapproval rose from the crowd*** die Menge ließ ein missbilligendes Gemurmel hören
㉓ *mood, spirit* steigen; ***my spirits ~ whenever I think of my next holiday*** immer wenn ich an meinen nächsten Urlaub denke, steigt meine Laune
㉔ *barometer, thermometer* steigen
▶ PHRASES: **to ~ to the bait** anbeißen; ***they offered a good salary, but I didn't ~ to the bait*** sie boten mir ein gutes Gehalt an, aber ich habe mich nicht ködern lassen; ~ **and shine!** aufstehen!, los, raus aus den Federn!

◆**rise above** *vi* ■**to ~ above sth** ① (*protrude*) *skyscrapers* sich *akk* über etw *dat* erheben
② (*be superior to*) über etw *dat* stehen [*o* erhaben sein]; **to ~ above difficulties/poor conditions** Schwierigkeiten/Notlagen überwinden

◆**rise to** *vi* ■**to ~ to sth** auf etw *akk* reagieren; **to ~ to the challenge** [*or* **occasion**] sich *akk* der Herausforderung stellen; **to ~ to provocation** sich *akk* provozieren lassen

◆**rise up** *vi* ① (*mutiny*) ■**to ~ up** [**against sb/sth**] sich *akk* [gegen jdn/etw] auflehnen
② (*be visible*) aufragen
③ (*become present in mind*) aufsteigen; ***a feeling of nervousness rose up in him*** ein Gefühl der Nervosität stieg in ihm auf; **to ~ up in sb's mind** jdm in den Sinn kommen

risen ['rɪzᵊn] *pp of* **rise**

riser ['raɪzəʳ, AM -ɚ] *n* ① (*person*) **early ~** Frühaufsteher(in) *m(f)*; **late ~** Spätaufsteher(in) *m(f)*, Langschläfer(in) *m(f)*
② ARCHIT *of a step* Setzstufe *f fachspr*, Futterstufe *f fachspr*
③ AM (*platform*) ■**~s** *pl* Tribüne *f*
④ (*pipe*) Steigrohr *nt*, Steigleitung *f*

risible ['rɪzəbl̩] *adj* (*pej form*) lächerlich; ~ **excuse** lächerliche Ausrede

rising ['raɪzɪŋ] I. *adj attr, inv* ① (*increasing in status*) *author, politician* aufstrebend
② (*getting higher*) ~ **flood waters** steigendes Hochwasser; ~ **sun** aufgehende Sonne
③ (*increasing*) *costs* steigend; *wind* aufkommend; *fury* wachsend

4 (*advancing to adulthood*) heranwachsend; **the ~ generation** die kommende Generation
5 (*angled upwards*) *ground* [auf]steigend
6 LING **~ intonation** Anhebung *f* der Stimme
II. *n* Aufstand *m*, Erhebung *f*
rising damp *n no pl* BRIT Grundmauerfeuchte *f fachspr* **rising sign** *n* ASTROL Aszendent *m* **rising star** *n* Aufsteiger(in) *m(f)*, aufgehender Stern
risk [rɪsk] I. *n* 1 (*hazard*) Risiko *nt;* ■**at the ~ of doing sth** auf die Gefahr hin, etw zu tun; ***at the ~ of seeming rude, I'm afraid I have to leave now*** auch wenn es vielleicht unhöflich erscheinen mag, ich fürchte, ich muss jetzt gehen; **fire ~** Brandgefahr *f;* **~ to health** Gesundheitsrisiko *nt*, Gefahr *f* für die Gesundheit; **at the ~ of one's life** unter Einsatz seines Lebens; **at owner's ~** auf Gefahr des Eigentümers; **safety** [*or* **security**] **~** Sicherheitsrisiko *nt;* **bad** [*or* **high**]/**good** [*or* **low**] **~** hohes/geringes Risiko; ***the company is quite a good ~*** das Unternehmen hat eine recht gute Bonität; ***he is a bad ~*** bei ihm besteht ein hohes Schadensrisiko; **financial ~** finanzielles Risiko; **negligible ~** vernachlässigbares Risiko; **at one's own ~** auf eigenes Risiko; **to be worth the ~** das Risiko wert sein; **to take** [*or* **run**] **a ~** ein Risiko eingehen, etw riskieren; ■**to be at ~** einem Risiko ausgesetzt sein; ***they are a minority at ~*** sie sind eine gefährdete Minderheit
2 (*insurance policy*) Risiko *nt*, Gefahr *f*, Gefährdung *f;* **fire ~** Feuergefahr *f*
II. *n modifier* (*analysis, factor*) Risiko-
III. *vt* ■**to ~ sth** etw riskieren [*o* aufs Spiel setzen]; ■**to ~ doing sth** riskieren [*o* es wagen], etw zu tun; **to ~ one's life** [*or fam* **neck**] sein Leben [*o fam* Kopf und Kragen] riskieren; **to ~ life and limb** Leib und Leben riskieren
risk capital *n no pl* ECON Risikokapital *nt* **risk-free** *adj* (*approv*) risikolos, unriskant **risk management** *n no pl* Risikomanagement *nt* **risk manager** *n* Riskmanager(in) *m(f)*
risky ['rɪski] *adj* riskant; (*daring*) gewagt
risotto [rɪ'zɒtəʊ, AM -'zɑːt̬oʊ] *n* Risotto *m o* ÖSTERR, SCHWEIZ *a. nt*
risqué ['rɪskeɪ, AM rɪ'skeɪ] *adj* gewagt
rissole ['rɪsəʊl, AM -soʊl] *n* FOOD Rissole *f*
rite [raɪt] *n usu pl* Ritus *m;* **funeral ~** Bestattungsritual *nt;* **last ~s** Sterbesakramente *ntpl;* **to administer last ~s** die Sterbesakramente erteilen
rite of passage <*pl* rites-> *n* REL Übergangsritus *m*
ritual ['rɪtjuəl, AM -tʃu-] I. *n* Ritual *nt*, Ritus *m;* **one's daily/evening/morning ~** das tägliche/abendliche/morgendliche Ritual; **mating ~** ZOOL Balzritual *nt;* **religious ~** religiöse Riten
II. *adj attr* rituell, Ritual-; **~ bath** rituelle Waschung
ritualistic [,rɪtjuᵊl'ɪstɪk, AM -tʃuᵊl'-] *adj* rituell
ritualistically [,rɪtjuᵊl'ɪstɪkᵊli, AM -tʃuᵊl'-] *adv* rituell
ritualize ['rɪtjuᵊlaɪz, AM 'rɪtʃ] *vt* ■**to ~ sth** ein Ritual aus etw *dat* machen, etw ritualisieren
ritualized ['rɪtjuᵊlaɪzd, AM -tʃu-] *adj* ritualisiert
ritually ['rɪtjuᵊli, AM 'rɪtʃ] *adv* ritualgemäß, rituell
ritual murder *n* Ritualmord *m*
ritzy ['rɪtsi] *adj* (*dated fam*) nobel
rival ['raɪvᵊl] I. *n* Rivale, -in *m, f;* ECON, COMM Konkurrenz *f*, Konkurrent(in) *m(f);* **arch ~** Erzrivale, -in *m, f;* **bitter ~s** scharfe Rivalen; **closest** [*or* **nearest**] **~** größter [*o* schärfster] Rivale/größte [*o* schärfste] Rivalin
II. *n modifier* rivalisierend *attr*, konkurrierend *attr;* **~ brand** Konkurrenzmarke *f;* **~ camp/team** gegnerisches Lager/gegnerische Mannschaft; **~ factions** rivalisierende Gruppen
III. *vt* <BRIT -ll- *or* AM *usu* -l-> ■**to ~ sb/sth** mit jdm/etw konkurrieren, es mit jdm/etw aufnehmen; ■**to be ~led by sth/sb** von etw/jdm übertroffen werden
rivalry ['raɪvᵊlri] *n* 1 *no pl* (*competition*) Rivalität *f* (**among** unter +*dat*); *esp* ECON, SPORTS Konkurrenz *f*, Wettbewerb *m* (**for** um +*akk*)
2 (*incidence*) Rivalität *f;* **friendly ~** freundschaftlicher Wettstreit; **to revive old rivalries** alte Rivalitäten wieder aufleben lassen
riven ['rɪvᵊn] *adj inv* (*liter*) gespalten
river ['rɪvəʳ, AM -ɚ] I. *n* 1 (*water*) Fluss *m;* ***they took a walk by the ~*** sie machten einen Spaziergang entlang dem Flussufer; **the R~ Amazon** der Amazonas; **the R~ Thames** die Themse; **down ~** stromabwärts; **up ~** stromaufwärts; **down by the ~** unten am Fluss
2 (*quantity*) Strom *m;* **~*s of sweat ran down his back*** der Schweiß rann ihm in Strömen den Rücken hinunter
II. *n modifier* Fluss-; **~ fishing** Fischen *nt* am Fluss; **~ industry** Industrie *f* am Fluss; **~ pollution** Verschmutzung *f* des Flusses; **~ system** Flusssystem *nt;* **~ traffic** Flussschifffahrt *f;* **~ water** Wasser *nt* des Flusses, Flusswasser *nt*
river bank *n* GEOG Flussufer *nt* **river basin** *n* GEOG Flussbecken *nt* **river bed** *n* GEOG Flussbett *nt* **river blindness** *n no pl* MED *durch Insekten übertragene Tropenkrankheit, die Erblindung verursachen kann* **river boat** *n* Flussschiff *nt* **river fish** *n* Flussfisch *m* **river navigation** *n no pl* NAUT Navigation *f* auf Binnengewässern **river police** *n no pl, + sing/pl vb* Wasserschutzpolizei *f* **riverside** I. *n* [Fluss]ufer *nt* II. *n modifier* Ufer-; **~ area** Uferzone *f*
rivet ['rɪvɪt] I. *n* Niete *f*
II. *vt* 1 (*join*) ■**to ~ sth** [**together**] etw [zusammen]nieten
2 (*fix firmly*) ■**to ~ sb/sth** jdn/etw fesseln; **to be ~ed to the spot** wie angewurzelt stehen bleiben
3 (*engross*) ■**to ~ sb** jdn fesseln; ■**to be ~ed by** [*or* **on**] **sth** von etw *dat* gefesselt sein; ***my attention was ~ed by my grandmother's stories*** ich war von Großmutters Geschichten ganz gefesselt; ***the attention of the crowd was ~ed on the fire*** die Menge schaute gebannt auf das Feuer
riveter ['rɪvɪtəʳ, AM ɪt̬ɚ] *n* 1 (*person*) Nieter *m*, Nietschläger *m*
2 (*machine*) Nietmaschine *f*
riveting ['rɪvɪtɪŋ, AM -t̬-] *adj* (*fam*) fesselnd
riviera [,rɪvi'eərə, AM -'erə] *n* Riviera *f*
rivulet ['rɪvjələt, AM -lɪt] *n* Bächlein *nt;* (*fig*) **~*s of sweat ran down his face*** der Schweiß lief ihm in Rinnsalen übers Gesicht
RM [,ɑː'em] *npl* BRIT *abbrev of* **Royal Marines** *britische Marineinfantrie*
RN [,ɑː'ren] *n* 1 BRIT MIL *abbrev of* **Royal Navy**
2 AM *abbrev of* **registered nurse** examinierte [*o* staatlich anerkannte] Krankenschwester
RNA [,ɑːren'eɪ] *n no pl* SCI, MED *abbrev of* **ribonucleic acid** RNS *f*
RNLI [,ɑːrenel'aɪ] *n* BRIT *abbrev of* **Royal National Lifeboat Institution** ≈ DLRG *f*
roach¹ <*pl* -> [rəʊtʃ, AM roʊtʃ] *n* Rotauge *nt*
roach² <*pl* -es> [rəʊtʃ, AM roʊtʃ] *n* (*fam*) 1 AM ZOOL Küchenschabe *f*, Kakerlak *m*
2 (*sl: of a cannabis cigarette*) *eingedrehter Pappfilter eines Joints*
road [rəʊd, AM roʊd] *n* 1 (*way*) Straße *f;* ***is this the ~ to Burlington?*** ist das die Straße nach Burlington?; ***all ~s into the town were blocked by snow*** sämtliche Zufahrtsstraßen in die Stadt waren völlig zugeschneit; **on this/the other side of the ~** auf dieser/der anderen Straßenseite; **back** [*or* BRIT *also* **minor**] **~** Nebenstraße *f;* **busy ~** stark befahrene Straße; **dirt ~** Feldweg *m;* **impassable ~** unpassierbare Straße; **main ~** Hauptstraße *f;* **to cross the ~** die Straße überqueren
2 *no pl* (*street name*) Straße *f;* ***I live in 77 Mill R~*** ich wohne in der Mill Road [Nr.] 77
3 MIN Tunnel *m*, Förderstrecke *f*
4 AM (*railroad*) Eisenbahn *f*
5 BRIT (*railway track*) Schiene *f*
6 (*fig: course*) Weg *m;* **to be on the ~ to recovery** sich *akk* auf dem Wege der Besserung befinden; **to be on the right ~** auf dem richtigen Weg sein
7 *usu pl* NAUT Reede *f*
► PHRASES: **~ to Damascus** prägendes, einschneidendes Erlebnis; ***meeting Martin Luther King was a ~ to Damascus for many people*** die Begegnung mit Martin Luther King war für viele Menschen ein Erlebnis, das ihr Leben entscheidend geprägt hat; **to come to the end of the ~** zu Ende sein; ***my relationship with Ann has come to the end of the ~*** mit Ann ist Schluss *fam;* **the ~ to hell is paved with good intentions** (*saying*) der Weg zur Hölle ist mit guten Absichten gepflastert *hum;* **all ~s lead to Rome** (*saying*) alle Wege führen nach Rom *prov;* **to be on the ~** (*performing at different venues*) auf Tournee sein; (*travelling by road*) unterwegs sein; (*fit for driving*) straßentauglich sein; **to get out of the** [*or* **one's**] **~** AM (*fam*) Platz machen; **to take** [**to**] **the ~** sich *akk* auf den Weg machen, losfahren; **one for the ~** (*fam: drink*) eine(n,s) für unterwegs *fam;* **by ~** mit dem Auto/Bus/LKW; **to face a bumpy ~** einen steinigen Weg vor sich *dat* haben
road accident *n* Verkehrsunfall *m* **roadblock** *n* Straßensperre *f* **road construction** *n no pl* Straßenbau *m* **road crew** I. *n* THEAT, MUS Tourneecrew *f* II. *n modifier* (*members*) Tourneecrew-; **~ pay** Bezahlung *f* der Tourneecrew **road fund licence** *n* BRIT Steuerplakette *f* **road haulage** *n no pl* BRIT Güterverkehr *m* (*auf den Straßen*) **road haulage industry** *n no pl* BRIT Güterverkehrsindustrie *f* **road hog** *n* (*pej fam*) Rowdy *m pej fam* **roadholding** *n no pl* AUTO Straßenlage *f* **roadhouse** *n esp* AM (*dated*) Raststätte *f*
roadie ['rəʊdi, AM 'roʊdi] *n* (*fam*) Roadie *m fam*
road kill *n no pl esp* AM AUTO 1 (*animal*) totgefahrene Tiere 2 (*action*) Überfahren eines Tieres *nt*
roadman *n* BRIT Straßenarbeiter *m* **road map** *n* Straßenkarte *f* **road metal** *n no pl* BRIT Schotter *m* **road movie** *n* Roadmovie *nt sl* **road pricing** *n no pl esp* BRIT Erhebung einer Straßen[be]nutzungsgebühr [*o* Maut] [*o* SÜDD, ÖSTERR Mautgebühr] **road rage** *n no pl* aggressives Verhalten im Straßenverkehr, Verkehrsrowdytum *nt* **roadrunner** [-,rʌnəʳ, AM -,rʌnɚ] *n* Erdkuckuck *m* **road safety** I. *n no pl* Verkehrssicherheit *f* II. *n modifier* (*evaluation, statistics*) Verkehrssicherheits-; **~ expert** Verkehrssicherheitsexperte, -in *m, f;* **~ research** Untersuchung *f* zum Thema Verkehrssicherheit **road sense** *n no pl* BRIT verantwortungsvolles Verhalten im Straßenverkehr **roadshow** *n* 1 RADIO, TV Direktübertragung *f* vom Dreh-/Aufnahmeort 2 POL Kampagne *f* 3 MUS, THEAT Tournee *f;* (*people*) Musikgruppe *f*/Theatertruppe *f* auf Tournee **roadside** I. *n no pl* Straßenrand *m;* **at** [*or* **by**] [*or* **on**] **the ~** am Straßenrand II. *n modifier* Straßen-, am Straßenrand gelegen; **~ shop** Laden *m* an der Straße; **~ stop** Rastplatz *m* **road sign** *n* Verkehrsschild *nt* **roadstead** *n* NAUT Ankerplatz *m*
roadster ['rəʊdstəʳ, AM 'roʊdstɚ] *n* 1 (*car*) Roadster *m* (*offener, zweisitziger Sportwagen*)
2 (*bicycle*) Tourenrad *nt*
road surface *n* Straßenbelag *m* **road sweeper** *n* Straßenkehrer(in) *m(f)*, Straßenfeger(in) *m(f)* SÜDD **road system** *n* Straßennetz *nt* **road tax** *n no pl* BRIT Kraftfahrzeugsteuer *f* **road test** *n* AUTO 1 (*trial drive*) Testfahrt *f* 2 AM (*examination*) praktische Fahrprüfung **road-test** *vt* AUTO **to ~ a car** ein Auto Probe fahren **road toll** *n* 1 AM (*fee*) Straßen[be]nutzungsgebühr *f*, Maut *f* SÜDD, ÖSTERR, Mautgebühr *f* ÖSTERR 2 AUS Zahl *f* der Verkehrstoten **road traffic** *n no pl* Straßenverkehr *m*
road transport *n no pl* BRIT Güterverkehr *m* **road trip** *n* AM Geschäftsreise *f;* **to be on a ~** auf Geschäftsreise sein **road user** *n* Verkehrsteilnehmer(in) *m(f)* **road vehicle** *n* Kraftfahrzeug *nt* **road warrior** *n* Verkehrsrowdy *m*, Raser(in) *m(f)* **roadway** *n no pl* Fahrbahn *f* **roadwork** *n* 1 ■**~s** *pl* BRIT, AUS, ■**~** *no pl* AM TRANSP Straßenbauarbeiten *fpl* 2 *no pl* SPORTS Bewegungstraining *nt* (*im Freien*) **roadworthy** *adj esp* BRIT **~ bicycle/car** verkehrstüchtiges Fahrrad/Auto
roam [rəʊm, AM roʊm] I. *vi* 1 (*travel aimlessly*) **to ~ about/around/over/through** umherstreifen, umherziehen
2 *mind, thoughts* abschweifen
3 COMPUT roamen

II. *vt* **to ~ the streets** durch die Straßen ziehen *fam; dog* herumstreunen; **to ~ the Internet** [im Internet] surfen
III. *n* [Herum]wandern *nt kein pl*
roamer ['rəʊməʳ, AM 'roʊmɚ] *n* (*fam*) Herumtreiber(in) *m(f) pej o hum fam,* Vagabund(in) *m(f)*
roaming ['rəʊmɪŋ, AM 'roʊm-] **I.** *adj inv* [umher]streifend, sich *pej* herumtreibend *akk; animals* streunend
II. *n no pl* TELEC Roaming *nt* (*per Handy Auslandsgespräche führen*)
roan[1] [rəʊn, AM roʊn] **I.** *adj horse, calf* rötlich grau
II. *n* Rotschimmel *m*
roan[2] [rəʊn, AM roʊn] *n no pl* Schafleder *nt*
roar [rɔːʳ, AM rɔːr] **I.** *n* ❶ (*bellow*) *of a lion, person* Brüllen *nt kein pl,* Gebrüll *nt kein pl*
❷ (*loud noise*) *of an aircraft, a cannon* Donnern *nt kein pl; of an engine* [Auf]heulen *nt kein pl,* Dröhnen *nt kein pl; of a fire* Prasseln *nt kein pl; of thunder* Rollen *nt kein pl,* Grollen *nt kein pl; of waves* Tosen *nt kein pl; of wind* Heulen *nt kein pl*
❸ (*laughter*) schallendes Gelächter
II. *vi* ❶ (*bellow*) *lion, person* brüllen; ■**to ~ at sb** jdn anbrüllen
❷ (*make a loud noise*) *aircraft, cannon* donnern; *engine* [auf]heulen, dröhnen; *fire* prasseln; *thunder* rollen, grollen; *waves* tosen; *wind* heulen; ***she looked up as a plane ~ed overhead*** sie sah auf, als ein Flugzeug über sie hinwegdonnerte
❸ (*laugh*) schallend lachen, brüllen vor Lachen; **to ~ with laughter** in schallendes Gelächter ausbrechen
❹ (*make noise in breathing*) *horse* keuchen
III. *vt* ■**to ~ sth** etw brüllen
◆**roar by, roar past** *vi* vorbeidonnern *fam*
◆**roar on** *vt* ■**to ~ on ⊂ sb** jdn anfeuern
roaring ['rɔːrɪŋ] *adj attr, inv* ❶ (*noisy*) *animal, crowd, person* brüllend; *inanimate object* lärmend; *aircraft, cannon* donnernd; *engine, wind* heulend; *fire* prasselnd; *traffic, waves* tosend; *thunder* rollend; **~ inferno** (*fig*) entsetzliches Inferno
❷ (*fam: for emphasis*) **~ business** Bombengeschäft *nt fam;* **to be a ~ success** ein Bombenerfolg sein *fam;* **to do a ~ trade** ein Bombengeschäft machen *fam;* **~ drunk** sturzbetrunken *fam*
roaring forties *n* METEO ■**the ~** *stürmische Klimazone am 40. Breitengrad* **roaring twenties** *n* (*fam*) ■**the ~** die wilden Zwanziger
roast [rəʊst, AM roʊst] **I.** *vt* ❶ (*heat*) ■**to ~ sth** etw rösten; ■**to ~ sb** (*fig*) jdn rösten [*o* verbrennen]; **to ~ chestnuts/coffee beans** Kastanien/Kaffeebohnen rösten; **to ~ meat** Fleisch braten; **to ~ ore** Erz rösten
❷ *esp* BRIT (*torture*) ■**to ~ sb** jdn brennen (*mit glühenden Zigaretten o.Ä.*)
❸ (*criticize*) ■**to ~ sb** mit jdm hart ins Gericht gehen
II. *vi* braten *a. fig;* ***hundreds of people were lying in the sun ~ing*** hunderte von Menschen ließen sich in der Sonne braten; ■**to be ~ing** (*fig*) [vor Hitze] fast umkommen *fam*
III. *adj attr, inv* Brat-; **~ beef** Roastbeef *nt;* **~ chicken** Brathähnchen *nt;* **~ coffee** Röstkaffee *m;* **~ potatoes** Ofenkartoffeln *fpl*
IV. *n* ❶ FOOD Braten *m*
❷ *no pl* (*process*) Rösten *nt*
❸ (*coffee*) Röstung *f*
❹ AM (*party*) Grillparty *f*
roasted ['rəʊstɪd, AM 'roʊ-] *adj attr, inv* gebraten; **~ chestnuts** geröstete Kastanien
roaster ['rəʊstəʳ, AM 'roʊstɚ] *n* ❶ (*device*) Röstapparat *m,* Röster *m; for metal ore* Röstofen *m*
❷ (*oven*) Bratofen *m,* Bratröhre *f*
❸ (*person*) Sonnenanbeter(in) *m(f)*
❹ (*chicken*) Brathähnchen *nt;* (*pig*) Spanferkel *nt*
roasting ['rəʊstɪŋ, AM 'roʊ-] **I.** *adj attr, inv* ❶ (*for roasting*) zum Braten *nach n*
❷ (*being roasted*) **~ coffee** Röstkaffee *m*
❸ (*fam: hot*) knallheiß *fam*
II. *n* ❶ *no pl* (*action of cooking*) Braten *nt*
❷ *usu sing* (*fam: criticism*) Standpauke *f;* **to give sb a ~** jdm eine Standpauke halten; **to give sth a ~** etw verreißen
roasting pan *n* AM, **roasting tin** *n* BRIT Bratpfanne *f*
rob <-bb-> [rɒb, AM rɑːb] *vt* ❶ (*steal from*) ■**to ~ sb [of sth]** jdn [um etw *akk*] bestehlen; (*violently*) jdm [etw] rauben; **to ~ a bank** eine Bank ausrauben
❷ *usu passive* (*fam: overcharge*) ■**to ~ sb** jdn ausnehmen *fam*
❸ (*deprive*) ■**to ~ sb of sth** jdn um etw *akk* bringen
► PHRASES: **to ~ Peter to pay Paul** (*saying*) das eine Loch stopfen und ein anderes aufmachen *fig* (*sich Geld leihen, um Schulden bezahlen zu können*)
robber ['rɒbəʳ, AM 'rɑːbɚ] *n* Räuber(in) *m(f);* **bank ~** Bankräuber(in) *m(f)*
robber baron *n* ❶ (*hist: noble*) Räuberbaron *m*
❷ *esp* AM (*pej*) Raffzahn *m pej fam,* Geldhai *m pej*
robbery ['rɒbəri, AM 'rɑːbɚi] *n* ❶ *no pl* (*action*) Raubüberfall *m;* **~ with violence** BRIT, AUS LAW, **armed ~** AM bewaffneter Raubüberfall
❷ (*theft*) Raub *m,* Raubüberfall *m;* **bank ~** Bankraub *m;* **armed ~** bewaffneter Raubüberfall; **to commit a ~** einen Raubüberfall verüben
❸ (*fam: overcharging*) **daylight** [*or* AM **highway**] **~** Nepp *m pej fam,* Halsabschneiderei *f pej fam*
robe [rəʊb, AM roʊb] **I.** *n* ❶ (*long garment*) langes Kleid, Abendkleid *nt*
❷ *usu pl* (*formal gown*) Robe *f,* Talar *m*
❸ (*dressing gown*) Morgenmantel *m,* Bademantel *m*
II. *vt* ■**to ~ sb** jdn ankleiden; ■**to ~ sb/sth in sth** jdn/etw in etw *akk* kleiden *a. fig liter*
III. *vi* sich *akk* anziehen [*o veraltend* ankleiden]
robed [rəʊbd, AM roʊbd] *adj inv* (*form*) gekleidet; *judge* mit einer Robe bekleidet; ***she was ~ in blue*** sie war ganz in Blau gekleidet; **a white-~ figure** eine Gestalt in [einem] weißen Gewand
robin ['rɒbɪn, AM 'rɑːb-] *n, liter* **robin redbreast** *n* ❶ (*European bird*) Rotkehlchen *nt*
❷ AM (*American bird*) Wanderdrossel *f*
robot ['rəʊbɒt, AM 'roʊbɑːt] *n* ❶ (*machine*) Roboter *m a. fig*
❷ SA (*traffic light*) Ampel *f*
robotic [rə(ʊ)'bɒtɪk, AM roʊ'bɑːṭ-] *adj* ❶ *device* Roboter-; **~ arm** Roboterarm *m*
❷ (*pej*) *person* roboterhaft
robotic dancing *n* SPORTS, MUS *Tanz mit roboterhaften Bewegungen*
robotics [rə(ʊ)'bɒtɪks, AM roʊ'bɑːṭ-] *n + sing vb* Robotertechnik *f kein pl,* Robotik *f kein pl fachspr*
robust [rə(ʊ)'bʌst, AM roʊ'-] *adj* ❶ (*healthy*) kräftig, robust; **~ appetite** gesunder Appetit; **to be in ~ health** bei guter Gesundheit [*o* kerngesund] sein
❷ (*sturdy*) *material* robust, widerstandsfähig
❸ ECON stabil; **~ finances** stabile Finanzlage
❹ (*down-to-earth*) *approach, attitude, view* bodenständig
❺ (*physical*) hart; **~ exercise** hartes Training
❻ (*full-bodied*) *food* deftig, kräftig; *wine* robust, kernig
robustly [rə(ʊ)'bʌstli, AM roʊ'-] *adv* ❶ (*healthily*) **~ healthy** kerngesund
❷ (*sturdily*) ***he walked ~ up the hill*** mit energischen Schritten ging er den Berg hinauf
❸ (*determinedly*) *argue, defend, express* entschlossen, energisch
❹ (*physically*) hart; **to exercise ~** hart trainieren
robustness [rə(ʊ)'bʌstnəs, AM roʊ'-] *n no pl* ❶ (*vitality, sturdiness*) Widerstandsfähigkeit *f,* Robustheit *f*
❷ ECON (*stability*) Stabilität *f*
❸ (*determination*) Entschlossenheit *f*
❹ COMPUT (*ability to function*) Gutmütigkeit *f*
rock[1] [rɒk, AM rɑːk] *n* ❶ *no pl* (*mineral material*) Stein *m*
❷ (*sticking out of ground*) Fels[en] *m;* (*sticking out of sea*) Riff *nt;* (*boulder*) Felsbrocken *m;* **to be [as] solid as a ~** (*hard*) hart wie Stein [*o* steinhart] sein; (*approv fig: reliable*) wie ein Fels in der Brandung sein *fig;* ***our team's defense has been as solid as a ~ all year*** auf unsere Verteidigung war das ganze Jahr über absolut Verlass; ***their marriage is solid as a ~*** ihre Ehe ist durch nichts zu erschüttern
❸ GEOL Gestein *nt*
❹ (*Gibraltar*) ■**the R~** der Felsen von Gibraltar
❺ AM, AUS (*a stone*) Stein *m;* (*fig: served with ice*) ■**on the ~s** on the rocks, mit Eis
❻ (*fig: firm support*) Fels *m* in der Brandung *fig*
❼ *no pl* BRIT (*candy*) Zuckermasse *f;* **stick of ~** Zuckerstange *f*
❽ (*fam: diamond*) Klunker *m fam*
❾ (*fam: piece of crack cocaine*) Crack *nt kein pl*
❿ (*vulg sl: testicles*) ■**~s** Eier *ntpl derb*
⓫ *usu pl* (*source of danger*) Gefahr *f;* **to head for the ~s** in sein Verderben rennen
⓬ AM (*dated fam: money*) ■**~s** *pl* Kohle *f kein pl fam,* Kies *m kein pl fam*
► PHRASES: **to be between a ~ and a hard place** zwischen den Stühlen sitzen *fig;* **to get one's ~s off** (*fam!*) bumsen *vulg;* **on the ~s** (*fam: in disastrous state*) am Ende *fam; relationship, marriage* in die Brüche gegangen, kaputt *fam;* ***the company is on the ~s*** das Unternehmen ist vom Pleitegeier bedroht
rock[2] [rɒk, AM rɑːk] **I.** *n* ❶ *no pl* Rockmusik *f*
❷ (*movement*) Schaukeln *nt kein pl,* Wiegen *nt kein pl*
❸ (*dance*) Rock 'n' Roll *m kein pl*
II. *vt* ❶ (*cause to move*) ■**to ~ sb/sth** jdn/etw schaukeln; (*gently*) jdn/etw wiegen; **to ~ sb to sleep** jdn in den Schlaf wiegen
❷ (*sway*) ■**to ~ sth** etw erschüttern
❸ (*shock*) ■**to ~ sb/sth** jdn/etw erschüttern *fig*
► PHRASES: **to ~ the boat** (*fam*) für Aufregung sorgen, Staub aufwirbeln *fig*
III. *vi* ❶ (*move*) schaukeln; **to ~ back and forth** hin und her schaukeln
❷ (*dance*) rocken *fam;* (*play music*) Rock[musik] spielen
❸ (*be excellent*) ***he really ~s!*** er ist ein Supertyp! *fam;* ***that's his third goal of the game — he ~s!*** das ist sein drittes Tor bei diesem Spiel — er ist einfach ein Ass! *fam;* ***this party really ~s!*** diese Party bringt's! *fam*
◆**rock out** *vi* (*fam*) abrocken *sl*
rockabilly [ˌrɒkə'bɪli, AM ˌrɑːk-] *n no pl* Rockabilly *m*
rock and roll I. *n no pl* Rock and Roll *m,* Rock 'n' Roll *m* **II.** *n modifier* (*concert, group, lyrics, music, musician*) Rock-'n'-Roll- **rock band** *n* Rockband *f,* Rockgruppe *f* **rock bottom** *n* Tiefpunkt *m;* **to be at** [*or* **hit**] [*or* **reach**] **~** am Tiefpunkt [angelangt] sein; *person also* am Boden zerstört sein; ***sales have reached ~*** der Absatz hat einen Tiefpunkt erreicht **rock-bottom** *n modifier* Niedrigst-; **~ prices** Tiefstpreise *mpl,* Niedrigstpreise *mpl,* Schleuderpreise *mpl* **rock bun** *n* BRIT, AUS, **rock cake** *n* BRIT, AUS [kleiner] Rosinenkuchen **rock candy** *n* AM ❶ (*candy*) Zuckerstange *f* ❷ (*boiled sugar*) Zuckerhut *m* **rock climber** *n* Bergsteiger(in) *m(f)* **rock climbing** *n no pl* Rock Climbing *nt fachspr,* Klettern *nt* **rock concert** *n* Rockkonzert *nt* **rock crystal** *n no pl* Bergkristall *m*
rocker ['rɒkəʳ, AM 'rɑːkɚ] *n* ❶ (*musician*) Rockmusiker(in) *m(f);* (*fan*) Rockfan *m;* (*song*) Rocksong *m;* **punk ~** Punker(in) *m(f)*
❷ BRIT (*dated: in '60s motorcycle cult*) Rocker(in) *m(f)*
❸ (*chair*) Schaukelstuhl *m;* (*rocking horse*) Schaukelpferd *nt*
❹ (*curved bar*) *of a chair* [Roll]kufe *f; of a cradle* [Wiegen]kufe *f*
❺ TECH Wippe *f fachspr,* Schwinge *f fachspr;* (*in dynamo*) Kipphebel *m fachspr,* Schwinghebel *m fachspr*
► PHRASES: **to be off one's ~** (*fam*) nicht mehr alle Tassen im Schrank haben *fam,* [komplett] übergeschnappt sein *fam*
rockery ['rɒkəri, AM 'rɑːkɚi] *n* Steingarten *m*
rocket[1] ['rɒkɪt, AM 'rɑːk-] **I.** *n* ❶ (*projectile*) [Feuerwerks]rakete *f;* **anti-tank ~** Panzerabwehrrakete *f*
❷ (*engine*) Raketentriebwerk *nt*

R

③ (*missile*) [Marsch]flugkörper *m;* (*for space travel*) Rakete *f*
④ *no pl* BRIT (*fam: reprimand*) Anpfiff *m fam,* Anschiss *m derb;* **to give sb a ~** jdn zusammenstauchen *fam;* **to get a ~** einen Anschiss bekommen *derb*
II. *vi* ■**to ~ [up]** *costs, prices* hochschnellen, in die Höhe schnellen; ***the firework ~ed into the sky*** die Feuerwerksrakete schoss in den Himmel; ***their team ~ed to the top of the league*** ihr Team nahm einen kometenhaften Aufstieg und setzte sich an die Tabellenspitze; ■**to ~ away** [wie ein geölter Blitz] davonschießen; **to ~ to fame** über Nacht berühmt werden
III. *vt* ① (*make move fast*) ■**to ~ sb somewhere** jdn irgendwohin katapultieren; ***the TGV ~ed us from Paris to Lyon*** wir jagten mit dem TGV von Paris nach Lyon; ***the film ~ed her to the top*** der Film machte sie über Nacht berühmt
② (*attack*) ■**to ~ sb/sth** jdn/etw mit Raketen beschießen

rocket² [ˈrɒkɪt, AM ˈrɑːk-] *n no pl* BOT Rauke *f*
rocket fuel *n* Raketentreibstoff *m* **rocket launcher** *n* MIL Raketenabschussrampe *f* **rocket-launching site** *n* AEROSP Raketenabschussbasis *f* **rocket-propelled** *adj inv* raketengetrieben, mit Raketenantrieb *nach n* **rocket ship** *n* AM AEROSP Raketenschiff *nt*
rock face *n* Felswand *f* **rockfall** *n* Steinschlag *m kein pl* **rock festival** *n* Rockfestival *nt* **rock garden** *n esp* AM Steingarten *m* **rock group** *n* Rockgruppe *f* **rock hard** *adj pred, inv* steinhart
rocking [ˈrɒkɪŋ, AM ˈrɑːk] *adj inv* schaukelnd, schwankend, Schaukel-
rocking chair *n* Schaukelstuhl *m* **rocking horse** *n* Schaukelpferd *nt*
rockmelon *n* AUS Cantaloupemelone *f* **rock music** *n no pl* Rockmusik *f* **rock 'n' roll** *n, n modifier see* **rock and roll** **rock plant** *n* BOT, HORT Steingartenpflanze *f* **rock pool** *n* Felsenbecken *nt,* Felsenbucht *f* **rock salt** *n no pl* Steinsalz *nt* **rockslide** *n* Steinschlag *m kein pl* **rock solid** *adj* ① (*hard*) steinhart ② (*stable*) *table* [absolut] stabil ③ (*steadfast*) *person* unerschütterlich **rock star** *n* Rockstar *m*
rocky¹ [ˈrɒki, AM ˈrɑːki] *adj* ① (*characterized by rocks*) felsig
② (*full of rocks*) *soil* steinig
▸ PHRASES: **to be on a ~ path** [*or* **road**] einen steinigen Weg gehen *fig*
rocky² [ˈrɒki, AM ˈrɑːki] *adj* ① (*tottering*) wackelig *fam*
② (*full of difficulties*) schwierig; **~ start** schwieriger Beginn; **~ future** unsichere Zukunft; **~ relationship** problematische [*o* wackelige] Beziehung
Rocky Mountain spotted fever *n* MED *durch Zecken übertragene Infektionskrankheit*
rococo [rə(ʊ)ˈkəʊkəʊ, AM rəˈkoʊkoʊ] **I.** *adj* Rokoko-; **~ architecture** Rokokoarchitektur *f*
II. *n no pl* Rokoko *nt*
rod [rɒd, AM rɑːd] *n* ① (*bar*) Stange *f*
② (*staff*) Stab *m,* [Holz]stock *m;* (*symbol of authority*) Zepter *nt*
③ (*tree shoot*) Reis *nt*
④ (*for punishing*) Rute *f;* (*cane*) Rohrstock *m*
⑤ (*vulg sl: penis*) Schwanz *m vulg*
⑥ (*for fishing*) [Angel]rute *f;* (*angler*) Angler(in) *m(f)*
⑦ *esp* BRIT (*hist: linear measure*) Rute *f hist* (*5,5 yards*); (*square measure*) Quadratrute *f hist*
⑧ AM (*fam: gun*) Schießeisen *nt fam,* Kanone *f fam*
⑨ ANAT (*cell in eye*) Stäbchen *nt*
▸ PHRASES: **to make a ~ for one's own back** BRIT sich *dat* selbst eine Grube graben [*o veraltend* eine Rute aufbinden]; **spare the ~ and spoil the child** (*saying*) wer die Rute spart, verzieht das Kind; **to rule sb/sth with a ~ of iron** jdn/etw mit eiserner Hand regieren; **to give sb a ~ to beat sb with** jdm eine Waffe in die Hand geben *fig*
rode [rəʊd, AM roʊd] *pt of* **ride**
rodent [ˈrəʊdᵊnt, AM ˈroʊ-] **I.** *n* Nagetier *nt*
II. *adj* nagend, Nage-
rodent operative *n* BRIT Kammerjäger(in) *m(f)*
rodeo [rə(ʊ)ˈdeɪəʊ, AM ˈroʊdioʊ] **I.** *n* ① (*for cowboys*) Rodeo *nt;* (*for motorcyclists*) Motorrad-/Autorodeo *nt*
② (*cattle round-up*) Zusammentreiben *nt* des Viehs
③ (*enclosure*) *umzäunter Sammelplatz für das Zusammentreiben des Viehs*
II. *vi* an einem Rodeo [*o* Wettkampf] teilnehmen
roe¹ [rəʊ, AM roʊ] *n no pl of female fish* Rogen *m; of male fish* Milch; **hard ~** Rogen *m;* **soft ~** Milch *f*
roe² <*pl* -s *or* -> [rəʊ, AM roʊ] *n* Reh *nt*
roebuck *n* Rehbock *m* **roe deer** *n* Reh *nt*
roentgen [ˈrɒntjən, AM ˈrentgən] *n* SCI, MED Röntgen *nt fachspr*
rogation [rəʊˈgeɪʃᵊn, AM roʊ] REL **I.** *n* Fürbitte[n] *f[pl],* Bittlitanei *f*
II. *n modifier* Bitt-
Rogation Days *npl* REL Bitttage *mpl* **Rogation Sunday** *n* REL [der] Sonntag Rogate **Rogationtide** *n* REL *die drei Bitttage vor Christi Himmelfahrt*
roger [ˈrɒdʒəʳ, AM ˈrɑːdʒɚ] **I.** *interj* verstanden!, roger! *sl*
II. *vt* BRIT, AUS (*vulg sl*) ■**to ~ sb** jdn bumsen *vulg*
III. *vi* BRIT, AUS bumsen *vulg*
rogue [rəʊg, AM roʊg] **I.** *n* (*pej*) Gauner(in) *m(f) pej,* Schurke, -in *m, f pej;* (*rascal*) Spitzbube *m pej;* (*hum*) Schlingel *m,* Schelm *m*
II. *n modifier* ① ZOOL aggressiver Einzelgänger; **~ elephant** aggressiver Einzelgänger[elefant]
② (*without scruples*) *company, organization* skrupellos; **~ state** Schurkenstaat *m;* **~ regime** Unrechtsregime *nt,* Terrorregime *nt*
III. *vt* **to ~ a crop** Getreide [her]ausreißen
roguery [ˈrəʊgᵊri, AM ˈroʊgɚi] *n* (*pej*) ① (*dishonesty*) Gaunerei *f*
② (*mischief*) Unfug *m kein pl,* Unsinn *m kein pl*
rogues' gallery *n* (*fam*) Verbrecherkartei *f,* Verbrecheralbum *nt fam*
roguish [ˈrəʊgɪʃ, AM ˈroʊ-] *adj* ① (*dishonest*) schurkisch
② (*mischievous*) schalkhaft, schelmisch; **~ smile/twinkle** spitzbübisches Lächeln/Aufblitzen der Augen
roguishly [ˈrəʊgɪʃli, AM ˈroʊ-] *adv* ① (*dishonestly*) wie ein Schuft
② (*mischievously*) spitzbübisch; **to smile ~** spitzbübisch lächeln
roguishness [ˈrəʊgɪʃnəs, AM ˈroʊ-] *n no pl* ① (*dishonesty*) Unredlichkeit *f*
② (*mischief*) Verschmitztheit *f;* ***there is a slight ~ about him*** er hat so etwas Spitzbübisches an sich
ROI [ˌɑːrəʊˈaɪ, AM ˌɑːroʊ'-] *n* FIN *abbrev of* **return on investment** Ertrag *m* aus investiertem Kapital, Kapitalrendite *f,* Investitionsrentabilität *f*
roil [rɔɪl] *vi* (*liter*) *liquid* sich *akk* trüben, aufgerührt werden, zerfließen; (*fig*) ***his mind was ~ing*** er war innerlich aufgewühlt; ***a kind of fear ~ed in her*** eine Angst stieg in ihr auf
roister [ˈrɔɪstəʳ, AM ɚ] *vi* lärmen, poltern, sich *akk* lautstark bemerkbar machen
role [rəʊl, AM roʊl] *n* ① FILM, THEAT, TV Rolle *f;* **to have the leading ~ in a play** die Hauptrolle in einem Stück spielen; **principal** [*or* **starring**] **~** Hauptrolle *f;* **supporting ~** Nebenrolle *f;* **to play a ~** eine Rolle spielen
② (*function*) Rolle *f,* Funktion *f;* ***he has a ~ in that village as a tough guy*** er gilt in dem Dorf als ziemlich harter Bursche; **to play a ~** eine Rolle spielen; **to take on a ~** eine Rolle übernehmen
role model *n* Rollenbild *nt* **role play** *n,* **role playing** *n no pl* Rollenspiel *nt* **role-play** **I.** *vt* **to ~ sb** in einem Rollenspiel jds Rolle übernehmen **II.** *vi* an einem Rollenspiel teilnehmen **role player** *n* Teilnehmer(in) *m(f)* an einem Rollenspiel **role reversal** *n* Rollentausch *m kein pl*
rolfing [ˈrɒːlfɪŋ, AM ˈrɑːlf-] *n no pl* Rolfing *nt* (*eine Art Bindegewebsmassage*)
roll [rəʊl, AM roʊl] **I.** *n* ① (*cylinder*) Rolle *f;* **film ~** [*or* **~ of film**] Filmrolle *f;* **a ~ of paper** eine Rolle Papier; **toilet ~,** AM *usu* **~ of toilet paper** Rolle *f* Toilettenpapier
② (*cylindrical mass*) Rolle *f;* **~ of fat** Speckrolle *f,* Speckwulst *m;* **~ of hair** Haarrolle *f*
③ (*food with filling*) *of meat* Roulade *f*
④ AM, AUS (*money*) Bündel *nt* Banknoten
⑤ (*roller*) Rolle *f;* (*for dough, pastry*) Nudelholz *nt;* (*for machinery*) Walze *f*
⑥ (*movement*) Rolle *f;* ***the dog went for a ~ in the grass*** der Hund wälzte sich im Gras
⑦ SPORTS Rolle *f*
⑧ *no pl* AUTO, AVIAT, NAUT Schlingern *nt*
⑨ *no pl* (*form of landscape*) **~ of the landscape** hügelige Landschaft
⑩ *usu sing* (*noise*) Grollen *nt kein pl;* **a ~ of thunder** ein Donnergrollen *nt*
⑪ MUS **drum ~, ~ of the drum** Trommelwirbel *m*
⑫ (*bread*) Brötchen *nt;* **cheese ~** Käsebrötchen *nt,* Käsesemmel *f* SÜDD; **buttered ~** Butterbrötchen *nt*
⑬ (*list*) [Namens]liste *f;* (*numbers on list*) [Zahlen]liste *f;* **to call** [*or* **take**] **the ~** die Anwesenheit überprüfen
⑭ (*document*) Register *nt*
▸ PHRASES: **to have a ~ in the hay** [*or* **sack**] **with sb** (*fam*) mit jdm ins Heu gehen *hum;* **to be on a ~** (*fam*) eine Glückssträhne haben *fam*
II. *vt* ① (*make move around axis*) ■**to ~ sb/sth** jdn/etw rollen; **to ~ one's eyes** die Augen verdrehen
② (*make turn over*) ■**to ~ sb/sth** jdn/etw drehen; **~ *him onto his side*** dreh ihn auf die Seite
③ (*shape*) ■**to ~ sth** etw rollen; ***he ~ed the clay into a ball in his hands*** er formte den Ton in seinen Händen zu einer Kugel
④ AM (*fam*) **to ~ one's car** sich *akk* überschlagen
⑤ (*games*) **to ~ a die** [*or* **dice**] würfeln; **to ~ a two/six** eine Zwei/Sechs würfeln
⑥ (*push*) ■**to ~ sth** etw rollen; (*when heavier*) etw schieben
⑦ (*start*) **to ~ a device/machine** ein Gerät/eine Maschine in Gang bringen; **~ *the camera!*** Kamera an!
⑧ (*form into cylinder*) ■**to ~ sth** etw aufrollen; ***the hedgehog ~ed itself into a ball*** der Igel rollte sich zu einer Kugel zusammen; **to ~ a cigarette** sich *dat* eine Zigarette drehen
⑨ (*flatten*) ■**to ~ sth** *grass* etw walzen
⑩ LING **to ~ one's r's** das R rollen
⑪ AM (*fam: rob*) ■**to ~ sb** jdn beklauen *fam* (*vor allem hilflose Personen*)
▸ PHRASES: **all ~ed into one** (*approv*) alles in einem; **to ~ one's own** (*fam*) sich *dat* [s]eine Zigarette [selbst] drehen
III. *vi* ① (*move around an axis*) rollen
② (*turn over*) [sich *akk*] herumrollen; ***the dog ~ed over onto its back*** der Hund rollte sich auf den Rücken
③ (*wallow*) *animal, person* sich *akk* wälzen
④ (*oscillate*) schlingern
⑤ (*stagger*) taumeln; **to ~ into/out of a pub** in eine/aus einer Kneipe wanken *fam*
⑥ (*move on wheels*) rollen; ***the truck ~ed to a stop just before the barricade*** der Lastwagen kam gerade noch vor dem Hindernis zum Stehen
⑦ (*elapse*) ■**to ~ by** *years* vorbeiziehen *fig*
⑧ (*flow*) *drop of liquid, tears* rollen, kullern
⑨ (*undulate*) wogen, wallen; ***a wave of cigarette smoke ~ed towards me*** ein Schwall von Zigarettenrauch schlug mir entgegen
⑩ (*operate*) *camera* laufen, die Kamera laufen lassen
⑪ (*curl up*) **to ~ into a ball** sich *akk* zu einem Ball [*o* einer Kugel] zusammenrollen
⑫ (*reverberate*) widerhallen; ***the drums ~ed*** ein Trommelwirbel ertönte
⑬ (*be uttered effortlessly*) *words* leicht über die Lippen kommen
▸ PHRASES: **to have sb ~ing in the aisles** (*fam*) jdn dazu bringen, sich *akk* vor Lachen zu kugeln; **to ~ over in one's grave** sich *akk* im Grabe umdrehen; **to ~ with the punches** AM (*fam*) die Dinge geregelt bekommen *fam*

◆**roll about** *vi* herumrollen; **to ~ about with laughter** (*fig*) sich *akk* vor Lachen kugeln

◆**roll back** I. *vt* ■**to ~ back** ↔ **sth** ① (*reverse direction of*) etw zurückrollen [*o* zurückschieben]; **to ~ back advances** (*fig*) Fortschritte umkehren; **to ~ back the frontiers of the state** (*fig*) den Einfluss des Staates einschränken; **to ~ back rights** (*fig*) Rechte zurücknehmen
② AM (*lower*) **to ~ back** ↔ **costs/prices/wages** Kosten/Preise/Löhne senken
II. *vi* zurückrollen; ECON sinken

◆**roll down** I. *vt* **to ~ down** ↔ **one's sleeves** die Ärmel herunterkrempeln; **to ~ down** ↔ **a window** ein Fenster herunterkurbeln
II. *vi tears* hinunterrollen

◆**roll in** *vi* (*fam*) ① (*be received*) *gifts, offers* [massenhaft] eingehen; *money* reinkommen *fam*
② (*arrive*) hereinplatzen *fam*
► PHRASES: **to be ~ing in money** [*or* **it**] (*fam*) im Geld schwimmen

◆**roll off** I. *vt* ■**to ~ off** ↔ **sth** ***he quickly ~ed off some copies on the duplicating machine*** er ließ schnell ein paar Kopien durch den Kopierer laufen; ***I'll ~ you off a couple of dozen prints*** ich mach' dir ein paar Dutzend Kopien
II. *vi* herunterrollen; (*fig*) ***the newspapers ~ed off the presses*** die Zeitungen rollten von den Druckerpressen

◆**roll on** I. *vi* ① (*continue*) weitergehen; *time* verfliegen
② BRIT, AUS (*fam: expresses wish*) **~ *on the weekend!*** wenn doch nur schon Wochenende wäre!
II. *vt* ■**to ~ on** ↔ **sth** etw aufwalzen; **to ~ on paper** Papier glätten [*o fachspr* kalandern] [*o fachspr* kalandrieren]

◆**roll out** I. *vt* ■**to ~ out** ↔ **sth** ① (*flatten*) **to ~ out dough** Teig ausrollen
② AM ECON (*unveil*) **to ~ out a new product** ein neues Produkt herausbringen
③ (*unroll*) etw ausrollen; **to ~ out the red carpet** (*also fig*) den roten Teppich ausrollen *a. fig*
II. *vi* AM ECON *new product* herauskommen

◆**roll over** I. *vi* herumrollen; *bicycle, car* umkippen; *person* sich *akk* umdrehen
II. *vt* ■**to ~ over** ↔ **sb/sth** jdn/etw umdrehen; FIN **to ~ over debt** umschulden; **to ~ over credit** bei Fälligkeit einen Kredit erneuern

◆**roll up** I. *vt* ① (*turn*) **to ~ up one's sleeves** [*or* **to ~ one's sleeves up**] (*also fig*) die Ärmel hochkrempeln *a. fig;* **to ~ up a window** [*or* **to ~ a window up**] ein Fenster hochkurbeln
② (*coil*) ■**to ~ up** ↔ **sth** etw aufrollen; **to ~ a string up** eine Schnur aufwickeln
③ MIL **to ~ up** ↔ **an enemy line** eine gegnerische Front aufrollen
④ ECON ■**to ~ up** ↔ **sth** einen Kredit verlängern, wobei die ausstehenden Zinsen dem Kreditbetrag hinzugeschlagen werden; **~ed-up coupons** Zinsscheine, deren Zinsertrag nicht ausbezahlt, sondern dem Nennbetrag hinzugeschlagen werden
II. *vi* ① (*fam: arrive*) aufkreuzen *fam; crowds* hereinströmen
② BRIT, AUS (*participate*) **~ *up!*** hereinspaziert!
③ (*fam: make a cigarette*) sich *dat* eine drehen *fam*

rollback [ˈrəʊlbæk, AM ˈroʊl-] *n esp* AM (*reduction*) *of taxes* Minderung *f*

roll bar *n* AUTO Überrollbügel *m fachspr* **roll-call** *n* Namensaufruf *m kein pl*

rolled gold *esp* BRIT, AUS I. *n no pl* Dubleegold *nt*
II. *n modifier* **~ jewellery** vergoldeter Schmuck **rolled oats** *npl* Haferflocken *fpl* **rolled-up** *adj* zusammengerollt; **~ sleeves** hochgekrempelte Ärmel

roller [ˈrəʊləʳ, AM ˈroʊlɚ] *n* ① TECH Walze *f*
② (*for paint*) Rolle *f*, Roller *m*
③ (*for hair*) Lockenwickler *m*
④ MED Rollbinde *f*
⑤ (*wave*) Brecher *m*
⑥ (*tumbling bird*) Racke *f*
⑦ (*pigeon*) Tümmler *m*
⑧ (*canary*) Harzer Roller *m*
⑨ (*for horse*) Sattel-/Packgurt *m*

roller bandage *n* MED Rollbinde *f* **roller bearing** *n* TECH Rollenlager *nt* **Rollerblade®** I. *n* SPORTS Rollerblade® *m* II. *vi* Rollerblade fahren **roller blind** *n esp* BRIT, AUS Rollo *nt* **roller-coast** *vi* [rasch] wechseln **roller coaster** *n* Achterbahn *f;* (*fig*) [ständiges] Auf und Ab *nt;* (*fig*) ***he's been on an emotional ~ for the past few weeks*** in den letzten Wochen fahren seine Gefühle mit ihm Achterbahn **roller-coaster** I. *n modifier* (*attendant, car, frame*) Achterbahn-; (*fig*) achterbahnmäßig; **~ ride** Achterbahnfahrt *f;* **~ safety** Sicherheit *f* einer Achterbahn II. *vi* [rasch] wechseln **roller derby** *n* AM SPORTS Rollschuhderby *nt* **roller skate** *n* Rollschuh *m* **roller-skate** *vi* Rollschuh laufen [*o* fahren] **roller skater** *n* Rollschuhläufer(in) *m(f)* **roller skating** *n no pl* Rollschuhfahren/-laufen *nt* **roller skating rink** *n* Rollschuhbahn *f* **roller towel** *n* Handtuchspender *m*

rollick [ˈrɒlɪk, AM ˈrɑːl-] I. *vi* herumtollen
II. *n* ① (*merrymaking*) [ausgelassenes] Feiern
② (*escapade*) Eskapade *f*

rollicking[1] [ˈrɒlɪkɪŋ, AM ˈrɑːl-] *adj attr* (*approv*) **~ party** ausgelassenes Fest; **~ film** lustiger Film; **~ fun** Riesenspaß *m*, Mordsspaß *m fam;* **to have a ~ good time** mal so richtig auf den Putz hauen

rollicking[2] [ˈrɒlɪkɪŋ] *n usu sing* BRIT (*fam*) Anpfiff *m fam*, Anschiss *m derb*

rolling [ˈrəʊlɪŋ, AM ˈroʊ-] *adj attr, inv* ① (*not immediate*) allmählich; **a ~ extension of the tax** eine allmähliche Anhebung der Steuer
② (*moderately rising*) *countryside, hills* sanft ansteigend
③ (*undulating*) *gait, step* wankend, schwankend

rolling mill *n* ① (*machine*) Walzmaschine *f* ② (*factory*) Walzwerk *nt* **rolling pin** *n* Teigroller *m*, Nudelholz *nt* **rolling stock** *n no pl* ① RAIL (*vehicles used*) Waggons *mpl* im Einsatz, rollendes Material ② AM TRANSP Fuhrpark *m*, Fahrzeugpark *m* **rolling stone** *n* unsteter Geselle/unstete Gesellin *fam*, Vagabund(in) *m(f)* ► PHRASES: **a ~ gathers no moss** (*prov dated*) wer immer umherzieht, wird es nie zu etwas bringen

rollmop [ˈrəʊlmɒp, AM ˈroʊlmɑːp] *n* Rollmops *m*

roll-neck *n* FASHION Rollkragen *m;* (*sweater*) Rollkragenpullover *m* **roll of honour** *n* BRIT, AUS Gedenktafel *f* **roll-on** I. *adj attr* Roll-on-; **~ deodorant** Deoroller *m* II. *n* ① (*deodorant*) Deoroller *m* ② BRIT (*corset*) Korselett *nt* **roll-on roll-off ferry** *adj attr* TRANSP Roll-on-roll-off-Fähre *f* **rollover** *n* ① FIN Umschuldung *f* ② (*fam: overturning of a vehicle*) Umschlagen *nt*, Umkippen *nt* **roll-over credit** *n* Roll-over-Kredit *m* **roll-top desk** *n* Sekretär *m* **roll-up** *n* BRIT, **roll-your-own** *n* AM, AUS Selbstgedrehte *f fam*

Rolodex® [ˈrəʊlə(ʊ)deks, AM ˈroʊloʊ-] *n* Rolodex® *m;* **to be in sb's ~** (*fig*) in jds Kartei stehen, auf jds Verteiler stehen

roly-poly [ˌrəʊliˈpəʊli, AM ˌroʊliˈpoʊ-] I. *n* ① *no pl esp* BRIT FOOD ≈ Strudel *m* (*gebacken oder gedämpft*)
② AUS BOT (*tumbleweed*) Steppenläufer *m*, Steppenhexe *f*
II. *adj* (*hum fam*) rundlich; *baby* moppelig *fam; child* pummelig

roly-poly pudding *n no pl esp* BRIT ≈ Strudel *m* (*gebacken oder gedämpft*)

ROM [rɒm, AM rɑːm] *n no pl* COMPUT *abbrev of* **Read Only Memory** ROM *m o nt*

romaine [rə(ʊ)ˈmeɪn, AM rə-] *n* Romagna-Salat *m*, römischer Salat

roman [ˈrəʊmən, AM ˈroʊ-] TYPO I. *adj inv* Antiqua- *fachspr;* **~ type** Antiquaschrift *f*
II. *n no pl* Antiqua *f fachspr;* **in ~** in Antiqua

Roman [ˈrəʊmən, AM ˈroʊ-] I. *adj inv* römisch; **~ architecture** römische Architektur; **the ~ Empire** das römische Reich
II. *n* Römer(in) *m(f)*
► PHRASES: **when in Rome do as the ~s do** (*prov*) man muss sich den jeweiligen Gepflogenheiten des Landes anpassen

roman-à-clef <*pl* romans-à-clef> [rəʊˌmɑ̃ːnɑːˈkleɪ, AM ˈroʊ-] *n* Schlüsselroman *m*

Roman alphabet *n* lateinisches Alphabet **Roman candle** *n Feuerwerkskörper, der bunte Funken hervorbringt* **Roman Catholic** I. *adj* römisch-katholisch II. *n* Katholik(in) *m(f)* **Roman Catholic Church** *n* römisch-katholische Kirche **Roman Catholicism** *n no pl* Katholizismus *m*

romance [rə(ʊ)ˈmæn(t)s, AM roʊˈ-] I. *n* ① *no pl* (*romanticism*) Romantik *f;* (*love*) romantische Liebe; ***he loves the ~ of travelling on a steam train*** er liebt romantische Zugfahrten mit einem Dampflokzug; **the ~ of the night** der Zauber der Nacht
② (*love affair*) Romanze *f*, Liebesaffäre *f;* (*fig*) ***America's long-running ~ with Hollywood seems to be over*** das ständige Liebäugeln der Amerikaner mit Hollywood scheint vorüber zu sein; **secret ~** heimliche Liebschaft; **whirlwind ~** heftige Liebesaffäre
③ (*movie*) Liebesfilm *m;* (*remote from reality*) Fantasiegeschichte *f;* (*book*) Liebesroman *m;* (*medieval tale*) Ritterroman *m*
④ MUS Romanze *f*, lyrisches Instrumentalstück
II. *vt* ① (*dated: court*) ■**to ~ sb** jdn umwerben
② (*fam: flatter*) ■**to ~ sb** jdn anschwärmen *fam*
③ (*glamourize*) ■**to ~ sth** etw romantisieren
III. *vi* schwärmen; ■**to ~ about sth** von etw *dat* schwärmen

Romance [rə(ʊ)ˈmæn(t)s, AM roʊˈ-] LING I. *n* romanische Sprachen
II. *adj attr, inv* romanisch; **~ language** romanische Sprache; **~ philologist** Philologe, -in *m, f* für romanische Sprachen

romancer [rəʊˈmæntsəʳ, AM roʊˈmænsɚ] *n* ① (*fabricator*) Phantast(in) *m(f)*, Aufschneider(in) *m(f)*
② (*romance writer*) Autor(in) *m(f)* von Romanzen

Romanesque [ˌrəʊməˈnesk, AM ˌroʊ-] ARCHIT I. *adj inv* romanisch
II. *n no pl* ■**the ~** die Romanik

Romania [rʊˈmeɪniə, AM roʊˈ-] *n* Rumänien *nt*

Romanian [rʊˈmeɪniən, AM roʊˈ-] I. *adj* rumänisch
II. *n* ① (*person*) Rumäne, -in *m, f*
② *no pl* (*language*) Rumänisch *nt*

Roman law *n no pl* LAW das römische Recht **Roman nose** *n* römische Nase **Roman numeral** *n* römische Ziffer

Romano- [rə(ʊ)ˈmɑːnəʊ, AM roʊˈmɑːnoʊ] *in compounds* römisch-; **~-Germanic** römisch-germanisch

romantic [rə(ʊ)ˈmæntɪk, AM roʊˈ-] I. *adj* romantisch; **a ~ attitude to the past** eine verklärte Einstellung zur Vergangenheit
II. *n* Romantiker(in) *m(f);* **hopeless** [*or* **incurable**] **~** hoffnungsloser Romantiker/hoffnungslose Romantikerin

Romantic [rə(ʊ)ˈmæntɪk, AM roʊˈ-] ART, LIT I. *adj inv* romantisch
II. *n* Romantiker(in) *m(f)*

romantically [rə(ʊ)ˈmæntɪkəli, AM roʊˈ-] *adv* romantisch; (*fig*) ***he always views things ~*** er sieht die Dinge immer durch die rosarote Brille

romanticism *n*, **Romanticism** [rə(ʊ)ˈmæntɪsɪzəm, AM roʊˈ-] *n no pl* ART, LIT Romantik *f*

romanticist [rə(ʊ)ˈmæntɪsɪst, AM roʊˈ-] *n* ART, LIT Romantiker(in) *m(f)*

romanticize [rə(ʊ)ˈmæntɪsaɪz, AM roʊˈ-] I. *vt* ■**to ~ sth** etw romantisieren
II. *vi* romantisieren; ■**to ~ about sth** etw verklärt darstellen

Romany [ˈrɒməni, AM ˈrɑːm-] I. *n* ① *no pl* (*language*) Romani *nt*
② (*gypsy*) Roma *pl*
II. *adj* Roma-

Rome [rəʊm, AM roʊm] *n* Rom *nt*
► PHRASES: **~ was not built in a day** (*saying*) Rom ist [auch] nicht an einem Tag erbaut worden *prov*

Romeo [ˈrəʊmiəʊ, AM ˈroʊmioʊ] *n* ① (*pej hum: lover*) Romeo *m iron*, Herzensbrecher *m*
② RADIO (*the letter R*) Romeo *nt*

romp [rɒmp, AM rɑːmp] I. *vi* ① (*play*) *children, young animals* tollen; ■**to ~ around** [*or* **about**] herumtollen

R

② (*fam: go easily*) ■**to ~ through sth** mit etw *dat* spielend fertig werden, etw mit links machen; ***don't worry, you'll ~ through!*** keine Sorge, du schaffst das schon!; **to ~ home** [*or* **in**] [*or* **to victory**] BRIT SPORTS spielend gewinnen

③ (*fam: have sex*) bumsen *vulg*, vögeln *vulg*

II. *n* ① (*play*) Tollerei *f kein pl*

② (*book, film, play*) Klamauk *m kein pl*

③ (*fam*) SPORTS leichter Sieg

④ (*fam: erotic activity*) **sex ~** Sexspiel[chen] *nt meist pej*

rompers ['rɒmpəz, AM 'rɑ:mpɚz] *npl*, **romper suit** *n* Strampler *m*, Strampelanzug *m*

rondo ['rɒndəʊ, AM 'rɑ:ndoʊ] *n* MUS Rondo *nt*

röntgen *n see* **roentgen**

roo [ru:] *n* AUS (*fam*) *short for* **kangaroo** Känguru *nt*

rood [ru:d] *n* REL Kruzifix *nt*

rood screen *n* ARCHIT Lettner *m fachspr*

roof [ru:f] **I.** *n* ① (*top of house*) Dach *nt;* ■**on the ~** auf dem/das Dach; **to live under one** [*or* **the same**] **~ as sb** mit jdm unter einem Dach wohnen; **without a ~ over one's head** ohne [ein] Dach über dem Kopf

② (*attic*) Dachboden *m;* ■**in the ~** auf dem/den Dachboden

③ (*ceiling*) *of a cave* Decke *f; of mouth* Gaumen *m; of a tree* Krone *f*

④ (*upper limit*) Obergrenze *f*, [oberes] Limit

▸ PHRASES: **to go through** [*or* **hit**] **the ~** an die Decke gehen *fig fam;* **to raise** [*or* BRIT *also* **lift**] **the ~** die Wände zum Wackeln bringen *fig fam*

II. *vt* ■**to ~ sth** etw überdachen

◆**roof in, roof over** *vt usu passive* ■**to ~ sth ↔ in** [*or* **over**] etw überdachen

roofer ['ru:fəʳ, AM -ɚ] *n* Dachdecker(in) *m(f)*

roof garden *n* Dachgarten *m*

roofing ['ru:fɪŋ] **I.** *n no pl* ① (*material*) Material *nt* zum Dachdecken

② (*job*) Dachdecken *nt*

II. *n modifier* Dach-; **~ company** Dachdeckerfirma *f;* **~ material** Bedachungsmaterial *nt*

roofless ['ru:fləs] *adj inv* unüberdacht, ohne Dach *präd*

roof rack *n* Dachgepäckträger *m* **rooftop** **I.** *n* Dach *nt* ▸ PHRASES: **to proclaim** [*or* **shout**] **sth from the ~s** etw an die große Glocke hängen *fig*

II. *n modifier* (*terrace*) Dach-; **~ view** Aussicht *f* vom Dach [*o* von der Dachterrasse] aus **rooftop party** *n* Dachparty *f*

rook¹ [rʊk] **I.** *n* (*bird*) Krähe *f*

II. *vt* (*fam or dated*) ■**to ~ sb** jdn übers Ohr hauen *fam* [*o* betrügen]; ***they ~ed him of £100*** sie haben ihm 100 Pfund aus der Tasche gezogen *fig fam*

rook² [rʊk] *n* CHESS Turm *m*

rookery ['rʊkᵊri, AM -ɚi] *n* Krähenkolonie *f*

rookie ['rʊki] *n esp* AM, AUS (*fam*) Neuling *m;* MIL Rekrut(in) *m(f);* **baseball ~** Baseballneuling *m*

room [ru:m] **I.** *n* ① *no pl* (*space*) Platz *m*, Raum *m;* ***there were so many people in the lift that there wasn't ~ to move*** in dem Aufzug waren so viele Menschen, dass man sich überhaupt nicht mehr rühren konnte; **plenty of ~** viel Platz; **to have ~ for sb/sth** für jdn/etw Platz haben; **to make ~ for sb/sth** für jdn/etw Platz machen; **to take up ~** Raum einnehmen

② (*scope*) Raum *m;* ***her cooking has got better but there is still ~ for improvement*** ihre Kochkünste haben sich gebessert, sind aber noch verbesserungswürdig; **~ for manoeuvre** [*or* AM **to maneuver**] Bewegungsspielraum *m*

③ (*building section*) Zimmer *nt*, Raum *m;* ■**~s** *pl* Räumlichkeiten *fpl form;* ***~s to let*** [*or* AM ***for rent***] Zimmer zu vermieten, Zimmer frei; **~ and board** AM Unterkunft *f* und Verpflegung; **cheap/cosy/dreary ~** billiges/gemütliches/trostloses Zimmer; **double/single ~** Doppel-/Einzelzimmer *nt;* **in the next ~** ein Zimmer weiter, [im Zimmer] nebenan; **to book a ~** ein Zimmer buchen [*o* reservieren]

④ (*people present*) alle Anwesenden; ***the whole ~ turned around and stared at him*** alle, die im Zimmer waren, drehten sich um und starrten ihn an

▸ PHRASES: **there's not enough ~ to swing a cat** [*or* AM *usu* **to turn around in**] es gibt nicht mal genug Platz, um die Arme auszustrecken

II. *vi esp* AM wohnen; ■**to ~ with sb** mit jdm zusammen wohnen

III. *vt* ■**to ~ sb** jdn unterbringen

room clerk *n* AM Hotelangestellte(r) *f(m)*

-roomed [ru:md, rʊmd] *in compounds* -zimmerig; **a four~ house** ein Haus mit vier Zimmern

roomer ['ru:mɚ] *n* AM Untermieter(in) *m(f)*

roomful ['ru:mfʊl] *n usu sing* **a ~ of boxes/people** ein Zimmer *nt* voller Kisten/Leute

rooming house *n* AM (*boarding house*) Pension *f*

rooming-in *n no pl* AM MED Rooming-in *nt*

room-mate *n*, AM *usu* **roommate** *n* ① (*sharing room*) Zimmergenosse, -in *m, f*

② AM (*sharing flat or house*) Mitbewohner(in) *m(f)*

room service *n no pl* Zimmerservice *m* **room temperature** *n no pl* Raumtemperatur *f*, Zimmertemperatur *f;* ***red wine should be served at ~*** Rotwein sollte bei Zimmertemperatur getrunken werden

roomy ['ru:mi] *adj* (*approv*) geräumig

roost [ru:st] **I.** *n* Rastplatz *m;* (*for sleep*) Schlafplatz *m*

II. *vi* rasten

▸ PHRASES: **to come back** [*or* **home**] **to ~** sich *akk* rächen *fig*

rooster ['ru:stəʳ, AM -ɚ] *n* AM, AUS (*cockerel*) Hahn *m*

root [ru:t] **I.** *n* ① (*embedded part*) Wurzel *f;* (*of a celery*) Knolle *f;* (*of a tulip*) Zwiebel *f;* **the ~ of a nail** die Nagelwurzel; **shallow ~s** flache Wurzeln; **to send out** [*or* **take**] **~s** Wurzeln schlagen

② (*fig: basic cause*) Wurzel *f*, Ursprung *m;* (*essential substance*) Kern *m kein pl;* ***the high crime rate has its ~s in unemployment and poverty*** die hohe Kriminalitätsrate wurzelt in Arbeitslosigkeit und Armut; **the ~ of all evil** die Wurzel allen Übels, der Ursprung alles Bösen; **to get to the ~ of the matter** zum Kern der Sache kommen; **to lie at the ~ of a problem** der Kern eines Problems sein

③ (*fig*) ■**~s** *pl* (*origins*) Wurzeln *fpl*, Ursprung *m;* **historical ~s** geschichtliche Wurzeln

④ LING Stamm *m*, Stammwort *nt*, Wurzelwort *nt*, Etymon *nt fachspr*

⑤ MATH Wurzel *f;* ***the ~ of 64 is 8*** die Wurzel aus 64 ist 8; **cube ~** Kubikwurzel *f;* **square ~** Quadratwurzel *f*

⑥ AUS, NZ, IRISH (*vulg sl: act of sex*) Fick *m vulg;* (*sexual partner*) Fick *m vulg*

⑦ COMPUT (*starting node*) Stamm *m*

▸ PHRASES: **~ and branch** mit Stumpf und Stiel; **to put down** [**new**] **~s** [neue] Wurzeln schlagen

II. *vt* ① (*plant*) **to ~ cuttings/a plant** Stecklinge/eine Pflanze einpflanzen

② AUS, NZ, IRISH (*vulg sl: have sex*) ■**to ~ sb** jdn ficken *vulg*

③ (*exhaust*) ■**to ~ sb** jdn ermüden [*o* entkräften]; **to ~ sb's efforts** jds Anstrengungen zunichte machen

III. *vi* ① *plant* wurzeln, Wurzeln schlagen

② *esp* AM (*fam: support*) ■**to ~ for sb** jdm die Daumen drücken *fam;* **to ~ for a team** eine Mannschaft anfeuern

③ (*search*) ■**to ~ for sth** nach etw *dat* wühlen; ■**to ~ through sth** etw durchstöbern

◆**root about, root around** *vi* (*fam*) herumwühlen; ■**to ~ about** [*or* **around**] **in sth** in etw *dat* herumwühlen; ■**to ~ about** [*or* **around**] **for sth** nach etw *dat* wühlen

◆**root on** *vt* AM (*fam*) ■**to ~ sb on** jdn anfeuern

◆**root out** *vt* ① BOT **to ~ out a plant/weeds** eine Pflanze/Unkraut ausgraben [*o* mit der Wurzel ausreißen]

② (*eliminate*) ■**to ~ out ↔ sb/sth** jdn/etw ausrotten

③ (*find*) ■**to ~ out ↔ sth** etw aufstöbern

◆**root up** *vt see* **root out 1, 3**

root beer *n no pl* AM *colaartiges alkoholfreies Getränk aus verschiedenen Pflanzenwurzeln* **root canal** *n* MED Wurzelkanal *m* **root cause** *n* Grundursache *f*, Wurzel *f fig* **root cellar** *n* AM Gemüsekeller *m* **root crop** *n* BOT (*of beets, carrots*) Wurzel *f;* (*of celery, potatoes*) Knolle *f* **root directory** *n* COMPUT Stammverzeichnis *nt*

rooted ['ru:tɪd, AM -t̬-] *adj inv* verwurzelt; **to be** [**firmly**] **~ in sth** *distrust, problems* in etw *dat* [tief] verwurzelt sein

▸ PHRASES: **to be ~ to the spot** wie angewurzelt dastehen

rootless ['ru:tləs] *adj inv* ① (*without home*) heimatlos

② BOT wurzellos

rootlessness ['ru:tləsnəs] *n no pl* ① (*having no home*) Heimatlosigkeit *f*, Nomadenleben *nt*

② BOT Wurzellosigkeit *f*

root sign *n* MATH Wurzelzeichen *nt*

roots music *n* MUS *Musikrichtung mit Ursprüngen in traditioneller Musik*

rootstock *n* BOT Wurzelstock *m* **root vegetable** *n* BOT (*beets, carrots*) Wurzel *f*, Wurzelgemüse *nt;* (*celery, potatoes*) Knolle *f*, Knollengewächs *nt*

rope [rəʊp, AM roʊp] **I.** *n* ① (*cord*) Seil *nt*, Strick *m;* NAUT Tau *nt;* **to be on the ~** angeseilt sein, am Seil hängen

② AM (*lasso*) Lasso *nt*

③ (*capital punishment*) ■**the ~** der Strang

④ BOXING ■**the ~s** *pl* Seile *ntpl*

⑤ (*string*) **~ of garlic** Knoblauchzopf *m;* **~ of pearls** Perlenkette *f*

▸ PHRASES: **to be on the ~s** (*in boxing*) in den Seilen hängen; (*fig*) in der Klemme stecken [*o* sitzen]; **to learn the ~s** sich *akk* [in etw *akk*] einarbeiten; **to show** [*or* **teach**] **sb the ~s** jdn [in etw *akk*] einweisen

II. *vt* ■**to ~ sb** jdn anseilen; ***the climbers ~d themselves together*** die Kletterer hängten sich ans Seil; ■**to ~ sth to sth** etw an etw *dat* festbinden; **to ~ calves** Kälber mit dem Lasso [ein]fangen

◆**rope down** *vi* sich *akk* abseilen

◆**rope in** *vt* (*fam*) ■**to ~ in ↔ sb** jdn einspannen

◆**rope into** *vt* ■**to ~ sb into doing sth** jdn dazu kriegen, etw zu tun *fam*

◆**rope off** *vt* **to ~ off ↔ an area** ein Gebiet [mit Seilen/einem Seil] absperren

◆**rope up** *vi* ① (*connect*) sich *akk* anseilen

② (*climb up*) angeseilt hinaufklettern

rope bridge *n* Seilbrücke *f* **rope dancer** *n* THEAT Seiltänzer(in) *m(f)* **rope ladder** *n* Strickleiter *f* **rope line** *n* Absperrung *f;* **to work a ~** ein Bad in der Menge nehmen **rope-walker** *n* (*dated*) Seiltänzer(in) *m(f)* **rope-walking** *n no pl* (*dated*) Seiltanzen *nt* **ropeway** *n* RAIL Kabelbahn *f*

ropey *adj*, **ropy** ['rəʊpi, AM 'roʊ-] *adj* ① (*rope-like*) seilartig

② BRIT, AUS (*pej fam: ill*) elend; **to feel ~** sich *akk* elend fühlen; **~ welfare system** marodes Wohlfahrtssystem; **~ tyres** schlechte Reifen

Roquefort® ['rɒkfɔ:ʳ, AM 'roʊkfɚt] **I.** *n no pl* Roquefort® *m*

II. *n modifier* (*cheese, crumbs, quiche, sauce*) Roquefort-; **~ dressing** Roquefort-Dressing *nt*

ro-ro ['rəʊreʊ] *adj* BRIT TRANSP *short for* **roll-on-roll-off** Ro-Ro-

Rorschach test ['rɔ:ʃɑ:k,, AM 'rɔ:r-] *n* PSYCH Rorschachtest *m fachspr*

rort [rɔ:t] **I.** *n* AUS (*fam: trick*) Betrug *m kein pl*, Beschiss *m kein pl derb*

II. *vt* AUS (*fam*) **to ~ a public service** eine staatliche Dienstleistungsstelle hintergehen; **to ~ the state** den Staat bescheißen *derb*

rosary ['rəʊzᵊri, AM 'roʊ-] *n* Rosenkranz *m;* **to say the ~** den Rosenkranz beten

rose¹ [rəʊz, AM roʊz] **I.** *n* ① (*flower*) Rose *f;* (*bush*) Rosenbusch *m;* (*tree*) Rosenbäumchen *nt;* **the Wars of the R~s** die Rosenkriege; **red ~s** rote Rosen

② (*nozzle*) Brause *f*

③ *no pl* (*colour*) Rosa *nt*, Rosenrot *nt liter*

④ *usu pl* (*complexion*) rosige Wangen; ***a brisk walk will put the ~s*** [***back***] ***into your cheeks*** bei

einem flotten Spaziergang kriegst du wieder etwas Farbe [im Gesicht]
► PHRASES: **not a bed of** [*or* **not all**] **~s** nicht immer [nur] rosig; ***being an actress is not all ~*** als Schauspielerin ist man [auch] nicht immer auf Rosen gebettet; **to come up** [*or* **out**] [**smelling of**] **~s** bestens laufen *fam*
II. *adj inv* rosa
III. *vt* (*liter*) **to ~ sb's cheeks** jds Wangen röten [*o* Farbe verleihen]
rose² [rəʊz, AM roʊz] *pt of* **rise**
rosé ['rəʊzeɪ, AM roʊ'-] *n no pl* FOOD Rosé *m*
roseate ['rəʊziət, AM 'roʊziɪt] *adj* (*poet*) rosenfarben
rosebud *n* Rosenknospe *f* **rose bush** *n* Rosenstrauch *m* **rose-colored** AM, **rose-coloured** *adj attr, inv* rosarot *a. fig;* **to look at** [*or* **see**] [*or* **view**] **sth through ~ glasses** [*or* BRIT, AUS *also* **spectacles**] (*fig*) etw durch eine rosarote Brille sehen *fig* **rose garden** *n* Rosengarten *m* **rose hip** I. *n* Hagebutte *f* II. *n modifier* (*syrup, wine*) Hagebutten-; **~ tea** Hagebuttentee *m*
rosella [rəʊ'zelə] *n* AUS ❶ ORN *australische Papageienart*
❷ ZOOL (*sheep*) *Schaf, das die Wolle verliert*
rosemary ['rəʊzməri, AM 'roʊzmeri] *n no pl* Rosmarin *m*
rose petal *n* Rosen[blüten]blatt *nt* **rose-tinted** *adj attr, inv see* **rose-colored**
rosette [rə(ʊ)'zet, AM roʊ'-] *n* Rosette *f*
rose water *n no pl* Rosenwasser *nt* **rose window** *n* ARCHIT Fensterrose *f*
rosé wine *n* Roséwein *m*
rosewood *n no pl* Rosenholz *nt*
Rosh Hashana *n*, **Rosh Hashanah** [ˌrɒʃhæʃ'ɑːnə, AM ˌroʊʃhə'ʃɔːnə] *n* REL Rosh Hashanah *nt* (*jüdisches Neujahr*)
rosin ['rɒzɪn, AM 'rɑːzən] I. *n no pl* Kolophonium *nt fachspr*
II. *vt* **to ~ a violin bow/string** einen Geigenbogen/eine Geigensaite mit Kolophonium einreiben
RoSPA ['rɒspə] *n no pl, + sing/pl vb* BRIT *acr for* **Royal Society for the Prevention of Accidents** *königliche Gesellschaft zur Verhütung von Unfällen*
roster ['rɒstəʳ, AM 'rɑːstɚ] I. *n esp* AM, AUS ❶ (*list*) Liste *f;* (*plan*) Plan *m;* **duty ~** Dienstplan *m*
❷ SPORTS Spielerliste *f*
II. *vt usu passive* ■**to ~ sb/sth** jdn/etw auf die Liste [*o* den Dienstplan] setzen
rostra ['rɒstrə, AM 'rɑːs-] *n pl of* **rostrum**
rostrum <*pl* -s *or* -tra> ['rɒstrəm, AM 'rɑːs-, *pl* -trə] *n* ❶ (*raised platform*) Tribüne *f,* Podium *nt;* (*for public speaker also*) Rednerpult *nt;* (*for conductor*) Dirigentenpult *nt*
❷ ZOOL Rostrum *nt fachspr*
rosy ['rəʊzi, AM 'roʊ-] *adj* rosig *a. fig;* **~ cheeks** rosige Wangen; **~ prospects** (*fig*) rosige Aussichten *fig;* **to paint a ~ picture of sth** (*fig*) etw in den rosigsten Farben ausmalen *fig*
rosy-cheeked *adj attr* mit rosigen Wangen *nach n*
rot [rɒt, AM rɑːt] I. *n no pl* ❶ (*process*) Fäulnis *f*
❷ (*decayed matter*) Verfaultes *nt,* Verwestes *nt*
❸ BRIT (*process of deterioration*) ■**the ~** der Verfall; ***the ~ set in when he started taking drugs*** es ging mit ihm bergab, als er anfing, Drogen zu nehmen
❹ BOT Fäule *f*
❺ (*in sheep*) Leberfäule *f*
❻ (*fam or dated*) Blödsinn *m fam;* **to talk ~** Blödsinn reden *fam*
II. *interj* (*fam or dated*) Blödsinn! *fam,* so ein Quatsch! *fam*
III. *vi* <-tt-> ❶ (*decay*) verrotten; *teeth, meat* verfaulen; *woodwork* vermodern; **to leave sb to ~ in jail** (*fig*) jdn im Gefängnis verrotten lassen *fig*
❷ (*deteriorate*) *institution, society* verkommen
❸ BRIT (*dated fam: joke*) Quatsch erzählen *fam*
IV. *vt* <-tt-> ❶ (*cause to decay*) ■**to ~ sth** etw vermodern lassen
❷ BRIT (*dated fam: tease*) ■**to ~ sb** jdn verulken
◆**rot away** I. *vi* verfaulen
II. *vt* ■**to ~ away** ○ **sth** etw verfaulen lassen
rota ['rəʊtə, AM 'roʊt̬ə] *n* ❶ *esp* BRIT (*list*) Liste *f;* (*plan*) Plan *m;* **cleaning ~** Putzplan *m;* **daily/weekly ~** Tages-/Wochenplan *m*
❷ REL ■**the R~** die Rota *fachspr*
Rotarian [rəʊ'teəriən, AM roʊ'teri] I. *n* Rotarier(in) *m(f),* Mitglied *nt* des Rotary Clubs
II. *adj inv* den Rotary Club betreffend, Rotary-
rotary ['rəʊtəri, AM 'roʊt̬ɚi] I. *adj inv* kreisend, rotierend, Dreh-; **~ blade** rotierendes Messer; **~ motion** Drehbewegung *f;* **~ press** Rotationspresse *f;* **~ pump** Rotationspumpe *f*
II. *n* ❶ TECH Rotationsmaschine *f*
❷ AM TRANSP Kreisverkehr *m*
rota system *n* BRIT Dienstplan *m*
rotate [rə(ʊ)'teɪt, AM 'roʊteɪt] I. *vi* ❶ (*revolve*) rotieren; ■**to ~ around sth** um etw *akk* rotieren, sich *akk* um etw *akk* drehen
❷ (*alternate*) wechseln; ***the job of washing the dishes constantly ~s*** mit dem Abwasch ist reihum jeder einmal dran *fam*
II. *vt* ❶ (*cause to turn*) ■**to ~ sth** etw drehen
❷ (*alternate*) **to ~ duties** Aufgaben turnusmäßig [abwechselnd] [*o* reihum] verteilen; **to ~ troops** Truppen auswechseln
❸ AGR **to ~ crops** [*or* **fields**] im Fruchtwechsel anbauen
❹ AUTO **to ~ tyres** [*or* AM **tires**] Reifen turnusmäßig wechseln
❺ COMPUT (*move data*) ■**to ~ sth** etw rotieren
rotating [rəʊ'teɪtɪŋ, AM roʊ'teɪt̬ɪŋ] *adj inv* rotierend, Rotations-; **~ presidency** POL turnusmäßig wechselnde Präsidentschaft; **~ chair** [*or* **chairmanship**] ADMIN nach dem Rotationsprinzip wechselnder Vorsitz
rotation [rə(ʊ)'teɪʃᵊn, AM roʊ'-] *n* ❶ (*movement*) Rotation *f,* Umdrehung *f;* **crop ~** AGR Fruchtwechsel *m;* **the earth's ~** die Erdumdrehung; **to adjust the speed of ~** die Drehzahl einstellen; **in ~** im Wechsel [*o* Turnus]
❷ COMPUT Rotation *f fachspr*
rotatory ['rəʊtətəri, AM 'roʊt̬ətɔːri] *adj* rotierend, Rotations-
rote [rəʊt, AM roʊt] *n no pl* (*usu pej*) **to learn sth by ~** etw auswendig lernen
rote learning *n no pl* (*usu pej*) Auswendiglernen *nt*
rotgut ['rɒtgʌt, AM 'rɑːt] *n no pl* (*fam*) Fusel *m sl*
rotisserie [rəʊ'tɪsəri, AM roʊ'tɪsɚi] *n* ❶ (*restaurant*) Rotisserie *f*
❷ (*appliance*) Drehgrill *m*
rotor ['rəʊtəʳ, AM 'roʊt̬ɚ] *n* TECH Rotor *m fachspr*
rotten ['rɒtᵊn, AM 'rɑː-] I. *adj* ❶ (*decayed*) verfault; *fruit* verdorben; *tooth* faul; *wood* modrig
❷ (*corrupt*) korrupt, völlig verdorben *fig*
❸ (*fam: very bad*) mies *fam;* ***I'm a ~ cook*** ich bin ein hundsmiserabler Koch *fam;* **to feel ~** sich *akk* mies fühlen *fam*
❹ (*fam: nasty*) *trick, joke* gemein
II. *adv* (*fam*) total *fam;* **to be spoiled ~** *child* völlig verzogen sein
rottenness ['rɒtᵊnnəs, AM 'rɑːt] *n no pl* ❶ (*decay*) Fäulnis *f,* Moder *m; wood* Morschheit *f*
❷ (*corruptness*) Verderbtheit *f,* Bodenlosigkeit *f fig*
❸ (*fam: badness*) *food* Verdorbenheit *f,* Ungenießbarkeit *f*
❹ (*fam: unpleasantness*) Elend *nt;* ***the ~ of this attitude has been agreed upon*** das Untragbare dieser Einstellung ist allgemein anerkannt
rotter ['rɒtəʳ, AM 'rɑːt̬ɚ] *n esp* BRIT (*dated fam*) Fiesling *m pej fam*
Rottweiler ['rɒtwaɪləʳ, AM 'rɑːtwaɪlɚ] *n* Rottweiler *m*
rotund [rə(ʊ)'tʌnd, AM roʊ'-] *adj* ❶ (*plump*) *person* massig
❷ BRIT (*fig pej*) *literary style* bombastisch *oft pej; speech* hochtrabend *pej*
❸ (*spherical*) kreisförmig
rotunda [rə(ʊ)'tʌndə, AM roʊ'-] *n* ARCHIT Rotunde *f fachspr*
rouble ['ruːbl̩] *n* Rubel *m*
roué ['ruːeɪ, AM *esp* ruː'eɪ] *n* Lebemann *m pej*
rouge [ruːʒ] I. *n no pl* ❶ (*makeup*) Rouge *nt*
❷ (*polish*) Polierrot *nt fachspr*
II. *vt* **to ~ one's cheeks** Rouge auflegen
III. *vi* Rouge auflegen
rough [rʌf] I. *adj* ❶ (*uneven*) rau; *ground, terrain* uneben; *landscape* rau, unwirtlich; *road* holprig; **~ fur/hair** struppiges Fell/Haar; **~ skin** raue Haut
❷ (*not soft*) *accent, sound, voice* rau, hart; (*in taste*) *wine* sauer; *brandy* hart
❸ (*harsh*) rau, hart; **~ area** raue Gegend; **~ play** raues [*o* hartes] Spiel; **~ sea** raue See; **~ weather** raues [*o* stürmisches] Wetter
❹ (*fam: difficult*) hart, schwer; ■**to be ~ on sb** für jdn schwer [*o* hart] sein; **to give sb a ~ time** jdm das Leben ganz schön schwer machen
❺ BRIT (*fam: ill*) **to look ~** mitgenommen aussehen *fam;* **to feel ~** sich *akk* elend fühlen
❻ (*plain*) *furniture* unbearbeitet
❼ (*makeshift*) einfach, primitiv
❽ (*unrefined*) rau, ungehobelt; **~ ways** ungehobelte Manieren
❾ (*imprecise*) grob; **~ calculation/estimate** grobe [*o* ungefähre] Kalkulation/Schätzung; **to give sb a ~ idea of sth** jdm eine ungefähre Vorstellung von etw *dat* geben; **~ work** Rohfassung *f*
► PHRASES: **to give sb the ~ edge** [*or* **side**] **of one's tongue** (*fam*) jdm gegenüber einen rauen Ton anschlagen *fam;* **to give sb a ~ ride** [*or* **time**] jdm gehörig den Marsch blasen *fam*
II. *adv* (*fam*) rau
► PHRASES: **to sleep ~** BRIT im Freien schlafen
III. *n* ❶ *esp* BRIT (*pej: person*) Rohling *m pej*
❷ *no pl* (*in golf*) ■**the ~** das Rough *fachspr*
❸ (*sketch*) Entwurf *m,* Konzept *nt;* **in ~** skizzenhaft
❹ *gem* ungeschliffen, Roh-
► PHRASES: **to be a diamond in the ~** AM rau, aber herzlich sein; **to take the ~ with the smooth** die Dinge nehmen, wie sie kommen
IV. *vt* (*fam*) **to ~ it** [ganz] primitiv leben [*o pej* hausen]
◆**rough down** *vt* ■**to ~ down** ○ **sth** etw formen
◆**rough in** *vt* **to ~ in a drawing** eine Zeichnung [grob] skizzieren
◆**rough out** *vt* ■**to ~ out** ○ **sth** einen groben Entwurf von etw *dat* machen, etw [grob] umreißen
◆**rough up** *vt* ❶ (*fam: beat up*) ■**to ~ up** ○ **sb** jdn aufmischen *fam*
❷ (*make ruffled*) ■**to ~ up** ○ **sth** etw aufrauen; **to ~ up the water** das Wasser aufwühlen
roughage ['rʌfɪdʒ] *n no pl* ❶ (*fiber*) Ballaststoffe *mpl*
❷ (*fodder*) Raufutter *nt*
rough and ready *adj pred,* **rough-and-ready** *adj attr* behelfsmäßig; *plan also* provisorisch; (*unrefined*) *person* raubeinig; ***there was no luxury but we lived in ~ comfort*** es war kein Luxus, aber wir hatten alles, was wir brauchten **rough and tumble** *n* Rauferei *f,* wildes Gerangel *a. fig;* ***the ~ of politics*** das wilde Gerangel in der Politik **rough-and-tumble** *adj attr, inv* **~ atmosphere** raue Atmosphäre **roughbook** *n* Schmierheft *nt*
roughcast I. *n no pl* (*in construction*) Rauputz *m fachspr,* Anwurf *m fachspr* II. *adj* ❶ (*in construction*) roh verputzt ❷ (*unrefined*) *person* ungehobelt III. *vt* <-cast, -cast> **to ~ a wall** eine Wand roh verputzen **rough cut** *n* FILM Rohschnitt *m kein pl fachspr* **rough diamond** *n* ungeschliffener Diamant; BRIT, AUS (*fig*) ***he's a ~*** er ist rau, aber herzlich
roughen ['rʌfᵊn] I. *vt* ■**to ~ sth** etw aufrauen
II. *vi skin, voice* rau werden; *society* verrohen; *weather* stürmisch [*o* rau] werden
rough ground *n* brachliegendes Grundstück **rough-hew** <-hewed, -hewn *or* -hewed> *vt* **to ~ stone/wood** Stein/Holz grob behauen [*o* bearbeiten] **rough-hewn** *adj carving, pillar* grob; (*fig*) *person, style* ungehobelt **rough house** *n usu sing esp* AM (*fam*) Radau *m fam* **rough-house** I. *vi* ❶ (*be boisterous*) Radau machen *fam* ❷ BRIT (*have a fight*) sich *akk* prügeln ❸ AM (*have playful fight*) sich *akk* raufen II. *vt* ■**to ~ sb** jdn grob behandeln

R

[*o* hart anfassen]; (*playfully*) sich *akk* mit jdm raufen
rough justice *n*, **rough luck** *n* Ungerechtigkeit *f*; ■**it is ~ on sb/sth, that...** es ist ungerecht gegenüber jdm/etw, dass...

roughly [ˈrʌfli] *adv* ① (*harshly*) grob, roh
② (*without refinement*) ~ **built** roh [*o* grob] zusammengezimmert
③ (*approximately*) grob; **to calculate** ~ grob kalkulieren [*o* überschlagen]; ~ **speaking** ganz allgemein gesagt; ~ **similar** [*or* **the same**] ungefähr gleich; ~ **about** ungefähr, schätzungsweise

roughneck **I.** *n* ① *esp* AM, AUS (*fam: rude person*) Rohling *m pej*, Grobian *m pej*
② (*oil rig worker*) Bohrarbeiter(in) *m(f)*
II. *vi* auf einer Bohrinsel arbeiten

roughness [ˈrʌfnəs] *n no pl* ① (*not smoothness*) Rauheit *f*; *of ground, terrain* Unebenheit *f*
② (*harshness*) Rauheit *f*; *of a game also* Härte *f*

rough paper *n* BRIT Konzeptpapier *nt*

roughshod **I.** *adj horse* scharf beschlagen **II.** *adv* **to ride a horse** ~ ein unbeschlagenes Pferd reiten; **to ride** ~ **over sb** (*fig*) jdn unterdrücken [*o fam* unterbuttern] **rough-spoken** *adj* sprachlich ungewandt [*o* unbeholfen] **rough trade** *n* (*sl*) ① (*male prostitution*) *Prostitution von Homosexuellen, meist mit sadistischen Praktiken* ② (*male prostitute*) *Strichjunge, der sich für gewalttätige Sexualpraktiken anbietet*

roulette [ru:ˈlet] **I.** *n* ① *no pl* Roulette *nt*
② (*wheel*) Roulette[rad] *nt*
II. *vt* **to** ~ **paper/postage stamps** Papier/Briefmarken [mit einem Rollrädchen] perforieren

roulette chips *npl* Roulettechips *mpl*

round [raʊnd] **I.** *adj* <-er, -est> ① (*circular*) rund; ~ **arch** Rundbogen *m*; ~ **arms/legs** rund[lich]e [*o* dicke] Arme/Beine; ~ **cheeks** runde Backen; ~ **eyes** Kulleraugen *ntpl*; ~ **face** rundliches Gesicht; ~ **peg** Runddübel *m*; ~ **table** runder Tisch; ~ **vowel** gerundeter Vokal
② *inv* (*even number*) rund; **a** ~ **dozen** ein rundes Dutzend; **to make sth a** ~ **hundred** (*bring up*) etw auf hundert aufrunden; (*bring down*) etw auf hundert abrunden; **in** ~ **figures** aufgerundet, abgerundet
II. *adv inv esp* BRIT ① (*in circular motion*) **to go** [*or* **turn**] ~ sich *akk* umdrehen; *wheel* sich *akk* drehen; ***the children turned ~ and ~ until they made themselves dizzy*** die Kinder drehten sich so lange im Kreis, bis ihnen schwindlig wurde; ***sorry, you'll have to go*** ~ tut mir Leid, aber Sie müssen außen herumgehen
② (*here and there*) **to run** ~ herumrennen *fam*
③ (*to a specific place*) **to come** ~ vorbeikommen *fam*; **to go** ~ *virus, rumours* umgehen; ***there aren't enough pencils to go*** ~ es sind nicht genügend Stifte für alle vorhanden; **to go** ~ **to Mary's/Peter's** bei Mary/Peter vorbeischauen *fam*; **to show sb** ~ jdn herumführen
④ (*surrounding*) rundherum; ***the house has trees all*** ~ das Haus ist von Bäumen umgeben; ***everyone for a mile ~ heard the explosion*** jeder im Umkreis von einer Meile hörte die Explosion; **in the mountains** ~ **about** in den Bergen ringsherum; **all year** ~ das ganze Jahr hindurch
⑤ (*towards other direction*) **the other way** ~ anders herum; **the right/wrong way** ~ richtig/falsch herum; **to have sth on** [*or* **be wearing sth**] **the wrong way** ~ etw falsch [*o* links] herum anhaben; **to turn** ~ *person* sich *akk* umdrehen; (*go back*) umdrehen, kehrtmachen
⑥ (*circa*) ungefähr; ~ ***about 4 o'clock*** gegen 4 Uhr; ~ ***about 20 people*** ungefähr 20 Personen
⑦ (*in girth*) ***the pyramid is 50 metres high and 100 metres*** ~ die Pyramide ist 50 Meter hoch und hat einen Umfang von 100 Metern
III. *prep* ① (*surrounding*) um +*akk*, um +*akk* ... herum; ***he put his arms ~ her*** er legte seine Arme um sie; ***there are trees all ~ the house*** um das ganze Haus herum stehen Bäume
② (*circling*) um +*akk*; ***the moon goes ~ the earth*** der Mond kreist um die Erde; ***they walked ~ the lake*** sie liefen um den See herum
③ (*curving to other side of*) um +*akk*; ***drive ~ the corner and take the second road on the left*** fahren Sie um die Ecke und nehmen sie die zweite Straße zur Linken; **to be just** ~ **the corner** gleich um die Ecke sein
④ (*at points at*) um +*akk* ... herum; ***they sat ~ the table*** sie saßen um den Tisch [herum]
⑤ (*within*) um +*akk*; ***she looked ~ the house*** sie sah sich im Haus um; ***she walked ~ the room*** sie lief im Zimmer herum; ***from all ~ the world*** aus aller Welt
⑥ (*about*) um ungefähr; ***I heard a strange noise ~ 12:15*** um ungefähr 12.15 Uhr hörte ich ein seltsames Geräusch
▸ PHRASES: **to be/go** ~ **the <u>bend</u>/<u>twist</u>** den Verstand verloren haben/verlieren, wahnsinnig geworden sein/werden; **to <u>centre</u>/<u>revolve</u>** ~ **sth** sich *akk* um etw *akk* konzentrieren/drehen; **to <u>get</u>** ~ **sth** um etw *akk* herumkommen; ***there seems to be no way ~ this problem*** es führt wohl kein Weg um dieses Problem herum; **to <u>lie</u>/<u>sit</u>/<u>stand</u>** ~ herumliegen/-sitzen/-stehen
IV. *n* ① (*for all*) Runde *f*; ***this ~ is on me!*** diese Runde geht auf mich!; **a** ~ **of sandwiches** BRIT ein belegtes Brot; **a** ~ **of toast** eine Scheibe Toast
② (*series*) Folge *f*; ***when we were young, life was just one long ~ of parties*** als wir jung waren, war unser Leben eine einzige Folge von Partys; **to be a** ~ **of pleasure** ein einziges Vergnügen sein; ~ **of talks** Gesprächsrunde *f*
③ (*salvo*) ~ **of applause** Beifall *m*; **to get a big** ~ **of applause** stürmischen Beifall bekommen
④ (*route*) ■~**s** *pl* **to be** [**out**] **on** [*or* **make**] **one's** ~**s** seine Runden drehen; *doctor* Hausbesuche machen; ***I've made the ~s of all the agents, but nobody has any tickets left*** ich habe alle Verkaufsstellen abgeklappert, aber es waren keine Karten mehr zu bekommen *fam*; **to go** [*or* **do**] **the** ~**s** die Runde machen; *flu* umgehen
⑤ *esp* BRIT, AUS (*delivery route*) Runde *f*; **to have a milk** ~ die Milch ausliefern; **to do a paper** ~ Zeitungen austragen
⑥ (*routine*) Trott *m pej*; ***my daily ~ includes going for a jog in the morning*** zu meinem Tagesablauf gehört mein täglicher Morgenlauf
⑦ SPORTS Runde *f*; **a** ~ **of golf** eine Runde Golf; **to be** [*or* **get**] [*or* **make it**] **through to the next** ~ in die nächste Runde kommen
⑧ (*song*) Kanon *m*
⑨ (*of ammunition*) Ladung *f*; **to fire a** ~ eine Ladung Munition abfeuern
V. *vt* ① (*make round*) ■**to** ~ **sth** etw umrunden
② (*go around*) **to** ~ **the corner** um die Ecke biegen
VI. *vi* ① (*become round*) rund werden
② (*turn against*) ■**to** ~ **on sb** jdn anfahren; **to** ~ **on one's critics** über seine Kritiker herfallen; **to** ~ **on one's pursuers** seine Verfolger angreifen

◆**round down** *vt* ■**to** ~ **down** ↔ **sth** *number, sum* etw abrunden

◆**round off** *vt* ■**to** ~ **off** ↔ **sth** ① (*finish*) etw abrunden; ***to ~ things off we'd like to thank our sponsors*** zum Abschluss möchten wir noch unseren Sponsoren danken; **to** ~ **off her education ...** zum Abschluss ihrer Ausbildung ...
② (*smooth out*) etw abrunden
③ MATH etw [auf]runden [*o* [ab]runden]

◆**round out** *vt* ■**to** ~ **out** ↔ **sth** *story* etw abrunden

◆**round up** *vt* ① (*increase*) **to** ~ **up a figure** eine Zahl aufrunden
② (*gather*) ■**to** ~ **up** ↔ **sb** jdn zusammentrommeln *fam*; ■**to** ~ **up** ↔ **sth** etw zusammentragen; **to** ~ **up cattle** eine Rinderherde zusammentreiben; **to** ~ **up support** Unterstützung holen

roundabout [ˈraʊndəˌbaʊt] **I.** *n* ① BRIT, AUS (*traffic*) Kreisverkehr *m*
② BRIT (*for funfair*) Karussell *nt*; **to ride the** ~ Karussell fahren
II. *adj* umständlich; **to take a** ~ **approach** umständlich an etw *akk* herangehen; **to take a** ~ **route** einen Umweg machen; **to give a** ~ **statement** eine unklare Aussage machen; **to ask sb in a** ~ **way** jdn durch die Blume fragen

round brackets *npl* runde Klammern; **to give sth in** ~ etw in runden Klammern angeben; **to put sth in** ~ etw in runde Klammern setzen **round dance** *n* Rundtanz *m*; (*in past times*) Reigen *m*

rounded [ˈraʊndɪd] *adj* rund; ~ **belly/cheeks** runder Bauch/runde Backen; ~ **edges** abgerundete Ecken; ~ **vowel** runder Vokal

roundel [ˈraʊndᵊl] *n* AVIAT, MIL Hoheitszeichen *nt*

roundelay [ˈraʊndɪleɪ, AM -də-] *n* Rundgesang *m*

rounders [ˈraʊndəz, AM -dɚz] *npl* + *sing vb* BRIT SPORTS *ein dem Baseball ähnliches Spiel*

round-eyed *adj* mit großen Augen *nach n*; ***she was ~ with amazement*** sie starrte ungläubig vor Erstaunen **round figure** *n* runde Zahl; ***how much is it in ~s?*** wie viel ist das so grob über den Daumen gepeilt? **Roundhead** *n* HIST Rundkopf *m* **roundhouse** *n* RAIL Lokomotivschuppen *m* **round lot** *n* AM STOCKEX voller Börsenschluss

roundly [ˈraʊndli] *adv* (*form*) gründlich; **to boo sb** ~ jdn gehörig auspfeifen; **to criticize sb** ~ jdn heftig kritisieren; **to defeat sb** ~ jdn haushoch besiegen

round-necked *adj inv* mit rundem Ausschnitt *nach n*

roundness [ˈraʊndnəs] *n no pl* Rundheit *f*

round number *n* runde Zahl **round robin** *n* ① (*letter*) Petition *f* (*mit oft kreisförmig angeordneten Unterschriften*); **to sign a** ~ eine Petition unterzeichnen ② (*competition format*) *Wettkampf, in dem jeder gegen jeden antritt* **round-shouldered** *adj* mit runden Schultern *nach n*; **to be** ~ runde Schultern haben **roundsman** *n* BRIT Austräger(in) *m(f)*; ***last summer I worked as a ~ for a milk company*** letzten Sommer arbeitete ich als Milchmann **round-table** *adj attr, inv* ~ **conference/discussion** Konferenz *f*/Gespräch *nt* am runden Tisch; **to host a** ~ **discussion** eine Diskussion am runden Tisch leiten **round-the-clock** **I.** *adj attr, inv* rund um die Uhr *präd, nach n*; ~ **coverage** Berichterstattung *f* rund um die Uhr; ~ **surveillance** Dauerüberwachung *f*; **to keep a** ~ **vigil on sb** jdn rund um die Uhr überwachen **II.** *adv inv* rund um die Uhr; **to be open** ~ *shops* durchgehend geöffnet haben; **to work** ~ rund um die Uhr arbeiten **round-the-world** *adj attr, inv* rund um die Welt *nach n*; ~ **flight** Flug *m* rund um die Welt; ~ **journey** [*or* **trip**] [*or* **voyage**] Weltreise *f* **round trip** **I.** *n* Rundreise *f* **II.** *adv inv* AM **to fly** ~ ein Rückflugticket haben; **to travel** ~ hin- und zurückreisen **roundtrip flight** *n esp* AM Hin- und Rückflug *m* **roundtrip ticket** *n esp* AM AVIAT Rückflugticket *nt*; (*on train, bus*) Rückfahrkarte *f* **roundup** *n* ① (*gathering*) Versammlung *f*; *of criminals, suspects* Festnahme *f*; *of cattle* Zusammentreiben *nt*
② (*summary*) Zusammenfassung *f*; **a** ~ **of today's news** eine Zusammenfassung der wichtigsten Tagesmeldungen **roundworm** *n* Spulwurm *m*

rouse [raʊz] *vt* ① (*waken*) ■**to** ~ **sb** jdn wecken; **to** ~ **sb out of his/her apathy** jdn aus seiner/ihrer Apathie reißen; **to** ~ **oneself from a pleasant daydream** sich *akk* aus einem angenehmen Tagtraum reißen
② (*activate*) ■**to** ~ **sb to do sth** jdn dazu bewegen, etw zu tun; **to** ~ **sb to action** jdn zum Handeln bewegen; **to** ~ **sb's admiration** jds Bewunderung hervorrufen; **to** ~ **sb's ire** (*liter*) jds Zorn erregen

rouseabout [ˈraʊzəˌbaʊt] *n* AUS Hilfsarbeiter(in) *m(f)*

rousing [ˈraʊzɪŋ] *adj* mitreißend; ~ **cheer/reception** stürmischer Beifall/Empfang; **a** ~ **speech** eine mitreißende Rede; **to receive a** ~ **welcome** überschwänglich empfangen werden

roust [raʊst] *vt* ■**to** ~ **sb** jdn wecken; (*fig*) jdn aufscheuchen *fam*

roustabout [ˈraʊstəˈbaʊt] *n* Hilfsarbeiter(in) *m(f)*

rout[1] [raʊt] **I.** *vt* (*form: defeat*) ■**to** ~ **sb** jdn besiegen; **to** ~ **the enemy** [*or* **put the enemy to** ~] den Feind in die Flucht schlagen
II. *n* ① (*defeat*) Niederlage *f*, Schlappe *f fam*

❷ (*disorderly retreat*) ungeordneter Rückzug; ***the retreat quickly turned into a*** ~ der Rückzug endete rasch im Chaos
❸ LAW (*riot*) Zusammenrottung *f*, Auflauf *m*

rout² [raʊt] **I.** *vi pigs* herumwühlen
II. *vt* ❶ (*root*) **to ~ the ground** die Erde umwühlen
❷ TECH ■**to ~ sth** etw ausfräsen
◆**rout out** *vt* ■**to ~ out** ↻ **sb/sth** jdn/etw herausjagen; (*find*) jdn/etw aufstöbern; ***the pigs were ~ing out truffles*** die Schweine suchten nach Trüffeln; **to ~ sb out of bed** jdn aus dem Bett holen

route [ru:t, AM *usu* raʊt] **I.** *n* ❶ (*way*) Strecke *f*, Route *f*; *of a parade* Verlauf *m*; **the ~ to success** der Weg zum Erfolg; **to map out a ~** eine Route festlegen
❷ TRANSP Linie *f*; **bus ~** Buslinie *f*; **shipping ~** Schifffahrtsweg *m*; **domestic ~s** Inlandsflüge *mpl*
❸ AM (*delivery path*) Runde *f*; **to have a paper ~** Zeitungen austragen
❹ AM (*road*) Route *f*
❺ MATH Leitweg *m*
II. *vt* ■**to ~ sth** etw schicken; *deliveries* etw liefern; ***we're not going to ~ our buses through that part of town any more*** unsere Busse werden diesen Stadtteil nicht mehr anfahren

route march *n* MIL Geländemarsch *m*; **to go on a ~** einen Geländemarsch absolvieren

routine [ru:'ti:n] **I.** *n* ❶ (*habit*) Routine *f*; ***he gave me the old ~ of having had his wallet stolen*** er kam wieder mit der alten Leier, dass seine Geldbörse gestohlen worden war; **to do sth as a matter of ~** etw routinemäßig tun; **daily ~** tägliche Routine; **set** [*or* **fixed**] **~** feste Routine; **to go into a ~** (*fig*) immer dieselbe Leier bringen *fam*
❷ (*dancing*) Figur *f*; (*gymnastics*) Übung *f*
❸ THEAT Nummer *f*; **to go through** [*or* **over**] **a ~** eine Rolle noch einmal durchgehen; **to practise a ~** eine Rolle proben
❹ COMPUT Programm *nt*, Routine *f*
II. *adj* ❶ (*regular*) routinemäßig; **~ medical check-up** Routineuntersuchung *f*; **~ enquiry/inspection/search** Routinebefragung/-untersuchung/-durchsuchung *f*; **~ maintenance** laufende Wartung; **to be ~** Routine sein; ***don't worry, this medical is just ~*** machen Sie sich keine Sorgen, diese Untersuchung ist nur Routine; **to become ~** zur Gewohnheit werden
❷ (*pej: uninspiring*) routinemäßig; **~ performance** durchschnittliche Leistung; **~ tasks** Routine *f*; **~ work** Routinearbeit *f*; **to be ~ and boring** alltäglich und langweilig sein

routinely [ru:'ti:nli] *adv* routinemäßig; ***health and safety rules are ~ flouted on the building site*** Gesundheits- und Sicherheitsvorkehrungen werden auf der Baustelle für gewöhnlich übergangen

routing number *n* AM (*sort code*) Bankleitzahl *f*

roux <*pl* -> [ru:] *n* FOOD Mehlschwitze *f*, Einbrenne *f* SÜDD, ÖSTERR

rove [rəʊv, AM roʊv] **I.** *vi person* umherwandern; *gaze* [umher]schweifen
II. *vt* **to ~ the countryside** durchs Land ziehen; **to ~ the world** durch die Welt ziehen

rover ['rəʊvəʳ, AM 'roʊvɚ] *n* Vagabund(in) *m(f)*

roving ['rəʊvɪŋ, AM 'roʊv-] *adj* umherstreifend *attr;* **~ ambassador** Botschafter(in) *m(f)* für mehrere Vertretungen; **~ band of thieves** umherziehende Diebesbande; **~ musicians** umherziehende Musiker

roving commission *n* BRIT weitläufiges Mandat; **to have a ~** ein weitläufiges Mandat besitzen **roving eye** *n* (*hum dated*) **to have a ~** ein Auge riskieren **roving reporter** *n* rasender Reporter/rasende Reporterin *fam*

row¹ [rəʊ, AM roʊ] *n* ❶ (*line*) Reihe *f*; **~s and ~s of cars** lange Autoschlangen; **a ~ of chairs** eine Stuhlreihe; **~ of houses** Häuserreihe *f*; **~s of people** Menschenschlangen *fpl*; **to move up a few ~s** ein paar Reihen aufrücken; **to stand in a ~** in einer Reihe stehen; **in ~s** reihenweise
❷ (*street*) Straße *f*
❸ (*in succession*) **in a ~** hintereinander; **four times in a ~** viermal hintereinander
❹ (*line of characters*) Zeile *f*; (*on a punched card*) Lochzeile *f*
❺ COMPUT (*set of data elements*) Sprosse *f*

row² [raʊ] **I.** *n esp* BRIT, AUS ❶ (*quarrel*) Streit *m*, Krach *m fam*; **political ~** politische Auseinandersetzung; **to get into a ~** [**with sb**] [mit jdm] Streit [*o fam* Krach] bekommen; **to have a ~** Streit [*o fam* Krach] haben, streiten
❷ (*noise*) Lärm *m*, Krach *m kein pl*; **to make** [*or* **kick up**] **a ~** Krach schlagen *fam*
II. *vi esp* BRIT (*fam*) sich *akk* streiten; ■**to ~ about** [*or* **over**] **sth** sich *akk* wegen einer S. *gen* streiten; ■**to ~ with sb** sich *akk* mit jdm streiten

row³ [rəʊ, AM roʊ] **I.** *vi* rudern
II. *vt* **to ~ a boat** ein Boot rudern; **to ~ sb across a lake/river** jdn über einen See/Fluss rudern
III. *n usu sing* Rudern *nt kein pl;* **to go for a ~** rudern gehen

rowan ['rəʊən, AM 'roʊən] *n* Eberesche *f*

rowanberry ['rəʊən,beri, AM 'roʊən-] *n* Vogelbeere *f*

rowboat ['rəʊbəʊt, AM 'roʊboʊt] *n* AM (*rowing boat*) Ruderboot *nt*

rowdily ['raʊdɪli] *adv* (*pej*) rowdyhaft; **to behave very ~** sich *akk* sehr rüpelhaft benehmen

rowdiness ['raʊdɪnəs] *n no pl* (*pej*) Rüpelhaftigkeit *f*

rowdy ['raʊdi] (*pej*) **I.** *adj* laut, rüpelhaft; **~ behaviour** rüpelhaftes Benehmen; **~ party** wilde Party
II. *n* Krawallmacher *m*, Rowdy *m*

rowdyism ['raʊdiɪzᵊm] *n no pl* (*pej*) Rowdytum *nt*; (*noisy*) Randalieren *nt*

rower ['rəʊəʳ, AM 'roʊɚ] *n* Ruderer, Ruderin *m, f*

row house *n* AM (*terraced house*) Reihenhaus *nt*

rowing ['rəʊɪŋ, AM 'roʊ-] *n no pl* Rudern *nt*

rowing boat *n* BRIT Ruderboot *nt* **rowing club** *n* Ruderklub *m* **rowing machine** *n* Rudergerät *nt*

rowlock ['rɒlək, AM 'rɑ:-] *n* Dolle *f*

royal ['rɔɪəl] **I.** *adj* <-er, -est> ❶ *inv* (*of a monarch*) königlich; **~ decree/visit** königlicher Erlass/Besuch; **~ insignia/yacht** königliche Insignien/Jacht; **~ palace** Königspalast *m*
❷ (*fig*) fürstlich; **~ feast** fürstliches Mahl; **to be in ~ spirits** prächtig gelaunt sein; **~ welcome** fürstlicher Empfang
❸ *esp* AM (*fam: big*) gewaltig; ***you're a ~ pain in the butt!*** du gehst mir ganz gewaltig auf die Nerven!; **a ~ mess** eine Riesensauerei
II. *n* (*fam*) Angehörige(r) *f(m)* der königlichen Familie

Royal Air Force *n no pl, + sing/pl vb* BRIT ■**the ~** die Königliche Luftwaffe **royal assent, Royal Assent** *n* Zustimmung *f* der Königin/des Königs, königliche Genehmigung **royal blue I.** *n* Königsblau *nt* **II.** *adj* königsblau; **~ eyes** strahlend blaue Augen **royal family** *n + sing/pl vb* königliche Familie **royal flush** *n* CARDS Royal Flush *m* **Royal Highness** *n* **Your/His/Her ~** Eure/Seine/Ihre Königliche Hoheit

royalist ['rɔɪəlɪst] **I.** *n* Royalist(in) *m(f)*
II. *adj* royalistisch

royal jelly *n no pl* Gelée royale *nt*

royally ['rɔɪəli] *adv* königlich

Royal Navy *n no pl, + sing/pl vb* BRIT ■**the ~** die Königliche Marine **royal pardon, Royal pardon** *n* königliche Begnadigung, Begnadigung *f* [auf Anordnung Ihrer/Seiner Majestät] **royal prerogative** *n* BRIT königliches Vorrecht **Royal Shakespeare Company** *n no pl, + sing/pl vb* ■**the ~** die Royal Shakespeare Company

Royal Society *n no pl, + sing/pl vb* ■**the ~** die Königlich Britische Akademie der Naturwissenschaften

royalty ['rɔɪəlti] *n* ❶ *no pl, + sing/pl vb* (*sovereignty*) Königshaus *nt*; **to treat sb like ~** jdn fürstlich behandeln
❷ (*money paid to an inventor*) Lizenzgebühr *f*, Patentgebühr *f*; (*to the landowner*) Nutzungsgebühr *f*; (*to a writer*) Tantiemen *fpl*, Autorenhonorar *nt*; PUBL ■**royalties** *pl* Tantiemen *pl*

royalty check AM, **royalty cheque** *n* BRIT Honorarscheck *m* **Royal Ulster Constabulary** *n no pl, + sing/pl vb* BRIT ■**the ~** *die Polizeibehörde Nordirlands*

rozzer ['rɒzəʳ] *n* BRIT (*fam*) Polyp *m fam*, Bulle *m sl*

RP [,ɑ:'pi:, AM ,ɑ:r-] *n no pl* LING *abbrev of* **received pronunciation** britische Standardaussprache

RPB [,ɑ:pi:'bi:, AM ,ɑ:r-] *n abbrev of* **recognized professional body** anerkannter Berufsverband

RPI [,ɑ:pi:'aɪ] *n* ECON *abbrev of* **retail price index** Einzelhandelspreisindex *m*

rpm <*pl* -> [,ɑ:pi:'em, AM ,ɑ:r-] *n* ❶ AUTO, AVIAT *abbrev of* **revolutions per minute** U/min
❷ *no pl* BRIT PUBL *abbrev of* **resale price maintenance**

rr *n* AM *abbrev of* **rural route** ungeteerte ländliche Straße

RR *n* AM *abbrev of* **railroad**

RRP [,ɑ:ɑ:'pi:] *n* BRIT PUBL *abbrev of* **recommended retail price**

RSC [,ɑ:es'si:] *n no pl, + sing/pl vb abbrev of* **Royal Shakespeare Company**: ■**the ~** die Royal Shakespeare Company

RSI [,ɑ:es'aɪ, AM ,ɑ:r-] *n* MED *abbrev of* **repetitive strain injury**

RSPB [,ɑ:espi:'bi:] *n no pl, + sing/pl vb* BRIT *abbrev of* **Royal Society for the Protection of Birds** Bund *m* für Vogelschutz

RSPCA [,ɑ:es,pi:si:'eɪ] *n no pl, + sing/pl vb* BRIT *abbrev of* **Royal Society for the Prevention of Cruelty to Animals** ≈ Tierschutzverein *m*

RSVP [,ɑ:esvi:'pi:, AM ,ɑ:r-] *abbrev of* **répondez s'il vous plaît** u. A. w. g.

RTA [,ɑ:ti:'eɪ, AM ,ɑ:r] *n* BRIT *abbrev of* **road traffic accident** Verkehrsunfall *m*

Rt Hon *adj attr, inv abbrev of* **Right Honourable**: **the ~ …** der sehr ehrenwerte …

rub [rʌb] **I.** *n* Reiben *nt kein pl;* **to give sth a ~** *hair* etw trocken rubbeln; *material* etw polieren; *bruise* etw reiben
► PHRASES: **to get** [*or* **have**] **the ~ of the green** Glück haben; **there's the ~** (*dated liter*) da liegt der Hase im Pfeffer
II. *vt* <-bb-> ■**to ~ sth** etw einreiben; *furniture* etw behandeln; (*polish*) etw polieren; ■**to ~ oneself** [**up**] **against sth** sich *akk* an etw *akk* reiben; **to ~ one's eyes sleepily** sich *dat* verschlafen die Augen reiben; **to ~ one's hands together** sich *dat* die Hände reiben; **to ~ noses** die Nasen aneinander reiben; **to ~ a stain** einen Fleck wegreiben; **to ~ sth clean** etw sauber wischen; **to ~ the blackboard clean** die Tafel wischen
► PHRASES: **to ~ shoulders** [*or* AM **elbows**] **with sb** (*fam*) mit jdm Kontakt [*o* Umgang] haben, mit jdm in Berührung kommen; **to ~ sb** [BRIT, AUS **up**] **the wrong way** bei jdm anecken *fam*
III. *vi* <-bb-> reiben; *shoes, collar* scheuern; ***the branches ~bed against each other in the wind*** die Äste schlugen im Wind aneinander
◆**rub along** *vi* BRIT (*fam*) ■**to ~ along** [**together**] mehr schlecht als recht [miteinander] auskommen; **to ~ along okay** [**together**] ganz gut [miteinander] auskommen
◆**rub down** *vt* **to ~ down a surface** [**with sth**] eine Fläche [mit etw *dat*] abreiben; (*clean*) eine Fläche [mit etw *dat*] abwischen; ■**to ~ down** ↻ **sb** jdn abfrottieren; **to ~ down a dog** einen Hund trocken reiben; **to ~ down a horse** ein Pferd striegeln; **to ~ sth down with sandpaper** etw mit Sandpapier abschmirgeln
◆**rub in** *vt* ❶ (*spread*) ■**to ~ sth** ↻ **in** etw einreiben
❷ (*fam: keep reminding*) ■**to ~ it in** auf etw *dat* herumreiten *fam;* ***don't ~ it in!*** jetzt reite doch nicht ständig darauf rum!
► PHRASES: **to ~ sb's nose in it** [*or* **the dirt**] jdm etw unter die Nase reiben *fam*
◆**rub off I.** *vi* ❶ (*become clean*) wegreiben; *stains* rausgehen; ***does this paint ~ off easily?*** lässt sich diese Farbe leicht entfernen?
❷ (*fam: affect*) ■**sth ~s off on sb** etw färbt auf jdn

R

ab

II. *vt* ■**to ~ off** ↔ **sth** etw wegwischen; ***there's no way to ~ this dye off my trousers, is there?*** diese Farbe kriege ich nicht mehr aus meiner Hose, oder?; **to ~ dirt off** Schmutz abreiben

◆**rub out** I. *vt* ① (*erase*) ■**to ~ out** ↔ **sth** etw ausradieren

② AM (*sl: murder*) ■**to ~ out** ↔ **sb** jdn abmurksen *sl*

II. *vi stain* herausgehen; (*erase*) sich *akk* ausradieren lassen

rubber¹ ['rʌbəʳ, AM -ɚ] I. *n* ① *no pl* (*elastic substance*) Gummi *m o nt;* **to be made of ~** aus Gummi sein

② BRIT, AUS (*eraser*) Radiergummi *m*

③ *esp* AM (*sl: condom*) Gummi *m sl*

④ AM (*shoes*) ■**~s** *pl* Überschuhe *mpl* (*aus Gummi*), Galoschen *fpl veraltend*

II. *n modifier* (*ball, gloves*) Gummi-; **~ hose** Gummischlauch *m;* **~ seal** Gummidichtung *f;* **~ suit** Tauchanzug *m;* **~ truncheon** Gummiknüppel *m*

rubber² ['rʌbəʳ, AM -ɚ] *n* CARDS Robber *m*

rubber band *n* Gummiband *nt* **rubber boot** *n* Gummistiefel *m* **rubber bullet** *n* Gummigeschoss *nt* **rubber cement** *n no pl* Gummilösung *f*

rubber check *n* AM, **rubber cheque** *n* (*sl*) FIN ungedeckter Scheck **rubber dinghy** *n* Schlauchboot *nt* **rubber industry** *n* Gummiindustrie *f*

rubberize ['rʌbəraɪz] *vt* ■**to ~ sth** etw gummieren; **~d tubing** gummierte Rohrleitung

rubberneck I. *n* Gaffer(in) *m(f) pej fam*

II. *vi* gaffen *fam*

rubbernecker ['rʌbənekəʳ, AM 'rʌbɚnekɚ] *n* (*sl: sb who gawks*) Schaulustige(r) *f(m)*, Gaffer(in) *m(f) pej* **rubber plant** *n* Gummibaum *m* **rubber plantation** *n* Kautschukplantage *f* **rubber-stamp** I. *vt* (*often pej*) ■**to ~ sth** etw genehmigen; **to ~ a decision** eine Entscheidung bestätigen; **to ~ a vacation** einen Urlaub bewilligen II. *n* Stempel *m;* (*fig*) Genehmigung *f;* **to put one's ~ on sth** etw bewilligen **rubber tree** *n* Kautschukbaum *m*

rubbery ['rʌbᵊri] *adj* ① (*rubber-like*) gummiartig; *meat* zäh; **to taste ~** wie Gummi schmecken

② (*fam: weak*) *legs* wackelig *fam*

rubbing ['rʌbɪŋ] *n no pl* ① (*action*) Reiben *nt;* (*polishing*) Polieren *nt;* (*using a towel*) Frottieren *nt*

② ART *Durchreiben eines Reliefs auf ein Blatt Papier mit Bleistift, Kreide oder Wachsmalstift*

rubbing alcohol *n no pl esp* AM, AUS (*surgical spirit*) Wundbenzin *nt*

rubbish ['rʌbɪʃ] I. *n no pl esp* BRIT ① (*waste*) Müll *m;* **to take** [*or* **put**] **the ~ out** den Müll rausbringen

② (*fig fam: nonsense*) Unsinn *m*, Quatsch *m fam;* ***his ideas are a load of*** [***old***] **~** seine Ideen sind völliger Schwachsinn; **to be ~** Quatsch sein; ***the film was*** **~** der Film war völliger Schrott; **to talk ~** Blödsinn reden *fam*

③ (*fam: junk*) Gerümpel *nt*

II. *vt* BRIT, AUS (*fam*) ■**to ~ sth** etw als Unsinn abtun

III. *adj* BRIT (*fam*) ■**to be ~ at sth** in etw *dat* sehr schlecht sein; ***I'm ~ at maths*** in Mathe bin ich eine absolute Null

rubbish bag *n* Mülltüte *f*, Müllsack *m* ÖSTERR **rubbish bin** *n* Abfalleimer *m* **rubbish chute** *n* Müllschlucker *m* **rubbish collection** *n* Müllabfuhr *f* **rubbish container** *n* Müllcontainer *m* **rubbish dump** *n* Mülldeponie *f*

rubbishy ['rʌbɪʃi] *adj esp* BRIT, AUS (*fam*) mies *fam;* ■**to be ~** Mist sein *fam;* **~ film** mieser Film

rubble ['rʌbl̩] *n no pl* ① (*smashed rock*) Trümmer *pl;* **to reduce sth to ~** (*fig*) etw in Schutt und Asche legen

② (*not bricks*) Bauschutt *m;* **to fill sth with ~** etw mit Bauschutt auffüllen

rub-down *n no pl* Abreiben *nt;* **to give sb a ~** jdn abfrottieren

rube [ru:b] *n* AM (*pej fam*) Landei *nt pej fam*, Tölpel *m pej*

rubella [ru:'belə] *n no pl* MED (*spec*) Röteln *pl*

Rubicon ['rubikən] *n no pl* ■**the ~** der Rubikon

▶ PHRASES: **to cross the ~** den Rubikon überschreiten

rubicund ['ru:bɪkənd, AM -kʌnd] *adj* (*dated liter or hum*) rötlich; *complexion* rosig

ruble ['ru:bl̩] *n esp* AM *see* **rouble**

rubout ['rʌbaʊt] *n* (*sl*) Mord *m* (*im Verbrechermilieu*)

rubric ['ru:brɪk] *n* ① (*form: instruction*) Anweisungen *fpl;* **under the ~** unter der Rubrik

② COMPUT Rubrik *f*, Überschrift *f*

ruby ['ru:bi] I. *n* Rubin *m*

II. *n modifier* (*ring, necklace, bracelet*) Rubin-

III. *adj inv* rubinrot

ruby port *n dunkelroter, nur wenige Jahre gelagerter Portwein* **ruby wedding** *n 40. Hochzeitstag*

RUC [ˌɑ:ju:'si:, AM ˌɑ:r-] *n no pl, + sing/pl vb abbrev of* **Royal Ulster Constabulary**

ruche [ru:ʃ] *n* Rüsche *f*

ruched [ru:ʃt] *adj inv* gerüscht; **~ collar** Rüschenkragen *m*

ruck [rʌk] I. *n* ① *+ sing/pl vb* (*average crowd*) die breite Masse; **to rise above the ~** sich *akk* über den Durchschnitt erheben

② SPORTS (*in rugby*) offenes Gedränge

③ BRIT (*fam: brawl*) laute Auseinandersetzung

④ (*fold*) Falte *f;* **to be caught up in ~s** sich *akk* in Falten legen

II. *vt* ■**to ~ up** ↔ **sth** *clothes* etw [zer]knittern

III. *vi* Falten werfen; ***this jumper continuously ~s up at the bottom*** dieser Pullover rutscht ständig hoch

rucksack ['rʌksæk] *n* BRIT Rucksack *m;* **frame ~** Rucksack *m* mit Traggestell

ruckus ['rʌkəs] *n esp* AM (*fam*) Krawall *m;* **to make a ~** Krawall machen

ruction ['rʌkʃᵊn] *n* (*fam*) Zoff *m fam*, Streit *m*

ructions ['rʌkʃᵊns] *npl esp* BRIT, AUS (*fam*) Krach *m kein pl fam;* ***there'll be ~ if I'm not home by midnight*** wenn ich um Mitternacht nicht zu Hause bin, kriege ich Ärger

rudder ['rʌdəʳ, AM -ɚ] *n* [Steuer]ruder *nt*

rudderless ['rʌdələs, AM -ɚ-] *adj* ohne Ruder *präd, nach n;* (*fig*) führerlos; **~ boat** (*also fig*) ruderloses Boot; **~ plane** steuerloses Flugzeug

ruddiness ['rʌdinəs] *n no pl* Röte *f; of complexion* gesunde Gesichtsfarbe

ruddy ['rʌdi] I. *adj* ① (*approv: red*) rot; (*liter*) rötlich; **~ cheeks** gerötete Wangen; **~ complexion** rötliche Gesichtsfarbe, gesunde Röte; **~ light** rötliches Licht

② *attr, inv* BRIT, AUS (*dated fam: bloody*) verdammt *sl;* **~ hell!** verdammt nochmal! *sl;* ***you're a ~ fool*** du bist ein verdammter Idiot

II. *adv inv* BRIT, AUS (*dated fam: bloody*) verdammt *sl;* ***it's ~ cold*** es ist saukalt

rude [ru:d] *adj* ① (*impolite*) unhöflich; ***it is ~ to stare*** es ist unhöflich, zu starren; ■**to be ~ to sb** zu jdm unfreundlich sein; **~ behaviour** unverschämtes Benehmen; **~ gesture** unflätige Geste *geh;* **to tell a ~ joke** einen unanständigen Witz erzählen; **~ man** Rüpel *m;* **~ manners** ungehobelte Manieren; **to make a ~ noise** einen fahren lassen *sl*

② *attr* (*sudden*) unerwartet; ***it was a ~ shock to us*** es war ein großer Schock für uns; **~ awakening** böses Erwachen; **~ surprise** böse Überraschung

③ (*liter: crude*) primitiv; **~ shelter** notdürftige Unterkunft; **~ tool** einfaches Werkzeug

④ *attr* (*robust*) **to be in ~ health** kerngesund sein

rudely ['ru:dli] *adv* ① (*impolitely*) unhöflich; ***he pushed past me ~*** er drängte sich rüde an mir vorbei

② (*suddenly*) unerwartet; ***the news ~ pushed her into the glare of worldwide publicity*** die Nachrichten rückten sie urplötzlich ins Licht der weltweiten Öffentlichkeit

③ (*liter: crudely*) primitiv; **~ constructed** einfach gebaut; **~ made** primitiv hergestellt

rudeness ['ru:dnəs] *n no pl* ① (*impoliteness*) Unhöflichkeit *f;* (*obscenity*) Unanständigkeit *f*

② (*liter: crudeness*) Primitivität *f; of a tool* Einfachheit *f*

rudimentary [ˌru:dɪ'mentᵊri, AM -də'-] *adj* (*form*) ① (*basic*) elementar; **~ knowledge** Grundkenntnisse *pl*

② (*not highly developed*) primitiv; **~ equipment** primitive Ausrüstung; **~ method** einfache Methode; **~ system** primitives System

rudiments ['ru:dɪmənts, AM -də-] *npl* ■**the ~** die Grundlagen *pl;* **to learn** [*or* **pick up**] **the ~ of sth** die Grundlagen einer S. *gen* erlernen

rue [ru:] *vt* (*liter or dated*) ■**to ~ sth** etw bereuen; **to ~ the day** [**that**] ... den Tag verwünschen, an dem ...

rueful ['ru:fᵊl] *adj* (*liter*) reuevoll *geh;* **a ~ glance** ein reuiger Blick *geh*

ruefully ['ru:fᵊli] *adv* (*liter*) reuevoll *geh*

ruff [rʌf] *n on clothing, of an animal* Halskrause *f*

ruffian ['rʌfiən] *n* (*dated or hum*) Schlingel *m hum*

ruffle ['rʌfl] I. *vt* ① (*agitate*) ■**to ~ sth** etw durcheinander bringen; *hair* etw zerzausen; ***the birds ~d their feathers*** [***up***] ***in alarm*** die Vögel plusterten sich beunruhigt auf; ***the strong gust ~d the surface of the water*** die starke Böe kräuselte die Oberfläche des Wassers

② (*fig: upset*) ■**to ~ sb** jdn aus der Ruhe bringen; ***nothing ever ~s her self-confidence*** ihr Selbstbewusstsein lässt sich durch nichts erschüttern; **to be** [**easily**] **~d** sich *akk* schnell aus der Ruhe bringen lassen

▶ PHRASES: **to ~ sb's feathers** [*or* **feelings**] jdn auf die Palme bringen *fam*

II. *n* Rüsche *f;* **lace ~s** Spitzenrüschen *fpl*

ruffled ['rʌfl̩d] *adj inv* FASHION gerüscht, mit Rüschen *nach n*

rufous ['ru:fəs] *adj* rotbraun

rug [rʌg] *n* ① (*carpet*) Teppich *m;* **to pull the ~** [**out**] **from under sb**['**s feet**] (*fig*) jdm den Teppich unter den Füßen wegziehen

② AM (*sl: hairpiece*) Haarteil *nt*

rugby ['rʌgbi] I. *n no pl* Rugby *nt*

II. *n modifier* (*ball, field, shirt*) Rugby-

rugby football *n no pl* (*form*) Rugby *nt* **Rugby League** *n no pl* Rugbyliga *f* **rugby tackle** I. *n Stoppen des Ballträgers* II. *vt* ■**to rugby-tackle sb** jdn zu Boden werfen **Rugby Union** *n no pl* Rugbyunion *f*

rugged ['rʌgɪd] *adj* ① (*uneven*) *terrain, ground* uneben; *cliff, mountain, rocks* zerklüftet; *landscape, country, coast* wild

② (*robust*) kräftig; *looks, features* markant

③ (*solid*) fest; **~ constitution** unverwüstliche Konstitution; **~ honesty** unerschütterliche Ehrlichkeit; **~ individualism** unbeugsamer Individualismus

④ (*difficult*) hart; **~ climb** schwierige Kletterpartie; **~ life** hartes Leben

⑤ (*sturdy*) kräftig; **~ vehicle** robustes Fahrzeug

ruggedly ['rʌgɪdli] *adv* ① (*robustly*) markig

② (*unbendingly*) unbeugsam; **~ honest** unerschütterlich ehrlich

③ (*sturdily*) kräftig; **~ built** robust gebaut

ruggedness ['rʌgɪdnəs] *n no pl* ① (*surface*) Rauheit *f*

② (*sturdiness*) Robustheit *f*

③ (*scenery*) Unverfälschtheit *f*

rugger ['rʌgəʳ] *n no pl* BRIT (*fam*) Rugby *nt*

rug rat *n* (*sl*) kleine Rotznase *fam*

ruin ['ru:ɪn] I. *vt* (*destroy*) ■**to ~ sb/sth** jdn/etw zerstören; ***cheap imported goods are ~ing many businesses*** durch billige Importware gehen viele Geschäfte zugrunde; **to ~ a child** ein Kind verderben; **to ~ sb's day** jdm den Tag vermiesen [*o* verderben]; **to ~ a dress** ein Kleid ruinieren; **to ~ one's eyesight** sich *dat* die Augen verderben; **to ~ one's future** seine Zukunft ruinieren; **to ~ the harvest** die Ernte kaputtmachen; **to ~ one's health** seine Gesundheit ruinieren; **to ~ sb's holiday** jdm den Urlaub verderben; **to ~ sb's hopes** jds Hoffnungen zunichte machen; **to ~ sb's plans** jds Pläne durchkreuzen; **to ~ sb's reputation** jds Ruf ruinieren

II. *n* ① (*destroyed building*) Ruine *f;* **to fall into ~s** zu einer Ruine verfallen

② ■**~s** *pl of building* Ruinen *pl; of reputation* Reste *pl; of career, hopes* Trümmer *pl;* **the ~s of Car-**

thage die Ruinen *pl* von Karthago; **to be** [*or* **lie**] **in ~s** eine Ruine sein; (*after bombing, fire*) in Schutt und Asche liegen; (*fig*) zerstört sein
❸ *no pl* (*bankruptcy*) Ruin *m*, Aus *nt;* **to be on the edge** [*or* **brink**] [*or* **verge**] **of ~** am Rande des Ruins stehen; **to face** [**financial**] **~** vor dem [finanziellen] Ruin stehen
❹ (*downfall*) Untergang *m;* ***alcohol was my ~*** Alkohol hat mich zerstört; **the ~ of my hopes** das Ende meiner Hoffnungen; **to be on the road to ~** sich *akk* auf dem Weg nach unten befinden; **to be** [*or* **lie**] **in/fall into ~**[**s**] vollkommen zerstört sein/werden; *see also* **rack**

ruination [ˌruːɪˈneɪʃᵊn] *n no pl* Ruin *m;* ■ **to be the ~ of sb** jds Ruin sein

ruined [ˈruːɪnd] *adj inv* ■ **to be ~** ruiniert sein; **~ castle/house** verfallenes Schloss/Haus; **a ~ city** eine Stadt, die in Ruinen liegt; **~ life** ruiniertes Leben

ruinous [ˈruːɪnəs] *adj* ruinös; ***the cost was ~*** die Kosten waren enorm hoch; ***smoking is ~ to the health*** Rauchen schadet der Gesundheit; **to have a ~ effect on sth** etw zerstören

ruinously [ˈruːɪnəsli] *adv* ruinös; **~ expensive** enorm teuer

rule [ruːl] **I.** *n* ❶ (*instruction*) Regel *f;* ***where in the ~s does it say that?*** wo steht das?; ***those are the ~s*** so sind nun mal die Regeln; ***this is a club ~*** das ist im Klub hier so üblich; ***it is a ~ that …*** es ist eine Regel, dass …; **company ~** Betriebsvorschriften *fpl;* **to know the ~s of a game** die Spielregeln kennen; **~s and regulations** Regeln und Bestimmungen; **set of ~s** Regeln *fpl;* **traffic ~s** Verkehrsregeln *fpl;* **to bend** [*or* **stretch**] **the ~s** die Regeln beugen; **to break a ~** eine Regel brechen; **to follow** [*or* **obey**] [*or form* **observe**] **a ~** eine Regel befolgen [*o* einhalten]; **to play** [**it**] [*or* **go**] [*or* **do things**] **by the ~s** sich *akk* an die Spielregeln halten; **according to the ~s** nach den Regeln, den Regeln entsprechend; **to be against the ~s** gegen die Regeln verstoßen
❷ *no pl* (*control*) Herrschaft *f;* **the ~ of law** die Rechtsstaatlichkeit; **one-party ~** Einparteienherrschaft *f;* **the period of Fascist ~** die faschistische Herrschaft
❸ (*form or dated: measuring device*) Lineal *nt*
❹ (*condition*) Regel *f;* **~ of 72** 72er Regel
❺ (*line*) Linie *f*
❻ LAW (*court decision*) gerichtliche Entscheidung
▶ PHRASES: **~ of thumb** Faustregel *f;* **to be the ~** die Regel sein; **to make sth a ~** etw zur Regel machen; **to run the ~ over sth** überprüfen, ob etw in Ordnung ist; **as a** [**general**] **~** normalerweise, in der Regel; *see also* **exception**
II. *vt* ❶ (*govern*) ■ **to ~ sth/sb** etw/jdn regieren; **to ~ a country with a rod of iron** ein Land mit eiserner Faust regieren
❷ (*control*) ■ **to ~ sth** etw beherrschen; ***she ~s her household with an iron hand*** sie führt ihren Haushalt mit einer eisernen Hand; **to ~ sb's thinking** jds Denken beherrschen
❸ (*draw*) **to ~ a line** eine Linie ziehen
❹ (*decide*) ■ **to ~ sth** (*to give an official decision*) etw entscheiden [*o* anordnen] [*o* bestimmen]; ■ **to ~ that …** entscheiden, dass …; ***the courts have ~d his brave action*** [***to be***] ***illegal*** die Gerichte entschieden, dass seine mutige Tat illegal war
▶ PHRASES: **to ~ the roost** der Herr im Haus sein, die Hosen anhaben *hum fam*
III. *vi* ❶ (*control*) herrschen; *king, queen* regieren
❷ LAW ■ **to ~ on sth** in etw *dat* entscheiden; ***only the appeal court can ~ on this point*** nur das Berufungsgericht kann in diesem Punkt entscheiden; **to ~ for** [*or* **in favour of**]**/against sb** zugunsten von jdm/gegen jdn entscheiden
❸ ECON (*be current*) gelten
▶ PHRASES: **X ~**[**s**], **OK!** BRIT, AUS (*hum fam*) X ist der/die Größte!

◆**rule off** *vt* ■ **to ~ off** ⊂ **sth** etw ausmessen; **to ~ off a margin** einen Rand ziehen

◆**rule out** *vt* ■ **to ~ out** ⊂ **sth** etw ausschließen; ***we've ~d him out as a suspect*** er kommt für uns als Verdächtiger nicht in Frage

rule book *n* Regelheft *nt*, Vorschriftenbuch *nt;* *of organization* Satzung *f*
▶ PHRASES: **to throw the ~ at sb** jdn wegen jeder Kleinigkeit kritisieren

ruled [ruːld] *adj inv* liniert; **~ paper** liniertes Papier

ruler [ˈruːləʳ, AM -ɚ] *n* ❶ (*person*) Herrscher(in) *m(f);* **~ of the country** Staatschef(in) *m(f)*
❷ (*device*) Lineal *nt*

ruling [ˈruːlɪŋ] **I.** *adj attr, inv* ❶ (*governing*) herrschend; **the ~ hierarchy** die vorherrschende Hierarchie; **the ~ party** die Regierungspartei
❷ (*primary*) hauptsächlich; **~ ambition/passion** größter Wunsch/größte Leidenschaft
❸ ECON *price, commodity* geltend, laufend
II. *n* LAW Entscheidung *f;* **the final ~** die letzt[endlich]e Entscheidung; **to give** [*or* **hand down**] **a ~** eine Entscheidung fällen

ruling class *n + sing/pl vb*, **ruling classes** *npl* ■ **the ~** die herrschende Klasse

rum¹ [rʌm] *n* (*drink*) Rum *m*

rum² <-mm-> [rʌm] *adj* BRIT (*dated*) komisch; **a ~ character** ein komischer Kauz; **a ~ do** eine seltsame Angelegenheit

Rumania [rʊˈmeɪniə, AM roʊˈ] *n no pl see* **Romania** Rumänien *nt*

rumba [ˈrʌmbə] *n* Rumba *m;* **to do** [*or* **dance**] **the ~** Rumba tanzen; **to play a ~** einen Rumba spielen

rumble [ˈrʌmbl] **I.** *n* ❶ (*sound*) Grollen *nt kein pl;* *of stomach* Knurren *nt;* **~s of discontent** Anzeichen *ntpl* von Unzufriedenheit; **the ~ of thunder** das Grollen des Donners
❷ *esp* AM, AUS (*fam*) Schlägerei *f*
II. *vi* rumpeln; *stomach* knurren; *thunder* grollen
III. *vt* BRIT (*fam*) ■ **to ~ sth** etw durchschauen [*o fam* auffliegen lassen]; **to ~ a plot** eine Verschwörung aufdecken; **to ~ a scheme** einen Plan durchschauen

◆**rumble on** *vi* weiterreden; (*continue*) weitergehen

rumble seat *n* AM Notsitz *m* **rumble strip** *n* Fahrbahnschwelle *f*

rumbling [ˈrʌmblɪŋ] **I.** *n* ❶ (*indication*) ■ **~s** *pl* [erste] Anzeichen *ntpl;* ***~s of discontent among the staff*** Anzeichen von Unzufriedenheit unter den Angestellten
❷ (*sound*) Grollen *nt;* **the ~ of distant guns** das Donnern entfernter Geschütze; **the ~ of thunder** das Grollen des Donners
II. *adj inv* grollend *attr*

rumbustious [rʌmˈbʌstiəs] *adj esp* BRIT (*fam*) wild; **~ behaviour** ungehobeltes Benehmen; **~ child** wildes Kind

ruminant [ˈruːmɪnənt, AM -mə-] **I.** *n* ZOOL Wiederkäuer *m*
II. *adj attr, inv* wiederkäuend; **~ animal** Wiederkäuer *m*

ruminate [ˈruːmɪneɪt, AM -mə-] *vi* ❶ (*form: meditate*) ■ **to ~ about** [*or* **over**] [*or* **on**] **sth** über etw *akk* nachgrübeln
❷ *cows* wiederkäuen

rumination [ˌruːmɪˈneɪʃᵊn, AM -məˈ-] *n* ❶ (*form: thought*) Grübelei *f;* (*thinking*) Grübeln *nt*, Nachsinnen *nt geh*
❷ *cows* Wiederkäuen *nt kein pl*

ruminative [ˈruːmɪnətɪv, AM -məneɪṭɪv] *adj* (*form*) grübelnd *attr;* **~ look** nachdenklicher Blick

ruminatively [ˈruːmɪnətɪvli, AM məˌneɪṭɪv] *adv* nachdenklich

rummage [ˈrʌmɪdʒ] **I.** *vi* ■ **to ~ through** [*or* **in**] **sth** etw durchstöbern; **to ~ through a drawer/sb's pockets** eine Schublade/jds Taschen durchwühlen
II. *n* Durchstöbern *nt;* **to have a ~ around** [*or* **about**] [**sth**] etw durchstöbern

rummage sale *n esp* AM Flohmarkt *m*

rummy [ˈrʌmi] *n no pl* CARDS Rommé *nt;* **to play ~** Rommé spielen

rumor [ˈruːmɚ] AM, **rumour** [ˈruːməʳ] BRIT, AUS **I.** *n* Gerücht *nt;* ***~ has it*** [***that***] … es geht das Gerücht um, dass …; **to circulate** [*or* **spread**] **a ~ that …** das Gerücht verbreiten, dass …; **to confirm/deny a ~** ein Gerücht bestätigen/dementieren
II. *vt passive* ■ **sb is ~ed to be sth** jd soll Gerüchten zufolge [*o* angeblich] etw sein; ***the president is ~ed to be seriously ill*** der Präsident soll angeblich ernsthaft krank sein; ***it is ~ed that …*** es wird gemunkelt, dass …

rumored [ˈruːmɚd] AM, **rumoured** [ˈruːməd] *adj attr, inv* BRIT, AUS angebliche(r, s); ***the painting was purchased for a ~ £3m*** das Bild wurde angeblich für 3 Millionen Pfund gekauft

rumour mill *n* Gerüchteküche *f*

rumour-monger [ˈruːməˌmʌŋgəʳ, AM -mɚˌmʌŋgɚ] *n* (*pej*) Gerüchtemacher(in) *m(f)*, Klatschbase *f pej*

rump [rʌmp] *n* ❶ *of an animal* Hinterbacken *fpl*
❷ (*beef*) Rumpsteak *nt*
❸ (*hum: buttocks*) Hinterteil *nt fam*
❹ (*remaining group*) Rest *m;* ***the council was reduced to a ~ of 10*** der Rat wurde auf 10 Mitglieder reduziert; **the ~ of an amount** der Restbetrag

rumpie *n short for* **rural, upwardly-mobile professional** *junger, vom Land stammender Aufsteiger oder karrierebewusster Mensch*

rumple [ˈrʌmpl̩] *vt* ■ **to ~ sth** etw zerknittern; **to ~ sb's hair** jdm das Haar zerzausen

rumpled [ˈrʌmpl̩d] *adj* in Unordnung *präd;* **~ bed** zerwühltes Bett; **~ hair** zerzaustes Haar; **~ suit** zerknitterter Anzug; **to look ~** zerknittert aussehen

rump steak *n* Rumpsteak *nt*

rumpus [ˈrʌmpəs] *n no pl* (*fam*) Krawall *m*, Krach *m*
▶ PHRASES: **to raise** [*or* **kick up**] [*or* **cause**] **a ~** einen Heidenlärm machen

rumpus room *n* AM, AUS Spielzimmer *nt*

run [rʌn]

I. NOUN **II.** INTRANSITIVE VERB
III. TRANSITIVE VERB

I. NOUN

❶ (*jog*) Lauf *m;* ***the burglar made a ~ for the door*** [*or* ***for it***] der Einbrecher nahm Reißaus *fam;* **to let the dog out for** [*or* **let the dog have**] **a ~** den Hund hinauslassen [*o* ÖSTERR *fam* äußerln führen]; **to break into a ~** zu laufen beginnen; **to go for** [*or* **do**] **a ~** laufen gehen; ***I go for*** [*or* ***do***] ***a 5 mile ~ before breakfast*** ich laufe vor dem Frühstück 5 Meilen; **to set off/come in at a ~** weg-/hereinlaufen; ***he took the ditch at a ~*** er nahm Anlauf und sprang über den Graben; (*fig*) ***with his main rival out injured, he has a clear ~ at the title*** da sein Hauptrivale verletzt ist, hat er keine Konkurrenten beim Kampf um den Titel
❷ (*journey*) Strecke *f;* ***the ~ down to the coast only takes half an hour*** man braucht nur eine halbe Stunde zur Küste; ***on the London–Glasgow ~*** auf der Strecke London–Glasgow; **to go for a ~ in the car** (*dated*) eine Spritztour machen *fam;* **bombing ~** Bombardierungsstrecke *f*
❸ (*period*) Dauer *f;* **a ~ of bad/good luck** Pech-/Glückssträhne *f;* **a long ~ of bad weather** eine lange Schlechtwetterperiode
❹ (*trend*) Verlauf *m;* **in the normal ~ of things** normalerweise
❺ THEAT Laufzeit *f;* ***after a short ~ on Broadway*** nach kurzer Laufzeit am Broadway; **dry** [*or* **dummy**] [*or* **practice**] **~** Generalprobe *f*
❻ (*production*) Auflage *f;* ***the company is planning a first ~ of 10,000 red teddy bears*** die Firma plant eine Anfangsproduktion von 10.000 roten Teddybären
❼ ECON (*as test*) *of a machine* Durchlauf *m*, Maschinenlauf *m;* **a cheque ~** Ausstellung *f* von Schecks durch Computer; **a computer ~** Arbeitsgang *m* [*o* Durchlauf *m*] eines Computers; **test ~** Probelauf *m*
❽ *usu sing* (*demand*) Run *m*, Ansturm *m;* ***a sudden ~ on the dollar has lowered its value*** die plötzliche Nachfrage nach dem Dollar ließ den Kurs sinken; **a ~ on a bank** ein Ansturm *m* auf eine

R

Bank; **a ~ on the pound** Panikverkäufe *mpl* des Pfundes

9 [*type*] Art *f;* ***their food is not the usual ~ of hotel cooking*** ihr Essen hebt sich von der üblichen Hotelküche ab

10 [*enclosed area*] Gehege *nt;* **chicken ~** Hühnerhof *m*

11 SPORTS [*point*] Treffer *m;* (*sailing*) Vorwindkurs *m;* (*in cricket, baseball*) Run *m;* **to score 4 ~s** vier Treffer erzielen; **to score a home ~** einen Homerun erzielen

12 *esp* AM [*ladder*] Laufmasche *f*

13 [*fam: diarrhoea*] **to have the ~s** Dünnpfiff haben *sl*

► PHRASES: **to give sb a ~ for their money** jdn etw für sein Geld tun lassen; **to have a [good] ~ for one's money** etw für sein Geld bekommen; **in the long ~** auf lange Sicht gesehen; **in the short ~** kurzfristig; **to have the ~ of sth** etw zur Verfügung haben; ***while she's away, I have the ~ of the house*** während sie weg ist, hat sie mir das Haus überlassen; **on the ~** (*escaped*) auf der Flucht; (*extremely busy*) auf Trab *fam;* ***when I am rushed in the mornings, I eat breakfast on the ~*** wenn ich morgens in Eile bin, dann esse ich mein Frühstück auf dem Weg

II. INTRANSITIVE VERB

<ran, run> 1 [*move fast*] laufen, rennen; ***he ran up/down the hill*** er rannte den Hügel hinauf/hinunter; ***he ran along/down the street*** er rannte die Straße entlang/hinunter; ***he ran into/out of the house*** er rannte in das Haus/aus dem Haus; ***people came ~ning at the sound of shots*** Menschen kamen gelaufen, als sie Schüsse hörten; **to ~ for the bus** dem Bus nachlaufen; **to ~ for cover** schnell in Deckung gehen; **to ~ for it** sich *akk* aus dem Staub machen; **to ~ for one's life** um sein Leben rennen; **to ~ for help** um Hilfe laufen; **to ~ for the police** die Polizei benachrichtigen; **to ~ on the spot** auf der Stelle laufen; **to go ~ning** laufen gehen; ■**to ~ at sb** jdn angreifen

2 [*operate*] fahren, verkehren; *engine* laufen; *machine* in Betrieb sein; ***are there a lot of trains ~ning between London and York?*** verkehren viele Züge zwischen London und York?; ***they had the new computer system up and ~ning within an hour*** sie hatten das neue Computerprogramm innerhalb einer Stunde installiert und am Laufen; (*fig*) ***work is ~ning smoothly at the moment*** die Arbeit geht im Moment glatt von der Hand; **to keep the economy ~ning** die Wirtschaft am Laufen halten

3 [*travel*] laufen; (*go*) verlaufen; *ski* gleiten; ***the route ~s through the mountains*** die Strecke führt durch die Berge; ***a shiver ran down my back*** mir lief ein Schauder über den Rücken *geh;* **to ~ off the road** von der Straße abkommen; **to ~ onto the rocks** [*or* **aground**] [*or* **ashore**] auflaufen, auf Grund laufen

4 [*grow*] *plants* sich *akk* schlingen; ***the vine ~s up the wall and along the fence*** die Weinreben schlingen sich die Wand hinauf und den Zaun entlang

5 [*extend*] ***there's a beautiful cornice ~ning around all the ceilings*** ein wunderschönes Gesims verläuft um alle Decken

6 [*last*] [an]dauern; ***the film ~s for two hours*** der Film dauert zwei Stunden, der Film geht zwei Stunden *fam;* ***how much longer does this course ~?*** wie lange dauert dieser Kurs noch?; ***a magazine subscription usually only ~s for one year*** ein Zeitschriftenabonnement läuft normalerweise nur ein Jahr; ***I've had that tune ~ning in my head all day*** diese Melodie geht mir schon den ganzen Tag im Kopf herum; ***this show will ~ and ~*** diese Show wird ewig laufen

7 [*be*] ***inflation is ~ning at 10%*** die Inflationsrate beträgt 10%; (*amount to*) ■**to ~ into** [*or* **to**] **sth** sich *akk* auf etw *akk* belaufen, gehen; ***he has an income ~ning into six figures*** er hat ein Einkommen, das sich auf sechsstellige Zahlen beläuft

8 [*flow*] fließen; ***I could feel trickles of sweat ~ning down my neck*** ich fühlte, wie mir die Schweißtropfen den Hals herunterliefen; ***their bodies were ~ning with sweat*** ihre Körper waren schweißüberströmt; ***when the sand has ~ through the egg timer, it'll be five minutes*** wenn der Sand durch die Eieruhr gelaufen ist, dann sind fünf Minuten vorbei; ***the river ~s [down] to the sea*** der Fluss mündet in das Meer; ***there was a strong tide/heavy sea ~ning*** die Flut/die See war hoch; ***don't cry, or your make-up will ~*** weine nicht, sonst verwischt sich dein Make-up; ***the colour of the dress has ~*** das Kleid hat abgefärbt; ***my nose is ~ning*** meine Nase läuft; ***if the paint is wet, the colours will ~ into each other*** wenn die Farbe naß ist, fließen die Farben ineinander

9 POL [*enter an election*] kandidieren; **to ~ for President** für das Präsidentenamt kandidieren, sich *akk* für das Amt des Präsidenten bewerben; ■**to ~ against sb** gegen jdn kandidieren

10 [*in tights*] ***oh no, my tights have ~*** oh nein, ich habe eine Laufmasche im Strumpf

11 [*proceed*] verlaufen; ***can you give me an idea of how the discussion ran?*** kannst du mir den Verlauf der Diskussion schildern?

12 NAUT fahren; **to ~ before the wind** vor dem Wind segeln

13 [*to be in force*] *price, value of commodity* gelten, gültig sein

► PHRASES: **to make sb's blood ~ cold** jds Blut in den Adern gefrieren lassen; **to ~ with blood** blutüberströmt sein; ***the streets were ~ning with blood*** in den Straßen floss überall Blut; **to ~ round** [*or* AM **around**] **in circles** sich *akk* im Kreise drehen; **to ~ in the family** in der Familie liegen; **feelings are ~ning high** die Gefühle gehen hoch; **to ~ amok** Amok laufen; **to ~ deep** ***differences between the two sides ~ deep*** die Unterschiede zwischen den beiden Seiten sind sehr groß; **to ~ dry** *river* austrocknen; **to ~ low** *supplies* [langsam] ausgehen; **to ~ short** knapp werden; **to ~ short of sth** etw nicht mehr haben; ***we're beginning to ~ short of money*** uns geht langsam das Geld aus; **to ~ wild** *animals* frei herumlaufen; *plants* wuchern; *children* alles machen dürfen; (*pej*) ***she lets her kids ~ wild*** [*or* **~ riot**] sie setzt ihren Kindern keinerlei Grenzen; **to let one's imagination ~ wild** seiner Fantasie freien Lauf lassen

III. TRANSITIVE VERB

<ran, run> 1 [*move fast*] **to ~ a dead heat/a mile/a race** ein totes Rennen/eine Meile/ein Rennen laufen

2 [*enter in race*] **to ~ a candidate** einen Kandidaten aufstellen; **to ~ a horse** ein Pferd laufen lassen

3 [*drive*] ***he ran his car into a tree last night*** er fuhr letzte Nacht mit seinem Auto gegen einen Baum; **to ~ sb home** jdn nach Hause fahren; **to ~ sb to the station** jdn zum Bahnhof bringen

4 [*pass*] ***she ran her eyes/finger down the list*** sie ließ die Augen/den Finger über die Liste gleiten; ***~ this rope round the tree*** wickle dieses Seil um den Baum; ***she ran a vacuum cleaner over the carpet*** sie saugte den Teppich ab; **to ~ one's fingers through one's hair** sich *dat* mit den Fingern durchs Haar fahren

5 [*operate*] ■**to ~ sth** *machine* etw bedienen; **to ~ a computer program** ein Computerprogramm laufen lassen; **to ~ the engine** den Motor laufen lassen; **to ~ additional trains** zusätzliche Züge einsetzen; **to ~ the dishwasher/washing machine** die Spülmaschine/Waschmaschine laufen lassen

6 [*manage*] ■**to ~ sth** *business* etw leiten; *farm* etw betreiben; ***how did he end up ~ning the city?*** wie wurde er Bürgermeister der Stadt?; ***don't tell me how to ~ my life!*** erklär mir nicht, wie ich mein Leben leben soll!; ***some people ~ their lives according to the movements of the stars*** manche Leute richten ihr Leben nach dem Verlauf der Sterne aus; **to ~ a company** ein Unternehmen leiten; **to ~ a government/household** eine Regierung/einen Haushalt führen; **to ~ a store** ein Geschäft haben

7 [*conduct*] **to ~ a course** einen Kurs anbieten; **to ~ an experiment/a test** ein Experiment/einen Test durchführen

8 [*let flow*] ■**to ~ sth** *water* etw laufen lassen; ***he ran a little cold water into the bath*** er ließ etwas kaltes Wasser in die Badewanne laufen; **to ~ [sb] a bath** [*or* **to ~ a bath [for sb]**] [jdm] ein Bad einlaufen lassen

9 [*in newspaper*] **to ~ a story about sth** über etw *akk* berichten; **to ~ an article/a series** einen Artikel/eine Serie bringen *fam*

10 [*smuggle*] ■**to ~ sth** etw schmuggeln; **to ~ sth across the border** etw über die Grenze schmuggeln

11 [*not heed*] **to ~ a blockade** eine Blockade durchbrechen; **to ~ a red light** eine rote Ampel überfahren

12 [*incur*] **to ~ a risk** ein Risiko eingehen; ***you ~ the risk when gambling of losing your entire stake*** wenn du spielst, riskierst du, deinen gesamten Einsatz zu verlieren

13 [*perform small tasks*] **to ~ errands [for sb]** [für jdn] Botengänge machen

► PHRASES: **to let sth ~ its course** etw seinen Lauf nehmen lassen; **to ~ sb to earth** [*or* **ground**] jdn aufspüren; **to ~ one's eye over sth** etw überfliegen; **to be ~ off one's feet** alle Hände voll zu tun haben *fam;* **to ~ a fever** [*or* **temperature**] Fieber haben; **to ~ oneself into the ground** sich *akk* völlig verausgaben; **to ~ a mile** BRIT sich *akk* aus dem Staub machen *fam;* **to ~ the show** verantwortlich sein; **to ~ sb close** nur knapp von jdm geschlagen werden; **to ~ sb ragged** jdn schaffen *fam*

♦**run about** *vi see* **run around**

♦**run across** *vi* ■**to ~ across sb** jdn zufällig treffen; **to ~ across a problem** auf ein Problem stoßen

♦**run after** *vi* ■**to ~ after sb/sth** jdm/etw hinterherlaufen; ***they ran after the taxi*** sie liefen dem Taxi nach; ***she has spent her life ~ning after fame and fortune*** ihr ganzes Leben lang strebt sie schon nach Ruhm und Reichtum; ***he's always ~ning after women*** er läuft immer den Frauen hinterher

♦**run along** *vi* (*dated fam*) ■**~!** troll dich!; ***~ along now, children — go and play outside*** nun geht mal schön, Kinder – geht und spielt draußen

♦**run around** *vi* 1 (*bustle*) herumrennen *fam*

2 (*run freely*) herumlaufen; **to ~ around the streets** auf den Straßen herumlaufen

3 (*spend time with*) ■**to ~ around with sb** sich *akk* mit jdm herumtreiben *fam*

4 (*fam: have affair with*) ■**to ~ around with sb** etwas mit jdm haben *fam*

5 COMPUT, TYPO umlaufen

♦**run away** *vi* 1 (*leave*) *person* weglaufen; *liquid* abfließen; ■**to ~ away from sb** jdn verlassen; **to ~ away from home** von zu Hause weglaufen

2 (*avoid*) ■**to ~ away from sth** etw *dat* ausweichen; **to ~ away from a situation** einer Situation aus dem Wege gehen

3 (*leave, elope*) weglaufen; **to ~ away together** gemeinsam durchbrennen *fam;* ■**to ~ away with sb** mit jdm durchbrennen *fam*

4 (*control*) ■**to ~ away with sb** mit jdm durchgehen; ***don't let the idea of winning all that money ~ away with you*** verrenne dich bloß nicht in die Idee, dieses ganze Geld zu gewinnen

5 (*imagine*) **to ~ away with the idea that ...** auf den Gedanken [*o* die Idee] kommen, dass ...

6 (*fig: easily win*) ■**to ~ away with sth** etw spielend gewinnen; ***she ran away with four first prizes*** mühelos erzielte sie vier erste Preise

♦**run by** *vt* ■**to ~ sth by sb** jdm etw erzählen; ***let me ~ this by you and see what you think*** ich möchte dir das erzählen und wissen, was du denkst

♦**run down I.** *vt* 1 (*fam: criticize*) ■**to ~ down** ⇄ **sb/sth** jdn/etw runtermachen *fam;* ***he's always ~ning himself down*** er macht sich immer selbst

schlecht
❷ BRIT *(reduce)* ■ **to ~ down** ⊂ **sth** etw reduzieren; **to ~ down production** die Produktion drosseln; **to ~ down one's savings** seine Ersparnisse aufwenden; **to ~ down supplies** Lieferungen einschränken
❸ *(hit)* ■ **to ~ down** ⊂ **sb** jdn überfahren; **to ~ down a boat** ein Boot rammen
❹ *(exhaust)* ■ **to ~ oneself down** sich *akk* auslaugen *fam;* ***since he took that extra job, he's really ~ himself down*** seitdem er diese zusätzliche Arbeit angenommen hat, ist er wirklich abgespannt; **to ~ down a car battery** eine Autobatterie völlig leer machen
❺ *(find)* ■ **to ~ down** ⊂ **sb/sth** jdn/etw ausfindig machen
II. *vi* ❶ BRIT *(become reduced)* reduziert werden; ***the fishing industry is ~ning down but the government does nothing*** die Fischindustrie geht den Bach runter, aber die Regierung unternimmt nichts dagegen
❷ *(lose power) battery* leer werden
◆**run in I.** *vt* ❶ *(fam: arrest)* ■ **to ~ in** ⊂ **sb** jdn einlochen *sl*
❷ BRIT, AUS *(break in)* **to ~ in an engine/a car** [*or* **to ~ an engine/a car in**] einen Motor/ein Auto einfahren
II. *vi* COMPUT mit reduzierter Kraft laufen
◆**run into** *vi* ❶ *(hit)* ■ **to ~ into sb/sth** in jdn/etw hineinrennen; ***he ran into a tree on his motorbike*** er fuhr mit seinem Motorrad gegen einen Baum; **to ~ into a car** auf ein Auto auffahren; ***the car behind ran into me*** das Auto hinter mir ist auf mich aufgefahren
❷ *(bump into)* ■ **to ~ into sb** jdm über den Weg laufen; ■ **to ~ into sth** *(fig)* auf etw *akk* stoßen; **to ~ into an ambush** in einen Hinterhalt geraten; **to ~ into debt** sich *akk* in Schulden stürzen; **to ~ into difficulties** auf Schwierigkeiten stoßen; **to ~ into opposition** auf Widerstand stoßen; **to ~ into bad weather** in schleches Wetter geraten
❸ *(reach)* ***the repairs will probably ~ into thousands of pounds*** die Reparaturen werden sich wahrscheinlich auf Tausende von Pfund belaufen; ***the number of books we produce ~s into the 100,000 range*** die Anzahl der von uns produzierten Bücher geht in die Hunderttausende
◆**run off I.** *vi* ❶ *(fam: leave)* abhauen *fam;* ■ **to ~ off with sb/sth** mit jdm/etw durchbrennen *fam;* ***my partner's ~ off with all the cash*** mein Partner hat sich mit dem ganzen Geld aus dem Staub gemacht
❷ *(break off) path, track* abbiegen; ***do you see that narrow path up there that ~s off to the left?*** siehst du den schmalen Weg da oben, der nach links abgeht?
❸ *(drain) liquid* ablassen; **to let excess rainwater ~ off** überflüssiges Regenwasser ablaufen lassen
II. *vt* ❶ *(produce)* ■ **to ~ off** ⊂ **sth** [**for sb**] etw [für jdn] machen; **to ~ off a copy** eine Kopie herunterziehen
❷ *(lose weight)* **to ~ off one's pounds** [*or* **to ~ one's pounds off**] seine Pfunde [durch Laufen] abtrainieren
◆**run on I.** *vi* ❶ *(continue talking)* weiterreden; *(continue)* ***the game ran on for too long*** das Spiel zog sich zu lange hin; ***the list of crimes he committed ran on and on for three pages*** die Liste der Verbrechen, die er begangen hatte, umfasste drei Seiten
❷ *(pass by) time* vergehen; ***time's ~ning on — let's hurry up!*** die Zeit wird knapp – beeilen wir uns!
❸ *(power with)* ■ **to ~ on sth** mit etw *dat* betrieben werden
❹ TYPO ohne Absatz drucken
II. *vt* TYPO ■ **to ~ sth on** etw fortdrucken
◆**run out I.** *vi* ❶ *(finish)* ausgehen; ***the milk has ~ out*** die Milch ist alle; ***time/money is ~ning out*** die Zeit/das Geld wird knapp; ■ **to ~ out of sth** etw nicht mehr haben; ***I'm slowly ~ning out of patience*** langsam geht mir die Geduld aus; **to ~ out of cash/time** kein Geld/keine Zeit mehr haben; **to ~ out of food** nichts mehr zu essen haben
❷ *(expire) passport* ablaufen; *licence* auslaufen
❸ *(leave)* ■ **to ~ out on sb** jdn verlassen; **to ~ out on a restaurant bill** die Zeche prellen
❹ SPORTS ***they ran out easy winners in the end*** zum Schluss gewannen sie doch noch problemlos
▶ PHRASES: **to ~ out of steam** an Schwung verlieren; ***the peace talks seem to have ~ out of steam*** aus den Friedensgesprächen scheint die Luft draußen zu sein; **sb ~s out of steam** jdm geht die Luft aus
II. *vt* ❶ *(pass out)* **to ~ out a rope/line** [*or* **to ~ a rope/line out**] ein Seil/eine Schnur ausrollen; **to ~ out a rope to sb** jdm ein Seil zuwerfen
❷ *(in cricket)* ■ **to ~ out** ⊂ **sb** *einen Schlagmann zum Ausscheiden bringen, während er seinen Lauf macht*
▶ PHRASES: **to ~ sb out of town** *esp* AM *(fam)* jdn aus der Stadt jagen
◆**run over I.** *vt* ■ **to ~ over** ⊂ **sb/sth** jdn/etw überfahren
II. *vi* ❶ *(exceed)* **to ~ over time** überziehen
❷ *(overflow) water, bath, sink* überlaufen
❸ *(review)* ■ **to ~ over sth** etw durchgehen; ***she quickly ran over her speech before going onstage*** vor ihrem Auftritt ging sie ihre Rede noch einmal kurz durch
◆**run past** *vt see* **run by**
◆**run through I.** *vt* ■ **to ~ sb through** [**with sth**] jdn [mit etw *dat*] durchbohren
II. *vi* ❶ *(examine)* ■ **to ~ through sth** [**with sb**] etw [mit jdm] durchgehen; **to ~ through a list** eine Liste durchgehen
❷ *(practise)* ■ **to ~ through** ⊂ **sth** etw durchspielen; **to ~ through a speech** eine Rede [noch einmal] durchgehen
❸ *(exist)* ■ **to ~ through sth** sich *akk* durch etw *akk* ziehen; ***melancholy ~s through all her stories*** all ihre Geschichten sind von Melancholie geprägt; ***racism ~s right through society*** Rassismus zieht sich durch alle Gesellschaftsschichten; ***the rumour ran through the town*** das Gerücht ging in der Stadt um
❹ *(spend, consume)* ■ **to ~ through sth** etw verbrauchen; *(use)* etw benutzen; ***he ~s through a pack of cigarettes a day*** er raucht eine Schachtel Zigaretten am Tag; **to ~ through a fortune** ein Vermögen durchbringen
◆**run to** *vi* ■ **to ~ to sth** für etw *akk* ausreichen; ***I'm afraid my cooking skills don't ~ to fancy cakes and desserts*** ich glaube kaum, dass meine Kochkünste für anspruchsvolle Kuchen und Desserts ausreichen; ***the new encyclopedia ~s to several thousand pages*** die neue Enzyklopädie umfasst mehrere tausend Seiten
◆**run up I.** *vt* ❶ *(increase)* ■ **to ~ up** ⊂ **sth** *prices* etw in die Höhe treiben; **to ~ up** ⊂ **a debt** Schulden machen; ***without realizing it, I had already ~ my debt up to £5000*** ohne dass ich es merkte, hatten sich meine Schulden bereits auf 5000 Pfund erhöht; ***she stayed two weeks at the hotel and ran up a bill which she couldn't pay*** sie blieb zwei Wochen im Hotel und hatte schließlich eine Rechnung, die sie nicht bezahlen konnte
❷ *(produce)* ■ **to ~ up** ⊂ **sth** [**for sb**] etw [für jdn] machen; **to ~ up a dress** ein Kleid nähen
❸ BRIT, AUS *(raise)* ■ **to ~ up** ⊂ **sth** etw hochziehen; **to ~ up a flag** eine Fahne hissen
II. *vi* ■ **to ~ up against sth** auf etw *akk* stoßen; **to ~ up against opposition/problems** auf Widerstand/Probleme stoßen
◆**run with** *vi* ■ **to ~ with sth** etw fortführen; ***the board has agreed to ~ with the project for 6 months*** der Vorstand hat zugestimmt, das Projekt 6 Monate weiterlaufen zu lassen

runabout *n* ❶ *(car)* [kleiner] Stadtflitzer *fam,* [offener] Kleinwagen [*o* Sportwagen], Roadster *m;* *(boat)* leichtes Motorboot, Rennboot *nt* ❷ *(tramp)* Herumtreiber(in) *m(f) pej fam,* Vagabund(in) *m(f) pej*
runaround *n no pl (fig)* **to get the ~** im Dunkeln [*o* Ungewissen] gelassen werden, keine klare Auskunft bekommen; **to give sb the ~** jdm keine klare Auskunft geben, jdn von Pontius zu Pilatus schicken
runaway I. *adj attr, inv* ❶ *(out of control) economy, vehicle* außer Kontrolle geraten; *prices* galoppierend ❷ *(escaped) animal, prisoner, slave* entlaufen; *horse* durchgegangen; *criminal* flüchtig; ***a mother was looking for her ~ daughter*** eine Mutter suchte nach ihrer Tochter, die von zu Hause weggelaufen war; **~ child** kleiner Ausreißer/kleine Ausreißerin *fam* ❸ *(enormous)* **~ success** [*or* **hit**] Riesenerfolg *m fam* **II.** *n* ❶ *(person)* Ausreißer(in) *m(f) fam* ❷ COMPUT Weglaufen *nt*
rundown I. *n* [ˈrʌndaʊn] ❶ *(report)* zusammenfassender Bericht (**of/on** über +*akk*); ***let me give you a ~ of yesterday's events*** lassen Sie mich die wichtigsten Ereignisse des gestrigen Tages zusammenfassen
❷ *no pl (reduction)* Kürzung *f;* **~ of staff** Personalabbau *m,* Stellenabbau *m*
II. *adj* [ˌrʌnˈdaʊn] ❶ *(dilapidated)* verwahrlost, heruntergekommen *fam; building* baufällig
❷ *(worn out)* abgespannt; **to look ~** erledigt [*o* fertig] aussehen *fam*
rune [ruːn] *n* ❶ *(letter)* Rune *f*
❷ *(mark)* Geheimzeichen *nt*
❸ *(charm)* Zauberwort *nt,* Zauberformel *f*
rung[1] [rʌŋ] *n* Sprosse *f; (fig)* Stufe *f fig*
rung[2] [rʌŋ] *pp of* **ring**
runic [ˈruːnɪk] *adj* ❶ *(of runes)* runisch, Runen-; **~ inscription** Runeninschrift *f*
❷ *(mysterious)* geheimnisvoll; **~ rhyme** Zauberreim *m*
run-in [ˈrʌnɪn] *n* ❶ *(fam: argument)* Streit *m,* Krach *m fam;* **to have a ~ with sb** Krach [*o* einen Zusammenstoß] mit jdm haben *fam*
❷ *(prelude)* Vorlauf *m,* Vorbereitungsphase *f;* SPORTS Einlauf *m*
runner [ˈrʌnəʳ, AM -ɚ] *n* ❶ *(person)* Läufer(in) *m(f);* *(horse)* Rennpferd *nt*
❷ AUS *(plimsoll)* Turnschuh *m*
❸ *(messenger)* Bote, -in *m, f,* Laufbursche *m*
❹ *(pej: smuggler)* Schmuggler(in) *m(f);* **drug ~** Drogenkurier(in) *m(f);* **gun ~** Waffenschmuggler(in) *m(f)*
❺ *(skid)* Kufe *f; (rail)* Laufschiene *f*
❻ BOT *(stem)* Ausläufer *m*
❼ *(carpet)* Läufer *m*
❽ LAW *(sl: criminal) Mitglied einer Taschendiebbande, das mit dem Diebesgut davonrennt*
▶ PHRASES: **to do** [*or* AM **pull**] **a ~** *(sl)* die Fliege machen *sl*
runner bean *n* BRIT Stangenbohne *f* **runner-up** *n* Zweite(r) *f(m),* Zweitplazierte(r) *f(m),* Vizemeister(in) *m(f);* **the runners-up** die weiteren Plätze; **to be the ~** den zweiten Platz belegen
running [ˈrʌnɪŋ] **I.** *n no pl* ❶ *(not walking)* Laufen *nt,* Rennen *nt;* **road ~** Laufen *nt* auf Asphalt
❷ *(management) of a business* Leitung *f; of a machine* Bedienung *f,* Überwachung *f;* ***she has control of the day-to-day ~ of the business*** sie führt die laufenden Geschäfte des Unternehmens
▶ PHRASES: **to be in/out of the ~** *(as a competitor)* mit/nicht mit im Rennen sein; *(as a candidate)* noch/nicht mehr mit im Rennen sein; **to make** [*or* **take** [**up**]] **the ~ in sth** bei etw *dat* das Rennen machen; **to put sb out of the ~** jdn aus dem Rennen werfen
II. *adj* ❶ *after n (in a row)* nacheinander *nach n,* hintereinander *nach n;* **five days ~** fünf Tage hintereinander [*o* in Folge]
❷ *(ongoing)* [fort]laufend; **to have a ~ battle with sb** laufend [*o* andauernd] Streit mit jdm haben
❸ *(operating)* betriebsbereit; ***the machines are back to ~ condition*** die Maschinen sind wieder betriebsbereit
❹ *attr, inv (flowing)* fließend; **~ waters** fließende Gewässer
running back *n* FBALL Angriffsspieler(in) *m(f)*
running board *n* Trittbrett *nt* **running catch**

R

n (*baseball, cricket*) Fangen *nt* eines [geschlagenen] Balls im Lauf, im Lauf gefangener Ball; **to make a ~** einen Ball im Lauf fangen **running commentary** *n* fortlaufender Bericht, laufender Kommentar; RADIO [Rund]funkreportage *f;* RADIO, TV Livebericht *m,* Liveberichterstattung *f;* **to give a ~ on** [*or* **about**] **sth** fortlaufend über etw *akk* berichten **running costs** *npl* Betriebskosten *pl,* Festkosten *pl,* laufende Kosten *pl,* allgemeine Unkosten *pl; of a car* Unterhaltskosten *pl* **running joke** *n* running Gag *m* (*immer wiederkehrender Scherz*) **running jump** *n* Sprung *m* mit Anlauf; **to make** [*or* **take**] **a ~** mit Anlauf springen ► PHRASES: **to take a ~** BRIT (*fam*) die Platte putzen *fam* **running knot** *n* NAUT Schifferknoten *m,* Laufknoten *m fachspr,* Schlippknoten *m fachspr* **running mate** *n esp* AM POL Bewerber(in) *m(f)* um die Vizepräsidentschaft **running order** *n* Sendefolge *f;* ***what is the ~ of these commercials?*** in welcher Abfolge werden diese Werbespots gesendet? **running partner** *n* Laufpartner(in) *m(f)* **running shoe** *n* Laufschuh *m* **running shorts** *npl* kurze Laufhose **running sore** *n* nässende [*o* eiternde] Wunde **running start** *n* ❶ SPORTS (*in jump*) Anlauf *m* [zum Absprung]; (*in race*) fliegender Start ❷ (*advantage*) anfänglicher Vorteil **running stitch** *n* Vorstich *m,* Heftstich *m* **running time** *n* Laufzeit *f;* ***this movie has about a 60-minute ~*** dieser Film hat eine Laufzeit von etwa 60 Minuten **running track** *n* Rennbahn *f;* (*with cinders*) Aschenbahn *f;* (*with tartan*) Tartanbahn *f* **running translation** *n* Simultanübersetzung *f* **running water** *n no pl* fließendes Wasser **running yield** *n* FIN Umlaufrendite *f*

runny [ˈrʌni] *adj nose* laufend *attr; dough, jam, sauce* dünnflüssig; ***I've got a ~ nose*** mir läuft die Nase; **~ cheese** geschmolzener Käse

run-off *n* ❶ (*in an election*) Stichwahl *f* ❷ (*in a race*) Entscheidungslauf *m,* Entscheidungsrennen *nt* ❸ (*of rainfall*) Abfluss *m;* (*of a blast furnace*) Abstich *m* **run-of-the-mill** *adj* durchschnittlich, mittelmäßig **run-on sentence** *n* fortlaufender Satz **run-out** *n* SPORTS Auslauf *m*

runs [rʌnz] *npl* (*fam*) ■**the ~** Durchfall *m;* **to have the ~** Dünnschiss [*o* die Scheißerei] haben *derb*

runt [rʌnt] *n* ❶ (*animal*) *of a litter* zurückgebliebenes Jungtier, Kümmerer *m fachspr;* (*cattle*) Zwergochse *m,* Zwergrind *nt*
❷ (*pej sl: person*) Wicht *m pej,* Kümmerling *m pej*

run-through *n* ❶ (*examination*) Durchgehen *nt,* Überfliegen *nt;* **to give a file a ~** eine Akte durchgehen; **to have a ~ of a letter** einen Brief überfliegen ❷ (*outline*) kurze Zusammenfassung, Kurzbericht *m;* **~ of sb's medical history** zusammenfassende Krankengeschichte einer Person *gen* ❸ THEAT Durchlaufprobe *f fachspr* **run to settlement** *n* ECON Termingeschäft mit Erfüllungsfrist bis zur tatsächlichen Lieferung der Ware **run-up** *n* ❶ SPORTS Anlauf *m* [zum Absprung] ❷ *esp* BRIT (*fig: prelude*) Vorlauf *m,* Endphase *f* der Vorbereitungszeit; ***everyone is very busy during the ~ to publication*** in den letzten Tagen vor der Veröffentlichung ist jeder sehr beschäftigt; ***the debates are expected to get more and more heated as the ~ to the election gets underway*** es wird erwartet, dass die Debatten hitziger werden, je näher die Wahlen heranrücken ❸ AM (*increase*) [An]steigen *nt,* Anziehen *nt;* **~ on exchange rates/prices** Kurs-/Preisanstieg *m* **runway** *n* AVIAT Piste *f,* Start- und Landebahn *f,* Rollbahn *f;* SPORTS Anlaufbahn *f* **runway lights** *npl* Start- und Landebahnfeuer *ntpl fachspr,* Start- und Landebahnbefeuerung *kein pl fachspr*

rupee [ru:ˈpi:, AM ˈru:pi:] *n* Rupie *f*

rupture [ˈrʌptʃəʳ, AM -ɚ] **I.** *vi* zerreißen, [auseinander] brechen; MED (*have hernia*) *person* sich *dat* einen Bruch heben; (*tear muscle*) sich *dat* einen Muskelriss zuziehen; *appendix* durchbrechen, rupturieren *fachspr; artery, blood vessel* platzen; *muscle* reißen
II. *vt* (*also fig*) ■**to ~ sth** etw zerreißen *a. fig;* **to ~ an artery/a blood vessel** eine Arterie/ein Blutgefäß zum Platzen bringen; ***I think you have ~d a blood vessel*** ich glaube, bei Ihnen ist ein Blutgefäß geplatzt; **to ~ a nation's unity** die Einheit einer Nation sprengen; **to ~ a relationship** eine Beziehung abbrechen; **to ~ ties** Bande zerreißen *liter*
III. *n* (*also fig*) Zerreißen *nt a. fig,* Zerbrechen *nt a. fig,* Bruch *m a. fig;* **~ of diplomatic relations** Abbruch *m* diplomatischer Beziehungen; MED (*hernia*) Bruch *m;* (*torn muscle*) [Muskel]riss *m; of an artery, blood vessel* Platzen *nt;* **to give oneself a ~** (*have hernia*) sich *dat* einen Bruch heben; (*tear muscle*) sich *dat* einen Muskelriss zuziehen

ruptured [ˈrʌptʃəd, AM -ɚd] *adj* (*also fig*) zerrissen *a. fig,* [ab]gebrochen *a. fig; appendix* durchgebrochen; *artery, blood vessel* geplatzt; *muscle* gerissen

rural [ˈrʊərəl, AM ˈrʊr-] *adj* ländlich, Land-; **~ exodus/population** Landflucht *f*/-bevölkerung *f;* **~ life/tranquillity** das Leben/die Ruhe auf dem Land

rural delivery *n,* **rural free delivery** *n* AM (*dated*) Abhol- und Zustelldienst *m* auf dem Land

ruse [ru:z] *n* List *f,* Kniff *m,* Kunstgriff *m*

rush¹ [rʌʃ] *n* BOT Binse *f;* **~ mat** Binsenmatte *f;* **to not be worth a ~** (*fig pej*) keinen Pfifferling wert sein *pej fam*

rush² [rʌʃ] **I.** *n* ❶ (*hurry*) Eile *f;* ***slow down! what's the ~?*** mach langsam! wozu die Eile?; **to be in a ~** in Eile sein, es eilig haben; **to leave in a ~** sich *akk* eilig auf den Weg machen
❷ (*rapid movement*) Losstürzen *nt,* Losstürmen *nt,* Ansturm *m* (**for** auf +*akk*); (*press*) Gedränge *nt,* Gewühl *nt;* (*demand*) lebhafter Andrang, stürmische [*o* rege] Nachfrage; ***at the outbreak of the fire there was a mad ~ for the emergency exits*** als das Feuer ausbrach, stürmte alles wie wild auf die Notausgänge zu; ***I hate driving during the afternoon ~*** ich hasse das Autofahren im nachmittäglichen Verkehrsgewühl; ***there's been a ~ for tickets*** es gab eine stürmische Nachfrage nach Karten; **the Christmas ~** der Weihnachtstrubel; **~ of customers** Kundenandrang *m;* **to make a ~ at sb** sich *akk* auf jdn stürzen
❸ (*also fig: surge*) Schwall *m,* Woge *f; of emotions* [plötzliche] Anwandlung, Anfall *m;* ***the memory of who he was came back to him with a ~*** mit einem Schlag fiel ihm wieder ein, wer er war; ***she became light-headed as a result of a sudden ~ of blood to the head*** ihr wurde schwindlig, nachdem ihr auf einmal das Blut in den Kopf geschossen war; **a ~ of air** ein Luftstoß *m;* **a ~ of dizziness** ein Schwindelanfall *m;* **a ~ of sympathy** eine Woge des Mitgefühls; **a ~ of tears** ein plötzlicher Tränenausbruch; **a ~ of water** ein Wasserschwall *m*
❹ (*migration*) **gold ~** Goldrausch *m*
❺ (*in Am football*) Lauf[spiel]angriff *m,* Durchbruchsversuch *m,* Durchstoßversuch *m*
II. *vi* ❶ (*hurry*) eilen, hetzen; ***stop ~ing!*** hör auf zu hetzen!; ***she's ~ing to help the others*** sie eilt den anderen zu Hilfe; ***we ~ed to buy tickets for the show*** wir besorgten uns umgehend Karten für die Show; ***we shouldn't ~ to blame them*** wir sollten sie nicht voreilig beschuldigen; ■**to ~ about** [*or* **around**] herumhetzen; ■**to ~ in** hineinstürmen, hineinstürzen; **to ~ into sb's mind** (*fig*) jdm plötzlich in den Sinn kommen [*o* durch den Kopf schießen]; ■**to ~ out** hinauseilen, hinausstürzen; *water* herausschießen; ■**to ~ through sth** *work* etw eilig [*o* hastig] erledigen; ■**to ~ towards sb** auf jdn zueilen [*o* zustürzen]; **to ~ up the hill/the stairs** den Berg/die Treppe hinaufeilen; **to ~ into sb's mind** jdm plötzlich in den Sinn kommen [*o* durch den Kopf schießen]
❷ (*hurry into*) ■**to ~ into sth** *decision, project* etw überstürzen [*o* übereilen]; ***we shouldn't ~ into things*** wir sollten die Dinge nicht überstürzen; **to ~ into a marriage** überstürzt heiraten; **to ~ into a war** einen Krieg vom Zaun brechen
❸ (*in Am football*) einen Lauf[spiel]angriff [*o* Durchbruchsversuch] unternehmen; ***he has ~ed for over 100 yards*** er hat den Ball über 100 Yards im Lauf nach vorn getragen
III. *vt* ❶ (*send quickly*) ■**to ~ sb/sth** [**to a place**] jdn/etw schnell [an einen Ort] bringen; ***she was ~ed to hospital*** sie wurde auf schnellstem Weg ins Krankenhaus gebracht; ***the United Nations has ~ed food to the famine zone*** die Vereinten Nationen haben eilends Lebensmittel in die Hungerregion geschickt
❷ (*pressure*) ■**to ~ sb** [**into sth**] jdn [zu etw *dat*] treiben [*o* drängen]; ***they tried to ~ me into joining*** sie versuchten, mich zu einem schnellen Beitritt zu bewegen; ***he ~ed her into marrying him*** er drängte sie zu einer schnellen Heirat; ***don't ~ me!*** dräng mich nicht!
❸ (*do hurriedly*) **to ~ one's food** [*or* **supper**] das Essen hinunterschlingen, hastig essen; **to ~ a job** eine Arbeit hastig [*o* in aller Eile] erledigen; ***let's not ~ things*** lass uns nichts überstürzen; ■**to ~ sth through** [**sth**] etw schnell [durch etw *akk*] durchbringen; ***the new government ~ed several bills through Parliament*** die neue Regierung peitschte mehrere Gesetzesvorlagen durch das Parlament
❹ (*charge*) ■**to ~ sb** sich *akk* auf jdn stürzen, über jdn herfallen; ■**to ~ sth** etw stürmen; **to ~ the enemy's defences** die feindlichen Verteidigungsstellungen stürmen; **to ~ the stage** auf die Bühne stürmen
❺ BRIT (*sl: overcharge*) ■**to ~ sb** jdn schröpfen [*o* neppen] *fam;* ***how much did they ~ you for that?*** wie viel haben sie dir dafür abgeknöpft? *fam*
► PHRASES: **to** [**not**] **~ one's fences** BRIT die Sache [nicht] überstürzen
◆**rush in** *vi* vorschnell handeln; **to ~ in with solutions** vorschnell Lösungen präsentieren
► PHRASES: **fools ~ in** [**where angels fear to tread**] (*prov*) blinder Eifer schadet nur *prov*
◆**rush out** *vt* ■**to ~ out ↔ sth** etw schnell auf den Markt bringen

rushed [rʌʃt] *adj* gehetzt; **~ decisions** übereilte Entscheidungen

rush hour *n* Hauptverkehrszeit *f* **rush-hour commute** *n* Pendeln *nt* im Berufsverkehr **rush-hour traffic** *n no pl* Berufsverkehr *m,* Stoßverkehr *m*

rushing [ˈrʌʃɪŋ] *adj inv* dahineilend *attr;* **~ river** reißender Fluss; **~ wind** brausender Wind

rushing game *n* (*in Am football*) Laufspiel *nt,* Durchbruch *m,* Durchstoß *m*

rush job *n* eilige Arbeit [*o* Sache]; ***the book was a bit of a ~*** das Buch wurde etwas schnell zusammengeschrieben *fam* **rushlight** *n* HIST *Kerze aus in Talg getauchtes Binsenmark* **rush order** *n* Eilauftrag *m*

rusk [rʌsk] *n* ❶ (*crisp bread*) Zwieback *m*
❷ (*cake*) Sandkuchen *m*

russet [ˈrʌsɪt] **I.** *n* [rostbrauner] Winterapfel *m,* Boskop *m,* berosteter Apfel *fachspr*
II. *adj* (*esp liter*) rotbraun, gelbbraun, rotgelb
III. *n no pl* Rotbraun *nt,* Gelbbraun *nt,* Rotgelb *nt*

Russia [ˈrʌʃə] *n* Russland *nt*

Russian [ˈrʌʃən] **I.** *adj* russisch
II. *n* ❶ (*person*) Russe, -in *m, f*
❷ (*language*) Russisch *nt*

Russian dressing *n no pl* altrussische Salatsoße **Russian roulette** *n no pl* russisches Roulette **Russian salad** *n* russischer Salat

rust [rʌst] **I.** *n no pl* ❶ (*decay*) Rost *m*
❷ (*colour*) Rostbraun *nt*
❸ BOT, HORT Rost *m,* Brand *m*
II. *vi* rosten; ■**to ~ away/through** ver-/durchrosten
III. *vt* ■**to ~ sth** etw rostig machen [*o* rosten lassen]; (*fig*) etw einrosten lassen *fig*

rust-colored AM, **rust-coloured** *adj* rostfarben

rustic [ˈrʌstɪk] *adj* ❶ (*of the country*) ländlich, rustikal; **to give sth a ~ appearance** etw *dat* ein rustikales Aussehen verleihen; **~ furniture** Bauernmöbel *pl*
❷ (*simple*) grob [zusammen]gezimmert; (*fig*) schlicht, einfach; **~ finish** schlichte Ausführung

rusticity [rʌsˈtɪsəti, AM -əţi] *n no pl* ❶ (*of the country*) Ländlichkeit *f,* ländlicher Charakter
❷ (*simplicity*) Einfachheit *f,* Schlichtheit *f*

rustiness [ˈrʌstɪnəs] *n no pl* Rostigkeit *f;* (*fig*) Eingerostetsein *nt;* ***I struggled in Italy because of the***

~ *of my Italian* in Italien hatte ich mit meinem Italienisch Schwierigkeiten, da ich ganz aus der Übung war; ***some more workout will help you to combat*** ~ gegen deine eingerosteten Glieder hilft dir etwas mehr Konditionstraining

rustle ['rʌsl] **I.** *vi* ❶ (*make sound*) *leaves, paper* rascheln; *silk* rauschen, knistern
❷ LAW (*steal*) Vieh *nt* stehlen
II. *vt* ■ **to ~ sth** ❶ (*make noise*) **to ~ paper** mit Papier rascheln, Papier rascheln lassen
❷ *esp* AM, AUS (*steal*) **to ~ cattle/horses/sheep** Vieh/Pferde/Schafe stehlen
III. *n of paper, leaves* Rascheln *nt; of silk* Rauschen *nt,* Knistern *nt*
◆**rustle up** *vt* (*fam*) ■ **to ~ up** ⊂ **sth** ❶ (*prepare*) *beverage, meal* etw schnell [*o fam* mal eben] machen; ***I'll ~ up a salad for your supper*** ich mach' dir schnell einen Salat zum Abendessen
❷ (*gather*) etw auftreiben [*o* organisieren] *fam;* **to ~ up some wood for a fire** etwas Holz für ein Feuer auftreiben; **to ~ up votes** Stimmen zusammenkriegen *fam*

rustler ['rʌslə^r, AM -əlɚ] *n esp* AM, AUS Viehdieb(in) *m(f);* **cattle ~** Rinderdieb(in) *m(f);* BRIT *also* **sheep ~** Schafdieb(in) *m(f)*

rustling ['rʌslɪŋ] **I.** *n* ❶ (*noise*) *of paper, leaves* Rascheln *nt; of silk* Rauschen *nt,* Knistern *nt*
❷ (*stealing*) [Vieh]diebstahl *m*
II. *adj inv leaves, paper* raschelnd *attr; silk* rauschend *attr,* knisternd *attr;* **to make a ~ noise** (*paper*) rascheln; (*silk*) rauschen, knistern

rustproof **I.** *adj inv* rostbeständig; **~ coating** Rostschutzanstrich *m;* **~ paint** Rostschutzfarbe *f*
II. *vt* ■ **to ~ sth** etw rostbeständig machen

rusty ['rʌsti] *adj* ❶ (*covered in rust*) rostig, verrostet
❷ (*fig: out of practice*) eingerostet *fig;* **to be/get ~** [ganz] aus der Übung sein/kommen; ***my Spanish is a bit ~*** ich bin mit meinem Spanisch etwas aus der Übung

rut¹ [rʌt] *n* [Rad]spur *f,* [Wagen]spur *f;* (*furrow*) Furche *f;* (*fig*) ausgefahrenes [*o* altes] Gleis *fig,* Trott *m fig;* **to make** [*or* **wear**] **a ~** [**in sth**] (*vehicle*) [auf etw *dat*] eine [Rad]spur [*o* [Wagen]spur] hinterlassen; (*plough*) [in etw *akk*] eine Furche machen
► PHRASES: **to be** [**stuck**] **in a ~** in einen [immer gleichen] Trott geraten sein, sich *akk* in ausgefahrenen Gleisen bewegen; ***the company is in a ~*** die Firma geht ausgetretene Wege; ***I feel I'm*** [***stuck***] ***in a ~*** ich habe das Gefühl, in einer Tretmühle zu sein; **to get into a ~** in einen immer gleichen Trott geraten [*o* verfallen]; **to get out of a ~** aus einem immer gleichen Trott herauskommen

rut² [rʌt] *n no pl* Brunst *f;* HUNT Brunft *f;* **to be in ~** brunsten, brünstig sein; HUNT brunften, brünftig sein

rutabaga [ˌruːt̬əˈbeɪgə] *n* AM Steckrübe *f,* Kohlrübe *f*

ruthless ['ruːθləs] *adj cold, punishment* unbarmherzig; *remark, treatment* mitleid[s]los; *dictatorship, fight* erbarmungslos, gnadenlos; *action, behaviour* rücksichtslos, skrupellos; *criticism* schonungslos; *decision, measure* hart; **to be ~ in enforcing the law** das Gesetz unbarmherzig [*o* gnadenlos] durchsetzen; **to be ~ in shortening a text** einen Text erbarmungslos [*o* ohne Rücksicht auf Verluste] kürzen *hum*

ruthlessly ['ruːθləsli] *adv* unbarmherzig, erbarmungslos; ***the kidnapper acted ~*** der Kidnapper ging skrupellos vor; **to criticize sb ~** jdn schonungslos kritisieren

ruthlessness ['ruːθləsnəs] *n no pl of a person* Unbarmherzigkeit *f,* Erbarmungslosigkeit *f; of sb's behaviour* Rücksichtslosigkeit *f; of an action* Skrupellosigkeit *f*

rutted ['rʌtɪd, AM -t̬ɪd] *adj inv field* durchfurcht; *road, track* ausgefahren

rutting ['rʌtɪŋ, AM -t̬ɪŋ] *adj inv* brünstig, Brunst-; HUNT brünftig, Brunft-; **~ season** Brunstzeit *f;* HUNT Brunftzeit *f;* **~ stags** Brunfthirsche *mpl*

RV [ˌɑːrˈviː] *n* AM *abbrev of* **recreational vehicle**

Rwanda [ruˈwændə, AM -ˈɑːn-] *n* Ruanda *nt*

Rwandan [ruˈwændən, AM -ˈɑːn-] **I.** *n* Ruander(in) *m(f)*
II. *adj* ruandisch

Rx [ˌɑːˈreks, AM ˌɑːr'-] *n* AM, AUS *abbrev of* **prescription**

rye¹ [raɪ] *n no pl* Roggen *m*

rye² [raɪ] *n* ❶ *short for* **rye whiskey** Roggenwhiskey *m*
❷ *short for* **rye bread** Roggenbrot *nt*

rye bread *n no pl* Roggenbrot *nt* **rye flour** *n no pl* Roggenmehl *nt* **ryegrass** *n* Raigras *nt,* Raygras *nt,* Weidelgras *nt* **rye whiskey** *n* Roggenwhiskey *m*

S

S <*pl* 's>, **s** <*pl* 's *or* -s> [es] *n* S *nt,* s *nt;* **~ for** [*or* AM *also* **as in**] **Sugar** S für Samuel; *see also* **A 1.**

S **I.** *n no pl* ❶ GEOG *abbrev of* **south** S
❷ SCH, UNIV *abbrev of* **satisfactory** ≈ befriedigend
II. *adj* ❶ GEOG *abbrev of* **south, southern** S
❷ FASHION *abbrev of* **small** S

s <*pl* -> *abbrev of* **second** s, sek., Sek.

-'s **I.** *in compounds* ❶ (*plural form*) **seven 6's** sieben Sechsen; **a line of m's** eine Zeile m; **the 40's** die 40er
❷ (*possessive genitive*) **the cat's tail** der Schwanz der Katze; **today's paper** die Zeitung von heute
❸ (*local genitive*) ***the boys are at Alison's*** die Jungs sind bei Alison; **at the greengrocer's** beim Gemüsehändler
II. (*fam*) ❶ (*is*) ***Bernard's not here today*** Bernard ist heute nicht da
❷ (*has*) ***she's gone home*** sie ist nach Hause gegangen
❸ (*fam: does*) ***what's he think of the new car?*** was hält er von dem neuen Auto?
❹ (*us*) ***let's go*** gehen wir

SA [ˌesˈeɪ] **I.** *n no pl abbrev of* **South Africa** Südafrika *nt*
II. AUS *abbrev of* **South Australia**
III. *adj attr, inv abbrev of* **South African** südafrikanisch

sabbatarian [ˌsæbəˈteəriən, AM ˈteri] **I.** *n* Sabbatarier(in) *m(f),* Sabbatist(in) *m(f)*
II. *adj inv* ***he is a ~ lay preacher*** er ist ein Leienprediger und Sabbatist

Sabbath ['sæbəθ] *n* Sabbat *m;* **to break/observe** [*or* **keep**] **the ~** den Sabbat entheiligen/heiligen

sabbatical [səˈbætɪkəl, AM -ˈbæt̬-] **I.** *n* UNIV [einjährige] Freistellung, [einjähriger] Forschungsurlaub, Sabbatjahr *nt;* **to take a ~** sich *akk* [für ein Jahr] freistellen lassen, einen [einjährigen] Forschungsurlaub nehmen; **to have a** [*or* **be on**] **~** [für ein Jahr] freigestellt sein, einen [einjährigen] Forschungsurlaub haben
II. *adj inv* ❶ REL Sabbat-
❷ UNIV **~ term** Freisemester *nt,* Forschungssemester *nt*

sabbatical leave *n no pl* UNIV Freistellung *f,* Forschungsurlaub *m;* **to be on ~** freigestellt sein, einen Forschungsurlaub haben **sabbatical year** *n* ❶ REL Sabbatjahr *nt,* Ruhejahr *nt* ❷ UNIV [einjährige] Freistellung, Forschungsjahr *nt,* Sabbatjahr *nt*

saber *n* AM *see* **sabre**

Sabin vaccine [ˌseɪbɪn'-] *n* Sabinscher Impfstoff, Poliomyelitis-Impfstoff *m*

sable ['seɪbl] **I.** *n no pl* ❶ ZOOL Zobel *m;* (*marten*) [Fichten]marder *m*
❷ (*fur*) Zobel *m,* Zobelfell *nt*
❸ (*clothing*) Zobelpelz *m*
II. *n modifier* (*farm, fur, stole*) Zobel-

sabotage ['sæbətɑː(d)ʒ, AM -tɑːʒ] **I.** *vt* ■ **to ~ sth** etw sabotieren; **to ~ a ceasefire** eine Waffenruhe sabotieren [*o* [gezielt] zu vereiteln suchen]; **to ~ sb's chances of success** jds Erfolgsaussichten zunichte machen; **to ~ efforts/plans** Versuche/Pläne sabotieren [*o* [gezielt] hintertreiben]; **to ~ a facility/a nuclear power station** einen Sabotageakt [*o* Anschlag] auf eine Einrichtung/ein Atomkraftwerk verüben; **to ~ machinery** Maschinen [durch Beschädigung] lahm legen
II. *n* Sabotage *f;* **act of ~** Sabotageakt *m;* **economic/industrial ~** Wirtschafts-/Industriesabotage *f;* **to commit ~** Sabotage begehen

saboteur [ˌsæbəˈtɜːʳ, AM -ˈtɜːr] *n* Saboteur(in) *m(f)*

sabre ['seɪbəʳ, AM -ɚ] **I.** *n esp* BRIT, AUS ❶ (*sword*) Säbel *m*
❷ SPORTS Säbel *m*
II. *adj* SPORTS Säbel-; **~ event** Säbelfechtkampf *m;* **~ fencing** Säbelfechten *nt*

sabre-rattling *n* (*pej*) Säbelrasseln *nt pej* **sabre saw** *n esp* AM [tragbare elektrische] Stichsäge **sabre-toothed cat** *n,* **sabre-toothed tiger** *n* Säbelzahntiger *m*

sac [sæk] *n* BOT, ZOOL Beutel *f,* Sack *m;* **air ~** Luftsack *m;* **amniotic ~** Fruchtblase *f;* **lachrymal ~** Tränensack *m;* **synovial ~** Schleimbeutel *m*

saccharin ['sækərɪn] *n no pl* Saccharin *nt,* Süßstoff *m*

saccharine ['sækəraɪn, -ɪn, AM -ɚɪn, -əraɪn] *adj* Saccharin-; (*fig pej*) süßlich *fig pej; love story* schwülstig; *poem* honigsüß; *song* schmalzig

sacerdotal [ˌsæsəˈdəʊtəl, AM ɚˈdoʊt] *adj inv* REL priesterlich, Priester-

sachet ['sæʃeɪ, AM sæʃˈeɪ] *n* [kleiner] Beutel, [kleines] Kissen; **potpourri ~** Duftkissen *nt;* **free ~ of shampoo** Probepäckchen *nt* Shampoo; **~ of sugar** Zuckertütchen *nt*

sack¹ [sæk] **I.** *n* ❶ (*bag*) Beutel *m,* Tüte *f;* **paper ~** Papiertüte *f;* **plastic ~** Plastikbeutel *m,* Plastiktragetasche *f*
❷ *no pl* AM, AUS (*fam: bed*) **to be bad/good in the ~** schlecht/gut im Bett sein *fam;* **to jump into** [*or* **hit**] **the ~** sich *akk* in die Falle hauen *fam*
❸ *no pl* (*dismissal*) Laufpass *m fam;* **to get the ~** rausgeschmissen [*o* an die Luft gesetzt] werden *fam,* rausfliegen *fam;* **to give sb the ~** jdn rausschmeißen [*o* an die Luft setzen] *fam*
II. *vt* ■ **to ~ sb** jdn rausschmeißen [*o* an die Luft setzen] *fam*

sack² [sæk] **I.** *n no pl* Plünderung *f;* **the ~ of Rome** die Plünderung Roms
II. *vt* ■ **to ~ sth** etw plündern

◆**sack out** *vi* AM, CAN (*fam: go to sleep*) sich *akk* in die Falle hauen *fam;* (*fall asleep*) einpennen *fam*

sackcloth *n no pl* Sackleinen *nt,* Sackleinwand *f*
► PHRASES: **to be in** [*or* **wear**] [*or* **go around in**] **~ and ashes** in Sack und Asche gehen **sackful** *n* Sack *m kein pl;* **three ~s of apples** drei Sack Äpfel; **a whole ~ of news** (*fig*) ein ganzer Sack voll Neuigkeiten

sacking ['sækɪŋ] *n* ❶ *no pl* (*material*) Sackleinen *nt*
❷ (*dismissal*) Entlassung *f,* Rausschmiss *m fam;* **mass ~** Massenentlassung *f*
❸ (*looting*) Plünderung *f*

sackload *n* Sack *m kein pl;* **two ~s of cement** drei Sack Zement; **a whole ~ of surprises** (*fig*) ein ganzer Sack voll Überraschungen; *see also* **sackful** **sack race** *n* Sackhüpfen *nt*

sacral ['seɪkrəl] *adj inv* ❶ ANAT Sakral-
❷ REL sakral

sacral vertebra *n* ANAT Kreuzbeinwirbel *m,* Sakralwirbel *m fachspr*

sacrament ['sækrəmənt] *n* REL Sakrament *nt;* ■ **the ~** (*in Roman Catholic Church*) die [heilige] Kommunion; (*in Protestant Church*) das [heilige] Abendmahl; **to take** [*or* **receive**] **the ~** die [heilige] Kommunion [*o* das [heilige] Abendmahl] empfangen

sacramental [ˌsækrəˈmentəl, AM -t̬əl] *adj* sakramental; **~ wine** liturgisch geweihter [*o fachspr* konsekrierter] Wein; (*in Roman Catholic Church*) Messwein *m*

sacred ['seɪkrɪd] *adj* ❶ (*holy*) *place* heilig; *tradition* geheiligt
❷ (*pertaining to religion*) *poetry, music* geistlich, sakral *geh,* Kirchen-
❸ (*venerable*) ehrwürdig; **~ memory** ehrendes

Andenken [*o* Gedenken]
④ (*solemnly binding*) *duty* heilig; ~ **promise** feierliches Versprechen; ***you have my ~ promise — I will always remain faithful to you*** ich verspreche dir hoch und heilig – ich werde dir immer treu sein; **to hold a promise** ~ ein Versprechen als absolut bindend ansehen
⑤ (*inviolable*) *right* unverletzlich; *faith* unverbrüchlich
⑥ (*also hum: sacrosanct*) heilig *a. hum,* unantastbar; ***his daily routine is absolutely ~ to him*** seine tägliche Routine ist ihm absolut heilig; ***he holds nothing ~*** ihm ist nichts heilig

sacred cow *n* (*fig, also pej*) heilige Kuh *fig, a. pej*

sacredness [ˈseɪkrɪdnəs] *n no pl* Heiligkeit *f*

sacrifice [ˈsækrɪfaɪs, AM -rə-] **I.** *vt* ① (*kill*) ■**to ~ sb/sth [to sb]** jdn/etw [jdm] opfern; **to ~ people to the gods** den Göttern Menschenopfer [dar]bringen; (*fig*) ***our company risks sacrificing its goodwill on the altar of profit*** unsere Firma läuft Gefahr, ihren guten Ruf auf dem Altar des Profits zu opfern
② (*give up*) ■**to ~ sth [for sb]** etw [für jdn] opfern [*o* aufgeben]; ***many women ~ promising careers for their family*** viele Frauen geben ihrer Familie zuliebe eine viel versprechende Karriere auf; **to ~ a knight** CHESS einen Springer opfern; **to ~ one's free time** seine Freizeit opfern
II. *vi* **to ~ to the gods** den Göttern opfern [*o* Opfer bringen]
III. *n* ① (*offering to a god*) Opfer *nt*
② (*sth given up*) Opfer *nt;* **at great personal ~** unter großem persönlichen Verzicht [*o* großen persönlichen Opfern]; **to make ~s** Opfer bringen, Verzicht leisten
► PHRASES: **to make the ultimate** [*or* **supreme**] **~ for sb/sth** für jdn/etw das höchste Opfer bringen [*o* sein Leben geben]

sacrificial [ˌsækrɪˈfɪʃəl, AM -rəˈ-] *adj inv* Opfer-; ~ **rites** Opferriten *mpl*

sacrificial lamb *n,* **sacrificial victim** *n* (*also fig*) Opferlamm *nt a. fig;* **to make sb a ~** jdn zum Opferlamm machen

sacrificially [ˌsækrɪˈfɪʃəli, AM -rəˈ-] *adv inv* als Opfer; **to kill sb/an animal ~** jdn/ein Tier als Opfergabe töten; **to offer sb/an animal ~** jdn/ein Tier als Opfer darbringen

sacrilege [ˈsækrɪlɪdʒ, AM -rə-] *n* Sakrileg *nt geh,* Entweihung *f,* Frevel *m;* (*fig*) Verbrechen *nt fig;* ***it would be a ~ to put a neon sign on that beautiful old building*** es wäre ein Verbrechen, an diesem schönen alten Gebäude eine Leuchtreklame anzubringen; **to consider sth ~** etw als ein Sakrileg betrachten

sacrilegious [ˌsækrɪˈlɪdʒəs, AM -rəˈ-] *adj* frevelhaft, gotteslästerlich, sakrilegisch *geh;* (*fig*) verbrecherisch, verwerflich; ***killing innocent people is ~*** es ist ein Verbrechen, unschuldige Menschen zu töten; ~ **act** frevelhafte Tat

sacrilegiously [ˌsækrɪˈlɪdʒəsli, AM -rəˈ-] *adv* frevelhaft, frevlerisch, gotteslästerlich; (*fig*) verbrecherisch, schändlich; **to act ~** schändlich [*o* verbrecherisch] handeln

sacristan [ˈsækrɪstən] *n* REL Sakristan(in) *m(f),* Küster(in) *m(f),* Kirchendiener(in) *m(f)*

sacristy [ˈsækrɪsti] *n* Sakristei *f*

sacrosanct [ˈsækrə(ʊ)sæŋ(k)t, AM -roʊ-] *adj* (*esp hum*) sakrosankt *geh,* hochheilig *meist hum; principle* geheiligt *meist hum; right, treaty* unverletzlich; ***my weekends are ~*** meine Wochenenden sind mir heilig

sacrum [ˈseɪkrəm] *n* Kreuzbein *nt,* Sakrum *nt fachspr*

SAD *n abbrev of* **seasonal affective disorder** jahreszeitlich bedingte Depression

sad <-dd-> [sæd] *adj* ① (*unhappy*) traurig, betrübt, bekümmert; ***they were ~ to hear that you were sick*** es machte sie traurig zu hören, dass du krank seist; ***the old lady felt ~ because her pet had died*** die alte Dame war traurig, weil ihr Haustier gestorben war; **to look ~** betrübt aussehen; **to make sb ~** jdn betrüben [*o* traurig machen]
② (*unsatisfactory*) traurig, bedauerlich, schade; ***it's so ~ [that] you can't remember his address*** es ist jammerschade, dass du dich nicht an seine Adresse erinnern kannst; ***it's a ~ comment on our society that many old people die of cold each winter*** es ist ein Armutszeugnis für unsere Gesellschaft, dass jeden Winter viele alte Menschen den Kältetod sterben; ***the ~ fact is we cannot afford a new car*** die traurige Tatsache ist, dass wir uns kein neues Auto leisten können; ~ **to say** bedauerlicherweise
③ (*depressing*) *news* traurig; *incident* betrüblich; *weather* trist
④ (*deplorable*) bedauernswert, bemitleidenswert, beklagenswert, bedauerlich; (*hum pej*) jämmerlich, erbärmlich, elend; ***he's a ~ case*** er ist ein bedauernswerter Fall; ***give those flowers some water — they're looking a bit ~*** gib den Blumen da etwas Wasser – sie sehen etwas mitgenommen aus; **what a ~ person — still living with his parents at the age of 45** was für ein Jammerlappen – lebt mit 45 Jahren immer noch bei seinen Eltern; **a ~ relaxation of morals** eine beklagenswerte Lockerung der Sitten
► PHRASES: **to be ~der but wiser** (*saying*) durch Schaden klug geworden sein

sadden [ˈsædən] *vt usu passive* ■**to ~ sb** jdn traurig machen [*o* betrüben]; ***it ~s me to think that we'll never see her again*** der Gedanke, sie nie wiederzusehen, stimmt mich traurig; **to be deeply ~ed** tieftraurig [*o* zutiefst betrübt] sein

saddle [ˈsædl̩] **I.** *n* ① (*seat*) Sattel *m;* **to be in the ~** (*riding*) im Sattel sein [*o* sitzen]; (*fig: in charge*) im Amt [*o* an der Macht] sein, im Sattel sitzen *fig*
② FOOD Rücken *m,* Rückenstück *nt;* ~ **of lamb/venison** Lamm-/Rehrücken *m*
③ GEOG [Berg]sattel *m*
II. *vt* ① (*put saddle on*) **to ~ a horse** ein Pferd satteln
② (*fig pej fam: burden*) ■**to ~ sb/oneself with sth** jdm/sich etw aufhalsen *fam;* **to be ~d with sth** etw am Hals haben *fam;* **to ~ oneself with a loan** sich *dat* einen Kredit auf den Hals laden *fam*
◆**saddle up** **I.** *vt* **to ~ up a horse** ein Pferd [auf]satteln
II. *vi* aufsatteln

saddlebag *n* Satteltasche *f* **saddle block** *n* AM, **saddle block anesthesia** *n* AM Sattelblockanästhesie *f fachspr,* Reithosenanästhesie *f fachspr* **saddlecloth** *n* Satteldecke *f* **saddle horse** *n* Reitpferd *nt*

saddler [ˈsædləʳ, AM -ɚ] *n* Sattler *m*

saddlery [ˈsædləri, AM -ɚi] *n no pl* Sattlerei *f*

saddle shoes *npl* AM Sportschuhe *mpl* (*aus hellem Leder, mit farblich davon abgesetztem Einsatz*) **saddle soap** *n no pl* Sattelseife *f,* milde Lederseife **saddle sore** *n of a horse, rider* wund geriebene [*o* gescheuerte] Stelle; *of a horse* Sattelwunde *f fachspr* **saddle-sore** *adj horse* [am Rücken] wund gerieben [*o* gescheuert]; *rider* wund geritten

saddo *n* (*pej sl*) Idiot(in) *m(f)*

Sadducee [ˈsædjʊsiː, AM ˈsædʒʊ] *n* Sadduzäer(in) *m(f)*

sadism [ˈseɪdɪzəm, AM *also* ˈsæd-] *n no pl* Sadismus *m*

sadist [ˈseɪdɪst, AM *also* ˈsæd-] *n* Sadist(in) *m(f)*

sadistic [səˈdɪstɪk] *adj* sadistisch **sadistically** [səˈdɪstɪkli] *adv* sadistisch

sadly [ˈsædli] *adv* ① (*unhappily*) traurig, betrübt, bekümmert; **to shake one's head ~** traurig den Kopf schütteln
② (*regrettably*) bedauerlicherweise, leider; ~, ***they have no more tickets*** leider haben sie keine Karten mehr
③ (*badly*) arg; ***her garden looks ~ neglected*** ihr Garten sieht ganz schön verwahrlost aus; ***you will be ~ missed by us all*** wir werden dich alle schmerzlich vermissen
④ (*completely*) völlig; ***they are ~ lacking tactfulness*** ihnen fehlt jedes Taktgefühl; **to be ~ mistaken** völlig daneben liegen *fam*

sadness [ˈsædnəs] *n no pl* Traurigkeit *f* (**about/at** über +*akk*); ***his death filled me with great ~*** sein Tod erfüllte mich mit tiefer Trauer

sadomasochism [ˌseɪdə(ʊ)ˈmæsəkɪzəm, AM ˌsædoʊˈ-] *n no pl* Sadomasochismus *m*

sadomasochist [ˌseɪdə(ʊ)ˈmæsəkɪst, AM ˌsædoʊˈ-] *n* Sadomasochist(in) *m(f)* **sadomasochistic** [ˌseɪdə(ʊ)mæsəˈkɪstɪk, AM ˌsædoʊ-] *adj inv* sadomasochistisch

sae *n,* **SAE** [ˌeseɪˈiː] *n abbrev of* **stamped addressed envelope, self-addressed envelope** frankierter Rückumschlag

safari [səˈfɑːri] *n* Safari *f*

safari jacket *n* Safarijacke *f* **safari park** *n* Safaripark *m* **safari suit** *n* Safarianzug *m*

safe [seɪf] **I.** *adj* ① (*secure*) sicher, ungefährlich; *medicine* unbedenklich; ~ ***journey!*** gute Reise!; ***it's ~ to enter the building now*** man kann das Gebäude jetzt gefahrlos betreten; ***do you think it will be ~ to leave her in the car by herself?*** meinst du, es kann nichts passieren, wenn wir sie allein im Auto lassen?; ~ **distance** Sicherheitsabstand *m;* **to drive at a ~ speed** mit angepasster Geschwindigkeit fahren; ~ **vaccine** gut verträglicher Impfstoff
② (*protected*) sicher; ***your secret's ~ with me*** bei mir ist dein Geheimnis sicher aufgehoben; ***we're ~ from attack now*** wir sind jetzt vor einem Angriff sicher; **to keep sth in a ~ place** etw sicher aufbewahren; **to feel ~** sich *akk* sicher fühlen; **to put sth somewhere ~** etw an einen sicheren Ort tun
③ (*certain*) [relativ] sicher; ***it's a pretty ~ assumption that she's going to marry him*** es ist so gut wie sicher, dass sie ihn heiraten wird; ***it's a ~ bet that his condition will get worse*** man kann davon ausgehen, dass sich sein Zustand verschlechtern wird; ***black shoes are always a ~ bet*** mit schwarzen Schuhen kann man nie etwas falsch machen; ~ **method/source** sichere Methode/Quelle
④ (*avoiding risk*) vorsichtig; **to make the ~ choice** auf Nummer Sicher gehen *fam;* ~ **driver** vorsichtiger Fahrer/vorsichtige Fahrerin; **ten years of ~ driving** zehn Jahre unfallfreies Fahren; ~ **estimate** vorsichtige Schätzung; ~ **play** Spiel *nt* auf Sicherheit; ~ **player** auf Sicherheit bedachter Spieler/bedachte Spielerin
⑤ (*dependable*) sicher, verlässlich, zuverlässig; ~ **adviser** verlässlicher Berater/verlässliche Beraterin; ~ **car** verkehrssicheres Auto; ~ **driver** sicherer Fahrer/sichere Fahrerin; ~ **road** gut ausgebaute Straße
⑥ POL ~ **constituency/seat** sicherer Wahlkreis/Sitz
⑦ SPORTS **to win by a ~ margin** mit sicherem [*o* großem] Vorsprung gewinnen
► PHRASES: **to be in ~ hands** in guten Händen sein; **to be as ~ as houses** BRIT *deal, job* bombensicher sein *fam;* [**just** [*or* **in order**]] **to be on the ~ side** [nur] um sicherzugehen [*o* zur Sicherheit]; **it is better to be ~ than sorry** (*prov*) Vorsicht ist besser als Nachsicht *prov;* ~ **and sound** gesund und wohlbehalten; **to play it ~** Vorsicht walten lassen, auf Nummer Sicher gehen *fam*
II. *n* Geldschrank *m,* Tresor *m,* Safe *m*

safeblower *n,* **safebreaker** *n* BRIT, AUS Tresorknacker(in) *m(f) fam,* Safeknacker(in) *m(f) fam* **safe conduct** *n* freies [*o* sicheres] Geleit; (*document*) Geleitbrief *m,* Schutzbrief *m;* **to be granted ~** freies [*o* sicheres] Geleit gewährt bekommen; **to demand ~** freies [*o* sicheres] Geleit fordern; **to issue sb with a ~** jdm einen Geleitbrief [*o* Schutzbrief] ausstellen **safecracker** *n* AM Tresorknacker(in) *m(f) fam,* Safeknacker(in) *m(f) fam* **safe deposit** *n* Tresor[raum] *m,* Stahlkammer *f* **safe-deposit box** *n* Tresorfach *nt,* [Bank]schließfach *nt,* [Bank]safe *m*

safeguard [ˈseɪfgɑːd, AM -gɑːrd] **I.** *vt* (*form*) ■**to ~ sb/sth against** [*or* **from**] **sth** jdn/etw vor etw *dat* schützen; **to ~ a computer system against viruses** ein Computersystem gegen Viren sichern; **to ~ the environment** die Umwelt schützen; **to ~ sb's interests/rights** jds Interessen/Rechte wahren

II. *n* Schutz *m* (**against** vor +*dat*), Vorsichtsmaßnahme *f* (**against** gegen +*akk*); TECH Sicherung *f*, Schutzvorrichtung *f*; ■**~s** LAW Sicherheitsklauseln *fpl*, Sicherungsklauseln *fpl*; **~ clause** ECON Schutzklausel *f*; **~ for consumers** Verbraucherschutz *m*

safe house *n of terrorists* geheimer Unterschlupf; (*house*) Haus *nt* für konspirative Treffen; (*flat*) konspirative Wohnung; *of secret agents* sicheres Versteck **safekeeping** *n no pl* [sichere] Aufbewahrung [*o* Verwahrung], Gewahrsam *m*; **to be in sb's ~** in jds Gewahrsam [*o* Obhut] sein; **to give sth to sb** [*or* **leave sth with sb**] **for ~** jdm etw *akk* in Verwahrung geben [*o* anvertrauen]

safely ['seɪfli] *adv* ❶ (*securely*) sicher, gefahrlos; ***the house was ~ locked up*** das Haus war sicher verschlossen; ***the children are ~ tucked up in bed*** die Kinder liegen wohlvermummt im Bett; ***the bomb was ~ defused*** die Bombe wurde gefahrlos entschärft; ***you can ~ take six tablets a day*** Sie können bedenkenlos sechs Tabletten täglich einnehmen

❷ (*avoiding risk*) vorsichtig, besonnen; ***drive ~!*** fahr vorsichtig!; ***we'll have to proceed ~*** wir müssen besonnen vorgehen

❸ (*without harm*) *person* wohlbehalten; *object* heil; ***the parcel arrived ~*** das Paket kam heil an; **to land ~** sicher landen

❹ (*with some certainty*) mit ziemlicher Sicherheit; ***one can ~ say that they will come tomorrow*** man kann mit ziemlicher Sicherheit davon ausgehen, dass sie morgen kommen

safeness ['seɪfnəs] *n no pl* Sicherheit *f*; *of a machine* Betriebssicherheit *f*; **feeling of ~** Gefühl *nt* der Sicherheit

safe period *n* unfruchtbare Tage; **to calculate one's ~** die unfruchtbaren Tage bestimmen **safe sex** *n no pl* Safersex *m* **safe-sex campaign** *n* Kampagne *f* für Safersex

safety ['seɪfti] *n no pl* ❶ (*condition of being safe*) Sicherheit *f*; ***they all ran for ~ behind trees*** sie rannten alle, um sich hinter den Bäumen in Sicherheit zu bringen; ***I prefer to watch it on TV from the ~ of my own armchair*** ich sehe es mir lieber, von meinem sicheren Sessel aus, im Fernsehen an; **place of ~** sicherer Ort; **with no thought for one's own ~** ohne an seine eigene Sicherheit zu denken; **to be concerned for the ~ of sb** um jds Sicherheit besorgt sein; **to guarantee** [*or* **assure**] **sb's ~** für jds Sicherheit garantieren; **to leap to ~** sich *akk* mit einem Sprung in Sicherheit bringen; **to winch sb to ~** jdn mit einer Seilwinde in Sicherheit bringen; **for your** [**comfort and**] **~** zu Ihrer [Bequemlichkeit und] Sicherheit; **for ~**[**'s sake**] sicherheitshalber, aus Sicherheitsgründen

❷ (*freedom from harm*) Sicherheit *f*; *of a medicine* Unbedenklichkeit *f*

❸ (*safety catch*) *of a gun* Sicherung *f*, Sicherungshebel *m*

❹ (*in Am football*) Sicherheits-Touchdown *m*, Safety *m fachspr*; (*player*) Rückraumspieler *m*

▶ PHRASES: **there's ~ in numbers** (*saying*) in der Gruppe ist man sicherer

safety belt *n on a car, plane* Sicherheitsgurt *m*, Anschnallgurt *m*; NAUT Rettungsgürtel *m* **safety bond** *n* ECON Kaution *f* **safety cage** *n* Sicherheits[fahrgast]zelle *f* **safety catch** *n of a gun* Sicherung *f*, Sicherungshebel *m*; ***is the ~ on?*** ist die Waffe gesichert?; **to release the ~ of a gun** eine Pistole entsichern **safety check** *n* Sicherheitskontrolle *f*, Sicherheitsüberprüfung *f* **safety-conscious** *adj* sicherheitsbewusst **safety curtain** *n* THEAT eiserner Vorhang **safety-deposit box** *n* Tresorfach *nt*, [Bank]schließfach *nt*, [Bank]safe *m* **safety device** *n* Sicherheitsvorrichtung *f* **safety factor** *n* Sicherheitsfaktor *m* **safety feature** *n* Sicherheitsmerkmal *nt* **safety first** *interj* Sicherheit geht vor! **safety-first** *adj attitude, policy* sicherheitsbetont, sicherheitsorientiert **safety gate** *n* Sicherheitsschranke *f* **safety glass** *n no pl* Sicherheitsglas *nt* **safety glasses** *npl* Schutzbrille *f* **safety harness** *n* Sicherheitsgurt *m* (*für Kinder*) **safety helmet** *n* Schutzhelm *m* **safety island** *n* AM Verkehrsinsel *f* **safety lamp** *n* Grubenlampe *f* **safety lock** *n* ❶ (*on gun*) Sicherung *f*, Sicherungshebel *m* ❷ (*secure lock*) Sicherheitsschloss *nt* **safety margin** *n* Sicherheitsabstand *m*; ECON, STOCKEX Sicherheitsspanne *f*/-spielraum *m*, Sicherheitsmarge *f fachspr* **safety match** *n* Sicherheitszündholz *nt* **safety measures** *npl* Sicherheitsmaßnahmen *fpl* **safety net** *n* ❶ (*protective net*) Sprungnetz *nt*, Sicherheitsnetz *nt* ❷ (*fig*) soziales Netz, Absicherung *f*; ***the government provides a ~ of payments to the unemployed*** die Regierung sichert die Arbeitslosen mit einem Netz von Leistungen ❸ COMPUT Sicherheitsvorrichtung *f* **safety pin** *n* ❶ (*covered pin*) Sicherheitsnadel *f* ❷ (*on grenade*) Sicherungssplint *m* ❸ NAUT Sicherungsbolzen *m* **safety razor** *n* Rasierapparat *m*, Nassrasierer *m fam* **safety record** *n* ❶ TECH Sicherheitsprotokoll *nt* ❷ AVIAT Unfallregister *nt*; ***I won't fly an airline that has a bad ~*** ich werde nicht mit einer Fluggesellschaft fliegen, die in der Vergangenheit [überdurchschnittlich] viele Unfälle zu verzeichnen hatte **safety regulations** *npl* Sicherheitsvorschriften *fpl* **safety school** *n Universität, bei der man sicher einen Studienplatz bekommt* **safety valve** *n* Sicherheitsventil *nt*; (*fig*) Ventil *nt fig* **safety zone** *n* AM Verkehrsinsel *f*

safflower ['sæflaʊəʳ, AM -ɚ] *n* Färberdistel *f*, Saflor *m*

safflower oil *n* Distelöl *nt*, Safloröl *nt*

saffron ['sæfrən] I. *n no pl* Safran *m*

II. *adj* safrangelb

saffron bun *n* Safranbrötchen *nt* **saffron rice** *n no pl* Safranreis *m*

sag [sæg] I. *vi* <-gg-> ❶ (*droop*) [herab]hängen; *bed, roof, rope* durchhängen; *plate, shelf* sich *akk* durchbiegen; ***his shoulders ~ged and he walked with a stoop*** er ging gebeugt mit herabhängenden Schultern; ***I noticed that my breasts began to ~ when I turned 40*** mit 40 bemerkte ich, dass ich einen Hängebusen bekam

❷ (*fig: weaken*) *courage* sinken; ***her spirits ~ged*** ihre Stimmung wurde gedrückt; ***my interest began to ~*** mein Interesse ließ nach

❸ (*fig: decline*) nachgeben, sich *akk* abschwächen; *support* nachlassen; ***the value of the dollar is likely to ~*** der Dollarkurs wird sich wahrscheinlich abschwächen; ***the pound ~ged*** das Pfund gab nach

II. *n no pl* ❶ (*droop*) Durchhängen *nt*; ***what is causing the ~ in the roof?*** wie kommt es, dass das Dach durchhängt?

❷ (*fig: fall*) [Ab]sinken *nt*, Abschwächung *f*; STOCKEX geringfügige Kursschwäche; ***I think there'll be a ~ in market prices*** ich glaube, die Börsenkurse werden sich abschwächen; ***as a result of the revelations there has been an immediate ~ in public support*** infolge der Enthüllungen ließ die Unterstützung durch die Öffentlichkeit sofort nach

saga ['sɑːgə] *n* ❶ LIT (*medieval story*) Saga *f*; (*long family novel*) Familienroman *m*

❷ (*pej: long involved story*) Geschichte *f pej*, Story *f pej fam*; ***he made me listen to the whole sorry ~ of his lost cat*** ich musste mir das ganze Gejammer über seine entlaufene Katze anhören; **a ~ of corruption** eine Kette von Korruptionsfällen

sagacious [sə'geɪʃəs] *adj* (*form*) klug, gescheit; *comment, remark* scharfsinnig; ***you certainly do have a ~ mind*** du bist wirklich ein kluger Kopf

sagaciously [sə'geɪʃəsli] *adv* (*form*) klug; **to comment/remark ~** scharfsinnig kommentieren/bemerken

sagacity [sə'gæsəti, AM -ət̬i] *n no pl* (*form*) Klugheit *f*, Scharfsinn *m*; **a statesman's ~** staatsmännische Klugheit

sag bag *n* Knautschsack *m*, Knautsch[sitz]kissen *nt*

sage[1] [seɪdʒ] (*liter*) I. *adj inv advice, decision* weise, klug

II. *n* (*also hum*) Weise(r) *f(m)*

sage[2] [seɪdʒ] *n no pl* Salbei *m*; **~ tea** Salbeitee *m*

sage-and-onion stuffing *n* Salbei- und Zwiebelfüllung *f* **sage-green** *adj* graugrün

sagely ['seɪdʒli] *adv* (*liter*) weise, klug; **to comment ~** klug anmerken [*o* kommentieren]; **to decide ~** weise entscheiden

sagging ['sægɪŋ] *adj* ❶ (*drooping*) *shoulders* herabhängend *attr*; *bed, roof, rope* durchhängend *attr*; **~ breasts** Hängebusen *m*

❷ (*fig: declining*) *demand* sinkend *attr*; *support* nachlassend *attr*

sagging market *n* STOCKEX geringfügig nachgebende Kurse

saggy ['sægi] *adj* durchhängend; (*of body parts*) schlaff

Sagittarian [ˌsædʒɪ'teəriən, AM -ə'teri-] *n* ASTROL Schütze *m*

Sagittarius [ˌsædʒɪ'teəriəs, AM -ə'teri-] *n* ASTROL Schütze *m*

sago ['seɪgəʊ, AM -goʊ] *n no pl* Sago *m*

Sahara [sə'hɑːrə, AM 'herə] *n*, **Sahara Desert** *n no pl* ■**the ~** die Sahara

sahib [sɑːb, AM 'sɑːɪb] *n* IND Sahib *m*

said [sed] I. *pp, pt of* **say**

II. *adj attr, inv* LAW besagt; ***where were you on the ~ evening?*** wo waren Sie an besagtem Abend?

sail [seɪl] I. *n* ❶ *no pl* (*journey*) Segelfahrt *f*, [Segel]törn *m*; **to come** [*or* **go**] **for a ~** eine Segelfahrt machen

❷ (*material*) Segel *nt*; **to hoist/lower the ~s** die Segel setzen/einholen; **under ~** unter Segel, auf der Fahrt

❸ (*of windmill*) Flügel *m*

▶ PHRASES: **to set ~** in See stechen, auslaufen; **to set ~ for/from France** nach/von Frankreich absegeln

II. *vi* ❶ (*by ship*) fahren, reisen; (*by yacht*) segeln; ***we ~ed up/down the river*** wir segelten flussaufwärts/-abwärts; **to ~ against/before the wind** gegen den/vor dem Wind segeln; **to ~ around the world** die Welt umsegeln; **to ~ by** [*or* **past**] vorbeisegeln; (*fig*) wie im Flug vergehen

❷ (*start voyage*) auslaufen; ***their ship ~s for Bombay next Friday*** ihr Schiff läuft nächsten Freitag nach Bombay aus

❸ (*move effortlessly*) gleiten; **to ~ along** dahingleiten; ***the clouds went ~ing by quickly*** die Wolken zogen rasch vorüber; ***the ball went ~ing over the wall*** der Ball segelte über die Mauer *fam*; ***she was ~ing along on her bike*** sie rollte mit ihrem Fahrrad dahin

❹ (*move vigorously*) rauschen, segeln *fam*; ***she ~ed into the room*** sie kam ins Zimmer gerauscht [*o fam* gesegelt]; ***he wasn't looking where he was going, and just ~ed straight into her*** er passte nicht auf, wohin er ging und rauschte geradewegs mit ihr zusammen; **to ~ on to victory** dem Sieg entgegeneilen

❺ (*fig: attack*) ■**to ~ into sb** jdn attackieren; **to ~ into one's opponents** über seine Gegner herfallen *fam*; ***he ~ed into his wife for spending so much money every month*** er herrschte seine Frau an, weil sie jeden Monat so viel Geld ausgab

❻ (*do easily*) ■**to ~ through sth** etw mit Leichtigkeit [*o* spielend] schaffen; ***he's ~ing through school*** er schafft die Schule mit links; ***I ~ed through my first pregnancy*** bei meiner ersten Schwangerschaft verlief alles glatt

▶ PHRASES: **to ~ close to** [*or* **near**] **the wind** sich *akk* hart an der Grenze des Erlaubten bewegen; **to ~ against the wind** Wind von vorn bekommen *fig*

III. *vt* ❶ (*navigate*) **to ~ a ship** ein Schiff steuern; **to ~ a yacht** eine Yacht segeln

❷ (*travel*) **to ~ the Pacific** den Pazifik befahren [*o* durchsegeln]

sailboard *n* Surfbrett *nt* **sailboat** *n* AM Segelboot *nt* **sailcloth** *n no pl* Segeltuch *nt* **sailfish** *n* Fächerfisch *m*

sailing ['seɪlɪŋ] *n* ❶ (*going for a sail*) Segeln *nt*; ***what a great day for ~!*** was für ein toller Tag zum Segeln!; ***perfect weather for ~*** ideales Segelwetter

❷ SPORTS Segelsport *m*, Segeln *nt*; ***~ is a hobby of mine*** Segeln ist eines meiner Hobbies

❸ (*departure*) Abfahrt *f*

sailing boat *n* BRIT, AUS Segelboot *nt* **sailing club** *n* Segelclub *m,* Segelverein *m* **sailing dinghy** *n* [kleines] Segelboot, Dingi *nt* **sailing ship** *n,* **sailing vessel** *n* Segelschiff *nt*
sailmaker *n* Segelmacher(in) *m(f)*
sailor ['seɪləʳ, AM -ɚ] *n* ❶ *(member of ship's crew)* Matrose *m,* Seemann *m*
❷ *(person who sails)* Segler(in) *m(f)*
▸ PHRASES: **to be a bad/good** ~ leicht/nicht leicht seekrank werden, nicht seefest/seefest sein
sailor suit *n* Matrosenanzug *m*
sailplane *n* Segelflugzeug *nt*
saint [seɪnt, sᵊnt] *n* ❶ *(holy person)* Heilige(r) *f(m);* **to make sb a** ~ jdn heilig sprechen; **S~ Peter** der heilige Petrus; **S~ Paul's Cathedral** Paulskathedrale *f*
❷ *(fig fam: very good person)* Heilige(r) *f(m) fig fam;* ***she must be a real ~ to stay with him all these years*** sie muss wirklich ein Engel in Person sein, wenn sie all die Jahre bei ihm geblieben ist; **to be no** ~ *(hum)* nicht gerade ein Heiliger/eine Heilige sein *hum*
sainted ['seɪntɪd, AM -t̬ɪd] *adj inv* ❶ *(canonized)* heilig gesprochen
❷ *(holy)* geheiligt; *place* geweiht
❸ *(dead)* selig; **my ~ mother** meine selige Mutter
sainthood ['seɪnthʊd] *n no pl* ❶ *(character)* Heiligkeit *f;* *(status)* Stand *m* der Heiligkeit; **to confer ~ on sb** jdn heilig sprechen [*o* in den Stand der Heiligkeit erheben]
❷ *(group)* die [Gemeinschaft der] Heiligen *pl*
saintliness ['seɪntlɪnəs] *n no pl* Heiligkeit *f,* Frömmigkeit *f*
saintly ['seɪntli] *adj* heilig, fromm; *(pej)* frömmlerisch *pej;* ***her ~ manner concealed a devious mind*** hinter ihrer Frömmlerei verbarg sich ein hinterhältiges Wesen
saint's day *n* Heiligenfest *nt,* Namenstag *m* eines/einer Heiligen; ***what are you getting her for her ~?*** was schenkst du ihr zum Namenstag?
saith [seθ] *vi,vt (old) 3rd pers. sing pres of* **say** sprach *veraltet*
sake¹ [seɪk] *n* ❶ *(purpose)* **for the ~ of sth** [*or* **for sth's ~**] um einer S. *gen* willen; ***you're only arguing for the ~ of arguing*** du streitest dich nur um des Streitens willen; **for economy's ~** aus wirtschaftlichen Gründen; **for the ~ of peace** um des [lieben] Friedens willen
❷ *(benefit)* **for the ~ of sb** [*or* **for sb's ~**] jdm zuliebe; ***please do it, for my ~*** tu es bitte mir zuliebe; ***I hope for both of our ~s that you're right!*** ich hoffe für uns beide, dass du Recht hast; **to stay together for the ~ of the children** der Kinder wegen zusammenbleiben
▸ PHRASES: **for Christ's** [*or* **God's**] ~ *(pej! fam!)* Himmelherrgott noch mal! *pej sl;* ***for Christ's ~, turn that music off!*** nun stell doch [in Gottes Namen] endlich diese Musik ab!; **for goodness** [*or* **heaven's**] [*or* **Pete's**] [*or* **pity's**] ~ um Gottes [*o* Himmels] willen
sake², **saki** ['sɑːki] *n* Sake *m*
salaam [sə'lɑːm] **I.** *vi* ■**to ~ to sb** jdn mit [einem] Salam begrüßen
II. *n* Salam *m* *(muslimischer Friedensgruß);* ***he made a ~ of greeting*** er grüßte mit einem Salam
III. *interj* Salam!
salable ['seɪləbl] *adj esp* AM *(saleable)* verkäuflich
salacious [sə'leɪʃəs] *adj (pej) joke, poem* obszön, schlüpfrig *pej; comment* anzüglich *pej; person* geil, lüstern *pej*
salaciously [sə'leɪʃəsli] *adv (pej)* obszön; **to act ~** sich *akk* aufreizend verhalten
salaciousness [sə'leɪʃəsnəs] *n no pl (pej)* Obszönität *f pej; of a comment, joke* Anzüglichkeit *f,* Schlüpfrigkeit *f pej; of a person* Geilheit *f,* Lüsternheit *f pej*
salad ['sæləd] *n* Salat *m;* **to make** [*or* **toss**] **a ~** einen Salat [an]machen
salad bar *n* Salatbar *f;* ***help yourself to the ~*** bedienen Sie sich an der Salatbar **salad bowl** *n* Salatschüssel *f* **salad cream** *n* BRIT [Salat]mayonnaise *f* **salad days** *npl (dated)* ■**sb's ~** jds Zeit der jugendlichen Unerfahrenheit; ***I met her in my ~*** ich traf sie, als ich noch jung und unerfahren war **salad dressing** *n* Dressing *nt* **salad fork** *n* Salatgabel *f* **salad oil** *n* Salatöl *nt* **salad plate** *n* Salatplatte *f*
salamander ['sæləmændəʳ, AM -ɚ] *n* Salamander *m*
salami [sə'lɑːmi] *n* Salami *f*
sal ammoniac [ˌsælə'məʊniæk, AM -'moʊ-] *n* Ammoniaksalz *nt,* Salmiak *m*
salaried ['sælᵊriːd] *adj inv* bezahlt, besoldet, fest angestellt; ~ **civil-service employee** Besoldungsempfänger(in) *m(f);* ~ **employee** Gehaltsempfänger(in) *m(f);* ~ **partner** Partner(in) *m(f)* mit festem Gehalt; ~ **post** Angestelltenposten *m,* Stelle *f* mit festem Gehalt; ~ **staff** Gehaltsempfänger *mpl,* Festangestellte *mpl*
salary ['sælᵊri] *n* Gehalt *nt;* **annual ~** Jahresgehalt *nt;* **to earn** [*or* **get**] [*or* **be on**] **a decent ~** ein anständiges Gehalt verdienen [*o* beziehen]; **to put up** [*or* **raise**] **sb's ~** jds Gehalt erhöhen [*o* aufbessern]
salary cap *n* Spitzenverdienst *m* **salary cut** *n* Gehaltskürzung *f* **salary earner** *n* Gehaltsempfänger(in) *m(f)* **salary increase** *n* Gehaltserhöhung *f;* **to award a ~ to sb** jdm eine Gehaltserhöhung gewähren **salary raise** *n* AM, **salary rise** *n* BRIT Gehaltserhöhung *f;* **to get** [*or* **be given**] **a ~** eine Gehaltserhöhung [*o* Gehaltsaufbesserung] bekommen **salary scale** *n* Gehaltsskala *f,* Gehaltstabelle *f*
sale [seɪl] *n* ❶ *(act of selling)* Verkauf *m;* ~ **and purchase agreement** Kaufvertrag *m;* ~ **and repurchase scheme** FIN Wertpapierpensionsgeschäft *nt;* ~ **by auction** Auktion *f;* ~ **by private treaty** Grundstückskauf *m* unter Ausschluss von Versteigerung; ~ **by sample** Kauf *m* nach Probe; ~ **by tender** Verkauf *m* durch Submission; ~ **on approval** Kauf *m* auf Probe; ~ **or return** Kauf *m* mit Rückgaberecht, Verkauf *m* auf Kommissionsbasis; **~s abroad** Auslandsumsatz *m;* **to make a ~** ein Verkaufsgeschäft abschließen; ■**for ~** zu verkaufen; **to put sth up for ~** etw zum Verkauf anbieten; ■**to be on ~** erhältlich [*o* im Handel] sein
❷ *(amount sold)* Absatz *m;* ***the company is expecting a record ~ of the new model*** die Firma rechnet bei dem neuen Modell mit einem Rekordumsatz; ***~s of cars were up/down this week*** die Verkaufszahlen für Autos gingen diese Woche nach oben/unten
❸ *(at reduced prices)* Ausverkauf *m;* ***I bought this in a ~*** das habe ich im Ausverkauf gekauft; **to be in the** [*or* AM **on**] **~** im Angebot sein; ■**the ~s** *pl* der Schlussverkauf *kein pl;* **charity ~** Wohltätigkeitsbasar *m;* **clearance ~** Räumungsverkauf *m;* **in** [*or* **at**] **the January/summer ~s** im Winter-/Sommerschlussverkauf; **end-of-season ~** Saisonschlussverkauf *m;* **to hold a ~** einen Ausverkauf veranstalten
❹ *(auction)* Versteigerung *f,* Auktion *f*
❺ *pl (department)* ■**S~s** Verkaufsabteilung *f*
saleable ['seɪləbl] *adj* verkäuflich, marktgängig; **to be easily ~** sich *akk* gut verkaufen, gut gehen *fam;* **to not be very ~** sich *akk* schlecht verkaufen, schlecht gehen *fam*
sale and leaseback *n* Verkauf *m* mit anschließender Vermietung an den Verkäufer **sale goods** *npl* Ausverkaufsartikel *mpl* **sale or return** *n* BRIT Kauf *m* mit Rückgaberecht **sale price** *n* Verkaufspreis *m* **saleroom** *n esp* BRIT Auktionsraum *m,* Auktionslokal *nt* **sales activity** *n* Absatzaktivität *f* **sales analysis** *n* Verkaufsanalyse *f,* Umsatzanalyse *f* **sales area** *n* ❶ *(in shop)* Verkaufsfläche *f* ❷ *(region)* Verkaufsgebiet *nt* **sales assistant** *n* BRIT, AUS *(form)* Verkäufer(in) *m(f)* **sales campaign** *n* Verkaufskampagne *f,* Verkaufsaktion *f* **sales clerk** *n* AM Verkäufer(in) *m(f)* **sales department** *n* Verkaufsabteilung *f,* Abteilung Verkauf **sales director** *n* Verkaufsdirektor(in) *m(f)* **sales drive** *n* Verkaufskampagne *f,* Verkaufsaktion *f;* **to launch a ~** eine Verkaufskampagne starten **sales figures** *npl* Verkaufsziffern *fpl,* Verkaufszahlen *fpl,* Absatzzahlen *fpl* **sales force** *n* Verkaufsstab *m,* Vertreterstab *m,* Verkaufspersonal *nt* **sales forecast** *n* Absatzprognose *f* **salesgirl** *n (dated)* Verkäuferin *f* **sales invoice** *n* Verkaufsrechnung *f* **saleslady** *n* Verkäuferin *f* **sales ledger** *n* Warenausgangsbuch *nt,* Debitorenbuch *nt* **sales literature** *n* Verkaufsprospekte *mpl* **salesman** *n* Verkäufer *m,* Handelsvertreter *m,* [Handlungs]reisender *m;* **door-to-door ~** Hausierer *m* **sales manager** *n* Verkaufsleiter(in) *m(f)* **salesmanship** *n no pl (technique)* Verkaufstechnik *f;* *(skill)* Verkaufsgeschick *nt,* Geschäftstüchtigkeit *f* **salesperson** *n* Verkäufer(in) *m(f);* **car ~** Autoverkäufer(in) *m(f)* **sales pitch** *n (also pej fam)* ❶ *(high-pressure approach)* mit [allem] Nachdruck geführtes Verkaufsgespräch; ***he made his ~ for the new line of shoes*** er machte sich in seinem Verkaufsgespräch für die neue Schuhkollektion stark; ***he's got a good ~*** er führt ein Verkaufsgespräch rhetorisch geschickt
❷ *(specific approach)* Verkaufstaktik *f,* Verkaufsargument *nt,* Verkaufsmasche *f pej* **sales potential** *n* Absatzchancen *fpl;* ***a product with considerable ~*** ein Produkt *nt* mit beträchtlichen Absatzchancen **sales projection** *n* Absatzprognose *f* **sales promotion** *n* Verkaufsförderung *f* **sales rep** *n (fam),* **sales representative** *n* Vertreter(in) *m(f)* **sales resistance** *n* Kaufunlust *f* **sales revenue** *n* Umsatzerlös *m* **salesroom** *n* Verkaufsraum *m;* *(auction)* Auktionsraum *m,* Auktionslokal *nt* **sales slip** *n* AM *(receipt)* Kassenbeleg *m* **sales talk** *n no pl* Verkaufsgespräch *nt;* *(pej)* Verkaufsmasche *f pej;* ***these figures can't be genuine — that's just ~*** diese Zahlen können nicht stimmen – hier geht es nur darum, etwas zu verkaufen **sales tax** *n no pl esp* AM [allgemeine] Umsatzsteuer **saleswoman** *n* Verkäuferin *f*
salient ['seɪliənt, AM -ljənt] *adj inv* ❶ *(important)* bedeutend; **the ~ facts** die wichtigsten Fakten; **the ~ points** die Hauptpunkte
❷ *(prominent)* herausragend, hervorstechend
❸ *(pointing outwards)* [her]vortretend, hervorstehend
saline ['seɪlaɪn, AM -liːn] **I.** *adj* salzig; **~ deposits** Salzablagerungen *fpl*
II. *n* Salzlösung *f;* MED Kochsalzlösung *f*
saline drip *n* MED Tropfinfusion *f* **saline solution** *n* Salzlösung *f*
salinity [sə'lɪnɪti, AM -ət̬i] *n no pl* Salzgehalt *m*
saliva [sə'laɪvə] *n no pl* Speichel *m;* **~ test** Speichelprobe *f*
salivary ['sælɪvᵊri, AM -əveri] *adj inv* Speichel-; **~ chemicals** Speichelinhaltsstoffe *pl*
salivary gland *n* Speicheldrüse *f*
salivate ['sælɪveɪt, AM -lə-] *vi* Speichel produzieren; ***the thought of all that delicious food made me ~*** *(fig)* beim Gedanken an all das köstliche Essen lief mir das Wasser im Mund zusammen
Salk vaccine ['sɔːlkˌ-] *n* Polioimpfstoff *m,* Salkvakzine *f kein pl fachspr*
Sallies ['sæliz] *npl* AUS *(fam)* ■**the ~** die Heilsarmee *kein pl*
sallow¹ <-er, -est *or* more ~, most ~> ['sæləʊ, AM -oʊ] *adj* blassgelb; **~ complexion** fahle Gesichtsfarbe; **~ skin** bleiche Haut
sallow² ['sæləʊ, AM -oʊ] *n* BOT Salweide *f*
sallowness ['sæləʊnəs, AM -oʊnəs] *n no pl* Blässe *f*
sally ['sæli] **I.** *n* ❶ MIL **to make a ~** einen Ausfall machen
❷ *(fig: excursion, attempt)* Ausflug *m fig,* Versuch *m*
❸ *(dated: remark)* witzige Bemerkung
II. *vi* <-ie-> *(form liter)* ■**to ~ forth** [*or* **out**] [**to do sth**] aufbrechen [*o* sich *akk* aufmachen][, um etw zu tun]
Sally Army *n no pl* BRIT *(fam)* ■**the ~** die Heilsarmee
salmon ['sæmən] **I.** *n* <*pl* – *or* -s> ❶ *no pl (fish)* Lachs *m;* **smoked ~** Räucherlachs *m*
❷ *(individual fish)* Lachs *m*
II. *n modifier (croquettes, mousse, patty, steak)*

Lachs-; ~ **farm** Lachszucht *f*
III. *adj* lachsfarben
salmonella [ˌsælməˈnelə] *n no pl* Salmonelle[n] *f[pl]*
salmonella poisoning *n no pl* Salmonellenvergiftung *f*
salmon ladder *n* Lachsleiter *f*, Lachstreppe *f* **salmon pink** I. *adj pred, inv* lachsfarben II. *n* Lachsrosa *nt* **salmon trout** *n* Lachsforelle *f*
salon [ˈsælɔ̃:(ŋ), AM səˈlɑ:n] *n* ❶ (*dated: reception room*) Salon *m*, Empfangszimmer *nt*
❷ (*establishment*) Geschäft *nt;* **beauty** ~ Schönheitssalon *m;* **hairdressing** ~ Frisiersalon *m*
❸ (*hist: of people*) Kreis *m;* **literary** ~ literarischer Salon
salon music *n* (*pej*) Salonmusik *f*
saloon [səˈlu:n] *n* ❶ BRIT (*sedan* [*car*]) Limousine *f*
❷ *esp* AM (*dated: public bar*) Saloon *m*, Kneipe *f fam*
❸ (*dated: public room*) Saal *m;* (*in hotel, on ship*) Salon *m;* **billiard** ~ Billardhalle *f;* **dining** ~ BRIT [Luxus]speisewagen *m*
saloon bar *n* BRIT, AUS (*dated*) *eleganterer Teil einer Bar*
Salop BRIT *abbrev of* **Shropshire**
salopettes [ˌsæləˈpets] *npl* FASHION Skioverall *m*
salsa [ˈsælsə, AM ˈsɑ:l-] *n no pl* ❶ (*spicy sauce*) Salsasoße *f*
❷ (*music*) Salsamusik *f;* (*dance*) Salsatanz *m*
salsa verde [ˈsælsəveəʳdə, AM ˈsɑ:lsəverdə] *n* Salsa Verde *f*
salsify [ˈsælsɪfi, AM -sə-] *n no pl* Haferwurz *f;* **black** ~ Schwarzwurzel *f;* (*as dish*) Schwarzwurzelgemüse *nt*
salt [sɔ:lt] I. *n* ❶ *no pl* (*seasoning*) Salz *nt;* **celery/garlic/onion** ~ Sellerie-/Knoblauch-/Zwiebelsalz *nt;* **grains of** ~ Salzkörner *ntpl;* **a pinch of** ~ eine Prise Salz
❷ (*chemical compound*) Salz *nt*
❸ (*granular substance*) Salz *nt;* **bath** ~ Badesalz *nt*
❹ (*dated: ammonium carbonate*) **smelling** ~**s** Riechsalz *nt*
❺ *no pl* (*fig: wit, freshness*) Würze *f fig*
❻ (*dated fam: sailor*) **old** ~ alter Seebär *hum fam*
▶ PHRASES: **the** ~ **of the earth** rechtschaffene Leute; REL das Salz der Erde *liter;* **to take sth with a grain** [*or* **pinch**] **of** ~ etw mit Vorsicht genießen *fam;* **to rub** ~ **in sb's wound** Salz in jds Wunde streuen; **to be worth one's** ~ sein Geld wert sein; **to sit above/below the** ~ am oberen/unteren Ende der gesellschaftlichen Rangordnung angesiedelt sein
II. *n modifier* ❶ MED Salz-; ~ **solution** Kochsalzlösung *f;* ~ **baths** Salzbäder *ntpl*
❷ (*cured with salt*) ~ **fish/meat** gepökelter Fisch/gepökeltes Fleisch
❸ (*fig*) ~ **tears** bittere Tränen
III. *vt* ❶ (*season food*) ■**to** ~ **sth** etw salzen
❷ (*preserve*) ■**to** ~ **sth** [**down**] etw in Salz einlegen
❸ (*sprinkle*) ■**to** ~ **sth** etw mit Salz bestreuen; **to** ~ **the roads** Salz [auf die Straßen] streuen
❹ (*fig: add sth illicit*) ■**to** ~ **sth** etw frisieren *fam;* **to** ~ **the books** FIN die Bücher frisieren *fam*
❺ (*fig: add interest*) ■**to** ~ **sth with sth** etw mit etw *dat* würzen *fig*
◆**salt away** *vt* ■**to** ~ **away** ⊂ **sth** etw beiseite schaffen *fig fam*
salt-and-pepper *adj inv beard, hair* [grau] meliert
salt cellar *n* Salzstreuer *m*
salted [ˈsɔ:ltɪd, AM -t̬ɪd] *adj* gesalzen; ~ **peanuts** gesalzene Erdnüsse
salt flats *npl* Salzwüste *f* **salt-free** *adj inv* salzlos; ~ **diet** salzfreie Diät **salt glaze** *n* (*in pottery*) Salzglasur *f*
saltine [ˌsɔ:lˈti:n] *n* AM *gesalzener, quadratischer Kräcker*
saltiness [ˈsɔ:ltɪnəs] *n no pl* ❶ (*flavour*) Salzigkeit *f*
❷ (*raciness*) Dreistigkeit *f*
salting [ˈsɔ:ltɪŋ] *n usu pl* BRIT Watt *nt*
salt lake *n* Salzsee *m* **salt lick** *n* ❶ (*deposit*) Salzablagerung *f* ❷ (*for animals*) Salzblock *m*, Salzlecke *f fachspr* **salt marsh** *n* Salzsumpf *m* **salt mine** *n* Salzmine *f*, Salzbergwerk *nt* **salt pan** *n* Salzpfanne *f* **saltpeter** AM, **saltpetre** *n no pl* Salpeter *m* **saltshaker** *n* AM, AUS Salzstreuer *m* **salt water** *n no pl* Salzwasser *nt* **salt-water** *adj attr, inv* Salzwasser-; ~ **fish** Meeresfisch *m;* ~ **lake** Salzsee *m*
salty [ˈsɔ:lti] *adj* ❶ *taste* salzig
❷ (*risqué*) gesalzen *sl;* ~ **joke** unanständiger Witz
salubrious [səˈlu:briəs] *adj* ❶ (*of place*) vornehm; **a** ~ **part of town** ein angesehener Stadtteil
❷ (*healthy*) gesund
salut [sɑˈlu:] *interj* prost *fam*
salutary [ˈsæljətᵊri, AM -teri] *adj* heilsam
salutation [ˌsæljəˈteɪʃᵊn] *n* ❶ (*dated form: greeting*) Gruß *m*
❷ (*in letter*) Anrede *f*
salute [səˈlu:t] I. *vt* ❶ (*form: greet*) ■**to** ~ **sb** jdn grüßen; (*welcome*) jdn begrüßen
❷ MIL ■**to** ~ **sb** vor jdm salutieren; **to** ~ **the flag** vor der Fahne salutieren
❸ (*praise*) ■**to** ~ **sb** [**for sth**] jdn [für etw *akk*] würdigen; ***I*** ~ ***their efforts to stem the tide of poverty in this country*** ich verneige mich vor ihren Bemühungen, die Flut der Armut in diesem Land einzudämmen
II. *vi* MIL salutieren
III. *n* ❶ (*gesture*) Gruß *m;* ***she raised her arms in a*** ~ sie erhob ihre Arme zum Gruß *liter*
❷ MIL Salut *m*, [militärischer] Gruß; **to give a** ~ salutieren; **to take the** ~ die Parade abnehmen
❸ (*firing of guns*) Salut[schuss] *m*
salvage [ˈsælvɪdʒ] I. *vt* ■**to** ~ **sth** ❶ (*rescue*) *cargo* etw bergen
❷ (*preserve*) etw retten; **to** ~ **one's reputation** seinen Ruf wahren
II. *n no pl* ❶ (*rescue*) Bergung *f*
❷ (*goods saved from wreck*) Bergungsgut *nt*, geborgenes Gut
❸ LAW (*right*) Recht *nt* auf Bergelohn
III. *n modifier* Bergungs-; ~ **operation** Bergungsaktion *f*
salvageable [ˈsælvɪdʒəbl̩] *adj* ■**to be** ~ zu retten sein
salvage company *n* Bergungsunternehmen *nt*
salvage value *n* Wert *m* der geretteten Sachen
salvage vessel *n* Bergungsschiff *nt* **salvage yard** *n* AM Schrottplatz *m*
salvation [sælˈveɪʃᵊn] *n no pl* ❶ (*rescue*) Rettung *f;* **to be beyond** ~ nicht mehr zu retten sein; **to work out one's own** ~ (*form*) sich *akk* um die eigene Rettung bemühen
❷ (*sth that saves*) Rettung *f*, Rettungsmittel *nt;* ***that was my*** ~ das war meine Rettung
❸ REL Erlösung *f*
Salvation Army *n no pl* Heilsarmee *f*
Salvationist [ˈsælˈveɪʃᵊnɪst] I. *n* Mitglied *nt* der Heilsrmee
II. *adj inv* Heilsarmee-
salve [sælv, AM sæv] I. *n* ❶ (*ointment*) Heilsalbe *f*
❷ (*fig: sth that soothes*) Linderung *f*, Balsam *m geh;* **as a** ~ **to one's conscience** um sein Gewissen zu beruhigen
II. *vt* (*soothe*) ■**to** ~ **sth** etw lindern; **to** ~ **one's conscience** sein Gewissen beruhigen
salver [ˈsælvəʳ, AM -ɚ] *n* (*form*) Tablett *nt*
salvo <*pl* -s *or* -es> [ˈsælvəʊ, AM -oʊ] *n* ❶ MIL Salve *f;* **to fire a** ~ eine Salve abfeuern
❷ (*fig: verbal attack*) Salve *f fig*
❸ (*round of applause*) donnernder Applaus; ~ **of laughter** Lachsalve *f*
sal volatile [ˌsælvə(ʊ)ˈlætᵊli, AM -voʊˈlæt̬-] *n no pl* (*spec*) Riechsalz *nt*
SAM[1] [sæm] *n* MIL *acr for* **surface-to-air missile** Boden-Luft-Rakete *f*
SAM[2] *n* COMPUT *abbrev of* **serial access memory** serieller Zugriffsspeicher
Samaritan [səˈmærɪtᵊn, AM -merə-] *n* ❶ REL **the good** ~ der barmherzige Samariter
❷ (*kindly person*) Samariter(in) *m(f)*, barmherziger Mensch
❸ BRIT (*organization*) ■**the** ~**s** *pl* die Telefonseelsorge *kein pl*
samba [ˈsæmbə, AM ˈsɑ:m-] I. *n* Samba *f o m*
II. *vi* Samba tanzen
Sambo <*pl* -os *or* -oes> [ˈsæmbəʊ, AM boʊ] *n* (*pej*) Neger *m pej*
same [seɪm] I. *adj attr, inv* ❶ (*exactly similar*) ■**the** ~ der/die/das Gleiche; (*identical*) der-/die-/dasselbe; ***I've got the*** ~ ***taste in clothes as my sister*** ich habe bei Kleidung den gleichen Geschmack wie meine Schwester; ***she brought up her children in the*** ~ ***way as her mother did*** sie erzog ihre Kinder genauso, wie ihre Mutter es getan hatte; ***she's the*** ~ ***age as me*** sie ist genauso alt wie ich; ***it all amounts to the*** ~ ***thing*** es läuft alles auf dasselbe hinaus; ~ **difference** (*fam*) ein und dasselbe; **to go the** ~ **way** [**as sb**] den gleichen Weg [wie jd] gehen
❷ (*not another*) ■**the** ~ der/die/das Gleiche; ***we sleep in the*** ~ ***room*** wir schlafen im gleichen Zimmer; ***our teacher always wears the*** ~ ***pullover*** unser Lehrer trägt stets denselben Pullover; ***he's still the*** ~ ***old grouch*** er ist noch immer der gleiche alte Miesepeter *fam;* ***I'm not in the*** ~ ***league*** (*fig*) da kann ich nicht mithalten; **in the** ~ **breath** im gleichen [*o* selben] Atemzug; **at the** ~ **time** gleichzeitig, zur gleichen Zeit; (*nevertheless*) trotzdem; **by the** ~ **token** (*fig*) ebenso; ***I don't think that prices will go up but, by the*** ~ ***token, I don't see them going down much lower either*** ich glaube nicht, dass die Preise steigen werden, aber ebenso wenig glaube ich, dass sie stark sinken werden
❸ (*monotonous*) eintönig; ***at every meeting you see the*** ~ ***old faces*** bei jedem Treffen sieht man die gleichen alten Gesichter; ***it's the*** ~ ***old story — the rich get richer and the poor get poorer*** es ist die alte Geschichte – die Reichen werden immer reicher und die Armen immer ärmer
▶ PHRASES: **to be in the** ~ **boat** (*fig*) im gleichen [*o* in einem] Boot sitzen *fam;* **lightning never strikes in the** ~ **place twice** (*saying*) der Blitz schlägt nicht zweimal an derselben Stelle ein
II. *pron* ■**the** ~ der-/die-/dasselbe; ***after all those years you look exactly the*** ~ du hast dich in all diesen Jahren überhaupt nicht verändert; ***people say I look just the*** ~ ***as my sister*** die Leute sagen, ich sähe genauso aus wie meine Schwester; ***they realized that things would never be the same again*** es wurde ihnen klar, dass nichts mehr so sein würde wie früher; **to be all the** ~ alle[s] gleich sein; ***men are all the*** ~ die Männer sind alle gleich; ***it's all the*** ~ ***to me*** das macht für mich keinen Unterschied; **to be one and the** ~ ein und der-/die-/dasselbe sein; ***I was amazed to discover they are one and the*** ~ ***person*** ich war überrascht festzustellen, dass sie ein und dieselbe Person sind; ■**not the** ~ nicht der-/die-/das Gleiche; ***our old house wasn't the*** ~ ***without David*** unser altes Haus war ohne David nicht mehr das, was es [einmal] war
▶ PHRASES: **all the** ~ trotzdem; ***all the*** ~ ***we had a good time*** wir hatten dennoch eine schöne Zeit; ***thanks all the*** ~ trotzdem vielen Dank; ~ **here** (*fam*) ich auch; ***I thought that film was awful! —*** ~ ***here!*** ich fand den Film schrecklich! – ganz meine Meinung; ~ **to you** danke, gleichfalls
III. *adv* ■**the** ~ gleich; ***these two machines are operated the*** ~ diese beiden Maschinen werden auf dieselbe Art bedient; ***I feel just the*** ~ ***as you do*** mir geht es genauso wie dir; ***I need some time to myself,*** ~ ***as anybody else*** (*fam*) ich brauche Zeit für mich selbst, genau wie jeder andere auch
same-day settlement *n* STOCKEX taggleiche Abrechnung
sameness [ˈseɪmnəs] *n no pl* (*identity*) Gleichheit *f;* (*uniformity*) Gleichförmigkeit *f*
same-sex union [ˌseɪmseksˈju:njən] *n* gleichgeschlechtliche Ehe
samey [ˈseɪmi] *adj* BRIT, AUS (*pej fam*) gleich; ***his paintings all look a bit*** ~ seine Bilder sehen alle irgendwie gleich aus
Samoan [səˈməʊən, AM ˈmoʊən] I. *adj inv* samoanisch

S

II. *n* Samoaner(in) *m(f)*
samosa [sə'məʊsə, AM -'moʊ-] *n mit Kartoffeln oder Hackfleisch gefüllte indische Teigtasche*
samovar ['sæməvɑːʳ, AM -vɑːr] *n* Samowar *m*
sampan ['sæmpæn] *n* Sampan *m*
sample ['sɑːmpl̩, AM 'sæ-] **I.** *n* ❶ (*small quantity*) Probe *f*, Muster *nt*, Probe *f*; **~s of work** Arbeitsproben *fpl*; **fabric ~s** Stoffmuster *ntpl*; **free ~** Gratisprobe *f*; **blood/tissue/urine ~** MED Blut-/Gewebe-/Urinprobe *f*
❷ (*representative group*) *of people* Querschnitt *m*; *of things* Stichprobe *f*; **a random ~ of voters** POL stichprobenartig ausgewählte Wähler
II. *vt* ■**to ~ sth** ❶ (*try*) etw [aus]probieren; *food* etw kosten [*o* probieren]; **to ~ the delights/pleasures of sth** die Genüsse/Freuden einer S. *gen* kosten *fig geh*
❷ (*survey*) etw stichprobenartig untersuchen
❸ MUS (*record*) etw mischen [*o fachspr* sampeln]
❹ COMPUT etw abtasten
III. *n modifier* Muster-, Probe-; **~ questions** Musterfragen *fpl*; **~ bottle** Probefläschchen *nt*
sample book *n* Musterbuch *nt*, Musterheft *nt*
sampler ['sɑːmpləʳ, AM 'sæmplɚ] *n* ❶ (*embroidery*) Stickerei *f*
❷ AM (*collection*) *of different products* Probe *f*, Probeset *nt*
❸ MUS (*recording equipment*) Mischpult *nt*, Sampler *m*
❹ COMPUT (*of signals*) Abtaster *m*; (*of audio signals*) Abfrageschalter *m*
sampling ['sɑːmplɪŋ, AM 'sæm-] *n* ❶ (*surveying*) Stichprobenerhebung *f*; (*spot check*) Stichprobenverfahren *nt*, Befragung *f* eines repäsentativen Querschnitts
❷ *no pl* (*testing*) stichprobenartige Untersuchung; *of a product* Probeentnahme *f*; **acceptance ~** Qualitätskontrolle *f* mittels Stichproben
❸ *no pl* MUS (*sound engineering technique*) Mischen *nt*, Sampeln *nt*
Samson ['sæmsᵊn] *n no pl* MYTH, ART Samson *m*
samurai ['sæmʊraɪ, AM -əraɪ], **Samurai I.** *n* <*pl* -> MIL (*hist*) Samurai *m*
II. *n modifier* MIL (*hist*) Samurai-; **~ sword** Samuraischwert *nt*
sanatoria [ˌsænə'tɔːriə] *n pl of* **sanatorium**
sanatorium <*pl* -s *or* -ria> [ˌsænə'tɔːriəm, *pl* -riə] *n* Sanatorium *nt*
sanctification [ˌsæŋ(k)tɪfɪ'keɪʃᵊn] *n no pl* REL Weihung *f*, Heiligung *f geh*
sanctified ['sæŋ(k)tɪfaɪd] *adj inv, attr* geweiht, geheiligt *geh*
sanctify <-ie-> ['sæŋ(k)tɪfaɪ] *vt* ❶ REL (*consecrate*) ■**to ~ sth/sb** etw/jdn weihen [*o geh* heiligen]
❷ REL (*divinely justify*) ■**to ~ sth/sb** etw/jdn rechtfertigen
❸ (*form: sanction*) ■**to ~ sth** etw sanktionieren *geh*
sanctimonious [ˌsæŋ(k)tɪ'məʊniəs, AM -'moʊ-] *adj* (*pej*) scheinheilig
sanctimoniously [ˌsæŋ(k)tɪ'məʊniəsli, AM -'moʊ-] *adv* (*pej*) scheinheilig
sanctimoniousness [ˌsæŋ(k)tɪ'məʊniəsnəs, AM -'moʊ-] *n no pl* (*pej*) Scheinheiligkeit *f*
sanction ['sæŋ(k)ʃᵊn] **I.** *n* ❶ *no pl* (*approval*) Sanktion *f geh*, Zustimmung *f*; **to give one's ~ to sth** zu etw *dat* seine Zustimmung geben
❷ (*to enforce compliance*) Strafmaßnahme *f*; LAW, POL Sanktion *f*; **economic/trade ~s** Wirtschafts-/Handelssanktionen *fpl*; **to impose/lift ~s** Sanktionen verhängen/aufheben
II. *vt* ■**to ~ sth** ❶ (*allow*) etw sanktionieren *geh*
❷ (*impose penalty*) etw unter Strafe stellen
sanctions-busting *n no pl* Sanktionsverstoß *m*
sanctity ['sæŋ(k)təti, AM -əṭi] *n no pl* ❶ REL Heiligkeit *f*
❷ (*inviolability*) Unantastbarkeit *f*, Heiligkeit *f geh*; **the ~ of life** die Unantastbarkeit des Lebens
sanctuary ['sæŋ(k)tʃʊəri, AM -tʃueri] *n* ❶ (*holy place*) Heiligtum *nt*; (*near altar*) Altarraum *m*
❷ *no pl* (*refuge*) Zuflucht *f*; **to find/seek ~** Zuflucht finden/suchen
❸ (*peaceful haven*) Zufluchtsort *m*
❹ (*for animals*) Schutzgebiet *nt*; **wildlife ~** Wildschutzgebiet *nt*; (*animal shelter*) Tierpflegestation *f*
sanctum ['sæŋ(k)təm] *n* REL Sanktuarium *nt*; **inner ~** Allerheiligste *nt*; (*fig*) Heiligtum *nt fig*, Allerheiligste *nt fig*
sand [sænd] **I.** *n* ❶ *no pl* (*substance*) Sand *m*; **grains of ~** Sandkörner *ntpl*; **coarse/fine ~** grober/feiner Sand; **to be built on ~** (*fig*) *idea, plan* auf Sand gebaut sein; **to drive** [*or* **run**] **sth into the ~** etw zum Stillstand bringen
❷ (*expanse*) ■**~s** *pl* (*beach*) Sandstrand *m*; (*of desert*) Sand *m kein pl*; (*sandbank*) Sandbank *f*; **sinking ~s** Treibsand *m*
❸ GEOL (*stratum*) Sand[stein]schicht *f*
► PHRASES: **the ~s of** <u>**time**</u> (*liter*) die [dahinfließende] Zeit; ***the ~s of time were running out for them*** die Zeit lief ihnen davon
II. *n modifier* (*beach, sculpture*) Sand-
III. *vt* ■**to ~ sth** ❶ (*with sandpaper*) etw [ab]schmirgeln; (*smooth*) etw abschleifen
❷ (*sprinkle*) etw mit Sand bestreuen
◆**sand down** *vt* ■**to ~ down** ⊂ **sth** etw abschleifen; (*with sandpaper*) etw abschmirgeln; **to ~ down a door/window frame** eine Tür/einen Fensterrahmen abschleifen
sandal ['sændᵊl] *n* Sandale *f*; **a pair of ~s** ein Paar *nt* Sandalen
sandalled ['sændᵊld] *adj inv* Sandalen tragend *attr*
sandalwood *n no pl* Sandelholz *nt*
sandbag I. *n* Sandsack *m* **II.** *vt* <-gg-> ❶ (*protect*) ■**to ~ sth** etw mit Sandsäcken schützen; ***they ~ged the doors*** sie stapelten Sandsäcke vor den Türen auf ❷ (*hit*) ■**to ~ sb** jdn niederschlagen **III.** *vi* sich *akk* zurückhalten **sandbank** *n* Sandbank *f* **sandbar** *n* [schmale] Sandbank **sandblast** *vt* ■**to ~ sth** etw sandstrahlen **sandblasting** *n no pl* Sandstrahlen *nt* **sandbox** *n* AM (*sandpit*) Sandkasten *m* **sandboy** *n* ► PHRASES: **to be as** <u>**happy**</u> **as a ~** sehr vergnügt [*o fam* kreuzfidel] sein **sand bunker** *n* SPORTS Bunker *m* **sandcastle** *n* Sandburg *f* **sanddune** *n* Sanddüne *f*
sander ['sændəʳ, AM -ɚ] *n* Sandpapierschleifmaschine *f*
sand flea *n* Sandfloh *m*
sanding machine *n* Sandpapierschleifmaschine *f*
sandman *n no pl* (*childspeak*) ■**the ~** der Sandmann, das Sandmännchen **sand martin** *n* Uferschwalbe *f* **sandpail** *n* AM Sandeimer *m* **sandpaper I.** *n no pl* Sandpapier *nt*, Schmirgelpapier *nt*; **coarse/fine ~** grobes/feines Sandpapier **II.** *vt* ■**to ~ sth** etw abschmirgeln **sandpiper** *n* ORN Strandläufer *m* **sandpit** *n esp* BRIT Sandkasten *m* **sand shark** *n* Sandhai *m* **sandshoe** *n* ❶ (*for beach*) Strandschuh *m* ❷ AUS (*sneaker*) Freizeitschuh *m* **sandstone** *n no pl* Sandstein *m* **sandstorm** *n* Sandsturm *m* **sand trap** *n* AM SPORTS Bunker *m*
sandwich ['sænwɪdʒ, AM -(d)wɪtʃ] **I.** *n* <*pl* -es> Sandwich *m o nt*; **cheese ~** Käsesandwich *m o nt*; **hero** [*or* **submarine**] **~** AM Riesensandwich *m o nt fam*
► PHRASES: **to be one ~** <u>**short**</u> **of a picnic** (*hum fam*) völlig übergeschnappt sein *fam*
II. *n modifier* (*sandwich form*) *cake* Schicht-; **~ cookie** AM Doppelkeks *m*
III. *vt* ❶ (*fit together*) ■**to ~ sth together** etw aufeinander schichten
❷ (*squeeze*) ■**to ~ sb** jdn einklemmen; ***on the train I was ~ed between two very large men*** ich war im Zug zwischen zwei riesigen Männern eingequetscht; **to ~ sth in between sth** (*fig*) etw [zwischen etw *dat*] dazwischenschieben; ***she managed to ~ the repairs in between breakfast and starting work*** es gelang ihr, die Reparaturarbeiten zwischen Frühstück und eigenem Arbeitsbeginn dazwischenzuschieben
sandwich bar *n* BRIT, AUS Snackbar *f* **sandwich board** *n* Reklametafel *f* (*mittels verbindendem Schulterriemen von einer Person auf Brust und Rücken als doppelseitiges Werbeplakat getragen*) **sandwich box** *n* Frühstücksbox *f* **sandwich cake** *n* BRIT Schichtkuchen *m* (*mit cremiger Füllung*) **sandwich counter** *n Tresen, an dem ausschließlich Sandwiches verkauft werden* **sandwich course** *n* BRIT UNIV *Ausbildung, bei der theoretische und praktische Abschnitte abwechseln* **sandwich filling** *n* Sandwichbelag *m* **sandwichman** *n* Plakatträger *m*, Sandwichmann *m hum*
sandy ['sændi] *adj* ❶ (*containing sand*) sandig
❷ (*of texture*) körnig
❸ (*of colour*) sandfarben
sand yacht *n* Strandsegler *m*
sane [seɪn] *adj* ❶ *person* geistig gesund; LAW zurechnungsfähig; (*hum*) normal *fam*; ***no ~ person would …*** niemand, der auch nur einigermaßen bei Verstand ist, würde …; **to keep sb ~** jdn bei Verstand halten
❷ *action* vernünftig
sang [sæŋ] *pt of* **sing**
sanger ['sæŋəʳ] *n* AUS (*fam*) Sandwich *nt*
sangfroid [ˌsɑ̃(ŋ)'frwɑː] *n no pl* (*form*) Selbstbeherrschung *f*
sangria ['sæŋ'griːə] *n no pl* Sangria *f*
sanguinary [sæŋ'gwɪnᵊri, AM neri] *adj* (*old*) blutrünstig, grausam; (*fig*) blutig *fig*
sanguine ['sæŋgwɪn] *adj* ❶ (*form: hopeful*) zuversichtlich; **to be ~ about sth** etw für wahrscheinlich halten
❷ (*liter: blood-red*) blutrot
sanitarium <*pl* -s *or* -ria> [ˌsænɪ'teriəm] *n* AM Sanatorium *nt*
sanitary ['sænɪtᵊri, AM -teri] *adj* ❶ (*relating to health conditions*) hygienisch; (*installations*) sanitär *attr*; **~ conditions** hygienische Verhältnisse; **~ facilities** sanitäre Anlagen
❷ (*hygienic*) hygienisch
sanitary fittings *npl* BRIT sanitäre Anlagen **sanitary napkin** *n* AM, **sanitary pad** *n*, **sanitary towel** *n* BRIT Damenbinde *f* **sanitary protection** *n no pl* Monatshygiene *f*
sanitation [ˌsænɪ'teɪʃᵊn] *n no pl* ❶ (*health conditions*) Hygiene *f*; (*toilets*) sanitäre Anlagen
❷ (*water disposal*) Abwasserkanalisation *f*; **the ~ department** das Amt für Stadtreinigung; (*provision of clean water*) Frischwasserversorgung *f*
sanitation worker *n* AM Müllarbeiter(in) *m(f)*
sanitization [ˌsænɪtaɪ'zeɪʃᵊn, AM -tɪ'-] *n no pl* ❶ *esp* AM (*making sanitary*) [hygienische] Reinigung
❷ (*pej: making acceptable*) Säuberung *f fig geh*
sanitize ['sænɪtaɪz] *vt* ■**to ~ sth** ❶ *esp* AM (*make clean*) etw desinfizieren
❷ (*pej: make acceptable*) etw säubern *fig geh*
❸ (*expurgate, make less offensive*) etw zensieren
sanitized ['sænɪtaɪzd] *adj* gesäubert *fig geh*; **~ report** zensierter Bericht
sanity ['sænəti, AM -əṭi] *n no pl* ❶ (*mental health*) gesunder Verstand; LAW Zurechnungsfähigkeit *f*; (*hum*) Verstand *m fam*; **to doubt/question sb's ~** an jds Verstand zweifeln/jds Verstand in Frage stellen; **to lose/preserve one's ~** seinen Verstand verlieren/bei Verstand bleiben
❷ (*sensibleness*) Vernünftigkeit *f*; ***maybe she can bring some ~ into this crazy situation*** vielleicht kann sie ein wenig Vernunft in diese verrückte Situation bringen
sank [sæŋk] *pt of* **sink**
Sanskrit ['sænskrɪt] LING **I.** *n no pl* Sanskrit *nt*
II. *adj* Sanskrit-; **~ alphabet** sanskritisches Alphabet
Santa *n*, **Santa Claus** [ˌsæntə'klɔːz, AM -ṭə'klɑːz] *n* ❶ *no pl* (*Father Christmas*) Weihnachtsmann *m*; (*on 06/12*) Nikolaus *m*
❷ (*person dressed as Santa Claus*) [verkleideter] Weihnachtsmann; (*in Germany, on 06/12*) [verkleideter] Nikolaus
Santa's grotto *n* BRIT *Platz, an dem Kinder Geschenke vom Weihnachtsmann bekommen*
sap¹ [sæp] *n no pl* ❶ (*of tree*) Saft *m*
❷ (*fig: vitality*) Lebenskraft *f*; (*hum fig: sexual

vigour) [Liebes]trieb *m*

sap[2] [sæp] **I.** *n* MIL (*hist: trench*) Sappe *f veraltet;* (*tunnel*) Tunnel *m*
II. *vt* <-pp-> ❶ (*drain*) ■**to ~ sb of sth** jdm etw nehmen; **to ~ sb's confidence** jds Selbstvertrauen zerstören; **to ~ sb's energy/power/strength** an jds Energie/Kräften zehren *geh*
❷ (*undermine*) ■**to ~ sth** etw unterhöhlen
III. *vi* MIL (*hist*) untergraben

sap[3] [sæp] *n* (*sl*) Trottel *m pej fam; **he's a ~ for any new machine*** er muss immer gleich jede neue Maschine haben

sapient ['seɪpiənt] *adj* (*form*) weise *geh*

sapling ['sæplɪŋ] *n* junger Baum

sapper ['sæpəʳ] *n* MIL Pionier *m;* BRIT *Soldat der Royal Engineers*

Sapphic ['sæfɪk] *adj* ❶ *inv* LIT (*liter: of verse form*) sapphisch
❷ (*form or hum: of Lesbianism*) lesbisch, sapphisch *selten geh*

sapphire ['sæfaɪəʳ, AM -ɪəʳ] **I.** *n* Saphir *m*
II. *adj* saphirfarben; **~ blue** saphirblau
III. *n modifier* (*cufflinks, earrings, necklace, tiepin*) Saphir-

sapping ['sæpɪŋ] *adj pred* ermüdend

sappy ['sæpi] *adj* AM, AUS (*fam*) ❶ (*gullible*) leichtgläubig
❷ (*emotional*) [sehr] emotional

SAQ [eseɪ'kjuː] *n* CAN *abbrev of* **Société des alcools du Québec** *von der Provinzregierung Québec geführte Ladenkette, die alkoholische Getränke verkauft*

Saracen ['særəsən] *n* Sarazene, -in *m, f*

sarcasm ['sɑːkæzᵊm, AM 'sɑːr-] *n no pl* Sarkasmus *m;* **biting** [*or* **heavy**] **~** beißender Sarkasmus
► PHRASES: **~ is the lowest form of <u>wit</u>** (*saying*) Sarkasmus ist die niedrigste Form der Schlagfertigkeit

sarcastic [sɑː'kæstɪk, AM sɑːr'-] *adj person, remark* sarkastisch; **~ tongue** scharfe Zunge

sarcastically [sɑː'kæstɪkli, AM sɑːr'-] *adv* sarkastisch

sarcoma <*pl* -s *or* -mata> [sɑː'kəʊmə, *pl* -mətə, AM sɑːr'koʊ-, *pl* -mət̬ə] *n* MED Sarkom *nt*

sarcomata [sɑː'kəʊmətə, AM sɑːr'koʊ-] *n pl of* **sarcoma**

sarcophagi [sɑː'kɒfəgaɪ, dʒaɪ, AM sɑːr'kɑːf-] *n pl of* **sarcophagus**

sarcophagus <*pl* -es *or* -gi> [sɑː'kɒfəgəs, AM sɑːr'kɑːf-, *pl* -gaɪ, -dʒaɪ] *n* Sarkophag *m*

sardine [sɑː'diːn, AM sɑːr'-] *n* ❶ (*fish*) Sardine *f;* **to be squashed like ~s** wie die Ölsardinen zusammengepfercht sein
❷ (*game*) Versteckspiel *nt*

Sardinia [sɑː'dɪniə, AM sɑːr] *n no pl* GEOG Sardinien *nt*

Sardinian [sɑː'dɪniən, AM sɑːr] **I.** *adj inv* sardi[ni]sch
II. *n* ❶ (*person*) Sarde, -in *m, f,* Sardinier(in) *m(f)*
❷ *no pl* (*language*) Sardi[ni]sch *nt*

sardonic [sɑː'dɒnɪk, AM sɑːr'dɑː-] *adj* höhnisch; **~ laughter** sardonisches Gelächter *geh;* **a ~ smile** ein süffisantes Lächeln *geh*

sardonically [sɑː'dɒnɪkᵊli, AM sɑːr'dɑː-] *adv* höhnisch

saree *n see* **sari**

sarge [sɑːdʒ, AM sɑːrdʒ] *n* (*fam*) ❶ MIL *short for* **sergeant** Feldwebel *m*
❷ (*police*) *short for* **sergeant** Sergeant *m*

sari ['sɑːri] *n* Sari *m*

sarky ['sɑːki] *adj* BRIT, AUS (*fam*) sarkastisch

sarnie ['sɑːni] *n* BRIT (*fam*) Sandwich *m o nt*

sarong [sə'rɒŋ, AM -'rɔːŋ] *n* Sarong *m*

sarsaparilla [ˌsɑːsəpᵊr'ɪlə, AM ˌsɑːrsəpə'r-] **I.** *n* ❶ (*plant*) Sarsaparille *f*
❷ (*drink*) *Getränk mit Sarsaparillegeschmack*
II. *adj* Sarsaparille-

sartorial [sɑː'tɔːriəl, AM sɑːr'-] *adj inv, attr* (*form: relating to clothing*) Kleidung[s]-; (*relating to tailoring*) Schneider-; **~ elegance** elegante Kleidung

SAS [ˌeser'es] *n* ❶ BRIT *abbrev of* **Special Air Service**
❷ COMPUT *abbrev of* **single attachment station** SAS *f*

SASE [ˌeseres'iː] *n* AM *abbrev of* **self-addressed stamped envelope** addressierter und frankierter Rückumschlag

sash[1] <*pl* -es> [sæʃ] *n* Schärpe *f*

sash[2] <*pl* -es> [sæʃ] *n* (*in windows*) Fensterrahmen *m;* (*in doors*) Türrahmen *m*

sashay ['sæʃeɪ, AM sæʃ'eɪ] *vi esp* AM ■**to ~ somewhere** irgendwohin stolzieren

sash cord *n* Gewichtsschnur *f* (*an Schiebefenstern*)

sashimi [sæ'ʃiːmi] *n* (*Japanese thinly sliced raw fish*) Sashimi *nt*

sash window *n* Schiebefenster *nt*

Sask. CAN *abbrev of* **Saskatchewan**

sasquatch <*pl* -es> *n*, **Sasquatch** ['sæskwɒtʃ, AM -kwɑːtʃ] *n ein großes, behaartes menschenähnliches Wesen, das angeblich in den Bergen von Nordwestkanada lebt*

sass [sæs] *esp* AM **I.** *n no pl* (*fam*) Frechheit *f*
II. *vt* (*fam*) ■**to ~ sb** zu jdm frech sein

Sassenach ['sæsənæk, -æx] **I.** *n* <*pl* -es> SCOT (*esp pej*) Engländer(in) *m(f)*
II. *adj inv* SCOT (*esp pej*) englisch

sassy ['sæsi] *adj esp* AM (*fam*) ❶ (*impudent*) frech, ungezogen
❷ (*lively*) spritzig *fam*

sat [sæt] *pt, pp of* **sit**

Sat *n abbrev of* **Saturday** Sa. *m*

Satan ['seɪtᵊn] *n no pl* Satan *m*
► PHRASES: **~ finds <u>work</u> for idle hands** (*saying*) Müßiggang ist aller Laster Anfang *prov*

satanic [sə'tænɪk] *adj* satanisch *geh,* teuflisch; **~ abuse** teuflischer Missbrauch; **~ cult/rite** Satanskult *m*/-ritus *m*

Satanism ['seɪtᵊnɪzᵊm] *n no pl* Satanismus *m*

Satanist ['seɪtᵊnɪst] *n* Satanist(in) *m(f)*

satay ['sæteɪ, AM sɑː'teɪ] *n no pl gegrillte, mit Erdnusssoße servierte Fleischspieße aus Indonesien*

SATB [ˌesertiː'biː] *n abbrev of* **soprano, alto, tenor, bass** *für Beschreibung eines Chors oder der Stimmen eines Stückes*

satchel ['sætʃᵊl] *n* [Schul]ranzen *m*

satcom ['sætkɒm, AM -kɑːm] *n no pl abbrev of* **satellite communications** Satellitenkommunikation *f*

sate [seɪt] *vt* (*form*) **to ~ one's desire/hunger/thirst** seinen Hunger/Durst/seine Begierde stillen; ■**to ~ sb [with sth]** jdn [mit etw *dat*] zufrieden stellen

sated ['seɪtɪd, AM -t̬ɪd] *adj inv* ■**to be ~ with sth** *food* gesättigt sein; *luxury* übersättigt sein; (*sexually*) ***they were ~d with each other*** sie hatten sich gegenseitig erfüllt *geh*

sateen [sæt'iːn] *n no pl* FASHION [Baumwoll]satin *m*

satellite ['sætᵊlaɪt, AM 'sæt̬-] **I.** *n* ❶ ASTRON Trabant *m*
❷ AEROSP, TECH Satellit *m;* **communications/spy/weather ~** Kommunikations-/Spionage-/Wettersatellit *m*
❸ (*form: hanger-on*) Anhänger(in) *m(f)*
❹ COMPUT (*system*) Satellit *m*
II. *n modifier* (*launch, technology*) Satelliten-; **~ broadcasting** Satellitenrundfunk *m;* **~ communication/transmission** Satellitenkommunikation/-übertragung *f*

satellite broadcasting *n no pl* Satellitenübertragung *f;* RADIO Satellitenfunk *m;* TV Satellitenfernsehen *nt* **satellite country** *n* POL Satellitenstaat *m* **satellite dish** *n* Satellitenantenne *f,* Satellitenschüssel *f fam* **satellite office** *n* Satellitenbüro *nt* **satellite picture** *n* Satellitenfoto *nt* **satellite state** *n* Satellitenstaat *m* **satellite tax** *n* Satellitensteuer *f* **satellite television** *n no pl* Satellitenfernsehen *nt* **satellite town** *n* Trabantenstadt *f*

sati ['sɑːti] *n no pl* Sati *f*

satiate ['seɪʃieɪt] *vt usu passive* **to ~ one's curiosity** die Neugier[de] stillen; **to ~ a demand/market** ECON eine Nachfrage/einen Markt befriedigen; **to ~ one's hunger/thirst** den Hunger/Durst stillen

satiation [ˌseɪʃi'eɪʃᵊn] *n no pl* Sättigung *f*

satiety [sə'taɪəti, AM -ət̬i] *n no pl* (*form*) Sättigung *f*

satin ['sætɪn, AM -tᵊn] **I.** *n* Satin *m*
II. *n modifier* (*blouse, dress, gloves*) Satin-

satin finish paint *n*, **satin paint** *n* seidenmatte Farbe **satinwood** *n no pl* Satinholz *nt*

satiny ['sætɪni, AM -tᵊni] *adj* seidig; **~ skin** samtige Haut

satire ['sætaɪəʳ, AM -aɪəʳ] *n* LIT ❶ *no pl* (*genre*) Satire *f;* **political ~** politische Satire
❷ (*example of genre*) Satire *f* (**on** auf +*akk*)

satirical [sæ'tɪrɪkᵊl] *adj* (*literature, film*) satirisch; (*mocking, joking*) ironisch

satirically [sæ'tɪrɪkᵊli] *adv* (*literature, film*) satirisch; (*mocking, joking*) ironisch

satirist ['sætᵊrɪst, AM 'sæt̬əʳ-] *n* Satiriker(in) *m(f)*

satirize ['sætᵊraɪz, AM 'sæt̬ə-] *vt* ■**to ~ sth/sb** etw/jdn satirisch darstellen

satisfaction [ˌsætɪs'fækʃᵊn, AM ˌsæt̬-] *n no pl*
❶ (*fulfilment*) Zufriedenheit *f,* Befriedigung *f;* **sb derives** [*or* **obtains**] **~ from** [*or* **out of**] **[doing] sth** etw bereitet jdm [große] Befriedigung; ■**to do sth to sb's ~** etw zu jds Zufriedenheit tun; ***~ guaranteed or your money back!*** Geld-zurück-Garantie bei Unzufriedenheit!; **sth has its ~s** etw verschafft Befriedigung
❷ (*sth producing fulfilment*) Genugtuung *f geh;* ■**to be a ~ [to sb]** [jdm] eine Genugtuung sein; **to my great ~** zu meiner großen Genugtuung
❸ (*state of being convinced*) Zufriedenheit *f;* ■**to the ~ of sb** zu jds Zufriedenheit; **to the ~ of the court** zur Zufriedenstellung des Gerichts
❹ (*compensation*) Schadensersatz *m;* **to demand ~** Schadensersatz fordern [*o* verlangen] (**from** von +*dat*)
❺ (*hist form: challenge to a duel*) **to demand ~** Genugtuung fordern
❻ LAW (*acceptance of money/goods*) Befriedigung *f* eines Anspruches; (*payment*) Zufriedenstellung *f;* **in ~ of a claim/debt** in Erfüllung eines Anspruchs/in Begleichung einer Schuld; **accord and ~** vergleichsweise Erfüllung; **memorandum of ~** Löschungsbewilligung *f*

satisfactorily [ˌsætɪs'fæktᵊrᵊli, AM ˌsæt̬-] *adv* zufrieden stellend, befriedigend

satisfactory [ˌsætɪs'fæktᵊri, AM ˌsæt̬-] *adj* zufrieden stellend, befriedigend; MED zufriedenstellend; SCH, UNIV ≈ befriedigend; **~ condition** zufrieden stellender Zustand; **highly ~** (*approv*) äußerst zufrieden stellend

satisfied ['sætɪsfaɪd, AM 'sæt̬-] *adj* zufrieden; ■**to be ~ with sth/sb** mit etw/jdm zufrieden sein; **a ~ customer** ein zufriedener Kunde/eine zufriedene Kundin

satisfy <-ie-> ['sætɪsfaɪ, AM 'sæt̬-] **I.** *vt* ❶ (*meet needs*) ■**to ~ sb** jdn zufrieden stellen; **to ~ sb's curiosity** jds Neugier befriedigen [*o* stillen]; **to ~ a need/passion/an urge** ein Bedürfnis/eine Leidenschaft/ein Verlangen befriedigen
❷ (*fulfil*) **to ~ a demand** ECON eine Nachfrage befriedigen; **to ~ requirements** Anforderungen genügen
❸ (*comply with*) **to ~ a condition/criteria/a demand/ requirements** eine Bedingung/Kriterien/eine Forderung/Anforderungen erfüllen
❹ (*convince*) ■**to ~ sb that …** jdn überzeugen, dass …; ***she satisfied the court that she was innocent*** sie überzeugte das Gericht von ihrer Unschuld; ■**to be satisfied as to** [*or* **of**] **sth** von etw *dat* überzeugt sein
❺ (*pay off*) **to ~ one's creditors** seine Gläubiger/Gläubigerinnen befriedigen; **to ~ a debt** eine Schuld begleichen; **to ~ a loan** einen Kredit tilgen
► PHRASES: **to ~ the <u>examiners</u>** BRIT SCH, UNIV (*form*) eine Prüfung bestehen
II. *vi* (*form*) befriedigen, befriedigend sein

satisfying ['sætɪsfaɪɪŋ, AM 'sæt̬-] *adj* zufrieden stellend, befriedigend

satsuma [ˌsæt'suːmə, AM 'sætsəmɑː] *n* BRIT, AM Satsuma *f*

satsuma plum *n* AUS Satsumapflaume *f*

saturate ['sætʃ^əreɪt, AM -əreɪt] *vt* ❶ (*make wet*) ■**to be ~d** [**with sth**] [von etw *dat*] durchnässt sein; *soil* [von etw *dat*] aufgeweicht sein; *with liquid* [mit etw *dat*] getränkt sein
❷ (*fig: fill to capacity*) ■**to ~ sth** etw [völlig] auslasten; CHEM etw sättigen
❸ (*fig: over-supply*) **to ~ the market** den Markt sättigen
❹ (*fig: imbue*) **to be ~d in tradition** der Tradition verhaftet sein
❺ (*fig: cover intensively*) ■**to ~ sth** *area* etw durchkämmen

saturated ['sætʃ^əreɪtɪd, AM -əreɪt̬ɪd] *adj* ❶ (*soaking wet*) durchnässt; *soil* aufgeweicht
❷ CHEM gesättigt

saturated fat *n* CHEM gesättigtes Fett **saturated market** *n* gesättigter Markt **saturated solution** *n* CHEM gesättigte Lösung

saturation [ˌsætʃ^ə'reɪʃ^ən, AM -ə'-] *n no pl* CHEM, ECON, COMPUT Sättigung *f*

saturation advertising *n* Sättigungswerbung *f* **saturation bombing** *n* MIL Flächenbombardement *nt* **saturation point** *n* Sättigungspunkt *m*; **to reach ~** [*or* AM **the ~**] den Sättigungsgrad erreichen

Saturday ['sætədeɪ, AM -t̬ɚ-] *n* Samstag *m*, Sonnabend *m* NORDD; *see also* **Tuesday**

Saturday night special *n* AM (*fam*) kleine Handfeuerwaffe **Saturday staff** *n no pl* BRIT Samstagsschicht *f*

Saturn ['sætən, AM -t̬ɚn] *n no pl* ASTRON Saturn *m*

Saturnalia <*pl* – *or* -s> [ˌsætə'neɪliə, AM -t̬ɚ'-] *n*
❶ (*Roman festival*) Saturnalien *pl*
❷ (*liter: wild party*) Saturnalien *pl selten geh*, ausgelassenes Fest

saturnine ['sætənaɪn, AM -t̬ɚ-] *adj* (*liter: of features*) finster, düster; **~ look** düstere Miene; (*of manner*) schwermütig, melancholisch

satyr ['sætə^r, AM 'seɪt̬ɚ] *n* ❶ (*mythical figure*) Satyr *m*
❷ (*liter: man*) Satyr *m*, lüsterner Mann

sauce [sɔːs, AM *esp* sɑːs] **I.** *n* ❶ (*liquid*) Soße *f*; **mushroom/tomato ~** Pilz-/Tomatensoße *f*
❷ (*of fruit*) **apple ~** Apfelmus *nt*, Apfelkompott *nt*
❸ AM (*pej sl: alcohol*) Alkohol *m*; **to be on the ~** [zu viel] saufen *derb*; **to hit the ~** sich *dat* die Hucke voll saufen *sl*
❹ (*fam: impertinence*) Unverschämtheit *f*, Frechheit *f*
▸ PHRASES: **what's ~ for the goose is ~ for the gander** (*prov*) was dem einen recht ist, ist dem anderen billig *prov*
II. *vt* ❶ (*dated fam: be cheeky*) ■**to ~ sb** zu jdm frech sein
❷ (*fam: add interest*) ■**to ~ sth up** etw würzen *fig*
❸ *usu passive* (*with sauce*) ■**to ~ sth** etw mit Soße anrichten [*o* servieren]; ■**to be ~d** mit Soße zubereitet/serviert werden

sauceboat *n* Sauciere *f*

sauced [sɔːst, AM *esp* sɑːst] *adj* AM (*fam*) besoffen *sl*

saucepan *n* Kochtopf *m*

saucer ['sɔːsə^r, AM 'sɑːsɚ, -'sɔː] *n* Untertasse *f*; **to have eyes like ~s** große Augen haben

saucier ['səʊːsieɪ, AM 'sɑːs-] *n* Saucier *m*, Soßenkoch, -köchin *m, f*

saucily ['sɔːsɪli, AM *esp* 'sɑːs-] *adv* (*dated*) frech

sauciness ['sɔːsɪnəs, AM *esp* 'sɑːs-] *n no pl* (*dated*)
❶ (*impertinence*) Frechheit *f*
❷ BRIT (*smuttiness*) Freizügigkeit *f*

saucy ['sɔːsi, AM *esp* 'sɑːsi] *adj* ❶ (*impertinent*) frech
❷ BRIT (*pej: smutty*) freizügig; **~ underwear** Reizwäsche *f*
❸ *esp* AM (*approv fam: lively*) lebhaft

Saudi ['saʊdi] **I.** *n* (*male*) Saudi *m*; (*female*) Saudi-Araberin *f*
II. *adj inv* saudisch

Saudi Arabia *n no pl* Saudi-Arabien *nt*

Saudi Arabian I. *n* Saudi-Araber(in) *m(f)*
II. *adj inv* saudisch, saudi-arabisch

sauerkraut ['saʊəkraʊt, AM 'saʊɚ-] *n no pl* Sauerkraut *nt*

sauna ['sɔːnə, 'saʊnə, AM 'saʊnə, 'sɔːnə] *n* ❶ (*facility*) Sauna *f*
❷ (*activity*) Saunagang *m*; **to have a ~** in die Sauna gehen, saunieren

saunter ['sɔːntə^r, AM 'sɑːnt̬ɚ] **I.** *vi* ■**to ~ somewhere** (*stroll*) irgendwo bummeln *fam*; (*amble*) irgendwo[hin] schlendern; ***they ~ed down to the beach*** sie schlenderten zum Strand hinunter; **to ~ along** herumschlendern
II. *n usu sing* Bummel *m*

sausage ['sɒsɪdʒ, AM 'sɑːs-] *n* ❶ *no pl* FOOD Wurst *f*; (*small*) Würstchen *nt*
❷ BRIT (*fam: addressing child*) Dummerchen *nt fam*
▸ PHRASES: **not a ~** BRIT (*hum dated fam*) rein gar nichts *fam*

sausage dog *n* BRIT (*fam*) Dackel *m* **sausage machine** *n* ❶ (*for manufacture*) Wurstmaschine *f*
❷ BRIT (*pej fam: sth uniform*) Fabrik *f fig* **sausage meat** *n no pl* Wurstfüllung *f*, Wurstteig *m* **sausage roll** *n* BRIT, AUS ≈ Bratwurst *f* im Schlafrock

sauté ['səʊteɪ, AM sɔː'teɪ] **I.** *vt* <sautéed *or* sautéd> ■**to ~ sth** etw [kurz] [an]braten [*o fachspr* sautieren]
II. *n* (*in ballet*) Sauté *nt*
III. *adj attr, inv* [kurz] [an]gebraten, sautiert *fachspr*; **~ potatoes** Bratkartoffeln *fpl*

sauve qui peut [ˌsəʊvkiː'pɜː, AM ˌsoʊv-] *n* (*liter*) [allgemeine] Panik

savage ['sævɪdʒ] **I.** *adj* ❶ (*primitive*) wild; **~ animal** wildes Tier
❷ (*fierce*) brutal; **a ~ attack/blow** ein scharfer Angriff/Schlag; **~ fighting** heftige Kämpfe
❸ (*fam: mood*) **in a ~ mood** übel gelaunt
▸ PHRASES: **to soothe the ~ breast** das aufgebrachte Gemüt beruhigen
II. *n* ❶ (*pej: barbarian*) Barbar(in) *m(f) pej*
❷ (*usu pej: primitive person*) Wilde(r) *f(m) pej*; **the noble ~** der/die edle Wilde
III. *vt* ■**to ~ sb** jdn anfallen; (*fig*) jdn attackieren

savagely ['sævɪdʒli] *adv* brutal; ***"what do you want?" he demanded ~*** „was wollen Sie?" fragte er brüsk

savageness ['sævɪdʒnəs] *n no pl* Brutalität *f*

savagery ['sævɪdʒ^əri] *n no pl* Brutalität *f*

savanna(h) [sə'vænə] *n* Savanne *f*

save [seɪv] **I.** *vt* ❶ (*rescue*) ■**to ~ sth/sb** [**from sth**] etw/jdn [vor etw *dat*] retten; **to ~ the day** [*or* **situation**] die Situation retten; **to ~ sb's life** jds Leben retten; (*iron hum*) ***thanks for helping me with that report — you ~d my life!*** danke, dass du mir mit dem Bericht geholfen hast – du hast mir das Leben gerettet! *hum*; **to ~ one's marriage** die Ehe retten; ■**to ~ sb from himself/herself** jdn vor sich *dat* selbst schützen; **to ~ the match** SPORTS das Spiel retten; **to ~** [*or* **hide**] **one's own skin** (*usu pej*) die eigene Haut retten; **to ~ sb's soul** REL jds Seele retten
❷ (*keep for future use*) ■**to ~ sth** etw aufheben; ***I ~ all my old letters in case I want to read them again*** ich hebe alle meine alten Briefe auf, falls ich sie wieder einmal lesen möchte; **to ~ money** Geld sparen
❸ (*collect*) ■**to ~ sth** etw sammeln; **to ~ coins/stamps** Münzen/Briefmarken sammeln
❹ (*avoid wasting*) **to ~ one's breath** sich *dat* seine Worte sparen; ***I don't know why I bother speaking to him — I might as well ~ my breath*** ich weiß nicht, wieso ich überhaupt mit ihm rede — ich kann mir meine Worte genauso gut sparen; **to ~ one's energy/strength** seine Energie sparen/mit seinen Kräften haushalten; **to ~ time** Zeit sparen; ***he's saving himself for the big match*** er schont sich für das große Spiel; ***she's saving herself for the right man*** sie spart sich für den richtigen Mann auf
❺ (*reserve*) ■**to ~ sb sth** [*or* **to ~ sth for sb**] jdm etw aufheben; ***I'll be home late — can you ~ me some dinner?*** ich werde spät heimkommen — kannst du mir was vom Abendessen aufheben?; **~ *a dance for me*** reserviere mir einen Tanz; **~ *me a place at your table, will you?*** halte mir doch bitte einen Platz an deinem Tisch frei, ja?; **~ *my seat — I'll be back in five minutes*** halte meinen Platz frei – ich bin in fünf Minuten wieder da
❻ (*spare from doing*) ■**to ~ sb** [**doing**] **sth** jdm etw ersparen; ***thanks for your help — it ~d me a lot of work*** danke für deine Hilfe — das hat mir viel Arbeit erspart; ***her advice ~d us a great deal of trouble*** ihr Rat hat uns eine Menge Ärger erspart
❼ COMPUT **to ~ data** Daten sichern; ***it isn't enough to ~ one's files on the hard disk — one should also copy them onto floppy disks*** es reicht nicht, seine Dateien auf der Festplatte zu speichern – man sollte sie noch zusätzlich auf Diskette sichern
❽ SPORTS **to ~ a goal** ein Tor verhindern; **to ~ a penalty kick** einen Strafstoß abwehren
▸ PHRASES: **to ~ sb's bacon** [*or* **neck**] jds Hals retten; **to ~ face** das Gesicht wahren; **not to be able to do sth to ~ one's life** etw beim besten Willen nicht tun können; ***Samantha is tone deaf — she can't carry a tune to ~ her life*** Samantha hat kein Gehör für Tonhöhen – sie kann beim besten Willen keine Melodie halten; **a stitch in time ~s nine** (*prov*) was du heute kannst besorgen, das verschiebe nicht auf morgen *prov*
II. *vi* ❶ (*keep* [*money*] *for the future*) sparen; ***I ~ with the Cooperative Bank*** ich habe ein Sparkonto bei der Cooperative Bank; **to ~ for a new car/holiday/house** für ein neues Auto/einen Urlaub/ein Haus sparen
❷ (*conserve sth*) ■**to ~ on sth** bei etw *dat* sparen; ***it was a warm winter, so we ~d on electricity*** es war ein warmer Winter, da haben wir Strom gespart
III. *n* (*in football*) Abwehr *f*; ***the goalkeeper made a great ~ in the last minute of the match*** der Torhüter bot eine großartige Parade in der letzten Spielminute *fachspr*
IV. *prep* (*form*) außer +*dat*; ***they found all the documents ~ one*** sie fanden alle Dokumente bis auf ein[e]s; ■**~ for ...** außer *dat* ...; ***the house was in good shape ~ for the roof*** das Haus war bis auf das Dach in gutem Zustand
◆**save up I.** *vt* **to ~ up money** Geld sparen; ***she's ~d up enough loyalty coupons to get a set of wine glasses*** sie hat genügend Rabattmarken gesammelt, um ein Weingläserset zu bekommen
II. *vi* sparen; ■**to ~ up** [**for** [*or* **to do**] **sth**] [auf [*o* für] etw *akk*] sparen; ***she's saving up to go on a world cruise*** sie spart für eine Weltreise

save as you earn *n* BRIT *Sparprogramm, das steuerliche Vorteile bringt*

saveloy ['sævəlɔɪ] *n* BRIT Zervelatwurst *f*

saver ['seɪvə^r, AM -ɚ] *n* ❶ (*person saving money*) Sparer(in) *m(f)*; (*investor*) Anleger(in) *m(f)*
❷ (*train fare*) Sparticket *nt*

-saver ['seɪvə^r, AM -ɚ] *in compounds* -sparer; **energy~** Energiespargerät *nt*; **face~** Ausrede *f* (*um das Gesicht zu wahren*); **sth is a money-/space-/time~** etw spart Geld/Platz/Zeit

saving ['seɪvɪŋ] **I.** *n* ❶ *usu pl* (*money*) Erspartes *nt kein pl*; ■**~s** *pl* Ersparnisse *fpl*
❷ *no pl* (*result of economizing*) Ersparnis *f*; (*act*) Einsparung *f*; ***the ~ in time was minimal*** die Zeitersparnis war [nur] minimal
❸ *no pl* (*rescue, preservation*) Rettung *f*; ■**to be the ~ of sb** jds Rettung sein
❹ LAW Ausnahme *f*
II. *adj* rettend; ***the film's one ~ grace is the photography*** das einzig Versöhnende an dem Film sind seine Bilder
III. *prep see* **save IV**

-saving ['seɪvɪŋ] *in compounds* -sparend; **face~ gesture** Geste, durch die man sein Gesicht wahrt; **energy~ light bulb** Energie sparende Glühbirne

saving clause *n* AM (*in taxation law*) Vorbehaltsklausel *f*

savings account *n* Sparkonto *nt* **savings and loan association** *n* AM ≈ Bausparkasse *f*

savings bank *n* FIN Sparkasse (*, die nicht auf Profitbasis arbeitet und auch für kleine Einlagen Zinsen bietet*) **savings bond** *n* ❶ AM (*earning interest*) Sparbrief *m* ❷ BRIT (*premium bond*) Prämienaktie *f* **savings bonds** *npl* AM Sparschuldverschreibungen *fpl* **savings book** *n* Sparbuch *nt* **savings certificate** *n* BRIT FIN Schuldverschreibung *f*, Staatspapier *nt* **savings deposit** *n* Einzahlung *f*

savior ['seɪvjəʳ] AM, **saviour** [-jəʳ] *n* Retter(in) *m(f)*; ■**the S~** REL der Erlöser

savoir-faire [ˌsævwɑː'feəʳ, AM -wɑːrfer] *n no pl* Gewandtheit *f*

savor *n* AM *see* **savour**

savoriness *n* AM *see* **savouriness**

savory¹ ['seɪvəri] *n* (*herb*) Bohnenkraut *nt*

savory² *n* AM *see* **savoury**

savour ['seɪvəʳ, AM -ɚ] **I.** *n* ❶ (*taste*) Geschmack *m* ❷ (*quality*) Reiz *m*
II. *vt* ■**to ~ sth** etw auskosten [*o* genießen]
III. *vi* (*form*) ■**to ~ of sth** den Anschein von etw *dat* haben, nach etw *dat* schmecken *fig fam*

savouriness ['seɪvərɪnəs] *n no pl* ❶ (*appetizing quality*) Schmackhaftigkeit *f*
❷ (*social acceptibility*) ***there have always been whispers about the ~ of his reputation*** es hat schon immer Gerüchte um seinen Ruf gegeben

savoury ['seɪvəri] **I.** *adj* ❶ (*not sweet*) pikant; (*salty*) salzig
❷ (*appetizing*) appetitanregend; **~ smell/taste** appetitanregender Geruch/Geschmack
❸ (*socially acceptable*) **to have a ~ reputation** angesehenen sein, einen guten Ruf haben
II. *n* BRIT [pikantes] Häppchen

savoy [sə'vɔɪ] *n*, **savoy cabbage** *n no pl* Wirsing *m*, Savoyerkohl *m*

savvy ['sævi] **I.** *adj* (*fam: shrewd*) ausgebufft *sl*
II. *n no pl* (*fam*) Köpfchen *nt fam*; (*practical knowledge*) Können *nt*; ***she's got a lot of ~*** sie hat eine Menge Ahnung *fam*
III. *vi* (*dated fam*) verstehen, kapieren *fam*

saw¹ [sɔː, AM *esp* sɑː] *pt of* **see**

saw² [sɔː, AM *esp* sɑː] *n* (*dated*) Sprichwort *nt*, Spruch *m*

saw³ [sɔː, AM *esp* sɑː] **I.** *n* Säge *f*; **chain ~** Kettensäge *f*; **power ~** Motorsäge *f*; **circular ~** Kreissäge *f*
II. *vt* <-ed, sawn *or esp* AM -ed> ■**to ~ sth** etw [zer]sägen; **to ~ a tree down** einen Baum umsägen [*o* fällen]
▸ PHRASES: **to ~ the air** (*pej*) in der Luft herumfuchteln *fam*; **to ~ wood** (*sl*) schnarchen, sägen *fig fam*
III. *vi* ❶ (*operate a saw*) sägen
❷ (*pej: play stringed instrument*) ■**to ~ at sth** auf etw *dat* [herum]sägen *fam*
◆**saw off** *vt* ■**to ~ off** ⟲ **sth** etw absägen
◆**saw up** *vt* ■**to ~ up** ⟲ **sth** etw zersägen

sawdust *n no pl* Sägemehl *nt* **saw-edged** *adj* gezähnt **sawed-off** *adj* AM *see* **sawn-off** **sawfish** *n* Sägefisch *m* **sawframe** *n* Sägegatter *nt* **sawhorse** *n* Sägebock *m* **sawmill** *n* Sägemühle *f*

sawn ['sɔːn, AM *esp* 'sɑːn] *pp of* **saw**

sawn-off *adj attr, inv* ❶ (*with shortened barrel*) **~ shotgun** abgesägte Schrotflinte
❷ (*dated sl: short person*) **~ person** abgesägter Riese *sl*
❸ (*fam: of clothes*) abgeschnitten

sawtoothed *adj* gezähnt

sawyer ['sɔːjəʳ, AM 'sɑːjɚ] *n* Säger *m*; (*in sawmill*) Sägewerker *m*

sax <*pl* -es> [sæks] *n short for* **saxophone** Saxophon *nt*

saxifrage <*pl* – *or* -s> ['sæksɪfrɪdʒ, AM -sə-] *n* BOT Steinbrech *m*

Saxon ['sæksən] **I.** *n* ❶ (*person*) Sachse, Sächsin *m, f*
❷ (*hist: member of Germanic people*) [Angel]sachse, [Angel]sächsin *m, f*
❸ *no pl* (*language*) Sächsisch *nt*
II. *adj* ❶ (*of Saxony*) sächsisch
❷ (*hist: in England*) [angel]sächsisch

Saxony ['sæksəni] *n no pl* Sachsen *nt*

saxophone ['sæksəfəʊn, AM -foʊn] *n* Saxophon *nt*

saxophonist ['sæksəfəʊnɪst, AM -foʊn-] *n* Saxophonist(in) *m(f)*

sax player *n* (*fam*) Saxophonspieler(in) *m(f)*

say [seɪ]

I. TRANSITIVE VERB	**II.** INTRANSITIVE VERB
III. NOUN	**IV.** ADJECTIVE
V. INTERJECTION	

I. TRANSITIVE VERB

<said, said> ❶ (*utter*) ■**to ~ sth** etw sagen; ***how do you ~ your name in Japanese?*** wie spricht man deinen Namen auf Japanisch aus?; ***I'm sorry, what did you ~?*** Entschuldigung, was hast du gesagt?; **to ~ sth to sb's face** jdm etw ins Gesicht sagen; **when all is said and done** letzten Endes; ***when all is said and done, you can only do your best*** letzten Endes kann man sich nur bemühen, sein Bestes zu geben
❷ (*state*) ■**to ~ sth** etw sagen; ***what did they ~ about the house?*** was haben sie über das Haus gesagt?; ***what did you ~ to him?*** was hast du ihm gesagt?; ***"the department manager is at lunch," he said apologetically*** „der Abteilungsleiter ist beim Mittagessen", meinte er bedauernd; ***another cup of tea? — I wouldn't ~ no*** (*fam*) noch eine Tasse Tee? – da würde ich nicht Nein sagen; **to ~ goodbye to sb** jdm auf Wiedersehen sagen, sich *akk* von jdm verabschieden; ***if Europe fails to agree on this, we can ~ goodbye to any common foreign policy*** (*fam*) wenn Europa sich hierauf nicht einigen kann, können wir jegliche gemeinsame Außenpolitik vergessen; **to ~ the least** um es [einmal] milde auszudrücken; ***he's rather unreliable to ~ the least*** er ist ziemlich unzuverlässig, und das ist noch schmeichelhaft ausgedrückt; **you can ~ that again!** (*fam*) das kannst du laut sagen *fam*; **to have anything/nothing/something to ~ [to sb]** [jdm] irgendetwas/nichts/etwas zu sagen haben; ***I've got something to ~ to you*** ich muss Ihnen etwas sagen; **to ~ yes/no to sth** etw annehmen/ablehnen; **having said that, ...** abgesehen davon ...
❸ (*put into words*) ■**to ~ sth** etw sagen; ***what are you ~ing, exactly?*** was willst du eigentlich sagen?; ***that was well said*** das war gut gesagt; (*sl*) ***~ what?*** echt? *fam*; ***he talked for nearly an hour, but actually he said very little*** er redete beinahe eine Stunde lang, aber eigentlich sagte er sehr wenig; ***needless to ~ [that] he disagreed with all the suggestions, as usual*** natürlich war er, wie immer, mit keinem der Vorschläge einverstanden; **to have a lot/nothing to ~ for oneself** viel/nicht viel reden; ***what have you got to ~ for yourself?*** was hast du zu deiner Rechtfertigung zu sagen?; **~ no more!** alles klar!; **to ~ nothing of sth** ganz zu schweigen von etw *dat*; ***it would be an enormous amount of work, to ~ nothing of the cost*** es wäre ein enormer Arbeitsaufwand, ganz abgesehen von den Kosten
❹ (*think*) ***it is said [that] he's over 100*** er soll über 100 Jahre alt sein; ***she is a firm leader, too firm, some might ~*** sie ist eine strenge Führungskraft, zu streng, wie manche vielleicht sagen würden; ***~ what you like, I still can't believe it*** du kannst sagen, was du willst, aber ich kann es noch immer nicht glauben; ■**to ~ sth to oneself** sich *dat* etw sagen; ***she said to herself, "what a fool I am!"*** „was bin ich doch für eine Idiotin", sagte sie zu sich selbst
❺ (*recite aloud*) ■**to ~ sth** etw aufsagen; **to ~ a prayer** ein Gebet sprechen
❻ (*give information*) ■**to ~ sth** etw sagen; ***the sign ~s ...*** auf dem Schild steht ...; ***can you read what that notice ~s?*** kannst du lesen, was auf der Mitteilung steht?; ***it ~s on the bottle to take three tablets a day*** auf der Flasche heißt es, man soll drei Tabletten täglich einnehmen; ***my watch ~s 3 o'clock*** auf meiner Uhr ist es 3 [Uhr]
❼ (*indicate*) **to ~ something/a lot about sb/sth** etwas/eine Menge über jdn/etw aussagen; ***the way he drives ~s a lot about his character*** sein Fahrstil sagt eine Menge über seinen Charakter aus; **to ~ something for sb/sth** für jdn/etw sprechen; ***it ~s a lot for her determination that she practises her cello so often*** dass sie so oft Cello übt, zeigt ihre Entschlossenheit; **there's little/a lot to be said for sth** es spricht wenig/viel für etw *akk*; ***there's a lot to be said for living alone*** es spricht viel dafür, alleine zu leben
❽ (*convey inner/artistic meaning*) ■**to ~ sth** etw ausdrücken; ***the look on his face said he knew what had happened*** der Ausdruck auf seinem Gesicht machte deutlich, dass er wusste, was geschehen war; ***the expression on her face when she saw them said it all*** ihr Gesichtsausdruck, als sie sie sah, sagte alles
❾ (*fam: suggest*) ■**to ~ sth** etw vorschlagen; ***I ~ we start looking for a hotel now*** ich schlage vor, wir suchen uns jetzt ein Hotel; ***what do you ~ we sell the car?*** was hältst du davon, wenn wir das Auto verkaufen?
❿ (*tell, command*) ■**to ~ when/where etc** sagen, wann/wo usw.; ***he said to meet him here*** er sagte, dass wir ihn hier treffen sollen; ***she said to call her back when you get home*** sie sagte, du sollst sie zurückrufen, wenn du wieder zu Hause bist; **to ~ when** sagen, wenn es genug ist [*o* reicht]
⓫ (*for instance*) [**let's**] **~ ...** sagen wir [mal] ...; (*assuming*) nehmen wir an, angenommen; ***try and finish the work by, let's ~, Friday*** versuchen Sie die Arbeit bis, sagen wir mal, Freitag fertig zu machen; [***let's***] ***~ [that] the journey takes three hours, that means you'll arrive at 2 o'clock*** angenommen die Reise dauert drei Stunden, das heißt, du kommst um 2 Uhr an
▸ PHRASES: **to ~ amen to sth** Amen zu etw *dat* sagen; ***I'll ~ amen to that*** ich bin dafür; **to ~ cheese** ‚cheese' sagen; **to be unable to ~ boo to a goose** ein Hasenfuß sein *iron pej fam*; ***he's so shy he couldn't ~ boo to a goose*** er ist so schüchtern, er könnte keiner Fliege etwas zuleide tun; **before sb could ~ Jack Robinson** bevor jd bis drei zählen konnte; **to ~ uncle** AM (*esp childspeak*) sich *akk* geschlagen geben, aufgeben; **to ~ the word** Bescheid geben; ***just ~ the word, and I'll come and help*** sag nur ein Wort und ich komme zu Hilfe; **you don't ~ [so]!** was du nicht sagst!; **you said it!** (*fam*) du sagst es!

II. INTRANSITIVE VERB

<said, said> ❶ (*state*) sagen; ***where was he going? — he didn't ~*** wo wollte er hin? – das hat er nicht gesagt; ***is it possible? — who can ~?*** ist das möglich? – wer kann das schon sagen?; ***I appreciate the gesture more than I can ~*** ich kann gar nicht sagen, wie ich die Geste schätze; ***I can't ~ for certain, but ...*** ich kann es nicht mit Sicherheit behaupten, aber ...; **hard to ~** schwer zu sagen; **I can't ~** das kann ich nicht sagen [*o* weiß ich nicht]; **it's not for sb to ~** es ist nicht an jdm, etw zu sagen; ***I think we should delay the introduction, but of course it's not for me to ~*** ich denke, wir sollten die Einführung hinausschieben, aber es steht mir natürlich nicht zu, das zu entscheiden; **not to ~ ...** um nicht zu sagen ...
❷ (*believe*) sagen; ***is Spanish a difficult language to learn? — they ~ not*** ist Spanisch schwer zu lernen? – angeblich nicht
❸ (*to be explicit*) **... that is to ~ ... ...** das heißt ...; ***our friends, that is to ~ our son's friends, will meet us at the airport*** unsere Freunde, genauer gesagt, die Freunde unseres Sohnes, werden uns am Flughafen treffen; **that is not to ~** das soll nicht heißen; ***he's so gullible, but that is not to ~ that he is stupid*** er ist so leichtgläubig, aber das soll nicht heißen, dass er dumm ist
▸ PHRASES: **how ~ you?** LAW wie lautet Ihr Urteil?

III. NOUN

no pl Meinung *f*; **to have one's ~** seine Meinung sa-

S

gen; ***can't you keep quiet for a minute and let me have my ~?*** könnt ihr mal eine Minute ruhig sein, damit ich auch mal zu Wort kommen kann? *fam;* **to have a/no ~ in sth** bei etw *dat* ein/kein Mitspracherecht haben

IV. ADJECTIVE

attr (*form*) **the said ...** der/die/das erwähnte [*o* genannte] ...

V. INTERJECTION

❶ AM (*fam: to attract attention*) sag mal ... *fam;* **~, *how about going out tonight?*** sag mal, was hältst du davon, wenn wir heute Abend ausgehen? *fam;* **I ~!** BRIT (*dated*) Donnerwetter! *fam;* ***I ~, what a splendid hat you're wearing!*** Donnerwetter, das ist ja ein toller Hut, den du da trägst! *fam*

❷ (*to show surprise, doubt etc*) ***I*** [***mean to*** [*or* ***must***]] ***~!*** [also,] ich muss [schon] sagen!; (*fam: for emphasis*) ***I'll ~!*** und wie!, das kann man wohl sagen! *fam;* (*sl: to express doubt*) ***~s you!*** das glaubst aber auch nur du! *fam;* ***~s who?*** wer sagt das?

❸ AM (*expresses positive reaction*) sag mal *fam;* ***~, that's really a great idea!*** Mensch, das ist ja echt eine tolle Idee! *fam*

saying ['seɪɪŋ] *n* ❶ *no pl* (*act*) Sprechen *nt;* ***there's no ~ what she may be up to*** es lässt sich nicht sagen, was sie wohl als Nächstes tun wird; **it goes without ~** es versteht sich von selbst

❷ (*adage*) Sprichwort *nt;* **as the ~ goes** wie es so schön heißt *oft iron*

❸ (*collected wisdom*) **the ~s of sb** die Aussprüche einer Person *gen*

say-so *n no pl* (*fam*) ❶ (*approval*) Genehmigung *f,* Erlaubnis *f;* **to have sb's ~** jds Genehmigung [*o* Einverständnis] haben

❷ (*assertion*) Behauptung *f;* ***don't just believe it on my ~*** glaub es doch nicht einfach nur, weil ich es sage

S-bend ['es,bend] *n* S-Kurve *f;* MECH S-Biegung *f*

S.C. AM *abbrev of* **South Carolina**

scab [skæb] **I.** *n* ❶ (*of wound*) Kruste *f,* Schorf *m,* Grind *m* DIAL

❷ (*pej fam: strikebreaker*) Streikbrecher(in) *m(f)*

❸ (*pej fam: disliked person*) Halunke *m pej*

❹ *no pl* (*plant disease*) Schorf *m;* (*animal disease*) Räude *f*

II. *vi* (*fam*) ❶ (*act as blackleg*) als Streikbrecher/Streikbrecherin arbeiten

❷ BRIT (*cadge*) schnorren *sl*

scabbard ['skæbəd, AM -əd] *n* [Schwert]scheide *f*

scabbed [skæbd] *adj* schorfig

scabby ['skæbi] *adj* ❶ (*having scabs*) schorfig

❷ (*having the scab disease*) räudig

❸ (*pej fam: reprehensible*) schäbig

scabies ['skeɪbi:z] *n no pl* Krätze *f*

scabious <*pl* -> ['skeɪbiəs] *n* BOT Skabiose *f*

scabrous ['skeɪbrəs, AM *esp* 'skæb-] *adj* ❶ (*covered with scabs*) schorfig

❷ (*pej liter: salacious*) unanständig

❸ (*pej: unpleasant*) schäbig

scads [skædz] *npl* AM, AUS (*fam*) **~ of ...** eine Menge [*o fam* ein Haufen] ...; **~ of money** ein Haufen Geld; **~ of people** jede Menge Leute

scaffold ['skæfəʊld, AM -fəld] **I.** *n* ❶ (*hist: for executions*) Schafott *nt;* **to die on the ~** auf dem Schafott sterben

❷ (*rare: scaffolding*) Gerüst *nt*

II. *vt* **to ~ a building** ein Gebäude mit einem Gerüst versehen

scaffolding ['skæfəldɪŋ] *n no pl* [Bau]gerüst *nt;* **to put up ~** ein Gerüst aufschlagen [*o* aufstellen]

scalable ['skeɪləbl] *adj* ❶ (*mountain*) ersteigbar

❷ (*size*) größenvariabel

scalawag ['skæləwæg] *n* AM (*scallywag*) Schlingel *m hum*

scald [skɔ:ld, AM *esp* skɑ:ld] **I.** *vt* ❶ (*burn*) **to ~ sb/oneself** jdn/sich *akk* verbrühen

❷ (*clean*) **to ~ sth** etw auskochen; **~ *the needles to sterilize them*** koche die Nadeln ab, um sie zu sterilisieren

❸ (*heat*) **to ~ sth** etw erhitzen; **to ~ the fruit** das Obst dünsten; **to ~ milk** Milch abkochen

▶ PHRASES: **like a ~ed cat** wie ein geölter Blitz *fam*

II. *n* ❶ MED Verbrühung *f*

❷ HORT Brand *m kein pl*

scalding ['skɔ:ldɪŋ, AM *esp* 'skɑ:ld-] *adj* ❶ *liquid* kochend, siedend; **~ hot** kochend [*o* siedend] heiß

❷ (*fig: extreme*) **~ criticism** scharfe [*o* heftige] Kritik

scale¹ [skeɪl] **I.** *n* ❶ (*on skin*) Schuppe *f*

❷ *no pl* (*mineral coating*) Ablagerung *f*

❸ (*spec: dental plaque*) Zahnstein *m kein pl*

▶ PHRASES: **the ~s fall from sb's eyes** (*liter*) es fällt jdm wie Schuppen von den Augen

II. *vt* ❶ (*remove scales*) **to ~ a fish** einen Fisch abschuppen

❷ (*remove tartar*) **to ~ teeth** Zahnstein entfernen

III. *vi skin* sich *akk* schuppen; *paint* abblättern

scale² [skeɪl] *n* ❶ *usu pl* (*weighing device*) Waage *f;* **bathroom/kitchen/letter ~** Personen-/Küchen-/Briefwaage *f;* **a pair of ~s** (*form*) eine [Balken]waage; **to tip** [*or* **turn**] **the ~s** [**at sth**] [etw] auf die Waage bringen; ***he tipped the ~ at 210 pounds*** er wog 210 Pfund; **to tip the ~s** (*fig*) den [entscheidenden] Ausschlag geben

❷ ASTROL **the ~s** *pl* Waage *f kein pl*

▶ PHRASES: **to throw sth into the ~** etw in die Waagschale werfen

scale³ [skeɪl] **I.** *n* ❶ (*system of gradation*) Skala *f;* (*of map*) Maßstab *m;* ***how would you rate his work on a ~ of 1 to 5?*** wie würden Sie seine Arbeit auf einer Skala von 1 bis 5 beurteilen?; ***what ~ is this map?*** welchen Maßstab hat diese Karte?; **~ of values** Wert[e]skala *f;* **a sliding ~** ECON eine Gleitskala; ***remuneration is on a sliding ~*** die Bezahlung ist gestaffelt

❷ *no pl* **to be in** [*or* **to**] **~** *building, drawing* maßstab[s]getreu [*o* maßstab[s]gerecht] sein; **to build/draw sth to ~** etw maßstab[s]getreu [*o* maßstab[s]gerecht] bauen/zeichnen

❸ (*relative degree/extent*) Umfang *m;* **on a national ~** auf nationaler Ebene; **on a large/small ~** im großen/kleinen Rahmen

❹ *no pl* (*size*) Ausmaß *nt;* **advantages of ~** ECON bedeutende Vorteile

❺ MUS Tonleiter *f;* **to play/practise ~s** Tonleitern spielen/üben

II. *vt* **to ~ sth** ❶ (*climb*) etw erklimmen *geh;* **to ~ a fence** auf einen Zaun klettern; **to ~ a mountain** einen Berg besteigen; (*fig*) ***she has already ~d the heights of her profession*** sie hat bereits den Höhepunkt ihrer Karriere erreicht

❷ TECH, ARCHIT etw maßstab[s]getreu zeichnen; (*make*) etw maßstab[s]getreu anfertigen

◆**scale back** *vt* **to ~ back** ○ **sth** etw reduzieren [*o* einschränken]

◆**scale down I.** *vt* **to ~ down** ○ **sth** etw reduzieren; ECON etw einschränken [*o* drosseln], etw verringern [*o* herabsetzen]; ***my company is scaling down its operations in the Middle East*** meine Firma schränkt ihre Tätigkeiten im mittleren Osten ein; (*make smaller in proportion*) etw [vom Maßstab her] verkleinern

II. *vi* verkleinern; ***the company may be scaling down*** die Firma könnte ihr Volumen verringern

◆**scale up I.** *vt* **to ~ up** ○ **sth** etw erweitern; *transportation system etc* etw ausbauen; ECON etw erhöhen [*o* heraufsetzen]

II. *vi* expandieren

scale drawing *n* maßstab[s]getreue Zeichnung

scale model *n* maßstab[s]getreues Modell

scaliness ['skeɪlɪnəs] *n no pl* ❶ ZOOL Schuppenbildung *f*

❷ MED Schuppigkeit *f*

❸ MECH Verkalkung *f*

scaling ladder ['skeɪɪŋ,-, AM -ə-] *n* (*hist*) Sturmleiter *f*

scallion ['skæliən, AM -jən] *n* (*spring onion*) Frühlingszwiebel *f;* (*shallot*) Schalotte *f*

scallop ['skæləp, AM *esp* 'skɑ:-] **I.** *n* ❶ (*edible shellfish*) Kammmuschel *f;* (*esp in gastronomy*) Jakobsmuschel *f*

❷ **~** [**shell**] (*plate*) Muschelschale *f;* ZOOL Schalenhälfte *f* der Kammmuschel

II. *vi* AM Muscheln sammeln

scalloped ['skæləpt, AM *esp* 'skɑ:-] *adj inv, attr* ❶ FASHION *edge* bogenförmig

❷ (*shape of scallop shell*) muschelförmig

scalloped potatoes *npl Kartoffelgericht, bei dem die Kartoffeln in dünne Scheiben geschnitten und dann in Milch und Käse überbacken werden*

scallywag ['skæliwæg] *n* (*fam*) Schlingel *m hum*

scalp [skælp] **I.** *n* ❶ (*head skin*) Kopfhaut *f*

❷ (*hist*) Skalp *m;* (*fig: victory*) [Sieges]trophäe *f;* ***he's out for the doctor's ~*** er will dem Arzt an den Kragen

II. *vt* ❶ (*hist: remove head skin*) **to ~ sb** jdn skalpieren; (*hum iron*) jdn kahl scheren

❷ AM, AUS (*fam: resell*) **to ~ sth** etw zu einem Wucherpreis weiterverkaufen

❸ AM (*iron fam: defeat*) **to ~ sb** jdn haushoch schlagen *fam*

III. *vi* STOCKEX auf schnellen Gewinn spekulieren

scalpel ['skælpəl] *n* Skalpell *nt*

scalper ['skælpəʳ, AM -ə] *n* AM, AUS (*fam*) Wucherer, Wucherin *m, f,* Absahner(in) *m(f);* (*ticket seller*) [Karten]schwarzhändler(in) *m(f);* STOCKEX Spekulant(in) *m(f)* in Terminkontrakten

scalping ['skælpɪŋ] *n* STOCKEX kleine Gewinnmitnahmen

scaly ['skeɪli] *adj* ❶ ZOOL, MED schuppig; **~ skin** schuppige Haut

❷ TECH verkalkt

scam [skæm] *n* (*fam*) Betrug *m;* **banking ~** Bankbetrug *m*

scamp¹ [skæmp] *n* (*fam*) Schlingel *m hum*

scamp² [skæmp] *vt* (*dated*) **to ~ sth** etw schlampig erledigen

scamper ['skæmpəʳ, AM -ə] **I.** *vi* **to ~ somewhere** irgendwohin flitzen *fam;* ***the children ~ed off into the garden*** die Kinder schossen in den Garten hinaus *fam*

II. *n no pl* Flitzen *nt fam*

scampi ['skæmpi] *npl* Scampi *pl*

scan [skæn] **I.** *vt* <-nn-> ❶ (*scrutinize*) **to ~ sth** etw absuchen (**for** nach +*dat*)

❷ (*glance through*) **to ~ sth** etw überfliegen

❸ COMPUT **to ~ sth** etw einlesen [*o fachspr* einscannen]; **to ~ a text** einen Text einlesen [*o fachspr* einscannen]; ***she had to have her brain ~ned*** sie musste sich einer Computertomographie des Schädels unterziehen

❹ (*rotate*) **to ~ a beam/light/spotlight over sth** über etw *akk* einen Strahl/ein Licht/ein Scheinwerferlicht gleiten lassen

❺ LIT **to ~ sth** etw bestimmen; **to ~ a verse** ein Versmaß festlegen

II. *vi* <-nn-> ❶ (*glance through*) *through a booklet, article* [flüchtig] durchsehen

❷ LIT (*conform to verse*) das korrekte Versmaß haben; ***this line doesn't ~*** diese Zeile hat nicht das richtige Versmaß

III. *n* ❶ (*glancing through*) [flüchtige] Durchsicht

❷ MED Abtastung *f,* Scan *m;* **brain ~** Computertomographie *f* des Schädels; **ultrasound ~** Ultraschalluntersuchung *f*

❸ (*image*) Scannerergebnis *nt*

scandal ['skændəl] *n* ❶ (*cause of outrage*) Skandal *m;* **political ~** politischer Skandal; **to cause** [*or* **create**] **a ~** einen Skandal verursachen [*o* auslösen]; **a ~ breaks** ein Skandal kommt zu Tage; **to cover** [*or* **hush**] **up a ~** einen Skandal vertuschen; **to expose** [*or* **uncover**] **a ~** einen Skandal enthüllen [*o* aufdecken]

❷ *no pl* (*gossip*) Skandalgeschichte *f;* **to spread ~** Skandalgeschichten verbreiten

❸ *no pl* (*outrage*) Empörung *f;* **to be cause for ~** für Empörung sorgen

❹ (*sth shocking*) Skandal *m;* (*disgrace*) Schande *f;* ***the way they treat their children is a ~*** es ist schockierend, wie sie ihre Kinder behandeln

scandalize ['skændᵊlaɪz, AM -də-] *vt* ■**to ~ sb** jdn schockieren; ■**to be ~d by sth** von etw *dat* schockiert sein; (*offended*) über etw *akk* empört sein

scandalmonger ['skændᵊl,mʌŋgəʳ, AM -,mɑːŋgɚ] *n* (*pej*) Lästermaul *nt sl*

scandalous ['skændᵊləs] *adv* ❶ (*causing scandal*) skandalös
❷ (*disgraceful*) skandalös, unerhört; (*shocking*) schockierend; ***it's ~ that …*** es ist skandalös, dass …

scandalously ['skændᵊləsli] *adv* ❶ (*in scandalous manner*) skandalös
❷ (*disgracefully*) skandalös, unerhört; (*shockingly*) schockierend

scandal sheet *n* (*pej*) Boulevardblatt *nt*, Skandalblatt *nt*

Scandinavia [,skændɪ'neɪviə] *n no pl* Skandinavien *nt*

Scandinavian [,skændɪ'neɪviən] **I.** *adj inv* skandinavisch
II. *n* Skandinavier(in) *m(f)*

scanner ['skænəʳ, AM -ɚ] *n* COMPUT, MED Scanner *m*, Abtaster *m*

scansion ['skænʃᵊn] *n no pl* LIT ❶ (*act of scanning*) Bestimmung *f* des Versmaßes, Skansion *f fachspr*; (*action*) Skandieren *nt*
❷ (*rhythm*) metrische Gliederung, Metrik *f fachspr*

scant [skænt] **I.** *adj attr* ❶ (*not enough*) unzureichend, ungenügend; ***he retold the story with ~ regard for the truth*** er wiederholte die Geschichte, ohne dabei der Wahrheit große Bedeutung beizumessen; **~ attention** mangelnde Aufmerksamkeit; **to pay ~ attention to sth** etw kaum beachten; **~ evidence** unzureichende Beweise
❷ (*almost*) **a ~ litre/metre** ein knapper Liter/Meter
II. *vt* ❶ (*neglect*) ■**to ~ sth/sb** etw/jdn vernachlässigen
❷ *esp* AM (*be grudging with*) ■**to ~ sth** mit etw *dat* hadern *geh*

scantily ['skæntɪli, AM -t̬ɪli] *adv* spärlich; **~ clad** (*alluringly*) freizügig gekleidet

scanty ['skænti, AM -t̬i] *adj* ❶ (*very small*) knapp; **~ bathing suit** knapper Badeanzug
❷ (*barely sufficient*) unzureichend, ungenügend; **~ evidence** unzulänglicher Beweis; **~ information** unzureichende Information

scapegoat ['skeɪpgəʊt, AM -goʊt] **I.** *n* Sündenbock *m*; ■**to be a ~ for sb/sth** für jdn/etw der Sündenbock sein; **to make a ~ of sb** jdn zum Sündenbock machen; **to use sb as a ~** jdn als Sündenbock benutzen
II. *vt* ■**to ~ sb** [**for sth/for doing sth**] jdm [für etw *akk*] die Schuld geben

scapula <*pl* -s *or* -lae> ['skæpjələ, *pl* -liː] *n* ANAT Schulterblatt *nt*

scar [skɑːʳ, AM skɑːr] **I.** *n* ❶ MED Narbe *f*; **~ tissue** Narbengewebe *nt*; **emotional/mental/psychological ~** (*fig*) seelische/geistige/psychische Narbe; **to bear a ~** eine Narbe tragen; ***every village bears the ~s of war*** jeder Ort ist vom Krieg gezeichnet; **to leave a ~** eine Narbe hinterlassen
❷ GEOL blanker [*o* nackter] Fels
II. *vt* <-rr-> ■**to be ~red** [**by sth**] [von etw *dat*] gezeichnet sein; **to be ~red for life** fürs [ganze] Leben gezeichnet sein; ***his experiences in the army left him deeply ~red*** seine Erfahrungen bei der Armee hinterließen tiefe Wunden bei ihm
III. *vi* vernarben; ■**to ~** [**over**] eine Narbe bilden

scarab ['skærəb, AM 'sker-] *n* ❶ ZOOL Skarabäus *m*, Pillendreher *m*
❷ (*hist: Egyptian gem*) Skarabäus *m*, Skarabäengemme *f*

scarce [skeəs, AM skers] *adj* knapp; (*rare*) rar; **to make oneself ~** (*fam*) sich *akk* rar machen *fam*; (*disappear*) sich *akk* aus dem Staub machen *fam*

scarcely ['skeəsli, AM 'skers-] *adv* ❶ *inv* (*barely*) kaum; ***I had ~ sat down when …*** ich hatte mich gerade hingesetzt, als …; ***she can ~ afford to pay the rent*** sie kann das Geld für die Miete kaum aufbringen
❷ (*certainly not*) ***he would ~ have said a thing like that*** er hätte so etwas wohl kaum behauptet

scarcity ['skeəsəti, AM 'skersət̬i] *n no pl* Knappheit *f*; **~ value** Seltenheitswert *m*

scare [skeəʳ, AM sker] **I.** *n* ❶ (*fright*) Schreck[en] *m*; **to get** [*or* **have**] **a ~** einen Schreck[en] bekommen; **to give sb a ~** jdm einen Schreck[en] einjagen
❷ (*public panic*) Hysterie *f*; ***a few ~s about food poisoning*** einige panikartige Reaktionen in Bezug auf Lebensmittelvergiftungen; **bomb ~** Bombendrohung *f*
II. *adj attr, inv* Panik-; **~ story** Schauergeschichte *f*; **~ tactic** Panikmache *f*
III. *vt* ■**to ~ sb** jdm Angst machen, jdn erschrecken; ***the two boys ~d the old man into handing over his wallet*** die beiden Jungs bedrohten den alten Mann so, dass er ihnen seine Brieftasche gab; **to ~ sb out of doing sth** jdn so ängstigen, dass er etw nicht tut
► PHRASES: **to ~ the life** [*or* **the living daylights**] **out of sb** jdn zu Tode erschrecken; **to ~ the pants off sb** jdn unglaublich erschrecken; **to ~ sb shitless** (*vulg*) jdn höllisch erschrecken *fam*; **to ~ sb stiff** [*or* **witless**] [*or* **out of his wits**] [*or* **to death**] jdn zu Tode ängstigen
IV. *vi* erschrecken; **to ~ easily** leicht erschrecken, schreckhaft sein
◆**scare away, scare off** *vt* ■**to scare sb ⊂ away** [*or* **off**] ❶ (*frighten into leaving*) jdn verscheuchen
❷ (*discourage*) jdn abschrecken
◆**scare up** *vt* AM (*fam*) ■**to ~ up ⊂ sth** etw auftreiben *fam*

scarecrow ['skeəkrəʊ, AM 'skerkroʊ] *n* Vogelscheuche *f*

scared [skeəd, AM skerd] *adj* verängstigt; ■**to be ~ of sth/sb** vor etw/jdm Angst haben; ■**to be ~ to do** [*or* **of doing**] **sth** Angst davor haben, etw zu tun; ■**to be ~ that …** [be]fürchten [*o* Angst haben], dass …; ***I was ~ that you might not be there*** ich befürchtete, du könntest vielleicht nicht da sein; **to be ~ to death** [*or* **stiff**] [*or* **witless**] [*or* **out of one's wits**] Todesängste ausstehen; **to be ~ of one's own shadow** sich *akk* vor seinem eigenen Schatten fürchten; **to be ~ shitless** (*vulg*) sich *dat* vor Angst in die Hosen scheißen *derb*; **to run ~** panisch reagieren

scaredy ['skeədi, AM 'skerdi] *n*, **scaredy cat** *n* (*childspeak pej*) Angsthase *m fam*, Schisser *m sl*

scaremonger ['skeə,mʌŋgəʳ, AM 'sker,mɑːŋgɚ] *n* Panikmacher(in) *m(f)*

scaremongering ['skeə,mʌŋgᵊrɪŋ, AM 'sker,mɑːŋgɚ-] **I.** *n no pl* (*usu pej*) Panikmache *f pej*
II. *adj attr* Panik-; **~ tactics** Panikmache *f*

scarf[1] <*pl* -s *or* scarves> [skɑːf, AM skɑːrf] *n* Schal *m*; **silk ~** Seidentuch *nt*; **wool ~** Wollschal *m*

scarf[2] [skɑːf, AM skɑːrf] **I.** *vt* (*join*) ■**to ~ sth** *metal* etw zusammenlaschen; *timber* etw zusammenblatten
II. *n* (*joint*) Verlaschung *f*; *of timber* Blattverbindung *f*, Blattfuge *f*

scarf[3] [skɑːf, AM skɑːrf] *vt* AM (*fam*) ■**to ~ sth** [**down/up**] etw [runter-/auf]futtern *fam*, sich *dat* was reinziehen *sl*
◆**scarf up** *vt* AM (*fam*) ■**to ~ sth ⊂ up** etw auffuttern *fam*

scarf ring *n* Halstuchring *m*

scarifier ['skærɪfaɪəʳ, AM 'skerɪfaɪɚ] *n* (*for lawn*) Gerät *nt* zum Rasenauflockern; (*for soil*) Gerät *nt* zum Bodenauflockern

scarify[1] <-ie-> ['skærɪfaɪ, AM 'sker-] *vt* ❶ (*make incisions*) **to ~ the ground** den Boden auflockern; **to ~ skin** Haut [an]ritzen
❷ (*fig: hurt feelings*) ■**to ~ sb** jdn verletzen

scarify[2] ['skærɪfaɪ, AM 'sker-] *vt* (*fam: scare*) ■**to ~ sb** jdn [sehr] ängstigen

scarifying ['skærɪfaɪɪŋ, AM 'sker-] *adj* (*fig*) ❶ (*hurtful*) schmerzhaft
❷ (*fam: terrifying*) beängstigend

scarily ['skeərɪli, AM 'sker-] *adv* beängstigend

scarlatina [,skɑːlə'tiːnə, AM ,skɑːr-] *n no pl* MED Scharlach *m*

scarlet ['skɑːlət, AM 'skɑːr-] **I.** *n no pl* Scharlachrot *nt*
II. *adj* scharlachrot

scarlet fever *n no pl* MED Scharlach *m*, Scharlachfieber *nt* **scarlet runner** *n* BOT, FOOD Feuerbohne *f* **scarlet woman** *n* (*pej dated*) leichtlebige Frau *veraltet*

scarp [skɑːp, AM skɑːrp] *n* Steilhang *m*; MIL innere Grabenböschung, Eskarpe *f*

scarper [skɑːpəʳ] *vi* BRIT, AUS (*sl*) abhauen *fam*, sich *akk* verziehen *sl*

scarves [skɑːvz, AM skɑːrvz] *n pl of* **scarf**

scary ['skeəri, AM 'skeri] *adj* ❶ (*frightening*) Furcht erregend
❷ (*uncanny*) unheimlich

scat[1] [skæt] *interj* (*fam*) ■**~!** verschwinde, hau ab *fam*

scat[2] [skæt] *n no pl* HUNT (*droppings*) Kot *m*

scat[3] [skæt] *n no pl* MUS Scat *m*

scathe [skeɪð] *vt usu passive* ■**to be ~d** [**by sth**] [von etw *dat*] verletzt werden; ***she escaped barely ~d*** sie ist mit ein Paar Schrammen davongekommen

scathing ['skeɪðɪŋ] *adj* versengend; **~ criticism** scharfe Kritik; **~ remark** bissige Bemerkung; ■**to be ~ about sb/sth** jdn/etw verletzend herabsetzen

scathingly ['skeɪðɪŋli] *adv* vernichtend

scatological [,skætə'lɒdʒɪkᵊl, AM -t̬ə'lɑːdʒ-] *adj* (*form*) skatologisch

scatology [skæt'ɒlədʒi, AM skə'tɑːl-] *n no pl* Skatologie *f*

scat singer *n* MUS Scatsänger(in) *m(f)*

scat singing *n no pl* MUS Scatgesang *m*

scatter ['skætəʳ, AM -t̬ɚ] **I.** *vt* ■**to ~ sth** etw verstreuen; ***I ~ed grass seed all over the lawn*** ich streute Grassamen über den ganzen Rasen; ■**to ~ sth with sth** etw mit etw *dat* bestreuen; PHYS etw streuen; **to be ~ed to the four winds** (*form*) in alle Winde zerstreut sein
II. *vi crowd, protesters* sich *akk* zerstreuen; **to ~ the four winds** (*form*) sich *akk* in alle vier Himmelsrichtungen zerstreuen
III. *n* ❶ (*small amount*) [vereinzeltes] Häufchen; ***a ~ of hailstones still lay on the drive*** ein paar vereinzelte Hagelkörner lagen immer noch in der Einfahrt
❷ *no pl* PHYS, COMPUT Streuung *f*
◆**scatter about, scatter around** *vt* ■**to ~ sth about** [*or* **around**] etw [überall] verstreuen; ■**to be ~ed about** [*or* **around**] [überall] verstreut sein

scatterbrain *n* zerstreute Person; ***I'm such a ~*** ich bin total zerstreut **scatterbrained** *adj* zerstreut

scatter cushion *n* BRIT, AUS Sofakissen *nt*

scattered ['skætəd, AM -t̬ɚd] *adj* ❶ (*strewn about*) verstreut; ***beer cans were left ~ on the grass*** Bierdosen lagen verstreut auf dem Rasen herum; ***my family is ~ all over the world*** meine Familie ist über die ganze Welt verstreut
❷ (*far apart*) weit verstreut; ***a few ~ villages*** ein paar verstreute Dörfer
❸ (*sporadic*) vereinzelt; **~ showers** vereinzelten Regenschauern

scattering ['skætᵊrɪŋ, AM -t̬ɚ-] *n* ❶ (*amount*) vereinzeltes Häufchen; ***a ~ of people were still strolling around the park*** noch ein paar Leute gingen vereinzelt im Park spazieren
❷ (*act of strewing*) Streuen *nt*
❸ *no pl* PHYS Streuung *f*

scatter rug *n* [kleiner] Teppich

scatty ['skæti] *adj* BRIT, AUS (*fam*) schusselig *fam*; **to drive sb ~** jdn wahnsinnig machen *fam*

scavenge ['skævɪndʒ] **I.** *vi* ❶ (*search*) stöbern; (*collect*) ergattern *fam*; ***just look at all those people scavenging on the rubbish tip*** guck' dir nur mal all die Leute an, die die Abfallhalde durchwühlen *fam*
❷ (*feed*) Aas fressen
❸ COMPUT unerlaubt durchsuchen
II. *vt* ■**to ~ sth** etw aufstöbern

scavenger ['skævɪndʒəʳ, AM -ɚ] *n* ❶ (*animal*) Aasfresser *m*

S

❷ *(person) jd, der nach ausrangierten, aber noch verwendbaren Sachen sucht;* (*pej*) Aasgeier *m pej fam*

scavenger hunt *n Spiel, bei dem die Teilnehmer verschiedene Gegenstände in der freien Natur sammeln und nach Hause bringen müssen*

SCE [ˌessiː'iː] *n abbrev of* **Scottish Certificate of Education** [*höherer*] *Schulabschluss in Schottland*

scenario [sɪ'nɑːriəʊ, AM sə'nerioʊ] *n* ❶ (*imaginary sequence*) Szenario *nt;* **nightmare** ~ Alptraumvision *f;* **in the worst-case** ~ im schlimmsten Fall
❷ THEAT, LIT Szenario *nt,* Szenarium *nt*

scene [siːn] *n* ❶ THEAT, FILM (*of drama*) Szene *f;* **nude** ~ Nacktszene *f*
❷ THEAT, FILM (*setting*) Schauplatz *m;* (*scenery*) Kulisse *f;* ***the ~ is set in 19th-century Venice*** Ort der Handlung ist das Venedig des 19. Jahrhunderts; **change of** ~ Kulissenwechsel *m,* Szenenwechsel *m;* (*fig*) Kulissenwechsel *m,* Tapetenwechsel *m fig fam;* **behind the ~s** (*also fig*) hinter den Kulissen *a. fig*
❸ (*locality of event*) Schauplatz *m;* LAW Tatort *m;* ***the police were on the ~ within minutes*** die Polizei war binnen Minuten am Tatort; **the ~ of the crime** der Schauplatz des Verbrechens
❹ (*real-life event*) Szene *f;* ***there were ~s of great joy as …*** es spielten sich große Freudenszenen ab, als …; **a ~ of horrifying destruction** ein schreckliches Bild der Verwüstung; ART Szene *f;* ***he paints street ~s*** er malt Straßenszenen
❺ (*view of landscape*) Aussicht *f*
❻ (*milieu*) Szene *f;* ***opera isn't really my ~*** die Oper ist nicht ganz mein Fall; **art/drugs/jazz** ~ Kunst-/Drogen-/Jazzszene *f;* **to appear on** [*or* **burst upon**] **the** ~ plötzlich auftauchen; ***rap music burst upon the ~ in the early 1980s*** Rapmusik erschien in den frühen 80ern plötzlich auf der Bildfläche *fam;* **to depart** [*or* **disappear**] [*or* **vanish**] **from the** ~ von der Bildfläche verschwinden *fam*
❼ (*public display*) Szene *f;* (*by child*) Theater *nt fig;* ***please don't make a ~ here in the restaurant*** bitte mach' hier im Restaurant keine Szene
▸ PHRASES: **to set the** ~ den Rahmen abstecken *fig;* **to steal the** ~ die Szene dominieren

scene-of-crime *adj,* **scenes-of-crime** *adj* BRIT Tatort- **scene painter** *n* Bühnenmaler(in) *m(f)*

scenery ['siːnᵊri, AM -nə·i] *n no pl* ❶ (*landscape*) Landschaft *f;* **beautiful/breathtaking/spectacular** ~ wunderschöne/atemberaubende/spektakuläre Landschaft; **to blend into the** ~ (*also pej*) sich *akk* in die Landschaft einfügen, mit der Landschaft verschmelzen *fig;* ***a secret agent has to be able to blend into the ~*** ein Geheimagent muss sich ganz unauffällig verhalten können
❷ THEAT, FILM Bühnenbild *nt*

scene-shifter *n* THEAT Bühnenarbeiter(in) *m(f),* Kulissenschieber(in) *m(f) hum fam* **scene-stealer** *n* BRIT *jd, der sich in den Mittelpunkt rückt*

scenic ['siːnɪk] *adj* ❶ *inv, attr* THEAT Bühnen-; ***a career in ~ design*** eine Laufbahn als Bühnenbildnerin
❷ *landscape* landschaftlich [schön]; (*hum*) ländlich; ~ **attractions** landschaftliche Attraktionen

scenic railway *n* landschaftlich attraktive Bahnlinie

scent [sent] **I.** *n* ❶ (*aroma*) Duft *m;* ***the evening air was full of the ~ of roses*** die Abendluft war erfüllt von Rosenduft
❷ (*animal smell*) Fährte *f;* ■**to be on the ~ of sth/sb** (*also fig*) etw/jdm auf der Fährte sein *a. fig;* **to put** [*or* **throw**] **sb off the** ~ (*also fig*) jdn abschütteln [*o fam* loswerden]
❸ *no pl* BRIT (*perfume*) Parfüm *nt*
II. *vt* ❶ (*smell*) ■**to ~ sb/sth** jdn/etw wittern
❷ (*detect*) ■**to ~ sth** etw ahnen; **to ~ danger** Gefahr ahnen; ■**to ~ that …** ahnen, dass …
❸ (*apply perfume*) ■**to ~ sth** etw parfümieren

scent bottle *n* Parfümfläschchen *nt*

scented ['sentɪd, AM -t̬ɪd] *adj* (*with aroma*) duftend; (*perfumed*) parfümiert

scent gland *n* ZOOL Duftdrüse *f*

scentless ['sentləs] *adj inv* geruchlos

scent mark *n,* **scent marking** *n* Duftmarke *f*

scepter *n* AM *see* **sceptre**

sceptic ['skeptɪk], AM **skeptic** **I.** *n* ❶ (*sb who doubts*) Zweifler(in) *m(f)*
❷ (*atheist*) Atheist(in) *m(f);* (*sb who doubts the existence of God*) Glaubenszweifler(in) *m(f)*
❸ (*sb inclined to doubt*) Skeptiker(in) *m(f)*
❹ PHILOS (*hist*) Skeptiker(in) *m(f)*
II. *adj see* **sceptical**

sceptical ['skeptɪkᵊl], AM **skeptical** *adj* skeptisch; ■**to be ~ about sth/sb** etw/jdm gegenüber skeptisch sein; ***many experts remain ~ about this*** viele Experten bezweifeln das; **to remain** ~ skeptisch bleiben

sceptically ['skeptɪkᵊli], AM **skeptically** *adv* skeptisch

scepticism ['skeptɪsɪzᵊm], AM **skepticism** *n no pl* Skepsis *f;* **with a degree of** ~ mit einer gewissen Skepsis; **healthy** ~ gesunde Skepsis; **to greet sth with** ~ etw *dat* mit Skepsis begegnen; **to treat sth with** ~ etw mit Skepsis behandeln

sceptre ['septəʳ], AM **scepter** [-ə·] *n* Zepter *nt*

schadenfreude ['ʃɑːdᵊnˌfrɔɪdə] *n no pl* Schadenfreude *f*

schedule ['ʃedjuːl, AM 'skedʒuːl] **I.** *n* ❶ (*timetable*) [Zeit-/Fahr]plan *m;* **bus/train** ~ Bus-/Zugfahrplan *m;* **flight** ~ Flugplan *m;* **teaching** ~ Lehrplan *m;* **to draw up** [*or* **plan**] **a** ~ einen Plan erstellen; **to keep to a** ~ sich *akk* an einen Zeitplan halten
❷ (*plan of work*) Terminplan *m,* Zeitplan *m;* (*plan of event*) Programm *nt;* ***everything went according to ~*** alles lief nach Zeitplan; **ahead of** ~ früher als geplant
❸ (*official listing/form*) Aufstellung *f,* Liste *f;* ~ **B** FIN Einkommenssteuergruppe *f* B, [zu versteuernde] Einkünfte aus der Forstwirtschaft; ~ **D** FIN Einkommenssteuergruppe *f* D
❹ (*routine*) [Arbeits-/Tages]ablauf *m*
❺ FIN Verzeichnis der Zinssätze; **tax ~s** BRIT Steuerklassen *fpl;* ~ **of fees** Gebührenordnung *f;* ~ **of redemption** Tilgungsplan *m*
II. *vt* ■**to ~ sth** ❶ (*list officially*) etw festlegen [*o* aufführen]
❷ (*plan*) etw ansetzen [*o* anberaumen]; **to ~ a meeting** eine Besprechung ansetzen; ***they've ~d him to speak at three o'clock*** sie haben seine Rede für drei Uhr geplant; ***the restoration work is ~d to begin early next year*** die Restaurationsarbeiten sollen Anfang nächsten Jahres beginnen

scheduled ['ʃedjuːld, AM 'skedʒuːld] *adj attr, inv* ❶ (*as planned*) geplant; TRANSP planmäßig; **~d repayments** planmäßige Tilgungen
❷ BRIT (*listed*) denkmalgeschützt; **a ~ building** ein Gebäude, das unter Denkmalschutz steht

scheduler ['ʃedjuːləʳ, AM 'skedʒuːlə·] *n* ❶ MEDIA Programmplaner(in) *m(f)*
❷ COMPUT (*program*) Ablaufsteuerungsprogramm *nt,* Zeitplanungsprogramm *nt*
❸ COMPUT (*software*) Terminplaner *m,* Scheduler *m*

schema <*pl* schemata *or* -s> ['skiːmə] *n* PHILOS [Denk]figur *f,* [Denk]schema *nt*

schematic [skiː'mætɪk, AM -mæt̬-] **I.** *adj* ❶ *diagram* schematisch; ~ **drawing** schematische Zeichnung
❷ (*simplistic*) simplistisch *geh*
II. *n* COMPUT Schema *nt*

schematically [skiː'mætɪkli, AM -mæt̬-] *adv* ❶ *diagram* schematisch
❷ (*simplistically*) simplistisch *geh*

scheme [skiːm] **I.** *n* ❶ (*pej: plot*) [finsterer] Plan; LAW, POL Verschwörung *f;* ***they've devised a ~ to defraud the government of millions of dollars*** sie haben einen Plan geschmiedet, die Regierung um Millionen von Dollar zu betrügen; **a hare-brained** ~ ein verrückter Plan
❷ *esp* BRIT (*official plan*) Projekt *nt;* ***a play ~ for 7- to 11-year olds*** ein Spieleprogramm für die 7- bis 11jährigen; ECON Plan *m,* Programm *nt,* Vorhaben *nt,* Projekt *nt;* ~ **of arrangement** Vergleichsvorschlag *m;* **pension** ~ Altersversorgung *f*
❸ (*overall pattern*) Gesamtbild *nt fig;* **colour** ~ Farb[en]zusammenstellung *f;* ***it fits into his ~ of things*** das passt in seine Betrachtungsweise; **the great** [*or* **overall**] ~ **of things** (*also hum*) der große [Welten]plan, der hinter allem steht *a. hum*
▸ PHRASES: **the best-laid ~s of mice and men** [**gang aft agley**] die ausgeklügeltsten Pläne der Menschen [gehen oft schief]
II. *vi* ❶ (*pej: plan deviously*) planen, einen Plan schmieden *fam;* **to ~ for sb's downfall** Pläne für jds Sturz schmieden; ***he was scheming to get the top job from the moment he joined the firm*** seit seinem ersten Tag in der Firma war es seine Absicht, den wichtigsten Posten zu ergattern
❷ SA (*fam: suppose*) ■**to ~ that …** annehmen, dass …
III. *vt* (*pej*) ■**to ~ sth** etw aushecken *fam;* ***what are you scheming now?*** was heckst du nun schon wieder aus? *fam*

schemer ['skiːməʳ, AM -ə·] *n* (*pej*) Intrigant(in) *m(f) geh*

scheming ['skiːmɪŋ] **I.** *adj inv, attr* (*pej*) intrigant *geh;* (*in a clever way*) raffiniert; **a ~ person** jd, der gerne intrigiert
II. *n no pl* Intrigieren *nt*

scherzo ['skeətsəʊ, AM -'skertsoʊ] *n* MUS Scherzo *nt*

schilling ['ʃɪlɪŋ] *n* FIN Schilling *m*

schism ['skɪzᵊm] *n* ❶ (*division*) Spaltung *f*
❷ REL (*hist*) Kirchenspaltung *f,* Schisma *nt fachspr*

schismatic ['skɪzmætɪk, AM -mæt̬-] REL **I.** *adj* schismatisch
II. *n* Schismatiker(in) *m(f)*

schist [ʃɪst] *n no pl* Schiefer *m*

schistosomiasis [ˌʃɪstə(ʊ)sə'maɪəsɪs, AM -təsoʊ'maɪə-] *n no pl* MED (*spec*) Bilharziose *f*

schizo ['skɪtsəʊ, AM -soʊ] **I.** *n* (*pej sl*) Schizophrene(r) *f(m)*
II. *adj* (*pej sl*) schizophren; (*fig*) verrückt *fig fam*

schizoid ['skɪtsɔɪd] *adj* ❶ PSYCH schizoid *fachspr*
❷ (*fam: crazy*) schizomäßig *sl*

schizophrenia [ˌskɪtsə(ʊ)'friːniə, AM -sə'-] *n no pl* ❶ MED Bewusstseinsspaltung *f,* Schizophrenie *f fachspr;* **paranoid** ~ paranoide Schizophrenie
❷ (*fam: of behaviour*) Schizophrenie *f geh,* schizophrenes Verhalten *geh*

schizophrenic [ˌskɪtsə(ʊ)'frenɪk, AM -sə'-] **I.** *adj inv* schizophren
II. *n* Schizophrene(r) *f(m)*

schizophrenically [ˌskɪtsə(ʊ)'frenɪkᵊli, AM -sə'-] *adv* schizophren

schlep(p) [ʃlep] *esp* AM **I.** *vt* (*fam*) ■**to ~ sth/sb** etw/jdn schleppen *fam;* ***why do I have to ~ my little sister along?*** wieso muss ich meine kleine Schwester überallhin mitschleppen? *fam*
II. *vi* (*fam*) ■**to ~ somewhere** sich *akk* irgendwohin schleppen; ***I've just spent the afternoon ~[p]ing around town*** ich bin gerade den ganzen Nachmittag durch die Stadt gelatscht *sl*
III. *n* (*fam*) weiter Weg

schlepper ['ʃlepə·] *n* AM Blödmann *m derb*

schlock [ʃlɒk, AM ʃlɑːk] *n no pl esp* AM (*pej fam*) Schund *m pej fam*

schlockmeister ['ʃlɒkˌmaɪstəʳ, AM 'ʃlɑːkˌmaɪstə·] *n esp* AM (*fam*) Ramschhändler(in) *m(f)*

schlocky ['ʃlɒki, AM 'ʃlɑːki] *adj esp* AM (*pej fam*) schundig *pej fam*

schlump [ʃlʌmp] *n* AM (*fam: inept person*) Trottel *m pej fam;* (*slovenly person*) Lotterheini *m pej fam,* Schlumpel *m o f* DIAL *fam*

schmal(t)z [ʃmɔːlts, AM ʃmɑːlts] *n no pl* MUS, LIT (*pej fam*) Schmalz *m fam*

schmal(t)zy ['ʃmɔːltsi, AM 'ʃmɑː-] *adj* MUS, LIT (*pej fam*) schmalzig *fam*

schmear [ʃmiːr] **I.** *n* AM (*fam: bribe*) Bestechung *f;* (*money*) Schmiergeld[er] *nt[pl] fam*
II. *vt* AM (*fam*) ■**to ~ sb** [**up**] jdn schmieren *fam*

schmo [ʃməʊ] *n* <*pl* -es> (*fam*) Trottel *m pej fam*

schmooze [ʃmuːz] *vi* AM (*sl: chat*) plaudern; ■**to ~ [with sb]** [mit jdm] plaudern [*o* Konversation machen] (*meist, um sich einen Vorteil zu verschaffen*); ■**to ~ sb** sich *akk* an jdn heranmachen

schmoozer ['ʃmuːzə·] *n* AM (*fam*) *jd, der sich*

durch Konversation Vorteile verschafft
schmoozing ['ʃmu:zɪŋ] *n* AM (*fam*) Kontaktpflege *f* unter den Mitarbeitern (*z. B. Kaffeepausen, Gespräche auf dem Gang, usw.*)
schmuck [ʃmʌk] *n* (*pej fam*) Schwachkopf *m pej*
schnapps [ʃnæps, AM ʃnɑ:ps] *n no pl* Schnaps *m*
schnitzel ['ʃnɪtsəl] *n* Schnitzel *nt*
schnook [ʃnʊk] *n* AM (*pej fam*) Trottel *m pej fam*
schnorkel *n* AUS *see* **snorkel**
scholar ['skɒlər, AM 'skɑ:lɚ] *n* UNIV ❶ (*academic*) Gelehrte(r) *f(m)*; **distinguished** ~ nahmhafte(r) Gelehrte(r); **Greek** ~ des Griechischen Kundige(r) *f(m) geh*
❷ (*good learner*) Student(in) *m(f)*; ***I'm not much of a ~ myself*** ich persönlich bin kein großer Lerner
❸ (*holder of scholarship*) Stipendiat(in) *m(f)*
scholarly ['skɒləli, AM 'skɑ:lɚ-] *adj* ❶ (*academic*) wissenschaftlich; ~ **article** wissenschaftlicher Artikel
❷ (*erudite*) gelehrt; **a ~ woman/man** eine gebildete Frau/ein gebildeter Mann
scholarship ['skɒləʃɪp, AM 'skɑ:lɚ-] *n* ❶ *no pl* (*academic achievement*) Gelehrsamkeit *f*; ***her book is a work of great ~*** ihr Buch ist eine großartige wissenschaftliche Arbeit
❷ (*financial award*) Stipendium *nt*; **to win** [*or* **be awarded**] **a** ~ ein Stipendium erhalten
scholarship holder *n* Stipendiat(in) *m(f)*
scholastic [skə'læstɪk] *adj inv* (*relating to education*) Bildungs-; (*academic*) wissenschaftlich; ~ **standards** der Bildungsstandard
scholastically [skə'læstɪkəli] *adv* wissenschaftlich
scholasticism [skə'læstɪsɪzəm] *n no pl* REL, PHILOS (*hist*) Scholastik *f*
school[1] [sku:l] **I.** *n* ❶ (*for children*) Schule *f*; **graduate/undergratuate** ~ AM *hohe/niedrige Stufe innerhalb des Hochschulsystems;* **primary** [*or* AM **elementary**] ~ Grundschule *f*; **public** ~ AM staatliche Schule; BRIT Privatschule *f*; **secondary** ~ ≈ weiterführende [*o* höhere] Schule; ■**to be in** ~ in der Schule sein; **to attend** [*or* **go to**] ~ zur Schule gehen, die Schule besuchen; **to begin** [*or* **start**] ~ eingeschult werden; **to leave** ~ von der Schule [ab]gehen; (*with diploma*) die Schule beenden [*o* abschließen]; **to teach** ~ AM [an der Schule] unterrichten; ■**to be at ~ with sb** mit jdm zusammen zur Schule gehen
❷ (*school premises*) Schule *f*, Schulgebäude *nt*
❸ *no pl* (*activity*) [Schul]unterricht *m*; ~ ***starts at 9 am*** die Schule fängt um 9 Uhr morgens an
❹ (*pupils and staff*) **the whole** ~ + *sing vb; Brit:* + *pl vb* die ganze Schule
❺ AM (*fam: university*) Universität *f*
❻ (*university division*) Fakultät *f*; (*smaller division*) Institut *nt*, Seminar *nt*
❼ (*for learning one subject*) Schule *f*; **dancing/driving** ~ Tanz-/Fahrschule *f*; **the ~ of hard knocks** (*fig*) die Schule der bitteren Erfahrungen; **the ~ of life** die Schule des Lebens *fig*
❽ ART, PHILOS Schule *f*; ***the Impressionist ~ of painting*** die Schule des Impressionismus
▸ PHRASES: **to tell tales out of** ~ aus der Schule plaudern; **to be one of the old** ~ von der alten Schule sein
II. *vt* ■**to ~ sb** ❶ (*educate*) jdn erziehen
❷ (*train*) jdn schulen; ***you must ~ yourself to be tolerant*** du musst dich in Toleranz üben; ***her children are well ~ed in correct behaviour*** ihre Kinder wissen sich korrekt zu benehmen; **to ~ a dog** einen Hund dressieren
III. *n modifier* (*library, nurse, song*) Schul-; ~ **cafeteria** Schülercafeteria *f*; ~ **paper** Schülerzeitung *f*; ~ **principal** Schuldirektor(in) *m(f)*; ~ **zone** Schulgebiet *nt*
school[2] [sku:l] **I.** *n* ZOOL Schule *f*; (*shoal*) Schwarm *m*; ~ **of fish** Fischschwarm *m*
II. *vi* ZOOL einen Schwarm bilden
school age *n* Schulalter *nt*, schulpflichtiges Alter **school-age** *adj attr, inv* schulpflichtig; ~ **children** schulpflichtige Kinder **school bag** *n* Schultasche *f* **school board** *n* AM Schulbehörde *f* **schoolbook** *n* Schulbuch *nt* **schoolboy I.** *n* Schuljunge *m*, Schüler *m* **II.** *adj attr, inv* schuljungenhaft; ~ **humour** Schuljungenhumor *m* **school bus** *n* Schulbus *m* **schoolchild** *n* Schulkind *nt* **school colours** *npl* Schulfarben *fpl* (*Farben, die die jeweilige Schule repräsentieren*) **school curriculum** *n* Lehrplan *m* **schooldays** *npl* Schulzeit *f kein pl* **school district** *n* AM Schuldistrikt *m* **school fees** *npl* Schulgeld *nt kein pl* **schoolgirl I.** *n* Schulmädchen *nt*, Schülerin *f* **II.** *adj attr, inv* schulmädchenhaft **schoolhouse** *n esp* AM (*dated*) Schulhaus *nt*, Schulgebäude *nt*
schoolie ['sku:li] *n* AUS (*fam*) Schullehrer(in) *m(f)*
schooling ['sku:lɪŋ] *n no pl* (*education*) Ausbildung *f*; (*for young people*) Schulbildung *f*
school inspector *n* BRIT Schulinspektor(in) *m(f)*
schoolkid *n* (*fam*) Schulkind *nt* **school leaver** *n* BRIT, AUS Schulabgänger(in) *m(f)* **school-leaving age** *n* BRIT, AUS Schulabgangsalter *nt* **school-leaving certificate** *n* BRIT Abschlusszeugnis *nt* **school magazine** *n* Schulzeitung *f*, Schülerzeitung *f* **schoolmarm** ['sku:lmɑ:m, AM -mɑ:rm] *n* ❶ AM (*dated: woman*) Lehrerin *f*
❷ (*pej: fussy, severe woman*) Schulmeisterin *f pej*; ***don't be such a ~*** sei nicht so schulmeisterlich *fam*
schoolmarmish ['sku:lmɑ:mɪʃ, AM -mɑ:rm-] *adj* (*pej*) schulmeisterlich **schoolmaster** *n* (*dated*) Lehrer *m* **schoolmate** *n* Schulfreund(in) *m(f)*, Schulkamerad(in) *m(f)* **schoolmistress** *n* (*dated*) Lehrerin *f*
school of thought <*pl* schools-> *n* ≈ Denkmodell *nt*; ***there are two opposing schools of thought on this question*** es gibt zwei gegensätzliche Ansätze im Hinblick auf diese Frage **school report** *n* [Schul]zeugnis *nt* **schoolroom** *n* Klassenzimmer *nt*
school system *n* Schulsystem *nt*
schoolteacher *n* Lehrer(in) *m(f)* **school uniform** *n* Schuluniform *f* **schoolwork** *n no pl* Schularbeiten *pl* **schoolyard** *n* Schulhof *m*
school year *n* Schuljahr *nt*
schooner ['sku:nər, AM -ɚ] *n* ❶ NAUT Schoner *m*
❷ AM TRANSP (*hist*) **prairie** ~ Planwagen *m*
❸ AM, AUS (*tall beer glass*) [großes] Bierglas; ~ **of sherry** BRIT doppelter Sherry
schtook *n see* **shtuck**
schuss [ʃʊs] *vi* SKI Schuss fahren
schwa [ʃwɑ:] *n* LING Schwa *nt*
sciatic [saɪ'ætɪk, AM -t̬ɪk] *adj inv* MED Ischias-; ~ **nerve** Ischiasnerv *m*; ~ **pain** Ischiasschmerzen *mpl*
sciatica [saɪ'ætɪkə, AM -t̬ɪkə] *n no pl* MED Hüftschmerz *m*, Ischias *m o nt fachspr*; ***she suffers from ~*** sie hat Ischiasbeschwerden
science ['saɪən(t)s] **I.** *n* ❶ *no pl* (*study of physical world*) [Natur]wissenschaft *f*; **the marvels** [*or* **wonders**] **of modern** ~ die Wunder der modernen Wissenschaft; **applied/pure** ~ angewandte/reine Wissenschaft
❷ (*discipline*) Wissenschaft *f*; ***physics and chemistry are ~s*** Physik und Chemie sind Naturwissenschaften
❸ (*body of knowledge*) Wissenschaft *f*; **the ~ of climatology** die Klimatologie
II. *n modifier* (*class, experiment, reporter, teacher*) Wissenschafts-; ~ **laboratory** wissenschaftliches Labor; ~ **museum** Wissenschaftsmuseum *nt*
science fiction I. *n no pl* LIT, FILM Sciencefiction *f*
II. *adj inv, attr* Sciencefiction-; ~ **novel** Sciencefictionroman *m* **science park** *n esp* BRIT Technologiepark *m*
scientific [ˌsaɪən'tɪfɪk] *adj* ❶ (*relating to exact science*) naturwissenschaftlich; ~ **approach** [natur]wissenschaftlicher Ansatz; ~ **theory** [natur]wissenschaftliche Theorie; ~ **method** wissenschaftliche Methode
❷ (*relating to science*) wissenschaftlich; ~ **breakthrough** wissenschaftlicher Durchbruch; ~ **community** Wissenschaftsgemeinde *f*
❸ (*fam: systematic*) systematisch
scientifically [ˌsaɪən'tɪfɪkəli] *adv* wissenschaftlich; ***this has not been ~ proven*** dies ist [bisher] nicht wissenschaftlich erwiesen
scientifically-minded *adj* wissenschaftlich veranlagt
scientist ['saɪəntɪst] *n* Wissenschaftler(in) *m(f)*; ***he is employed as a research ~ at NASA*** er arbeitet als Forscher bei der NASA
Scientology® [ˌsaɪən'tɒlədʒi] *n no pl* REL Scientology *f*, Scientologysekte *f*
sci fi ['saɪˌfaɪ] *n* LIT, FILM *short for* **science fiction** Sciencefiction *f*
Scilly Isles ['sɪliˌaɪlz] *npl* GEOG ■**the** ~ die Scillyinseln *fpl*
scimitar ['sɪmɪtər, AM -ət̬ɚ] *n* Krummschwert *nt*
scintilla [sɪn'tɪlə] *n no pl* Fünkchen *nt fig*; **not a ~ of doubt** nicht der geringste Zweifel; **not a ~ of truth** kein Fünkchen Wahrheit
scintillate ['sɪntɪleɪt, AM -t̬əl-] *vi* ❶ (*form: be witty*) vor Geist/Witz sprühen *geh*
❷ ASTRON funkeln, szintillieren *fachspr*
scintillating ['sɪntɪleɪtɪŋ, AM -t̬əleɪt̬-] *adj* sprühend *fig geh*; ~ **wit** sprühender Witz *geh*
scion ['saɪən] *n* ❶ (*form*) Nachkomme *m*, Spross *m geh*
❷ HORT Spross *m*, Schößling *m*
scirocco *n see* **sirocco**
scissor ['sɪzər, AM -ɚ] **I.** *vt* ❶ (*cut*) ■**to ~ sth** etw schneiden
❷ (*movement of legs*) **to ~ one's legs** *die Beine immer wieder mal nach vorne, mal nach hinten überkreuzen*
❸ COMPUT ■**to ~ sth** etw beschneiden
II. *n modifier* (*blade, case*) Scheren-
scissor jump *n* SPORTS Scherensprung *m* **scissor kick** *n* (*in swimming*) Scherenschlag *m*
scissors ['sɪzəz, AM -ɚz] *npl* Schere *f*; **a pair of ~** eine Schere; **a ~ and paste job** (*pej*) ein Zusammenschnitt *m*
sclerosis [sklə'rəʊsɪs, AM sklɪ'roʊ-] *n no pl* MED Sklerose *f*
sclerotic [sklə'rɒtɪk, AM sklɪ'rɑ:t̬-] *adj inv* ❶ MED sklerotisch
❷ (*fig pej: inflexible*) erstarrt; **to bring growth to a ~ economy** die stagnierende Wirtschaft in Schwung bringen
scoff[1] [skɒf, AM skɑ:f] **I.** *vi* spotten; (*laugh*) lachen; ■**to ~ at sth/sb** sich *akk* über etw/jdn lustig machen
II. *n* Spott *m*
scoff[2] [skɒf, AM skɑ:f] *vt esp* BRIT (*fam: eat*) ■**to ~ sth** etw verschlingen; ■**to ~ sth down/up** etw hinunterschlingen *fam*
scoffer ['skɒfər, AM 'skɑ:fɚ] *n* Spötter(in) *m(f)*
scold [skəʊld, AM skoʊld] **I.** *vt* ■**to ~ sb** jdn ausschimpfen; ***the president was ~ed publicly*** der Präsident wurde öffentlich kritisiert
II. *n* (*dated: woman*) zänkisches Weib *pej fam*, Xanthippe *f pej*
scolding ['skəʊldɪŋ, AM 'skoʊld-] *n* Schimpfen *nt*; **to get a ~** furchtbar ausgeschimpft werden
sconce [skɒns, AM skɑ:ns] *n* Wandleuchter *m*
scone [skɒn, AM skoʊn] *n* Scone *m* (*brötchenartiges Gebäck, das lauwarm mit einer Art dicker Sahne und Marmelade gegessen wird*)
scoop [sku:p] **I.** *n* ❶ (*utensil*) Schaufel *f*, Schippe *f* NORDD, MITTELD; (*ladle*) Schöpflöffel *m*; **coal ~** Kohlenschaufel *f*; **ice-cream ~** Eisportionierer *m*; **measuring ~** Messlöffel *m*
❷ (*amount*) Löffel *m*; *of ice cream* Kugel *f*
❸ JOURN Knüller *m fam*
II. *vt* ❶ (*move*) ■**to ~ sth** *sand, dirt* etw schaufeln; (*ladle*) *ice cream, pudding* etw löffeln
❷ JOURN ■**to ~ sb** jdn ausstechen; ***we were ~ed by a rival paper*** eine konkurrierende Zeitung kam uns zuvor
❸ (*win/get*) ■**to ~ sth** etw gewinnen; ***the film ~ed half of the awards at the festival*** der Film sahnte die Hälfte der Preise auf dem Festival ab *fam*; **to ~ the pool** BRIT, AUS (*fam*) den ganzen Gewinn einstreichen *fam*
◆**scoop out** *vt* ■**to ~ out** ↻ **sth** etw ausschaben
◆**scoop up** *vt* ■**to ~ up** ↻ **sth** etw hochheben;

S

she ~ed the children up into her arms sie nahm ihre Kinder schnell in die Arme; ***I ~ed up the water with my hands*** ich habe das Wasser mit den Händen abgeschöpft

scoop neck *adj* U-Ausschnitt *m* **scoop net** *n* (*for fishing*) Streichnetz *nt*

scoot [sku:t] *vi* (*fam*) rennen, springen DIAL *fam;* ***I'll have to ~ or …*** ich muss schnell machen, sonst … *fam;* ***would you mind ~ing across the street and getting me a paper?*** könntest du mal kurz über die Straße springen und mir eine Zeitung besorgen? *fam;* ■**to ~ over** AM zur Seite rutschen; *~* ***over a bit*** rutsch mal ein Bisschen rüber *fam*

scooter ['sku:təʳ, AM -t̬ɚ] *n* [Tret]roller *m;* **motor ~** Motorroller *m*

scope [skəʊp, AM skoʊp] *n no pl* ❶ (*range*) Rahmen *m;* ***that problem is beyond the ~ of my lecture*** diese Problematik sprengt den Rahmen meines Vortrags; ***we would now like to broaden the ~ of the enquiry*** wir würden nun gerne den Rahmen der Befragung erweitern; ***his study was very narrow in ~*** seine Studie war von sehr eingeschränkter Sichtweise

❷ (*possibility*) Möglichkeit *f;* (*freedom to act*) Spielraum *m;* **considerable/limited ~** beachtliche/begrenzte Möglichkeiten

scorch [skɔ:tʃ, AM skɔ:rtʃ] **I.** *vt* ❶ (*burn*) ■**to ~ sth** etw versengen

❷ (*sl: ignore, reject*) **to ~ an idea/a plan** eine Idee/einen Plan ablehnen

II. *vi* ❶ (*become burnt*) versengt werden; ***don't stand too near the fire or your clothes will ~*** stell dich nicht zu dicht ans Feuer, sonst versengst du deine Kleider

❷ (*dated fam: go fast*) ■**to ~ somewhere** irgendwohin rasen *fam;* ***the sports car ~ed past*** der Sportwagen raste vorbei *fam*

III. *n* <*pl* -es> versengte Stelle; **a ~ mark** ein Brandfleck *m*

scorched [skɔ:tʃt, AM skɔ:r-] *adj* ❶ (*by explosion, fire etc*) versengt; **~ earth policy** MIL, POL Politik *f* der verbrannten Erde

❷ (*by the sun*) verdörrt

scorcher ['skɔ:tʃəʳ, AM 'skɔ:rtʃɚ] *n* (*fam*) sehr heißer Tag; ***it's a real ~ today!*** es ist heute wirklich affenheiß! *fam*

scorching ['skɔ:tʃɪŋ, AM 'skɔ:r-] *adj* sengend; **~ heat** sengende Hitze; ***it's ~ hot outside*** es ist glühend heiß draußen

score [skɔ:ʳ, AM skɔ:r] **I.** *n* ❶ (*of points*) Punktestand *m;* (*of game*) Spielstand *m;* ***at half time, the ~ stood at two all*** zur Halbzeit stand es zwei zu zwei; **final ~** Endstand *m;* **to keep** [BRIT **the**] **~** die Punkte [*o* den Spielstand] mitschreiben

❷ SCH Punktzahl *f,* Ergebnis *nt;* **an IQ ~ of 110** ein IQ von 110

❸ (*act of getting point*) Treffer *m*

❹ (*esp form: twenty*) zwanzig; ***he lived to be three ~*** [***years***] er wurde sechzig Jahre alt; ***the play has only been performed a ~ of times*** das Stück wurde nur an die zwanzig Mal aufgeführt; ■**~s** *pl* Dutzende *ntpl;* ***there have been ~s of injuries*** es hat Dutzende von Verletzten gegeben; **by the ~** reihenweise *fam*

❺ (*fam: reason*) Grund *m;* ***there's nothing to worry about on that ~*** darüber brauchst du dir nicht den Kopf zu zerbrechen

❻ (*dispute*) Streit[punkt] *m;* ***it's time these old ~s were forgotten*** es ist an der Zeit, diese alten Streitereien zu vergessen; **to settle a ~** eine Rechnung begleichen *fig*

❼ MUS Partitur *f*

❽ (*for musical/film*) [Titel]musik *f*

► PHRASES: **to know the ~** wissen, wie der Hase läuft *fam;* **what's the ~?** (*fam*) wie sieht's aus? *fam*

II. *vt* ❶ (*gain*) **to ~ a goal** ein Tor schießen; **to ~ a point** einen Punkt machen

❷ (*achieve result*) ■**to ~ sth** etw erreichen [*o* erzielen]; ***she ~d 18 out of 20*** sie erreichte 18 von 20 möglichen Punkten; ***two of the machines we tested ~d high marks*** zwei der getesteten Maschinen erzielten hohe Wertungen; **to ~ a hit** einen Treffer landen *fam;* ***nearly every shot ~d a hit*** nahezu jeder Schuss war ein [voller] Treffer; **to ~ points** (*fig*) sich *dat* einen Vorteil verschaffen; **to ~ a triumph** einen Triumph erzielen; **to ~ a victory** einen Sieg erringen

❸ (*mark, cut*) ■**to ~ sth** etw einkerben; **to ~ the surface of sth** die Oberfläche einer S. *gen* verkratzen

❹ (*fam: obtain, esp illegally*) ■**to ~ sth** etw beschaffen; **to ~ drugs** sich *dat* Stoff beschaffen *sl*

❺ (*orchestrate*) ■**to ~ sth** etw orchestrieren

❻ (*get cheaply, easily*) ■**to ~ sth** [**from sb**] etw [von jdm] abstauben *sl*

III. *vi* ❶ (*make a point*) einen Punkt machen [*o* erzielen]

❷ (*achieve result*) abschneiden; **to ~ well/badly** gut/schlecht abschneiden

❸ (*record*) aufschreiben

❹ (*approv fam: gain advantage*) punkten *fig fam;* ***that's where you ~ over your opponents*** darin liegt dein Vorteil gegenüber deinen Mitbewerbern; ***this new CD player really ~s in terms of sound quality*** dieser neue CD-Spieler ist in punkto Klangqualität eindeutig überlegen

❺ (*sl: make sexual conquest*) eine Eroberung machen; ■**to ~ with sb** jdn aufreißen *sl,* bei jdm zum Schuss kommen *fig sl*

❻ (*sl: obtain illegal drugs*) [sich *dat*] Stoff beschaffen *sl*

◆**score off** *vt* ❶ (*cross off*) ■**to ~ off** ↔ **sth** etw ausstreichen

❷ (*fam: outshine sb*) **to ~** [**points**] **off sb** jdn in den Schatten stellen

◆**score out** *vt* ■**to ~ out** ↔ **sth** etw durchstreichen; ***he ~d out two names on the list*** er strich zwei Namen von der Liste

scoreboard *n* SPORTS Anzeigetafel *f* **scorecard** *n* SPORTS Spielstandskarte *f* **scorekeeper** *n* SPORTS Punktezähler(in) *m(f)*

scoreless ['skɔ:ˈləs, AM 'skɔ:r-] *adj inv* SPORTS torlos

scorer ['skɔ:rəʳ, AM 'skɔ:rɚ] *n* SPORTS ❶ (*scorekeeper*) Punktezähler(in) *m(f)*

❷ (*player who scores*) Torschütze, -in *m, f;* **to be** [**the**] **top ~** die meisten Punkte machen; (*in football*) die meisten Tore schießen

scorn [skɔ:n, AM skɔ:rn] **I.** *n* ❶ (*contempt*) Verachtung *f;* ***why do you always pour ~ on my suggestions?*** warum machst du meine Vorschläge immer lächerlich?; **to feel** [*or* **have**] **~ for sb** für jdn Verachtung empfinden

❷ (*object of contempt*) ■**to be the ~ of sb** von jdm verachtet werden

II. *vt* ❶ (*feel contempt*) ■**to ~ sb/sth** jdn/etw verachten

❷ (*refuse*) ■**to ~ sth** etw ablehnen [*o* ausschlagen]

► PHRASES: **hell hath no fury like a woman ~ed** (*saying*) die Hölle kennt keinen schlimmeren Zorn als den einer verlachten Frau

III. *vi* (*form*) ■**to ~ to do sth** es ablehnen, etw zu tun; ***normally she would have ~ed to be associated with him*** normalerweise würde sie es verschmäht haben, mit ihm in Verbindung gebracht zu werden *veraltend geh*

scornful ['skɔ:nfəl, AM 'skɔ:rn-] *adj* verächtlich; **~ attitude** verächtliche Einstellung; ■**to be ~ of** [*or* **about**] **sth** etw verachten, verhöhnen

scornfully ['skɔ:nfəli, AM 'skɔ:rn-] *adv* verächtlich; *laugh* spöttisch

Scorpio ['skɔ:piəʊ, AM 'skɔ:rpioʊ] *n* Skorpion *m;* ***he is a ~*** er ist Skorpion

scorpion ['skɔ:piən, AM 'skɔ:r-] *n* Skorpion *m*

Scot [skɒt, AM skɑ:t] *n* Schotte, -in *m, f;* **Mary, Queen of ~s** Maria Stuart

scotch [skɒtʃ, AM skɑ:tʃ] *vt* ■**to ~ sth** ❶ (*stop*) *belief, idea* etw richtig stellen; **to ~ a rumour** [*or* AM **rumor**] ein Gerücht aus der Welt schaffen

❷ (*frustrate*) etw zunichte machen; ***the weather ~ed our plans*** das Wetter hat uns einen Strich durch die Rechnung gemacht *fam*

Scotch [skɒtʃ, AM skɑ:tʃ] **I.** *n* <*pl* -es> ❶ *no pl* (*drink*) Scotch *m;* **a bottle/glass of ~** eine Flasche/ein Glas *nt* Scotch

❷ (*glass of*) Scotch *m;* **a double ~** ein doppelter Scotch; **a ~ on the rocks** ein Scotch *m* mit Eis

❸ (*dated: people*) ■**the ~** *pl* die Schotten

II. *adj inv* (*old*) schottisch

Scotch broth *n no pl Eintopf aus Rindfleisch oder Hammel, Graupen und Gemüse* **Scotch egg** *n hart gekochtes Ei in Wurstbrät* **Scotchman** *n* (*dated*) Schotte *m* **Scotch mist** *n no pl* ❶ (*fog*) [dichter] Nebel ❷ *no pl* BRIT (*hum iron: something imaginary*) [pure] Einbildung *f* **Scotch tape®** *n no pl* AM, AUS Tesa[film]® *m* **Scotch terrier** *n* Scotchterrier *m,* schottischer Terrier **Scotch whisky** *n no pl* Scotch *m* **Scotchwoman** *n* (*dated*) Schottin *f*

scot-free *adv inv* ❶ (*without punishment*) straflos, straffrei; **to get away** [*or* **off**] **~** straffrei davonkommen

❷ (*unchallenged*) unbehelligt; (*unharmed*) ungeschoren; **to come away** [*or* **get off**] **~** ungeschoren davonkommen

Scotland ['skɒtlənd, AM 'skɑ:t-] *n* Schottland *nt*

Scotland Yard *n + sing/pl vb* Scotland Yard *m*

Scots [skɒts, AM skɑ:ts] **I.** *adj* schottisch

II. *n no pl* Schottisch *nt*

Scots fir *n* ❶ (*tree*) Kiefer *f,* Föhre *f* DIAL ❷ *no pl* (*wood*) Kiefernholz *nt,* Kiefer *f* **Scotsman** *n* Schotte *m* **Scots pine** *n* ❶ (*tree*) Kiefer *f,* Föhre *f* DIAL ❷ *no pl* (*wood*) Kiefernholz *nt,* Kiefer *f* **Scotswoman** *n* Schottin *f*

Scotticism ['skɒtɪsɪzəm, AM 'skɑ:t̬ɪ-] *n* LING schottischer Ausdruck

Scottie ['skɒti, AM 'skɑ:ti] *n,* **Scottie dog** *n* (*fam*) Scotchterrier *m,* schottischer Terrier

Scottish ['skɒtɪʃ, AM 'skɑ:t̬-] **I.** *adj* schottisch

II. *n* ■**the ~** *pl* die Schotten *pl*

Scottish terrier *n* schottischer Terrier, Scotchterrier *m*

scoundrel ['skaʊndrəl] *n* (*dishonest person*) Schuft *m pej,* Halunke *m pej;* (*stronger*) Schurke *m pej*

scour¹ ['skaʊəʳ, AM -ɚ] *vt* ■**to ~ sth** [**for sb/sth**] *town, area* etw [nach jdm/etw] absuchen [*o fam* abklappern]; *newspaper* etw [nach jdm/etw] durchforsten [*o* durchkämmen]

scour² ['skaʊəʳ, AM -ɚ] **I.** *n no pl* Scheuern *nt,* Schrubben *nt fam;* **to give sth a good ~** etw gründlich reinigen

II. *vt* ■**to ~ sth** ❶ (*clean*) etw scheuern [*o fam* schrubben]

❷ (*erode*) *river* etw auswaschen; *wind* etw abtragen

◆**scour about, scour around** *vi* ■**to ~ about** [*or* **around**] [**for sth**] [nach etw *dat*] herumsuchen *fam;* **to ~ about for an idea/a present** sich *dat* den Kopf nach einer Idee/einem Geschenk zerbrechen

◆**scour away, scour off** *vt* ■**to ~ sth** ↔ **away** [*or* **off**] ❶ (*remove*) etw wegscheuern [*o* abscheuern]; **to ~ away stains** Flecken entfernen

❷ (*erode*) etw erodieren; *water* etw auswaschen; *wind* etw abtragen

◆**scour out** *vt* ■**to ~ out** ↔ **sth** ❶ (*clean*) etw ausscheuern

❷ GEOL etw auswaschen

◆**scour round** *vi* BRIT *see* **scour about**

scourer ['skaʊərəʳ, AM -ɚɚ] *n* Topfreiniger *m,* Topfkratzer *m*

scourge [skɜ:dʒ, AM skɜ:rdʒ] **I.** *n* ❶ *usu sing* (*cause of suffering*) Geißel *f geh,* Plage *f;* **~ of famine** Hungerkatastrophe *f*

❷ (*fig: critic*) Kritiker(in) *m(f);* **to be the ~ of sth/sb** etw/jdn scharf kritisieren, mit jdm hart ins Gericht gehen

❸ (*whip*) Peitsche *f;* REL Geißel *f*

II. *vt* ❶ *usu passive* (*inflict suffering on*) ■**to be ~d by sb/sth** von jdm/etw geplagt [*o geh* heimgesucht] sein

❷ (*hist: whip*) ■**to ~ sb** jdn [aus]peitschen [*o hist* geißeln]

scouring ['skaʊərɪŋ, AM -ɚ-] *n no pl* ❶ (*cleaning*) Scheuern *nt*, Schrubben *nt fam*
❷ (*eroding*) *river* Auswaschen *nt*; *wind* Abtragen *nt*
scouring pad *n esp* AM, AUS Topfreiniger *m*, Topfkratzer *m* **scouring powder** *n no pl* Scheuermittel *nt*
Scouse [skaʊs] BRIT **I.** *adj* (*fam*) Liverpooler; ~ **accent** Liverpooler Akzent
II. *n* (*fam*) ❶ (*person*) Liverpooler(in) *m(f)*
❷ *no pl* (*dialect*) Liverpooler Dialekt
Scouser ['skaʊsəʳ] *n* BRIT (*fam*) Liverpooler(in) *m(f)*
scout [skaʊt] **I.** *n* ❶ (*boy scout*) Pfadfinder *m*; AM (*girl scout*) Pfadfinderin *f*; **~'s honour** [*or* AM **honor**] Pfadfinderehrenwort *nt*; (*fig*) großes Indianerehrenwort *fam*
❷ (*organization*) ■ **the ~s** [*or* **S~s**] *pl* die Pfadfinder *pl*
❸ (*soldier*) Kundschafter(in) *m(f)*, Späher(in) *m(f)*; (*aircraft, ship*) Aufklärer *m*
❹ (*talent searcher*) Talentsucher(in) *m(f)*
❺ *no pl* (*search*) **to have a ~ around** [**for sth**] sich *akk* [nach etw *dat*] umsehen
❻ BRIT (*at Oxford University colleges*) Collegebedienstete(r) *f(m)* (*der Studenten der Universität Oxford*)
❼ AM (*dated fam: fellow*) Kerl *m fam*; ***he's a good ~*** er ist ein feiner Kerl *fam*
II. *vi* ❶ (*reconnoitre*) kundschaften, auf Erkundung gehen
❷ (*search*) ■ **to ~ for sb/sth** nach jdm/etw Ausschau halten; **to ~ for clues** nach Hinweisen suchen; **to ~ for players** nach Spielern/Spielerinnen suchen; **to ~ for new talent** nach neuen Talenten suchen, auf Talentsuche sein
III. *vt* ❶ (*reconnoitre*) ■ **to ~ sth** etw auskundschaften
❷ (*talent-spot*) ■ **to ~ sth for sb/sth** in etw *dat* nach jdm/etw Ausschau halten
◆**scout about, scout around** *vi* ■ **to ~ about** [*or* **around**] [**for sth**] sich *akk* [nach etw *dat*] umsehen
◆**scout out** *vt* ❶ (*find by searching*) ■ **to ~ out** ↔ **sth/sb** etw/jdn aufspüren [*o fam* aufstöbern]
❷ (*find out*) ■ **to ~ out** ↔ **sth** *information* etw auskundschaften [*o* erkunden]
◆**scout round** *vi* BRIT *see* **scout about**
◆**scout up** *vt* AM ■ **to ~ sth/sb** ↔ **up** etw/jdn aufspüren
Scout [skaʊt] *n see* **scout I 1**
scout camp *n*, **Scout camp** *n* Pfadfinderlager *nt*; **to go to** [*or* **on**] **~** ins Pfadfinderlager gehen; **at** [*or* **on**] **~** im Pfadfinderlager **scout hut** *n* BRIT, **Scout hut** *n* BRIT Pfadfinderheim *nt*
scouting, Scouting ['skaʊtɪŋ, AM -t̬ɪŋ] **I.** *n no pl* (*being a Scout*) Pfadfindersein *nt*; (*Scout system*) Pfadfinderei *f fam*
II. *adj attr, inv* Pfadfinder-
scoutleader *n*, **Scoutleader** *n* Pfadfinderführer(in) *m(f)* **scoutmaster** *n*, **Scoutmaster** *n* Pfadfinderführer(in) *m(f)* **Scout Movement** *n no pl* ■ **the ~** die Pfadfinderbewegung **scout troop** *n*, **Scout troop** *n + sing/pl vb* Pfadfindergruppe *f* **scout uniform** *n*, **Scout uniform** *n* Pfadfinderuniform *f*
scowl [skaʊl] **I.** *n* mürrischer [*o* missmutiger] [Gesichts]ausdruck; ***he wore a permanent ~ on his face*** er schaute immer mürrisch drein; **to look at sb with a ~** jdn mürrisch [*o* missmutig] ansehen
II. *vi* mürrisch [*o* missmutig] [drein]blicken; ■ **to ~ at sb** jdn mürrisch [*o* missmutig] ansehen
scowling ['skaʊlɪŋ] *adj attr, inv* missmutig, mürrisch; (*grim*) finster
Scrabble® ['skræbl] *n no pl* Scrabble® *nt*; **a game of ~** eine Runde [*o* Partie] Scrabble
scrabble ['skræbl] *vi* ❶ (*grope*) [herum]wühlen; ■ **to ~ for sth** nach etw *dat* [herum]wühlen *fam*; ■ **to ~ through sth** in etw *dat* herumwühlen; **to ~ in the mud/dirt for sth** im Schlamm/Dreck nach etw *dat* wühlen
❷ (*claw for grip*) ■ **to ~ for sth** nach etw *dat* greifen; ***he hung from the rock ledge, desperately scrabbling with his toes for a foothold*** er hing am Felsvorsprung und suchte verzweifelt mit seinen Füßen nach Halt
❸ (*scratch*) *animal* scharren
❹ (*scramble, crawl quickly*) ■ **to ~ across sth** über etw *akk* krabbeln; ■ **to ~ along sth** etw entlangkrabbeln; ■ **to ~ up sth** etw hochklettern; *insects* etw hochkrabbeln
❺ (*try to get*) ■ **to ~ for sth** *children* sich *akk* um etw *akk* streiten [*o* balgen], um etw *akk* kämpfen
◆**scrabble about, scrabble around,** BRIT *also* **scrabble round** *vi* ❶ (*search*) [herum]suchen; ***she ~d around in her bag*** sie wühlte in ihrer Tasche
❷ (*struggle to achieve*) sich *akk* abmühen
scrag <-gg-> [skræg] *vt* (*dated fam*) ■ **to ~ sb** BRIT (*treat roughly*) jdn verdreschen *fam* [*o sl* vermöbeln]; (*in Rugby*) jdn in einen [*o* den] Würgegriff nehmen; AM (*kill*) jdn abmurksen *sl*
scrag end *n no pl* BRIT (*of mutton*) Hals *m*
scraggly ['skræɡ[ə]li] *adj esp* AM, AUS unordentlich; **~ hair** zott[el]iges Haar; **~ plants** wild wachsende Pflanzen
scraggy ['skræɡi] *adj* ❶ (*pej: thin and bony*) dürr; (*stronger*) klapperdürr *fam*; **~ neck** hagerer Hals
❷ (*pej*) *meat* mager
scram <-mm-> [skræm] *vi* (*fam*) abhauen *fam*, verschwinden *fam*, sich *akk* verziehen *fam*; **~!** zieh Leine! *fam*, hau ab! *fam*
scramble ['skræmbl] **I.** *n* ❶ *no pl* (*scrambling*) Kletterpartie *f* (**over/through/up** über/durch/auf *+akk*)
❷ *no pl* (*rush*) Gedrängel *nt fam* (**for** um *+akk*); (*scrap*) Gerangel *nt fam* (**for** um *+akk*); (*chase*) Jagd *f* (**for** nach *+dat*)
❸ *no pl* (*struggle*) Kampf *m* (**for** um *+akk*); **the S~ for Africa** HIST der Kampf um Afrika
❹ BRIT (*motorcycle race*) Moto-Cross-Rennen *nt*
II. *vi* ❶ (*climb*) klettern; (*over difficult terrain also*) kraxeln *bes* SÜDD, ÖSTERR *fam*; **to ~ through a hedge** (*push oneself through*) sich *akk* durch eine Hecke zwängen; **to ~ down the hillside** den Hang hinunterklettern [*o fam* hinunterkraxeln]; **to ~ up the hillside** den Hang hinaufklettern [*o fam* hinaufkraxeln]
❷ (*move hastily and awkwardly*) hasten; **to ~ into one's clothes** sich *dat* schnell etwas überziehen *fam*, in seine Kleider steigen *fam*; **to ~ for the exit** zum Ausgang stürzen; **to ~ to one's feet** sich *akk* hochrappeln *fam*; **to ~ out of sb's way** jdm hastig freie Bahn machen *fam*
❸ (*compete*) ■ **to ~ for sth** sich *akk* um etw *akk* reißen; (*struggle*) sich *akk* um etw *akk* rangeln; (*push*) sich *akk* zu etw *dat* drängeln [*o fam* vordrängeln]; **to ~ for the exit** sich *akk* zum Ausgang drängeln; **to ~ for the best seats** sich *akk* um die besten Plätze rangeln
❹ (*take off quickly*) *aircraft* sofort losfliegen [*o* aufsteigen]
III. *vt* ❶ (*beat and cook*) ■ **to ~ sth** *eggs* etw verrühren [*o fam* verquirlen]; **to ~ eggs** Rühreier machen
❷ (*fam*) **to ~ sb's brains** jdn durcheinander bringen [*o fam* meschugge machen]
❸ (*encode*) ■ **to ~ sth** etw verschlüsseln
❹ (*take off quickly*) ■ **to ~ sth** *aircraft* etw sofort starten
❺ COMPUT ■ **to ~ sth** etw verwürfeln
◆**scramble together, scramble up** *vt* ■ **to ~ sth** ↔ **together** [*or* **up**] etw zusammenraffen; *money, ingredients* etw zusammenbekommen
scrambled egg *n*, **scrambled eggs** *npl* Rührei *nt*, Rühreier *ntpl selten*
scrambler ['skræmbləʳ, AM -ɚ] *n* ❶ TECH (*device*) Verschlüsselungsgerät *nt*
❷ BRIT (*motorcycle*) Geländemotorrad *nt*
❸ COMPUT (*for data stream*) Verwürfler *m*; (*for speech/signals*) Verwürfler *m*, Scrambler *m*
scrambling ['skræmblɪŋ] *n no pl* BRIT Moto-Cross-Rennen *nt*
scrap¹ [skræp] **I.** *n* ❶ (*small piece, amount*) Stück[chen] *nt*; ***there wasn't a ~ of food left on her plate*** sie ließ nicht ein Krümelchen auf ihrem Teller übrig; ***this does not make a ~ of difference!*** das macht doch nicht den geringsten Unterschied!; **~ of cloth/paper** Stoff-/Papierfetzen *m*; **a few ~s of conversation** ein paar Gesprächsfetzen; **a few ~s of English** ein paar Brocken Englisch; **a few ~s of evidence** ein paar mickrige Beweisstücke *fam*; **not a ~ of evidence** nicht der geringste Beweis; **a few ~s of information** ein paar bruchstückhafte Informationen; **not a ~ of truth** kein Körnchen *nt* Wahrheit; **not a ~** kein bisschen
❷ (*leftover pieces of food*) ■ **~s** *pl* Speisereste *mpl*, Essensabfälle *mpl*
❸ BRIT (*fig fam: small child*) Ding *nt fam*; ***poor little ~*** armes, kleines Ding [*o* SÜDD Hascherl] *fam*
❹ *no pl* (*leftover material*) Altmaterial *nt*; (*old metal*) Schrott; ECON **~ value** Restbuchwert *m*; **to sell sth for ~** etw als Schrott verkaufen
II. *vt* <-pp-> ■ **to ~ sth** ❶ (*get rid of*) etw wegwerfen [*o fam* ausrangieren]; (*use for scrap metal*) etw verschrotten
❷ (*fam: abandon*) etw aufgeben; (*abolish*) etw abschaffen
scrap² [skræp] **I.** *n* (*fam: fight*) Gerangel *nt fam*, Balgerei *f*; (*verbal*) Streit *m*; **to have a ~** [**with sb**] sich *akk* [mit jdm] in der Wolle haben [*o* liegen] *fam*
II. *vi* <-pp-> ■ **to ~** [**over sth**] [**with sb**] ❶ (*fight*) sich *akk* [mit jdm] [um etw *akk*] balgen [*o fam* rangeln]; (*verbal*) sich *akk* [mit jdm] [um etw *akk*] streiten
❷ (*compete fiercely*) [mit jdm] [um etw *akk*] konkurrieren
scrapbook *n* [Sammel]album *nt*; COMPUT Album *nt*; **to keep a ~** ein [Sammel]album führen **scrap dealer** *n* Schrotthändler(in) *m(f)*
scrape [skreɪp] **I.** *n* ❶ *no pl* (*for cleaning*) [Ab]kratzen *nt*, [Ab]schaben *nt*; **to give a potato a ~** eine Kartoffel schälen; **to give one's boots a ~** seine Schuhe abstreifen
❷ (*graze on skin*) Abschürfung *f*; (*scratch*) Kratzer *m*, Schramme *f*; **to give sth a ~** [**on sth**] sich *dat* etw [an etw *dat*] aufschürfen
❸ (*sound*) Kratzen *nt*
❹ (*fig fam: difficult situation*) Not *f*, Klemme *f fam*, Schwulitäten *fpl fam*; **to be in a ~** in der Klemme [*o* Bredouille] sein [*o* stecken] *fam*; **to get into a ~** in Schwulitäten kommen *fam*; **to get sb out of a ~** jdm aus der Bredouille [*o* Klemme] helfen *fam*
❺ (*near disaster*) Gefahrensituation *f*; ***despite this ~ with disaster, he refused to give up racing*** obwohl er nur knapp an einer Katastrophe vorbeigeschrammt ist, weigerte er sich, mit dem Rennfahren aufzuhören *fam*; ***he had several fairly narrow ~s with death while mountaineering*** beim Bergsteigen ist er schon ein paar Mal knapp dem Tod entronnen
II. *vt* ❶ (*remove outer layer*) ■ **to ~ sth** etw [ab]schaben; (*remove excess dirt*) etw [ab]kratzen; ***he must have been hungry, he's ~d his plate completely clean*** so, wie er seinen Teller ratzebutz leer gegessen hat, muss er sehr hungrig gewesen sein; **to ~ one's shoes** die Schuhe abstreifen
❷ (*graze*) **to ~ sth** [**against** [*or* **on**] **sth**] sich *dat* etw [an etw *dat*] aufschürfen; (*scratch, rub against*) ■ **to ~ sth** *car* etw verkratzen [*o* verschrammen]; (*with harsh noise*) ***he just ~s the bow of his violin over the strings*** er kratzt mit seinem Geigenbogen über die Saiten *hum*
❸ (*fig: just manage to obtain*) ■ **to ~ sth** etw nur mit Ach und Krach schaffen *fam*; **to ~ a living** [**together**] (*fam*) gerade [mal] so hinkommen [*o* über die Runden kommen] *fam*; **to ~ a living doing sth** sich *akk* mit etw *dat* über Wasser halten
❹ BRIT (*brush*) **to ~ one's hair** [**back**] sein Haar straff [zurück]kämmen [*o* [zurück]bürsten]
▶ PHRASES: **to ~** [**the bottom of**] **the barrel** das Letzte zusammenkratzen *fam*
III. *vi* ❶ ■ **to ~ against** [*or* **on**] **sth** (*rub*) an etw *dat* reiben; (*brush*) etw streifen; (*scratch*) an etw *dat*

S

kratzen
② (*pej: on string instrument*) ■**to ~ away** [**on sth**] [auf etw *dat*] herumkratzen *hum fam*
③ (*economize*) sparen
④ (*barely*) **to ~ into college/university** es mit Ach und Krach auf die Fachhochschule/Uni[versität] schaffen *fam;* **to ~ home** BRIT, AUS mit Ach und Krach gewinnen *fam*
► PHRASES: **to <u>bow</u> and ~** [katz]buckeln *pej*
◆**scrape along** *vi see* **scrape by**
◆**scrape away** *vt* ■**to ~ away** ↔ **sth** etw abkratzen
◆**scrape by** *vi* mit Ach und Krach [*o* Hängen und Würgen] durchkommen *fam;* ***the family has to ~ by on £50 a week*** die Familie muss mit 50 Pfund in der Woche auskommen; **to ~ by on the dole** BRIT mit dem Arbeitslosengeld gerade so über die Runden kommen *fam*
◆**scrape in** *vi* BRIT ① (*just manage to win*) mit Ach und Krach gewinnen *fam*
② (*just succeed in getting into sth*) hineinrutschen *fam*
◆**scrape off** *vt* ■**to ~ off** ↔ **sth** [**from sth**] *dirt, mud* etw [von etw *dat*] abkratzen
◆**scrape out** *vt* ■**to ~ out** ↔ **sth** etw auskratzen
◆**scrape through** *vi* gerade [mal] so durchkommen [*o* durchrutschen] *fam;* **to ~ through an exam** gerade so [*o* mit Hängen und Würgen] durch eine Prüfung kommen *fam;* **to ~ through college/high school/university** die Fachhochschule/die High School/die Uni[versität] gerade mal so schaffen *fam*
◆**scrape together** *vt* ■**to ~ together** ↔ **sth/people** etw/Leute zusammenbekommen [*o fam* zusammenkriegen]; **to ~ money together** Geld zusammenkratzen *fam;* **to ~ a team together** eine Mannschaft zusammenstellen
◆**scrape up** *vt* ■**to ~ up** ↔ **sth** ① (*scrape together*) etw zusammenbekommen [*o fam* zusammenkriegen]
② (*pick up*) etw wegmachen; ■**to ~ up** ↔ **sth off sth** etw von etw *dat* [ab]kratzen; **to ~ up snow** Schnee schippen; **to ~ up leaves** Blätter zusammenfegen

scraper ['skreɪpəʳ, AM -ɚ] *n* (*tool*) *for paint, wallpaper* Spachtel *m o f; for windscreens* Kratzer *m; for shoes, boots* Abkratzer *m;* (*grid*) Abstreifer *m*

scraperboard *n no pl* BRIT ART Schabpapier *nt fachspr*

scrap heap *n cars* Schrotthaufen *m;* **to be on the ~** (*fig*) zum alten Eisen zählen [*o* gehören] *fam; plan, idea* verworfen werden; **to be thrown on** [*or form* **consigned to**] **the ~** zum alten Eisen geworfen werden *fam*

scrapie ['skreɪpi] *n no pl* Scrapie *f,* Scrapiekrankheit *f*

scraping ['skreɪpɪŋ] **I.** *adj attr, inv* kratzend
II. *n* ① *no pl* (*sound*) Kratzen *nt*
② (*small amount*) Rest[e] *m[pl]*
③ (*bits peeled off*) ■**~s** *pl* Schabsel *pl; vegetable* Schalen *fpl*

scrap iron *n no pl* Alteisen *nt,* Schrott *m* **scrap merchant** *n* BRIT Schrotthändler(in) *m(f)* **scrap metal** *n no pl* Schrott *m* **scrap paper** *n no pl* Schmierpapier *nt*

scrappily ['skræpɪli] *adv* (*unsystematically*) unsystematisch; (*unevenly*) uneinheitlich

scrappy[1] ['skræpi] *adj* (*haphazard*) zusammengestückelt; (*lacking consistency*) unausgewogen, inkonsistent *geh;* (*incomplete*) *knowledge, education, report* lückenhaft; (*unsystematic*) unsystematisch; (*uneven in quality*) *handwriting* uneinheitlich, krakelig *fam*

scrappy[2] ['skræpi] *adj* AM kampflustig, rauflustig; *dog* angriffslustig

scrap value *n no pl* Schrottwert *m* **scrapyard** *n* Schrottplatz *m*

scratch [skrætʃ] **I.** *n* <*pl* -es> ① (*cut on skin*) Kratzer *m,* Schramme *f;* **to be covered in ~es** völlig zerkratzt [*o* verschrammt] sein
② (*mark on surface*) Kratzer *m,* Schramme *f*
③ *no pl* (*to relieve itching*) Kratzen *nt;* **to have** [*or* **give oneself**] **a scratch** sich *akk* kratzen
④ *no pl* (*acceptable standard*) **to not be up to ~** zu wünschen übrig lassen; **to bring sth/sb up to ~** etw/jdn auf Vordermann [*o sl* Zack] bringen *fam;* **to come up to ~** den Anforderungen entsprechen, nichts zu wünschen übrig lassen
⑤ (*beginning state*) **to learn sth from ~** etw von Grund auf lernen; **to start** [**sth**] **from ~** [mit etw *dat*] bei null anfangen, ganz von vorne anfangen; **to bake/cook sth from ~** etw selber [*o* nach Hausmacherart] backen/kochen
⑥ COMPUT Arbeitsbereich *m*
II. *adj attr, inv* ① (*hastily got together*) improvisiert; **a ~ team** eine zusammengewürfelte Mannschaft
② (*without handicap*) ohne Vorgabe *nach n*
III. *vt* ① (*cut slightly*) ■**to ~ sth** etw zerkratzen [*o* zerschrammen]; ■**to ~ sb** jdn kratzen
② (*mark by scraping*) ■**to ~ sth** etw verkratzen [*o* zerkratzen]; ***people have been ~ing their names on this rock for years*** seit Jahren schon ritzen die Leute ihren Namen in den Stein; ***the dog ~ed a small hole in the ground*** der Hund scharrte ein kleines Loch in den Boden
③ (*relieve an itch*) ■**to ~ oneself** sich *akk* kratzen; ■**to ~ sth** an etw *dat* kratzen [*o fam* herumkratzen]; **to ~ one's arm** sich *akk* am Arm kratzen; **to ~ one's head** sich *akk* am Kopf kratzen; (*fig*) sich *dat* den Kopf zerbrechen
④ (*exclude from competition*) **to ~ sb from a list** jdn aus einer [Starter]liste streichen; **to ~ a horse from a race** ein Pferd aus dem Rennen nehmen; **to ~ sb from a team** [*or* **side**] jdn aus der Mannschaft nehmen
⑤ (*erase, remove*) ■**to ~ sth** etw streichen; ***you can ~ that idea*** diese Idee kannst du vergessen; **to ~ sb's name off a list** jds Namen aus einer Liste streichen
⑥ AM (*fam: cancel*) ■**to ~ sth** etw aufgeben [*o fam* abblasen]
⑦ (*write hastily*) ■**to ~ sth** etw [hin]kritzeln; ■**to ~ sth on sth** etw auf etw *akk* kritzeln
► PHRASES: **you ~ my <u>back</u> and I'll ~ yours** eine Hand wäscht die andere *prov;* **~ a … and you'll <u>find</u> a …** [**underneath**] in jedem/jeder … steckt ein/eine …, hinter jedem/jeder … verbirgt sich ein/eine …; **~ *a rabid nationalist and you're likely to find a racist underneath*** in jedem fanatischen Nationalisten steckt mit ziemlicher Sicherheit ein Rassist
IV. *vi* ① (*use claws, nails*) kratzen; *bird, chicken* scharren; ***she ~ed at me with her nails*** sie ging mit den Fingernägeln auf mich los
② (*relieve an itch*) sich *akk* kratzen
③ (*cause itchy feeling*) kratzen
④ BRIT (*write badly*) *pen, nib* kratzen
⑤ (*withdraw from race*) zurücktreten, nicht antreten
⑥ MUS scratchen
◆**scratch about, scratch around** *vi* ① *animals* herumscharren; ■**to ~ about** [*or* **around**] **for sth** nach etw *dat* scharren
② (*fig: search hard*) herumsuchen *fam;* ■**to ~ about** [*or* **around**] **for sth** nach etw *dat* suchen *fam;* **to ~ around** [*or* **about**] **for a bite to eat** nach etwas Essbarem suchen
◆**scratch out** *vt* ① (*strike out*) ■**to ~ out** ↔ **sth** etw auskratzen; **to ~ sb's eyes out** jdm die Augen auskratzen *fam;* **to ~ out a line** eine Zeile durchstreichen; **to ~ out a word** ein Wort ausstreichen
② (*write hurriedly*) ■**to ~ sth** ↔ **out** etw hinkritzeln
③ (*fam: labour to get*) ■**to ~ out sth** etw aufbauen
◆**scratch round** *vi* BRIT *see* **scratch about**

scratch-and-sniff picture *n* Rubbel-Duft-Bild *nt*

scratch card *n* Rubbelkarte *f,* Rubbellos *nt*

scratchmark *n* Kratzspur *f,* Kratzer *m* **scratch pad** *n* AM, AUS ① (*notepad*) Notizblock *m* ② COMPUT Notizblockspeicher *m fachspr* **scratch paper** *n no pl* AM (*scrap paper*) Schmierpapier *nt;* (*for draft notes*) Konzeptpapier *nt*

scratchy ['skrætʃi] *adj* ① (*scratched*) verkratzt
② (*irritating to skin*) *pullover* kratzig; ■**to be ~** kratzen
③ BRIT (*that writes badly*) *pen, nib* kratzend; ■**to be ~** kratzen
④ *handwriting* krak[e]lig *pej fam; drawing, plan, sketch* kritz[e]lig *pej fam*
⑤ (*fig fam: irritable*) kratzbürstig, kratzig *fam*

scrawl [skrɔːl, AM *esp* skrɑːl] **I.** *vt* ■**to ~ sth** etw [hin]kritzeln; **to ~ a note to sb** jdm eine Nachricht hinkritzeln; **to ~ one's signature** seine Unterschrift [hin]kritzeln [*o fam* hinschmieren]; ■**to ~ sth on sth** etw auf etw *akk* kritzeln
II. *n* ① *no pl* (*untidy writing*) Gekritzel *nt pej,* Gekrakel *nt pej fam,* Klaue *f pej fam*
② (*of note, message*) Gekritzel *nt pej,* Gekrakel *nt pej fam,* Krakelei *f pej fam*

scrawny ['skrɔːni, AM *esp* 'skrɑːni] *adj human, animal* dürr; *vegetation* dürftig, mager

scream [skriːm] **I.** *n* ① (*loud shrill cry*) Schrei *m;* **a ~ of fear/for help** ein Aufschrei/Hilfeschrei *m;* **a piercing ~** ein gellender [*o* durchdringender] Schrei; ■**~s** (*continuous shouting*) Geschrei *nt kein pl oft pej*
② (*of an animal*) Gekreisch[e] *nt kein pl*
③ *no pl of an engine, siren* Heulen *nt; of a jet plane* Dröhnen *nt*
④ *no pl* (*fam: sth or sb very funny*) **to be a ~** zum Schreien [*o* Brüllen] sein *fam*
II. *vi* ① (*cry out loudly*) *with fear, pain, rage* schreien; (*with joy, delight*) kreischen; ■**to ~ at sb** jdn anschreien; **to ~ for help** [gellend] um Hilfe schreien; **to ~ with laughter** vor Lachen brüllen; **to ~ in terror** vor Schreck schreien
② *animals* schreien
③ *engine, siren* heulen; *jet plane* dröhnen; ***a fire engine ~ed past*** ein Feuerwehrauto fuhr mit heulenden Sirenen vorbei
④ (*travel fast noisily*) ■**to ~ past** vorbeibrausen, vorbeidüsen *fam,* mit heulenden Motoren vorbeirasen
⑤ (*fig: express oneself vociferously*) ■**to ~ about sth** um etw *akk* ein großes Trara [*o* viel Geschrei] machen *fam*
⑥ *esp* BRIT (*clash horribly*) ■**to ~ at sth** sich *akk* mit etw *dat* beißen *fam;* ■**to ~ at each other** *colours* sich *akk* beißen *fam*
⑦ (*fam: glaringly obvious*) ■**to be ~ing at sb** jdm ins Auge springen
III. *vt* ① (*cry loudly*) ■**to ~** [**out**] **sth** etw schreien [*o bes* SÜDD *fam* brüllen]; **to ~ abuse at sb** jdm Beschimpfungen an den Kopf werfen; **to ~ one's head off** [*or* **the place down**] (*fam*) sich *dat* die Kehle [*o* Lunge] aus dem Hals schreien *fam;* **to ~ oneself hoarse** sich *akk* heiser schreien
② (*fig: express forcefully*) ■**to ~ sth** etw lauthals schreien; ***'Royal Plane Disaster' ~ed the headlines next day*** ‚Königliches Flugzeugunglück' schrien einem die Schlagzeilen am nächsten Tag groß entgegen
◆**scream out** *vi* (*fam: demand*) ■**to ~ out for sth** nach etw *dat* schreien [*o* verlangen]; ■**to ~ out at sb** (*be very noticeable*) *colour, mistake* jdm ins Auge stechen

screaming ['skriːmɪŋ] **I.** *adj attr, inv* ① (*crying loudly*) *person* schreiend; *engine* heulend; **a ~ brat** ein Schreihals *m*
② *headline* reißerisch *pej*
II. *n no pl of people* Geschrei *nt oft pej,* Gebrüll *nt oft pej; of animals* Gekreisch[e] *nt; of an engine* Heulen *nt*

screamingly ['skriːmɪŋli] *adv* ***his life was just a ~ dull routine*** sein Leben war eine einzige öde Routine; **~ funny** zum Schreien komisch *fam,* urkomisch *fam;* **to be ~ obvious** ganz offensichtlich sein

scree [skriː] *n no pl* Geröll *nt,* Schotter *m*

screech [skriːtʃ] **I.** *n* <*pl* -es> *of a person* Schrei *m; of an animal* Kreischen *nt kein pl; of brakes, tyres* Quietschen *nt kein pl;* **a ~ of laughter** ein [gellendes] Auflachen *nt;* **to give a ~ of pain** vor Schmerz aufschreien; **to stop with a ~ of tyres** mit quietschenden Reifen zum Stillstand kommen

II. *vi person* schreien; *animal* kreischen; *brakes, tyres* quietschen; **to ~ with delight** vor Vergnügen quietschen; **to ~ to a halt** mit quietschenden Reifen zum Stillstand kommen; **to ~ with laughter** vor Lachen kreischen; **to ~ with pain** vor Schmerzen schreien
III. *vt* ■**to ~ that ...** schreien [*o* kreischen], dass ...
screech owl *n* Kreischeule *f*
screed [skri:d] *n* ❶ (*speech, writing*) Roman *m;* (*book*) Wälzer *m fam;* **to write ~s [and ~s]** einen ganzen Roman [*o* ganze Romane] schreiben
❷ TECH (*layer of plaster*) Estrich *m*
screen [skri:n] **I.** *n* ❶ (*in a cinema, for slides*) Leinwand *f;* (*of television, computer*) Bildschirm *m;* (*for radar, sonar*) Schirm *m;* **~ dump** Bildschirmausdruck *m;* **radar ~** Radarschirm *m;* **on ~** am Bildschirm
❷ *no pl* ■**the ~** (*cinema*) das Kino; (*fam: television*) das Fernsehen; **the big ~** die Leinwand, das Kino; **the silver ~** (*dated*) *das Kino der 30er und 40er Jahre;* **the small ~** der Bildschirm, das Fernsehen
❸ (*panel for privacy*) Trennwand *f;* (*decorative*) Wandschirm *m,* Paravent *m;* (*for protection*) Schutzschirm *m;* (*against insects*) Fliegengitter *nt;* (*fire screen*) Ofenschirm *m*
❹ BRIT (*along a motorway*) Lärmschutzwand *f;* (*in a church*) Lettner *m;* **glass ~** Glaswand *f;* **a ~ of trees** (*fig*) eine Wand von Bäumen
❺ (*on car*) Windschutzscheibe *f*
❻ *no pl esp* AM (*fig: sth that conceals*) Tarnung *f*
❼ (*test*) Kontrolle *f;* **health ~** Vorsorgeuntersuchung *f;* **security ~** Sicherheitskontrolle *f*
❽ (*sieve*) [Gitter]sieb *nt*
II. *n modifier* FILM Kino-, Film-
III. *vt* ❶ (*conceal*) ■**to ~ sth [from sth]** etw [gegen etw *akk*] abschirmen; **to ~ sth from view** etw vor Einblicken schützen
❷ (*shield*) ■**to ~ sb/sth [from sth]** jdn/etw [vor etw *dat*] schützen; ■**to ~ sb/sth [from sth/sb]** (*fig: protect*) jdn/etw [vor etw/jdm] beschützen
❸ (*examine closely*) ■**to ~ sb** jdn überprüfen; MIL jdn einer Auswahlprüfung unterziehen; ■**to ~ sb for sth** MED jdn auf etw *akk* hin untersuchen; (*test*) ■**to ~ sth** etw überprüfen; (*with answerphone*) **to ~ one's calls** nur bei bestimmten Anrufen das Telefon abnehmen
❹ (*show*) ■**to ~ sth** etw vorführen; TV etw senden
❺ (*put through a sieve*) ■**to ~ sth** etw [durch]sieben; (*fig*) **to ~ candidates** Bewerber sieben [*o* aussondern]
❻ COMPUT (*display*) ■**to ~ sth** etw vorführen
◆**screen off** *vt* ■**to ~ off ○ sth [from sth]** etw [von etw *dat*] abtrennen
◆**screen out** *vt* ❶ (*prevent from entering*) ■**to ~ out ○ sth** etw abhalten
❷ (*exclude selectively*) ■**to ~ out ○ sb** jdn aussieben; ■**to ~ out ○ sth** etw herausfiltern
screenager ['skri:n,eɪdʒəʳ, AM -dʒɚ] *n* (*sl*) *internet- oder computersüchtiger Teenager*
screen door *n* AM, AUS *Eingangstür mit Fliegengitter* **screen dump** *n* COMPUT Dumpen *nt* des Bildschirms *fachspr*
screening ['skri:nɪŋ] *n* ❶ (*a showing in a cinema*) Filmvorführung *f*
❷ *no pl* (*process of showing*) *of films* Vorführen *nt; of TV programmes* Ausstrahlung *f,* Senden *nt;* ***the series has had repeated ~s*** die Serie ist mehrmals wiederholt worden
❸ *no pl* (*testing*) Überprüfung *f*
❹ MED (*examination*) Untersuchung *f;* (*X-ray*) Röntgenuntersuchung *f,* Röntgen *nt kein pl,* Durchleuchtung *f*
screen name *n* Codename *m*
screenplay *n* Drehbuch *nt* **screen print** *n* Siebdruck *m* **screen printing** *n no pl* Siebdruckverfahren *nt* **screen rights** *npl* Filmrechte *pl* **screen saver** *n* Bildschirmschoner *m* **screen test** *n* FILM, TV Probeaufnahmen *fpl* **screen-test** *vt* ■**to ~ sb** von jdm Probeaufnahmen machen **screenwriter** *n* Drehbuchautor(in) *m(f)*

screw [skru:] **I.** *n* ❶ (*metal fastener*) Schraube *f;* **to loosen/tighten [up] a ~** eine Schraube lockern/anziehen
❷ *no pl* (*turn*) Drehung *f;* **to give sth a ~** (*with one's fingers*) an etw *dat* drehen; (*with a screwdriver*) etw anziehen
❸ (*propeller*) Schraube *f*
❹ *no pl* (*vulg sl: sex*) Fick *m vulg;* **to have a ~** bumsen *sl,* vögeln *derb,* ficken *vulg*
❺ *no pl* (*vulg sl: sexual partner*) Fick *m vulg*
❻ (*sl: prison guard*) [Gefängnis]wärter(in) *m(f),* Schließer(in) *m(f)*
❼ *no pl* SPORTS Effet *m;* **to put ~ on the ball** dem Ball [einen] Effet geben, den Ball anschneiden
❽ BRIT (*dated: twisted paper*) Tütchen *nt*
► PHRASES: **to have a ~ loose** (*hum fam*) nicht ganz dicht sein *pej fam;* ***he must have a ~ loose!*** bei ihm muss eine Schraube locker sein! *fam;* **to put the ~s on sb** (*fam*) jdm [die] Daumenschrauben anlegen; **to tighten the ~[s] [on sb]** den Druck [auf jdn] verstärken, [jdm] die Daumenschrauben anziehen
II. *vt* ❶ (*with a screw*) ■**to ~ sth [on]to sth** etw an etw *akk* schrauben, etw an etw *dat* festschrauben
❷ (*by twisting*) **to ~ sth tight** etw fest zudrehen; ■**to ~ sth into sth** etw in etw *akk* schrauben; ■**to ~ sth on[to] sth** etw auf etw *akk* schrauben; **to ~ a nut tight** eine [Schrauben]mutter anziehen
❸ (*fam: cheat*) ■**to ~ sb** jdn reinlegen *fam;* ■**to ~ sb for sth** jdn um etw *akk* bescheißen *sl,* jdm etw abzocken *sl*
❹ (*vulg sl: have sex with*) ■**to ~ sb** jdn bumsen *sl* [*o derb* vögeln] [*o vulg* ficken]
❺ (*fam!: expressing anger or contempt*) **~ it!** Mist! *fam,* Scheiße! *derb;* **~ you/them!** du kannst/die können mich mal! *sl*
❻ (*twist*) ***he somehow managed to ~ his face into an expression of polite interest*** irgendwie schaffte er es, sein Gesicht freundlich zu verziehen; **to ~ sth into a ball** etw zu einem Knäuel [zusammen]knüllen
III. *vi* (*vulg sl: have sex*) bumsen *sl,* vögeln *derb,* ficken *vulg*
◆**screw about** *vt, vi see* **screw around I 2, II 2**
◆**screw around I.** *vi* ❶ (*vulg sl: be promiscuous*) herumbumsen *sl,* herumvögeln *derb*
❷ (*fam!: mess around*) [he]rummachen *fam;* ■**to ~ around with sth** an etw *dat* [he]rummachen *fam;* **to ~ around with the computer** am Computer [he]rumspielen *fam*
II. *vt* ❶ (*twist suddenly*) **to ~ one's head/neck around** den Kopf/Hals verdrehen
❷ (*fam!*) ■**to ~ sb around** (*take the piss*) jdn verarschen *derb;* (*cause trouble*) jdm das Leben sauer machen *fam*
◆**screw down** *vt* ■**to ~ down ○ sth** ❶ (*with screws*) etw festschrauben
❷ (*by twisting*) etw fest zudrehen; **to ~ a nut down tight** eine [Schrauben]mutter anziehen
◆**screw in I.** *vt* ■**to ~ in ○ sth** etw einschrauben [*o* eindrehen]
II. *vi* sich *akk* einschrauben [*o* eindrehen] lassen
◆**screw off I.** *vt* ■**to ~ off ○ sth** etw abschrauben
II. *vi* sich *akk* abschrauben lassen
◆**screw on I.** *vt* ■**to ~ on ○ sth** ❶ (*with screws*) etw anschrauben
❷ (*by twisting*) etw aufschrauben; **to ~ a lid/top on a jar/pot** einen Deckel/Verschluss auf ein Glas/einen Topf schrauben; **to ~ sth on tight** etw fest zudrehen
► PHRASES: **to have one's head ~ed on [right** [*or* **the right way**]] (*fam*) seine fünf Sinne beisammen haben *fam,* nicht auf den Kopf gefallen sein *fam*
II. *vi* ❶ (*with screws*) angeschraubt werden
❷ (*by twisting*) aufgeschraubt werden
◆**screw out** *vt* ■**to ~ sth out of sb** *money* etw aus jdm herauspressen *fam; truth* etw aus jdm herausquetschen *fam*
◆**screw round** *vt* BRIT **to ~ one's head/neck round** den Kopf/Hals verdrehen

◆**screw together I.** *vt* ■**to ~ together ○ sth** etw zusammenschrauben
II. *vi* zusammengeschraubt werden
◆**screw up I.** *vt* ❶ (*with screws*) ■**to ~ up ○ sth** etw zuschrauben
❷ (*by turning*) ■**to ~ up ○ sth** etw zudrehen; **to ~ sth up tight** etw fest zudrehen; **to ~ a nut/screw up tightly** eine Mutter/Schraube anziehen
❸ (*twist and crush*) ■**to ~ up ○ sth** etw zusammenknüllen; **to ~ sth up in[to] a ball** etw zu einem Knäuel [zusammen]knüllen
❹ (*twist into a shape*) **to ~ up one's eyes** blinzeln; **to ~ up one's face/mouth** das Gesicht/den Mund verziehen; ***she ~ed up her mouth into a pout*** sie zog einen Schmollmund
❺ (*sl*) ■**to ~ up ○ sth** (*spoil*) etw vermasseln *fam;* (*fail, do badly*) etw verpatzen [*o* vermasseln] [*o* verhauen] *fam;* **to ~ it/things up** Mist bauen *fam*
❻ (*sl: make anxious, neurotic*) ■**to ~ up ○ sb** jdn verkorksen *fam;* ***his mother's death has really ~ed him up*** der Tod seiner Mutter hat ihn ganz aus der Bahn geworfen
II. *vi* ❶ (*tighten*) sich *akk* zuschrauben lassen; *nut* sich *akk* anziehen lassen
❷ (*sl: fail, make a mess*) ■**to ~ up [on sth]** [bei etw *dat*] Mist bauen *fam* [*o sl* Murks machen]
screwball *n* ❶ AM (*in baseball*) angeschnittener Ball ❷ *esp* AM (*fam: person*) Spinner(in) *m(f) pej fam* **screw cap** *n* Schraubdeckel *m,* Schraubverschluss *m* **screwdriver** *n* ❶ (*tool*) Schraubenzieher *m* ❷ (*cocktail*) Screwdriver *m* **screwdriver economy** *n* ECON *Wirtschaftsform, in der Produkte montiert und vermarktet werden, deren Einzelteile woanders hergestellt worden sind*
screwed [skru:d] *adj pred* (*sl*) ❶ (*stymied*) festgefahren; (*in a hopeless situation*) geliefert *sl,* aufgeschmissen *sl;* ***we're ~*** wir sind geliefert *sl*
❷ BRIT (*dated: drunk*) voll *fam,* blau *fam*
screwed-up *adj* (*fam: neurotic*) neurotisch; (*messed up*) verkorkst *fam;* ■**to get [all] ~ about sth** wegen einer S. *gen* völlig durchdrehen *fam*
screw-on *adj attr, inv* aufschraubbar; **~ cap/lid/top** Schraubverschluss *m;* **~ lens** aufschraubbare Linse **screw top** *n* Schraubverschluss *m,* Drehverschluss *m* **screw-top** *adj,* **screw-topped** *adj inv* mit Schraubverschluss [*o* Drehverschluss] *nach n*
screwy ['skru:i] *adj* (*fam*) verrückt, verdreht *pej fam;* (*dangerously mad*) *idea* hirnrissig *fam*
scribble ['skrɪbl] **I.** *vt* ■**to ~ sth** etw [hin]kritzeln; ■**to ~ sth on sth** etw auf etw *akk* kritzeln
II. *vi* ❶ (*make marks, write*) kritzeln; **to ~ in a book/on the wall** in ein Buch/an die Wand kritzeln
❷ (*hum: write*) schreiben, schriftstellern *fam*
III. *n* ❶ (*mark, words*) Gekritzel *nt kein pl pej,* Geschmier[e] *nt kein pl pej fam;* **illegible ~s** unleserliches Gekritzel *pej*
❷ *no pl* (*handwriting*) Klaue *f pej sl*
scribbler ['skrɪbləʳ, AM -ɚ] *n* (*pej or hum*) Schreiberling *m pej*
scribbling block *n,* **scribbling pad** *n* Schreibblock *m,* Notizblock *m*
scribbly gum ['skrɪbligʌm] *n* AUS *australischer Gummibaum*
scribe [skraɪb] *n* ❶ (*copyist*) Schreiber(in) *m(f),* Kopist(in) *m(f)*
❷ (*teacher of religious law*) Schriftgelehrte(r) *m*
scrimmage ['skrɪmɪdʒ] *n* ❶ SPORTS (*in US football*) Gedränge *nt fachspr*
❷ (*confused fight*) Gerangel *nt kein pl fam;* (*in a doorway*) Gedränge *nt kein pl*
scrimp [skrɪmp] *vi* sparen; **to ~ and save** knausern *pej fam;* ■**to ~ on sth** an etw *dat* sparen
scrip [skrɪp] *n* FIN ❶ (*share certificate*) Interimsschein *m fachspr,* Scrip *m fachspr,* Zwischenschein *m*
❷ *no pl* (*share certificates*) Interimsscheine *mpl fachspr,* Scrips *mpl fachspr*
scrip holder *n* BRIT Inhaber(in) *m(f)* eines Interimsscheines **scrip issue** *n* FIN (*share*) Interimsaktie *f fachspr;* (*distribution*) Ausgabe *f* von Gratisaktien

S

scrip share *n* FIN Gratisaktie *f*

script [skrɪpt] **I.** *n* ① (*text of film*) Drehbuch *nt,* Skript *nt;* (*of play*) Regiebuch *nt;* (*of broadcast*) Skript *nt;* **to keep** [*or* **stick**] **to the** ~ FILM, TV sich *akk* ans Drehbuch halten; (*fig*) sich *akk* an die Absprache halten; **to read from a** ~ ablesen
② (*style of writing*) Schrift *f;* TYPO *also* Schriftart *f;* **in Arabic/Cyrillic** ~ in arabischer/kyrillischer Schrift; **italic** ~ Kursivschrift *f*
③ BRIT, AUS (*exam*) Examensarbeit *f,* Prüfungsarbeit *f*
④ AUS (*prescription*) Rezept *nt*
⑤ COMPUT Script *nt*
II. *vt* ■**to** ~ **sth** das Drehbuch zu etw *dat* schreiben

scripted ['skrɪptɪd] *adj inv* vorbereitet

script-girl *n* Skriptgirl *nt*

scriptorium <*pl* -ria *or* -s> [skrɪp'tɔːriəm] *n* HIST Schreib- und Studierzimmer *nt* [eines Klosters], Skriptorium *nt geh*

scriptural ['skrɪptʃ^{ə}r^{ə}l, AM -tʃɚ-] *adj* biblisch

scripture *n,* **Scripture** ['skrɪptʃə^{r}, AM -tʃɚ] *n*
① *no pl* (*the Bible*) die Bibel, die Schrift; **passages of** ~ Bibeltexte *mpl,* Bibelstellen *fpl;* [**Holy**] **S**~ die [Heilige] Schrift
② (*sacred writings*) ■**the** ~**s** [*or* **the S**~**s**] *pl* die heiligen Schriften *pl;* (*the Bible*) die Bibel, die Heilige Schrift; **the Hindu/Buddhist/Muslim** ~**s** die heiligen Schriften der Hindus/Buddhisten/Moslems

scriptwriter *n* FILM, TV Drehbuchautor(in) *m(f);* RADIO Rundfunkautor(in) *m(f)*

scrivener ['skrɪv^{ə}nə^{r}, AM ɚ] *n* (*hist*) Amtsschreiber *m*

scrofula ['skrɒfjʊlə, AM 'skrɑːfjə] *n no pl* (*hist*) MED Skrofeln *fpl,* Skrofulose *f*

scroll [skrəʊl, AM skroʊl] **I.** *n* ① (*roll of paper*) [Schrift]rolle *f*
② ARCHIT Schnecke *f fachspr*
II. *vi* COMPUT scrollen *fachspr,* blättern; **to** ~ **up/down** zurück-/vorrollen, zurück-/vorscrollen *fachspr;* **to** ~ [**to the**] **right/left** nach rechts/links scrollen *fachspr;* **to** ~ **through sth** etw durchscrollen *fachspr*

Scrooge [skruːdʒ] *n* (*pej*) Geizhals *m pej,* Geizkragen *m pej fam*

scrota ['skrəʊtə, AM -oʊt̬ə] *n pl of* **scrotum**

scrotum <*pl* -s *or* -ta> ['skrəʊtəm, *pl* -tə, AM -oʊt̬-, *pl* -t̬ə] *n* Hodensack *m,* Skrotum *nt fachspr*

scrounge [skraʊndʒ] (*fam*) **I.** *n no pl* (*pej or hum*) **to be on the** ~ am Schnorren sein *pej fam,* schnorren; **to be on the** ~ **for money/cigarettes** Geld/Zigaretten schnorren *fam*
II. *vt* (*pej*) ■**to** ~ **sth** [**off** [*or* **from**] **sb**] etw [von jdm] schnorren *pej fam*
III. *vi* (*pej*) ■**to** ~ [**off** [*or* **from**] **sb**] [bei jdm] schnorren *pej fam*
◆**scrounge around** *vi* (*fam*) ■**to** ~ **around** [**for sth**] [nach etw *dat*] herumsuchen [*o* herumstöbern] *fam*
◆**scrounge up** *vt* AM, AUS (*fam*) **to** ~ **up a meal** ein Essen zusammenbekommen *fam;* **to** ~ **up money** Geld zusammenkratzen *fam*

scrounger ['skraʊndʒə^{r}, AM -ɚ] *n* (*pej fam*) Schnorrer(in) *m(f) pej fam*

scrub¹ [skrʌb] *n no pl* ① (*trees and bushes*) Gestrüpp *nt*
② (*area*) Busch *m,* Buschland *nt*

scrub² [skrʌb] **I.** *n* **to give sth a** [**good**] ~ etw [gründlich] [ab]schrubben *fam*
II. *vt* <-bb-> ① (*clean*) ■**to** ~ **sth** etw [ab]schrubben *fam;* ■**to** ~ **sb clean** [*or* **down**] jdn abschrubben *fam;* **to** ~ **a saucepan clean** einen Topf blank scheuern
② (*fam: cancel, abandon*) ■**to** ~ **sth** etw fallen lassen; *project* etw abblasen *fam*
③ COMPUT ■**to** ~ **sth** etw löschen
III. *vi* <-bb-> schrubben *fam;* ■**to** ~ **at sth** an etw *dat* herumschrubben *fam*
◆**scrub off** *vt* ■**to** ~ **off** ↻ **sth** [**from sth**] etw [von etw *dat*] abschrubben *fam*
◆**scrub out** *vt* ■**to** ~ **out** ↻ **sth** *mistake* etw beseitigen
◆**scrub round** *vi* BRIT (*fam: avoid*) ■**to** ~ **round sth** etw umgehen
◆**scrub up** *vi* MED sich *dat* [gründlich] die Hände schrubben *fam*

scrubber ['skrʌbə^{r}, AM -ɚ] *n* ① (*scrub brush*) Schrubber *m;* (*smaller one*) Scheuerbürste *f*
② BRIT (*pej sl*) Flittchen *nt pej fam*

scrubbing brush *n,* AM *also* **scrub brush** *n* Schrubber *m;* (*smaller one*) Scheuerbürste *f*

scrubby ['skrʌbi] *adj vegetation* struppig; *area* Busch-, mit Buschwerk bewachsen

scruff [skrʌf] *n* ① (*of neck*) Genick *nt;* **by the** ~ **of the/sb's neck** am Genick
② BRIT (*fam: woman*) Schlampe *f pej fam;* (*fam: man*) vergammelter Typ *pej fam*

scruffily ['skrʌfɪli] *adv* gammelig *oft pej fam*

scruffiness ['skrʌfɪnəs] *n no pl* Schmudd[e]ligkeit *f,* verwahrlostes Aussehen

scruffy ['skrʌfi] *adj clothes* gammelig *oft pej fam,* schmuddelig *pej fam; person* vergammelt *pej fam,* gammelig *pej fam; area, place* heruntergekommen *fam,* verlottert *pej*

scrum [skrʌm] **I.** *n* ① (*in rugby*) Gedränge *nt fachspr*
② BRIT (*fam: disorderly crowd*) Getümmel *nt*
II. *vi* <-mm-> (*in rugby*) ■**to** ~ **down** ein Gedränge bilden *fachspr*

scrum half *n* (*in rugby*) Gedrängehalbspieler(in) *m(f) fachspr*

scrummage ['skrʌmɪdʒ] *n* (*in rugby*) Gedränge *nt fachspr*

scrummager ['skrʌmɪdʒə^{r}, AM -ɚ] *n* (*in rugby*) Gedrängespieler(in) *m(f) fachspr*

scrummy ['skrʌmi] *adj* BRIT (*esp childspeak fam*) lecker, leckerschmecker *Kindersprache*

scrump [skrʌmp] *vt* BRIT (*fam*) ■**to** ~ **sth** etw klauen *fam*

scrumptious ['skrʌm(p)ʃəs] *adj* (*fam*) lecker

scrumpy ['skrʌmpi] *n no pl* BRIT *starker Cidre*

scrunch [skrʌn(t)ʃ] **I.** *n no pl* Knirschen *nt*
II. *vi* (*make noise*) knirschen; (*with the mouth*) geräuschvoll kauen
III. *vt* ① (*crunch*) ***we ~ed the gravel/snow*** [***under our feet***] der Kies/Schnee knirschte unter unseren Füßen
② (*crush up*) ■**to** ~ **sth** etw zerknüllen; *see also* **scrunch up I 1**
◆**scrunch up I.** *vt* ① (*crush small*) ■**to** ~ **up** ↻ **sth** etw zerknüllen [*o* zusammenknüllen]
② (*squeeze up*) **to** ~ **up one's face** das Gesicht verziehen; **to** ~ **up one's hair** die Haare zusammenbinden; **to** ~ **up one's shoulders** seine [*o* die] Schultern einziehen; ■**to** ~ **oneself up** sich *akk* klein machen
II. *vi* zusammenrücken

scrunchy ['skrʌn(t)ʃi] **I.** *adj gravel, snow* knirschend; *apple* knackig
II. *n* Haarband *nt,* Haargummi *m*

scruple ['skruːpl] **I.** *n* ① *no pl* (*moral responsibility*) Skrupel *m meist pl,* Gewissensbisse *mpl,* Bedenken *nt meist pl;* **to be** [**entirely**] **without** ~ [völlig] skrupellos sein, keiner[lei] Skrupel haben
② (*principles*) ■~**s** *pl* Skrupel *mpl,* Bedenken *ntpl;* **moral** ~**s** moralische Bedenken; **to have** [**no**] ~**s about doing sth** [keine] Skrupel [*o* Bedenken] haben, etw zu tun
II. *vi* Bedenken [*o* Skrupel] haben; ■**to not** ~ **to do sth** keine Bedenken [*o* Skrupel] haben, etw zu tun

scrupulous ['skruːpjələs] *adj* ① (*extremely moral*) gewissenhaft; **to be too** ~ **to do sth** zu viele Skrupel haben, etw zu tun
② (*extremely careful*) [peinlich] genau; ■**to be** ~ **about/in sth** es mit etw *dat* sehr genau nehmen; ~ **cleanliness** peinlichste Sauberkeit; ~ **fairness/honesty** kompromisslose Gerechtigkeit/Ehrlichkeit

scrupulously ['skruːpjələsli] *adv* gewissenhaft; ~ **honest** auf unbedingte Ehrlichkeit bedacht; ~ **clean** peinlich sauber; **to** ~ **avoid doing sth** peinlich darauf bedacht sein, etw nicht zu tun; ***he ~ avoided any reference to the incident*** er war sehr darauf bedacht, dass der Vorfall unerwähnt blieb

scrupulousness ['skruːpjələsnəs] *n no pl* Skrupelhaftigkeit *f,* Bedenklichkeit *f*

scrutineer [ˌskruːtɪ'nɪə^{r}, AM -t^{ə}n'ɪr] *n esp* BRIT, AUS Wahlprüfer(in) *m(f)*

scrutinize ['skruːtɪnaɪz, AM -t^{ə}n-] *vt* ■**to** ~ **sth** etw [genau] untersuchen [*o* prüfen]; **to** ~ **a text** einen Text [genau] studieren; **to** ~ **sb's face/sb** jdn [genau] mustern

scrutiny ['skruːtɪni, AM -t^{ə}ni] *n no pl* [genaue] [Über]prüfung [*o* Untersuchung]; **to bear** [*or* **stand** [**up to**]] ~ einer [genauen] [Über]prüfung [*o* Untersuchung] standhalten; **to come under** [*or* **be subjected to**] [**close**] ~ einer [genauen] [Über]prüfung [*o* Untersuchung] unterzogen werden

scuba ['skuːbə] *n* Tauchgerät *nt*

scuba diver *n* Sporttaucher(in) *m(f)* **scuba diving** *n no pl* Sporttauchen *nt;* **to go** ~ sporttauchen

scud <-dd-> [skʌd] *vi* eilen, flitzen *fam; clouds* [schnell] ziehen

scud missile *n* Scud Missile *nt*

scuff [skʌf] **I.** *vt* ① (*mark*) ■**to** ~ **sth** etw verschrammen; (*wear away*) etw abwetzen
② (*drag along the ground*) **to** ~ **one's feet** schlurfen
II. *vi* ① (*wear away*) sich *akk* abwetzen
② (*shuffle*) schlurfen
◆**scuff up** *vt* ■**to** ~ **up** ↻ **sth** etw aufscharren; **to** ~ **up dust/leaves** Staub/Blätter aufwirbeln

scuffed [skʌft] *adj* (*worn away*) abgewetzt; (*marked*) zerschrammt

scuffle ['skʌfl] **I.** *n* ① (*short fight*) Handgemenge *nt,* Handgreiflichkeiten *pl*
② (*sound, movement*) Schlurfen *nt*
II. *vi* ■**to** ~ [**with sb**] sich *akk* [mit jdm] balgen [*o* raufen]

scuff mark *n* Schramme *f*

scull [skʌl] **I.** *vi* rudern, skullen *fachspr*
II. *n* SPORTS Skullboot *nt fachspr*

scullery ['skʌl^{ə}ri, AM -ɚi] *n esp* BRIT Spülküche *f*

scullery maid *n* (*hist*) Küchenmagd *f*

sculling ['skʌlɪŋ] *n no pl* SPORTS Rudern *nt,* Skullen *nt fachspr*

sculpt [skʌlpt] **I.** *vt* ■**to** ~ **sth** (*create*) etw [heraus]meißeln; (*in clay*) etw modellieren; (*reshape, work*) etw formen; *model* etw modellieren; ***the wind has ~ed strange patterns in the sand*** der Wind hat den Sand in seltsame Muster geformt; **to** ~ **sth from stone** etw aus Stein meißeln; **to** ~ **sth in wax** etw in Wachs modellieren; **to have beautifully/finely ~ed features** (*fig*) schön/fein geformte Züge haben
II. *vi* bildhauern *fam*

sculptor ['skʌlptə^{r}, AM -ɚ] *n* Bildhauer(in) *m(f)*

sculptress <*pl* -es> ['skʌlptrɪs] *n* Bildhauerin *f*

sculptural ['skʌlptʃ^{ə}r^{ə}l, AM -ɚ^{ə}l] *adj works of art* bildhauerisch, plastisch; *facial features, form, feel* plastisch; ~ **works** Skulpturen *fpl*

sculpture ['skʌlptʃə^{r}, AM -ɚ] **I.** *n* ① *no pl* (*art*) Bildhauerei *f*
② (*object*) Skulptur *f,* Plastik *f;* **bronze** ~ Bronzeplastik *f*
II. *vt* ■**to** ~ **sth** (*make with a chisel*) etw [heraus]meißeln; (*in clay*) etw modellieren; (*reshape, work*) etw formen; *model* etw modellieren; *see also* **sculpt**
III. *vi* bildhauern *fam*

sculptured ['skʌlptʃəd, AM ɚd] *adj inv* skulpturartig, plastisch geformt

scum [skʌm] *n no pl* ① (*foam*) Schaum *m;* (*residue*) Rand *m;* (*layer of dirt*) Schmutzschicht *f*
② (*pej: evil people*) Abschaum *m pej;* (*insult for man*) Mistkerl *m pej fam;* (*for woman*) Miststück *nt pej fam;* **to be** ~ Abschaum sein *pej;* [**to be**] **the** ~ **of the earth** der Abschaum der Menschheit [sein] *pej,* zum Abschaum der Menschheit gehören *pej*

scumbag *n* (*pej sl: man*) Mistkerl *m pej fam;* (*stronger*) Dreckskerl *m pej derb;* (*woman*) Miststück *nt pej fam*

scummy ['skʌmi] *adj* (*with a foamy layer*) schaumig, mit Schaum bedeckt; (*fam: dirty*) schmutzig; (*fig*) schmierig *fig pej;* ***I wish you wouldn't leave***

the bath in such a ~ state es wäre mir lieb, wenn du die Badewanne nicht immer mit einem Schaumrand hinterlassen würdest; **a ~ pond** ein Teich *m* mit einer Schleimschicht

scupper ['skʌpəʳ] *vt* BRIT ■**to ~ sth** ❶ (*sink deliberately*) etw versenken

❷ (*fam: thwart*) etw vereiteln; ***the whole project will be ~ed if we can't find more money*** das ganze Projekt ist dahin, wenn wir nicht mehr Geld zusammenbekommen *fam;* **to ~ sb's plan** jds Plan über den Haufen werfen *fam*

scuppers ['skʌpəz, AM -ərz] *npl* NAUT Speigatt *nt fachspr*

scurf [skɜ:f, AM skɜ:rf] *n no pl* Schuppen *fpl*

scurrility [skʌr'ɪləti, AM skə'rɪləṭi] *n no pl* (*pej form*) ❶ (*personality*) Skurrilität *f geh*

❷ (*indecency*) Unflätigkeit *f*

❸ (*indecent remark*) unflätige [*o* zotige] Bemerkung

scurrilous ['skʌrələs, AM 'skɜ:r-] *adj* (*pej form: damaging to sb's reputation*) verleumderisch; **~ remarks/attacks** ehrenrührige Bemerkungen/Angriffe; (*insulting*) unflätig *pej geh,* zotig *pej;* **~ terms** unflätige Ausdrücke *pej geh*

scurrilously ['skʌrələsli, AM 'skɜ:r-] *adv* (*pej: maliciously*) auf niederträchtige Weise; (*obscenely*) auf unflätige Weise *geh*

scurry ['skʌri, AM 'skɜ:ri] **I.** *vi* <-ie-> *small animal* huschen; *person* rennen, eilen; (*with small steps*) trippeln; ***we all scurried for shelter when the storm began*** als der Sturm losbrach, suchten wir uns alle eilends einen Unterschlupf

II. *n no pl* (*hurry*) Hasten *nt,* Eilen *nt;* (*small steps*) Getrappel *nt;* ***we heard a ~ of feet/footsteps*** wir hörten das Getrappel von Füßen/Schritten

scurvy ['skɜ:vi, AM 'skɜ:rvi] **I.** *n no pl* Skorbut *m*

II. *adj attr* (*old*) gemein, übel; **~ knave/trick** gemeiner Schurke/Trick

scuse [skju:z] *vt* (*fam*) *short for* **excuse**: **~ me** 'tschuld[i]gung *fam*

scut [skʌt] *n* ZOOL Blume *f fachspr*

scuttle¹ ['skʌtl̩, AM -ṭl̩] *vi person* eilen, hasten, wuseln DIAL, flitzen *fam; small creature* huschen

scuttle² ['skʌtl̩, AM -ṭl̩] *vt* ■**to ~ sth** ❶ (*sink*) etw versenken

❷ (*put an end to*) etw zunichte machen

scuttle³ ['skʌtl̩, AM -ṭl̩] *n* **coal ~** Kohleneimer *m;* **~s full of coal** Eimer *mpl* voll Kohle, eimerweise Kohle

scuzzy ['skʌzi] *adj* AM (*fam: disreputable*) vergammelt *pej fam;* (*disgusting*) widerlich *pej,* grauslich *bes* SÜDD, ÖSTERR *fam*

scythe [saɪð] **I.** *n* Sense *f*

II. *vt* ❶ (*with a scythe*) ■**to ~ sth** etw [mit der Sense] [ab]mähen; **to ~ the corn** das Korn [mit der Sense] schneiden

❷ (*with swinging blow*) ■**to ~ sth/sb [down]** etw/jdn niedermähen [*o* niedermachen] *fam*

III. *vi* ■**to ~ through sth** durch etw *akk* rasen [*o* preschen]; **to ~ through the defences** durch die Abwehr preschen

S.D. AM *abbrev of* **South Dakota**

SDI [ˌesdi:'aɪ] *n* ❶ *abbrev of* **Strategic Defense Initiative** SDI *f*

❷ *abbrev of* **selective dissemination of information** SDI *f*

SDLP [ˌesdi:ˌel'pi:] *n* IRISH *abbrev of* **Social and Democratic Labour Party** *sozialistische Partei Nordirlands*

SDP [ˌesdi:'pi:] *n no pl, + sing/pl vb* BRIT *abbrev of* **Social Democratic Party**

SDRs [ˌesdi:'ɑ:ʳz, AM -'ɑ:rz] *n* FIN *abbrev of* **special drawing rights** SZR *pl,* Sonderziehungsrechte *ntpl*

SE [ˌes'i:] **I.** *n abbrev of* **south-east** SO *m*

II. *adj abbrev of* **south-eastern** SO

sea [si:] *n* ❶ *no pl* (*salt water surrounding land*) ■**the ~** das Meer, die See; **at the bottom of the ~** auf dem Meeresboden [*o* Meeresgrund]; **the open ~** das offene Meer, die hohe See; **to be at ~** auf See sein; **to go to ~** zur See gehen; **across** [*or* **over**] **the ~** (*from one side to the other*) übers Meer; (*beyond*) jenseits des Meeres, in Übersee; **beyond the ~** jenseits des Meeres, in Übersee; **by ~** auf dem Seeweg, mit dem [*o geh* per] Schiff; **by** [*or* **beside**] **the ~** am Meer, an der See; **out to ~** auf das Meer; **to put** [**out**] **to ~** auslaufen, in See stechen *geh*

❷ *pl* **the high ~s** die hohe See

❸ (*specific area*) See *f kein pl,* Meer *nt;* **the ~ of Azov** das Asowsche Meer; **the Dead ~** das Tote Meer; **the seven ~s** die sieben Meere

❹ (*state of sea*) Seegang *m kein pl;* **a calm/high/rough ~** ein ruhiger/hoher/schwerer Seegang; **choppy/heavy ~s** kabbelige *fachspr*/schwere See

❺ (*waves*) ■**~s** *pl* Wellen *fpl,* Wogen *fpl geh*

❻ ASTRON Mondfleck *m*

❼ (*fig: wide expanse*) Meer *nt fig geh;* **a ~ of faces** ein Meer *nt* von Gesichtern *geh;* **a ~ of flames/people** ein Flammen-/Menschenmeer *nt*

► PHRASES: **to be** [**all**] **at ~** [ganz] ratlos sein, nicht mehr weiter wissen

SEA [ˌesi:'eɪ] *n abbrev of* **Single European Act** EEA *f*

sea air *n no pl* Seeluft *f* **sea anemone** *n* Seeanemone *f* **sea bass** <*pl* -> *n* Seebarsch *m* **sea bathing** *n no pl* BRIT Baden *nt* im Meer **seabed** *n no pl* ■**the ~** der Meeresboden, der Meeresgrund **seabird** *n* Seevogel *m* **seaboard** *n* Küste *f;* **the Eastern/Atlantic ~ of the United States** die Ostküste/Atlantikküste der Vereinigten Staaten **seaborne** *adj attr, inv* See-; **~ goods** Seefrachtgüter *ntpl;* **~ trade** Seehandel *m;* **~ invasion force** MIL von See angreifende Landungsstreitkräfte **sea breeze** *n* Seewind *m,* Meeresbrise *f* **sea-calf** *n* Seehund *m* **sea captain** *n* [Schiffs]kapitän(in) *m(f)* **sea cargo** *n* Seefracht *f* **sea change** *n* große Veränderung **sea chest** *n* Seekiste *f* **sea coast** *n* Seeküste *f,* Meer[es]küste *f* **sea creature** *n* Meerestier *nt* **sea cucumber** *n* Seegurke *f,* Meergurke *f,* Seewalze *f* **sea dog** *n* ❶ (*sailor*) Seebär *m hum fam* ❷ (*seal*) Seehund *m* **sea eagle** *n* Seeadler *m* **sea elephant** *n* Seeelefant *m* **seafarer** ['si:ˌfeərəʳ, AM -ˌferər] *n* (*liter*) Seefahrer *m veraltend,* Seemann *m* **seafaring** ['si:ˌfeərɪŋ, AM -ˌfer-] *adj attr, inv* (*esp liter*) seefahrend; **~ man** Seefahrer *m veraltend,* Seemann *m;* **~ nation** Seefahrernation *f* **seafish** *n* Meeresfisch *m,* Seefisch *m* **seafood** *n no pl* Meeresfrüchte *pl* **seafood restaurant** *n* Fischrestaurant *nt* **sea freight** *n no pl* Seefracht *f* **seafront** *n* (*promenade*) Strandpromenade *f;* (*beach*) Strand *m* **seagoing** *adj attr, inv vessel* Hochsee-, hochseetüchtig; **a ~ life** ein Seefahrtsleben *nt,* ein Seemannsleben *nt* **sea green I.** *n no pl* Meergrün *nt* **II.** *adj* meergrün **seagull** *n* Möwe *f* **seahorse** *n* Seepferdchen *nt*

seal¹ [si:l] *n* ZOOL Seehund *m,* Robbe *f*

seal² [si:l] **I.** *n* ❶ (*insignia*) Siegel *nt;* **given under my hand and ~** von mir unterzeichnet und versiegelt

❷ (*stamp*) Siegel *nt,* Siegelstempel *m*

❸ (*to prevent opening*) *on letters* Siegel *nt; on goods* Verschluss *m;* (*from customs man*) Plombe *f;* (*on doors*) Siegel *nt,* Plombe *f;* ***the police put ~s on the doors*** die Polizei versiegelte [*o* verplombte] die Türen

❹ (*air-, watertight join*) Verschluss *m*

❺ (*fig: guarantee*) **sb's ~ of approval** jds Zustimmung

► PHRASES: **to set** [*or* **put**] **the ~ on sth** etw besiegeln

II. *vt* ■**to ~ sth** ❶ (*stamp*) etw siegeln [*o* mit einem Siegel versehen]

❷ (*prevent from being opened*) etw [fest] verschließen; (*with a seal*) etw versiegeln; (*for customs*) etw plombieren; (*with adhesive*) etw zukleben

❸ (*make airtight*) etw luftdicht verschließen; (*make watertight*) etw wasserdicht verschließen; *door, window, gaps* etw abdichten; (*cover with sealing fluid*) etw versiegeln; **to ~ a joint** einen Balken abdichten

❹ (*block access to*) etw versiegeln [*o* verschließen]; **to ~ a frontier** [*or* AM **border**] **/port** eine Grenze/einen Hafen schließen

❺ (*confirm and finalize*) etw besiegeln; ***we won't celebrate until the contract has been signed, ~ed and delivered*** wir feiern erst, wenn der Vertrag auch wirklich unter Dach und Fach ist; **to ~ an agreement with a handshake** eine Vereinbarung durch Handschlag besiegeln; **to ~ sb's fate** jds Schicksal besiegeln

◆**seal down** *vt* ■**to ~ down** ↔ **sth** etw fest verschließen; (*with adhesive*) etw richtig zukleben

◆**seal in** *vt* ■**to ~ in** ↔ **sth** etw einschließen; ***fry the meat quickly on both sides to ~ the flavour in*** man brate das Fleisch scharf auf beiden Seiten an, um den Geschmack zu erhalten

◆**seal off** *vt* ■**to ~ off** ↔ **sth** etw abriegeln [*o* absperren]

◆**seal up** *vt* ■**to ~ up** ↔ **sth** ❶ (*close*) etw [fest] verschließen; (*with a seal*) etw versiegeln; (*with adhesive*) etw zukleben

❷ (*close permanently*) etw verschließen; *shaft, mine* etw zuschütten

❸ *door, window, gaps* etw abdichten

sealant ['si:lənt] *n* (*for surfaces*) Dichtungsmittel *nt;* (*for gaps*) Dichtungsmaterial *nt,* Kitt *m*

sealed [si:ld] *adj inv* ❶ (*firmly closed*) [fest] verschlossen; ***my lips are ~*** (*fig*) meine Lippen sind versiegelt; **~ bid** Angebot *nt* in verschlossenem Umschlag; **~ container/train** verplombter Container/Zug; **~ envelope** verschlossener Briefumschlag; **~ orders** versiegelte Order

❷ (*airtight*) luftdicht verschlossen; (*watertight*) wasserdicht verschlossen; (*covered with sealing fluid*) versiegelt

sealed-beam unit *n* Scheinwerfereinsatz *m*

sea legs *npl* Seebeine *pl fachspr;* **to get** [*or* **find**] **one's ~** NAUT sich *dat* Seebeine wachsen lassen *fachspr,* seefest werden *fachspr*

sealer ['si:ləʳ, AM lər] *n* ❶ TECH (*sealant*) Mittel *nt* zum Abdichten

❷ HUNT (*hunter*) Robbenfänger *m*

sea level *n no pl* Meeresspiegel *m;* **above/below ~** über/unter dem Meeresspiegel [*o fachspr* Normalnull]; **at ~** auf Meereshöhe

sealing ['si:lɪŋ] *n no pl* HUNT Robbenjagd *f,* Robbenfang *m*

sealing wax *n no pl* Siegelwachs *nt,* Siegellack *m*

sea lion *n* Seelöwe *m* **sea loch** *n* Meeresarm *m*

Sea Lord *n* BRIT Seelord *m* (*Rang innerhalb der britischen Admiralität*)

seal ring *n* Siegelring *m* **sealskin I.** *n no pl* Robbenfell *nt,* Seehundfell *nt* **II.** *n modifier* (*coat, gloves*) Seal-, Seehund-; **~ hat** Seehundmütze *f,* Mütze *f* aus Seehundfell

seam [si:m] **I.** *n* ❶ (*join in garment*) Naht *f;* **to burst at the ~s** an den Nähten [auf]platzen; **to be bursting** [*or* **bulging**] **at the ~s** (*fig*) aus allen Nähten platzen *fig fam;* **to come** [*or* **fall**] **apart at the ~s** aus den Nähten gehen; (*fig*) *marriage* scheitern; *plan* fehlschlagen

❷ (*line of junction*) Naht *f;* NAUT Fuge *f;* **welded ~** Schweißnaht *f*

❸ (*mineral layer*) Schicht *f,* Flöz *nt fachspr;* **~ of coal/iron ore** Kohlen-/Eisenerzflöz *nt;* **~ of marble** Marmorschicht *f;* (*fig*) Fundgrube *f*

❹ (*liter: wrinkle of skin*) Furche *f,* Runzel *f;* (*scar*) Narbe *f*

II. *vt* ❶ (*stitch with seam*) ■**to ~ sth** etw zusammennähen

❷ *usu passive* (*liter: mark with lines*) ■**to be ~ed** [**with sth**] [mit [*o* von] etw *dat*] durchzogen sein; ***his face was ~ed with wrinkles*** sein Gesicht war zerfurcht

seaman *n* (*sailor*) Seemann *m;* (*rank*) Matrose *m;* **able** [*or* **able-bodied**] **~** BRIT Vollmatrose *m;* **leading ~** BRIT Erster Matrose; **ordinary ~** BRIT Leichtmatrose *m*

seamanlike *adj* (*approv*) seemännisch

seamanship ['si:mənʃɪp] *n no pl* seemännisches Geschick, Seemannschaft *f fachspr*

seamed [si:md] *adj inv* Naht-, mit Naht *nach n;* **~ stockings** Nahtstrümpfe *mpl*

sea mile *n* (*old*) Seemeile *f* **sea mist** *n* Küstennebel *m*

seamless [si:mləs] *adj* ❶ *inv* (*without a seam*) nahtlos; *garment, robe* ohne Nähte
❷ (*fig: smooth*) nahtlos *fig*, problemlos; ~ **transition** nahtloser Übergang
seamstress <*pl* -es> ['sem(p)strɪs, AM 'si:m(p)-] *n* Näherin *f*
seamy ['si:mi] *adj* ❶ (*run down*) heruntergekommen
❷ (*dodgy*) *district, nightspot* zwielichtig, verrufen; **the ~ side of life** die Schattenseite des Lebens
séance ['seɪɑ̃:(nt)s, AM 'seɪɑ:n(t)s] *n* Séance *f geh*, spiritistische Sitzung
seaplane *n* Wasserflugzeug *nt* **seaport** *n* Seehafen *m* **sea power** *n* ❶ *no pl* (*naval strength*) Stärke *f* zu Wasser ❷ (*state with strong navy*) Seemacht *f*
sear [sɪəʳ, AM sɪr] *vt* ❶ (*scorch*) ■**to ~ sth** etw verbrennen; (*singe*) etw versengen
❷ (*cause painful sensation*) ■**to ~ sth** ***a pain ~ed his chest*** ein Schmerz durchzuckte seine Brust; ***the fiery liquid ~ed his throat*** die feurige Flüssigkeit brannte ihm in der Kehle
❸ *usu passive* (*fig: remain*) **to be ~ed into sb's consciousness/memory** in jds Bewusstsein/Gedächtnis eingebrannt sein
❹ FOOD (*fry quickly*) ■**to ~ sth** etw kurz [an]braten
❺ (*cauterize*) ■**to ~ sth** *wound* etw ausbrennen
❻ *usu passive* (*fig: make unable to feel*) ■**to be ~ed by sth** durch etw *akk* abgestumpft sein
search [sɜ:tʃ, AM sɜ:rtʃ] **I.** *n* ❶ (*for object, person*) Suche *f* (**for** nach +*dat*); **a land and sea ~** eine Suche zu Land und zu Wasser; **careful** [*or* **exhaustive**] [*or* **thorough**] ~ gründliche Suche; **after a long ~** nach langer Suche; ■**in ~ of sth** auf der Suche nach etw *dat;* **to go off in ~ of sth** sich *akk* auf die Suche nach etw *dat* machen
❷ (*for drugs, stolen property, etc*) *of a building, house* Durchsuchung *f; of a person* Leibesvisitation *f;* **to make a ~ of sth** etw absuchen
❸ COMPUT Suchlauf *m;* **to do a ~ for sth** etw [*o* nach etw *dat*] suchen, einen Suchlauf nach etw *dat* durchführen
II. *vi* suchen; ■**to ~ for sb/sth** nach jdm/etw suchen; ■**to ~ for** [*or* **after**] **sth** (*form*) nach etw *dat* suchen; **to ~ for peace/spiritual enlightenment/the truth** nach Frieden/geistiger Erleuchtung/der Wahrheit suchen; **to ~ high and low** [**for sth**] überall [nach etw *dat*] suchen; ■**to ~ through sth** etw durchsuchen
III. *vt* ❶ (*try to find sb/sth in*) ■**to ~ sth** [**for sb/sth**] *building, bag* etw [nach jdm/etw] durchsuchen; *place, street* etw [nach jdm/etw] absuchen; **to ~ a file/a text for errors** COMPUT eine Datei/einen Text nach Fehlern absuchen; **to ~ sth from top to bottom** etw von oben bis unten durchsuchen
❷ LAW ■**to ~ sb** [**for sth**] jdn [nach etw *dat*] durchsuchen
❸ (*fig: examine carefully*) ■**to ~ sth** [**for sth**] etw [nach etw *dat*] absuchen; **to ~ one's conscience/heart** sein Gewissen/Herz prüfen; **to ~ one's memory** sein Gedächtnis durchforschen
► PHRASES: ~ **me!** (*fam*) was weiß ich!? *fam*, woher soll ich das wissen!? *fam*
◆**search out** *vt* ■**to ~ out** ↻ **sb/sth** jdn/etw ausfindig machen [*o* aufspüren] [*o fam* aufstöbern]
search engine *n* COMPUT Suchmaschine *f*
searcher ['sɜ:tʃəʳ, AM 'sɜ:rtʃɚ] *n* Suchende(r) *f(m)*, Sucher(in) *m(f);* ■**the ~s** *pl* der Suchtrupp, die Suchmannschaft
search function *n* COMPUT Suchfunktion *f*
searching ['sɜ:tʃɪŋ, AM 'sɜ:rtʃɪŋ] *adj gaze, look* forschend, prüfend, durchdringend; *inquiry* eingehend, gründlich; *question* tief schürfend, tief gehend
searchingly [sɜ:tʃɪŋli, AM sɜ:rtʃ-] *adv* forschend, prüfend; **to examine sth ~** etw eingehend prüfen
searchlight *n* Suchscheinwerfer *m* **search operation** *n* Suchaktion *f* **search party** *n* Suchtrupp *m*, Suchmannschaft *f;* **to send out a ~** einen Suchtrupp [*o* eine Suchmannschaft] losschicken
search warrant *n* Durchsuchungsbefehl *m*
searing ['sɪəʳɪŋ, AM 'sɪr-] *adj attr* ❶ (*scorching*) *heat* sengend
❷ (*painfully burning*) *pain* brennend, scharf
❸ (*fig: intense*) *description* eindringlich; *passion* glühend *geh; emotion, tale* leidenschaftlich; *attack, criticism* scharf, schonungslos
searingly ['sɪəʳɪŋli, AM 'sɪr-] *adv* (*fig*) äußerst; ~ **critical** schonungslos kritisch
seascape *n* ❶ (*picture*) Seestück *nt* ❷ (*view*) Blick *m* auf das Meer **sea serpent** *n* Seeschlange *f* **sea shanty** *n esp* BRIT Seemannslied *nt* **seashell** *n* Muschel *f* **seashore** *n no pl* (*beach*) Strand *m;* (*land near sea*) [Meeres]küste *f* **seasick** *adj* seekrank **seasickness** *n no pl* Seekrankheit *f* **seaside** *esp* BRIT **I.** *n no pl* ■**the ~** die [Meeres]küste; ■**at the ~** am Meer; **to go to the ~** ans Meer [*o* an die See] fahren **II.** *adj attr, inv* See-; **a ~ holiday** Ferien *pl* am Meer; ~ **resort** Seebad *nt;* ~ **town** Küstenstadt *f*
season ['si:zᵊn] **I.** *n* ❶ (*period of year*) Jahreszeit *f;* **the ~ of Advent/Lent** die Advents-/Fastenzeit; **the Christmas/Easter ~** die Weihnachts-/Osterzeit; **the compliments of the ~** frohes Fest; **the ~ of good will** die Zeit der Nächstenliebe; **~'s greetings** fröhliche Weihnachten und ein glückliches neues Jahr; **the dry/rainy/monsoon ~** die Trocken-/Regen-/Monsunzeit; **the festive ~** BRIT die Feiertage *mpl* (*Weihnachten*)
❷ (*period of ripeness*) Saison *f;* ***oysters are in/out of ~ at the moment*** zur Zeit gibt es/gibt es keine Austern; **apple/strawberry ~** Apfel-/Erdbeerzeit *f;* **flowering ~** Blüte *f*
❸ ZOOL fruchtbare Zeit; **to be in ~** brünstig sein; *dog* läufig sein; *cat* rollig sein *fam;* **mating ~** Paarungszeit *f*
❹ (*business period*) Saison *f*, Hauptzeit *f;* **at the height of the ~** in der [*o* zur] Hochsaison; **holiday ~** Ferienzeit *f;* **summer ~** Sommersaison *f;* **busy** [*or* **high**] ~ Hochsaison *f;* **low ~** (*before height*) Vorsaison *f;* (*after height*) Nachsaison *f;* **in/out of ~** während/außerhalb der Saison
❺ SPORTS Saison *f*, **baseball/cricket/football ~** Baseball-/Kricket-/Fußballsaison *f*, **fishing/hunting ~** Angel-/Jagdzeit *f;* **close/open ~** (*hunting*) Schon-/Jagdzeit *f;* (*fishing*) Zeit *f*, in der das Angeln verboten/erlaubt ist; **in/out of ~** (*hunting*) während/außerhalb der Jagdzeit; (*fishing*) während/außerhalb der Angelzeit
❻ (*period of entertainment*) Saison *f;* THEAT Spielzeit *f*
❼ (*period for society events*) Saison *f*
❽ BRIT (*fam: season ticket*) Dauerkarte *f*, Zeitkarte *f;* SPORTS Saisonkarte *f;* THEAT Abonnement *nt*
II. *vt* ❶ (*add flavouring*) ■**to ~ sth** [**with sth**] etw [mit etw *dat*] würzen; **lightly/heavily ~ed** leicht/stark gewürzt; ***the stew's done, but it needs to be ~ed*** der Eintopf ist fertig, aber er muss noch abgeschmeckt werden
❷ (*dry out*) **to ~ wood** Holz ablagern lassen
❸ (*mature*) **to ~ tobacco/wine** Tabak/Wein [aus]reifen lassen
III. *vi* ❶ FOOD würzen, abschmecken; **to ~ to taste** nach Geschmack würzen
❷ (*dry out*) *wood* [ab]lagern
❸ (*mature*) *tobacco, wine* [aus]reifen
seasonable ['si:zᵊnəbl̩] *adj* ❶ (*expected for time of year*) der Jahreszeit angemessen; ~ **temperatures** der Jahreszeit entsprechende Temperaturen
❷ (*liter: appropriate and timely*) angebracht, passend
seasonal ['si:zᵊnᵊl] *adj* ❶ (*connected with time of year*) jahreszeitlich bedingt, saisonbedingt; ~ **adjustment** Saisonbereinigung *f;* ~ **job/work** Saisonarbeitsplatz *m/*-arbeit *f;* ~ **unemployment** saisonbedingte Arbeitslosigkeit
❷ (*grown in a season*) Saison-; ~ **fruit/vegetables** Früchte *fpl*/Gemüse *ntpl* der Saison
seasonal affective disorder *n no pl* PSYCH saisonale Affektstörung
seasonality [ˌsi:zᵊn'ælɪti, AM -əţi] *n no pl* Saisonabhängigkeit *f*
seasonally ['si:zᵊnᵊli] *adv* saisonbedingt, saisonal; ~ **adjusted unemployment figures** saisonbereinigte Arbeitslosenzahlen
seasonal work *n* Saisonarbeit *f* **seasonal worker** *n* Saisonarbeiter(in) *m(f)*
seasoned ['si:zᵊnd] *adj* ❶ *usu attr* (*experienced*) erfahren
❷ (*properly dried*) *timber* abgelagert
❸ (*spiced*) gewürzt
seasoning ['si:zᵊnɪŋ] *n* ❶ *no pl* (*salt and pepper*) Würze *f*
❷ (*herb or spice*) Gewürz *nt*
❸ *no pl* (*drying out*) Ablagern *nt*
season ticket *n* Dauerkarte *f*, Zeitkarte *f;* SPORTS Saisonkarte *f;* THEAT Abonnement *nt*, Abonnementskarte *f* **season ticket holder** *n* (*for train, bus*) Inhaber(in) *m(f)* einer Zeitkarte; (*for sports*) Besitzer(in) *m(f)* einer Saisonkarte; (*for theatre, opera*) Abonnent(in) *m(f)*
seat [si:t] **I.** *n* ❶ (*sitting place*) [Sitz]platz *m;* (*in a car*) Sitz *m;* (*in a bus, plane, train*) Sitzplatz *m;* (*in a theatre*) Platz *m;* ***is this ~ free/taken?*** ist dieser Platz frei/besetzt?; **back ~** Rücksitz *m;* **garden ~** [Garten]bank *f;* **to book** [*or* **reserve**] **a ~** (*for concert, film, play*) eine Karte reservieren lassen; (*on bus, train*) einen Platz reservieren lassen; **to keep** [*or* AM **save**] **a ~ for sb** jdm einen Platz freihalten; **to take** [*or* **have**] **a seat** sich *akk* [hin]setzen, Platz nehmen *geh;* ***please take your ~*** bitte nehmen Sie Platz; **bums on ~s** BRIT, AUS (*fam*), **fannies in the ~s** AM (*fam*) zahlendes Publikum
❷ *usu sing* (*part to sit on*) *of a chair* Sitz *m; of trousers, pants* Hosenboden *m*
❸ (*form: buttocks*) Gesäß *nt*, Hinterteil *nt*, Hintern *m fam*
❹ POL Sitz *m;* ***he was elected to a ~ on the local council*** er wurde in den Stadtrat gewählt; **a ~ in Congress/Parliament/the Senate** ein Sitz *m* im Kongress/Parlament/Senat; **marginal/safe ~** knappes/sicheres Mandat; **to lose/win a ~** einen Sitz verlieren/gewinnen; **to take one's ~** BRIT seinen Sitz [im Parlament] einnehmen
❺ STOCKEX Börsenmitgliedschaft *f*
❻ (*location*) Sitz *m; of an event* Schauplatz *m;* (*centre*) *of a company* Sitz *m;* ~ **of government** Regierungssitz *m;* ~ **of learning** (*form*) Stätte *f* der Gelehrsamkeit *geh*
❼ BRIT (*aristocrat's country residence*) [Wohn]sitz *m;* **country ~** Landsitz *m;* **royal ~** Residenz *f*
❽ (*style of riding horse*) Sitz *m;* **to have a good ~** eine gute [Reit]haltung haben
❾ TECH Ventilsitz *m*
► PHRASES: **by the ~ of one's pants** aus dem Gefühl [*o fam* Bauch] heraus
II. *vt* ❶ (*provide seats*) ■**to ~ sb** jdn setzen, jdm einen Platz anweisen *form;* ■**to ~ oneself** (*form*) sich *akk* setzen
❷ (*seating capacity*) **to ~ 2500** *room, stadium, theatre* 2500 Menschen fassen; ***his car ~s five*** in seinem Auto haben fünf Leute Platz
❸ TECH (*fix in base*) ■**to ~ sth** etw einpassen
-seat [si:t] *in compounds* -sitzig; **a 500-~ theatre** ein Theater *nt* mit 500 Plätzen
seat belt *n* Sicherheitsgurt *m;* **to fasten** [*or* **do up**] **one's ~** den Sicherheitsgurt anlegen, sich *akk* anschnallen; **to unfasten** [*or* **undo**] **one's ~** sich *akk* abschnallen; **to be wearing a ~** angeschnallt sein
seated ['si:tɪd, AM 'si:ţɪd] *adj inv* sitzend; ■**to be ~** [**somewhere**] [irgendwo] sitzen; ***please be ~ everybody*** (*form*) bitte nehmen Sie [alle] Platz *geh;* **to be ~ opposite sb** jdm gegenüber sitzen; **to remain** [*or* **stay**] ~ sitzen bleiben
-seater ['si:təʳ, AM 'si:ţɚ] *in compounds* -sitzer; ***they are planning to build a twenty thousand-~ stadium*** man hat vor, ein Stadion mit 20.000 Sitzplätzen zu bauen; **two-~** [**car/plane**] Zweisitzer *m;* ***the car is a four-~*** der Wagen ist ein Viersitzer
seating ['si:tɪŋ, AM 'si:ţ-] *n no pl* ❶ (*seats*) Sitzgelegenheiten *fpl;* ~ ***for 6/ 2000*** Sitzplätze *mpl* für 6/2000 Personen
❷ (*sitting arrangement*) Sitzordnung *f*

seating arrangements *npl* Sitzordnung *f;* **to do the ~** die Sitzordnung festlegen **seating capacity** *n no pl* Sitzgelegenheiten *fpl;* **a ~ of 2000** 2000 Sitzplätze *mpl* **seating plan** *n* Sitzordnung *f,* Sitzplan *m*

SEATO ['si:təʊ, AM -t̬oʊ] *n no pl acr for* **South-East Asia Treaty Organization** SEATO *f*

seat-of-the-pants [ˌsi:tɒvðə'pænts, AM ˌsi:t̬ɑ:v-] *adj attr, inv (fam)* instinktive(r, s), gefühlsmäßige(r, s); ***she has a ~ ability to find the best way out of a crisis*** sie findet instinktiv immer den besten Weg aus einer Krise

sea trout *n* ZOOL Lachsforelle *f* **sea urchin** *n* Seeigel *m* **sea wall** *n* (*defence against sea*) Deich *m,* Damm *m;* (*pier*) Kai *m*

seaward ['si:wəd, AM -wɚd] **I.** *adv* seewärts; **to drift ~** aufs Meer hinaus treiben
II. *adj inv* ① (*facing towards sea*) seewärtig, dem Meer zugewandt; **~ side** Seeseite *f*
② (*moving towards sea*) auf das Meer hinaus *nach n;* **to make a ~ tack** seewärts kreuzen
III. *n no pl* **to ~** auf das Meer hinaus

seawards ['si:wədz, AM -wɚdz] *adv* seewärts

seawater *n no pl* Meerwasser *nt* **seaway** *n* ① (*channel for large ships*) Wasserstraße *f,* Kanal *m* ② (*route*) Seeweg *m* **seaweed** *n no pl* Seegras *nt,* [See]tang *m* **seaworthiness** *n no pl* Seetauglichkeit *f,* Seetüchtigkeit *f* **seaworthy** *adj* seetauglich, seetüchtig

sebaceous gland [sɪ'beɪʃəsˌglænd, AM səˌbeɪ-] *n* ANAT Talgdrüse *f*

sebum ['sibəm] *n no pl* MED Talg *m*

sec [sek] *n short for* **second** Sek.; ***I'll be with you in a ~!*** (*fam*) Sekunde, ich komme gleich!

SEC *n* AM *abbrev of* **Securities & Exchange Commission** *Aufsichtsbehörde für den US-Finanz- und Wertpapiersektor*

secant ['si:kənt] *n* MATH (*ratio*) Sekans *m;* (*line*) Sekante *f*

secateurs [ˌsekə'tɜ:z, AM 'sekət̬ɚz] *npl esp* BRIT Gartenschere *f,* Baumschere *f*

secede [sɪ'si:d] *vi* POL ■**to ~ [from sth]** sich *akk* [von etw *dat*] abspalten [*o* lossagen]

secession [sɪ'seʃən] *n no pl* Abspaltung *f,* Sezession *f geh*

secessionist [sɪ'seʃənɪst] **I.** *n* Sezessionist(in) *m(f)*
II. *adj inv* sezessionistisch

seclude [sɪ'klu:d] *vt* ■**to ~ sb/sth [from sth]** jdn/etw [von etw *dat*] abschließen [*o* absondern]; **to ~ oneself [from sth]** sich *akk* [aus etw *dat*] zurückziehen

secluded [sɪ'klu:dɪd] *adj spot, house* abgelegen; *area* abgeschieden; **to live a ~ life** zurückgezogen leben

seclusion [sɪ'klu:ʒən] *n no pl* ① (*quiet and privacy*) Zurückgezogenheit *f,* Einsamkeit *f; of a place* Abgelegenheit *f,* Abgeschiedenheit *f;* **in ~** zurückgezogen, isoliert
② (*keeping separate*) Absonderung *f;* **in total ~** in völliger Abgeschlossenheit

seclusion cell *n,* **seclusion room** *n* Einzelzelle *f*

second¹ ['sekənd] **I.** *adj inv* ① *usu attr* (*next after first*) zweite(r, s); ***Brian's going first, who wants to be ~?*** Brian ist Erster, wer möchte der Nächste sein?; ***he was the ~ person to qualify*** er hat sich als Zweiter qualifiziert; **the ~ time** das zweite Mal; **the ~ week of August** die zweite Augustwoche; **every ~ week** jede zweite Woche, alle zwei Wochen
② (*next after winner*) zweite(r, s); **to be/come [or finish] ~** Zweite(r) sein/werden; **~ place** zweiter Platz; **to be in ~ place** auf Platz zwei sein; **~ prize** zweiter Preis; **to take ~ place** (*fig*) zweitrangig sein
③ (*not first in importance, size*) zweit-; **Germany's ~ city** Deutschlands zweitwichtigste Stadt; ■**the ~ ... + superl** der/die/das zweit-; **the ~ biggest town** die zweitgrößte Stadt; **to be ~ only to sb/sth** gleich nach jdm/etw kommen *fam;* **to be ~ to none** unübertroffen sein
④ *attr* (*another*) zweite(r, s), Zweit-; **~ car** Zweitwagen *m;* **~ language** zweite Sprache; **to be a ~ Mozart** ein zweiter Mozart sein; **to give sb a ~ chance** jdm eine zweite [*o* noch eine] Chance geben; **to get a ~ chance** eine zweite Chance bekommen; **to be sb's ~ home** jds zweites Zuhause sein; **to ask for a ~ opinion** eine zweite Meinung einholen; **to have ~ thoughts** seine Meinung ändern, es sich *dat* noch einmal [*o* anders] überlegen; **without a ~ thought** ohne lange zu überlegen; **to do sth a ~ time** etw noch einmal tun
► PHRASES: **to play ~ fiddle to sb** in jds Schatten stehen; **to be ~ nature to sb** jdm in Fleisch und Blut übergegangen sein; **to get one's ~ wind** neuen Aufschwung bekommen *geh*
II. *n* ① BRIT UNIV ≈ Zwei *f;* **an upper/a lower ~** eine Zwei plus/minus
② *no pl* AUTO zweiter Gang; **to change [down] to [or into] ~** in den zweiten Gang [runter]schalten
③ (*extra helping*) ■**~s** *pl* Nachschlag *m kein pl;* ***are there ~s, by any chance?*** kann ich noch eine Portion [*o fam* etwas] haben?
④ BRIT (*fam: dessert*) ■**~s** *pl* Nachtisch *m kein pl;* ***what's for ~s?*** was gibt's zum Nachtisch?
⑤ (*imperfect item*) Ware *f* zweiter Wahl
⑥ (*assistant in boxing or duel*) Sekundant(in) *m(f);* ***~s out [or away] — round two*** Ring frei – zweite Runde
⑦ (*musical interval*) Sekunde *f;* **major/minor ~** große/kleine Sekunde
⑧ (*seconder*) *of a motion* Befürworter(in) *m(f)*
III. *adv inv* zweitens
IV. *vt* ① (*support formally in debate*) ■**to ~ sth** *proposal* etw unterstützen [*o* befürworten]; ***I'll ~ that*** (*fam*) ganz meine Meinung
② (*form: back up*) ■**to ~ sth** *action* etw unterstützen; **to ~ a motion** LAW einen Antrag unterstützen [*o* befürworten]
③ ECON ■**to ~ sb** jdn abstellen, jdn zeitweilig versetzen
④ LAW, POL **to ~ a candidate** einen Kandidat/eine Kandidatin unterstützen [*o* befürworten]

second² ['sekənd] *n* ① (*sixtieth of a minute*) Sekunde *f;* **with [only] ~s to spare** in [aller]letzter Sekunde
② (*very short time*) Sekunde *f,* Augenblick *m;* ***you go on, I'll only be a ~*** geh du weiter, ich komme gleich nach; ***if I could have your attention for a ~ or two*** dürfte ich für einen Augenblick um Ihre Aufmerksamkeit bitten; **a couple of [or a few] ~s** ein paar Sekunden *fam;* **for a split ~ [or a fraction of a ~]** für einen Bruchteil einer Sekunde; **to do sth in ~s** etw in Sekundenschnelle machen
③ MATH Sekunde *f*

second³ [sɪ'kɒnd] *vt usu passive* BRIT, AUS ■**to be ~ed** abgestellt werden; *officer* abkommandiert werden

secondarily ['sekəndərəli, AM -der-] *adv inv* in zweiter Linie, nebenbei

secondary ['sekəndəri, AM -deri] **I.** *adj inv* ① (*not main*) zweitrangig, sekundär *geh;* **~ aim** sekundäres Ziel; **~ character** Nebenrolle *f;* **to be of ~ importance** von untergeordneter Bedeutung sein; **to play a ~ role** eine untergeordnete Rolle spielen; ■**to be ~ to sth** gegenüber etw *dat* zweitrangig sein
② (*education*) höher; **~ education** höhere Schulbildung; **~ modern school** BRIT ≈ Hauptschule *f;* (*more advanced*) ≈ Realschule *f*
③ MED Sekundär-; **~ infection** Sekundärinfektion *f*
④ ECON weiterverarbeitende(r, s)
II. *n* ① MED Metastase *f fachspr,* Tochtergeschwulst *f*
② (*secondary school*) höhere [*o* weiterführende] Schule
③ *no pl* (*education*) ≈ Hauptschule *f;* (*more advanced level*) ≈ Realschule *f*

secondary education *n no pl* (*education*) höhere Schulbildung (*jede Schulbildung vom 11. bis 16. bzw. 18. Lebensjahr*); (*system*) höheres Schulwesen **secondary market** *n* Sekundärmarkt *m* **secondary mod** *n* BRIT (*fam or hist*) *short for* **secondary modern school** ≈ Hauptschule *f;* (*more advanced level*) ≈ Realschule *f* **secondary modern school** *n* BRIT ≈ Hauptschule *f;* (*more advanced level*) ≈ Realschule *f* **secondary picketing** *n no pl Aufstellen von Streikposten vor nur indirekt beteiligten Firmen*

secondary school *n* ① (*school*) höhere [*o* weiterführende] Schule
② *no pl* (*education*) ≈ Hauptschule *f;* (*more advanced level*) ≈ Realschule *f*

secondary sexual characteristic *n* sekundäres Geschlechtsmerkmal

secondary stocks *npl* AM STOCKEX Nebenwerte *mpl*

second best *adj* zweitbeste(r, s); ■**to be ~** Zweitbeste(r) sein; **to come off ~** (*fig*) den Kürzeren ziehen *fam;* **to feel ~** sich *akk* minderwertig fühlen; **to settle for [or be content with] ~** sich *akk* mit weniger zufrieden geben [*o* begnügen]; **to refuse to settle for ~** sich *akk* nicht mit halben Sachen zufrieden geben **second chamber** *n* POL zweite Kammer **second childhood** *n* zweite Kindheit

second class I. *n* ① *no pl* (*mail*) gewöhnliche Post; **to put ~ on a letter** einen Brief normal frankieren; (*in travel*) zweite Klasse ② UNIV **high/low ~** *guter/mittelmäßiger Universitätsabschluss* **II.** *adv inv* ① TRANSP **to travel ~** zweiter Klasse reisen ② BRIT (*by second-class mail*) auf dem gewöhnlichen Postweg; **to send sth ~** etw auf dem gewöhnlichen Postweg verschicken

second-class *adj inv* ① TRANSP zweiter Klasse *nach n;* **~ carriage** Wagen *m* zweiter Klasse ② (*pej: inferior*) zweitklassig *pej;* **~ service/treatment** Zweiter-Klasse-Service *m*/-Behandlung *f* **second-class citizen** *n* Bürger(in) *m(f)* zweiter Klasse **second-class degree** *n* UNIV **high/low ~** *guter/mittelmäßiger Universitätsabschluss* **second-class mail** *n* ① BRIT gewöhnliche Post ② AM (*mail for printed matter*) Zeitungssendungen *fpl,* Zeitschriftensendungen *fpl*

Second Coming *n* Wiederkunft *f geh;* ■**the ~** die Wiederkunft Christi **second cousin** *n* Cousin *m*/Cousine *f* zweiten Grades **second-degree burn** *n* Verbrennung *f* zweiten Grades

seconde [sɪ'kɒnd] *n* (*in fencing*) Sekond *f fachspr*

seconder [ˌsekəndəʳ, AM -ɚ] *n* Unterstützer, in *m; of a motion* Befürworter(in) *m(f)*

second floor *n* BRIT, AUS zweiter Stock; AM, AUS erster Stock **second gear** *n no pl* zweiter Gang **second-guess** *vt esp* AM ① (*forecast*) ■**to ~ sth** etw vorhersagen [*o* voraussagen] [*o* prophezeien]; ■**to ~ sb** vorhersagen, was jd tun/sagen wird ② (*criticize with hindsight*) ■**to ~ sb/sth** jdn/etw im Nachhinein kritisieren **second-guesser** [ˌsekən(d)'gesəʳ, AM -ɚ] *n* (*pej*) Besserwisser(in) *m(f)* (*der nachträglich alles kritisiert*) **second-hand I.** *adj* ① *inv* (*used*) gebraucht; *clothes* secondhand; **~ car** Gebrauchtwagen *m;* **~ clothes** Secondhandkleidung *f* ② *attr, inv* (*for second-hand goods*) Gebraucht-, Secondhand-; **~ bookshop** Antiquariat *nt;* **~ car dealer[s]** Gebrauchtwagenhändler(in) *m(f);* **~ dealer** Altwarenhändler(in) *m(f);* **~ shop** Secondhandladen *m,* Secondhandshop *m* ③ *inv* (*obtained from sb else*) *information, experience, knowledge* aus zweiter Hand *nach n* **II.** *adv inv* ① (*in used condition*) gebraucht ② (*from third party*) aus zweiter Hand; **to hear [or learn] about sth ~** etw aus zweiter Hand erfahren **III.** *n* COMPUT Gebrauchtgerät *nt* **second hand** *n* Sekundenzeiger *m* **second-hand smoke** *n no pl* Passivrauch *m* **second-hand smoker** *n* Passivraucher(in) *m(f)* **second-hand smoking** *n no pl* AM Passivrauchen *nt* **second honeymoon** *n* zweite Flitterwochen **second-in-command** *n* stellvertretender Geschäftsführer/stellvertretende Geschäftsführerin; MIL stellvertretender Kommandeur **second language** *n* erste Fremdsprache **second lieutenant** *n* Leutnant *m*

secondly ['sekəndli] *adv inv* zweitens, zum Zweiten

secondment [sɪ'kɒn(d)mənt] *n* BRIT, AUS ① *no pl* (*temporary transfer*) zeitweilige Versetzung; MIL Abkommandierung *f,* Abstellung *f;* **to be on ~** zeit-

weilig versetzt sein
❷ (*period of secondment*) Versetzungszeit *f;* **to be on a one-year ~** für ein Jahr versetzt werden

second name *n* ❶ (*surname*) Nachname *m,* Familienname *m* ❷ (*second forename*) zweiter Vorname

second person *n no pl* LING zweite Person; **the ~ singular/plural** die zweite Person Singular/Plural

second-rate *adj inv* (*pej*) zweitklassig *pej,* zweitrangig, mittelmäßig **second sight** *n no pl* zweites Gesicht; **to have ~** das zweite Gesicht haben, hellsehen können **second string** *n* Ersatz *m; person* Ersatzperson *f,* zweite Garnitur *fig pej*

secrecy ['si:krəsi] *n no pl* ❶ (*act of keeping secret*) Geheimhaltung *f*
❷ (*ability of keeping secret*) Verschwiegenheit *f;* (*secretiveness*) Heimlichtuerei *f pej* (**about** um *+akk*); ■**in ~** im Geheimen; **in strict ~** unter strenger Geheimhaltung; **to be shrouded in ~** geheim gehalten werden; **to swear sb to ~** jdn zur Geheimhaltung verpflichten

secret ['si:krət] **I.** *n* ❶ (*undisclosed act, information*) Geheimnis *nt;* **a closely guarded** [*or* **well-kept**] **~** ein streng gehütetes Geheimnis; **open ~** offenes Geheimnis; **to keep a ~** ein Geheimnis [be]wahren [*o* für sich *akk* behalten]; ■**in ~** im Geheimen, insgeheim; **to do sth in ~** etw heimlich tun; **to have no ~s from sb** vor jdm keine Geheimnisse haben; **to let sb in on a ~** jdm ein Geheimnis anvertrauen, jdn in ein Geheimnis einweihen; **to make no ~ of sth** aus etw *dat* kein Geheimnis machen; **it's no ~ that ...** es ist kein Geheimnis, dass ...
❷ (*fig: special knack*) Geheimnis *nt fig;* **the ~ of success** das Geheimnis des Erfolgs, der Schlüssel zum Erfolg
❸ (*fig: hidden thing*) Geheimnis *nt fig;* **the ~s of the universe** die Geheimnisse [*o* Rätsel] des Universums
II. *adj* ❶ (*known to few people*) geheim, Geheim-; (*hidden*) verborgen; **~ door** Geheimtür *f;* **~ recipe** Geheimrezept *nt;* **to keep sth ~** [**from sb**] etw [vor jdm] geheim halten
❷ (*doing sth secretly*) heimlich; **~ admirer** heimlicher Verehrer/heimliche Verehrerin

secret agent *n* Geheimagent(in) *m(f)*

secretaire [,sekrɪ'teəʳ] *n* Sekretär *m*

secretarial [,sekrə'teəriəl, AM -'teriəl] *adj* als Sekretär, Sekretariats-, Büro-; **~ course** Sekretärinnenkurs *m;* **~ staff** Bürokräfte *fpl*

secretariat [,sekrə'teəriət, AM -'teriət] *n* Sekretariat *nt*

secretary ['sekrətᵊri, AM -teri] *n* ❶ (*office assistant*) Sekretär(in) *m(f);* **private ~** Privatsekretär(in) *m(f)*
❷ ECON Assistent(in) *m(f)* der Geschäftsführung; **company ~** BRIT *ranghöchster Angestellter einer Kapitalgesellschaft*
❸ BRIT (*assistant ambassador*) **~** [**of embassy**] Botschaftsrat, -rätin *m, f;* **first ~** erster Botschaftsrat/erste Botschaftsrätin
❹ BRIT POL Staatssekretär(in) *m(f);* AM Minister(in) *m(f)*

Secretary ['sekrətᵊri, AM -teri] *n* Minister(in) *m(f);* **Defence ~** BRIT Verteidigungsminister(in) *m(f);* **Education ~** BRIT Minister(in) *m(f)* für Bildung und Erziehung; **~ of Health and Human Services** AM Minister(in) *m(f)* für Gesundheit und Soziales

secretary bird *n* ORN Sekretär *m* **Secretary General** <*pl* Secretaries General> *n* Generalsekretär(in) *m(f)* **Secretary of State** <*pl* Secretaries of State> *n* ❶ BRIT (*head of government department*) Minister(in) *m(f);* **~ for Defence** Verteidigungsminister(in) *m(f);* **~ for the Environment** Umweltminister(in) *m(f)* ❷ AM (*minister for foreign affairs*) Außenminister(in) *m(f)*

secretaryship ['sekrətᵊrɪʃɪp, AM teri] *n* Sekretärsposten *m,* Sekretärssamt *nt;* POL Amtszeit *f* eines Ministers

secret ballot *n* geheime Abstimmung [*o* Wahl]

secrete¹ [sɪ'kri:t] *vt* BIOL, MED ■**to ~ sth** etw absondern

secrete² [sɪ'kri:t] *vt* (*form*) ■**to ~ sth** etw verbergen [*o* verstecken]

secretion [sɪ'kri:ʃᵊn] *n* ❶ BIOL, MED (*secreted substance*) Sekret *nt;* (*secreting*) Absonderung *f*
❷ *no pl* (*hiding*) Absonderung *f*

secretive ['si:krətɪv, AM -t̬ɪv] *adj behaviour* geheimnisvoll; *character* verschlossen; (*when acting*) geheimnistuerisch *pej fam;* ■**to be ~** [**about sth**] [in Bezug auf etw *akk*] geheimnisvoll tun

secretively ['si:krətɪvli, AM -t̬ɪvli] *adv* geheimnisvoll; **to behave ~** geheimnistuerisch sein *pej fam,* geheimnisvoll tun *fam*

secretiveness ['si:krətɪvnəs, AM -t̬ɪv-] *n no pl* Geheimnistuerei *f pej fam*

secretly ['si:krətli] *adv* heimlich; **to ~ admire sth** etw im Stillen bewundern; **to ~ hope/wish** insgeheim hoffen/wünschen

secret police *n + pl vb* Geheimpolizei *f* **secret service** *n usu sing* Geheimdienst *m* **Secret Service** *n no pl* AM ■**the ~** der Secret Service **secret service agent** *n* Geheimagent(in) *m(f)* **secret service man** *n* Geheimagent *m* **secret society** *n* Geheimbund *m* **secret weapon** *n* (*also fig*) Geheimwaffe *f a. fig*

sect [sekt] *n* ❶ (*dissenting religious group*) Sekte *f*
❷ (*denomination*) Konfession *f,* Religionsgemeinschaft *f*

sectarian [sek'teəriən, AM -'teri-] **I.** *adj* ❶ (*relating to dissenting religious group*) sektiererisch, Sekten-; **~ killing** Sektenmord *m*
❷ (*relating to denomination*) konfessionell [bedingt]; **~ differences** Konfessionsunterschiede *mpl;* **~ violence** religiöse Unruhen
II. *n* Anhänger(in) *m(f)* einer Sekte, Sektierer(in) *m(f)*

sectarianism [sek'teəriənɪzᵊm, AM -'teri-] *n no pl* Sektierertum *nt*

section ['sekʃᵊn] **I.** *n* ❶ (*component part*) Teil *nt; of a road* Teilstrecke *f,* Teilstück *nt; of a railway* Streckenabschnitt *m; of a pipeline* Teilstück *nt;* TECH [Bau]teil *nt*
❷ (*segment of fruit*) Stück *nt,* Schnitz *m,* Spalte *f bes* ÖSTERR
❸ (*subdivision*) *of an act* Paragraph *m; of a book* Abschnitt *m; of a document* Absatz *m*
❹ (*part of newspaper*) Teil *m;* **sports ~** Sportteil *m*
❺ (*part of an area*) Bereich *m; of a railway carriage* Abteil *nt;* **non-smoking ~** (*in restaurant*) Nichtraucherbereich *m;* (*in railway carriage*) Nichtraucherabteil *nt*
❻ (*group of people*) Teil *m;* **~ of the population** Teil *m* der Bevölkerung; **the non-parliamentary ~ of the party** die außerparlamentarische Fraktion der Partei
❼ (*department*) Abteilung *f;* **the reference ~ of the library** die Nachschlageabteilung der Bibliothek
❽ (*group of instruments*) Gruppe *f;* **brass/woodwind ~** Blech-/Holzbläser *mpl*
❾ (*military unit*) Abteilung *f*
❿ BIOL (*thin slice for examination*) Schnitt *m*
⓫ (*display of internal structure*) Schnitt *m;* **horizontal/vertical ~** Horizontal-/Vertikalschnitt *m;* **in ~** im Schnitt
⓬ (*surgical cut*) Schnitt *m;* [**Caesarian**] **~** Kaiserschnitt *m*
II. *vt* ❶ (*to separate*) ■**to ~ sth** etw [unter]teilen [*o* zerlegen]
❷ (*cut*) ■**to ~ sth** etw zerschneiden; BIOL etw segmentieren *fachspr;* MED etw sezieren *fachspr*
❸ BRIT (*psych*) ■**to ~ sb** jdn in eine psychiatrische Klinik einweisen; **to ~ sb under the Mental Health Act** jdn zwangseinweisen

◆**section off** *vt* ■**to ~ off** ○ **sth** etw abteilen

sectional ['sekʃᵊnᵊl] **I.** *adj inv* ❶ (*usu pej: limited to particular group*) partikular *geh,* partikulär *geh;* **~ interests** Gruppeninteressen *ntpl*
❷ (*done in section*) Schnitt-; **~ drawing** Schnittzeichnung *f*
❸ *esp* AM (*made in sections*) zusammensetzbar; **~ furniture** Anbaumöbel *pl;* **~ sofa** zerlegbares Sofa
II. *n* AM Anbaumöbel *pl*

sectionalism ['sekʃᵊnᵊlɪzᵊm] *n no pl* Partikularismus *m geh*

sector ['sektəʳ, AM -tɚ] **I.** *n* ❶ (*part of economy*) Sektor *m,* Bereich *m;* **the private/public ~** der private/öffentliche Sektor
❷ (*area of land*) Sektor *m,* Zone *f;* **the American/British/French/Soviet ~** (*hist*) der Amerikanische/Britische/Französische/Sowjetische Sektor *hist*
❸ MATH Sektor *m*
❹ COMPUT Sektor *m*
II. *vt* COMPUT ■**to ~ sth** etw sektorieren [*o* in Sektoren unterteilen]

sectoral ['sektᵊrᵊl] *adj inv* einen Teil betreffend, Sektoren-; **~ integration** gebietsweise Integration; **~ interests** partielle Interessen

secular ['sekjələʳ, AM -lɚ] *adj* ❶ (*non-religious*) weltlich, säkular *geh*
❷ *inv* (*non-monastic*) welt[geist]lich; **~ priest** Weltgeistliche(r) *f(m)*

secularism ['sekjələʳɪzᵊm] *n no pl* ❶ (*non-involvement of religion*) Trennung *f* von Staat und Kirche
❷ (*rejection of religion*) Weltlichkeit *f,* Säkularismus *m geh*

secularist ['sekjələʳɪst] **I.** *n* Kirchengegner(in) *m(f),* Säkularist(in) *m(f) geh*
II. *adj* säkularistisch *geh*

secularization [,sekjələʳraɪ'zeɪʃᵊn, AM lə] *n no pl* ❶ HIST, REL Säkularisation *f*
❷ (*decline of religion*) Verweltlichung *f*

secularize ['sekjələʳaɪz, AM -lərαɪz] *vt* ■**to ~ sth** etw verweltlichen [*o geh* säkularisieren]

secure [sɪ'kjʊəʳ, AM -'kjʊr] **I.** *adj* <-r, -st *or* more ~, the most ~> ❶ (*certain, permanent*) sicher; **~ job** sicherer Arbeitsplatz; **financially ~** finanziell abgesichert
❷ *usu pred* (*safe, confident*) sicher; **to feel ~** sich *akk* sicher [*o* geborgen] fühlen
❸ (*safely guarded*) bewacht; (*safe against interception*) abhörsicher; **~ against theft** diebstahlsicher; **~ mental hospital/unit** geschlossene psychiatrische Klinik/Abteilung; ■**to be ~ against** [*or* **from**] **sth** vor etw *dat* sicher sein; **to make sth ~ against attack** etw gegen Angriffe sichern
❹ *usu pred* (*fixed in position*) fest; *door* fest verschlossen; ***check that the door is ~*** schau nach, ob die Tür auch wirklich zu ist; **to make a boat ~** ein Boot festmachen
II. *vt* ❶ (*obtain*) ■**to ~ sth** sich *dat* etw sichern, etw garantieren; ■**to ~ sth for sb** [*or* **sb sth**] jdm etw sichern; *job, order* jdm etw verschaffen
❷ (*make safe*) ■**to ~ sth** etw [ab]sichern; **to ~ one's future/position** (*fig*) seine Zukunft/Position absichern; **to ~ sb/sth against** [*or* **from**] **sth** jdn/etw vor etw *dat* schützen
❸ (*fasten*) ■**to ~ sth** [**to sth**] etw [an etw *dat*] befestigen [*o* festmachen]; **to ~ a door/a window** eine Tür/ein Fenster fest schließen
❹ (*guarantee repayment of*) ■**to ~ sth** etw absichern; **to ~ a loan** für einen Kredit Sicherheit stellen; **to ~ a loan against** [*or* **on**] **sth** einen Kredit durch etw *akk* abdecken

secured creditor *n* gesicherter Gläubiger/gesicherte Gläubigerin **secured loan** *n* gesichertes [*o* gedecktes] Darlehen

securely [sɪ'kjʊəʳli, AM -'kjʊr-] *adv* ❶ (*firmly*) fest; **to ~ fasten/lock/tie sth** etw fest zumachen/verriegeln/binden
❷ (*safely*) sicher; **to ~ lock away sth** etw sicher verwahren; ***prisoners must be held ~*** Gefangene müssen streng bewacht werden; **to remain ~ in control** unangefochten die Kontrolle behalten

securities *npl* STOCKEX (*stock or share*) Wertpapiere *ntpl,* Effekten *pl;* **to make a market in ~** Kauf- und Verkaufsaufträge bestimmter Wertpapiere entgegennehmen; **S~ and Investment Board** BRIT *britische Börsenaufsichtsbehörde;* **S~ and Exchange Commission** AM *amerikanische Börsenaufsichtsbehörde;* **blue-chip ~** Spitzenpapiere *ntpl;* **long-dated/medium-dated/short-dated ~** langfristige/mittelfristige/kurzfristige Anleihen

securities account *n* Depot *nt;* ~ **holder** Depotinhaber(in) *m(f)* **securities broker** *n* Wertpapiermakler(in) *m(f)* **securities clearing** *n* Effektenclearing *nt* **securities dealer** *n* FIN Wertpapierhändler(in) *m(f),* Effektenhändler(in) *m(f)* **securities exchange** *n* FIN Wertpapierbörse *f* **securities market** *n* FIN, STOCKEX Wertpapiermarkt *m,* Wertpapierbörse *f;* **unlisted** ~ Markt *m* für nicht notierte Wertpapiere

security [sɪ'kjʊərəti, AM -'kjʊrət̬i] *n* ❶ *no pl* (*protection, safety*) Sicherheit *f;* **maximum-~ prison/wing** Hochsicherheitsgefängnis *nt*/-trakt *m;* **lax/tight** ~ lasche/strenge Sicherheitsvorkehrungen; **national** ~ nationale Sicherheit; **to be in charge of** ~ für die Sicherheit verantwortlich sein; **to tighten** ~ die Sicherheitsmaßnahmen verschärfen
❷ *no pl* (*guards*) Sicherheitsdienst *m,* Wachdienst *m;* **to call** ~ den Sicherheitsdienst rufen
❸ *no pl* (*permanence, certainty*) Sicherheit *f;* **job** ~ Sicherheit *f* des Arbeitsplatzes; ~ **of tenure** Kündigungsschutz *m;* **financial** ~ finanzielle Sicherheit
❹ *no pl* (*confidence*) [innere] Sicherheit, Geborgenheit *f*
❺ *usu sing* (*safeguard*) Sicherheit *f,* Schutz *m* (**against** gegen +*akk*)
❻ *no pl* (*guarantee of payment*) Sicherheit *f,* Kaution *f;* **to lend money on/without** ~ Geld gegen Sicherheit/ohne Sicherheit leihen; **to stand** ~ **for sb** für jdn bürgen; **to use sth as** ~ [**for sth**] etw als Sicherheit [für etw *akk*] verwenden
❼ FIN (*investment*) Wertpapier *nt;* **convertible** ~ Wandelanleihe *f;* **fixed-interest** ~ festverzinsliches Wertpapier; **unlisted** ~ Freiverkehrswert *m;* **listed** [*or* **quoted**] ~ börsennotiertes Wertpapier; ■**securities** *pl* Effekten *pl fachspr*
❽ (*as guarantor*) Bürgschaft *f,* Garantie *f;* **to stand** ~ **for sb** für jdn bürgen [*o* Bürgschaft leisten]
❾ (*being secret*) Geheimhaltung *f,* Diskretion *f*

security alert *n* Sicherheitsalarm *m* **security blanket** *n* ❶ (*child's comforter*) Kuscheldecke *f* ❷ BRIT (*information blackout*) Nachrichtensperre *f* **security check** *n* Sicherheitsüberprüfung *f,* Sicherheitskontrolle *f;* **to run a** ~ eine Sicherheitskontrolle durchführen **security clearance** *n* ❶ *no pl* (*official permission*) Unbedenklichkeitserklärung *f* ❷ (*pass*) Passierschein *m* **security cordon** *n* [Sicherheits]kordon *m geh;* **to throw a** ~ **around** [*or* **surrounding**] **sb/sth** um jdn/etw einen [Sicherheits]kordon ziehen **Security Council** *n* Sicherheitsrat *m* **security deposit** *n* AM Kaution *f* **security forces** *npl* MIL Sicherheitskräfte *pl* **security guard** *n* Sicherheitsbeamte(r) *m,* Sicherheitsbeamte [*o* -in] *f,* Sicherheitsbedienstete(r) *f(m),* Wachmann, Wachfrau *m, f* **security measure** *n,* **security precaution** *n* Sicherheitsmaßnahme *f* **security risk** *n* Sicherheitsrisiko *nt* **security van** *n* Geldtransporter *m*

sedan [sɪ'dæn] *n* AM, AUS Limousine *f*

sedan chair *n* Sänfte *f*

sedate [sɪ'deɪt] **I.** *adj person* ruhig, gelassen; *pace* gemächlich; (*pej*) *village, place* verschlafen *fig*
II. *vt* MED ■**to** ~ **sb** jdn ruhig stellen, jdm ein Beruhigungsmittel geben; ***she was heavily ~d*** sie stand unter dem Einfluss starker Beruhigungsmittel

sedately [sɪ'deɪtli] *adv* ruhig; **to walk** ~ gemächlich dahinspazieren

sedation [sɪ'deɪʃᵊn] *n no pl* MED Ruhigstellung *f;* **to be under** ~ ruhig gestellt sein, unter dem Einfluss von Beruhigungsmitteln stehen

sedative ['sedətɪv, AM -t̬ɪv] **I.** *adj* beruhigend; ~ **effect** beruhigende Wirkung
II. *n* Beruhigungsmittel *nt,* Sedativum *nt fachspr*

sedentary ['sedᵊntᵊri, AM -teri] *adj* sitzend; ***my lifestyle is too*** ~ ich sitze einfach zu viel; **to do a** ~ **job** im Sitzen arbeiten

sedge [sedʒ] *n no pl* Riedgras *nt,* Segge *f*

sedge warbler *n* ORN Seggenrohrsänger *m,* Schilfrohrsänger *m*

sediment ['sedɪmənt, AM *also* -ə-] *n* ❶ *no pl* (*dregs at bottom*) Sediment *nt;* (*in river*) Ablagerung *f;* (*in wine*) [Boden]satz *m*
❷ (*deposited substance*) Sediment *nt,* Ablagerung *f*

sedimentary [,sedɪ'mentᵊri] *adj* Sediment-, sedimentär; ~ **layer/rock** Sedimentschicht *f*/-gestein *nt;* ~ **deposits** sedimentäre Ablagerungen

sedimentation [,sedɪmen'teɪʃᵊn] *n no pl* Ablagerung *f,* Sedimentation *f fachspr*

sedition [sɪ'dɪʃᵊn] *n no pl* Aufwiegelung *f,* Volksverhetzung *f*

seditious [sɪ'dɪʃəs] *adj* aufwieglerisch, hetzerisch

seduce [sɪ'dju:s, AM *also* -du:s] *vt* ■**to** ~ **sb** ❶ (*persuade to have sex*) jdn verführen
❷ (*win over*) jdn verführen [*o* gewinnen]; ■**to** ~ **sb into doing sth** jdn dazu verleiten, etw zu tun

seducer [sɪ'dju:səʳ, AM -du:sɚ] *n* Verführer *m*

seduction [sɪ'dʌkʃᵊn] *n* ❶ *no pl* (*persuasion into sex*) Verführung *f;* **arts of** ~ Verführungskünste *fpl*
❷ (*act of seducing particular person*) Verführung *f*
❸ *no pl* (*leading astray*) Verführung *f,* Verleitung *f*
❹ *usu pl* (*seductive quality*) Verlockung *f geh;* **the** ~ **of money** der Lockruf des Geldes

seductive [sɪ'dʌktɪv] *adj* ❶ (*sexy*) verführerisch
❷ (*attractive, persuasive*) *argument, offer* verführerisch, verlockend *geh*

seductively [sɪ'dʌktɪvli] *adv* verführerisch

seductiveness [sɪ'dʌktɪvnəs] *n no pl* ❶ (*sexiness*) *of a person* verführerische Art; **to feel confident of one's** ~ sich *dat* seiner verführerischen Reize bewusst sein
❷ (*attractiveness*) Attraktivität *f;* ***he resisted the ~ of the offer*** er widerstand dem verlockenden Angebot

seductress <*pl* -es> [sɪ'dʌktrɪs] *n* Verführerin *f*

sedulous ['sedjʊləs, AM 'sedʒələs] *adj* (*liter*) eifrig, unermüdlich, beharrlich; *worker* emsig, fleißig

sedulously ['sedjʊləsli, AM 'sedʒə-] *adv* eifrig, geflissentlich

see¹ <saw, seen> [si:]

I. TRANSITIVE VERB

❶ (*perceive with eyes*) ■**to** ~ **sb/sth** jdn/etw sehen; ***I've never ~n anything quite like this before*** so etwas habe ich ja noch nie gesehen; ***have you ever ~n this man before?*** haben Sie diesen Mann schon einmal gesehen?; ***he's ~n where you live*** er weiß jetzt, wo du wohnst; ***I can't ~ much without my glasses*** ohne Brille sehe ich nicht sonderlich viel; ***there's nothing to ~*** (*after accident*) hier gibt's nichts zu sehen!; ***I saw it happen*** ich habe gesehen, wie es passiert ist; ***it has to be ~n to be believed*** man muss es gesehen haben[, sonst glaubt man es nicht]; ***I'll believe it when I ~ it*** das glaube ich auch erst, wenn ich es mit eigenen Augen gesehen habe; ■**to** ~ **sb do** [*or* **doing**] **sth** sehen, wie jd etw tut; ***I saw her coming*** ich habe sie kommen sehen; ***the woman was ~n to enter the bank*** die Frau wurde gesehen, wie sie die Bank betrat; ***I can't believe what I'm ~ing — is that your car?*** ich glaube, ich spinne! ist das dein Auto?; ***she didn't want to be ~n visiting the doctor*** sie wollte nicht, dass jemand mitbekommt, dass sie zum Arzt geht; ***I've never ~n my brother eating mushrooms*** ich habe meinen Bruder noch nie Pilze essen sehen; ***can you ~ where …*** siehst du, wo …; **to** ~ **sth with one's own eyes** etw mit eigenen Augen sehen; **for all the world to** ~ in aller Öffentlichkeit
❷ (*watch as a spectator*) ■**to** ~ **sth** *film, play* [sich *dat*] etw [an]sehen; ***this film is really worth ~ing*** dieser Film ist echt sehenswert; **to** ~ **sb in a film/in a play/on television** jdn in einem Film/Stück/im Fernsehen sehen
❸ (*visit place*) ■**to** ~ **sth** *famous building, place* etw ansehen; ***I'd love to ~ Salzburg again*** ich würde gerne noch einmal nach Salzburg gehen; **to** ~ **the sights of a town** die Sehenswürdigkeiten einer Stadt besichtigen
❹ (*understand*) ■**to** ~ **sth** etw verstehen [*o* begreifen]; (*discern mentally*) etw erkennen; ***I ~ what you mean*** ich weiß, was du meinst; ***I can't ~ the difference between … and …*** für mich gibt es keinen Unterschied zwischen … und …; ***I just don't ~ why …*** ich begreife [*o* verstehe] einfach nicht, warum …; ***I can't ~ why I should do it*** ich sehe einfach nicht ein, warum ich es machen sollte; ***I can ~ you're having trouble with your car*** Sie haben Probleme mit Ihrem Auto?; ***I really can't ~ what difference it makes to …*** ich weiß wirklich nicht, was es für einen Unterschied machen soll, …; ***I can ~ it's difficult*** ich verstehe ja, dass es schwierig ist; ***I can ~ you have been fighting*** ich sehe doch, dass ihr euch gezankt habt; ***I can't ~ the joke*** ich weiß nicht, was daran komisch sein soll; ***I don't ~ the point of that remark*** ich verstehe den Sinn dieser Bemerkung nicht; ~ ***what I mean?*** siehst du?
❺ (*consider*) ■**to** ~ **sth** etw sehen; ***as I ~ it …*** so wie ich das sehe …; ***try and ~ it my way*** versuche es doch mal aus meiner Sicht zu sehen; ***I ~ myself as a good mother*** ich denke, dass ich eine gute Mutter bin; ***this is how I ~ it*** so sehe ich die Sache; ***I don't ~ it that way*** ich sehe das nicht so; **to** ~ **sth in a new** [*or* **a different**] [*or* **another**] **light** etw mit anderen Augen sehen; **to** ~ **reason** [*or* **sense**] Vernunft annehmen; **to** ~ **things differently** die Dinge anders sehen; **to make sb** ~ **sth** jdm etw klarmachen; **to** ~ **oneself obliged to do sth** sich *akk* dazu gezwungen sehen, etw zu tun
❻ (*learn, find out*) ■**to** ~ **sth** etw feststellen; ***I ~ [that] … wie ich sehe, …; I'll ~ what I can do/who it is*** ich schaue mal, was ich tun kann/wer es ist; ***let me ~ if I can help you*** mal sehen, ob ich Ihnen helfen kann; ***that remains to be ~n*** das wird sich zeigen
❼ (*meet socially*) ■**to** ~ **sb** jdn sehen; (*by chance*) jdn [zufällig] treffen [*o* sehen]; ***we're ~ing friends at the weekend*** wir treffen uns am Wochenende mit Freunden; **to** ~ **a lot** [*or* **much**] **of sb** jdn häufig sehen; ***I haven't ~n much of him recently*** ich sehe ihn in letzter Zeit [auch] nur [noch] selten; ***I haven't ~n her around much in the last few weeks*** in den letzten Wochen habe ich sie [auch nur] selten gesehen; ***I shall be ~ing them at eight*** ich treffe sie um acht; ***I'll ~ you around*** bis dann!; ~ ***you!*** [*or* BRIT **be ~ing you!**] (*fam*) bis bald! *fam;* ~ ***you later!*** (*fam: when meeting again later*) bis später!; (*goodbye*) tschüs! *fam;* ~ ***you on Monday*** bis Montag!; **to go and** ~ **sb** jdn besuchen [gehen]
❽ (*have meeting with*) ■**to** ~ **sb** jdn sehen; (*talk to*) jdn sprechen; (*receive*) jdn empfangen; ***I demand to ~ the manager*** ich möchte mit dem Geschäftsführer sprechen!; ***Mr Miller can't ~ you now*** Mr Miller ist im Moment nicht zu sprechen; ***the doctor will ~ you now*** Sie können jetzt reingehen, der Herr Doktor ist jetzt frei; **to** ~ **a doctor/a solictor** zum Arzt/zu einem Anwalt gehen, einen Arzt/einen Anwalt aufsuchen *geh*
❾ (*have relationship with*) ■**to be ~ing sb** mit jdm zusammen sein *fam;* ***I'm not ~ing anyone at the moment*** ich habe im Moment keine Freundin/keinen Freund; ***are you ~ing anyone?*** hast du einen Freund/eine Freundin?
❿ (*envisage, foresee*) ■**to** ~ **sth** sich *dat* etw vorstellen; ***I ~ a real chance of us meeting again*** ich glaube wirklich, dass wir uns wiedersehen; ***I can't ~ him getting the job*** ich kann mir nicht vorstellen, dass er den Job bekommt; ***can you ~ her as a teacher?*** kannst du dir sie als Lehrerin vorstellen?; ***do you ~ …*** kannst du dir vorstellen, …; ***I can't ~ myself as a waitress*** ich glaube nicht, dass Kellnern was für mich wäre; **to** ~ **it coming** es kommen sehen
⓫ (*witness, experience*) ■**to** ~ **sth** etw [mit]erleben; ***1997 saw a slackening off in the growth of the economy*** 1997 kam es zu einer Verlangsamung des Wirtschaftswachstums; ***he won't ~ 50 again*** er ist gut über 50; ***I've ~n it all*** mich überrascht nichts mehr; ***now I've ~n everything!*** ist denn das zu fassen!; ***I've ~n it all before*** das kenne ich alles schon!; ■**to** ~ **sb do sth** [mit]erleben, wie jd etw tut; ***his parents saw him awarded the winner's medal*** seine Eltern waren mit dabei, als ihm die Siegermedaille überreicht wurde; ***I can't bear to ~ people being mistreated*** ich ertrag es nicht, wenn

S

Menschen misshandelt werden; **to ~ the day when ...** den Tag erleben, an dem ...; **to ~ life** das Leben kennen lernen; **to live to ~ sth** etw erleben; ***I shall not live to ~ it*** das werde ich wohl nicht mehr miterleben

⓬ *(accompany)* ■**to ~ sb** jdn begleiten; **to ~ sb into bed** jdn ins Bett bringen; **to ~ sb to the door** [*or* **out**]/**home** jdn zur Tür/nach Hause bringen [*o geh* begleiten]; **to ~ sb into a taxi** jdn zum Taxi bringen; ***I saw her safely into the house*** ich brachte sie sicher zum Haus

⓭ *(inspect)* **sb wants to ~ sth** *licence, passport* jd möchte etw sehen; *references, records* jd möchte etw [ein]sehen; ***the policeman asked to ~ my driving licence*** der Polizist wollte meinen Führerschein sehen; ***let me ~ that*** lass mich das mal sehen

⓮ *in imperative (refer to)* ■**~ ...** siehe ...; **~ *below/page 23/over[leaf]*** siehe unten/Seite 23/nächste Seite

⓯ *(perceive)* ■**to ~ sth in sb/sth** etw in jdm/etw sehen; ***I don't know what she ~s in him*** ich weiß nicht, was sie an ihm findet

⓰ *(ensure)* **to ~ sb right** BRIT, AUS *(fam: help)* jdm helfen [*o* behilflich sein]; *(pay or reimburse)* aufpassen [*o* dafür sorgen], dass jd sein Geld [wieder]bekommt; ■**to ~ that sth happens** dafür sorgen, dass etw passiert; **~ *that this doesn't happen again*** sieh zu, dass das nicht noch einmal passiert

⓱ *(view)* ■**to ~ sth** *house for sale* [sich *dat*] etw ansehen

⓲ *(in poker)* ■**to ~ sb** ***I'll ~ you*** ich halte

▸ PHRASES: **let's ~ the colour of your money first** erst will ich dein Geld sehen! *fam;* **to have ~n better days** schon [einmal] bessere Tage gesehen haben; **you couldn't ~ him/her for dust** man sah nur noch seine/ihre Staubwolke *fam;* **if ... you won't ~ the dust of him/her** wenn ..., wird er/sie die Fliege machen wie nichts *sl;* **he/she can't ~ further than** [*or* **beyond**] **the end of his/her nose** er/sie sieht nicht weiter als seine/ihre Nasenspitze [reicht] *fam;* **to not have ~n hide nor hair of sb** jdn nicht mal von hinten gesehen haben *fam;* **I'll ~ him/her in hell first** das wäre das Letzte, was ich täte!; **to ~ the last** [*or* BRIT, AUS **the back**] **of sb** [endlich] jdn los sein *fam;* **to ~ the last** [*or* BRIT, AUS **the back**] **of sth** endlich etw überstanden haben; **sb ~s the light** *(understand)* jdm geht ein Licht auf *fam; (become enlightened)* jdm gehen die Augen auf *fam; (be converted)* jd [er]schaut das Licht [Gottes] *geh;* **to ~ the light of day** *(first appear)* das Licht der Welt erblicken *geh o hum;* **to [go and] ~ a man about a dog** hingehen, wo auch der Kaiser zu Fuß hingeht *euph hum fam;* **to ~ stars** Sterne sehen *fam;* **to be ~ing things** sich *dat* etw einbilden, Halluzinationen haben; **to ~ one's way [clear] to doing sth** es [sich *dat*] einrichten, etw zu tun; **to not ~ the wood** [*or* AM **the forest**] **for the trees** den Wald vor [lauter] Bäumen nicht sehen *hum*

II. INTRANSITIVE VERB

❶ *(use eyes)* sehen; ***I can't ~ very well without my glasses*** ohne Brille kann ich nicht sehr gut sehen; ***... but ~ing is believing*** ... doch ich habe es mit eigenen Augen gesehen!; **as far as the eye** [*or* **you**] **can ~** so weit das Auge reicht

❷ *(look)* sehen; ***let me ~!*** lass mich mal sehen!; ***~ for yourself!*** sieh doch selbst!; *(in theatre etc)* ***can you ~?*** können Sie noch sehen?; ***there, ~, Grandad's mended it for you*** schau mal, Opa hat es dir wieder repariert!

❸ *(understand, realize)* **... — oh, I ~! ...** – aha!; ***I ~*** ich verstehe; ***you ~! it wasn't that difficult was it?*** na siehst du, das war doch gar nicht so schwer!; ***~, I don't love you anymore*** ich liebe dich einfach nicht mehr, ok? *fam;* ***you ~, ...*** weißt du/wissen Sie, ...; ***well, you ~, all these rooms are going to be decorated*** alle Zimmer werden natürlich noch renoviert; ***~?!*** siehst du?!; ***as far as I can ~ ...*** so wie ich das sehe ...; ***I ~ from your report ...*** Ihrem Bericht entnehme ich, ...; ***... so I ~ ...*** das sehe [*o* merke] ich

❹ *(dated: as protest)* ***now, ~ here, I only bought this ticket a month ago*** also, dieses Ticket habe ich erst vor einem Monat gekauft!

❺ *(find out)* nachsehen; *(in the future)* herausfinden; ***wait and ~*** abwarten und Tee trinken *fam;* ***well, we'll ~*** schau ma mal! *fam;* ***let me ~*** lass' mich mal überlegen; ***you'll ~*** du wirst schon sehen!; ***you'll soon ~ for yourself*** du wirst es schon bald selbst sehen!

▸ PHRASES: **to not ~ eye to eye [with sb]** nicht derselben Ansicht sein [wie jd]; **to ~ fit to do sth** es für angebracht halten, etw zu tun; **to ~ red** rotsehen *fam;* **to make sb ~ red** jdn zur Weißglut treiben *fam*

◆**see about** *vi* ❶ *(fam: deal with)* ■**to ~ about sth** sich *akk* um etw *akk* kümmern; ***I've come to ~ about the TV*** ich soll mir den Fernseher ansehen; ***I've come to ~ about the rent*** ich komme wegen der Miete; ■**to ~ about getting sth done** sich *akk* darum kümmern, dass etw getan wird; ***I think we'd better ~ about getting home*** ich glaube, wir sehen jetzt besser zu, dass wir nach Hause kommen

❷ *(consider)* ***I'll ~ about it*** ich will mal sehen

▸ PHRASES: **we'll ~ about that!** *(fam)* das werden wir ja sehen!

◆**see in I.** *vi* hineinsehen

II. *vt* ■**to ~ sb in** jdn hineinbringen; **to ~ the New Year in** das neue Jahr begrüßen

◆**see into** *vi* ❶ *(look into)* ■**to ~ into sth** in etw *akk* hineinsehen

❷ *(find out about)* **to ~ into the future** in die Zukunft schauen

❸ *(investigate)* ■**to ~ into sth** etw *dat* auf den Grund gehen

❹ *(interpret)* **to ~ too much into sth** etw *dat* zu viel Bedeutung zumessen

◆**see off** *vt* ❶ *(say goodbye)* ■**to ~ off ↔ sb** jdn verabschieden; **to ~ sb off at the airport/station** jdn zum Flughafen/Bahnhof bringen

❷ *(drive away)* ■**to ~ off ↔ sb** jdn verjagen, jdm Beine machen *fam*

❸ *(get the better of)* ■**to ~ off ↔ sb/sth** mit jdm/etw fertig werden *fam;* **to ~ off a challenger** einen Herausforderer/eine Herausforderin in die Tasche stecken *fam*

◆**see out I.** *vt* ❶ *(escort to door)* ■**to ~ out ↔ sb** jdn hinausbegleiten [*o* hinausbringen]; ***I can ~ myself out, thanks*** danke, ich finde alleine hinaus; **to ~ sb to the door** jdn zur Tür bringen

❷ ■**to ~ out ↔ sth** *(continue to end of)* etw durchstehen; *(last until end of)* etw überleben [*o* überstehen]; ***she decided to ~ out the remainder of her contract*** sie beschloss, bis zum Ende ihres Vertrages zu bleiben; **to ~ out the winter** den Winter überstehen

II. *vi* hinaussehen

◆**see over** *vi* BRIT, AUS ■**to ~ over sth** *building* etw besichtigen; *exhibition* sich *dat* etw ansehen

◆**see round** *vi* BRIT, AUS sich *akk* umsehen; *see also* **see over**

◆**see through I.** *vi* ❶ *(look through)* ■**to ~ through sth** durch etw *akk* hindurchsehen [*o* DIAL durchgucken]

❷ *(not be deceived by)* ■**to ~ through sb/sth** jdn/etw durchschauen

II. *vt* ❶ *(sustain)* ■**to ~ sb through** jdm über die Runden helfen *fam; (comfort)* jdm beistehen; ***we've got enough coffee to ~ us through until the end of the week*** unser Kaffee reicht noch bis Ende der Woche; ***will £20 be enough to ~ you through?*** reichen dir 20 Pfund?; **to ~ sb through a difficult time** jdm über eine schwierige Zeit hinweghelfen

❷ *(continue to the end of)* ■**to ~ sth through** etw zu Ende bringen

◆**see to** *vi* ■**to ~ to sb/sth** sich *akk* um jdn/etw kümmern; ***that cut of yours needs ~ing to*** deine Wunde solltest du mal jemanden zeigen; ***ok, I'll ~ to it*** ok, ich kümmere mich drum; ■**to ~ to it that ...** dafür sorgen, dass ...

◆**see up I.** *vi* hinaussehen

II. *vt* ■**to ~ sb ↔ up** *(escort)* jdn hinaufbringen

see² [siː] *n (of bishop or archbishop)* [Erz]bistum *nt; (Catholic)* [Erz]diözese *f;* **the Holy S~** der Heilige Stuhl

seed [siːd] **I.** *n* ❶ *(source of a plant)* Same[n] *m; of grain* Korn *nt;* ■**~s** *pl* AGR Saat *f kein pl,* Saatgut *nt kein pl;* **to sow ~s** Samen [aus]säen

❷ *no pl (seeds)* Samen *mpl;* **carrot/parsley/poppy ~** Karotten-/Petersilien-/Mohnsamen *mpl;* **to go** [*or* **run**] **to ~** Samen bilden [*o* tragen]; *salad, vegetables* schießen

❸ *(fig: small beginning of sth)* Keim *m fig;* **to sow the ~s of sth** etw säen *fig,* den Keim zu etw *dat* legen

❹ *no pl (liter: semen)* Samen *m*

❺ *no pl (old: offspring)* Nachkommenschaft *f;* **the ~ of Abraham/Moses** die Kinder Abrahams/Moses

❻ *(seeded player)* Platzierte(r) *f(m);* **top** [*or* **number one**] **~** Erstplatzierte(r) *f(m)*

❼ COMPUT Startwert *m*

▸ PHRASES: **to go** [*or* **run**] **to ~** herunterkommen *fam*

II. *vt* ❶ *(sow with seed)* **to ~ a bed/field** ein Beet/Feld besäen

❷ *(drop its seed)* ■**to ~ itself** sich *akk* aussäen

❸ *(help start)* ■**to ~ sth** etw bestücken [*o* ausstatten]; **to ~ a project with the necessary funds** ein Projekt mit den nötigen Mitteln versehen

❹ *(remove seeds from)* ■**to ~ sth** etw entkernen

❺ *usu passive* SPORTS **to be ~ed** gesetzt [*o* platziert] sein

seed bank *n* AGR, BOT Samenbank *f* **seed bed** *n* ❶ *(area of ground)* Samenbeet *nt* ❷ *(fig)* Grundlage *f* **seedcake** *n* Kümmelkuchen *m* **seedcorn** *n no pl* ❶ BRIT *(grain for planting)* Samenkorn *nt* ❷ *(fig: starting point)* Keim *m fig* ❸ ECON Startkapital *nt*

seeded [ˈsiːdɪd] *adj inv* ❶ *(with seeds removed)* entkernt

❷ *(containing seeds)* mit Kernen *nach n;* **~ grapes** Trauben *fpl* mit Kernen

❸ *(ranked in tournament)* gesetzt, platziert

seediness [ˈsiːdɪnəs] *n no pl* ❶ *(disreputableness)* Zwielichtigkeit *f*

❷ *(unwell feeling)* Katzenjammer *m fam*

seedless [ˈsiːdləs] *adj inv* kernlos

seedling [ˈsiːdlɪŋ] *n* Sämling *m,* Setzling *m*

seed money *n no pl* AM, AUS *(start-up money)* Startkapital *nt* **seed potato** *n* Saatkartoffel *f*

seedsman *n* Samenhändler *m*

seedtime *n* AGR Saatzeit *f*

seedy [ˈsiːdi] *adj* ❶ *(dirty and dubious) district, hotel* zwielichtig; *character, reputation* zweifelhaft; *clothes, appearance* abgerissen, schäbig

❷ *usu pred (slightly unwell)* unwohl; **sb feels ~** jd fühlt sich *akk* ganz flau

❸ *(full of seeds) bread* mit ganzen Getreidekörnern *nach n; fruits* voller Kerne *nach n*

seeing [ˈsiːɪŋ] *conj* **~ that ..., ~ as [how] ...** da ...

Seeing-Eye dog® *n* AM, AUS Blindenhund *m*

seek <sought, sought> [siːk] **I.** *vt* ❶ *(form: look for)* ■**to ~ sb/sth** jdn/etw suchen

❷ *(try to obtain or achieve)* ■**to ~ sth** etw erstreben; **to ~ asylum/refuge/shelter** Asyl/Zuflucht/Schutz suchen; **to ~ damages/redress** Schadenersatz/Entschädigung beantragen; **to ~ election** sich *akk* zur Wahl stellen; **to ~ employment** [*or* **a job**] eine Stelle suchen; **to ~ one's fortune** sein Glück suchen; **to ~ justice/revenge** nach Gerechtigkeit/Rache streben

❸ *(ask for)* ■**to ~ sth** etw erbitten *geh;* **to ~ advice from sb** bei jdm Rat suchen, jdn um Rat bitten; **to ~ approval from sb** jds Zustimmung einholen; **to ~ permission from sb** jdn um Erlaubnis bitten

II. *vi* ❶ *(form: search)* suchen; REL **~ *and ye shall find*** suchet, so werdet ihr finden; *(hum)* wer such[e]t, der findet *prov;* ■**to ~ for** [*or liter* **after**] **sb/sth** nach jdm/etw suchen

❷ *(form: attempt)* ■**to ~ to do sth** danach trachten *geh* [*o* [ver]suchen], etw zu tun

◆**seek out** *vt* ■**to ~ out** ◯ **sb/sth** jdn/etw ausfindig machen; *opinion, information* etw herausfinden; **to ~ out new talent** auf Talentsuche sein

seeker [siːkəʳ, AM -kɚ] *n* Suchende(r) *f(m)*; **asylum ~** Asylsuchende(r) *f(m)*; (*more formally*) Asylbewerber(in) *m(f)*; **job ~** Arbeitssuchende(r) *f(m)*; **to be a publicity ~** die Öffentlichkeit suchen; **~ after truth** Wahrheitssucher(in) *m(f) geh*

-seeking [ˌsiːkɪŋ] *in compounds* -suchend; **to be adventure-~** abenteuerlustig sein; **to be attention-~** im Mittelpunkt stehen wollen; **to be pleasure-~** vergnügungssüchtig sein

seem [siːm] *vi* ① + *n, adj* (*appear to be*) scheinen; ***he ~s a very nice man*** er scheint ein sehr netter Mann zu sein; ***you ~ very quiet today*** du wirkst heute sehr still; ***he's sixteen, but he ~s younger*** er ist sechzehn, wirkt aber jünger; ***that ~s a good idea to me*** ich halte das für eine gute Idee; ***they ~ to be ideally suited*** sie scheinen hervorragend zusammenzupassen; ■**to ~ as if** [*or* **as though**] [*or fam* **like**] **...** so scheinen [*o* aussehen], als ob ...; ***you ~ as if you don't want to get involved*** es sieht so aus, als wolltest du nicht darin verwickelt werden; ***it ~s like ages since we last saw you*** es kommt mir wie eine Ewigkeit vor, seit wir dich das letzte Mal gesehen haben; ***it ~ed like a good idea at the time*** damals hielt ich das für eine gute Idee; ***I can't ~ to get this right*** wie's aussieht, kriege ich das nie hin *fam*; **sth is not all what it ~s** etw ist anders, als es zu sein scheint; ***what ~s to be the problem?*** wo liegt denn das Problem?; ***I'm sorry, I ~ to have dented your car*** es tut mir Leid, wie es aussieht, habe ich eine Delle in Ihr Auto gefahren
② (*appear*) ■**it ~s** [**that**] **...** anscheinend ...; ***it now ~s likely that the event will be cancelled*** es scheint jetzt ziemlich wahrscheinlich, dass die Veranstaltung abgesagt wird; ***it ~s to me that he isn't the right person for the job*** ich finde, er ist nicht der Richtige für den Job; ***I'm just telling you how it ~s to me*** ich sage dir nur, wie ich es sehe; ■**it ~s as if** [*or* **as though**] [*or fam* **like**] **...** es scheint [*o* hat den Anschein], als ob ...; ***I'm in a bad way — so it ~s!*** ich bin nicht gut drauf – den Eindruck habe ich auch!; ***it ~s so*** [es] scheint so; ***it ~s not*** anscheinend nicht; ***there ~s to have been some mistake*** da liegt anscheinend ein Irrtum vor; ***there ~ed to be no point in continuing*** es schien zwecklos weiterzumachen

seeming [ˈsiːmɪŋ] *adj attr, inv* (*form*) scheinbare(r, s)

seemingly [ˈsiːmɪŋli] *adv inv* scheinbar

seemly [ˈsiːmli] *adj* (*old*) schicklich *geh*

seen [siːn] *pp of* **see**

seep [siːp] *vi* sickern; (*fig*) *information, truth* durchsickern *fig*

seepage [ˈsiːpɪdʒ] *n no pl* ① (*process of seeping*) *of oil, water* Aussickern *nt*; (*fig*) *of information* Durchsickern *nt fig*; *of persons* Abwandern *nt*
② (*lost fluid*) versickernde Flüssigkeit; **~ water** Sickerwasser *nt*

seer [ˈsiːəʳ, AM siːɚ] *n* (*liter*) Seher *m*; (*fig*) Prophet *m fig*

seersucker [ˈsɪəˌsʌkəʳ, AM ˈsɪrˌsʌkɚ] *n no pl* Seersucker *m* (*leichter kreppartiger Leinenstoff*)

see-saw [ˈsiːsɔː, AM *also* -sɑː] **I.** *n* ① (*for children*) Wippe *f*
② (*fig: vacillating situation*) Auf und Ab *nt*
II. *vi* ① (*play*) wippen
② (*fig*) sich *akk* auf und ab bewegen; *prices* steigen und fallen; *mood* schwanken
III. *adj attr, inv* schwankende(r, s); **~ effect in temperatures** [ständige] Temperaturschwankungen

seethe [siːð] *vi* ① (*fig: be very angry*) kochen *fam*; **to ~ with anger** vor Wut kochen [*o* schäumen] *fam*
② (*move about violently*) *river, sea* schäumen; *liquid* brodeln, kochen
③ (*be crowded*) wimmeln; **to ~ with people/tourists** von Menschen/Touristen wimmeln

seething [siːðɪŋ] *adj attr, inv* ① (*fig: violently felt*) kochend, überschäumend; **~ anger** rasende Wut; **~ discontent** schwelende Unzufriedenheit
② (*bubbling*) *liquid* brodelnd; **~ water** kochendes Wasser
③ (*swarming*) *crowd* wimmelnd

see-through *adj* ① (*transparent*) durchsichtig
② (*of very light material*) durchscheinend, transparent; **~ blouse** durchscheinende Bluse

segment [ˈsegmənt] **I.** *n* ① (*part, division*) Teil *m*; *of a population* Gruppe *f*; *of an orange* Schnitz *m*, Spalte *f bes* ÖSTERR
② RADIO, TV (*allocated time*) Sendezeit *f*
③ MATH Segment *nt*
④ (*of a worm*) Segment *nt*, Glied *nt*, Ring *m*
⑤ ECON Geschäftsbereich *m*
⑥ COMPUT [Programm]segment *nt*
II. *vt* ■**to ~ sth** etw zerlegen [*o geh* segmentieren]; COMPUT etw segmentieren [*o* in Abschnitte unterteilen]; **to ~ the market/population** den Markt/die Bevölkerung aufspalten
III. *vi* sich *akk* teilen; ■**to ~ into sth** sich *akk* in etw *akk* teilen

segmentation [ˌsegmenˈteɪʃᵊn] *n no pl* Segmentierung *f geh*; BIOL Zellteilung *f*

segregate [ˈsegrɪgeɪt, AM -rə-] *vt* ■**to ~ sb** jdn absondern; **to ~ different races/the sexes** verschiedene Rassen/die Geschlechter trennen

segregated [ˈsegrɪgeɪtɪd, AM -rəgeɪt̬ɪd] *adj inv* nur für Weiße oder Schwarze; **~ school** Schule mit Rassentrennung; **racially ~ system** auf Rassentrennung basierendes System; ■**to be ~ from sb/sth** von jdm/etw getrennt sein

segregation [ˌsegrɪˈgeɪʃᵊn, AM -rəˈ-] *n no pl* Trennung *f*; **racial ~** Rassentrennung *f*

segregationist [ˌsegrɪˈgeɪʃᵊnɪst, AM -rəˈ-] **I.** *adj* ■**to be ~** die Rassentrennung befürworten; **~ system** auf der Rassentrennung beruhendes System
II. *n* Anhänger(in) *m(f)* der Rassentrennung

segue [ˈsegweɪ] *n* Überblendung *f* von Musikstücken; **to make a ~** (*fig*) einen Schritt machen

seismic [ˈsaɪzmɪk] *adj* ① GEOL seismisch *fachspr*, Erdbeben-; **~ waves** Erdbebenwellen *fpl*
② (*extremely damaging*) verheerend; (*distressing*) erschütternd

seismograph [ˈsaɪzmə(ʊ)grɑːf, AM -məgræf] *n* Seismograph *m*

seismologist [saɪzˈmɒlədʒɪst, AM -ˈmɑː-] *n* Seismologe, -in *m, f*

seismology [saɪzˈmɒlədʒi, AM -ˈmɑː-] *n no pl* Seismologie *f*

seize [siːz] **I.** *vt* ① (*grab*) ■**to ~ sth** etw ergreifen [*o* packen]; ■**to ~ sb** jdn packen; **to ~ sb by the arm/throat/wrist** jdn am Arm/an der Kehle/beim Handgelenk packen; **to ~ sth with both hands** etw mit beiden Händen greifen
② *usu passive* (*fig: overcome*) ■**to be ~d with sth** von etw *dat* ergriffen werden; **to be ~d with desire** von Begierde gepackt werden; **to be ~d with panic** von Panik erfasst werden
③ (*make use of*) **to ~ the initiative/an opportunity** die Initiative/eine Gelegenheit ergreifen; **to ~ an opportunity with both hands** eine Gelegenheit mit beiden Händen ergreifen
④ (*capture*) ■**to ~ sth** etw einnehmen [*o* erobern]; **to ~ a criminal** einen Verbrecher festnehmen; **to ~ a fortress/harbour/town** eine Festung/einen Hafen/eine Stadt einnehmen [*o* erobern]; **to ~ a hostage** eine Geisel nehmen; **to ~ power** die Macht ergreifen; (*more aggressively*) die Macht an sich *akk* reißen
⑤ (*confiscate*) ■**to ~ sth** etw beschlagnahmen
II. *vi* ■**to ~ on** [*or* **upon**] **sth** *idea* etw aufgreifen; **to ~ on an excuse** zu einer Ausrede greifen

◆**seize up** *vi engine, machine* stehen bleiben; *brain* aussetzen; *economy* zum Erliegen kommen

seizure [ˈsiːʒəʳ, AM -ʒɚ] *n* ① *no pl* (*taking*) Ergreifung *f*; **~ of power** Machtergreifung *f*; **~ of enemy territory/a town** Einnahme *f* von feindlichem Gebiet/einer Stadt; **~ of drugs/property** Beschlagnahmung *f* von Drogen/Eigentum
② MED (*fit*) Anfall *m*; (*dated: stroke*) Schlaganfall *m*; (*fig hum*) Schlag *m fig fam*; **epileptic ~** epileptischer Anfall
③ *usu sing* MECH Stillstand *m*
④ LAW Einziehung *f*, Pfändung *f*, Konfiszierung *f*

seldom [ˈseldəm] *adv* selten; **~ if ever** fast nie, äußerst selten, so gut wie nie *fam*

select [sɪˈlekt, AM sə-] **I.** *adj* ① (*high-class*) *hotel, club* exklusiv
② (*carefully chosen*) ausgewählt, auserlesen; *band, team* auserwählt; *fruit, cuts of meat* ausgesucht; **a ~ few** einige Auserwählte
II. *vt* ① (*choose*) ■**to ~ sth** etw aussuchen; ■**to ~ sb** jdn auswählen; **to ~ a captain/player/team** SPORTS einen Kapitän/einen Spieler/eine Mannschaft aufstellen; ■**to ~ sb for sth** jdn für etw *akk* auswählen
② COMPUT ■**to ~ sth** etw auswählen
III. *vi* ■**to ~ from sth** aus etw *dat* [aus]wählen

◆**select out** *vt* ■**to ~ out** ◯ **sb** jdn auswählen; ■**to ~ out** ◯ **sth** etw aussuchen

select committee *n* Sonderausschuss *m*, Sonderkommission *f* (**on** für +*akk*)

selection [sɪˈlekʃᵊn, AM sə-] *n* ① *no pl* (*choosing*) Auswahl *f*; BIOL Selektion *f geh*; **to make one's ~** seine Wahl treffen
② *no pl* (*being selected*) Wahl *f*; (*for candidacy*) Aufstellung *f*
③ *usu sing* (*range*) Auswahl *f*, Sortiment *nt*; **a good ~ of books** eine gute Auswahl an Büchern
④ (*set of selected extracts*) Auswahl *f*, Auslese *f*; **a ~ of modern poetry** eine Auswahl moderner Lyrik
⑤ (*chosen player*) Spieler[aus]wahl *f*

selection committee *n* POL Auswahlkomitee *nt*

selection process *n* Auswahlverfahren *nt*, Selektionsverfahren *nt geh*

selective [sɪˈlektɪv, AM sə-] *adj* ① (*careful about chosing*) wählerisch; *reader, shopper* kritisch, anspruchsvoll; ■**to be ~ about sth** bei etw *dat* wählerisch sein; **to have a ~ memory** (*pej hum*) ein selektives Erinnerungsvermögen haben *pej hum*
② (*choosing the best*) ausgewählt; **~ breeding** Zuchtwahl *f*
③ (*discriminately affecting*) *process, agent* gezielt; **to be ~ in effect** gezielt wirken
④ COMPUT wahlweise, selektiv, trennscharf

selectively [sɪˈlektɪvli, AM sə-] *adv* selektiv; **to order ~** gezielt bestellen; ■**to quote ~** selektiv zitieren *geh*

selectiveness [sɪˈlektɪvnəs, AM sə-] *n no pl*, **selectivity** [ˌsɪlekˈtɪvəti, AM səˌlekˈtɪvət̬i] *n no pl* ① (*careful choice*) [sorgfältiges] Auswählen
② (*discriminately affect*) *process, agent* Gezieltheit *f*

selector [sɪˈlektəʳ, AM səˈlektɚ] *n* ① (*chooser*) Auswählende(r) *f(m)*; SPORTS *jd, der die Mannschaft aufstellt*
② (*switch*) Wählschalter *m*; BRIT (*in car*) Schalthebel *m*; **~ lever** Automatikschalthebel *m*
③ COMPUT Selektor *m*, Wähler *m*

selenium [sɪˈliːniəm, AM sə] *n no pl* CHEM Selen *nt*

self <*pl* selves> [self] *n* ① (*personality*) ■**one's ~** das Selbst [*o* Ich]; ***I was just being my usual cheerful ~*** ich war wie immer fröhlich; **to be** [**like**] **one's former** [*or* **old**] [*or* **normal**] **~** wieder ganz der/die Alte sein; **to find one's true ~** sein wahres Ich finden, sich *akk* selbst finden
② *no pl* (*pej form: personal welfare*) das eigene Wohl; (*advantage*) das eigene Ego *pej*; **regard for ~** Sorge *f* um das eigene Wohlergehen; **with no thought of ~** ohne an sich *akk* selbst zu denken; **to put ~ above all else** das eigene Ego über alles stellen; **to think only of** [*or* **be all for**] [*or* **care about**] **~** nur an sich *akk* selbst denken
► PHRASES: **one's <u>good</u> ~** (*iron*) ***how is your good ~?*** wie geht es Ihnen?; **unto thine own ~ be <u>true</u>** (*saying*) bleib dir selbst treu, tue recht und scheue niemand *prov veraltend*

self-abasement [-əˈbeɪsmənt] *n no pl* Selbsterniedrigung *f*; **to kneel in ~** in Demut niederknien **self-absorbed** *adj* (*pej*) mit sich *dat* selbst beschäftigt **self-absorption** *n no pl* Ichbezogenheit *f* **self-abuse** *n no pl* ① (*harm*) Selbstzerstörung *f*; **to practise ~** sich *akk* selbstzerstörerisch verhalten ❷ (*old: masturbation*) Selbstbefriedigung *f* **self-accusation** *n no pl* Selbstanklage *f* **self-acting** *adj inv* automatisch; ~ **machine** vollautomatische Maschine **self-addressed envelope** *n* adressierter Rückumschlag; **to send** [*or* **include**] **a** ~ einen adressierten Rückumschlag beifügen **self-adhesive** *adj inv stamps, envelopes, labels* selbstklebend **self-adjusting** *adj inv* selbstregelnd, selbsteinstellend, selbstjustierend **self-advertisement** *n no pl* Eigenwerbung *f* **self-aggrandizement** *n no pl* (*esp pej*) Selbstverherrlichung *f* **self-appointed** *adj inv manager, experts, critic* selbst ernannt **self-assembly** *esp* BRIT **I.** *n no pl* Selbstmontage *f* **II.** *n modifier* (*kitchen, furniture*) zur Selbstmontage *nach n;* ~ **model airplane** Modellflugzeug *nt* zum Selbstbauen **self-assertion** *n no pl* Selbstbewusstsein *nt,* Durchsetzungsvermögen *nt* **self-assertive** *adj* ■**to be** ~ sich *akk* behaupten [*o* durchsetzen] **self-assessment** *n no pl* ❶ (*judgment*) Selbsteinschätzung *f* ❷ FIN **system of** ~ System *nt* der Selbsteinschätzung (*für die Einkommenssteuer von Selbständigen*) **self-assurance** *n no pl* Selbstvertrauen *nt,* Selbstsicherheit *f* **self-assured** *adj* selbstbewusst, selbstsicher **self-aware** *adj* selbstkritisch **self-awareness** *n no pl* Selbsterkenntnis *f*

self-catering BRIT, AUS **I.** *n no pl* Selbstverpflegung *f;* **to go for** ~ sich *akk* selbst verpflegen **II.** *n modifier* ~ **apartment** AM [*or* **flat** BRIT] [*or* **accommodations**] Ferienwohnung *f;* ~ **holiday** Urlaub *m* mit Selbstverpflegung **self-censorship** *n no pl* Selbstkontrolle *f; of writer* Selbstzensur *f;* **to practise** ~ Selbstkontrolle üben **self-centered** AM, **self-centred** *adj* (*pej*) selbstbezogen *pej,* egozentrisch *pej;* ~ **person** Egozentriker(in) *m(f);* ■**the** ~ *pl* die Egozentriker *pl* **self-centredness** *n no pl* Ichbezogenheit *f,* Egozentrizität *f geh* **self-certification** *n no pl* BRIT (*form*) ❶ MED selbsterstellte Krankmeldung *f* ❷ FIN Selbsteinschätzung *f* **self-certification form** *n* ❶ MED Krankmeldung *f* ❷ FIN Steuererklärung *f* **self-closing** *adj inv* von selbst schließend *attr* **self-colored** AM, **self-coloured** *adj inv* uni, einfarbig **self-complacent** *adj* selbstzufrieden; ~ **attitude** Laisser-faire-Haltung *f* **self-composed** *adj* beherrscht; **to remain** ~ gelassen [*o fam* cool] bleiben **self-conceit** *n no pl* Einbildung *f,* Arroganz *f* **self-conceited** *adj* eingebildet, arrogant **self-condemnation** *n no pl* Selbstverdammung *f* **self-confessed** *adj attr, inv* selbsterklärt; ***she's a* ~ *thief*** sie bezeichnet sich selbst als Diebin; ***she had a* ~ *fear of heights*** sie gab zu, dass sie Höhenangst hatte **self-confidence** *n no pl* Selbstvertrauen *nt;* **to have** [**a tremendous amount of**] ~ [eine gehörige Portion] Selbstvertrauen haben; **to improve on one's** ~ sein Selbstvertrauen stärken; **to undermine one's/sb's** ~ sein/jds Selbstvertrauen schwächen **self-confident** *adj* selbstsicher, selbstbewusst **self-confidently** *adv* selbstbewusst, selbstsicher; **to act** [*or* **behave**] ~ selbstsicher auftreten **self-congratulation** *n no pl* Selbstgefälligkeit *f* **self-congratulatory** *adj tone, remark* selbstgefällig; ■**to be** ~ **about sth** sich *dat* etwas auf etw *akk* einbilden **self-conscious** *adj* gehemmt, verlegen; **a** ~ **laugh** ein verlegenes Lachen **self-consciously** *adv* gehemmt; ***he* ~ *glanced into the mirror every few minutes*** alle paar Minuten schaute er verstohlen in den Spiegel; **to hope** ~ **that ...** bei sich *dat* hoffen, dass ... **self-consciousness** *n no pl* Gehemmtheit *f,* Verlegenheit *f,* Befangenheit (**in** in +*dat*); **to lose one's** ~ seine Hemmungen verlieren **self-contained** *adj inv* ❶ (*complete*) selbstgenügsam; ~ **community** autarke Gemeinschaft ❷ (*separate*) ~ **apartment** separate Wohnung ❸ (*taciturn*) verschlossen, unnahbar **self-contempt** *n no pl* Selbstverachtung *f;* **to express** ~ Selbstverachtung zum Ausdruck bringen **self-contradictory** *adj* (*form*) paradox *geh,* widersprüchlich; ~ **statement** widersprüchliche Aussage; ***I find your argument*** ~ ich meine, dass Sie sich selbst widersprechen **self-control** *n no pl* Selbstbeherrschung *f;* **incredible** ~ unglaubliche Selbstdisziplin; **to exercise** ~ Selbstdisziplin üben; **to lose/regain one's** ~ die Fassung verlieren/wiedergewinnen **self-controlled** *adj* beherrscht, souverän *geh* **self-correcting** *adj inv* selbstkorrigierend **self-critical** *adj* selbstkritisch **self-criticism** *n no pl* Selbstkritik *f;* **to practise** ~ selbstkritisch sein

self-deceit, **self-deception** *n no pl* Selbstbetrug *m;* **pure** [*or* **sheer**] ~ reiner Selbstbetrug; **to resort to** ~ sich *dat* selbst etwas vormachen **self-declared** *adj attr, inv* selbst ernannt **self-defeating** *adj* aussichtslos; ~ **attempt** verzweifelter Versuch **self-defence**, AM **self-defense** *n no pl* Selbstverteidigung *f;* ***in* ~*, I have to say that ...*** zu meiner Verteidigung muss ich sagen, dass ...; **a course** [*or* **class**] **in** ~ ein Selbstverteidigungskurs *m;* **to kill sb in** ~ jdn in Notwehr töten; **to use sth in** ~ etw zur Selbstverteidigung benutzen **self-delusion** *n* Selbstbetrug *m* **self-denial** *n no pl* Selbsteinschränkung *f,* Selbstzucht *f;* **to practise** ~ Verzicht üben **self-deprecating** *adj* (*form*) selbstironisch; ~ **humour/manner** Selbstironie *f* **self-deprecatingly** *adv* (*form*) selbstironisch; **to say sth** ~ etw in aller Bescheidenheit sagen **self-deprecation** *n no pl* (*form*) Selbstironie *f* **self-deprecatory** *adj* (*form*) *see* **self-deprecating** **self-depreciation** *n no pl* (*form*) Selbstironie *f* **self-depreciatory** *adj* (*form*) *see* **self-deprecating** **self-destruct** *vi* sich *akk* selbst zerstören; *materials* zerfallen; *missile* [zer]bersten; *tape* sich *akk* löschen **self-destruct button** *n* der rote Knopf, Selbstauslöser *m* ► PHRASES: **to hit the** ~ den roten Knopf drücken **self-destruction** *n no pl* Selbstzerstörung *f;* **to be capable of** ~ sich *akk* selbst zerstören können **self-destructive** *adj* selbstzerstörerisch **self-determination** *n no pl* POL Entschlusskraft *f,* Selbstbestimmung *f;* **the right of** [*or* **to**] ~ das Recht auf Selbstbestimmung **self-development** *n no pl of a person* Selbstentfaltung *f* **self-discipline** *n no pl* Selbstdisziplin *f;* ■**to have the** ~ **to do sth** die Selbstdisziplin haben, etw zu tun **self-disciplined** *adj* selbstdiszipliniert **self-discovery** *n no pl* Selbsterfahrung *f;* **a journey of** ~ eine Reise ins Ich; **national** ~ nationale Identitätsfindung **self-disgust** *n no pl* Selbstekel *m* **self-doubt** *n no pl* Selbstzweifel *mpl;* **moments of** ~ Augenblicke *mpl* des Selbstzweifels; **to be filled with** ~ voller Selbstzweifel sein; **to be plagued by** ~**s** von Selbstzweifeln gequält werden **self-dramatization** *n no pl* Dramatisieren *nt* der eigenen Person **self-drive** BRIT **I.** *adj attr, inv* Selbstfahrer-; ~ **hire car** Mietwagen *m;* **to provide a** ~ **car** einen Mietwagen zur Verfügung stellen **II.** *n no pl* Selbstfahren *nt* **self-educated** *adj inv* autodidaktisch; ***he's*** ~ er ist ein Autodidakt; ~ **person** Autodidakt(in) *m(f)* **self-effacement** *n no pl* Zurückhaltung *f* **self-effacing** *adj* zurückhaltend, bescheiden **self-effacingly** *adv* zurückhaltend, bescheiden **self-employed** **I.** *adj inv* selbständig; ***he is*** ~ er ist selbständig; ~ **builder** Bauunternehmer(in) *m(f);* ~ **lawyer** Anwalt *m*/Anwältin *f* mit eigener Kanzlei **II.** *n* ■**the** ~ *pl* die Selbständigen **self-employment** *n no pl* Selbständigkeit *f* **self-esteem** *n no pl* Selbstwertgefühl *nt;* **to have no/high/low** ~ kein/hohes/geringes Selbstwertgefühl haben; **to boost/destroy one's** ~ sein Selbstwertgefühl stärken/zerstören **self-evident** *adj* offensichtlich, selbstverständlich; ■**it is** ~ **that ...** es liegt auf der Hand, dass ... **self-evidently** *adv* offensichtlich **self-examination** *n no pl* Selbstprüfung *f,* Selbsterforschung *f* **self-explanatory** *adj* unmittelbar verständlich, selbsterklärend **self-expression** *n no pl* Selbstdarstellung *f*

self-financing **I.** *n* ECON Eigenfinanzierung *f,* Selbstfinanzierung *f* **II.** *adj inv* ***fees will have to treble to make the courses*** ~ die Gebühren müssen verdreifacht werden, damit sich die Kurse selbst finanzieren können; ■**to be** ~ sich *akk* selbst finanzieren; ~ **project** Projekt *nt* in eigener Trägerschaft **self-flattery** *n no pl* Selbstschmeichelei *f* **self-fulfilled** *adj* zufrieden; ***I became*** ~ ich war mit mir zufrieden **self-fulfilling** *adj inv* ■**to be** ~ sich *akk* selbst bewahrheiten; ~ **prophecy** Self-fulfilling Prophecy *f geh,* sich selbst erfüllende Prophezeiung **self-fulfillment** AM, **self-fulfilment** *n no pl* Selbstverwirklichung *f;* **great** ~ große Erfüllung; **to achieve/seek** ~ Erfüllung erreichen/suchen **self-governing** *adj inv* selbstverwaltet; ~ **school** Privatschule *f;* ~ **trust** Fonds *m* in privater Trägerschaft **self-government** *n no pl* Selbstverwaltung *f;* **regional** ~ regionale Selbstverwaltung **self-hate**, **self-hatred** *n no pl* Selbsthass *m* **self-help** **I.** *n no pl* Selbsthilfe *f;* **to provide** ~ Selbsthilfe vermitteln **II.** *n modifier* Selbsthilfe-; ~ **group** Selbsthilfegruppe *f* **self-help group** *n* + *sing/pl vb* Selbsthilfegruppe *f* (**for** für +*akk*); **to form a** ~ eine Selbsthilfegruppe gründen **self-image** *n* Selbstbild *nt* **self-importance** *n no pl* Selbstgefälligkeit *f* **self-important** *adj* selbstgefällig **self-importantly** *adv* selbstgefällig; ***she often behaves rather* ~ *in public*** sie zieht in der Öffentlichkeit immer eine ziemliche Schau ab **self-imposed** *adj inv* selbst verordnet; ***her exile is*** ~ sie hat sich ihr Exil selbst auferlegt; ~ **deadline** selbst gesetzter Termin **self-improvement** *n no pl* [selbständige] Weiterbildung **self-incriminating** *adj* sich *akk* selbst belastend **self-induced** *adj inv* selbst verursacht; ~ **hysteria** gesteigerte Hysterie; ~ **vomiting** selbst herbeigeführtes Erbrechen **self-indulgence** *n* ❶ *no pl* (*hedonism*) Luxus *m;* **to afford** ~ es sich *dat* gut gehen lassen ❷ (*act*) Hemmungslosigkeit *f* **self-indulgent** *adj* genießerisch; ***I know it's* ~ *of me, but I'll just have another chocolate*** ich weiß, dass ich mich nicht beherrschen kann, aber ich nehme mir einfach noch eine Praline **self-inflicted** *adj inv* selbst zugefügt [*o* beigebracht]; ***the mental anguish she is feeling is*** ~ den seelischen Schmerz, den sie empfindet, hat sie sich selbst zugefügt; ~ **wound** selbst zugefügte Verletzung **self-interest** *n no pl* Eigeninteresse *f;* **to act from** [*or* **out of**] ~ eigennützig [*o* aus Eigennutz] handeln **self-interested** *adj attitudes, aims* eigennützig

selfish ['selfɪʃ] *adj* selbstsüchtig; ***you need to learn how to be more* ~ *once in a while*** du musst lernen, öfter an dich selbst zu denken; ~ **motive** eigennütziges Motiv

selfishly ['selfɪʃli] *adv* selbstsüchtig, eigennützig

selfishness ['selfɪʃnəs] *n no pl* Selbstsucht *f*

self-justification *n* Rechtfertigung *f;* **attempt at** ~ Versuch *m,* sich zu rechtfertigen **self-justifying** *adj inv* sich selbst rechtfertigend **self-knowledge** *n no pl* Selbsterkenntnis *f*

selfless ['selfləs] *adj* selbstlos

selflessly ['selfləsli] *adv* selbstlos

selflessness ['selfləsnəs] *n no pl* Selbstlosigkeit *f*

self-loader [-'ləʊdəʳ, AM -'loʊdɚ] *n* Selbstladegewehr *nt* **self-loading** [-'ləʊdɪŋ, AM -'loʊ-] *adj inv* selbstladend; ~ **gun** Selbstladegewehr *nt* **self-love** *n no pl* Eigenliebe *f,* Selbstliebe *f* **self-made** *adj inv* Selfmade-; ~ **man** Selfmademan *m* **self-made man** *n* ECON Selfmademan *m* **self-management** *n no pl* ❶ (*of self*) Selbstmanagement *nt* ❷ POL Selbstverwaltung *f* **self-mastery** *n no pl* Selbstbeherrschung *f* **self-mockery** *n no pl* Selbstspott *m* **self-mocking** *adj* sich *akk* selbst verspottend **self-motivated** *adj* eigenmotiviert **self-mutilation** *n no pl* Selbstverstümmelung *f* **self-neglect** *n no pl* Selbstvernachlässigung *f,* Sichgehenlassen *nt* **self-obsessed** *adj* selbstsüchtig **self-opinionated** *adj* starrköpfig **self-parody** *n no pl* Selbstironie *f* **self-perpetuating** *adj* endlos andauernd *attr,* nicht enden wollend *attr* **self-pity** *n no pl* Selbstmitleid *nt;* **to wallow in** ~ in Selbstmitleid schwelgen **self-pitying** *adj* (*pej*) selbstbemitleidend; ■**to be** ~ sich *akk* selbst bemitleiden; ~ **tirade** Tirade *f* des Selbstmitleids **self-portrait** *n* Selbstbildnis *nt;* **a** ~ **by Rembrandt** ein Selbstporträt *nt* von Rembrandt; **to draw/paint a** ~ sich *akk* selbst porträtieren **self-possessed** *adj* selbstbeherrscht **self-possession** *n no pl* Selbstbeherrschung *f;* **to have ~** beherrscht sein; **to recover one's ~** seine Beherrschung wiedererlangen **self-preservation** *n no pl* Selbsterhaltung *f;* **instinct for ~** Selbsterhaltungstrieb *m* **self-proclaimed** *adj inv* selbst ernannt **self-professed** *adj inv* selbst ernannt **self-propelled** *adj inv* selbstangetrieben; **~ vehicle** Fahrzeug *nt* mit Eigenantrieb **self-protection** *n no pl* Selbstschutz *m;* **for ~** zum Selbstschutz **self-raising, self-raising flour** *n no pl* BRIT, AUS *Mehl, dem Backpulver beigemischt ist* **self-realization** *n no pl* Selbstverwirklichung *f* **self-reflection** *n no pl* Selbstbetrachtung *f* **self-regard** *n no pl* Rücksicht *f* auf sich *akk* selbst **self-regulating, self-regulatory** *adj inv* selbstregulierend; *organization* sich selbst regulierend **self-regulation** *n no pl* ECON Selbstverwaltung *f; of an industry* Selbststeuerung *f* **self-regulatory** *adj* ECON selbstverwaltend **Self-Regulatory Organization** *n* ECON Selbstüberwachungsorgan *nt* **self-reliance** *n no pl (approv)* Selbstvertrauen *nt;* **to build sb's ~** jds Selbstvertrauen stärken **self-reliant** *adj* selbständig, eigenständig **self-reproach** *n no pl* Selbstvorwurf *m* **self-respect** *n no pl* Selbstachtung *f;* **to lose all ~** jede Selbstachtung verlieren; **to take away sb's ~** jdn seiner Selbstachtung berauben **self-respecting** *adj attr* ❶ *(having self-respect)* Selbstachtung besitzend; **~ government** ernst zu nehmende Regierung ❷ *(esp hum: good)* anständig, ehrenhaft; **no ~ person** niemand, der was auf sich hält **self-restraint** *n no pl* Selbstbeherrschung *f;* **to display** [*or* **exercise**] [*or* **exhibit**] [*or* **show**] **~** Selbstbeherrschung an den Tag legen **self-righteous** *adj* selbstgerecht **self-righteously** *adv* selbstgerecht **self-righteousness** *n no pl* Selbstgerechtigkeit *f* **self-rising flour** *n no pl* AM *Mehl, dem Backpulver beigemischt ist* **self-rule** *n no pl* Selbstverwaltung *f;* **to move to ~** zur Selbstverwaltung übergehen

self-sacrifice *n no pl* Selbstaufopferung *f;* **to require** [*or* **demand**] **~** Opferbereitschaft verlangen **self-sacrificing** *adj* hingebungsvoll; **to become ~** opferbereit werden **self-same** *adj attr, inv* ■ **the ~ ...** genau derselbe/dieselbe/dasselbe ... **self-satisfaction** *n no pl* Selbstzufriedenheit *f;* **to feel ~** mit sich *dat* [selbst] zufrieden sein **self-satisfied** *adj* selbstzufrieden, selbstgefällig **self-sealing** *adj inv* ❶ *(sealing itself)* **~ envelope** selbstklebender Umschlag ❷ TECH selbstdichtend; *fuel tank* schusssicher **self-seeking** *(form)* **I.** *n no pl* Selbstsucht *f;* **to accuse sb of ~** jdm Selbstsucht vorwerfen **II.** *adj* selbstsüchtig **self-service I.** *n no pl* Selbstbedienung *f* **II.** *n modifier (restaurant)* Selbstbedienungs-; **~ cafeteria** Cafeteria *f* mit Selbstdienung; **~ laundry** Selbstbedienungswaschautomat *m;* **~ store** [*or* **shop**] Selbstbedienungsladen *m,* SB-Laden *m* **self-serving** *adj (form)* selbstsüchtig **self-starter** *n* ❶ *(dated)* Starter *m,* Anlasser *m* ❷ *(person)* Senkrechtstarter(in) *m(f)* **self-styled** *adj attr* so genannte(r, s); **~ expert** so genannter Experte/so genannte Expertin **self-sufficiency** *n no pl* Selbstversorgung *f;* **economic ~** Autarkie *f geh* **self-sufficient** *adj* selbstversorgend, autark *geh;* **a ~ creature** ein selbständiges Wesen; **to be ~ in food** sich *akk* selbst mit Nahrung versorgen **self-supporting** *adj inv* ❶ *(independent)* finanziell unabhängig; ■ **to be ~** sich *akk* selbst finanzieren; ***the vast majority of students here are ~*** die große Mehrheit der Studenten hier finanziert ihr Studium selbst ❷ ARCHIT selbsttragend *fachspr;* **~ mast** freistehender Mast **self-sustaining** *adj* selbststärkend; *(financially)* [sich] selbstunterhaltend **self-tanner** [ˌselfˈtænəʳ, AM -ɚ] *n* Selbstbräuner *m* **self-tanning formula** [ˌselftænɪŋˈ-] *n,* **self-tanning lotion** *n* Selbstbräunungscreme *f* **self-tapping screw** *n* Treibschraube *f* **self-taught** *adj inv* ❶ *(educated)* selbsterlernt; **~ person** Autodidakt(in) *m(f)* ❷ *(acquired)* autodidaktisch; ***almost all of her knowledge is ~*** sie hat sich fast ihr gesamtes Wissen selbst beigebracht

self-test COMPUT **I.** *n* Selbsttest *m;* **to do** [*or* **perform**] **a ~** einen Selbsttest machen **II.** *vi* einen Selbsttest machen **self-will** *n no pl* Eigenwilligkeit *f,* Eigensinn *m* **self-willed** [-ˈwɪld] *adj* starrköpfig, dickköpfig **self-winding watch** *n* Armbanduhr *f* mit Selbstaufzug **self-worth** *n no pl* Selbstwert *m;* **to derive one's ~ from one's work** seinen Selbstwert aus seiner Arbeit beziehen; **to feel ~** sich *akk* wertvoll fühlen

sell [sel] **I.** *vt* <sold, sold> ❶ *(for money)* ■ **to ~ sth to sb** [*or* **sb sth**] jdm etw verkaufen; ***we'll be ~ing the tickets at £50 each*** wir verkaufen die Karten für 50 Pfund das Stück; ***I sold him my car for £600*** ich verkaufte ihm mein Auto für 600 Pfund; **to ~ sth** [**for sb**] **on consignment** AM etw [für jdn] in Zahlung nehmen; **to ~ sth** [**to sb**] **on credit** [jdm] etw auf Kredit verkaufen; **to ~** [**sb**] **sth at a loss/profit** [jdm] etw mit Verlust/Gewinn verkaufen; **to ~** [**sb**] **sth at a price** [jdm] etw zu einem Preis verkaufen; **to ~ property** Besitz veräußern; **to ~ sb into slavery/prostitution** jdn in die Sklaverei/Prostitution verkaufen; **to ~ sth wholesale/retail** etw im Großhandel/Einzelhandel verkaufen; **to ~ sth as is** etw ohne Mängelgewähr verkaufen
❷ *(persuade)* ■ **to ~ sth** [**to** [*or* **on**] **sb**] [*or* **sb** [**on**] **sth**] jdn für etw *akk* gewinnen; ***she's really sold on the idea of buying a new car*** sie ist echt begeistert von der Idee, ein neues Auto zu kaufen; ■ **to ~ oneself** sich *akk* verkaufen *fam,* Anklang finden; **to ~ an idea/a proposal to sb** jdm eine Idee/einen Vorschlag schmackhaft machen *fam;* ***how do you plan to ~ her on your proposal?*** wie wollen Sie sie für Ihren Vorschlag gewinnen?
► PHRASES: **to ~ one's <u>body</u>** [*or* **oneself**] seinen Körper verkaufen; **to ~ sb a <u>pup</u>** BRIT, AUS [*or* AM **a <u>bill</u> of goods**] jdm etw andrehen *pej fam;* **to ~ sb down the <u>river</u>** jdn im Regen stehen lassen *fam;* **to ~ one's <u>soul</u>** [**to the devil**] [dem Teufel] seine Seele verkaufen; **to ~ oneself <u>short</u>** das eigene Licht unter den Scheffel stellen, sich *akk* unter Wert verkaufen; **to ~ sth <u>short</u>** etw schlecht machen
II. *vi* <sold, sold> ❶ *(give for money)* verkaufen; ***I don't care what you offer me, I'm not ~ing*** mir ist es egal, was Sie mir bieten, ich verkaufe nicht
❷ *(attract customers)* sich *akk* verkaufen; ■ **to ~ for** [*or* **at**] **sth** für etw *akk* zu haben sein; **to ~ well/badly** sich *akk* gut/schlecht verkaufen, gut/schlecht gehen *fam*
❸ STOCKEX **to ~ short** leerverkaufen
► PHRASES: **to ~ like hot <u>cakes</u>** wie warme Semmeln weggehen
III. *n* ❶ *no pl* Ware *f;* **to be a hard** [*or* **tough**]**/soft ~** schwer/leicht verkäuflich sein
❷ *(promotion)* Werbung *f*
❸ *(fam: letdown)* Herunterlassen *nt*
❹ ECON Verkauf *m,* Verkaufstaktik *f,* Verkaufsstrategie *f;* STOCKEX ■ **to be a ~** *shares* zum Verkauf stehen; **to give a product the hard ~** ein Produkt aggressiv verkaufen; ***he tried to give me the hard ~*** er versuchte auf aggressive Art, mich zum Kauf zu bewegen; **soft ~** diskreter [*o* zurückhaltender] Verkauf
◆**sell off** *vt* ■ **to ~ off ↔ sth** etw verkaufen; ECON etw abstoßen; **to ~ sth off cheap/at half price** etw billig/zum halben Preis verkaufen
◆**sell out I.** *vi* ❶ *entire stock* ausverkaufen; ***I'm sorry, we've sold out*** es tut mir leid, aber wir sind ausverkauft; **to ~ out of a brand/goods** eine Serie/Waren vollständig absetzen [*o* ausverkaufen]
❷ *(be completely booked) performances* ausverkauft sein
❸ FIN *(sell business)* seine Firma verkaufen; ■ **to ~ out to sb** an jdn verkaufen
❹ *(do what others want)* ■ **to ~ out to sb** sich *akk* jdm [*o* an jdn] verkaufen; ***they've sold out to the road transport lobby*** sie haben sich ganz in den Dienst der Straßentransportlobby gestellt
❺ *(betray)* sich *dat* selbst untreu werden; ■ **to ~ out on sb** jdn übers Ohr hauen *fam*
II. *vt* ❶ ■ **to be sold out** *entire stock* ausverkauft sein
❷ *(pej fam: betray)* ■ **to ~ out ↔ sb/sth** jdn/etw verraten; **to ~ out one's country** sein Land verraten
❸ *(sell)* ■ **to ~ out ↔ sth** etw veräußern; **to ~ out one's interests/shares** seine Anteile/Aktien verkaufen [*o* abstoßen]
◆**sell up** BRIT, AUS **I.** *vi* [eine Firma komplett] verkaufen; ***this is a terrible location for a store — they'll be forced to ~ up in a year*** dies ist kein guter Standort für einen Laden – in einem Jahr werden sie ihn aufgeben müssen
II. *vt* ■ **to ~ up ↔ sth** etw verkaufen; **to ~ up a business/property** eine Firma/Besitz verkaufen

sellable [ˈseləbl̩] *adj* [gut] verkäuflich; ***what is your store's most ~ item?*** welches Produkt Ihres Geschäftes lässt sich am besten verkaufen?; ***I'm convinced that my idea is ~*** ich bin mir sicher, dass sich meine Idee verkaufen lässt
sell-by date *n esp* BRIT Mindesthaltbarkeitsdatum *nt;* **past the ~** nach Ablauf des Mindesthaltbarkeitsdatums; **to be past one's ~** *(hum fam)* seine besten Jahre hinter sich *dat* haben
seller [ˈseləʳ, AM -ɚ] *n* ❶ *(person)* Verkäufer(in) *m(f);* **flower ~** Blumenverkäufer(in) *m(f)*
❷ *(product)* Verkaufsschlager *m*
seller's market, sellers' market *n* Verkäufermarkt *m*
selling [ˈselɪŋ] *n no pl* Verkaufen *nt;* **buying and ~** Kaufen und Verkaufen *nt,* An- und Verkauf *m*
selling point *n* Kaufattribut *nt* **selling price** *n* Kaufpreis *m,* Verkaufspreis *m;* **to lower the ~** den Kaufpreis senken
sell-off *n* ❶ *of shares* Verkauf *m;* **to trigger** [*or* **spark**] [*or* **cause**] **a ~ of shares** den Verkauf von Aktien verursachen [*o* auslösen]
❷ *(privatization)* Aktienverkauf *m*
Sellotape® [ˈselə(ʊ)teɪp] *n no pl* BRIT Tesafilm® *m;* **a roll of ~** eine Rolle Tesafilm
sellotape [ˈselə(ʊ)teɪp] *vt* BRIT ■ **to ~ sth** etw mit Tesafilm befestigen; ***she ~d the torn pages back into the book*** sie klebte die ausgerissenen Seiten mit Tesafilm wieder ins Buch ein; **to ~ a message to a door** eine Nachricht mit Tesafilm an einer Tür befestigen
sell-out I. *n* ❶ *(approv: sales)* Ausverkauf *m;* ***the concert was a ~*** das Konzert war ausverkauft
❷ *(betrayal)* Auslieferung *f*
II. *n modifier* ❶ *(sales)* ausverkauft; **~ crowd** ausverkauftes Haus; **~ season** Ausverkauf *m*
❷ *(deceptive) character* betrügerisch
seltzer [ˈseltsɚ] AM, **seltzer water** *n no pl* AM Selters *f*
selvage [ˈselvɪdʒ] *n esp* AM *see* **selvedge**
selvedge [ˈselvɪdʒ] *n* Salband *nt*/-leiste *f,* Webrand *m*/-kante *f*
selves [selvz] *n pl of* **self**
semantic [sɪˈmæntɪk] *adj inv unit* semantisch *fachspr*
semantically [sɪˈmæntɪkli] *adv inv* semantisch *fachspr;* **~ related** semantisch verbunden
semanticist [sɪˈmæntɪsɪst, AM t̬ə] *n* Semantiker(in) *m(f)*
semantics [sɪˈmæntɪks] *n + sing vb* ❶ *(science)* Semantik *f kein pl fachspr*
❷ *(meaning) of word, sentence, text* Bedeutung *f*
semaphore [ˈseməfɔːʳ, AM -fɔːr] **I.** *n* ❶ *no pl (system of communication)* Semaphor *nt o* ÖSTERR *m fachspr,* Winkeralphabet *nt*
❷ *(apparatus)* Semaphor *nt o* ÖSTERR *m fachspr,* Signalmast *m*
❸ COMPUT *(coordination of jobs)* Semaphor *m*
II. *vt* ■ **to ~ sth** [**to sb**] [jdm] etw signalisieren
semaphore signal *n* Semaphorsignal *nt fachspr;* **to send ~s** Semaphorsignale aussenden
semblance [ˈsemblən(t)s] *n no pl (form)* Erscheinungsbild *nt,* Anschein *m;* ***Mike has the job of creating some vague ~ of organization out of this chaos*** Mike hat die Aufgabe, so etwas wie Ordnung in dieses Chaos zu bringen; **~ of normality** [*or* **normal life**] Anschein *m* von Normalität; ***in spite of her disability, she has been able to maintain a ~ of normal life*** trotz ihrer Behinderung schafft

S

sie es, ein einigermaßen normales Leben zu führen
semen ['si:mən] *n no pl* Sperma *nt*
semester [sɪ'mestəʳ, AM sə'mestɚ] *n esp* AM, AUS Semester *nt;* ~ **of college** Collegesemester *nt;* **summer/winter** ~ Sommer-/Wintersemester *nt;* **to take eight/ten ~s** acht/zehn Semester brauchen
semi <*pl* -s> ['semi] *n* (*fam*) ❶ BRIT, AUS (*house*) Doppelhaushälfte *f*
❷ AM, AUS (*truck*) Sattelschlepper *m*
❸ SPORTS Halbfinale *nt;* **to make it to the ~s** es bis ins Halbfinale schaffen
semi-autobiographical *adj inv novel* halbautobiografisch **semi-automatic** *adj inv* ❶ MIL ~ **weapons** halbautomatische Waffen ❷ TECH halbautomatisch; ~ **gearbox** halbautomatische Schaltung **semibold** TYPO **I.** *adj inv* halbfett *fachspr* **II.** *n no pl* halbfette Schrift *fachspr* **semibreve** ['semibri:v] *n esp* BRIT, AUS MUS halbe Note **semicircle** *n* Halbkreis *m;* **to form a ~** einen Halbkreis bilden; **to gather around in a ~** sich *akk* in einem Halbkreis aufstellen **semicircular** *adj inv formation* halbkreisförmig; **to be placed in a ~ arrangement** halbkreisförmig angeordnet sein **semicolon** *n* Semikolon *nt,* Strichpunkt *m* **semiconducting** *adj inv* ELEC halbleitend; ~ **compound** Halbleiter *m* **semiconductor** *n* Halbleiter *m* **semi-conscious** *adj inv* halb bewusstlos; *feeling, memory* teilweise unbewusst; ■**to be ~** halb bei Bewusstsein sein **semi-consciousness** *n no pl* **to regain ~** das Bewusstsein teils wiedererlangen **semi-cylinder** *n* MATH Halbzylinder *m fachspr* **semi-darkness** *n no pl* Halbdunkel *nt;* **in ~** im Halbdunkel[n] **semi-detached I.** *n* Doppelhaushälfte *f;* **to live in a ~** in einer Doppelhaushälfte leben **II.** *adj inv* Doppelhaus- **semi-detached house** *n* Doppelhaushälfte *f* **semi-final** *n* Halbfinale *nt;* **to advance to** [*or* **get through to**] [*or* **reach**] **the ~** das Halbfinale erreichen, ins Halbfinale einziehen; **to be eliminated in the ~** im Halbfinale ausscheiden **semi-finalist** *n* SPORTS Halbfinalist(in) *m(f);* **to meet the ~** auf den Halbfinalisten treffen **semi-finished** *adj inv product* halbfertig **semi-literate** *adj inv text* schlecht geschrieben
seminal ['semɪnəl, AM -mən-] *adj* ❶ (*form: important*) *role* tragend *geh; work, article* bedeutend
❷ *attr, inv* ANAT Samen-; ~ **discharge** Samenerguss *m*
seminal fluid *n* Samenflüssigkeit *f* **seminal vesicle** *n* ANAT Samenblase *f fachspr*
seminar ['semɪnɑ:ʳ, AM -ənɑ:r] *n* ❶ UNIV Seminar *nt;* **to attend a ~** ein Seminar besuchen
❷ (*workshop*) Seminar *nt,* Kursus *m;* ~ **on communication skills** Rhetorikkurs *m;* **training ~** Übung *f;* **to give** [*or* **hold**] **a ~ on sth** ein Seminar über etw *akk* abhalten
seminarian [ˌsemi'neəriən, AM 'neri] *n* Seminarist *m*
seminar room *n* Seminarraum *m*
seminary ['semɪnəri, AM -neri] *n* Priesterseminar *nt*
semi-official *adj inv* halboffiziell; ~ **press release** halboffizielle Pressemeldung
semiotic [ˌsemi'ɒtɪk, AM 'ɑ:t̬ɪk] *adj inv* semiotisch
semiotics [ˌsemi'ɒtɪks, AM ˌsi:mi'ɑ:t̬ɪks] *n + sing vb* LING Semiotik *f kein pl fachspr*
semi-permanent *adj inv* halbpermanent **semi-permeable** *adj inv* TECH halbdurchlässig **semi-precious** *adj inv* ~ **stone** [*or* **gem**] Halbedelstein *m* **semi-pro** (*fam*), **semi-professional I.** *adj inv* Amateur-; ~ **league** Amateurliga *f;* ~ **musician** Amateurmusiker(in) *m(f)*
II. *n* Amateur(in) *m(f)* **semiquaver** *n esp* BRIT, AUS Sechzehntel[note] *f* **semi-retired** *adj inv* ~ **senior partner** Seniorpartner/Seniorpartnerin, der/die sich weitgehend aus dem Berufsleben zurückgezogen hat **semi-retirement** *n no pl* ≈ Vorruhestand *m* **semi-rural** *adj inv* halb ländlich **semi-skilled** *adj inv* angelernt; ~ **work** Anlerntätigkeit *f;* ~ **worker** angelernte Arbeitskraft **semi-skimmed milk** *n no pl* Halbfettmilch *f* **semi-sweet** *adj inv* leicht gezuckert; ~ **biscuits** Kräcker *mpl,* Salzgebäck *nt;* ~ **chocolate** Halbbitterschokolade *f;* ~ **wine** lieblicher Wein
Semite ['si:maɪt, AM 'sem-] *n* Semite, -in *m, f*
Semitic [sə'mɪtɪk, AM -t̬ɪk] *adj inv* semitisch; **the ~ empire** das Reich der Semiten
semitone *n* Halbton[schritt] *m* **semi-trailer** *n* AM, AUS ❶ (*truck*) Sattelschlepper *m* ❷ (*trailer*) Anhänger *m* (*für Sattelschlepper*) **semi-tropical** *adj see* **subtropical** **semi-urban** *adj inv* halb städtisch **semivowel** *n* Halbvokal *m fachspr*
semolina [ˌseməl'i:nə, AM -ə'li:-] *n no pl* Gries *m;* **durum wheat ~** Hartweizengries *m*
sempiternal [ˌsempɪ'tɜ:nəl, AM 'tɜ:r] *adj inv* ewig, immerwährend
sempstress ['sem(p)strɪs] *n see* **seamstress**
Semtex® ['semteks] *n no pl* Semtex® *nt* (*schwer nachweisbarer Sprengstoff*)
Sen *n* POL *abbrev of* **senator**
SEN [ˌesi:'en] *n* BRIT *abbrev of* **State Enrolled Nurse** staatlich geprüfte Krankenschwester/staatlich geprüfter Krankenpfleger
senate ['senɪt] **I.** *n no pl, + sing/pl vb* POL, LAW, UNIV Senat *m;* **the US S~** der US-Senat; **the French S~** der oberste Gerichtshof Frankreichs
II. *n modifier* POL ~ **hearing** Senatsanhörung *f;* **S~ Democrat** Demokrat/Demokratin im US-Senat
senator ['senətəʳ, AM -t̬ɚ] *n* ❶ (*member*) Senator(in) *m(f)*
❷ (*title*) ■**S~** Senator
senatorial [ˌsenə'tɔ:riəl] *adj inv esp* AM (*form*) Senats-; ~ **candidate** Senatskandidat(in) *m(f);* ~ **committee** Senatsausschuss *m*
send <sent, sent> [send] **I.** *vt* ❶ (*forward*) ■**to ~** [**sb**] **sth** [*or* **to ~ sth to sb**] jdm etw [zu]schicken; **to ~ sth by airmail/post** etw per Luftpost/mit der Post schicken; **to ~ cash/a cheque** Bargeld/einen Scheck schicken; **to ~ one's comments about sth** etw kommentieren; **to ~ flowers/a telegram to sb** jdm Blumen/ein Telegramm schicken; **to ~ invitations** Einladungen verschicken; **to ~ sb a message/warning** jdm eine Nachricht/Warnung zukommen lassen; **to ~ a signal to sb** jdm etw signalisieren; **to ~ word** [**to sb**] [**that ...**] (*form liter*) [jdm] Mitteilung machen[, dass ...] *geh;* ***she sent word with her secretary that ...*** sie ließ durch ihre Sekretärin mitteilen, dass ...
❷ (*pass on*) ■**to ~ sb sth** [*or* **to ~ sth to sb**] jdm etw übermitteln [lassen]; ***be sure to ~ my compliments to the chef*** ein Kompliment an den Küchenchef [*o* die Küche]; ***Maggie ~s her love and hopes you'll feel better soon*** Maggie lässt dich grüßen und wünscht dir gute Besserung; ***be sure to ~ them my regrets*** bitte entschuldige mich bei ihnen; ***she sent a message with John to say that she couldn't come*** sie ließ durch John ausrichten, dass sie nicht kommen konnte; **to ~ one's regards** [*or* **respects**] [*or* **greetings**] Grüße übermitteln [lassen]
❸ (*dispatch*) ■**to ~ sb somewhere** jdn irgendwohin schicken; ■**to ~ sb to do sth** jdn schicken, etw zu tun; ■**to ~ sb as sth** *representative* jdn als etw *akk* schicken; ■**to ~ sb for sth** jdn nach etw *dat* [los]schicken; **to ~ sb to prison** jdn ins Gefängnis stecken; **to ~ reinforcements** Verstärkung schicken; **to ~ sb on a trip** jdn auf eine Reise schicken
❹ (*transmit*) ■**to ~ sth** etw senden [*o* übertragen]; **to ~ a message in Morse code** eine Nachricht morsen; **to ~ a signal** ein Signal aussenden
❺ (*propel*) ■**to ~ sth somewhere** etw irgendwohin bewegen; ***the force of the blast sent shock waves in all directions*** durch die Wucht der Explosion breitete sich in allen Richtungen eine Druckwelle aus
❻ (*cause*) ■**to ~ sth in sth** jdn in etw *akk* versetzen; ***her jokes sent me into fits of laughter*** über ihre Witze musste ich schallend lachen; ***watching television always ~s me to sleep*** beim Fernsehen schlafe ich immer ein; ■**to ~ sb/sth doing sth** dazu führen, dass jd/etw etw tut; ***the dry weather has sent vegetable prices soaring*** durch das trockene Wetter sind die Gemüsepreise in die Höhe geschnellt; ***the news sent him running back to the house*** die Nachricht ließ ihn wieder ins Haus laufen; **to ~ sb into a panic** jdn in Panik versetzen; **to ~ shivers down sb's spine** jdm Schauer über den Rücken jagen
❼ BRIT (*make*) **to ~ sb crazy** [*or* **mad**]**/wild** jdn verrückt/wild machen
❽ (*fam: affect*) ■**to ~ sb** jdn emotional treffen
► PHRASES: **to ~ sb to Coventry** jdn schneiden; **to ~ sb flying** jdn zu Boden schicken; **to ~ sb packing** (*fam*) sagen, dass jd verschwinden soll *fam*
II. *vi* ***we have to ~ to Ireland to get a replacement*** wir müssen Irland informieren, um einen Ersatz zu bekommen; ***is there any way we can ~ to warn him?*** können wir ihm irgendwie eine Warnung zukommen lassen?
◆**send ahead** *vt* ■**to ~ ahead** ○ **sth** etw vorausschicken; **to ~ one's luggage/a trunk ahead** sein Gepäck/einen Koffer aufgeben
◆**send away I.** *vi* ■**to ~ away for sth** sich *dat* etw zuschicken lassen; **to ~ away for a brochure** eine Broschüre anfordern
II. *vt* ■**to ~ sb away** jdn wegschicken; ■**to ~ sb away somewhere** jdn irgendwohin schicken
◆**send back** *vt* ■**to ~ back** ○ **sth** etw zurückschicken
◆**send down I.** *vt* ❶ BRIT UNIV ■**to ~ sb down** jdn relegieren *geh* [*o* von der Hochschule verweisen]
❷ BRIT LAW ■**to ~ down** ○ **sb** jdn verurteilen; ***he was sent down for five years*** er wurde zu fünf Jahren Gefängnis verurteilt; **to ~ sb down for theft** jdn wegen Diebstahls zu einer Gefängnisstrafe verurteilen
❸ (*reduce level*) ■**to ~ down** ○ **sth** etw senken; **to ~ down a currency** eine Währung sinken lassen; **to ~ down sb's temperature** jds Fieber senken
II. *vi* ■**to ~ down for sth** nach etw *dat* schicken
◆**send for** *vi* ❶ (*summon*) ■**to ~ for sb** jdn rufen, nach jdm schicken; **to ~ for a doctor** einen Arzt rufen
❷ (*ask*) ■**to ~ for sth** *a brochure* etw anfordern; **to ~ for help** Hilfe holen; ***don't worry, you'll be fine — I've sent for help*** keine Angst, es geht dir bald besser – Hilfe ist unterwegs
◆**send forth** *vt* ❶ (*liter: dispatch*) ■**to ~ forth** ○ **sb** jdn fortschicken; ***who has sent you forth on this journey?*** wer hat euch auf diese Reise geschickt?
❷ (*form: emit*) ■**to ~ forth** ○ **sth** etw aussenden [*o* abgeben]
◆**send in I.** *vt* ❶ (*submit*) ■**to ~ in** ○ **sth** *a bill* etw einsenden [*o* einreichen]; **to ~ in a comment/report** einen Kommentar/Bericht einschicken; **to ~ in an order** eine Bestellung aufgeben; **to ~ in a resignation** ein Rücktrittsgesuch einreichen
❷ (*dispatch*) ■**to ~ in** ○ **sb/sth** jdn/etw einsetzen; **to ~ in reinforcements** Verstärkung einsetzen
II. *vi* **to ~ in for information** Informationen anfordern
◆**send off I.** *vt* ❶ (*post*) ■**to ~ off** ○ **sth** etw abschicken; **to ~ off a letter** einen Brief abschicken; **to ~ off a parcel** ein Paket aufgeben
❷ BRIT, AUS SPORTS ■**to ~ off** ○ **sb** jdn des Platzes verweisen; **to get sent off** einen Platzverweis bekommen
❸ (*dismiss*) ■**to ~ off** ○ **sb** jdn wegschicken
❹ (*dispatch*) ■**to send off** ○ **sb somewhere** jdn irgendwohin fortschicken
II. *vi* ■**to ~ off for sth** sich *dat* etw zuschicken lassen, etw anfordern; **to ~ off for a brochure** eine Broschüre anfordern
◆**send on** *vt* ■**to ~ on** ○ **sth** *letters* etw nachsenden
◆**send out I.** *vi* ■**to ~ out for sth** etw telefonisch bestellen; **to ~ out for pizza** Pizza bestellen
II. *vt* ❶ (*emit*) ■**to ~ out** ○ **sth** etw aussenden [*o* abgeben]; ***the chimney is ~ing out billows of smoke*** aus dem Schornstein steigen Rauchwolken auf; **to ~ out heat** Hitze abgeben; **to ~ out a signal** ein Signal aussenden
❷ (*post*) ■**to ~ out** ○ **sth** [**to sb**] etw [an jdn] verschicken

❸ (*dispatch*) ■to ~ out ◌ sb jdn aussenden; to ~ out a search party einen Spähtrupp aussenden
◆**send up** *vt* ❶ (*bring up*) ■**to ~ up** ◌ **sth** etw zuschicken; ***I've asked for some samples to be sent up from the stores*** ich habe um die Zusendung einiger Muster aus dem Lager gebeten
❷ AM (*incarcerate*) ■**to ~ up** ◌ **sb** jdn inhaftieren; ***how many years were you sent up for?*** wie viele Jahre warst du im Gefängnis?
❸ (*fam: parody*) ■**to ~ up** ◌ **sb** jdn nachäffen *fam*
❹ (*force up*) ■**to ~ up** ◌ **sth** etw ansteigen lassen; **to ~ up prices** Preise ansteigen lassen; **to ~ up sb's temperature** das Fieber in die Höhe treiben
sender ['sendəʳ, AM -ə] *n* Einsender(in) *m(f)*, Absender(in) *m(f)*; **return to ~ — not known at this address** Empfänger unbekannt verzogen
send-off *n* Verabschiedung *f*; **to give sb a ~** jdn verabschieden; ***they gave him quite a ~ when he left for the navy*** sie gaben für ihn eine Abschiedsparty, als er zur Navy ging **send-up** *n* (*fam*) Parodie *f*; **to do a ~ of sb/sth** jdn/etw parodieren
Senegalese [,senɪgə'li:z] **I.** *adj inv* senegalesisch
II. *n* <*pl* -> Senegalese, -in *m, f*
senescence [sɪ'nesᵊn(t)s, AM sə'-] *n no pl* Alter *nt*, Altern *nt*
senescent [sɪ'nesᵊnt, AM sə'-] *adj inv* alternd; **~ people** alternde Menschen
senile ['si:naɪl] *adj* senil; **to go ~** senil werden
senile dementia *n no pl* senile Demenz
senility [sɪ'nɪləti, AM sə'nɪləṭi] *n no pl* Senilität *f*
senior ['si:niəʳ, AM -njə] **I.** *adj inv* ❶ (*form: older*) älter
❷ *attr* (*chief*) Ober-; **~ executive** Vorstandsvorsitzende(r) *f(m)*
❸ *employee* vorgesetzt; ■**to be ~ to sb** jds Vorgesetzte(r) sein; ***she's ~ to me*** sie ist meine Vorgesetzte
❹ *attr* SCH Senior- (*Einteilung der Schüler in Altersklassen in britischen und amerikanischen Schulen*); **~ part of a school** Oberstufe *f*; **~ pupil** Oberstufenschüler(in) *m(f)*
❺ (*after name*) ***the Wisemans S~*** die alten Wisemans
II. *n* ❶ (*older person*) Senior(in) *m(f)*; ***she's my ~ by three years*** sie ist drei Jahre älter als ich
❷ (*employee*) Vorgesetzte(r) *f(m)*
❸ AM (*pensioner*) Rentner(in) *m(f)*
❹ (*pupil*) Oberstufenschüler(in) *m(f)* (*in Großbritannien und USA Bezeichnung für Schüler einer Highschool oder einer Collegeabgangsklasse*)
senior citizen *n* ■**~s** *pl* ältere Menschen **senior citizen centre** *n* Altenzentrum *nt* **senior class** *n + sing/pl vb* AM Abschlussklasse *f* **senior debts** *npl* vorrangige Schulden **senior high school** *n + sing/pl vb* AM (*Schulform nach der Junior High School, die die Stufen 10, 11 und 12 enthält*)
seniority [,si:ni'ɒrəti, AM si:'njɔ:rəṭi] **I.** *n no pl* ❶ (*age*) Alter *nt*
❷ (*rank*) Dienstalter *nt*; **by virtue of ~** aufgrund des Dienstalters; **to be promoted by ~** nach Dienstalter befördert werden
II. *n modifier* Alters-; **~ system** Altersabstufung *f*
senior management *n + sing/pl vb* Topmanagement *nt* **senior nursing officer** *n* BRIT, AUS Oberschwester *f* **senior officer** *n* ❶ (*boss*) Vorgesetzte(r) *f(m)* ❷ MIL Reserveoffizier(in) *m(f)* **senior prom** *n* AM SCH *Abschlussball der Abschlussklasse in der Senior High School;* **to take sb to the ~** mit jdm zum Abschlussball gehen
senior statesman *n* erfahrener Staatsmann [*o* Politiker] **senior stateswoman** *n* erfahrene Politikerin
sensation [sen'seɪʃᵊn] *n* ❶ (*physical*) Gefühl *nt*; **~ of heat/cold** Hitze-/Kälteempfindung *f*; **~ of pain** Schmerzempfinden *nt*; **burning ~** brennendes Gefühl, Brennen *nt*
❷ (*mental*) Gefühl *nt*; **to have the ~ that …** das Gefühl haben, dass …; ***I had the odd ~ that …*** ich hatte das komische Gefühl, dass …
❸ (*stir*) Sensation *f*; **to be an overnight ~** einschlagen wie eine Bombe; **to cause** [*or* **create**] [*or* **make**] [*or* **produce**] **a ~** Aufsehen erregen, Schlagzeilen machen
sensational [sen'seɪʃᵊnᵊl] *adj* sensationell; (*very good also*) fantastisch; (*shocking also*) spektakulär, Aufsehen erregend; ***she looks ~ in her new dress*** sie sieht umwerfend aus in ihrem neuen Kleid; **~ disclosure** sensationelle Enthüllung; **~ newspaper** Sensationsblatt; **~ trial** spektakulärer Prozess
sensationalism [sen'seɪʃᵊnᵊlɪzᵊm] *n no pl* (*pej*) *of the media* Sensationsmache *f pej*
sensationalist [sen'seɪʃᵊnᵊlɪst] *adj* (*pej*) Sensations-; **~ journalism** Sensationsjournalismus *m*; **~ newspaper** Sensationsblatt *nt*
sensationalize [,sen'seɪʃᵊnᵊlaɪz] *vt* ■**to ~ sth** etw aufbauschen
sensationally [sen'seɪʃᵊnᵊli] *adv* ❶ (*excitingly*) fantastisch, sensationell
❷ (*very*) unwahrscheinlich, extrem; ***the book sold ~ well*** das Buch verkaufte sich unwahrscheinlich gut; **~ popular/successful** enorm beliebt/erfolgreich
sense [sen(t)s] **I.** *n* ❶ *no pl* (*judgement*) Verstand *m*; ***I hope they'll have the*** [***good***] ***~ to shut the windows before they leave*** ich hoffe, sie sind so klug, die Fenster zu schließen, bevor sie gehen; **to make** [**good**] **~** sinnvoll sein; ***planning so far ahead makes no ~*** es hat keinen Sinn, so weit im Voraus zu planen; **to see the ~ in sth** den Sinn in etw *dat* sehen; **to talk ~** sich *akk* verständlich ausdrücken; **there's no ~ in doing sth** es hat keinen Sinn, etw zu tun; ***there's no ~ in waiting*** es ist zwecklos zu warten
❷ (*reason*) ■**one's ~s** *pl* jds gesunder Menschenverstand; ***it's time you came to your ~s*** es wird Zeit, dass du zur Vernunft kommst; **to bring sb to their ~s** jdn zur Vernunft bringen; **to take leave of one's ~s** den Verstand verlieren
❸ (*faculty*) Sinn *m*; **~ of hearing** Gehör *nt*; **~ of sight** Sehvermögen *nt*; **~ of smell/taste/touch** Geruchs-/Geschmacks-/Tastsinn *m*; **the five ~s** die fünf Sinne; **sixth ~** sechster Sinn
❹ (*feeling*) Gefühl *nt*; ***did you get any ~ of how they might react?*** kannst du dir irgendwie denken, wie sie reagieren werden?; ■**to have a ~ that …** das Gefühl haben, dass …; ***I had a sudden ~ that I was needed at home*** ich spürte auf einmal, dass ich zu Hause gebraucht wurde; **~ of beauty** Schönheitssinn *m*; **~ of belonging** Zusammengehörigkeitsgefühl *nt*; **~ of direction** Orientierungssinn *m*; **~ of duty** Pflichtgefühl *nt*; **~ of justice/reality** Gerechtigkeits-/Realitätssinn *m*; **a ~ of security** ein Gefühl *nt* der Sicherheit; **a ~ of social responsibility** ein Gefühl *nt* für soziale Verantwortung; **~ of time** Zeitgefühl *nt*
❺ (*meaning*) Bedeutung *f*, Sinn *m*; ***she's pretty hot, in more ~s than one*** sie ist ganz schön heiß, in mehr als einer Hinsicht; **the broad/narrow ~ of a word/term** die weite/enge Bedeutung eines Wortes/Begriffes; **in the broad**[**est**] **~ of the term** im weitesten Sinne des Wortes; **figurative/literal ~** übertragene/wörtliche [*o* ursprüngliche] Bedeutung; **to make ~** einen Sinn ergeben; ***this passage doesn't make ~*** diese Passage ist unverständlich; **to make ~** [**out**] **of sth** sich *dat* auf etw *akk* einen Reim machen; ***I've read the letter twice, but I can't make any ~ of it*** ich habe den Brief zweimal gelesen, aber ich kann mir keinen Reim darauf machen
❻ (*way*) Art *f*; **in a ~** in gewisser Weise; ***we are in no ~ obliged to agree to this*** wir sind in keiner Weise verpflichtet, dem zuzustimmen; **in every ~** in jeder Hinsicht
❼ (*aptitude*) **to have a ~ of fun** Spaß verstehen können; ***it was just a joke — where's your ~ of fun?*** das war doch nur ein Scherz – verstehst du keinen Spaß?; **to have a ~ of humour** Sinn für Humor haben
❽ TECH **~ of rotation** Drehrichtung *f*, Drehsinn *m*
II. *vt* ■**to ~ sb/sth** jdn/etw wahrnehmen; ■**to ~ that …** spüren, dass …; ***he ~d that his guests were bored*** er spürte, dass seine Gäste sich langweilten; ***could you ~ what was likely to happen?*** hattest du eine Ahnung von dem, was passieren konnte?; ■**to ~ sth** COMPUT etw prüfen; **to ~ sb's anger** jds Wut spüren; **to ~ danger** Gefahr wittern
senseless ['sen(t)sləs] *adj* ❶ (*pointless*) *violence, waste* sinnlos; **~ killing** sinnloses Töten
❷ (*foolish*) *argument* töricht; **~ remark** unsinnige Bemerkung
❸ *inv* (*unconscious*) besinnungslos; **to beat** [*or* **knock**] **sb ~** jdn k.o. schlagen
sense of fun *n no pl* BRIT **to have a ~** Sinn für Humor haben, Spaß verstehen **sense of humour** BRIT, AUS, **sense of humor** *n* AM *no pl* Sinn *m* für Humor; **a wry ~** ein trockener Sinn für Humor; **to have a ~** Sinn für Humor haben, Spaß verstehen **sense of occasion** *n no pl* BRIT, AUS Gefühl *nt*, dass etwas Besonderes stattfindet **sense organ** *n* Sinnesorgan *nt*
sensibility [,sen(t)sɪ'bɪləti, AM -sə'bɪləṭi] *n* ❶ *no pl* (*sensitiveness*) Einfühlungsvermögen *nt*
❷ *no pl* (*understanding*) Verständnis *nt*, Sicht *f* der Dinge; ***the author has applied a modern ~ to the social ideals of an earlier age*** der Autor betrachtet die sozialen Ideale einer früheren Zeit aus einer modernen Sicht
❸ (*delicate sensitivity*) ■**sensibilities** *pl* Gefühle *ntpl*; ***to understand American sensibilities …*** um zu verstehen, was in den Amerikanern vorgeht,…; **the sensibilities of others** die Gefühle *ntpl* anderer
sensible ['sen(t)sɪbļ, AM -əbļ] *adj* ❶ (*rational*) vernünftig; ***I think the ~ thing to do is …*** ich meine, es ist am besten, …; ***that seems ~*** das erscheint mir vernünftig; ***it would be ~ to take an umbrella*** Sie nehmen besser einen Schirm mit; **~ decision** weise Entscheidung; **~ person** kluger Mensch
❷ (*suitable*) *clothes* angemessen, passend
❸ (*form: aware*) ■**to be ~ of sth** sich *dat* einer S. *gen* bewusst sein; **to be ~ of difficulties/a fact** sich *dat* [der] Schwierigkeiten/einer Tatsache bewusst sein; **to be ~ of the fact that …** sich *dat* darüber im Klaren sein, dass …
sensibly ['sen(t)sɪbli, AM -əbli] *adv* ❶ (*rationally*) vernünftig; **to behave ~** sich *akk* gut benehmen
❷ (*suitably*) angemessen; **~ dressed** passend gekleidet
sensitive ['sen(t)sɪtɪv, AM -səṭ-] *adj* ❶ (*kind*) verständnisvoll; ■**to be ~ to sth** für etw *akk* Verständnis haben; ***the plan will be ~ to special needs*** der Plan wird besondere Bedürfnisse berücksichtigen; ***we are ~ to the needs and expectations of our customers*** wir sind aufgeschlossen für die Bedürfnisse und Erwartungen unserer Kunden
❷ (*precarious*) heikel; **~ subject** [*or* **issue**] heikles Thema, Reizthema *nt*; **~ time** kritischer Zeitpunkt
❸ (*touchy*) empfindlich; ■**to be ~ to** [*or* **about**] **sth** empfindlich auf etw *akk* reagieren; ***he was very ~ about his scar*** er war sehr empfindlich im Hinblick auf seine Narbe
❹ (*secret*) vertraulich; **~ documents** vertrauliche [*o* geheime] Unterlagen
❺ (*responsive*) empfindlich (**to** gegenüber +*dat*); **to be ~ to cold** kälteempfindlich sein; *teeth* empfindlich auf Kälte reagieren; **~ chord** sanfter Akkord; **~ feelings** verletzliche Gefühle; **~ skin** empfindliche Haut
❻ TECH *appliances* hoch empfindlich
❼ PHOT empfindlich
sensitively ['sen(t)sɪtɪvli, AM -səṭ-] *adv* verständnisvoll; **to handle sth ~** etw verständnisvoll angehen; ***this is a very delicate situation and it needs to be handled ~*** dies ist eine sehr heikle Situation, und man muss hier Fingerspitzengefühl beweisen
sensitiveness ['sen(t)sɪtɪvnəs, AM -səṭ-] *no pl*, **sensitivity** [,sen(t)sɪ'tɪvəti, AM -sə'tɪvəṭi] *n* ❶ *no pl* (*understanding*) Verständnis *nt*; **human ~** Menschlichkeit *f*
❷ (*touchiness*) ■**sensitivities** *pl* Empfindsamkeit *f*, Sensibilität *f* (**about** gegenüber +*dat*)
❸ *no pl* (*confidentiality*) Vertraulichkeit *f*; **~ of**

S

information Vertraulichkeit *f* der Informationen; ***such is the ~ of the information that only two people are allowed to know it*** die Informationen sind so streng vertraulich, dass nur zwei Leute sie kennen dürfen
❹ (*reaction*) Überempfindlichkeit *f* (**to** gegen +*akk*); ~ **to cold** Kälteempfindlichkeit *f;* ~ **to light** Licht[über]empfindlichkeit *f*
sensitize ['sen(t)sɪtaɪz, AM -sə-] *vt* ❶ (*make aware*) ■**to ~ sb to sth** jdn für etw *akk* sensibilisieren; **to ~ sb to a problem** jdn auf ein Problem aufmerksam machen
❷ (*make sensitive*) ■**to ~ sb** jdn sensibilisieren [*o* empfindlich machen]
sensor ['sen(t)səʳ, AM -ɚ] *n* Sensor *m,* Messwertgeber *m;* **heat ~** Hitzesensor *m*
sensorimotor [ˌsensᵊri'məʊtəʳ, AM 'moʊtɚ] *adj attr, inv* ANAT, BIOL sensorimotorisch *fachspr*
sensory ['sen(t)sᵊri] *adj inv* sensorisch; ~ **perception** Sinneswahrnehmung *f*
sensory nerve *n* Sinneszelle *f* **sensory organ** *n* Sinnesorgan *nt*
sensual ['sen(t)sjʊəl, AM -(t)ʃuəl] *adj* sinnlich; ~ **experience** sinnliche Erfahrung; ~ **mouth** sinnlicher Mund
sensualist ['sen(t)sjʊəlɪst, AM -(t)ʃuəl-] *n* sinnlicher Mensch
sensuality [ˌsen(t)sju'æləti, AM -(t)ʃu'ælət̬i] *n no pl* Sinnlichkeit *f*
sensually ['sensjʊəli, AM ʃuəli] *adv* sinnlich, genussvoll
sensuous ['sen(t)sjʊəs, AM -(t)ʃuəs] *adj* ❶ *see* **sensual**
❷ (*of senses*) sinnlich
sensuously ['sen(t)sjʊəsli, AM -(t)ʃuəs-] *adv* sinnlich; ~ **appealing** anziehend
sensuousness ['sen(t)sjʊəsnəs, AM -(t)ʃuəs-] *n no pl* Sinnlichkeit *f,* Sinnenhaftigkeit *f*
sent [sent] *pp, pt of* **send**
sentence ['sentən(t)s] **I.** *n* ❶ (*court decision*) Urteil *nt;* (*punishment*) Strafe *f;* **death ~** [*or* **~ of death**] Todesstrafe *f;* **jail** [*or* **prison**] ~ Gefängnisstrafe *f;* **life ~** lebenslängliche Haftstrafe; **a heavy/light ~** eine hohe/niedrige Strafe; **to get a three-month ~** eine Haftstrafe von drei Monaten bekommen; **to pronounce** [*or* **pass**] [**a**] **~ on sb** über jdn ein [*o* das] Urteil fällen; **to serve a ~** eine Strafe verbüßen [*o fam* absitzen]
❷ (*word group*) Satz *m;* ~ **structure** Satzbau *m*
II. *vt* ■**to ~ sb to sth** jdn zu etw *dat* verurteilen; ***the judge ~d her to three years in prison*** der Richter verurteilte sie zu drei Jahren Gefängnis
sententious [sen'tən(t)ʃəs] *adj* (*pej form: moralizing*) moralisierend *oft pej,* moralistisch *oft pej;* (*affectedly formal*) salbungsvoll *pej;* ~ **book/document** moralisierendes Buch/Dokument; ~ **person/speech** salbungsvolle Person/Rede
sententiously [sen'tən(t)ʃəsli] *adv* (*pej form*) moralisierend *pej,* moralistisch *pej;* ~ **written documents** moralistisch verfasste Dokumente
sentience ['senʃᵊns] *n no pl* Empfindung *f*
sentient ['sentiənt, 'sen(t)ʃənt] *adj* (*form: having feelings*) fühlend *attr;* (*sensitive*) empfindsam, sensibel; ~ **being** empfindsames Wesen
sentiment ['sentɪmənt, AM -t̬ə-] *n* (*form*) ❶ *usu pl* (*attitude*) Ansicht *f,* Meinung *f;* ***my ~s exactly!*** ganz meine Meinung!; **to put ~s into action** Ansichten in die Tat umsetzen; **~s of love** Zuneigungsbekundungen *fpl;* **~s of support** Hilfsbereitschaftsbekundungen *fpl;* **to share sb's ~s** jds Ansichten teilen
❷ *no pl* (*general opinion*) **popular/public ~** allgemeine/öffentliche Meinung; **to echo/express a ~** eine Ansicht bekräftigen/äußern; STOCKEX **market ~** Börsenstimmung *f,* Börsenklima *nt*
❸ *no pl* (*excessive emotion*) Sentimentalität *f a. pej,* Rührseligkeit *f,* Gefühlsduselei *f pej fam;* **to appeal to ~** an das Gefühl appellieren
sentimental [ˌsentɪ'mentᵊl, AM -t̬ə'ment̬ᵊl] *adj* ❶ (*emotional*) *mood, person* gefühlvoll, empfindsam; ■**to be ~ about sth** an etw *dat* hängen; **to have a ~ attachment to sth** eine gefühlsmäßige Bindung an etw *akk* haben; ~ **value** ideeller Wert
❷ (*pej: overly emotional*) *person* sentimental *a. pej,* rührselig; *music, style* kitschig *pej; song* schmalzig *pej,* schnulzig *pej; story* rührselig *pej*
sentimentalism [ˌsentɪ'mentᵊlɪzᵊm, AM -t̬ə'ment̬ᵊl-] *n no pl* (*pej form*) Sentimentalität *f oft pej*
sentimentalist [ˌsentɪ'mentᵊlɪst, AM -t̬ə'ment̬ᵊl-] *n* (*pej form*) Gefühlsmensch *m,* sentimentaler Mensch *a. pej*
sentimentality [ˌsentɪmen'tæləti, AM -t̬əmen'tælət̬i] *n no pl* (*pej*) Sentimentalität *f oft pej*
sentimentalize [ˌsentɪ'mentᵊlaɪz, AM -t̬ə'ment̬ə-] *vt* ■**to ~ sth** etw gefühlvoll darstellen
sentimentally [ˌsentɪ'mentᵊli, AM -t̬ə'ment̬ᵊli] *adv* gefühlvoll, sentimental *a. pej*
sentinel ['sentɪnᵊl, AM -t̬-] *n* (*esp liter or old*) ❶ (*sentry*) [Wach]posten *m,* Wächter(in) *m(f);* **to stand ~** [**at sth**] [über etw *dat o akk*] Wache halten [*o* wachen]; **a ~ of democracy** (*fig*) ein Wächter [*o* Hüter]/eine Wächterin [*o* Hüterin] der Demokratie *fig*
❷ AM (*newspaper*) *Bestandteil von Zeitungsnamen;* **the Fitchburg S~** der ‚Fitchburg Sentinel'
❸ COMPUT Markierung *f*
sentry ['sentri] *n* Wache *f,* Wachposten *m;* **to relieve a ~** eine Wache ablösen; **to stand ~, to be on ~ duty** Wache stehen, Wachdienst haben
sentry box *n* Wachhäuschen *nt* **sentry duty** *n* Wachdienst *m;* **to have** [*or* **be on**] **~** Wachdienst haben, Wache stehen **sentry-go** *n* BRIT Wachdienst *m;* **to be on ~** Wachdienst haben, Wache stehen
sepal ['sepəl, AM *Brit also* 'siːpᵊl] *n* BOT Kelchblatt *nt*
separable ['sepᵊrəbl̩] *adj* ❶ (*form: able to separate*) [ab]trennbar; ***political rights are not ~ from other rights*** politische Rechte können nicht von anderen Rechten getrennt werden; ECON **~ net assets** trennbares Nettovermögen
❷ LING trennbar
separate **I.** *adj* ['sepᵊrət, AM -ɚɪt] (*not joined*) getrennt, separat; (*independent*) einzeln *attr,* gesondert *attr,* verschieden *attr;* ~ **bedrooms** getrennte Schlafzimmer; **to retain a ~ entity** eine Einheit für sich *akk* bleiben; **a ~ piece of paper** ein extra Blatt Papier *fam;* **to go ~ ways** eigene Wege gehen; **to keep sth ~** etw auseinander halten
II. *n* ['sepᵊrət, AM -ɚɪt] ■**~s** *pl* ≈ Einzelteile *ntpl;* **ladies' ~s** Röcke, Blusen, Hosen
III. *vt* ['sepᵊreɪt, AM -əreɪt] ■**to ~ sb/sth** jdn/etw trennen; ***they look so alike I can't ~ them in my mind*** sie sehen sich so ähnlich, ich kann sie einfach nicht auseinander halten; ***you can't ~ ethics from politics*** du kannst doch die Ethik nicht von der Politik abspalten; **to ~ egg whites from yolks** Eigelb vom Eiweiß trennen
IV. *vi* ['sepᵊreɪt, AM -əreɪt] ❶ (*become detached*) sich *akk* trennen; CHEM sich *akk* scheiden
❷ (*of cohabiting couple*) sich *akk* trennen, auseinander gehen; (*divorce*) sich *akk* scheiden lassen; ***she is ~d from her husband*** sie lebt von ihrem Mann getrennt
◆**separate off** *vt* ■**to ~ off ↔ sth** [**from sth**] etw [von etw *dat*] abtrennen; ***the flood has ~d off the village from the rest of the world*** die Überschwemmung hat das Dorf vom Rest der Welt abgeschnitten
◆**separate out** *vt* ■**to ~ out ↔ sth** [**from sth**] etw [von etw *dat*] absondern; **to ~ out the good from the bad** die Guten von den Schlechten trennen
separate cover *n* (*form*) gesonderter Umschlag; **to send sth under ~** etw mit separater Post schicken
separated ['sepᵊreɪtɪd, AM t̬ɪd] *adj inv* getrennt; (*of couples*) getrennt lebend
separately ['sepᵊrətli, AM -ɚɪt-] *adv* (*apart*) getrennt; (*individually*) gesondert, einzeln
separateness ['sepᵊrətnəs, AM ɚɪt] *n no pl* Distanz *f;* (*of countries*) Isolation *f*
separate school *n* CAN *Bezeichnung für eine römisch-katholische Schule in Ontario*
separation [ˌsepᵊr'eɪʃᵊn, AM -ə'reɪ-] *n* ❶ (*act of separating*) Trennung *f;* (*state*) Getrenntsein *nt;* **racial ~** Rassentrennung *f*
❷ (*living apart*) [eheliche] Trennung
❸ CHEM Scheidung *f;* TECH Abtrennung *f*
❹ AM ECON (*leaving a job*) Aufgabe *f* einer Stellung
separation anxiety *n* Trennungsangst *f*
separatism ['sepᵊrətɪzᵊm] *n no pl* Separatismus *m*
separatist ['sepᵊrətɪst] **I.** *n* Separatist(in) *m(f)*
II. *adj* separatistisch
separator ['sepᵊreɪtəʳ, AM -əreɪt̬ɚ] *n* ❶ TECH Separator *m fachspr*
❷ COMPUT Trennzeichen *nt*
sepia ['siːpiə] *adj* sepia[farben]
sepoy ['siːpɔɪ] *n* HIST Sepoy *m*
sepsis ['sepsɪs] *n no pl* MED Blutvergiftung *f,* Sepsis *f fachspr*
Sept. *n abbrev of* **September** Sept.
September [sep'tembəʳ, AM -bɚ] *n* September *m; see also* **February**
septet [sep'tet] *n + sing/pl vb* ❶ MUS Septett *nt*
❷ COMPUT Sieben-Bit-Byte *nt*
septic ['septɪk] *adj* septisch *fachspr;* **to go** [*or* **become**] **~** eitern
septicaemia [ˌseptɪ'siːmiə], AM **septicemia** [-tə'-] *n no pl* MED Blutvergiftung *f*
septic tank *n* Klärbehälter *m,* Faulbehälter *m*
septuagenarian [ˌseptjʊədʒə'neəriən, AM -tuədʒə'neri-] *n* Siebzigjährige(r) *f(m);* **to be a ~** ein Siebziger/eine Siebzigerin sein
septuplet [sep'tjʊplət, AM sep'tʌplɪt] *n* Siebenling *m;* **to have ~s** Siebenlinge bekommen
sepulcher *n* AM *see* **sepulchre**
sepulchral [sɪ'pʌlkrᵊl, AM sə-] *adj* (*liter: of burial, tombs*) Grab-; (*gloomy*) düster; ~ **silence** Grabesstille *f;* [**in a**] **~ tone** [mit] Grabesstimme
sepulchre ['sepᵊlkəʳ], AM **sepulcher** [-kɚ] *n* (*old: tomb*) Grab *nt,* Grabstätte *f;* (*monument*) Grabmal *nt;* **the Holy S~** das Heilige Grab
sequel ['siːkwᵊl] *n* ❶ (*continuation*) Fortsetzung *f; of a novel, film* Folge *f;* **the ~ of an earlier success** die Fortsetzung eines früheren Erfolges
❷ (*fig: follow-up*) Nachspiel *nt;* ***there was a dramatic ~ to last week's scandalous revelations*** es gab ein dramatisches Nachspiel zu den skandalösen Enthüllungen der letzten Woche
sequence ['siːkwən(t)s] *n* ❶ (*order of succession*) Reihenfolge *f;* (*connected series*) Abfolge *f;* ■**to be in/out of ~** innerhalb/außerhalb der Reihenfolge sein; **a ~ of events** eine Reihe von Ereignissen; **to be in chronological ~** in chronologischer Reihenfolge sein
❷ (*part of film*) Sequenz *f;* **the opening/closing ~** (*spec*) Anfangs-/Schlussszene *f*
❸ MATH Reihe *f;* MUS Sequenz *f*
sequencer ['siːkwənsəʳ, AM ɚ] *n* ELEC Sequenzer *m*
sequencing ['siːkwən(t)sɪŋ] *n no pl* Sequenzbildung *f;* **~ of letters** Aufeinanderfolge *f* von Buchstaben
sequential [sɪ'kwen(t)ʃᵊl] *adj* COMPUT (*form*) [aufeinander] folgend *attr,* sequenziell *fachspr*
sequentially [sɪ'kwen(t)ʃᵊli] *adv* (*form*) [aufeinander] folgend; COMPUT sequenziell *fachspr*
sequester [sɪ'kwestəʳ, AM -ɚ] *vt usu passive* ❶ LAW (*temporarily confiscate*) ■**to ~ sth** etw beschlagnahmen [*o geh* konfiszieren], *geh* sequestrieren; **to ~ an estate/sb's property** ein Grundstück/jds Vermögen beschlagnahmen
❷ AM (*isolate*) ■**to ~ sb** jdn absondern [*o* isolieren]
sequestered [sɪ'kwestəd, AM -ɚd] *adj* (*liter: isolated*) *location, place* abgeschieden *geh;* (*withdrawn, secluded*) *life* zurückgezogen
sequestrate ['siːkwəstreɪt, AM *Brit also* sɪ'kwes-] *vt* ❶ LAW (*temporarily confiscate*) ■**to ~ sth** etw beschlagnahmen [*o geh* konfiszieren]; *see also* **sequester**
❷ AM (*isolate*) ■**to ~ sb** jdn absondern [*o* isolieren]
sequestration [ˌsiːkwes'treɪʃᵊn, AM -kwə'streɪ-] *n*

no pl ❶ LAW (*temporary confiscation*) Beschlagnahme *f*, Einziehung *f*, Sequestration *f fachspr*
❷ AM (*isolation*) Absonderung *f*, Isolation *f*; **to keep in** ~ abgesondert [*o* isoliert] halten
sequin ['si:kwɪn] *n* Paillette *f*
sequined ['si:kwɪnd] *adj* mit Pailletten besetzt; **a** ~ **dress** ein paillettenbesetztes Kleid
sequoia [sɪ'kwɔɪə] *n* BOT Sequoia *f*, Mammutbaum *m*
sera ['sɪərə, AM 'sɪrə] *n pl of* **serum**
seraglio [se'rɑ:liəʊ, AM sɪ'ræljoʊ] *n* ❶ (*harem*) Harem *m*
❷ (*hist: Turkish palace*) Serail *nt*
seraph <*pl* -im *or* -s> ['serəf, *pl* -fɪm] *n* Seraph *m*
seraphic [sə'ræfɪk] *adj* (*approv liter*) seraphisch *geh o a. fig*, engelhaft, engelgleich *geh*; ~ **smile** verzücktes Lächeln
seraphically [sə'ræfɪkli] *adv* (*approv liter*) seraphisch *geh o a. fig*, engelhaft, engelgleich *fig*; **to smile** ~ verzückt lächeln
seraphim ['serəfɪm] *n pl of* **seraph**
Serb [sɜ:b, AM sɜ:rb], **Serbian** ['sɜ:biən, AM 'sɜ:rb-]
I. *adj inv* serbisch
II. *n* ❶ (*person*) Serbe, -in *m, f*
❷ *no pl* (*language*) Serbisch *nt*
Serbia ['sɜ:biə, AM 'sɜ:rb-] *n* Serbien *nt*
serenade [,serə'neɪd] **I.** *n* ❶ (*classical music*) Serenade *f*
❷ (*music of lover*) Ständchen *nt*; **to sing** [*or* **play**] **sb a** ~ jdm ein Ständchen bringen
II. *vt* (*sing*) ■**to** ~ **sb** jdm ein Ständchen bringen; (*play music*) für jdn Musik spielen
serendipitous [,serᵊn'dɪpətəs, AM -ən'dɪpət̬əs] *adj* (*form*) glücklich [getroffen] *präd*
serendipity [,serᵊn'dɪpəti, AM -ən'dɪpət̬i] *n no pl* (*form*) glücklicher Zufall
serene <-r, -st *or* more ~, most ~> [sə'ri:n] *adj* (*calm*) ruhig; (*untroubled*) gelassen; ~ **sea** ruhige See; ~ **sky** klarer Himmel
serenely [sə'ri:nli] *adv* gelassen
serenity [sə'renɪti, AM -ət̬i] *n no pl* (*calmness*) Ruhe *f*; (*untroubled state*) Gelassenheit *f*
serf [sɜ:f, AM sɜ:rf] *n* (*hist*) Leibeigene(r) *f(m) hist*
serfdom ['sɜ:fdəm, AM 'sɜ:rf-] *n no pl* (*hist*) Leibeigenschaft *f hist*
serge [sɜ:dʒ, AM sɜ:rdʒ] *n no pl* (*fabric type*) Serge *f fachspr*
sergeant ['sɑ:dʒᵊnt, AM 'sɑ:r-] *n* ❶ (*military officer*) Sergeant *m*, Unteroffizier *m*
❷ (*police officer*) [**police**] ~ ≈ Polizeimeister(in) *m(f)*
sergeant major *n* Oberfeldwebel *m*
serial ['sɪəriəl, AM 'sɪri-] **I.** *n* MEDIA, PUBL Fortsetzungsgeschichte *f*; **TV** ~ TV-Serie *f*
II. *adj* ❶ (*broadcasting, publishing*) Serien-; ~ **rights** Rechte *ntpl* zur Veröffentlichung in Fortsetzungen; *of publishing* Fortsetzungs-
❷ (*repeated*) Serien-
❸ COMPUT seriell, in Reihe
serialization [,sɪəriᵊlaɪ'zeɪʃᵊn, AM ,sɪriᵊlɪ'-] *n* Veröffentlichung *f* in Fortsetzungen
serialize ['sɪəriᵊlaɪz, AM 'sɪriəlaɪz] *vt usu passive* ■**to** ~ **sth** *in newspapers* etw in Fortsetzungen veröffentlichen; *on tv, radio* etw in Fortsetzungen senden
serial killer *n* Serienmörder(in) *m(f)*
serially ['sɪəriəli, AM 'sɪri] *adv* nacheinander; (*of books, etc*) in Fortsetzungen *nach n*, als Serie *nach n*
serial monogamy *n* (*hum*) Reihe *f* von monogamen Beziehungen; **to be into** ~ *ein Mensch sein, der eine Reihe von monogamen Beziehungen hintereinander hat* **serial murder** *n* Serienmord *m* **serial murderer** *n* Serienmörder(in) *m(f)* **serial number** *n* Seriennummer *f*
series <*pl* -> ['sɪəri:z, AM 'sɪri:z] *n* ❶ (*set of events*) Reihe *f*; (*succession*) Folge *f*; **a** ~ **of scandals** eine Reihe Skandale
❷ SPORTS Serie *f*
❸ RADIO, TV Serie *f*; **comedy/TV** ~ Comedyserie *f*/Fernsehserie *f*
❹ PUBL Reihe *f* (**on** über +*akk*)
❺ (*line of products*) *of machines, vehicles* Serie *f*
❻ ELEC Reihe *f*; ■**in** ~ in Reihe [geschaltet]
serif ['serɪf] *n* Serife *f*
seriocomic [,sɪəriəʊ'kɒmɪk, AM 'sɪrioʊ'kɑ:m-] *adj* tragikomisch *geh*, halb ernst, halb komisch
serious ['sɪəriəs, AM 'sɪriəs] *adj* ❶ (*earnest*) *person* ernst; (*solemn, not funny*) *comment, situation* ernst; ***please don't laugh — I'm being*** ~ bitte lach nicht – ich meine das ganz ernst; **to wear a** ~ **expression** ernst blicken [*o fam* dreinschauen]; ~ **matter** ernste Angelegenheit; **a** ~ **threat** eine ernsthafte Bedrohung
❷ (*grave*) *accident, crime, offence, setback* schwer; (*dangerous*) gefährlich; (*not slight*) [*medical*] *condition, problem* ernst; *allegation* schwerwiegend; *argument, disagreement* ernsthaft; ~ **trouble** ernsthafte Schwierigkeiten *fpl*
❸ *attr* (*careful*) ernsthaft; **to give sth a** ~ **thought** ernsthaft über etw *akk* nachdenken
❹ *pred* (*determined*) ernst; ■**to be** ~ **about sb/sth** es mit jdm/etw ernst meinen; ***is she*** ~ ***about going to live abroad?*** ist das ihr Ernst, im Ausland leben zu wollen?
❺ (*fam: substantial*) gründlich *fam*, mächtig *fam*; ***she's planning on doing some*** ~ ***drinking tonight*** sie hat vor, heute Abend gründlich einen drauf zu machen; **to have some** ~ **difficulty** mächtig[e] Schwierigkeiten haben *fam*; **a** ~ **haircut** ein extremer Kurzhaarschnitt; (*excellent*) super *fam*, bombig *fam*; ***that's a*** ~ ***jacket, man!*** eh, das ist eine starke Jacke! *fam*
❻ (*significant*) bedeutend; (*thought-provoking*) tiefgründig; *literature, writer* anspruchsvoll
seriously ['sɪəriəsli, AM 'sɪriəs-] *adv* ❶ (*in earnest*) ernst; (*not lightly*) ernst; **to take sb/sth** ~ jdn/etw ernst nehmen
❷ (*gravely, badly*) schwer; (*dangerously*) ernstlich; ~ **ill/wounded** schwer krank/verletzt
❸ (*really*) ernsthaft, im Ernst, allen Ernstes; ***no,*** ~, ***...*** nein, [ganz] im Ernst, ...; ***I'm*** ~ ***concerned about my father's health*** ich bin ernstlich um die Gesundheit meines Vaters besorgt; ***it would be*** ~ ***wrong of him to leave her*** es wäre wirklich ganz falsch von ihm, sie zu verlassen; ***you don't*** ~ ***expect me to iron your shirt!*** du erwartest doch nicht im Ernst von mir, dass ich dein Hemd bügle!
❹ (*fam: very, extremely*) äußerst; ~ **funny** urkomisch
seriousness ['sɪəriəsnəs, AM 'sɪriəs-] *n no pl* ❶ (*serious nature*) *of person* Ernst *m*; (*critical state*) *of problem, threat* Ernst *m*; *of situation* Ernsthaftigkeit *f*, Schwere *f*
❷ (*sincerity*) Ernsthaftigkeit *f*, Ernst *m*; *of offer* Seriosität *f geh*; **in all** ~ ganz im Ernst
sermon ['sɜ:mən, AM 'sɜ:r-] *n* ❶ (*religious speech*) Predigt *f* (**on** über +*akk*); **to deliver** [*or* **preach**] **a** ~ eine Predigt halten
❷ (*pej: moral lecture*) [Moral]predigt *f oft pej*; **to deliver** [*or* **give sb**] **a** ~ jdm eine [Moral]predigt halten *pej*
sermonize ['sɜ:mənaɪz, AM 'sɜ:r-] *vi* (*pej: lecture*) moralisieren *oft pej*; (*preach*) predigen *fam*
serotonin [,serə'təʊnɪn, AM -'toʊ-] *n* BIOL, CHEM Serotonin *nt*
serpent ['sɜ:pᵊnt, AM 'sɜ:r-] *n* (*old*) Schlange *f*
serpentine ['sɜ:pᵊntaɪn, AM 'sɜ:r-] *adj* (*liter*)
❶ (*snake-like*) schlangenförmig; (*twisting, winding*) *movement* sich *akk* windend [*o* schlängelnd] *attr*; *path, river* gewunden; *road* kurvenreich; *garden, park* verschlungen
❷ (*fig: complicated, subtle*) gewunden *fig*; (*cunning*) tückisch; ~ **explanation** gewundene Erklärung *fig*
serrated [sə'reɪtɪd, AM 'sereɪt̬ɪd] *adj inv* gezackt; ~ **knife** Sägemesser *nt*; **knife with a** ~ **edge** Messer *nt* mit Wellenschliff
serried ['serɪd] *adj* (*liter*) dicht; ~ **ranks** dicht gedrängte Reihen *fpl*
serum <*pl* -s *or* sera> ['sɪərəm, AM 'sɪr-, *pl* -rə] *n* MED (*watery part of blood*) [Blut]serum *nt*; (*infection-fighting agent*) [Heil]serum *nt*
servant ['sɜ:vᵊnt, AM 'sɜ:r-] *n* ❶ (*household helper*) Diener *m*, Bedienstete *m*; (*female*) Dienerin *f*, Bedienstete *f*, Dienstmädchen *nt*
❷ (*for public*) Angestellte(r) *f(m)* (*im öffentlichen Dienst*); **public** ~, ~ **of the State** Staatsdiener(in) *m(f)*, Staatsbeamte(r) *m*, Staatsbeamte [*o* -in] *f*
serve [sɜ:v, AM sɜ:rv] **I.** *n* (*in tennis, etc*) Aufschlag *m*; (*in volleyball*) Angabe *f*
II. *vt* ❶ (*in hotel, restaurant, shop*) ■**to** ~ **sb** jdn bedienen; ***are you being*** ~***d, madam?*** werden Sie schon bedient, gnädige Frau?
❷ (*present food, drink*) ■**to** ~ **sth** etw servieren [*o geh* auftragen]; (*make ready to eat*) etw anrichten; ***what's a good wine to*** ~ ***with this dish?*** welchen Wein kann man zu diesem Gericht reichen?; ***dinner is*** ~**d** es ist angerichtet; **to** ~ **alcohol** Alkohol ausschenken; **to** ~ **a meal** ein Essen servieren
❸ (*be enough for*) ■**to** ~ **sb** für jdn reichen; ***all recipes will*** ~ ***4 to 5 people*** alle Rezepte ergeben 4 bis 5 Portionen
❹ (*work for*) ■**to** ~ **sth** einer S. *dat* dienen; (*stronger*) einer S. *dat* treue Dienste erweisen; ***she*** ~***d the church faithfully for many years*** sie war jahrelang im Dienst der Kirche aktiv; **to** ~ **sb's interests** jds Interessen dienen; **to** ~ **the public** im Dienste der Öffentlichkeit stehen
❺ (*complete due period*) ■**to** ~ **sth** etw ableisten; **to** ~ **one's apprenticeship** seine Lehrzeit absolvieren; **to** ~ **five years as president** eine fünfjährige Amtszeit als Präsident/Präsidentin durchlaufen; **to** ~ **time/a sentence** LAW eine Haftstrafe verbüßen [*o fam* absitzen]; **to** ~ **terms in office** Amtszeiten *fpl* durchlaufen
❻ (*provide for*) ■**to** ~ **sth** etw versorgen
❼ (*perform a function*) **to** ~ **a purpose** einen Zweck erfüllen; ***this does not*** ~ ***any useful purpose*** das hat keinen praktischen Wert; ***if my memory*** ~***s me right*** wenn ich mich recht erinnere
❽ SPORTS **to** ~ **the ball** Aufschlag haben; (*in volleyball*) Angabe haben
❾ LAW (*formally deliver*) ■**to** ~ **sb with sth**, ■**to** ~ **sth on** [*or* **upon**] **sb** jdm etw zustellen; **to** ~ **sb with papers** jdm Papiere zustellen; **to** ~ **sb with a subpoena** [*or* **summons**] [*or* **writ**] LAW jdn vorladen
▶ PHRASES: **to** ~ **time** [**for sth**] (*fam*) eine Haftstrafe [wegen einer S. *gen*] absitzen *fam*; **this** ~**s him right** (*fam*) das geschieht ihm recht
III. *vi* ❶ (*provide food, drink*) servieren; ~ ***hot or cold*** kalt oder warm servieren
❷ (*work for*) dienen; ■**to** ~ **as sth** als etw fungieren; ***she*** ~***d as an interpreter*** sie fungierte als Dolmetscherin; ■**to** ~ **on sth** etw *dat* angehören; **to** ~ **in the army** in der Armee dienen; **to** ~ **on a committee** einem Ausschuss angehören; **to** ~ **on the council** im Stadtrat sein; **to** ~ **on a jury** Geschworene(r) *f(m)* sein
❸ (*function*) ■**to** ~ **as** [*or* **for**] **sth** als etw dienen; ***are these boxes sturdy enough to*** ~ ***as tables?*** sind diese Kisten stabil genug, um als Tische zu dienen?; **to** ~ **as a reminder/warning** als Erinnerung/Mahnung dienen
❹ (*be acceptable*) seinen Zweck erfüllen, gehen *fam*; (*suffice*) genügen; (*be of use*) helfen; ***this old penknife will*** ~ dieses alte Taschenmesser tut's *fam*
❺ (*in tennis, etc*) aufschlagen; (*in volleyball*) angeben
◆**serve out** *vt* ❶ (*in restaurant, pub*) ■**to** ~ **out** ↔ **sth** etw servieren; *drink* etw ausschenken; *food* etw ausgeben
❷ (*complete a due period*) ■**to** ~ **out sth** etw ableisten; **to** ~ **out a jail sentence** eine Gefängnisstrafe absitzen *fam*; **to** ~ **out a term of office** eine Amtszeit beenden
◆**serve up** *vt* ■**to** ~ **up** ↔ **sth** etw servieren [*o* auftischen]; ***I'm about to*** ~ ***up!*** das Essen kommt gleich!
server ['sɜ:vəʳ, AM 'sɜ:rvɚ] *n* ❶ (*utensil*) Vorlegebesteck *nt*; (*spoon*) Vorlegelöffel *m*; (*fork*) Vorlegegabel *f*; **salad** ~**s** Salatbesteck *nt*

S

❷ (*person*) Servierer(in) *m(f)*
❸ (*central computer*) Server *m*
❹ (*in tennis*) Aufschläger(in) *m(f)*
❺ REL Ministrant(in) *m(f)*
❻ LAW **process-**~ Zustellungsbeamte(r) *f(m)*

service ['sɜːvɪs, AM 'sɜːr-] **I.** *n* ❶ *no pl* (*help for customers*) Service *m;* (*in hotels, restaurants, shops*) Bedienung *f;* **customer** ~ Kundendienst *m;* **to be at sb's** ~ (*hum*) jdm zu Diensten stehen *hum;* **to offer** ~ Hilfe anbieten
❷ (*act of working*) Dienst *m,* Dienstleistung *f*
❸ (*form: assistance*) Unterstützung *f;* (*aid, help*) Hilfe *f;* (*being useful*) Gefälligkeit *f,* [guter] Dienst; ▪**to be of** ~ [**to sb**] [jdm] von Nutzen sein [*o* nützen]; ***I'm just glad to have been of*** ~ es freut mich, dass ich mich ein wenig nützlich machen konnte; **to need the** ~**s of a surveyor** einen Gutachter/eine Gutachterin brauchen; **to do sb a** ~ jdm einen Dienst erweisen; **to see some** [*or* **give good**] ~ (*fig*) viel im Einsatz sein; ***these boots have seen some*** ~**!** diese Stiefel sind ziemlich strapaziert worden!
❹ (*public or government department*) Dienst *m;* **civil/diplomatic** ~ öffentlicher/diplomatischer Dienst
❺ (*system for public*) Dienst *m;* (*organization for public*) Beratungsdienst *m,* Beratungsstelle *f;* **ambulance** ~ Rettungsdienst *m;* **bus/train** ~ Bus-/Zugverbindung *f;* **counselling** ~ psychologischer Beratungsdienst; **health** ~ Gesundheitsdienst *m;* **prison** ~ Strafvollzug *m;* [**public**] **transport** ~ [öffentliches] Transportwesen
❻ (*operation*) Betrieb *m;* **postal** ~ Postwesen *nt,* Post *f fam;* **to operate a** [**normal/reduced**] ~ *bus, train* eine [normale/eingeschränkte] Verbindung unterhalten [*o* betreiben]
❼ (*roadside facilities*) ▪~**s** *pl* Raststätte *f*
❽ (*tennis, etc*) Aufschlag *m;* **to lose one's** ~ seinen Aufschlag abgeben
❾ (*armed forces*) Militär *nt;* ▪**the** ~**s** das Militär *nt kein pl;* **to spend time** [*or* **be**] **in the** ~ beim Militär sein; **to be** [**un**]**fit for** ~ militär[un]tauglich sein; **military** ~ Militärdienst *m;* **a career in the** ~**s** eine militärische Laufbahn
❿ (*religious ceremony*) Gottesdienst *m,* Messe *f;* **funeral** ~ Trauergottesdienst *m;* **morning/evening** ~ Frühmesse *f*/Abendandacht *f;* **to go to** [*or* **attend**] **a** ~ zu einem Gottesdienst gehen, einen Gottesdienst besuchen; **to hold a** ~ einen Gottesdienst [ab]halten
⓫ *esp* BRIT (*maintenance check*) Wartung *f;* AUTO Inspektion *f;* ~ **contract** Wartungsvertrag *m;* **to take one's car in for a** ~ sein Auto zur Inspektion bringen
⓬ (*set of crockery*) Service *nt;* **tea** ~ Teeservice *nt*
► PHRASES: **to be in** ~ (*employed as servant*) in Stellung sein; (*be in use, in operation*) im Einsatz sein
II. *vt* ▪**to** ~ **sth** etw überholen [*o* überprüfen]; *appliances* etw warten

serviceable ['sɜːvɪsəbl, AM 'sɜːr-] *adj* strapazierfähig

service area *n* ❶ (*on motorway*) Raststätte *f* ❷ RADIO, TV Sendegebiet *nt* **service bus, service car** *n* AUS, NZ Linienbus *m* **service center** AM, **service centre** *n* BRIT ❶ AM (*on freeway*) Raststätte *f* ❷ (*for repairs*) Reparaturwerkstatt *f;* (*garage*) Werkstatt *f* **service charge** *n* ❶ (*in a restaurant*) Bedienungsgeld *nt,* Bedienung *f,* Bedienungszuschlag *m* ❷ (*cleaning charge*) Reinigungskosten *pl* ❸ AM (*bank charges*) Bearbeitungsgebühr *f* **service contract** *n* ❶ (*employment*) Arbeitsvertrag *m,* Beschäftigungsvertrag *m* ❷ (*warranty*) Garantie *f,* Garantieschein *m* **service department** *n* Kundendienstabteilung *f;* ECON allgemeine Kostenstelle **service elevator** *n* AM (*service lift*) *for employees* Personallift *m,* Personalaufzug *m; for goods* Warenaufzug *m,* Lastenaufzug *m* **service entrance** *n* Personaleingang *m* **service handbook** *n* Wartungshandbuch *nt* **service industry** *n* Dienstleistungsindustrie *f;* (*company*) Dienstleistungsbetrieb *m* **service lift** *n for employees* Personallift *m,* Personalaufzug *m; for goods* Warenaufzug *m,* Lastenaufzug *m* **serviceman** *n* Militärangehöriger *m* **service manual** *n* Wartungshandbuch *nt* **service personnel** *n* Militärpersonal *nt* **service provider** *n* Anbieter(in) *m(f)* von Dienstleistungen **service road** *n* (*subsidiary road*) Nebenstraße *f;* (*access road*) Zufahrtsstraße *f;* (*for residents only*) Anliegerstraße *f* **service sector** *n* Dienstleistungsindustrie *f* **service station** *n* Tankstelle *f* **servicewoman** *n* MIL Militärangehörige *f*

servicing ['sɜːvɪsɪŋ, AM 'sɜːr-] *n no pl esp* AM Wartung *f*

serviette [ˌsɜːvi'et, AM ˌsɜːr-] *n esp* BRIT Serviette *f*

servile ['sɜːvaɪl, AM 'sɜːr-] *adj* (*pej*) *manner* unterwürfig *pej,* duckmäuserisch *pej; obedience* sklavisch *pej*

servility [sɜː'vɪləti, AM sɜːr'vɪləṭi] *n no pl* (*pej form*) Unterwürfigkeit *f pej*

serving ['sɜːvɪŋ, AM 'sɜːr-] **I.** *n of food* Portion *f* (**of** +*gen*)
II. *adj attr, inv* ❶ (*person working*) dienend; **the longest-**~ **minister** der am längsten im Amt befindliche Minister/die am längsten im Amt befindliche Ministerin
❷ (*imprisoned*) [ein]sitzend, inhaftiert; **a short-**~ **prisoner** ein Häftling, der/die eine kurze Gefängnisstrafe absitzt

serving bowl *n* [Servier]schüssel *f* **serving spoon** *n* Vorlegelöffel *m* **serving tray** *n* [Servier]tablett *nt*

servitude ['sɜːvɪtjuːd, AM 'sɜːrvətuːd, -tjuːd] *n no pl* (*form*) Sklaverei *f,* Knechtschaft *f geh;* **penal** ~ LAW Zwangsarbeit *f,* Zuchthaus *nt;* **to be sold into** ~ in die Sklaverei verkauft werden

servo ['sɜːvəʊ, AM 'sɜːrvoʊ] *n* AUTO, TECH ❶ *short for* **servomechanism** Servomechanismus *m*
❷ *short for* **servomotor** Servomotor *m*

servomechanism *n* ❶ AUTO, TECH Servomechanismus *m* ❷ COMPUT Folgesteuerungsmechanismus *m*

servomotor *n* AUTO, TECH Servomotor *m*

sesame ['sesəmi] **I.** *n no pl* Sesam *m*
II. *n modifier paste, roll* Sesam-

sesame oil *n* Sesamöl *nt* **sesame seed** *n* Sesamkorn *nt*

sessile ['sesaɪl, AM 'sesɪl] *adj inv* ❶ BIOL (*immobile*) festsitzend, sesshaft, sessil *fachspr*
❷ BOT (*without a stalk or peduncle*) stiellos, ungestielt

session ['seʃᵊn] *n* ❶ (*formal meeting of organization*) Sitzung *f;* (*period for meetings*) Sitzungsperiode *f;* **parliamentary** ~ parlamentarische Sitzungsperiode; (*term of office*) Legislaturperiode *f;* **to meet in** ~ zu einer Sitzung zusammenkommen
❷ (*period for specific activity*) Stunde *f,* Session *f;* STOCKEX Börsensitzung *f;* ***the press was allowed a short photo*** ~ man gewährte der Presse kurz Zeit, um Aufnahmen zu machen; **recording** ~ Aufnahme *f;* **training** ~ Trainingsstunde *f;* **to sign up for a** ~ sich *akk* für eine Sitzung eintragen
❸ (*fam: bout of drinking*) Sauftour *f fam*
❹ MUS Session *f;* ~ **musician** Sessionmusiker(in) *m(f)*
❺ AM, SCOT (*period for classes*) SCH Unterricht *m;* UNIV Seminar *nt;* (*teaching year*) SCH Schuljahr *nt;* UNIV Vorlesungszeit *f;* (*of two terms*) Semester *nt;* (*of three terms*) Trimester *nt;* **afternoon** ~ Nachmittagsunterricht *m*

sestina <*pl* – s *or* -ne> [se'stiːnə] *n* LIT Sestine *f*

set [set]

I. ADJECTIVE	**II.** NOUN
III. TRANSITIVE VERB	**IV.** INTRANSITIVE VERB

I. ADJECTIVE

❶ *pred* (*ready*) bereit; ▪**to be** [**all**] ~ [**for sth**] [für etw *akk* [*o* zu etw *dat*]] bereit [*o* vorbereitet] sein, startklar sein *fam;* **to get** ~ [**to do sth**] sich *akk* fertig machen[, etw zu tun]; ***at the beginning of the race the starter says "ready, get ~, go!"*** zu Beginn des Rennens sagt der Ansager „auf die Plätze, fertig, los!"
❷ (*fixed*) bestimmt, fest[gesetzt]; ~ **expression** [*or* **phrase**] feststehender Ausdruck; ~ **meal/menu** Tageskarte *f;* ~ **smile** aufgesetztes Lächeln; BRIT (*unlikely to change*) **to look** ~ **...** so aussehen, als ob ...; ***the weather looks*** ~ ***fair for the rest of the week*** das Wetter bleibt wahrscheinlich für den Rest der Woche beständig
❸ *attr, inv* (*assigned*) vorgegeben, bestimmt; ~ **task** vorgeschriebene Aufgabe; SCH Aufgabe *f;* ~ **book/text** Standardbuch *nt*/Standardtext *m*
❹ (*determined*) ▪**to be** ~ **on sth** zu etw *dat* entschlossen sein; **to be** ~ **on marrying sb** entschlossen sein, jdn zu heiraten
► PHRASES: **to be** ~ **in one's ways** in seinen Gewohnheiten festgefahren sein *fig*

II. NOUN

❶ THEAT Bühnenbild *nt,* Bühnenausstattung *f;* FILM Szenenaufbau *m;* (*film location*) Drehort *m;* **on the** ~ am Drehort
❷ ANAT Stellung *f;* **the** ~ **of sb's jaw** jds Kieferstellung
❸ (*hair arrangement*) Legen *nt;* **shampoo and** ~ Waschen und Legen
❹ (*collection, group*) *of stamps, stickers, spoons* Kollektion *f,* Sammlung *f; of games, etc* Set *nt,* Satz *m;* **chemistry** ~ Chemiekasten *m;* **chess** ~ Schachspiel *nt;* ~ **of encyclopaedias** Enzyklopädiereihe *f;* ~ **of glasses** Satz *m* Gläser; ~ **of golf clubs** Satz *m* Golfschläger; ~ **of stamps** Satz *m* Briefmarken; ~ **of teeth** Gebiss *nt;* **tool** ~ Werkzeugsatz *m;* ~ **of twins** Zwillingspaar *nt;* **boxed** ~ Kasten *m;* **to collect a** ~ eine Kollektion sammeln
❺ + *sing/pl vb* (*group of people*) Gruppe *f,* [Personen]kreis *m,* Clique *f fam;* **the smart** ~ die [klugen] Köpfchen *ntpl fam;* ***she's got in with a very arty*** ~ sie verkehrt in einer sehr künstlerisch angehauchten Clique
❻ MATH [Zahlen]reihe *f*
❼ (*television receiver*) [Fernseh]gerät *nt;* (*radio receiver*) Radiogerät *nt;* **to adjust one's** ~ das Gerät richtig einstellen; ***do not adjust your*** ~ ändern Sie nichts an der Einstellung Ihres Geräts
❽ SPORTS Satz *m;* **to win a** ~ einen Satz gewinnen
❾ (*musical performance*) Stück *nt;* **to play a** ~ ein Stück spielen
❿ COMPUT (*related data items*) Gruppe *f,* Satz *m*
⓫ (*width of typeface*) Set *nt o m*

III. TRANSITIVE VERB

<set, set> ❶ (*place*) ▪**to** ~ **sb/sth** jdn/etw stellen; ***the cat*** ~ ***a dead mouse in front of us*** die Katze legte uns eine tote Maus vor; ***in this game you have to*** ~ ***the bricks one on top of the other*** bei diesem Spiel musst du einen Klotz auf den anderen setzen; ***to*** ~ ***the groceries on a chair*** die Lebensmittel auf einen Stuhl stellen; ***a house that is*** ~ ***on a steep cliff*** ein Haus, das auf einer steilen Klippe liegt
❷ *usu passive* FILM, LIT, THEAT ▪**to be** ~ (*take place in*) spielen; ***'West Side Story' is*** ~ ***in New York*** ‚West Side Story' spielt in New York; ***the film 'Gone with the Wind' is*** ~ ***against the background of the American Civil War*** der Film ‚Vom Winde verweht' spielt sich vor dem Hintergrund des amerikanischen Bürgerkriegs ab
❸ (*cause to be, start*) **to** ~ **a boat afloat** ein Boot zu Wasser lassen; **to** ~ **sth on fire** etw in Brand setzen; **to** ~ **sth in motion** etw in Bewegung bringen [*o* setzen], etw ins Rollen bringen *fam;* **to** ~ **changes in motion** Neuerungen in Gang bringen [*o* in die Wege leiten]; ***these changes will*** ~ ***the country on the road to economic recovery*** diese Änderungen werden das Land zum wirtschaftlichen Aufschwung führen; ▪**to** ~ **sb/sth doing sth** jdn/etw veranlassen [*o fam* dazu bringen], etw zu tun; ***his remarks*** ~ ***me thinking*** seine Bemerkungen gaben mir zu denken; **to** ~ **sb loose** [*or* **free**] jdn freilassen [*o* auf freien Fuß setzen]

④ (*adjust*) ■**to ~ sth** etw einstellen; (*prepare*) etw herrichten; **to ~ the alarm for 7.00 a.m.** den Wecker auf 07.00 Uhr stellen; **to ~ the stage** THEAT die Bühne herrichten; **to ~ the table** den Tisch decken; **to ~ a thermostat/timer** einen Thermostat/Zeitmesser einstellen; **to ~ a trap** eine Falle aufstellen; **to ~ a clock/watch** eine Uhr/[Armband]uhr stellen
⑤ (*arrange, establish*) ■**to ~ sth** etw festsetzen [*o* angeben]; **to ~ the budget** das Budget festlegen; **to ~ a date/time** einen Termin/eine Zeit ausmachen; ***they still haven't ~ a date for their wedding*** sie haben immer noch keinen Termin für die Hochzeit bestimmt; **to ~ a deadline for sb** jdm eine Frist setzen; **to ~ an example to sb** jdm ein Beispiel geben; **to ~ oneself a goal** sich *dat* ein Ziel setzen; **to ~ a limit/norm** eine Grenze/Norm setzen; **to ~ the margin** den Rand einstellen; **to ~ the pace** das Tempo angeben [*o* bestimmen]; **to ~ the policy** die [Geschäfts]politik festlegen; **to ~ a price [on sth]** einen Preis [für etw *akk*] festsetzen; ***the price for this painting has been ~ at £125,000*** der Preis für dieses Gemälde ist auf 125 000 Pfund festgesetzt worden; **to ~ a record** einen Rekord aufstellen
⑥ ANAT ■**to ~ sth** etw einrenken; **to ~ a broken bone** einen gebrochenen Knochen richten; **sb ~s his/her face/jaw** jds Gesicht versteinert sich; ***his face was ~ in determination*** sein Gesicht war starr vor Entschlossenheit
⑦ (*arrange*) **to ~ sb's hair** jds Haar legen; **to have one's hair ~** sich *dat* die Haare legen lassen
⑧ (*adorn*) ■**to ~ sth with sth** etw mit etw *dat* besetzen; **to ~ a watch with sapphires** eine Uhr mit Saphiren besetzen
⑨ (*insert*) ■**to ~ sth in** [*or* **into**] **sth** etw in etw *akk* einarbeiten [*o* einfügen]; ***she was wearing a bracelet with rubies ~ into it*** sie trug ein Armband mit eingearbeiteten Rubinen
⑩ (*make oppose*) ■**to ~ sth against sth** etw etw *dat* gegenüberstellen; (*incite*) etw gegen etw *akk* aufwiegeln; **to ~ the advantages against the disadvantages** die Vorteile den Nachteilen gegenüberstellen; ■**to ~ sb against sb/sth** jdn gegen jdn/etw aufbringen; **to ~ members of a family against each other** Zwietracht zwischen Familienmitgliedern säen; (*not favour*) ■**to be [dead] ~ against sb/sth** [völlig] gegen jdn/etw sein
⑪ MUS **to ~ sth to music** etw vertonen; **to ~ a poem/words to music** ein Gedicht/einen Text vertonen
⑫ *esp* BRIT, AUS (*assign*) **to ~ homework** Hausaufgaben [auf]geben; **to ~ a task** eine Aufgabe stellen; **to ~ sb to work** jdn an die Arbeit setzen
⑬ COMPUT ■**to ~ sth** (*give variable a value*) etw setzen; (*define value*) etw einstellen
⑭ TYPO (*compose*) **to ~ a text** einen Text setzen
▶ PHRASES: **to ~ course for sth** auf etw *akk* Kurs nehmen; **to ~ eyes on sb/sth** jdn/etw sehen; **to ~ foot in** [*or* **on**] **sth** etw betreten; **to ~ one's mind at ease** sich *akk* beruhigen; **to ~ one's mind to** [*or* **on**] **sth** (*concentrate on*) sich auf etw *akk* konzentrieren; (*approach with determination*) etw entschlossen angehen; ***if you would only ~ your mind to it, I'm sure you could do it*** ich bin sicher, dass du es schaffen kannst, wenn du dich nur anstrengst; **to ~ sail for/from ...** losfahren nach/von ...; **to ~ the scene** [*or* **stage**] **for sth** (*create conditions*) die Bedingungen für etw *akk* schaffen; (*facilitate*) den Weg für etw *akk* frei machen; ***the scene is ~ for the summit next week*** alles ist unter Dach und Fach für das Gipfeltreffen nächste Woche; **to ~ the world** [*or* **the Thames**] **ablaze** [*or* **on fire**] [*or* **alight**] die Welt aus den Angeln heben; **to ~ sth right** etw in Ordnung bringen [*o fam* ausbügeln]; **to ~ sb straight [about sth]** jdn [über etw *akk*] aufklären

IV. INTRANSITIVE VERB

<set, set> ① (*grow together*) *bones, limbs* zusammenwachsen
② (*become firm*) *concrete, jelly* fest [*o* hart] werden; ***leave the jelly in the fridge to ~*** lass das Gelee im Kühlschrank, damit es fest wird
③ (*sink*) *moon, sun* untergehen

◆**set about** *vi* ① (*begin, start work upon*) ■**to ~ about sth** etw anfangen, sich *akk* an etw *akk* machen; ■**to ~ about doing sth** sich *akk* daranmachen, etw zu tun
② (*fam: attack*) ■**to ~ about sb [with sth]** jdn [mit etw *dat*] angreifen, [mit etw *dat*] über jdn herfallen

◆**set against** *vt* ■**to ~ sth against sth** etw etw *dat* gegenüberstellen, etw von etw *dat* absetzen

◆**set apart** *vt* ① (*distinguish*) ■**to ~ sb/sth apart** jdn/etw abheben [*o* unterscheiden]; ***his intelligence ~ him apart from other children*** seine Intelligenz hob ihn von anderen Kindern ab
② (*reserve*) ■**to ~ apart** ○ **sth** etw reservieren; ***these clothes have been ~ apart to use as costumes*** diese Kleidungsstücke sind als Kostüme gedacht

◆**set aside** *vt* ■**to ~ aside** ○ **sth** ① (*keep for special use*) etw auf die Seite legen; *time* etw einplanen; **to ~ aside money** Geld beiseite legen
② (*ignore*) etw außer Acht lassen; **to ~ one's differences aside** die Differenzen beiseite schieben [*o* außer Acht lassen]
③ LAW (*annul*) *conviction* etw aufheben
④ (*put to side*) etw beseite legen; *clothes* sich *dat* etw zurücklegen lassen; **to ~ the glasses aside** die Gläser beiseite setzen

◆**set back** *vt* ① (*delay*) ■**to ~ back** ○ **sb/sth** jdn/etw zurückwerfen; ***the opening of the new swimming pool has been ~ back by a few weeks*** die Eröffnung des neuen Schwimmbades hat sich um einige Wochen verzögert
② (*position*) ■**to ~ back** ○ **sth [from sth]** etw [von etw *dat*] zurücksetzen; ***our house is ~ back from the road*** unser Haus ist ein Stück von der Straße zurückgesetzt
③ (*fam: cost*) ■**to ~ sb back** jdn einiges [*o fam* eine [schöne] Stange Geld] kosten; ***that coat must have ~ you back a fair bit!*** dieser Mantel muss dich ja einiges gekostet haben!

◆**set down** *vt* ① (*land*) **to ~ a plane down** ein Flugzeug landen
② (*drop off*) ■**to ~ down** ○ **sb** jdn absetzen
③ (*write down*) ■**to ~ down** ○ **sth** etw aufschreiben [*o* niederschreiben]; **to ~ down one's thoughts** seine Gedanken niederschreiben [*o* festhalten]
④ (*esteem*) ■**to ~ down** ○ **sb as sth** jdn als etw *akk* einschätzen, jdn für etw *akk* halten
⑤ *usu passive* LAW (*arrange trial*) ■**to ~ sth** ○ **down** etw anberaumen

◆**set forth I.** *vt* (*form*) ■**to ~ forth** ○ **sth** etw darlegen
II. *vi* (*liter*) aufbrechen

◆**set in** *vi* einsetzen; ***complications have ~ in since the operation*** nach der Operation haben sich Komplikationen eingestellt; ***exhaustion ~ in and the climbers were forced to give up*** Erschöpfung machte sich bemerkbar und die Kletterer waren gezwungen, aufzugeben

◆**set off I.** *vi* (*begin journey*) aufbrechen, sich *akk* auf den Weg machen; (*in car*) losfahren; ***we ~ off early for the glaciers*** wir machten uns früh auf den Weg zu den Gletschern; ■**to ~ off on sth** zu etw *dat* aufbrechen; ***they've just ~ off on a round-the-world trip*** sie haben gerade eine Weltreise angetreten
II. *vt* ① ■**to ~ off** ○ **sth** (*initiate*) etw auslösen; (*detonate*) etw zünden; **to ~ off an alarm/a blast** einen Alarm/eine Explosion auslösen; **to ~ off an explosive** eine Sprengladung zur Explosion bringen
② (*cause to do*) ■**to ~ off** ○ **sb [doing sth]** jdn zu etw *dat* bringen, jdn dazu bringen, etw zu tun; ***that joke always ~s me off laughing*** bei diesem Witz muss ich immer lachen
③ ■**to ~ off** ○ **sth** (*enhance*) etw hervorheben; (*attractively contrast*) etw unterstreichen; ***she ~ off her suntan by wearing a white dress*** ihr weißes Kleid brachte ihre Bräune noch mehr zur Geltung
④ ■**to ~ off** ○ **sth against sth** (*offset*) etw als Ausgleich für etw *akk* nehmen; (*write off*) etw gegen etw *akk* aufrechnen [*o* anrechnen]; ***she is able to ~ off her expenses against her tax liability*** sie kann ihre Ausgaben von der Steuer absetzen
⑤ ECON ■**to ~ sth ~ against sth** etw gegen etw *dat* verrechnen, etw etw *dat* anrechnen

◆**set on I.** *vt* ① (*be determined*) ■**to be ~ on sth** zu etw *dat* entschlossen sein; **to be ~ on marrying sb** entschlossen sein, jdn zu heiraten
② (*cause to attack*) ■**to ~ sb/an animal on sb** jdn/ein Tier auf jdn ansetzen; **to ~ the dogs on sb** die Hunde auf jdn hetzen
II. *vi* ■**to ~ on sb** jdn anfallen [*o* angreifen]

◆**set out I.** *vt* ■**to ~ out** ○ **sth** ① (*lay out, display*) etw auslegen; (*arrange*) etw aufstellen
② (*explain*) etw darlegen [*o* darstellen]
II. *vi* ① (*begin journey*) aufbrechen, sich *akk* auf den Weg machen; (*in car*) losfahren; ***they ~ out for the station ten minutes ago*** sie haben sich vor 10 Minuten auf [den Weg] zum Bahnhof gemacht; ■**to ~ out on sth** zu etw *dat* aufbrechen
② (*intend*) ■**to ~ out with sth** *aim, idea, plan* mit etw *dat* antreten; ■**to ~ out to do sth** sich *dat* vornehmen [*o* beabsichtigen], etw zu tun

◆**set to** *vi* ① (*begin work*) sich *akk* daranmachen [*o fam* ranhalten]; ***if we all ~ to, we should be able to finish the job in a week*** wenn wir uns alle ranhalten, dann können wir das in einer Woche erledigen
② (*fam: begin fighting*) **to ~ to with feet/fists** mit Füßen/Fäusten draufloskämpfen [*o fam* loslegen]

◆**set up** *vt* ① (*erect*) **to ~ up a camp** ein Lager aufschlagen; **to ~ up a tripod** ein Stativ aufbauen
② (*establish*) ■**to ~ up** ○ **sth** *business, school* etw einrichten; *fund, public enquiry* etw arrangieren; (*cause*) *reaction* etw hervorrufen [*o* auslösen]; ■**to ~ oneself up as sb/sth** sich *akk* als jdn/etw etablieren [*o* niederlassen]; ***she ~ herself up as an interior designer*** sie etablierte sich als Innenarchitektin; **to ~ up a committee** einen Ausschuss bilden; **to ~ up a corporation** eine [Handels]gesellschaft gründen; **to ~ up a dictatorship** eine Diktatur errichten
③ (*claim to be*) ■**to ~ oneself up as sth** sich *akk* als etw ausgeben; (*make pretensions to be sth*) sich *akk* als etw aufspielen
④ (*make healthy*) ■**to ~ up** ○ **sb** jdn wiederherstellen; ***a few days in the country will surely ~ you up*** ein paar Tage auf dem Land werden dir sicher gut tun
⑤ (*provide*) ■**to ~ up** ○ **sb [with sth]** jdn [mit etw *dat*] versorgen; ***his father ~ him up in the family business*** sein Vater brachte ihn im Familienbetrieb unter; **to ~ sb up for life** jdn für sein ganzes Leben versorgen
⑥ (*fam: deceive*) ■**to ~ up** ○ **sb** jdn reinlegen [*o fam* übers Ohr hauen]; (*frame*) jdm etw anhängen *fam*

◆**set upon** *vi* ■**to ~ upon sb** jdn überfallen [*o fig* bestürmen]; ■**to ~ an animal upon sb** ein Tier auf jdn hetzen

set-aside *n* ① HORT stillgelegte Fläche ② POL Flächenstilllegung *f* **setback** *n* Rückschlag *m;* **to be** [*or* **prove**] **a ~ in sth** sich *akk* als Rückschlag für etw *akk* erweisen; **to experience** [*or* **suffer**] [*or* **receive**] [*or* **encounter**] **a ~** einen Rückschlag erleiden **set designer** *n* Bühnenbildner(in) *m(f);* (*for film/tv*) [Film]ausstatter(in) *m(f)* **set-in sleeve** *n* FASHION eingesetzter Ärmel **set-off** *n* LAW Aufrechnung *f* [im Prozess] **set piece** *n* FILM, LIT, THEAT Standardszene *f* **set point** *n* SPORTS Satzball *m;* **to convert a ~** einen Satzball verwandeln; **to lose a ~** einen Satzball verlieren; **to overcome a ~** einen Satzball abwehren **setsquare** *n* AUS, BRIT [Zeichen]dreieck *nt*

sett [set] *n* ① (*burrow of a badger*) Bau *m*
② (*granite paving block*) Pflasterstein *m*

settee [set'iː] *n* Sofa *nt*, Couch *f*

setter ['setəʳ, AM 'set̬ɚ] *n* Setter *m*

set theory *n* Mengenlehre *f*

setting ['setɪŋ, AM 'set̬ɪŋ] *n usu sing* ① (*location*)

S

Lage *f;* (*immediate surroundings*) Umgebung *f;* (*for a wedding*) Rahmen *m*
❷ (*in film, novel, play*) Schauplatz *m*
❸ (*adjustment on appliance*) Einstellung *f;* **to adjust the ~** die Einstellung anpassen
❹ (*place at table*) Gedeck *nt*
❺ (*frame for jewel*) Fassung *f*
❻ MUS Vertonung *f*
❼ (*fixing/arranging*) Einstellung *f*
❽ TYPO (*composing text*) Setzen *nt*

setting lotion *n* [Haar]festiger *m*

settle ['set|, AM 'seṭ|] **I.** *vi* ❶ (*get comfortable*) es sich *dat* bequem machen; ***we ~d in front of the television*** wir machten es uns vor dem Fernseher bequem *fam*
❷ (*calm down*) *person* sich *akk* beruhigen; *anger, excitement* sich *akk* legen; *weather* beständig werden
❸ AUS, BRIT (*apply oneself*) ▪**to ~ to sth** sich *akk* etw *dat* widmen; **to ~ to work** sich *akk* an die Arbeit machen
❹ (*end dispute*) sich *akk* einigen
❺ (*decide on*) ▪**to ~ on sth** sich *akk* für etw *akk* entscheiden; (*agree on*) sich *akk* auf etw *akk* einigen; **to ~ on a name** sich *akk* für einen Namen entscheiden; ▪**to ~ for sth** mit etw *dat* zufrieden sein; ***I'll ~ for chicken and chips*** ich nehme Hähnchen mit Pommes frites
❻ (*form: pay*) begleichen *geh;* ▪**to ~ with sb** mit jdm abrechnen [*o fam* Kasse machen]
❼ (*take up residence*) sich *akk* niederlassen; ***after they got married, they ~d in Brighton*** nach ihrer Hochzeit zogen sie nach Brighton
❽ (*get used to*) ▪**to ~ into sth** sich *akk* an etw *akk* gewöhnen; ***it took Ed a long time to ~ into living in London*** es dauerte lange, bis sich Ed an das Leben in London gewöhnt hatte
❾ (*alight on surface*) sich *akk* niederlassen; (*build up*) sich *akk* anhäufen [*o* ansammeln]; (*sink*) [ab]sinken; *particles in liquid* sich *akk* senken; *house, wall* sich *akk* setzen; ***do you think the snow will ~?*** glaubst du, dass der Schnee liegen bleibt?; ***a peaceful expression ~d on her face*** (*fig*) ein friedlicher Ausdruck legte sich auf ihr Gesicht; **to let dust/sediment ~** Staub/Ablagerungen sich *akk* setzen lassen
II. *vt* ❶ (*calm down*) ▪**to ~ sb/sth** jdn/etw beruhigen; **to ~ the children for the night** die Kinder für die Nacht zurechtmachen; **to ~ one's stomach** seinen Magen beruhigen
❷ (*decide, agree upon*) ▪**to ~ sth** etw entscheiden; (*deal with*) etw regeln; (*in writing*) etw [schriftlich] festlegen; ***it's been ~d that we'll spend Christmas at home*** wir haben vereinbart, Weihnachten zu Hause zu verbringen; ▪**to ~ when/where/why ...** entscheiden, wann/wo/warum ...; **to ~ the details of a contract** die Einzelheiten eines Vertrags aushandeln
❸ (*bring to conclusion*) ▪**to ~ sth** etw erledigen; (*resolve*) etw beilegen; ***that ~s that*** damit hat sich das erledigt, und damit hat sich's! *fam;* **to ~ one's affairs** (*form*) seine Angelegenheiten regeln [*o* in Ordnung bringen]; **to ~ an argument** [*or* **a dispute**]/**differences** einen Streit/Unstimmigkeiten beilegen; **to ~ a crisis/a problem** eine Krise/ein Problem lösen; **to ~ a grievance** einen Missstand beseitigen; **to ~ a lawsuit** einen Prozess durch einen Vergleich beilegen; **to ~ a matter** eine Angelegenheit regeln; **to ~ a strike** einen Streik beenden
❹ (*pay*) ▪**to ~ sth** etw begleichen *geh;* ▪**to ~ sth on sb** (*bequeath*) jdm etw hinterlassen [*o* vererben] [*o fam* vermachen]; **to ~ an account** ein Konto ausgleichen; **to ~ money/property on sb** jdm Geld/Besitz übertragen
❺ (*colonize*) **to ~ a place** einen Ort besiedeln
❻ ECON **to ~ a property in trust** Eigentum einer Treuhänderschaft übertragen [*o* überschreiben]; **~d property** in Treuhänderschaft überschriebenes Eigentum
▸ PHRASES: **to ~ an <u>account</u>** [*or* **a <u>score</u>**] [*or* **<u>old</u> scores**] [**with sb**] [mit jdm] abrechnen *fig*

◆**settle back** *vi* sich *akk* zurücklehnen; **to ~ back in a chair** sich *akk* in einem Sessel bequem zurücklegen

◆**settle down I.** *vi* ❶ (*get comfortable*) es sich *dat* bequem [*o* gemütlich] machen
❷ (*adjust*) sich *akk* eingewöhnen [*o* einleben]; ***we've just about ~d down to a steady routine with the baby*** mit dem Baby hat sich mittlerweile eine gewisse Routine eingespielt
❸ (*calm down*) sich *akk* beruhigen; ***the teacher told the children to ~ down*** der Lehrer ermahnte die Kinder zur Ruhe
❹ (*adopt steady lifestyle*) sich *akk* [häuslich] niederlassen
II. *vt* ▪**to ~ oneself down** es sich *dat* bequem [*o* gemütlich] machen; ***he ~d himself down with a newspaper*** er machte es sich mit der Zeitung bequem

◆**settle in I.** *vi people* sich *akk* eingewöhnen [*o* einleben]; *things* sich *akk* einpendeln
II. *vt* ▪**to ~ in ⊂ sb** jdm helfen, sich *akk* einzugewöhnen [*o* einzuleben]

◆**settle on** *vt* ▪**to ~ sth on sth** jdm etw vermachen; ***he ~d his house on his children*** er vermachte seinen Kindern sein Haus

◆**settle up** *vi* abrechnen; ▪**to ~ up with sb** mit jdm abrechnen

settled ['set|d, AM 'seṭ-] *adj* ❶ *pred* (*comfortable, established*) *of people* eingewöhnt, eingelebt; *of things* eingependelt; ▪**to be ~** sich *akk* eingewöhnt [*o* eingelebt] haben; **to feel ~** sich *akk* heimisch fühlen
❷ (*calm*) ruhig
❸ (*with steady lifestyle*) geregelt, beständig

settlement ['set|mənt, AM 'seṭ-] *n* ❶ (*resolution*) Übereinkunft *f;* (*agreement*) Vereinbarung *f;* LAW Vergleich *m;* ***they reached an out-of-court ~*** sie einigten sich außergerichtlich; **the ~ of a conflict** die Lösung eines Konflikts; **the ~ of a matter** die Regelung einer Angelegenheit; **pay ~** *esp* BRIT Tarifvereinbarung *f,* Tarifabschluss *m;* **the ~ of a question** die Klärung einer Frage; **the ~ of a strike** die Schlichtung eines Streiks; **to negotiate** [*or* **reach**] **a ~** [**with sb**] [mit jdm] eine Einigung erzielen
❷ FIN, ECON Bezahlung *f,* Begleichung *f geh,* Abrechnung *f*
❸ (*colony*) Siedlung *f;* (*colonization*) Besiedlung *f;* (*people*) Ansiedlung *f;* **the ~ of the American West** die Besiedlung des Westens Amerikas
❹ *no pl* (*subsidence*) Absinken *nt*
❺ LAW (*passing land to trustees*) Verfügung *f* über Grundbesitz, der für nachfolgende Begünstigte durch einen Trust verwaltet wird
▸ PHRASES: **to <u>make</u> a ~ on sb** jdm eine Schenkung machen

settlement days *npl* ❶ ECON, FIN Abrechnungstage *pl*
❷ STOCKEX Liquidationstermine *pl*

settler ['set|əʳ, AM 'seṭ|ɚ] *n* Siedler(in) *m(f)*

set-to *n* (*fam*) Streit *m;* **to have a ~** [**with sb**] [mit jdm] Streit haben

set-up *n* ❶ (*way things are arranged*) Aufbau *m;* ***when I started my new job, it took me a while to get used to the ~*** als ich meine neue Stelle antrat, dauerte es eine Weile, bis ich mich an die Situation gewöhnte; (*arrangement*) Einrichtung *f;* ***"nice little ~ you've got here," he said as we showed him round the house*** „nette Bude habt ihr hier", sagte er, als wir ihm das Haus zeigten ❷ (*fam: act of deception*) abgekartetes Spiel *fam*

seven ['sevᵊn] **I.** *adj* sieben
II. *n* Sieben *f;* ***I think the movie starts at ~*** ich glaube, der Film fängt um sieben [Uhr] an; **~ of clubs** Kreuz-Sieben *f*

seven deadly sins *npl* sieben Todsünden *fpl*

sevenfold ['sevᵊnfəʊld, AM -foʊld] **I.** *adj* siebenfache(r, s)
II. *adv* siebenfach; **to increase ~** um das Siebenfache ansteigen

seventeen ['sevᵊnti:n] **I.** *adj* siebzehn
II. *n* Siebzehn *f*

seventeenth ['sevᵊnti:n(t)θ] **I.** *adj* siebzehnte(r, s); **~ competitor** siebzehnter Teilnehmer/siebzehnte Teilnehmerin; **to be in ~ place** auf dem siebzehnten Platz liegen; **to come** [*or* **go**] [*or* **finish**] **~** Siebzehnte(r) *f(m)* werden
II. *n* ❶ (*date*) ▪**the ~** [**of a month**] der Siebzehnte [eines Monats]
❷ (*fraction*) Siebzehntel *nt;* **a ~ of a company** ein Siebzehntel *nt* einer Firma; **to cut sth into ~s** etw in Siebzehntel [*o* siebzehn Teile] schneiden

seventh ['sevᵊn(t)θ] **I.** *adj* siebte(r, s); **to be** [*or* **come**] [*or* **finish**] **~** Siebte(r) *f(m)* werden
▸ PHRASES: **to be in ~ <u>heaven</u>** im siebten Himmel sein
II. *n* ❶ (*date*) ▪**the ~** [**of a month**] der Siebte [eines Monats]
❷ (*fraction*) Siebtel *nt;* **to divide sth into ~s** etw in Siebtel [*o* sieben Teile] teilen

Seventh-Day Adventist [,sevᵊn(t)θder'ædvəntɪst] **I.** *n* Adventist(in) *m(f)* vom Siebenten Tag
II. *adj* Siebenten-Tags-Adventisten-; **~ church** Kirche der Adventisten vom Siebten Tag

seventies ['sevᵊntiz, AM -ṭ-] *npl* ▪**the ~** ❶ (*temperature*) *siebzig Grad Fahrenheit;* **to reach** [*or* **approach**] **the ~** um die siebzig Grad Fahrenheit erreichen
❷ (*decade*) die Siebziger, die siebziger Jahre; **in the ~** in den siebziger Jahren [*o fam* Siebzigern]
❸ (*age range*) die Siebziger; **a man/woman in his/her ~** ein Mann/eine Frau in den Siebzigern

seventieth ['sevᵊntiəθ, AM -ṭi-] **I.** *adj* siebzigste(r, s); **~ customer** siebzigster Kunde/siebzigste Kundin
II. *n* ❶ (*ordinal number*) Siebzigste(r, s); **to be ranked ~** den siebzigsten Rang belegen
❷ (*fraction*) Siebzigstel *nt*

seventy ['sevᵊnti, AM -ṭ-] **I.** *adj* siebzig
II. *n* Siebzig *f*

seventy-eight *n Schallplatte mit 78 Umdrehungen in der Minute*

seven-year itch *n* (*hum fam*) verflixtes siebtes Jahr *fam;* **to have the ~** im verflixten siebten Jahr sein *fam*

sever ['sevəʳ, AM -ɚ] *vt* ▪**to ~ sth** etw abtrennen; (*cut through*) etw durchtrennen; ***electricity cables have been ~ed by the storm*** Stromkabel sind beim Sturm durchtrennt worden; **to ~ links/relationships/ties with sb** (*fig*) die Verbindungen/Beziehungen/Bande mit jdm lösen

several ['sevᵊrᵊl] **I.** *adj inv* ❶ (*some*) einige, mehrere; (*various*) verschiedene; ***I've seen 'Gone with the Wind' ~ times*** ich habe ‚Vom Winde verweht' ein paar Mal gesehen; ***the author of ~ books*** der Autor mehrerer Bücher; ***we saw ~ students*** wir sahen einige Studenten; **to have ~ reasons for doing sth** verschiedene Gründe haben, warum man etw tut
❷ *attr* (*form liter: respective*) einzeln; (*separate*) getrennt; (*distinct*) verschieden; ***they decided to go their ~ ways*** sie beschlossen, getrennte Wege zu gehen; ***the two levels of government sort out their ~ responsibilities*** die beiden Regierungsebenen ordnen ihre unterschiedlichen Aufgaben
II. *pron* ein paar; ***you can take one of these brochures if you want to — we've got ~*** Sie können eine dieser Broschüren mitnehmen, wenn Sie wollen – wir haben ein paar davon; ***I offered him one piece of candy but he took ~*** ich bot ihm ein Bonbon an, aber er nahm mehrere; ▪**~ of sth/sb** ein paar von etw/jdm; **~ *of us want to go to the movies tonight — do you want to come too?*** einige von uns wollen heute Abend ins Kino gehen – möchtest du mitkommen?; **~ *of the new books out are really worth reading*** einige der neuen Bücher sind es wirklich wert, dass man sie liest

severally ['sevᵊrᵊli] *adv inv* (*form liter: respectively*) einzeln; (*separately*) getrennt, gesondert; **~ operated** gesondert betrieben; **~ owned** im Besitz von mehreren Eigentümern/Eigentümerinnen

severance ['sevᵊrən(t)s] **I.** *n no pl* (*form*) ❶ (*act of ending*) Abbruch *m* (**of** +*gen*); **the ~ of aid** [**to sb**/

sth] die Kürzung der Zuwendungen *fpl* [an jdn/etw]
❷ (*separation*) Trennung *f*
❸ (*payment by employer*) Abfindung *f*
❹ LAW (*ending of tenancy*) Auflösung *f* des Mitbesitzes [*o* gemeinsamen Eigentums]
❺ (*ending of employment*) Entlassung *f*
II. *n modifier* Abfindungs-; ~ **agreement/deal/package** Abfindungsübereinkunft *f,* Abfindungsabkommen *nt*

severance pay *n no pl* Abfindung *f,* [Entlassungs]abfindung *f*

severe [sə'vɪəʳ, AM -'vɪr] *adj* ❶ (*very serious*) schwer, schlimm; (*intense*) heftig, stark; ~ **blow/concussion** schwerer Schlag/schwere Gehirnerschütterung; ~ **cutbacks in** [**public**] **spending** drastische Kürzungen der [öffentlichen] Ausgaben; ~ **headache** heftige Kopfschmerzen; ~ **injury** schwere Verletzung; ~ **pain** starker Schmerz; **to be under** ~ **strain** unter starkem Druck stehen
❷ (*harsh*) hart; (*strict*) streng; METEO (*harsh*) rau; (*extreme*) heftig, stark; ***his indecision was a ~ test of her patience*** seine Unentschlossenheit strapazierte ihre Geduld bis aufs Äußerste; (*violent*) gewaltig; ■**to be** ~ **with sb** streng mit jdm sein; ~ **cold** eisige Kälte; ~ **criticism/punishment/sentence** harte Kritik/Strafe/hartes Urteil; ~ **frost/winter** strenger Frost/Winter; ~ **judge** strenger Richter/strenge Richterin; ~ **reprimand** scharfer Tadel; ~ **storm** heftiger Sturm; ~ **tone** barscher Ton
❸ (*very plain*) *building, dress* schlicht

severely [sə'vɪəli, AM -'vɪr-] *adv* ❶ (*seriously*) schwer; ~ **disabled/injured** schwer behindert/schwer verletzt
❷ (*harshly*) hart; (*extremely*) heftig, stark; **to be** ~ **restricted** enorm eingeschränkt [*o* beschränkt] sein; (*strictly*) streng; **to be** ~ **punished** hart bestraft werden
❸ (*in a plain manner*) schlicht; ***she had her hair ~ pulled back from her face*** sie hatte das Haar streng aus dem Gesicht zurückgekämmt; **to dress** ~ sich *akk* schlicht kleiden; **to frown** ~ streng die Stirn runzeln

severity [sə'verəti, AM -ət̬i] *n no pl* ❶ (*seriousness*) Schwere *f;* (*of situation, person*) Ernst *m*
❷ (*harshness*) Härte *f;* (*strictness*) Strenge *f; of criticism* Schärfe *f;* (*extreme nature*) Rauheit *f;* ~ **of the climate** Rauheit des Klimas
❸ (*plainness*) Schlichtheit *f*

sew <sewed, sewn *or* sewed> [səʊ, AM soʊ] **I.** *vt* ■**to** ~ **sth** [**on sth**] etw [an etw *akk*] nähen; ***I made this skirt by simply ~ing two pieces of material together*** ich habe für diesen Rock einfach zwei Stoffteile aneinander genäht; **hand/machine ~n** hand-/maschinengenäht; **to** ~ **a button on** einen Knopf annähen; **to** ~ **on a patch** einen Flicken aufnähen
II. *vi* nähen; ***she taught me to*** ~ sie hat mir das Nähen beigebracht
◆**sew up** *vt* ■**to** ~ **sth** ↻ **up** ❶ (*repair*) etw zunähen; ***the doctor ~ed the wound up*** der Arzt nähte die Wunde; **to** ~ **up a hole** ein Loch zunähen
❷ (*fam: complete successfully*) etw zum Abschluss bringen; ***it's going to take another week or two to ~ up this deal*** man wird noch eine oder zwei Wochen brauchen, um den Deal perfekt zu machen
❸ (*fam: make sure of winning*) sich *dat* etw sichern; ***the team had the match ~n up by half-time*** die Mannschaft hatte schon zur Halbzeit den Sack zugemacht *fam;* ***the Democrats appear to have the election ~n up*** die Demokraten scheinen die Wahl bereits für sich entschieden zu haben
❹ (*gain control of*) sich *akk* einer Sache *gen* bemächtigen, etw einsacken *fam;* **to** ~ **up the market** den Markt unter seine Kontrolle bringen

sewage ['su:ɪdʒ] *n no pl* Abwasser *nt;* **raw** [*or* **untreated**] ~ ungeklärte Abwässer; ***raw ~ is being pumped into the sea*** Abwässer werden ungeklärt ins Meer gepumpt; **to treat** ~ Abwasser aufbereiten

sewage farm *n,* **sewage plant** *n* ECOL Rieselfeld *nt* **sewage system** *n* Kanalisation *f* **sewage treatment plant** *n,* **sewage works** *n + sing/pl vb* BRIT ECOL Rieselfeld *nt*

sewer¹ ['sʊəʳ, AM 'su:ɚ] *n* Abwasserkanal *m,* Kloake *f;* **open ~s** oberirdische Abwasserkanäle, offene Kanalisation
► PHRASES: **to have a mind like a** ~ ein Gemüt wie ein Fleischerhund haben

sewer² ['səʊəʳ, AM 'soʊɚ] *n* Näher(in) *m(f)*

sewerage ['sʊərɪdʒ, AM 'su:ɚ-] *n no pl* Kanalisation *f;* ~ **system** Kanalisation *f; see also* **sewage**

sewer gas *n* Faulgas *nt* **sewer pipe** *n* Abwasserrohr *nt* **sewer rat** *n* Kanalratte *f* **sewer services** *npl* BRIT [kommunale] Abwasserentsorgung

sewing ['səʊɪŋ, AM 'soʊ-] **I.** *n no pl* ❶ (*activity*) Nähen *nt;* ***I'm not very good at*** ~ ich kann nicht besonders gut nähen
❷ (*things to sew*) Näharbeit *f*
II. *adj attr, inv* Näh-; ~ **class** Nähunterricht *m,* Nähkurs *m*

sewing basket *n* Nähkorb *m* **sewing machine** *n* Nähmaschine *f* **sewing needle** *n* Nähnadel *f*

sewn [səʊn, AM soʊn] *pp of* **sew**

sex [seks] **I.** *n* <*pl* -es> ❶ (*gender*) Geschlecht *nt;* **the battle of the ~es** (*fig*) der Kampf der Geschlechter; **members of the male/female** ~ Angehörige des männlichen/weiblichen Geschlechts; **the fair**[**er**] ~ (*dated*) das schöne Geschlecht *hum fam;* **the opposite** ~ das andere Geschlecht; **the weaker** ~ das schwache Geschlecht *hum fam*
❷ *no pl* (*intercourse*) Sex *m,* Geschlechtsverkehr *m;* ~ **and drugs and rock and roll** Sex, Drogen und Rock and Roll; **group** ~ Gruppensex *m;* ~ **before/outside marriage** Sex vor/außerhalb der Ehe; **extramarital/premarital** ~ außerehelicher/vorehelicher Geschlechtsverkehr; **casual** ~ gelegentlicher Sex; **gay** ~ homosexueller Geschlechtsverkehr; **unprotected** ~ ungeschützter Geschlechtsverkehr; **unsafe** ~ ungeschützter Sex; **to have** ~ Sex haben; **to have** ~ **with sb** mit jdm schlafen
❸ (*euph: genitals*) Geschlechtsteil[e] *nt*[*pl*], Scham *f*
II. *vt* (*determine gender of*) ■**to** ~ **sb/an animal** jds Geschlecht/das Geschlecht eines Tieres bestimmen
III. *n modifier* (*partner, hormone, life*) Sexual-; (*problems*) sexuell; ~ **differences** Geschlechtsmerkmale *ntpl;* **explicit** ~ **scenes** eindeutige Sexszenen
◆**sex up** *vt* (*fam*) ■**to** ~ **up** ↻ **sth** etw sexyer machen *fam*

sexagenarian [ˌseksədʒɪ'neəriən, AM -'ner-] **I.** *n* Sechzigjährige(r) *f(m)*
II. *adj attr* sechzigjährig *attr,* in den Sechzigern *nach n*

sex aid *n* Mittel *nt* zur sexuellen Stimulation **sex appeal** *n no pl* Sexappeal *m* **sex change** *n,* **sex change operation** *n* Geschlechtsumwandlung *f* **sex discrimination** *n no pl* Diskriminierung *f* aufgrund des Geschlechts **sex drive** *n* Sexualtrieb *m,* Geschlechtstrieb *m;* **to have a high/low** ~ einen starken/schwachen Geschlechtstrieb haben

sexed [sekst] *adj* **to be highly** ~ einen starken Geschlechtstrieb haben

sex education *n no pl* Sexualerziehung *f,* Sexualkunde *f* **sex-equality law** *n* Gesetz *nt* zur Gleichstellung der Geschlechter **sex hormone** *n* Geschlechtshormon *nt*

sexily ['seksɪli] *adv* (*fam*) sexy; **to dress** ~ sich *akk* sexy kleiden

sex industry *n* ■**the** ~ die Sexindustrie

sexism ['seksɪzᵊm] *n no pl* Sexismus *m;* ***it's blatant ~ that the company has no female directors*** es ist der blanke Sexismus, dass keine Frauen in der Firmendirektion sitzen; **overt/covert** ~ offener/verborgener Sexismus

sexist ['seksɪst] **I.** *adj* (*pej*) sexistisch; ~ **language** sexistische Sprache
II. *n* Sexist(in) *m(f)*

sex kitten *n* (*esp hum*) Betthäschen *nt hum sl,* Mieze *f sl*

sexless ['seksləs] *adj* ❶ (*without gender*) geschlechtslos
❷ (*without physical attractiveness*) unerotisch
❸ (*without sexual desire*) sexuell desinteressiert

sex life *n* Sexualleben *nt* **sex-linked** *adj* geschlechtsspezifisch **sex maniac** *n* (*also hum iron*) Sexbesessene(r) *f(m)* **sex object** *n* Sexualobjekt *nt* **sex offender** *n* Sexualtäter(in) *m(f)*

sexologist [sek'sɒlədʒɪst, AM -'ɑ:lə-] *n* Sexologe, -in *m, f*

sex organ *n* Geschlechtsorgan *nt*

sexploitation [ˌseksplɔɪ'teɪʃᵊn] *n no pl der Sexualbereich als kommerzielles Phänomen*

sexpot *n* (*fam*) Sexbombe *f sl* **sex role** *n* Geschlechtsrolle *f,* Geschlechterrolle *f;* **male/female** ~ männliches/weibliches Rollenverhalten **sex shop** *n* Sexshop *m* **sex-starved** *adj* sexhungrig **sex symbol** *n* Sexsymbol *nt*

sextant ['sekstənt] *n* Sextant *m*

sextet(te) [sek'stet] *n* ❶ (*group*) Sextett *nt*
❷ (*piece of music*) Sextett *nt;* **a** ~ **for strings, oboe and flute** ein Sextett für Streicher, Oboe und Flöte
❸ COMPUT Sechs-Bit-Byte *nt,* Sextett *nt*

sex therapist *n* Sexual[psycho]therapeut(in) *m(f)* **sex therapy** *n no pl* Sexual[psycho]therapie *f*

sexton ['sekstᵊn] *n* Küster *m,* Friedhofswärter *m*

sex tourism *n no pl* Sextourismus *m*

sextuplet ['sekstjʊplet, AM sek'stʌplɪt] *n* Sechsling *m*

sexual ['sekʃʊəl, AM -ʃuəl] *adj* ❶ (*referring to gender*) geschlechtlich, Geschlechts-; ~ **discrimination** Diskriminierung *f* [*o* Benachteiligung *f*] aufgrund des Geschlechts, sexuelle Benachteiligung; ~ **equality** Gleichheit *f* [*o* Gleichstellung *f*] der Geschlechter; ~ **stereotypes** sexuelle Klischeevorstellungen *fpl*
❷ (*erotic*) sexuell; ~ **attraction** sexuelle Anziehung; ~ **climax** sexueller Höhepunkt, Orgasmus *m;* ~ **desire** sexuelles Verlangen; ~ **pervert** sexuell Abartige(r) *f(m);* ~ **promiscuity** sexuelle Freizügigkeit; ~ **relations** sexuelle Beziehungen; ~ **relationship** sexuelle Beziehung; ~ **stimulation** sexuelle Erregung

sexual abuse *n no pl* sexueller Missbrauch **sexual aid** *n* Mittel *nt* zur sexuellen Stimulation **sexual assault** *n* sexueller Übergriff *f* **sexual harassment** *n no pl* sexuelle Belästigung **sexual hygiene** *n no pl* Intimhygiene *f,* Intimpflege *f* **sexual intercourse** *n no pl* Geschlechtsverkehr *m,* Intimverkehr *m*

sexuality [ˌsekʃu'æləti, AM -ət̬i] *n no pl* Sexualität *f*

sexually ['sekʃʊəli, AM -ʃuəli] *adv* ❶ (*referring to gender*) geschlechtlich; ~ **stereotyped behaviour** [*or* AM **behavior**] geschlechtsspezifisches Verhalten; ~ **segregated school** Schule *f* mit Geschlechtertrennung
❷ (*erotically*) sexuell; ***the film director was told not to be so ~ explicit*** der Filmdirektor wurde angewiesen, auf eindeutige Sexszenen zu verzichten; ~ **aroused** sexuell erregt; ~ **attractive** sexy; ~ **suggestive** anzüglich

sexually transmitted disease *n* Geschlechtskrankheit *f*

sexual organ *n* Geschlechtsorgan *nt* **sexual orientation** *n* sexuelle Veranlagung **sexual politics** *npl Sexualität als Machtmittel im Geschlechterkampf* **sexual preference** *n* sexuelle Neigung, sexuelle Vorliebe **sexual reproduction** *n no pl* geschlechtliche Fortpflanzung **sexual revolution** *n* sexuelle Revolution

sexy ['seksi] *adj* ❶ (*fam: physically appealing*) sexy
❷ (*fam: aroused*) erregt
❸ (*fig: exciting*) aufregend, heiß *fam,* angesagt *fam;* ~ **issue** heißes Thema

SF [ˌes'ef] *n no pl abbrev of* **science fiction**

sh *interj,* **shh** [ʃ] *interj* pst!

Shabbat [ʃə'bæt] *n no pl* Sabbat *m*

shabbily ['ʃæbɪli] *adv* ❶ (*poorly*) ~ **dressed** ärmlich gekleidet
❷ (*unfairly*) schäbig, gemein; **to treat sb** ~ sich

S

jemandem gegenüber schäbig verhalten

shabbiness ['ʃæbɪnəs] *n no pl* Schäbigkeit *f*

shabby ['ʃæbi] *adj* ❶ (*worn*) schäbig
❷ (*poorly dressed*) ärmlich gekleidet
❸ (*unfair*) schäbig; ~ **excuse** fadenscheinige Ausrede; ~ **trick** billiger [*o* schäbiger] Trick

shabby-genteel *adj* arm aber edel

shack [ʃæk] I. *n* Bretterbude *f,* Hütte *f*
II. *vi* (*fam*) ■**to** ~ **up together** zusammenziehen; ■**to** ~ **up with sb** mit jdm zusammenziehen

shacked up *adj pred, inv* ■**to be** ~ **with sb** mit jdm zusammenleben

shackle ['ʃækl̩] *vt* ❶ (*chain*) ■**to** ~ **sb** jdn [mit Ketten] fesseln
❷ (*fig: restrict*) ■**to** ~ **sb/sth** jdn/etw behindern [*o* hemmen]; ***the government is ~d by its own debts*** der Regierung sind durch eigene Schulden die Hände gebunden; **to be ~d by convention/outmoded attitudes** an Konventionen/überholten Ansichten haften

shackles ['ʃæklz] *npl* ❶ (*fetters*) Fesseln *fpl,* Ketten *fpl*
❷ (*fig: restrictions*) Fesseln *fpl,* Zwänge *mpl;* **the ~ of censorship** die Beschränkungen durch die Zensur; **the ~ of convention** gesellschaftliche Zwänge; **to shake off one's ~** seine Fesseln abstreifen

shad [ʃæd] *n* ZOOL Alse *f*

shade [ʃeɪd] I. *n* ❶ *no pl* (*area out of sunlight*) Schatten *m;* **an area/a patch of** ~ ein schattiger Ort/ein schattiges Plätzchen; **in** [*or* **under**] **the** ~ im Schatten (**of** +*gen*)
❷ *no pl* (*darker area of picture*) Schatten *m,* Schattierung *f,* Farbtönung *f;* (*quantity of black*) Bildschwarz *nt;* **light and** ~ Licht und Schatten; (*fig*) Licht- und Schattenseiten; (*in music*) Kontraste *fpl*
❸ (*lampshade*) [Lampen]schirm *m*
❹ AM (*roller blind*) Rollladen *m*
❺ (*variation of colour*) Tönung *f,* Farbton *m;* ***the kitchen is painted an unusual ~ of yellow*** die Küche ist in einem ungewöhnlichen Gelb[ton] gestrichen; **~s of grey** Grautöne *mpl,* Zwischentöne *mpl;* **pastel ~s** Pastellfarben *fpl*
❻ (*variety*) Nuance *f;* **~[s] of meaning** Bedeutungsnuancen *fpl;* ***they are trying to satisfy all ~s of public opinion*** man versucht, allen Spielarten der öffentlichen Meinung gerecht zu werden
❼ (*a little*) ■**a** ~ ein wenig; ***don't you think those trousers are a ~ too tight?*** ob die Hose nicht eine Idee zu stramm sitzt?; ***I suggest you move the sofa this way just a ~*** ich schlage vor, Sie schieben das Sofa leicht in diese Richtung; **a ~ under/over three hours** knapp unter/über drei Stunden
❽ (*fam: sunglasses*) ■**~s** *pl* Sonnenbrille *f*
❾ *pl* (*fam*) **~s of the Beatles!** die Beatles lassen grüßen! *fam*
❿ (*liter: ghost*) Schatten *m,* Seele *f*
⓫ (*poet: darkness*) ■**~s** *pl* Dunkel *nt kein pl;* **the ~s of night** das Schattenreich der Nacht *liter*
► PHRASES: **to leave** [*or* **put**] **sb/sth in the** ~ jdn/etw in den Schatten stellen
II. *vt* ❶ (*protect from brightness*) ■**to** ~ **sth/sb** etw/jdn [vor der Sonnen] schützen; ***an avenue ~d by trees*** eine von Bäumen beschattete Allee; **to ~ one's eyes** seine Augen beschirmen
❷ (*in picture*) ■**to** ~ **sth** etw schattieren [*o* schraffieren]
❸ BRIT (*win narrowly*) ■**to** ~ **sth** bei etw *dat* mit hauchdünnem Vorsprung siegen; ***the game became close, but she ~d it*** das Spiel wurde eng, aber sie schaffte es doch noch
III. *vi* ❶ (*alter colour*) ■**to** ~ [**off**] **into sth** allmählich in etw *akk* übergehen; ***the sky ~d from pink into dark red*** die Farbe des Himmels spielte von Rosa in Dunkelrot hinüber *geh*
❷ (*fig: gradually become*) ■**to** ~ [**away**] **into sth** allmählich in etw *akk* übergehen, allmählich etw *dat* weichen
❸ (*fig: be very similar*) ■**to** ~ **into sth** kaum von etw *dat* zu unterscheiden sein; ***their views ~ into those of the extreme left of the party*** ihre Ansichten waren denen der Parteilinken sehr stark angenähert

◆**shade in** *vt* ■**to** ~ **sth** ↻ **in** etw dunkel [ein]färben [*o* schraffieren]

shaded ['ʃeɪdɪd] *adj* ❶ (*in shadow*) schattig, beschattet
❷ (*with shading*) dunkel getönt

shade tree *n* AM, AUS Schatten spendender Baum, Schattenspender *m*

shading ['ʃeɪdɪŋ] *n no pl* Schattierung *f*

shadow ['ʃædəʊ, AM -oʊ] I. *n* ❶ (*produced by light*) Schatten *m;* **to be in** ~ im Schatten sein [*o* liegen]; **to cast a ~ on** [*or* **over**] **sth/sb** [s]einen Schatten auf etw/jdn werfen; (*fig*) ***her father's illness cast a ~ over the birth of the baby*** die Geburt ihres Babys war von der Krankheit ihres Vaters überschattet; ***memories of the war still cast a long/dark ~ over relations between the two countries*** die Erinnerung an den Krieg wirft noch immer einen langen/dunklen Schatten auf die Beziehungen beider Länder; **to follow sb like a** ~ jdm wie ein Schatten folgen; **to throw a ~ across sth** einen Schatten auf etw *akk* werfen; **in** [*or* **under**] **the ~ of sth** im Schatten von etw *dat;* **into the/out of ~s** in den/aus dem Schatten
❷ (*under eye*) Augenring *m,* Augenschatten *m;* ***she had dark ~s under her eyes*** sie hatte dunkle Ringe unter den Augen
❸ (*on X-ray*) Schatten *m*
❹ (*smallest trace*) Hauch *m,* Anflug *m;* ***there isn't even a ~ of doubt*** es besteht nicht der leiseste [*o* geringste] Zweifel
❺ (*secret follower*) Schatten *m,* Beschatter(in) *m(f);* (*constant follower*) ständiger Begleiter/ständige Begleiterin; ***Nina was her big sister's ~*** Nina wich ihrer großen Schwester nicht von der Seite
❻ (*trainee observing employee*) *Auszubildender, der einem bestimmten Angestellten zugeordnet ist und durch Beobachtung von ihm lernt*
❼ TELEC Schatten *m*
► PHRASES: **to be a ~ of one's former <u>self</u>** [nur noch] ein Schatten seiner selbst sein; **to be <u>afraid</u>** [*or* **<u>frightened</u>**] [*or* **<u>scared</u>**] **of one's own** ~ sich *akk* vor seinem eigenen Schatten fürchten; **to be a <u>pale</u> ~ of sb/sth** im Vergleich zu jdm/etw schlecht abschneiden; **to <u>be</u> under** [*or* **in**] **sb's** ~ in jds Schatten stehen; **to <u>be</u>/<u>live</u> in** [*or* **under**] **the ~ of sth** von etw *dat* bedroht sein; **a ~ <u>hangs</u> over sb/sth** ein Schatten liegt auf jdm/etw; **to <u>wear</u> oneself to a** ~ sich *akk* kaputtmachen [*o* gesundheitlich ruinieren]
II. *vt* ❶ (*overshadow*) ■**to** ~ **sth** etw verdunkeln [*o* überschatten]; ***a glade ~ed by trees*** eine von Bäumen beschattete Lichtung
❷ (*follow secretly*) ■**to** ~ **sb/sth** jdn/etw beschatten; ***his every move was ~ed by a private detective*** er wurde auf Schritt und Tritt von einem Privatdetektiv beschattet
❸ SPORTS (*stay close to*) ■**to** ~ **sb** jdn decken [*o* bewachen]
❹ FIN (*be closely linked to*) ■**to** ~ **sth** mit etw *dat* verknüpft sein, mit etw *dat* einhergehen
❺ (*at work*) ■**to** ~ **sb** sich *akk* ständig an jdn halten
III. *adj attr, inv* BRIT, AUS Schatten-; ~ **cabinet** Schattenkabinett *nt;* **S~ Foreign Minister** Außenminister(in) *m(f)* im Schattenkabinett

shadow-box *vi* schattenboxen **shadow-boxing** *n no pl* Schattenboxen *nt;* (*fig*) Spiegelfechterei *f* **Shadow Cabinet** *n* POL ■**the** ~ das Schattenkabinett **shadow puppet** *n* Schattenspielfigur *f*

shadowy ['ʃædəʊi, AM -oʊi] *adj* ❶ (*out of sun*) schattig; (*dark*) dämmerig, düster; ~ **figure** schemenhafte Figur; (*fig*) rätselhaftes Wesen; ***King Arthur is a somewhat ~ figure*** König Artus ist historisch nicht recht fassbar; ~ **outline** Schattenriss *m;* ~ **photograph** verblasste Fotografie
❷ (*dubious*) zweifelhaft, fragwürdig

shady ['ʃeɪdi] *adj* ❶ (*in shade*) schattig
❷ (*fam: dubious*) fragwürdig; ~ **character** fragwürdiger [*o* zweifelhafter] Charakter

shaft [ʃɑːft, AM ʃæft] I. *n* ❶ (*hole*) Schacht *m;* **lift** [*or* AM **elevator**] ~ Aufzugsschacht *m;* **ventilation** [*or* **air**] ~ Lüftungsschacht *m;* **well** ~ Brunnenschacht *m;* **to sink a** ~ einen Schacht abteufen
❷ (*of tool*) Schaft *m;* (*of weapon*) Schaft *m;* **~ of an arrow** Pfeilschaft *m*
❸ (*in engine*) Welle *f*
❹ (*ray*) Strahl *m;* **~ of sunlight** Sonnenstrahl *m*
❺ (*esp liter: witty remark*) treffende Bemerkung, schlagende Antwort; ***John came out with an unexpected ~ of wisdom*** John wartete mit einer erstaunlich klugen Pointe auf; **a scornful** ~ Pfeil *m* des Spottes; **a ~ of wit** Seitenhieb *m,* geistreiche Spitze; ***he demolished their arguments with devastating ~s of wit*** er zerpflückte ihre Argumente mit vernichtenden satirischen Ausfällen
❻ (*poet: arrow*) Pfeil *m*
❼ AM (*fam: unfair treatment*) **to get** [*or* **be given**] **the** ~ leer ausgehen, nicht bekommen, was einem zusteht
II. *vt* ■**to** ~ **sb** jdn betrügen [*o* über den Tisch ziehen]; ***we were ~ed on that deal*** wir sind bei dem Deal regelrecht abgezockt worden *fam;* ■**to** ~ **sb out of sth** jdn um etw *akk* betrügen

shag[1] [ʃæg] BRIT, AUS I. *n* ❶ (*sl: act*) **to have a** ~ [**with sb**] mit jdm eine Nummer schieben *sl;* ***he just came up to me and said, "fancy a ~?"*** er kam einfach zu mir her und sagte, „wie wär's mit 'ner kleinen Bett-Einlage?"
❷ (*sl: sex partner*) Bettgenosse, -in *m, f*
II. *vi* <-gg-> (*sl*) bumsen *derb*
III. *vt* <-gg-> (*sl*) ■**to** ~ **sb** jdn vögeln *derb;* ***he was later discovered ~ging one of the waitresses in the shrubbery*** er wurde später dabei erwischt, wie er es einer der Kellnerinnen im Gebüsch besorgte *sl*

shag[2] [ʃæg] I. *adj attr, inv* ~ **carpet** [*or* **rug**] Veloursteppich *m;* ~ **pile** Flor *m*
II. *n no pl* Shag *m*

shag[3] [ʃæg] *n* ORN Krähenscharbe *f*
► PHRASES: **like a ~ on a <u>rock</u>** AUS (*sl*) völlig allein

shagged out [ʃægd'aʊt] *adj pred* BRIT, AUS (*sl, fam!*) ausgepumpt *fam*

shaggy ['ʃægi] *adj* ❶ (*hairy*) struppig, zottelig; **the ~ coat of a sheep** das Zottelfell eines Schafes; **a lion's ~ mane** die Zottelmähne eines Löwen; ~ **rug** Langflorteppich *m*
❷ (*unkempt*) zottig, zerzaust; ~ **hair** Zottelhaar *nt*

shaggy dog story *n* Witz *m* ohne Pointe

Shah [ʃɑː] *n* (*hist*) Schah *m*

shake [ʃeɪk] I. *n* ❶ (*action*) Schütteln *nt kein pl;* ***she gave the box a ~*** sie schüttelte die Schachtel; **to say sth with a ~ of one's head** etw mit einem Kopfschütteln sagen
❷ (*nervousness*) ■**the ~s** *pl* das große Zittern *kein pl;* **to get/have the ~s** (*fam*) Muffensausen [*o* einen Flattermann] [*o* den Tatterich] kriegen/haben *fam*
❸ *esp* AM (*fam: milkshake*) Shake *m*
► PHRASES: **in two ~s** [**of a <u>lamb's</u>** [*or* **<u>duck's</u>**] **tail**] (*fam*) sofort, im Handumdrehen; **to be no <u>great</u> ~s as** [*or* **at**] **sth** als etw [*o* bei etw *dat*] nicht besonders gut sein
II. *vt* <shook, shaken> ❶ (*vibrate*) ■**to** ~ **sb/sth** jdn/etw schütteln; ***she shook her hair loose from its ribbon*** sie schüttelte das Band von ihrem Haar ab; ~ ***well before using*** vor Gebrauch gut schütteln; ■**to** ~ **oneself** sich *akk* schütteln; ■**to** ~ **sth over sth** etw über etw *akk* streuen; **to ~ buildings** *detonation* Gebäude erschüttern; **to ~ one's fist** [**at sb**] [jdm] mit der Faust drohen; ***the demonstrators shook their fists*** die Demonstranten schwangen die Fäuste; **to ~ hands** einander die Hände schütteln; **to ~ hands with sb, to ~ sb by the hand** jdm die Hand schütteln; **to ~ one's head** den Kopf schütteln; **to ~ one's hips** die Hüften schwingen; **to ~ sb awake** jdn wachrütteln
❷ (*undermine*) ■**to** ~ **sth** etw erschüttern [*o* ins Wanken bringen]; ***after six defeats in a row the team's confidence has been badly ~n*** nach sechs Niederlagen in Folge ist das [Selbst]vertrauen des Teams schwer angeschlagen
❸ (*shock*) ■**to** ~ **sb** jdn erschüttern; ***the news has ~n the whole country*** die Nachricht hat das ganze

Land schwer getroffen

④ (*fam: get rid of*) ■to ~ **sth** etw loswerden [*o fig* abschütteln] [*o geh* überwinden]

▶ PHRASES: **to ~ a leg** (*fam*) sich *akk* beeilen; **more than you can ~ a stick at** (*fam*) jede Menge *fam*

III. *vi* <shook, shaken> ① (*quiver*) beben; ■**to ~ with sth** vor etw *dat* beben [*o* zittern]; ***the child's body shook with sobs*** das Kind bebte vor Schluchzen am ganzen Körper; ***his voice shook with emotion*** seine Stimme zitterte vor Rührung; **to ~ violently** heftig beben

② (*shiver with fear*) zittern, beben

③ (*fam: agree*) ■**to ~** [**on sth**] sich *dat* [in einer Sache] die Hand reichen; ***they shook on the deal*** sie besiegelten den Deal per Handschlag

▶ PHRASES: **to ~ in one's boots** [*or* **shoes**] vor Angst schlottern; **to ~ like a leaf** [*or* BRIT, AUS **like jelly**] wie Espenlaub zittern

◆**shake down** (*fam*) **I.** *vt* AM ■**to ~ down** ↔ **sb/sth** jdn/etw [gründlich] ausnehmen [*o* schröpfen] *fam*

II. *vi* ① (*achieve harmony*) *person* sich *akk* einleben [*o* eingewöhnen]; *situation* sich einpendeln

② BRIT (*spend the night*) auswärts übernachten; ***can I ~ down with you for a couple of nights?*** kann ich mich für ein paar Nächte bei dir einquartieren?

◆**shake off** *vt* ① (*remove*) ■**to ~ off** ↔ **sth** etw abschütteln

② (*get rid of*) ■**to ~ off** ↔ **sth** etw überwinden [*o* loswerden]; ■**to ~ off** ↔ **sb** jdn loswerden; *pursuer* jdn abschütteln; **to ~ off a cold** eine Erkältung loswerden; **to ~ off a habit** eine Angewohnheit ablegen; **to ~ off an illness** eine Krankheit besiegen; **to ~ off an image/a reputation** ein Image/einen Ruf loswerden; **to ~ off restraints** sich *akk* von Beschränkungen befreien

◆**shake out** *vt* ■**to ~ sth** ↔ **out** etw ausschütteln

◆**shake up** *vt* ① (*mix*) ■**to ~ sth** ↔ **up** etw mischen

② (*shock*) ■**to ~ sb** ↔ **up** jdn aufwühlen; (*give salutary shock*) jdn aufrütteln [*o* zur Besinnung bringen]; ***I think she was quite ~n up by the accident*** ich glaube, der Unfall hat sie ziemlich mitgenommen

③ (*significantly alter*) ■**to ~ sth** ↔ **up** etw umkrempeln; (*significantly reorganize*) etw umstellen [*o* neu formieren]

shakedown [ˈʃeɪkdaʊn] AM **I.** *n* (*fam*) ① (*tests and trials*) Erprobung *f; machinery* Testlauf *m; aircraft* Testflug *m; vehicle* Testfahrt *f*

② (*extortion*) *by tricks* Abzocken *nt sl; by threats* Erpressung *f*

③ (*police search*) Razzia *f*

④ (*bed*) Notbett *nt*

II. *adj attr, inv* ① (*settling down*) Eingewöhnungs-

② (*trial*) Test-, Probe-; ~ **flight** Testflug *m*

shaken [ˈʃeɪkᵊn] **I.** *vt, vi pp of* **shake**

II. *adj* erschüttert, aufgewühlt; ***the child seemed nervous and visibly ~*** das Kind schien nervös und sichtlich erregt

shakeout [ˈʃeɪkaʊt] *n* ① ECON *wettbewerbsbedingte Veränderung der Firmenstruktur;* ~ **of staff** Personalabbau *m,* Gesundschrumpfen *nt*

② (*on a stock market*) Glattstellung *f*

shaker [ˈʃeɪkəʳ, AM -ɚ] *n* ① (*for mixing liquids*) Mixbecher *m;* **cocktail** ~ Cocktailshaker *m*

② (*dispenser*) **salt/pepper** ~ Salz-/Pfefferstreuer *m*

③ (*for dice*) Würfelbecher *m*

Shakespearean, Shakespearian [ʃeɪkˈspɪəriən, AM -ˈspɪr-] **I.** *adj* Shakespeare-

II. *n* (*expert*) Shakespearekenner(in) *m(f)*

shake-up [ˈʃeɪkʌp] *n* Veränderung *f,* Umstellung *f,* Umstrukturierung *f;* **management** ~ personelle Veränderungen *fpl* im Management; ***the firm would clearly benefit from a thorough ~ in*** [*or* ***of***] ***its public relations department*** die Firma könnte bei einer völligen Umbesetzung ihrer Werbeabteilung nur gewinnen

shakily [ˈʃeɪkɪli] *adv* ① (*unsteadily*) wack[e]lig; *voice, hands* zittrig

② (*uncertainly*) unsicher; ***their relationship has survived if somewhat ~*** ihre Beziehung hat überdauert, wenn auch etwas angeschlagen

shakiness [ˈʃeɪkɪnəs] *n no pl* ① (*unsteadiness*) Wack[e]ligkeit *f; voice, hands* Zittrigkeit *f*

② (*precariousness*) Instabilität *f,* Unsicherheit *f*

shako [ˈʃeɪkəʊ, AM koʊ] *n* FASHION Tschako *m*

shaky [ˈʃeɪki] *adj* ① (*unsteady*) *hands, voice, handwriting* zittrig; *ladder, table* wack[e]lig; ***his voice was a bit ~ on the high notes*** bei den hohen Tönen war seine Stimme leicht brüchig; **to be ~ on one's feet** unsicher auf den Beinen sein; **to feel a bit ~** (*physically*) noch etwas wack[e]lig auf den Beinen sein; (*emotionally*) beunruhigt sein

② (*fig: unstable*) *basis, foundation* schwankend, unsicher; *economy, government* instabil; ***his English is rather ~*** sein Englisch ist etwas holprig; **on ~ ground** auf unsicherem Boden; **to get off to a ~ start** mühsam in Gang kommen

shale [ʃeɪl] *n no pl* Schiefer *m*

shale oil *n* Schieferöl *nt*

shall [ʃæl, ʃᵊl] *auxvb* ① *usu* BRIT (*future*) ■**I ~ ...** ich werde ...; ■**we ~ ...** wir werden ...

② *esp* BRIT (*ought to, must*) ■**I/he/she ~ ...** ich/er/sie soll ...; ■**you ~ ...** du sollst ...; ■**we/you/they ~ ...** wir/ihr/sie sollen ...

③ (*expressing what is mandatory*) ***it ~ be unlawful ...*** es ist verboten, ...

shallot [ʃəˈlɒt, AM -ˈlɑːt] *n* Schalotte *f*

shallow [ˈʃæləʊ, AM -oʊ] *adj* ① (*not deep*) seicht, flach; ~ **bath** Bad *nt* mit wenig Wasser; ~ **ditch** flacher Graben; **the ~ end** der seichte Rand; ~ **grave** flaches Grab; ~ **pan** flache Pfanne; ~ **pool** Planschbecken *nt,* Kinderbecken *nt;* ~ **roots** Flachwurzeln *fpl*

② (*light*) ~ **breathing** flacher Atem

③ (*superficial*) oberflächlich; ~ **film/play** seichter Film/seichtes Theaterstück

shallow-fry *vt* ■**to ~ sth** etw in wenig Öl braten

shallowly [ˈʃæləʊli, AM -oʊli] *adv* ① (*not deeply*) seicht; ***he's been breathing ~ for several hours now*** sein Atem geht seit Stunden flach

② (*superficially*) oberflächlich

shallowness [ˈʃæləʊnəs, AM -loʊ-] *n no pl* ① (*shallow depth*) Seichtheit *f;* ***the ~ of her breathing concerned the doctors*** die Ärzte waren wegen ihres flachen Atems besorgt

② (*superficiality*) Seichtheit *f,* Oberflächlichkeit *f*

shallows [ˈʃæləʊz, AM -loʊz] *npl* ■**the ~** die Untiefe *f;* ■**in the ~** im seichten Wasser, im flachen Gewässer

shalom [ʃæˈlɒm, AM ʃɑːˈloʊm] *interj* Schalom

shalt [ʃælt, ʃᵊlt] *auxvb* (*dated*) ***thou ~ not kill*** du sollst nicht töten; (*hum*) ***he's one of those people who believes that thou ~ not serve red wine with fish*** er gehört zu den Menschen, die glauben, dass es eine Sünde ist, Rotwein zu Fisch zu reichen

sham [ʃæm] (*pej*) **I.** *n* ① *usu sing* (*fake thing*) Trug *m kein pl,* Täuschung *f kein pl,* Betrug *m kein pl;* ***she appears to be rich with her fine clothes, but it's only a ~*** sie sieht reich aus in ihren schönen Kleidern, aber das ist nur Schein; ***the American dream is a ~*** der amerikanische Traum ist nur ein schöner Schein

② *no pl* (*pretence*) Verstellung *f;* ***I have no time for all this ~*** ich habe keine Zeit für so ein Theater

③ (*impostor*) Schwindler(in) *m(f)*

II. *adj inv* falsch, gefälscht; ~ **deal** Scheingeschäft *nt;* ~ **sympathy** geheuchelte Sympathie; ~ **marriage** Scheinehe *f*

III. *vt* <-mm-> ■**to ~ sth** etw vortäuschen [*o* simulieren]

IV. *vi* <-mm-> sich *akk* verstellen; ***he isn't really upset — he's just ~ming*** er ist nicht wirklich gekränkt – er tut nur so

shaman [ˈʃæmən, AM ˈʃɑː-] *n* ① (*ethnic priest*) Schamane *m*

② (*guru*) Guru *m*

shamanism [ˈʃæmənɪzᵊm, AM ˈʃɑː-] *n no pl* Schamanismus *m*

shamanistic [ʃæmənˈɪstɪk, AM ʃɑː-] *adj inv* schamanistisch

shamble [ˈʃæmbl̩] *vi* (*walk*) watscheln; (*shuffle*) schlurfen; **with a shambling gait** mit einem watschelnden Gang

shambles [ˈʃæmbl̩z] *n + sing vb* (*fam*) ■**a ~** heilloses Durcheinander; ***the flat was a ~*** in der Wohnung herrschte ein wüstes Durcheinander; ***the morning after the party the house was a total*** [*or* ***complete***] ~ am Morgen nach dem Fest war das Haus ein einziges Schlachtfeld; **to be in a ~** sich *akk* in einem chaotischen Zustand befinden; **to degenerate into a ~** in ein wüstes Chaos ausarten; **to be reduced to a ~** nur noch ein einziges Chaos sein

shambolic [ʃæmˈbɒlɪk] *adj* BRIT (*fam*) chaotisch

shambolically [ʃæmˈbɒlɪkli] *adv* BRIT (*fam*) chaotisch

shame [ʃeɪm] **I.** *n no pl* ① (*feeling*) Scham *f,* Schamgefühl *nt;* ***have you no ~?*** schämst du dich nicht?, hast du kein Schamgefühl?; ~ ***on you!*** (*also hum*) schäm dich!; **to hang/bow one's head in ~** beschämt den Kopf senken/hängen lassen; **to be filled with a deep sense of ~** sich zutiefst schämen; **to die of ~** vor Scham sterben; **to feel no ~** sich *akk* nicht schämen; **to put sb to ~** jdn beschämen; ***your cooking puts mine to ~*** deine Kochkünste lassen meine dilettantisch erscheinen

② (*disgrace*) Schmach *f geh,* Schande *f;* ***the ~ of the scandal was so great that he shot himself a few weeks later*** der Skandal war für ihn eine derart unerträgliche Schmach, dass er sich wenige Wochen später erschoss; ***to my ~, I said nothing*** zu meiner Schande muss ich gestehen, dass ich geschwiegen habe; **to bring ~ on sb** Schande über jdn bringen

③ (*a pity*) Jammer *m;* ***it would be a ~ to spoil the party*** es wäre doch das Letzte, den Leuten den Spaß zu verderben *fam;* ***what a ~!*** wie schade!; **what a ~ that sth/sb ...** wie schade, dass etw/jd ...; **it's a** [**great**] **~ that ...** es ist jammerschade, dass ...; **it's a crying ~ that ...** es ist empörend, dass ...

II. *interj esp* BRIT pfui!; ***cries of ~*** Buhrufe *mpl*

III. *vt* ① (*make ashamed*) ■**to ~ sb** jdn beschämen; ***the number of people out of work has ~d the government into taking action*** ihre Beschämung über die Zahl der Arbeitslosen hat die Regierung zum Handeln veranlasst; ***she's trying to ~ her husband out of his drinking*** sie versucht, ihren Mann vom Trinken abzubringen

② (*bring shame on*) ■**to ~ sb/sth** jdm/etw Schande machen; ***the city is ~d by the large number of homeless people living on its streets*** die große Zahl von Obdachlosen, die auf den Straßen leben, ist eine Schande für die Stadt

③ (*put to shame*) ■**to ~ sb/sth** jdn/etw weit übertreffen; ***she ~s me with her efficiency*** mit ihrer Tüchtigkeit kann ich nicht mithalten; ***our neighbour's garden ~s ours*** gegen den Garten unseres Nachbarn sieht der unsrige alt aus *fam*

shamefaced [ʃeɪmˈfeɪst, AM ˈʃeɪmfeɪst] *adj* verschämt, betreten

shamefacedly [ʃeɪmˈfeɪstli, AM ˈʃeɪmfeɪ-] *adv* schamhaft, verlegen, betreten

shameful [ˈʃeɪmfᵊl] *adj* ① (*causing shame*) schimpflich; ~ **defeat** schmachvolle Niederlage

② (*disgraceful*) empörend, schandbar; ■**it's ~ that ...** es ist eine Schande, dass ...

shamefully [ˈʃeɪmfᵊli] *adv* schändlich; ***I'm ~ behind with my work*** ich bin mit meiner Arbeit schmählich im Rückstand; **to be ~ neglected** sträflich vernachlässigt werden

shamefulness [ˈʃeɪmfᵊlnəs] *n no pl* ① (*humiliating nature*) Schmach *f*

② (*disgracefulness*) Schändlichkeit *f,* Anstößigkeit *f*

shameless [ˈʃeɪmləs] *adj* schamlos; **a ~ hussy** ein schamloses Flittchen *pej fam;* ■**to be ~ about sth** sich *akk* wegen einer S. *gen* nicht schämen

shamelessly [ˈʃeɪmləsli] *adv* schamlos

shamelessness [ˈʃeɪmləsnəs] *n no pl* Schamlosigkeit *f*

shammy [ˈʃæmi] *n* (*fam*), **shammy leather** *n no pl* (*fam*) Sämischleder *nt,* Wildleder *nt*

shampoo [ʃæm'puː] **I.** *n* ❶ *no pl* (*for hair*) Shampoo *nt*
❷ (*type*) Shampoo *nt;* **a carpet/car** ~ ein Teppich-/Autoshampoo
❸ (*wash*) ***my hair needs a*** ~ ich muss mir die Haare waschen; **a** ~ **and set** Waschen und Legen
II. *vt* **to** ~ **hair** Haare shamponieren; **to** ~ **a sofa** ein Sofa mit einem Shampoo reinigen
shamrock ['ʃæmrɒk, AM -rɑːk] *n* weißer Feldklee; ■**the** ~ der Shamrock (*Kleeblatt als Symbol Irlands*)
shandy ['ʃændi] *n esp* BRIT, AUS Radler *nt bes* SÜDD, Alsterwasser *nt* NORDD
shanghai [ʃæŋ'haɪ] *n* AUS Schleuder *f*
Shangri-La [ʃæŋgri'lɑː] *n no art* Paradies *nt;* **shopper's** ~ Einkaufsparadies *nt*
shank [ʃæŋk] *n* ❶ (*of tool*) Schaft *m*, Griff *m*
❷ (*dated: leg*) Bein *nt;* (*under knee*) Unterschenkel *m;* (*shin*) Schienbein *nt*
shank's mare *n*, **shank's pony** *n no pl* (*fam*) Schusters Rappen *m;* **to use** ~ auf Schusters Rappen reiten
shan't [ʃɑːnt, AM ʃænt] = **shall not** *see* **shall**
shanty[1] ['ʃænti, AM -t̬i] *n* [Elends]hütte *f*, Baracke *f*
shanty[2] ['ʃænti, AM -t̬i] *n* Seemannslied *nt*
shanty town *n* Elendssiedlung *f*, Barackensiedlung *f*
shape [ʃeɪp] **I.** *n* ❶ (*outline*) Form *f;* BIOL Gestalt *f;* MATH Figur *f*, Form *f;* **circular/triangular** ~ Kreis-/Dreiecksform *f;* **to be different** ~**s** eine unterschiedliche Form haben; **to be oval/square in** ~ eine ovale/quadratische Form haben; **all** ~**s and sizes** alle Formen und Größen; ***we sell all*** ~***s and sizes of teddy bears*** wir verkaufen alle möglichen Teddybären; **to come in all** ~**s and sizes** völlig verschieden voneinander sein; **to lose its** ~ die Form verlieren; **to take** ~ Form annehmen; ***the vase began to take*** ~ ***in the potter's hands*** die Vase nahm unter den Händen des Töpfers Gestalt an; ***in order to tempt Faust, the devil took the*** ~ ***of a man*** um Faust zu versuchen, nahm der Teufel Menschengestalt an; ***life on earth takes many*** ~***s*** das Leben auf der Erde ist sehr vielfältig; ■**in the** ~ **of sth** in Form [*o* Gestalt] einer S. *gen;* **in any** ~ **or form** (*fig*) in jeder Form; **out of** ~ verformt; *metal* verbogen
❷ *no pl* (*nature*) Form *f*, Art *f;* ***technological developments have changed the*** ~ ***of the industry*** technologische Entwicklungen haben die Branche in ihrer ganzen Art verändert; **to show the** ~ **of things to come** das Gepräge der Zukunft tragen
❸ *no pl* (*condition*) **to be in bad** [*or* **poor**]/**good** ~ *things* in schlechtem/gutem Zustand sein; *people* in schlechter/guter Verfassung sein; SPORTS nicht in Form/in Form sein; **to be in great** ~ in Hochform sein; **to be out of** ~ nicht in Form sein; **to be in no** ~ **to do sth** [gesundheitlich] nicht in der Verfassung sein, etw zu tun; **to get into** ~ in Form kommen; **to get sb/oneself into** ~ jdn/sich in Form bringen; **to get sth into** ~ etw wieder auf die Reihe kriegen *sl;* **to knock** [*or* **whip**] **sth into** ~ etw in Ordnung bringen; **to knock** [*or* **whip**] **sb into** ~ jdn zurechtstutzen *fam*
II. *vt* ❶ (*mould*) ■**to** ~ **sth** etw [aus]formen; ■**to** ~ **sth into sth** etw zu etw *dat* formen; ■**to** ~ **sth out of sth** etw aus etw *dat* formen; (*from clay*) etw aus etw *dat* modellieren
❷ (*influence*) ■**to** ~ **sb/sth** jdn/etw prägen; ***we are all*** ~***d by the times in which we live*** wir sind alle geprägt von der Zeit, in der wir leben; **to** ~ **sb's character/personality** jds Charakter/Persönlichkeit formen; **to** ~ **one's destiny** sein Schicksal [selbst] gestalten; **to** ~ **a policy** eine Politik [*o* einen politischen Kurs] bestimmen
❸ (*style*) **to** ~ **sb's hair** jds Haar stylen
❹ (*tailor*) ■**to** ~ **sth** etw entwerfen; ***the skirt has been*** ~***d so that it hangs loosely*** der Rock ist so geschnitten, dass er lose fällt
III. *vi* sich *akk* entwickeln
◆**shape up** *vi* ❶ (*develop*) sich *akk* entwickeln; ***the election is shaping up to be a close contest*** die Wahl entwickelt sich zu einem Kopf-an-Kopf-Rennen; ■**to** ~ **up as sth** sich *akk* als etw herausstellen [*o* erweisen]; **to** ~ **up well** sich *akk* gut entwickeln; ***Colin has*** ~***d up well in his new job*** Colin hat sich in seinem neuen Job gut gemacht *fam*
❷ (*fam: improve*) Fortschritte machen; **to** ~ **up one's act** *esp* AM *performance* mehr Leistung zeigen; *behaviour* sich *akk* besser benehmen; ***if the company doesn't soon*** ~ ***up its act it will go out of business*** wenn die Firma nicht endlich etwas zustande bringt, war sie die längste Zeit im Geschäft *fam*
► PHRASES: ~ **up or ship out!** (*fam*) entweder Sie bringen endlich was oder Sie gehen! *fam*
shaped [ʃeɪpt] *adj inv* ❶ (*in shape*) geformt; ~ **like a heart** herzförmig; **to be** ~ **like a sausage** wurstförmig sein; **oddly/perfectly** ~ seltsam/vollkommen geformt
❷ (*likely to become*) ■**to be** ~ **like sth/sb** wie etw/jd aussehen; **to be** ~ **like a winner** ein Siegertyp sein
-shaped [ʃeɪpt] *in compounds* -förmig; **an L-/S-**~ **bend** eine L-/S-Kurve; **egg-**~ eiförmig
shapeless ['ʃeɪpləs] *adj* ❶ (*not shapely*) unförmig; **a** ~ **dress** ein Kleid *nt* ohne Form; **a** ~ **mass** eine unförmige Masse
❷ (*without shape*) formlos; ***his ideas are interesting but rather*** ~ seine Ideen sind interessant, aber ziemlich vage
shapelessly ['ʃeɪpləsli] *adv* formlos; ***her clothes hung*** ~ ***on her*** die Kleider hingen ihr lose am Körper
shapelessness ['ʃeɪpləsnəs] *n no pl* Formlosigkeit *f*, Unstrukturiertheit *f*
shapely ['ʃeɪpli] *adj* (*approv*) wohlgeformt; ~ **legs** schöne Beine; **a** ~ **woman** eine gut gebaute Frau
shard [ʃɑːd, AM ʃɑːrd] *n* Scherbe *f;* ~ **of metal** Metallsplitter *m*
share [ʃeəʳ, AM ʃer] **I.** *n* ❶ (*part*) Teil *m*, Anteil *m; of food* Portion *f;* ***she's not doing her*** ~ ***of the work*** sie macht ihren Teil der Arbeit nicht; ***he should take his*** ~ ***of the blame for what happened*** er sollte die Verantwortung für seine Mitschuld am Geschehen übernehmen; **the lion's** ~ **of sth** der Löwenanteil von etw *dat;* ~ **of the market** Marktanteil *m;* ~ **of the vote** Stimmenanteil *m;* **to go** ~**s on sth** sich *dat* die Kosten für etw *akk* teilen; **to have one's** ~ **of sth** (*also fig*) seinen Teil von etw *dat* abbekommen haben; ***they've had their*** ~ ***of trouble in the past*** sie hatten einst auch ihr Päckchen zu tragen *dat;* **to have more than one's** ~ **of sth** mehr von etw *dat* haben, als einem zusteht; **to have had one's fair** ~ **of sth** (*iron*) etw reichlich abbekommen haben; **to have had more than one's fair** ~ (*iron*) etw mehr als genug haben *fam;* ■**a** ~ **in sth** ein Anteil *m* an etw *dat;* **to give sb a** ~ **in sth** jdn an etw *dat* beteiligen [*o* teilhaben lassen]; **to have a** ~ **in sth** an etw *dat* teilhaben
❷ *usu pl* (*in company*) Anteil *m*, Aktie *f;* **stocks and** ~**s** Wertpapiere *ntpl*, Effekten *pl;* **earnings per** ~ Gewinn *m* pro Aktie; **A** ~ A-Aktie *f;* **ordinary** [*or* BRIT **equity**] ~ Stammaktie *f;* **deferred ordinary** ~ Nachzugsaktie *f;* **listed** [*or* **quoted**] ~ börsennotierte Aktie; **unlisted** [*or* **unquoted**] ~ nicht notierte Aktie; **index of** ~**s** BRIT Aktienindex *m*
II. *vi* ❶ (*with others*) teilen; ***you must learn to*** ~ du musst lernen zu teilen; ***we don't mind sharing if there aren't enough copies for everyone*** wir teilen gern, falls es nicht genügend Exemplare für alle gibt; ***there aren't enough rooms for the children to have one each, so they have to*** ~ es sind nicht genügend Zimmer für jedes Kind vorhanden – sie müssen sie sich eben teilen; ~ **and** ~ **alike** gerecht teilen; ■**to** ~ **with sb** mit jdm teilen
❷ (*have part of*) ■**to** ~ **in sth** an etw *dat* teilhaben; ***as he found the money he should*** ~ ***in the reward*** da er das Geld gefunden hat, sollte er etwas von der Belohnung abbekommen; **to** ~ **in sb's joy/sorrow/triumph** die Freude/den Kummer/den Triumph mit jdm teilen
❸ (*participate*) ■**to** ~ **in sth** an etw *dat* beteiligt sein
III. *vt* ❶ (*divide*) ■**to** ~ **sth** etw teilen; ***shall we*** ~ ***the driving?*** sollen wir uns beim Fahren abwechseln?; **to** ~ **the expenses** sich *dat* die Kosten teilen; **to** ~ **resources** Mittel gemeinsam nutzen; **to** ~ **responsibility** Verantwortung gemeinsam tragen; ■**to** ~ **sth among** [*or* **between**] **sb** etw unter jdm verteilen; ■**to** ~ **sth with sb** etw mit jdm teilen; ***I*** ~***d a flat with Sue when we were at university*** als wir an der Uni waren, hatte ich mit Sue eine gemeinsame Wohnung
❷ (*have in common*) ■**to** ~ **sth** etw gemeinsam haben; **to** ~ **a birthday** am gleichen Tag Geburtstag haben; **to** ~ **[common] characteristics** Gemeinsamkeiten haben; **to** ~ **sb's concern** jds Besorgnis teilen; **to** ~ **an experience** eine gemeinsame Erfahrung haben; **to** ~ **an interest** ein gemeinsames Interesse haben; **to want to** ~ **one's life with sb** sein Leben mit jdm teilen wollen; **to** ~ **sb's sorrow** jds Kummer teilen; **to** ~ **sb's view** [*or* **belief**] jds Ansicht [*o* Meinung] teilen
❸ (*communicate*) ■**to** ~ **sth with sb** *information, news* etw an jdn weitergeben; **to** ~ **one's problems/thoughts with sb** jdm seine Probleme/Gedanken anvertrauen; **to** ~ **a joke** einen Witz zum Besten geben; **to** ~ **a secret** [**with sb**] jdn in ein Geheimnis einweihen
► PHRASES: **a problem** ~**d is a problem halved** (*prov*) geteiltes Leid ist halbes Leid *prov*
◆**share out** *vt* ■**to** ~ **sth** ⟲ **out** etw aufteilen
share-based investment fund *n* Aktienfonds *m* **share capital** *n* Aktienkapital *nt*, Stammkapital *nt;* **authorized** ~ genehmigtes Grundkapital; **issued** ~ emittiertes Grundkapital **share certificate** *n* STOCKEX Aktienzertifikat *nt*, Anteilschein *m* **sharecropper** *n* AM *Pächter einer kleinen Farm, der die Pacht teilweise in Naturalien begleicht* **sharecropping** *n no pl* AM *Bewirtschaftung kleiner Farmen durch Pächter, die ihre Pacht mit einem Teil der Ernte bezahlen*
shared [ʃeəd, AM ʃerd] *adj inv* ❶ (*not singly owned*) Gemeinschafts-; ~ **ownership** Gemeinschaftsbesitz *m*
❷ (*common*) gemeinsam
share dealing *n no pl* Aktienhandel *m* **shareholder** *n* Aktionär(in) *m(f)*, Anteilseigner(in) *m(f)* **shareholder's equity** *n* BRIT Eigenkapital *nt* **shareholding** *n* Aktienbesitz *m*, Aktienanteil *m* **share index** *n* STOCKEX Aktienindex *m* **share issue** *n* STOCKEX Aktienausgabe *f*, Aktienemission *f* **share option** *n* Aktienoption *f*, Aktienbezugsrecht *nt* **share-out** *n* (*distribution*) Verteilung *f;* (*division*) Aufteilung *f;* ~ **of the profits/tasks** Gewinn-/Aufgabenverteilung *f* **share price** *n* Aktienkurs *m;* ~**s rise/fall** Aktienkurse steigen/fallen **share price index** *n* STOCKEX Aktienindex *m* **share register** *n* Aktienbuch *nt* **share splitting** *n* Aktiensplitting *nt* **shareware** *n no pl* COMPUT Shareware *f*
sharia(h) [ʃə'riːə] *n no pl* Scharia *f*
shark <*pl* -s *or* -> [ʃɑːk, AM ʃɑːrk] *n* ❶ (*fish*) Hai[fisch] *m;* **man-eating** ~ Menschen fressender Hai
❷ (*pej fam: person*) **local property** ~ Immobilienhai *m*
shark fence *n Netz zum Schutz gegen Haie* **sharkskin** *n no pl* FASHION *glänzendes Gewebe aus Kunstfaser* **sharkspotter** *n* AUS *Hubschrauber, der zum Schutz der Schwimmer vor Haien den Strand überfliegt*
sharp [ʃɑːp, AM ʃɑːrp] **I.** *adj* ❶ (*cutting*) *blade, knife* scharf
❷ (*pointed*) *end, point* spitz; ~ **features** kantige Gesichtszüge; ~ **nose** spitze Nase; ~ **pencil** spitzer Bleistift
❸ (*acute*) ~ **angle** spitzer Winkel; ~ **bend** [*or* **curve**] scharfe Kurve; **to make a** ~ **right turn** [*or* **turn to the right**] scharf rechts abbiegen
❹ (*severe*) *attack, rebuff, rebuke* scharf; ***the terrorist attack was a*** ~ ***reminder of how dangerous the world can be*** der terroristische Überfall erinnerte in drastischer Weise daran, wie gefährlich

die Welt sein kann; ~ **blow** heftiger [*o* starker] Schlag; ~ **criticism** beißende Kritik; **to have a ~ tongue** eine scharfe [*o* spitze] Zunge haben, scharfzüngig sein; ■**to be ~ with sb** unfreundlich zu jdm sein, jdm eine schroffe Antwort geben
⑤ (*stabbing*) stechend; ~ **pain** stechender Schmerz; ~ **stab [of pain]** [schmerzhaftes] Stechen
⑥ (*sudden*) plötzlich; (*marked*) drastisch; ~ **deterioration** drastische Verschlechterung; ~ **downturn/upturn** starker Abschwung/Aufschwung; ~ **drop** [*or* **fall**] [*or* **decline**] starker [*o* drastischer] Rückgang; ~ **rise** [*or* **increase**] starker [*o* drastischer] Anstieg
⑦ (*clear-cut*) scharf, deutlich, klar; ***her pro-European views are in ~ contrast to those of many of her colleagues*** ihre proeuropäischen Ansichten sind denen vieler ihrer Kollegen diametral entgegengesetzt; **a ~ television picture** ein scharfes Fernsehbild; **to bring sth into ~ focus** etw klar und deutlich herausstellen
⑧ (*perceptive*) raffiniert, scharfsinnig; ~ **eyes/ears** scharfe Augen/Ohren; **to have a ~ eye for sth** etw sofort erkennen; ~ **mind** scharfer Verstand; **to keep a ~ watch** [*or* **eye**] **on sb/sth** jdn/etw immer im Auge behalten, jdn/etw genau beobachten
⑨ (*fam: trendy*) elegant; ***a ~-suited business executive*** ein sorgfältig gekleideter Manager; **to be a very ~ dresser** immer sehr schick angezogen sein
⑩ (*piquant*) *taste* scharf [gewürzt]
⑪ (*penetrating*) schrill; **a ~ noise** ein schrilles Geräusch; ~ **voice** schrille Stimme
⑫ (*cold*) schneidend; **a ~ frost** ein durchdringender Frost
⑬ MUS **C** ~ Cis *nt;* **F** ~ Fis *nt;* **G** ~ Gis *nt;* **D** ~ Dis *nt;* ■**to be** ~ zu hoch intonieren
► PHRASES: **the ~ end** (*fam: cutting edge*) das Zentrum des Geschehens; BRIT (*of ship*) Bug *m*
II. *adv* ① *inv* (*exactly*) genau; ***the performance will start at 7.30 ~*** die Aufführung beginnt um Punkt 7.30 Uhr
② (*suddenly*) **to pull up ~** *car* scharf ranfahren *fam;* **to turn ~ right/left** scharf rechts/links abbiegen
③ MUS zu hoch; ***she sang ~ at the top notes*** bei den oberen Tönen sang sie zu hoch
III. *n* MUS Kreuz *nt*

sharpen ['ʃɑːpᵊn, AM 'ʃɑːrp-] *vt* ■**to ~ sth** ① (*make sharp*) etw schärfen; **to ~ a pencil** einen Bleistift spitzen; **to ~ scissors** eine Schere schleifen; **to ~ a knife** ein Messer schärfen [*o* schleifen] [*o* wetzen]
② (*intensify*) etw verschärfen [*o* verstärken]; **to ~ one's appetite** den Appetit anregen; **to ~ competition** den Wettbewerb verschärfen; **to ~ a debate** eine Debatte verschärfen [*o fam* anheizen]
③ (*make more distinct*) etw scharf einstellen; ***how do you ~ the focus on this camera?*** wie stellt man bei dieser Kamera die Bildschärfe ein?
④ (*improve*) etw schärfen; **to ~ one's mind** den Verstand schärfen; **to ~ the senses** die Sinne schärfen; **to ~ one's skills** an seinem Können feilen
⑤ MUS etw um einen Halbton erhöhen
◆**sharpen up I.** *vt* ■**to ~ sth** ⊂ **up** ① (*improve*) etw verbessern; **to ~ up one's act** *esp* BRIT *performance* bei etw *dat* mehr Leistung zeigen; *behaviour* sich *akk* besser benehmen; ***if the company doesn't soon ~ up its act it will go out of business*** wenn die Firma nicht endlich etwas zustande bringt, war sie die längste Zeit im Geschäft; ***my sister told me to ~ up my act*** meine Schwester wollte, dass ich mich endlich am Riemen reiße
② (*make sharper*) etw schärfen [*o* schleifen]
II. *vi* besser werden, zulegen

sharpener ['ʃɑːpᵊnəʳ, AM 'ʃɑːrpᵊnɚ] *n* **pencil ~** Bleistiftspitzer *m;* **knife ~** Messerschleifgerät *nt*

sharper ['ʃɑːpəʳ, AM 'ʃɑːrpɚ] *n* (*fam: cheat*) Betrüger(in) *m(f);* (*at cards*) Falschspieler(in) *m(f)*

sharp-eyed *adj* scharfsichtig **sharp-featured** *adj* mit scharfen Gesichtszügen *nach n;* ■**to be ~** scharfe Gesichtszüge haben

sharpish ['ʃɑːpɪʃ] *adv* BRIT (*fam*) schnellstmöglich; ***I think we'd better get out of here pretty ~*** ich glaube, wir sollten so schnell wie möglich von hier verschwinden

sharply ['ʃɑːpli, AM 'ʃɑːrp-] *adv* ① (*having an edge*) ~ **pointed** scharf [zu]gespitzt
② (*severely*) scharf; **to criticize sb/sth ~** jdn/etw scharf kritisieren; **to cross-examine sb ~** jdn einem scharfen Kreuzverhör unterziehen; **a ~ worded letter** ein Brief in schneidenden Tönen
③ (*abruptly*) abrupt; (*suddenly*) plötzlich; ***she looked up ~*** sie blickte unvermittelt auf; ***I had to brake ~ to avoid running into the car in front*** ich musste voll auf die Bremse treten, um einen Aufprall auf den Wagen vor mir zu vermeiden; **to bend ~ to the left** eine scharfe Linksbiegung machen
④ (*markedly*) drastisch; **to deteriorate ~** sich *akk* drastisch verschlechtern
⑤ (*clearly*) klar, deutlich; ***men contrasted ~ with women on the issues they felt to be important*** Männer und Frauen unterschieden sich krass nach dem, was für sie wichtig war; ~ **differing** deutlich unterschiedlich, stark divergierend; **to be ~ divided on sth** über etw *akk* sehr unterschiedlicher Meinung sein; ~ **focused** scharf eingestellt
⑥ (*perceptively*) scharfsinnig; ***her ears are ~ attuned to her baby's cry*** sie hört sofort, wenn ihr Baby schreit; **a ~ observant comment** eine scharfsinnige Bemerkung
⑦ (*fashionably*) ~ **dressed** elegant gekleidet

sharpness ['ʃɑːpnəs, AM 'ʃɑːrp-] *n no pl* ① (*of blade, edge, angle, point, curve*) Schärfe *f*
② (*of pain*) Heftigkeit *f,* Stärke *f,* Intensität *f*
③ (*acerbity*) Schärfe *f,* Härte *f*
④ (*markedness*) Stärke *f,* Heftigkeit *f*
⑤ (*clarity*) Schärfe *f*
⑥ (*perceptiveness*) Intelligenz *f,* Scharfsinn *m;* ~ **of mind** Geistesschärfe *f,* scharfer Verstand
⑦ (*stylishness*) Eleganz *f,* Schick *m*
⑧ (*of taste*) Würzigkeit *f,* Würze *f*

sharp-nosed pliers *n* Spitzzange *f* **sharp practice** *n no pl* üble Geschäftspraktiken *pl,* Tricks *mpl* **sharpshooter** *n* Scharfschütze *m* **sharp-sighted** *adj* ① (*very observant*) scharfsichtig ② (*fig: alert*) scharfsinnig **sharp-tempered** *adj* leicht erregbar **sharp-tongued** *adj* scharfzüngig **sharp-witted** *adj* scharfsinnig

shat [ʃæt] *vi esp* BRIT *pt, pp of* **shit**

shatter ['ʃætəʳ, AM -t̬ɚ] **I.** *vi* zerspringen, zerbrechen; ***the glass ~ed into a thousand tiny pieces*** das Glas zerbrach in tausend winzige Stücke
II. *vt* ① (*smash*) ■**to ~ sth** etw zertrümmern [*o* zerschmettern]; *health, nerves* etw zerrütten
② (*fig*) ■**to ~ sth** etw vernichten; **to ~ the calm** die Ruhe zerstören; **to ~ sb's dreams/illusions** jds Träume/Illusionen zunichte machen; **to ~ the world record** den Weltrekord brechen
③ BRIT (*fam: exhaust*) ■**to ~ sb** jdn entkräften, jdn schlauchen; ***walking all this way in the heat has absolutely ~ed me*** ich bin ganz zerschlagen, nachdem ich bei dieser Hitze den ganzen Weg gelaufen bin

shattered ['ʃætəd, AM -t̬ɚd] *adj* (*fam*) ① (*upset*) am Boden zerstört; ***the family are just too ~ to want to talk to the press*** die Familie ist viel zu aufgelöst, um mit der Presse reden zu wollen
② BRIT (*exhausted*) völlig erschöpft, fix und fertig *präd fam*

shattering ['ʃætᵊrɪŋ, AM -t̬ɚ-] *adj* (*fam*) ① (*very upsetting*) erschütternd, aufwühlend
② (*destructive*) vernichtend, tödlich
③ BRIT (*exhausting*) aufreibend, stressig *fam*

shatterproof ['ʃætəpruːf, AM -t̬ɚ-] *adj inv* bruchsicher; ~ **windscreen** splitterfreie Windschutzscheibe

shave [ʃeɪv] **I.** *n* Rasur *f;* ***I need a ~*** ich muss mich rasieren; **a close ~** eine Glattrasur [*o* gründliche Rasur]; **to have a ~** sich *akk* rasieren
► PHRASES: **a close ~** ein knappes Entkommen; **to have a close ~** mit knapper Not entkommen, gerade noch davonkommen
II. *vi* sich *akk* rasieren; **to ~ under one's arms** sich *dat* die Achselhaare rasieren
III. *vt* ① (*remove hair*) ■**to ~ sth/sb** etw/jdn rasieren; **to ~ one's legs** sich *dat* die Beine rasieren
② (*decrease by stated amount*) ■**to ~ sth** etw verringern, etw kürzen; ***our prices have been ~d by 5%*** unsere Preise wurden um 5% herabgesetzt
◆**shave off** *vt* ① (*remove completely*) ■**to ~ off** ⊂ **sth** *hair, moustache* etw abrasieren; **to ~ off one's beard** sich *dat* den Bart abnehmen
② (*slice off*) ■**to ~ off** ⊂ **sth** etw abhobeln
③ (*decrease*) ■**to ~ sth off [sth]** [*or* **off sth [from sth]**] etw [von etw *dat*] abziehen; ***the new high speed trains will ~ 25 minutes off the journey time*** mit den neuen Hochgeschwindigkeitszügen verringert sich die Reisezeit um 25 Minuten

shaven ['ʃeɪvᵊn] *adj inv* rasiert; ~ **head** kahl geschorener Kopf

shaven-headed *adj inv* kahl geschoren

shaver ['ʃeɪvəʳ, AM -ɚ] *n* Rasierapparat *m*

shaver outlet *n* AM, **shaver point** *n* BRIT Steckdose *f* für den Rasierapparat

Shavian ['ʃeɪviən] *adj inv* LIT ① (*by G.B. Shaw*) Shawsch
② (*referring to G.B. Shaw*) Shawsch

shaving ['ʃeɪvɪŋ] **I.** *adj attr, inv* Rasier-
II. *n usu pl* Hobelspan *m*

shaving brush *n* Rasierpinsel *m* **shaving cream** *n* Rasiercreme *f* **shaving foam** *n no pl* Rasierschaum *m* **shaving kit** *n* Rasierzeug *nt kein pl* **shaving mirror** *n* Rasierspiegel *m* **shaving soap** *n,* **shaving stick** *n* BRIT Rasierseife *f*

shawl [ʃɔːl, AM *esp* ʃɑːl] *n* Schultertuch *nt*

she [ʃiː, ʃi] **I.** *pron* ① (*female person, animal*) sie; ■~ **who ...** (*particular person*) diejenige, die ...; ***~ who told me this wasn't there herself*** diejenige, die mir das erzählt hat, war selber nicht anwesend; (*any person*) wer; ***~ who rocks the cradle rules the world*** die Hand an der Wiege regiert die Welt
② (*inanimate thing*) es; (*for moon*) er; (*for country*) es; (*for ship with name*) sie; (*for ship with no name*) es
③ (*of unspecified sex*) es; ***that's a cute dog! what's ~ called?*** was für ein süßer Hund! wie heißt er denn?
④ AUS, NZ (*fam: it*) es
► PHRASES: **who's ~, the cat's mother?** BRIT (*fam*) und wer soll sie sein? *fam;* (*expressing that she is putting on airs*) für wen hält sie sich denn?
II. *n usu sing* ■**a** ~ (*person*) eine Sie; (*animal*) ein Weibchen *nt*

she- [ʃiː] *in compounds with animal names* (*-bear, -wolf*) weiblich

s/he ['ʃiːəʳhiː, AM -ɚhiː] *pron* (*in general texts*) er/sie

sheaf <*pl* **sheaves**> [ʃiːf] *n* Bündel *nt; of corn* Garbe *f*

shear <-ed, -ed *or* shorn> [ʃɪəʳ, AM ʃɪr] **I.** *vt* ① (*remove fleece*) **to ~ a sheep** ein Schaf scheren
② (*hum fam: cut hair short*) ■**to ~ sb** jds Haare kurz scheren; ***he's been shorn*** er ist die Treppe hinuntergefallen *hum*
II. *vi* TECH abbrechen
◆**shear off I.** *vt* ① (*cut off*) **to ~ off wool** Wolle abscheren
② *usu passive* (*tear off*) ***the wing of the plane had been ~ed off*** die Tragfläche des Flugzeugs wurde abgerissen
II. *vi* abbrechen

shearer ['ʃɪərəʳ, AM 'ʃɪrɚ] *n* ① (*for sheep*) [Schaf]scherer *m*
② TECH (*for metal*) Metallschneider *m*

shearing ['ʃɪərɪŋ, AM 'ʃɪr-] *n no pl* Schur *f*

shears [ʃɪəz, AM ʃɪrz] *npl* TECH [große] Schere; *metal* Metallschere *f,* Blechschere *f;* **[garden]** ~ Gartenschere *f*

shearwater ['ʃɪəˌwɔːtəʳ, AM 'ʃɪrwɑːt̬ɚ] *n* ORN Sturmtaucher *m*

sheath [ʃiːθ] *n* ① (*for knife, sword*) Scheide *f*
② (*casing*) Hülle *f,* Ummantelung *f;* (*case*) Futteral *nt;* **nerve ~s** MED Nervenhüllen
③ BRIT (*condom*) Kondom *nt*
④ FASHION ~ **[dress]** enges Kleid

sheathe [ʃiːð] *vt* ① (*put into sheath*) **to ~ a knife/sword** ein Messer/Schwert in die Scheide stecken

S

② (*cover*) ■**to ~ sth in** [*or* **with**] **sth** etw mit etw *dat* umhüllen [*o* überziehen]; **to be ~d in** [*or* **with**] **ice** eisbedeckt sein
sheathing ['ʃi:ðɪŋ] *n* Überzug *m*
sheath knife *n* Dolch *m*
sheaves [ʃi:vz] *n pl of* **sheaf**
shebang [ʃɪ'bæŋ] *n no pl esp* AM (*fam*) Drum und Dran *nt,* Krempel *m hum sl;* **the whole ~** der ganze Kram *fam;* **to take care of the whole ~** den ganzen Laden schmeißen *fam*
she'd [ʃi:d] ① = **she would** *see* **would**
② = **she had** *see* **have I, II**
shed[1] [ʃed] *n* Schuppen *m;* **garden ~** Gartenhäuschen *nt;* **lambing ~** Stall *m* für Lämmer; **lean-to ~** Schuppen *m* mit einem Pultdach; **tool ~** Geräteschuppen *m*
shed[2] <-dd-, shed, shed> [ʃed] **I.** *vt* ① (*cast off*) ■**to ~ sth** etw abstoßen, etw ablegen; **to ~ its antlers** das Geweih abwerfen; **to ~ one's disguise** sich *akk* zu erkennen geben; **to ~ hair** Haare verlieren; **to ~ leaves** Blätter abwerfen; **to ~ a few pounds/kilos** ein paar Pfund/Kilo abnehmen; **to ~ one's skin** sich häuten; **to ~ one's winter coat** das Winterfell verlieren
② (*get rid of*) ■**to ~ sth** etw ablegen; **to ~ one's insecurity/inhibitions** seine Unsicherheit/Hemmungen verlieren [*o* loswerden]; **to ~ jobs** Stellen streichen
③ (*generate*) **to ~ blood/tears** Blut/Tränen vergießen; **to ~ light** Licht verbreiten
④ BRIT (*drop accidentally*) ***a lorry has ~ a load of gravel across the road*** ein LKW hat eine Ladung Kies auf der Straße verloren
II. *vi snakes* sich häuten; *cats* haaren
she-devil *n* Teufelin *f*
sheen [ʃi:n] *n no pl* (*approv*) ① (*gloss*) Glanz *m,* Schimmer *m*
② (*fig: aura*) Patina *f*
sheep <*pl* -> [ʃi:p] *n* Schaf *nt;* **flock of ~** Schafherde *f;* **to be** [**like**] **~** *people* sich *akk* wie Schafe verhalten
▶ PHRASES: **to separate** [*or* **tell**] [*or* **sort out**] **the ~ from the goats** die Schafe von den Böcken trennen
sheepdip *n* AGR Desinfektionsbad *nt* für Schafe
sheepdog *n* Schäferhund *m* **sheep farm** *n* Schaffarm *f* **sheep farming** *n no pl* Schafzucht *f*
sheepfold *n* Schafhürde *f*
sheepish ['ʃi:pɪʃ] *adj* unbeholfen, belämmert *fam;* **~ smile** verlegenes Lächeln
sheepishly ['ʃi:pɪʃli] *adv* verlegen, betreten
sheepishness ['ʃi:pɪʃnəs] *n no pl* Verlegenheit *f,* Schüchternheit *f*
sheepshearing *n* Schafschur *f* **sheepskin** *n* Schaffell *nt,* Schafpelz *m* **sheepskin coat** *n* Schafpelzmantel *m* **sheep station** *n* AUS große Schaffarm
sheer[1] [ʃɪəʳ, AM ʃɪr] **I.** *adj* ① (*utter*) bloß, pur, rein, schier; ***the ~ size of the thing takes your breath away*** schon allein die Größe von dem Ding ist atemberaubend; **~ accident** purer Zufall; **~ blather** reines Gewäsch; **~ bliss** eine wahre Wonne; **~ boredom** schiere [*o* pure] Langeweile; **~ coincidence** reiner [*o* purer] Zufall; **~ despair** blanke [*o* schiere] Verzweiflung; **~ drudgery** reine Schinderei; **~ lunacy** purer Wahnsinn; **~ misery** blankes Elend; **~ nonsense** [*or* **rubbish**] blanker Unsinn; **~ willpower** pure Willenskraft
② (*vertical*) steil; **~ cliff** steile Klippe; **~ drop** steiles Gefälle
③ (*thin*) *material* hauchdünn; (*diaphanous*) durchscheinend
II. *adv inv* (*liter*) steil, jäh
sheer[2] [ʃɪəʳ, AM ʃɪr] *vi* ■**to ~ off** [*or* **away**] ① NAUT abscheren, abgieren
② (*avoid*) ausweichen; **to ~ away from an unpleasant topic** einem unangenehmen Thema aus dem Weg gehen
sheet [ʃi:t] **I.** *n* ① (*for bed*) Laken *nt;* **between the ~s** (*sexually*) im Bett *fam*
② (*of paper*) Blatt *nt;* (*of heavy paper*) Bogen *m;* **information ~** [Informations]blatt *nt;* **~ of instructions** Merkblatt *nt;* **a ~ of paper** ein Blatt *nt* Papier
③ (*of material*) Platte *f;* **~ of glass** Glasplatte *f;* **polythene ~** Polyethylenplatte *f*
④ (*large area*) ***the rain is coming down in ~s*** es regnet in Strömen; **~ of flame** Flammenwand *f;* **~ of ice** Eisschicht *f;* **~ of water** ausgedehnte Wasserfläche
⑤ (*set of stamps*) Bogen *m;* **souvenir ~** Gedenkblock *m*
II. *vi rain* prasseln; ***the rain was ~ing against the windows*** der Regen prasselte gegen die Fenster; **to ~ down** *rain* in Strömen regnen
sheeting ['ʃi:tɪŋ, AM -t̬ɪŋ] *n no pl* ① (*for bedsheets*) Betttuchstoff *m*
② (*thin material*) Verkleidungsmaterial *nt;* (*casing*) Verschalung *f;* **plastic ~** Plastiküberzug *m*
sheet lightning *n no pl* Wetterleuchten *nt* **sheet metal** *n* Blech *nt* **sheet music** *n* Noten *fpl,* Notenblätter *ntpl*
sheik(h) [ʃeɪk, ʃi:k, AM *esp* ʃi:k] *n* ① (*Arab leader*) Scheich *m*
② (*religious leader*) Scheich *m*
sheikhdom ['ʃeɪkdəm, ʃi:k-, AM *esp* 'ʃi:k-] *n* Scheichtum *nt*
sheila ['ʃi:lə] *n* AUS (*pej! sl*) Puppe *pej sl*
shekel ['ʃekᵊl] *n* ① (*Israeli currency*) Schekel *m*
② (*hum sl*) ■**~s** *pl* (*money*) Zaster *m kein pl*
shelf <*pl* shelves> [ʃelf] *n* ① (*for storage*) [Regal]brett *nt,* Bord *nt;* (*set of shelves*) Regal *nt;* **to buy sth off the ~** etw ab Lager kaufen; *clothing* etw von der Stange kaufen; **to stack** [*or* **stock**] **shelves** Regale einräumen
② GEOL (*horizontal portion of rock*) Schelf *m o nt*
▶ PHRASES: **to be** [**left**] **on the ~** (*fam: worker*) zum alten Eisen gehören; (*girl*) eine alte Jungfer sein, sitzen geblieben sein; **to leave/put sth on the ~** etw auf die lange Bank schieben
shelf life *n no pl* Haltbarkeit *f;* COMPUT Dauer *f* der Lagerfähigkeit; **to have a short ~** eine kurze Haltbarkeit haben; (*fig*) bald wieder in Vergessenheit geraten **shelf space** *n no pl* Regalfläche *f*
shell [ʃel] **I.** *n* ① (*exterior case*) *of an egg, nut* Schale *f; of a tortoise, turtle* Panzer *m;* (*mother of pearl*) Perlmutt *nt; of a pea* Hülse *f,* Schote *f; of an insect wing* Flügeldecke *f;* ***to pick up ~s on the beach*** Muscheln am Strand sammeln; **crab ~** Krebsschale *f;* **snail ~** Schneckenhaus *nt*
② (*of a building*) Mauerwerk *nt;* (*unfinished building*) Rohbau *m;* (*damaged building*) Ruine *f; of a vehicle* Karosserie *f;* **the burnt-out ~ of a car** ein ausgebranntes Autowrack
③ (*for artillery*) Granate *f*
④ AM (*cartridge*) Patrone *f*
⑤ (*boat*) Rennruderboot *nt*
⑥ FOOD [**pastry**] **~** [Mürbteig]boden *m*
⑦ COMPUT (*software*) Shell *f*
▶ PHRASES: **to bring sb out of their ~** jdn aus der Reserve locken; **to come out of one's ~** aus sich *dat* herausgehen; **to go** [**back**] [*or* **crawl** [**back**]] [*or* **retreat**] **into one's ~** sich *akk* in sein Schneckenhaus zurückziehen
II. *vt* ■**to ~ sth** ① (*remove shell*) etw schälen; **to ~ nuts** Nüsse knacken; **to ~ peas** Erbsen enthülsen
② (*bombard*) etw [mit Granaten] bombardieren
III. *vi* **to ~ easily** sich *akk* leicht schälen lassen
◆**shell out** (*fam*) **I.** *vt* ■**to ~ sth** ↻ **out** für etw *akk* blechen *fam;* ***you'll have to ~ out a few thousand for your engine*** du wirst ein paar Tausender für deinen Motor hinlegen müssen *fam*
II. *vi* ① (*pay*) ■**to ~ out for sth/sb** für etw/jdn bezahlen
② COMPUT ■**to ~ out from sth** von etw *dat* zur Shell wechseln
she'll [ʃi:l] = **she shall, she will** *see* **will**[1], **shall**
shellac [ʃə'læk] *n* Schellack *m*
shellacking [ʃə'lækɪŋ] *n usu sing* AM, AUS (*sl*) [eine Tracht] Prügel; **to give sb a ~** jdm [eine Tracht] Prügel verabreichen; **to take a ~** Prügel einstecken [*o* beziehen]
shellfire *n no pl* Geschützfeuer *nt,* Granatenbeschuss *m;* **to come under heavy ~** unter schweren Beschuss geraten **shellfish** <*pl* -> *n* Schalentier *nt*
shelling ['ʃelɪŋ] *n no pl* (*bombardment*) Bombardierung *f;* (*shellfire*) Geschützfeuer *nt*
shell-like *n* BRIT (*hum*) ***may I have a word in your ~ ear?*** wenn Sie mir huldvoll Ihr Ohr leihen würden? *hum* **shellproof** *adj* bombensicher **shell shock** *n no pl* Kriegsneurose *f* **shell-shocked** *adj* ① (*after battle*) kriegsneurotisch
② (*fam: dazed*) schockiert, völlig geschockt *fam;* ■**to be ~** wie vom Blitz getroffen sein **shell suit** *n* Trainingsanzug *m* (*mit Wasser abweisender Nylonoberfläche*)
shelter ['ʃeltəʳ, AM -ɚ] **I.** *n* ① *no pl* Schutz *m;* **to find ~** Schutz finden; ***we found ~ in an abandoned house*** in einem verlassenen Haus fanden wir Schutz; **to give** [*or* **provide**] **~ from sth** vor etw *dat* Schutz bieten; **to take ~** Schutz suchen
② (*structure*) Unterstand *m;* (*sth to sit in*) Häuschen *nt;* **bus ~** Häuschen *nt* an der Bushaltestelle; (*hut*) Schutzhütte *f;* MIL Unterstand *m;* **air raid ~** Luftschutzraum *m;* (*building for the needy*) Heim *nt,* Unterkunft *f;* **a ~ for the homeless** ein Obdachlosenheim *nt;* **a ~ for battered wives** ein Frauenhaus *nt*
II. *vi* Schutz suchen; **to ~ under the eaves** sich *akk* unter einen Dachvorsprung stellen; **to ~ under a tree** sich *akk* unter einen Baum flüchten; **to ~ under an umbrella** sich *akk* unter einem Schirm verstecken; ■**to ~ from sth/sb** vor etw/jdm Schutz suchen
III. *vt* ① (*protect*) ■**to ~ sth/sb** [**from sth**] etw/jdn [vor etw *dat*] schützen
② AM (*from tax*) **to ~ income from tax** Einkommen steuerlich nicht abzugsfähig machen
sheltered ['ʃeltəd, AM -ɚd] *adj* ① (*against weather*) geschützt
② (*pej: overprotected*) behütet
③ AM (*tax-protected*) steuerfrei
sheltered accomodation *n,* **sheltered housing** *n no pl* Heim *nt* **sheltered workshop** *n* Behindertenwerkstatt *f*
shelve[1] [ʃelv] *vt* ■**to ~ sth** ① (*postpone*) etw aufschieben [*o* auf später verschieben]; POL etw vertagen; **to ~ a bill** die Beratung über einen Gesetzesentwurf verschieben
② (*erect shelves*) etw mit Regalen ausstatten
shelve[2] [ʃelv] *vi* GEOL abfallen
shelves [ʃelvz] *n pl of* **shelf**
shelving ['ʃelvɪŋ] *n no pl* Regale *ntpl;* **adjustable ~** variable Regale *ntpl*
shenanigans [ʃɪ'nænɪgənz] *npl* (*pej fam*) ① (*fraud*) Betrug *m kein pl,* Betrügereien *fpl;* (*trickery*) Gaunereien *fpl,* krumme Dinger *ntpl fam*
② (*pranks*) [derbe] Späße *pl,* Streiche *pl*
shepherd ['ʃepəd, AM -ɚd] **I.** *n* Schäfer(in) *m(f),* Schafhirte, -in *m, f;* (*fig*) [Seelen]hirte *m;* **the Lord is my ~** der Herr ist mein Hirte
II. *vt* ① (*look after*) **to ~ sheep** Schafe hüten
② (*drive*) **to ~ a herd into sth** eine Herde in etw *akk* treiben
③ (*guide*) **to ~ sb towards the door** jdn zur Tür führen [*o* begleiten]
shepherdess <*pl* -es> [ʃepə'des, AM 'ʃepɚdɪs] *n* Schäferin *f,* Schafhirtin *f*
shepherd's pie *n Auflauf aus Hackfleisch und Kartoffelbrei*
sherbet *n,* **sherbert** ['ʃɜ:bət, AM 'ʃɜ:r-, -bɚt] *n* ① *no pl* BRIT, AUS (*sweet powder*) Brausepulver *nt*
② AM (*sorbet*) Sorbet[t] *m o nt*
sherd [ʃɜ:d, AM ʃɜ:rd] *n see* **potsherd** [Ton]scherbe *f*
sheriff ['ʃerɪf] *n* ① AM (*law officer*) Sheriff *m*
② BRIT (*county official*) Grafschaftsvogt, Grafschaftsvögtin *m, f*
③ SCOT (*judge*) Amtsrichter(in) *m(f)*
④ LAW [**High**] **S~** *oberster Verwaltungsbeamter einer Grafschaft mit gerichtlichen Aufgaben*
Sherpa <*pl* – *or* -s> ['ʃɜ:pə, AM 'ʃɜ:r-] *n* Sherpa *m*
sherry ['ʃeri] *n* Sherry *m*
sherry glass *n* Sherryglas *nt*
she's [ʃi:z, ʃɪz] = **she is, she has** *see* **be, have I, II**

Shetland Islands *npl,* **Shetlands** ['ʃetləndz] *npl* ■**the** ~ die Shetlandinseln *pl*
Shetland pony *n* Shetlandpony *nt*
shew [ʃəʊ, AM ʃoʊ] *vt* (*dated*) *see* **show**
Shia <*pl* – *or* -s> ['ʃiːə] *n* ❶ *no pl* (*branch of Islam*) Schia *f*
❷ (*muslim*) Schiit(in) *m(f)*
shiatsu [ʃi'ætsu, AM -'ɑːt-] *n no pl* Shiatsu *nt*
shibboleth ['ʃɪbəleθ, AM -bə-] *n* (*form*) ❶ (*pej: outmoded doctrine*) Klischee *nt;* **outworn** ~ überholte [*o* veraltete] Ansicht, alter Zopf *fam*
❷ (*password*) Losungswort *nt,* Schibboleth *nt*
shicer ['ʃaɪsəʳ] *n* AUS Schwindler(in) *m(f),* Betrüger(in) *m(f)*
shield [ʃiːld] **I.** *n* ❶ (*defensive weapon*) [Schutz]schild *m*
❷ (*with coat of arms*) [Wappen]schild *m o nt*
❸ (*protective device*) Schutz *m kein pl,* Schutzvorrichtung *f;* (*screen*) Schutzschirm *m,* Schutzschild *m;* ELEC Abschirmung *f;* MIN Schutzdach *nt*
❹ (*fig: protection*) Schutz *m kein pl* (**against** gegen +*akk*); ***the ozone layer acts as a ~ protecting the earth from the sun's radiation*** die Ozonschicht schirmt die Erde vor der Sonneneinstrahlung ab
❺ SPORTS Trophäe *f,* Abzeichen *nt* (*in Form eines Wappenschildes*)
❻ AM (*police officer's badge*) Polizeiabzeichen *nt*
II. *vt* ❶ (*protect*) ■**to** ~ **sth/sb** [**from sth/sb**] etw/jdn [vor etw/jdm] beschützen; **to** ~ **one's eyes** die Augen schützen [*o* abschirmen]; **to** ~ **sb from criticism** jdn vor Kritik schützen
❷ COMPUT ■**to** ~ **sth** etw abschirmen
shield-bearer *n* (*hist*) Schildknappe *m hist*
shift [ʃɪft] **I.** *vt* ❶ (*move*) ■**to** ~ **sth** etw [weg]bewegen; (*move slightly*) *furniture* etw verschieben; ***we ~ed all the furniture into the spare bedroom*** wir haben die ganzen Möbel in das freie Zimmer gebracht; **to** ~ **sth out of the way** etw aus dem Weg räumen [*o* wegräumen]
❷ (*transfer elsewhere*) **to** ~ **the blame** die Schuld abwälzen; **to** ~ **the blame onto sb** die Schuld auf jdn abwälzen, jdm die Schuld zuschieben; **to** ~ **the emphasis** die Betonung [*o* Gewichtung] verlagern [*o* verändern]; **to** ~ **one's ground** seinen Standpunkt ändern; **to** ~ **one's weight** das Gewicht verlagern
❸ *esp* AM MECH **to** ~ **gears** schalten
❹ BRIT, AUS (*fam: get rid of*) ■**to** ~ **sth** etw entfernen [*o fam* wegmachen]; **to** ~ **stains** Flecken entfernen [*o fam* rausmachen]
❺ BRIT, AUS (*fam: sell*) ■**to** ~ **sth** etw verkaufen
❻ COMPUT ■**to** ~ **sth** etw umschalten
II. *vi* ❶ (*move*) sich *akk* bewegen; (*change position*) die [*o* seine] Position verändern; ***it won't ~*** es lässt sich nicht bewegen; ***she ~ed uneasily from one foot to the other*** sie trat unruhig von einem Fuß auf den anderen; ***the wind is ~ing to the east*** der Wind dreht nach Osten; ***the balance of power has ~ed in China's favour*** das Gleichgewicht der Kräfte hat sich zugunsten Chinas verlagert; ***media attention has ~ed recently onto environmental issues*** die Medien haben ihr Interesse neuerdings den Umweltthemen zugewandt; ***his eyes kept ~ing to the clock*** seine Augen wanderten ständig zur Uhr
❷ *esp* AM AUTO ■**to** ~ **up/down** hinauf-/hinunterschalten; **to** ~ **into reverse** den Rückwärtsgang einlegen
❸ BRIT (*sl: move over*) ***would you ~*** mach mal bitte Platz *fam,* rutsch mal rüber *fam*
❹ (*dated: fend*) **to** ~ **for oneself** für sich *akk* selbst sorgen, allein zurechtkommen
❺ BRIT (*fam: move very fast*) schnell fahren; ***that car can really ~!*** dieses Auto zieht wirklich gut
III. *n* ❶ (*alteration*) Wechsel *m,* Änderung *f;* ***there was an abrupt ~ of economic policy in November*** im November kam es zu einem plötzlichen Kurswechsel in der Wirtschaftspolitik; ***a ~ in the temperature is expected tonight*** heute Nacht soll die Temperatur umschlagen; ***a fundamental ~ in people's attitudes to drinking and driving has taken place*** die Einstellung der Leute gegenüber Alkohol am Steuer hat sich grundlegend geändert; **a** ~ **in the balance of power** eine Verlagerung im Gleichgewicht der Kräfte; **a** ~ **in opinion** ein Meinungsumschwung *m*
❷ LING Lautverschiebung *f;* **consonant/vowel** ~ Konsonanten-/Vokalverschiebung *f*
❸ (*period of work*) Schicht *f;* **day/night** ~ Tag-/Nachtschicht *f;* **to be on the night** ~ Nachtschicht haben; **to work in ~s** Schicht arbeiten, Schichtdienst machen
❹ + *sing/pl vb* (*people working a shift*) Schicht *f*
❺ (*type of dress*) Hänger *m*
shiftily ['ʃɪftɪli] *adv* (*evasively*) ausweichend; (*suspiciously*) verdächtig
shiftiness ['ʃɪftɪnəs] *n no pl* Unaufrichtigkeit *f,* Verschlagenheit *f; of person, character* Fragwürdigkeit *f*
shifting ['ʃɪftɪŋ] *adj attr, inv* sich *akk* verändernd, veränderlich; ~ **values** Wertewandel *m*
shifting cultivation *n no pl* AGR Fruchtfolge *f*
shifting sands *npl* Treibsand *m kein pl*
shift key *n of a typewriter* Umschalter *m;* COMPUT Shift-Taste *f,* Umschalttaste *f*
shiftless ['ʃɪftləs] *adj* (*pej: idle*) träge; (*lacking purpose*) ziellos
shiftwork *n no pl* Schichtarbeit *f,* Schichtdienst *m*
shiftworker *n* Schichtarbeiter(in) *m(f)*
shifty ['ʃɪfti] *adj* verschlagen, falsch, hinterhältig; ~ **eyes** unsteter Blick; **to look** ~ verdächtig aussehen
shifty-eyed *adj* ■**to be** ~ unstet [*o* rastlos] umherblicken; ***she avoided the ~ man*** sie vermied den Mann, der ständig seine Blicke umherschweifen ließ
shifty-looking *adj* verdächtig aussehend *attr*
Shiism ['ʃiːɪzəm] *n no pl* Schiismus *m*
Shiite ['ʃiːaɪt] **I.** *n* Schiit(in) *m(f)*
II. *adj inv* schiitisch
shill [ʃɪl] *n* AM (*fam*) Zugpferd *nt fig*
shilling ['ʃɪlɪŋ] *n* (*hist*) Schilling *m* (*alte britische Münze im Wert von 5 Pence*)
shilly-shally <-ie-> ['ʃɪliʃæli] *vi* (*pej fam*) unentschlossen sein, schwanken
shimmer ['ʃɪməʳ, AM -ɚ] **I.** *vi* schimmern; **~ing heat haze** flimmernde [*o* flirrende] Hitze
II. *n usu sing* Schimmer *m,* Schimmern *nt*
shimmy ['ʃɪmi] **I.** *n* ❶ (*dance*) ■**the** ~ der Shimmy; **to do the** ~ den Shimmy tanzen
❷ *no pl* TECH Flattern *nt*
II. *vi* <-ie-> ❶ (*dance the shimmy*) den Shimmy tanzen; (*walk with sway*) *sich beim Gehen in den Hüften wiegen;* ***she shimmied through the door*** mit einem eleganten Hüftschwung ging sie durch die Tür
❷ TECH (*shake*) *wheel* flattern; (*vibrate*) *wheel* vibrieren
shin [ʃɪn] **I.** *n* ❶ (*of leg*) Schienbein *nt;* **to kick sb on the** ~ jdm gegen das Schienbein treten
❷ *no pl* (*of beef*) Hachse *f;* **a** ~ **of beef** eine Rinderhachse
II. *vi* <-nn-> ■**to** ~ **down** [**sth**] [rasch] [etw] hinunterklettern; ■**to** ~ **up** [**sth**] [rasch] [auf etw *akk*] hinaufklettern
shin bone *n* Schienbein *nt,* Schienbeinknochen *m*
shindig ['ʃɪndɪg] *n* (*fam*), **shindy** ['ʃɪndi] *n* (*fam*) ❶ (*loud party*) [wilde] Party [*o fam* Fete]
❷ (*argument*) erregte Auseinandersetzung, Krach *m fam;* **to kick up a** ~ lautstark protestieren, Krach schlagen *fam*
shine [ʃaɪn] **I.** *n no pl* Glanz *m*
► PHRASES: [**come**] **rain or** ~ komme, was da wolle; **to take a** ~ **to sb** jdn ins Herz schließen
II. *vi* <shone *or* shined, shone *or* shined> ❶ (*give off light*) *moon, sun* scheinen; *stars* glänzen, leuchten; *gold, metal* glänzen; *light* leuchten, scheinen; ***the floodlights shining on the Parthenon*** das Flutlicht, das den Parthenon anstrahlt; ***the light shone in my eyes*** das Licht schien mir in die Augen; ***their bodies were shining with sweat*** ihre Körper glänzten vor Schweiß; ***he polished the brass till it shone*** er polierte das Messing, bis es glänzte
❷ (*fig: be gifted*) glänzen, brillieren; ***she ~s at science*** sie ist hervorragend in Naturwissenschaften
❸ (*fig: show happiness*) ***her eyes shone with happiness*** ihre Augen strahlten vor Glück; (*be obvious*) ***her honesty and sincerity ~ out of her*** sie strahlt Ehrlichkeit und Aufrichtigkeit aus
III. *vt* <shone *or* shined, shone *or* shined> ❶ (*point light*) **to** ~ **a beam of light at sth/sb** etw/jdn anstrahlen; **to** ~ **a light down a well** in einen Brunnen hinunterleuchten; **to** ~ **a torch** [*or* AM **flashlight**] **into sth** in etw *akk* hineinleuchten; **to** ~ **a torch** [*or* AM **flashlight**] **on**[**to**] **sth/sb** etw/jdn mit einer Taschenlampe anstrahlen
❷ (*polish*) ■**to** ~ **sth** etw polieren; **to** ~ **shoes** Schuhe polieren
◆**shine out** *vi* ❶ (*be easily seen*) [auf]leuchten
❷ (*fig: excel, stand out*) herausragen
◆**shine through** *vi* gut sichtbar sein, auffallen; ■**to** ~ **through sth** durch etw *akk* [hin]durchscheinen
shiner ['ʃaɪnəʳ, AM -ɚ] *n* (*fam*) blaues Auge, Veilchen *nt fam*
shingle ['ʃɪŋgl̩] *n* ❶ *no pl* (*pebbles*) Kies *m;* ~ **beach** Kiesstrand *m*
❷ (*tile*) Schindel *f*
shingle roof *n* Schindeldach *nt*
shingles ['ʃɪŋgl̩z] *npl* + *sing vb* MED Gürtelrose *f,* Zoster *m fachspr*
shingly ['ʃɪŋgli] *adj* kiesig, Kies-; ~ **beach** Kiesstrand *m*
shininess ['ʃaɪnɪnəs] *n no pl* Glanz *m,* Glänzen *nt*
shining ['ʃaɪnɪŋ] *adj* ❶ (*gleaming*) glänzend
❷ (*with happiness*) strahlend; ~ **eyes** strahlende Augen
❸ (*outstanding*) hervorragend; ~ **example** leuchtendes [*o* glänzendes] Beispiel
► PHRASES: **a knight in** ~ **armour** ein edler Ritter
shinny <-ie-> ['ʃɪni] *vi* AM, AUS (*shin*) klettern; ■**to** ~ **up/down sth** etw hinauf-/hinunterklettern
shin splints *npl* + *sing/pl vb Entzündung der Schienbein- und Zehenstreckmuskeln*
Shinto ['ʃɪntəʊ, AM -toʊ] *n,* **Shintoism** ['ʃɪntəʊɪzəm, AM -toʊ-] *n no pl* Schintoismus *m*
shinty ['ʃɪnti] *n* SPORTS *Variante des Hockeyspiels*
shiny ['ʃaɪni] *adj* glänzend; (*very clean*) *surface, metal* [spiegel]blank; ~ **bright** hell leuchtend *attr,* hell glänzend *attr;* **a** ~ **bright silver dollar** ein blanker Silberdollar; ■**to be** ~ glänzen
ship [ʃɪp] **I.** *n* Schiff *nt;* **~'s papers** Schiffspapiere *ntpl;* **passenger** ~ Passagierschiff *nt;* **merchant** ~ Handelsschiff *nt;* **naval** ~ Schiff *nt* der Marine; **sailing** ~ Segelschiff *nt;* **to board a** ~ an Bord eines Schiffes gehen; **to jump** ~ ohne Erlaubnis abheuern; ■**by** ~ mit dem Schiff; (*goods*) per Schiff
II. *vt* <-pp-> ■**to** ~ **sth** ❶ (*send by boat*) etw verschiffen, etw per Schiff versenden; **to** ~ **freight** [*or* **merchandise**] Frachtgut [*o* Waren] verschiffen
❷ (*transport*) etw transportieren [*o* befördern]
◆**ship in** *vt* ■**to** ~ **sth** ↔ **in** etw einschiffen, etw per Schiff einführen
◆**ship off** *vt* ❶ (*send by ship*) ■**to** ~ **off** ↔ **sb/sth** jdn/etw verschiffen; **to** ~ **off goods** Waren per Schiff verschicken
❷ (*fam: send away*) ■**to** ~ **off** ↔ **sb** jdn wegschicken; ***the children had already been ~ped off to stay with their grandparents*** die Kinder hatte man bereits zu den Großeltern geschickt
◆**ship out I.** *vt* ■**to** ~ **sth** ↔ **out** etw per Schiff senden [*o* schicken]
II. *vi* (*fam*) sich *akk* verziehen *fam*
shipboard *adj attr, inv* Bord-; ~ **activities** Veranstaltungen *fpl* an Bord [eines Schiffes]; **a** ~ **romance** eine Liebesaffäre während einer Schiffsreise **shipbuilder** *n* ❶ (*person*) Schiff[s]bauer(in) *m(f)* ❷ (*business*) Schiff[s]baufirma *f,* Werft *f* **shipbuilding** *n no pl* Schiffbau *m* **ship canal** *n* Schifffahrtskanal *m* **ship chandler** *n* ❶ (*person*) Schiffsausrüster(in) *m(f)* ❷ (*business*) Schiffsausrüster *m* **shipload** *n* Schiffsladung *f* **shipmate** *n* Schiffskamerad(in) *m(f)*
shipment ['ʃɪpmənt] *n* ❶ (*consignment*) Sendung *f,* Ladung *f*

S

❷ *no pl* (*dispatching*) Transport *m*, Versand *m*
shipowner *n* ❶ (*inland navigation*) Schiffseigner(in) *m(f)*
❷ (*ocean navigation*) Reeder(in) *m(f)*
shipper [ˈʃɪpəʳ, AM -ɚ] *n* ❶ (*person*) Spediteur(in) *m(f)*, Befrachter(in) *m(f)*
❷ (*business*) Spediteur *m*; **wine** ~ Weinlieferant *m*
shipping [ˈʃɪpɪŋ] *n no pl* ❶ (*ships*) Schiffe *ntpl* [eines Landes]; ***this stretch of water is heavily used by*** ~ dies ist eine stark befahrene Wasserstraße; **weather forecast for** ~ Seewetterbericht *m*
❷ (*transportation of goods*) Versand *m*, Transport *m*; (*by ship*) Verschiffung *f*
shipping agency *n* Schiffsagentur *f*; (*courier*) Zustelldienst *m*, Kurierdienst *m*; (*for packages also*) Paketdienst *m* **shipping agent** *n* ❶ (*courier*) Zustelldienst *m*, Kurierdienst *m* ❷ (*shipper*) Schiffsagent(in) *m(f)*; (*company also*) Seehafenspediteur *m* **shipping and handling** *n no pl* Porto *nt* und Versand *m* **shipping clerk** *n* Expedient(in) *m(f)* **shipping company** *n* Reederei *f* **shipping expenses** *npl* Versandkosten *pl* **shipping lane** *n* Schifffahrtsweg *m* **shipping line** *n* Schifffahrtslinie *f* **shipping master** *n* Seeamtsleiter(in) *m(f)*; (*shipping agent*) Schiffsmakler(in) *m(f)* **shipping office** *n* ❶ (*of shipping master*) Seemannsamt *nt*, [staatlich überwachtes] Heuerbüro *nt* ❷ (*of shipping agent*) Schiffsmaklerbüro *nt*, Schiffsagentur *f* ❸ (*courier*) Kurierdienst *m*; (*for packages also*) Paketdienst *m* **shipping terminal** *n* Einschiffungshafen *m*
ship's biscuit *n no pl esp* BRIT Schiffszwieback *m* **ship's captain** *n* Schiffskapitän(in) *m(f)* **ship's chandler** *n* ❶ (*person*) Schiffsausrüster(in) *m(f)* ❷ (*business*) Schiffsausrüster *m* **ship's chaplain** *n* Schiffsgeistliche(r) *m* **ship's crew** *n* + *sing/pl vb* Schiffsmannschaft *f*, Schiffsbesatzung *f*, Crew *f*
shipshape *adj pred* (*fam*) aufgeräumt; **to get sth** ~ etw aufräumen
► PHRASES: ~ **and Bristol fashion!** BRIT (*dated*) in tadellosem Zustand, tadellos!
ship's log *n* Logbuch *nt*, Schiffstagebuch *nt*; **to write up the** ~ das Logbuch führen
ship-to-shore *adj inv* ~ **attack** Beschießung *f* der Küste von See aus; ~ **radio** Seefunk *m* **shipway** *n* NAUT Stapel *m*, Helling *f* **shipwreck I.** *n* ❶ (*accident*) Schiffbruch *m*; ***the danger of*** ~ ***is much greater in fog*** die Gefahr, Schiffbruch zu erleiden, ist bei Nebel weitaus größer ❷ (*remains*) [Schiffs]wrack *nt* **II.** *vt usu passive* ■**to be ~ed** ❶ NAUT Schiffbruch erleiden ❷ (*fig: fail*) Schiffbruch erleiden, scheitern **shipwrecked** *adj inv* schiffbrüchig; **a ~ sailor** ein schiffbrüchiger Seemann **shipwright** [ˈʃɪpraɪt] *n* Schiffszimmermann **shipyard** *n* [Schiffs]werft *f*
shire [ˈʃaɪəʳ] *n* BRIT (*hist*) Grafschaft *f*
shire county *n* BRIT ländliche Grafschaft **shire horse** *n* Shire[horse] *nt* (*schweres englisches Zugpferd*)
shirk [ʃɜːk, AM ʃɜːrk] (*pej*) **I.** *vt* ■**to ~ sth** etw meiden; **to ~ one's responsibilities** sich *akk* seiner Verantwortung entziehen
II. *vi* ■**to ~ from sth** etw meiden, sich *akk* etw *dat* entziehen
shirker [ˈʃɜːkəʳ, AM ˈʃɜːrkɚ] *n* (*pej*) Drückeberger(in) *m(f) fam*; ***she is no ~ of a tough decision*** sie scheut vor unangenehmen Entscheidungen nicht zurück
shirt [ʃɜːt, AM ʃɜːrt] *n* (*with buttons*) Hemd *nt*; (*without buttons*) Pulli *m*; **silk** ~ Seidenhemd *nt*; **short-/long-sleeved** ~ kurzärmeliges/langärmeliges Hemd
► PHRASES: **to give sb the ~ off one's back** sein letztes Hemd für jdn hergeben *fam*; **to have the ~ off sb's back** jdm das Hemd über den Kopf ziehen *fam*; **keep your ~ on!** (*stay calm*) reg dich ab!; (*have patience*) einen Moment bitte!; **to lose one's** ~ sein ganzes Geld verlieren; **to put one's ~ on sth** BRIT sich *dat* einer S. *gen* sicher sein, auf etw *akk* wetten *fam*
shirt collar *n* Hemdkragen *m* **shirt dress** [ˈʃɜːtˌdres, AM ˈʃɜːrt-] *n* Hemdkleid *nt* **shirt front** *n* Hemdbrust *f*
shirting [ˈʃɜːtɪŋ, AM ˈʃɜːrt̬-] *n no pl* Hemdenstoff *m*
shirt pocket *n* Hemdtasche *f* **shirtsleeve** *n usu pl* Hemdsärmel *m*, Hemdärmel *m* ÖSTERR; **to be in ~s** in Hemdsärmeln sein ► PHRASES: **to roll up one's ~s** die Ärmel hochkrempeln *fam* **shirtsleeved** *adj inv* in Hemdsärmeln *nach n* **shirt tail** *n usu pl* Hemd[en]schoß *m* **shirtwaist** *n esp* AM Hemdbluse *f* **shirtwaister** *n* Hemdblusenkleid *nt*
shirty [ˈʃɜːti] *adj* BRIT, AUS (*pej fam*) verärgert, sauer *sl*; ***don't get ~ with me!*** sei nicht so griesgrämig! *fam*
shish kebab [ˈʃiːʃkɪˌbæb, AM ˈʃɪʃkəˌbɑːb] *n* Schaschlik *nt*
shit [ʃɪt] (*fam!*) **I.** *n* ❶ *no pl* (*faeces*) Scheiße *f derb*, Kacke *f derb*; **dog** ~ Hundescheiße *f derb*, Hundekacke *f fam*; **to have** [*or* AM **take**] **a** ~ scheißen *derb*
❷ (*diarrhoea*) ■**the ~s** *pl* Dünnschiss *m kein pl derb*, Durchfall *m kein pl*
❸ *no pl* (*nonsense*) Scheiße *m derb*, Quatsch *m fam*; **a load of** ~ ein einziger Mist *derb*, ein Haufen *m* Scheiße *derb*
❹ *no pl* (*flak*) Anschiss *m sl*; ***Nicky gets a lot of ~ from his parents*** Nicky muss sich von seinen Eltern ganz schön was anhören *fam*
❺ *no pl* (*unfairness*) Ungerechtigkeit *f*; ***Jackie doesn't take any ~ from anyone*** Jackie lässt sich von niemandem was gefallen *fam*
❻ *no pl* AM (*anything*) ***he doesn't know ~ about what's going on*** er hat keinen blassen Schimmer, was los ist *fam*
❼ *no pl esp* AM (*things*) Zeug *nt kein pl fam*; ***quit doing that*** ~ hör auf, so einen Quatsch zu machen *fam*
❽ (*pej!: contemptible person*) Scheißkerl *m fam*, Arschloch *nt derb*; **little** ~ kleines Arschloch
❾ *no pl* (*cannabis*) Haschisch *nt*
► PHRASES: **to have ~ for brains** nur Stroh im Kopf haben *fam*; **to be up ~[s] creek** [**without a paddle**] [tief] in der Scheiße stecken *derb*; **big ~!** scheißegal! *derb*; **to get one's ~ together** *esp* AM (*fam!*) besser werden, sich *akk* zusammenreißen; **to have one's ~ together** *esp* AM (*approv*) etw zustande bringen; **to beat** [*or* **kick**] [*or* **knock**] **the ~ out of sb** jdn zu Hackfleisch machen *derb*, jdm die Eier polieren *derb*; **eat ~!** AM leck mich am Arsch! *derb*; **go eat ~!** verpiss dich! *derb*; [**the**] **~ flies** [*or* **hits the fan**] es gibt Ärger; ***if Dad finds out how much money you've spent, the ~ will really hit the fan*** wenn Papa rausfindet, wie viel Geld du ausgegeben hast, dann kannst du dich auf was gefasst machen *fam*; **to frighten** [*or* **scare**] **the ~ out of sb** jdn zu Tode erschrecken; **to give sb the ~s** AUS jdn ärgern; **to not give a ~ about sth/sb** sich *akk* einen Dreck um etw/jdn scheren *derb*; ***I couldn't give a ~*** [***about***] ***what happens to her now*** es ist mir scheißegal, was jetzt mit ihr passiert *derb*; **to shoot the** ~ AM plaudern; **no ~!** tatsächlich? *a. iron*
II. *interj* Scheiße *derb*
III. *vi* <-tt-, shit *or* shitted *or* BRIT *also* shat, shit *or* shitted *or* BRIT *also* shat> scheißen *derb*; **to need to** ~ dringend müssen *fam*; ■**to ~ on sb** *esp* AM (*fig sl*) jdn wie Dreck behandeln *fam*
IV. *vt* <-tt-, shit *or* shitted *or* BRIT *also* shat, shit *or* shitted *or* BRIT *also* shat> ❶ *esp* AM (*scare*) **to ~ bricks** [*or* **a brick**] zu Tode erschrocken sein, sich *dat* vor Angst in die Hosen machen *fam*; ■**to ~ oneself** sich *dat* in die Hosen machen *fam*
❷ (*vulg sl: bullshit*) ■**to ~ sb** jdn verarschen *derb*
V. *adv* **to be ~ out of luck** (*fam!*) ein Scheißpech haben *derb*
shitbag *n* (*pej! sl*) Scheißkerl *m derb*
shite [ʃaɪt] BRIT **I.** *n* ❶ *no pl* (*fam!: shit*) Scheiße *f derb*, Kacke *f derb*
❷ *no pl* (*fam!: rubbish*) Scheiße *f derb*; **a pile of** ~ ein Haufen *m* Scheiße *derb*
❸ (*pej! fam!: person*) Scheißkerl *m derb*, Arschloch *nt derb*
II. *interj* (*fam!*) Scheiße *derb*
shit-eating grin *n* AM (*fam!*) überhebliches [*o* arrogantes] Lächeln; **to have** [*or* **wear**] **a** ~ überheblich lächeln **shitface** *n* (*pej! fam!*) Arschloch *nt derb*, Scheißkerl *m derb* **shit-faced** *adj* (*fam!*) stockbesoffen *fam* **shithead** *n* (*pej! fam!*) Scheißkerl *m pej derb*, Mistkerl *m pej derb* **shithole** *n* (*pej! fam!*) Loch *nt fam*, Bruchbude *f sl* **shithouse** *n* (*fam!*) ❶ (*outhouse*) Scheißhaus *nt derb* ❷ (*pej: disgusting place*) Loch *nt fam*, Bruchbude *f sl*; ***those unofficial casinos are complete ~s*** diese inoffiziellen Casinos sind die letzten Bruchbuden *fam* ► PHRASES: **to be in the** ~ in der Scheiße stecken *derb* **shitkickers** *npl* Springerstiefel *mpl*
shitless [ˈʃɪtləs] *adj inv* ► PHRASES: **to be bored** ~ (*fam!*) sich sträflich [*o* zu Tode] langweilen
shitlist *n* AM (*pej! fam!*) schwarze Liste *fam*; ***he's on my*** ~ bei mir ist er unten durch **shitload** *n no pl* (*fam!*) Haufen *m fam*; **to be in a ~ of trouble** jede Menge [*o* einen Haufen] Ärger haben *fam* **shit stirrer** *n* BRIT (*fam!*) Denunziant(in) *m(f)* **shit stirring** *n no pl* BRIT (*fam!*) Denunzierung *f*
shitty [ˈʃɪti, AM -t̬-] *adj* (*fam!*) ❶ (*nasty*) beschissen *derb*
❷ (*ill*) beschissen *derb*; **to feel** ~ sich *akk* beschissen fühlen
shiver [ˈʃɪvəʳ, AM -ɚ] **I.** *n* ❶ (*shudder*) Schauder *m*, Schauer *m*; ***a ~ went up and down my spine*** mir lief es kalt den Rücken hinunter; ***a ~ ran through the leaves*** die Blätter erzitterten; **to feel a** ~ erschaudern
❷ MED ■**the ~s** *pl* Schüttelfrost *m kein pl*; **to give sb the ~s** (*fig fam*) jdn das Fürchten lehren
II. *vi* zittern; **to ~ with cold** frösteln; ***he ~ed with cold in his thin cotton shirt*** ihn fröstelte in seinem dünnen Baumwollhemd; **to ~ like a leaf** [*or* **jelly**] wie Espenlaub zittern
shivery [ˈʃɪvəri, AM -ɚi] *adj* fröstelnd; **to be/feel** ~ frösteln
shivoo [ʃɪˈvuː] *n* AUS (*fam*) Party *f*, Fete *f fam*
shlep <-pp-> *vt, vi* AM (*fam*) *see* **schlep(p)**
shoal¹ [ʃəʊl, AM ʃoʊl] *n* ❶ (*of fish*) Schwarm *m*; ■**in ~s** in Schwärmen
❷ (*many*) ■**~s of ...** *pl* Massen von ... [*o* Unmengen]; ■**in ~s** in Scharen, massenweise
shoal² [ʃəʊl, AM ʃoʊl] **I.** *n* ❶ (*area of shallow water*) seichte Stelle
❷ (*sand bank*) Sandbank *f*
II. *vi water* flacher werden
shock¹ [ʃɒk, AM ʃɑːk] **I.** *n* ❶ (*unpleasant surprise*) Schock *m*; ***be prepared for a*** ~ mach dich auf etwas Schlimmes gefasst; ***she slowly recovered from the ~ of losing her husband*** sie erholte sich nur langsam von dem Schock, den der Verlust ihres Mannes für sie bedeutete; ***it was a ~ to see her look so ill*** es war erschreckend, sie so krank zu sehen; ***this gave me a*** ~ das hat mir einen Schock versetzt; **the ~ of one's life** der Schock seines Lebens; **to give sb the ~ of their life** jdn zu Tode erschrecken; **look of** ~ entsetzter Blick; **a ~ to the system** eine schwierige Umstellung; **to come as a** ~ ein Schock [*o* schwerer Schlag] sein; **to get a** ~ einen Schock bekommen
❷ (*fam: electric shock*) Elektroschock *m*, elektrischer Schlag
❸ *no pl* (*serious health condition*) Schock[zustand] *m*; ***the survivors were taken to hospital suffering from*** ~ die Überlebenden wurden mit einem Schock ins Krankenhaus eingeliefert; **in** [**a state of**] ~ in einem Schockzustand; **to be in** [**a state of**] ~ unter Schock stehen
❹ *no pl* (*impact*) Aufprall *m*, Stoß *m*
❺ *usu pl* (*fam: shock absorber*) Stoßdämpfer *m*
► PHRASES: **~, horror!** (*iron*) oh Schreck, oh Graus! *hum*
II. *vt* ■**to ~ sb** jdn schockieren; ***it ~s him to hear women talking about sex*** es schockiert ihn, Frauen über Sex reden zu hören; **to ~ sb deeply** [*or* **profoundly**] jdn zutiefst erschüttern
III. *vi* schockieren; (*deeply*) erschüttern; ***the play is intended to*** ~ das Stück soll schockieren [*o* provozieren]
IV. *adj attr, inv esp* BRIT, AUS (*surprising*) überra-

schend, unerwartet; ~ **defeat** völlig unerwartete Niederlage; (*frightening*) erschreckend; ***another ~ fall in the value of the euro*** wieder ein erschreckender Kursverlust des Euro

shock² [ʃɒk, AM ʃɑːk] *n* ~ **of hair** [Haar]schopf *m*

shockable [ˈʃɒkəbl̩, AM ˈʃɑːk-] *adj* (*fam*) ■**to be ~** leicht zu schockieren [*o* erschüttern] sein; **to be easily ~** leicht aus der Fassung zu bringen sein

shock absorber *n* AUTO Stoßdämpfer *m*

shocked [ʃɒkt, AM ʃɑːkt] *adj* schockiert, entsetzt; ***we were ~ to see smoke pouring out of a hole in our roof*** wir waren entsetzt, als wir sahen, wie Rauch aus einem Loch in unserem Dach drang; **a ~ silence** erschrockenes Schweigen

shocker [ˈʃɒkəʳ, AM ˈʃɑːkɚ] *n* (*fam*) ❶ (*shocking thing*) Schocker *m fam;* ***the Sun's headline was a deliberate ~*** die Schlagzeile der Sun sollte schockieren
❷ (*very bad thing*) Katastrophe *f;* ***the match was a ~*** das Match war katastrophal [*o* schrecklich]
❸ (*crazy person*) abgedrehter Typ *sl;* **to be a ~** die Leute schockieren *fam*

shock-headed *adj inv* strubbelig; ■**to be ~** strubbelige Haare [*o* einen Strubbelkopf] haben

shocking [ˈʃɒkɪŋ, AM ˈʃɑːk-] *adj* ❶ (*distressing*) schockierend; ~ **accident** entsetzlicher Unfall; ~ **news** schockierende Nachricht
❷ *esp* AM (*surprising*) völlig überraschend
❸ (*offensive*) schockierend; ~ **affront** unerhörte Beleidigung; ~ **crime** abscheuliches Verbrechen; ~ **scene** anstößige Szene
❹ *esp* BRIT (*fam: appallingly bad*) schrecklich, furchtbar; ***my memory is ~*** ich habe ein furchtbar schlechtes Gedächtnis; ***what ~ weather!*** was für ein scheußliches Wetter!; **to be in a ~ state** in sehr schlechter Verfassung sein

shockingly [ˈʃɒkɪŋli, AM ˈʃɑːk-] *adv* ❶ (*distressingly*) erschreckend; ***the animals had been ~ mistreated*** die Tiere waren schrecklich misshandelt worden; ***stories of battered children are ~ familiar*** Geschichten über misshandelte Kinder sind uns leider nur allzu vertraut; ~ **realistic** erschreckend realistisch
❷ (*extremely*) extrem; ***they charge ~ high prices*** sie verlangen unverschämt hohe Preise; ~ **bad** furchtbar schlecht

shocking pink I. *n no pl* Bonbonrosa *nt*
II. *adj inv* bonbonrosa

shockproof *adj inv* ❶ (*undamageable*) bruchsicher, stoßsicher; ~ **watch** stoßfeste Uhr ❷ (*not producing electric shock*) berührungssicher **shock tactics** *n + sing vb* Stoßtaktik *f* **shock therapy** *n,* **shock treatment** *n* Schocktherapie *f,* Schockbehandlung *f* **shock troops** *npl* Stoßtruppen *fpl* **shock wave** *n* ❶ PHYS Druckwelle *f* ❷ (*fig*) Welle *f* der Erschütterung; ***the news sent ~s through the financial world*** die Nachricht erschütterte die Finanzwelt

shod [ʃɒd, AM ʃɑːd] I. *pt, pp of* **shoe**
II. *adj inv* beschuht; ~ **in boots** in Stiefeln; ***he went riding, ~ in leather boots*** er ritt in Lederstiefeln aus; **to be well-/poorly ~** gute/schlechte Schuhe tragen

shoddily [ˈʃɒdɪli, AM ˈʃɑːd-] *adv* (*pej*) ❶ (*slipshod*) schlampig *fam;* **to be ~ made** schlecht gemacht sein *fam*
❷ (*inconsiderately*) schäbig; **to treat sb ~** jdn schäbig behandeln

shoddiness [ˈʃɒdɪnəs, AM ˈʃɑːd-] *n no pl* (*pej*) ❶ (*bad quality*) schlechte Qualität; *of goods* Minderwertigkeit *f*
❷ (*lack of respect*) Schäbigkeit *f*

shoddy [ˈʃɒdi, AM ˈʃɑːdi] *adj* (*pej*) ❶ (*poorly produced*) schlecht [*o fam* schlampig] [gearbeitet]; ~ **goods** schlechte [*o* minderwertige] Ware; ~ **little house** schäbiges Häuschen; ~ **workmanship** schlechte Verarbeitung
❷ (*inconsiderate*) schäbig, schofelig *fam*

shoe [ʃuː] I. *n* ❶ (*for foot*) Schuh *m;* **a pair of ~s** ein Paar *nt* Schuhe; **flat ~s** flache Schuhe; **high-heeled ~s** Schuhe *mpl* mit hohen Absätzen; **training ~s** Turnschuhe *mpl;* **to do** [*or* **lace**] **up** [*or* AM *also* **tie**] **one's ~s** die Schuhe zubinden; **to put on/take off one's ~s** seine Schuhe anziehen/ausziehen; **to repair ~s** Schuhe reparieren
❷ (*horseshoe*) Hufeisen *nt*
❸ TRANSP [**brake**] ~ [Brems]backe *f*
▶ PHRASES: **it's dead men's ~s** *jd muss auf den Tod eines Menschen warten, um an eine Position oder an Besitztümer zu kommen;* **to fill** [*or* **step into**] **sb's ~s** in jds Fußstapfen treten; **I wouldn't like to be in your/her ~s** ich möchte nicht in deiner/ihrer Haut stecken; **to put oneself in sb's ~s** sich *akk* in jds Lage versetzen; **to shake** [*or* **quake**] **in one's ~s** vor Angst schlottern; **if I were in your ~s** (*fam*) wenn ich du wäre, an deiner Stelle; ***if I were in your ~s, I'd write to her*** an deiner Stelle würde ich ihr schreiben
II. *vt* <shod *or* AM *also* shoed, shod *or* AM *also* shoed> **to ~ a horse** ein Pferd beschlagen

shoeblack *n esp* BRIT Schuhputzer(in) *m(f)* **shoebox** *n* Schuhkarton *m* **shoebrush** *n* Schuhbürste *f* **shoehorn** I. *n* Schuhlöffel *m* II. *vt usu passive* ■**to ~ sb/sth into sth** jdn/etw in etw *akk* hineinzwängen [*o* hineinquetschen] **shoelace** *n usu pl* Schnürsenkel *m,* Schuhband *nt* SÜDD, ÖSTERR, Schuhbändel *nt* SCHWEIZ; **to tie** [*or* **do up**] **one's ~s** sich *dat* die Schuhe zubinden **shoeless** *adj inv* unbeschuht **shoemaker** *n* Schuster(in) *m(f),* Schuhmacher(in) *m(f)* **shoe polish** *n no pl* Schuhcreme *f* **shoe-repair shop** *n* Schusterwerkstatt *f* **shoeshine** *n esp* AM Schuhputzen *nt kein pl;* **to have a ~** sich *dat* die Schuhe putzen lassen **shoeshine boy** *n esp* AM Schuhputzer *m* **shoe shop** *n,* **shoe store** *n* Schuhgeschäft *nt* **shoe size** *n* Schuhgröße *f* **shoestring** *n usu pl* AM Schnürsenkel *m,* Schuhband *nt* SÜDD, ÖSTERR, Schuhbändel *nt* SCHWEIZ ▶ PHRASES: **to do sth on a ~** (*fam*) etw mit wenig Geld machen; **to start on a ~** klein anfangen **shoestring budget** *n* **to be on a ~** mit wenig Geld auskommen müssen; **to do sth on a ~** etw mit wenig Geld machen **shoestring company** *n* finanzschwache Firma **shoestring potatoes** *npl* fritierte Kartoffeln **shoe tree** *n* Schuhspanner *m*

shone [ʃɒn, AM ʃoʊn] *pt, pp of* **shine**

shonky [ˈʃɒŋki] *adj* AUS (*fam*) minderwertig

shoo [ʃuː] (*fam*) I. *interj* (*to child*) husch [husch]
II. *vt* ■**to ~ sb/sth** jdn/etw wegscheuchen [*o* verscheuchen]; ***she ~ed the cat out of the kitchen*** sie verscheuchte die Katze aus der Küche

◆**shoo away** *vt* ■**to ~ sb/sth** ↺ **away** jdn/etw wegscheuchen [*o* verscheuchen]

shoo-in [ˈʃuːɪn] *n* AM (*fam*) ❶ (*sure win*) sicherer Sieg; ***the elections should be a ~ for the Republicans*** der Wahlsieg der Republikaner ist so gut wie sicher
❷ (*person*) *jd, der sicher gewinnt*
❸ (*obvious choice*) Favorit(in) *m(f)* (*ein als sicher geltender Kandidat/eine als sicher geltende Kandidatin*)

shook [ʃʊk] *n pt of* **shake**

shoot [ʃuːt] I. *n* ❶ (*on plant*) Trieb *m;* **tender/young ~** zarter/junger Trieb; **green ~s** (*fig*) erste [hoffnungsvolle] Anzeichen
❷ (*hunt*) Jagd *f;* **to go on a ~** auf die Jagd gehen
❸ PHOT Aufnahmen *fpl;* **to do a ~** Aufnahmen machen
II. *interj* (*euph: shit*) Scheibenkleister! *fam*
III. *vi* <shot, shot> ❶ (*discharge weapon*) schießen; ***don't move or I'll ~*** nicht bewegen oder ich schieße; **to ~ to kill** mit Tötungsabsicht schießen; **to ~ on sight** auf Sicht schießen; ■**to ~ at sth/sb** auf etw/jdn schießen
❷ SPORTS schießen
❸ + *adv, prep* (*move rapidly*) ***the car shot along the street*** das Auto jagte die Straße entlang; **to ~ to fame** über Nacht berühmt werden; **to ~ forwards** nach vorne preschen; ■**to ~ past** [*or* **by**] *car* vorbeischießen; ■**to ~ past sth/sb** an etw/jdm vorbeischießen
❹ (*film*) filmen, drehen; (*take photos*) fotografieren; **to ~ on location** am Schauplatz drehen
❺ AM (*aim*) ■**to ~ for** [*or* **at**] **sth** nach etw *dat* streben, etw anstreben
❻ (*say it*) **~!** schieß/schießen Sie los! *fam*
▶ PHRASES: **to ~ from the hip** kein Blatt vor den Mund nehmen; **to shoot for the moon** AM nach den Sternen greifen
IV. *vt* <shot, shot> ❶ (*fire*) ■**to ~ sth** *bow, gun* mit etw *dat* schießen; *arrow* etw abschießen; **to ~ a bullet** eine Kugel abfeuern
❷ (*hit*) ■**to ~ sb/an animal** jdn/ein Tier anschießen; **to ~ sb/an animal** [**dead**] jdn/ein Tier erschießen; ***you should be shot for that*** (*fam*) dafür gehörst du erschossen! *fam;* **to be shot in the head/leg** am Kopf/ins Bein getroffen werden
❸ PHOT **to ~ a film** einen Film drehen; **to ~ a picture** ein Foto machen; ***these scenes were shot in the studio*** diese Aufnahmen wurden im Studio gemacht
❹ (*direct*) **to ~ a glance at sb** einen schnellen Blick auf jdn werfen; **to ~ questions at sb** jdn mit Fragen bombardieren
❺ (*pass quickly over*) ■**to ~ sth** ***he shot three sets of traffic lights*** er raste über drei Ampelanlagen hinweg; **to ~** [**the**] **rapids** [mit einem Boot] Stromschnellen befahren
❻ (*score*) **to ~ a goal** ein Tor schießen
❼ *esp* AM (*fam: play*) **to ~ baskets** Basketball spielen; **to ~ pool/craps** Poolbillard/Craps spielen (*eine Art Würfelspiel*)
❽ (*sl: inject illegally*) **to ~ heroin** sich *dat* Heroin spritzen
▶ PHRASES: **to ~ one's bolt** sein Pulver verschießen; **to ~ the breeze** [*or* **the shit**] AM (*fam!*) einfach daherreden *fam;* **to ~ darts at sb** AM (*fam*) jdm böse Blicke zuwerfen; **to ~ a line to sb** vor jdm prahlen; **to ~ one's load** [*or* AM **wad**] (*pej! vulg*) ejakulieren; **to ~ the works** AM (*fam*) aufs Ganze gehen

◆**shoot back** *vi* zurückschießen [*o* -feuern] *fig*

◆**shoot down** *vt* ❶ (*kill*) ■**to ~ down** ↺ **sb** jdn erschießen
❷ AVIAT, MIL ■**to ~ down** ↺ **sb/sth** jdn/etw abschießen
❸ (*fam: refute*) ■**to ~ down** ↺ **sb/sth** jdn/etw niedermachen *fam;* ***Jane was able to ~ their argument down in flames*** Jane konnte ihre Argumente in der Luft zerreißen *fam*

◆**shoot off** I. *vt usu passive* **to ~ off an arm/a leg** ein Arm/ein Bein wegschießen; **to ~ a hat off** einen Hut herunterschießen
▶ PHRASES: **to ~ one's mouth off** (*sl*) sich *dat* das Maul zerreißen *derb*
II. *vi vehicle* schnell losfahren; *people* eilig aufbrechen

◆**shoot out** I. *vi* ❶ (*emerge suddenly*) ■**to ~ out** [**of sth**] plötzlich [aus etw *dat*] herauskommen [*o* hervorschießen]
❷ (*gush forth*) ■**to ~ out** [**of sth**] *water* [aus etw *dat*] herausschießen; *flames* [aus etw *dat*] hervorbrechen
II. *vt* ❶ (*extend*) ■**to ~ out** ↺ **sth** ***he shot out a hand to catch the cup*** er streckte blitzschnell die Hand aus, um die Tasse aufzufangen; ***the chameleon shot out its tongue*** das Chamäleon ließ seine Zunge hervorschnellen
❷ (*have gunfight*) ■**to ~ it out** etw [mit Schusswaffen] ausfechten
❸ (*cause to move suddenly*) ■**to ~ out** ↺ **sb** ***they were shot out of the car*** sie wurden aus dem Auto geschleudert

◆**shoot up** I. *vi* ❶ (*increase rapidly*) schnell ansteigen, emporschnellen; *skyscraper* in die Höhe schießen
❷ (*fam: grow rapidly*) *child* schnell wachsen
❸ (*sl: inject narcotics*) [sich *akk*] spritzen, sich *dat* Rauschgift spritzen, sich *dat* einen Schuss verpassen *sl,* drücken *sl*
II. *vt* ■**to ~ up** ↺ **sth** ❶ (*pepper with shots*) **to ~ up a town** in einer Stadt wild herumschießen
❷ (*inject illegally*) sich *dat* etw spritzen; **to ~ up heroin** drücken *sl*

shooter ['ʃu:təʳ, AM -t̬ɚ] *n* ❶ BRIT (*fam: gun*) Schießeisen *nt fam*
❷ SPORTS (*in netball*) [Tor]schütze, -in *m, f;* (*in basketball*) Korbschütze, -in *m, f*

shooting ['ʃu:tɪŋ, AM -t̬-] **I.** *n* ❶ (*attack with gun*) Schießerei *f;* ***there have been a number of ~s*** es gab einige Schießereien; (*from more than one side*) Schusswechsel *m;* (*killing, execution*) Erschießung *f*
❷ *no pl* (*firing guns*) Schießen *nt*
❸ *no pl* (*sport*) Jagen *nt;* **grouse ~** Moorhuhnjagd *f,* Jagd *f* auf Moorhühner; **to go ~** auf die Jagd gehen
❹ *no pl* FILM Drehen *nt,* Shooting *nt fachspr;* ***we lost a whole day's ~*** wir haben einen ganzen Drehtag verloren
II. *adj attr, inv* **~ pain** stechender Schmerz

shooting box *n* Jagdhütte *f* **shooting gallery** *n* ❶ (*for target practice*) Schießstand *m* ❷ (*sl: for narcotics users*) *Ort, an dem man sich Rauschgift spritzt* **shooting iron** *n* AM (*sl*) Schießeisen *nt fam* **shooting jacket** *n* Jägerjacke *f* **shooting lodge** *n* Jagdhütte *f* **shooting range** *n* Schießstand *m* **shooting script** *n* Drehbuch *nt* **shooting season** *n* Jagdzeit *f* **shooting star** *n* ❶ (*meteor*) Sternschnuppe *f* ❷ (*person*) Shootingstar *m,* Senkrechtstarter(in) *m(f)* **shooting stick** *n* Jagdstock *m* **shooting war** *n* Krieg *m,* kriegerische Auseinandersetzung

shoot-out *n* Schießerei *f*

shop [ʃɒp, AM ʃɑ:p] **I.** *n* ❶ (*store*) Geschäft *nt,* Laden *m;* ***his latest novel will be in the ~s by Christmas*** sein neuester Roman wird bis Weihnachten erscheinen; **baker's ~** *esp* BRIT Bäckerei *f;* **betting ~** BRIT Wettbüro *nt;* **book ~** Buchladen *m;* **record ~** Schallplattengeschäft *nt;* **sweet** [*or* AM **candy**] **~** Süßwarenladen *m;* **to go to the ~s** einkaufen gehen; **to set up ~** (*open a shop*) ein Geschäft eröffnen [*o fam* aufmachen]; (*start out in business*) ein Unternehmen eröffnen; *lawyer* eine Kanzlei eröffnen; **to set up ~ as a baker** eine Bäckerei eröffnen; **to set up ~ on one's own** sich *akk* selbständig machen; **to shut** [*or* AM **close**] **up ~** sein Geschäft [*o* Unternehmen] schließen; ***she shut up ~ as a software consultant*** sie hörte auf, als Softwareberaterin zu arbeiten; ***the only lawyer in town shut up ~*** der einzige Anwalt der Stadt schloss seine Kanzlei
❷ BRIT, AUS (*shopping*) Einkauf *m;* **to do the ~** einkaufen [gehen]; **to do the weekly ~** die wöchentlichen Einkäufe erledigen
❸ (*workshop*) Werkstatt *f;* **engineering ~** BRIT Konstruktionsbüro *nt;* **repair ~** [Reparatur]werkstatt *f;* **closed** [*or* AM **union**] **~** gewerkschaftspflichtiger Betrieb
▸ PHRASES: **to be <u>all</u> over the ~** BRIT (*fam*) ein [völliges] Durcheinander sein; **to <u>talk</u> ~** über die Arbeit reden
II. *vi* <-pp-> einkaufen; **to ~ at the market** auf dem Markt einkaufen; **to ~ at Marks and Spencers** bei Marks and Spencers einkaufen; **to ~ till you drop** (*hum*) eine Shoppingorgie veranstalten *hum;* ■**to ~ for sth** etw einkaufen; **to ~ for bargains** auf Schnäppchenjagd sein *fam*
III. *vt* <-pp-> ❶ BRIT (*sl: inform*) ■**to ~ sb to sb** jdn bei jdm verpfeifen *fam*
❷ (*go shopping somewhere*) ■**to ~ sth** *certain shop* irgendwo einkaufen gehen
◆**shop around** *vi* sich *akk* umsehen

shopaholic *n* Einkaufssüchtige(r) *f(m)*

◆**shop around** *vi* ❶ (*visit shops*) einen Einkaufsbummel machen
❷ (*compare offers*) Preise vergleichen

shop assistant *n* Verkäufer(in) *m(f)*

shop-bought ['ʃɒpbɔ:t, AM 'ʃɑ:pbɑ:t] *adj inv* gekauft (*und nicht selbst gemacht*) **shopbreaking** *n no pl esp* BRIT Einbruch *m* in einen Laden [*o* ein Geschäft] **shopfitter** *n* Ladenausstatter(in) *m(f)* **shopfittings** *npl* Ladeneinrichtung *f* **shop floor** *n* ❶ (*work area*) Produktionsstätte *f* ❷ + *sing/pl vb* (*manual workers*) ■**the ~** die Belegschaft **shopfront** *n* Ladenfront *f* **shop girl** *n* (*dated*) Verkäuferin *f* **shopkeeper** *n* Ladeninhaber(in) *m(f)* **shopkeeping** *n no pl* Führen *nt* eines Geschäfts **shoplift** **I.** *vt* ■**to ~ sth** etw stehlen (*in einem Geschäft*) **II.** *vi* Ladendiebstahl begehen **shoplifter** *n* Ladendieb(in) *m(f)* **shoplifting** *n no pl* Ladendiebstahl *m*

shopper ['ʃɒpəʳ, AM 'ʃɑ:pɚ] *n* Käufer(in) *m(f);* **Christmas ~s** Weihnachtseinkäufer(innen) *mpl(fpl);* **~s' charter** BRIT ECON Verbraucherschutzgesetz *nt*

shopping ['ʃɒpɪŋ, AM 'ʃɑ:p-] *n no pl* ❶ (*buying in shops*) Einkaufen *nt;* ***the department store is open for late night ~ on Wednesdays*** das Kaufhaus hat am Mittwoch lange geöffnet; **Christmas ~** Weihnachtseinkäufe *pl;* **~ days** verkaufsoffene Tage; **to do the ~** einkaufen [gehen]; **to go ~** einkaufen gehen
❷ (*purchases*) Einkäufe *mpl;* **bags of ~** volle Einkaufstaschen

shopping area *n* Geschäftsviertel *nt* **shopping bag** *n* ❶ Einkaufstasche *f;* **plastic ~** Plastiktragetasche *f;* **string ~** Einkaufsnetz *nt* ❷ AM (*carrier bag*) Tragetasche *f* **shopping basket** *n* Einkaufskorb *m* **shopping cart** *n* AM Einkaufswagen *m* **shopping center** AM, **shopping centre** *n* Einkaufszentrum *nt* **shopping channel** *n* Werbesender *m* **shopping list** *n* ❶ (*of goods to be purchased*) Einkaufsliste *f* ❷ (*fig: agenda*) geplanter Maßnahmenkatalog **shopping mall** *n esp* AM, AUS überdachtes Einkaufszentrum **shopping street** *n* Geschäftsstraße *f* **shopping trip** *n* Einkaufstrip *m* **shopping trolley** *n* BRIT Einkaufswagen *m*

shop-soiled *adj inv* BRIT, AUS leicht beschädigt **shop steward** *n* Gewerkschaftsvertreter(in) *m(f)* **shop talk** *n no pl* Fachsimpelei *f fam* **shopwalker** *n* BRIT [Kaufhaus]abteilungsleiter(in) *m(f)* **shop window** *n* ❶ (*display area*) Schaufenster *nt,* Auslage *f* ❷ (*fig: showcase*) Schaufenster *nt* **shopworn** *adj* ❶ *inv* AM (*shop-soiled*) leicht beschädigt ❷ (*fig: overused*) abgedroschen

shore¹ [ʃɔ:ʳ, AM ʃɔ:r] *n* ❶ (*coast*) Küste *f; of a river, lake* Ufer *nt;* (*beach*) Strand *m;* **polluted ~** verschmutzter Strand; **off** [**the**] **~** vor der Küste; **on ~** (*on land*) an Land; (*towards land*) auf die Küste/das Ufer zu
❷ (*fig: country*) ■**~s** *pl* Land *nt;* ***the first to visit these ~s*** der/die Erste, der dieses Land besucht

shore² [ʃɔ:ʳ, AM ʃɔ:r] **I.** *n* Strebe *f,* Strebebalken *m*
II. *vt* ■**to ~ sth up** [*or* **to ~ up sth**] etw abstützen; (*fig*) etw aufbessern; **to ~ up the image of sth** das Image einer S. *gen* aufpolieren

shore leave *n no pl* Landurlaub *m* **shoreline** *n* Küstenlinie *f* **shore patrol** *n* Küstenpatrouille *f*

shorn [ʃɔ:n, AM ʃɔ:rn] *pp of* **shear**

short [ʃɔ:t, AM ʃɔ:rt] **I.** *adj* ❶ (*not long*) kurz; ***Jo's ~ for Josephine*** Jo ist die Kurzform von Josephine
❷ (*not tall*) klein
❸ (*not far*) kurz; **~ distance** kurze Strecke; **a ~ haul** eine kurze Strecke [*o* Fahrt]; **a ~ hop** ein Katzensprung *m;* **at ~ range** aus kurzer Entfernung
❹ (*brief*) kurz; **to have a ~ memory** ein kurzes Gedächtnis haben; **at ~ notice** kurzfristig; **in the ~ term** kurzfristig, in nächster Zeit; **~ trip** Kurztrip *m;* **~ and sweet** kurz und schmerzlos
❺ (*not enough*) ***we're £15 ~ to pay the bill*** uns fehlen 15 Pfund, um die Rechnung bezahlen zu können; ***we're still one person ~ to make up a quiz team*** uns fehlt noch eine Person für ein Quizteam; **to be ~** [**of cash**] (*fam*) knapp bei Kasse sein; ***we're a bit ~ of coffee*** wir haben nur noch wenig Kaffee; **to be ~ of breath** außer Atem sein; **to be ~ of space** wenig Platz haben, räumlich beengt sein; **to be in ~ supply** schwer zu beschaffen sein, knapp sein; **to be ~ of time** wenig Zeit haben; ■**to be ~ on sth** von etw *dat* wenig haben; **to be ~ on brains** nur wenig im Kopf haben
❻ LING **~ vowel** kurzer Vokal, Kurzvokal *m*
❼ *pred* (*not friendly*) ■**to be ~** [**with sb**] [jdm gegenüber] kurz angebunden sein
❽ STOCKEX **~ position** Baisseposition *f*
▸ PHRASES: **the ~ <u>answer</u> is 'no'** die Antwort ist kurz und bündig ‚nein'; **to not be ~ of a <u>bob</u> or two** BRIT, AUS (*fam*) reich sein; **to have a ~ <u>fuse</u>** sich *akk* schnell aufregen; ***he has a ~ fuse*** bei ihm brennt leicht die Sicherung durch *fam;* **to have sb by the ~ <u>hairs</u>** [*or* **by the ~ and <u>curlies</u>**] *esp* BRIT (*sl*) jdn in der Hand haben; **to get** [*or* **be given**] **~ <u>shrift</u>** kurz abgefertigt werden; **to make ~ <u>shrift</u> of sth** mit etw *dat* kurzen Prozess machen, etw schnell erledigen; **to draw** [*or* **get**] **the ~ <u>straw</u>** den Kürzeren ziehen; **to make ~ <u>work</u> of sb** mit jdm kurzen Prozess machen; **to make ~ <u>work</u> of sth** etw schnell erledigen
II. *n* ❶ FILM Kurzfilm *m*
❷ ELEC (*fam*) Kurzer *m*
❸ BRIT (*fam: alcoholic drink*) Kurzer *m*
III. *adv* **to cut sth ~** etw abkürzen; ***I had to cut our holiday ~*** ich musste unseren Urlaub unterbrechen; ***they never let the children go ~*** sie ließen es den Kindern an nichts fehlen; **to fall ~ of sth** etw nicht erreichen, hinter etw *dat* zurückbleiben; *of expectations* etw *dat* nicht entsprechen; **to go** [*or* AM *usu* **be**] **~** [**of sth**] etw zu wenig haben; **to stop sb ~** jdn unterbrechen; **to stop sth ~** etw abbrechen; ***she stopped ~ of accusing him of lying*** beinahe hätte sie ihm vorgeworfen, dass er log
▸ PHRASES: **to be <u>caught</u>** [*or* **taken**] **~** BRIT (*hum fam*) dringend [aufs Klo] müssen *fam;* **<u>in</u> ~** kurz gesagt

shortage ['ʃɔ:tɪdʒ, AM 'ʃɔ:rt̬-] *n* Knappheit *f kein pl,* Mangel *m kein pl* (**of** an +*dat*); **water ~** Wassermangel *m*

short and curlies ▸ PHRASES: **to <u>grab</u> sb by the ~** BRIT (*hum fam*) jdn faszinieren **short-arse** *n* BRIT (*pej! sl*) Zwerg *m; see also* **shorty** **short back and sides** *n* BRIT (*hair cut*) Topfschnitt *m fam* **shortbread** *n no pl* Shortbread *nt* (*Buttergebäck*); **~ finger** *rechteckiges längliches Stück Shortbread* **shortcake** *n* ❶ (*biscuit*) Shortbread *nt* (*Buttergebäck*) ❷ *esp* AM (*layer cake*) Kuchen *m* mit Belag; (*with fruit*) [Torten]boden *m* **short-change** *vt* ■**to ~ sb** ❶ (*after purchase*) jdm zu wenig Wechselgeld herausgeben ❷ (*fig fam: treat unfairly*) jdm zu wenig Geld bezahlen **short circuit** *n* Kurzschluss *m* **short-circuit** **I.** *vi* einen Kurzschluss haben **II.** *vt* ■**to ~ sth** ❶ ELEC etw kurzschließen ❷ (*fig: shorten*) etw abkürzen [*o* verkürzen] **shortcoming** *n usu pl* Mangel *m; of person* Fehler *m; of system* Schwäche *f,* Unzulänglichkeit *f* **shortcrust** *n,* **shortcrust pastry** *n no pl* Mürbeteig *m* **short cut** *n* Abkürzung *f;* ***there are no ~s to success*** (*fig*) es gibt keinen einfachen Weg zum Erfolg **short-dated** *n* FIN kurzfristig [zahlbar]; **~ bill** Wechsel *m* auf kurze Sicht, kurzfristiger Wechsel; **~ bonds** Kurzläufer *mpl* **short division** *n Verkürzung des Rechenwegs beim Dividieren*

shorten ['ʃɔ:tᵊn, AM 'ʃɔ:r-] **I.** *vt* (*make shorter*) ■**to ~ sth** etw kürzen; **to ~ a name** einen Namen abkürzen
II. *vi* ❶ (*become shorter*) kürzer werden
❷ (*reduce odds*) ***the odds have ~ed on the German team winning the European Championship*** die Chancen des deutschen Teams, die Europameisterschaft zu gewinnen, sind gestiegen

shortening ['ʃɔ:tᵊnɪŋ, AM 'ʃɔ:r-] *n no pl* AM, AUS Backfett *nt*

shortfall *n* ❶ (*shortage*) Mangel *m kein pl;* **~ in food supply** Nahrungsmittelknappheit *f* ❷ FIN (*deficit*) Fehlbetrag *m,* Defizit *nt;* **~ in trade** Handelsdefizit *nt* **short fuse** *n* (*fam*) cholerisches Temperament; **he has a ~** er wird leicht wütend, bei ihm brennt schnell die Sicherung durch *fam* **shorthand** **I.** *n no pl* Kurzschrift *f,* Stenografie *f;* ■**~ for sth** (*fig*) eine Abkürzung für etw *akk;* **to do ~** stenografieren; **to take sth down in ~** etw [mit]stenografieren **II.** *n modifier* (*class, notes*) Kurzschrift-, Steno-; **~ letter** Kürzel *nt;* **~ pad** Steno[gramm]block *m* **shorthanded** *adj* unterbesetzt; ■**to be ~** zu wenig Personal haben **shorthand typist** *n* BRIT, AUS Stenotypist(in) *m(f)* **short haul** *n* ❶ (*transport*) Nahtransport *m* ❷ (*fig: short distance*) Katzensprung *m kein pl* **short-haul** *adj attr* ❶ (*covering a short distance*) Nahverkehrs-, Kurzstrecken-;

~ **flight** Kurzstreckenflug *m;* ~ **route** Kurzstrecke *f;* ~ **trip** kurze Fahrt ❷ (*short-term*) Kurzzeit-; ~ **effort** kurze Anstrengung **shorthorn** *n* Kurzhornrind *nt,* Shorthorn *nt*

shortie [ˈʃɔːti, AM ˈʃɔːrti] *n* (*fam*) *see* **shorty** Kleiner *m hum fam,* Kurzer *hum fam*

shortish [ˈʃɔːtɪʃ, AM ˈʃɔːrt̬-] *adj inv* ❶ (*in length*) ziemlich kurz
❷ (*in duration*) recht kurz; **a ~ film** ein eher kurzer Film

short list *n* Liste *f* der aussichtsreichsten Bewerber/Bewerberinnen; **to be on the ~** in der engeren Wahl sein; **to draw up a ~** eine Liste der aussichtsreichsten Bewerber/Bewerberinnen anfertigen **short-list** *vt* ▪**to ~ sb/sth** jdn/etw in die engere Wahl ziehen **short-lived** [-ˈlɪvd, AM -laɪvd, -lɪvd] *adj* kurzlebig; ~ **happiness/triumph** kurzes Glück/kurzer Triumph; ▪**to be ~** von kurzer Dauer sein

shortly [ˈʃɔːtli, AM ˈʃɔːrt-] *adv inv* ❶ (*soon*) in Kürze, bald; ~ **after .../afterwards** kurz nachdem .../danach
❷ (*curtly*) kurz angebunden

shortness [ˈʃɔːtnəs, AM ˈʃɔːrt-] *n no pl* ❶ (*in length, brevity*) Kürze *f*
❷ (*insufficiency*) Knappheit *f;* MED Insuffizienz *f;* ~ **of supplies** Lieferengpass *m;* ~ **of breath** Atemnot *f,* Atembeschwerden *pl*

short order *n* AM ❶ (*order*) Bestellung *f* (*eines Schnellgerichts*) ❷ (*food*) Schnellgericht *nt* **short-order cook** *n* AM Koch *m*/Köchin *f* in einem Schnellrestaurant **short-order dish** *n* AM Schnellgericht *nt* **short-range** *adj* ❶ MIL Kurzstrecken-; ~ **missile** Kurzstreckenrakete *f* ❷ (*short-term*) kurzfristig; ~ **estimate/policy** kurzfristige Prognose/Maßnahmen *fpl;* ~ **weather forecast** Wettervorhersage *f* für die nächsten Tage

shorts [ʃɔːts, AM ʃɔːrts] *n pl* ❶ (*short trousers*) kurze Hose, Shorts *pl;* **a pair of ~** eine kurze Hose
❷ AM (*underpants*) Unterhose *f*
❸ AM STOCKEX Papiere mit kurzer [*o* bis zu fünfjähriger] Laufzeit

short sale *n* Leerverkauf *m* **short-sighted** *adj* kurzsichtig *a. fig* **short-sightedly** *adv* (*also fig*) kurzsichtig *a. fig,* kurzsichtigerweise *fig* **short-sightedness** *n no pl* Kurzsichtigkeit *f a. fig* **short-sleeved** [-ˌsliːvd] *adj inv* kurzärmelig **short-staffed** [-ˈstɑːft, AM -ˈstæft] *adj* unterbesetzt **short-stay** *adj inv* kurzzeitig, vorübergehend **short story** *n* Kurzgeschichte *f* **short-tempered** [-tˈtempəd, AM -ˈtempɚd] *adj* cholerisch **short-term** *adj* kurzfristig; **on a ~ basis** kurzfristig, auf kurze Sicht; ~ **debts** kurzfristige Schulden; ~ **forecast** kurzfristige Prognose; ~ **gains** rasch zu erzielender Gewinn; ~ **loan** kurzfristiger Kredit, kurzfristiges Darlehen; ~ **memory** Kurzzeitgedächtnis *nt;* ~ **outlook** Aussichten *fpl* für die nächste Zeit; ~ **policy** kurzfristige Maßnahmen *fpl;* ~ **security** Kurzläufer *m;* ~ **support** kurzfristige Kursstützung **short time** *n no pl* Kurzarbeit *f;* **to be on ~** kurzarbeiten **short ton** *n esp* AM *2000 amerikanische Pfund, entspricht 907,185 kg* **short wave** I. *n* ❶ (*radio wave*) Kurzwelle *f* ❷ (*radio*) Kurzwellenempfänger *m* II. *n modifier* ▪**short-wave** (*signal*) Kurzwellen-; ~ **radio** [*or* **receiver**] Kurzwellenempfänger *m* **short-winded** [-ˈwɪndɪd] *adj* kurzatmig

shorty [ˈʃɔːti, AM ˈʃɔːrt̬i] *n* (*pej fam*) Kleine(r) *f(m) hum fam;* (*sl*) *Kleinkrimineller, der für einen anderen Kriminellen arbeitet*

shot¹ [ʃɒt, AM ʃɑːt] I. *n* ❶ *of a weapon* Schuss *m;* **to fire a ~** einen Schuss abgeben [*o* abfeuern]
❷ SPORTS (*heavy metal ball*) Kugel *f;* **to put the ~** kugelstoßen
❸ SPORTS (*attempt at scoring*) *tennis, golf* Schlag *m; handball, basketball* Wurf *m; football, icehockey* Schuss *m*
❹ *no pl* (*ammunition*) Schrot *m o nt;* **lead ~** Bleischrot *m o nt;* **round of ~** Schrotladung *f*
❺ (*photograph*) Aufnahme *f;* FILM Einstellung *f;* **to get** [*or* **take**] **a ~** ein Foto machen [*o* schießen]
❻ (*fam: injection*) Spritze *f;* (*fig*) Schuss *m;* ***the campaign needs to be injected with a ~ of professionalism*** ein bisschen mehr Professionalität würde der Kampagne nicht schaden; **a ~ of heroin** ein Schuss *m* Heroin *sl;* **to give sb a ~** jdm eine Spritze verabreichen
❼ (*fam: attempt*) Gelegenheit *f,* Chance *f;* **to give it a ~, to have a ~ at it** es mal versuchen *fam;* **to give sth one's best ~** *esp* AM bei etw *dat* sein Bestes geben; **to hope for a ~ at sth** auf eine Chance bei etw *dat* hoffen
❽ (*of alcohol*) Schuss *m;* **a ~ of whisky** ein Gläschen *nt* Whisky
► PHRASES: ~ **in the <u>arm</u>** Anreiz *m,* Motivation *f;* **to take a ~ in the <u>dark</u>** (*fam*) ins Blaue hinein raten *fam;* **to be a <u>good</u>/<u>poor</u> ~** ein guter/schlechter Schütze/eine gute/schlechte Schützin sein; **<u>like</u> a ~** (*fam*) wie der Blitz *fam*
II. *vt, vi pp, pt of* **shoot**

shot² [ʃɒt, AM ʃɑːt] *adj* ❶ (*with colour*) schillernd *attr;* ~ **silk** changierende Seide; **to be ~ with silver** silbrig glänzen
❷ *inv* (*fam: worn out*) ausgeleiert *fam;* ***my nerves are ~*** ich bin mit meinen Nerven am Ende
► PHRASES: **to <u>be</u>/<u>get</u> ~ of sb/sth** jdn/etw los sein/loswerden

shot glass *n* Schnapsglas *nt,* Stamperl *nt* ÖSTERR, SÜDD **shotgun** *n* Schrotflinte *f;* **a sawn-off** [*or* **sawed-off**] ~ eine abgesägte Schrotflinte ► PHRASES: **to <u>ride</u> ~** AM (*fam*) vorne sitzen (*im Auto*) **shotgun marriage** (*dated fam*), **shotgun wedding** *n* (*dated fam*) Mussheirat *f;* ***they had a ~*** sie ‚mussten' heiraten **shot put** *n* SPORTS ▪**the ~** Kugelstoßen *nt kein pl,* Kugelstoßwettbewerb *m* **shot putter** *n* Kugelstoßer(in) *m(f)*

should [ʃʊd] *auxvb* ❶ (*expressing advisability*) ▪**sb/one ~ ...** jd/man sollte ...; ***if you're annoyed with him, you ~ tell him*** wenn du dich über ihn ärgerst, solltest du ihm das sagen; ***I ~ have written to her*** ich hätte ihr schreiben sollen; ***I recommend that there ~ be an investigation*** ich denke, dass eine Untersuchung hier angebracht wäre; ***it's essential that the project ~ not be delayed any further*** es ist wichtig, dass das Projekt nicht weiter verzögert wird; ***he suggested that I ~ see a doctor*** er meinte, dass ich zu einem Arzt gehen sollte; ***she ~ worry! she hasn't a problem in the world*** (*hum iron*) was braucht sie sich schon Sorgen zu machen! sie hat doch keinerlei Probleme; ***chocolates! how kind! you really ~n't have!*** Schokolade! das ist aber nett! das war doch nicht nötig!
❷ (*asking for advice*) ▪~ **I/we ...?** soll ich/sollen wir ...?; ***~ I apologize to him?*** soll ich mich bei ihm entschuldigen?
❸ (*expressing expectation*) ▪**sb/one ~ ...** jd/man sollte [*o* müsste] [eigentlich] ...; ***you ~ find this guidebook helpful*** dieser Führer wird dir sicher nützlich sein; ***this shirt's made of very good quality silk — I ~ think it is, considering how much it cost*** dieses Hemd ist aus hochwertiger Seide – das will ich wohl meinen, wenn man bedenkt, was es gekostet hat; ***I don't like to drink more than one bottle of wine in an evening — I ~ think not!*** ich mag pro Abend nicht mehr als eine Flasche Wein trinken – ich meine auch, dass das reicht; ***Colleen wants to see us in her office immediately — this ~ be good!*** wir sollen sofort in Colleens Büro kommen – das kann ja heiter werden! *fam;* ***I ~ be so lucky*** (*fam*) schön wär's! *fam;* ***there ~n't be any problems*** es dürfte eigentlich keine Probleme geben
❹ (*form: expressing a condition*) ▪**sb/one ~** jd/man sollte; ***it seems very unlikely to happen, but if it ~, we need to be well-prepared*** es scheint unwahrscheinlich, aber für den Fall, dass es doch passieren sollte, müssen wir gut vorbereitet sein
❺ (*rhetorical*) ▪**why ~ sb/one ...?** warum sollte jd/man ...?; ***why ~ anyone want to eat something so horrible?*** warum sollte irgendjemand so etwas Scheußliches essen wollen?; (*exclamatory*) ***I was just getting off the bus when who ~ I see but my old school friend Pat Grantham!*** was glaubst du, wen ich gesehen habe, als ich aus dem Bus ausstieg – niemand anderen als meinen alten Schulfreund, Pat Grantham!
❻ (*could*) können; ***it's odd that she ~ think I would want to see her again*** es ist seltsam, dass sie meint, ich wolle sie wiedersehen; ***it's so unfair that she ~ have died so young*** es ist so ungerecht, dass sie so jung sterben musste; ***it worries me that he ~ drive all that way on his own*** *esp* BRIT es beunruhigt mich, dass er die ganze Strecke alleine fährt; ***I suggest that you ~ leave*** *esp* BRIT (*form*) du solltest besser gehen; ***I prefer that Jane ~ do it*** *esp* BRIT (*form*) es wäre mir lieber, wenn Jane es täte; ***for fear that*** [*or form* ***lest***] ***I ~ miss my flight, I was prepared to spend a couple of extra nights in London*** aus Furcht, ich könnte mein Flugzeug verpassen, war ich bereit, einige Nächte zusätzlich in London zu verbringen; ***he took his cap in case it ~ snow*** er nahm seine Mütze für den Fall mit, dass es zu schneien anfing; ***he took his umbrella so that he ~n't get wet*** er nahm seinen Schirm mit, um nicht nass zu werden
❼ (*dated form: would*) ▪**I/we ~ [...]** ich würde/wir würden [...]; ***I ~ like a whisky before I go to bed*** ich hätte gern einen Whisky, bevor ich schlafen gehe; ***I ~n't expect you to pay, of course*** Sie brauchen natürlich nicht zu zahlen; ***we ~ like to invite you for dinner next week*** wir würden uns freuen, Sie für nächste Woche zum Abendessen einladen zu dürfen *form;* ***I ~n't worry about it if I were you*** ich würde mir deswegen an deiner Stelle keine Sorgen machen

shoulder [ˈʃəʊldəʳ, AM ˈʃoʊldɚ] I. *n* ❶ (*joint*) Schulter *f;* ~ **joint** Schultergelenk *nt;* **a ~ to cry on** (*fig*) eine Schulter zum Ausweinen; **to dislocate one's ~** sich *dat* die Schulter ausrenken; **to glance over one's ~** einen Blick über die Schulter werfen; **to hunch one's ~s** die Schultern hochziehen; **to lay/rest one's head on sb's ~** den Kopf an jds Schulter legen/lehnen; **to lift a burden from sb's ~s** (*fig*) eine Last von jds Schultern nehmen; **to rest squarely on sb's ~** (*fig*) *responsibility* schwer auf jds Schultern lasten; **to put one's arm around sb's ~** den Arm um jds Schulter legen; **to shrug one's ~s** mit den Achseln zucken; **to sling sth over one's ~** sich *dat* etw über die Schulter werfen; **to stand ~ to ~ with sb** (*fig*) zu jdm halten; **to fight ~ to ~ with sb** (*fig*) Seite an Seite mit jdm kämpfen
❷ FASHION (*in clothing*) Schulter *f;* **padded ~s** gepolsterte Schultern
❸ (*meat*) Schulter *f,* Schulterstück *nt; of beef* Bug *m;* ~ **of lamb** Lammschulter *f*
❹ *of a road* Bankett *nt,* Bankette *f;* **soft/hard ~** unbefestigtes/befestigtes Bankett
❺ (*part*) Vorsprung *m;* ~ **of a mountain** Bergrücken *m*
II. *vt* ❶ (*push*) ▪**to ~ sb/sth** jdn/etw [mit den Schultern] stoßen; **to ~ one's way somewhere** sich *akk* irgendwohin drängen; ▪**to ~ sb aside** (*fig*) jdn links liegen lassen *fam*
❷ (*carry*) ▪**to ~ sth** etw schultern; ▪**to ~ sb** jdn auf die Schultern nehmen
❸ (*accept*) ▪**to ~ sth** etw auf sich *akk* nehmen; **to ~ the cost of sth** die Kosten für etw *akk* tragen; **to ~ responsibility** Verantwortung übernehmen

shoulder bag *n* Umhängetasche *f* **shoulder blade** *n* Schulterblatt *nt* **shoulder brace** *n* Stützverband *m* für Schulter **shoulder-high** *inv* I. *adj* schulterhoch II. *adv* schulterhoch; **to carry sb ~** jdn auf den Schultern tragen **shoulder holster** *n* Schulterhalfter *f o nt* **shoulder-length** *adj* schulterlang; ~ **hair** schulterlanges Haar **shoulder pad** *n* Schulterpolster *nt o* ÖSTERR *m;* SPORTS *also* Schulterschoner *m* **shoulder patch** *n* Schulterflicken *m;* MIL Schulterklappe *f* **shoulder strap** *n* Riemen *m;* **a dress with thin ~s** ein Trägerkleid *nt*

shouldn't [ˈʃʊdᵊnt] = **should not** *see* **should**

shout [ʃaʊt] I. *n* ❶ (*loud cry*) Ruf *m,* Schrei *m;* **a ~ from the audience** ein Zuruf *m* aus dem Publikum; ~ **of joy** Freudenschrei *m;* ~ **of laughter** lautes

S

Gelächter; ~ **of pain** Schmerzensschrei *m*
❷ Brit, Aus (*fam: round of drinks*) Runde *f*; ***whose ~ is it?*** wer bezahlt die nächste Runde?; ***it's my ~*** ich bin dran[, eine Runde zu schmeißen] *fam*
▶ Phrases: **to give sb a ~** (*fam*) jdm Bescheid sagen; (*phone*) jdn anrufen
II. *vi* schreien; ■**to ~ at sb** jdn anschreien; ■**to ~ to sb** jdm zurufen; **to ~ above noise** Lärm überschreien; **to ~ for help** um Hilfe rufen; **to ~ loud** laut jammern
▶ Phrases: **to give sb sth to ~ about** für jdn ein Grund zum Jubeln sein
III. *vt* ❶ (*yell*) ■**to ~ sth** etw rufen [*o* schreien]; ***her clothes absolutely ~ money*** (*fig*) ihre Kleider sehen sehr teuer aus; **to ~ abuse at sb** jdn lautstark beschimpfen; **to ~ sth from the rooftops** etw laut ausposaunen *fam;* **to ~ slogans** Parolen rufen; **to ~ a warning to sb** jdm eine Warnung zurufen; **to ~ oneself hoarse** sich *akk* heiser schreien
❷ Aus (*fam: treat to*) **to ~ [sb] a drink** [jdm] ein Getränk spendieren [*o* ausgeben]
◆**shout down** *vt* ■**to ~ down** ↻ **sb** jdn niederschreien [*o* niederbrüllen] *fam*
◆**shout out** *vt* ■**to ~ out** ↻ **sth** etw [aus]rufen
shouting [ˈʃaʊtɪŋ, Am -t̬-] **I.** *n no pl* Schreien *nt*, Geschrei *nt*
II. *adj* ▶ Phrases: **in** [*or* **within**] **~ distance** [**of sth**] in Rufweite [einer S. *gen*]; (*fig*) nahe [an etw *dat*]; ***they are within ~ distance of a solution to their problem*** sie sind nahe an einer Lösung ihres Problems
shouting match *n* (*pej*) Schreiduell *nt;* (*fig*) heftige Kontroverse
shouty [ˈʃaʊti] *adj* (*fam*) *person* laut
shove [ʃʌv] **I.** *n* Ruck *m;* **to give sth a ~** etw [weg]rücken
II. *vt* ❶ (*push*) ■**to ~ sb** jdn schieben; (*fig*) jdn abdrängen; **to ~ one's way through sth** sich *dat* [mit Gewalt] einen Weg durch etw *akk* bahnen; ■**to ~ sb around** jdn herumstoßen [*o* herumschubsen] *fam;* (*intimidate*) jdn herumkommandieren; ■**to ~ sth aside** etw beiseite schieben
❷ (*place*) **to ~ sth into a bag** etw in eine Tasche stecken; **to ~ sth onto the table** etw auf den Tisch [ab]stellen; (*throw*) etw auf den Tisch schmeißen *fam;* ■**to ~ sth** [**down**] **somewhere** etw irgendwohin stellen
▶ Phrases: **~ it** [**up your arse**]! (*vulg*) steck dir das sonst wohin! *sl*
III. *vi* ❶ (*push*) drängen, drängeln *fam*
❷ (*fam: move aside*) ■**to ~ along** [*or* **over**] beiseite rücken; **~ *over, Martha*** rutsch rüber, Martha *fam*
◆**shove down** *vt* Brit ■**to ~ down** ↻ **sth** etw hinschreiben
◆**shove off** *vi* ❶ (*fam!: go away*) weggehen, abhauen *sl;* ***just ~ off, Chris!*** hau schon ab, Chris! *sl*
❷ Naut (*push away*) [vom Ufer] abstoßen
◆**shove up** *vi* Brit (*fam*) Platz machen
shovel [ˈʃʌvᵊl] **I.** *n* ❶ (*tool*) Schaufel *f; of an earth-moving machine* Baggerschaufel *f*
❷ (*shovelful*) **a ~ of coal/dirt/snow** eine Schaufel [voll] Kohle/Erde/Schnee
II. *vt* <Brit -ll- *or* Am *usu* -l-> ■**to ~ sth** etw schaufeln *a. fig;* **to ~ food into one's mouth** sich *dat* Essen in den Mund schaufeln
III. *vi* <Brit -ll- *or* Am *usu* -l-> schaufeln
shoveler <*pl* – *or* -s> [ˈʃʌvᵊləʳ, Am ɚ] *n* Am Orn *see* **shoveller**
shovelful [ˈʃʌvᵊlfʊl] *n* **a ~ of coal/dirt/snow** eine Schaufel [voll] Kohle/Erde/Schnee
shoveller <*pl* – *or* -s> [ˈʃʌvᵊləʳ, Am ɚ] *n* Orn Löffelente *f*

show [ʃəʊ, Am ʃoʊ]

I. noun	II. transitive verb
III. intransitive verb	

I. noun

❶ (*display*) Bekundung *f*, Demonstration *f;* **~ of force/strength/unity** Demonstration *f* der Gewalt/Stärke/Einigkeit; **~ of solidarity** Solidaritätsbekundung *f;* **just** [*or* **only**] **for ~** nur für die Optik [*o* der Schau wegen]; ***do those lights have a function or are they just for ~?*** haben die Lichter irgendeine nützliche Funktion, oder sollen sie nur Eindruck machen?; ■**to make** [*or* **put on**] **a ~ of** [**doing**] **sth** so tun, als ob
❷ (*exhibition*) Schau *f*, Ausstellung *f;* **dog/fashion ~** Hunde-/Modenschau *f;* **slide ~** Diavorführung *f*, Diavortrag *m;* **retrospective ~** Retrospektive *f;* ■**to be on ~** ausgestellt sein
❸ (*entertainment*) Show *f;* (*on television*) Unterhaltungssendung *f*, Show *f;* **puppet ~** Puppenspiel *nt*, Marionettentheater *nt;* **quiz ~** Quizsendung *f*, Quizshow *f;* **radio/stage ~** Radio-/Bühnenshow *f;* **talent ~** Talentwettbewerb *m;* **to stage a ~** Theat eine Show auf die Bühne bringen
❹ (*fam: activity*) Angelegenheit *f;* ***who will run the ~ when she retires?*** wer wird den Laden schmeißen, wenn sie in Pension geht? *fam;* **sb's** [**own**] **~** jds [eigene] Angelegenheit; ***she prefers to be in charge of her own ~*** sie zieht es vor, unabhängig schalten und walten zu können
❺ Am (*sl: Major League Baseball*) ■**the ~** die Baseballoberliga
▶ Phrases: **~ of hands** [Abstimmung *f* per] Handzeichen *nt;* ***who here has been to Europe? let me see a ~ of hands*** wer von euch war schon in Europa? bitte mal die Hand hochheben; **by** [*or* **on**] **a ~ of hands** durch Handzeichen; **let's get the** [*or* **this**] **~ on the road** (*fam*) lasst uns die Sache [endlich] in Angriff nehmen; **to put on** [*or* **up**] **a good ~** sich *akk* bemühen, Einsatz zeigen; **to make** [*or* **put on**] **a ~** eine Schau abziehen *fam;* **to make** [*or* **put on**] **a ~ of doing sth** vortäuschen, etw zu tun; **the ~ must go on** (*prov*) die Show [*o* das Leben] muss weitergehen

II. transitive verb

<showed, shown> ❶ (*display*) ■**to ~ sth** etw zeigen [*o* sehen lassen]; **to ~ sb an ability** jdm eine Fähigkeit vorführen; **to ~ a flag** eine Flagge hissen; **to ~ slides** Dias vorführen; **to ~ one's work** Art eine Ausstellung machen, ausstellen
❷ (*reveal*) ■**to ~ sth** etw zeigen [*o* erkennen lassen]; ***he started to ~ his age*** man begann, ihm sein Alter anzusehen; **to ~ common sense/courage/initiative** gesunden Menschenverstand/Mut/Unternehmungsgeist beweisen; **to ~ genius/originality** Genie/Originalität beweisen; **to ~ promise** viel versprechend sein; **to ~ no signs of improvement** keine Anzeichen einer Besserung aufweisen; **to ~ one's ticket/one's passport** seine Fahrkarte/seinen Pass vorzeigen; ***he ~ed his ticket to the conductor*** er zeigte dem Schaffner seine Fahrkarte
❸ (*express*) ■**to ~ sth** etw zeigen; **to ~ a bias/enthusiasm for sth** eine Vorliebe/Begeisterung für etw *akk* zeigen; **to ~ clemency** Milde walten lassen; **to ~ compassion** [**for sb**] [mit jdm] Mitleid haben; **to ~ compunction** Gewissensbisse haben; **to ~ one's gratitude** sich *akk* als dankbar erweisen; **to ~ sb respect** jdm Respekt erweisen
❹ (*expose*) ■**to ~ sth** etw sehen lassen; ***your shirt's so thin that it ~s your bra*** dein Hemd ist so dünn, dass man deinen BH durchsieht; ***this carpet ~s all the dirt*** bei dem Teppich kann man jedes bisschen Schmutz sehen
❺ (*point out*) ■**to ~ sth to sb** jdm etw zeigen; ***~ me where it hurts*** zeig mir, wo es wehtut; ***she sent us a map which ~ed where her house is*** sie schickte uns eine Karte, auf der ihr Haus zu sehen war; ***on this map, urban areas are ~n in grey*** auf dieser Karte sind die Stadtgebiete grau dargestellt; ***it's ~ing signs of rain*** es sieht nach Regen aus
❻ (*explain*) ■**to ~ sb sth** jdm etw zeigen [*o* erklären]; **to ~ sb the way** jdm den Weg zeigen
❼ (*record*) ■**to ~ sth** etw anzeigen; *statistics* etw [auf]zeigen; **to ~ a loss/profit** einen Verlust/Gewinn aufweisen
❽ (*prove*) ■**to ~ sth** etw beweisen; ***she has ~n herself*** [***to be***] ***a highly competent manager*** sie hat sich als sehr kompetente Geschäftsführerin erwiesen; ■**to ~ sb that …** jdm zeigen [*o* beweisen], dass …; ■**to ~** [**sb**] **how/why …** [jdm] zeigen, wie/warum …; **to ~ cause** Law seine Gründe vorbringen; **order to ~ cause** gerichtliche Verfügung; **to ~ one's mettle** zeigen, was in einem steckt
❾ (*escort*) ■**to ~ sb somewhere** jdn irgendwohin führen [*o* bringen]; ***I'll ~ myself out*** ich finde schon allein hinaus; ■**to ~ sb over** [*or* Am *usu* **around**] **a place** jdm einen Ort zeigen; ***they ~ed us over the estate*** sie führten uns auf dem Anwesen herum
❿ (*project*) **to ~ a film** einen Film zeigen [*o fam* bringen]; ***this film has never been ~n on television*** dieser Film kam noch nie im Fernsehen
▶ Phrases: **to ~ one's true colours** Farbe bekennen; **to ~ sb the door** jdm die Tür weisen; **to dare** [**to**] **~ one's face** es wagen, irgendwo aufzukreuzen *fam;* **to ~ one's hand** [*or* **cards**] seine Karten aufdecken; **to have nothing to ~ for it** [*or* **one's efforts**] [am Ende] nichts vorzuweisen haben; ***you've had this job for five years, and what have you got to ~ for your efforts?*** du hast diesen Job nun seit fünf Jahren, und was hast du nun von all der Mühe?; **to ~** [**sb**] **no quarter** (*liter*) kein Erbarmen [mit jdm] haben; **to ~ one's teeth** die Zähne zeigen *fam;* **to ~ the way** [**forward**] den Weg weisen *fig;* **that will ~ sb** (*fam*) das wird jdm eine Lehre sein

III. intransitive verb

<showed, shown> ❶ (*be visible*) zu sehen sein; ***the trees ~ blue on these photographs*** die Bäume erscheinen auf diesen Fotos blau; ***she's four months pregnant and starting to ~*** sie ist im vierten Monat schwanger und allmählich sieht man es auch; **to let sth ~** sich *dat* etw anmerken lassen
❷ *esp* Am, Aus (*fam: arrive*) auftauchen *fam*
❸ (*be shown*) *film* gezeigt werden, laufen *fam;* ***now ~ing at a cinema near you!*** jetzt in einem Kino in Ihrer Nähe!
❹ Am (*in horse racing*) Dritte(r) *f(m)* werden
◆**show around** *vt* Am *see* **show round**
◆**show in** *vt* ■**to ~ in** ↻ **sb** (*towards speaker*) jdn hereinführen; (*away from speaker*) jdn hineinführen
◆**show off I.** *vt* ■**to ~ off** ↻ **sb/sth** mit jdm/etw angeben
II. *vi* angeben
◆**show out** *vt* ■**to ~ out** ↻ **sb** jdn hinausführen; ***will you ~ Ms Nester out please?*** würden Sie Frau Nester bitte zur Tür bringen?
◆**show round** *vt* ❶ (*take on tour*) ■**to ~ sb round** jdn herumführen; **to ~ sb round the house** jdm das Haus zeigen
❷ (*pass round*) ■**to ~ sth round** etw herumzeigen
◆**show through** *vi* durchschimmern; ***her sadness ~ed through*** (*fig*) man merkte ihr ihre Traurigkeit an
◆**show up I.** *vi* ❶ (*appear*) sich *akk* zeigen; ***the drug does not ~ up in blood tests*** das Medikament ist in Blutproben nicht nachweisbar
❷ (*fam: arrive*) erscheinen, auftauchen *fam;* **to fail to ~ up** nicht erscheinen [*o fam* aufkreuzen]
II. *vt* ❶ (*make visible*) ■**to ~ up** ↻ **sth** etw zeigen [*o* zum Vorschein bringen]
❷ (*expose*) ■**to ~ up** ↻ **sth** etw aufdecken; ■**to ~ up** ↻ **sb** jdn entlarven; **to ~ sb up as** [**being**] **a cheat** jdn als Lügner entlarven
❸ (*embarrass*) ■**to ~ up** ↻ **sb** jdn bloßstellen [*o geh* kompromittieren]

show-and-tell *n no pl* Am, Aus *Unterrichtsmethode, bei der Schüler ein Anschauungsobjekt mit in die Schule bringen und den anderen Schülern erklären* **showbiz** [ˈʃəʊbɪz, Am ˈʃoʊ-] *n no pl* (*fam*) *short for* **show business** Showbiz *nt fam* **showbiz personality** *n* (*fam*) Prominente(r) *f(m)* (*aus dem Showgeschäft*) **showboat** Am **I.** *n* ❶ (*ship*) Theaterschiff *nt* ❷ (*fam: show-off*) Angeber(in) *m(f)* **II.** *adj* (*fam*) angeberisch *fam* **III.** *vi* (*fam*) angeben *fam* **showboating** *n no pl* Am Prahlerei *f*, Angeberei *f fam* **show business** *n no pl* Showbusiness *nt,* Showgeschäft *nt,* Unterhaltungsbranche *f;* **in ~** im Showgeschäft **showcase I.** *n* ❶ *(container)* Schaukasten *m,* Vitrine *f* ❷ *(fig: place/opportunity for presentation)* Schau *f,* Schaufenster *nt* **II.** *vt* ■**to ~ sth** etw ausstellen; **to ~ one's talent** seine Begabung unter Beweis stellen **showdown** *n* Showdown *m,* Kraftprobe *f;* ■**a ~ with sb** ein Entscheidungskampf *m* gegen jdn; **to prepare for a ~ [with sb]** sich *akk* auf einen Showdown [mit jdm] vorbereiten

shower ['ʃaʊəʳ, AM 'ʃaʊɚ] **I.** *n* ❶ *(brief fall)* Schauer *m;* **~ of rain/snow** Regen-/Schneeschauer *m;* **thunder ~** Gewitterschauer *m;* **hard [*or* heavy] ~** heftiger Schauer; **thundery ~s** gewittrige Schauer *mpl*
❷ *(spray)* Regen *m;* **to bring a ~ of praise upon sb** *(fig)* jdm viel Lob einbringen; **~ of sparks** Funkenregen *m*
❸ *(for bathing)* Dusche *f;* **to be in the ~** unter der Dusche sein; **to have [*or* take] a ~** duschen
❹ AM *(party) Frauenparty vor einer Hochzeit, Geburt etc, bei der Geschenke überreicht werden*
II. *vt* ❶ *(with liquid)* ■**to ~ sb/sth** etw/jdn bespritzen; **to ~ sb with champagne** jdn mit Champagner bespritzen
❷ *(fig)* ■**to ~ sb/sth with sth,** ■**to ~ sth on sb/sth** *(rain down)* etw auf jdn/etw niederregnen lassen; *(lavish)* jdn/etw mit etw *dat* überhäufen; **to ~ compliments on sb** jdn mit Komplimenten überhäufen; **to ~ sb with presents/praise** jdn mit Geschenken/Lob überhäufen; **to ~ a town with missiles** einen Raketenhagel auf eine Stadt niedergehen lassen, eine Stadt unter Raketenbeschuss nehmen
III. *vi* ❶ *(take a shower)* duschen
❷ *(spray)* ■**to ~ down** niederregnen, niederfallen

shower attachment *n* Duschvorrichtung *f* **shower cap** *n* Duschhaube *f* **shower cream** *n* Duschcreme *f* **shower curtain** *n* Duschvorhang *m* **shower gel** *n* Duschgel *nt* **showerhead** *n* Duschkopf *m* **showerproof** *adj* AUS, BRIT Wasser abweisend *attr* **shower tea** *n* AUS *Frauenparty, bei der einer Braut Geschenke überreicht werden*

showery ['ʃaʊəri, AM 'ʃaʊri] *adj* mit vereinzelten Regenschauern *nach n;* **~ weather** regnerisches Wetter

showgirl *n* Revuegirl *nt* **showground** *n* Veranstaltungsgelände *nt* **show home, show house** *n* BRIT Musterhaus *nt*

showily ['ʃəʊɪli, AM 'ʃoʊ-] *adv* auffällig, protzig *meist pej fam*

showiness ['ʃəʊɪnəs, AM 'ʃoʊ-] *n no pl* Pomp *m,* Protzerei *f*

showing ['ʃəʊɪŋ, AM 'ʃoʊ-] *n usu sing* ❶ *(exhibition)* Ausstellung *f*
❷ *(broadcasting)* Übertragung *f*
❸ *(performance in competition)* Vorstellung *f;* **to make [*or* manage] a good/strong/dismal ~** eine gute/eindrucksvolle/schwache Vorstellung geben

show jumper *n* ❶ *(horse)* Springpferd *nt* ❷ *(rider)* Springreiter(in) *m(f)* **show jumping** *n no pl* Springreiten *nt* **showman** *n (esp approv)* Showman *m* **showmanship** ['ʃəʊmənʃɪp, AM 'ʃoʊ-] *n no pl (esp approv)* publikumswirksames Auftreten

shown [ʃəʊn, AM ʃoʊn] *vt, vi pp of* **show**

show-off *n* Angeber(in) *m(f)* **showpiece I.** *n* Paradebeispiel *nt* **II.** *n modifier (hospital, jail)* Vorzeige- **showplace** *n* Ausstellungsgelände *nt,* Besichtigungsstätte *f* **show pony** *n* AUS Blender(in) *m(f)* **showroom** *n* Ausstellungsraum *m* **showstopper** *n* sensationelle Darbietung **showstopping** *adj attr, inv* sensationell; ***his recital of Shakespeare in the middle of the play was a ~ performance*** für seinen Shakespeare-Monolog im Stück erhielt er stürmischen Szenenapplaus **show time** *n no pl* Aufführung[szeit] *f,* Darbietung *f,* Show *f a. iron* **show trial** *n* Schauprozess *m*

showy ['ʃəʊi, AM 'ʃoʊi] *adj* auffällig, protzig *meist pej fam*

shrank [ʃræŋk] *vt, vi pt of* **shrink**

shrapnel ['ʃræpnᵊl] *n no pl* Granatsplitter *pl;* **to be hit by ~** von Granatsplittern getroffen werden

shred [ʃred] **I.** *n* ❶ *usu pl (thin long strip)* Streifen *m;* **to leave sb's reputation in ~s** jds Ruf ruinieren; **to be in ~s** zerfetzt sein; **to rip [*or* tear] sth to ~s** etw in Fetzen reißen; **to tear sb to ~s** *(fig)* jdn in Stücke reißen
❷ *no pl (tiny bit) of hope* Funke *m;* ***there isn't a ~ of evidence*** es gibt nicht den geringsten Beweis; **without a ~ of clothing on** splitter[faser]nackt; **every ~ of credibility** jedes bisschen Glaubwürdigkeit
II. *vt* <-dd-> ■**to ~ sth** etw zerkleinern; **to ~ a document** ein Dokument vernichten [*o* schredden]; **to ~ vegetables** Gemüse hacken

shredded wheat [ˌʃredɪd'(h)wiːt] *n* AM Weizenschrot *m o nt kein pl*

shredder ['ʃredəʳ, AM -ɚ] *n* Reißwolf *m,* Shredder *m;* **garden ~** Häcksler *m*

shrew [ʃruː] *n* ❶ *(animal)* Spitzmaus *f*
❷ *(pej: woman)* Hexe *f pej,* Xanthippe *f pej*

shrewd [ʃruːd] *adj (approv)* schlau, klug, gewieft *fam;* **~ comment** kluge [*o* scharfsinnige] Bemerkung; **~ decision** kluge Entscheidung; **~ eye** scharfes Auge; **to make a ~ guess** gut raten; **~ move** geschickter Schachzug

shrewdly ['ʃruːdli] *adv (approv)* schlau, klug; ***she ~ predicted the stock market crash*** sie sah den Zusammenbruch des Börsenmarkts scharfsinnig voraus

shrewdness ['ʃruːdnəs] *n no pl (approv)* Klugheit *f*

shrewish ['ʃruːɪʃ] *adj (pej)* zänkisch *pej*

shriek [ʃriːk] **I.** *n* [schriller, kurzer] Schrei; *seagull* Kreischen *nt kein pl;* **~ of delight** Freudenschrei *m*
II. *vi* kreischen; **to ~ with laughter** vor Lachen brüllen; **to ~ in pain** vor Schmerzen schreien
III. *vt* ■**to ~ sth** etw schreien; **to ~ abuse at sb** jdn lauthals beschimpfen

shrift [ʃrɪft] *n* ▶ PHRASES: **to get <u>short</u> ~ from sb** von jdm wenig Mitleid bekommen; **to give <u>short</u> ~ to sb** jdm wenig Beachtung schenken, jdn kurz abfertigen; **to give <u>short</u> ~ to sth** etw *dat* wenig Beachtung schenken; **to make <u>short</u> ~ of sth** mit etw *dat* kurzen Prozess machen

shrill [ʃrɪl] **I.** *adj* schrill; **~ attack** *(fig)* heftige Attacke, scharfer Angriff
II. *vi* schrillen

shrillness ['ʃrɪlnəs] *n no pl* schriller Ton

shrilly ['ʃrɪli] *adv* schrill; **to utter/yell sth ~** etw mit schriller Stimme äußern/schreien

shrimp [ʃrɪmp] **I.** *n* ❶ <*pl* -s *or* -> *(crustacean)* Garnele *f,* Shrimp *m*
❷ *(pej fam: very short person)* Zwerg *m hum*
II. *n modifier (casserole, dip, dish, soup)* Garnelen-; **~ salad** Shrimpssalat *m*

shrimp cocktail *n* AM Shrimpscocktail *m*

shrine [ʃraɪn] *n* Heiligtum *nt; (casket for relics)* Schrein *m a. fig; (tomb)* Grabmal *nt; (place of worship)* Pilgerstätte *f*

shrink [ʃrɪŋk] **I.** *vi* <shrank *or esp* AM shrunk, shrunk *or* AM *also* shrunken> ❶ *(become smaller)* schrumpfen; *sweater* eingehen; **to ~ dramatically** *(fig)* drastisch zusammenschrumpfen [*o* sinken]
❷ *(liter: cower)* sich *akk* ducken; ■**to ~ at sth** bei etw *dat* zusammenzucken
❸ *(pull back)* ■**to ~ away** zurückweichen, zurückschrecken; ■**to ~ away from sb/sth** vor jdm/etw zurückschrecken
❹ *(show reluctance)* ■**to ~ from [doing] sth** sich *akk* vor etw *dat* drücken *fam;* **to ~ from a difficulty** einer Schwierigkeit aus dem Weg gehen
II. *vt* <shrank *or* AM *esp* shrunk, shrunk *or* AM *also* shrunken> ■**to ~ sth** etw schrumpfen lassen; ***I shrank another shirt today*** mir ist heute schon wieder ein Hemd eingegangen; **to ~ costs** die Kosten senken
III. *n (fam)* Psychiater(in) *m(f)*

shrinkage ['ʃrɪŋkɪdʒ] *n no pl* ❶ *(becoming smaller)* Schrumpfen *nt; of a sweater* Eingehen *nt*
❷ *(decrease)* Schwund *m,* Einbußen *fpl,* Minderung *f*
❸ *(fam: shoplifting)* Ladendiebstahl *m*

shrinking ['ʃrɪŋkɪŋ] *adj* schrumpfend *attr*

shrinking violet *n (fam)* Mimose *f oft pej*

shrink-wrap I. *n* Plastikfolie *f*
II. *vt* **to ~ food** Nahrungsmittel in Frischhaltefolie einpacken; **to ~ a book** ein Buch in Folie einschweißen

shrive <shrove, shriven> [ʃraɪv] *vt (old)* ■**to ~ sb** jdm die Beichte abnehmen, jdn von seinen Sünden lossprechen

shrivel <BRIT -ll- *or* AM *usu* -l-> ['ʃrɪvᵊl] **I.** *vi* [zusammen]schrumpfen; *fruit* schrumpeln; *plants* welken; *skin* faltig werden; *(fig) profits* schwinden
II. *vt* ■**to ~ sth** etw zusammenschrumpfen lassen; **to ~ the crops** die Ernte vertrocknen lassen; **to ~ the skin** die Haut faltig werden lassen
◆**shrivel up** *vi* zusammenschrumpfen; *fruit* vertrocknen, schrumpeln; **~led-up leaf** verwelktes Blatt
▶ PHRASES: **to <u>want</u> to ~ up and die** in den Boden versinken wollen

shriveled AM, **shrivelled** ['ʃrɪvᵊld] *adj fruit* verschrumpelt; *leaf* verwelkt; *skin* faltig

shroud [ʃraʊd] **I.** *n* ❶ *(burial wrapping)* Leichentuch *nt*
❷ *(covering)* Hülle *f;* **~ of dust** Staubschicht *f;* **~ of fog** Nebelschleier *m;* **a ~ of secrecy** *(fig)* ein Mantel *m* der Verschwiegenheit *fig*
II. *vt* ■**to ~ sth** etw einhüllen; **~ed in darkness** in Dunkelheit eingehüllt; **~ed in fog** in Nebel gehüllt, nebelverhangen *geh;* **~ed in mystery** *(fig)* geheimnisumwoben *geh,* geheimnisumwittert *geh;* **to ~ sth in scaffolding** etw einrüsten; **to ~ sth in secrecy** *(fig)* etw geheim halten

Shrovetide ['ʃrəʊvtaɪd, AM 'ʃroʊv-] *n* Fastnacht *f,* Karneval *m bes* MITTELD, Fasching *m* SÜDD, ÖSTERR, Fasnacht *f* SCHWEIZ **Shrove Tuesday** [ʃrəʊv'tjuːzdeɪ, AM ʃroʊv'tuː-, tjuː-] *n no art* Fastnachtsdienstag *m,* Faschingsdienstag *m* SÜDD, ÖSTERR, Fasnachtsdienstag *m* SCHWEIZ

shrub [ʃrʌb] *n* Strauch *m,* Busch *m;* **a flowering ~** ein blühender Busch

shrubbery ['ʃrʌbᵊri] *n no pl* ❶ *(area planted with bushes)* Gebüsch *nt,* Buschwerk *nt*
❷ *(group of bushes)* Sträucher *mpl*

shrubby ['ʃrʌbi] *adj* buschig

shrug [ʃrʌg] **I.** *n of one's shoulders* Achselzucken *nt kein pl;* **~ of contempt** verächtliches Achselzucken
II. *vi* <-gg-> die Achseln zucken
III. *vt* <-gg-> **to ~ one's shoulders** die Achseln zucken; *(fig)* tatenlos zusehen
◆**shrug aside** *vt* ■**to ~ aside** ↔ **sth** etw mit einem Achselzucken abtun
◆**shrug off** *vt* ❶ *see* **shrug aside**
❷ *(get rid of)* ■**to ~ off** ↔ **sth** etw loswerden

shrunk [ʃrʌŋk] *vt, vi pp, pt of* **shrink**

shrunken ['ʃrʌŋkᵊn] **I.** *adj* geschrumpft; **~ figure** in sich zusammengesunkene Gestalt; **~ profits** niedrigere Gewinne
II. *vt, vi* AM *pp of* **shrink**

shtick [ʃtɪk] *n* AM *(sl)* Trick *m,* Show *f fam;* ***Tom went into his ~ about his mother-in-law again*** Tom zog wieder mal seine Schwiegermuttershow ab *fam*

shtook [ʃtʊk] *no pl* BRIT *(sl),* **shtuck** *n no pl* BRIT *(sl)* Ärger *m,* Stunk *m pej fam;* **to be in ~** Schwierigkeiten bekommen, Stunk haben *pej fam*

shuck [ʃʌk] *vt* AM ❶ FOOD ■**to ~ sth** *corn* etw schälen; **to ~ beans** Bohnen enthülsen; **to ~ oysters** Austern aus der Schale herauslösen
❷ *(remove)* **to ~ one's clothes** seine Kleider ausziehen [*o* ablegen]
◆**shuck off** *vt* AM ■**to ~ off** ↔ **sth** sich *akk* von etw *dat* befreien, etw abschütteln; **to ~ a bad habit** eine schlechte Angewohnheit ablegen

shucks [ʃʌks] *interj* AM *(fam)* ach Quatsch! *fam;* **~, *I wish I could have gone to the party*** ach Mensch, hätte ich doch nur zur Party gehen können *fam*

shudder ['ʃʌdəʳ, AM -ɚ] **I.** *vi* zittern, erschaudern *geh; ground* beben; ***I ~ to think what would have***

happened if … mir graut vor dem Gedanken, was passiert wäre, wenn …; ***she ~ed at the thought of kissing him*** es schauderte sie bei dem Gedanken, ihn zu küssen; **to ~ with disgust/horror/loathing** vor Ekel/Grauen/Abscheu erschaudern *geh;* **to ~ to a halt** mit einem Rucken zum Stehen kommen; ***the economy has ~ed to a halt*** (*fig*) die Wirtschaft ist zum Erliegen gekommen; **to ~ at the memory of sth** mit Schaudern an etw *akk* zurückdenken
II. *n* Schauder *m geh,* Schaudern *nt kein pl;* ***Wendy gave a ~ of disgust*** Wendy schüttelte sich vor Ekel; **to send a ~ down one's spine** jdm einen Schauder den Rücken hinunterjagen; **to send a ~ through sb** jdn erschaudern lassen *geh*

shuffle [ˈʃʌfl] **I.** *n* ❶ CARDS Mischen *nt kein pl* (*von Karten*); **to give the cards a ~** die Karten mischen
❷ (*rearrangement*) Neuordnung *f kein pl;* ***she gave her papers a quick ~*** sie sortierte ihre Papiere rasch neu
❸ *esp* AM, AUS, CAN (*shake-up*) **cabinet ~** Kabinettsumbildung *f;* **management ~** personelle Umstrukturierung in der Geschäftsleitung
❹ *no pl of feet* Schlurfen *nt*
II. *vt* ❶ (*mix*) **to ~ cards** [*or* AM **a deck**] Karten mischen
❷ (*move around*) ■**to ~ sth [around]** etw hin- und herschieben; **paper-shuffling employee** Angestellte(r) *f(m),* die/der nur Papier umschichtet
❸ (*drag*) **to ~ one's feet** schlurfen
III. *vi* ❶ CARDS Karten mischen
❷ (*sort through*) ■**to ~ through sth** etw durchblättern
❸ (*drag one's feet*) schlurfen; ■**to ~ along** (*fig*) sich *akk* dahinschleppen; ■**to ~ around** unruhig sein, herumzappeln *fam*
◆**shuffle off** *vt* ■**to ~ off** ⊂ **sth** etw abschütteln; **to ~ off a burden** sich *akk* von einer Last befreien; **to ~ off responsibility [onto sb]** Verantwortung [auf jdn] abwälzen
► PHRASES: **when we have ~d off this mortal coil** (*quotation from Hamlet*) wenn wir den Drang des Irdischen abgeschüttelt

shuffleboard [ˈʃʌflbɔːd, AM -bɔːrd] *n no pl* AM, CAN (*shovelboard*) Beilkespiel *nt*

shuffling [ˈʃʌflɪŋ] *adj inv* schlurfend

shufti *no pl* BRIT (*dated fam*), **shufty** [ˈʃʊfti] *n no pl* BRIT (*dated fam*) Blick *m;* **to have a ~ [at sth]** einen Blick [auf etw *akk*] werfen

shun <-nn-> [ʃʌn] *vt* ■**to ~ sth** etw meiden, etw *dat* ausweichen; ■**to ~ sb** jdm aus dem Weg gehen; **to ~ publicity** die Öffentlichkeit meiden

shunt [ʃʌnt] **I.** *vt* ❶ RAIL ■**to ~ sth** etw verschieben; **to ~ a train/carriages** einen Zug/Waggons rangieren
❷ (*fig: move*) ■**to ~ sth** etw abschieben; ■**to ~ sb** jdn schieben; (*get rid of*) jdn abschieben *fam;* ***I spent most of my childhood being ~ed between my parents*** den größten Teil meiner Kindheit wurde ich von einem Elternteil zum anderen geschoben; **to be ~ed to later times** auf einen späteren Zeitpunkt verschoben werden; ■**to ~ sb aside** jdn aufs Abstellgleis stellen *fam*
II. *n* ❶ RAIL Rangieren *nt kein pl,* Verschieben *nt kein pl;* **to give a train/carriage a ~** einen Zug/Waggon verschieben
❷ BRIT AUTO (*fam*) Bums *m fam*

shunter [ˈʃʌntəʳ, AM -ɚ] *n* Rangierlok[omotive] *f*

shunting [ˈʃʌntɪŋ] *n* Rangieren *nt kein pl,* Verschieben *nt kein pl*

shunting engine *n* Rangierlok[omotive] *f* **shunting station, shunting yard** *n* Rangierbahnhof *m*

shush [ʃʊʃ] **I.** *interj* sch!, pst!
II. *vt* (*fam*) ■**to ~ sb** jdm sagen, dass er/sie still sein soll
III. *vi* (*fam*) still sein

shut [ʃʌt] **I.** *adj inv* geschlossen; **~ curtains** zugezogene Vorhänge; **to slam a door ~** eine Tür zuschlagen; **to slide ~** sich *akk* automatisch schließen
► PHRASES: **to be** [*or* **get**] **~ of sb/sth** jdn/etw loswerden
II. *vt* <-tt-, shut, shut> ❶ (*close*) ■**to ~ sth** etw schließen [*o* zumachen]; **to ~ a book** ein Buch zuklappen; **to ~ one's eyes/ears to sth** seine Augen/Ohren vor etw *dat* verschließen
❷ COMM (*stop operating*) ■**to ~ sth** etw schließen [*o* zusperren]
❸ (*pinch*) **to ~ one's finger/hand in sth** sich *dat* den Finger/die Hand in etw *dat* einklemmen
► PHRASES: **~ your face!** (*fam!*) halt die Klappe! *fam;* **~ your gob!** (*fam!*) halt's Maul! *derb,* halt die Fresse! *derb;* **~ it!** (*fam!*) Klappe! *sl;* **~ your mouth!** (*fam!*) halt den Mund! *fam;* **~ your yap!** AM (*fam!*) halt die Schnauze! *fam*
III. *vi* <-tt-, shut, shut> ❶ (*close*) schließen, zumachen
❷ COMM (*stop operating*) schließen, zusperren
◆**shut away** *vt* ■**to ~ away** ⊂ **sb** jdn einschließen [*o* einsperren]; ■**to ~ oneself away** sich *akk* einschließen
◆**shut down I.** *vt* ■**to ~ down** ⊂ **sth** ❶ (*stop operating*) etw schließen; **to ~ down an airport** einen Flughafen sperren
❷ (*turn off*) etw abstellen; **to ~ the system down** das System herunterfahren
II. *vi business, factory* zumachen; *engine* sich *akk* abstellen
◆**shut in** *vt* ■**to ~ in** ⊂ **sb** jdn einschließen [*o* einsperren]; ■**to ~ oneself in** sich *akk* einsperren
◆**shut off** *vt* ❶ (*isolate*) ■**to ~ off** ⊂ **sb/sth [from sth]** jdn/etw [von etw *dat*] isolieren; (*protect*) jdn/etw [von etw *dat*] abschirmen; **to ~ oneself off [from one's friends]** sich *akk* [von seinen Freunden] zurückziehen
❷ (*turn off*) ■**to ~ off** ⊂ **sth** etw abstellen [*o* ausmachen]; **to ~ off a computer/system** einen Computer/ein System herunterfahren
❸ (*stop sending*) ■**to ~ off** ⊂ **sth** etw einstellen; **to ~ off humanitarian aid** humanitäre Hilfe unterbinden; **to ~ off funds** Geldmittel sperren; **to ~ off signals** Signale verhindern
◆**shut out** *vt* ❶ (*block out*) ■**to ~ out** ⊂ **sth** etw ausschließen; (*fig*) *thoughts* etw verdrängen; ***the double glazing ~s out most of the traffic noise*** die doppelten Fenster halten den größten Teil des Verkehrslärms ab; **to ~ out the light** das Licht abschirmen; **to ~ out the memory of sth** die Erinnerung an etw *akk* ausschalten; **to ~ out pain** Schmerz ausschalten
❷ (*exclude*) ■**to ~ out sb [from** [*or* **of**] **sth]** jdn [von etw *dat*] ausschließen *a. fig;* **to ~ sb out of power** jdn nicht an der Macht teilhaben lassen
❸ SPORTS (*prevent from scoring*) ■**to ~ out** ⊂ **sb** jdn zu Null schlagen
◆**shut up I.** *vt* ❶ (*confine*) ■**to ~ up** ⊂ **sb/an animal [in sth]** jdn/ein Tier [in etw *dat*] einsperren
❷ AUS, BRIT (*close* [*for day*]) ■**to ~ up** ⊂ **sth** etw schließen; **to ~ up shop** das Geschäft schließen; (*fig: stop business*) seine Tätigkeit einstellen
❸ (*fam: cause to stop talking*) ■**to ~ up** ⊂ **sb** jdn zum Schweigen bringen; **to ~ up a baby** (*fig*) ein Baby beruhigen; **to ~ sb up for good** jdn für immer zum Schweigen bringen
II. *vi* ❶ AUS, BRIT (*close for day*) [seinen Laden] zuschließen
❷ (*fam: stop talking*) den Mund halten *fam*

shutdown *n* Schließung *f,* Stilllegung *f* **shutdown procedure** *n* Vorgehen *nt* im Fall eines Versagens der Anlage **shuteye** *n no pl esp* AM (*dated fam*) Nickerchen *nt fam;* **to get** [*or* **grab**] **some ~** eine Mütze voll Schlaf nehmen *fam,* ein Nickerchen machen *fam* **shut in** *adj pred,* **shut-in** *adj attr* **a ~ feeling** ein Gefühl *nt* des Eingesperrtseins [*o* der Enge]; **to feel ~** sich *akk* eingesperrt fühlen **shut-in** *n Person, die an das Haus gefesselt ist* **shut-off I.** *n* Abstellvorrichtung *f,* Abschaltmechanismus *m* **II.** *n modifier* Abstell-, Abschalt-; **~ switch** Aus-Schalter *m* **shut-off valve** *n* Sperrventil *nt* **shutout** *n* AM SPORTS Niederlage *f* zu Null [*o* ohne Punkt]

shutter [ˈʃʌtəʳ, AM ˈʃʌţɚ] *n* ❶ PHOT Kameraverschluss *m,* Blende *f;* **to open the ~** die Blende öffnen
❷ *usu pl* (*window cover*) Fensterladen *m;* **to close/open the ~s** die Fensterläden schließen/öffnen; **to pull down/put up the ~s** die Rollläden herunterlassen/hochziehen

shuttered [ˈʃʌtəd, AM ˈʃʌţɚd] *adj inv* ❶ (*with shutters closed*) ■**to be ~** geschlossene Fensterläden haben, die Rollläden heruntergelassen haben
❷ (*having shutters*) mit Fensterläden *nach n*

shutter speed *n* PHOT Belichtungszeit *f;* **high ~** kurze Belichtungszeit

shuttle [ˈʃʌtl, AM ˈʃʌţl] **I.** *n* ❶ (*train*) Pendelzug *m;* (*plane*) Pendelmaschine *f;* **air ~ [service]** Shuttleflug *m;* **space ~** Raumfähre *f*
❷ (*weaving bobbin*) Weberschiffchen *nt;* (*sewing-machine bobbin*) Schiffchen *nt*
❸ (*fam*) Federball *m*
II. *vt* ■**to ~ sb** jdn hin- und zurückbefördern; ***passengers were ~d by bus from the bus stop to the airport*** die Passagiere wurden mit dem Bus von der Bushaltestelle zum Flughafen gebracht
III. *vi* hin- und zurückfahren; ***there are trains which ~ from the airport to the city centre*** zwischen dem Flughafen und der Innenstadt verkehren Züge

shuttle bus *n* Zubringerbus *m* **shuttlecock** [-kɒk, AM -kɑːk] *n* Federball *m* **shuttle diplomacy** *n* Reisediplomatie *f;* **to be involved** [*or* **engaged**] **in ~** Reisediplomatie betreiben **shuttle flight** *n* Shuttleflug *m* **shuttle service** *n* Zubringerdienst *m,* Shuttleservice *nt* **shuttle train** *n* Zubringerzug *m*

shy[1] [ʃaɪ] (*dated*) **I.** *vt* <-ie-> (*fam*) ■**to ~ sth at sb/sth** etw auf jdn/etw werfen
II. *n* (*fam*) Wurf *m;* **to have** [*or* **take**] **a ~ at sth** auf etw *akk* werfen; (*fig*) etw angreifen

shy[2] [ʃaɪ] **I.** *adj* ❶ (*timid*) schüchtern; **to be ~ of** [*or* **with**] **people** menschenscheu sein; *children* fremdeln; **~ smile** scheues Lächeln; **to be too ~ of doing** [*or* **to do**] **sth** zu schüchtern sein, etw zu tun
❷ *after n, inv* (*lacking*) ***we're only £100 ~ of the total amount*** uns fehlen nur noch 100 Pfund vom Gesamtbetrag
II. *vi* <-ie-> ❶ *horse* scheuen
❷ (*avoid*) ■**to ~ away from [doing] sth** vor etw *dat* zurückschrecken, etw scheuen

Shylock [ˈʃaɪlɒk, AM lɑːk] *n* ❶ THEAT Shylock *m*
❷ (*fig*) Wucherer, Wucherin *m, f*

shyly [ˈʃaɪli] *adv* schüchtern; **to smile ~** scheu lächeln

shyness [ˈʃaɪnəs] *n no pl* Schüchternheit *f;* (*esp of horses*) Scheuen *nt*

shyster [ˈʃaɪstəʳ, AM -ɚ] (*fam*) **I.** *n* Gauner(in) *m(f),* Ganove *m*
II. *adj attr, inv* gaunerhaft, ganovenhaft

SI [ˌesˈaɪ] *adj no pl* SCI *abbrev of* **Système International** SI-

Siamese [ˌsaɪəˈmiːz] **I.** *n* <*pl* -> ❶ (*person*) Siamese, -in *m, f;* (*cat*) Siamkatze *f*
❷ *no pl* (*language*) Siamesisch *nt*
II. *adj inv* siamesisch

Siamese cat *n* Siamkatze *f* **Siamese twins** *npl* siamesische Zwillinge

sib [sɪb] *n* (*sl*) *short for* **sibling** Geschwister *nt*

Siberia [saɪˈbɪəriə, AM ˈbɪri] *n no pl* GEOG Sibirien *nt*

Siberian [saɪˈbɪəriən, AM -ˈbɪri-] **I.** *n* Sibir[i]er(in) *m(f)*
II. *adj inv* sibirisch; **~ cold** sibirische Kälte

Siberian tiger *n* sibirischer Tiger

sibilant [ˈsɪbɪlənt, AM əl] *adj esp* LING zischend, Zisch-

sibling [ˈsɪblɪŋ] *n* Geschwister *nt meist pl*

sibling rivalry *n* Geschwisterrivalität *f*

sic [sɪk] **I.** *adv inv* sic
II. *vt* ■**to ~ sb on sb** jdn auf jdn ansetzen

Sicilian [sɪˈsɪliən] **I.** *n* Sizilianer(in) *m(f)*
II. *adj inv* sizilianisch

Sicily [ˈsɪsɪli, AM -əli] *n no pl* Sizilien *nt*

sick[1] [sɪk] **I.** *adj* ❶ (*physically*) krank; (*fig: in poor condition*) *machine, engine* angeschlagen; **to be off ~** krankgemeldet sein; **to call in** [*or* **report**] **~** sich

akk krankmelden; **to fall** [*or* **take**] [*or form* **be taken**] ~ erkranken *geh*
❷ (*mentally*) geisteskrank; (*fig*) krank; ***are you ~ or something?*** (*fam!*) spinnst du oder was?
❸ *pred* (*in stomach*) **to be** [*or* **get**] ~ sich *akk* erbrechen, spucken *fam;* **to feel** ~ sich *akk* schlecht fühlen; ***I feel*** ~ mir ist schlecht [*o* übel]; ***I feel ~ to my stomach*** mir ist im Magen schlecht; **to make oneself** ~ sich *dat* den Magen verderben; (*fig*) ***it makes me ~ to my stomach when I think of …*** mir dreht sich der Magen um, wenn ich daran denke, …
❹ *pred* (*fam: upset*) erschüttert, entsetzt; ***it makes me ~ the way he always complains*** ich kann sein Gejammer nicht mehr hören; ■**to be ~ about** [*or* **at**] [*or* AM **over**] **sth** über etw *akk* entsetzt sein
❺ *pred* (*fam: fed up*) ■**to be ~ of doing sth** es satt haben, etw zu tun; **to be ~ and tired** [*or* **~ to death**] **of sth** etw [gründlich] satt haben; ■**to be ~ of sth/sb** von etw/jdm die Nase voll haben *fam*
❻ (*angry*) [wahnsinnig] wütend; ***it makes me ~ …*** es regt mich auf …
❼ (*fam: cruel and offensive*) geschmacklos; *person* pervers; *mind* abartig; ~ **humour** schwarzer Humor; ~ **joke** makab[e]rer Witz
► PHRASES: **to feel** [**as**] **~ as a <u>dog</u>** AM, AUS sich hundeelend fühlen; ***I was ~ as a dog*** mir ging es hundeelend; **to be ~ at <u>heart</u>** [äußerst] niedergeschlagen sein; **to be ~ as a <u>parrot</u>** BRIT (*hum*) völlig fertig sein; **to be <u>worried</u>** ~ (*fam*) krank vor Sorge sein
II. *n* ❶ (*ill people*) ■**the** ~ *pl* die Kranken *pl*
❷ *no pl* BRIT (*fam: vomit*) Erbrochenes *nt*
III. *vt* BRIT (*fam*) ■**to ~ up** ↔ **sth** etw erbrechen
sick² [sɪk] *vt* **to ~ a dog on sb** auf jdn einen Hund hetzen
sick bag *n* MED, AVIAT Speibeutel *m,* Spucktüte *f fam*
sickbay *n* MIL Krankenstation *f,* Krankenraum *m*
sickbed *n* Krankenbett *nt*
sick building *n* kontaminiertes Gebäude
sick-building syndrome *n* Sick Building Syndrom *nt* (*durch kontaminierte Bürogebäude ausgelöste Krankheit*) **sick call** *n* MED ❶ (*doctor's visit*) Visite *f;* **to be on** ~ auf Visite sein ❷ (*in military*) Krankenappell *m* **sick day** *n* ADMIN, MED Krankheitstag *m*
sicken ['sɪkᵊn] **I.** *vi* ❶ MED (*become sick*) erkranken; ■**to ~ of sth** (*fig*) einer S. *gen* überdrüssig werden
❷ BRIT MED (*become sick with*) **to ~ for measles/a cold** an Masern/einer Erkältung erkranken
II. *vt* ■**to ~ sb** (*upset greatly*) jdn krank machen *fam;* (*turn sb's stomach*) jdn anekeln [*o* anwidern]; ■**to be ~ed at** [*or* **by**] **sth** von etw *dat* angeekelt sein
sickening ['sɪkᵊnɪŋ] *adj* (*repulsive*) *cruelty, smell* entsetzlich, ekelhaft; *prices, frequency* unerträglich; (*annoying*) [äußerst] ärgerlich; ***it's ~ that I can't go to the party*** es ist wirklich blöd, dass ich nicht auf die Party kann *fam*
sickeningly ['sɪkᵊnɪŋli] *adv* (*repulsive*) entsetzlich, ekelhaft; (*fig*) unerträglich; ~ **sweet** widerlich süß; ***now it's ~ obvious*** das schreit ja schon zum Himmel *fam*
sick headache *n* Migräneanfall *m*
sickie ['sɪki] *n* ❶ (*childspeak fam: sick person*) Kranke(r) *f(m)*
❷ BRIT (*fam: sick leave*) Krankheitstag *m;* **to take a** ~ krank machen
❸ (*fam: crazy person*) Geistesgestörte(r) *f(m),* Verrückte(r) *f(m)*
sickle ['sɪkl̩] *n* Sichel *f*
sick leave *n no pl* MED Genesungsurlaub *m;* **to be on** [*or* **take**] ~ krankgeschrieben sein
sickle-cell an(a)emia [ˌsɪklsel-] *n,* **sickle-cell disease** *n* MED *no pl* Sichelzellenanämie *f*
sick list *n* MED Krankenliste *f;* **to be on the** ~ krankgemeldet sein
sickly ['sɪkli] *adj* ❶ (*not healthy*) kränklich; (*pale*) *complexion, light* blass; ***her face was a ~ colour*** sie war kreidebleich; ■**to be** ~ kränkeln; ~ **climate** ungesundes Klima
❷ (*causing nausea*) ekelhaft, widerlich; ~ **smell/taste** ekelhafter Geruch/Geschmack
❸ (*full of emotion*) schmalzig *pej,* rührselig *pej*
sick-making *adj* BRIT (*fam*) unerhört; ***it's ~ that …*** es ist eine Sauerei, dass … *fam*
sickness <*pl* -es> ['sɪknəs] *n* ❶ (*illness*) Krankheit *f;* (*nausea*) Übelkeit *f*
❷ (*fig*) Schwäche *f;* ***the economic ~ of our society*** die wirtschaftliche Anfälligkeit unserer Gesellschaft
❸ *no pl* (*vomiting*) Erbrechen *nt*
❹ *no pl* (*perverseness*) Abartigkeit *f*
sickness benefit *n* BRIT, AUS Krankengeld *nt*
sick note *n* Krankmeldung *f*
sicko ['sɪkəʊ, AM -oʊ] (*sl*) **I.** *n* Geistesgestörte(r) *f(m),* Verrückte(r) *f(m) fam*
II. *adj* geistesgestört, verrückt *fam*
sick-out *n geschlossene Krankmeldung der Mitarbeiter einer Firma* **sick parade** *n* BRIT MIL, MED Krankenappell *m* **sick pay** *n no pl* ADMIN, MED Krankengeld *nt* **sickroom** *n* Krankenzimmer *nt*
sicky ['sɪki] *n* ► PHRASES: **to <u>throw</u> a** ~ (*fam!*) blaumachen *fam*
side [saɪd] **I.** *n* ❶ (*vertical surface*) *of a car, box* Seite *f; of a house, wall* [Seiten]wand *f; of a hill, cliff* Hang *m;* ***I have a small table at the ~ of my bed*** ich habe einen kleinen Tisch neben meinem Bett; ~ **by** ~ Seite an Seite; **to do sth ~ by** ~ etw Seite an Seite tun; **to stay at sb's** ~ jdm zur Seite stehen
❷ (*flat surface*) *of a coin, record* Seite *f;* ***this ~ up!*** (*on parcel*) oben!; (*page*) Seite *f;* ***please write on one ~ of the paper only*** bitte beschreiben Sie das Papier nur einseitig; **right/wrong** ~ *of cloth* rechte/linke Seite
❸ (*edge, border*) *of a plate, clearing, field* Rand *m; of a table, square* Seite *f; of a river* [Fluss]ufer *nt; of a road* [Straßen]rand *m;* **on all ~s** [*or* **every** ~] auf allen Seiten; ***they were surrounded on all ~s by the children*** sie wurden von allen Seiten von Kindern umringt; **from ~ to** ~ von rechts nach links
❹ (*half*) *of a bed, house* Hälfte *f; of a town, brain, room* Seite *f; of a butchered animal* [Tier]hälfte *f;* (*fig: part*) *of a deal, agreement* Anteil *m;* ***this is the best pizza I've tasted this ~ of Italy*** das ist die beste Pizza, die ich außerhalb Italiens gegessen habe; ***in Britain, cars drive on the left ~ of the road*** in Großbritannien fahren die Autos auf der linken Straßenseite; (*in time, space*) ***we don't expect to see him this ~ of Christmas*** wir erwarten nicht, ihn vor Weihnachten zu sehen; **to keep one's ~ of a bargain** seinen Anteil eines Geschäftes behalten; **to be on the right/wrong ~ of 40/50** jung/alt für 40/50 aussehen
❺ (*direction*) Seite *f;* ***move to one ~ please*** bitte treten Sie zur Seite; ***don't just stand to the ~ — help me*** stehen Sie doch nicht nur rum – helfen Sie mir!; **to put sth on** [*or* **to**] **one** ~ etw beiseite lassen; **to put money on** [*or* **to**] **one** ~ Geld auf die Seite [*o fam* auf die hohe Kante] legen; **to take sb on** [*or* **to**] **one** ~ jdn auf die Seite nehmen; **from/on all ~s** [*or* **every** ~] von/auf allen Seiten
❻ + *sing/pl vb* (*opposing party*) *of a dispute, contest* Partei *f,* Seite *f;* **to be on the ~ of sb** [*or* **on sb's** ~] auf jds Seite sein [*o* stehen]; ***whose ~ are you on anyway?*** auf wessen Seite stehst du eigentlich?; ***don't worry, time is on our ~*** keine Angst, die Zeit läuft für uns; **to change** [*or* **switch**] **~s** sich *akk* auf die andere Seite schlagen; **to take ~s** Partei ergreifen; **to take sb's** ~ sich *akk* auf jds Seite schlagen *fam*
❼ + *sing/pl vb* (*team*) Mannschaft *f,* Seite *f;* ***our ~ lost again on Saturday*** unsere Seite hat am Samstag wieder verloren
❽ (*aspect*) Seite *f;* ***there are at least two ~s to every question*** jede Frage kann von mindestens zwei Seiten beleuchtet werden; ***I've listened to your ~ of the story*** ich habe jetzt deine Version der Geschichte gehört; ***I've looked at life from both ~s*** ich habe das Leben von beiden Seiten kennen gelernt; **to be on the right/wrong ~ of the law** auf der richtigen/falschen Seite des Gesetzes stehen; **to look on the brighter ~ of life** zuversichtlich sein; **sb's good/bad/romantic/funny** ~ jds gute/schlechte/romantische/komische Seite
❾ + *sing/pl vb* (*in family*) **the maternal/paternal ~ of the family** die mütterliche/väterliche Seite der Familie; **the rich/religious/Irish ~ of the family** der reiche/religiöse/irische Teil der Familie; **on one's mother's/father's** ~ mütterlicherseits/väterlicherseits
❿ BRIT (*TV station*) Sender *m;* ***what ~ is 'Coronation Street' on?*** auf welchem Sender läuft ‚Coronation Street'?
⓫ *esp* AM (*served separately*) ***I'd like some sauce on the ~, please*** ich hätte gerne etwas Soße extra; **a ~ of broccoli/rice/french fries** Brokkoli/Reis/Pommes frites als Beilage
► PHRASES: **the other ~ of the <u>coin</u>** die Kehrseite der Medaille; **to come down on one ~ of the <u>fence</u> or other** sich *akk* für das eine oder andere entscheiden; **this ~/the other ~ of the <u>grave</u>** im Diesseits/Jenseits; **on the <u>large</u>/<u>small</u> ~** zu groß/klein; **to get/keep on the <u>right</u> ~ of sb** jdn für sich *akk* einnehmen/es sich *dat* mit jdm nicht verderben; **to be on the <u>safe</u>** ~ sichergehen; **to stay on the <u>safe</u>** ~ vorsichtshalber; **to get on the <u>wrong</u> ~ of sb** es sich *dat* mit jdm verderben; **to <u>let</u> the ~ down** *esp* BRIT Ärger verursachen; **<u>on</u> the** ~ nebenbei; **to have a bit on the** ~ einen Seitensprung machen; (*long-term*) noch nebenher etwas laufen haben; **to make a little money on the** ~ sich *dat* etwas Geld nebenher verdienen; **to have sb on the** ~ nebenher mit jdm eine Affäre haben
II. *n modifier* (*door, window, entrance*) Seiten-; (*job, issue, room, road*) Neben-
III. *vi* ■**to ~ against sb** sich *akk* gegen jdn stellen; ■**to ~ with sb** zu jdm halten
sidearm *n* an der Seite getragene Waffe **sidebar** *n* AM JOURN Zusatzinformation *f* (*zu einem gegebenen Artikel*) **sideboard** *n* ❶ (*buffet*) Anrichte *f,* Sideboard *nt;* (*in a bar*) Tresen *m* ❷ BRIT (*fam: sideburns*) ■**~s** *pl* Koteletten *pl* **sideburns** *npl* Koteletten *pl* **sidecar** *n* AUTO Seitenwagen *m,* Beiwagen *m*
-sided ['saɪdɪd] *in compounds* -seitig; **one-~** einseitig; **many-~ questions** komplizierte [*o* vielschichtige] Fragen; **a steep-~ mountain** ein steilwandiger Berg
side dish *n* FOOD Beilage *f* **side door** *n* Seitentür *f,* Nebeneingang *m;* (*exit*) Nebenausgang *m;* (*fig*) Hintertür *f;* **through the** ~ durch die Hintertür **side drum** *n* MUS [kleine] Trommel **side effect** *n* PHARM Nebenwirkung *f* **side entrance** *n,* **side entry** *n* Seiteneingang *m* **side horse** *n* AM (*pommel horse*) Pferd *nt* **side issue** *n* Nebensache *f*
sidekick *n* (*fam*) ❶ (*subordinate*) Handlanger *m* ❷ (*friend*) Kumpan *m fam,* Kumpel *m fam* **sidelight** *n* ❶ BRIT AUTO Standlicht *nt* ❷ (*extra information*) Streiflicht *nt;* ***what he said threw an interesting ~ on what had happened*** was er sagte, beleuchtete die Ereignisse von einem interessanten Blickwinkel aus **sideline I.** *n* ❶ (*secondary job*) Nebenbeschäftigung *f;* (*money*) Nebenerwerb *m;* **to do sth as a** ~ etw nebenher tun ❷ *esp* AM SPORTS (*boundary line*) Begrenzungslinie *f;* (*area near field*) Seitenlinie *f* ❸ (*fig*) **on the ~s** auf der Seitenlinie, im Abseits; **to watch sth from the ~s** etw als unbeteiligter Außenstehender/unbeteiligte Außenstehende beobachten **II.** *vt* ■**to ~ sb** ❶ SPORTS (*keep from playing*) jdn auf die Ersatzbank verbannen ❷ (*fig: ignore opinions*) jdn kaltstellen *fam* [*o* ruhig stellen] **sidelong** *inv* **I.** *adj* seitlich; ***he gave her a ~ glance*** er warf ihr einen Blick aus dem Augenwinkel zu **II.** *adv* seitlich; ***he glanced at her ~ and smiled*** er sah sie von der Seite an und grinste **side-on** *adv inv* (*hit, collide*) seitlich, von der Seite **side order** *n esp* AM FOOD (*side dish*) Beilage *f* **side plate** *n* [Beilagen]teller *m* **side pocket** *n* Seitentasche *f*
sidereal [saɪ'dɪəriəl, AM -'dɪri-] *adj inv* ASTRON siderisch *fachspr;* ~ **clock** siderische Uhr; ~ **year** Sternjahr *nt*

S

side road *n* Seitenstraße *f* **side-saddle** I. *n* Damensattel *m* II. *adv inv* **to ride** ~ im Damensattel reiten **side salad** *n* Beilagensalat *m* **side shoot** *n* BOT Seitentrieb *m* **sideshow** *n* (*not main show*) Nebenaufführung *f;* (*fig*) Ablenkung *f;* (*exhibition*) Sonderausstellung *f* **side-slip** I. *n* ❶ (*on ice*) Schleudern *nt* ❷ (*by airplane*) Slippen *nt,* Seitenrutsch *m* II. *vi* <-pp-> *car* schleudern; *airplane* slippen

sidesman *n* BRIT Kirchendiener *m*

side spin *n no pl* SPORTS Drall *m* **side-splitting** *adj* (*fam*) *film, story* urkomisch **sidestep** I. *vt* <-pp-> ■**to ~ sb/sth** jdm/etw ausweichen; **to ~ a question** (*fig*) einer Frage ausweichen II. *vi* <-pp-> ausweichen III. *n* Schritt *m* zur Seite; (*fig*) Ausweichmanöver *nt;* (*in dancing*) Seitenschritt *m;* (*in sports*) Ausfallschritt *m* **side street** *n* Seitenstraße *f* **sidestroke** *n usu sing* SPORTS Seitenschwimmen *nt;* **to swim a ~** auf der Seite schwimmen **sideswipe** I. *n* ❶ (*remark*) Seitenhieb *m;* **to take a ~ at sb** jdm einen Seitenhieb versetzen ❷ (*hit*) Seitenprall *m* II. *vt* **to ~ a car** mit einem Auto seitlich zusammenprallen **side table** *n* Beistelltisch *m,* Nebentisch *m*

sidetrack I. *vt* ❶ (*distract*) ■**to ~ sb** jdn ablenken; **to be** [*or* **get**] **~ed** abgelenkt werden; ***I'm sorry I'm late — I got ~ed*** entschuldige die Verspätung – ich wurde aufgehalten
❷ (*put on ice*) **to ~ an issue/a plan** eine Angelegenheit/einen Plan auf Eis legen
❸ RAIL **to ~ a train** einen Zug rangieren
II. *n* ❶ (*distraction*) Abschweifung *f,* Exkurs *m*
❷ RAIL (*siding*) Rangiergleis *nt*

side trip *n* Tagesausflug *m* **side view** *n* Seitenansicht *f* **sidewalk** *n esp* AM (*pavement*) Bürgersteig *m* **sidewalk artist** *n* AM Straßenkünstler(in) *m(f)* **side wall** *n* ❶ (*mural part*) Seitenmauer *f; room* Seitenwand *f* ❷ (*side of a tyre*) Seitenwand *f* [eines Reifens] **sideward** *adj inv* seitlich; *see also* **sidewards II sidewards, sideways** *inv* I. *adv* ❶ (*to, from a side*) seitwärts, zur Seite; ***the fence is leaning ~*** der Zaun steht schief; ***could you move ~ to the left?*** könntest du mehr nach links gehen?; ***I had to look ~ to the left and right*** ich musste nach rechts und links zur Seite schauen
❷ (*facing a side*) seitwärts
II. *adj* seitlich; ***he gave her a ~ glance*** er sah sie von der Seite an; **~ movement** Seitwärtsbewegung *f,* Bewegung *f* zur Steite **side-wheeler** *n* AM NAUT (*paddle steamer*) Raddampfer *m* **side whiskers** *npl* Koteletten *pl* **side wind** *n* Seitenwind *m* **sidewinder** ['saɪdwaɪndəʳ, AM -ɚ] *n* ❶ ZOOL (*rattlesnake*) Klapperschlange *f* ❷ AM (*punch*) Seitenhieb *m*

siding ['saɪdɪŋ] *n* ❶ RAIL Rangiergleis *nt;* (*dead end*) Abstellgleis *nt*
❷ *no pl* AM (*wall covering*) Außenverkleidung *f;* **aluminum ~** Aluminiumverkleidung *f*

sidle ['saɪdl̩] *vi* schleichen; ***she ~d past him*** sie schlich sich an ihm vorbei; ***he ~d off without anyone's noticing it*** er verdrückte sich, ohne dass es jemand bemerkte *fam;* ■**to ~ up** [*or* **over**] sich *akk* anschleichen; ■**to ~ over** [*or* **up**] **to sb** sich *akk* zu jdm hinschleichen

SIDS *n* MED *abbrev of* **sudden infant death syndrome** plötzlicher Kindstod

siege [siːdʒ] *n* MIL Belagerung *f;* **to lay ~ to sth** etw belagern; **to raise the ~** die Belagerung aufheben; **to be under** [*or* **in a state of**] **~** unter Belagerung stehen; ***she was under ~ by photographers*** (*fig*) sie wurde von Fotografen belagert

siege economy *n* Belagerungswirtschaft *f* **siege mentality** *n* Verfolgungswahn *m*

sienna [si'enə] *n no pl* Siena *nt,* Sienaerde *f*

sierra [si'erə, AM -'erə] *n* Sierra *f*

Sierra Leone [si,eərəli'əʊn, AM -'erəli'oʊn] *n no pl* Sierra Leone *f*

Sierra Leonean [si,eərəli'əʊniən, AM -'erəli'oʊn-] I. *n* Sierra-Leoner(in) *m(f)*
II. *adj inv* sierra-leonisch

siesta [si'estə] *n* Siesta *f;* **to close for ~** zur Siesta schließen; **to take a ~** eine Siesta [ab]halten [*o* machen]

sieve [sɪv] I. *n* Sieb *nt;* **to put** [*or* **pass**] **sth through a ~** etw [durch]sieben
► PHRASES: **to have a memory** [*or* **mind**] **like a ~** ein Gedächtnis wie ein Sieb haben
II. *vt* **to ~ flour/sand** Mehl/Sand sieben
III. *vi* (*fig*) **to ~ through a contract** einen Vertrag genau durchgehen

◆**sieve out** *vt* ■**to ~ out** ↻ **sth** etw heraussieben

sift [sɪft] I. *n usu sing* Sieben *nt*
II. *vt* ❶ (*using sieve*) **~ *some icing sugar over the top of the cake*** bestäuben Sie den Kuchen mit Puderzucker; **to ~ flour/sand** Mehl/Sand sieben; ***she lay on the beach ~ing the sand through her fingers*** sie lag am Strand und ließ den Sand durch ihre Finger rieseln
❷ (*examine closely*) ■**to ~ sth** etw durchsieben; *evidence, documents* etw [gründlich] durchgehen
III. *vi* **to ~ through archives** Archive durchsehen; **to ~ through evidence/papers** Beweismaterial/Papiere durchforsten; **to ~ through ruins** Ruinen durchkämmen

◆**sift out** *vt* ■**to ~ out** ↻ **sth** etw aussieben; **to ~ out applicants** (*fig*) Bewerber aussieben [*o* aussondern]

sifter ['sɪftəʳ, AM -ɚ] *n* Sieb *nt*

sigh [saɪ] I. *n* Seufzer *m;* **a ~ of relief** ein Seufzer *m* der Erleichterung; **to let out** [*or* **give**] [*or* **heave**] **a ~** einen Seufzer ausstoßen
II. *vi person* seufzen; *wind* säuseln; ■**to ~ for sb** (*fig form*) sich *akk* nach jdm sehnen; **to ~ with relief** vor Erleichterung [auf]seufzen

sight [saɪt] I. *n* ❶ *no pl* (*faculty of seeing*) Sehleistung *f,* Sicht *f;* ***he's got very good ~*** er sieht sehr gut; **sense of ~** Sehvermögen *nt;* **second ~** das zweite Gesicht
❷ *no pl* (*range of vision*) Sichtweite *f;* ***don't let the baby out of your ~*** behalte das Baby im Auge; ***land in ~!*** Land in Sicht!; **to come into/be in ~** in Sichtweite kommen/sein; **to disappear from ~** außer Sichtweite verschwinden; **out of ~** außer [*o* nicht in] Sichtweite; **to keep out of ~** sich *akk* nicht sehen lassen; **to put sth out of ~** etw wegräumen [*o* verstecken]
❸ (*fig*) Sicht *f;* **in the ~ of God** vor Gott; **in the ~ of the law** vor dem Gesetz; **a house within ~ of the mountains** ein Haus, von dem aus man die Berge sehen kann
❹ (*view*) Anblick *m;* ***the question seemed easy at first ~*** auf den ersten Blick schien die Frage einfach zu sein; ***they can't stand the ~ of each other*** sie können einander nicht ertragen; ***she faints at the ~ of blood*** sie wird ohnmächtig, wenn sie Blut sieht; ***get out of my ~!*** (*fam*) geh mir aus den Augen!; **love at first ~** Liebe auf den ersten Blick; **to not be a pretty ~** kein angenehmer Anblick sein; **to be** [*or* **look**] **a ~** (*ridiculous*) lächerlich aussehen; (*terrible*) furchtbar aussehen; **a ~ to behold** (*thing*) ein herrlicher Anblick sein; (*sth, sb funny*) ein Bild [*o* Anblick] für die Götter sein *fam;* **to catch ~ of sb/sth** jdn/etw erblicken; ***if I ever catch ~ of you again ...*** wenn du mir noch einmal unter die Augen kommst, ...; **to hate** [*or* **loathe**]**/be sick of the ~ of sb/sth** den Anblick einer Person/einer S. *gen* hassen/nicht mehr ertragen; **to keep ~ of sth** etw im Auge behalten; **to know sb by ~** jdn vom Sehen her kennen; **to play** [**music**] **at** [*or* **from**] **~** [Musik] vom Blatt spielen; **to do sth on ~** etw sofort tun
❺ *no pl* (*form: viewing*) *of document, contract* Einsicht *f;* ***the lawyer requested ~ of the papers*** der Rechtsanwalt verlangte Einsicht in die Unterlagen
❻ (*attractions*) ■**~s** *pl* Sehenswürdigkeiten *fpl;* **the ~s and sounds of London/Berlin** alle Sehenswürdigkeiten von London/Berlin
❼ (*on gun*) Visiereinrichtung *f,* Visier *nt;* **to line up the ~s** das Visier ausrichten; **to lower one's ~s** seine Ziele zurückschrauben; **to set one's ~s on sth** (*fig*) sich *dat* etw zum Ziel machen
❽ *no pl* (*fam: a lot*) ***food is a darn ~ more expensive than it used to be*** Essen ist um etliches teurer, als es früher war; ***he's a ~ better than he was yesterday*** er ist heute deutlich besser als gestern
► PHRASES: **to be a ~ for sore eyes** (*fam*) ein willkommener Anblick sein; **out of ~, out of mind** (*prov*) aus den Augen, aus dem Sinn; **~ unseen** ungesehen; ***I never buy anything ~ unseen*** ich kaufe niemals etwas ungesehen; **to be within** [*or* **in**] **~ of sth** kurz vor etw *dat* stehen; **to lose ~ of sth** etw aus den Augen verlieren; **out of ~** außerhalb jeglicher Möglichkeiten; (*sl: excellent!*) spitze, irre *sl;* ***the price of the house is out of ~*** der Preis für das Haus ist unbezahlbar; ***the group's new record is out of ~!*** die neue Platte der Gruppe ist der Wahnsinn!
II. *vt* ❶ (*find*) **to ~ land/a criminal** Land/einen Kriminellen sichten
❷ (*with a gun*) ■**to ~ sth** etw mit einem Visier versehen

sight bill *n* Sichtwechsel *m*

sighted ['saɪtɪd, AM -t̬-] I. *adj inv* sehend *attr*
II. *n* ■**the ~** *pl* die Sehenden *pl*

sighting ['saɪtɪŋ, AM -t̬-] *n* Sichten *nt;* **at the first ~ of land** als zum ersten Mal Land gesichtet wurde

sightless ['saɪtləs] *adj inv* blind

sight line *n* Blickdistanz *f*

sightly ['saɪtli] *adj* ansehnlich

sight-read I. *vi* MUS vom Blatt spielen II. *vt* ■**to ~ sth** etw vom Blatt spielen **sight-reader** *n* MUS *jd, der Musik vom Blatt spielen kann* **sight-reading** *n* MUS Spielen *nt* vom Blatt; ***I've never been any good at ~*** ich konnte noch nie gut vom Blatt spielen **sight screen** *n* SPORTS (*in cricket*) *neben dem Spielfeld angebrachter Schirm, vor dessen Hintergrund der Schlagmann die Ballkurve besser verfolgen kann* **sightseeing** I. *n no pl* TOURIST Besichtigungen *pl,* Sightseeing *nt;* **to go ~** auf Besichtigungstour gehen II. *adj attr, inv* Sightseeing-; **~ trip** Besichtigungstour *f* **sightseer** ['saɪt,siːəʳ, AM -ɚ] *n* Tourist(in) *m(f)* **sightworthy** *adj* sehenswürdig

sign [saɪn] I. *n* ❶ (*gesture*) Zeichen *nt;* **to make the ~ of the cross** sich *akk* bekreuzigen; **a rude ~** eine unverschämte Geste; **to give/make a ~ to sb** jdm ein Zeichen geben/machen
❷ (*notice*) [Straßen-/Verkehrs]schild *nt;* (*signboard*) Schild *nt;* (*for shop*) Ladenschild *nt;* **danger ~** Gefahrenschild *nt;* **stop ~** Stoppschild *nt*
❸ (*symbol*) Zeichen *nt,* Symbol *nt;* **plus ~** Pluszeichen *nt*
❹ (*polarity sign*) Vorzeichen *nt*
❺ ASTROL (*of the zodiac*) Sternzeichen *nt;* **the ~ of Leo** das Sternzeichen des Löwen
❻ (*indication*) [An]zeichen *nt;* (*from God*) Zeichen *nt;* ***the children's restlessness is a ~ that they're getting bored*** die Unruhe der Kinder ist ein Zeichen dafür, dass ihnen langweilig wird; (*trace*) Spur *f; of an animal* Fährte *f;* ***the search team could not find any ~ of the climbers*** die Suchmannschaft konnte keine Spur der Kletterer finden; **the least** [*or* **slightest**] **~ of confidence** das geringste Anzeichen von Vertrauen; **~ of life** Lebenszeichen *nt;* **a ~ of the times** ein Zeichen *nt* der Zeit; **a sure ~ of sth** ein sicheres Zeichen für etw *akk;* **to read the ~s** die Zeichen erkennen; **to show ~s of improvement** Anzeichen der Besserung erkennen lassen [*o* zeigen]
❼ *no pl* (*sign language*) Gebärdensprache *f*
❽ (*in maths*) Zeichen *nt*
II. *vt* ❶ (*with signature*) ■**to ~ sth** etw unterschreiben; *contract, document* etw unterzeichnen; *book, painting* etw signieren; ***he ~ed himself 'Mark Taylor'*** er unterschrieb mit ‚Mark Taylor'; **~ *your name on the dotted line*** unterschreiben Sie auf der gestrichelten Linie; **to ~ a guest book** sich *akk* ins Gästebuch eintragen; **to ~ a ceasefire** einen Waffenstillstand unterzeichnen; **to ~ a cheque** einen Scheck unterzeichnen; **to ~ a letter** einen Brief unterschreiben [*o form* unterzeichnen]; **to ~ a register** sich *akk* eintragen
❷ (*employ under contract*) ■**to ~ sb** *athlete, musician* jdn [vertraglich] verpflichten
❸ (*gesticulate*) ■**to ~ sb to do sth** jdm ein Zeichen

machen, etw zu tun; ***he ~ed the waiter to bring him another drink*** er machte dem Kellner ein Zeichen, ihm noch einen Drink zu bringen
④ (*in sign language*) ■**to ~ sth** etw in der Gebärdensprache ausdrücken
► PHRASES: **to ~ one's own death warrant** (*fam*) sein eigenes Todesurteil unterschreiben; **~ed, sealed and delivered** unter Dach und Fach
III. *vi* ① (*write signature*) unterschreiben; **~ *here, please*** unterschreiben Sie bitte hier; ■**to ~ for** [*or* **with**] **sb/sth** *athlete, musician* sich *akk* für jdn/etw [vertraglich] verpflichten
② (*accept*) **to ~ for a delivery** eine Lieferung gegenzeichnen
③ (*use sign language*) die Zeichensprache benutzen
④ (*make motion*) gestikulieren; ■**to ~ to sb** jdm ein Zeichen geben
⑤ COMPUT (*log in*) unterschreiben
◆**sign away** *vt* ■**to ~ away** ↔ **sth** auf etw *akk* verzichten; ***he decided to ~ away ownership of his house away to his sister*** er entschloss sich dazu, seiner Schwester das Besitzrecht an seinem Haus abzutreten; ***I'm not going to ~ away my life with a mortgage*** ich werde mich nicht ein ganzes Leben lang mit einer Hypothek belasten; **to ~ away rights** auf Rechte [*o* Ansprüche] verzichten
◆**sign in I.** *vi* sich *akk* eintragen
II. *vt* ■**to ~ sb** ↔ **in** jdn eintragen
◆**sign off I.** *vi* ① RADIO, TV (*from broadcast*) sich *akk* verabschieden; (*end a letter*) zum Schluss kommen; (*end work*) Schluss machen, aufhören; **to ~ off a radio show** eine Radiosendung beenden
② BRIT (*at unemployment office*) sich *akk* beim Arbeitsamt abmelden
③ AM (*fam: support*) ■**to ~ off on sth** sich *akk* etw *dat* verschreiben
II. *vt* ■**to ~ off** ↔ **sb** jdn krankschreiben
◆**sign on I.** *vi* ① (*for work*) sich *akk* verpflichten; (*for a course*) ■**to ~ on for sth** sich *akk* für etw *akk* einschreiben; **to ~ on as a soldier** sich *akk* als Soldat verpflichten
② (*begin broadcasting*) *station* auf Sendung gehen; *disc jockey* sich *akk* melden
③ BRIT (*fam: register unemployment*) sich *akk* melden
II. *vt* ■**to ~ on** ↔ **sb** jdn verpflichten [*o fam* anheuern]; ***shall we ~ you on for a year?*** sollen wir Sie für ein Jahr einstellen?
◆**sign out I.** *vi* sich *akk* austragen; **to ~ out of a hotel** [aus einem Hotel] abreisen; (*at work*) sich *akk* abmelden
II. *vt* **to ~ out books** Bücher ausleihen
◆**sign over** *vt* ■**to ~ over** ↔ **sth** etw übertragen [*o* überschreiben]; **to ~ property over to sb** jdm Besitz überschreiben
◆**sign up I.** *vi* (*for work*) sich *akk* verpflichten; (*for a course*) sich *akk* einschreiben
II. *vt* ■**to ~ sb** ↔ **up** jdn verpflichten; **to ~ sb up for a course** jdn für einen Kurs anmelden; **to ~ up a large order** einen Großauftrag abschließen
signage ['saɪnɪdʒ] *n no pl* AM Schilder *ntpl* (*bes Werbung*)
signal ['sɪgnᵊl] **I.** *n* ① (*gesture*) Zeichen *nt*, Signal *nt* (**for** für +*akk*)
② (*indication*) [An]zeichen *nt;* ***they are demanding a clear ~ that the issues are being addressed*** sie verlangen ein klares [An]zeichen dafür, dass die Probleme angegangen wurden
③ (*traffic light*) Ampel *f;* (*for trains*) Signal *nt*
④ ELEC, RADIO (*transmission*) Signal *nt;* (*reception*) Empfang *m*
⑤ AM AUTO (*indicator*) Blinker *m*
II. *vt* <BRIT -ll- *or* AM *usu* -l-> ① (*indicate*) ■**to ~ sth** [**to sb**] [jdm] etw signalisieren; ***he ~led left, but turned right*** er blinkte nach links, bog aber nach rechts ab; **to ~ impatience** Ungeduld zu erkennen geben
② (*gesticulate*) ■**to ~ sb to do sth** jdm signalisieren, etw zu tun
III. *vi* <BRIT -ll- *or* AM *usu* -l-> signalisieren; TELEC melden; ***she ~led to them to be quiet*** sie gab ihnen ein Zeichen, ruhig zu sein; ■**to ~ for sth** ein Zeichen *nt* zu etw *dat* geben
IV. *adj attr* (*form*) *achievement, success* bemerkenswert, beachtlich
signal box *n* RAIL Stellwerk *nt*
signaler *n* AM *see* **signaller**
signalize ['sɪgnəlaɪz] *vt* (*form*) ■**to ~ sb from sb** jdn von jdm unterscheiden [*o* abheben]
signaller ['sɪgnələʳ, AM -ɚ] *n* ① RAIL Bahnwärter(in) *m(f)*
② (*in military*) Fernmelder(in) *m(f)*, Funker(in) *m(f)*
signally ['sɪgnᵊli] *adv* eindeutig
signalman *n* RAIL Bahnwärter *m* **signal tower** *n* AM RAIL (*signal box*) Stellwerk *nt*
signatory ['sɪgnətᵊri, AM -tɔːri] **I.** *n* Unterzeichner(in) *m(f)*, Signatar(in) *m(f) form;* **a ~ to a treaty** ein Unterzeichner *m*/eine Unterzeichnerin *f* eines Vertrages
II. *n modifier* (*state, power*) Signatar-; **the ~ countries of an agreement** die Signatarstaaten *pl* eines Abkommens *geh*
signature ['sɪgnətʃəʳ, AM -tʃɚ] **I.** *n* ① (*person's name*) Unterschrift *f; of an artist* Signatur *f;* **to give sth one's ~** etw unterschreiben
② (*characteristic*) Erkennungszeichen *nt*
③ AM (*on prescriptions*) Signatur *f*
④ (*in printing*) Signatur *f*
⑤ COMPUT (*authentication code*) Signatur *f*
II. *n modifier* (*music, pattern*) Erkennungs-
signature tune *n* RADIO, TV [Erkennungs]melodie *f*
signboard *n* [Firmen]schild *nt*
signer ['saɪnəʳ, AM ɚ] *n* ① (*writer of name*) Unterzeichner(in) *m(f)*
② (*user of sign language*) Benutzer(in) *m(f)* von Zeichensprache
signet ring ['sɪgnət,-] *n* Siegelring *m*
significance [sɪg'nɪfɪkən(t)s, AM 'nɪfə-] *n no pl* ① (*importance*) Wichtigkeit *f*, Bedeutung *f;* **to be of great ~ for sb/sth** von großer Bedeutung für jdn/etw sein; **to be of no ~** belanglos [*o* bedeutungslos] sein
② (*meaning*) Bedeutung *f;* ***what's the ~ of that gesture?*** was bedeutet diese Geste?; **to give ~ to sth/sb** etw/jdm Bedeutung beimessen
significant [sɪg'nɪfɪkənt, AM 'nɪfə-] *adj* ① (*considerable*) beachtlich, bedeutend; (*important*) bedeutsam; **~ contribution** bedeutender Beitrag; **~ date/event** wichtiges Datum/Ereignis; **~ decrease** beachtlicher Rückgang; **~ difference** deutlicher Unterschied; **~ improvement** beachtliche Verbesserung; **~ increase** beträchtlicher Anstieg; **~ other** (*fig*) Partner(in) *m(f);* (*hum*) bessere Hälfte *hum fam;* **~ part** beachtlicher [An]teil; **to be historically ~** eine historisch bedeutende Rolle spielen
② (*meaningful*) bedeutsam; ***do you think it's ~ that ...*** glaubst du, es hat etwas zu bedeuten, dass ...; **a ~ look** ein viel sagender Blick
significantly [sɪg'nɪfɪkəntli, AM 'nɪfə-] *adv* ① (*considerably*) bedeutend, deutlich; ***it is not ~ different*** da besteht kein wesentlicher Unterschied; **~ better** deutlich besser; **~ cheaper** bedeutend billiger; **~ fewer** wesentlich weniger; **to not be ~ lower** kaum niedriger sein; **~ more** deutlich mehr; **to differ ~** sich *akk* deutlich unterscheiden; **to improve ~** sich *akk* deutlich verbessern
② (*in a meaningful way*) bedeutungsvoll; **to smile ~** viel sagend lächeln
significant other *n* (*hum euph*) bessere Hälfte *fam*
signification [,sɪgnɪfɪ'keɪʃᵊn, AM -nə-] *n* Bedeutung *f*
signify <-ie-> ['sɪgnɪfaɪ, AM -nə-] **I.** *vt* ■**to ~ sth** ① (*form: mean*) etw bedeuten; ***in Christianity, the dove signifies the Holy Spirit*** im Christentum steht die Taube für den Heiligen Geist
② (*indicate*) etw andeuten [*o* erkennen lassen]; **to ~ agreement/disapproval** Einverständnis/Missbilligung signalisieren; **to ~ change** Änderungen erkennen lassen
II. *vi* ① (*make known*) [etw] zeigen; ***all those in favour, please ~*** alle die dafür sind, sollen bitte ein Zeichen geben
② (*form: matter*) eine Rolle spielen; ***it doesn't ~*** es macht nichts
③ AM DIAL (*exchange insults*) sich *akk* anpöbeln *fam*
signing ['saɪnɪŋ] *n* ① *no pl of a document* Unterzeichnung *f*
② *no pl* SPORTS *of an athlete* Verpflichten *nt*
③ (*athlete*) verpflichteter Spieler/verpflichtete Spielerin
④ (*book signing*) Buchsignierung *f*
⑤ *no pl of a street, town* Beschilderung *f*
sign language *n* Gebärdensprache *f*, Zeichensprache *f* **sign painter** *n* Plakatmaler(in) *m(f)*
signpost I. *n* Wegweiser *m;* (*fig: advice*) Hinweis *m* **II.** *vt usu passive* **to ~ a route** eine Strecke beschildern [*o* ausschildern]; ■**to ~ sth** (*fig*) etw aufzeigen [*o* darlegen] **sign-up fee** *n* Einschreibungsgebühr *f* **sign writer** *n* Schriftenmaler(in) *m(f)*, Schildermaler(in) *m(f)*, Plakatmaler(in) *m(f)*
Sikh [siːk] *n* REL Sikh *m*
silage ['saɪlɪdʒ] *n no pl* AGR Silage *f*
silence ['saɪlən(t)s] **I.** *n no pl* (*absolute*) Stille *f;* (*by an individual*) Schweigen *nt;* (*on a confidential matter*) Stillschweigen *nt;* (*calmness*) Ruhe *f;* ***~ reigned in the church*** in der Kirche herrschte Stille; ***~ will be considered to mean agreement*** Schweigen wird als Zustimmung gewertet; ***"~!" shouted the teacher*** „Ruhe!" schrie der Lehrer; **a minute** [*or* **moment**] **of ~** eine Schweigeminute; **to break the ~** die Stille zerreißen [*o* durchbrechen]; **to break one's ~** sein Schweigen brechen; **to eat/sit/work in ~** still essen/sitzen/arbeiten; **to keep one's ~** Stillschweigen bewahren; **to be reduced to ~** verstummen; **to reduce sb to ~** jdn zum Schweigen bringen
► PHRASES: **~ is golden** (*prov*) Schweigen ist Gold
II. *vt* ■**to ~ sb** jdn zum Schweigen bringen; **to ~ one's critics** seine Kritiker mundtot machen; **to ~ doubts** Zweifel verstummen lassen
silencer ['saɪlən(t)səʳ, AM -ɚ] *n* ① (*on gun*) Schalldämpfer *m*
② BRIT (*on car*) [Auspuff]schalldämpfer *m*, Auspufftopf *m*
silent ['saɪlənt] *adj* ① (*without noise*) still; (*not active*) ruhig; ***the empty house was completely ~*** in dem leeren Haus herrschte absolute Stille; **to keep ~** still sein, sich *akk* still verhalten
② (*not talking*) schweigsam, still; ■**to be ~** schweigen; **to be ~ as the grave** schweigen wie ein Grab; ■**to be ~ on** [*or* **about**] **sth** über etw *akk* verschwiegen sein, sich *akk* über etw *akk* ausschweigen; **to fall ~** in Schweigen verfallen; **to go ~** verstummen; **to keep ~ about sth** sich *akk* über etw *akk* nicht äußern; (*on a confidential matter*) über etw *akk* Stillschweigen bewahren *geh*
silent alarm *n* stummer Alarm; **to trip a ~ alarm** einen stummen Alarm auslösen **silent film** *n* Stummfilm *m* **silent letter** *n* LING stummer Laut
silently ['saɪləntli] *adv* (*quietly*) lautlos; (*without talking*) schweigend; (*with little noise*) leise
silent majority *n + sing/pl vb* ■**the ~** die schweigende Mehrheit **silent partner** *n* AM (*sleeping partner*) stiller Gesellschafter/stille Gesellschafterin
silent treatment *n* **to get the ~** mit Schweigen bestraft werden; **to give sb the ~** jdn mit Schweigen strafen
Silesia [saɪ'liːziə, AM 'liːʃə] *n no pl* GEOG Schlesien *nt*
Silesian [saɪ'liːziən, AM 'liːʃən] *adj inv* schlesisch
silhouette [,sɪlu'et] **I.** *n* (*shadow*) Silhouette *f;* (*picture*) Schattenriss *m;* (*outline*) Umriss *m*
II. *vt* ■**to be ~d against** [*or* **on**] **sth** sich *akk* gegen etw *akk* [*o* von etw *dat*] abheben; ***the goats high up in the mountains were ~d against the snow*** die Ziegen hoch oben in den Bergen hoben sich vom Schnee ab
silica ['sɪlɪkə] *n no pl* CHEM Kieselerde *f*, Siliziumoxyd *nt fachspr*
silicate ['sɪlɪkət] *n* CHEM Silikat *nt*
silicon ['sɪlɪkən] *n no pl* CHEM Silizium *nt*
silicon chip *n* COMPUT, ELEC Siliziumchip *m*

silicone ['sɪlɪkəʊn, AM -koʊn] *n no pl* CHEM Silikon *nt*

silicone implant *n* Silikonimplantat *nt*

Silicon Valley *n no pl* Silicon Valley *nt*

silicosis [ˌsɪlɪ'kəʊsɪs, AM -'koʊ-] *n no pl* MED Staublunge *f*, Silikose *f fachspr*

silk [sɪlk] **I.** *n* ❶ *(material)* Seide *f*
❷ BRIT LAW *(Queen's, King's Counsel)* Kronanwalt, Kronanwältin *m, f;* **to receive** [*or* **take**] ~ Kronanwalt/Kronanwältin werden
❸ *(racing colours)* ■ **~s** *pl* [Renn]farben *pl*
II. *n modifier (scarf, stockings, tie)* seiden, Seiden-; ~ **dress** seidenes Kleid
▶ PHRASES: **you can't make a ~ purse out of a sow's ear** *(prov)* aus einem Ackergaul kann man kein Rennpferd machen *prov*

silken ['sɪlkᵊn] *adj (approv: silk-like)* seiden *liter; (dated: made of silk)* seiden; ~ **dress** seidenes Kleid; ~ **hair** seidenes Haar; ~ **voice** *(fig)* seidene [*o* samtige] Stimme

silk hat *n* Zylinder *m*

silkiness ['sɪlkɪnəs] *n no pl of appearance* seidiger Glanz; *(to the touch)* seidige Weichheit; *of voice* Sanftheit *f; of manner* Glätte *f*

silk moth *n* ZOOL Seidenspinner *m* **Silk Road** *n*, **Silk Route** *n no pl* ■ **the ~** die Seidenstraße **silk screen** *n* [Seiden]sieb *nt* **silk-screen** *vt* **to ~ a T-shirt** ein T-Shirt [im Siebdruckverfahren] bedrucken **silk-screen printing** *n no pl* Siebdruckverfahren *nt*, Siebdruck *m* **silk-stocking** *adj attr, inv* AM vornehm **silkworm** *n* ZOOL Seidenraupe *f*

silky ['sɪlki] *adj (approv)* seidig; ~ **fur** seidiges Fell; **to be ~ smooth** seidenweich sein; ~ **voice** *(fig)* seidige [*o* samtige] Stimme

sill [sɪl] *n (of a door)* Türschwelle *f; (of a window)* Fensterbank *f*, Fenstersims *m*

silliness ['sɪlɪnəs] *n no pl* Albernheit *f*

silly ['sɪli] **I.** *adj* ❶ *(foolish)* albern, dumm; ***don't be ~!*** *(make silly suggestions)* red keinen Unsinn!; *(ask silly questions)* frag nicht so dumm!; *(do silly things)* mach keinen Quatsch! *fam;* **a ~ idea** eine blöde Idee; **to look ~** albern aussehen
❷ *pred (senseless)* **to be bored ~** zu Tode gelangweilt sein *fam;* **to be worried ~** außer sich *dat* vor Sorge sein; **to knock sb ~** jdn ohnmächtig schlagen; **to laugh oneself ~** sich *akk* totlachen *fam*
II. *n* Dussel *m;* **to be a ~** sich *akk* kindisch benehmen

silly billy *n esp* BRIT *(fam)* Kindskopf *m;* **to be a ~** sich *akk* kindisch benehmen **silly season** *n* MEDIA Sommerloch *nt fam*

silo ['saɪləʊ, AM -loʊ] *n* ❶ AGR Silo *nt*
❷ MIL [Raketen]silo *nt*

silt [sɪlt] **I.** *n no pl* Schlick *m*, Schlamm *m*
II. *vi* ■ **to ~ [up]** verschlicken, verschlammen
III. *vt* **to ~ a canal** einen Kanal verschlammen

silvan ['sɪlvən] *adj inv (liter or dated)* Wald-; ~ **glade** Waldlichtung *f*

silver ['sɪlvəʳ, AM -ɚ] **I.** *n no pl* ❶ *(metal)* Silber *nt*
❷ *(coins)* Münzgeld *nt*, Kleingeld *nt fam*
❸ *(cutlery)* ■ **the ~** das [Tafel]silber
II. *n modifier* ❶ *(of silver) (mine)* Silber-; *(made of silver) (spoon, ring)* silbern; ~ **brooch** Silberbrosche *f*
❷ *(silver-coloured) (dress, car)* silbern; ~ **foil** Silberfolie *f*, Alufolie *f fam;* ~ **hair** silbergraues Haar
▶ PHRASES: **to be born with a ~ spoon in one's mouth** mit einem silbernen Löffel im Mund geboren sein
III. *vt* ■ **to ~ sth** *cutlery, candlesticks* etw versilbern; ***the years had ~ed her hair*** die Jahre hatten ihr Haar silbergrau werden lassen

silver birch *n* Weißbirke *f* **silver fir** *n* Weißtanne *f*, Edeltanne *f* **silverfish** <*pl* -> *n* ZOOL Silberfischchen *nt* **silver jubilee** *n* silbernes Jubiläum **silver lining** *n* Lichtblick *m;* **to look for the ~** die positive Seite sehen ▶ PHRASES: **every cloud has a ~** *(saying)* kein Unglück ist so groß, es hat sein Glück im Schoß *prov* **silver medal** *n* SPORTS Silbermedaille *f* **silver paper** *n no pl* Silberpapier *nt* **silver plate** *n no pl* ❶ *(coating)* Silberüberzug *m*, Versilberung *f* ❷ *(object)* versilberter Gegenstand **silver-plate** *vt* **to ~ a plate** einen Teller versilbern **silver-plated** *adj inv* versilbert **silver screen** *n* FILM ■ **the ~** die Leinwand **silver service** *n no pl* *Servieren nach allen Regeln der Kunst* **silverside** *n no pl* BRIT, AUS FOOD *Stück vom Rind, das vom oberen, äußeren Teil der Keule geschnitten wird* **silversmith** *n* Silberschmied(in) *m(f)* **silver standard** *n* FIN Silberwährung *f* **silver-tongued** *adj* sprachgewandt **silverware** *n no pl* ❶ *(articles)* Silberwaren *pl* ❷ *(cutlery)* Silberbesteck *nt*, Silber *nt* ❸ AM *(utensils)* Silberwaren *pl*, Silber *nt* **silver wedding anniversary** *n* silberne Hochzeit

silvery ['sɪlvᵊri] *adj (in appearance)* silbrig; *(in sound)* silbern

simian ['sɪmiən] *(form)* **I.** *n* Menschenaffe *m*
II. *adj inv* ❶ *(monkey-like)* affenartig; ~ **appearance** affenartiges Aussehen
❷ *(of monkeys)* Affen-; ~ **disease** Affenkrankheit *f*

similar ['sɪmɪləʳ, AM -ɚ] *adj* ähnlich; ■ **to be ~ to sb/sth** jdm/etw ähnlich sein; ***my bike is ~ to yours, only it's blue*** mein Fahrrad ist wie deines, nur blau; **to be ~ in appearance to sb** jdm ähnlich sehen; **to be ~ in size/length/height** ungefähr gleich groß/lang/hoch

similarity [ˌsɪmɪ'lærəti, AM -mə'lerəṱi] *n* Ähnlichkeit *f* **(to** mit +*dat*), Parallele *f;* ***there were no points of ~ between the politicians' arguments*** es gab keine Gemeinsamkeiten in den Argumenten der Politiker

similarly ['sɪmɪləli, AM -lɚli] *adv (almost the same)* ähnlich; *(likewise)* ebenso; ~***, you could maintain …*** genauso gut könnten Sie behaupten, …

simile ['sɪmɪli, AM -əli] *n* LIT, LING Gleichnis *nt*

similitude [sɪ'mɪlɪtju:d, AM sə'mɪlətu:d, -tju:d] *n* ❶ *(similarity)* Ähnlichkeit *f*
❷ *(comparison)* Vergleich *m*

simmer ['sɪməʳ, AM -ɚ] **I.** *n usu sing* Sieden *nt;* **to bring sth to a ~** etw zum Sieden bringen; **to keep at a ~** sieden [*o fam* köcheln] lassen
II. *vi* ❶ *(not quite boil)* sieden; *(fig)* ***New York ~ed in the summer heat*** New York brütete in der Sommerhitze; **to ~ with anger** vor Wut kochen
❷ *(fig: build up)* sich *akk* anbahnen
III. *vt* ■ **to ~ sth** *food* etw auf kleiner Flamme kochen lassen; **to ~ water** Wasser sieden lassen
◆**simmer down** *vi (fam: calm down)* sich *akk* abregen *fam; (quiet down)* sich *akk* beruhigen

simnel cake ['sɪmnᵊl,-] *n* BRIT marzipanüberzogener Früchtekuchen

simony ['saɪməni] *n no pl* HIST Pfründenschacher *m*, Simonie *f geh*

simper ['sɪmpəʳ, AM -ɚ] **I.** *vi* ■ **to ~ at sb** jdn albern anlächeln
II. *n* Gehabe *nt*

simpering ['sɪmpᵊrɪŋ] **I.** *adj smile, manner* albern, geziert
II. *n* Gehabe *nt*

simple <-r, -st *or* more ~, most ~> ['sɪmpl] *adj*
❶ *(not elaborate) food, dress* einfach, simpel *pej;* ***I want an explanation, but keep it ~*** ich möchte eine einfache Erklärung
❷ *(not difficult)* einfach; ***it's not as ~ as that*** das ist nicht ganz so einfach; **in ~ English** in einfachem Englisch
❸ *attr (not complex)* einfach; **a ~ life form** eine schlichte Lebensform
❹ *attr, inv (honest)* schlicht; ***that's the truth, pure and ~*** das ist die reine Wahrheit; **the ~ fact is that …** Tatsache ist, dass …; **for the ~ reason that …** aus dem schlichten [*o* einfachen] Grund, dass …
❺ *(approv: ordinary)* einfach; ***he was just a ~ fisherman*** er war nur ein einfacher Fischer; **the ~ things in life** die einfachen Dinge im Leben
❻ *(foolish)* naiv

simple fracture *n* MED einfacher Bruch, einfache Fraktur *fachspr* **simple-hearted** *adj* gutherzig; *(honest)* aufrichtig **simple interest** *n no pl* FIN Kapitalzins *m*, einfache Zinsen **simple majority** *n* + *sing/pl vb* einfache Mehrheit **simple-minded** *adj (fam)* ❶ *(dumb)* einfach, dümmlich ❷ *(naive)* einfältig, naiv **simple sentence** *n* LING Aussagesatz *m*

simpleton ['sɪmpḷtᵊn, AM -tən] *n* ❶ *(dated: handicapped)* [geistig] Behinderte(r) *f(m)*
❷ *(pej fam: not intelligent)* einfältige Person, Einfaltspinsel *m fam*

simplex ['sɪmpleks] *adj inv (spec)* Simplex-

simplicity [sɪm'plɪsəti, AM -əṱi] *n no pl* ❶ *(plainness)* Einfachheit *f*, Schlichtheit *f*
❷ *(easiness)* Einfachheit *f;* **to be ~ itself** die Einfachheit selbst sein
❸ *(humbleness)* Bescheidenheit *f*, Einfachheit *f*

simplification [ˌsɪmplɪfɪ'keɪʃᵊn, AM -plə-] *n* Vereinfachung *f*, Simplifikation *f geh*

simplify <-ie-> ['sɪmplɪfaɪ, AM -plə-] *vt* ■ **to ~ sth** etw vereinfachen; **to ~ matters** um die Angelegenheit zu vereinfachen

simplistic [sɪm'plɪstɪk] *adj* simpel, simplistisch *form;* ***am I being ~?*** sehe ich das zu einfach?

simply ['sɪmpli] *adv* ❶ *(not elaborately)* einfach
❷ *inv (just)* nur; *(absolutely)* einfach; ***I ~ do my job for the money*** ich mache meinen Job nur wegen des Geldes; ***I ~ don't know what happened*** ich weiß schlichtweg nicht, was passiert ist; ***you look ~ beautiful in that dress*** du siehst in dem Kleid einfach bezaubernd aus; ***you ~ must try this!*** du musst das einfach versuchen!
❸ *(in a natural manner)* einfach, schlicht; *(humbly)* bescheiden, einfach; ***he lived ~ in a small hut*** er lebte sehr bescheiden in einer kleinen Hütte

simulacra [ˌsɪmjə'leɪkrə] *n (form) pl of* **simulacrum**

simulacrum <*pl* -s *or* -cra> [ˌsɪmjə'leɪkrəm, *pl* -krə] *n (form)* ❶ *(representation)* Nachahmung *f*
❷ *(pretence)* Vorwand *m*, Vortäuschung *f*

simulate ['sɪmjəleɪt] *vt* ■ **to ~ sth** ❶ *(resemble)* etw nachahmen [*o* imitieren]; ***in cheap furniture, plastic is often used to ~ wood*** bei billigen Möbeln wird häufig Holzimitat aus Plastik verwendet
❷ *(feign)* etw vortäuschen; ***she ~d pleasure at seeing him*** sie tat erfreut, ihn zu sehen
❸ COMPUT *(on a computer)* etw simulieren [*o* nachvollziehen]

simulated ['sɪmjəleɪtɪd, AM -ṱ-] *adj inv leather, wood* nachgemacht, imitiert; *sorrow, pleasure* vorgetäuscht, gespielt; *(on computer)* simuliert; ~ **fur** Pelzimitat *nt*

simulation [ˌsɪmjə'leɪʃᵊn] *n of leather, a diamond* Imitation *f; of a feeling* Vortäuschung *f;* COMPUT Simulation *f*, Nachahmung *f*

simulator ['sɪmjəleɪtəʳ, AM -ṱɚ] *n* COMPUT, TECH Simulator *m;* **flight ~** Flugsimulator *m*

simulcast ['sɪmᵊlkɑ:st, AM 'saɪmᵊlkæst] RADIO, TV
I. *n esp* AM, AUS zeitgleiche Übertragung
II. *vt* <-cast, -cast *or* -casted> **to ~ a programme** ein Programm zeitgleich übertragen

simultaneity [ˌsɪmᵊltə'neɪəti, AM ˌsaɪmᵊltə'ni:əṱi] *n no pl* Gleichzeitigkeit *f*

simultaneous [ˌsɪmᵊl'teɪniəs, AM ˌsaɪmᵊl'teɪnjəs] *adj inv* gleichzeitig, zeitgleich; COMPUT gleichzeitig, Simultan-, simultan-; ■ **to be ~ with sth** zeitgleich mit etw *dat* stattfinden

simultaneous equations *npl* Simultangleichungen *pl* **simultaneous interpreter** *n* Simultandolmetscher(in) *m(f)* **simultaneous interpreting** *n no pl* Simultandolmetschen *nt*

simultaneously [ˌsɪmᵊl'teɪniəsli, AM ˌsaɪmᵊl'teɪnjəs-] *adv inv* gleichzeitig, simultan *fachspr geh*

simultaneousness [ˌsɪmᵊl'teɪniəsnəs, AM ˌsaɪmᵊl'teɪnjəs-] *n no pl* Gleichzeitigkeit *f*, Simultaneität *f geh*

sin [sɪn] **I.** *n* Sünde *f;* ***the sick are being thrown out on the streets — yes, it's a ~!*** die Kranken werden auf die Straße gesetzt – ja, das ist unerhört!; ***is that your work? — yes, for my ~s*** ist das Ihre Arbeit? – ja, leider; ***it would be a ~ not to go out on such a nice day*** *(fig)* es wäre eine Sünde, an so einem schönen Tag nicht rauszugehen; ***he's [as] ugly as ~*** er ist unglaublich hässlich; **a ~ of omis-**

sion eine Unterlassungssünde; **to commit/confess a ~** eine Sünde begehen/beichten; **to live in ~** in wilder Ehe leben
II. *vi* <-nn-> sündigen
sin *n* MATH *abbrev of* **sine**
Sinai ['saɪnaɪ] *n no pl* GEOG ■**the ~** der Sinai
sin bin *n* BRIT, AUS SPORTS (*sl*) Strafbank *f*
since [sɪn(t)s] I. *adv inv* ① (*from that point on*) seitdem, seither; ***she went to New York a year ago, and we haven't seen her ~*** sie ist vor einem Jahr nach New York gegangen, seitdem haben wir sie nicht mehr gesehen; **ever ~** seit dieser Zeit, seitdem
② (*ago*) **long ~** seit langem, schon lange; **not long ~** vor kurzem [erst]
II. *prep* seit; **~ Saturday/last week** seit Samstag/letzter Woche
III. *conj* ① (*because*) da, weil
② (*from time that*) seit, seitdem; ***ever ~ she started her new job, ...*** seitdem sie mit dem neuen Job angefangen hat, ...
sincere [sɪn'sɪəʳ, AM -'sɪr] *adj person* ehrlich, aufrichtig; *congratulations, gratitude* aufrichtig; ***she is ~ in her political beliefs*** sie meint es ernst mit ihrer politischen Überzeugung; **~ believer** ernsthafter Gläubiger
sincerely [sɪn'sɪəli, AM -'sɪr-] *adv* ① (*in a sincere manner*) ehrlich, aufrichtig; ***I ~ appreciate all your help*** ich weiß eure Hilfe wirklich zu schätzen
② (*ending letter*) [**yours**] **~** [*or* **~** [**yours**]] mit freundlichen Grüßen
sincerity [sɪn'serəti, AM -əṭi] *n no pl* Ehrlichkeit *f*, Aufrichtigkeit *f*; ***in all ~, ...*** ganz ehrlich, ..., offen gesagt, ...
sine [saɪn] *n* MATH Sinus *m*
sinecure ['saɪnɪkjʊəʳ, AM -nəkjʊr] *n* Sinekure *f geh*, Pfründe *f*
sine die [ˌsaɪnɪ'daɪiː, AM -ni'daɪ] *adv* LAW auf unbestimmte Zeit, ohne Anberaumung eines neuen Termins; **to be adjourned ~** auf unbestimmte Zeit vertagt werden
sine qua non [ˌsɪnikwɑː'nəʊn, AM -neɪkwɑː'noʊn] *n* (*form*) unabdingbare Voraussetzung, notwendige Bedingung, Conditio *f* sine qua non *geh*
sinew ['sɪnjuː] *n* ① (*tendon*) Sehne *f*
② (*liter or fig: constituent parts*) ■**~s** *pl* Kräfte *pl*; ***these steel cables are the ~s holding the whole construction together*** diese Stahlseile halten die gesamte Konstruktion zusammen; **the ~s of war** Kampfmittel *ntpl*, Kriegsmaterial *nt*
sinewy ['sɪnjuːi] *adj* ① (*muscular*) sehnig
② (*tough*) zäh; *meat* sehnig
sinfonia [sɪn'fəʊniə, AM ˌsɪnfə'niːə] *n* MUS ① (*symphony*) Sinfonie *f*
② + *sing/pl vb* (*symphony orchestra*) Sinfonieorchester *nt*, Sinfoniker *mpl*
sinfonietta [ˌsɪnfəʊni'etə, AM fə'njetə] *n* MUS ① (*symphony*) Sinfonietta *f*
② + *sing/pl vb* (*symphony orchestra*) kleines Sinfonieorchester
sinful ['sɪnfᵊl] *adj* ① (*immoral*) sündig, sündhaft; ***is it ~ to want what other people have?*** ist es eine Sünde, das zu wollen, was andere besitzen?; **~ thoughts** sündhafte Gedanken
② (*deplorable*) sündhaft; **a ~ waste of money** eine schreckliche Geldverschwendung
③ (*fam: bad for one*) **to be absolutely ~** die reinste Sünde sein *hum iron*
sinfully ['sɪnfᵊli] *adv* sündhaft; ***indulge yourself ~ with ice creams and cakes*** geniessen Sie Eis und Kuchen mit sündigem Vergnügen
sinfulness ['sɪnfᵊnəs] *n no pl* Sündhaftigkeit *f*
sing¹ LING I. *n abbrev of* **singular** Sg., Sing.
II. *adj abbrev of* **singular** im Sing. [*o* Sg.] *nach n*; **to be in the ~** im Sing. stehen
sing² <sang *or* AM *also* sung, sung> [sɪŋ] I. *vi* ① (*utter musical sounds*) singen; ■**to ~ to** [*or* **for**] **sb** jdm etw vorsingen; ■**to ~ to oneself** vor sich *dat* hinsingen; ■**to ~ of sb/sth** (*poet*) von jdm/etw singen
② (*high-pitched noise*) *kettle* pfeifen; *locusts* zirpen; *wind* pfeifen
③ (*ringing noise*) dröhnen; ***my ears were ~ing*** mir dröhnten die Ohren
④ (*sl: confess*) singen *sl*
II. *vt* ① (*utter musical sounds*) ■**to ~ sth** etw singen; **to ~ alto/tenor/soprano** Alt/Tenor/Sopran singen; **to ~ the praises of sb/sth** ein Loblied auf jdn/etw singen; **to ~ sb asleep** [*or* **to sleep**] jdn in den Schlaf singen
② (*poet: describe in verse*) ■**to ~ sb/sth** von jdm/etw singen, jdn/etw besingen *poet o veraltend*
▸ PHRASES: **to ~ another** [*or* **a different**] **tune** (*to be less friendly*) einen anderen Ton anschlagen; (*change opinion*) seine Einstellung [*o* Meinung] ändern
◆**sing along** *vi* mitsingen
◆**sing out** I. *vi* ① (*sing loudly*) laut [*o* aus voller Kehle] singen
② (*fam: call out*) Bescheid geben
II. *vt* (*fam*) ■**to ~ out** ⊂ **sth** über etw *akk* Bescheid geben
◆**sing up** *vi esp* BRIT, AUS lauter singen
singalong ['sɪŋəlɒŋ, AM -lɑːŋ] *n* gemeinsames Liedersingen; **to have a ~** zusammen singen
Singapore [ˌsɪŋə'pɔːʳ, AM 'sɪŋəpɔːr] *n* Singapur *nt*
Singaporean [ˌsɪŋəpɔː'riːən] I. *adj* singapurisch, aus Singapur *nach n*; **the ~ economy** die Wirtschaft Singapurs
II. *n* Singapurer(in) *m(f)*
singe [sɪndʒ] I. *vt* ■**to ~ sth** ① (*burn surface of*) etw ansengen; (*burn sth slightly*) etw versengen; **to ~ one's eyebrows** sich *dat* die Augenbrauen versengen
② (*burn off deliberately*) etw absengen; **to have one's hair ~d** sich *dat* die Haare ansengen
II. *vi* (*burn*) *hair, fur* angesengt werden; (*burn lightly*) versengen
III. *n* angesengte Stelle, Brandfleck *m*
singer ['sɪŋəʳ, AM -ɚ] *n* Sänger(in) *m(f)*; **pop ~** Popsänger(in) *m(f)*
singer-songwriter *n* Liedermacher(in) *m(f)*
singfest *n* AM Treffen *nt* zum gemeinsamen Liedersingen; **family ~** [gemeinsames] Liedersingen im Familienkreis
Singhalese *adj, n see* **Sinhalese**
singing ['sɪŋɪŋ] *n no pl* Singen *nt*, Gesang *m*
singing bird *n* Singvogel *m* **singing club** *n* Gesang[s]verein *m* **singing lesson** *n* Gesang[s]stunde *f* **singing society** *n* Gesang[s]verein *m* **singing teacher** *n* Gesang[s]lehrer(in) *m(f)* **singing voice** *n* Singstimme *f*
single ['sɪŋgl] I. *adj inv* ① *attr* (*one only*) einzige(r, s); ***she didn't say a ~ word all evening*** sie sprach den ganzen Abend kein einziges Wort; ***patience is the ~ most important quality*** Geduld ist die absolut wichtigste Eigenschaft; **with a ~ blow** mit nur einem Schlag; **not a ~ person** [überhaupt] niemand; **not a ~ soul** keine Menschenseele; **every ~ thing** [absolut] alles; **every ~ time** jedes Mal
② (*having one part*) einzelne(r, s); **in ~ figures** im einstelligen [Zahlen]bereich; **~-flowered** BOT einblütig
③ *inv* (*unmarried*) ledig, unverheiratet, solo *fam*; ***she's 35 and still ~*** sie ist 35 und immer noch nicht verheiratet
④ *inv* (*raising child alone*) allein erziehend; ***he is a ~ parent*** er ist allein erziehend; **~ father/mother** allein erziehender Vater/allein erziehende Mutter
II. *n* ① BRIT, AUS (*one-way ticket*) Einzelfahrkarte *f*, Einzelfahrschein *m*; ***do you want a ~ or a return?*** möchten Sie eine einfache Fahrkarte oder eine Hin- und Rückfahrkarte?
② (*one-unit dollar note*) Eindollarschein *m*, Eindollarnote *f*
③ (*record*) Single *f*
④ SPORTS (*in cricket*) *Schlag für einen Lauf*; (*in baseball*) *Lauf zum ersten Base*
⑤ (*single measure of drink*) Einheit *f* (*eine Maßeinheit eines alkoholischen Getränks*)
⑥ (*single room*) Einzelzimmer *nt*
III. *vi* SPORTS mit einem Schlag das erste Base erreichen
◆**single out** *vt* ■**to ~ out** ⊂ **sb/sth** (*for positive characteristics*) jdn/etw auswählen; (*for negative reasons*) jdn/etw herausgreifen; ***why were they of all people ~d out for punishment?*** warum wurden eigentlich ausgerechnet sie bestraft?; **to ~ sb out for special treatment** jdm eine Sonderbehandlung zukommen lassen
single bed *n* Einzelbett *nt* **single-breasted** *adj inv* einreihig; **~ suit** Einreiher *m* **single combat** *n no pl* Einzelkampf *m*; (*duel*) Zweikampf *m*; **to challenge sb to ~** jdn zum Zweikampf herausfordern **single cream** *n* BRIT Sahne *f*, Obers *nt* ÖSTERR (*mit niedrigem Fettgehalt*) **single currency** *n* FIN gemeinsame Währung, Einheitswährung *f* **single-decker** *n* Bus *m* (*mit einem Deck*) **single-engined** *adj* einmotorig **single-entry bookkeeping** *n* einfache Buchführung **Single European Act** *n* Einheitliche Europäische Akte **Single European Market** *n* Europäischer Binnenmarkt **single-family house** *n* Einfamilienhaus *nt* **single-figure** *adj inv* einstellig; **~ inflation rate** Inflationsrate *f* unter zehn Prozent, einstellige Inflationsrate **single file** *n no pl* **in ~** im Gänsemarsch **single-handed** I. *adv inv* [ganz] allein, ohne Hilfe [von außen], im Alleingang; ***he sailed round the world ~*** er segelte als Einhandsegler um die Welt II. *adj inv* allein, ohne Hilfe *nach n*, eigenhändig **single-handedly** *adv inv* [ganz] allein, ohne Hilfe [von außen] **single-hander** *n* ① (*boat*) Einhandsegler *m* ② (*person*) Einhandsegler(in) *m(f)*
singlehood ['sɪŋglhʊd] *n no pl* AM Singletum *nt*
single-lane *adj inv* einspurig **single-lens reflex** *n*, **single-lens reflex camera** *n* PHOT einäugige Spiegelreflexkamera **Single Market** *n* EU Binnenmarkt *m* **single-minded** *adj* zielstrebig, zielbewusst; **to be ~ in sth** etw unbeirrbar tun **single-mindedly** *adv* zielstrebig, zielbewusst; (*unwaveringly*) unbeirrbar **single-mindedness** *n*, **singleness of mind** *n no pl* Zielstrebigkeit *f*; (*pursuing sth unwaveringly*) Unbeirrbarkeit *f*
singleness ['sɪŋglnəs] *n no pl* Einzigartigkeit *f*; **~ of purpose** Zielstrebigkeit *f*; **~ of view** fest umrissene Meinung
singleness of purpose *n no pl* Zielstrebigkeit *f*
single-parent family *n* Familie *f* mit [nur] einem Elternteil
single-pass assembler *n* COMPUT Assembler *m* mit einem Durchlauf **single room** *n* Einzelzimmer *nt*
singles ['sɪŋglz] I. *n* <*pl* -> SPORTS (*in tennis*) Einzel *nt*; (*in golf*) Single *nt*; **men's/ladies' ~** Herren-/Dameneinzel *nt*; **to play a ~ against sb** ein Einzel gegen jdn spielen
II. *n modifier* SPORTS **ladies' ~ champion** Siegerin *f* im Dameneinzel; **~ match** Einzel *nt*
singles bar *n* Singlekneipe *f*, Singletreff *m*
single-seater *n* Einsitzer *m* **single-sex** *adj inv* nach Geschlechtern getrennt; **~ school** [**for boys/girls**] reine Jungen-/Mädchenschule **single-sided disk** *n* COMPUT Diskette *f* mit einfacher Schreibdichte **single spacing** *n* COMPUT, TYPO einzeiliger [Zeilen]abstand **single-stage** *adj* einstufig; **a ~ rocket** eine einstufige Rakete
singlet ['sɪŋglɪt] *n esp* BRIT, AUS ärmelloses Trikot; (*underwear*) Unterhemd *nt*
single ticket *n* BRIT einfache Fahrkarte, Einzelfahrkarte *f*, Einzelfahrschein *m*
singleton ['sɪŋgltən] *n* CARDS blanke Karte (*einzige Karte einer Farbe*); **to have a ~ in hearts** eine Herzkarte blank haben
single-track *adj inv* ① RAIL eingleisig
② BRIT (*road*) einspurig
singly ['sɪŋgli] *adv inv* einzeln
singsong ['sɪŋsɒŋ, AM -sɑːŋ] I. *n* ① BRIT, AUS (*singing session*) gemeinsames Liedersingen; **to have a ~** gemeinsam Lieder singen
② *no pl* (*way of speaking*) Singsang *m*; **to speak in a ~** in einem Singsang sprechen

II. *adj attr* **to speak in a ~ voice** in einem Singsang sprechen; **the Welsh ~ voices** der walisische Singsang (*melodischer Klang der Sprache*)

singular [ˈsɪŋgjələʳ, AM -ɚ] **I.** *adj* ❶ LING (*referring to one person or thing*) Singular-; **to be ~** im Singular stehen; **~ ending** Singularendung *f;* **~ form** Singularform *f;* **~ noun** Substantiv *nt* im Singular; **~-only noun** Singularetantum *nt fachspr;* **the third person ~** die dritte Person Singular
❷ (*form: extraordinary*) einzigartig; **of ~ beauty** von einmaliger [*o* einzigartiger] Schönheit; **a ~ lack of tact** eine beispiellose Taktlosigkeit
❸ (*form: strange*) eigenartig, sonderbar; **a most ~ affair** eine höchst merkwürdige Angelegenheit
II. *n no pl* LING Singular *m,* Einzahl *f;* **to be in the ~** im Singular [*o* in der Einzahl] stehen

singularity [ˌsɪŋgjəˈlærəti, AM -ˈlerət̬i] *n no pl* (*form*) Eigenartigkeit *f,* Sonderbarkeit *f;* **the ~ of sb's behaviour** jds sonderbares Verhalten

singularly [ˈsɪŋgjələli, AM -ɚli] *adv* (*form*) ❶ (*extraordinarily*) außerordentlich; **~ beautiful** einmalig schön; ***he was ~ lacking in good sense*** ihm fehlte [wirklich] jede Spur guten Geschmacks
❷ (*strangely*) eigenartig, sonderbar

Sinhalese [ˌsɪŋ(h)əˈliːz, AM ˌsɪn-] **I.** *adj inv* singhalesisch
II. *n* ❶ *no pl* (*language*) Singhalesisch *nt*
❷ <*pl* -> (*person*) Singhalese, -in *m, f*

sinister [ˈsɪnɪstəʳ, AM -ɚ] *adj* ❶ (*scary*) unheimlich, sinister *geh*
❷ (*fam: ominous*) unheilvoll, drohend; *forces* dunkel

sink <sank *or* sunk, sunk> [sɪŋk] **I.** *n* ❶ (*in kitchen*) Spüle *f,* Spülbecken *nt*
❷ AM (*washbasin*) Waschbecken *nt*
❸ TELEC [Nachrichten]senke *f*
II. *vi* ❶ (*not float*) untergehen, sinken; ***cork won't ~*** Kork schwimmt [oben]
❷ (*go downward*) absinken, sich *akk* senken; (*fig*) fallen; ***the sun sank below the horizon*** die Sonne versank hinter dem Horizont; **to ~ to the bottom** auf den Boden sinken; (*sediments*) sich *akk* auf dem Boden absetzen; **to ~ to the bottom of the table** ans Tabellenende rutschen
❸ (*drop down*) fallen; **to ~ to one's knees** auf den Boden sinken
❹ (*decrease*) sinken, fallen; ***the pound sank two cents against the dollar*** das Pfund hat zwei Cent gegenüber dem Dollar verloren; ***the yen sank to a new low against the dollar*** der Yen hat gegenüber dem Dollar einen neuen Tiefstand erreicht
❺ (*get softer*) sich *akk* senken; ***his voice sank to a whisper*** seine Stimme senkte sich zu einem leisen Flüstern
❻ (*decline*) sinken; ***I didn't think he'd ~ so low*** ich hätte nicht gedacht, dass er so tief sinken würde; ***you are ~ing to his level!*** du begibst dich auf das gleiche niedrige Niveau wie er!; **to ~ in sb's estimation** [*or* **esteem**] in jds Achtung sinken
❼ (*decline in health*) ■**to be ~ing** [**fast**] [gesundheitlich] stark abbauen; ***Mrs Jones is ~ing fast*** Mrs. Jones' Zustand verschlechtert sich zusehends
► PHRASES: **sb's heart ~s** (*gets sadder*) jdm wird das Herz schwer; (*becomes discouraged*) jdm rutscht das Herz in die Hose *fam;* **sb's spirits ~** jds Stimmung sinkt [auf Null]; **to ~ like a stone** untergehen wie ein Stein; **to ~ without trace** *ship* mit Mann und Maus untergehen *fam; person* von der Bildfläche verschwinden *fam;* **to leave sb/sth to ~ or swim** jdn/etw seinem Schicksal überlassen; ***we ~ or swim together*** wir werden gemeinsam untergehen oder gemeinsam überleben
III. *vt* ❶ (*cause to submerge*) ■**to ~ sth** etw versenken; **to ~ a ship** ein Schiff versenken
❷ (*ruin*) ■**to ~ sth** etw zunichte machen [*o* ruinieren]
❸ (*dig*) **to ~ a shaft** MIN einen Schacht abteufen *fachspr;* **to ~ a well** einen Brunnen anlegen
❹ SPORTS **to ~ a ball** (*into a hole*) einen Ball einlochen; (*into a pocket*) einen Ball versenken; **to ~ the black/red** die schwarze/rote Kugel versenken
❺ BRIT, AUS (*fam: drink*) **to ~ a bottle of wine/a pint** eine Flasche Wein/ein Pint herunterspülen *fam*
❻ (*lower*) **to ~ one's voice to a whisper** seine Stimme zu einem Flüsterton senken
❼ FIN ■**to ~ sth into sth** etw in etw *akk* anlegen, etw in etw *akk* investieren
► PHRASES: **to ~ one's differences** die [gegenseitigen] Differenzen beilegen

◆**sink back** *vi* ❶ (*lean back*) zurücksinken; ***he sank back and was soon lost in reverie*** er lehnte sich zurück und versank bald in Träumereien; **to ~ back in a deep armchair/the cushions** in einen tiefen Armsessel/in die Kissen sinken; **to ~ back on the sofa** auf das Sofa sinken
❷ (*relapse*) ■**to ~ back into sth** [wieder] in etw *akk* [zurück]verfallen; ***I don't want him to ~ back into his old bad habits*** ich möchte nicht, dass er wieder in seine schlechten Gewohnheiten von früher verfällt

◆**sink down** *vi* ❶ (*descend gradually*) sinken; *sun* versinken
❷ (*go down on the ground*) herabsinken; ***he went to stand up, then sank back down on his chair*** er wollte aufstehen, sank dann aber auf seinen Stuhl zurück

◆**sink in** **I.** *vi* ❶ (*go into surface*) einsinken
❷ (*be absorbed*) *liquid* einziehen
❸ (*be understood*) bewusst werden; ***the news may take a while to ~ in*** es kann eine Weile dauern, bis sich die Neuigkeiten gesetzt haben; ***I had to tell him several times before it finally sank in*** ich musste es ihm mehrere Male sagen, bevor er es endlich begriffen hatte
II. *vt* ❶ (*force into sth*) **to ~ one's teeth in sth** *animal* seine Zähne in etw *akk* hineinschlagen; ***he looks as if he'd like to ~ a knife in your back*** er sieht aus, als würde er dir am liebsten ein Messer in den Rücken rammen
❷ (*invest*) **to ~ one's money in sth** sein Geld in etw *akk* stecken *fam*

◆**sink into** **I.** *vi* ■**to ~ into sth** ❶ (*go deeper into*) in etw *dat* einsinken [*o* versinken]; ***I sank into the snow up to my waist*** ich versank bis zur Hüfte im Schnee; ***let the cream ~ into your skin*** lass die Creme gut einziehen
❷ (*lie back in*) in etw *akk* [hinein]sinken; **to ~ into an armchair** in einen Sessel sinken; **to ~ into a hot bath** sich *akk* in einem heißen Bad entspannen
❸ (*pass gradually into*) in etw *akk* sinken; ***he sank into deep despair*** er fiel in tiefe Verzweiflung; **to ~ into a coma** ins Koma fallen; **to ~ into debt** in Schulden geraten; **to ~ into** [**a**] **depression** in Depressionen verfallen
II. *vt* ❶ (*pierce*) **to ~ one's teeth into sth** seine Zähne in etw *akk* hineinschlagen; ***I'd love to ~ my teeth into a nice juicy steak*** ich würde gern in ein schönes, saftiges Steak beißen; ***she sank her spoon into a large bowl of cream*** sie tauchte ihren Löffel in eine große Schale Sahne
❷ (*embed*) ■**to ~ sth into sth** etw in etw *akk* einlassen; **to ~ a post into the ground** einen Pfosten in den Boden schlagen
❸ FIN **to ~ one's money into sth** sein Geld in etw *akk* stecken *fam*

sinkable [ˈsɪŋkəbl] *adj* versenkbar; **~ putt** SPORTS *Putt, bei dem der Ball eingelocht werden kann*

sinker [ˈsɪŋkəʳ, AM -ɚ] *n* Senker *m,* Senkgewicht *nt*

sinking [ˈsɪŋkɪŋ] *adj attr, inv* ❶ (*not floating*) sinkend
❷ (*emotion*) ***that goal revived the ~ spirits of the team*** das Tor brachte neuen Schwung in die angeschlagene Mannschaft; **a ~ feeling** ein flaues Gefühl [in der Magengegend]; **with a ~ heart** resigniert
❸ *attr* (*declining*) sinkend, fallend
► PHRASES: **to leave the ~ ship** das sinkende Schiff verlassen

sinking fund *n* FIN Tilgungsfonds *m,* Amortisationsfonds *m fachspr*

sink unit *n* Spüle *f*

sinner [ˈsɪnəʳ, AM -ɚ] *n* Sünder(in) *m(f);* **the repentant ~** der reuige Sünder/die reuige Sünderin

Sinn Féin [ʃɪnˈfeɪn] *n no pl, + sing/pl vb* Sinn Féin *f*

sinologist [saɪˈnɒlədʒɪst, AM -ˈnɑːl-] *n* Sinologe, -in *m, f*

sinology [saɪˈnɒlədʒi, AM -ˈnɑːl-] *n no pl* Sinologie *f*

sin tax *n* AM (*fam*) Genussmittelsteuer *f*

sinuous [ˈsɪnjuəs] *adj* ❶ (*winding*) gewunden; ***the river winds its ~ course through the countryside*** der Fluss schlängelt sich [in zahlreichen Windungen] durch die Landschaft; ***a ~ path*** ein verschlungener Pfad
❷ (*curving and twisting*) geschmeidig

sinuously [ˈsɪnjuəsli] *adv* gewunden; **to dance ~** geschmeidig [*o* schlangenartig] tanzen; **to move ~ along sth** *snake* sich etw *akk* entlang schlängeln

sinus <*pl* -es> [ˈsaɪnəs] **I.** *n* ANAT Nasennebenhöhle *f,* Sinus *m fachspr*
II. *n modifier* Nasennebenhöhlen-, Sinus- *fachspr;* **~ operation** Nasennebenhöhlenoperation *f;* **~ pain** Schmerzen *pl* im Nasennebenhöhlenbereich; **~ problems** Probleme mit den Nasennebenhöhlen

sinusitis [ˌsaɪnəˈsaɪtɪs, AM -t̬-] *n no pl* MED Nasennebenhöhlenentzündung *f,* Sinusitis *f fachspr*

Sioux [suː] **I.** *adj inv* (*tribe*) Sioux-; **~ Indian** Siouxindianer(in) *m(f)*
II. *n* ❶ <*pl* -> (*person*) Sioux *m o f*
❷ *no pl* (*language*) Sioux *nt*

sip [sɪp] **I.** *vt* <-pp-> ■**to ~ sth** an etw *dat* nippen; (*drink carefully*) etw in kleinen Schlucken trinken
II. *vi* <-pp-> ■**to ~ at sth** an etw *dat* nippen
III. *n* kleiner Schluck, Schlückchen *nt;* **to drink sth in ~s** etw schlückchenweise trinken; **to have** [*or* **take**] **a ~** einen kleinen Schluck nehmen

siphon [ˈsaɪfᵊn] **I.** *n* ❶ (*bent pipe*) Saugheber *m*
❷ BRIT (*soda siphon*) Siphon *m*
II. *vt* ■**to ~ sth** etw [mit einem Saugheber] absaugen [*o* abpumpen]

◆**siphon off** *vt* ❶ (*remove*) ■**to ~ off** ↔ **sth** etw absaugen [*o* abpumpen]
❷ FIN **to ~ off money** Gelder abziehen; **to ~ off profits** Gewinne abschöpfen

sir [sɜːʳ, səʳ, AM sɜːr, sɚ] *n no pl* ❶ BRIT (*fam: reference to schoolteacher*) **~!** Herr Lehrer!; ***I told ~*** ich hab's dem Lehrer erzählt
❷ (*form of address*) Herr *m;* ***can I get you anything, ~?*** kann ich Ihnen etwas bringen, mein Herr?; ***can I see your driving licence, ~?*** kann ich bitte Ihren Führerschein sehen?
❸ (*not at all*) **no, ~!** AM (*fam*) keinesfalls!, auf keinen Fall!

Sir [sɜːʳ, səʳ, AM sɜːr, sɚ] *n* ❶ BRIT (*title of knight*) Sir *m*
❷ (*on letters*) **Dear ~** [*or* **Dear ~ or Madam**] [*or* **Dear ~s**] Sehr geehrte Damen und Herren

sire [saɪəʳ, AM -ɚ] **I.** *n* ❶ (*horse's father*) Vatertier *nt;* (*designated for breeding*) Deckhengst *m,* Zuchthengst *m*
❷ (*old liter: father*) Vater *m;* (*forefather*) Ahn *m veraltet*
❸ (*old: form of address*) Sire *m,* Majestät *f*
II. *vt* (*esp hum*) **to ~ children** Kinder in die Welt setzen *fam;* **to ~ a foal** ein Fohlen zeugen

siren [ˈsaɪ(ə)rən, AM ˈsaɪrən] *n* ❶ (*warning device*) Sirene *f;* **air-raid ~** Luftschutzsirene *f;* **police ~** Polizeisirene *f*
❷ (*in mythology*) Sirene *f a. fig*

siren call *n,* **siren song** *n* Sirenengesang *m fig geh*

sirloin [ˈsɜːlɔɪn, AM ˈsɜːr-] *n no pl* Lendenfilet *nt,* Lendenstück *nt* (*vom Rind*)

sirloin steak *n* Lendensteak *nt,* Beefsteak *nt*

sirocco [sɪˈrɒkəʊ, AM səˈrɑːkoʊ] *n* METEO Schirokko *m*

sirrah [ˈsɪrə] *n* (*old*) Kerl *m,* Bursche *m veraltend*

sis [sɪs] *n esp* AM (*fam*) *short for* **sister** Schwesterherz *nt hum*

SIS [ˌesaɪˈes] *n* BRIT *abbrev of* **Secret Intelligence Service** britischer Auslandsgeheimdienst

sisal [ˈsaɪsᵊl] **I.** *n no pl* ❶ (*tropical plant*) Sisal *m,* Sisalagave *f*

② (*strong fibre*) Sisal *m*
II. *n modifier* (*hemp, mat, plant*) Sisal-

sissy ['sɪsi] I. *n* (*pej fam*) Weichling *m pej,* Waschlappen *m pej fam*
II. *adj* (*pej fam*) weibisch *pej,* verweichlicht *pej*

sister ['sɪstəʳ, AM -ɚ] I. *n* ① (*female sibling*) Schwester *f*
② (*fellow feminist*) Schwester *f;* (*trade unionist*) Kollegin *f*
③ (*nun*) [Ordens]schwester *f;* **S~ Catherine** Schwester Catherine; (*form of address*) ■**S~!** Schwester! *f*
④ BRIT, AUS (*nurse*) [Kranken]schwester *f;* ***S~ Jones*** Schwester Jones *f;* **day ~** Tagesschwester *f*
⑤ AM (*dated fam: form of address to woman*) Schwester *f sl*
II. *n modifier* (*party, ship*) Schwester-; **~ company** Schwestergesellschaft *f,* Schwesterfirma *f*

sisterhood ['sɪstəhʊd, AM -tɚ-] *n* ① *no pl* (*sisterly bond*) Zusammenhalt *m* unter Schwestern
② *no pl* (*female solidarity*) Solidarität *f* unter Frauen
③ + *sing/pl vb* (*feminists*) ■**the ~** die Frauenbewegung
④ REL (*religious society*) Schwesternorden *m,* Frauenorden *m*

sister-in-law <*pl* sisters-in-law *or* -s> *n* Schwägerin *f*

sisterly ['sɪstəli, AM -ɚli] *adj* schwesterlich; ***I felt quite ~ towards him*** er war für mich wie ein Bruder

Sistine ['sɪstaɪn, AM tiːn] *adj inv* **the ~ Chapel** die Sixtinische Kapelle; **the ~ ceiling** die Decke in der Sixtinischen Kapelle

sit <-tt, sat, sat> [sɪt] I. *vi* ① (*seated*) sitzen; ***don't just ~ there!*** sitz doch nicht so tatenlos herum!; **to ~ in an armchair** im Sessel sitzen; **to ~ at the desk/table** am Schreibtisch/Tisch sitzen; **to ~ on the sofa** auf dem Sofa sitzen; ■**to ~ for sb** für jdn Modell sitzen; **to ~ for one's portrait** jdm Porträt sitzen, sich *akk* porträtieren lassen; **to ~ for an exam** *esp* BRIT eine Prüfung ablegen
② (*fam: babysit*) ■**to ~ for sb** für jdn babysitten
③ (*sit down*) sich *akk* hinsetzen; (*to a dog*) **~!** Platz!, Sitz!; ***would you all please ~!*** würden Sie sich bitte alle hinsetzen!; ***he sat [down] next to me*** er setzte sich neben mich; ***where would you like us to ~?*** wo sollen wir Platz nehmen?
④ (*perch*) hocken, sitzen
⑤ (*on a nest*) brüten
⑥ (*be located*) liegen; **to ~ in the bottom of a valley** am Fuße eines Tals liegen
⑦ (*remain undisturbed*) stehen; ***that car's been ~ting there for days*** dieses Auto steht schon seit Tagen dort; **to ~ on the shelf/on sb's desk** im [*o* auf dem] Regal stehen/auf jds Schreibtisch liegen
⑧ (*in session*) tagen, eine Sitzung abhalten; *court* zusammenkommen; ***Parliament is ~ting*** das Parlament tagt
⑨ AM (*be in office*) *senator, representative* einen Sitz haben; ■**to ~ for sth** Abgeordnete(r) *f(m)* für etw *akk* sein; ***she ~s for Ashley East*** sie ist Abgeordnete für Ashley East
⑩ (*fit*) passen; *clothes* sitzen
⑪ AM (*be agreeable*) ***the idea didn't ~ well with any of us*** die Idee behagte keinem von uns so recht
► PHRASES: **to ~ at sb's feet** jds Schüler/Schülerin sein; **to ~ on the fence** sich *akk* nicht entscheiden können; **to ~ on one's hands** [*or* BRIT *vulg* **arse**] [*or* AM *vulg* **ass**] keinen Finger krumm machen *fam;* **to ~ in judgment on** [*or* **over**] **sb** über jdn zu Gericht sitzen [*o* urteilen]; **to be ~ting pretty** fein heraus sein *fam;* **to ~ tight** (*not move*) sitzen bleiben, sich *akk* nicht rühren; (*not change opinion*) stur bleiben
II. *vt* ① (*put on seat*) **to ~ a child on a chair** ein Kind auf einen Stuhl setzen
② BRIT (*take exam*) **to ~ an exam** eine Prüfung ablegen

◆**sit about** *esp* BRIT, **sit around** *vi* herumsitzen

◆**sit back** *vi* ① (*lean back in chair*) sich *akk* zurücklehnen
② (*do nothing*) die Hände in den Schoß legen *fig*

◆**sit by** *vi* untätig zusehen, tatenlos dabeistehen

◆**sit down** I. *vi* ① (*take a seat*) sich *akk* [hin]setzen; **to ~ down to dinner** sich *akk* zum Essen an den Tisch begeben
② (*be sitting*) sitzen
③ (*fig: take time*) sich *akk* [in Ruhe] hinsetzen; ***I need time to ~ down and think about this*** ich brauche Zeit, um in Ruhe darüber nachzudenken; ■**to ~ down with sb** sich *akk* mit jdm zusammensetzen
II. *vt* ① (*put in a seat*) ■**to ~ sb down** jdn irgendwohin setzen; (*fig*) sich *dat* jdn vornehmen *fam;* **to ~ a child down** ein Kind [irgendwo] hinsetzen
② (*take a seat*) ■**to ~ oneself down** sich *akk* hinsetzen

◆**sit in** *vi* ① (*attend*) dabeisitzen, dabeisein; **to ~ in on a conference/meeting** einer Konferenz/einem Treffen beisitzen
② (*represent*) ■**to ~ in for sb** jdn vertreten
③ (*hold sit-in*) ein Sit-in [*o* einen Sitzstreik] veranstalten

◆**sit on** *vi* ① (*be member of*) **to ~ on a board/a commitee** einem Ausschuss/Komitee angehören, Mitglied eines Ausschusses/Komitees sein
② (*fam: not act on sth*) ■**to ~ on sth** auf etw *akk* nicht reagieren [*o fam* sitzen]
③ (*fam: unaware of value*) ■**to be ~ting on sth** auf etw *dat* sitzen *fig fam;* ***has anybody had the land valued? we could be ~ting on a goldmine here*** hat jemand das Land schätzen lassen? wir könnten hier auf einer Goldmine sitzen
④ (*fam: rebuke*) ■**to ~ on sb** jdm einen Dämpfer verpassen *fam,* jdm den Kopf zurechtrücken *fam;* **to ~ on an idea** (*stop*) eine Idee abwürgen *fam*
⑤ (*feel heavy*) **to ~ on sb's stomach** jdm schwer im Magen liegen

◆**sit out** I. *vi* ① (*sit outdoors*) draußen sitzen
② (*not dance*) einen Tanz auslassen
II. *vt* ■**to ~ out** ↔ **sth** ① (*not participate*) etw auslassen; *in game, competition* bei etw *dat* aussetzen
② (*sit until end*) bei etw *dat* bis zum Ende ausharren [*o* durchhalten]

◆**sit over** *vi* ① (*spend time*) **to ~ over a meal** [lange Zeit] über einer Mahlzeit sitzen
② (*monitor*) ■**to ~ over sb** auf jdn Acht geben, jdn beaufsichtigen

◆**sit round** *vi* BRIT, AUS *see* **sit about**

◆**sit through** *vi* ■**to ~ through sth** etw über sich *akk* ergehen lassen

◆**sit under** *vi* AM ■**to ~ under sb** etw von jdm lernen; **to ~ under a teacher** jds Schüler/Schülerin sein

◆**sit up** I. *vi* ① (*sit erect*) aufrecht [*o* gerade] sitzen; **~ *up!*** sitz gerade!; **to ~ up straight** sich *akk* gerade [*o* aufrecht] hinsetzen
② (*fig fam: pay attention*) **to ~ up and take notice** aufhorchen; **to make sb ~ up [and take notice]** jdn aufhorchen lassen
③ (*remain up*) aufbleiben; ***I'll be late, so don't ~ up for me!*** ich komme spät zurück, also warte nicht auf mich!
II. *vt* ■**to ~ sb up** jdn aufrichten [*o* aufsetzen]

sitar [sɪ'tɑːʳ, AM -'tɑːr] *n* MUS Sitar *m*

sitcom ['sɪtkɒm, AM -kɑːm] *n* ① (*fam*) *short for* **situation comedy** Sitcom *f*
② *short for* **single income, two children, oppressive mortgage** (*finanziell schwierige Situation von großstädtischen Berufstätigen, wenn ein Ehepartner wegen der Kinder zu Hause bleibt*)

sit-down *n* ① *no pl esp* BRIT (*fam: rest*) [Verschnauf]pause *f;* **to have a ~** sich *akk* einen Moment hinsetzen, [für] einen Moment verschnaufen
② (*fam: sit-down strike*) Sitzstreik *m,* Sit-in *nt*
③ (*sit-down meal*) eine richtige Mahlzeit **sit-down meal** *n* **a ~** eine richtige Mahlzeit **sit-down strike** *n* Sitzstreik *m,* Sit-in *nt;* **to hold a ~** einen Sitzstreik veranstalten

site [saɪt] I. *n* ① (*place*) Stelle *f,* Platz *m,* Ort *m;* *of crime* Tatort *m;* **~ of a battle** Kampfplatz *m*
② (*plot*) Grundstück *nt;* **archaeological ~** archäologische Fundstätte; **building ~** Baugelände *nt;* **caravan** [*or* AM **camping**] **~** Campingplatz *m;* **greenfield ~** Baugelände *nt* auf der grünen Wiese; **industrial ~** Industriegelände *nt;* **vacant ~** unbebautes Grundstück
③ (*building location*) Baustelle *f;* **on ~** vor Ort; ***no unauthorized persons are allowed on the ~*** Unbefugten ist das Betreten der Baustelle verboten
④ (*on Internet*) [**web**] **~** Website *f;* **fan ~** Fanpage *f*
II. *vt* ■**to ~ sth** einen Standort für etw *akk* bestimmen; ***we ~d our tent under a tree*** wir schlugen unser Zelt unter einem Baum auf; **to be ~d out of town** außerhalb der Stadt liegen; **to be badly ~d** ungünstig gelegen sein

site development *n no pl* Grundstückserschließung *f,* Geländeerschließung *f* **site engineer** *n* Bauingenieur(in) *m(f)* **site office** *n* Büro *nt* der Bauleitung, Bauleitung *f* **Site of Special Scientific Interest** *n* BRIT Naturschutzgelände *nt* **site owner** *n* Grundstückseigentümer(in) *m(f)* **site plan** *n* Lageplan *m*

sit-in *n* Sit-in *nt;* **to hold a ~** ein Sit-in veranstalten

siting ['saɪtɪŋ, AM -t̬-] *n no pl* Standortwahl *f*

sitter ['sɪtəʳ, AM -t̬ɚ] *n* ① (*model for portrait*) Modell *nt*
② (*babysitter*) Babysitter(in) *m(f)*
③ SPORTS ■**a ~** (*fam: easy catch*) ein leichter Ball; (*easy shot*) ein todsicherer [*o* hundertprozentiger] Treffer *fam;* **to miss a ~** eine idiotensichere Chance vergeben *fam*

sitting ['sɪtɪŋ, AM -t̬-] *n* ① (*meal session*) Ausgabe *f;* ***dinner is served in two ~s*** das Essen wird zweimal ausgegeben
② (*session*) Sitzung *f;* *court/tribunal* Gerichtssitzung *f;* (*periods of time*) ■**~s** *pl* Sitzungsperioden *pl;* **in** [*or* **at**] **one ~** in einer Sitzung

sitting duck *n* leicht zu treffendes Ziel; (*fig*) leichte Beute **sitting member** *n* BRIT POL derzeitige(r) Abgeordnete(r) *f(m)* **sitting position** *n no pl* Sitzposition *f* **sitting room** *n esp* BRIT Wohnzimmer *nt* **sitting target** *n* leicht zu treffendes Ziel; **to be a ~ for sb/sth** (*fig: easy prey*) eine leichte Beute für jdn/etw abgeben **sitting tenant** *n* derzeitiger Mieter/derzeitige Mieterin

situate ['sɪtjueɪt, AM 'sɪtʃ-] *vt* ① (*form: position*) ■**to ~ sth** etw platzieren; *patch, bed* etw anlegen; ***they ~d the garden table under the tree*** sie haben den Gartentisch unter den Baum gestellt
② (*form: place in context*) ■**to ~ sb/sth in sth** jdn/etw im Zusammenhang zu etw sehen

situated ['sɪtjueɪtɪd, AM -tʃueɪt̬-] *adj pred, inv* ① (*located*) gelegen; **to be ~ near the church** in der Nähe der Kirche liegen
② (*in a state*) **to be well/badly ~** [finanziell] gut/schlecht gestellt sein; **to be well ~ to do sth** gute Voraussetzungen besitzen, etw zu tun
③ (*have available*) ■**to be ~ for sth** etw zur Verfügung haben; ***how are you ~ for time?*** wie ist es bei Ihnen mit der Zeit bestellt?

situation [ˌsɪtju'eɪʃən, AM -tʃu'-] *n* ① (*circumstances*) Situation *f,* Lage *f;* ***he got himself into this ~*** er hat sich selbst in diese Lage gebracht; ***the ~ here is very tense*** die Lage hier ist sehr gespannt; **the economic/political ~** die wirtschaftliche/politische Lage
② (*location*) Lage *f,* Standort *m*
③ (*old: job*) Stelle *f*

situation comedy *n* Situationskomödie *f*

Situationism [ˌsɪtju'eɪʃənɪzəm, AM ˌsɪtʃu-] *n no pl* Situationismus *m,* Situationsethik *f*

Situationist [ˌsɪtju'eɪʃənɪst, AM ˌsɪtʃu-] I. *n* Situationist(in) *m(f)*
II. *adj inv* situationistisch

situations vacant *npl* BRIT, AUS Stellenangebote *ntpl*

sit-up *n* SPORTS Sit-up *m* (*Bauchmuskelübung*)

six [sɪks] I. *adj* sechs; ***he is over ~ feet tall*** er ist über 1 Meter 80
► PHRASES: **to be ~ feet under** (*hum*) sich *dat* die Radieschen von unten anschauen *hum sl*
II. *pron* sechs; ***there were ~ of us*** wir waren zu

sechst; ***of the ~, only one was any good*** von den sechs[en] war nur einer/eine/eines in Ordnung

▸ PHRASES: ~ **of one and half a dozen of the other** Jacke wie Hose *fam,* gehupft wie gesprungen *fam;* **to get ~ of the best** BRIT (*dated*) eine Tracht Prügel kassieren; **to give sb ~ of the best** BRIT jdm eine Tracht Prügel verabreichen; **to knock** [*or* **hit**] **sb for ~** BRIT (*amaze*) jdn umhauen *fig fam;* (*defeat completely*) jdn vernichtend schlagen

III. *n* ❶ (*number*) Sechs *f;* (*route number*) ***the number ~ bus*** der Sechser, die Sechs; (*tram, dice*) die Sechs; **to throw a ~** eine Sechs würfeln; (*playing cards*) **the ~ of spades/hearts** die Pik/Herz Sechs ❷ (*in cricket*) Sechserschlag *m* (*durch einen Schlag sechs Läufe erzielen*)

▸ PHRASES: **to be at ~es and sevens** völlig durcheinander sein

sixfold I. *adj inv* sechsfach; **a ~ increase** ein Anstieg *m* um das Sechsfache **II.** *adv inv* um das Sechsfache; **to increase ~** um das Sechsfache ansteigen **six-foot** *adj attr, inv* einsachtzig; **an ordinary ~ bed** ein gewöhnliches Zwei-Meter-Bett; **a ~ man** ein Zwei-Meter-Mann **six-footer** *n* (*tall male person*) Zwei-Meter-Mann *m,* [langer] Lulatsch *fam;* (*tall, powerful male*) Hüne *m;* (*tall female*) Zwei-Meter-Frau *f,* Riesin *f;* ■**to be a ~** [fast] zwei Meter groß sein **six-pack** *n* Sechserpackung *f,* Sechserpack *m; of beer* Sixpack *m* **sixpence** *n* ❶ (*former coin*) Sixpencestück *nt* ❷ *no pl* BRIT (*fig: not much*) ***that old thing's not worth ~*** das alte Ding ist keine müde Mark wert *fam* **sixpenny** *adj attr* BRIT (*hist*) zu sechs Pennies *nach n* **six-shooter** *n* sechsschüssiger Revolver

sixteen [ˌsɪkˈstiːn] **I.** *adj* sechzehn; ***she'll be ~ next birthday*** an ihrem nächsten Geburtstag wird sie sechzehn [Jahre]

II. *pron* sechzehn; ***they had ~ to dinner*** sie hatten sechzehn Personen zum Abendessen da; ***there were ~ of us on the trip*** wir waren mit sechzehn Leuten bei der Tour; **the last ~** TENNIS das Achtelfinale

III. *n* Sechzehn *f*

sixteenth [ˌsɪkˈstiːnθ] **I.** *adj* sechzehnte(r, s)

II. *pron* ■**the ~ …** der/die/das sechzehnte …; **the ~ of April** der sechzehnte April

III. *adv inv* als sechzehnte(r, s); ***they finished ~ out of a hundred*** sie wurden Sechzehnter von hundert

IV. *n* Sechzehntel *nt* SCHWEIZ *a. m*

sixteenth note *n* AM MUS (*semiquaver*) Sechzehntelnote *f,* Sechzehntel *nt o* SCHWEIZ *a. m*

sixth [sɪksθ, AM -stθ] **I.** *adj* sechste(r, s); ***Peter's ~ birthday*** Peters sechster Geburtstag; ***this is about the ~ time I've told you*** das sage ich dir jetzt schon zum sechsten Mal; ***your name is ~ on the list*** Ihr Name ist der sechste auf der Liste

II. *pron* ■**the ~ …** der/die/das sechste …; **the ~ of June** der sechste Juni

III. *adv inv* als sechste(r, s); ***they finished ~ out of a hundred*** sie wurden Sechster von hundert

IV. *n* Sechstel *nt o* SCHWEIZ *a. m;* ***cut the cake into ~s!*** schneide den Kuchen in sechs Stücke!

sixth form *n* BRIT SCH Abschlussklasse *f* (*das letzte Schuljahr, das mit A-Levels abgeschlossen wird*)

sixth form college *n* BRIT SCH *College, das Schüler auf den A-Level-Abschluss vorbereitet*

sixth former *n* BRIT SCH Schüler(in) *m(f)* der zwölften/dreizehnten Klasse (*Schüler der englischen Oberstufe, die sich auf den A-Level-Abschluss vorbereiten*) **sixth grade** *n* AM SCH sechste Klasse

sixthly [ˈsɪksθli] *adv inv* sechstens

sixth sense *n no pl* sechster Sinn

sixties [ˈsɪkstiz] **I.** *npl* ❶ (*decade*) ■**the ~** die Sechziger, die 60er-Jahre

❷ (*temperature*) ***the temperature was in the high ~*** die Temperatur lag bei guten sechzig Grad Fahrenheit

❸ (*age range*) ■**the ~** die Sechziger; **to be in one's ~** in den Sechzigern sein

II. *adj inv* 60iger-, aus den Sechzigern *nach n;* **~ music** Musik *f* aus den Sechzigern

sixtieth [ˈsɪkstiəθ] **I.** *adj* sechzigste(r, s); ***Mary's ~ birthday*** Marys sechzigster Geburtstag; ***your name is ~ on the list*** Ihr Name steht an sechzigster Stelle

II. *pron* ■**the ~** der/die/das sechzigste

III. *adv inv* als sechzigste(r, s); ***they finished ~ out of a hundred*** sie wurden Sechzigster von hundert

IV. *n* Sechzigstel *nt* SCHWEIZ *a. m*

sixty [ˈsɪksti] **I.** *adj* sechzig; ***she'll be ~ next birthday*** sie wird sechzig

II. *pron* sechzig; ***they had ~ at the wedding reception*** sie hatten sechzig Gäste auf dem Hochzeitsempfang; ***there were ~ of us on the trip*** wir waren mit sechzig Leuten auf der Tour

III. *n* Sechzig *f*

sixty-four-thousand-dollar question *n* (*fam*) alles entscheidende Frage, Hunderttausend-Mark-Frage *f hum*

sizable *adj see* **sizeable**

size¹ [saɪz] **I.** *n no pl* [Grundier]leim *m;* (*textiles*) Schlichte *f fachspr*

II. *vt* ■**to ~ sth** etw mit [Grundier]leim bestreichen [*o* grundieren]; **to ~ textiles** Textilien schlichten *fachspr*

size² [saɪz] **I.** *n* ❶ *usu sing* (*magnitude*) Größe *f; amount, debt* Höhe *f;* ***what is the ~ of that window?*** wie groß ist das Fenster?; **a company of that ~** eine Firma dieser Größenordnung; **six inches in ~** sechs Zoll lang; **the ~ of a thumbnail** daumennagelgroß; **to be a good ~** (*quite big*) ziemlich groß sein; (*suitable size*) die richtige Größe haben; **to be the same ~** genauso groß sein; **to increase/decrease in ~** größer/kleiner werden, an Größe gewinnen/verlieren; **to cut sth to ~** etw [auf die richtige Größe] zu[recht]schneiden; **to double in ~** seine Größe verdoppeln; **of a ~** (*dated*) gleich groß; **of any ~** relativ groß; ***the nearest town of any ~ is Plymouth*** die nächstgrößere Stadt ist Plymouth

❷ (*measurement*) Größe *f;* ***a ~ 12 dress*** ein Kleid *nt* [der] Größe 42; ***the shirt is a couple of ~s too big*** das Hemd ist ein paar Nummern zu groß; ***what ~ are you? — I'm a ~ 10*** welche Größe haben Sie? – ich habe Größe 40; **children's ~** Kindergröße *f;* **collar/shoe ~** Kragenweite *f*/Schuhgröße *f;* ***he takes a ~ 17 collar*** er hat Kragenweite 17; **economy ~ pack** Sparpackung *f;* **to try sth for ~** etw anprobieren, ob es passt

▸ PHRASES: **that's about the ~ of it** so könnte man sagen

II. *vt* ■**to ~ sth** etw nach Größe ordnen

◆**size up** *vt* ■**to ~ up** ↔ **sb/sth** jdn/etw taxieren [*o* [prüfend] abschätzen]; **to ~ each other up** sich *akk* gegenseitig taxieren

sizeable [ˈsaɪzəbl̩] *adj* ziemlich groß; **a ~ amount** eine beträchtliche [*o* beachtliche] Summe

sizing [ˈsaɪzɪŋ] *n no pl* ❶ (*action*) Grundieren *nt; textiles* Schlichten *nt fachspr*

❷ (*coat of size*) [Grundier]leim *m;* (*for textiles*) Schlichte *f fachspr*

sizzle [ˈsɪzl̩] **I.** *vi* brutzeln

II. *n no pl* Zischen *nt,* Brutzeln *nt*

sizzler [ˈsɪzləʳ, AM -ɚ] *n* (*fam*) knallheißer Tag *fam*

sizzling [ˈsɪzl̩ɪŋ] *adj* (*fam*) ❶ (*very hot*) zischend heiß

❷ (*very exciting, very passionate*) heiß; ***he ran a ~ 10.11 seconds to win the 100m*** er lief unglaubliche 10,11 Sekunden und gewann die 100m

sizzling hot *adj* (*fam*) knallheiß *fam*

skate¹ [skeɪt] *n* (*flat fish*) Rochen *m*

skate² [skeɪt] **I.** *n* ❶ (*ice skate*) Schlittschuh *m*

❷ (*roller skate*) Rollschuh *m;* (*with stopper*) Rollerskate *m*

▸ PHRASES: **to get** [*or* **put**] **one's ~s on** BRIT (*fam*) einen Zahn zulegen *sl*

II. *vi* ❶ (*on ice*) Schlittschuh laufen

❷ (*on roller skates*) Rollschuh fahren; (*on skates with stopper*) Rollerskate fahren

▸ PHRASES: **to be skating on thin ice** sich *akk* auf dünnem Eis bewegen *fig*

III. *vt* **to ~ a figure** eine Figur laufen; **to ~ a figure of eight** [*or* AM **figure eight**] eine Acht laufen

◆**skate around** *vi* ■**to ~ around sth** über etw *akk* [bewusst] hinweggehen; **to ~ around a problem** ein Problem ignorieren; **to ~ around a question** einer Frage ausweichen

◆**skate over** *vi* ■**to ~ over sth** etw nur streifen [*o* flüchtig behandeln]

◆**skate round** *vi* BRIT *see* **skate around**

◆**skate through** *vi* ■**to ~ through sth** etw problemlos bewältigen; ***don't worry, you'll ~ through it!*** mach dir keine Sorgen, das schaffst du spielend!; **to ~ through an exam/a test** eine Prüfung/einen Test mit Leichtigkeit schaffen

skateboard [ˈskeɪtbɔːd, AM -bɔːrd] *n* Skateboard *nt*

skateboarder [ˈskeɪtˌbɔːdəʳ, AM -ˌbɔːrdɚ] *n* Skateboardfahrer(in) *m(f),* Skateboarder(in) *m(f)*

skateboarding [ˈskeɪtˌbɔːdɪŋ, AM -ˌbɔːrd-] *n no pl* Skateboardfahren *nt;* **street ~** Street-Skaten *nt* (*Skateboardfahren auf der Straße*)**; vertical ~** Vert-Skaten *nt* (*Skateboardfahren auf Rampen und in Parks*) **skatepark** *n* Skateboardanlage *f*

skater [ˈskeɪtəʳ, AM -t̬ɚ] *n* ❶ (*on ice*) Schlittschuhläufer(in) *m(f);* **figure ~** Eiskunstläufer(in) *m(f);* **speed ~** Eisschnellläufer(in) *m(f)*

❷ (*on roller skates*) Rollschuhfahrer(in) *m(f) veraltet*

❸ (*on roller blades*) Skater(in) *m(f)*

skating [ˈskeɪtɪŋ, AM -t̬-] *n no pl* ❶ (*ice*) Schlittschuhlaufen *nt,* Eislaufen *nt;* **figure ~** Eiskunstlauf *m;* **speed ~** Eisschnelllauf *m;* **to go ~** Schlittschuhlaufen [*o* Eislaufen] gehen

❷ (*roller skates*) Rollschuhlaufen *nt;* (*with modern rollerskates*) Rollerskaten *nt;* **to go ~** Rollschuhlaufen/Rollerskaten gehen

skating rink *n* ❶ (*ice skating*) Eisbahn *f,* Schlittschuhbahn *f*

❷ (*roller skating*) Rollschuhbahn *f*

skedaddle [skɪˈdædl̩] *vi* (*fam*) Reißaus nehmen *fam,* türmen *sl,* sich *akk* verdünnisieren *sl*

skeeter [ˈskiːtəʳ, AM -t̬ɚ] *n* AM, AUS (*fam*) Stechmücke *f*

skeeting [ˈskiːtɪŋ, AM -t̬-] *n,* **skeet shooting** *n no pl* SPORTS Skeetschießen *nt,* Tontaubenschießen *nt*

skein [skeɪn] *n* ❶ (*coil*) Strang *m;* **a ~ of wool** ein Strang *m* Wolle

❷ (*birds*) Schwarm *m;* **~ of birds** Vogelschwarm *m;* **~ of geese** Gänseschar *f*

skeletal [ˈskelɪtəl, AM -ət̬əl] *adj* ❶ *inv* (*pertaining to skeleton*) Skelett-; **~ muscle** Skelettmuskel *m;* **~ remains** Gebeine *pl geh,* Gerippe *nt*

❷ (*emaciated*) ausgemergelt, knochendürr *fam*

❸ (*bare outline*) stichpunktartig; **~ account** knapper [Übersichts]bericht

skeleton [ˈskelɪtən] *n* ❶ (*bones*) Skelett *nt;* **to develop a strong ~** einen kräftigen Knochenbau ausbilden

❷ (*fig: thin person*) [wandelndes] Gerippe *fam;* **to be reduced to a ~** bis auf die Knochen abgemagert sein

❸ (*framework*) *of a boat, plane* Gerippe *nt fig; of a building* Skelett *nt fig*

❹ (*outline sketch*) *of a book, report* Entwurf *m*

▸ PHRASES: **to have ~s in the cupboard** [*or* AM *also* **closet**] eine Leiche im Keller haben *fam*

skeleton form *n* **to be in ~** in Grundzügen bestehen [*o* feststehen] **skeleton key** *n* Dietrich *m* **skeleton service** *n* stark eingeschränkter Service, Grundservice *m* **skeleton staff** *n* Rumpfbelegschaft *f,* Minimalbesetzung *f*

skep [skep] *n* ❶ (*beehive*) Bienenkorb *m*

❷ (*old: basket*) Korb *m*

skeptic *n* AM, AUS *see* **sceptic**

skeptical *adj* AM, AUS *see* **sceptical**

skeptically *n* AM, AUS *see* **sceptically**

skepticism *n no pl* AM, AUS *see* **scepticism**

skerrick [ˈskerɪk] *n* AUS (*fam*) **not a ~** nicht ein bisschen; ***there wasn't a ~ left*** es war nichts übrig geblieben

sketch [sketʃ] **I.** *n* <*pl* -es> ❶ (*rough drawing*) Skizze *f;* **to make** [*or* **draw**] **a ~ of sth** eine Skizze von etw *dat* machen [*o geh* anfertigen]

② (*written piece*) Skizze *f*
③ (*outline*) Überblick *m*, knappe [zusammenfassende] Darstellung
④ (*performance*) Sketch *m*
II. *vt* ① (*rough drawing*) ■**to ~ sb/sth** jdn/etw skizzieren
② (*write in outline*) ■**to ~ sth** etw skizzieren [*o* umreißen]
III. *vi* Skizzen machen
◆**sketch in** *vt* ■**to ~ in** ⊂ **sth** ① (*draw in*) etw [andeutungsweise] einzeichnen
② (*outline*) etw in groben Zügen darstellen, etw umreißen
◆**sketch out** *vt* ■**to ~ out** ⊂ **sth** ① (*draw roughly*) etw [in groben Zügen] skizzieren
② (*outline*) etw umreißen
sketchbook *n* Skizzenbuch *nt*
sketcher ['sketʃəʳ, AM -ɚ] *n* Skizzenmaler(in) *m(f)*
sketchily ['sketʃɪli] *adv* flüchtig, skizzenhaft
sketching ['sketʃɪŋ] *n no pl* Skizzenzeichnen *nt*, Anfertigen *nt* von Skizzen
sketch map *n* Kartenskizze *f*, Faustskizze *f*
sketchpad *n* Skizzenblock *m*
sketchy ['sketʃi] *adj* ① (*not detailed*) flüchtig, oberflächlich; (*incomplete*) lückenhaft; **to have a ~ idea of sth** eine vage Vorstellung von etw *dat* haben
② (*not fully realized*) skizzenhaft dargestellt, angedeutet
skew [skjuː] I. *vt* ① (*give slant to*) ■**to ~ sth** etw krümmen; TECH etw abschrägen
② (*distort*) ■**to ~ sth** etw verdrehen [*o* verzerren]
③ (*align incorrectly*) ■**to ~ sth** etw schräg ausrichten
II. *vi* **to ~ around** sich *akk* drehen; ***the vehicle ~ed right around*** das Fahrzeug geriet ins Schleudern und drehte sich um sich selbst; ***the lines ~ to the left*** die Linien gehen nach links weg; ***we ~ed to the right*** wir schwenkten nach rechts
III. *adj pred* schräg, schief
IV. *adv inv* schräg, schief
V. *n* Schräglauf *m*
skewbald ['skjuːbɔːld, AM -bɑːld] *n* Schecke *m o f*
skewer ['skjuːəʳ, AM -ɚ] I. *n* Spieß *m*
II. *vt* ① (*pierce*) ■**to ~ sb/sth** jdn/etw aufspießen
② (*pierce with skewer*) ■**to ~ sth** etw anstechen
skew-whiff [ˌskjuː'(h)wɪf] BRIT, AUS I. *adj pred* (*fam*) schief
II. *adv* (*fam*) schief
ski [skiː] I. *n* Ski *m*, Schi *m*; **a pair of ~s** ein Paar Skier; **on ~s** auf Skiern
II. *vi* Ski fahren [*o* laufen]; **to ~ down the slope** die Piste herunterfahren
ski binding *n* Skibindung *f*; **to adjust the ~** die Skibindung einstellen **skibob** *n* Skibob *m* **ski boot** *n* Skischuh *m*, Skistiefel *m* **ski carrier** *n* Skiträger *m* **ski club** *n* Skiclub *m*
skid [skɪd] I. *vi* <-dd-> ① (*slide while driving*) rutschen, schlittern; (*skew around*) schleudern; **to ~ to a halt** schlitternd zum Stehen kommen; **to ~ off the road** von der Straße geschleudert werden; **to ~ on the wet road** auf der nassen Straße ins Rutschen kommen
② (*slide over surface*) ■**to ~ along/across sth** (*in a controlled fashion*) über etw *akk* [hinweg]gleiten; (*out of control*) über etw *akk* rutschen
II. *n* ① (*slide while driving*) Rutschen *nt*, Schlittern *nt*; (*skewing round*) Schleudern *nt*; **to correct a ~** ein Fahrzeug wieder unter Kontrolle bringen; **to go into a ~** ins Schleudern geraten
② AVIAT (*on aircraft*) Gleitkufe *f*
③ (*set of wooden rollers*) Rolle *f*
► PHRASES: **to put the ~s under sb/sth** BRIT, AUS (*fam*) jdn/etw zu Fall bringen; **to be on the ~s** (*fam*) auf dem absteigenden Ast sein *fam*
skid lid *n* BRIT (*sl*) Sturzhelm *m* **skid mark** *n* Reifenspur *f*; (*from braking*) Bremsspur *f*
ski-doo® [skɪ'duː] *n* CAN Schneemobil *nt* **skid-pan** *n* BRIT Übungsanlage *f* (*für Sicherheitsfahrtraining*) **skid row** *n no pl esp* AM heruntergekommene Gegend, Pennerviertel *nt fam*; **to be on ~** heruntergekommen sein *fam*; **to end up on ~** auf der Straße enden *fam*
skier ['skiːəʳ, AM -ɚ] *n* Skifahrer(in) *m(f)*, Skiläufer(in) *m(f)*
skiff [skɪf] *n* ① (*rowing boat*) Skiff *nt*
② (*sailing boat*) Einer *m*
skiffle ['skɪfl] *n no pl* MUS Skiffle *m o nt*
skiffle group *n* Skiffleband *f*
ski flying *n no pl* Skifliegen *nt* **ski goggles** *npl* Skibrille *f*
skiing ['skiːɪŋ] I. *n no pl* Skifahren *nt*, Skilaufen *nt*
II. *n modifier* (*accident, equipment*) Ski-
skiing holiday *n* Skiurlaub *m* **skiing trip** *n* Skiausflug *m*
ski instructor *n* Skilehrer *m* **ski instructress** *n* Skilehrerin *f*
skijoring ['skiːdʒɔːrɪŋ] *n no pl* SPORTS Skijoring *nt* (*Art des Skilaufens, bei der die Skifahrer durch ein Motorrad oder ein Pferdegespann gezogen werden*)
ski jump *n* ① (*runway*) Sprungschanze *f* ② *no pl* (*jump*) Skisprung *m*; (*event*) Skispringen *nt* **ski jumper** *n* Skispringer(in) *m(f)* **ski jumping** *n no pl* Skispringen *nt*
skilful ['skɪlfᵊl], AM **skillful** *adj* ① (*adroit*) geschickt; ***I became more ~ at tennis*** ich bin im Tennis besser geworden; **to be ~ at dealing with difficult customers** geschickt im Umgang mit schwierigen Kunden sein
② (*showing skill*) gekonnt, kunstvoll
skilfully ['skɪlfᵊli], AM **skillfully** *adv* geschickt, gekonnt
ski lift *n* Skilift *m*
skill [skɪl] *n* ① *no pl* (*expertise*) Geschick *nt*, Geschicklichkeit *f*; **to involve some ~** einige Geschicklichkeit erfordern; **to show a lot of ~** viel Geschick beweisen
② (*particular ability*) Fähigkeit *f*; (*technique*) Fertigkeit *f*; **communication ~s** Kommunikationsfähigkeit *f*; **language ~s** Sprachkompetenz *f*; **negotiating ~s** Verhandlungsgeschick *nt*
skilled [skɪld] I. *adj* ① (*trained*) ausgebildet; (*skilful*) geschickt; **~ in electronics** in Elektronik geschult
② (*requiring skill*) Fach-, qualifiziert; **a highly ~ job** eine hoch qualifizierte Tätigkeit; **semi-~ occupation** Anlernberuf *m*
II. *n* ■**the ~** *pl* qualifiziertes [*o* ausgebildetes] [Fach]personal
skillet ['skɪlɪt] *n* ① BRIT (*saucepan*) Kasserolle *f*, Topf *m*
② AM (*frying pan*) Bratpfanne *f*
skillful *adj* AM *see* **skilful**
skillfully *adv* AM *see* **skilfully**
skim <-mm-> [skɪm] I. *vt* ① (*move lightly above*) ■**to ~ sth** etw streifen, über etw *akk* streichen; **to ~ the surface of sth** (*fig*) nur an der Oberfläche von etw *dat* kratzen; (*deal with*) etw nur oberflächlich behandeln; **to ~ the surface of the water** die Wasseroberfläche kaum berühren
② (*bounce off water*) **to ~ stones on the water** Steine über das Wasser hüpfen lassen
③ (*read*) ■**to ~ sth** etw überfliegen
④ FOOD (*remove from surface*) ■**to ~ sth** etw abschöpfen; **to ~ the cream from the milk** die Milch entrahmen
II. *vi* ■**to ~ over** [*or* **along**] **sth** über etw *akk* hinwegstreifen
◆**skim off** *vt* ① FOOD (*remove from surface*) ■**to ~ off** ⊂ **sth** etw abschöpfen; ***the cream has been ~med off the milk*** die Milch ist entrahmt worden
② (*fig: remove from group*) **to ~ off the best people** die besten Leute [irgendwo] abziehen; **to ~ off money** Geld absahnen [*o* abschöpfen]
◆**skim through** *vi* **to ~ through a book** ein Buch überfliegen
skimmed milk *n*, **skim milk** *n no pl* entrahmte Milch, Magermilch *f*
skimmer ['skɪməʳ, AM -ɚ] *n* Schaumlöffel *m*
skimming ['skɪmɪŋ] *n no pl* Kreditkartenbetrug *m*
skimp [skɪmp] I. *vt* ■**to ~ sth** etw nachlässig erledigen; **to ~ the work** schlud[e]rig arbeiten
II. *vi* knausern *fam*, sparen; ■**to ~ on sth** an etw *dat* sparen, mit etw *dat* knaus[e]rig sein *fam*
skimpy ['skɪmpi] *adj* ① (*not big enough*) dürftig, spärlich; **~ meal** karge Mahlzeit
② (*small and tight-fitting*) knapp, winzig [klein]
skin [skɪn] I. *n* ① *usu sing* (*on body*) Haut *f*; **to be soaked** [*or* **drenched**] **to the ~** nass bis auf die Haut sein; **to have a thin ~** dünnhäutig sein *fam*; **to have a thick ~** ein dickes Fell haben; **to strip to the ~** sich *akk* nackt ausziehen
② (*animal hide*) Fell *nt*; **lion ~** Löwenfell *nt*
③ (*rind*) *of a fruit, potato* Schale *f*; *of a boiled potato* Pelle *f*, Schale *f*; *of sausage* [Wurst-]Haut *f*, [Wurst-]Pelle *f*; *of almonds, tomatoes* Haut *f*; **to slip on a banana ~** auf einer Bananenschale ausrutschen; **to cook potatoes in their ~s** Pellkartoffeln kochen
④ (*outer covering*) *aircraft, ship* [Außen]haut *f*
⑤ *usu sing* (*film on hot liquid*) Haut *f*
⑥ (*sl: neo-Nazi*) Skinhead *m*
► PHRASES: **to be all** [*or* **just**] [*or* **nothing but**] **~ and bone[s]** nur noch Haut und Knochen sein *fam*; **it's no ~ off my nose** [*or* **teeth**] [*or* AM *also* **back**] das ist nicht mein Problem; **by the ~ of one's teeth** nur mit knapper Not; **to get under sb's ~** (*irritate or annoy sb*) jdm auf die Nerven gehen [*o* fallen] *fam*; (*move or affect sb*) jdm unter die Haut gehen; **to jump** [*or* **leap**] **out of one's ~** erschreckt hochfahren
II. *vt* <-nn-> ① (*remove skin*) **to ~ an animal** ein Tier häuten; **to ~ fruits** Obst schälen; **to ~ sb alive** (*fig hum*) Hackfleisch aus jdm machen *hum fam*
② (*graze*) **to ~ one's elbow/knees** sich *dat* den Ellbogen/die Knie aufschürfen
◆**skin up** *vi* BRIT (*sl*) sich *dat* eine Tüte bauen *sl*, sich *dat* einen [Joint] drehen [*o* ÖSTERR, SÜDD wuzeln] *fam*
skin cancer *n no pl* Hautkrebs *m*
skin complaint *n* MED Hautkrankheit *f* **skin-deep** *adj pred, inv* oberflächlich; ***beauty is only ~*** man darf nicht nur nach den Äußerlichkeiten urteilen **skin disease** *n* Hautkrankheit *f* **skin-diver** *n* SPORTS Taucher(in) *m(f)* (*ohne Anzug*) **skin-diving** *n no pl* Tauchen *nt* (*ohne Anzug*) **skin flick** *n* (*fam*) Porno *m fam* **skinflint** *n* (*pej*) Geizhals *m pej*, Geizkragen *m pej fam*
skinful ['skɪnfʊl] *n no pl* BRIT (*sl*) **to have had a ~** einen sitzen haben *sl*, voll sein *sl*
skin game *n* AM ① (*fam: rigged gambling game*) [manipuliertes [*o* betrügerisches]] Glücksspiel
② (*fam: swindle*) Schwindel *m* **skin graft** *n* MED ① (*skin transplant*) Hauttransplantation *f* ② (*skin section*) Hauttransplantat *nt* **skinhead** *n* Skinhead *m*
skink [skɪŋk] *n* Glattechse *f*, Skink *m fachspr*
skinless ['skɪnləs] *adj inv fruits, potatoes* geschält; *fish fillet* enthäutet; *sausage* ohne Haut [*o* Darm] *nach n*
-skinned [skɪnd] *in compounds* -häutig, mit ... Haut *nach n*; ***thin ~ fruits*** Früchte mit dünner Haut
skinner [skɪnəʳ, AM ɚ] *n* Kürschner(in) *m(f)*
skinny ['skɪni] *adj* dünn, mager
skinny-dip <-pp-> *vi* (*fam*) im Adams-/Evakostüm baden *hum sl*, nackt baden
skinny-dipping *n no pl* (*fam*) Nacktbaden *nt*
skint [skɪnt] *adj pred* BRIT (*sl*) ■**to be ~** blank [*o* pleite] sein *fam*
skin-tight *adj* hauteng
skip¹ [skɪp] I. *vi* <-pp-> ① (*hop*) hüpfen
② BRIT, AUS (*hop with rope*) seilhüpfen, seilspringen
③ (*fig: jump*) *gramophone needle* springen
④ (*fig: omit*) springen; ■**to ~ about** hin- und herspringen; ■**to ~ over sth** etw überspringen; ***let's ~ to the interesting bits*** lasst uns direkt zu den interessanten Dingen übergehen; ***I ~ped forward to see how the story ended*** ich übersprang einen Teil, um zu sehen, wie die Geschichte endete; **to ~ from one subject to another** von einem Thema zum nächsten springen
⑤ (*fam: go quickly*) ■**to ~ somewhere** auf einen Sprung irgendwohin gehen/fahren; **to ~ over to**

S

France eine Spritztour nach Frankreich machen; **to ~ across to a shop** kurz bei einem Geschäft vorbeigehen

❻ TELEC (*transmit radio waves*) [eine Strecke] überspringen

II. *vt* <-pp-> ❶ AM (*hop with rope*) **to ~ rope** seilspringen, seilhüpfen

❷ (*leave out*) ■**to ~ sth** etw überspringen [*o* auslassen]

❸ (*not participate in*) ■**to ~ sth** an etw *dat* nicht teilnehmen; [***let's***] **~ *it!*** lass uns da einfach nicht hingehen!; ***oh, ~ it, I can't be bothered!*** oh, bitte nicht, ich habe wirklich keine Lust!; **to ~ breakfast** das Frühstück auslassen; **to ~ classes** den Unterricht schwänzen *fam*

❹ (*fam: leave hurriedly*) **to ~ town** aus der Stadt verschwinden *sl*

❺ AM, AUS (*bounce off water*) **to ~ stones on the lake** Steine über das Wasser springen lassen

❻ COMPUT (*ignore instruction*) ■**to ~ sth** etw überspringen

III. *n* Hüpfer *m;* **to give a ~ of joy** einen Freudensprung machen

skip² [skɪp] *n* BRIT, AUS (*rubbish container*) [Müll]container *m*

skip³ [skɪp] *n* (*fam*) *short for* **skipper** Kapitän *m;* (*sailing ship, yacht*) Skipper *m sl*

skip⁴ [skɪp] *n see* **skep**

ski pants *npl* Skihose *f* **ski pass** *n* Skipass *m*

skip-generation family [ˌskɪpdʒenəreɪʃᵊnˈfæmɪli] *n Familie, in der die Großeltern die Kinder aufziehen*

ski-plane *n* Kufenflugzeug *nt* **ski pole** *n* Skistock *m*

skipper [ˈskɪpəʳ, AM -ɚ] **I.** *n* NAUT Kapitän *m* [zur See]; AVIAT [Flug]kapitän *m;* SPORTS [Mannschafts]kapitän *m;* (*form of address*) Kapitän *m*

II. *vt* ■**to ~ sth** etw befehligen; **to ~ a ship** Kapitän eines Schiffes sein; **to ~ an aircraft** Flugkapitän sein; **to ~ a team** Mannschaftsführer sein

skipping *n no pl* Seilspringen *nt*

skipping rhyme *n* Kinderreim *m* (*zum Seilspringen*) **skipping rope** *n* BRIT, **skip rope** *n* AM Springseil *nt,* Sprungseil *nt,* Hüpfseil *nt fam*

skip protection *n no pl* Antischocksystem *nt*

ski rack *n* Skiträger *m* **ski resort** *n* Wintersportort *m*

skirl [skɜːl, AM skɜːrl] *n* durchdringendes [*o* gellendes] Pfeifen

skirmish <*pl* -es> [ˈskɜːmɪʃ, AM ˈskɜːr-] **I.** *n* MIL Gefecht *nt,* [tätliche] Auseinandersetzung; (*fig: argument*) Wortgefecht *nt;* **a ~ with an enemy patrol** ein Gefecht *nt* mit einer feindlichen Patrouille

II. *vi* ■**to ~ [with sb]** MIL sich *dat* [mit jdm] Gefechte liefern; (*fig: argue*) sich *dat* [mit jdm] heftige Wortgefechte liefern, sich *akk* heftig streiten

skirmisher [ˈskɜːmɪʃəʳ, AM ˈskɜːrmɪʃɚ] *n* Kämpfende(r) *f(m);* (*verbal scrap*) Streitende(r) *f(m),* Streithahn *m fam*

skirt [skɜːt, AM skɜːrt] **I.** *n* ❶ (*garment*) Rock *m;* (*part of coat*) Schoß *m*

❷ TECH (*on hovercraft*) Schürzen *fpl* (*am Luftkissenfahrzeug*)

❸ *no pl* (*pej! sl: woman*) Weibsbild *nt pej fam*

II. *vt* ❶ (*encircle*) ■**to ~ sth** um etw *akk* herumführen, etw umgeben; (*proceed around edge of*) etw umfahren, um etw *akk* herumfahren; **to ~ a road** um eine Straße herumführen

❷ (*avoid*) ■**to ~ sth** *questions* etw [bewusst] umgehen

◆**skirt around, skirt round** *vi* BRIT, AUS ❶ (*encircle*) ■**to ~ around** [*or* **round**] **sth** *path, road* um etw *akk* herumführen, an etw *dat* entlang verlaufen; (*proceed around edge of*) etw umfahren, um etw *akk* herumfahren; ***take the road that ~s around the village*** nimm die Straße, die um das Dorf herumführt

❷ (*avoid*) ■**to ~ around** [*or* **round**] **sth** *questions* etw [bewusst] umgehen

skirting [ˈskɜːtɪŋ] *n* BRIT, AUS, **skirting board** *n* BRIT, AUS Fußleiste *f*

ski run *n* Skipiste *f* **ski school** *n* Skischule *f* **ski stick** *n* BRIT Skistock *m* **ski suit** *n* Skianzug *m*

skit [skɪt] *n* [satirischer] Sketch (**on** über +*akk*), [satirische] Parodie (**on** auf +*akk*)

ski touring *n no pl* Skitouren *nt* **ski tow** *n* Schlepplift *m*

skitter [ˈskɪtəʳ, AM -t̬ɚ] *vi* umherschwirren, dahinjagen; *papers* flattern; ***we could hear the sound of tiny feet ~ing across the floor*** wir konnten hören, wie ein Paar kleine Füße über den Flur huschten; ■**to ~ about** *insect, leaves* umherschwirren

skittish [ˈskɪtɪʃ, AM -t̬-] *adj* ❶ (*nervous*) *horse, person* nervös, unruhig

❷ (*playful*) *person* übermütig, aufgekratzt *fam*

skittishly [ˈskɪtɪʃli, AM -t̬-] *adv* ❶ (*nervously*) nervös, unruhig

❷ (*playfully*) übermütig, ausgelassen

skittishness [ˈskɪtɪʃnəs, AM -t̬-] *n no pl* ❶ (*nervousness*) Nervosität *f,* Unruhe *f*

❷ (*playfulness*) Übermütigkeit *f,* Ausgelassenheit *f*

skittle [ˈskɪtl̩, AM -t̬l̩] *n esp* BRIT ❶ (*target*) Kegel *m*

❷ (*bowling game*) ■**~s** *pl* Kegeln *nt kein pl*

skittle alley *n* BRIT Kegelbahn *f* **skittle-ball** *n* BRIT [Kegel]kugel *f*

skive [skaɪv] *vi* BRIT (*fam*) sich *akk* drücken *fam;* ***no skiving!*** keine faulen Ausreden!

◆**skive off** *vi* BRIT (*fam*) sich *akk* verdrücken [*o* abseilen] *fam;* **to ~ off school** die Schule schwänzen *sl;* **to ~ off work** sich *akk* vor der Arbeit drücken

skiver [ˈskaɪvəʳ] *n* BRIT (*fam*) Drückeberger(in) *m(f) fam*

skivvy [ˈskɪvi] **I.** *n* ❶ BRIT (*low-grade servant*) Dienstmädchen *nt a. pej*

❷ AM (*fam: men's underwear*) ■**skivvies** *pl* Unterwäsche *f*

II. *vi* BRIT ■**to ~ [for sb]** [für jdn] niedere Arbeiten erledigen; ***I'm not going to ~ for you any more*** ich werde nicht länger die Dienstmagd für dich spielen

skol <-ll-> [skɒl] *vt* AUS (*fam*) **to ~ a beer** ein Bier in einem Zug herunterkippen [*o* [auf] ex trinken] *fam*

skua [ˈskjuːə] *n* ORN Skua *f,* Raubmöwe *f*

skulduggery [skʌlˈdʌgᵊri, AM -ɚi] *n no pl* üble Tricks *pl;* (*dishonesty*) Hinterlist *f*

skulk [skʌlk] *vi* ❶ (*lurk*) herumschleichen *fam,* herumlungern *fam;* ***he was ~ing around outside the bank*** er schlich unauffällig um die Bank herum

❷ (*move furtively*) schleichen

◆**skulk off** *vi* sich *akk* davonschleichen

skull [skʌl] *n* Schädel *m;* **to be bored out of one's ~** (*fam*) sich *akk* zu Tode langweilen *fam;* **to get sth into one's/sb's [thick] ~** (*fam*) etw in seinen/jds Schädel hineinbekommen *fam*

skull and crossbones <*pl* skulls-> *n* ❶ (*symbol*) Totenkopf *m* ❷ (*pirate flag*) Piratenflagge *f*

skullcap *n* ❶ (*top of skull*) Schädeldecke *f* ❷ REL Scheitelkäppchen *nt;* (*for Jews*) Kippa[h] *f;* (*for jockeys*) Kopfschutz *m*

skullduggery *n no pl see* **skulduggery**

skunk [skʌŋk] **I.** *n* ❶ (*animal*) Stinktier *nt,* Skunk *m*

❷ (*fig fam: person*) Schweinehund *m fam*

❸ *no pl* (*sl: marijuana*) Shit *m o nt sl*

II. *vt* ■**to ~ sb** jdn besiegen

sky [skaɪ] **I.** *n* ❶ (*the sky*) Himmel *m;* **to look up into the ~** zum Himmel aufblicken; **a blue/clear ~** ein blauer/klarer Himmel; **in the ~** am Himmel

❷ (*area above earth*) ■**skies** *pl* Himmel *m;* **sunny skies** sonniges Wetter; **cloudy skies** bewölkter Himmel; ***we're off to the sunny skies of Spain*** wir fahren ins sonnige Spanien

▶ PHRASES: **the ~'s the limit** alles ist möglich, nach oben ist alles offen; **red ~ at night, shepherd's delight** (*prov*) Abendrot deutet auf gutes Wetter, Abendrot, gut Wetterbot' SÜDD, ÖSTERR; **red ~ in the morning, shepherd's warning** (*prov*) Morgenrot deutet auf schlechtes Wetter; **to praise sb/sth to the skies** jdn/etw in den Himmel heben

II. *vt* <-ie-> SPORTS **to ~ the ball** den Ball in den Himmel schlagen

sky blue I. *n no pl* Himmelblau *nt* **II.** *adj pred, inv* himmelblau **sky-blue** *adj attr, inv* himmelblau

skybox [ˈskaɪbɑːks] *n* AM Ehrentribüne *f* **skycap** *n* AM *Gepäckträger an amerikanischen Flughäfen* **skydiver** *n* Fallschirmspringer(in) *m(f)* **skydiving** *n no pl* Fallschirmspringen *nt* **sky-high I.** *adv* (*direction*) [hoch] in die Luft; (*position*) [hoch] am Himmel; **to blow a building ~** etw in die Luft sprengen; **to blow sth ~** (*fig*) etw wie ein Kartenhaus in sich *akk* zusammenfallen lassen; **to go ~** *prices* in die Höhe schnellen **II.** *adj* (*fig*) *prices, premiums* Schwindel erregend hoch **skyjack I.** *vt* **to ~ plane** ein Flugzeug entführen **II.** *n* Flugzeugentführung *f* **skyjacker** *n* Flugzeugentführer(in) *m(f),* Luftpirat(in) *m(f)* **skyjacking** *n* ❶ (*instance*) Flugzeugentführung *f* ❷ *no pl* (*action*) Flugzeugentführungen *fpl* **skylark I.** *n* Feldlerche *f* **II.** *vi* (*dated*) Possen reißen *veraltet* **skylight** *n* Oberlicht *nt; in roof* Dachfenster *nt* **skyline** *n of a city* Skyline *f;* (*horizon*) Horizont *m* **sky pilot** *n* (*fam*) Schwarzrock *m fam* **skyrocket I.** *vi cost, price* in die Höhe schießen; *person* [auf einen Schlag] berühmt werden **II.** *vt* **to ~ sb to fame/to power** jdn [mit einem Schlag] berühmt machen/zur Macht verhelfen **III.** *n* [Feuerwerks]rakete *f* **skyscraper** *n* Wolkenkratzer *m* **sky-surfing** [ˈskaɪsɜːfɪŋ, AM -sɜːrf-] *n no pl* SPORTS Skysurfing *nt* (*Extremsportart, bei der man mit einem an den Füßen angeschnallten Brett aus dem Flugzeug springt und damit durch die Luft reitet*) **skywalk** *n* Verbindungsbrücke *f* (*zwischen Gebäuden*) **skyward(s)** [ˈskaɪwəd(z), AM -wɚd(z)] **I.** *adv inv* zum [*o geh* gen] Himmel *präd, nach n;* ***he raised his eyes slowly ~*** er richtete die Augen langsam zum Himmel empor; **to go/shoot ~** (*fig*) *prices* in die Höhe gehen/schnellen **II.** *adj attr, inv* himmelwärts, zum [*o geh* gen] Himmel **skywatching** [ˈskaɪwɒtʃɪŋ, AM -wɑːtʃ-] *n no pl* Himmelsbeobachtung *f*

skyway *n* AM ❶ (*airway*) Flugroute *f* ❷ (*highway*) Autobahnbrücke *f* ❸ (*between buildings*) Verbindungsbrücke *f* (*zwischen Gebäuden*) **sky-writing** *n no pl* Himmelsschrift *f*

slab [slæb] *n* ❶ (*of rock*) Platte *f;* (*of wood*) Tafel *f;* **concrete/marble ~** Beton-/Marmorplatte *f;* **paving ~** Pflasterstein *m;* **a butcher's/fishmonger's ~** BRIT ein Hackklotz *m;* (*in a mortuary*) Tisch *m*

❷ (*of food*) [dicke] Scheibe; **a ~ of cheese/meat** eine Scheibe Käse/Fleisch; **a ~ of cake** ein [großes] Stück Kuchen; **a ~ of chocolate** eine Tafel Schokolade

❸ (*foundation of house*) Plattenfundament *nt*

slack [slæk] **I.** *adj* ❶ (*not taut*) schlaff

❷ (*pej: lazy*) *person* träge; ***discipline has become very ~ lately*** die Disziplin hat in letzter Zeit sehr nachgelassen; **to have a ~ attitude towards sth** etw gegenüber *dat* eine lockere Einstellung haben

❸ (*not busy*) ruhig; *market* flau; ***business is always ~ after Christmas*** nach Weihnachten geht das Geschäft immer schlecht; **~ demand** schwache Nachfrage

II. *adv* schlaff; **to get ~** schlaff werden, erschlaffen *geh;* **to hang ~** schlaff herunterhängen

III. *n no pl* ❶ (*looseness*) Schlaffheit *f;* ***the men pulled on the rope to take up the ~*** die Männer zogen am Seil, um es zu spannen; **to take** [*or* **pick**] **up the ~** (*fig*) die Differenz ausgleichen; *money* für die Restsumme aufkommen; **to cut sb some ~** AM (*fam*) jdm Spielraum einräumen

❷ (*coal*) [Kohlen]grus *m*

IV. *vi* bummeln *fam,* faulenzen

◆**slack off I.** *vi* ❶ (*at work*) es langsamer angehen lassen; ***everyone ~s off a bit on Fridays*** jeder lässt es freitags etwas ruhiger angehen

❷ (*move slower*) *person* langsamer gehen; *car* langsamer fahren; *speed, pace* langsamer werden; *demand, intensity* nachlassen, abflauen; *see also* **slacken II 2**

❸ (*fam: be lazy*) bummeln *fam,* faulenzen

II. *vt* ■**to ~ off ↻ sth** etw reduzieren; *speed* etw drosseln

◆**slack up** *vi* (*in effort*) es langsamer angehen lassen; (*in speed*) *person* langsamer gehen; *car* langsamer fahren

slacken ['slækᵊn] **I.** *vt* ① (*make less tight*) **to ~ the reins/a rope** die Zügel/ein Seil locker lassen; **to ~ one's grip** [*or* **hold**] seinen Griff lockern; **to ~ sail** NAUT die Segel einholen
② (*reduce*) **to ~ one's pace** seinen Schritt verlangsamen; **to ~ speed** die Geschwindigkeit drosseln; **to ~ vigilance** unaufmerksam werden; ***we must not ~ our efforts*** wir dürfen in unseren Bemühungen nicht nachlassen
II. *vi* ① (*become less tight*) sich *akk* lockern; ***her grip on the reins ~ed*** sie lockerte die Zügel
② (*diminish*) langsamer werden; *demand, intensity* nachlassen, abflauen; ***the car's speed ~ed*** das Auto wurde langsamer; ***their enthusiasm had not ~ed*** ihre Begeisterung war ungebrochen

◆**slacken off I.** *vi* ① (*at work*) *person* es langsamer angehen lassen; ***everyone ~s off a bit towards the end of the week*** gegen Ende der Woche lässt es jeder etwas langsamer angehen
② (*move slower*) *person* langsamer gehen; *car* langsamer fahren; *speed, pace* langsamer werden; *demand, intensity* nachlassen
II. *vt* ■**to ~ off** ↔ **sth** etw reduzieren; *speed* etw drosseln

◆**slacken up** *vi* (*in effort*) es langsamer angehen lassen; (*in speed*) *person* langsamer gehen; *car* langsamer fahren

slackening ['slækᵊnɪŋ] *n no pl* ① (*loosening*) Lockern *nt*
② *of speed* Verlangsamung *f; of demand* Nachlassen *nt*, Abflauen *nt*; ***there must be no ~ of our efforts to reach a solution*** wir müssen uns immer weiter bemühen, eine Lösung zu finden

slacker ['slækəʳ, AM -ɚ] *n* (*fam*) Faulenzer(in) *m(f)*

slack-jawed *adj inv* **to be ~** völlig erstaunt sein

slackly ['slækli] *adv* ① (*not tightly*) schlaff, locker; **to hang ~** schlaff herunterhängen
② (*pej: lazily*) träge

slackness ['slæknəs] *n no pl* ① (*looseness*) Schlaffheit *f*, Durchhängen *nt*
② (*lack of activity*) Nachlassen *nt; in demand* Flaute *f*
③ (*pej: laziness*) Trägheit *f*

slacks [slæks] *npl* Hose *f*; **a pair of ~** eine Hose

slag [slæg] **I.** *n* ① *no pl* (*in mining, smelting*) Schlacke *f*
② BRIT (*pej fam!: slut*) Schlampe *f pej derb*
③ *no pl* AUS (*fam: spit*) Spucke *f fam*
II. *vt* <-gg-> (*fam*) ■**to ~ [off]** ↔ **sb/sth** über jdn/etw herziehen *fam*

slagheap ['slæghi:p] *n* Schlackehügel *m*

slain [sleɪn] **I.** *vt, vi pp of* **slay**
II. *n* (*liter*) ■**the ~** *pl* die Gefallenen *pl*; **a monument to the ~** ein Kriegerdenkmal *nt*

slake [sleɪk] *vt* ■**to ~ sth** *needs, wants* etw befriedigen; **to ~ one's thirst** seinen Durst stillen

slaked lime *n no pl* Löschkalk *m*

slalom ['slɑ:ləm] *n* SPORTS Slalom *m*

slam [slæm] **I.** *n* ① (*sound*) Knall *m; of door* Zuschlagen *nt*
② (*punch*) Schlag *m*; (*push*) harter Stoß
③ (*fig: insult*) vernichtende Kritik
④ (*in cards*) Schlemm *m fachspr*
II. *vt* <-mm-> ① (*close*) **to ~ a door** eine Tür zuschlagen [*o fam* zuknallen]; **to ~ the door in sb's face** jdm die Tür vor der Nase zuschlagen
② (*hit hard*) ■**to ~ sth** etw schlagen; ***he ~med the ball into the net*** er schlug den Ball ins Netz; ***she ~med her fist into his face*** sie schlug ihn mit der Faust ins Gesicht
③ (*fam: criticize*) ■**to ~ sth/sb** jdn/etw heruntermachen [*o* niedermachen] *fam*
III. *vi* <-mm-> ① (*shut noisily*) zuschlagen, zuknallen *fam*; ***the window ~med shut*** das Fenster schlug zu; **to ~ out of the house** wütend aus dem Haus stürmen
② (*hit hard*) **to ~ against a wall** gegen eine Wand schlagen; ***the shutter ~med against the wall*** der Fensterladen schlug gegen die Wand; **to ~ into a car/tree/building** ein Auto/einen Baum/ein Gebäude rammen; **to ~ on the brakes** voll auf die Bremsen treten, eine Vollbremsung machen

◆**slam down** *vt* ■**to ~ down** ↔ **sth** etw hinknallen *fam*; ***he ~med his fist down on the table*** er schlug mit der Faust auf den Tisch; **to ~ the phone** [*or* **receiver**] **down** den Hörer auf die Gabel knallen *fam*

slam dunk I. *n* Korbleger *m*
II. *vt* ① (*score in basketball*) **to ~ the ball/a basket** einen Korbleger machen
② AM (*fig: defeat*) **to ~ a proposal** einen Vorschlag niederschmettern

slammer ['slæməʳ, AM -ɚ] *n* ① (*sl: prison*) ■**the ~** das Kittchen *fam*
② (*tequilla drink*) Slammer *m*

slander ['slɑ:ndəʳ, AM 'slændɚ] LAW **I.** *n* ① *no pl* (*action*) üble Nachrede, Verleumdung *f*; **to sue sb for ~** jdn wegen Verleumdung anzeigen; **a campaign of ~ against sth** eine Hetzkampagne gegen etw *akk*
② (*statement*) Verleumdung *f*
II. *vt* ■**to ~ sb/sth** jdn/etw verleumden

slander action *n* LAW Verleumdungsprozess *m*; **to bring a ~ against sb** einen Prozess wegen Verleumdung gegen jdn anstrengen

slanderer ['slɑ:ndᵊrəʳ, AM 'slændɚɚ] *n* Verleumder(in) *m(f)*

slanderous ['slɑ:ndᵊrəs, AM 'slændɚ-] *adj remark, accusation* verleumderisch

slanderously ['slɑ:ndᵊrəsli, AM 'slændɚ-] *adv* verleumderisch

slang [slæŋ] **I.** *n no pl* Slang *m*; **army ~** Militärjargon *m*; **teenage ~** Jugendsprache *f*
II. *adj attr, inv* Slang-; **~ expression** [*or* **term**] [*or* **word**] Slangausdruck *m*
III. *vt* (*fam*) ■**to ~ sb** jdn anmeckern *fam*

slanging match *n esp* BRIT, AUS Schlagabtausch *m*

slangy ['slæŋi] *adj* (*fam*) salopp; **~ expression** saloper Ausdruck

slant [slɑ:nt, AM slænt] **I.** *vi* sich *akk* neigen; ***the evening sun ~ed through the narrow window*** die Abendsonne fiel schräg durch das schmale Fenster ein; **to ~ to the right/outwards/down** sich *akk* nach rechts/vornüber/nach unten neigen
II. *vt* ① (*make diagonal*) ■**to ~ sth** etw ausrichten; **to ~ sth to the right/left** etw nach rechts/links ausrichten; ***she ~s her letters to the left/right*** sie schreibt nach links/rechts
② (*present for*) ■**to ~ sth** etw zuschneiden; ***we can ~ this in such a way as to make it more interesting to children*** wir können es so gestalten, dass es interessanter für Kinder ist; (*pej: in biased way*) etw zurechtbiegen *fig fam*; **to ~ a report** einen Bericht frisieren *fam*
III. *n* ① (*slope*) Neigung *f*; **to have a ~** eine Schräge haben, abgeschrägt sein; ***the kitchen floor has a distinct ~ towards the outer wall*** der Küchenboden fällt zur Außenwand hin deutlich ab; **to be on the** [*or* **at a**] **~** sich *akk* neigen, schräg sein
② (*perspective*) Tendenz *f*; ***we gave the story an environmentalist ~*** wir gaben der Geschichte einen umweltbewussten Anstrich; **a political ~** eine politische Orientierung; **to have a right-wing ~** *newspaper, information* rechtsgerichtet sein

slanted ['slɑ:ntɪd, AM 'slæ-] *adj* ① (*sloping*) geneigt; **~ eyes** schräg gestellte Augen; **~ handwriting** geneigte Handschrift
② (*pej: biased*) gefärbt *fig*; **~ report** frisierter Bericht

slanting ['slɑ:ntɪŋ, AM 'slæ-] *adj* schräg; **~ roof** Schrägdach *nt*

slantways ['slɑ:ntweɪz, AM 'slæ-] *adv esp* AM, **slantwise** ['slɑ:ntwaɪz, AM 'slæ-] *adv* quer

slap [slæp] **I.** *n* ① (*with hand*) Klaps *m fam*; **to give sb a ~ on the back** jdm [anerkennend] auf den Rücken klopfen; (*fig*) jdn loben; **a ~ on the bottom/hand** ein Klaps auf den Hintern/die Hand; **a ~ in the face** eine Ohrfeige; (*fig*) ein Schlag ins Gesicht *fig*; **to give sb a ~** jdm eine Ohrfeige geben; **to be given** [*or* **get**] **a ~ on the wrist** (*fig*) eine Verwarnung bekommen
② (*noise*) Klatschen *nt*; **the ~ of water against the side of the boat** das Klatschen des Wassers gegen die Bootseite
II. *adv inv* (*fam*) genau *fam*; ***the child sat down ~ in the middle of the floor*** das Kind setzte sich mitten auf den Boden; **to run ~ into sth** genau in etw *akk* hineinrennen
III. *vt* <-pp-> ① (*with hand*) ■**to ~ sb** jdn schlagen; (*less hard*) jdm einen Klaps geben; **to ~ sb on the bottom/hand** jdn auf den Hintern/die Hand schlagen; **to ~ sb's face** [*or* **sb in the face**] jdn ohrfeigen; **to ~ sb on the back** jdn auf den Rücken schlagen; (*in congratulation*) jdm [anerkennend] auf die Schulter klopfen; **to ~ sb's wrist** [*or* **sb on the wrist**] jdn zurechtweisen
② (*strike*) ■**to ~ sth against sth** etw gegen etw *akk* schlagen; **to ~ sth on the table/in sb's hands** etw auf den Tisch/jdm in die Hände knallen *fam*
③ (*fam: do quickly*) ***she ~ped a couple pieces of salami between some bread*** sie klatschte ein paar Scheiben Salami zwischen zwei Scheiben Brot; ***he ~ped his bookbag down*** er knallte seine Büchertasche hin
④ (*fam: impose*) ■**to ~ sth on sb** jdm etw aufhalsen *fam*; **to ~ a fine/tax on sth** eine Geldstrafe/eine Steuer auf etw *akk* draufschlagen *fam*
IV. *vi water* schlagen, klatschen; ■**to ~ against sth** gegen etw *akk* schlagen

◆**slap down** *vt* ① (*put down*) ■**to ~ sth** ↔ **down** etw hinknallen *fam*
② (*silence rudely*) ■**to ~ sb down** jdn zusammenstauchen *fig fam*

◆**slap on** *vt* (*fam*) ■**to ~ on** ↔ **sth** etw draufklatschen *fam*; **to ~ make-up/paint/suncream on** Make-up/Farbe/Sonnencreme draufklatschen *fam*

slap-bang *adv* BRIT (*fam*) genau *fam*; *see also* **slap II slapdash** *adj* (*pej fam*) schlampig, schludrig *fam*; **~ work** schlampige Arbeit, Schlamperei *f*

slap-happy *adj inv* (*fam*) ① (*irresponsible*) unbekümmert ② (*giggly*) überdreht *fam* **slaphead** *n* BRIT (*pej sl*) Glatzkopf *m fam* **slapjack** *n* AM ① *usu pl* (*pancake*) Pfannkuchen *m* ② *no pl* (*card game*) Slapjack *nt*

slapper [slæpəʳ] *n* BRIT (*pej sl: promiscuous woman*) Schlampe *f pej fam* **slapstick I.** *n no pl* Slapstick *m* **II.** *adj attr, inv* Slapstick-; **~ comedy** Slapstickkomödie *f*; **~ gag** Slapstickgag *m* **slap-up** *adj attr* BRIT, AUS **a ~ meal** ein Essen mit allem Drum und Dran *fam*, ein opulentes Mahl *geh*

slash [slæʃ] **I.** *vt* ① (*cut deeply*) ■**to ~ sb/sth** jdn/etw aufschlitzen *fam*; **to ~ a painting/a seat/sb's tyres** [*or* AM **tires**] ein Gemälde/einen Sitz/jds Reifen aufschlitzen; **to ~ one's wrists** sich *dat* die Pulsadern aufschneiden; **to ~ sth to ribbons** [*or* **shreds**] etw zerfetzen *fig*; **to ~ one's way through sth** sich *dat* seinen Weg durch etw *akk* schlagen [*o* bahnen]
② (*fig: reduce*) **to ~ a budget** ein Budget kürzen; **to ~ prices/spending** Preise/Ausgaben senken; **to ~ staff/the workforce** Personal abbauen/die Belegschaft verringern; **to ~ an article/story** einen Artikel/eine Geschichte kürzen
II. *vi* (*with a knife*) ■**to ~ at sb/sth** auf jdn/etw losgehen; (*with a bat*) **to ~ at the ball** wild nach dem Ball schlagen
III. *n* <*pl* -es> ① (*cut on person*) Schnittwunde *f*; (*in object*) Schnitt *m*
② (*swinging blow*) Hieb *m*; ***he took a wild ~ at the ball*** er schlug wild nach dem Ball
③ *in prices, costs* Reduzierung *f*; *in budget* Kürzung *f*
④ FASHION (*in clothing*) Schlitz *m*
⑤ (*punctuation mark*) Schrägstrich *m*
⑥ BRIT, AUS (*sl: act of urinating*) Pinkeln *nt fam*; **to go for/have a ~** pinkeln gehen *fam*

slashed [slæʃt] *adj* geschlitzt; **~ skirt** geschlitzter Rock; **~ sleeve** Ärmel *m* mit Schlitz

slasher ['slæʃəʳ, AM -ɚ] *n* (*fam*) Messerstecher *m fam*

slasher book *n Buch mit vielen Schilderungen von Gewalt* **slasher film** *n*, **slasher movie** *n*

S

Gewaltfilm *m*

slashing ['slæʃɪŋ] *adj attr* vernichtend *attr;* ~ **blow** vernichtender Schlag; ~ **attack/criticism** vernichtende Attacke/Kritik

slash mark *n* ❶ (*cut*) Schnittwunde *f* ❷ (*punctuation mark*) Schrägstrich *m*

slat [slæt] *n* Leiste *f; in grid* Stab *m;* **wooden/plastic ~** Holz-/Plastiklatte *f*

slate [sleɪt] I. *n* ❶ *no pl* (*rock*) Schiefer *m* ❷ (*on roof*) [Dach]schindel *f* ❸ (*dated: for writing*) Schiefertafel *f* ❹ AM, AUS POL (*list of candidates*) Kandidatenliste *f* ❺ AM (*of products*) Auswahl *f* ❻ (*in film production*) Klappe *f*
► PHRASES: **to have a clean ~** eine weiße Weste haben; **to wipe the ~ clean** reinen Tisch machen; **to have a ~ loose** BRIT eine Schraube locker haben; **to put sth on the ~** BRIT etw anschreiben
II. *n modifier* (*shingle, production*) Schiefer-; ~ **quarry** Schieferbruch *m*
III. *adj inv* Schiefer-, schief[e]rig
IV. *vt* ❶ (*cover with slates*) **to ~ a roof** ein Dach decken ❷ *usu passive* AM, AUS (*assign*) ***she's been ~d to lose her job*** sie wird wahrscheinlich ihren Job verlieren; ***he is ~d to be the next captain of the football team*** er wird aller Voraussicht nach der nächste Kapitän der Fußballmannschaft; ■**to be ~d for sth** für etw *akk* vorgesehen sein; (*schedule*) *event* für etw *akk* angesetzt sein; ***the election is ~d for next Thursday*** die Wahl ist auf nächsten Dienstag angesetzt ❸ BRIT, AUS (*fam: criticize severely*) ■**to ~ sb** jdn zusammenstauchen *fam;* **to ~ a book** ein Buch verreißen *fam*

slate blue *adj pred, inv,* **slate-blue** *adj attr, inv* blaugrau **slate-colored** AM, **slate-coloured** *adj inv* schiefergrau **slate gray** AM, **slate grey** I. *n* Schiefergrau *nt* II. *adj inv* schiefergrau **slate pencil** *n* Griffel *m*

slater ['sleɪtəʳ, AM t̬ɚ] *n* Dachdecker(in) *m(f)* (*für Schieferdächer*)

slate roof *n* Schieferdach *nt*

slather ['slæðəʳ, AM -ɚ] *vt* ❶ *esp* AM (*smear thickly*) ■**to ~ sth on** [*or* **over**] **sth** *paint, glue* etw dick auf etw *akk* streichen; *bread* etw dick mit etw *dat* bestreichen; ***he ~ed suncream all over his body*** er cremte seinen ganzen Körper dick mit Sonnencreme ein ❷ AM (*spend wastefully*) **to ~ one's money around** sein Geld mit vollen Händen ausgeben, mit Geld um sich *akk* werfen

slatted ['slætɪd, AM -t̬-] *adj inv* ~ **blind** Jalousie *f;* ~ **fence** Bretterzaun *m;* ~ **floor** Bretterboden *m*

slattern ['slætən, AM -t̬ɚn] *n* (*pej*) Schlampe *f pej fam*

slatternly ['slætənli, AM -t̬ɚn-] *adj* (*pej*) schlampig, liederlich

slaty ['sleɪti, AM -t̬] *adj* (*in colour*) schieferfarben, dunkelgrau; ~ **colour** [*or* AM **color**] Schieferfarbe *f;* ~ **grey** [*or* AM **gray**] Schiefergrau *nt;* (*in texture*) schieferartig; ~ **rock** schieferartiges Gestein

slaughter ['slɔːtəʳ, AM 'slɑːt̬ɚ] I. *vt* ❶ (*kill*) ■**to ~ sb** jdn abschlachten [*o* niedermetzeln]; **to ~ an animal** ein Tier schlachten ❷ SPORTS (*fig fam*) ■**to ~ sb** jdn vom Platz fegen *fam* II. *n no pl* ❶ (*killing*) *of people* Abschlachten *nt,* Gemetzel *nt; of animals* Schlachten *nt;* **to fatten an animal for ~** ein Tier für die Schlachtung mästen ❷ (*fig fam: in sports*) Schlappe *f fam*

slaughterer ['slɔːtᵊrəʳ, AM 'slɑːt̬ɚɚ] *n* Schlächter(in) *m(f)*

slaughterhouse *n* Schlachthaus *nt,* Schlachthof *m*

Slav [slɑːv] I. *n* Slawe, -in *m, f* II. *adj inv* slawisch

slave [sleɪv] I. *n* ❶ (*person*) Sklave, -in *m, f;* **to become a real ~ of sth** (*fig*) ein wirklicher Sklave von etw *dat* werden ❷ COMPUT Nebencomputer *m* II. *vi* schuften; ■**to ~ [away] at sth** sich *akk* mit etw *dat* abmühen [*o* herumschlagen]; **to ~ over a hot stove** (*hum*) [den ganzen Tag] am Herd stehen

slave driver *n* Sklaventreiber(in) *m(f)* **slave labor** AM, **slave labour** *n no pl* (*forced work*) Sklavenarbeit *f;* (*fig fam*) Schinderei *f fam*

slaver¹ ['slævəʳ, AM -ɚ] I. *vi* ❶ (*drool*) *animal* geifern; *person* speicheln, sabbern *sl* ❷ (*pej: show excitement*) ■**to ~ over sb/sth** nach jdm/etw gieren; ***she was just ~ing to be introduced to the big cheese himself*** sie konnte es kaum abwarten, dem wichtigsten Mann persönlich vorgestellt zu werden II. *n no pl animal* Geifer *m; person* Speichel *m,* Sabber *m sl*

slaver² ['sleɪvəʳ, AM -ɚ] *n* (*hist*) ❶ (*ship*) Galeere *f hist* ❷ (*trader*) Sklavenhändler(in) *m(f)*

slavery ['sleɪvᵊri, AM -ɚi] *n no pl* Sklaverei *f;* (*fig*) sklavische Abhängigkeit; **to sell sb into ~** jdn in die Sklaverei verkaufen

slave ship *n* Sklavenschiff *nt* **slave trade** *n* (*hist*) Sklavenhandel *m* **slave trader** *n* (*hist*) Sklavenhändler(in) *m(f)*

Slavic ['slɑːvɪk] *adj inv* slawisch

slavish ['sleɪvɪʃ] *adj* ❶ (*without originality*) sklavisch; ~ **adherence to the guidelines** sklavische Befolgung der Richtlinien ❷ (*servile*) sklavisch; **to develop a ~ devotion to sth** etw *dat* sklavisch ergeben sein

slavishly ['sleɪvɪʃli] *adv* ❶ (*without change*) sklavisch ❷ (*with dependence*) sklavisch; **to be ~ devoted to sb/sth** jdm/etw unterwürfig ergeben sein

Slavonic [slə'vɒnɪk, AM -'vɑːn-] *adj inv* slawisch

slaw [slɔː, AM slɑː] *n* AM, AUS (*fam*) *short for* **coleslaw** Krautsalat *m*

slay [sleɪ] *vt* ❶ <slew, slain> (*liter or old: kill*) **to ~ a dragon** einen Drachen erlegen *liter;* **to ~ an enemy** einen Feind bezwingen *liter* ❷ <slew, slain> AM (*murder*) ■**to be slain** ermordet werden; **to be found ~** ermordet aufgefunden werden ❸ <-ed, -ed> (*fam: amuse*) ***that guy just ~s me!*** ich könnte mich über den Typ totlachen!

slayer ['sleɪəʳ, AM ɚ] *n* Schlächter(in) *m(f);* ***his ~s were warmly greeted by peasants*** die, die ihn umgebracht hatten, wurden von der Landbevölkerung herzlich in Empfang genommen

slaying ['sleɪɪŋ] *n* AM (*murder*) Mord *m*

SLD [ˌesel'diː] *n no pl, + sing/pl vb* POL (*hist*) *abbrev of* **Social and Liberal Democrats** *ehemalige sozialliberaldemokratische Partei in Großbritannien, heute: Liberal Democrats*

sleaze [sliːz] *n* ❶ *no pl* (*immorality*) Korruption *f* ❷ AM (*fam: person*) schmieriger Typ *fam* ❸ (*fam*) Schmutzkampagne *f*

sleazebag *n* (*sl*), **sleazeball** *n* AM (*sl*) schmieriger Typ *fam* **sleaze factor** *n no pl* Korruption *f*

sleazoid ['sliːzɔɪd] I. *n esp* AM (*fam*) schmierige Person II. *adj esp* AM (*fam*) schmierig

sleazy ['sliːzi] *adj* anrüchig; ~ **area** zweifelhafte Gegend; ~ **bar** Spelunke *f fam;* ~ **affair** unappetitliche Angelegenheit; ~ **person** [*or* **character**] schäbige Person

sled [sled] AM I. *n* Schlitten *m* II. *vi* <-dd-> **to go ~ding** Schlittenfahren [*o* DIAL Rodeln] gehen III. *vt* <-dd-> ■**to ~ sth** etw mit dem Schlitten transportieren

sledge [sledʒ] I. *n* ❶ (*for snow*) Schlitten *m* ❷ (*fam: sledgehammer*) Vorschlaghammer *m* II. *vi esp* BRIT **to go sledging** Schlittenfahren [*o* DIAL Rodeln] gehen III. *vt* **to ~ sth** etw mit dem Schlitten transportieren

sledgehammer *n* Vorschlaghammer *m;* ***he tends to tackle problems with a ~*** (*fig*) er geht an Probleme gerne mit der Holzhammermethode heran ► PHRASES: **to use a ~ to crack a nut** mit Kanonen auf Spatzen schießen **sledgehammer blow** *n* ❶ (*hit*) Schlag *m* ❷ (*fig: setback*) Rückschlag *m*

sleek [sliːk] I. *adj* ❶ (*glossy*) *fur, hair* geschmeidig; (*streamlined*) elegant; ~ **car** schnittiges Auto ❷ (*fig: in manner*) [aal]glatt ❸ (*well-groomed*) gepflegt; ***he looked incredibly ~*** er sah unglaublich adrett aus II. *vt* ■**to ~ sth** etw glätten; *horse* etw striegeln; ***the cat ~ed her fur with her tongue*** die Katze leckte ihr Fell, bis es glänzte; **to ~ one's hair back/down** sich *dat* die Haare zurückstreichen/glätten

sleekly ['sliːkli] *adv* sanft; ***his hair was swept back ~*** sein Haar war glatt zurückgekämmt; **to be ~ groomed** sehr gepflegt sein

sleekness ['sliːknəs] *n no pl* Glattheit *f;* (*of style*) Geschliffenheit *f*

sleep [sliːp] I. *n* ❶ *no pl* (*resting state*) Schlaf *m;* ***I must get some ~*** ich brauche etwas Schlaf; ***I didn't get to ~ until 4 a.m.*** ich bin erst um 4 Uhr morgens eingeschlafen; **to fall** [*or* **drift off**] **into a deep ~** in einen tiefen Schlaf fallen; **to go to ~** einschlafen; **to go back to ~** wieder einschlafen; ***go back to ~!*** (*fig*) träume weiter! *fig;* **to lose ~ over sth** wegen einer S. *gen* schlaflose Nächte haben; **to put sb to ~** jdn in Schlaf versetzen; **to put an animal to ~** ein Tier einschläfern; **to send sb to ~** jdn einschlafen lassen *fig;* **to talk/walk in one's ~** im Schlaf sprechen/schlafwandeln ❷ *usu sing* (*nap*) Nickerchen *nt;* **to have a ~** ein Nickerchen machen ❸ *no pl* (*in eyes*) Schlaf *m;* **to rub** [*or* **wipe**] **the ~ from one's eyes** sich *dat* den Schlaf aus den Augen reiben ❹ COMPUT (*system*) bereitstehendes System
► PHRASES: **to be able to do sth in one's ~** etw im Schlaf beherrschen
II. *vi* <slept, slept> schlafen; (*fig: be buried*) ruhen; ~ ***tight!*** schlaf schön!; ***we'll be ~ing at Sally and Steve's on Saturday night*** Samstagnacht werden wir bei Sally und Steve übernachten; **to ~ in a bed/on the floor** in einem Bett/auf dem Boden schlafen; **to ~ like a log** [*or* **baby**] (*fam*) wie ein Stein [*o* Baby] schlafen *fam;* **to ~ late** lange schlafen, ausschlafen; **to ~ sound[ly]** [tief und] fest schlafen; **to ~ rough** BRIT auf der Straße schlafen; ■**to ~ with sb** (*have sex*) mit jdm schlafen; (*share bedroom*) mit jdm das Zimmer teilen
► PHRASES: **to ~ with one's eyes open** leicht schlafen; **to ~ on it** eine Nacht darüber schlafen
III. *vt* **to ~ two/four/ten** zwei/vier/zehn Personen beherbergen können; ***the caravan ~s four comfortably*** in dem Wohnwagen haben vier Personen bequem Platz; **to ~ three to a bed** zu dritt in einem Bett schlafen; **to ~ the night with sb** bei jdm übernachten

◆**sleep around** *vi* (*fam*) sich *akk* herumtreiben *fam,* herumschlafen *fam*

◆**sleep in** *vi* ❶ (*sleep late*) ausschlafen ❷ (*sleep at work*) im Hause wohnen; ***none of the servants ~s in*** keiner der Bediensteten wohnt im Hause

◆**sleep off** *vt* ■**to ~ off** ↔ **sth** *a hangover* etw ausschlafen; *a cold, headache* sich *akk* gesund schlafen; **to ~ it off** seinen Rausch ausschlafen

◆**sleep out** *vi* draußen [*o* im Freien] schlafen

◆**sleep over** *vi* über Nacht bleiben, übernachten

◆**sleep through** *vi* weiterschlafen; **to ~ through noise/a storm** trotz des Lärms/eines Sturms weiterschlafen; ***I must have slept through the alarm*** ich muss den Wecker verschlafen haben; **to ~ through a boring film/lecture** einen langweiligen Film/eine langweilige Vorlesung verschlafen

◆**sleep together** *vi* (*have sex*) miteinander schlafen; (*share bedroom*) zusammen [in einem Zimmer] schlafen

sleep debt *n* Schlafdefizit *nt*

sleeper ['sliːpəʳ, AM -ɚ] *n* ❶ (*person*) Schläfer(in) *m(f);* (*pill*) Schlaftablette *f;* (*sofa*) Bettsofa *nt,* ausklappbares Sofa; **to be a heavy/light ~** einen festen/leichten Schlaf haben; **to be a late ~** ein Langschläfer sein ❷ *esp* AM (*pyjamas*) ■**~s** *pl* Schlafanzug *m* ❸ (*train*) Zug *m* mit Schlafwagenabteil; (*sleeping car*) Schlafwagen *m;* (*berth*) Schlafwagenplatz *m* ❹ BRIT, AUS (*on railway track*) Schwelle *f*

❺ (*earring*) Kreole *f* ❻ PUBL (*unexpected success*) Sensationserfolg *m;* STOCKEX im Wert unterschätzte Aktie ❼ (*spy*) Sleeper *m* (*inaktiver Spion, der jederzeit für einen Auftrag reaktiviert werden kann*) ❽ (*fam: tip*) Geheimtipp *m* **sleeper plane** *n* MIL Aufklärungsflugzeug *nt,* Aufklärer *m*

sleepily ['sli:pɪli] *adv* schläfrig

sleepiness ['sli:pɪnəs] *n no pl* Schläfrigkeit *f*

sleeping ['sli:pɪŋ] *adj attr, inv* schlafend *attr*
► PHRASES: **let ~ dogs lie** (*prov*) schlafende Hunde soll man nicht wecken *prov*

sleeping accommodation *n* Übernachtungsmöglichkeit *f* **sleeping arrangements** *npl* Schlafgelegenheit *f* **sleeping bag** *n* Schlafsack *m* **sleeping car** *n* Schlafwagen *m* **sleeping compartment** *n* Schlafwagenabteil *nt* **sleeping partner** *n* BRIT COMM stiller Teilhaber **sleeping pill** *n* Schlaftablette *f* **sleeping policeman** *n* BRIT Bodenschwelle *f* **sleeping sickness** *n no pl* Schlafkrankheit *f* **sleeping tablet** *n* Schlaftablette *f*

sleepless ['sli:pləs] *adj inv* schlaflos

sleeplessness ['sli:lkəsnəs] *n no pl* Schlaflosigkeit *f*

sleepout *n* AUS *Schlafplatz außer Haus* **sleep-over** *n* Übernachtung *f;* ***why not make it a ~?*** warum bleiben wir nicht über Nacht? **sleep-over party** *n* Party *f* mit Übernachtung **sleepwalk** *vi* schlafwandeln **sleepwalker** *n* Schlafwandler(in) *m(f)* **sleepwalking** *n no pl* Schlafwandeln *nt* **sleepwear** *n no pl* Schlafkleidung *f*

sleepy ['sli:pi] *adj* ❶ (*drowsy*) schläfrig; **~ eyes** müde Augen; **to feel ~** müde sein
❷ (*quiet*) *town, village* verschlafen *fig fam*

sleepyhead ['sli:pihed] *n* (*fam*) Schlafmütze *f hum fam*

sleet [sli:t] **I.** *n no pl* Eisregen *m*
II. *vi impers* ***it is ~ing*** es fällt Eisregen

sleety ['sli:ti, AM -ţ-] *adj* **~ rain** Eisregen *m*

sleeve [sli:v] *n* ❶ (*on clothing*) Ärmel *m;* **with short/long ~s** mit kurzen/langen Ärmeln; **to roll up one's ~s** seine Ärmel hochkrempeln; (*fig: for hard work*) die Ärmel hochkrempeln
❷ (*for rod, tube*) Muffe *f,* Manschette *f*
❸ (*for record*) [Schallplatten]hülle *f*
❹ (*cover for disk*) Schutzhülle *f*
► PHRASES: **to have sth up one's ~** etw im Ärmel [*o* auf Lager] haben

sleeved [sli:vd] *adj inv* FASHION mit Ärmeln *nach n;* **long ~** langärmelig; **short ~** kurzärmelig

sleeveless ['sli:vləs] *adj inv blouse, dress* ärmellos *attr*

sleeve notes *npl* BRIT Begleittext *m*

sleigh [sleɪ] *n* Pferdeschlitten *m*

sleigh bell *n* Schlittenglocke *f* **sleigh ride** *n* Schlittenfahrt *f;* **to go for a ~** eine Schlittenfahrt machen

sleight [slaɪt] *n no pl* (*liter*) Trickserei *f;* **~ of hand** Fingerfertigkeit *f*

sleight of hand *n no pl* (*in tricks*) Fingerfertigkeit *f;* (*fig*) Trick *m*

slender ['slendəʳ, AM -ɚ] *adj* ❶ *legs, waist* schlank; *railings, poles* schmal
❷ *means, resources* knapp; **~ majority** knappe Mehrheit

slenderize ['slendəraɪz] AM **I.** *vi* (*fam*) abnehmen
II. *vt* (*fam*) **to ~ one's figure** seine Figur trimmen; ■ **to ~ sb** *colours* jdn schlank machen; **to ~ a budget** (*fig: reduce*) ein Budget kürzen

slenderness ['slendənəs, AM -dɚ-] *n no pl* ❶ (*slimness*) *of legs, waist* Schlankheit *f*
❷ (*smallness*) Knappheit *f;* ***the ~ of her income*** ihr geringes Einkommen

slept [slept] *pt, pp of* **sleep**

sleuth [slu:θ] *n* Detektiv(in) *m(f)*

sleuthing ['slu:θɪŋ] *n no pl* Detektivarbeit *f,* Nachforschungen *fpl*

slew¹ [slu:] *pt of* **slay**

slew² [slu:] *n* AM (*fam*) Haufen *m fam*

slew³ [slu:] BRIT, AUS **I.** *vi* schleudern; ■ **to ~ round** herumschleudern
II. *vt* ■ **to ~ sth [round]** *car, vehicle* etw herumreißen; *heavy object* etw herumdrehen
III. *n* COMPUT schneller Papiervorschub

slewed [slu:d] *adj pred* (*dated sl*) blau *fam*

slice [slaɪs] **I.** *n* ❶ *of bread, ham, meat* Scheibe *f;* **~ of cake/pizza** ein Stück *nt* Kuchen/Pizza
❷ (*portion*) Anteil *m;* **~ of a market** Marktanteil *m*
❸ (*tool*) Pfannenwender *m;* **a cake ~** ein Tortenheber *m;* **a fish ~** eine Fischgabel
❹ (*in golf, cricket*) verschlagener Ball
❺ (*in tennis*) Slice *nt*
► PHRASES: **a ~ of the cake** ein Stück vom großen Kuchen; **a ~ of life** Milieuschilderung *f*
II. *vt* ❶ (*cut in slices*) ■ **to ~ sth** etw in Scheiben schneiden; **to ~ cake/pizza** Kuchen/Pizza in Stücke schneiden
❷ (*fig: reduce by*) ***he ~d three seconds off the previous record*** er verbesserte den früheren Rekord um drei Sekunden; ***they've ~d two hundred thousand pounds off our budget*** sie haben unser Budget um zweihunderttausend Pfund gekürzt
❸ SPORTS **to ~ the ball** (*in golf, cricket*) den Ball verschlagen; (*in tennis*) den Ball anschneiden
► PHRASES: **any way** [*or* AM **no matter how**] **you ~ it** wie man es auch dreht und wendet
III. *vi* ❶ (*food*) **to ~ easily** [*or* **well**] sich *akk* gut schneiden lassen
❷ (*cut*) ■ **to ~ through sth** etw durchschneiden; ***the prow of the yacht ~d through the waves*** (*fig*) der Bug der Jacht pflügte durch die Wellen; ***he ~d through the Liverpool defence and scored*** er durchbrach die Verteidigung der Liverpooler Mannschaft und schoss ein Tor
◆**slice off** *vt* ■ **to ~ off** ↻ **sth** etw abschneiden
◆**slice up** *vt* ■ **to ~ up** ↻ **sth** ❶ (*make slices*) etw in Scheiben schneiden; **to ~ up bread** Brot aufschneiden; **to ~ up cake/pizza** den Kuchen/die Pizza in Stücke schneiden
❷ (*divide*) *profits* etw aufteilen

sliced [slaɪst] *adj inv* FOOD geschnitten; *bread* aufgeschnitten

slicer ['slaɪsəʳ, AM -ɚ] *n* FOOD (*machine*) Schneidemaschine *f;* (*knife*) Bratenmesser *nt;* **egg ~** Eierschneider *m;* **bread ~** Brotschneidemaschine *f*

slick [slɪk] **I.** *adj* ❶ (*approv: skillfull*) gekonnt; (*great*) geil *sl;* **a ~ pass** SPORTS ein gekonnter Pass; **~ performance/show** tadellose Aufführung/Show
❷ (*pej: overly-polished*) *talk, answer, manner* glatt; (*clever*) gewieft; **~ sales talk** cleveres Verkaufsgespräch
❸ (*shiny*) *hair* geschniegelt *fam;* AM (*slippery*) *road, floor* glatt, rutschig
II. *n* ❶ (*oil slick*) Ölteppich *m*
❷ AM (*glossy*) Hochglanzmagazin *nt,* Journal *nt*
❸ (*tyre*) Slick *m*
III. *vt* **to ~ back/down one's hair** sich *dat* die Haare nach hinten klatschen/anklatschen *fam*

slicker ['slɪkɚ] *n* AM ❶ (*city slicker*) feiner Pinkel aus der [Groß]stadt *fam*
❷ (*raincoat*) Regenmantel *m*

slickly ['slɪkli] *adv* (*polished*) routiniert; (*overly-polished*) *talk, answer* professionell; (*clever*) raffiniert

slickness ['slɪknəs] *n no pl* ❶ (*deftness*) Routine *f;* **~ of a performance/show** routinierter Ablauf einer Aufführung/Show
❷ (*pej: glibness*) Gewieftheit *f fam*

slid [slɪd] *pp, pt of* **slide**

slide [slaɪd] **I.** *vi* <slid, slid> ❶ (*glide*) rutschen; (*smoothly*) gleiten; **to ~ down the hill/bannisters** den Hügel/das Geländer herunterrutschen
❷ (*move quietly*) **to ~ into a room/along an alley** *person* in ein Zimmer/eine Gasse entlang schleichen; **to ~ out of the room** sich *akk* aus dem Zimmer stehlen
❸ (*decline in value*) *currency* sinken
❹ (*get into*) **to ~ into chaos** in ein Chaos geraten; **to ~ back into one's old habits** in seine alten Gewohnheiten zurückverfallen; **to ~ into recession** in die Rezession abrutschen; **to ~ into war** in einen Krieg schlittern
❺ (*fig*) **to let sth/things ~** etw/die Dinge schleifen lassen
II. *vt* <slid, slid> ***can you ~ your seat forward a little?*** können Sie mit Ihrem Sitz etwas nach vorne rutschen?; ***he slid the drawer in*** er schob die Schublade zu; ***she slid the hatch open*** sie schob die Luke auf
III. *n* ❶ (*act of sliding*) Rutschen *nt*
❷ (*on ice*) Eisbahn *f*
❸ (*at playground*) Rutschbahn *f,* Rutsche *f*
❹ GEOG (*landslide*) **earth ~** Erdrutsch *m;* **mud/rock ~** Schlamm-/Felslawine *f*
❺ *usu sing* (*decline*) Sinken *nt; of a currency* Wertverlust *m;* ***what we are witnessing is a country's slow ~ into civil war*** wir beobachten im Moment, wie ein Land allmählich in einen Bürgerkrieg schlittert
❻ (*in photography*) Dia *nt,* Diapositiv *nt geh*
❼ (*for microscope*) Objektträger *m*
❽ (*moving part*) *of a trombone* Zug *m; of a machine* Schlitten *m*
❾ MUS (*glissando*) Glissando *nt*
❿ BRIT (*hair clip*) Haarspange *f*

slide control *n* Schieberegler *m* **slide fastener** *n* AM (*zip*) Reißverschluss *m* **slide projector** *n* Diaprojektor *m* **slide rule** *n* Rechenschieber *m* **slide show** *n* Diavortrag *m*

sliding ['slaɪdɪŋ] *adj attr, inv* Schiebe-; **~ sunroof** Schiebedach *nt;* **~ window** Schiebefenster *nt*

sliding door *n* Schiebetür *f* **sliding scale** *n* FIN gleitende Skala [*o* Tabelle]

slight [slaɪt] **I.** *adj* ❶ (*small*) gering; ***there's been a ~ improvement in the situation*** die Situation hat sich geringfügig verbessert; ***I'm not the ~est bit sorry about it*** das tut mir kein bisschen Leid; **~ chance/possibility** geringe Chance/Möglichkeit; **not the ~est interest** nicht das geringste Interesse; **the ~est thing** die kleinste Kleinigkeit; **not in the ~est** nicht im Geringsten; ***it didn't faze him in the ~est*** es berührte ihn nicht im Geringsten; **to not have the ~est idea** nicht die geringste Idee [*o* Ahnung] haben
❷ (*barely noticeable*) klein; ***there was a ~ smell of onions in the air*** es roch ein wenig nach Zwiebeln; **to have a ~ accent** einen leichten Akzent haben; **after a ~ hesitation** nach einer kurzen Unterbrechung
❸ (*minor*) leicht; ***their injuries were ~*** sie waren nur leicht verletzt; ***he has a ~ tendency to exaggerate*** er neigt zu Übertreibungen; **~ mistake** kleiner Fehler *iron*
❹ (*slim and delicate*) *person* zierlich
❺ (*not profound*) *play, plot* bescheiden; **~ work** leichte Arbeit
II. *n* Beleidigung *f;* **to take sth as a ~** etw als Beleidigung auffassen
III. *vt* ■ **to ~ sb** jdn beleidigen

slighted ['slaɪtɪd, AM -ţ-] *adj* beleidigt

slighting ['slaɪtɪŋ, AM -ţ-] *adj attr comment, remark* beleidigend; **to be the target of ~ remarks** [die] Zielscheibe von Spott sein, verspottet werden

slightingly ['slaɪtɪŋli, AM -ţ-] *adv* beleidigend; **to refer ~ to** [*or* **remark ~ on**] **sth** eine spitze Bemerkung über etw *akk* machen

slightly ['slaɪtli] *adv* ein wenig, etwas; ***I feel ~ peculiar*** ich fühle mich irgendwie komisch; **~ bigger/shorter** etwas größer/kürzer; **to know sb ~** jdn flüchtig kennen; **ever so ~** (*iron*) allmählich; ***I think he may have been exaggerating ever so ~*** ich denke, er hat wohl ein klein wenig übertrieben

slightly built *adj inv* zierlich

slightness ['slaɪtnəs] *n no pl* ❶ (*small extent*) Geringfügigkeit *f*
❷ (*physical*) Zierlichkeit *f*

slim [slɪm] **I.** *adj* <-mm-> ❶ *person, figure* schlank; *waist* schmal; *object* dünn; **a ~ volume** ein dünnes Buch
❷ *chance, possibility* gering; *profits, income* mager; **~ pickings** magere Ausbeute; (*inferior*) **a ~ excuse** eine schwache Ausrede
II. *vi* <-mm-> abnehmen

◆**slim down** **I.** *vi* abnehmen
II. *vt* **to ~ one's hips/waist/legs down** an den Hüften/der Taille/den Beinen abnehmen; **to ~ down a workforce** Personal reduzieren

slime [slaɪm] *n no pl* ❶ (*substance*) Schleim *m;* **the primeval ~** der Urschlamm; **a trail of ~** eine Schleimspur
❷ (*pej fam: person*) Schleimer(in) *m(f) pej fam*

slime ball *n* (*pej fam*) Schleimer(in) *m(f) pej fam*

slime mold Am, **slime mould** *n* Schleimpilz *m*

sliminess ['slaɪmɪnəs] *n no pl of fish, mud* Glitschigkeit *f;* (*fig pej*) *of person* Schleimigkeit *f pej fam*

slimline ['slɪmlaɪn] *adj inv* schlank, schmal

slimmer ['slɪmə^r, Am -ɚ] *n* figurbewusste Person

slimming ['slɪmɪŋ] **I.** *n no pl* Abnehmen *nt*
II. *adj* ❶ *inv* (*for slimmers*) schlank machend *attr;* **~ pill** Schlankheitspille *f*
❷ (*fam: non-fattening*) schlank machend *attr;* ***have a salad — that's ~*** nimm einen Salat – das hält schlank; **~ food** Diätkost *f*
❸ (*in appearance*) *colours* schlank machend

slimness ['slɪmnəs] *n no pl of body* Schlankheit *f; of chances, profits* Geringfügigkeit *f*

slimy ['slaɪmi] *adj* ❶ (*covered in slime*) *slug, pond, seaweed* schleimig
❷ (*fig pej fam*) *character, person* schleimig *pej fam;* **~ git** Brit Schleimer(in) *m(f) pej fam*

sling [slɪŋ] **I.** *n* ❶ (*for broken arm*) Schlinge *f;* (*for baby*) Tragetuch *nt;* (*for camera, gun*) Tragegurt *m;* (*for lifting*) Schlinge *f*
❷ (*weapon*) Schleuder *f*
II. *vt* <slung, slung> ❶ (*fling*) ■**to ~ sth** etw werfen [*o* schleudern]; **~ *me a pen, will you?*** könntest du mir mal einen Kugelschreiber 'rüberwerfen?; **to ~ sth in the bin/on the floor** etw in den Mülleimer/auf den Boden werfen; **to ~ sb in prison** jdn ins Gefängnis werfen [*o sl* stecken] *fam*
❷ (*hang*) ***soldiers with rifles slung over their shoulders*** Soldaten mit geschulterten Gewehren; ***she sat next to him on the sofa, her legs slung over his*** sie saß neben ihm auf dem Sofa, ihre Beine über seine geschlagen
❸ (*suspend*) ■**to be slung from sth** von etw *dat* herunterhängen; **to ~ a hammock** eine Hängematte aufhängen
► Phrases: **to ~ beer** Am (*fam*) Bier ausschenken; **to ~ hash** Am in einer Kuche arbeiten; **to ~ one's hook** Brit (*sl*) die Fliege machen *sl*

◆**sling off** *vt* (*fam*) ■**to ~ sb ○ off** jdn rauswerfen *fam*

◆**sling out** *vt* (*fam*) ■**to ~ out ○ sb/sth** jdn/etw rauswerfen *fam;* ***she was slung out of college*** sie flog vom College *fam*

◆**sling together** *vt* (*fam*) ■**to ~ together ○ sth** etw zusammenwerfen; ***I'll just ~ together a few things and I'll be ready to go*** ich suche mir nur eben ein paar Sachen zusammen, dann bin ich so weit

slingbacks ['slɪŋbæks] *npl,* **slingback sandals** *npl* Sandaletten *pl*

slingshot ['slɪŋʃɑ:t] *n* Am, Aus (*catapult*) [Stein]schleuder *f*

slink <slunk, slunk> [slɪŋk] *vi* schleichen; **to ~ back to one's room/out of the office** [sich *akk*] zurück in sein Zimmer/aus dem Büro schleichen; ■**to ~ away** [sich *akk*] davonschleichen

slinky ['slɪŋki] *adj* verführerisch; **~ dress** verführerisches Kleid; **~ walk** aufreizender Gang

slip [slɪp] **I.** *n* ❶ (*fall*) **to have a ~** ausrutschen und hinfallen; (*in price, value*) Fall *m*
❷ (*for ordering*) Formular *nt;* (*sales slip*) Kassenzettel *m;* **a ~ of paper** ein Stück *nt* Papier; **paying-in** [*or* **deposit**] **~** Einzahlungsformular *nt*
❸ (*mistake*) Flüchtigkeitsfehler *m,* Schnitzer *m;* **a ~ of the pen** ein Schreibfehler *m;* **a ~ of the tongue** ein Versprecher *m;* **to make a ~** einen Schnitzer machen
❹ (*petticoat*) Unterrock *m*
❺ Hort (*of plant*) Ableger *m*
❻ (*person*) zierliche Person; **a ~ of a girl** eine halbe Portion von einem Mädchen; **a ~ of a thing** ein schmales Ding
❼ (*in cricket*) ■**the ~s** *pl Bereich neben dem Torwächter*
❽ (*in flying*) Slippen *nt,* Seitenrutsch *m*
❾ *no pl* (*in pottery*) geschlämmter Ton
❿ Law (*note*) Beleg *m* über die beabsichtigte Seeversicherungspolice; **compliments ~** Kurzmitteilung *f*
► Phrases: **there's <u>many</u> a ~** ['**twixt cup and lip**] (*prov*) man soll den Tag nicht vor dem Abend loben *prov;* **to <u>give</u> sb the ~** jdn abhängen
II. *vi* <-pp-> ❶ (*lose position*) *person* ausrutschen; *knife, hand* abrutschen; *tyres* wegrutschen; *clutch* schleifen; **to ~ on the ice/in the mud** auf dem Eis/im Schlamm ausrutschen; ■**to ~ off sth** von etw *dat* abrutschen; ***the books keep ~ping off the shelf*** die Bücher rutschen immer vom Regal herunter
❷ (*move quietly*) **to ~ out the door/into a house** zur Tür hinausschleichen/ins Haus schleichen; **to ~ through a gap** durch ein Loch schlüpfen; **to ~ into a seat** sich *akk* in einen Sitz drücken; **to ~ downstairs/upstairs** die Treppe hinunter-/heraufschleichen; ***why don't you ~ along to the manager's office and ask him?*** warum huschst du nicht schnell mal im Büro des Managers vorbei und fragst ihn?
❸ (*decline*) *dollar, price, productivity* sinken; ***the song has ~ped to number 17 this week*** das Lied ist diese Woche auf die Nummer 17 gefallen
❹ (*make mistake*) *person* sich *akk* versprechen; ***he ~ped and accidently mentioned the surprise party*** ihm rutschte aus Versehen etwas über die Überraschungsparty heraus; ***you're ~ping*** du bist nachlässig geworden; **to let sth ~** *secret* etw ausplaudern; **to let one's attention/concentration/guard ~** seine Aufmerksamkeit/Konzentration/Aufsicht schleifen lassen; ***he let his guard ~ for just a moment*** er war nur für einen Moment unaufmerksam; ***you can't afford to let your concentration ~ for a second*** man darf keine Sekunde lang unkonzentriert sein
❺ (*start to have*) ■**to ~ into sth** sich *dat* etw angewöhnen; ***the country is ~ping into recession*** das Land driftet in die Rezession ab; ***everything seemed to ~ into place*** alles schien [plötzlich] zusammenzupassen; **to ~ into a coma** ins Koma fallen; **to ~ into a habit** sich *dat* etw angewöhnen; **to ~ into bad habits** sich *dat* schlechte Gewohnheiten aneignen
❻ (*change clothing*) **to ~ out of a bathrobe/suit** den Bademantel/Anzug ausziehen; **to ~ into one's pajamas/a skirt** in seinen Schlafanzug/einen Rock hineinschlüpfen; **to ~ into something more comfortable** in etwas Bequemeres schlüpfen
► Phrases: **to ~ through the <u>cracks</u>** unters Fußvolk geraten *fam;* **to ~ through sb's <u>fingers</u>** jdm entkommen; **to let sth ~ through one's <u>fingers</u>** sich *dat* etw entgehen lassen; **to let sb ~ through one's <u>fingers</u>** jdn entwischen lassen
III. *vt* <-pp-> ❶ (*put smoothly*) ■**to ~ sth** ***he ~ped his arm around her waist*** er legte seinen Arm um ihre Taille; ***someone had ~ped a piece of paper between the pages of the book*** jemand hatte ein Stück Papier zwischen die Buchseiten gelegt; **~ *the key through the letter box*** werfen Sie den Schlüssel in den Briefkasten; ***she ~ped the key under the mat*** sie schob den Schlüssel unter die Matte; ***she ~ped her hand into his*** sie nahm ihn verstohlen bei der Hand; ***he ~ped the letter into his pocket*** er steckte den Brief in seine Tasche; ***she ~ped a ten pound note into his hand*** sie drückte ihm eine Zehnpfundnote in die Hand; **to ~ sb money/a note** jdm Geld/eine Nachricht zustecken
❷ (*escape from*) ■**to ~ sth** sich *akk* aus etw *dat* befreien; *chain[s]* sich *akk* von etw *dat* befreien; **to ~ sb's attention** jds Aufmerksamkeit entgehen; ***it must have ~ped my attention, madam*** es muss mir entgangen sein, Madam; **to ~ sb's mind** [*or* **memory**] etw vergessen
❸ Auto **to ~ the car into gear** den Gang schnell einlegen; **to ~ the clutch** die Kupplung lösen
❹ Naut **to ~ the anchor** den Anker lichten
❺ Med **to ~ a disk** sich *dat* einen Bandscheibenschaden zuziehen
❻ (*in knitting*) **to ~ a stitch** abketten
► Phrases: **to ~ one <u>over</u> on sb** jd reinlegen

◆**slip away** *vi* ❶ (*leave unnoticed*) *person* sich *akk* wegstehlen; ***we ~ped away down a side street*** wir schlichen uns eine Seitenstraße hinunter
❷ (*not be kept*) ■**to ~ away** [**from sb**] *control, power* [jdm] entgleiten; ***they wouldn't let this chance of victory ~ away from them*** sie würden sich diese Siegeschance nicht entgehen lassen
❸ (*time*) verstreichen *geh*
❹ (*euph: be dying*) im Sterben liegen

◆**slip by** *vi* ❶ (*pass quickly*) *years* verfliegen
❷ (*move past*) *person* vorbeihuschen
❸ (*go unnoticed*) *mistake, remark* durchgehen

◆**slip down** *vi* ❶ *trousers, socks* herunterrutschen
❷ (*food, drink*) ***a cool beer ~s down wonderfully easily*** ein kühles Bier geht runter wie nichts

◆**slip in** **I.** *vt* ■**to ~ in ○ sth** etw einbringen [*o* einflechten]; **to ~ in a joke** einen Witz anbringen [*o* zum Besten geben]
II. *vi person* sich *akk* hereinschleichen

◆**slip off** **I.** *vi* ❶ (*leave unnoticed*) sich *akk* davonstehlen
❷ (*fall off*) herunterrutschen; ***he tilted the tray and let the plates ~ off onto the table*** er kippte das Tablett und ließ die Teller auf den Tisch rutschen
II. *vt* ■**to ~ off ○ sth** etw abstreifen [*o* ausziehen]

◆**slip on** *vt* ■**to ~ on ○ sth** etw anziehen [*o* überstreifen]; **to ~ on a ring** sich *dat* einen Ring anstecken

◆**slip out** *vi* ❶ (*for short time*) ***I'm just ~ping out to get a paper*** ich geh' nur kurz eine Zeitung holen; ***I'll ~ out the back way*** ich nehme den Hinterausgang; **to ~ out for a moment** kurz weggehen; (*stealthily*) sich *akk* hinausschleichen
❷ *words, secret* herausrutschen

◆**slip through** *vi* ❶ *person* durchschlüpfen
❷ *mistake* durchgehen

◆**slip up** *vi* einen Fehler begehen; ***he's been ~ping up lately*** er hat in letzter Zeit einige Schnitzer gemacht

slip-carriage *n* Brit (*hist*) Anhängerwagon *m* **slipcase** *n* Schuber *m* **slip-coach** *n* Anhängerwagon *m* **slipcover** *n* Schonbezug *m* **slipknot** *n* Schlaufe *f,* Schlippstek *m fachspr* **slip-on** **I.** *adj attr, inv* **~ shoes** Slipper *mpl* **II.** *n* ■**~s** *pl* Slipper *mpl* **slipover** *n* Pullunder *m*

slippage ['slɪpɪdʒ] *n no pl* ❶ (*in popularity, price*) Sinken *nt*
❷ (*delay*) Verzögerung *f*

slipped disc *n* Med Bandscheibenvorfall *m*

slippers ['slɪpəz, Am -ɚz] *npl* Hausschuhe *mpl*

slippery ['slɪpəri, Am -ɚi] *adj* ❶ (*of surface, object*) rutschig; (*fig*) *situation* unsicher; **~ road/surface** glatte Straße/Oberfläche; **~ soap** glitschige Seife
❷ (*fig pej: untrustworthy*) windig *fig fam;* **a ~ person** eine unzuverlässige Person, ein Windhund *m*
► Phrases: **to be as ~ as an <u>eel</u>** aalglatt sein; **to be on the** [*or* **a**] **~ <u>slope</u>** auf der schiefen Bahn sein

slippy ['slɪpi] *adj* ❶ (*slippery*) glatt
❷ Brit (*dated: quick*) **to be** [*or* **look**] **~** sich *akk* beeilen

slip road *n* Brit Zubringer *m* **slipshod** *adj* schludrig; **~ work** schlampige Arbeit **slipstream** *n* Auto Windschatten *m;* Aviat Sog *m* **slip-up** *n* Fehler *m,* Versehen *nt,* Schnitzer *m;* ***there's been a ~*** es ist uns ein Fehler unterlaufen **slipway** *n* Naut Ablaufbahn *f*

slit [slɪt] **I.** *vt* <-tt-, slit, slit> ■**to ~ sth** etw aufschlitzen; **to ~ one's wrist** sich *dat* die Pulsadern aufschneiden; **to ~ an envelope open** einen Briefumschlag aufreißen
II. *n* ❶ (*tear*) Schlitz *m*
❷ (*narrow opening*) *eyes* Schlitz *m; door* Spalt *m*

slit-eyed *adj inv* (*pej*) schlitzäugig

slither ['slɪðəʳ, AM -ɚ] *vi lizard, snake* kriechen; *person* rutschen, schlittern; **to ~ on the ice** auf dem Eis herumschlittern
slithery ['slɪðəri, AM -ɚi] *adj inv* kriechend *attr; animal* Kriech-
slit skirt *n* geschlitzter Rock
slitty-eyed ['slɪtiˌaɪd, AM -ţ-] *adj (pej! fam)* schlitzäugig *fam*
sliver ['slɪvəʳ, AM -ɚ] *n* ① *(shard)* Splitter *m;* **~ of glass/wood** Glas-/Holzsplitter *m;* **a ~ of light** ein Lichtschimmer
② *(small piece)* **a ~ of cheese** ein Scheibchen *nt* Käse; **a ~ of cake** ein Stückchen *nt* Kuchen
Sloane [sləʊn] *n* BRIT *(pej fam),* **Sloane Ranger** *n* BRIT *(pej fam) wohlhabendes weibliches Mitglied der gehobenen Mittelschicht*
Sloaney ['sləʊni] *adj* BRIT *(pej fam)* yuppiemäßig *fam*
slob [slɒb, AM slɑːb] **I.** *n (pej fam)* Gammler(in) *m(f) fam o pej*
II. *vi* ■**to ~ around** [*or* **about**] herumgammeln *fam o pej*
slobber ['slɒbəʳ, AM 'slɑːbɚ] **I.** *vi* sabbern; ■**to ~ over sb** *(fig fam)* von jdm schwärmen; ■**to ~ over sth** etw anschmachten
II. *n no pl* Sabber *m*
slobbery ['slɒbəri, AM 'slɑːbɚi] *adj (wet)* feucht; *(slobbered on)* voll gesabbert *fam;* **~ kiss** feuchter Kuss
slobbish ['slɒbɪʃ, AM 'slɑːb-] *adj (pej fam)* ungehobelt *pej;* **~ lifestyle** lockere Lebensart
sloe [sləʊ, AM sloʊ] *n* Schlehe *f*
sloe gin *n no pl* Schlehdornschnaps *m*
slog [slɒg, AM slɑːg] **I.** *n* ① *no pl (fam: hard work)* Schufterei *f fam,* Plackerei *f fam; (strenuous hike)* Marsch *m hum fam*
② *(hit)* wuchtiger Schlag
II. *vi* <-gg-> *(fam)* ① *(walk)* **to ~ to the village/up the hill** sich *akk* ins Dorf/auf den Hügel schleppen *fam*
② *(work)* ■**to ~ through sth** sich *akk* durch etw *akk* durcharbeiten
III. *vt* <-gg-> *(fam)* **to ~ the ball** SPORTS den Ball schleudern; *(in fighting)* **to ~ sb in the belly/face** jdn in den Bauch/ins Gesicht schlagen
◆**slog away** *vi (fam)* sich *akk* abrackern *fam;* ■**to ~ away at** [*or* **on**] **sth** sich *akk* mit etw *dat* abmühen *fam*
◆**slog on** *vi (fam: continue working)* weitermachen; ***we ~ged on with the digging*** wir gruben weiter; *(continue walking)* weiterlatschen *fam*
slogan ['sləʊgən, AM 'sloʊ-] *n* Slogan *m;* **advertising ~** Werbeslogan *m;* **campaign ~** Wahlspruch *m*
sloganeering [ˌsloʊgə'niːrɪŋ] *n no pl* AM *(fam)* Sprücheklopfen *nt fam*
slogger ['slɒgəʳ, AM 'slɑːgɚ] *n* SPORTS ① *(fam: in cricket)* Schläger(in) *m(f)*
② *(fam: boxer)* Preisboxer(in) *m(f)*
slo-mo ['sləʊməʊ, AM 'sloʊmoʊ] *n* ① *(fam) short for* **slow motion** Zeitlupe *f*
② *esp* BRIT *(pej sl: person)* lahme Ente *hum fam*
sloop [sluːp] *n* NAUT Slup *f*
slop [slɒp, AM slɑːp] **I.** *n* ① *(waste)* ■**~s** *pl* Abfälle *mpl; (food waste)* Essensreste *mpl*
② *no pl (pej fam: food)* Schlabber *m fam*
③ *(sentimental material)* rührseliges Zeug *fam*
II. *vt* <-pp-> *(fam)* **to ~ water** Wasser verschütten; **to ~ sth on the floor** *a liquid* etw auf den Boden schütten; **to ~ sth on the table** etw auf dem Tisch verschütten
III. *vi* <-pp-> *(fam) a liquid* überschwappen; **to ~ out of the bucket/onto the floor** aus dem Eimer/auf den Boden schwappen
◆**slop about** BRIT, AUS *(fam),* **slop around** *vi* BRIT, AUS *(fam)* herumhängen *fam*
◆**slop out** *vi* BRIT *in prison* den/die Toiletteneimer [aus]leeren
◆**slop over** *vi* überschwappen
slop basin *n* BRIT, **slop bowl** *n* AM Abgussschale *f*
slope [sləʊp, AM sloʊp] **I.** *n* ① *(hill)* Hang *m;* **a steep ~** ein steiler Hang; ***the southern ~s of the Alps*** die südlichen Hänge/die Südseite der Alpen; **ski ~** Skipiste *f*
② *no pl (angle)* Neigung *f;* **~ of a roof** Dachschräge *f;* **a 30° ~** eine 30°-Neigung; **to be at a ~** eine Schräge haben; ***is that shelf supposed to be at a ~?*** hängt das Regal extra so schief?
③ MATH *(on graph)* Gefälle *nt*
④ MIL **to hold a rifle at the ~** ein Gewehr geschultert haben
⑤ AM, AUS *(pej! sl: Asian person)* Schlitzauge *nt pej fam*
II. *vi* ① *(incline/decline) ground* abfallen; *roof* geneigt sein; ■**to ~ down/up** abfallen/ansteigen
② *(lean)* sich *akk* neigen; **to ~ to the right/left/forwards/backwards** sich *akk* nach rechts/links/vorne/hinten neigen; ***my handwriting ~s to the left*** ich schreibe nach links
III. *vt* ① *(make sloping)* ■**to ~ sth** *roof, path* etw schräg anlegen
② MIL **to ~ arms** Gewehre schultern
◆**slope off** *vi* sich *akk* verziehen *fam* [*o fam* wegstehlen]
slopehead *n* AM, AUS *(pej! sl)* Schlitzauge *nt pej fam*
sloping ['sləʊpɪŋ, AM 'sloʊ-] *adj attr, inv* schräg; *(upwards) hill, road* ansteigend; *(downwards)* abfallend; **~ hand** schräge Handschrift; **a ~ roof** ein Schrägdach *nt;* **~ shoulders** hängende Schultern
sloppily ['slɒpɪli, AM 'slɑː-] *adv dressed, written* schlampig
sloppiness ['slɒpɪnəs, AM 'slɑː-] *n no pl* Schlampigkeit *f; of work* Nachlässigkeit *f*
sloppy ['slɒpi, AM 'slɑːpi] *adj* ① *(careless)* schlampig
② *(hum or pej: overly romantic)* rührselig, kitschig; **~ love song** Schnulze *f fam;* **~ romance novel** Groschenroman *m fam;* **~ sentimentality** Rührseligkeit *f*
③ *(pej: too wet)* triefend *attr;* **~ food** schlabberiges Essen *fam;* **a ~ kiss** ein feuchter Kuss
④ *(fam: loose-fitting) clothing* schlabberig *fam*
slosh [slɒʃ, AM slɑːʃ] **I.** *vt* ① *(fam: pour carelessly)* ***I ~ed some water on my face*** ich habe mir etwas Wasser ins Gesicht geworfen; **to ~ sth into a glass/onto the floor** etw in ein Glas/auf den Boden schütten; *(spill)* **to ~ one's coffee/milk** seinen Kaffee/seine Milch verschütten
② BRIT *(sl: hit)* ■**to ~ sb** jdm eine verpassen *sl*
II. *vi* ① *(splash around) a liquid* [herum]schwappen; *person* [herum]planschen *fam*
② *(move through water)* waten
◆**slosh about, slosh around I.** *vi* herumspritzen; *person* herumplanschen *fam; (in container)* herumschwappen
II. *vt* ■**to ~ sth about** [*or* **around**] etw umrühren
sloshed [slɒʃt, AM slɑːʃt] *adj pred (fam)* besoffen *sl;* **to get ~** sich *akk* besaufen [*o sl* voll laufen lassen]
slot [slɒt, AM slɑːt] **I.** *n* ① *(narrow opening)* Schlitz *m; (groove)* Rille *f; (for money)* Geldeinwurf *m; (for mail)* Briefschlitz *m*
② COMPUT Slot *m,* Steckplatz *m*
③ *(in TV programming)* Sendezeit *f;* **advertising ~** Werbepause *f*
④ AVIAT Slot *m*
II. *vt* <-tt-> ■**to ~ sth into sth** etw in etw *akk* [hinein]stecken
III. *vi* <-tt-> ■**to ~ into sth** in etw *akk* hineinpassen; ***he ~ted perfectly into the team*** er passte perfekt in das Team; ***it won't ~ into our schedule*** es passt nicht in unseren Ablauf
◆**slot in I.** *vi* hineinstecken; ***the legs of the chair are meant to ~ in here*** die Stuhlbeine gehören hier hinein
II. *vt* ① *(into frame)* ■**to ~ in** ⊂ **sth** etw einpassen; **~ *the legs of the chair in here!*** passen Sie die Stuhlbeine hier ein!
② *(into schedule)* ■**to ~ in** ⊂ **sb/sth** jdn/etw dazwischenschieben *fam*
◆**slot together I.** *vi parts* ineinander passen, zusammenpassen
II. *vt* ■**to ~ together** ⊂ **sth** etw ineinander stecken
sloth [sləʊθ, AM slɑːθ] *n* ① *no pl (laziness)* Trägheit *f,* Faulheit *f*
② *(animal)* Faultier *nt*
③ *(fig pej: person)* Faultier *nt fig pej*
slothful ['sləʊθfəl, AM 'slɑːθ-] *adj* faul
slot machine *n* ① *(for gambling)* Spielautomat *m*
② BRIT, AUS *(vending machine)* [Münz]automat *m*
slot meter *n* Münzautomat *m*
slotted ['slɒtɪd, AM 'slɑːţ-] *adj inv* mit einem Spalt versehen; **~ screw** Schlitzschraube *f*
slouch [slaʊtʃ] **I.** *n* <*pl* -es> ① *(bad posture)* krumme Haltung
② *(person)* Niete *f fam;* **to be no ~ at sth** etw gut können; ***she's no ~ when it comes to organizing parties*** sie ist ganz groß im Organisieren von Parties
II. *vi* ① *(have shoulders bent)* gebeugt stehen; *(with sadness)* sich *akk* hängen lassen *fig;* ***quit ~ing*** steh nicht so krumm da; ***she saw him ~ing in the corner*** sie sah ihn in der Ecke herumsitzen; ■**to ~ over** sich *akk* gehen lassen; ***she sat ~ed over her desk*** sie hing über ihrem Schreibtisch
② *(walk)* **to ~ along the street** die Straße entlangschlendern
◆**slouch about, slouch around** *vi* herumhängen *fam*
slouched [slaʊtʃt] *adj pred, inv* gebeugt; ***he sat ~ed in an armchair*** er saß zurückgelehnt in einem Lehnstuhl
slouch hat *n* AM, AUS Schlapphut *m*
slough¹ [slaʊ, AM *esp* sluː] *n* ① *(old: bog)* Sumpf *m*
② *(fig: depressed state)* Sumpf *m liter;* **a ~ of despair/self-pity** ein Sumpf *m* der Verzweiflung/des Selbstmitleids *liter*
slough² [slʌf] *vt* **to ~ old skin** ZOOL alte Haut abstreifen, sich *akk* häuten
◆**slough off** *vt* ① ZOOL **to ~ old skin off** alte Haut abstreifen, sich *akk* häuten
② *(fig: get rid of)* **to ~ off old acquaintances** alte Bekanntschaften lösen; **to ~ off an image** ein Image hinter sich *dat* lassen; **to ~ off one's responsibilities** seine Verpflichtungen über Bord werfen
Slovak ['sləʊvæk, AM 'sloʊvɑːk] **I.** *n* ① *(person)* Slowake, -in *m, f*
② *no pl (language)* Slowakisch *nt*
II. *adj inv* slowakisch
Slovakia [slə(ʊ)'vækiə, AM sloʊ'vɑːk-] *n no pl* die Slowakei
Slovakian [slə(ʊ)'vækiən, AM sloʊ'vɑːk-] **I.** *n* ① *(person)* Slowake, -in *m, f*
② *no pl (language)* Slowakisch *nt*
II. *adj inv* slowakisch
sloven ['slʌvən] *n (dated: messy)* schlampige Person; *(unkempt)* ungepflegte Person
Slovene [slə(ʊ)'viːn, AM 'sloʊviːn] **I.** *n* ① *(person)* Slowene, -in *m, f*
② *no pl (language)* Slowenisch *nt*
II. *adj inv* slowenisch
Slovenia [slə(ʊ)'viːniə, AM sloʊ-] *n no pl* Slowenien *nt*
Slovenian [slə(ʊ)'viːniən, AM sloʊ-] **I.** *n* ① *(person)* Slowene, -in *m, f*
② *no pl (language)* Slowenisch *nt*
II. *adj inv* slowenisch
slovenliness ['slʌvənlɪnəs] *n no pl* Schlampigkeit *f*
slovenly ['slʌvənli] *adj* schlampig; **a ~ appearance** ein ungepflegter Eindruck
slow [sləʊ, AM sloʊ] **I.** *adj* ① *(without speed)* langsam; *business, market* flau; ***it's ~ going*** es geht nur langsam voran; ■**to be ~ to do sth** lange brauchen, um etw zu tun; **~ poison** langsam wirkendes Gift; **to make ~ progress** [nur] langsam vorankommen; **~ track** SPORTS Außenbahn *f*
② *(not quick-witted)* begriffsstutzig, langsam; **to be ~ off the mark** [*or* **on the uptake**] schwer von Begriff sein
③ *(behind the correct time)* **to be** [*or* **run**] **[10 minutes] ~** *clock, watch* [10 Minuten] nachgehen
► PHRASES: **~ and steady wins the race** *(prov)* langsam, aber sicher
II. *vi* langsamer werden; *inflation* abflauen; **to ~ to a crawl** [*or* **trickle**] fast zum Stillstand [*o* Erliegen]

kommen; *see also* **slow down II 1**
III. *vt* ■**to ~ sb/sth** jdn/etw verlangsamen; ***drivers on the main roads are to be ~ed to 50 km per hour*** die Geschwindigkeit auf Hauptstraßen soll auf 50 Stundenkilometer reduziert werden
◆**slow down** I. *vt* ■**to ~ sb/sth ↔ down** jdn/etw verlangsamen; ***I don't like working with him, he ~s me down*** ich arbeite nicht gerne mit ihm, er hält mich auf
II. *vi* ❶ (*reduce speed*) langsamer werden; (*speak*) langsamer sprechen; (*walk*) langsamer laufen [*o* gehen]; *inflation* abflauen
❷ (*relax more*) kürzer treten *fam,* sich *akk* schonen
◆**slow up** I. *vt* ■**to ~ sth ↔ up** etw verlangsamen; ***the changes have ~ed up our progress on the project*** durch die Änderungen sind wir mit dem Projekt in Verzug geraten
II. *vi* langsamer werden; (*drive*) langsamer fahren; (*walk*) langsamer gehen; ***I'm ~ing up a bit now that I'm getting older*** jetzt, wo ich älter werde, brauche ich für alles etwas länger
slowcoach *n* BRIT, AUS (*childspeak fam*) lahme Ente *fam* **slowdown** *n* ❶ ECON (*business activity*) Verlangsamung *f;* **economic ~** Konjunkturabschwächung *f* ❷ AM ECON (*go-slow*) Bummelstreik *m* **slow handclap** *n* rhythmisches Klatschen (*zum Ausdruck des Protests*) **slow lane** *n* Kriechspur *f*
slowly ['sləʊli, AM 'sloʊ-] *adv* langsam; **~ but surely** langsam, aber sicher
slow-mo ['sloʊmoʊ] *esp* AM I. *n no pl* FILM (*fam*) Zeitlupe *f;* **in ~** in Zeitlupe II. *adj* FILM (*fam*) Zeitlupen- **slow motion** I. *n no pl* FILM Zeitlupe *f;* **in ~** in Zeitlupe II. *adj* Zeitlupen- **slow-moving** <slower-, slowest-> *adj* sich *akk* [nur] langsam bewegend; *story, film, plot* langatmig; **~ traffic** zähflüssiger Verkehr
slowness ['sləʊnəs, AM 'sloʊ-] *n no pl* ❶ (*lack of speed*) Langsamkeit *f*
❷ (*lack of intelligence*) Begriffsstutzigkeit *f*
slowpoke *n* AM (*childspeak fam: slowcoach*) lahme Ente *fam* **slow-through** *n* COMPUT durchscheinender Druck **slow train** *n* TRANSP Personenzug *m,* Bummelzug *m fam* **slow-witted** *adj* begriffsstutzig, schwer von Begriff *nach n* **slow-worm** *n* Blindschleiche *f*
SLR [ˌeselˈɑːʳ, AM -'ɑːr], **SLR camera** *n* PHOT *abbrev of* **single lens reflex (camera)** Spiegelreflexkamera *f*
sludge [slʌdʒ] *n no pl* Schlamm *m,* Matsch *m;* **sewage ~** Klärschlamm *m*
sludgy ['slʌdʒi] *adj* schlammig, matschig
slue *vt, vi* AM *see* **slew**
slug ['slʌg] I. *vt* <-gg-> (*fam*) ❶ (*hit with hard blow*) ■**to ~ sb** jdm eine verpassen *sl*
❷ (*fight physically or verbally*) **to ~ it out** es untereinander ausfechten
❸ AUS (*overcharge*) ■**to ~ sb** jdn abzocken *sl*
II. *n* ❶ (*mollusc*) Nacktschnecke *f;* (*fig*) lahme Schnecke *fam*
❷ (*fam: bullet*) Kugel *f*
❸ AM (*counterfeit coin*) gefälschte Münze
❹ (*swig*) Schluck *m*
❺ TYPO Zeilenguss *m*
sluggard ['slʌgəd, AM -ɚd] *n* (*dated*) Faulpelz *m*
sluggardly ['slʌgədli, AM -ɚd-] *adj* (*dated*) faul, träge
sluggish ['slʌgɪʃ] *adj* träge; *market* flau; *engine* lahm, langsam; **~ trading** stagnierender Handel
sluggishly ['slʌgɪʃli] *adv* träge; **to walk ~** schwerfällig gehen
sluggishness ['slʌgɪʃnəs] *n no pl* Trägheit *f;* ECON Flaute *f*
slug pellets *npl* Schneckengift *nt*
sluice [sluːs] I. *n* Schleuse *f*
II. *vi* ■**to ~ out [from sth]** *water* herausschießen [aus etw *dat*]
III. *vt* ■**to ~ sth down** etw [mit dem Schlauch] abspritzen
sluice gate *n* Schleusentor *nt* **sluice gate price** *n* EU Schleusenpreis *m* **sluiceway** *n* [Schleusen]kanal *m*
slum [slʌm] I. *n* Slum *m,* Elendsviertel *nt;* **to live in ~ conditions** in elenden Verhältnissen leben
II. *vi* <-mm-> ❶ (*at lower social level*) **to be** [*or* **go**] **~ming** sich *akk* unters gemeine Volk mischen
❷ (*trying to be overly casual*) ■**to be ~ming** sich *akk* allzu salopp geben
III. *vt* <-mm-> **to ~ it** (*iron*) primitiv leben
slumber ['slʌmbəʳ, AM -bɚ] (*poet*) I. *vi* schlummern *geh*
II. *n* ❶ (*sleep*) Schlummer *m geh;* (*fig*) Dornröschenschlaf *m;* **~ party** AM Party *f* mit Übernachtung
❷ (*dreams*) ■**~s** *pl* Träume *mpl*
slum child *n* Slumkind *nt* **slum clearance** *n no pl* Beseitigung *f* der Slums; **~ project** [Stadt]sanierungsprojekt *nt* **slum dweller** *n* Slumbewohner(in) *m(f)* **slum landlord** *n* Vermieter *m* von Elendsquartieren
slummy ['slʌmi] *adj* verwahrlost, heruntergekommen
slump [slʌmp] I. *n* ECON ❶ (*decline*) [plötzliche] Abnahme; STOCKEX Baisse *f;* ***there has been a ~ in demand for beef*** die Nachfrage nach Rindfleisch ist drastisch zurückgegangen; **~ in prices** Preissturz *m*
❷ (*recession*) Rezession *f;* **economic ~** Wirtschaftskrise *f;* **to be in a ~** sich *akk* in einer Krise befinden
II. *vi* ❶ (*fall dramatically*) *prices* stürzen, fallen; *numbers, sales* zurückgehen; ***the value of property has ~ed*** Immobilien haben drastisch an Wert verloren
❷ (*fall heavily*) fallen, zusammensacken; **to ~ into a chair** sich *akk* in einen Stuhl fallen lassen
slumped ['slʌmpt] *adj inv, pred* zusammengesackt, zusammengesunken
slung [slʌŋ] *pt, pp of* **sling**
slunk [slʌŋk] *pt, pp of* **slink**
slur [slɜːʳ, AM slɜːr] I. *vt* <-rr-> ❶ (*pronounce unclearly*) ■**to ~ sth** etw undeutlich artikulieren; (*because of alcohol*) etw lallen
❷ (*damage sb's reputation*) ■**to ~ sb** jdn verleumden
II. *n* ❶ (*blame*) Verleumdung *f;* **a ~ against** [*or* **on**] **sb/sth** eine beleidigende Äußerung über jdn/etw; **to cast a ~ on sb/sth** jdn/etw in einem schlechten Licht erscheinen lassen
❷ COMPUT (*printed image*) Schmitz *m*
❸ (*distortion*) *of voice* Verzerrung *f*
slurp [slɜːp, AM slɜːrp] (*fam*) I. *vi* ❶ (*drink noisily*) schlürfen
❷ (*move slowly and loudly*) schwappen
II. *vt* ■**to ~ sth** etw schlürfen
III. *n* Schlürfen *nt;* **to take** [*or* **have**] **a ~ of tea** einen Schluck Tee schlürfen
Slurpee *n Erfrischungsgetränk mit gestoßenem Eis*
slurred [slɜːd, AM slɜːrd] *adj inv* MUS gebunden, legato [gespielt] *fachspr*
slurry ['slʌri, AM 'slɜːri] *n no pl* TECH Brei *m,* Schlamm *m;* **farm ~** Gülle *f,* Jauche *f;* **ore ~** Erzschlamm *m*
slush [slʌʃ] *n no pl* ❶ (*melting snow*) [Schnee]matsch *m*
❷ (*pej: oversentimental language*) Gefühlsduselei *f*
slush fund *n* (*pej*) Schmiergeldfonds *m,* Schmiergelder *ntpl*
slushy ['slʌʃi] *adj* ❶ (*melting*) matschig
❷ (*oversentimental*) kitschig
slut [slʌt] *n* (*pej*) ❶ (*promiscuous woman*) Schlampe *f pej derb*
❷ (*lazy, untidy woman*) [liederliche] Schlampe *sl*
sluttish ['slʌtɪʃ, AM 'slʌt̬-] *adj,* **slutty** ['slʌti] *adj* (*pej*) ❶ (*promiscuous*) schlampenhaft *pej*
❷ (*untidy*) schlampig *pej*
sly [slaɪ] *adj* ❶ (*secretive*) verstohlen; **~ humour** versteckter Humor; **~ smile** verschmitztes Lächeln; **on the ~** heimlich
❷ (*cunning*) gerissen, verschlagen
▸ PHRASES: **as ~ as a fox** schlau wie ein Fuchs
slyboots <*pl* -> *n* Schlauberger(in) *m(f) fam* **sly grog** *n no pl* AUS (*sl*) *illegal verkaufter Alkohol*
slyly ['slaɪli] *adv* ❶ (*secretively*) verstohlen; *grin* verschmitzt
❷ (*deceptively*) gerissen, verschlagen
slyness ['slaɪnəs] *n no pl* ❶ (*secretiveness*) Heimlichtuerei *f*
❷ (*pej: clever deceptiveness*) Gerissenheit *f*
SM [ˌes'em] I. *n no pl abbrev of* **sadomasochism** SM *m;* **to be into ~** auf SM stehen *fam*
II. *adj abbrev of* **sadomasochistic** SM-; **~ fantasies** SM-Fantasien *fpl*
smack[1] [smæk] *n no pl* (*sl*) Heroin *nt;* **to be on ~** heroinabhängig sein
smack[2] [smæk] I. *n* ❶ (*slap*) [klatschender] Schlag; **a ~ on the bottom** ein fester Klaps auf den Hintern; **to give sb a ~ on the jaw** jdm eine knallen *fam*
❷ (*hearty kiss*) Schmatz[er] *m*
❸ (*loud noise*) Knall *m*
II. *adv inv* ❶ (*exactly*) direkt; ***his shot landed ~ in the middle of the target*** sein Schuss landete haargenau im Zentrum der Zielscheibe
❷ (*forcefully*) voll *fam;* ***I walked ~ into a lamp post*** ich lief voll gegen einen Laternenpfahl
III. *vt* ❶ (*slap*) ■**to ~ sb** jdm eine knallen *fam;* **to ~ sb's bottom** jdm den Hintern versohlen; **to ~ a ball** *esp* AM SPORTS einen Ball schlagen
❷ (*slap sth against sth*) ■**to ~ sth on sth** etw auf etw *akk* knallen; **to ~ one's lips** mit den Lippen schmatzen
IV. *vi* ■**to ~ of sth** nach etw *dat* riechen *fam;* ***he avoids anything that ~s of commitment*** er geht allem aus dem Weg, was nach Bindung riecht
smack-bang *adv,* AM **smack-dab** *adv inv* ❶ (*exactly*) genau; ***she lives ~ in the middle of London*** sie wohnt mitten in London
❷ (*directly and forcefully*) voll *fam;* ***he drove ~ into the garden gate*** er fuhr voll in das Gartentor
smacker ['smækəʳ, AM -ɚ] *n* (*sl*) ❶ *usu pl* BRIT (*pound*) Pfund *nt;* AM (*dollar*) Dollar *m*
❷ (*loud kiss*) Schmatz[er] *m fam*
❸ AM (*lips, mouth*) Schnute *f bes* DIAL *fam*
smack head *n* (*sl*) Heroinabhängige(r) *f(m)*
smacking ['smækɪŋ] *adj inv* kräftig; **~ breeze** steife Brise
small [smɔːl, AM *also* smɑːl] I. *adj* ❶ (*not large*) klein; ***he's quite ~ for his age*** er ist ziemlich klein für sein Alter; **~ amount** geringer Betrag; **~ circulation** MEDIA niedrige Auflage; **~ craft** NAUT [kleines] Boot; **~ fortune** kleines Vermögen; **~ number/quantity** kleine [*o* geringe] Menge/Zahl; **~ percentage** geringe Prozentzahl; **in ~ quantities** in kleinen Mengen; **~ street** enge Straße; **~ town** Kleinstadt *f;* **~ turnout** geringe Beteiligung
❷ (*young*) klein; **~ child** Kleinkind *nt*
❸ (*insignificant*) klein, unbedeutend; **~ consolation** ein schwacher Trost; **no ~ feat** keine schlechte Leistung; **~ wonder** kein Wunder; **to feel ~** sich *dat* klein und unbedeutend vorkommen; **to look ~** schlecht dastehen; **to make sb look ~** jdn niedermachen *fam*
❹ (*on a limited scale*) klein, bescheiden; **~ investor** Kleinanleger(in) *m(f);* **in a ~ way** bescheiden, im Kleinen; **in sb's own ~ way** auf jds eigene bescheidene Art
❺ TYPO **~ letter** Kleinbuchstabe *m*
▸ PHRASES: **to be grateful** [*or* **thankful**] **for ~ mercies** mit wenig zufrieden sein; **it's a ~ world!** (*prov*) die Welt ist klein!
II. *n no pl* **the ~ of the** [*or* **one's**] **back** ANAT, ZOOL das Kreuz
small ad *n* Kleinanzeige *f* **small arms** *npl* Handfeuerwaffen *fpl* **small beer** *n no pl* BRIT Kleinigkeit *f,* Klacks *m fam* **small business** *n* Kleinunternehmen *nt* **small change** *n no pl* Kleingeld *nt;* (*fig: small amount*) Klacks *m fam* **small claims** *npl* LAW Bagatellsachen *fpl;* **~ court** *Zivilgericht für Bagatellfälle* **smallest room** *n no pl* BRIT, AUS (*euph sl*) ■**the ~** das stille Örtchen *hum* **small fry** *n no pl,* + *sing/pl vb* (*fam*) ❶ (*children*) junges Gemüse *hum* ❷ (*unimportant people*) kleine Fische *fam*
smallholder *n* BRIT Kleinbauer, Kleinbäuerin *m, f*
smallholding *n* BRIT kleiner Landbesitz **small hours** *npl* **the [wee] ~** die frühen Morgenstunden
small intestine *n* Dünndarm *m*

smallish ['smɔːlɪʃ, AM 'smɑːl-] *adj* [eher] klein; ***she is on the ~ side*** sie ist eher klein

small loan *n* Kleinkredit *m* **small-minded** *adj* (*pej*) engstirnig; ~ **opinions** kleinkarierte Ansichten **small-mindedness** *n no pl* (*pej*) Engstirnigkeit *f*

smallness ['smɔːlnəs, AM *also* 'smɑːl-] *n no pl* Kleinheit *f*

small potatoes *npl + sing vb* AM (*small beer*) Kleinigkeit *f* **smallpox** *n no pl* Pocken *fpl;* ~ **vaccination** Pockenschutzimpfung *f* **small print** *n no pl* ■**the** ~ das Kleingedruckte; **to read the** ~ das Kleingedruckte lesen

smalls [smɔːlz] *npl* BRIT (*hum dated*) Unterwäsche *f kein pl*

small-scale <smaller-, smallest-> *adj* in begrenztem Umfang [*o* Rahmen]; **a** ~ **enterprise** ein Kleinbetrieb; ~ **drawing** Zeichnung *f* im verkleinerten Maßstab; ~ **map** Karte *f* in einem kleinen Maßstab; **a** ~ **operation** (*fig*) ein kleiner Betrieb **small screen** *n no pl* [Fernseh]bildschirm *m* **small talk** *n no pl* oberflächliche Konversation, Smalltalk *m o nt;* ■**to make** ~ Smalltalk machen **small-time** *adj* mickerig *fam; person* unbedeutend; ~ **crook** kleiner Gauner **small-timer** *n* kleiner Fisch **small-town** *adj attr* kleinstädtisch, Kleinstadt-; ~ **politics** Lokalpolitik *f*

smarm [smɑːm, AM smɑːrm] *vt* (*pej*) **to** ~ **one's way into sth** sich *dat* etw erschleichen; ***she thinks that she can ~ her way into the smart set*** sie glaubt, sie könne sich bei der Schickeria einschmeicheln

smarmily ['smɑːmɪli, AM 'smɑːrm-] *adv* (*pej*) schmeichlerisch

smarmy ['smɑːmi, AM 'smɑːrmi] *adj* (*pej*) schmeichlerisch; ~ **charm** schmieriger Charme

smart [smɑːt, AM smɑːrt] **I.** *adj* ❶ (*intelligent*) schlau, clever *fam;* **a** ~ **child** ein intelligentes Kind; **to make a** ~ **move** klug handeln; **to be too** ~ **for sb** zu clever für jdn sein; **to be/get** ~ **with sb** (*pej*) jdm gegenüber frech sein/werden
❷ (*stylish*) schick
❸ (*quick and forceful*) [blitz]schnell; ***we'll have to work at a ~ pace*** wir werden zügig arbeiten müssen; ***the soldier gave a ~ salute*** der Soldat salutierte zackig
II. *n* ❶ AM (*sl: intelligence*) ■**the** ~**s** *pl* die [nötige] Intelligenz
❷ (*sharp pain*) Schmerz *m*
III. *vi eyes, wound* brennen; (*fig*) leiden; ■**to** ~ **from sth** unter etw *dat* leiden

smart alec(k) ['smɑːtˌælek, AM ˌsmɑːrt'ælek] *n* (*pej fam*) Schlauberger(in) *m(f) fam,* Besserwisser(in) *m(f)* **smart-alec(k)** *adj* (*fam*) neunmalklug, klugscheißerisch *sl* **smart arse** BRIT, AUS (*pej fam!*), **smart ass I.** *n* (*pej fam!*) Klugscheißer(in) *m(f) sl* **II.** *adj* (*fam*) neunmalklug, klugscheißerisch *sl* **smart bomb** *n* MIL [laser]gelenkte Bombe **smart card** *n* COMPUT Chipkarte *f,* intelligente Kreditkarte **smart circles** *npl* Schickeria *f fam* **smart drug** *n Medikament, das ganz gezielt auf bestimmte Bereiche wirkt*

smarten ['smɑːtᵊn, AM 'smɑːrt-] **I.** *vt* ■**to** ~ **sth** ↔ **up** etw herrichten; *house, town* etw verschönern; ■**to** ~ **sb/oneself** ↔ **up** jdn/sich herausputzen [*o fam* in Schale werfen]; **to** ~ **up one's act** sich *akk* ins Zeug legen *fam*
II. *vi* ■**to** ~ **up** mehr Wert auf sein Äußeres legen

smartly ['smɑːtli, AM 'smɑːrt-] *adv* ❶ (*stylishly*) schick
❷ (*quickly*) [blitz]schnell

smart money *n no pl* FIN rentabel angelegtes Geld; (*fig*) Expertenmeinung *f;* ***the ~ says …*** nach Ansicht der Experten … **smart mouth** *n no pl* AM (*pej fam*) **to have a** ~ eine große Klappe haben *fam*

smartness ['smɑːtnəs, AM 'smɑːrt-] *n no pl* ❶ BRIT, AUS (*neatness*) Schick *m,* Eleganz *f*
❷ (*intelligence*) Schlauheit *f;* ***the ~ of his reply*** seine kluge Antwort

smart set *n,* **smart society** *n + sing/pl vb* Schickeria *f fam*

smarty ['smɑːti, AM 'smɑːrti] *n* (*fam*) Alleswisser(in) *m(f) iron,* Klugscheißer(in) *m(f) sl*

smarty-pants <*pl* -> *n* (*pej fam*) Besserwisser(in) *m(f),* Klugscheißer(in) *m(f) sl*

smash [smæʃ] **I.** *n* <*pl* -es> ❶ (*crashing sound*) Krachen *nt;* ***I was awakened by the ~ of glass*** ich wurde durch das Geräusch von splitterndem Glas geweckt
❷ (*traffic or rail accident*) Unfall *m;* **car** ~ Autounfall *m;* **rail** ~ Zugunglück *nt*
❸ SPORTS Schlag *m;* TENNIS Schmetterball *m*
❹ (*smash hit*) Superhit *m fam;* **box-office** ~ Kassenschlager *m*
II. *vt* ❶ (*break into pieces*) ■**to** ~ **sth** etw zerschlagen; **to** ~ **a window** ein Fenster einschlagen
❷ (*strike against sth*) ■**to** ~ **sth against sth** etw gegen etw *akk* schmettern [*o* schleudern]
❸ POL (*destroy, crush*) ■**to** ~ **sth** etw zerschlagen; **to** ~ **a rebellion** eine Rebellion niederschlagen
❹ SPORTS **to** ~ **a record** einen Rekord brechen
❺ SPORTS (*hit forcefully*) **to** ~ **a ball** einen Ball schmettern
III. *vi* ❶ (*break into pieces*) zerbrechen; ***she dropped her cup and it ~ed to pieces on the floor*** sie ließ ihre Tasse fallen, und sie zersprang in Stücke
❷ (*strike against*) prallen; ■**to** ~ **into sth** gegen etw *akk* prallen; ■**to** ~ **through sth** etw durchbrechen

◆**smash down** *vt* ■**to** ~ **sth** ↔ **down** etw niederschlagen; (*destroy*) etw kaputtmachen; **to** ~ **down a door** eine Tür eintreten

◆**smash in** *vt* ■**to** ~ **sth** ↔ **in** etw einschlagen; **to** ~ **in a window** ein Fenster einschlagen; **to** ~ **sb's face in** (*fam!*) jdm die Fresse polieren *derb*

◆**smash up** *vt* ■**to** ~ **sth** ↔ **up** etw zertrümmern; **to** ~ **up a car** ein Auto zu Schrott fahren

smash-and-grab, smash-and-grab raid *n* BRIT, AUS Schaufenstereinbruch *m*

smashed [smæʃt] *adj pred* sternhagelvoll *fam;* **to get** ~ sich *akk* voll laufen lassen *fam*

smasher ['smæʃəʳ, AM -ɚ] *n* BRIT (*approv dated fam: man*) toller Typ; (*woman*) Klassefrau *f;* **to be a** ~ eine Wucht sein *fam*

smash hit *n* Superhit *m fam;* ~ **at the box-office** Kassenschlager *m*

smashing ['smæʃɪŋ] *adj* BRIT (*approv dated fam*) klasse *fam,* toll *fam;* **a** ~ **view** eine fantastische Aussicht

smash-up *n* schwerer Unfall; (*pile-up*) Karambolage *f*

smattering ['smætᵊrɪŋ, AM 'smæt̬-] *n usu sing* ❶ (*very small amount*) **a** ~ **of applause** [ein] schwacher Applaus
❷ (*slight knowledge*) **to have a** ~ **of sth** eine oberflächliche Kenntnis von etw *dat* haben; **to have a** ~ **of a language** ein paar Brocken einer Spache können

smear [smɪəʳ, AM smɪr] **I.** *vt* ❶ (*spread messily*) ■**to** ~ **sth on** [*or* **over**] **sth** etw mit etw *dat* beschmieren
❷ (*attack reputation*) ■**to** ~ **sb/sth** jdn/etw verunglimpfen; **to** ~ **sb's good name** jds guten Namen beschmutzen
II. *n* ❶ (*blotch*) Fleck *m;* ~ **of ketchup** Ketschupfleck *m*
❷ (*public accusations*) Verleumdung *f;* ~ **campaign** Verleumdungskampagne *f*
❸ MED (*smear test*) Abstrich *m*

smear test *n* MED Abstrich *m*

smeary ['smɪəri, AM 'smɪri] *adj* verschmiert

smegma ['smegmə] *n no pl* MED Smegma *nt fachspr*

smell [smel] **I.** *n* ❶ (*sense of smelling*) Geruch *m;* **sense of** ~ Geruchssinn *m;* **to have a** ~ **of sth** an etw *dat* riechen
❷ (*characteristic odour*) Geruch *m; perfume* Duft *m;* **the** ~ **of success** (*fig*) der Ruhm des Erfolgs; **delicious** ~ herrlicher Duft
❸ (*pej: bad odour*) Gestank *m*
II. *vi* <smelt *or* AM -ed, smelt *or* AM -ed> ❶ (*perceive*) riechen
❷ + *adj* (*give off odour*) riechen; (*pleasantly*) duften; ■**to** ~ **of** [*or* **like**] **sth** nach etw *dat* riechen; **evil-~ing** übel riechend, stinkend; **sweet-~ing** duftend, wohlriechend
❸ (*pej: have an unpleasant smell*) stinken; ***your feet ~*** du hast Käs[e]füße
▶ PHRASES: **to** ~ **fishy** verdächtig sein; **to come up** [*or* **out of sth**] **~ing of** [*or* AM **like**] **roses** frei von jedem Verdacht aus etw *dat* hervorgehen
III. *vt* <smelt *or* AM -ed, smelt *or* AM -ed> ■**to** ~ **sth** etw riechen; ***can't you ~ something burning?*** riechst du nicht, dass etwas brennt?
▶ PHRASES: **to** ~ **blood** Blut riechen; **to** ~ **sth a mile** [*or* **long way**] **off** etw schon von weitem riechen; **to** ~ **a rat** Lunte [*o* den Braten] riechen *fam*

◆**smell out** *vt* ■**to** ~ **sth** ↔ **out** ❶ (*also fig: discover by smelling*) etw aufspüren *a. fig*
❷ (*pej: cause to smell bad*) etw verpesten

◆**smell up** *vt* AM ■**to** ~ **up** ↔ **sth** etw verpesten

smelling bottle *n,* **smelling salts** *npl* Riechfläschchen *nt*

smelly ['smeli] *adj* (*pej*) stinkend *attr,* übel riechend; ~ **feet** Schweißfüße *mpl*

smelt[1] [smelt] *vt, vi* BRIT, AUS *pt, pp of* **smell**

smelt[2] [smelt] *vt* ■**to** ~ **sth** *metal* etw [aus]schmelzen; **to** ~ **iron from its ores** Eisenerze zu Eisen verhütten

smelt[3] <*pl* – *or* -s> [smelt] *n* ZOOL Stint *m*

smelter ['smeltəʳ, AM -ɚ] *n* Schmelzhütte *f,* Schmelzerei *f*

smelting ['smeltɪŋ] *n no pl of metal* Schmelzen *nt;* ~ **plant** Hütte *f*

smidgen ['smɪdʒᵊn], **smidgeon, smidgin** *n* ■**a** ~ **…** ein [klitzekleines] bisschen …; *of liquid* ein winziges Schlückchen

smile [smaɪl] **I.** *n* Lächeln *nt;* ***we exchanged knowing ~s*** wir lächelten uns wissend an; ***his face was wreathed in ~s*** er strahlte über das ganze Gesicht; ***wipe that ~ off your face!*** hör auf, so zu grinsen!; **to bring a** ~ **to sb's face** jdn zum Lächeln bringen; ~ **of pleasure/satisfaction** freudiges/zufriedenes Lächeln; **to be all** ~**s** über das ganze Gesicht strahlen; **embarrassed/pained/sad** ~ verlegenes/gequältes/trauriges Lächeln; **to give sb a** ~ jdm zulächeln
II. *vi* ❶ (*produce a smile*) lächeln; ■**to** ~ **at sb** jdn anlächeln; ■**to** ~ **to oneself** in sich *akk* hineinlächeln; ■**to** ~ **over sth** über etw *akk* lächeln; **to** ~ **in the face of adversity** [*or* **disaster**] (*fig*) sich *akk* nicht unterkriegen lassen
❷ (*look favourably upon*) ■**to** ~ **on sb** es gut mit jdm meinen
III. *vt* ❶ (*express with a smile*) ***he ~d his congratulations*** er gratulierte mit einem Lächeln; ***the hostess ~d a welcome*** die Gastgeberin lächelte einladend
❷ (*express with a particular smile*) ***he ~d a peculiarly joyless smile*** er legte ein auffällig freudloses Lächeln auf; ***he ~d the smile of a man who knew victory was within reach*** er lächelte siegesgewiss

smiley ['smaɪli] *adj* immer lächelnd *attr*

smiley-face *adj attr* lächelnd

smiley face *n* COMPUT Smiley *m*

smiling ['smaɪlɪŋ] *adj* lächelnd *attr;* ~ **faces** strahlende Gesichter

smilingly ['smaɪlɪŋli] *adv* lächelnd

smirch [smɜːtʃ, AM smɜːrtʃ] *vt* (*dated*) ■**to** ~ **sth** etw besudeln *veraltend*

smirk [smɜːk, AM smɜːrk] (*pej*) **I.** *vi* grinsen; ■**to** ~ **at sb** jdn süffisant anlächeln
II. *n* Grinsen *nt*

smite <smote, smitten> [smaɪt] *vt* (*liter*) ■**to** ~ **sb/sth** jdn/etw schlagen; **to be smitten by** [*or* **with**] **a disease** mit einer Krankheit geschlagen sein *geh;* **to** ~ **sb dead** (*dated*) jdn totschlagen

smith [smɪθ] *n* Schmied *m*

smithereens [ˌsmɪðə'riːnz] *npl* **to blow/smash sth to** ~ etw in tausend Stücke sprengen/schlagen; ***the city was bombed to ~*** die Stadt wurde in Schutt und Asche gelegt

smithy ['smɪði, AM 'smɪθi] *n* Schmiede *f*

smitten ['smɪtᵊn] **I.** *adj pred* (*in love*) ■**to be** ~ **by sb** von jdm hingerissen sein; ■**to be** ~ **with sb/sth**

in jdn/etw vernarrt sein; ***she was ~ with jazz at a very early age*** sie wurde schon in frühen Jahren zum Jazzfan
II. *pp of* **smite**
smock [smɒk, AM smɑːk] *n* Kittel *m*
smocking ['smɒkɪŋ, AM 'smɑːk-] *n no pl* FASHION Smokarbeit *f*
smog [smɒg, AM smɑːg] *n no pl* Smog *m*
smog alert *n* Smogalarm *m*
smoggy ['smɒgi, AM 'smɑːgi] *adj* ❶ (*high levels of smog*) ■**to be** ~ hohe Smogwerte aufweisen; ***today will be particularly*** ~ die Smogwerte werden heute besonders hoch sein
❷ (*tending toward smog*) ***Mexico City is one of the world's smoggiest capitals*** Mexico City gehört zu den Hauptstädten der Welt mit dem größten Smogproblem
smog warning *n* Smogwarnung *f*
smoke [sməʊk, AM smoʊk] **I.** *n* ❶ *no pl* (*from burning*) Rauch *m*; **cigarette** ~ Zigarettenrauch *m*; **drifts of** ~ Rauchschwaden *pl*; ~ **inhalation** Einatmen *nt* von Rauch; **a pall of** ~ eine Rauchwolke; **plumes of** ~ [dichte] Rauchwolken *fpl*; ~ **poisoning** Rauchvergiftung *f*; **a puff of** ~ ein Rauchwölkchen *nt*; ~ **ring** Rauchring *m*; **wisp of** ~ Rauchfahne *f*
❷ (*act of smoking*) **to have a** ~ eine rauchen *fam*
❸ (*fam: cigarettes*) ■**~s** *pl* Glimmstängel *mpl*
❹ (*fam*) ■**the** ~ AUS (*big city*) die Großstadt; BRIT (*London*) London *nt*
► PHRASES: **there's no ~ without fire** BRIT, AUS, **where there's ~, there's fire** AM (*prov*) wo Rauch ist, da ist auch Feuer *prov*; ~ **and mirrors** *esp* AM Lug und Trug; **to vanish in a puff of** ~ sich *akk* in Rauch auflösen; **to go up in** ~ in Rauch [und Flammen] aufgehen
II. *vt* ❶ (*use tobacco*) ■**to ~ sth** etw rauchen
❷ FOOD ■**to ~ sth** etw räuchern
❸ (*sl: defeat*) ■**to ~ sb** jdn besiegen
► PHRASES: **to ~ the peace pipe** AM die Friedenspfeife rauchen; **put that in your pipe and ~ it!** schreib dir das hinter die Ohren!
III. *vi* ❶ (*produce smoke*) rauchen
❷ (*action of smoking*) rauchen; ***do you mind if I ~?*** stört es Sie, wenn ich rauche?
◆**smoke out** *vt* ■**to ~ sth** ⊂ **out** etw ausräuchern; ■**to ~ sb out** (*fig*) jdn entlarven
smoke bomb *n* MIL Rauchbombe *f*
smoked [sməʊkt, AM smoʊkt] *adj inv* geräuchert; ~ **fish** Räucherfisch *m*
smoke detector *n* Rauchmelder *m*
smoked glass *n no pl* Rauchglas *nt* **smoke-dried** *adj inv* geräuchert **smoke-filled room** *n* POL (*pej*) **decisions made in ~s** Entscheidungen, die hinter geschlossenen Türen getroffen werden
smokefree ['sməʊkfriː, AM 'smoʊk-] *adj attr* rauchfrei, Nichtraucher-
smokeless ['sməʊkləs, AM 'smoʊk-] *adj inv* ❶ (*without smoke*) rauchfrei
❷ AM ~ **tobacco** Kautabak *m*
smokeless zone *n* rauchfreie Zone
smoker ['sməʊkə^r, AM 'smoʊkɚ] *n* ❶ (*person*) Raucher(in) *m(f)*; **~'s cough** Raucherhusten *m*; **heavy** ~ starker Raucher/starke Raucherin; **non-~** Nichtraucher(in) *m(f)*
❷ (*compartment in train*) Raucherabteil *nt*
❸ (*device*) Räuchergefäß *nt*
smoke room *n* Rauchzimmer *nt* **smokescreen** *n* ❶ (*pretext*) Vorwand *m*; **to hide behind a ~** sich *akk* hinter einem Deckmantel verstecken ❷ MIL (*smoke cloud*) Rauchvorhang *m*, Nebelwand *f* **smoke signal** *n* Rauchzeichen *nt* **smokestack** *n* Schornstein *m* **smokestack emission** *n* Schornsteinemission *f* **smokestack industry** *n esp* AM Schwerindustrie *f* **smoke-stained** *adj* rauchgeschwärzt
smoking ['sməʊkɪŋ, AM 'smoʊk-] **I.** *n no pl* Rauchen *nt*; ~ **ban** Rauchverbot *nt*; **to give up** [*or* **quit**] [*or* **stop**] ~ mit dem Rauchen aufhören, das Rauchen aufgeben
II. *adj inv* **non-~** Nichtraucher-

smoking compartment *n* Raucherabteil *nt* **smoking gun** *n* schlagender Beweis **smoking jacket** *n* (*dated*) Hausjacke *f veraltet* **smoking room** *n* Rauchzimmer *nt* **smoking section** *n* AM Raucherzone *f*
smoky ['sməʊki, AM 'smoʊki] *adj* ❶ (*filled with smoke*) verraucht, verqualmt
❷ (*producing smoke*) rauchend *attr*; ***the fire is very*** ~ das Feuer qualmt sehr
❸ (*appearing smoke-like*) rauchartig; ~ ***blue*** graublau
❹ (*tasting of smoke*) rauchig
smolder *vi* AM *see* **smoulder**
smooch [smuːtʃ] **I.** *vi* ❶ (*kiss vigorously*) knutschen *fam*; (*tenderly*) schmusen *fam*
❷ BRIT (*dance closely*) eng umschlungen tanzen
II. *n usu sing* ❶ (*vigorous*) Knutschen *nt fam*; (*tender*) Schmusen *nt fam*; **to have a** ~ rumschmusen, rumknutschen *fam*
❷ BRIT (*intimate dance*) Blues *m fam*, Schieber *m fam*
smoochy ['smuːtʃi] *adj* ❶ (*gushy, romantic*) romantisch
❷ BRIT (*suited to intimate dancing*) schmusig *fam*
smooth [smuːð] **I.** *adj* ❶ (*not rough*) glatt; **as ~ as a baby's bottom** so glatt wie ein Kinderpopo; ~ **sea** ruhige See; **as ~ as silk** seidenweich; ~ **skin** glatte Haut; ~ **surface/texture** glatte Oberfläche/Textur; **to be worn** ~ glatt gewetzt sein
❷ (*well-mixed*) sämig; ~ **sauce** glatte Soße
❸ (*free from difficulty*) problemlos, reibungslos; ~ **flight** ruhiger Flug; ~ **landing** glatte Landung; **to get off to a ~ start** wie geplant beginnen
❹ (*mild flavour*) mild; ~ **whisky** weicher Whiskey; ~ **wine** Wein *m* mit einem weichen Geschmack
❺ (*polished, suave*) [aal]glatt *pej*; ~ **operator** gewiefte Person; **to be a ~ talker** ein Schönredner/eine Schönrednerin sein
II. *vt* ❶ (*make less difficult*) **to ~ the path** [**to sth**] den Weg [zu etw *dat*] leichter machen; **to ~ the way** den Weg ebnen; **to ~ sb's way** jdm den Weg ebnen
❷ (*rub in evenly*) ■**to ~ sth into sth** etw in etw *akk* einmassieren; ■**to ~ sth over sth** etw gleichmäßig auf etw *dat* verreiben [*o* verteilen]
◆**smooth away** *vt* ■**to ~ away** ⊂ **sth** etw glätten; (*fig*) etw besänftigen
◆**smooth down** *vt* ■**to ~ down** ⊂ **sth** etw glätten [*o* glatt streichen]
◆**smooth out** *vt* ■**to ~ out** ⊂ **sth** etw ausbügeln *fam*
◆**smooth over** *vt* ■**to ~ over** ⊂ **sth** etw in Ordnung bringen; **to ~ things over between two persons** die Sache zwischen zwei Leuten geradebiegen
smoothie ['smuːði] *n* ❶ (*pej: charmer*) Charmeur *m*
❷ *esp* AM, AUS, NZ (*drink*) Shake *m*
smooth jazz *n no pl* Smooth Jazz *m*
smoothly ['smuːðli] *adv* ❶ (*without difficulty*) reibungslos; **to go** ~ glatt laufen *fam*; ***if all goes*** ~ wenn alles glatt läuft; **to run** ~ *engine* einwandfrei laufen
❷ (*suavely*) aalglatt *pej*
smoothness ['smuːðnəs] *n no pl* ❶ (*evenness*) Glätte *f*; *silk* Weichheit *f*; *skin* Glattheit *f*
❷ (*lack of difficulty*) problemloser Verlauf [*o* Ablauf]
❸ (*pleasant consistency*) *taste* Milde *f*; *texture* Glätte *f*
smooth sailing *n no pl* **to be** ~ glatt [*o* reibungslos] laufen *fam* **smooth-shaven** *adj* glatt rasiert **smooth-spoken** *adj* ■**to be** ~ ein Schönredner/eine Schönrednerin sein
smooth-talk ['smuːðtɔːk] *vi* (*fam*) sich *akk* einschmeicheln; **to ~ one's way into sth** *a room* sich *dat* durch Schmeicheleien Zutritt zu etw *dat* verschaffen **smooth-tongued** *adj* (*pej*) schmeichlerisch
smoothy ['smuːði] *n* Charmeur *m*
smorgasbord ['smɔːgəsbɔːd, AM 'smɔːrgəsbɔːrd] *n* FOOD Smörgåsbord *m*; ■**a ~ of sth** (*fig*) eine große Auswahl an etw *dat*

smote [sməʊt, AM smoʊt] *pt of* **smite**
smother ['smʌðə^r, AM -ɚ] *vt* ❶ (*suffocate*) ■**to ~ sb** [**with sth**] jdn [mit etw *dat*] ersticken; **to ~ a flame** eine Flamme ersticken
❷ (*prevent from growing*) ■**to ~ sth** etw unterdrücken
❸ (*suppress*) **to ~ a cough** ein Husten unterdrücken; **to ~ hopes** Hoffnungen zerstören
❹ (*cover*) ■**to be ~ed in sth** von etw *dat* völlig bedeckt sein; ***during the summer months, the city is ~ed in smog*** während der Sommermonate liegt die Stadt unter einer Dunstglocke; ***when she saw her boyfriend at the arrivals gate she ~ed him in kisses*** als sie ihren Freund im Ankunftsbereich erblickte, bedeckte sie ihn mit Küssen
smoulder ['sməʊldə^r, AM 'smoʊldɚ] *vi* ❶ (*burn slowly*) schwelen; *cigarette* glimmen; (*fig*) *dispute* schwelen
❷ (*fig: repressed emotions*) **to ~ with desire/jealousy/passion/rage** vor Verlangen/Eifersucht/Leidenschaft/Zorn glühen; (*sexual feelings*) ***he gazed at her with ~ing eyes*** er starrte sie mit glühenden Augen an
smouldering ['sməʊldərɪŋ, AM 'smoʊl] *adj* schwelend *a. fig*, glühend *a. fig*; (*fig*) *eyes* glutvoll
smudge [smʌdʒ] **I.** *vt* ■**to ~ sth** ❶ (*smear, blur*) *lipstick* etw verwischen
❷ (*soil*) etw beschmutzen; **to ~ sb's reputation** (*fig*) jds Ruf besudeln [*o* beschädigen]
II. *vi* verlaufen; *ink* klecksen; ***her mascara had ~d*** ihre Wimperntusche war verschmiert
III. *n* (*also fig*) Fleck *m a. fig*; ~ **of blood** Blutfleck *m*
smudged [smʌdʒd] *adj* verwischt, verschmiert; (*fig*) *outline* verschwommen
smudge-proof ['smʌdʒpruːf] *adj lipstick* kussecht; *mascara* wischfest
smudging ['smʌdʒɪŋ] *n no pl* Verwischen *nt*
smudgy ['smʌdʒi] *adj* verschmiert
smug <-gg-> [smʌg] *adj* selbstgefällig; ~ **self-satisfaction** eitle Selbstzufriedenheit; ■**to be ~ about sth** sich *dat* auf etw *akk* viel einbilden
smuggle ['smʌgl] *vt* ■**to ~ sb/sth** jdn/etw schmuggeln; **to ~ arms/drugs/illegal aliens** Waffen/Drogen/illegale Einwanderer schmuggeln
smuggler ['smʌglə^r, AM -lɚ] *n* Schmuggler(in) *m(f)*
smuggling ['smʌglɪŋ] *n no pl* Schmuggel *m*
smuggling ring *n* Schmugglerring *m*
smugly ['smʌgli] *adv* selbstgefällig
smugness ['smʌgnəs] *n no pl* Selbstgefälligkeit *f*
smut [smʌt] *n* ❶ *no pl* (*pej: indecent material*) Schweinereien *fpl*, Schweinkram *m* NORDD *fam*
❷ (*soot from burning*) Rußflocke *f*; (*stains made by smut*) Rußfleck *m*
❸ *no pl* (*fungal disease*) [Getreide]brand *m*
smuttiness ['smʌtɪnəs, AM 'smʌt̬ɪ-] *n no pl* (*pej*) *person* Unflätigkeit *f*; *joke* Obszönität *f*
smutty ['smʌti, AM 'smʌt̬i] *adj* (*pej*) schmutzig; ~ **joke** dreckiger Witz *fam*
snack [snæk] **I.** *n* Snack *m*, Imbiss *m*; **bar ~s** Knabberzeug *nt fam*; **to have a** ~ eine Kleinigkeit essen
II. *vi* naschen; ■**to ~ on sth** etw naschen
snack bar *n* Imbissstube *f* **snack counter** *n* Imbisstheke *f* **snack food** *n* Snacks *mpl* **snack meal** *n* Imbiss *m*
snaffle ['snæfl] *vt* BRIT, AUS (*fam*) ■**to ~ sth** sich *dat* etw unter den Nagel reißen *fam*; ***who's ~d my pen?*** wer hat mir meinen Stift geklaut?
snafu [snæ'fuː] *n* AM, AUS (*sl*) Schlamassel *m fam*
snag [snæg] **I.** *n* ❶ (*hidden disadvantage*) [verborgenes] Problem (**with** mit +*dat*), Haken *m fam* (**with** an +*dat*); **to hit** [*or* **run into**] **a** ~ auf Schwierigkeiten stoßen
❷ (*damage to textiles*) gezogener Faden
II. *vt* <-gg-> ■**to ~ sth** ❶ (*cause problems*) etw belasten; ***financial problems have ~ged the project for the past six months*** in den letzten sechs Monaten hat das Projekt unter finanziellen Problemen gelitten
❷ (*damage by catching*) an etw *dat* Fäden ziehen; ***be careful not to ~ your coat on the barbed***

wire pass auf, dass du mit deiner Jacke nicht am Stacheldraht hängen bleibst
❸ AM (*get*) sich *dat* etw schnappen *fam;* ■**to ~ sth from sb** jdm etw wegschnappen *fam*
III. *vi* <-gg-> ■**to ~ on sth** durch etw *akk* belastet sein

snail [sneɪl] *n* Schnecke *f;* **garden ~** Gartenschnecke *f;* **at a ~'s pace** im Schneckentempo

snail mail *n no pl* Snail-Mail *f,* traditioneller Brief

snail shell *n* Schneckenhaus *nt*

snake [sneɪk] **I.** *n* ❶ (*reptile*) Schlange *f*
❷ (*pej: untrustworthy person*) **~ in the grass** falsche Schlange *pej*
❸ **plumber's ~** Spiralrohrschlange *f*
❹ (*hist*) EU Europäische Währungsschlange
II. *vi* sich *akk* schlängeln

snake bite *n* Schlangenbiss *m* **snake charmer** *n* Schlangenbeschwörer(in) *m(f)* **snake oil** *n no pl* AM (*fig*) unwirksames Heilmittel; **~ salesman** (*sl*) Bauernfänger *m fam,* Quacksalber *m fam* **snake pit** *n* Schlangengrube *f a. fig* **snake poison** *n no pl* Schlangengift *nt* **snake ranch** *n* Schlangenzucht *f* **snakes and ladders** *npl + sing vb* (*games*) *Brettspiel, auf dem sich Schlangen und Leitern befinden* **snakeskin** *n* ❶ (*skin*) Schlangenhaut *f* ❷ FASHION Schlangenleder *nt* **snake venom** *n no pl* Schlangengift *nt*

snaky ['sneɪki] *adj* ❶ (*winding*) gewunden; **~ road** kurvenreiche Straße
❷ AUS (*fam: irritable*) reizbar; ***he's been acting ~ lately*** in letzter Zeit reagiert er gereizt

snap [snæp] **I.** *n* ❶ *usu sing* (*act*) Knacken *nt;* (*sound*) Knacks *m*
❷ (*photograph*) Schnappschuss *m*
❸ AM (*snap fastener*) Druckknopf *m*
❹ METEO **cold ~** Kälteeinbruch *m*
❺ AM (*fam: very easy*) **to be a ~** ein Kinderspiel sein
❻ *no pl* BRIT (*games*) Schnippschnapp *nt*
II. *interj* (*fam: games*) schnippschnapp!; (*fig*) **~! *we're wearing the same shirts!*** Volltreffer! wir tragen das gleiche Hemd!
III. *vi* <-pp-> ❶ (*break cleanly*) auseinander brechen; (*with less force*) entzweigehen; ***her patience finally ~ped*** (*fig*) ihr riss schließlich der Geduldsfaden
❷ (*spring into position*) einrasten, einschnappen; **to ~ to attention** MIL [zackig] Haltung annehmen; **to ~ back** zurückschnellen; **to ~ shut** zuschnappen; *mouth* zuklappen
❸ (*make a whip-like motion*) peitschen; ***broken cables were ~ping back and forth in winds*** abgerissene Kabel peitschten im Wind hin und her
❹ (*sudden bite*) schnappen; ■**to ~ at sb/sth** nach jdm/etw schnappen; **to ~ at sb's heels** nach jds Fersen schnappen; (*fig*) jdm auf den Fersen sein
❺ (*speak sharply*) bellen *fam;* **to ~ [back] that ...** [zurück]schnauzen, dass ... *fam;* ■**to ~ at sb** jdn anfahren *fam; **there's no need to ~ at me like that*** du brauchst mich nicht gleich so anzufahren
❻ (*take many photographs*) ■**to ~ away** drauflos fotografieren, knipsen *fam*
► PHRASES: **~ to <u>it</u>!** ein bisschen dalli! *fam*
IV. *vt* <-pp-> ❶ (*break cleanly*) ■**to ~ sth** etw entzweibrechen; ■**to ~ sth ↔ off** etw abbrechen
❷ (*close sharply*) **to ~ sth shut** etw zuknallen; *book* etw zuklappen
❸ (*attract attention*) **to ~ one's fingers** mit den Fingern schnippen; ***she just has to ~ her fingers and he'll do whatever she wants*** (*fig*) sie muss nur mit den Fingern schnippen und er macht, was sie will
❹ (*crack a whip*) **to ~ a whip** mit einer Peitsche knallen
❺ (*speak unreasonably sharply*) **to ~ sb's head off** jdm den Kopf abreißen *fam*
❻ (*take a photograph*) **to ~ a/sb's picture** ein Bild/ein Bild von jdm schießen

◆**snap out** *vi* ❶ (*in anger*) brüllen
❷ (*get over*) ■**to ~ out of sth** etw überwinden, aus etw *dat* herauskommen *fam; **now come on, ~ out of it*** nun komm schon, krieg dich wieder ein; **to ~ out of a recession** (*fig*) eine Rezession überwinden

◆**snap up** *vt* ■**to ~ up ↔ sth** etw schnell kaufen; (*faster than sb else*) etw wegschnappen; (*buy up*) etw aufkaufen; **to be ~ped up** vergriffen sein

snap bean *n* AM Brechbohne *f* **snap bolt** *n* Schnappschloss *nt* **snap decision** *n* schneller Entschluss **snapdragon** *n* HORT Löwenmaul *nt* **snap election** *n* BRIT POL *kurzfristig angesetzte Wahl* **snap fastener** *n* BRIT Druckknopf *m* **snap lock** *n* Schnappschloss *nt*

snapper ['snæpəʳ, AM -ɚ] *n* FOOD, ZOOL **red ~** Rotbarsch *m*

snappily ['snæpɪli] *adv* ❶ (*approv fam: stylishly*) **to be ~ dressed** schick gekleidet sein
❷ (*approv: in an eye-catching manner*) auffallend; **to be ~ titled** einen kurzen und treffenden Titel haben
❸ (*pej: irritably*) gereizt

snapping turtle *n* ZOOL, BIOL Schnappschildkröte *f*

snappish ['snæpɪʃ] *adj* gereizt, bissig

snappishly ['snæpɪʃli] *adv* gereizt

snappy ['snæpi] *adj* ❶ (*approv fam: smart, fashionable*) schick; **to be a ~ dresser** immer schick gekleidet sein
❷ (*quick*) zackig; ***make it ~!*** mach fix! *fam;* **~ salute** zackiger Gruß; **to look ~** sich *akk* ranhalten *fam*
❸ (*approv: eye-catching*) peppig *fam*
❹ (*pej: irritable*) gereizt, bissig

snapshot *n* ❶ PHOT Schnappschuss *m*
❷ COMPUT selektives Protokollprogramm; (*storing screen contents*) selektives Bildschirmspeichern

snare [sneəʳ, AM sner] **I.** *n* ❶ (*animal trap*) Falle *f;* (*noose*) Schlinge *f*
❷ (*fig: trap, pitfall*) Falle *f,* Fallstrick *m*
II. *vt* ❶ (*catch animals*) ■**to ~ an animal** ein Tier [mit einer Falle] fangen
❷ (*capture*) ■**to ~ sb/sth** jdn/etw fangen, sich *dat* jdn/etw angeln

snare drum *n* MUS kleine Trommel, Schnarrtrommel *f*

snarl¹ [snɑːl, AM snɑːrl] **I.** *vi* ❶ (*growl*) *dog* knurren
❷ (*fig: speak angrily*) ■**to ~ at sb** jdn anknurren; ***"go to hell!" he ~ed*** „fahr zur Hölle!" knurrte er
II. *n* ❶ (*growl*) Knurren *nt; **the dog gave a low ~*** der Hund knurrte leise
❷ (*fig: angry utterance*) Knurren *nt;* **to say sth with a ~** etw knurren
❸ (*growling sound*) Knurren *nt*

snarl² [snɑːl, AM snɑːrl] **I.** *n* ❶ (*traffic jam*) **traffic ~** Verkehrschaos *nt*
❷ (*knot*) Knoten *m;* (*tangle*) Gewirr *nt; **my fishing line had many ~s in it*** meine Angelschnur hatte sich an vielen Stellen verheddert
II. *vi* (*become tangled*) sich *akk* verheddern

◆**snarl up** *vi usu passive* durcheinander geraten; ***traffic was ~ed up for several hours after the accident*** nach dem Unfall herrschte ein stundenlanges Verkehrschaos

snarled [snɑːld, AM snɑːrld] *adj* ❶ (*tangled*) verheddert; **~ hair** verfilztes Haar
❷ (*piled up*) gestaut

snarl-up *n* **traffic ~** Verkehrschaos *nt*

snatch [snætʃ] **I.** *n* <*pl* -es> ❶ (*sudden grab*) schneller Griff; **to make a ~ at sth** nach etw *dat* greifen
❷ (*theft*) Diebstahl *m* (*durch Entreißen*)
❸ (*fragment*) Fetzen *m; **I only managed to catch a few ~es of the conversation*** ich konnte nur ein paar Gesprächsfetzen mitbekommen
❹ (*spell of activity*) **to do sth in ~es** etw mit Unterbrechungen tun
❺ (*vulg: vulva*) Möse *f vulg*
II. *vt* ❶ (*grab quickly*) ■**to ~ sth** etw schnappen; **to ~ sth out of sb's hand** jdm etw aus der Hand reißen
❷ (*steal*) ■**to ~ sth** sich *dat* etw greifen [*o* schnappen]; (*fig*) ***he ~ed the gold medal from the Canadian champion*** er schnappte dem kanadischen Champion die Goldmedaille weg
❸ (*kidnap*) ■**to ~ sb** jdn entführen
❹ (*take quick advantage of sth*) ■**to ~ sth** etw ergattern; ***perhaps you'll be able to ~ a couple of hours' sleep before dinner*** vielleicht schaffst du es, vor dem Abendessen noch zwei Stunden Schlaf zu kriegen
► PHRASES: **to ~ <u>victory</u> from the jaws of defeat** eine drohende Niederlage in einen Sieg verwandeln
III. *vi* (*grab quickly*) ■**to ~ at sth** nach etw *dat* greifen; ***when this job came along I ~ed at it*** (*fig*) als sich mir dieser Job bot, griff ich zu

◆**snatch away** *vt* ■**to ~ away ↔ sth** etw an sich *akk* reißen; ■**to ~ sth away from sb** jdm etw entreißen

◆**snatch up** *vt* ■**to ~ up ↔ sth** sich *dat* etw schnappen, etw an sich *akk* reißen

snatcher ['snætʃəʳ, AM -ɚ] *n* [Taschen]dieb(in) *m(f)*

snazzily ['snæzɪli] *adv* (*usu approv sl*) schick *fam*

snazzy ['snæzi] *adj* (*usu approv sl*) schick *fam*

sneak [sniːk] **I.** *vi* <-ed *or esp* AM snuck, -ed *or esp* AM snuck> ❶ (*move stealthily*) schleichen; **to ~ away [*or* off]** sich *akk* davonstehlen; **to ~ in/out [sich *akk*]** hinein-/hinausschleichen; **to ~ up on sb/sth** sich *akk* an jdn/etw heranschleichen
❷ BRIT (*pej fam: denounce*) petzen *fam;* ■**to ~ on sb** jdn verpetzen
II. *vt* <-ed *or esp* AM snuck, -ed *or esp* AM snuck> ❶ (*view secretly*) **to ~ a look [*or* glance] at sb/sth** einen verstohlenen Blick auf jdn/etw werfen
❷ (*move secretly*) ■**to ~ sb/sth in/out** jdn/etw hinein-/herausschmuggeln
III. *n* BRIT (*childspeak pej fam*) Petze(r) *f(m) pej fam*

sneak attack *n* (*fig*) Überraschungsangriff *m*

sneaker ['sniːkɚ] *n* ❶ *usu pl* AM (*shoe*) Turnschuh *m*
❷ (*fam: sneaky trick*) **to pull a ~ on sb** jdn austricksen *fam,* jdm einen Streich spielen

sneakily ['sniːkɪli] *adv* raffiniert

sneaking ['sniːkɪŋ] *adj attr, inv* heimlich; ***I have a ~ admiration for her*** ich hege eine heimliche Bewunderung für sie; **~ feeling** leises Gefühl; **~ suspicion** leiser Verdacht

sneak preview *n* FILM [inoffizielle] Vorschau *f*

sneak thief *n* [Taschen]dieb(in) *m(f)*

sneaky ['sniːki] *adj* raffiniert

sneer [snɪəʳ, AM snɪr] **I.** *vi* ❶ (*smile derisively*) spöttisch grinsen
❷ (*express disdain*) spotten; ■**to ~ at sth/sb** etw/jdn verhöhnen [*o* verspotten], über etw/jdn spotten
II. *n* spöttisches Lächeln

sneering ['snɪərɪŋ, AM 'snɪr-] *adj* höhnisch, spöttisch

sneeringly ['snɪərɪŋli, AM 'snɪr-] *adv* höhnisch, spöttisch

sneeze [sniːz] **I.** *vi* niesen
► PHRASES: **<u>not</u> to be ~d at, <u>nothing</u> to ~ at** nicht zu verachten sein
II. *n* Nieser *m;* ■**the ~s** *pl* Niesen *nt*

snick [snɪk] *vt* BRIT, AUS SPORTS **to ~ a ball** einen Ball auf Kante schlagen (*beim Kricket*)

snicker ['snɪkɚ] *vi* AM *see* **snigger**

snide [snaɪd] *adj* (*pej*) **~ remark** abfällige Bemerkung

snidely ['snaɪdli] *adv* (*pej*) abfällig

snideness ['snaɪdnəs] *n no pl* Abfälligkeit *f*

sniff [snɪf] **I.** *n* ❶ (*smell deliberately*) Riechen *nt; dog* Schnüffeln *nt; **he took a deep ~ of the country air*** er atmete die Landluft tief ein; **to have a ~ of sth** an etw *dat* riechen
❷ (*smell a trace*) **to catch a ~ of sth** etw wittern; ***when I arrived I caught a ~ of perfume*** als ich kam, roch es leicht nach Parfüm
❸ (*fig: expression of disdain*) Naserümpfen *nt*
II. *vi* ❶ (*inhale sharply*) die Luft einziehen; *animal* wittern; ■**to ~ at sth** an etw *dat* schnuppern; *animal* die Witterung von etw *dat* aufnehmen
❷ (*show disdain*) die Nase rümpfen; ■**to ~ at sth** über etw *akk* die Nase rümpfen
► PHRASES: **<u>not</u> to be ~ed at** nicht zu verachten sein
III. *vt* (*test by smelling*) ■**to ~ sth** an etw *dat* riechen [*o* schnuppern]

◆**sniff out** *vt* ■**to ~ out ↔ sth** etw aufspüren;

S

(*fig*) etw entdecken; ***he thought he could hide his affair, but his wife ~ed it out*** er dachte, er könne seine Affäre geheim halten, aber seine Frau kam dahinter

sniffer ['snɪfəʳ, AM -ɚ] *n* ❶ (*junky*) **glue ~** Klebstoffschnüffler(in) *m(f)*
❷ (*device*) Suchgerät *nt*

sniffer dog *n* Spürhund *m*

sniffle ['snɪfl] **I.** *vi* schniefen
II. *n* ❶ (*repeated sniffing*) Schniefen *nt*
❷ MED ■**the ~s** *pl* leichter Schnupfen

sniffy ['snɪfi] *adj* (*fam*) naserümpfend *attr;* ■**to be ~ about sth** über etw *akk* die Nase rümpfen

snifter ['snɪftəʳ, AM -ɚ] *n* ❶ *esp* AM (*glass*) Schwenker *m;* **brandy ~** Kognakschwenker *m*
❷ (*drink of alcohol*) Gläschen *nt hum*

snigger ['snɪgəʳ, AM -ɚ] **I.** *vi* kichern; ■**to ~ at** [*or* **about**] **sth** über etw *akk* kichern; ***what are you two ~ing about?*** worüber kichert ihr beiden?
II. *n* Kichern *nt,* Gekicher *nt;* **to have a ~ at sth** über etw *akk* kichern

snip [snɪp] **I.** *n* ❶ (*cut*) Schnitt *m;* **to give sth a ~** etw [ab]schneiden
❷ (*piece*) **a ~ of cloth** ein Stück *nt* Stoff
❸ BRIT (*fam: bargain*) Schnäppchen *nt fam;* ■**to be a ~** ein echtes Schnäppchen sein
❹ *no pl* BRIT (*hum fam: vasectomy*) ■**the ~** der Schnitt
II. *vt* ■**to ~ sth** etw schneiden [*o fam* schnippeln]
◆**snip off** *vt* ■**to ~ off** ⊂ **sth** etw abschneiden [*o fam* abschnippeln]

snipe [snaɪp] **I.** *vi* ❶ MIL aus dem Hinterhalt schießen; ■**to ~ at sb** aus dem Hinterhalt auf jdn schießen; ■**to be ~d** aus dem Hinterhalt beschossen werden
❷ (*fig: criticize*) ■**to ~ at sb** jdn attackieren
II. *n* <*pl* – *or* -es> Schnepfe *f*

sniper ['snaɪpəʳ, AM -ɚ] **I.** *n* MIL Heckenschütze *m,* Scharfschütze *m*
II. *n modifier* (*shot, fire*) von Scharfschützen [*o* Heckenschützen] *nach n,* Scharfschützen-; **~ attacks** Angriffe *mpl* durch Heckenschützen

snippet ['snɪpɪt] *n* ❶ (*small piece*) Stückchen *nt;* **~s of cardboard/paper** Karton-/Papierschnipsel *mpl;* **~s of cloth** Stofffetzen *mpl*
❷ (*fig: information*) Bruchstück *nt; of gossip, information, knowledge also* Brocken; **~s of a conversation** Gesprächsfetzen *mpl*
❸ LIT (*of a text*) Ausschnitt *m* (**from** aus +*dat*); **~ from a newspaper** Zeitungsausschnitt *m*

snit [snɪt] *n* AM, AUS (*fam*) üble [*o* schlechte] Laune; **to be in/get into a ~** üble Laune haben/bekommen

snitch [snɪtʃ] **I.** *vt* (*fam*) ■**to ~ sth** [**from sb**] [jdm] etw klauen *fam*
II. *vi* (*pej sl*) petzen *pej sl;* ■**to ~ to sb** jdm etw verraten [*o fam* stecken]; ■**to ~ on sb** jdn verpfeifen *pej fam*
III. *n* <*pl* -es> ❶ (*fam: thief*) Dieb(in) *m(f)*
❷ (*pej sl: informer*) Petze *f pej sl,* Tratsche *f pej fam*

snit fit *n* (*fam*) Wutanfall *m,* Ausbruch *m fig*

snivel ['snɪvəl] **I.** *vi* <BRIT -ll- *or* AM *usu* -l-> ❶ (*sniffle*) schniefen *fam*
❷ (*cry*) flennen *pej fam,* plärren *pej fam;* (*whine*) heulen *fam*
II. *n* ❶ *no pl* AM (*snivelling*) Geplärre *nt pej fam*
❷ (*sad sniffle*) Schniefen *nt,* Schnüffeln *nt*

sniveling AM, **snivelling** ['snɪvəlɪŋ] **I.** *n no pl* Geheul *nt pej fam,* Geplärre *nt pej fam*
II. *adj attr, inv person, manner* weinerlich; ***that ~ coward!*** diese Memme!

snob [snɒb, AM snɑːb] *n* Snob *m;* ***I'm a bit of a wine ~*** bei Wein habe doch recht hohe Ansprüche

snob appeal *n no pl* Snobappeal *m*

snobbery ['snɒbəri, AM 'snɑːbəi] *n* ❶ *no pl* (*self-superiority*) Snobismus *m;* ***she accused me of ~*** sie warf mir vor, snobistisch zu sein; **intellectual ~** geistiger Hochmut; **inverted ~** *Bekenntnis zu und Höherbewertung von Dingen und Attributen der unteren Gesellschaftsschichten*
❷ (*act of snobbery*) Snobismus *m,* snobistisches Verhalten

snobbily ['snɒbɪli, AM 'snɑːb-] *adv* snobistisch

snobbish ['snɒbɪʃ, AM 'snɑːb-] *adj* snobistisch, versnobt; ***my brother is very ~ about cars*** mein Bruder ist ein ziemlicher Snob, was Autos betrifft

snobbishly ['snɒbɪʃli, AM 'snɑːb-] *adv* snobistisch, versnobt

snobbishness ['snɒbɪʃnəs, AM 'snɑːb-] *n no pl* Versnobtheit *f*

snobby ['snɒbi, AM 'snɑːbi] *adj* (*fam*) snobistisch, versnobt

snob value *n no pl* **to have ~** gesellschaftliche Überlegenheit symbolisieren; *thing* als Statussymbol gelten

snog [snɒg] **I.** *vi* <-gg-> BRIT (*fam*) [rum]knutschen *fam;* ■**to ~ with sb** mit jdm rumknutschen *fam*
II. *vt* <-gg-> BRIT (*fam*) ■**to ~ sb** jdn küssen; ***don't you want to ~ me?*** willst du mich nicht küssen?
III. *n* Kuss *m;* **to have a ~** rumknutschen *fam*

snood [snuːd] *n* FASHION Haarband *nt,* Stirnband *nt*

snook [snuːk] *n no pl* ► PHRASES: **to cock a ~ at sb** BRIT (*fam*) jdm eine lange Nase drehen; **to cock a ~ at sb/sth** (*fig*) sich *akk* über jdn/etw lustig machen

snooker ['snuːkəʳ, AM 'snʊkɚ] **I.** *vt* ❶ *usu passive* ■**to be ~ed** BRIT, AUS (*fig: be defeated*) festsitzen
❷ AM (*fig fam: trick*) ■**to ~ sb** jdn übers Ohr hauen *fam*
❸ (*in snooker*) ■**to ~ sb** jdn abblocken; ■**to be ~ed** abgeblockt werden; ■**to ~ oneself** sich *akk* selbst ausmanövrieren
II. *n* ❶ (*game*) Snooker *nt*
❷ (*shot*) Abblocken *nt;* ***well, you've got me in a ~*** du hast mich eingesperrt

snoop [snuːp] **I.** *n* (*fam*) ❶ (*look*) Herumschnüffeln *nt kein pl fam;* **to take** [*or* **have**] **a ~** sich *akk* [mal] ein bisschen umschauen *fam;* ***I think someone's been having a ~ around my office*** ich glaube, in meinem Büro hat jemand rumgeschnüffelt *fam*
❷ (*interloper*) Schnüffler(in) *m(f) fam;* (*spy*) Spion(in) *m(f);* (*investigator*) Schnüffler(in) *m(f) fam*
II. *vi* (*fam*) ❶ (*look secretly*) [herum]schnüffeln *fam;* (*pry*) [herum]spionieren; ***I don't mean to ~, but ...*** ich will ja nicht neugierig sein, aber ...
❷ (*spy on*) ■**to ~ on sb** hinter jdm herspionieren *fam,* jdn ausspionieren
❸ (*investigate*) sich *akk* umsehen; *police* Nachforschungen anstellen; ■**to ~ for sth** sich *akk* nach etw *dat* umsehen, nach etw *dat* suchen; ■**to ~ on sth** etw ausspionieren [*o* auskundschaften]
❹ (*look around*) *customer* sich *akk* umschauen *fam*
◆**snoop about, snoop around** *vi* (*fam*) ❶ (*look secretly*) ■**to ~ around somewhere** irgendwo herumschnüffeln *fam*
❷ (*investigate*) *police* sich *akk* umsehen
❸ (*look around*) *customer* sich *akk* umschauen *fam*

snooper ['snuːpəʳ, AM -ɚ] *n* (*fam*) ❶ (*interloper*) Schnüffler(in) *m(f) fam;* ***there has been a ~ here in my room*** hier in meinem Zimmer hat einer rumgeschnüffelt *fam*
❷ (*spy*) Spion(in) *m(f)*
❸ (*investigator*) Schnüffler(in) *m(f) fam,* Spion(in) *m(f)*

snoot [snuːt] *n* (*fam*) ❶ (*nose*) Nase *f;* ***get your ~ out of my business*** hör auf, deine Nase in meine Angelegenheiten zu stecken
❷ (*snob*) Snob *m;* ***don't be such a ~*** sei nicht so hochnäsig

snootily ['snuːtɪli, AM -t̬-] *adv* (*fam*) hochnäsig

snooty ['snuːti, AM -t̬-] *adj* (*fam*) arrogant, hochnäsig, großkotzig *pej sl*

snooze [snuːz] (*fam*) **I.** *vi* ein Nickerchen machen *fam,* dösen
II. *n* Nickerchen *nt fam,* Schläfchen *nt;* **to have a ~** ein Nickerchen machen [*o* halten] *fam*

snooze button *n* Schlummertaste *f* (*am Wecker*)

snore [snɔːʳ, AM snɔːr] **I.** *vi* schnarchen
II. *n* Schnarchen *nt kein pl*

snorer ['snɔːrəʳ, AM 'snɔːrɚ] *n* Schnarcher(in) *m(f)*

snoring ['snɔːrɪŋ] *n no pl* Schnarchen *nt*

snorkel ['snɔːkəl, AM 'snɔːr-] SPORTS **I.** *n* Schnorchel *m*
II. *vi* <BRIT -ll- *or* AM *usu* -l-> schnorcheln

snorkeling ['snɔːkəlɪŋ, AM 'snɔːr-] *n no pl* SPORTS Schnorcheln *nt;* **to go ~** schnorcheln gehen

snort [snɔːt, AM snɔːrt] **I.** *vi* schnauben, prusten; *horse* schnauben; **to ~ with anger/disbelief/disgust** wütend/ungläubig/verächtlich schnauben; **to ~ with laughter** vor Lachen [los]prusten
II. *vt* ❶ (*sl: inhale*) **to ~ cocaine/heroin/speed** Kokain/Heroin/Speed schnupfen
❷ (*disapprovingly*) ■**to ~ sth** etw [verächtlich] schnauben
III. *n* ❶ (*noise*) Schnauben *nt kein pl;* **to give a ~** ein Schnauben von sich *dat* geben, schnauben; ***the horse gave a ~*** das Pferd schnaubte
❷ (*fam: drink*) Gläschen *nt fam;* **a ~ of bourbon/whiskey** ein Gläschen Bourbon/Whisky

snorter ['snɔːtəʳ] *n* BRIT (*fam*) Wahnsinnsding *nt fam;* ***this is a ~ of a riddle*** das ist ja ein Hammer von einem Rätsel *fam;* ***that was a ~ of a storm*** das war vielleicht ein Wahnsinnssturm *fam*

snot [snɒt, AM snɑːt] *n* ❶ *no pl* (*fam: mucus*) Rotz *m fam*
❷ (*pej sl: person*) miese Type *pej fam*

snot-nosed *adj,* **snotty-nosed** *adj attr, inv* (*pej fam*) rotznasig *fam;* **~ answer/reply** (*fig*) patzige [*o* pampige] Antwort *pej fam;* **~ boy** Rotzbengel *m pej sl;* **~ child** [*or* **kid**] rotznasiges Gör *pej sl;* **~ girl** Rotzgöre *f pej sl* **snot-rag** *n* (*sl*) Rotzfahne *f fam*

snotty ['snɒti, AM 'snɑːt̬i] *adj* (*fam*) ❶ (*full of mucus*) Rotz- *fam;* **~ handkerchief** vollgerotztes Taschentuch *fam;* **~ nose** Rotznase *f fam,* laufende Nase
❷ (*pej: rude*) rotzfrech *pej sl;* **~ answer** patzige [*o* pampige] Antwort *pej fam;* **~ clerk** AM pampiger Verkäufer/pampige Verkäuferin *pej fam;* **~ customer** unverschämter Kunde/unverschämte Kundin; **~ look** unverschämter Blick; **~ manner** unverschämte Art; **~ question** [rotz]freche Frage *fam*

snout [snaʊt] *n* (*nose*) *of an animal* Schnauze *f; of a person* Rüssel *m sl,* Zinken *m hum fam;* **dog's ~** Hundeschnauze *f;* **pig's ~** Schweinerüssel *m sl*

snow [snəʊ, AM snoʊ] **I.** *n* ❶ *no pl* (*frozen vapour*) Schnee *m;* ***outside the ~ was falling*** draußen schneite es; ***a blanket of ~ lay on the ground*** der Boden war schneebedeckt; **as white as ~** weiß wie Schnee, schneeweiß
❷ (*snowfall*) Schneefall *m*
❸ TV, COMPUT Schnee *m,* Flimmern *nt*
❹ *no pl* (*sl: cocaine*) Schnee *m sl*
II. *vi impers* schneien; ***it's ~ing*** es schneit
III. *vt* AM (*fam*) ■**to ~ sb** jdm Honig um's Maul schmieren *fam;* ■**to be ~ed into doing sth** [mit schönen Worten] zu etw *dat* überredet werden
◆**snow in** *vt usu passive* **to be/get ~ed in** eingeschneit sein/werden
◆**snow under** *vt usu passive* **to be ~ed under with work** mit Arbeit eingedeckt sein
◆**snow up** *vt usu passive* **to be/get ~ed up** eingeschneit sein/werden

snowball I. *n* Schneeball *m* ► PHRASES: **not to have a ~'s chance in hell** [**of doing sth**] (*fam*) nicht die allerkleinste Chance [*o fam* Null Chancen] haben[, etw zu tun] **II.** *n modifier* Schneeball-; **~ fight** Schneeballschlacht *f* **III.** *vi* (*fig*) lawinenartig anwachsen [*o* zunehmen]; **to keep ~ing** eskalieren

snowball effect *n no pl* Schneeballeffekt *m*

snow bank *n esp* AM (*snow drift*) Schneewehe *f*

snowbike ['snəʊbaɪk, AM 'snoʊ-] *n* Snowbike *nt fachspr* (*Fahrrad mit Kufen*)

snowbird [snoʊbɜːrd] *n* CAN (*fam*) *Kanadier, der z.T. den ganzen Winter im Süden der Vereinigten Staaten verbringt* (*insbesondere in Florida*), *um der winterlichen Kälte zu entkommen* **snow-blind** *adj inv* schneeblind; **to go ~** schneeblind werden

snow blindness *n no pl* Schneeblindheit *f*

snowboard *n* Snowboard *nt* **snowboarder** *n* Snowboarder(in) *m(f)* **snowboarding** *n* Snowboarding *nt* **snowbound** *adj inv* (*snowed-in*) eingeschneit; (*blocked*) durch Schneemassen abgeschnitten; *road* wegen Schnees gesperrt; ***large***

areas are still ~ große Gebiete sind wegen der Schneemassen noch immer von der Außenwelt abgeschnitten **snow-capped** *adj inv* schneebedeckt **snowcat** *n* SKI Pistenwalze *f* **snow chains** *npl* AUTO Schneeketten *fpl;* **to put on** ~ Schneeketten anlegen **snow-clad** *adj* (*poet*), **snow-covered** *adj inv* verschneit; *mountain* schneebedeckt **snowdrift** *n* Schneewehe *f* **snowdrop** *n* Schneeglöckchen *nt* **snowfall** *n* ❶ *no pl* (*amount*) Schneemenge *f;* **annual/average/regional** ~ jährliche/durchschnittliche/örtliche Schneemenge ❷ (*snowstorm*) Schneefall *m;* **heavy/light ~s** heftige/leichte Schneefälle **snow fence** *n* Schneezaun *m* **snowfield** *n* GEOL, METEO Schneefeld *nt* **snowflake** *n* Schneeflocke *f* **snow goggles** *npl* Schneebrille *f*

snow gun *n* Schneekanone *f* **snow job** *n* (*fam*) freundliches Getue *pej fam;* ***my boss did a ~ on me*** mein Chef hat mich eingewickelt *fam* **snow leopard** *n* Schneeleopard *m* **snowline** *n* Schneefallgrenze *f* **snowman** *n* Schneemann *m;* **the abominable** ~ der Schneemensch [*o* Yeti] **snowmobile** *n* Schneemobil *nt* **snow pea** *n* AM Zuckererbse *f* **snowplough**, AM **snowplow** *n* ❶ (*vehicle*) Schneepflug *m*
❷ SKI [Schnee]pflug *m* **snowshoe** I. *n usu pl* Schneeschuh *m* II. *vi* mit Schneeschuhen gehen **snow shower** *n* Schneegestöber *nt* **snowstorm** *n* Schneesturm *m* **snowsuit** *n* Schneeanzug *m* **snow tire** AM, **snow tyre** *n* BRIT Winterreifen *m* **snow-white** I. *adj* schneeweiß; *blouse, sheets also* blütenweiß; *hair also* schlohweiß; *face* kalkweiß; **to be/look** ~ schneeweiß sein/aussehen II. *n no pl* Schneeweiß *nt* **Snow White** *n no pl* Schneewittchen *nt*

snowy ['snəʊi, AM 'snoʊ-] *adj* ❶ (*with much snow*) *country, region, month* schneereich; ***January is usually a very ~ month*** im Januar fällt normalerweise sehr viel Schnee
❷ (*snow-covered*) *field, street* verschneit; *mountain* schneebedeckt
❸ (*colour*) schneeweiß

SNP [,esen'pi:] *n no pl, + sing/pl vb abbrev of* **Scottish National Party** *schottische Nationalpartei*

Snr *adj abbrev of* **Senior** sen., Sr.

snub [snʌb] I. *vt* <-bb-> ■**to ~ sb** (*offend by ignoring*) jdn brüskieren [*o* vor den Kopf stoßen]; (*insult*) jdn beleidigen
II. *n* Brüskierung *f;* **to take sth as a** ~ sich *akk* durch etw *akk* beleidigt [*o* brüskiert] fühlen

snub nose *n* (*pej*) Stupsnase *f*

snub-nosed *adj attr, inv* ❶ *person* stupsnasig, mit einer Stupsnase *nach n*
❷ MIL *gun, revolver* mit kurzem Lauf *nach n*
❸ TECH ~ **pliers** Rundzange *f*

snuck [snʌk] *vt, vi esp* AM *pp of* **sneak**

snuff [snʌf] I. *n* Schnupftabak *m;* **a pinch of** ~ eine Prise Schnupftabak; **to take** ~ schnupfen
II. *vt* **to ~ it** BRIT, AUS (*fam*) abkratzen *sl*

◆**snuff out** *vt* ■**to ~ out** ○ **sth** ❶ (*extinguish*) etw auslöschen; **to ~ out ashes/candles** glühende Asche/Kerzen löschen
❷ (*fig: end*) etw *dat* ein Ende bereiten; **to ~ out one's hopes** seine Hoffnungen begraben; **to ~ out sb's hopes** jds Hoffnungen zunichte machen
❸ AM (*die*) **to ~ one's life out** sein Leben aushauchen *geh*

snuff box *n* Schnupftabak[s]dose *f*

snuffle ['snʌfl] I. *vi* ❶ (*sniffle*) schniefen *fam,* die Nase hochziehen
❷ (*speak nasally*) ■**to ~ [out]** näseln
II. *n* ❶ (*runny nose*) laufende Nase; **to have [a case of] the ~s** einen Schnupfen haben
❷ (*noisy breathing*) Schnüffeln *nt kein pl*

snuff movie *n Pornofilm, der einen wirklichen [nicht gestellten] Mord zeigt*

snug [snʌg] I. *adj* ❶ (*cosy*) kuschelig, behaglich, gemütlich; (*warm*) mollig warm
❷ FASHION (*tight*) eng; ***the boots look good but they're just a bit too*** ~ die Stiefel sehen gut aus, aber sie sind ein wenig zu klein; **to be a ~ fit** eng anliegen
❸ *esp* AM (*adequate*) passend; ~ **income/salary** gutes [*o fam* schönes] Einkommen/Gehalt; ~ **wage** guter Verdienst
► PHRASES: **to be** [*or* **feel**] ~ **as a <u>bug</u> in a rug** es urgemütlich [*o* so richtig mollig warm und gemütlich] haben
II. *n* BRIT kleines, gemütliches Nebenzimmer (*in einem Pub oder Gasthaus*)

snuggery ['snʌgəri] *n* BRIT (*old*) kleines, gemütliches Nebenzimmer (*in einem Pub oder Gasthaus*)

snuggle ['snʌgl] I. *vi* sich *akk* kuscheln [*o* schmiegen]; ***let's ~ [up] together on the sofa*** komm, wir machen es uns auf dem Sofa gemütlich; ■**to ~ with sb** mit jdm kuscheln; **to ~ under the covers** sich *akk* unter die Bettdecke kuscheln
II. *vt* ❶ (*hold*) ■**to ~ sb/sth** jdn/etw an sich *akk* drücken; ***he ~d the package under his arm*** er klemmte sich das Paket unter den Arm
❷ *usu passive* (*nestle*) ■**to be ~d** sich *akk* schmiegen
III. *n* (*sl*) Umarmung *f*

◆**snuggle down** *vi* sich *akk* ins Bett kuscheln

◆**snuggle up** *vi* sich *akk* aneinander kuscheln; ■**to ~ up to sb** sich *akk* an jdn kuscheln [*o* schmiegen]; ■**to ~ up with sb** mit jdm kuscheln; ■**to ~ up against sb** sich *akk* an jdn schmiegen [*o* kuscheln]

snugly ['snʌgli] *adv* ❶ (*comfortably*) gemütlich, behaglich; ***they wrapped blankets ~ around her*** sie packten sie warm in Decken ein
❷ (*tightly*) eng; **to fit ~** *clothes* wie angegossen passen [*o* sitzen]; ***the fridge will fit ~ into this space*** der Kühlschrank passt genau in diesen Zwischenraum

snugness ['snʌgnəs] *n no pl* Behaglichkeit *f,* Wohligkeit *f,* [Ur]gemütlichkeit *f*

so [səʊ, AM soʊ] I. *adv inv* ❶ (*to such a degree*) so; ***your hair is ~ soft*** dein Haar ist so [unglaublich] weich; ***what are you looking ~ pleased about?*** was freut dich denn so?; ***she's ~ beautiful*** sie ist so [wunder]schön; ***I am ~ cold*** mir ist dermaßen kalt; ***she's ever ~ kind and nice*** sie ist so unglaublich freundlich und nett; ***she's quite reasonable to work with — more ~ than I was led to believe*** man kann ganz gut mit ihr zusammenarbeiten – viel besser als mir zuerst erzählt wurde; ***I was ~ excited*** ich war so dermaßen aufgeregt; ***he's not ~ stupid as he looks*** er ist nicht [ganz] so dumm, wie er aussieht; ~ ***fair a face he could not recall*** (*liter or old*) niemals zuvor hatte er ein so liebreizendes Gesicht gesehen *liter;* ***what's ~ bad about sport?*** was ist so schlecht am Sport?; ***are things really ~ wonderful?*** ist wirklich alles so wunderbar?; ***why do you complain ~?*** warum beklagst du dich so sehr?; ***is that why you hate him ~?*** ist das der Grund, warum du ihn so sehr hasst?; ***and I love you ~*** und ich liebe dich so sehr; ***you worry ~*** du machst dir so viele Sorgen; **to be ~ hungry/thirsty/tired** unglaublich hungrig/durstig/müde sein
❷ (*in such a way*) so; ***we've ~ planned our holiday that the kids will have just as much fun as us*** wir haben unsere Ferien so geplant, dass die Kinder genauso viel Spaß haben werden wie wir; (*like this*) so; ***gently fold in the eggs like ~*** rühren Sie so die Eier vorsichtig unter; (*with hand motions*) so; ***"the table that I liked best was about ~ wide,"*** „der Tisch, der mir am besten gefallen hat, war ungefähr so breit"
❸ (*perfect*) **to be just ~** genau richtig sein; ***I want everything just ~*** ich will alles ganz ordentlich haben; ***if you don't do things just ~, he comes along and yells at you*** wenn du nicht alles genau richtig machst, kommt er und schreit dich an
❹ (*also*) auch; ***I'm hungry as can be and ~ are the kids*** ich habe einen Riesenhunger und die Kinder auch; ***I've got an enormous amount of work to do — ~ have I*** ich habe jede Menge Arbeit – ich auch; ***I'm allergic to nuts — ~ is my brother*** ich bin allergisch gegen Nüsse – mein Bruder auch
❺ (*yes*) ja; ***should we get going now? — I should say ~*** sollen wir jetzt anfangen? – ja, ich finde schon; ***I'm afraid ~*** (*as a reply*) ich fürchte ja; ***I hope they stay together — I hope ~, too*** ich hoffe, sie bleiben zusammen – das hoffe ich auch
❻ AM (*fam: as contradiction*) doch; ***haha, you don't have a bike — I do ~*** haha, du hast ja gar kein Fahrrad – hab' ich wohl!
❼ (*that*) das, es; ~ ***they say …*** man sagt …, wie man sich erzählt …; ~ ***I believe*** glaube ich jedenfalls; ***I'm sorry I'm late — ~ you should be*** es tut mir Leid, dass ich so spät dran bin – das will ich auch schwer hoffen; ***well then, ~ be it*** nun gut
❽ (*true*) wahr; ***is that ~?*** ist das wahr?, stimmt das?; ~ ***it is*** das stimmt; ***if ~ …*** wenn das so ist …; ***he looks like James Dean — ~ he does*** er sieht aus wie James Dean – stimmt!; **to be quite ~** wirklich stimmen; **that being ~** nachdem das geschehen war, und dann
► PHRASES: ~ **<u>far</u>** ~ **good** so weit, so gut; ~ **<u>long</u>** bis dann [*o* später]; ~ **<u>much</u> for sth** so viel zu etw *dat;* ~ **to <u>speak</u>** [*or* **<u>say</u>**] sozusagen; **and ~ <u>on</u>** [*or* **<u>forth</u>**] und so weiter; ~ **<u>what?</u>** na und?, na wenn schon?
II. *conj* ❶ (*therefore*) daher, folglich, [und] so; ***I couldn't find you ~ I left*** ich konnte dich nicht finden, deshalb bin ich gegangen; ***my landlord kicked me out and ~ I was forced to seek yet another apartment*** mein Vermieter hat mich rausgeworfen, weshalb ich mir eine neue Wohnung suchen musste
❷ (*fam*) ***he said he wanted to come along, ~ I told him that …*** er sagte, er wolle mitfahren, worauf ich ihm mitteilte, dass …
► PHRASES: ~ [*or* **as**] **<u>long</u> as …** (*if*) sofern; ***I'll join the army ~ long as you do too*** ich gehe zum Militär, sofern du auch gehst; (*for the time*) solange; ~ ***long ~ he doesn't go too far, …*** solange er nicht zu weit geht, …; **mine's bigger than yours, ~ <u>there</u>!** (*hum*) meiner ist größer als deiner, ätsch!
III. *adj* (*sl*) ***that's ~ 70's*** das ist so typisch für die 70er

soak [səʊk, AM soʊk] I. *n* ❶ (*immersion*) Einweichen *nt kein pl;* ***there's nothing like a good long ~ in the bath*** (*hum*) es geht doch nichts über ein genüssliches langes Bad
❷ (*fam: drinker*) Säufer(in) *m(f) pej derb;* (*drinking bout*) Sauftour *f fam*
II. *vt* ❶ (*immerse*) **to ~ dry beans/stains** getrocknete Bohnen/Flecken einweichen; **to ~ a fruit in brandy** eine Frucht in Brandy einlegen
❷ (*make wet*) ■**to ~ sb/sth** jdn/etw durchnässen
❸ (*fam: demand money*) ■**to ~ sb** jdn schröpfen *fam*
❹ (*study*) ■**to ~ oneself in sth** sich *akk* in etw *akk* vertiefen
❺ COMPUT **to ~ a program/device** ein Programm *nt*/ein Gerät *nt* ununterbrochen laufen lassen
III. *vi* ❶ (*immerse*) einweichen lassen; **to leave sth to ~ [overnight]** etw [über Nacht] einweichen [lassen]
❷ (*fam: booze*) saufen *derb*

◆**soak in** I. *vi* ❶ (*absorb*) aufgesogen werden, einziehen
❷ (*understand*) in den Schädel gehen *fam;* ***it just seems not to ~ in*** es will einfach nicht in seinen Schädel *fam;* ***will it ever ~ in?*** ob er/sie das wohl jemals kapiert? *fam*
II. *vt* ■**to ~ in** ○ **sth** etw einsaugen; (*fig*) etw in sich *akk* aufnehmen; **to ~ in culture** Kultur tanken *fam*

◆**soak off** *vt* ■**to ~ off** ○ **sth** etw [mit Wasser] ablösen

◆**soak through** *vi* durchsickern, durchtropfen; ■**to ~ through sth** durch etw *akk* [hindurch]sickern; ■**to be ~ed through** völlig durchnässt sein

◆**soak up** *vt* ❶ (*absorb*) ■**to ~ up** ○ **sth** etw aufsaugen; (*fig*) etw [gierig] in sich *akk* aufnehmen [*o* aufsaugen]; ***I ~ed up most of the spilt milk with a cloth*** ich nahm den größten Teil der verschütteten Milch mit einem Lappen auf; ***we unconsciously ~ up stereotypes*** wir verinnerlichen Klischees unbewusst

S

❷ (*bask in*) **to ~ up the atmosphere** die Atmosphäre in sich *akk* aufnehmen [*o* genießen]; **to ~ up the sun[shine]** sonnenbaden, sich *akk* in der Sonne aalen *fam*
❸ (*use up*) **to ~ up money/resources** Geld/Mittel aufbrauchen [*o fam* schlucken]; **to ~ up sb's time** jds Zeit in Anspruch nehmen

soakaway ['səʊkəˌweɪ, AM 'soʊk-] *n* BRIT ECOL Abflussgrube *f*

soaked [səʊkt, AM soʊkt] *adj* ❶ (*wet*) ■**to be ~** pitschnass sein *fam;* **to be ~ to the skin** [*or* **bone**] bis auf die Haut nass sein; **to be ~ in sweat** schweißgebadet sein; *shirt* völlig durchgeschwitzt sein
❷ (*fam: drunk*) stockbetrunken *fam,* völlig blau *fam*

soaking ['səʊkɪŋ, AM 'soʊk-] **I.** *n* ❶ (*immersion*) Einweichen *nt kein pl;* **to give sth a ~** etw einweichen
❷ (*becoming wet*) Nasswerden *nt kein pl;* **to get a ~** patschnass werden *fam*
II. *adj inv* ~ [**wet**] klatschnass *fam,* patschnass *fam*

so-and-so ['səʊən(d)səʊ, AM 'soʊən(d)soʊ] *n* (*fam*) ❶ (*unspecified person*) Herr/Frau Soundso; (*unspecified thing*) das und das
❷ (*pej fam: disliked person*) Miststück *nt derb,* gemeines Biest *fam;* ***oh, he was a right old ~ that Mr Baker*** ja, dieser Mr. Baker war ein richtiger alter Fiesling *sl*
❸ AM (*pej*) **Mr/Mrs ~** (*nit-picker*) du alter Besserwisser/alte Besserwisserin *fam*

soap [səʊp, AM soʊp] **I.** *n* ❶ *no pl* (*substance*) Seife *f;* **to wash one's hands with ~** sich *dat* die Hände mit Seife waschen; **a piece** [*or* **bar**] [*or* **tablet**] **of ~** ein Stück *nt* Seife; **liquid ~** Flüssigseife *f*
❷ TV, MEDIA (*soap opera*) Seifenoper *f;* **afternoon ~** Nachmittagsserie *f* (*im Fernsehen*)
► PHRASES: **soft ~** Schmeichelei *f*
II. *vt* ■**to ~ sb/oneself/sth** jdn/sich/etw einseifen; **to ~ oneself all over** sich *akk* von oben bis unten einseifen

soapbox *n* ❶ (*hist: container*) Seifenkiste *f* ❷ (*cart*) Seifenkiste *f* ❸ (*pedestal*) Obstkiste *f* (*improvisierte Rednerbühne, z.B. in Speaker's Corner im Hyde Park*) ► PHRASES: **to get on/off one's ~** anfangen/aufhören, große Reden zu schwingen

soap bubble *n* Seifenblase *f;* **to turn out to be only a ~** (*fig*) sich *akk* als Seifenblase erweisen *fig* **soap dish** *n* Seifenschale *f* **soap dispenser** *n* Seifenspender *m* **soap flakes** *npl* Seifenflocken *fpl* **soap opera** *n* TV, MEDIA Seifenoper *f* **soap powder** *n no pl* Seifenpulver *nt* **soapstone** *n no pl* GEOL Speckstein *m* **soapsuds** *npl* Seifenschaum *m kein pl*

soapy ['səʊpi, AM 'soʊp-] *adj* ❶ (*lathery*) seifig, Seifen-; **~ water** Seifenwasser *nt,* Seifenlauge *f*
❷ (*like soap*) seifig, wie Seife; **to feel ~** sich *akk* wie Seife anfühlen; **to taste ~** nach Seife schmecken
❸ (*pej: flattering*) schmeichlerisch; *smile, voice* ölig *pej*

soar [sɔːʳ, AM sɔːr] *vi* ❶ (*rise*) aufsteigen; (*fig*) *mountain peaks* sich *akk* erheben; **to ~ into the sky** zum [*o liter* gen] Himmel steigen
❷ (*increase*) *temperature, prices, profits* in die Höhe schnellen, rapide steigen; *consumer awareness* zunehmen
❸ (*glide*) *bird* [*of prey*] [in großer Höhe] segeln [*o* [dahin]schweben]; *glider, hang-glider* gleiten, schweben
❹ (*excel*) sehr erfolgreich sein; **to ~ in school** sehr gute Schulleistungen erbringen

soaraway ['sɔːrəweɪ] *adj attr* Blitz- *fig,* Senkrechtstarter- *fig*

soaring ['sɔːrɪŋ] *adj attr, inv* ❶ (*increasing*) rasch steigend, in die Höhe schnellend
❷ (*gliding*) [dahin]gleitend

S.O.B. [ˌesoʊ'biː] *n* AM (*pej fam*) *abbrev of* **son of a bitch**

sob [sɒb, AM sɑːb] **I.** *n* Schluchzen *nt kein pl,* Schluchzer *m*
II. *vi* <-bb-> schluchzen
III. *vt* <-bb-> ❶ (*cry*) **to ~ one's heart out** sich *dat* die Seele aus dem Leib weinen; **to ~ oneself to sleep** sich *akk* in den Schlaf weinen
❷ (*say while crying*) ■**to ~ sth** etw schluchzen; ***"no, please don't go," she ~bed*** „nein, bitte geh nicht", stieß sie schluchzend hervor

sober ['səʊbəʳ, AM 'soʊbɚ] **I.** *adj* ❶ *inv* (*not drunk*) nüchtern; ***I've been ~ for 5 years now*** ich bin jetzt seit fünf Jahren trocken; **to be** [**as**] **~ as a judge** stocknüchtern sein *fam;* **to be stone cold ~** stocknüchtern sein *fam*
❷ (*fig: unemotional*) *thought, judgement, opinion* sachlich, nüchtern; *person* nüchtern, besonnen; **~ realization** nüchterne Erkenntnis
❸ (*plain*) *clothes* unauffällig, schlicht; *colour* gedeckt; (*simple*) *truth* schlicht, einfach
II. *vt* ■**to ~ sb** jdn ernüchtern
III. *vi person* ruhiger werden

◆**sober up I.** *vi* ❶ (*become less drunk*) nüchtern werden
❷ (*become serious*) zur Vernunft kommen
II. *vt* ■**to ~ sb up** ❶ (*make less drunk*) jdn nüchtern machen
❷ (*make serious*) jdn ernüchtern [*o* zur Vernunft bringen]

sobering ['səʊbᵊrɪŋ, AM 'soʊ-] *adj effect, thought* ernüchternd; **to have a ~ effect on sb** wie eine kalte Dusche auf jdn wirken

soberly ['səʊbəli, AM 'soʊbɚ-] *adv* ❶ (*seriously*) vernünftig, ruhig; (*down-to-earth*) nüchtern
❷ (*plainly*) unauffällig, einfach

soberness ['səʊbənəs, AM 'soʊbɚ-] *n no pl* ❶ (*sobriety*) Nüchternheit *f*
❷ (*seriousness*) Ernst *m;* ***the ~ of the news slowly sunk in*** langsam wurde ihnen der Ernst der Nachricht bewusst
❸ (*plainness*) Schlichtheit *f;* ***she chose the grey suit for its ~*** sie wählte das graue Kostüm, weil es so dezent war

sobersides <*pl* -> ['səʊbəsaɪdz, AM 'soʊbɚ-] *n usu sing* (*old fam*) Muffel *m fam,* Trauerkloß *m hum fam*

sobriety [sə(ʊ)'braɪəti, AM sə'braɪəṭi] *n no pl* (*form or hum*) ❶ (*soberness*) Nüchternheit *f;* (*life without alcohol*) Abstinenz *f;* **to achieve ~** trocken werden *fam*
❷ (*seriousness*) Ernst *m;* ***his ~ often dampened the others' good moods*** seine Ernsthaftigkeit dämpfte oft die gute Laune der anderen

sobriety test *n* AM Alkoholtest *m;* **to give sb a ~** jdn einem Alkoholtest unterziehen [*o fam* [ins Röhrchen] blasen lassen]

sobriquet ['səʊbrɪkeɪ, AM 'soʊ-] *n* (*form or hum*) Spitzname *m*

sob sister *n* (*fam: journalist*) Verfasserin *f* rührseliger Geschichten; (*agony aunt*) Briefkastentante *f;* (*actress*) *Schauspielerin, die sentimentale Rollen spielt* **sob story** *n* (*fam*) ❶ (*story*) rührselige Geschichte ❷ (*excuse*) Ausrede *f;* **to tell a ~** mit einer Mitleid heischenden Ausrede daherkommen *fam*

sob stuff *n no pl* (*fam*) rührselige Geschichten

so-called *adj attr, inv* ❶ (*supposed*) so genannt, angeblich; ***one of his ~ friends*** einer seiner angeblichen Freunde
❷ (*with neologisms*) so genannt; ***people smugglers, ~ coyotes*** Schlepper, Koyoten genannt

soccer ['sɒkəʳ, AM 'sɑːkɚ] **I.** *n no pl* Fußball *m;* **a game of ~** ein Fußballspiel *nt*
II. *n modifier* (*field, game, match, player, team*) Fußball-; **~ ball** Fußball *m;* **~ coach** [Fußball]trainer *m,* Trainer *m* einer Fußballmannschaft

soccer mom *n* AM (*pej fam*) *Bezeichnung für Mütter aus den Vorortsiedlungen, die viel Zeit damit verbringen, ihre Kinder von einer Sportveranstaltung zur nächsten zu fahren*

sociability [ˌsəʊʃə'bɪləti, AM 'soʊʃə'bɪləṭi] *n no pl* Geselligkeit *f*

sociable ['səʊʃəbl, AM 'soʊ-] **I.** *adj* ❶ (*keen to mix*) gesellig; ***I wasn't feeling very ~*** mir war nicht nach Geselligkeit zumute; **~ mood** gesellige Stimmung
❷ (*friendly*) freundlich, umgänglich; ***she invited her new neighbours round for coffee just to be ~*** sie lud ihre neuen Nachbarn zum Kaffee ein, um nicht unfreundlich zu erscheinen
❸ (*of an event*) gesellig; **~ evening** bunter [*o* geselliger] Abend; **~ occasion** gesellschaftliches Ereignis
II. *n* ❶ (*hist: carriage*) Kutsche *f*
❷ BRIT (*sofa*) ~ [**couch**] *Sofa in S-Form für zwei Personen, die sich darauf gegenübersitzen*
❸ AM (*party*) Treffen *nt,* Zusammenkunft *f;* **church ~** Gemeindefest *nt*

social ['səʊʃᵊl, AM 'soʊ-] **I.** *adj* ❶ (*of human contact*) Gesellschaft-, gesellschaftlich; ***I'm a ~ drinker*** ich trinke nur, wenn ich in Gesellschaft bin; **~ activities** gesellschaftliche Aktivitäten; **~ calendar** Veranstaltungskalender *m* (*für die gesellschaftliche Saison*); **~ connections** Beziehungen *fpl;* **~ elite** gesellschaftliche Elite; **~ event** [*or* **function**] Veranstaltung *f,* [gesellschaftliches] Ereignis; **~ gatherings** gesellschaftliche Zusammenkünfte; **to climb the ~ ladder** die soziale Leiter hinaufklettern, gesellschaftlich aufsteigen; **~ obligation** gesellschaftliche Verpflichtung
❷ SOCIOL (*concerning society*) gesellschaftlich, Gesellschafts-; **~ anthropology/psychology** Sozialanthropologie *f*/-psychologie *f;* **~ class** Gesellschaftsklasse *f;* **~ differences/problems** soziale Unterschiede/Probleme; **~ equality/justice/movement** soziale Gleichheit/Gerechtigkeit/Bewegung; **~ group** gesellschaftliche Gruppe; **~ reform** Sozialreform *f;* **~ reformer** Sozialreformer(in) *m(f);* **~ revolution** soziale Revolution; **~ studies** AM SCH Gemeinschaftskunde *f,* Sozialkunde *f;* UNIV Gesellschaftswissenschaften *fpl*
❸ SOCIOL (*of human behaviour*) sozial, Sozial-; **~ critic** Gesellschaftskritiker(in) *m(f);* **~ disease** (*old fam*) Geschlechtskrankheit *f;* **~ disorder** [*or* **unrest**] soziale Unruhen; **~ problem** gesellschaftliches Problem; **~ skills** soziale Fähigkeiten
❹ (*concerning the public*) Sozial-, sozial; **~ institution** soziale Einrichtung; **~ insurance/legislation** Sozialversicherung *f*/-gesetzgebung *f;* **~ policy** Sozialpolitik *f*
❺ ZOOL, BIOL (*living together*) Herden-; **~ animal** Herdentier *nt*
II. *n* BRIT Treffen *nt,* Zusammenkunft *f;* **church ~** Gemeindefest *nt*

social climber *n* (*pej*) sozialer Aufsteiger/soziale Aufsteigerin *fam* **social conscience** *n no pl* soziales Gewissen **Social Democrat** *n* Sozialdemokrat(in) *m(f);* BRIT (*hist*) *Mitglied der britischen Sozialdemokratischen Partei* **Social Democratic Party** *n no pl* BRIT (*hist*) Sozialdemokratische Partei **social engineering** *n no pl* angewandte Sozialwissenschaft

socialism ['səʊʃᵊlɪzᵊm, AM 'soʊ-] *n no pl* Sozialismus *m*

socialist ['səʊʃᵊlɪst, AM 'soʊ-] **I.** *n* Sozialist(in) *m(f)*
II. *adj* sozialistisch

socialistic [ˌsəʊʃᵊl'ɪstɪk, AM ˌsoʊʃe'lɪs] *adj* sozialistisch

socialite ['səʊʃᵊlaɪt, AM 'soʊʃə-] *n* Persönlichkeit *f* des öffentlichen Lebens

socialization [ˌsəʊʃᵊlaɪ'zeɪʃᵊn, AM ˌsoʊʃᵊlɪ-] *n no pl* ❶ POL Sozialisierung *f,* Vergesellschaftung *f*
❷ SOCIOL Sozialisation *f;* **process of ~** (*for criminals*) Resozialisierungsprozess *m;* (*for babies*) Sozialisationsprozess *m,* Prozess *m* der Sozialisation

socialize ['səʊʃᵊlaɪz, AM 'soʊʃəl-] **I.** *vi* unter Leuten sein; ***Adrian seems to spend most of his time socializing*** Adrian scheint ja ein ziemlich reges gesellschaftliches Leben zu haben; ■**to ~ with sb** mit jdm gesellschaftlich verkehren
II. *vt* ❶ SOCIOL, BIOL ■**to ~ sb** jdn sozialisieren; **to ~ an offender** einen Straftäter/eine Straftäterin [re]sozialisieren; ■**to ~ an animal** ein Tier zähmen [*o* an den Menschen gewöhnen]
❷ POL ■**to ~ sth** etw sozialistisch machen; (*nationalize*) etw verstaatlichen [*o* vergesellschaften]

socialized medicine *n no pl* AM (*usu pej*) *beitragsfreie Krankenversicherung*

social life *n* gesellschaftliches Leben, Privatleben *nt*

socially ['səʊʃᵊli, AM 'soʊ-] *adv* ❶ (*convivially*)

gesellschaftlich; ~ ***they're a great company*** was das Betriebsklima angeht, ist das eine tolle Firma; **to be ~ active** ein reges gesellschaftliches Leben führen
❷ (*behaviourally*) was das Sozialverhalten betrifft; ~ ***she's a disaster*** sie fällt in Gesellschaft immer unangenehm auf
❸ (*privately*) **to meet** [*or* **see**] **sb** ~ jdn privat [*o* außerhalb der Arbeit] treffen
❹ (*of the public*) gesellschaftlich; **to be ~ acceptable** gesellschaftlich akzeptabel sein
social science *n* Sozialwissenschaft *f;* ■**the ~s** *pl* die Sozialwissenschaften *pl* **social security** *n no pl* ❶ BRIT, AUS (*welfare*) Sozialhilfe *f* ❷ AM (*pension*) Sozial[versicherungs]rente *f* **social service** *n* ❶ (*community help*) gemeinnützige Arbeit ❷ (*welfare*) ■**~s** *pl* staatliche Sozialleistungen; **~s office** Sozialamt *nt,* Sozialeinrichtung *f* **social standing** *n no pl* gesellschaftliche Stellung, Rang *m* in der Gesellschaft **social system** *n* Gesellschaftssystem *nt* **social work** *n no pl* Sozialarbeit *f* **social worker** *n* Sozialarbeiter(in) *m(f)*
societal [sə'saɪətəl, AM -t̬əl] *adj inv* gesellschaftlich
society [sə'saɪəti, AM -ət̬i] **I.** *n* ❶ (*all people*) Gesellschaft *f;* **consumer** ~ Konsumgesellschaft *f;* **a member of** ~ ein Mitglied *nt* der Gesellschaft; **to be a menace** [*or* **danger**] **to** ~ eine Bedrohung für die Allgemeinheit darstellen; **American/British** ~ die amerikanische/britische Gesellschaft; **capitalist/classless/multicultural** ~ kapitalistische/klassenlose/multikulturelle Gesellschaft; **to do sth for the good** [*or* **benefit**] **of** ~ etw zum Nutzen der Allgemeinheit tun
❷ (*elite*) die [feine] Gesellschaft; **high** ~ High Society *f*
❸ (*form: company*) Gesellschaft *f;* ***she prefers her own*** ~ sie ist am liebsten alleine; **to avoid sb's** ~ jdn meiden; ***he avoids ~ when possible*** wann immer möglich, vermeidet er es, unter Menschen zu gehen
❹ (*organization*) Verein *m,* Vereinigung *f;* **the S~ of Friends** die Gesellschaft der Freunde [*o* Quäker]; **literature** ~ Literaturzirkel *m;* **music** ~ Musikverein *m,* Musikkreis *m;* **writers'** ~ Schriftstellervereinigung *f,* Schriftstellerverband *m*
II. *n modifier* (*ball*) Gesellschafts-; ~ **column/reporter** Klatschspalte *f*/-reporter(in) *m(f);* ~ **event** gesellschaftliche Veranstaltung; ~ **news** Illustrierte *f*
socio- ['səʊsiəʊ, AM 'soʊsioʊ] *in compounds* Sozio-, sozio-
sociocultural [ˌsəʊʃiəʊ'kʌltʃərəl, -si-, AM ˌsoʊsioʊ-, -ʃi-] *adj inv* soziokulturell
socio-economic [ˌsəʊʃiəʊˌiːkə'nɒmɪk, -si-, AM ˌsoʊsioʊˌekə'nɑːmɪk, -ʃi-] *adj inv* sozioökonomisch; ~ **group** sozioökonomische Gruppierung
socio-economically [ˌsəʊʃiəʊˌiːkə'nɒmɪkli, -si-, AM ˌsoʊsioʊˌekə'nɑːmɪk-, -ʃi-] *adv inv* sozioökonomisch
sociolinguistic [ˌsəʊʃiəʊlɪŋ'gwɪstɪk, -si-, AM ˌsoʊsioʊ-, -ʃi-] *adj inv* soziolinguistisch
sociological [ˌsəʊʃiə'lɒdʒɪkəl, -si-, AM ˌsoʊsiə'lɑːdʒɪ-, -ʃi-] *adj inv* soziologisch
sociologically [ˌsəʊʃiə'lɒdʒɪkəli, -si-, AM ˌsoʊsiə'lɑːdʒɪ-, -ʃi-] *adv inv* soziologisch
sociologist [ˌsəʊʃi'ɒlədʒɪst, -si-, AM ˌsoʊsi'ɑːlə-, -ʃi-] *n* Soziologe, -in *m, f*
sociology [ˌsəʊʃi'ɒlədʒi, -si-, AM ˌsoʊsi'ɑːlə-, -ʃi-] *n no pl* Soziologie *f*
sociopath ['səʊʃiə(ʊ)pæθ, -si-, AM ˌsoʊsiəpæθ, -ʃi-] *n* Soziopath(in) *m(f),* gesellschaftsunfähiger Mensch
sociopathic [ˌsəʊsiə(ʊ)'pæθɪk, AM ˌsoʊsiə'-] *adj* sozialpathisch **sociopathy** [ˌsəʊsi'ɒpəθi, AM ˌsoʊsi'ɑː-] *n* Soziopathie *f*
sociopolitical [ˌsəʊʃiəʊpəl'ɪtɪkəl, -si-, AM ˌsoʊsioʊpəlɪt̬-, -ʃi-] *adj inv* soziopolitisch
sock¹ [sɒk, AM sɑːk] *n* Socke *f;* **ankle** ~ Söckchen *nt,* Socke *f;* **cotton** ~ Baumwollsocke *f;* **knee** ~ Kniestrumpf *m;* **nylon** ~ Nylonsöckchen *nt;* **a pair of ~s** ein Paar *nt* Socken; **toe** ~ Socke *f* mit Zehen; **odd** [*or* **mismatched**] **~s** zwei verschiedene Socken; **wool[l]en** ~ Wollsocke *f*
► PHRASES: **to blow** [*or* **knock**] **sb's ~s off** (*fam*) jdn vom Hocker reißen *fam;* **to pull one's ~s up** (*fam*) sich *akk* am Riemen reißen *fam;* **put a ~ in it!** (*hum fam*) halt die Klappe! *sl;* ***put a ~ in it, Dad*** ach, jetzt hör doch auf, Papa
sock² [sɒk, AM sɑːk] **I.** *vt* ❶ (*dated fam: punch*) ■**to ~ sb** jdn hauen *fam;* **to ~ sb in the eye** jdm eins aufs *fam* Auge geben; **to ~ sb on the jaw** jdm einen Kinnhaken verpassen *fam*
❷ AM SPORTS **to ~ the ball** den Ball schlagen
► PHRASES: **to ~ it to sb** (*fam*) jdm zeigen, was man kann, es jdm zeigen *fam*
II. *n* (*dated fam*) Schlag *m;* **to give sb a ~** jdm eine verpassen *fam*
◆**sock away** *vt* ■**to ~ sth** ↔ **away** *money* etw wegpacken
socket ['sɒkɪt, AM 'sɑː-] *n* ❶ ELEC (*for a plug*) Steckdose *f;* (*for lamps*) Fassung *f;* MECH Sockel *m;* **mains/wall** ~ Netz-/Wandsteckdose *f;* **single/double/triple** ~ Einfach-/Zweifach-/Dreifachsteckdose *f*
❷ ANAT, MED **arm/hip/knee** ~ Arm-/Hüft-/Kniegelenkpfanne *f;* **eye** ~ Augenhöhle *f;* **tooth** ~ Zahnfach *nt*
socket spanner *n* BRIT, **socket wrench** *n* AM MECH Steckschlüssel *m*
Socrates ['sɒkrətiːz, AM 'sɑːkrə] *n no pl* Sokrates *m*
Socratic [se'krætɪk, AM t̬ɪk] *adj inv* sokratisch
sod¹ [sɒd, AM sɑːd] **I.** *n* Grassode *f,* Grasnarbe *f;* **to be under the** ~ (*euph*) unter der Erde liegen *euph*
II. *vt* <-dd-> ■**to ~ sth** etw mit Gras bedecken
sod² [sɒd] **I.** *n* BRIT ❶ (*sl: mean person*) Sau *f derb;* (*vexing thing*) blödes Ding *fam,* Mist *m fam;* ***this is a ~ of a car*** das ist vielleicht eine Mistkarre! *sl;* **silly** [*or* **stupid**] ~ blöde Sau *derb*
❷ (*fam: person*) **lucky** ~ Glückspilz *m;* **poor** ~ armer Kerl, armes Schwein *fam*
► PHRASES: **to give** [*or* **care**] **a ~** [**about sth**] (*sl*) [auf etw *akk*] pfeifen *fam;* ***I don't give a ~ about what Margaret said*** es ist mir scheißegal, was Margaret gesagt hat *derb;* **~ all** (*sl*) nicht das kleinste bisschen
II. *vt* BRIT (*sl*) ■**to ~ sb/sth** jdn/etw verfluchen; ~ ***it!*** verdammter Mist! *sl*
◆**sod off** *vi* BRIT (*sl*) abhauen *sl,* Leine ziehen *sl;* ~ ***off!*** zieh Leine! *sl,* hau ab! *sl*
soda ['səʊdə, AM 'soʊ-] *n* ❶ *no pl* (*water*) Sodawasser *nt*
❷ AM (*sweet drink*) Limonade *f,* Limo *f fam*
soda bread *n no pl mit Backpulver gebackenes Brot* **soda fountain** *n esp* AM ❶ (*device*) Siphon *m* ❷ (*dated: counter*) Erfrischungshalle *f veraltend,* Eisbar *f* **soda pop** *n no pl* AM Limo *f fam* **soda siphon** *n* Siphon *m* **soda water** *n no pl* Sodawasser *nt*
sodden ['sɒdən, AM 'sɑː-] *adj inv* ❶ (*soaked*) durchnässt; ~ **grass** durchweichter Rasen
❷ FOOD (*pej*) pampig; (*doughy*) teigig, klitschig
❸ AM (*sl: not interesting*) fad
❹ (*sl: drunk*) besoffen *sl,* voll *fam;* ~ **with drink** total besoffen *sl,* sternhagelvoll *fam*
sodding ['sɒdɪŋ] *adj attr, inv* BRIT (*sl*) verdammt *sl,* Scheiß- *derb*
sodium ['səʊdiəm, AM 'soʊ-] *n no pl* Natrium *nt*
sodium bicarbonate *n no pl* Natriumhydrogenkarbonat *nt fachspr,* doppeltkohlensaures Natrium; (*baking soda*) Natron *nt* **sodium carbonate** *n no pl* Soda *nt,* Natriumkarbonat *nt fachspr* **sodium chloride** *n no pl* Kochsalz *nt,* Natriumchlorid *nt fachspr*
sodomite ['sɒdəmaɪt, AM 'sɑː-] *n* Sodomit(in) *m(f)*
sodomize ['sɒdəmaɪz, AM 'sɑː-] *vt usu passive* ■**to ~ sb** Analverkehr mit jdm haben
sodomy ['sɒdəmi, AM 'sɑː-] *n no pl* (*form*) Sodomie *f*
sod's law *n,* **Sod's law** *n no pl* (*hum*) *Gesetz, nach dem alles, was danebengehen kann, auch danebengeht;* ***that's*** ~ das musste ja passieren
sofa ['səʊfə, AM 'soʊ-] *n* Sofa *nt,* Couch *f*
sofa bed *n* Schlafcouch *f*
soft [sɒft, AM sɑːft] *adj* ❶ (*not hard*) weich; ***the ice cream had gone*** ~ das Eis war geschmolzen; ~ **contact lenses** weiche Kontaktlinsen; ~ **tissue** MED Weichteile *pl*
❷ (*smooth*) weich; *cheeks, skin* zart; *cloth, dress* weich; *leather* geschmeidig; ~ **hair** seidiges Haar
❸ (*weak*) weich, schlaff; **to go** [*or* **get**] ~ schlaff werden
❹ (*not bumpy*) ~ **landing** weiche Landung
❺ (*of weather*) *climate* mild; ~ **rain** leichter [*o* sanfter] Regen; ~ **wind** sanfte Brise
❻ (*subtle*) *colour* zart; ~ **blue/lilac/yellow** zartes Blau/Lila/Gelb; ~ **pastel colours** zarte [*o* weiche] Pastelltöne; ~ **glow** zartes Leuchten; ~ **light** weiches [*o* gedämpftes] Licht
❼ (*not loud*) ~ **music** gedämpfte Musik; ~ **rock** Softrock *m;* ~ **sound** leises Geräusch; ~ **voice** leise [*o* sanfte] [*o* gedämpfte] Stimme; ~ **words** sanfte Worte
❽ (*lenient*) nachgiebig; ■**to be ~ with sb** jdm gegenüber nachgiebig sein; ***you can't be ~ with those kids*** du kannst diesen Kindern nicht immer alles durchgehen lassen; ■**to be ~ on sb/sth** jdm/etw gegenüber nachsichtig sein; ***this government is too ~ on crime*** diese Regierung geht nicht energisch genug gegen die Kriminalität vor; **to have a ~ time of it** es leicht [*o* bequem] haben
❾ (*easy*) leicht, einfach; ***he's got a pretty ~ job*** er hat eine ziemlich leichte Arbeit; **the ~ option** der Weg des geringsten Widerstandes
❿ (*not firm in opinion*) **to go ~ on sth** bei etw *dat* zu nachgiebig sein; **the ~ left** (*pej*) die schwache Linke
⓫ (*compassionate*) weich; ***she's got a ~ heart*** sie hat ein weiches Herz; **to have ~ feelings for sb** Mitgefühl für jdn haben; **to be a ~ touch** (*fam*) leicht rumzukriegen sein *fam*
⓬ (*unfinished*) grob; ~ **design/plan** grober Entwurf/Plan
⓭ STOCKEX, FIN (*falling*) ~ **currency** weiche Währung; ~ **market** rückläufiger Aktienmarkt; ~ **prices** nachgiebige Preise
⓮ COMPUT *material* weich, soft; *data* weich
► PHRASES: **to be ~ in the head** (*fam*) nicht ganz richtig im Kopf sein *fam;* **to have a ~ spot for sb** eine Schwäche für jdn haben; **to be ~ on sb** *esp* AM (*fam*) jdn sehr gern haben, eine Schwäche für jdn haben
softback *adj inv* Taschenbuch *nt* **softball** *n* Softball *m* **soft-boiled** *adj inv* weich [gekocht]; ~ **egg** weich gekochtes [*o* weiches] Ei **soft-centred** *adj* ❶ (*of sweets*) cremig ❷ (*compassionate, sentimental*) weich *fig,* mit weichem Kern *nach n fig* **softcover** *adj inv* AM (*softback*) Taschenbuch *nt* **soft drink** *n* alkoholfreies Getränk **soft drug** *n* weiche Droge
soften ['sɒfən, AM 'sɑːf-] **I.** *vi* ❶ (*melt*) weich werden; *ice cream* schmelzen
❷ (*moderate*) nachgiebiger werden; **to ~ with age** mit dem Alter nachsichtiger werden
❸ FIN *quotation* sich abschwächen, nachgeben; ***quotations at the LSE are expected to ~ further*** es ist zu erwarten, dass die Notierungen an der Londoner Börse weiter abschwächen
II. *vt* ■**to ~ sth** ❶ (*melt*) etw weich werden lassen; **to ~ skin** Haut weich und geschmeidig machen
❷ (*moderate*) etw mildern; *manner, behaviour* sich *akk* mäßigen; **to ~ a colour/light** eine Farbe/Licht dämpfen; **to ~ one's heart** sich *akk* erweichen lassen; **to ~ one's opinion** einen moderateren Standpunkt vertreten; **to ~ one's voice** seine Stimme dämpfen; **to ~ words** Worte [etwas] abschwächen
❸ (*alleviate*) etw erträglicher machen; ***how can we ~ the news for her?*** wie können wir ihr die Nachricht möglichst schonend beibringen?; **to ~ the blow** den Schock mildern
◆**soften up I.** *vt* ❶ (*make less hard*) ■**to ~ up** ↔ **sth** etw weicher machen
❷ (*win over*) ■**to ~ up** ↔ **sb** jdn erweichen; (*persuade*) jdn rumkriegen *fam*
❸ MIL (*weaken*) ■**to ~ up** ↔ **sth** etw schwächen;

S

to ~ **up the enemy** den Feind schwächen
II. *vi* weich werden
softener ['sɒfᵊnəʳ, AM 'sɑːfᵊnɚ] *n* ❶ (*softening agent*) Weichmacher *m;* **fabric** ~ Weichspüler *m*
❷ (*mineral reducer*) Enthärter *m;* **water** ~ Wasserenthärter *m*
softening ['sɒfᵊnɪŋ, AM 'sɑːf-] **I.** *n no pl* ❶ (*making less hard*) Weichmachen *nt; of clothes* Weichspülen *nt; of leather* Geschmeidigmachen *nt; of a voice* Dämpfen *nt; of an attitude, opinion* Mäßigen *nt; of a manner* Mäßigung *f*
❷ (*making less bright*) *of a colour, light* Dämpfen *nt; of a contrast* Abschwächen *nt*
II. *adj attr, inv* Enthärtungs-, enthärtend; ~ **agent** Weichmacher *m*
soft-focus *adj* Weichzeichner- **soft fruit** *n esp* BRIT Beeren *fpl,* Beerenobst *nt kein pl* **soft furnishings** *n* BRIT, AUS, **soft goods** *npl* AM Heimtextilien *fpl* **soft-headed** *adj* blöd *fam,* doof *fam*
soft-hearted *adj* ❶ (*compassionate*) weichherzig ❷ (*gullible*) leichtgläubig; ***don't be so ~ with those boys*** lass dich von diesen Jungs nicht um den Finger wickeln *fam*
softie ['sɒfti, AM 'sɑːfti] *n* (*fam*) Softie *m fam,* Weichling *m pej*
soft loan *n* [zins]günstiger Kredit, Anleihe *f* zu günstigen Bedingungen
softly ['sɒftli, AM 'sɑːft-] *adv* ❶ (*not hard*) sanft; ***please place the computer down on the desk ~*** bitte stellen Sie den Computer vorsichtig auf dem Tisch ab; ***it was raining ~*** es regnete leicht [*o* nieselte]; ***the wind blew ~*** es wehte ein leichter Wind
❷ (*quietly*) leise; **to speak** ~ ruhig sprechen
❸ (*dimly*) schwach; ***the room was ~ lit*** der Raum war schwach beleuchtet
❹ (*leniently*) nachsichtig, nachgiebig
► PHRASES: **to tread** ~ mit Bedacht vorgehen
softly-softly *adj attr, inv* BRIT, AUS vorsichtig
softness ['sɒftnəs, AM 'sɑːft-] *n no pl* ❶ (*not hardness*) Weichheit *f*
❷ (*smoothness*) Weichheit *f; of skin* Zartheit *f,* Glätte *f; of hair* Seidigkeit *f*
❸ (*subtlety*) *of lighting* Gedämpftheit *f; of the sun* Schwäche *f; of colours* Zartheit *f*
❹ (*wishy-washyness*) Schwächlichkeit *f,* Laschheit *f pej fam,* Schlaffheit *f*
soft pedal *n* Dämpfer *m* (*Pedal am Kalvier*) **soft-pedal** <BRIT -ll- *or* AM *usu* -l-> **I.** *vi* mit Dämpfer [Klavier] spielen **II.** *vt* ■**to ~ sth** MUS etw mit Dämpfer [auf dem Klavier] spielen; (*fig*) etw herunterspielen *fam;* ***we'd better ~ it for the moment on this sensitive issue*** wir sollten diese heikle Frage im Moment lieber mit Zurückhaltung behandeln **soft porn** *n* Softporno *m*
softs *npl* STOCKEX Lebensmittelrohstoffe *mpl*
soft sell *n* ECON diskreter [*o* zurückhaltender] Verkauf, weiche [*o* unaufdringliche] Verkaufstaktik
soft-sell I. *adj inv* ~ **philosophy** Philosophie *f* der unaufdringlichen Verkaufstaktik; ~ **style** unaufdringliche Verkaufstaktik **II.** *vt* <-sold, -sold> ■**to ~ sth** etw auf die sanfte Tour an den Mann bringen *fam* **soft soap** *n no pl* ❶ (*cleanser*) flüssige Seife ❷ (*fig fam: flattery*) Schmeichelei *f,* Schleimerei *f pej* **soft-soap** *vt* (*fig fam*) ■**to ~ sb** jdm Honig um's Maul schmieren *fam* **soft-spoken** *adj* (*person*) ■**to be ~** leise sprechen; (*sound*) leise gesprochen; ~ **manner** freundliche und sanfte Art
soft target *n* MIL leicht verwundbares Ziel
soft-top *n* AUTO ❶ (*vehicle*) Kabrio[lett] *nt* ❷ (*roof*) *beim Kabriolett: hochklappbares Verdeck aus weichem Material* **soft toy** *n* BRIT Plüschtier *nt,* Kuscheltier *nt*
software ['sɒf(t)weəʳ, AM 'sɑːftwer] COMPUT **I.** *n no pl* Software *f,* Programmausstattung *f;* **computer** ~ Computersoftware *f,* Computerprogramme *ntpl;* **accounting/foreign language** ~ Buchhaltungs-/Fremdsprachensoftware *f* **II.** *n modifier* (*company, component, development, market, problem, publisher*) Software-; ~ **house** Softwarefirma *f;* ~ **package** Softwarepaket *nt;* ~ **piracy** Softwarepiraterie *f;* ~ **tool** Programmentwicklungssystem *nt;* ~ **writer** Programmierer(in) *m(f)* **software package** *n* Softwarepaket *nt* **software piracy** *n no pl* Software-Piraterie *f* **soft water** *n no pl* CHEM weiches Wasser **softwood I.** *n* ❶ *no pl* (*wood*) Weichholz *nt* ❷ (*tree*) immergrüner Baum, Baum *m* mit weichem Holz; ■**~s** Weichhölzer *ntpl* **II.** *n modifier* (*frame*) Weichholz-; ~ **chair** Stuhl *m* aus Weichholz
softy *n see* **softie**
soggily ['sɒgɪli, AM 'sɑːg-] *adv* matschig *fam,* glitschig *fam*
sogginess ['sɒgɪnəs, AM 'sɑːg-] *n no pl* ❶ (*wetness*) triefende Nässe; (*bogginess*) Matschigkeit *f fam,* Glitschigkeit *f fam*
❷ FOOD (*mushiness*) Matschigkeit *f fam;* ***the pasta has been cooked to the point of ~*** die Nudeln waren zu Matsch verkocht *fam*
soggy ['sɒgi, AM 'sɑːgi] *adj* ❶ (*sodden*) durchnässt; (*boggy*) glitschig *fam;* ~ **soil** aufgeweichter [Erd]boden
❷ AM METEO feucht, schwül; BRIT feucht, regnerisch; ~ **summer** verregneter Sommer
❸ FOOD matschig, pampig; **to go** ~ matschig werden
soi-disant [ˌswɑːˈdiːzɑ̃(n), AM zɑ̃] *adj attr, inv* (*form*) selbst ernannt, angeblich, so genannt
soignée ['swɑːnjeɪ] *n* soigniert *geh*
soil¹ [sɔɪl] **I.** *vt* (*form*) ❶ (*dirty*) ■**to ~ sth** etw verschmutzen; **to ~ one's clothes/shoes** sich *dat* seine Kleider/Schuhe schmutzig [*o* dreckig] machen
❷ (*foul*) ■**to ~ sth** etw verunreinigen; ***the kittens ~ed the carpet*** die Kätzchen haben auf den Teppich gemacht; **to ~ one's diapers/pants** in die Windeln/Hose machen
❸ *usu passive* (*fig: ruin*) **to ~ sb's name/reputation** jds Namen/guten Ruf beschmutzen [*o fig* besudeln] *fig*
► PHRASES: **to not ~ one's hands with sth** sich *dat* nicht die Hände an etw *dat* schmutzig machen *fig*
II. *vi* ***the puppies have ~ed on the carpet*** die kleinen Hunde haben auf den Teppich gemacht
soil² [sɔɪl] *n no pl* ❶ (*earth*) Boden *m,* Erde *f,* Erdreich *nt;* **clay/sandy** ~ Lehm-/Sandboden *m,* lehmiger/sandiger Boden; **fertile/heavy** ~ fruchtbarer/schwerer Boden
❷ (*form: farming*) ■**the ~** die Scholle *liter*
❸ (*territory*) Boden *m;* ***she didn't want to leave her native ~*** sie wollte ihre Heimat nicht verlassen; **foreign** ~ fremdes Land
soil conservation *n no pl* AGR Bodenschutz *m* **soil creep** *n no pl* Erdrutsch *m*
soiled [sɔɪld] *adj* verschmutzt, besudelt
soil erosion *n no pl* GEOL Bodenerosion *f* **soil exhaustion** *n no pl* AGR Auslaugen *nt* des Bodens **soil fertility** *n no pl* AGR Ertrag[s]fähigkeit *f* des Bodens
soilless gardening [ˌsɔɪlləs'-] *n no pl* Anbau *m* von Hydrokulturen
soil pipe *n* Abflussrohr *nt,* Fallrohr *nt* **soil science** *n no pl* Bodenkunde *f*
soirée ['swɑːreɪ, AM swɑː'reɪ] *n,* **soiree** *n* (*form or hum*) Soiree *f geh*
sojourn ['sɒdʒɜːn, AM 'soʊdʒɜːrn] **I.** *vi* (*liter*) ■**to ~ somewhere** irgendwo [ver]weilen *geh,* sich *akk* igendwo [vorübergehend] aufhalten
II. *n* (*liter or hum*) [vorübergehender] Aufenthalt
solace ['sɒləs, AM 'sɑːlɪs] **I.** *n no pl* Trost *m;* ***I know it isn't much ~, but …*** ich weiß, das ist kein großer Trost, aber …; **to find ~ in sth** Trost in etw *dat* finden
II. *vt* ■**to ~ oneself with sth** sich *akk* mit etw *dat* trösten; **to ~ sb's anxiety** [*or* **worries**]/**fear** jd's Sorgen/Angst zerstreuen
solar ['səʊləʳ, AM 'soʊlɚ] *adj inv* ❶ (*relating to sun*) Solar-, Sonnen-; ~ **calculator** Rechner *m* mit Solarzellen; ~ **car** Solarauto *nt,* mit Solarenergie betriebenes Auto; ~ **light** durch Solarenergie gewonnenes Licht
❷ ASTRON ~ **day/time** Sonnentag *m*/-zeit *f*
solar battery *n* Solarbatterie *f,* Sonnenbatterie *f* **solar cell** *n* Solarzelle *f* **solar eclipse** *n* Sonnenfinsternis *f;* **full/partial** ~ totale/partielle Sonnenfinsternis **solar energy** *n no pl* Sonnenenergie *f,* Solarenergie *f* **solar heating** *n no pl* Solarheizung *f*
solaria [sə(ʊ)'leəriə, AM soʊ'leri-] *n pl of* **solarium**
solarium <*pl* -aria *or* -s> [sə(ʊ)'leəriəm, AM soʊ'leri-, *pl* -iə] *n* ❶ (*tanning room*) Solarium *nt,* Sonnenstudio *nt*
❷ AM (*conservatory*) Glashaus *nt,* Gewächshaus *nt*
solar panel *n* Sonnenkollektor *m*
solar plexus [ˌsəʊlə'pleksəs, AM ˌsoʊlɚ'-] *n no pl* ANAT, MED Solarplexus *m fachspr;* **punch in the ~** Schlag *m* in die Magengrube
solar power *n no pl* Sonnenkraft *f* **solar power station** *n* Sonnenkraftwerk *nt,* Solarkraftwerk *nt* **solar radiation** *n no pl* Sonnenstrahlung *f* **solar system** *n* Sonnensystem *nt* **solar wind** *n no pl* ASTRON Sonnenwind *m* **solar year** *n* ASTRON Sonnenjahr *nt*
sold [səʊld, AM soʊld] *pt, pp of* **sell**
solder ['səʊldəʳ, AM 'sɑːdɚ] **I.** *vt* ■**to ~ sth** etw löten; ■**to ~ sth on** etw anlöten; ■**to ~ sth together** etw zusammenlöten [*o* verlöten]
II. *n no pl* Lötmetall *nt,* Lötzinn *nt*
soldering iron *n* Lötkolben *m*
soldier ['səʊldʒəʳ, AM 'soʊldʒɚ] **I.** *n* ❶ MIL Soldat(in) *m(f);* ~ **of fortune** Söldner *m;* **tin ~** Zinnsoldat *m*
❷ (*fig: active member*) Aktivist(in) *m(f);* **S~ of Christ** Streiter *m* Christi
❸ (*well-behaved person*) braver [*o* tapferer] Junge/braves [*o* tapferes] Mädchen; ***my boss expects me to be a good ~ and work the necessary overtime*** mein Chef erwartet, dass ich schön brav meine Überstunden mache
II. *vi* Soldat sein, in der Armee dienen
◆**soldier on** *vi* sich *akk* durchkämpfen, unermüdlich [und unbeirrt] weitermachen, bei der Stange bleiben
soldiering ['səʊldʒᵊrɪŋ, AM 'soʊl-] *n no pl* Leben *nt* als Soldat [*o* in der Armee]; **to go ~** zur Armee gehen, Soldat werden
soldierly ['səʊldʒᵊli, AM 'soʊldʒɚ] *adj* soldatisch
soldiery ['səʊldʒᵊri, AM 'soʊl] *n* ❶ + *sing/pl vb* (*soldiers collectively*) Militär *nt,* Soldaten *mpl,* Soldateska *f pej*
❷ *no pl* (*military training or knowledge*) Soldatentum *nt*
sole¹ [səʊl, AM soʊl] *adj attr, inv* ❶ (*only*) einzig, alleinig; **to take ~ charge of sb/sth** die alleinige Verantwortung für jdn/etw übernehmen, allein für jdn/etw sorgen; ~ **exception** einzige Ausnahme; ~ **surviving relative** einziger überlebender Verwandter/einzige überlebende Verwandte; ~ **responsibility** alleinige Verantwortung; ~ **survivor** einziger Überlebender/einzige Überlebende
❷ (*exclusive*) Allein-; ~ **agency** Alleinvertretung *f;* ~ **agent** Alleinvertreter(in) *m(f);* ~ **right** alleiniges Recht; ~ **right to sell** Alleinverkaufsrecht *nt*
sole² [səʊl, AM soʊl] *n* ❶ FASHION [Schuh]sohle *f*
❷ ANAT [Fuß]sohle *f*
sole³ <*pl* – *or* -s> [səʊl, AM soʊl] *n* ❶ (*fish*) Seezunge *f;* **Dover** ~ [Dover]seezunge *f;* **lemon** ~ Seezunge *f*
❷ *no pl* FOOD Seezunge *f;* **filet of ~** Seezungenfilet *nt*
solecism ['sɒlɪsɪzᵊm, AM 'sɑːlə-] *n* (*form*) ❶ LING (*mistake*) Fehler *m,* Solözismus *m fachspr*
❷ (*faux pas*) Fauxpas *m*
-soled [səʊld, AM soʊld] *in compounds* -besohlt
solely ['səʊlli, AM 'soʊl-] *adv inv* einzig und allein, nur; **to be ~ in charge of sth** für etw *akk* allein verantwortlich sein; **to be ~ responsible for sth** die alleinige Verantwortung für etw *akk* tragen
solemn ['sɒləm, AM 'sɑːləm] *adj* ❶ (*ceremonial*) feierlich; ~ **commitment** heilige Verpflichtung; ~ **oath** heiliger Eid; ~ **occasion** feierlicher Anlass; ~ **promise** heiliges Versprechen; **to make a ~ promise to sb to do sth** jdm hoch und heilig versprechen, etw zu tun; ~ **undertaking** heiliges Unternehmen
❷ (*grave*) ernst; ***his ~ face betrayed the serious-***

ness of the matter seine düstere Miene verriet den Ernst der Angelegenheit; ~ **look** ernster Blick; ~ **voice** getragene Stimme

solemnity [səˈlemnəti, AM -t̬-] *n* ① *no pl* (*gravity*) Feierlichkeit *f,* Erhabenheit *f;* ■**to do sth with** ~ etw mit großem Ernst tun
② (*ceremony*) ■**solemnities** *pl* Trauerfeierlichkeiten *fpl;* REL [kirchliche] Feierlichkeiten

solemnization [ˌsɒləmnaɪˈzeɪʃᵊn, AM ˌsɑːləmnɪˈ-] *n no pl* (*form*) ① (*carrying out*) feierlicher Vollzug; *of marriage* Zeremonie *f*
② (*celebration*) Feier *f*

solemnize [ˈsɒləmnaɪz, AM ˈsɑː-] *vt* (*form*) ■**to ~ sth** etw feiern; **to ~ a marriage** eine Trauung [feierlich] vollziehen

solemnly [ˈsɒləmli, AM ˈsɑː-] *adv* ① (*ceremonially*) feierlich; **to ~ promise sth** etw hoch und heilig versprechen; **to ~ swear sth** etw bei allem, was einem heilig ist, schwören
② (*gravely*) ernst

solemnness [ˈsɒləmnəs, AM ˈsɑː-] *n no pl* Feierlichkeit *f,* feierlicher Ernst; ■**to do sth with** ~ etw mit großem Ernst tun

solenoid [ˈsəʊlənɔɪd, AM ˈsoʊ-] *n* ELEC Magnetspule *f,* Solenoid *nt fachspr*

solenoid switch *n* ELEC Magnetschalter *m*

sol-fa [ˌsɒlˈfɑː, AM ˌsoʊl-] MUS **I.** *n* Tonleiter *f,* Solmisation *f fachspr*
II. *vi* die Tonleiter singen, solmisieren *fachspr*
III. *vt* **to ~ a song** ein Lied als Tonleiternoten singen

solicit [səˈlɪsɪt] *vt* (*form*) ① (*ask for*) ■**to ~ sth** um etw *akk* bitten, etw erbitten; ***during an oral exam, a professor will ~ detailed answers from a student*** in einer mündlichen Prüfung verlangt ein Professor ausführliche Antworten von einem Studenten; ■**to ~ sth for sth from sb** von jdm etw für etw *akk* erbitten; ***he tried to ~ support for the restructuring from his employees*** er versuchte, bei seinen Angestellten um Verständnis für die Umstrukturierung zu werben; **to ~ donations/gifts** [dringend] um Spenden/Gaben bitten; **to ~ support** um Unterstützung bitten; **to ~ votes** um [Wähler]stimmen werben
② (*sell*) ■**to ~ sb** *prostitutes* jdn anwerben; **to ~ sex** sich *akk* anbieten [*o geh* prostituieren]

solicitation [səˌlɪsɪˈteɪʃᵊn] *n* (*form*) ① *no pl* (*seeking*) [dringende] Bitte; ~ **of donations** Spendenaufruf *m*
② (*selling*) Kundenwerbung *f;* ~ **of orders** Einholung *f* von Aufträgen
③ (*prostitution*) Ansprechen *nt* von Männern (*durch Prostituierte*)

soliciting [səˈlɪsɪtɪŋ, AM -t̬-] *n no pl* Ansprechen *nt* von Männern (*durch Prostituierte*)

solicitor [səˈlɪsɪtəʳ, AM -t̬ɚ] *n* ① *esp* BRIT, AUS LAW Rechtsanwalt, Rechtsanwältin *m, f* (*der/die seine/ihre Mandanten nur in den unteren Instanzen vertreten darf, im Gegensatz zum barrister*); **a firm of ~s** eine [Anwalts]kanzlei; **S~ General** BRIT Zweiter Kronanwalt; AM (*ranghöchster [beamteter] Staatssekretär im Justizministerium*)
② AM POL Rechtsreferent(in) *m(f)* (*einer Stadt*)

Solicitor General <*pl* Solicitors> [səˌlɪsɪtəˈdʒenᵊrᵊl] *n* LAW, POL ① (*in England*) zweiter Kronanwalt/zweite Kronanwältin
② (*in the USA*) stellvertretender Justizminister/stellvertretende Justiz- ministerin

solicitous [səˈlɪsɪtəs, AM -t̬-] *adj* (*form*) ① (*anxious*) besorgt
② (*careful*) sorgfältig; ***to give ~ attention to the wording in the contract*** sehr genau auf den Wortlaut des Vertrags achten
③ (*attentive*) aufmerksam; ~ **service** zuvorkommende Bedienung

solicitously [səˈlɪsɪtəsli, AM -t̬-] *adv* (*form*) ① (*anxiously*) besorgt
② (*carefully*) sorgfältig

solicitousness [səˈlɪsɪtəsnəs, AM -t̬-] *n no pl* (*form*) ① (*anxiousness*) Besorgtheit *f;* (*care*) Fürsorglichkeit *f*
② (*attentiveness*) *of a waiter* Zuvorkommenheit *f,* zuvorkommende Art

solicitude [səˈlɪsɪtjuːd, AM *esp* -tuːd] *n* (*form*) ① *no pl* (*attentiveness*) *of a waiter* zuvorkommende Art
② (*anxiety*) Sorge *f* (**about** um +*akk*), Besorgtheit *f* (**about** über +*akk*)

solid [ˈsɒlɪd, AM ˈsɑː-] **I.** *adj* ① (*hard*) fest; *chair, door, wall* solide; ~ **foundation** stabile [*o* solide] Grundlage; ~ **punch** kräftiger Schlag; ~ **rock** massiver [*o* harter] Fels; **to be ~ as a rock** *person* hart wie Stahl sein
② (*not hollow*) massiv
③ (*not liquid*) fest; ~ **waste** Festmüll *m;* **to be frozen ~** zugefroren sein
④ (*completely*) ganz; ~ **gold** Massivgold *nt;* ~ **silver** massives [*o* reines] Silber; ~ **black/blue/red** rein schwarz/blau/rot
⑤ (*substantial*) verlässlich; ~ **argument** stichhaltiges [*o* triftiges] Argument; ~ **evidence** handfester Beweis; ~ **facts** zuverlässige Fakten; ~ **footing** stabile Basis; ~ **grounding** solides [*o* fundiertes] Grundwissen; ~ **meal** ordentliche [*o* richtige] Mahlzeit; ~ **reasoning** fundierte Argumentation; ~ **reasons** vernünftige [*o* stichhaltige] Gründe
⑥ (*concrete*) *plan* konkret
⑦ (*uninterrupted*) *line, wall* durchgehend; *month, week* ganz; ***he slept for 12 hours*** ~ er schlief 12 Stunden am Stück; ***it rained for a month*** ~ es regnete einen ganzen Monat lang ohne Unterbrechung; **a ~ line of cars** eine Autoschlange; ~ **record** ungebrochener Rekord; ~ **success/winning streak** anhaltender Erfolg/anhaltende Glückssträhne
⑧ (*unanimous*) ~ **approval** volle [*o* geschlossene] Zustimmung; ~ **support** volle Unterstützung
⑨ (*dependable*) *person* solide, zuverlässig; *democrat, socialist* hundertprozentig; *marriage, relationship* stabil; ~ **bond** festes Band; ~ **conservative** Erzkonservative(r) *f(m)*
⑩ ECON (*financially strong*) *company* solide, gesund; (*financially sound*) *investment* solide, sicher
⑪ (*sound*) solide, gut; ~ **performance** gediegene Vorstellung
⑫ TYPO (*not spaced*) *text* kompress
II. *adv* voll; ***the lecture hall was packed ~ with students*** der Vorlesungssaal war randvoll mit Studenten; ***the hotel was booked ~ throughout January*** das Hotel war den ganzen Januar hindurch ausgebucht
III. *n* ① PHYS fester Stoff, Festkörper *m*
② MATH Körper *m*
③ FOOD ■**~s** *pl* feste Nahrung *kein pl*

solidarity [ˌsɒlɪˈdærəti, AM ˌsɑːləˈderət̬i] *n no pl* ① (*unity*) Solidarität *f* (**with** mit +*dat*)
② (*movement*) **S~** Solidarität *f*

solid food *n* ① *no pl* (*non-liquid food*) feste Nahrung ② (*food items*) ■**~s** *pl* feste Nahrung **solid fuel** *n* ① *no pl* (*power source*) fester Brennstoff ② (*pieces*) feste Brennstoffe *mpl* **solid geometry** *n no pl* räumliche Geometrie

solidification [səˌlɪdɪfɪˈkeɪʃᵊn, AM -ˌlɪdə-] *n no pl* Festwerden *nt,* Verfestigung *f; of cement* Hartwerden *nt*

solidify <-ie-> [səˈlɪdɪfaɪ, AM -ˈlɪdə-] **I.** *vi* ① (*harden*) fest werden; *lava* erstarren; *cement* hart werden; *water* gefrieren
② (*fig: take shape*) *plans* sich *akk* konkretisieren; *project* [konkrete] Gestalt annehmen; *idea, thought* konkret[er] werden; *support* sich *akk* festigen
II. *vt* ■**to ~ sth** ① (*harden*) etw fest werden [*o* erstarren] lassen; **to ~ water** Wassen gefrieren lassen
② (*fig: reinforce*) etw festigen; **to ~ one's commitment** sein Engagement bekräftigen; **to ~ an idea/an opinion/a thought** einen Idee/eine Meinung/einen Gedanken konkretisieren [*o* klar herausarbeiten]; **to ~ a plan** einen Plan konkretisieren

solidity [səˈlɪdɪti, AM -ˈlɪdət̬i] *n no pl* ① (*hardness*) fester Zustand; *of wood* Härte *f; of a foundation, table* Stabilität *f; of a wall* Stabilität *f,* Festigkeit *f*
② (*reliability*) Zuverlässigkeit *f; of facts, evidence* Stichhaltigkeit *f,* Zuverlässigkeit *f; of an argument, reasons, reasoning* Stichhaltigkeit *f; of a judgement* Fundiertheit *f; of commitment* Verlässlichkeit *f*
③ (*strength*) Stabilität *f*
④ (*soundness*) Gediegenheit *f*
⑤ (*financial soundness*) *of an investment* Solidität *f;* (*financial strength*) *of a company* finanzielle Stärke

solidly [ˈsɒlɪdli, AM ˈsɑː-] *adv* ① (*sturdily*) solide; **to be ~ built** solide gebaut sein
② (*uninterruptedly*) *win, work* ununterbrochen
③ (*fully*) voll, geschlossen; **to be ~ behind sb** geschlossen hinter jdm stehen

solidness [ˈsɒlɪdnəs, AM ˈsɑːl-] *n no pl see* **solidity**

solid state *n* PHYS fester Zustand

solid-state *adj* Festkörper-, Halbleiter-; ~ **circuit** Festkörperschaltkreis *m,* monolithischer Schaltkreis; ~ **device/physics** Festkörperbauteil *nt*/-physik *f*

solidus <*pl* -di> [ˈsɒlɪdəs, AM ˌsɑːl-, *pl* -daɪ] *n esp* BRIT Schrägstrich *m*

soliloquize [səˈlɪləkwaɪz] *vi* Selbstgespräche führen; THEAT monologisieren

soliloquy [səˈlɪləkwi] *n* Selbstgespräch *nt;* THEAT Monolog *m*

solipsism [ˈsɒlɪpsɪzᵊm, AM ˈsɑːl-] *n* PHILOS Solipsismus *m*

solipsist [ˈsɒlɪpsɪst, AM ˈsɑːlɪp] *n* PHILOS Solipsist(in) *m(f)*

solipsistic [ˌsɒlɪpˈsɪstɪk, AM ˌsɑːl-] *adj inv* PHILOS solipsistisch

solitaire [ˌsɒlɪˈteəʳ, AM ˈsɑːləter] *n* ① (*jewel*) Solitär *m;* ~ **diamond** Diamantsolitär *m*
② *no pl esp* AM (*card game*) Patience *f*

solitariness [ˈsɒlɪtᵊrɪnəs, AM ˈsɑːləterɪ] *n no pl* Einsamkeit *f,* Vereinzelung *f*

solitary [ˈsɒlɪtᵊri, AM ˈsɑːləteri] **I.** *adj* ① (*single*) einzelne(r, s) *attr,* solitär *fachspr;* **one ~ figure** eine einzelne Person; **one ~ tree** ein allein stehender Baum
② (*lonely*) einsam; (*remote*) abgeschieden, abgelegen; ~ **life** Einsiedlerleben *nt;* **to go for a ~ stroll** [*or* **walk**] allein spazieren gehen
II. *n* ① *no pl* (*fam: in prison*) Einzelhaft *f;* **to do two weeks in ~** zwei Wochen in Einzelhaft sein *fam*
② (*liter: hermit*) Einsiedler(in) *m(f)*

solitary confinement *n* Einzelhaft *f;* **to keep sb in ~** jdn in Einzelhaft halten; **to spend** [*or fam* **do**] **three months in ~** drei Monate in Einzelhaft verbringen [*o* sein]

solitude [ˈsɒlɪtjuːd, AM ˈsɑːlətuːd, -tjuːd] *n* ① *no pl* (*being alone*) Alleinsein *nt;* **in ~** alleine; **to live in ~** in völliger Abgeschiedenheit leben
② *no pl* (*loneliness*) Einsamkeit *f*
③ (*liter: remote place*) Einöde *f*

solo [ˈsəʊləʊ, AM ˈsoʊloʊ] **I.** *adj attr, inv* ① (*unaccompanied*) Solo-; ~ **attempt** Einzelversuch *m;* ~ **flight** Alleinflug *m;* ~ **walking** Alleinwanderung *f*
② MUS Solo-; ~ **career/performance** Solokarriere *f*/-vorstellung *f*
II. *adv inv* (*single-handed*) allein; MUS solo; **to fly ~** einen Alleinflug machen; **to go ~** als Einzelkünstler(in) *m(f)* auftreten
III. *n* MUS Solo *nt;* **guitar/piano ~** Gitarren-/Klaviersolo *nt*
IV. *vi* (*play unaccompanied*) solo spielen; (*sing unaccompanied*) solo singen

soloist [ˈsəʊləʊɪst, AM ˈsoʊloʊ-] *n* Solist(in) *m(f)*

solo whist *n no pl* CARDS Solo[whist] *nt*

solstice [ˈsɒlstɪs, AM ˈsɑːl-] *n* Sonnenwende *f,* Solstitium *nt fachspr;* **summer/winter ~** Sommer-/Wintersonnenwende *f*

solubility [ˌsɒljəˈbɪləti, AM ˌsɑːljəˈbɪlət̬i] *n no pl* CHEM Löslichkeit *f*

soluble [ˈsɒljəbl̩, AM ˈsɑːl-] *adj* ① (*that dissolves*) löslich, solubel *fachspr;* ~ **aspirin®** Aspirin® *nt* in Brausetablettenform; ~ **in water** wasserlöslich
② (*solvable*) lösbar

solus [ˈsəʊləs, AM ˈsoʊ-] *adj attr* THEAT allein

solute [ˈsɒljuːt, AM ˈsɑːl-] *n* CHEM gelöster Stoff

solution [səˈljuːʃᵊn, AM -ˈluː-] *n* ① (*to problem*)

Lösung *f;* (*to riddle/puzzle*) [Auf]lösung *f*
❷ *no pl* (*act of solving*) Lösen *nt*
❸ (*in business*) Vorrichtung *f;* **software ~s** Softwareanwendungen *fpl*
❹ CHEM (*liquid*) Lösung *f;* **in ~** gelöst, in einer Lösung

solvable ['sɒlvəbl̩, AM 'sɑ:l-] *adj* lösbar

solve [sɒlv, AM sɑ:lv] *vt* ■ **to ~ sth** etw lösen; ***complaining won't ~ anything*** Meckern allein hilft nicht *fam;* **to ~ a crime** ein Verbrechen aufklären; **to ~ a mystery** ein Geheimnis aufdecken; **to ~ a problem** ein Problem lösen

solvency ['sɒlvᵊn(t)si, AM 'sɑ:l-] *n no pl* FIN Zahlungsfähigkeit *f,* Solvenz *f fachspr*

solvent ['sɒlvᵊnt, AM 'sɑ:l-] **I.** *n* CHEM Lösungsmittel *nt*
II. *adj* ❶ FIN solvent *geh,* zahlungsfähig; **to be barely ~** an der Liquiditätsgrenze [*o* [gerade] noch solvent] sein
❷ (*fam: having sufficient money*) flüssig *fam*

solvent abuse *n esp* BRIT Missbrauch *m* von Lösungsmitteln (*als Rauschgift*) **solvent-free** *adj inv* lösungsmittelfrei, ohne Lösungsmittel *nach n*

Som BRIT *abbrev of* **Somerset**

Somali [sə'mɑ:li, AM soʊ'-] **I.** *n* <*pl* – *or* -s>
❶ (*person*) Somalier(in) *m(f)*
❷ *no pl* (*language*) Somali *nt*
II. *adj* somalisch

Somalia [sə'mɑ:liə, AM soʊ'-] *n* Somalia *nt*

somatic [səʊ'mætɪk, AM soʊ'mæt̬ɪk] *adj inv* BIOL, MED körperlich, physisch, somatisch *fachspr*

somber *adj* AM *see* **sombre**

somberly *adv* AM *see* **sombrely**

somberness *n* AM *see* **sombreness**

sombre ['sɒmbəʳ], AM **somber** ['sɑ:mbɚ] *adj*
❶ (*sad*) düster; ***he replied in a ~ tone*** er antwortete mit ernster Stimme; **~ mood** düstere [*o* melancholische] Stimmung; **~ setting** ernster Rahmen
❷ (*dark-coloured*) dunkel; **~ day** trüber [*o* finsterer] Tag

sombrely ['sɒmbəli], AM **somberly** ['sɑ:mbɚ-] *adv* ❶ (*sad*) düster, ernst
❷ (*dark-coloured*) **~ dressed** dunkel gekleidet

sombreness ['sɒmbənəs], AM **somberness** ['sɑ:mbɚ-] *n no pl* ❶ (*sadness, mournfulness*) Düsterkeit *f,* Betrübtheit *f,* Trübseligkeit *f*
❷ (*of colour*) Düsterkeit *f*

sombrero [sɒm'breərəʊ, AM sɑ:m'breroʊ] *n* Sombrero *m*

some [sʌm, sᵊm] **I.** *adj inv* ❶ (*unknown amount*) ***there's ~ cake in the kitchen if you'd like it*** es ist noch Kuchen in der Küche, wenn du welchen möchtest; ***here's ~ news you might be interested in*** ich habe Neuigkeiten, die dich interessieren könnten; ***I made ~ money running errands*** ich habe mit Gelegenheitsjobs etwas Geld verdient; ***he played ~ records for me*** er spielte mir Platten vor; **~ more sth** noch etw; ***I've got to do ~ more work before I can go out*** ich muss noch etwas arbeiten, bevor ich ausgehen kann
❷ (*general*) irgendein(e, er); ***could you give me ~ idea of when the building work will finish?*** können Sie mir ungefähr sagen, wann die Bauarbeiten abgeschlossen sein werden?; ***clearly the treatment has had ~ effect*** sicher hatte die Behandlung irgendeine Wirkung; **to ~ extent** bis zu einem gewissen Grad
❸ (*a, an*) ein, eine, einer; ***there must be ~ mistake*** da muss ein Fehler vorliegen; ***~ idiot's locked the door*** irgendein Idiot hat die Tür verschlossen; **~ kind of sth** irgendein(e, er); ***he's in ~ kind of trouble*** es gibt irgendein Problem; **~ sth or [an]other** (*one of several or many*) irgendein(e, er); ***~ day or another we'll meet again*** irgendwann werden wir uns wiedersehen
❹ (*considerable amount, number*) beträchtlich; ***he went to ~ trouble*** er gab sich beträchtliche Mühe; ***it was ~ years later when they next met*** sie trafen sich erst viele Jahre später wieder; ***we discussed the problem at ~ length*** wir diskutierten das Problem ausgiebig; ***I've known you for ~ years now*** ich kenne dich nun schon seit geraumer Zeit
❺ (*a small amount*) etwas; ***he liked ~ music but generally wasn't musical*** ihm gefielen ein paar Musikstücke, aber generell war er nicht musikalisch
❻ (*fam: intensifies noun*) ziemlich; ***that was ~ meal!*** das war vielleicht ein Essen!; ***that was ~ goal*** das war ein großes Ziel
❼ (*showing annoyance*) ***~ mother she turned out to be*** sie ist eine richtige Rabenmutter; ***~ people just don't know when to shut up*** manche Menschen wissen einfach nicht, wann sie ruhig sein sollen; ***~ hotel that turned out to be — it was dreadful*** das war vielleicht ein Hotel – es war schrecklich; **~ chance [of that]!** tolle Aussichten!; ***~ chance! we have about one chance in a hundred of getting away*** tolle Aussichten! die Chancen stehen eins zu hundert, dass wir davonkommen; **~ hopes!** (*that's unlikely!*) sehr unwahrscheinlich!; ***perhaps there'll be some left for us — ~ hopes!*** vielleicht bleibt was für uns übrig – sehr unwahrscheinlich!
II. *pron* ❶ + *pl vb* (*unspecified number of persons or things*) welche; ***we're looking for road signs to the Smoky Mountains — if you see ~, let me know*** wir suchen Schilder zu den Smoky Mountains – wenn du welche siehst, sag's mir; ***I'm looking to buy old jazz records — if you know of ~, please tell me*** ich möchte alte Jazzplatten kaufen – wenn du weißt, wo es welche gibt, sag's mir; ***~ have compared his work to Picasso's*** manche haben sein Werk mit Picasso verglichen; + *sing vb* (*unspecified amount of sth*) welche(r, s); ***if you want whisky I'll give you ~*** wenn du Whisky möchtest, gebe ich dir welchen; ***if you need more paper then just take ~*** wenn du mehr Papier brauchst, nimm es dir einfach
❷ + *pl vb* (*at least a small number*) einige; ***surely ~ have noticed*** sicher haben es einige bemerkt
❸ + *pl vb* (*proportionate number*) ein paar; ***no, I don't want all the green beans — ~ are enough*** nein, ich möchte nicht alle grünen Bohnen – ein paar sind genug; ***here are ~ of your suggestions*** hier sind einige deiner Vorschläge; ***~ of you have already met Imran*** einige von euch kennen Imran bereits; ■ **~ of ...** einige der ...
❹ + *sing vb* (*proportionate number*) ein bisschen; ***no, I don't want all the mashed potatoes — ~ is enough*** nein, ich möchte nicht das ganze Püree – ein bisschen ist genug; ***have ~ of this champagne — it's very good*** trink ein wenig Champagner – er ist sehr gut; ***~ of the prettiest landscape in Germany is found in ...*** einer der schönsten Landschaften Deutschlands liegt ...
▶ PHRASES: **and then ~** (*fam*) mehr als; ***we got our money's worth and then ~*** wir bekamen mehr als unser Geld wert war
III. *adv inv* ❶ (*roughly*) ungefähr, in etwa; ***~ twenty or thirty metres deep/high*** ungefähr zwanzig oder dreißig Meter tief/hoch; ***~ thirty different languages are spoken*** etwa dreißig verschiedene Sprachen werden gesprochen
❷ AM (*fam: a little*) etwas, ein bisschen; ***I'm feeling ~ better*** ich fühle mich [wieder] etwas besser; ***we could turn the heat down ~*** wir könnten die Heizung etwas herunterstellen
❸ AM (*fam: a lot*) viel; ***he sure does talk ~, your brother*** dein Bruder spricht wirklich viel; ***he needs feeding up ~*** er muss ganz schön aufgepäppelt werden
❹ (*fast*) schnell; ***we were really going ~ when we got out of the city*** wir fuhren wirklich schnell, als wir die Stadt hinter uns gelassen hatten
▶ PHRASES: **~ little** ***we are going to be working together for ~ little time yet*** wir werden ziemlich viel zusammenarbeiten müssen

somebody ['sʌmbədi, AM -,bɑ:di] **I.** *pron indef*
❶ (*anyone*) jemand; ***if ~ should find out what we're doing, we'd get in a lot of trouble*** wenn jemand daraufkommt, was wir machen, bekommen wir ganz schöne Schwierigkeiten
❷ (*one person*) irgendwer; ***~ must have seen what happened*** irgendwer muss gesehen haben, was geschehen ist; ***surely ~ knows where the documents are*** sicher weiß jemand, wo die Dokumente sind; ***~ from the audience shouted out*** jemand aus dem Publikum schrie heraus; (*fam*) ***we'll need a software engineer or ~ on the project team*** wir brauchen einen Informatiker oder so in unserem Projektteam; ***we need ~ English to check our translation*** wir brauchen jemand Englischsprachigen, der die Übersetzung prüft
❸ (*unnamed, unknown person*) jemand; ***~ told me that you were moving*** jemand hat mir erzählt, dass ihr umzieht; ***there's ~ at the door*** jemand ist an der Tür; **~ or other** irgendwer; ***~ or other called for you while you were out and wouldn't leave a name*** irgendwer hat angerufen, als du fort warst, und den Namen nicht hinterlassen
❹ (*some non-specified person of a group*) irgendwer; ***~ should take care of that — it looks terrible*** jemand sollte sich darum kümmern – es sieht schrecklich aus; ***I wish ~ would finally tell the boss what an idiot he was!*** ich wünschte, irgendwer würde dem Chef endlich sagen, was für ein Idiot er ist!; **~ else** jemand anders; **~ or other** jemand anders
❺ (*important person*) **to be ~** jemand sein; ***I'd like to be ~*** ich möchte jemand werden
II. *n* <*pl* -dies> (*important person*) wichtige Person; ***nobodies who want to become somebodies*** Nobodys, die wichtig werden wollen

someday ['sʌmdeɪ] *adv inv* eines Tages, irgendwann einmal

somehow ['sʌmhaʊ] *adv inv* ❶ (*by unknown means*) irgendwie; ***~ the dogs had escaped*** die Hunde sind irgendwie entkommen
❷ (*for some reason or other*) irgendwie, aus irgendeinem Grund; ***I know what we're doing is legal but ~ it doesn't feel right*** ich weiß, dass das, was wir tun, legal ist, aber es kommt mir irgendwie nicht richtig vor
❸ (*come what may*) irgendwie; ***I'll get it done ~*** irgendwie schaffe ich das schon

someone ['sʌmwʌn] *pron see* **somebody**

someplace ['sʌmpleɪs] *adv inv* AM irgendwo; **~ else** (*in a different place*) woanders, irgendwo anders; (*to a different place*) woandershin, irgendwo anders hin; ***is there ~ we can talk?*** können wir irgendwo miteinander sprechen?; **~ around here** irgendwo hier

somersault ['sʌməsɔ:lt, AM -ɚsɑ:lt] **I.** *n* (*on ground*) Purzelbaum *m;* (*in air*) Salto *m;* **to turn [*or* do] a ~** einen Purzelbaum schlagen; (*in air*) einen Salto springen [*o* machen]
II. *vi* einen Purzelbaum schlagen; (*in air*) einen Salto springen [*o* machen]; *vehicle, car* sich *akk* überschlagen

something ['sʌm(p)θɪŋ] **I.** *pron indef* ❶ (*object*) etwas; ***I need ~ to write with*** ich brauche etwas zum Schreiben; ***we stopped for ~ to eat*** wir hielten an, um etwas zu essen; ***she has ~ for you*** sie hat etwas für dich; **or ~ of the kind** oder etwas Ähnliches; ***I'll need a credit card or ~ of the kind to break into the apartment*** ich brauche eine Kreditkarte oder so etwas Ähnliches, um in die Wohnung einzubrechen; **~ for nothing** (*want without working for*) alles für nichts; **~ else** etwas anderes; ***would you like some coffee or perhaps there's ~ else you'd like?*** möchtest du Kaffee oder etwas anderes?; **a little ~** (*food*) eine Kleinigkeit; ***time for a little ~*** Zeit für eine Kleinigkeit zu essen; **~ a little stronger** (*alcoholic drink*) etwas Stärkeres; ***we have fruit juice but perhaps you'd like ~ a little stronger?*** wir haben Fruchtsaft oder vielleicht willst du was Stärkeres?; ***there's ~ sharp in my shoe*** in meinem Schuh ist etwas Scharfes
❷ (*message*) etwas; ***he told me ~ but I can't remember what*** er erzählte mir etwas, aber ich kann mich nicht erinnern, was es war; ***is there ~ you'd like to say?*** möchtest du mir etwas sagen?
❸ (*situation*) etwas; ***there's ~ wrong with the engine — it's making strange noises*** mit dem

Motor stimmt was nicht – er gibt seltsame Töne von sich; ~ **happens ...** etwas passiert ...; ~ ***happens every time she sees him*** jedes Mal, wenn sie ihn sieht, passiert etwas
❹ (*action*) etwas; **to do** ~ [**about sth/sb**] etwas [gegen etw/jdn] unternehmen; ***don't just stand there, do ~ — can't you see he's hurt?*** steh nicht nur herum, tu etwas – siehst du nicht, dass er sich verletzt hat?; **to have** [**got**] ~ **to do with sth/sb** etwas mit etw/jdm zu tun haben; ***didn't she have ~ to do with that scandal?*** hatte sie nicht etwas mit dem Skandal zu tun?
❺ (*unknown thing*) etwas; ~ ***tells me tomorrow is going to be a difficult day*** etwas sagt mir, dass Morgen ein schwieriger Tag wird; ***I've been looking for that special ~ for your birthday*** ich suche etwas ganz Besonderes für deinen Geburtstag; ~ ***about her frightened me*** etwas an ihr machte mir Angst; ***I knew ~ terrible had happened*** ich wusste, dass etwas Schreckliches passiert war; ***there's ~ unusual about him*** er hat etwas Ungewöhnliches an sich
❻ (*outstanding quality*) etwas; ***there's ~ about her which many men find appealing*** sie hat etwas, das die meisten Männer attraktiv finden; **to be really** [*or* **quite**] ~ (*approv fam*) etwas darstellen; ***as a violinist, she's really ~*** als Geigerin ist sie wirklich etwas Besonderes; ***it was quite ~ for her to remember us after all these years*** dass sie sich nach all den Jahren noch an uns erinnerte!
❼ (*not exact*) ***a wry look, ~ between amusement and regret*** ein scheler Blick, irgendwas zwischen Belustigung und Bedauern; ***she has ~ of her mother's facial features*** sie hat etwas von den Gesichtszügen ihrer Mutter; ***he always was ~ of a moaner*** er war immer ein bisschen ein Raunzer; ***the building materials cost ~ under $4500*** das Baumaterial kostet etwas unter $4.500; (*fam*) ***she works for a bank or ~*** sie arbeitet für eine Bank oder so was; ***hey, are you drunk or ~?*** he, bist du betrunken oder was?; ***I don't know why she's acting like that — she must be jealous or ~*** ich weiß nicht, warum sie sich so verhält – sie muss eifersüchtig sein oder so was; ~ **like ...** (*similar*) ungefähr wie ..., in etwa wie ...; ***he sounds ~ like his father on the phone*** er klingt am Telefon in etwa wie sein Vater; ~ **like** [*or fam* **around**] **...** (*approximately*) um die ...; ***there were ~ like fifty applicants*** es gab um die fünfzig Bewerber/Bewerberinnen; ***it was ~ of a surprise*** es war eine kleine Überraschung
► PHRASES: **to be** ~ <u>**else**</u> (*be exceptionally good*) wirklich was sein; (*be exceptionally bad*) unpackbar sein *sl;* ***the reaction from the crowd was ~ else*** die Reaktion des Publikums war echt beeindruckend; **to** <u>**have**</u> ~ **going on with sb** (*have a relationship with sb*) etwas mit jdm haben; ***they say he's got ~ going on with his boss*** es heißt, dass er etwas mit seiner Chefin hat; **to** <u>**have**</u> [**got**] ~ **there** ein Hammer sein; **to** <u>**make**</u> ~ **of oneself** (*succeed in life*) etwas aus sich *dat* machen; **to** <u>**make**</u> ~ **out of sth** aus einer Mücke einen Elefanten machen; <u>**that's**</u> ~ das ist schon was; **there's** ~ <u>**in**</u> **sth** an etw *dat* ist etwas dran; ***there's ~ in catching the earlier train*** es macht in der Tat Sinn, den früheren Zug zu nehmen
II. *adv inv* (*fam: very*) ganz; ***my back hurts ~ terrible*** mein Rücken schmerzt ganz furchtbar

sometime ['sʌmtaɪm] **I.** *adv inv* irgendwann; ***come up and see me ~*** komm mich mal besuchen; ~ **in the summer/in August** irgendwann im Sommer/im August; ~ **soon** demnächst irgendwann, bald einmal
II. *adj attr, inv* (*form*) ehemalige(r, s) *attr,* frühere(r, s) *attr,* einstige(r, s) *attr*

sometimes ['sʌmtaɪmz] *adv inv* manchmal

someway(s) ['sʌmweɪ(z)] *adv inv* AM (*fam*) irgendwie; ***I'll get it done ~ or another*** irgendwie schaffe ich das schon

somewhat ['sʌm(h)wɒt, AM -(h)wɑːt] *adv inv* etwas, ein wenig [*o* bisschen]; ~ ***to my surprise, I found the whole house empty*** ich war etwas überrascht, das ganze Haus leer zu finden; ***the foul-up has annoyed him more than ~*** das Durcheinander hat ihn ganz schön aufgeregt; ***this is ~ of a new departure for the group*** das ist so etwas wie ein neuer Anfang für die Gruppe; ***she's ~ more confident than she used to be*** sie ist doch etwas selbstsicherer als früher; ***she was well known as being ~ of a strange character*** sie war für ihre etwas seltsame Art bekannt

somewhere ['sʌm(h)weəʳ, AM -(h)wer] *adv inv* ❶ (*in unspecified place*) irgendwo; ***I think we've met ~ before*** ich glaube, wir sind uns irgendwo schon mal begegnet *fam;* ~ **around here** hier irgendwo; ~ **else** woanders, irgendwo anders; ~ **nice/warm** irgendwo, wo es nett/warm ist; ***can we go ~ special for dinner?*** können wir in ein besonderes Restaurant zum Essen gehen?
❷ (*to unspecified place*) irgendwohin; ~ **else** woandershin, irgendwo anders hin
❸ (*roughly*) ungefähr; ***the turnover is ~ around*** [*or* ***in the region of***] ***£70.7 million*** die Umsätze liegen bei ungefähr 70,7 Millionen Pfund; ~ **between 30 and 40** so zwischen 30 und 40
► PHRASES: **to** <u>**get**</u> ~ Fortschritte machen, weiterkommen

sommelier [sɒm'eliəʳ, AM ˌsʌməl'jeɪ] *n* (*wine waiter*) Sommelier *m*

somnambulism [sɒm'næmbjəlɪzᵊm, AM sɑːm'-] *n no pl* (*spec*) MED Somnambulismus *m fachspr,* Schlafwandeln *nt*

somnambulist [sɒm'næmbjəlɪst, AM sɑːm'-] *n* (*spec*) MED Somnambule *f o m fachspr,* Schlafwandler(in) *m(f)*

somnolence ['sɒmnᵊlən(t)s, AM 'sɑːm-] *n no pl* Schläfrigkeit *f*

somnolent ['sɒmnᵊlənt, AM 'sɑːm-] *adj* ❶ (*sleepy*) schläfrig; ~ **village** verschlafenes Dorf
❷ (*inducing drowsiness*) einschläfernd

son [sʌn] *n* ❶ (*male offspring*) Sohn *m*
❷ (*said to a younger male*) Junge *m,* Sohnemann *m*
❸ (*native*) Sohn *m fig*
❹ AM (*pej sl: wimp*) Schwächling *m pej,* Waschlappen *m pej fam*

Son [sʌn] *n* REL **the ~ of God** der Sohn Gottes

sonar ['səʊnɑːʳ, AM 'soʊnɑːr] *n no pl* Sonar[gerät] *nt,* Unterwasserortungsgerät *nt,* Echolot *nt*

sonata [sə'nɑːtə, AM -t̬-] *n* Sonate *f*

son et lumière [ˌsɒneɪ'luːmjeəʳ, AM ˌsɑːneɪ'luːmjer] *n no pl* Musik-Licht-Installation *f* (*Lichtshow mit Musik*)

song [sɒŋ, AM sɑːŋ] *n* ❶ MUS Lied *nt;* **folk/love** ~ Volks-/Liebeslied *nt;* **pop** ~ Popsong *m;* **to give sb a** ~ jdm etw vorsingen [*o* ein Lied singen]; **to sing a** ~ ein Lied singen
❷ (*singing*) Gesang *m;* **to burst** [*or* **break**] **into** ~ ein Lied anstimmen
❸ *of bird* Gesang *m; of cricket* Zirpen *nt*
► PHRASES: [**to go**] <u>**for**</u> **a** ~ für einen Apfel und ein Ei [weggehen] *fam;* **to be** <u>**on**</u> ~ BRIT in Topform sein *fam*

song and dance *n no pl* AM (*fam*) alte Leier *fam,* altes Lied *fam;* ***the court didn't swallow his ~ about having lousy parents*** das Gericht nahm ihm seine Story vom schrecklichen Elternhaus nicht ab *fam* ► PHRASES: **to** <u>**make**</u> **a ~ about sb/sth** BRIT um jdn/etw viel Trara machen *fam* **songbird** *n* Singvogel *m* **songbook** *n* Liederbuch *nt* **song cycle** *n* Liederzyklus *m* **songfest** *n* AM *Treffen zum gemeinsamen Liedersingen* **Song of Solomon** *n,* **Song of Songs** *n* REL Hohelied *nt,* Lied *nt* der Lieder

songster ['sɒŋ(k)stəʳ, AM 'sɑːŋ(k)stɚ] *n* (*liter*) Sänger *m*

songstress <*pl* -es> ['sɒŋ(k)strɪs, AM 'sɑː-] *n* (*liter*) Sängerin *f*

song thrush *n* Singdrossel *f* **songwriter** *n* Texter(in) *m(f)* und Komponist(in) *m(f),* Songwriter *m;* **singer-~** Liedermacher(in) *m(f)* **songwriting** *n no pl* Texten *nt* und Komponieren *nt*

sonic ['sɒnɪk, AM 'sɑːn-] *adj inv* akustisch, Schall-; ~ **wave** Schallwelle *f*

sonic barrier *n* Schallmauer *f* **sonic boom** *n* Überschallknall *m* **sonic speed** *n* Schallgeschwindigkeit *f*

son-in-law <*pl* sons-in-law *or* -s> *n* Schwiegersohn *m*

sonnet ['sɒnɪt, AM 'sɑːn-] *n* Sonett *nt*

sonny ['sʌni] *n no pl* (*fam*) Kleiner *m fam*

son of a bitch <*pl* sons of bitches> *n esp* AM (*vulg*), **sonofabitch** <*pl* -es> *n* AM (*vulg*) Scheißkerl *m derb* **son of a gun** <*pl* sons of guns> **I.** *n* AM (*fam*) alter Gauner *fam* **II.** *interj* AM heiliges Kanonenrohr *fam o veraltend*

sonogram ['səʊnəgræm, AM 'sɑːn-] *n* Sonogramm *nt*

sonority [sə(ʊ)'nɒrəti, AM sə'nɔːrət̬i] *n* ❶ *no pl* (*sound of a voice*) Klangfülle *f,* Sonorität *f geh*
❷ MUS (*type of sound*) Klang *m*

sonorous ['sɒnᵊrəs, AM sə'nɔːr-] *adj* klangvoll; *voice* sonor, volltönend

sonorously ['sɒnᵊrəsli, AM sə'nɔːr-] *adv* klangvoll; *voice* sonor, volltönend

sook [sʊk] *n* AUS (*pej*) Memme *f pej fam*

soon [suːn] *adv* ❶ (*in a short time*) bald; ~ **after sth** kurz nach etw *dat;* ~ ***after agreeing to go, she ...*** kurz nachdem sie zugestimmt hatte mitzugehen, ...; ***no ~er said than done*** gesagt, getan; ***no ~er had I started mowing the lawn than it started raining*** kaum hatte ich angefangen, den Rasen zu mähen, begann es zu regnen; **how** ~ wie schnell; **~er or later** früher oder später; **~er rather than later** lieber früher als später; **as ~ as possible** so bald wie möglich; ***they'd shoot you as ~ as look at you*** (*fam*) die würden dich abknallen, ohne mit der Wimper zu zucken *fam*
❷ (*early*) früh; ***Monday is the ~est we can deliver the chairs*** wir können die Stühle frühestens am Montag liefern; ***the ~er we leave, the ~er we'll get there*** je eher wir fahren, desto schneller sind wir dort; **the ~er the better** je eher [*o* früher], desto besser; **not a moment too** ~ gerade noch rechtzeitig
❸ (*rather*) lieber; ***I'd ~er not speak to him*** ich würde lieber nicht mit ihm sprechen

soon-to-be ['suːntəbiː] *adj attr, inv* künftige(r, s)

soot [sʊt] *n no pl* Ruß *m*

soothe [suːð] *vt* ❶ (*calm*) ■**to ~ sb/sth** jdn/etw beruhigen [*o* beschwichtigen]
❷ (*relieve*) **to ~ the pain** den Schmerz lindern
◆**soothe down** *vt* ■**to ~ down** ↻ **sb** jdn beruhigen [*o* beschwichtigen] [*o* besänftigen]

soothing ['suːðɪŋ] *adj* ❶ (*calming*) beruhigend; **a nice ~ bath** ein schönes entspannendes Bad; **to have a ~ effect on sb** beruhigend auf jdn wirken; ~ **rhetoric** besänftigende Worte, Beschwichtigungen *fpl*
❷ (*pain-relieving*) [Schmerz] lindernd; ~ **balm** [*or* **ointment**] Schmerz lindernde Creme

soothingly ['suːðɪŋli] *adv* beruhigend, besänftigend

soothsayer ['suːθˌseɪəʳ, AM -ɚ] *n* (*hist*) Wahrsager(in) *m(f)*

sooty ['sʊti, AM -t̬-] *adj* rußig, verrußt

sop [sɒp, AM sɑːp] **I.** *n* (*pej*) Beschwichtigungsmittel *nt;* ***he gave some money to charity which was a ~ to his bad conscience*** er spendete etwas Geld für wohltätige Zwecke, nur um sein Gewissen zu beruhigen
II. *vt* ■**to ~ up** ↻ **sth** etw aufsaugen

SOP [ˌesoʊ'piː] *n* AM *abbrev of* **standard operating procedure** übliches Prozedere

sophism ['sɒfɪzᵊm, AM 'sɑːf-] *n* (*form*) Sophismus *m geh*

sophist ['sɒfɪst, AM 'sɑːf-] *n* (*hist*) Sophist(in) *m(f)* *a. pej*

sophistic(al) [sə(ʊ)'fɪstɪk(ᵊl), AM sə'-] *adj* (*also pej form*) sophistisch *a. pej geh,* haarspalterisch *pej*

sophisticate [sə'fɪstɪkət, AM -təkɪt] *n* (*esp approv*) kultivierte Person

sophisticated [sə'fɪstɪkeɪtɪd, AM -təkeɪt̬ɪd] *adj* (*approv*) ❶ (*urbane*) [geistig] verfeinert, weltklug

selten; (*cultured*) kultiviert, gebildet; *audience, readers* niveauvoll, anspruchsvoll; *restaurant* gepflegt; ~ **wit** intellektueller Humor
② (*highly developed*) hoch entwickelt, ausgeklügelt; *method* raffiniert; (*complex*) *approach* differenziert

sophistication [səˌfɪstɪ'keɪʃən, AM -tə'-] *n no pl* (*approv*) ① (*urbanity*) Kultiviertheit *f;* (*finesse*) Gepflegtheit *f,* Feinheit *f*
② (*complexity*) hoher Entwicklungsstand; ***the ~ of computers is increasing*** Computer werden technisch immer ausgefeilter

sophistry ['sɒfɪstri, AM 'sɑːf-] *n* (*form*) ① *no pl* (*pej: nitpicking*) Sophisterei *f pej geh*
② (*sophistical argument*) Augenwischerei *f*

sophomore ['sɑːfəmɔːr] **I.** *n* AM (*in college*) Student(in) *m(f)* im zweiten Studienjahr; (*at high school*) Schüler(in) *m(f)* einer Highschool im zweiten Jahr
II. *adj attr, inv* im zweiten Studienjahr *nach n* (*an einer Highschool bzw. Universität*); ~ **year** zweites Studienjahr (*an einer Highschool bzw. Universität*)

soporific [ˌsɒpər'ɪfɪk, AM ˌsɑːpə'rɪf-] *adj* einschläfernd *a. fig;* **to have a ~ effect** eine einschläfernde Wirkung haben

soporifically [ˌsɒpər'ɪfɪkəli, AM ˌsɑːpə'rɪf-] *adv* einschläfernd

soppily ['sɒpɪli, AM 'sɑːp-] *adv* (*fam*) [übertrieben] sentimental

soppiness ['sɒpɪnəs, AM 'sɑːp-] *n no pl* (*fam*) [übertriebene] Sentimentalität, Gefühlsduselei *f pej fam*

sopping ['sɒpɪŋ, AM 'sɑːp-] (*fam*) **I.** *adj* klatschnass *fam,* [völlig] durchnässt
II. *adv inv* ~ **wet** klatschnass *fam,* triefnass

soppy ['sɒpi, AM 'sɑːpi] *adj* (*fam*) [übertrieben] sentimental, gefühlsdus[e]lig *pej fam; story, film* schmalzig

soprano [sə'prɑːnəʊ, AM -'prænoʊ] **I.** *n* ① (*vocal range*) Sopran *m*
② (*singer*) Sopranistin *f*
II. *adj inv* Sopran-; ~ **part/voice** Sopranpart *m/* -stimme *f*
III. *adv inv* **to sing** ~ Sopran singen

sorbet ['sɔːbeɪ, AM 'sɔːr-] *n* Sorbet *nt, selten m;* **lemon** ~ Zitronensorbet *nt o selten m*

sorcerer ['sɔːsərər, AM 'sɔːrsərər] *n* (*esp liter*) Zauberer *m,* Magier *m,* Hexenmeister *m*

sorceress <*pl* -es> ['sɔːsərɪs, AM 'sɔːrsər-] *n* (*esp liter*) Zauberin *f,* Magierin *f*

sorcery ['sɔːsəri, AM 'sɔːrsəri] *n no pl* (*esp liter*) Zauberei *f,* Magie *f,* Hexerei *f*

sordid ['sɔːdɪd, AM 'sɔːr-] *adj* ① (*dirty*) schmutzig; (*squalid*) schäbig; *apartment* verkommen, heruntergekommen
② (*pej: disreputable*) schmutzig *fig;* **all the ~ detail[s]** all die peinlichen Details

sordidly ['sɔːdɪdli, AM 'sɔːr-] *adv* (*pej*) schäbig

sordidness ['sɔːdɪdnəs, AM 'sɔːr-] *n no pl* ① (*dirtiness*) Schmutzigkeit *f;* (*squalidness*) Schäbigkeit *f,* Verkommenheit *f*
② (*pej: dishonourableness*) Schändlichkeit *f,* Schmutzigkeit *f fig*

sore [sɔːr, AM sɔːr] **I.** *adj* ① (*hurting*) schlimm, weh; (*through overuse*) wund [gescheuert], entzündet; ***all the dust has made my eyes ~*** von dem ganzen Staub brennen mir die Augen; ~ **muscles** Muskelkater *m;* ~ **nipples** wunde Brustwarzen; ~ **point** (*fig*) wunder Punkt; **to be a ~ point with sb** jds wunder Punkt sein
② AM (*fam: annoyed*) verärgert, sauer *fam;* (*aggrieved*) verletzt; ■**to be** [*or* **feel**] ~ **about sth** sich *akk* von etw *dat* betroffen fühlen; **to get ~ with sb** sich *akk* über jdn ärgern, auf jdn sauer sein *fam;* ~ **loser** schlechter Verlierer/schlechte Verliererin
③ (*liter: serious*) schwer; **to be in ~ need of sth** etw dringend benötigen, einer S. *gen* dringend bedürfen
► PHRASES: **sth stands** [*or* **sticks**] **out like a ~ thumb** etw fällt [unangenehm] ins Auge; **sb stands** [*or* **sticks**] **out like a ~ thumb** jd fällt [total] aus dem Rahmen
II. *n* wunde Stelle; **running** ~ eiternde [*o* nässende] Wunde; (*fig*) offener Skandal, ständiges Ärgernis; **to open** [*or* **reopen**] **an old** ~ (*fig*) alte Wunden aufreißen

sorehead ['sɔːrhed] *n* AM (*fam*) Brummbär *m a. hum fam,* mürrische Person

sorely ['sɔːli, AM 'sɔːr-] *adv* sehr, arg; **to be ~ felt** schmerzlich zu spüren sein; **to be ~ missed** schmerzlich vermisst werden; **to be ~ needed** dringend benötigt werden; **to be ~ tempted to do sth** stark versucht sein, etw zu tun

soreness ['sɔːnəs, AM 'sɔːr-] *n no pl* Schmerz *m*

sore throat *n* Halsschmerzen *mpl;* **to have a ~** Halsschmerzen haben

sorghum ['sɔːgəm, AM 'sɔːr-] *n no pl* Sorghum *nt,* Sorghumhirse *f*

sorority [sə'rɒrəti] *n* AM Studentinnenvereinigung *f*

sorority house *n* Haus *nt* der Studentinnenvereinigung

sorrel ['sɒrəl, AM 'sɔːr-] *n no pl* Sauerampfer *m,* Wiesenampfer *m*

sorrow ['sɒrəʊ, AM 'sɑːroʊ] **I.** *n* (*form*) ① (*feeling*) Kummer *m,* Betrübnis *f,* Traurigkeit *f;* **more in ~ than in anger** mehr aus Kummer [*o* Betrübnis] als aus Zorn; **to feel ~ over** [*or* **at**] **sth** über etw *akk* traurig [*o* betrübt] sein; **to my** ~ (*dated*) zu meinem größten Bedauern
② (*sad experience*) Leid *nt;* ***it was a great ~ to us when …*** es war sehr schmerzlich für uns, als …
II. *vi* ■**to ~ over** [*or* **for**] **sb/sth** über jdn/etw betrübt [*o* traurig] sein

sorrowful ['sɒrə(ʊ)fəl, AM 'sɑːrəfəl] *adj* (*form*) traurig, betrübt (**at** über +*akk*); **with a ~ sigh** mit einem schweren Seufzer

sorrowfully ['sɒrə(ʊ)fəli, AM 'sɑːrəfəli] *adv* (*form*) traurig, betrübt

sorrowing ['sɒrəʊɪŋ, AM 'sɑːroʊ-] *adj attr* (*liter*) trauernd

sorry ['sɒri, AM 'sɑːri] **I.** *adj* ① *pred* (*regretful*) ***I'm/she's ~*** es tut mir/ihr Leid; ***say you're ~*** sag, dass es dir Leid tut; ***you'll be ~*** das wird dir noch Leid tun; ■**to be ~ about** [*or* **for**] **sth** etw bedauern; ***I'm ~ about the mix-up*** ich möchte mich für das Durcheinander entschuldigen; ***[I'm] ~ about that*** ich bitte um Entschuldigung, das tut mir Leid; ■**to be ~ [that] …** bedauern, dass …; ***I'm only ~ that we can't stay for the final*** es tut mir nur Leid, dass wir nicht bis zum Finale bleiben können; ***he began to feel ~ he had ever given the man the job*** er fing an zu bereuen, dass er dem Mann den Job jemals gegeben hatte; **to say ~ [to sb]** sich *akk* [bei jdm] entschuldigen
② *pred* (*sad*) traurig; ***we were ~ to hear [that] you've not been well*** es tat uns Leid zu hören, dass es dir nicht gut ging; ***most people, I'm ~ to say, give up within the first two weeks*** die meisten Leute, das muss ich leider sagen, geben innerhalb der ersten beiden Wochen auf; ■**to be ~ for oneself** (*esp pej*) sich *akk* selbst bemitleiden; ***he sounded very ~ for himself*** er tat sich wohl selbst sehr Leid; **sb feels** [*or* **is**] **~ for sb/sth** jd/etw tut jdm Leid; ***her mother's the one I feel ~ for!*** um ihre Mutter tut es mir Leid!
③ *pred* (*polite preface to remark*) ***I'm ~ [but] I don't agree*** [es] tut mir Leid, aber da bin ich anderer Meinung; ***I'm ~, I think you have made a little mistake there*** Entschuldigung, ich glaube, Sie haben da einen kleinen Fehler gemacht
④ *attr* (*wretched*) traurig, armselig, jämmerlich; ~ **figure** bedauernswerte [*o* armselige] Erscheinung; **to be in a ~ mess** in Schwierigkeiten stecken; ~ **sight** bedauernswerter Anblick; **a ~ state of affairs** eine traurige Angelegenheit
II. *interj* ① (*expressing apology*) ■**~!** Verzeihung!, Entschuldigung!; ~ ***for the inconvenience*** entschuldige die Unannehmlichkeiten; ***~, but I have to stop you there*** es tut mir Leid, aber ich muss Sie da unterbrechen
② (*prefacing refusal*) ~ ***you can't go in there*** bedaure, aber Sie können da nicht hinein
③ *esp* BRIT, AUS (*asking sb to repeat sth*) ■**~?** wie bitte?, Entschuldigung?

sort [sɔːt, AM sɔːrt] **I.** *n* ① (*type*) Sorte *f,* Art *f;* ***what ~ of day did you have?*** wie war dein Tag?; ***what ~ of person is he/she?*** was für ein Mensch ist er/sie?; ***is there any ~ of food which you don't like?*** gibt es irgendein Essen, das du nicht magst?; ■**to be sb's ~** *person* jds Typ sein *fam; thing* [nach] jds Geschmack sein; ***I never thought he was her ~*** ich hätte nie gedacht, dass er ihr Typ ist *fam;* **all ~s of people** alle möglichen Leute; **sb's favourite** [*or* AM **favorite**] ~ jds Lieblingssorte
② (*fam: expressing vagueness*) ***I had a ~ of feeling that …*** ich hatte so ein Gefühl, dass …; ***it's a ~ of machine for peeling vegetables and things*** es ist so eine Art Maschine, mit der man Gemüse und anderes schälen kann
③ (*person*) ***she's a very generous ~ really*** sie ist ein ausgesprochen großzügiger Mensch; ***I know your ~!*** Typen wie euch kenne ich [zur Genüge]! *fam;* **to be not the ~ to do sth** nicht der Typ [Mensch] sein, etw zu tun
► PHRASES: **nothing of the ~** nichts dergleichen; **something of the ~** so etwas in der Art; **it takes all ~s to make a world** *esp* BRIT (*prov*) es gibt solche und solche *fam;* **of ~s** [*or* **of a ~**] eine Art von, so etw wie; ***he's an artist of ~s*** er nennt sich Künstler; **to be** [*or* **feel**] **out of ~s** (*not well, sick*) sich *akk* nicht fit fühlen, nicht ganz auf der Höhe [*o* auf dem Posten] sein *fam;* (*crotchety*) nicht besonders gut gelaunt sein
II. *adv* (*fam*) ■**~ of** ① (*rather*) irgendwie; ***that's ~ of difficult to explain*** das ist nicht so einfach zu erklären; ***it's getting ~ of late*** es ist schon recht spät; ***the walls were painted ~ of pink*** die Wände waren in einem Rosaton gestrichen
② (*not exactly*) mehr oder weniger, so ungefähr, sozusagen; ***is he inviting you? — well, ~ of*** lädt er dich ein? – mehr oder weniger
III. *vt* ① (*classify*) ■**to ~ sth** etw sortieren; ***I'm going to ~ these old books into those to be kept and those to be thrown away*** ich sortiere diese Bücher nach solchen, die ich behalte und solchen, die ich wegwerfe; **to ~ the mail** die Post sortieren
② *usu passive* BRIT (*fam: restore to working order*) ■**to ~ sth** etw in Ordnung bringen; ***can you ~ the car by tomorrow?*** können Sie das Auto bis morgen reparieren?
► PHRASES: **sth ~s the men from the boys** an etw *dat* zeigt sich, wer ein ganzer Kerl ist *fam*
IV. *vi* ■**to ~ through sth** etw sortieren [*o* durchsehen]

◆**sort out** *vt* ① (*arrange*) ■**to ~ out** ↔ **sth** etw ordnen [*o* sortieren]; (*choose, select*) etw aussuchen; (*for throwing or giving away*) etw aussortieren; **to ~ out one's priorities** seine Prioritäten [neu] setzen
② (*tidy up mess*) ■**to ~ out** ↔ **sth** etw in Ordnung bringen; ***will you please ~ your room out!*** räum bitte dein Zimmer auf!
③ (*resolve*) ■**to ~ out sth** etw klären [*o* regeln]; ■**to ~ out whether/how/what/who …** klären [*o* regeln], ob/wie/was/wer …; **to ~ out the details** die Details [ab]klären; **to ~ out initial difficulties** Anfangsschwierigkeiten beheben; **to ~ out a problem** ein Problem lösen
④ (*help*) ■**to ~ out** ↔ **sb** jdm [weiter]helfen; **to ~ oneself out** zur Ruhe kommen, seine Gedanken ordnen
⑤ (*fam: beat up*) ■**to ~ sb out** jdm zeigen, wo es lang geht *fam,* sich *dat* jdn zur Brust nehmen [*o* vorknöpfen] *fam*

sort code *n* FIN ≈ Bankleitzahl *f*

sorted ['sɔːtɪd] *adj pred* BRIT (*sl*) ① (*arranged*) erledigt; ■**to get sth ~** etw geregelt [*o* auf die Reihe] bekommen *fam*
② *usu pred* (*stoned on drugs*) ■**to get ~** sich *akk* volldröhnen lassen *sl*

sorter ['sɔːtər, AM 'sɔːrtər] *n* ① AM (*postal

employee) Sortierer(in) *m(f)*
❷ *(machine)* Sortiermaschine *f;* **grain** ~ [Getreide]trieur *m*

sortie ['sɔːtiː, AM 'sɔːrt̬i] *n* ❶ MIL Ausfall *m; (flight)* Einsatz *m*
❷ BRIT *(fam: short trip)* [kurzer] Abstecher [*o* Ausflug]; **to make a ~ into town** einen kurzen Abstecher in die Stadt machen
❸ BRIT *(fam: attempt)* Versuch *m,* Anlauf *m fig*

sorting ['sɔːtɪŋ, AM 'sɔːrt̬-] *n no pl* Sortieren *nt (der Post)*

sorting code *n* FIN ≈ Bankleitzahl *f* **sorting office** *n* Sortierstelle *f; (central office)* Verteilerpostamt *f* **sorting-out** *n* AM *(fam),* **sort-out** *n* BRIT *(fam)* Aufräumaktion *f;* ***this cupboard needs a ~*** dieser Schrank muss mal gründlich aufgeräumt werden **sorting pass** *n* COMPUT Sortierlauf *m*

SOS[1] [ˌesəʊ'es, AM -oʊ'-] *n* SOS *nt; (fig)* Hilferuf *m;* **to send an ~** SOS funken

SOS[2] *n abbrev of* **silicon on sapphire** Silizium-Saphir-Technologie *f*

SOS call *n,* **SOS message** *n* SOS-[Not]ruf *m; (fig)* Hilferuf *m*

so-so ['səʊsəʊ, AM 'soʊsoʊ] *(fam)* **I.** *adj inv* so lala *präd fam,* mittelprächtig *hum fam*
II. *adv inv* so lala *fam*

sot [sɒt, AM sɑːt] *n (pej)* Trunkenbold *m pej*

sottish ['sɒtɪʃ, AM 'sɑːt-] *adj (pej)* versoffen *pej sl*

sotto voce [ˌsɒtəʊ'vəʊtʃeɪ, AM ˌsɑːt̬oʊ'voʊ-] *(form)* **I.** *adj* ❶ *(speaking very quietly)* leise, gedämpft; ~ **comment** kaum hörbarer Kommentar; **in a ~ voice** mit gedämpfter Stimme
❷ MUS sotto voce
II. *adv* ❶ *(quietly)* leise, mit gedämpfter Stimme
❷ MUS sotto voce

sou [suː] *n no pl (fam)* Sou *m;* **to not have a ~** keinen roten Heller besitzen *fam*

soubriquet *n (form) see* **sobriquet**

soufflé ['suːfleɪ, AM suː'fleɪ] *n* Soufflé *nt,* Soufflee *nt*

sough [saʊ, sʌf] **I.** *vi wind* pfeifen, heulen, ächzen; *sea* rauschen, branden
II. *n usu sing wind* Sausen *nt,* Säuseln *nt; water* Brausen *nt,* Wallen *nt*

sought [sɔːt, AM sɑːt] *pt, pp of* **seek**

sought-after *adj* begehrt; **much ~** heiß begehrt *fam*

soul [səʊl, AM soʊl] **I.** *n* ❶ *(spirit)* Seele *f;* ***her ~ is now at peace*** ihre Seele ruht nun in Frieden; **to pray for sb's ~** für jds Seele beten; **to sell one's ~ [to sb]** seine Seele [an jdn] verkaufen
❷ *no pl (approv: profound feeling)* Seele *f,* Gefühl *nt;* ***her paintings lack ~*** ihre Bilder wirken [kalt und] seelenlos
❸ *(person)* Seele *f fig;* **a town of five thousand ~s** eine Stadt mit fünftausend Seelen; **not a ~** keine Menschenseele
❹ *(essence)* **to be the ~ of discretion/honesty** die Verschwiegenheit/die Ehrlichkeit in Person sein
❺ *no pl* MUS Soul *m*
❻ AM *(black culture) Anerkennung der afroamerikanischen Kultur;* **to have got ~** *sich als Afroamerikaner der afroamerikanischen Kultur bewusst sein*
▸ PHRASES: **to throw oneself <u>body</u> and ~ into sth** sich *akk* etw *dat* mit Leib und Seele widmen; **<u>upon</u> my ~!** *(dated)* meiner Treu! *veraltet*
II. *adj attr, inv* AM *(relating to black Americans) sich auf die afroamerikanische Kultur beziehend;* ~ **cooking** [*or* **food**] die traditionelle afroamerikanische Küche

soul brother *n* ❶ *(black male)* Schwarzer *m*
❷ *(close friend)* Seelenbruder *m* **soul-destroying** *adj esp* BRIT *(pej)* nervtötend *pej; work* geisttötend *pej; (destroying sb's confidence)* zermürbend

soulful ['səʊlfᵊl, AM 'soʊl-] *adj* gefühlvoll

soulfully ['səʊlfᵊli, AM 'soʊl-] *adv* gefühlvoll

soulfulness ['səʊlfᵊlnəs, AM 'soʊl-] *n no pl* gefühlsbetonter Charakter

soulless ['səʊlləs, AM 'soʊl-] *adj (pej)* seelenlos; *building, town, person* kalt; *(dull)* öde

soullessly ['səʊlləsli, AM 'soʊl-] *adv (pej)* gefühllos

soullessness ['səʊlləsnəs, AM 'soʊl-] *n (pej)* Gefühllosigkeit *f*

soul mate *n* Seelenverwandte(r) *f(m),* Gleichgesinnte(r) *f(m)* **soul music** *n* Soulmusik *f,* Soul *m*

soul-scarring ['səʊlˌskɑːrɪŋ, AM 'soʊl-] *adj (fam)* verletzend *attr;* ***it was a ~ experience*** die Erfahrung hat tiefe Narben hinterlassen **soul-searching** *n no pl* Prüfung *f* des Gewissens; **after much ~** nach eingehender Prüfung des [eigenen] Gewissens

soul sister *n* ❶ AM *(female black)* Schwarze *f*
❷ *(close friend)* Seelenverwandte *f* **soul-stirring** *adj* aufwühlend, bewegend

sound[1] [saʊnd] *n (sea channel)* Meerenge *f,* Sund *m; (inlet)* Meeresarm *m;* **Plymouth ~** Bucht *f* von Plymouth

sound[2] [saʊnd] **I.** *n* ❶ *(noise)* Geräusch *nt; (musical tone) of a bell* Klang *m; (verbal, TV, film)* Ton *m;* ***we heard the ~ of someone climbing the stairs*** wir hörten, wie jemand die Treppe hinaufging; ***there wasn't a ~ to be heard*** es war nicht das geringste Geräusch zu hören; ***not a ~ escaped her lips*** ihre Lippen waren fest versiegelt; ***we heard the ~ of voices on the terrace*** wir hörten Stimmen auf der Terrasse; **to like the ~ of one's own voice** sich *akk* selbst gern[e] reden hören; **a knocking ~** Klopfgeräusch *nt;* **to make a ~** einen Laut [*o* Ton] von sich *dat* geben; ***don't make a ~!*** sei still!
❷ LING Laut *m*
❸ *no pl* PHYS Schall *m;* **speed of ~** Schallgeschwindigkeit *f*
❹ *no pl* RADIO, TV *(volume)* Ton *m;* ***the ~ of the TV was very loud*** der Fernseher war sehr laut; **to turn the ~ down/up** den Ton leiser/lauter stellen; ~ **interference** Tonstörung *f*
❺ *no pl (on film)* Sound *m;* ***who did the ~ on that commercial?*** wer hat die Musik zu diesem Werbespot geschrieben?
❻ *(characteristic of musicians' style)* Sound *m;* ***the ~ of the eighties*** der Sound der Achtziger
❼ *no pl (impression)* ***I don't like the ~ of it*** das klingt gar nicht gut; **by** [*or* **from**] **the ~ of it** so wie sich das anhört
II. *n modifier* ❶ MEDIA *(assistant, mixer, specialist)* Ton-
❷ PHYS *(spectrograph, velocity)* Schall-
III. *vi* ❶ *(resonate)* erklingen; *alarm* ertönen; *alarm clock* klingeln; *bell* läuten
❷ *(fam: complain)* ■**to ~ off** herumtönen; ■**to ~ off about sth/sb** sich *akk* [lauthals] über etw/jdn auslassen
❸ + *adj (seem)* klingen, sich *akk* anhören; ***he ~s Canadian*** er hört sich wie ein Kanadier an; ***I know it ~s silly but …*** ich weiß, es klingt albern, aber …; ***it ~s to me like a case of homesickness*** für mich klingt das nach Heimweh; ***they ~ like just the sort of people we're looking for*** das klingt, als sei das genau die Art von Leuten, nach denen wir suchen; ***it ~s to me from the rumours that …*** den Gerüchten nach zu urteilen scheint es fast so, als …; ***that ~s good*** [das] klingt gut; ***that ~s fun*** das hört sich nach Spaß an; **to ~ as though** [*or* **if**] **…** so klingen [*o* sich *akk* anhören], als ob …
IV. *vt* ❶ *(produce sound from)* **to ~ the alarm** den Alarm auslösen; **to ~ the bell** die Glocke läuten; **to ~ the buzzer** den Summer betätigen; **to ~ the death-knell for sth** *(fig)* etw *dat* den Todesstoß versetzen; **to ~ the [car] horn** hupen; **to ~ the gong** den Gong schlagen; **to ~ the retreat** MIL zum Rückzug blasen; ***the siren was being ~ed*** die Sirene ging los
❷ LING ■**to ~ sth** ***the 'b' in the word 'plumb' is not ~ed*** das ‚b' in dem Wort ‚plumb' wird nicht ausgesprochen

sound[3] [saʊnd] **I.** *adj* ❶ *(healthy)* gesund; *(in good condition)* intakt, in gutem Zustand; **as ~ as a bell** *(fam)* völlig intakt, in einwandfreiem Zustand; *animal, person* kerngesund; **to be of ~ mind** bei klarem Verstand sein
❷ *(trustworthy)* solide, verlässlich; *(reasonable)* vernünftig; ~ **advice** guter Rat; ~ **argument** schlagendes Argument; ~ **basis** solide [*o* vernünftige] Basis; ~ **economy** gesunde Wirtschaft; **to have a ~ grasp of the subject** über ein eingehendes Verständnis des Themas verfügen; ~ **investment** kluge Investition; **a person of ~ judgement** ein Mensch *m* mit einem guten Urteilsvermögen; ~ **knowledge** fundiertes Wissen; ~ **method** wirksame Methode; **to have ~ views on sth** vernünftige Ansichten über etw *akk* vertreten; **environmentally ~** umweltfreundlich; ■**to be ~ on sth** in etw *dat* versiert sein
❸ *(severe)* ~ **defeat** [*or* **thrashing**] schwere Niederlage; **to give sb a ~ thrashing** jdm eine ordentliche Tracht Prügel verpassen
❹ *(undisturbed)* ~ **sleep** tiefer [*o* fester] Schlaf; **to be a ~ sleeper** einen gesunden Schlaf haben
II. *adv* **to be ~ asleep** tief [und fest] schlafen

sound[4] [saʊnd] *vt* NAUT ■**to ~ sth** etw [aus]loten
◆**sound out** *vt* ■**to ~ out** ↔ **sb** bei jdm vorfühlen [*o fam* auf den Busch klopfen]; *(ask)* bei jdm anfragen; ***I just wanted to ~ you out about Alice Bates*** ich wollte nur mal Ihre Meinung über Alice Bates hören; **to ~ out public opinion** die öffentliche Meinung sondieren

sound archives *npl* Tonarchiv *nt* **sound barrier** *n* Schallmauer *f;* **to break the ~** die Schallmauer durchbrechen **soundbite** *n* prägnanter Ausspruch *(eines Politikers)* **soundboard** *n* MUS Resonanzboden *m* **soundbox** *n* Resonanzkörper *m,* Schallkörper *m* **sound card** *n* COMPUT Soundkarte *f* **soundcheck** *n* Tonprobe *f,* Soundcheck *m* **sound effect** *n* Geräuscheffekt *m,* Toneffekt *m* **sound engineer** *n* Toningenieur(in) *m(f)* **sound film** *n* Tonfilm *m*

sounding ['saʊndɪŋ] *n usu pl* NAUT [Aus]loten *nt,* Lotung *f;* **to take ~s** Lotungen vornehmen, loten; **to make** [*or* **take**] **~s** *(fig)* sondieren *fig*

sounding board *n* ❶ *(resonator)* Resonanzboden *m*
❷ *(fig) Gruppe von Testpersonen für eine erste Meinungssondierung;* ***she would often use her family as a ~ for new recipes*** sie pflegte neue Rezepte erst einmal an ihrer Familie auszuprobieren

soundless ['saʊndləs] *adj* lautlos, geräuschlos

soundlessly ['saʊndləsli] *adv* lautlos, geräuschlos

soundly ['saʊndli] *adv* ❶ *(thoroughly)* gründlich, ordentlich; *(clearly)* eindeutig, klar; *(severely)* schwer *fam,* gehörig *fam;* **to be ~ defeated** vernichtend [*o* klar] geschlagen werden
❷ *(reliably)* fundiert *geh;* **to be ~ based** auf einer soliden Basis beruhen
❸ *(deeply)* **to sleep ~** fest [*o* tief] schlafen

soundness ['saʊndnəs] *n no pl* Solidität *f geh,* Verlässlichkeit *f,* Zuverlässigkeit *f; of mind* Vernünftigkeit *f;* ***the ~ of sb's judgement*** jds gutes Urteilsvermögen

sound practice *n* vernünftige Vorgehensweise

soundproof **I.** *adj* schalldicht, schallisoliert **II.** *vt* ■**to ~ sth** etw schallisolieren [*o* schalldicht machen]

soundproofing *n no pl* Schallisolierung *f*

sound recording *n* Tonaufnahme *f,* Tonaufzeichnung *f* **sound reproduction** *n* Tonwiedergabe *f,* Klangwiedergabe *f* **sound shift** *n* LING Lautverschiebung *f* **soundstage** ['saʊndsteɪdʒ] *n* Fernsehbühne *f* **sound system** *n* Hi-Fi-Anlage *f,* Stereoanlage *f* **soundtrack** *n* ❶ *(on film)* Tonspur *f*
❷ *(film music)* Filmmusik *f,* Soundtrack *m* **sound wave** *n* Schallwelle *f*

soup [suːp] **I.** *n* ❶ *(fluid food)* Suppe *f;* **oxtail/vegetable ~** Ochsenschwanz-/Gemüsesuppe *f;* **packet ~** Tütensuppe *f,* Packerlsuppe *f* ÖSTERR; **clear ~** klare Brühe [*o* ÖSTERR Suppe]; **home-made ~** selbst gemachte Suppe; **instant ~** Fertigsuppe *f;* **thick ~** angedickte Suppe
❷ PHYS *(fig)* **cosmic ~** Urschlamm *m*
❸ *esp* AM *(fig: fog)* Suppe *f fig*
▸ PHRASES: **to <u>be</u> in the ~** *(fam or dated)* in der Patsche sitzen *fam*
II. *vt (fam)* **to ~ up** ↔ **a car/an engine** ein Auto/einen Motor frisieren *fam*

soup bowl *n* Suppentasse *f*

soupçon ['suːpsɔ̃ː(ŋ), AM suːp'sɔ̃ʊn] *n no pl* Spur *f,* Hauch *m;* **a ~ of garlic** eine Spur Knoblauch; **a ~ of irony** ein Anflug *m* von Ironie; **a ~ of wine** ein

S

kleiner Schuss Wein
souped-up *adj attr* aufgemöbelt *fam,* aufgemotzt *fam; auto, engine* frisiert *fam;* ~ **version** aufpolierte Version *fam* **soup kitchen** *n* Armenküche *f,* Suppenküche *f* **soup plate** *n* Suppenteller *m* **soup spoon** *n* Suppenlöffel *m* **soup tureen** *n* Suppenterrine *f,* Suppenschüssel *f*
sour ['saʊəʳ, AM -ɚ] **I.** *adj* ❶ (*in taste*) sauer; ~ **milk** saure Milch; ~ **taste** säuerlicher Geschmack; **to go** [*or* **turn**] ~ sauer werden
❷ (*fig: bad-tempered*) griesgrämig, missmutig; (*embittered*) verbittert; ~ **look** saure Miene, säuerlicher Blick; ~ **note** bitterer Beigeschmack; **sth goes** [*or* **turns**] ~ **on sb** jd verliert die Lust an etw *dat*
► PHRASES: **it's** ~ **grapes** die Trauben hängen zu hoch *fig*
II. *n esp* AM *saures, alkoholisches Getränk;* **whisky** ~ Whisky *m* mit Zitrone
III. *vt* ❶ (*give sour taste*) ■**to** ~ **sth** etw sauer machen [*o* säuern]
❷ (*fig: make unpleasant*) etw trüben [*o* beeinträchtigen]; ***his tactless remark*** ~***ed the atmosphere*** seine taktlose Bemerkung ruinierte die Stimmung
IV. *vi* ❶ (*become sour*) sauer werden
❷ (*fig*) getrübt [*o* beeinträchtigt] werden
source [sɔːs, AM sɔːrs] **I.** *n* ❶ (*origin*) Quelle *f;* (*reason*) Grund *m* (**of** für +*akk*); ***oranges are a good*** ~ ***of Vitamin C*** Orangen sind reich an Vitamin C; **to be a** ~ **of disappointment/embarrassment to sb** jdn ständig enttäuschen/in Verlegenheit bringen; **energy/light** ~ Energie-/Lichtquelle *f;* **a** ~ **of inspiration** eine Quelle der Inspiration *geh;* **to be a** ~ **of pride for sb** jdn stolz machen; **to trace sth back to its** ~ etw an seinen Ursprung zurückverfolgen; **to track down** [*or* **trace**] **the** ~ **of sth** den Ursprung einer S. *gen* zurückverfolgen, die Ursache einer S. *gen* ausfindig machen; **at** ~ an der Quelle; **tax deducted at** ~ BRIT, AUS FIN Quellensteuer *f;* **to tax at** ~ Quellensteuer erheben
❷ (*of information*) [Informations]quelle *f;* ■~**s** *pl* LIT (*for article, essay*) Quellen[angaben] *fpl,* Literaturangaben *fpl;* **primary/secondary** ~**s** Primär-/Sekundärliteratur *f;* **to list** [*or* **acknowledge**] **one's** ~**s** Quellenangaben machen, die [verwendete] Literatur angeben
❸ *usu pl* (*person*) Quelle *f;* **according to Government** ~**s** wie in [*o* aus] Regierungskreisen verlautete; **from a reliable** ~ aus zuverlässiger Quelle; **well-informed** ~**s** gut unterrichtete Kreise [*o* informierte Quellen]; **to disclose** [*or* **reveal**] [*or* **identify**] **one's** ~**s** seine Quellen preisgeben
❹ (*spring*) Quelle *f*
❺ COMPUT (*name of terminal*) Quelle *f*
II. *vt usu passive* ■**to be** ~**d** ❶ (*have origin stated*) belegt sein; ***the quoted results weren't*** ~***d*** zu den zitierten Ergebnissen fehlten die Quellenangaben; ■**to** ~ **sth** [**to sb**] auf jdn zurückgehen
❷ ECON (*be obtained*) stammen; ***the produce used in our restaurant is very carefully*** ~***d*** die in unserem Restaurant verwendeten Produkte werden sorgfältig nach ihrer Herkunft ausgewählt
sourcebook *n* Quellenwerk *nt,* Nachschlagewerk *nt;* ***this is truly the*** ~ ***as to gardening*** dies ist das führende Buch zum Thema Garten **source code** *n* COMPUT Quellcode *m,* Ausgangscode *m,* Source Code *m fachspr* **source disk** *n* COMPUT Quelldiskette *f* **source document** *n* Quelle *f;* COMPUT Originaldokument *nt* **source file** *n* COMPUT Ursprungsdatei *f* **source language** *n* Ausgangssprache *f;* COMPUT Ursprungssprache *f* **source material** *n no pl* Quellenmaterial *nt*
sourcing ['sɔːsɪŋ, AM 'sɔːrs-] *n* ❶ (*study of sources*) Quellenarbeit *f,* Quellenstudium *nt*
❷ (*econ*) Ermitteln *nt*
sour cream *n* Sauerrahm *m,* saure Sahne **sourdough** *n no pl* Sauerteig *m;* ~ **bread** Sauerteigbrot *nt*
soured cream *n* BRIT Sauerrahm *m,* saure Sahne
sourly ['saʊəli, AM -ɚli] *adv* (*fig*) griesgrämig *fam,* missmutig
sourness ['saʊənəs, AM -ɚ-] *n no pl* ❶ (*acidity*) Säuerlichkeit *f,* saurer Geschmack
❷ (*fig: churlishness*) Griesgrämigkeit *f,* Missmutigkeit *f;* **to have a note of** ~ **in one's voice** einen bitteren Unterton in seiner Stimme haben
sourpuss <*pl* -es> ['saʊəpʊs, AM -ɚ-] *n* (*fam*) Miesepeter *m pej fam,* Griesgram *m pej*
sousaphone ['suːzəfəʊn, AM -foʊn] *n* Sousaphon *nt*
souse [saʊs] *vt* ❶ (*drench*) ■**to** ~ **sb/sth** [**in/with sth**] jdn/etw [mit etw *dat*] übergießen
❷ (*pickle*) ■**to** ~ **sth** etw einlegen [*o* marinieren]
soused [saʊst] *adj inv* ❶ (*marinated*) eingelegt
❷ (*drenched*) durchnässt
❸ (*sl or dated: very drunk*) sturzbetrunken *fam,* [sternhagel]voll *fam*
soutane [suː'tɑːn, AM 'tæn] *n* REL Soutane *f*
south [saʊθ] **I.** *n no pl* ❶ (*compass direction*) Süden *m;* ***Canberra lies to the*** ~ ***of Sydney*** Canberra liegt südlich von Sydney; **the** ~ **of England** der Süden von England, Englands Süden; **in the** ~ **of France** in Südfrankreich
❷ BRIT ■**the S**~ (*the Third World*) die Dritte Welt
❸ HIST (*southern American states*) ■**the S**~ die Südstaaten *pl*
II. *adj* (*opposite of north*) Süd-, südlich; **on the** ~ **coast** an der Südküste; **on the** ~ **side** auf der Südseite; **on the** ~ **side of the town** im Süden der Stadt
III. *adv* ❶ (*toward the south*) ***my room faces*** ~ mein Zimmer ist nach Süden ausgerichtet; **due** ~ direkt nach Süden; **to drive** [*or* **travel**] ~ Richtung Süden [*o* südwärts] fahren
❷ BRIT (*fam: to south England*) nach Südengland; ***I've moved down*** ~ ich bin in den Süden umgezogen
South Africa *n* Südafrika *nt* **South African** **I.** *adj* südafrikanisch **II.** *n* Südafrikaner(in) *m(f)* **South America** *n* Südamerika *nt* **South American** **I.** *adj* südamerikanisch **II.** *n* Südamerikaner(in) *m(f)* **southbound** *adj inv* [in] Richtung Süden; ~ **passengers** Richtung Süden reisende Passagiere; ~ **train** Zug *m* in Richtung Süden **southeast** **I.** *n no pl* Südosten *m;* **in the** ~ im Südosten; **the** ~ **of England** der Südosten Englands **II.** *adj inv* Südost-, südöstlich; ~ **Asia** Südostasien *nt;* ~ **wind** Südostwind *m,* Wind *m* aus südöstlicher Richtung **III.** *adv inv* südostwärts, nach Südosten **southeaster** *n* Südostwind *m;* NAUT Südost *m kein pl* **south-easterly** *adj inv* südöstlich **south-eastern** *adj inv* südöstlich **south-eastward(s)** *inv* **I.** *adj* südostwärts *präd;* **in a** ~ **direction** in südöstlicher Richtung **II.** *adv* südostwärts *präd,* nach Südosten *nach n*
southerly ['sʌðəli, AM -ɚli] **I.** *adj* südlich; **in a** ~ **direction** in südlicher Richtung; **the most** ~ **place** der südlichste Punkt; ~ **wind** Wind *m* aus südlicher Richtung, Südwind *m*
II. *adv* südlich; (*going south*) südwärts; (*coming from south*) von Süden
III. *n* Südwind *m;* NAUT Süd *m kein pl*
southern ['sʌðən, AM -ɚn] *adj* südlich, Süd-; ~ **England** Südengland *nt;* ~ **motorway** Autobahn *f* nach Süden
Southern Cross *n* ASTRON Kreuz *nt* des Südens, Südliches Kreuz
southerner ['sʌðənəʳ, AM -ɚnɚ] *n* **to be a** ~ aus dem Süden kommen; AM ein Südstaatler sein
southern hemisphere *n* **the** ~ die südliche [Erd]halbkugel **southern lights** *npl* Südlicht *nt kein pl* **southernmost** *adj* ■**the** ~ ... der/die/das südlichste ...
south-facing *adj* nach Süden gelegen [*o* zeigend] [*o* ausgerichtet]; ~ **wall** Südwand *f* **southpaw** *n* AM SPORTS (*fam*) Linkshänder(in) *m(f)* **South Pole** *n* Südpol *m* **southward(s)** *inv* **I.** *adj* südlich; **in a** ~ **direction** in Rchtung Süden **II.** *adv* südwärts, nach [*o* [in] Richtung] Süden **south-west** **I.** *n no pl* Südwesten *m* **II.** *adj inv* südwestlich, Südwest- **III.** *adv inv* südwestwärts, nach Südwesten **southwester** *n* Südwestwind *m;* NAUT Südwest *m kein pl*
south-westerly **I.** *adj* südwestlich, Südwest- **II.** *adv* südwestlich, nach Südwesten **south-western** *adj inv* südwestlich **south-westward(s)** **I.** *adj* südwestlich; ~ **migration** Zug *m* in südwestliche Richtung [*o* nach Südwesten] **II.** *adv* südwestlich, nach Südwesten **south wind** *n* Südwind *m;* NAUT Süd *m kein pl*
souvenir [ˌsuːvᵊn'ɪəʳ, AM -'nɪr] *n* Andenken *nt,* Souvenir *nt* (**of an** +*akk*); **tourist** ~ Reiseandenken *nt*
souvenir hunter *n* Souvenirjäger(in) *m(f)* **souvenir shop** *n* Souvenirladen *m*
sou'wester [ˌsaʊ'westəʳ, AM -ɚ] *n* ❶ (*wind*) Südwest *m poet o fachspr,* Südwestwind *m*
❷ (*hat*) Südwester *m*
sovereign ['sɒvᵊrɪn, AM 'sɑːvrən] **I.** *n* ❶ (*ruler*) Herrscher(in) *m(f),* Souverän *m veraltend*
❷ (*hist: British coin*) Zwanzigshillingmünze *f*
II. *adj attr, inv* ❶ (*chief*) höchste(r, s), oberste(r, s); ~ **power** Hoheitsgewalt *f*
❷ (*thorough*) uneingeschränkt, tiefste(r, s); ~ **contempt** tiefste Verachtung
❸ POL (*independent*) *state* souverän
❹ (*good*) ~ **remedy** Allheilmittel *nt*
sovereign good *n no pl* ■**the** ~ die Oberhoheit **sovereign rights** *npl* Hoheitsrechte *ntpl* **sovereign territory** *n* Hoheitsgebiet *nt*
sovereignty ['sɒvrᵊnti, AM 'sɑːv-] *n* ❶ *no pl* (*supremacy*) höchste Gewalt, Oberhoheit *f;* (*right of self-determination*) Souveränität *f,* Eigenstaatlichkeit *f;* **to have** ~ **over sb/sth** oberste Herrschaftsgewalt über jdn/etw besitzen
❷ (*independent state*) souveräner Staat
sovereignty association *n* CAN *geplante wirtschaftliche und politische Beziehungen zwischen einem unabhängigen Québec und den Rest Canadas*
soviet ['səʊviət, AM 'soʊ-] *n* (*hist*) Sowjet *m hist*
Soviet ['səʊviət, AM 'soʊ-] (*hist*) **I.** *n* Sowjetbürger, -in *m, f hist;* ■**the** ~**s** *pl* die Sowjets *pl hist;* **the Supreme** ~ der Oberste Sowjet *hist*
II. *adj attr, inv* sowjetisch, Sowjet- *hist*
Soviet bloc *n no pl* (*hist*) ■**the** ~ der Sowjetblock *hist* **Soviet Union** *n no pl* (*hist*) ■**the** ~ die Sowjetunion *hist*
sow[1] <sowed, sown *or* sowed> [səʊ, AM soʊ] **I.** *vt* ■**to** ~ **sth** ❶ (*plant*) etw säen; MIL *mines* etw legen; ***we'll*** ~ ***this field with barley*** auf diesem Feld werden wir Gerste säen; **to** ~ **seeds** Samen aussäen
❷ (*fig: cause*) etw säen *fig;* **to** ~ **dissension** Meinungsverschiedenheiten verursachen; **to** ~ **doubts** [**in sb's mind**] Zweifel [in jdm] wecken; **to** ~ **suspicion** Misstrauen wecken; **to** ~ **terror** panische Angst hervorrufen
► PHRASES: **to** ~ **the seeds of discord/hatred** Zwietracht/Hass säen; ***he's*** ~***n the seeds of his own downfall*** er hat sich selbst das Wasser abgegraben; **to** ~ **one's wild oats** sich *dat* die Hörner abstoßen
II. *vi* säen; ***when is the best time to*** ~***?*** wann ist die beste Zeit der Aussaat?
► PHRASES: **as you** ~, **so you reap** (*prov*) was du säst, das wirst du ernten *prov*
sow[2] [saʊ] *n* ❶ (*pig*) Sau *f*
❷ TECH (*block*) Massel *f fachspr;* (*trough*) Kokille *f fachspr*
sower ['səʊəʳ, AM 'soʊɚ] *n* ❶ (*also fig: person*) Sämann, Säfrau *m, f a. fig,* Säer(in) *m(f) selten;* ***she is a*** ~ ***of hatred*** sie sät Hass
❷ (*machine*) Sämaschine *f*
sowing ['səʊɪŋ, AM 'soʊ-] *n no pl* Aussaat *f;* (*action also*) [Aus]säen *f*
sowing machine *n* Sämaschine *f* **sowing time** *n* Saatzeit *f*
sown [səʊn, AM soʊn] *vt, vi pp of* **sow**[1]
sox [sɒks, AM sɑːks] *npl* (*fam*) Socken *fpl*
soy [sɔɪ] AM, **soya** ['sɔɪə] BRIT **I.** *n no pl* Soja *f*
II. *n modifier* Soja-
soya bean *n* Soyabohne *f* **soya bean curd** *n,* **soya curd** *n no pl* Sojaquark *m* **soya flour** *n no pl* Sojamehl *nt* **soya milk** *n no pl* Sojamilch *f* **soya oil** *n no pl* Sojaöl *nt* **soya sauce** *n esp* BRIT Sojasoße *f*

soybean *n esp* AM Sojabohne *f* **soy sauce** *n esp* AM Sojasoße *f*

sozzled ['sɒzl̩d, AM 'sɑː-] *adj pred* (*fam*) beschwipst, besoffen *fam;* **to get** ~ sich *akk* besaufen *fam*

spa [spɑː] *n* ① (*spring*) Heilquelle *f*
② (*place*) [Bade]kurort *m,* Bad *nt*
③ AM (*health centre*) Heilbad *nt*

spa bath *n* Mineralbad *nt*

space [speɪs] **I.** *n* ① *no pl* (*expanse*) Raum *m;* **outside ~ and time** außerhalb von Raum und Zeit
② (*gap*) Platz *m;* (*between two things*) Zwischenraum *m;* **parking** ~ Parkplatz *m,* Parklücke *f*
③ *no pl* (*vacancy*) Platz *m,* Raum *m;* **storage** ~ Stauraum *m;* **empty** ~ [freier] Platz; **to leave** [*or* **save**] **~ for sb/sth** Platz für jdn/etw lassen; **to take up** ~ Platz einnehmen
④ (*seat*) [Sitz]platz *m*
⑤ *no pl* (*country*) Land *nt;* (*bigger extent*) Fläche *f;* **wide open** ~ das weite, offene Land
⑥ *no pl* (*premises*) Fläche *f;* (*for living*) Wohnraum *m;* **prime office** ~ Hauptbüroräume *mpl;* **commercial** ~ Gewerbefläche *f*
⑦ *no pl* (*cosmos*) Weltraum *m;* ***the first person to go into*** ~ der erste Mensch im Weltraum; ■**in** ~ im Weltraum; **outer** ~ Weltall *nt,* Weltraum *m*
⑧ *no pl* (*interim*) Zeitraum *m;* **during** [*or* **in**] [*or* **within**] **the ~ of four hours** innerhalb von vier Stunden; **in** [*or* **within**] **a short ~ of time** in kurzer Zeit
⑨ (*blank*) Platz *m; for a photo* freie Stelle; TYPO (*between words*) Zwischenraum *m,* Spatium *nt fachspr;* **blank** ~ Lücke *f;* **~ between the lines** Abstand *m* zwischen den Zeilen, Durchschuss *m fachspr*
⑩ COMPUT (*binary zero*) Leerzeichen *nt*
⑪ *no pl* MEDIA (*for report*) Raum *m;* **advertising** ~ Reklamefläche *f;* (*in newspaper*) Anzeigenfläche *f*
⑫ *no pl* (*fig: freedom*) [Frei]raum *m,* Freiheit *f;* **breathing** ~ (*fig*) Atempause *f;* **to give sb ~ to develop his/her own life** jdm Freiraum für die eigene Entwicklung lassen
► PHRASES: **to gaze** [*or* **stare**] **into** ~ ins Leere starren
II. *vt see* **space out I**

◆**space out I.** *vt* ■**to ~ out** ⊂ **sth** ① (*position at a distance*) etw in Abständen verteilen; ***they've ~d out their family well*** sie haben ihre Kinder in vernünftigen Zeitabständen bekommen; **to ~ out a payment over two years** eine Rechnung innerhalb von zwei Jahren [nach und nach] abbezahlen; **to be evenly ~d out** gleichmäßig verteilt sein
② TYPO (*put blanks*) *page* etw auseinander schreiben [*o fachspr* spationieren]; ***that page looks badly ~d out*** die Aufteilung dieser Seite ist sehr schlecht; ***the letter has to be evenly ~d out*** die Zeilenabstände des Briefes müssen regelmäßig sein
③ AM (*sl: forget*) etw verpennen *fam*
④ *usu passive* (*sl*) ■**to be ~d out** (*in excitement*) geistig weggetreten sein *fam;* (*scatter-brained*) schusselig sein *fam;* (*drugged*) high sein *fam*
II. *vi* AM (*sl*) *person* Löcher in die Luft starren

space age *n no pl* ■**the** ~ das Weltraumzeitalter **space-age** *adj attr* Weltraum-; ~ **technology** Weltraumtechnologie *f* **space bar** *n* COMPUT Leertaste *f* **space blanket** *n* Rettungsdecke *f* **space buyer** *n* ECON Anzeigenvermittler(in) *m(f)* **space cadet** *n* ① (*astronaut*) Astronaut(in) *m(f)* ② (*sl: drug addict*) Druggie *m sl* **space capsule** *n* Weltraumkapsel *f* **space center** AM, **space centre** *n* Weltraumzentrum *nt* **spacecraft** <*pl* -> *n* Raumfahrzeug *nt;* **manned/unmanned** ~ [bemanntes] Raumfahrzeug/[unbemannte] Raumkapsel **space defence** *n no pl* Weltraumverteidigung *f*

spaced out *adj pred,* **spaced-out** [ˌspeɪst'aʊt] *adj attr* (*sl: scatter-brained*) schusselig *pej fam;* (*on drugs*) high *fam;* **to be ~ on drugs** high [*o* auf dem Trip] sein; **to look totally** ~ total high aussehen

space exploration *n* Raumforschung *f* **space flight** *n* [Welt]raumflug *m* **space-flight program** AM, **space-flight programme** *n* AUS Raumflugprogramm *nt* **space frame** *n* AUTO Gitterrohrrahmen *m fachspr* **space heater** *n* Heizlüfter *m* **space lab** *n,* **space laboratory** *n* Weltraumlabor *nt* **spaceman** *n* [Welt]raumfahrer *m* **space medicine** *n no pl* Raumfahrtmedizin *f* **space platform** *n* Raumstation *f* **spaceport** *n* AEROSP Raumflughafen *m* **space probe** *n* Raumsonde *f* **space program** AM, **space programme** *n* Raumfahrtprogramm *nt*

spacer ['speɪsəʳ, AM -ɚ] *n* ① TYPO Leerzeichen *nt;* **intelligent** ~ geschütztes Leerzeichen
② TECH Distanzstück *nt fachspr*
③ COMPUT **intelligent** ~ intelligentes Trennprogramm

space race *n no pl* ■**the** ~ der Wettlauf um die Eroberung des Weltalls **space research** *n no pl* [Welt]raumforschung *f* **space saver** *n* Platzsparendes *nt;* **to be a** ~ Platz sparend sein **space-saving** *adj* Platz sparend; *furniture* Raum sparend **spaceship** *n* Raumschiff *nt;* ~ **earth** Raumschiff *nt* Erde **space shuttle** *n* [Welt]raumfähre *f* **space station** *n* [Welt]raumstation *f* **spacesuit** *n* Raumanzug *m* **space telescope** *n* Weltraumteleskop *nt* **space-time** *n no pl* PHYS Raum-Zeit-Kontinuum *nt fachspr* **space travel** *n no pl* Raumfahrt *f* **space traveler** *esp* AM, **space traveller** *n* Raumfahrer(in) *m(f)* **space vehicle** *n* Raumfahrzeug *nt* **space walk** *n* Weltraumspaziergang *m* **space weapon** *n* Weltraumwaffe *f* **spacewoman** *n* Raumfahrerin *f*

spacey ['speɪsi] *adj* ① (*roomy*) geräumig
② *esp* AM (*sl: freaky*) ausgeflippt *fam*
③ (*forgetful*) schusselig *fam,* verträumt
④ (*fam: out of touch with reality*) unirdisch, fremdartig
⑤ (*fam: drifting and ethereal*) *music* traumwandlerisch, jenseitig *fig*

spacing ['speɪsɪŋ] *n no pl* Abstände *mpl;* TYPO Spationierung *f fachspr;* **single/double/treble** ~ TYPO einzeiliger/zweizeiliger/dreizeiliger Abstand

spacious ['speɪʃəs] *adj* (*approv*) *house, room* geräumig; *area* weitläufig

spaciously ['speɪʃəsli] *adv* (*approv*) weitläufig

spaciousness ['speɪʃəsnəs] *n no pl* (*approv*) *of house, room* Geräumigkeit *f; of area* Weitläufigkeit *f*

spacy *adj* (*sl*) *see* **spacey**

spade [speɪd] *n* ① (*tool*) Spaten *m;* **a bucket and** ~ Eimer und Schaufel; **garden** ~ Gartenschaufel *f*
② CARDS Pik *nt;* ■**~s** *pl* Pik *nt kein pl;* **the queen of ~s** Pikdame *f*
③ (*pej! dated: black*) Nigger *m pej*
► PHRASES: **to call a ~ a** ~ das Kind beim [rechten] Namen nennen, kein Blatt vor den Mund nehmen; **in ~s** AM (*fam*) mit Zins und Zinseszinsen *fam;* ***I don't get colds very often but when I do I get them in ~s*** ich erkälte mich nicht oft, aber wenn, dann kommt's dicke

spadeful ['speɪdfʊl] *n* ein Spaten voll; **a ~ of soil** einen Spaten [voll] Erde

spadework ['speɪdwɜːk, AM -wɜːrk] *n no pl* Vorarbeit *f;* **to do the** ~ die mühevolle Vorarbeit leisten

spag bol ['spæɡˌbɒl] *n* BRIT (*fam*) Spaghetti *pl* Bolognese

spaghetti [spə'ɡeti, AM -t̬-] *n no pl* ① FOOD Spaghetti *pl*
② (*fig hum fam*) Kabelsalat *m fam*

spaghetti bolognese [-bɒlə'neɪz, AM -boʊlə'-] *n no pl* Spaghetti *pl* Bolognese **spaghetti junction** *n* BRIT (*fam*) Autobahnknotenpunkt *m* **spaghetti strap** *n* Spaghettiträger *m* **spaghetti western** *n* (*fam*) Italowestern *m fam*

Spain [speɪn] *n no pl* Spanien *nt*

spake [speɪk] *vt, vi* (*old or hum*) *pt of* **speak**

Spam® [spæm] *n no pl* Frühstücksfleisch *nt*

spam [spæm] **I.** *n no pl* COMPUT (*sl*) Spammail *f,* Spam *m*
II. *vt* COMPUT (*sl*) ■**to ~ sb** jdn zuspammen *sl,* jdn [mit E-Mails] überhäufen

span[1] [spæn] **I.** *n usu sing* ① (*period of time*) Spanne *f;* ***the ~ of years between them seemed to act as a separation*** der Altersabstand zwischen ihnen schien sie zu trennen; **attention** [*or* **concentration**] ~ Konzentrationsspanne *f;* **~ of history** Geschichtsspanne *f;* **life** ~ Lebensspanne *f;* **over a ~ of several months** über einen Zeitraum von einigen Monaten; **~ of office** Amtszeit *f;* **~ of time** Zeitspanne *f*
② (*distance*) Breite *f;* (*as measurement*) Spanne *f selten;* **finger** ~ Fingerbreite *f;* **wing** ~ Flügelspannweite *f;* **broad** ~ große Spannbreite [der Hand]
③ (*fig: scope*) Umfang *m,* Spannweite *f fig;* **enormous** [*or* **wide**] **~ of responsibility** umfassender Verantwortungsbereich
④ ARCHIT (*arch of bridge*) Brückenbogen *m;* (*full extent*) Spannweite *f;* ***the bridge crosses the river in a single*** ~ die Brücke überspannt den Fluss in einem Bogen; **a single-~ bridge** eine eingespannte Brücke
II. *vt* <-nn-> ① (*stretch over*) ■**to ~ sth** *bridge, arch* etw überspannen; (*cross*) über etw *akk* führen
② (*time*) ■**to ~ sth** etw umfassen [*o* umspannen], sich *akk* über etw *akk* erstrecken
③ (*contain*) ■**to ~ sth** *knowledge* etw umfassen
④ (*place hands round*) **to ~ sth with one's hands** etw mit den Händen umspannen
III. *adj* ► PHRASES: **spick and** ~ blitz[e]blank *fam*

span[2] [spæn] *n* SA (*yoke*) Gespann *nt*

span[3] [spæn] *vt, vi* BRIT *pt of* **spin**

spangle ['spæŋɡl̩] **I.** *n* Paillette *f*
II. *vt* ■**to ~ sth** etw mit Pailletten besetzen

spangled ['spæŋɡl̩d] *adj* ① (*with spangles*) mit Pailletten besetzt
② (*shiny*) glitzernd
③ (*fig: covered*) ■**to be ~ with sth** mit etw *dat* übersät sein

Spaniard ['spænjəd, AM -jɚd] *n* Spanier(in) *m(f)*

spaniel ['spænjəl] *n* Spaniel *m*

Spanish ['spænɪʃ] **I.** *n* ① *no pl* (*language*) Spanisch *nt*
② + *pl vb* (*people*) ■**the** ~ die Spanier *pl*
II. *adj* spanisch; ~ **omelette** Tortilla *f;* ~ **teacher** Spanischlehrer(in) *m(f)*

Spanish America *n* ≈ Lateinamerika *nt* (*Spanisch sprechende Länder Mittel- und Südamerikas*) **Spanish-American** *adj inv* lateinamerikanisch, spanisch-amerikanisch **spanish chestnut** *n* Edelkastanie *f* **Spanish fly** *n no pl* Spanische Fliege **spanish guitar** *n* akustische Gitarre **Spanish Inquisition** *n no pl* HIST ■**the** ~ die Inquisition **Spanish Main** *n* HIST *Nordküste und Gewässer Südamerikas zwischen dem Orinoko und Panama* **spanish onion** *n* Gemüsezwiebel *f*

spank [spæŋk] **I.** *vt* (*slap*) ■**to ~ sb** jdn verprügeln, jdm den Hintern versohlen; (*sexually*) jdm einen Klaps auf den Hintern geben; ■**to be ~ed for doing sth** für etw *akk* verprügelt werden
II. *n* Klaps *m fam;* **to give sb a** ~ jdm einen Klaps auf den Hintern geben; (*beating*) jdm den Hintern versohlen

spanking [spæŋkɪŋ] **I.** *adj* (*fam*) ① (*approv: fast*) schnell; **at a ~ pace** in einem hohen Tempo
② (*dated fam: good*) *time* toll; ~ **performance** tolle [*o* herausragende] Leistung
II. *adv inv* (*dated fam: very*) ~ **good yarn** tolle Lügengeschichte; **brand ~ new** funkelnagelneu; ~ **new** brandneu *fam;* ~ **white** blitzsauber
III. *n* Tracht *f* Prügel; **to give sb a good** [*or* **sound**] ~ jdm eine ordentliche Tracht Prügel verpassen

spanner [spænəʳ] *n* BRIT, AUS Schraubenschlüssel *m;* **ring** ~ Ringschlüssel *m;* **adjustable** ~ Rollgabelschlüssel *m fachspr;* **open ended** ~ Gabelschlüssel *m*
► PHRASES: **to put** [*or* **throw**] **a ~ in the works** jdm Knüppel zwischen die Beine werfen

span roof *n* Satteldach *nt*

spar[1] [spɑːʳ, AM spɑːr] *n* ① NAUT Rundholz *nt,* Spiere *f fachspr*
② AVIAT Holm *m fachspr*

spar[2] [spɑːʳ, AM spɑːr] **I.** *vi* <-rr-> ① BOXING sparren *fachspr,* ein Sparring machen *fachspr*
② (*argue*) ■**to ~** [**with sb**] sich *akk* [mit jdm] zanken

S

II. *n* Sparring *nt kein pl fachspr,* Sparren *nt kein pl fachspr;* **to practise** [*or* AM **practice**] **in ~s** Sparren üben

spar³ [spɑːʳ, AM spɑːr] *n* GEOL Spat *m fachspr*

spare [speəʳ, AM sper] **I.** *vt* ❶ (*not kill*) ■**to ~ sb** jdn verschonen

❷ (*go easy on*) ■**to ~ sb** jdn schonen; ■**to not ~ oneself [in sth]** (*form*) sich *akk* selbst [bei etw *dat*] nicht schonen; **to ~ sb's feelings** jds Gefühle schonen, Rücksicht auf jds Gefühle nehmen

❸ (*avoid*) ■**to ~ sb sth** jdm etw ersparen; ***the government troops have been ~d loss of life*** bis jetzt sind den Regierungstruppen Verluste [an Menschenleben] erspart geblieben; ~ ***us the suspense and tell us who won the first prize*** spann uns nicht auf die Folter und erzähl uns, wer den ersten Preis gewonnen hat; **to ~ sb embarrassment/worry** jdm Peinlichkeiten/Sorgen ersparen

❹ (*not use*) ■**to ~ sth** mit etw *dat* sparen; **to ~ no costs** [*or* **expense**] keine Kosten scheuen; **to ~ no effort[s]** [*or* **pains**] [**in sth**] [bei etw *dat*] keine Mühen scheuen

❺ (*do without*) ■**to ~ sb/sth** jdn/etw entbehren, auf jdn/etw verzichten; ***can you ~ one of those apples?*** kannst du mir einen dieser Äpfel geben?; **to ~ room for sth** für etw *akk* Platz [frei] haben; **to have sth to ~** etw übrig haben

❻ (*make free*) ***there's no time to ~*** es ist keine Zeit übrig; **to ~ [the] time [for sth]** Zeit [für etw *akk*] übrig haben; **to not have time to ~** keine Zeit zu verlieren haben

❼ (*give*) ■**to ~ sb sth** jdm etw geben; ***could you ~ me £10*** [*or* ***£10 for me***]**?** kannst du mir 10 Pfund leihen?; **to ~ a thought for sb** an jdn denken

▶ PHRASES: **to ~ sb's blushes** BRIT jdn nicht in Verlegenheit bringen; **to ~ one's breath** (*iron*) sich *dat* die Worte sparen; **~ the rod and spoil the child** (*prov*) wer mit der Rute spart, verzieht das Kind *prov;* **to ~** übrig haben; ***I caught the plane with only two minutes to ~*** ich erreichte das Flugzeug zwei Minuten vor dem Abflug

II. *adj* ❶ *inv* (*extra*) Ersatz-; ***all children should bring a ~ set of clothes*** alle Kinder sollten Kleider zum Wechseln mitbringen; ***is this seat ~?*** ist dieser Platz noch frei?; ~ **[bed]room** Gästezimmer *nt;* **to have some ~ cash** noch etwas Geld übrig haben; ~ **key** Ersatzschlüssel *m;* **to have a ~ minute** [*or* **moment**] einen Moment Zeit haben; **to be going ~** BRIT (*fam*) übrig bleiben; ***do you want this piece of cake? — yes, if it's going ~*** willst du dieses Stück Kuchen? – ja, wenn es sonst keiner will

❷ (*liter: thin*) hager; ~ **build** hagerer Körperbau

❸ (*liter: meagre*) mager; **to survive on a ~ diet** mit dürftiger Kost auskommen; ~ **meal** mageres Essen

❹ (*usu approv liter: modest*) einfach; ***the room was ~ in design*** der Raum war sparsam ausgestattet

❺ *inv* BRIT (*sl: crazy*) **to drive sb ~** jdn wahnsinnig machen *fam;* **to go ~** durchdrehen *sl*

III. *n* ❶ (*reserve*) Reserve *f;* ***I seem to have lost my key but luckily I always carry a ~*** ich habe wohl meinen Schlüssel verloren, aber glücklicherweise trage ich immer einen Ersatzschlüssel bei mir

❷ (*parts*) ■**~s** *pl* Ersatzteile *ntpl*

sparely ['speəli, AM 'sper-] *adv* ~ **built** schlank gebaut

spare parts *npl* Ersatzteile *ntpl* **spare-part surgery** *n no pl* BRIT Ersatzteilchirurgie *f* **spareribs** *npl* Spareribs *pl,* Rippchen *ntpl;* **barbecued ~** gegrillte Rippchen *pl* **spare time** *n no pl* Freizeit *f* **spare-time** *adj attr, inv* Freizeit-; ~ **hobby** Hobby *nt* **spare tire** AM, **spare tyre** *n* ❶ AUTO Reserverad *nt,* Ersatzreifen *m*

❷ (*fig hum fam: fat*) Rettungsring *m iron fam*

spare wheel *n* Ersatzrad *nt*

sparing ['speərɪŋ, AM 'sper-] *adj* (*economical*) sparsam; ■**to be ~ in** [*or* **with**] **sth** mit etw *dat* geizen, an etw *dat* sparen; **to be ~ with one's praise** mit Lob geizen; ~ **use of sth** sparsamer Umgang mit etw *dat*

sparingly ['speərɪŋli, AM 'sper-] *adv* sparsam; ***the ointment should be used ~*** die Salbe sollte sparsam aufgetragen werden

spark [spɑːk, AM spɑːrk] **I.** *n* ❶ (*fire, electricity*) Funke[n] *m*

❷ (*fig: cause*) *of riots* Auslöser *m*

❸ (*fig: trace*) ■**a ~ of sth** eine Spur einer S. *gen;* ***there was a ~ of decency in them*** sie besaßen einen Rest von Anstand; **a ~ of hope** ein Fünkchen *nt* Hoffnung; **a ~ of inspiration** ein Hauch *m* an Inspiration; **a ~ of sympathy** eine Spur [von] Mitgefühl; **not a ~ of vitality** nicht die geringste Spur von Lebendigkeit

❹ (*fig: person*) **a bright ~** ein Intelligenzbolzen *m fam;* BRIT (*iron: idiot*) ein Tollpatsch *m*

▶ PHRASES: **when the ~s fly** wenn die Funken fliegen

II. *vt* ❶ (*ignite, cause*) ■**to ~ sth** etw entfachen *a. fig;* **to ~ interest** Interesse wecken; **to ~ an outrage** Empörung hervorrufen; **to ~ problems** Probleme verursachen; **to ~ a protest** einen Protest auslösen

❷ (*provide stimulus*) **to ~ sb into action** jdn zum Handeln bewegen

III. *vi* Funken sprühen

◆**spark off** *vt* ■**to ~ off** ⊂ **sth** etw entfachen *a. fig;* **to ~ off [an] outrage** Empörung hervorrufen; **to ~ off a protest** einen Protest auslösen

spark-gap *n* Funkenstrecke *f*

sparking plug *n* BRIT (*dated*) Zündkerze *f*

sparkle ['spɑːkl̩, AM 'spɑːr-] **I.** *vi* ❶ (*also fig: glitter*) funkeln, glitzern; *fire* sprühen

❷ (*fig: be witty*) ■**to ~ [with sth]** [vor etw *dat*] sprühen *fig;* (*be lively*) [vor Lebensfreude] sprühen; ***his speech ~d with wit*** seine Rede sprühte vor Geist

II. *n no pl* ❶ (*also fig: light*) Funkeln *nt,* Glitzern *nt*

❷ (*fig: liveliness*) **with a bit of ~** mit etwas Pep *fam;* **the ~ goes out of** [*or* **leaves**] **sb** jd verliert an Energie; **to have ~** Schwung haben; **sth lacks ~** einer S. *dat* fehlt es an Schwung

sparkler ['spɑːkləʳ, AM 'spɑːrlɚ] *n* ❶ (*firework*) Wunderkerze *f*

❷ (*sl: diamond*) Klunker *m fam*

sparkling ['spɑːklɪŋ, AM 'spɑːr-] *adj* ❶ (*shining*) glänzend; *eyes* funkelnd, glitzernd; ~ **white teeth** strahlend weiße Zähne

❷ (*fig approv: lively*) *person* vor Leben sprühend; ***he's a ~ conversationalist*** er ist ein geistreicher Gesprächspartner; ~ **conversation/wit** spritzige Unterhaltung/sprühender Geist; ~ **performance** glänzende Leistung

❸ (*bubbling*) *drink* mit Kohlensäure *nach n; lemonade* perlend; *wine, champagne* schäumend, moussierend; ~ **mineral water** Mineralwasser *nt* mit Kohlensäure

sparkling wine *n* Schaumwein *m*

sparkly ['spɑːkli, AM 'spɑːrk] *adj* ❶ (*glittering*) glänzend, funkelnd

❷ (*vivacious*) quicklebendig, sprühend *fig*

spark plug *n* ❶ AUTO Zündkerze *f*

❷ AM (*fam: person*) Energiebündel *nt;* ***she's the ~ of the team*** sie treibt das ganze Team an

sparky ['spɑːki, AM 'spɑːrki] *adj* (*approv fam*) anregend; ~ **personality** sprühende Persönlichkeit

sparring ['spɑːrɪŋ] *n no pl* ❶ BOXING [Trainings]boxen *nt,* Sparring *nt fachspr*

❷ (*fig: row*) Wortgefecht *nt*

sparring match *n* ❶ BOXING [Trainings]boxkampf *m,* Sparringskampf *m fachspr* ❷ (*fig: row*) Wortgefecht *nt* **sparring partner** *n* ❶ BOXING Sparringspartner(in) *m(f) fachspr* ❷ (*fig: arguer*) Kontrahent(in) *m(f);* ***Bill and Eric are ~s because they enjoy disagreeing with each other*** Bill und Eric liegen ständig miteinander im Clinch, denn sie lieben es, gegenteiliger Meinung zu sein

sparrow ['spærəʊ, AM 'speroʊ] *n* Spatz *m,* Sperling *m;* **house ~** Haussperling *m,* Hausspatz *m*

▶ PHRASES: **at ~'s fart** BRIT (*fam*) früh morgens

sparrowhawk ['spærəʊhɔːk, AM 'speroʊhɑːk] *n* ❶ (*in Europe*) Sperber *m*

❷ (*in North America*) Falke *m*

sparse [spɑːs, AM spɑːrs] *adj* ❶ (*scattered*) spärlich; ***the population of Greenland is ~*** Grönland ist nur dünn besiedelt

❷ (*small*) spärlich; ~ **audience/crowd** spärliches Publikum/spärliche Menge

❸ (*meagre*) *information* dünn, dürftig; ~ **hair** dünnes [*o* schütteres] Haar

sparsely ['spɑːsli, AM 'spɑːr-] *adv* ❶ (*thinly*) spärlich; ***the plain is ~ covered with some shrubs*** in der Ebene wachsen nur hier und da ein paar Sträucher; **to be ~ populated** dünn besiedelt sein

❷ (*meagrely*) dürftig; ~ **furnished** dürftig eingerichtet

sparseness ['spɑːsnəs, AM 'spɑːr-] *n,* **sparsity** ['spɑːsəti, AM 'spɑːrsət̬i] *n no pl* ❶ (*thinness*) Spärlichkeit *f;* ~ **of the population** geringe Bevölkerungsdichte

❷ (*meagreness*) Dürftigkeit *f*

Sparta ['spɑːtə, AM 'spɑːrt̬ə] *n* Sparta *nt*

Spartan ['spɑːtᵊn, AM 'spɑːr-] **I.** *adj life* spartanisch; *meal* frugal *geh*

II. *n* Spartaner(in) *m(f)*

spasm ['spæzᵊm] *n* ❶ MED (*cramp*) Krampf *m,* Spasmus *m fachspr;* **muscle** [*or* **muscular**] **~** Muskelkrampf *m;* **to go into ~** BRIT, AUS einen Krampf bekommen

❷ (*surge*) Anfall *m;* ~ **of anger** Wutanfall *m;* ~ **of coughing/pain** krampfartige Hustenanfälle/Schmerzen *pl*

❸ (*fam: activity*) **a ~ of activity** eine hektische Tätigkeit

❹ (*fam: fluctuation*) **~s of brief trade** sporadische Umsätze

spasmodic [spæz'mɒdɪk, AM -'mɑː-] *adj* ❶ MED krampfartig, spasmodisch *fachspr*

❷ (*fig: occasional*) *attempts* sporadisch

❸ (*fig pej: erratic*) *feelings* schwankend; **to have ~ interest in sth** wechselndes Interesse an etw *dat* haben

spasmodically [spæz'mɒdɪkli, AM -'mɑː-] *adv* ❶ MED krampfartig, spasmodisch *fachspr*

❷ (*fig: occasionally*) sporadisch, ab und zu

spastic ['spæstɪk] **I.** *adj inv* ❶ MED (*dated*) spastisch *fachspr*

❷ (*fig pej! sl: stupid*) schwach *sl*

II. *n* ❶ MED (*dated*) Spastiker(in) *m(f) fachspr*

❷ (*pej! sl*) Spastiker(in) *m(f) pej sl*

spasticity [spæs'tɪsəti, AM ət̬i] *n no pl* MED Spastikertum *nt*

spat¹ [spæt] *vt, vi pt, pp of* **spit**

spat² [spæt] *n usu pl* HIST (*gaiter*) Gamasche *f*

spat³ [spæt] **I.** *n* (*fam*) Krach *m fam;* **to have a ~ with sb about sth** sich *akk* mit jdm um etw *akk* streiten

II. *vi* <-tt-> [sich *akk*] streiten [*o* zanken]; ■**to ~ with sb** sich *akk* mit jdm streiten

spat⁴ [spæt] **I.** *n* Muschellaich *m*

II. *vi* laichen

spate [speɪt] *n no pl* ❶ *esp* BRIT (*flood*) **to be in full ~** Hochwasser führen

❷ (*fig: large number*) ■**a ~ of sth** eine Flut [*o* Reihe] von etw *dat*

▶ PHRASES: **to be in full ~** in vollem Redefluss sein

spatial ['speɪʃᵊl] *adj inv* räumlich; ~ **arrangements** Raumanordnung *f*

spatially ['speɪʃᵊli] *adv inv* räumlich

spatio-temporal [,speɪʃiəʊ-, AM -oʊ'-] *adj inv* raum-zeitlich

spa town *n* [Bade]kurort *m*

spatter ['spætəʳ, AM -t̬ɚ] **I.** *vt* ■**to ~ sb/sth [with sth]** jdn/etw [mit etw *dat*] bespritzen; ■**to ~ sth on sb/sth** etw auf jdn/etw spritzen; ■**to ~ sth over sb** jdn mit etw *dat* voll spritzen; **to ~ sb with water** jdn nass spritzen

II. *vi raindrops* prasseln

III. *n* (*dirt*) Spritzer *m;* (*sound*) Prasseln *nt kein pl;* **a ~ of rain** ein paar Tropfen Regen

spattered ['spætəd, AM -t̬ɚd] *adj* bespritzt; **blood-~** blutbespritzt; **ink-~** tintenverschmiert; **mud-~** matschig

spatter movie *n esp* AM Splattermovie *m* (*blut-*

rünstiger Horrorfilm)

spatula ['spætjələ, AM -tʃə-] *n* ❶ ART, FOOD Spachtel *m o f*
❷ MED (*doctor's instrument*) Spatel *m o f*

spavin ['spævɪn] *n no pl* MED Spat *m fachspr*

spa water *n no pl* Quellwasser *nt,* Heilwasser *nt*

spawn [spɔːn, AM spɑːn] **I.** *vt* ❶ (*lay eggs*) ■**to ~ sth** *fish, mollusc, frog* etw ablegen
❷ (*fig: produce*) ■**to ~ sth** etw hervorbringen [*o* produzieren]; **to ~ offshoots** Ausläufer hervorbringen
❸ (*pej: offspring*) ■**to ~ sb** jdn erzeugen *pej*
II. *vi* ❶ *frog* laichen
❷ (*fig: grow*) entstehen
III. *n* <*pl* -> ❶ *no pl* (*eggs*) Laich *m*
❷ (*liter or pej: offspring*) Nachwuchs *m,* Brut *f pej*

spawning ground *n* Laichplatz *m*

spay [speɪ] *vt* **to ~ an animal** ein Tier sterilisieren

spaz(z) <*pl* -es> [spæz] *n* (*pej! fam*) ❶ (*cripple*) Krüppel *m pej*
❷ (*oaf*) Trampel *m pej fam*

speak <spoke, spoken> [spiːk] **I.** *vi* ❶ (*say words*) sprechen, reden; **~ *when you're spoken to*** antworte, wenn man dich etwas fragt!; ■**to ~ about sth** über etw *akk* sprechen; **to ~ over a loudspeaker** über Lautsprecher sprechen; **to ~ into a microphone** in ein Mikrofon sprechen; **to ~ in platitudes** Allgemeinplätze verwenden; **to ~ in riddles** in Rätseln sprechen; **to ~ in** [*or* **with**] **a whisper** flüstern, im Flüsterton sprechen; **to ~ quickly** schnell sprechen
❷ (*converse*) sich *akk* unterhalten; ■**to ~ to** [*or esp* AM **with**] **sb** mit jdm reden [*o* sprechen]; ***I'll never ~ to you again!*** ich rede nie wieder mit dir!; ***can I ~ to Ian please? — ~ing!*** kann ich bitte [mit] Ian sprechen? – am Apparat!; ■**to ~ to** [*or esp* AM **with**] **sb about sth** mit jdm über etw *akk* sprechen; **to ~ on** [*or* **over**] **the telephone** telefonieren; **to ~ to each other once more** wieder miteinander reden
❸ (*rebuke*) ■**to ~ to sb** [**about sth**] jdn [für etw *akk*] zurechtweisen
❹ (*know language*) sprechen; ***she ~s with an American accent*** sie spricht mit amerikanischem Akzent; **to ~ in dialect** einen Dialekt sprechen; **to ~ in jargon** einen Jargon benutzen; **to ~ in a foreign language** in einer fremden Sprache sprechen
❺ + *adv* (*view*) **broadly** [*or* **generally**] **~ing** im Allgemeinen; **geographically ~ing** vom geographischen Standpunkt aus; **scientifically ~ing** wissenschaftlich gesehen; **strictly ~ing** genau genommen
❻ (*make speech*) reden, sprechen; ***the Queen ~s to the nation on television every Christmas*** die Queen richtet jedes Weihnachten das Wort an die Nation; **to ~ on behalf of sb/sth** in jds Namen/im Namen einer S. *gen* reden; **to ~ in the debate** in der Debatte das Wort ergreifen; **to ~ from memory** frei sprechen; **to ~ from notes** von einer Vorlage ablesen; **to ~ from a platform** vom Podium sprechen
❼ (*appeal*) ■**to ~ to sb** jdn ansprechen; ***the story spoke to her directly*** die Geschichte sprach sie direkt an
▸ PHRASES: **actions ~ louder than words** (*prov*) Taten sagen mehr als Worte *prov;* **to ~ too soon** voreilig urteilen; **to know sb to ~ to** jdn näher kennen; **~ing as sb ...** als jd ...; ***~ing as a mother of four, I can tell you that children are exhausting*** als Mutter von vier Kindern kann ich sagen, dass Kinder anstrengend sind; **so to ~** sozusagen
II. *vt* ❶ (*say*) ■**to ~ sth** etw sagen; **to not ~ a word** kein Wort herausbringen
❷ (*language*) ■**to ~ sth** etw sprechen; ***"English spoken"*** „hier wird Englisch gesprochen"; ***I couldn't ~ a word of English when I first arrived in Australia*** ich sprach kein Wort Englisch, als ich zum ersten Mal in Australien ankam; **to ~ dialect** Dialekt sprechen; **to ~ English fluently** fließend Englisch sprechen; **to ~ a foreign language** eine Fremdsprache sprechen [können]; **to ~ the lingo** (*fam*) die Sprache drauf haben *fam*
❸ (*represent*) **to ~ one's mind** sagen, was man denkt; **to ~ the truth** die Wahrheit sagen
❹ (*reveal*) ■**to ~ sth** etw aussprechen; ***she was silent but her eyes spoke her real feelings for him*** sie schwieg, aber ihre Augen verrieten ihre wahren Gefühle für ihn
▸ PHRASES: **to ~ the same language** die gleiche Sprache sprechen; **to ~ volumes** [**for** [*or* AM **about**] **sth**] Bände [über etw *akk*] sprechen

◆**speak against** *vi* ■**to ~ against sth** sich *akk* gegen etw *akk* aussprechen; **to ~ against a motion/proposal** einen Antrag/Vorschlag ablehnen

◆**speak for** *vt* ❶ (*support*) ■**to ~ for sb/sth** jdn/etw unterstützen, sich *akk* für jdn/etw aussprechen; **to ~ for a motion** einen Antrag unterstützen
❷ (*represent*) ■**to ~ for sb** in jds Namen [*o* für jdn] sprechen; ***I think I ~ for everyone when I say he was a fine man*** ich denke, ich spreche im Namen aller, wenn ich sage, dass er ein feiner Mann war; ***I can help on Saturday but I can't ~ for my wife*** ich kann am Samstag helfen, aber was meine Frau angeht, kann ich nichts sagen; ■**to ~ for oneself** für sich *akk* selbst sprechen; **to ~ for the accused** (*form*) den Angeklagten/die Angeklagte vertreten
❸ (*verify*) ■**to ~ for sb's sth** ***her report ~s well for her understanding of the problem*** ihr Bericht lässt deutlich ihr Verständnis des Problems erkennen
❹ (*allocated*) ■**to be spoken for** [bereits] vergeben sein
▸ PHRASES: **~ for yourself!** (*hum pej fam*) das mag vielleicht für dich stimmen!, du vielleicht!

◆**speak of** *vt* ❶ (*opinion*) **to ~ ill/**[**very**] **highly** [*or* **well**] **of sb/sth** schlecht/[sehr] gut von jdm/etw reden [*o* sprechen]; ***she ~s highly of the new director*** sie lobt den neuen Direktor in den höchsten Tönen
❷ (*form: mention*) ■**to ~ of sb/sth** von jdm/etw reden [*o* sprechen]; ***he didn't ~ of his father all evening*** er hat seinen Vater den ganzen Abend nicht erwähnt; **to ~ of certain things** bestimmte Dinge ansprechen
❸ (*suggest*) ■**to ~ of sth** für etw *akk* sprechen, etw zeigen; ***the whole robbery spoke of inside knowledge on the part of the criminals*** der ganze Einbruch lässt erkennen, dass die Verbrecher über interne Informationen verfügten
▸ PHRASES: **not to ~ of ...** ganz zu schweigen von ...; **~ing of sth** da wir gerade von etw *dat* sprechen; **~ of films ...** da wir gerade beim Thema Film sind ...; **~ing of which ...** in diesem Zusammenhang ..., apropos ...; **none** [*or* **nothing**] **to ~ of** nicht der Rede wert

◆**speak out** *vi* seine Meinung deutlich vertreten; ■**to ~ out against sth** sich *akk* gegen etw *akk* aussprechen; ■**to ~ out on sth** sich *akk* über etw *akk* äußern

◆**speak through** *vi* ❶ (*speak into*) ■**to ~ through sth** durch etw *akk* sprechen; **to ~ through a megaphone** durch ein Megaphon sprechen
❷ (*be represented*) ■**to ~ through sb** durch jdn sprechen

◆**speak up** *vi* ❶ (*raise voice*) lauter sprechen; ***can you ~ up, please?*** können Sie bitte etwas lauter sprechen?
❷ (*support*) seine Meinung sagen [*o* äußern]; **to ~ up for** [*or* **in favour of**] **sb/sth** für jdn/etw eintreten, sich *akk* für jdn/etw aussprechen; ***he spoke up for me when I was in trouble*** als ich in Schwierigkeiten war, hat er sich für mich eingesetzt

speakeasy ['spiːkˌiːzi] *n* AM (*hist sl*) Mondscheinkneipe *f fam* (*während der Prohibition wurde dort illegal Alkohol ausgeschenkt*)

speaker ['spiːkəʳ, AM -ɚ] *n* ❶ (*orator*) Redner(in) *m(f);* **guest ~** Gastredner(in) *m(f);* **keynote ~** Hauptsprecher(in) *m(f),* politischer Programmredner/politische Programmrednerin; **to be a plain ~** die Dinge offen beim Namen nennen; **public ~** öffentlicher Redner/öffentliche Rednerin
❷ *of language* Sprecher(in) *m(f);* ***he's a French ~*** er spricht Französisch; ***she's a*** [***fluent***] ***~ of various languages*** sie spricht mehrere Sprachen [fließend]; ***the couple there are non-English ~s*** dieses Paar dort spricht kein Englisch; **native ~** Muttersprachler(in) *m(f)*
❸ (*chair*) ■**S~** Sprecher(in) *m(f);* **Madame ~** Frau Vorsitzende; **the S~ of the House** AM POL der Vorsitzende des Repräsentantenhauses
❹ (*loudspeaker*) Lautsprecher *m*

speakerphone *n* Freisprechanlage *f*

speaking ['spiːkɪŋ] **I.** *n no pl* (*act*) Sprechen *nt;* (*hold a speech*) Reden *nt;* ***unaccustomed as I am to public ~ ...*** ungeübt wie ich es bin, in der Öffentlichkeit zu reden ...
II. *adj attr, inv* ❶ (*able to speak*) sprechend
❷ (*involving speech*) **~ tour** Vortragsreihe *f;* **~ voice** Sprechstimme *f*
❸ (*fig: lifelike*) verblüffend; **~ likeness** verblüffende Ähnlichkeit
▸ PHRASES: **to be on ~ terms** (*aquainted*) miteinander bekannt sein; (*friendly*) miteinander reden; ***they are no longer on ~ with each other*** sie reden nicht mehr miteinander

-speaking ['spiːkɪŋ] *in compounds* ❶ *foreign language* -sprechend; *mother tongue* -sprachig; **German-~** (*as foreign language*) Deutsch sprechend; (*as mother tongue*) deutschsprachig
❷ (*with respect to*) gesprochen; **medically ~** aus medizinischer Sicht; **strictly ~** streng genommen

speaking acquaintance *n* ❶ (*person*) flüchtige(r) Bekannte(r) ❷ (*relationship*) flüchtige Bekanntschaft **speaking clock** *n* ❶ (*device*) sprechende Uhr ❷ BRIT (*service*) telefonische Zeitansage **speaking engagement** *n* Vortragstermin *m;* **to have ~s** Vorträge halten müssen **speaking part** *n* Sprechrolle *f* **speaking trumpet** *n* (*hist*) Hörrohr *nt* **speaking tube** *n* Sprachrohr *nt* (*zwischen zwei Räumen oder Gebäuden*)

spear [spɪəʳ, AM spɪr] **I.** *n* ❶ (*weapon*) Speer *m,* Lanze *f*
❷ BOT (*leaf*) Halm *m;* (*shoot*) Stange *f;* **asparagus ~s** Spargelstangen *fpl*
II. *vt* ■**to ~ sth/an animal** etw/ein Tier aufspießen; ■**to ~ sb** jdn durchbohren; ***she ~ed a piece of cake with her fork*** sie spießte ein Stück Kuchen auf ihre Gabel

spear carrier *n* ❶ THEAT Statist(in) *m(f)* ❷ (*minion*) Lakai *m* **spear-fishing** *n no pl* Speerfischen *nt* **spearhead I.** *n* ❶ (*point of spear*) Speerspitze *f*
❷ (*fig: leading group or thing*) Spitze *f;* **to form the ~ of an attack** die Angriffsspitze bilden **II.** *vt* (*also fig*) ■**to ~ sth** etw anführen, etw *dat* vorstehen; ***Joe has been chosen to ~ our new marketing initiative*** Joe wurde als Leiter unserer neuen Marketinginitiative gewählt; **to ~ an attack** einen Angriff leiten **spearman** *n* HIST Lanzenträger *m* **spearmint I.** *n no pl* grüne Minze **II.** *n modifier* (*mouthwash, sweet, toothpaste*) Pfefferminz-; **~ chewing-gum** Spearmint-Kaugummi *m*

spec¹ [spek] *n no pl* (*fam*) **on ~** auf Verdacht; **to buy** [*or* **get**] **sth on ~** etw auf gut Glück kaufen

spec² [spek] *n* (*fam*) ❶ (*data*) *short for* **specification:** ■**~s** *pl* technische Daten
❷ (*plan*) *short for* **specification** detaillierter Plan; ***has the engineer brought the ~s with him?*** hat der Ingenieur die Entwürfe dabei?; **to draw up a ~** einen Bauplan erstellen

spec builder *n esp* AUS (*fam*) Bauspekulant(in) *m(f)*

speccy *adj attr, inv* (*fam*) *see* **specky**

special ['speʃᵊl] **I.** *adj* ❶ (*more*) besondere(r, s); **to be in need of ~ attention** ganz besondere Aufmerksamkeit verlangen; **to pay ~ attention to sth** bei etw *dat* ganz genau aufpassen; **to attach ~ significance to sth** etw *dat* besondere Bedeutung beimessen
❷ (*unusual*) besondere(r, s); ***what's so ~ about that?*** na und?, das ist doch nichts Besonderes!; **~ aptitude** besondere Fähigkeit; **~ case** Ausnahme *f;* **to be a ~ case** ein Ausnahmefall sein; **~ character** außergewöhnlicher Charakter; **~ charm** ungewöhnlicher Charme; **~ circumstances** außergewöhnli-

che Umstände; ~ **needs** spezielle Bedürfnisse; **on** ~ **occasions** zu besonderen Gelegenheiten; ~ **order** Sonderauftrag *m;* **to** ~ **order** auf Sonderbestellung; **nothing** ~ nichts Besonderes
❸ (*dearest*) beste(r, s); ***Linda is my*** ~ ***friend*** Linda ist meine beste Freundin; ■**to be** ~ **to sb** jdm sehr viel bedeuten
❹ (*characteristic*) speziell; **to do sth one's own** ~ **way** etw auf seine/ihre eigene Weise machen
❺ *attr, inv* (*for particular purpose*) speziell; (*for particular use*) *tyres, equipment* Spezial-; ***could I ask you a*** ~ ***favour?*** könnte ich dich um einen ganz besonderen Gefallen bitten?; ~ **assignment** Sonderauftrag *m;* ~ **clinic** Spezialklinik *f;* ~ **committee** Sonderausschuss *m;* ~ **deputy** Sonderbeauftragte(r) *f(m);* ~ **session** Sondersitzung *f;* ~ **staff** Fachkräfte *fpl;* ~ **train** Sonderzug *m*
❻ *inv* (*extra*) gesondert; **a** ~ **privilege** ein besonderes Privileg; ~ **rates** besondere Tarife; **to get** ~ **treatment** bevorzugt behandelt werden
❼ *attr, inv* SCH Sonder-; ~ **education** [*or fam* **ed**] Sonder[schul]erziehung *f*
❽ *attr, inv* POL Sonder-; ~ **adviser** Sonderberater(in) *m(f);* ~ **agent** Sonderbevollmächtigte(r) *f(m);* ~ **envoy** Sonderbotschafter(in) *m(f)*
II. *n* ❶ MEDIA (*programme*) Sonderprogramm *nt,* Sondersendung *f;* (*newspaper*) Sonderausgabe *f*
❷ *esp* AM, AUS (*meal*) Tagesgericht *nt;* ***what do you have on*** ~ ***today?*** was steht heute auf der Speisekarte?
❸ *pl esp* AM (*bargains*) ■~**s** Sonderangebote *ntpl*
❹ (*extra transport*) Sondertransport *m;* (*train*) Sonderzug *m*

Special Air Service *n* BRIT MIL Speziallufteinheit *f*
Special Branch *n no pl usu* BRIT ■**the** ~ der Sicherheitsdienst, die Sicherheitspolizei **special character** *n* COMPUT Sonderzeichen *nt* **special constable** *n* BRIT Hilfspolizist(in) *m(f)* **special correspondent** *n* Sonderberichterstatter(in) *m(f)* **special delivery** *n* ❶ *no pl* (*service*) Eilzustellung *f* ❷ (*letter*) Eilbrief *m;* **to sign for a** ~ einen Eilbrief entgegennehmen **special-delivery** *adj attr, inv* ~ **letter** Eilbrief *m;* **to send sth** ~ **mail** etw per Eilpost verschicken **special drawing rights** *npl* FIN Sonderziehungsrechte *ntpl* **special ed** *n* AM *short for* **special education** Förderunterricht *m* **special edition** *n* Sonderausgabe *f* **special education** AM **I.** *n no pl* Sondererziehung *f* **II.** *n modifier* Sonder-; ~ **teacher** Sonderschullehrer(in) *m(f);* ~ **program** Sondererziehungsprogramm *nt* **special educational needs** BRIT **I.** *npl* ❶ (*for exceptional children*) Sondererziehungsanforderungen *fpl* ❷ (*for below-average children*) Sonderanforderungen *fpl* **II.** *n modifier* (*teacher*) Sonderschul-; (*for disabled children*) Behinderten-; ~ **teaching** Sonderschulwesen *nt* **special effect** *n usu pl* Spezialeffekt *m,* Special Effect *m fachspr* **special interest group** *n* POL Interessengemeinschaft *f* **special interests** *npl* AM Interessengemeinschaften *fpl*

specialism [ˈspeʃəlɪzəm] *n* ❶ *no pl* (*studies*) Spezialisierung *f;* ~ **in sth** Spezialisierung *f* in etw *dat*
❷ (*speciality*) Spezialgebiet *nt*

special issue stamps *npl* Sonderbriefmarken *fpl*

specialist [ˈspeʃəlɪst] **I.** *n* ❶ (*expert*) Fachmann, Fachfrau *m, f,* Spezialist(in) *m(f),* Experte, -in *m, f* (**in** für +*akk,* **on** in +*dat*)
❷ (*doctor*) Spezialist(in) *m(f),* Facharzt, Fachärztin *m, f;* **eye** ~ Facharzt *m*/Fachärztin *f* für Augenkrankheiten; **heart** ~ Herzspezialist(in) *m(f)*
❸ AM STOCKEX Eigenhändler(in) *m(f)* [an der Börse], amtlicher Kursmakler/amtliche Kursmaklerin
II. *adj attr* (*bookshop, knowledge, lawyer, shop*) Fach-; ~ **skills** fachliche Fähigkeiten

speciality [ˌspeʃiˈæləti] *n esp* BRIT ❶ (*product, quality*) Spezialität *f;* ~ **of the house** (*food*) Spezialität *f* des Hauses; **local** ~ (*food*) örtliche Spezialität
❷ (*feature*) besonderes Merkmal; (*iron or pej*) Spezialität *f iron;* ***unkind remarks are one of his specialities*** unfreundliche Bemerkungen sind eine seiner Spezialitäten; ***that's my*** ~ darin bin ich wirklich ein Meister
❸ (*skill*) Fachgebiet *nt,* Fachbereich *m*

specialization [ˌspeʃəlaɪˈzeɪʃən, AM -lɪˈ-] *n* ❶ *no pl* (*studies*) Spezialisierung *f* (**in** auf +*akk*)
❷ (*skill*) Spezialgebiet *nt*

specialize [ˈspeʃəlaɪz, AM -ʃəl-] **I.** *vi* sich *akk* spezialisieren (**in** auf +*akk*); ***he*** ~***s in divorce cases*** er ist auf Scheidungsrecht spezialisiert
II. *vt* ❶ *usu passive* BIOL (*adapted*) ■**to become** ~**d** *organ* sich *akk* gesondert ausbilden
❷ (*modify*) ■**to** ~ **sth** *statement* etw spezifizieren

specialized [ˈspeʃəlaɪzd, AM -ʃəl-] *adj* ❶ (*skilled*) spezialisiert; ***her job is very*** ~ ihre Arbeit ist hoch spezialisiert; ~ **care** fachliche Betreuung; ~ **knowledge** Fachwissen *f;* ~ **skills** fachliche Fähigkeiten
❷ (*particular*) spezial; ~ **magazine** Fachzeitschrift *f;* ~ **software** Spezialsoftware *f*

specially [ˈspeʃəli] *adv* ❶ *inv* (*specifically*) speziell, extra, eigens; ***I came here*** ~ ***to see you*** ich bin extra hierher gekommen, um dich zu sehen; **a** ~ **invited audience** ein ausgewähltes Publikum; ~ **designed/made** speziell angefertigt/hergestellt; ~ **educated** besonders gebildet; ~ **equipped/trained** speziell ausgerüstet/ausgebildet; **to** ~ **ask sb not to do sth** jdn explizit [*o* ausdrücklich] darum bitten, etw [gerade] nicht zu tun
❷ (*particularly*) besonders, insbesondere; **not** ~ nichts Besonderes; ***is there anything you want to do this evening? — not*** ~ hast du heute Abend irgendetwas vor? – nichts Besonderes
❸ (*very*) besonders; **a** ~ **good wine** ein ganz besonders guter Wein

special needs **I.** *npl* ❶ (*teaching*) Sondererziehungsanforderungen *fpl* ❷ (*requirements*) Sonderanforderungen *fpl,* spezielle Bedürfnisse **II.** *n modifier* (*disabled*) behindert; ~ **child** behindertes Kind; (*exceptional*) Sonder-; ~ **teacher** SCH Sonderschullehrer(in) *m(f);* ~ **teaching** SCH Sonderschulwesen *nt* **special offer** *n* Sonderangebot *nt;* **on** ~ im Sonderangebot **Special Olympics** *npl* Behindertenolympiade *f* **special pleading** *n no pl* ❶ LAW Beibringung *f* neuen Beweismaterials ❷ (*unfair argument*) Berufung *f* auf einen Sonderfall **special school** *n* Sonderschule *f*

specialty [ˈspeʃəlti] *n* AM, AUS *see* **speciality**

speciation [ˌspiːʃiˈeɪʃən] *n* Artenbildung *f*

specie [ˈspiːʃiː] *n no pl* ❶ (*coin*) Münzgeld *nt,* Hartgeld *nt*
❷ (*cash*) Bargeld *nt;* **in** ~ in bar; (*fig*) in gleicher Münze *fig*

species <*pl* -> [ˈspiːʃiːz] *n* ❶ BIOL Art *f,* Spezies *f fachspr;* **bird** ~ Vogelart[en] *f[pl];* **rare** ~ **of insect** seltene Insektenart; **endangered** ~ vom Aussterben bedrohte [Tier]art; **extinct** ~ ausgestorbene Spezies; **mammalian** ~ Säugetierart[en] *f[pl]*
❷ (*fig fam: kind*) Art *f;* ***she was wearing a strange*** ~ ***of hat*** sie trug einen sehr merkwürdigen Hut; **to be a rare** ~ eine Seltenheit sein

specific [spəˈsɪfɪk] **I.** *adj* ❶ (*exact*) genau; ***could you be a bit more*** ~**?** könntest du dich etwas klarer ausdrücken?; ***can you be more*** ~ ***about where your back hurts?*** können Sie mir genauer sagen, wo Sie Schmerzen im Rücken haben?; **to fix a** ~ **date** ein genaues Datum festmachen
❷ *attr* (*particular*) bestimmte(r, s), speziell; ***are you doing anything*** ~ ***this weekend?*** hast du etwas Bestimmtes vor dieses Wochenende?; ■**to be** ~ **to sth** sich *akk* auf etw *akk* beschränken; ~ **details** besondere Einzelheiten; **for** ~ **purposes** für einen bestimmten Zweck
❸ (*characteristic*) spezifisch, typisch (**to** für +*akk*); ~ **knowledge** Fachwissen *nt*
II. *n* MED (*hist*) Spezifikum *nt fachspr*

specifically [spəˈsɪfɪkli] *adv* ❶ (*particularly*) speziell, extra, besonders; ~**, *we'd like to know …*** insbesondere interessiert uns …
❷ (*clearly*) ausdrücklich; **to** ~ **ask sb not to do sth** jdn ausdrücklich [darum] bitten, etw nicht zu tun; **to** ~ **mention/prohibit sth** etw ausdrücklich erwähnen/verbieten

specification [ˌspesɪfɪˈkeɪʃən, AM -fəˈ-] *n* ❶ (*specifying*) Angabe *f,* Spezifizierung *f geh*
❷ (*plan*) detaillierter Entwurf; (*for building*) Bauplan *m;* **to conform to** [*or* **match**] [*or* **meet**] **the** ~ dem Entwurf entsprechen; **to draw up a** ~ einen Entwurf erstellen
❸ *no pl* (*description*) genaue Angabe, Beschreibung *f,* Spezifikation *f;* (*for patent*) Patentschrift *f;* (*for machines*) Konstruktionsplan *m;* **detailed** ~ detaillierte Beschreibung
❹ *no pl* (*function*) detaillierter Entwurf; **to be almost identical in** ~ vom Entwurf her fast identisch sein

specifications [ˌspesɪfɪˈkeɪʃənz, AM -fəˈ-] *npl* (*details*) *of a plan* genaue Angaben; *of a building* Raum- und Materialangaben *fpl;* TECH technische Daten [*o* Angaben], Leistungsbeschreibung *f*

specific gravity *n* PHYS spezifisches Gewicht

specificity [ˌspəsɪˈfɪsəti, AM -əṭi] *n no pl* ❶ (*definition*) Spezifität *f;* **level of** ~ Grad *m* an Spezifität
❷ COMPUT Spezifizität *f*

specifics [spəˈsɪfɪks] *npl* Einzelheiten *fpl* (**about/on** über +*akk*); ***the President's speech was lacking in*** ~ die Rede des Präsidenten hielt sich zu sehr an der Oberfläche; **to get down to** ~ auf die näheren Einzelheiten zurückkommen

specified [ˈspesɪfaɪd] *adj attr* vorgeschrieben; (*particular*) bestimmte(r, s); ~ **date** bestimmtes Datum; **within a** ~ **period** innerhalb eines vorgeschriebenen Zeitraums

specify <-ie-> [ˈspesɪfaɪ] *vt* ■**to** ~ **sth** etw angeben [*o* über etw *dat* Angaben machen]; (*list in detail*) etw spezifizieren; (*list expressly*) etw ausdrücklich angeben; ***she did not*** ~ ***reasons for resigning*** sie nannte keine Gründe für ihren Rücktritt; ***my contract specifies*** [***that***] ***I must give a month's notice if I leave my job*** mein Arbeitsvertrag sieht einen Monat Kündigungsfrist vor; **to** ~ **conditions** Bedingungen festlegen; **to** ~ **requirements** Anforderungen darlegen; **to** ~ **a time** eine feste Zeit angeben; **to clearly** ~ **sth** etw klar darlegen [*o geh* spezifizieren]

specimen [ˈspesəmɪn, AM -mən] *n* ❶ (*example*) Exemplar *nt;* **collection of rare insect** ~**s** Sammlung *f* seltener Insekten; ~ **of earth** Bodenprobe *f*
❷ MED Probe *f;* ~ **of blood/urine** Blut-/Urinprobe *f;* **to provide/take a** ~ eine Probe abliefern/nehmen
❸ (*usu pej fam: person*) Exemplar *nt fam;* **a fine** ~ ein Prachtexemplar *nt,* ein Prachtkerl *m a. hum;* **to be a miserable** ~ ein jämmerlicher Kauz sein
❹ (*sample*) Muster *nt,* Probe *f,* Probexemplar *nt*

specimen copy *n* Belegexemplar *nt,* Probeexemplar *nt;* ~ **of a form** Musterformular *nt* **specimen jar** *n* Probenbehälter *m* **specimen page** *n* Probeseite *f* **specimen signature** *n* Unterschriftenprobe *f*

specious [ˈspiːʃəs] *adj* (*pej form*) *allegation, argument* fadenscheinig *pej;* ~ **claim** unfundierte Forderung; ~ **reasoning** vordergründige Schlussfolgerungen *pl*

speciously [ˈspiːʃəsli] *adv* (*form*) trügerisch *geh*

speciousness [ˈspiːʃəsnəs] *n no pl* (*form*) Fadenscheinigkeit *f;* *of promise* Oberflächlichkeit *f;* *of theory* Vordergründigkeit *f*

speck [spek] *n* ❶ (*spot*) Fleck *m;* *of blood, mud* Spritzer *m,* Sprenkel *m;* ***the island in the distance had become a mere*** ~ ***on the horizon*** in der Ferne war die Insel zu einem bloßen Pünktchen am Horizont geworden; **a** ~ **of light at the end of the tunnel** ein Fünkchen *nt* Licht am Ende des Tunnels; ~ **of paint** Farbspritzer *m*
❷ (*stain*) Fleck *m;* **to have** ~**s** fleckig sein
❸ (*particle*) Körnchen *nt;* **not a** ~ **of dirt/dust** kein Körnchen Schmutz/Staub; **a** ~ **of soot** eine Rußflocke; **not a** ~ **of truth** (*fig*) kein Fünkchen [*o* Körnchen] Wahrheit

specked [spekt] *adj* gefleckt, gesprenkelt; ***the floor was*** ~ ***with paint*** auf dem Boden waren Farbspritzer

speckle [ˈspekḷ] *n* Tupfen *m,* Tupfer *m fam,* Sprenkel *m;* **with brown ~s** braun gesprenkelt

speckled ['spekl̩d] *adj* gesprenkelt; **to be ~ with yellow** gelb gesprenkelt sein

specky ['speki] *adj attr, inv* BRIT (*fam*) eine Brille tragend *attr;* **~ four eyes** Brillenschlange *f*

specs¹ [speks] *npl* (*fam*) *short for* **specifications** technische Daten

specs² [speks] *npl esp* BRIT (*fam*) *short for* **spectacles** Brille *f;* ***hey ~, ...*** hey, du mit der Brille, ... *fam*

spectacle ['spektəkl̩] *n* ① (*display*) Spektakel *nt;* **a magnificent ~** ein großartiges Spektakel; **to be mere/pure ~** ein reines/wirkliches Spektakel sein
② (*event*) Schauspiel *nt geh,* Spektakel *nt pej;* (*sight*) Anblick *m;* **public ~** öffentliches Spektakel; **to make a real ~ of oneself** unangenehm auffallen; **a strange ~** ein ungewöhnlicher Anblick

spectacle case *n* BRIT Brillenetui *nt*

spectacled ['spektəkl̩d] *adj* ① *esp* BRIT (*with glasses*) bebrillt; ***the person you want to speak to is the ~ man*** derjenige, mit dem du reden willst, ist der Mann mit der Brille
② ZOOL *animal* mit brillenähnlichem Muster *nach n*

spectacles ['spektəkl̩z] *npl* BRIT Brille *f;* **horn-rimmed ~** Hornbrille *f;* **steel-rimmed ~** Metallbrille *f;* **to put on one's ~** seine Brille aufsetzen

spectacular [spek'tækjələʳ, AM -ɚ] I. *adj* ① (*wonderful*) *dancer, scenery* atemberaubend, fantastisch, großartig
② (*striking*) *increase, failure, success* spektakulär, sensationell
II. *n film, play* Schauspiel *nt*

spectacularly [spek'tækjələli, AM -ɚli] *adv* ① (*wonderfully*) wundervoll; ***at night the city is ~ lit*** bei Nacht ist die Stadt herrlich erleuchtet
② (*extremely*) sensationell; ***you were ~ wrong in your judgement*** bei deiner Beurteilung hast du absolut daneben gelegen; **~ well-paid job** außergewöhnlich gut bezahlte Arbeit; **to be ~ fit** ungewöhnlich fit sein; **to rise ~** sensationell ansteigen

spectate [spek'teɪt] *vi* BRIT zuschauen (**at** bei +*dat*)

spectator [spek'teɪtəʳ, AM -t̬ɚ] *n* Zuschauer(in) *m(f)* (**at** bei +*dat*)

spectator sport *n no pl* Publikumssport *m*

specter *n* AM *see* **spectre**

spectra ['spektrə] *n pl of* **spectrum**

spectral ['spektrᵊl] *adj* ① (*ghostly*) geisterhaft, gespenstisch; **a ~ figure** eine gespenstische Gestalt
② *inv* (*able to detect ghosts*) **~ machine** Geistermaschine *f*
③ *inv* PHYS spektral *fachspr;* **~ colours** [*or* AM **colors**] Spektralfarben *fpl fachspr*

spectre ['spektəʳ], AM **specter** [-ɚ] *n* ① (*liter or old: ghost*) Gespenst *nt*
② (*fig liter: threat*) [Schreck]gespenst *nt fig;* ***the awful ~ of civil war hangs over the country*** über dem Land liegt das Schreckgespenst des Bürgerkriegs

spectrogram ['spektrə(ʊ)græm, AM -əgræm] *n* PHYS Spektrogramm *nt fachspr*

spectrograph ['spektrə(ʊ)grɑːf, AM -trəgræf] *n* PHYS Spektrograph *m fachspr*

spectroscope ['spektrəskəʊp, AM -skoʊp] *n* PHYS Spektroskop *nt fachspr*

spectroscopic analysis [ˌspektrəskɒpɪk-, AM -skɑːp-] *n* PHYS Spektralanalyse *f fachspr*

spectrum <*pl* -tra *or* -s> ['spektrəm, *pl* -trə] *n* ① PHYS (*band of colours*) Spektrum *nt;* **~ analysis** Spektralanalyse *f;* **the visible ~** das sichtbare Spektrum
② (*frequency band*) Palette *f,* Skala *f*
③ (*fig: range*) Spektrum *nt fig;* **a wide ~ of opinions** ein breites Meinungsspektrum
④ POL, SOCIOL Spektrum *nt;* **the political/social ~** das politische/soziale Spektrum
⑤ COMPUT Spektrum *nt fachspr*

speculate ['spekjəleɪt] *vi* ① (*guess*) spekulieren; ***it has been ~d that ...*** es wird vermutet, dass ...; ■**to ~ about** [*or* **on**] **sth** Vermutungen über etw *akk* anstellen, etw mutmaßen
② FIN, STOCKEX (*trade*) spekulieren (**in** mit +*dat*); **to ~ on the gold/stock market** am Goldmarkt/an der Börse spekulieren

speculation [ˌspekjə'leɪʃᵊn] *n* ① (*guess*) Spekulation *f,* Vermutung *f* (**about** über +*akk*); ***there have been ~s*** [***that***] ***he's looking for a new job*** man vermutet, dass er eine neue Arbeit sucht; **to be pure ~** reine Vermutung sein; **to fuel** [*or* **prompt**] **~** die Spekulationen anheizen
② (*trade*) Spekulation *f;* **stock-market ~** Börsenspekulation *f;* **to protect sth from ~** etw vor Spekulation schützen

speculative ['spekjələtɪv, AM -leɪt̬ɪv] *adj* ① (*conjectural*) spekulativ *geh;* PHILOS hypothetisch *geh;* **a highly ~ story** eine höchst spekulative Geschichte; **to be purely ~** reine Vermutung sein
② (*risky*) spekulativ; **~ deals** Spekulationsgeschäfte *ntpl;* **for ~ property development** zur Entwicklung der Grundstücksspekulation; **~ venture** spekulatives Unternehmen

speculatively ['spekjələtɪvli, AM -leɪt̬ɪv-] *adv* ① (*conjecturally*) spekulativ *geh;* PHILOS hypothetisch *geh;* ***he writes rather ~*** er schreibt eher theoretisch
② (*riskily*) spekulativ

speculator ['spekjəleɪtəʳ, AM -leɪt̬ɚ] *n* Spekulant(in) *m(f);* **currency/property ~** Währungs-/Grundstücksspekulant(in) *m(f)*

speculum <*pl* -la> ['spekjələm, *pl* -jələ] *n* ① MED Spiegel *m,* Spekulum *nt fachspr*
② (*mirror*) *in telescope* Metallspiegel *m*

sped [sped] *pt, pp of* **speed**

speech <*pl* -es> [spiːtʃ] *n* ① *no pl* (*faculty of speaking*) Sprache *f;* (*act of speaking*) Sprechen *nt;* ■**in ~** mündlich; **to lose/recover the power of ~** die Sprechfähigkeit [*o* die Sprache] verlieren/wiedererlangen; **in everyday ~** in der Alltagssprache; **to be slow in** [*or* **of**] **~** langsam reden
② *no pl* (*spoken style*) Sprache *f,* Redestil *m*
③ (*oration*) Rede *f;* (*shorter*) Ansprache *f* (**about/on** über +*akk*); (*in court*) Plädoyer *nt;* **acceptance ~** Aufnahmerede *f;* **after-dinner ~** Tischrede *f;* **freedom of ~** POL Redefreiheit *f;* **keynote ~** Hauptrede *f;* **eloquent ~** ausdrucksvolle Rede; **rousing ~** stürmische Rede; **to deliver** [*or* **give**] [*or* **make**] **a ~** eine Rede halten
④ *of actor* Rede *f;* (*longer*) Monolog *m;* **Hamlet's ~** Hamlets Monolog *m*
⑤ *no pl* LING **direct/indirect** [*or* **reported**] **~** direkte/indirekte Rede
⑥ *no pl* AM (*speech therapy*) Sprachtherapie *f*

speech act *n* LING Sprechakt *m fachspr* **speech balloon** *n,* **speech bubble** *n* Sprechblase *f* **speech community** *n* LING Sprachgemeinschaft *f fachspr* **speech day** *n* BRIT Schulfeier *f* **speech defect** *n* Sprachfehler *m*

speechify <-ie-> ['spiːtʃɪfaɪ, AM -tʃə-] *vi* (*pej or hum*) salbadern *pej fam;* ***please talk normally, don't ~!*** bitte sprich normal und halte keine langen Reden!; ***my uncle's always ~ing about what's wrong with the world today*** mein Onkel hält immer große Vorträge über die Fehler in der heutigen Welt

speech impediment *n* Sprachfehler *m*

speechless ['spiːtʃləs] *adj inv* ① (*shocked*) sprachlos; **to be ~ with indignation/rage** sprachlos vor Empörung/vor Wut sein; **sth leaves** [*or* **renders**] **sb ~** etw verschlägt jdm die Sprache; **to be left ~** sprachlos sein
② (*mute*) stumm; **to be ~ from birth** von Geburt an stumm sein

speechlessly ['spiːtʃləsli] *adv* wortlos; (*from shock*) sprachlos; **to look at sb ~** jdn sprachlos anschauen

speechlessness ['spiːtʃləsnəs] *n no pl* ① (*shock*) Sprachlosigkeit *f*
② (*muteness*) Stummheit *f*

speech making *n* Redenhalten *nt;* ***he's good/bad at ~*** er ist ein guter/schlechter Redner **speech recognition** *n no pl* COMPUT Spracherkennung *f* **speech therapist** *n* Sprachtherapeut(in) *m(f),* Logopäde, -in *m, f fachspr* **speech therapy** *n* Sprachtherapie *f,* Logopädie *f fachspr* **speech writer** *n* Redenschreiber(in) *m(f)*

speed [spiːd] I. *n* ① (*velocity*) Geschwindigkeit *f,* Tempo *nt;* ***at a ~ of seventy kilometres per hour*** mit einer Geschwindigkeit von 70 km/h; **cruising ~** Reisegeschwindigkeit *f;* **~ of light/sound** Licht-/Schallgeschwindigkeit *f;* **average traffic ~** durchschnittliche Verkehrsgeschwindigkeit; **high ~** hohe Geschwindigkeit; **maximum** [*or* **top**] **~** Höchstgeschwindigkeit *f;* **steady ~** gleich bleibende Geschwindigkeit; **to gain** [*or* **gather**] [*or* **pick up**] **~** an Geschwindigkeit gewinnen; *vehicle* beschleunigen; *person* schneller werden; **to lower** [*or* **reduce**] **one's ~** seine Geschwindigkeit verringern; *vehicle* langsamer fahren; *person* langsamer werden
② *no pl* (*high velocity*) hohe Geschwindigkeit; **at ~** *esp* BRIT bei voller Geschwindigkeit; **at breakneck ~** (*fam*) mit einem Mordstempo *fam;* **at lightning ~** schnell wie der Blitz; **at full ~** mit Höchstgeschwindigkeit; **at supersonic ~** mit Überschallgeschwindigkeit; **up to ~** bis Höchstgeschwindigkeit
③ *no pl* (*quickness*) Schnelligkeit *f;* **with ~** schnell; **with all possible ~** so schnell wie möglich
④ TECH (*operating mode*) Drehzahl *f;* **full ~ ahead/astern!** NAUT volle Kraft voraus/achteraus!
⑤ (*gear*) Gang *m;* ***I have a ten-~ bicycle*** ich habe ein Fahrrad mit Zehngangschaltung
⑥ PHOT [Licht]empfindlichkeit *f;* **shutter ~** Belichtungszeit *f*
⑦ *no pl* (*sl: drug*) Speed *nt sl;* **to be on ~** auf Speed sein
▶ PHRASES: **to travel at the ~ of light** sich *akk* mit Lichtgeschwindigkeit verbreiten; **to be heading** [**at**] **full ~ for sth** mit vollen Schritten auf etw *akk* zusteuern; **to be up to ~** [**with sth**] [mit etw *dat*] auf dem Laufenden sein; **to bring** [*or* **get**] **sb/sth up to ~** *esp* BRIT (*update*) jdn/etw auf den neuesten Stand bringen; (*repair*) etw wieder zum Laufen bringen; **to pick up ~** Ergebnisse verbessern
II. *vi* <sped, sped> ① (*rush*) sausen, flitzen; ***we sped down the ski slopes*** wir sausten die Piste herunter; ■**to ~ along** vorbeisausen; ■**to ~ off** davonbrausen
② (*drive too fast*) die Geschwindigkeit überschreiten, rasen
III. *vt* <-ed *or* sped, -ed *or* sped> ① (*quicken*) ■**to ~ sth** etw beschleunigen
② (*transport*) ■**to ~ sb somewhere** jdn schnell irgendwo hinbringen
▶ PHRASES: **God ~ you** (*old*) Gott sei mit dir *liter o veraltet;* **to ~ sb on his/her way** jdn verabschieden

◆**speed away** I. *vi* davonrasen
II. *vt* ■**to ~ away** ⊂ **sb/sth** jdn/etw schnellstens abtransportieren

◆**speed by** *vi* ① (*travel*) vorbeisausen
② *time* schnell vergehen, verfliegen; ***this year simply seems to be ~ing by*** dieses Jahr scheint wie im Flug zu vergehen

◆**speed up** I. *vt* ■**to ~ up** ⊂ **sth** etw beschleunigen; ***can the job be ~ed up?*** kann die Arbeit schneller verrichtet werden?; ■**to ~ up** ⊂ **sb** jdn antreiben
II. *vi* ① (*accelerate*) beschleunigen, schneller werden; *person* sich *akk* beeilen
② (*improve*) sich *akk* verbessern, eine Steigerung erzielen

speedboat *n* Rennboot *nt* **speed bump** *n* Bodenschwelle *f* **speed camera** *n* BRIT Radargerät *nt* zur Geschwindigkeitsmessung, Starenkasten *m fam* **speed check** *n,* **speed control** *n* Geschwindigkeitskontrolle *f* **speed cop** *n* (*fam*) Verkehrsbulle *m pej sl* **speed curb** *n* Geschwindigkeitsbegrenzung/-beschränkung *f* **speed-dial button** ['spiːdˌdaɪəlˌbʌtᵊn, AM -ˌdaɪ(ə)l-] *n* Kurzwahltaste *f*

speeder ['spiːdəʳ, AM ɚ] *n* ① (*contrivance*) Geschwindigkeitsregler *m*
② (*driver*) Schnellfahrer(in) *m(f),* Raser(in) *m(f) fam*

speed freak *n* (*sl*) ① (*fast driving person*) Speed-Freak *m sl* ② (*drug addict*) Speed-Süchtige(r) *f(m) sl*

S

speed hump *n* BRIT Bodenschwelle *f*
speedily ['spi:dɪli] *adv* (*rapidly*) schnell; (*without delay*) prompt, sofort
speediness ['spi:dɪnəs] *n no pl* Schnelligkeit *f*; ~ **of delivery** Lieferungsgeschwindigkeit *f*
speeding ['spi:dɪŋ] *n no pl* Geschwindigkeitsüberschreitung *f*, Rasen *nt*; **to catch sb** ~ jdn beim Zuschnellfahren erwischen
speeding car *n* Fahrzeug, das die Höchstgeschwindigkeit überschreitet **speeding driver** *n* Fahrer/Fahrerin, der/die die Höchstgeschwindigkeit überschreitet **speeding ticket** *n* Strafzettel *m* für zu schnelles Fahren
speed limit *n* Geschwindigkeitsbegrenzung *f*, Tempolimit *nt*; ~ ***of eighty kilometres per hour*** Geschwindigkeitsbegrenzung von achtzig Kilometern die Stunde; **to be over** [*or* **break**] **the** ~ die [angegebene] Höchstgeschwindigkeit überschreiten **speed merchant** *n esp* BRIT (*sl*) Raser(in) *m(f) fam*; **to be a** ~ wie eine gesengte Sau fahren *sl*
speedo ['spi:dəʊ] *n* BRIT (*fam*) *short for* **speedometer** Tacho *m fam*
speedometer [spi:'dɒmɪtəʳ, AM -'dɑ:mət̬ɚ] *n* Tachometer *m o nt*, Geschwindigkeitsmesser *m*
speed range *n* Geschwindigkeitsbereich *m* **speed record** *n* Geschwindigkeitsrekord *m* (**for** für +*akk*) **speed restriction** *n* Geschwindigkeitsbegrenzung *f*, Tempolimit *nt*; *see also* **speed limit speed rumble** *n* BRIT Bodenschwelle *f* **speed skater** *n* Eisschnellläufer(in) *m(f)* **speed skating** *n no pl* Eisschnelllauf *m*
speedster ['spi:dstəʳ, AM stɚ] *n* (*fam*) ❶ (*vehicle*) schnelles Fahrzeug, Flitzer *m fam*
❷ (*driver*) Schnellfahrer(in) *m(f)*
speed trap *n* Radarfalle *f* **speed-up** *n no pl* ❶ (*rate*) schnelleres Tempo, Beschleunigung *f* ❷ (*increase*) Anstieg *m*, Zuwachs *m* ❸ *esp* AM ECON Produktivitätszuwachs *m*, Produktivitätssteigerung *f* **speedway** *n* ❶ *no pl* (*sport*) Speedwayrennen *nt* ❷ (*racetrack*) Speedwaybahn *f*, Aschen[renn]bahn *f* ❸ AM (*highway*) Schnellstraße *f*
speedwell <*pl* – *or* -s> ['spi:dwel] *n* BOT Ehrenpreis *m o nt*
speedy ['spi:di] *adj* schnell; *decision, action, solution also* rasch; *delivery, service, recovery* prompt; ~ **trial** AM LAW zügige Verhandlung
speleological [ˌspi:liə'lɒdʒɪkᵊl, AM -'lɑ:dʒɪ-] *adj inv* speläologisch *fachspr*
speleologist [ˌspi:li'ɒlədʒɪst, AM -'ɑ:lə-] *n* Höhlenforscher(in) *m(f)*, Speläologe, -in *m, f fachspr*
speleology [ˌspi:li'ɒlədʒi, AM -'ɑ:lə-] *n no pl* Höhlenkunde *f*, Speläologie *f fachspr*
spell¹ [spel] *n* (*state*) Zauber *m*, Bann *m geh*; (*words*) Zauberspruch *m*; **to be** [*or* **lie**] **under a** ~ unter einem Bann stehen; **to break the** ~ den Bann brechen; **to cast** [*or* **put**] **a** ~ **on sb** jdn verzaubern; **to be under sb's** ~ (*fig*) von jdm verzaubert sein, in jds Bann stehen
spell² [spel] **I.** *n* ❶ (*period of time*) Weile *f*; ***she had a brief ~ as captain of the team*** sie war eine Zeit lang Mannschaftskapitänin; **to go through a bad** ~ eine schwierige Zeit durchmachen; **for a** ~ für ein Weilchen, eine Zeit lang
❷ (*period of sickness*) Anfall *m*; **to suffer from dizzy ~s** unter Schwindelanfällen leiden
❸ (*period of weather*) ~ **of sunny weather** Schönwetterperiode *f*; **cold/hot** ~ Kälte-/Hitzewelle *f*
❹ (*turn*) Schicht *f*; **to take ~s** [**with**] **doing sth** sich *akk* bei etw *dat* abwechseln; **to take a** ~ **at the wheel** eine Zeit lang das Steuer übernehmen
II. *vt* <-ed, -ed> *esp* AM, AUS ■**to** ~ **sb** jdn ablösen
spell³ <spelled *or* BRIT *also* spelt, spelled *or* BRIT *also* spelt> [spel] **I.** *vt* ■**to** ~ **sth** ❶ (*using letters*) etw buchstabieren; ***could you ~ that please?*** könnten Sie das bitte buchstabieren?
❷ (*signify*) etw bedeuten; **to** ~ **disaster/trouble** Unglück/Ärger bedeuten; **to** ~ **the end of sth** das Ende einer S. *gen* bedeuten; **NO ~s no** (*fam*) wenn ich nein sage, meine ich auch nein! *fam*
II. *vi* (*in writing*) richtig schreiben; (*aloud*) buchstabieren; ***he ~s poorly*** seine Rechtschreibung ist sehr schwach; **to** ~ **incorrectly** Rechtschreibfehler machen
◆**spell out** *vt* ■**to** ~ **out** ○ **sth** ❶ (*using letters*) etw buchstabieren
❷ (*explain*) etw klarmachen; ***do I have to ~ it out for you?*** (*fam*) muss ich noch deutlicher werden?; **to** ~ **out one's ideas/plans/thoughts** seine Ideen/Pläne/Gedanken darlegen; **to** ~ **out a problem** ein Problem verdeutlichen
spellbind <-bound, -bound> ['spelbaɪnd] *vt* ■**to** ~ **sb** jdn hypnotisieren
spellbinder ['spelbaɪndəʳ, AM -ɚ] *n* (*fam: speaker*) fesselnder Redner/fesselnde Rednerin; (*actor*) faszinierender Schauspieler/faszinierende Schauspielerin; (*film*) spannender Film; **to be a real** ~ *game, event* der reinste Krimi sein *fam*
spellbinding ['spelbaɪndɪŋ] *adj film, performance, speech* fesselnd
spellbound ['spelbaʊnd] *adj inv* gebannt, fasziniert; **to be** ~ **by sth** von etw *dat* wie verzaubert sein; **to hold sb** ~ jdn fesseln [*o* in seinen Bann ziehen]
spell check *n* COMPUT Rechtschreibprüfung *f*
spell-check *vt* ■**to** ~ **sth** etw auf Schreibfehler prüfen; **to** ~ **a document/a file/a letter** die Rechtschreibung eines Dokuments/einer Datei/eines Briefes überprüfen
spell-checker *n* COMPUT Rechtschreibhilfe *f*, Rechtschreibprüfprogramm *nt*; **to run the** ~ die Rechtschreibüberprüfung machen
speller ['speləʳ, AM -ɚ] *n* ❶ (*person*) **to be a good/weak** ~ gut/schlecht in Orthographie sein
❷ AM (*spelling book*) Rechtschreib[e]buch *nt*
spelling ['spelɪŋ] **I.** *n* ❶ *no pl* (*orthography*) Rechtschreibung *f*, Orthographie *f*; **to correct sb's** ~ jds Rechtschreibung [*o* Orthographie] korrigieren
❷ (*lesson*) Rechtschreibunterricht *m*
❸ (*activity*) Buchstabieren *nt kein pl*; ***this is the correct ~*** dies ist die richtige Schreibweise
II. *adj attr, inv* Rechtschreib-
spelling bee *n* AM, AUS Buchstabierwettbewerb *m* **spelling book** *n* AM Rechtschreib[e]buch *nt* **spelling check** *n* COMPUT Rechtschreibüberprüfung *f* **spelling error**, **spelling mistake** *n* Rechtschreibfehler *m* **spelling pronunciation** *n* buchstabengetreue Aussprache
spelt [spelt] *pp, pt of* **spell**
spelunker [spəlʌŋkɚ] *n* AM (*potholer*) Hobbyhöhlenforscher(in) *m(f)*
spelunking [spəlʌŋkɪŋ] *n no pl* AM (*potholing*) Hobbyhöhlenforschung *f*; **to do** [*or* **go**] ~ Höhlen erforschen
spend [spend] **I.** *vt* <spent, spent> ❶ (*pay out*) **to** ~ **a fortune/money** [**on sb/sth**] [für jdn/etw] ein Vermögen/Geld ausgeben
❷ (*pass time*) **to** ~ **the night with sb** bei jdm übernachten; (*have sex*) die Nacht mit jdm verbringen; **to** ~ **time** Zeit verbringen; ***my sister always ~s ages in the bathroom*** meine Schwester braucht immer eine Ewigkeit im Bad *fam*; **to** ~ **time doing sth** Zeit damit verbringen, etw zu tun
❸ (*dedicate to*) **to** ~ **one's energy/one's money/one's time on sth** seine Energie/sein Geld/seine Zeit in etw *akk* investieren; **to** ~ **all one's force** [*or* **strength**] **doing sth** seine ganze Kraft darauf verwenden, etw zu tun
❹ (*use up*) ■**to** ~ **sth** etw aufbrauchen; ***the storm spent its fury*** der Sturm ließ nach; ■**sth ~s itself** *storm, anger, fury* etw legt sich *akk*; ***her anger soon spent itself*** ihr Zorn verrauchte rasch; ***the stock's potential for growth has finally spent itself*** das Wachstumspotenzial der Aktien ist endgültig erschöpft
▶ PHRASES: **to** ~ **a** <u>**penny**</u> *esp* BRIT (*dated fam*) pinkeln gehen *sl*
II. *vi* <spent, spent> Geld ausgeben
III. *n* BRIT Ausgabe *f*; **the total** ~ **on sth** die Gesamtkosten *pl* für etw *akk*
spender ['spendəʳ, AM -ɚ] *n* ■**to be a** ~ **on sth** Geld für etw *akk* springen lassen *fam*; **to be a** [**big/low**] ~ [viel/wenig] Geld ausgeben; ***the local council has been criticized for being a low ~ on education*** dem Gemeinderat wurde vorgeworfen, an der Bildung zu sparen
spending ['spendɪŋ] *n no pl* Ausgaben *pl* (**on** für +*akk*); **to control/limit/rein in one's** ~ seine Ausgaben kontrollieren/einschränken/ reduzieren; **to reduce** [*or* **slash**] ~ **on sth** die Ausgaben für etw *akk* kürzen
spending cuts *npl* FIN Kürzungen *fpl* **spending money** *n no pl* (*as allowance*) Taschengeld *nt*; (*for special circumstances*) frei verfügbares Geld **spending power** *n no pl* ECON Kaufkraft *f* **spending spree** *n* Großeinkauf *m*; **to go on a** ~ groß einkaufen gehen *fam*
spendthrift ['spen(d)θrɪft] (*pej*) **I.** *adj* (*fam*) verschwenderisch
II. *n* (*fam*) Verschwender(in) *m(f)*
spent [spent] **I.** *pp, pt of* **spend**
II. *adj* ❶ (*used up*) *match, cartridge* verbraucht; *bullets* verschossen; *creativity* verbraucht, versiegt; **to be a** ~ **force** (*fig*) keine Zukunft mehr haben, sich totgelaufen haben; ***after several defeats, people are saying the team is a ~ force*** nach mehreren Niederlagen heißt es nun, dass das Team am Ende ist; ***is communism a ~ force?*** ist der Kommunismus passé? *fam*
❷ (*tired*) *person* ausgelaugt; (*prematurely old*) müde und verbraucht; **to feel** ~ sich *akk* erschöpft fühlen
❸ (*without inspiration*) ■**to be** ~ *poet, artist, musician* keine Ideen mehr haben
sperm <*pl* – *or* -s> [spɜ:m, AM spɜ:rm] *n* ❶ (*male reproductive cell*) Samenzelle *f*
❷ (*fam: semen*) Sperma *nt*
spermaceti [ˌspɜ:mə'seti, AM ˌspɜ:rmə'si:ti] *n no pl* Walrat *m o nt*, Spermazeti *nt geh*
spermatozoa [ˌspɜ:mətə(ʊ)'zəʊə, AM ˌspɜ:rmət̬ə'zoʊə] *n pl of* **spermatozoon**
spermatozoon <*pl* -zoa> [ˌspɜ:mətə(ʊ)'zəʊɒn, AM ˌspɜ:rmət̬ə'zoʊɑ:n, *pl* -ə] *n* BIOL Spermatozoon *nt fachspr*, Spermium *nt*
sperm bank *n* Samenbank *f* **sperm count** *n* Spermienzählung *f* **sperm donor** *n* Samenspender *m*
spermicidal [ˌspɜ:mɪ'saɪdᵊl, AM ˌspɜ:rmə'-] *adj inv* spermatötend, spermatozid *fachspr*
spermicide [ˌspɜ:mɪ'saɪd, AM ˌspɜ:rmə'-] *n* Spermizid *nt fachspr*, spermientötendes Mittel
sperm oil *n no pl* Walratöl *nt* **sperm whale** *n* Pottwal *m*
spew [spju:] **I.** *vt* ❶ (*emit*) ■**to** ~ **sth** etw ausspeien; *lava* etw auswerfen [*o fam* spucken]; *exhaust* etw ausstoßen; **to** ~ **sewage into a river** Abwässer in einen Fluss ableiten
❷ (*vomit*) ■**to** ~ **sth** etw erbrechen [*o* ausspucken]; **to** ~ **blood** Blut spucken
❸ (*fam: say angrily*) ■**to** ~ **sth at sb** jdm etw ins Gesicht schleudern *fig*
II. *vi* ❶ (*flow out*) *exhaust, lava, gas* austreten; *ash, dust* herausgeschleudert werden; *flames* hervorschlagen; *fire* hervorzüngeln; *water* hervorsprudeln; (*fig*) *paper, information* sich *akk* ergießen *geh*
❷ (*vomit*) erbrechen
❸ (*be said*) heraussprudeln
◆**spew out I.** *vt* ❶ (*emit*) **to** ~ **out** ○ **exhaust** Abgase ausstoßen; **to** ~ **out flames** Flammen spucken [*o* speien]; **to** ~ **out information** Informationen ausgeben; **to** ~ **out lava** Lava auswerfen [*o fam* spucken]; **to** ~ **out paper** Papier auswerfen; **to** ~ **out waste water** Abwasser ablassen
❷ (*fam: say angrily*) ■**to** ~ **sth** ○ **out at sb** jdm etw ins Gesicht schleudern *fig*
II. *vi lava, gas, exhaust* austreten; *ash, dust* herausgeschleudert werden; *waste water, water* hervorsprudeln; *flames* hervorschlagen; *fire* hervorzüngeln; *paper, information* sich *akk* ergießen *geh*
◆**spew up I.** *vt* ■**to** ~ **up** ○ **sth** etw erbrechen
II. *vi* sich *akk* übergeben, kotzen *sl*
SPF [ˌespi:'ef] *n acr for* **sun protection factor** LSF *m*
sphagnum ['sfægnəm] *n no pl* BOT Torf *m*; ~ **moss**

Torfmoos *nt*, Bleichmoos *nt*

sphere [sfɪəʳ, AM sfɪr] *n* ❶ (*round object*) Kugel *f;* (*representing earth*) Erdkugel *f;* (*celestial body*) Himmelskörper *m;* **heavenly** ~ Gestirn *nt geh*
❷ (*area*) Bereich *m*, Gebiet *nt;* ~ **of influence/interest/responsibility** Einfluss-/Interessen-/Verantwortungsbereich *m;* ~ **of knowledge** Wissensgebiet *nt;* ***this is outside my ~ of knowledge*** das entzieht sich meiner Kenntnis; ~ **of life** Lebensbereich *m;* **social** ~ soziales Umfeld

spherical ['sferɪkᵊl, AM 'sfɪr-] *adj* kugelförmig, sphäroidisch *fachspr*

spheroid ['sfɪərɔɪd, AM 'sfɪr-] *n* MATH Sphäroid *nt*

sphincter ['sfɪŋ(k)təʳ, AM -tɚ] *n* ANAT Schließmuskel *m*, Sphinkter *m fachspr*

sphinx <*pl* – *or* -es> [sfɪŋks] *n* Sphinx *f*

sphinx-like *adj* sphinxartig

spic [spɪk] *n* (*pej! sl*) ❶ AM (*Hispanic person*) Latino *m*
❷ AUS (*not English language*) Fremdsprache *f*

spice [spaɪs] I. *n* ❶ (*aromatic*) Gewürz *nt;* **to add ~ to sth** etw würzen
❷ *no pl* (*fig: excitement*) Pep *m fam*, Schwung *m;* **to add ~ to sth** etw *dat* Schwung geben; **to give ~ to sth** etw *dat* Würze verleihen *fig*
▶ PHRASES: __variety__ **is the ~ of life** (*saying*) Abwechslung ist die Würze des Lebens
II. *n modifier* (*cupboard, rack, mixture, shelf*) Gewürz-; ~ **trade** Gewürzhandel *m*
III. *vt* ■**to ~ sth** ❶ (*flavour*) etw würzen (**with** mit +*dat*)
❷ (*fig: add excitement to*) etw aufpeppen *fam;* ***the best man ~d his speech with some jokes*** der Trauzeuge würzte seine Rede mit einigen Witzen
◆**spice up** *vt* ■**to ~ up** ↺ **sth** ❶ (*make tastier*) etw nachwürzen
❷ (*fig: make more exciting*) etw *dat* mehr Würze verleihen *fig*, etw aufpeppen

spiced [spaɪst] *adj* ❶ (*with pepper, curry etc*) gewürzt; (*hot*) scharf
❷ (*fig: made exciting*) gepfeffert *fig;* ~ **account** ausgeschmückter Bericht

spiciness ['spaɪsɪnəs] *n no pl* ❶ (*spicy quality*) Würzigkeit *f;* (*hotness*) Schärfe *f*
❷ (*fig: sensationalism*) Pikanterie *f*

spick [spɪk] *n see* **spic**

spick and span *adj* (*fam*) ❶ *house, kitchen* blitzsauber *fam;* **to keep sth ~** etw tipptopp in Ordnung halten *fam;* **to look ~** vor Sauberkeit blitzen
❷ *person* wie aus dem Ei gepellt *fam*

spicy ['spaɪsi] *adj* ❶ *food* würzig; (*hot*) scharf
❷ (*fig: sensational*) *tale, story* pikant

spider ['spaɪdəʳ, AM -ɚ] *n* Spinne *f*

spider monkey *n* Klammeraffe *m* **spider plant** *n* Grünlilie *f* **spider's web, spiderweb** *n* Spinnennetz *nt;* (*fig*) Wirrwarr *m*

spidery ['spaɪdᵊri] *adj* ❶ (*like a spider*) *writing* krakelig; *drawing, design* fein, spinnwebartig; *arms, legs* spinnenhaft
❷ (*with many spiders*) *room* voller Spinnen

spiel [ʃpi:l] I. *n* (*pej fam*) Leier *f pej fam;* **marketing/sales ~** Marketing-/Verkaufsmasche *f fam;* **to give sb a long ~ about sth** jdm etw lang und breit darlegen; **to launch into a ~ about sth** in eine Geschichte über etw *akk* verfallen
II. *vi* (*pej*) ■**to ~ sth** etw herunterrasseln *fam*

spier ['spaɪɚ] *n* AM (*fam*) Spanner *m sl*

spiff [spɪf] *vt* AM (*fam*) ■**to ~ up** ↺ **sth** etw aufpeppen *fam;* ■**to ~ sb/oneself** ↺ **up** jdn/sich herausputzen; **to be/get all ~ed up** komplett ausstaffiert sein/werden *fam*

spiffing ['spɪfɪŋ] *adj* BRIT (*dated fam*) klasse *veraltend fam*, spitze *veraltend fam*

spiffy ['spɪfi] *adj* AM (*fam*) ❶ (*stylish*) schick
❷ (*fabulous*) toll *fam*, super *fam*

spigot ['spɪgət] *n* ❶ (*stopper*) Zapfen *m*
❷ AM (*faucet*) Wasserhahn *m*

spik [spɪk] *n* (*pej!*) *see* **spic**

spike [spaɪk] I. *n* ❶ (*nail*) Nagel *m;* *of a rail* Spitze *f;* *of a plant, animal* Stachel *m;* MED (*fam: needle*) Nadel *f*
❷ (*on shoes*) Spike *m*
❸ (*running shoes*) ■**~s** *pl* Spikes *mpl*
❹ AM (*stiletto heels*) ■**~s** *pl* Pfennigabsätze *mpl*, Bleistiftabsätze *mpl* ÖSTERR
❺ (*increase*) Steigerung *f;* ~ **in productivity** Produktivitätssteigerung *f*
❻ ELEC Spannungsspitze *f*, Überschwingspitze *f*
II. *vt* ❶ (*with pointy object*) ■**to ~ sth** etw aufspießen; ■**to ~ sb** SPORTS jdn mit Spikes verletzen
❷ JOURN (*fam: reject*) ■**to ~ sth** etw durchkreuzen *fam;* **to ~ an article/a story** einen Artikel/eine Geschichte ablehnen; (*stop*) **to ~ a plan/a project** einen Plan/ein Projekt einstellen
❸ (*fam: secretly add alcohol*) **to ~ sb's drink/the punch** einen Schuss Alkohol in jds Getränk/die Bowle geben
❹ (*fig: make more interesting*) ■**to ~ sth with sth** etw mit etw *dat* würzen *fig*
❺ (*in volleyball*) **to ~ a ball** einen Ball schmettern
❻ (*increase*) ■**to ~ sth** etw hochjagen
▶ PHRASES: **to ~ sb's** __**guns**__ (*fam*) jdm einen Strich durch die Rechnung machen *fam*

spiked [spaɪkt] *adj* ❶ (*with spikes*) mit Spitzen versehen; *shoes* mit Spikes *nach n;* ~ **helmet** Pickelhaube *f*
❷ (*with alcohol*) mit Schuss *nach n*

spike heels *npl* Pfennigabsätze *mpl*, Bleistiftabsätze *mpl* ÖSTERR

spiky ['spaɪki] *adj* ❶ (*with spikes*) *railing, wall, fence* mit Metallspitzen *nach n;* *branch, plant* dornig; *animal, bush* stachelig
❷ (*pointy*) *grass* spitz; *flower* mit spitzen Blütenblättern *nach n;* *plant* spitzblättrig; *leaf* spitz; *handwriting* steil; ~ **hair** Igelfrisur *f*
❸ (*fig: irritable*) *person* kratzbürstig *fam*

spill[1] [spɪl] *n* Holzspan *m*

spill[2] [spɪl] I. *n* ❶ (*spilled liquid*) Verschüttete(s) *nt;* (*pool*) Lache *f;* (*stain*) Fleck *m;* **oil ~** Ölteppich *m;* **to wipe up the ~** das Verschüttete aufwischen
❷ (*fam: fall*) Sturz *m;* **to have** [*or* **take**] **a ~** stürzen
II. *vt* <spilt *or* AM, AUS *usu* **spilled, spilt** *or* AM, AUS *usu* **spilled**> ❶ (*tip over*) ■**to ~ sth** etw verschütten; ***I spilt coffee on my shirt*** ich schüttete Kaffee auf mein Hemd; ***you've spilt sth down your tie*** du hast etw auf deiner Krawatte vergossen
❷ (*scatter*) ■**to ~ sth** etw verstreuen
❸ (*fam: reveal*) **to ~ sth** etw verraten [*o* ausplaudern]; **to ~ a secret** ein Geheimnis ausplaudern
❹ (*by horse*) ■**to ~ sb** jdn abwerfen
❺ NAUT **to ~ the sails** die Segel killen lassen
▶ PHRASES: **to ~ the** __**beans**__ (*esp hum fam*) auspacken *fam;* **to ~** __**blood**__ (*esp liter*) Blut vergießen; **to ~ one's** __**guts**__ (*fam*) seine Geheimnisse preisgeben
III. *vi* ❶ (*flow out*) *liquid* überlaufen; *flour, sugar* verschüttet werden; *newspapers, blocks, papers* verstreut werden; ***tears spilt onto her cheeks at the news*** als sie die Nachricht vernahm, strömten Tränen über ihre Wangen
❷ (*fig: spread*) *crowd* strömen; *conflict, violence* sich *akk* ausbreiten; ***the fighting threatens to ~ into neighbouring regions*** die Kämpfe drohen auf die Nachbarregionen überzugreifen
❸ (*fam: reveal secret*) auspacken *fam*
❹ SPORTS den Ball fallen lassen
◆**spill out** I. *vi* ❶ (*flow out*) *wine, milk, juice* herausschwappen; *flour, sugar* herausrieseln; *papers, groceries* herausfallen; *people* herausströmen
❷ (*fig: become communicated*) *anger, worries* heraussprudeln; ***all his resentment ~ed out*** sein ganzer Ärger sprudelte aus ihm heraus
II. *vt* ❶ (*empty out*) ■**to ~ sth** ↺ **out** etw ausschütten; (*tip over*) etw verschütten
❷ (*fig: communicate*) **to ~ out** ↺ **one's anger/despair/worries** seinem Ärger/seiner Verzweiflung/seinen Sorgen Luft machen; **to ~ out a secret** ein Geheimnis ausplaudern
◆**spill over** *vi* ❶ (*overflow*) überlaufen
❷ (*spread to*) ■**to ~ over into sth** *conflict, violence* sich *akk* auf etw *akk* ausdehnen; ***I try not to let my work ~ over into my private life*** ich versuche zu vermeiden, dass meine Arbeit auch noch auf mein Privatleben übergreift

spillage ['spɪlɪdʒ] *n* ❶ *no pl* (*action*) Verschütten *nt;* *of a liquid* Vergießen *nt;* **oil ~** Auslaufen *nt* von Öl; **chemical ~** Austreten *nt* von Chemikalien
❷ (*amount spilled*) verschüttete Menge
❸ COMPUT Überlauf *m*

spillover ['spɪləʊvəʳ, AM -oʊvɚ] I. *n* ❶ *no pl* (*spreading*) *of ideas, values* Verbreitung *f;* *of a war, conflict* Übergreifen *nt*
❷ (*surplus*) Überschuss *m*
❸ *esp* AM (*excess water*) Hochwasser *nt*
II. *adj attr, inv* ~ **effect** Nachwirkung *f;* ~ **population** überquellende Bevölkerung

spillway ['spɪlweɪ] *n* Überlaufrinne *f*

spilt [spɪlt] I. *pp, pt of* **spill**
II. *adj* ▶ PHRASES: **don't cry** [*or* **there's no use crying**] **over ~** __**milk**__ (*saying*) was passiert ist, ist passiert

spin [spɪn] I. *n* ❶ (*rotation*) Drehung *f;* ***we made the decision on the basis of a ~ of the coin*** wir ließen die Münze entscheiden; **to put ~ on a ball** einem Ball Drall geben; **to send a car into a ~** ein Auto zum Schleudern bringen; **to go into a** [BRIT, AUS **flat**] **~** *car* ins Schleudern geraten; *aeroplane* ins Trudeln geraten; **to throw sb into a** [**flat**] **~** (*fig fam*) jdn in Panik versetzen
❷ (*in washing machine*) Schleudern *nt kein pl;* **to give the clothes/wash a ~** die Kleidung/Wäsche schleudern
❸ (*sharp decrease*) Absturz *m;* **to send a price into a ~** einen Preis abstürzen lassen; **to go into a ~** abstürzen
❹ *no pl* (*fam: positive slant*) **to put a ~ on sth** etw ins rechte Licht rücken [*o* setzen]
❺ (*drive*) Spritztour *f fam;* **to go for a ~** eine Spritztour machen *fam*
❻ *no pl* (*fam: nonsense*) Erfindung *f;* ***that's pure ~*** das ist völliger Blödsinn
II. *vi* <-nn-, spun *or* BRIT *also* span, spun> ❶ (*rotate*) *earth, wheel* rotieren; *washing machine* schleudern; *aeroplane* trudeln; ***the wheels just spun in the snow*** die Reifen drehten im Schnee einfach durch; ***his car spun off the road*** sein Auto kam von der Straße ab; **to ~ out of control** außer Kontrolle geraten
❷ (*fig: be dizzy*) ***my head is ~ning*** mir dreht sich alles *fam;* ***these new computers will make your head ~*** von diesen neuen Computern schwirrt einem der Kopf *fam*
❸ (*fam: drive*) ■**to ~ along** dahinsausen
❹ (*make thread*) spinnen
III. *vt* <-nn-, spun *or* BRIT *also* span, spun> ❶ (*rotate*) ■**to ~ sth** etw drehen; **to ~ a ball** einem Ball einen Drall geben; **to ~ clothes** Wäsche schleudern; **to ~ a coin** eine Münze werfen; **to ~ records** Platten spielen
❷ (*give positive slant*) ■**to ~ sth** etw ins rechte Licht rücken
❸ (*make thread of*) **to ~ a cocoon/web** einen Kokon/ein Netz spinnen; **to ~ cotton/silk/wool** Baumwolle/Seide/Wolle spinnen
▶ PHRASES: **to ~ a** __**story**__ [*or* __**tale**__] [*or* __**yarn**__] eine Geschichte spinnen; **to ~ one's** __**wheels**__ AM (*fam: waste time*) seine Zeit verplempern *fam;* (*waste efforts and energy*) seine Energie verplempern *fam*
◆**spin around** *vi* sich *akk* drehen; *person* sich *akk* umdrehen; (*suddenly*) herumfahren; ***my head is ~ning around*** (*fig*) in meinem Kopf dreht sich alles
◆**spin off** *vt* ■**to ~ off** ↺ **sth** ❶ (*produce spontaneously*) etw hervorbringen [*o fam* aus dem Ärmel schütteln]; **to ~ off an excuse/a story** sich schnell eine Entschuldigung/eine Geschichte ausdenken
❷ *esp* AM, AUS ECON etw ausgliedern [*o* ausgründen]
❸ ECON **to ~ off a subsidiary** eine Tochtergesellschaft ausgliedern
◆**spin out** I. *vi* AM **to ~ out of control** *car* außer Kontrolle geraten
II. *vt* (*prolong*) ■**to ~ out** ↺ **sth** etw ausdehnen; **to ~ out the morning/afternoon/night** den Morgen/Nachmittag/die Nacht aussitzen

S

◆**spin round** *vi esp* Brit *see* **spin around**
spina bifida [ˌspaɪnəˈbɪfɪdə] *n no pl* MED offene Wirbelsäule, Spina bifida *f fachspr*
spinach [ˈspɪnɪtʃ] **I.** *n no pl* Spinat *m*
II. *n modifier* (*quiche, leaf, plant*) Spinat-
spinal [ˈspaɪnəl] **I.** *adj inv muscle, vertabrae* Rücken-; *injury* Rückgrat-, spinale(r, s) *fachspr; nerve, anaesthesia* Rückenmark[s]-; ~ **fluid** Rückenmarksflüssigkeit *f*
II. *n* Am Spinalnarkose *f*
spinal column *n* Wirbelsäule *f* **spinal cord** *n* Rückenmark *nt* **spinal tap** *n* Am (*lumbar puncture*) Lumbalpunktion *f*
spin bowler *n* (*in cricket*) *Werfer, der dem Ball einen Drall gibt* **spin bowling** *n no pl* (*in cricket*) *Werfen des Balls mit Drall* **spin control** *n no pl* ❶ (*team*) Schadensbegrenzungsteam *nt* ❷ (*action*) **to exercise ~ on sth** etw ins rechte Licht rücken
spindle [ˈspɪndl̩] *n* Spindel *f;* COMPUT [Antriebs]spindel *f*
spindly [ˈspɪndl̩i] *adj legs, stem* spindeldürr
spin doctor **I.** *n* ≈ Pressesprecher(in) *m(f);* POL *also* Spin doctor *m* **II.** *vt* (*fam*) ■**to ~ sth** das Image einer S. *gen* verbessern [*o fig fam* aufpolieren] **spin-drier** *n* Wäscheschleuder *f* **spindrift** *n* Gischt *m o f* **spin-dry** *vt* **to ~ clothes/the wash** Kleider/die Wäsche schleudern **spin-dryer** *n* Wäscheschleuder *f*
spine [spaɪn] *n* ❶ (*spinal column*) Wirbelsäule *f;* **~ of a country** (*fig*) Rückgrat *nt* eines Landes; **to send shivers up** [*or* **down**] **sb's ~** jdm einen Schauer den Rücken runterlaufen lassen [*o* Gänsehaut verursachen] *fam;* **to send tingles up** [*or* **down**] **sb's ~** jdm wohlige Schauer über den Rücken jagen
❷ (*spike*) *of a plant, fish, hedgehog* Stachel *m*
❸ (*back*) *of a book* Buchrücken *m*
❹ *no pl* (*fig: strength of character*) Rückgrat *nt fig*
spine-chiller [-ˌtʃɪləʳ, Am -ɚ] *n* (*story*) Gruselgeschichte *f;* (*film*) Gruselfilm *m*
spine-chilling [-ˌtʃɪlɪŋ] *adj film, tale* gruselig, Schauer-
spineless [ˈspaɪnləs] *adj* ❶ *inv* (*without backbone*) wirbellos; (*without spines*) *plant, fish* ohne Stacheln *nach n*
❷ (*fig pej: weak*) *person* rückgratlos *pej;* ***they are a ~ lot*** die haben alle kein Rückgrat; **to be a ~ jellyfish** Am (*esp hum*) ein Mensch ohne Rückgrat sein
spinelessly [ˈspaɪnləsli] *adv* (*pej*) rückgratlos *pej*
spinelessness [ˈspaɪnləsnəs] *n no pl* Rückgratlosigkeit *f pej*
spinet [spɪˈnet, Am ˈspɪnɪt] *n* (*hist*) MUS Spinett *nt*
spine-tingling [-ˌtɪŋlɪŋ] *adj* gruselig
spinifex [ˈspɪnɪfeks] *n no pl* Aus Stachelkopfgras *nt,* Spinifex *m fachspr*
spinmeister [ˈspɪnmaɪstɚ] *n* (*fam*) [erfolgreicher] Imagepfleger [*o* Publicity-Agent]/[erfolgreiche] Imagepflegerin [*o* Publicity-Agentin]
spinnaker [ˈspɪnəkəʳ, Am -ɚ] *n* NAUT Spinnaker *m*
spinner [ˈspɪnəʳ, Am -ɚ] *n* ❶ (*threadmaker*) Spinner(in) *m(f)*
❷ (*spin-dryer*) Wäscheschleuder *f*
❸ (*in cricket*) *Werfer, der den Bällen einen Drall gibt*
❹ (*fish bait*) Spinnköder *m*
spinney [ˈspɪni] *n* Brit Dickicht *nt*
spinning [ˈspɪnɪŋ] *n no pl* Spinnen *nt*
spinning jenny *n* (*dated*) Feinspinnmaschine *f* **spinning top** *n* Kreisel *m* **spinning wheel** *n* Spinnrad *nt*
spin-off **I.** *n* ❶ (*by-product*) Nebenprodukt *nt*
❷ MEDIA, PUBL (*derived show*) Ableger *m,* Nebenprodukt *nt*
❸ ECON Firmenableger *m*
II. *adj attr, inv* ~ **business** *esp* Am, Aus ausgegliedertes Unternehmen; ~ **effect** Folgewirkung *f*
spinster [ˈspɪn(t)stəʳ, Am -stɚ] *n* (*usu pej*) alte Jungfer *veraltet o pej;* ***Martha Smith, S~*** LAW die ledige [*o* unverheiratete] Martha Smith
spinsterhood [ˈspɪn(t)stəhʊd, Am -stɚ-] *n no pl* Ehelosigkeit *f,* Jungfernstand *m veraltet*
spinsterish [ˈspɪn(t)stərɪʃ] *adj* altjüngferlich *pej*
spin the bottle *n no pl* Flaschendrehen *nt*
spiny [ˈspaɪni] *adj* ❶ BIOL stach[e]lig, Stachel-; *plant also* dornig
❷ (*fig: difficult*) heikel
spiny anteater *n* Ameisenigel *m* **spiny lobster** *n* Gemeine Languste
spiral [ˈspaɪərəl, Am ˈspaɪrəl] **I.** *n* Spirale *f;* **downward ~** *of prices, profits* Abwärtsspirale *f;* ***the economy is in an inflationary*** [*or* ***wage-price***] **~** die Wirtschaft befindet sich in einer Inflationsspirale [*o* Lohn-Preis-Spirale]
II. *adj attr, inv* spiralförmig
III. *vi* <Brit -ll- *or* Am *usu* -l-> ❶ (*move up*) sich *akk* hochwinden; *smoke, hawk* spiralförmig aufsteigen; *airplane* sich *akk* in die Höhe schrauben; ~ **downwards** spiralförmig absteigen; *plane* zu Boden trudeln
❷ (*fig: increase*) ansteigen, klettern, hochschnellen; **~ling inflation** eine sich spiralartig entwickelnde Inflation; **to ~ downwards** sich *akk* spiralförmig nach unten bewegen
spiral-bound *adj* PUBL spiralgebunden
spirally [ˈspaɪərəli, Am ˈspaɪrəli] *adv inv* spiralenförmig, spiralig
spiral notebook *n* Ringbuch *nt* **spiral-shaped** *adj* spiralförmig **spiral staircase** *n* Wendeltreppe *f*
spire [spaɪəʳ, Am spaɪr] *n* Turmspitze *f*
spirit [ˈspɪrɪt] **I.** *n* ❶ (*sb's soul*) Geist *m;* ***his ~ will be with us always*** sein Geist wird uns immer begleiten; **to be with sb in ~** im Geiste bei jdm sein
❷ (*ghost*) Geist *m,* Gespenst *nt;* **evil ~** böser Geist
❸ (*the Holy Spirit*) ■**the S~** der Heilige Geist
❹ *no pl* (*mood*) Stimmung *f;* ***that's the ~*** das ist die richtige Einstellung; ***we acted in a ~ of co-operation*** wir handelten im Geiste der Zusammenarbeit; **the ~ of the age** der Zeitgeist; **the ~ of brotherhood/confidence/forgiveness** der Geist der Brüderlichkeit/des Vertrauens/der Vergebung; **the ~ of Christmas** die weihnachtliche Stimmung; **fighting ~** Kampfgeist *m;* **party ~** Partystimmung *f;* **team ~** Teamgeist *m;* **to enter** [*or* **get into**] **the ~ of sth** Gefallen an etw *dat* finden; ***try to get into the ~ of things!*** versuch dich in die Sachen hineinzuversetzen!
❺ (*mood*) ■**~s** *pl* Gemütsverfassung *f kein pl;* ***her ~s rose as she read the letter*** sie bekam neuen Mut, als sie den Brief las; ***keep your ~s up*** lass den Mut nicht sinken; **to be in high/low ~s** in gehobener/gedrückter Stimmung sein; **to be out of ~s** schlecht gelaunt sein; **to dash sb's ~s** auf jds Stimmung drücken; **to lift sb's ~s** jds Stimmung heben
❻ (*person*) Seele *f;* **brave/generous ~** mutige/gute Seele; **the moving ~ of sth** die treibende Kraft einer S. *gen*
❼ *no pl* (*character*) Seele *f;* **to have a broken ~** seelisch gebrochen sein; **to be troubled in ~** etw auf der Seele lasten haben; **to be young in ~** geistig jung geblieben sein
❽ *no pl* (*vitality*) Temperament *nt; of a horse* Feuer *nt;* **to perform/sing with ~** mit Inbrunst spielen/singen; **with ~** voller Enthusiasmus; *horse* feurig
❾ *no pl* (*intent*) Sinn *m;* ***you did not take my comment in the ~ in which it was meant*** du hast meine Bemerkung nicht so aufgenommen, wie sie gemeint war; **the ~ of the law** der Geist [*o* Sinn] des Gesetzes
❿ (*whisky, rum, etc*) ■**~s** *pl* Spirituosen *fpl*
⓫ (*alcoholic solution*) Spiritus *m;* **~s of turpentine** Terpentinöl *nt*
► Phrases: **the ~ is willing but the flesh is weak** (*saying*) der Geist ist willig, aber das Fleisch ist schwach
II. *n modifier* (*world*) Geister-
III. *vt* ■**to ~ sb/sth away** [*or* **off**] jdn/etw verschwinden lassen [*o* wegzaubern]
spirited [ˈspɪrɪtɪd, Am -t̬-] *adj* (*approv*) temperamentvoll; *discussion* lebhaft; *horse* feurig; *person* beherzt; ~ **performance** lebendige Aufführung; ~ **reply** mutige Antwort
spiritedly [ˈspɪrɪtɪdli, Am t̬ɪdli] *adv* lebhaft; (*when angry*) vehement
spiritism [ˈspɪrɪtɪzəm, Am -tɪ-] *n no pl* Spiritismus *m*
spirit lamp *n* Petroleumlampe *f*
spiritless [ˈspɪrɪtləs] *adj* (*pej*) schwunglos; *person, performance, book* saft- und kraftlos; *answer, defence, reply* lustlos; *horse* brav, lahm *pej*
spirit level *n* Wasserwaage *f*
spiritual [ˈspɪrɪtʃuəl] **I.** *adj* ❶ (*relating to the spirit*) geistig, spirituell; ~ **expression** vergeistigter Ausdruck
❷ REL ~ **leader** religiöser Führer
II. *n* MUS Spiritual *nt*
spiritual healer *n* Geisterheiler(in) *m(f)* **spiritual healing** *n no pl* Geisterheilung *f* **spiritual home** *n* geistige Heimat
spiritualism [ˈspɪrɪtʃuəlɪzəm] *n no pl* ❶ (*communication with dead*) Spiritismus *m*
❷ PHILOS Spiritualismus *m*
spiritualist [ˈspɪrɪtʃuəlɪst] *n* ❶ (*medium*) Spiritist(in) *m(f)*
❷ PHILOS Spiritualist(in) *m(f)*
spiritualistic [ˈspɪrɪtʃuəlɪstɪk] *adj inv* ❶ (*supernatural*) spiritistisch
❷ PHILOS spiritualistisch
spirituality [ˌspɪrɪtʃuˈæləti, Am -ət̬i] *n no pl* Geistigkeit *f,* Spiritualität *f geh*
spiritualize [ˈspɪrɪtʃuəlaɪz] *vt* ■**to ~ sth** etw vergeistigen
spiritually [ˈspɪrɪtʃuəli] *adv* geistig
spit[1] [spɪt] *n* ❶ (*rod for roasting*) Bratspieß *m;* **chicken roasted on the ~** am Spieß gebratenes Hähnchen
❷ (*beach*) Sandbank *f*
spit[2] [spɪt] **I.** *n* (*fam*) Spucke *f fam;* **to give sth a bit of ~ and polish** etw polieren [*o fam* wienern]
► Phrases: **to be the** [**dead**] **~** [**and image**] **of sb** jdm wie aus dem Gesicht geschnitten sein
II. *vi* <-tt-, spat *or* spit, spat *or* spit> ❶ (*expel saliva*) spucken; ■**to ~ at sb** jdn anspucken; **to ~ in sb's face** jdm ins Gesicht spucken
❷ (*fig: be angry*) ■**to ~ with anger/frustration/fury** vor Ärger/Enttäuschung/Wut schäumen; **to be ~ting mad** stinksauer sein *fam*
❸ *impers* (*fam: raining*) **it is ~ting** [**with rain**] es tröpfelt
❹ (*crackle*) *bacon, fat* brutzeln; *fire* zischen; (*hiss*) *cat* fauchen
III. *vt* <-tt-, spat *or* spit, spat *or* spit> ■**to ~ sth**
❶ (*out of mouth*) etw ausspucken
❷ (*fig: say angrily*) etw ausstoßen; **to ~ abuse/curses/insults at sb** gegen jdn Beschimpfungen/Flüche/Beleidigungen ausstoßen
► Phrases: **to ~ blood** [*or* **venom**] [*or* Am *also* **nails**] [*or* Aus *also* **tacks**] vor Wut platzen *fam*
◆**spit out** *vt* ■**to ~ out** ⟲ **sth** ❶ (*from mouth*) etw ausspucken
❷ (*fig: say angrily*) etw fauchen [*o* ÖSTERR, SÜDD pfauchen]; ***come on, ~ it out!*** (*fam*) jetzt spuck's schon aus! *fam*
◆**spit up** Am **I.** *vi baby* aufstoßen
II. *vt* ■**to ~ sth** ⟲ **up** *baby* etw aufstoßen
spitball *n* ❶ (*chewed piece of paper*) gekautes Papierkügelchen
❷ Am (*in baseball*) *mit Speichel oder Schweiß angefeuchteter Ball;* **to throw** [*or* **pitch**] **a ~** einen angefeuchteten Ball werfen
spite [spaɪt] **I.** *n no pl* ❶ (*desire to hurt*) Bosheit *f;* **to do sth from** [*or* **out of**] **~** etw aus Bosheit tun
❷ (*despite*) ■**in ~ of sth** trotz einer S. *gen;* ***it's raining but in ~ of that, I think we should go on our picnic*** es regnet zwar, aber ich finde, wir sollten trotzdem picknicken gehen; ■**in ~ of oneself** unwillkürlich
II. *vt* ■**to ~ sb** jdn ärgern
► Phrases: **to cut off one's nose to ~ one's face** sich *dat* ins eigene Fleisch schneiden
spiteful [ˈspaɪtfəl] *adj* gehässig
spitefully [ˈspaɪtfəli] *adv* gehässig
spitefulness [ˈspaɪtfəlnəs] *n no pl* Gehässigkeit *f*

spitfire *n (fig)* Hitzkopf *m; (woman also)* Giftnudel *f fam* **spit-roast** *vt* **to ~ a piece of beef/a chicken/lamb** ein Stück Rindfleisch/ein Huhn/Lammfleisch braten

spitting distance *n* **to be in [*or* within] ~ of sth** *(fam)* nur einen Steinwurf [*o* Katzensprung] von etw *dat* entfernt sein **spitting image** *n* Ebenbild *nt;* ■**to be the ~ of sb** jds Ebenbild [*o* jdm wie aus dem Gesicht geschnitten] sein

spittle ['spɪtl̩, AM 'spɪt̬l̩] *n no pl* Spucke *f fam*

spittoon [spɪ'tu:n] *n* Spucknapf *m*

spiv [spɪv] *n* BRIT *(pej fam)* Lackaffe *m pej fam*

spivvy ['spɪvi] *adj* BRIT *(fam)* gaunerhaft, gaunerisch; *(of clothing)* vulgär

splash [splæʃ] **I.** *n <pl -es>* ① *(sound)* Platschen *nt kein pl,* Platscher *m;* ***he dived into the pool with a big ~*** es platschte, als er in den Pool sprang
② *(water)* Spritzer *m*
③ *(fam: swim)* **a ~ in the pool** eine Runde im Becken
④ *(small amount) of sauce, dressing, gravy* Klecks *m fam; of water, lemonade, juice* Spritzer *m;* **a ~ of brandy/rum/vodka** ein Schuss *m* Weinbrand/Rum/Wodka; **~ of colour** Farbklecks *m,* Farbtupfer *m*
⑤ *(sensational news)* Sensation *f; (attracting attention)* Aufsehen *nt;* **to make a ~** Furore machen
II. *adv inv* platschend; **to fall ~ into sth** in etw *akk* hineinplatschen *fam*
III. *vt* ① *(scatter liquid)* ■**to ~ sth** etw verspritzen; ***~ a little paint on that wall*** klatsch etwas Farbe auf die Wand *fam;* **to ~ soda into a drink** Sodawasser in ein Getränk spritzen
② *(stain with liquid)* ■**to ~ sth** etw bespritzen; ***a stream of coffee ~ed the counter*** ein Kaffeestrahl ergoss sich über die Theke
③ *(spray)* ■**to ~ sb/sth** jdn/etw bespritzen; **to ~ one's face with water** sich *dat* Wasser ins Gesicht spritzen; **to ~ water all over sb** jdn mit Wasser voll spritzen
④ *(fig: print prominently)* ***the press has ~ed the story on the front page*** die Presse hat die Geschichte auf der ersten Seite groß rausgebracht *fam;* ***her picture was ~ed all over the newspapers*** ihr Bild erschien groß in allen Zeitungen
IV. *vi* ① *(hit ground) rain, waves* klatschen; *tears* tropfen
② *(play in water)* ■**to ~ [about]** [herum]planschen
③ *(spill)* spritzen; ***a stream of juice ~ed over the counter*** ein Strahl von Saft ergoss sich über die Theke
◆**splash down** *vi* AEROSP wassern
◆**splash out** BRIT, AUS **I.** *vi* ■**to ~ out on sth** *(fam)* Geld für etw *akk* hinauswerfen *fam*
II. *vt* ■**to ~ out money on sth** Geld für etw *akk* hinauswerfen *fam*

splashback *n* BRIT Spritzwand *f,* Spritzschutz *m* **splashboard** *n* ① *(on vehicle, in kitchen)* Spritzschutz *m* ② *(on boat)* Wellenbrecher *m* **splashdown** *n* AEROSP Wasserung *f* **splashguard** *n* AM Schmutzfänger *m*

splashy ['splæʃi] *adj* ① *(with water)* spritzend
② *(with patches of colour)* kleckisg *fam*
③ *(attention-attracting)* sensationell

splat [splæt] *(fam)* **I.** *n no pl* Klatschen *nt,* Platschen *nt*
II. *adv inv* klatsch, platsch
III. *vt <-tt->* **to ~ a bug/a fly** einen Käfer/eine Fliege totklatschen *fam*

splatter ['splætəʳ, AM -ə] **I.** *vt* ■**to ~ sth** etw bespritzen; ***her photograph was ~ed across the front pages of newspapers*** *(fig)* ihr Bild prangte groß auf allen Titelseiten; **to ~ sth with mud** etw mit Schlamm bespritzen
II. *vi* spritzen

splay [spleɪ] **I.** *vt* **to ~ one's fingers/legs** die Finger/Beine spreizen
II. *vi* ■**to ~ out** *legs, fingers* weggestreckt sein; *river, pipe* sich *akk* weiten; ***there he lay ~ed out on the floor*** er lag auf dem Boden und hatte alle Viere von sich gestreckt
III. *n (in road)* Abschrägung *f,* Neigung *f; (in window opening)* Ausschrägung *f*

splayed [spleɪd] *adj* ARCHIT ausgeschrägt

splay-foot *n* Spreizfuß *m*

spleen [spli:n] *n* ① ANAT Milz *f;* **to rupture one's ~** sich *dat* einen Milzriss zuziehen
② *no pl esp* BRIT, AUS *(fig: anger)* Wut *f;* **a burst [*or* fit] of ~** ein Wutanfall *m;* **to vent one's ~ on sb** seine Wut an jdm auslassen

splendid ['splendɪd] *adj* großartig *a. iron;* ***it's a ~ day for a picnic*** es ist ein herrlicher Tag für ein Picknick; **a ~ idea** eine ausgezeichnete Idee

splendidly ['splendɪdli] *adv* großartig; *(magnificently)* herrlich; ***the dinner went off ~*** das Abendessen ging großartig über die Bühne

splendiferous [splen'dɪfᵊrəs] *adj (hum fam)* prächtig

splendor ['splendɚ] AM, **splendour** ['splendəʳ] *n* ① *no pl (beauty)* Pracht *f*
② *(beautiful things)* ■**~s** *pl* Herrlichkeiten *fpl*

splenetic [splə'netɪk, AM splɪ'net̬-] *adj* ① *(bad-tempered)* mürrisch, unwirsch
② MED Milz-

splice [splaɪs] **I.** *vt* ① *(unite)* ■**to ~ sth** etw zusammenkleben, etw verspleißen *fachspr;* **to ~ DNA/wires** die DNA/Drähte verbinden; **to ~ a film** einen Film kleben; **to ~ a rope** ein Seil spleißen; **to ~ pieces of wood** Holzstücke verfugen; ■**to ~ sth ○ together** etw zusammenfügen
② *(fig: combine)* ■**to ~ sth with sth** etw mit etw *dat* verbinden
③ *(fig fam)* **to get ~d** heiraten
II. *n* Verbindung *f; of ropes* Spleiß *m; of wood* Fuge *f; of tapes* Klebestelle *f;* **to join sth with a ~** etw kleben

splicer ['splaɪsəʳ, AM -ə] *n* ① FILM *(person)* Löter(in) *m(f); (machine)* Klebepresse *f*
② *(telecom)* Spleißer(in) *m(f)*

spliff [splɪf] *n (sl)* Joint *m sl*

splint [splɪnt] **I.** *n* ① MED Schiene *f;* **to put a ~ on sb/sth** jdn/etw schienen
② *(for lighting fire)* Splintkohle *f*
③ *(for basket weaving)* Span *m*
II. *vt* **to ~ an arm/a finger/a leg** einen Arm/einen Finger/ein Bein schienen

splinter ['splɪntəʳ, AM -ə] **I.** *n* Splitter *m;* **~ [of wood]** Holzsplitter *m,* Schiefer *m* ÖSTERR
II. *vi* splittern; ***the conservatives have ~ed into several smaller political parties*** *(fig)* die Konservativen sind in mehrere kleinere Parteien zersplittert

splinter group, splinter party *n* POL Splittergruppe *f* **splinter-proof** *adj* splittersicher

split [splɪt] **I.** *n* ① *(crack)* Riss *m* **(in** in *+dat*); *(in wall, cement, wood)* Spalt *m*
② *(division in opinion)* Kluft *f;* POL Spaltung *f;* ***there was a three-way ~ in the voting*** die Wählerschaft zerfiel in drei Lager
③ *(marital separation)* Trennung *f*
④ ECON, STOCKEX Aktiensplit *m,* Entzweiung *f,* Spaltung *f*
⑤ *(share)* Anteil *m;* **a two/three/four-way ~** eine Aufteilung in zwei/drei/vier Teile
⑥ *(with legs)* ■**the ~s** *pl* [*or* AM **a ~**] Spagat *m;* **to do the ~s** [einen] Spagat machen
⑦ FOOD **[banana] ~** Bananensplit *m*
⑧ *(small bottle)* kleine Flasche; *of champagne* Pikkolo *m fam*
II. *vt <-tt-, split, split>* ① *(divide)* ■**to ~ sth** etw teilen; ***the teacher ~ the children into three groups*** der Lehrer teilte die Kinder in drei Gruppen [ein]; **to ~ an atom** ein Atom spalten; **to ~ the difference** *(fig)* sich *akk* auf halbem Weg einigen; **to ~ sth in half** etw halbieren; **to ~ sth down the middle** etw in der Mitte [durch]teilen; **to ~ a muffin/a roll in two** einen Muffin/ein Brötchen in der Mitte durchschneiden; **to ~ shares** Aktien splitten; **to ~ the vote** AM POL die Stimme auf mehrere Kandidaten/Kandidatinnen verteilen; **to ~ wood** Holz spalten
② *(fig: create division)* **to ~ a group/a party** eine Gruppe/eine Partei spalten; ***the issue has ~ the employers' group*** die Arbeitgeber haben sich über die Frage entzweit; ■**to be ~ over sth** in etw *dat* gespalten sein
③ *(rip, crack)* **to ~ a seam** eine Naht aufplatzen lassen; **to ~ one's head open** sich *dat* den Kopf aufschlagen; **to ~ a log open** ein Holzscheit spalten
► PHRASES: **to ~ a <u>gut</u>** AM *(fam)* Bauchweh vor Lachen haben; **to ~ <u>hairs</u>** *(pej)* Haarspalterei betreiben *pej;* **to ~ one's <u>sides</u>** vor Lachen fast platzen *fam*
III. *vi <-tt-, split, split>* ① *(divide) wood, board, wall, stone* [entzwei]brechen; *seam, cloth* aufplatzen; *fabric* zerreißen; *hair* splissen; **to ~ into groups** sich *akk* aufteilen; **to ~ in half** entzweibrechen; **to ~ open** aufplatzen, aufbrechen; *(fig)* sich *akk* entzweien
② *(become splinter group)* ■**to ~ from sth** sich *akk* von etw *dat* abspalten
③ *(end relationship)* sich *akk* trennen
④ *(dated fam: leave)* abhauen *fam;* ***hey man, let's ~ before the cops come*** Mann, lass uns abhauen, bevor die Bullen kommen
⑤ BRIT, AUS *(dated fam: inform)* ■**to ~ on sb [to sb]** jdn [bei jdm] verpfeifen [*o* verpetzen] *pej fam*
◆**split off I.** *vt* ■**to ~ off ○ sth** *(break off)* etw abbrechen; *(with axe)* etw abschlagen; *(with knife)* etw abtrennen; *(separate)* etw abtrennen; ***the river ~s the suburbs off from the city*** der Fluss trennt die Vororte von der Stadt ab
II. *vi* ① *(become detached) rock, brick* sich *akk* lösen
② *(leave)* ■**to ~ off from sth** *party, group, faction* sich *akk* von etw *dat* abspalten
◆**split up I.** *vt* ① *(share)* **to ~ up ○ money/work** Geld/Arbeit aufteilen
② *(separate)* **to ~ up a group/a team** eine Gruppe/eine Mannschaft teilen; ***the teacher ~ the children up into three groups*** der Lehrer teilte die Kinder in drei Gruppen ein
II. *vi* ① *(divide up)* sich *akk* teilen; **to ~ up into groups** sich *akk* in Gruppen aufteilen
② *(end relationship)* sich *akk* trennen; ■**to ~ up with sb** sich *akk* von jdm trennen

split decision *n* BOXING *nicht einstimmiges Urteil beim Boxen* **split ends** *npl* gespaltene Haarspitzen **split image** *n* PHOT Schnittbild *nt* **split infinitive** *n* LING gespaltener Infinitiv **split-level I.** *adj* mit Zwischengeschossen *nach n* **II.** *n* Haus *nt* mit Zwischengeschossen **split pea** *n* Schälerbse *f* **split personality** *n* PSYCH gespaltene Persönlichkeit **split pin** *n* Splint *m* **split screen** *n* COMPUT geteilter Bildschirm, geteilte Anzeige **split second** *n no pl* Bruchteil *m* einer Sekunde; ***I'll be back in a ~*** ich bin sofort wieder da **split-second** *adj inv decision, answer* auf die Sekunde; *break, moment* von Sekundenbruchteilen *nach n* **split shift** *n* geteilte Schicht **split ticket** *n* AM POL *(candidacy)* Wahlzettel *m* mit Kandidaten verschiedener Parteien; *(voter's ballot)* Wahlzettel *m* mit Stimmen für die Kandidaten verschiedener Parteien

splitting headache *n (fam)* rasende Kopfschmerzen

split-up *n* Trennung *f*

splodge [splɒdʒ] **I.** *n esp* BRIT *(fam) of paint, colour* Klecks *m; of ketchup, blood, grease, mud* Fleck *m;* **a ~ of whipped cream** ein Klecks *m* Sahne
II. *vt esp* BRIT *(fam)* ■**to ~ sth** etw bespritzen; **to be ~d with blood/grease/paint** mit Blut/Fett/Farbe bekleckst sein

splosh [splɒʃ] **I.** *vi esp* BRIT *(fam)* ■**to ~ about** herumspritzen
II. *n <pl -es> esp* BRIT *(fam)* Spritzer *m*

splotch [splɒtʃ, AM splɑ:tʃ] *esp* AM, AUS **I.** *n (fam)* ① *(mark) of paint, colour* Klecks *m; of ketchup, blood, grease, mud* Fleck *m; (daub) of whipped cream* Klacks *m,* Klecks *m*
② *(rash)* Fleck *m*
II. *vt (fam)* ■**to ~ sth** etw bespritzen; **to be ~ed with blood/grease/paint** mit Blut/Fett/Farbe bekleckst sein

S

splotchy [splɒtʃi, AM splɑːtʃi] *adj* fleckig
splurge [splɜːdʒ, AM splɜːrdʒ] (*fam*) **I.** *vt* **to ~ money/one's savings/$100 on sth** Geld/sein Gespartes/$ 100 für etw *akk* verprassen *fam*
II. *vi* prassen *fam;* ■**to ~ on sth** viel Geld für etw *akk* ausgeben
III. *n* Prasserei *f fam;* **to go on a ~** groß einkaufen gehen *fam;* **to have a ~ on sth** Geld für etw *akk* verprassen *fam*
splutter ['splʌtəʳ, AM -t̬ɚ] **I.** *vi* ❶ (*make noises*) stottern; **to ~ sth with indignation** etw entrüstet hervorstoßen
❷ (*spit*) spucken; **to cough and ~** husten und spucken
❸ (*backfire*) *car, lorry* stottern; (*make crackling noise*) *fire* zischen; *bacon, sausages* brutzeln, zischen
II. *vt* ❶ (*say*) **to ~ an excuse** eine Entschuldigung hervorstoßen; ***"but ... er ... when ... um ... how?" he ~ed*** „aber … em … wann … äh … wie?" stotterte er; (*in indignation*) ***"well I never!" she ~ed*** „na so was!" platzte sie los
❷ (*spit out*) ■**to ~ sth** *water* etw ausspucken
III. *n of a person* Prusten *nt kein pl; of a car* Stottern *nt kein pl; of fire, bacon* Zischen *nt kein pl;* **to give a ~** zischen
spoil [spɔɪl] **I.** *n* ❶ *no pl* (*debris*) Schutt *m*
❷ (*profits*) ■**~s** *pl* Beute *f kein pl;* **to divide the ~s** die Beute aufteilen
❸ AM POL (*advantages*) ■**~s** *pl* Vorteile *mpl*
II. *vt* <spoiled *or* BRIT *usu* spoilt, spoiled *or* BRIT *usu* spoilt> ❶ (*ruin*) ■**to ~ sth** etw verderben; **to ~ sb's afternoon/day/morning** jdm den Nachmittag/Tag/Morgen verderben; **to ~ one's appetite** sich *dat* den Appetit verderben; **to ~ one's ballot paper** BRIT seinen Stimmzettel ungültig machen; **to ~ sb's chances for sth** jds Chancen für etw *akk* zerstören; **to ~ the coastline** die Küste verschandeln *fam;* **to ~ sb's fun** jdm den Spaß verderben; **to ~ sb's life** jds Leben ruinieren; **to ~ the news/a secret** die Neuigkeit/ein Geheimnis ausplaudern; **to ~ sb's party** [*or* **to ~ the party for sb**] jdm den Spaß verderben
❷ (*treat well*) ■**to ~ sb/oneself** jdn/sich verwöhnen; **to ~ a child** (*pej*) ein Kind verziehen; **to be spoilt for choice** eine große Auswahl haben
III. *vi* <spoiled *or* BRIT *usu* spoilt, spoiled *or* BRIT *usu* spoilt> ❶ *food* schlecht werden, verderben; *milk* sauer werden
❷ (*want*) **to be ~ing for a fight/trouble** Streit/Ärger suchen
spoilage ['spɔɪlɪdʒ] *n no pl* ❶ (*act of rotting*) Verderben *nt*
❷ (*food*) Verdorbene(s) *nt,* Verfaulte(s) *nt;* (*milk*) Sauergewordene(s) *nt*
❸ PUBL Makulatur *f*
spoiled brat *n* verzogenes Gör *pej fam*
spoiler ['spɔɪləʳ, AM -ɚ] *n* (*on aeroplane*) Unterbrecherklappe *f;* (*on car*) Spoiler *m*
spoil heap *n* Schutthaufen *m*
spoilsport ['spɔɪlspɔːt, AM -spɔːrt] *n* (*pej fam*) Spielverderber(in) *m(f)*
spoils system *n no pl* AM Ämterpatronage *f*
spoilt [spɔɪlt] **I.** *vt, vi esp* BRIT *pp, pt of* **spoil**
II. *adj appetite* verdorben; *view, coastline* verschandelt *fam; meat, milk* verdorben; *child* verwöhnt; (*pej*) verzogen; **to be ~ for the choice** BRIT die Qual der Wahl haben *fam*
spoke[1] [spəʊk, AM spoʊk] *n* Speiche *f*
▶ PHRASES: **to put a ~ in sb's wheel** [*or* **plan**] BRIT jdm einen Knüppel zwischen die Beine werfen
spoke[2] [spəʊk, AM spoʊk] *pt of* **speak**
spoken [spəʊkᵊn, AM spoʊk-] **I.** *pp of* **speak**
II. *adj* ❶ *attr, inv* (*not written*) gesprochen; **~ English/German** gesprochenes Englisch/Deutsch; **the ~ word** das gesprochene Wort
❷ *pred, inv* (*sold*) ■**to be ~ for** verkauft sein
❸ *pred, inv* (*involved in relationship*) ■**to be ~ for** *person* vergeben sein *hum*
spokeshave ['spəʊkʃeɪv, AM 'spoʊk] *n* Schabhobel *m*
spokesman ['spəʊks-, AM 'spoʊks-] *n* Sprecher *m* **spokesperson** <*pl* -people> *n* Sprecher(in) *m(f)* **spokeswoman** *n* Sprecherin *f*
spoliation [ˌspəʊli'eɪʃᵊn, AM ˌspoʊ-] *n no pl* (*form*) Plünderung *f*
spondulicks [spɒn'djuːlɪks, AM spɑːn'duː-], **spondulix** *npl* (*hum fam*) Zaster *m kein pl sl,* Moneten *pl fam*
sponge [spʌndʒ] **I.** *n* ❶ (*foam cloth*) Schwamm *m;* **to give sth a ~** *car* etw waschen; *floor* etw wischen; *table, wall* etw abwischen; **to give sth a ~ with a cloth** etw mit einem Tuch abreiben
❷ (*soft cake*) Rührkuchen *m;* (*without fat*) Biskuit[kuchen] *m*
❸ (*fam: parasitic person*) Schnorrer(in) *m(f) fam,* Schmarotzer(in) *m(f) pej*
❹ (*fam: heavy drinker*) Schluckspecht *m hum fam*
II. *vt* ❶ (*clean*) ■**to ~ sth** etw [mit einem Schwamm] abwaschen [*o* abwischen]; ■**to ~ oneself** sich *akk* [mit einem Schwamm] waschen; **to ~ the ceiling/a wall** die Decke/eine Wand [mit einem Schwamm] abwischen
❷ (*get for free*) **to ~ cigarettes/lunch/money off of sb** von jdm Zigaretten/ein Mittagessen/Geld schnorren
III. *vi* (*pej fam*) ■**to ~ on sb** jdn ausnutzen
◆**sponge down, sponge off** *vt* ■**to ~ down** [*or* **off**] ↔ **sth** etw schnell [mit einem Schwamm] abwaschen [*o* abwischen]; ■**to ~ down** [*or* **off**] ↔ **sb** jdn schnell [mit einem Schwamm] waschen
sponge bag *n* BRIT, AUS Waschbeutel *m,* Kulturbeutel *m* **sponge bath** *n* AM **to give oneself/sb a ~** sich/jdn mit einem Schwamm waschen **sponge cake** *n* Biskuitkuchen *m*
sponger ['spʌndʒəʳ, AM -ɚ] *n* (*pej*) Schmarotzer(in) *m(f) pej*
sponge rubber *n* AM Schaumgummi *m*
sponginess ['spʌndʒɪnəs] *n no pl* Schwammigkeit *f*
spongy ['spʌndʒi] *adj* schwammig; *grass, moss* weich, nachgiebig; *pudding* locker; *skin* schwammig; **~ pastry** lockerer Teig
sponsor ['spɒn(t)səʳ, AM 'spɑːn(t)sɚ] **I.** *vt* ❶ (*support*) ■**to ~ sb/sth** *person* jdn/etw sponsern [*o* als Sponsor finanzieren]; *government* jdn/etw unterstützen; ***to join the club, you first need to be ~ed by two people*** damit du in den Klub eintreten kannst, müssen erst zwei Leute für dich bürgen; **to ~ a bill** POL ein Gesetz befürworten [*o* unterstützen]
❷ POL (*host*) **to ~ negotiations/talks** die Schirmherrschaft über Verhandlungen/Gespräche haben
❸ (*to pay for advertising rights*) ■**to ~ sth** etw sponsorn
II. *n* ❶ (*supporter*) Sponsor(in) *m(f);* (*of a charity*) Förderer, -in *m, f;* (*for an immigrant*) Bürge, -in *m, f;* (*for membership*) Bürge, -in *m, f;* (*of a match, event*) Sponsor(in) *m(f);* POL (*of a bill*) Befürworter(in) *m(f),* Abgeordnete(r), der/die eine Gesetzesvorlage einbringt [*o* unterstützt]
❷ (*host*) Schirmherr(in) *m(f)*
❸ REL Pate, -in *m, f*
❹ ECON (*advertiser on TV*) Fernsehwerbungtreibender *m,* Sponsor *m*
sponsored ['spɒnsəd, AM 'spɑːnsɚd] *adj inv* gesponsert
sponsorship ['spɒn(t)səʃɪp, AM 'spɑːn(t)sɚ-] *n no pl* ECON finanzielle Förderung, Sponsoring *nt;* (*by corporation, people*) Unterstützung *f;* (*at fund-raiser*) Förderung *f;* (*for immigrants*) Bürgschaft *f;* (*for potential member*) Empfehlung *f;* POL (*of a match, event*) Sponsern *nt;* (*of a bill*) Befürwortung *f;* (*of negotiations*) Schirmherrschaft *f;* **corporate ~** Firmenunterstützung *f;* **government/private ~** staatliche/private Unterstützung; **to get ~** gefördert werden
spontaneity [ˌspɒntə'neɪəti, AM ˌspɑːntᵊn'eɪət̬i] *n no pl* (*approv*) Spontaneität *f,* Ungezwungenheit *f*
spontaneous [spɒn'teɪniəs, AM spɑːn-] *adj* ❶ (*unplanned*) spontan
❷ (*approv: unrestrained*) impulsiv
❸ MED Spontan-; **~ miscarriage** Spontanabort *m fachspr*
spontaneous combustion *n no pl* TECH spontane Verbrennung
spontaneously [spɒn'teɪniəsli, AM spɑːn-] *adv* spontan; (*voluntarily*) von sich *dat* aus; ***he just offered to help*** **~** er bot seine Hilfe von sich aus an
spoof [spuːf] **I.** *n* ❶ (*satire*) Parodie *f;* **to do a ~ on** [*or* **of**] **sth** etw parodieren
❷ (*trick*) Scherz *m*
II. *vt* ❶ (*do satire of*) ■**to ~ sth** etw parodieren
❷ (*fam: imitate mockingly*) ■**to ~ sth** etw nachäffen *fam*
❸ AM (*fam: trick*) ■**to ~ sb** jdn auf die Schippe nehmen *fam*
III. *vi* AM (*fam*) schwindeln *fam*
spook [spuːk] **I.** *n* ❶ (*fam: ghost*) Gespenst *nt*
❷ AM (*spy*) Spion(in) *m(f)*
II. *vt esp* AM ■**to ~ sb/an animal** (*scare*) jdn/ein Tier erschrecken; (*make uneasy*) jdn beunruhigen
III. *vi horse, deer* sich *akk* erschrecken
spook story *n* Spukgeschichte *f*
spooky ['spuːki] *adj* (*fam*) ❶ (*scary*) schaurig; *house, woods, person* unheimlich; *story, film, novel* gespenstisch; *feeling* eigenartig; (*weird*) sonderbar, eigenartig
❷ (*easily frightened*) *person, horse* schreckhaft
spool [spuːl] **I.** *n* Rolle *f,* Spule *f;* **a ~ of film** eine Filmrolle
II. *vt* ❶ (*wind*) **to ~ a cassette/a thread** eine Kassette/einen Faden aufspulen
❷ COMPUT **to ~ a file** eine Datei spulen
spoon [spuːn] **I.** *n* ❶ (*for eating*) Löffel *m;* **kitchen ~** Kochlöffel *m;* **perforated/slotted ~** durchlöcherter/geschlitzter Löffel; **wooden ~** Holzlöffel *m*
❷ (*spoonful*) Löffel *m*
❸ ■**~s** *pl* MUS Löffel *mpl*
II. *vt* ❶ (*with a spoon*) **to ~ sth** etw löffeln
❷ SPORTS **to ~ the ball** den Ball schlenzen
III. *vi* (*dated fam*) schmusen *fam*
◆**spoon out** *vt* ■**to ~ out** ↔ **sth** *food* etw verteilen
◆**spoon up** *vt* ■**to ~ up** ↔ **sth** etw löffeln
spoonbill ['spuːnbɪl] *n* ORN Löffelreiher *m*
spoon bread *n no pl* AM Maisfladen *m*
spoonerism ['spuːnᵊrɪzᵊm] *n* lustiger Versprecher; **to produce a ~** sich *akk* versprechen
spoon-feed <-fed, -fed> ['spuːnfiːd] *vt* ■**to ~ sb** ❶ (*feed with spoon*) jdn mit einem Löffel füttern
❷ (*supply*) jdm alles vorgeben [*o fam* vorkauen]; **to ~ sb with answers/information** jdn mit Antworten/Informationen füttern
spoonful <*pl* -s *or* spoonsful> ['spuːnfʊl] *n* Löffel *m;* **a ~ of sugar** ein Löffel Zucker; **a ~ of hope/patience** (*fig*) ein Funken Hoffnung/Geduld *fam*
spoor [spɔːʳ, AM spɔːr] *n* Fährte *f;* **to follow a ~** einer Fährte folgen
sporadic [spə'rædɪk] *adj* sporadisch; **~ gunfire** vereinzelte Schüsse; **~ showers** gelegentliche Regenschauer
sporadically [spə'rædɪkᵊli] *adv* sporadisch; (*occasionally*) immer wieder; *rain, snow* vereinzelt
spore [spɔːʳ, AM spɔːr] *n* BIOL Spore *f*
sporran [spɒrən] *n* SCOT Felltasche *f* (*die über dem Schottenrock getragen wird*)
sport [spɔːt, AM spɔːrt] **I.** *n* ❶ (*game*) Sport *m;* (*type of*) Sportart *f;* **contact/team ~** Kontakt-/Mannschaftssport *m;* **summer/winter ~** Sommer-/Wintersport *m;* **indoor ~** Hallensport *m;* **outdoor ~** Sport *m* im Freien
❷ *no pl* BRIT, AUS ■AM **~s** *pl* (*athletic activity*) Sport *m;* **to be good/bad at ~** sportlich/unsportlich sein; **to do** [*or* **play**] **~** Sport treiben
❸ *no pl* (*fun*) Vergnügen *nt;* ***wrestling with Dad was always great*** **~** mit dem Vater zu ringen hat immer sehr großen Spaß gemacht; **to do sth for ~** [*or* **just for the ~ of it**] etw nur zum Vergnügen tun
❹ (*fam: co-operative person*) **to be a** [**good**] **~** kein Spielverderber/keine Spielverderberin sein; **to be a bad ~** ein Spielverderber/eine Spielverderberin sein; ***he's a good*** **~** er ist ein feiner Kerl *fam*
❺ *no pl* (*joke*) Spaß *m;* **to be just in ~** nur zum

Spaß sein; **to do sth in** ~ etw aus Spaß machen; **to make** ~ **of sb/sth** sich *akk* über jdn/etw lustig machen
⑥ AUS (*form of address*) ***hello*** ~ na, Sportsfreund *fam*
II. *vt* (*esp hum*) ■**to** ~ **sth** (*wear*) etw tragen; (*be decorated with*) mit etw *dat* geschmückt sein; **to** ~ **a black eye/a huge moustache** mit einem blauen Auge/einem riesigen Schnurrbart herumlaufen *fam*

sporting ['spɔːtɪŋ, AM 'spɔːrt̬ɪŋ] *adj* SPORTS ① *attr, inv* (*involving sports*) Sport-; ~ **event** Sportveranstaltung *f*
② (*approv dated: fair*) fair; (*nice*) anständig *fam*

sporting chance *n* faire Chance

sportingly ['spɔːtɪŋli, AM 'spɔːrt] *adv* großzügig[er Weise]; (*sportively*) in sportlichem Geist

sportive ['spɔːtɪv, AM 'spɔːrt̬ɪv] *adj* verspielt

sports announcer *n* Sportreporter(in) *m(f)* **sports arena** *n* Sportstadion *nt* **sports bar** *n* *Bar mit Fernseher für Sportübertragungen* **sports bra** *n* Sport-BH *m* **sports car** *n* Sportwagen *m* **sportscast** [-kæst] *n esp* AM Sportübertragung *f* **sportscaster** [-kæstəʳ] *n esp* AM Sportreporter(in) *m(f)* **sports center, sports centre** *n* Sportcenter *nt* **sports coat** *n* Sportsakko *nt* **sports commentator** *n* Sportkommentator(in) *m(f)* **sports day** *n* BRIT SCH Sportfest *nt* **sports drink** *n* AM (*mineral replacement drink*) elektrolytisches Getränk, Sportlergetränk *nt fam* **sports equipment** *n no pl* Sportausrüstung *f* **sports field, sports ground** *n* Sportplatz *m* **sports jacket** *n* Sportsakko *nt* **sportsman** *n* Sportler *m* **sportsmanlike** *adj* fair **sportsmanship** *n no pl* Fairness *f* **sports medicine** *n no pl* Sportmedizin *f* **sports page** *n* Sportseite *f* **sportsperson** *n* Sportler(in) *m(f)* **sports section** *n* Sportteil *m*

sportster ['spɔːtstəʳ, AM 'spɔːrtstə] *n* Sportwagen *m*

sports truck *n* Sports Truck *m* (*sportwagenähnlicher Laster*)

sportswear *n no pl* Sportkleidung *f* **sportswear department** *n* Sportabteilung *f* **sportswoman** *n* Sportlerin *f* **sports writer** *n* Sportjournalist(in) *m(f)*

sport utility vehicle *n*, **SUV** *n* Geländewagen *m*

sporty ['spɔːti, AM 'spɔːrti] *adj* ① (*athletic*) sportlich; ~ **clothing** sportliche Kleidung
② (*fast*) ~ **car** schneller Wagen

spot [spɒt, AM spɑːt] **I.** *n* ① (*mark*) Fleck *m*; ~ **of blood/grease** Blut-/Fettfleck *m*
② (*dot*) Punkt *m*; (*pattern*) Tupfen *m*
③ BRIT (*pimple*) Pickel *m*; (*pustule*) Pustel *f*; **to pick a** ~ einen Pickel ausdrücken
④ *esp* BRIT (*little bit*) ein wenig [*o* bisschen]; ***shall we stop for a ~ of lunch?*** sollen wir schnell eine Kleinigkeit zu Mittag essen?; ***I'm having a ~ of bother with one of my back teeth*** einer meiner Backenzähne macht mir etwas Ärger; **a** ~ **of rain** ein bisschen Regen
⑤ (*place*) Stelle *f*; **on the** ~ an Ort und Stelle
⑥ (*small town, village*) Flecken *m*
⑦ TV, RADIO Beitrag *m*; **guest** ~ Gastauftritt *m*; **to have sb on the guest** ~ jdn als Gast haben; **to do/have a** ~ einen Beitrag gestalten/haben
⑧ ECON (*price*) Sofortpreis *m*
⑨ (*fam: spotlight*) Scheinwerfer *m*
⑩ COMPUT Punkt *m*, Spurelement *nt*
► PHRASES: **to put sb on the** ~ jdn in Verlegenheit bringen; **on the** ~ auf der Stelle
II. *vi* <-tt-> *impers* BRIT **it's ~ting [with rain]** es tröpfelt *fam*
III. *vt* <-tt-> ■**to** ~ **sb/sth** jdn/etw entdecken; ■**to** ~ **sb doing sth** jdn bei etw *dat* erwischen; ■**to** ~ **why/what ...** dahinterkommen, warum/was ... *fam*; (*notice*) ■**to** ~ **that ...** bemerken, dass ...

spot cash *n no pl* FIN, ECON sofortige Bezahlung, Sofortliquidität *f fachspr* **spot check** *n* Stichprobe *f*; **to do [*or* perform] ~s [on sb/sth]** [bei jdm/etw] Stichproben machen [*o geh* vornehmen] **spot-check** *vt* ■**to** ~ **sb/sth** jdn/etw stichprobenweise überprüfen **spot deal** *n* FIN, ECON Kassageschäft *nt fachspr* **spot fine** *n* sofort fällige Strafe **spot height** *n* ① (*elevation*) Höhe *f* ② (*on a map*) Höhenangabe *f*

spotless ['spɒtləs, AM 'spɑːt-] *adj* ① (*clean*) makellos
② (*unblemished*) untadelig, makellos, tadellos; **to have a** ~ **record/reputation** einen makellosen [*o* tadellosen] Ruf haben

spotlessly ['spɒtləsli, AM 'spɑːt-] *adv* makellos

spotlight **I.** *n* Scheinwerfer *m*; **to be in/out of the** ~ (*fig*) im/nicht im Rampenlicht stehen; **to turn the** ~ **to sb/sth** die Aufmerksamkeit auf jdn/etw richten **II.** *vt* <-lighted *or* -lit, -lighted *or* -lit> ■**to** ~ **sth** etw beleuchten; (*fig*) auf etw *akk* aufmerksam machen, etw ins Bewusstsein der Öffentlichkeit rücken **spot market** *n* FIN, STOCKEX Lokomarkt *m fachspr*, Kassamarkt *m* **spot-on** *adj pred* BRIT, AUS (*fam*) ① (*exact*) haargenau *fam*, exakt; (*correct*) richtig, goldrichtig *fam*; ***what you said was ~*** was du gesagt hast stimmt haargenau; ***her estimate was ~*** sie lag mit ihrer Schätzung genau richtig [*o fam* goldrichtig] ② (*on target*) punktgenau **spot price** *n* FIN, STOCKEX Lokopreis *m fachspr*

spotted ['spɒtɪd, AM 'spɑːt̬ɪd] *adj inv* ① (*pattern*) getupft, gepunktet; ~ **dog** Dalmatiner *m*
② *pred* (*covered*) ■**to be** ~ **with sth** mit etw *dat* gesprenkelt sein

spotted dick *n* BRIT *mit Talg zubereiteter Pudding, der Rosinen enthält* **spotted hyena** *n* Tüpfelhyäne *f*

spotter ['spɒtəʳ, AM 'spɑːt̬ə] *n* SPORTS Stütze *f*

spotty ['spɒti, AM 'spɑːt̬i] *adj* ① BRIT, AUS (*pimply*) pickelig
② AM, AUS (*patchy*) bescheiden *iron*; ~ **progress/sales** schleppender Fortschritt/Verkauf

spot-welding *n no pl* Punktschweißen *nt*

spouse [spaʊs] *n* (*form*) [Ehe]gatte, -in *m, f*

spout [spaʊt] **I.** *n* ① (*opening*) Ausguss *m*; (*of a teapot, coffeepot, jug*) Schnabel *m*
② (*discharge*) Strahl *m*
► PHRASES: **to be up the** ~ BRIT, AUS (*sl: spoiled*) im Eimer sein *sl*; BRIT (*sl: pregnant*) ein Kind kriegen *fam*
II. *vt* ■**to** ~ **sth** ① (*pej: hold forth*) etw faseln *fam*; **to** ~ **facts and figures** mit Belegen und Zahlen um sich *akk* werfen *fam*
② (*discharge*) etw speien; ***the geysers were ~ing jets of hot water into the air*** aus den Geysiren schossen Strahlen von heißem Wasser in die Luft
III. *vi* ① (*pej: hold forth*) Reden schwingen *fam*
② (*gush*) hervorschießen; ***the tears were ~ing from her eyes*** sie zerfloss in Tränen [*o* war in Tränen aufgelöst]

◆**spout out** **I.** *vi* hervorschießen
II. *vt* ■**to** ~ **out** ⊂ **sth** etw gedankenlos daherplappern *pej fam*

sprain [spreɪn] **I.** *vt* ■**to** ~ **sth** sich *dat* etw verstauchen; **to** ~ **one's ankle** sich *dat* den Knöchel verstauchen
II. *n* Verstauchung *f*

sprang [spræŋ] *vt, vi pt of* **spring**

sprat [spræt] *n* Sprotte *f*

sprawl [sprɔːl, AM sprɑːl] **I.** *n* ① *no pl* (*slouch*) **to lie in a** ~ ausgestreckt daliegen
② *usu sing* (*expanse*) Ausdehnung *f*; **urban** ~ (*phenomenon*) unkontrollierte Ausbreitung einer Stadt; (*town*) riesiges Stadtgebiet; (*area*) Ballungsraum *m*
II. *vi* ① (*slouch*) ■**to** ~ **on sth** auf etw *dat* herumlümmeln *pej fam*, sich *akk* auf etw *dat* rekeln *fam*; **to send sb ~ing** jdn zu Boden strecken
② (*expand*) sich *akk* ausbreiten

◆**sprawl out** *vi* ■**to** ~ **out [on sth]** [auf etw *dat*] herumlümmeln *pej fam*

sprawled [sprɔːld, AM sprɑːld] *adj pred* ■**to be** ~ **across/on sth** auf etw *dat* ausgestreckt sein

sprawling ['sprɔːlɪŋ, AM 'sprɑːl-] *adj* (*pej*) ① (*expansive*) ausgedehnt
② (*irregular*) unregelmäßig

spray[1] [spreɪ] **I.** *n* ① *no pl* (*mist, droplets*) Sprühnebel *m*; *of fuel, perfume* Wolke *f*; *of water* Gischt *m o f*
② (*spurt*) *of perfume* Spritzer *m*; ~ **of bullets** (*fig*) Kugelhagel *m*
③ (*aerosol*) Spray *m o nt*; **chemical** ~ Spritzmittel *nt*
④ (*sprinkler*) Sprühvorrichtung *f*; (*for irrigation*) Bewässerungsanlage *f*
II. *vt* ① (*cover*) ■**to** ~ **sth** etw besprühen; *plants* etw spritzen; ■**to** ~ **sb/oneself/sth with sth** jdn/sich/etw mit etw *dat* besprühen [*o* bespritzen]; ***a car went past and ~ed me with water!*** ein Auto fuhr vorbei und bespritzte mich mit Wasser!; ***the car was ~ed with bullets*** (*fig*) das Auto wurde von Kugeln durchsiebt; **to** ~ **crops** Getreide spritzen
② (*disperse in a mist*) ■**to** ~ **sth** etw sprühen; (*in a spurt*) etw spritzen; **to** ~ **insecticide** Insektizide sprühen
③ (*draw, write*) ■**to** ~ **sth on sth** etw mit etw *dat* besprühen; ***vandals had ~ed graffiti on the wall*** Vandalen hatten ein Graffiti auf die Wand gesprüht
④ (*shoot all around*) **to** ~ **sb with bullets** jdn mit Kugeln durchsieben
III. *vi* spritzen

spray[2] [spreɪ] *n* ① (*branch*) Zweig *m*
② (*bouquet*) Strauß *m*; **a** ~ **of red roses** ein Strauß *m* rote [*o geh* roter] Rosen

sprayer [spreɪəʳ, AM -ə] *n* Zerstäuber *m*

spray gun *n* Spritzpistole *f* **spray paint** *n* Sprühlack *m* **spray-paint** *vt* ■**to** ~ **sth** etw mit Farbe besprühen [*o* spritzlackieren]

spread [spred] **I.** *n* ① (*act of spreading*) Verbreitung *f*
② (*range*) Vielfalt *f*; ~ **of opinion** Meinungsvielfalt *f*
③ JOURN Doppelseite *f*
④ (*soft food to spread*) Aufstrich *m*
⑤ AM (*ranch*) Ranch *f*; (*farm*) Farm *f*
⑥ BRIT, AUS (*dated fam: meal*) Mahl *nt*; **to lay [*or* put] on a** ~ ein Festessen auftischen
⑦ FIN Zinsspanne *f*; STOCKEX Kursunterschiede *mpl*, Marge *f*, Spanne *f*
II. *vi* <spread, spread> ① (*extend over larger area*) *fire* sich *akk* ausbreiten; *news, panic* sich *akk* verbreiten; **to** ~ **like wildfire** sich *akk* wie ein Lauffeuer verbreiten
② (*stretch*) sich *akk* erstrecken
③ FOOD streichbar sein, sich *akk* streichen lassen
III. *vt* <spread, spread> ■**to** ~ **sth** ① (*open, extend*) *arms, legs, blanket, papers, wings* etw ausbreiten; **to** ~ **a net** ein Netz auslegen
② (*cover with spread*) **to** ~ **toast with jam** Toast mit Marmelade bestreichen; **to** ~ **a layer of jam on the toast** Marmelade auf den Toast streichen
③ (*distribute*) *sand* etw verteilen; *fertilizer* etw streuen; *disease* etw übertragen; **to** ~ **a civilization/culture** eine Zivilisation/Kultur verbreiten; **to** ~ **panic** Panik verbreiten
④ (*make known*) **to** ~ **a rumour** ein Gerücht verbreiten; **to** ~ **the word** es allen mitteilen
► PHRASES: **to** ~ **one's wings** sich *akk* auf neues Terrain vorwagen

◆**spread out** **I.** *vt* ■**to** ~ **out** ⊂ **sth** ① (*open out*) etw ausbreiten; **to** ~ **out one's arms/legs** die Arme/Beine ausstrecken; **to** ~ **out a newspaper** eine Zeitung öffnen
② (*share*) etw aufteilen
③ (*distribute*) etw verteilen; ■**to** ~ **out sth [over a period of time]** etw [über einen Zeitraum] verteilen
II. *vi* ① (*expand*) sich *akk* erstrecken
② (*disperse*) sich *akk* aufteilen

◆**spread over** *vt* ■**to** ~ **over** ⊂ **sth** etw verteilen; ***the course is ~ over two years*** der Kurs dauert zwei Jahre; **to** ~ **the cost over a period of time** die Kosten auf eine bestimmte Zeitspanne verteilen

spread-eagled [-'iːgḷd] *adj* ausgestreckt

spreader ['spredəʳ, AM -ə] *n* ① (*fam: person*) ***whoever the ~ of the rumours is ought to be punished somehow*** wer auch immer die Gerüchte verbreitet hat, sollte irgendwie bestraft werden
② (*machine*) Spritzgerät *nt*

spreadsheet *n* ① ECON Gliederungsbogen *m*

② COMPUT (*program*) Tabellenkalkulation *f*, Kalkulations-Tabellendruck *m*
③ COMPUT (*printout of calculations*) Kalkulationstabellendruck *m*
spree [spriː] *n* Gelage *nt;* **to go** [**out**] **on a drinking** ~ auf Sauftour gehen *fam;* **killing** ~ Gemetzel *nt;* **shopping** ~ Einkaufstour *f*
sprig [sprɪg] *n* Zweig *nt*
sprightliness [ˈspraitlɪnəs] *n no pl* Elan *m geh*
sprightly [ˈspraitli] *adj* munter; *old person* rüstig
spring [sprɪŋ] **I.** *n* ① (*season*) Frühling *m;* **in the** ~ im Frühling
② TECH (*part in machine*) Feder *f*
③ (*elasticity*) Sprungkraft *f*, Elastizität *f;* **to have** [*or* **walk with**] **a** ~ **in one's step** beschwingt gehen
④ (*source of water*) Quelle *f*
II. *n modifier* ① (*of season*) (*fashion, flowers, weather*) Frühlings-; ~ **thaw** Frühlingstauwetter *nt*
② (*of water source*) (*water*) Quell-
③ (*with springs*) (*seat*) gefedert; ~ **mattress** Federkernmatraze *f*
III. *vi* <sprang *or* AM *also* **sprung, sprung**>
① (*move quickly*) springen; **to** ~ **into action** den Betrieb aufnehmen; **to** ~ **to sb's defence** zu jds Verteidigung eilen; **to** ~ **to one's feet** aufspringen; **to** ~ **open** aufspringen; **to** ~ **shut** zufallen
② (*suddenly appear*) auftauchen; ***where did you ~ from?*** wo kommst du denn plötzlich her?; **to** ~ **to mind** in den Kopf schießen
③ (*old: attack*) ■**to** ~ **on** [*or* **upon**] **sb** jdn angreifen
④ (*have as source*) ■**to** ~ **from sth** von etw *dat* herrühren
IV. *vt* ■**to** ~ **sth** ① (*operate*) etw auslösen; **to** ~ **a trap** eine Falle zuschnappen lassen
② (*suddenly do*) ■**to** ~ **sth on** [*or* **upon**] **sb** jdn mit etw *dat* überfallen *fig;* **to** ~ **the news on sb** jdn mit Neuigkeiten überfallen; **to** ~ **a trick on sb** jdm einen unverhofften Streich spielen
③ (*provide with springs*) ■**to** ~ **sth** etw federn
④ (*fam: help to escape*) ■**to** ~ **sb** jdn rausholen *fam*
► PHRASES: **to** ~ **a** <u>**leak**</u> *ship* [plötzlich] ein Leck bekommen; *pipe* [plötzlich] undicht werden
◆**spring back** *vi* zurückschnellen
◆**spring out** *vi* ■**to** ~ **out of sth** ***I sprang out of bed to answer the door*** ich sprang aus dem Bett, um die Tür zu öffnen
◆**spring up** *vi* plötzlich auftauchen; *business* aus dem Boden schießen; ***suddenly, a strong gust sprung up*** plötzlich kam starker Wind auf
spring balance *n* Federwaage *f* **springboard** *n* (*also fig*) Sprungbrett *nt a. fig;* **to be** [*or* **act as**] **a** ~ **for sth** (*fig*) ein Sprungbrett für etw *akk* sein
springbok <*pl* -s *or* -> [ˈsprɪŋbɒk, AM -bɑːk] *n* Springbock *m*
spring chicken *n* ① (*fowl*) junges Hähnchen
② (*fam*) **to be no** ~ (*not young*) [auch] nicht mehr der/die Jüngste sein, kein junger Hüpfer sein *fam*
spring-clean I. *vi* Frühjahrsputz machen **II.** *vt* **to** ~ **a house/room** in einem Haus/einem Zimmer Frühjahrsputz machen **spring-cleaning** *n no pl* Frühjahrsputz *m*
springer [sprɪŋəʳ] *n* AM junges Hähnchen
spring greens *npl* BRIT Frühkohl *m kein pl*
springiness [ˈsprɪŋɪnəs] *n no pl* Elastizität *f* **spring-loaded** *adj inv* mit Sprungfeder[n] *nach n* **spring mattress** *n* Federkernmatratze *f* **spring onion** *n* BRIT, AUS Frühlingszwiebel *f* **spring roll** *n* Frühlingsrolle *f* **spring tide** *n* Springflut *f* **springtime** *n no pl* Frühling *m;* **in** [**the**] ~ im Frühling **spring water** *n no pl* Quellwasser *nt*
springy [ˈsprɪŋi] *adj* federnd *attr*, elastisch
sprinkle [ˈsprɪŋkl] **I.** *vt* ① (*scatter*) ■**to** ~ **sth on sth** (*on cake, pizza*) etw auf etw *akk* streuen; *a liquid* etw mit etw *dat* besprengen
② (*cover*) ■**to** ~ **sth with sth** *cake* etw mit etw *dat* bestreuen; (*with a liquid*) etw mit etw *dat* besprengen; **to** ~ **a speech with jokes** (*fig*) eine Rede mit Scherzen auflockern
③ (*water*) **to** ~ **the lawn** den Rasen sprengen
II. *n usu sing* **a** ~ **of rain/snow** leichter Regen/Schneefall
sprinkler [ˈsprɪŋkləʳ, AM -kləʳ] *n* ① AGR Beregnungsanlage *f;* (*for a lawn*) Sprinkler *m*
② (*for fires*) Sprinkler *m;* ■**~s** *pl* (*system*) Sprinkleranlage *f*
sprinkler system *n* Sprinkleranlage *f*
sprinkling [ˈsprɪŋklɪŋ] *n* ① *see* **sprinkle**
② *usu sing* (*light covering*) ***top each ice cream with a generous ~ of fresh mint*** bestreuen Sie jedes Eis mit reichlich frischer Minze; **a** ~ **of salt** eine Prise Salz
③ *usu sing* (*smattering*) ■**a** ~ **of ...** ein paar ...; **a** ~ **of grey hairs/men** ein paar graue Haare/Männer; **a** ~ **of knowledge** eine leise Ahnung
sprint [sprɪnt] **I.** *vi* sprinten
II. *n* ① SPORTS Sprint *m;* **100-metre** ~ Hundertmeterlauf *m*, 100-m-Lauf *m*
② BRIT, AUS (*dash*) Sprint *m;* **to break into a** ~ zu sprinten beginnen; **to put on a** ~ einen Sprint einlegen
III. *n modifier* (*race, track, training*) Sprint-; ~ **relay** Sprintstaffel *f;* ~ **runner** Sprinter(in) *m(f)*
sprinter [ˈsprɪntəʳ, AM ˈsprɪnt̬əʳ] *n* Sprinter(in) *m(f)*
sprite [spraɪt] *n* ① (*liter: creature*) Naturgeist *m;* **sea/water** ~ Wassergeist *m*
② COMPUT Kobold *m*
spritz [sprɪts] **I.** *vi* AM besprühen
II. *n* AM *of perfume* Spritzer *m*
spritzer [ˈsprɪtsəʳ, AM -səʳ] *n* Schorle *f*, Gespritzte(r) *m* DIAL, ÖSTERR
spritzig [ˈsprɪtsɪg] *adj* AUS spritzig
sprocket [ˈsprɒkɪt, AM ˈsprɑː-], **sprocket wheel** *n* Zahnrad *nt*, Stachelradwalze *f*
sprog [sprɒg] **I.** *n* BRIT, AUS (*sl*) Balg *m o nt meist pej fam*
II. *vi* <-gg-> BRIT, AUS (*sl*) gebären
sprout [spraʊt] **I.** *n* ① (*shoot*) Spross *m*
② *esp* BRIT (*vegetable*) Rosenkohl *m kein pl*
II. *vi* ① (*grow*) sprießen *geh*, wachsen
② (*germinate*) keimen
III. *vt* ■**sb/an animal ~s sth** jdm/einem Tier wächst etw, jd/ein Tier bekommt etw; ***he's beginning to ~ a beard*** er bekommt einen Bart; ***your hair is sticking up as if you're ~ing horns!*** deine Haare stehen so ab, als würden dir Hörner wachsen; **to** ~ **buds/flowers/leaves** BOT Knospen/Blüten/Blätter treiben
◆**sprout up** *vi* aus dem Boden schießen
spruce[1] [spruːs] *n* Fichte *f*
spruce[2] [spruːs] *adj* adrett, schmuck *veraltend*
spruce up *vt* ■**to** ~ **up** ↻ **sth** ① (*tidy*) etw auf Vordermann bringen *fam;* ■**to** ~ **up** ↻ **oneself** sich *akk* zurechtmachen *fam*
② (*improve*) etw aufpolieren *fig fam*
sprung [sprʌŋ] **I.** *adj* BRIT gefedert
II. *pp, pt of* **spring**
spry [spraɪ] *adj* agil *geh; old person* rüstig; ~ **footwork** gute Beinarbeit
spud [spʌd] *n* BRIT (*fam*) Kartoffel *f*, Erdapfel *m* DIAL, ÖSTERR
spume [spjuːm] *n no pl* Schaum *m*
spun [spʌn] *pp, pt of* **spin**
spunk [spʌŋk] *n* ① *no pl* (*dated fam: bravery*) Mumm *m fam*
② *no pl* (*vulg sl: semen*) Sperma *nt*
③ AUS (*fam: hunk*) attraktiver Mann
spunkiness [ˈspʌŋkinəs] *n no pl* Lebhaftigkeit *f*, Spritzigkeit *f*
spunky [ˈspʌŋki] *adj* (*fam*) ① (*brave*) mutig
② AUS (*hunky*) attraktiv
spur [spɜːʳ, AM spɜːr] **I.** *n* ① (*on a heel*) Sporn *m*
② (*fig: encouragement*) Ansporn *m kein pl* (**to** zu +*dat*)
③ (*projection*) Vorsprung *m;* ~ **of rock** Felsvorsprung *m*
④ RAIL Nebengleis *nt*
⑤ COMPUT Netzanschlusspunkt *m*
► PHRASES: **on the** ~ **of the** <u>**moment**</u> spontan; **to** <u>**gain**</u> [*or* <u>**win**</u>] **one's ~s** sich *dat* die Sporen verdienen
II. *vt* <-rr-> ① (*encourage*) ■**to** ~ **sb** [**to do sth**] jdn anspornen[, etw zu tun]; (*persuade*) ■**to** ~ **sb** [**to do sth**] jdn bewegen[, etw zu tun]; (*incite*) ■**to** ~ **sb** [**to do sth**] jdn anstacheln[, etw zu tun]; (*stimulate*) ■**to** ~ **sth** etw beschleunigen; ***~red by her early success, she went on to enjoy further glory*** von ihrem frühen Erfolg angespornt, erntete sie schließlich noch mehr Ruhm; **to** ~ **the economy** die Wirtschaft ankurbeln
② (*urge to go faster*) **to** ~ **a horse** einem Pferd die Sporen geben, ein Pferd anspornen
◆**spur on** *vt* ① (*urge to go faster*) **to** ~ **a horse** on einem Pferd die Sporen geben, ein Pferd anspornen
② (*encourage*) ■**to** ~ **sb on** [**to do sth**] jdn anspornen[, etw zu tun]
spurge <*pl* - *or* -s> [spɜːdʒ, AM spɜːrdʒ] *n* Wolfsmilch *f*
spurious [ˈspjʊəriəs, AM ˈspjʊri-] *adj* falsch
spurn [spɜːn, AM spɜːrn] *vt* (*form*) ■**to** ~ **sb/sth** jdn/etw zurückweisen; (*contemptuously*) jdn/etw verschmähen *geh*
spur-of-the-moment *adj* spontan
spurred [spɜːd, AM spɜːrd] *adj inv* gespornt
spurt [spɜːt, AM spɜːrt] **I.** *n* ① (*jet*) Strahl *m;* ~ **of water** Wasserstrahl *m*
② (*surge*) Schub *m;* ***there was a sudden ~ of activity in the housing market*** plötzlich kam der Immobilienmarkt in Schwung; ***in a ~ of effort*** [*or* ***energy***], ***I finally finished the essay*** ich bot all meine Energie auf und schrieb endlich den Aufsatz zu Ende; **growth** ~ Wachstumsschub *m;* ~ **of speed** Spurt *m;* **to do sth in ~s** etw schubweise machen
③ (*run*) **to put on a** ~ einen Spurt hinlegen
II. *vt* ■**to** ~ **sth** etw [ver]spritzen; ***his arm was ~ing blood*** aus seinem Arm schoss [*o* spritzte] Blut
III. *vi* ① (*fig: increase*) plötzlich steigen
② (*gush*) spritzen; ***the water was ~ing everywhere*** das Wasser spritzte überall hin
◆**spurt out** *vi* herausspritzen; ***blood was ~ing out all over the place*** alles war mit Blut voll gespritzt
sputnik [ˈspʊtnɪk] *n* Sputnik *m*
sputter [ˈspʌtəʳ, AM ˈspʌt̬əʳ] **I.** *n* Knattern *nt kein pl*, Stottern *nt kein pl;* **to give a** ~ stottern
II. *vi* zischen; (*car, engine*) stottern
III. *vt* ■**to** ~ **sth** etw heraussprudeln; (*stutter*) etw stottern [*o* stammeln]
◆**sputter out** *vi* (*car, engine*) den Geist aufgeben *hum fam;* (*candle*) ausbrennen
sputtering [ˈspʌtᵊrɪŋ] *adj attr* schwankend
sputum [ˈspjuːtəm, AM -t̬-] *n no pl* MED Schleim *m*, Auswurf *m geh*, Sputum *nt fachspr;* **to cough up** ~ Schleim husten
spy [spaɪ] **I.** *n* Spion(in) *m(f)*
II. *n modifier* (*adventure, story, film, organization, camera, scandal*) Spionage-; ~ **swap** Austausch *m* von Spionen, -innen *mpl, fpl*
III. *vi* ① (*gather information*) spionieren; ■**to** ~ **into sth** in etw *dat* herumspionieren *fam;* ■**to** ~ **on** [*or* **upon**] **sb** jdm nachspionieren
② (*peep*) ■**to** ~ **into sth** in etw *akk* spähen
IV. *vt* ■**to** ~ **sb/sth** (*see*) jdn/etw sehen; (*spot*) jdn/etw entdecken
◆**spy out** *vt* ■**to** ~ **out** ↻ **sth** ① (*find out about*) etw auskundschaften; **to** ~ **out the land** das Land erkunden
② (*find out, discover*) etw ausspionieren
spyglass *n* Fernglas *nt* **spyhole** *n* BRIT, AUS Guckloch *nt*, Spion *m* **spy network**, **spy ring** *n* Spionagenetz *nt* **spy satellite** *n* Spionagesatellit *m*
sq *n abbrev of* **square** Pl.
squab [skwɒb, AM skwɑːb] *n* Täubchen *nt*
squabble [ˈskwɒbl, AM skwɑːbl] **I.** *n* Zankerei *f*, Streiterei *f;* **to have a** ~ [**about/over sth**] eine Auseinandersetzung [über/um etw *akk*] haben
II. *vi* sich *akk* zanken; ■**to** ~ [**about/over sth**] sich *akk* [über/um etw *akk*] zanken
squad [skwɒd, AM skwɑːd] *n* + *sing/pl vb* ① (*group*) Einheit *f;* **anti-terrorist** ~ Antiterroreinheit *f*
② SPORTS Mannschaft *f*

❸ MIL Gruppe *f*, Trupp *m*, Abteilung *f*
❹ (*police*) Kommando *nt*, Dezernat *nt*

squad car *n* BRIT Streifenwagen *m*

squaddie ['skwɒdi] *n* BRIT (*sl*) Soldat *m*, Bundesheerler *m* ÖSTERR *pej fam*

squadron ['skwɒdrᵊn, AM 'skwɑ:d-] *n* + *sing/pl vb* (*cavalry*) Schwadron *f*; (*air force*) Staffel *f*; (*navy*) Geschwader *nt*

squadron leader *n* Luftwaffenmajor *m*

squalid ['skwɒlɪd, AM 'skwɑ:-] *adj* ❶ (*pej: dirty*) schmutzig; (*neglected*) verwahrlost
❷ (*immoral*) verkommen

squall [skwɔ:l] **I.** *n* ❶ (*gust*) Bö *f*; ~ **of rain** Regenschauer *m*
❷ (*shriek*) Kreischen *nt kein pl*
II. *vi* schreien

squally ['skwɔ:li] *adj* böig

squalor ['skwɒləʳ, AM 'skwɑ:lɚ] *n no pl* ❶ (*foulness*) Schmutz *m*
❷ (*immorality*) Verkommenheit *f*

squander ['skwɒndəʳ, AM 'skwɑ:ndɚ] *vt* ■**to** ~ **sth** etw verschwenden [*o* vergeuden]; **to** ~ **a chance/an opportunity** eine Chance vertun

square [skweəʳ, AM skwer] **I.** *n* ❶ (*shape*) Quadrat *nt*; **to cut sth into** ~**s** etw in Quadrate zerschneiden; **to fold sth into a** ~ etw zu einem Quadrat falten
❷ (*street*) Platz *m*; **town** ~ zentraler Platz
❸ (*marked space*) Spielfeld *nt*; **to go back to** ~ **one, to start again from** ~ **one** (*fam*) wieder von vorne beginnen
❹ AM, AUS (*tool*) Winkelmaß *nt*
❺ (*dated fam: boring person*) Langweiler(in) *m(f)*
❻ (*number times itself*) Quadratzahl *f*
► PHRASES: **to be there or be** ~ (*sl*) einfach dabei sein müssen
II. *adj* ❶ (*square-shaped*) *piece of paper, etc* quadratisch; *face* kantig; ~ **shoulders** (*of person*) breite Schultern; (*of coat*) gepolsterte Schultern
❷ *inv* (*on each side*) im Quadrat; (*when squared*) zum Quadrat; *metre, mile* Quadrat-
❸ (*fam: level*) plan; **to be [all]** ~ auf gleich sein *fam*; ***they're all ~ at thirty points each*** sie liegen mit je dreißig Punkten gleichauf
❹ (*fam or dated: stupid*) bescheuert *sl*; **to look** ~ bescheuert aussehen *sl*
❺ (*straight*) gerade; **to keep sth** ~ etw gerade halten
III. *adv inv* direkt, geradewegs
IV. *vt* ❶ (*make square*) ■**to** ~ **sth** etw quadratisch machen; (*make right-angled*) etw rechtwinklig machen; **to** ~ **one's shoulders** die Schultern straffen; ■**to** ~ **sth with sth** etw mit etw *dat* in Übereinstimmung bringen
❷ (*settle*) ■**to** ~ **sth** *matter* etw in Ordnung bringen; ***let's ~ our accounts*** rechnen wir ab
❸ ECON ■**to** ~ **sth** etw glattstellen; **book-squaring** Glattstellen *nt* von Positionen
❹ MATH ■**to** ~ **sth** etw quadrieren, die Quadratzahl einer S. *gen* berechnen
❺ SPORTS (*tie*) ■**to** ~ **sth** etw ausgleichen; **to** ~ **a match** ein Match auf Gleichstand bringen
► PHRASES: **to attempt to** ~ **the circle** die Quadratur des Kreises versuchen *geh*
V. *vi* ■**to** ~ **with sth** mit etw *dat* übereinstimmen
◆**square off** *vi esp* AM in die Offensive gehen
◆**square up** *vi* ❶ (*fam: settle debt*) abrechnen
❷ *esp* BRIT, AUS (*compete*) in die Offensive gehen
❸ BRIT (*deal with*) ■**to** ~ **up to sth** mit etw *dat* zurande kommen *fam*

square bracket *n* eckige Klammer

square-built *adj* stämmig; ~ **shoulders** breite Schultern **square-cut** <-tt-, -cut, -cut> *vt* (*in cricket*) **to** ~ **the ball** den Ball glatt ins Abseits schießen

squared [skweəd, AM skwerd] *adj inv* kariert

square dance *n* Squaredance *m* **square deal** *n* fairer Handel; **to get a** ~ (*fair exchange*) ein gutes Geschäft machen; (*fair treatment*) fair behandelt werden **square-eyed** *adj pred, inv* BRIT, AUS (*hum fam*) **to go** ~ rechteckige Augen bekommen *fam*

square-jawed *adj inv* ■**to be** ~ ein prägnantes Kinn haben; ~ **masculinity** kantige [*o* markante] Männlichkeit **square knot** *n* AM (*reef knot*) Kreuzknoten *m*; **to tie a** ~ einen Kreuzknoten machen

squarely ['skweəli, AM 'skwer-] *adv* ❶ (*straight*) aufrecht
❷ *inv* (*directly*) direkt; **to look sb** ~ **in the eyes** jdm gerade in die Augen blicken

square meal *n* anständige Mahlzeit **square measure** *n* Flächenmaß *nt*, Fläche *f* **Square Mile** *n* BRIT ■**the** ~ die Londoner City; FIN das Londoner Finanzzentrum **square number** *n* MATH Quadratzahl *f* **square peg** *n* Außenseiter(in) *m(f)*; **to be a** ~ **[in a round hole]** ein Außenseiter/eine Außenseiterin sein **square-rigger** *n* NAUT Rahsegler *m fachspr* **square root** *n* MATH Quadratwurzel *f* **square-shaped** *adj* quadratisch **square-shouldered** *adj inv* breitschultrig

squash¹ [skwɒʃ, AM skwɑ:ʃ] *n esp* AM (*pumpkin*) Kürbis *m*

squash² [skwɒʃ, AM skwɑ:ʃ] **I.** *n* ❶ *no pl* (*dense pack*) Gedränge *nt*
❷ *no pl* (*racket game*) Squash *nt*
❸ BRIT, AUS (*concentrate*) Fruchtsaftkonzentrat *nt*; **lemon/orange** ~ Zitronen-/Orangensaftkonzentrat *nt*; (*diluted drink*) Fruchtsaftgetränk *nt*
II. *vt* ❶ (*crush*) ■**to** ~ **sth** etw zerdrücken; **to** ~ **sth flat** etw platt drücken
❷ (*fig: end*) **to** ~ **a rumour** ein Gerücht aus der Welt schaffen
❸ (*push*) ■**to** ~ **sth/oneself into sth** etw/sich *akk* in etw *akk* [hinein]zwängen [*o* quetschen]; ***can you ~ this into your bag for me?*** kannst du das für mich in deine Tasche stecken?; ***I should be able to ~ myself into this space*** ich glaube, ich kann mich da hineinzwängen
❹ (*humiliate*) ■**to** ~ **sb** jdn bloßstellen; (*silence*) jdm über den Mund fahren *fam*
III. *vi* sich *akk* in etw *akk* [hinein]zwängen [*o* quetschen]
◆**squash in** **I.** *vi* sich *akk* hineinquetschen [*o* hineinzwängen]
II. *vt* ■**to** ~ **in** ↻ **sb/sth** jdn/etw hineinquetschen [*o* hineinzwängen]
◆**squash up** **I.** *vi* zusammenrücken
II. *vt* ■**to** ~ **oneself up** zusammenrücken; ***we ~ed ourselves up on the sofa*** wir rückten auf dem Sofa zusammen

squash club *n* Squashclub *m* **squash court** *n* Squashcourt *m* **squash racket, squash racquet** *n* ❶ (*equipment*) Squashschläger *m*
❷ SPORTS (*form: squash*) ■~**s** *pl* Squash *nt kein pl*

squashy ['skwɒʃi, AM 'skwɑ:ʃi] *adj* weich

squat [skwɒt, AM skwɑ:t] **I.** *vi* <-tt-> ❶ (*crouch*) hocken; ■**to** ~ **[down]** sich *akk* hinhocken
❷ (*occupy land*) **to** ~ **[on land]** sich *akk* illegal ansiedeln; **to** ~ **[in a house/on a site]** [ein Haus/ein Grundstück] besetzen
II. *n* ❶ *no pl* (*position*) Hocke *f*; **to get into a** ~ in Hockstellung gehen
❷ SPORTS (*exercise*) Kniebeuge *f*, Squat *m fachspr*
❸ (*abode*) besetztes Haus
❹ (*house occupation*) Hausbesetzung *f*
❺ (*fam: not know anything*) **to [not] know** ~ **about sth** keinen blassen [Schimmer] von etw *dat* haben *fam*
III. *adj* <-tt-> niedrig; *person* gedrungen, untersetzt

squatter ['skwɒtəʳ, AM 'skwɑ:t̬ɚ] *n* ❶ (*house-occupier*) Hausbesetzer(in) *m(f)*
❷ AM, AUS (*land-user*) illegaler Siedler/illegale Siedlerin, Squatter(in) *m(f) fachspr*

squatter camp *n* Squattersiedlung *f fachspr*

squattocracy [skwɒ'tɒkrəsi] *n* AUS illegale Siedler

squaw [skwɔ:, AM skwɑ:] *n* (*pej!*) Squaw *f*, Indianerfrau *f*

squawk [skwɔ:k, AM skwɑ:k] **I.** *vi* ❶ (*cry*) kreischen
❷ (*fam: complain*) ■**to** ~ **about sth** lautstark gegen etw *akk* protestieren
II. *n* ❶ (*cry*) Kreischen *nt kein pl*
❷ (*complaint*) Geschrei *nt kein pl fam*; ~ **of outrage** Gezeter *nt pej*; ~ **of protest** Protestgeschrei *nt fam*

squawk box *n* (*fam*) Sprechanlage *f*

squeak [skwi:k] **I.** *n* Quietschen *nt kein pl*; *of an animal* Quieken *nt kein pl*; *of a mouse* Pieps[er] *m fam*; *of a person* Quiekser *m fam*; **to let out a** ~ **[of fright]** einen [Angst]schrei ausstoßen; (*fig*) ***if I hear one more ~ out of you, there'll be trouble!*** wenn ich noch einen Mucks[er] von dir höre, gibt's Ärger! *fam*
II. *vi* ❶ (*make sound*) quietschen; *animal, person* quieken; *mouse* piepsen
❷ (*just pass*) **to** ~ **through an exam/test** ein Examen/eine Prüfung mit knapper Not bestehen
◆**squeak by** *vi esp* AM (*just pass*) mit Müh und Not [*o fam* mit Ach und Krach] durchkommen

squeaker ['skwi:kɚ] *n* AM (*success*) knapper Erfolg; **to lose/win a** ~ knapp verlieren/gewinnen

squeaky ['skwi:ki] *adj* ❶ (*high-pitched*) quietschend; *voice* piepsig *fam*; ■**to be** ~ quietschen
❷ AM (*narrow*) äußerst knapp, hauchdünn *fig*
► PHRASES: **the** ~ **wheel gets the grease** AM (*prov*) nur wer am lautesten schreit wird gehört

squeaky-clean *adj* (*also fig*) blitzsauber *fam*

squeal [skwi:l] **I.** *n* [schriller] Schrei; *of tyres* Quietschen *nt kein pl*; *of brakes* Kreischen *nt kein pl*, Quietschen *nt kein pl*; *of a pig* Quieken *nt kein pl*; **with a** ~ **of brakes/tyres** mit quietschenden Bremsen/Reifen; **to let out a** ~ einen schrillen Schrei ausstoßen
II. *vi* ❶ (*scream*) kreischen; *pig* quieken; *tyres* quietschen; *brakes* kreischen, quietschen; **to** ~ **to a halt** mit quietschenden Reifen anhalten; **to** ~ **with joy** vor Freude jauchzen; **to** ~ **with pain** vor Schmerz schreien; **to** ~ **with pleasure** vor Vergnügen kreischen
❷ (*complain, protest*) ■**to** ~ **[about sth]** [über etw *akk*] jammern; **to** ~ **[in protest]** lautstark protestieren, entrüstet aufschreien
❸ (*pej sl: rat*) ■**to** ~ **to sb** bei jdm singen *fam*; ■**to** ~ **on sb** jdn verpfeifen *pej fam*

squealer ['skwi:ləʳ, AM -ɚ] *n* (*pej sl*) Petze *f pej*

squeamish ['skwi:mɪʃ] **I.** *adj* zimperlich *pej*, zart besaitet; ■**to be** ~ **about doing sth** sich *akk* vor etw *dat* ekeln; ***he is ~ about seeing blood*** er ekelt sich vor Blut; **sb feels** ~ jdm ist schlecht [*o* übel]
II. *n* **the morally** ~ *pl* die Moralisten *pl meist pej*; **to not be for the** ~ nichts für schwache Nerven sein

squeamishly ['skwi:mɪʃli] *adv* zimperlich *pej*

squeamishness ['skwi:mɪʃnəs] *n no pl* Empfindlichkeit *f*; **to overcome one's** ~ seine Empfindlichkeit ablegen

squeegee ['skwi:dʒi:] **I.** *n* Gummiwischer *m*; **to wipe sth with a** ~ etw mit einem Gummiwischer putzen
II. *vt* ■**to** ~ **sth** etw mit einem Gummiwischer putzen

squeegee mop *n* Bodenschrubber *m*

squeeze [skwi:z] **I.** *n* ❶ (*press*) Drücken *nt kein pl*; **to give sth a** ~ etw drücken
❷ (*amount*) Spritzer *m*; **a** ~ **of lemon** ein Spritzer *m* Zitronensaft
❸ ECON (*limit*) Beschränkung *f*, Restriktion *f*, Verknappung *f*; **credit** ~ Kreditrestriktionen *fpl*; ~ **on jobs** Personalfreisetzung *f euph*; **profit** ~ Verminderung *f* der Gewinnspanne; **a** ~ **on spending** eine Beschränkung der Ausgaben; **to impose** [*or* **put**] **a** ~ **[on sb/sth]** [jdm/etw] eine Beschränkung auferlegen
❹ *no pl* (*fit*) Gedränge *nt*; ***it'll be a tight ~*** es wird eng werden; ***it's quite a ~ to get into these old jeans!*** in diese alten Jeans muss ich mich ganz schön reinzwängen! *fam*
❺ (*fam: person*) Eroberung *f hum*
II. *vt* ❶ (*press*) ■**to** ~ **sth** etw drücken; **to** ~ **sb's hand** jds [*o* jdm die] Hand drücken; **to** ~ **a lemon/an orange** eine Zitrone/eine Orange auspressen; **to** ~ **a sponge** einen Schwamm ausdrücken; **to** ~ **a toothpaste tube** eine Zahnpastatube ausdrücken;

to ~ the trigger auf den Abzug drücken
② (*extract*) **freshly ~d orange juice** frisch gepresster Orangensaft; **to ~ water out of a cloth/sponge** einen Lappen auswringen/einen Schwamm ausdrücken; **to ~ profit** [**from sth**] (*fig*) Profit [aus etw *dat*] schlagen; ■**to ~ sth from** [*or* **out of**] **sb** (*fam*) etw aus jdm herausquetschen [*o* herauspressen]; **to ~ information from sb** aus jdm Informationen herauspressen
③ (*push*) ■**to ~ sth/sb into sth** etw/jdn in etw *akk* [hinein]zwängen; ■**to ~ sth/sb through sth** etw/jdn durch etw *akk* [durch]zwängen; **to ~ a rival out of the market** (*fig*) einen Rivalen/eine Rivalin aus dem Markt drängen
④ (*burden financially*) ■**to ~ sth** etw belasten; ***small businesses are being ~d by heavy taxation*** hohe Steuern bringen kleine Unternehmen in Bedrängnis
⑤ (*constrict*) ■**to ~ sth** etw einschränken [*o* drücken] [*o* verkleinern]; ***high interest rates are squeezing consumer spending*** die hohen Zinsen wirken sich negativ auf das Kaufverhalten aus; ***our margins have been ~d by the competition*** unsere Gewinnspannen sind von der Konkurrenz heruntergedrückt worden
⑥ (*fam: threaten*) ■**to ~ sb** jdn unter Druck setzen
► PHRASES: **to ~ sb dry** [*or* **until the pips squeak**] jdn ausnehmen wie eine Weihnachtsgans *fam*
III. *vi* (*fit into*) ■**to ~ into sth** sich *akk* in etw *akk* [hinein]zwängen; ***we ~d into the back seat of his car*** wir quetschten uns auf den Rücksitz seines Wagens; ■**to ~ past sth** sich an etw *dat* vorbeizwängen; ■**to ~ through sth** sich *akk* durch etw *akk* [durch]zwängen; **to ~ under sth** sich *akk* unter etw *dat* durchzwängen
◆**squeeze in I.** *vt* ■**to ~ in ↔ sb/sth** ① (*force in*) jdn/etw hineinzwängen; ***we'll be able to ~ you in*** wir bringen Sie schon noch irgendwie unter
② (*fit in*) jdn/etw einschieben; ***I should be able to ~ you in this afternoon*** ich glaube ich kann Sie heute Nachmittag noch einschieben
II. *vi* sich *akk* hineinzwängen
◆**squeeze out** *vt* ■**to ~ out ↔ sth** ① (*wring*) etw auswringen; (*press*) etw ausdrücken
② (*extract*) **to ~ out ↔ juice** Saft auspressen
squeeze bottle *n* AM Spritzflasche *f* **squeeze box** *n* (*dated fam*) Quetschkommode *f hum sl*
squeezer ['skwi:zəʳ, AM -ɚ] *n* Fruchtpresse *f*; **lemon ~** Zitronenpresse *f*
squeezy ['skwɪ:zi] *adj* elastisch; **~ bottle** elastische Plastikflasche
squelch [skweltʃ] **I.** *vi mud, water* patschen *fam*; *person, animal* patschen; ■**to ~ through sth** durch etw *akk* waten [*o fam* patschen]
II. *vt* AM ■**to ~ sth** etw abwürgen; ■**to ~ sb** jdm den Mund stopfen *fam*, jdn zum Schweigen bringen
III. *n usu sing* Gepatsche *nt kein pl fam*; ***she could hear the ~ of their boots in the mud*** sie hörte den Schlamm unter ihren Füßen patschen
squelchy ['skweltʃi] *adj attr* **to make a ~ sound** ein platschendes Geräusch machen
squib [skwɪb] *n* ① (*satire*) Satire *f*
② AM (*filler*) Füllartikel *m*
③ (*firework*) Knallkörper *m*
► PHRASES: **to be a damp ~** ein Reinfall sein *fam*
squid <*pl* – *or* -s> [skwɪd] *n* Tintenfisch *m*
squidgy ['skwɪdʒi] *adj* BRIT (*fam*) matschig *fam*; (*slippery*) glitschig *fam*
squiffed [skwɪft] *esp* AM, **squiffy** ['skwɪfi] *adj* (*fam*) angesäuselt *fam*; **to feel ~** angesäuselt sein *fam*
squiggle ['skwɪgl] *n* Schnörkel *m*
squiggly ['skwɪgli] *adj* schnörkelig
squinch ['skwɪntʃ] *vt* AM (*squeeze together*) **to ~ up one's face** das Gesicht verziehen
squint [skwɪnt] **I.** *vi* ① (*close one's eyes*) blinzeln
② (*look*) ■**to ~ at sb/sth** einen Blick auf jdn/etw werfen
II. *n* ① (*glance*) kurzer Blick; **to have** [*or* **take**] **a ~ at sth** einen kurzen Blick auf etw *akk* werfen
② (*eye condition*) Schielen *nt kein pl*; **to have a** [**bad**] **~** [stark] schielen
squint-eyed [,skwɪnt'aɪd] *adj* schielend *attr*; ■**to be ~** schielen
squire [skwaɪəʳ, AM skwaɪɚ] *n* (*old*) ① (*landowner*) Gutsherr *m*
② BRIT (*dated fam: greeting*) gnädiger Herr *veraltet*; (*iron*) Chef *m sl*
③ AM LAW (*legal official*) Friedensrichter(in) *m(f)*
squirearchy ['skwaiərɑ:ki, AM 'skwaiəˑɑ:rki] *n + sing/pl vb* Junkertum *nt*
squirm [skwɜ:m, AM skwɜ:rm] **I.** *vi* sich *akk* winden; ***seeing all that blood made Irene ~*** beim Anblick des vielen Blutes wurde Irene übel; ***rats make him ~*** er ekelt sich vor Ratten; **to ~ with embarrassment** sich *akk* vor Verlegenheit winden; **to ~ in pain** sich *akk* vor Schmerzen krümmen
II. *n* Krümmen *nt kein pl*; **to give a ~** zusammenzucken; **to give a ~ of embarrassment** sich *akk* vor Verlegenheit winden
squirrel ['skwɪrəl, AM 'skwɜr-] **I.** *n* Eichhörnchen *nt*
II. *vt* ■**to ~ away ↔ sth** (*fam*) etw wegpacken *fig fam*
squirt [skwɜ:t, AM skwɜ:rt] **I.** *vt* ① (*spray*) ■**to ~ sth** etw spritzen; **to ~ perfume** Parfüm auftragen
② (*cover*) ■**to ~ sb with sth** jdn mit etw *dat* bespritzen; **to ~ oneself with perfume** ein paar Spritzer Parfüm auftragen
II. *vi* ■**to ~ out** herausspritzen, herausschießen
III. *n* ① (*quantity*) Spritzer *m*; **to give sb a ~ with a water pistol** jdn mit einer Wasserpistole anspritzen
② (*pej dated: jerk*) Nichts *nt pej*; (*boy*) Pimpf *m fam*
squirt gun *n* AM (*water pistol*) Wasserpistole *f*
squish [skwɪʃ] (*fam*) **I.** *vt* ■**to ~ sth** etw zermatschen *fam*
II. *vi* patschen *fam*
III. *n* Gepatsche *nt kein pl fam*
squishy ['skwɪʃi] *adj* (*fam*) matschig *fam*
Sr *n attr, inv esp* AM *abbrev of* **senior** Sr.
Sri Lanka *n* Sri Lanka *nt*
Sri Lankan I. *adj* sri-lankisch; **to be ~** aus Sri Lanka sein
II. *n* Sri-Lanker(in) *m(f)*
SRN [,esɑ:'en] *n* BRIT *abbrev of* **state registered nurse** staatl. geprüft. Krankenschwester/-pfleger
SRO [,esɑ:r'əʊ, AM -'oʊ] *n abbrev of* **self-regulatory organization** Selbstüberwachungsorgan *nt*
SRV [,esɑ:'vi:, AM -ɑ:r'-] *n abbrev of* **Sport Recreation Vehicle** ≈ Wohnmobil *nt*
SS [,es'es] *n* NAUT *abbrev of* **steam ship** SS *f*
ssh [ʃ] *interj* sch
St *n* ① *abbrev of* **saint** St.
② *abbrev of* **street** Str.
st <*pl* -> *n* BRIT *abbrev of* **stone I 7**
stab [stæb] **I.** *vt* <-bb-> ① (*pierce*) ■**to ~ sb** auf jdn einstechen; ***the victim was ~bed*** das Opfer erlitt eine Stichverletzung; **to ~ sb in the back** (*fig*) jdm in den Rücken fallen; **to ~ sb to death** jdn erstechen; **to ~ sth with a fork** mit einer Gabel in etw *dat* herumstochern
② (*make thrusting movement*) **to ~ the air** [**with sth**] [mit etw *dat*] in der Luft herumfuchteln
II. *vi* <-bb-> ■**to ~ at sb/sth** [**with sth**] auf jdn/etw [mit etw *dat*] einstechen; *with finger* auf jdn/etw [mit etw *dat*] einhämmern
III. *n* ① (*with weapon*) Stich *m*; (*fig: attack*) Angriff *m* (**at** auf +*akk*)
② (*wound*) Stichwunde *f*
③ (*with object*) Stich *m*
④ (*pain*) Stich *m*; **~ of envy** Anflug *m* von Neid; ***she felt a ~ of envy when …*** sie fühlte Neid in ihr aufkommen, als …; **~ of pain** stechender Schmerz
► PHRASES: **to have** [*or* **make**] **a ~ at** [**doing**] **sth** etw probieren [*o* versuchen]
stabbing ['stæbɪŋ] **I.** *n* (*assault*) Messerstecherei *f*
II. *adj pain* stechend; *fear, memory* durchdringend
stability [stə'bɪləti, AM -əṭi] *n no pl* Stabilität *f*; **emotional/psychological ~** emotionales/psychologisches Gleichgewicht; **mental ~** [seelische] Ausgeglichenheit; **political ~** politische Stabilität
stabilization [,steɪbəlaɪ'zeɪʃən, AM -lɪ'-] *n no pl* Stabilisierung *f*, Festigung *f*; **currency ~** Währungsstabilisierung *f*; **~ of the economy** Stabilisierung der Wirtschaft
stabilize ['steɪbəlaɪz] **I.** *vt* ■**to ~ sth** ① (*make firm*) etw stabilisieren
② (*maintain level*) etw festigen [*o* stabilisieren]; **to ~ the population** das Bevölkerungswachstum konstant halten
II. *vi* sich *akk* stabilisieren; ECON [sich *akk*] stabilisieren, sich *akk* festigen; ***prizes have ~d*** die Preise haben sich stabilisiert; ***his condition has now ~d*** MED sein Zustand ist jetzt stabil; **to have a stabilizing effect on the economy** eine stabilisierende Wirkung auf die Wirtschaft haben; **to ~ at 50%** sich auf 50% einpendeln
stabilizer ['steɪbəlaɪzəʳ, AM -ɚ] *n* ① AM AVIAT Stabilisator *m*
② NAUT Stabilisierungsflosse *f*
③ BRIT ■**~s** *pl* Stützräder *ntpl*
④ (*substance*) Stabilisator *m*
⑤ BRIT ECON Stabilitätspolitik *f*
stabilizing ['steɪbəlaɪzɪŋ] *adj* stabilisierend; **to have a ~ effect** [**on sth/sb**] eine stabilisierende Wirkung [auf etw/jdn] haben
stabilizing fin *n* NAUT Stabilisierungsflosse *f*
stable[1] <-r, -st *or* more ~, most ~> ['steɪbl] *adj*
① (*firmly fixed*) stabil
② MED *condition* stabil
③ PSYCH ausgeglichen
④ (*steadfast*) stabil; **~ job/relationship** feste Anstellung/Beziehung; **~ birth rate** gleich bleibende Geburtenrate; ECON *inflation* konstant; **~ currency** stabile Währung
⑤ CHEM stabil
stable[2] ['steɪbl] **I.** *n* ① (*building*) Stall *m*, Box *f*
② (*business*) Rennstall *m*
③ (*horses*) Stall *m*
④ + *sing/pl vb* (*group*) Equipe *f geh*; ADMIN Stab *m*; **~ of singers** Sängertruppe *f fam*
II. *vt* **to ~ a horse** ein Pferd unterstellen
stable boy *n* Stalljunge *m* **stable door** *n* Stalltür *f* **stable girl** *n* Stallmädchen *nt* **stable lad** *n* BRIT Stallbursche *m veraltend* **stableman** *n* AM Stallknecht *m* **stablemate** *n* ① (*horse*) Pferd *nt* aus dem gleichen Stall ② (*companion*) Gefährte, -in *m, f*, Kumpel *m fam*
stabling ['steɪblɪŋ] *n no pl* Stallung[en] *f*[*pl*]
stab wound *n* Stichwunde *f*
staccato [stə'kɑ:təʊ, AM -ṭoʊ] MUS **I.** *adv* stakkato
II. *adj* stakkato; (*fig*) einsilbig; ***she gave brief ~ replies to every question*** sie antwortete kurz und stockend auf alle Fragen; **~ rhythm** Stakkatorhythmus *m*; **~ style** abgehackter Stil
III. *n* <*pl* -os> ① *no pl* (*performance*) Stakkato *nt*
② (*passage*) Stakkato *nt*
staccato mark *n* MUS Stakkatozeichen *nt*
stack [stæk] **I.** *n* ① *of videos* Stapel *m*; *of papers* Stoß *m*
② (*fam: large amount*) Haufen *m sl*; ***we've got ~s of time*** wir haben massenhaft Zeit *fam*
③ *of hay, straw* Schober *m*
④ MUS *of hi-fi equipment* Stereoturm *m*
⑤ MIL [Gewehr]pyramide *f*
⑥ (*in library*) ■**the ~s** *pl* Magazin *nt*; **University Library ~s** Magazin *nt* der Universitätsbibliothek
⑦ COMPUT Stapelspeicher *m*, Kellerspeicher *m*
⑧ (*chimney*) Schornstein *m*
⑨ BRIT (*measure*) *britische Maßeinheit: 108 cu.ft.*
⑩ AUS (*fam: road accident*) Crash *m sl*
II. *vt* ① (*arrange in pile*) ■**to ~ sth** etw [auf]stapeln; **to ~ hay** (*dated*) Heu aufschobern
② (*fill*) ***the fridge is ~ed with food*** der Kühlschrank ist randvoll mit Lebensmitteln gefüllt; **to ~ a dishwasher** eine Spülmaschine einräumen; **to ~ shelves** Regale auffüllen
③ *usu passive* AVIAT ***planes are often ~ed over Gatwick airport*** Flugzeuge müssen über dem Flughafen Gatwick oft Warteschleifen ziehen
► PHRASES: **to ~ the cards** [*or* AM **deck**] jdm übel mitspielen; **the cards** [*or* **odds**] **are ~ed against sb** es spricht alles gegen jdn
◆**stack up I.** *vt* ■**to ~ up ↔ sth** etw aufstapeln

II. *vi* ① (*build up*) sich *akk* zusammen[ballen]; ***traffic always ~s up around this time of day*** um diese Tageszeit herrscht immer dichter Verkehr
② *esp* AM (*fam: compare*) ■**to ~ up against sth** im Vergleich zu etw *dat* gut abschneiden
③ (*make sense*) Sinn ergeben

stacked [stækt] *adj* ① *inv* (*in piles*) gestapelt; **~ cans** aufgestapelte Dosen
② *inv* (*filled with goods*) **~ shelves** gefüllte Regale
③ (*biased*) voreingenommen
④ AM, AUS (*fam!*) vollbusig; ***she is really ~!*** die hat aber Holz vor der Hütte! *sl*
⑤ *inv* COMPUT im Stapelspeicher abgelegt

stacker ['stækəʳ, AM -ɚ] *n* Stapler *m*

stack system *n* MUS Hi-Fi-Anlage *f*, Stereoturm *m*

stack-up *n* AUS (*fam*) Auffahrunfall *m*

stadia ['steɪdiə] *n* SPORTS *pl of* **stadium**

stadium <*pl* -s *or* -dia> ['steɪdiəm, *pl* -iə] *n* Stadion *nt*

staff¹ [stɑːf, AM stæf] **I.** *n* ① + *sing/pl vb* (*employees*) Belegschaft *f*, Mitarbeiterstab *m*; ECON Stab *m*; **members of ~** Mitarbeiter *pl*; **office ~** Bürobelegschaft *f*; **the editorial ~** die Herausgeber *pl*; **nursing ~** Pflegepersonal *nt*
② + *sing/pl vb* SCH, UNIV Lehrkörper *m*, Lehrerkollegium *nt*; **teaching ~** Lehrpersonal *nt*
③ + *sing/pl vb* MIL Stab *m*; **chief of ~** Stabschef *m*; **general's ~** Generalstab *m*
④ (*stick*) [Spazier]stock *m*
⑤ (*symbol*) **~ of office** Amtsstab *m*
⑥ (*flagpole*) Fahnenmast *m*; **to be at half ~** AM auf Halbmast gesetzt sein
⑦ (*for surveying*) Messstab *m*
⑧ BRIT (*spindle in a watch*) Unruhewelle *f*
⑨ AM MUS Notensystem *nt*
▶ PHRASES: **the ~ of life** (*liter*) das tägliche Brot *liter*, Grundnahrungsmittel *nt*
II. *n modifier* ECON (*canteen*) Betriebs-; **~ employee** Stabsstellenmitarbeiter(in) *m(f)*; **~ pension scheme** betriebliche Rente
III. *vt usu passive* ■**to be ~ed by** [*or* **with**] **sb** jdn beschäftigen; ***many charity shops are ~ed with volunteers*** viele Wohltätigkeitseinrichtungen beschäftigen ehrenamtliche Mitarbeiter
◆**staff up** *vi* mehr Personal einstellen

staff² [stɑːf, AM stæf] *n no pl* ART Stange *f*

staff association *n* + *sing/pl vb* Betriebsrat *m*

staff costs *npl* Personalkosten *pl*

staffed [stɑːft, AM stæft] *adj* personell ausgestattet

staffer ['stɑːfəʳ, AM 'stæfɚ] *n* AM Mitglied *nt* des Personals; *sub-editor* Redaktionsmitglied *nt*

staffing ['stɑːfɪŋ, AM 'stæf-] *n no pl* Personalpolitik *f*, Personalbeschaffung *f*

staffing levels *npl* Belegschaftsstärke *f kein pl*

staff meeting *n* (*for employees*) Mitarbeiterrunde *f*; (*for teachers*) Lehrerkonferenz *f* **staff nurse** *n* BRIT MED examinierte Krankenschwester **staff officer** *n* MIL Stabsoffizier(in) *m(f)* **staffroom** *n* SCH ① (*room*) Lehrerzimmer *nt* ② + *sing/pl vb* (*teachers*) ■**the ~** das Lehrerkollegium *nt*

Staffs BRIT *abbrev of* **Staffordshire**

staff sergeant *n* MIL [Ober]feldwebel *m*

stag [stæg] **I.** *n* ① (*deer*) Hirsch *m*
② *esp* AM (*unaccompanied person*) *ein Mann, der solo ist*
③ BRIT, AUS STOCKEX [Neuemissions]spekulant(in) *m(f)*, Broker(in) *m(f)*
II. *adv inv esp* AM **to go somewhere ~** ohne [weibliche] Begleitung irgendwohin gehen
III. *vt* <-gg-> STOCKEX **to ~ shares** [*or* **stock**] mit Aktien handeln
IV. *vi* <-gg-> STOCKEX mit Aktien handeln, spekulieren

stag beetle *n* Hirschkäfer *m*

stage [steɪdʒ] **I.** *n* ① (*period*) Etappe *f*, Station *f*; **crucial ~** entscheidende Phase; **early ~** Frühphase *f*; **editing ~** Drucklegung *f*; **final** [*or* **last**] **~** Endphase *f*, Endstadium *nt*; **first** [*or* **initial**] **~** Anfangsphase *f*; **late ~** Spätphase *f*; **to be at** [*or* **reach**] **the ~ where …** an dem Punkt sein [*o* den Punkt erreichen], an dem …; **to go through a ~** eine [bestimmte] Phase durchmachen; **at some ~** irgendwann; **to do sth in ~s** etw in Etappen [*o* etappenweise] [*o* in einzelnen Schritten] tun
② *of a journey, race* Etappe *f*, Abschnitt *m*
③ *of a rocket* [Raketen]triebwerk *nt*; **three-~ rocket** Dreistufenrakete *f*
④ ELEC Schaltstufe *f*, Verstärkerstufe *f*
⑤ (*hist*) *see* **stagecoach**
⑥ THEAT (*platform*) Bühne *f*; **to go on ~** die Bühne betreten; **to take the ~** auftreten; **to take centre ~** (*fig*) im Mittelpunkt [des Interesses] stehen
⑦ (*profession*) ■**the ~** die Bühne; **the London ~** das Londoner Theater; **to be on the ~** auf der Bühne stehen; **to go to the ~** zum Theater gehen
⑧ (*scene*) Geschehen *nt kein pl*; **the world ~** die [ganze] Welt; **the political ~** die politische Bühne
⑨ (*on microscope*) Objektträger *m*
⑩ GEOL Stufe *f*
II. *vt* ① THEAT ■**to ~ sth** etw aufführen; **to ~ a concert** ein Konzert geben [*o geh* veranstalten]; **to ~ a play/an opera** ein Theaterstück/eine Oper aufführen [*o* inszenieren]
② (*organize*) **to ~ a comeback** ein Come-back starten; **to ~ a congress/meeting** einen Kongress/eine Tagung veranstalten; **to ~ a coup d'état** einen Staatsstreich durchführen; **to ~ a match** ein Spiel austragen; **to ~ the Olympic Games** die Olympischen Spiele ausrichten; **to ~ a party** eine Party geben; **to ~ a recovery** eine Erholung[sphase] einleiten; **to ~ a strike/a demonstration** einen Streik/eine Demonstration organisieren [*o* inszenieren]; **to ~ war games** ein Manöver abhalten
③ MED **to ~ a patient/disease** einen Patienten/eine Krankheit diagnostisch einordnen
III. *n modifier* (*career, curtain, version*) Bühnen-; **~ adaptation** Bühnenfassung *f*; **~ crew** Bühnenteam *nt*; **~ scenery** Kulisse[n] *f[pl]*; **~ setting** Bühnenbild *nt*

stagecoach *n* (*hist*) Postkutsche *f hist* **stagecoach line** *n* (*hist*) *Unternehmen, das Postkutschenreisen organisiert* **stagecraft** *n no pl* LIT, ART Bühnenerfahrung *f* **stage direction** *n* Bühnenanweisung *f*; **in the ~s it says that …** in der Bühnenanweisung steht, dass … **stage door** *n* Bühneneingang *m* **stage-door Johnny** *n* (*hist*) Fan *m*, Verehrer *m* **stage effect** *n* (*on stage*) Bühneneffekt *m*; (*fig pej: in real life*) Taktik *f* **stage fright** *n no pl* Lampenfieber *nt* **stagehand** *n* Bühnenarbeiter(in) *m(f)* **stage left** *adv inv der vom Schauspieler aus gesehene linke Teil der Bühne;* **to exit ~** links [von der Bühne] abgehen; **to stand ~** links auf der Bühne stehen **stage-manage I.** *vt* ① THEAT **to ~ a musical/play** ein Musical/Theaterstück inszenieren ② (*control*) ■**to ~ sth** etw inszenieren **II.** *vi* (*act as stage manager*) Regie führen **stage manager** *n* Bühnenmeister(in) *m(f)*, Inspizient(in) *m(f) fachspr* **stage name** *n* Künstlername *m* **stage play** *n* THEAT Bühnenstück *nt* **stage presence** *n no pl* THEAT Bühnenpräsenz *f*

stager ['steɪdʒəʳ, AM -ɚ] *n* (*dated*) Mime *m veraltet*; **an old ~** ein alter Theaterhase *fam*

stage right *adv inv der vom Schauspieler aus gesehene rechte Teil der Bühne;* **to enter ~** die Bühne von rechts betreten **stage-struck** *adj* theaterbesessen *fam*; ■**to be ~** vom Theater begeistert sein **stage whisper** *n* ① THEAT Beiseitesprechen *nt*, Bühnenflüstern *nt* ② (*whisper*) unüberhörbares Flüstern; **to say sth in a ~** etw deutlich hörbar flüstern

stagey ['steɪdʒi] *adj see* **stagy**

stagflation [stæg'fleɪʃᵊn] *n no pl* ECON Stagflation *f*, realer Stillstand bei steigenden Preisen

stagger ['stægəʳ, AM -ɚ] **I.** *vi* ① (*totter*) ■**to ~ somewhere** irgendwohin wanken [*o* torkeln]; ***the company is ~ing under a $15 million debt*** (*fig*) auf der Firma lasten 15 Millionen Dollar Schulden; **to ~ to one's feet** sich *akk* aufrappeln
② (*waver*) schwanken, wanken
II. *vt* ① (*cause to totter*) ■**to ~ sb** jdn zum Wanken bringen; ***he was ~ed by the blow*** er wurde von dem Schlag zum Wanken gebracht
② (*shock*) ■**to ~ sb** jdn erstaunen; ***it ~s the imagination to consider what their home life must be like*** man darf gar nicht darüber nachdenken, wie sich ihr Leben zu Hause gestaltet *geh*
③ (*arrange*) ■**to ~ sth** etw staffeln
III. *n* ① (*lurch*) Wanken *nt kein pl*, Taumeln *nt kein pl*
② (*arrangement*) Staffelung *f*

staggered ['stægəd, AM -ɚd] *adj inv* gestaffelt; **~ holidays** gestaffelte Ferien; **~ working hours** gestaffelte Arbeitszeiten, [Wechsel]schicht *f*; **~ start** gestaffelter Start

staggered junction *n* BRIT *Kreuzung mit versetzt angeordneten Straßen*

staggering ['stægᵊrɪŋ] *adj* ① (*amazing*) erstaunlich, umwerfend *fam*; *news* unglaublich; ***she won the race by a ~ seven seconds*** sie gewann das Rennen mit einem Vorsprung von sage und schreibe sieben Sekunden *fam*
② (*schocking*) erschütternd; **~ blow** erschütternder Schlag

staggeringly ['stægᵊrɪŋli] *adv* erstaunlich, unglaublich *fam*; **~ high** unglaublich hoch

staging ['steɪdʒɪŋ] *n* ① THEAT Inszenierung *f*
② (*scaffolding*) [Bau]gerüst *nt*
③ BRIT (*shelf*) Regal *nt*
④ *no pl* MED Diagnose *f*
⑤ *no pl* AEROSP Abkoppelung *f*

staging area, staging point *n* MIL Stützpunkt *m*

staging post *n* Zwischenstop *m*; (*fig*) Zwischenschritt *m*

stagnant ['stægnənt] *adj* ① *inv* (*not flowing*) stagnierend; **~ air** stehende Luft; **~ pool** stiller Teich; **~ water** stehendes Wasser
② (*sluggish*) träge, langweilig; **~ property market** ECON stagnierender Immobilienmarkt

stagnate [stæg'neɪt, AM 'stæg-] *vi* ① (*stop flowing*) stauen
② (*stop developing*) stagnieren; ***he didn't want to spend his life stagnating in the isolated village*** er wollte nicht sein ganzes Leben damit verbringen, in diesem abgelegenen Dorf zu versauern *fam*

stagnation [stæg'neɪʃᵊn] *n no pl* Stagnation *f*, Stillstand *m*; **economic ~** Wirtschaftsstagnation *f*

stag night, stag party *n* Junggesellenabschiedsparty *f*

stagy ['steɪdʒi] *adj* (*pej*) theatralisch *pej*; **~ farewell** sentimentaler Abschied

staid [steɪd] *adj* seriös, gesetzt; (*pej*) spießig; **~ image** konservatives Image; **to lead a ~ life** ein spießbürgerliches Leben führen

stain [steɪn] **I.** *vt* ① (*discolour*) ■**to ~ sth** etw verfärben; (*cover with spots*) Flecken auf etw *dat* machen; ***his teeth are ~ed yellow*** seine Zähne sind gelb verfärbt; ***her coat had become ~ed with oil*** ihr Mantel hatte Ölflecken
② (*blemish*) **to ~ an image/a reputation** einem Image/Ruf schaden; ***several important politicians have had their reputations ~ed by this scandal*** das Ansehen einiger wichtiger Politiker hat durch diesen Skandal gelitten
③ (*colour*) ■**to ~ sth** etw [ein]färben
II. *vi* ① (*cause discolouration*) abfärben, Flecken machen; ***tomato sauce ~s terribly*** Tomatensauce hinterlässt scheußliche Flecken
② (*discolour*) sich *akk* verfärben
③ (*take dye*) Farbe annehmen, sich *akk* färben
III. *n* ① (*discoloration*) Verfärbung *f*, Fleck *m*; **blood/grease/red wine ~** Blut-/Fett-/Rotweinfleck *m*
② (*blemish*) Makel *m*; ***this affair has left a ~ on her reputation*** ihr Ansehen hat durch diese Affäre gelitten *form*; **without a ~ on sb's character** ohne einen Makel
③ (*dye*) Beize *f*, Färbemittel *nt*

stained [steɪnd] *adj* ① (*discoloured*) verfärbt; (*with spots*) fleckig
② *inv* (*dyed*) gefärbt, gebeizt; **~ oak** gebeizte Eiche
③ (*blemished*) befleckt; **~ reputation** ramponiertes Ansehen *fam*

stained glass *n no pl* Buntglas *nt*

S

stained-glass *adj attr, inv* Buntglas-; ~ **window** Buntglasfenster *nt*
stainless ['steɪnləs] *adj* makellos; ~ **character** tadelloser Charakter
stainless steel *n no pl* rostfreier [*o* verchromter] Stahl
stain remover *n* Fleckenentferner *m* **stain-resistant** *adj* farbecht
stair [steəʳ, AM ster] *n* ① (*set of steps*) ■~**s** *pl* Treppe *f;* **a flight of ~s** eine Treppe; **the top/foot of the ~s** der Kopf/Fuß der Treppe, oben/unten an der Treppe
② (*step*) Treppenstufe *f*
▸ PHRASES: **above ~s** BRIT (*dated*) bei den Herrschaften; **below ~s** BRIT (*dated*) bei den Bediensteten
stair carpet *n* Treppenläufer *m* **staircase** *n* ① (*stairs*) Treppenhaus *nt,* Treppenaufgang *m;* **spiral ~** Wendeltreppe *f;* **secret ~** Geheimtreppe *f* ② BRIT SCH, UNIV *Studentenzimmer, die über eine Treppe zu erreichen sind* **stair-rail** *n* Treppengeländer *nt* **stairway** *n* Treppe *f* **stairwell** *n* Treppenhausschacht *m*
stake¹ [steɪk] **I.** *n* ① (*stick*) Pfahl *m,* Pflock *m;* **wooden ~** Holzpfahl *m*
② (*in basket-making*) Gerte *f*
③ TECH [kleiner] Amboss *m*
④ (*hist: for punishment*) ■**the ~** der Scheiterhaufen *hist;* **to be burnt at the ~** auf dem Scheiterhaufen verbrannt werden; **to go to the ~** auf den Scheiterhaufen kommen; **to go to the ~ for sb/sth** (*fig*) für etw/jdn die Hand ins Feuer legen *fam*
II. *vt* ■**to ~ sth** *animal* etw anbinden; *plant* etw hochbinden
▸ PHRASES: **to ~ one's claim** [to sth] sein Recht [auf etw *akk*] einfordern; **to pull up ~s** AM seine Zelte abbrechen
◆**stake out** *vt* ① (*mark territory*) **to ~ out** ⊂ **frontiers** Grenzen abstecken; **to ~ out a position** eine Position behaupten
② (*establish*) **to ~ out an opinion** eine Meinung vertreten; **to ~ out a position** eine Position einnehmen [*o* beziehen]; **to ~ out a role** eine Rolle übernehmen
③ (*fam: watch*) ■**to ~ sb/sth** ⊂ **out** jdn/etw überwachen [*o* beobachten]
stake² [steɪk] **I.** *n* ① *usu pl* (*wager*) Einsatz *m;* ***he knows how high the ~s are*** er weiß, was auf dem Spiel steht; (*in games*) [Wett]einsatz *m;* **high/low ~s** hoher/geringer Einsatz; **to play for high ~s** um einen hohen Einsatz spielen; **to double one's ~s** seinen Einsatz verdoppeln; **to raise the ~s** (*fam*) den Einsatz erhöhen; (*fig*) etw auf die Spitze treiben
② (*interest*) Anteil *m;* FIN, ECON Anteil *m;* ***he holds a 40% ~ in the company*** ihm gehören anteilsmäßig 40% der Firma; **majority/minority ~** Mehrheits-/Minderheitsanteil *m;* **to have a ~ in sth** einen Anteil an etw *dat* haben [*o* nehmen]
③ (*prize money*) ■~**s** *pl* Preis *m*
④ (*horse race*) ■~**s** *pl* Pferderennen *nt*
⑤ (*fam: competitive situation*) **to be high in the popularity ~s** weit oben auf der Beliebtheitsskala stehen; ***this will give her a definite advantage in the management ~s*** dies wird ihr im Management einen definitiven Vorteil verschaffen
▸ PHRASES: **to be at ~** (*in question*) zur Debatte stehen; (*at risk*) auf dem Spiel stehen; ***everything was at ~*** es ging um alles oder nichts; ***the real issue at ~ is not …*** die eigentliche Frage lautet nicht, …
II. *vt* ① (*wager*) **to ~ money** Geld setzen; ***she has ~d everything on her friend's good faith*** sie verlässt sich voll und ganz auf die Treue ihres Freundes; **to ~ one's future on sth** seine Zukunft auf etw *akk* aufbauen; **to ~ one's honour on sth** sein Ehrenwort für etw *akk* geben; **to ~ one's life on sth** sein Leben für etw *akk* einsetzen; **to ~ one's good name on sth** sich *akk* mit seinem guten Namen für etw *akk* verbürgen; **to ~ one's name on sth** sein Wort auf etw *akk* geben
② AM (*fig fam: support*) ■**to ~ sb to sth** jdm zu etw *dat* verhelfen, jdm etw ermöglichen
stakeholder *n* Teilhaber(in) *m(f);* LAW [treuhänderischer] Verwahrer/[treuhänderische] Verwahrerin
stake-out *n* (*fam*) Belagerung *f fam;* **media ~** Medienbeschuss *m;* ■**to be on a ~** überwachen; *of house, suspect* observieren **stakes-winning** *adj attr, inv* **the ~ horse** *Pferd, das das Rennen gewonnen hat*
stalactite ['stæləktaɪt, AM *esp* stə'læktaɪt] *n* GEOL Tropfstein *m,* Stalaktit *m fachspr*
Stalag ['stælæg, AM *Brit also* 'stɑː-] *n* MIL (*hist*) Gefangenenlager *nt*
stalagmite ['stæləgmaɪt, AM *esp* stə'læg-] *n* GEOL Tropfstein *m,* Stalagmit *m fachspr*
stale¹ [steɪl] **I.** *adj* ① (*not fresh*) fade, schal; *beer, lemonade* abgestanden; ***their relationship had become ~ and predictable*** ihre Beziehung ist fade und langweilig geworden; **~ air** muffige [*o* verbrauchte] Luft; **~ bread** altbackenes Brot; **~ cigarette smoke** kalter Zigarettenrauch
② (*unoriginal*) fantasielos; **~ idea** abgegriffene Idee *fam;* **~ joke** abgedroschener Witz; **to be ~ news** [bereits] allseits bekannt sein
③ (*without zest*) abgestumpft; ***I'm feeling ~ and played-out*** ich fühle mich schlapp und ausgebrannt; **to get ~** abstumpfen; **to go ~** stumpfsinnig werden
④ *inv* LAW verjährt
⑤ STOCKEX lustlos
II. *vt* ■**to ~ sth** etw schal werden lassen
III. *vi* schal werden
stale² [steɪl] **I.** *vi* harnen
II. *n no pl* Harn *m*
stale buss *n* STOCKEX *Haussier, der seine Bestände noch nicht mit Gewinn glattstellen konnte*
stalemate ['steɪlmeɪt] **I.** *n* ① CHESS Patt *nt*
② (*deadlock*) Stillstand *m;* ***the situation remains a ~*** die Lage bleibt unentschieden; **diplomatic ~** diplomatische Sackgasse; **to end in ~** in einer Sackgasse enden; **to be locked in ~** sich *akk* in einer Sackgasse befinden
II. *vt* ① CHESS ■**to ~ sb** jdn patt setzen
② (*bring to deadlock*) ■**to ~ sth** etw zum Stillstand bringen
staleness ['steɪlnəs] *n no pl* ① (*lack of freshness*) Abgestandenheit *f; of bread* Altbackenheit *f*
② (*lack of originality*) Abgegriffenheit *f fam; of ideas* Fantasielosigkeit *f*
③ (*dullness*) Abgestumpftheit *f*
stalk¹ [stɔːk, AM *also* stɑːk] *n* ① *of a plant* Stängel *m,* Stiel *m;* **~ of celery** Selleriestange *f*
② *of a leaf, fruit* Stiel *m*
③ (*shaft*) Stiel *m*
▸ PHRASES: **sb's eyes are out on ~s** BRIT, AUS jd bekommt Stielaugen
stalk² [stɔːk, AM *also* stɑːk] **I.** *vt* ① (*hunt*) ■**to ~ sth** etw jagen [*o* anpirschen]; **to go ~ing** auf die Pirsch gehen
② (*harass*) ■**to ~ sb** jdm nachstellen
③ (*fig liter: move about*) **to ~ a place** einen Ort heimsuchen *liter;* ***danger ~s the streets of the city*** eine Gefahr geht in den Straßen der Stadt um
II. *vi* ■**to ~ by** vorbeistolzieren; ***she ~ed furiously out of the room*** sie marschierte zornentbrannt aus dem Zimmer
III. *n* ① (*pursuit*) Pirsch *f*
② (*gait*) Stolzieren *nt*
stalker [stɔːkəʳ, AM stɑːkɚ] *n* ① (*hunter*) Jäger(in) *m(f)*
② *jd, der prominente Personen verfolgt und belästigt*
stalking horse *n* ① HUNT Jagdschirm *m*
② (*pretext*) Täuschungsmanöver *nt,* Vorwand *m*
③ POL Strohmann *m*
stall [stɔːl, AM *also* stɑːl] **I.** *n* ① (*for selling*) [Verkaufs]stand *m;* **book/market/newspaper ~** Bücher-/Markt-/Zeitungsstand *m*
② (*for an animal*) Stall *m,* Verschlag *m;* **pig ~** Schweinestall *m*
③ AM (*for parking*) [markierter] Parkplatz
④ (*for racehorse*) Box *f*
⑤ (*in a room*) Nische *f;* **shower ~** Nasszelle *f*
⑥ (*in a church*) Chorstuhl *m;* **the canon's ~** der Sitz des Domherrn; **choir ~s** Chorgestühl *nt*
⑦ BRIT, AUS (*in a theatre*) ■**the ~s** *pl* das Parkett *kein pl*
⑧ (*engine*) ***the car's in a ~*** das Auto springt nicht an
II. *vi* ① (*stop running*) *motor* stehen bleiben; *aircraft* abrutschen
② (*come to standstill*) zum Stillstand kommen
③ (*fam: delay*) zaudern, zögern; **to ~ for time** Zeit gewinnen
III. *vt* ① (*cause to stop running*) **to ~ a car/a motor** ein Auto/einen Motor abwürgen
② (*delay*) ■**to ~ sth** etw aufhalten [*o* verzögern]; ***a tax increase may ~ economic recovery*** eine Steuererhöhung könnte die Erholung der Wirtschaft bremsen
③ (*fam: keep waiting*) ■**to ~ sb** jdn hinhalten *fam*
④ (*put in enclosure*) **to ~ an animal** ein Tier einsperren
◆**stall off** *vt* (*fam*) ■**to ~ off** ⊂ **sb** jdn hinhalten *fam*
stall holder *n* BRIT Markthändler(in) *m(f);* (*woman*) Marktfrau *f*
stallion ['stæljən] *n* Hengst *m*
stallkeeper [-kiːpəʳ, AM -kiːpɚ] *n* ① (*stable owner*) Stallbesitzer(in) *m(f)*
② ECON Markthändler(in) *m(f);* (*woman*) Marktfrau *f*
stalwart ['stɔːlwət, AM 'stɑːlwɚt] (*form*) **I.** *adj* ① (*loyal*) unentwegt; **~ supporter** treuer Anhänger/treue Anhängerin
② (*sturdy*) robust, unerschütterlich
II. *n* Anhänger(in) *m(f)*
stalwartly ['stɔːlwətli, AM 'stɑːlwɚt-] *adv* eisern, felsenfest; (*loyal*) treu, loyal; **to cling ~ to sth** an etw *dat* festhalten; **to stand by sb ~** jdm treu zur Seite stehen
stamen <*pl* -s *or* -mina> ['steɪmən, *pl* -mənə] *n* Staubgefäß *nt*
stamina¹ ['stæmɪnə, AM -mənə] *n no pl* Durchhaltevermögen *nt,* Ausdauer *f;* **test of ~** Belastungsprobe *f,* Härtetest *m*
stamina² *n pl of* **stamen**
stammer ['stæməʳ, AM -ɚ] **I.** *n* Stottern *nt;* **to have a ~** stottern
II. *vi* stottern, stammeln
III. *vt* **to ~ words** Worte stammeln [*o* hervorstoßen]
◆**stammer out** *vt* ■**to ~ out** ⊂ **sth** etw hervorstoßen
stammerer ['stæmərəʳ, AM -ɚɚ] *n* Stotterer, Stotterin *m, f*
stammeringly ['stæmᵊrɪŋli] *adv* stotternd
stamp [stæmp] **I.** *n* ① (*implement*) Stempel *m;* **rubber ~** Stempel *m*
② (*mark*) Stempel *m;* **~ of approval** Genehmigungsstempel *m;* **date ~** Datumsstempel *m*
③ (*quality*) Zug *m,* Stempel *m;* ***this painting bears the ~ of genius*** dieses Gemälde trägt die Handschrift eines Genies; **to leave one's ~ on sth/sb** seine Spur bei etw/jdm hinterlassen
④ (*adhesive*) **food ~** Lebensmittelstempel *m;* **postage ~** Briefmarke *f*
⑤ (*step*) Stampfer *m fam;* (*sound*) Stampfen *nt*
⑥ MIN Pochstempel *m fachspr*
II. *vt* ① (*crush*) ■**to ~ sth** etw zertreten; (*stomp*) **to ~ one's foot** mit dem Fuß aufstampfen
② (*mark*) ■**to ~ sth** etw [ab]stempeln; ***it is necessary to ~ your passport*** Sie müssen Ihren Pass abstempeln lassen; ***all washing machines are ~ed with the inspector's name*** alle Waschmaschinen erhalten einen Stempel mit dem Namen des Kontrolleurs; ***it would be too early to ~ the changes with approval*** (*fig*) es wäre zu früh, die Veränderungen mit Zustimmung zu begrüßen
③ (*impress on*) ■**to ~ sth on sth** etw auf etw *akk* stempeln; ***our new administrator tries to ~ her authority on every aspect of the department*** unsere neue Verwalterin versucht jedem Bereich der Abteilung ihren Stempel aufzudrücken; ***that will be ~ed on her memory for ever*** das wird sich ihr für immer einprägen

❹ (*identify*) ■**to ~ sb/sth as [being] sb/sth** jdn/etw als jdn/etw ausweisen; ***glaze of this colour would ~ the pot as being from the Song dynasty*** eine Lasierung dieser Farbe würde darauf hindeuten, dass dieser Topf aus der Zeit der Song-Dynastie stammt
❺ (*affix postage to*) **to ~ a letter** einen Brief frankieren; **to ~ an envelope** einen Umschlag freimachen [*o* frankieren]
❻ MIN **to ~ ore** Erz schürfen [*o fachspr* pochen]
III. *vi* ❶ (*step*) stampfen; ■**to ~ [up]on sth** auf etw *akk* treten; (*fig: suppress*) etw abwehren [*o* abschmettern]; **to ~ [up]on opposition** die Opposition niederknüppeln
❷ (*walk*) stampfen, stapfen; ***she ~ed out of the room*** sie stapfte aus dem Zimmer; ■**to ~ about** [*or* **around**] herumstapfen
◆**stamp down** *vt* ■**to ~ down** ↔ **sth** etw niedertrampeln; *earth* etw festtreten
◆**stamp out** *vt* ■**to ~ out** ↔ **sth** ❶ (*eradicate*) etw ausmerzen; **to ~ out crime/corruption** Verbrechen/Korruption bekämpfen; **to ~ out a disease** eine Krankheit ausrotten; **to ~ out a fire** ein Feuer austreten
❷ (*produce*) etw [aus]stanzen
Stamp Act *n no pl* (*hist*) ■**the ~** *US-Gesetz aus der Kolonialzeit, das Steuern vorsieht* **stamp album** *n* Briefmarkenalbum *nt* **stamp collecting** *n no pl* Briefmarkensammeln *nt* **stamp collection** *n* Briefmarkensammlung *f* **stamp collector** *n* Briefmarkensammler(in) *m(f)* **stamp dealer** *n* Briefmarkenhändler(in) *m(f)* **stamp duty** *n* LAW Stempelgebühr *f* **stamped addressed envelope** *n* frankierter Rückumschlag
stampede [stæm'piːd] **I.** *n* ❶ *of animals* wilde Flucht
❷ *of people* [Menschen]auflauf *m*
II. *vi animals* durchgehen; *people* irgendwohin stürzen; ***at quitting time, everybody ~s into the parking lot*** nach Feierabend gibt es einen Ansturm auf die Parkplätze
III. *vt* ❶ (*cause to rush*) ■**to ~ sb/an animal** jdn/ein Tier aufschrecken
❷ (*force into action*) ■**to ~ sb into [doing] sth** jdn zu etw *dat* drängen
stamping ground *n usu pl* Schauplatz *m* der Vergangenheit, alte Umgebung
stamp mill *n* MIN Stampfwerk *nt*, Pochwerk *nt fachspr* **stamp pad** *n* Stempelkissen *nt* **stamp tax** *n* Stempelsteuer *f*
stance [stɑːn(t)s, AM stæn(t)s] *n* ❶ (*posture*) Haltung *f kein pl*; AM SPORTS *Schlagpositur beim Baseball, Golf usw.*; **batting ~** Schlag[bereitschafts]stellung *f*, Schlagauslage *f*; **to take [up] one's ~** in Positur gehen
❷ (*attitude*) Standpunkt *m*, Einstellung *f* (**on** zu +*dat*); **negotiating ~** Verhandlungsposition *f*
❸ SCOT (*site*) Sitz *m*
❹ (*in climbing*) Position *f*, Haltung *f*
stanch[1] *vt* AM *see* **staunch**
stanch[2] *adj see* **staunch**
stanchion [stæn(t)ʃən] *n* Pfosten *m*

stand [stænd]

I. NOUN **II.** INTRANSITIVE VERB
III. TRANSITIVE VERB

I. NOUN

❶ [*physical position*] Stellung *f*; **to take up a ~ somewhere** sich *akk* irgendwo hinstellen
❷ [*position on an issue*] Einstellung *f* (**on** zu +*dat*), Ansicht *f* (**on** zu +*dat*); ***what's her ~ on sexual equality?*** wie steht sie zur Gleichberechtigung?; **to make a ~ against sth** sich *akk* gegen etw *akk* auflehnen; **to take a ~ on sth** sich *akk* für etw *akk* einsetzen; ***it's her civic duty to take a ~ on civil rights*** es ist ihre Bürgerpflicht, die Bürgerrechte zu verteidigen; **to take a ~ with sb** jdm gegenübertreten; ***I had to take a firm ~ with my son and forbid him to attend that party*** ich musste meinem Sohn gegenüber hart bleiben und ihm verbieten, diese Party zu besuchen
❸ [*form: standstill*] Stillstand *m*; **to bring sb/sth to a ~** jdm/etw Einhalt gebieten *geh*
❹ *usu pl* [*raised seating for spectators*] [Zuschauer]tribüne *f*
❺ [*support*] Ständer *m*; **music/revolving ~** Noten-/Drehständer *m*
❻ [*stall*] [Verkaufs]stand *m*; **candy/news ~** Süßwaren-/Zeitungsstand *m*
❼ [*for vehicles*] Stand *m*; **taxi ~** Taxistand *m*
❽ AM [*series of performances*] Gastspiel *nt*; **one-night ~** One-Night-Stand *m fam*
❾ AM LAW ■**the ~** der Zeugenstand; **to take the ~** vor Gericht aussagen
❿ MIL [*resistance*] Widerstand *m*; **to make** [*or* **take**] **a ~** (*fig*) klar Stellung beziehen
⓫ [*group of plants*] **~ of clover** Büschel *nt* Klee; **~ of trees** Baumgruppe *f*
⓬ [*campaign*] politische Haltung, Einstellung *f*, Widerstand *m*

II. INTRANSITIVE VERB

<stood, stood> ❶ [*be upright*] stehen; ***~ against the wall*** stell dich an die Wand; ***~ in front of the house*** stell dich vor das Haus; ***~ in a straight line!*** stellen Sie sich in einer Reihe auf!; ***the team will ~ or fall by the success of their new model*** das Team steht und fällt mit dem Erfolg seines neuen Modells; ***~ and deliver!*** (*dated*) Hände hoch und Geld her!; **to ~ to** [*or* **at**] **attention** MIL stillstehen; **to ~ guard** [*or* **watch**] **[over sb/sth]** [bei jdm/etw] Wache halten; ***he felt it necessary to ~ watch over the cash box*** er hielt es für nötig, die Kasse im Auge zu behalten; **to ~ on one's hands/head** einen Hand-/Kopfstand machen; **to ~ clear** [*or* **aside**] aus dem Weg gehen, beiseite treten; **to ~ erect** [*or* **tall**] aufrecht [*o* gerade] stehen; **to ~ motionless** regungslos dastehen; **to ~ still** stillstehen
❷ + *n* [*be a stated height*] messen *geh*; ***he ~s over seven feet*** er misst über sieben Fuß
❸ FOOD [*remain untouched*] stehen
❹ [*be located*] liegen; ***an old hut stood by the river*** am Fluss stand eine alte Hütte; ***the train is ~ing at platform 8*** der Zug steht auf Gleis 8; **to ~ in sb's way** jdm im Weg stehen; **to ~ in the way of sth** etw *dat* im Weg[e] stehen [*o* hinderlich sein]; **to ~ open** offen stehen
❺ [*have a viewpoint*] ***how*** [*or* ***where***] ***do you ~ on the issue of foreign policy?*** was ist Ihre Meinung zur Außenpolitik?; ***from where she ~s it seemed reasonable to ask*** von ihrer Warte aus schien es vernünftig zu fragen
❻ + *adj* [*be in a specified state*] stehen; ***I never know where I ~ with my boss*** ich weiß nie, wie ich mit meinem Chef dran bin *fam*; ***how do you think your chances ~ of being offered the job?*** wie, glaubst du, stehen deine Chancen, dass man dir die Stelle anbietet?; **with the situation as it ~s right now …** so wie die Sache im Moment aussieht, …; **to ~ high/low in sb's opinion** bei jdm sehr [*o* hoch]/wenig [*o* schlecht] angesehen sein; **to ~ alone** beispiellos [*o* einzigartig] sein; **to ~ aloof from sb/sth** (*form*) sich *akk* von jdm/etw distanzieren; **to ~ empty** [*or* **idle**] leer stehen; **to ~ fast** [*or* **firm**] standhaft sein; ***~ firm on your decision*** steh fest zu deinem Entschluss; **to ~ pat** *esp* AM hart [*o* standfest] bleiben; **to ~ second/third** an zweiter/dritter Stelle stehen; **to ~ accused of sth** wegen einer S. *gen* unter Anklage stehen; **to ~ accused of murder** des Mordes angeklagt sein; **to ~ corrected** (*form*) sich *akk* geschlagen geben *fam*; ***I ~ corrected*** ich muss mich korrigieren [*o* gebe meinen Fehler zu]; **to ~ to gain** [*or* **win**]/**lose sth** wahrscheinlich etw gewinnen/verlieren
❼ [*separate from*] ■**to ~ between sb/sth** zwischen jdm/etw stehen; ***the handouts he got from his parents were all that stood between Dan and destitution*** es waren allein die Zuwendungen, die Dan von seinen Eltern erhielt, was ihn vor völliger Mittellosigkeit bewahrte
❽ [*remain valid*] gelten, Bestand haben; ***does that still ~?*** ist das noch gültig?, gilt das noch?; ***his work still ~s as one of the greatest advances in medical theory*** seine Arbeit gilt immer noch als eine der größten Leistungen in der Medizin; ***Newtonian mechanics stood for over two hundred years*** die Newtonsche Mechanik galt zweihundert Jahre lang unangefochten
❾ BRIT, AUS [*be a candidate for office*] sich *akk* zur Wahl stellen, kandidieren; ■**to ~ for sth** für etw *akk* kandidieren; **to ~ for election** sich *akk* zur Wahl stellen
► PHRASES: **to ~ on one's own two feet** auf eigenen Füßen stehen; **to be able to do sth ~ing on one's head** (*fam*) etw mit links machen können *fam*; **it ~s to reason [that] …** es ist logisch [*o* leuchtet ein], dass …; **to not leave one stone ~ing on another** keinen Stein auf dem anderen lassen

III. TRANSITIVE VERB

<stood, stood> ❶ [*place upright*] ■**to ~ sth somewhere** etw irgendwohin hinstellen; ***she stood the yardstick upright against the wall*** sie stellte den Messstab gegen die Wand; **to ~ sth on its head** etw auf den Kopf stellen
❷ [*refuse to be moved*] **to ~ one's ground** wie angewurzelt stehen bleiben; (*refuse to yield*) standhaft bleiben
❸ [*bear*] ■**to ~ sth** etw ertragen [*o fam* aushalten]; ■**to not [be able to] ~ sth** etw nicht ertragen können; ***our tent won't ~ another storm*** unser Zelt wird keinen weiteren Sturm überstehen; ***she can't ~ anyone touching her*** sie kann es nicht leiden, wenn man sie anfasst; **to not be able to ~ the sight of sth** den Anblick von etw *dat* nicht ertragen können; **to ~ the test of time** die Zeit überdauern
❹ [*pay for*] ■**to ~ sb sth** jdm etw ausgeben [*o* spendieren]; ***Steven stood us all a drink*** Steven lud uns alle zu einem Drink ein; **to ~ bail for sb** für jdn Kaution stellen [*o* Sicherheit leisten]
❺ [*fam*] **to ~ a chance of doing sth** gute Aussichten haben, etw zu tun
❻ LAW **to ~ trial [for sth]** sich *akk* vor Gericht [für etw *akk*] verantworten müssen
► PHRASES: **to ~ sb in good stead** jdm von Nutzen [*o* Vorteil] sein
◆**stand about, stand around** *vi* herumstehen; ***we were just ~ing around talking*** wir haben nur dagestanden und uns unterhalten
◆**stand aside** *vi* ❶ (*move aside*) zur Seite treten; ***please ~ aside*** bitte treten Sie [einen Schritt] zur Seite
❷ (*not get involved*) ■**to ~ aside [from sth]** sich *akk* [aus etw *dat*] heraushalten
❸ (*resign*) zurücktreten
◆**stand at** *vi* ■**to ~ at sth** *sum* sich *akk* auf etw *akk* belaufen
◆**stand back** *vi* ❶ (*move backwards*) zurücktreten
❷ (*fig: take detached view*) ■**to ~ back** Abstand nehmen; ■**to ~ back from sth** etw aus der Distanz betrachten
❸ (*not get involved*) tatenlos zusehen [*o* danebenstehen]
❹ (*be located away from*) ■**to ~ back from sth** abseits von etw *dat* liegen; ***the hotel ~s well back from the road*** das Hotel liegt ziemlich abseits der Straße
◆**stand behind** *vi* (*also fig*) ■**to ~ behind sb/sth** hinter jdm/etw stehen *a. fig*
◆**stand by** *vi* ❶ (*observe*) dabeistehen, zugucken *fam*
❷ (*be ready*) bereitstehen; ***cabin crew, please ~ by for take-off*** Besatzung, bitte fertig machen zum Start
❸ (*support*) ■**to ~ by sb** zu jdm stehen; **to ~ by each other** zueinander stehen
❹ (*abide by*) **to ~ by one's promise** sein Versprechen halten; **to ~ by one's word** zu seinem Wort stehen
◆**stand down I.** *vi* ❶ BRIT, AUS (*resign*) zurücktre-

S

ten
❷ (*relax*) entspannen
❸ LAW den Zeugenstand verlassen
❹ POL (*in election campaign*) seine Kandidatur zurückziehen
II. *vt* ■ **to ~ down** ⊂⊃ **sb** jdn entspannen
◆**stand for** *vi* ❶ (*tolerate*) ■ **to not ~ for sth** sich *dat* etw nicht gefallen lassen
❷ (*represent*) ■ **to ~ for sth** für etw *akk* stehen; ***you know what this party ~s for*** du weißt, wofür diese Partei [ein]steht
◆**stand in** *vi* ■ **to ~ in for sb** für jdn einspringen, jdn vertreten
◆**stand off** I. *vi* sich *akk* entfernen
II. *vt* ■ **to ~ off** ⊂⊃ **sb** ❶ (*repel*) jdn abweisen [*o fam* abwimmeln]
❷ (*lay off*) jdn [vorübergehend] entlassen
◆**stand on** *vi* **to ~ on ceremony** die Form wahren; **to not ~ on ceremony** sich *dat* keinen Zwang antun *fam;* ***please sit down and make yourself comfortable, we don't ~ on ceremony here*** bitte setzen Sie sich und machen Sie es sich bequem, bei uns geht es nicht so förmlich zu *fam;* **to ~ on one's dignity** (*usu pej*) auf seine Autorität pochen *pej*
◆**stand out** *vi* ❶ (*be noticeable*) hervorragen; ***one stood out from the rest*** unter den Übrigen ragte einer heraus; **to ~ out in a crowd** sich *akk* von der Menge abheben
❷ (*oppose*) ■ **to ~ out against sb/sth** sich *akk* gegen jdn/etw wehren
❸ (*insist on*) ■ **to ~ out for sth** auf etw *dat* bestehen [*o* beharren]
◆**stand over** *vi* ❶ (*supervise*) ■ **to ~ over sb** jdm auf die Finger schauen *fam*
❷ LAW (*adjourn*) aufgeschoben [*o* zurückgestellt] werden
◆**stand round** *vi see* **stand around**
◆**stand up** I. *vi* ❶ (*rise*) aufstehen; (*be standing*) stehen
❷ (*endure*) ■ **to ~ up** [**to sth**] [etw *dat*] standhalten; **to ~ up in court** gerichtlich anerkannt werden; ***her claim didn't ~ up in court*** ihr Anspruch ließ sich gerichtlich nicht durchsetzen
▶ PHRASES: **to ~ up and be counted** sich *akk* zu seiner Meinung bekennen
II. *vt* ■ **to ~ up** ⊂⊃ **sb** jdm einen Korb geben *fam*
◆**stand up for** *vt* ■ **to ~ up for sb/sth** sich *akk* für jdn/etw einsetzen; **to ~ up for oneself** sich *akk* durchsetzen
◆**stand up to** *vt* ❶ (*confront*) ■ **to ~ up to sb** sich *akk* jdm widersetzen
❷ (*resist damage*) ■ **to ~ up to sth** etw überstehen; **to ~ up to rough treatment** einer rauen Behandlung standhalten

stand-alone *adj attr, inv* COMPUT **~ computer** Computer *m* im Stand-alone-Betrieb **stand-alone terminal** *n* COMPUT eigenständiges Terminal, Terminal *nt* im Stand-alone-Betrieb
standard ['stændəd, AM -dɚd] I. *n* ❶ (*level of quality*) Standard *m,* Qualitätsstufe *f;* ***this essay is of an acceptable ~*** dieser Essay ist von durchschnittlicher Qualität; **to be up to** [**sb's**] **~** an jds Standard heranreichen; **to raise ~s** das Niveau heben
❷ (*criterion*) Gradmesser *m,* Richtlinie *f,* Maßstab *m;* **~s of behaviour** Verhaltensmaßstäbe *mpl;* **safety ~** Maß *nt* an Sicherheit; **by today's ~s** nach heutigen Maßstäben [*o* Begriffen]; **to set high/low ~s** hohe/geringe Ansprüche stellen; **to be above/below ~** über/unter der Norm liegen; **to be up to ~** der Norm entsprechen
❸ (*principles*) ■ **~s** *pl* Wertvorstellungen *fpl;* **~s of behaviour** Verhaltensnormen *fpl;* **moral ~s** moralische Prinzipien [*o* Normen]
❹ (*currency basis*) Währungsstandard *m;* **gold/silver ~** Gold-/Silberwährung *f*
❺ (*in forestry*) Eichmaß *nt,* Richtmaß *nt*
❻ (*flag*) Standarte *f*
❼ HORT [Hoch]stamm *m*
❽ BOT Blumenblatt *nt*
❾ MUS Klassiker *m;* **old ~** Oldie *m fam*
❿ AM (*car*) Schaltwagen *m*
II. *adj inv* ❶ (*customary*) Standard-; ***your new TV comes with a two-year guarantee as ~*** *esp* BRIT Ihr neuer Fernseher wird mit der üblichen Zweijahresgarantie geliefert; **~ colour/size/unit** Standardfarbe/-größe/-einheit *f;* **~ procedures** Standardvorschriften *fpl*
❷ (*average*) durchschnittlich
❸ (*authoritative*) **~ book/work** Standardwerk *m;* **~ text** Standardtext *m*
❹ LING Standard-; **~ English** die englische Hochsprache; **~ American** die US-amerikanische Hochsprache
❺ AM (*manual*) **~ shift** Standardschaltung *f;* **~ transmission** Standardgetriebe *nt*
standard agreement *n* LAW, ECON Standardvertrag *m,* Mustervertrag *m* **standard-bearer** *n* ❶ MIL (*dated*) Standartenträger *m veraltet* ❷ (*leader*) Vorkämpfer(in) *m(f)* **standard contract** *n* LAW, ECON Standardvertrag *m* **standard deviation** *n* Standardabweichung *f* **standard error** *n* statistischer Fehler **standard gauge** *n* Standardgleis *nt*
standardization [ˌstændədaɪ'zeɪʃən, AM -dɚdɪ'-] *n no pl* Standardisierung *f,* Normierung *f*
standardize ['stændədaɪz, AM -dɚ-] I. *vt* ■ **to ~ sth** ❶ (*make conform*) etw standardisieren [*o* norm[ier]en]
❷ (*compare*) etw vereinheitlichen
II. *vi* ■ **to ~ on sth** etw zum Vorbild nehmen
standardized ['stændədaɪzd, AM -dɚ-] *adj inv* standardisiert; **~ components** genormte Komponenten; **~ language** Standardsprache *f*
standardized test *n* Standardtest *m*
standard lamp *n* BRIT, AUS Stehlampe *f* **standard letter** *n* Standardbrief *m,* Formbrief *m,* vorformulierter Brief **standard of living** <*pl* standards of living> *n* Lebensstandard *m*
standard operating procedure *n,* **SOP** *n no pl* übliches Prozedere **standard quality** *n no pl* Standardqualität *f* **standard size** *n* Standardgröße *f,* Einheitsgröße *f* **standard time** *n* Standardzeit *f* **standard wire gauge** *n* BRIT *standardisierte Drahtdichte in Großbritannien*
standby <*pl* -s> ['stæn(d)baɪ] I. *n* ❶ *no pl* (*readiness*) **on ~** in Bereitschaft; **to be** [**put** [*or* **placed**]] **on ~** Bereitschaftsdienst haben
❷ (*backup*) Reserve *f*
❸ (*plane ticket*) Stand-by-Ticket *nt*
❹ (*traveller*) *Fluggast mit Stand-by-Ticket*
II. *adj attr, inv* Ersatz-; **~ generator** Ersatzgenerator *m*
III. *adv inv* AVIAT, TOURIST **to fly ~** mit einem Stand-by-Ticket fliegen
standby ticket *n* Stand-by-Ticket *nt*
standee ['stændi] *n esp* AM (*fam*) *jemand, der einen Stehplatz hat*
stand-in *n* Vertretung *f;* FILM, THEAT Ersatz *m*
standing ['stændɪŋ] I. *n no pl* ❶ (*status*) Status *m,* Ansehen *nt,* Ruf *m;* **to be in good ~ with sb** gute Beziehungen zu jdm haben; **to be of high social ~** hohes soziales Ansehen genießen; **to shake sb's ~** jds Ansehen erschüttern
❷ (*duration*) Dauer *f;* ***one member, of twelve years' ~ on the committee, resigned*** ein Mitglied, das zwölf Jahre zum Komitee gehörte, ist zurückgetreten; **to be of long/short ~** von langer/kurzer Dauer sein
II. *adj attr, inv* ❶ (*upright*) [aufrecht] stehend; **to do sth from a ~ position** etw im Stehen machen
❷ (*permanent*) ständig
❸ (*stationary*) stehend; **~ water** stehendes Wasser
❹ AGR **~ corn** Getreide *nt* auf dem Halm
standing army *n + sing/pl vb* stehendes Heer **standing committee** *n + sing/pl vb* ständiger Ausschuss **standing joke** *n* Insiderwitz *m fam;* ***the fact that Debbie is always late has become a ~ among her friends*** die Tatsache, dass Debbie immer zu spät kommt, ist unter ihren Freunden sprichwörtlich geworden **standing O** *n* AM MUS, THEAT *short for* **standing ovation** stehende Ovationen *pl* **standing order** *n* ❶ *esp* BRIT (*for money*) Dauerauftrag *m;* **to pay sth by ~** etw per Dauerauftrag bezahlen ❷ (*for goods*) Vorbestellung *f,* Abonnement *nt* ❸ (*rules*) ■ **~s** *pl* Geschäftsordnung *f* **standing ovation** *n* stehende Ovationen *pl* **standing room** *n no pl* Stehplatz *m;* **~ only** nur Stehplätze **standing start** *n* Start *m* aus dem Stand heraus; ■ **to do sth from a ~** etw aus dem Stand heraus tun **standing stone** *n* ARCHEOL Hinkelstein *m*
stand-off *n* Patt *nt*
stand-offish [-'ɒfɪʃ, AM -'ɑːfɪʃ] *adj* (*pej fam*) kühl, reserviert
stand-offishly [-'ɒfɪʃli, AM -'ɑːfɪʃ-] *adv* (*pej fam*) kühl, distanziert; **to sniff ~ at sth** über etw *akk* verächtlich die Nase rümpfen
stand-offishness [-'ɒfɪʃnəs, AM -'ɑːfɪʃ-] *n no pl* (*pej fam*) kühle Distanziertheit
standout AM I. *n* Favorit(in) *m(f)* II. *adj attr, inv* Vorzeige-; **~ goalie** Vorzeigetorwart *m* **standpipe** *n* Steigrohr *nt* **standpoint** *n* ❶ (*attitude*) Standpunkt *m;* **depending on your ~, ...** je nachdem, wie man es betrachtet, ... ❷ (*physical position*) [Stand]punkt *m* **standstill** *n no pl* Stillstand *m;* **to be at a ~** zum Erliegen kommen; ***work has been at a ~*** die Arbeit ist niedergelegt worden; **to bring sth to a ~** etw zum Erliegen bringen [*o fam* lahm legen]; **to come to a ~** zum Stillstand kommen
stand-up *adj attr, inv* ❶ (*eaten standing*) Fastfood-; **~ meal** Fastfoodsnack *m* (*im Stehen eingenommene Mahlzeit*) ❷ (*performed standing*) **~ comedy** Stegreifkomödie *f,* Improvisationskomödie *f;* **~ comedy show** One-Man-Show *f;* **~ routine** Stegreifroutine *f* ❸ (*performing while standing*) **~ comedian** Alleinunterhalter(in) *m(f)* ❹ (*designed for standing*) **~ bar** Stehbar *f;* **~ lunch counter** Stehimbiss *m* ❺ (*violent*) **~ fight/argument** handfester Kampf/Streit ❻ FASHION Steh-; **~ collar** Stehkragen *m*
stank [stæŋk] *pt of* **stink**
Stanley Cup [ˌstænli-] *n* AM Stanley Cup *m* (*Eishockeytrophäe*) **Stanley knife®** *n* BRIT, AUS Schillermesser *nt,* Stanleymesser *nt*
stanza ['stænzə] *n* Strophe *f;* **~ of a song** Liedstrophe *f*
staple¹ ['steɪpl] I. *n* ❶ (*for paper*) Heftklammer *f;* **a box of ~s** eine Schachtel Heftklammern
❷ (*not for paper*) Krampe *f*
II. *vt* ■ **to ~ sth** etw heften; ■ **to ~ sth together** etw zusammenheften; **to ~ sth by hand** etw von Hand zusammenheften
staple² ['steɪpl] I. *n* ❶ (*main component*) Grundstock *m;* FOOD Grundnahrungsmittel *nt*
❷ ECON Hauptartikel *m,* Hauptprodukt *nt;* **commercial ~s** Handelsgüter *ntpl*
❸ *no pl* (*of cotton*) Rohbaumwolle *f;* (*of wool*) Rohwolle *f*
II. *adj attr, inv* ❶ (*principal*) Haupt-; **~ diet** [*or* **food**] Hauptnahrung *f;* **~ foods** Grundnahrungsmittel *pl;* **~ source of income** Haupteinnahmequelle *f*
❷ ECON **~ crop/commodity** Hauptgetreide/-erzeugnis *nt*
staple gun *n* Heftmaschine *f*
stapler ['steɪpləʳ, AM -plɚ] *n* Hefter *m,* Tacker *m fam*
star [stɑːʳ, AM stɑːr] I. *n* ❶ ASTRON Stern *m;* **shooting ~** Sternschnuppe *f*
❷ (*symbol*) Stern *m;* **four-~ hotel** Viersternehotel *nt*
❸ (*asterisk*) Sternchen *nt;* **to mark sth with a ~** etw mit einem Sternchen versehen
❹ (*mark on animal*) *Stirnfleck eines Tieres*
❺ (*performer*) Star *m;* **film/rock ~** Film-/Rockstar *m;* **a ~ of stage and screen** ein berühmter Bühnen- und Filmschauspieler; **a rising ~** *jemand, der auf dem besten Wege ist, ein Star zu werden*
❻ (*horoscope*) ■ **the ~s** *pl* die Sterne, Horoskop *nt*
▶ PHRASES: **to be born under a lucky/an unlucky ~** (*fam*) unter einem/keinem glücklichen Stern geboren sein
II. *vt* <-rr-> ❶ THEAT, FILM ***the new production of***

'King Lear' will ~ John Smith as** [or **in the role of**] **Lear die neue Produktion von ‚King Lear' zeigt John Smith in der Rolle des Lear
❷ (*mark with asterisk*) ■**to ~ sth** etw mit einem Sternchen versehen
III. *vi* <-rr-> ❶ THEAT, FILM **to ~ in a film/play** in einem Film/Theaterstück die Hauptrolle spielen
❷ (*be brilliant*) brillieren
IV. *adj attr, inv* Star-; ***Natalie is the ~ student in this year's ballet class*** Natalie ist die hervorragendste Schülerin der diesjährigen Ballettklasse; ~ **witness** Hauptzeuge, -in *m, f*

star billing *n no pl* **to get ~** auf Plakaten groß herausgestellt werden

starboard ['stɑːbəd, AM 'stɑːrbɚd] **I.** *n* Steuerbord *nt kein pl;* **to list to ~** Schlagseite nach Steuerbord haben
II. *n modifier* (*not port*) Steuerbord-; ~ **engine** Steuerbordmotor *m;* ~ **side** Steuerbord *nt*

starboard tack *n* Steuerbordkurs *m*

starburst *n* (*liter*) Sternregen *m*

starch [stɑːtʃ, AM stɑːrtʃ] **I.** *n no pl* ❶ FOOD Stärke *f;* **corn ~** Stärkemehl *nt,* Maisstärke *f*
❷ FASHION Stärke *f;* **spray ~** Sprühstärke *f*
❸ (*fig: formality*) Steifheit *f*
II. *vt* FASHION **to ~ a collar** einen Kragen stärken

Star Chamber *n no pl, + sing/pl vb* BRIT LAW ❶ (*hist: in England*) ■**the ~** der Geheime Rat *hist,* die Sternkammer
❷ (*pej: anywhere*) Femegericht *nt*
❸ (*cabinet committee*) Kabinettausschuss, der die geplanten Ausgaben von Ministerien überprüft, Haushaltsausschuss *m* des Bundestages

starched [stɑːtʃt, AM stɑːrtʃt] *adj collar, shirt* gestärkt

starchily ['stɑːtʃɪli, AM 'stɑːrtʃ-] *adv* (*fig pej fam*) *behaviour* steif *fam*

starchy ['stɑːtʃi, AM 'stɑːrtʃi] *adj* ❶ FOOD stärkehaltig
❷ FASHION gestärkt
❸ (*pej fam: formal*) *people* reserviert; ~ **image** angestaubtes Image *fam*

star-crossed *adj inv* (*liter*) unheilvoll *liter;* ■**to be ~ *this plan was ~ right from the beginning*** dieser Plan war von Anfang an zum Scheitern verurteilt; ~ **lovers** unglücklich Liebende

stardom ['stɑːdəm, AM 'stɑːr-] *n no pl* Starruhm *m,* Leben *nt* als Star

stardust *n no pl* ❶ (*cloud*) Sternennebel *m,* Goldstaub *m*
❷ (*dreamy feeling*) Fantasiewelt *f,* Traumwelt *f;* **to have ~ in one's eyes** bis über beide Ohren verliebt sein

stare [steəʳ, AM ster] **I.** *n* Starren *nt;* ***she gave him a long ~*** sie starrte ihn unverwandt an; **accusing ~** vorwurfsvoller Blick
II. *vi* ❶ (*look at*) starren; ■**to ~ at sb/sth** jdn/etw anstarren; (*fig: confront*) sich *akk* jdm/etw gegenüber sehen; ***United were staring at a seven-goal deficit*** United sahen sich einem Rückstand von sieben Toren gegenüber
❷ (*eyes wide open*) große Augen machen
❸ (*be conspicuous*) ■**to ~ out at sb** jdm ins Auge stechen [*o* springen]
III. *vt* ❶ (*look at*) **to ~ sb in the eye** [*or* **face**] jdn anstarren; **to ~ sb up and down** jdn anstieren *fam*
❷ (*reduce to*) **to ~ sb into silence** jdn durch einen vernichtenden Blick zum Schweigen bringen
► PHRASES: **to be staring sb in the face** (*be evident*) auf der Hand liegen; (*be imminent*) jdn bedrohen; ***without water, death would be staring them in the face*** ohne Wasser blickten sie dem Tod ins Auge
◆**stare down, stare out** *vt* BRIT, AUS ❶ (*outstare*) ■**to ~ sb ↔ down** [*or* **out**] jdn zum Wegsehen zwingen
❷ (*hum: make go away*) ■**to ~ sth ↔ down** [*or* **out**] etw wegdiskutieren

starfish *n* Seestern *m*

stargaze *vi* sich *dat* die Sterne angucken *fam*

stargazer [-geɪzəʳ, AM -geɪzɚ] *n* ❶ (*hum fam*) Sterngucker(in) *m(f) hum fam*
❷ AUS (*sl: horse*) Gaul *m*
❸ (*fish*) Seestern *m*

staring ['steərɪŋ, AM 'sterɪŋ] *adj eyes* starrend

stark [stɑːk, AM stɑːrk] **I.** *adj* ❶ (*bare*) *landscape* karg; (*austere*) schlicht; ~ **room** spartanisch eingerichtetes Zimmer
❷ (*obvious*) krass; **in ~ contrast to sb/sth** in krassem Gegensatz zu jdm/etw; ~ **reality** die harte Realität; **the ~ reality is that ...** Tatsache ist, dass ...; ~ **reminder** ernst zu nehmende Erinnerung
❸ *attr, inv* (*sheer*) total; ~ **madness** absoluter Wahnsinn *fam*
II. *adv inv* ~ **naked** splitterfasernackt *fam;* ~ **raving** [*or* **staring**] **mad** (*hum iron*) völlig übergeschnappt *fam*

starkers ['stɑːkəz] *adj pred, inv* BRIT, AUS (*fam*) im Adams-/Evaskostüm *hum fam,* nackert ÖSTERR *fam*

starkly ['stɑːkli, AM 'stɑːrk-] *adv* krass; **to make it ~ obvious that ...** klipp und klar sagen, dass ... *fam;* **to contrast ~ with sth** in krassem Gegensatz zu etw *dat* stehen

starkness ['stɑːknəs, AM 'stɑːrk-] *n no pl* ❶ (*bare desolation*) Kargheit *f,* Herbheit *f;* (*austerity*) Schlichtheit *f*
❷ (*obviousness*) Krassheit *f*

starless ['stɑːləs, AM 'stɑːr-] *adj inv* ASTRON ***the night sky was ~*** es waren keine Sterne am Nachthimmel zu sehen; ~ **heavens** sternenloser Himmel

starlet ['stɑːlət, AM 'stɑːr-] *n* ❶ (*actress*) Starlet *nt,* Filmsternchen *nt*
❷ ASTRON Sternchen *nt*

starlight *n no pl* ASTRON Sternenlicht *nt*

starling[1] ['stɑːlɪŋ, AM 'stɑːr-] *n* (*bird*) Star *m*

starling[2] ['stɑːlɪŋ, AM 'stɑːr-] *n* (*pile*) Pfeilerkopf *m*

starlit ['stɑːlɪt, AM 'stɑːr-] *adj inv* ASTRON sternenklar

Star of David <*pl* **Stars of David**> *n* REL ■**the ~** der David[s]stern

starred [stɑːd, AM stɑːrd] *adj inv* mit einem Sternchen versehen

starring ['stɑːrɪŋ] *adj attr, inv* Haupt-; **the ~ role in a movie/play** die Hauptrolle in einem Film/Stück

starry ['stɑːri] *adj* ❶ ASTRON sternenklar; ~ **night** sternenklare Nacht; **the ~ sky** der mit Sternen übersäte Himmel
❷ (*starlike*) sternförmig
❸ FILM, THEAT mit Stars besetzt; ~ **cast** Starbesetzung *f*

starry-eyed *adj idealist* blauäugig, verzückt; *lover* hingerissen

Stars and Stripes *npl + sing vb* ■**the ~** die Stars and Stripes *pl* (*Nationalflagge der USA*)

star sign *n* ASTROL Sternzeichen *nt*

star-spangled [-spæŋgl̩d] *adj* (*liter poet*) ❶ *inv* (*covered with stars*) mit Sternen übersät ❷ (*fig: successful*) höchst erfolgreich

Star-Spangled Banner *n no pl* ■**the ~** ❶ (*US flag*) das Sternenbanner (*die Nationalflagge der USA*) ❷ (*US national anthem*) der Star Spangled Banner (*die Nationalhymne der USA*)

star-struck *adj* euphorisch *geh,* begeistert

star-studded *adj inv* ❶ ASTRON mit Sternen übersät; ~ **sky** sternenübersäter Himmel ❷ FILM, THEAT (*fam*) mit Stars besetzt; ~ **cast** Starbesetzung *f;* ~ **concert** Konzert *nt* mit großem Staraufgebot

start [stɑːt, AM stɑːrt] **I.** *n usu sing* ❶ (*beginning*) Anfang *m,* Beginn *m;* ***the race got off to an exciting ~*** das Rennen fing spannend an; **promising ~** viel versprechender Anfang; **to give sb a ~** jdm Starthilfe geben *fig;* ***Uncle Bill has agreed to give Jenny a ~ in his business*** Onkel Bill ist einverstanden, Jenny bei ihrem Start ins Berufsleben zu helfen, indem er sie in seinem Unternehmen anfangen lässt; **to make a ~ on sth** mit etw *dat* anfangen [*o* beginnen]; **to make an early/late ~** früh/spät beginnen; **to make a fresh ~** einen neuen Anfang machen, noch einmal beginnen; **at the** [**very**] **~ of sth** [ganz] am Anfang einer S. *gen;* **at the ~ of the opera** zu Beginn der Oper; **at the ~ of the week** [am] Anfang der Woche; **from the ~** von Anfang an; **from ~ to finish** von Anfang bis Ende; **for a ~** zunächst [einmal]; ***we'll take names and phone numbers for a ~*** wir notieren zunächst einmal Namen und Telefonnummern
❷ (*foundation*) *of a company* Gründung *f*
❸ SPORTS (*beginning place*) Start *m*
❹ (*beginning time*) Start *m;* **early/late ~** früher/später Start; **false ~** Fehlstart *m*
❺ (*beginning advantage*) Vorsprung *m;* **to have a good ~ in life** einen guten Start ins Leben haben; **to have a ~** [**on sb**] [jdm gegenüber] einen Vorsprung haben; **to get the ~ of sb** BRIT jdn überrunden; **to give sb a ~** jdm einen Vorsprung geben
❻ (*sudden movement*) Zucken *nt;* ***he woke with a ~*** er schreckte aus dem Schlaf hoch; **to give a ~** zusammenzucken; **to give sb a ~** jdn erschrecken; ***you gave me such a ~!*** du hast mich so erschreckt!
► PHRASES: **to do sth by fits and ~s** etw stoßweise tun; **a rum** [*or* **queer**] **~** BRIT, AUS (*fam*) eine komische Sache; ***it's a rum ~, John's wife turning up alone in Manchester like that*** es ist schon komisch, dass Johns Frau so allein in Manchester auftaucht; ***it's a queer ~ when the boss suddenly comes all over friendly*** irgendetwas stimmt nicht, wenn der Chef auf einmal so freundlich ist
II. *vi* ❶ (*begin*) anfangen; ***there are performances all day on the hour ~ing at 10 o'clock*** ab 10 Uhr gibt es stündlich den ganzen Tag Aufführungen; ***we only knew two people in London to ~ with*** anfangs kannten wir nur zwei Leute in London; ***don't ~!*** hör auf [damit]! *fam;* ***don't ~ — I've already told you why it's not possible*** fang nicht schon wieder [damit] an – ich habe dir schon gesagt, warum es nicht geht; ***don't you ~!*** jetzt fang du nicht auch noch an! *fam;* **to ~ at the beginning** (*said to begin a narration*) vorn anfangen; ***well, to ~ at the beginning, ...*** nun, zunächst einmal muss man sagen, dass ...; **to ~ afresh** [*or* **all over**] **again**] von neuem beginnen; ■**to ~ to do sth** anfangen[,] etw zu tun; ■**to ~ by doing sth** mit etw *dat* beginnen; ***you could ~ by weeding the flowerbeds*** du könntest mit dem Unkrautjäten in den Blumenbeeten beginnen; **to get ~ed** [**on sth**] [mit etw *dat*] beginnen; ***let's get ~ed on this load of work*** lasst uns mit der vielen Arbeit anfangen; ***let's ~*** lass uns anfangen, packen wir's an *fam;* ■**to ~ on sth** mit etw *dat* beginnen; **to ~ with, ...** (*fam*) zunächst einmal ...
❷ (*fam: begin harassing, attacking*) ■**to ~ on sb** sich *dat* jdn vornehmen *fam* [*o fam* vorknöpfen]
❸ (*begin a journey*) losfahren; ***we'll need to ~ early*** wir müssen früh los[fahren]; ■**to ~ after sb/sth** jdm/etw folgen
❹ (*begin to operate*) *vehicle, motor* anspringen
❺ (*begin happening*) beginnen; ***the relaxation class is ~ing*** [***up***] ***next month*** die Entspannungsgymnastik findet nächsten Monat zum ersten Mal statt
❻ (*jump in surprise*) zusammenfahren, hochfahren; ***he ~ed at the sound of the phone*** er fuhr beim Klingeln des Telefons hoch; **to ~ out of sleep** aus dem Schlaf hochfahren [*o* hochschrecken]
III. *vt* ❶ (*begin*) ■**to ~** [**doing**] **sth** anfangen[,] etw zu tun; ***when do you ~ your new job?*** wann fängst du mit deiner neuen Stelle an?; ***he ~ed his career as an accountant*** er begann seine Karriere als Buchhalter; ***he ~ed work at 16*** mit 16 begann er zu arbeiten; ***we ~ work at 6.30 every morning*** wir fangen jeden Morgen um 6.30 Uhr mit der Arbeit an; **to ~ a family** eine Familie gründen
❷ (*set in motion*) ■**to ~ sth** etw ins Leben rufen; ***the new magazine will ~ publication in November*** das neue Magazin wird im November zum ersten Mal erscheinen; **to ~ a fashion/a tradition/a trend** eine Moderichtung/eine Tradition/einen Trend begründen; **to ~ a fight** [*or* **quarrel**] Streit anfangen [*o fam* anzetteln]; **to ~ a fire** Feuer machen; **to ~ litigation** einen Prozess anstrengen, vor Gericht gehen; **to ~ legal proceedings** gerichtliche Schritte unternehmen [*o* einleiten]; **to ~ a meeting** eine Sitzung eröffnen; **to ~ trouble** Ärger machen; **to ~ something** (*fam*) etwas ins Rollen bringen *fam*
❸ MECH ■**to ~ sth** etw einschalten; **to ~ a car** ein Auto starten; **to ~ a machine** eine Maschine anstel-

S

len; **to ~ a motor** einen Motor anlassen
④ ECON **to ~ a business** ein Unternehmen gründen; ■**to ~ sb in sth** jdm bei etw *dat* Starthilfe geben; ***Paul ~ed him in the dairy business*** Paul verschaffte ihm einen Start in der Molkerei
⑤ (*fam: cause sb to do sth*) ■**to ~ sb doing sth** jdn dazu veranlassen, etw zu tun

◆**start back** *vi* ① (*jump back*) zurückschrecken; ***she ~ed back in shock*** sie wich erschrocken zurück
② (*return*) sich *akk* auf den Rückweg machen; ***no one was there so we ~ed back home*** niemand war da, also fuhren wir wieder nach Hause

◆**start in** *vi* (*fam*) ■**to ~ in about sth** anfangen, über etw *akk* zu sprechen

◆**start in on** *vi* AM ① (*begin*) ■**to ~ in on sth** mit etw *dat* beginnen; ***I can ~ in on the garden work*** ich kann mit der Gartenarbeit anfangen
② (*attack*) ■**to ~ in on sb** anfangen, über jdn herzuziehen *fam*; ***I've put up with your bad-mouthing all your co-workers, but don't you dare ~ in on my wife*** ich habe es hingenommen, dass Sie über all ihre Kollegen lästern, aber wagen Sie es bloß nicht, jetzt auch noch über meine Frau herzuziehen

◆**start off** **I.** *vi* ① (*begin activity*) ■**to ~ off with sb/sth** bei [*o* mit] jdm/etw anfangen; ***give me your answers one by one, ~ing off with Lucy*** gebt mir eure Antworten eine nach der anderen, angefangen bei Lucy; ■**to ~ off by doing sth** als Erstes etw tun; ***they ~ed off by reading the script through*** zuerst lasen sie das Skript durch
② (*begin career*) ■**to ~ off as sth** seine Laufbahn als etw beginnen
③ (*embark*) losfahren; ***they ~ed off in New Orleans*** sie starteten in New Orleans
④ (*begin meal*) **to ~ off with sth** etw als Erstes essen, mit etw *dat* beginnen
II. *vt* ① (*begin*) ■**to ~ sth ○ off [with sth]** etw [mit etw *dat*] beginnen; **to ~ a meeting off with sth** eine Versammlung mit etw *dat* eröffnen
② (*cause to begin*) ■**to ~ sb off on sth** jdn zu etw *dat* veranlassen
③ (*upset*) ■**to ~ sb off [on sth]** jdn wegen einer S. *gen* auf die Palme bringen *fam*; ***don't ~ her off on the injustice of the class system*** gib ihr bloß nicht das Stichwort von der Ungerechtigkeit des Klassensystems
④ (*help to begin*) ■**to ~ sb off** jdm den Start erleichtern [*o fig* Starthilfe geben]

◆**start out** *vi* ① (*embark*) sich *akk* auf die Reise machen, aufbrechen
② (*begin*) anfangen; ■**to ~ out as sth** als etw beginnen; *on a job* als etw anfangen; ***he ~ed out driving a truck*** er fing als Lastwagenfahrer an; ***her illness ~ed out as a simple case of flu*** ihre Krankheit sah zunächst nach einer einfachen Grippe aus
③ (*intend*) ■**to ~ out to do sth** sich *dat* etw vornehmen; ***our committee has achieved what we ~ed out to do*** unser Komitee hat erreicht, was wir uns zum Ziel gesetzt hatten

◆**start over** *vi* AM ■**to ~ [all] over** (*begin again*) von neuem anfangen; (*fig: start a new career*) umschulen, umsatteln *fam*

◆**start up** **I.** *vt* ① (*organize*) **to ~ up a business/ a club** ein Unternehmen/einen Club gründen
② MECH **to ~ up a motor** einen Motor anlassen
II. *vi* ① (*jump*) aufspringen; ***she ~ed up from the sofa*** sie sprang vom Sofa auf; **to ~ up out of sleep** aus dem Schlaf hochschrecken
② (*occur*) beginnen; ***drug smuggling has ~ed up along this stretch of the border*** an diesem Grenzabschnitt wird neuerdings Drogenschmuggel getrieben
③ (*begin running*) *motorized vehicle* anspringen

start date *n* Anfangsdatum *nt*

starter [ˈstɑːtəʳ, AM ˈstɑːrtɚ] *n* ① *esp* BRIT FOOD (*fam*) Vorspeise *f*; ***we had soup as a ~*** wir hatten Suppe als Vorspeise
② MECH Anlasser *m*
③ (*starting race*) Starter *m*
④ (*participant*) Wettkämpfer(in) *m(f)*, Wettkampfteilnehmer(in) *m(f)*; AM (*in baseball*) Starter *m*; **possible ~s** mögliche Wettkampfteilnehmer
⑤ (*sb who starts*) ***she is a slow ~ in the morning*** sie kommt morgens nur langsam in Schwung; **to be a late ~** ein Spätzünder sein *fam*
► PHRASES: **to be under ~'s orders** in den Startlöchern sitzen *fam*, auf den Startschuss warten; **for ~s** (*fam*) erstmal *fam*; ***... and that's just for ~s ...*** und das ist noch nicht alles

starter motor *n* Anlasser *m*, Starter *m*

starting [ˈstɑːtɪŋ, AM ˈstɑːrṱɪŋ] *adj attr, inv* SPORTS Start-; **~ block** Startblock *m*; **~ pistol** Startpistole *f*

starting date *n* Anfangsdatum *nt*; ECON Einstellungsdatum *nt* **starting gate** *n* SPORTS Startmaschine *f* **starting line** *n* SPORTS Startlinie *f* **starting point** *n* Ausgangspunkt *m*; **a ~ for discussion** ein Diskussionsansatz *m* **starting salary** *n* Anfangsgehalt *nt* **starting time** *n* Anfangszeit *f*

startle [ˈstɑːtl, AM ˈstɑːrṱl] *vt* ■**to ~ sb** jdn erschrecken; ***the noise ~d the birds*** der Lärm schreckte die Vögel auf; ***I was ~d to see the fire*** mit Entsetzen erblickte ich das Feuer

startling [ˈstɑːtlɪŋ, AM ˈstɑːrṱl-] *adj* (*surprising*) überraschend, verblüffend; (*alarming*) erschreckend; **~ disclosure/discovery** Aufsehen erregende [*o* spektakuläre] Enthüllung/Entdeckung; **~ resemblance** frappierende Ähnlichkeit

startlingly [ˈstɑːtlɪŋli, AM ˈstɑːrṱl-] *adv* (*surprisingly*) überraschend, verblüffend; (*alarmingly*) bestürzend, erschreckend; **~ dressed** aufregend angezogen

start point *n* Ausgangspunkt *m*; **a ~ for discussion** ein Diskussionsansatz *m* **start time** *n* Anfangszeit *f* **start-up** **I.** *n* ① COMM [Neu]gründung *f*, Existenzgründung *f*; (*company*) Start-up[-Unternehmen] *nt* ② MECH Start *m*, Inbetriebnahme *f* ③ COMPUT Hochfahren *nt kein pl*, Start *m*; **~ disk** Startdiskette *f*, Systemdiskette *f* **II.** *n modifier* (*in beginning stages*) *firm* aufstrebend **start-up capital** *n no pl* Startkapital *nt* **start-up costs** *npl* Anlaufkosten *pl*, Startkosten *pl* **start-up financing** *n* Neugründungsfinanzierung *f*

starvation [stɑːˈveɪʃᵊn, AM stɑːr-] *n no pl* ① (*death from hunger*) Hungertod *m*, Verhungern *nt*; **to die of ~** verhungern, den Hungertod sterben *liter*
② (*serious malnutrition*) Unterernährung *f*, Mangelernährung *f*

starvation diet *n* Hungerkur *f*, Fastenkur *f*; **to go on a ~** eine Abmagerungskur machen; **to be kept on a ~** mangelhaft ernährt werden **starvation wages** *npl* Hungerlohn *m*, Hungerlöhne *mpl*

starve [stɑːv, AM stɑːrv] **I.** *vi* ① (*die of hunger*) verhungern; **to ~ to death** verhungern
② (*suffer from hunger*) hungern, Hunger leiden; (*be malnourished*) unterernährt sein
③ (*fam: be very hungry*) ■**to be starving** [*or* **~d**] ausgehungert [*o* am Verhungern] sein; ***I'm starving! what's for dinner?*** ich sterbe vor Hunger! was gibt's zu essen? *fam*
④ (*crave*) ■**to ~ for sth** nach etw *dat* hungern; **to be starving for affection/love/sympathy** nach Zuneigung/Liebe/Sympathie hungern
II. *vt* ① (*deprive of food*) ■**to ~ sb** jdn aushungern; ***the besieging army ~d the city into surrender*** die belagernde Armee hungerte die Stadt aus, bis sie sich ergab; ■**to ~ oneself** sich *akk* abhungern; ■**to ~ oneself to death** sich *akk* zu Tode hungern
② *usu passive* (*fig: deprive*) ■**to be ~d of** [*or* AM **for**] **sth** um etw *akk* gebracht werden; ***people ~d of sleep start to lose their concentration*** Menschen, die unter Schlafmangel leiden, können sich nicht mehr konzentrieren
③ *usu passive* AM (*fig: crave*) ■**to be ~d for sth** nach etw *dat* hungern, sich *akk* nach etw *dat* sehnen; ***after all those exams, she's ~d for sleep*** nach all diesen Prüfungen will sie nur noch schlafen

◆**starve out** *vt* ■**to ~ out ○ sb** jdn aushungern

starveling [ˈstɑːvlɪŋ, AM ˈstɑːrv] (*old*) **I.** *n* Hungerleider(in) *m(f)* *veraltend*
II. *adj inv* kümmerlich, dürftig, [dahin]vegetierend

starving [ˈstɑːvɪŋ, AM ˈstɑːr-] *adj* ① *inv* (*malnourished*) ausgehungert, unterernährt; **~ children** hungernde Kinder
② (*fam: very hungry*) [ganz] ausgehungert *fam*; ***I'm ~!*** ich bin am Verhungern!
③ BRIT DIAL (*very cold*) eiskalt; ***I'm ~!*** ich sterbe vor Kälte!

star witness *n* Kronzeuge, -in *m, f*

stash [stæʃ] **I.** *n* <*pl* -es> ① (*dated: hiding place*) Versteck *nt*
② (*cache*) [geheimes] Lager, Vorrat *m*
II. *vt* (*fam*) ■**to ~ sth** etw verstecken [*o* verbergen]; *money* etw horten *pej* [*o fam* bunkern]

◆**stash away** *vt* ■**to ~ away ○ sb/sth** jdn/etw verschwinden lassen *fam*; **to ~ away money** Geld beiseite schaffen

stasis <*pl* -ses> [ˈsteɪsɪs] *n* ① *no pl* (*unchanging equilibrium*) Stagnation *f geh*, Stillstand *m*; ■**to be in ~** stagnieren; ***her life was in ~*** in ihrem Leben bewegte sich nichts
② MED Stauung *f*, Stase *f fachspr*

state [steɪt] **I.** *n* ① (*existing condition*) Zustand *m*; ***they complained about the untidy ~ that the house had been left in*** sie beschwerten sich über die Unordnung, in der das Haus zurückgelassen worden war; ***the car was in a good ~ of repair*** das Auto war in gutem Zustand; **a sorry ~ of affairs** traurige Zustände; **~ of siege/war** Belagerungs-/Kriegszustand *m*; **economic ~** wirtschaftliche Lage; **original ~** ursprünglicher Zustand
② (*physical condition*) körperliche [*o* physische] Verfassung; **in a ~ of dormancy** im Schlafzustand; **~ of exhaustion/fatigue** Erschöpfungs-/Ermüdungszustand *m*; **to be in a poor/good ~ of health** in einem schlechten/guten Gesundheitszustand sein; ***her mother is in a poor ~ of health*** ihrer Mutter geht es nicht gut; **~ of intoxication** Vergiftung *f*; **~ of rest** Ruhezustand *m*
③ PSYCH (*frame of mind*) Gemütszustand *m*; ***we were worried by his depressed ~ of mind*** seine niedergeschlagene Stimmung machte uns Sorgen; ***she has been in a ~ of euphoria ever since hearing the news*** sie ist ganz euphorisch, seit sie die Neuigkeit erfahren hat; **conscious ~** [volles] Bewusstsein; **semi-conscious ~** Dämmerzustand *m*; **unconscious ~** Bewusstlosigkeit *f*; **to [not] be in a fit ~ to do sth** [nicht] in der Lage sein, etw zu tun
④ (*fam: upset state*) **to be in a ~** mit den Nerven fertig sein *fam*; **to get in[to] a ~ [about sth]** [wegen einer S. *gen*] durchdrehen
⑤ CHEM **solid/liquid/gaseous ~** fester/flüssiger/gasförmiger Zustand
⑥ SOCIOL **~ of matrimony** Stand *m* der Ehe; **married ~** Ehestand *m*; ***how do you enjoy the married ~?*** wie bekommt dir die Ehe?; **single ~** Leben *nt* als Single
⑦ REL **~ of grace** Stand *m* der Gnade
⑧ (*nation*) Staat *m*; **one-party/member ~** Einparteien-/Mitgliedsstaat *m*
⑨ (*in USA*) [Bundes]staat *m*; (*in Germany*) Land *nt*; ■**the S~s** *pl* (*fam: the United States of America*) die Staaten *pl fam*
⑩ (*civil government*) Staat *m*, Regierung *f*; **affairs** [*or* **matters**] **of ~** Staatsangelegenheiten *fpl*, Staatsgeschäfte *ntpl*; **office of ~** Staatsamt *nt*; **the separation of Church and S~** die Trennung von Kirche und Staat
⑪ (*dignified rank*) Würde *f*, Rang *m*; ***the Queen rode in ~ to open Parliament*** die Königin ritt in vollem Staat zur Parlamentseröffnung; ***the pomp befitting a queen's ~*** die einer Königin angemessene Pracht; **to lie in ~** aufgebahrt sein
II. *adj attr, inv* ① (*pertaining to a nation*) staatlich, Staats-; **~ monopoly** Staatsmonopol *nt*, staatliches Monopol; **~ ownership** Staatseigentum *nt*, staatliches Eigentum; **~ religion** Staatsreligion *f*
② (*pertaining to unit*) ***the ~ capital of Texas*** die Hauptstadt von Texas; **~ fishing license** *für einen US-Bundesstaat gültige Angelerlaubnis*; **~ forest/park** *von einem US-Bundesstaat finanzierter Wald/Park*; **~ police** *Polizei eines US-Bundesstaates*; **~ sales tax** *von einem US-Bundesstaat erhobene*

Umsatzsteuer
❸ (*pertaining to civil government*) Regierungs-; ~ **document** Regierungsdokument *nt,* amtliches Schriftstück; ~ **enrolled/registered nurse** BRIT staatlich zugelassene/geprüfte [*o* examinierte] Krankenschwester; ~ **records** Regierungsunterlagen *fpl;* ~ **secret** (*also fig*) Staatsgeheimnis *nt;* ~ **subsidy** [staatliche] Subvention; ~ **support** staatliche Unterstützung
❹ (*showing ceremony*) Staats-; ~ **banquet** Staatsbankett *nt;* ~ **funeral** Staatsbegräbnis *nt;* **the S~ Opening of Parliament** die offizielle Eröffnung des Parlaments; ~ **visit** Staatsbesuch *m*
III. *vt* ❶ (*express*) ■**to ~ sth** etw aussprechen [*o* äußern]; ***the problem can be ~d in one sentence*** man kann das Problem in einen Satz fassen; **to ~ one's case** seine Sache vortragen; **to ~ one's objections** seine Einwände vorbringen; **to ~ one's opinion** seine Meinung sagen; **to ~ the source** die Quelle angeben; **to ~ sth clearly/emphatically** etw deutlich/mit Nachdruck sagen; **to ~ the obvious** [*or* **a commonplace**] eine Binsenweisheit von sich *dat* geben; ■**to ~ that ...** erklären, dass ...; **to ~ formally that ...** offiziell bekannt geben, dass ...; ■**to ~ why/what/how ...** darlegen, warum/was/wie ...
❷ (*specify, fix*) ■**to ~ sth** etw nennen [*o* angeben]; **to ~ conditions** [*or* **terms**] Bedingungen nennen; **to ~ demands** Forderungen stellen

state-controlled *adj inv* (*controlled by the government*) staatlich gelenkt [*o* kontrolliert], unter staatlicher Aufsicht *nach n, präd;* (*owned by the state*) staatseigen *attr* **statecraft** *n no pl* POL Staatskunst *f,* Kunst *f* der Staatsführung

stated [ˈsteɪtɪd] *adj inv* ❶ (*declared*) genannt, angegeben; ~ **date** angegebenes Datum; **as ~ above** wie oben angegeben
❷ (*fixed*) festgelegt, festgesetzt; ***tours will depart from the cathedral square at ~ intervals*** die Führungen beginnen in regelmäßigen Abständen auf dem Vorplatz der Kathedrale; **at the ~ time** zur festgesetzten Zeit

State Department *n no pl, + sing/pl vb* AM ■**the ~** das US-Außenministerium **state education** *n no pl* staatliches Bildungswesen

statehood [ˈsteɪthʊd] *n no pl* Eigenstaatlichkeit *f,* Souveränität *f;* **Texas ~** texanische Eigenstaatlichkeit; **to achieve ~** ein selbständiger Staat werden

stateless [ˈsteɪtləs] *adj inv* staatenlos; ~ **person** Staatenlose(r) *f(m)*

statelessness [ˈsteɪtləsnəs] *n no pl* Staatenlosigkeit *f*

statelet [ˈsteɪtlət, AM lɪt] *n* Kleinstaat *m,* Ministaat *m pej*

stateliness [ˈsteɪtlɪnəs] *n no pl* ❶ (*dignity*) Würde *f;* ~ **of manner** würdevolle Haltung
❷ (*splendour*) Pracht *f,* Glanz *m*

stately [ˈsteɪtli] *adj* ❶ (*formal and imposing*) würdevoll, majestätisch; ~ **bearing/manner** würdevolle Haltung; **at a ~ pace** gemessenen Schrittes
❷ (*splendid*) prächtig, imposant; ~ **home** Herrensitz *m,* herrschaftliches Anwesen

statement [ˈsteɪtmənt] *n* ❶ (*act of expressing sth*) Äußerung *f,* Erklärung *f*
❷ (*formal declaration*) Stellungnahme *f,* Verlautbarung *f;* **to make a ~** [**about sth**] [**to sb**] sich *akk* [über etw *akk*] [gegenüber jdm] äußern; ***I have no further ~ to make at this time*** ich habe dazu im Moment nichts mehr zu sagen; **to make a ~ to the press** eine Presseerklärung abgeben
❸ (*formal description*) Beschreibung *f,* Schilderung *f;* LAW Aussage *f;* ***I think your story is a fair ~ of what happened*** ich denke, Sie haben das Geschehen getreu wiedergegeben; ~ **of facts** Tatbestand *m,* Sachverhalt *m;* **to make a ~** [**in court**] [vor Gericht] aussagen [*o* eine Aussage machen]; **to make a ~ about sth** eine Erklärung zu etw *dat* abgeben
❹ (*bank statement*) [Konto]auszug *m;* **bank ~** Konto-/Bankauszug *m*
❺ ECON ~ [**of account**] Abrechnung *f*
❻ COMPUT Anweisung *f*

state occasion *n* Staatsakt *m,* Staatsfeierlichkeit *f* **state of alert** <*pl* states of alert> AM, **state of emergency** <*pl* states of emergency> *n* BRIT Ausnahmezustand *m;* **to declare a ~** den Ausnahmezustand erklären **state of the art** *adj pred, inv,* **state-of-the-art** *adj attr, inv* auf dem neuesten Stand der Technik *nach n,* hoch entwickelt, hochmodern; ~ **technology** Spitzentechnologie *f*

state-owned [-ˌəʊnd, AM -ˌoʊnd] *adj inv* staatseigen *attr,* staatlich, in Staatsbesitz *präd;* ~ **enterprise** staatliches Unternehmen; ~ **industry/utilities** staatliche Industrie/Einrichtungen **state pension** *n* BRIT gesetzliche Rente **state premier** *n* AUS *höchster Regierungsbeamter einer australischen Provinz* **state prison** *n* ❶ AM (*prison on the state level*) Staatsgefängnis *nt* (*eines US-Bundesstaates*)
❷ (*prison for political offenders*) Gefängnis *nt* für politische Gefangene, Staatsgefängnis *nt* **stateroom** *n* ❶ (*in a hotel*) Empfangszimmer *nt;* (*in a palace*) Prunkraum *m,* Empfangssaal *m* ❷ NAUT Privatkabine *f,* Luxuskabine *f* ❸ RAIL Privatabteil *nt,* Luxusabteil *nt* **state school** *n* öffentliche [*o* staatliche] Schule **State's evidence** *n no pl* AM Aussage *f* eines Kronzeugen/einer Kronzeugin; **to turn ~** als Kronzeuge/Kronzeugin aussagen [*o* auftreten]

stateside **I.** *adj inv* AM (*fam*) in den Staaten *präd fam,* zu Hause *präd fam;* ***I can't wait till we're ~ again*** ich kann es nicht erwarten, bis wir wieder zu Hause in den Staaten sind; **a ~ newspaper** eine Zeitung aus den Staaten **II.** *adv* AM (*fam*) in die Staaten *fam,* nach Hause *fam*

statesman *n* Staatsmann *m;* **an elder ~** ein erfahrener Staatsmann

statesmanlike *adj* staatsmännisch

statesmanship [ˈsteɪtsmənʃɪp] *n no pl* Staatskunst *f*

states' rights *npl* AM *den US-Bundesstaaten vorbehaltene Rechte*

stateswoman *n* Staatsfrau *f*

state university *n* AM *von einem US-Bundesstaat finanzierte Universität* **state visit** *n* Staatsbesuch *m* **statewide** *adj inv* landesweit; AM im ganzen Bundesstaat *nach n, präd;* ~ **elections** landesweite Wahlen

static [ˈstætɪk, AM -t̬-] **I.** *adj* (*fixed*) statisch; (*not changing*) konstant; ***oil prices were fairly ~ worldwide at that time*** die Ölpreise waren zu der Zeit auf der ganzen Welt ziemlich stabil; **to remain ~** unverändert bleiben, stagnieren
II. *n* ❶ PHYS ■**~s** + *sing vb* Statik *f kein pl*
❷ *no pl* (*electrical charge*) statische Elektrizität, Reibungselektrizität *f;* (*atmospherics*) atmosphärische Störungen
❸ *no pl* COMPUT (*due to atmospheric conditions*) atmosphärische Störungen; (*in a recorded signal*) Rauschen *nt*

static electricity *n no pl* statische Elektrizität

station [ˈsteɪʃᵊn] **I.** *n* ❶ RAIL Bahnhof *m;* **mainline** [*or* **central**] ~ Hauptbahnhof *m;* **railway** BRIT, AUS [*or* AM **train**] ~ Bahnhof *m;* **subway** [*or* **metro**] **station** AM U-Bahn-Haltestelle *f,* U-Bahn-Station *f;* **tube** [*or* **underground**] ~ BRIT U-Bahn-Haltestelle *f,* U-Bahn-Station *f*
❷ (*for designated purpose*) -station *f;* **atomic energy ~** Atomkraftwerk *nt,* Kernkraftwerk *nt;* **petrol** BRIT [*or* AM **gas**] ~ Tankstelle *f;* **police ~** Polizeiwache *f,* Polizeirevier *nt;* **power ~** Kraftwerk *nt;* **research ~** Forschungsstation *f*
❸ (*broadcasting station*) Sender *m,* Sendestation *f;* **earth ~** Erdfunkstelle *f;* ~ **manager** Intendant(in) *m(f);* **radio ~** Radiosender *m,* Rundfunksender *m;* **TV ~** Fernsehsender *m*
❹ (*position*) Position *f,* Platz *m;* **action** [*or* **battle**] **~s** MIL Kampfstätte *f;* **to take up one's ~** seine Position [*o* seinen Platz] einnehmen; ■**to be on ~** MIL stationiert sein; ***several destroyers are on ~ off the coast of Norway*** mehrere Zerstörer liegen vor der Küste Norwegens
❺ (*dated: social position*) Stellung *f,* Rang *m;* ***she married below her ~*** sie heiratete unter ihrem Stand
❻ AUS, NZ AGR (*large farm*) [große] Farm; **sheep ~** Schaffarm *f*
❼ COMPUT (*used as sink/source*) Station *f*
II. *vt* ■**to ~ sb** jdn postieren [*o* aufstellen]; **to ~ soldiers/troops** MIL Soldaten/Truppen stationieren

stationary [ˈsteɪʃᵊnᵊri, AM -ʃəneri] *adj* (*not moving*) ruhend; ***we were ~ at a set of traffic lights*** wir standen an einer Ampel; (*not changing*) unverändert; ~ **bicycle** Heimfahrrad *nt,* Heimtrainer *m*

station break *n* AM, AUS Sendepause *f,* Funkstille *f kein pl* **station buffet** *n* BRIT Bahnhofsrestaurant *nt*

stationer [ˈsteɪʃᵊnəʳ, AM -ʃənɚ] *n* BRIT ❶ (*person*) Schreibwarenhändler(in) *m(f)*
❷ (*shop*) Schreibwarenladen *m*

stationery [ˈsteɪʃᵊnᵊri, AM -ʃəneri] **I.** *n no pl* Schreibwaren *fpl;* (*writing paper*) Schreibpapier *nt*
II. *n modifier* (*department, shop*) Schreibwaren-; ~ **pad** Schreibblock *m;* ~ **products** Schreibwaren *fpl;* ~ **set** Briefmappe *f*

station house *n* AM Polizeiwache *f,* Polizeirevier *nt* **stationmaster** *n* Stationsvorsteher(in) *m(f),* Bahnhofsvorsteher(in) *m(f)* **station police** *n* + *sing/pl vb* Bahnpolizei *f* **station selector** *n* [Sender]suchlauf *m* **Stations of the Cross** *npl* REL Kreuzweg *m,* Kreuzwegstationen *fpl* **station wagon** *n* AM, AUS Kombi[wagen] *m*

statism [ˈsteɪtɪzᵊm] *n no pl* Verstaatlichung *f*

statist [ˈsteɪtɪst] POL **I.** *n* Staatsgläubige(r) *f(m)*
II. *adj inv* auf staatliche Institutionen fixiert, Staats-

statistic [stəˈtɪstɪk] *n* Statistik *f;* **to be** [**just**] **another ~** [**in sth**] nur eine Nummer [bei [*o* in] etw *dat*] sein

statistical [stəˈtɪstɪkᵊl] *adj inv* statistisch; ~ **analysis/weight** statistische Analyse/statistisches Gewicht

statistically [stəˈtɪstɪkᵊli] *adv inv* statistisch; **to analyse sth ~** etw statistisch auswerten; **to present sth ~** etw als Statistik darstellen

statistician [ˌstætɪˈstɪʃᵊn] *n* Statistiker(in) *m(f)*

statistics [stəˈtɪstɪks] *n* ❶ + *sing vb* (*science*) Statistik *f kein pl*
❷ (*data*) Statistik *f;* ***the ~ show/suggest that, ...*** aus der Statistik geht hervor, dass ...; ***according to official ~, ...*** offiziellen Statistiken zufolge ...; **employment ~** Beschäftigungsstatistik *f;* **to collect/analyse/publish ~** Statistiken führen/auswerten/veröffentlichen

stats [stæts] *npl* (*fam*) *short for* **statistics** Statistiken *fpl*

statuary [ˈstætʃuᵊri, AM -eri] (*form*) **I.** *n no pl* ❶ (*statues collectively*) Statuen *fpl,* Plastiken *fpl,* Skulpturen *fpl;* **contemporary ~** zeitgenössische Plastik
❷ (*art of making statues*) Plastik *f,* Bildhauerei *f*
II. *adj inv* statuarisch *geh,* plastisch; ~ **art** Bildhauerkunst *f,* Plastik *f;* ~ **technique** Bildhauertechnik *f*

statue [ˈstætʃuː] *n* Statue *f,* Standbild *nt;* **to erect** [*or* **put up**] **a ~ of** [*or* **to**] **sb** jdm ein Denkmal setzen; **to stand like a ~** wie angewurzelt dastehen

statuesque [ˌstætʃuˈesk] *adj* (*approv form*) stattlich; **a ~ blond** eine majestätische Blondine *hum*

statuette [ˌstætʃuˈet] *n* Statuette *f*

stature [ˈstætʃəʳ, AM -ʃɚ] *n* ❶ (*height*) Statur *f,* Gestalt *f;* **large/short ~** großer/kleiner Wuchs; **to reach one's full ~** seine volle Größe erreichen
❷ (*reputation*) Format *nt,* Geltung *nt,* Prestige *nt;* ***his ~ as an art critic was tremendous*** er genoss großes Ansehen als Kunstkritiker; **to gain in ~** an Ansehen gewinnen

status [ˈsteɪtəs, AM ˈstæt̬əs, ˈsteɪ-] *n no pl* Status *m;* (*prestige also*) Prestige *nt;* ***what's the ~ of these green parking permits — are they still valid?*** was ist mit diesen grünen Parkausweisen – sind die noch gültig?; **to have a high ~ in a company** in einem Unternehmen eine hohe Stellung haben; **legal ~** Rechtsposition *f,* rechtliche Stellung; **refugee ~** Flüchtlingsstatus *m;* **social ~** gesellschaftliche Stellung, sozialer Status

status bar *n* COMPUT Statusleiste *f* **status inquiry** *n* COMPUT Statusabfrage *f;* FIN Bitte *f* um

Kreditauskunft **status line** *n* COMPUT Statuszeile *f*
status quo [ˌsteɪtəsˈkwəʊ, AM ˌstæt̬əsˈkwoʊ, ˌsteɪ-] *n no pl* Status quo *m*, gegenwärtiger Zustand; **to maintain/change the** ~ den Status quo erhalten/verändern
status report *n* COMPUT Statusbericht *m* **status seeker** *n* (*pej*) Emporkömmling *m pej*, Karrierist(in) *m(f) pej* **status symbol** *n* Statussymbol *nt*
statute [ˈstætjuːt, AM ˈstætʃuːt] *n* ① (*written rules*) Statut *nt meist pl*, Satzung *f*; ■**by** ~ satzungsgemäß ② (*law*) Gesetz *nt*, Gesetzesvorschrift *f*; ~ **of limitations** prozessuales Verjährungsgesetz; **to come** [*or* **fall**] **under a** ~ unter ein Gesetz fallen; ■**by** ~ gesetzlich; **set by** ~ gesetzlich festgelegt ③ LAW, ECON (*permanent corporate rule*) Betriebsverfassung *f*
statute book *n* Gesetzbuch *nt*; **to put a law on the** ~ ein Gesetz durchbringen; **to reach** [*or* **be on**] **the** ~ geltendes Recht sein **statute law** *n* LAW ① *no pl* (*not common law*) geschriebenes [*o* kodifiziertes] Gesetz ② (*statute*) Statut *nt*, Satzung *f* **statute mile** *n* britische Meile **statute of limitations** *n* Verjährungsausschlussfrist *f*, Verjährungsgesetz *nt*, Verjährungsvorschrift *f*; (*period*) Verjährungsfrist *f*
statutorily [ˈstætjərəli, AM ˌstætʃəˈtɔːrəli] *adv* LAW vorschriftsgemäß, satzungsgemäß
statutory [ˈstætjətəri, AM ˈstætʃuːtɔːri] *adj inv* gesetzlich; ~ **declaration** LAW eidesstattliche Erklärung [*o* Versicherung]; LAW, ECON *Anmeldung zum Handelsregister über bestimmte, die Firma betreffende Änderungen*; ~ **duty** [*or* **obligation**] gesetzliche Verpflichtung; ~ **holiday** gesetzlicher Feiertag; ~ **law** kodifiziertes Recht; ~ **regulations** gesetzliche Vorschriften; ~ **sick pay** gesetzlich vorgeschriebenes Krankengeld; ~ **right** positives Recht
statutory rape *n* AM LAW Geschlechtsverkehr *m* mit Minderjährigen
staunch[1] [stɔːntʃ, AM *also* stɑːntʃ] *adj* ① (*steadfastly loyal*) standhaft, zuverlässig; ~ **ally** loyaler Verbündeter/loyale Verbündete; ~ **Catholic** überzeugter Katholik/überzeugte Katholikin; ~ **defender of individual rights** zäher Verfechter/zähe Verfechterin von Persönlichkeitsrechten; ~ **friend** treuer Freund/treue Freundin; ~ **opponent** erbitterter Gegner/erbitterte Gegnerin; ~ **refusal** strikte Weigerung ② NAUT (*dated*) *ship* seetüchtig
staunch[2] [stɔːntʃ, AM *also* stɑːntʃ] *vt* ■**to** ~ **sth** etw stauen; **to** ~ **blood** das Blut stillen; **to** ~ **the flood of immigrants** die Einwanderungsflut stoppen; **to** ~ **the flow of blood** die Blutung stoppen; **to** ~ **a wound** eine Wunde abbinden
staunchly [stɔːntʃli, AM *also* stɑːntʃ-] *adv* standhaft; ***my staff is*** ~ ***loyal*** auf meine Belegschaft ist hundertprozentig Verlass; ~ **independent** völlig unabhängig; **to defend sth** ~ etw unerschrocken verteidigen
staunchness [stɔːntʃnəs, AM *also* stɑːntʃ-] *n no pl* ① (*persistence*) Standhaftigkeit *f*, Hartnäckigkeit *f* ② (*loyalty*) Treue *f*, Loyalität *f*
stave [steɪv] **I.** *n* ① (*musical staff*) Notenlinien *fpl* ② (*in construction*) Sprosse *f*, Querholz *nt*; (*curved piece of wood*) [Fass]daube *f*; (*used as a weapon*) Knüppel *m*
II. *vt* ■**to** ~ **in** ↔ **sth** etw eindrücken; ***the ship was*** ~***d in*** das Schiff schlug leck; **to** ~ **in sb's head** jdm den Kopf einschlagen; **to** ~ **a hole in sth** ein Loch in etw *akk* schlagen
◆**stave off** *vt* ■**to** ~ **off** ↔ **sth** (*postpone*) etw hinauszögern [*o* aufschieben]; (*prevent*) etw abwenden [*o* abwehren]; **to** ~ **off a decision** eine Entscheidung aufschieben; **to** ~ **off hunger** den Hunger stillen; **to** ~ **off a panic attack** eine Panikattacke abwenden; ■**to** ~ **off** ↔ **sb** jdn hinhalten [*o* vertrösten] *fam*
staves [steɪvz] *n* ① *pl of* **staff** ② *pl of* **stave**
stay[1] [steɪ] *n* NAUT, TRANSP Stütztau *nt*, Stag *nt fachspr*
stay[2] [steɪ] **I.** *n* ① (*act of remaining*) Aufenthalt *m*; **a** ~ **with one's family** ein Familienbesuch *m*; **overnight** ~ Übernachtung *f* ② JUR Aussetzung *f*, Vollstreckungsaufschub *m*; ~ **of death penalty** Hinrichtungsaufschub *m*; ~ **of execution** Aussetzung *f* der Zwangsvollstreckung, Gewährung *f* von Vollstreckungsschutz; ~ **of proceedings** Ruhen *nt* des Verfahrens ③ (*hist: corset*) ■~**s** *pl* Korsett *nt*, Mieder *nt*; **to lace/unlace one's** ~**s** sein Mieder schnüren/aufschnüren
II. *vi* ① (*remain present*) bleiben; ~ ***until the rain has stopped*** bleib doch, bis der Regen aufgehört hat; ***why don't you*** ~ ***for dinner?*** warum bleibst du nicht zum Abendessen?; ***fax machines are here to*** ~ Faxgeräte haben Einzug gehalten; ***he is convinced that computer-aided design has come to*** ~ er ist überzeugt, dass CAD auf Dauer unverzichtbar ist; **to** ~ **at home/in bed** zu Hause/im Bett bleiben; **to** ~ **home** *esp* AM zu Hause bleiben; **to** ~ **on message** (*fig*) aufmerksam bleiben; **to** ~ **put** (*fam: keep standing*) stehen bleiben; (*not stand up*) sitzen bleiben; (*not move*) sich *akk* nicht vom Fleck rühren ② (*persevere*) ■**to** ~ **with sth** an etw *dat* dranbleiben, bei der Sache bleiben; ***you have to*** ~ ***with a language and practise it regularly*** Sprachkenntnisse muss man pflegen und regelmäßig anwenden ③ (*reside temporarily*) untergebracht sein, wohnen; ***where are you*** ~***ing while you're in town?*** wo wohnen Sie während Ihres Aufenthaltes in der Stadt?; ***the children usually*** ~ ***with their grandparents for a week in the summer*** die Kinder verbringen gewöhnlich im Sommer eine Woche bei ihren Großeltern; **to** ~ **overnight** [*or* **the night**] übernachten, über Nacht bleiben; ***can we*** ~ ***with you overnight ?*** können wir bei Ihnen übernachten?; **to come to** ~ zu Besuch kommen ④ + *n*, *adj* (*remain*) bleiben; ***the shops*** ~ ***open until 9 p.m.*** die Läden haben bis 21 Uhr geöffnet; ***how can we get this post to*** ~ ***upright?*** was müssen wir tun, damit dieser Pfosten stehen bleibt?; ***this far north it*** ~***s light until 10 p.m. in high summer*** so hoch im Norden ist es im Hochsommer bis um 10 Uhr abends hell; ***he's decided not to*** ~ ***in teaching*** er hat sich entschieden, nicht mehr zu unterrichten; **to** ~ **within budget** im Rahmen des Budgets bleiben; **to** ~ **friends** Freunde bleiben; **to** ~ **in touch** [*or* **contact**] in Verbindung [*o* Kontakt] bleiben; **to** ~ **awake/cool/healthy** wach/ruhig/gesund bleiben; **to** ~ **tuned** RADIO, TV, MEDIA am Apparat bleiben; ~ ***tuned — we'll be right back*** bleiben Sie dran – wir sind gleich wieder da
III. *vt* ① (*assuage*) **to** ~ **one's hunger/thirst** seinen Hunger/Durst stillen ② (*dated liter: curb*) ■**to** ~ **sth** etw in Schranken halten; **to** ~ **one's hand** sich *akk* zurückhalten ③ JUR **to** ~ **proceedings** das Verfahren aussetzen
► PHRASES: **to** ~ **the** <u>**course**</u> [*or* <u>**distance**</u>] durchhalten
◆**stay ahead** *vi* ■**to** ~ **ahead of sb/sth** den Vorsprung vor jdm/etw halten
◆**stay away** *vi* ① (*keep away*) wegbleiben, fernbleiben; ***the customers are*** ~***ing away*** die Kunden bleiben aus; **to** ~ **away in droves** scharenweise wegbleiben ② (*avoid*) ■**to** ~ **away from sb/sth** jdn/etw meiden, sich *akk* von jdm/etw fern halten; ***my boss told me to*** ~ ***away from company policy*** mein Chef sagte mir, ich solle mich aus der Unternehmenspolitik heraushalten; ~ ***away from my girlfriend!*** lass die Finger von meiner Freundin!
◆**stay back** *vi* zurückbleiben; ***I'd rather*** ~ ***back here out of the way*** ich gehe hier lieber aus dem Weg
◆**stay behind** *vi* [noch] [da]bleiben; SCH nachsitzen; ***will somebody*** ~ ***behind to help with the washing-up?*** bleibt noch jemand da und hilft beim Abwasch?
◆**stay down** *vi* ① (*not be vomited*) *food* im Magen bleiben; ***if this*** ~***s down, you can have a little more in half an hour*** wenn du das bei dir behältst, bekommst du in einer halben Stunde noch etwas mehr ② (*remain lowered*) unten bleiben; (*underwater also*) unter Wasser bleiben ③ SCH sitzen bleiben, wiederholen
◆**stay in** *vi* zu Hause bleiben
◆**stay off** *vi* ① (*not attend*) wegbleiben; ***I felt bad enough to*** ~ ***off yesterday*** ich habe mich so schlecht gefühlt, dass ich gestern zu Hause geblieben bin; **to** ~ **off school** nicht in die Schule gehen, die Schule schwänzen; **to** ~ **off work** nicht zur Arbeit gehen, blaumachen *fam* ② (*hold off*) *rain, storm* ausbleiben ③ (*not consume*) sich *akk* fern halten; ***he can't*** ~ ***off the booze*** er kann das Trinken nicht sein lassen; **to** ~ **off drugs** die Finger von Drogen lassen
◆**stay on** *vi* ① (*remain longer*) [noch] bleiben ② (*remain in place*) *lid, top* halten, darauf bleiben; *sticker* haften ③ (*remain in operation*) *light* an bleiben; *device* eingeschaltet bleiben
◆**stay out** *vi* ① (*not come home*) ausbleiben, wegbleiben; ***our cat usually*** ~***s out at night*** unsere Katze bleibt nachts gewöhnlich draußen; **to** ~ **out late/past midnight/all night** lange/bis nach Mitternacht/die ganze Nacht wegbleiben ② (*continue a strike*) weiter streiken; ***the workers have vowed to*** ~ ***out another week*** die Arbeiter haben geschworen, eine weitere Woche im Ausstand zu bleiben ③ (*not go somewhere*) ~ ***out of the kitchen!*** bleib aus der Küche!; ~ ***out of the water if nobody's around*** geh nicht ins Wasser, wenn sonst keiner da ist ④ (*not become involved*) ■**to** ~ **out of sth** sich *akk* aus etw *dat* heraushalten; ***you'd better*** ~ ***out of this*** halte dich da besser heraus; **to** ~ **out of trouble** [*or* **mischief**] sich *dat* Ärger vom Hals halten *fam*; **to** ~ **out of sb's way** jdm aus dem Wege gehen
◆**stay over** *vi esp* AM übernachten, über Nacht bleiben
◆**stay up** *vi* aufbleiben, wach bleiben; ***they*** ~***ed up all night*** sie machten die Nacht durch
stay-at-home **I.** *n* (*pej*) Stubenhocker(in) *m(f) pej fam*
II. *adj inv* ungesellig, menschenscheu
stayer [ˈsteɪəʳ, AM -ɚ] *n* ① (*approv: persevering person*) ausdauernder Mensch; (*horse*) Steher *m* ② (*visitor*) Besucher(in) *m(f)*
staying power *n no pl* ① (*physical stamina*) Durchhaltevermögen *nt*, Ausdauer *f* ② (*mental stamina*) Mut *m*, Durchsetzungsvermögen *nt*
stay of execution *n* LAW Aussetzung *f* der Zwangsvollstreckung, Gewährung *f* von Vollstreckungsschutz
St Bernard [sən(t)ˈbɜːnəd, AM ˌseɪntbɚˈnɑːrd] *n* Bernhardiner *m*
std *adj, n abbrev of* **standard**
STD [ˌestiːˈdiː] *n* ① MED *abbrev of* **sexually transmitted disease** ② *no pl* BRIT, AUS TECH *abbrev of* **subscriber trunk dialling**
stead [sted] *n no pl* Stelle *f*; ***the deputy ran the meeting in her*** ~ der Vertreter leitete die Konferenz an ihrer Stelle
► PHRASES: **to stand sb in** <u>**good**</u> ~ [**for sth**] jdm [bei etw *dat*] zugute kommen
steadfast [ˈstedfɑːst, AM -fæst] *adj* fest, standhaft, unerschütterlich; ~ **ally** loyaler Verbündeter/loyale Verbündete; ~ **courage** unbezwingbarer Mut; ~ **critic** unerbittlicher Kritiker/unerbittliche Kritikerin; ~ **friend** treuer Freund/treue Freundin; ~ **look** unverwandter Blick; ~ **love** immer währende Liebe; ~ **opponent** unversöhnlicher Gegner/unversöhnliche Gegnerin; ~ **opposition** erbitterte Opposition; **to be/remain** ~ standhaft sein/bleiben; **to prove oneself** ~ sich *akk* als zuverlässig erweisen
steadfastly [ˈstedfɑːstli, AM -fæst-] *adv* fest, standhaft, unerschütterlich; **to refuse** ~ **to do sth** kategorisch ablehnen, etw zu tun; **to remain** ~ **at sb's**

side jdm treu zur Seite stehen

steadfastness ['stedfɑːstnəs, AM -fæst-] *n no pl* Standhaftigkeit *f,* Loyalität *f;* **sb's ~ in the face of sth** jds Standhaftigkeit angesichts einer S. *gen*

steadily ['stedɪli] *adv* ❶ *(gradually)* stetig, unaufhaltsam; ***his condition is growing ~ worse*** sein Zustand verschlechtert sich zusehends
❷ *(unwaveringly)* fest, unerschütterlich; ***he walked ~ out of the room*** er ging festen Schrittes aus dem Zimmer

steadiness ['stedɪnəs] *n no pl* ❶ *(stability) of prices* Stabilität *f;* *(firmness)* Festigkeit *f;* *(unwaveringness)* Standhaftigkeit *f;* ***the ~ of my family's support during this difficult time has been a blessing*** die ständige Unterstützung meiner Familie in diesen schwierigen Zeiten war ein Segen; ***~ of hand is an absolute requirement for a jeweller and watchmaker*** für Goldschmiede und Uhrmacher ist es unbedingt erforderlich, eine ruhige Hand zu haben
❷ *(regularity)* Regelmäßigkeit *f,* Stetigkeit *f;* ***the ~ of his pulse gives us grounds for hope*** sein Puls ist stabil, und das gibt uns Grund zur Hoffnung

steady ['stedi] **I.** *adj* ❶ *(stable)* fest, stabil; ***the doctors are now letting her get out of bed, but she's not yet ~ on her legs*** die Ärzte lassen sie jetzt aufstehen, aber sie ist noch etwas wackelig auf den Beinen; **~ employment/job** feste Anstellung [*o* Arbeit]/Stelle; **~ relationship** feste Beziehung; **~ temperature** gleich bleibende Temperatur
❷ *(regular)* kontinuierlich, gleich bleibend; ***progress has been slow but ~*** es ging langsam, aber stetig voran; **~ breathing/pulse** regelmäßiges Atmen/regelmäßiger Puls; **~ flow** regelmäßiger Fluss; **~ increase/decrease** stetige Zunahme/Abnahme; **~ rain** anhaltender Regen; **~ speed** konstante Geschwindigkeit
❸ *(not wavering)* fest; ***he gave her a ~ look*** er sah sie unverwandt an; **~ ache** [*or* **pain**] andauernder [*o* permanenter] Schmerz; **~ hand** ruhige Hand; **~ voice** feste Stimme
❹ *(calm and dependable)* verlässlich, solide; **~ nerves** starke Nerven
❺ *(regular)* regelmäßig; **~ client** [*or* **customer**] Stammkunde, -in *m, f;* **~ patron** Mäzen(in) *m(f),* Gönner(in) *m(f);* **~ beau** AM ständiger Begleiter; **~ boyfriend/girlfriend** fester Freund/feste Freundin
II. *vt* <-ie-> ❶ *(stabilize)* ■**to ~ sth/sb** etw/jdn stabilisieren; ***Mike used to be really wild, but marriage and fatherhood have steadied him*** Mike war immer ziemlich verrückt, aber Ehe und Vaterschaft haben ihn ausgeglichener gemacht; **to ~ oneself** ins Gleichgewicht kommen, Halt finden; **to ~ the ladder** die Leiter festhalten
❷ *(make calm)* **to ~ one's aim** sein Ziel fixieren; **to ~ one's nerves** seine Nerven beruhigen
III. *adv* ❶ *(still)* **to hold ~** *prices* stabil bleiben; **to hold sth ~** etw festhalten
❷ BRIT *(be sparing)* **to go ~ on sth** mit etw *dat* sparsam umgehen [*o* vorsichtig sein]; ***I'd like a gin and tonic, please, and go ~ on the ice*** ich hätte gerne einen Gin Tonic, aber bitte mit wenig Eis
❸ NAUT, TRANSP *(on course)* auf Kurs; ***keep her ~ as she goes!*** halte sie auf Kurs!
❹ *(dated: have regular boyfriend, girlfriend)* **to go ~ with sb** fest mit jdm gehen *fam*
IV. *interj (warning)* sachte!; **~ on!** BRIT halt!
V. *n (dated fam)* fester Freund/feste Freundin, Liebste(r) *f(m) veraltet*

steady state theory *n no pl* ■**the ~** die Theorie des stationären Kosmos

steak [steɪk] *n* ❶ *no pl (superior cut of beef) zum Kurzbraten geeignetes Stück vom Rind;* **rump ~** Rumpsteak *nt*
❷ *no pl (poorer-quality beef)* Rindfleisch *nt;* **braising ~** Schmorfleisch *nt,* Rinderschmorbraten *m*
❸ *(thick slice)* [Beef]steak *nt; of fish* Filet *nt;* **fillet ~** Filetsteak *nt;* **salmon ~** Lachsfilet *nt,* Lachssteak *nt;* **turkey ~** Putensteak *nt*

steak and kidney pie BRIT, **steak and kidney pudding** *n* BRIT Rindfleisch-Nieren-Pastete *f*

steak house *n* Steakhaus *nt* **steak knife** *n* Steakmesser *nt* **steak sauce** *n* Steaksoße *f* **steak tartare** *n no pl* Steak *nt* Tatar

steal [stiːl] **I.** *n esp* AM *(fam)* Schnäppchen *nt;* ***it's a ~!*** das ist ja geschenkt! *fam*
II. *vt* <stole, stolen> ❶ *(take illegally)* ■**to ~ sth** etw stehlen [*o form* entwenden]; **to ~ [sb's] ideas** [jds] Ideen klauen *fam*
❷ *(gain artfully)* **to ~ a base** SPORTS *zu einem ungewöhnlichen Zeitpunkt unbemerkt zur nächsten Base rennen;* **to ~ sb's heart** [**away**] jds Herz erobern; **to ~ a kiss from sb** *(dated)* jdm einen Kuss rauben *veraltend*
❸ *(do surreptitiously)* **to ~ a glance** [*or* **look**] [**at sb/sth**] verstohlen [zu jdm/etw] hinschauen; ***she stole a glance at her watch*** sie lugte heimlich auf ihre Armbanduhr
► PHRASES: **to ~ the limelight** alles andere in den Schatten stellen; **to ~ a march on sb** jdm den Rang ablaufen; **to ~ the scene** [*or* **show**] **from sb** jdm die Schau stehlen; **to ~ sb's thunder** jdm den Wind aus den Segeln nehmen
III. *vi* <stole, stolen> ❶ *(take things illegally)* stehlen; ***he has been convicted of ~ing*** er ist des Diebstahls überführt worden
❷ *(move surreptitiously)* sich *akk* wegstehlen; ***he stole out of the room*** er stahl sich aus dem Zimmer; ***she stole onto the balcony*** sie schlich auf den Balkon; ■**to ~ over sth** über etw *akk* gleiten; ***as the moon rose, moonlight stole over the scene*** als der Mond aufging, ergoss sich das Mondlicht über die Landschaft; ***a crafty expression stole over his face*** ein raffinierter Ausdruck huschte über sein Gesicht; ***anxiety was ~ing over her*** sie überkam Angst
◆**steal away** *vi* ■**to ~ away** sich *akk* wegstehlen; *quietly* sich *akk* wegschleichen; **to ~ away from home** sich *akk* von zu Hause davonstehlen [*o* fortstehlen]
◆**steal up** *vi* ■**to ~ up** [**on sb**] sich *akk* [an jdn] heranschleichen

stealing ['stiːlɪŋ] *n no pl* Stehlen *nt*

stealth [stelθ] *n no pl* ❶ *(trick)* List *f;* ***these thieves operate with terrifying ~*** diese Diebe gehen ausgesprochen gerissen vor
❷ *(furtiveness)* Heimlichkeit *f;* ■**to do sth by ~** etw heimlich tun

stealth bomber *n* Tarnkappenbomber *m* **stealth fighter** *n* Tarnkappenjäger *m*

stealthily ['stelθɪli] *adv* heimlich, verstohlen

stealthy ['stelθi] *adj* heimlich, verstohlen; **~ footsteps** schleichende Schritte; **~ look** verstohlener Blick

steam [stiːm] **I.** *n no pl* Dampf *m;* ***he ran out of ~*** ihm ging die Puste aus; ***full ~ ahead!*** mit Volldampf voraus!; NAUT volle Kraft voraus!; **the age of ~** das Zeitalter der Dampfmaschine; **to let off ~** Dampf ablassen *a. fig;* **to pick** [*or* **get**] **up ~** *(generate steam)* feuern; *(gain impetus)* in Schwung kommen
► PHRASES: **to do sth under one's own ~** etw in eigener Regie tun
II. *n modifier* Dampf-; **~ locomotive** Dampflok[omotive] *f*
III. *vi* ❶ *(produce steam)* dampfen
❷ *(move using steam power)* dampfen; ***the ship ~ed into the port*** das Schiff lief [dampfend] in den Hafen ein
IV. *vt* **to ~ fish/vegetables** Fisch/Gemüse dämpfen; **to ~ open a letter** einen Brief über Wasserdampf öffnen
◆**steam away** *vi* ❶ *(produce steam)* vor sich *dat* hin dampfen; ***can't you hear the tea kettle ~ing away?*** hörst du nicht, dass der Teekessel immer weiterkocht?
❷ NAUT, TRANSP davondampfen
◆**steam off** **I.** *vt* ■**to ~ off** ⊂ **sth** etw mit Dampf ablösen; **to ~ off stamps** Briefmarken über Wasserdampf ablösen
II. *vi* NAUT, TRANSP davondampfen
◆**steam up** **I.** *vi mirror, window* beschlagen
II. *vt* ❶ *(cause to become steamy)* ***the windows are ~ed up*** die Fenster sind beschlagen
❷ *(fam: cause to become excited)* ■**to ~ up** ⊂ **sb** jdn auf die Palme bringen *fam;* **to get all ~ed up** [**about sth**] sich *akk* [über etw *akk*] unheimlich aufregen, [wegen einer S. *gen*] in die Luft gehen *fam*

steam bath *n* Dampfbad *nt* **steamboat** *n* Dampfschiff *nt,* Dampfer *m*

steamed [stiːmd] *adj* ❶ *inv (cooked in steam)* gedämpft; **~ fruit** Dünstobst *nt,* Dunstobst *nt* ÖSTERR; **~ vegetables** gedämpftes [*o* in Dampf gegartes] Gemüse
❷ *pred* AM *(fam: very angry)* wütend

steam engine *n* ❶ *(engine)* Dampfmaschine *f*
❷ *(locomotive)* Dampflok[omotive] *f*

steamer ['stiːməʳ, AM -ɚ] *n* ❶ *(boat)* Dampfer *m,* Dampfschiff *nt*
❷ *(for cooking)* Dampfkochtopf *m*

steamer rug *n* AM NAUT [grobe] [Woll]decke

steaming ['stiːmɪŋ] **I.** *adj* ❶ *inv (producing steam)* dampfend *attr*
❷ *(fam: very angry)* wütend; ***he was really ~*** er kochte vor Wut
II. *adv* **~ hot** kochend [*o* dampfend] heiß

steam iron *n* Dampfbügeleisen *nt* **steamroller** **I.** *n* ❶ *(road machinery)* Dampfwalze *f* ❷ *(fig: extremely forceful person)* Agitator(in) *m(f) geh* **II.** *vt* ■**to ~ sb into doing sth** jdn unter Druck setzen, etw zu tun; ***I hate being ~ed into doing something I don't want to*** ich hasse es, so überfahren zu werden und etwas tun zu müssen, was ich nicht will; **to ~ a bill through parliament** ein Gesetz im Parlament durchpeitschen [*o* durchdrücken]; **to ~ a country into reforms** ein Land zu Reformen zwingen; **to ~ the opposition** die Opposition niederwalzen **steam room** *n (in sauna)* Saunaraum *m;* *(in Turkish bath)* Dampfbad *nt* **steamship** **I.** *n* Dampfschiff *nt,* Dampfer *m* **II.** *n modifier* Dampfschiff-, Dampfer-; **~ captain** Dampferkapitän(in) *m(f);* **~ cruise** Dampferkreuzfahrt *f;* **~ line** Dampferlinie *f;* **~ ride** Dampferfahrt *f;* **~ trip** Dampferreise *f* **steam shovel** *n* Löffelbagger *m* **steam train** *n* RAIL von einer Dampflok gezogener Zug **steam turbine** *n* Dampfturbine *f*

steamy ['stiːmi] *adj* ❶ *(full of steam)* dampfig, dunstig
❷ *(hot and humid)* feuchtheiß; **~ climate/weather** schwüles [*o* drückendes] Klima/Wetter
❸ *(fam: torrid, sexy)* heiß *fam,* scharf *fam; affair, love scene, novel also* prickelnd

steed [stiːd] *n (dated liter)* Ross *nt liter*

steel [stiːl] **I.** *n* ❶ *no pl (iron alloy)* Stahl *m*
❷ *no pl (firmness of character)* Härte *f,* Stärke *f;* **nerves of ~** Nerven *pl* wie Drahtseile
❸ *(knife sharpener)* Wetzstahl *m*
► PHRASES: **to be worthy of sb's ~** *(liter)* jdm gewachsen sein
II. *n modifier (factory, grille, industry, products, rod)* Stahl-; **~ beam** [*or* **girder**] Stahlträger *m;* **~ pipe** Stahlrohr *nt;* **~ strut** Stahlstrebe *f*
III. *vt* ■**to ~ oneself against/for sth** sich *akk* gegen/für etw *akk* wappnen; ■**to ~ oneself** [**to do sth**] all seinen Mut zusammennehmen[, um etw zu tun]

steel band *n* MUS Steelband *f* **steel-clad** *adj inv (dated)* stahlgepanzert **steel drum** *n* MUS Steeldrum *f* **steel grey** **I.** *adj* stahlgrau **II.** *n* Stahlgrau *nt* **steel guitar** *n* Hawaiigitarre *f* **steel mill** *n* Stahl[walz]werk *nt* **steel-plated** *adj inv* stahlgepanzert **steel wool** *n no pl* Stahlwolle *f* **steelworker** *n* Stahlarbeiter(in) *m(f)* **steelworks** *npl + sing/pl vb* Stahlwerk *nt,* Stahlfabrik *f*

steely ['stiːli] *adj* ❶ *(of steel)* stählern
❷ *(hard, severe)* stahlhart; **~ determination** eiserne Entschlossenheit; **~ expression** harter Ausdruck; **~ glance** stählerner Blick; **~ nerves** stählerne Nerven

steep[1] [stiːp] *adj* ❶ *(sharply sloping)* steil; **~ ramp** steile Rampe; **~ slope** abschüssiger Hang; **~ steps** hohe Stufen
❷ *(dramatic)* drastisch, dramatisch; **~ climb** Steilflug *m;* **~ decline** deutliche Abnahme, starke Sen-

S

kung; ~ **dive** Sturzflug *m;* ~ **increase** steiler Anstieg, enormer Zuwachs; ~ **increase in prices** drastische Preissteigerung
③ (*unreasonably expensive*) überteuert; ~ **bill** gepfefferte [*o* gesalzene] Rechnung *fam;* ~ **demand** unverschämte Forderung; ~ **membership fees** überzogene Mitgliedsbeiträge; ~ **taxes** überhöhte Steuern

steep[2] [sti:p] **I.** *vt* ① (*soak in liquid*) ■**to ~ sth** etw tränken; *washing* etw einweichen; ***his hands are ~ed in blood*** (*fig liter*) an seinen Händen klebt Blut *fig*
② *usu passive* (*imbue*) ■**to be ~ed in sth** von etw *dat* durchdrungen sein; ***the college is ~ed in tradition*** die Tradition spielt am College eine große Rolle; **~ed in history** geschichtsträchtig; **to be ~ed in work** in der Arbeit versunken sein
II. *vi* einweichen; ***she never lets the tea ~ long enough*** sie lässt den Tee nie lang genug ziehen; ***leave the cloth to ~ in the dye overnight*** legen Sie den Stoff in die Farblösung und lassen Sie sie über Nacht einwirken

steepen ['sti:pᵊn] **I.** *vi* ① (*become steeper*) steiler werden; *road, slope* ansteigen
② (*fam: increase in cost*) steigen, sich *akk* erhöhen
II. *vt* ■**to ~ sth** *steps* etw steiler machen

steeple ['sti:pl] *n* ARCHIT (*spire*) Turmspitze *f; of a church* Kirchturm *m;* **church ~** Kirchturm *m*

steeplechase I. *n* ① (*for horses*) Hindernisrennen *nt,* Jagdrennen *nt,* Steeplechase *f fachspr* ② (*for runners*) Hindernislauf *m* **II.** *n modifier* ~ **rider** Jockey *m* in einem Hindernisrennen; ~ **runner** Hindernisläufer(in) *m(f)* **steeplechaser** *n* ① (*jockey*) Jockey *m* in einem Hindernisrennen ② (*horse*) Steepler *m fachspr* ③ (*runner*) Hindernisläufer(in) *m(f)* **steeplejack** *n* Turmarbeiter(in) *m(f),* Hochbauarbeiter(in) *m(f)*

steeply ['sti:pli] *adv* steil; (*dramatically*) drastisch; **to decline/rise** ~ drastisch zurückgehen/steigen

steepness ['sti:pnəs] *n no pl* Steilheit *f,* Steile *f;* ***the value of shares plunged with dizzying ~*** (*fig*) der Aktienkurs ist drastisch gefallen

steer [stɪəʳ, AM stɪr] **I.** *n* ZOOL junger Ochse
II. *vt* ① (*direct*) ■**to ~ sth** etw steuern [*o* lenken]; ***it's hard to ~ the car through these narrow streets*** es ist gar nicht so einfach, das Auto durch diese engen Straßen zu manövrieren; ***I'd like to ~ our discussion back to our original topic*** ich möchte wieder auf unser ursprüngliches Thema zurückkommen; ***she ~ed her guests into the dining room*** sie führte ihre Gäste ins Esszimmer; **to ~ a bill through Parliament** eine Gesetzesvorlage im Parlament durchbringen
② (*follow*) **to ~ a course** einen Kurs einschlagen; **to ~ a course for sth** NAUT Kurs auf etw *akk* nehmen
III. *vi* steuern, lenken; *vehicle* sich *akk* lenken lassen; ***my car isn't ~ing very well on bends*** mein Auto fährt sich in Kurven nicht gut; **to ~ clear of sb/sth** sich *akk* von jdm/etw fern halten, jdn/etw meiden; **to ~ clear of trouble/danger** Ärger/Gefahr aus dem Weg gehen; ***I promise we'll ~ clear of trouble*** ich verspreche, dass wir keinen Ärger machen werden; ■**to ~ toward[s]** [*or* **in the direction of**] **sth** Kurs auf etw *akk* nehmen
◆**steer away** *vt* ■**to ~ away ↔ sb from sth** jdn von etw *dat* abbringen; **to ~ a conversation away from sth** das Gespräch von etw *dat* ablenken

steerage ['stɪəʳɪdʒ, AM 'stɪr-] **I.** *n no pl* NAUT (*hist*) Zwischendeck *nt*
II. *adj* NAUT (*hist*) Zwischendeck-; ~ **passenger** *Passagier, der auf dem Zwischendeck untergebracht ist*

steering ['stɪəʳɪŋ, AM 'stɪr-] **I.** *n no pl* AUTO Lenkung *f;* NAUT Steuerung *f*
II. *adj attr, inv* AUTO Lenk-; NAUT Ruder-, Steuerungs-; ~ **compass** Steuerkompass *m;* ~ **knuckle** Achsschenkel *m fachspr*

steering column *n* AUTO Lenksäule *f* **steering committee** *n* Lenkungsausschuss *m* **steering gear** *n* AUTO Lenkgetriebe *nt;* AVIAT Leitwerk *nt;* NAUT Ruderanlage *f* **steering lock** *n* AUTO Lenkradschloss *nt* **steering wheel** *n* Steuer[rad] *nt; of a car also* Lenkrad *nt*

steersman *n* NAUT Steuermann *m*

stein [staɪn] *n* Bierkrug *m,* Maßkrug *m*

stele ['sti:li] *n* ARCHEOL *see* **stela** Stele *f*

stellar ['steləʳ, AM -ɚ] *adj* ① *inv* ASTRON (*form*) stellar *fachspr;* ~ **spectroscopy** Stellarspektroskopie *f fachspr*
② (*fam: exceptionally good*) grandios, phänomenal; ~ **career** Traumkarriere *f;* ~ **performance** bravouröse Aufführung; ~ **performer** brillanter Schauspieler/brillante Schauspielerin

stem [stem] **I.** *n* ① *of a tree, bush, shrub* Stamm *m; of a leaf, flower, fruit* Stiel *m,* Stängel *m; of grain, corn* Halm *m; of a glass* [Glas]stiel
② LING [Wort]stamm *m*
③ NAUT Vordersteven *m fachspr;* **from ~ to stern** von vorne bis achtern, vom Bug bis zum Heck
④ AM (*watch part*) [Aufzieh]welle *f*
II. *vt* <-mm-> ■**to ~ sth** etw eindämmen [*o* aufhalten]; **to ~ the flow of blood** die Blutung stillen; **to ~ the tide/flow** [**of sth**] den Fluss [von etw *dat*] stoppen, etw zum Stillstand bringen; ***they are looking for ways of ~ming the flow of drugs into the country*** sie suchen nach Wegen, der Drogeneinfuhr ins Land Einhalt zu gebieten
III. *vi* <-mm-> ① (*be traced back*) ■**to ~ back to sth** sich *akk* zurückverfolgen lassen, auf etw *akk* zurückgehen; ■**to ~ from sb/sth** auf jdn/etw zurückzuführen sein, auf jdn/etw zurückgehen; ***their disagreement ~med from her difficult childhood*** der Ursprung ihrer Unstimmigkeiten lag in ihrer schwierigen Kindheit
② (*slide a ski outwards*) stemmen

stem cell *n* Stammzelle *f* **stem cell research** *n* Stammzellenforschung *f*

stemmed [stemd] *adj attr, inv* -stielig

stem turn *n* SKI Stemmbogen *m* **stemware** *n no pl* AM Stielglaswaren *fpl,* Stielgläser *ntpl*

stench [stentʃ] *n no pl* Gestank *m a. fig*

stencil ['sten(t)sᵊl] **I.** *n* Schablone *f;* (*picture*) Schablonenzeichnung *f;* **a floral ~** ein Blumenmuster *nt*
II. *vt* <-ll- *or* AM *usu* -l-> ■**to ~ sth** [**on sth**] etw mit einer Schablone [auf etw *akk*] zeichnen
III. *n modifier* (*pattern, picture*) Schablonen-

Sten gun ['sten,gʌn] *n* leichte Maschinenpistole *f*

steno <*pl* -os> ['stenəʊ, AM -oʊ] AM **I.** *n* (*dated*) *short for* **stenographer** Stenograf(in) *m(f)*
II. *n modifier short for* **stenography** Stenographie- *f*

stenographer [stə'nɒgrəfəʳ, AM -'nɑ:grəfɚ] *n* AM (*dated*) Stenograf(in) *m(f)*

stenographic pool *n + sing/pl vb* AM (*dated*) Stenoabteilung *f*

stenography [stə'nɒgrəfi, AM -'nɑ:-] *n no pl* AM (*dated*) Stenografie *f,* Kurzschrift *f*

stentorian [sten'tɔ:rɪən] *adj* (*form*) überlaut, schallend; ~ **voice** gewaltige Stimme, Stentorstimme *f geh*

step [step] **I.** *n* ① (*foot movement*) Schritt *m;* ***they walked with hurried ~s*** sie gingen eiligen Schrittes; ***Sophie took her first ~s when she was eleven months old*** Sophie fing mit elf Monaten an zu laufen; **to retrace one's ~s** seine Schritte zurückverfolgen; **to take a ~ toward sb** einen Schritt auf jdn zu machen; **to take a ~** [*or* **~s**] **towards sth** (*fig*) auf etw *akk* zusteuern; ***the country is taking its first tentative ~s towards democracy*** das Land unternimmt erste vorsichtige Schritte in Richtung Demokratie; **to turn one's ~s somewhere** (*liter*) sich *akk* irgendwohin aufmachen; **to be/walk in ~** im Gleichschritt sein/laufen
② (*distance*) Schritt *m;* ***our house is just a ~ from the station*** unser Haus liegt nur ein paar Schritte vom Bahnhof weg; **to go a few ~s** ein paar Schritte gehen
③ *no pl* (*manner of walking*) Gang *m;* ***his ~ was slow and heavy*** er ging langsam und schleppend; **to watch** [*or* **mind**] **one's ~** (*fig*) aufpassen, sich *akk* vorsehen
④ (*dance movement*) [Tanz]schritt *m;* **basic dance ~** Grundschritt *m;* ■**in/out of ~** im/aus dem Takt; (*fig*) im/nicht im Einklang; **to keep in ~ with sth** (*fig*) mit etw *dat* Schritt halten
⑤ (*stair*) Stufe *f; of a ladder* Sprosse *f;* ***"mind the ~"*** „Vorsicht, Stufe!"; **a flight of ~s** eine Treppe; **the front ~** die Stufe vor der Eingangstür; **stone ~s** Steinstufen *fpl*
⑥ (*stage in a process*) Schritt *m;* **a ~ in the right/wrong direction** ein Schritt *m* in die richtige/falsche Richtung; **one** [*or* **a**] **~ at a time** eins nach dem anderen; ***let's take things a ~ at a time*** lass uns eins nach dem anderen erledigen; **every ~ of the way** voll und ganz; ***we're behind you every ~ of the way!*** wir stehen voll und ganz hinter dir!; **to be a** [*or* **one**] **~ ahead** [**of sb**] [jdm] einen Schritt voraus sein; **to be a ~ forward/backwards** ein Fort-/Rückschritt sein; **to go a ~ further** einen Schritt weiter gehen; **~ by ~** Schritt für Schritt
⑦ (*measure, action*) Schritt *m,* Vorgehen *nt;* ***do you think that was a wise ~?*** denkst du, dass das ein kluger Schritt war?; ■**to take ~s** [**to do sth**] Schritte unternehmen[, um etw zu tun]; **to take decisive ~s** entschieden vorgehen; **to take drastic ~s** zu drastischen Mitteln greifen
⑧ BRIT (*stepladder*) ■**~s** *pl* Trittleiter *f*
⑨ *esp* AM MUS (*tone, semitone*) Ton *m;* **whole/half ~** Ganz-/Halbton *m*
II. *vi* <-pp-> ① (*tread*) ■**to ~ somewhere** irgendwohin treten; ■**to ~ over sth** über etw *akk* steigen; **to ~ on sb's foot** jdm auf den Fuß treten
② (*walk*) ■**to ~ somewhere** irgendwohin gehen; ***would you care to ~ this way please, sir?*** würden Sie bitte hier entlanggehen, Sir?; ***she ~ped backwards*** sie machte einen Schritt zurück; ***they ~ped out onto the balcony*** sie traten auf den Balkon hinaus; **to ~ aside** zur Seite gehen; ■**to ~ into sth** (*fig*) sich *akk* in etw *akk* stürzen; **to ~ into the breach** in die Bresche springen; **to ~ out of line** sich *akk* danebenbenehmen *fam*
III. *vi* ① AUTO, TRANSP (*tread on*) ■**to ~ on sth** auf etw *akk* treten; **to ~ on the accelerator/brake** aufs Gaspedal/auf die Bremse treten; ~ ***on it*** gib Gas! *fam*
② (*take advantage of*) ■**to ~ on sb** jdn skrupellos ausnutzen
◆**step aside** *vi* zur Seite treten, Platz machen; **to ~ aside in favour of sb** jdm Platz machen; (*fig*) zugunsten von jdm zurücktreten, seinen Posten für jdn räumen
◆**step back** *vi* ① (*move back*) zurücktreten
② (*gain a new perspective*) Abstand nehmen; ***she wants to ~ back from the committee's activities*** sie möchte sich von den Aktivitäten des Komitees zurückziehen
③ (*emotionally re-visit*) ■**to ~ back into sth** sich *akk* in etw *akk* zurückversetzen; **to ~ back in time** sich *akk* in die Vergangenheit zurückversetzen
◆**step down I.** *vi* ① (*resign*) zurücktreten, sein Amt niederlegen; ***he ~ped down as captain/from the captaincy*** er trat als Kapitän/vom Amt des Kapitäns zurück
② LAW *witness* den Zeugenstand verlassen
II. *vt* ■**to ~ down ↔ sth** etw verringern [*o* reduzieren]; **to ~ down production** die Produktion drosseln [*o fam* zurückfahren]; **to ~ down voltage** die Spannung heruntertransformieren
◆**step forward** *vi* vortreten; (*fig*) sich *akk* [freiwillig] melden; ***the assistant ~ped forward to take over the project*** der Assistent erbot sich, das Projekt zu übernehmen
◆**step in** *vi* ① (*enter building*) eintreten; (*enter vehicle*) einsteigen
② (*intervene*) eingreifen, einschreiten, intervenieren *geh*
◆**step out** *vi* ① (*leave temporarily*) [kurz] weggehen
② AM (*fam: date*) ■**to ~ out with sb** mit jdm ausgehen
③ (*walk vigorously*) ausschreiten
◆**step up** *vt* ■**to ~ up ↔ sth** etw verstärken; ***the pace of the reforms is being ~ped up*** die Refor-

men werden jetzt beschleunigt; **to ~ up the fighting** die Kämpfe verschärfen; **to ~ up sales** die Verkaufszahlen steigern; **to ~ up the tempo** das Tempo erhöhen; **to ~ up the voltage** die Spannung erhöhen

step aerobics I. *n + sing vb* Step-Aerobic *nt* II. *n modifier* (*class, teacher*) Step-Aerobic- **stepbrother** *n* Stiefbruder *m* **stepchild** *n* Stiefkind *nt* **stepdaughter** *n* Stieftochter *f* **step-down transformer** *n* ELEC Abwärtstransformator *m fachspr,* Abspanntrafo *m fachspr* **stepfather** *n* Stiefvater *m* **stepladder** *n* Stehleiter *f,* Trittleiter *f* **stepmother** *n* Stiefmutter *f* **stepparent** *n* Stiefelternteil *m*

steppe [step] *n* Steppe *f;* **the Russian ~s** die russische Steppe

stepping stone *n* ❶ (*stone*) [Tritt]stein *m*
❷ (*fig: intermediate stage*) Sprungbrett *nt;* ■**to be a ~ to sth** ein Sprungbrett *nt* für etw *akk* sein

stepsister *n* Stiefschwester *f* **stepson** *n* Stiefsohn *m* **step-up transformer** *n* ELEC Aufwärtstrafo *m fachspr,* Aufspanntransformator *m fachspr*

stereo[1] <*pl* -os> ['steriəʊ, AM -oʊ] *n* ❶ *no pl* (*transmission*) Stereo *nt;* ■**in ~** in Stereo
❷ (*fam: unit*) Stereoanlage *f;* **car ~** Autoradio *nt*

stereo[2] ['steriəʊ, AM -oʊ] *adj inv short for* **stereophonic** Stereo-; **~ broadcast** Stereoübertragung *f;* **~ headphones** Stereokopfhörer *mpl*

stereophonic [ˌsteriə(ʊ)'fɒnɪk, AM ˌsteriə'fɑ:nɪk] *adj inv* MUS, MEDIA (*form*) stereophon *fachspr,* Stereo-, stereo-; **~ broadcast** Stereoübertragung *f;* **~ sound** Stereoklang *m,* Raumklang *m*

stereophony [ˌsteri'ɒfᵊni, AM -'ɑ:f-] *n no pl* Stereophonie *f fachspr,* Raumklang *m*

stereoscope ['steriə(ʊ)skəʊp, AM 'steriəskoʊp] *n* Stereoskop *nt*

stereoscopic [ˌsteriə(ʊ)'skɒpɪk, AM ˌsteriə'skɑ:-] *adj inv* stereoskopisch; **~ photographs** stereoskopische Fotografien

stereotype ['steriə(ʊ)taɪp, AM 'steriə-] I. *n* Stereotyp *nt,* Klischee *nt;* (*character*) stereotype Figur; **racist ~s** rassistische Vorurteile; **to conform to** [*or* **fit**] **a ~ of sb** jds Klischeevorstellung entsprechen; **the ~ of a Frenchman** das Klischee des typischen Franzosen
II. *vt* **to ~ sb/sth** jdn/etw in ein Klischee zwängen [*o* klischeehaft darstellen]; ***the police have been accused of stereotyping black people as criminals*** der Polizei wird vorgeworfen, sie stempele Schwarze als Kriminelle ab

stereotyped ['steriə(ʊ)taɪpt, AM 'steriə-] *adj attr, inv* (*pej*) stereotyp, klischeehaft; **to have ~ images of sb** eine vorgefasste Meinung von jdm haben; **sexually ~d toys** geschlechtsspezifisches Spielzeug

stereotypical [ˌsteriə(ʊ)'tɪpɪkᵊl, AM ˌsteriə'-] *adj* stereotyp; **~ family** Durchschnittsfamilie *f;* **~ male response** typisch männliche Antwort

stereotypically [ˌsteriə(ʊ)'tɪpɪkᵊli, AM ˌsteriə'-] *adv* stereotyp

sterile [steraɪl, AM -rᵊl] *adj inv* ❶ MED (*unable to reproduce*) unfruchtbar, steril *fachspr*
❷ AGR **~ soil** unfruchtbarer Boden
❸ MED (*free from bacteria*) steril, keimfrei; **~ environment** sterile Umgebung; **~ until opened** vakuumverpackt
❹ (*fig pej: unproductive*) steril *pej geh,* unproduktiv; **~ argument** fruchtloser Streit; **~ campaign** erfolglose Kampagne; **~ capital** totes Kapital

sterility [stə'rɪləti, AM -əṭi] *n no pl* ❶ MED Unfruchtbarkeit *f,* Sterilität *f fachspr*
❷ AGR Unfruchtbarkeit *f*
❸ (*fig pej: lack of creativity*) Fantasielosigkeit *f,* Einfallslosigkeit *f,* Sterilität *f geh*

sterilization [ˌstərᵊlaɪ'zeɪʃᵊn, AM -ᵊlɪ'-] *n no pl* ❶ (*operation*) Sterilisation *f,* Sterilisierung *f*
❷ (*making sth chemically clean*) Desinfizierung *f,* Sterilisierung *f*

sterilize ['stərᵊlaɪz] *vt* MED ❶ *usu passive* (*make infertile*) ■**to be ~d** sterilisiert sein/werden
❷ (*disinfect*) ■**to ~ sth** etw desinfizieren; **~d milk** sterilisierte Milch; **to ~ water** Wasser abkochen

sterilizer ['stərᵊlaɪzəʳ, AM -ɚ] *n* MED Sterilisator *m,* Sterilisierungsapparat *m*

sterilizing ['stərəlaɪzɪŋ] *adj inv* keimtötend, sterilisierend; **~ solution** Desinfektionslösung *f*

sterilizing unit *n* MED Sterilisator *m,* Sterilisierungsapparat *m*

sterling ['stɜ:lɪŋ, AM 'stɜ:r-] I. *n no pl* ❶ FIN Sterling *m,* [britisches] Pfund; **in pound ~** in Pfund Sterling
❷ (*metal*) Sterlingsilber *nt*
II. *n modifier* Sterling-; **~ silver** Sterlingsilber *nt;* **~ silver cutlery** Silberbesteck *nt*
III. *adj* (*approv*) gediegen, meisterhaft; ***this old television has done ~ service*** dieser alte Fernseher ist [noch immer] Gold wert; **to make a ~ effort** beachtliche Anstrengungen unternehmen; **to do a ~ job** eine Meisterleistung vollbringen; **~ work** erstklassige Arbeit

stern[1] [stɜ:n, AM stɜ:rn] *adj* (*severe*) ernst; (*strict*) streng, unnachgiebig; (*difficult*) *test* hart, schwierig; ***his manner is ~ and forbidding*** sein Umgangston ist rau und abweisend; ***Paul is known as a ~ taskmaster*** Paul verlangt alles von seinen Mitarbeitern; **~ discipline** eiserne Disziplin; **~ measures** scharfe Maßnahmen; **to say sth in a ~ voice** etw nachdrücklich sagen; **a ~ warning** eine eindringliche Warnung
▶ PHRASES: **to be made of ~er stuff** aus härterem Holz geschnitzt sein

stern[2] [stɜ:n, AM stɜ:rn] *n* NAUT Heck *nt*

sterna ['stɜ:nə, AM 'stɜ:rnə] *n* ANAT, MED *pl of* **sternum**

sternly ['stɜ:nli, AM 'stɜ:rn-] *adv* (*severely*) ernst[haft]; (*strictly*) streng, ernst[haft]; **to be ~ rebuked** einen scharfen Verweis bekommen

sternness ['stɜ:nnəs, AM 'stɜ:rn-] *n no pl* ❶ (*severity*) Strenge *f,* Härte *f*
❷ (*earnestness*) Ernst *m,* Ernsthaftigkeit *f*

sternum <*pl* -s *or* -na> ['stɜ:nəm, AM 'stɜ:r-, *pl* -nə] *n* ANAT Brustbein *nt,* Sternum *nt fachspr*

steroid ['sterɔɪd] I. *n* CHEM, MED, PHARM Steroide *pl fachspr;* **anabolic ~s** Anabolika *pl fachspr;* ■**to be on ~s** [**for sth**] regelmäßig Steroide [gegen etw *akk*] nehmen
II. *n modifier* Steroid-; **~ creams** steroidhaltige Cremes; **~ use** Steroideinnahme *f*

stethoscope ['steθəskəʊ, AM -skoʊp] *n* MED Stethoskop *nt fachspr*

Stetson® ['stetsᵊn] *n* FASHION Stetson *m fachspr,* Cowboyhut *m*

stevedore ['sti:vədɔ:ʳ, AM -dɔr] *n* Stauer(in) *m(f)*

stew [stju:, AM *esp* stu:] I. *n* Eintopf *m;* **Irish S~** *irischer Eintopf aus Kartoffeln, Fleisch und Gemüse;* **Spanish fish ~** spanische Fischpfanne
▶ PHRASES: **to <u>be</u> in a ~** [**about** [*or* **over**] **sth**] sich *akk* [über etw *akk*] unheimlich aufregen; **to <u>get</u> sb into a ~** jdn in Schwierigkeiten bringen
II. *vt* **to ~ fruit** Obst dünsten; **to ~ meat** Fleisch schmoren; **to ~ plums** Pflaumenkompott kochen
III. *vi* ❶ (*simmer*) *meat* [vor sich *dat* hin] schmoren; *fruit* simmern; BRIT *tea* zu lange ziehen [und bitter werden]
❷ (*fam: be upset*) schmollen
❸ (*fam: do nothing productive*) herumhängen
▶ PHRASES: **to ~ in one's own <u>juice</u>** im eigenen Saft schmoren

steward ['stju:əd, AM 'stu:ɚd, 'stju:-] *n* ❶ (*on flight, cruise*) Flug-/Schiffsbegleiter *m,* Steward *m*
❷ (*at an event*) Ordner(in) *m(f)*
❸ (*at a race*) ■**~s** *pl* die Rennleitung *kein pl*
❹ (*for property*) Verwalter(in) *m(f)*
❺ BRIT (*for food service*) Oberkellner(in) *m(f)*

stewardess <*pl* -es> ['stju:ədes, AM 'stu:ɚdɪs, 'stju:-] *n* Flug-/Schiffsbegleiterin *f,* Stewardess *f*

stewardship ['stju:ədʃɪp, AM 'stu:ɚd-, 'stju:-] *n no pl* Verwaltung *f;* ■**to be under sb's ~** unter der Leitung von jdm stehen

stewed [stju:d, AM stu:d, 'stju:-] *adj* ❶ *inv* (*cooked by stewing*) **~ apples** Apfelkompott *nt;* **~ fruit** gedünstetes Obst; **~ meat** geschmortes Fleisch
❷ *inv* BRIT, AUS (*overdone*) **~ tea** *Tee, der zu lange gezogen hat*
❸ *esp* AM (*fam: drunk*) besoffen *fam,* blau *fam*

stewed fruit *n no pl* gedünstetes Obst

stewing steak *n no pl* BRIT, AUS Schmorfleisch *nt,* [Rinder]schmorbraten *m*

stick[1] [stɪk] *n* ❶ (*small thin tree branch*) Zweig *m;* (*thin piece of wood*) Stock *m;* **to gather ~s** Brennholz [*o* Reisig] sammeln; **to throw ~s and stones at sb** mit Stöcken und Steinen nach jdm werfen
❷ *no pl* BRIT (*fam: punishment*) **to get the ~** den Stock bekommen; **to give sb the ~, to take a ~ to sb** jdm eine Tracht Prügel verpassen
❸ (*fig: means of coercion*) Zwangsmaßnahme *f* (*geeignetes Mittel, um etw zu erreichen*)
❹ (*severe criticism*) **to give sb ~** jdn heruntermachen [*o* herunterputzen] *fam;* **to get** [*or* **take**] [*or* **come in for some**] **~** herbe Kritik einstecken müssen, den Marsch geblasen bekommen *fam;* (*come under fire*) unter Beschuss geraten
❺ (*a piece of sth*) **a ~ of cinnamon** eine Stange Zimt; **carrot ~s** lange Mohrrübenstücke; **a ~ of celery/rhubarb** eine Stange Sellerie/Rhabarber; **celery ~s** Selleriestangen *mpl;* **a ~ of chewing gum** ein Stück Kaugummi; **a ~ of chalk** ein Stück Kreide; **a ~ of dynamite** eine Stange Dynamit; **cocktail ~** Cocktailspieß *m;* **lollipop ~** Stiel *m* eines Lutschers
❻ (*used in a certain function*) Stock *m;* **walking ~** Spazierstock *m;* **white ~** Blindenstock *m;* **hockey/polo ~** SPORTS Hockey-/Poloschläger *m;* ■**~s** *pl* SPORTS die Hürden *pl*
❼ MUS Taktstock *m*
❽ AUTO, MECH Hebel *m;* **gear ~** Hebel *m* der Gang[schaltung]
❾ (*furniture*) [Möbel]stück *nt;* **a few ~s** [**of furniture**] ein paar [Möbel]stücke; **to not have a ~ of furniture** kein einziges Möbelstück besitzen
❿ (*esp pej fam: guy*) Kerl *m fam;* **an old ~** ein alter Knacker *pej sl;* ***he's a good old ~*** (*dated*) er ist ein netter alter Kerl
⓫ (*pej fam: remote area*) **in the** [**middle of the**] **~s** [dort,] wo sich Fuchs und Hase gute Nacht sagen; **out in the ~s** [ganz] weit draußen
▶ PHRASES: **to get the <u>shit-end</u> of the ~** AM (*fam!*) immer [nur] den schlechten Rest abbekommen; **~s and <u>stones</u> may break my bones, but words can never hurt me** (*prov*) also, damit kannst du mich wirklich nicht treffen; **not <u>enough</u> ... to shake a ~ at** nur ganz wenig ...; ***there are just a few flakes, not enough snow to shake a ~ at*** bei den paar Flocken kann man wohl kaum von Schnee sprechen; **more <u>people</u>/<u>things</u> than you/one can shake a ~ at** jede Menge Leute/Sachen *fam;* **to <u>up</u> ~s** BRIT (*fam*) mit Sack und Pack umziehen

stick[2] <stuck, stuck> [stɪk] I. *vi* ❶ (*fix by adhesion*) kleben; (*be fixed*) zugeklebt bleiben; ***this glue won't ~*** dieser Klebstoff hält nicht; ***the flap of this envelope won't ~*** dieser Umschlag geht immer wieder auf; ***careful that the sauce doesn't ~ to the pan*** pass auf, dass die Soße nicht anbrennt
❷ (*fig: attach oneself*) ■**to ~ to sb** [**like a leech**] an jdm kleben *fam;* **to ~ with the group** bei der Gruppe bleiben; ■**to ~ with sb** *thought, idea, memory* jdm nicht mehr aus dem Kopf [*o* Sinn] gehen
❸ (*be unable to move*) feststecken, festhängen; *car* stecken bleiben, feststecken, festsitzen; (*be unmovable*) festsitzen; *door, window* klemmen; *gear* klemmen; ***help me up — I'm stuck*** hilf mir mal – ich stecke fest!; ***there's a bone stuck in my throat*** mir ist eine Gräte im Hals stecken geblieben; ***he tried to speak but his voice stuck in his throat*** er versuchte zu sprechen, aber die Worte blieben ihm im Halse stecken
❹ (*fig: be unable to continue*) nicht weiter wissen [*o* können]; (*unable to leave*) nicht weg können; ***can you help me with my maths — I'm stuck*** kannst du mir mal bei Mathe helfen – ich komme alleine nicht mehr weiter; ***I am stuck here all day with three screaming kids*** ich bin hier den ganzen Tag mit drei kreischenden Kindern eingesperrt; ***I was stuck there for nearly an hour*** ich saß hier fast

S

eine ganze Stunde fest; CARDS ***do you want to play or are you ~ing?*** willst du spielen oder kannst du nicht mehr herausgeben?
⑤ (*endure*) hängen bleiben; ***her little sister called her Lali, and somehow the name stuck*** ihre kleine Schwester nannte sie Lali, und irgendwie blieb es dann bei diesem Namen; ***they'll never make these accusations ~*** das werden sie nie beweisen können; **to ~ in sb's memory** [*or* **mind**] jdm in Erinnerung bleiben
⑥ (*persevere*) ■**to ~ at sth** an etw *dat* dranbleiben; **to ~ to an idea** an einer Idee festhalten
⑦ (*keep within limits*) **to ~ to one's budget** sich *akk* an sein Budget halten; **to ~ to a diet** eine Diät einhalten
⑧ (*not give up*) ***I think I'll ~ with my usual brand*** ich denke, ich werde bei meiner [üblichen] Marke bleiben; ***he has managed to ~ with the task*** es ist ihm gelungen, die Sache durchzuziehen; **to ~ with traditions** an Traditionen festhalten
⑨ (*continue to support, comply with*) ■**to ~ by sb/sth** zu jdm/etw halten; ***I ~ by what I said*** ich stehe zu meinem Wort; ***we must ~ by our policy*** wir dürfen unsere Taktik jetzt nicht ändern; **to ~ by the rules** sich *akk* an die Regeln halten; **to ~ by sb through thick and thin** mit jdm durch dick und dünn gehen; ***he should ~ to what he's good at*** er sollte bei dem bleiben, was er kann; **to ~ to the point** beim Thema bleiben; **to ~ to sb** jdm treu bleiben
⑩ (*stop*) ■**to ~ at sth** *price* gleich bleiben
⑪ (*fam: need, be at a loss for*) ■**to be stuck for sth** etw brauchen; ***I'm stuck for an idea*** mir fällt gerade nichts ein; ***I'm stuck for money at the moment*** im Moment bin ich ein bisschen knapp bei Kasse *fam;* ***he was stuck for words*** er suchte [vergeblich] nach Worten
▸ PHRASES: **let the cobbler ~ to his last** *esp* BRIT (*prov*) Schuster bleib bei deinen Leisten *prov;* **everybody knows that money ~s to his fingers** jeder weiß, dass er gerne Geld mitgehen lässt; **to ~ in sb's throat** [*or* BRIT *also* **gizzard**] [*or* BRIT *also* **craw**] jdn wurmen *fam;* **to ~ to one's guns** (*refuse to give up*) nicht lockerlassen; ***I'm ~ing to my guns*** ich stehe zu dem, was ich gesagt habe; **to ~ to one's last** bei dem bleiben, was man wirklich kann; **mud ~s** irgendwie bleibt doch immer etwas hängen; **to ~ in sb's throat** jdm gegen den Strich gehen *fam*
II. *vt* ① (*affix*) ■**to ~ sth** etw kleben; ***I forgot to ~ on a stamp*** ich habe vergessen, eine Briefmarke darauf zu kleben; ■**to ~ sth into sth** etw in etw *akk* einkleben; **to ~ sth into place/position** etw an die richtige Stelle kleben; ■**to ~ sth to sth** etw an etw *dat* [an]kleben
② BRIT (*fam: tolerate*) ■**to ~ sth/sb** etw/jdn ertragen [*o* aushalten]; ***I can't ~ much more of this*** ich halt's nicht mehr aus! *fam;* ***I can't ~ her*** ich kann sie nicht ausstehen
③ (*fam: put*) ■**to ~ sth somewhere** ~ ***your things wherever you like*** stellen Sie Ihre Sachen irgendwo ab; ***she stuck her fingers in her ears*** sie steckte sich die Finger in die Ohren; ***very young children often ~ things up their noses*** Kleinkinder stecken sich oft irgendetwas in die Nase; **to ~ sth into a bag** etw in eine Tasche packen; **to ~ one's head around the door** seinen Kopf durch die Tür stecken; ■**to ~ sth down sth** etw in etw *akk* stecken; ■**to ~ sth on sth** etw auf etw *akk* legen; (*add*) ***the sellers stuck another £5000 on the price*** die Verkäufer verlangten noch einmal 5000 Pfund mehr; ***I'll pay for lunch — I can ~ it on my expenses*** ich zahle das Mittagessen – ich kann es absetzen
④ (*pierce*) ■**to ~ sth through sth** etw durch etw *akk* [hindurch]stoßen
⑤ (*like very much*) ■**to be stuck on sth** sich *dat* etw in den Kopf gesetzt haben; ***the boss is stuck ~ on his plan to reorganize the office*** der Chef will um jeden Preis das Büro umstrukturieren; ■**to be stuck on sb** in jdn total verknallt sein *sl*
⑥ *passive* ■**to be stuck with sth** (*unable to get rid of*) etw [ungern] tun müssen *fam;* (*given an unpleasant task*) etw aufgehalst bekommen *fam;* ■**to be stuck with doing sth** zu etw *dat* verdonnert werden
▸ PHRASES: **to ~ an accusation/a charge on sb** LAW jdm etw zur Last legen; **to ~ one's nose into sb's business** seine Nase in jds Angelegenheiten stecken; **I'll tell him where he can ~ his job** (*fam!*) den Job kann er sich sonst wohin stecken *sl*
◆**stick around** *vi* (*fam*) da bleiben *fam*
◆**stick back** *vt* ① (*fix*) ■**to ~ sth ↔ back** etw zurückstecken; ***he used to ~ his hair back with hair cream*** er hat sich seine Haare immer mit Pomade zurückgeschmiert; ***she stuck her hair back behind her ear*** sie steckte sich die Haare hinter das Ohr
② (*fam: return to it's place*) ■**to ~ sth back** etw zurückstellen
◆**stick down** *vt* ① (*glue*) ■**to ~ sth ↔ down** etw festkleben; ***don't ~ down the flap*** kleben Sie den Umschlag nicht zu
② (*fix hair*) **to ~ one's hair down** sein Haar feststecken
③ (*fam: write hastily*) **to ~ sth down** [**on paper**] etw sofort aufschreiben
◆**stick in I.** *vi dart* stecken bleiben
▸ PHRASES: **to get stuck in** BRIT (*fam: start*) anfangen; (*start eating*) [mit dem Essen] anfangen; ***get stuck in — don't let it get cold!*** fangt schon mal an – lasst es nicht kalt werden!
II. *vt* (*fam*) ① (*affix*) ■**to ~ sth in sth** etw in etw *akk* einkleben; **to ~ photographs in an album** Fotos in ein Album kleben
② (*put into*) ■**to ~ sth in[to] sth** etw in etw *akk* hineinstecken; ***the killer stuck a knife into his victim's back*** der Mörder stieß dem Opfer ein Messer in den Rücken; ***the nurse stuck the needle into my arm*** die Krankenschwester stach mir mit einer Nadel in den Arm
◆**stick out I.** *vt* ① (*make protrude*) **to ~ out one's hand** die Hand ausstrecken; ***at a request bus stop you must ~ out your hand*** wenn Sie an einer Bedarfshaltestelle aussteigen möchten, müssen Sie ein Handzeichen geben; **to ~ one's tongue out** die Zunge herausstrecken
② (*endure*) ■**to ~ it out** es [bis zum Ende] durchhalten
II. *vi* ① (*protrude*) [her]vorstehen; *hair, ears* abstehen; *nail* herausstehen; ***there was a handkerchief ~ing out of his jacket pocket*** aus der Tasche seines Jacketts hing ein Taschentuch heraus; ***I wish my stomach didn't ~ out so much*** ich wünschte, mein Bauch würde nicht so hervorstehen; ***I could see Bill's legs ~ing out from underneath his car*** ich konnte Bills Beine unter dem Auto hervorragen sehen
② (*fig: be obvious*) offensichtlich sein; ***the thing that really ~s out is the clashing colours*** es fällt einem sofort auf, dass die Farben nicht zueinander passen; **to ~ out a mile** [*or* **like a sore thumb**] wie ein bunter Pudel auffallen *fam;* ***she's in love with him — it ~s out a mile*** sie ist in ihn verliebt – das sieht doch ein Blinder *fam*
③ (*endure*) ■**to ~ out for sth** hartnäckig auf etw *dat* bestehen
▸ PHRASES: **to ~ one's neck out** eine Menge riskieren *fam*
◆**stick through** *vi* ■**to ~ through sth** durch etw *akk* ragen
◆**stick together I.** *vt* ■**to ~ sth ↔ together** etw zusammenkleben
II. *vi* ① (*adhere*) zusammenkleben
② (*fig: not separate*) immer zusammen sein; (*inseparable*) unzertrennlich sein; ***everybody must ~ together in the town*** wenn wir in der Stadt sind, müsst ihr alle zusammenbleiben
③ (*fig: remain loyal to each other*) zusammenhalten, zueinander stehen; (*help each other*) einander helfen
◆**stick up I.** *vt* (*fam*) ① (*attach*) ■**to ~ up ↔ sth** etw aufhängen; **to ~ up a notice** einen Aushang machen, eine Mitteilung aushängen
② (*raise*) ■**to ~ up ↔ sth** etw in die Höhe strecken; **to ~ up an umbrella in the air** einen Schirm in die Luft halten; **to ~ up ↔ one's hand** die Hand heben; ***if you have a question, ~ your hand up*** meldet euch, wenn ihr eine Frage habt; ~ ***your hands up*** Hände hoch!; ~ ***'em up!*** (*fam*) Hände hoch!
③ (*commit armed robbery against*) ■**to ~ up ↔ sb/sth** jdn/etw überfallen
▸ PHRASES: **to ~ one's nose up** [**in the air**] die Nase rümpfen; **to have one's nose stuck up in the air** hochnäsig sein
II. *vi* ① (*protrude*) hochragen, emporragen; **to ~ up into the sky** in den Himmel ragen; **to ~ up out of the ground/water** aus dem Boden/Wasser ragen
② (*stand on end*) abstehen; ***your hair's ~ing up all over the place*** deine Haare stehen in alle Richtungen ab
③ (*defend*) ■**to ~ up for sb/sth** sich *akk* für jdn/etw einsetzen, für etw *akk* eintreten; ***I can ~ up for myself*** ich komme schon allein zurecht
④ (*support*) ■**to ~ up for sb** jdn unterstützen
⑤ (*show defiance*) ■**to ~ up to sb** jdm trotzen [*o* die Stirn bieten]
stickability [ˌstɪkəˈbɪləti, AM -əṭi] *n no pl* Durchhaltevermögen *nt*
sticker [ˈstɪkəʳ, AM -ɚ] *n* ① (*adhesive label*) Aufkleber *m;* (*for collecting*) Sticker *m,* Klebebildchen *nt;* **~ album** Stickeralbum *nt;* **disabled ~** Behindertenaufkleber *m* (*am Auto*)*;* **price ~** Preisschild[chen] *nt*
② (*perseverer*) **to be a ~** Durchhaltevermögen haben, zäh sein
③ (*fam: thorn*) Dorn *m*
sticker price *n* AM (*manufacturer's price*) Fabrikpreis *m*
stick figure *n* Strichmännchen *nt*
stickiness [ˈstɪkɪnəs] *n no pl* ① (*ability to adhere*) Klebefähigkeit *f;* (*texture*) Klebrigkeit *f;* (*fig*) *of a problem* Brenzligkeit *f*
② (*sticky substance*) Klebrige(s) *nt kein pl*
③ (*humidity*) *of the weather* Schwüle *f; of the air* Stickigkeit *f*
sticking-out *adj attr ears* abstehend
sticking plaster *n* BRIT [Heft]pflaster *nt* **sticking point** *n* Streitfrage *f*
stick insect *n* Gespenstheuschrecke *f* ▸ PHRASES: **to be as thin as a ~** BRIT spindeldürr sein **stick-in-the-mud I.** *n* (*fam*) Muffel *m,* Spaßverderber(in) *m(f) pej fam* **II.** *adj attr, inv* altmodisch, rückständig
stickleback [ˈstɪklbæk] *n* ZOOL Stichling *m*
stickler [ˈstɪkləʳ, AM -ɚ] *n* Pedant(in) *m(f) pej;* **to be a ~ about being on time/keeping records** es mit der Pünktlichkeit/dem Buchführen peinlich genau nehmen; **to be a ~ for accuracy/punctuality** pingelig auf Genauigkeit/Pünktlichkeit achten
stick-on *adj attr, inv* Klebe-; **~ label** Klebeetikett *nt;* **~ price label** Preisaufkleber *m;* **~ name tag** Namensschild *nt* zum Ankleben; **~ sole** Schuhsohle *f* mit Haftschicht **stickpin** *n* AM (*tiepin*) Krawattennadel *f* **stick shift** *n* AM (*gear lever*) Schalthebel *m* **stick-to-it-iveness** *n no pl* AM (*fam: perseverance*) Durchhaltevermögen *nt* **stick-up** *n esp* AM (*fam*) Überfall *m*
sticky [ˈstɪki] *adj* ① (*texture*) klebrig; ■**to be ~ with sth** mit etw *dat* verklebt [*o* verschmiert] sein; **~ mass** klebrige Masse; **~ paint** [noch] feuchte Farbe
② (*sugary*) klebrig
③ (*sweaty*) *person* verschwitzt; (*humid*) *weather* schwül; *air* stickig; **hot and ~** (*of weather*) heiß und stickig
④ (*fig: difficult*) *person* schwierig; *question, situation* heikel; ■**to be ~ about doing sth** bei etw *dat* sehr zögern; ***my dad was rather ~ about letting me go to the party*** mein Vater ließ mich nur sehr ungern zu der Party gehen; **~ moment** kritischer Moment; **~ patch** schwierige Phase; **~ problem** kompliziertes Problem
▸ PHRASES: **to come to** [*or* **meet**] **a ~ end** ein böses Ende nehmen; ***you'll come to a ~ end*** mit dir wird es noch einmal ein schlimmes Ende nehmen; **to have ~ fingers** lange Finger haben *fam*

sticky bun *n* FOOD süßes Teilchen **sticky tape** *n* BRIT, AUS Klebeband *nt* **sticky wicket** *n* ❶ (*in cricket*) schwer bespielbare Spielbahn ❷ (*fig: difficult situation*) Klemme *f fam;* ***this is something of a ~ you've got us into*** du hast uns da ganz schön was eingebrockt *fam;* **to be batting on a ~** sich *dat* Schwierigkeiten einhandeln

stiff [stɪf] **I.** *n* ❶ (*fam: corpse*) Leiche *f*
❷ AM (*fig: conventional person*) Langweiler(in) *m(f);* **working ~** Prolet *m pej*
❸ AM (*fam: person*) ***you lucky ~!*** du Glückspilz! *fam*
II. *adj* ❶ (*rigid*) steif (**with** vor +*dat*); *paper, lid* fest; ***his clothes were ~ with dried mud*** seine Kleidung starrte vor angetrocknetem Schmutz; ***the handle on this door is rather ~*** der Türgriff lässt sich schlecht bewegen; **to be [as] ~ as a board** [*or* **poker**] steif wie ein Brett sein; **~ brush** harte Bürste; **~ cardboard** fester Karton; **~ collar** steifer Kragen
❷ (*sore*) *neck, joints* steif; *muscles* hart
❸ (*dense*) *paste* dick; *batter, mixture, dough* fest
❹ (*formal, reserved*) *manner* steif; *letter* unpersönlich, förmlich; (*forced*) *smile* gezwungen; **to keep a ~ upper lip** Haltung bewahren; ***come on Richard, keep a ~ upper lip*** komm, Richard, lass dir nichts anmerken
❺ (*strong*) *opposition* stark; *penalty, punishment* hart, schwer; *wind* stark, heftig; **~ brandy** starker Weinbrand; **~ breeze** steife Brise; **~ challenge** große Herausforderung; **~ criticism** herbe Kritik; **~ competition** harter Wettbewerb; **~ drink** harter Drink; **~ resistance** erbitterter Widerstand; **a ~ right/left** BOXING eine harte Rechte/Linke
❻ (*high*) [extrem] hoch; **~ cuts** einschneidende Kürzungen; **~ fee/tax** überzogene Gebühr/Steuer; **~ price** Wucherpreis *m pej,* gesalzener Preis *fam*
❼ (*difficult*) *question* schwer, schwierig; **~ climb/work-out** anstrengende Klettertour/anstrengendes Fitnesstraining; **~ test** SCH schwere Prüfung; TECH harter Test
III. *adv inv* zu Tode *fam;* ***I got frozen ~ waiting at the bus stop*** ich wäre fast erfroren, als ich an der Bushaltestelle wartete; ***I've been worried ~*** ich habe mir wahnsinnige Sorgen gemacht; **to be scared ~** zu Tode erschrocken sein
IV. *vt* AM (*fam*) ❶ (*cheat*) ■**to be ~ed** betrogen werden
❷ (*not tip*) **to ~ a porter/taxi driver/waiter** einem Gepäckträger/Taxifahrer/Kellner kein Trinkgeld geben
❸ (*snub*) ■**to ~ sb** jdn schneiden *fam*
❹ (*kill*) ■**to ~ sb** jdn kaltmachen *sl*

stiffen ['stɪfᵊn] **I.** *vi* ❶ (*tense up*) sich *akk* versteifen; *muscles* sich *akk* verspannen; (*with nervousness*) *person* sich *akk* verkrampfen; (*with fear, fright*) erstarren; ***his body ~ed in fear*** er erstarrte vor Angst
❷ (*become denser*) *cream, egg whites* fest [*o* steif] werden
❸ (*become stronger*) stärker werden, sich *akk* verstärken; *resistance* wachsen
II. *vt* ❶ (*make rigid*) **to ~ one's arms/legs** die Arme/Beine versteifen; **to ~ a collar** einen Kragen stärken [*o* steifen]; **to ~ one's muscles** die Muskeln anspannen
❷ (*make more difficult*) **to ~ criteria/requirements/standards** Kriterien/Anforderungen/Normen höher schrauben; **to ~ an exam** den Schwierigkeitsgrad einer Prüfung erhöhen
❸ (*make more severe*) **to ~ a fine** eine Geldstrafe erhöhen; **to ~ a penalty** [*or* **punishment**]**/the rules** eine Strafe/die Regeln verschärfen
❹ (*strengthen*) ■**to ~ sth** etw stärken [*o* verstärken]; *character* etw festigen; ***these events have ~ed our resolve to succeed*** diese Ereignisse haben uns in unserer Entschlossenheit zu siegen bestärkt; **to ~ competition** den Wettbewerb verschärfen; **to ~ the spine of sb** [*or* **sb's spine**] (*fig*) jdm den Rücken stärken

stiffener ['stɪfᵊnəʳ, AM ɚ] *n* ❶ (*supporting material*) steife Einlage, Versteifung *f*
❷ (*fam: drink*) Stärkungstrunk *m iron,* Muntermacher *m hum*

stiffening ['stɪfᵊnɪŋ] **I.** *n no pl* ❶ (*becoming rigid*) *of muscles, joints* Versteifung *f*
❷ FASHION (*rigid material*) Einlage *f,* Vliesstoff *m*
II. *adj attr, inv* (*fig*) **~ing competition/resistance** sich *akk* verschärfender Wettbewerb/Widerstand; **~ defence** SPORTS stärker werdende Abwehr; **~ resolve** zunehmende Entschlossenheit

stiff-jointed [-'dʒɔɪntɪd] *adj* steif, ungelenkig

stiffly ['stɪfli] *adv* ❶ (*rigidly*) **to sit/stand ~** steif dasitzen/dastehen; (*with difficulty*) **to move ~** sich *akk* steif bewegen
❷ (*fig: unfriendly*) steif; ***I wrote a ~ worded letter of complaint*** ich schrieb einen scharf formulierten Beschwerdebrief; **to smile ~** steif [*o* gezwungen] lächeln

stiff-necked [-'nekt] *adj* (*pej*) ❶ (*stubborn*) halsstarrig *pej,* stur *pej*
❷ (*arrogant*) hochnäsig *pej fam,* arrogant *pej*

stiffness ['stɪfnəs] *n no pl* ❶ (*rigidity*) Steifheit; *of brakes* Steifigkeit *f; of dough, batter* Festigkeit *f; of muscles* Verspanntheit *f;* **to have ~ in one's muscles** (*from illness*) Muskelschmerzen haben; (*after exercise*) einen Muskelkater haben
❷ (*formal behaviour*) Steifheit *f,* Förmlichkeit *f*
❸ (*severity*) Härte *f; of a punishment, penalty, sentence* Schwere *f; of taxes, fees* Höhe *f*

stiff-upper-lipped ['stɪfʌpəˌlɪpt, AM -ʌpɚ-] *adj* steif *fig*

stiffy ['stɪfi] *n* (*vulg*) **to get/have a ~** einen Steifen kriegen/haben *vulg*

stifle ['staɪfl] **I.** *vi* ersticken; ***we ~d in the heat of the city*** (*fig*) wir sind in der Hitze der Stadt fast umgekommen *fam*
II. *vt* ❶ (*smother*) ■**to ~ sb** jdn ersticken; **to ~ a fire/flames** ein Feuer/Flammen ersticken; **to be ~d by fumes/smoke** an Dämpfen/am Rauch ersticken
❷ (*fig: suppress*) ■**to ~ sth** etw unterdrücken; ***I don't know how I managed to ~ my anger*** ich weiß nicht, wie ich es geschafft habe, meinen Zorn hinunterzuschlucken; **to ~ competition** die Konkurrenz ausschalten; **to ~ a desire** sich *dat* einen Wunsch versagen; **to ~ a scream/yawn** einen Aufschrei/ein Gähnen unterdrücken; **to ~ the urge to laugh** sich *dat* das Lachen verbeißen

stifling ['staɪflɪŋ] *adj* ❶ (*smothering*) *fumes, smoke* erstickend; *air* zum Ersticken *nach n, präd;* (*fig*) *heat, humidity* drückend; *room* stickig; ***it was hot and ~ in the train*** im Zug war es heiß und stickig
❷ (*fig: repressive*) erdrückend; ***we had to deal with a lot of ~ bureaucracy*** wir mussten uns oft mit einer Bürokratie herumschlagen, die jede Initiative im Keim erstickte

stiflingly ['staɪflɪŋli] *adv* **~ hot/humid** drückend heiß/schwül; (*fig*) erdrückend

stigma ['stɪgmə] *n* ❶ MED (*of a disease*) Symptom *nt,* Stigma *nt fachspr;* (*mark on skin*) Mal *nt*
❷ (*shame*) Stigma *nt geh;* **the ~ of unemployment** das Stigma der Arbeitslosigkeit; **social ~** gesellschaftlicher Makel
❸ BOT Narbe *f*

stigmata [stɪg'mɑːtə, AM -t̬ə] *npl* REL Wundmale *ntpl,* Stigmata *ntpl*

stigmatize ['stɪgmətaɪz] *vt* ■**to ~ sb** ❶ (*mark*) jdn brandmarken; **to ~ sb as dishonest/a delinquent/an alcoholic** jdn als unehrlich/Kriminellen/Alkoholiker abstempeln [*o geh* brandmarken]
❷ REL jdn stigmatisieren

stile [staɪl] *n* Pfosten *m; of a door* Höhenfries *m*

stiletto <*pl* -os> [stɪ'letəʊ, AM -'let̬oʊ] *n* ❶ (*knife*) Stilett *nt*
❷ (*shoe*) Pfennigabsatz *m;* ■**~s** *pl* Schuhe *mpl* mit Pfennigabsätzen

stiletto heel *n* Pfennigabsatz *m*

still¹ [stɪl] **I.** *n* ❶ *no pl* (*peace and quiet*) Stille *f;* **in the ~ of the night** in der Stille der Nacht
❷ *usu pl* (*photo of film scene*) Standfoto *nt;* (*single frame*) Einzelaufnahme *f*
II. *adj* ❶ (*quiet and peaceful*) ruhig, friedlich; *lake, sea* ruhig; *air* windstill
❷ (*motionless*) reglos, bewegungslos; **~ photo** Standfoto *nt;* **to be ~ as a statue** regungslos wie eine Statue sein; **to keep ~** still halten, sich *akk* nicht bewegen; **to keep ~ about sth** (*fig*) über etw *akk* schweigen; **to sit/stand ~** still sitzen/stehen
❸ *inv* (*not fizzy*) *drink* ohne Kohlensäure *nach n; mineral water* still, ohne Kohlensäure *nach n; wine* nicht moussierend
► PHRASES: **a ~ small voice** ein leises Stimmchen; **~ waters run deep** (*prov*) stille Wasser sind tief *prov*
III. *vt* ❶ (*stop movement*) ■**to ~ sb** jdn zur Ruhe bringen; ■**to ~ sth** etw zum Stillstand bringen
❷ (*calm*) **to ~ sb's doubts/fears/worries** jdm seine Ängste/Zweifel/Bedenken nehmen; **to ~ public anxiety about sth** die allgemeine Besorgnis über etw *akk* zerstreuen; **to ~ sb's complaining/protests** jds Beschwerden/Proteste zum Verstummen bringen; ***she cuddled her baby to ~ its cries*** sie knuddelte ihr Baby, damit es aufhörte zu schreien

still² [stɪl] *adv inv* ❶ (*continuing situation*) [immer] noch, noch immer; (*in future as in past*) nach wie vor; ***I'm ~ hungry*** ich habe immer noch Hunger; ***we've ~ got some wine left over from the party*** wir haben von dem Fest noch ein paar Flaschen Wein übrig; ***there's ~ time for us to get to the cinema before the film starts*** wir können es noch schaffen, ins Kino zu kommen, bevor der Film anfängt; **to be ~ alive** noch leben [*o* am Leben sein]; **to be ~ possible** immer noch möglich sein
❷ (*nevertheless*) trotzdem; ***I know you don't like her but you ~ don't have to be so rude to her*** ich weiß, du kannst sie nicht leiden, aber deswegen brauchst du nicht gleich so unhöflich zu ihr zu sein; ***..., but he's ~ your brother ...*** er ist immer noch dein Bruder; ***even though she hasn't really got the time, she ~ offered to help*** obwohl sie eigentlich gar keine Zeit hat, hat sie dennoch angeboten zu helfen; **~ and all** *esp* AM [und] dennoch [*o* doch]
❸ (*greater degree*) noch; **~ further/higher/more** noch weiter/höher/mehr; **to want ~ more** immer noch mehr wollen; **better/worse ~** noch besser/schlimmer, besser/schlimmer noch; ***I'll meet you at the theatre — no, better ~, let's meet in a pub*** ich treffe dich im Theater – oder nein, treffen wir uns besser in einem Pub

still³ [stɪl] *n* ❶ (*distillery*) Brennerei *f;* **moonshine/whisky ~** Schwarz-/Whiskybrennerei *f;* **illicit ~** Schwarzbrennerei *f,* illegale Brennerei
❷ (*appliance*) Destillierapparat *m*

stillbirth *n* Totgeburt *f* **stillborn** *adj inv baby, animal young* tot geboren; (*fig*) *ideas, plans, proposals* nicht umsetzbar [*o* realisierbar]; ***she gave birth to a ~ baby*** sie hatte eine Totgeburt **still life** <*pl* -s> *n* ❶ (*painting*) Stillleben *nt* ❷ *no pl* (*style*) Stilllebenmalerei *f* **still-life** *adj attr, inv* **~ drawing** Stillleben *nt,* Zeichnung *f* eines Stilllebens; **~ painting** Stillleben *nt;* **~ painter** Maler(in) *m(f)* von Stillleben

stillness ['stɪlnəs] *n no pl* ❶ (*tranquillity*) Stille *f,* Ruhe *f*
❷ (*lack of movement*) *of the air, trees* Unbewegtheit *f,* Bewegungslosigkeit *f; of a person* Reglosigkeit *f*

still room *n* BRIT (*hist*) Vorratskammer *f*

Stillson ['stɪlsᵊn] *n,* **Stillson wrench** *n* Stillson-Schlüssel *m*

stilt [stɪlt] *n usu pl* ❶ (*post*) Pfahl *m;* **to be built on ~s** auf Pfählen gebaut sein; **house built on ~s** Pfahlbau *m*
❷ (*for walking*) Stelze *f;* **a pair of ~s** Stelzen *fpl;* **to walk on ~s** auf Stelzen laufen

stilted ['stɪltɪd] *adj* (*pej: stiff and formal*) *way of talking* gestelzt *pej;* (*not natural*) *behaviour* unnatürlich, gespreizt *pej;* **to have a ~ conversation** eine hochtrabende Unterhaltung führen

stiltedly ['stɪltɪdli] *adv* gestelzt *pej,* geschraubt *pej fam*

Stilton ['stɪltᵊn] *n no pl* Stilton *m* (*Käsesorte*)

stimulant ['stɪmjələnt] **I.** *n* ① (*boost*) Stimulanz *f*, Anreiz *f*; **to act as** [*or* **be**] **a ~ to development/the economy/growth** die Entwicklung/die Wirtschaft/das Wachstum ankurbeln
② MED (*drug*) Stimulans *nt*; SPORTS Aufputschmittel *nt*; **to act as a ~ to sth** auf etw *akk* anregend wirken
II. *adj attr* anregend, belebend

stimulate ['stɪmjəleɪt] **I.** *vt* ① (*encourage*) ■**to ~ sth** etw beleben [*o* ankurbeln]; ■**to ~ sb to do sth** jdn anspornen [*o* anregen], etw zu tun; ■**to ~ sb into doing sth** jdn dazu bringen, etw zu tun; ***we want to ~ the authorities into taking action*** wir wollen die Behörden zum Handeln bringen; **to ~ discussion of a problem** eine Diskussion über ein Problem in Gang bringen; **to ~ the economy** die Wirtschaft ankurbeln; **to ~ enthusiasm/interest** Begeisterung/Interesse erregen
② (*excite*) ■**to ~ sb/sth** jdn/etw stimulieren; ■**to be ~d by sth** (*mentally*) durch etw *akk* stimuliert werden; (*sexually*) durch etw *akk* erregt werden; **to ~ the conversation** die Unterhaltung beleben; **to ~ sb's mind** jds Geist anregen
③ MED (*activate*) ***the drugs ~ the damaged tissue into repairing itself*** die Medikamente regen das beschädigte Gewebe dazu an, sich zu regenerieren; **to ~ a gland/the immune system** eine Lymphdrüse/das Immunsystem aktivieren [*o* stimulieren]; **to ~ a nerve** einen Nerv reizen
II. *vi* begeistern, mitreißen

stimulating ['stɪmjəleɪtɪŋ, AM -t̬-] *adj* ① (*mentally*) stimulierend; *conversation, discussion* anregend; *atmosphere, environment* animierend; ***she is a really ~ teacher*** sie ist eine begeisternde Lehrerin; ■**to be ~** *experience, time* neue Impulse geben; *ideas* zum Nachdenken anregen
② (*sexually*) erregend, stimulierend
③ (*physically*) *shower, exercise* belebend; *drug* stimulierend

stimulation [ˌstɪmjə'leɪʃᵊn] *n no pl* ① (*mental*) Anregung *f*; (*physical*) belebende Wirkung; (*sexual*) Stimulieren *nt*, Erregen *nt*; **intellectual ~** geistige Anregung
② (*motivation*) *of the economy* Ankurbelung *m*; (*of interest, enthusiasm*) Erregung *f*
③ MED *of a gland, the immune system* Stimulation *f*; *of a nerve* Reizen *nt*; **electric ~** Elektrostimulation *f*

stimulative ['stɪmjələtɪv, AM -leɪt̬ɪv] **I.** *n* ① (*mental*) Anreiz *m kein pl*
② (*drug*) Stimulans *nt*
II. *adj* anregend, belebend

stimuli ['stɪmjəlaɪ] *n pl of* **stimulus**

stimulus <*pl* -li> ['stɪmjələs, *pl* -laɪ] *n* ① (*economic boost*) Anreiz *m*, Stimulus *m geh*; ***foreign investment has been a ~ to the industry*** ausländische Investitionen haben der Industrie Aufschwung gegeben
② (*motivation*) Ansporn *m kein pl*, Antrieb *m kein pl*
③ BIOL, MED Reiz *m*, Stimulus *m fachspr*

sting [stɪŋ] **I.** *n* ① BIOL *of a bee, hornet* Stachel *m*; *of a jellyfish* Brennfaden *m*; *of a plant* Brennhaar *nt*
② (*wound*) Stich *m*; *of jellyfish* Brennen *nt*; **bee/hornet/wasp ~** Bienen-/Hornissen-/Wespenstich *m*
③ *no pl* (*from antiseptic, ointment*) Brennen *nt*; (*from needle*) Stechen *nt*; (*from whip*) brennender Schmerz; **~ of defeat** (*fig*) schmerzliche Niederlage; **~ of remorse** Gewissensbisse *mpl*
④ *no pl* (*harshness*) *of a remark, irony, satire* Stachel *m*; *of a voice, criticism* Schärfe *f*; ***I will never forget the ~ of his words*** ich werde die Kränkung durch seine Worte niemals vergessen
⑤ AM (*fam: theft*) großer Coup
⑥ AM (*fam: police operation*) Undercovereinsatz *m*
► PHRASES: **to have a ~ in the tail** (*have surprising end*) eine Pointe haben; (*have negative aspect*) eine Kehrseite haben; **to take the ~ out of sth** etw *dat* den Stachel nehmen
II. *vi* <stung, stung> *bee, hornet* stechen; *disinfectant, sunburn* brennen; *wound, cut* schmerzen, weh tun; (*fig*) *words, criticism* schmerzen
III. *vt* <stung, stung> ① (*wound*) ■**to ~ sb** *insect* jdn stechen; *jellyfisch* jdn brennen; ***I was stung by the nettles*** ich habe mich an den Nesseln verbrannt
② (*cause pain*) ***the vodka stung her throat*** der Vodka brannte ihr im Hals; ***his conscience stung him for weeks after the incident*** (*fig*) sein Gewissen plagte ihn nach dem Unfall noch wochenlang; **to ~ sb's eyes** *sand, wind, hail* jdm in den Augen brennen
③ (*upset*) ■**to ~ sb** jdn verletzen [*o* kränken]; ***he was stung by her criticisms*** ihre Kritik hat ihn tief getroffen
④ BRIT, AUS (*goad*) ■**to ~ sb into sth** jdn zu etw *dat* aufstacheln; ***the negative comments stung me into action*** die abfälligen Bemerkungen ließen mich aktiv werden
⑤ (*swindle*) ■**to ~ sb** jdn übers Ohr hauen *fam* [*o sl* abzocken]; (*overcharge*) jdn schröpfen *fam*; ■**to ~ sb [for] sth** jdm etw abknöpfen *fam*; ***the bank stung me £50 in charges when I went overdrawn*** als ich das Konto überzogen hatte, hat mir die Bank eine Überziehungsgebühr von 50 Pfund aufgebrummt; **to ~ sb with higher fees/surcharges/new taxes** jdm höhere Gebühren/Zuschläge/neue Steuern aufbrummen *fam*

stinger ['stɪŋəʳ, AM -ɚ] *n* ① (*fam: animal*) stechendes Insekt; (*plant*) brennende Pflanze
② AM, AUS (*insect part*) Stachel *m*
③ (*slap*) Ohrfeige *f*
► PHRASES: **to have a ~ in it** AM (*have surprise ending*) überraschend enden; (*have negative aspect*) einen Haken haben *fam*

stingily ['stɪndʒɪli] *adv* (*pej fam*) knaus[e]rig *pej fam*, knick[e]rig *pej fam*

stinginess ['stɪndʒɪnəs] *n no pl* Geiz *m*, Knaus[e]rigkeit *f pej fam*, Knick[e]rigkeit *f pej fam*

stinging ['stɪŋɪŋ] *adj attr* ① *inv* ZOOL *insect* stechend
② (*painful*) *pain* brennend; *cut, wound* schmerzend
③ (*fig: hurtful*) *remark, words, criticism* verletzend, kränkend; *reply, rebuke* scharf; (*harsh*) *voice, tone* scharf

stinging nettle *n* Brennnessel *f*

stingray ['stɪŋreɪ] *n* Stachelrochen *m*

stingy ['stɪndʒi] *adj* (*fam*) geizig, knaus[e]rig *pej fam*, knick[e]rig *pej fam*; **to be ~ with money** mit Geld knausern; **to be ~ with praise/compliments** mit Lob/Komplimenten geizen

stink [stɪŋk] **I.** *n* ① *usu sing* (*smell*) Gestank *m*; ***what's that ~?*** was ist das für ein Gestank?
② *usu sing* (*fam: trouble*) Stunk *m pej fam*, Knatsch *m* DIAL; **to cause a ~** Stunk geben *fam*, Staub aufwirbeln *fam*; **to create** [*or* **kick up**] [*or* **raise**] **a ~ [about sth]** [wegen einer S. *gen*] Stunk machen *fam*; ***please don't raise a ~*** bitte mach jetzt keinen Aufstand *fam*; **to work like ~** BRIT hart [*o* wie ein Verrückter] schuften *fam*
③ BRIT (*fam: chemistry*) ■**~s** + *sing vb* Chemie *f*
II. *vi* <stank *or* stunk, stunk> ① (*smell bad*) stinken; ***your feet ~!*** du hast Käs[e]füße *pej sl*; ■**to ~ of sth** nach etw *dat* stinken; **to ~ to high heaven** furchtbar [*o sl* zum Himmel] stinken
② (*fig fam: be bad*) sauschlecht [*o* miserabel] sein *fam*; ***his acting ~s*** er ist ein miserabler Schauspieler; **to ~ at cooking** ein miserabler Koch sein *fam*; **to ~ at maths/sports** in Mathe/Sport eine Niete sein *fam*
③ (*fig fam: be disreputable*) stinken *fam*; (*be wrong*) zum Himmel stinken *sl*, faul sein *fam*; ***I think her whole attitude ~s*** ich finde ihre ganze Einstellung einfach zum Kotzen *sl*; ***I think the whole business ~s*** ich finde, die ganze Angelegenheit stinkt *sl*
④ (*fig fam: have a lot*) **to ~ of money** vor Geld stinken *sl*, Geld wie Heu haben *fam*; **to ~ of wealth** stinkreich sein *sl*

◆**stink out** *vt* BRIT, AUS, **stink up** *vt* AM ■**to ~ out** [*or* **up**] ⊂ **sth** *a room* etw verstänkern [*o* verstinken] *fam*

stink bomb *n* Stinkbombe *f*

stinker ['stɪŋkəʳ, AM -ɚ] *n* ① (*pej fam: person*) Fiesling *m pej sl*; ***what a ~ that man is!*** was ist er nur für ein Ekel! *pej fam*; ***you little ~*** du kleines Ekel *pej fam* [*o pej derb* mieses kleines Stück]
② (*fam: sth difficult*) harter Brocken; ***the first question was a real ~*** die erste Frage war echt happig *fam*
③ (*fam!: flatulation*) Furz *m derb*

stinking ['stɪŋkɪŋ] **I.** *adj attr, inv* ① (*bad smelling*) stinkend
② (*fam: bad*) beschissen *pej sl*; ***I hate this ~ job!*** ich hasse diese Scheißarbeit! *pej derb*; ***she had a ~ cold*** sie hatte eine saumäßige Erkältung *sl*
II. *adv* (*fam*) stink- *sl*; **~ drunk** stockbetrunken *fam*, sturzbesoffen *derb*; **~ rich** stinkreich *sl*

stinko ['stɪŋkoʊ] *adj* (*fam*) sturzbesoffen *derb*, sternhagelvoll *sl*

stinkpot *n esp* AM (*fam*) ① (*car*) Dreckschleuder *f pej derb*
② (*pej: person*) Stinker *m pej sl*, widerlicher Kerl *pej*

stinky ['stɪŋki] *adj* (*fam*) ① (*smelly*) übel riechend, stinkend, stinkig *pej sl*
② (*unpleasant*) beschissen *pej sl*
③ (*repulsive*) widerlich; (*fig*) miserabel

stint [stɪnt] **I.** *n* ① (*restricted amount of work*) [Arbeits]pensum *nt*, Aufgabe *f*; (*share*) [Arbeits]beitrag *m*; **to do one's ~** seinen Teil beitragen
② (*restricted time of work*) Zeit *f*; ***he has just finished his ~ of compulsory military service*** er hat soeben die vorgeschriebene Wehrdienstzeit abgeleistet; ***her most productive period was her five-year ~ as a foreign correspondent*** ihre produktivste Zeit waren die fünf Jahre, die sie als Auslandskorrespondentin verbrachte
③ *no pl* (*limitation*) ■**without ~** ohne Einschränkung
II. *vt* ■**to ~ sth** mit etw *dat* sparen [*o fam* knausern]; ***the company ~s money on safety measures in the factory*** die Firma spart bei den Sicherheitsmaßnahmen in der Fabrik; ■**to ~ oneself** sich *akk* zurückhalten; ***don't ~ yourself — help yourself!*** nur zu – bedienen Sie sich!
III. *vi* ■**to ~ on sth** mit etw *dat* sparen [*o* geizen]

stipend ['staɪpend] *n* ① (*income*) Gehalt *nt*; BRIT (*for a priest*) Gehalt *nt* eines Priesters, Priestergehalt *nt*
② (*scholarship*) Stipendium *nt*

stipendiary [staɪ'pendiᵊri, AM -dieri] **I.** *adj inv* nicht ehrenamtlich; **~ magistrate** BRIT besoldeter Friedensrichter/besoldete Friedensrichterin, Berufsrichter(in) *m(f)* am Magistrates' Court
II. *n* Stipendiat(in) *m(f)*

stipple ['stɪpl] ART **I.** *vt* ■**to ~ sth** etw in Tupfentechnik malen [*o* tupfen]; ***fish ~d in gold and black*** (*fig*) gold und schwarz gepunktete Fische
II. *n no pl* Tupfentechnik *f*

stippled ['stɪpld] *adj* ART getupft, mit Tupfen *nach n*

stippling ['stɪplɪŋ] *n no pl* ART Tupfentechnik *f*, Technik *f* des Pointillismus *fachspr*

stipulate ['stɪpjəleɪt] *vt* ■**to ~ sth** *person* etw verlangen [*o* fordern] [*o* zur Bedingung machen]; *contract* etw festlegen [*o fachspr* stipulieren]; *law, legislation* etw zur Auflage machen [*o* vorschreiben]; (*in a contract*) etw [vertraglich] vereinbaren [*o* festsetzen]; **to ~ conditions** Bedingungen festlegen [*o* festsetzen]

stipulation [ˌstɪpjə'leɪʃᵊn] *n* Auflage *f*, Bedingung *f*; LAW Vereinbarung *f*, Bestimmung *f*; *in contract* Klausel *f*; **with the ~ that …** unter der Bedingung, dass …

stir [stɜːʳ, AM stɜːr] **I.** *n usu sing* ① (*with spoon*) [Um]rühren *nt*; **to give sth a ~** etw umrühren
② (*physical movement*) Bewegung *f*; (*of emotion*) Erregung *f*; **a ~ of anger** ein Anflug *m* von Wut; **to cause a ~ of interest** Interesse wecken
③ (*excitement*) Aufruhr *f*; **to cause** [*or* **create**] **a ~** Aufsehen erregen
④ (*fam*) Knast *m fam*; **to be in ~** sitzen *fam*
II. *vt* <-rr-> ① (*mix*) ■**to ~ sth** etw rühren; ■**to ~ sth into sth** etw in etw *akk* [hin]einrühren; ***~ the***

eggs into the batter one at a time rühren Sie die Eier einzeln unter den Teig; **to ~ the batter/the dough** den [Ausback]teig/den Teig rühren; **to ~ the coffee/the soup/the tea** den Kaffee/die Suppe/den Tee umrühren; **to ~ a fire** ein Feuer [an]schüren; ***he ~red the coals with a poker*** er stocherte mit einem Schürhaken in den Kohlen
❷ (*physically move*) ■**to ~ sth** etw rühren [*o* bewegen]; ***she wouldn't ~ a finger to help anyone*** sie würde keinen Finger rühren, um jemandem zu helfen; ■**to ~ oneself** sich *akk* bewegen; ***come on, ~ yourselves, or you'll be late*** kommt, macht voran, sonst kommt ihr noch zu spät *fam;* **to ~ the curtains/the leaves** *wind, breeze* die Vorhänge/die Blätter bewegen; **to ~ one's stumps** BRIT (*fam*) sich *akk* in Bewegung setzen *fam;* **to ~ water** Wasser kräuseln
❸ (*awaken*) **to ~ sb from a dream/reverie** jdn aus einem Traum/Träumereien reißen
❹ (*arouse*) ■**to ~ sb** jdn bewegen [*o* rühren]; ***I was deeply ~red by her moving performance*** ich war von ihrem ergreifenden Auftritt tief bewegt; **to ~ anger/curiosity** Ärger/Neugier erregen; **to ~ the blood** das Blut in Wallung versetzen; **to ~ emotions** Emotionen aufwühlen; **to ~ sb's heart** jds Herz rühren [*o* bewegen]; **to ~ the imagination** die Fantasie anregen; **to ~ memories** [alte] Erinnerungen wachrufen [*o* wecken]; **to ~ pity** Mitleid erregen
❺ (*inspire*) **to ~ sb into action** jdn zum Handeln bewegen; **to ~ trouble** AM Unruhe stiften; ■**to ~ sb to do sth** jdn dazu bewegen, etw zu tun
III. *vi* <-rr-> ❶ (*mix*) rühren
❷ (*move*) sich *akk* regen; *person also* sich *akk* rühren [*o* bewegen]; *grass, water, curtains* sich *akk* bewegen; ***after three years of recession, the property market is beginning to ~ again*** (*fig*) nach drei Jahren Rezession kommt der Immobilienmarkt wieder in Bewegung; **to ~ from** [*or* **out of**] **one's bed/house/room** das Bett/Haus/Zimmer verlassen
❸ (*awaken*) wach werden, aufwachen; ***it was so early, not a soul was ~ring*** es war so früh, dass noch keine Menschenseele wach war; ■**to ~ within sb** (*fig*) *emotions* sich *akk* in jdm regen
❹ (*circulate*) *rumour, news* die Runde machen *fam*
❺ BRIT, AUS (*cause trouble*) Unruhe stiften; (*spread gossip*) Gerüchte in Umlauf bringen
◆**stir in** *vt* ■**to ~ sth** ○ **in** etw einrühren; *ingredients* etw unterrühren
◆**stir up** *vt* ❶ (*mix*) ■**to ~ up** ○ **sth** etw umrühren
❷ (*raise*) **to ~ up dust/leaves** Staub/Blätter aufwirbeln
❸ (*cause intentionally*) **to ~ up discontent** Unzufriedenheit entfachen; **to ~ up dissention** Zwietracht säen; **to ~ up a mutiny/revolution/riot** eine Meuterei/eine Revolution/einen Aufstand anzetteln; **to ~ up sedition** Volksverhetzung betreiben; **to ~ up trouble/unrest** Ärger/Unruhe stiften
❹ (*start*) **to ~ up a crisis** eine Krise auslösen; **to ~ up a dispute/feud** einen Streit/eine Fehde entfachen; **to ~ up rivalry between sb and sb** zu einer Rivalität zwischen jdm und jdm führen
❺ (*agitate*) **to ~ up the crowd/mob** die Menge/den Pöbel aufhetzen [*o* aufwiegeln]
❻ (*arouse*) **to ~ up anger/interest/resentment** Ärger/Interesse/Groll erregen; **to ~ up enthusiasm/hope/sympathy** Begeisterung/Hoffnung/Sympathie wecken; **to ~ up excitement/ill-feeling** Aufregung/Unbehagen verursachen; **to ~ up hatred** Hass hervorrufen; **to ~ up support** Unterstützung gewinnen
❼ (*cause a commotion*) ■**to ~ sb** ○ **up** jdn in Aufregung versetzen [*o fam* aufmischen]; **to ~ things up** einen Wirbel verursachen
▶ PHRASES: **to ~ up a hornet's nest** in ein Wespennest stechen
stir-crazy *adj* AM (*fam*) ■**to be ~** einen Gefängniskoller haben *fam;* **to go ~** meschugge werden *fam,* einen Koller kriegen *fam* **stir-fried** *adj inv* FOOD [unter Rühren] kurz angebraten **stir-fry I.** *n* Chinapfanne *f;* **vegetable ~** chinesische Gemüsepfanne **II.** *vi* <-ie-> kurz anbraten **III.** *vt* <-ie-> **to ~ chicken/pork/vegetables** Huhn/Schweinefleisch/Gemüse kurz anbraten
stirrer ['stɜːrəʳ, AM 'stɜːrə˞] *n* ❶ (*kitchen tool*) Rührlöffel *m*
❷ (*troublemaker*) Störenfried *m,* Unruhestifter(in) *m(f) pej;* (*agitator*) Scharfmacher(in) *m(f) pej fam*
stirring ['stɜːrɪŋ] **I.** *n* Regung *f;* ***he felt the ~ of national pride within him*** er fühlte Nationalstolz in sich aufkommen; **to feel a faint ~ of envy** einen Anflug von Neid verspüren; **a ~ of interest** ein erstes Interesse
II. *adj appeal, song, sermon, speech* bewegend, aufwühlend
stirringly ['stɜːrɪŋli] *adv* bewegend; **to preach/speak ~** eine bewegende Predigt/Rede halten
stirrup ['stɪrəp, AM 'stɜːr-] *n* ❶ (*on saddle*) Steigbügel *m*
❷ ANAT Steigbügel *m*
❸ (*leggings*) ■**~s** *pl* Steghose *f*
stirrup cup *n esp* BRIT Abschiedstrunk *m* **stirrup pants** *npl* Steghose *f* **stirrup pump** *n* TECH Handspritze *f*
stitch [stɪtʃ] **I.** *n* <*pl* -es> ❶ (*in sewing*) Stich *m;* (*in knitting, crocheting*) Masche *f;* **to cast on/off a ~** eine Masche anschlagen/abketten; **to drop a ~** eine Masche fallen lassen
❷ (*method*) Stichart *f;* (*style*) Stich *m;* **blanket/cross ~** Langetten-/Kreuzstich *m;* **lazy daisy ~** Millefleursstickerei *f;* **satin ~** (*sewing*) Raupenstich *m;* (*embroidery*) Plattstich *m*
❸ (*knitting pattern*) Strickmuster *nt;* **cable ~** Zopfmuster *nt*
❹ (*for a wound*) Stich *m;* ***her head wounds needed 5 ~es*** ihre Kopfwunde musste mit 5 Stichen genäht werden; **to have one's ~es taken out** die Fäden gezogen bekommen
❺ (*fam: the smallest amount*) Geringste(s) *nt;* ***I haven't got a ~ to wear*** ich habe gar nichts anzuziehen; **to not have a ~ on** splitterfasernackt sein; **without a ~ on** splitter[faser]nackt
❻ (*pain*) Seitenstechen *nt kein pl;* **to get a ~** Seitenstechen bekommen; **to be in ~es** (*fig*) sich *akk* schieflachen [*o* [halb] totlachen] *fam;* **to have** [*or* **keep**] **sb in ~es** (*fig*) jdn furchtbar zum Lachen bringen *fam*
▶ PHRASES: **a ~ in time saves nine** (*prov*) was du heute kannst besorgen, das verschiebe nicht auf morgen *prov*
II. *vi* sticken; (*sew*) nähen
III. *vt* ❶ (*in sewing*) ■**to ~ sth** etw nähen; **to ~ a button onto sth** einen Knopf an etw *akk* [an]nähen; **to ~ a hem** einen Saum nähen; **to ~ a hole** ein Loch stopfen; **to ~ a rip** [*or* **tear**] einen Riss nähen [*o* DIAL flicken]
❷ (*by doctor*) **to ~ a cut/wound** eine Schnittwunde/Wunde nähen
❸ (*in books*) ■**to ~ sth** etw [zusammen]heften [*o* broschieren]
◆**stitch together** *vt* ■**to ~ sth** ○ **together**
❶ (*in sewing*) etw zusammennähen
❷ (*fig: make hastily*) etw zusammenschustern *pej fam;* **to ~ together a deal** einen Handel zusammenschustern
◆**stitch up I.** *vt* ❶ (*sew*) **to ~ up** ○ **a hem** einen Saum hochnähen; **to ~ up a hole** ein Loch stopfen; **to ~ up a rip** einen Riss nähen; ***they are attempting to ~ up the political fabric in the Middle East*** (*fig*) sie versuchen das politische Gefüge im Nahen Osten wieder zu kitten
❷ MED **to ~ up** ○ **sth** *wound, cut* etw nähen; ***she was ~ed up*** sie wurde genäht *fam*
❸ (*fam: finalize*) ■**to ~ up** ○ **sth** etw durchziehen *fam;* **to ~ up an agreement** einen Vertrag unter Dach und Fach bringen; **to ~ up a deal** einen Handel durchziehen *fam*
❹ BRIT (*fam: frame*) ■**to ~ sb** ○ **up** jdn linken [*o* reinlegen] *fam;* ***he claims he was ~ed up by the police*** er behauptet, dass die Polizei ihm etwas angehängt hat
II. *vi* vernähen
stitching ['stɪtʃɪŋ] *n* (*sewing*) Naht *f;* (*decorative sewing*) Ziernaht *f;* (*embroidery*) Stickerei *f*
stitch-up *n* BRIT (*fam*) abgekartete Sache *fam;* ***he claimed that it was a ~*** er behauptete, dass er hereingelegt worden sei
St John's wort [sᵊnt'dʒɒnz,wɜːt, AM seɪnt'dʒɑːnz,wɜːrt] *n* Johanniskraut *nt*
stoat [stəʊt, AM stoʊt] *n* Hermelin *nt*
stock¹ [stɒk, AM stɑːk] *n* ❶ *no pl* FOOD Brühe *f;* **beef/chicken/vegetable ~** Fleisch-/Hühner-/Gemüsebrühe *m;* **fish ~** Fischfond *m*
❷ (*garden flower*) Levkoje *f;* **Brompton ~** Brompton Levkoje *f*
❸ (*stem of tree*) Stamm *m;* (*for grafting*) Wildling *m,* Unterlage *f;* **dwarfing ~** Pfropfunterlage *f* für einen Zwergbaum
❹ (*handle*) *of a tool* [Werkzeug]griff *m; of a gun* Gewehrkolben *m,* [Gewehr]schaft *m*
❺ (*neckwear*) steifer Kragen; (*for clergy*) Halsbinde *f*
❻ (*hist: for punishment*) ■**the ~s** *pl* der Stock *kein pl*
❼ NAUT (*on dry dock*) ■**~s** *pl* Baudock *nt*
stock² [stɒk, AM stɑːk] **I.** *n* ❶ (*reserves*) Vorrat *m* (**of an** +*dat*); **a ~ of canned food/oil/wine/wood** ein Konserven-/Öl-/Wein-/Holzvorrat *m;* **housing ~** Bestand *m* an Wohnhäusern; **a ~ of data/information** (*fig*) Daten-/Informationsmaterial *nt;* **a ~ of knowledge** (*fig*) ein Wissensschatz *m*
❷ *no pl* (*inventory*) Bestand *m;* ***there has been such a demand for this item that we've run out of ~*** die Nachfrage nach diesem Artikel war so groß, dass er uns ausgegangen ist; **to be in/out of ~** vorrätig/nicht vorrätig sein; **to have sth in ~** etw führen; **to take ~** Inventur machen; **to take ~ of one's life** (*fig*) Bilanz aus seinem Leben ziehen
❸ ■**~s** *pl* AM (*shares in a company*) Aktien *fpl;* BRIT (*government shares*) Staatspapiere *ntpl,* Staatsanleihen *fpl;* **~s and bonds** Aktien *fpl* und Obligationen *fpl;* **~ and shares** Wertpapiere *ntpl,* Börsenpapiere *ntpl,* Effekten *pl;* **long-dated/short-dated ~s** langfristige/kurzfristige Staatsanleihen
❹ *no pl* (*money invested in government*) Anleiheschuld *f* des Staates
❺ *no pl* (*capital from shares*) Grundkapital *nt* (*einer AG*)
❻ *no pl* (*livestock*) Viehbestand *m*
❼ *no pl* (*line of descent*) Abstammung *f,* Herkunft *f;* (*breeding line*) *of animals* Stammbaum; ***she's of noble/peasant ~*** sie stammt aus einer Adels-/Bauernfamilie
❽ *no pl* (*fig: popularity*) Popularität *f;* ***the Chancellor's ~ was pretty low*** der Kanzler schnitt bei den Meinungsumfragen ziemlich schlecht ab
❾ *no pl* (*undealt cards*) Stoß *m*
▶ PHRASES: **to put ~ in sth** viel auf etw *akk* geben; **to not take ~ in sth** etw *dat* keinen Glauben schenken; **to be on the ~s** (*in construction*) in Bau sein; (*in preparation*) in Arbeit sein
II. *adj attr, inv* ❶ (*in inventory*) Lager-, Vorrats-
❷ (*standard*) Standard-; **~ phrase** Standardsatz *m;* **~ response** Standardantwort *f,* stereotype Antwort
III. *vt* ❶ (*keep in supply*) ■**to ~ sth** etw führen [*o* vorrätig haben]
❷ (*fill up*) ■**to ~ sth** etw füllen; ***his wine cellar is well-~ed*** sein Weinkeller ist gut gefüllt; ■**to ~ sth with sth** (*fill with*) etw mit etw *dat* bestücken; (*equip with*) *library, school* etw mit etw *dat* ausstatten; ***he ~ed his pond with trout*** er setzte Forellen in seinen Teich; **to ~ a farm** eine Farm mit einem Viehbestand versehen; **to ~ a pond/river** einen Teich/Fluss [mit Fischen] besetzen; **to ~ the shelves** die Regale auffüllen
❸ (*supply goods to*) ■**to ~ sb/sth** jdn/etw beliefern
◆**stock up I.** *vi* [neue] Vorräte anlegen, sich *akk* eindecken *fam;* ■**to ~ up on** [*or* **with**] **sth** sich *akk* mit etw *dat* eindecken
II. *vt* ■**to ~ up** ○ **sth** ❶ (*fill*) etw wieder füllen [*o* auffüllen]; ***we're ~ing up the store for the Christ-***

S

mas season wir füllen den Laden für die Weihnachtszeit auf
② (*increase inventory*) das Inventar einer S. *gen* erweitern [*o* anreichern]; **to ~ up a farm/river** den Viehbestand einer Farm/Fischbestand in einem Fluss vergrößern
stockade [stɒkˈeɪd, AM stɑːˈkeɪd] *n* ① (*wooden fence*) Palisade *f*, Palisadenzaun *m;* (*enclosed area*) umzäuntes Gebiet
② AM (*prison*) Militärgefängnis *nt*
stock boy *n* ① AUS (*shepherd*) [Vieh]hirt *m* ② AM (*in warehouse, supermarket*) Regalfüller *m* **stockbreeder** *n* Viehzüchter(in) *m(f)* **stockbreeding** *n no pl* Viehzucht *f* **stock broker** *n*, **stockbroker** *n* Wertpapiermakler(in) *m(f)*, Börsenmakler(in) *m(f)*, Effektenmakler(in) *m(f)* **stock brokerage** *n* Courtage *f* **stockbroker belt** *n* BRIT (*fam*) ■**the ~** die reichen Villenvororte *pl* **stockbroking** *n no pl* Wertpapierhandel *m*, Effektenhandel *m*, Aktiengeschäft *nt* **stock car** *n* AUTO Stockcar *m* **stockcar race** *n* Stockcarrennen *nt* **stockcar racing** *n no pl* Stockcarrennen *nt*
stock certificate *n* FIN ① BRIT (*treasury certificate*) Schatzanweisung *f* ② AM (*share certificate*) Aktienzertifikat *nt* **stock company** *n* AM ① FIN Aktiengesellschaft *f* ② THEAT Repertoiretheater *nt* **stock consolidation** *n* FIN Aktienzusammenlegung *f* **stock control** *n no pl* Bestandskontrolle *f*, [regelmäßige] Bestandsaufnahme, Lagersteuerung *f* **stock controller** *n* Stock Controller(in) *m(f)*, Lagersteuerer *m*, Lagersteuerin *f* **stock cube** *n esp* BRIT Brühwürfel *m*, Suppenwürfel *m* ÖSTERR; **beef/chicken/vegetable ~** Fleisch-/Hühner-/Gemüsebrühwürfel *m* **stock dividend** *n* FIN [Stock]dividende *f*
stocker [ˈstɒkəʳ, AM ˈstɑːkɚ] *n* ① AM AGR Schlachttier *nt*
② (*stock boy*) Regalfüller *m*
③ AM (*fam: auto*) Stockcar *m*
stock exchange *n* [Wertpapier]börse *f;* **~ crash** Börsenkrach *m;* **~ floor** Börsenparkett *nt;* **on the ~** an der Börse; **to play the ~** an der Börse spekulieren
Stock Exchange *n* **American ~** *zweitgrößte amerikanische Börse;* **Financial Times ~ 100 Share Index** BRIT Aktienindex *m* der Financial Times (*auf den Aktien von ca. 700 der größten Kapitalgesellschaften Englands basierend*); **International ~** BRIT (*hist*) *ehemaliger Name der Londoner Börse;* **London ~** Londoner Wertpapierbörse; **~ Daily Official List** BRIT amtliches Kursblatt **stockfarmer** *n* Viehhalter(in) *m(f)* **stockfish** *n* Stockfisch *m* **stock flotation** *n* Aktienemission *f* **stock fraud** *n* Aktienbetrug *m* **stock fund** *n* Aktienfonds *m* **stockholder** *n* AM (*shareholder*) Aktionär(in) *m(f);* **~s' meeting** Aktionärsversammlung *f*, Hauptversammlung *f*
Stockholm syndrome [ˈstɒkhəʊm-, AM ˈstɑːkhoʊm-] *n no pl* MED Stockholmer Syndrom *nt*
stockily [ˈstɒkɪli, AM ˈstɑːk-] *adv* stämmig; **a ~ built man** ein stämmiger Mann
stock index *n* Aktienindex *m*, Börsenindex *m*
stockiness [ˈstɒkɪnəs, AM ˈstɑːk-] *n no pl* Stämmigkeit *f*
stockinet(te) [ˌstɒkɪˈnet, AM ˌstɑːk-] *n esp* BRIT [Baumwoll]trikot *nt*
stocking [ˈstɒkɪŋ, AM ˈstɑːk-] *n* ① (*leg garment*) ■**~s** *pl* Strümpfe *mpl;* **nylon/silk ~s** Nylon-/Seidenstrümpfe *mpl*
② (*dated: sock*) Strumpf *m;* (*knee-length*) Kniestrumpf *m;* **Christmas ~** Weihnachtsstrumpf *m*
③ (*on horse*) Färbung *f* am Fuß; **a horse with a white ~** ein Pferd *nt* mit einer weißen Fessel
stocking cap *n* AM (*bobble hat*) Wollmütze *f*
stockinged feet *npl*, **stocking feet** *npl* **in one's ~** in Strümpfen
stocking filler *n* BRIT kleines Geschenk (*für den Weihnachtsstrumpf*) **stocking mask** *n* Strumpfmaske *f* **stocking stitch** *n no pl* glatt rechts gestricktes Muster; **in ~** glatt rechts **stocking stuffer** *n* AM (*stocking filler*) kleines Geschenk (*für den Weihnachtsstrumpf*)

stock-in-trade *n no pl* ① (*tools of trade*) Handwerkszeug *nt;* (*fig*) Rüstzeug *nt;* **a butcher's/cobbler's/plumber's ~** das Handwerkszeug eines Metzgers/Schusters/Installateurs
② (*goods*) Warenbestand *m*, Bestände *mpl*, Sortiment *nt;* ***sorry, that's not my ~*** es tut mir Leid, aber diesen Artikel führe ich nicht
③ (*fig: typical characteristic*) Eigenart *f*
stock issue *n* STOCKEX Aktienemission *f*
stockist [ˈstɒkɪst] *n* BRIT, AUS [Fach]händler(in) *m(f)*
stockjobber [ˈstɒkˌdʒɒbəʳ] *n* BRIT STOCKEX eigenständiger Wertpapierhändler, Jobber *m* **stock keeper** *n* ① (*in warehouse*) Lagerverwalter(in) *m(f)* ② AUS, NZ (*shepherd*) Hirt(in) *m(f)* ③ *no pl* STOCKEX Jobbing *nt*, Handel *m* an der Börse **stocklist** *n* Warenliste *f* **stockman** *n* ① AUS, NZ (*shepherd*) Hirt *m* ② AM (*livestock owner*) Viehhalter *m* ③ AM (*in warehouse*) Lagerverwalter(in) *m(f)*, Lagerist(in) *m(f)* **stock market** *n* [Wertpapier]börse *f*, Effektenbörse *f;* **~ valuation** Börsenwert *m* **stock market crash** *n* Börsenkrach *m* **stock market report** *n* Kurszettel *m* **stock option** *n usu pl* Aktienoption *f* **stockpile I.** *n* Vorrat *m;* **~ of ammunition** Munitionsdepot *nt;* **~ of weapons** Waffenarsenal *nt*, Waffenlager *nt;* **~ of wheat** Weizenvorrat *m* **II.** *vt* ■**to ~ sth** Vorräte an etw *dat* anlegen, etw horten *pej;* **to ~ weapons** ein Waffenarsenal anlegen **stockpot** *n* Suppentopf *m* **stock price** *n* AM (*share price*) Aktienpreis *m;* **~ averages** AM Aktienindex *m;* **~ gain** Kursgewinn *m;* **~ index** Aktienkursindex *m* **stock quotation** *n* STOCKEX Aktiennotierung *f* **stock ratings** *npl* Aktienbewertungen *fpl* **stock right** *n* Aktienbezugsrecht *nt* **stockroom** *n* Lager *nt*, Lagerraum *m* **stock route** *n* AUS Viehroute *f* (*Straße, auf der querende Rinder- oder Schafherden Vorrang haben*) **stock split** *n* AM Aktiensplit *m*, Aktienteilung *f* **stock-still** *adj pred, inv* stocksteif **stock subscription** *n* Aktienzeichnung *f;* **~ price** Bezugsrechtskurs *m* **stocktake** *n* BRIT Inventur *f*, Bestandsaufnahme *f* **stocktaking** *n no pl* Inventur *f*, Bestandsaufnahme *f;* (*fig*) [Selbst]besinnung *f;* ***closed for ~*** wegen Inventur geschlossen; **~ sale** Ausverkauf *m* wegen Inventur
stocky [ˈstɒki, AM ˈstɑːki] *adj* stämmig, kräftig
stockyard *n* AM Viehhof *m;* (*at slaughterhouse*) Schlachthof *m*
stodge [stɒdʒ, AM stɑːdʒ] *n no pl esp* BRIT (*pej fam*) Pampe *f pej fam*
stodginess [ˈstɒdʒɪnəs, AM ˈstɑːdʒ-] *n no pl* (*pej fam*) Schwerverdaulichkeit *f;* (*fig*) Schwerfälligkeit *f*
stodgy [ˈstɒdʒi, AM ˈstɑːdʒi] *adj* ① *food* schwer [verdaulich], pampig *pej fam*
② (*dull*) langweilig, fad; ***the company is ~ and inflexible*** die Firma ist schwerfällig und unflexibel
stogie *n* AM, **stogy** [ˈstoʊgi] *n* AM Zigarillo *m o nt*
stoic [ˈstəʊɪk, AM ˈstoʊ-] **I.** *n* (*reserved person*) stoischer Mensch; ■**S~** PHILOS Stoiker *m*
II. *adj* (*in general*) stoisch *geh;* (*about sth specific*) gelassen; **to be ~ about sth** etw gelassen [*o* mit Gelassenheit] aufnehmen
stoical [ˈstəʊɪkəl, AM ˈstoʊ-] *adj* stoisch *geh*
stoically [ˈstəʊɪkəli, AM ˈstoʊ-] *adv* stoisch *geh*, mit stoischer Ruhe *geh*
stoicism [ˈstəʊɪsɪzəm, AM ˈstoʊ-] *n no pl* ① (*in general*) stoische Ruhe *geh;* (*about sth specific*) Gleichmut *m*, Gelassenheit *f*
② PHILOS ■**S~** Stoizismus *m*
stoke [stəʊk, AM stoʊk] *vt* ① (*add fuel to*) **to ~ a boiler** einen Boiler anheizen; **to ~ a fire** ein Feuer schüren; **to ~ a furnace** einen Hochofen beschicken
② (*fig: encourage*) **to ~ sb's anger/hatred** jds Zorn/Hass schüren; **to ~ the fire of sth** etw schüren [*o* anheizen]; **to ~ sb's prejudice** jds Vorurteil Nahrung geben
③ (*sl: excite*) ■**to be ~d** aufgeregt sein
◆**stoke up I.** *vt* ① (*add to fire*) **to ~ up a boiler** einen Boiler anheizen; **to ~ up a fire** ein Feuer schüren; **to ~ up a furnace** einen Hochofen beschicken
② (*fig: encourage*) **to ~ up sb's anger/hatred** jds Zorn/Hass schüren; **to ~ up sb's prejudice** jds Vorurteil Nahrung geben
③ (*fig sl: excite*) ■**to be/get ~d up** aufgeregt sein/werden
II. *vi* **to ~ up on** [*or* **with**] **a big breakfast/sweets** sich *akk* an einem üppigen Frühstück/an Süßigkeiten satt essen; **to ~ up on** [*or* **with**] **coffee** sich *akk* an Kaffee satt trinken
stoker [ˈstəʊkəʳ, AM ˈstoʊkɚ] *n* RAIL Heizer(in) *m(f)*
stole[1] [stəʊl, AM stoʊl] *pt of* **steal**
stole[2] [stəʊl, AM stoʊl] *n* ① (*scarf*) Stola *f;* **ermine/mohair ~** Nerz-/Mohärstola *f*
② (*priest's vestments*) [Priester]stola *f*
stolen [ˈstəʊlən, AM ˈstoʊ-] **I.** *vt pp of* **steal**
II. *adj* ① (*by thief*) gestohlen; **~ goods** [*or* **property**] Diebesgut *nt*
② (*fig: quick and secret*) *glance, kiss* verstohlen
stolid [ˈstɒlɪd, AM ˈstɑːl-] *adj* (*not emotional*) *person* stumpf *pej;* (*calm*) gelassen, phlegmatisch *pej;* *silence, determination* beharrlich
stolidly [ˈstɒlɪdli, AM ˈstɑː] *adv* gleichmütig, unerschütterlich, mit Phlegma
stoma <*pl* -s *or* -mata> [ˈstəʊmə, AM ˈstoʊ] *n* ① BOT Spaltöffnung *f*, Stoma *nt fachspr*
② MED künstliche Öffnung [*o* Mündung], Stoma *nt fachspr*
stomach [ˈstʌmək] **I.** *n* ① (*digestive organ*) Magen *m;* ***my ~ hurts*** ich habe Bauchschmerzen; ***he felt a knot of nervousness in the pit of his ~*** er fühlte eine nervöse Spannung in der Magengrube; ***I feel sick to my ~*** mir ist schlecht [*o* übel] *fam;* **to have a pain in one's ~** Magenschmerzen [*o* Bauchschmerzen] haben; **to have a delicate ~** einen empfindlichen Magen haben; **to drink alcohol on an empty ~** auf leeren [*o* nüchternen] Magen Alkohol trinken; **on a full ~** mit vollem Magen; **to have an upset ~** eine Magenverstimmung haben; ***last night's meal has given me an upset ~*** ich habe mir gestern beim Abendessen den Magen verdorben; **to churn** [*or* **turn**] **sb's ~** jdm Übelkeit verursachen [*o* den Magen umdrehen] *fam;* **to pump sb's ~** jdm den Magen auspumpen; **to settle the ~** den Magen beruhigen
② (*abdomen*) Bauch *m;* *of a baby* Bäuchlein *nt;* **to have a big/flat ~** einen dicken/flachen Bauch haben; **to hold** [*or* **suck**] **one's ~ in** den Bauch einziehen; **to lie on one's ~** auf dem Bauch liegen
③ (*appetite*) **to have no** [*or* **not have the**] **~ for sth** keinen Appetit auf etw *akk* haben; (*fig: desire*) nicht willens sein, etw zu tun; ***I've got no ~ for this heavy food*** dieses Essen ist mir zu schwer; ***she had no ~ to visit her family*** ihr war nicht danach zumute, ihre Familie zu besuchen
► PHRASES: **an army marches on its ~** (*prov*) mit leerem Magen kann man nichts Ordentliches zustande bringen; **sb's eyes are bigger than their ~** die Augen sind größer als der Mund; **to have a strong/weak ~** etw/nichts aushalten, starke/schwache Nerven haben
II. *n modifier* (*cramp, operation*) Magen-; **~ doctor** Internist(in) *m(f);* **~ flu/virus** Magen-Darm-Grippe *f*/-Virus *nt;* **~ muscles** Bauchmuskeln *mpl;* **~ problems** Magenbeschwerden *pl*
III. *vt* (*fam*) **to not be able to ~ sb's arrogance/manner** jds Arroganz/Art nicht ertragen können; **to not be able to ~ bloody films/violence** brutale Filme/Gewalt nicht vertragen; **to not be able to ~ sb** jdn nicht ausstehen können; **to be hard to ~** schwer zu verkraften sein
stomach ache *n usu sing* Magenschmerzen *mpl*, Bauchschmerzen *mpl* **stomach bug** *n* Magen-Darm-Infektion *f* **stomach cancer** *n no pl* Magenkrebs *m* **stomach pain** *n* Magenschmerzen *mpl*, Bauchschmerzen *mpl* **stomach pump** *n* Magenpumpe *f* **stomach ulcer** *n* Magengeschwür *nt* **stomach upset** *n* Magenverstimmung *f*
stomata [ˈstəʊmətə, AM ˈstoʊ] *n pl of* **stoma**
stomp [stɒmp, AM stɑːmp] **I.** *n* ① (*with foot*) Stampfen *nt*
② *no pl* (*jazz dance*) Stomp *m;* (*type of music*)

Stomp *m*
II. *vi* ❶ (*walk heavily*) stapfen; (*intentionally*) trampeln, stampfen; ■**to ~ off** davonstapfen
❷ *esp* AM (*kick*) ■**to ~ on sb/sth** auf jdn/etw treten; (*fig: suppress*) jdn/etw niedertrampeln [*o* kaputtmachen] *fam*
III. *vt* AM **to ~ one's feet** mit den Füßen [auf]stampfen

stomping ground *n* AM *see* **stamping ground**

stone [stəʊn, AM stoʊn] **I.** *n* ❶ *no pl* GEOL Stein *m;* **to have a heart of ~** (*fig*) ein Herz aus Stein haben; **as if turned to ~** wie versteinert
❷ ARCHIT [Bau]stein *m*
❸ (*piece of rock*) Stein *m;* **to be a ~'s throw away** [nur] einen Steinwurf [*o* Katzensprung] [weit] entfernt sein; **to drop** [*or* **fall**] [*or* **sink**] **like a ~** wie ein Stein zu Boden fallen; **to throw ~s at sb** mit Steinen nach jdm werfen
❹ MED Stein *m;* **bladder/kidney ~** Blasen-/Nierenstein *m*
❺ (*jewel*) [Edel]stein *m*
❻ (*in fruit*) Stein *m*, Kern *m;* **cherry/peach/plum ~** Kirsch-/Pfirsich-/Pflaumenkern *m*
❼ <*pl* -> BRIT (*14 lbs*) *britische Gewichtseinheit, die 6,35 kg entspricht*
❽ *no pl* (*colour*) Steingrau *nt*
▸ PHRASES: **a rolling ~ gathers no moss** (*prov*) wer rastet, der rostet *prov;* **people who live in glass houses shouldn't throw ~s** (*prov*) wer selbst im Glashaus sitzt, sollte nicht mit Steinen werfen *prov;* **to be carved** [*or* **set**] **in tablets of ~** ein ehernes Gesetz sein *geh;* **to cast** [*or* **throw**] **the first ~** den ersten Stein werfen; **to leave no ~ unturned** nichts unversucht lassen
II. *n modifier* (*floor, staircase, tablet, wall*) Stein-; **~ statue** Statue *f* aus Stein, steinerne Statue
III. *adj attr, inv* steingrau
IV. *adv inv* ❶ (*like a stone*) stein-; **~ hard** steinhart; **~ still** wie versteinert
❷ (*completely*) **~ crazy** total verrückt *fam*, übergeschnappt *fam;* **~ drunk** sturzbetrunken *fam*, stockbesoffen *sl*
V. *vt* ❶ (*throw stones at*) ■**to ~ sb/sth** mit Steinen nach jdm/etw werfen, jdn/etw mit Steinen bewerfen; (*in execution*) **to ~ sb** [**to death**] jdn steinigen
❷ (*remove pit*) **to ~ cherries/plums/olives** Kirschen/Pflaumen/Oliven entsteinen
▸ PHRASES: **~ the crows** [*or* **me**]! BRIT (*dated fam*) ich glaub, mich laust der Affe! *sl*

Stone Age I. *n* ■**the ~** die Steinzeit **II.** *n modifier* ❶ (*of era*) (*rite, ritual, settlement*) Steinzeit- ❷ (*fig pej: not very advanced*) (*computer, TV, washing machine*) steinzeitlich *fam*, vorsintflutlich *fam* **stone-blind** *adj inv* stockblind *fam* **stone-broke** *adj* AM (*stony-broke*) völlig pleite *fam*, total blank [*o* abgebrannt] *sl* **stonechat** *n* ZOOL Steinschmätzer *m* **stone circle** *n* Steinkreis *m* **stone-cold** *inv* **I.** *adj* eiskalt **II.** *adv* **to be ~ sober** stocknüchtern sein *fam* **stonecrop** *n* Steinkraut *nt*

stoned [stəʊnd, AM stoʊnd] *adj* ❶ *inv* (*without pits*) *olives, cherries* entsteint
❷ (*sl: drugged*) high *sl;* ***he was ~ out of his mind*** er war völlig high *sl;* **to get ~** kiffen *sl*
❸ (*sl: drunk*) betrunken, besoffen *sl*

stone dead *adj pred, inv* mausetot *fam;* **to kill sb/sth ~** jdm/etw den Garaus machen; **to kill sth ~** (*fig*) etw völlig zum Erliegen bringen [*o* scheitern lassen] **stone deaf** *adj inv* stocktaub *fam* **stone face** *n* versteinertes Gesicht **stonefish** *n* Steinfisch *m* **stone fruit** *n* Steinobst *nt kein pl* **stone-ground** *adj inv flour* steingemahlen **stonemason** *n* Steinmetz(in) *m(f)* **stonemasonry** *n no pl* Steinmetzarbeit *f* **stone pit** *n*, **stone quarry** *n* Steinbruch *m*

stoner ['stəʊnəʳ, AM 'stoʊnɚ] *n* (*fam*) Kiffer(in) *m(f) sl*

stonewall I. *vi* ❶ (*in answering questions*) ausweichen ❷ BRIT POL obstruieren ❸ SPORTS mauern *fam* **II.** *vt* ■**to ~ sth** etw abblocken **stoneware** ['stəʊnweəʳ, AM 'stoʊnwer] **I.** *n no pl* Steingut *nt* **II.** *n modifier* (*pot*) Steingut-; **~ jar** Steinkrug *m;* **~ jug** Stein[gut]kanne *f* **stonewashed** *adj inv denim, jeans* stonewashed **stonework** *n no pl* ❶ (*masonry*) Steinmetzarbeiten *fpl* ❷ (*parts of a building*) Mauerwerk *nt*

stonily ['stəʊnɪli, AM 'stoʊ] *adv* ❶ *inv* (*with stones*) steinig, steinern *a. fig*
❷ (*unsympathizingly*) abweisend, fühllos
❸ (*unemotionally*) ohne Regung, wie versteinert

stonkered ['stɒŋkəd] *adj pred* BRIT, AUS (*fam*) ❶ (*decisively defeated*) haushoch [*o* vernichtend] geschlagen
❷ (*very tired*) ausgepowert *fam*

stonking ['stɒŋkɪŋ] *inv* **I.** *adj* BRIT (*fam*) wahnsinnig *fam*
II. *adv* BRIT (*fam*) wahnsinnig *fam*, verdammt *fam;* **to have a ~ good time** sich *akk* verdammt gut amüsieren

stony ['stəʊni, AM 'stoʊni] *adj* ❶ (*with many stones*) *beach, ground* steinig
❷ (*fig: unfeeling*) *look, eyes, face* steinern; *person, welcome* kalt, eisig; **~ expression** steinerne Miene; **~ silence** eisiges Schweigen; **to give sb a ~ stare** jdn kalt anstarren
▸ PHRASES: **to fall on ~ ground** auf unfruchtbaren Boden fallen; ***her speech fell on ~ ground*** ihre Rede stieß auf taube Ohren

stony-broke *adj pred, inv* BRIT, AUS (*fam*) völlig pleite *fam*, total blank [*o* abgebrannt] *sl* **stony-faced** *adj inv* mit steinerner [*o* unbeweglicher] Miene **stony-hearted** *adj* eiskalt, ohne jede Gefühlsregung *nach n*

stood [stʊd] *pt, pp of* **stand**

stooge [stu:dʒ] **I.** *n* ❶ (*comedian partner*) Stichwortgeber(in) *m(f)*
❷ (*fig pej: puppet*) Handlanger(in) *m(f) pej*, Marionette *f pej*
❸ AM (*fam: informer*) Spitzel *m pej*
II. *vi* ❶ (*act for someone else*) ■**to ~ for sb** [nur] der Handlanger für jdn sein *pej*
❷ THEAT als Stichwortgeber(in) *m(f)* fungieren

stook [stu:k] **I.** *n* BRIT AGR Garbenhaufen *m*
II. *vt* BRIT AGR ■**to ~ sth** etw zu Garbenhaufen anordnen

stool [stu:l] **I.** *n* ❶ (*seat*) Hocker *m;* **bar ~** Barhocker *m;* **kitchen ~** Küchenschemel *m;* **piano ~** Klavierstuhl *m;* **three-legged ~** dreibeiniger Schemel [*o* Hocker]
❷ (*faeces*) Stuhl *m*, Kot *m;* **~ sample** Stuhlprobe *f;* **to pass ~s** Stuhlgang haben
❸ BOT, HORT Wurzelstock *m*
❹ AM HUNT Lockvogel *m*
▸ PHRASES: **to fall between two ~s** BRIT sich *akk* zwischen zwei Stühle setzen
II. *vi tree, plant* treiben

stoolie ['stu:li] *n* AM (*pej fam*), **stool pigeon** *n* AM (*pej fam*) Spitzel *m pej*

stoop¹ [stu:p] **I.** *n usu sing* krummer Rücken, Buckel *m;* ***she walks with a pronounced ~*** sie geht sehr stark gebeugt
II. *vi* sich *akk* beugen; ***we had to ~ to go through the doorway*** wir mussten den Kopf einziehen, um durch die Tür zu gehen; ***my mother told me not to ~*** meine Mutter sagte mir, ich solle keinen Buckel machen; ■**to ~ down** sich *akk* bücken; **to ~ to blackmail/bribery** (*fig*) sich *akk* zu Bestechungen/Erpressungen hergeben; **to ~ to sb's level** sich *akk* auf jds Niveau herablassen; ■**to ~ to do sth** sich *akk* dazu hergeben, etw zu tun; **to ~ so low as to do sth** so weit sinken, dass man etw tut

stoop² [stu:p] *n* AM (*porch*) offene Veranda

stop [stɒp, AM stɑ:p]

I. TRANSITIVE VERB **II. INTRANSITIVE VERB** **III. NOUN**

I. TRANSITIVE VERB

<-pp-> ❶ (*stop from moving*) **to ~ a ball** einen Ball stoppen; *goalkeeper* einen Ball halten; **to ~ a blow** einen Schlag abblocken; **to ~ sb/a car** jdn/ein Auto anhalten; **to ~ one's car** anhalten; **to ~ the enemy** den Feind aufhalten; **to ~ a thief/the traffic** einen Dieb/den Verkehr aufhalten; ***~ thief!*** haltet den Dieb!; ***~ that man!*** haltet den Mann!
❷ (*make cease*) ■**to ~ sth** etw stoppen [*o* beenden]; (*temporarily*) etw unterbrechen; ***this will ~ the pain*** das wird dir gegen die Schmerzen helfen; ***~ that nonsense!*** hör auf mit dem Unsinn!; ***~ it!*** hör auf [damit]!; ***what can I do to ~ this nosebleed?*** was kann ich gegen dieses Nasenbluten tun?; ***something must be done to ~ the fighting*** den Kämpfen muss ein Ende gesetzt werden; ***this fighting has to be ~ped!*** die Kämpfe müssen aufhören!; ***~ being silly!*** hör auf mit dem Unsinn!; ***I just couldn't ~ myself*** ich konnte einfach nicht anders; **to ~ the bleeding** die Blutung stillen; **to ~ the clock** die Uhr anhalten; ***the clock is ~ped when a team scores a goal*** die Spielzeit wird unterbrochen, wenn ein Team ein Tor schießt; **to ~ the engine** den Motor abstellen; **to ~ the fighting** die Kämpfe einstellen; **to ~ inflation/progress** die Inflation/den Fortschritt aufhalten; **to ~ a machine** eine Maschine abstellen; **to ~ a match** ein Spiel beenden; *referee* ein Spiel abbrechen; **to ~ the production of sth** die Produktion einer S. *gen* einstellen; **to ~ a rumour** ein Gerücht ein Ende machen; **to ~ a speech** eine Rede unterbrechen; **to ~ a subscription** ein Abonnement kündigen; **to ~ a war** einen Krieg beenden
❸ (*cease an activity*) ■**to ~ sth** etw beenden, mit etw *dat* aufhören; ***what time do you usually ~ work?*** wann hören Sie normalerweise auf zu arbeiten?; ***you just can't ~ it, can you*** du kannst es einfach nicht lassen, oder?
❹ (*prevent*) ■**to ~ sb** [**from**] **doing sth** jdn davon abhalten, etw zu tun; ***if she really wants to leave, I don't understand what's ~ping her*** wenn sie wirklich weggehen will, verstehe ich nicht, was sie davon abhält; ***some people smoke because they think it ~s them putting on weight*** manche rauchen, weil sie meinen, dass sie dann nicht zunehmen; ***I couldn't ~ myself from having another piece of cake*** ich *musste* einfach noch ein Stück Kuchen essen; ***he handed in his resignation — I just couldn't ~ him*** er hat gekündigt – ich konnte ihn einfach nicht davon abhalten; ***you can't ~ me from doing that*** du kannst mich nicht davon abhalten
❺ (*refuse payment*) **to ~ sb's allowance/pocket money** jdm den Unterhalt/das Taschengeld streichen; **to ~** [AM **payment on**] **a cheque** einen Scheck sperren; **to ~ wages** keine Löhne mehr zahlen; ***the money will be ~ped out of his salary*** das Geld wird von seinem Gehalt abgezogen
❻ (*block*) ■**to ~ sth** etw verstopfen; *gap, hole, leak* etw [zu]stopfen; **to ~ one's ears** sich *dat* die Ohren zuhalten; ***when he starts shouting I just ~ my ears*** wenn er anfängt zu schreien, mache ich einfach die Ohren zu! *fam;* **to have a tooth ~ped** BRIT (*dated*) eine Füllung bekommen
❼ BOXING ■**to ~ sb** jdn schlagen; ***he was ~ped by a knockout in the fourth round*** er schied durch K.o. in der vierten Runde aus; **to ~ a left/right** eine Linke/Rechte parieren; **to ~ a punch** einen Hieb einstecken [müssen]
❽ MUS **~ped pipe** gedackte Pfeife *fachspr;* **to ~ a string** eine Saite greifen
▸ PHRASES: **to ~ a bullet** eine Kugel abbekommen; **to ~ sb's mouth** jdm den Mund stopfen *fam;* **to ~ the rot** die Talfahrt stoppen *fig;* **to ~ the show** der absolute Höhepunkt einer Show sein

II. INTRANSITIVE VERB

<-pp-> ❶ (*cease moving*) *person* stehen bleiben; *car* [an]halten; **~!** halt!; **to ~ dead** abrupt innehalten; ■**to ~ to do sth** stehen bleiben, um etw zu tun; *car* anhalten, um etw zu tun; ***I ~ped to pick up the letter that I had dropped*** ich blieb stehen und hob den Brief auf, den ich hatte fallen lassen; (*fig*) **~ to** [*or* **and**] ***think before you speak*** erst denken, dann reden!

S

❷ *[cease, discontinue]* *machine* nicht mehr laufen; *clock, heart, watch* stehen bleiben; *rain* aufhören; *pain* abklingen, nachlassen; *production, payments* eingestellt werden; *film, programme* zu Ende sein; *speaker* abbrechen; ***I will not ~ until they set them free*** ich werde keine Ruhe geben, bis sie sie freigelassen haben; ***she doesn't know where to ~*** sie weiß nicht, wann sie aufhören muss; ***his heart ~ped during the operation*** während der Operation hatte er einen Herzstillstand; ***rain has ~ped play*** das Spiel wurde wegen Regens unterbrochen; ***she ~ped right in the middle of the sentence*** sie hielt mitten im Satz inne

❸ *[cease an activity]* ■**to ~** [**doing sth**] aufhören[, etw zu tun], [mit etw *dat*] aufhören; ***once I start eating chocolate I can't ~*** wenn ich einmal anfange, Schokolade zu essen, kann ich einfach nicht mehr aufhören; ***I just couldn't ~ laughing*** ich habe mich echt totgelacht *sl;* ***if you have to keep ~ping to answer the telephone, you 'll never finish*** wenn du ständig unterbrechen musst, um ans Telefon zu gehen, wirst du nie fertig werden; ***I wish you'd ~ telling me what to do*** ich wünschte, du würdest endlich damit aufhören, mir zu sagen, was ich tun soll; ~ ***being silly!*** hör auf mit dem Unsinn!; ~ ***shouting!*** hör auf zu schreien; ***I ~ped seeing him last year*** wir haben uns letztes Jahr getrennt; ***I've ~ped drinking alcohol*** ich trinke keinen Alkohol mehr; ***she ~ped drinking*** sie trinkt nicht mehr; ***please, ~ crying*** hör doch bitte auf zu weinen!; **to ~ smoking** mit dem Rauchen aufhören; (*on plane etc*) das Rauchen einstellen; **to ~ working** aufhören zu arbeiten

❹ BRIT *[stay]* bleiben; ***I'm not ~ping*** ich bleibe nicht lange; ***I can't ~ — Malcolm's waiting for me outside*** ich kann nicht bleiben, Malcolm wartet draußen auf mich; ***we ~ped for a quick bite at a motorway services*** wir machten kurz bei einer Autobahnraststätte Station, um etwas zu essen; ***I ~ped at a pub for some lunch*** ich habe an einem Pub Halt gemacht und was zu Mittag gegessen; ***can you ~ at the fish shop on your way home?*** kannst du auf dem Nachhauseweg kurz beim Fischladen vorbeigehen?; ***he usually ~s at a bar for a quick drink on the way home*** normalerweise schaut er auf dem Nachhauseweg noch kurz auf ein Gläschen in einer Kneipe vorbei; ***are you ~ping here*** bleibst du hier?; **to ~ for dinner/tea** zum Abendessen/Tee bleiben; **to ~ at a hotel** in einem Hotel übernachten; **to ~ the night** BRIT (*fam*) über Nacht bleiben

❺ TRANSP *bus, train* halten; ***does this train ~ at Finsbury Park?*** hält dieser Zug in Finsbury Park?; ***the train to Glasgow ~s at platform 14*** der Zug nach Glasgow hält am Gleis 14

❻ *[almost]* **to ~ short of doing sth** sich *akk* [gerade noch] bremsen, etw zu tun; ***I ~ped short of telling him my secrets*** beinahe hätte ich ihm meine Geheimnisse verraten

► PHRASES: **to ~ at nothing** vor nichts zurückschrecken

III. NOUN

❶ *[cessation of movement, activity]* Halt *m;* ***please wait until the airplane has come to a complete ~*** bitte warten Sie, bis das Flugzeug seine endgültige Parkposition erreicht hat; **emergency ~** Notbremsung *f;* **to bring sth to a ~** etw stoppen; *project* etw *dat* ein Ende bereiten; **to bring a car to a ~** ein Auto anhalten; **to bring a conversation to a ~** ein Gespräch beenden; **to bring the traffic to a ~** den Verkehr zum Erliegen bringen; **to bring sth to a sudden ~** etw *dat* ein jähes Ende bereiten; **to come to a ~** stehen bleiben; *car also* anhalten; *rain* aufhören; *traffic, business* zum Erliegen kommen; *project, production* eingestellt werden; ***the conversation came to a ~*** das Gespräch verstummte; **to come to a sudden** [*or* **dead**] **~** *car* abrupt anhalten [*o* stehen bleiben]; *project, undertaking* ein jähes Ende finden; **to make a ~** anhalten; **to put a ~ to sth** etw *dat* ein Ende setzen [*o* einen Riegel vorschieben]

❷ *[break]* Pause *f;* AVIAT Zwischenlandung *f;* (*halt*) Halt *m;* ***we made two ~s*** wir haben zweimal Halt gemacht; ***... including a thirty minute ~ for lunch*** ... inklusive einer halben Stunde Pause für das Mittagessen; ***there were a lot of ~s and starts throughout the project*** die Entwicklung des Projekts verlief sehr stockend; **to be at** [*or* **on**] **~** *signal* auf Halt stehen; **to drive without a ~** durchfahren; **to have a ~** Halt machen; **to have a ~ for coffee** ein Kaffeepause machen; **to make a ~ at a service station** an einer Raststätte Halt machen; **without a ~** ohne Pause [*o* Unterbrechung]

❸ TRANSP Haltestelle *f;* (*for ship*) Anlegestelle *f;* ***the ship's first ~ is Sydney*** das Schiff läuft als Erstes Sydney an; (*for plane*) Zwischenlandung *f;* ***the plane's first ~ is Birmingham*** das Flugzeug wird zunächst in Birmingham zwischenlanden; ***I'm getting off at the next ~*** bei der nächsten Haltestelle steige ich aus; ***is this your ~?*** steigen Sie hier aus?; ***is this our ~?*** müssen wir hier aussteigen?; **bus/tram ~** Bus-/Straßenbahnhaltestelle *f;* **request ~** Bedarfshaltestelle *f* (*Haltestelle, bei der man den Bus herwinken muss, da er nicht automatisch hält*)

❹ TYPO *(punctuation mark)* Satzzeichen *nt;* TELEC (*in telegram*) stop

❺ TYPO *(prevent from moving)* Feststelltaste *f;* (*for furniture*) Sperre *f*

❻ MUS *(knob on an organ)* Register *nt;* **~** [**knob**] Registerzug *m;* (*of wind instrument*) Griffloch *nt*

❼ *(phonetics)* Verschlusslaut *m*

❽ PHOT Blende *f*

❾ FIN Sperrung *f;* **account on ~** gesperrtes Konto; **to put a ~ on a cheque** einen Scheck sperren lassen

► PHRASES: **to pull out all the ~s** alle Register ziehen

◆**stop away** *vi* ■**to ~ away** [**from sth**] [etw *dat*] fernbleiben, [von etw *dat*] wegbleiben; **to ~ away from school** nicht zur Schule gehen

◆**stop behind** *vi* [noch] da bleiben, noch bleiben

◆**stop by** *vi* vorbeischauen; ***if you're ever in our area, do ~ by*** wenn Sie mal in unserer Gegend sind, kommen Sie doch einfach vorbei; **to ~ by for coffee** auf einen Kaffee vorbeikommen

◆**stop down** *vi* PHOT **to ~ down** [**to f/11**] [auf Blende 11] abblenden

◆**stop in** *vi* zuhause bleiben, daheim bleiben *bes* ÖSTERR, SCHWEIZ, SÜDD

◆**stop off** *vi* kurz bleiben, Halt machen; (*while travelling*) Zwischenstation machen; ***we're going to ~ off in Paris for a couple of days before heading south*** wir werden ein paar Tage in Paris bleiben, bevor wir weiter gen Süden fahren

◆**stop on** *vi* [noch] dableiben; **to ~ on at school** mit der Schule weitermachen

◆**stop out** *vi* BRIT (*fam*) wegbleiben; ***he ~ped out all weekend*** er ist das ganze Wochenende nicht nach Hause gekommen; **to ~ out all night** die ganze Nacht wegbleiben

◆**stop over** *vi* ❶ (*stay overnight*) Zwischenstation machen

❷ BRIT (*stay the night*) über Nacht bleiben

❸ (*stay for a short time*) kurz vorbeikommen; **to ~ over for coffee** auf einen Kaffee vorbeikommen

◆**stop up** **I.** *vi* ❶ BRIT (*not go to bed*) aufbleiben

❷ PHOT eine größere Blende einstellen

II. *vt* ■**to ~ sth** ⊃ **up** etw verstopfen; **to ~ up a hole** ein Loch [zu]stopfen

stop-and-go *adj inv* AM Stop-and-go-; **~ driving** Fahren *nt* im Stop-and-go-Verkehr, ständiges Anfahren und Anhalten; **~ traffic** Stop-and-go-Verkehr *m,* stockender Verkehr **stopcock** *n* Absperrhahn *m* **stopgap** **I.** *n* Notlösung *f,* Notbehelf *m* **II.** *adj attr, inv* Überbrückungs-; **~ measure** Überbrückungsmaßnahme *f;* **~ solution** Zwischenlösung *f* **stop-go** *adj attr, inv* ❶ *esp* BRIT AUTO **~ traffic** Stop-and-go-Verkehr *m,* stockender Verkehr ❷ BRIT ECON (*fig*) Ankurbeln und Bremsen *nt,* ständiger Wechsel von Inflation und Deflation; **~ policy** Ankurbelung *f* und Bremsen *nt* der Wirtschaftspolitik **stoplight** *n* ❶ AM (*traffic lights*) [Verkehrs]ampel *f* ❷ (*brake light*) Bremslicht *nt* **stop-limit order** *n* STOCKEX Stop-Limit-Order *f* **stop-loss order** *n* STOCKEX Stop-Loss-Order *f* **stop-off** *n* Unterbrechung *f,* Halt *m;* **to make a ~** Rast [*o* Halt] machen **stop order** *n* STOCKEX Kauf- oder Verkaufsauftrag *m* mit Kurslimit **stopover** *n plane* Zwischenlandung *f; person* Zwischenstation *f;* (*length of break*) Zwischenaufenthalt *m*

stoppage ['stɒpɪdʒ, AM 'stɑːp-] *n* ❶ (*act of stopping*) *of pay, a cheque* Sperrung *f; of a delivery, supplies, an order* Stopp *m;* **power ~** Stromsperre *f*

❷ (*cessation of work*) Arbeitseinstellung *f;* (*strike*) Streik *m*

❸ (*unintentional*) Unterbrechung *f;* **power/water ~** Unterbrechung *f* der Strom-/Wasserversorgung; **~ in production** Produktionsstillstand *m*

❹ BRIT (*deductions from pay*) ■**~s** *pl* Lohn-/Gehaltsabzüge *mpl*

❺ (*blockage*) Verstopfung *f;* (*in traffic*) Stau *m,* Stockung *f;* MED Stauung *f,* Blutstau *m*

stoppage time *n* BRIT SPORTS Auszeit *f*

stop payment *n* Zahlungssperre *f; of a cheque* Schecksperrung *f*

stopper ['stɒpəʳ, AM 'stɑːpə·] **I.** *n* ❶ (*bottletop*) Stöpsel *m,* Korken *m;* (*fig*) **to put a ~ on sth** (*fam*) etw *dat* ein Ende setzen; **to put a ~ on sb** dafür sorgen, dass jd den Mund hält *fam*

❷ AM, AUS (*to seal*) Pfropfen *m*

❸ (*fam: one who stops*) Stopper(in) *m(f);* (*fig*) Blickfang *m*

II. *vt* ■**to ~ sth** etw zustöpseln

stopping ['stɒpɪŋ, AM 'stɑːp-] **I.** *n no pl* Anhalten *nt;* **~ and going** Verkehrsstockung *f*

II. *adj attr, inv* Nahverkehrs-; **~ service** Nahverkehr *m;* **~ train** Nahverkehrszug *m*

stopping distance *n* Sicherheitsabstand *m*

stop press *n no pl* ❶ (*last minute news*) letzte Meldungen ❷ (*space in newspaper*) *für letzte Meldungen reservierte Spalte* **stop sign** *n* Stoppschild *nt* **stopwatch** *n* Stoppuhr *f*

storage ['stɔːrɪdʒ] *n no pl* ❶ (*for future use*) *of food, goods* Lagerung *f; of books* Aufbewahrung *f; of water, electricity* Speicherung *f,* Speichern *nt;* **to be in ~** auf Lager sein; **to put sth into ~** etw [ein]lagern; *furniture* etw unterstellen ❷ (*cost of storing*) Lagergeld *nt* ❸ COMPUT *of data* Speicherung *f,* Speichern *nt;* (*device*) Speicher *m* **storage battery** *n,* **storage cell** *n* Akku[mulator] *m* **storage bin** *n* Lagerbehälter *m* **storage capacity** *n* (*in computer*) Speicherkapazität *f;* (*for furniture, books*) Lagerraum *m,* Lagerkapazität *f;* (*in tank*) Fassungsvermögen *nt;* ***what is the ~ of this tank?*** wie viel fasst dieser Tank? **storage charge** *n* Lagergebühr *f* **storage device** *n* COMPUT Speicher *m,* Speichergerät *nt* **storage drawer** *n* Schublade *f* **storage heater** *n* BRIT [Nacht]speicherofen *m* **storage life** *n* ECON Lagerfähigkeit *f;* **to have a long/short ~** eine lange/kurze Haltbarkeit haben **storage medium** *n* COMPUT Datenträger *m* **storage room** *n,* **storage space** *n* ❶ *no pl* (*capacity*) Stauraum *m*

❷ (*room in house*) Abstellraum *m;* (*in warehouse*) Lagerraum *m* **storage tank** *n* Vorratstank *m* **storage unit** *n* ❶ (*cupboard*) Schrank *m* ❷ COMPUT Speichereinheit *f* ❸ (*room in warehouse*) Lagerraum *m*

store [stɔːʳ, AM stɔːr] **I.** *n* ❶ (*supply*) Vorrat *m* (**of** an +*dat*); (*fig*) Schatz *m;* ***he has a great ~ of wit*** er hat ständig geistreiche Sprüche parat; ■**~s** *pl* Vorräte *mpl,* Bestände *mpl;* ■**to be in ~** [**for sb**] (*fig*) [jdm] bevorstehen; **food ~s** Lebensmittelvorräte *mpl;* **to lay in a ~ of coal/wine** einen Kohlen-/Weinvorrat anlegen; **~ of knowledge** (*fig*) Wissensreichtum *m;* **to keep** [*or* **have**] **sth in ~** etw lagern; (*in shop*) etw auf Lager halten [*o* haben]; (*fig*) ***we have a surprise in ~ for your father*** wir haben für deinen Vater eine Überraschung auf Lager

❷ *esp* AM, AUS (*any shop*) Laden *m;* (*grocery store*) [Lebensmittel]geschäft *nt,* Laden *m;* **clothing ~** Bekleidungshaus *nt;* **health-food ~** Reformhaus *nt,* Bioladen *m;* **liquor ~** Spirituosenhandlung *f*

❸ *esp* Brit (*large shop*) Geschäft *nt;* (*department store*) Kaufhaus *nt,* Warenhaus *nt*
❹ (*warehouse*) Lager *nt;* ■**in** ~ Brit, Aus (*in a safe place*) untergestellt, eingelagert; **grain** ~ Getreidespeicher *m;* **supply** ~ Vorratslager *nt;* **weapons** ~ Waffenarsenal *nt;* **to put sth in** ~ etw einlagern
❺ *no pl* (*importance*) **to set** [*or* **put**] [*or* **lay**] ~ **by sth** etw *dat* [eine] große Bedeutung beimessen; ***Jim lays little*** ~ ***by appearance*** Jim legt wenig Wert auf das äußere Erscheinungsbild
❻ Comput Speicher *m*
II. *vt* ■**to** ~ **sth** ❶ (*keep for future use*) *heat, information, electricity* etw [auf]speichern; *furniture* etw unterstellen; *supplies* etw lagern; (*lay in the cellar*) etw einkellern; (*remember*) sich *dat* etw merken
❷ Comput (*file*) etw speichern; **to** ~ **data** Daten [ab]speichern
◆**store away** *vt* ■**to** ~ **away** ⇄ **sth** etw verwahren; *food* einen Vorrat von [*o* an] etw *dat* anlegen; ***my grandmother always keeps a few bags of sugar*** ~***d away*** meine Großmutter hat immer ein paar Tüten Zucker auf Vorrat; ***we haven't got room to*** ~ ***away much stuff*** wir haben leider nicht viel Stauraum
◆**store up** *vt* ■**to** ~ **up** ⇄ **sth** etw [ein]lagern, einen Vorrat von [*o* an] etw *dat* anlegen; **to** ~ **up trouble for sb/oneself** (*fig*) jdn/sich *akk* in Schwierigkeiten bringen
store-bought *adj inv* Am (*fam*) gebrauchsfertig, Fertig-; ~ **pastry** Fertigteig *m* **store brand** *n* Markenzeichen *nt* (*eines bestimmten Kaufhauses oder Vertriebs*) **store card** *n* Kunden[kredit]karte *f,* Membercard *f* **store detective** *n* Kaufhausdetektiv(in) *m(f)* **storefront** Am **I.** *n* ❶ (*shop front*) Schaufenster *nt;* (*larger*) Schaufensterfront *f* ❷ (*front room*) Verkaufsraum *m* [eines Ladens], Ladenlokal *nt* **II.** *n modifier* (*clinic, church, eatery*) in Geschäftslage *nach n* **storehouse** *n* Am (*warehouse*) Kaufhaus *nt,* Warenhaus *nt;* (*fig form*) Fundgrube *f,* Schatzkammer *f fig* **storekeeper** [-ˌkiːpəʳ, Am -ˌkiːpɚ] *n* ❶ (*in warehouse*) Lagerist(in) *m(f),* Lagerverwalter(in) *m(f)* ❷ Am (*shopkeeper*) Ladenbesitzer(in) *m(f),* Geschäftsinhaber(in) *m(f)* **store label** *n* Am (*store brand*) Marke *f* (*eines bestimmten Kaufhauses oder Vertriebs*) **storeman** *n* Lagerist *m,* Lagerverwalter *m* **storeroom** *n* Lagerraum *m;* (*for food*) Vorratskammer *f,* Speisekammer *f;* (*for personal items*) Abstellkammer *f*
storewide [ˈstɔːwaɪd, Am ˈstɔːr-] *adj inv* in allen [Kaufhaus]filialen *präd;* ***our*** ~ ***sale starts on Thursday*** am Donnerstag beginnt in allen unseren Filialen der Schlussverkauf
storey [ˈstɔːri], Am **story** *n* Stockwerk *nt,* Stock *m,* Etage *f;* **a three-**~ **house** ein dreistöckiges Haus; **the upper** ~ das Obergeschoss; Brit (*fig fam*) das Oberstübchen *fam;* (*pej fam*) ***he's a bit weak in the upper*** ~ er hat sie nicht ganz alle *pej fam*
storeyed [ˈstɔːrid] *adj inv see* **storied**
-storeyed [ˈstɔːrid], *esp* Am **-storied** *in compounds with numbers* (*two, three, four*) -stöckig
storied [ˈstɔːrid] *adj attr esp* Am (*liter: illustrious*) sagenumwoben *geh*
-storied *in compounds esp* Am *see* **-storeyed**
stork [stɔːk, Am stɔːrk] *n* Storch *m*
storm [stɔːm, Am stɔːrm] **I.** *n* ❶ (*strong wind*) Sturm *m;* (*with thunder*) Gewitter *nt;* (*with rain*) Unwetter *nt;* ***the*** ~ ***raged for twelve hours*** der Sturm tobte zwölf Stunden lang; **to brave the** ~ (*also fig*) dem Sturm trotzen *a. fig*
❷ (*fig: bombardment*) *of missiles* Hagel *m* (**of** von +*dat*); *of arguments* [Protest]sturm *m; of shouting* Ausbruch *m kein pl;* **a** ~ **of applause** ein wahrer Beifallssturm; **to die in a** ~ **of bullets** im Kugelhagel umkommen; ~ **of protest** Proteststurm *m;* ~ **and stress** Lit Sturm und Drang
❸ Mil (*attack*) Sturm *m* (**on** auf +*akk*); **to take sth by** ~ etw im Sturm nehmen [*o* erobern]
▸ Phrases: **the** <u>**lull**</u> [*or* <u>**calm**</u>] **before the** ~ (*saying*) die Ruhe vor dem Sturm; **any** <u>**port**</u> **in a** ~ (*saying*) in der Not frisst der Teufel Fliegen *prov;* **a** ~ **in a** <u>**teacup**</u> Brit ein Sturm im Wasserglas; **to** <u>**cook**</u> **up a** ~ Am (*fam*) sich *akk* beim Kochen richtig ins Zeug legen; ***my wife's cooking up a*** ~ ***for the party tonight*** meine Frau kocht wie eine Weltmeisterin für die Party heute Abend; **to** <u>**go**</u> **down a** ~ [**with** **sb**] [bei jdm] sehr gut ankommen; **to** <u>**take**</u> **sb by** ~ jdn im Sturm erobern
II. *n modifier* (*damage, signal*) Sturm-; ~ **force** Sturmstärke *f;* ~ **force** [**wind**] Sturm *m* mit Windstärke zehn; ~ **warning** Sturmwarnung *f*
III. *vi* ❶ (*speak angrily*) toben; ■**to** ~ **against sb/sth** gegen jdn/etw wettern
❷ (*move fast*) stürmen, jagen; ***they*** ~***ed to an early lead*** sie waren nicht aufzuhalten; ■**to** ~ **in** hereinstürmen; ■**to** ~ **off** davonstürmen; ■**to** ~ **out** hinausstürmen
❸ *impers esp* Am *strong winds* stürmen; ***it was*** ~***ing again last night*** letzte Nacht war wieder ein heftiger Sturm
IV. *vt* ■**to** ~ **sth** etw stürmen
storm-beaten *adj attr, inv* vom Sturm beschädigt
storm-bound *adj inv* vom Sturm aufgehalten
storm center Am, **storm centre** *n* Meteo Zentrum *nt* des Wirbelsturms; (*fig*) Unruheherd *m*
storm cloud *n* Gewitterwolke *f;* (*fig liter*) dunkle Wolken *pl;* (*fig*) ***the*** ~***s of war seem to be gathering*** scheinbar braut sich ein Krieg zusammen
storm door *n* Am *zusätzliche Tür zur Sturmsicherung*
stormily [ˈstɔːmɪli, Am ˈstɔːr-] *adv* stürmisch, heftig, hitzig
storming [ˈstɔːmɪŋ, Am ˈstɔːr-] **I.** *adj attr* Brit (*fam*) sagenhaft *fam,* spitzenmäßig *fam*
II. *n no pl* Mil Erstürmung *f*
storm lantern *n* Brit (*hurricane lamp*) Sturmlaterne *f* **storm sail** *n* Sturmsegel *nt* **storm signal** *n* Sturmsignal *nt* **storm-tossed** [-ˌtɒst, Am -ˌtɑːst] *adj attr, inv* (*liter*) sturmgepeitscht *liter,* vom Sturm hin und hergeworfen **Storm Trooper** *n* (*hist*) SA-Mann *m hist* **storm window** *n* Am *äußeres Doppelfenster zur Sturmsicherung*
stormy [ˈstɔːmi, Am ˈstɔːr-] *adj* ❶ *weather, night, sea* stürmisch; ***the sky was dark and*** ~ der Himmel war düster und zeigte Sturm an
❷ (*fig: fierce*) stürmisch; *life* bewegt; ~ **argument** heftige Auseinandersetzung; ~ **debate** hitzige Debatte
story[1] [ˈstɔːri] *n* ❶ (*tale*) Geschichte *f;* (*narrative*) Erzählung *f;* (*plot*) Handlung *f,* Fabel *f fachspr;* ***the film is based on a true*** ~ der Film beruht auf einer wahren Begebenheit; ***that's another*** ~ das ist eine andere Geschichte; **bedtime** ~ Gutenachtgeschichte *f;* **children's** ~ Kindermärchen *nt;* **fairy** ~ Märchen *nt;* **short** ~ Kurzgeschichte *f;* **a tall** ~ eine unglaubliche Geschichte; **to read/tell** [**sb**] **a** ~ [jdm] eine Geschichte vorlesen/erzählen
❷ (*rumour*) Gerücht *nt;* **the** ~ **goes that …** man erzählt sich, dass …
❸ (*version*) Version *f,* Fassung *f;* ***he keeps changing his*** ~ er tischt immer wieder neue Geschichten auf; ***according to her*** ~ ***she left the party at midnight*** sie will die Party um Mitternacht verlassen haben; ***that's my*** ~ ***and I'm sticking to it!*** so sehe ich die Sache, und dazu stehe ich!; **sb's half** [*or* **side**] **of the** ~ jds Version der Geschichte; ***let me tell you my side of the*** ~ lass mich dir die Dinge mal aus meiner Sicht schildern
❹ (*news report*) Beitrag *m,* Story *f sl;* (*in newspaper*) Artikel *m*
❺ (*lie*) Geschichte *f,* [Lügen]märchen *nt fam*
▸ Phrases: <u>**end**</u> **of** ~! und damit Schluss!; **that's the** ~ **of my** <u>**life!**</u> so geht's mir jedes Mal!; **it's a** <u>**long**</u> ~ (*fam*) das ist eine lange Geschichte!; **it's the same** <u>**old**</u> ~ es ist immer das gleiche [alte] Lied; **to** <u>**cut**</u> **a long** ~ **short** um es kurz zu machen; **to** <u>**tell**</u> **one's own** ~ für sich *akk* sprechen
story[2] *n* Am *see* **storey**
storyboard *n* Film, TV Storyboard *nt fachspr* **storybook** **I.** *n* Geschichtenbuch *nt,* Buch *nt* mit Kindergeschichten **II.** *n modifier ending, romance* märchenhaft, wie im Märchen *nach n* **story line** *n* Handlung *f* **storyteller** *n* ❶ (*narrator*) Geschichtenerzähler(in) *m(f)* ❷ (*fam: liar*) Lügner(in) *m(f),* Lügenbold *m pej fam* **storytelling** **I.** *n no pl* Geschichtenerzählen *nt; of lies* Lügen[geschichten]erzählen *nt,* Flunkerei *f* **II.** *adj inv* erzählend, Erzähl-
stoup [stuːp] *n* ❶ Rel Weihwasserbecken *nt*
❷ (*old: flagon, beaker for drink*) [Trink]becher *m*
stout[1] [staʊt] *n* Stout *m* (*dunkles Bier*)
stout[2] [staʊt] *adj* ❶ (*corpulent*) beleibt, korpulent *geh; woman* füllig *euph*
❷ (*stocky*) untersetzt, stämmig
❸ (*thick and strong*) kräftig, stabil; *door, stick* massiv; *shoes, boots* fest
❹ (*determined, brave*) *person* tapfer, mutig; *heart, defence, opposition* tapfer, unerschrocken; *denial, belief, refusal* beharrlich; *support* nachdrücklich; ~ **fellow** (*dated fam*) tapfrer [*o veraltet* braver] Kerl; **with a** ~ **heart** festen Herzens, mutig; ~ **resistance** unbeugsamer [*o* entschiedener] Widerstand
stout-hearted [ˌstaʊtˈhɑːtɪd, Am -ˈhɑːrt̬ɪd] *adj* (*dated form liter*) tapfer, beherzt, wacker *veraltet*
stoutly [ˈstaʊtli] *adv* ❶ (*of person*) ~ **built** stämmig gebaut
❷ (*strong*) stabil; ~ **made boots** feste Stiefel; ~ **built house** solide gebautes Haus
❸ (*firmly*) entschieden, steif und fest *fam;* **to believe** ~ **in sth** fest an etw *akk* glauben
stove [stəʊv, Am stoʊv] *n* ❶ (*heater*) Ofen *m;* **oil** ~ Ölofen *m*
❷ *esp* Am, Aus (*for cooking*) Herd *m;* **electric/gas** ~ Elektro-/Gasherd *m*
stovepipe *n* Ofenrohr *nt* **stovepipe hat** *n* Fashion (*fam*) Zylinder *m,* Angströhre *f hum veraltet fam* **stovepipe trousers** *npl* Am Röhrenhose[n] *f[pl]*
stovetop Am, Aus **I.** *n* (*hob*) Herdplatte *f*
II. *n modifier* für den Herd *nach n;* ***this packet has a*** ~ ***method as well as an oven method of preparation*** der Inhalt dieser Packung kann entweder auf dem Herd oder in der Backröhre zubereitet werden; ~ **recipe** Kochrezept *nt*
stow [stəʊ, Am stoʊ] *vt* ❶ (*put away*) ■**to** ~ **sth** etw verstauen; (*hide*) etw verstecken
❷ (*fill*) ■**to** ~ **sth** etw voll machen; Naut etw befrachten; *goods* etw verladen
❸ (*sl: desist*) ~ **it!** hör auf damit!
◆**stow away** **I.** *vt* ■**to** ~ **away** ⇄ **sth** etw verstauen [*o* wegpacken]; (*hide*) etw verstecken
II. *vi* ❶ (*store*) verstaubar sein
❷ (*travel without paying*) als blinder Passagier reisen
stowage [ˈstəʊɪdʒ, Am ˈstoʊ-] *n no pl* ❶ (*stowing*) Verstauen *nt;* Naut [Be]laden *nt*
❷ (*place*) Stauraum *m*
stowaway [ˈstəʊəˌweɪ, Am ˈstoʊ-] *n* blinder Passagier/blinde Passagierin
straddle [ˈstrædl] **I.** *vt* ❶ ■**to** ~ **sth** (*standing*) mit geöffneten [*o* gespreizten] Beinen über etw *dat* stehen; (*sitting*) rittlings auf etw *dat* sitzen; (*jumping*) [mit gestreckten Beinen] springen; ***his horse*** ~***d the fence with ease*** sein Pferd setzte mit Leichtigkeit über den Zaun
❷ (*bridge*) ■**to** ~ **sth** *a border* etw überbrücken [*o geh* überspannen]; (*fig*) *difficulties* etw überkommen; ***the National Park*** ~***s the Tennessee-North Carolina border*** der Nationalpark verläuft zu beiden Seiten der Grenze zwischen Tennessee und North Carolina
❸ (*part one's legs*) ■**to** ~ **sth** etw spreizen [*o* grätschen]
❹ Mil **to** ~ **a target** um ein Ziel herum einschlagen
❺ *esp* Am (*fig: equivocal position*) ■**to** ~ **sth** bei etw *dat* keine klare Position beziehen; **to** ~ **an issue** bei einer Frage nicht klar Stellung beziehen, zwischen zwei Alternativen schwanken
II. *vi* (*stand*) breitbeinig [da]stehen; (*sit*) mit gegrätschten [*o* gespreizten] Beinen [da]sitzen
III. *n* ❶ (*legs wide apart*) Grätsche *f;* (*jump*) Scherensprung *m;* (*in athletics*) Straddle[sprung] *m fachspr*
❷ Econ (*difference between bid and offer price*)

Stellagegeschäft *nt*
❸ ECON (*combined option at the same time*) kombiniertes Optionsgeschäft

strafe [strɑːf, streɪf, AM streɪf] *vt* ❶ MIL ■**to ~ sth** etw [im Tiefflug] unter Beschuss nehmen
❷ (*fig: abuse*) ■**to ~ sb [with sth]** jdn [mit etw *dat*] bombardieren

straggle ['strægḷ] **I.** *vi* ❶ (*move as a disorganized group*) umherstreifen; (*fall back*) hinterhertrotten, [nach]zockeln *fam;* (*neglect time*) [herum]bummeln; ***the ducklings ~d behind their mother*** die Küken watschelten hinter ihrer Mutter her; **to ~ in/out** nach und nach kommen/gehen
❷ (*be dispersed*) *houses* verstreut stehen; *settlements* verstreut liegen
❸ (*come in small numbers*) sich *akk* sporadisch einstellen
❹ (*hang untidily*) *hair, beard* zottelig herunterhängen; (*grow*) *plant* wuchern
II. *n* (*of things*) Sammelsurium *nt;* (*of people*) Ansammlung *f;* ***a ~ of crumbling buildings is all that remains of the village*** hier und da ein paar verfallende Häuser sind alles, was von dem Dorf übrig geblieben ist

straggler ['stræglə^r, AM -ɚ] *n* Nachzügler(in) *m(f)*

straggling ['stræglɪŋ] *adj* ❶ (*falling behind*) langsam nachkommend, zurückgeblieben; *troops* auseinandergezogen
❷ (*scattered*) verstreut [liegend]; *place* weitläufig

straggly ['strægḷi] *adj hair* zottelig, zerzaust; *beard* [wild] wuchernd, struppig; *eyebrows* zersaust

straight [streɪt] **I.** *n* ❶ (*race track*) Gerade *f;* **in the finishing** [*or* **home**] ~ in der Zielgeraden
❷ CARDS Sequenz *f;* (*in poker*) Straight *m*
► PHRASES: **stay on** [*or* **keep to**] **the ~ and narrow** bleibe im Lande und nähre dich redlich
II. *adj* ❶ (*without curve*) gerade; *back, nose* gerade; *hair* glatt; *skirt* gerade geschnitten; *line* gerade; *road, row, furrow* [schnur]gerade; ***is my tie ~?*** sitzt mein Schlips richtig?; ***the picture isn't ~*** das Bild hängt schief; ***he landed a ~ punch to the face*** sein Hieb landete geradewegs im Gesicht; **as ~ as a die** [*or* AM **pin**] (*of posture*) kerzengerade; (*honest*) grundehrlich, absolut ehrlich
❷ (*frank*) *advice, denial, refusal* offen, freimütig; (*honest*) ehrlich; ***I think we better do a bit of ~ talking*** ich finde, wir sollten einmal ganz offen miteinander reden; ■**to be ~ with sb** aufrichtig [*o* ehrlich] mit jdm sein; **a ~ answer** eine offene [und ehrliche] Antwort; **to do ~ dealings with sb** mit jdm offen und ehrlich verhandeln; **to go ~** (*fam*) keine krummen Sachen machen *fam,* sich *dat* nichts zu Schulden kommen lassen
❸ *inv* (*fam: conventional*) brav *pej;* ***he looks pretty ~ wearing a tie*** mit Krawatte sieht er ziemlich spießig aus
❹ (*heterosexual*) heterosexuell, hetero *fam*
❺ (*plain*) einfach; (*undiluted*) pur; **~ gin/Scotch** Gin *m*/Scotch *m* pur; **vodka ~** Wodka *m* pur
❻ (*simply factual*) tatsachengetreu, nur auf Fakten basierend *attr;* **~ reporting** objektive Berichterstattung
❼ (*clear, uncomplicated*) klar; ***well done, Tim, that was ~ thinking*** gut gemacht, Tim, da hast du wirklich scharf überlegt; ***just give me a ~ yes or no*** sag doch ganz einfach ja oder nein!; ***we both liked each other's jumpers, so we did a ~ swap*** uns gefiel jeweils der Pullover des anderen und da haben wir einfach getauscht; **~ answer** eindeutige Antwort; (*in exams*) **~ A's** glatte Einser; ***he's a ~ A candidate*** er ist ein Einserkandidat
❽ *attr, inv* (*consecutive*) aufeinander folgend, in Folge *nach n;* ***the team has won ten ~ games this season*** das Team hat in dieser Saison zehn Spiele hintereinander gewonnen; **~ flush** CARDS Straight[flush] *m;* **the ~ line of succession to the throne** die Thronfolge in direkter Linie; **to win/lose in ~ sets** TENNIS mehrere Sätze hintereinander gewinnen/verlieren
❾ (*fam: serious*) ernst[haft]; (*not laughing*) ernst; (*traditional*) traditionell, konventionell; ***there's a lot of ~ theatre at the festival*** beim Festival wird viel Althergebrachtes geboten; **to keep a ~ face** [*or* **one's face ~**] ernst bleiben; **to make** [*or* **put on**] **a ~ face** ein ernstes Gesicht machen, eine ernste Miene aufsetzen; **~ actor/actress** THEAT Schauspieler/Schauspielerin des ernsten Fachs; **~ production** [*or* **play**] ernstes Stück
❿ *pred* (*fam: quits*) ■**to be ~** quitt sein *fam*
⓫ (*fam: no drugs or alcohol*) sauber, clean *sl;* **'Getting S~' programme** [*or* AM **program**] Entziehungskur *f*
⓬ *pred* (*in order*) in Ordnung; (*clarified*) geklärt; **to put things ~** (*tidy*) Ordnung schaffen; (*organize*) etwas auf die Reihe kriegen *fam;* ***let's get this ~, you need £500 tomorrow or else ...*** stellen wir einmal klar: entweder du hast bis morgen 500 Pfund, oder ...; ***and get this ~, I'm not lending you any more money*** damit das klar ist: ich leihe dir keine müde Mark mehr; **to put** [*or* **set**] **sb ~ about sth** jdm Klarheit über etw *akk* verschaffen
III. *adv* ❶ (*in a line*) gerade[aus]; ***go ~ along this road*** folgen Sie immer dieser Straße; ***he drove ~ into the tree*** er fuhr frontal gegen den Baum; ***the village lay ~ ahead of us*** das Dorf lag genau vor uns; ***after a couple of gins, I was having difficulty walking ~*** nach ein paar Gins konnte ich kaum noch gerade gehen; ***the dog seemed to be coming ~ at me*** der Hund schien direkt auf mich zuzukommen; ***the arrow went ~ through the canvas*** der Pfeil ging glatt durch die Leinwand; ***she told me to go ~ ahead with designing the dress*** sie befahl mir, auf der Stelle mit dem Entwerfen des Kleides anzufangen; **to look ~ ahead** geradeaus schauen
❷ *inv* (*directly*) direkt *fam;* ***shall we go ~ to the party or stop off at a pub first?*** sollen wir gleich zur Party fahren oder schauen wir zuerst in einer Kneipe vorbei?; **to look sb ~ in the eye** jdm direkt in die Augen sehen
❸ *inv* (*immediately*) sofort; ***I got home and went ~ to bed*** ich kam nach Hause und ging sofort schlafen; ***we've got to leave ~ away*** wir müssen unverzüglich aufbrechen; ***she said ~ off*** [*or* ***away***] ***that she had no time on Friday*** sie sagte von vornherein, dass sie am Freitag keine Zeit habe; **to get ~ to the point** sofort [*o* ohne Umschweife] zur Sache kommen
❹ (*fam: honestly*) offen [und ehrlich]; ***tell me ~, would you rather we didn't go out tonight?*** nun sag mal ganz ehrlich, wäre es dir lieber, wenn wir heute Abend nicht weggingen?; ***I told him ~ that I didn't like his tie*** ich sagte ihm geradeheraus, dass mir seine Krawatte nicht gefiele; ***~ up, I only paid £20 for the fridge*** für den Kühlschrank habe ich echt nur 20 Pfund bezahlt
❺ (*clearly*) klar; ***after five glasses of wine I couldn't see ~*** nach fünf Gläsern Wein konnte ich nicht mehr richtig sehen; ***I'm so tired I can't think ~ any more*** ich bin so müde, dass ich nicht mehr klar denken kann

straight angle *n* gestreckter Winkel

straightaway [,streɪtə'weɪ, AM -t̬ə'-] **I.** *adv esp* BRIT sofort, auf der Stelle; ***we don't have to go ~, do we?*** wir müssen doch nicht jetzt gleich gehen, oder?
II. *n* AM (*straight*) Gerade *f*

straighten ['streɪtən] **I.** *vt* ■**to ~ sth** ❶ (*make straight, level*) etw gerade machen; **to ~ one's arm/leg** den Arm/das Bein ausstrecken; **to ~ one's body** den Körper aufrichten; **to ~ one's hair** sein Haar glätten; **to ~ a hem** einen Saum gerade nähen; **to ~ a picture** ein Bild gerade hängen; **to ~ a river/road** einen Fluss/eine Straße begradigen; **to ~ a seam** eine Naht glatt ziehen
❷ (*arrange in place*) etw richten [*o* ordnen]; **to ~ one's clothes** seine Kleider richten; **to ~ one's hair** sein Haar in Ordnung bringen; **to ~ a room/flat** [*or* AM **apartment**] (*tidy up*) ein Zimmer/eine Wohnung aufräumen [*o* in Ordnung bringen]; **to ~ one's tie** seine Krawatte zurechtrücken
II. *vi person* sich *akk* aufrichten; *road, river* gerade werden; *hair* sich *akk* glätten

◆**straighten out** **I.** *vt* ■**to ~ out ⊂ sth** ❶ (*make straight*) etw gerade machen; **to ~ out one's arms/legs** die Arme/Beine ausstrecken; **to ~ out one's clothes** seine Kleider glatt streichen; **to ~ out a dent in the bumper** die Stoßstange ausbeulen; **to ~ out a road** eine Straße begradigen; **to ~ out a wire** einen Draht ausziehen
❷ (*put right*) etw in Ordnung bringen; (*clarify*) etw klarstellen; ***I think we should get matters ~ed out between us*** ich finde, wir sollten die Dinge zwischen uns klären; ■**to ~ sb out** (*explain a situation*) jdm die Sachlage erklären; (*explain the truth*) jdn aufklären; (*make behave*) jdn [wieder] auf den rechten Weg bringen; **to ~ out one's affairs** Klarheit in seine Finanzen bringen; **to ~ out a misunderstanding** ein Missverständnis aus der Welt schaffen; **to ~ out a problem/situation** ein Problem/eine Situation bereinigen
II. *vi* gerade werden

◆**straighten up** **I.** *vi* ❶ (*stand upright*) sich *akk* aufrichten
❷ (*move straight*) *vehicle, ship* [wieder] geradeaus fahren; *aircraft* [wieder] geradeaus fliegen
II. *vt* ■**to ~ up ⊂ sth** ❶ (*make level*) etw gerade machen; **to ~ up a picture** ein Bild gerade hängen
❷ (*tidy up*) etw aufräumen; (*fig: put in order*) etw regeln [*o* in Ordnung bringen]; **to ~ up leftover matters** aufarbeiten, was liegen geblieben ist

straight face *n* unbewegte Miene, Pokerface *nt;* **with a ~** ohne eine Miene zu verziehen

straight-faced [-'feɪst] **I.** *adj* gleichmütig, cool *sl;* **to be ~** keine Miene verziehen
II. *adv* mit unbeweglicher Miene

straightforward *adj* ❶ (*direct*) direkt; *explanation* unmittelbar; *look* gerade
❷ (*honest*) *answer, person* aufrichtig, ehrlich
❸ (*easy*) einfach, leicht; ***it's quite ~*** es ist ganz einfach; **a ~ choice** eine leichte Wahl; **~ process** unkomplizierter Vorgang; **~ question** verständliche Frage

straightforwardly [-'fɔːwədli, AM -'fɔːrwɚdli] *adv* ❶ (*candidly*) freimütig, offen; **to explain quite ~ that ...** ohne Umschweife erklären, dass ...
❷ (*simply*) einfach; **to explain the situation ~** die Lage klipp und klar umreißen
❸ (*honestly*) aufrichtig, ehrlich

straightforwardness [-'fɔːwədnəs, AM -'fɔːrwɚd-] *n* ❶ (*candidness*) Freimütigkeit *f,* Offenheit *f*
❷ (*simplicity*) Einfachheit *f*
❸ (*honesty*) Aufrichtigkeit *f,* Ehrlichkeit *f*

straightjacket *n see* **straitjacket**

straight-laced *adj see* **strait-laced** sittenstreng, prüde, keusch *iron*

straight-line depreciation *n* FIN lineare Abschreibung *fachspr*

straight man *n* THEAT *ernster Gegenpart eines Komikers, der diesem die Stichwörter gibt*

straight off *adv inv* (*fam*) sofort, auf der Stelle; ***we don't need to go ~*** wir müssen nicht jetzt gleich gehen

straight out *adv* offen, [ganz] direkt

straight-out *adj esp* AM (*fam*) offen, unverblümt; **~ answer** ehrliche Antwort

straight razor *n* AM (*cut-throat razor*) Rasiermesser *nt*

straight stitch *n* gerader Stich

straight ticket *n* AM *Liste mit den Kandidaten einer Partei;* ***he voted the straight Republican ticket*** er stimmte für die Liste der Republikaner

straight up *adv* AM (*fam: honestly*) echt *fam,* ehrlich *fam;* ***you're an attractive woman, ~!*** Sie sind eine attraktive Frau, ganz ehrlich!; ***you're not telling me he's sixty! — ~!*** du willst mir doch nicht erzählen, dass er schon sechzig ist! – doch, wirklich!

straightway *adv inv* (*old*) *see* **straight away** geradewegs, schnurstracks

strain[1] [streɪn] *n* ❶ BIOL (*breed*) *of animals* Rasse *f; of plants* Sorte *f; of virus* Art *f*
❷ (*inherited characteristic*) Anlage *f,* [Charakter]zug *m;* **a ~ of eccentricity/puritanism** ein Hang *m* zum Exzentrischen/Puritanismus

strain[2] [streɪn] **I.** *n usu sing* ❶ *no pl* (*physical pressure*) Druck *m,* Belastung *f;* **to put a ~ on sth** einen

Druck auf etw *akk* ausüben
❷ (*fig: emotional pressure*) Druck *m*, Belastung *f*; ***I found it quite a ~ having her to stay with us*** ich habe es als ziemliche Belastung empfunden, sie bei uns zu haben; **stresses and ~s** Strapazen *fpl*; **to be under a lot of ~** stark unter Druck stehen; (*emotional*) unter großem Druck stehen
❸ (*overexertion*) [Über]beanspruchung *f*, [Über]belastung *f*; ***excess weight puts a lot of ~ on the heart*** Übergewicht stellt eine große Belastung für das Herz dar
❹ *no pl* PHYS (*degree of distortion*) Zug *m*, Spannung *f*, [Über]dehnung *f*; **stress and ~** Zug und Druck
❺ (*pulled tendon, muscle*) Zerrung *f*; **back/groin ~** Rücken-/Leistenzerrung *f*; **hamstring ~** Zerrung *f* der Achillessehne
❻ (*liter: stretch of music*) Weise *f liter*; ■**~s** *pl* Melodie[n] *f[pl]*
II. *vi* ❶ (*pull*) ziehen, zerren; *dress* spannen; ***the dog is ~ing at the leash*** der Hund zerrt an der Leine
❷ (*try hard*) sich *akk* anstrengen; **to ~ for** [*or* BRIT **after**] **effect** Effekthascherei betreiben *pej*
III. *vt* ■**to ~ sth** ❶ (*pull*) an etw *dat* ziehen; MED, SPORTS etw überdehnen [*o* zerren]; ***I ~ed a muscle in my back*** ich habe mir eine Rückenmuskelzerrung zugezogen; ***he ~ed the rope until he was sure that it would hold fast*** er belastete das Seil, bis er sicher war, dass es halten würde; **to ~ a ligament** sich *dat* eine Bänderzerrung zuziehen
❷ (*overexert*) etw [stark] beanspruchen [*o* überanstrengen]; (*fig: exaggerate*) etw übertreiben; ***she's ~ing every nerve to get the work finished on time*** sie strengt sich ungeheuer an, um die Arbeit rechtzeitig fertig zu bekommen; **to ~ one's ears** die Ohren spitzen [*o fam* aufsperren]; **to ~ one's eyes** die Augen überanstrengen; **to ~ the truth** übertreiben; ***I agree she's lost weight, but I think it's ~ing the truth a little to describe her as slim*** ich finde auch, dass sie abgenommen hat, aber sie als schlank zu bezeichnen, das wäre denn doch etwas zu viel
❸ (*fig: tear at*) etw strapazieren [*o* belasten]; ***his conduct couldn't but ~ their relationship*** sein Benehmen musste eine Belastungsprobe für ihre Beziehung sein; **to ~ sb's credulity** für jdn sehr unglaubhaft klingen
❹ (*remove solids from liquids*) *coffee* etw [aus]sieben [*o* ausziehen]; (*remove liquid from solids*) *vegetables* etw abgießen
◆**strain off** *vt* ■**to ~ off** ↔ **sth** etw abgießen

strained [streɪnd] *adj* ❶ (*forced*) bemüht, angestrengt; (*artificial*) gekünstelt *pej*; **~ efforts** forcierte Bemühungen; **a ~ smile** ein gequältes Lächeln
❷ (*tense*) *relations* belastet, angespannt; ***they are having a ~ friendship*** ihre Freundschaft leidet unter Spannungen
❸ (*stressed*) abgespannt, mitgenommen, gestresst
❹ (*far-fetched*) *interpretation* weit hergeholt

strainer [ˈstreɪnəʳ, AM -ɚ] *n* Sieb *nt*; **fine mesh ~** feines Drahtsieb; **tea ~** Teesieb *nt*

strait [streɪt] *n* ❶ GEOG (*narrow sea*) Meerenge *f*, Straße *f*; **the Bering S~** die Beringstraße; **the S~s of Gibraltar** die Straße von Gibraltar
❷ *usu pl* (*bad situation*) Notlage *f*, Zwangslage *f*; **to be in a ~** in der Klemme stecken *fam*; **to be in desperate/dire ~s** sich *akk* in einer verzweifelten/schlimmen Notlage befinden; **to be in a difficult ~** in Bedrängnis sein

straitened [ˈstreɪtᵊnd] *adj* (*form: poor*) knapp; (*restricted*) beschränkt, dürftig; **to find oneself in ~ circumstances** sich *akk* einschränken müssen

straitjacket *n* (*also fig*) Zwangsjacke *f a. fig pej*; ***the police are concerned that the new regulation will act as a ~ in combating crime*** die Polizei befürchtet, dass sich die neue Regelung als Hemmschuh für die Kriminalitätsbekämpfung erweisen wird **straitlaced** [-ˈleɪst] *adj* (*pej*) prüde *pej*, puritanisch *pej*

strand¹ [strænd] **I.** *vt* **to ~ a boat** ein Boot auf Grund setzen; **to ~ a whale** einen Wal stranden lassen
II. *vi* stranden
III. *n* (*liter: shore*) Gestade *nt meist pl liter poet*

strand² [strænd] *n* ❶ (*single thread*) Faden *m*; *of rope* Strang *m*; *of tissue* Faser *f*; *of hair* Strähne *f*; *of grass* Halm *m*; *of wire* Litze *f fachspr*; AM, AUS (*string*) Schnur *f*; ***she idly plucked ~s of grass*** gedankenverloren zupfte sie Grashalme aus; **~ of hair** Haarsträhne *f*; **~ of pearls** Perlenkette *f*; **~ of wool** Wollfaden *m*
❷ (*element of whole*) Strang *m*; **~ of life** Lebensschiene *f*; ***you have your work and your home and rarely do those two ~s of your life come together*** Sie haben Ihre Arbeit und Ihr Zuhause, und beides läuft fast immer auf getrennten Schienen; **~ of melody** Melodienstrang *m*; **~ of the plot** Handlungsstrang *m*

stranded [ˈstrændɪd] *adj inv* (*beached*) gestrandet *a. fig*; *ship also* aufgelaufen; ■**to be ~** (*fig*) festsitzen; (*without money*) auf dem Trockenen sitzen *hum*; **to leave sb ~** jdn sich *dat* selbst überlassen, jdn seinem Schicksal überlassen; ***the strike kept*** [*or* ***had left***] ***the tourists ~*** wegen des Streiks saßen die Touristen fest

strange [streɪnʤ] *adj* ❶ (*peculiar, odd*) sonderbar, merkwürdig; (*unusual*) ungewöhnlich, außergewöhnlich; (*weird*) unheimlich, seltsam; ***I had a ~ feeling that we'd met before*** ich hatte irgendwie das Gefühl, dass wir uns schon einmal begegnet waren; ***~r things have happened*** da sind schon ganz andere Dinge passiert; ***it's ~ that …*** es ist schon merkwürdig, dass …; **~ accent** sonderbarer [*o* komischer] Akzent
❷ (*exceptional*) erstaunlich, bemerkenswert; ***you say the ~st things sometimes*** manchmal sagen Sie die erstaunlichsten Dinge; **a ~ coincidence** ein seltsamer Zufall; **a ~ twist of fate** eine besondere Laune des Schicksals; **~ to say** seltsamerweise; ***~ to say, I don't really like strawberries*** es ist kaum zu glauben, aber ich mag Erdbeeren nicht besonders
❸ (*uneasy*) komisch; (*unwell*) seltsam, unwohl; **to feel ~** sich *akk* unwohl [*o* schlecht] fühlen; ***I hope that fish was all right — my stomach feels a bit ~*** ich hoffe, der Fisch war in Ordnung – mir ist so komisch
❹ *inv* (*not known*) fremd, unbekannt; (*unfamiliar*) nicht vertraut, ungewohnt; ***I never sleep well in a ~ bed*** ich schlafe in fremden Betten grundsätzlich schlecht; **~ face** unbekanntes Gesicht
▸ PHRASES: **to make ~ bedfellows** ein seltsames Paar [*o* Gespann] abgeben

strangely [ˈstreɪnʤli] *adv* ❶ (*oddly*) merkwürdig, sonderbar
❷ (*unexpectedly*) ***she was ~ calm*** sie war auffällig still; **~ enough** seltsamerweise, sonderbarerweise

strangeness [ˈstreɪnʤnəs] *n no pl* ❶ (*unfamiliarity*) Fremdheit *f*, Fremdartigkeit *f*
❷ (*peculiarity*) Seltsamkeit *f*, Merkwürdigkeit *f*

stranger [ˈstreɪnʤəʳ, AM -ɚ] *n* ❶ (*unknown person*) Fremde(r) *f(m)*; (*person new to a place*) Neuling *m a. pej*; ***she is a ~ to me*** ich kenne sie nicht; ***they were complete ~s to me*** sie waren mir alle gänzlich unbekannt; ***are you a ~ here, too?*** sind Sie auch fremd hier?; ***hello, ~!*** (*fam*) hallo, lange nicht gesehen!; ***hello ~, I haven't seen you for weeks!*** hallo, dich habe ich ja schon wochenlang nicht mehr gesehen
❷ (*form*) **to be a ~ in sth** in etw *dat* unerfahren sein; **to be no ~ to sth** etw [schon] kennen; ***she is no ~ to hard work*** sie ist [an] harte Arbeit gewöhnt
❸ BRIT POL Besucher(in) *m(f)*; **S~'s Gallery** Besuchertribüne *f* (*im britischen Parlament*)

strangle [ˈstræŋgl̩] *vt* ❶ (*murder*) ■**to ~ sb** jdn erdrosseln [*o* erwürgen] [*o geh* strangulieren]; ***this tie is strangling me*** diese Krawatte schnürt mir die Luft ab
❷ (*fig: suppress*) ■**to ~ sth** etw unterdrücken [*o* ersticken]; ***their protests should have been ~d at birth*** man hätte ihre Proteste schon im Keim ersticken sollen; **to ~ a scream** einen Schrei unterdrücken

strangled [ˈstræŋgl̩d] *adj* ❶ (*constricted*) erstickt; **with a ~ voice** mit erstickter Stimme
❷ *inv* AM, AUS (*strangulated*) erdrosselt, erwürgt, stranguliert *geh*

stranglehold *n* ❶ (*grip*) Würgegriff *m*; **to have sb in a ~** (*fig*) jdn [völlig] in der Hand [*o* an der Kandare] haben
❷ (*fig: complete control*) Vormacht[stellung] *f kein pl*; **to tighten one's ~** seine Vormachtstellung ausbauen

strangler [ˈstræŋgləʳ, AM -ɚ] *n* Würger(in) *m(f) pej veraltet*

strangulate [ˈstræŋgjəleɪt] *vt* MED ■**to ~ sth** etw abschnüren [*o* abbinden]

strangulated [ˈstræŋgjəleɪtɪd, AM -t̬-] *adj* ❶ *inv* MED abgeschnürt; **~ hernia** eingeklemmter Bruch
❷ (*fig: constricted*) erstickt; **with a ~ voice** mit erstickter Stimme

strangulation [ˌstræŋgjəˈleɪʃᵊn] *n no pl* ❶ (*strangling*) Erdrosselung *f*, Strangulierung *f*; (*death from throttling*) Tod *m* durch Erwürgen
❷ MED (*strangulating*) Abschnüren *nt*, Abbinden *nt*

strap [stræp] **I.** *n* ❶ (*for fastening*) Riemen *m*; (*for safety*) Gurt *m*; (*for clothes*) Träger *m*; (*for hanging up*) Schlaufe *f*; (*hold in a vehicle*) Halteschlaufe *f*; **ankle ~** Schuhriemen *m*, Schuhriemchen *nt*; **bra ~** BH-Träger *m*; **shoulder ~** Träger *m*; **watch ~** Uhrarmband *nt*
❷ (*punishment*) **to get the ~** mit dem Gürtel [*o* Lederriemen] verprügelt werden; **to give sb the ~** jdn [mit einem Gürtel] verprügeln
II. *vt* <-pp-> ❶ (*fasten*) ■**to ~ sth** [**to sth**] etw [an etw *dat*] befestigen
❷ (*hit*) ■**to ~ sb** jdn schlagen; (*punish*) jdn verprügeln
❸ (*bandage*) ■**to ~ sb/sth** jdn/etw bandagieren; (*with plaster*) jdn/etw verpflastern
◆**strap in** *vt* ■**to ~ in** ↔ **sb** (*in a certain position*) jdn festschnallen; (*in a car*) jdn anschnallen; ■**to ~ oneself in** sich *akk* anschnallen
◆**strap on** *vt* ■**to ~ on** ↔ **sth** etw festschnallen; *watch* etw anlegen; *rucksack* etw schultern [*o* aufschnallen]; *belt* etw anlegen; *girdle* etw umlegen
◆**strap up** *vt* BRIT ■**to ~ up** ↔ **sth** ❶ (*fasten*) etw festschnallen [*o* festbinden]
❷ MED (*bandage*) etw bandagieren; (*with plaster*) etw verpflastern

straphang [ˈstræphæŋ] *vi* TRANSP (*fam*) im Stehen fahren (*in öffentlichen Verkehrsmitteln*)

straphanger [ˈstræpˌhæŋəʳ, AM -ɚ] *n* TRANSP (*fam*) ❶ (*passenger*) stehender Fahrgast
❷ *usu* AM (*commuter*) Pendler(in) *m(f)* (*als Benutzer des öffentlichen Nahverkehrs*)

strapless [ˈstræpləs] *adj inv* trägerlos; **~ bra** trägerloser BH; **~ dress** schulterfreies Kleid

strapped [stræpt] *adj* (*fam*) knapp bei Kasse *präd fam*, pleite *präd fam*; ***a financially ~ company*** eine Firma mit finanziellen Engpässen; **to be ~ for cash** [so gut wie] blank sein *fam*

strapping [ˈstræpɪŋ] **I.** *n no pl* ❶ (*punishment*) Züchtigung *f* mit einem Lederriemen [*o* Gürtel]
❷ (*bandage*) Bandage *f*
II. *adj* (*hum fam*) kräftig, stämmig; **~ girl** dralles Mädchen; **~ lad** strammer Bursche

strappy [ˈstræpi] *adj attr* Riemchen-; **~ sandals** Riemchensandalen *fpl*

Strasbourg [ˈstræzbɜːg, AM ˈstrɑːsbʊrg] *n* Straßburg *nt*

strata [ˈstrɑːtə, AM ˈstreɪt̬ə] *n pl of* **stratum**

stratagem [ˈstrætəʤəm, AM -t̬-] *n* ❶ (*scheme*) Strategem *nt geh*, [Einzel]strategie *f*
❷ *no pl* (*scheming*) List *f*; MIL Kriegslist *f*

strategic [strəˈtiːʤɪk] *adj* strategisch, taktisch; ***both countries want control of this ~ city*** beide Länder möchten diese strategisch wichtige Stadt unter ihrer Kontrolle haben; **the ~ balance** MIL das strategische Gleichgewicht; **~ bombing** MIL Bombardierung *f* des feindlichen Gebiets; **~ expertise** taktisches Geschick; **~ forces** Streitkräfte *fpl*; **~ weapons** strategische Waffen; **a ~ withdrawal** ein

S

strategischer Rückzug
strategically [strə'ti:dʒɪkəli] *adv* taktisch, strategisch; (*fig*) ***her scarf was* ~ *placed to hide a tear in her shirt*** sie hatte ihren Schal so geschickt umgelegt, dass er den Riss in ihrer Bluse verbarg
strategist ['strætədʒɪst, AM -t̬-] *n* Stratege, -in *m, f,* Taktiker(in) *m(f)*; **political** ~ politischer Stratege/politische Strategin; **military** ~ Militärstratege, -in *m, f*
strategy ['strætədʒi, AM -t̬ə-] *n* ❶ (*plan of action*) Strategie *f*; (*less comprising scheme*) Taktik *f*; **marketing/sales** ~ Marketing-/Verkaufsstrategie *f*
❷ *no pl* (*art of planning*) Taktieren *nt*; (*of war*) Kriegsstrategie *f*; ***she accused the government of lacking any coherent industrial*** ~ sie warf der Regierung vor, sie habe keine klare Linie im Umgang mit der Industrie; **military** ~ Militärstrategie *f*
stratification [ˌstrætɪfɪ'keɪʃən, AM -t̬əfɪ'-] *n no pl* ❶ (*arrangement in layers*) Schichtung *f*
❷ GEOL Schichtung *f,* Stratifikation *f fachspr*
❸ SOCIOL **social** ~ gesellschaftliche Schichtenbildung
stratified ['strætɪfaɪd, AM -t̬ə-] *adj inv* geschichtet, in Schichten aufgeteilt; ~ **sample** SOCIOL gesamtgesellschaftliche Stichprobe
stratify <-ie-> ['strætɪfaɪ, AM -t̬ə-] *vt* ❶ (*arrange in layers*) ■**to** ~ **sth** etw schichten
❷ *usu passive* GEOL ■**to be stratified** geschichtet [*o fachspr* stratifiziert] sein
❸ (*place in groups*) ■**to** ~ **sb/sth** [**by sth**] jdn/etw [nach etw *dat*] klassifizieren; **stratified society** mehrschichtige Gesellschaft
stratosphere ['strætə(ʊ)ˌsfɪəʳ, AM 'stræt̬əsfɪr] *n* METEO Stratosphäre *f fachspr*; **to go** [*or* **be sent**] **into the** ~ (*fig*) astronomische Höhen erreichen
stratospheric [ˌstrætə(ʊ)'sferɪk, AM ˌstræt̬ə'sfɪr-] *adj inv* METEO stratosphärisch; (*fig*) astronomisch [hoch]
stratum <*pl* -ta> ['strɑ:təm, *pl* -tə, AM 'streɪt̬-, *pl* -t̬ə] *n* ❶ (*layer*) Schicht *f*
❷ GEOL (*layer of rock*) [Gesteins]schicht *f*
❸ SOCIOL (*class*) Schicht *f*; [**higher/lower**] ~ **of society** [höhere/niedrigere] Gesellschaftsschicht
straw [strɔ:, AM *esp* strɑ:] **I.** *n* ❶ *no pl* (*crop, fodder*) Stroh *nt*; **bale of** ~ Strohballen *m*
❷ (*single dried stem*) Strohhalm *m*; **to chew a** ~ auf einem Strohhalm kauen; **to draw** ~**s** losen, Streichhölzchen ziehen
❸ (*drinking tube*) Strohhalm *m,* Trinkhalm *m*
❹ (*fam: worthless thing*) Belanglosigkeit *f*; **sb doesn't care a** ~ [*or* **two** ~**s**], **what ...** jdm ist völlig schnuppe, was ... *fam*
❺ (*fam: straw hat*) Strohhut *m*
► PHRASES: **to make bricks without** ~ auf Sand bauen; **to be the** ~ **that breaks the camel's back** (*prov*) der Tropfen sein, der das Fass zum Überlaufen bringt *prov*; **to have** ~**s in one's hair** *esp* BRIT übergeschnappt sein *fam*; **a** ~ **in the wind** ein Vorzeichen *nt*; **to be the final** [*or* **last**] ~ das Fass zum Überlaufen bringen; **to draw the short** ~ den Kürzeren ziehen; **to catch** [*or* **clutch**] [*or* **grab**] **at** ~**s** nach jedem Strohhalm greifen
II. *n modifier* (*bale, hat, mat, roof*) Stroh-; ~ **basket** geflochtener Korb; ~ **boater** steifer Strohhut
straw ballot *n* Probeabstimmung *f*
strawberry ['strɔ:bəri, AM 'strɑ:ˌberi] **I.** *n* Erdbeere *f*; **strawberries and cream** Erdbeeren mit Schlagsahne; **alpine** ~ einblättrige Walderdbeere; **climbing** ~ Klettererdbeere *f*; **perpetual fruiting** ~ ganzjährige Erdbeere; **wild** ~ Walderdbeere *f*
II. *n modifier* (*farm, ice cream, jam, tart*) Erdbeer-; ~ **patch** Erdbeerbeet *nt*; ~ **preserves** eingemachte Erdbeeren; ~ **sundae** Eisbecher *m* mit Erdbeeren
strawberry blonde *n* Rotblonde *f*; ***she's a*** ~ sie hat rotblondes Haar **strawberry-blonde** *adj* rotblond, rötlich blond **strawberry mark** *n* [rotes] Muttermal
straw boss *n* AM (*fam: foreman*) Vorarbeiter(in) *m(f)* **straw-colored** [-'kʌləd] AM, **straw-coloured** [-'kʌləd] *adj* strohfarben; *hair* strohblond
straw hat *n* Strohhut *m* **straw man** *n* ❶ (*cover person*) Strohmann *m* ❷ (*discussion tactic*) Scheinargument *nt* (*als rhetorischer Kniff*) **straw poll** *n,* **straw vote** *n* Probeabstimmung *f*; (*test of opinion*) [Meinungs]umfrage *f*
stray [streɪ] **I.** *vi* ❶ (*wander*) streunen; (*escape from control*) frei herumlaufen; (*go astray*) sich *akk* verirren; ***most visitors to the park do not* ~ *more than a few yards away from their cars*** die meisten Parkbesucher entfernen sich gerade mal ein paar Meter von ihren Autos; ***a herd of cattle* ~*ed into the road*** eine Viehherde hat sich auf die Straße verirrt; **to** ~ **off course** vom Kurs abkommen
❷ (*move casually*) umherstreifen; ***her eyes kept* ~*ing to the clock*** ihre Blicke wanderten immer wieder zur Uhr
❸ (*fig: digress*) abweichen; *orator, thoughts* abschweifen; **to** ~ **from the original plan** vom ursprünglichen Plan abweichen
❹ (*to be immoral*) *person* fremdgehen; (*touch*) *hands* herumfummeln; ***men who* ~ *cannot be trusted*** auf untreue Männer ist kein Verlass; ***watch out for his* ~*ing hands!*** pass bloß auf, dass er dir nicht an die Wäsche geht! *fam*
II. *n* ❶ (*animal*) streunendes [Haus]tier
❷ (*person*) Umherirrende(r) *f(m)*; (*homeless*) Heimatlose(r) *f(m)*
❸ RADIO ■~**s** *pl* Störeffekte *mpl,* Störungen *fpl* (*beim Rundfunkempfang*)
III. *adj attr, inv* ❶ (*homeless*) *animal* streunend, herrenlos; (*lost*) *person* verirrt
❷ (*isolated*) vereinzelt; *socks* einzeln; (*occasional*) gelegentlich; **to be hit by a** ~ **bullet** von einem Blindgänger [*o* einer verirrten Kugel] getroffen werden; **a** ~ **lock of hair** eine widerspenstige Locke; ~ **remarks/sentences** einzelne Bemerkungen/Sätze
streak [stri:k] **I.** *n* ❶ (*line*) Streifen *m*; (*mark of colour*) Spur *f*; (*on window*) Schliere *f*; ~ **of blood** Blutspur *f*
❷ (*strip*) Strahl *m,* Streif *m liter*; ~ **of light** Lichtstrahl *m*; ~ **of lightning** Blitz *m,* Blitzstrahl *m geh*; **like a** ~ [**of lightning**] (*fig*) wie der [*o* ein geölter] Blitz *fam*
❸ (*coloured hair*) ■~**s** *pl* Strähnen *fpl,* Strähnchen *ntpl*
❹ (*character tendency*) [Charakter]zug *m,* Ader *f fig*; ***there's an aggressive* ~ *in him*** er hat etwas Aggressives an sich; ■**a** ~ **of sth** eine Spur von etw *dat*; ***there's a* ~ *of German blood in him*** in seinen Adern fließt auch etwas deutsches Blut; **a** ~ **of madness** ein Hang *m* zum Wahnsinn
❺ (*run of fortune*) Strähne *f*; **losing** ~ Pechsträhne *f*; **lucky/winning** ~ Glückssträhne *f*; **to extend one's unbeaten** ~ seinen Erfolgskurs fortsetzen; **to be on a winning** ~ eine Glückssträhne haben
II. *vt usu passive* ■**to be** ~**ed** gestreift sein; ***his cheeks were* ~*ed with tears*** seine Wangen waren tränenüberströmt; ***white marble is frequently* ~*ed with grey, black or green*** weißer Marmor ist oft von grauen, schwarzen oder grünen Adern durchzogen; **to have one's hair** ~**ed** sich *dat* Strähnchen in die Haare machen [lassen]; ~**ed with grey** *hair* von grauen Strähnen durchzogen; ~**ed with mud** *clothes* von Dreck verschmiert
III. *vi* ❶ (*move very fast*) flitzen *fam*; ■**to** ~ **ahead** (*fig*) eine Blitzkarriere machen; **to** ~ **across the street** über die Straße fegen; **to** ~ **past the window** am Fenster vorbeischießen
❷ (*fam: run naked in public*) flitzen
streaker ['stri:kəʳ, AM -ɚ] *n* (*fam*) Flitzer(in) *m(f)*
streaking ['stri:kɪŋ] *n no pl* ❶ (*fam: movement*) Flitzen *nt*
❷ COMPUT Nachzieheffekt *m,* Fahnen *nt*
streaky ['stri:ki] *adj* ❶ (*with irregular stripes*) streifig; *pattern* gestreift; *face* verschmiert; *hair* strähnig; *window, mirror* schlierig
❷ BRIT FOOD ~ **bacon** durchwachsener Speck
stream [stri:m] **I.** *n* ❶ (*small river*) Bach *m,* Flüsschen *nt*; **mountain** ~ Bergbach *m*
❷ (*flow*) *of liquid* Strahl *m*; *of people* Strom *m*; ***a* ~ *of oil gushed out of the ruptured tank*** eine Ölfontäne schoss aus dem geplatzten Tank; **the blood** ~ der Blutkreislauf; ~ **of consciousness** LIT Bewusstseinsstrom *m fachspr*; ~ **of light** breiter Lichtstrahl; ~ **of visitors** Besucherstrom *m*; ~ **of water** Wasserstrahl *m*
❸ (*continuous series*) Flut *f,* Schwall *m*; ***there has been a steady* ~ *of phone calls asking about the car I'm selling*** seit ich den Wagen verkaufen will, steht das Telefon nicht mehr still; **a** ~ **of abuse** eine Schimpfkanonade; **a** ~ **of insults** [*or* **invective**] ein Schwall *m* von Beleidigungen
❹ (*also fig: current*) Strömung *f a. fig*; **The Gulf S~** der Golfstrom; **against the** ~ gegen die Strömung; **with the** ~ mit der Strömung; ***it's easier go with the* ~ *than against it*** (*fig*) es ist leichter mit dem Strom als gegen ihn zu schwimmen
❺ + *sing/pl vb* BRIT, AUS SCH (*group*) Leistungsgruppe *f*
❻ POL, ADMIN (*civil service career*) Vorrücken *nt* (*in der Beamtenlaufbahn*); **the fast** ~ die steile Beamtenkarriere
❼ COMPUT Strom *m*; **to be on** ~ in Betrieb sein; **to come on** ~ den Betrieb aufnehmen, hochladen
II. *vi* ❶ (*flow*) *blood, tears* strömen; *water* fließen, rinnen; **with tears** ~**ing down one's face** mit tränenüberströmtem Gesicht; ~**ing rain** strömender Regen
❷ (*run*) *nose* laufen; *eyes* tränen
❸ (*move in numbers*) strömen
❹ (*shine*) *light, sun* strömen; ***the curtains were not drawn and light* ~*ed into the room*** die Vorhänge waren nicht zugezogen, und Licht durchflutete das Zimmer
❺ (*flutter*) *clothing* flattern; *hair* wehen; ***his hair* ~*ed behind him*** sein Haar wehte im Wind
III. *vt* BRIT, AUS SCH ■**to** ~ **sb** jdn in Leistungsgruppen einteilen
◆**stream down** *vi* in Strömen fließen, herunterströmen; ***the rain is* ~*ing down*** es regnet in Strömen
◆**stream in** *vi* hineinströmen
◆**stream out** *vi* ■**to** ~ **out of sth** aus etw *dat* herausströmen; *liquid* aus etw *dat* herausfließen
◆**stream past** *vi* vorbeiströmen
streamer ['stri:məʳ, AM -ɚ] *n* ❶ (*pennant*) Wimpel *m,* Fähnchen *nt*
❷ (*decoration*) *of ribbon* Band *nt*; *of paper* Luftschlange *f*
❸ (*heading*) ~ [**headline**] Schlagzeile *f*
❹ BRIT SCH *Schulkind einer bestimmten Leistungsgruppe*; **the A/B** ~**s** *die Kinder der Gruppe A/B*
❺ COMPUT **tape** ~ Magnetbandstreamer *m*
streaming ['stri:mɪŋ] **I.** *n* BRIT SCH Einteilung *f* in Leistungsgruppen
II. *adj* laufend; ***my eyes are*** ~ meine Augen tränen; **a** ~**ing cold** eine schwere Erkältung
streamlet ['stri:mlət, AM -lɪt] *n* (*liter*) Rinnsal *nt liter,* Bächlein *nt*
streamline ['stri:mlaɪn] **I.** *vt* ■**to** ~ **sth** ❶ (*shape aerodynamically*) etw stromlinienförmig [aus]formen
❷ (*fig: improve efficiency*) etw rationalisieren; (*simplify*) etw vereinfachen
II. *n* ❶ PHYS (*flow*) Stromlinie *f fachspr*
❷ (*shape*) Stromlinienform *f*
streamlined ['stri:mlaɪnd] *adj* ❶ (*aerodynamic*) stromlinienförmig; *car also* windschnittig
❷ (*efficient*) rationalisiert; (*simplified*) vereinfacht
streamlining ['stri:mlaɪnɪŋ] *n* ❶ (*aerodynamic*) stromlinienförmige [Aus]gestaltung
❷ (*efficiency*) Rationalisierung[smaßnahme] *f*; ~ **operations** Betriebsrationalisierungen *fpl*
street [stri:t] *n* ❶ (*road*) Straße *f*; ■**in the** ~ auf der Straße; STOCKEX nach Börsenschluss; ■**on the** ~**s** auf den Straßen; ***I live in*** [*or* AM **on**] ***King S~*** ich wohne in der King Street; ***our daughter lives just across the* ~ *from us*** unsere Tochter wohnt direkt gegenüber [auf der anderen Straßenseite]; ***the* ~*s were deserted*** die Straßen waren wie leer gefegt; ***the* ~*s are quiet at the moment*** im Moment ist es ruhig auf den Straßen; **cobbled** [*or* AM **cobblestone**] ~ Straße *f* mit Kopfsteinpflaster; **main** ~

Hauptstraße *f;* **narrow** ~ enge Straße; **shopping** ~ Einkaufsstraße *f;* **side** ~ Seitenstraße *f;* **to cross the** ~ die Straße überqueren; **to line the** ~ die Straße säumen; **to roam the ~s** durch die Straßen ziehen; **to take to the ~s** auf die Straße gehen *a. fig;* **to walk down the** ~ die Straße hinuntergehen

❷ + *sing/pl vb* (*residents*) Straße *f;* **the whole** ~ die ganze Straße

▸ PHRASES: **the man/woman in the** ~ der Mann/die Frau von der Straße; **to be ~s ahead** [**of sb/sth**] BRIT [jdm/etw] meilenweit voraus sein; **to not be in the same** ~ **as sb** BRIT (*fam*) an jdn nicht herankönnen; **to be on** [*or* **walk**] **the ~s** (*be homeless*) obdachlos sein, auf der Straße sitzen *fam;* (*be a prostitute*) auf den Strich gehen *fam;* **to be** [**right**] **up sb's** ~ genau das Richtige für jdn sein; ***carpentry isn't really up my*** ~ das Schreinern ist eigentlich nicht so ganz mein Fall; **to dance in the** ~[**s**] einen Freudentanz aufführen, [ganz] aus dem Häuschen sein

street battle *n* Straßenschlacht *f;* **to turn into a** ~ in eine Straßenschlacht ausarten **streetcar** *n* AM (*tram*) Straßenbahn *f;* **to take a** ~ die Straßenbahn nehmen **street cleaner** *n* Straßenkehrer(in) *m(f),* Straßenfeger(in) *m(f)* **street corner** *n* Straßenecke *f;* **to hang about on ~s** auf der Straße [herum]hängen *fam* **street cred** *n no pl* (*sl*) *short for* **street credibility** In-Sein *nt sl* **street credibility** *n no pl* In-Sein *nt sl;* ***that jacket won't do much for your*** ~ mit diesem Jackett bist du einfach nicht in **street credible** *adj* imagefördernd, in *präd sl* **street cries** *npl* BRIT Schreie *mpl* der Straßenverkäufer **street crime** *n no pl* Straßenkriminalität *f* **street dealing** *n* STOCKEX Nachbörse *f* **street demonstration** *n* [Protest]demonstration *f* **street directory** *n* Straßenverzeichnis *nt* **street door** *n* Haustür *f,* Vordereingang *m* **street entertainer** *n* Straßenkünstler(in) *m(f)* **street fight** *n* (*occurring regularly*) Straßenkampf *m;* (*individual occurrence*) Straßenschlacht *f* **street fighter** *n* Straßenkämpfer(in) *m(f)* **street fighting** *n no pl* Straßenkämpfe *mpl;* ~ ***broke out*** es kam zu Straßenkämpfen **street floor** *n* AM (*ground floor*) Erdgeschoss *nt* **street furniture** *n no pl* BRIT *allgemein nutzbare Installationen im Straßenbereich* (*wie Briefkästen, Bänke, Telefonzellen*) **street lamp** *n* Straßenlaterne *f* **street level** *n* ■**at** ~ ❶ (*ground-floor level*) in Straßenhöhe, ebenerdig ❷ (*amongst the public*) nach Auffassung der Öffentlichkeit; ***we must find out what opinions are at*** ~ wir müssen herausfinden, was die breite Masse darüber denkt ❸ (*area of operation*) auf der Straße; **to get drugs to** ~ Drogen auf den Markt bringen **street light** *n* Straßenlaterne *f* **street lighting** *n no pl* Straßenbeleuchtung *f;* **inadequate** ~ unzureichende Straßenbeleuchtung **street map** *n* Stadtplan *m* **street market** *n* Straßenmarkt *m* **street party** *n* Straßenfest *nt* **street people** *npl* AM (*homeless*) Obdachlose *pl* **street plan** *n* Stadtplan *m* **street price** *n* ❶ (*for illegal goods*) *Verkaufspreis für illegale Waren, z. B. Drogen;* ***the*** ~ ***of heroin has doubled in the last year*** im Straßenverkauf hat sich der Heroinpreis im letzten Jahr verdoppelt ❷ FIN, STOCKEX nachbörslicher Kurs **street protest** *n* Demonstration *f* **street-smart** *adj* AM (*streetwise*) gewieft, raffiniert; ***he's*** ~ er weiß, wo es langgeht *fam;* **a** ~ **youngster** ein ganz ausgekochtes Bürschchen; **to be** ~ Köpfchen haben **street smarts** *npl* AM **to not have the** ~ **to do sth** nicht clever genug sein, etw zu tun **street sweeper** *n* ❶ (*cleaner*) Straßenkehrer(in) *m(f),* Straßenfeger(in) *m(f)* ❷ (*machine*) Straßenkehrmaschine *f* **street theater** AM, **street theatre** *n no pl* Straßentheater *nt* **street urchin** *n* Straßenkind *nt;* (*boy also*) Gassenjunge *m* **street value** *n no pl* *Verkaufspreis für illegale Waren, z. B. Drogen;* ***heroin with a*** ~ ***of £6 million*** Heroin mit einem Schwarzmarktwert von 6 Millionen Pfund **street vendor** *n* Straßenhändler(in) *m(f)* **streetwalker** *n* (*dated*) Straßendirne *f meist pej veraltend,* Prostituierte *f* (*auf dem Straßenstrich*) **streetwear** ['stri:tweəʳ] *n* Streetwear *f* **streetwise** *adj* gewieft, raffiniert, ausgekocht **street worker** *n* Streetworker(in) *m(f)*

strength [streŋ(k)θ] *n* ❶ *no pl* (*muscle power*) Kraft *f,* Stärke *f;* ***you don't know your own*** ~***!*** du weißt nicht, wie stark du bist!; ***his*** ~ ***failed him in the final straight*** auf der Zielgeraden verließen ihn seine Kräfte; ***save your*** ~***!*** schone deine Kräfte!; **brute** ~ schiere Muskelkraft; **physical** ~ körperliche Kraft, Muskelkraft *f*

❷ *no pl* (*health and vitality*) Robustheit *f,* Lebenskraft *f;* **to be back to full** ~ wieder ganz zu Kräften gekommen sein; **to gain** ~ wieder zu Kräften [*o* auf die Beine] kommen; **to get one's** ~ **back** [wieder] genesen; ***when he's got his*** ~ ***back we'll have a holiday in America*** sobald er wieder ganz der Alte ist, machen wir Urlaub in Amerika; **to lose** ~ geschwächt werden

❸ *no pl* (*effectiveness, influence*) Wirkungsgrad *m,* Stärke *f;* **to summarize the** ~ **of a proposal** die Vorteile eines Vorschlags auflisten; **military** ~ militärische Stärke; **to gather** ~ an Stabilität gewinnen; **to go from** ~ **to** ~ sich *akk* immer stärker [*o* kräftiger] entwickeln; **from** ~ aus einer starken Position heraus

❹ *no pl* (*mental firmness*) Stärke *f;* ***she has recently found*** ~ ***in religion*** sie hat neuerdings in der Religion eine Stütze gefunden; **to show great** ~ **of character** große Charakterstärke zeigen [*o* beweisen]; ~ **of will** [*or* **mind**] Willensstärke *f;* **to draw** ~ **from sth** aus etw *dat* Kraft ziehen [*o geh* schöpfen]; **to draw on one's inner** ~ seine ganze Kraft zusammennehmen

❺ (*number of members*) [Mitglieder]zahl *f;* (*number of people*) [Personen]zahl *f;* MIL [Personal]stärke *f;* ***we're below*** ~ ***for today's match*** wir treten beim heutigen Spiel nicht in voller Mannschaftsstärke an; **at full** ~ mit voller Kraft; MIL in voller Stärke; **to turn out in** ~ in Massen [*o* in Scharen] [*o* massenweise] anrücken

❻ (*potency*) *of tea* Stärke *f; of alcoholic drink also* Alkoholgehalt *m; of a drug* Konzentration *f; of medicine* Wirksamkeit *f*

❼ (*attribute*) *of a person* Stärke *f;* **one's ~s and weaknesses** jds Stärken und Schwächen

❽ (*withstand force*) Widerstandskraft *f,* Belastbarkeit *f*

❾ (*intensity*) Intensität *f; of a colour* Leuchtkraft *f; of a feeling* Intensität *f,* Stärke *f; of belief* Stärke *f,* Tiefe *f*

❿ (*cogency*) ~ **of an argument** Überzeugungskraft *f* eines Arguments; ~ **of a case** Durchsetzbarkeit *f* eines Anliegens; ***the*** ~ ***of our case will be the fact that our client has a perfect alibi*** unser Verfahren ist aussichtsreich, weil unser Klient ein perfektes Alibi hat

⓫ ECON ~ **of a currency/an economy** Stärke *f* einer Währung/einer Volkswirtschaft; ~ **of prices** Preisstabilität *f*

▸ PHRASES: **to be a tower** [*or* **pillar**] **of** ~ wie ein Fels in der Brandung stehen; **give me** ~! BRIT (*annoyance*) jetzt mach aber mal 'nen Punkt! *fam;* (*exasperation*) das halte ich nicht aus! *fam;* ***give me*** ~***! look who's here!*** ist denn das die Möglichkeit! sieh doch mal, wer da ist! *fam;* **on the** ~ **of sth** aufgrund einer S. *gen;* ***I got into Oxford on the*** ~ ***of my excellent exam results*** ich wurde wegen meiner ausgezeichneten Prüfungsergebnisse in Oxford aufgenommen

strengthen ['streŋ(k)θᵊn] **I.** *vt* ❶ (*make stronger*) ■**to** ~ **sth** etw kräftigen [*o* stärken]; (*fortify*) etw befestigen [*o* verstärken]; **to** ~ **the defences** [*or* AM **defenses**] die Abwehr verstärken; **to** ~ **one's muscles** seine Muskeln kräftigen

❷ (*increase*) ■**to** ~ **sth** etw [ver]stärken; (*intensify*) etw intensivieren; (*improve*) etw verbessern; ***security has been*** ~***ed*** die Sicherheitsvorkehrungen wurden verstärkt; ***the economy has been*** ~***ed*** die Wirtschaftslage hat sich verbessert; **to** ~ **sb's belief/power** jds Glauben/Macht stärken; **to** ~ **a currency** eine Währung stabilisieren; **to** ~ **a democracy** eine Demokratie stärken; **to** ~ **relations/ties** Beziehungen/Bindungen festigen [*o* intensivieren]

❸ (*support*) ■**to** ~ **sb** jdn bestärken; ■**to** ~ **sth** etw untermauern; **to** ~ **the case for sth** gute Gründe für etw *akk* beibringen

▸ PHRASES: **to** ~ **one's grip on sth** etw besser in den Griff bekommen; **to** ~ **sb's hand** jdm mehr Macht geben; ***the police want tougher laws to*** ~ ***their hand against drug traffickers*** die Polizei will härtere Gesetze, damit sie effizienter gegen Drogenhändler vorgehen kann

II. *vi* ❶ (*become stronger*) stärker werden, erstarken *geh; muscles* kräftiger werden; *wind* auffrischen; ***the wind*** ~***ed in the night*** der Wind hat über Nacht aufgefrischt

❷ FIN, STOCKEX (*increase in value*) *stock market* an Wert gewinnen; *currency* zulegen

strength-sapping *adj* kräftezehrend

strenuous ['strenjuəs] *adj* ❶ (*exhausting*) anstrengend; ~ ***exercise*** Belastungstraining *nt*

❷ (*energetic*) energisch, heftig; ~ ***opposition*** energischer Widerstand; ***he made*** ~ ***efforts to disguise his fear of heights*** er bemühte sich redlich, seine Höhenangst zu verbergen; **to be a** ~ **campaigner for sth** unermüdlich für etw *akk* eintreten; **despite** ~ **efforts** trotz aller Bemühungen

strenuously ['strenjuəsli] *adv* ❶ (*exhaustingly*) mit voller Kraft; **to exercise** ~ bis an die Belastungsgrenze trainieren

❷ (*vigorously*) energisch, heftig; **to be** ~ **defended** energisch verteidigt werden; **to be** ~ **opposed** auf massiven Widerstand stoßen

strep [strep] *n esp* AM MED (*fam*) *short for* **streptococcus** Streptokokkus *m fachspr*

strep throat *n esp* AM MED (*fam*) Halsentzündung *f*

streptococcal [ˌstreptə(ʊ)'kɒkᵊl, AM -tə'kɑ:k-] *adj inv* MED Streptokokken-

streptococci [ˌstreptə(ʊ)'kɒksaɪ, AM -tə'kɑ:k-] *n* MED *pl of* **streptococcus**

streptococcus <*pl* -cci> [ˌstreptə(ʊ)'kɒkəs, AM -tə'kɑ:k-, *pl* -ksaɪ] *n usu pl* MED Streptokokkus *m fachspr*

stress [stres] **I.** *n* <*pl* -es> ❶ (*mental strain*) Stress *m,* Druck *m,* Belastung *f;* ~[**es**] **and strain**[**s**] Stress *m;* ***my job involves a lot of*** ~ ***and strain*** mein Job bringt viel Stress mit sich; **to be under** ~ starken Belastungen [*o* großem Druck] ausgesetzt sein; (*at work*) unter Stress stehen

❷ *no pl* (*emphasis*) Bedeutung *f,* Gewicht *nt;* **to lay** ~ **on sth** etw besonders betonen [*o* hervorheben]

❸ LING (*pronunciation*) Betonung *f,* Akzent *m fachspr;* **primary/secondary** ~ Haupt-/Nebenbetonung *f*

❹ PHYS (*force causing distortion*) Belastung *f;* (*tension*) Spannung *f;* (*pressure*) Druck *m kein pl;* ***metal fatigue develops in a metal structure that has been subjected to many repeated*** ~***es*** Materialermüdung tritt in Metallstrukturen auf, die immer wieder auf die gleiche Art belastet werden; ~ **and strain** Druck und Überdehnung; ***Hooke's law expresses the relationship between*** ~ ***and strain*** das Hook'sche Gesetz stellt eine Beziehung zwischen Druck und Zug bzw. Verlängerung oder Verkürzung eines Materials her

II. *vt* ❶ (*emphasize*) ■**to** ~ **sth** etw betonen [*o* hervorheben]; ***I'd just like to*** ~ ***that …*** ich möchte lediglich darauf hinweisen, dass …

❷ (*strain*) ■**to** ~ **sth** etw belasten [*o* beanspruchen]; ■**to** ~ **sb** jdn stressen

◆**stress out** *vt* (*fam*) ■**to** ~ **sb out** jdn stressen; ■**to be** ~**ed out** [**by sb/sth**] [von jdm/etw] völlig [*o fam* total] gestresst sein

stress disease *n* Stresskrankheit *f,* Managerkrankheit *f kein pl fam*

stressed [strest] *adj* ❶ (*under mental pressure*) gestresst

❷ (*forcibly pronounced*) betont, akzentuiert *fachspr*

stress fracture *n* MED Ermüdungsbruch *m;* PHYS Spannungsriss *m* **stress-free** *adj* stressfrei, ohne

S

Stress *nach n* **stressful** ['stresfʊl] *adj* stressig *fam*, anstrengend, aufreibend; ***this work is physically demanding and*** ~ diese Arbeit ist körperlich anstrengend und nervenaufreibend; ~ **situation** Stresssituation *f* **stress management** *n no pl* Stressmanagement *nt* **stress mark** *n* LING Betonungszeichen *nt*, Akzent *m fachspr* **stress puppy** *n (sl)* Stresssüchtige(r) *f(m)* **stress-related** *adj* stressbedingt; ~ **illness** durch Stress verursachte Krankheit

stretch [stretʃ] **I.** *n* <*pl* -es> ❶ *no pl (elasticity)* Dehnbarkeit *f; of fabric* Elastizität *f*
❷ *(muscle extension)* Dehnungsübungen *fpl*, Strecken *nt kein pl; (gymnastic exercise)* Stretching *nt kein pl; (extension of muscles)* Dehnung *f;* **to have a** ~ sich *akk* [recken und] strecken
❸ *(an extended area)* Stück *nt; (section of road)* Streckenabschnitt *m*, Wegstrecke *f;* ***traffic is at a standstill along a five-mile*** ~ ***of the M11*** auf der M11 gibt es einen fünf Meilen langen Stau; ~ **of coast** Küstenabschnitt *m;* ~ **of land** Stück *nt* Land; ~ **of railway** Bahnstrecke *f;* ~ **of road** Strecke *f;* **vast** ~**es of wasteland** ausgedehnte Flächen Ödland; ~ **of water** Wasserfläche *f*
❹ SPORTS *(stage of a race)* Abschnitt *m;* **to enter the final** ~ in die Zielgerade einlaufen; **the home** ~ die Zielgerade; **the last** ~ **of an election campaign** *(fig)* die [letzte] heiße Phase eines Wahlkampfs
❺ AM *(straight part of a race track)* Gerade *f*
❻ *(period of time)* Zeitraum *m*, Zeitspanne *f; (time in jail)* Knastzeit *f fam;* **short** ~**es** kurze Zeitabschnitte; **at a** ~ am Stück, ohne Unterbrechung; ***there's no way I could work for ten hours at a*** ~ ich könnte nie zehn Stunden am Stück arbeiten; **to do a** ~ eine Haftstrafe absitzen *fam*
❼ *(exertion)* Bemühung *f*, Einsatz *m;* **by every** ~ **of the imagination** unter Aufbietung aller Fantasie; **not by any** [*or* **by no**] ~ beim besten Willen nicht, nie im Leben *fam;* ***by no*** ~ ***of the imagination could he be seriously described as an artist*** man konnte ihn beim besten Willen nicht als Künstler bezeichnen; **at full** ~ mit Volldampf [*o* voller Kraft] *fam;* **to work at full** ~ auf Hochtouren arbeiten
► PHRASES: __down__ **the** ~ AM kurz vor Ablauf der Zeit
II. *adj attr, inv* Stretch-; ~ **nylon stockings** elastische Nylonstrümpfe
III. *vi* ❶ *(become longer, wider) rubber, elastic* sich *akk* dehnen; *clothes* weiter werden; ***my T-shirt's*** ~***ed in the wash*** mein T-Shirt ist beim Waschen völlig ausgeleiert
❷ *(extend the muscles)* Dehnungsübungen machen, sich *akk* recken [und strecken]
❸ *(take time)* sich *akk* hinziehen; ***the restoration work could*** ~ ***from months into years*** die Renovierungsarbeiten könnten sich statt über Monate sogar noch über Jahre hinziehen; ***the dispute*** ~***es back over many years*** diese Streitereien dauern nun schon viele Jahre; ***this ancient tradition*** ~***es back hundreds of years*** diese alte Tradition reicht Hunderte von Jahren zurück
❹ *(cover an area)* sich *akk* erstrecken; ***the refugee camps*** ~ ***as far as the eye can see*** soweit das Auge reicht sieht man Flüchtlingslager; ***the mountains*** ~ ***the entire length of the country*** die Berge ziehen sich über die gesamte Länge des Landes hin
IV. *vt* ❶ *(extend)* ■**to** ~ **sth** etw [aus]dehnen [*o* strecken]; *(extend by pulling)* etw dehnen; *(tighten)* etw straff ziehen [*o* straffen]; ***that elastic band will snap if you*** ~ ***it too far*** dieses Gummi[band] wird reißen, wenn du es überdehnst; ***they*** ~***ed a rope across the river*** sie spannten ein Seil über den Fluss; **to** ~ **one's legs** sich *dat* die Beine vertreten
❷ *(increase number of portions)* ■**to** ~ **sth** etw strecken; *sauce, soup* etw verlängern
❸ *(demand a lot of)* ■**to** ~ **sb/sth** jdn/etw bis zum Äußersten fordern; ***we're already fully*** ~***ed*** wir sind schon voll ausgelastet; ***my job doesn't*** ~ ***me as much as I'd like*** mein Beruf fordert mich nicht so, wie ich es mir wünschen würde; **to** ~ **sb's budget** jds Budget strapazieren; **to** ~ **sb's patience** jds Geduld auf eine harte Probe stellen [*o geh* strapazieren]; **to** ~ **sth to breaking point** etw bis zum Äußersten belasten; ***many families' budgets are already*** ~***ed to breaking point*** viele Familien kommen mit dem Haushaltsgeld kaum noch über die Runden
❹ SPORTS *(to improve)* **to** ~ **one's lead** seinen Vorsprung ausbauen; *football, rugby* mit noch mehr Toren in Führung gehen
❺ *(go beyond)* ■**to** ~ **sth** über etw *akk* hinausgehen; ***that is*** ~***ing the definition of negotiation*** das hat mit dem, was man unter einer Verhandlung versteht, nichts mehr zu tun; **to** ~ **a point** [*or* **the rules**] ausnahmsweise ein Auge zudrücken *fam;* **to** ~ **a point** *(exaggerate)* übertreiben; **to** ~ **it a bit** [*or* **the truth**] ein wenig zu weit gehen, übertreiben

◆**stretch out I.** *vi* ❶ *(relax)* sich *akk* ausstrecken; **to** ~ **out on the sofa** es sich *dat* auf dem Sofa bequem machen
❷ *(be sufficient)* [aus]reichen; ***will the money*** ~ ***out?*** reicht das Geld?
II. *vt* ■**to** ~ **out** ↔ **sth** ❶ *(extend)* etw ausstrecken; **to** ~ **out one's arms/hand/legs** die Arme/Hand/Beine ausstrecken; ***he*** ~***ed out his arms to embrace her*** er breitete die Arme aus, um sie zu umarmen; ***she*** ~***ed out her hand and helped him from his chair*** sie reichte ihm die Hand und half ihm aus dem Sessel; **to** ~ **out a blanket** eine Decke ausbreiten
❷ *(prolong)* etw verlängern [*o* ausdehnen]; **to** ~ **out money** Geld strecken; **to** ~ **out payments** die Zahlungen über einen längeren Zeitraum fortsetzen

stretcher ['stretʃəʳ, AM -ɚ] **I.** *n* ❶ MED *(for carrying)* Tragbahre *f*
❷ *(in rowing boat)* Stemmbrett *nt*
❸ *(for chair legs)* Steg *m*
❹ ART *(for canvas)* Rahmen *m*
II. *vt* ■**to** ~ **sb** [**off**] jdn auf einer Tragbahre [weg]tragen [*o* [ab]transportieren]

stretcher-bearer *n* Krankenträger(in) *m(f)*

stretch fabric *n* Stretch *m*, elastischer Stoff **stretch limo** *n (fam) short for* **stretch limousine** Großraumlimousine *f* **stretch limousine** *n* Großraumlimousine *f (mit verlängerter Karosserie)* **stretchmarks** *npl* Dehnungsstreifen *mpl; (during pregnancy)* Schwangerschaftsstreifen *mpl*

stretchy ['stretʃi] *adj* elastisch, dehnbar, Stretch-; ~ **material** Elastik *nt o f*

streusel ['stru:zᵊl] *n* ❶ *(crumbly topping)* Streusel *m o nt*
❷ *(cake)* Streuselkuchen *m;* **apple** ~ Apfelstreusel *m*

strew <strewed, strewn *or* strewed> [stru:] *vt* ❶ *(scatter)* ■**to** ~ **sth** etw [ver]streuen; **to** ~ **flowers** Blumen streuen
❷ *(cover)* ■**to** ~ **sth with sth** etw mit etw *dat* bestreuen; ***the park was*** ~***n with litter after the concert*** nach dem Konzert war der Park mit Abfall übersät; ***the path to a lasting peace settlement is*** ~***n with difficulties*** *(fig)* der Weg zu einem dauerhaften Friedensabkommen ist mit Schwierigkeiten gepflastert

strewth [stru:θ] *interj (fam)* wow! *sl;* ~, ***you could have told me sooner that you didn't want to go to the party!*** also, das hättest du mir echt früher sagen können, dass du nicht auf die Party gehen willst! *sl*

striated ['strieɪtɪd, AM -t̬-] *adj inv* ❶ *(in striped formation)* gestreift; *(furrowed)* gefurcht, geriefelt; *(fig)* durchzogen; ***the novel is*** ~ ***with all kinds of emotion*** der Roman verleiht vielerlei Gefühlen Ausdruck; ~ **cliffs** mit Furchen durchzogene Klippen
❷ *attr* MED ~ **muscle** längsgestreifter Muskel

striation [ˌstraɪ'eɪʃᵊn] *n* ❶ GEOL Furche *f*, Riefung *f*
❷ MED *(lesion)* Schramme *f*, Läsion *f fachspr*

stricken ['strɪkᵊn] **I.** *vt, vi (old) pp of* **strike**
II. *adj* ❶ *(be overcome)* geplagt; ■**to be** ~ **by sth** von etw *dat* heimgesucht werden; ■**to be** ~ **with sth** von etw *dat* erfüllt sein; ~ **with fear/grieve/guilt** angsterfüllt/gramgebeugt/von Schuld gequält; **to be** ~ **with fever** vom Fieber geschüttelt werden; **to be** ~ **with an illness** mit einer Krankheit geschlagen sein *geh;* ~ **with remorse** von Reue erfüllt; ~ **tanker** leckgeschlagener Tanker; **to be** ~ **in years** vom Alter gezeichnet sein
❷ *(liter: wounded)* versehrt *geh*
❸ *(distressed)* leidgeprüft; ***her*** ~ ***face*** ihr leidender Gesichtsausdruck
❹ AM LAW *(deleted)* abgelehnt, nicht zugelassen *(Vermerk bei der Zusammenstellung einer Geschworenenliste)*

-stricken ['strɪkᵊn] *in compounds (emotions)* -erfüllt; **catastrophe-**~ von einer Katastrophe heimgesucht; **drought-**~ **region** Dürregebiet *nt;* **famine-**~ **countries** Länder *ntpl*, in denen Hungersnot herrscht; **grief-**~ gramerfüllt, gramgebeugt; **panic-**~ von Panik erfüllt; **poverty-**~ **area** sehr arme Gegend

strict [strɪkt] *adj* ❶ *(severe)* streng; *boss* strikt, herrisch; ■**to be** ~ **with sb** streng zu jdm sein, mit jdm streng sein; ~ **penalty** harte Strafe; ~ **upbringing** strenge Erziehung
❷ *(demanding compliance)* streng, genau; ***there is*** ~ ***enforcement of the regulations here*** hier wird streng auf die Einhaltung der Vorschriften geachtet; ~ **censorship** strenge Zensur; ~ **controls** strikte Kontrollen; ~ **conventions** strenge Konventionen; ~ **criteria** rigorose Kriterien; ~ **curfew** strenge Ausgangssperre; ~ **deadline** unbedingt einzuhaltender Termin; ~ **guidelines** strenge Richtlinien; ~ **laws** strenge Gesetze; ~ **time limit** festgesetzte Frist; ~ **neutrality** strikte Neutralität; **to give** ~ **orders** strenge Anweisungen geben
❸ *(absolute)* streng, absolut; ***in its*** ~ ***sense 'frost' refers to ...*** streng genommen bezeichnet das Wort ‚Frost' ...; **in the** ~**est confidence** [*or* **confidentiality**] streng vertraulich; **to take place in** ~ **secrecy** unter absoluter Geheimhaltung stattfinden
❹ *(unswerving)* streng; ~ **Catholics** strenggläubige Katholiken; ~ **vegetarian** überzeugter Vegetarier/überzeugte Vegetarierin

strictly ['strɪktli] *adv* ❶ *(demanding compliance)* streng; ***we will*** ~ ***enforce all the rules in this establishment*** wir werden streng darauf achten, dass die Hausordnung genauestens eingehalten wird; **to act** ~ **in accordance with sth** sich *akk* genauestens an etw *akk* halten; **for a** ~ **limited period** für sehr kurze Zeit; **to adhere** ~ **to the terms** sich *akk* genau an die Bedingungen halten; ~ **forbidden** streng verboten
❷ *(precisely)* **not** ~ **comparable** nicht ohne weiteres vergleichbar; ~ **defined** genau definiert; ~ **speaking** genau genommen, streng genommen
❸ *(absolutely)* streng; ~ **confidential** streng vertraulich
❹ *(severely)* streng; ***his parents brought him up very*** ~ seine Eltern haben ihn sehr autoritär erzogen

strictness ['strɪktnəs] *n no pl* Strenge *f; precision* Genauigkeit *f; severity* Härte *f*

stricture ['strɪktʃəʳ, AM -ɚ] *n usu pl (form)* ❶ *(criticism)* Kritik *f* (**on** an +*dat*); **to pass** ~**s on sb** jdn kritisieren
❷ *(constraints)* Einschränkung *f;* ~**s on freedom of expression** Einschränkungen *fpl* der freien Meinungsäußerung

stride [straɪd] **I.** *vi* <strode, stridden> **to** ~ **purposefully up to sth** zielstrebig auf etw *akk* zugehen; ■**to** ~ **ahead** davonschreiten; ■**to** ~ **across sth** über etw *akk* hinwegschreiten; ■**to** ~ **forward** *(fig)* vorankommen, Fortschritte machen
II. *n* ❶ *(step)* Schritt *m;* **to break one's** ~ stehen bleiben, anhalten; **to lengthen one's** ~ größere Schritte machen; **to get into** [*or* AM *usu* **hit**] **one's** ~ *(fig)* in Schwung kommen, seinen Rhythmus finden; **to put sb off their** ~ *esp* BRIT *(fig)* jdn aus dem Konzept bringen; **to take sth in** [BRIT **one's**] ~ *(fig)* mit etw *dat* gut fertig werden, etw spielend [leicht] schaffen
❷ *(approv: progress)* Fortschritt *m;* **to make** ~**s forward** Fortschritte machen

stridency ['straɪdᵊn(t)si] *n no pl* ❶ *(harsh tone)*

Schrillheit *f*
❷ (*forcefulness*) Schärfe *f*, Eindringlichkeit *f*; ***the ~ of the demands is increasing*** die Forderungen werden mit vergrößerter Schärfe gestellt

strident ['straɪdᵊnt] *adj* ❶ (*harsh*) grell, schrill, durchdringend
❷ (*forceful*) scharf, schneidend; ***they are becoming increasingly ~ in their criticism*** ihre Kritik wird immer schärfer; **a ~ newspaper article** ein polemischer Zeitungsartikel; **to adopt a ~ tone** harte Töne anschlagen

stridently ['straɪdᵊntli] *adv* ❶ (*harshly*) grell, schrill, durchdringend
❷ (*forcefully*) heftig, scharf; **to be ~ against sth** etw eindeutig ablehnen; **to deny sth ~** etw entschieden bestreiten

stride piano *n no pl* MUS *eine Art Ragtime-Klavierstil*

strides [straɪdz] *npl* BRIT, AUS (*fam*) Hose *f*; **a pair of ~** ein Paar *nt* Hosen

strife [straɪf] *n no pl* Streit *m*, Zwist *m geh*, Konflikt *m*; ***the recent elections took place without ~*** die derzeitigen Wahlen verliefen ohne Störungen; **civil ~** Auseinandersetzungen *fpl* in der Bevölkerung; **domestic ~** häusliche Streitigkeiten *pl*; **ethnic ~** ethnische Unruhen *pl*; **industrial ~** Auseinandersetzungen *fpl* in der Industrie

strike¹ [straɪk] **I.** *n* ❶ (*of labour*) Streik *m*, Ausstand *m*; **sit-down ~** Sitzstreik *m*; **solidarity ~** Solidaritätsstreik *m*; **steel ~** Stahlarbeiterstreik *m*; **sympathy ~** Sympathiestreik *m*; **a wave of ~s** eine Streikwelle; **wildcat ~** *esp* AM wilder Streik; **to be [out] on ~** streiken; **to be on ~ against sth/sb** AM etw/jdn bestreiken; **to call a ~** einen Streik ausrufen; **to call for a ~** zu einem Streik aufrufen; **to go [*or* come out] on ~** in [den] Streik treten, streiken
❷ (*occurence*) **one-~-and-you're-out policy** Politik *f* des harten Durchgreifens
II. *vi* streiken, in den Ausstand treten *form*; ■**to ~ for sth** für etw *akk* streiken; **the right to ~** das Recht zu streiken, das Streikrecht; **striking workers** streikende Arbeiter

strike² [straɪk] **I.** *n* ❶ MIL Angriff *m*, Schlag *m*; **air ~** Luftangriff *m*; **missile ~** Raketenangriff *m*; **military ~ against sth/sb** Militärschlag *m* gegen etw/jdn; **nuclear ~** Atomschlag *m*, Atomangriff *m*; **pre-emptive ~** Präventivschlag *m*; (*fig*) vorbeugende Maßnahme; **to launch a pre-emptive ~** einen Präventivschlag durchführen; **retaliatory ~** Vergeltungsschlag *m*, Vergeltungsangriff *m*; **surgical ~** gezielter Angriff
❷ (*discovery*) Fund *m*; **to make a gold ~** auf Gold stoßen, Gold finden; **oil ~** Ölfund *m*
❸ AM LAW Verurteilung *f a. fig*; (*fig fam*) ***if you're poor and you've been to prison you've already got two ~s against you*** wenn man arm und im Gefängnis gewesen ist, ist man von vornherein doppelt benachteiligt
❹ AM (*in baseball*) Fehlschlag *m*
II. *vt* <struck, struck> ❶ (*hit*) ■**to ~ sth** mit etw *dat* zusammenstoßen; *vehicle* gegen etw *akk* fahren; *ship* auf etw *akk* auflaufen; ***the flood struck Birmingham*** die Flut brach über Birmingham herein; **to ~ a ball** einen Ball schießen; **to ~ a blow against [*or* at] sb/sth** (*fig*) jdm/etw einen Schlag versetzen; **to ~ a blow for sth** (*fig*) eine Lanze für etw *akk* brechen *geh*; ***the judge's ruling ~s a blow for racial equality*** das Urteil des Richters fördert die Rassengleichheit; **to ~ sb in the face** jdn ins Gesicht schlagen; **to ~ sb's fancy** jds Interesse erregen; **to ~ fear [*or* terror] into sb** jdn in Angst versetzen, jdn mit Angst erfüllen *geh*; **to be struck by lightning** vom Blitz getroffen werden; **to ~ a note of warning** eine Warnung aussprechen; **to ~ sb forcibly** jdn sehr beeindrucken
❷ (*achieve*) ■**to ~ sth** etw erreichen; ***how can we ~ a balance between economic growth and environmental protection?*** wie können wir einen Mittelweg zwischen Wirtschaftswachstum und Umweltschutz finden?; ***one of the tasks of a chairperson is to ~ a balance between the two sides*** es gehört zu den Aufgaben eines Vorsitzenden, beiden Seiten gerecht zu werden; **to ~ a deal [*or* AM *also* bargain] with sb** mit jdm eine Vereinbarung treffen
❸ (*manufacture*) **to ~ coins/a medal** Münzen/eine Medaille prägen
❹ (*of feelings*) ■**sb ~s sb as sth** ***how does Ursula ~ you?*** wie findest du Ursula?; ***almost everything he said struck me as absurd*** fast alles, was er sagte, schien mir ziemlich verworren; ■**to be struck by sth** von etw *dat* beeindruckt sein; ■**it ~s sb that …** jdm scheint, dass …, jd hat den Eindruck, dass …
❺ (*discover*) ■**to ~ sth** *minerals* etw finden, auf etw *akk* stoßen; **to ~ oil** auf Öl stoßen; **to ~ gold** (*fig*) einen Glückstreffer landen; (*at Olympics*) die Goldmedaille gewinnen; **to ~ it lucky** [*or* BRIT, AUS *also* **to ~ lucky**] einen Glückstreffer landen; **to ~ it rich** das große Geld machen *fam*
❻ (*adopt*) **to ~ an attitude** (*pej*) sich *akk* in Szene setzen *pej*; **to ~ a pose** eine Pose einnehmen; ***they have chosen to ~ a pose of resistance*** (*fig*) sie haben sich zu einer ablehnenden Haltung entschieden
❼ <struck, stricken> (*cause suffering*) ■**to ~ sb** jdn heimsuchen; ***a large earthquake could ~ the east coast*** die Ostküste könnte von einem großen Erdbeben heimgesucht werden
❽ (*of a timepiece*) ***a clock ~s the hour*** eine Uhr schlägt die [volle] Stunde
❾ (*remember*) ■**sth ~s sb** etw fällt jdm ein; ***she was suddenly struck by the thought that …*** plötzlich kam ihr der Gedanke, dass …; ***it's just struck me that …*** mir ist gerade eingefallen, dass …
❿ (*remove*) ***the dentist has been struck off the register*** dem Zahnarzt wurde die Approbation entzogen; **to ~ camp** das Lager abbrechen; **to ~ one's flag** die Flaggen streichen; **to ~ sb off a list** jdn von einer Liste streichen; **to ~ a name from a list** einen Namen von einer Liste streichen; **to ~ sth from the record** AM LAW etw aus den Aufzeichnungen streichen
⓫ (*light*) **to ~ a match** ein Streichholz anzünden
► PHRASES: **to ~ a chord with sb** (*of memories*) bei jdm Erinnerungen wecken; (*of agreement*) bei jdm Anklang finden; **to ~ a responsive chord among [*or* with] sb/sth** bei jdm/etw auf großes Verständnis stoßen; **to ~ a note** eine Tonart anschlagen; **to ~ the right note** den richtigen Ton treffen
III. *vi* <struck, struck> ❶ (*hit*) treffen; ***lightning never ~s in the same place*** ein Blitz schlägt nie zweimal an derselben Stelle ein; **to ~ at the heart of sth** etw vernichtend treffen; ***we need to ~ at the heart of this problem*** wir müssen dieses Problem an der Wurzel packen; **to ~ at the heart of sb** (*fig*) jdn ins Herz treffen; **to ~ home** ins Schwarze treffen, sein Ziel erreichen; ***the message seems to have struck home*** (*fig*) die Botschaft ist offensichtlich angekommen
❷ (*attack*) angreifen; ■**to ~ at sth** *missiles* auf etw *akk* zielen; ***the snake ~s quickly*** die Schlange beißt schnell zu; ■**to ~ at sb/sth** nach jdm/etw schlagen; ***sometimes terrorists ~ at civilians*** manchmal greifen Terroristen Zivilisten an
❸ (*cause suffering*) *illness, disaster* ausbrechen; (*fig*) zuschlagen; ***fate ~s again*** wieder schlägt das Schicksal zu
❹ (*of clock*) schlagen; ***midnight has just struck*** es hat gerade Mitternacht geschlagen
❺ (*rendered speechless*) **to be struck dumb** sprachlos sein
❻ (*find*) ■**to ~ on sth** etw finden; ■**to ~ upon sth** etw entdecken; ***she has just struck upon an idea*** ihr ist gerade eine Idee gekommen
► PHRASES: **to ~ while the iron is hot** das Eisen schmieden, so lange es heiß ist

◆**strike back** *vi* zurückschlagen, sich *akk* wehren; ■**to ~ back at sb** sich *akk* gegen jdn zur Wehr setzen

◆**strike down** *vt usu passive* ❶ (*die*) ■**to ~ sb down** jdn dahinraffen; ■**to be struck down** aus dem Leben gerissen werden
❷ (*become ill*) ■**to be struck down** dahinsiechen *geh*; ■**to be struck down by sth** von etw *dat* [schwer] getroffen werden; ***he was struck down by polio*** er war schwer an Polio erkrankt
❸ AM LAW **to ~ down ↔ a law** ein Gesetz aufheben

◆**strike off** *vt usu passive* BRIT, AUS ■**to ~ sb off for sth** jdm wegen einer S. *gen* die Zulassung [*o* Lizenz] entziehen; **to ~ a doctor off the register** einem Arzt die Approbation entziehen

◆**strike out I.** *vt* ❶ (*delete*) ■**to ~ out ↔ sth** etw [aus]streichen
❷ AM (*in baseball*) ■**to ~ out ↔ sb** jdn ausmachen (*bezeichnet die Tatsache, dass im Baseball der Schlagmann nach drei Versuchen vom Feld genommen wird*)
II. *vi* ❶ (*start afresh*) neu beginnen; ***she felt it was time to ~ out on her own*** sie spürte, dass es Zeit war, eigene Wege zu gehen; **to ~ out in a new direction** eine neue Richtung einschlagen
❷ (*set off*) aufbrechen; ***it was getting dark, so we struck out directly down the side of the mountain*** es wurde langsam dunkel, und so sind wir direkt den Bergabhang runtergegangen
❸ (*hit out*) zuschlagen; **to ~ out in all directions** wild um sich *akk* schlagen; ■**to ~ out at sb** nach jdm schlagen; (*fig*) jdn scharf angreifen
❹ AM (*in baseball*) aus sein
❺ (*fig: fail*) ■**to ~ out with sb** es sich *dat* mit jdm verderben
❻ LAW (*cancel action*) [eine Klage] streichen

◆**strike up I.** *vt* ❶ (*initiate*) **to ~ up a conversation** ein Gespräch anfangen, eine Unterhaltung beginnen; **to ~ up a friendship with sb** sich *akk* mit jdm anfreunden, mit jdm Freundschaft schließen; **to ~ up a good rapport with sb** ein gutes Verhältnis zu jdm aufbauen; **to ~ up a relationship with sb** eine Beziehung mit jdm eingehen
❷ (*of music*) **to ~ up a song** ein Lied anstimmen
II. *vi* beginnen

strike action *n no pl* Streikaktionen *fpl*, Streikmaßnahmen *fpl*; **call for ~** Streikaufruf *m*; **to threaten ~** mit Streikmaßnahmen drohen, Streikaktionen androhen **strike ballot** *n* Streikabstimmung *f*, Urabstimmung *f* **strikebound** *adj inv* bestreikt **strikebreaker** *n* Streikbrecher(in) *m(f)* **strikebreaking** *n no pl* Streikbruch *m* **strike call** *n* Streikaufruf *m*, Aufruf *m* zum Streik **strike committee** *n + sing/pl vb* Streikausschuss *m* **strike force** *n + sing/pl vb esp* AM, AUS Einsatzkommando *nt* **strike fund** *n* Streikkasse *f* **strikeleader** *n* Streikführer(in) *m(f)* **strikeout** *n* AM (*in baseball*) *bezeichnet die Tatsache, dass der Schlagmann drei vergebliche Versuche hinter sich hat* **strike pay** *n no pl* Streikgeld *nt*

striker ['straɪkəʳ, AM -ɚ] *n* ❶ (*in football*) Stürmer(in) *m(f)*; **to sign a ~** einen Stürmer/eine Stürmerin unter Vertrag nehmen
❷ (*of a worker*) Streikende(r) *f(m)*

striking ['straɪkɪŋ] *adj* ❶ (*unusual*) bemerkenswert, auffallend; ***there's a ~ contrast between what he does and what he says he does*** es besteht ein himmelweiter Unterschied zwischen dem, was er macht, und dem, was er sagt, das er macht; ***there were ~ discrepancies between the suspect's story and evidence*** es gab nicht zu übersehende Diskrepanzen zwischen der Aussage des Verdächtigten und den Beweisen; **the most ~ aspect of sth** das Bemerkenswerteste an etw *dat*; **~ differences** erhebliche [*o* gewaltige] Unterschiede; **~ example** treffendes Beispiel; **~ feature** herausragendes Merkmal; **~ resemblance** verblüffende Ähnlichkeit; **to bear a ~ resemblance to sb** jdm verblüffend ähnlich sein; **~ parallels** erstaunliche Parallelen; **~ personality** beeindruckende Persönlichkeit; **~ result** erstaunliches [*o* überraschendes] Ergebnis; **~ similarity** verblüffende Ähnlichkeit
❷ (*good-looking*) umwerfend; **~ beauty** bemerkenswerte Schönheit
❸ (*close*) **within ~ distance [of sth]** in unmittelba-

S

rer Nähe [von etw *dat*]; (*short distance*) einen Katzensprung [von etw *dat*] entfernt; ***both sides believe they are within ~ distance of a lasting peace agreement*** beide Seiten glauben, eine dauerhafte Friedenslösung stehe unmittelbar bevor; **to put sb within ~ distance of sth** jdm etw zum Greifen nahe bringen

strikingly ['straɪkɪŋli] *adv* auffallend, erstaunlich; ~ **beautiful/handsome** außergewöhnlich schön/gut aussehend; ~ **different/similar** deutlich anders/erstaunlich ähnlich

strimmer® ['strɪməʳ] *n* BRIT Rasentrimmer *m*

Strine [straɪn] *n* (*fam*) ① *no pl* (*Australian English*) australisches Englisch; (*accent*) australischer Akzent
② (*an Australian*) Australier(in) *m(f)*

string [strɪŋ] **I.** *n* ① *no pl* (*twine*) Schnur *f*, Kordel *f*; **ball/piece of ~** Knäuel *m o nt*/Stück *nt* Schnur
② (*fig: controls*) **to pull ~s** seine Beziehungen spielen lassen; **to pull the ~s** die Fäden in der Hand haben; **to pull all the ~s** alle Hebel in Bewegung setzen; **with ~s attached** mit Bedingungen verknüpft; ***most of these so-called special offers come with ~s attached*** die meisten so genannten Sonderangebote sind mit versteckten Bedingungen verknüpft; **with no ~s attached** ohne Bedingungen
③ *usu pl* (*of a puppet*) Fäden *mpl*; **puppet on ~s** Marionette *f*
④ (*in music*) Saite *f*; **guitar ~** Gitarrensaite *f*; **four-~ violin** viersaitige Violine; **to pluck a ~** eine Saite zupfen
⑤ (*in an orchestra*) ■**the ~s** *pl* (*instruments*) die Streichinstrumente *ntpl*; (*players*) die Streicher *pl*
⑥ SPORTS (*on a racket*) Saite *f*
⑦ (*chain*) Kette *f*; ~ **of pearls** Perlenkette *f*
⑧ (*fig: series*) Kette *f*, Reihe *f*; ***he experienced a ~ of setbacks*** er erlebte einen Rückschlag nach dem anderen; **a ~ of disappointments** eine Reihe von Enttäuschungen; **a ~ of hits** eine Reihe von Hits; ~ **of scandals** Reihe *f* von Skandalen; ~ **of successes** Erfolgsserie *f*; ~ **of oaths** Schwall *m* von Flüchen
⑨ COMPUT Zeichenfolge *f*, Zeichenkette *f*; **search ~** Suchbegriff *m*
► PHRASES: **to have another** [*or* **a second**] ~ **to one's bow** BRIT noch ein Eisen im Feuer haben; **to have two ~s to one's bow** BRIT zwei Eisen im Feuer haben; **to have sb on a ~** jdn an der Leine haben
II. *vt* <strung, strung> ■**to ~ sth** ① (*fit*) etw besaiten, auf etw *akk* Saiten aufziehen; **to ~ a racket** SPORTS einen Schläger bespannen
② (*attach*) etw auffädeln [*o* aufziehen]; **to ~ beads** Perlen auffädeln
③ *usu passive* (*arrange in a line*) etw aufreihen

◆**string along** (*fam*) **I.** *vi* ■**to ~ along with sb** sich *akk* jdm anschließen, mit jdm mitgehen *fam*
II. *vt* ■**to ~ sb ↔ along** ① (*deceive*) jdn täuschen [*o fam* einwickeln], jdn übers Ohr hauen *fam*; (*in relationships*) jdn an der Nase herumführen *fam*
② (*delay*) jdn hinhalten

◆**string out I.** *vi* sich verteilen
II. *vt* ■**to ~ sth ↔ out** etw verstreuen; (*prolong*) etw ausdehnen

◆**string together** *vt* ■**to ~ sth ↔ together** etw auffädeln [*o* aufziehen]; (*tie together*) etw zusammenbinden; ***she can ~ together a couple of sentences in German*** sie kann ein paar zusammenhängende Sätze auf Deutsch sagen

◆**string up** *vt* ① (*hang*) ■**to ~ up ↔ sth** etw aufhängen
② ■**to ~ up ↔ sb** (*fam: execute*) jdn [auf]hängen [*o* aufknüpfen]; (*fig fam: punish*) jdn bestrafen; ***he ought to be strung up for what he said*** man sollte ihn für das, was er gesagt hat, zur Rechenschaft ziehen

string bag *n* Einkaufsnetz *nt* **string bean** *n* AM, AUS grüne Bohne, Gartenbohne *f*

stringed instrument *n* Saiteninstrument *nt*

stringency ['strɪndʒən(t)si] *n no pl* ① (*strictness*) Strenge *f*; *of test* Gewissenhaftigkeit *f*
② (*thriftiness*) Knappheit *f*, Verknappung *f*; **financial ~** Geldknappheit *f*

stringent ['strɪndʒənt] *adj* ① (*strict*) streng, hart; ~ **conditions** harte Bedingungen; ~ **laws** strenge Gesetze; ~ **measures** drastische Maßnahmen; ~ **regulations** rigide [*o* strenge] Vorschriften; **to be subject to ~ rules** strengen Regeln unterliegen; ~ **standards** strenge Normen
② *inv* (*thrifty*) hart, streng; (*financial situation*) angespannt; ~ **monetary policy** Politik *f* des knappen Geldes; ~ **economic reforms** harte Wirtschaftsreformen

stringently ['strɪndʒəntli] *adv* streng, energisch; **to deal ~ with sb** mit jdm hart umgehen; **to enforce sth ~** etw energisch durchsetzen

stringer ['strɪŋəʳ, AM -ɚ] *n* JOURN (*sl*) freiberuflicher Korrespondent/freiberufliche Korrespondentin

string instrument *n* Saiteninstrument *nt* **string orchestra** *n* Streichorchester *nt*; **nine-piece ~** neunköpfiges Streichorchester **string player** *n* Streicher(in) *m(f)* **string-puller** *n* Drahtzieher(in) *m(f)* **string quartet** *n* Streichquartett *nt* **string section** *n* + *sing/pl vb* Streicher *pl* **string theory** *n no pl* PHYS Stringtheorie *f* **string vest** *n* Netzhemd *nt*

stringy ['strɪŋi] *adj* (*tough*) *food* faserig, voller Fäden; *consistence* zäh; (*wiry*) *person* sehnig, drahtig; *hair* strähnig

stringy-bark *n* AUS BOT *australische Eukalyptusbaumart mit faseriger Rinde*

strip [strɪp] **I.** *n* ① (*narrow piece*) Streifen *m*; ~ **of cloth** Stoffstreifen *m*; **Gaza S~** Gaza-Streifen *m*; **narrow ~ of land** schmales Stück Land; ~ **of metal** Metallstreifen *m*; **coastal ~** Küstenstreifen *m*; **magnetic ~** Magnetstreifen *m*; **thin ~** schmaler Streifen
② BRIT, AUS (*soccer kit*) Trikot *nt*
③ (*undressing*) Strip[tease] *m*
④ *esp* AM (*long road*) *sehr lange, belebte Einkaufsstraße*
⑤ AM ECON Abtrennen *nt* des Ertragsscheins von einem Wertpapier
II. *vt* <-pp-> ① (*lay bare*) ■**to ~ sth** *house, cupboard* etw leer räumen [*o* ausräumen]; **to ~ a bed** die Bettlaken [*o* ein Bett] abziehen; **to ~ a tree** einen Baum entrinden; **to ~ a tree of fruit** einen Baum abernten; **~ped pine** abgebeizte Kiefer; **~ped pine furniture** Möbel *pl* aus abgebeizter Kiefer; **to ~ sth bare** etw kahl fressen
② (*undress*) ■**to ~ sb** jdn ausziehen; **to ~ sb naked/to the skin** jdn nackt/splitternackt ausziehen
③ (*dismantle*) ■**to ~ sth** etw auseinander nehmen; ***we ~ped the engine down to see what was wrong with it*** wir nahmen den Motor auseinander, um herauszufinden, was ihm fehlte
④ *usu passive* (*remove*) ■**to ~ sb of sth** jdn einer S. *gen* berauben; ***the court ruled that she should be ~ped of all her property*** das Gericht bestimmte, dass ihr ihr gesamtes Eigentum abgenommen werden sollte; **to ~ sb of their office** jdn seines Amtes entheben; **to ~ sb of their power** jdn seiner Macht berauben, jdm die Macht nehmen; **to ~ sb of their title** jdm seinen Titel aberkennen
⑤ COMPUT ■**to ~ sth** etw strippen
III. *vi* <-pp-> AM, AUS sich *akk* ausziehen; **~ped to the waist** mit nacktem Oberkörper; **to ~** [**down**] **to one's underwear** sich *akk* bis auf die Unterwäsche ausziehen

◆**strip away** *vt* ■**to ~ sth ↔ away** etw entfernen; (*fig*) *rights* etw aufheben; **to ~ away the paint** die Farbe abbeizen; **to ~ away the wallpaper** die Tapete abziehen

◆**strip down I.** *vt* ■**to ~ down ↔ sth** etw auseinander nehmen
II. *vi* AM sich *akk* ausziehen

◆**strip off I.** *vt* ■**to ~ sth ↔ off** ① (*remove*) etw abziehen [*o* abreißen]; **to ~ off the bark** die Rinde abschälen [*o* abziehen]; **to ~ off the paint** die Farbe abbeizen; **to ~ the sheets off the bed** die Bettlaken [*o* das Bett] abziehen
② (*undress*) etw ausziehen
II. *vi* BRIT, AUS sich *akk* ausziehen

◆**strip out** *vt* ① (*disregard*) ■**to ~ sth ↔ out** etw beiseite lassen
② (*remove*) **to ~ out a room** ein Zimmer *nt* ausräumen [*o* leer räumen]

strip cartoon *n* BRIT Comic[strip] *m* **strip club** *n* Strip[tease]club *m*, Strip[tease]lokal *nt*

stripe [straɪp] *n* ① (*band*) Streifen *m*
② MIL (*chevron*) [Ärmel]streifen *m*
③ AM (*type*) Schlag *m*; ***what else can you expect from a man of that ~?*** was soll man sonst schon von einem Mann seines Schlages erwarten?; **of every ~** [*or* **all ~s**] aller Art; *politican, government* aller Couleurs, jeder Richtung

striped [straɪpt] *adj inv* gestreift, Streifen-; *clothes* streifig; ~ **hyena** Streifenhyäne *f*; ~ **shirt** gestreiftes Hemd

stripey *adj see* **stripy**

strip joint *n* (*fam*) Stripteasebar *f*, Strip[tease]club *m*, Striplokal *nt* **strip light** *n* BRIT Neonröhre *f* **strip lighting** *n no pl* Neonlicht *nt*, Neonbeleuchtung *f*

stripling ['strɪplɪŋ] *n* (*dated or hum*) Bürschchen *nt hum fam*, Jüngelchen *nt hum fam*

strip mall *n* Einkaufsstraße *f*, Geschäftsstraße *f* **strip mill** *n* Walzwerk *nt* **strip mining** *n no pl* AM (*opencast mining*) Tagebau *m*

stripped bond *n* FIN Stripped Bond *m*

stripped-down ['strɪpt,daʊn] *adj* vereinfacht

stripper ['strɪpəʳ, AM -ɚ] *n* ① (*person*) Stripperin *f*, Stripteasetänzerin *f*; **male ~** Stripper *m*, Stripteasetänzer *m*
② *no pl* (*solvent*) Farbentferner *m*; (*for wallpaper*) Tapetenlöser *m*; **paint ~** Farbentferner
③ (*tool*) Kratzer *m*; **wallpaper ~** Tapetenkratzer *m*
④ ECON Unternehmensausschlachter *m*

strippergram *n*, **strippagram** ['strɪpəgræm, AM -pɚ-] *n durch eine Stripperin/einen Stripper mit Striptease überbrachter Gruß*

strip poker *n no pl* Strippoker *nt* **strip-search I.** *n Leibesvisitation, bei der sich der/die Durchsuchte ausziehen muss;* **to undergo a ~** sich *akk* zu einer Durchsuchung ausziehen müssen **II.** *vt* ■**to ~ sb** *jdn einer Durchsuchung unterziehen, bei der sich der Betreffende ausziehen muss;* ***we were ~ed at the airport*** wir mussten uns am Flughafen zu einer Durchsuchung ausziehen **strip show** *n* Strip[tease]show *f* **striptease** *n* Striptease *m*; **to do a ~** strippen *fam* **striptease artist** *n* Stripteasekünstler(in) *m(f)* **striptease club** *n* Strip[tease]club *m*, Stripteasebar *f*

stripy ['straɪpi] *adj* gestreift, Streifen-; *clothes* streifig

strive <strove *or* -d, striven *or* -d> [straɪv] *vi* sich *akk* bemühen; ■**to ~ to do sth** sich *akk* bemühen, etw zu tun, bestrebt sein, etw zu tun; ***we will continue striving to meet the very highest standards*** wir werden uns weiterhin darum bemühen, die höchsten Ansprüche zu erfüllen; ■**to ~ after** [*or* **for**] **sth** nach etw *dat* streben, etw anstreben; ■**to ~ for sth** um etw *akk* ringen; **to ~ for statehood** eine eigene staatliche Souveränität anstreben; ~ **as we might** [*or* **may**] trotz all unserer Bemühungen; ■**to ~ against sth** gegen etw *akk* ankämpfen

striven ['strɪvᵊn] *pp of* **strive**

strobe¹ [strəʊb, AM stroʊb] *n* (*fam*) *short for* **stroboscope** ① PHYS Stroboskop *nt*
② (*flashing lamp*) Stroboskoplicht *nt*

strobe² [strəʊb, AM stroʊb] COMPUT **I.** *vt* ■**to ~ sth** etw *dat* einen Impuls geben
II. *n* (*pulse*) Impuls *m*

strobe light *n* Stroboskoplicht *nt*

stroboscope ['strəʊbəskəʊp, AM 'stroʊbəskoʊp] *n* ① PHYS Stroboskop *nt*
② (*flashing lamp*) Stroboskoplicht *nt*

stroboscopic [,strəʊbə'skɒpɪk, AM ,stroʊbə'skɑː-] *adj inv* PHYS stroboskopisch *fachspr*; ~ **lamp** Stroboskoplicht *nt*

strode [strəʊd, AM stroʊd] *pt of* **stride**

stroke [strəʊk, AM stroʊk] **I.** *vt* ① (*rub*) ■**to ~ sth/sb** etw/jdn streicheln; **to ~ one's beard** sich *akk* über den Bart streichen; **to ~ one's hair down** [*or*

into place] sich *akk* das Haar glatt streichen
❷ (*hit*) **to ~ the ball** den Ball [leicht] streifen
II. *n* ❶ (*rub*) Streicheln *nt kein pl*; **to give sb a ~** jdn streicheln; (*fig*) jdm Honig ums Maul schmieren *fam*; **to give sth a ~** über etw *akk* streichen
❷ MED (*attack*) Schlaganfall *m*; **to have/suffer a ~** einen Schlaganfall bekommen/erleiden
❸ (*mark*) Strich *m*; **brush ~** Pinselstrich *m*
❹ (*hitting a ball*) Schlag *m*; ***you've won by three ~s*** (*in golf*) du hast über drei Schläge gewonnen
❺ (*form: blow*) Schlag *m*, Hieb *m*
❻ *no pl* (*swimming style*) [Schwimm]stil *m*; **breast ~** Brustschwimmen *nt*
❼ (*swimming movement*) Zug *m*; ***with powerful ~s she set out across the lake*** mit kräftigen Zügen schwamm sie durch den See
❽ (*piece*) **by a ~ of fate** [*or* **good fortune**] durch eine Fügung des Schicksals, durch einen glücklichen Zufall; **a ~ of luck** ein Glücksfall [*o* Glückstreffer] *m*; **a ~ of bad luck** Pech *nt*; **by a ~ of** [**bad**] **luck** [un]glücklicherweise
❾ (*action*) [geschickter] Schachzug *m*; **policy ~** politischer Schachzug; **a ~ of genius** ein genialer Einfall; **bold ~** mutiger Vorstoß
❿ *no pl, usu in neg* (*fam: of work*) Handschlag *m*; ***she hasn't done a ~ of work*** sie hat noch keinen Handschlag getan
⓫ (*of a clock*) Schlag *m*; ***at the ~ of ten*** um Punkt zehn Uhr
⓬ BRIT (*oblique*) [Schräg]strich *m*
⓭ AM (*fam: praise*) [**positive**] **~s** Lob *nt*
► PHRASES: **at** [*or* **with**] **the ~ of a pen** mit einem Federstrich; **to be off one's ~** nicht in Form sein; **to put sb off their ~** jdn aus dem Konzept bringen; **at a** [**single**] [*or* **in one**] **~** mit einem Schlag, auf einen Streich

stroke play *n no pl* (*in golf*) Zählspiel *nt*

stroll [strəʊl, AM stroʊl] **I.** *n* Spaziergang *m*; **to go for** [*or* **to take**] **a ~** einen Spaziergang machen, spazieren gehen
II. *vi* (*amble*) schlendern, bummeln; (*fig: win easily*) ***the favourite ~ed to an easy victory in the final at Wimbledon*** der Sieg im Finale von Wimbledon war für die Favoritin ein regelrechter Spaziergang; **to ~ along the promenade** die Promenade entlangschlendern [*o* entlangspazieren]; **to ~ into town** in die Stadt gehen, einen Stadtbummel machen

stroller ['strəʊlər, AM 'stroʊlɚ] *n* ❶ (*person*) Spaziergänger(in) *m(f)*
❷ *esp* AM, AUS (*pushchair*) Sportwagen *m*

strolling ['strəʊlɪŋ, AM 'stroʊl-] *adj attr, inv* fahrend; **~ musicians** fahrende Musikanten

strong [strɒŋ, AM strɑːŋ] **I.** *adj* ❶ (*powerful*) stark; ***this put him under a ~ temptation to steal it*** er geriet stark in Versuchung, es zu stehlen; ***danger! ~ currents — do not swim here!*** Achtung! starke Strömung – Schwimmen verboten!; **~ bonds** starke Bande; **~ character** [*or* **personality**] starke Persönlichkeit; **~ coffee** starker Kaffee; **~ competition** starker Wettbewerb; **~ desire** brennendes Verlangen; **~ doubts** erhebliche Zweifel; **~ economy** leistungsfähige [*o* gesunde] Wirtschaft; **~ evidence** schlagender Beweis; **~ impression** prägender Eindruck; (*impressive*) sehr guter Eindruck; **~ incentive** großer Anreiz; **~ influence** großer Einfluss; **~ language** (*vulgar*) derbe Ausdrucksweise; **~ lenses** starke [Brillen]gläser; **~ likeness** frappierende [*o* verblüffende] Ähnlichkeit; **to take ~ measures against sb/sth** energisch gegen jdn/etw vorgehen; **~ medicine** starkes Medikament; **to produce ~ memories** lebhafte Erinnerungen hervorrufen; **~ policies** überzeugende Politik; **~ praise** großes Lob; **~ protest** scharfer [*o* energischer] Protest; **~ reaction** heftige Reaktion; **to have ~ reason to do sth** gute Gründe haben, etw zu tun; ***there is ~ reason to …*** es gibt einige Anzeichen dafür, dass …; **~ resistance** erbitterter Widerstand; **~ rivalry** ausgeprägte Rivalität; **~ smell** strenger Geruch; **in the ~est of terms** sehr energisch; **~ trading links** umfangreiche Handelsbeziehungen; **a ~ will** ein starker Wille; **~ winds** heftige [*o* starke] Winde; **~ wish** großer Wunsch; **~ yearning** starke Sehnsucht
❷ (*effective*) gut, stark; ***she's the ~est candidate*** sie ist die beste Kandidatin; ■**to be ~ on sth** gut in etw *dat* sein; **~ favourite** [*or* AM **favorite**] aussichtsreicher Favorit/aussichtsreiche Favoritin; **sb's ~ point** [*or* BRIT, AUS *also* **suit**] jds Stärke; ***tact is not her ~ point*** Takt ist nicht gerade ihre Stärke
❸ (*physically powerful*) kräftig, stark; (*healthy*) gesund, kräftig; **~ constitution** robuste Konstitution; **~ eyes** gute Augen; **to be as ~ as a horse** [*or* **an ox**] bärenstark sein; **to have ~ nerves** [*or* **a ~ stomach**] (*fig*) allerhand verkraften können, sehr belastbar sein
❹ (*robust*) stabil; (*tough*) *person* stark
❺ (*deep-seated*) überzeugt; ***I felt ~ sympathy for him after all his misfortune*** er tat mir sehr Leid nach all seinem Pech; **~ antipathy** [*or* **dislike**] unüberwindliche Abneigung; **~ bias** [*or* **prejudice**] unüberwindliches Vorurteil; **~ conviction** feste Überzeugung; **~ emotions** [*or* **feelings**] starke Gefühle; **~ fear** große Angst; **~ objections** starke Einwände; **~ opinion** vorgefasste Meinung; **~ tendency** deutliche [*o* klare] Tendenz; **to have ~ views on sth** eine Meinung über etw *akk* energisch vertreten
❻ (*staunch*) **to be a ~ believer in sth** fest an etw *akk* glauben; **~ friends** loyale [*o* treue] Freunde; **~ friendship** unerschütterliche Freundschaft; **~ opponent** überzeugter Gegner/überzeugte Gegnerin; **~ supporter** überzeugter Anhänger/überzeugte Anhängerin
❼ (*very likely*) groß, hoch, stark; **~ chances of success** hohe [*o* gute] Erfolgsaussichten; **~ likelihood** [*or* **probability**] hohe Wahrscheinlichkeit
❽ *after n, inv* (*in number*) stark; ***our club is currently about eighty ~*** unser Club hat derzeit 80 Mitglieder [*o* ist derzeit 80 Mann stark]
❾ (*marked*) stark; **~ accent** starker Akzent
❿ (*bright*) hell, kräftig; **~ colour** [*or* AM **color**] kräftige [*o* leuchtende] Farbe; **~ light** grelles Licht
⓫ (*pungent*) streng; **~ flavour** [*or* AM **flavor**] intensiver [*o* kräftiger] Geschmack; **~ odour** penetranter [*o* strenger] Geruch; **~ smell** beißender [*o* stechender] Geruch
⓬ FIN hart, stabil, stark; **~ currency** harte [*o* starke] Währung
II. *adv* (*fam*) **to come on ~** (*sexually*) rangehen *fam*; (*aggressively*) in Fahrt kommen *fam*; ***he's always coming on ~ to me*** er macht mich permanent an; **to come on too ~** sich *akk* zu sehr aufregen, übertrieben reagieren; **still going ~** noch gut in Form [*o fam* Schuss]

strong-arm **I.** *adj attr* (*pej*) brutal, gewaltsam, Gewalt-; **~ man** Schläger *m*; **~ method**[**s**] [*or* **tactic**[**s**]] brutale Methode[n]; **~ style of government** autoritärer Regierungsstil **II.** *vt* ■**to ~ sb** jdn unter Druck setzen, jdn einschüchtern **strongbox** *n* [Geld]kassette *f* **stronghold** *n* ❶ (*bastion*) Stützpunkt *m*, Bollwerk *nt*, Festung *f*; (*fig*) Hochburg *f*, Zentrum *nt* ❷ (*sanctuary*) Zufluchtsort *m*, Refugium *nt*

strongly ['strɒŋli, AM 'strɑː-] *adv* ❶ (*powerfully*) stark; ***it is ~ believed that …*** es wird allgemein angenommen, dass …; ***it is ~ doubted that …*** es bestehen erhebliche Zweifel, dass; **to ~ advise sb to do sth** jdm nachdrücklich [*o* dringend] dazu raten, etw zu tun; **to ~ condemn sb/sth** jdn/etw scharf verurteilen; **to ~ criticize sb** jdn heftig kritisieren; **to ~ deny sth** etw energisch bestreiten [*o* leugnen]; **to ~ disapprove of sth** etw entschieden missbilligen; **to ~ establish sth/oneself within sth** etw/sich fest in etw *dat* etablieren; **to be ~ opposed to sth** entschieden gegen etw *akk* sein; **to ~ recommend sth** etw dringend empfehlen
❷ (*durably*) robust, stabil
❸ (*muscularly*) kräftig, stark; **~ built** kräftig gebaut
❹ (*pungently*) stark; **to smell ~ of sth** stark nach etw *dat* riechen
❺ (*deep-seatedly*) nachdrücklich; **to be ~ biased against sb** erhebliche Vorurteile gegen jdn haben; **to ~ believe sth** von etw *dat* fest überzeugt sein; **to ~ desire** [*or* **yearn for**] **sth** sich *akk* sehr nach etw *dat* sehnen; **to ~ feel that …** den starken Verdacht haben, dass …; **to be ~ influenced to do sth** stark beeinflusst werden, etw zu tun

strongman *n* ❶ (*leader*) starker Mann, führender Kopf ❷ (*for protection*) Muskelmann *m fam*; (*entertainer*) starker Mann **strong-minded** *adj* willensstark, entschlossen, energisch **strongpoint** *n* Stützpunkt *m* **strongroom** *n* Stahlkammer *f*, Tresor[raum] *m* **strong-willed** *adj* willensstark, entschlossen

strontium ['strɒntiəm, AM 'strɑːn(t)ʃi-] *n no pl* Strontium *nt*

strop [strɒp] *n* BRIT, AUS (*fam*) Schmollen *nt kein pl*; ***are you having another of your ~s?*** bist du wieder mal eingeschnappt? *fam*; **to be in a ~** eingeschnappt sein *fam*, schmollen; **to get** [**such**] **a ~ on** saumäßig gelaunt sein *pej fam*

strophe [strəʊfi, AM stroʊfi] *n* LIT Strophe *f*

stroppily ['strɒpɪli] *adv* BRIT, AUS (*fam*) muffig *fam*, gereizt

stroppiness ['strɒpɪnəs] *n no pl* BRIT, AUS (*fam*) Gereiztheit *f*, Übellaunigkeit

stroppy ['strɒpi] *adj* BRIT, AUS (*fam*) muffig *fam*, gereizt; **to get ~** pampig werden *fam*

strove [strəʊv, AM stroʊv] *pt of* **strive**

struck [strʌk] *pt, pp of* **strike**

structural ['strʌktʃərəl, AM -ɚəl] *adj inv* ❶ (*organizational*) strukturell, Struktur-; **~ change** Strukturwandel *m*, strukturelle Veränderung; **~ reforms** Strukturreformen *fpl*; **~ laws** LING Strukturregeln *fpl*
❷ (*of a construction*) baulich, Bau-, Konstruktions-; ***the houses suffered ~ damage*** die Struktur der Häuser wurde beschädigt; **~ condition** baulicher Zustand; **~ defects** bauliche Schäden

structural engineer *n* Statiker(in) *m(f)*

structuralism ['strʌktʃərəlɪzəm, AM -ɚəl-] *n no pl* Strukturalismus *m*

structuralist ['strʌktʃərəlɪst, AM -ɚəl-] **I.** *n* Strukturalist(in) *m(f)*
II. *adj inv* strukturalistisch

structurally ['strʌktʃərəli, AM -ɚəli] *adv inv* ❶ (*organizationally*) strukturell
❷ (*of a construction*) baulich; ***few buildings were left ~ safe after the earthquake*** nach dem Erdbeben waren nur noch wenige Gebäude in einem sicheren baulichen Zustand

structural unemployment *n no pl* ECON, SOCIOL strukturelle Arbeitslosigkeit

structure ['strʌktʃər, AM -ɚ] **I.** *n* ❶ (*arrangement*) Struktur *f*, Aufbau *m*; **~ of a cell** Zellaufbau *m*; **course ~** Kursaufbau *m*, Kursstruktur *f*; **~ of society** Gesellschaftsstruktur *f*; **social ~** Sozialstruktur *f*, soziales Gefüge
❷ (*system*) Struktur *f*; **management ~** Leitungsstruktur *f*
❸ (*construction*) Bau[werk] *nt*; (*make-up of a construction*) Konstruktion *f*
II. *vt* ■**to ~ sth** etw strukturieren; (*construct*) etw konstruieren [*o* bauen]; *life* etw regeln; ***we must carefully ~ and rehearse each scene*** wir müssen jede Szene sorgfältig aufbauen und proben; **well-~d argument** gut aufgebaute [*o* gegliederte] Argumentation

structured ['strʌktʃəd, AM -ɚd] *adj* strukturiert, gegliedert; **~ life** geregeltes Leben; **~ questionnaire** gegliederter Fragebogen

strudel ['struːdəl] *n* Strudel *m*

struggle ['strʌgl] **I.** *n* ❶ (*great effort*) Kampf *m* (**for** um +*akk*); ***trying to accept her death was a terrible ~ for him*** ihren Tod zu akzeptieren fiel ihm unendlich schwer; ***these days it's a desperate ~ just to keep my head above water*** im Moment kämpfe ich ums nackte Überleben; ■**it is a ~ to do sth** es ist mühsam [*o* keine leichte Aufgabe], etw zu tun; **to be a real ~** wirklich Mühe kosten, sehr anstrengend sein; **uphill ~** mühselige Aufgabe, harter Kampf; **to give up the ~ to do sth** den Kampf um etw *akk* aufgeben; **without a ~** kampflos
❷ (*fight*) Kampf *m* (**against** gegen +*akk*, **with** mit +*dat*); ***he put up a desperate ~ before his mur-***

S

der er hatte sich verzweifelt zur Wehr gesetzt, bevor er ermordet wurde; ~ **between good and evil** Kampf *m* zwischen Gut und Böse; **power** ~ Machtkampf *m*
II. *vi* ❶ (*toil*) sich *akk* abmühen [*o* quälen]; ***he* ~*d along the rough road*** er kämpfte sich auf der schlechten Straße vorwärts; ***he* ~*d to find the right words*** es fiel ihm schwer, die richtigen Worte zu finden; ■**to** ~ **with sth** sich *akk* mit etw *dat* herumschlagen [*o* herumquälen] *fam;* **to** ~ **to make ends meet** Mühe haben, durchzukommen; **to** ~ **to one's feet** mühsam auf die Beine kommen, sich *akk* mühsam aufrappeln [*o* hochrappeln]
❷ (*fight*) kämpfen, ringen; ■**to** ~ **against sth/sb** gegen etw/jdn kämpfen; ■**to** ~ **with sth/sb** mit etw/jdm kämpfen; ***he* ~*d for some time with his conscience*** er kämpfte eine Zeit lang mit seinem Gewissen; **to** ~ **for survival** ums Überleben kämpfen
◆**struggle on** *vi* weiterkämpfen; ***the company* ~*d on with the help of subsidies*** das Unternehmen schlug sich weiter mit Subventionen durch

struggling ['strʌglɪŋ] *adj inv for survival* ums Überleben kämpfend; *for recognition* um Anerkennung kämpfend

strum [strʌm] MUS **I.** *vt* <-mm-> **to** ~ **a stringed instrument** auf einem Saiteninstrument herumzupfen *fam;* **to** ~ **a guitar** auf einer Gitarre herumklimpern *fam*
II. *vi* <-mm-> [herum]klimpern *fam*
III. *n usu sing* ❶ (*sound of strumming*) Klimpern *nt,* Geklimper *nt pej fam*
❷ (*act of strumming*) ***she gave a few* ~*s of her guitar*** sie schlug ein paar Akkorde auf ihrer Gitarre an

strumming ['strʌmɪŋ] *n no pl* Geklimper *nt pej fam,* Klimpern *nt*

strumpet ['strʌmpɪt] *n* (*old: prostitute*) Dirne *f veraltend,* Hure *f pej;* (*hum or pej: provocative dresser*) Flittchen *nt pej fam*

strung [strʌŋ] *pt, pp of* **string**

strung out *adj pred* ❶ (*sl*) süchtig, abhängig; **to be** ~ **on heroin** heroinsüchtig sein
❷ *inv* (*in line*) **to be** ~ **in a line** aufgereiht dastehen

strung up *adj pred* BRIT (*fam: nervous*) nervös; (*tense*) angespannt

strut [strʌt] **I.** *vi* <-tt-> ■**to** ~ **about** [*or* **around**] herumstolzieren; ■**to** ~ **past** vorbeistolzieren
II. *vt* <-tt-> **to** ~ **one's stuff** (*esp hum fam: dance*) zeigen, was man hat; (*showcase*) zeigen, was man kann
III. *n* (*in a car, vehicle*) Strebe *f,* Stütze *f;* (*in a building, structure*) Verstrebung *f,* Pfeiler *m*

struth [struːθ] *interj* BRIT (*dated*) *see* **strewth**

strychnine ['strɪkniːn, AM *esp* -naɪn] *n no pl* Strychnin *nt*

stub [stʌb] **I.** *n* ❶ (*of a ticket, cheque*) [Kontroll]abschnitt *m,* Abriss *m;* (*of a cigarette*) [Zigaretten]stummel *m,* Kippe *f fam;* (*of a pencil*) Stummel *m,* Stumpf *m*
❷ COMPUT (*program*) Stubroutine *f*
II. *vt* <-bb-> **to** ~ **one's toes** sich die Zehen anstoßen; **to** ~ **one's toe against** [*or* **on**] **sth** sich *dat* die Zehe an etw *dat* anstoßen, mit der Zehe gegen etw *akk* stoßen
◆**stub out** *vt* **to** ~ **out a/one's cigar/cigarette** eine/seine Zigarre/Zigarette ausdrücken; *with one's foot* seine Zigarette/Zigarre austreten

stubble ['stʌbl] **I.** *n no pl* ❶ (*hair*) Stoppeln *mpl*
❷ (*of crops*) Stoppeln *mpl*
II. *n modifier* Stoppel-; ~ **burning** Abbrennen *nt* der Stoppelfelder; ~ **field** Stoppelfeld *nt*

stubbly ['stʌbli] *adj* ❶ (*bristly*) stoppelig, Stoppel-; ~ **beard** Stoppelbart *m*
❷ *inv* (*of crops*) Stoppel-; ~ **field** Stoppelfeld *nt*

stubborn ['stʌbən, AM -ən] *adj* (*esp pej*) ❶ (*obstinate*) *of a person* stur *fam,* dickköpfig *fam,* starrköpfig, störrisch; ***his* ~ *insistence that he was right ended our friendship*** unsere Freundschaft ging zu Bruch, weil er stur darauf bestand, im Recht zu sein; ~ **child** störrisches Kind; **to be** ~ **as a mule** so stur wie ein Esel sein
❷ (*persistent*) hartnäckig; ~ **hair** widerspenstiges Haar; ~ **pain** hartnäckiger Schmerz; ~ **problem** vertracktes Problem; ~ **refusal** hartnäckige Weigerung; ~ **resistance** hartnäckiger Widerstand; ~ **stains** hartnäckige Flecken

stubbornly ['stʌbənli, AM -ən-] *adv* (*esp pej*) ❶ (*obstinately*) stur, starrköpfig, störrisch; ***she* ~ *clings on to her outdated views*** sie klammert sich verbissen an ihre veralteten Ansichten
❷ (*persistently*) *refuse* hartnäckig

stubbornness ['stʌbənnəs, AM -ən-] *n no pl* (*esp pej*) Sturheit *f,* Starrköpfigkeit *f,* Widerspenstigkeit *f,* Halsstarrigkeit *f pej,* Starrsinn *f pej*

stubby ['stʌbi] **I.** *adj* ~ **fingers** Wurstfinger *mpl fam;* ~ **legs** stämmige Beine; ~ **person** gedrungene [*o geh* untersetzte] [*o* stämmige] Person; ~ **tail** Stummelschwanz *m*
II. *n* AUS *375 ml fassende Bierflasche*

stucco ['stʌkəʊ, AM -koʊ] *n no pl* (*fine plaster*) Stuck *m;* (*coarse plaster*) Putz *m;* (*work*) Stuckarbeit *f,* Stukkatur *f* **stuccoed** ['stʌkəʊd, AM -koʊd] *adj inv* mit Stuck verziert, Stuck-; ~ **relief** Stuckrelief *nt* **stucco work** *n no pl* Stuckarbeit *f,* Stuckverzierung *f,* Stukkatur *f*

stuck [stʌk] **I.** *pt, pp of* **stick**
II. *adj* ❶ *inv* (*unmovable*) fest; ***the door is* ~** die Tür klemmt
❷ *inv, pred* (*trapped*) ***we got* ~ *on*** [*or* ***at***] ***a station for a few hours*** wir saßen für ein paar Stunden auf einem Bahnhof fest; ***I hate being* ~ *behind a desk*** ich hasse Schreibtischarbeit; ■**to be** ~ **in sth** in etw *dat* feststecken; **to be** ~ **in the mire** (*fig*) in der Klemme stecken [*o* sitzen] *fam;* ■**to be** ~ **with sb** jdn am [*o* auf dem] Hals haben *fam*
❸ *pred* (*at a loss*) ■**to be** ~ nicht klarkommen *fam;* ***I'm really* ~** ich komme einfach nicht weiter
❹ *pred* (*dated fam: crazy about*) ■**to be** ~ **on sb** in jdn verknallt sein *fam*
❺ *inv, pred* BRIT, AUS (*fam: show enthusiasm for*) **to get** ~ **in**[**to**] **sth** sich *akk* in etw *akk* richtig reinknien *fam;* ***they got* ~ *into the job straight away*** sie stürzten sich gleich in die Arbeit; ***you really got* ~ *into your food*** du hast das Essen ja richtig verschlungen

stuck-up *adj* (*pej fam*) hochnäsig *pej fam,* eingebildet *pej,* arrogant *pej*

stud[1] [stʌd] *n* ❶ (*horse*) Deckhengst *m,* Zuchthengst *m;* **to be put to** ~ zu Zuchtzwecken verwendet werden
❷ (*breeding farm*) Gestüt *nt,* Stall *m*
❸ (*sl: man*) geiler Typ *sl,* Sexprotz *m pej fam,* Weiberheld *m pej fam*

stud[2] [stʌd] *n* ❶ (*decoration*) Niete *f;* (*jewellery*) Stecker *m*
❷ *esp* BRIT, AUS (*on shoes*) Stollen *m*
❸ (*fastener*) *for a collar* Kragenknopf *m; for a shirt* Hemdknopf *m; for a cuff* Manschettenknopf *m*
❹ TECH Stift *m*
❺ AM (*in a tyre*) Spike *m*

studded ['stʌdɪd] *adj inv* [mit Nieten] verziert, besetzt; ■**to be** ~ **with sth** mit etw *dat* verziert [*o* besetzt] sein; ■**to be** ~ **with sth** (*fig*) von etw *dat* übersät sein; ~ **dog collar** Hundehalsband *nt* mit Nieten

stud earring *n usu pl* Ohrstecker *m*

student ['stjuːdənt, AM *esp* 'stuː] **I.** *n* ❶ (*at university*) Student(in) *m(f),* Studierende(r) *f(m);* (*pupil*) Schüler(in) *m(f);* ***she is a* ~ *at Oxford University*** sie studiert an der Oxford University; **the** ~ **body** die Studentenschaft, die Studierenden *pl;* **graduate** ~ AM *Doktorand oder Student eines Magisterstudiengangs;* **postgraduate** ~ Habilitand(in) *m(f);* **undergraduate** ~ Student(in) *m(f)*
❷ (*unofficial learner*) **to be a** ~ **of sth** sich *akk* mit etw *dat* befassen; **to be a** ~ **of human nature** die menschliche Natur studieren [*o* beobachten]
II. *n modifier* (*activities, counselling, demonstration, housing, protest*) Studenten-; ~ **politics** Hochschulpolitik *f;* ~ **rate** [*or* **discount**] Studentenermäßigung *f;* ~ **season ticket** Semesterticket *nt*

student loan *n* Studiendarlehen *nt,* Ausbildungsdarlehen *nt*

studentship ['stjuːdəntʃɪp, AM 'stuː] *n* BRIT Stipendium *nt*

student teacher *n* Praktikant(in) *m(f)* **student union** *n,* **students' union** *n* Studentenvereinigung *f*

stud farm *n* Gestüt *nt* **stud horse** *n* Zuchthengst *m*

studied ['stʌdid] *adj* wohl überlegt, [gut] durchdacht; ***she listened to his remarks with* ~ *indifference*** sie hörte ihm mit gestellter Gleichgültigkeit zu; ~ **answer** wohl überlegte [*o* durchdachte] Antwort; ~ **elegance** kunstvolle Eleganz; ~ **insult** gezielte Beleidigung; ~ **politeness** gewollte Höflichkeit

studies ['stʌdiz] *npl* ❶ (*studying*) Studium *nt kein pl;* ***he enjoys his* ~** ihm macht sein Studium Spaß
❷ (*academic area*) **business** ~ Betriebswirtschaft *f;* **peace** ~ Friedensforschung *f;* **transport** ~ Studium *nt* des Transportwesens; **social** ~ Sozialwissenschaft *f*

studio ['stjuːdiəʊ, AM 'stuːdioʊ] *n* ❶ (*artist's room*) Atelier *nt*
❷ (*photography firm*) Studio *nt;* **graphics** ~ Grafikstudio *nt*
❸ (*film-making location*) Studio *nt*
❹ (*film company*) Studio *nt,* Filmgesellschaft *f*
❺ (*recording area*) Studio *nt*
❻ *esp* AM (*studio flat*) Appartement *nt*

studio apartment *n esp* AM Appartement *nt* **studio audience** *n + sing/pl vb* Studiopublikum *nt* **studio couch** *n* Schlafcouch *f,* Bettcouch *f* **studio flat** *n* BRIT Appartement *nt*

studious ['stjuːdiəs, AM *esp* 'stuː-] *adj* ❶ (*bookish*) *of a person* lernbegierig, lerneifrig; *of an environment* gelehrt; ~ **atmosphere** dem Lernen zuträgliche Atmosphäre; ~ **child** wissbegieriges Kind
❷ (*earnest*) ernsthaft; (*intentional*) bewusst; ***the report was prepared with* ~ *care and attention*** der Bericht wurde mit größter Sorgfalt vorbereitet; ~ **avoidance of sth** gezielte Vermeidung einer S. *gen;* **to make a** ~ **effort to not do sth** etw ganz bewusst vermeiden

studiously ['stjuːdiəsli, AM *esp* 'stuː-] *adv* ❶ (*bookishly*) gebildet, intellektuell
❷ (*carefully*) sorgsam, sorgfältig; (*deliberately*) bewusst, gezielt; **to avoid sth** ~ etw bewusst [*o* geflissentlich] vermeiden; **to ignore sb** ~ jdn absichtlich [*o* geflissentlich] übersehen [*o* übergehen]; **to listen** ~ aufmerksam zuhören

studiousness ['stjuːdiəsnəs, AM *esp* 'stuː-] *n no pl* ❶ (*bookishness*) Lerneifer *m,* Lernbegierde *f*
❷ (*carefulness*) Beflissenheit *f;* (*deliberateness*) Gewissenhaftigkeit *f,* Sorgfalt *f*

studmuffin *n* AM (*hum sl*) geiler Typ *sl*

study ['stʌdi] **I.** *vt* <-ie-> ❶ (*scrutinize*) ■**to** ~ **sth/sb** etw/jdn studieren, sich *akk* mit etw/jdm befassen; (*look at*) etw eingehend betrachten; ■**to** ~ **whether/what/how/when ...** erforschen [*o* untersuchen], ob/was/wie/wann ...; **to** ~ **a contract/an instruction** sich *dat* einen Vertrag/eine Anleitung genau durchlesen
❷ (*learn*) ■**to** ~ **sth** etw studieren; (*at school*) etw lernen; **to** ~ **one's part** seine Rolle lernen
II. *vi* <-ie-> lernen; (*at university*) studieren; ***I studied at Bristol University*** ich habe an der Universität von Bristol studiert; ■**to** ~ **for sth** sich *akk* auf etw *akk* vorbereiten, für etw *akk* lernen; ■**to** ~ **under sb** bei jdm studieren
III. *n* ❶ (*investigation*) Untersuchung *f;* (*academic investigation*) Studie *f,* wissenschaftliche Untersuchung
❷ *no pl* (*studying*) Lernen *nt;* (*at university*) Studieren *nt;* ***find somewhere quiet for* ~** such dir ein ruhiges Plätzchen zum Lernen
❸ (*room*) Arbeitszimmer *nt*
❹ (*pilot drawing*) Studie *f,* Entwurf *m;* **preparatory** ~ Vorentwurf *m,* Vorstudie *f*
❺ (*literary portrayal*) Untersuchung *f,* Studie *f*
❻ (*example*) **to be a** ~ **in sth** ein Musterbeispiel für

etw *akk* sein; ***when she works, she's a ~ in concentration*** wenn sie arbeitet, ist sie ein Muster an Konzentration

❼ BRIT (*hum*) ***his face was a ~ when he saw her new punk hairstyle*** du hättest sein Gesicht sehen sollen, als er ihre neue Punkfrisur sah!

study group *n + sing/pl vb* Arbeitsgruppe *f*, Arbeitskreis *m*, Arbeitsgemeinschaft *f* **study hall** *n* AM Lesesaal *m* **study visit** *n* Studienreise *f*

stuff [stʌf] **I.** *n no pl* ❶ (*fam: indeterminate matter*) Zeug *nt oft pej fam;* ***we've heard all this ~ before*** das haben wir doch alles schon mal gehört!; ***there is a lot of ~ about it on TV*** im Fernsehen wird dauernd darüber berichtet; ***his latest book is good ~*** sein neues Buch ist echt gut; ***that's the ~!*** BRIT (*fam*) so ist's richtig!; **to do one's ~** (*fam*) seine Sache gut machen; **to know one's ~** sich *akk* auskennen; ***he certainly knows his ~*** er weiß, wovon er spricht

❷ (*possessions*) Sachen *fpl*, Zeug *nt oft pej fam;* **camping ~** Campingsachen *pl*

❸ (*material*) Material *nt*, Stoff *m;* **sticky ~** klebriges Zeug

❹ (*characteristics*) ***he's made of the same ~ as his father*** er ist aus demselben Holz geschnitzt wie sein Vater; ***she's a nice bit of ~*** BRIT (*sl*) sie ist nicht ohne *fam;* **the [very] ~ of sth** das Wesentliche [*o* der Kern] einer S. *gen;* **the ~ of which heroes are made** der Stoff, aus dem Helden sind

▶ PHRASES: **~ and nonsense** BRIT (*dated*) dummes Zeug *pej fam*, Blödsinn *pej fam;* **sb doesn't give a ~ about sth** BRIT (*fam*) jdm ist etw scheißegal *fam*

II. *vt* ❶ (*fam: gorge*) ■**to ~ sb/oneself** jdn/sich voll stopfen; ■**to ~ down ↔ sth** etw in sich *akk* hineinstopfen *pej*, etw verschlingen *pej* [*o hum fam* verdrücken]; **to ~ one's face** sich *dat* den Bauch voll schlagen *fam;* **to ~ sb with food** jdn mästen *pej*

❷ *esp* BRIT, AUS (*vulg: have sex*) ■**to ~ sb** jdn vögeln *vulg* [*o sl* bumsen]

❸ (*vulg: strong disapproval*) **~ it** [*or* BRIT *also* **that**]**!** Scheiß drauf! *derb; esp* BRIT, AUS **~ *him!*** der kann mich mal! *derb*, zum Teufel mit ihm! *sl;* BRIT, AUS ***get ~ed!*** du kannst mich mal! *derb*, leck mich am Arsch! *derb*

❹ (*push inside*) ■**to ~ sth** etw stopfen; (*fill*) etw ausstopfen; (*in cookery*) etw füllen; ***they ~ed the money into a bag and ran from the bank*** sie stopften das Geld in eine Tasche und rannten aus der Bank; **~ed chicken** gefülltes Hähnchen; **to ~ sb's head with sth** (*fig*) jdm etw eintrichtern *fam*

❺ (*in taxidermy*) **to ~ animals** Tiere ausstopfen

stuffed [stʌft] *adj inv* ❶ (*filled*) ausgestopft; **~ furry toy** Stofftier *nt*, Plüschtier *nt*

❷ (*of food*) gefüllt; **~ turkey** gefüllter Truthahn

stuffed shirt *n* (*pej fam*) Wichtigtuer(in) *m(f) pej fam* **stuffed-up** *adj* (*fam*) verschnupft

stuffer [ˈstʌfəʳ] *n* AM Werbebeilage *f*, Reklamebeilage *f*

stuffily [ˈstʌfɪli] *adv* (*pej*) spießig *pej fam*, kleinkariert *pej fam*

stuffiness [ˈstʌfɪnəs] *n no pl* ❶ (*primness*) Spießigkeit *f*

❷ (*airlessness*) Stickigkeit *f;* ***the ~ of the rooms*** die schlechte Luft in den Räumen

stuffing [ˈstʌfɪŋ] *n no pl* (*filling*) Füllung *f*, Füllmaterial *nt; of food* Füllung *f*

▶ PHRASES: **to beat** [*or* **kick**] [*or* **knock**] **the ~ out of sb** (*fam*) jdn fertig machen *fam*, jdn brutal zusammenschlagen; **to knock** [*or* **take**] **the ~ out of sb** (*fam*) jdn umhauen [*o* mitnehmen] *fam*

stuffy [ˈstʌfi] *adj* (*pej*) ❶ (*prim*) spießig

❷ (*airless*) stickig, miefig, muffig; **~ room** stickiges Zimmer

stultify <-ie-> [ˈstʌltɪfaɪ] *vt* (*form*) ■**to ~ sth/sb** ❶ (*ridicule*) etw/jdn der Lächerlichkeit preisgeben [*o* ins Lächerliche ziehen]

❷ (*paralyse*) etw/jdn lähmen; *technique, mind, ability* etw/jdn verkümmern lassen; **to ~ the mind** den Geist lähmen

stultifying [ˈstʌltɪfaɪɪŋ] *adj* (*pej form*) lähmend; **~ atmosphere** lähmende Atmosphäre; **to have a ~ effect on sth** sich *akk* auf etw *akk* lähmend auswirken

stumble [ˈstʌmbl̩] *vi* ❶ (*trip*) stolpern, straucheln; ■**to ~ on sth** über etw *akk* stolpern

❷ (*fig*) ***the judges noticed the violinist ~*** die Schiedsrichter bemerkten, dass die Violinistin einen Fehler machte; **to ~ from one mistake to another** (*fig*) vom einen Fehler zum nächsten stolpern; **to ~ over the rhythm** aus dem Rhythmus kommen

❸ (*stagger*) ■**to ~ about** [*or* **around**] herumtappen

❹ (*falter when talking*) stocken, holpern; ■**to ~ over sth** über etw *akk* stolpern; ***the poet ~d over a line in the poem*** der Dichter stolperte über eine Zeile in dem Gedicht

❺ (*find*) ■**to ~ across** [*or* **[up]on**] **sb/sth** über jdn/etw stolpern *fam*, [zufällig] auf jdn/etw stoßen

stumbling block *n* Stolperstein *m*, Hemmschuh *m*, Hindernis *nt;* ■**to be a ~ to sth** ein Hindernis für etw *akk* [*o* bei etw *dat*] sein

stump [stʌmp] **I.** *n* ❶ (*part left*) *of a tree* Stumpf *m*, Strunk *m; of an arm* Armstumpf *m; of a leg* Beinstumpf *m; of a tooth* Zahnstummel *m*

❷ AM POL **out on the ~** im Wahlkampf

II. *vt* ❶ (*usu fam: baffle*) ■**to ~ sb** jdn verwirren [*o* durcheinander bringen]; ***you've ~ed me*** da bin ich überfragt; ***we're all completely ~ed*** wir sind mit unserem Latein am Ende

❷ *esp* AM POL **to ~ the country/a state** Wahlkampfreisen durch das Land/einen Staat machen

III. *vi* ❶ (*stamp*) ***she ~ed out of the room*** sie stapfte aus dem Raum hinaus

❷ POL Wahlreden halten

◆**stump up** BRIT **I.** *vi* (*fam*) blechen *fam*, löhnen *sl*

II. *vt* (*fam*) ■**to ~ up ↔ sth** etw blechen *fam* [*o sl* berappen] [*o sl* locker machen]

stump foot *n* Klumpfuß *m*

stumps [stʌmps] *npl* (*in cricket*) Stäbe *mpl*

stump speech *n* Wahl[kampf]rede *f*, parteipolitische Rede

stumpy [ˈstʌmpi] *adj* (*usu pej fam*) [klein und] gedrungen, untersetzt, stämmig; **~ fingers** dicke Finger; **~ person** untersetzte [*o* stämmige] Person; **~ tail** Stummelschwanz *m*

stun <-nn-> [stʌn] *vt* ❶ (*shock*) ■**to ~ sb** jdn betäuben [*o* lähmen]; (*amaze*) jdn verblüffen [*o* überwältigen]; ***news of the disaster ~ned the nation*** die Nachricht von der Katastrophe schockte das Land; ***she was ~ned by the amount of support she received*** sie war überwältigt davon, wie viel Unterstützung sie erhielt; **~ned silence** fassungsloses Schweigen

❷ (*make unconscious*) ■**to ~ sb/an animal** jdn/ein Tier betäuben

stung [stʌŋ] *pp, pt of* **sting**

stun grenade *n* MIL Blendgranate *f fachspr* **stun gun** *n* Betäubungsgewehr *nt*, Betäubungspistole *f*

stunk [stʌŋk] *pt, pp of* **stink**

stunned [stʌnd] *adj* fassungslos, sprachlos, geschockt

stunner [ˈstʌnəʳ, AM -ɚ] *n* ❶ (*fam: good-looker*) *of a person* toller Mann/tolle Frau *fam; of a thing, an event* tolle Sache *fam;* **to be a ~** Spitze [*o* eine Wucht] sein *fam*

❷ (*surprise*) [Riesen]überraschung *f;* **to come as a ~** eine [große] Überraschung sein

stunning [ˈstʌnɪŋ] *adj* ❶ (*approv: gorgeous*) toll *fam*, fantastisch *fam*, umwerfend *fam*, überwältigend, sensationell; **~ dress** hinreißendes [*o* umwerfendes] Kleid; **~ view** toller Ausblick *fam;* **to look ~** umwerfend aussehen

❷ (*amazing*) unfassbar

❸ (*hard*) **a ~ blow/punch/left hook** ein betäubender Schlag/Faustschlag/linker Haken

stunningly [ˈstʌnɪŋli] *adv* ❶ (*gorgeous*) atemberaubend, umwerfend *fam;* ***she's ~ dressed*** sie ist umwerfend angezogen

❷ (*horrible*) unfassbar

stunt¹ [stʌnt] *n* ❶ FILM Stunt *m;* **to perform a ~** einen Stunt vollführen

❷ (*for publicity*) Gag *m*, Trick *m pej;* **advertising ~** Werbegag *m*, Trick *m pej;* **publicity ~** Werbegag *m;* (*pej*) Trick *m;* **to pull a ~** (*fig fam*) etwas Verrücktes tun

stunt² [stʌnt] *vt* ■**to ~ sth** etw hemmen [*o* beeinträchtigen] [*o* behindern]; **to ~ economic growth** das Wirtschaftswachstum hemmen; **to ~ one's growth** das Wachstum hemmen

stunted [ˈstʌntɪd, AM -t̬ɪd] *adj* (*deteriorated*) verkümmert; (*limited in development*) unterentwickelt; **~ child** unterentwickeltes Kind; **~ tree** verkümmerter Baum; **emotionally ~** seelisch verkümmert; **to become ~** verkümmern

stunt flying *n no pl* Kunstflug *m* **stuntman** *n* Stuntman *m* **stuntwoman** *n* Stuntfrau *f*

stupefaction [ˌstjuːpɪˈfækʃᵊn, AM ˌstuːpə'-, ˌstjuː-] *n no pl* ❶ (*befuddled state*) Benommenheit *f;* **state of ~** benommener Zustand

❷ (*astonishment*) Verblüffung *f;* (*involving intense shock*) Bestürzung *f;* **to sb's ~** zur jds Bestürzung [*o* Erstaunen]

stupefy <-ie-> [ˈstjuːpɪfaɪ, AM ˈstuːpə-, ˌstjuː-] *vt usu passive* ■**to be stupefied by sth** ❶ (*render numb*) von etw *dat* benommen sein

❷ (*astonish*) über etw *akk* verblüfft sein; (*shocked*) über etw *akk* bestürzt sein, von etw *dat* wie vor den Kopf geschlagen sein; ***we were stupefied by the news*** die Nachricht hatte uns die Sprache verschlagen

stupefyingly [ˈstjuːpɪfaɪɪŋli, AM ˈstuːpə-, ˌstjuː-] *adv* einschläfernd *fig;* **~ boring** [*or* **dull**] todlangweilig, stumpfsinnig

stupendous [stjuːˈpendəs, AM stuː'-, ˌstjuː-] *adj* (*immense*) gewaltig, enorm; (*amazing*) erstaunlich; **~ beauty** außergewöhnliche Schönheit; **~ debts** enorme Schulden; **~ news** tolle Nachricht *fam*

stupendously [stjuːˈpendəsli, AM *esp* stuː'-] *adv* (*immensely*) *high, productive* enorm; (*amazingly*) *successful* erstaunlich

stupid [ˈstjuːpɪd, AM *esp* ˈstuː-] **I.** *adj* <-er, -est *or* more ~, most ~> ❶ (*slow-witted*) dumm, blöd *fam*, einfältig; ***whose ~ idea was it to travel at night?*** wer hatte die bescheuerte Idee, nachts zu reisen? *sl;* ***it would be ~ not to take the threats seriously*** es wäre töricht, die Drohungen nicht ernst zu nehmen; ***don't be ~!*** sei doch nicht blöd! *fam;* **a ~ mistake** ein dummer Fehler; **to do a ~ thing** etwas Dummes [*o fam* Blödes] machen

❷ (*silly*) blöd *fam;* ***have your ~ book!*** behalte doch dein blödes Buch! *fam;* **~ exercise** blöde Übung; **to drink oneself ~** sich *akk* bis zur Bewusstlosigkeit betrinken

II. *n* (*fam*) Blödmann *m pej fam*, Dummkopf *m pej*

stupidity [stjuːˈpɪdəti, AM stuːˈpɪdət̬i, ˌstjuː-] *n no pl* Dummheit *f*, Blödheit *f fam*, Einfältigkeit *f;* ***his ~ is beyond belief sometimes*** er ist manchmal unglaublich doof *pej fam*

stupidly [ˈstjuːpɪdli, AM *esp* ˈstuː-] *adv* dummerweise, blöderweise *fam;* ***I ~ forgot to bring a copy of my report*** ich habe dummerweise vergessen, meinen Bericht mitzubringen; ***he ~ refused*** er war so dumm abzulehnen

stupor [ˈstjuːpəʳ, AM ˈstuːpɚ, ˌstjuː-] *n usu sing* Benommenheit *f;* **state of ~** benommener Zustand, Benommenheit *f;* **in a drunken ~** im Vollrausch

sturdily [ˈstɜːdɪli, AM ˈstɜːr-] *adv* ❶ (*durably*) stabil; **~-built** *building, furniture* solide gebaut, stabil; *person* stämmig, kräftig

❷ (*resolutely*) *say* bestimmt; *fight* entschlossen; **to ~ refuse to do sth** sich *akk* standhaft weigern, etw zu tun

sturdiness [ˈstɜːdɪnəs, AM ˈstɜːr-] *n no pl* ❶ (*durability*) Stabilität *f*

❷ (*physical strength*) Kräftigkeit *f; of constitution* Robustheit *f*

sturdy [ˈstɜːdi, AM ˈstɜːr-] *adj* ❶ (*robust*) *box, chair, wall* stabil; *material* robust; **~ shoes** festes Schuhwerk

❷ (*physically*) *arms, legs* kräftig; *body, person, legs also* stämmig

❸ (*resolute*) *opposition* standhaft, unerschütterlich; ***they put up a ~ defence of their proposal*** sie haben ihren Vorschlag entschlossen verteidigt; ~

gait entschlossener Gang

sturgeon ['stɜ:dʒən, AM 'stɜ:r-] *n* Stör *m*

stutter ['stʌtəʳ, AM -t̬ɚ] **I.** *vi person, engine* stottern
II. *vt* ■**to ~ sth** etw stottern
III. *n* Stottern *nt kein pl;* **to have a bad ~** stark stottern

stutterer ['stʌtərəʳ, AM -t̬ɚɚ] *n* Stotterer *m,* -in *f*

stuttering ['stʌtərɪŋ, AM -t̬ɚ-] *adj* stotternd; **~ productivity figures** stark schwankende Produktivitätszahlen; **to reply in a ~ voice** mit stockender Stimme antworten

stutteringly ['stʌtərɪŋli, AM -t̬ɚ-] *adv* ❶ (*with a stutter*) stotternd
❷ (*unevenly, hesitantly*) zögernd, stockend

sty [staɪ] *n* ❶ (*pig pen*) Schweinestall *m*
❷ MED (*in eye*) Gerstenkorn *nt*

stye <*pl* **sties** *or* **-s**> [staɪ] *n* MED Gerstenkorn *nt*

Stygian ['stɪdʒiən] *adj* (*liter*) stygisch, finster *geh poet;* **~ depression** schlimme Depression

style [staɪl] **I.** *n* ❶ (*distinctive manner*) Stil *m,* Art *f;* ***his office is very utilitarian in ~*** sein Büro ist sehr praktisch eingerichtet; **company** [*or* **house**] **~** hauseigener [*o* firmeneigener] Stil, Stil *m* des Hauses; **~ of life** Lebensstil *m,* Lebensweise *f;* **~ of teaching** Unterrichtsstil *m;* **in the ~ of sb/sth** im Stil von jdm/etw; ***that's not my ~*** (*fig fam*) das ist nicht mein Stil *fig;* **in the Gothic ~** ARCHIT, ART im gotischen Stil
❷ (*approv: stylishness*) Stil *m;* **to have real ~** Klasse [*o* Format] haben; **to have no ~** keinen Stil haben; ***it takes ~ to make a mistake like that and still go on to win*** es braucht schon Format, so einen Fehler zu machen und trotzdem noch zu gewinnen; ■**in** [*or* **with**] **~** stilvoll; **to do things in ~** alles im großen Stil tun; **to live in** [**grand** [*or* **great**]] **~** auf großem Fuß leben; **to travel in ~** mit allem Komfort [ver]reisen
❸ (*fashion*) Stil *m;* **the latest ~** die neueste Mode, der letzte Schrei *fam*
❹ *no pl* (*be fashionable*) **to be in ~** Mode [*o* modisch] sein; **to be out of ~** aus der Mode kommen
❺ (*specific type*) Art *f,* Ausführung *f*
II. *vt* ❶ (*arrange*) ■**to ~ sth** *plan, design* etw entwerfen; (*shape*) etw gestalten; **to ~ a car** ein Auto entwerfen; **to ~ hair** die Haare frisieren; **elegantly ~d jackets** elegant geschnittene Jacken
❷ (*designate*) ■**to ~ sb/sth/oneself sth** jdn/etw/sich etw *akk* nennen, jdn/etw/sich als etw bezeichnen

-style [staɪl] *in compounds* (*Victorian, Impressionist*) nach ... Art, im ... Stil; ***he was dressed cowboy-~ for the party*** er hatte sich für die Party wie ein Cowboy angezogen; **French-~ cooking** französische Küche; **Japanese~ management** japanisches Management; **modern-~** modern

style consultant *n* Modeberater(in) *m(f)*

styleless ['staɪlləs] *adj* (*pej*) stillos, geschmacklos

styling ['staɪlɪŋ] **I.** *n* Styling *nt,* Design *nt; of hair* Frisur *f*
II. *adj attr, inv* Styling-; **~ mousse** Schaumfestiger *m*

styling spray *n* Haarspray *nt*

stylish ['staɪlɪʃ] *adj* (*approv*) ❶ (*chic*) elegant; (*smart*) flott *fam;* (*fashionable*) modisch; ***she is a ~ dresser*** sie zieht sich immer sehr elegant/flott/modisch an
❷ (*polished*) stilvoll, mit Stil *nach n;* ***the writer is ~*** der Autor hat Stil

stylishly ['staɪlɪʃli] *adv* (*approv*) ❶ (*chic*) elegant; (*smartly*) flott *fam;* (*fashionably*) modisch; **~-designed dress** elegant geschnittenes Kleid
❷ (*in a polished manner*) stilvoll

stylishness ['staɪlɪʃnəs] *n no pl* (*approv*) ❶ (*elegance*) *of appearance, dress* Eleganz *f*
❷ (*polished quality*) *of person, appearance, place* Stil *m;* **~ of a film** stilvolle Art eines Films

stylist ['staɪlɪst] *n* ❶ (*arranger of hair*) Friseur(in) *m(f),* Friseuse *f;* **hair ~** Friseur, Friseuse *m, f,* Coiffeur, Coiffeuse *m, f;* (*designer*) Designer(in) *m(f)*
❷ (*writer*) Stilist(in) *m(f)*

stylistic [staɪ'lɪstɪk] *adj* stilistisch, Stil-; **~ range** stilistische Vielfalt

stylistically [staɪ'lɪstɪkli] *adv* stilistisch

stylistics [staɪ'lɪstɪks] *n + sing vb* Stilistik *f kein pl*

stylize ['staɪlaɪz] *vt* ■**to ~ sth** etw stilisieren

stylized ['staɪlaɪzd] *adj* (*non-realistic*) stilisiert; (*fig: according to convention*) konventionell, herkömmlich

stylus <*pl* **-es**> ['staɪləs] *n* ❶ (*needle*) Stylus *m,* Stift *m,* Abspielnadel *f*
❷ (*pen-like device*) [Licht]stift *m*
❸ (*for detecting data*) Anzeigenadel *f*

stymie <**-y-**> ['staɪmi] *vt* ■**to ~ sb** jdn matt setzen *fig;* ■**to be ~d by sth** durch etw *akk* behindert werden [*o* nicht vorankommen]; ■**to ~ sth** etw vereiteln; **to ~ sb's efforts** jds Bemühungen behindern

styptic ['stɪptɪk] MED **I.** *n* blutstillendes Mittel
II. *adj* blutstillend, Blutstill-

Styrofoam® ['staərəfoʊm] AM **I.** *n no pl* (*polystyrene*) Styropor® *nt*
II. *n modifier* (*cup, packaging*) Styropor-

suave [swɑ:v] *adj* (*urbane*) weltmännisch; (*polite*) verbindlich; **~ appearance** weltmännische Erscheinung; **~ manner** weltmännische/zuvorkommende Art

suavely ['swɑ:vli] *adv* (*urbane*) weltmännisch; (*polite*) verbindlich, zuvorkommend

suavity ['swɑ:vəti, AM -ət̬i] *n no pl* (*urbanity*) weltmännisches Auftreten; (*politeness*) Verbindlichkeit *f,* Zuvorkommenheit *f*

sub¹ *n* ECON Vorschuss *m,* Lohnvorauszahlung *f*

sub² [sʌb] **I.** *n* ❶ (*fam*) *short for* **substitute** Vertretung *f*
❷ (*fam*) *short for* **submarine** U-Boot *nt;* **nuclear ~** Atom-U-Boot *nt*
❸ AM (*fam*) *short for* **submarine sandwich** Jumbo-Sandwich *nt*
❹ *usu pl* BRIT, AUS (*fam*) *short for* **subscription** Abo *nt fam;* (*membership fee*) [Mitglieds]beitrag *m*
II. *vi* <**-bb-**> *short for* **substitute:** ■**to ~ for sb** für jdn einspringen, jdn vertreten

sub- *in compounds* LAW **~agency** Untervertretung *f;* **~agent** Untervertreter(in) *m(f);* **~committee** Unterausschuss *m*

subagency [ˌsʌb'eɪdʒən(t)si] *n esp* AM Untervertretung *f,* Unteragentur *f*

subagent [ˌsʌb'eɪdʒənt] *n* Untervertreter(in) *m(f),* Unteragent(in) *m(f)*

subaltern ['sʌbəltən, AM səb'ɔ:ltɚn] *n* BRIT MIL Subalternoffizier *m fachspr*

subaqua [sʌb'ækwə] *adj attr, inv* BRIT Tauch-; **~ diving** Tauchen *nt;* **~ sports** Tauchsport *m*

subarctic [sʌb'ɑ:ktɪk, AM 'ɑ:rk] *adj inv* subarktisch

subarid [sʌb'ærɪd, AM -'erɪd] *adj* GEOG halbtrocken, semiarid *fachspr*

subatomic [ˌsʌbə'tɒmɪk, AM -'tɑ:m-] *adj inv* PHYS subatomar; **~ particle** subatomares Teilchen

subclass ['sʌbklɑ:s, AM -klæs] *n* BIOL Unterklasse *f,* Unterabteilung *f*

subcommittee ['sʌbkəˌmɪti, AM -ɪt̬i] *n* Unterausschuss *m*

subcompact [ˌsʌb'kɑ:mpækt] *n* AM, **subcompact car** *n* AM (*small car*) Kleinwagen *m*

subconscious [sʌb'kɒn(t)ʃəs, AM -'kɑ:n-] **I.** *n no pl* Unterbewusstsein *nt,* [das] Unterbewusste
II. *adj attr, inv* unterbewusst; **to exist only at the ~ level** nur im Unterbewusstsein existieren; **~ mind** Unterbewusstsein *nt*

subconsciously [sʌb'kɒn(t)ʃəsli, AM -'kɑ:n-] *adv inv* (*not wholly consciously*) unterbewusst; (*intuitively*) unterbewusst, intuitiv

subcontinent [sʌb'kɒntɪnənt, AM -'kɑ:ntən-] *n* GEOG Subkontinent *m;* **the Indian ~** der Indische Subkontinent

subcontract **I.** *vt* [ˌsʌbkən'trækt, AM sʌb'kɑ:n-] ■**to ~ sth to sb/sth** etw an jdn/etw untervergeben [*o* [vertraglich] weitervergeben]; ■**to ~ sth out to sb/sth** etw an jdn/etw als Untervertrag hinausgeben
II. *n* ['sʌbˌkɒntækt, AM -ˌkɑ:n-] Subkontrakt *m,* Untervertrag *m*

subcontractor [ˌsʌbkən'træktəʳ, AM sʌb'kɑ:ntræktɚ] *n* Subunternehmer(in) *m(f)*

subculture ['sʌbˌkʌltʃəʳ, AM -ɚ] *n* Subkultur *f*

subcutaneous [ˌsʌbkju:'teɪniəs] *adj inv* MED subkutan *fachspr;* **~ injection** Injektion *f* unter die Haut, subkutane Injektion *fachspr*

subdivide [ˌsʌbdɪ'vaɪd] *vt* ■**to ~ sth** etw unterteilen; ■**to ~ sth among persons** etw nochmals unter [mehreren] Personen aufteilen; ■**to ~ sth into sth** etw in etw *akk* unterteilen

subdivision [ˌsʌbdɪ'vɪʒən] *n* ❶ (*secondary division*) erneute Teilung; (*in aspects of a whole*) Aufgliederung *f,* Unterteilung *f*
❷ AM, AUS (*housing estate*) Wohngebiet *nt,* Wohnsiedlung *f*

subdominant [ˌsʌb'dɒmɪnənt, AM 'dɑmə] *adj inv* MUS subdominantisch, unterdominantisch

subdue [səb'dju:, AM *esp* -'du:] *vt* ■**to ~ sth/sb** (*get under control*) etw/jdn unter Kontrolle bringen; (*bring into subjection*) etw/jdn unterwerfen; (*suppress*) etw/jdn unterdrücken; **to ~ an animal/emotion** ein Tier/Gefühl bändigen; **to ~ a fire** ein Feuer unter Kontrolle bringen; **to ~ a mob** eine Menge bändigen

subdued [səb'dju:d, AM *esp* -'du:d] *adj* (*controlled*) beherrscht; (*reticent*) zurückhaltend; (*toned down*) gedämpft; (*quiet*) leise, ruhig; *noise* gedämpft; **~ colours** [*or* AM **colors**] düstere Farben; **~ conversation** gedämpfte Unterhaltung; **~ light/sound** gedämpftes Licht/gedämpfte Töne; **~ mood** gedrückte Stimmung; **to speak in a ~ voice** mit gedämpfter Stimme sprechen

subedit [sʌb'edɪt] *vt* JOURN, PUBL ■**to ~ sth** etw redigieren

subeditor [sʌb'edɪtəʳ, AM -t̬ɚ] *n* ❶ (*assistant editor*) Redaktionsassistent(in) *m(f)*
❷ (*sb who edits copy for printing*) Redakteur(in) *m(f)*

subframe ['sʌbfreɪm] *n* ARCHIT Untergestell *nt*

subgroup ['sʌbgru:p] *n* Untergruppe *f,* Unterabteilung *f*

subhead [sʌb'hed] *n,* **subheading** ['sʌbˌhedɪŋ] *n* Untertitel *m*

subhuman [sʌb'hju:mən] *adj inv* unmenschlich, menschenunwürdig; **to treat sb as ~** jdn wie einen Untermenschen behandeln

subject **I.** *n* ['sʌbdʒɪkt, -dʒekt] ❶ (*theme, topic*) Thema *nt;* ■**on the ~ of sb/sth** über jdn/etw; ***while we're on the ~*** wo wir gerade beim Thema sind; ***the planes have been the ~ of their concern*** die Flugzeuge waren Gegenstand ihrer Befürchtungen; ***the guest lecturer took as her ~ 'imprisonment in modern society'*** die Gastsprecherin hatte ‚die Freiheitsstrafe in der modernen Gesellschaft' zu ihrem Thema gewählt; **~ of debate** [*or* **discussion**] Diskussionsthema *nt;* ***the plan has been the ~ of debate recently*** über den Plan wurde vor kurzem diskutiert; **to change the ~** das Thema wechseln; **to wander off the ~** vom Thema abschweifen
❷ (*person*) Versuchsperson *f,* Testperson *f*
❸ (*field*) Fach *nt;* (*at school*) [Schul]fach *nt;* (*specific research area*) Spezialgebiet *nt,* Fachgebiet *nt;* ***he's better at arts ~s than science*** in den künstlerischen Fächern ist er besser als in den naturwissenschaftlichen; ***her ~ is low-temperature physics*** sie hat sich auf Kältephysik spezialisiert; **favourite** [*or* AM **favorite**] **~** Lieblingsfach *nt*
❹ (*under monarchy*) Untertan(in) *m(f);* (*rare: not under monarchy*) Staatsbürger(in) *m(f)*
❺ LING Subjekt *nt,* Satzgegenstand *m*
II. *adj* ['sʌbdʒɪkt] ❶ *attr, inv* POL (*dominated*) *people* unterworfen
❷ *pred, inv* (*exposed to*) ■**to be ~ to sth** etw *dat* ausgesetzt sein; ***these flights are ~ to delay*** bei diesen Flügen muss mit Verspätung gerechnet werden; ***the goods are ~ to a 20% discount*** die Waren sind um 20% herabgesetzt; **to be ~ to colds** sich *akk* leicht erkälten; **to be ~ to many dangers** vielen Gefahren ausgesetzt sein; **to be ~ to depression** zu Depressionen neigen; **to be ~ to a high rate of tax** einer hohen Steuer unterliegen; **to be ~**

to prosecution LAW *offence* strafbar sein; *person* strafrechtlich verfolgt werden
③ *(contingent on)* ■**to be ~ to sth** von etw *dat* abhängig sein; **to be ~ to approval** genehmigungspflichtig sein; **~ to payment** vorbehaltlich einer Zahlung, unter dem Vorbehalt einer Zahlung
III. *adv* ['sʌbdʒɪkt] ■**~ to** wenn; ***we plan to go on Wednesday ~ to your approval*** wir haben vor, am Mittwoch zu gehen, wenn du nichts dagegen hast; **~ to your consent** vorbehaltlich Ihrer Zustimmung
IV. *vt* [səb'dʒekt] ① *(subjugate)* ■**to ~ sb/sth** jdn/etw unterwerfen [*o geh* unterjochen]
② *usu passive (cause to undergo)* ■**to ~ sb/sth to sth** jdn/etw etw *dat* aussetzen; ■**to be ~ed to sb/sth** jdm/etw ausgesetzt [*o* unterworfen] sein; ***everyone interviewed had been ~ed to unfair treatment*** alle Interviewten waren unfair behandelt worden; **to ~ sb/sth to criticism** jdn/etw kritisieren; **to ~ sb to a lie-detector test** jdn einem Lügendetektortest unterziehen; **to ~ sb to torture** jdn foltern

subject catalog AM, **subject catalogue** *n* Schlagwortkatalog *m* **subject index** *n* Sachregister *nt*

subjection [səb'dʒekʃᵊn] *n no pl* POL Unterwerfung *f*; **to be in ~ to sth/sb** von etw/jdm abhängig sein

subjective [səb'dʒektɪv] *adj* subjektiv

subjectively [səb'dʒektɪvli, AM -t̬ɪv-] *adv* subjektiv; **~ *speaking, I don't like him*** ich persönlich mag ihn nicht

subjectivism [səb'dʒəktɪvɪzᵊm] *n no pl* PHILOS Subjektivismus *m*

subjectivity [,sʌbdʒek'tɪvəti, AM -ət̬i] *n no pl* Subjektivität *f*

subject matter *n* Thema *nt*; *of a meeting* Gegenstand *m*; *of a book* Inhalt *m*; *of a film* Stoff *m* eines Films

sub judice [,sʌb'dʒu:dɪsi, AM -əsi] *adj pred, inv* LAW [noch] anhängig, [noch] nicht entschieden, rechtshängig

subjugate ['sʌbdʒəgeɪt] *vt* ① *(make subservient)* ■**to ~ sb/sth** jdn/etw unterwerfen [*o* unterjochen]
② *(make subordinate to)* ■**to ~ sth to sth/sb** etw zu Gunsten einer S. *gen*/zu jds Gunsten einschränken; ■**to ~ oneself to sb/sth** sich *akk* jdm/etw unterwerfen

subjugation [,sʌbdʒə'geɪʃᵊn] *n* Unterwerfung *f*, Unterjochung *f*

subjunctive [səb'dʒʌŋ(k)tɪv] **I.** *n no pl* LING Konjunktiv *m*; **to be in the ~** im Konjunktiv stehen
II. *adj inv* LING konjunktivisch, Konjunktiv-; **~ construction** Konjunktivkonstruktion *f*; **~ mood** Konjunktiv *m*

sublease I. *vt* ['sʌbli:s] ■**to ~ sth [to sb]** *(sublet)* [jdm] etw untervermieten; *(give leasehold)* [jdm] etw unterverpachten
II. *n* [sʌb'li:s] ① *(sublet)* Untermiete *f*, Untervermietung *f*; *(give leasehold)* Unterverpachtung *f*
② *(contract)* Untermietvertrag *m*, Unterpachtvertrag *m*

sublet [sʌb'let] **I.** *vt* <-tt-, sublet, sublet> ■**to ~ sth [to sb]** [jdm] etw untervermieten; *land, property* [jdm] etw unterverpachten
II. *n* untervermietetes Objekt *f*

subletting [sʌb'letɪŋ, AM -t̬ɪŋ] *n* Untervermietung *f*

sublieutenant [,sʌblef'tenənt] *n* BRIT MIL Oberleutnant *m* zur See; **acting ~** Leutnant *m* zur See

sublimate ['sʌblɪmeɪt] *vt* PSYCH ■**to ~ sth** etw sublimieren *geh o fachspr*

sublimation [,sʌblɪ'meɪʃᵊn] *n no pl* PSYCH Sublimierung *f fachspr*

sublime [sə'blaɪm] **I.** *adj* ① *(imposing, majestic)* erhaben
② *(usu iron: very great)* komplett *fam*, vollendet *iron*; **a ~ idiot** ein kompletter Idiot *fam*
II. *n* ■**the ~** das Erhabene; **to go from the ~ to the ridiculous** tief sinken

sublimely [sə'blaɪmli] *adv* *(majestic)* erhaben; *(moving)* ergreifend; ***the play is ~ funny*** das Stück ist unglaublich lustig *fam*; *(altogether)* ganz und gar; **to be ~ unaware of sth** von etw *dat* überhaupt keine Ahnung haben

subliminal [sʌb'lɪmɪnᵊl, AM -mᵊn-] *adj* PSYCH *(covert)* unterschwellig; **~ message** unterschwellige Botschaft; *(subconscious)* unterbewusst; **the ~ self** das Unterbewusste

subliminal advertising *n* unterschwellige Werbung

sublimity [sə'blɪməti, AM -ət̬i] *n no pl* *(liter)* Erhabenheit *f geh*

submachine gun [,sʌbmə'ʃi:n,-] *n* Maschinenpistole *f*

submarine [,sʌbmᵊr'i:n, AM 'sʌbməri:n] **I.** *n* ① *(boat)* U-Boot *nt*, Unterseeboot *nt*; **nuclear ~** Atom-U-Boot *nt*
② AM *(doorstep sandwich)* Jumbo-Sandwich *nt*
II. *n modifier (crew, navigation, radar)* U-Boot-; **~ chaser** U-Boot-Jäger *m*; **~ fleet** U-Boot-Flotte *f*; **~ navigation** Unterwassernavigation *f*; **~ radar** Sonar *nt*
III. *adj inv* Unterwasser-, unterseeisch, submarin *fachspr*; **~ blasting** Unterwassersprengung *f*; **~ mine** Unterwassermine *f*; **~ telephone cable** Tiefseetelefonkabel *nt*, Unterwassertelefonkabel *nt*

submariner [sʌb'mærɪnəʳ, AM ,sʌbmə'ri:nəʳ] *n* Matrose *m* auf einem U-Boot

submarine sandwich *n* AM *(doorstep sandwich)* Jumbo-Sandwich *nt*

submenu [,sʌb'menju:] *n* COMPUT Untermenü *nt*

submerge [səb'mɜ:dʒ, AM -'mɜ:rdʒ] **I.** *vt* ① *(place under water)* ■**to ~ sth/sb** etw/jdn tauchen (**in** in +*akk*)
② *(override)* ■**to ~ sth** etw vereinnahmen; ***work on the dictionary began to ~ his other interests*** die Arbeit an dem Wörterbuch ließ ihn seine anderen Interessen allmählich vernachlässigen
③ *(immerse)* ■**to ~ oneself in sth** sich *akk* in etw *akk* vertiefen, in etw *akk* eintauchen
④ *(inundate)* ■**to ~ sth** etw überschwemmen [*o* überfluten] [*o* unter Wasser setzen]
II. *vi* abtauchen, untertauchen

submerged [səb'mɜ:dʒd, AM -'mɜ:r-] *adj inv* ① *(under water)* unter Wasser *nach n*; *(sunken)* versunken; **~ fields** überschwemmte Felder; **~ wreck** Wrack *nt* unter Wasser
② *(hidden)* versteckt, verborgen; **the ~ parts of the personality** die verborgenen Teile der Persönlichkeit

submersible [səb'mɜ:səbḷ, AM -'mɜ:r-] *n* Tauchboot *nt*, Unterseeboot *nt*

submersion [səb'mɜ:ʃᵊn, AM -'mɜ:rʒ-] *n no pl* Eintauchen *nt*, [Unter]tauchen *nt*

submission [səb'mɪʃᵊn] *n no pl* ① *(compliance)* Unterwerfung *f*, Unterordnung *f*; *to orders, wishes etc* Gehorsam *m*; **to force sb into ~** jdn zwingen, sich *akk* zu unterwerfen; **to frighten sb into ~** jdn durch Einschüchterung fügsam machen; **to starve sb into ~** jdn aushungern
② *no pl (handing in)* Einreichung *f*, Abgabe *f*; **~ of an application** Einreichung *f* eines Antrags; **~ of an offer** Angebotsabgabe *f*
③ *(sth submitted)* Vorlage *f*, Eingabe *f*
④ LAW *(form: hypothesis)* Behauptung *f*; *(petition)* Antrag *m*; **in my ~** LAW *(form)* meiner Meinung nach

submissive [səb'mɪsɪv] *adj* *(subservient)* unterwürfig *pej*; *(humble)* demütig; *(obedient)* gehorsam

submissively [səb'mɪsɪvli] *adv* *(in a subservient manner)* unterwürfig *pej*; *(humbly)* demütig; *(obediently)* gehorsam

submissiveness [səb'mɪsɪvnəs] *n no pl* *(obedience)* Gehorsam *m*; *(subservience)* Unterwürfigkeit *f pej*; *(humbleness)* Demut *f*

submit <-tt-> [səb'mɪt] **I.** *vt* ① *(yield)* ■**to ~ oneself to sth/sb** sich *akk* etw/jdm unterwerfen; **to ~ oneself to the new rules** sich *akk* den neuen Regeln anpassen
② *(agree to undergo)* **to ~ oneself to a treatment** sich *akk* einer Behandlung unterziehen
③ *(hand in)* ■**to ~ sth** etw einreichen; ■**to ~ sth to sb** jdm etw vorlegen; **to ~ a bid** ein Angebot vorlegen; **to ~ an entry form** ein Anmeldeformular abgeben [*o* einreichen]; **to ~ a report** einen Bericht vorlegen; **to ~ a request in triplicate** ein Gesuch in dreifacher Ausfertigung einreichen
④ *(form: state)* ■**to ~ that ...** behaupten, dass ...; *(for consideration)* zu bedenken geben, dass ...
⑤ LAW *(plead in court)* ■**to ~ sth** etw einreichen [*o* vorlegen]
II. *vi* *(resign)* aufgeben; *(yield)* nachgeben, sich *akk* beugen; *(yield unconditionally)* sich *akk* unterwerfen; ■**to ~ to sth** sich *akk* etw *dat* beugen/unterwerfen/etw *dat* nachgeben; **to ~ to sb's will** jds Willen nachgeben/sich *akk* jds Willen unterwerfen/beugen

subnormal [sʌb'nɔ:mᵊl, AM -'nɔ:rm-] *adj* ① *(mentally)* minderbegabt; **educationally ~** lernbehindert
② *(below average)* unterdurchschnittlich

subordinate I. *n* [sə'bɔ:dᵊnət, AM -'bɔ:rdᵊnɪt] Untergebene(r) *f(m)*
II. *vt* [sə'bɔ:dɪneɪt, AM -'bɔ:rdᵊn-] ■**to ~ sth to sth** etw etw *dat* unterordnen; ■**to be ~d to sb/sth** jdm/etw untergeordnet sein; **to ~ one's private life to one's career** sein Privatleben seiner Karriere unterordnen
III. *adj* [sə'bɔ:dᵊnət, AM -'bɔ:rdᵊnɪt] ① *(secondary)* zweitrangig, nebensächlich; **to be ~ to sth** etw *dat* untergeordnet sein
② *(lower in rank)* untergeordnet, rangniedriger; **~ role** untergeordnete Rolle

subordinate clause *n* Nebensatz *m*

subordination [sə,bɔ:dɪ'neɪʃᵊn, AM -,bɔ:rdᵊn'eɪ-] *n no pl* ① *(inferior status)* Unterordnung *f* (**to** unter +*akk*)
② *(submission)* Zurückstellung *f*

suborn [sə'bɔ:n, AM -'bɔ:rn] *vt* LAW *(spec)* ■**to ~ sb to do sth** jdn dazu anstiften, etw zu tun; **to ~ witnesses** Zeugen bestechen

subpar [sʌb'pa:ʳ, AM -'pa:r] *adj inv* suboptimal *geh*

subplot ['sʌbplɒt, AM -pla:t] *n* Nebenhandlung *f*

subpoena [səb'pi:nə, AM sə'p-] LAW **I.** *vt* <-ed, -ed *or* -'d, -'d> ① *(order to attend)* ■**to ~ sb** jdn [unter Strafandrohung] [vor]laden; **to ~ sb to testify** jdn als Zeugen vorladen
② *(order to submit)* **to ~ documents from sb** von jdm die Vorlage von Dokumenten verlangen
II. *n* Vorladung *f*, Ladung *f fachspr*; **to issue a ~** eine Ladung erlassen *fachspr*; **to serve a ~ on sb** jdn vorladen

sub-post office [,sʌb'pəʊst,ɒfɪs] *n* BRIT Poststelle *f*

sub-Saharan [,sʌbsə'hɑ:rən, AM -'herən] *adj* südlich der Sahara *nach n*; **~ region** Region *f* südlich der Sahara

subscribe [səb'skraɪb] **I.** *vt* ■**to ~ sth** ① PUBL *(arrange to offer)* etw subskribieren *fachspr*; **to ~ a book** ein Buch subskribieren
② *(form: sign)* etw unterzeichnen [*o* unterschreiben]; **to ~ for shares** STOCKEX neue Aktien zeichnen
③ *(appeal)* etw spenden; ■**to be ~d** als Spende zugesichert sein; **to ~ one's signature to a document** eine Unterschrift leisten
II. *vi* ① *(pay regularly for)* ■**to ~ to sth** *newspaper, magazine* etw abonnieren; *TV channels* Gebühren bezahlen
② *(pay regularly to organisations)* Beiträge zahlen; **to ~ to the RSPCA** zahlendes Mitglied bei der RSPCA sein
③ ■**to ~ for sth** PUBL etw vorbestellen; ECON etw zeichnen
④ *(agree)* ■**to ~ to sth** etw *dat* beipflichten [*o* zustimmen]; ***I cannot ~ to what you have just stated*** ich kann dir in diesem Punkt nicht zustimmen; **to ~ to an opinion** eine Meinung unterstützen
⑤ STOCKEX *(offer to purchase)* **to ~ to shares** Aktien *fpl* zeichnen
◆**subscribe for** *vt* **to ~ for shares** Aktien zeichnen

subscriber [səb'skraɪbəʳ, AM -ə-] *n* ① *(regular payer) newspaper, magazine* Abonnent(in) *m(f)*; *TV channels* Gebührenentrichter(in) *m(f)* *form*; **~ to a magazine** Zeitschriftenabonnent(in) *m(f)*

S

❷ (*form: signatory*) Unterzeichnete(r) *f(m)*, Unterzeichner(in) *m(f)*
❸ (*to a fund*) Spender(in) *m(f)*
❹ (*to an opinion*) Befürworter(in) *m(f)*
❺ (*paying for service*) Kunde, -in *m, f*
❻ STOCKEX (*of shares*) Zeichner(in) *m(f)*
❼ COMPUT Teilnehmer(in) *m(f)*

subscriber trunk dialling *n* BRIT Selbstwählferndienst *m*

subscript ['sʌbskrɪpt] **I.** *adj* TYPO tiefgestellt
II. *n* COMPUT [tiefstehender] Index

subscription [səb'skrɪpʃən] *n* ❶ (*amount paid*) *newspaper, magazine* Abonnementgebühr *f*, Abonnementbeitrag *m*; *TV channels* Fernsehgebühr *f*
❷ (*agreement to receive*) Abonnement *nt*; ~ **to a magazine** Zeitschriftenabonnement *nt*; **to buy sth by** ~ BRIT etw im Abonnement beziehen; **to cancel/renew a** ~ ein Abonnement kündigen/verlängern; **to take out a** ~ **to sth** etw abonnieren
❸ (*membership fee*) [Mitglieds]beitrag *m*; ~ ***to the tennis club*** Mitgliedsbeitrag für den Tennisclub; **annual** ~ **to sth** Jahresbeitrag *m* für etw *akk*
❹ (*money raised*) Spende *f*, Spendenbetrag *m*; **by public** ~ mit Hilfe von Spenden
❺ PUBL (*advance agreement to buy book*) Subskription *f fachspr*, Vorbestellung *f*
❻ STOCKEX (*agreement to purchase*) ~ **to shares** Zeichnung *f* von Aktien

subscription concert *n* Abonnementkonzert *nt*

subscription rate *n* Bezugspreis *m*; *newspaper, magazine, theatre, football, cinema* Abonnementpreis *m*

subsection ['sʌb,sekʃən] *n* Unterabschnitt *m*, Unterabteilung *f*; LAW *legal text* Paragraph *m*, Absatz *m*

subsequent ['sʌbsɪkwənt] *adj inv* (*resulting*) [nach]folgend, anschließend; (*later*) später; ~ ***events confirm original doubts*** spätere Ereignisse bestätigen die anfänglichen Zweifel; ■~ **to sth** im Anschluss an etw *akk*, nach etw *dat*; ~ **treatment** Nachbehandlung *f*

subsequently ['sʌbsɪkwəntli] *adv inv* (*later*) später, anschließend, danach

subserve [səb'sɜːv, AM 'sɜːrv] *vt* ■**to** ~ **sth** etw dienen

subservience [səb'sɜːviən(t)s, AM -'sɜːrv-] *n no pl* Unterwürfigkeit *f pej*; ■~ **to sth/sb** Unterwürfigkeit etw/jdm gegenüber

subservient [səb'sɜːviənt, AM -'sɜːrv-] *adj* ❶ (*pej: servile*) unterwürfig *pej*, servil *pej geh*; ■**to be** ~ **to sth/sb** etw/jdm dienen
❷ (*serving as means*) ■**to be** ~ **to sth** etw *dat* dienen; ***the cable is*** ~ ***to the transmission of electrical energy*** das Kabel dient der Leitung von Elektrizität

subserviently [səb'sɜːviəntli, AM -'sɜːrv-] *adv* (*pej*) unterwürfig *pej*, servil *pej geh*

subset ['sʌbset] *n* (*sub-classification*) Untermenge *f*; MATH (*special type of set*) Teilmenge *f*

subside [səb'saɪd] *vi* ❶ (*abate*) nachlassen, sich *akk* legen, abklingen; ***the pain in my foot*** ~***d*** der Schmerz in meinem Fuß ließ nach; ***the fever has*** ~***d*** das Fieber ist gesunken; ***the commotion will soon*** ~ der Aufruhr wird sich bald legen; ***the flooding has begun to*** ~ die Flut geht allmählich zurück; ***the storm is subsiding*** der Sturm flaut ab
❷ (*into sth soft or liquid*) absinken, einsinken, absacken, sich *akk* senken [*o* setzen]; ***the ground was in danger of subsiding*** der Boden war in Gefahr, abzusacken

subsidence [səb'saɪdən(t)s, AM 'sʌbsɪd-] *n no pl* Senkung *f*, Absenken *nt*, Absacken *nt*

subsidiarity [səb,sɪdi'ærəti, AM -'erəṭi] *n no pl* POL Subsidiarität *f fachspr*; **principle of** ~ Subsidiaritätsprinzip *nt*

subsidiary [səb'sɪdiəri, AM -eri] **I.** *adj* untergeordnet, Neben-, subsidiär *fachspr*; ~ **company** ECON Tochtergesellschaft *f*; ~ **reasons** zweitrangige Gründe
II. *n* ECON Tochtergesellschaft *f*

subsidization [,sʌbsɪdaɪ'zeɪʃən, AM -dɪ'zeɪ-] *n* FIN (*financial support*) Subvention *f*; (*to reduce prices*) Subventionierung *f*, Bezuschussung *f*, Förderung *f*

subsidize ['sʌbsɪdaɪz, AM -sə-] *vt* ■**to** ~ **sth** etw subventionieren [*o* finanziell unterstützen]; ~**d housing** Sozialwohnungen *fpl*

subsidizer ['sʌbsɪdaɪzəʳ, AM -sədaɪzɚ] *n* FIN Subventionsträger *m*, Subventionszahler *m*

subsidy ['sʌbsɪdi, AM -sə-] *n* Subvention *f* (**to** für +*akk*); **to grant** [*or* **pay**] **a** ~ **to sb/sth** jdn/etw subventionieren; **to receive a** ~ subventioniert werden

subsist [səb'sɪst] *vi* ❶ (*exist*) existieren
❷ (*make a living*) leben; ■**to** ~ **on sth** von etw *dat* leben; ***he*** ~***s by writing novels*** er lebt vom Romaneschreiben
❸ (*nourish*) sich *akk* ernähren

subsistence [səb'sɪstən(t)s] **I.** *n* ❶ (*minimum for existence*) [Lebens]unterhalt *m*; ***they produced food for their own*** ~ sie erzeugten Nahrungsmittel für den eigenen Bedarf; **enough for a bare** ~ gerade genug zum [Über]leben
❷ (*livelihood*) **means of** ~ Lebensgrundlage *f*
II. *adj attr, inv* Existenz-; ~ **farming** Subsistenzwirtschaft *f fachspr*

subsistence allowance *n esp* BRIT Unterhaltszuschuss *m* **subsistence level** *n* Existenzminimum *nt* **subsistence wage** *n* Mindestlohn *m*

subsoil ['sʌbsɔɪl] *n no pl* Untergrund *m*

subsonic [sʌb'sɒnɪk, AM -'sɑːn-] *adj inv* Unterschall-; **at** ~ **speed** mit Unterschallgeschwindigkeit

subspecies ['sʌb,spiːʃiːz] *n* Unterart *f*, Subspezies *f*

substance ['sʌbstən(t)s] *n* ❶ (*material element*) Substanz *f*, Stoff *m*; (*material*) Materie *f kein pl*; **chemical** ~ Chemikalie *f*; **organic** ~ organische Substanz; **polluting** ~**s** Umweltgifte *ntpl*
❷ (*narcotic*) **illegal** ~ (*form*) Droge *f*
❸ *no pl* (*essence*) Substanz *f*, Gehalt *m*, wesentlicher Inhalt; ~ **of a novel** Gehalt *m* eines Romans
❹ *no pl* (*significance*) Substanz *f*; (*decisive significance*) Gewicht *nt*; ***the book lacks*** ~ das Buch hat keine Substanz; ***there is no*** ~ ***in this allegation*** diese Behauptung entbehrt jeder Grundlage; **to give** ~ **to sth** etw *dat* Gewicht verleihen
❺ *no pl* (*main point*) Wesentliche *nt*, Kern *m*, Essenz *f*; **the** ~ **of the conversation** das Wesentliche der Unterhaltung; **in** ~ im Wesentlichen
❻ *no pl* (*wealth*) Vermögen *nt*; **a man of** ~ ein vermögender Mann

substance abuse *n* Drogenkonsum *m*, Drogenmissbrauch *m* **substance abuser** *n* Drogenkonsument(in) *m(f)*

substandard [sʌb'stændəd, AM -ɚd] *adj* unterdurchschnittlich, minderwertig; ~ **English** (*colloquial*) umgangssprachliches Englisch; (*not received*) nicht dem hochsprachlichen Englisch entsprechend; ~ **goods** Ausschussware *f*; ~ **language** Umgangssprache *f*; ~ **quality** unzulängliche Qualität

substantial [səb'stæn(t)ʃəl] *adj attr* ❶ (*significant*) bedeutend; ~ **contribution** wesentlicher Beitrag; ~ **difference** erheblicher Unterschied; ~ **evidence** hinreichender Beweis; ~ **improvement** deutliche Verbesserung
❷ (*weighty*) überzeugend, stichhaltig; ~ **argument** stichhaltiges Argument
❸ (*large amount*) beträchtlich, erheblich; ***his novel needed a*** ~ ***amount of rewriting*** ein beträchtlicher Teil seines Romans musste umgeschrieben werden; ~ **breakfast** gehaltvolles Frühstück; ~ **decrease** deutlicher Rückgang; ~ **fortune** bedeutendes Vermögen; ~ **increase** erhebliche Zunahme; ~ **number** bedeutende Anzahl; ~ **sum** stattliche Summe
❹ (*of solid material or structure*) solide; (*physically also*) kräftig, stark
❺ (*largely true*) **the** ~ **truth** die reine Wahrheit
❻ (*concerning most significant points*) wesentlich; **to be in** ~ **agreement** sich *akk* weitgehend einig sein, im Wesentlichen übereinstimmen

substantially [səb'stæn(t)ʃəli] *adv* ❶ (*significantly*) beträchtlich, erheblich; ***the new rules will*** ~ ***change how we do things*** die neuen Regeln werden unsere Vorgehensweise von Grund auf ändern
❷ (*in the main*) im Wesentlichen

substantiate [səb'stæn(t)ʃieɪt] *vt* ■**to** ~ **sth** etw bekräftigen [*o* erhärten] [*o* untermauern]; *report* etw bestätigen; **to** ~ **a claim** einen Anspruch begründen

substantiation [səb,stæn(t)ʃi'eɪʃən] *n no pl*
❶ (*evidence*) Erhärtung *f*, Untermauerung *f*
❷ (*support*) **in** ~ **of sth** zur Erhärtung einer S. *gen*

substantive ['sʌbstəntɪv, AM -ṭɪv] *adj* beträchtlich, wesentlich, bedeutend; (*real*) materiell, wirklich; ~ **argument** stichhaltiges Argument; ~ **information** wichtige Informationen; ~ **law** materielles Recht

substation ['sʌb,steɪʃən] *n* ❶ (*organisation branch*) Nebenstelle *f*, Außenstelle *f*; **police** ~ AM Polizeidienststelle *f*
❷ ELEC (*relay station*) Hochspannungsverteilungsanlage *f*

substitute ['sʌbstɪtjuːt, AM -stətuːt, -tjuːt] **I.** *vt* ■**to** ~ **sth/sb for sth/sb** etw/jdn durch etw/jdn ersetzen, etw/jdn gegen etw/jdn austauschen; ■**to** ~ **sth/sb with sth/sb** (*fam*) etw/jdn durch etw/jdn ersetzen; **to** ~ **margarine for butter** anstelle von Butter Margarine benutzen/essen/etc; ■**to** ~ **sb for sb** FBALL, SPORTS jdn gegen jdn auswechseln [*o* austauschen]
II. *vi* (*take over from*) als Ersatz dienen, einspringen (**for** für +*akk*); (*deputize*) als Stellvertreter fungieren (**for** für +*akk*); ■**to** ~ **for sb** jdn vertreten, für jdn einspringen
III. *n* ❶ (*replacement*) Ersatz *m*; **meat** ~ Fleischersatz *m*; **there's no** ~ **for sth/sb** es geht nichts über etw/jdn; **to be a poor** ~ **for sth** kein guter Ersatz für etw *akk* sein
❷ LAW [Stell]vertreter(in) *m(f)*, Vertretung *f*, Ersatz *m*
❸ (*replacement player*) Ersatzspieler(in) *m(f)*, Auswechselspieler(in) *m(f)*; **to bring on** [*or* AM **send in**] **a** ~ einen Ersatzspieler einwechseln; **to come on as a** ~ als Auswechselspieler ins Spiel kommen

substitute teacher *n* AM (*supply teacher*) Vertretung *f*, Aushilfslehrer(in) *m(f)*

substitution [,sʌbstɪ'tjuːʃən, AM -stə'tuːʃən, -tjuː-] *n* ❶ (*replacement*) Ersetzung *f*
❷ SPORTS (*action of replacing*) Austausch *m*, [Spieler]wechsel *m*, Auswechs[e]lung *f*; ***the*** ~ ***of Smith by Brown was a last desperate attempt to save the match*** Smith gegen Brown auszuwechseln war ein letzter, verzweifelter Versuch, das Spiel zu retten
❸ LAW (*illegal switching*) Ersetzung *f*, Vertauschen *nt*

substrate ['sʌbstreɪt] *n* Substrat *nt*

substratum [sʌb'strɑːtəm, AM -'streɪṭ-] *n* ❶ GEOL (*deep[er] layer*) Unterschicht *f*
❷ (*fig: common basis*) Grundlage *f*, Basis *f*

substructure ['sʌb,strʌktʃəʳ, AM -ɚ] *n* ❶ (*supporting construction*) Unterbau *m*, Fundament *nt*
❷ (*fig: basis, foundation*) Grundlage *f*, Fundament *nt*, Basis *f*

subsume [səb'sjuːm, AM -'suːm] *vt usu passive* (*form*) ■**to** ~ **sth/sb into sth** etw/jdn in etw *akk* einordnen; (*several*) etw/jdn zu etw *dat* zusammenfassen; **to** ~ **sth under a category** etw einer Kategorie zuordnen, etw unter einer Kategorie zusammenfassen

subsystem ['sʌb,sɪstəm] *n* Subsystem *nt geh*, Teilsystem *nt*

subtenant [sʌb'tenənt, AM 'sʌb,t-] *n* Untermieter(in) *m(f)*

subtend [səb'tend] *vt* ■**to** ~ **sth** etw [ab]schneiden [*o* begrenzen]

subterfuge ['sʌbtəfjuː(d)ʒ, AM -tɚ-] *n* List *f*, Trick *m*; **to resort to** ~ zu einer List greifen; **by** ~ arglistig

subterranean [,sʌbtəʳ'eɪniən, AM -tə'reɪ-] *adj inv*
❶ GEOL (*below ground*) unterirdisch
❷ (*fig: sub-cultural, alternative*) Untergrund-; ~ **economy** Untergrundwirtschaft *f*

subtext ['sʌbtekst] *n* Botschaft *f*; ■**to have a** ~ **with sb** eine Verbindung zu jdm haben

subtitle ['sʌb,taɪtl, AM -ṭ̬l] **I.** *vt* ❶ (*add captions*) **to** ~ **a film** einen Film untertiteln [*o* mit Untertiteln

versehen]
❷ (*add secondary book title*) **to ~ a work** einem Werk einen Untertitel geben
II. *n* ❶ (*secondary title on book*) Untertitel *m*
❷ (*caption*) ■**~s** *pl* Untertitel *mpl;* **with English ~s** mit englischen Untertiteln
subtitled ['sʌbˌtaɪtl̩d, AM -t̬l̩d] *adj inv* ❶ (*bearing secondary title*) mit Untertitel *nach n*
❷ (*captioned*) untertitelt
subtle <-er, -est *or* more ~, most ~> ['sʌtl̩, AM -t̬l̩] *adj* ❶ (*approv: understated*) fein[sinnig], subtil; **~ humour** [*or* AM **humor**] subtiler Humor; **~ irony** hintersinnige Ironie
❷ (*approv: delicate*) **~ flavour** [*or* AM **flavor**] feines Aroma; **~ nuance** feine Nuance; **~ tact** ausgeprägtes Taktgefühl; (*elusive*) subtil; **~ charm** unaufdringlicher Charme
❸ (*slight but significant*) fein, subtil; **~ difference** [*or* **distinction**] feiner Unterschied; **~ hint** kleiner Hinweis
❹ (*approv: astute*) scharfsinnig, raffiniert; **~ plan** raffinierter Plan; **~ question** scharfsinnige Frage; **~ strategy** geschickte Strategie; **~ suggestion** raffinierter Vorschlag
subtlety ['sʌtl̩ti, AM -t̬l̩-] *n* (*approv*) ❶ (*discernment*) Scharfsinnigkeit *f,* Raffiniertheit *f*
❷ (*delicate but significant*) Feinheit *f,* Subtilität *f;* **the subtleties of language** die Feinheiten der Sprache
subtly ['sʌtli, AM -t̬li] *adv* (*approv*) auf subtile Weise, geschickt, subtil; **~ perfumed** zart duftend
subtotal ['sʌbˌtəʊtᵊl, AM -ˌtoʊt̬-] *n* Zwischensumme *f*
subtract [səb'trækt] *vt* ■**to ~ sth [from sth]** etw [von etw *dat*] abziehen [*o geh* subtrahieren]; ***four ~ed from ten equals six*** zehn minus vier ergibt sechs
subtraction [səb'trækʃᵊn] *n no pl* Subtraktion *f*
subtropical [sʌb'trɒpɪkᵊl, AM -'trɑːp-] *adj inv* subtropisch; **~ regions** Subtropen *pl*
suburb ['sʌbɜːb, AM -bɜːrb] *n* (*outlying area*) Vorstadt *f,* Vorort *m;* **outer ~** Stadtrandsiedlung *f;* ■**the ~s** *pl* der Stadtrand, die Randbezirke *mpl;* **to live in the ~s** am Stadtrand wohnen
suburban [sə'bɜːbᵊn, AM -'bɜːrb-] *adj* ❶ (*of the suburbs*) Vorstadt-, Vorort-, vorstädtisch; ***they live in ~ Washington*** sie wohnen in einem Vorort von Washington; **~ commuters** Pendler *pl* (*aus den Vororten*); **~ housing estate** BRIT Stadtrandsiedlung *f;* **~ life** Leben *nt* in den Vororten [*o* Vorstädten]; **~ line** Vorort[s]bahn *f;* **~ sprawl** Zersiedelung *f*
❷ (*pej: provincial*) spießig *pej fam,* kleinbürgerlich *pej,* provinziell *meist pej*
suburbanite [sə'bɜːbᵊnaɪt, AM -'bɜːrb-] *n* AM, AUS Vorstädter(in) *m(f)*
suburbia [sə'bɜːbiə, AM -'bɜːrb-] *n no pl* (*esp pej*) ❶ (*areas*) Vororte *mpl,* Randbezirke *mpl;* **to live in the heart of ~** mitten in einem Vorort wohnen
❷ (*people*) Vorstadtbewohner *pl;* **London ~** die Vorstadtbewohner von London
subvention [səb'ven(t)ʃᵊn] *n* [staatliche] Subvention, öffentliche Finanzbeihilfe
subversion [səb'vɜːʃᵊn, AM -'vɜːrʒ-] *n no pl* ❶ (*undermining*) Subversion *f geh,* Unterwanderung *f;* ***he was found guilty of ~*** er wurde des Landesverrats für schuldig befunden; **~ of democracy** Gefährdung *f* der Demokratie; **~ of the state** Staatsgefährdung *f;* **~ of the system** Unterwanderung *f* des Systems
❷ (*successful putsch*) [Um]sturz *m;* **~ of a government** Sturz *m* einer Regierung
subversive [səb'vɜːsɪv, AM -'vɜːr-] **I.** *adj* subversiv *geh,* umstürzlerisch, staatsgefährdend; **~ activities** subversive [*o* staatsgefährdende] Tätigkeiten *geh;* **~ elements** subversive Elemente; **~ ideas** umstürzlerische Ideen
II. *n* Umstürzler(in) *m(f),* subversives Element *pej*
subversively [səb'vɜːsɪvli, AM -'vɜːr-] *adv* subversiv *geh*
subversiveness [səb'vɜːsɪvnəs, AM -'vɜːr-] *n no pl* subversives Wesen *geh,* staatsgefährdende Natur; **~ of a book** staatsgefährdende Natur eines Buches
subvert [sʌb'vɜːt, AM -'vɜːrt] *vt* ■**to ~ sth** ❶ (*overthrow*) etw stürzen; **to ~ a government** eine Regierung stürzen
❷ (*undermine principle*) etw unterminieren [*o* untergraben]; **to ~ the Christianity of the established church** das Christentum der etablierten Kirche unterminieren
❸ (*destroyed*) etw zunichte machen
subway ['sʌbweɪ] *n* ❶ BRIT, AUS (*subterranean walkway*) Unterführung *f*
❷ *esp* AM (*underground railway*) U-Bahn *f;* **~ system** U-Bahnnetz *nt*
sub-zero [sʌb'zɪərəʊ, AM -'zɪroʊ] *adj* unter Null [Grad] *nach n,* unter dem Gefrierpunkt *nach n;* **~ temperatures** Minusgrade *mpl,* Minustemperaturen *fpl*
succeed [sək'siːd] **I.** *vi* ❶ (*achieve purpose*) Erfolg haben, erfolgreich sein; ■**to ~ in sth** mit etw *dat* Erfolg haben; ***they ~ed in their attempt*** ihr Versuch war ein Erfolg; ■**to ~ in doing sth** etw mit Erfolg tun; ***they will only ~ in making things worse*** damit erreichen sie nur, dass alles noch schlimmer wird; ***with a single remark you've ~ed in offending everyone*** (*iron*) mit einer einzigen Bemerkung hast du es geschafft, alle vor den Kopf zu stoßen; **to ~ in business** geschäftlich erfolgreich sein; **to ~ whatever the circumstances** unter allen Umständen Erfolg haben; **the plan ~ed** der Plan ist gelungen
❷ (*follow*) nachfolgen, die Nachfolge antreten, Nachfolger/in werden; ■**to ~ to sth** die Nachfolge in etw *dat* antreten; **to ~ to an office** die Nachfolge in einem Amt antreten; **to ~ to the throne** die Thronfolge antreten; **to ~ to [great] wealth** [große] Reichtümer erben
▶ PHRASES: **if at first you don't ~, try, try again** (*prov*) wirf die Flinte nicht gleich ins Korn *fam*
II. *vt* ■**to ~ sb [as sth]** jds Nachfolge [als etw] antreten; **to ~ sb in office** jds Amt übernehmen, jdm im Amt nachfolgen; **to ~ sb in a post** jds Stelle antreten
succeeding [sək'siːdɪŋ] *adj attr* ❶ (*next in line*) [nach]folgend; **~ monarchs** nachfolgende Monarchen
❷ (*subsequent*) aufeinander folgend; **~ generations** spätere Generationen; **in the ~ weeks** in den darauf folgenden Wochen
success <*pl* -es> [sək'ses] *n* ❶ *no pl* (*attaining goal*) Erfolg *m;* ***the second round of peace talks met with no better ~ than the first*** die zweite Runde Friedensverhandlungen war ebenso wenig erfolgreich wie die erste; **to be a big ~ with sb** bei jdm einschlagen [*o* gut ankommen] *fam;* **to be a great** [*or* **huge**] **~** ein großer Erfolg sein; **to not have much ~ in doing sth** wenig erfolgreich bei etw *dat* sein; **a soaraway ~** ein durchschlagender Erfolg; **to achieve** [*or* **meet with**] **~** erfolgreich sein; **to enjoy ~ [with sth]** Erfolge [mit etw *dat*] feiern, [mit etw *dat*] erfolgreich sein; **to make a ~ of sth** mit etw *dat* Erfolg haben; **to wish sb ~ with sth** jdm Erfolg bei etw *dat* wünschen
❷ (*successful person or thing*) Erfolg *m;* **box-office ~** Kassenerfolg *m,* Kassenschlager *m fam;* **to be a ~** *food* eine Glanzleistung [*o fam* ein Riesenerfolg] sein
successful [sək'sesfᵊl] *adj* ❶ (*having success*) erfolgreich; ■**to be ~** erfolgreich sein, Erfolg haben; ***he is ~ in everything he does*** er hat mit allem Erfolg
❷ (*lucrative, profitable*) erfolgreich, einträglich, lukrativ; ***he is an author of several hugely ~ children's books*** er ist Autor einiger enorm erfolgreicher Kinderbücher; **~ harvest** einträgliche Ernte; **commercially ~** kommerziell erfolgreich
❸ (*effective*) erfolgreich, gelungen, geglückt; **to bring sth to a ~ conclusion** etw zu einem glücklichen Abschluss bringen; **~ experiment** gelungenes Experiment
❹ (*selected due to success*) erfolgreich, siegreich; **~ candidate** ausgewählter Bewerber/ausgewählte Bewerberin; **~ participant** Gewinner(in) *m(f)*
successfully [sək'sesfᵊli] *adv* erfolgreich, mit Erfolg; **to complete sth ~** *course, interview, project* etw erfolgreich abschließen
succession [sək'seʃᵊn] *n no pl* ❶ (*sequence*) Folge *f,* Reihe *f; of events, things also* Serie *f;* ***she is the latest in a ~ of girl-friends*** sie ist die Neuste in einer langen Reihe von Freundinnen; **an endless ~ of visitors** eine endlose Folge [*o* Reihe] von Besuchern; **a ~ of rulers** aufeinander folgende Herrscher; **~ of scandals** Skandalserie *f,* Reihe *f* von Skandalen; ■**in ~** hintereinander, nacheinander; **in close** [*or* **quick**] [*or* **rapid**] **~** dicht [*o* kurz] hintereinander
❷ (*line of inheritance*) Nachfolge *f,* Erbfolge *f;* **~ to the throne** Thronfolge *f*
succession rights *npl* Erbrechte *ntpl*
successive [sək'sesɪv] *adj attr, inv* aufeinander folgend; **the third ~ defeat** die dritte Niederlage in Folge; **six ~ weeks** sechs Wochen hintereinander
successively [sək'sesɪvli] *adv inv* hintereinander, nacheinander
successor [sək'sesəʳ, AM -ɚ] *n* Nachfolger(in) *m(f);* ■**~ to sb** jds Nachfolger/Hachfolgerin; **~ in office** Amtsnachfolger(in) *m(f);* **~ to the throne** Thronfolger(in) *m(f)*
successor state *n* Nachfolgestaat *m*
success rate *n* Erfolgsquote *f* **success story** *n* Erfolgsgeschichte *f,* Erfolgsstory *f*
succinct [sək'sɪŋ(k)t] *adj* (*approv*) knapp, prägnant, kurz [und bündig]; **~ reply** knappe Antwort
succinctly [sək'sɪŋ(k)tli] *adv* (*approv*) in knappen Worten, kurz und bündig, prägnant
succinctness [sək'sɪŋ(k)tnəs] *n no pl* (*approv*) Knappheit *f,* Kürze *f,* Prägnanz *f*
succor ['sʌkɚ] AM, **succour** [-əʳ] **I.** *n* Beistand *m,* Unterstützung *f,* Hilfe *f*
II. *vt* ■**to ~ sb** jdm beistehen; ■**to be ~ed** Hilfe erhalten
succulence ['sʌkjəlᵊn(t)s] *n no pl* (*approv*) Saftigkeit *f*
succulent ['sʌkjəlᵊnt] **I.** *adj* (*approv*) saftig; **~ peach/steak** saftiger Pfirsich/saftiges Steak
II. *n* BOT Sukkulente *f fachspr,* Fettpflanze *f*
succumb [sə'kʌm] *vi* ❶ (*surrender*) sich *akk* beugen; MIL kapitulieren; (*be defeated*) unterliegen; (*yield to pressure*) ■**to ~ to sb/sth** jdm/etw nachgeben, sich *akk* jdm/etw beugen; **to ~ to sb's charms** jds Charme erliegen; **to ~ to parental pressure** dem Druck der Eltern nachgeben; **to ~ to temptation** der Versuchung erliegen
❷ (*die from*) erliegen, versterben; ***he finally ~ed after weeks of suffering*** er verstarb schließlich nach wochenlangem Leiden; ■**to ~ to sth** einer S. *dat* erliegen *geh,* an etw *dat* sterben; **to ~ to one's injuries** seinen Verletzungen erliegen
such [sʌtʃ, sətʃ] **I.** *adj attr, inv* ❶ (*of that kind*) solch(er, es); ***I said no ~ thing*** das habe ich nie gesagt; ***I'm looking for a cloth for cleaning silver — do you have ~ a thing?*** ich suche ein Tuch, mit dem ich das Silber putzen kann – hast du etwas Derartiges?; ***present on this grand occasion were Andrew Davies, Melissa Peters and other ~ stars*** bei dieser großen Gelegenheit waren Andrew Davies, Melissa Peters und andere Stars dieser Größenordnung zugegen; ***I have been involved in many ~ courses*** ich habe viele Kurse dieser Art gemacht; ***he said she had a cold, superior manner or some ~ remark*** er sagte, sie sei kalt und überheblich oder so was in der Richtung; ***it's one of those shops that sells ~ things as smoked salmon and expensive biscuits*** dieses Geschäft verkauft solche Dinge wie Räucherlachs und teure Kekse; ***I tried to tell her in ~ a way that she wouldn't be offended*** ich versuchte es ihr so zu sagen, dass sie nicht beleidigt war; ***there's no ~ thing as ghosts*** so etwas wie Geister gibt es nicht; **~ a book/person** so ein Buch/eine Person
❷ (*so great*) so; ***she's ~ an arrogant person*** sie ist so arrogant; ***why are you in ~ a hurry?*** warum bist du so in Eile?; ***that's ~ a good film*** das ist so ein guter Film; **~ *beauty is rare*** solch' Schönheit ist sel-

ten *geh;* ~ ***beauty!*** welch' Schönheit! *geh;* ~ ***a big city!*** was für eine große Stadt!; ***I'd put on*** ~ ***a lot of weight that I ...*** ich hatte so viel zugenommen, dass ich ...; ***it was*** ~ ***nice weather that we ...*** das Wetter war so schön, dass wir ...

► PHRASES: **there's no** ~ **thing as a free lunch** (*prov*) nichts ist umsonst

II. *pron* ❶ (*of that type*) solche(r, s); (*form*) ~ ***was not my intention*** das war nicht meine Absicht; ~ ***being the case*** wenn das so ist; ***we were second-class citizens and they treated us as*** ~ wir waren Bürger zweiter Klasse und wurden auch so behandelt; ***what is the reward for*** ~ ***a one as Fox?*** was ist der Lohn für jemanden wie Fox?; ~ ***is life*** so ist das Leben; (*form*) ***our lunch was*** ~ ***that we don't really need an evening meal*** unser Mittagessen war so üppig, dass wir kein Abenddessen brauchen; ***the wound was*** ~ ***that I had to have four stitches*** die Wunde war so groß, dass ich vier Nähte brauchte; ~ ***is the elegance of his typeface that ...*** seine Schrift ist so elegant, dass ...; ***small companies*** ~ ***as ours are ...*** Kleinunternehmen wie unseres sind ...; ***people*** ~ ***as Derek*** Menschen wie Derek; ***we didn't have any money left — ~ as it was, we had no alternative but to call our parents*** wir hatten kein Geld mehr – so wie die Dinge lagen, mussten wir unsere Eltern anrufen; ***we talked about our kids, the weather and*** ~ wir sprachen über unsere Kinder, das Wetter und Ähnliches

❷ (*strictly speaking*) ***there was no vegetarian food as*** ~ es gab kein extra vegetarisches Essen; ***we don't have a secretary as*** ~ im Grunde genommen haben wir keine richtige Sekretärin; ***you're welcome to borrow my tennis racket,*** ~ ***as it is*** du kannst dir gerne meinen Tennisschläger ausborgen – ob er viel taugt, kann ich dir aber auch nicht sagen

III. *adv inv* ~ **that ...** insofern, dass ...; ***the linking of sentences*** ~ ***that they constitute a narrative*** die Verbindung der Sätze auf die Art und Weise, dass sie eine Erzählung darstellen

such and such *adj attr, inv* (*fam*) der und der/die und die/das und das; ***so many enterprises to be sold by*** ~ ***a date*** so viele Firmen sollen an dem und dem Tag verkauft werden; **to arrive at** ~ **a time** um die und die Zeit ankommen; **to meet in** ~ **a place** sich *akk* an dem und dem Ort treffen

suchlike ['sʌtʃlaɪk] **I.** *pron* derlei, dergleichen; ***in the shop they sell chocolates and*** ~ in dem Laden gibt es Schokolade und dergleichen

II. *adj attr, inv* derlei; ***food, drink, clothing and*** ~ ***provisions*** Essen, Trinken, Kleidung und Ähnliches

suck [sʌk] **I.** *n* ❶ (*draw in*) Saugen *nt;* (*keep in the mouth*) Lutschen *nt;* **to have** [*or* **take**] **a** ~ **at sth** an etw *dat* saugen/lutschen

❷ CAN (*fam!*) Heulsuse *f fam*

II. *vt* ❶ (*draw into mouth*) ■**to** ~ **sth** an etw *dat* saugen; ***she was sitting on the grass*** ~***ing lemonade through a straw*** sie saß im Gras und trank mit einem Strohhalm Limonade

❷ (*roll tongue around*) ■**to** ~ **sth** etw lutschen; **to** ~ **sweets** Bonbons lutschen; **to** ~ **one's teeth** an den Zähnen saugen; **to** ~ **one's thumb** [am] Daumen lutschen

❸ (*fig: denude*) **to** ~ **sth dry of sth** (*fig*) etw *dat* etw abziehen; ***the city has been*** ~***ed dry of local talent*** der talentierte Nachwuchs der Stadt wurde abgeworben

❹ (*strongly attract*) ■**to** ~ **sb/sth somewhere** jdn/etw irgendwohin ziehen; ■**to** ~ **sb/sth under** jdn/etw in die Tiefe ziehen; ■**to** ~ **sb into sth** (*fig*) jdn in etw *akk* hineinziehen; ***he was*** ~***ed into a conspiracy*** er wurde in eine Verschwörung hineingezogen

► PHRASES: ~ **it and <u>see</u>!** BRIT, AUS erst mal ausprobieren!

III. *vi* ❶ (*draw into mouth*) saugen, nuckeln *fam;* ■**to** ~ **on** [*or* BRIT **at**] **sth** an etw *dat* saugen [*o* nuckeln]

❷ (*roll tongue around*) etw lutschen; **to** ~ **on a pacifier** AM am Schnuller saugen; **to** ~ **at sweets** Bonbons lutschen; **to** ~ **at one's teeth** an den Zähnen saugen

❸ (*be compelled to participate*) ■**to be** ~**ed into sth** in etw *akk* hineingezogen werden

❹ *esp* AM (*sl: be disagreeable*) ätzend sein *sl;* ***man this job*** ~***s!*** Mann, dieser Job ist echt Scheiße!

► PHRASES: **to** ~ **sb's <u>brains</u>** jdn ausnutzen

◆**suck in** *vt* ■**to** ~ **sth** ⊂⊃ **in** ❶ (*draw in*) ***jet engines*** ~ ***vast quantities of air*** Strahltriebwerke ziehen große Mengen Luft ein

❷ *usu* ECON (*import*) etw anziehen

◆**suck off** *vt* (*vulg*) ■**to** ~ **sb** ⊂⊃ **off** jdm einen ablutschen [*o vulg* blasen] *vulg*

◆**suck up I.** *vt* ■**to** ~ **up** ⊂⊃ **sth** ❶ (*consume*) etw aufsaugen

❷ (*absorb*) **to** ~ **up gases** Gase ansaugen; **to** ~ **up a liquid/moisture** eine Flüssigkeit/Feuchtigkeit aufsaugen

II. *vi* (*pej fam*) ■**to** ~ **up to sb** sich *akk* bei jdm einschmeicheln, jdm in den Arsch kriechen *derb*

sucker ['sʌkəʳ, AM -ɚ] **I.** *n* ❶ (*pej fam: gullible person*) Einfaltspinsel *m fam,* Simpel *m* DIAL *fam,* Naivling *m pej fam*

❷ (*fam: sb finding sth irresistible*) Fan *m* (**for** von +*dat*); **to be a** ~ **for sth** nach etw *dat* verrückt sein *fam,* für etw *akk* eine Schwäche haben; ***he is a*** ~ ***for women*** er kann keiner Frau widerstehen

❸ AM (*pej fam: nasty person*) Widerling *m pej,* Kotzbrocken *m pej derb*

❹ AM (*fam: sth requiring hard work*) Riesenaufgabe *f*

❺ ZOOL (*organ*) Saugnapf *m*

❻ BRIT, AUS (*fam: sticking device*) Saugfuß *m,* Saugglocke *f*

❼ AM, AUS (*fam: lollipop*) Lutscher *m;* **all-day** ~ Dauerlutscher *m*

❽ BOT (*part of plant*) [Wurzel]schößling *m,* unterirdischer Ausläufer, Wurzelspross *m*

► PHRASES: **never give a** ~ **an even <u>break</u>** (*prov fam*) schlafende Hunde soll man nicht wecken *prov;* **there's a** ~ **born every <u>minute</u>** (*prov*) die Dummen sterben nie aus

II. *vt* AM ❶ (*trick*) ■**to** ~ **sb into sth** jdn zu etw *dat* verleiten; ■**to** ~ **sb into doing sth** jdn dazu bringen, etw zu tun

❷ (*swindle*) ■**to** ~ **sb out of sth** jdm etw entlocken [*o fam* abluchsen]

sucking-pig *n* Spanferkel *nt*

suckle ['sʌkl̩] **I.** *vt* ■**to** ~ **sth/sb** etw/jdn säugen; **to** ~ **a baby/young animal** ein Baby stillen/ein Jungtier säugen

II. *vi* trinken, saugen

suckling ['sʌklɪŋ] *n* Baby *nt;* (*child*) Säugling *m;* (*animal*) Jungtier *nt*

suckling pig *n* AM Frischling *m;* (*for roasting*) Spanferkel *nt*

suckup ['sʌkʌp] *n* (*fam!*) Schleimer(in) *m(f) pej,* Arschkriecher(in) *m(f) derb*

sucrose ['su:krəʊs, AM -roʊs] *n no pl* Rohr- und Rübenzucker *m*

suction ['sʌkʃᵊn] *n no pl* ❶ (*act of removal by sucking*) [Ab]saugen *nt;* (*initiating act of sucking*) Ansaugen *nt*

❷ (*force*) Saugwirkung *f,* Sog *m*

suction cup *n* Saugnapf *m* **suction machine** *n,* **suction pump** *n* Saugpumpe *f*

Sudan [su:'dɑ:n, AM -'dæn] *n* Sudan *m*

Sudanese [ˌsu:dᵊn'i:z] **I.** *n* Sudanese, -in *m, f*

II. *adj* sudanesisch, sudanisch

sudden ['sʌdᵊn] *adj* plötzlich, jäh; ***so why the*** ~ ***change?*** wieso plötzlich diese Änderung?; ***it was so*** ~ es kam so überraschend; ***it's all a bit*** ~ (*fam*) das geht alles ein bisschen schnell; ~ **death** plötzlicher Tod, unerwartetes Ableben *form;* ~ **departure** überhastete Abreise; ~ **drop in temperature** unerwarteter Temperatureinbruch; **to get a** ~ **fright** plötzlich Angst bekommen; ~ **mood swing** plötzlicher Stimmungswechsel; ~ **movement** abrupte Bewegung; **to put a** ~ **stop to sth** etw abrupt beenden; **all of a** ~ (*fam*) [ganz] plötzlich, urplötzlich

sudden death *n* SPORTS ❶ FBALL Elfmeterschießen *nt* ❷ (*determination of winner*) *Festlegung des Siegers bei Gleichstand durch Münzwurf oder Los*

sudden infant death syndrome *n* MED (*spec*) plötzlicher Kindstod

suddenly ['sʌdᵊnli] *adv* plötzlich, auf einmal

suddenness ['sʌdᵊnnəs] *n no pl* Plötzlichkeit *f; of movement* Abruptheit *f*

Sudetenland [sʊ'deɪtᵊnlænd, AM su:'-] *n* Sudetenland *nt*

suds [sʌdz] *npl* ❶ (*soapy mixture*) Seifenwasser *nt kein pl,* [Seifen]lauge *f;* (*mostly foam*) Schaum *m kein pl*

❷ AM (*dated fam: beer*) Bier *nt,* Gerstensaft *m hum*

sudsy ['sʌdzi] *adj esp* AM seifig, schaumig

sue [su:] **I.** *vt* ■**to** ~ **sb for sth** jdn wegen einer S. *gen* verklagen; **to** ~ **sb for damages** jdn auf Schadenersatz verklagen; **to** ~ **sb for divorce** gegen jdn die Scheidung einreichen; **to** ~ **sb for libel** jdn wegen Beleidigung verklagen

II. *vi* ❶ (*legal action*) klagen, prozessieren, Klage erheben, einen Prozess anstrengen; ***she was forced to*** ~ ***to get her property back*** sie war gezwungen vor Gericht zu gehen, um ihr Eigentum zurückzubekommen; ■**to** ~ **for sth** *damages etc* auf etw *akk* klagen; *a particular criminal act* wegen einer S. *gen* klagen; ***he*** ~***d for libel*** er klagte wegen Beleidigung

❷ (*entreat*) **to** ~ **for peace** um Frieden bitten

suede [sweɪd] **I.** *n* Wildleder *nt,* Veloursleder *nt*

II. *n modifier* (*gloves, jacket*) Wildleder-, Veloursleder-; ~ **shoes** Wildlederschuhe *mpl*

suet ['su:ɪt] *n no pl* Talg *m,* Nierenfett *nt*

suet pudding *n aus Rindertalg, Mehl und Brotkrumen zubereitete Süßspeise*

Suff BRIT *abbrev of* **Suffolk**

suffer ['sʌfəʳ, AM -ɚ] **I.** *vi* ❶ (*experience trauma*) leiden; ***I think he*** ~***ed quite a lot when his wife left him*** ich glaube, er litt ziemlich, als seine Frau ihn verließ; **to** ~ **in silence** still vor sich *akk* hinleiden

❷ (*be ill with*) ■**to** ~ **from sth** an etw *dat* leiden; (*get attacks of*) unter etw *dat* leiden; ***Johnny*** ~***s from asthma*** Johnny leidet unter Asthma

❸ (*deteriorate*) leiden, Schaden erleiden; ***his work*** ~***s from it*** seine Arbeit leidet darunter; ***his reputation has*** ~***ed*** sein Ruf hat gelitten

❹ (*be the worse for*) ■**to** ~ **from sth** an etw *dat* kranken; (*be handicapped*) von etw *dat* in Mitleidenschaft gezogen werden; ***the people who will*** ~ ***if the road is built are those who live locally*** die Leute, die am meisten betroffen sind, falls die Straße gebaut wird, sind die Anwohner

❺ (*experience sth negative*) ■**to** ~ **from sth** unter etw *dat* zu leiden haben; ***the economy*** ~***ed from the strikes*** die Streiks machten der Wirtschaft zu schaffen

❻ (*be punished*) ■**to** ~ **for sth** für etw *akk* büßen; ***you'll*** ~ ***for this!*** dafür wirst du bezahlen!

II. *vt* ■**to** ~ **sth** ❶ (*experience sth negative*) etw erleiden [*o* durchmachen]; ***the president*** ~***ed an affront*** es kam zu einem Affront gegen den Präsidenten; ***both sides*** ~***ed considerable casualties*** auf beiden Seiten kam es zu erheblichen Opfern; **to** ~ **defeat** eine Niederlage einstecken [müssen]; **to** ~ **hunger** Hunger leiden; **to** ~ **misfortune** Pech haben; **to** ~ **neglect** vernachlässigt werden; **to** ~ **a setback** einen Rückschlag erleiden; (*physical condition*) **to** ~ **a breakdown** MED einen Zusammenbruch haben; **to** ~ **a fracture** einen Bruch erleiden, sich *dat* etwas brechen; **to** ~ **a heart attack** einen Herzschlag erleiden; **to** ~ **injury** verletzt werden

❷ (*put up with*) etw ertragen; ***I had to*** ~ ***him moaning for half an hour*** ich musste eine halbe Stunde lang sein Gejammer ertragen; **not to** ~ **fools gladly** mit dummen Leuten keine Geduld haben

sufferance ['sʌfᵊrᵊn(t)s, AM -ɚ-] *n* ❶ **on** ~ (*with unspoken reluctance*) stillschweigend geduldet; (*with unwilling tolerance*) nur geduldet; ***I was there on*** ~ ich wurde dort nur geduldet

❷ (*with little enthusiasm*) **under** ~ (*dated*) widerwillig, widerstrebend

sufferer ['sʌfᵊrəʳ, AM -ɚɚ] *n* (*with a chronic condi-*

tion) Leidende(r) *f(m)*; (*with an acute condition*) Erkrankte(r) *f(m)*; **AIDS** ~ AIDS-Kranke(r) *f(m)*; **asthma** ~ Asthmatiker(in) *m(f)*; **hay-fever** ~**s** an Heuschnupfen Leidende *mpl o fpl*

suffering ['sʌfᵊrɪŋ, AM -ɚ-] *n* ① (*pain*) Leiden *nt* ② *no pl* (*distress*) Leid *nt*; **years of** ~ Jahre *ntpl* des Leidens, leidvolle Jahre; **human** ~ menschliches Leid; **to cause** ~ Leid verursachen

suffice [sə'faɪs] *vi* genügen, [aus]reichen; ~ **[it] to say that ...** es genügt [*o* reicht] wohl, wenn ich sage, dass ...

sufficiency [sə'fɪʃᵊn(t)si] *n no pl* ① (*adequacy*) Hinlänglichkeit *f*, Zulänglichkeit *f* ② (*sufficient quantity*) ausreichende Menge; **to have a** ~ genug haben

sufficient [sə'fɪʃᵊnt] **I.** *adj inv* genug, ausreichend, genügend, hinreichend; ***there wasn't*** ~ ***evidence to convict him*** die Beweise reichten nicht zu einer Verurteilung; **to wear** ~ **clothes** warm genug angezogen sein; **to have** ~ **heating** ausreichend beheizbar sein; ■**to be** ~ **for sth/sb** für etw/jdn ausreichen [*o* genügen] [*o* genug sein]; ***this recipe should be*** ~ ***for five people*** dieses Rezept sollte für fünf Leute ausreichen
II. *n* genügende Menge; ***they didn't have*** ~ ***to live on*** sie hatten nicht genug zum Leben

sufficiently [sə'fɪʃᵊntli] *adv inv* genug *nach adj*, ausreichend, genügend; ~ **large** groß genug; **to be** ~ **cooked** gar sein

suffix ['sʌfɪks] **I.** *n* ① LING Suffix *nt fachspr*, Nachsilbe *f* ② BRIT MATH Zusatz *m*, tiefgestellte Zahl
II. *vt* ■**to** ~ **sth** etw anfügen [*o* anhängen]

suffocate ['sʌfəkeɪt] **I.** *vi* ersticken *a. fig*
II. *vt* ① (*asphyxiate*) ■**to** ~ **sb** jdn ersticken; **to feel** ~**d** (*fig*) das Gefühl haben zu ersticken ② (*fig: suppress*) ■**to** ~ **sb/sth** jdn/etw ersticken [*o* erdrücken] *fig*; ***her overpowering devotion*** ~***d him*** ihre überschwängliche Liebe erdrückte ihn

suffocating ['sʌfəkeɪtɪŋ, AM -t̬-] *adj* ① *usu attr* (*life-threatening*) erstickend ② (*fig: uncomfortable*) erstickend *fig*, zum Ersticken *präd*; *air* stickig; *atmosphere* erdrückend ③ (*stultifying*) erdrückend *fig*; *regulations, traditions* lähmend *attr*

suffocation [,sʌfə'keɪʃᵊn] *n no pl* Ersticken *nt*, Erstickung *f*; **to die of** ~ ersticken

suffrage ['sʌfrɪdʒ] *n no pl* ① (*right to vote*) Wahlrecht *nt*, Stimmrecht *nt*; **female** ~ Frauenwahlrecht *nt*; **male** ~ Wahlrecht *nt* für Männer; **universal** ~ allgemeines Wahlrecht ② (*dated: vote*) Wahl *f*, Abstimmung *f* ③ REL Gebet *nt*

suffragette [,sʌfrə'dʒet] *n* (*hist*) Suffragette *f hist*, Frauenrechtlerin *f*

suffragist ['sʌfrədʒɪst] *n* (*hist: suffrage supporter*) Befürworter(in) *m(f)* des allgemeinen Stimmrechts; (*suffragette supporter*) Befürworter(in) *m(f)* der Frauenrechtsbewegung (*zu Beginn des 20. Jh*)

suffuse [sə'fju:z] *vt usu passive* (*liter*) ■**to be** ~**d with sth** von etw *dat* erfüllt sein; ***her face was*** ~***d with colour*** ihr Gesicht war gerötet; ***each dish was*** ~***d with a different herb*** jedes Gericht war anders gewürzt; ~**d with happiness** voll des Glücks *liter*, glückselig *geh*; ~**d with joy/passion** von Freude/Leidenschaft erfüllt *liter*; ~**d with light** lichtdurchflutet, in Licht getaucht *poet*

Sufi ['su:fi] *n* REL Sufi *m*

Sufic ['su:fɪk] *adj* REL Sufi-; ~ **order** Sufiorden *m*

Sufism ['su:fɪzᵊm] *n no pl* REL Sufismus *m*

sugar ['ʃʊgəʳ, AM -ɚ] **I.** *n* ① *no pl* (*sweetener*) Zucker *m*; **caster** ~ BRIT Streuzucker *f*; **demerara** [*or* AM **brown**] ~ brauner Zucker, Rohrzucker *m*; **granulated** ~ Kristallzucker *m*, Zuckerraffinade *f*; **icing** [*or* AM **powdered**] ~ Puderzucker *m*; **reduced-**~ **products** weniger Zucker enthaltende Produkte; **a lump/spoonful of** ~ ein Stück *nt*/Löffel *m* Zucker ② (*lump*) Stück *nt* [Würfel]zucker; (*spoonful*) Löffel *m* Zucker ③ *esp* AM (*sl: term of affection*) Schätzchen *nt fam* ④ (*sl: narcotic*) Rauschgift *nt* ⑤ CHEM Kohle[n]hydrat *nt*
► PHRASES: **to be all** ~ **and spice** zuckersüß sein *fig*
II. *vt* ■**to** ~ **sth** ① (*sweeten*) etw zuckern; **to** ~ **coffee/tea** Kaffee/Tee süßen ② (*fig: make agreeable*) etw versüßen
III. *interj* (*fam*) Mist *m fam*; ***oh*** ~**!** so ein Mist!

sugar basin *n* BRIT Zuckerdose *f* **sugar beet** *n no pl* Zuckerrübe *f* **sugar bowl** *n* Zuckerdose *f* **sugar cane** *n* Zuckerrohr *nt* **sugar-coat** *vt* ■**to** ~ **sth** ① FOOD etw mit einem Zuckerguss versehen ② (*make acceptable*) etw versüßen ③ (*make sentimental*) sentimental werden lassen [*o* machen] **sugar-coated** *adj* ① FOOD mit Zucker überzogen, verzuckert ② (*fig pej: acceptable*) viel versprechend, verheißungsvoll; *offer, promises* verführerisch ③ (*sentimental*) sentimental **sugar cube** *n* Stück *nt* Zucker, Zuckerwürfel *m* **sugar daddy** *n* *wohlhabender älterer Mann, der ein junges Mädchen aushält*

sugared ['ʃʊgəd, AM -ɚd] *adj* gezuckert; *coffee, tea* gesüßt; ~ **almonds** Zuckermandeln *fpl*

sugar-free *adj* ohne Zucker *nach n*, zuckerfrei **sugaring-off** [ʃʊgɚɪŋɑ:f] *n* CAN *das Auffangen des Safts von Zuckerahornbäumen und anschließendes Einkochen zu Ahornsirup* **sugarloaf** *adj* (*liter*) Zuckerhut *m*; ~ **hat** kegelförmiger Hut **Sugarloaf Mountain** *n* GEOG ■**the S**~ **Mountain** der Zuckerhut **sugar lump** *n esp* BRIT Stück *nt* Zucker, Zuckerwürfel *m* **sugar pea** *n* Zuckererbse *f* **sugar pie** *n* CAN *gedeckter Mürbeteigkuchen mit einer cremigen Karamellfüllung* **sugarplum** *n* (*dated*) ① (*plum*) kandierte Pflaume ② (*sweet*) Bonbon *nt*, Süßigkeit *f* ③ *esp* BRIT (*fig: enticing thing*) Lockspeise *f*, Köder *m fig*; (*enticing words*) schöne [*o* leere] Worte *pej*, Augenwischerei *f pej* **sugar snap** *n*, **sugar snap pea** *n* Zuckererbse *f* **sugar tongs** *npl* Zuckerzange *f*

sugary ['ʃʊgᵊri, AM -ɚi] *adj* ① (*sweet*) zuckerhaltig; ***the cake was far too*** ~ der Kuchen war viel zu süß; ~ **snack** süße Zwischenmahlzeit ② (*sugar-like*) zuckerig ③ (*fig pej: insincere*) honigsüß *fig pej*, zuckersüß *fig pej*; *smile* süßlich *fig pej*

suggest [sə'dʒest, AM *also* seg'-] *vt* ① (*propose*) ■**to** ~ **sth [to sb]** [jdm] etw vorschlagen; ***might I*** ~ ***a white wine with your salmon, sir?*** darf ich Ihnen zum Lachs einen Weißwein empfehlen, mein Herr?; ***what time do you*** ~ ***we arrive?*** was meinst du, wann wir dort ankommen?; ***can you*** ~ ***where I might find a chemist's?*** können Sie mir vielleicht sagen, wo ich eine Drogerie finden kann?; ■**to** ~ **[to sb] that ...** [jdm] vorschlagen, dass ...; ***what do you*** ~ ***we do with them?*** was, meinst du, sollen wir mit ihnen machen?; ■**to** ~ **doing sth** vorschlagen, etw zu tun; **to** ~ **an idea to sb** jdm eine Idee vortragen ② (*indicate*) ■**to** ~ **sth** auf etw *akk* hinweisen; ***the footprints*** ~ ***that ...*** den Fußspuren nach zu urteilen, ..., die Fußspuren lassen darauf schließen, dass ... ③ (*indirectly state*) ■**to** ~ **sth** etw andeuten [*o pej* unterstellen], auf etw *akk* hindeuten; ■**to** ~ **that ...** darauf hindeuten, dass ...; ***I'm not*** ~***ing that you were flirting with Adrian, but ...*** ich will ja nicht behaupten, dass du mit Adrian geflirtet hast, aber ...; ***are you*** ~***ing that ...?*** willst du damit sagen, dass ...? ④ (*form: evoke*) ■**to** ~ **sth** etw nahelegen; ***his story*** ~***ed the plot for a new novel*** seine Geschichte lieferte die Handlung für einen neuen Roman; **to** ~ **an idea/a thought** eine Idee/einen Gedanken aufkommen lassen ⑤ (*come to mind*) ■**to** ~ **itself** *idea, thought* sich *akk* aufdrängen; *solution* sich *akk* anbieten; ***does anything*** ~ ***itself?*** fällt euch dazu etwas ein?

suggestible [sə'dʒestəbl, AM *also* seg'-] *adj* (*pej form*) beeinflussbar, zu beeinflussen, suggestibel *geh*; **highly** ~ sehr leicht zu beeinflussen

suggestion [sə'dʒestʃᵊn, AM *also* seg'-] *n* ① (*idea*) Vorschlag *m*; **to have/make/reject a** ~ einen Vorschlag haben/machen/ablehnen; **to be always open to** ~ immer ein offenes Ohr haben; **to be [always] open to new** ~**s** [immer] für neue Vorschläge offen [*o* zu haben] sein; **at sb's** ~ auf jds Vorschlag hin ② *no pl* (*hint*) Andeutung *f*, Anspielung *f* ③ (*indication*) Wink *m*, Hinweis *m* ④ (*trace*) Spur *f fig*; ***she speaks German with a*** ~ ***of a foreign accent*** sie spricht Deutsch mit einem kaum hörbaren ausländischen Akzent; **a** ~ **of garlic** (*smell*) ein Hauch von Knoblauch; (*taste*) eine Spur Knoblauch ⑤ *no pl* (*association*) **the power of** ~ die Macht der Suggestion ⑥ *no pl* PSYCH Suggestion *f*

suggestion box *n* Kasten *m* für Verbesserungsvorschläge

suggestive [sə'dʒestɪv, AM *also* seg'-] *adj* ① (*that suggests*) andeutend ② *usu pred* (*form: evocative*) hinweisend; ■**to be** ~ **of sth** auf etw *akk* hindeuten, an etw *akk* denken lassen ③ (*risqué*) anzüglich, zweideutig

suggestively [sə'dʒestɪvli, AM *also* seg'-] *adv* ① (*evocatively*) eine suggestive Wirkung ausübend *attr* ② (*in a risqué manner*) anzüglich

suggestiveness [sə'dʒestɪvnəs, AM səg'] *n no pl* ① (*informativeness*) Aufschlussreiche(s) *nt* ② (*ambiguousness*) Mehrdeutige(s) *nt*, Vieldeutige(s) *nt*

suicidal [,su:ɪ'saɪdᵊl, AM -ə'-] *adj* ① (*depressed*) Selbstmord-, suizidal *geh*, selbstmörderisch *a. fig*; *person* selbstmordgefährdet; **to feel** ~ sich *akk* am liebsten umbringen wollen ② (*of suicide*) Selbstmord-; **to have** ~ **tendencies** selbstmordgefährdet sein ③ (*disastrous*) [selbst]zerstörerisch; ***that would be*** ~ das wäre glatter Selbstmord

suicide ['su:ɪsaɪd, AM -əs-] **I.** *n* ① (*killing*) Selbstmord *m a. fig*, Suizid *m geh*; **executive** ~ *Selbstmord von Managern*; **mass** ~ Massenselbstmord *m*; **physician-assisted** ~ [aktive] Sterbehilfe, Euthanasie *f fachspr*; **to attempt** ~ einen Selbstmordversuch machen [*o* unternehmen]; **to commit** ~ Selbstmord begehen ② (*form: person*) Selbstmörder(in) *m(f)*, Suizidant(in) *m(f) fachspr*, Suizident(in) *m(f) fachspr* ③ (*disastrous action*) selbstmörderische Aktion *fam*; ***it would be*** ~ ***to ...*** es wäre [glatter] Selbstmord, wenn ... *fam*; **to commit financial/political** ~ finanziellen/politischen Selbstmord begehen
II. *vi* sich *akk* umbringen

suicide bomber *n* Selbstmordattentäter(in) *m(f)* **suicide bombing** *n* Selbstmordanschlag *m* **suicide mission** *n* Kamikazeaktion *f* **suicide note** *n* Abschiedsbrief *m* **suicide pact** *n* Selbstmordabkommen *nt*; **to have a** ~ gemeinsamen Selbstmord verabredet haben **suicide rate** *n* Selbstmordrate *f* **suicide squad** *n* Selbstmordkommando *nt*

suicidology [,su:ɪsaɪ'dɑ:lədʒi] *n no pl* Suizidologie *f*

sui generis [,sju:i:'dʒenᵊrɪs] *adj inv* einzigartig

suit [su:t] **I.** *n* ① (*jacket and trousers*) Anzug *m*; **dress** ~ Abendanzug *m*; **pin-stripe** ~ Nadelstreifenanzug *m*; **three-piece** ~ Dreiteiler *m*; **trouser** [*or* AM **pant**] ~ Hosenanzug *m*; (*jacket and skirt*) Kostüm *nt* ② (*for sports*) Anzug *m*; **bathing/diving/ski** ~ Bade-/Taucher-/Skianzug *m* ③ (*covering*) ~ **of armour** [*or* AM **armor**] [Ritter]rüstung *f*, Harnisch *m* ④ NAUT Satz *m* Segel ⑤ *usu pl* (*fam: executive*) leitender Angestellter, Führungskraft *f* ⑥ CARDS Farbe *f*; **to follow** ~ eine Farbe bedienen, eine Karte derselben Farbe ausspielen ⑦ LAW [Zivil]prozess *m*, Verfahren *nt*, Rechtsstreit *m*; **to bring** [*or* AM *usu* **file**] **a** ~ einen Prozess anstrengen, Klage erheben; ~ **for libel** Verleumdungsklage *f*; ~ **for negligence** Schadensersatzklage *f* wegen

Fahrlässigkeit; **paternity** ~ Vaterschaftsklage *f*
❽ (*act of courting*) **to pay** ~ **to sb** jdn umwerben
❾ (*liter poet: entreaty*) Flehen *nt,* dringende Bitte
► PHRASES: **to <u>follow</u>** ~ (*form*) dasselbe tun, nachziehen *fam*
II. *vt* ❶ (*be convenient for*) ■**to** ~ **sb** jdm passen [*o* recht sein]; ***what time ~s you best?*** wann passt es Ihnen am besten?; ***that ~s me fine*** das passt mir gut; ***she remembers her manners when it ~s her*** sie benimmt sich nur dann gut, wenn es ihr gerade passt
❷ (*choose*) ■**to** ~ **oneself** tun, was man will; ***you can ~ yourself about when you work*** man kann selbst bestimmen, wann man arbeitet; ~ ***yourself*** (*hum or pej*) [ganz,] wie du willst *hum o pej,* mach, was du willst *pej*
❸ (*enhance*) ■**to** ~ **sb** *clothes* jdm stehen; ***black ~s you with your blonde hair*** Schwarz passt gut zu deinen blonden Haaren; ■**to** ~ **sth** zu etw *dat* passen
❹ (*be right*) ■**to** ~ **sb** jdm [gut] bekommen; ■**to** ~ **sth** sich *akk* für etw *akk* eignen; ***married life seems to ~ him very well*** das Eheleben scheint ihm gut zu bekommen
► PHRASES: **to** ~ **the <u>action</u> to the word** Wort halten; **to** ~ **sb** [**right**] **<u>down</u> to the <u>ground</u>** BRIT für jdn ideal sein, jdm ausgezeichnet in den Kram passen *fam*
III. *vi* angemessen sein, passen
◆**suit up** *vi* AM sich *akk* anziehen

suitability [ˌsuːtəˈbɪləti, AM -t̬əˈbɪlət̬i] *n no pl of an object* Geeignetheit *f,* Tauglichkeit *f; of a person* Eignung *f,* Tauglichkeit *f; of clothes* Angemessenheit *f*

suitable [ˈsuːtəbl̩, AM -t̬-] *adj* geeignet, passend; *clothes* angemessen; ***what's a ~ present for a couple celebrating their twenty-fifth wedding anniversary?*** was eignet sich als Geschenk für ein Paar, das seinen fünfundzwanzigsten Hochzeitstag feiert?; ***my mother doesn't like me wearing short skirts to church – she doesn't think they're*** ~ meine Mutter will nicht, dass ich in die Kirche kurze Röcke anziehe – sie findet sie unschicklich; ■**to be** ~ **for sb** für jdn geeignet sein, sich *akk* für jdn eignen; **not** ~ **for children under 14** nicht geeignet für Kinder unter 14

suitably [ˈsuːtəbli, AM -t̬-] *adv* entsprechend *attr*

suit bag *n* Handkoffer *m* **suitcase** *n* Koffer *m;* **leather** ~ Lederkoffer *m;* **to pack/unpack one's** ~ seinen Koffer packen/auspacken; **to live out of a** ~ aus dem Koffer leben

suite [swiːt] *n* ❶ (*rooms*) Suite *f;* **bridal** ~ Hochzeitssuite *f;* **hotel** ~ Hotelsuite *f;* ~ **of offices** Reihe *f* von Büroräumen
❷ (*furniture*) Garnitur *f;* **bathroom** ~ Badezimmergarnitur *f;* **bedroom** ~ Schlafzimmereinrichtung *f*
❸ MUS Suite *f*
❹ (*retinue*) Gefolge *nt*

suited [ˈsuːtɪd, AM -t̬-] *adj* ❶ *pred* (*fitting*) ■**to be** ~ **to sth** für etw *akk* geeignet sein, sich *akk* für etw *akk* eignen; **to be** ~ [**to each other**] zueinander passen
❷ FASHION gekleidet; **grey-**~ in Grau gekleidet; **pin-stripe-**~ **businessmen** Geschäftsleute *pl* in Nadelstreifenanzügen; **trouser-**~ in Hosen *nach n*

suiting [ˈsjuːtɪŋ, AM ˈsuːt] *n no pl* ❶ (*fabric for suits*) Tuch *nt,* Anzug[s]stoff *m*
❷ (*suits collectively*) [Be]kleidung *f*

suitor [ˈsuːtəʳ, AM -t̬ɚ] *n* ❶ (*liter or hum: wooer*) Freier *m veraltend o hum,* Bewerber *m*
❷ LAW Kläger *m,* [Prozess]partei *f*
❸ ECON (*buyer*) Interessent *m* (*für einen Firmenkauf*)

sukiyaki [ˌsuːkiˈjæki, AM -ˈjɑːki] *n no pl* FOOD Sukiyaki *nt*

sulfate *n* AM CHEM *see* **sulphate**

sulfide *n* AM CHEM *see* **sulphide**

sulfite [ˈsʌlfaɪt] *n* AM CHEM Sulfit *nt,* schwef[e]ligsaures Salz

sulfonamide *n* AM MED *see* **sulphonamide**

sulfur *n* AM CHEM *see* **sulphur**

sulfureous *n* AM CHEM *see* **sulphureous**

sulfuric *adj* AM CHEM *see* **sulphuric**

sulfurous *adj* AM CHEM *see* **sulphurous**

sulk [sʌlk] **I.** *vi* schmollen *fam,* beleidigt [*o fam* eingeschnappt] sein
II. *n* **to be in a** ~ beleidigt [*o fam* eingeschnappt] sein, schmollen *fam;* **to go into a** ~ einschnappen *fam;* **to have** [**a fit of**] **the ~s** die Eingeschnappte/den Eingeschnappten spielen *fam*

sulkiness [ˈsʌlkɪnəs] *n no pl* Schmollen *nt pej fam*

sulky [ˈsʌlki] **I.** *adj person* beleidigt, eingeschnappt *fam,* schmollend *attr fam; face* mürrisch, verdrießlich; *weather* trübe, düster
II. *n* SPORTS Sulky *nt*

sullen [ˈsʌlən] **I.** *adj* ❶ (*pej: bad-tempered*) missmutig, verdrießlich, mürrisch; **~-faced** missmutig [*o* mürrisch] [drein]blickend *attr*
❷ (*liter: dismal*) *sky* düster, finster; (*slow-moving*) *stream, water* trübe
II. *n* BRIT (*dated*) ■**the** ~**s** *pl* Depression *f,* depressive Verstimmung

sullenly [ˈsʌlənli] *adv* missmutig, verdrießlich, mürrisch

sullenness [ˈsʌlənnəs] *n no pl* Missmutigkeit *f,* Verdrießlichkeit *f*

sully <-ie-> [ˈsʌli] *vt* (*liter poet or iron*) ■**to** ~ **sth** etw beschmutzen [*o geh* besudeln]; **to** ~ **sb's name/reputation** (*fig form*) jds Namen/Ansehen beschmutzen

sulphate [ˈsʌlfeɪt], AM **sulfate** *n* Sulfat *nt,* schwefelsaures Salz

sulphide [ˈsʌlfaɪd], AM **sulfide** *n,* **sulphite** [ˈsʌlfaɪt] *n* Sulfid *nt;* **hydrogen** ~ Hydrogensulfid *nt,* Schwefelwasserstoff *m*

sulphonamide [sʌlˈfɒnəmaɪd], AM **sulfonamide** [-ˈfɑːn-] *n* MED Sulfonamid *nt*

sulphur [ˈsʌlfəʳ], AM **sulfur** [-ɚ] *n* ❶ *no pl* CHEM Schwefel *m*
❷ (*colour*) Schwefelgelb *nt*

sulphur-crested cockatoo *n* Gelbhaubenkakadu *m* **sulphur dioxide** *n no pl* Schwefeldioxid *nt;* ~ **emission** Schwefeldioxidemission *f*

sulphureous [sʌlˈfjʊəriəs], AM **sulfureous** [-ˈfjʊr-] *adj* schwefelhaltig, schwefelig, Schwefel-; ~ **smell** Schwefelgeruch *m*

sulphuric [sʌlˈfjʊərɪk], AM **sulfuric** [-ˈfjʊr-] *adj* Schwefel-

sulphuric acid *n no pl* Schwefelsäure *f*

sulphurous [ˈsʌlfᵊrəs], AM **sulfurous** [-ɚəs] *adj* ❶ CHEM schwefelhaltig, schwefelig, Schwefel-
❷ (*colour*) schwefelfarben, schwefelgelb
❸ (*angry*) wütend, zornig

sultan [ˈsʌltᵊn] *n* Sultan *m*

sultana[1] [sᵊlˈtɑːnə, AM sʌlˈtænə] *n* (*grape*) Sultanine *f*

sultana[2] [sʌlˈtɑːnə, AM sʌlˈtænə] *n* (*sultan's wife*) Sultanin *f*

sultante [ˈsʌltənət, AM -tᵊnɪt] *n* Sultanat *nt*

sultriness [ˈsʌltrɪnəs] *n* ❶ METEO Schwüle *f*
❷ *of a woman, a woman's voice* Erotik *f*

sultry [ˈsʌltri] *adj* ❶ METEO schwül
❷ (*sexy*) *woman, woman's voice* erotisch, sinnlich; **a ~-voiced woman** eine Frau mit einer erotischen Stimme

sum [sʌm] **I.** *n* ❶ (*money*) Summe *f,* Betrag *m;* **five-figure** ~ fünfstelliger Betrag; **huge ~s of money** riesige Summen; **substantial** ~ namhafte [*o* beträchtliche] Summe; **tidy** ~ hübsches Sümmchen *fam;* **undisclosed** ~ nicht genannte Summe; **the princely** ~ **of $100** (*iron*) die fürstliche Summe von $100 *iron*
❷ *no pl* (*total*) Summe *f,* Ergebnis *nt;* **the entire** ~ **of sth** (*fig iron*) alles, was bei etw *dat* herausgekommen ist *iron;* ***so is that the entire ~ of three day's work?*** das ist also das Ergebnis von drei Tagen Arbeit? *iron;* **grand** ~ Endsumme *f*
❸ *usu pl* (*calculation*) Rechenaufgabe *f;* **to do ~s** rechnen; **to get one's ~s right** BRIT richtig rechnen; **to get one's ~s wrong** BRIT sich *akk* verrechnen
► PHRASES: **<u>in</u>** ~ mit einem Wort
II. *vt* <-mm-> **to** ~ **an equation** MATH eine Gleichung berechnen
III. *vi* <-mm-> ■**to** ~ **to sth** MATH etw ergeben
◆**sum up I.** *vi* ❶ (*summarize*) resümieren *geh,* zusammenfassen
❷ LAW *judge* resümieren; *lawyer* das Schlussplädoyer halten
II. *vt* ■**to** ~ **up** ⊂ **sth** etw zusammenfassen; ■**to** ~ **sb** ⊂ **up** (*evaluate*) jdn einschätzen; (*characterize*) jdn charakterisieren; **to** ~ **up a situation at a glance** eine Situation auf einen Blick erfassen, sofort wissen, was los ist *fam*

Sumatra [sʊˈmɑːtrə, AM suː-] *n no pl* GEOG Sumatra *nt*

Sumatran [sʊˈmɑːtrən, AM suː-] *adj inv* von/aus Sumatra *nach n,* Sumatra-

Sumerian [sʊˈmɪəriən, AM suːˈmɪri] HIST **I.** *adj inv* sumerisch
II. *n* Sumerer(in) *m(f)*

summa cum laude [ˌsʊmɑːkʊmˈlaʊdeɪ, AM -məˌkʊm'-] *esp* AM **I.** *adv* summa cum laude, mit Bestnote
II. *adj* Summa cum laude-

summarily [ˈsʌmᵊrɪli, AM ˌsʌmˈer-] *adv* ohne viel Federlesen; LAW summarisch, beschleunigt; **to** ~ **dismiss sb** jdn fristlos entlassen; **to** ~ **execute/sentence sb** LAW jdn im Schnellverfahren hinrichten/aburteilen

summarize [ˈsʌmᵊraɪz, AM -mɚ-] **I.** *vt* ■**to** ~ **sth** etw [kurz] zusammenfassen; ■**to** ~ **sb** jdn [mit wenigen Worten] charakterisieren
II. *vi* zusammenfassen, resümieren; ***to ~, …*** kurz gesagt, …

summary [ˈsʌmᵊri, AM -ɚi] **I.** *n* Zusammenfassung *f; of a plot, contents* [kurze] Inhaltsangabe
II. *adj* ❶ (*brief*) knapp, gedrängt, summarisch; *dismissal* fristlos
❷ LAW *conviction, execution* beschleunigt, im Schnellverfahren *nach n;* ~ **powers to do sth** *Vollmacht, etw im Schnellverfahren zu entscheiden;* ~ **proceedings** Schnellverfahren *nt*

summat [ˈsʌmət] *pron* NBRIT, DIAL *see* **something**

summation [sʌmˈeɪʃᵊn, AM səˈmeɪ-] *n* (*form*) ❶ *no pl* (*addition*) Summierung *f*
❷ (*sum*) Summe *f*
❸ (*summary*) Zusammenfassung *f*

summer [ˈsʌməʳ, AM -ɚ] **I.** *n* ❶ (*season*) Sommer *m;* **a ~'s day** ein Sommertag *m;* **in** [**the**] ~ im Sommer; **last** ~ letzten Sommer; **in late** ~ im Spätsommer; **in the** ~ **of '68** im Sommer '68; **two ~s ago** im vorletzten Sommer
❷ ASTRON Sommer *m,* Sommerzeit *f*
❸ (*poet liter*) ■**~s** *pl* Jahre *ntpl,* Lenze *mpl poet liter;* **a girl of sixteen ~s** ein Mädchen, das 16 Lenze zählt
II. *n modifier* (*dress, evening, months, night*) Sommer-; ~ **clothing** Sommerkleidung *f,* Sommersachen *fpl fam*
III. *vi* den Sommer verbringen; **to** ~ **in the hills** den Sommer in den Bergen verbringen; **to** ~ **outdoors** *animals, plants* im Sommer im Freien bleiben
IV. *vt* **to** ~ **cattle/sheep** Vieh/Schafe übersommern

summer fete *n* BRIT Sommerfest *nt* (*für wohltätige Zwecke*) **summer holiday** *n,* **summer holidays** *npl* Sommerurlaub *m;* SCH, UNIV Sommerferien *pl* **summer house** *n* Gartenhaus *nt,* Gartenlaube *f;* AM Ferienhaus *nt,* Sommerhaus *nt* **summer pudding** *n no pl* BRIT *Süßspeise aus Weißbrot, Beeren und* [*Eis*]*creme* **summersault** *n, vi* (*dated*) *see* **somersault** **summer school** *n* Ferienkurs *m,* Sommerkurs *m;* **to do a** ~ **course** einen Ferienkurs besuchen **summer season** *n* Sommersaison *f* **summer solstice** *n* ASTRON Sommersonnenwende *f* **summer time** *n no pl* BRIT (*daylight savings time*) Sommerzeit *f* **summertime** *n* Sommerzeit *f;* **in the** ~ im Sommer **summer vacation** *n* AM Sommerurlaub *m;* SCH, UNIV Sommerferien *pl*

summery [ˈsʌmᵊri, AM -ɚi] *adj weather* sommerlich

summing-up <*pl* summings-up> [ˌsʌmɪŋˈʌp] *n* LAW (*by a judge*) Resümee *nt;* (*by a lawyer*) [Schluss]plädoyer *nt*

summit ['sʌmɪt] *n* ❶ *of a mountain* Gipfel *m;* (*fig: highest point*) Gipfel *m fig,* Höhepunkt *m*
❷ POL Gipfel *m;* **economic ~** Wirtschaftsgipfel *m*
summit meeting *n* POL Gipfeltreffen *nt*
summon ['sʌmən] *vt* ❶ (*call*) ■**to ~ sb** jdn rufen [*o* zu sich *dat* bestellen]; LAW jdn [vor]laden; **to ~ a council/meeting** einen Rat/eine Versammlung einberufen; **to be ~ed to appear in court** vor Gericht geladen werden; **to ~ sb to appear as witness** jdn als Zeugen laden
❷ (*demand*) **to ~ help** Hilfe holen
❸ (*gather*) **to ~ up the courage/the strength to do sth** den Mut/die Kraft aufbringen, etw zu tun
summons ['sʌmənz] **I.** *n* <*pl* -es> ❶ LAW [Vor]ladung *f;* **to issue a ~** [vor]laden, eine Ladung ergehen lassen; **to receive a ~** eine Vorladung erhalten; **to serve sb with a ~** [*or* **a ~ on sb**] jdm eine Ladung zustellen
❷ (*call*) Aufforderung *f;* (*iron hum*) Befehl *m iron hum;* ***I was awaiting my ~*** ich wartete darauf, aufgerufen zu werden
II. *vt* LAW ■**to ~ sb** jdn vorladen lassen; ■**to ~ sb for sth** jdn in einer Sache vorladen
sumo wrestler ['su:məʊ,-, AM -moʊ,-] *n* Sumoringer *m*
sumo wrestling *n no pl* Sumo[ringen] *nt*
sump [sʌmp] *n* ❶ (*container*) [**collection**] ~ Sammelbehälter *m;* (*hole*) Senkgrube *f*
❷ AUTO Ölwanne *f;* **to drain the ~** das [Motor]öl ablassen
sumptuary ['sʌmtjʊəri, AM tʃueri] *adj attr, inv* (*hist*) LAW den Aufwand betreffend, Aufwands-, Luxus-
sumptuous ['sʌm(p)tʃuəs] *adj* luxuriös, kostspielig; *dinner* üppig, opulent *geh; gown* festlich, prächtig
sumptuously ['sʌm(p)tʃuəsli] *adv* luxuriös, kostspielig; **to dine ~** opulent speisen *geh;* **~ furnished** luxuriös eingerichtet
sumptuousness ['sʌm(p)tʃuəsnəs] *n no pl* Luxus *m,* Kostspieligkeit *f; of a meal, dinner* Üppigkeit *f,* Opulenz *f geh;* **to be furnished with ~** luxuriös eingerichtet sein
sum total *n* Summe *f fig,* Gesamtheit *f*
sun [sʌn] **I.** *n* ❶ (*star*) Sonne *f;* **the rising/setting ~** die aufgehende/untergehende Sonne
❷ *no pl* ■**the ~** (*sunshine*) die Sonne, der Sonnenschein; **to sit in the ~** in der Sonne sitzen; **to have the ~ in one's eyes** von der Sonne geblendet werden; **to get/have a touch of the ~** einen Sonnenbrand bekommen/haben
❸ (*liter poet: source of splendor*) Sonnenlicht *nt,* Strahlen *nt* der Sonne
❹ (*liter poet: day*) Tag *m;* (*year*) Jahr *nt*
► PHRASES: **never let the ~ go down on your anger** (*saying*) Missstimmungen sollte man möglichst bald bereinigen, man sollte nicht im Streit auseinander gehen; **to think that the ~ shines out of sb's arse** BRIT (*fig fam!*) jdn für den Größten halten *fam;* **to call sb every name under the ~** jdn mit allen erdenklichen Schimpfnamen belegen; **against/with the ~** mit der/gegen die Sonne; **under the ~** unter der Sonne *liter,* auf Erden *liter;* **to do/try everything under the ~** alles Mögliche [*o* Erdenkliche] tun/versuchen; **nothing new under the ~** nichts Neues unter der Sonne, alles schon dagewesen
II. *vt* <-nn-> ❶ (*sit in sun*) ■**to ~ oneself** sich *akk* sonnen
❷ (*expose to sun*) ■**to ~ sth** etw der Sonne aussetzen
III. *vi* sich *akk* sonnen
Sun *n abbrev of* **Sunday** So
sun-baked *adj* [von der Sonne] ausgedörrt **sunbathe** *vi* sonnenbaden **sunbather** *n* Sonnenanbeter(in) *m(f) hum* **sunbathing** *n no pl* Sonnenbaden *nt* **sunbeam** *n* Sonnenstrahl *m* **sunbed** *n esp* BRIT ❶ (*chair*) Liegestuhl *m* ❷ (*bed*) Sonnenbank *f* **sunbelt** *n no pl* GEOG ■**the S~** der Sonnengürtel (*Südstaaten der USA*) **sunblind** *n* BRIT Markise *f* **sunblock** *n no pl* Sunblocker *m* **sun bonnet** *n* Sonnenhut *m* **sunburn I.** *n no pl* Sonnenbrand *m;* **to get/prevent ~** einen Sonnenbrand bekommen/vermeiden **II.** *vi* <-ed *or* -burnt, -ed *or* -burnt> sich *dat* verbrennen [*o fam* einen Sonnenbrand holen] **sunburned** *adj,* **sunburnt** *adj* (*tanned*) sonnengebräunt; (*red*) sonnenverbrannt, sonnverbrannt SCHWEIZ, von der Sonne verbrannt; **to be/get ~** einen Sonnenbrand haben/bekommen
sunburst *n* ❶ METEO Durchbruch *m* der Sonne, plötzlicher Sonnenschein ❷ (*shape*) Sonnenrad *nt* ❸ (*Japanese flag*) Sonnenbanner *nt* **suncream** *n no pl* Sonnen[schutz]creme *f*
sundae ['sʌndeɪ, AM *esp* -di] *n* Eisbecher *m;* **hot-fudge ~** AM Schokobecher *m*
Sunday ['sʌndeɪ] *n* ❶ (*day*) Sonntag *m; see also* **Tuesday**
❷ ■**the ~** BRIT (*fam: newspaper*) Sonntagszeitung *f*
Sunday best *n no pl,* **Sunday clothes** *npl* (*dated*) Sonntagsstaat *m kein pl veraltend o hum,* Sonntagskleider *ntpl veraltend* **Sunday driver** *n* (*pej*) Sonntagsfahrer(in) *m(f) pej* **Sunday joint** *n* BRIT Sonntagsbraten *m*
Sunday paper *n* Sonntagszeitung *f*
Sunday roast *n* Sonntagsbraten *m* **Sunday school** *n* REL, SCH Sonntagsschule *f* **Sunday trading** *n* BRIT Öffnung *f* der Geschäfte am Sonntag
sun deck *n* ❶ NAUT Sonnendeck *nt*
❷ AM (*balcony*) Sonnenterrasse *f*
sunder ['sʌndəʳ, AM -ɚ] *vt* (*poet*) ■**to ~ sb/sth** jdn/etw trennen [*o liter* entzweien]
sundew *n* BOT Sonnentau *m* **sundial** *n* Sonnenuhr *f* **sundown** *n esp* AM, AUS Sonnenuntergang *m;* **at/before ~** bei/vor Sonnenuntergang **sundowner** *n* ❶ BRIT (*fam: drink*) ≈ Dämmerschoppen *m* ❷ AUS, NZ (*fam: tramp: in city/town*) Penner *m;* (*in the country*) Landstreicher *m* **sundrenched** *adj* ❶ (*bright*) sonnenüberflutet ❷ (*exposed to sun*) sonnig, sonnenverwöhnt **sundress** *n* Strandkleid *nt,* [ärmelloses] Sommerkleid **sun-dried** *adj* an der Sonne getrocknet; **~ tomatoes** getrocknete Tomaten *fpl*
sundry ['sʌndri] **I.** *adj attr, inv* verschiedene(r, s)
► PHRASES: **all and ~** (*fam*) Hinz und Kunz *pej fam,* jedermann
II. *n* Verschiedenes *nt kein pl,* Diverses *nt kein pl*
sunfast *adj colours, textiles* lichtecht **sunflower** *n* Sonnenblume *f* **sunflower oil** *n* Sonnenblumenöl *nt* **sunflower seeds** *npl* Sonnenblumenkerne *mpl*
sung [sʌŋ] *pp of* **sing**
sunglasses *npl* Sonnenbrille *f;* **a pair of ~** eine Sonnenbrille; **to wear ~** eine Sonnenbrille tragen
sun-god *n* Sonnengott *m* **sun hat** *n* Sonnenhut *m* **sun helmet** *n* (*dated*) Tropenhelm *m*
sunk [sʌŋk] *pp of* **sink**
sunken ['sʌŋkən] *adj* ❶ *attr* (*submerged*) *ship* gesunken; *ship, treasure* versunken
❷ *attr* (*below surrounding level*) tief[er] liegend *attr;* **~ bath** eingelassene Badewanne
❸ (*hollow*) **~ cheeks** eingefallene [*o* hohle] Wangen; **~ eyes** tief liegende Augen
sun-kissed *adj* (*esp hum*) *person* sonnengebräunt; *place* sonnig, sonnenverwöhnt; **the ~ shores of Spain** die sonnigen Küsten Spaniens **sunlamp** *n* ❶ (*for therapy*) Höhensonne *f;* **to lie under the ~** unter der Höhensonne liegen ❷ FILM Jupiterlampe® *f*
sunless ['sʌnləs] *adj* (*liter*) ohne Sonne *nach n; day* trüb, grau
sunlight *n no pl* Sonnenlicht *nt;* **early morning ~** Morgensonne *f;* **in the bright ~** im hellen Sonnenlicht, in der hellen Sonne; **dappled ~** vereinzelte Sonnenstrahlen; **direct** [*or* **strong**] **~** pralle Sonne **sunlit** *adj inv* sonnenbeschienen; **~ room** sonniges Zimmer **sun lounge** *n* BRIT Glasveranda *f,* Wintergarten *m;* (*solarium*) Solarium *nt* **sun lounger** *n* BRIT Sonnenliege *f*
Sunni ['sʊni] **I.** *n* <*pl* – *or* -s> Sunnit(in) *m(f)*
II. *adj inv* sunnitisch; **~ Muslim** sunnitischer Moslem
sunniness ['sʌnɪnəs] *n no pl* ❶ METEO Sonnigkeit *f;* **the ~ of the weather** das sonnige Wetter
❷ (*cheeriness*) Heiterkeit *f,* Unbeschwertheit *f;* ***the ~ of his disposition cheered her up*** sein sonniges Gemüt munterte sie auf; **the ~ of sb's character** jds Frohnatur
sunny ['sʌni] *adj* ❶ (*bright*) sonnig; **~ intervals** Aufheiterungen *fpl;* **a few ~ spells** einige sonnige Abschnitte
❷ (*exposed to sun*) *plateau, room* sonnig
❸ (*cheery*) *person* heiter, unbeschwert; *character, disposition* heiter, sonnig; **to have a ~ disposition** eine Frohnatur sein, ein sonniges Gemüt haben
sunny side *n* ❶ (*part exposed to sun*) die Sonnenseite; **the ~ of life** (*fig*) die Sonnenseite des Lebens
❷ AM FOOD **eggs ~ up** Spiegeleier *ntpl*
sun protection factor *n* Sonnenschutzfaktor *m*
sunray *n* Sonnenstrahl *m* **sunray lamp** *n* Höhensonne *f* **sunray treatment** *n no pl* Bestrahlung *f* mit Infrarotlicht **sunrise** *n* Sonnenaufgang *m;* **at/before ~** bei/vor Sonnenaufgang **sunrise industry** *n* Zukunftsindustrie *f,* aufstrebender Industriezweig **sunroof** *n* Schiebedach *nt*
sun room *n* AM, **sun parlor** *n* AM, **sun porch** *n* AM Glasveranda *f,* Wintergarten *m* **sunscreen** *n* ❶ *no pl* (*cream*) Sonnenschutzmittel *nt* ❷ (*ingredient*) Zusatzstoff *m* gegen Sonnenbrand **sunset** *n* ❶ (*time*) Sonnenuntergang *m;* **at/before ~** bei/vor Sonnenuntergang ❷ (*fig: final stage*) Endphase *f*
► PHRASES: **to ride/walk** [**off**] **into the ~** dem Sonnenuntergang entgegenreiten/-gehen; **to ride** [*or* **walk**] [**off**] **into the ~ together** miteinander glücklich werden **sunset industry** *n* veraltetes Unternehmen oder Fertigungsmethode **sunshade** *n* ❶ (*umbrella*) Sonnenschirm *m* ❷ AM (*awning*) Markise *f,* Sonnenblende *f*
sunshine ['sʌnʃaɪn] *n no pl* ❶ (*sunlight*) Sonnenschein *m;* **in the ~** in der Sonne; **blazing** [*or* **brilliant**] **~** strahlender Sonnenschein; **to bask in the ~** sich *akk* in der Sonne aalen *fam*
❷ METEO (*sunny weather*) sonniges Wetter; **three days of unbroken ~** drei volle Sonnentage
❸ (*fig: cheerfulness*) Freude *f,* Glück *nt;* **to bring ~ into sb's life** Freude in jds Leben bringen
❹ (*fam: to express friendliness*) Schatz *m,* mein Sonnenschein *hum;* BRIT (*to express irritation*) mein Lieber/meine Liebe
sunshine roof *n* BRIT Schiebedach *nt* **sunspot** *n* ASTRON Sonnenfleck *m* **sunstroke** *n no pl* Sonnenstich *m;* **to have** [*or* **suffer from**] **~** einen Sonnenstich haben **suntan I.** *n* Sonnenbräune *f;* **deep ~** tiefe Bräune; **to get a ~** braun werden **II.** *vi* <-nn-> sich *akk* von der Sonne bräunen lassen **suntan cream** *n,* **suntan lotion** *n* Sonnencreme *f* **suntanned** *adj* sonnengebräunt, braun gebrannt **suntan oil** *n* Sonnenöl *nt* **suntrap** *n* BRIT, AUS sonniges Plätzchen **sunup** *n* AM Sonnenaufgang *m* **sun visor** *n* AUTO Sonnenblende *f* **sun worshipper** *n* (*hum*) Sonnenanbeter(in) *m(f) hum*
sup[1] [sʌp] **I.** *vt* <-pp-> *esp* NBRIT (*hum*) ■**to ~ sth** etw trinken; **to ~ one's beer** sein Bierchen schlürfen *hum fam;* **to ~ one's soup** seine Suppe löffeln; **to ~ one's tea** seinen Tee trinken
II. *vi* <-pp-> *esp* NBRIT trinken; ■**to ~ up** austrinken
III. *n* Schluck *m*
sup[2] [sʌp] *vi* (*dated*) (*eat*) zu Abend essen; ■**to ~ on** [*or* **off**] **sth** etw zu Abend essen
► PHRASES: **if you ~ with the devil, you need a long spoon** (*saying*) ≈ wer sich in Gefahr begibt, kommt darin um *prov*
super ['su:pəʳ, AM -ɚ] **I.** *adj* ❶ (*fam: excellent*) super *sl,* klasse *sl,* spitzenmäßig *sl,* fantastisch *fam*
❷ COMM von hervorragender Qualität, Qualitäts-
II. *interj* super!, spitze!
III. *adv* (*fam*) besonders
IV. *n* (*fam*) ❶ BRIT (*superintendent*) Aufseher(in) *m(f),* Kommissar(in) *m(f);* AM Hausmeister(in) *m(f)*
❷ AUS (*superannuation*) Pension *f,* Ruhestand *m*
❸ *no pl* AGR Superphosphat *nt*
❹ *no pl* COMM Gewebe *nt*

❺ *(petrol)* Super[benzin] *nt*
super- ['su:pəʳ, AM -ɚ] *in compounds* ❶ *(above)* über-, Über-
❷ *(very)* super-, Super-; **~-absorbent** supersaugfähig *fam;* **~-concentrated** hoch konzentriert; **~fast** superschnell *fam;* **~rich** schwerreich; **~-soft** superweich *fam*
❸ COMPUT besonders gut [*o* groß]
superabundance [ˌsu:pᵊrə'bʌndən(t)s, AM -ɚə'-] *n no pl* Überfluss *m;* ■**a ~ of sth** eine Unmenge von [*o* an] etw *dat;* **in ~** im Überfluss
superabundant [ˌsu:pᵊrə'bʌndənt, AM -ɚə'-] *adj inv* überreichlich
superannuate [ˌsu:pᵊr'ænjueɪt, AM -ɚ-] *vt usu passive* ■**to be ~d** pensioniert werden
superannuated [ˌsu:pᵊr'ænjueɪtɪd, AM -ɚ'ænjueɪṭ-] *adj* ❶ *(part of superannuation scheme)* pensioniert
❷ *(hum: obsolete)* überholt, veraltet
superannuation [ˌsu:pᵊrˌænju'eɪʃᵊn, AM -ɚˌ-] *n no pl* ❶ *(payment)* Rentenbeitrag *m;* **to pay ~** Rentenbeiträge bezahlen
❷ *(pension)* [Alters]rente *f; of civil servants* Pension *f,* Ruhegeld *nt,* Ruhegehalt *nt*
❸ *(process)* Ruhestand *m*
superannuation fund *n* Rentenkasse *f,* Pensionskasse *f* **superannuation plan** *n* AM, **superannuation scheme** *n* BRIT betriebliche Altersvorsorge; **to pay into a ~** in die Rentenkasse/Pensionskasse einzahlen
superb [su:'pɜ:b, AM sə'pɜ:rb] *adj* ❶ *(excellent)* ausgezeichnet, hervorragend
❷ *(impressive)* erstklassig; *building, view* großartig
superbly [su:'pɜ:bli, AM sə'pɜ:r-] *adv* ausgezeichnet, hervorragend
Super Bowl SPORTS **I.** *n (NFL's championship football game)* Super Bowl *m*
II. *n modifier* Super-Bowl-
supercede *vt see* **supersede**
supercharge ['su:pətʃɑ:dʒ, AM -ɚtʃɑ:rdʒ] *vt* AUTO **to ~ sth** *engine* etw aufladen
supercharged ['su:pətʃɑ:dʒd, AM -ɚtʃɑ:r-] *adj* ❶ *(more powerful) car* mit Lader *nach n; engine* aufgeladen
❷ *(emotional) atmosphere* gereizt; **at a ~ pace** mit atemberaubender Geschwindigkeit
supercharger ['su:pəˌtʃɑ:dʒəʳ, AM -ɚˌtʃɑ:rdʒɚ] *n* AUTO Lader *m,* Aufladegebläse *nt*
supercilious [ˌsu:pə'sɪliəs, AM -ɚ'-] *adj (pej)* eingebildet *pej,* hochnäsig *pej*
superciliously [ˌsu:pə'sɪliəsli, AM -ɚ'-] *adv (pej)* hochnäsig *pej*
superciliousness [ˌsu:pə'sɪliəsnəs, AM -ɚ'-] *n no pl (pej)* Hochnäsigkeit *f pej*
supercomputer ['su:pəkəm'pju:təʳ, AM -ɚkəm'pju:ṭɚ] *n* COMPUT Supercomputer *m fam*
superconductivity [ˌsu:pəˌkɒndʌk'tɪvəti, AM -ɚˌkɑ:ndʌk'tɪvəṭi] *n no pl* PHYS Supraleitfähigkeit *f*
superconductor [ˌsu:pəkən'dʌktəʳ, AM -ɚkən'dʌktɚ] *n* PHYS Supraleiter *m*
super-duper [ˌsu:pə'du:pəʳ, AM -ɚ'du:pɚ] *adj (hum fam)* ganz toll *fam,* absolut super *fam*
superego [ˌsu:pᵊr'i:gəʊ, AM -ɚ'i:goʊ] *n* PSYCH Überich *nt*
superficial [ˌsu:pə'fɪʃᵊl, AM -ɚ'-] *adj* ❶ *(on the surface)* oberflächlich, an der Oberfläche; MED *cuts, injury, wound* oberflächlich; **~ damage** geringfügiger Schaden
❷ *(apparent)* äußerlich; **~ similarity** äußerliche Ähnlichkeit
❸ *(cursory) knowledge* oberflächlich; *treatment* flüchtig
❹ *(pej: shallow) person* oberflächlich *pej*
❺ BRIT COMM quadratisch, rechtwinklig
superficiality [ˌsu:pəˌfɪʃi'æləti, AM -ɚˌfɪʃi'æləṭi] *n no pl* ❶ *(being on surface) of damage* Geringfügigkeit *f;* MED Oberflächlichkeit *f*
❷ *(pej: shallowness)* Oberflächlichkeit *f pej*
superficially [ˌsu:pə'fɪʃᵊli, AM -ɚ'-] *adv* ❶ *(cursorily)* oberflächlich betrachtet, auf den ersten Blick
❷ *(pej: in a shallow manner)* oberflächlich *pej*

superfine ['su:pəfaɪn, AM 'su:pɚ-] *adj inv* ❶ *(high-quality)* extra fein, edelst, ausgesucht
❷ *(very thin)* hochfein
superfluity [ˌsu:pə'flu:əti, AM -ɚ'flu:əṭi] *n no pl (form)* ❶ *(excess)* Überfluss *m;* **a ~ of alcohol** übermäßiger Alkoholgenuss; **a ~ of staff** ein Überhang *m* an Arbeitskräften
❷ *(sth unnecessary)* Überflüssigkeit *f;* ■**to be a ~** überflüssig sein
❸ *(state)* Zuviel *nt*
superfluous [su:'pɜ:fluəs, AM -'pɜ:r-] *adj* überflüssig
superfluously [su:'pɜ:fluəsli, AM -'pɜ:r-] *adv* überflüssigerweise
superfluousness [su:'pɜ:fluəsnəs, AM -'pɜ:r-] *n no pl* Überflüssigkeit *f*
superglue® **I.** *n* Sekundenkleber *m; (fig)* Klette *f fig pej;* **to stick like ~ to sb** an jdm wie eine Klette hängen **II.** *vt* ■**to ~ sth** etw festkleben **supergrass** *n* BRIT *(fam)* Informant(in) *m(f),* Polizeispitzel *m fam* **supergroup** ['su:pəgru:p, AM 'su:pɚ-] *n + sing/pl vb* MUS Supergroup *f* **superhero** *n* Superheld *m fam* **superhighway** *n* ❶ AM AUTO Autobahn *f* ❷ COMPUT [**information**] **~** Datenautobahn *f* **superhuman** *adj* übermenschlich
superimpose [ˌsu:pᵊrɪm'pəʊz, AM -ɚɪm'poʊz] *vt* **to ~ images** Bilder überlagern; ***national boundaries are ~d over the map of Europe*** die Grenzen der einzelnen Staaten wurden auf die Europakarte kopiert
superintend [ˌsu:pᵊrɪn'tend, AM -ɚɪn'-] *vt* ■**to ~ sth** etw beaufsichtigen [*o* überwachen], für etw *akk* verantwortlich sein; **to ~ a department** eine Abteilung leiten
superintendence [ˌsu:pᵊrɪn'tendᵊn(t)s, AM -ɚɪn'-] *n no pl* [Ober]aufsicht *f; of a department* Leitung *f*
superintendent [ˌsu:pᵊrɪn'tendᵊnt, AM -ɚɪn'-] *n* ❶ *(person in charge)* Aufsicht *f; of schools* Oberschulrat, -rätin *m, f; of an office, department* Leiter(in) *m(f);* **park ~** Parkwächter(in) *m(f)*
❷ BRIT *(police officer)* Hauptkommissar(in) *m(f);* ***S~ Lewis*** Hauptkommissar Lewis; AM Polizeipräsident(in) *m(f),* Polizeichef(in) *m(f)*
❸ AM *(caretaker)* Hausverwalter(in) *m(f)*
superior [su:'pɪəriəʳ, AM sə'pɪriɚ] **I.** *adj inv* ❶ *(higher in rank)* höher gestellt, vorgesetzt; **~ officer** Vorgesetzte(r) *f(m);* MIL vorgesetzter Offizier/vorgesetzte Offizierin; ■**to be ~ [to sb]** [jdm] vorgesetzt sein; *(higher in status)* höher; **to be socially ~ to sb** gesellschaftlich über jdm stehen, einer höheren [Gesellschafts]schicht angehören als jd; *(higher in quality)* besser sein [als jd/etw]
❷ *(excellent) artist* überragend; *taste* erlesen, gehoben
❸ *(better) weapons* überlegen; **to be ~ in numbers** zahlenmäßig überlegen [*o* in der Überzahl] sein; **to be ~ in strength** kräftemäßig überlegen sein
❹ *pred (not susceptible)* ■**to be ~ to sth** über etw *akk* erhaben sein
❺ *(pej: arrogant)* überheblich *pej,* arrogant *pej*
❻ ANAT höher
❼ TYPO hochgestellt
II. *n* ❶ *(higher person)* Vorgesetzte(r) *f(m);* **social ~** gesellschaftlich höher stehende Person
❷ REL **Mother/Father S~** *Vorsteherin/Vorsteher eines Klosters oder Ordens*
superior court *n* LAW höhere Instanz; AM *(in the U.S.)* Berufungsgericht *nt,* Revisionsgericht *nt (in einigen Bundesstaaten der USA)*
superiority [su:ˌpɪəri'ɒrəti, AM səˌpɪri'ɔ:rəṭi] *n no pl* ❶ *(position)* Überlegenheit *f* (**over** über +*akk*), Superiorität *f geh;* **to demonstrate one's ~** seine Überlegenheit zeigen; **~ in numbers** zahlenmäßige Überlegenheit; *(rank)* höhere Stellung [*o* Position]
❷ *(pej: arrogance)* Überheblichkeit *f pej,* Arroganz *f pej*
superiority complex *n* PSYCH *(fam)* Superioritätskomplex *m fachspr;* **to have a ~** einen Superioritätskomplex haben *fachspr,* sich *akk* für etwas Besseres halten

superlative [su:'pɜ:lətɪv, AM sə'pɜ:rləṭ-] **I.** *adj inv* ❶ *(best)* unübertrefflich, sagenhaft, fantastisch
❷ LING superlativisch *fachspr;* **~ form** Superlativ *m fachspr*
II. *n* LING ❶ *(form)* Superlativ *m fachspr; (word)* Superlativ *m*
❷ *usu pl (hyperbole)* Übertreibung *f*
superlatively [su:'pɜ:lətɪvli, AM sə'pɜ:rləṭ-] *adv inv* sagenhaft, fantastisch; **~ successful** höchst erfolgreich; **to cook ~** sagenhaft gut kochen
superman *n* ❶ PHILOS Übermensch *m*
❷ *(cartoon character)* **S~** Superman *m*
❸ *(fam)* ■**a ~** *(exceptional man)* ein Superman
supermarket ['su:pəˌmɑ:kɪt, AM -ɚˌmɑ:r-] *n* Supermarkt *m;* **at the ~** im Supermarkt **supermarket cart** *n* AM Einkaufswagen *m* **supermarket chain** *n* Supermarktkette *f* **supermarket tabloid** *n* AM Wochenblatt *nt* **supermarket trolley** *n* BRIT Einkaufswagen *m*
super max *n (fam),* **super maximum security prison** *n* Hochsicherheitsgefängnis *nt* **supermodel** *n* FASHION Supermodel *nt* **supermom** *n* AM *Frau, die Familie, Haushalt und Karriere gleichermaßen meistert*
supernatural ['su:pəˌnætʃᵊrᵊl, AM -ɚˌnætʃɚᵊl] **I.** *adj* ❶ *(mystical)* übernatürlich
❷ *(extraordinary)* außergewöhnlich
II. *n* ■**the ~** das Übernatürliche
supernaturally ['su:pəˌnætʃᵊrᵊli, AM -ɚˌnætʃɚ-] *adv* ❶ *(mystically)* übernatürlich
❷ *(extraordinarily)* **~ large/strong** außergewöhnlich groß/stark
supernova <*pl* -s *or* -vae> [ˌsu:pə'nəʊvə, AM -ɚ'noʊ-, *pl* -vi:] *n* ASTRON Supernova *f*
supernumerary [ˌsu:pə'nju:mᵊrᵊri, AM -ɚ'nu:məreri] **I.** *adj (form)* ❶ *(extra)* zusätzlich
❷ *(not wanted)* überzählig
❸ BOT, ZOOL zu viel *nach n;* ***her right foot had a ~ toe*** an ihrem rechten Fuß war eine Zehe zu viel
❹ FILM, THEAT Statisten-
II. *n (form)* ❶ *(employee)* [Aus]hilfskraft *f*
❷ *(person)* überzählige Person; *(thing)* überzählige Sache
❸ FILM, THEAT Statist(in) *m(f)*
superordinate [ˌsu:pᵊr'ɔ:dᵊnət, AM -ɚ'ɔ:r-] **I.** *n* ❶ *(thing)* übergeordnete Sache
❷ *(person)* übergeordnete Person
❸ LING übergeordnetes Wort
II. *adj* übergeordnet
super petrol *n* BRIT Superbenzin *nt*
superphosphate [ˌsu:pə'fɒsfeɪt, AM -ɚ'fɑ:s-] *n no pl* AGR Superphosphat *nt*
superpower *n* Supermacht *f* **supersaver** *n* ❶ *(ticket)* Sparticket *nt* ❷ BRIT *(offer)* Supersparangebot *nt* **supersaver fare** *n* TOURIST Sonderspartarif *m,* ermäßigter Fahrpreis **supersaver ticket** *n* TOURIST ermäßigtes Ticket, Sparticket *nt*
superscript ['su:pəskrɪpt, AM -pɚ-] **I.** *adj inv* hochgestellt
II. *n* hochgestelltes Zeichen; COMPUT Index *m;* **in ~** hochgestellt
supersede [ˌsu:pə'si:d, AM -ɚ'-] *vt* ■**to ~ sb/sth** jdn/etw ersetzen [*o* ablösen], an die Stelle von jdm/etw treten
supersonic [ˌsu:pə'sɒnɪk, AM -ɚ'sɑ:n-] *adj inv* Überschall-; **~ aircraft** Überschallflugzeug *nt;* **the ~ travel age** das Zeitalter des Reisens mit Überschallgeschwindigkeit
superstar ['su:pəstɑ:ʳ, AM -ɚstɑ:r] *n* Superstar *m*
superstardom ['su:pəˌstɑ:dəm, AM -ɚˌstɑ:r-] *n no pl* Leben *nt* als Superstar; **to shoot to ~** zum Superstar werden
superstition [ˌsu:pə'stɪʃᵊn, AM -ɚ'-] *n* ❶ *no pl (belief)* Aberglaube[n] *m;* **according to ~** dem Aberglauben nach; **out of ~** aus Aberglauben
❷ *(practice)* Aberglaube *m kein pl*
superstitious [ˌsu:pə'stɪʃəs, AM -ɚ'-] *adj* abergläubisch; ■**to be ~ about doing sth** glauben, dass es Unglück bringt, etw zu tun
superstitiously [ˌsu:pə'stɪʃəsli, AM -ɚ'-] *adv* aber-

gläubisch

superstore ['su:pəstɔ:ʳ, AM -ɚstɔ:r] *n* Großmarkt *m*, Verbrauchermarkt *m*

superstructure ['su:pə,strʌktʃəʳ, AM -ɚ,strʌktʃɚ] *n* ❶ *(upper structure)* Oberbau *m* ❷ NAUT [Deck]aufbauten *mpl* ❸ ARCHIT Oberbau *m* ❹ *(concept)* Überbau *m*

supertanker ['su:pə,tæŋkəʳ, AM -ɚ,tæŋkɚ] *n* NAUT Riesentanker *m*, Supertanker *m*

supertitle ['su:pɚ,taɪt̬l̩] *n* AM Oberüberschrift *f*

Super Tuesday *n* AM POL *(fam)* *im Wahljahr der zweite Dienstag im März, an dem in vielen Staaten eine Vorwahl für den Präsidentschaftskandidaten abgehalten wird*

superunleaded ['su:pərʌn,ledɪd, AM -ɚʌn,-] AUTO I. *adj* superbleifrei II. *n* Super *nt* bleifrei

supervene [,su:pə'vi:n, AM -ɚ'-] *vi (form)* dazwischenkommen; ***events have ~d*** es sind unvermutete Ereignisse eingetreten

supervise ['su:pəvaɪz, AM -pɚ-] *vt* ■**to ~ sb/sth** jdn/etw beaufsichtigen [*o* überwachen]; **to ~ the distribution of aid** die Verteilung von Hilfsgütern überwachen; **to ~ an exam** bei einer Prüfung die Aufsicht haben

supervision [,su:pə'vɪʒən, AM -ɚ'-] *n no pl of children* Beaufsichtigung *f; of prisoners, work* Überwachung *f;* ■**under the ~ of sb** unter [der] Aufsicht einer Person *gen;* ■**without ~** unbeaufsichtigt

supervisor ['su:pəvaɪzəʳ, AM -ɚvaɪzɚ] *n* ❶ *(person in charge)* Aufsichtsbeamte(r) *m*, Aufsichtsbeamte [*o* -in] *f; (in shop)* Abteilungsleiter(in) *m(f); (in factory)* Vorarbeiter(in) *m(f);* SCH Betreuungslehrer(in) *m(f);* UNIV Betreuer(in) *m(f); (for doctoral candidates)* Doktorvater *m;* BRIT Tutor(in) *m(f)* ❷ AM POL leitender Verwaltungsbeamter/leitende Verwaltungsbeamte [*o* -in] ❸ COMPUT *(part of computer)* Supervisor *m*

supervisory [,su:pə'vaɪzəri, AM -ɚ'vaɪzɚi] *adj inv* ❶ *(controlling)* Aufsichts-, aufsichtsführend *attr;* **~ body** Aufsichtsorgan *nt*, Kontrollinstanz *f;* **~ staff** Aufsichtspersonal *nt* ❷ COMPUT Überwachungs-, überwachungs-

superwoman *n (fam)* ❶ *(woman of extraordinary powers)* Superwoman *f* ❷ *(successful woman)* *Frau, die Familie und Karriere gleichermaßen meistert*

supine ['su:paɪn, AM su:'paɪn] *adj* ❶ *inv (lying on back)* **to be/lie ~** auf dem Rücken liegen; ***he was ~ on the floor*** er lag ausgestreckt auf dem Boden ❷ *(fig pej: indolent)* träge *pej*, gleichgültig *pej*

supinely ['su:paɪnli, AM su:'paɪnli] *adv inv (fig pej form)* träge *pej*, gleichgültig *pej*

supper ['sʌpəʳ, AM -ɚ] *n* ❶ FOOD *(meal)* Abendessen *nt*, Abendbrot *nt*, Nachtmahl *nt* ÖSTERR; **to have ~** zu Abend essen, das Nachtmahl einnehmen ÖSTERR; ***we're having pasta for ~*** bei uns gibt es heute Nudeln zum Abendessen ❷ FOOD *(dated: snack)* später Imbiss
▸ PHRASES: **to sing for one's ~** *(in return for payment)* etw tun für sein Geld; *(in return for a favour)* sich *akk* revanchieren

suppertime ['sʌpətaɪm, AM -ɚ-] *n no pl* Abendbrotzeit *f*, Abendessenszeit *f*

supplant [sə'plɑ:nt, AM -'plænt] *vt* ■**to ~ sb/sth** jdn/etw ersetzen [*o* ablösen]; **to feel ~ed** sich *akk* zurückgesetzt fühlen

supple ['sʌpl̩] *adj* ❶ *(flexible) human body* gelenkig, geschmeidig; *(fig) mind* flexibel, beweglich; **to have a ~ mind** geistig beweglich [*o* flexibel] sein ❷ *(not stiff) leather* geschmeidig; *skin* weich

supplely ['sʌpl̩li] *adv* weich, geschmeidig

supplement I. *n* ['sʌplɪmənt, AM -lə-] ❶ *(something extra)* Ergänzung *f* (**to** zu +*dat*); *(book)* Supplement *nt*, Supplementband *m*, Ergänzungsband *m; (information)* Nachtrag *m*, Anhang *m;* **a ~ to one's income** ein zusätzliches Einkommen ❷ MED **vitamin ~** Nahrungsmittelergänzung *f* ❸ *(section)* Beilage *f;* **advertising/sports ~** Werbe-/Sportbeilage *f;* **the Sunday ~** die Sonntagsbeilage ❹ BRIT *(surcharge)* Zuschlag *m;* **to pay a ~** einen Zuschlag zahlen
II. *vt* ['sʌplɪment, AM -lə-] ■**to ~ sth** etw ergänzen; **to ~ one's diet with sth** seine Nahrung durch etw *akk* ergänzen; **to ~ one's income by doing sth** sein Einkommen aufbessern, indem man etw tut

supplemental [,sʌplə'ment̬əl] *adj* AM, **supplementary** ['sʌpləmentəri, AM -t̬ɚi] *adj inv* ❶ *(additional)* ergänzend *attr,* zusätzlich, Zusatz-; **~ charge** Zuschlag *m;* **~ income** Zusatzeinkommen *nt;* **~ reading** ergänzende Lektüre; ■**to be ~ [to sth]** eine Ergänzung [zu etw *dat*] sein ❷ MATH supplementär

supplementary angle *n* MATH Supplementwinkel *m*, Ergänzungswinkel *m* **supplementary benefit** *n* ECON Sozialhilfe *f*

suppleness ['sʌpl̩nəs] *n no pl* ❶ *(flexibility) of the human body* Gelenkigkeit *f*, Geschmeidigkeit *f; (fig) of mind* Flexibilität *f fig*, Beweglichkeit *f fig* ❷ *(softness) of leather* Geschmeidigkeit *f; of skin* Weichheit *f*

suppliant ['sʌpliənt] *(form)* I. *n* Bittsteller(in) *m(f)* II. *adj* ■**to be ~** demütig bitten, flehen *geh*

supplicant ['sʌplɪkənt, AM -lə-] *n (form liter)* Bittsteller(in) *m(f);* **a ~ for mercy** ein um Gnade Flehender/eine um Gnade Flehende *geh*

supplicate ['sʌplɪkeɪt, AM -lə-] *(form liter)* I. *vi* flehen *geh*, inständig bitten
II. *vt* ■**to ~ sb/sth** jdn/etw anflehen *geh;* **to ~ sb for forgiveness** jdn [demütig] um Verzeihung bitten; **to ~ assistance from sb** jdn inständig um Hilfe bitten *geh*

supplication [,sʌplɪ'keɪʃən, AM -lə'-] *n (form liter)* Flehen *nt kein pl geh* (**for** um +*akk*); ***they have made a ~ for help*** sie haben eindringlich um Hilfe gebeten; **in ~** flehentlich *geh*

supplier [sə'plaɪəʳ, AM -ɚ] *n* ❶ *(provider)* Lieferant(in) *m(f);* **~ of services** Erbringer *m* von Dienstleistungen; **main ~** Hauptlieferant *m;* **steel ~** Stahllieferant *m* ❷ *(company)* Lieferfirma *f*, Zulieferbetrieb *m;* ■**~s** *pl* Lieferanten *mpl*, Zulieferer *mpl* ❸ *(drug peddler)* [Drogen]lieferant(in) *m(f)*

supply¹ [sə'plaɪ] I. *vt* <-ie-> ❶ *(provide sth)* ■**to ~ sth** für etw *akk* sorgen, etw bereitstellen; **to ~ an answer to a question** eine Antwort auf eine Frage geben; **to ~ information about sth** Informationen über etw *akk* geben; **to come supplied with sth** *car, radio* mit etw *dat* ausgestattet [*o* ausgerüstet] sein; ■**to ~ sth to sb** *arms, drugs* jdm etw beschaffen; **to be accused of ~ing drugs** des Drogenhandels beschuldigt werden, wegen Drogenhandel[s] angeklagt sein ❷ *(provide sb with sth)* ■**to ~ sb** jdn versorgen, jdm etw geben; ECON jdn mit etw *dat* beliefern; ■**to be supplied with sth** etw erhalten; **to ~ sb with food** jdn mit Nahrung versorgen ❸ *(act as source)* liefern; ***this cereal supplies plenty of vitamins*** dieses Getreide ist ein großer Vitaminspender ❹ *(satisfy)* **to ~ a demand** eine Nachfrage befriedigen; **to ~ a requirement** einer Forderung nachkommen
II. *n* ❶ *(stock)* Vorrat *m* (**of an** +*dat*); **a month's ~ of tablets** eine Monatspackung Tabletten; **water ~** Wasservorrat *m* ❷ *no pl (action)* Versorgung *f*, Bereitstellung *f;* **electricity** [*or* **power**]**/water ~** Strom-/Wasserversorgung *f;* **oil/petrol ~** Öl-/Benzinzufuhr *f; (action of providing)* Belieferung *f;* **source of ~** Bezugsquelle *f* ❸ ECON Angebot *nt;* **~ and demand** Angebot und Nachfrage; **to be in plentiful ~** im Überfluss [*o* reichlich] vorhanden sein; **to be in short ~** Mangelware sein ❹ ■**supplies** *pl (provision)* Versorgung *f kein pl*, [Zu]lieferung *f;* MIL Nachschub *m; (amount needed)* Bedarf *m;* **food supplies** Versorgung *f* mit Lebensmitteln, Lebensmittellieferungen *fpl;* **to be urgently in need of medical supplies** dringend medizinischer Versorgung bedürfen; **to cut off supplies** die Lieferungen einstellen; **to cut off gas/water supplies** das Gas/Wasser abstellen; **office supplies** Bürobedarf *m* ❺ *(amount available)* ■**supplies** *pl* Vorräte *mpl*, Bestände *mpl;* **food supplies** Lebensmittelvorräte *mpl; (for camping, journey)* Proviant *m* ❻ BRIT POL ■**supplies** *pl* Budget *nt*, bewilligter Etat ❼ BRIT, AUS *(teacher)* Vertretungslehrer(in) *m(f)*, Aushilfslehrer(in) *m(f);* **to be on ~** vertretungsweise unterrichten

supply² ['sʌpl̩i] *adv see* **supplely**

supply base *n* MIL Versorgungsbasis *f*, Nachschubbasis *f* **supply chain** *n* ECON Versorgungskette *f* **supply depot** *n* MIL Versorgungsbasis *f*, Nachschubbasis *f* **supply industry** *n* Zuliefer[er]industrie *f* **supply line** *n usu pl* Transportweg *m (für die Versorgung mit Gütern);* MIL Nachschubweg *m* **supply ship** *n* NAUT Versorgungsschiff *nt* **supply-side** *adj inv* ECON angebotsorientiert **supply-side economics** *n* ECON angebotsorientierte Wirtschaftspolitik, Angebotswirtschaft *f* **supply-sider** [sə'plaɪ,saɪdəʳ, AM -ɚ] *n* AM *Befürworter von Steuersenkungen zur Ankurbelung der Wirtschaft* **supply teacher** *n* BRIT, AUS Aushilfslehrer(in) *m(f)*, Vertretungslehrer(in) *m(f)*

support [sə'pɔ:t, AM -'pɔ:rt] I. *vt* ❶ *(hold up)* ■**to ~ sb/sth** jdn/etw stützen; ■**to be ~ed on** [*or* **by**] **sth** von etw *dat* gestützt werden; ■**to ~ oneself on sth** sich *akk* auf etw *akk* stützen; **to ~ a currency** ECON eine Währung stützen; **to ~ a roof** ein Dach abstützen; **to ~ sb's weight** jds Gewicht tragen; ***the ice is thick enough to ~ our weight*** das Eis ist so dick, dass es uns trägt ❷ *(sustain)* **to ~ life** für den Lebensunterhalt sorgen ❸ *(fulfill)* **to ~ a role** eine Rolle spielen ❹ *usu neg (form: tolerate)* **to not/no longer ~ sth** etw nicht/nicht länger ertragen [*o geh* erdulden] [*o fam* aushalten] ❺ *(provide with money)* **to ~ sb/sth** jdn/etw [finanziell] unterstützen; **to ~ one's lifestyle** seinen Lebensstil finanzieren ❻ *(provide with necessities)* ■**to ~ sb** für jds Lebensunterhalt aufkommen; ■**to ~ oneself** seinen Lebensunterhalt [selbst] bestreiten; **to ~ a family** eine Familie unterhalten ❼ *(comfort)* ■**to ~ sb/sth** jdn/etw unterstützen; ■**to ~ sb in sth** jdn bei etw *dat* unterstützen; ***the union is ~ing Linda in her claim that she was unfairly dismissed*** die Gewerkschaft unterstützt Lindas Behauptung, sie sei zu Unrecht entlassen worden ❽ *(encourage)* ■**to ~ sb/sth** jdn/etw unterstützen; **to ~ a cause** für eine Sache eintreten; **to ~ a plan** einen Plan befürworten ❾ *(corroborate)* ■**to ~ sth** etw belegen; **to ~ a theory** eine Theorie beweisen ❿ SPORTS **to ~ a sportsman/team** für einen Sportler/ein Team sein ⓫ COMPUT **to ~ a device/language/program** ein Gerät/eine Sprache/ein Programm unterstützen
II. *n* ❶ *(prop)* Stütze *f;* ARCHIT Träger *m;* FASHION Stütze *f;* **knee ~** Kniestrumpf *m;* **~ stockings** Stützstrümpfe *mpl* ❷ *no pl (act of holding)* Halt *m;* **to give sth ~** etw *dat* Halt geben ❸ *no pl (material assistance)* Unterstützung *f;* **financial ~** finanzielle Unterstützung; **a** [**visible**] **means of ~** eine [bekannte] Einnahmequelle; **to withdraw ~ from sb/sth** jdm/etw die weitere Unterstützung entziehen; LAW Unterhalt *m;* **action for ~** Unterhaltsklage *f;* **to receive ~** Unterhalt bekommen ❹ *no pl (comfort)* Halt *m fig*, Stütze *f fig;* ■**to be a ~ to sb** jdm eine Stütze sein; **letters of ~** Sympathieschreiben *ntpl;* **moral ~** moralische Unterstützung; **to give sb a lot of ~** jdm großen Rückhalt geben; **to give sb moral ~** jdn moralisch unterstützen ❺ *no pl (encouragement)* Unterstützung *f; (proof*

S

of truth) Beweis *m;* **to drum up ~ for sth** Unterstützung für etw *akk* auftreiben; **to enlist the ~ of sb** jds Unterstützung gewinnen; **to lend ~ to a theory** eine Theorie erhärten; **to pledge ~ for sth** etw *dat* seine Unterstützung zusichern

❻ COMPUT Support *m*

▶ PHRASES: **in ~ of** (*to assist*) als Unterstüzung; (*to express approval*) zur Unterstützung; **to vote in ~ of the President** für den Präsidenten stimmen; (*to obtain*) um etw zu erreichen; ***the miners have come out on strike in ~ of their pay claim*** die Bergarbeiter sind in den Streik getreten, um ihrer Lohnforderung Nachdruck zu verleihen

supportable [sə'pɔːtəbl̩, AM -'pɔːrt̬-] *adj* (*form*) vertretbar

supporter [sə'pɔːtəʳ, AM -'pɔːrt̬ɚ] *n* ❶ (*encouraging person*) Anhänger(in) *m(f); of a campaign, policy* Befürworter(in) *m(f); of a theory* Verfechter(in) *m(f);* **strong ~** energischer Verfechter/energische Verfechterin

❷ SPORTS Fan *m*

❸ (*jockstrap*) Suspensorium *nt*

support group *n* ❶ (*group of sympathisers*) Hilfsvereinigung *f*

❷ (*music group*) Vorgruppe *f*

supporting [sə'pɔːtɪŋ, AM -'pɔːrt̬-] *adj attr, inv* BRIT FILM Vor-, Bei-; **~ programme** Vorprogramm *nt,* Beiprogramm *nt*

supporting act *n* MUS Vorgruppe *f* **supporting actor** *n* FILM Nebendarsteller(in) *m(f)* **supporting cast** *n* Nebendarsteller *mpl,* Ensemble *nt* **supporting documentation** *n* Belege *mpl* **supporting film** *n* BRIT FILM Vorfilm *m,* Beifilm *m* **supporting part** *n,* **supporting role** *n* Nebenrolle *f* **supporting tissue** *n* ANAT Stützgewebe *nt*

supportive [sə'pɔːtɪv, AM -'pɔːrt̬-] *adj* (*approv*) ■**to be ~ of sb** jdm eine Stütze sein, jdn unterstützen; ***children with ~ parents often do better at school*** Kinder, die von ihren Eltern unterstützt werden, kommen oft besser in der Schule zurecht; ■**to be ~ of sth** etw unterstützen [*o* befürworten]; **~ member** Anhänger(in) *m(f)*

supportively [sə'pɔːtɪvli, AM -'pɔːrt̬-] *adv* **to behave ~ towards sb** jdm Rückhalt geben

supportiveness [sə'pɔːtɪvnəs, AM -'pɔːrt̬-] *n no pl* Unterstützung *f*

support network *n* Hilfsnetz *nt* **support price** *n* Stützungspreis *m;* BRIT AGR garantierter Mindestpreis **support system** *n* Hilfsnetz *nt*

suppose [sə'pəʊz, AM -'poʊz] *vt* ❶ (*think likely*) ■**to ~ [that] ...** annehmen [*o* vermuten], dass ...; ***what time do you ~ he'll be arriving?*** wann, glaubst du, wird er ankommen?; ***I had always ~ed that he was innocent*** ich war immer der Meinung, dass er unschuldig ist; ***I ~ you think that's funny*** du hältst das wohl auch noch für komisch; ***that's not a very good idea — no, I ~ not*** das ist keine sehr gute Idee – ja, das glaube ich auch; ***will they have arrived by now? — I don't ~ so*** ob sie jetzt wohl angekommen sind? – das glaube ich eigentlich nicht; **I ~/don't ~** wohl/wohl kaum; ***I ~ all the tickets will be sold by now*** die Tickets werden wohl inzwischen ausverkauft sein; **I ~ you couldn't ...** [*or* **I don't ~ you could ...**] Sie könnten mir nicht zufällig ...

❷ (*as admission*) denken, annehmen; ***I'm very popular, I ~*** ich bin sehr beliebt, nehm' ich mal an

❸ (*to introduce hypothesis*) annehmen; **~ *he was there ...*** angenommen er war hier ...

❹ (*as a suggestion*) **~ *we leave right away?*** wie wär's, wenn wir jetzt gleich fahren würden?

❺ (*form: require*) ■**to ~ sth** etw voraussetzen

❻ (*believe*) ■**to ~ sth** etw glauben [*o* vermuten]; ***I ~ she would have been about 70 when she died*** ich vermute, sie war so um die 70, als sie starb; ■**to ~ sb/sth to be sth** jdn/etw für etw *akk* halten; ***we all ~ed him to be German*** wir haben alle gedacht, dass er Deutscher sei; ***her new book is ~ed to be very good*** ihr neues Buch soll sehr gut sein; ***it is commonly ~ed that ...*** es wird allgemein angenommen, dass ...

❼ *pred* (*expected*) ■**to be ~d to do sth** etw tun sollen; ***you're ~d to be asleep*** du solltest eigentlich schon schlafen; ***how am I ~d to find that much money?*** woher soll ich nur das ganze Geld nehmen?

❽ *pred, usu neg* (*allowed*) ■**to be not ~d to do sth** etw nicht tun dürfen; ***you're not ~d to park here*** sie dürfen hier nicht parken

▶ PHRASES: **I ~ so** wahrscheinlich, wenn du meinst

supposed [sə'pəʊzd, AM -'poʊ-] *adj attr, inv* vermutet, angenommen; **~ killer** mutmaßlicher Mörder/mutmaßliche Mörderin

supposedly [sə'pəʊzɪdli, AM -'poʊ-] *adv inv* ❶ (*allegedly*) angeblich

❷ (*apparently*) anscheinend, scheinbar

supposing [sə'pəʊzɪŋ, AM -'poʊ-] *conj* angenommen; **~ *he doesn't show up?*** was, wenn er nicht erscheint?; **but ~ ...** aber wenn ...; **always ~ ...** immer unter der Annahme, dass ...

supposition [ˌsʌpə'zɪʃᵊn] *n* ❶ *no pl* (*act*) Spekulation *f,* Mutmaßung *f;* **to be based on pure ~** auf reiner Spekulation beruhen

❷ (*belief*) Vermutung *f,* Annahme *f;* **unfounded ~** unbegründete Annahme; **on the ~ that ...** vorausgesetzt, dass ...

suppository [sə'pɒzɪtᵊri, AM -'pɑːzɪtɔːri] *n* MED Zäpfchen *nt,* Suppositorium *nt fachspr;* **to insert a ~** ein Zäpfchen einführen

suppress [sə'pres] *vt* ■**to ~ sth** ❶ (*end*) etw unterdrücken; **to ~ a revolution** eine Revolution niederschlagen; **to ~ terrorism** den Terrorismus bekämpfen; **to ~ human rights** die Menschenrechte missachten

❷ (*restrain*) **to ~ feelings/impulses/urges** Gefühle/Impulse/Verlangen unterdrücken

❸ (*prevent from spreading*) **to ~ evidence/information** Beweismaterial/Informationen zurückhalten

❹ (*inhibit*) etw hemmen; **to ~ the immune system** das Immunsystem schwächen; **to ~ a process/reaction** einen Prozess/eine Reaktion abschwächen

❺ ELEC **to ~ electrical interference** etw entstören, eine elektrische Störung beheben

❻ PSYCH **to ~ ideas/memories** Vorstellungen/Erinnerungen verdrängen

suppressant [sə'presᵊnt] *n* hemmendes Medikament; **appetite ~** Appetitzügler *m,* Appetithemmer *m;* **cough ~** Hustenmittel *nt*

suppression [sə'preʃᵊn] *n no pl* ❶ (*act of ending*) Unterdrückung *f; of an uprising, a revolution* Niederschlagung *f; of terrorism* Bekämpfung *f*

❷ *of anger, individuality* Unterdrückung *f*

❸ *of evidence, information* Zurückhaltung *f,* Verheimlichung *f,* Vertuschung *f*

❹ MED Hemmung *f*

❺ ELEC Entstörung *f*

❻ PSYCH Verdrängung *f*

suppressor [sə'presəʳ, AM -ɚ] *n* ❶ (*restrainer*) **noise ~** Rauschunterdrücker *m*

❷ (*inhibitor*) **weed ~** Unkrautbekämpfungsmittel *nt*

❸ ELEC Entstörvorrichtung *f,* Entstörer *m*

❹ COMPUT Unterdrücker *m*

suppurate ['sʌpjəreɪt] *vi* eitern

supranational [ˌsuːprə'næʃᵊnᵊl] *adj inv* supranational *geh,* übernational, überstaatlich

supraorbital [ˌsuːprə'ɔːbɪtᵊl, AM -t̬ᵊl] *adj* ANAT supraorbital

supremacist [suː'preməsɪst, AM sə'-] (*esp pej*) **I.** *n jd, der an die Überlegenheit einer bestimmten Gruppe glaubt*

II. *adj* sich *akk* überlegen fühlend; **to have a ~ attitude towards sb** sich jdm gegenüber überlegen fühlen

supremacy [suː'preməsi, AM sə'-] *n no pl* Vormachtstellung *f,* Supremat *m o nt geh;* SPORTS Überlegenheit *f;* **to establish air ~** MIL sich *dat* die Luftherrschaft sichern

supreme [suː'priːm, AM sə'-] **I.** *adj inv* ❶ (*superior*) höchste(r, s), oberste(r, s); **~ authority** höchste [Regierungs]gewalt; **~ commander** Oberbefehlshaber(in) *m(f);* **~ ruler** oberster Herrscher/oberste Herrscherin

❷ (*strongest*) **to reign ~** absolut herrschen; (*fig*) [unangefochten] an erster Stelle stehen

❸ (*extreme*) äußerste(r, s), größte(r, s); ***the ~ irony was that ...*** die größte Ironie bestand darin, dass ...; (*causing great pleasure*) überragend, unübertroffen, unvergleichlich; **to show ~ courage** größten Mut beweisen; **to require a ~ effort of will** höchste Willenskraft erfordern; **~ moment** einzigartiger Moment, Höhepunkt *m*

❹ (*fatal*) **to make the ~ sacrifice** (*liter*) [sein Leben] opfern

II. *n no pl* FOOD **turkey ~** ≈ Putengeschnetzeltes *nt* (*in Sahnesauce*)

Supreme Being *n* REL (*liter*) ■**the ~** das Höchste Wesen *liter* **Supreme Court** *n* LAW ❶ BRIT **S~ [of Judicature]** oberster Gerichtshof für England und Wales ❷ AM (*highest federal court*) Oberstes Bundesgericht

supremely [suː'priːmli, AM sə'-] *adv* äußerst; ***James plays the violin ~ well*** James spielt außerordentlich gut Geige

Supreme Soviet *n* (*hist*) ■**the ~** der Oberste Sowjet *hist*

supremo [suː'priːməʊ, AM sə'priːmoʊ] *n esp* BRIT, AUS (*fam*) ❶ (*boss*) Oberboss *m fam*

❷ (*expert*) **tennis ~** Tenniscrack *m*

Supt *n abbrev of* **superintendent 2**

surcharge ['sɜːtʃɑːdʒ, AM 'sɜːrtʃɑːrdʒ] **I.** *n* ❶ (*extra charge*) Zuschlag *m* (**for** für +*akk*), Aufschlag *m* (**on** auf +*akk*); **~ for a single room** Einzelzimmerzuschlag *m*

❷ (*penalty*) Strafgebühr *f,* Schadenersatzleistung *f* [bei unrechtmäßiger Ausgabe von Geldern], Regress *m;* (*taxes*) [Steuer]zuschlag *m*

❸ BRIT (*refund*) Rückerstattung *f*

❹ (*omission*) Zuschlag *m,* Aufschlag *m*

❺ (*mark on stamp*) Nachporto *nt,* Strafporto *nt*

II. *vt* ❶ *usu passive* ■**to ~ sb** einen Zuschlag von jdm verlangen; ■**to ~ sth** einen Zuschlag auf etw *akk* erheben, etw mit einem Zuschlag belegen; ■**to be ~d on** [*or* **for**] **sth** für etw *akk* einen Zuschlag bezahlen müssen; **to be ~d for a single room** einen Einzelzimmerzuschlag bezahlen müssen

❷ (*mark*) **to ~ a stamp** eine Marke mit einem Zuschlagsstempel versehen

III. *vi* einen Zuschlag erheben [*o* fordern]

sure [ʃʊəʳ, AM ʃʊr] **I.** *adj* ❶ *pred* (*confident*) sicher; ■**to be ~ [that] ...** [sich *dat*] sicher sein, dass ...; ***are you ~?*** bist du sicher?; ***I'm not really ~*** ich weiß nicht so genau; **to feel ~ [that] ...** überzeugt [davon] sein, dass ...; **to seem ~ [that] ...** als sicher erscheinen, dass ...; ■**to be ~/not ~ how/what/when/where/whether/who/why ...** genau/nicht genau wissen, wie/was wann/wo/ob/wer/warum ...; ■**to be ~/not ~ if ...** genau/nicht genau wissen, ob...; ■**to be ~/not ~ about** [*or* **of**] **sth** sich *dat* einer S. *gen* sicher/nicht sicher sein; ***are you ~ about this?*** sind Sie sich dessen sicher?; ***I'm not ~ about what to do for the best*** ich weiß nicht genau, was am besten zu tun ist; ■**to be ~/not ~ about** [*or* **of**] **sb** sich *dat* über jdn im Klaren/nicht im Klaren sein; ***you can always be ~ of Kay*** du kannst dich immer auf Kay verlassen

❷ (*expect to get*) ■**to be ~ of sth** etw sicher bekommen; ■**sb is ~ of sth** etw ist jdm sicher; ***we arrived early to be ~ of getting a good seat*** wir waren frühzeitig da, um auch ja gute Plätze zu bekommen

❸ (*certain*) sicher, gewiss; ■**to be ~ to do sth** überzeugt [davon] sein, etw zu tun; ***where are we ~ to have good weather?*** wo werden wir aller Voraussicht nach gutes Wetter haben?; ***we're ~ to see you again before we leave*** bestimmt sehen wir Sie noch einmal, bevor wir abreisen

❹ (*true*) sicher; **one ~ way [of doing sth]** ein sicherer Weg [etw zu tun]

❺ *attr* (*reliable*) **a ~ sign of sth** ein sicheres Zeichen für etw *akk;* **to have a ~ understanding of**

sth sich *dat* über etw *akk* im Klaren sein
► PHRASES: [as] ~ **as eggs is eggs, as ~ as the day is long** [*or* BRIT *dated* ~ **God made little apples**] so sicher wie das Amen in der Kirche *fam;* [as] ~ **as hell** (*sl*) todsicher *fam;* ~ **thing** (*fam: certainty*) sicher!; *esp* AM (*of course*) [aber] natürlich!, [na] klar! *fam;* ~ **enough** (*fam*) tatsächlich, gewiss; **to be** ~ (*form: to concede truth*) sicherlich, gewiss; (*as emphasis*) klar; ***that was a great movie, to be ~!*** eines ist klar: das war ein großartiger Film!; **to be ~ of oneself** selbstbewusst sein; (*pej*) sehr von sich *dat* überzeugt sein *pej;* **to make ~** sich versichern; **to make ~ [that] ...** darauf achten, dass ...; ***make ~ you lock the door when you go out*** denk daran, die Tür abzuschließen, wenn du weggehst; **as ~ as I'm standing/sitting here** so wahr ich hier stehe/sitze; **for ~** (*fam*) bestimmt, ganz sicher; **to know for ~ that ...** ganz sicher [*o* genau] wissen, dass ...; ***and that's for ~!*** das ist mal sicher! *fam;* **one thing's for ~** eines ist [schon] mal sicher [*o* steht schon mal fest] *fam*
II. *adv esp* AM (*fam: certainly*) echt *fam;* ***I ~ am hungry!*** hab ich vielleicht einen Hunger!
III. *interj* (*fam: certainly!*) **oh** [*or* **yeah**] **~!** [aber] natürlich! *iron,* na klar [doch]! *iron;* **~ I will!** natürlich!, aber klar doch! *fam*

sure-fire *adj attr, inv* (*fam*) todsicher *fam* **sure-footed** *adj* ① (*able to walk*) trittsicher ② (*confident*) sicher, souverän *geh* **sure-footedly** *adv* ① (*walking confidently*) [tritt]sicher; *person* sicheren Fußes *geh* ② (*confidently*) sicher, souverän *geh;* **to deal with sth very ~** sehr souverän mit etw *dat* umgehen **sure-footedness** *n no pl* ① (*ability to walk*) [Tritt]sicherheit *f* ② (*confidence*) Sicherheit *f,* Souveränität *f geh*

surely ['ʃɔːli, 'ʃʊə-, AM 'ʃʊr-] *adv* ① *inv* (*certainly*) sicher[lich], bestimmt; ***that ~ can't be a good idea*** das ist bestimmt keine gute Idee; ***you must agree, ~?*** Sie stimmen doch wohl zu?; ***it must ~ be possible for you to get this finished today*** es ist doch bestimmt möglich, dass du das heute noch fertig bekommst; **slowly but ~** langsam, aber sicher
② *inv* (*showing astonishment*) doch; ***~ you don't expect me to believe that*** du erwartest doch wohl nicht, dass ich dir das abnehme! *fam;* ***there must be some mistake, ~*** da stimmt doch etwas nicht!; ***he's seventy-five next birthday — sixty-five ~!*** er wird fünfundsiebzig – fünfundsechzig wolltest du sagen!; ***~ not!*** das darf doch wohl nicht wahr sein!
③ (*confidently*) sicher; ***he seemed to speak very ~*** er schien sich seiner Sache sehr sicher
④ *inv esp* AM (*yes, certainly*) [aber] natürlich [*o* sicher]; ***may I sit here? — yes, ~*** darf ich mich hierhin setzen? – aber sicher doch!
► PHRASES: ~ **to God** [*or* **goodness**] (*dated fam*) na, hören Sie mal!; ***why, ~ to goodness, child, this is no way to carry on!*** also Kind, das ist doch kein Benehmen!; ***~ to God you could have called to say you'd be late*** du hättest doch wenigstens anrufen können, dass du später kommst

sureness ['ʃʊənəs, AM 'ʃʊr-] *n no pl* ① (*steadiness*) Sicherheit *f,* Verlässlichkeit *f;* ***she has an enviable ~ of touch*** sie hat die Dinge beneidenswert fest im Griff
② (*confidence*) Sicherheit *f,* Souveränität *f*

surety ['ʃɔːrəti, 'ʃʊə-, AM 'ʃʊrəţi] *n* LAW ① (*person*) Bürge, -in *m, f,* Garant(in) *m(f);* **to stand ~** [**for sb**] [für jdn] bürgen
② (*money*) Bürgschaft *f,* Kaution *f,* Sicherheit[sleistung] *f;* **to provide ~** eine Kaution stellen, Sicherheit leisten; ***they had to provide $5000 as ~*** sie mussten 5000 Dollar als Sicherheit hinterlegen
③ *no pl* (*certainty*) Gewissheit *f*

surf [sɜːf, AM sɜːrf] **I.** *n* Brandung *f;* **the crash** [*or* **roar**] **of the ~** das Tosen der Brandung
II. *vi* ① (*on surfboard*) surfen; **to go ~ing** surfen gehen
② (*windsurf*) windsurfen
III. *vt* COMPUT **to ~ the Internet** [*or* **the World Wide Web**] im Internet surfen

surface ['sɜːfɪs, AM 'sɜːrf-] **I.** *n* ① (*top layer*) Oberfläche *f; of a lake, the sea* Spiegel *m;* **the earth's ~** die Erdoberfläche; **the ~ of the moon** die Mondoberfläche; **road ~** Straßenbelag *m,* Straßendecke *f;* **non-stick ~** Antihaftbeschichtung *f;* **polished ~** polierte [Ober]fläche; **to bring sth to the ~** etw [von unten] heraufholen; (*fig*) etw zutage fördern *geh* [*o* ans Licht bringen]; **to come** [*or* **rise**] **to the ~** an die Oberfläche kommen, zutage treten; **below** [*or* **beneath**] [*or* **under**]**/on the ~** (*also fig*) unter/auf der Oberfläche *a. fig;* MIN unter/über Tage
② SPORTS (*of playing area*) Untergrund *m;* **all-weather/artificial ~** Allwetter-/Kunststoffboden *m*
③ (*superficial qualities*) Oberfläche *f;* **on the ~** äußerlich [*o* oberflächlich] betrachtet
► PHRASES: **to scratch** [*or* **scrape**] **the ~** [**of sth**] *topic, problem* [etw] streifen [*o* oberflächlich behandeln]
II. *vi* ① (*come to top*) auftauchen
② (*fig: become apparent*) auftauchen, aufkommen; ***a rumour has ~d that ...*** es ist das Gerücht aufgetreten, dass ...
③ (*fig fam: get out of bed*) aufstehen
III. *vt* ■**to ~ sth** ① (*cover*) etw mit einem Belag versehen; **to ~ a road** eine Straße asphaltieren; **to ~ a room** einen Raum auslegen
② (*make even*) etw ebnen [*o* glätten]
IV. *adj attr, inv* ① (*of outer part*) oberflächlich; (*outward*) äußerlich
② (*not underwater*) Überwasser-; **~ fleet/ships** Überwasserflotte *f*/-fahrzeuge *ntpl*
③ MIN (*at ground level*) über Tage *nach n*
④ (*superficial*) oberflächlich; **a ~ impression of sb/sth** ein erster Eindruck von jdm/etw

surface area *n* Fläche *f;* MATH Flächeninhalt *m* **surface mail** *n Postsendung, die auf dem Land- bzw. Seeweg befördert wird;* **by ~** auf dem Landweg [*o* Seeweg] **surface-mounted** [-'maʊntɪd] *adj inv* auf der Oberfläche angebracht, aufmontiert **surface noise** *n of a record, CD* Rauschen *nt kein pl,* Abspielgeräusch *nt* **surface temperature** *n* Oberflächentemperatur *f* **surface tension** *n* PHYS Oberflächenspannung *f* **surface-to-air missile** *n* MIL Boden-Luft-Rakete *f* **surface-to-surface missile** *n* MIL Boden-Boden-Rakete *f* **surface water** *n* ① *no pl* (*on ground*) stehende Nässe ② (*of lake, sea*) [Wasser]oberfläche *f,* Spiegel *m*

surf and turf *n no pl* AM *Gericht, das sowohl Fisch/Meeresfrüchte als auch Fleisch enthält, typischerweise gegrillten Hummer und Rindersteak*

surfboard ['sɜːfbɔːd, AM 'sɜːrfbɔːrd] *n* Surfbrett *nt*

surfboarder ['sɜːfbɔːdə', AM 'sɜːrfbɔːrdə] *n* Surfer(in) *m(f)*

surfeit ['sɜːfɪt, AM 'sɜːr-] (*form*) **I.** *n no pl* Übermaß *nt* (**of** an +*dat*); **to have a ~ of sth** etw im Übermaß haben, von etw *dat* mehr als genug haben
II. *vt* ■**to be ~ed with sth** etw satt haben *fam,* von etw *dat* übersättigt sein; ■**to ~ oneself with sth** sich *akk* mit etw *dat* überfüttern

surfer ['sɜːfə', AM 'sɜːrfə] *n,* AUS *fam* **surfie** ['sɜːfi] *n* Surfer(in) *m(f);* (*windsurfer*) Windsurfer(in) *m(f)*

surfing ['sɜːfɪŋ, AM 'sɜːr-] *n no pl* Surfen *nt,* Wellenreiten *nt;* (*windsurfing*) Windsurfen *nt*

surf-riding *n no pl* Wellenreiten *nt,* Surfen *nt*

surge [sɜːdʒ, AM sɜːrdʒ] **I.** *vi* ① (*move powerfully*) *sea* branden; *waves* wogen, sich *akk* auftürmen; (*fig*) *people* wogen; ***an angry crowd ~d through the gates of the president's palace*** eine aufgebrachte Menschenmenge drängte durch die Tore des Präsidentenpalastes; **to ~ into the lead** sich *akk* im Sturm an die Spitze setzen
② (*increase strongly*) *profits* [stark] ansteigen
③ (*fig*) ■**to ~** [**up**] (*well up*) *emotion* aufwallen; (*grow louder*) *cheer, roar* aufbrausen; ***a wave of resentment surged up inside her*** eine Woge des Zorns stieg in ihr hoch
II. *n* ① (*sudden increase*) [plötzlicher] Anstieg
② (*large wave*) Woge *f;* (*breakers*) Brandung *f;* (*tidal breaker*) Flutwelle *f*
③ *no pl* (*activity of water*) Wogen *nt,* [An]branden *nt*
④ *no pl* (*fig: pressing movement*) Drängen *nt,* Ansturm *m*
⑤ (*fig: wave of emotion*) Welle *f,* Woge *f;* ***she was overwhelmed by a ~ of remorse*** plötzlich überkam sie starke Reue; **to feel a ~ of anger** Zorn in sich *dat* hochsteigen fühlen; **to feel a ~ of sympathy for sb** plötzlich eine starke Zuneigung zu jdm empfinden
⑥ ELEC Spannungsanstieg *m*/-stoß *m*

surgeon ['sɜːdʒən, AM 'sɜːr-] *n* Chirurg(in) *m(f);* **brain/heart ~** Gehirn-/Herzchirurg(in) *m(f)*

Surgeon General *n* AM Gesundheitsminister(in) *m(f)*

surgery ['sɜːdʒəri, AM 'sɜːrdʒəi] *n* ① BRIT, AUS (*doctor's premises*) [Arzt]praxis *f*
② BRIT, AUS (*treatment session*) Sprechstunde *f;* **to hold** [*or* **take**] [**a**] **~** Sprechstunde haben
③ *no pl* (*surgical treatment*) chirurgischer Eingriff; **brain/eye/heart ~** Gehirn-/Augen-/Herzoperation *f;* **major/minor ~** größerer/kleinerer Eingriff; **to carry out** [*or* **perform**] **~** operieren; **to need** [*or* **require**] **~** *disease* einen chirurgischen Eingriff nötig machen; *person* operiert werden müssen; **to undergo ~** sich *akk* einer Operation unterziehen, operiert werden
④ BRIT POL (*discussion time*) Sprechzeit *f;* **to hold a ~** einen Gesprächstermin haben [*o* abhalten]

surgery hours *npl* BRIT Sprech[stunden]zeiten *fpl*

surgical ['sɜːdʒɪkəl, AM 'sɜːr-] *adj inv* ① (*used by surgeons*) *gloves, instruments* chirurgisch
② (*orthopaedic*) medizinisch; **~ collar** Halskrause *f;* **~ shoes** orthopädische Schuhe
③ MIL (*very precise*) **~ strike** [*or* **attack**] gezielter Angriff [*o* Schlag]

surgically ['sɜːdʒɪkli, AM 'sɜːr-] *adv inv* operativ, chirurgisch

surgical spirit *n* BRIT medizinischer Alkohol **surgical stocking** *n* Stützstrumpf *m*

surliness ['sɜːlɪnəs, AM 'sɜːr-] *n no pl* unwirsche Art, Ruppigkeit *f pej*

surly ['sɜːli, AM 'sɜːr-] *adj* unwirsch, ruppig *pej*

surmise (*form*) **I.** *vt* [sɜː'maɪz, AM sə'-] ■**to ~ sth** etw vermuten [*o* annehmen]; ■**to ~ that ...** vermuten [*o* annehmen], dass ...; ■**to ~ what/when/where ...** vermuten, was/wann/wo ...
II. *n* ['sɜːmaɪz, AM sə'-] ① (*guess*) Vermutung *f*
② *no pl* (*guessing*) Vermutung *f,* Mutmaßung *f;* ***that article is all just wild ~*** dieser Artikel ist nur wilde Spekulation

surmount [sə'maʊnt, AM sə'-] *vt* ① (*overcome*) **to ~ a challenge/difficulty/problem** eine Herausforderung/eine Schwierigkeit/ein Problem meistern; **to ~ an obstacle/opposition** ein Hindernis/einen Widerstand überwinden
② (*form: stand on top of*) ■**to ~ sth** etw überragen; ARCHIT etw krönen

surmountable [sə'maʊntəbl, AM sə'maʊnţ-] *adj* (*form*) überwindbar, zu überwinden *präd*

surname ['sɜːneɪm, AM 'sɜːr-] *n* Familienname *m,* Nachname *m*

surpass [sə'pɑːs, AM sə'pæs] *vt* ① (*form: be better than*) ■**to ~ sb/sth** jdn/etw übertreffen; **to ~ all expectations** alle Erwartungen übertreffen
② (*be better than ever*) ■**to ~ oneself** sich *akk* selbst übertreffen

surpassing [sə'pɑːsɪŋ, AM sə'pæs-] *adj attr* (*liter*) unerreicht, vortrefflich

surpassingly [sə'pɑːsɪŋli, AM sə'pæs-] *adv* (*liter*) hervorragend, exzellent

surplice ['sɜːplɪs, AM 'sɜːr-] *n* REL Chorhemd *nt,* Überwurf *m*

surplus ['sɜːpləs, AM 'sɜːr-] **I.** *n* <*pl* -es> ① (*excess*) Überschuss *m* (**of** an +*dat*)
② (*financial*) Überschuss *m;* **budget/trade ~** Haushalts-/Handelsüberschuss *m*
II. *adj inv* ① (*extra*) zusätzlich
② (*dispensable*) überschüssig; **~ stock** Lagerbestände *mpl;* **to be ~ to requirements** BRIT den eigenen Bedarf übersteigen, nicht mehr benötigt werden

surplus value *n* ECON Mehrwert *m*

surprise [sə'praɪz, AM sə'-] **I.** *n* Überraschung *f;* **~! ~!** (*fam*) Überraschung! *a. iron;* **element of ~** Über-

S

raschungsmoment *nt;* **to be full of ~s** (*approv*) voller Überraschungen stecken; **to come as a ~** [**to sb**] völlig überraschend [für jdn] kommen; **to express ~ at sth** seine Überraschung über etw *akk* zum Ausdruck bringen; **to spring a ~ on sb** jdn vollkommen überraschen; **to take sb by ~** jdn überraschen; **in** [*or* **with**] **~** überrascht, erstaunt; **to sb's** [**great**] **~** zu jds [großem] Erstaunen
II. *vt* ■**to ~ sb** ❶ (*amaze*) jdn überraschen; ***it will not ~ anyone to learn that the offer has been rejected*** es wird wohl niemanden verwundern, dass das Angebot abgelehnt wurde; ***well, you do ~ me*** nun, das erstaunt mich!
❷ (*take unawares*) jdn überraschen; ■**to ~ sb doing sth** jdn bei etw *dat* überraschen [*o* ertappen]
III. *adj attr, inv* überraschend, unerwartet; **~ visit** Überraschungsbesuch *m;* **~ winner** Überraschungssieger(in) *m(f)*
surprised [sə'praɪzd, AM sɚ'-] *adj* ❶ (*taken unawares*) überrascht; (*amazed*) erstaunt; ***I'm not ~ that he didn't keep his promise*** es überrascht mich nicht, dass er nicht Wort gehalten hat; ***I'm ~ to see you here*** ich bin überrascht, dich hier zu sehen; ***I wouldn't be ~ if it snowed tomorrow*** es würde mich nicht wundern, wenn es morgen schneite; ***you'd be ~ how many people were there*** du würdest kaum glauben, wie viele Leute da waren; **pleasantly ~** angenehm überrascht; ■**to be ~ at sth** über etw *akk* erstaunt sein; ***we were very ~ at the result*** das Ergebnis hat uns sehr überrascht
❷ *pred* (*disappointed*) enttäuscht; ■**to be ~ at sb/sth** von jdm/etw enttäuscht sein; ***it's not like you to behave like this — I'm ~ at you*** es sieht dir gar nicht ähnlich, dich so aufzuführen – du enttäuschst mich
surprising [sə'praɪzɪŋ, AM sɚ'-] *adj* überraschend; ***it's hardly ~ that he broke up*** es ist kaum verwunderlich, dass er Schluss gemacht hat; ***I must say that it's ~ to find you agreeing with me for once*** ich muss sagen, es ist erstaunlich, dass du mir mal zustimmst
surprisingly [sə'praɪzɪŋli, AM sɚ'-] *adv* ❶ (*remarkably*) erstaunlich
❷ (*unexpectedly*) überraschenderweise; ***not ~, the jury found them guilty*** wie zu erwarten [war], befand das Gericht sie für schuldig
surreal [sə'rɪəl, AM -'ri:əl] *adj* surreal *geh,* [traumhaft-]unwirklich
surrealism [sə'rɪəlɪzᵊm, AM -'ri:əl-] *n no pl* Surrealismus *m*
surrealist [sə'rɪəlɪst, AM -'ri:əl-] **I.** *n* Surrealist(in) *m(f)*
II. *adj* surrealistisch
surrealistic [sə,rɪə'lɪstɪk, AM -,ri:ə'-] *adj* surrealistisch
surrender [sᵊr'endəʳ, AM sə'rendɚ] **I.** *vi* ❶ MIL aufgeben, kapitulieren; ■**to ~ to sb** sich *akk* jdm ergeben
❷ (*fig: give in*) nachgeben, kapitulieren; **to ~ to temptation** der Versuchung erliegen
II. *vt* (*form*) ❶ (*give*) ■**to ~ sth** [**to sb**] [jdm] etw übergeben [*o* aushändigen]; **to ~ a claim** auf einen Anspruch verzichten; **to ~ a policy** FIN eine Versicherungspolice zum Rückkauf bringen; **to ~ a territory** ein Gebiet abtreten; **to ~ weapons** Waffen abgeben
❷ (*abandon*) ■**to ~ oneself to sth** sich *akk* etw *dat* überlassen [*o* hingeben]; ***he ~ed himself to fate*** er ergab sich seinem Schicksal
III. *n no pl* ❶ (*capitulation*) Kapitulation *f* (**to** vor +*dat*); ***no ~!*** Kapitulieren kommt nicht in Frage!; **unconditional ~** bedingungslose Kapitulation
❷ (*form: giving up*) Preisgabe *f geh* (**to** an +*akk*)
❸ FIN *of insurance* Rückkauf *m*
surreptitious [,sʌrəp'tɪʃəs, AM ,sɜ:r-] *adj* heimlich; **~ glance** verstohlener Blick
surreptitiously [,sʌrəp'tɪʃəsli, AM ,sɜ:r-] *adv* heimlich; *glance* verstohlen
surreptitiousness [,sʌrəp'tɪʃəsnəs, AM ,sɜ:r-] *n no pl* Heimlichkeit *f; of a glance* Verstohlenheit *f*
surrogacy ['sʌrəgəsi, AM 'sɜ:r-] *n no pl* Leihmutterschaft *f*
surrogate ['sʌrəgɪt, AM 'sɜ:r-] **I.** *adj attr, inv* Ersatz-; **~ children** Ersatzkinder *ntpl;* **~ family** Ersatzfamilie *f*
II. *n* ❶ (*substitute*) Ersatz *m,* Surrogat *nt geh* (**for** für +*akk*)
❷ (*deputy*) Vertreter(in) *m(f),* Stellvertreter(in) *m(f)*
surrogate birth *n Geburt eines Kindes, das von einer Leihmutter ausgetragen wurde* **surrogate mother** *n* Leihmutter *f* **surrogate motherhood** *n no pl* Leihmutterschaft *f*
surround [sə'raʊnd] **I.** *vt* ❶ (*enclose*) ■**to ~ sb/sth** jdn/etw umgeben
❷ (*encircle*) ■**to ~ sb/sth** jdn/etw einkreisen; MIL jdn/etw umstellen [*o* umzingeln]
❸ (*fig: be associated with*) ■**to ~ sb/sth** jdn/etw umgeben; ***mystery still ~s the circumstances of his death*** die Umstände seines Todes liegen noch immer im Dunkeln; **to be ~ed by** [*or* **with**] **controversy/speculation** Kontroversen/Spekulationen hervorrufen
❹ (*have as companions*) ■**to ~ oneself with sb** sich *akk* mit jdm umgeben; ■**to be ~ed by sb** von jdm umgeben sein; ***she wanted to celebrate ~ed by the people she loved*** sie wollte im Kreis ihrer Lieben feiern
II. *n esp* BRIT ❶ (*border*) Rahmen *m;* **brass ~** Messingrahmen *m*
❷ (*area around sth*) Umrahmung *f,* Umrandung *f,* Einfassung *f*
surrounding [sə'raʊndɪŋ] **I.** *adj attr, inv* umgebend; **~ area** [*or* **district**] Umgebung *f;* **the ~ buildings/gardens** die umliegenden Gebäude/Gärten
II. *n* ■**~s** *pl* ❶ (*area*) Umgebung *f;* **to be back in familiar ~s** wieder in vertrauter Umgebung sein
❷ (*living conditions*) Umgebung *f,* [Lebens]verhältnisse *ntpl*
surrounds [sə'raʊndz] *npl* AM ■**the ~** die Umgebung
surround sound **I.** *n no pl* Raumklang *m,* Surroundsound *m fachspr*
II. *n modifier headphones* Surround-Sound- *fachspr*
surtax <*pl* -es> ['sɜ:tæks, AM 'sɜ:r-] *n* ❶ *no pl* FIN (*extra income tax*) Zusatzsteuer *f* (*zur Einkommenssteuer*)
❷ FIN (*additional tax*) Sondersteuer *f*
surtitle ['sɜ:,taɪtl̩, AM 'sɜ:r,taɪt̬l̩] *n Übersetzungstext, der bei fremdsprachig gesungenen Opern für die Zuschauer sichtbar eingeblendet wird*
surveillance [sɜ:'veɪlən(t)s, AM sɚ'-] *n no pl* Überwachung *f,* Kontrolle *f;* **electronic ~** elektronische Überwachung; **to be under ~** unter Beobachtung stehen, beobachtet [*o* überwacht] werden; **to keep sb/sth under ~** jdn/etw beobachten [*o* überwachen]
surveillance aircraft *n* MIL Aufklärungsflugzeug *nt* **surveillance camera** *n* Überwachungskamera *f* **surveillance satellite** *n* Aufklärungssatellit *m*
survey **I.** *vt* [sə'veɪ, AM sɚ'-] ❶ *usu passive* (*carry out research*) ■**to ~ sb** jdn befragen
❷ (*look at*) ■**to ~ sb/sth** jdn/etw betrachten; (*carefully*) jdn/etw begutachten
❸ (*give overview*) ■**to ~ sth** etw umreißen; ***the book ~s the history of feminism*** das Buch gibt einen Überblick über die Geschichte des Feminismus
❹ (*map out*) ■**to ~ sth** etw vermessen
❺ BRIT **to ~ a building/house** ein Gebäude/Haus begutachten, ein Gutachten von einem Gebäude/Haus erstellen
► PHRASES: **to be lord** [*or* **master/mistress**] [*or* **king/queen**] **of all one ~s** BRIT alles rundum sein Eigen nennen
II. *n* ['sɜ:veɪ, AM 'sɜ:r-] ❶ (*opinion poll*) Untersuchung *f;* (*research*) Studie *f;* **local/nationwide ~** örtliche/landesweite Umfrage; **public opinion ~** öffentliche Meinungsumfrage; **to carry out a ~** eine Studie durchführen
❷ (*overview*) Übersicht *f; of a topic* Überblick *m* (**of** über +*akk*)
❸ (*of land*) Vermessung *f;* **to carry out a ~** eine Vermessung durchführen
❹ BRIT (*of building*) [Grundstücks]gutachten *nt;* **to have a ~ carried out** [*or fam* **done**] **on a house** ein Gutachten von einem Haus erstellen lassen
surveyor [sə'veɪəʳ, AM sɚ'veɪɚ] *n* ❶ (*of land*) [Land]vermesser(in) *m(f)*
❷ BRIT (*of buildings*) Gutachter(in) *m(f)*
survivable [sə'vaɪvəbl̩, AM sɚ'-] *adj pred* (*form*) ■**to not be ~** tödlich sein; ***the accident was not ~*** der Unfall bedeutete den sicheren Tod
survival [sə'vaɪvᵊl, AM sɚ'-] *n* ❶ *no pl* (*not dying*) Überleben *nt;* **chance of ~** Überlebenschance *f;* **to fight for ~** ums Überleben kämpfen
❷ *no pl* (*fig: not being defeated*) Überleben *nt;* ***her chances of ~ as prime minister now look slim*** ihre Chancen, Ministerpräsidentin zu bleiben, stehen schlecht
❸ (*relic*) Überrest *m,* Überbleibsel *nt fam* (**from** aus +*dat*)
► PHRASES: **the ~ of the fittest** das Überleben des Stärkeren; (*fig*) der Sieg der Tüchtigsten
survival instinct *n* Überlebensinstinkt *m* **survival kit** *n* Überlebensausrüstung *f* **survival rate** *n* (*also fig*) Überlebenschance *f*
survive [sə'vaɪv, AM sɚ'-] **I.** *vi* ❶ (*stay alive*) überleben, am Leben bleiben; ■**to ~ on sth** sich *akk* mit etw *dat* am Leben halten
❷ (*fig: not be destroyed*) überleben, erhalten bleiben; *monument* überdauern; *tradition* fortbestehen
❸ (*fig: keep going*) sich *akk* behaupten; ***how are you? — oh, I'm surviving*** (*fam*) wie geht's dir? – ach, ich schlag mich so durch *fam;* ■**to ~ on sth** mit etw *dat* auskommen
II. *vt* ❶ (*stay alive after*) ■**to ~ sth** *accident, crash* etw überleben; (*fig*) über etw *akk* hinwegkommen
❷ (*still exist after*) ■**to ~ sth** *fire, flood* etw überstehen
❸ (*outlive*) ■**to ~ sb** jdn überleben
surviving [sə'vaɪvɪŋ, AM sɚ'-] *adj inv* ❶ (*still living*) noch lebend; ***the rhinoceros is one of the oldest ~ species*** das Nashorn ist eine der ältesten überlebenden Spezies; ■**to be ~** noch am Leben sein
❷ *inv* (*outliving relative*) hinterblieben; **~ dependant** unterhaltspflichtige(r) Hinterbliebene(r)
❸ *inv* (*fig: still existing*) [noch] vorhanden [*o* existent]; ***this is one of the few ~ photographs of my grandfather*** dies ist eines der wenigen Fotos, die es von meinem Großvater noch gibt
❹ *inv* (*fig: still continuing*) noch amtierend
survivor [sə'vaɪvəʳ, AM sɚ'vaɪvɚ] *n* ❶ (*person still alive*) Überlebende(r) *f(m);* ***she's a ~ of cancer*** sie hat den Krebs besiegt
❷ (*fig: tough person*) Stehaufmännchen *hum fam,* Überlebenskünstler(in) *m(f);* ***he's one of life's ~s*** er lässt sich vom Leben nicht kleinkriegen *fam*
❸ (*person outliving relative*) Hinterbliebene(r) *f(m)*
susceptibility [sə,septə'bɪləti, AM -ət̬i] *n* ❶ *no pl* (*ability to be influenced*) Empfänglichkeit *f* (**to** für +*akk*)
❷ *no pl* MED Anfälligkeit *f* (**to** für +*akk*)
❸ (*feelings*) ■**susceptibilities** *pl* Gefühle *ntpl;* **to hurt/offend sb's ~** jds Gefühle verletzen/beleidigen
susceptible [sə'septəbl̩] *adj* ❶ *usu pred* (*easily influenced*) ■**to be ~ to sth** für etw *akk* empfänglich sein; ***children are very ~ to TV*** Kinder sind durch das Fernsehen leicht beeinflussbar
❷ MED anfällig; **to be ~ to pain** schmerzempfindlich sein
❸ *pred* (*form: open*) ■**to be ~ of sth** BRIT etw zulassen; ***the facts are ~ of other explanations*** die Fakten lassen auch andere Erklärungen zu; ■**to be ~ to sth** offen für etw *akk* sein
sushi ['su:ʃi] *n no pl* FOOD Sushi *nt*
sushi bar *n* Sushibar *f*
suspect **I.** *vt* [sə'spekt] ❶ (*think likely*) ■**to ~ sth** etw vermuten; ***I ~ed as much*** das habe ich mir gedacht; ***I ~ not/so*** ich nehme an [*o* denke] nein/ja; ***so far, the police do not ~ foul play*** bislang

geht die Polizei noch nicht von einem Verbrechen aus; ■**to ~ that …** vermuten [*o* mutmaßen], dass …; ***I half~ed that he was lying*** ich hatte irgendwie den Eindruck, dass er log; **to strongly ~ sth** etw stark annehmen
❷ (*consider guilty*) ■**to ~ sb** jdn verdächtigen; ■**to ~ sb of doing sth** jdn verdächtigen, etw getan zu haben; ■**to be ~ed of sth** einer S. *gen* verdächtigt werden; ■**to be ~ed of having done sth** im Verdacht stehen, etw getan zu haben
❸ (*doubt*) ■**to ~ sth** etw anzweifeln; *motives* einer S. *dat* misstrauen
II. *n* ['sʌspekt] Verdächtige(r) *f(m)*; (*fig*) Verursacher(in) *m(f)*; **prime** [*or* **main**] **~** Hauptverdächtige(r) *f(m)*
III. *adj* ['sʌspekt] ❶ *usu attr* (*possibly dangerous*) verdächtig, suspekt
❷ (*possibly defective*) zweifelhaft
suspected [sə'spektɪd] *adj attr, inv* ❶ (*under suspicion*) verdächtigt; **~ terrorists** mutmaßliche Terroristen
❷ MED ***he has a ~ broken leg*** es besteht bei ihm der Verdacht auf einen Beinbruch
suspend [sə'spend] *vt* ❶ (*stop temporarily*) ■**to ~ sth** etw [vorübergehend] aussetzen [*o* einstellen]; **to ~ judgement** mit seiner Meinung zurückhalten; **to ~ proceedings** LAW die Verhandlung unterbrechen
❷ LAW (*make temporarily inoperative*) **to ~ a constitution/right** eine Verfassung/ein Recht zeitweise außer Kraft setzen; **to ~ a sentence** eine Strafe [zur Bewährung] aussetzen; **to ~ disbelief** (*fig*) die Vernunft [zeitweilig] ausschalten
❸ *usu passive* ■**to ~ sb** (*from work*) jdn suspendieren; (*from school*) jdn [zeitweilig] [vom Unterricht] ausschließen; SPORTS jdn sperren; **to ~ sb from duty** jdn vom Dienst suspendieren
❹ *usu passive* (*hang*) ■**to ~ sth** etw aufhängen; ■**to be ~ed [from sth]** [von etw *dat*] herabhängen; ***a bare light bulb was ~ed from the ceiling*** eine nackte Glühbirne hing von der Decke; **to be** [*or* **hang**] **~ed in midair** frei schwebend aufgehängt sein
❺ *usu passive* CHEM ■**to be ~ed in sth** in etw *dat* gelöst [*o fachspr* suspendiert] sein
suspended animation *n no pl* BIOL [Winter]starre *f*; MED Scheintod *m*; (*fig*) Erstarrung *f* **suspended sentence** *n* LAW aufgeschobene Urteilsverkündung
suspender [sə'spendəʳ, AM -ɚ] *n* ❶ (*for stockings*) Strumpfbandhalter *m*
❷ AM (*braces*) ■**~s** *pl* Hosenträger *mpl*
❸ BRIT (*dated: for men's socks*) Kniestrumpfhalter *m*
suspender belt *n* BRIT, AUS Strumpfbandhalter *m*
suspense [sə'spen(t)s] *n no pl* Spannung *f*; ***the ~ is killing me*** ich sterbe vor Neugier; **to be/wait in ~** voller Spannung sein/warten; **to keep sb in ~** jdn im Ungewissen [*o fam* zappeln] lassen; **to put sb out of their ~** jdn nicht länger auf die Folter spannen
suspenseful [sə'spensfᵊl] *adj* spannend, aufregend
suspension [sə'spen(t)ʃᵊn] *n* ❶ *no pl* (*temporary stoppage*) [zeitweilige] Einstellung [*o* Aussetzung]; ***there have been calls for the drug's immediate ~*** es wurde gefordert, das Medikament sofort aus dem Verkehr zu ziehen; **~ of fighting** Waffenruhe *f*; **~ of payment** Zahlungseinstellung *f*
❷ (*from work, school*) Suspendierung *f*, Beurlaubung *f*; SPORTS Sperrung *f*; **to be under ~** *worker, student* [zeitweilig] suspendiert [*o* beurlaubt] sein; *player* [zeitweilig] gesperrt sein
❸ CHEM Suspension *f fachspr*; **to be in ~ [in sth]** [in etw *dat*] [auf]gelöst [*o fachspr* suspendiert] sein
❹ AUTO Radaufhängung *f*; **[spring] ~** Federung *f*
❺ LAW zeitweilige Einstellung, Aussetzung *f*, Suspension *f fachspr*
suspension bridge *n* Hängebrücke *f* **suspension railway** *n* Schwebebahn *f*
suspensory [sə'spensᵊri] *adj inv* ❶ (*holding and supporting*) hängend; *ligament, muscle* Aufhänge-; **~ bandage** Bruchband *nt*
❷ (*deferring*) *condition, veto* aufschiebend, suspensiv *geh*
suspicion [sə'spɪʃᵊn] *n* ❶ (*unbelief*) Verdacht *m*; ***this has confirmed my worst ~s about him*** das hat meine schlimmsten Erwartungen über ihn bestätigt; **there is a growing ~ that …** es verstärkt sich der Verdacht, dass …; **a lurking/nagging/sneaking ~** ein heimlicher/nagender/schleichender Verdacht; **to arouse sb's ~s** jds Verdacht erregen; **to have one's ~s about sb/sth** bezüglich einer Person/einer S. *gen* seine Zweifel haben; **to have a ~ that …** den Verdacht haben, dass …
❷ *no pl* (*being suspected*) Verdacht *m*; **to arouse ~** Verdacht erregen; **to arrest sb on ~ of sth** jdn wegen des Verdachts auf etw *akk* verhaften; **to be above** [*or* **beyond**] **~** über jeglichen Verdacht erhaben sein; **to be under ~** unter Verdacht stehen; ***she is under ~ of murder*** sie steht unter Mordverdacht
❸ *no pl* (*mistrust*) Misstrauen *nt*; **to have a ~ of sb/sth** jdm/etw gegenüber misstrauisch sein; **to regard/view sth with ~** etw mit Misstrauen betrachten; **to regard sb with ~** jdm mit Misstrauen begegnen
❹ (*small amount*) ■**a ~ of sth** ein Anflug *m* [*o* ein Hauch *m*] von etw *dat*
► PHRASES: **the finger of ~ is pointing at sb** ***all the cake has gone and I'm afraid the finger of ~ rests on you*** der ganze Kuchen ist weg und ich fürchte, alles deutet auf dich
suspicious [sə'spɪʃəs] *adj* ❶ (*causing suspicion*) verdächtig; ***have you seen anything ~?*** haben Sie irgendetwas Verdächtiges beobachtet?; **to look ~** verdächtig aussehen
❷ (*feeling suspicion*) misstrauisch, argwöhnisch; ***my mother has a very ~ nature*** meine Mutter ist von Natur aus sehr misstrauisch; **to become** [*or* **get**] **~ [about sth]** [wegen einer S. *gen*] misstrauisch werden; ■**to be ~ of sth** etw mit Skepsis betrachten, einer S. *dat* gegenüber skeptisch sein
suspiciously [sə'spɪʃəsli] *adv* ❶ (*so as to cause suspicion*) verdächtig; **to act** [*or* **behave**] **~** sich *akk* verdächtig benehmen; **to look ~ like sth** verdächtig nach etw *dat* aussehen
❷ (*mistrustfully*) *look, ask* misstrauisch, argwöhnisch
suspiciousness [sə'spɪʃəsnəs] *n no pl*
❶ (*suspectness*) Verdächtigkeit *f*
❷ (*mistrustfulness*) Misstrauen *nt*, Argwohn *m geh*
suss [sʌs] **I.** *adj* AUS (*fam*) *see* **suspicious 1**
II. *vt esp* BRIT, AUS ■**to ~ [out]** ⇄ **sb/sth** ❶ (*understand*) jdn/etw durchschauen; ***she thinks she's got me ~ed*** sie glaubt, sie hätte mich durchschaut
❷ (*discover*) jdm/etw auf die Spur kommen; ■**to ~ [out] how/what/where/why …** herauskriegen, wie/was/wo/warum … *fam*; ■**to ~ [out] that …** herausfinden, dass …
sussed [sʌst] *adj* BRIT (*fam*) gut informiert
sustain [sə'steɪn] *vt* ❶ (*form: suffer*) **to ~ damages** Schäden erleiden [*o* davontragen]; *object* beschädigt werden; **to ~ injuries/losses** Verletzungen/Verluste erleiden
❷ (*maintain*) ■**to ~ sth** etw aufrechterhalten; ***the economy looks set to ~ its growth next year*** es sieht so aus, als würde das Wirtschaftswachstum im nächsten Jahr anhalten
❸ (*keep alive*) ■**to ~ sb/sth** jdn/etw [am Leben] erhalten; **to ~ a family** eine Familie unterhalten [*o* versorgen]
❹ (*support emotionally*) ■**to ~ sb** jdn unterstützen, jdm [unterstützend] helfen
❺ AM LAW (*uphold*) ■**to ~ sth** etw zulassen; ***objection ~ed!*** Einspruch stattgegeben!; **to ~ a case against sb** jdn anklagen
❻ MUS **to ~ a note** eine Note halten
❼ COMPUT ■**to ~ sth** bei etw *dat* [Spannung *f*] aufrechterhalten
sustainability [sə,steɪnə'bɪləti, AM -ət̬i] *n no pl*
❶ (*ability to be maintained*) Tragbarkeit *f*
❷ ECOL Möglichkeit *f* der Erhaltung
sustainable [sə'steɪnəbl] *adj* ❶ (*maintainable*) haltbar; *argument* stichhaltig; ■**sth is ~** etw kann aufrechterhalten werden
❷ ECOL erhaltbar; *resources* erneuerbar
sustainable development *n no pl*, **sustainable growth** *n no pl* ECON, ECOL nachhaltige Entwicklung
sustained [sə'steɪnd] *adj* ❶ (*long-lasting*) anhaltend; **~ applause** anhaltender Applaus; **~ fire** Dauerbeschuss *m*
❷ (*determined*) nachdrücklich; **a ~ attempt** ein entschlossener Versuch; **to make a ~ effort to do sth** entschieden an etw *akk* herangehen
sustaining [sə'steɪnɪŋ] *adj* nahrhaft; **a ~ meal** eine kräftige Mahlzeit
sustaining pedal *n* MUS Fortepedal *nt*
sustenance ['sʌstɪnən(t)s, AM -tᵊn-] *n no pl*
❶ (*form: food*) Nahrung *f*
❷ (*form: nutritious value*) Nährwert *m*
❸ (*emotional support*) Unterstützung *f*; **to draw ~ from sth** Unterstützung aus etw *dat* ziehen; **to find ~ in sth** eine Stütze an etw *dat* finden
suttee ['sʌtiː, AM sə'tiː] *n* (*hist*) Sati *nt* (*Witwenverbrennung im alten Indien*)
suture ['suːtʃəʳ, AM -ɚ] MED **I.** *n* Naht *f*
II. *vt* ■**to ~ sth** etw [ver]nähen
SUV [,esjuː'viː] *n abbrev of* **sport utility vehicle**
suzerain ['suːzᵊreɪn, AM -zɚɪn] *n* POL (*form*) Oberherr *m*, Protektor *m*; (*hist*) [Ober]lehnsherr *m hist*
suzerainty ['suːzᵊreɪnti, AM -zɚɪnti] *n no pl* POL (*form*) Oberhoheit *f*, Oberherrschaft *f*
svelte ['svelt] *adj* (*approv*) *woman* schlank, grazil
Svengali [sven'gɑːli] *n jemand, der die Fäden in der Hand hat*
SW[1] [,es'dʌblj̩uː] **I.** *n* ❶ GEOG *abbrev of* **southwest** SW *m*
❷ TELEC *abbrev of* **short wave**
II. *adj abbrev of* **southwestern**
SW[2] [,es'dʌblj̩uː] *n* RADIO *abbrev of* **short wave** KW
swab [swɒb, AM swɑːb] **I.** *n* MED ❶ (*pad*) Tupfer *m*
❷ (*test sample*) Abstrich *m*; **to take a ~ of sb's ear/throat** bei jdm einen Ohr-/Rachenabstrich vornehmen
II. *vt* <-bb-> ❶ MED (*clean*) ■**to ~ sth** etw abtupfen
❷ *esp* NAUT (*wash down*) ■**to ~ [down]** ⇄ **sth** etw scheuern; **to ~ the deck** das Deck schrubben
◆**swab out** *vt* ■**to ~ out** ⇄ **sth** ❶ MED *wound* etw säubern
❷ (*wash out*) *container, room* etw [feucht] auswischen
Swabia ['sweɪbiə] *n no pl* GEOG Schwaben *nt*
Swabian ['sweɪbiən] **I.** *adj inv* schwäbisch; **~ dialect** schwäbischer Dialekt
II. *n* ❶ (*person*) Schwabe, Schwäbin *m, f*
❷ *no pl* (*dialect*) Schwäbisch *nt*, das Schwäbische
swaddle ['swɒdl, AM 'swɑː-] *vt* (*dated*) ■**to ~ sb/sth [in sth]** jdn/etw [in etw *akk*] einwickeln; **to ~ a baby** ein Baby wickeln
swaddling clothes *npl* (*dated*) Windeln *fpl*; **to wrap a baby in ~** einen Säugling in Windeln wickeln
swag [swæg] *n no pl* ❶ *no pl* (*dated: stolen goods*) Beute *f*, Diebesgut *nt*
❷ AUS (*dated: bundle*) Bündel *nt* (*mit Habseligkeiten, Siebensachen*)
❸ ARCHIT (*ornament*) girlandenähnliche Verzierung
swagger ['swægəʳ, AM -ɚ] **I.** *vi* ❶ (*walk boastfully*) stolzieren
❷ (*behave boastfully*) angeben *fam*, prahlen
II. *n no pl* Angeberei *f pej fam*, Prahlerei *f pej*
swaggering ['swægᵊrɪŋ, AM -ɚ-] *adj* ❶ *gait, walk* stolzierend *attr*
❷ (*boastful*) angeberisch, schwadronierend; **~ self-confidence** prahlerische Zuversicht
swaggeringly ['swægᵊrɪŋli, AM -ɚ-] *adv* in prahlerischer Weise
swagger stick *n* MIL Offiziersstöckchen *nt*
swagman ['swægmæn] *n* AUS (*dated*) Landstreicher *m*
swain [sweɪn] *n* ❶ (*old: youth*) [junger] Schäfer, Bauernbursche *m*
❷ (*poet or iron: suitor, lover*) Liebhaber *m*, Verehrer *m*, Galan *m iron*
swallow[1] ['swɒləʊ, AM 'swɑːloʊ] *n* Schwalbe *f*

S

▸ PHRASES: **one ~ doesn't make a <u>summer</u>** (*prov*) eine Schwalbe macht noch keinen Sommer *prov*

swallow² ['swɒləʊ, AM 'swɑːloʊ] **I.** *n* ❶ (*action*) Schlucken *nt kein pl*; ***he gave a ~, then began speaking*** er schluckte und fing dann an zu sprechen
❷ (*quantity*) Schluck *m*; **to take** [*or* **have**] **a ~ of sth** einen Schluck von etw *dat* nehmen
II. *vt* ❶ (*eat*) ■**to ~ sth** etw [hinunter]schlucken; (*greedily*) etw verschlingen; **to ~ sth whole** etw als Ganzes [*o* unzerkaut] [hinunter]schlucken
❷ *usu passive* ECON (*fig: take over*) ■**to be ~ed** [**up**] **by sth** von etw *dat* geschluckt werden *fam*
❸ (*fig: engulf*) ■**to ~** [**up**] ⊂ **sb/sth** jdn/etw verschlingen; ***she was soon ~ed up in the crowds*** sie war schnell in der Menschenmenge verschwunden
❹ (*fig: use up*) ■**to ~** [**up**] ⊂ **sth** etw aufbrauchen [*o geh* aufzehren] [*o pej* verschlingen]
❺ (*fig fam: believe unquestioningly*) ■**to ~ sth** etw schlucken *fam*; ***he ~ed her story whole*** er hat ihr die ganze Geschichte abgekauft *fam*
❻ (*fig fam: suffer*) ■**to ~ sth** etw einstecken *fam*; ***I found it hard to ~ his insults*** es fiel mir schwer, seine Beleidigungen wegzustecken *fam*
❼ (*fig: suppress*) **to ~ one's anger/disappointment** seinen Ärger/seine Enttäuschung hinunterschlucken *fam*; **to ~ one's pride** seinen Stolz überwinden; **to ~ one's words** sich *dat* eine Bemerkung verkneifen *fam*
▸ PHRASES: **to ~ the <u>bait</u>** anbeißen *fam*; **to ~ sth <u>hook</u>, line and sinker** etw bedenkenlos glauben; ***she ~ed his story hook, line and sinker*** sie hat ihm die ganze Geschichte ohne Wenn und Aber abgekauft *fam*
III. *vi* schlucken
◆**swallow down** *vt* ■**to ~ down** ⊂ **sth** etw hinunterschlucken; (*gulp down*) etw hinunterschlingen

swallow dive *n* BRIT, AUS SPORTS Schwalbensprung *m*, Flügelsprung *m* **swallowtail I.** *n* ❶ ORN Schwalbenschwanzkolibri *m* ❷ ZOOL (*butterfly*) Schwalbenschwanz *m* ❸ *pl* FASHION Frack *m* **II.** *n modifier* Schwalbenschwanz-

swam [swæm] *vt, vi pt of* **swim**

swami ['swɑːmi] *n* REL Swami *m*; (*as form of address*) ■**S~** Swami

swamp [swɒmp, AM swɑːmp] **I.** *vt* ❶ (*fill with water*) **to ~ a boat/canoe** ein Boot/Kanu voll laufen lassen
❷ (*flood*) ■**to ~ sth** etw überschwemmen [*o* unter Wasser setzen]
❸ (*fig: overwhelm*) ■**to ~ sb/sth** [**with sth**] jdn/etw [mit etw *dat*] überschwemmen; ***I'm ~ed with work at the moment*** im Moment ersticke ich in Arbeit; **to be ~ed with presents** mit Geschenken überhäuft werden
❹ (*fig: cause to break down*) ■**to ~ sth** etw überlasten
❺ BRIT (*fig fam: be too big for*) ■**to ~ sb** jdn untergehen lassen; ***the new dress absolutely ~s her*** in dem neuen Kleid geht sie völlig unter
II. *n* ❶ (*bog*) Sumpf *m*, Morast *m*; **mangrove ~** Mangrovensumpf *m*
❷ *no pl* (*boggy land*) Sumpf *m*, Sumpfland *nt*

swamp fever *n no pl* Sumpffieber *nt* **swampland** *n*, **swamplands** *npl* Sumpfland *nt*, Sumpfgebiet *nt*

swampy ['swɒmpi, AM 'swɑː-] *adj* sumpfig, morastig

swan [swɒn, AM swɑːn] **I.** *n* Schwan *m*
II. *vi* <-nn-> BRIT, AUS (*usu pej fam*) **to ~ down the street** die Straße hinunterschlendern; **to ~ into the room** ins Zimmer spaziert kommen; ■**to ~ about** [*or* **around**] (*pej fam*) herumtrödeln *fam*; ■**to ~ along** umherschlendern, lustwandeln *hum geh*; ■**to ~ off** (*pej fam*) sich *akk* davonmachen *fam*, sich *akk* trollen *fam*, abdampfen *fam*

swan dive *n* AM SPORTS (*swallow dive*) Schwalbensprung *m*, Flügelsprung *m*

swank [swæŋk] (*pej*) **I.** *vi* (*fam*) angeben *fam*, herumprotzen *pej fam*; ■**to ~ about sth** mit etw *dat* angeben
II. *n no pl* (*fam*) Prahlerei *f pej*, Protzerei *f pej fam*; ***I think these threats are just ~*** ich glaube, diese Drohungen sind nur heiße Luft *fam*

swanky ['swæŋki] *adj* (*fam*) ❶ (*stylish*) schick *fam*; **a ~ car** ein flotter Schlitten *fam*
❷ (*pej: boastful*) protzig *pej fam*; *talk, manner* großspurig *pej*

swannery ['swɒnᵊri, AM 'swɑːnɚi] *n* Schwanenteich *m*

swansdown *n no pl* ❶ (*feathers*) Schwanendaune[n] *f*[*pl*]
❷ (*fabric*) Swandown *m*

swansong *n* (*fig*) Schwanengesang *m geh*

swap [swɒp, AM swɑːp] **I.** *n* ❶ (*exchange*) Tausch *m*; (*interchange*) Austausch *m*; **to do a ~** [**with sb**] [mit jdm] tauschen [*o* einen Tausch machen]
❷ (*deal*) Tauschhandel *m*, Tauschgeschäft *nt*
❸ (*thing*) Tauschobjekt *nt*
II. *vt* <-pp-> ❶ (*exchange*) ■**to ~ sth** etw tauschen; ■**to ~ sth for sth** etw gegen etw *akk* eintauschen; ■**to ~ sth with sb** etw mit jdm tauschen; **to ~ places with sb** mit jdm Platz tauschen
❷ (*tell one another*) ■**to ~ sth** etw austauschen; ***we ~ped addresses*** wir haben unsere Adressen ausgetauscht; **to ~ reminiscences** Erinnerungen austauschen; **to ~ stories** sich *dat* gegenseitig Geschichten erzählen
III. *vi* <-pp-> tauschen; ■**to ~ with sb** (*exchange objects*) mit jdm tauschen; (*change places*) mit jdm [Platz] tauschen
◆**swap around I.** *vt* ■**to ~ around** ⊂ **sth** etw umstellen
II. *vi* BRIT *see* **swap round**
◆**swap over** BRIT **I.** *vt* ■**to ~ over** ⊂ **sth** etw austauschen
II. *vi* tauschen
◆**swap round** BRIT **I.** *vt see* **swap around**
II. *vi* [die Plätze] tauschen; ***after the meal, we all ~ped round*** nach dem Essen tauschten wir alle die Plätze

swap meet *n* AM (*car boot sale*) privater Flohmarkt

SWAPO ['swɑːpəʊ, AM poʊ] *n no pl, + sing/pl vb acr for* **South West Africa People's Organization** SWAPO *f*

swap rate *n* FIN Swapsatz *m* **swap transaction** *n* FIN Swapgeschäft *nt*

sward [swɔːd, AM swɔːrd] *n* Rasen *m*, Grasnarbe *f*

swarm [swɔːm, AM swɔːrm] **I.** *n* ❶ (*insects*) Schwarm *m*; **~ of bees/insects/wasps** Bienen-/Insekten-/Wespenschwarm *m*
❷ + *sing/pl vb* (*fig: people*) Schar *f*; ***a ~ of journalists followed the car*** Journalisten folgten dem Auto in Scharen
II. *vi* ❶ ZOOL *insects* schwärmen
❷ (*fig*) *people* schwärmen; ***children ~ed round the ice-cream stand*** Kinder schwärmten um den Eisstand herum
❸ (*be full of*) ■**to be ~ing with sth** von etw *dat* [nur so] wimmeln; ***the garden is ~ing with wasps*** im Garten wimmelt es von Wespen
❹ (*climb*) ■**to ~ up sth** etw hinaufklettern [*o* hochklettern], auf etw *akk* klettern

swarthy ['swɔːði, AM 'swɔːr-] *adj* dunkel[häutig]

swash <*pl* -es> [swɒʃ, AM swɑːʃ] *n* [Wellen]plätschern *nt*, [Brandungs]rauschen *nt*

swashbuckler ['swɒʃbʌkləʳ, AM 'swɑːʃbʌklɚ] *n* ❶ (*person*) Renommist *m*, Säbelrassler *m*, Schwadroneur *m*
❷ (*film*) **a ~ film** ein Mantel-und-Degen-Film *m*

swashbuckling ['swɒʃ,bʌk|ɪŋ, AM 'swɑːʃ,-] *adj attr, inv hero, pirate* verwegen, säbelrasselnd; *pseudo-hero* großschnäuzig *pej*

swastika ['swɒstɪkə, AM 'swɑː-] *n* Hakenkreuz *nt*

swat [swɒt, AM swɑːt] **I.** *vt* <-tt-> ❶ (*kill*) **to ~ an insect** ein Insekt totschlagen [*o* zerquetschen]
❷ (*hit*) ■**to ~ sb/sth** jdn/etw hart schlagen; **to ~ a ball** einen Ball schmettern
❸ (*fig: destroy*) ■**to ~ sth** etw [zerstörerisch] treffen
II. *n* ❶ (*blow*) [heftiger] Schlag; **to give sb/sth a ~** jdm/etw einen heftigen Schlag versetzen
❷ (*swatter*) Fliegenklatsche *f*

swatch <*pl* -es> [swɒtʃ, AM swɑːtʃ] *n* [Textil]muster *nt*, [Textil]probe *f*

swath [swɒθ, AM swɑːθ] *n see* **swathe**

swathe [sweɪð] **I.** *vt* ■**to ~ sth in sth** etw in etw *akk* einwickeln; ■**to ~ oneself in sth** sich *akk* in etw *akk* einhüllen
II. *n* ❶ (*long strip*) Bahn *f*, Streifen *m*
❷ (*wide area*) Gebiet *nt*, Gegend *f*; ***these people represent a wide ~ of opinion*** (*fig*) diese Leute repräsentieren einen großen Teil der öffentlichen Meinung
▸ PHRASES: **to <u>cut</u> a ~ through sth** durch etw *akk* eine Schneise der Zerstörung legen

swatter ['swɒtəʳ, AM 'swɑːt̬ɚ] *n* Fliegenklatsche *f*

sway [sweɪ] **I.** *vi person* schwanken; *trees* sich *akk* wiegen; **to ~ from side to side** hin und her schwanken; **to ~ backwards and forwards** hin und her schaukeln
II. *vt* ❶ (*swing*) ■**to ~ sth** etw schwenken; *wind* etw wiegen; **to ~ one's hips** sich *akk* in den Hüften wiegen
❷ *usu passive* (*influence*) ■**to be ~ed by sb/sth** sich *akk* von jdm/etw beeinflussen lassen; (*change mind*) von jdm/etw umgestimmt werden; ***were you ~ed by her arguments?*** haben ihre Argumente dich rumgekriegt? *fam*
❸ (*fig: alter*) ■**to ~ sth** etw ändern
III. *n no pl* (*liter: control*) beherrschender Einfluss, Einflussbereich *m*; **to come under the ~ of sb/sth** unter den Einfluss einer Person/einer S. *gen* geraten; **to hold ~** [**over sb/sth**] [über jdn/etw] herrschen; ***Newtonian physics held ~ until the advent of Einstein and relativity*** die Newtonsche Physik war vorherrschend, bis Einstein mit der Relativitätstheorie auftrat

swear <swore, sworn> [sweəʳ, AM swer] **I.** *vi* ❶ (*curse*) fluchen; ■**to ~ at sb** auf jdn fluchen
❷ (*take an oath*) schwören, einen Eid ablegen; ■**to ~ to sth** etw beschwören; ***I wouldn't ~ to it*** (*fam*) ich könnte es nicht beschwören; **to ~ by God/on the Bible** bei Gott/auf die Bibel schwören
II. *vt* ■**to ~ sth** etw schwören; **to ~ allegiance** [*or* **loyalty**] Treue schwören; **to ~ an oath** einen Eid leisten [*o* ablegen]; **to ~ sb to secrecy** jdn zur Verschwiegenheit verpflichten; **to ~ blind that ...** BRIT (*fam*) Stein und Bein schwören, dass ...; ***she swore blind she didn't know what had happened to the money*** sie schwor hoch und heilig, dass sie nicht wüsste, was mit dem Geld geschehen sei
◆**swear in** *vt usu passive* ■**to ~ in** ⊂ **sb** jdn vereidigen
◆**swear off** *vi* **to ~ off alcohol/cigarettes/drugs** dem Alkohol/den Zigaretten/den Drogen abschwören

swear word *n* derbes Schimpfwort, Fluch *m*

sweat [swet] **I.** *n no pl* ❶ (*perspiration*) Schweiß *m*; **beads of ~** Schweißperlen *fpl*; **to be covered in ~** in Schweiß gebadet sein; **to be dripping** [*or* **pouring**] **with ~** vor Schweiß triefen
❷ (*fig fam: worried state*) ■**to be in a ~** [vor Aufregung] schwitzen; **to bring sb out** [*or* AM **to make sb break out**] **in a ~** jdn zum Schwitzen bringen; ***just thinking about the exams brings me out in a cold ~*** wenn ich nur ans Examen denke, bricht mir der kalte Schweiß aus; **to get in a ~** [**about sth**] [wegen einer S. *gen*] ins Schwitzen geraten *fam*; **to work oneself into a ~** [**about sth**] sich *akk* [wegen einer S. *gen*] verrückt machen *fam*
❸ (*fig: hard effort*) schweißtreibende Angelegenheit, Plackerei *f fam*; **no ~** (*fam*) kein Problem!
II. *vi* ❶ (*perspire*) schwitzen; **to ~ with fear** vor Angst schwitzen; **to make sb ~** (*fig fam*) jdn ins Schwitzen bringen *fam*
❷ (*work hard*) ■**to ~ over sth** (*fig*) über etw *dat* schwitzen [*o* brüten] *fam*
❸ (*form condensation*) *wall* schwitzen
▸ PHRASES: **to ~ like a <u>pig</u>** (*fam*) schwitzen wie ein Schwein *sl*

III. *vt* ▶ PHRASES: **to ~ blood** Blut [und Wasser] schwitzen *fam;* **to ~ buckets** [*or* AM **bullets**] (*fam*) schwitzen, was das Zeug hält *fam;* ***the high temperatures soon had us ~ing bullets*** bei der Hitze waren wir bald klatschnass geschwitzt *fam;* **don't ~ it** mach dir nichts draus *fam*

◆**sweat off** *vt* ■**to ~ off ↔ sth** ❶ (*lose weight*) **to ~ off pounds** Pfunde abschwitzen *fam*
❷ (*get rid of*) **to ~ off a cold/flu** eine Erkältung/Grippe ausschwitzen

◆**sweat out** *vt* ❶ (*exercise hard*) **to ~ it out** sich *akk* verausgaben
❷ (*suffer while waiting*) **to ~ it out** zittern *fam;* ***my exams finish next week then I'll be ~ing it out for a month waiting for the results*** nächste Woche sind meine Prüfungen vorbei, dann heißt es einen Monat lang zittern, bis die Ergebnisse da sind
▶ PHRASES: **to ~ one's guts out** (*sl*) sich *dat* große Mühe geben, sich *dat* den Arsch aufreißen *derb*

sweat band *n* Schweißband *nt*

sweated ['swetɪd, AM -t̬-] *adj attr, inv* **~ labour** [*or* AM **labor**] [schlechtbezahlte] Schwerarbeit, Maloche *f sl,* Ausbeutung *f*

sweater ['swetəʳ, AM -t̬ɚ] *n* Pullover *m,* Sweater *m*

sweat gland *n* Schweißdrüse *f* **sweatshirt** *n* Sweatshirt *nt* **sweatshop** *n* Ausbeuterbetrieb *m pej* **sweat suit** *n* Trainingsanzug *m*

sweaty ['sweti, AM -t̬-] *adj* ❶ (*covered in sweat*) *person* verschwitzt
❷ (*causing sweat*) *work* schweißtreibend

swede [swi:d] *n* BRIT, AUS Kohlrübe *f*

Swede [swi:d] *n* Schwede, -in *m, f*

Sweden ['swi:dᵊn] *n no pl* Schweden *nt*

Swedish ['swi:dɪʃ] **I.** *n no pl* Schwedisch *nt,* das Schwedische
II. *adj inv* schwedisch; ***I think he's ~*** ich glaube, er ist Schwede

sweep [swi:p] **I.** *n* ❶ *no pl* (*a clean with a brush*) Kehren *nt,* Fegen *nt* NORDD; **to give the floor a ~** den Boden kehren
❷ (*dated: chimney sweep*) Schornsteinfeger(in) *m(f)*
❸ (*movement*) schwungvolle Bewegung, Schwingen *nt kein pl;* (*with sabre, scythe*) ausholender Hieb; (*all-covering strike*) Rundumschlag *m a. fig*
❹ (*area*) Gebiet *nt,* Gelände *nt*
❺ (*range*) Reichweite *f a. fig,* Spielraum *m;* ***the film showed the breadth of Arab culture and the ~ of its history*** der Film zeigte die Vielfältigkeit der arabischen Kultur und die weitreichende Bedeutung ihrer Geschichte
❻ (*search*) Suchaktion *f;* **a ~ of a house** eine Hausdurchsuchung
❼ (*fam*) *see* **sweepstake**
❽ COMPUT Hin- und Rücklauf *m,* Zeitablenkung *f*
▶ PHRASES: **to make a clean ~ of sth** (*start afresh*) gründlich mit etw *dat* aufräumen; (*win everything*) etw völlig für sich *akk* entscheiden; ***the new prime minister is expected to make a clean ~ of the government*** man erwartet, dass der neue Premierminister die Regierung komplett auswechselt; ***Romania made a clean ~ of the medals*** Rumänien räumte alle Medaillen ab *fam*
II. *vt* <swept, swept> ❶ (*with a broom*) ■**to ~ sth** etw kehren [*o* NORDD fegen]; **to ~ the chimney** den Kamin kehren; **to ~ the floor** den Boden fegen
❷ (*take in powerful manner*) ***smiling, he swept me into his arms*** lächelnd schloss er mich in seine Arme; ***she swept the pile of papers into her bag*** sie schaufelte den Stapel Papiere in ihre Tasche; ***the party was swept to power*** (*fig*) die Partei kam erdrutschartig an die Macht
❸ (*remove*) ■**to ~ back ↔ sth** etw zurückwerfen; ***she swept back her long hair from her face*** energisch strich sie sich ihre langen Haare aus dem Gesicht
❹ (*spread*) ■**to ~ sth** über etw *akk* kommen; ***a 1970s fashion revival is ~ing Europe*** ein Modetrend wie in den 70ern rollt derzeit über Europa hinweg
❺ (*travel and search*) ■**to ~ sth** etw absuchen [*o fam* durchkämmen]; ***police have swept the woodland area*** die Polizei hat das Waldgebiet abgesucht
❻ AM (*fam: win*) ■**to ~ sth** etw abräumen *fam* [*o pej fam* einsacken]
▶ PHRASES: **to ~ the board** allen Gewinn einstreichen; **to ~ sth under the carpet** [*or* AM *also* **rug**] [*or* AUS *also* **mat**] etw unter den Teppich kehren *fam;* **to ~ sb off his/her feet** jdm den Kopf verdrehen *fam*
III. *vi* <swept, swept> ❶ (*move smoothly*) gleiten; *person* rauschen *fam; eyes* gleiten; ***her gaze swept across the assembled room*** ihr Blick glitt über den voll besetzten Raum; ***the beam of the lighthouse swept across the sea*** der Lichtstrahl des Leuchtturms strich über das Wasser; **to ~ into power** an die Spitze der Macht getragen werden
❷ (*follow path*) sich *akk* [da]hinziehen; ***the road ~s down to the coast*** die Straße führt zur Küste hinunter; ***the path swept along the river*** der Weg verlief entlang des Flusses; ***the fire swept through the house*** das Feuer breitete sich schnell im Haus aus
▶ PHRASES: **a new broom ~s clean** (*prov*) neue Besen kehren gut *prov*

◆**sweep along I.** *vt* ■**to ~ sb along** jdn mitreißen
II. *vi wind, rain* dahinfegen, dahinjagen; *water* dahinrollen; *troops* vorwärts marschieren; *epidemics* grassieren

◆**sweep aside** *vt* ❶ (*cause to move*) ■**to ~ aside ↔ sb/sth** jdn/etw [hin]wegfegen
❷ (*fig: dismiss*) **to ~ aside ↔ doubts/objections** Zweifel/Einwände beiseite schieben [*o* abtun]

◆**sweep away** *vt* ❶ (*remove*) ■**to ~ away ↔ sth** etw [hin]wegfegen; *water* etw fortspülen; **to ~ away ↔ doubts/objections** (*fig*) Zweifel/Einwände beiseite schieben [*o* abtun]
❷ (*fig: carry away*) ■**to ~ sb ↔ away** jdn mitreißen

◆**sweep by** *vi* vorbeiziehen; (*majestically*) vorbeigleiten; (*haughtily*) vorbeirauschen

◆**sweep down I.** *vt* ■**to ~ down ↔ sth** etw mitreißen
II. *vi* ❶ (*move*) ■**to ~ down [on sb/sth]** [über jdn/etw] niedergehen; (*suddenly*) [über jdn/etw] hereinbrechen
❷ (*roll towards*) abfallen; ***the mountains ~ down to the sea*** die Berge fallen zum Meer hin ab

◆**sweep in** *vi* ❶ (*approach*) [heran]kommen; ***in spring the wind ~s in from the east*** im Frühling strömt der Wind aus Richtung Osten ein
❷ (*enter*) *person* hereinrauschen *fam*

◆**sweep off** *vt* ■**to ~ sb/sth off** sich *dat* jdn schnappen *fam,* jdn abschleppen *sl;* **to ~ sb off his/her feet** jdn mitreißen; (*fig*) jdn begeistern

◆**sweep out I.** *vt* ■**to ~ out ↔ sth** etw auskehren [*o* NORDD ausfegen]
II. *vi* hinausstürmen; **to ~ out of the room** aus dem Zimmer stürzen

◆**sweep past** *vi* vorbeiziehen; (*majestically*) vorbeigleiten; (*haughtily*) vorbeirauschen

◆**sweep through** *vi* sich *akk* ausbreiten; (*fig*) seinen Weg nehmen

◆**sweep up I.** *vt* ■**to ~ up ↔ sth** ❶ (*brush and gather*) etw zusammenkehren [*o* NORDD zusammenfegen]
❷ (*gather*) etw zusammensammeln; ***he swept up his family*** (*fig*) er ließ seine Familie antreten
II. *vi* heranrauschen; ***the car swept up and she got in*** der Wagen kam vorgefahren und sie stieg ein

sweeper ['swi:pəʳ, AM -ɚ] *n* ❶ (*device*) Kehrmaschine *f;* **carpet ~** Teppichkehrmaschine *f*
❷ (*person*) [Straßen]feger(in) *m(f),* [Straßen]kehrer(in) *m(f)*
❸ FBALL Libero *m*

sweep hand *n* Sekundenzeiger *m*

sweeping ['swi:pɪŋ] *adj* ❶ (*large-scale*) weitreichend; **~ changes** einschneidende Veränderungen; **~ cuts** drastische Einsparungen; **a ~ victory** ein Sieg *m* auf der ganzen Linie
❷ (*very general*) pauschal; **~ accusations** pauschale Anschuldigungen; **~ generalization** grobe Vereinfachung
❸ *attr* (*broad*) **~ curve** weiter Bogen

sweepings ['swi:pɪŋz] *npl* ❶ (*dirt*) Kehricht *m*
❷ (*refuse*) Reste *mpl*
❸ (*fig: people at bottom of society*) ■**the ~** der Abschaum *kein pl pej*

sweeps [swi:ps] *npl* AM Hauptsendezeiten *fpl*

sweepstake ['swi:psteɪk] *n Art Lotterie, wobei mit kleinen Einsätzen z.B. auf Pferde gesetzt wird und diese Einsätze an den Gewinner gehen*

sweet [swi:t] **I.** *adj* ❶ (*like sugar*) süß
❷ (*not dry*) *sherry, wine* süß, lieblich
❸ (*fig: pleasant*) süß, angenehm; **~ dreams!** träume süß!; **~ sound** lieblicher Klang; **~ temper** sanftes Wesen; **~ voice** süße [*o iron* holde] Stimme
❹ (*fig: endearing*) süß, niedlich, goldig *fam;* **a ~ little house** ein schnuck[e]liges kleines Häuschen *fam*
❺ (*fig: kind*) freundlich, lieb; ***it was ~ of you to help me*** es war sehr lieb von dir, mir zu helfen; ***they were very ~ to us when we stayed with them*** sie waren reizend zu uns, als wir bei ihnen zu Besuch waren
❻ (*dated: in love*) ■**to be ~ on sb** in jdn verliebt sein
❼ (*individual*) **in one's own ~ time** wenn es einem zeitlich passt; **in one's own ~ way** auf seine eigene Art; **to go one's own ~ way** seinen eigenen Weg gehen; ***no matter how often you warn her, she'll still go her own ~ way*** du kannst sie noch so oft warnen, sie macht doch immer, was sie will
▶ PHRASES: **to keep sb ~** jdn bei Laune halten
II. *n* ❶ *esp* BRIT, AUS (*candy*) Süßigkeit[en] *f[pl]*; **boiled ~** Bonbon *nt*
❷ (*sweet things*) ■**~s** *pl* Süßigkeiten *fpl*
❸ BRIT, AUS (*dessert*) Nachspeise *f,* Süßspeise *f*
❹ (*fam: term of endearment*) Liebling *m,* Schatz *m fam*

sweet-and-sour *adj inv* süßsauer **sweetbread** *n usu pl* Bries *nt* **sweetbriar** *n,* **sweetbrier** ['swi:tbraɪəʳ, AM -ɚ] *n* Heckenrose *f* **sweet butter** *n no pl* AM Süßrahmbutter *m* **sweet chestnut** *n* Esskastanie *f* **sweetcorn** *n no pl esp* AM [Zucker]mais *m*

sweeten ['swi:tᵊn] *vt* ❶ (*make sweet*) ■**to ~ sth** etw süßen
❷ (*make more amenable*) ■**to ~ [up] ↔ sb** jdn günstig stimmen; **to ~ sb's temper** jds Laune heben [*o* bessern]
❸ (*make more attractive*) ■**to ~ sth** etw versüßen [*o* schmackhaft machen]

sweetener ['swi:tᵊnəʳ, AM -ɚ] *n* ❶ *no pl* (*sugar substitute*) Süßstoff *m*
❷ (*sweet pill*) Süßstofftablette *f*
❸ (*inducement*) zusätzlicher Anreiz

sweet F A *n no pl* BRIT (*fam*) *short for* **Sweet Fanny Adams** nix *sl*

Sweet Fanny Adams *n no pl* BRIT ganz und gar nichts, nicht das Geringste; ***I know ~ about it*** ich habe nicht die leiseste Ahnung

sweetheart *n* ❶ (*dated: girl-, boyfriend*) Freund(in) *m(f);* **childhood ~** Jugendfreund(in) *m(f)*
❷ (*kind person*) Schatz *m fam;* ***would you be an absolute ~ and fetch me my hot-water bottle?*** bist du mal ein echter Schatz und holst mir meine Wärmflasche?
❸ (*term of endearment*) Liebling *m,* Schatz *m fam*

sweetheart agreement *n* (*fam*), **sweetheart deal** *n* (*fam*) beiderseitiges Entgegenkommen

sweetie ['swi:ti, AM -t̬-] *n* ❶ (*childspeak: candy*) etwas Süßes, Bonbon *m o nt*
❷ (*nice person*) Schatz *m fam;* ***he's a real ~!*** er ist ein echter Schatz!
❸ (*fam: term of endearment*) Liebling *m,* Schatz *m fam*

sweetie-pie *n* ❶ (*nice person*) Goldstück *nt fam,* Schatz *m fam*
❷ (*fam: term of endearment*) Liebling *m,* Schatz *m fam*

sweetish ['swi:tɪʃ] *adj* süßlich

sweetly ['swi:tli] *adv* ❶ (*pleasantly*) süß; **to sing ~**

schön singen; **to smile** ~ nett lächeln
❷ *esp* BRIT (*smoothly*) ***the engine's been running very ~ since it was tuned*** seit der Motor eingestellt wurde, läuft er ganz ruhig; ***she's striking the ball very ~ today*** ihre Ballarbeit heute ist eins A *fam*

sweetmeat *n* (*dated*) Zuckerwerk *nt kein pl,* Konfekt *nt*

sweetness ['swi:tnəs] *n no pl* ❶ (*sweet taste*) Süße *f*
❷ (*fig: pleasantness*) *of sb's nature* Freundlichkeit *f; of freedom, victory* süßes [*o* wohliges] Gefühl
► PHRASES: **to be all ~ and light** eitel Sonnenschein [*o fam* Friede, Freude, Eierkuchen] sein

sweet nothing *n* ❶ *usu pl* (*romantic talk*) ■**~s** süße Worte; ***stop whispering ~s in her ear and help me!*** hör auf, Süßholz zu raspeln und hilf mir lieber! ❷ (*pej: absolutely nothing*) rein gar nichts **sweet pea** *n* Wicke *f* **sweet pepper** *n* Pfefferschote *f* **sweet potato** *n* Süßkartoffel *f* **sweet shop** *n* Süßwarenladen *m* **sweet talk** *n no pl* Schmeichelei *f,* schöne Worte *ntpl;* ***don't let the ~ fool you!*** lass dich nicht einwickeln! *fam* **sweet-talk** *vt* ■**to ~ sb** jdn einwickeln *fam;* ■**to ~ sb into doing sth** jdn beschwatzen etw zu tun; **to ~ sb into buying sth** jdm etw andrehen [*o* aufschwatzen] *fam* **sweet tooth** *n* **to have a ~** gerne Süßigkeiten essen, eine Naschkatze sein **sweet trolley** *n* BRIT *kleines fahrbares Tischchen in Restaurants, auf welchem verschiedene Süßigkeiten und Süßspeisen zum Nachtisch angeboten werden* **sweet william** *n* HORT [Bart]nelke *f*

swell <swelled, swollen *or* swelled> [swel] **I.** *vt* ■**to ~ sth** ❶ (*enlarge*) etw anwachsen lassen; *water, rain* etw anschwellen lassen; *fruit* etw wachsen [und gedeihen] lassen
❷ (*fig: increase*) etw [an]steigen lassen; *sales* etw steigern
II. *vi* ❶ (*become swollen*) ■**to ~ [up]** anschwellen; (*fig*) ***his breast ~ed with pride*** vor Stolz schwoll ihm die Brust
❷ (*increase*) zunehmen; *population* ansteigen
❸ (*get louder*) lauter werden, anschwellen; ***the music ~ed along the corridor as she walked towards the stage*** die Musik im Flur wurde immer lauter, während sie auf die Bühne zuging
III. *n no pl* ❶ (*increase in sound*) zunehmende Lautstärke; *of music* Anschwellen *nt kein pl,* Crescendo *nt fachspr*
❷ (*of sea*) Dünung *f,* Seegang *m*
IV. *adj* AM (*dated fam*) spitze *fam,* klasse *fam;* ***that's a ~ idea!*** das ist eine bombige Idee! *fam*
V. *adv* AM (*dated fam*) prima *fam;* ***everything's going real ~*** alles läuft bestens *fam*

swell box *n* MUS Schwellwerk *nt* **swellhead** *n esp* AM (*pej*) Angeber(in) *m(f)*

swelling ['swelɪŋ] *n* ❶ MED (*lump*) Schwellung *f,* Geschwulst *f;* (*sudden growth*) Beule *f*
❷ *no pl* (*activity*) Anschwellen *nt*
❸ (*lasting form*) Wölbung *f,* Ausbauchung *f*

swelter ['sweltəʳ, AM -ɚ] *vi* verschmachten, [vor Hitze] umkommen; ***I'm ~ing in this pullover*** in diesem Pullover gehe ich ein! *fam*

sweltering ['sweltᵊrɪŋ, AM -ɚ-] *adj* drückend heiß; *heat, weather* schwül; ***it's ~ in here!*** hier [drin] ist es wie in einer Sauna!; **~ hot** kochend heiß

swept [swept] *vt, vi pt of* **sweep**

swept-back *adj inv* ❶ *aircraft wing* zurückgeklappt, angelegt ❷ (*hair*) **~ hair** zurückgekämmte Haare *ntpl;* **~ hairstyle** Tangofrisur *f* **swept-wing** *adj attr, inv* AVIAT mit Pfeilflügeln *nach n*

swerve [swɜ:v, AM swɜ:rv] **I.** *vi* ❶ (*change direction*) [plötzlich] ausweichen; *horse* seitlich ausbrechen; *car* ausscheren; ***the ball ~d into the net*** der Ball beschrieb einen Bogen und landete im Netz; ***the car ~d into the crash barrier*** das Auto schlitterte in die Leitplanke; ***she swerved to avoid a dog who ran into the road*** sie riss den Wagen herum, um einem Hund, der in die Straße lief, auszuweichen
❷ (*fig liter: deviate*) eine Schwenkung vollziehen *geh;* **to ~ from one's policies/principles** von seiner Politik/seinen Grundsätzen abweichen
II. *n* ❶ (*sudden move*) plötzliche Seitenbewegung, Schlenker *m;* (*evading move*) Ausweichbewegung *f;* **a ~ to the left/right** ein Ausscheren *nt* nach links/rechts; **the ~ around an obstacle** die Umgehung eines Hindernisses
❷ (*fig*) Abweichung *f;* POL Richtungswechsel *m*
❸ (*in billiards*) Effet *m*

swift¹ [swɪft] *adj* ❶ (*fast-moving*) schnell
❷ (*occurring quickly*) schnell, rasch; **a ~ reply** eine prompte Antwort

swift² [swɪft] *n* Mauersegler *m*

swiftly ['swɪftli] *adv* schnell, rasch

swiftness ['swɪftnəs] *n no pl* Schnelligkeit *f*

swig [swɪg] (*fam*) **I.** *vt* <-gg-> ■**to ~ sth** etw schlucken
II. *n* Schluck *m;* **to take a ~** einen Schluck nehmen

swill [swɪl] **I.** *n no pl* ❶ (*pig feed*) Schweinefutter *nt;* (*fig pej: untasty drink*) Gesöff *nt pej fam;* (*untasty food*) Fraß *m pej fam*
❷ (*long draught*) Schluck *m*
❸ (*rinsing*) Spülung *f;* (*act of rinsing*) Spülen *nt*
II. *vt* ❶ (*usu pej fam: drink fast*) ■**to ~ sth [down]** etw hinunterstürzen; **to ~ [down] alcohol/beer** Alkohol/Bier hinunterkippen *fam*
❷ (*swirl a liquid*) ■**to ~ sth around** [*or* **round and round**] etw [hin und her] schwenken
❸ (*rinse*) ■**to ~ sth out** etw ausspülen

swim [swɪm] **I.** *vi* <swam *or* AUS *also* swum, swum, -mm-> ❶ SPORTS schwimmen; **to go ~ming** schwimmen gehen; ■**to ~ under sth** unter etw *dat* hindurchschwimmen
❷ (*pej: be immersed*) ■**to ~ in sth** *food* in etw *dat* schwimmen; **to ~ with tears** *eyes* in Tränen schwimmen
❸ (*whirl*) verschwimmen; (*be dizzy*) schwindeln; ***my head begins to ~*** mir dreht sich alles, mir wird schwindelig
II. *vt* <swam *or* AUS *also* swum, swum, -mm-> ❶ (*cross*) ■**to ~ sth** etw durchschwimmen; ***he swam 700 metres to shore*** er schwamm 700 Meter zum Ufer; **to ~ a river/channel** einen Fluss/Kanal durchschwimmen
❷ (*do*) **to ~ a few strokes** ein paar Züge schwimmen; **to ~ the butterfly stroke** Delphin schwimmen
III. *n* ❶ (*in water*) Schwimmen *nt kein pl;* **to have** [*or* **go for**] **a ~** schwimmen gehen
❷ COMPUT Schwimmen *nt*
► PHRASES: **to be in/out of the ~** auf dem/nicht mehr auf dem Laufenden sein

swim bladder *n* ZOOL Schwimmblase *f*

swimmer ['swɪməʳ, AM -ɚ] *n* ❶ (*person*) Schwimmer(in) *m(f);* **to be a strong ~** ein guter Schwimmer/eine gute Schwimmerin sein
❷ AUS (*fam: clothes*) ■**~s** *pl* Schwimmsachen *pl*

swimming ['swɪmɪŋ] *n no pl* Schwimmen *nt*

swimming bath(s) *n* BRIT (*dated form*) Schwimmbecken *nt; see also* **swimming pool swimming cap** *n* Bademütze *f,* Badekappe *f,* Badehaube *f* ÖSTERR **swimming costume** *n* BRIT, AUS Badeanzug *m*

swimmingly ['swɪmɪŋli] *adv* (*fam or dated*) glatt *fam;* **to go ~** glatt gehen *fam*

swimming match *n* Schwimmwettbewerb *m,* Schwimmwettkampf *m* **swimming pool** *n* Schwimmbecken *nt;* (*private*) Swimmingpool *m;* (*public*) Schwimmbad *nt;* **indoor/outdoor ~** Hallen-/Freibad *nt* **swimming trunks** *npl* Badehose *f*

swimsuit *n esp* AM (*swimming costume*) Badeanzug *m;* (*swimming trunks*) Badehose *f* **swim team** *n* AM Schwimmmannschaft *f* **swim trunks** *npl* AM Badehose *f* **swimwear** *n no pl* Badebekleidung *f;* **a [new] line of ~** eine [neue] Badekollektion

swindle ['swɪndḷ] **I.** *vt* ■**to ~ sb** jdn betrügen [*o* beschwindeln]; ■**to ~ sb out of sth** [*or* **sth from sb**] jdn um etw *akk* betrügen
II. *n* Betrug *m kein pl* AUSSER SCHWEIZ, Schwindel *m kein pl*

swindler ['swɪndləʳ, AM -ḷɚ] *n* (*pej*) Betrüger(in) *m(f)*

swine [swaɪn] *n* ❶ <*pl* – *or* -s> (*pej fam: person*) Schwein *nt pej fam;* **filthy ~** dreckiges Schwein *pej derb*
❷ <*pl* -> (*liter or old: pig*) Schwein *nt*

swineherd *n* (*hist*) Schweinehirt *m*

swing [swɪŋ] **I.** *n* ❶ (*movement*) Schwingen *nt kein pl;* ***with a ~ of his axe ...*** mit einem Schwung seiner Axt ...
❷ (*punch*) Schlag *m;* **to take a ~ at sb** zum Schlag gegen jdn ausholen
❸ (*hanging seat*) Schaukel *f;* **porch ~** Hollywoodschaukel *f;* **to go on a ~** schaukeln
❹ (*change*) Schwankung *f;* **mood ~** Stimmungsschwankung *f;* POL Umschwung *m*
❺ *esp* AM (*quick trip*) Stippvisite *f fam;* **to take a ~ through the southern states** eine kurze Tour durch die Südstaaten machen
❻ *no pl* MUS Swing *m*
❼ AM (*in baseball*) Swing *m*
► PHRASES: **what you lose on the ~s, you gain on the roundabouts** [*or* **it's ~s and roundabouts**] BRIT (*prov*) das hält sich die Waagschale *prov,* das ist gehopst wie gedopst *fam;* **to get [back] into the ~ of things** [*or* **it**] (*fam*) sich *akk* [wieder] an etwas gewöhnen, [wieder] in etwas reinkommen *fam;* **to be in full ~** voll im Gang sein; **to go with a ~** BRIT (*fam: be exciting*) Schwung haben; (*be well done*) ein voller Erfolg sein
II. *vi* <swung, swung> ❶ (*move*) [hin- und her]schwingen; (*move circularly*) sich *akk* drehen; ***the monkey was ~ing from tree to tree*** der Affe schwang sich von Baum zu Baum; ***the door swung open in the wind*** die Tür ging durch den Wind auf
❷ (*attempt to hit*) zum Schlag ausholen; ■**to ~ at sb [with sth]** [mit etw *dat*] nach jdm schlagen
❸ (*in playground*) schaukeln
❹ (*alternate*) *mood* schwanken
❺ MUS swingen
❻ (*fam: be exciting*) swingen *sl;* ***you need music to make a party ~*** man braucht Musik, um eine Party in Schwung zu bringen
❼ *esp* AM (*stop shortly*) ■**to ~ by somewhere** irgendwo kurz anhalten
❽ (*hang*) hängen, baumeln *fam;* ■**to ~ for sth** für etw *akk* gehängt werden; AM (*fig: be reprimanded*) für etw *akk* gerügt [*o* getadelt] werden
► PHRASES: **to ~ into action** loslegen *fam*
III. *vt* <swung, swung> ❶ (*move*) ■**to ~ sth** etw [hin und her] schwingen; **to ~ one's arms** die Arme schwingen
❷ MUS etw als Swing spielen
❸ (*fam: arrange*) ■**to ~ sth** ***do you think you could ~ the job for me?*** glaubst du, du könntest die Sache für mich schaukeln? *fam;* **to ~ it** es arrangieren [*o fam* deichseln]; **to ~ an election** (*pej*) eine Wahl herumreißen *fam*
► PHRASES: **to ~ the balance** den Ausschlag geben; **to ~ the lead** BRIT sich *akk* vor etw *dat* drücken
IV. *adj voter, state* entscheidend

◆**swing around, swing round** **I.** *vi* ❶ (*turn around*) sich *akk* schnell umdrehen; (*in surprise, fright*) herumfahren
❷ (*go fast*) ***she swung around the corner at full speed*** sie kam mit vollem Tempo um die Ecke geschossen
II. *vt* ❶ (*turn round*) ■**to ~ sth around** etw [her]umdrehen; (*move in a circle*) etw herumschwingen [*o* herumwirbeln]
❷ (*change*) **to ~ a conversation around** [*or* **round**] **to sth** ein Gespräch auf etw *akk* bringen

◆**swing up** *vt* ■**to ~ oneself up into/onto sth** *seat* sich *akk* auf etw *akk* hochschwingen

swing bridge *n* Drehbrücke *f* **swing door** *n* BRIT, AUS Schwingtür *f,* Pendeltür *f*

swingeing ['swɪndʒɪŋ] *adj* BRIT (*form*) extrem; **~ cuts/economic sanctions** drastische Kürzungen/Wirtschaftssanktionen; **~ penalties** exorbitante Strafen *geh*

swinger ['swɪŋəʳ, AM -ɚ] *n* (*dated fam: fashionably social person*) lebenslustiger Typ *fam;* (*sexually*) lockerer Vogel *fam*

swinging ['swɪŋɪŋ] *adj* (*dated fam: fun, exciting*) schwungvoll; (*promiscuous*) freizügig; **the ~ sixties** die Swinging Sixties

swinging door *n* BRIT, AUS Schwingtür *f,* Pendeltür *f*

swingset *n* Schaukel *f;* (*structure*) Schaukelgestell *nt*

swing shift *n* AM Spätschicht *f* **swing vote** *n esp* AM entscheidende Stimme **swing-wing** *n* AVIAT Schwenkflügler *m*

swinish ['swaɪnɪʃ] *adj* (*pej dated fam*) schweinisch *pej fam*

swipe [swaɪp] I. *vi* schlagen; ■**to ~ at sth** nach etw *dat* schlagen
II. *vt* ① (*swat*) ■**to ~ sb** BRIT jdn [hart] schlagen; ***she ~ed him round the head*** sie gab ihm ein paar hinter die Ohren
② *esp* AM (*graze*) ■**to ~ sth** *car* etw streifen
③ (*fam: steal*) ■**to ~ sth** etw klauen *fam*
④ (*pass through*) ■**to ~ sth** *magnetic card* etw durchziehen [*o* einlesen]
III. *n* Schlag *m;* **to take a ~ at sb/sth** auf jdn/etw losschlagen; (*fig*) zum Schlag gegen jdn/etw ausholen; (*criticize*) jdn/etw kritisieren

swirl [swɜːl, AM swɜːrl] I. *vi* wirbeln
II. *vt* ① (*move circularly*) ■**to ~ sth around** etw herumwirbeln
② (*twist together*) ■**to ~ sth together** etw miteinander vermischen
III. *n of water* Strudel *m; of snow, wind* Wirbel *m; of dust* Wolke *f*

swirling ['swɜːlɪŋ, AM 'swɜːrl-] *adj inv* wirbelnd *attr;* **~ mist** wogender Nebel

swish [swɪʃ] I. *vi* ① (*make hissing noise*) zischen
② (*make brushing noise*) rascheln
II. *vt* ■**to ~ sth** *liquid* etw hin und her schwenken; ***the horses ~ed their tails to get rid of the flies*** die Pferde schlugen mit ihrem Schweif, um die Fliegen loszuwerden
III. *adj* <-er, -est> (*fam*) ① (*posh*) todschick *fam*
② (*pej: too extravagant*) nobel *oft iron*
IV. *n* ① (*sound*) Rascheln *nt kein pl*
② AM (*pej sl: effeminate man*) Schwuchtel *f pej sl*

swishy ['swɪʃi] *adj* AM (*pej sl*) schwul *fam,* tuntig *pej sl*

Swiss [swɪs] I. *adj* Schweizer-, schweizerisch
II. *n* ① <*pl* -> Schweizer(in) *m(f);* ■**the ~** die Schweizer *pl*
② *no pl* FOOD Schweizer Käse *m*

Swiss army knife *n* Schweizer Offiziersmesser *nt* **Swiss ball** *n* Gymnastikball *m,* Pezziball *m;* (*with handles*) Hüpfball *m* **Swiss chard** *n no pl* Mangold *m* **Swiss cheese** *n* Schweizer Käse *m* **Swiss franc** *n* [Schweizer] Franken **Swiss roll** *n esp* BRIT Biskuitrolle *f,* Biskuitroulade *f* ÖSTERR

switch [swɪtʃ] I. *n* <*pl* -es> ① (*control*) Schalter *m;* **to flick** [*or* **flip**] **a ~** (*turn on*) einen Schalter anknipsen; (*turn off*) einen Schalter ausknipsen; **to throw a ~** einen Schalter betätigen
② (*substitution*) Wechsel *m meist sing,* Austausch *m kein pl*
③ (*alteration*) Änderung *f;* (*change*) Wechsel *m,* Wandel *m kein pl*
④ (*thin whip*) Rute *f,* Gerte *f*
⑤ AM RAIL (*points*) Weiche *f*
⑥ COMPUT (*additional character*) Befehlszeilenschalter *m*
⑦ COMPUT (*point in program*) Verzweigung *f;* (*device*) Verteiler *m*
II. *vi* wechseln; ***the country seemed to ~ from dictatorship to democracy*** das Land schien von einer Diktatur zu einer Demokratie zu werden; ■**to ~ with sb** mit jdm tauschen
III. *vt* ① (*adjust settings*) ■**to ~ sth** etw umschalten; **~ *the heater to maximum*** stell' die Heizung auf die höchste Stufe
② (*change abruptly*) ■**to ~ sth** etw wechseln; ***in the 1980s, several companies ~ed their attention to the US market*** in den 80er-Jahren richteten zahlreiche Unternehmen ihre Aufmerksamkeit auf den amerikanischen Markt
③ (*substitute*) ■**to ~ sth** etw auswechseln [*o* eintauschen]

◆**switch around** *vt* ■**to ~ around** ↺ **sth** etw umstellen [*o* umräumen]; **to ~ around a room** ein Zimmer umräumen

◆**switch off** I. *vt* ■**to ~ off** ↺ **sth** ① (*turn off power*) etw ausschalten
② (*cease*) etw abschalten [*o* abstellen]; ***some people can just ~ off their emotions*** manche Leute können ihre Gefühle einfach ausschalten
II. *vi* ① (*turn off*) ausschalten
② (*stop paying attention*) abschalten *fam;* ***if he gets bored, he just ~es off*** wenn ihm langweilig wird, schaltet er einfach ab

◆**switch on** I. *vt* ■**to ~ on** ↺ **sth** ① (*turn on power*) etw einschalten; **to ~ on the light** das Licht anschalten; **to ~ on the TV** den Fernseher anmachen
② (*use*) etw einschalten; **to ~ on the charm** seinen ganzen Charme aufbieten
II. *vi* einschalten, anschalten

◆**switch over** *vi* wechseln; TV umschalten; ■**to ~ over to sth** zu etw *dat* wechseln, auf etw *akk* umstellen; **to ~ over to another channel** auf ein anderes Programm umschalten

◆**switch round** *vt see* **switch around**

switchback *n* (*road*) Serpentinenstraße *f;* (*path*) Serpentinenweg *m* **switchblade** *n* AM (*flick knife*) Klappmesser *nt,* Schnappmesser *nt* **switchboard** *n* ELEC Schaltbrett *nt;* TELEC [Telefon]zentrale *f,* Vermittlung *f;* **to jam the ~** die Telefonleitungen blockieren **switchboard operator** *n* Telefonist(in) *m(f)*

switched on *pred,* **switched-on** ['swɪtʃtɒn, AM -ɑːn] *adj attr* (*dated fam*) trendbewusst

switchgear [gɪr] *n no pl* ① ELEC Schaltelement[e] *nt[pl],* Schaltwerk *nt*
② AUTO Bedienungsteile *ntpl,* Bedienung *f*

Switzerland ['swɪtsᵊlənd, AM -ələnd] *n* Schweiz *f*

swivel ['swɪvᵊl] I. *n* Drehring *m,* Drehgelenk *nt*
II. *n modifier* Gelenk-
III. *vt* <BRIT, AUS -ll- *or* AM *usu* -l-> ■**to ~ sth** etw drehen
IV. *vi* <BRIT, AUS -ll- *or* AM *usu* -l-> sich *akk* drehen

◆**swivel around, swivel round** I. *vt* ■**to ~ sth around** [*or* **round**] etw herumdrehen
II. *vi* sich *akk* herumdrehen

swivel chair *n* Drehstuhl *m* **swivel joint** *n* Drehgelenk *nt*

swiz(z) [swɪz], **swizzle** ['swɪzl̩] *n no pl* BRIT (*esp childspeak sl*) ■**a ~** eine Gemeinheit

swizzle stick *n* Sektquirl *m*

swollen ['swəʊlən, AM 'swoʊ-] I. *pp of* **swell**
II. *adj* ① (*puffy*) geschwollen; **a ~ face** ein aufgequollenes Gesicht
② (*larger than usual*) angeschwollen; **a ~ river/stream** ein angeschwollener Fluss/Strom

swollen head *n* (*pej fam*) Hochnäsigkeit *f kein pl fam;* **to have a ~** sehr eingebildet sein; **to get a ~** völlig eingebildet werden; ***don't compliment him any more or he'll get a ~*** mach ihm keine Komplimente mehr, sonst bildet er sich noch was [drauf] ein

swollen-headed [-'hedɪd] *adj* (*pej fam*) eingebildet, hochnäsig *fam*

swoon [swuːn] I. *vi* ① (*dated: faint*) ohnmächtig werden, in Ohnmacht fallen
② (*fig*) ■**to ~ over sb/sth** für jdn/etw schwärmen; ***British audiences ~ with delight over films like this*** das britische Publikum ist von Filmen wie diesem völlig begeistert
II. *n* (*dated liter*) Ohnmacht *f;* **to fall down in a ~** in Ohnmacht fallen

swoop [swuːp] I. *n* ① (*dive*) Sturzflug *m;* **to make a ~** [**down**] herabstoßen
② (*fam: attack*) Überraschungsangriff *m;* (*by police*) Razzia *f*
II. *vi* ① (*dive*) niederstoßen, herabstoßen
② (*fam: attack*) ■**to ~ on sb/sth** jdn/etw angreifen; *police* bei jdm/etw eine Razzia machen

◆**swoop down** *vi* herabstoßen

swoosh [swuːʃ] I. *vi* rauschen
II. *n* <*pl* -es> Rauschen *nt kein pl*

swooshing ['swuːʃɪŋ] *adj* rauschend *attr*

swop <-pp-> [swɒp, AM swɑːp] *vt, vi esp* BRIT, CAN *see* **swap**

sword [sɔːd, AM sɔːrd] *n* Schwert *nt;* **to draw a ~** ein Schwert ziehen; **to put sb to the ~** jdn mit dem Schwert töten
► PHRASES: **to have a ~ of Damocles hanging over one's head** ein Damoklesschwert über seinem Kopf schweben haben; **to beat** [*or* **turn**] **~s into ploughshares** Schwerter zu Pflugscharen umschmieden

sword dance *n* Schwert[er]tanz *m* **swordfish** *n* Schwertfisch *m* **swordplay** *n no pl* ① (*fencing*) Fechten *nt* ② (*sparring*) Gefecht *nt;* **verbal ~** Wortgefecht *nt* **sword-point** *n no pl* Schwertspitze *f;* (*fig*) ***the only way you'll get him to leave that job is at ~*** nur wenn du ihm das Messer auf die Brust setzt, kannst du ihn dazu bewegen, die Arbeit aufzugeben; ■**to do sth at ~** etw gezwungenermaßen tun

swordsman ['sɔːdzmən, AM 'sɔːrdz-] *n* ① (*hist: sword fighter*) Schwertkämpfer *m*
② (*fencer*) Fechter *m;* **a skilled ~** ein guter Fechter

swordsmanship ['sɔːdzmənʃɪp, AM 'sɔːrdz-] *n no pl* ① (*hist: in swordfighting*) Schwertkunst *f*
② (*in fencing*) Fechtkunst *f*

swordstick *n* Stockdegen *m*

swordswoman ['sɔːdzwʊmən, AM 'sɔːrdz-] *n* Fechterin *f;* **a skilled ~** eine gute Fechterin

swore [swɔːʳ, AM swɔr] *pt of* **swear**

sworn [swɔːn, AM swɔrn] I. *pp of* **swear**
II. *adj attr, inv* beschworen, beeidet; **a ~ affidavit** eine eidesstattliche Versicherung; **a ~ statement** eine eidliche [*o* beschworene] Aussage; **~ testimony** beeidete Zeugenaussage

sworn enemy *n* Todfeind(in) *m(f)*

swot <-tt-> [swɒt] *vi* BRIT, AUS (*fam*) büffeln *fam,* pauken *fam;* **to ~ for an exam** für eine Prüfung pauken *fam*

◆**swot up** BRIT, AUS I. *vt* (*fam*) ■**to ~ up** ↺ **sth** etw büffeln [*o* pauken] *fam*
II. *vi* (*fam*) ■**to ~ up on sth** etw büffeln [*o* pauken] *fam*

swum [swʌm] *pp, also* AUS *pt of* **swim**

swung [swʌŋ] *pt, pp of* **swing**

sybarite ['sɪbᵊraɪt, AM -əraɪt] *n* (*form*) Genussmensch *m,* Sybarit *m geh*

sybaritic [ˌsɪbᵊr'ɪtɪk, AM -ərɪṭ-] *adj* (*form*) *person* genusssüchtig; **~ taste** erlesener Geschmack

sycamore ['sɪkəmɔːʳ, AM -mɔːr] *n* Sykomore *f fachspr,* Maulbeerfeigenbaum *m;* AM Platane *f*

sycophancy ['sɪkəfᵊnsi] *n no pl* Kriecherei *f,* Speichelleckertum *nt*

sycophant ['sɪkəfænt, 'saɪkə-, AM -fᵊnt] *n* (*pej form*) Schmeichler(in) *m(f);* (*pej*) Schleimer(in) *m(f) pej,* Kriecher(in) *m(f) pej*

sycophantic [ˌsɪkə(ʊ)'fæntɪk, 'saɪkə-, AM -ə'fænṭɪk] *adj* (*pej form*) kriecherisch *pej*

syllabic [sɪ'læbɪk] *adj inv* LING Silben-, silbisch; **~ verse** Silbenstrophe *f*

syllabification [sɪˌlæbɪfɪ'keɪʃᵊn, AM -ˌlæbə-] *n* LING Silbentrennung *f*

syllable ['sɪləbl̩] *n* Silbe *f;* ***they haven't spoken one ~ to each other all day*** (*fig*) sie haben den ganzen Tag über noch keinen Ton miteinander gesprochen; **stressed/unstressed ~** betonte/unbetonte Silbe

syllabub ['sɪləbʌb] *n no pl* ① (*dessert*) Weinschaumcreme *f*
② (*topping*) Weincreme *f*
③ (*drink*) ≈ Eierflip *m*

syllabus <*pl* -es *or form* syllabi> ['sɪləbəs, *pl* -aɪ] *n* ① (*course outline*) Lehrplan *m*
② (*course reading list*) Leseliste *f;* **to be on the ~** auf der Leseliste stehen
③ AM LAW Zusammenfassung *f* eines Falles

syllogism ['sɪlədʒɪzᵊm] *n* PHILOS Syllogismus *m*

S

fachspr

syllogistic [ˌsɪlə'dʒɪstɪk] *adj* PHILOS syllogistisch *fachspr*

sylph [sɪlf] *n* Sylphide *f geh*

sylphlike ['sɪlflaɪk] *adj* (*usu hum*) grazil, sylphidenhaft *geh*

symbiosis [ˌsɪmbaɪ'əʊsɪs, AM -bi'oʊ-] *n no pl* Symbiose *f*

symbiotic [ˌsɪmbaɪ'ɒtɪk, AM -bi'ɑːt̬ɪk] *adj inv* symbiotisch

symbiotically [ˌsɪmbaɪ'ɒtɪkᵊli, AM -bi'ɑːt̬ɪk-] *adv inv* symbiotisch

symbol ['sɪmbᵊl] *n* Symbol *nt,* Zeichen *nt;* ~ **of freedom/life/love** Symbol *nt* der Freiheit/des Lebens/der Liebe; ~ **of peace** Friedenssymbol *nt;* ~ **of wealth/wisdom** Symbol *nt* für Reichtum/Weisheit; MATH, SCI, MUS Symbol *nt,* [grafisches] Zeichen

symbolic [sɪm'bɒlɪk, AM -'bɑː-] *adj* symbolisch, symbolhaft; **a ~ gesture** eine symbolische Geste

symbolically [sɪm'bɒlɪkli, AM -'bɑː-] *adv* symbolisch

symbolism ['sɪmbᵊlɪzᵊm] *n no pl* Symbolik *f;* ■**S~** ART, LIT Symbolismus *m*

Symbolist ['sɪmbᵊlɪst] ART, LIT **I.** *n* Symbolist(in) *m(f)*

II. *adj inv* symbolistisch

symbolization [ˌsɪmbᵊlaɪ'zeɪʃᵊn, AM lɪ'] *n* sinnbildliche Darstellung, Symbolisierung *f*

symbolize ['sɪmbᵊlaɪz, AM -bə-] *vt* ■**to ~ sth** etw symbolisieren

symmetrical [sɪ'metrɪkᵊl] *adj* symmetrisch; ~ **face** ebenmäßiges Gesicht

symmetrically [sɪ'metrɪkᵊli] *adv* symmetrisch

symmetry ['sɪmətri] *n no pl* (*balance*) Symmetrie *f;* (*evenness*) Ebenmäßigkeit *f;* (*correspondance*) Übereinstimmung *f;* MATH Symmetrie *f*

sympathetic [ˌsɪmpə'θetɪk, AM -t̬-] *adj* ① (*understanding*) verständnisvoll; ■**to be ~ about sth** für etw *akk* Verständnis haben; (*sympathizing*) mitfühlend, teilnahmsvoll; **to lend a ~ ear to sb** ein offenes Ohr für jdn haben

② (*likeable*) *fictional characters* sympathisch

③ (*approving*) wohlgesonnen *geh;* ■**to be ~ towards** [*or* **to**] **sb/sth** mit jdm/etw sympathisieren; **to give sth a ~ hearing** ein offenes Ohr für etw *akk* haben

sympathetically [ˌsɪmpə'θetɪkᵊli, AM -t̬-] *adv* (*understanding*) verständnisvoll; (*sympathizing*) teilnahmsvoll

sympathize ['sɪmpəθaɪz] *vi* ① (*show understanding*) Verständnis haben; (*show compassion*) Mitleid haben, mitfühlen; ■**to ~ with sb** [**over** [*or* **about**] **sth**] mit jdm [wegen einer S. *gen*] mitfühlen

② (*agree with*) ■**to ~ with sb/sth** mit jdm/etw sympathisieren

sympathizer ['sɪmpəθaɪzəʳ, AM -ɚ] *n* Sympathisant(in) *m(f)*

sympathy ['sɪmpəθi] *n* ① *no pl* (*compassion*) Mitleid *nt;* ■**~ for sb** Mitleid mit jdm; (*commiseration*) Mitgefühl *nt;* **to look for ~** Mitgefühl suchen; (*understanding*) Verständnis *nt;* ■**~ for sb** Verständnis für jdn; **to look for ~** Verständnis suchen

② *no pl* (*agreement*) Übereinstimmung *f;* **to be in ~ with sb/sth** in Übereinstimmung mit jdm/etw sein; (*affection*) Sympathie *f;* **to have ~ with sb/sth** für jdn/etw Sympathie hegen *geh*

③ (*condolences*) ■**sympathies** *pl* Beileid *nt kein pl;* **to offer** [*or* **send**] **sb one's sympathies** jdm sein Beileid aussprechen, jdm kondolieren

④ (*support*) ■**sympathies** *pl* Sympathien *fpl;* ***93% said their sympathies were with the teachers*** 93% sagten, dass sie auf der Seite der Lehrer stünden

sympathy card *n* Beileidskarte *f* **sympathy strike** *n* Solidaritätsstreik *m* **sympathy vote** *n* BRIT, AUS (*fam*) Sympathiebekundung *f*

sympatico [sɪm'pætɪkəʊ, AM -koʊ] *adj attr* (*sl*) sympathisch

symphonic [sɪm'fɒnɪk, AM -'fɑːn-] *adj inv* symphonisch, sinfonisch

symphonic poem *n* MUS symphonische [*o* sinfonische] Dichtung

symphony ['sɪm(p)fəni] *n* Symphonie *f,* Sinfonie *f;* (*orchestra*) Symphonieorchester *nt,* Sinfonieorchester *nt*

symphony concert *n* Symphoniekonzert *nt,* Sinfoniekonzert *nt* **symphony orchestra** *n* Symphonieorchester *nt,* Sinfonieorchester *nt*

symposium <*pl* -s *or* -sia> [sɪm'pəʊziəm, AM -'poʊ-, *pl* -ziə] *n* (*form*) Symposium *nt,* Symposion *nt*

symptom ['sɪm(p)təm] *n* ① MED Symptom *nt,* Krankheitszeichen *nt;* **the ~s of a cold** die Symptome einer Erkältung; **to develop ~s** Symptome ausbilden [*o* zeigen]

② (*fig: indicator*) [An]zeichen *nt,* Symptom *nt geh*

symptomatic [ˌsɪm(p)tə'mætɪk, AM -'mæt̬-] *adj* symptomatisch; ■**to be ~ of sth** bezeichnend [*o geh* symptomatisch] für etw *akk* sein

synagogue ['sɪnəgɒg, AM -gɑːg] *n* Synagoge *f*

synapse ['saɪnæps, 'sɪn-, AM 'sɪn-] *n* ANAT, MED Synapse *f*

synaptic [sɪ'næptɪk] *adj inv* MED synaptisch

sync(h) [sɪŋk] *n no pl* (*fam*) *short for* **synchronization** Synchronisation *f,* Übereinstimmung *f;* ■**to be in/out of ~ with sth/sb** mit etw/jdm übereinstimmen/nicht übereinstimmen

synchro ['sɪŋkrəʊ, AM 'sɪŋkroʊ] **I.** *n* <*pl* -os> ① *no pl* AUTO *abbrev of* **synchromesh** Synchrongetriebe *nt*

② *abbrev of* **synchronized swimmer** Synchronschwimmer(in) *m(f)*

II. *adj inv abbrev of* **synchronized** *see* **synchronize**

synchronic [sɪŋ'krɒnɪk, AM sɪn'krɑːnɪk] *adj inv* LING eine Sprachperiode betreffend, synchronisch *fachspr*

synchronicity [ˌsɪŋkrə'nɪsəti, AM -ət̬i] *n no pl* Gleichzeitigkeit *f,* Synchronizität *f geh*

synchronization [ˌsɪŋkrənaɪzeɪʃᵊn, AM -nɪ-] *n no pl* ① (*state*) Synchronisation *f,* Übereinstimmung *f;* **to be in ~** völlig synchron sein, in völliger Übereinstimmung sein

② (*process*) Synchronisation *f,* zeitliches Zusammentreffen

synchronize ['sɪŋkrənaɪz] **I.** *vt* ■**to ~ sth** etw aufeinander abstimmen

II. *vi* zeitlich zusammenfallen; ***the show was designed so that the lights ~d with the music*** die Show war so ausgerichtet, dass die Lichter mit der Musik synchron geschaltet waren

synchronized swimming *n no pl* Synchronschwimmen *nt*

synchronous ['sɪŋkrənəs] *adj inv* gleichzeitig, synchron

syncopate ['sɪŋkəpeɪt] *vt* MUS ■**to ~ sth** etw synkopieren *fachspr*

syncopated ['sɪŋkəpeɪtɪd, AM -t̬-] *adj inv* MUS synkopisch *fachspr*

syncopation [ˌsɪŋkə'peɪʃᵊn] *n no pl* MUS ① (*form*) Synkope *f fachspr*

② (*act*) Synkopierung *f fachspr*

syncope ['sɪŋkəpi] *n* ① *no pl* LING (*omission of sounds, letters*) Synkope *f fachspr*

② MED Ohnmacht *f,* Synkope *f fachspr*

syncretism ['sɪŋkrɪtɪzᵊm, AM krə] *n no pl* REL Synkretismus *m geh*

syndicalism ['sɪndɪkᵊlɪzᵊm] *n no pl* HIST Syndikalismus *m*

syndicate I. *n* ['sɪndɪkət, AM -dəkɪt] ① + *sing/pl vb* COMM, FIN Syndikat *nt,* Verband *m*

② JOURN Pressesyndikat *nt*

II. *vt* ['sɪndɪkeɪt, AM -də-] ■**to ~ sth** ① JOURN etw an mehrere Zeitungen verkaufen; ***her weekly column is ~d in 200 newspapers throughout North America*** ihre wöchentliche Kolumne erscheint in 200 Zeitungen in ganz Nordamerika

② (*finance*) etw über ein Syndikat finanzieren

syndicated ['sɪndɪkeɪtɪd, AM -dəkeɪt̬ɪd] *adj attr, inv* ① JOURN an viele Zeitungen verkauft; **a ~ article** *ein Artikel, der in mehreren Zeitungen erscheint;* **a ~ columnist** *ein Kolumnist, der eine Kolumne in mehreren Zeitungen veröffentlicht*

② *esp* AM TV an mehrere Programmanbieter verkauft

syndication [ˌsɪndɪ'keɪʃᵊn, AM -də'-] *n no pl* ① JOURN Verkauf *m* an mehrere Zeitungen

② (*financing*) Finanzierung *f* durch ein Syndikat

syndrome ['sɪndrəʊm, AM -droʊm] *n* ① MED Syndrom *nt;* **acquired immune deficiency ~** erworbenes Immunschwächesyndrom; **post-traumatic stress ~** posttraumatisches Stresssyndrom; **premenstrual ~** prämenstruelles Syndrom; **toxic shock ~** toxisches Schocksyndrom

② (*fig: condition*) Syndrom *nt*

synecdoche [sɪ'nekdəki] *n* LING Synekdoche *f fachspr*

synergism ['sɪnədʒɪzᵊm, AM -ɚdʒɪ-], **synergy** ['sɪnədʒi, AM -ɚdʒi] *n no pl* Synergismus *m fachspr,* Synergie *f fachspr*

synergistic [ˌsɪnə'dʒistɪk, AM ˌsɪnɚ'-] *adj* synergistisch

synergistically [ˌsɪnə'dʒistɪkᵊli, AM ˌsɪnɚ'-] *adv* synergistisch

synod ['sɪnəd] *n* Synode *f*

synonym ['sɪnənɪm] *n* Synonym *nt*

synonymous [sɪ'nɒnɪməs, AM -'nɑːnə-] *adj inv* ① (*meaning the same*) synonym

② (*closely associated with*) gleichbedeutend, synonym

synonymy [sɪ'nɒnɪmi, AM 'nɑːnə] *n no pl* LING Synonymie *f fachspr*

synopsis <*pl* -ses> [sɪ'nɒpsɪs, AM -'nɑːp-, *pl* -siːz] *n* Synopse *f geh,* Zusammenfassung *f,* Übersicht *f*

synoptic [sɪ'nɒːptɪk, AM 'nɑːp] *adj* ① (*providing an orientation*) übersichtlich, zusammenfassend

② (*comprehensive*) zusammenschauend, [all]umfassend

③ REL, LIT synoptisch *fachspr*

Synoptic Gospels *npl* REL ■**the ~** die synoptischen Evangelien *ntpl*

syntactic [sɪn'tæktɪk] *adj inv* syntaktisch, Syntax-

syntactically [sɪn'tæktɪkᵊli] *adv inv* syntaktisch

syntax ['sɪntæks] *n no pl* Syntax *f*

synthesis <*pl* -theses> ['sɪn(t)θəsɪs, *pl* -siːz] *n* ① (*combination*) Synthese *f,* Verbindung *f*

② *no pl* SCI (*creation*) Synthese *f*

synthesize ['sɪn(t)θəsaɪz] *vt* ■**to ~ sth** etw künstlich herstellen [*o fachspr* synthetisieren]

synthesizer ['sɪn(t)θəsaɪzəʳ, AM -ɚ] *n* MUS Synthesizer *m*

synthetic [sɪn'θetɪk, AM -t̬-] **I.** *adj* ① (*man-made*) synthetisch, künstlich; ~ **fibre** Kunstfaser *f;* ~ **flavourings** künstliche Aromastoffe *mpl*

② (*fig pej: fake*) künstlich, gekünstelt

II. *n* synthetischer Stoff

synthetically [sɪn'θetɪkᵊli, AM -t̬-] *adv* synthetisch, künstlich

S. Yorks BRIT *abbrev of* **South Yorkshire**

syphilis ['sɪfɪlɪs, AM -ᵊlɪs] *n no pl* Syphilis *f*

syphilitic [ˌsɪfɪ'lɪtɪk, AM -ə'lɪt̬-] *adj inv* syphilitisch

syphon ['saɪfᵊn] *n see* **siphon**

Syria ['sɪriə] *n* Syrien *nt*

Syrian ['sɪriən] **I.** *adj* syrisch

II. *n* Syr[i]er(in) *m(f)*

syringe [sɪ'rɪndʒ, AM sə'-] **I.** *n* MED Spritze *f*

II. *vt* MED ■**to ~ sth** etw [aus]spülen

syrup ['sɪrəp] *n no pl* ① (*sauce*) Sirup *m*

② (*medicine*) Saft *m,* Sirup *m;* **cough ~** Hustensaft *m*

syrupy ['sɪrəpi] *adj* ① (*usu pej*) *food* süßlich

② (*pej: overly sweet*) zuckersüß *fig;* (*sentimental*) sentimental, rührselig

system ['sɪstəm] *n* ① (*network*) System *nt;* **a music/sound ~** eine [Musik]anlage; **rail/road ~** TRANSP Schienen-/Straßennetz *nt;* COMPUT System *nt*

② (*method of organization*) System *nt;* POL System *nt,* Regime *nt;* **the caste ~** das Kastensystem; **the legal ~** das Rechtssystem

③ ASTRON System *nt;* **solar ~** Sonnensystem *nt*

④ (*way of measuring*) System *nt;* **binary/decimal ~** Binär-/Dezimalsystem *nt*

⑤ (*approv: order*) System *nt,* Ordnung *f*

❻ MED [Organ]system *nt;* ■**the** ~ der Organismus; **digestive/immune/nervous** ~ Verdauungs-/Immun-/Nervensystem *nt*
❼ (*pej*) ■**the** ~ (*the establishment*) das System; **to beat the** ~ sich *akk* gegen das System durchsetzen
► PHRASES: **to get something out of one's** ~ (*fam*) etw loswerden *fam*

systematic [ˌsɪstəˈmæɪk, AM -t̬-] *adj* systematisch

systematically [ˌsɪstəˈmæɪkəli, AM -t̬-] *adv* systematisch

systematization [ˌsɪstəmətaɪˈzeɪʃən, AM -tɪˈ-] *n no pl* Systematisierung *f*

systematize [ˈsɪstəmətaɪz] *vt* ■**to** ~ **sth** etw systematisieren

system check *n* Systemüberprüfung *f* **system crash** *n* COMPUT Systemabsturz *m* **system disk** *n* COMPUT Systemdiskette *f,* Systemplatte *f* **system error** *n* Systemfehler *m*

systemic [sɪˈstemɪk] *adj inv* MED systemisch; ~ **diseases** Systemerkrankungen *fpl*

systems analysis *n* Systemanalyse *f* **systems analyst** *n* Systemanalytiker(in) *m(f)* **system software** *n* Systemsoftware *f* **system tray** *n* COMPUT Taskleiste *f fachspr*

T

T <*pl* 's>, **t** <*pl* -'s *or* -s> [tiː] *n* T *nt,* t *nt;* ~ **for Tommy** [*or* AM **as in Tare**] T für Theodor
► PHRASES: **to a** ~ (*fam*) ***that fits him to a*** ~ das passt ihm wie angegossen; ***that's Philipp to a*** ~ das ist Philipp, wie er leibt und lebt; ***that's it to a*** ~ genau so ist es

T *in compounds* COMPUT *abbrev of* **tera-** T

t *n abbrev of* **metric ton** t

ta [tɑː] *interj* ❶ BRIT (*fam: thanks*) danke
❷ AM (*pej fam: expression of disbelief*) wirklich, echt *fam*

tab¹ *n* [tæb] ❶ AM (*fam*) *short for* **tabloid newspaper** Schmierblatt *nt pej,* Boulevardzeitung *f fam*
❷ COMPUT *short for* **tabulator** Tab *m*

tab² [tæb] **I.** *n* ❶ (*flap*) Lasche *f;* (*on file*) [Kartei]reiter *m;* (*for the purpose of hanging*) Aufhänger *m;* (*label*) Etikett *nt,* Schildchen *nt*
❷ (*recording device*) Überspielschutz *m;* (*comput*) Schreibschutz *m*
❸ AM, AUS (*fam: bill*) Rechnung *f;* **to pick up the** ~ die Rechnung übernehmen; **to put sth on the** ~ etw auf die Rechnung setzen
❹ AM (*ringpull*) Dosenring *m*
❺ BRIT DIAL (*cigarette*) Zigarette *f*
► PHRASES: **to keep** ~**s on sth/sb** ein wachsames Auge auf etw/jdn haben, etw/jdn [genau] im Auge behalten
II. *vt* <-bb-> *esp* AM (*fam*) ■**to** ~ **sb/sth [as sth]** jdn/etw [zu etw *dat*] bestimmen; ***he was*** ~***bed by the president as the next chairman*** er wurde vom Präsidenten zum neuen Vorsitzenden bestellt
III. *vi* <-bb-> COMPUT tabellieren, mit dem Tabulator springen

tabard [ˈtæbɑːd, AM əd] *n* FASHION ❶ (*sleeveless jerkin*) ärmelloses Oberteil, Wams *nt veraltet*
❷ (*hist: outer dress of clerics*) Schaube *f*
❸ (*herald's official coat*) Wappenrock *m*

tabasco® [təˈbæskəʊ, AM -koʊ], **tabasco sauce®** *n no pl* Tabasco® *m,* Tabascosauce® *f*

tabby [ˈtæbi] **I.** *adj inv* (*with stripes*) gestreift; ~ **cat** getigerte Katze; (*with spots*) gefleckt; ~ **cat** gescheckte Katze
II. *n* (*striped*) Tigerkatze *f,* getigerte Katze; (*spotted*) gescheckte Katze

tabernacle [ˈtæbəˌnækl, AM -bɚ-] *n* ❶ (*old form: Jewish place of worship*) Stiftshütte *f*
❷ (*container*) Tabernakel *m*
❸ (*Christian church*) Kirche *f;* **the Mormon** ~ der Mormonentempel

tab key *n* COMPUT Tabulatortaste *f*

table [ˈteɪbl] **I.** *n* ❶ (*furniture*) Tisch *m;* **to clear the** ~ den Tisch abräumen; **to set** [*or* **lay**] **the** ~ den Tisch decken
❷ (*fig: people*) Tischrunde *f;* ***the whole*** ~ ***was looking at the speaker*** die ganze Runde sah auf den Sprecher
❸ (*information*) Tabelle *f;* (*list*) Liste *f,* Verzeichnis *nt;* ~ **B** Modellsatzung *f* im Gesetz über Aktiengesellschaften; ~ **D** LAW, ECON Mustersatzung *f* einer AG
► PHRASES: **to keep** [*or* AM **set**] **a good** ~ eine gute Küche führen; **to do sth under the** ~ etw unter der Hand tun; **to drink someone under the** ~ (*fam*) jdn unter den Tisch trinken *fam;* **to lay** [*or* **put**] **sth on the** ~ etw vorlegen; **to turn the** ~**s on sb** jdm gegenüber den Spieß umdrehen *fam*
II. *vt* ■**to** ~ **sth** ❶ BRIT, AUS (*propose for discussion*) etw vorlegen
❷ AM (*postpone discussion*) etw zurückstellen; **to** ~ **a plan/proposal** einen Plan/Vorschlag zurückstellen

tableau <*pl* -x *or* -s> [ˈtæbləʊ, AM -lɔʊ] *n* Tableau *nt*

tablecloth *n* Tischdecke *f,* Tischtuch *nt*

table d'hôte [ˌtɑːblˈdəʊt, AM -ˈdoʊt] *n* [Tages]menü *nt*

table fork *n* Gabel *f* (*für den Hauptgang*) **table knife** *n* Messer *nt* (*für den Hauptgang*) **table lamp** *n* Tischlampe *f,* Tischleuchte *f* **tableland** *n* Hochebene *f,* Plateau *nt* **table linen** *n no pl* Tischwäsche *f* **table manners** *npl* Tischmanieren *pl* **table mat** *n* Set *nt,* Platzdeckchen *nt* **table of contents** *n* Inhaltsverzeichnis *nt* **tablespoon** *n* ❶ (*for measuring*) Esslöffel *m;* (*for serving*) Servierlöffel *m* ❷ (*amount*) Esslöffel *m* **tablespoonful** <*pl* -spoonsful *or* -s> *n* Esslöffel[voll] *m*

tablet [ˈtɒblət, AM -lɪt] *n* ❶ (*pill*) Tablette *f;* **sleeping** ~ Schlaftablette *f*
❷ (*flat slab*) Block *m; of metal* Platte *f;* (*commemorative*) [Gedenk]tafel *f;* (*prehistoric*) Schrifttafel *f;* ~ **of soap** BRIT Stück *nt* Seife
❸ (*writing pad*) Notizblock *m*
❹ *esp* SCOT FOOD Karamelbonbon *nt*

table talk *n* Tischgespräch *nt* **table tennis** *n no pl* Tischtennis *nt* **table top** *n* Tischplatte *f* **tableware** *n no pl* (*form*) *Tafelgeschirr, Besteck und Gläser* **table wine** *n* Tafelwein *m,* Tischwein *m*

tabloid [ˈtæblɔɪd] **I.** *n* Boulevardzeitung *f,* Klatschzeitung *f fam*
II. *n modifier* (*article, quality*) Boulevard-; ~ **reporter** Klatschreporter(in) *m(f) fam*

tabloid newspaper *n* Boulevardzeitung *f,* Klatschzeitung *f fam* **tabloid press** *n no pl* Regenbogenpresse *f fam,* Boulevardpresse *f*

taboo [təˈbuː], **tabu I.** *n* Tabu *nt;* **to break a** ~ ein Tabu brechen, gegen ein Tabu verstoßen
II. *adj* tabu, Tabu-; **a** ~ **subject** ein Tabuthema *nt*

tabular [ˈtæbjələʳ, AM -lɚ] *adj inv* tabellarisch; **in** ~ **form** tabellarisch, in Tabellenform

tabulate [ˈtæbjəleɪt] *vt* ❶ (*form: arrange*) ■**to** ~ **sth** etw tabellarisch [an]ordnen [*o* tabellarisieren]
❷ COMPUT etw tabellieren *fachspr*

tabulation [ˌtæbjəˈleɪʃən] *n no pl* ❶ (*form: arrangement*) tabellarische Anordnung, Tabellarisierung *f*
❷ COMPUT (*of a printing head/cursor*) Tabulieren *nt*

tabulator [ˈtæbjəleɪtəʳ] *n* (*form*) ❶ (*tab key*) Tabulator *m*
❷ (*processor*) Tabellenprozessor *m*

tacho [ˈtækəʊ] *n* BRIT (*fam*) ❶ *short for* **tachograph** Fahrtenschreiber *m,* Tachograph *m*
❷ *short for* **tachometer** Tacho *m fam*

tachograph [ˈtækə(ʊ)grɑːf, AM -əgræf] *n* Fahrtenschreiber *m,* Tachograph *m*

tachometer [tækˈɒmɪtəʳ, AM -ˈɑːmət̬ɚ] *n* Tachometer *m,* Tacho *m fam*

tachycardia [ˌtækɪˈkɑːdiə, AM ˈkɑːr] *n no pl* MED Tachykardie *f fachspr*

tacit [ˈtæsɪt] *adj* stillschweigend; ~ **agreement/approval/consent** stillschweigende Vereinbarung/Billigung/Zustimmung

tacitly [ˈtæsɪtli] *adv* stillschweigend

taciturn [ˈtæsɪtɜːn, AM -ətɜːrn] *adj* schweigsam, wortkarg

taciturnity [ˌtæsɪˈtɜːnɪti, AM -əˈtɜːrnət̬i] *n no pl* (*form*) Schweigsamkeit *f,* Wortkargheit *f*

tack [tæk] **I.** *n* ❶ (*nail*) kurzer Nagel; (*pin*) Reißzwecke *f,* Reißnagel *m;* **a box of** ~**s** eine Schachtel Reißzwecken [*o* Reißnägel]
❷ *no pl* (*riding gear*) Sattel- und Zaumzeug *nt*
❸ NAUT Schlag *m fachspr*
❹ (*approach, policy*) Weg *m,* Richtung *f;* **to try a different** ~ eine andere Richtung einschlagen *fig*
❺ (*loose stitch*) Heftstich *m*
❻ SCOT LAW Pachtvertrag *m*
II. *vt* ❶ (*nail down*) ■**to** ~ **sth** etw festnageln
❷ (*sew loosely*) ■**to** ~ **sth** etw anheften; **to** ~ **the hem** den Saum heften
❸ LAW **to** ~ **a mortgage** eine nachrangige mit einer vorrangigen Hypothek vereinen
III. *vi* NAUT wenden, kreuzen *fachspr*

◆**tack down** *vt* ■**to** ~ **down** ⊂ **sth** etw festnageln

◆**tack on** *vt* ■**to** ~ **on** ⊂ **sth [to sth]** ❶ (*fam: add afterwards*) etw [an etw *akk*] anfügen [*o* anhängen], etw [zu etw *dat*] hinzufügen
❷ (*sew loosely*) etw [an etw *akk*] anheften

◆**tack up** *vt* ■**to** ~ **up** ⊂ **sth** *poster* etw aufhängen [*o fam* aufmachen]; ■**to** ~ **up** ⊂ **sth [on sth]** etw [an etw *akk*] heften

tackiness [ˈtækɪnəs] *n no pl* ❶ (*lack of taste*) Geschmacklosigkeit *f;* (*shabbiness*) Schäbigkeit *f*
❷ (*stickiness*) Klebrigkeit *f*

tacking [ˈtækɪŋ] *n no pl* Heften *nt;* (*stitch*) Heftstich *m*

tackle [ˈtækl] **I.** *n no pl* ❶ (*gear, equipment*) Gerät *nt,* Ausrüstung *f,* Zeug *nt a. pej fam;* NAUT Tauwerk *nt;* **fishing** ~ Angelausrüstung *f;* **shaving** ~ Rasierzeug *nt*
❷ (*lifting device*) Winde *f;* **block and** ~ Flaschenzug *m*
❸ SPORTS (*act of tackling*) Angriff *m,* Tackling *nt fachspr*
❹ AM (*line position*) Halbstürmer(in) *m(f)*
❺ BRIT (*vulg sl: genitals*) Gehänge *nt derb*
II. *vt* ❶ (*deal with*) ■**to** ~ **sth** etw in Angriff nehmen; (*manage*) mit etw *dat* fertig werden, etw bewältigen [*o* schaffen]; ■**to** ~ **sb [about sth]** jdn [wegen einer S. *gen*] zur Rede stellen; **to** ~ **a job** eine Arbeit in Angriff nehmen; **to** ~ **a problem** ein Problem angehen [*o fam* anpacken]
❷ SPORTS (*challenge for ball*) ■**to** ~ **sb** jdn angreifen; **to** ~ **a thief** sich *akk* auf einen Dieb stürzen

tackle box *n* Angelkasten *m,* Angelbehälter *m*

tackling [ˈtæklɪŋ] *n* SPORTS Tackling *nt fachspr*

tack record *n* ECON Erfolgs- und Leistungsnachweis *m*

tack room *n* Sattelkammer *f*

tacky¹ [ˈtæki] *adj* (*sticky*) klebrig

tacky² [ˈtæki] *adj esp* AM (*pej fam*) ❶ (*in bad taste*) billig, geschmacklos
❷ (*shoddy*) schäbig

taco [ˈtækəʊ, AM ˈtɑːkoʊ] *n* Taco *nt*

tact [tækt] *n no pl* (*diplomacy*) Takt *m,* Taktgefühl *nt;* (*sensitiveness*) Feingefühl *nt*

tactful [ˈtæktfəl] *adj* taktvoll

tactfully [ˈtæktfəli] *adv* taktvoll

tactfulness [ˈtæktfəlnəs] *n* (*diplomacy*) Takt *m,* Taktgefühl *nt;* (*sensitiveness*) Feingefühl *nt*

tactic [ˈtæktɪk] *n* ❶ (*strategy*) Taktik *f;* ■~**s** Taktiken *fpl;* **delaying** ~**s** Verzögerungstaktik *f;* **dubious** ~**s** zweifelhafte Methoden
❷ MIL ■~**s** + *sing/pl vb* Taktik *f kein pl*

tactical [ˈtæktɪkəl] *adj* taktisch; (*skilful*) geschickt; **a** ~ **retreat** MIL ein taktischer Rückzug; ~ **voting** POL taktische Abstimmung

tactic alliance *n* strategisches Bündnis

tactically [ˈtæktɪkəli] *adv* taktisch; **to vote** ~ POL taktisch wählen, eine Wahltaktik verfolgen

tactical weapons *n no pl* taktische Waffen

tactician [tækˈtɪʃən] *n* Taktiker(in) *m(f)*

tactile ['tæktaɪl] *adj* (*form*) ❶ BIOL Tast-, taktil *fachspr*; ~ **organs** Tastorgane *ntpl*; ~ **sense** Tastsinn *m*
❷ (*tangible*) tastbar, fühlbar
❸ (*liking to touch*) ***she's a very ~ person*** sie mag Körperkontakt sehr gerne
❹ (*pleasing to touch*) berührungsfreundlich; ~ **materials** sich *akk* angenehm anfühlende Materialien
❺ ART (*three-dimensional*) [wie] zum Anfassen *präd*
tactless ['tæktləs] *adj* taktlos
tactlessly ['tæktləsli] *adv* taktlos
tactlessness ['tæktləsnəs] *n no pl* Taktlosigkeit *f*
tactual ['tæktjuəl, AM -tʃu-] *adj* ❶ BIOL taktil *fachspr*
❷ (*touchable*) tastbar, fühlbar
tad [tæd] *n no pl* (*fam*) ■**a** ~ etwas, ein bisschen; ***just a ~ more sugar*** nur noch ein kleines bisschen Zucker
tadpole ['tædpəʊl, AM -poʊl] *n* Kaulquappe *f*
Tadzhikistan [tɑːˌdʒiːkɪ'stɑːn, AM stæn] *n no pl* GEOG *see* **Tajikistan**
Tae-Bo [taɪ'bəʊ, AM -'boʊ] *n* Tae-Bo *nt*
taffeta ['tæfɪtə, AM -ɪt̬ə] *n no pl* Taft *m*
taffrail ['tæfreɪl] *n* NAUT Heckreling *f fachspr*
taffy ['tæfi] *n* AM Toffee *nt*
Taffy ['tæfi], **Taff** ['tæf] *n* BRIT (*pej fam*) Waliser(in) *m(f)*
tag [tæg] **I.** *n* ❶ (*label*) Schild[chen] *nt*; (*of metal*) Marke *f*; (*on food, clothes*) Etikett *nt*; (*on suitcase*) [Koffer]anhänger *m*; (*fam: epithet*) Beiname *m*; **price** ~ Preisschild *nt*
❷ (*loop*) Schlaufe *f*; (*hanger*) Aufhänger *m*
❸ AM (*number-plate*) Nummernschild *nt*
❹ (*electronic device*) *for person* elektronische Fessel; *for thing* Sicherungsetikett *nt*, elektronische Sicherung
❺ (*phrase*) Redensart *f*, geflügeltes Wort; LING Bestätigungszusatz *m*; **question** ~ Bestätigungsfrage *f*, Refrainfrage *f fachspr*
❻ *no pl* (*children's game*) Fangen *nt*; **to play** ~ Fangen spielen
❼ COMPUT (*part of computer instruction*) Tag *nt*
❽ COMPUT (*identifying characters*) Identifizierungskennzeichen *nt*
II. *vt* <-gg-> ❶ (*label*) ■**to** ~ **sth** etw markieren [*o* kennzeichnen]; ■**to** ~ **sth on to sth** etw an etw *akk* anhängen [*o* anfügen]; **to** ~ **cattle** Vieh zeichnen; **to** ~ **goods** Waren auszeichnen [*o* etikettieren]; **to** ~ **a suitcase** einen Kofferanhänger [an einem Koffer] anbringen
❷ (*electronically*) ■**to** ~ **sb** jdm eine elektronische Fessel anlegen; ■**to** ~ **sth** etw mit einer elektronischen Sicherung versehen, ein Sicherungsetikett an etw *akk* anbringen
❸ (*fam: follow*) ■**to** ~ **sb/sth** jdm/etw [dicht] hinterherlaufen [*o fam* hinterhertrotten] [*o fam* hinterherlatschen]
❹ COMPUT ■**to** ~ **sth** etw markieren [*o fachspr* taggen]
❺ (*touch*) ■**to** ~ **sb** jdn berühren; (*in children's game*) jdn [fangen und] abschlagen
◆**tag along** *vi* (*fam*) hinterherlaufen, hinterhertrotten *fam*, hinterherlatschen *fam*; ■**to** ~ **along with** [*or* **after**] [*or* **behind**] **sb** hinter jdm herzockeln [*o* hertrotten] *fam*
◆**tag on I.** *vt* ■**to** ~ **on** ↔ **sth** etw anhängen [*o* anfügen]; ■**to** ~ **oneself on to sb** sich *akk* an jdn anhängen
II. *vi* **to** ~ **on to a group** sich *akk* an eine Gruppe [an]hängen [*o* einer Gruppe anschließen]
◆**tag together** *vt* AM ■**to** ~ **together** ↔ **sth** etw zusammenheften
Tagalog [tə'gɑːlɒg, AM -lɑːg] **I.** *n* ❶ *no pl* (*language*) Tagalog *nt*
❷ (*people*) Tagalog *m, f*
II. *adj inv* Tagalog-
tag day *n* AM (*flag day*) *Tag, an dem eine öffentliche Spendensammlung für wohltätige Zwecke durchgeführt wird* **tag end** *n* AM (*fag end*) [letztes] bisschen, [kümmerlicher] Rest
tagging ['tægɪŋ] *n no pl* Etikettierung *f*; ELEC, COMPUT Tagging *nt*
tagliatelle [ˌtæljə'teli, AM ˌtɑːljə'-] *n no pl* Tagliatelle *pl*
tag question *n* LING Bestätigungsfrage *f*, Refrainfrage *f fachspr*
Tahiti [tɑː'hiːtiː, AM tə'hiːt̬iː] *n* Tahiti *nt*
Tahitian [tɑː'hiːʃən, AM tə'hiː-] **I.** *adj* tahitisch
II. *n* ❶ (*person*) Tahitianer(in) *m(f)*
❷ (*language*) Tahitisch *nt*
t'ai chi [ˌtaɪ'tʃiː, AM *also* -dʒiː] *n no pl* Tai-chi *nt*
taiga [taɪgə] *n no pl* Taiga *f*
tail [teɪl] **I.** *n* ❶ (*of animal*) Schwanz *m*; *of a horse also* Schweif *m geh*; *of a bear, badger, wild boars* Bürzel *m*; *of a dog, predatory game, and a squirrel also* Rute *f fachspr*; *of an insect* Hinterleib *m*; **to wag/swish one's** ~ mit dem Schwanz wedeln/schlagen
❷ (*fig: rear*) Schwanz *m fig*; *of an aeroplane also* Rumpfende *nt*; *of a car* Heck *nt*; *of a comet* Schweif *m*; *of a kite* Schwanz *m*; *of a hurricane* Ausläufer *m*; *of a letter* Unterlänge *f fachspr*; *of a note* Notenhals *m*; ***get off my ~!*** musst du so dicht auffahren! *m fam*
❸ FASHION (*lower part of a dress*) Schleppe *f*; *of a shirt* [Hemd]zipfel *m fam*; *of a coat* Schoß *m*
❹ FASHION (*fam: tail coat*) ■~**s** *pl* Frack *m*, Schwalbenschwanz *m hum veraltend*
❺ (*fam: buttocks*) Hintern *m fam*
❻ ■~**s** *pl* (*reverse of coin*) Zahlseite *f*; **heads or** ~**s?** Kopf oder Zahl?; ***heads I win, ~s you lose!*** Kopf und ich habe gewonnen!
❼ (*fam: person following sb*) Schatten *m a. hum*, Beschatter(in) *m(f)*; **to put a** ~ **on sb** jdn beschatten lassen
❽ *no pl* (*pej sl: women*) Weiber *ntpl pej fam*; ***they're chasing ~*** (*sl*) sie sind auf Weiberjagd *sl*
❾ AM ECON Ziffern *pl* hinter dem Komma
❿ COMPUT (*data*) Schluss *m*; (*code*) Endcode *m*
▶ PHRASES: **it's a case of the ~ wagging the dog** da wedelt ja der Schwanz mit dem Hund; **to not be able to make head or** ~ [*or* **heads or** ~**s**] **of sth** aus etw *dat* nicht schlau werden *fam*, sich *dat* keinen Reim auf etw *akk* machen können *fam*; **to go off** [*or* **away**] **with one's ~ between one's legs** sich *akk* mit eingezogenem Schwanz [*o* wie ein geprügelter Hund] davonschleichen [*o* davonmachen] *fam*; **to turn ~** [**and run**] die Flucht ergreifen, Fersengeld geben *fam*; **to be/keep on sb's** ~ jdm auf den Fersen sein/bleiben; **to have sb on one's** ~ jdn auf den Fersen haben
II. *vt* ❶ (*remove the stalks of fruit*) ■**to** ~ **sth** etw putzen
❷ (*fam*) ■**to** ~ **sb** jdn beschatten, jdm folgen
◆**tail after** *vi* (*fam*) ■**to** ~ **after sb** (*shadow*) jdn beschatten; (*follow*) jdm hinterherlaufen [*o fam* hinterhertrotten]
◆**tail away** *vi see* **tail off**
◆**tail back** *vi* BRIT sich *akk* stauen
◆**tail off** *vi* abnehmen, nachlassen; *sound, voice* schwächer werden; *interest* abflauen, schwinden, zurückgehen; *race participant* zurückfallen
tailback *n* BRIT [Rück]stau *m* **tailboard** *n* BRIT Ladeklappe *f*; *of a van* Laderampe *f* **tail coat** *n* Frack *m*, Schwalbenschwanz *m hum veraltend*
tailed [teɪld] *in compounds* -schwänzig
tail end *n* Schwanz *m fig*, Ende *nt*, Schluss *m*; **to come in at the ~ of sth** erst am Ende einer S. *gen* [dazu]kommen **tail feather** *n* Schwanzfeder *f*
tail fin *n* Heckflosse *f*, Schwanzflosse *f* **tailgate I.** *n* AM, AUS (*tailboard*) *of a car* Heckklappe *f*, Hecktür *f*; *of a lorry* Ladeklappe *f*; *of a van* Laderampe *f*; **to lower/raise the** ~ die Heck-/Ladeklappe herunter-/hochklappen **II.** *vt esp* AM (*fam*) ■**to** ~ **sb** auf jdn [zu] dicht auffahren **III.** *vi* ❶ *esp* AM (*fam: follow too close to*) [zu] dicht auffahren ❷ AM (*picnic*) *während einer Sportveranstaltung ein Picknick von der Ladefläche eines Wagens aus veranstalten* **tailgate party** *n* AM *Picknick während einer Sportveranstaltung von der Ladefläche eines Wagens aus*
tail heavy *adj of a plane* schwanzlastig, hinten zu schwer beladen *präd*
tailing ['teɪlɪŋ] *n no pl* ❶ (*secretly following*) Beschatten *nt*, Beschattung *f*
❷ (*waste material*) ■~**s** *pl* Abfallprodukte *ntpl*, Rückstände *mpl*
❸ (*of a beam or brick*) eingemauertes Ende
tail lamp *n esp* AM (*tail light*) Rücklicht *nt*, Schlusslicht *nt* **tailless** ['teɪlləs] *adj* schwanzlos, ohne Schwanz *nach n* **tail light** *n* Rücklicht *nt*, Schlusslicht *nt*
tailor ['teɪləʳ, AM -ɚ] **I.** *n* Schneider(in) *m(f)*; ~**'s chalk** Schneiderkreide *f*; ~**'s dummy** Schneiderpuppe *f*
II. *vt* ■**to** ~ **sth for sb** ❶ (*make clothes*) etw für jdn [nach Maß] schneidern
❷ (*fig: modify*) etw auf jdn abstimmen [*o* zuschneiden] *fig*; **to** ~ **sth to sb's needs** [*or* **requirements**] etw auf jds Bedürfnisse [*o* Anforderungen] abstimmen
tailored ['teɪləd, AM -ɚd] *adj inv* maßgeschneidert *a. fig*; ~ **suit** Maßanzug *m*; (*close-fitting*) gut sitzender Anzug
tailoring ['teɪlərɪŋ] *n no pl* ❶ (*work*) Schneiderarbeit *f*
❷ (*trade*) Schneidern *nt*, Schneiderhandwerk *nt*
❸ (*style or cut*) Schnitt *m*
tailor-made *adj inv* ❶ (*made-to-measure*) maßgeschneidert, nach Maß angefertigt; ***all his suits are ~*** er hat nur Maßanzüge; **to have sth** ~ [sich *dat*] etw [maß]schneidern lassen
❷ (*fig: suited*) ■**to be** ~ **for sb/sth** für jdn/etw maßgeschneidert sein *fig*; ***it sounds as though you're ~ for the job*** es klingt so, als ob du genau der/die Richtige für den Job wärst
tailor-make *vt* ■**to** ~ **sth** etw [maß]schneidern *fig* [*o* [individuell] zusammenstellen]
tailpiece *n* ❶ (*addition*) Anhang *m* ❷ AVIAT Heck *nt* ❸ TYPO Schlussvignette *f* ❹ MUS Saitenhalter *m* **tailpipe** *n* AM AUTO Auspuffrohr *nt* **tailplane** *n* Höhenleitwerk *nt*; AVIAT Höhenflosse *f* **tail skid** *n* AVIAT Schwanzsporn *m* **tailspin I.** *n* AVIAT (*also fig*) Trudeln *nt kein pl*; **to go into a** ~ (*also fig*) ins Trudeln kommen **II.** *vi irreg* trudeln, abtrudeln *fachspr* **tail wheel** *n* Spornrad *nt*; AVIAT Heckrad *nt* **tail wind** *n* Rückenwind *m*
taint [teɪnt] **I.** *n no pl* (*flaw*) Makel *m*; (*trace*) Spur *f*, Anflug *m*; ***there is a ~ of insanity in their family*** in der Familie gibt es eine Veranlagung zu Geisteskrankheiten; **the** ~ **of suspicion** die Spur eines Verdachts
II. *vt* (*also fig*) ■**to** ~ **sth/sb** jdn/etw verderben *a. fig*; **to** ~ **sb's reputation** jds Ruf beflecken [*o* beschmutzen]
tainted ['teɪntɪd, AM -t̬-] *adj inv* ❶ (*decayed*) verdorben; ■**to become** ~ *food* schlecht werden; ~ **air** verpestete Luft
❷ (*fig: flawed*) belastet; ■**to be** ~ **with sth** mit etw *dat* belastet sein; ~ **reputation** beschädigter Ruf
taintless ['teɪntləs] *adj inv* (*poet*) rein, unbefleckt *geh*
Taiwan [ˌtaɪ'wɒn, AM -'wɑːn] *n* Taiwan *nt*
Taiwanese [ˌtaɪwə'niːz] **I.** *adj* taiwanisch
II. *n* Taiwaner(in) *m(f)*
Tajikistan [tɑː'dʒiːki'stɑːn] *n* Tadschikistan *nt*

take [teɪk]

I. NOUN **II.** TRANSITIVE VERB
III. INTRANSITIVE VERB

I. NOUN

❶ *no pl* (*money received*) Einnahmen *fpl*
❷ (*filming of a scene*) Aufnahme *f*, Take *m o nt fachspr*
▶ PHRASES: **to be on the ~** AM (*fam*) korrupt sein *pej*, Bestechungsgelder nehmen

II. TRANSITIVE VERB

<took, taken> ❶ (*accept*) ■**to** ~ **sth** etw annehmen; ***this restaurant ~s credit cards*** dieses Restaurant akzeptiert Kreditkarten; ***would you ~ an offer?*** darf ich Ihnen ein Angebot machen?; **to** ~

sb's advice jds Rat annehmen; **not to ~ no for an answer** ein Nein nicht akzeptieren; **to ~ a bet** eine Wette annehmen; **to ~ criticism** Kritik akzeptieren; **to ~ responsibility** [**for sth**] die Verantwortung [für etw *akk*] übernehmen; **~ my word for it** [*or* **~ it from me**] das kannst du mir glauben; **to ~ sth badly/well** etw schlecht/gut aufnehmen; **to ~ sth seriously** etw ernst nehmen

(2) [*transport*] ▪**to ~ sb/sth somewhere** jdn/etw irgendwohin bringen; ***could you ~ this drink over to Marsha?*** könntest du Marsha diesen Drink 'rüberbringen? *fam;* ***will you ~ me swimming tomorrow?*** nimmst du mich morgen zum Schwimmen mit?; **to ~ sb to hospital/the station/home** jdn ins Krankenhaus/zum Bahnhof/nach Hause fahren; **to ~ sb to the cinema** jdn ins Kino einladen; **to ~ sb for a meal** jdn zum Essen einladen (*im Restaurant*)

(3) [*seize*] ▪**to ~ sth** etw nehmen; ***he took my arm and led me to the door*** er nahm meinen Arm und führte mich zur Tür; ***may I ~ your coat?*** darf ich Ihnen den Mantel abnehmen?; **to ~ sb by the hand/throat** jdn bei der Hand nehmen/am Kragen packen; **to ~ hold of sb** (*fig*) jdn ergreifen

(4) [*tolerate*] ▪**to ~ sth** etw ertragen [*o* verkraften]; *abuse, insults* etw hinnehmen; ***you don't have to take his insults, you know*** du brauchst dir seine Beleidigungen nicht gefallen lassen; ***I just can't take it anymore*** ich bin am Ende, ich kann einfach nicht mehr; ***he couldn't ~ it anymore*** er konnte es nicht länger ertragen; **to be able to ~ a joke** einen Spaß verstehen [*o fam* vertragen]

(5) [*hold*] ▪**to ~ sth** etw aufnehmen; ***my car ~s five people*** mein Auto hat Platz für fünf Leute

(6) [*require*] ▪**to ~ sth** etw erfordern [*o* benötigen]; ***his story took some believing*** seine Geschichte ist kaum zu glauben; ***I ~ [a] size five*** (*in shoes*) ich habe Schuhgröße fünf; **to ~ one's time** sich *dat* Zeit lassen; **to ~ the time to do sth** sich *dat* die Zeit nehmen, etw zu tun

(7) ▪**it ~s ...** man braucht ...; ***it ~s more than that to convince me*** das überzeugt mich noch lange nicht; ***it ~s me an hour*** ich brauche eine Stunde; ***it took me a long time*** [***to ...***] es hat lange gedauert [bis ...]; ***hold on, it won't ~ long*** warten Sie, es dauert nicht lange; ***it will ~ some persuasion*** er/sie wird schwer zu überreden sein; ***it took a lot of courage*** dazu gehörte viel Mut

(8) LING ▪**to ~ sth** ***here, 'sich' ~s the dative*** hier wird ‚sich' mit dem Dativ gebraucht; ***this verb ~s 'haben'*** dieses Verb wird mit ‚haben' konjugiert

(9) [*receive*] ▪**to ~ sth** etw erhalten [*o* bekommen]; ***we've stopped taking the newspaper*** wir beziehen die Zeitung nicht mehr

(10) [*remove*] ▪**to ~ sth** etw [weg]nehmen; (*steal a.*) etw stehlen; ***~ your books off the table please*** nimm bitte deine Bücher vom Tisch; MATH ***~ three from five*** ziehe drei von fünf ab; **to ~ a chesspiece** eine Schachfigur schlagen

(11) [*travel by*] ▪**to ~ sth** *taxi, train* etw nehmen; ***she took the 10.30 flight to Edinburgh*** sie nahm den Flug um 10:30 Uhr nach Edinburg; ***~ the M1 motorway up to Newcastle*** nehmen Sie die Autobahn M1 bis Newcastle; ***he took that last bend too fast*** er nahm die letzte Kurve zu schnell; **to ~ the bus/car** mit dem Bus/Auto fahren

(12) [*eat, consume*] ▪**to ~ sth** *food, drink* etw zu sich *dat* nehmen; *medicine* etw einnehmen; ***~ a sip*** trink [*o* nimm] einen Schluck; ***we'll ~ the tea in the sitting room*** wir trinken den Tee im Wohnzimmer; **not to be ~n internally** MED nur zur äußerlichen Anwendung

(13) BRIT [*rent*] **to ~ a flat/house** eine Wohnung/ein Haus mieten

(14) [*let stay*] ▪**to ~ sb** jdn [auf]nehmen; ***my mother takes lodgers*** meine Mutter vermietet [ein] Zimmer

(15) [*capture*] ▪**to ~ sb** jdn gefangen nehmen; **to ~ prisoners** Gefangene machen; ***the terrorists took him prisoner*** die Terroristen nahmen ihn gefangen; **to ~ a city** eine Stadt einnehmen; **to ~ power** die Macht ergreifen

(16) [*assume*] **to ~ office** ein Amt antreten

(17) BRIT, AUS [*teach*] ▪**to ~ sth** etw unterrichten; ***Mr Marshall ~s us for physics*** in Physik haben wir Herrn Marshall *fam;* ***she ~s private pupils*** sie gibt Privatstunden

(18) [*officiate at*] **to ~ a church service** einen Gottesdienst halten

(19) [*have*] **to ~ a rest** eine Pause machen; **to ~ a walk** einen Spaziergang machen; **to ~ a cold** sich erkälten

(20) [*tackle*] **to ~ a hurdle/fence** eine Hürde/einen Zaun überspringen; **to ~ an obstacle** ein Hindernis nehmen

(21) BRIT [*sit exam*] **to ~ a test** einen Test machen; **to ~ an exam** eine Prüfung ablegen; **to ~ a test** einen Test machen; ***she took her degree in May*** sie hat im Mai [ihr] Examen gemacht

(22) [*achieve*] **to ~ first prize** den ersten Preis erhalten

(23) [*feel*] **to ~ an interest in sb/sth** sich *akk* für jdn/etw interessieren, Interesse an jdm/etw haben; **to ~ notice of sb/sth** jdn/etw beachten; **to ~ offence** beleidigt sein; **to ~ pity on sb/sth** mit jdm/etw Mitleid haben; **to ~ the view that ...** der Ansicht sein, dass ..., auf dem Standpunkt stehen, dass ...

(24) [*earn*] ▪**to ~ sth** etw einnehmen; ***she ~s £300 a week*** sie nimmt 300 Pfund die Woche ein

(25) [*write*] **to ~ notes** sich *dat* Notizen machen

(26) [*photograph*] **to ~ pictures** [*or* **photos**] Bilder machen, fotografieren; ***this photo was taken last summer*** dieses Foto ist vom letzten Sommer; **to have one's photo ~n** sich *akk* fotografieren lassen

(27) THEAT, MUS, FILM ***let's ~ that scene again*** lass uns die Szene nochmal machen; ***can you ~ me through my lines?*** kannst du mit mir meine Rolle durchgehen?; ***let's ~ it from the third act*** fangen wir mit dem dritten Akt an

(28) [*for example*] ***~ last week/me, ...*** letzte Woche/ich zum Beispiel ...

(29) [*assume to be*] ▪**to ~ sb/sth for sb/sth** [*or* **to be sb/sth**] jdn/etw für jdn/etw halten; ***I took him to be more intelligent than he turned out to be*** ich hielt ihn für intelligenter, als er tatsächlich war; **I ~ it** [**that**] ... ich nehme an, [dass] ...; ***I ~ it that you're coming with us*** ich nehme an, du kommst mit

(30) [*understand*] **to ~ sb's/the point** jds/den Standpunkt verstehen; ***I ~ your point, but ...*** ich verstehe, was du meinst, aber ...; **point ~n** [habe] verstanden; ***if you ~ my meaning*** BRIT wenn du verstehst, was ich meine

► PHRASES: **to ~ sb by surprise** [*or* **unawares**] jdn überraschen; **to ~ one thing at a time** eins nach dem anderen erledigen; **to ~ it as it comes** es nehmen, wie es kommt; **he's got what it ~s** er bringts *fam,* er kann was; **~ it or leave it** entweder du akzeptierst es, oder du lässt es bleiben *fam;* **to ~ sth lying down** etw stillschweigend hinnehmen; **what do you ~ me for?** wofür hältst du mich?; **~ it from me** das kannst du mir glauben

III. INTRANSITIVE VERB

<took, taken> (1) [*have effect*] wirken; *plant* angehen; *dye* angenommen werden; *medicine* anschlagen; ***the ink won't take on this paper*** dieses Papier nimmt die Tinte nicht an

(2) [*become*] **to ~ ill** krank werden

(3) [*detract*] ▪**to ~ from sth** etw schmälern; ***will that not ~ from it's usefulness?*** würde das nicht den Gebrauchswert vermindern?

◆**take aback** *vt* ▪**to ~ sb aback** (*surprise*) jdn verblüffen; (*shock*) jdn schockieren; ▪**to be ~n aback** verblüfft [*o fam* baff] sein

◆**take after** *vi* ▪**to ~ after sb** jdm nachschlagen, nach jdm kommen; ***she ~s after her father's side of the family*** sie schlägt in die väterliche Seite

◆**take against** *vi* BRIT ▪**to ~ against sb** eine Abneigung gegen jdn entwickeln

◆**take along** *vt* ▪**to ~ sb/sth along** [**with oneself**] jdn/etw mitnehmen

◆**take apart I.** *vt* (1) (*disassemble*) ▪**to ~ apart** ↔ **sth** etw auseinander nehmen [*o* zerlegen]

(2) (*fam: analyse critically*) ▪**to ~ apart** ↔ **sb/sth** jdn/etw auseinander nehmen *fig;* **to ~ apart an argument/article** ein Argument/einen Artikel zerpflücken

II. *vi* ▪**to ~ apart** zerlegbar sein; ***stop, that doesn't ~ apart*** halt, das kann man nicht auseinander nehmen

◆**take around** *vt* ▪**to ~ sb around** (*take along*) jdn [überallhin] mitnehmen; (*show around*) jdn herumführen

◆**take aside** *vt* ▪**to ~ sb aside** jdn beiseite nehmen

◆**take away I.** *vt* (1) (*remove*) ▪**to ~ away** ↔ **sth** etw wegnehmen

(2) (*deprive of*) ▪**to ~ away** ↔ **sth** [**from sb**] [jdm] etw [weg]nehmen; ▪**to ~ away** ↔ **sb from sb** jdn jdm wegnehmen

(3) (*lead away*) ▪**to ~ away** ↔ **sb** jdn mitnehmen; (*force to come*) jdn wegbringen [*o fam* fortschaffen]; *police* jdn abführen; (*criminal act*) jdn verschleppen

(4) (*fig: have as a result*) ▪**to ~ away** ↔ **sth** etw mitnehmen

(5) (*cause to be away*) ▪**to ~ sb away** [**from sth**] jdn [von etw *dat*] abhalten; ***her work ~s her away from her family a lot on weekends*** durch ihre Arbeit kann sie nur selten an den Wochenenden bei ihrer Familie sein

(6) (*remove*) ▪**to ~ away** ↔ **sth** etw verringern; **to ~ away sb's fear/pain** jdm die Angst/den Schmerz nehmen

(7) BRIT, AUS (*buy to eat elsewhere*) ▪**to ~ away** ↔ **sth** *food* etw mitnehmen; **to ~ away** zum Mitnehmen

(8) (*subtract from*) ▪**to ~ away** ↔ **sth from sth** etw von etw *dat* abziehen; ***10 ~ away 7*** 10 weniger 7

► PHRASES: **to ~ sb's breath away** jdm den Atem verschlagen

II. *vi* (*detract from*) ▪**to ~ away from sth** etw schmälern; **to ~ away from the beauty of sth** der Schönheit einer S. *gen* Abbruch tun; **to ~ away from sb's personality** jds Persönlichkeit beeinträchtigen; **to ~ away from the importance/worth of sth** die Bedeutung/den Wert einer S. *gen* mindern

◆**take back** *vt* (1) (*retract*) ▪**to ~ back** ↔ **sth** *remark* etw zurücknehmen; ***ok, I ~ that back*** ok, ich nehme das zurück

(2) (*return*) ▪**to ~ back** ↔ **sb/sth** jdn/etw [wieder] zurückbringen; **to ~ sb back** [**home**] jdn nach Hause bringen; **sb ~s sb back with him/her** jd nimmt jdn mit nach Hause

(3) (*transmit in thought*) ▪**to ~ sb back** jdn zurückversetzen

(4) (*accept*) ▪**to ~ back** ↔ **sth** *merchandise* etw zurücknehmen; (*let return*) **to ~ an employee back** eine[n] Angestellte[n] wieder einstellen; **to ~ one's husband/wife back** seinen Mann/seine Frau wieder aufnehmen

(5) (*repossess*) ▪**to ~ back** ↔ **sth** [sich *dat*] etw zurückholen; *territory* etw zurückerobern

◆**take down** *vt* (1) (*write down*) ▪**to ~ down** ↔ **sth** [sich *dat*] etw notieren [*o* aufschreiben]; *particulars* etw aufnehmen; **to ~ down notes** sich *dat* Notizen machen

(2) (*remove*) ▪**to ~ down** ↔ **sth** etw abnehmen [*o fam* abmachen]; ***he took down a book from the shelf*** er nahm ein Buch vom Regal [herunter]; **to ~ down the Christmas tree** den Weihnachtsbaum abschmücken; **to ~ down the curtains/a picture** die Gardinen/ein Bild abhängen

(3) (*disassemble*) **to ~ down a tent** ein Zelt abschlagen; **to ~ down the scaffolding** das Gerüst abbauen

(4) (*bring downstairs*) ▪**to ~ sb/sth down** jdn/etw hinunterbringen [*o* herunterbringen]

(5) (*fam: demoralize*) ▪**to ~ sb down** jdm einen Dämpfer versetzen

T

⑥ (*lower*) **to ~ down a flag** eine Fahne einholen; **to ~ one's trousers down** seine Hosen [her]runterlassen
⑦ Am stockex ■ **to ~ down ↔ sth** etw empfangen [*o* beziehen]
◆**take in** *vt* ① (*bring inside*) ■ **to ~ sb in** jdn hineinführen [*o* hereinführen]; ■ **to ~ in ↔ sth** etw hineinbringen [*o* hereinholen]
② (*accommodate*) ■ **to ~ in ↔ sb** jdn [bei sich *dat*] aufnehmen; **to ~ in a child** ein Kind zu sich *dat* nehmen; **to ~ in lodgers** Zimmer vermieten
③ (*admit*) ■ **to ~ in ↔ sb** *hospital* jdn aufnehmen; *university* jdn zulassen
④ (*bring to police station*) ■ **to ~ sb in** jdn festnehmen; ***they took the suspect in for questioning*** sie nahmen den Verdächtigen zum Verhör mit auf die Wache
⑤ (*deceive*) ■ **to ~ in ↔ sb** jdn hereinlegen; ■ **to be ~n in [by sb/sth]** [auf jdn/etw] hereinfallen, sich *akk* [von jdm/etw] täuschen lassen
⑥ (*go to see*) ■ **to ~ in ↔ sth** sich *akk* etw noch ansehen; (*visit*) etw noch besuchen; **to ~ in a cabaret/film** [*or* **movie**] noch schnell ein Kabarett/einen Film mitnehmen *fig;* **to ~ in a play/show** sich *dat* noch schnell ein Stück/eine Show ansehen
⑦ (*understand*) ■ **to ~ in ↔ sth** etw aufnehmen; **to ~ sth in at a glance** etw auf einen Blick erfassen; **to ~ in impressions** Eindrücke aufnehmen; **to ~ in a lecture** einen Vortrag begreifen; **to ~ in a situation** eine Situation erfassen
⑧ (*evaluate*) ■ **to ~ in ↔ sb** jdn in Augenschein nehmen *geh*
⑨ (*include*) ■ **to ~ in ↔ sth** etw einschließen [*o* umfassen]
⑩ (*earn*) ■ **to ~ in ↔ sth** etw einnehmen; **to ~ in washing/ironing/typing** Wäsche/Wäsche zum Bügeln/Tipparbeiten übernehmen [*o* [als Nebenbeschäftigung] annehmen]
⑪ (*have examined or repaired*) ■ **to ~ in ↔ sth** etw zur Reparatur bringen; ***something's wrong with the engine — I'll ~ the car in tomorrow*** etwas stimmt nicht mit dem Motor — ich werde das Auto morgen zur Reparatur bringen
⑫ (*absorb*) ■ **to ~ in ↔ sth** etw aufnehmen; *nutrients, vitamins* etw zu sich nehmen; **to ~ in some fresh air** etwas frische Luft schnappen
⑬ fashion ■ **to ~ in ↔ sth** etw enger machen
◆**take into** *vt* ① (*transport*) **to ~ sb/sth into town** jdn/etw in die Stadt mitnehmen
② (*accept*) **to be ~n into hospital** ins Krankenhaus eingeliefert werden
③ (*introduce to*) ■ **to ~ sb into sth** jdn in etw *akk* einführen
④ (*last until*) ■ **to ~ sb into …** jdm bis … reichen; ***these supplies should ~ you into spring*** mit diesen Vorrat solltest du bis zum Frühling über die Runden kommen; ***she hoped that the new shoes would ~ the kids at least into June*** sie hoffte, dass die neuen Schuhe der Kinder zumindest bis zum Juni halten würden
◆**take off I.** *vt* ① (*remove*) ■ **to ~ off ↔ sth** etw abnehmen; *clothes* etw ausziehen; *coat a.* etw ablegen; **to ~ off a hat** einen Hut absetzen; ■ **to ~ sth off [of] sth** etw von etw *dat* [herunter]nehmen [*o* entfernen]; ***the hairdresser took off about an inch*** der Frisör hat etwa 2,5 cm abgeschnitten; ***the 9:45 service to Woking has been ~n off the schedule*** der Zug um 9:45 nach Woking wurde vom Fahrplan gestrichen; **to ~ sb off a list** jdn von einer Liste streichen; **to ~ sth off the market** etw vom Markt nehmen; **to ~ sth off the menu** etw von der Speisekarte streichen; ■ **to ~ sth off sb** (*fam: take away*) jdm etw wegnehmen
② (*bring away*) ■ **to ~ sb off** jdn wegbringen [*o* fortschaffen]; *police* jdn abführen; ■ **to ~ sb off somewhere** jdn irgendwohin bringen; ***he was ~n off to hospital*** er wurde ins Krankenhaus gebracht; ■ **to ~ oneself off** (*fam*) sich *akk* davonmachen
③ (*stop*) ■ **to ~ sb off sth** *position, job* jdn von etw *dat* abziehen; *medication* etw bei jdm absetzen; **to ~ sb off a diet** jdn von einer Diät absetzen; **to ~ a play off** ein Stück absetzen; ***he's been ~n off call at the hospital this weekend*** dieses Wochenende hat er keinen Bereitschaftsdienst im Krankenhaus
④ (*not work*) **to ~ a day/a week off [work]** [sich *dat*] einen Tag/eine Woche freinehmen; ***I'm taking Monday off*** ich werde mir Montag freinehmen
⑤ (*subtract*) ■ **to ~ off ↔ sth** etw abziehen; ***they ~ the taxes off his salary*** die Steuern werden von seinem Gehalt abgezogen
⑥ Brit (*imitate*) ■ **to ~ off ↔ sb** jdn nachmachen *fam*
II. *vi* ① (*leave the ground*) *airplane* abheben, starten
② (*fam: leave*) verschwinden *fam,* weggehen; (*fam: flee*) abhauen *fam,* sich *akk* davonmachen; ***she just took off without saying goodbye*** sie ist einfach abgehauen, ohne sich zu verabschieden
③ (*fig: have sudden success*) *idea, plan, project* ankommen; *product a.* einschlagen; econ *sales* schnell steigen
◆**take on I.** *vt* ① (*agree to do*) ■ **to ~ on ↔ sth** *responsibility* etw auf sich *akk* nehmen; *work, job* etw annehmen [*o* übernehmen]; **to ~ on too much** zu viel auf sich *akk* nehmen, sich *dat* zu viel zumuten
② (*assume*) ■ **to ~ on ↔ sth** *colour, expression* etw annehmen
③ (*employ*) ■ **to ~ on ↔ sb** jdn einstellen
④ (*compete against*) ■ **to ~ sb ↔ on** es mit jdm aufnehmen, gegen jdn antreten
⑤ (*load*) **to ~ on fuel** auftanken; **to ~ on goods** Waren aufnehmen [*o* laden]; **to ~ on passengers** Passagiere aufnehmen; *bus* Fahrgäste zusteigen lassen
II. *vi* (*dated*) sich *akk* aufregen
◆**take out** *vt* ① (*remove*) ■ **to ~ out ↔ sth** etw herausnehmen; ***he took his hands out of his pockets*** er nahm die Hände aus den Taschen; **to take out sb's teeth** jdm die Zähne ziehen
② (*bring outside*) ■ **to ~ out ↔ sth** etw hinausbringen [*o* herausbringen]; ***Peter's ~n the Porsche out for a spin*** Peter ist eine Runde mit dem Porsche gefahren; **to ~ out the rubbish** [*or* Am **garbage**] [*or* Am **trash**] den Müll hinausbringen; ***dad's taking the dog out [for a walk]*** Papa geht gerade mit dem Hund spazieren
③ (*invite*) ■ **to ~ out ↔ sb** jdn ausführen; **to ~ sb out for** [*or* **to**] **dinner/for a drink** jdn zum Abendessen/auf einen Drink einladen; **to ~ sb out to the cinema/theatre** jdn ins Kino/Theater einladen [*o* ausführen]
④ Am food (*take away*) ■ **to ~ out ↔ sth** etw mitnehmen; ***we could ~ out a pizza*** wir könnten uns eine Pizza holen; ***would you like to eat here or to ~ out?*** möchten Sie's hier essen oder mitnehmen?
⑤ (*deduct*) ■ **to ~ out ↔ sth** etw herausnehmen [*o* entfernen]; ***why don't you ~ it out of the housekeeping money?*** warum nimmst du es nicht aus der Haushaltskasse?; **to ~ time out [to do sth]** sich *dat* eine Auszeit nehmen[, um etw zu tun]
⑥ (*obtain*) ■ **to ~ out ↔ sth** etw erwerben; **to ~ out a licence** eine Lizenz erwerben; **to ~ out a life insurance policy** eine Lebensversicherung abschließen; **to ~ out a loan** ein Darlehen aufnehmen; **to ~ out cash/money** Geld abheben
⑦ (*vent anger*) ■ **to ~ sth out on sb** etw an jdm auslassen *fam;* ***don't take it out on the children*** lass es nicht an den Kindern aus
⑧ (*fam: exhaust*) ■ **to ~ it** [*or* **a lot**] **out of sb** jdn sehr anstrengen, jdm viel abverlangen
⑨ mil ■ **to ~ out ↔ sb/sth** jdn/etw außer Gefecht setzen
⑩ (*distract*) ■ **to ~ sb out of himself/herself** jdn von sich *dat* selbst ablenken [*o* auf andere Gedanken bringen]
◆**take over I.** *vt* ① (*seize control*) ■ **to ~ over ↔ sth** etw übernehmen; ***the military took over the country*** das Militär hat die Macht im Lande ergriffen; **to ~ over a company** eine Firma übernehmen; **to be ~n over by an idea/the devil** (*fig*) von einer Idee/vom Teufel besessen sein; **to ~ over a room/seat** (*fig*) ein Zimmer/ein Sitzplatz in Beschlag nehmen; **to ~ over the show** (*fig*) das Regiment an sich reißen; **to be ~n over by one's work** (*fig*) sich *akk* von seiner Arbeit vereinnahmen lassen
② (*assume*) ■ **to ~ over ↔ sth [for sb]** etw [für jdn] übernehmen; **to ~ over sb's debts** jds Schulden begleichen
II. *vi* ① (*assume responsibility*) ■ **to ~ over [from sb]** jdn ablösen; ***can you ~ over for an hour?*** kannst du mich eine Stunde ablösen?; ***the night shift ~s over at six o'clock*** die Nachtschicht übernimmt um sechs Uhr
② (*assume control*) das Regiment an sich *dat* reißen; ***she's now completely taken over*** sie führt mittlerweile das Regiment
◆**take round** *vt see* **take around**
◆**take through** *vi* ■ **to ~ sb through sth** etw mit jdm durchgehen
◆**take to** *vi* ① (*start to like*) ■ **to ~ to sb/sth** sich *akk* für jdn/etw erwärmen können, an jdm/etw Gefallen finden; ***he took to the new teacher instantly*** der neue Lehrer war ihm auf Anhieb sympathisch
② (*begin as a habit*) ■ **to ~ to sth** etw anfangen; ■ **to ~ to doing sth** anfangen etw zu tun; **to ~ to drink/drugs** anfangen zu trinken/Drogen zu nehmen; **to ~ to a life of crime** kriminell werden
③ (*go to*) ■ **to ~ to sth** irgendwohin fliehen [*o* flüchten]; **to ~ to one's bed** sich *akk* ins Bett legen; **to ~ to the countryside/forest/hills** aufs Land/in den Wald/in die Berge flüchten; **to ~ to the streets [in protest]** (*fig*) auf die Straße gehen *fig*
► Phrases: **to ~ to sth like a <u>duck</u> to water** bei etw *dat* gleich in seinem Element sein
◆**take up I.** *vt* ① (*bring up*) ■ **to ~ up ↔ sb/sth** jdn/etw hinaufbringen [*o* heraufbringen]; **to ~ up the floorboards/carpet** den Holzboden/Teppich herausreißen; **to ~ up a skirt** einen Rock kürzen
② (*pick up*) ■ **to ~ up ↔ sth** etw aufheben; **to ~ up arms against sb** die Waffen gegen jdn erheben [*o* ergreifen]
③ (*start doing*) ■ **to ~ up ↔ sth** etw anfangen [*o* beginnen]; **to ~ up a job** eine Stelle antreten; **to ~ up the piano/fishing** anfangen Klavier zu spielen/zu angeln; **to ~ up a collection** für etw *akk* sammeln; *church* eine Kollekte abhalten
④ (*start to discuss*) ■ **to ~ up ↔ sth** sich *akk* mit etw *dat* befassen; ■ **to ~ sth up with sb** etw mit jdm erörtern; **to ~ up a point/question** einen Punkt/eine Frage aufgreifen; ***I'd like to ~ up the point you made earlier*** ich würde gerne moch einmal auf das eingehen, was Sie vorhin sagten; ■ **to ~ sb up on sth** Brit, Aus mit jdm über etw *akk* reden wollen
⑤ (*accept*) ■ **to ~ up ↔ sth** etw annehmen; **to ~ up a challenge/offer** eine Herausforderung/ein Angebot annehmen; **to ~ up an opportunity** eine Gelegenheit wahrnehmen; **to ~ sb up on an invitation/offer/suggestion** auf jds Einladung/Angebot/Vorschlag zurückkommen
⑥ (*adopt*) ■ **to ~ up ↔ sth** etw annehmen; **to ~ up an attitude** eine Haltung einnehmen; **to ~ up a belief/habit** einen Glauben/eine Gewohnheit annehmen; **to ~ up a position** eine Stellung einnehmen; **to ~ up the rear** den Schluss bilden
⑦ (*continue*) ■ **to ~ up ↔ sth** etw fortführen; ***the clarinet took up the tune*** die Klarinette nahm die Melodie wieder auf; ***he took up reading where he had left off last night*** er las da weiter, wo er am Abend vorher aufgehört hatte; **to ~ up a refrain/song** in einen Refrain/ein Lied einstimmen
⑧ (*occupy*) ■ **to be ~n up with sb/sth** mit jdm/etw beschäftigt sein; **to ~ up room/space** Raum [*o* Platz] einnehmen; **to ~ up time** Zeit beanspruchen; ***my job ~s up all my time*** mein Beruf frisst meine ganze Zeit auf
⑨ (*patronize*) ■ **to ~ sb up** jdn protegieren *geh*
⑩ (*absorb*) ■ **to ~ up ↔ sth** *nutrients, alcohol* etw aufnehmen
II. *vi* (*start to associate with*) ■ **to ~ up with sb** sich *akk* mit jdm einlassen *meist pej;* ■ **to ~ up with sth** sich *akk* auf etw *akk* einlassen
◆**take upon** *vt* (*usu pej*) ■ **to ~ it upon oneself to do sth** meinen, etw tun zu müssen, ungebeten

etw tun; ***he took it upon himself to correct everyone at length*** er meinte, jeden immer ausführlich verbessern zu müssen; ***she took the planning of the office party upon herself*** sie hat die Planung der Party [selbst] in die Hand genommen

takeaway I. *n* BRIT, AUS ❶ (*shop*) Imbissbude *f;* (*restaurant*) Restaurant *nt* mit Straßenverkauf ❷ (*food*) Essen *nt* zum Mitnehmen; ***let's have a ~ for dinner tonight*** lass uns für heute Abend etwas zum Essen holen; **Chinese ~** chinesisches Essen zum Mitnehmen II. *n modifier* (*food*) zum Mitnehmen *nach n* **take-home pay** *n no pl* Nettoeinkommen *nt; of an employee* Nettogehalt *nt; of a worker* Nettolohn *m*

take-in *n* AM Betrug *m,* Schwindel *m*

taken ['teɪkᵊn] I. *vt, vi pp of* **take** II. *adj pred* begeistert; ▪**to be ~ with** [*or* **by**] **sb/sth** von jdm/etw angetan [*o* begeistert] sein **take-off** *n* ❶ AVIAT Start *m,* Abflug *m,* Take-off *m o nt fachspr;* **to be cleared for ~** zum Start freigegeben sein, Starterlaubnis haben; **to be ready for ~** startklar [*o* startbereit] sein ❷ BRIT, AUS (*imitation*) Parodie *f* (**of** auf +*akk*) ❸ SPORTS (*place for jumping*) Absprung *m,* Absprungstelle *f* **take-out** *n* AM ❶ (*shop*) Imbissbude *f;* (*restaurant*) Restaurant *nt* mit Straßenverkauf ❷ (*food*) Essen *nt* zum Mitnehmen ❸ ECON Bestandsverringerung *f*

takeover *n* Übernahme *f;* **hostile/friendly ~** feindliche/freundliche Übernahme **takeover bid** *n* Übernahmeangebot *nt* **takeover target** *n* [anvisiertes] Übernahmeobjekt

taker ['teɪkəʳ, AM -ɚ] *n* ❶ (*at betting*) Wettende(r) *f(m); **any ~s?*** wer nimmt die Wette an? ❷ (*at an auction*) Interessent(in) *m(f);* (*when buying*) Käufer(in) *m(f); **any ~s?*** wer bietet? ❸ (*fig: person interested in an offer*) Interessent(in) *m(f); **I'm fixing ice-cream — any ~s?*** ich mache Eis – möchte jemand?; ***any ~s for a movie?*** hat jemand Lust auf einen Film?

take-up *n* ❶ (*claiming*) Inanspruchnahme *f form* ❷ (*process of winding up*) Aufwickeln *nt,* Aufspulen *nt* ❸ TECH Spanner *m* ❹ FILM Aufwickelspule *f* ❺ (*product acceptance*) Aufnahme *f* **take-up rate** *n* ❶ *of claims* Rate *f* der Inanspruchnahmen ❷ *of winding up* Aufspulgeschwindigkeit *f,* Aufwickelgeschwindigkeit *f* **take-up spool** *n* Aufwickelspule *f*

taking ['teɪkɪŋ] I. *n* ❶ (*receipts*) ▪**~s** *pl* Einnahmen *fpl,* Einkünfte *fpl* ❷ MED (*consumption*) Einnehmen *nt,* Einnahme *f*
▸ PHRASES: **to be there for the ~** (*for free*) zum Mitnehmen [*o* umsonst] sein; (*not settled*) offen sein; ***we made lots of fudge — it's there for the ~*** wir haben jede Menge Karamellbonbons gemacht – nimm so viel, wie du willst; ***with the favourite injured, the race is there for the ~*** nach der Verletzung des Favoriten ist bei dem Rennen wieder alles drin
II. *adj* einnehmend, gewinnend; ***she has a ~ way about her*** sie hat eine bezaubernde Art

talc [tælk], **talcum** ['tælkəm] I. *n no pl* ❶ MED Talkum *nt,* Talkpuder *m;* (*perfumed*) Körperpuder *m* ❷ (*mineral*) Talk *m*
II. *vt* ▪**to ~ sb/sth** jdn/etw [ein]pudern

talcum powder I. *n no pl* Talkpuder *m;* (*perfumed*) [Körper]puder *m*
II. *vt* ▪**to ~ sb/sth** jdn/etw [ein]pudern

tale [teɪl] *n* ❶ (*story*) Geschichte *f;* LIT Erzählung *f;* (*true story*) Bericht *m;* **fairy ~** Märchen *nt;* **~ of woe** Leidensgeschichte *f;* **to tell a ~** [**about** [*or* **of**] **sth**] etw [über etw *akk* [*o* von etw *dat*]] erzählen ❷ (*lie*) Märchen *nt,* Lügengeschichte *f;* (*gossip*) Geschichte[n] *f[pl];* **tall ~s** Lügenmärchen *ntpl,* Lügengeschichten *fpl;* **to tell ~s** (*tell on sb*) petzen; (*dated: tell lies*) Märchen erzählen
▸ PHRASES: **dead men tell no ~s** Tote reden nicht; **to live to tell the ~** (*also hum fam*) überleben *a. hum;* **to tell its own ~** für sich *akk* sprechen; **to tell ~s out of school** (*saying fam*) aus der Schule plaudern *fam,* Interna ausplaudern

talebearer ['teɪlˌbeərəʳ, AM -ˌberɚ] *n* Klatsche *f fam,* Klatschweib *nt pej fam;* (*at school*) Petze(r) *f(m)*

talebearing ['teɪlˌbeərɪŋ, AM -ˌber-] *n* Klatschen *nt pej;* (*at school*) Petzen *nt pej*

talent ['tælənt] *n* ❶ (*natural ability*) Talent *nt,* Begabung *f; **she is a young dancer of great ~*** sie ist eine junge, sehr talentierte Tänzerin; **artistic ~s** künstlerische Fähigkeiten; **~ for music** musikalisches Talent ❷ *no pl* (*talented person*) Talente *ntpl,* Begabungen *fpl; **we are looking for fresh ~*** wir sind auf der Suche nach neuen Talenten; **new/promising/young ~** neue/viel versprechende/junge Talente ❸ BRIT, AUS (*hum sl: sexually attractive girls*) Mädels *fpl fam,* Miezen *fpl sl;* (*boys*) Jungs *pl fam,* Typen *mpl sl* ❹ (*hist: weight and currency*) Talent *nt*

talent contest *n* Talentwettbewerb *m,* Talentschau *f*

talented ['tæləntɪd, AM -ţ-] *adj* talentiert, begabt

talent scout *n* Talentsucher(in) *m(f)* **talent show** *n* Talentwettbewerb *m,* Talentschau *f* **talent spotter** *n* Talentsucher(in) *m(f)*

taleteller *n* ❶ (*storyteller*) Geschichtenerzähler(in) *m(f)* ❷ (*gossip*) Klatsche *f fam,* Klatschweib *nt pej fam*

talisman <*pl* -s> ['tælɪzmən] *n* Talisman *m*

Talisman *n* STOCKEX *abbrev of* **transfer accounting, lodgement for investors, stock management for jobbers** Talisman *m*

talk [tɔːk, AM *usu* tɑːk] I. *n* ❶ (*discussion*) Gespräch *nt;* (*conversation*) Unterhaltung *f;* (*private*) Unterredung *f;* **to have a ~** [**with sb**] [**about sth**] [mit jdm] [über etw *akk*] reden [*o* sprechen], ein Gespräch [mit jdm] [über etw *akk*] führen *form;* (*conversation*) sich *akk* [mit jdm] [über etw *akk*] unterhalten; (*private*) eine Unterredung [mit jdm] [über etw *akk*] haben; **heart-to-heart ~** offene Aussprache ❷ (*lecture*) Vortrag *m;* **to give a ~** [**on** [*or* **about**] **sth**] einen Vortrag [über etw *akk*] halten ❸ *no pl* (*discussion*) Reden *nt,* Gerede *nt fam;* (*things said*) Worte *pl;* **big ~** große Töne *pej fam;* **idle ~** leeres Gerede *fam;* **to make small ~** Konversation betreiben ❹ (*subject of conversation*) ▪**the ~** Gesprächsthema[|] *nt; **her behaviour is the ~ of the neighbourhood*** ihr Verhalten ist das Gespräch des ganzen Viertels ❺ (*formal discussions*) ▪**~s** *pl* Gespräche *ntpl;* **peace ~s** Friedensverhandlungen *fpl;* **to hold ~s** [**on** [*or* **about**] **sth**] Gespräche [über etw *akk*] führen
▸ PHRASES: **to be the ~ of the town** Stadtgespräch sein; **to be all ~** [**and no action**], **to be just ~** immer nur reden [und nie handeln]
II. *vi* ❶ (*speak*) sprechen, reden; (*converse*) sich *akk* unterhalten; ▪**to ~ about sb/sth** über jdn/etw reden [*o* sprechen]; ***what the hell are you ~ing about?*** wovon zum Teufel sprichst du eigentlich? *fam;* **to ~ about sb behind his/her back** über jdn hinter seinem/ihrem Rücken reden [*o fam* herziehen]; ▪**to ~ to** [*or* **with**] **sb** mit jdm reden [*o* sprechen]; ***she ~s to her mother on the phone every week*** sie telefoniert jede Woche mit ihrer Mutter; ▪**to ~ to oneself** mit sich *dat* selbst reden, Selbstgespräche führen ❷ (*imitate speech*) *parrot* plappern *fam* ❸ (*speak privately or seriously*) reden; ***can we ~?*** können wir reden?; ***I think we need to ~*** ich denke, wir sollten einmal miteinander reden
▸ PHRASES: **to be ~ing through one's hat** [*or* BRIT *also* **neck**] (*pej! fam*) nur so daherreden *fam;* **to ~ dirty** [**to sb**] obszön [mit jdm] reden; **look who's ~ing, you're a fine one to ~, you can't** [*or* AM **should**] **~** (*fam*) du hast es gerade nötig, etwas zu sagen *fam;* **to set sb ~ing** BRIT jdm Grund zum Tratschen geben *fam;* **~ing of sb/sth ...** *esp* BRIT wo [*o* da] wir gerade von jdm/etw reden [*o* sprechen] ...
III. *vt* ❶ (*speak*) **to ~ a language** eine Sprache sprechen; ***she ~s English at work and French at home*** in der Arbeit spricht sie Englisch und zu Hause Französisch ❷ (*fam: discuss*) **to ~ business/money/politics** über Geschäfte/Geld/Politik sprechen
▸ PHRASES: **to be able to ~ the hind leg[s] off a donkey** BRIT (*fam*) jdm ein Loch in den Bauch reden können *fam;* **to ~ one's head off** (*fam*) ununterbrochen reden; **to ~ sb's ear off** (*fam*) jdm ein Loch in den Bauch reden *fam;* **to ~ nonsense** [*or esp* BRIT **rubbish**] (*pej*) Unsinn reden; **to ~ sense** [**into sb's head**] vernünftig [mit jdm] reden; **to ~ some sense into sb's head** jdm Vernunft einimpfen *fam;* **to ~ shop** übers Geschäft reden *fam,* fachsimpeln *fam;* **to ~ a blue streak** AM ohne Punkt und Komma reden *fam;* **to ~ turkey** *esp* AM (*fam*) offen [*o fam* Tacheles] reden; **to give sb something to ~ about** jdm Gesprächsstoff liefern; **~ about ...** so was von ... *fam; **what a film — ~ about boring!*** was für ein Film – so was von langweilig! *fam*

◆**talk around** *vi* ▪**to ~ around sth** um etw *akk* herumreden *fam*

◆**talk at** *vi* ▪**to ~ at sb** auf jdn einreden

◆**talk away** *vi* ununterbrochen reden

◆**talk back** *vi* eine freche Antwort geben

◆**talk down** I. *vt* ▪**to ~ down** ↔ **sb** ❶ (*speak louder*) jdn übertönen ❷ (*talk to and help to safety*) jdn durch Reden herunterlotsen; ***the policeman ~ed the girl down after she had been on the roof for two hours*** der Polizeibeamte konnte das Mädchen überreden, vom Dach herunterzukommen, nachdem sie zwei Stunden dort gestanden hatte; **to ~ a pilot down** AVIAT einen Piloten zur Landung einweisen ❸ (*dissuade*) ▪**to ~ sb down from sth** jdn von etw *dat* abbringen, jdm etw ausreden
II. *vi* (*pej*) ▪**to ~ down to sb** mit jdm herablassend [*o* von oben herab] reden

◆**talk into** *vt* ▪**to ~ sb into sth** jdn zu etw *dat* überreden; ▪**to ~ sb into doing sth** jdn überreden, etw zu tun

◆**talk out** I. *vt* ❶ (*discuss thoroughly*) ▪**to ~ out** ↔ **sth** etw ausdiskutieren; **to ~ one's way out of sth** sich *akk* aus etw *dat* herausreden ❷ (*convince not to*) ▪**to ~ sb out of sth** jdm etw ausreden; ▪**to ~ sb out of doing sth** jdm ausreden, etw zu tun
II. *vi* LAW die rechtzeitige Verabschiedung eines Gesetzes verfahrensmäßig blockieren

◆**talk over** *vt* ▪**to ~ over** ↔ **sth** [**with sb**] etw [mit jdm] durchsprechen [*o* besprechen]

◆**talk round** I. *vt* (*convince*) ▪**to ~ sb round** [**to sth**] jdn [zu etw *dat*] überreden; ▪**to ~ sb round to doing sth** jdn überreden, etw zu tun
II. *vi* ▪**to ~ around sth** um etw *akk* herumreden *fam*

◆**talk through** *vt* ❶ (*discuss thoroughly*) ▪**to ~ through** ↔ **sth** etw durchsprechen ❷ (*reassure with talk*) ▪**to ~ sb through sth** jdm bei etw *dat* gut zureden; ***he ~ed her through the birth of their first child*** er half ihr bei der Geburt ihres ersten Kindes, indem er ihr beruhigend zuredete

◆**talk up** *vt* ▪**to ~ up** ↔ **sth** für etw *akk* werben; ***they ~ed up the concert a lot, but it was kind of a disappointment*** sie hatten viel Werbung für das Konzert gemacht, aber es war eine ziemliche Enttäuschung

talkative ['tɔːkətɪv, AM -ţ-] *adj* gesprächig, redselig, geschwätzig *pej*

talkativeness ['tɔːkətɪvnəs, AM tɑːkəţɪv-] *n* Gesprächigkeit *f,* Redseligkeit *f,* Geschwätzigkeit *f pej*

talkback ['tɔːkbæk, AM *usu* 'tɑːk-] *n* ❶ (*device with loudspeakers*) Gegensprechanlage *f* ❷ AUS (*phone-in programme*) *Rundfunk- bzw. Fernsehprogramm, bei dem die Hörer direkt anrufen können*

talked-about, talked-of *adj attr, inv* **much ~** (*approv*) viel gerühmt; (*famous*) berühmt

talker ['tɔːkəʳ, AM 'tɑːkɚ] *n* (*person who speaks*)

T

Sprechende(r) *f(m),* Sprecher(in) *m(f),* Redner(in) *m(f);* (*talkative person*) Schwätzer(in) *m(f) pej;* **to be a good/fluent** ~ gut/flüssig reden können
talkie ['tɔːki, AM *usu* 'tɑːki] *n* (*dated fam*) Tonfilm *m*
talking ['tɔːkɪŋ, AM *usu* 'tɑːk-] **I.** *adj* sprechend
II. *n no pl* Sprechen *nt,* Reden *nt,* Geschwätz *nt pej;* ***"no ~, please!"*** „Ruhe bitte!"; **to let sb [else] do the** ~ das Reden jd anderem überlassen
talking head *n* Papagei *m pej fam* **talking point** *n* ❶ (*topic*) Gesprächsthema *nt,* Diskussionsthema *nt* ❷ (*fig: feature*) *of a product* wesentlicher Vorzug, Hauptvorteil *m;* (*support*) [zusätzliches] gutes Argument; ***the study provided the management with a ~ in urging mass dismissals*** die Studie lieferte der Geschäftsleitung einen weiteren guten Grund, Massenentlassungen zu forcieren **talking shop** *n* BRIT (*fig fam*) *Gruppe von Personen, die nur redet und nicht handelt* **talking-to** *n* (*pej*) Strafpredigt *f fam,* Standpauke *f fam;* **to give sb a [good]** ~ jdm eine [ordentliche] Standpauke halten
talks [tɔːks, AM *esp* 'tɑːks] *npl* Gespräche *ntpl,* Verhandlungen *fpl;* **to adjourn/break off/call off** ~ Gespräche [*o* Verhandlungen] vertagen/abbrechen/absagen; **to be involved in** ~ Gespräche führen, in Verhandlungen stehen *form;* **to enter into/resume** ~ Gespräche [*o* Verhandlungen] aufnehmen/wieder aufnehmen; **to hold** ~ Besprechungen abhalten, Verhandlungen führen; **to hold ~ with sb** sich *akk* mit jdm besprechen; **to take part in** ~ an Gesprächen teilnehmen; ~ **about** ~ AM POL Sondierungsgespräche *ntpl*
talk show *n* TV Talkshow *f*
tall [tɔːl] *adj* ❶ (*high*) *building, fence, grass, ladder, tree* hoch; *person* groß, hoch gewachsen; **to be** [*or* **stand**] **six feet** ~ 1,83 m groß sein; **to be ~ in** [*or* **of**] **stature** (*form*) von hoher Statur [*o* hohem Wuchs] sein *geh;* **to grow ~[er]** [noch] wachsen, groß [*o* [größer]] werden
❷ (*fig: considerable*) *amount, price* ziemlich [*o fam* ganz schön] hoch
❸ (*long*) *rod, stick* lang; ~ **blade/stalk** langer Grashalm/Stängel
❹ (*fig: confident*) **to stand** [*or* **walk**] ~ selbstbewusst [*o* [selbst]sicher] auftreten
❺ (*fig: unlikely*) unglaublich, haarsträubend; **to spin ~ yarns, to tell ~ tales** abenteuerliche Geschichten erzählen, Seemansgarn spinnen
❻ (*fig: pretentious*) *talk, way of speaking* großtuerisch, prahlerisch
❼ (*fig: difficult*) *problem* schwer [*o* schwierig] [zu lösen]
tallboy *n* ❶ BRIT (*chest*) hohe Kommode; (*chest on chest*) Doppelkommode *f,* Aufbaukommode *f;* (*closet*) Kleiderschrank *m,* Wäscheschrank *m* ❷ ARCHIT (*piece of chimney*) Zugaufsatz *m fachspr* ❸ (*glass*) langstieliges Trinkglas **tall drink** *n* AM Cocktail *m*
tallish ['tɔːlɪʃ] *adj inv building, fence, plant* ziemlich hoch; *person* ziemlich groß [*o* hoch gewachsen]
tallness ['tɔːlnəs] *n no pl of a person* Größe *f; of a building, plant* Höhe *f; of a blade of grass, stick* Länge *f*
tall order *n* (*fig*) schwierige [*o* schwer lösbare] Aufgabe; ***to get the work done on time will be a ~*** die pünktliche Fertigstellung der Arbeit wird schwierig werden
tallow ['tæləʊ, AM -loʊ] *n no pl* Talg *m veraltend;* MECH, TECH Schmiere *f,* Schmierstoff *m*
tall story *n,* **tall tale** *n* haarsträubende [*o* unglaubliche] [*o* abenteuerliche] Geschichte, Märchen *nt*
tally¹ <-ie-> ['tæli] **I.** *vi* [überein]stimmen; ■**to ~ [with sth]** *figures, statements, signatures* [mit etw *dat*] übereinstimmen
II. *vt* (*also fig also dated*) ❶ COMM (*count*) ■**to ~ [up] sth** [*or* **sth [up]**] *amounts, sums* etw zusammenzählen; *figures* etw zusammenrechnen; *items* etw auflisten [*o* tabellieren]; **to ~ up the for and against** (*fig*) das Für und Wider abwägen
❷ COMM (*check off*) ■**to ~ sth** *goods, items* etw nachzählen; NAUT (*register*) *cargo, load, shipment* etw kontrollieren [*o fachspr* tallieren]; SPORTS *point, score* etw notieren [*o* festhalten]
❸ COMM (*mark*) ■**to ~ sth** *goods* etw auszeichnen [*o* kennzeichnen] [*o* etikettieren]
tally² ['tæli] *n usu sing* ❶ COMM (*list for goods, items*) [Strich]liste *f,* Stückliste *f;* (*for single item*) [Zähl]strich *m;* (*hist: record for transactions*) Kerbholz *nt hist;* (*for single transaction*) Kerbe *f hist;* (*account*) Abrechnung *f*
❷ COMM (*mark on goods*) Etikett *nt,* Auszeichnung *f,* Kennzeichnung *f*
❸ BRIT ECON (*dated*) Abzahlungsgeschäft *nt fachspr*
❹ (*count*) [zahlenmäßige] Aufstellung; ***his ~ today is three fish*** sein heutiger Fang besteht aus drei Fischen; **to keep a ~ [of sth]** eine [Strich]liste [über etw *akk*] führen; ***I should have kept a ~ of what I spent*** ich hätte Buch über meine Ausgaben führen sollen
tally-ho [ˌtæli'həʊ, AM -'hoʊ] *interj* ■~! (*when sighting game*) halali!; (*when facing a challenge*) auf geht's! *a. hum fam* **tallyman** *n* ❶ (*keeper of record*) Kontrolleur *m;* NAUT *of a cargo* Ladungskontrolleur *m; of goods* Warenkontrolleur *m* ❷ BRIT ECON *Vertreter, der Waren auf Kredit verkauft* **tally-room** *n* AUS POL Auszählungsraum *m* **tally sheet** *n* ECON Kontrollliste *f,* Stückliste *f*
Talmud ['tælmʊd, AM *esp* 'tɑːl-] *n no pl* REL Talmud *m fachspr*
talon ['tælən] *n* ❶ ORN (*claw*) Klaue *f,* Kralle *f;* ANAT (*finger*) Finger *m;* **long ~s** (*fig pej*) lange Krallen *fig pej fam*
❷ BRIT STOCKEX Erneuerungsschein *m,* Talon *m fachspr*
❸ CARDS Talon *m fachspr;* (*in dealing also*) Kartenrest *m;* (*in gambling also*) Kartenstock *m*
❹ ARCHIT (*groove*) Hohlkehle *f,* Karnies *nt fachspr,* S-Profil *nt fachspr*
tamable *adj see* **tameable**
tamarind ['tæmᵊrɪnd, AM -mɚ-] *n* ❶ (*tropical tree*) Tamarinde *f*
❷ (*fruit*) Frucht *f* der Tamarinde
tamarisk ['tæmᵊrɪsk, AM -mɚ-] *n* Tamariske *f*
tambour ['tæmbʊəʳ, AM -bʊr] *n* ❶ MUS (*instrument*) Trommel *f;* (*musician*) Trommler(in) *m(f)*
❷ ARCHIT Säulentrommel *f fachspr*
tambourine [ˌtæmbᵊr'iːn, AM -bə'riːn] *n* flache Handtrommel, Tamburin *nt fachspr*
tame [teɪm] **I.** *adj* ❶ (*domesticated*) *animal* gezähmt, zahm; (*harmless*) *animal, person* friedlich, zahm; ***the lion was as ~ as a house cat*** der Löwe war zahm wie eine Hauskatze; ~ **superior** zahmer Vorgesetzter/zahme Vorgesetzte
❷ (*tractable*) *child* folgsam; *person* fügsam, gefügig; (*under control*) *elements, river* gezähmt, gebändigt
❸ (*unexciting*) *book, joke, person* lahm, fad[e], geistlos; (*mild*) *film* harmlos, brav; *criticism, report* zahm, ohne Biss *nach n;* (*amenable*) [sehr] umgänglich [*o* zuvorkommend] [*o* entgegenkommend]
II. *vt* (*also fig*) ■**to ~ sb/sth** jdn/etw zähmen [*o* bändigen] *a. fig;* ***he'll need to ~ his temper*** er wird sein Temperament zügeln müssen; **to ~ one's anger** seine Wut [be]zähmen [*o* bändigen]; **to ~ one's curiosity/hunger** seine Neugier/seinen Hunger bezähmen; **to ~ one's impatience/passions** seine Ungeduld/Leidenschaft zügeln; **to ~ a river** einen Fluss zähmen [*o* bändigen] *fig;* **to ~ a tiger** einen Tiger zähmen [*o* bändigen]
tameable ['teɪməbl] *adj* zähmbar; ***gambling is a ~ passion*** Spielleidenschaft ist kontrollierbar; *curiosity, hunger* bezähmbar; ■**to be ~** *animal* sich *akk* zähmen lassen; *emotions* sich *akk* [be]zähmen [*o* bändigen] [*o* zügeln] lassen
tamely ['teɪmli] *adv* ❶ (*also fig: without opposition*) zahm; **to capitulate** ~ kampflos kapitulieren *fig*
❷ (*also fig: mildly*) harmlos, brav, ohne Biss *nach n;* ***he reacted ~ to the criticism levelled at him*** er reagierte sehr verhalten auf die gegen ihn gerichtete Kritik; **a ~ written article** ein harmloser Artikel
tameness ['teɪmnəs] *n no pl* ❶ ZOOL Zahmheit *f a. fig*
❷ (*dullness*) Langweiligkeit *f,* Laschheit *f*
tamer ['teɪməʳ, AM -ɚ] *n* Tierbändiger(in) *m(f),* Dompteur, Dompteuse *m, f;* **lion-~** Löwenbändiger(in) *m(f)*
tam-o'-shanter [ˌtæmə'ʃæntəʳ, AM 'tæməʃæntɚ] *n* [runde wollene] Schottenmütze
tamp [tæmp] *vt* ❶ (*fill*) ■**to ~ sth** etw [zu]stopfen [*o* [ver]stopfen]; **to ~ a pipe** eine Pfeife stopfen; **to ~ a drill hole** MIN ein Bohrloch [zu]stopfen [*o fachspr* besetzen]; **to ~ a well** MIN eine Bohrung verdämmen *fachspr*
❷ (*compact*) ■**to ~ sth [down]** [*or* **to ~ [down] sth**] etw [fest]stampfen; **to ~ down tobacco** Tabak festklopfen; **to ~ concrete/loam** Beton/Lehm stampfen *fachspr*
Tampax® <*pl* -> ['tæmpæks] *n* Tampon *nt*
tamped [tæmpt] *adj inv* [fest]gestampft; *earth also* festgetreten
tamper ['tæmpəʳ, AM -ɚ] *vi* ■**to ~ with sth** ❶ (*handle improperly*) sich *akk* an etw *dat* zu schaffen machen, an etw *dat* herummachen *fam*
❷ (*engage improperly*) sich *akk* [insgeheim] in etw *akk* einmischen, in etw *akk* hineinpfuschen *fam*
❸ (*manipulate*) etw [in betrügerischer Absicht] verändern [*o* [ver]fälschen]; **to ~ with witnesses** LAW Zeugen/Zeuginnen beeinflussen [*o* bestechen] [wollen]
tamper-proof *adj,* **tamper resistant** *adj* Sicherheits-; ~ **cap** Sicherheitsverschluss *m;* ~ **lock** Sicherheitsschloss *nt*
tampon ['tæmpɒn, AM -pɑːn] *n* Tampon *m*
tan¹ [tæn] **I.** *vi* <-nn-> braun werden
II. *vt* <-nn-> ❶ (*make brown*) ■**to ~ sb/sth** jdn/etw bräunen; **to be ~ned** braun gebrannt sein
❷ CHEM (*convert*) ■**to ~ sth** *hides, leather* etw gerben
❸ (*fig fam: beat*) **to ~ sb's hide** jdm das Fell gerben *fig;* **to ~ the hide off sb** jdn verdreschen [*o* versohlen] [*o* vertrimmen] *fam*
III. *n* ❶ (*brown colour*) [Sonnen]bräune *f;* **to get a ~** braun werden, Farbe bekommen
❷ (*light brown*) Gelbbraun *nt,* Hellbraun *nt*
❸ CHEM (*agent*) Gerbstoff *m,* Gerbmittel *nt;* (*bark*) [Gerber]lohe *f fachspr,* [Eichen]lohe *f fachspr*
IV. *adj clothing, shoes* gelbbraun, hellbraun
tan² [tæn] MATH *short for* **tangent** tan
tandem ['tændəm] **I.** *n* ❶ (*vehicle*) *as a bicycle* Tandem *nt; as a carriage* [Wagen]gespann *nt; as a team of horses* [Pferde]gespann *nt*
❷ TECH (*arrangement*) *of cylinders, drives* Reihe[nanordnung] *f;* **to swim in ~** hintereinander schwimmen; **to make an ideal ~** ein ideales Gespann bilden; **to operate** [*or* **work**] **in ~** MECH, TECH *of mechanisms* im Tandembetrieb arbeiten; *of people* im Team [*o fig* Hand in Hand] arbeiten
II. *n modifier* COMPUT ~ **processor** Tandemprozessor *m;* ~ **switching** Durchgangsvermittlung *f*
III. *adv* **to ride** ~ Tandem fahren
tandoori [tæn'dʊəri, AM tɑːn'dʊri] *n* Tandoori[gericht] *nt*
tang [tæŋ] *n* ❶ (*also pej: smell*) [scharfer [*o* penetranter] [*o* durchdringender]] Geruch; (*taste*) [scharfer [*o* intensiver]] Geschmack; ***there was this ~ of the sea in the air*** es roch so unverwechselbar nach Seeluft; **salty/spicy** ~ salziger/würziger Geschmack
❷ (*fig form: distinctive quality*) Eigenart *f,* Wesen *nt;* ***the American way of life has its own ~*** die amerikanische Lebensart hat etwas Eigenes
❸ (*fig form: suggestion*) Andeutung *f,* Hauch *m;* ***she was beginning to get a ~ of enjoyment out of her job*** allmählich fand sie ein ganz klein wenig Freude an ihrer Arbeit; **a ~ of autumn/jasmine/irony** ein Hauch von Herbst/Jasmin/Ironie; **a ~ of mockery** ein Anflug *m* von Spott; **the ~ of a smile** der Anflug eines Lächelns
tangent ['tændʒᵊnt] *n* ❶ MATH Tangente *f fachspr*
❷ (*fig: change*) **to fly** [*or* AM, AUS *also* **go**] **off on** [*or* BRIT *also* **at**] **a ~** [plötzlich] das Thema wechseln, sich *akk* [plötzlich] eines anderen besinnen
tangential [tæn'dʒen(t)ʃᵊl] *adj* nebensächlich, nicht zur Sache gehörend *attr,* tangential *geh*

tangentially ['tændʒenʃəli] *adv* am Rande

tangerine [ˌtændʒər'i:n, AM -dʒə'ri:n] **I.** *n* Mandarine *f*
II. *adj inv* orangerot

tangibility [ˌtændʒə'bɪləti, AM əṭi] *n no pl* Greifbarkeit *f*

tangible ['tændʒəbl̩] *adj* ❶ (*also fig: perceptible*) fassbar; *advantages, benefits, results* greifbar; *lack, loss, swelling* fühlbar; *disappointment, effects, improvement* spürbar; **a ~ difference** ein spürbarer [*o* merklicher] Unterschied; **a ~ relief** eine fühlbare Erleichterung; **a ~ success** ein greifbarer Erfolg
❷ (*real*) real, materiell; **~ advantage** realer [*o* echter] Vorteil; **~ gain** realer [*o* materieller] Gewinn; **~ property** LAW Sachvermögen *nt*
❸ (*definite*) klar, eindeutig, deutlich; **to have ~ evidence** [*or* **proof**] LAW klare [*o* eindeutige] [*o* handfeste] Beweise haben

tangible assets *npl* ECON materielle [Vermögens]werte, bilanzierbare Sachwerte, Sachanlagen *fpl*, Sachanlagevermögen *nt fachspr*

tangibly ['tændʒəbli] *adv* ❶ (*also fig: perceptibly*) spürbar, merklich; **to be ~ colder** spürbar [*o* merklich] kälter sein
❷ (*clearly*) klar, eindeutig, deutlich; **to be ~ better/worse** eindeutig [*o* deutlich] besser/schlechter sein

tangle ['tæŋgl̩] **I.** *n* ❶ (*also fig pej: mass*) *of hair, wool* [wirres] Knäuel; *of branches, roads, wires* Gewirr *nt*; ■**to be in a ~** *hair, wool* verfilzt sein; **to brush out ~s of hair** verfilztes Haar ausbürsten
❷ (*also fig pej: confusion*) Durcheinander *nt*, Wirrwarr *nt*, Unordnung *f*; ***their financial affairs are in a complete ~*** ihre finanziellen Angelegenheiten sind ein einziges Chaos; **a ~ of lies** ein Lügengewebe *nt*, ein Gespinst *nt* von Lügen; **to be in a ~ of lies** in ein Netz von Lügen verstrickt sein; **a diplomatical/political ~** diplomatische/politische Verwicklungen; **to get into a ~** sich *akk* verfangen [*o* verstricken] [*o fam* verheddern]; ***we got into a complete ~ driving through Paris*** bei der Fahrt durch Paris haben wir uns total verfranst *fam*
❸ (*fig pej: disagreement*) Streit *m*, Auseinandersetzung *f*; **to get into a ~ with sb** mit jdm in einen Streit [*o* aneinander] geraten
II. *vt* (*also fig pej*) ■**to ~ sth** etw durcheinander bringen [*o* in Unordnung bringen]; **to ~ threads/yarn** Fäden/Garn verwickeln
III. *vi* ❶ (*also fig pej: knot up*) *hair, wool* verfilzen; *threads, wires* sich *akk* verwickeln; *animal, person* sich *akk* verfangen [*o fam* verheddern]; *groups, people* sich *akk* verstricken; **to ~ in a net/rope** sich *akk* in einem Netz/Strick verfangen
❷ (*fig pej: quarrel*) ■**to ~ with sb** sich *akk* mit jdm anlegen

◆**tangle up** **I.** *vt* (*also fig pej*) ■**to ~ up** ↻ **sth** etw durcheinander [*o* in Unordnung] bringen
II. *vi* (*also fig pej*) *hair, wool* verfilzen; *threads, wires* sich *akk* verwickeln; *animal, person* sich *akk* verfangen [*o fam* verheddern]; *groups, people* sich *akk* verstricken; **to be/become ~d up in sth** *affair, scandal* in etw *akk* verwickelt [*o* verstrickt] sein/werden; **to become ~d up in an investigation** in eine Untersuchung hineingezogen werden

tangled ['tæŋgl̩d] *adj* (*also fig pej*) *hair, wool* verfilzt; *cord, threads, wires* verwickelt; *affair* verworren; **~ bedclothes** zerwühltes Bett; **~ hair** zerzaustes Haar; **~ path** verschlungener Pfad; **~ undergrowth** dichtes Unterholz
► PHRASES: **oh what a ~ web we weave, when first we practise to deceive** (*saying*) welche Netze wir doch spinnen, wenn erstmal wir auf Täuschung sinnen *prov*; **to become ~ in the web of one's own lies** sich *akk* im Netz der eigenen Lügen verstricken

tango ['tæŋgəʊ, AM -goʊ] **I.** *n* Tango *m*; **to do** [*or* **dance**] **the ~** Tango tanzen
II. *vi* Tango tanzen

tangy ['tæŋi] *adj* (*approv*) *taste* scharf, kräftig; *smell* durchdringend, streng

tank [tæŋk] **I.** *n* ❶ (*container*) *for liquid* [Flüssigkeits]behälter *m*; *for gas, oil* Tank *m*; (*pool*) [Wasser]becken *nt*, Teich *m*, Reservoir *nt*; (*sl: prison*) [Gemeinschafts]zelle *f*; (*for drunks*) Ausnüchterungszelle *f*; **fish ~** Fischbecken *nt*, Aquarium *nt*; **hot-water ~** Heißwasserspeicher *m*; **storage ~** Sammelbehälter *m*
❷ MIL Panzer *m*, Tank *m hist*
❸ (*tank top*) Pullunder *m*
II. *n modifier* MIL (*corps, gun*) Panzer-; **~ buster** (*sl*) Panzerknacker *m fam*; **~ mockup** Panzerattrappe *f*; **~ recovery vehicle** Bergepanzer *m fachspr*; **~ squadron** BRIT Panzerkompanie *f*
III. *vi* (*sl*) ❶ (*fill*) voll tanken
❷ (*get drunk*) sich *akk* voll laufen lassen [*o* besaufen] *fam*
❸ AM (*fam*) Schiffbruch erleiden *fig*, baden gehen *fig fam*; *market* abrutschen

tankard ['tæŋkəd, AM -ɚd] *n* [Deckel]krug *m*, [Bier]krug *m*, Humpen *m*

tanked up *adj pred* AM (*sl*), **tanked-up** *adj attr* AM (*sl*) voll [getankt] *fam*, besoffen *fam*; ■**to be ~** ganz schön einen sitzen haben *fam*

tanker ['tæŋkəʳ, AM -ɚ] **I.** *n* ❶ AVIAT (*aircraft*) Tanker *m*, Tankflugzeug *nt*
❷ NAUT (*ship*) Tanker *m*, Tankschiff *nt*; **oil ~** Öltanker *m*
❸ TRANSP (*truck*) Tankwagen *m*, Tanklastzug *m*
II. *n modifier* NAUT (*accident, cargo, route*) Tanker-; **~ berth** Tankerliegeplatz *m*

tankful ['tæŋkfʊl] *n* Tankfüllung *f*; ***how much petrol, sir? — a ~, please*** wie viel Benzin möchten Sie? – einmal voll tanken, bitte

tank suit *n* Einteiler *m*, einteiliger Badeanzug

tank top *n* Pullunder *m*

tanned [tænd] *adj* ❶ (*brown*) *skin* braun [gebrannt], [sonnen]gebräunt
❷ CHEM (*converted*) *hides, leather* gegerbt
❸ (*sl: drunk*) voll *fam*, besoffen *fam*

tanner ['tænəʳ, AM -ɚ] *n* Gerber(in) *m(f)*

tannery ['tænəri, AM -ɚi] *n* Gerberei *f*

tannic ['tænɪk] *adj* Tannin-; ***wine with a ~ aftertaste*** Wein mit herbem Nachgeschmack

tannic acid *n* CHEM [Gallus]gerbsäure *f fachspr*

tannin ['tænɪn] *n* CHEM Tannin *nt fachspr*

tanning ['tænɪŋ] *n no pl* ❶ (*making brown*) *of skin* Bräunung *f*, Bräunen *nt* ❷ CHEM (*converting*) *of hides, leather* Gerben *nt fachspr* ❸ (*fig fam: beating*) Verdreschen *nt*; **to give sb a** [**good**] **~** jdm eine [ordentliche] Tracht Prügel verpassen **tanning bed** *n* Sonnenbank *f* **tanning lotion** *n* Sonnencreme *f*

tannoy® *n* BRIT, **Tannoy**® ['tænɔɪ] *n* BRIT [öffentliche] Lautsprecheranlage [*o* Rufanlage]; **an announcement on** [*or* **made over**] **the T~** eine Ansage über Lautsprecher

tansy ['tænzi] *n* BOT Rainfarn *m*

tantalize ['tæntəlaɪz, AM -ṭəl-] **I.** *vt* ■**to ~ sb** ❶ (*torment*) jdn quälen [*o* peinigen]; ***stop asking me — don't ~ me*** hör auf, mich zu fragen – quäl mich nicht
❷ (*excite*) jdn reizen; (*fascinate*) jdn in den Bann ziehen; ***the novel ~d him*** der Roman ließ ihn nicht mehr los
❸ (*keep in suspense*) jdn auf die Folter spannen *fig* [*o fam* zappeln lassen]; ***tell me what you know — don't ~ me*** sag mir, was du weißt – spann mich nicht länger auf die Folter
II. *vi* ❶ (*torment*) quälen, peinigen
❷ (*excite*) reizen, einen Reiz ausüben

tantalizing ['tæntəlaɪzɪŋ, AM -ṭəl-] *adj* ❶ (*painful*) quälend, peinigend; **~ thought** quälender Gedanke
❷ (*enticing*) verlockend; ***her charm was ~*** man konnte sich ihrem Charme nicht entziehen; **~ fragrance** verlockender [*o* unwiderstehlicher] Duft; **~ offer/prospect** verlockendes Angebot/verlockende Aussicht; **~ smile** verführerisches Lächeln

tantalizingly ['tæntəlaɪzɪŋli, AM -ṭəl-] *adv* ❶ (*tormentingly*) quälend
❷ (*enticingly*) verlockend

tantamount ['tæntəmaʊnt, AM -ṭə-] *adj inv* ■**to be ~ to sth** mit etw *dat* gleichbedeutend sein, etw *dat* gleichkommen

Tantra ['tæntrə, AM *esp* 'tʌn-] *n* REL Tantra *nt*

Tantrism ['tæntrɪzəm, AM *esp* 'tʌn-] *n no pl* REL Tantrismus *m*

Tantrist ['tæntrɪst, AM *esp* 'tʌn-] *n* REL Tantrist(in) *m(f)*

tantrum ['tæntrəm] *n* Wutanfall *m*, Tobsuchtsanfall *m*, Koller *m fam*; **to have/throw a ~** einen Wutanfall haben/bekommen

Tanzanian [ˌtænzə'niən] *adj inv* tansanisch

Taoiseach ['ti:ʃək, *Irish* -ʃəx] *n* IRISH POL Premierminister(in) *m(f)* [der Republik Irland]

Taoism ['taʊɪzəm] *n no pl* Taoismus *m*

tap[1] [tæp] **I.** *n* ❶ (*outlet*) Hahn *m*; **beer on ~** Bier *nt* vom Fass; **a dripping ~** ein tropfender Wasserhahn; **to turn the ~ on/off** den Hahn auf-/zudrehen; **to be on ~** (*fig*) [sofort [*o* jederzeit]] verfügbar sein; ***there are a lot of interesting projects on ~*** es laufen zurzeit viele interessante Projekte
❷ TELEC (*intercepting device*) Abhörgerät *nt*; (*interception of phone calls*) Telefonüberwachung *f*
II. *vt* <-pp-> ❶ TELEC (*intercept*) ■**to ~ sth** *conversation* etw abhören [*o* mithören]; **to ~ a line/phone** [*or* **telephone**] eine Leitung/ein Telefon anzapfen
❷ (*fig fam: try to obtain*) ■**to ~ sb** (*for information, money*) jdn anzapfen *fam*; **to ~ sb for advice/support** jdn um Rat/Unterstützung angehen
❸ ECON (*fig: make available*) ■**to ~ sth** *energy, sources* etw erschließen; **to ~ the market/new resources** den Markt/neue Quellen erschließen
❹ (*let out*) ■**to ~ sth** etw [ab]zapfen; **to ~ a barrel** ein Fass anstechen [*o* anzapfen]; **to ~ beer** Bier zapfen
❺ MED ■**to ~ sth** *spinal canal* etw punktieren [*o fachspr* drainieren]
❻ ECON ■**to ~ sth** von etw *dat* Anleihen machen, etw leihen
III. *vi* (*fig fam: gain access*) vorstoßen; ■**to ~ into sb** mit jdm enger in Kontakt treten [*o* vertraut [*o fam* warm] werden]; **to ~ into new markets** in neue Märkte vorstoßen, neue Märkte erschließen

tap[2] [tæp] **I.** *n* ❶ (*light hit*) [leichter] Schlag, [leichtes] Klopfen
❷ (*tap-dancing*) Stepp[tanz] *m*
II. *adj attr* Stepp-
III. *vt* <-pp-> ❶ (*strike lightly*) ■**to ~ sth** *door, wall, window* [leicht] an [*o* gegen] etw *akk* klopfen [*o* pochen]; *floor, table* [leicht] auf etw *akk* klopfen; **to ~ one's fingers** [**on sth**] mit den Fingern [auf etw *akk*] klopfen; **to ~ sb on the shoulder** jdm auf die Schulter tippen
❷ MED *chest* etw beklopfen [*o* abklopfen] [*o fachspr* perkutieren]
IV. *vi* <-pp-> [leicht] klopfen [*o* schlagen]; **to ~ against a door** [leicht] anklopfen [*o* an eine Tür klopfen]; **to ~ one's foot on the floor** mit dem Fuß [rhythmisch] auf den Boden klopfen

◆**tap away** *vi* [drauflos] tippen, vor sich *akk* hin tippen

◆**tap in** *vt* ❶ (*knock in*) **to ~ a nail in** einen Nagel einschlagen
❷ (*enter: on a keyboard*) ■**to ~ sth** ↻ **in** etw eintippen; **to ~ in a code/password** einen Code/ein Passwort eingeben

◆**tap out** **I.** *vt* ■**to ~ sth** ↻ **out** ❶ (*produce repeated sound*) *rhythm, tune* etw klopfen; **to ~ out the beat** den Takt klopfen [*o* schlagen]; **to ~ out morse** [**code**] Morsezeichen geben, morsen
❷ (*write on a typewriter*) etw tippen; **to ~ out a letter** einen Brief tippen
❸ (*clean*) *clothes, pipe* etw ausklopfen
II. *vi* AM (*fig sl*) [eine Menge] Geld verlieren; ***boy, did I ~ out on those oil shares!*** Junge, bin ich mit diesen Ölaktien baden gegangen! *fam*

tapa ['tæpæ] *n* Tapa *f*; ■**~s** *pl* Tapas *fpl* **tapas bar** *n* Tapas-Bar *f*

tap dance *n* Stepptanz *m*

tap dancer *n* Stepptänzer(in) *m(f)*

tap dancing *n no pl* Stepptanzen *nt*

tape [teɪp] **I.** *n* ❶ (*strip*) Band *nt*; SPORTS (*for marking*) Zielband *nt*; (*for measuring*) Maßband *nt*,

Bandmaß *nt;* (*adhesive*) Klebeband *nt;* TYPO Lochstreifen *m;* **to break** [*or* **breast**] **the** ~ als Erste(r) durchs Ziel gehen; **insulating** ~ Isolierband *nt;* **masking** ~ [selbsthaftendes] Abdeckband *nt,* Kreppband *nt;* **Scotch** ~® AM Tesafilm® *m,* Tixo® *nt* ÖSTERR; **sticky** ~ BRIT, AUS Klebeband *nt*
❷ (*spool*) *for recording* [Ton-/Magnet]band *nt;* ***I've got that film on*** ~ ich habe diesen Film auf Video; **audio** ~ Audiokassette *f;* ~ **of music** Musikkassette *f;* **blank** ~ leeres [*o* unbespieltes] [Ton]band; **to get** [*or* **put**] **sth on** ~ etw aufnehmen; **to make** [*or* **tape-record**] **a** ~ eine Aufnahme machen; **to record sth on** ~ etw auf Band aufnehmen
II. *vt* ■**to** ~ **sth** ❶ (*support*) etw mit einem [Klebe]band versehen; ***she ~d a note to the door*** sie heftete eine Nachricht an die Tür
❷ (*record*) etw aufnehmen; **to have** [**got**] **sb/sth ~d** BRIT, AUS (*fig fam*) jdn/etw durchschauen, über jdn/etw Bescheid wissen; **to have sth ~d** AM (*fig fam*) *appointment* einen Termin festmachen; *deal* ein Geschäft [*o* eine Sache] unter Dach und Fach bringen
◆**tape up** *vt* ■**to** ~ **up** ↔ **sth** *box, parcel* etw mit einem Band umwickeln [*o* [mit einem Klebeband] zukleben]; *leak* etw abdichten; *border, skirting board* etw abdecken
tape-cassette *n* Tonbandkassette *f* **tape-deck** *n* Kassettendeck *nt,* Tapedeck *nt* **tape delay** *n* Bandverzögerung *f* **tape measure** *n* Maßband *nt,* Bandmaß *nt*
taper ['teɪpəʳ, AM -ɚ] **I.** *n* ❶ (*candle*) [spitz zulaufende] Wachskerze; (*stick*) wachsüberzogener Span; (*wick*) wachsüberzogener Docht
❷ (*diminution*) *of a spire, steeple* Verjüngung *f*
❸ (*fig: decrease*) *of activities, interest* Verringerung *f,* Abnahme *f*
II. *vt* ■**to** ~ **sth** *column, spire* etw verjüngen [*o* spitz zulaufen lassen]
III. *vi* ❶ (*become pointed*) *column, spire* sich *akk* verjüngen (**into** zu +*dat*)
❷ (*also fig: decrease*) *activities, interest* [allmählich] abnehmen [*o* geringer werden]
◆**taper off I.** *vt* (*fig*) ■**to** ~ **sth** ↔ **off** *production, series* etw auslaufen lassen; *enthusiasm, interest* etw abklingen lassen
II. *vi* ❶ (*become pointed*) *column, road, spire* sich *akk* verjüngen (**into** zu +*dat*)
❷ (*also fig: decrease*) [allmählich] abnehmen [*o* geringer werden]; *interest* abflauen, nachlassen
tape-reader *n* Bandleser *m,* Lochstreifenleser *m*
tape-record *vt* ■**to** ~ **sb/sth** jdn/etw [auf Band] aufnehmen **tape recorder** *n* Band[aufzeichnungs]gerät *nt,* Tonbandgerät *nt;* **cassette** ~ Kassettenrekorder *m;* **video** ~ Videorekorder *m* **tape recording** *n* [Magnet]bandaufzeichnung *f,* Tonbandaufnahme *f;* **video** ~ Videoaufzeichnung *f*
tapestried ['tæpɪstrid, AM -pə-] *adj* ❶ (*decorated*) gobelingeschmückt *attr; furniture* mit Dekorationsstoff bespannt [*o* bezogen] *attr;* ~ **walls** Wände *fpl* mit Wand[bild]teppichen
❷ (*illustrated*) *scene* bildlich dargestellt *attr*
tapestry ['tæpɪstri, AM -pə-] *n* ❶ (*fabric*) Gobelingewebe *nt;* (*for furniture*) Dekorationsstoff *m*
❷ (*carpet*) Gobelin *m,* Wand[bild]teppich *m,* Tapisserie *f fachspr*
❸ (*fig: illustration*) bildliche Darstellung
tapeworm *n* Bandwurm *m*
tapioca [ˌtæpi'əʊkə, AM -'oʊ-] *n no pl* Tapioka *f* (*Stärkemehl aus den Wurzeln des Maniokstrauches*)
tapioca pudding *n* Tapioka-Pudding *m*
tapir ['teɪpəʳ, AM -ɚ] *n* Tapir *m*
tappet ['tæpɪt] *n* MECH Daumen *m,* Zapfen *m,* Mitnehmer *m fachspr;* (*on car engine*) [Ventil]stößel *m fachspr;* (*on loom*) Nadelschloss *nt fachspr;* (*on sewing machine*) Exzenter *m fachspr,* Nocken *m fachspr*
taproom *n* Schankstube *f,* Schankraum *m* **tap root** *n* Pfahlwurzel *f* **tap water** *n* Leitungswasser *nt*
tar [tɑːʳ, AM tɑːr] **I.** *n no pl* ❶ (*for paving*) Teer *m,* Asphalt *m*
❷ (*in cigarettes*) Teer *m*
❸ NAUT (*fig hum sl or dated: sailor*) Teerjacke *f hum fam o veraltet;* **a jolly Jack T~** BRIT ein lustiger Seemann
► PHRASES: **to spoil the ship for a ha'porth of** ~ BRIT am falschen Ende sparen; **to beat** [*or* **knock**] [*or* **whale**] **the** ~ **out of sb** AM (*fam*) jdn grün und blau schlagen [*o* windelweich prügeln]
II. *vt* <-rr-> (*pave*) ■**to** ~ **sth** *parking area, road* etw teeren [*o* asphaltieren]
► PHRASES: **to** ~ **and feather sb** (*hist*) jdn teeren und federn *hist;* **to be ~red with the same brush** [*or* **stick**] (*pej*) um kein Haar besser sein
taramasalata [ˌtærəməsə'lɑːtə, AM ˌtɑːrɑːmɑːsɑː'lɑːtɑː] *n no pl* Fischeierpaste *f*
tarantella [ˌtærᵊn'telə, AM ˌter] *n,* **tarantelle** [ˌtærᵊn'tel, AM ˌter] *n* Tarantella *f*
tarantula [tə'ræntjələ, AM -tʃələ] *n* Tarantel *f*
tardily ['tɑːdɪli, AM 'tɑːr] *adv* ❶ (*slowly*) langsam
❷ (*late*) spät
tardiness ['tɑːdɪnəs, AM 'tɑːr-] *n no pl* ❶ (*slowness*) Langsamkeit *f,* Trägheit *f*
❷ (*lateness*) Unpünktlichkeit *f;* (*overdueness*) Verspätung *f*
❸ (*sluggishness*) Säumigkeit *f*
tardy ['tɑːdi, AM 'tɑːrdi] *adj* ❶ (*slow*) langsam, träge; ~ **progress** schleppender Fortschritt
❷ (*late*) unpünktlich; (*overdue*) verspätet; ~ **arrival/response** verspätete Ankunft/Reaktion
❸ (*sluggish*) säumig; ~ **payer** säumiger Zahler/säumige Zahlerin
tare [teəʳ, AM ter] *n* ECON Leergewicht *nt,* Tara *f fachspr*
target ['tɑːgɪt, AM 'tɑːr-] **I.** *n* ❶ MIL (*mark aimed at*) Ziel *nt;* ■**to be on/off** ~ *bullet, shot* das Ziel treffen/verfehlen; *radar* ein Ziel erfasst/nicht erfasst haben; **to acquire a** ~ *radar* ein Ziel erfassen; **to aim at a** ~ ein Ziel anstreben; *soldier* ein Ziel anvisieren
❷ (*fig*) Ziel *nt;* ■**to be on** ~ auf [Ziel]kurs liegen; *analysis, description* zutreffen; *decision* [genau] richtig sein; ***the amount of spare parts we ordered was on*** ~ die Zahl der von uns bestellten Ersatzteile war genau richtig; **to be/become a** ~ **for criticism/mockery** eine Zielscheibe der Kritik/des Spotts sein/werden; **to hit the** ~ ins Schwarze treffen *fig*
❸ ECON (*also fig: goal*) Zielsetzung *f,* [Plan]ziel *nt,* Soll *nt;* ■**to be on** ~ im Zeitplan liegen; **sales** ~ Verkaufsziel *nt;* **long-term/short-term** ~ langfristiges/kurzfristiges Ziel; **to fix a** ~ ein Planziel festlegen; **to meet** [*or* **reach**] **a** ~ ein [Plan]ziel erreichen [*o* Soll erfüllen]; **to miss a** ~ ein Ziel verfehlen [*o* Planziel nicht einhalten]; **to overshoot a** ~ über ein Ziel hinausschießen *fig;* **to set oneself a** ~ sich *dat* ein Ziel setzen
II. *vt* <BRIT -tt- *or* AM *usu* -t-> (*address, direct*) ■**to** ~ **sb/sth** *consumers, group of buyers* auf jdn/etw [ab]zielen, sich *akk* an jdn richten; **to** ~ **a weapon at** [*or* **on**] **sb/sth** (*also fig*) eine Waffe auf jdn/etw richten
III. *n modifier* (*group, velocity*) Ziel-; ~ **location** MIL Zielortung *f;* ~ **range** Zielentfernung *f;* ~ **tracking** Zielverfolgung *f;* ~ **figures** COMM Sollzahlen *fpl*
target audience *n* COMM Zielgruppe *nt* **target date** *n* COMM (*for completion*) Stichtag *m,* Termin *m;* (*for delivery*) Liefertermin *m;* (*for payment*) Fälligkeitsdatum *nt* **target language** *n* LING Zielsprache *f* **target practice** *n* MIL Übungsschießen *nt,* Zielschießen *nt* **target price** *n* COMM Richtpreis *m,* Orientierungspreis *m;* (*in process costing*) Kostenpreis *m* **target projectile** *n* MIL Übungsgeschoss *nt*
tariff ['tærɪf, AM *esp* 'ter-] *n* ❶ (*form: table of charges*) *of a business, hotel* Preisliste *f,* Preisverzeichnis *nt; of an insurance* [Versicherungs]tarif *m;* (*for services*) [Gebühren]satz *m; esp* BRIT (*charges*) *of a bus line, railroad* Tarif *m,* Fahrpreis *m; of a hotel* Preis *m;* ~ **for rooms** Zimmerpreis *m*
❷ ECON, LAW (*table of customs*) Zolltarif *m;* (*customs*) Zoll *m kein pl,* Zollgebühr *f;* **import ~s** Einfuhrzoll *m;* **preferential** ~ Vorzugszoll *m,* Präferenzzoll *m fachspr;* **retaliatory** ~ Kampfzoll *m,* Retorsionszoll *m fachspr*
tariff barriers *npl* ECON Zollschranken *fpl*
tarmac® ['tɑːmæk, AM 'tɑːr-], **tarmacadam**® [ˌtɑːmə'kædəm, AM ˌtɑːr-] **I.** *n no pl* ❶ BRIT (*paving material*) Asphalt *m*
❷ (*paved surface*) ■**the** ~ (*road*) die Fahrbahn; AVIAT das Rollfeld *nt,* die Start- und Landebahn *f*
II. *vt* <-ck-> BRIT ■**to** ~ **sth** etw makadamisieren
tarn *n,* **Tarn** [tɑːn, AM tɑːrn] *n* GEOL Bergsee *m,* Karsee *m fachspr*
tarnish ['tɑːnɪʃ, AM 'tɑːr-] **I.** *vi* ❶ (*dull*) *metal* matt [*o* stumpf] werden; (*discolour*) anlaufen
❷ (*fig pej: lose shine*) *success* an Glanz verlieren; (*lose purity*) *honour, name, reputation* beschmutzt [*o* befleckt] werden *fig*
II. *vt* ■**to** ~ **sth** ❶ (*dull*) *metals* etw trüben [*o* stumpf werden lassen]; (*discolour*) etw anlaufen lassen
❷ (*fig pej: diminish shine*) *success* etw *dat* den Glanz nehmen; **to** ~ **sb's reputation** jds Ruf beflecken [*o* Ansehen beschmutzen]
III. *n* ❶ (*dull condition*) Stumpfheit *f,* Beschlag *m*
❷ (*coating*) Überzug *m,* Belag *m*
❸ (*fig pej: loss of shine*) Glanzlosigkeit *m;* (*loss of purity*) Fleck *m,* Makel *m*
tarnished ['tɑːnɪʃt, AM 'tɑːr-] *adj* ❶ (*dull*) *metal* matt, stumpf; (*discoloured*) angelaufen
❷ (*fig pej: lacking shine*) *life* glanzlos geworden *attr; success* getrübt; (*impure*) *honour, name, reputation* beschmutzt, befleckt; ~ **image** getrübtes Bild
taro ['tærəʊ, AM -oʊ] *n* Taro *m,* Wasserbrotwurzel *f fachspr*
tarot ['tærəʊ, AM -oʊ] *n* CARDS Tarot *nt o m;* **to read** ~ **cards** Tarotkarten lesen
tarp [tɑːp, AM tɑːrp] *n esp* AM [Abdeck]plane *f,* [Schutz]decke *f,* Abdeckung *f*
tarpaulin [tɑː'pɔːlɪn, AM tɑːr'pɑːl-] *n* ❶ *no pl* (*fabric*) [wasserdichtes] geteertes Leinwandgewebe
❷ (*covering*) [Abdeck]plane *f,* [Schutz]decke *f,* Abdeckung *f;* NAUT (*for hatches, as railings*) Persenning *f fachspr;* **a sheet of** ~ eine Plane
❸ BRIT NAUT (*clothing*) ■**~s** Ölzeug *nt*
tarragon ['tærəgən, AM 'terəgɑːn] *n no pl* Estragon *m*
tarry ['tæri, AM 'teri] *vi* (*liter*) ❶ (*remain*) sich *akk* aufhalten, verweilen *liter,* weilen *poet*
❷ (*delay*) zögern, zaudern *geh*
❸ (*wait*) [ab]warten
tarsus <*pl* -si> ['tɑːsəs, AM 'tɑːr-, *pl* -saɪ] *n* ANAT Fußwurzel *f,* Tarsus *m fachspr*
tart[1] [tɑːt, AM tɑːrt] **I.** *n* ❶ (*small pastry*) [Obst]törtchen *nt;* **jam** ~ Marmeladentörtchen *nt*
❷ BRIT (*cake*) [Obst]torte *f,* Obstkuchen *m;* **custard** ~ Vanillecremetorte *f;* **honey** ~ gefüllter Honigkuchen; **jam** ~ Marmeladenkuchen *m;* **strawberry** ~ Erdbeertorte *f,* Erdbeerkuchen *m*
II. *adj* ❶ (*sharp*) *sauce, soup* scharf; *apples, grapes, wine* sauer, säuerlich; *perfume, smell, wine* herb
❷ (*cutting*) scharf, beißend, bissig; ~ **irony** beißende Ironie; ~ **remark** bissige Bemerkung; ~ **reply** scharfe Erwiderung, schroffe Antwort; ~ **wit** scharfer Verstand
tart[2] [tɑːt, AM tɑːrt] **I.** *n* (*fig, usu pej*) ❶ (*fam: loose female*) leichtes Mädchen, Schlampe *f pej fam*
❷ (*fam: attractive female*) süßes Ding *veraltend,* flotte Biene *veraltend fam,* flotter Käfer *veraltend fam*
❸ (*sl: sex object*) Biene *f veraltend fam,* Puppe *f veraltend fam*
❹ (*fam: prostitute*) Dirne *f veraltend fam,* Nutte *f fam*
II. *vt esp* BRIT (*fam or fig, also pej*) ■**to** ~ **oneself up** *woman* sich *akk* zurechtmachen [*o fam* aufdonnern]; ■**to** ~ **up** ↔ **sth** etw aufmotzen *fam;* **to** ~ **up a pizza** [**with some olives**] eine Pizza [mit ein paar Oliven] aufpeppen *fam*
tartan ['tɑːtᵊn, AM 'tɑːr-] **I.** *n* ❶ *no pl* (*cloth*) [bunt karierter] Schottenstoff, Tartan *m fachspr*

❷ (*design*) Schottenkaro *nt*
❸ (*blanket*) bunt karierte Wolldecke [*o* Reisedecke], Tartan *m fachspr,* Plaid *m fachspr*
❹ (*cape*) bunt karierter Umhang, Tartan *m fachspr,* Plaid *m fachspr*
II. *adj* Schotten-; ***the Macdonald and Stewart ~s are famous*** die Schottenmuster der Macdonalds und Stewarts sind berühmt
tartar¹ ['tɑːtəʳ, AM 'tɑːrt̬ɚ] *n no pl* ❶ MED (*on teeth*) Zahnstein *m*
❷ CHEM Weinstein *m*
tartar² *n,* **Tartar** ['tɑːtəʳ, AM 'tɑːrt̬ɚ] *n* ❶ (*person*) Tatar(in) *m(f);* (*language*) Tatarisch *nt*
❷ (*fig pej dated: ill-tempered person*) Choleriker(in) *m(f),* Hitzkopf *m*
► PHRASES: **to catch a ~** an den Falschen/die Falsche geraten
tartar(e) sauce *n no pl* Remouladensoße *f*
tartaric [tɑː'tærɪk, AM tɑːr'-] *adj attr, inv* CHEM Weinstein-; **~ acid** Wein[stein]säure *f*
Tartary ['tɑːtᵊri, AM 'tɑːrt̬ɚi] *n no pl* Tatarei *f*
tartlet ['tɑːtlət, AM 'tɑːrt] *n* Törtchen *nt*
tartly ['tɑːtli, AM 'tɑːr-] *adv* scharf, bissig; **to remark ~ that ...** bissig bemerken, dass ...; **to say sth ~** etw in scharfem Ton sagen
tartness ['tɑːtnəs, AM 'tɑːr-] *n no pl* ❶ (*sharpness*) *of apples, wine* Säure *f,* Säuerlichkeit *f; of smell* Herbheit *f*
❷ (*fig: cuttingness*) Schärfe *f,* Schroffheit *f; of a remark* Bissigkeit *f;* **the ~ of tone** die Schärfe des Tons
tarty ['tɑːti, AM 'tɑːrt̬i] *adj* (*pej*) nuttig *pej fam*
Tas. AUS *abbrev of* **Tasmania**
tash [tæʃ] *n* (*fam*) Schnauzer *m fam*
task [tɑːsk, AM tæsk] **I.** *n* ❶ (*work*) [Arbeits]aufgabe *f,* [auferlegte] Arbeit; SCH [Prüfungs]aufgabe *f;* **~ in hand** zu erledigende Arbeit [*o* Aufgabe]; **arduous ~** mühsame [*o* anstrengende] Arbeit; **daunting ~** entmutigende Aufgabe; **menial ~s** niedrige Arbeiten; **to perform a ~** eine Aufgabe erfüllen [*o* Arbeit erledigen]; **to set oneself the ~ of doing sth** es sich *dat* zur Aufgabe machen, etw zu tun; **to set sb the ~ of doing sth** jdn [damit] beauftragen, etw zu tun
❷ *no pl* (*reprimand*) **to bring** [*or* **call**] [*or* **take**] **sb to ~** [**for sth**] jdn [wegen einer S. *gen*] zur Rede stellen
II. *vt* ❶ (*order*) ■**to ~ sb with** [*or* **to do**] **sth** jdn mit etw *dat* beauftragen
❷ (*strain*) ***stop ~ing your mind with details!*** hör auf, deinen Kopf mit Details zu belasten!; **to ~ one's memory** sein Gedächtnis anstrengen; **to ~ one's powers** seine Kräfte beanspruchen; **to ~ sb's powers of endurance** jds Durchhaltevermögen auf eine harte Probe stellen
task force *n* ❶ MIL (*unit*) Einsatzverband *m,* Eingreiftruppe *f; in police* Einsatzgruppe *f,* Spezialeinheit *f,* Sonderdezernat *nt fachspr* ❷ COMM (*group*) Arbeitsgruppe *f,* Projektgruppe *f* **task master** *n* ❶ ECON, COMM (*superior*) [strenger] Aufseher [*o* Vorgesetzter]; **to be a hard ~** (*fig, usu pej*) ein strenger Meister sein ❷ (*fig: strain*) [große] Belastung, harte Arbeit; ***the profession of medicine is a stern ~*** der Arztberuf ist ein hartes Geschäft
Tasmania [tæz'meɪniə] *n* Tasmanien *nt*
Tasmanian [tæz'meɪniən] **I.** *n* (*person*) Tasmanier(in) *m(f)*
II. *adj* (*of Tasmania*) tasmanisch
Tasmanian devil *n* ZOOL Beutelteufel *m fachspr* **Tasmanian wolf** *n* ZOOL Beutelwolf *m fachspr*
tassel ['tæsᵊl] *n* (*on caps, curtains, cushions*) Quaste *f,* Troddel *f;* (*on carpets, cloths, skirts*) Franse *f*
tasseled AM, **tasselled** ['tæsᵊld] *adj inv* mit Quasten [*o* Troddeln] versehen [*o* geschmückt] *attr,* Fransen-; **~ carpet/skirt** Fransenteppich/-rock *m;* **~ curtain** Vorhang *m* mit Quasten [*o* Troddeln]
taste [teɪst] **I.** *n* ❶ *no pl* (*flavour*) Geschmack *m;* ***she still had the ~ of onions in her mouth*** sie hatte immer noch den Zwiebelgeschmack im Mund; **sense of ~** Geschmackssinn *m;* **to leave a bad ~ in the mouth** (*fig*) einen üblen Nachgeschmack hinterlassen
❷ (*small portion/mouthful of food*) [kleiner] Bissen; ***just a ~ of cake for me, please*** für mich bitte nur ein kleines Stückchen Kuchen
❸ (*liking, fondness*) Vorliebe *f;* ***I've never understood Liz's ~ in men*** ich habe Liz' Geschmack, was Männer anbelangt, nie verstanden; ***these olives are an acquired ~*** diese Oliven sind gewöhnungsbedürftig; **to be a question of ~** Geschmackssache sein; **to have different ~s** verschiedene Geschmäcker haben; **to have an expensive ~** einen teuren Geschmack haben; **to acquire a ~ for sth** an etw *dat* Geschmack finden; **to get a ~ for sth** Gefallen an etw *dat* finden; **to lose the ~ for sth** den Gefallen an etw *dat* verlieren
❹ *no pl* (*aesthetic quality/discernment*) Geschmack *m;* ***jokes about death are rather in poor ~*** Witze über den Tod sind ziemlich geschmacklos; **to be a matter of** [**personal**] **~** Geschmackssache sein; **bad ~** schlechter Geschmack; **to be in excellent ~** von exzellentem Geschmack zeugen; **to be in terrible ~** äußerst geschmacklos sein; **to have** [**good**] **~** [einen guten] Geschmack haben
❺ *no pl* (*fig: short encounter*) Kostprobe *f fig;* **to give sb a ~ of the whip** jdn die Peitsche spüren lassen; **to have a ~ of sth** einen Vorgeschmack von etw *dat* bekommen
II. *vt* ❶ (*perceive flavour*) ■**to ~ sth** etw schmecken; (*test*) etw probieren [*o geh* kosten]; ***I can't ~ anything*** ich schmecke gar nichts
❷ (*experience briefly*) ■**to ~ sth** *luxury, success* [einmal] etw erleben
III. *vi* schmecken; ■**to ~ of sth** nach etw *dat* schmecken; **to ~ bitter/salty/sweet** bitter/salzig/süß schmecken; **to ~ like sth** wie etw schmecken
taste bud *n* ANAT Geschmacksknospe *f*
tasteful ['teɪstfᵊl] *adj* (*approv*) ❶ (*appetizing*) schmackhaft, lecker
❷ (*decorous*) geschmackvoll, stilvoll; **~ clothing** geschmackvolle Kleidung; **~ furnishing** geschmackvolle [*o* stilvolle] Einrichtung; **~ room** geschmackvoll [*o* stilvoll] eingerichteter Raum
tastefully ['teɪstfᵊli] *adv* (*approv*) ❶ (*appetizingly*) schmackhaft, lecker; **~ cooked** [*or* **prepared**] schmackhaft zubereitet
❷ (*decorously*) geschmackvoll, stilvoll; **~ dressed** geschmackvoll gekleidet; **~ furnished** geschmackvoll [*o* stilvoll] eingerichtet
tasteless ['teɪstləs] *adj* ❶ (*without physical taste*) geschmacksneutral, ohne Geschmack *nach n;* (*pej: unappetizing*) *food, meal* wenig schmackhaft, fad[e]; *beer, wine* schal
❷ (*pej: unstylish*) *clothing, furnishing* geschmacklos, stillos; (*offensive*) *behaviour, remark* geschmacklos, taktlos; **~ joke** geschmackloser Witz
tastelessly ['teɪstləsli] *adv* ❶ (*pej: unappetizingly*) wenig schmackhaft, fad[e]
❷ (*pej: unstylishly*) geschmacklos, stillos; **~ dressed** geschmacklos gekleidet; **~ furnished** geschmacklos [*o* stillos] eingerichtet
taster ['teɪstəʳ, AM -ɚ] *n* ❶ (*quality expert*) Vorkoster *m hist,* Koster(in) *m(f);* **wine-~** Weinkoster(in) *m(f)*
❷ (*device for sampling butter, cheese*) Stecher *m;* (*for sampling wine*) Probierschälchen *nt,* Probiergläschen *nt*
❸ (*also fig: sample*) *of drink, food* Kostprobe *f;* BRIT kleine Portion Eis (*in flacher Glasschale*)
-tasting ['teɪstɪŋ] *in compounds* (*bitter-, sour-, sweet-*) -schmeckend *attr;* **pleasant-~** wohlschmeckend, schmackhaft; **smoky-~** rauchig schmeckend
tasty ['teɪsti] *adj* ❶ (*approv: appetizing*) schmackhaft, lecker; ***this soup is so ~*** diese Suppe schmeckt wirklich lecker
❷ BRIT (*fam: attractive*) gut aussehend *attr*
tat [tæt] *n no pl* BRIT (*pej fam*) Ramsch *m fam*
ta-ta [tə'tɑː, AM tɑː'tɑː] *interj esp* BRIT (*fam*) tschüs *fam;* (*childspeak*) winke, winke *Kindersprache*
tatter ['tætəʳ, AM -t̬ɚ] *n usu pl* ❶ (*pej: piece*) *of cloth, a flag* Fetzen *m;* ■**to be in ~s** in Fetzen [*o* zerfetzt] sein; (*fig*) ***his reputation was in ~s*** sein Ruf war ruiniert; **to hang in ~s** in Fetzen herunterhängen; **to tear sth to ~s** (*also fig*) *argument, report* etw verreißen
❷ (*pej: clothing*) ■**~s** abgerissene Kleidung; **to be dressed in ~s** in Lumpen gehüllt sein
tattered ['tætəd, AM -t̬ɚd] *adj* (*also fig pej*) *clothing* zerlumpt, abgerissen; *cloth, flag* zerfetzt, zerrissen; **~ clouds** Wolkenfetzen *mpl;* **~ reputation** ramponierter Ruf
tattersall ['tætəsɔːl, AM 'tæt̬ɚ-] *n* Tattersall *kein art*
tattie ['tæti] *n* SCOT (*fam*) Kartoffel *f*
tattle ['tætl, AM -t̬l] **I.** *n* (*pej*) Gerede *nt,* Klatsch *m,* Tratsch *m fam*
II. *vi* AM (*esp childspeak fam*) ■**to ~ on sb** jdn verpetzen *fam*
tattler ['tætləʳ, AM -t̬lɚ] *n* ❶ (*gossip*) Klatschmaul *nt fam,* Tratsche *f fam*
❷ AM (*esp childspeak fam: informer*) Petzer(in) *m(f) fam*
tattle-tale ['tæt̬lteɪl] *n* AM (*pej*) ❶ (*tell-tale*) Klatschmaul *nt fam;* ***you are such a ~*** du bist vielleicht eine Tratsche
❷ (*informer*) Zuträger(in) *m(f),* Denunziant(in) *m(f);* (*among children*) Petze *f fam*
tattoo¹ [tæt'uː] *n* ❶ MIL (*signal*) Zapfenstreich *m;* BRIT (*display*) [Musik]parade *f;* **to beat** [*or* **sound**] **the ~** den Zapfenstreich schlagen [*o* blasen]
❷ (*noise*) Trommeln *nt kein pl,* Getrommel *nt kein pl;* ***someone was beating a ~ on the door*** es trommelte jemand gegen die Tür
❸ (*pulsation*) [starkes] Klopfen [*o* Pochen] *kein pl;* ***her heart beat a ~ on her ribs*** ihr Herz pochte gegen ihre Brust
tattoo² [tæt'uː] **I.** *n* Tattoo *m o nt,* Tätowierung *f*
II. *vt* ■**to ~ sb** jdn tätowieren
tattoo artist *n* Tätowierer(in) *m(f)*
tattooed [tæt'uːd] *adj inv* tätowiert
tattooist [tæt'uːɪst] *n* Tätowierer(in) *m(f)*
tatty ['tæti, AM -t̬-] *adj* (*also fig pej*) ❶ (*tawdry*) geschmacklos [*o* billig] [aufgemacht]; **~ production of a play** billige Inszenierung eines Stücks
❷ (*showing wear*) *newspaper* zerfleddert; *book also* abgegriffen; *furnishing, room* schäbig; *clothing* zerschlissen, abgetragen *attr*
taught [tɔːt, AM *esp* tɑːt] *pt, pp of* **teach**
taunt [tɔːnt, AM *esp* tɑːnt] **I.** *vt* ❶ (*mock*) ■**to ~ sb** jdn verhöhnen [*o* verspotten]
❷ (*tease*) **to ~ sb about** [*or* **over**] [*or* **with**] **sth** jdn mit etw *dat* aufziehen [*o* wegen einer S. *gen* hänseln]
❸ (*provoke*) ■**to ~ sb** gegen jdn sticheln
II. *n* höhnische [*o* spöttische] Bemerkung; (*tease*) Hänselei *f;* (*provocation*) Stichelei *f*
tauntingly ['tɔːntɪŋli, AM 'tɑːnt] *adv* spöttisch
Taurean ['tɔːriən] ASTROL, ASTRON **I.** *n* Stier *m;* ***his mother is a ~*** seine Mutter ist ein Stier
II. *adj* ■**to be ~** Stier sein
tauromachy [tɔː'rɒməki, AM -'rɑː-] *n* (*rare*) ❶ *no pl* (*art of fighting*) Kunst *f* des Stierkampfs
❷ (*fight*) Stierkampf *m*
Taurus¹ *n* STOCKEX *abbrev of* **transfer and automated registration of uncertified stock** Taurus *m*
Taurus² ['tɔːrəs] *n* ASTROL, ASTRON Stier *m;* **under** [**the sign of**] **~** im Zeichen des Stier[e]s
taut [tɔːt, AM *esp* tɑːt] *adj* ❶ (*tight*) *cable, rope, string* straff [gespannt]; *elastic, rope* stramm; **~ muscle** gespannter Muskel; **~ skin** gespannte Haut
❷ (*fig pej: tense*) *expression, face, nerves* angespannt
❸ (*approv fig: tidy*) *house, ship, village* schmuck, [sehr] gepflegt
❹ (*fig: strict*) streng [*o* straff] [geführt]; **~ discipline** strenge [*o* stramme] Disziplin; **~ order/organization** straffe Ordnung/Organisation
❺ (*fig: economical*) *style* knapp
tauten ['tɔːtᵊn, AM 'tɑːtᵊn] **I.** *vi* (*also fig*) *cable, rope, string* sich *akk* straffen; *muscle, skin* sich *akk* spannen; *expression, face, nerves* sich *akk* anspannen
II. *vt* (*also fig*) ■**to ~ sth** *cable, rope, string* etw

straffen [*o* straff spannen]; *muscle, skin* etw spannen; *expression, face, nerves* etw anspannen

tautly ['tɔːtli, AM *esp* 'tɑː-] *adv* ❶ (*tightly*) straff; ~ **drawn rope** straff gespanntes Seil
❷ (*fig*) knapp, prägnant; ~ **written article** prägnant geschriebener Artikel

tautness ['tɔːtnəs, AM *esp* 'tɑː-] *n of cables, ropes, strings* Straffheit *f*, Spannung *f*; (*fig*) Straffheit *f*, Strenge *f*; ~ **of discipline** disziplinarische Strenge; ~ **of organization** organisatorische Straffheit

tautological [ˌtɔːtə'lɒdʒɪkᵊl, AM 'tɑːt̬ə'lɑː-] *adj* doppelt gesagt [*o* ausgedrückt] *attr,* tautologisch *fachspr; **it is ~ to talk about 'little droplets'*** es ist doppelt gemoppelt, wenn man von ‚kleinen Tröpfchen' spricht *fam*

tautologically [ˌtɔːtə'lɒdʒɪkᵊli, AM 'tɑːt̬ə'lɑː-] *adv* tautologisch *fachspr*

tautologous [tɔː'tɒləgəs, AM tɑː'tɑː-] *adj* tautologisch *fachspr*

tautology [tɔː'tɒlədʒi, AM tɑː'tɑː-] *n* Doppelaussage *f*, Wiederholung *f* [von bereits Gesagtem], Tautologie *f fachspr*

tavern ['tævᵊn, AM -ᵊn] *n* ❶ BRIT (*old: pub*) Schenke *f*, Schankwirtschaft *f veraltend;* AM Bar *f*
❷ AM (*inn*) Gasthaus *nt*, Gasthof *m*

tawdriness ['tɔːdrɪnəs, AM *esp* 'tɑː-] *n no pl* (*pej*)
❶ (*gaudiness*) *of clothing, finery, trappings* Protzigkeit *f*
❷ (*cheapness*) *of a show, stage performance* Geschmacklosigkeit *f*, Schäbigkeit *f*
❸ (*baseness*) Niederträchtigkeit *f*, Gemeinheit *f*

tawdry ['tɔːdri, AM *esp* 'tɑː-] *adj* (*pej*) ❶ (*gaudy*) protzig
❷ (*cheap*) geschmacklos, schäbig
❸ (*base*) niederträchtig, gemein; ~ **motives** niedere Beweggründe

tawny ['tɔːni, AM *esp* 'tɑː-] *adj* lohfarben, gelbbraun, dunkelgelb

tawny owl *n* ORN Waldkauz *m*

tax [tæks] **I.** *n* <*pl* -es> ❶ FIN (*levy*) Steuer *f*, Abgabe *f*; ~ **on business capital** Gewerbekapitalsteuer *f*; **council** BRIT [*or* AM **local**] **~es** Kommunalabgaben *fpl*; **income** ~ Einkommenssteuer *f*; **motor vehicle** ~ Kraftfahrzeugsteuer *f*; **indirect** [*or* AM *also* **hidden**] **~es** indirekte Steuern; **to collect/levy ~es** Steuern einziehen/erheben; **to cut/increase ~es** Steuern senken/erhöhen; **to impose** [*or* **put**] **a ~ on sth** etw besteuern [*o* mit einer Steuer belegen]; **to pay** [**one's**] **~es** [seine] Steuern zahlen
❷ *no pl* (*levying*) Besteuerung *f*; **double** ~ Doppelbesteuerung *f*; **after/before ~**[**es**] nach/vor Abzug von Steuern, netto/brutto
❸ (*fig: burden: on a person*) Belastung *f* (**on** für +*akk*); (*on patience, resources, time*) Beanspruchung *f* (**on** +*gen*); ***the preparations for the meeting were a heavy ~ on him*** die Vorbereitungen für die Konferenz nahmen in stark in Anspruch; **to be a ~ on one's nerves** eine nervliche Belastung sein
II. *n modifier* (*advantages, declaration, progression*) Steuer-; **pre-~ profit** Gewinn *m* vor Abzug von Steuern
III. *vt* ■**to ~ sb/sth** ❶ (*levy*) jdn/etw besteuern; **to be ~ed** [**heavily/lightly**] [hoch/niedrig] besteuert werden
❷ (*fig: burden*) jdn/etw belasten; (*make demands*) jdn/etw beanspruchen [*o* in Anspruch nehmen]; (*confront*) ■**to ~ sb with sth** jdn einer S. *gen* beschuldigen [*o* bezichtigen]

taxable ['tæksəbl̩] *adj inv* steuerpflichtig, abgabenpflichtig, Steuer-; ~ **article/entity** Steuerobjekt/-subjekt *nt fachspr;* ~ **income** zu versteuerndes Einkommen; ~ **period** Steuerperiode *f*, Veranlagungszeitraum *m fachspr;* ~ **profit** zu versteuernder Gewinn

tax adviser *n* Steuerberater(in) *m(f)* **tax allowance** *n* FIN Steuerfreibetrag *m* **tax arrears** *n* FIN Steuerrückstände *mpl* **tax assessment** *n* FIN ❶ (*valuation*) Steuerveranlagung *f*, Steuerfestsetzung *f* ❷ (*bill*) Steuerbescheid *m*

taxation [tæk'seɪʃᵊn] *n no pl* ❶ (*levying*) Besteuerung *f*; **direct** ~ Direktbesteuerung *f*; **double ~ agreement** Abkommen *nt* zur Doppelbesteuerung; **graduated** [*or* **progressive**] ~ gestaffelte Besteuerung; **indirect** ~ indirekte Besteuerung; **regressive** ~ rückläufige Besteuerung
❷ (*money obtained*) Steuereinnahmen *fpl*, Steuern *fpl*; **direct/indirect** ~ direkte/indirekte Steuern

tax authorities *npl* Fiskus *m*, Steuerbehörde *f* **tax avoidance** *n* FIN [legale] Steuerumgehung **tax bill** *n* FIN Steuerbescheid *m* **tax bracket** *n* FIN Steuerklasse *f* **tax break** *n* (*fam*) vorübergehende Steuerbefreiung **tax collector** *n* FIN Steuerbeamte(r), -beamtin *m, f*, Finanzbeamte(r), -beamtin *m, f* **tax consultant** *n* Steuerberater(in) *m(f)* **tax cut** *n* Steuersenkung *f* **tax-deducted** *adj* FIN quellenbesteuert *attr,* nach Abzug der Quellensteuer *nach n fachspr;* ~ **income** Einkommen *nt* nach Abzug der Quellensteuer **tax-deductible** *adj* AM, AUS FIN steuerlich absetzbar; ***these expenses are not ~*** diese Ausgaben kann man nicht von der Steuer absetzen **tax disc** *n* BRIT FIN (*on motor vehicle*) Steuerplakette *f*, Vignette *f* ÖSTERR, SCHWEIZ *fachspr* **tax dodger** *n* FIN (*fam*) Steuerhinterzieher(in) *m(f)* **tax dodging** *n* (*fam*) Steuerhinterziehung *f* **tax evader** *n* FIN Steuerhinterzieher(in) *m(f)* **tax evasion** *n* FIN Steuerhinterziehung *f* **tax exemption** *n* FIN Steuerbefreiung *f*, Steuerfreiheit *f*; AM [Steuer]freibetrag *m* **tax exile** *n* FIN Steuerflüchtige(r) *f(m)* **tax form** *n* FIN Steuererklärungsformular *nt* **tax-free** *adj* steuerfrei **tax haven** *n* Steueroase *f* **tax holiday** *n* FIN [vorübergehende] Steuerbefreiung *f*

taxi ['tæksi] **I.** *n* Taxi *nt;* **to call a ~** ein Taxi rufen; **to hail a ~** ein Taxi herbeiwinken; **to take a ~** ein Taxi nehmen; **to go by ~** mit dem Taxi fahren
II. *vi* ❶ (*ride*) mit dem Taxi fahren
❷ AVIAT (*move*) rollen

taxicab *n* Taxi *nt; see also* **taxi**

taxidermist ['tæksidɜːmɪst, AM -dɜːr-] *n* [Tier]präparator(in) *m(f)*

taxidermy ['tæksidɜːmi, AM -dɜːrmi] *n* Präparation *f* [von Tierkörpern], Taxidermie *f fachspr*

taxi-driver *n* Taxifahrer(in) *m(f)* **taximeter** ['tæksiˌmiːtəʳ, AM -t̬ɚ] *n* Fahrpreisanzeiger *m*, Zähler *m*, Taxameter *m fachspr* **tax incentive** *n* FIN Steueranreiz *m*

taxing ['tæksɪŋ] *adj* ❶ (*burdensome*) anstrengend, beschwerlich
❷ (*hard*) schwierig, anspruchsvoll; ***her latest novel was a very ~ read*** ihr neuester Roman war eine sehr anspruchsvolle Lektüre

taxiplane *n* Lufttaxi *nt* **taxi rank** *n* BRIT Taxistand *m* **taxi ride** *n* Taxifahrt *f* **taxi stand** *n* AM Taxistand *m* **taxistrip** *n* AVIAT Rollbahn *f* **taxiway** *n* AVIAT Rollbahn *f*

taxman *n* Finanzbeamte(r), -beamtin *m, f*; ■**the ~** (*fig*) das Finanzamt

taxonomy [tæk'sɒnəmi, AM -'sɑːn-] *n* BIOL Taxonomie *f fachspr;* COMPUT Systematik *f fachspr*

taxpayer *n* Steuerzahler(in) *m(f)* **tax period** *n* FIN Steuerperiode *f*, Veranlagungszeitraum *m fachspr* **tax rate** *n* FIN Steuersatz *m* **tax rebate** *n* FIN Steuernachlass *m* **tax refund** *n* FIN Steuerrückerstattung *f*, Steuerrückzahlung *f* **tax relief** *n* FIN Steuererleichterung *f*, Steuervergünstigung *f* **tax return** *n* FIN Steuererklärung *f*; **to do one's ~** seine Steuererklärung machen **tax shelter** *n* FIN Steuerbegünstigung *f* **tax-sheltered** *adj* FIN steuerbegünstigt **tax year** *n* FIN Steuerjahr *nt*, Veranlagungsjahr *nt fachspr*

TB [ˌtiː'biː] *n no pl* MED *abbrev of* **tuberculosis** TB

tba, t.b.a. [ˌtiːbiː'eɪ] *abbrev of* **to be announced** Einzelheiten werden noch bekannt gegeben

T-bar *n*, **T-bar lift** *n* ❶ ARCHIT (*support*) T-Träger *m fachspr*, T-Stück *nt fachspr*
❷ (*on ski lift*) [Sicherheits]bügel *m*
❸ (*lift*) Schlepplift *m*

T-bone ['tiːbəʊn, AM boʊn] *n*, **T-bone steak** *n* T-Bone-Steak *nt*

tbsp <*pl* -> *n abbrev of* **tablespoonful** Essl., EL

tchotchke ['tʃɑːtʃkə] *n* AM (*sl: trinket*) Nippes *pl*

tea [tiː] **I.** *n* ❶ *no pl* (*plant*) Tee *m*, Teepflanze *f*
❷ (*drink*) Tee *m;* **a cup of ~** eine Tasse Tee; **fennel/peppermint** ~ Fenchel-/Pfefferminztee *m;* **strong/weak** ~ starker/schwacher Tee; **to have/make** [**the**] ~ Tee trinken/machen; **to sip** ~ Tee trinken ❸ (*cup of tea*) Tasse *f* Tee; ***two ~s, please*** zwei Tee, bitte ❹ BRIT (*afternoon meal*) Tee *m*, Zwischenmahlzeit *f* am Nachmittag (*mit Tee, Sandwiches, Kuchen*); ■**for ~** zum Tee; **afternoon** [*or* **five o'clock**] ~ Fünfuhrtee *m* ❺ BRIT, AUS (*early evening meal*) [frühes] Abendessen; **high** [*or* **meat**] ~ [warmes] Abendessen (*mit warmer Mahlzeit, Brot, Butter und Tee*) ► PHRASES: **not for all the ~ in China** nicht um alles in der Welt; **to** [**not**] **be sb's cup of ~** [nicht] jds Fall sein; ~ **and sympathy alone will not do** (*dated*) Verständnis und Mitgefühl allein reichen nicht aus **II.** *n modifier* (*biscuit, company, production, set*) Tee- **tea bag** *n* Teebeutel *m* **tea ball** *n esp* AM Teeei *nt* **tea break** *n* Teepause *f* **tea caddy** *n* Teedose *f* **teacake** *n* ❶ BRIT (*bun*) [getoastetes] Rosinenbrötchen ❷ (*biscuit*) Keks *m;* (*tart*) Teekuchen *m;* ■**~s** *pl* Teegebäck *nt kein pl* **tea cart** *n* AM Teewagen *m*, Servierwagen *m*

teach <taught, taught> [tiːtʃ] **I.** *vt* ❶ (*impart knowledge*) ■**to ~ sb** jdn unterrichten; ■**to ~ sb sth** jdm etw beibringen, jdn in etw *dat* unterrichten; ■**to ~ oneself sth** sich *dat* selbst etw beibringen; **to ~ French/history** Französisch/Geschichte unterrichten; **to ~ school** AM Lehrer(in) *m(f)* sein, [Schul]unterricht geben; **to ~ sb to read/write** jdm das Lesen/Schreiben beibringen
❷ (*fig: show*) ■**to ~ sb that …** jdn lehren [*o* jdm zeigen], dass …; ***I'll ~ you to lie!*** dich werde ich das Lügen lehren!; ***that will ~ him*** [***not***] ***to wait*** das wird ihn lehren, [nicht] zu warten; ***this has taught him a lot*** daraus hat er viel gelernt; **to ~ sb a lesson** jdm eine Lehre erteilen
► PHRASES: **you can't ~ an old dog new tricks** (*saying*) einen alten Menschen kann man nicht mehr ändern; ~ **your grandmother to suck eggs** (*saying*) das Ei will klüger sein als die Henne; **to ~ one's grandmother to suck eggs** [immer] klüger sein [*o* alles besser wissen] wollen als die anderen
II. *vi* Unterricht geben, unterrichten

teachable ['tiːtʃəbl̩] *adj* ❶ *person* lernfähig
❷ *subject* leicht [*o* gut] lernbar

teacher ['tiːtʃəʳ, AM -ɚ] *n* Lehrer(in) *m(f)*; ***my father is a physics ~*** mein Vater ist Physiklehrer; **supply** [*or* AM **substitute**] ~ Aushilfslehrer(in) *m(f)*, Ersatzlehrer(in) *m(f)* **teacher's manual** *n* SCH Lehrerhandbuch *nt* **teacher's pet** *n* (*pej*) Streber(in) *m(f) pej* **teacher training** *n* Lehrerausbildung *f* **teacher training college** *n*, **teacher's college** *n* SCH, UNIV pädagogische Hochschule

tea chest *n* Teekiste *f*

teach-in *n* POL, UNIV Podiumsdiskussion *f*, Teach-in *nt sl*

teaching ['tiːtʃɪŋ] **I.** *n* ❶ *no pl* (*imparting knowledge*) Lehren *nt*, Unterrichten *nt*, Ausbilden *nt;* **student** ~ AM SCH, UNIV Schulpraktikum *nt*, Unterrichtspraktikum *nt*
❷ *no pl* (*profession*) Lehrberuf *m*
❸ *usu pl* (*precept*) Lehre *f*; **Buddha's ~s** die Lehren des Buddha
II. *adj aids, methods* Lehr-, Unterrichts-

teaching certificate *n* UNIV Lehrbefähigungszeugnis *nt*, Lehrbefähigungsnachweis *m* **teaching fellow** *n* AM UNIV Tutor(in) *m(f)* **teaching hospital** *n* MED, UNIV Lehrkrankenhaus *nt* **teaching machine** *n* COMPUT, TECH Lernmaschine *f* **teaching practice** *n usu* BRIT SCH, UNIV Schulpraktikum *nt*, Unterrichtspraktikum *nt* **teaching profession** *n* Lehrberuf *m* **teaching staff** *n* + *sing/pl vb* Lehrkörper *m*, Lehrerkollegium *nt*

tea cloth *n* ❶ BRIT (*for dishes*) Geschirrtuch *nt* ❷ (*for table*) [kleine] Tischdecke **tea cosy** *n* Teewärmer *m*, Teemütze *f* **teacup** *n* Teetasse *f* **tea drinker** *n* Teetrinker(in) *m(f)*; ***I'm not much of a ~*** ich trinke nicht sonderlich gerne Tee **tea garden** *n* ❶ (*cafe*) Gartenrestaurant *nt* ❷ (*cultivated*

area) Teeplantage *f* **tea-house** *n* Teehaus *nt*
teak [ti:k] **I.** *n no pl* ❶ (*wood*) Teak[holz] *nt* ❷ (*tree*) Teakbaum *m*
II. *n modifier* (*chair, dresser, furniture, table*) Teakholz-; ~ **veneer** Teakholzfurnier *nt;* **~-panelled** mit Teakholz getäfelt
teakettle *n* Teekessel *m*
teal [ti:l] *n* ORN Krickente *f,* Kriekente *f*
tea lady *n* BRIT *Frau, die in einer Firma o. ä. Tee zubereitet und ihn den Angestellten serviert* **tea-leaves** *npl* [zurückgebliebene] Teeblätter *ntpl*
team [ti:m] **I.** *n + sing/pl vb* ❶ (*number of persons*) Team *nt;* (*in an action also*) [Arbeits]gruppe *f;* SPORTS *also* Mannschaft *f;* **football/reserve** ~ SPORTS Fußball-/Ersatzmannschaft *f;* **research** ~ Forschungsgruppe *f,* Forschungsteam *nt;* **road** ~ AM SPORTS auswärtige Mannschaft; **a ~ of scientists** eine Gruppe [*o* ein Team *nt*] von Wissenschaftlern/Wissenschaftlerinnen; **away/home** ~ SPORTS auswärtige/einheimische Mannschaft
❷ (*harnessed animals*) Gespann *nt;* ~ **of horses** Pferdegespann *nt*
II. *n modifier* Team-, Gruppen-, Gemeinschafts-; (*in sports*) Mannschafts-
III. *vi* ❶ *usu* AM (*fam: gather*) sich *akk* zusammentun, ein Team bilden
❷ (*drive*) einen Lkw fahren
❸ (*match*) sich *akk* [in eine Gruppe] einfügen
◆**team up** *vi* ■**to ~ up with sb** sich *akk* [mit jdm] zusammentun, [mit jdm] ein Team bilden
team captain *n* Mannschaftskapitän *m,* Mannschaftsführer(in) *m(f)* **team effort** *n* Teamarbeit *f* **team game** *n* Mannschaftsspiel *nt* **team-mate** *n* Mannschaftskamerad(in) *m(f),* Mitspieler(in) *m(f)* **team play** *n* Mannschaftsspiel *nt,* Zusammenspiel *nt* **team spirit** *n* Teamgeist *m,* Mannschaftsgeist *m* **team sports** *n* Mannschaftssport *m*
teamster ['ti:mstəʳ] *n* AM Lastwagenfahrer(in) *m(f)*
team teaching *n* AM SCH Unterricht *m* im Team, gemeinsamer Unterricht **team work** *n* Teamarbeit *f*
tea party *n* ❶ (*gathering*) Teegesellschaft *f* ❷ AM (*sl: something easy*) Kinderspiel *nt fam* **tea plantation** *n* Teeplantage *f* **teapot** *n* Teekanne *f*
tear¹ [tɪəʳ, AM tɪr] **I.** *n* ❶ (*watery fluid*) Träne *f;* ***her eyes filled with ~s*** ihre Augen füllten sich mit Tränen; ***~s ran down his face*** [*or* ***rolled down his cheek***] ihm liefen [die] Tränen über das Gesicht [*o* rannen [die] Tränen über die Wangen]; ■**to be in ~s** weinen; **to have ~s in one's eyes** Tränen in den Augen haben; **~s of frustration/remorse** Tränen *fpl* der Enttäuschung/Reue; **~s of happiness/joy** Glücks-/Freudestränen *fpl;* **to be all ~s** in Tränen aufgelöst sein; **to shed** [*or* **weep**] **bitter/crocodile ~s** bittere Tränen/Krokodilstränen vergießen [*o* weinen]; **to burst into ~s** in Tränen ausbrechen; **to dissolve into ~s** sich *akk* in Tränen auflösen; **to move** [*or* **reduce**] **sb to ~s** jdn zum Weinen bringen; **to not shed** [**any**] **~s over sb/sth** jdm/etw keine Träne nachweinen; **to squeeze a ~** eine Träne [im Auge] zerdrücken
❷ TECH (*hardened matter*) *of glass* [Glas]träne *f,* [Glas]tropfen *m; of resin* [Harz]tropfen *m;* TECH (*in glass*) Luftblase *f*
II. *vi* ❶ (*from the cold, smoke*) tränen; ***the wind made her eyes ~*** durch den Wind begannen ihre Augen zu tränen
❷ (*in grief, joy*) sich *akk* mit Tränen füllen
tear² [teəʳ, AM ter] **I.** *n* (*in cloth, wall*) Riss *m;* (*in wall*) Spalte *f,* Sprung *m,* Ritze *f;* ~ **in a muscle/tissue** MED Riss *m* in einem Muskel/Gewebe
II. *vt* <tore, torn> ■**to ~ sth** ❶ (*rip*) *piece of fabric, letter, paper* etw zerreißen; (*fig: disrupt*) *country, party, team* etw auseinanderreißen; **to ~ sth to bits** [*or* **pieces**] [*or* **shreds**] *brochure, catalogue* etw zerreißen [*o* in Stücke reißen]; **to ~ a hole in one's trousers** sich *dat* ein Loch in die Hose reißen
❷ (*injure*) **to ~ one's fingernail** sich *dat* den Fingernagel einreißen; **to ~ a gash on one's leg** sich *dat* eine [tiefe] Wunde am Bein beibringen; **to ~ a muscle** sich *dat* einen Muskelriss zuziehen
❸ (*fig: shatter*) **to ~ sth to pieces** *alibi, argument* etw auseinander nehmen [*o* zerpflücken] *fig*
❹ (*fig: attack*) **to ~ sth to pieces** [*or* **shreds**] *article, book, play* etw verreißen; **to ~ sb to pieces** [*or* **shreds**] (*fam*) jdn in der Luft zerreißen [*o* auseinander nehmen] *fig*
III. *vi* <tore, torn> ❶ (*rip*) *piece of fabric, paper, rope* [zer]reißen; *buttonhole, lining, tab* ausreißen; *biscuit, slab* [zer]brechen
❷ (*fig fam: rush*) rasen; ■**to ~ away** losrasen, lossausen *fam;* **to ~ down the stairs** die Treppe hinunterstürmen; **to ~ in** hineinstürmen, hineinstürzen; **to ~ off** [vorzeitig] Leine ziehen [*o sl* abhauen] *fam;* ***I hate to ~ off, but I'm late*** ich haue ungern schon ab, aber ich bin spät dran
❸ (*pull*) ■**to ~ at sth** (*also fig*) *bandage, clasp, fastener* an etw *dat* herumreißen [*o* herumzerren]; **to ~ at sb's heartstrings** [*or* **heart**] jdm das Herz zerreißen; **to ~ at sb's soul** jdm auf der Seele liegen; **to ~ at each other's throats** aufeinander losgehen; (*physically also*) sich *dat* an die Gurgel springen; (*verbally also*) übereinander herziehen
❹ (*fig fam: eat*) ■**to ~ at** [*or* **into**] **sth** sich *akk* über etw *akk* hermachen *fam*
❺ (*criticise*) ■**to ~ into sb** jdn heftig kritisieren [*o fam* zur Schnecke machen]; ***I was late, and my boss tore into me like a mad dog*** ich kam zu spät, und mein Chef ging wie ein Wilder auf mich los
◆**tear apart** *vt* ■**to ~ sth ↔ apart** ❶ (*rip*) *piece of fabric, paper* etw zerreißen [*o* zerfetzen]
❷ (*fig: disrupt*) *country, party, team* etw auseinander reißen
❸ (*fig: attack*) *article, book, play* etw verreißen; ■**to ~ sb apart** [*or* **to ~ apart sb**] (*fam*) jdn in der Luft zerreißen [*o* auseinander nehmen] *fig*
◆**tear away** *vt* ❶ (*fig: make leave*) ■**to ~ sb ↔ away** jdn wegreißen; ■**to ~ oneself away** [**from sth**] sich *akk* [von etw *dat*] losreißen
❷ (*rip from*) ■**to ~ sth ↔ away** *page of calendar, poster* etw abreißen; ■**to ~ sth away from sb** jdm etw entreißen
◆**tear down** *vt* ❶ (*destroy*) ■**to ~ sth ↔ down** *building, wall* etw abreißen [*o* einreißen]; ***my fence was torn down in the storm*** mein Zaun wurde vom Sturm umgerissen; **to ~ down the forest** den Wald abholzen
❷ (*fig: discredit*) ■**to ~ sb ↔ down** jdn schlecht machen
◆**tear off** *vt* ❶ (*rip from*) ■**to ~ sth ↔ off** *strip, tape* etw abreißen
❷ (*undress*) **to ~ off one's clothes** sich *dat* die Kleider vom Leib reißen
❸ (*fig pej sl: perform*) **to ~ off a poem** ein Gedicht herunterrasseln; **to ~ off a workout** ein Training herunterreißen *fam*
◆**tear open** *vt* ■**to ~ sth ↔ open** *envelope, parcel* etw aufreißen
◆**tear out** *vt* ■**to ~ sth ↔ out** *hair, nail* etw ausreißen; *page* etw herausreißen; **to ~ one's hair out over sth** (*fig*) sich *dat* die Haare über etw *akk* [aus]raufen; **to ~ sb's heart out** jdm das Herz zerreißen *fig*
◆**tear up** *vt* ■**to ~ sth ↔ up** ❶ (*rip*) *bill, letter, ticket* etw zerreißen [*o* in Stücke reißen]
❷ (*destroy*) etw kaputtmachen *fam; bar, furniture* etw kurz und klein hauen *fam; flowerbed* etw zertreten [*o* zerwühlen]; *pavement, road* etw aufreißen
❸ (*fig: annul*) *agreement, contract* etw zerreißen
tearaway ['teərəweɪ] *n* BRIT, AUS (*fam*) Randalierer(in) *m(f),* Rabauke *m fam*
teardrop *n* ❶ (*tear*) Träne *f* ❷ (*on earring*) Tropfenanhänger *m* **teardrop-shaped** *adj* tropfenförmig **tear duct** *n* ANAT Tränenkanal *m,* Tränennasengang *m fachspr*
tearful ['tɪəfᵊl, AM 'tɪr-] *adj* ❶ (*inclined to cry*) den Tränen nah *präd;* (*crying*) weinend; (*pej*) weinerlich *pej;* ***she was looking ~*** sie schien den Tränen nah zu sein; ***he felt guilty when he saw her ~ face*** er hatte Schuldgefühle, als er sah, dass ihr die Tränen in den Augen standen; **to become ~** Tränen in die Augen bekommen
❷ (*accompanied by crying*) unter Tränen *präd; farewell, reunion* tränenvoll, tränenreich; **a ~ confession** ein Geständnis *nt* unter Tränen
❸ (*fig: moving*) *story* ergreifend, [zu Tränen] rührend
tearfully ['tɪəfᵊli, AM 'tɪr-] *adv* ❶ (*crying*) **to smile ~** unter Tränen lächeln; **to tell sth ~** etw mit Tränen in den Augen erzählen
❷ (*sadly*) den Tränen nah, zu Tränen gerührt
tearfulness ['tɪəfᵊlnəs, AM 'tɪr-] *n no pl* ❶ (*sadness*) weinerliche Verfassung, Rührung *f,* Ergriffenheit *f*
❷ (*pej: tendency to cry*) Weinerlichkeit *f*
tear gas *n no pl* Tränengas *nt*
tearing ['teərɪŋ, AM 'ter] *adj attr* rasend
tearing hurry *n usu sing* (*fam*) ■**to be in a ~** schrecklich in Eile sein
tear jerker *n* (*fam*) Schnulze *f fig* **tear-jerking** *adj* (*fam*) schnulzig
tearless ['tɪələs, AM 'tɪr-] *adj inv* tränenlos; **~ parting** Abschied *m* ohne Tränen
tear-off ['teəʳɒf, AM 'terɑ:f] *adj attr, inv* Abreiß-, abreißbar; ~ **slip** Abriss *m*
tea room *n,* **tea shop** *n* Teestube *f*
tear-stained *adj* tränenüberströmt; ~ **letter** Brief *m* mit Tränenspuren
tease [ti:z] **I.** *n* Quälgeist *m fam;* (*playfully*) neckische Person; (*pej: erotic arouser*) Aufreißer(in) *m(f)*
II. *vt* ❶ (*make fun of*) ■**to ~ sb** [**about sth**] jdn [wegen einer S.] *gen* aufziehen [*o* hänseln]; (*playfully*) jdn necken [*o* ärgern]
❷ (*provoke*) ■**to ~ sb/an animal** jdn/ein Tier provozieren
❸ *esp* AM (*backcomb*) **to ~ hair** Haare toupieren
III. *vi* sticheln, foppen
◆**tease out** *vt* ■**to ~ out ↔ sth** (*pull*) etw herausziehen; (*fig: find out*) etw herauskitzeln; **to ~ the truth out of sb** die Wahrheit aus jdm herauskitzeln
teasel ['ti:zᵊl] *n* ❶ (*plant*) Kardendistel *f*
❷ (*seed container*) Kardensamenkapsel *f*
teaser ['ti:zəʳ, AM -ɚ] *n* ❶ (*riddle*) harte Nuss *fam,* schwierige Denkaufgabe
❷ (*provoker*) ***she's a ~*** sie zieht gern andere Leute auf; (*playfully*) sie ist eine neckische Person
tea service *n,* **tea set** *n* Teeservice *nt* **tea shop** *n* BRIT Teehaus *nt*
teasingly ['ti:zɪŋli] *adv* neckend
teaspoon *n* Teelöffel *m* **teaspoonful** *n* Teelöffelvoll *m;* ***add a ~ of sugar to the sauce*** geben Sie einen Teelöffel Zucker in die Soße **tea-strainer** *n* Teesieb *nt*
teat [ti:t] *n* ❶ (*nipple of breast*) Zitze *f*
❷ (*artificial nipple*) Sauger *m*
tea tent *n* BRIT *Zelt, in dem man Erfrischungen zu sich nehmen kann* **teatime** *n* Teestunde *f* **tea towel** *n* Geschirrtuch *nt* **tea tray** *n* Tablett *nt* zum Teeservieren **tea trolley** *n esp* BRIT Teewagen *m* **tea urn** *n esp* BRIT Teespender *m* **tea wagon** *n* AM (*tea trolley*) Teewagen *m*
teazel *n,* **teazle** *n see* **teasel**
tech [tek] (*fam*) **I.** *adj short for* **technical**
II. *n* ❶ *short for* **technical college**
❷ *short for* **technology**
❸ *short for* **technician**
tech-heavy ['tek,hevi] *adj* technologielastig
techie ['teki] *n* (*fam*) Technikfreak *m fam*
technical ['teknɪkᵊl] *adj* ❶ (*concerning applied science*) technisch
❷ (*detailed*) Fach-; ***some parts of the book were too ~ to follow*** einige Teile des Buches waren fachlich zu anspruchsvoll, als dass man hätte folgen können; ~ **aspects** fachliche Aspekte; ~ **term** Fachausdruck *m*
❸ (*in technique*) technisch; ~ ***skill*** technisches Können
❹ STOCKEX technisch; ~ **analysis** Fachanalyse *f,* technische Analyse; ~ **correction** technische Kurskorrektur; ~ **decline** technischer Rückgang
technical college *n* technische Hochschule

technical dictionary *n* Fachwörterbuch *nt*
technical expert *n* Fachmann, Fachfrau *m, f*
technicality [ˌteknɪˈkæləti, AM -nəˈkælət̬i] *n* LAW ❶ (*unimportant detail*) Formsache *f* ❷ (*confusing triviality*) unnötiges Detail; ***don't confuse me with technicalities*** bringe mich nicht durcheinander mit technischen Einzelheiten
technically [ˈteknɪkᵊli] *adv* ❶ (*of technology*) technologisch; ~ **backward countries** Länder *ntpl* auf technologisch niedrigem Stand ❷ (*relating to technique*) technisch; ~ ***she's very good*** in der Technik ist sie sehr gut; ~ **brilliant** SPORTS technisch brillant ❸ (*strictly speaking*) eigentlich; ~ **speaking** genau [*o* streng] genommen
technical school *n* Technikum *nt,* technische Fachschule **technical support** *n no pl* technischer Service
technician [tekˈnɪʃᵊn] *n* ❶ (*sb trained in technology*) Techniker(in) *m(f)* ❷ (*sb skilled in technique*) Experte, -in *m, f*
Technicolor® [ˈteknɪˌkʌləʳ, AM -ɚ] **I.** *n no pl* Technicolor[verfahren] *nt*
II. *n modifier* (*film, production*) Technicolor-
technicolor [ˈteknɪˌkʌlɚ] AM, **technicolour** [-ləʳ] *adj attr, inv* farbenprächtig **technicolour yawn** *n* BRIT, AUS (*sl*) Kotzerei *f derb*
technique [tekˈniːk] *n* Technik *f,* Verfahren *nt;* (*method*) Methode *f;* **air-brush** ~ Airbrushtechnik *f;* **old-fashioned** ~ altmodisches Verfahren; **to acquire** ~ sich *dat* Geschick aneignen; **to work on one's** ~ an seiner Technik arbeiten
techno [ˈteknəʊ, AM -noʊ] *n no pl* Techno *m o nt*
technocracy [tekˈnɒkrəsi, AM -ˈnɑːk-] *n* Technokratie *f kein pl*
technocrat [ˈteknəʊ, AM -noʊ] *n* Technokrat(in) *m(f)*
technocratic [ˌteknəʊˈkrætɪk, AM nə] *adj* technokratisch
technological [ˌteknəˈlɒdʒɪkᵊl, AM -ˈlɑːdʒ-] *adj* technologisch
technologically [ˌteknəˈlɒdʒɪkᵊli, AM -ˈlɑːdʒ-] *adv* technologisch
technologist [tekˈnɒlədʒɪst, AM -ˈnɑːl-] *n no pl* Technologe, -in *m, f;* **computer** ~ Computerfachmann, -fachfrau *m, f*
technology [tekˈnɒlədʒi, AM -ˈnɑːl-] **I.** *n* Technologie *f,* Technik *f;* **computer** ~ Computertechnik *f;* **science and** ~ Wissenschaft und Technik; **state-of-the-art** ~ Spitzentechnologie *f;* **advanced** ~ Zukunftstechnologie *f;* **modern** ~ moderne Technologie; **nuclear** ~ Atomtechnik *f*
II. *n modifier* (*research, transfer*) Technologie-; ~ **college** technische Hochschule
technology sharing [tekˈnɒlədʒiʃeərɪŋ, AM -ˈnɑːlədʒiʃer-] *n* gemeinsame Technologienutzung **technology-sharing** *n modifier* (*programme*) zur gemeinsamen Technologienutzung *nach n*
technophile [ˈteknə(ʊ)faɪl, AM -nəfaɪl] *n* Technologieliebhaber(in) *m(f)*
technophilia [ˌteknə(ʊ)ˈfɪliə, AM -nəˈ-] *n no pl* Technikbesessenheit *f*
technophobe [ˈteknə(ʊ)fəʊb, AM -nəfoʊb] *n* Technologiehasser(in) *m(f)*
technophobia [ˌteknə(ʊ)ˈfəʊbiə, AM -nəˈfoʊ-] *n no pl* Technophobie *f*
techy [ˈteki] *n* TECH Technikbesessene(r) *f(m)*
tectonics [tekˈtɒnɪks, AM ˈtɑː] *n + sing/pl vb* Tektonik *f kein pl*
ted *n* BRIT, **Ted** [ted] *n* BRIT (*hist*) *short for* **teddy boy** Teddyboy *m*
teddy [ˈtedi] *n* ❶ (*female undergarment*) Body *m* ❷ (*teddy bear*) Teddybär *m*
teddy bear *n* Teddybär *m*
teddy-bearish [ˈtediˌbeərɪʃ, AM -ˌber-] *adj* (*person*) wie ein Teddybär *nach n* **Teddy Bears' picnic** *n Picknick für Kinder mit ihren Stoffteddybären* **teddy boy** *n* BRIT, **Teddy boy** *n* BRIT (*hist*) Teddyboy *m* (*Rock-'n'-Roll-Anhänger in den 1950ern*)
tedious [ˈtiːdiəs] *adj* langweilig; *job also* öde; *journey* lang und langweilig; ~ **conversation** zähes Gespräch
tediously [ˈtiːdiəsli] *adv* langweilig
tediousness [ˈtiːdiəsnəs] *n no pl* Langweiligkeit *f*
tedium [ˈtiːdiəm] *n no pl* Langeweile *f*
tee [tiː] **I.** *n* (*in golf*) Tee *nt fachspr,* Abschlagstelle *f*
II. *vi* ■**to** ~ **off** ❶ (*in golf*) den Ball vom Tee schlagen *fachspr,* abschlagen; ***we'll ~ off at ten o'clock*** wir eröffnen das Golfspiel um zehn Uhr ❷ (*fig fam: begin*) anfangen, beginnen ❸ AM (*fam: become irritated*) **to get ~d off** sauer werden *fam*
III. *vt* AM (*fam*) ■**to** ~ **sb off** jdn verärgern
◆**tee up I.** *vi* den Golfball [auf das Tee] auflegen
II. *vt* **to** ~ **the ball up** den Ball abschlagen
teem [tiːm] *vi* ❶ *impers* **it's ~ing** [**with rain**] es gießt [in Strömen] *fam* ❷ (*be full*) ■**to** ~ **with sth** von etw *dat* wimmeln
◆**teem down** *vi* schütten *fam;* ***the rain ~ed down all through lunch*** es schüttete die ganze Mittagszeit hindurch
teeming [ˈtiːmɪŋ] *adj inv place, streets* überfüllt, von Menschen wimmelnd *attr*
teen [tiːn] *n* Teenager *m*
teenage(**d**) [ˈtiːneɪdʒ(d)] *adj attr, inv* (*characteristic of a teenager*) jugendlich; (*sb who is a teenager*) im Teenageralter *nach n;* ~ **interests** Interessen *ntpl* von Jugendlichen; ~ **star** Teenagerstar *m*
teenager [ˈtiːnˌeɪdʒəʳ, AM -ɚ] *n* Teenager *m*
teens [tiːnz] *npl* Jugendjahre *ntpl;* ■**to be in/out of one's** ~ im Teenageralter/aus dem Teenageralter heraus sein; ***both my daughters are in their*** ~ meine beiden Töchter sind Teenager; ***he's in his early*** ~ er ist gerade ins Teenageralter gekommen
teensy *adj,* **teensy weensy** [ˌtiːnziˈwiːnsi] *adj,* **teeny** *adj,* **teeny weeny** [ˌtiːniˈwiːni] *adj* (*fam*) klitzeklein, winzig; **a** ~ **bit** (*hum*) ein klein wenig *fam,* ein bisschen
teenybopper [ˈtiːniˌbɒpəʳ, AM -ˌbɑːpɚ] *n* (*dated fam*) *Teenager, der gerne tanzt*
teepee *n see* **tepee**
tee shirt *n* T-Shirt *nt; see also* **T-shirt**
teeter [ˈtiːtəʳ, AM -t̬ɚ] *vi + adv, prep* taumeln, schwanken; ***the old couple ~ed down the road*** das ältere Paar torkelte die Straße hinunter; ■**to** ~ **around** herumschwanken; ■**to** ~ **between sth** (*fig*) zwischen etw *dat* schwanken; **to** ~ **on the brink** [*or* **edge**] **of a disaster** (*fig*) sich *akk* am Rande einer Katastrophe bewegen
teeter-totter [ˈtiːt̬ɚˌtɑːt̬ɚ] *n* AM (*see-saw*) Wippe *f*
teeth [tiːθ] *npl* ❶ *pl of* **tooth** ❷ (*effective power*) Macht *f kein pl*
▸ PHRASES: in the ~ of sth (*against*) angesichts einer S. *gen;* (*despite*) trotz einer S. *gen*
teethe [tiːð] *vi* zahnen
teether [ˈtiːðəʳ, AM -ɚ] *n* Beißring *m*
teething [ˈtiːðɪŋ] *n no pl* Zahnen *nt*
teething problems *npl,* **teething troubles** *npl* BRIT, AUS (*fig*) Anfangsschwierigkeiten *fpl,* Kinderkrankheiten *fpl fig*
teetotal [ˌtiːˈtəʊtᵊl, AM -ˈtoʊt̬ᵊl] *adj inv* ■**to be** ~ abstinent sein
teetotalism [ˈtiːðɪŋ] *n no pl* Abstinenz *f*
teetotaller [ˌtiːˈtəʊtᵊləʳ], AM **teetotaler** [-ˈtoʊt̬ᵊlɚ] *n* Antialkoholiker(in) *m(f),* Abstinenzler(in) *m(f)*
TEFL [tefl] **I.** *n no pl abbrev of* **Teaching English as a Foreign Language** Fremdsprachenunterricht *m* in Englisch
II. *n modifier abbrev of* **Teaching English as a Foreign Language** *certificate, course* TEFL-; ~ **programme** [*or* AM **program**] TEFL-Kursinhalt *m;* ~ **teacher** Lehrer(in) *m(f)* für Englisch als Fremdsprache
teflon I. *n* [ˈteflɒn, AM -lɑːn] *see* **polytetrafluoroethylene** Teflon *nt*
II. *n modifier* **a** ~ **person** jd, an dem alles abgleitet
tel *n abbrev of* **telephone** [**number**] Tel.
tele- *in compounds* COMPUT Fern-; (*television*) Tele-
telecast [ˈtelɪkæst] AM **I.** *n* TV-Sendung *f*
II. *vt* (*form*) ■**to** ~ **sth** etw [im Fernsehen] übertragen
telecentre [ˈtelɪsentəʳ, AM -ɚ] *n* Computerzentrum *nt*
telecommunications [ˌtelɪkəˌmjuːnɪˈkeɪʃᵊnz] **I.** *npl + sing vb* Fernmeldewesen *nt kein pl*
II. *n modifier* (*industry, market, sector*) Fernmelde-; ~ **company** Telekommunikationsunternehmen *nt*
teleconference [ˌtelɪˈkɒnfᵊrᵊn(t)s, AM ˈtelɪˌkɑːn-] *n* Konferenzschaltung *f*
telecopier® [ˈtelɪˌkɑːpiɚ] *n* AM Telekopierer *m*
telecottage [ˈtelɪkɒtɪdʒ, AM -kɑː-] *n* Computerzentrum *nt*
telefax® [ˈtelɪfæks] *n* ❶ (*device*) [Tele]faxgerät *nt,* [Tele]fax *nt* ❷ (*message*) Tele[fax] *nt;* **to send a** ~ ein Fax schicken, etw faxen
telegenic [ˌtelɪˈdʒenɪk, AM -əˈ-] *adj* (*approv*) telegen
telegram [ˈtelɪgræm] *n* Telegramm *nt;* **by** ~ telegrafisch; ***we sent them a message by*** ~ wir schickten ihnen ein Telegramm
telegramese [ˌtelɪgræmˈiːz] *n no pl* Telegrammstil *m*
telegram form *n* Telegrammformular *nt*
telegrammatic [ˌtelɪgrəˈmætɪk, AM -əgrəˈmæt̬ɪk] *adj* (*typical of telegrams*) *formulation, manner* im Telegrammstil *nach n;* **abrupt** ~ **style** abgehackter, telegrammartiger Stil
telegraph [ˈtelɪgrɑːf, AM -græf] **I.** *n no pl* Telegraf *m;* **by** ~ telegrafisch
II. *vt* ❶ (*send by telegraph*) ■**to** ~ **sth** [**to sb**] [jdm] etw telegrafieren; (*fig: make intentions clear*) etw signalisieren [*o* zu verstehen geben]; (*fig: give advance indication of*) etw ankündigen ❷ (*inform by telegraph*) ■**to** ~ **sb** jdm telegrafieren, jdn telegrafisch benachrichtigen
III. *n modifier* (*key*) Telegrafen-; ~ **cable** Telegrafenleitung *f;* ~ **message** Telegramm *nt;* ~ **operator** Telegrafist(in) *m(f);* ~ **system** Telegrafennetz *nt*
telegraphese [ˌtelɪgrɑːˈfiːz, AM -græfˈ-] *n no pl* Telegrammstil *m*
telegraphic [ˌtelɪˈgræfɪk, AM -əˈ-] *adj* telegrafisch; ~ **address** Telegrammadresse *f*
telegraphist [tɪˈlegrəfɪst, AM tə] *n* Telegrafist(in) *m(f)*
telegraph pole *n* BRIT, AUS, **telegraph post** *n* BRIT, AUS Telegrafenmast *m*
telegraphy [tɪˈlegrəfi, AM təˈ-] *n no pl* Telegrafie *f*
telemarketer [ˌtelɪˈmɑːkɪtəʳ, AM ˌteləˈmɑːrkət̬ɚ] *n* Telefonverkäufer(in) *m(f)*
telemarketing *n no pl esp* AM Telemarketing *nt* (*Verkauf über das Telefon*)
telematics [ˌteləˈmætɪks, AM -t̬-] *n + sing vb* Telematik *f kein pl*
telemedicine [ˈtelɪmedsᵊn, AM -medɪsən] *n no pl* Telemedizin *f fachspr* (*medizinische Behandlung, auch chirurgisch, mittels Telekommunikation*)
telemessage *n* BRIT, **Telemessage** [ˈtelɪˌmesɪdʒ] *n* BRIT Telex *nt,* Fernnachricht *f*
telemetry [tɪˈlemɪtri, AM təˈlemə] *n no pl* Telemetrie *f*
teleological [ˌteliəˈlɒdʒɪkᵊl, AM ˌtiːliəˈlɑː-] *adj* teleologisch *geh*
teleology [ˌteliˈɒlədʒi, AM ˌtiːliˈɑː-] *n no pl* Teleologie *f geh*
teleordering [ˌtelɪˈɔːdᵊrɪŋ, AM ˈteləˌɔːrdɚ-] *n* ❶ (*order*) telefonische Bestellung ❷ TELEC (*system*) Bestellelektronik *f*
telepathic [ˌtelɪˈpæθɪk, AM -əˈ-] *adj* telepathisch; ■**to be** ~ telepathische Fähigkeiten besitzen
telepathically [ˌtelɪˈpæθɪkᵊli, AM əˈ] *adv inv* telepathisch
telepathy [tɪˈlepəθi, AM təˈ-] *n no pl* Telepathie *f*
telephone [ˈtelɪfəʊn, AM -əfoʊn] **I.** *n* ❶ (*device*) Telefon *nt;* **mobile** [*or* AM *also* **cell**[**ular**]] ~ Handy *nt fam,* Mobiltelefon *nt;* **to pick up the** ~ das Telefon abnehmen [*o* abheben] ❷ *no pl* (*system*) ■**by** ~ per Telefon, telefonisch; ■**on the** ~ am Telefon; ***we were on the*** ~ ***together for an hour*** wir telefonierten eine Stunde lang

miteinander; **to be wanted on the** ~ am Telefon verlangt werden
II. *vt* ■**to** ~ **sb** jdn anrufen
III. *vi* telefonieren; **to** ~ **long-distance** ein Ferngespräch führen
IV. *n modifier* (*bill, connection, conversation*) Telefon-; ~ **booking** telefonische Buchung

telephone banking *n no pl* Telefonbanking *nt* **telephone book** *n* Telefonbuch *nt* **telephone booth** *n* AM, **telephone box** *n* BRIT Telefonzelle *f* **telephone call** *n* Telefonanruf *m;* **to make a** ~ telefonieren **telephone connection** *n* Telefonverbindung *f* **telephone directory** *n* Telefonverzeichnis *nt* **telephone exchange** *n* Fernsprechvermittlung *f* **telephone information service** *n* (*form*) Telefonauskunft *f* **telephone kiosk** *n* BRIT Telefonhäuschen *nt fam,* Telefonzelle *f* **telephone line** *n* Telefonleitung *f* **telephone marketing** *n no pl* Telefonmarketing *nt* **telephone message** *n* (*form*) telefonische Nachricht **telephone number** *n* Telefonnummer *f* **telephone operator** *n* AM Vermittlung *f* **telephone rates** *npl* Telefontarife *mpl* **telephone receiver** *n* Telefonhörer *m* **telephone sex** *n no pl* Telefonsex *m* **telephone tag** *n no pl* (*fam*) *vergeblicher Versuch zweier Personen, einander telefonisch zu erreichen*

telephonic [ˌtelɪˈfɒnɪk, AM əˈfɑːnɪk] *adj inv* telefonisch

telephoning *n* **Net** ~ Internettelefonie *f*

telephonist [tɪˈlefᵊnɪst] *n* BRIT Telefonist(in) *m(f)*

telephony [tɪˈlefᵊni, AM təˈ-] *n no pl* Telefonie *f,* Fernmeldewesen *nt*

telephoto [ˌtelɪˈfəʊtəʊ, AM əˈfoʊt̬oʊ] *n see* **telephoto lens** Teleobjektiv *nt*

telephoto lens *n* Teleobjektiv *nt*

teleprinter [ˈtelɪˌprɪntəʳ, AM -əˌprɪntɚ] *n* Fernschreiber *m*

teleprompter *n* AM, AUS, **TelePrompter®** [ˈteləˌprɑːm(p)tɚ] *n* AM, AUS (*autocue*) Teleprompter *m fachspr*

telerecording [ˈtelɪrɪˌkɔːdɪŋ, AM -ˌkɔːrd-] *n* [Fernseh]aufzeichnung *f*

telesales [ˈtelɪseɪlz] *npl* Telefonmarketing *nt kein pl*

telescope [ˈtelɪskəʊp, AM -skoʊp] I. *n* Teleskop *nt*
II. *vt* ■**to** ~ **sth** etw ineinander schieben [*o* komprimieren]; (*fig*) ***we had to** ~ **five visits into two days*** wir mussten fünf Besuche in zwei Tage zwängen
III. *vi* sich *akk* ineinander schieben

telescopic [ˌtelɪˈskɒpɪk, AM -əˈskɑː-] *adj inv* ❶ (*done by telescope*) ~ **observation** Teleskopbeobachtung *f* ❷ (*concerning telescopes*) ~ **lens** Teleobjektiv *nt* ❸ (*folding into each other*) Teleskop-, zusammenschiebbar; (*automatic*) ausfahrbar; ~ **ladder** Teleskopleiter *f,* ausziehbare Leiter

teletext® *n no pl,* **Teletext®** [ˈtelɪtekst] *n no pl* Videotext *m*

telethon [ˈtelɪθɒn, AM -θɑːn] *n ausgedehnte Wohltätigkeitsveranstaltung im Fernsehen*

teletype® *n,* **Teletype®** [ˈtelɪtaɪp, AM -lə-] *n* (*machine*) Fernschreibegerät *nt;* (*message*) Telex *nt,* Fernschreiben *nt*

teletypewriter [ˌtelɪˈtaɪpˌraɪtəʳ, AM -ləˈtaɪpˌraɪt̬ɚ] *n esp* AM Fernschreibegerät *nt*

televangelism [ˌtelɪˈvændʒəlɪzᵊm] *n no pl esp* AM Fernsehpredigt *f*

televangelist [ˌtelɪˈvændʒəlɪst] *n esp* AM Fernsehprediger(in) *m(f)*

televiewer [ˈtelɪˌvjuːəʳ, AM -əˌvjuːɚ] *n* Fernsehzuschauer(in) *m(f)*

televise [ˈtelɪvaɪz, AM -lə-] *vt* ■**to** ~ **sth** etw [im Fernsehen] übertragen

televised [ˈtelɪvaɪzd, AM -lə-] *adj inv* im Fernsehen übertragen

television [ˈtelɪvɪʒᵊn, AM -lə-] I. *n* ❶ (*device*) Fernsehgerät *nt,* Fernsehapparat *m,* Fernseher *m fam;* **colour** [*or* AM **color**] ~ Farbfernseher *m;* **to turn down/up the** ~ den Fernseher leiser/lauter stellen; **to turn on/off the** ~ den Fernseher an-/ausschalten
❷ *no pl* (*TV broadcasting*) Fernsehen *nt;* ■**on** ~ im Fernsehen; **to watch** ~ fernsehen; **to work in** ~ für das Fernsehen arbeiten
II. *n modifier* (*advertisement, journalism, reporter*) Fernseh-; ~ **broadcasting** Fernsehübertragung *f*

television advertising *n no pl* Fernsehwerbung *f* **television announcer** *n* Fernsehansager(in) *m(f),* Fernsehsprecher(in) *m(f)* **television camera** *n* Fernsehkamera *f* **television cameraman** *n* Fernsehkameramann *m* **television camerawoman** *n* Fernsehkamerafrau *f* **television channel** *n* (*TV station*) Fernsehsender *m;* (*frequency range*) [Fernseh]kanal *m* **television debate** *n* Fernsehdiskussion *f* **television film** *n* Fernsehfilm *m* **television interview** *n* Fernsehinterview *nt* **television licence** *n* BRIT Fernsehgenehmigung *f* **television producer** *n* Fernsehproduzent(in) *m(f)* **television program** AM, **television programme** *n* Fernsehprogramm *nt* **television receiver** *n* Fernsehapparat *m,* Fernsehgerät *nt,* Fernseher *m* **television screen** *n* Fernsehbildschirm *m* **television serial** *n* Fernsehserie *f* **television series** *n* Fernsehreihe *f,* Fernsehserie *f* **television set** *n* Fernsehapparat *m,* Fernsehgerät *nt,* Fernseher *m* **television show** *n* Fernsehsendung *f* **television station** *n* Fernsehsender *m* **television studio** *n* Fernsehstudio *nt* **television transmitter** *n* Fernsehsender *m* **television viewer** *n* Fernsehzuschauer(in) *m(f)*

televisual [ˌtelɪˈvɪʒuəl, AM -əˈvɪʒu-] *adj* TV-, Fernseh-

teleworker [ˈtelɪˌwɜːkəʳ, AM -ˌwɜːrkɚ] *n* Telearbeiter(in) *m(f),* Teleworker *m*

teleworking [ˈtelɪˌwɜːkɪŋ, AM -əˌwɜːrk-] *n no pl* Telearbeit *f*

telex [ˈteleks] I. *n* <*pl* -es> Telex *nt;* (*device also*) Fernschreiber *m;* (*message also*) Fernschreiben *nt,* Telex *nt;* **by** ~ per Fernschreiber [*o* Telex]
II. *n modifier* (*machine*) Telex-
III. *vt* ■**to** ~ **sb** jdm ein Fernschreiben [*o* Telex] schicken; ■**to** ~ **sth** etw per Fernschreiben [*o* Telex] schicken; ■**to** ~ **sb sth** jdm etw per Fernschreiben [*o* Telex] mitteilen
IV. *vi* ein Telex verschicken

tell [tel] I. *vt* <told, told> ❶ (*express in words*) **to** ~ **a lie** lügen; **to** ~ **the truth** die Wahrheit sagen; **to** ~ **[you] the truth** ehrlich gesagt; **to** ~ **sth like it is** (*fam*) Bescheid sagen; ■**to** ~ **sb sth** jdm etw erzählen; ***can you** ~ **me the way to the station?*** können Sie mir sagen, wie ich zum Bahnhof komme?
❷ (*narrate, relate*) **to** ~ **an anecdote** eine Anekdote wiedergeben; **to** ~ **a joke/story** einen Witz/eine Geschichte erzählen; ■**to** ~ **sth to sb** jdm etw erzählen; ■**to** ~ **sb about sth** jdm etw über etw *akk* erzählen; ■**to** ~ **sb of sth** (*form*) jdm von etw *dat* erzählen; ■**to** ~ **sb that/whether ...** (*to let sb know*) jdm sagen, dass/ob ..., jdm erzählen, dass/ob ...; (*in confidence*) jdm erzählen, dass/ob...; ***that would be** ~**ing*** das wäre Verrat
❸ (*command, instruct*) ■**to** ~ **sb to do sth** jdm sagen, dass er/sie etw tun soll; ***I was told not to talk to strangers*** ich soll nicht mit Fremden reden; ***do as you're told*** (*fam*) mach, was man dir sagt! *fam*
❹ (*discern*) ***I could** ~ **[that] you were unhappy*** ich habe gemerkt, dass du unglücklich warst; ***it was too dark for me to** ~ **what it said on the sign*** in der Dunkelheit konnte ich nicht erkennen, was auf dem Schild stand; ***it's easy to** ~ **a non-native speaker*** einen Nichtmuttersprachler kann man leicht erkennen; ***you can never** [or **never can**] ~* man kann nie wissen; ***there is no** ~**ing what the future will bring*** man weiß nie, was die Zukunft bringt; ***my daughter has just learned to** ~ **the time*** meine Tochter hat gerade gelernt, die Uhr zu lesen; **to** ~ **the difference** einen Unterschied feststellen; **to** ~ **fortunes** wahrsagen; **to** ~ **sb's fortune** jds Zukunft vorhersagen
❺ (*count*) **to** ~ **votes** [Wähler]stimmen auszählen
❻ (*added up*) **all told** alles in allem; ***how much do you earn all told?*** wie viel verdienst du insgesamt?
► PHRASES: **what <u>did</u> I** ~ **you?** (*fam*) das hab' ich doch gleich gesagt! *fam;* **<u>didn't</u> I** ~ **you?** habe ich es dir nicht gleich gesagt?; ~ **me <u>another</u>** [**one**] wer's glaubt, wird selig; **you're** ~**ing <u>me</u>!** (*fam*) wem sagst du das!; **I told you <u>so</u>** ich habe es [Ihnen] ja gleich gesagt
II. *vi* <told, told> ❶ (*liter: give account, narrate*) ■**to** ~ **of sth/sb** von jdm/etw erzählen
❷ (*inform on*) ■**to** ~ **on sb** jdn verraten [*o sl* verpetzen]
❸ (*have an effect*) sich *akk* bemerkbar machen; ***these exercises really told on you*** diese Übungen haben dich sichtlich mitgenommen
❹ BRIT (*form: reflect unfavourably on*) ■**to** ~ **against sb** sich nachteilig für jdn auswirken
◆**tell apart** *vt* ■**to** ~ **sth/sb apart** etw/jdn auseinander halten
◆**tell off** *vt* ■**to** ~ **sb** ↔ **off** jdn ausschimpfen; ■**to** ~ **sb off about sth** jdm wegen einer S. *gen* die Leviten lesen; ■**to** ~ **sb off for sth** jdn wegen einer S. *gen* ausschimpfen

tell-all [ˈtelɔːl] *adj attr, inv* enthüllend

teller [ˈteləʳ, AM -ɚ] *n* ❶ (*vote counter*) Stimmenzähler(in) *m(f)*
❷ AM, AUS (*bank employee*) Kassierer(in) *m(f)*

telling [ˈtelɪŋ] I. *adj* (*revealing*) aufschlussreich; (*effective*) wirkungsvoll; ~ **argument** schlagendes Argument
II. *n* Erzählung *f*

telling-off <*pl* tellings-off> [ˌtelɪŋˈɒf, AM -ˈɑːf] *n* Tadel *m;* **to give sb a** ~ **for [doing] sth** jdm einen Tadel für etw *akk* erteilen, jdn für etw *akk* tadeln

telltale [ˈtelteɪl] I. *n* (*pej*) Verräter(in) *m(f),* Petze *f pej*
II. *adj* verräterisch

telltale sign *n* Anzeichen *nt*

telly [ˈteli] *n* BRIT, AUS (*fam*) ❶ (*television set*) Fernseher *m,* Glotze *f pej fam*
❷ *no pl* (*TV broadcasting*) ■**on** ~ im Fernsehen; ***what's on** ~ **tonight?*** was gibt's heute Abend im Fernsehen?

tel no *n abbrev of* **telephone number** Tel.

Temazepam® [təˈmæzɪpæm, AM -ˈmæzə-] *n no pl* MED Temazepam® *nt*

temblor [ˈtemblɚ] *n* AM (*earthquake*) Erdbeben *nt*

temerity [tɪˈmerəti, AM təˈmerət̬i] *n no pl* (*pej form: recklessness*) Tollkühnheit *f;* (*cheek*) Frechheit *f;* **to have the** ~ **to do sth** die Tollkühnheit/Frechheit besitzen, etw zu tun

temp [temp] (*fam*) I. *n* (*temporary employee*) Zeitarbeiter(in) *m(f);* (*temporary secretary*) Aushilfssekretär(in) *m(f)*
II. *vi* aushilfsweise arbeiten

temper [ˈtempəʳ, AM -ɚ] I. *n* ❶ *usu sing* (*state of mind*) Laune *f;* (*angry state*) Wut *f kein pl;* (*predisposition to anger*) Reizbarkeit *f kein pl;* ***what a foul** ~ **you're in!*** hast du eine üble Laune!; ~***s were getting** [**rather**] **frayed*** [*or* ***short***] die Stimmung wurde [ziemlich] gereizt; **display** [*or* **fit**] **of** ~ Temperamentsausbruch *m;* (*angry*) Wutanfall *m;* **to be in a bad/good** ~ schlecht [*o* übel]/gut gelaunt sein; **to get into a** ~ **[about sth]** sich *akk* [über etw *akk*] aufregen; **to control one's** ~ sein Temperament zügeln; **to have a** ~ in gereizter Stimmung sein; **to keep one's** ~ sich *akk* beherrschen, ruhig bleiben; **to lose one's** ~ die Geduld verlieren; **in a** ~ wütend
❷ *usu sing* (*characteristic mood*) Naturell *nt;* ***she has a very sweet** ~* sie hat ein sehr sanftes Wesen; ***he is a man of violent** ~* er hat ein ungezügeltes Temperament
❸ *no pl of metal* Härte *f*
II. *vt* ❶ (*form: mitigate*) ■**to** ~ **sth with sth** etw durch etw *akk* ausgleichen; **to** ~ **one's criticism** seine Kritik abschwächen; **to** ~ **one's enthusiasm** seine Begeisterung zügeln [*o* im Zaum halten]
❷ (*make hard*) ■**to** ~ **sth** etw härten [*o fachspr* tempern]; **to** ~ **iron** Eisen glühfrischen *fachspr*
❸ (*add water*) ■**to** ~ **sth** etw anrühren; **to** ~

T

colours [*or* AM **colors**] Farben anrühren
❹ MUS ■ **to ~ sth** etw temperieren
tempera ['tempᵊrə] *n no pl* Temperamalerei *f*
temperament ['tempᵊrəmənt, -prə-, AM -pɚ-, prə-] *n* ❶ (*person's nature*) Temperament *nt*, Naturell *nt*, Charakter *nt*; ***she's quiet by*** ~ sie hat ein stilles Wesen; **to be of an artistic** ~ eine Künstlerseele sein
❷ *no pl* (*pej: predisposition to anger*) [aufbrausendes] Temperament, Reizbarkeit *f*; **fit of** ~ Temperamentsausbruch *m*; (*angry*) Wutanfall *m*
temperamental [ˌtempᵊrə'mentᵊl, AM -pɚə'menṭᵊl, prə-] *adj* ❶ (*moody*) *person* launenhaft, launisch; (*hum*) *thing* launisch *hum*; **to be rather** ~ so seine Launen haben
❷ (*engendered by character*) anlagebedingt; ***I have a ~ dislike of crowds*** ich habe von Natur aus eine Abneigung gegen Menschenmengen; ~ **differences** Temperamentsunterschiede *mpl*
temperamentally [ˌtempᵊrə'mentᵊli, AM -prə'menṭᵊli] *adv* ❶ (*concerning character*) charakterbedingt, von Natur aus
❷ (*pej: done moodily*) launisch *a. hum*; ***she behaved ~ as a diva*** sie benahm sich launisch wie eine Diva
temperance ['tempᵊrᵊn(t)s] **I.** *n no pl* (*form*) Mäßigung *f*; (*in eating, drinking*) Maßhalten *nt* (**in** bei +*dat*); (*abstinence from alcohol*) Abstinenz *f*
II. *n modifier* (*movement*) Abstinenz-; ~ **advocate** Abstinenzverfechter(in) *m(f)*
temperate ['tempᵊrət] *adj* ❶ (*usu approv form: self-restrained*) maßvoll
❷ (*mild*) *climate, zone* gemäßigt; ~ **species** Art, die in einer gemäßigten Klimazone beheimatet ist
temperature ['temprətʃəʳ, AM -pɚətʃɚ] **I.** *n* Temperatur *f*; ***~s have been very mild for this time of year*** für diese Jahreszeit sind die Temperaturen sehr mild; (*fig*) ***the ~ of the discussion started to rise*** die Diskussion erhitzte sich; **body** ~ Körpertemperatur *f*; **sudden fall/rise in** ~ plötzlicher Temperaturabfall/-anstieg; **to have** [*or* **run**] **a** ~ Fieber haben; **to take sb's** ~ jds Temperatur messen
II. *n modifier* (*change, control, decline, rise*) Temperatur-; ~ **gauge** Temperaturanzeiger *m*; ~ **variation** Temperaturschwankung *f*
-tempered ['tempəd, AM ɚd] *in compounds* **bad** ~ griesgrämig; **short** ~ aufbrausend; **sweet** ~ sanftmütig
tempest ['tempɪst] *n* Sturm *m a. fig*
tempestuous [tem'pestjuəs, -tʃu-, AM -tʃu-] *adj* ❶ (*liter: very stormy*) stürmisch, tosend *attr*; ***we set sail in ~ conditions*** wir setzten Segel unter Sturm
❷ (*fig: turbulent*) turbulent, stürmisch; **a ~ career** eine bewegte Laufbahn; **a ~ discussion** eine hitzige Diskussion
tempestuously [tem'pestjuəsli, -tʃu-, AM -tʃu-] *adv* ungestüm; **to behave** ~ sich ungestüm gebärden *geh*
tempi ['tempi:] *n pl of* **tempo**
Templar ['templəʳ, AM ɚ] *n* Templer *m*, Tempelritter *m*; **the ~s** der Templerorden
template ['templeɪt, AM -plɪt] *n*, **templet** ['templɪt] *n* Schablone *f*; **to serve as a ~ for sth** (*fig*) als Muster für etw *akk* dienen
temple¹ ['templ̩] *n* (*place of worship*) Tempel *m*
temple² ['templ̩] *n* (*part of head*) Schläfe *f*
tempo <*pl* -s *or* -pi> ['tempəʊ, AM -poʊ, *pl* -pi:] *n* ❶ (*rate of motion*) Tempo *nt*; **rapid** ~ schnelles Tempo; **to up the** ~ das Tempo erhöhen
❷ MUS Tempo *nt*; **change in** ~ Tempowechsel *m*; **to increase the** ~ das Tempo erhöhen
temporal ['tempᵊrᵊl] *adj* (*form*) weltlich
temporarily ['tempᵊrᵊli] *adv* vorübergehend
temporariness ['tempᵊrᵊrinəs, AM pəreri] *n no pl* Vorläufigkeit *f*, zeitliche Begrenztheit
temporary ['tempᵊrᵊri, AM -pəreri] *adj* (*not permanent*) zeitweilig, vorübergehend; LAW vorläufig, einstweilig; (*with specific limit*) befristet; ~ **ceasefire** vorübergehender Waffenstillstand; **a ~ lapse in concentration** ein zeitweiliger Konzentrationsverlust; ~ **staff** Aushilfspersonal *nt*
temporize ['tempᵊraɪz, AM -pər-] *vi* (*form*) Verzögerungstaktiken einsetzen; ■ **to ~ with sb** jdn hinhalten
tempt [tempt] *vt* ❶ (*entice*) ■ **to ~ sb** jdn in Versuchung führen; ■ **to be ~ed** schwach werden; ■ **to be ~ed to do sth** versucht sein, etw zu tun; ■ **to ~ sb to do** [*or* **into doing**] **sth** jdn dazu verleiten [*o* verführen] [*o* bringen], etw zu tun; **to ~ the appetite** den Appetit anregen
❷ (*attract*) ■ **to ~ sb** jdn reizen [*o* locken]; ***the sunny day ~ed me into shorts and T-shirt*** der sonnige Tag verlockte mich dazu, Shorts und T-Shirt zu tragen
▸ PHRASES: **to ~** <u>**fate**</u> [*or* <u>**providence**</u>] das Schicksal herausfordern
temptation [temp'teɪʃᵊn] *n* ❶ (*enticement*) Versuchung *f*; ***advertising relies heavily on ~*** die Werbung versucht hauptsächlich durch Verführungsstrategien zu wirken; **to be an irresistible ~** eine zu große Versuchung sein; **to give in to ~** der Versuchung erliegen; **to resist the ~** [**to do sth**] der Versuchung widerstehen[, etw zu tun]
❷ (*sth tempting*) Verlockung *f*; **to succumb to the ~s of life in the country** den Verlockungen des Landlebens erliegen
▸ PHRASES: **I** <u>**can**</u> **resist everything except ~** ich kann allem widerstehen, außer der Versuchung; **and** <u>**lead**</u> **us not into ~** REL und führe uns nicht in Versuchung
tempter ['temptəʳ, AM -ɚ] *n* Verführer(in) *m(f)*; ■ **the T~** REL der Versucher
tempting ['temptɪŋ] *adj* verführerisch, verlockend; ~ **offer** verlockendes Angebot
temptingly ['temptɪŋli] *adv* verführerisch, verlockend; **to move ~** sich *akk* aufreizend bewegen
temptress <*pl* -es> ['temptrəs, AM -trɪs] *n* (*liter or hum*) Verführerin *f*
temp work *n no pl* Zeitarbeit *f*
ten [ten] **I.** *adj inv* zehn; **a ~-seater** ein Zehnsitzer
▸ PHRASES: **to be ~ a** <u>**penny**</u> BRIT (*fig*) wertlos sein; ***people who say they know the President are ~ a penny*** Leute, die behaupten, den Präsidenten zu kennen, gibt es wie Sand am Meer
II. *n* Zehn *f*; ***what's the time? — it's ~*** wie viel Uhr ist es? – es ist zehn; (*fam*) ***~ to one he won't be there tonight*** zehn zu eins, dass er heute Abend nicht da sein wird; **~s of thousands** zehntausende; **to count** [**up to**] **~** bis zehn zählen
tenable ['tenəbl̩] *adj* ❶ (*defendable*) *approach* vertretbar; *argument* haltbar
❷ *pred* (*to be held*) *office, position* zu besetzen *präd*; (*to be maintained*) ***the university scholarship is ~ for three years*** das Stipendium für die Universität wird für drei Jahre verliehen
tenacious [tɪ'neɪʃəs, AM tə'-] *adj* ❶ (*gripping tightly*) *grip* fest; ***the baby took my finger in its ~ little fist*** der Säugling nahm meinen Finger fest in seine kleine Faust
❷ (*persistent*) *person, legend, theory* hartnäckig; *person also* beharrlich
tenaciously [tɪ'neɪʃəsli, AM tə'-] *adv* ❶ (*gripping tightly*) fest
❷ (*persistently*) unermüdlich, beharrlich
tenacity [tɪ'næsəti, AM tə'næsəṭi] *n no pl* Beharrlichkeit *f*, Hartnäckigkeit *f*
tenancy ['tenən(t)si] *n* ❶ (*status concerning lease*) Pachtverhältnis *nt*; (*rented lodgings*) Mietverhältnis *nt*
❷ (*right of possession*) Eigentum *nt*
❸ (*duration of lease*) Pachtdauer *f*; (*of rented lodgings*) Mietdauer *f*; ***I have a two year ~ on the house*** ich habe einen Mietvertrag auf zwei Jahre für dieses Haus
tenant ['tenənt] *n of rented accommodation* Mieter(in) *m(f)*; *of leasehold* Pächter(in) *m(f)*; **council ~** BRIT Mieter(in) *m(f)* einer Sozialwohnung; **sitting ~** durch Mietschutz geschützter Mieter/geschützte Mieterin
tenant farmer *n* Pächter(in) *m(f)*
tenantry ['tenəntri] *n* + *sing/pl vb* Pächter(in) *m(f)*
tench <*pl* -> [ten(t)ʃ] *n* Schleie *f*
Ten Commandments *npl* ■ **the ~** die Zehn Gebote *ntpl*
tend¹ [tend] *vi* ❶ (*be directed towards*) tendieren; **to ~ downwards** eine Tendenz nach unten aufweisen
❷ (*incline*) ■ **to ~ to** [*or* **towards**] **sth** zu etw *dat* neigen [*o* tendieren]; ***I ~ to think he's right*** ich bin dazu geneigt, ihm Recht zu geben
tend² [tend] **I.** *vi* ■ **to ~ to sb/sth** sich *akk* um jdn/etw kümmern
II. *vt* ■ **to ~ sb/sth** sich *akk* um jdn/etw kümmern, jdn/etw pflegen; **to ~ sheep** Schafe hüten; **to ~ a road accident victim** dem Opfer eines Verkehrsunfalls Hilfe leisten
tendency ['tendən(t)si] *n* Tendenz *f*; (*inclination*) Neigung *f*, Hang *m*; (*trend*) Trend *m* (**to**[**wards**] zu +*akk*); ***she showed musical tendencies from an early age*** schon von früh an ließ sie eine Neigung zur Musik erkennen; ***there is a growing ~ to invest in shares*** der Trend wächst, in Aktien zu investieren; ■ **to have a ~ to**[**wards**] **sth** zu etw *dat* neigen; ***he has always had a ~ towards fast cars*** er hatte schon immer einen Hang zu schnellen Autos; **alarming ~** alarmierende Tendenz; **hereditary ~** erbliche Veranlagung
tendentious [ten'den(t)ʃəs] *adj* (*pej form*) tendenziös *pej geh*
tendentiously [ten'den(t)ʃəsli] *adv* (*pej form*) tendenziös *pej geh*
tendentiousness [ten'den(t)ʃəsnəs] *n no pl* (*form*) einseitige Orientierung
tender¹ ['tendəʳ, AM -ɚ] *adj* ❶ (*not tough*) *meat, vegetable* zart
❷ (*easily hurt*) *skin, plants* zart; (*sensitive to pain*) *part of body* [schmerz]empfindlich
❸ (*liter: youthful*) zart; **at a ~ age of 5** im zarten Alter von 5 Jahren; **of ~ years** (*form*) in sehr jungen Jahren
❹ (*requiring tact*) heikel; **~ subject** heikles Thema
❺ (*affectionate*) zärtlich; ***she gave him a ~ look*** sie warf ihm einen liebevollen Blick zu; **~ love story** gefühlvolle Liebesgeschichte; **to have a ~ heart** ein weiches Herz besitzen; **~ kiss** zärtlicher Kuss
tender² ['tendəʳ, AM -ɚ] **I.** *n* COMM (*price quote*) Angebot *nt*; **to invite ~s** Angebote einholen; **to put in** [*or* **submit**] **a ~** ein Angebot machen; **to put sth out for ~** etw ausschreiben; **to win the ~** den Zuschlag bekommen
II. *vt* (*form*) **to ~ an apology** eine Entschuldigung aussprechen; **to ~ the exact fare** das Fahrgeld genau abgezählt bereithalten; **to ~ one's resignation** die Kündigung einreichen; ***the minister ~ed his resignation*** der Minister bot seinen Rücktritt an
III. *vi* COMM ein Angebot machen; *goods* andienen; ■ **to ~ for sth** sich *akk* an einer Ausschreibung für etw *akk* beteiligen
tender³ ['tendəʳ, AM -ɚ] *n* ❶ (*railway waggon*) Kohlenwagen *m*
❷ (*boat*) Begleitschiff *nt*
❸ (*behind fire engine*) Wassertankanhänger *m*
tenderfoot <*pl* -s *or* -feet> *n* Neuling *m* **tender-hearted** *adj* weichherzig
tenderize ['tendᵊraɪz, AM -dər-] *vt* ■ **to ~ sth** etw zart [*o* weich] machen; ***leave the beef overnight in a marinade to ~ it*** lassen Sie das Rindfleisch über Nacht in einer Marinade, damit es zart wird
tenderizer ['tendᵊraɪzəʳ, AM -dəraɪzɚ] *n* Weichmacher *m*
tenderloin ['tendᵊlɔɪn, AM -dɚ-] *n no pl* Filet *nt*, Lendenstück *nt*
tenderly ['tendᵊli, AM -ɚli] *adv* sanft, zärtlich; (*lovingly*) liebevoll
tenderness ['tendənəs, AM -dɚ-] *n no pl* ❶ (*fondness*) Zärtlichkeit *f*, Güte *f*
❷ (*physical sensitivity*) [Schmerz]empfindlichkeit *f*; ***there was an area of ~ and swelling on her left leg*** an ihrem linken Bein war eine Stelle, die schmerzempfindlich und geschwollenen war
❸ (*succulence*) Zartheit *f*; ***the ~ of the steak was mouth-watering*** das Steak war so zart, dass einem

das Wasser im Munde zusammenlief
tendon ['tendən] *n* Sehne *f*
tendonitis ['tendən,aɪtɪs, AM -ṭ-] *n no pl* Sehnenentzündung *f,* Tendinitis *f fachspr*
tendril ['tendrəl] *n* Ranke *f*
tenement ['tenəmənt] *n* Mietwohnung *f;* AM *also* (*run-down*) heruntergekommene Mietwohnung
tenement block *n* Wohnblock *m;* AM *also* Mietskaserne *f pej* **tenement house** *n* AM, SCOT Mietshaus *nt;* AM *also* heruntergekommenes Mietshaus *nt*
Tenerife [,tenəri:f, AM -ə'ri:f] *n no pl* Teneriffa *nt*
tenet ['tenɪt] *n* (*form*) Lehre *f*
tenfold *inv* **I.** *adj* zehnfach **II.** *adv* (*by ten times*) um das Zehnfache; (*ten times*) zehnfach **ten-four** *interj esp* AM (*fam*) okay; (*on CB radio*) Roger *sl* **ten-gallon hat** *n* Cowboyhut *m*
Tenn. AM *abbrev of* **Tennessee**
tenner ['tenəʳ, AM -ə] *n* (*fam*) Zehner *m*
tennis ['tenɪs] **I.** *n no pl* Tennis *nt*
II. *n modifier* (*ball, facilities, instructor*) Tennis-; ~ **class** Tennisstunde *f*
tennis court *n* Tennisplatz *m* **tennis elbow** *n no pl* MED Tennisarm *m* **tennis match** *n* Tennisspiel *nt,* Tennismatch *nt* **tennis racket** *n* Tennisschläger *m* **tennis shoe** *n* Tennisschuh *m*
tenon ['tenən] *n* Zapfen *m*
tenon saw *n* Furniersäge *f*
tenor[1] ['tenəʳ, AM -ɚ] **I.** *n* MUS Tenor *m;* (*voice also*) Tenorstimme *f*
II. *n modifier* (*saxophone, tuba, trombone, violin*) Tenor-
tenor[2] ['tenəʳ, AM -ɚ] *n no pl* ① (*form: general meaning*) Tenor *m geh;* (*content also*) Inhalt *m;* **the general ~ of the discussion** der allgemeine Tenor der Diskussion
② (*settled nature*) *of life* Stil *m,* Verlauf *m;* **to raise the ~ of the proceedings** die Vorgehensweise verbessern
③ ECON Laufzeit *f*
tenpin ['tenpɪn] *n* Kegel *m* **tenpin bowling** *n no pl* Bowling *nt*
tenpins ['tenpɪnz] *npl + sing vb* AM Bowling *nt kein pl*
tense[1] [ten(t)s] *n* LING Zeitform *f,* Tempus *nt fachspr*
tense[2] [ten(t)s] **I.** *adj finger, muscle, person, voice* angespannt; ~ **moment** spannungsgeladener Moment; **to defuse a ~ situation** eine gespannte Lage entschärfen
II. *vt* **to ~ a muscle** einen Muskel anspannen
III. *vi muscle, person* sich *akk* [an]spannen
◆**tense up** *vi muscle, person* sich *akk* [an]spannen
tensed up *adj* (*mentally*) angespannt; (*physically*) verspannt; **to appear ~** angespannt wirken
tensely ['ten(t)sli] *adv* angespannt; (*nervously*) nervös
tenseness ['ten(t)snəs] *n no pl* ① (*stiffness*) Steifheit *f;* ***you should always warm up before a race to lose any ~ you may have*** vor einem Wettlauf sollte man sich immer aufwärmen, um alle Muskeln zu lockern
② (*anxiousness*) Angespanntheit *f*
tensile ['ten(t)saɪl, AM -sɪl] *adj* (*form*) dehnbar; (*lengthwise*) streckbar
tensile strength *n* Zugfestigkeit *f*
tension ['ten(t)ʃən] *n no pl* ① (*tightness*) Spannung *f;* ***~ in the neck muscles can lead to a headache*** eine Verspannung der Nackenmuskulatur kann zu Kopfschmerzen führen; ~ **of a rope** Seilspannung *f*
② (*uneasiness*) [An]spannung *f*
③ (*strain*) Spannung[en] *f[pl]* (**between** zwischen *+dat*); **to ease ~** Spannungen reduzieren
④ (*emotional excitement*) Spannung *f;* **to maintain the ~ in a film** die Spannung in einem Film aufrechterhalten
tent [tent] *n* Zelt *nt;* **beer ~** Bierzelt *nt;* **two-man ~** Zweipersonenzelt *nt;* **to pitch a ~** ein Zelt aufschlagen
tentacle ['tentəkl] *n* Fangarm *m,* Tentakel *m fachspr;* (*as a sensor*) Fühler *m;* **to have one's ~s in sth** (*fig*) die Finger in etw *dat* haben *fig*
tentative ['tentətɪv, AM -ṭeṭɪv] *adj* ① (*provisional*) vorläufig; **a ~ agreement** eine vorläufige Vereinbarung
② (*hesitant*) vorsichtig; ~ **attempt** [*or* **effort**] zaghafter Versuch
tentatively ['tentətɪvli, AM -ṭeṭɪv-] *adv* ① (*provisionally*) provisorisch
② (*hesitatingly*) zögernd
tentativeness ['tentətɪvnəs, AM -ṭeṭɪv-] *n no pl* Unentschlossenheit *f*
tented ['tentɪd] *adj inv* mit Zelten belegt
tenterhooks ['tentəhʊks, AM -tɚ-] *npl* Spannhaken *m;* ■**to be [kept] on ~** wie auf glühenden Kohlen sitzen; ■**to be on ~ to do sth** es kaum abwarten können, etw zu tun; **to keep sb on ~** jdn auf die Folter spannen
tenth [ten(t)θ] **I.** *n* ■**the ~** der Zehnte; ***on the ~ of May*** am zehnten Mai; ■**a ~** ein Zehntel *nt*
II. *adj attr, inv* zehnte(r, s); ■**to be ~** Zehnte(r, s) sein
III. *adv inv* als Zehnte(r, s)
tenthly ['ten(t)θli] *adv inv* zehntens
tent peg *n* Hering *m* **tent pole** *n* Zeltstange *f*
tenuous ['tenjuəs] *adj* spärlich; *argument, excuse* schwach, dürftig; *cloud* dünn
tenuously ['tenjuəsli] *adv* ① (*weak*) schwach
② (*hardly*) kaum; ~ **related** entfernt verwandt
tenure ['tenjəʳ, AM -ɚ] *n* (*form*) ① *no pl* (*right of title*) Besitz *m;* **security of ~** Kündigungsschutz *m*
② *no pl* (*term of possession*) Pachtdauer *f;* ***they have another two years ~*** sie haben noch zwei weitere Jahre Pachtrecht
③ (*holding of office*) Amtszeit *f;* ~ **as a commander** Dienstzeit *f* als Kommandeur; ***her tenure of the premiership was threatened*** ihr Amt als Premierministerin war in Gefahr
④ UNIV (*permanent position*) feste Anstellung; ***the only position in the department having ~ is the chair*** die einzige feste Stelle in der Abteilung ist der Vorsitz
tenured ['tenjəd, AM -ɚd] *adj inv* (*form*) *civil servant, teacher* unkündbar; ~ **position** feste Anstellung
tepee ['ti:pi:] *n* Indianerzelt *nt*
tepid ['tepɪd] *adj* lau[warm] *a. fig;* ~ **applause** schwacher Applaus; ~ **reaction** laue Reaktion
tepidity [tep'ɪdəti, AM tə'pɪdəṭi] *n no pl* lauwarme Temperatur
tequila [tə'ki:lə] *n* Tequila *m*
tercentenary [,tɜ:sen'ti:nəri, AM tɚ'sentəneri], AM *esp* **tercentennial** [,tɜ:sen'teniəl, AM ,tɜ:r-] **I.** *n* Dreihundertjahrfeier *f*
II. *adj attr, inv* Dreihundertjahr-; ~ **anniversary** dreihundertjähriges Jubiläum
term [tɜ:m, AM tɜ:rm] **I.** *n* ① (*of two*) Semester *nt;* (*of three*) Trimester *nt;* **half-~** *kurze Ferien, die zwischen den langen Ferien liegen, z.B. Pfingst-/Herbstferien*
② (*set duration of job*) Amtszeit *f;* ~ **of office** Amtsperiode *f*
③ (*period of sentence*) ~ **of imprisonment** Haftdauer *f;* **prison ~** Gefängnisstrafe *f*
④ ECON (*form: duration of contract*) Laufzeit *f,* Dauer *f*
⑤ *no pl* (*anticipated date of birth*) Geburtstermin *m;* ***her last pregnancy went to ~*** bei ihrer letzten Schwangerschaft hat sie das Kind bis zum Schluss ausgetragen; (*period*) ~ **of pregnancy** Schwangerschaft *f*
⑥ (*range*) Dauer *f;* **in the long/medium/short ~** lang-/mittel-/kurzfristig
⑦ (*phrase*) Ausdruck *m;* ~ **of abuse** Schimpfwort *nt;* ~ **of endearment** Kosewort *nt;* **in layman's ~s** einfach ausgedrückt; **to be on friendly ~s with sb** mit jdm auf freundschaftlichem Fuß stehen; **generic ~** Gattungsbegriff *m;* **in glowing ~s** mit Begeisterung; **legal ~** Rechtsbegriff *m;* **technical ~** Fachausdruck *m;* **in no uncertain ~s** unmissverständlich; ***she told him what she thought in no uncertain ~s*** sie gab ihm unmissverständlich zu verstehen, was sie dachte
II. *vt* ■**to ~ sth** ***I would ~ his behaviour unacceptable*** ich würde sein Verhalten als inakzeptabel bezeichnen; ■**to ~ sb [as] sth** jdn als etw bezeichnen, jdn etw nennen
termagant ['tɜ:məgənt, AM 'tɜ:r-] *n* (*pej*) Drachen *m pej,* Xanthippe *f pej*
term deposit *n* FIN Termineinlage *f*
terminable ['tɜ:mɪnəbl̩, AM 'tɜ:r-] *adj* (*form*) kündbar, auflösbar
terminal ['tɜ:mɪnəl, AM 'tɜ:r-] **I.** *adj inv* ① (*fatal*) End-; ***she has ~ cancer*** sie ist unheilbar an Krebs erkrankt; ~ **disease** [*or* **illness**] tödlich verlaufende Krankheit; ~ **patient** Sterbepatient(in) *m(f)*
② (*fig fam: extreme*) ***the shipbuilding industry is in ~ decline*** die Schiffsbaubranche befindet sich unaufhaltsam im Niedergang; ~ **boredom** tödliche Langeweile
③ (*concerning travel terminals*) Terminal-; ~ **building** Flughafengebäude *nt*
II. *n* ① AVIAT, TRANSP Terminal *m o nt;* **air ~** Flughafengebäude *nt;* **ferry ~** Bestimmungshafen *m;* **rail ~** Endstation *f*
② COMPUT (*part of computer*) Terminal *nt;* (*point in network*) Netzstation *f*
③ (*point in circuit*) [Anschluss]pol *m*
terminally ['tɜ:mɪnəli, AM 'tɜ:r-] *adv* tod-; ~ **ill** todkrank; ~ **stupid** (*fig*) rettungslos bescheuert *fam*
terminate ['tɜ:mɪneɪt, AM 'tɜ:r-] **I.** *vt* ■**to ~ sth** etw beenden; **to ~ a contract** einen Vertrag aufheben; **to ~ a pregnancy** eine Schwangerschaft abbrechen
II. *vi* enden; ***this train will ~ at the next stop*** der nächste Bahnhof ist Endstation
termination [,tɜ:mɪ'neɪʃən, AM ,tɜ:r-] *n no pl* Beendigung *f; of a contract* Aufhebung *f;* COMPUT *of a program* Abbruch *m;* ~ **of a pregnancy** Schwangerschaftsabbruch *m*
termini ['tɜ:mɪnaɪ, AM 'tɜ:r-] *n pl of* **terminus**
terminological [,tɜ:mɪnə'lɒdʒɪkəl, AM ,tɜ:rmɪnə'lɑ:-] *adj* terminologisch *fachspr*
terminologically [,tɜ:mɪnə'lɒdʒɪkəli, AM ,tɜ:rmɪnə'lɑ:-] *adv* terminologisch *fachspr*
terminology [,tɜ:mɪ'nɒlədʒi, AM ,tɜ:rmɪ'nɑ:-] *n* Terminologie *f geh,* Fachsprache *f*
term insurance *n no pl* AM Zeitversicherung *f*
terminus <*pl* -es *or* -ni> ['tɜ:mɪnəs, AM 'tɜ:r-, *pl* -naɪ] *n* Endstation *f; of a train also* Endbahnhof *m*
termite ['tɜ:maɪt, AM 'tɜ:r-] *n* Termite *f*
term paper *n* AM Seminararbeit *f*
terms [tɜ:mz, AM tɜ:rmz] *npl* Bedingungen *fpl;* ~ **of an agreement** Vertragsbedingungen *fpl;* **on equal** [*or* **the same**] ~ unter den gleichen Bedingungen; **on favourable** [*or* AM **favorable**] ~ zu günstigen Bedingungen; **to be back on level ~** SPORTS den Ausgleich erzielt haben; **on one's [own] ~** zu seinen/ihren [eigenen] Bedingungen; **to bring sb to ~** jdn zur Annahme der Bedingungen zwingen; **to comply with the ~** die Bedingungen erfüllen; **to state ~** Bedingungen nennen
► PHRASES: **to be on bad/good ~ with sb** sich *akk* schlecht/gut mit jdm verstehen; **to come to ~ with sth** sich *akk* mit etw *dat* abfinden; **to come to ~ with sb** sich *akk* mit jdm einigen; **to talk** [*or* **think**] **in ~ of doing sth** sich *akk* mit dem Gedanken tragen, etw zu tun; **in ~ of sth, in ... ~** (*as*) als etw; ***consider it in ~ of an instrument*** betrachten Sie es als Instrument; (*with regard to*) was etw angeht *dat;* ***in ~ of costs*** was die Kosten angeht; ***a 200-year old building is very old in American ~*** für amerikanische Verhältnisse ist ein 200 Jahre altes Gebäude sehr alt
terms of reference *npl* ① (*form: topic area*) Aufgabenbereich *m;* ~ **of the report** Berichtsgrundlagen *fpl* ② (*basis for decision*) Kriterien *fpl;* ***he is always concerned about money — finance is his only ~*** er macht sich immer Sorgen ums Geld – die Finanzen sind sein einziges Kriterium **term time** *n* (*at university*) Semesterzeit *f;* (*at school*) Schulhalbjahr *nt*
tern [tɜ:n, AM tɜ:rn] *n* Seeschwalbe *f*
terrace ['terɪs] **I.** *n* ① (*patio*) Terrasse *f*
② (*on a slope*) Terrasse *f*

T

❸ (*geol*) Terrasse *f*
❹ BRIT ■ **~s** *pl* (*in a stadium*) Tribüne *f;* **spectators'** [*or* **viewing**] ~ Besucherränge *mpl*
❺ *esp* BRIT (*row of houses*) Reihenhäuser *ntpl;* **end-of-~** letztes Reihenhaus
II. *vt* ■ **to ~ sth** etw terrassenförmig anlegen

terraced ['terɪst] *adj inv* Terrassen-; **~ property** Reihenhaus *nt;* **~ road** BRIT Straße *f* mit Reihenhäusern

terraced house *n* Reihenhaus *nt*

terracotta [ˌterə'kɒtə, AM -'kɑːt̬ə] **I.** *n no pl* ❶ (*clay product*) Terrakotta *f*
❷ (*colour*) Terrakotta *f*
II. *n modifier* ❶ (*clay*) (*pot, sculpture, tile*) Terrakotta-, aus Terrakotta *nach n, präd*
❷ (*reddish*) Terrakotta-; **~ shade** Terrakottaton *m*

terra firma [ˌterə'fɜːmə, AM -'fɜːr-] *n no pl* festes Land; **to get back on ~ again** wieder festen Boden unter den Füßen haben

terraforming ['terəˌfɔːmɪŋ, AM -'fɔːr-] *n no pl* *Anpassung eines Planeten an menschliche Lebensbedingungen*

terrain [tə'reɪn, AM ter'eɪn] *n* Gelände *nt,* Terrain *nt a. fig;* **ski ~** Skigebiet *nt;* **marshy ~** Sumpfgebiet *nt*

terrapin <*pl* – *or* -s> ['terəpɪn] *n* Dosenschildkröte *f*

terrarium <*pl* -s *or* -ria> [tə'reəriəm, AM -'reri-] *n* Terrarium *nt*

terrazzo [tə'rætsəʊ, AM rɑːtsoʊ] *n no pl* Terrazzo *m*

terrestrial [tə'restriəl] (*form*) **I.** *adj inv* ❶ (*of, on, or relating to the earth*) terrestrisch *geh,* Erd-; **~ conditions** Bedingungen *fpl* auf der Erde
❷ (*living on the ground*) *animal, plant* Land-, an Land lebend *attr;* **to live in ~ habitats** Landbewohner sein
❸ TV, MEDIA terrestrisch *geh*
II. *n* Erdling *m,* Erdbewohner(in) *m(f)*

terrible ['terəbl̩] *adj* ❶ (*shockingly bad*) schrecklich, furchtbar; **~ news** schreckliche Nachricht; **to give a ~ smile** Furcht erregend grinsen; **to look/feel ~** schlimm aussehen/sich *akk* schrecklich fühlen
❷ (*fam: very great*) schrecklich, fürchterlich; ***what a ~ mess your room is in!*** in deinen Zimmer herrscht eine fürchterliche Unordnung!; ***she is ~ at managing her money*** sie kann mit Geld überhaupt nicht umgehen; **to be a ~ nuisance** schrecklich lästig sein

terrible twins *npl* BRIT (*fam*) Skandalpaar *nt* (*Zweiergespann, das sich einen notorischen Ruf erworben hat*) **terrible twos** *npl* ■ **the ~** das Trotzalter

terribly ['terəbli] *adv* ❶ (*awfully*) schrecklich; ***I slept ~ last night*** ich habe letzte Nacht sehr schlecht geschlafen; ***he did ~ in the race*** er hat im Rennen sehr schlecht abgeschnitten
❷ (*fam: extremely*) außerordentlich; ***she was ~ sorry*** es tat ihr fürchterlich Leid; **to be ~ pleased** sich *akk* außerordentlich freuen
❸ (*fam: really, truly*) wirklich; ***were you ~ in love with him?*** warst du richtig in ihn verliebt?; **not ~** nicht wirklich

terrier ['teriəʳ, AM -ɚ] *n* Terrier *m*

terrific [tə'rɪfɪk] *adj* (*fam*) ❶ (*excellent*) großartig, fantastisch, toll *fam,* super *sl;* ***we had a ~ time at the zoo*** es war einfach toll im Zoo
❷ (*very great*) gewaltig, ungeheuer, unglaublich; **at a ~ speed** mit einer ungeheuren Geschwindigkeit

terrifically [tə'rɪfɪkəli] *adv* ❶ (*fam: extremely well*) fantastisch, großartig, super *sl;* ***we get on ~*** wir verstehen uns großartig
❷ (*extremely*) ungeheuer, unglaublich; ***my tooth is ~ painful*** mein Zahn schmerzt gewaltig; ***she's been ~ busy lately*** sie hat in letzter Zeit ungeheuer viel zu tun

terrified ['terəfaɪd] *adj* (*through sudden fright*) erschrocken; (*scared*) verängstigt; ■ **to be ~ of sth** [große] Angst vor etw *dat* haben; ■ **to be ~ of doing sth** [große] Angst haben, etw zu tun; ■ **to be ~ that ...** [große] Angst haben, dass ...; **a ~ child** ein verängstigtes Kind; **to be too ~ to do sth** zu verängstigt sein, etw zu tun

terrify <-ie-> ['terəfaɪ] *vt* ■ **to ~ sb** jdn fürchterlich erschrecken, jdm Angst [*o* einen Schrecken] einjagen; ***it terrifies me to think about what could've happened*** wenn ich mir vorstelle, was alles hätte passieren können, läuft es mir kalt den Rücken runter

terrifying ['terəfaɪɪŋ] *adj thought, sight* entsetzlich; *speed* Angst erregend, Furcht einflößend; **a ~ experience** ein schreckliches [*o* furchtbares] Erlebnis

terrifyingly ['terəfaɪɪŋli] *adv* erschreckend, beängstigend

terrine [tər'iːn] *n* ❶ (*paté dish*) Terrine *f*
❷ (*cooking vessel*) Steinguttopf *m,* Terrine *f*

territorial [ˌterɪ'tɔːriəl, AM -ə'-] **I.** *n* BRIT Territorialsoldat *m,* Landwehrsoldat *m,* Soldat *m* der Heimatschutztruppe
II. *adj inv* ❶ GEOG, POL territorial, Gebiets-; **~ aggrandizement** territoriale Vergrößerung, Gebietserweiterung *f*
❷ ZOOL regional begrenzt; **~ bird** Vogel *m* mit Territorialverhalten
❸ *esp* AM (*relating to a Territory*) ■ **T~** Territorial-, Landes-; **~ law** Territorialrecht *nt,* Landesrecht *nt*

Territorial Army *n* BRIT Territorialarmee *f,* Territorialheer *nt,* Landwehr *f;* ■ **the ~** die Heimatschutztruppe **territorial waters** *npl* Hoheitsgewässer *ntpl,* Territorialgewässer *ntpl*

territory ['terɪtəri, AM -ətɔːri] *n* ❶ (*area of land*) Gebiet *nt,* Territorium *nt;* **uncharted/unknown ~** unerforschtes/unbekanntes Gebiet
❷ *no pl* POL Hoheitsgebiet *nt,* Staatsgebiet *nt,* Territorium *nt;* **in enemy ~** auf feindlichem Gebiet; **forbidden ~** (*fig*) verbotenes Terrain *fig;* **maritime ~** Hoheitsgewässer *ntpl;* **private ~** Privatsphäre *f*
❸ BIOL Revier *nt,* Territorium *nt*
❹ (*of activity or knowledge*) Bereich *m,* Gebiet *nt;* **familiar ~** (*fig*) vertrautes Gebiet [*o* Terrain] *fig;* **new/uncharted ~** Neuland *nt fig*
❺ AUS **Northern ~** Nordterritorium *nt*
► PHRASES: **to go** [*or* **come**] **with the ~** dazugehören, einhergehen; ***the public attention that famous people get just goes with the ~*** Prominente stehen zwangsläufig im Mittelpunkt der Öffentlichkeit

terror ['terəʳ, AM -ɚ] *n* ❶ *no pl* (*great fear*) schreckliche Angst; **to strike ~ in** [*or* **into**] **sb's heart** jdn mit großer Angst erfüllen; **to be** [*or* **go**] [*or* **live**] **in ~ of one's life** Todesängste ausstehen; **to have a ~ of spiders** panische Angst vor Spinnen haben; **abject/sheer ~** furchtbare [*o fam* irre] Angst; ***there was sheer ~ in her eyes when he came back into the room*** in ihren Augen stand das blanke Entsetzen, als er in den Raum zurückkam; **to flee in ~** in panischer Angst fliehen; **to have a ~ of sth** vor etw *dat* große Angst haben; **to strike ~** [schreckliche] Angst auslösen; **to strike sb with ~** jdn in Angst und Schrecken versetzen
❷ (*political violence*) Terror *m;* **campaign of ~** Terrorkampagne *f;* **reign of ~** Terrorherrschaft *f,* Schreckensherrschaft, f; **weapon of ~** Terrorinstrument *nt*
❸ (*cause of fear*) Schrecken *m;* **the ~s of captivity** die Schrecken *mpl* der Gefangenschaft; **to have** [*or* **hold**] **no ~s** [**for sb**] [jdn] nicht [ab]schrecken; ***the tiger was the ~ of the villagers for several months*** der Tiger versetzte die Dorfbewohner monatelang in Angst und Schrecken
❹ (*fam: child*) Satansbraten *m pej;* ***he is the ~ of the neighbourhood*** er ist der Schrecken der Nachbarschaft; **holy ~** Plage *f fig,* Alptraum *m fig*
❺ HIST ■ **the T~** [*or* **the Reign of T~**] Schreckensherrschaft *f*

terror attack *n* Terroranschlag *m*

terrorism ['terərɪzəm] *n no pl* Terrorismus *m;* **act of ~** Terrorakt *m,* Terroranschlag *m*

terrorist ['terərɪst] **I.** *n* Terrorist(in) *m(f)*
II. *adj attr, inv* terroristisch

terroristic ['terərɪstɪk] *adj* terroristisch

terrorization [ˌterəraɪ'zeɪʃən, AM -rɪ'-] *n no pl* Terrorisierung *f*

terrorize ['terəraɪz, AM -əraɪz] *vt* ■ **to ~ sb** (*frighten*) jdn in Angst und Schrecken versetzen; (*coerce by terrorism*) jdn terrorisieren

terror-stricken *adj,* **terror-struck** *adj* starr vor Schreck, zu Tode erschrocken

terry ['teri], **terry cloth** **I.** *n no pl* (*type*) Frottierstoff *m,* Frottee *m o nt;* (*cloth*) Frottiertuch *nt*
II. *n modifier* (*towel, bathrobe*) Frottee-, Frottier-; **~ velvet** Kräuselsamt *m*

terry nappy *n* BRIT Frotteewindel *f* **terry towelling** BRIT **I.** *n no pl* Frottierstoff *m,* Frottee *m o nt*
II. *n modifier* Frottee-, Frottier-

terse [tɜːs, AM tɜːrs] *adj* kurz und bündig; **~ and to the point** kurz und prägnant; **~ reply** kurze [*o* knappe] Antwort

tersely ['tɜːsli, AM 'tɜːrs-] *adv* knapp, kurz und bündig; **to be ~** kurz angebunden sein

terseness ['tɜːsnəs, AM 'tɜːrs-] *n no pl* (*curtness*) Knappheit *f,* Kürze *f;* (*conciseness*) Prägnanz *f*

tertiary ['tɜːʃəri, AM 'tɜːrʃieri] **I.** *adj inv* ❶ (*third in place/degree*) drittrangig, tertiär *geh*
❷ MED tertiär, dritten Grades *nach n;* **~ burns** Verbrennungen *fpl* dritten Grades; **~ syphilis** Syphilis *f* im Tertiärstadium
❸ ORN **~ feathers** Flaumfedern *fpl*
❹ GEOL ■ **T~** Tertiär-; **T~ deposit** Tertiärablagerung *f;* **the T~ period** das Tertiär
II. *n* ❶ (*tertiary feather*) Flaumfeder *f*
❷ GEOL Tertiär *nt;* ■ **Tertiaries** *pl* tertiäre Überreste

tertiary education *n* BRIT Hochschulbildung *f,* Studium *nt* **tertiary industry** *n* BRIT Dienstleistungsbranche *f* **tertiary sector** *n* BRIT Dienstleistungssektor *m,* Dienstleistungsbereich *m,* tertiärer Sektor *fachspr*

Terylene® ['terəliːn] *n no pl* BRIT Terylen® *nt*

TESL ['tesl] *n no pl acr for* **teaching English as a second language** TESL *nt* (*das Unterrichten von Englisch als zweite Sprache*); **~ certificate** TESL-Zeugnis *nt;* **~ course** TESL-Kurs *m*

TESOL ['tiːsɒl, AM -sɑːl] *n no pl acr for* **teaching English to speakers of other languages** TESOL *nt* (*das Unterrichten von Englisch als Fremdsprache*)

TESSA ['tesə] *n* BRIT *abbrev of* **Tax Exempt Special Savings Account** TESSA *nt* (*Sparkonto für steuerfreie Zinserträge bei einer Mindestlaufzeit von fünf Jahren*)

tessellate ['tesəleɪt, AM -əleɪt] **I.** *vt* ■ **to ~ sth** etw tessellieren [*o* mit Mosaiksteinen auslegen]
II. *vi* sich *akk* ohne Zwischenraum aneinander fügen lassen

tessellated ['tesəleɪtɪd, AM -əleɪt̬ɪd] *adj inv* mosaikartig, Mosaik-

tessellation [ˌtesəl'eɪʃən, AM -ə'leɪ-] *n* ❶ *no pl* (*covering surface*) Mosaik *nt,* Mosaikarbeit *f;* (*act of covering*) Mosaikarbeit *f*
❷ (*arrangement*) Mosaikmuster *nt,* Mosaikstruktur *f*

test [test] **I.** *n* ❶ (*of knowledge, skill*) Prüfung *f,* Test *m;* SCH Klassenarbeit *f;* UNIV Klausur *f;* **aptitude ~** Eignungstest *m;* **driving ~** Fahrprüfung *f;* **IQ ~** Intelligenztest *m;* **oral/practical/written ~** mündliche/praktische/schriftliche Prüfung; **to fail a ~** eine Prüfung nicht bestehen; **to give sb a ~** jdn prüfen; ***I'll give the kids a vocabulary ~ today*** ich lasse die Kinder heute einen Vokabeltest schreiben; **to pass a ~** eine Prüfung bestehen; **to take a ~** an einem Test [*o* einer Prüfung] teilnehmen
❷ MED, SCI (*examination*) Untersuchung *f,* Test *m;* ***I'm going to have an eye ~ tomorrow*** ich lasse mir morgen die Augen untersuchen; **blood ~** Blutuntersuchung *f;* **pregnancy ~** Schwangerschaftstest *m;* **urine ~** Urinprobe *f;* **to do** [*or* **perform**] [*or* **carry out**] **a ~** eine Untersuchung durchführen; **to have a ~** sich *akk* untersuchen lassen, sich *akk* einer Untersuchung unterziehen *geh*
❸ (*of metallurgy*) Versuchstiegel *m,* Kapelle *f*
❹ (*of efficiency*) Test *m;* **safety ~** Sicherheitsprüfung *f,* Sicherheitstest *m;* **to undergo a ~** sich *akk* einem Test unterziehen

❺ (*challenge*) Herausforderung *f,* Prüfung *f fig;* **to be a real ~ of sth** eine echte Herausforderung für etw *akk* sein, etw auf eine harte Probe stellen; ***that was a real ~ of his endurance*** das war für ihn eine wirkliche Belastungsprobe; **to put sth to the ~** etw auf die Probe stellen
❻ SPORTS (*cricket*) ■**T~** Testmatch *nt*
► PHRASES: **the acid ~** die Feuerprobe; **to stand the ~ of time** die Zeit überdauern
II. *vt* ❶ (*for knowledge, skill*) ■**to ~ sb** jdn prüfen [*o* testen]; ***I expect they will want to ~ my shorthand and typing*** ich denke, man wird mich in Steno und Schreibmaschine prüfen
❷ (*try to discover*) ■**to ~ sth** etw untersuchen [*o geh* erkunden]; ***we should ~ the parents' reaction before we go ahead with the changes*** wir sollten erst einmal die Reaktion der Eltern abwarten, bevor wir weitere Änderungen vornehmen
❸ (*check performance*) ■**to ~ sth** etw testen [*o* überprüfen]
❹ (*for medical purposes*) ■**to ~ sth** etw untersuchen; ***I was ~ed for HIV before I gave blood*** vor dem Blutspenden wurde ich auf Aids untersucht; **to ~ sb's blood** eine Blutuntersuchung durchführen; **to ~ sb's eyes** jds Augen untersuchen; **to ~ sb's hearing** jds Hörvermögen testen
❺ SCH ■**to ~ sth** etw abfragen [*o* prüfen]; ■**to ~ sb** jdn prüfen; **to ~ sb's IQ** [*or* **intelligence**] jds IQ testen; ■**to ~ sth** SCI etw testen [*o* untersuchen]; ***how can we ~ the presence of oxygen in this sample?*** wie können wir den Sauerstoffgehalt in dieser Probe ermitteln?; ***they ~ed the strength of the acid samples*** sie analysierten die Konzentration der Säureproben
❻ (*try to prove*) ■**to ~ sth** etw überprüfen; **to ~ a theory** eine Theorie zu beweisen versuchen
❼ ■**to ~ sth** (*by touching*) etw prüfen; (*by tasting*) etw probieren [*o geh* kosten]; ***she ~ed the water by dipping her toes into the pool*** sie testete mit ihren Zehen die Wassertemperatur im Becken
❽ (*try to the limit*) ■**to ~ sb/sth** jdn/etw auf die Probe stellen
► PHRASES: **to ~ the patience of a saint** [*or of* **Job**] eine harte Geduldsprobe sein; ***those kids' behaviour would ~ the patience of Job*** bei diesen Kindern muss man wirklich eine Engelsgeduld haben; **to ~ the water(s)** die Stimmung testen
III. *vi* MED einen Test machen; ***she ~ed positive for HIV*** ihr Aidstest ist positiv ausgefallen
testament ['testəmənt] *n* ❶ (*will*) Testament *nt,* letzter Wille; **last will and ~** LAW letztwillige Verfügung, Testament *nt;* **the reading of the last will and ~** die Verlesung des Testaments
❷ (*evidence*) Beweis *m;* ■**to be** [**a**] **~ to sth** etw beweisen; ***the detail of her wildlife paintings is a ~ to her powers of observation*** ihre detaillierten Naturbilder zeugen von einer hervorragenden Beobachtungsgabe
❸ REL **the New/Old T~** das Neue/Alte Testament
testamentary [ˌtestə'mentᵊri, AM -t̬ɚi] *adj* testamentarisch, letztwillig
testate ['testeɪt] I. *adj pred, inv* mit Hinterlassung eines Testaments; ■**to die ~** ein Testament hinterlassen
II. *n* LAW *Erblasser/Erblasserin, der/die ein gültiges Testament hinterlässt*
testation [tes'teɪʃᵊn] *n no pl* LAW testamentarische Übertragung
testator [tes'teɪtəʳ, AM 'testeɪt̬ɚ] *n* LAW (*form*) Erblasser *m form,* Testator *m fachspr*
testatrix <*pl* -trices> [tes'teɪtrɪks, *pl* -trɪsiːz] *n* LAW (*form*) Erblasserin *f form*
test ban *n* Teststopp *m,* Versuchsverbot *nt* **Test-Ban Treaty** *n* Teststoppabkommen *nt* **test bed** *n* Testvehikel *nt a. fig* **test card** *n* TV Testbild *nt* **test case** *n* LAW (*case establishing a precedent*) Musterprozess *m,* Musterklage *f;* (*precedent*) Präzedenzfall *m* **test drive** *n* Testfahrt *f,* Probefahrt *f;* **to take sth for a ~** (*fig*) *product* etw testen **test-drive** *vt* **to ~ a vehicle** ein Fahrzeug Probe fahren

tester¹ ['testəʳ, AM -ɚ] *n* ❶ (*person*) Prüfer(in) *m(f)*
❷ (*machine*) Prüfgerät *nt,* Testvorrichtung *f*
❸ (*sample*) Muster *nt,* Probe *f*
tester² ['testəʳ, AM -ɚ] *n* (*canopy*) Baldachin *m*
testes ['testiːz] *n pl of* **testis**
test-fire *vt* ■**to ~ sth** etw probeweise abfeuern **test flight** *n* Testflug *m,* Probeflug *m*
testicle ['testɪkl̩] *n* Hoden *m,* Testikel *m fachspr*
testify <-ie-> ['testɪfaɪ] *vi* ❶ LAW (*give evidence*) [als Zeuge, -in *m, f*] aussagen, eine Aussage machen; ■**to ~ against/for sb** gegen/für jdn aussagen; ■**to ~ on behalf of sb** an jds Stelle [*o* für jdn] aussagen; **to be called upon to ~** als Zeuge/Zeugin aufgerufen werden; ***he testified to having seen the man*** er sagte aus, den Mann gesehen zu haben; ■**to ~ that ...** aussagen, dass ...
❷ (*prove*) ■**to ~ to sth** von etw *dat* zeugen *geh,* auf etw *akk* hindeuten; LAW etw bezeugen; ■**to ~ that ...** *person* bezeugen, dass ...; *object* darauf hindeuten, dass ...
testily ['testɪli] *adv* gereizt, ärgerlich
testimonial [ˌtestɪ'məʊniəl, AM -'moʊ-] *n* ❶ (*dated: character reference*) Zeugnis *nt,* Referenz *f,* Empfehlungsschreiben *nt*
❷ (*assurance of quality*) Bestätigung *f,* Anerkennung *f;* ***after hearing his ~ to the treatment's effectiveness, I decided to try it myself*** nachdem er mir die Wirksamkeit der Behandlung bestätigt hatte, entschloss ich mich, sie selbst auszuprobieren
❸ (*tribute for achievements*) Ehrengabe *f,* Geschenk *nt* als Zeichen der Anerkennung
testimonial game *n,* **testimonial match** *n* SPORTS *Spiel, das zu Ehren einer Person ausgetragen wird, die auch einen Teil des eingespielten Geldes erhält*
testimony ['testɪməni, AM -moʊni] *n* ❶ (*statement in court*) [Zeugen]aussage *f;* **to bear ~ to sth** etw bezeugen; **to give ~** aussagen
❷ (*fig: proof*) Beweis *m;* ■**to be a ~ of sth** von etw *dat* zeugen, ein Beweis für etw *akk* sein; ■**to be ~ to sth** etw beweisen
testiness ['testɪnəs] *n no pl* Gereiztheit *f*
testing ['testɪŋ] I. *n no pl* Testen *nt,* Prüfen *nt*
II. *adj attr* hart; **~ situation** schwierige Situation; **~ times** harte Zeiten
testing ground *n* Testgebiet *nt,* Versuchsgelände *nt;* (*fig*) Versuchsfeld *nt*
testis <*pl* -tes> ['testɪs, *pl* -tiːz] *n* (*spec*) Hoden *m*
test match *n* Testspiel *nt,* Testmatch *nt* **test meal** *n* MED Testmahlzeit *f*
testosterone [tes'tɒstᵊrəʊn, AM -'tɑːstəroʊn] *n no pl* Testosteron *nt* **test paper** *n* ❶ (*written questions*) Prüfungsbogen *m;* SCH Klassenarbeit *f,* Übungsarbeit *f;* UNIV Übungsklausur *f* ❷ CHEM Reagenzpapier *nt,* Indikatorpapier *nt* **test pattern** *n* AM, AUS TV Testbild *nt;* COMPUT Testmuster *nt;* PUBL Testvorlage *f* **test piece** *n* ❶ MUS Stück *nt* zum Vorspielen ❷ (*sample*) Probestück *nt,* Muster *nt* **test pilot** *n* Testpilot(in) *m(f)* **test stage** *n* Teststadium *nt,* Versuchsstadium *nt;* ■**to be at the ~** sich *akk* im Versuchsstadium befinden **test tube** *n* BIOL, CHEM Reagenzglas *nt* **test tube baby** *n* Retortenbaby *nt*
testy ['testi] *adj person* leicht reizbar; *answer* gereizt; **to make a ~ comment** eine unwirsche Bemerkung machen; **to give a ~ reply** gereizt reagieren
tetanus ['tetᵊnəs] *n no pl* Wundstarrkrampf *m,* Tetanus *m fachspr;* **~ injection** Tetanusspritze *f*
tetchily ['tetʃɪli] *adv* gereizt
tetchiness ['tetʃɪnəs] *n no pl* Gereiztheit *f,* Reizbarkeit *f*
tetchy ['tetʃi] *adj* gereizt, reizbar
tête-à-tête [ˌteɪtɑː'teɪt, AM -ə'-] I. *n* ❶ (*conversation*) Tête-à-tête *nt veraltet;* ***we had an interesting ~ about the situation*** wir hatten ein interessantes Gespräch unter vier Augen über die Situation
❷ (*sofa*) *S-förmiges Sofa*
II. *adj modifier* (*drink, meal*) privat; **~ conversation** vertrauliches Gespräch
III. *adv* unter vier Augen

tether ['teðəʳ, AM -ɚ] I. *n* [Halte]seil *nt,* [Halte]strick *m*
► PHRASES: **to be at** [*or* **come to**] **the end of one's ~** am Ende seiner Kräfte sein
II. *vt* **to ~ an animal** [**to sth**] ein Tier [an etw *dat*] anbinden; **to be ~ed to sth** (*fig*) an etw *akk* gebunden sein *fig*
tethered ['teðəd, AM -ɚd] *adj inv* angebunden
tetra- ['tetrə] *in compounds* CHEM, MATH Tetra-, Vier-
tetracycline [ˌtetrə'saɪkliːn] *n no pl* MED Tetrazyklin *nt* (*Breitbandantibiotikum*)
tetrahedron <*pl* -dra *or* -s> [ˌtetrə'hiːdrᵊn] *n* MATH Tetraeder *nt fachspr*
Tetra Pak® *n* Tetra-Pak® *m*
Teuton ['tjuːtᵊn, AM 'tuː] *n* ❶ (*ancient native of Jutland*) Teutone, -in *m, f*
❷ (*esp pej: German*) Germane, -in *m, f pej fam,* Deutsche(r) *f(m)*
Teutonic [tjuː'tɒnɪk, AM tuː'tɑː-, tjuː-] *adj inv* ❶ (*Germanic*) germanisch
❷ (*showing German characteristics*) deutsch; (*hist or hum*) teutonisch; (*pej*) typisch deutsch; **~ efficiency** deutsche Tüchtigkeit
Tex. AM *abbrev of* **Texas**
Texan ['teksᵊn] I. *n* Texaner(in) *m(f)*
II. *adj inv* texanisch
Texas ['teksəs] *n* Texas *nt*
Tex-Mex [ˌteks'meks] I. *n* (*fam*) Tex-Mex *fam*
II. *adj inv* texanisch-mexikanisch
text [tekst] I. *n* ❶ *no pl* (*written material*) Text *m;* *of document* Wortlaut *m,* Inhalt *m;* **main ~** Hauptteil *m*
❷ (*book*) Schrift *f;* **set ~** Pflichtlektüre *f*
❸ (*version of book*) Fassung *f*
❹ (*Bible extract*) Bibelstelle *f*
❺ *no pl* COMPUT Text[teil] *m*
❻ (*subject*) Thema *nt*
II. *vt* INET ■**to ~** [**sb**] **sth** [jdm] eine SMS[-Nachricht] senden *fachspr*
textbook I. *n* Lehrbuch *nt* (**on** für/über +*akk*); LAW Gesetzeskommentar *m* II. *adj attr, inv* ❶ (*very good*) Parade-; **~ landing** Bilderbuchlandung *f*
❷ (*usual*) Lehrbuch-; **~ methods** Schulbuchmethoden *fpl* **textbook example** *n* Paradebeispiel *nt*
text editor *n* COMPUT Texteditor *m*
textile ['tekstaɪl] I. *n* ❶ (*fabric*) Stoff *m,* Gewebe *nt;* ■**~s** *pl* Textilien *pl,* Textilwaren *pl;* ***the production of ~s used to be a cottage industry in this area*** die Textilherstellung erfolgte in dieser Gegend in Heimarbeit; **woollen** [*or* AM **woolen**] **~s** Wollkleidung *f* ❷ (*fam: person*) *bekleidete Person am FKK-Strand* ❸ ECON ■**~s** *pl* Textilwerte *pl* II. *n modifier* (*manufacturing, producer, product*) Textil-, Gewebe-; **~ mill** [*or* **plant**] Textilfabrik *f;* **~ tape** Gewebeband *nt;* **~ waste products** Textilabfallprodukte *ntpl* **textile industry** *n* Textilindustrie *f,* Bekleidungsindustrie *f*
text-message ['tekstˌmesɪdʒ] *vi* ■**to ~ sb** jdm eine SMS[-Nachricht] senden *fachspr*
text-messaging ['tekstˌmesɪdʒɪŋ] *n no pl* Versenden *nt* von SMS-Nachrichten *fachspr* **text processing** *n* COMPUT Textverarbeitung *f*
textual ['tekstjuəl, AM -tʃu-] *adj inv* textlich, Text-; ***we checked the two books and found several ~ differences*** beim Überprüfen der beiden Bücher fanden wir einige abweichende Textstellen; **~ analysis** Textanalyse *f*
textualist ['tekstjuəlɪst, AM -tʃu-] *n streng am Wortlaut festhaltende Person*
texture ['tekstʃəʳ, AM -ɚ] *n* ❶ (*feel*) Struktur *f,* Textur *f geh;* **coarse/soft ~** grobe/feine Struktur
❷ (*consistency*) Konsistenz *f*
❸ *no pl* (*surface appearance*) [Oberflächen]beschaffenheit *f;* **skin ~** Teint *m*
❹ *no pl* LIT, MUS Gestalt *f,* Textur *f geh;* ***the play has a rich and complex dramatic ~*** das Schauspiel verfügt über eine ausgeprägte und komplexe dramatische Struktur
textured ['tekstʃəd, AM -ɚd] *adj* strukturiert, Struktur-; ***her note paper had a ~ finish*** ihr Briefpapier hatte eine strukturierte Oberfläche; **~ wallpaper**

Strukturtapete *f*

textured vegetable protein *n no pl* Sojafleisch *nt*

texturize ['tekstʃəraɪz, AM -əraɪz] *vt* ■**to ~ sth** ❶ (*give texture to*) etw texturieren; **to ~ fabric/foodstuff** ein Gewebe/Nahrungsmittel texturieren ❷ (*cut*) etw ausschneiden; **to ~ hair** dem Haar durch Schneiden Fülle geben

text wrap *n no pl* COMPUT Textumbruch *m*

TGWU [ˌti:dʒi:dʌblju:'ju:] *n* BRIT *abbrev of* **Transport and General Workers' Union** TGWU *f*

Thai [taɪ] **I.** *n* ❶ (*person*) Thai *m o f*, Thailänder(in) *m(f)* ❷ (*language*) Thai *nt* **II.** *adj inv* thailändisch

Thailand ['taɪlænd] *n* Thailand *nt*

thalassotherapy [θəˌlæsə(ʊ)'θerəpi, AM -ə'-] *n no pl* Thalassotherapie *f fachspr*

thalidomide [θə'lɪdə(ʊ)maɪd, AM -əmaɪd] *n no pl* MED Thalidomid *nt*, Contergan® *nt*

thalidomide baby *n* Contergankind *nt fam*

thallium ['θæliəm] *n no pl* CHEM Thallium *nt*

Thames [temz] *n no pl* Themse *f*; **the River ~** die Themse

Thames Barrier *n no pl* Themsesperre *f*

than [ðæn, ðən] **I.** *prep* ❶ *after superl* (*in comparison to*) als; ***her car is bigger ~ mine*** ihr Auto ist größer als meines; ***you're earlier ~ usual*** du bist früher dran als gewöhnlich; ***she invited more ~ 30 people*** sie lud mehr als 30 Leute ein ❷ (*instead of*) **rather ~ sth** anstatt etw *dat* ❸ (*besides*) **other ~ sb/sth** außer jdm/etw; ***tell no one other ~ your mother*** erzähle es niemandem außer deiner Mutter; **other ~ that ...** abgesehen davon ..., ansonsten ... **II.** *conj* als

thank [θæŋk] *vt* ■**to ~ sb [for sth]** jdm [für etw *akk*] danken, sich *akk* bei jdm [für etw *akk*] bedanken; ■**to ~ sb for doing sth** jdm [dafür] danken, dass er/sie etw getan hat; **~ *you* [*very much*]!** danke [sehr]!; **~ *you very much indeed for your help!*** vielen herzlichen Dank für Ihre Hilfe!; **~ *you for having me!*** danke für deine Gastfreundschaft!; ***how are you — I'm fine, ~ you*** wie geht es dir – danke, [mir geht es] gut; ***no, ~ you*** nein, danke; ***yes, ~ you*** ja, bitte; ***I don't want to hear that kind of language, ~ you!*** auf diesen Ton kann ich verzichten, vielen Dank! *iron*; ***he's only got himself to ~ for losing his job*** seine Entlassung hat er sich selbst zuzuschreiben; ***you have John to ~ for this job*** diese Arbeit hast du John zu verdanken; ***I'll ~ you not to mention the subject*** ich wäre dir dankbar, wenn du das Thema nicht erwähnen würdest; ***Mum won't ~ you if you break that cup*** Mama wird nicht gerade erfreut sein, wenn du diese Tasse kaputtmachst
▸ PHRASES: **thank <u>goodness</u> [*or* <u>God</u>] [*or* <u>heaven</u>(s)]!** Gott sei Dank!; **to ~ one's lucky <u>stars</u>** von Glück sagen [*o* reden] können

thankful ['θæŋkfəl] *adj* ❶ (*pleased*) froh; ■**to be ~ that ...** [heil]froh sein, dass ...; ***she was ~ to be at home again*** sie war froh, wieder daheim zu sein ❷ (*grateful*) dankbar; ■**to be ~ for sth** für etw *akk* dankbar sein

thankfully ['θæŋkfəli] *adv* ❶ (*fortunately*) glücklicherweise, zum Glück ❷ (*gratefully*) dankbar

thankfulness ['θæŋkfəlnəs] *n no pl* ❶ (*relief*) Erleichterung *f* ❷ (*gratitude*) Dankbarkeit *f*

thankless ['θæŋkləs] *adj* ❶ (*not rewarding*) wenig lohnend; **a ~ job [*or* task]** eine undankbare Aufgabe ❷ (*ungrateful*) *person, behaviour* undankbar

thanklessness ['θæŋkləsnəs] *n no pl* Undankbarkeit *f*

thank-offering *n* ❶ REL Sühneopfer *nt* ❷ (*act of gratitude*) Dank[es]leistung *f*, Dankesgabe *f*

thanks [θæŋks] *npl* ❶ (*gratitude*) Dank *m kein pl*; ***her campaign for road safety earned her the ~ of her community*** ihr Einsatz für die Verkehrssicherheit brachte ihr den Dank der örtlichen Bevölkerung ein; **letter of ~** Dankesbrief *m*; **to express one's ~** seinen Dank zum Ausdruck bringen *geh*; **to give ~s [to God]** [Gott] danken ❷ (*thank you*) danke; **~ *for your card!*** danke für deine Karte!; **~ *a lot!*** vielen Dank!; ***many ~!*** vielen Dank!; **~ *very much* [*indeed*]!** [vielen] herzlichen Dank!; ***no, ~!*** nein, danke!; **~ *a bunch!*** vielen Dank!; **~ *for nothing!*** (*iron fam*) vielen Dank! *iron*; **~ *a million!*** (*also iron fam*) tausend Dank!

thanksgiving [ˌθæŋks'gɪvɪŋ] *n no pl* ❶ (*gratitude*) Dankbarkeit *f*; **a prayer of ~** ein Dankgebet *nt*; **General T~** BRIT Dankgottesdienst *m* ❷ AM (*public holiday*) ■**T~** Thanksgiving *nt*; (*celebration of harvest*) amerikanisches Erntedankfest

Thanksgiving Day *n* AM Thanksgiving *nt*

thanks to *prep* dank *gen*, wegen *gen*; **~ *her efforts ...*** aufgrund ihrer Bemühungen ..., weil sie sich so bemüht hat ...; ***it's ~ you that I got the job*** dir verdanke ich, dass ich die Stelle bekommen habe; ***the baby's awake, ~ your shouting!*** wegen deinem Geschrei ist das Baby jetzt wach!; ***it's not ~ you that I arrived on time*** deinetwegen bin ich bestimmt nicht pünktlich angekommen

thank you *n* Danke[schön] *nt*; **to say a ~ to sb** jdm danke sagen, sich *akk* bei jdm bedanken; ***I'd like to say a big ~ to everyone*** ich möchte mich bei allen recht herzlich bedanken; ***now say "~" to your aunt for the nice present!*** sag deiner Tante „Dankeschön" für das schöne Geschenk!

thank-you ['θæŋkju] *n modifier* Dank-, Dankes-; **~ card** Dankkarte *f*; **~ speech** Dankesrede *f*

thank-you note *n*, **thank-you letter** *n* Dankschreiben *nt geh*, Dankesbrief *m*

---

that [ðæt, ðət]

I. DEMONSTRATIVE PRONOUN
II. CONJUNCTION **III.** ADVERB

I. DEMONSTRATIVE PRONOUN

❶ (*thing, person over there*) das; ***I don't want this — give me ~*** ich möchte nicht das – gib' mir *das*; ***~'s not right — three times five is fifteen not sixteen*** das stimmt nicht – drei Mal fünf ist fünfzehn, nicht sechzehn; ***who's ~? is ~ the girl you're looking for?*** wer ist das? ist das das Mädchen, das du suchst?; ***~'s his wife over there*** das da drüben ist seine Frau
❷ (*indicating time*) ***~ was yesterday that we talked on the phone, not last week*** wir haben gestern, nicht letzte Woche telefoniert!; ***ah, 1985, ~ was a good year*** ah, 1985, das war ein gutes Jahr
❸ (*familiar referent*) das; ***who's ~ on the phone?*** wer spricht?; ***hello, is ~ Ben?*** hallo, ist da Ben?; ***is ~ you making all the noise, John?*** machst du so einen Lärm, John?; ***~ was a difficult problem to resolve*** dieses Problem war schwierig zu lösen; ***~'s a good idea*** das ist eine gute Idee
❹ *after prep* **before ~** davor; **after ~** danach; **like ~** derartig; ***we need more people like ~*** wir brauchen mehr derartige Leute; ***don't talk like ~*** sprich nicht so; (*fam*) ***he can't just leave like ~*** er kann nicht einfach so verschwinden
❺ (*form: the one*) ***his appearance was ~ of an undergrown man*** er sah aus, als ob er zu klein gewachsen wäre; ***his handwriting is like ~ of a child*** seine Handschrift gleicht der eines Kindes; ***we are often afraid of ~ which we cannot understand*** wir fürchten uns oft vor dem, was wir nicht verstehen
❻ (*referring to an action*) das; ***why did you do ~?*** warum hast du das gemacht?; ***if you hold it like ~, it will break*** wenn du das so hältst, wird es kaputtgehen; ***~'s more like it*** das ist doch gleich schon viel besser!; ***you switch the computer on at the back — ~'s it*** schalte den Computer auf der Rückseite an – ja, so; **~ will do, ~'s enough** das reicht; ***he gave his mom a kiss and with ~ drove off to college*** er küsste seine Mutter und fuhr dann zum College; (*when hitting sb*) ***take ~!*** für dich!
❼ (*with a situation*) **~ is [to say]** das heißt, sprich; ***the hotel is closed during low season, ~ is from October to March*** das Hotel ist in der Nebensaison, sprich von Oktober bis März, geschlossen
❽ (*the previous thing*) das; ***I heard ~!*** das habe ich gehört!; ***I just said ~ because ...*** ich habe das nur gesagt, weil ...; ***it's just a gimmick — ~ said, I'd love to do it*** das ist nur ein Trick – dennoch würde ich es gerne machen; ***the garage still isn't finished — ~'s builders for you*** die Garage ist noch immer nicht fertig – typisch Bauarbeiter!; ***~'s why ...*** deshalb ...; ***~'s terrible*** das ist ja furchtbar; ***~'s a pity*** das ist aber schade
❾ *esp* BRIT (*fam: expressing strong agreement*) ***are you relieved? — oh yes, I am ~*** bist du erleichtert? – das kannst du [aber] laut sagen
❿ (*which, who*) der/die/das; ***that's the car [~] John wants to buy*** das ist das Auto, das John kaufen möchte; ***I can't find the books [~] I got from the library*** ich finde die Bücher nicht, die ich mir von der Bibliothek ausgeliehen habe; ***the baby smiles at anyone ~ smiles at her*** das Baby lächelt alle an, die es anlächeln; (*as formerly known*) ***General Dunstaple married Miss Hughes ~ was*** General Dunstaple heiratete die frühere Miss Hughes
⓫ (*when*) als; ***the year ~ Anna was born*** das Jahr, in dem Anna geboren wurde
⓬ (*when finished*) ***well, ~'s it, we've finished*** ok, das war's, wir sind fertig; ***~'s it — I'm not putting up with any more of her rudeness*** jetzt reicht's! – ich lasse mir ihre Unverschämtheit nicht mehr gefallen; ***she left the room and ~ was ~, I never saw her again*** sie verließ den Raum und das war's, ich sah sie nie wieder; ***I won't agree to it and ~'s ~*** ich stimme dem nicht zu, und damit Schluss; ***~'ll do*** das wird reichen; ***do you need anything else? — no thanks, ~'ll do*** brauchst du sonst noch etwas? – nein danke, das ist alles
▸ PHRASES: **<u>this</u> and ~** dies und das; **<u>at</u> ~** noch dazu; ***she was a thief and a clever one at ~*** sie war eine Diebin, und eine kluge noch dazu; **<u>and</u> [all] ~** (*fam*) und so weiter

II. CONJUNCTION

❶ (*as subject/as object*) dass; ***~ such a wonderful thing could happen, ...*** dass etwas so Wunderbares passieren konnte, ...; ***I knew [~] he'd never get here on time*** ich wusste, dass er niemals rechtzeitig hier sein würde; ***the fact is [~] we ...*** Fakt ist, dass wir ...
❷ *after adj, vb* (*as result*) ***it was so dark [~] I couldn't see anything*** es war so dunkel, dass ich nichts sehen konnte
❸ (*with a purpose*) ***let's go over the rules again in order ~...*** gehen wir die Regeln nochmal[s] durch, damit ...
❹ *after adj* (*in apposition to it*) ***it's possible [~] there'll be a vacancy*** es ist möglich, dass eine Stelle frei wird; ***is it true [~] she's gone back to teaching?*** stimmt es, dass sie wieder als Lehrerin arbeitet?
❺ *after -ing word* **supposing [~] ...** angenommen, dass ...; **considering [~] ...** wenn man bedenkt, dass ...; **given ~** vorausgesetzt, dass
❻ (*as reason*) weil, da [ja]; ***not ~ I have any objection*** nicht, dass ich etwas dagegen hätte; ***it's rather ~ I'm not well today*** es ist eher deshalb, weil ich mich heute nicht wohl fühle; ***I'd like to go — it's just ~ I don't have any time*** ich würde ja gern hingehen – ich hab' bloß [einfach] keine Zeit; ***now ~ we've bought a house*** jetzt, wo wir ein Haus gekauft haben; ***we can't increase our production quantities in ~ the machines are presently working to full capacity*** wir können die Produktion nicht hochfahren, da [nämlich] die Maschinen derzeit voll ausgelastet sind; **except [~]** außer, dass; ***his plan sounds perfect except [~] I don't want to be involved in such a scheme*** sein Plan hört sich großartig an, nur will ich mit so einem Vorhaben nichts zu tun haben; **to the extent ~** in dem Maße wie; ***apes are like people to the extent ~ they***

have some human characteristics Affen sind wie Menschen, insofern [als] sie gewisse menschliche Eigenschaften haben
❼ (*however*) ***where do you get your hair cut? — not ~ it really matters*** wo lässt du dir die Haare schneiden? – nicht, dass es sonderlich wichtig wäre; ***not ~ it's actually my business, but …*** nicht, dass es mich etwas anginge, aber …
❽ (*form liter or dated: expressing a wish*) ***oh ~ I were young again!*** wäre ich [doch] nochmal jung!; ***oh ~ they would listen!*** wenn sie [doch] nur zuhören würden!

III. ADVERB

inv so; ***she's too young to walk ~ far*** sie ist zu jung, um so weit laufen zu können; ***it wasn't [all] ~ good*** so gut war es auch wieder nicht; ***it hurt me ~ much I cried*** es hat mich so verletzt, dass ich weinte

thatch [θætʃ] **I.** *n no pl* ❶ (*roof*) Strohdach *nt,* Reetdach *nt*
❷ (*fig fam: thick hair*) Matte *f fig fam,* Mähne *f fig fam;* **~ of hair** Haarschopf *m,* Mähne *f fig fam*
II. *vt* **to ~ a roof** ein Dach mit Stroh [*o* Reet] decken
thatched [θætʃt] *adj inv* strohgedeckt, reetgedeckt
thatcher ['θætʃəʳ, AM -ɚ] *n* Dachdecker(in) *m(f)*
Thatcherism ['θætʃᵊrɪzᵊm] *n no pl* POL Thatcherismus *m*
Thatcherite ['θætʃᵊraɪt] POL **I.** *n* Anhänger(in) *m(f)* [*o* Parteigänger(in) *m(f)*] Margaret Thatchers
II. *adj* thatcheristisch, Thatcher-
thatching ['θætʃɪŋ] *n* ❶ (*process*) Strohdachdecken *nt,* Reetdachdecken *nt*
❷ (*roof*) Strohdach *nt,* Reetdach *nt*
thaw [θɔː, AM θɑː] **I.** *n* ❶ (*weather*) Tauwetter *nt*
❷ *no pl* (*fig: improvement in relations*) Tauwetter *nt fig;* ***there are signs of a ~ in relations between the two countries*** zwischen den beiden Ländern gibt es Anzeichen für eine Entspannung
II. *vi* ❶ (*unfreeze*) auftauen; *ice* schmelzen
❷ (*fig: become friendlier*) auftauen *fig*
III. *vt* FOOD ■**to ~ sth** etw auftauen
◆**thaw out I.** *vt* ■**to ~ sth** ↻ **out** *food* etw auftauen; (*fig*) ***it took me ages to ~ out my fingers after that cold walk*** es hat ewig gedauert, bis meine Finger nach dem kalten Spaziergang wieder aufgetaut waren
II. *vi* ❶ (*get warm*) auftauen *fig;* ***I came in from the cold half an hour ago, but I'm only just beginning to ~ out*** ich kam vor einer halben Stunde aus der Kälte herein, aber jetzt erst wird mir langsam schön warm
❷ (*become more friendly*) auftauen *fig,* sich *akk* entspannen
the [ðiː, ði, ðə] **I.** *art def* ❶ (*denoting thing mentioned*) der/die/das; **at ~ cinema** im Kino; **at ~ corner** an der Ecke; **in ~ fridge** im Kühlschrank; **on ~ shelf** im Regal; **on ~ table** auf dem Tisch
❷ (*particular thing/person*) ■***~ …*** *der/die/das …;* ***Harry's Bar is ~ place to go*** Harry's Bar ist in der Szene total in *fam*
❸ (*with family name*) ***~ Smiths are away on vacation*** die Schmidts sind im Urlaub
❹ (*before relative clause*) der/die/das; ***I really enjoyed ~ book I've just finished reading*** das Buch, das ich gerade gelesen habe, war wirklich interessant
❺ (*before name with adjective*) der/die; ***~ unfortunate Mr Jones was caught up in the crime*** der bedauernswerte Mr. Jones wurde in das Verbrechen verwickelt
❻ (*in title*) der/die; **Edward ~ Seventh** Eduard der Siebte; **Elizabeth ~ second** Elisabeth die Zweite
❼ (*before adjective*) der/die/das; ***I suppose we'll just have to wait for ~ inevitable*** ich vermute, wir müssen einfach auf das Unvermeidliche warten
❽ (*to represent group*) der/die/das; (*with mass group*) die; ***~ panda is becoming an increasingly rare animal*** der Pandabär wird immer seltener; **~ democrats/poor/townspeople** die Demokraten/Armen/Städter; **a home for ~ elderly** ein Altersheim *nt*
❾ (*with superlative*) der/die/das; ***~ highest mountain in Europe*** der höchste Berg Europas; **~ happiest** der/die Glücklichste
❿ (*instead of possessive*) ***how's ~ leg today, Mrs. Steel?*** wie geht es Ihrem Bein denn heute, Frau Steel?; ***he held his daughter tightly by ~ arm*** er hielt seine Tochter am Arm fest
⓫ (*with dates*) der; **~ 24th of May** der 24. Mai; **May ~ 24th** der 24. Mai; (*with time period*) die; **in ~ eighties** in den Achtzigern [*o* achtziger Jahren]
⓬ (*with ordinal numbers*) der/die/das; ***you're ~ fifth person to ask me that*** du bist die Fünfte, die mich das fragt
⓭ (*with measurements*) pro; ***these potatoes are sold by ~ kilo*** diese Kartoffeln werden kiloweise verkauft; **by ~ hour** pro Stunde; **twenty miles to ~ gallon** zwanzig Meilen auf eine Gallone
⓮ (*enough*) der/die/das; ***I haven't got ~ energy to go out this evening*** ich habe heute Abend nicht mehr die Energie auszugehen
II. *adv* + *comp* **all ~ better/worse** umso besser/schlechter; ***I feel all ~ better for getting that off my chest*** nachdem ich das losgeworden bin, fühle ich mich gleich viel besser; **any the better/worse** in irgendeiner Weise besser/schlechter; ***she doesn't seem to be any ~ worse for her bad experience*** ihre schlimme Erfahrung scheint ihr in keiner Weise geschadet zu haben; ■**~ …, ~ …** je …, desto …; ***~ lower ~ price, ~ poorer ~ quality*** je niedriger der Preis, umso schlechter die Qualität; ***~ colder it got, ~ more she shivered*** je kälter es wurde, desto mehr zitterte sie; ***bring the family with you! ~ more ~ merrier!*** bring die Familie mit! je mehr Leute, desto besser; ■**~ more …, ~ more …** je mehr …, desto mehr …; ***~ more I see of his work, ~ more I like it*** je mehr ich von seiner Arbeit sehe, desto besser gefällt sie mir
theater ['θiːət̬ɚ] AM, **theatre** ['θɪətəʳ] **I.** *n* ❶ (*for performances*) Theater *nt;* **open-air ~** Freilichtbühne *f,* Freilichttheater *nt;* **to go to the ~** ins Theater gehen
❷ AM, AUS, NZ (*cinema*) Kino *nt;* **at the ~** im Kino
❸ UNIV **lecture ~** Hörsaal *m,* Auditorium *nt geh*
❹ BRIT MED Operationssaal *m*
❺ *no pl* (*dramatic art*) Theater *nt;* **the Greek ~** das griechische Theater; **to be in the ~** beim Theater arbeiten; **to make good ~** bühnenwirksam sein, sich *akk* für die Bühne eignen
❻ (*theatrical company*) Ensemble *nt,* Theatertruppe *f*
❼ (*fig: for dramatic effect*) Theater *nt,* Schau *f pej;* ***her tears were pure ~*** ihre Tränen waren reines Theater
❽ (*fig: where events happen*) Schauplatz *m;* **~ of operations** Schauplatz *m* der Handlungen; MIL Operationsgebiet *nt;* **~ of war** Kriegsschauplatz *m*
II. *n modifier* ❶ (*of/for the theatre*) (*location, production, visit*) Theater-; **long ~ night** lange Theaternacht; **~ seat** Sitzplatz *m* im Theater, Theatersitzplatz *m*
❷ BRIT MED (*aiding surgery*) **~ sister** [*or* **nurse**] Operationsschwester *f*
❸ MIL (*of weapons*) **~ nuclear weapon** taktische Atomwaffe; **~ weapon** Kurzstreckenrakete *f*
theatre audience *n* [Theater]publikum *nt kein pl,* Theaterbesucher *mpl* **theatre company** *n* [Theater]ensemble *nt,* Schauspieltruppe *f* **theatre critic** *n* Theaterkritiker(in) *m(f)* **theatregoer** *n* Theaterbesucher(in) *m(f)* **theatre-in-the-round** *n no pl esp* BRIT (*seating arrangement*) Arenatheater *nt,* Amphitheater *nt;* (*type of performance*) Aktionstheater *nt*
theatrical [θi'ætrɪkᵊl] **I.** *adj* ❶ (*of theatre*) Theater-; **~ agent** Theateragent(in) *m(f);* **~ digs** Unterkunft *f* für reisende Schauspieler; **~ make-up** (*technique*) Theater-Make-up *nt;* (*substance*) Theaterschminke *f*
❷ (*exaggerated*) theatralisch
II. *n usu pl* Berufsschauspieler(in) *m(f)*
theatricality [θiˌætrɪ'kæləti, AM -əṱi] *n* (*form*) Theatralik *f*
theatrically [θi'ætrɪkᵊli] *adv* theatralisch
theatricals [θi'ætrɪkᵊlz] *n,* **theatrics** [θi'ætrɪks] *npl* ❶ (*theatre performance*) Theateraufführungen *fpl;* **amateur ~** Laientheater *nt,* Amateurtheater *nt*
❷ (*pej: behaviour*) Theatralik *f,* Theater *nt pej*
thee [ðiː, ði] *pron object pronoun* DIAL (*old: you*) dir *im Dativ,* dich *im Akkusativ;* ***with this ring, I ~ wed*** mit diesem Ring vermähle ich dich; ***we beseech ~ O lord*** wir bitten dich, oh Herr
theft [θeft] *n* Diebstahl *m*
their [ðeəʳ, ðᵊr, AM ðer, ðɚ] *adj poss* ❶ (*of them*) ihr(e); ***the children brushed ~ teeth*** die Kinder putzten sich die Zähne; ***she took ~ picture*** sie fotografierte sie
❷ (*his or her*) ***has everybody got ~ passport?*** hat jeder seinen Paß dabei?
theirs [ðeəz, AM ðerz] *pron* ihr(e, es); ***here's my car — where's ~?*** das ist mein Auto – wo ist ihres?; ***they think everything is ~*** sie glauben, dass ihnen alles gehört; ***I think she's a relation of ~*** ich glaube, sie ist mit ihnen verwandt; ***a favourite game of ~*** eines ihrer Lieblingsspiele
theism ['θiːɪzᵊm] *n no pl* Theismus *m geh*
theist ['θiːɪst] *n* REL, PHILOS Theist(in) *m(f) fachspr*
theistic [θiː'ɪstɪk] *adj inv* REL, PHILOS theistisch *fachspr*
them [ðem, ðəm] **I.** *pron object pronoun* ❶ (*persons, animals*) sie *im Akkusativ,* ihnen *im Dativ;* ***I told ~ I was leaving next week*** ich habe ihnen gesagt, dass ich nächste Woche wegfahre; ***who? oh ~!*** wer? ach die!; ***I bathed the kids and read ~ stories*** ich habe die Kinder gebadet und ihnen Geschichten vorgelesen; ***we went fishing with ~ last year*** wir fuhren letztes Jahr mit ihnen fischen; **both/neither/a few/a couple/some/none of ~** beide/keiner/ein paar/zwei/einige/niemand von ihnen; ***we're better than ~*** wir sind besser als sie; ***you reckon that's ~?*** glaubst du, dass sie das sind?; ***the cows are getting restless — could you feed ~?*** die Kühe werden unruhig – könntest du sie füttern?
❷ (*objects*) sie *im Akkusativ;* ***I've lost my keys — I can't find ~ anywhere*** ich habe meine Schlüssel verloren – ich kann sie nirgends finden; **both/neither/a few/a couple/some/none of ~** beide/keiner/ein paar/zwei/einige/niemand davon
❸ (*him*) ihm/ihr *im Dativ,* ihn/sie *im Akkusativ;* ***we want to show every customer that we appreciate ~*** wir wollen jedem Kunden zeigen, wie sehr wir ihn schätzen; ***how well do you have to know someone before you call ~ a friend?*** wie gut musst du jemanden kennen, bevor du ihn als Freund bezeichnest?
❹ (*fam: the other side*) ***it's definitely a case of ~ and us*** manche sind eben gleicher; **us against ~** wir gegen sie; ***I don't want it to be us against ~ but …*** ich möchte keinen Streit mit ihnen, aber …
❺ (*old: themselves*) sich *im Dativ o Akkusativ*
II. *adj attr, inv* DIAL (*fam: those*) diese *pl;* ***who gave you ~ sweets?*** wer hat euch diese Süßigkeiten gegeben?; ***look at ~ eyes*** schau dir diese Augen an
them-and-us situation [ˌðeməndˌʌsɪtju'eɪʃᵊn, AM -sɪtʃu'-] *n* Konfliktsituation *f*
thematic [θɪ'mætɪk, AM θiː'mæt̬-] **I.** *adj inv* thematisch
II. *n* ■**~s** + *sing/pl vb* Themengebiet *nt*
thematically [θɪ'mætɪkᵊli, AM 'mæt̬] *adv inv* thematisch, themenweise
theme [θiːm] *n* ❶ (*subject*) Thema *nt,* Motto *nt;* ***he has written several stories on the ~ of lost happiness*** er hat mehrere Geschichten über das verlorene Glück geschrieben
❷ MUS Thema *nt;* FILM, TV Melodie *f*
❸ AM SCH (*essay*) Aufsatz *m*
themed [θiːmd] *adj inv* thematisch bestimmt, themenorientiert; *hotel, restaurant* Themen-
theme music *n no pl* FILM, TV Titelmusik *f* **theme park** *n* Themenpark *m* **theme song** *n* FILM, TV

T

Titelmelodie *f* **theme tune** *n* Erkennungsmelodie *f*

themselves [ðəm'selvz] *pron reflexive* 1 (*direct object*) sich; ***did they enjoy ~ at the theatre?*** hat ihnen das Theater gefallen?; ***the children behaved ~ very well*** die Kinder benahmen sich sehr gut; ***the kids looked at ~ in the mirror and made funny faces*** die Kinder schauten sich im Spiegel an und schnitten Gesichter
2 (*form: them*) sie selbst; ***besides their parents and ~, no one else will attend their wedding*** außer ihren Eltern und ihnen selbst wird niemand zu ihrer Hochzeit kommen
3 (*emph: personally*) selbst; ***they collected the evidence ~*** sie sammelten selbst die Beweise; **they ~ …** sie selbst …; ***they ~ had no knowledge of what was happening*** sie wussten selbst nicht, was passierte; **to see/taste/feel/try sth for ~** etw selbst sehen/kosten/fühlen/versuchen
4 (*himself or herself*) sich selbst; ***anyone who fancies ~ as a racing driver*** jeder, der sich selbst für einen Rennfahrer hält
5 (*alone*) **to keep sth for ~** sich *dat* etw behalten; **to keep** [~] **to ~** sich *akk* zurückziehen; ***keeping to ~, they shunned offers of friendship from others*** sie zogen sich zurück und wiesen alle Freundschaftsangebote von anderen zurück; ■[**all**] **by ~** [ganz] allein; ■**sth to ~** ***they had the whole campsite to ~*** sie hatten den ganzen Campingplatz für sich; ■**in ~** selbst; ***these facts are unimportant in ~, but if you put them together, they may mean more*** die Fakten selbst sind unwichtig, zusammengenommen bedeuten sie vielleicht mehr
6 (*normal*) **to be ~** sie selbst sein; **to not be/feel/seem ~** nicht sie selbst sein/zu sein scheinen; **to look ~** wie sie selbst aussehen

then [ðen] **I.** *adj inv* (*form*) damalige(r, s); **her ~ husband** ihr damaliger Ehemann
II. *adv inv* 1 (*at an aforementioned time*) damals; **before ~** davor, vorher; **by ~** bis dahin; ***I'll phone you tomorrow — I should have the details by ~*** ich rufe dich morgen an – bis dahin weiß ich sicher Genaueres; **from ~ on** seit damals; **until ~** bis dahin
2 (*after that*) dann, danach, darauf
3 (*additionally*) außerdem, ferner *geh;* ***this is the standard model, ~ there's the deluxe version*** das hier ist das Standardmodell, außerdem haben wir dort noch die Luxusausführung; **and ~ some** *esp* AM und noch viel mehr; ***he gave it his best effort and ~ some*** er übertraf sich selbst dabei
4 **but ~** aber schließlich; **but ~ again** aber andererseits; ***she types accurately, but ~ again she's very slow*** sie tippt zwar genau, aber doch ziemlich langsam
5 (*as a result*) dann; ***you'll be selling your house, ~?*** ihr werdet also euer Haus verkaufen?; ***have you heard the news, ~?*** habt Ihr denn die Nachrichten gehört?; ***you spoke to John ~*** du hast also mit John gesprochen
6 (*unwilling agreement*) **all right** [*or* **ok**] **~** na gut, [also] meinetwegen
7 (*used to end conversation*) ***see you next Monday ~*** dann bis nächsten Montag *fam*

then and there *adv inv* sofort, auf der Stelle; ***she sewed the button on ~*** sie nähte den Knopf an Ort und Stelle an

thence [ðen(t)s] *adv inv* (*dated form*) 1 (*from there*) von dort [*o* da]
2 (*from then on*) von da an, seit jener Zeit
3 (*therefore*) daher, deshalb

thenceforth [ˌðen(t)s'fɔːθ, AM -'fɔːrθ] *adv inv* (*form*), **thenceforward** [ˌðen(t)s'fɔːwəd, AM -'fɔːrwəd] *adv inv* (*form*) seit jener [*o* dieser] Zeit, seitdem

theocracy [θi'ɒkrəsi, AM -'ɑːk-] *n no pl* Theokratie *f*

theocratic [ˌθiːəʊ'krætɪk, AM ˌθiːə'kræt̬] *adj inv* REL, POL theokratisch *fachspr*

theodolite [θi'ɒdəlaɪt, AM -'ɑːdə-] *n* Winkelmessgerät *nt*, Theodolit *m fachspr*

theologian [ˌθiːə'ləʊdʒən, AM -'loʊ-] *n* Theologe, -in *m, f*

theological [ˌθiːə'lɒdʒɪkəl, AM -'lɑː-] *adj* theologisch, Theologie-; **~ college** Priesterseminar *nt;* **~ studies** Theologiestudium *nt kein pl*

theologically [ˌθiːə'lɒdʒɪkəli, AM -'lɑː-] *adv* theologisch

theology [θi'ɒlədʒi, AM -'ɑːl-] *n* 1 (*principle*) Glaubenslehre *f*
2 *no pl* (*study*) Theologie *f*

theorem ['θɪərəm, AM 'θiːə-] *n* MATH Lehrsatz *m*, Theorem *nt fachspr;* **Pythagoras' ~** der Satz des Pythagoras

theoretic [θɪə'retɪk, AM ˌθiːə'ret̬-] *adj see* **theoretical** theoretisch

theoretical [θɪə'retɪkəl, AM ˌθiːə'ret̬-] *adj* theoretisch; **to be a ~ possibility** theoretisch möglich sein

theoretically [θɪə'retɪkəli, AM ˌθiːə'ret̬-] *adv* theoretisch

theoretician [ˌθɪərə'tɪʃən, AM ˌθiːərə'-] *n* Theoretiker(in) *m(f)*

theorist ['θɪərɪst, AM 'θiːə-] *n* Theoretiker(in) *m(f);* **economic ~** Wirtschaftstheoretiker(in) *m(f)*

theorize ['θɪəraɪz, AM 'θiːə-] *vi* theoretisieren; ■**to ~ about sth** Theorien über etw *akk* aufstellen

theory ['θɪəri, AM 'θiːə-] *n* 1 *no pl* (*rules*) Theorie *f*, Lehre *f;* **economic ~** Wirtschaftstheorie *f*
2 (*possible explanation*) Theorie *f*, Annahme *f;* ■**the ~ is that …** die Theorie besagt, dass …; **in ~** in der Theorie, theoretisch

theory of evolution *n* Evolutionslehre *f*, Evolutionstheorie *f* **theory of relativity** *n* PHYS Relativitätstheorie *f*

theosophical [ˌθiːə'sɒfɪkəl, AM -'sɑːf-] *adj inv* REL theosophisch *fachspr*

theosophist [θiː'ɒsəfɪst, AM -'ɑːsə-] *n* REL Theosoph(in) *m(f) fachspr*

theosophy [θiː'ɒsəfi, AM -'ɑːsə-] *n no pl* REL Theosophie *f*

therapeutic [ˌθerə'pjuːtɪk, AM -t̬ɪk] *adj* 1 (*healing*) therapeutisch
2 (*beneficial to health*) gesundheitsfördernd
3 (*beneficial to mood*) entspannend
4 (*for health reasons*) aus gesundheitlichen Gründen; **~ abortion** Schwangerschaftsabbruch *m* aus medizinischer Indikation

therapeutics [ˌθerə'pjuːtɪks, AM -t̬ɪks] *n + sing vb* Therapielehre *f*, Therapeutik *f*

therapist ['θerəpɪst] *n* Therapeut(in) *m(f);* **behaviour** [*or* AM **behavior**] **~** Verhaltenstherapeut(in) *m(f)*

therapy ['θerəpi] *n* Therapie *f*, Behandlung *f;* ***the course of ~ usually lasts three months*** die Behandlung dauert normalerweise drei Monate; ***joining a club can be a ~ for loneliness*** einem Verein beizutreten, ist oft die beste Therapie gegen Einsamkeit; **occupational ~** Beschäftigungstherapie *f*

there [ðeəʳ, ðəʳ, AM ðer, ðə] **I.** *adv inv* 1 (*in, at that place*) dort; ***where are my glasses? — right ~ beside you!*** wo ist meine Brille? — gleich dort neben dir!; ***~'s that book you were looking for*** hier ist das Buch, das du gesucht hast; ***the opportunity is right ~ in front of you*** die Möglichkeit liegt unmittelbar vor dir; **~ or thereabouts** (*at or near place*) in der Gegend dort, dort irgendwo *fam;* (*approximately*) so ungefähr; ***forty years, ~ or thereabouts, had elapsed*** so ungefähr vierzig Jahre waren vergangen; **here and ~** hier und da; **~ and then** [*or* **then and ~**] (*immediately*) auf der Stelle, sofort
2 (*at the place indicated*) dort; ***I've left the boxes under ~*** ich habe die Schachteln dort unten hingestellt; ***if anyone wants out, ~'s the door!*** wenn jemand gehen möchte, dort ist die Tür!; **in ~** da drin[nen]; **out ~** da draußen; **over ~** da [*o* dort] drüben; **up ~** dort oben
3 (*to a place*) dahin, dorthin; ***put the chair ~*** stell den Stuhl dahin; ***the museum was closed today — we'll go ~ tomorrow*** das Museum war heute zu – wir gehen morgen hin; **to get ~** (*arrive*) hinkommen; ***we'll never get ~ in time*** wir kommen sicher nicht pünktlich; (*fig: succeed*) es schaffen; ***try again, you'll get ~ in the end*** versuch es nochmal, du schaffst es schon; (*understand*) es verstehen; ***you'll get ~ if you think about it hard enough*** du verstehst es schon, wenn du lange genug darüber nachdenkst; **~ and back** hin und zurück; ***it was 20 miles ~ and back*** hin und zurück waren es 20 Meilen; **in ~** dort hinein; ***I'm not going in ~ — it's freezing*** ich gehe dort hinein – es ist bitterkalt
4 (*in speech or text*) an dieser Stelle; ***read out the rest of the letter, don't stop ~!*** lies' den Brief fertig, hör' nicht hier auf; (*on that subject*) in diesem Punkt; ***I'd have to disagree with you ~*** in dieser Hinsicht [*o* da] muss ich Ihnen leider widersprechen; ***I don't agree with you ~*** in diesem Punkt stimme ich Ihnen nicht zu
5 (*used to introduce sentences*) ***~'s someone on the phone for you*** Telefon für dich; ***~'s no doubt as to who is the best candidate*** es besteht kein Zweifel, wer der beste Kandidat/die beste Kandidatin ist; ***~ are lives at stake*** es stehen Leben auf dem Spiel; **~'s a good boy/girl/dog** (*used to show approval or encouragement*) braver Junge/braves Mädchen/braver Hund; **~ once was/lived …** (*liter: in fairytales*) einst lebte …, es war einmal …; **~ appears** [*or* **seems**] **to be …** es scheint …; ***~ appeared/seemed to be some difficulty in fixing a date for the meeting*** es scheint Schwierigkeiten zu geben, einen Termin für die Sitzung zu finden; **~ comes a point where …** (*form*) es kommt der Punkt, an dem …
6 (*said to attract attention*) ***hello ~!*** hallo!; ***~ goes the phone*** das ist das Telefon

► PHRASES: **~ you go again**[**, doing sth**] (*used to criticize sb for behaving in a way typical of them*) das übliche Spiel; ***~ she goes again — she never knows when to stop*** das übliche Spiel – sie weiß nie, wann es genug ist; **to have been ~ before** (*fam*) alles schon wissen *fam;* **to be neither here nor ~** keine Rolle spielen; **~ you are** [*or* **go**] (*fam: what you wanted*) hier bitte; ***~ you are — that'll be £3.80 please*** hier bitte – das macht £3.80; (*expressing confirmation, triumph or resignation*) aber bitte; ***we didn't win the competition, but ~ you go — we can always try again next year*** wir haben den Wettkampf zwar nicht gewonnen, aber bitte – wir können es nächstes Jahr nochmals versuchen; ***~ you are! I told you the problem was a political one*** ich wusste es! ich sagte dir, das wäre ein politisches Problem; ***sometimes it is embarrassing, but ~ you go*** manchmal ist es peinlich, aber so ist es nun mal; **to not be ~ yet** noch nicht bereit sein; **to be ~ to do sth** dazu da sein, etw zu tun; ***at the end of the day we are ~ to make money*** schließlich sind wir dazu da, Geld zu verdienen; **to be ~ for sb** für jdn da sein; ***best friends are*** [***always***] ***~ for each other in times of trouble*** gute Freunde sind in schweren Zeiten [immer] füreinander an; **been ~, done that** (*fam*) kalter Kaffee *fam;* **~ goes sth** etw ist im Begriff, den Bach runter zu gehen *fam;* ***~ goes my career*** das war's wohl mit meiner Karriere! *fam;* **~ you have it** na siehst du; ***simply turn the handle three times and ~ you have it*** drehe einfach dreimal den Griff und schon geht's; **~ it is** was soll's; ***pretty ridiculous, I know, but ~ it is*** ziemlich lächerlich, ich weiß, aber was soll's; **to be all ~** [**up top**] (*fam*) geistig voll da sein *fam;* **to not be all ~** (*fam: mentally lacking*) nicht ganz da sein *fam;* (*no longer mentally fit*) nicht mehr ganz auf der Höhe sein
II. *interj* 1 (*expressing sympathy*) da!, schau!; **~, ~!** [*or* **~ now!**] ganz ruhig!, schon gut!; ***~, ~*** [*or* ***~ now***]***, don't cry, it won't hurt for long*** schon gut, weine nicht, es wird nicht lang weh tun
2 (*expressing satisfaction*) na bitte!, siehst du!; ***~, I've made it work at last*** na also, ich hab's wieder repariert; ***~, I told you she wouldn't mind!*** siehst du, ich habe dir gesagt, dass es ihr nichts ausmacht
3 (*annoyance*) also bitte; ***~, now you've broken it!*** da, jetzt hast du es kaputtgemacht! *fam*
4 (*fam*) ***so ~!*** und damit basta!; ***you can't share,***

so ~! du kannst nicht teilen, und damit basta!
thereabouts [ˈðeərəbaʊt, AM ˈðerə-] *adv* ❶ *(in that area)* dort in der Nähe, dort irgendwo; ***the soil is very fertile ~*** der Boden ist in dieser Gegend sehr fruchtbar; **or ~** in der Umgebung von; ***we'll stop for a picnic in Saltford or ~*** wir machen irgendwo bei Saltford ein Picknick
❷ *(approximate time)* **or ~** oder so; ***he's lived in Norwich for 40 years, or ~*** er lebt seit ungefähr vierzig Jahren in Norwich
thereafter *adv (form)* danach, darauf *geh;* **shortly ~** kurz danach, kurze Zeit später **there and back** *adv* hin und zurück **there and then** *adv* auf der Stelle, sofort **thereby** *adv* dadurch, damit; ***the actors' unions had failed to agree pay levels and had ~ deprived over 250 people of work*** die Schauspielergewerkschaft hatte keine festen Lohnvereinbarungen getroffen und dadurch mehr als 250 Menschen ihrer Jobs beraubt ▸ PHRASES: **~ hangs a tale** *esp* BRIT *(hum)* das ist eine lange Geschichte **therefore** [ˈðeəfɔːʳ, AM ˈðerfɔːr] *adv inv* deshalb, deswegen, daher; **to decide ~ to do sth** deshalb beschließen, etw zu tun **therefrom** [ˌðeəˈfrɒm, AM ˌðer'-] *adv* LAW daraus **therein** [ˌðeəˈrɪn, AM ˌðer'-] *adv (form or dated)* darin; *(fig)* ***Susan is a socialist but her boyfriend votes Conservative — ~ lies the reason why they argue*** Susan ist Sozialistin, aber ihr Freund wählt die Konservativen – deswegen streiten sich die beiden auch **thereinafter** *adv (form or dated)* weiter unten, später; LAW nachstehend; **~ referred to as the deceased** im Folgenden als der/die Verstorbene bezeichnet **thereof** [ˌðeəˈrɒv, AM ˌðerˈɑːv] *adv (form)* davon; ***I was quite unaware ~ until I received your letter*** bevor ich deinen Brief erhielt, war ich mir darüber nicht im Klaren **thereon** [ˌðeəˈrɒn, AM ˌðerˈɑːn] *adv inv (form)* ❶ *(on that object)* darauf ❷ *(about that subject)* darüber
thereto [ˌðeəˈtuː, AM ˌðer'] *adv inv (form or old)* ❶ *(to sth)* dazu ❷ *(for sth)* dafür ❸ *(at sth)* daran
thereunder [ˌðeəˈrʌndəʳ, AM ˌðerˈʌndɚ] *adv (form or dated)* ❶ *(in accordance with aforementioned)* demzufolge, demgemäß ❷ *(under the aforementioned)* darunter **thereupon** [ˌðeərəˈpɒn, AM ˌðerəˈpɑːn] *adv (form)* daraufhin **therewith** [ˌðeəˈwɪθ, AM ˌðer'] *adv inv (form or old)* damit
therm [θɜːm, AM θɜːrm] *n (unit of heat)* *veraltete britische Einheit für Arbeit und Energie;* BRIT *(dated: 100,000 thermal units)* 100.000 Wärmeeinheiten *(ca. 100 Megajoule)*
thermal [ˈθɜːməl, AM ˈθɜːrm-] **I.** *n* ❶ *(air current)* Thermik *f*
❷ *(underwear)* ■ **~s** *pl* Thermounterwäsche *f kein pl;* MED Rheumaunterwäsche *f kein pl*
II. *adj attr* ❶ MED thermal, Thermal-; **~ bath** Thermalbad *nt*
❷ PHYS thermisch, Thermo-, Wärme-; **~ conductivity** Wärmeleitfähigkeit *f;* **~ pollution** thermische Verunreinigung
thermal capacity *n* Wärmekapazität *f* **thermal imaging** *n* Thermographie *f* **thermal insulation** *n no pl* Wärmedämmung *f,* Wärmeisolierung *f*
thermally [ˈθɜːməli, AM ˈθɜːrm-] *adv* ❶ MED thermal ❷ PHYS thermisch; **to be ~ insulated** wärmeisoliert sein
thermal paper *n no pl* Thermopapier *nt* **thermal spring** *n* Thermalquelle *f* **thermal underwear** *n no pl* Thermounterwäsche *f;* MED Rheumaunterwäsche *f* **thermal unit** *n* PHYS Wärmeeinheit *f*
thermo- [ˈθɜːməʊ, AM ˈθɜːrmoʊ] *in compounds* Wärme-, Hitze-, Thermo-
thermodynamic [ˌθɜːmə(ʊ)daɪˈnæmɪk, AM ˌθɜːrmoʊ-] *adj attr, inv* thermodynamisch
thermodynamics [ˌθɜːmə(ʊ)daɪˈnæmɪks, AM ˌθɜːrmoʊ-] *n + sing vb* Thermodynamik *f*
thermoelectric [ˌθɜːməʊɪˈlektrɪk, AM ˌθɜːrmoʊ-] *adj* thermoelektrisch
thermometer [θəˈmɒmɪtəʳ, AM θɚˈmɑːmət̬ɚ] *n* ❶ *(device)* Thermometer *nt* SCHWEIZ *a. m;* **clinical ~** Fieberthermometer *nt;* **minimum and maximum ~** Minimum-Maximum-Thermometer *nt,* Minimax-Thermometer *nt;* **the ~ falls/rises** das Thermometer fällt/steigt ❷ *(fig: record)* Barometer *nt fig;* **~ of inflation** Inflationsbarometer *nt* **thermometer scale** *n* Thermometerskala *f*
thermonuclear [ˌθɜːmə(ʊ)ˈnjuːkliəʳ, AM ˌθɜːrmoʊˈnuːkliɚ] *adj* thermonuklear; **~ bomb** Wasserstoffbombe *f*
thermoplastic [ˌθɜːməʊˈplæstɪk, AM ˌθɜːrmoʊ'] CHEM **I.** *adj inv* thermoplastisch *fachspr*
II. *n* Thermoplast *m fachspr*
Thermos® [ˈθɜːmɒs, AM ˈθɜːrməs] *n,* **Thermos® bottle** *n,* **Thermos® flask** *n* Thermosflasche *f*
thermostat [ˈθɜːməstæt, AM ˈθɜːr-] *n* Thermostat *m*
thermostatic [ˈθɜːməstætɪk, AM ˈθɜːrməstæt̬-] *adj* thermostatisch, Thermostat-
thermostatically [ˈθɜːməstætɪkəli, AM ˈθɜːrməstæt̬-] *adv* thermostatisch; **~ controlled** thermostatgesteuert
thesaurus <*pl* -es *or pl* -ri> [θɪˈsɔːrəs, *pl* -raɪ] *n* Synonymwörterbuch *nt,* Thesaurus *m fachspr*
these [ðiːz] **I.** *adj pl of* **this**
II. *pron dem pl of* **this** ❶ *(the things here)* diese; ***take ~ and put them on my desk please*** nimm die[se] hier und stell sie bitte auf meinen Tisch; ***are ~ your bags?*** gehören diese Taschen dir?, sind das hier deine Taschen?; **~ here** die da
❷ *(the people here)* das; ***~ are my kids, Bob, Charles and Mary*** das sind meine Kinder Bob, Charles und Mary
❸ *(current times)* diese; ***in times like ~ …*** in Zeiten wie diesen …; ***~ are hard times for us*** wir machen harte Zeiten durch
❹ *(familiar referent)* diese; ***~ are some of the reasons I'm against the idea*** das sind die Gründe, warum ich gegen die Idee bin; ***don't try to walk on ~ — they're prickly and sticky plants*** versuche nicht, über diese zu gehen – das sind stachlige, klebrige Pflanzen
thesis <*pl* -ses> [ˈθiːsəs, *pl* -siːz] *n* ❶ *(written study)* wissenschaftliche Arbeit; *(for diploma)* Diplomarbeit *f;* *(for PhD)* Doktorarbeit *f,* Dissertation *f;* **doctoral ~** Doktorarbeit *f,* Dissertation *f*
❷ *(proposition)* These *f,* Behauptung *f*
thesp [θesp] *n (pej fam) short for* **thespian** Schmierenkomödiant(in) *m(f) pej fam*
thespian [ˈθespiən] **I.** *n (form)* Schauspieler(in) *m(f);* *(mime)* Mime, -in *m, f liter;* *(hum)* Vollblutschauspieler(in) *m(f)*
II. *adj inv* dramatisch, Schauspiel-, Theater-; **~ talent** schauspielerisches Talent
they [ðeɪ] *pron pers* ❶ *(3rd person plural)* sie; ***where are my glasses? ~ were on the table just now*** wo ist meine Brille? sie lag doch gerade noch auf dem Tisch; ***see those people sitting over there? are ~ the ones you were talking about?*** siehst du die Leute da drüben? sind das die, über die du sprachst?; **it's ~** *(form)* das sind sie; **~ who …** *(form)* wer …; ***~ who look closely, will see the difference*** wer genau schaut, kann den Unterschied erkennen
❷ *(he or she)* er, sie; ***ask a friend if ~ could help*** frag einen Freund/eine Freundin, ob er/sie helfen kann; ***anyone can join if ~ are a resident*** jeder, der hier lebt, kann beitreten
❸ *(people in general)* sie; ***the rest, as ~ say, is history*** der Rest ist Geschichte, wie es so schön heißt; **~ say …** es heißt …
❹ *(fam: those with authority)* ***~'ve decided to change the bus route into town*** es wurde beschlossen, die Busroute in die Stadt zu ändern; ***do ~ really notice if you leave some of your income off your tax forms?*** merkt das wirklich jemand, wenn du nicht dein gesamtes Einkommen auf dem Steuerbescheid angibst?; ***~ cut my water off*** man hat mir das Wasser abgestellt
they'd [ðeɪd] ❶ = **they had** *see* **have I, II**
❷ = **they would** *see* **would**
they'll [ðeɪl] = **they will** *see* **will¹**
they're [ðeəʳ, AM ðer] = **they are** *see* **be**
they've [ðeɪv] = **they have** *see* **have I, II**
thick [θɪk] **I.** *adj* ❶ *(not thin)* *coat, layer, volume* dick; **with a ~ helping of butter** dick mit Butter bestrichen; **to have a ~ skin** *(fig)* ein dickes Fell haben *fig*
❷ *(bushy)* *eyebrows* dicht; **~ hair** volles [*o* dichtes] Haar
❸ *after n (measurement)* dick, stark; ***the walls are two metres ~*** die Wände sind zwei Meter dick
❹ *(not very fluid)* dick, zähflüssig
❺ *(dense)* dicht; ***the air in the banqueting hall was ~ with smoke*** die Luft im Festsaal war völlig verraucht; ***the atmosphere was ~ with unspoken criticism*** *(fig)* unausgesprochene Kritik belastete die Atmosphäre; **~ clouds** dichte Wolkendecke; **~ fog** dichter Nebel
❻ *(extreme)* deutlich, ausgeprägt; **~ accent** starker Akzent; **~ darkness** tiefe Dunkelheit
❼ *voice* belegt, heiser; ***he spoke and his voice was ~ with fear*** er sprach mit angstvoller Stimme
❽ *(headache)* **to have a ~ head** einen Brummschädel [*o* dicken Kopf] haben *fam;* ***I've got a ~ head*** mir brummt der Schädel *fam*
❾ *(pej sl: mentally slow)* dumm; **to be [a bit] ~** [ein bisschen] begriffsstutzig sein; **to be as ~ as two short planks** dumm wie Bohnenstroh sein
❿ BRIT *(fam: plentiful)* reichlich, massenhaft; ***female engineers are not too ~ on the ground*** weibliche Ingenieure sind dünn gesät
⓫ BRIT *(exaggerated)* **to be a bit ~** etwas übertrieben sein; ***hiring four Rolls Royces for a village wedding was a bit ~*** vier Rolls Royce für eine Dorfhochzeit zu mieten, war schon etwas dick aufgetragen
▸ PHRASES: **blood is ~er than water** *(saying)* Blut ist dicker als Wasser *prov;* **to get a ~ ear** BRIT ein paar auf [*o* hinter] die Ohren bekommen *fam;* **to give sb a ~ ear** BRIT jdm ein paar [*o* eins] hinter die Ohren geben *fam;* **to be as ~ as thieves** wie Pech und Schwefel zusammenhalten; **to be ~ with sb** mit jdm eng befreundet sein; ***Peter is ~ with Tom*** Peter und Tom sind dicke Freunde
II. *n no pl (fam)* ■ **in the ~ of sth** mitten[drin] in etw *dat;* ***an argument had ensued at the bar and in the ~ of it stood my husband*** an der Bar war ein Streit ausgebrochen und mein Mann steckte mittendrin; **in the ~ of the battle** im dichtesten Kampfgetümmel
▸ PHRASES: **to stick together through ~ and thin** zusammen durch dick und dünn gehen
III. *adv (heavily)* dick; ***the snow lay ~ on the path*** auf dem Weg lag eine dicke Schneedecke; **to spread bread ~ with butter** Brot dick mit Butter bestreichen
▸ PHRASES: **to come ~ and fast** hart auf hart kommen; ***the complaints were coming ~ and fast*** es hagelte Beschwerden; **to lay it on ~** dick auftragen *fam*
thicken [ˈθɪkən] **I.** *vt* FOOD ■ **to ~ sth** *sauce* etw eindicken
II. *vi* ❶ *(become less fluid)* dick[er] [*o* dickflüssig[er]] werden
❷ *(become denser)* dicht[er] werden, sich *akk* verdichten; ***traffic in town has ~ed*** die Verkehrsdichte in der Stadt hat zugenommen
❸ *(become less slim)* [an Umfang] zunehmen; ***her waist has ~ed*** ihre Taille ist dicker geworden
▸ PHRASES: **the plot ~s** *(saying)* die Sache wird langsam interessant
thickener [ˈθɪkənəʳ, AM -ɚ] *n,* **thickening** [ˈθɪkənɪŋ] *n* Verdickungsmittel *nt,* Bindemittel *nt;* **gravy ~** Soßenbinder *m*
thicket [ˈθɪkɪt] *n* Dickicht *nt*
thick-headed *adj* ❶ *(mentally slow)* begriffsstutzig ❷ *(stupid)* dumm, doof *fam*
thickly [ˈθɪkli] *adv* ❶ *(in a deep layer)* dick; ***don't put the butter on too ~, please*** schmier bitte nicht zu viel Butter drauf; ***the woods were ~ carpeted with bluebells*** der Wald war mit Glockenblumen übersät
❷ *(indistinctly)* mit belegter Stimme; *(with fear)* angstvoll; *(with emotion)* bewegt; **to speak ~** undeutlich [*o* mit schwerer Zunge] sprechen

T

thickness [ˈθɪknəs] *n* ① *no pl* (*size*) Dicke *f*, Stärke *f*
② *no pl* (*depth*) Dicke *f*, Höhe *f*; (*denseness*) Dichte *f*
③ (*layer*) Lage *f*, Schicht *f*

thicko [ˈθɪkəʊ, AM -koʊ] *n esp* BRIT (*pej sl*) Dummkopf *m pej fam*, Schwachkopf *m pej fam*

thickset *adj person* gedrungen, stämmig; *plant* dicht[gepflanzt] **thick-skinned** *adj* dickhäutig *fig*, dickfellig *fig*; **to be ~** ein dickes Fell haben

thief <*pl* thieves> [θi:f] *n* Dieb(in) *m(f)*; **den of thieves** Mördergrube *f*, Räuberhöhle *f*; (*disreputable place*) Spelunke *f*
▶ PHRASES: [**there is**] **honour** [*or* AM **honor**] **among thieves** (*saying*) jeder hat seine eigene Moral; **like a ~ in the night** wie ein Dieb in der Nacht; **procrastination is the ~ of time** *esp* BRIT (*saying*) was du heute kannst besorgen, das verschiebe nicht auf morgen *prov*; **to be as thick as thieves** dicke Freunde sein *fam*; **to set a ~ to catch a ~** (*saying*) einen vom Fach benutzen

thieve [θi:v] **I.** *vi* (*liter*) stehlen
II. *vt* (*liter*) ■**to ~ sth** etw stehlen

thieving [ˈθi:vɪŋ] **I.** *n* (*liter form*) Stehlen *nt*
II. *adj attr, inv* diebisch; ***take your ~ hands off my cake!*** (*hum*) lass deine Finger von meinem Kuchen!

thigh [θaɪ] *n* [Ober]schenkel *m*; ***this exercise will help to combat those thunder ~s*** mit dieser Übung bekämpfen Sie die Fettpolster an Hüfte und Oberschenkel

thigh bone *n* Oberschenkelknochen *m* **thigh-high** *adj* hüfthoch **thigh injury** *n* Oberschenkelverletzung *f*

thimble [ˈθɪmbl̩] *n* Fingerhut *m*

thimbleful [ˈθɪmbl̩fʊl] *n* (*hum*) Fingerhut [voll] *m*; ***he poured a ~ of whisky into the glass*** er goss einen Schluck Whisky in das Glas

thin <-nn-> [θɪn] **I.** *adj* ① (*not thick*) dünn; **~ line** feine [*o* schmale] Linie; ***there's a ~ line between love and hate*** die Grenze zwischen Liebe und Hass ist fließend; (*fig*) schmaler Grat
② (*slim*) *person* dünn; **a ~ man** ein hagerer Mann
③ (*not dense*) *fog* leicht; *crowd* klein; **~ rain** feiner Regen; (*lacking oxygen*) *air* dünn
④ (*sparse*) spärlich; **~ hair** (*on head*) schütteres Haar; (*on body*) spärlicher Haarwuchs; ***he is already ~ on top*** sein Haar lichtet sich schon langsam
⑤ (*very fluid*) dünn[flüssig]
⑥ (*feeble*) schwach *fig*; **~ disguise** dürftige Verkleidung; **~ excuse** fadenscheinige Ausrede; **~ smile** leichtes Lächeln; **~ sound** leiser Ton; **~ voice** zarte Stimme
⑦ (*come to an end*) **to wear ~** (*also fig*) [langsam] zu Ende gehen, erschöpft sein; ***the soles of my shoes are wearing ~*** mein Schuhsohlen werden immer dünner
▶ PHRASES: **out of ~ air** aus dem Nichts; **to disappear** [*or* **vanish**] **into ~ air** sich *akk* in Luft auflösen; **the ~ end of the wedge** BRIT ein erster Anfang; **to be ~ on the ground** BRIT, AUS dünn gesät sein *fig*; **to be on ~ ice** sich *akk* auf dünnem Eis bewegen; **the ~ blue line** BRIT (*fam*) die Polizei; **to have a ~ time** [**of it**] eine schlimme Zeit durchmachen; **to be ~-skinned** dünnhäutig sein; **through thick and ~** durch dick und dünn
II. *vt* ① (*make more liquid*) ■**to ~ sth** [**down**] etw verdünnen
② (*remove some*) ■**to ~ sth** [**out**] etw ausdünnen [*o* lichten]; ***they've ~ned the forest*** der Wald wurde gelichtet; **to ~ sb's hair** jds Haare ausdünnen
③ (*in golf*) **to ~ the ball** den Ball oberhalb der Mitte treffen
III. *vi* ① (*become weaker*) *soup, blood* dünner werden; *crowd* sich *akk* zerstreuen; *fog* sich *akk* lichten; *hair* dünner werden, sich *akk* lichten
② (*become worn*) *material* sich *akk* verringern, abnehmen

◆**thin down I.** *vi* abnehmen, dünner werden
II. *vt* ■**to ~ sth** ⊂ **down** etw verdünnen

◆**thin out I.** *vt* ■**to ~ sth** ⊂ **out** etw ausdünnen; **to ~ out plants** Pflanzen pikieren
II. *vi* weniger werden, sich *akk* verringern; *crowd* kleiner werden, sich *akk* verlaufen

thine [ðaɪn] DIAL **I.** *adj det* (*old*) dein; ***inquire into ~ own heart*** befrage dein Herz
II. *pron* (*old*) der/die/das Deinige [*o* Deine]; ***for ~ is the kingdom, the power and the glory*** denn Dein ist das Reich, die Macht und die Herrlichkeit

thing [θɪŋ] *n* ① (*unspecified object*) Ding *nt*, Gegenstand *m*; (*fam*) Dings[bums] *nt fam*; ***she behaved like a mad ~*** sie benahm sich wie eine Verrückte; ***you cannot be all ~s to all men*** man kann es nicht allen recht machen
② (*possessions*) ■**~s** *pl* Besitz *m kein pl*, Habe *f kein pl*; (*objects for special purpose*) Sachen *fpl*, Zeug *nt kein pl*; ***I haven't got a ~ to wear*** ich habe nichts zum Anziehen; ***she put all his ~s in suitcases and put them outside the door*** sie packte alle seine Sachen in Koffer und stellte diese vor die Tür; **swimming ~s** Schwimmzeug *nt kein pl*, Schwimmsachen *pl fam*
③ (*unspecified idea, event*) Sache *f*; ***this ~ called love*** das, was man so Liebe nennt; ***if there's one ~ I want to know it's this*** wenn es etwas gibt, das ich wissen will, dann ist es das; ***it was just one ~ after another*** da kam eben eins zum anderen; ***one ~ leads to another*** das Eine führt zum Andern; ***don't worry about a ~!*** mach dir keine Sorgen!; ***learning to ride a bike was a difficult ~ for me to do*** ich habe lange gebraucht, bis ich Rad fahren konnte; ***I value my freedom above all ~s*** meine Freiheit steht für mich an erster Stelle; ***if it's not one ~, it's another*** ständig ist [et]was los; **to not be sb's ~** nicht jds Ding sein *fam*; **to be a ~ of the past** der Vergangenheit angehören; **in all ~s** in jeder Hinsicht, in [*o* bei] allem; **the whole ~** das Ganze
④ (*unspecified activity*) Sache *f*; ***the last ~ I want to do is hurt his feelings*** ich möchte auf keinen Fall seine Gefühle verletzen; ***that was a close ~!*** das war knapp!; ***walking in stormy weather along a beach just does ~s to me*** bei stürmischem Wetter am Strand spazieren zu gehen macht mir unheimlich Spaß; **plenty of ~s** vieles; **to do sth first/last ~** etw als Erstes/Letztes tun; ***I'll phone him first ~ tomorrow*** ich rufe ihn morgen gleich als Erstes an; **to call sb last ~ at night** jdn spät nachts noch anrufen; **to do one's own ~** (*fam*) seinen [eigenen] Weg gehen, sein Ding machen *fam*
⑤ (*fam: what is needed*) das [einzig] Wahre; **the real ~** das einzig Wahre; **the very** [*or* **just the**] **~** genau das Richtige
⑥ (*matter*) Thema *nt*, Sache *f*; ***sure ~!*** *esp* AM na klar!; ***what a lovely ~ to say!*** wie nett, so etwas zu sagen!; ***I have a ~ or two on my mind*** mir geht so einiges durch den Kopf; ***and another ~, …*** und noch [et]was, …; ***why don't you come with me? — for one ~, I don't like flying, and for another, I can't afford it*** warum kommst du nicht mit? – einerseits fliege ich nicht gerne und außerdem kann ich es mir nicht leisten; **to be able to tell sb a ~ or two** jdm noch so einiges [*o* manches] erzählen können; **to know a ~ or two** eine ganze Menge wissen, sich *akk* gut auskennen
⑦ (*social behaviour*) ■**the ~** das Richtige; ***it's the done ~*** (*also iron*) das gehört sich so [*o* gehört zum guten Ton]; ***smoking during meals is not the done ~*** es gehört sich nicht, während des Essens zu rauchen; **the in** [*or* **latest**] **~** [**to do**] der letzte Schrei
⑧ (*the important point*) ■**the ~ about doing sth is …** das Wichtigste bei etw *dat* ist …
⑨ (*something non-existent*) ■**~s** *pl* **to be hearing** [*or* **imagining**] **~s** Gespenster sehen *fig*
⑩ (*the situation*) ■**~s** *pl* die Dinge, die Lage; ***~s ain't what they used to be*** (*fam*) nichts ist mehr so wie es war; ***how are ~s*** [***with you***]? (*fam*) wie geht's [dir]? *fam*; ***what are ~s like?*** wie sieht's aus? [*o* läuft's?] *fam*; **all ~s considered** alles in allem; **as ~s stand, the way ~s are** so wie die Dinge stehen
⑪ (*confectionery*) **sweet ~s** Süßigkeiten *pl*
⑫ (*person*) ***you lucky ~!*** du Glückliche(r) [*o* Glückspilz]!; ***she's a dear little ~*** sie ist ein Schatz; **lazy ~** Faulpelz *m*; **old ~** BRIT altes Haus *fam*, alter Knabe *fam*; **the poor ~** (*fam*) der/die Ärmste; (*man*) der arme Kerl; (*young woman, child*) das arme Ding; **the poor ~s** die Ärmsten; **stupid ~** Dummkopf *m*, Idiot *m*
▶ PHRASES: **a ~ of beauty is a joy forever** (*saying*) etwas Schönes macht immer wieder Freude; **to be the greatest ~ since sliced bread** (*fam*) einfach Klasse sein *fam*; **chance would be a fine ~!** BRIT (*saying*) schön wär's! *fam*; **there are more ~s in heaven and earth** [**than are dreamt of in your philosophy**] BRIT (*saying*) es gibt mehr Dinge zwischen Himmel und Erde [als deine Schulweisheit sich träumen lässt]; **a little learning** [*or* **knowledge**] **is a dangerous ~** (*saying*) zu wenig Wissen kann gefährlich werden; **the best ~s in life are free** (*saying*) die besten Dinge im Leben sind umsonst; **to be just one of those ~s** (*be unavoidable*) einfach unvermeidlich sein; (*typical happening*) typisch sein; ***this is just one of those ~s*** da kann man halt nichts machen *fam*; **to the pure all ~s are pure** (*saying*) dem Reinen ist alles rein; **worse ~s happen at sea** (*saying*) davon geht die Welt nicht unter *fam*; **all** [*or* **other**] **~s being equal** wenn nichts dazwischen kommt; **to be onto a good ~** (*fam*) etwas Gutes auftun; **you can have too much of a good ~** man kann es auch übertreiben; **to do one's own ~** sich *akk* selbst verwirklichen; **to have a** [*or* **this**] **~ about sth** (*fam: dislike*) jdn nicht ausstehen können *fam*; (*like very much*) verrückt nach jdm sein *fam*; **to have a** [*or* **this**] **~ about sth** etw nicht ausstehen können *fam*; **to make a** [**big**] **~ out of sth** aus etw *dat* eine große Sache machen, um etw *akk* viel Wirbel machen; **these ~s are sent to try us** BRIT (*saying*) das sind die Prüfungen, die uns das Schicksal auferlegt; **to take ~s easy** nicht alles so schwer nehmen

thingamabob [ˈθɪŋəməˌbɒb, AM -ˌbɑ:b] *n*, **thingamajig** [ˈθɪŋəməˌdʒɪg] *n*, **thingummy** [ˈθɪŋəmi] *n* BRIT, **thingy** [ˈθɪŋi] *n esp* BRIT der/die/das Dings[da] [*o* Dingsbums] *fam*

think [θɪŋk] **I.** *n* BRIT (*fam*) Nachdenken *nt*; **to have a ~ about sth** sich *dat* etw überlegen, über etw *akk* nachdenken; **to have another ~ coming** sich *akk* gewaltig irren, auf dem Holzweg sein *fam*; ***you have got another ~ coming!*** da bist du aber schief gewickelt! *fam*
II. *vi* <thought, thought> ① (*believe*) denken, glauben; ***yes, I ~ so*** ich glaube [*o* denke] schon; ***no, I don't ~ so*** ich glaube [*o* denke] nicht; ***I asked him if he was likely to get the job and he said he thought not*** ich fragte ihn, ob er die Stelle wohl bekommen werde und er antwortete, er glaube nicht; ***she is thought to be on holiday in Scotland*** man nimmt an, dass sie gerade in Schottland Urlaub macht
② (*hold an opinion*) meinen, denken, glauben; (*judge*) einschätzen; ***I ~ she's stupid*** ich finde sie dumm; ***I'd ~ again if I were you*** ich würde mir das an deiner Stelle noch einmal überlegen; ***I want you to ~ of me as a friend*** ich möchte, dass du mich als Freund siehst; ***what do you ~ of Jane?*** wie findest du Jane?; ***what do you ~ you're doing?*** (*iron*) was glaubst du eigentlich, was du da tust?; ***who do you ~ you are?*** (*iron*) für wen hältst du dich eigentlich?; **to ~ better of sth** sich *dat* etw anders überlegen; **to ~ fit** es für angebracht halten; **to ~ highly** [*or* **well**] **of sb/sth** viel von jdm/etw halten, eine gute Meinung von jdm/etw haben; **to ~ oneself lucky** [*or* **fortunate**] sich *akk* glücklich schätzen; **to ~ positive** optimistisch [*o* zuversichtlich] sein, nicht den Mut verlieren
③ (*expect*) denken, annehmen; ***who would have thought*** [***that***] ***…?*** wer hätte gedacht[, dass] …?; ***who would have thought it?*** wer hätte das gedacht?; ***I thought as much!*** (*usu pej: as a reply*) das habe ich mir schon gedacht!; ***I'm going out to play — that's what you ~!*** ich gehe raus spielen – denkste!
④ (*introducing a decision*) denken; ***it was such a lovely day I thought I'd go for a walk*** es war so

ein schöner Tag, dass ich [mir] gedacht habe, ich mache einen Spaziergang
❺ (*exercise one's mind*) denken; (*decide*) entscheiden; ***I'd ~ long and hard*** ich würde mir das wirklich reiflich überlegen; ***that'll give him something to ~ about*** das sollte ihm etwas zu denken geben; ***I haven't seen him for weeks, in fact, come to ~ of it, since last Christmas*** ich habe ihn seit Wochen nicht mehr gesehen, wenn ich es mir recht überlege, seit letzten Weihnachten; ***I shudder to ~ what might have happened*** mir läuft es kalt den Rücken runter, wenn ich mir ausmale, was alles hätte passieren können; ***I can't ~ how/when/where/why ...*** ich weiß nicht, wie/wann/wo/warum ...; ■**to be ~ing** [nach]denken, überlegen; **to ~ on one's feet** (*fig*) eine schnelle Entscheidung treffen; **to ~ fast** schnell überlegen; **to be unable to hear oneself ~** sein eigenes Wort nicht mehr verstehen; **to be unable to ~ straight** etw nicht richtig einschätzen können, keinen klaren Gedanken fassen können; **to ~ for oneself** selbständig denken, seine eigenen Entscheidungen treffen; **to ~ to oneself** [bei] sich *dat* denken
❻ (*plan*) nachdenken, überlegen; (*consider*) erwägen; ■**to ~ of doing sth** erwägen [*o* überlegen], etw zu tun; ***he's ~ing of selling his car*** er überlegt, sein Auto zu verkaufen; ***we were ~ing of starting a family*** wir spielten mit dem Gedanken, eine Familie zu gründen; **to ~ big** im großen Stil planen
❼ (*have in mind*) ■**to ~ about** [*or* **of**] **sb/sth** an jdn/etw denken; ***I always ~ about Roz in that long pink coat*** ich stelle mir immer Roz in seinem langen rosa Mantel vor; ***don't even ~ about it*** schlag dir das aus dem Kopf *fam*, das kannst du vergessen *fam*; ***can you ~ of anything?*** fällt dir etwas ein?
❽ (*be alert*) aufpassen; **without ~ing** gedankenlos, ohne nachzudenken
❾ (*make up*) ■**to ~ of sth** sich *dat* etw einfallen lassen; ***just a minute — I ~ I've thought of something*** warte mal – ich glaube, ich habe eine Idee; ***how clever! I never thought of that*** wie schlau! daran habe ich nie gedacht
▶ PHRASES: **what will they ~ of next?** (*saying*) was lassen sie sich wohl noch alles einfallen?
III. *vt* <thought, thought> ❶ (*consider*) ■**to ~ sb [to be] sth** jdn für etw *akk* halten; ***I always thought him to be a charmer*** ich fand ihn immer sehr charmant; **to ~ the world of sb/sth** große Stücke auf jdn/etw halten; **to not ~ much of sb/sth** auf jdn/etw nicht viel geben *fam*; **to not ~ much of doing sth** nicht [gerade] begeistert davon sein, etw zu tun; **to ~ nothing of sth** von etw *dat* nichts halten; ***~ nothing of it*** keine Ursache, gern geschehen; **to ~ nothing of doing sth** nichts dabei finden, etw zu tun; ***she'll manage*** (~ ***Mrs. Kern***) sie wird es schaffen (wie Frau Kern auch)
❷ (*exercise mind*) **to ~ beautiful** [*or* **great**] [*or* **interesting**] **thoughts** in Gedanken versunken sein
▶ PHRASES: **to ~ the world well lost** BRIT den lieben Gott einen guten Mann sein lassen
◆**think ahead** *vi* vorausdenken, vorausplanen
◆**think back** *vi* ■**to ~ back to sth** an etw *akk* zurückdenken; ■**to ~ back over sth** sich *dat* etw noch einmal vergegenwärtigen, etw Revue passieren lassen *geh*
◆**think on** *vt* NBRIT, AM (*fam*) ■**to ~ on sth** über etw *akk* nachdenken
◆**think out** *vt* ■**to ~ sth** ⊂ **out** ❶ (*consider carefully*) etw durchdenken, sich *dat* etw durch den Kopf gehen lassen
❷ (*plan carefully*) etw vorausplanen
◆**think over** *vt* ■**to ~ sth** ⊂ **over** sich *dat* etw überlegen, etw überdenken *geh*; ***I'll ~ it over*** ich überleg's mir nochmal *fam*
◆**think through** *vt* ■**to ~ sth through** etw [gründlich] durchdenken
◆**think up** *vt* (*fam*) ■**to ~ up** ⊂ **sth** sich *dat* etw ausdenken [*o* einfallen lassen]; **to ~ up an idea** auf eine Idee kommen
thinkable [ˈθɪŋkəbl] *adj* denkbar, vorstellbar
thinker [ˈθɪŋkəʳ, AM -ɚ] *n* Denker(in) *m(f)*
thinking [ˈθɪŋkɪŋ] **I.** *n no pl* ❶ (*using thought*) Denken *nt*; **to do some ~ about sth** sich *dat* über etw *akk* Gedanken machen
❷ (*reasoning*) Überlegung *f*; ***what's the ~ behind the decision to combine the two departments?*** aus welchem Grund sollen die beiden Abteilungen zusammengelegt werden?; ***good ~! that's a brilliant idea!*** nicht schlecht! eine geniale Idee!
❸ (*opinion*) Meinung *f*; ***I don't agree with his ~ on that point*** ich stimme mit ihm in diesem Punkt nicht überein; **to my way of ~** meiner Ansicht [*o* Meinung] nach
II. *adj attr, inv* denkend, vernünftig; ***as a ~ woman, you must realize that our situation is becoming worse*** als Frau mit Verstand müssen Sie doch erkennen, dass sich unsere Situation verschlechtert; **the ~ man's/woman's crumpet** BRIT *attraktiver, intelligenter Mann/attraktive, intelligente Frau*
thinking cap *n* ▶ PHRASES: **to put one's ~ on** (*fam*) scharf nachdenken *fam*
think piece *n* JOURN [ausführlicher] Kommentar
think tank *n* (*fig*) Expertenkommission *f*
thinly [ˈθɪnli] *adv* dünn **thinly-sliced** *adj* dünn geschnitten
thinner [ˈθɪnəʳ, AM -ɚ] **I.** *n* Verdünner *m*, Verdünnungsmittel *nt*; **paint ~** Farbverdünner *m*
II. *adj comp of* **thin**
thinness [ˈθɪnnəs] *n no pl* ❶ (*not fat*) Magerkeit *f*
❷ (*fig: lack of depth*) Dünnheit *f*
thinning [ˈθɪnɪŋ] *n* Ausdünnen *nt*, Vereinzeln *nt*; *of forest* Lichten *nt*, Durchforsten *nt*; **~ of tree tops** Auslichten *nt* der Baumkronen; ■**~s** *pl* HORT Ausschnitte *pl*, Abschnitte *pl*
thin section *n* Dünnschliff *m*
thin-section *vt* ■**to ~ sth** etw dünner machen [*o* dünn schleifen]
thin-skinned *adj* empfindlich, dünnhäutig; ***be careful what you say to her — she's a bit ~*** pass auf, was du zu ihr sagst – sie ist ein bisschen sensibel
third [θɜːd, AM θɜːrd] **I.** *n* ❶ (*number 3*) Dritte(r, s); **George the T~** Georg der Dritte; **the ~ of September** der dritte September
❷ (*fraction*) Drittel *nt*; **two ~s of the total market** zwei Drittel des Gesamtmarktes
❸ (*gear position*) dritter Gang; ***now put it into ~*** schalten Sie jetzt in den dritten Gang
❹ (*in ballet*) dritte [Tanz]position; (*in baseball*) dritte Base
❺ MUS Terz *f*
❻ BRIT UNIV (*class of degree*) dritter [akademischer] Grad
II. *adj inv* dritte(r, s); **~ best** drittbeste(r, s); **the ~ time** das dritte Mal; ***~ time lucky!*** beim dritten Anlauf klappt's!; ***she's been married twice, let's hope that the ~ time around, she'll stay married!*** sie war zweimal verheiratet, hoffen wir mal, dass es beim dritten Mal hält!
third class I. *n* ❶ (*group*) dritte Klasse ❷ BRIT UNIV (*university degree*) akademischer Grad dritter Klasse ❸ AM (*mail*) Drucksachen *fpl* ❹ TRANSP (*dated*) dritte Klasse **II.** *adj inv* ❶ *quality, status* drittklassig ❷ BRIT *university degree* dritten Grades *nach n* ❸ AM *mail* Drucksachen- ❹ TRANSP dritter Klasse *nach n* **third degree** *n* Polizeimaßnahme *f* (*zur Erzwingung eines Geständnisses*); **to get the ~** (*hum fam*) verhört werden; ***I got the ~ when I got home last night*** als ich heute Nacht nach Hause kam, wurde ich erst mal gründlich verhört *hum*; **to give sb the ~** (*fam*) jdn in die Mangel nehmen *fam* **third-degree burn** *n* Verbrennung *f* dritten Grades **third eye** *n* drittes Auge **third-hand I.** *adj goods* gebraucht; *information* unsicher, unzuverlässig **II.** *adv goods* aus dritter Hand; *information* gerüchteweise
thirdly [ˈθɜːdli, AM ˈθɜːrdli] *adv* drittens
third market *n* AM STOCKEX ungeregelter Freiverkehr **third party I.** *n* dritte Person; LAW Dritte(r) *f(m)*; POL dritte Partei [*o* Kraft]; COMM Fremdhersteller *m*; **~ acting in good faith** gutgläubiger Dritter *f* **II.** *adj attr* Haftpflicht-; **~ accident insurance** Unfall-Fremdversicherung **third-party insurance** *n no pl* Haftpflichtversicherung *f* **third-party liability** *n no pl* Haftpflicht *f*; **to be covered for ~** haftpflichtversichert sein **third-person** *adj attr, inv* LING, LIT in der dritten Person *nach n* **third person** *n* ❶ (*person*) dritte Person; LAW Dritte(r) *f(m)*; *see also* **third party** ❷ LING dritte Person **third rate** *adj inv* drittklassig, minderwertig
Third World I. *n* ■**the ~** die Dritte Welt **II.** *n modifier* **~ countries/industry/pollution** Länder *ntpl*/Industrie *f*/Umweltverschmutzung *f* in der Dritten Welt; **~ problem** Dritte-Welt-Problem *nt*; **~ product** Produkt *nt* aus der Dritten Welt; **~ store** Dritte-Welt-Laden *m*
thirst [θɜːst, AM θɜːrst] **I.** *n no pl* ❶ (*need for a drink*) Durst *m*; ***they collapsed from ~ and hunger*** sie brachen vor Hunger und Durst zusammen; **raging ~** schrecklicher Durst; **to die of ~** verdursten; **to quench** [*or* **slake**] **one's ~** seinen Durst löschen [*o liter* stillen]
❷ (*fig: strong desire*) Verlangen *nt*, Gier *f*; **to have a ~ for adventure** abenteuerlustig sein; **~ after fame** Ruhmsucht *f*; **~ for knowledge** Wissensdurst *m*; **~ for power** Machthunger *m*, Machtgier *f*
II. *vi* (*fig liter*) ■**to ~ after** [*or* **for**] **sth** nach etw *dat* verlangen [*o liter* dürsten]; ***I was ~ing after new experiences*** ich wollte unbedingt neue Erfahrungen machen
thirstily [ˈθɜːstɪli, AM ˈθɜːrst-] *adv* durstig; (*fig*) gierig
thirsty [ˈθɜːsti, AM ˈθɜːrsti] *adj* durstig; ***gardening is ~ work*** Gartenarbeit macht durstig; ■**to be ~ for sth** (*fig*) nach etw *dat* hungern [*o liter* dürsten]; ***he was ~ for power*** er war machtgierig
thirteen [θɜːˈtiːn, AM θɜːrˈ-] **I.** *n* Dreizehn *f*; **page/lesson/number ~** Seite/Lektion/Nummer dreizehn
II. *adj inv* dreizehn
thirteenth [θɜːˈtiːn(t)θ, AM θɜːrˈ-] **I.** *n* ❶ (*after twelfth*) ■**the ~** der/die/das Dreizehnte; **Edward the ~** Edward der Dreizehnte
❷ (*fraction*) Dreizehntel *nt*
II. *adj inv* dreizehnte(r, s)
III. *adv* als Dreizehnte(r, s)
thirtieth [ˈθɜːtiəθ, AM ˈθɜːrt̬i-] **I.** *n* ❶ (*after twenty-ninth*) Dreißigste(r, s); **he came ~** er wurde Dreißigster
❷ (*date*) **the ~ of May** der dreißigste Mai; **on the ~** am dreißigsten
❸ (*fraction*) Dreißigstel *nt*
II. *adj* dreißigste(r, s); **a ~ part** ein Dreißigstel *nt*
III. *adv* als Dreißigste(r, s); ***she did it ~*** sie hat es als Dreißigste gemacht
thirty [ˈθɜːti, AM ˈθɜːrt̬i] **I.** *n* ❶ (*number*) Dreißig *f*
❷ TENNIS **~ all** dreißig beide
❸ (*age*) **to be in one's thirties** in den Dreißigern sein
❹ (*time period*) ■**the thirties** *pl* die dreißiger Jahre; **in the thirties** in den dreißiger Jahren
❺ (*speed*) ***he was doing ~ kph*** er fuhr gerade dreißig
II. *adj* dreißig
thirtysomething *adj attr* über dreißigjährig
thirty-something I. *n* **to be a ~** über dreißig sein; ***she's a ~ professional mum*** sie ist eine berufstätige Mutter über dreißig
II. *adj* über dreißig *nach n*
this [ðɪs, ðəs] **I.** *adj attr, inv* ❶ (*close in space*) diese(r, s); ***let's go to ~ cafe here on the right*** lass uns doch in das Café hier rechts gehen; ***can you sign ~ form*** [***here***] ***for me?*** kannst du dieses Formular für mich unterschreiben?; **~ here sb/sth** (*fam: drawing attention to*) diese(r, s); ***I've slept in ~ here bed for forty years*** ich schlafe seit vierzig Jahren in diesem Bett; ***the cat has always liked ~ old chair of mine/my mother's*** die Katze mochte immer meinen alten Stuhl/den alten Stuhl meiner Mutter
❷ (*close in future*) diese(r, s); ***I'm busy all ~ week*** ich habe die ganze Woche keine Zeit; ***I'll do it ~ Monday/week/month/year*** ich erledige es die-

T

sen Montag/diese Woche/diesen Monat/dieses Jahr; (*of today*) ~ **morning/evening** heute Morgen/Abend; ***how are you ~ morning?*** wie geht es dir heute?; (*just past*) ***I haven't made my bed ~ last week*** ich habe die ganze letzte Woche mein Bett nicht gemacht; ~ **minute** sofort; ***stop fighting ~ minute*** hört sofort auf zu raufen
③ (*referring to specific*) diese(r, s); ***she was not long for ~ world*** ihre Tage waren gezählt; ***don't listen to ~ guy*** hör nicht auf diesen Typen; **by ~ time** dann; ***I'd been waiting for over an hour and by ~ time, I was very cold and wet*** ich hatte über eine Stunde gewartet und war dann total unterkühlt und durchnässt
④ (*fam: a*) diese(r, s); ~ ***friend of hers*** dieser Freund von ihr *fam;* ~ ***lady came up to me and asked me where I got my tie*** da kam so eine Frau auf mich zu und fragte mich nach meiner Krawatte; ***we met ~ girl in the hotel*** wir trafen dieses Mädchen im Hotel; ***I've got ~ problem and I need help*** ich habe da so ein Problem und brauche Hilfe
▶ PHRASES: **watch ~ space** BRIT man darf gespannt sein
II. *pron* ① (*the thing here*) das; ~ ***is my purse not yours*** das ist meine Geldbörse, nicht Ihre; ~ ***is the one I wanted*** das hier ist das, was ich wollte; ***is ~ your bag?*** ist das deine Tasche?
② (*the person here*) das; ~ ***is my husband, Stefan*** das ist mein Ehemann Stefan; ~ ***is the captain speaking*** hier spricht der Kapitän
③ (*this matter here*) das; ***what's ~?*** was soll das?; ***what's all ~ about?*** was soll das [Ganze] hier?; ~ ***is what I was talking about*** davon spreche ich ja; ***my parents are always telling me to do ~, do that — I can't stand it anymore*** meine Eltern sagen mir immer, ich soll dies oder jenes tun – ich halte das nicht mehr aus
④ (*present time*) ***how can you laugh at a time like ~?*** wie kannst du in einem solchen Moment lachen?; ~ ***is Monday, not Tuesday*** heute ist Montag, nicht Dienstag; ~ ***has been a very pleasant evening*** das war ein sehr angenehmer Abend; **from that day to ~** seit damals; **before ~** früher; ***I thought you'd have finished before ~*** ich dachte, du würdest schneller fertig
⑤ (*with an action*) das; ***everytime I do ~, it hurts — what do you think is wrong?*** jedes Mal, wenn ich das mache, tut es weh – was, denken Sie, fehlt mir?; **like ~** so; ***if you do it like ~, it'll work better*** wenn du das so machst, funktioniert es besser
⑥ (*the following*) das; ~ ***is my address …*** meine Adresse lautet …; ***listen to ~ … how does it sound?*** hör dir das an … wie klingt das?
▶ PHRASES: ~ **and that** [*or* ~**, that and the other**] (*fam*) dies und das; ***they stayed up chatting about ~ and that*** sie blieben auf und plauderten über dies und das
III. *adv inv* so; ***"it was only about ~ high off the ground," squealed Paul excitedly*** „es war nur so hoch über dem Boden", rief Paul aufgeregt; ***will ~ much be enough for you?*** ist das genug für dich?; ***he's not used to ~ much attention*** er ist so viel Aufmerksamkeit nicht gewöhnt; ~ **far and no further** (*also fig*) bis hierher und nicht weiter

thistle ['θɪsḷ] *n* Distel *f*

thistledown *n* Distelwolle *f;* **as light as ~** federleicht

thither ['θɪðəʳ, AM -ɚ] *adv* (*old*) dorthin; **hither and ~** hierhin und dorthin

tho' [ðəʊ, AM ðoʊ] *conj short for* **though** obwohl, obgleich, obschon

Thomist ['təʊmɪst, AM 'toʊm] REL **I.** *n* Anhänger(in) *m(f)* des Thomas von Aquin, Thomist(in) *m(f) fachspr*
II. *adj inv* thomistisch *fachspr*

thong [θɒŋ, AM θɑːŋ] *n* ① (*strip of leather*) Lederband *nt,* [Leder]riemen *m*
② (*part of whip*) Peitschenschnur *f,* Peitschenriemen *m*
③ (*G-string panty*) Tanga *m*
④ AM, AUS (*flip-flop*) ■ **~s** *pl* [Zehen]sandalen *fpl,* Badeschuhe *mpl* (*mit Leder- oder Plastikriemen zwischen ersten beiden Zehen*)

thoracic [θɔː'ræsɪk] *adj attr, inv* Brust-, thorakal *fachspr;* ~ **cavity** Brusthöhle *f*

thorax <*pl* -es *or* -races> ['θɔːræks, *pl* -rəsiːz] *n* ANAT Brustraum *m,* Brustkorb *m,* Thorax *m fachspr*

thorn [θɔːn, AM θɔːrn] *n* ① (*prickle*) Dorn *m*
② (*bush with prickles*) Dornenstrauch *m,* Dornbusch *m*
③ (*fig: nuisance*) Ärgernis *nt*
▶ PHRASES: **to be a ~ in sb's flesh** [*or* **side**] jdm ein Dorn im Auge sein; **there is no rose without a ~** (*prov*) keine Rose ohne Dornen *prov*

thorny ['θɔːni, AM 'θɔːrni] *adj* ① (*with thorns*) dornig
② (*fig: difficult*) schwierig; ~ **issue** heikles Thema

thorough ['θʌrə, AM 'θɜːroʊ] *adj inv* ① (*detailed*) genau, exakt; ***you need a ~ training to be able to do the job*** Sie benötigen für diese Arbeit eine umfassende Ausbildung; ~ **description** eingehende Beschreibung
② (*careful*) sorgfältig, gründlich; ~ **reform** durchgreifende Reform
③ *attr* (*complete*) komplett; ***it was a ~ waste of time*** das war reine Zeitverschwendung; ***he behaved like a ~ fool*** er benahm sich wie ein Vollidiot *fam*

thoroughbred I. *n* Vollblut[pferd] *nt* **II.** *adj inv* ① *horse* reinrassig, Vollblut-; ~ **horse** Vollblutpferd *nt* ② (*fam: excellent*) rassig, elegant **thoroughfare** *n* (*form*) Durchgangsstraße *f;* **"no ~"** „keine Durchfahrt" **thoroughgoing** *adj* (*form*) ① (*complete*) gründlich, sorgfältig; ~ **reform** durchgreifende Reform; ~ **revision** grundlegende Überarbeitung ② *attr* (*absolute*) radikal, kompromisslos; **a ~ idiot** ein Vollidiot *m pej;* **a ~ housewife** die perfekte Hausfrau; **a ~ rascal** ein ausgemachter Halunke

thoroughly ['θʌrəli, AM 'θɜːroʊli] *adv inv* ① (*in detail*) genau, sorgfältig
② (*completely*) völlig, vollständig; **to ~ enjoy sth** etw ausgiebig [*o* richtig] genießen

thoroughness ['θʌrənəs, AM 'θɜːroʊ-] *n no pl* Gründlichkeit *f,* Sorgfältigkeit *f*

those [ðəʊz, AM ðoʊz] **I.** *adj det* ① *pl of* **that** (*to identify specific persons/things*) diese; ***look at ~ chaps over there*** schau' dir die Typen da drüben an; ***how much are ~ brushes?*** wie viel kosten diese Bürsten; (*more distant*) ***I'd like ~ please, not these*** ich hätte lieber *die* da, nicht diese
② *pl of* **that** (*familiar referent*) jene; ***several people died in ~ riots*** mehrere Menschen starben bei jenen Unruhen; ***where are ~ children of yours?*** wo sind deine Kinder?
③ *pl of* **that** (*singling out*) ■ **~ … who/which** [*or* **that**] **…** diejenigen … die …; ~ ***people who would like to go on the trip should put their names on the list*** die Personen, die die Reise machen wollen, müssen sich in der Liste eintragen; ***I've always liked ~ biscuits with the almonds in them*** ich mag die Kekse mit den Mandeln drinnen
II. *pron* ① *pl of* **that** (*the things over there*) diejenigen; ***what are ~? are they edible?*** was ist das? kann man das essen?; ***these peaches aren't ripe enough to eat, try ~ on the table*** diese Pfirsiche sind noch nicht reif genug, versuch' die auf dem Tisch
② *pl of* **that** (*the people over there*) das; ~ ***are my kids over there*** das sind meine Kinder da drüben
③ *pl of* **that** (*past times*) damals; ~ ***were the days*** das war eine tolle Zeit; ~ ***were the olden days*** das war die gute alte Zeit; ~ ***were some good times we had*** wir hatten eine gute Zeit damals
④ *pl of* **that** (*familiar referent*) das; ~ ***are the hard things in life*** das sind die schwierigen Dinge des Lebens
⑤ *pl of* **that** (*the people*) ■ **~ who …** diejenigen, die …; ~ ***who follow the rules will be rewarded with privileges*** diejenigen, die die Regeln befolgen, werden mit Privilegien belohnt; ~ ***who want to can come back by a later train*** wer will, kann mit einem späteren Zug zurückfahren; ■ **one of ~** (*belonging to a group*) eine(r) davon; ***there are many Mormons here, in fact, he's one of ~*** hier sind viele Mormonen, tatsächlich gehört er dazu; **to be one of ~ who …** eine(r) von denen sein, die …; ***he's one of ~ who make you feel good by just smiling and saying hello*** er gehört zu denen, bei denen man sich schon gut fühlt, wenn sie nur lächeln und hallo sagen
⑥ *pl of* **that** (*the ones*) diejenigen; ***the coldest hours are ~ just before dawn*** die kältesten Stunden sind die vor Tagesanbruch; ~ **which …** diejenigen, die …; ***my favourite chocolates are ~ which have cherries and brandy inside them*** meine Lieblingsschokolade ist die mit Kirschen und Brandy

thou¹ [ðaʊ] *pron pers* DIAL (*old: you*) du; ~ ***art sad, fair Rosalind*** bist du traurig, edle Rosalind

thou² <*pl* -> [θaʊ] *n* (*fam*) ① *abbrev of* **thousand**
② *abbrev of* **thousandth**

though [ðəʊ, AM ðoʊ] **I.** *conj* ① (*despite the fact that*) obwohl; ***strange ~ it may seem but …*** so seltsam es auch erscheinen mag, …; ***sad ~ I was …*** so traurig [wie] ich [auch] war …
② (*however*) [je]doch; ***I'm rather shy, ~ I'm not as bad as I used to be*** ich bin ziemlich schüchtern, wenn auch nicht mehr so wie früher
③ (*fam: nevertheless*) dennoch, immerhin; ***the report was fair, ~*** der Bericht war trotz allem fair; ***I wish you had told me, ~*** es wäre mir allerdings lieber gewesen, Sie hätten es mir gesagt
④ (*if*) ■ **as ~** als ob [*o* wenn]
II. *adv inv* trotzdem, dennoch; ***this wine's very sweet — it's nice, ~, isn't it?*** dieser Wein ist ziemlich süß – er schmeckt aber trotzdem gut, nicht wahr?

thought [θɔːt, AM *esp* θɑːt] **I.** *n* ① *no pl* (*thinking*) Nachdenken *nt,* Überlegen *nt;* ***I'm worried at the ~ of the interview*** der Gedanke an das Vorstellungsgespräch beunruhigt mich; ***with no ~ for his own safety, he rushed towards the burning car*** ohne Rücksicht auf seine eigene Sicherheit eilte er zum brennenden Auto; **food for ~** Denkanstöße *mpl;* **freedom of ~** Gedankenfreiheit *f;* **line** [*or* **train**] **of ~** Gedankengang *m;* **school of ~** Lehrmeinung *f;* **to be deep** [*or* **lost**] **in ~** tief in Gedanken versunken sein; **to give sth some ~** sich *dat* Gedanken über etw *akk* machen, über etw *akk* nachdenken
② (*opinion, idea*) Gedanke *m;* ***I've just had a ~*** mir ist eben was eingefallen; ***that's a ~!*** das ist eine gute Idee!; ***has the ~ ever crossed your mind that you would need some help*** ist dir jemals in den Sinn gekommen, dass du Hilfe brauchen könntest; ***thanks very much! — don't give it another ~!*** vielen Dank! – keine Ursache!; ***it's a sobering ~*** der Gedanke ist ganz schön ernüchternd *fam;* **on second ~s** nach reiflicher Überlegung; ***I wanted to go but on second ~s decided to stay at home*** ich wollte eigentlich gehen, habe es mir dann aber anders überlegt und bin daheim geblieben; **to spare a ~ for sb/sth** an jdn/etw denken
▶ PHRASES: **two minds but a single ~!** zwei Seelen, ein Gedanke!; **a penny for your ~s!** (*saying*) ich wüsste zu gern, was du gerade denkst!; **the wish is father to the ~** (*saying*) der Wunsch ist der Vater des Gedankens *prov;* **it's the ~ that counts** (*fam*) der gute Wille zählt; **perish the ~** [**that …**]! (*esp iron*) Gott bewahre[, dass…]!
II. *vt, vi pt, pp of* **think**

thought control *n no pl* Meinungszensur *f*

thoughtcrime *n Verbrechen, das man nur im Kopf begangen hat*

thoughtful ['θɔːtfᵊl, AM *esp* 'θɑːt-] *adj* ① (*mentally occupied*) nachdenklich, gedankenvoll
② (*careful*) sorgfältig, wohl überlegt
③ (*considerate*) aufmerksam; ***bringing me a bunch of flowers was a very ~ thing for him to do*** es war sehr aufmerksam von ihm, mir einen Strauß Blumen zu bringen

thoughtfully ['θɔːtfᵊli, AM *esp* 'θɑːt-] *adv* ① (*in*

thought) nachdenklich
②(*kindly*) aufmerksam[erweise]; ***I had one or two sandwiches, ~ provided by my colleagues*** ich hatte ein oder zwei belegte Brote, die mir meine Kollegen zuvorkommenderweise besorgt hatten

thoughtfulness ['θɔ:tfəlnəs, AM *esp* 'θɑ:t-] *n no pl* ①(*mental occupation*) Nachdenklichkeit *f* ②(*attentiveness*) Aufmerksamkeit *f;* (*consideration*) Rücksichtnahme *f*

thoughtless ['θɔ:tləs, AM *esp* 'θɑ:t-] *adj* ①(*inconsiderate*) rücksichtslos
②(*without thinking*) gedankenlos, unüberlegt

thoughtlessly ['θɔ:tləsli, AM *esp* 'θɑ:t-] *adv* ①(*without thinking of others*) rücksichtslos
②(*without thinking*) gedankenlos, unüberlegt

thoughtlessness ['θɔ:tləsnəs, AM *esp* 'θɑ:t-] *n no pl* ①(*without considering others*) Rücksichtslosigkeit *f*
②(*without thinking*) Gedankenlosigkeit *f,* Unüberlegtheit *f*

thought-out *adj* durchdacht, wohl überlegt **thought police** *n + pl vb* Gesinnungshüter *mpl* **thought process** *n* Denkprozess *m,* Denkvorgang *m* **thought-provoking** *adj* nachdenklich stimmend; ***she made some very ~ remarks*** ihre Bemerkungen gaben mir zu denken **thought-reader** *n* Gedankenleser(in) *m(f)* **thought-reading** *n no pl* Gedankenlesen *nt*

thousand ['θaʊzənd] **I.** *n* ①*no pl* (*number*) Tausend *f;* **page/number one ~** Seite/Nummer [ein]tausend; **one ~/two ~** [ein]tausend/zweitausend; ***as a father, he's one in a ~*** er ist ein fantastischer Vater
②*no pl* (*year*) **two ~ and one** [das Jahr] zweitausend und eins
③*no pl* (*quantity*) **a ~ pounds** [ein]tausend Pfund
④*pl* (*lots*) ■**~s** Tausende *pl;* ***a crowd of ~s watched the procession*** mehrere tausend Menschen kamen zu der Prozession
II. *adj det, attr, inv* (*numbering 1000*) tausend; ***I've said it a ~ times*** ich habe es jetzt unzählige Male gesagt; **not** [*or* **never**] **in a ~ years** nie im Leben
► PHRASES: **the sixty-four ~ dollar question** die [alles] entscheidende Frage

thousandfold *adj inv* tausendfach, tausendfältig *veraltend*

Thousand Island dressing *n no pl* Thousand-Island-Dressing *nt*

thousandth ['θaʊzən(d)θ] **I.** *n* (*in series*) Tausendste(r, s); (*fraction*) Tausendstel *nt*
II. *adj* (*in series*) tausendste(r, s); ■**the ~ …** der/die/das tausendste …; **a ~ part** ein Tausendstel *nt;* **the ~ time** das tausendste Mal

thrall [θrɔ:l] *n no pl* (*liter*) ①(*person*) Leibeigene(r) *f(m),* Hörige(r) *f(m);* (*fig*) Sklave, -in *m, f*
②(*state*) Knechtschaft *f,* Sklaverei *f;* (*fig*) Gewalt *f*
► PHRASES: **to hold** [*or* **have**] **sb in one's ~** (*to have somebody's attention*) jdn fesseln *fig,* jds ungeteilte Aufmerksamkeit haben

thrash [θræʃ] **I.** *vt* ■**to ~ sb** ①(*beat*) jdn verprügeln [*o fam* verdreschen]; **to ~ the life out of sb** jdm die Seele aus dem Leib prügeln; **to ~ sb to within an inch of his/her life** jdn windelweich prügeln *fam;* **to get ~ed** Prügel beziehen
②(*fig fam: defeat*) jdn haushoch [*o* vernichtend] schlagen
II. *vi* (*liter*) sausen, rasen

◆**thrash about, thrash around I.** *vi* ■**to ~ about** [*or* **around**] um sich *akk* schlagen; *fish* zappeln; (*in bed*) sich *akk* hin und her werfen [*o* wälzen]; ***he slept badly, ~ing about all night*** er schlief schlecht und drehte sich im Bett die ganze Nacht von einer Seite auf die andere
II. *vt* ■**to ~ sth about** ***the injured animal ~ed its legs about in agony*** das verletzte Tier schlug voller Qual um sich

◆**thrash out** *vt* ■**to ~ sth** ↻ **out** ①(*fam: discuss*) etw ausdiskutieren
②(*produce by discussion*) etw aushandeln [*o* vereinbaren]

thrashing ['θræʃɪŋ] *n* ①(*beating*) Prügel *pl,* Dresche *f;* **to give sb a** [**good**] **~** jdm eine [anständige] Tracht Prügel verpassen
②COMPUT Festplattenüberlastung *f;* (*configuration/program fault*) Flattern *nt*

thread [θred] **I.** *n* ①*no pl* (*for sewing*) Garn *nt,* Zwirn *m*
②(*fibre*) Faden *m,* Faser *f;* **a ~ of light** (*fig*) ein feiner Lichtstrahl
③(*fig: theme*) roter Faden, Handlungsfaden *m;* **to lose the ~** [**of what one is saying**] den Faden verlieren; ***we lost the ~ of his argument*** uns war nicht klar, worauf er hinaus wollte
④(*groove*) Gewinde *nt;* (*part of groove*) Gewindegang *m*
⑤COMPUT Thread *m,* Prozessstrang *m;* (*program*) gekettetes Programm
II. *vt* ①(*put through*) ■**to ~ sth** etw einfädeln; ***the sari had gold strands ~ed through the hem*** der Saum des Sari war mit Goldfäden durchwirkt; ***she ~ed her way through the crowd*** sie schlängelte sich durch die Menge hindurch; **to ~ a needle** einen Faden in eine Nadel einfädeln; **to ~ a rope through a pulley** ein Seil durch einen Flaschenzug ziehen
②(*put onto a string*) ■**to ~ sth** etw auffädeln; **to ~ beads onto a chain** Perlen auf einer Kette aufreihen

threadbare *adj* ①*material* abgenutzt; *clothes* abgetragen; *carpet* abgelaufen; **~ argument** (*fig*) fadenscheiniges Argument
②*person, building* schäbig
③(*fig: too often used*) abgedroschen

threaded ['θredɪd] *adj inv* TECH mit Gewinde versehen, Gewinde-

thread vein *n* Kapillare *f* **threadworm** *n* Fadenwurm *m*

threat [θret] *n* ①(*warning*) Drohung *f;* ***she left the country under ~ of arrest if she returned*** als sie das Land verließ, drohte man ihr, sie bei ihrer Rückkehr zu verhaften; ***there was a ~ of thunder in the heavy afternoon air*** an dem Nachmittag lag ein Gewitter in der Luft; **death ~** Morddrohung *f,* Todesdrohung *f;* **the ~ of jail** die Androhung einer Haftstrafe; **an empty ~** eine leere Drohung; **to carry out a ~** eine Drohung wahrmachen
②LAW (*menace*) Bedrohung *f;* **~ of** [**legal**] **proceedings** Klagedrohung *f*
③*no pl* (*potential danger*) Gefahr *f,* Bedrohung *f;* **~ of war** Kriegsgefahr *f;* **to pose a ~ to sb/sth** eine Gefahr [*o* Bedrohung] für jdn/etw darstellen; ■**to be under ~ of sth** von etw *dat* bedroht sein; ***they're under ~ of eviction because they can't pay the rent*** ihnen wurde die Zwangsräumung angedroht, weil sie ihre Miete nicht bezahlen können

threaten ['θretən] **I.** *vt* ①(*warn*) ■**to ~ sb** jdn bedrohen, jdm drohen; ■**to ~ sb with sth** jdm mit etw *dat* drohen; ***the bank robber ~ed the staff with a gun*** der Bankräuber bedrohte das Personal mit einer Schusswaffe; **to ~ sb with violence** jdm Gewalt androhen
②(*be a danger*) ■**to ~ sb/sth** jdn/etw gefährden, für jdn/etw eine Bedrohung sein
③(*present risk*) ***the sky ~s rain*** am Himmel hängen dunkle Regenwolken
II. *vi* drohen; ***a storm is ~ing*** ein Sturm ist im Anzug; ■**to ~ to do sth** damit drohen, etw zu tun; ***it's ~ing to rain*** es sieht bedrohlich nach Regen aus

threatened ['θretənd] *adj* bedroht, gefährdet; **~ species** [vom Aussterben] bedrohte Art

threatening ['θretənɪŋ] *adj* ①(*hostile*) drohend, Droh-; **~ behaviour** [*or* AM **behavior**] Drohungen *fpl;* **~ letter** Drohbrief *m*
②(*menacing*) bedrohlich; **~ clouds** dunkle Wolken; **~ behaviour** [*or* AM **behavior**] LAW Bedrohung *f*

threateningly ['θretənɪŋli] *adv* bedrohlich, drohend

three [θri:] **I.** *n* ①(*number 3*) Drei *f*
②(*quantity*) drei; ***I'd like ~ of those, please*** ich hätte gerne drei von diesen; ***come on John — we need one more to make up a ~*** komm schon John, einen brauchen wir noch, damit wir zu dritt sind; **in ~s** in Dreiergruppen
③(*score*) Drei *f;* CARDS Drei *f;* **the ~ of diamonds** die Karodrei
④(*the time*) drei [Uhr]; **at ~** um drei [Uhr]; **at ~ pm** um drei Uhr [nachmittags], um fünfzehn Uhr
⑤(*the third*) drei; **lesson/number ~** Lektion/[Haus]nummer drei
► PHRASES: **two's company, ~'s a crowd** drei sind einer zu viel
II. *adj inv* drei; ***I'll give you ~ guesses*** dreimal darfst du raten
► PHRASES: **~ cheers!** (*also iron*) das ist ja großartig! *a. iron;* **to be ~ sheets in the wind** total durch den Wind sein *fam*

three-cornered *adj inv* ①(*triangular*) dreieckig; **~ hat** Dreispitz *m;* **~ arrangement** Dreiecksvereinbarung *f* ②SPORTS Drei-; **~ battle** Dreikampf *m;* **~ contest** Wettkampf *m* mit drei Teilnehmern **three-D** *adj inv* (*fam*) *short for* **three-dimensional** 3-D- **three-dimensional** *adj inv* dreidimensional, 3D **threefold I.** *adj inv* dreifach **II.** *adv* ■**the ~** das Dreifache **three-legged race** *n* Dreibeinrennen *nt* **three-line whip** *n* BRIT Fraktionszwang *m* **three-part** *adj attr* dreistimmig, für drei Stimmen *nach n* **threepence** ['θrepən(t)s] *n* BRIT ①(*hist: three old pence*) drei [alte] Pence ②(*three new pence*) drei [neue] Pence **threepenny** ['θrepəni] *adj attr* BRIT (*hist*) Dreipence-; ***get me a piece of cod and a ~ bag of chips, will you?*** könnte ich bitte ein Stück Kabeljau und eine kleine Tüte Pommes haben? **threepenny bit** *n* BRIT (*hist*) Dreipencestück *nt* **three-phase** *adj inv* ELEC Drei-Phasen- **three-piece I.** *adj inv* ①(*of three items*) dreiteilig ②(*of three people*) Dreimann-; **~ band** Dreimannband *f* **II.** *n* Dreiteiler *m,* dreiteiliger Anzug **three-piece suit** *n* (*man's*) Dreiteiler *m,* Anzug *m* mit Weste; (*lady's*) dreiteiliges Ensemble **three-piece suite** *n* dreiteilige Polstergarnitur [*o* Sitzgruppe] **three-ply I.** *adj inv* ①(*of three layers*) **~ wood** dreischichtiges Holz; **~ tissue** dreilagiges Gewebe ②(*of three strands*) **~ wool** Dreifachwolle *f,* dreifädige Wolle **II.** *n no pl* (*wool*) Dreifachwolle *f,* dreifädige Wolle; (*wood*) dreischichtiges Sperrholz [*o* Spanholz] **three-point landing** *n* AVIAT Dreipunktlandung *f* **three-point turn** *n* AUTO Wenden *nt* in drei Zügen, volle Kehrtwende **three-quarter I.** *adj attr* dreiviertel; **~ portrait** Halbbild *nt* **II.** *n* SPORTS (*in rugby*) Dreiviertelspieler *m* **three-quarter-face** *adj inv* Halbprofil-; **~ portrait** Halbporträt *nt* **three-quarter length** *adj inv* dreiviertellang; **~ coat** Dreiviertelmantel *m,* Maxi-Mantel *m* **three-quarters I.** *n* Dreiviertel *nt;* ***~ of the book is about the sea voyage*** drei Viertel des Buches handeln von der Seereise **II.** *adv* dreiviertel, zu drei Vierteln; ***the bottle is still ~ full*** die Flasche ist noch dreiviertel voll **three Rs** *npl* ■**the ~** Lesen, Schreiben und Rechnen; ***the Prime Minister seems very keen to put the ~ back at the top of the list of primary education priorities*** der Premierminister scheint sehr darauf bedacht zu sein, den Grundlagen in der Bildung wieder größeres Gewicht zu verleihen **threescore** *adj inv* (*poet: sixty*) sechzig **threesome** ['θri:səm] *n* ①(*three people*) Dreiergruppe *f,* Trio *nt;* **in** [*or* **as**] **a ~** zu dritt ②(*fam: sexual act*) Dreier *m fam* ③SPORTS (*in golf*) Dreier *m,* Dreierspiel *nt* **three-star I.** *adj* ①(*good quality*) Dreisterne- ②(*military rank*) Dreisterne- **II.** *n no pl* BRIT (*hist*) [früheres] Superbenzin (*Treibstoff mit der Oktanzahl 94*) **three-way** *adj inv* dreifach, Dreier-; ELEC Dreiwege-; **~ adapter** Dreifachstecker *m;* **~ switch** Dreiwegeschalter *m* **three-wheeler** *n* (*car*) dreirädriges Auto; (*tricycle*) Dreirad *nt*

threnody ['θrenədi] *n* LIT Klagelied *nt,* Klagegesang *m*

thresh [θreʃ] **I.** *vt* ■**to ~ sth** *cereal, crop* etw dreschen; **to ~ a donkey** auf einen Esel einschlagen; ■**to ~ sb** jdn verprügeln
II. *vi* ①(*beat*) ■**to ~ at sth** auf etw *akk* einschlagen

❷ *see* thrash II
◆**thresh over** *vt* ■**to ~ sth over** etw analysieren
thresher ['θreʃəʳ, AM -ɚ] *n* AGR ❶ *(person)* Drescher(in) *m(f)*
❷ *(machine)* Dreschmaschine *f*
threshing ['θreʃɪŋ] *n no pl* AGR Dreschen *nt*
threshing floor *n* AGR Dreschboden *nt,* Tenne *f*
threshing machine *n* AGR Dreschmaschine *f*
threshold ['θreʃ(h)əʊld, AM -(h)oʊld] *n* ❶ *(of doorway)* [Tür]schwelle *f*
❷ *(fig: beginning)* Anfang *m,* Beginn *m; (limit)* Grenze *f,* Schwelle *f; **she is on the ~ of a new career*** sie steht am Anfang einer neuen Karriere; ***I have a low boredom ~*** ich langweile mich sehr schnell; ~ **country** Schwellenland *nt;* **pain ~** Schmerzschwelle *f,* Schmerzgrenze *f;* **tax ~** *esp* BRIT Steuereingangsstufe *f*
❸ PHYS, COMPUT Schwellenwert *m*
threshold agreement *n* ECON Stufenabkommen *nt,* Lohnindexierung *f* **threshold price** *n* ECON Schwellenpreis *m*
threw [θruː] *pt of* **throw**
thrice [θraɪs] *adv inv (old)* dreimal
thrift [θrɪft] *n no pl* ❶ *(use of resources)* Sparsamkeit *f*
❷ *(plant)* Grasnelke *f*
❸ AM ECON ≈Sparkasse *f,* ≈Bausparkasse *f*
thriftily ['θrɪftɪli] *adv* sparsam
thriftiness ['θrɪftɪnəs] *n no pl* Sparsamkeit *f*
thriftless ['θrɪftləs] *adj* verschwenderisch
thriftlessness ['θrɪftləsnəs] *n* Verschwendung *f*
thrift shop *n* AM [unkommerzieller] Secondhandladen
thrifty ['θrɪfti] *adj* sparsam
thrill [θrɪl] **I.** *n (wave of emotion)* Erregung *f; (titillation)* Nervenkitzel *m,* Kick *m fam; **it gave me a real ~ to see her again after so many years*** ich war ganz aufgeregt, als ich sie nach so langer Zeit wiedersah; ***I felt a ~ of excitement as the overture began*** [freudige] Erregung durchfuhr mich, als die Ouvertüre begann *geh;* **the ~ of the chase** der besondere Reiz der Jagd; **~ of emotion** Gefühlswallung *f;* **~ of fear** Angstschauder *m; **a ~ of fear ran through her*** sie erschauderte vor Angst
▸ PHRASES: **all the ~s and spills** all der Nervenkitzel und all die Aufregung
II. *vt* ■**to ~ sb** *(excite)* jdn erregen [*o* aufregen]; *(fascinate)* jdn faszinieren [*o* fesseln]; *(frighten)* jdm Angst machen [*o* einen Schrecken einjagen]; *(delight)* jdn entzücken [*o* begeistern]; ***the idea ~s me*** die Idee ist genial
III. *vi* ■**to ~ to sth** *(be excited)* bei etw *dat* wie elektrisiert sein, von etw *dat* erregt werden; *(be frightened)* vor etw *dat* erschauern; ***she ~ed to his voice*** seine Stimme erregte sie; ***a shiver ~ed through the crowd as the prisoner was led to the gallows*** ein Schauer ging durch die Menge, als der Gefangene zum Galgen geführt wurde
thrilled [θrɪld] *adj* ■**to be ~** außer sich *dat* vor Freude sein, sich *akk* wahnsinnig darüber freuen; ***she was ~ to find that the bouquet was for her*** sie freute sich wahnsinnig, als sie sah, dass das Bukett für sie war; **to be ~ to bits** [vor Freude] ganz aus dem Häuschen sein *fam;* ■**to be ~ that …** sich *akk* riesig freuen, dass …
thriller ['θrɪləʳ, AM -ɚ] *n* Thriller *m*
thrilling ['θrɪlɪŋ] *adj* aufregend; **~ sight** überwältigender Anblick; **~ story** spannende [*o* fesselnde] Geschichte; **~ touch** erregende Berührung
thrillingly ['θrɪlɪŋli] *adv* erregend, packend, elektrisierend *fig*
thrill-seeker *n* sensationslüsterner Mensch; **to be a ~** sensationslüstern sein
thrive <-d *or* throve, -d *or* thriven> [θraɪv] *vi* gedeihen; *(fig) business* florieren, blühen; ***she seems to ~ on stress and hard work*** Stress und harte Arbeit scheinen ihr gut zu tun
thriving ['θraɪvɪŋ] *adj* blühend, florierend; ***it's a ~ community*** das ist eine gut funktionierende Gemeinschaft; ■**to be ~** gedeihen, blühen; ***business is ~*** das Geschäft floriert
thro' [θruː] *(poet liter) see* **through**
throat [θrəʊt, AM θroʊt] *n* ❶ *(inside the neck)* Rachen *m,* Hals *m; **the words stuck in my ~*** die Worte blieben mir im Halse stecken; **to have a sore ~** Halsschmerzen haben; **to clear one's ~** sich *akk* räuspern
❷ *(front of the neck)* Kehle *f,* Hals *m; **around her pale creamy ~ she wore a black choker*** um ihren blass schimmernden Hals trug sie einen schwarzen Halsreif *liter;* **with one's ~ cut** [*or* **slit**] mit durchgeschnittener [*o* aufgeschlitzter] Kehle; **to grab sb by the ~** jdn an der Kehle [*o fam* Gurgel] packen; *(hold attention)* jdn packen [*o* fesseln]; ***his speech really grabbed me by the ~*** seine Rede hat mich wirklich mitgerissen; **to grab sth by the ~** *(fig: succeed)* etw in Angriff nehmen
❸ *(liter: voice)* Kehle *f; **the cry came, as if from one ~: "blood! blood!"*** wie aus einer Kehle riefen alle: „Blut! Blut!"
❹ *(narrow passage)* verengte Öffnung, Durchlass *m*
▸ PHRASES: **to have a frog in one's ~** einen Frosch im Hals haben *fam;* **to have a lump in one's ~** einen Kloß im Hals haben; **to be at each other's ~s** sich *dat* in den Haaren liegen; **to cut one's own ~** *(fam)* sich *dat* ins eigene Fleisch schneiden *fam;* **to force** [*or* **ram**] [*or* **thrust**] **sth down sb's ~** jdm etw aufzwingen wollen; **to jump down sb's ~** jdn anblaffen [*o* anfahren] [*o* anschnauzen] *fam*
throatily ['θrəʊtɪli, AM 'θroʊt̬-] *adv (produced in throat)* kehlig, rau, guttural *fachspr; (hoarse)* heiser, rau
throatiness ['θrəʊtɪnəs, AM 'θroʊt̬-] *n no pl (hoarseness)* Heiserkeit *f; (sound)* kehliger Klang, Gutturalität *f fachspr*
throaty ['θrəʊti, AM 'θroʊt̬i] *adj* ❶ *(harsh-sounding)* kehlig, rau, guttural *fachspr; **outside she heard the ~ roar of a motorbike engine*** von außen hörte sie das dröhnende Röhren eines Motorrads; **a ~ chuckle** [*or* **laugh**] kehliges Lachen
❷ *(hoarse)* heiser, rau
throb [θrɒb, AM θrɑːb] **I.** *n* Klopfen *nt,* Hämmern *nt; of heart, pulse* Schlagen *nt,* Pochen *nt; of bass* Dröhnen *nt; of engine* Hämmern *nt,* Dröhnen *nt*
II. *vi* <-bb-> klopfen, pochen; *pulse, heart* pochen, schlagen; *bass* dröhnen; *engine* hämmern, dröhnen; ***his head ~bed*** er hatte rasende Kopfschmerzen; **a ~bing pain** ein pochender [*o* pulsierender] Schmerz; ***the town ~s with life in the summer months*** *(fig)* in den Sommermonaten pulsiert in der Stadt das Leben
throbbing ['θrɒbɪŋ, AM 'θrɑːb] *adj heart, pain* pochend; *engine* hämmernd; *life* pulsierend
throes [θrəʊz, AM θroʊz] *npl* **death ~** Todeskampf *m,* Agonie *f kein pl;* **the ~ of passion** *(hum)* die Qualen der Leidenschaft *hum;* **to be in the ~ of sth** *(fig)* mitten in etw *dat* stecken; **to be in its final ~** *(fig)* in den letzten Zügen liegen; ***we're in the final ~ of selling our house*** wir sind gerade kurz davor, unser Haus zu verkaufen
thrombosis <*pl* -ses> [θrɒm'bəʊsɪs, AM θrɑːm'boʊ-, *pl* -siːz] *n* MED Thrombose *f*
thrombus <*pl* -bi> ['θrɒmbəs, AM 'θrɑːm] *n* MED Blutpfropf *m,* Thrombus *m fachspr*
throne [θrəʊn, AM θroʊn] **I.** *n* Thron *m;* REL Stuhl *m;* **bishop's ~** bischöflicher Stuhl; **heir to the ~** Thronerbe, -in *m, f;* **to ascend** [*or* **come**] **to the ~** den Thron besteigen; **to succeed to the ~** die Thronfolge antreten
II. *vt usu passive (liter)* ■**to be ~d** inthronisiert werden
throng [θrɒŋ, AM θrɑːŋ] **I.** *n + sing/pl vb* [Menschen]menge *f;* **~s of people** Scharen *fpl* von Menschen
II. *vt* ■**to ~ sth** sich *akk* in etw *akk* drängen, etw dicht bevölkern [*o* belagern]; ***summer visitors ~ed the narrow streets*** die engen Straßen wimmelten nur so von Menschen; ***the market square was ~ed with stallholders*** der Marktplatz war voll von Ständen
III. *vi* sich *akk* drängen; ***the public is ~ing to see the new musical*** die Besucher strömen in Massen in das neue Musical; ■**to ~ into sth** in etw *akk* hineinströmen
throttle ['θrɒtl̩, AM 'θrɑːt̬l̩] **I.** *n* ❶ AUTO *(control of petrol)* Drosselklappe *f,* Drosselventil *nt; (dated: speed pedal)* Gaspedal *nt*
❷ *(speed)* **at full ~** mit voller Geschwindigkeit; *(fig)* mit Volldampf *fam;* **at half ~** mit halber Geschwindigkeit; *(fig)* mit halbem Einsatz
II. *vt* ❶ *(in engine)* **to ~ the engine** Gas wegnehmen
❷ ■**to ~ sb** *(try to strangle)* jdn würgen; *(strangle)* jdn erdrosseln [*o* erwürgen]
❸ *(fig: stop, hinder)* ■**to ~ sth** etw drosseln; **to ~ free speech** die Redefreiheit behindern
◆**throttle back I.** *vi* Gas wegnehmen, den Motor drosseln
II. *vt* ■**to ~ back sth** etw drosseln; **to ~ back an engine** eine Maschine herunterfahren, einen Motor drosseln
through [θruː] **I.** *prep* ❶ *(from one side to other)* durch *+akk; **we drove ~ the tunnel*** wir fuhren durch den Tunnel; ***she looked ~ the camera*** sie sah durch die Kamera
❷ *(in)* ■**~ sth** durch etw *akk; **they took a trip ~ Brazil*** sie machten eine Reise durch Brasilien; ***they walked ~ the store*** sie gingen durch den Laden; ***her words kept running ~ my head*** ihre Worte gingen mir ständig durch den Kopf; ***he went ~ the streets*** er ging durch die Straßen; ***they took a walk ~ the woods*** sie machten einen Spaziergang im Wald
❸ *esp* AM *(up until)* bis; ***she works Monday ~ Thursday*** sie arbeitet von Montag bis Donnerstag; ***the sale is going on ~ next week*** der Ausverkauf geht bis Ende nächster Woche
❹ *(during)* während; ***it rained right ~ June*** es regnete den ganzen Juni über; ***they drove ~ the night*** sie fuhren nachts
❺ *(because of)* wegen *+gen,* durch *+akk;* **~ fear** aus Angst; ***she couldn't see anything ~ the smoke*** sie konnte durch den Rauch nichts erkennen; ***I can't hear you ~ all this noise*** ich kann dich bei diesem ganzen Lärm nicht verstehen
❻ *(into pieces)* ***he cut ~ the string*** er durchschnitt die Schnur; ***he shot a hole ~ the tin can*** er schoss ein Loch in die Dose
❼ *(by means of)* über *+dat; **I got my car ~ my brother*** ich habe mein Auto über meinen Bruder bekommen; ***we sold the bike ~ advertising*** wir haben das Fahrrad über eine Anzeige verkauft; **~ chance** durch Zufall
❽ *(at)* durch *+akk; **she looked ~ her mail*** sie sah ihre Post durch; ***he skimmed ~ the essay*** er überflog den Aufsatz; **to go ~ sth** etw durchgehen
❾ *(involved in)* durch *+akk;* **to go ~ hell** durch die Hölle gehen; **to go ~ a tough time/a transition** eine harte Zeit/eine Übergangsphase durchmachen
❿ *(to the finish)* **to be ~ sth** durch etw *akk* durch sein; **to get ~ sth** [*or* **to make it ~ sth**] etw durchstehen
⓫ *(to be viewed by)* ***we'll put your proposition ~ the council*** wir werden Ihren Vorschlag dem Rat vorlegen; ***the bill went ~ parliament*** der Gesetzentwurf kam durchs Parlament
⓬ *(into)* ***we were cut off halfway ~ conversation*** unser Gespräch wurde mittendrin unterbrochen; ***she was halfway ~ the article*** sie war halb durch den Artikel durch; ***I'm not ~ the book yet*** ich bin noch nicht durch das Buch durch
⓭ MATH *(divided into)* durch *+akk; **five ~ ten is two*** Zehn durch Fünf gibt Zwei
II. *adj inv* ❶ *pred (finished)* fertig; ***we're ~*** *(fam: finished relationship)* mit uns ist es aus *fam; (finished job)* es ist alles erledigt; ***as soon as the scandal was made public he was ~ as a politician*** als der Skandal publik wurde, war er als Politiker erledigt; ■**to be ~ with sb/sth** *esp* AM mit jdm/etw fertig sein; ***are you ~ with that atlas?*** hast du diesen Atlas durch?
❷ *pred (successful)* durch; ■**to be ~** bestanden haben; ■**to be ~ to sth** zu etw *dat* vorrücken, eine

Prüfung bestehen; ***Henry is ~ to the final*** Henry hat sich für das Finale qualifiziert
③ *attr* TRANSP (*without stopping*) durchgehend; ~ **coach** [*or* **carriage**] Kurswagen *m;* ~ **flight** Direktflug *m;* ~ **station** Durchgangsbahnhof *m;* ~ **traveller** [*or* AM **traveler**] Transitreisende(r) *f(m)*
④ *attr* (*of room*) Durchgangs-
III. *adv inv* ① (*to a destination*) durch; ***I battled ~ the lesson with the class*** ich habe die Lektion mit der Klasse durchgepaukt; **to go ~ to sth** bis zu etw *dat* durchgehen; ***the train goes ~ to Hamburg*** der Zug fährt bis nach Hamburg durch; ***go right ~, I'll be with you in a minute*** gehen Sie schon mal durch, ich bin gleich bei Ihnen
② (*from beginning to end*) [ganz] durch; ***Paul saw the project ~ to its completion*** Paul hat sich bis zum Abschluss um das Projekt gekümmert; **to be halfway ~ sth** etw halb durch haben; **to flick ~ sth** etw [schnell] durchblättern; **to get ~ to sb** TELEC eine Verbindung zu jdm bekommen; **to put sb ~ to sb** TELEC jdn mit jdm verbinden; **to read sth ~** etw [ganz] durchlesen; **to think sth ~** etw durchdenken
③ (*from one side to another*) ganz durch; ***the tree, only half cut ~, would fall as soon as the next storm arrived*** der Baum war nur halb abgeschnitten und würde beim nächsten Sturm umbrechen
④ (*from outside to inside*) durch und durch, ganz, völlig; ***the pipes have frozen ~*** die Rohre sind zugefroren; **cooked ~** durchgegart; ***when she cut the cake she found that it was not cooked right ~*** als sie den Kuchen aufschnitt, merkte sie, dass er noch nicht ganz durch war; **soaked ~** völlig durchnässt; **thawed ~** ganz aufgetaut; **to be wet ~** durch und durch nass sein

through and through *adv inv* durch und durch, ganz und gar, völlig

throughflow *n no pl* Durchfluss *m*

throughout [θruːˈaʊt] **I.** *prep* ① (*all over in*) ***people ~ the country*** Menschen im ganzen Land; ***he's famous ~ the world*** er ist in der ganzen Welt berühmt
② (*at times during*) während *+gen;* ***several times ~ the year*** mehrmals während des Jahres; ***~ his life*** sein ganzes Leben lang; ***~ the performance*** die ganze Vorstellung über
II. *adv inv* ① (*in all parts*) ganz [und gar], vollständig; ***the school has been repainted ~*** die Schule ist vollkommen neu gestrichen worden
② (*the whole time*) die ganze Zeit [über]; ***the concert was wonderful but my husband yawned ~*** das Konzert war fantastisch, aber mein Mann hat dauernd gegähnt

throughput *n no pl* Verarbeitungsmenge *f,* Durchsatz *m;* COMPUT Datendurchlauf *m,* Datendurchsatz *m* **through road** *n* Durchgangsstraße *f;* **"no ~!"** „keine Durchfahrt!" **through route** *n* Durchgangsstrecke *f* **through street** *n* AM (*crossing a town*) Durchgangsstraße *f;* (*major road*) Vorfahrtsstraße *f* **through ticket** *n* Fahrkarte *f* für die gesamte Strecke **through traffic** *n no pl* Durchgangsverkehr *m;* **"no ~!"** „keine Durchfahrt!" **through train** *n* durchgehender Zug, Durchgangszug *m,* D-Zug *m* **through way** *n* BRIT, AUS Durchgangsstraße *f;* **"no ~!"** „keine Durchfahrt!"

throughway *n* AM Autobahn *f*

throve *pt of* **thrive**

throw [θrəʊ, AM θroʊ] **I.** *n* ① (*act of throwing*) Wurf *m;* **discus ~** Diskuswurf *m;* **a stone's ~ [away]** (*fig*) nur einen Steinwurf von hier
② SPORTS (*in wrestling, cricket*) Wurf *m*
③ (*fam: each*) ■**a ~** pro Stück; ***they're charging nearly £100 a ~ for concert tickets!*** eine Konzertkarte kostet fast 100 Pfund!
④ (*furniture cover*) Überwurf *m*
II. *vi* <threw, thrown> werfen
III. *vt* <threw, thrown> ① (*propel with arm*) ■**to ~ sth** etw werfen; (*hurl*) etw schleudern; ***my friend threw the ball back over the fence*** mein Freund warf den Ball über den Zaun zurück; ■**to ~ sb sth** [*or* **sth to sb**] jdm etw zuwerfen; **to ~ oneself into sb's arms** sich *akk* jdm in die Arme werfen; **to ~ a haymaker** einen Schwinger schlagen; **to ~ a jab/left/right** (*boxing*) eine Gerade/Linke/Rechte schlagen; **to ~ money at sth** etw mit Geld ausgleichen; ***we can't solve this problem by ~ing money at it*** wir können dieses Problem nicht mit Geld lösen; **to ~ a punch at sb** jdm einen Schlag versetzen; **to ~ punches** Schläge austeilen; **to ~ sb a kiss** jdm eine Kusshand zuwerfen; **to ~ one's voice** seine Stimme zum Tragen bringen
② (*pounce upon*) ■**to ~ oneself onto sb** sich *akk* auf jdn stürzen; ■**to ~ oneself onto sth** sich *akk* auf etw *akk* werfen; ***exhausted after the long day she threw herself onto the sofa*** nach dem langen Tag ließ sie sich erschöpft auf das Sofa fallen
③ SPORTS ■**to ~ sb** (*in wrestling*) jdn zu Fall bringen [*o* werfen]; **to ~ a rider** einen Reiter abwerfen
④ (*of dice*) **to ~ a** [*or* **the**] **dice** würfeln; **to ~ an eight** eine Acht würfeln
⑤ (*fam: lose on purpose*) **to ~ a game** ein Spiel absichtlich verlieren
⑥ (*direct*) ■**to ~ sb sth** [*or* **sth to sb**] jdm etw zuwerfen; **to ~ sb a cue** jdm ein Stichwort geben; **to ~ sb a glance** [*or* **look**] jdm einen Blick zuwerfen; **to ~ a glance** [*or* **look**] **at sb/sth** einen Blick auf jdn/etw werfen; **to ~ an angry look at sb** jdm einen wütenden Blick zuwerfen; **to ~ sb a line** jdm ein Seil zuwerfen; THEAT jdm soufflieren; ■**to ~ oneself at sb** (*embrace*) sich *akk* jdm an den Hals werfen; (*attack*) sich *akk* auf jdn werfen [*o* stürzen]; (*seek comfort, protection*) bei jdm Halt suchen; **to ~ a remark at sb** jdm gegenüber eine Bemerkung fallen lassen
⑦ (*dedicate*) ■**to ~ oneself into sth** sich *akk* in etw *akk* stürzen; ***she was ~n into the funeral preparations and so had no time to grieve*** die Vorbereitungen für die Beerdigung ließen ihr keine Zeit zum Trauern; **to ~ one's energy/one's resources into sth** seine Energie/sein Vermögen in etw *akk* stecken *fam*
⑧ (*move violently*) ■**to ~ sth against sth** etw gegen etw *akk* schleudern; ***the ship was ~n against the cliffs*** das Schiff wurde gegen die Klippen geschleudert
⑨ ART (*pottery*) ■**to ~ sth** etw töpfern [*o* auf der Drehscheibe formen]; **hand-~n pottery** handgetöpferte Keramik
⑩ (*bewitch*) **to ~ a spell on sb** jdn verzaubern [*o* in seinen Bann ziehen]
⑪ SA (*foretell future*) **to ~ the bones** die Zukunft vorhersagen
⑫ (*also fig: cause*) **to ~ a shadow over sth** einen Schatten auf etw *akk* werfen
⑬ (*turn on, off*) **to ~ a switch** einen Schalter betätigen
⑭ (*show emotion*) **to ~ a fit** (*fam*) einen Anfall bekommen; **to ~ a tantrum** einen Wutanfall bekommen [*o fam* Koller kriegen]; **to ~ a wobbly** BRIT (*fam: become angry*) einen Wutanfall bekommen; (*become nervous*) nur noch ein Nervenbündel sein
⑮ (*give*) **to ~ a party** eine Party geben [*o fam* schmeißen]
⑯ (*fig fam: confuse*) ■**to ~ sb** jdn durcheinander bringen *fam;* **to ~ sb into confusion** jdn verwirren; **to ~ sb into a state of panic** jdn in Panik versetzen; **to ~ sb off balance** jdn aus der Fassung [*o* dem Gleichgewicht] bringen
⑰ (*cast off*) **to ~ its skin** *snake* sich *akk* häuten
⑱ (*give birth*) **to ~ a calf/cub/lamb/piglet** ein Kalb/Junges/Lamm/Ferkel werfen
► PHRASES: **to ~ the book at sb** jdn nach allen Regeln der Kunst fertig machen; **to ~ the book at sth** etw heftig kritisieren; **to ~ caution to the winds** eine Warnung in den Wind schlagen; **to ~ dust in sb's eyes** jdm Sand in die Augen streuen; **to ~ one's hat into the ring** seine Kandidatur anmelden; **people who live in glass houses shouldn't ~ stones** (*saying*) wer im Glashaus sitzt, sollte nicht mit Steinen werfen *prov;* **to ~ good money after bad** noch mehr Geld rausschmeißen *fam;* **to ~ mud at sb** jdn mit Schmutz bewerfen; **to ~ cold water on sth** etw *dat* einen Dämpfer versetzen; **to not trust sb further than one could ~ them** jdm nicht über den Weg trauen

◆**throw about** *vt,* **throw around** *vt* ■**to ~ sth about** [*or* **around**] ① (*in various directions*) mit etw *dat* um sich *akk* werfen; **to ~ a ball about** [*or* **around**] einen Ball hin und her werfen; **to ~ money around** (*fig*) mit Geld um sich *akk* werfen
② (*move violently*) etw herumwerfen; ***stop ~ing the crockery about*** hör auf, mit dem Geschirr rumzuschmeißen *fam;* ■**to ~ oneself about** [*or* **around**] sich *akk* hin und her werfen; **to ~ one's arms around** mit den Armen herumfuchteln *fam;* **to ~ one's head about** den Kopf hin und her werfen
► PHRASES: **to ~ one's weight around** [*or* **about**] sich *akk* wichtig machen

◆**throw aside** *vt* ■**to ~ sth ↔ aside** etw in die Ecke werfen [*o fam* schmeißen]

◆**throw away I.** *vt* ① (*discard*) ■**to ~ away ↔ sth** etw wegwerfen [*o* fortwerfen]; (*discard temporarily*) etw beiseite legen; ■**to ~ sb/sth away from oneself** (*liter*) jdn/etw von sich *dat* [weg]stoßen
② (*fig: waste*) ■**to ~ away ↔ sth** etw verschwenden [*o* vergeuden]; **to ~ money away on sth** Geld für etw *akk* zum Fenster hinauswerfen; **to ~ oneself away** (*have an unsuitable partner*) sich *akk* wegwerfen; (*have an unsuitable occupation*) sich *akk* unter Wert verkaufen
③ (*speak casually*) ***the actor threw away the line for dramatic effect*** der Schauspieler verstärkte mit seiner Bemerkung die Dramatik der Szene; **to ~ away ↔ a comment** [*or* **remark**] BRIT eine beiläufige Bemerkung machen
④ (*in card games*) **to ~ away ↔ a card** eine Karte abwerfen
II. *vi* (*in card games*) abwerfen

◆**throw back** *vt* ① (*move with force*) **to ~ one's hair/head back** seine Haare/den Kopf nach hinten werfen [*o* zurückwerfen]
② (*open*) **to ~ the blanket back** die Bettdecke zurückschlagen; **to ~ the curtains back** die Vorhänge aufreißen
③ (*drink*) **to ~ back ↔ a whisky** einen Whisky hinunterstürzen
④ (*reflect*) **to ~ back ↔ light/sound** Licht/Schall reflektieren [*o* zurückwerfen]
⑤ *esp passive* (*delay*) ■**to ~ sb ↔ back** jdn zurückwerfen *fig*
⑥ (*remind unkindly*) ■**to ~ sth back at sb** jdm etw vorhalten [*o* vorwerfen]; (*retort angrily*) jdm etw wütend entgegnen
► PHRASES: **to ~ sth back in sb's face** jdm etw wieder auftischen; **to be ~n back on one's own resources** sich *dat* selbst überlassen sein, auf sich *akk* selbst zurückgeworfen sein; **to be ~n back on sb** auf jdn angewiesen sein

◆**throw down** *vt* ■**to ~ sth ↔ down** ① (*throw from above*) etw herunterwerfen; **to ~ oneself down** sich *akk* niederwerfen; **to ~ oneself down on the floor** sich *akk* zu Boden werfen
② (*deposit forcefully*) etw hinwerfen; ***they threw a stone down the shaft*** sie warfen einen Stein in den Schacht; **to ~ down one's arms** sich *akk* ergeben; **to ~ down one's weapons** die Waffen strecken [*o* wegwerfen]
③ (*drink quickly*) etw hinunterstürzen; (*eat quickly*) etw hinunterschlingen
► PHRASES: **to ~ down the gauntlet to sb** jdm den Fehdehandschuh hinwerfen

◆**throw in I.** *vt* ① (*put into*) ■**to ~ sth in[to] sth** etw in etw *akk* [hinein]werfen; ***hurriedly she threw her clothes into the case*** hastig warf sie ihre Kleider in den Koffer
② (*include in price*) ■**to ~ sth ↔ in** etw gratis dazugeben; ***when I bought this car the stereo was ~n in*** als ich das Auto kaufte, war das Radio im Preis enthalten
③ SPORTS (*throw onto pitch*) **to ~ the ball ↔ in** den Ball einwerfen
④ (*put into*) **to ~ in a quotation** ein Zitat einfließen

lassen; to ~ **in a comment** eine Bemerkung einwerfen
❺ (*also fig: give up*) to ~ **in one's hand** aufgeben, sich *akk* geschlagen geben; CARDS aussteigen *fam*
▸ PHRASES: **to ~ in one's <u>lot</u> with sb** sich *akk* mit jdm zusammentun; **to ~ in the <u>towel</u>** [*or esp* BRIT **<u>sponge</u>**] das Handtuch werfen
II. *vi* [den Ball] einwerfen
◆**throw off** *vt* ❶ (*remove forcefully*) ■**to ~ sb/sth off sth** jdn/etw aus etw *dat* hinauswerfen; ■**to ~ sth ↻ off** *clothing* etw schnell ausziehen
❷ (*jump*) ■**to ~ oneself off sth** sich *akk* von etw *dat* hinunterstürzen
❸ (*cause to lose balance*) **to ~ sb off balance** jdn aus dem Gleichgewicht bringen; (*fig*) jdn aus dem Konzept bringen
❹ (*escape*) ■**to ~ sb ↻ off** jdn abschütteln
❺ (*rid oneself of*) ■**to ~ off ↻ sth** etw loswerden; **to ~ off an idea** sich *akk* von einer Idee lösen [*o* befreien]
❻ (*speak, write*) ■**to ~ sth ↻ off** etw schnell hinwerfen [*o fam* aus dem Ärmel schütteln]; **to ~ off a comment** eine Bemerkung fallen lassen
❼ (*radiate*) **to ~ energy/heat/warmth ↻ off** Energie/Hitze/Wärme abgeben
▸ PHRASES: **to ~ off one's <u>shackles</u>** seine Fesseln abwerfen; **to ~ off the <u>shackles</u>** [*or* **the <u>yoke</u>**] [**of sth**] sich *akk* von den Fesseln [einer S. *gen*] befreien
◆**throw on** *vt* ❶ (*place*) ■**to ~ sth on[to] sth** etw auf etw *akk* werfen; ~ ***a log on the fire, will you?*** legst du bitte noch einen Scheit aufs Feuer?
❷ (*pounce upon*) ■**to ~ oneself on sb** sich *akk* auf jdn stürzen; ■**to ~ oneself on[to] sth** sich *akk* auf etw *akk* niederwerfen; ***we threw ourselves onto the cool grass*** wir ließen uns ins kühle Gras fallen; **to ~ oneself on[to] sb's mercy** sich *akk* jdm auf Gnade und Ungnade ausliefern; **to ~ oneself on sb's hospitality** jds Gastfreundschaft in Anspruch nehmen
❸ (*get dressed*) ■**to ~ sth ↻ on** etw eilig anziehen [*o* überwerfen]
❹ (*cast*) **to ~ light on[to] sth** Licht in etw *akk* bringen; **to ~ light on a crime** (*fig*) ein Verbrechen aufklären; **to ~ suspicion on[to] sb** den Verdacht auf jdn lenken
◆**throw open** *vt* ■**to ~ sth ↻ open** etw aufreißen; (*fig*) etw zugänglich machen; **to ~ open a door** eine Tür aufstoßen; **to ~ one's house open to the public** sein Haus für die Öffentlichkeit zugänglich machen
◆**throw out** *vt* ❶ (*fling outside*) ■**to ~ sth ↻ out** etw hinauswerfen
❷ (*eject*) ■**to ~ sb ↻ out** jdn hinauswerfen [*o fam* rauswerfen]; (*dismiss*) jdn entlassen [*o fam* rauswerfen]; **to ~ sb out of the house** jdn aus dem Haus werfen
❸ (*discard*) ■**to ~ sth ↻ out** etw wegwerfen; **to ~ out a bill** LAW einen Gesetzesentwurf ablehnen; **to ~ out a case** einen Fall abweisen [*o* ablehnen]
❹ (*offer*) ■**to ~ sth ↻ out** etw äußern; **to ~ out an idea/a suggestion** eine Idee/einen Vorschlag in den Raum stellen; ***the meeting didn't ~ out any suggestions worth speaking about*** bei dem Gespräch wurden keine nennenswerten Vorschläge gemacht
❺ *esp* BRIT (*confuse*) ■**to ~ sb out** jdn aus dem Konzept [*o* durcheinander] bringen; ■**to ~ sth ↻ out** etw über den Haufen werfen
❻ (*emit*) **to ~ out ↻ sth** etw abgeben [*o* ausstrahlen]; ***your car's ~ing out filthy exhaust fumes*** aus deinem Auto kommen schmutzige Abgase; **to ~ out heat/warmth** Hitze/Wärme abgeben [*o* ausstrahlen]; **to ~ out light** Licht ausstrahlen [*o* aussenden]
❼ (*of plant*) **to ~ out a leaf/root/shoot** ein Blatt/eine Wurzel/einen Keim treiben
❽ SPORTS (*in cricket, baseball*) ■**to ~ sb ↻ out** jdn abwerfen
▸ PHRASES: **to ~ the <u>baby</u> out with the bath water** das Kind mit dem Bade ausschütten; **to ~ out a <u>feeler</u>** seine Fühler ausstrecken

◆**throw over** *vt* ❶ (*propel across top*) ■**to ~ sth over sth** etw über etw *akk* werfen; ***he tried to ~ the ball over the fence*** er wollte den Ball über den Zaun werfen
❷ (*fam: pass*) ■**to ~ sth ↻ over** etw herwerfen; ~ ***that book over here, can you?*** könntest du mir bitte das Buch zuwerfen?
❸ (*leap*) ■**to ~ oneself over sth** über etw *akk* [hinüber]springen
❹ (*cover*) ■**to ~ sth over sth** etw über etw *akk* legen; **to ~ sth over one's shoulder** (*carry*) etw schultern; (*discard*) etw hinter sich *akk* werfen
❺ (*fig fam: leave*) **to ~ sb over** [**for sth**] jdn [wegen etw *gen*] sitzen lassen *fam;* **to ~ a party over** einer Partei den Rücken kehren; **to ~ a project over** ein Projekt aufgeben
◆**throw overboard** *vt* ■**to ~ sb/sth overboard** jdn/etw über Bord werfen; ■**to ~ sth overboard** (*fig*) etw aufgeben
◆**throw round** *vt esp* BRIT ❶ (*cover*) ■**to ~ sth round sth** etw um etw *akk* werfen; ***she threw a shawl round her shoulders*** sie warf sich einen Schal um die Schultern
❷ (*embrace*) **to ~ one's arms round sb** jdn umarmen; **to ~ one's arms round sth** die Arme um etw *akk* schlingen *poet*
◆**throw together** *vt* ❶ (*fam: make quickly*) **to ~ an article together** einen Artikel runterschreiben; **to ~ clothes together** Kleider zusammenpacken; **to ~ ingredients together** Zutaten zusammenwerfen *fam;* **to ~ a meal together** eine Mahlzeit zaubern
❷ (*cause to meet*) ■**to ~ sb ↻ together** jdn zusammenbringen [*o* zusammenführen]
◆**throw up I.** *vt* ❶ (*project upwards*) ■**to ~ sth ↻ up** etw hochwerfen; **to ~ up one's hands** die Hände hochreißen
❷ (*cause to rise*) ■**to ~ sth ↻ up** etw hochschleudern; *dust* etw aufwirbeln
❸ (*deposit on beach*) ■**to ~ sth ↻ up** etw anschwemmen [*o* anspülen]
❹ (*build quickly*) **to ~ up a building** ein Gebäude schnell errichten [*o fam* hochziehen]
❺ (*fam: give up*) ■**to ~ sth ↻ up** etw hinwerfen [*o fam* hinschmeißen]
❻ (*fam: vomit*) ■**to ~ up ↻ sth** etw erbrechen [*o* ausspucken]
II. *vi* (*fam*) erbrechen, sich *akk* übergeben
◆**throw upon** *vt* (*form*) *see* **throw on**
throwaway ['θrəʊəweɪ, AM 'θroʊ-] **I.** *adj attr, inv* ❶ (*disposable*) Wegwerf-, wegwerfbar; ~ **nappy** [*or* AM **diaper**] Wegwerfwindel *f;* ~ **razor** Einwegrasierer *m;* ~ **culture** (*fig*) Wegwerfkultur *f*
❷ (*unimportant*) achtlos dahingeworfen *attr;* ~ **line** [*or* **remark**] achtlos dahingeworfene Bemerkung
II. *n usu pl* Wegwerfgut *nt*
throw-back *n* Rückschritt *m*
thrower ['θrəʊəʳ, AM 'θroʊɚ] *n* Töpferscheibe *f*
throw-in *n* SPORTS Einwurf *m*
throwing ['θrəʊɪŋ, AM 'θroʊ-] *n no pl* ❶ (*hurling action*) Werfen *nt*
❷ *of clay* Töpfern an der Drehscheibe
thrown [θrəʊn, AM θroʊn] *pp of* **throw**
throwouts ['θrəʊaʊts, AM 'θroʊ-] *npl* Waren *fpl* zweiter Wahl
thru [θru:] *prep, adv, adj usu* AM (*fam*) *see* **through**
thrum [θrʌm] **I.** *vt* <-mm-> ■**to ~ sth** auf etw *dat* herumklimpern *pej fam;* **to ~ a stringed instrument** auf einem Saiteninstrument herumklimpern *pej fam*
II. *vi* <-mm-> *engine, machine* dröhnen
III. *n no pl* ❶ (*thrumming sound*) Geklimper *nt pej fam*
❷ (*machines*) Dröhnen *nt*
thruppence ['θrʌpᵊns] *see* **threepence**
thruppenny ['θrʌpᵊni] *see* **threepenny**
thrush[1] <*pl* -es> [θrʌʃ] *n* ORN Drossel *f*
thrush[2] <*pl* -es> [θrʌʃ] *n* MED Soor *m*
thrust [θrʌst] **I.** *n* ❶ (*forceful push*) Stoß *m;* **sword** ~ Schwerthieb *m*

❷ *no pl* (*fig: impetus, purpose*) Stoßrichtung *f fig;* **main** ~ Gewicht *nt fig;* **the main ~ of an argument** die Hauptaussage eines Arguments
❸ *no pl* TECH (*propulsive power*) Schubkraft *f*
II. *vi* <thrust, thrust> ■**to ~ at sb/sth with sth** mit etw *dat* nach jdm/etw stoßen; **to ~ at sb with a knife** nach jdm mit einem Messer stoßen
III. *vt* <thrust, thrust> ❶ (*push with force*) ■**to ~ sth/sb forward** [*or* **to ~ forward sb/sth**] jdn/etw nach vorne schieben; ***he ~ back the chair and ran out of the room*** er schob den Stuhl heftig zurück und rannte aus dem Zimmer; ■**to ~ sth/sb into sth** etw/jdn in etw *akk* stopfen *fam;* **to ~ one's hands into one's pockets** die Hände in die Taschen stecken; **to ~ the money into sb's hand** jdm das Geld in die Hand stecken; ■**to ~ sb through sth** jdn durch etw *akk* drängen; ***he ~ his injured friend through the crowd desperately trying to reach the first-aid post*** in einem verzweifelten Versuch, die Erste-Hilfe-Station zu erreichen, schob er seinen verletzten Freund rasch durch die Menge; ■**to ~ oneself through sth** sich *akk* durch etw *akk* drängen; ***I ~ myself through the dense crowd trying to reach my friend*** ich bahnte mir einen Weg durch die Menge, um meinen Freund zu erreichen; ■**to ~ oneself forward** sich *akk* vordrängen
❷ (*fig: compel to do*) ■**to ~ sth [up]on sb** jdm etw *akk* auferlegen; ■**to ~ oneself [up]on sb** sich *akk* jdm aufdrängen
❸ (*stab, pierce*) ■**to ~ sth into sb/sth** mit etw *dat* zustoßen; **to ~ a knife into sb** jdn mit einem Messer stechen
❹ (*fig: impel*) hineinstoßen; ***she was suddenly ~ into a position of responsibility*** sie wurde plötzlich in eine sehr verantwortungsvolle Position hineingedrängt
◆**thrust aside, thrust away** *vt* ■**to ~ sb/sth ↻ aside** [*or* **away**] jdn/etw beiseite stoßen; **to ~ temptation aside** [*or* **away**] (*liter*) der Versuchung widerstehen *geh*
◆**thrust out, thrust up** *vi* (*liter*) emporragen *geh*
thruster ['θrʌstəʳ, AM -ɚ] *n* ❶ AEROSP [Raketen]triebwerk *nt*
❷ (*in surfboarding*) Kielverstärkung *f*
thrustful ['θrʌstfᵊl] *adj,* **thrusting** ['θrʌstɪŋ] *adj* zielstrebig
thruway *n esp* AM *see* **throughway**
thud [θʌd] **I.** *vi* <-dd-> dumpf aufschlagen; ***I could hear his feet ~ding along the corridor*** ich konnte den dumpfen Aufschlag seiner Schritte hören, wie er den Flur entlangging; **to ~ on the table with one's fist** mit der Faust auf den Tisch hauen *fam*
II. *n* dumpfer Schlag, Bums *m fam;* ~ **of hooves/shoes** Geklapper *nt* von Hufen/Schuhen
thug [θʌg] *n* Schlägertyp *m pej,* Rüpel *m pej fam,* Rowdy *m*
thuggish ['θʌgɪʃ] *adj* (*fam*) rüpelhaft *pej;* **a ~ looking guy** ein Schlägertyp *m pej*
thumb [θʌm] **I.** *n* (*body part*) Daumen *m;* ~ **of a glove** Daumen *m* eines Handschuhs
▸ PHRASES: **to be <u>all</u>** [BRIT **fingers and**] **~s** zwei linke Hände haben *fig fam;* **to stand** [*or* **stick**] **out like a <u>sore</u>** ~ unangenehm auffallen; **to <u>be</u> under sb's ~** unter jds Fuchtel stehen *fig fam;* **to <u>twiddle</u> one's ~** Däumchen drehen *fam*
II. *vt* ❶ (*hitchhike*) **to ~ a lift/ride** per Anhalter fahren, trampen
❷ (*mark by handling*) ■**to ~ sth** etw abgreifen; **to ~ a book** ein Buch abgreifen; **well-~ed** abgegriffen
▸ PHRASES: **to ~ one's <u>nose</u> at sb/sth** jdm/etw die kalte Schulter zeigen *fam*
III. *vi* ❶ (*glance through*) **to ~ through a newspaper** durch die Zeitung blättern
❷ (*hitchhike*) ■**to ~ it to somewhere** irgendwohin trampen
thumb-index *n* Daumenregister *nt* **thumb-indexed** *adj* mit Daumenregister *nach* **thumbnail** *n* Daumennagel *m* **thumbnail sketch** *n* Abriss *m* **thumb-print** *n* ❶ (*impres-*

sion) Daumenabdruck *m* ❷ *(fig: identifying feature)* Erkennungsmerkmal *nt* **thumbscrew** *n usu pl* Daumenschraube *f* **thumbs down** *n* Ablehnung *f;* **to give sb/sth the ~** jdn/etw ablehnen; ***plans to build a house on the site have been given the ~*** die Baupläne für dieses Grundstück sind abgelehnt worden **thumbs up** *n* Zustimmung *f;* **to give sb the ~ to do sth** jdm für etw *akk* die Zustimmung erteilen; ***we have been given the ~ to go ahead with the project*** man hat uns das Startlicht für das Projekt erteilt **thumbtack** *n* AM, AUS *(drawing-pin)* Reißnagel *m*

thump [θʌmp] **I.** *n* dumpfer Knall; **to give sb a ~** jdm eine knallen [*o* schmieren] *sl*
II. *vt* ■**to ~ sth/sb** etw/jdn schlagen
III. *vi* ■**to ~ on sth** auf etw *akk* schlagen; **the heart ~s** das Herz klopft [*o* pocht]

◆**thump out** *vt* ❶ *(play loudly)* **to ~ out a tune on a piano** eine Melodie auf dem Klavier hämmern
❷ *(communicate forcefully)* ■**to ~ sth ↔ out** etw hinaustrompeten *fam*

thumping ['θʌmpɪŋ] *(fam)* **I.** *adj* kolossal; **to have a ~ headache** grässliches Kopfweh haben; **to tell ~ lies** faustdicke Lügen verbreiten *fam*
II. *adv* unglaublich *fam,* mega- *sl*

thunder ['θʌndəʳ, AM -ɚ] **I.** *n no pl* ❶ METEO Donner *m;* **clap** [*or* **crash**] [*or* **peal**] **of ~** Donnerschlag *m;* **~ and lightning** Blitz und Donner; **rumble of ~** Donnergrollen *nt*
❷ *(fig: loud sound)* Getöse *nt;* ***I couldn't hear what he said over the ~ of the waterfall*** das Getöse des Wasserfalls war so laut, dass ich ihn nicht verstehen konnte
❸ *(fig: aggressive voice)* Donnerstimme *f;* ***he shouted at the burglar with a voice like ~*** er brüllte den Einbrecher mit Donnerstimme an
❹ *(fig: heavy criticism)* Wettern *nt fam*
❺ *(fig: angry expression)* ***his face was like ~*** sein Gesicht war bitterböse
► PHRASES: **to steal sb's ~** jdm die Schau stehlen
II. *vi* ❶ *(make rumbling noise)* donnern; ■**to ~ along** [*or* **by**] [*or* **past**] vorbeidonnern
❷ *(declaim)* schreien; ■**to ~ about sth** sich *akk* lautstark über etw *akk* äußern; ***the newspaper was ~ing about the rise in violent crime*** die Zeitung wetterte gegen die steigende Anzahl von Gewaltverbrechen; ■**to ~ against sth** gegen etw *akk* wettern *fam*
III. *vt* ■**to ~ sth** etw brüllen; ***"I never want to see you again" he ~ed*** „ich will dich niemals wiedersehen", donnerte er; ■**to ~ sth at sb** jdm etw *akk* entgegenschleudern *fig*

thunderbolt *n* ❶ *(lightning)* Blitzschlag *m;* ***the news came like a ~*** die Nachricht schlug wie eine Bombe ein ❷ SPORTS *(fig: powerful shot)* Bombe *f sl;* ***the new striker settled the match with a ~ from twenty yards*** der neue Stürmer entschied das Spiel mit einer Bombe aus einer Entfernung von 18 Metern ► PHRASES: **to drop a ~ on sb** jdm einen Schock versetzen **thunderclap** *n* Donnerschlag *m* **thundercloud** *n usu pl* Gewitterwolke *f* **thunderhead** *n* Wolkenballung *f*

thundering ['θʌndᵊrɪŋ, AM -dɚ-] **I.** *n no pl* Donnern *nt*
II. *adj* ❶ *(extremely loud)* tosend; **~ applause** tosender Applaus; **~ voice** dröhnende Stimme
❷ *(fig: enormous)* enorm; **to be in a ~ great rage** BRIT vor Zorn schäumen *geh;* **~ success** riesiger Erfolg

thunderous ['θʌndᵊrəs, AM -dɚ-] *adj attr* donnernd; **~ applause** [*or* **ovation**] Beifallsstürme *mpl*

thunder-shower *n esp* AM Gewitterregen *m kein pl* **thunderstorm** *n* Gewitter *nt* **thunderstruck** *adj pred* wie vom Donner gerührt

thundery ['θʌndᵊri, AM -ɚi] *adj* gewittrig; **~ shower/weather** gewittriger Schauer/gewittriges Wetter

Thursday ['θɜːzdeɪ, AM 'θɜːr-] *n* Donnerstag *m; see also* **Tuesday**

thus [ðʌs] *adv inv* ❶ *(therefore)* folglich ❷ *(in this way)* so, auf diese Weise **thus far** *adv* ❶ *(up till now)* bisher ❷ *(up to this point)* so weit

thwack [θwæk] **I.** *vt* ■**to ~ sth** etw *dat* einen Hieb versetzen; ***she ~ed the hedge with her stick in a bad-tempered sort of way*** schlecht gelaunt versetzte sie der Hecke mit ihrem Stock einen Hieb
II. *n* Schlag *m; of belt, whip* Knall *m*

thwart [θwɔːt, AM θwɔːrt] *vt* ■**to ~ sth** etw vereiteln; **to ~ sb's efforts** jds Bemühungen vereiteln; **to ~ an escape/a kidnapping** eine Flucht/eine Entführung verhindern; **to ~ a plan** einen Plan durchkreuzen [*o* vereiteln]; ***he was ~ed in his plans to build a porch*** seine Pläne, ein Portal zu bauen, wurden vereitelt

thy [ðaɪ] *adj poss* DIAL *(old)* dein; ***honour ~ father and ~ mother*** du sollst Vater und Mutter ehren

thyme [taɪm] *n no pl* Thymian *m*

thyroid ['θaɪrɔɪd] **I.** *n* Schilddrüse *f*
II. *adj attr, inv* Schilddrüsen-

thyroid gland *n* Schilddrüse *f*

thyroxine [θaɪ'rɒksiːn, AM -'rɑːk-] *n no pl* MED Thyroxin *nt fachspr*

thyself [ðaɪ'self] *pron reflexive (old)* du selbst; ***thou shalt love thy neighbour as ~*** du sollst deinen Nächsten lieben wie dich selbst

tiara [ti'ɑːrə, AM -'erə] *n* Tiara *f*

Tiber ['taɪbəʳ, AM bɚ] *n no pl* ■**the ~** GEOG der Tiber

Tibet [tɪ'bet] *n no pl* GEOG Tibet *nt*

Tibetan [tɪ'betᵊn] **I.** *adj inv* tibet[an]isch
II. *n* ❶ *(language)* Tibe[an]isch *nt*
❷ *(people)* Tibet[an]er(in) *m(f)*

tibia <*pl* -biae> ['tɪbiə, *pl* -biiː] *n* Schienbein *nt*

tic [tɪk] *n* [nervöses] Zucken

tick¹ [tɪk] *n* ZOOL Zecke *f*

tick² [tɪk] *n* ❶ BRIT *(dated fam: credit)* **on ~** auf Pump *sl*
❷ ECON Mindestkursschwankung *f*

tick³ [tɪk] **I.** *n* ❶ *(sound of watch)* Ticken *nt kein pl;* **'~ tock'** *(fam)* ‚ticktack'; ***hang*** [*or* ***hold***] ***on*** [***just***] ***a ~*** [*or* ***two ~s***] BRIT *(fam)* warte einen Moment; ***I'll be with you in a couple of*** [*or* ***in two***] ***~s*** ich bin gleich bei dir
❷ *(mark)* Haken *m;* **to put a ~ against** [*or* **by**] **sth** neben etw *dat* einen Haken setzen
II. *vi* ticken; AM ***the hand of the timer ~ed round to twelve*** der Uhrzeiger rückte auf zwölf
► PHRASES: **what makes sb ~** was jdn bewegt
III. *vt* ■**to ~ sth** etw abhaken

◆**tick away** *vi* ticken; ***a time bomb ~s away*** eine Zeitbombe tickt; ***time ~s away*** die Zeit verrinnt

◆**tick by** *vi* verstreichen

◆**tick off** *vt* ❶ *(mark with tick)* ■**to ~ sth ↔ off** etw abhaken; **to ~ off sth on one's fingers** etw an den Fingern abzählen
❷ BRIT, AUS *(fam: reproach)* ■**to ~ sb ↔ off** jdn schelten
❸ AM *(fam: irritate)* ■**to ~ sb ↔ off** jdn auf die Palme bringen *fig fam*

◆**tick on** *vi* sich *akk* dahinziehen

◆**tick over I.** *vi esp* BRIT ❶ TECH *(operate steadily)* auf Leerlauf geschaltet sein; ***I've left the car with the engine ~ing over*** ich habe das Auto mit laufendem Motor abgestellt
❷ *(fig: function at minimum level)* am Laufen halten
II. *vt (fig)* **to keep things ~ing over** die Dinge am Laufen halten

ticker ['tɪkəʳ, AM -ɚ] *n* ❶ *(fam: heart)* Pumpe *f sl*
❷ AM STOCKEX Börsenticker *m*

ticker tape *n no pl* ❶ *(paperstrip)* Lochstreifen *m* ❷ *(confetti)* Konfetti *nt* **ticker-tape parade** *n* AM Konfettiparade *f*

ticket ['tɪkɪt] **I.** *n* ❶ *(card)* Karte *f;* **cinema/concert ~** Kino-/Konzertkarte *f;* **cloakroom ~** Garderobenmarke *f;* **lottery ~** Lottoschein *m;* **plane ~** Flugticket *nt;* **season ~** Saisonkarte *f;* **half-price/return ~** Halbpreiskarte/Rückfahrkarte *f;* **by ~ only** nur mit Eintrittskarte
❷ *(fig: means of progress)* Chance *f;* ***her incredible memory was her ~ to success*** ihr unglaublich gutes Gedächtnis ebnete ihr den Weg zum Erfolg
❸ *(price tag)* Etikett *nt;* **price ~** Preisschild *nt*
❹ *(notification of offence)* Strafzettel *m;* **parking ~** Strafzettel *m* für Falschparken
❺ *(agenda for elections)* Liste *f*
► PHRASES: **just the ~** *(dated)* passt perfekt
II. *n modifier* Karten-; **~ barrier** Sperre *f;* **~ stub** abgerissene Karte

ticket agency *n* Kartenbüro *nt* **ticket agent** *n* Kartenhändler(in) *m(f)* **ticket-collector** *n (on the train)* Schaffner(in) *m(f); (on the platform)* Bahnsteigschaffner(in) *m(f)* **ticket counter** *n* Fahrkartenschalter *m* **ticket holder** *n* Kartenbesitzer(in) *m(f)* **ticket machine** *n* Fahrkartenautomat *m* **ticket-number** *n* Kartennummer *f* **ticket-office** *n* RAIL Fahrkartenschalter *m;* THEAT Vorverkaufsschalter *m* **ticket tout** *n* BRIT Schwarzhändler(in) *m(f) (für Eintrittskarten)*

ticking ['tɪkɪŋ] **I.** *n no pl* ❶ *of clock* Ticken *nt*
❷ *(for mattress)* Matratzenüberzug *m*
II. *adj* tickend; **~ bomb** Zeitbombe *f*

ticking-off <*pl* tickings-off> *n* BRIT *(fam)* Tadel *m,* Anschiss *m sl;* **to get a ~ from sb** von jdm getadelt werden [*o sl* einen Anschiss bekommen]; **to give sb a ~** jdn zusammenstauchen *fam*

tickle ['tɪkḷ] **I.** *vi* kitzeln
II. *vt* ❶ *(touch lightly)* ■**to ~ sb/an animal** jdn/ein Tier kitzeln
❷ *(fig fam: appeal to sb)* **to ~ sb's fancy** jdn reizen
❸ *(amuse)* ■**to be ~d that ...** sich *akk* darüber amüsieren, dass ...
► PHRASES: **to be ~d pink** [*or* **to death**] *(fam)* vor Freude völlig aus dem Häuschen sein *fam*
III. *n no pl* ❶ *(itching sensation)* Jucken *nt*
❷ *(action causing laughter)* **to give sb a ~** jdn amüsieren
❸ *(irritating cough)* **a ~ in one's throat** ein Kratzen *nt* im Hals

tickler ['tɪklᵊʳ, AM ɚ] *n* schwierige [*o* kitzlige] *fam* Frage

ticklish ['tɪklɪʃ] *adj* ❶ *(sensitive to tickling)* kitzlig
❷ *(awkward)* heikel

tickover ['tɪkəʊvəʳ, AM oʊvɚ] *n* TECH Leerlauf *m*

tick-tack-toe [,tɪk,tæk'toʊ] *n* AM *(noughts and crosses)* Tic Tac Toe *nt (Strategiezeichenspiel für zwei Personen)*

tidal ['taɪdᵊl] *adj* von Gezeiten abhängig; **~ basin** Tidebecken *nt;* **~ flow** zyklisches Verkehrsaufkommen; **~ harbour** [*or* AM **harbor**] den Gezeiten unterworfener Hafen

tidal energy *n no pl* Elektrizität *f* aus den Gezeiten **tidal wave** *n* Flutwelle *f; (fig)* Flut *f;* **a ~ of complaints** eine Flut von Beschwerden

tidbit *n* AM *see* **titbit**

tiddler ['tɪdləʳ] *n* BRIT ❶ *(small fish)* winziger Fisch
❷ *(sth tiny)* winziges Ding
❸ *(fam: infant)* Knirps *m fam*

tiddly ['tɪdli] *adj* ❶ *(fam: tiny)* winzig
❷ BRIT, AUS *(dated fam: slightly drunk)* beschwipst

tiddlywink ['tɪdlɪwɪŋk] *n* ❶ *(flat disc)* Spielstein *m*
❷ *(game)* ■**~s** *pl* Flohhüpfen *nt kein pl*

tide [taɪd] **I.** *n* ❶ *(of sea)* Gezeiten *pl;* **flood ~** Springflut *f;* **high ~** Flut *f;* **low ~** Ebbe *f;* **strong ~** starke Strömung; **the ~ is in/out** es ist Flut/Ebbe; **the ~ comes in/goes out** die Flut/Ebbe kommt; **the ~ turns** es ist Gezeitenwechsel *m;* **with** [*or* **on**] **the ~** bei Flut
❷ *(fig: main trend of opinion)* öffentliche Meinung; ***the ~ has turned*** die Meinung ist umgeschlagen; **to stem the ~ of events** den Lauf der Dinge aufhalten; **~ of history** Lauf *m* der Geschichte; **to go** [*or* **swim**] **against/with the ~** gegen den/mit dem Strom schwimmen *fig fam*
❸ *(powerful trend)* Welle *f fig;* **to fight the ~ of crime** die Welle von Verbrechen bekämpfen
► PHRASES: **time and ~ wait for no man** [*or* **one**] *(prov)* man muss die Gelegenheit beim Schopf packen
II. *vt* ■**to ~ sb over** jdm über die Runden helfen *fam*

tideland *n* AM *(mud-flats)* Watt *nt* **tidemark** *n* ❶ *(mark left by tide)* Gezeitenmarke *f* ❷ *esp* BRIT

T

(*fig: scum on bath*) schwarzer Rand **tide-table** *n* Tidenkalender *m,* Gezeitentafel *f* **tide-water** *n* Flutwasser *nt kein pl* **tide-way** *n* Priel *m*

tidily ['taɪdɪli] *adv* ordentlich

tidiness ['taɪdɪnəs] *n no pl* Ordnung *f*

tidings ['taɪdɪŋz] *npl* (*old*) Neuigkeiten *fpl;* ~ **of joy** frohe Kunde *veraltet geh;* **glad/sad** ~ gute/schlechte Nachrichten

tidy ['taɪdi] **I.** *adj* ① (*in order*) ordentlich; **clean** [*or* **neat**] **and** ~ sauber und ordentlich; ~ **mind** (*fig*) methodisches Denken
② (*fam: considerable*) beträchtlich; ~ **sum** hübsche Summe *fam*
II. *n* ① BRIT (*little receptacle*) Abfallbehälter *m*
② (*period of cleaning*) Aufräumen *nt kein pl;* ***he gave his room a good*** ~ er räumte sein Zimmer gründlich auf
III. *vt* ■**to** ~ **sth** etw aufräumen
◆**tidy away** *vt* ■**to** ~ **away** ○ **sth** etw wegräumen
◆**tidy out** *vt* BRIT ■**to** ~ **out** ○ **sth** etw ausräumen
◆**tidy up I.** *vt* ① (*put in order*) ■**to** ~ **up** ○ **sth/sb** etw aufräumen/jdn zurechtmachen; **to** ~ **one's make-up** sich *dat* das Make-up auffrischen; ■**to** ~ **oneself up** sich *akk* zurechtmachen
② (*add finishing touches*) ■**to** ~ **up** ○ **sth** etw überprüfen [*o* durchsehen] [*o form* endkorrigieren]
II. *vi* aufräumen

tidy-up *n no pl* Aufräumen *nt*

tie [taɪ] **I.** *n* ① (*necktie*) Krawatte *f;* **bow** ~ Fliege *f,* Mascherl *nt* ÖSTERR; **the old school** ~ BRIT (*fig*) *Cliquenwirtschaft unter Personen, die Schüler an hochkarätigen Privatschulen waren*
② (*cord*) Schnur *f*
③ *pl* (*links*) ■~**s** *pl* Bande *ntpl;* **closer ~s with sth** engere Anbindung an etw *akk;* **diplomatic ~s** diplomatische Beziehungen; **family ~s** Familienbande *pl* (**to** an +*akk*)
④ (*equal score*) Punktegleichstand *m kein pl*
⑤ BRIT (*match in a competition*) Ausscheidungsspiel *nt*
⑥ (*structural support*) Schwelle *f*
II. *vi* <-y-> ① (*fasten*) schließen; ***this sleeping bag ~s at the top*** diesen Schlafsack kann man oben verschließen
② (*equal in points*) ■**to** ~ **with sb/sth** denselben Platz wie jd/etw belegen; ***Jane and I ~d in the spelling test*** Jane und ich schnitten im Orthographietest gleich gut ab
III. *vt* <-y-> ① (*fasten together*) **to** ~ **an umbilical cord** die Nabelschnur abschnüren; **to** ~ **the flowers into a bunch** die Blumen zu einem Strauß binden; **to be ~d hand and foot** an Händen und Füßen gefesselt sein; **to** ~ **sb's hands** jds Hände [*o* jdn an den Händen] fesseln; **to** ~ **a knot** einen Knoten machen [*o geh* schlingen]; **to** ~ **a string in a loop** eine Schnur zu einer Schleife verknoten; **to** ~ **one's [shoe]laces** sich *dat* die Schuhe [*o* Schnürsenkel] [*o* ÖSTERR, DIAL Schuhbänder] zubinden; **to** ~ **a notice to a post** eine Nachricht an einer Anschlagsäule anbringen
② (*connect to*) ■**to** ~ **sth to sth** eine Verbindung zwischen etw *dat* und etw *dat* herstellen; ■**sth is ~d to sth** zwischen etw *dat* und etw *dat* besteht eine Verbindung
③ (*fig: restrict*) ■**to** ~ **sb by/to sth** jdn durch/an etw *akk* binden
④ (*restrict in movement*) ■**to be ~d to sth/somewhere** an etw *akk*/einen Ort gebunden sein
► PHRASES: **to be ~d to sb's apron strings** (*pej*) an jds Rockzipfel hängen; **sb's hands are ~d** jds Hände sind gebunden; **to** ~ **the knot** sich das Ja-Wort geben; **to** ~ **sb in knots** jdn in Verlegenheit bringen
◆**tie back** *vt* ■**to** ~ **sth** ○ **back** etw zurückbinden
◆**tie down** *vt* ① (*secure to ground*) ■**to** ~ **sth** ○ **down** etw festbinden; ***make sure you ~ down anything that might blow away in the storm*** binde bloß alles fest, was im Sturm weggeweht werden könnte
② (*fig*) ■**to be ~d down** gebunden sein; ■**to** ~ **sb down to sth** (*fam*) jdn auf etw *akk* festlegen; ***I'll try to ~ her down on her plans*** ich versuche, sie dazu zu bringen, ihre Pläne auch in die Tat umzusetzen
③ MIL (*restrict mobility of*) ■**to** ~ **sb** ○ **down** jdn binden
◆**tie in I.** *vt* **to** ~ **a comment in with a previous statement** mit einem Kommentar in einer früheren Aussage übereinstimmen; ***I can't ~ in what he said today with what he told me last week*** was er heute gesagt hat, stimmt nicht mit dem überein, was er mir letzte Woche sagte
II. *vi* ■**to** ~ **in with sth** mit etw *dat* übereinstimmen; ***it all ~s in with what we've told you*** das stimmt alles mit dem überein, was wir dir gesagt haben
◆**tie up** *vt* ① (*bind*) ■**to** ~ **up** ○ **sth** etw festbinden; **to** ~ **up hair** die Haare hochbinden; (*fig*) Licht ins Dunkel bringen
② (*delay*) ■**to** ~ **sb up** jdn aufhalten; ***I don't want to ~ you up but before I go, let me just tell you this one story …*** ich will dich nicht aufhalten, aber bevor ich gehe, möchte ich dir noch Folgendes erzählen …; ■**to be ~d up by sth** durch etw *akk* aufgehalten werden
③ (*busy*) ■**to be ~d up** beschäftigt sein
④ TRANSP (*limit mobility*) **to** ~ **up traffic** den Verkehr behindern
⑤ FIN, ECON (*restrict*) **to** ~ **up capital/money** Kapital/Geld binden [*o* fest anlegen]; ■**to be ~d up in sth** ***the father wisely ~d the children's money up in a trust fund*** der Vater legte das Geld der Kinder klugerweise in einem Treuhandfonds an
⑥ *esp* BRIT (*fig: find link between*) ■**to** ~ **sth** ○ **up with sth** eine Verbindung zwischen etw *dat* und etw *dat* herstellen; ***can you ~ the allergy up with anything you've eaten?*** kannst du die Allergie mit irgendetwas in Verbindung bringen, das du gegessen hast; ■**to be ~d up with sth** mit etw *dat* zusammenhängen; ***why did the stock market rise sharply today? — it's ~d up with the decrease in interest rates*** warum ist der Aktienmarkt heute stark angestiegen? – das hängt mit dem Sinken der Zinssätze zusammen
► PHRASES: **to** ~ **up some loose ends** etw erledigen

tie-break *n* BRIT, **tie-breaker** *n* Verlängerung *f;* TENNIS Tie-break *m o nt* **tie clip** *n* Krawattennadel *f*

tied cottage *n* BRIT Dienstwohnung *f,* Werkswohnung *f* (*Haus zur Unterbringung von Angestellten, z. B. eines Hausmeisters*) **tied house** *n* ① BRIT *see* **tied cottage** ② BRIT, AUS (*brew pub*) Brauereigaststätte *f*

tie-dye *vt* ■**to** ~ **sth** etw [mit Abschnürtechnik] batiken **tie-dyeing** *n* Schnürbatik *f* **tie-in** *n* Verbindung *f,* Zusammenhang *m* **tie-on label** *n* Etikett *nt* **tiepin** *n* Krawattennadel *f*

tier [tɪəʳ, AM tɪr] **I.** *n* (*row*) Reihe *f;* (*level*) Lage *f;* ~ **of management** Managementebene *f;* **to rise in** ~ in Reihen aufsteigen
II. *vt* ■**to** ~ **sth** (*next to each other*) etw aufreihen; (*on top of each other*) etw aufschichten

tiered [tɪəd, AM tɪrd] *adj inv* -reihig, -geschichtet

tie-up *n* ① (*connection*) Verbindung *f*
② (*fam: traffic jam*) Stau *m*
③ (*delay*) Verspätung *f*

tiff [tɪf] *n* (*fam*) Plänkelei *f,* Geplänkel *nt;* **lovers'** ~ Ehekrach *m fam;* **to have a** ~ eine Meinungsverschiedenheit haben

tiger ['taɪgəʳ, AM -ɚ] *n* Tiger *m*
► PHRASES: **to have a** ~ **by the tail** vor einer unerwartet schwierigen Situation stehen

tight [taɪt] **I.** *adj* ① (*firm*) fest; ~ **knot** fester Knoten; (*closely fitting*) eng; ~ **shoes/trousers** enge Schuhe/Hose; **to be a** ~ **squeeze** sehr eng sein
② (*close together*) dicht; **in** ~ **formation** in geschlossener Formation; **in** ~ **groups** in dicht gedrängten Gruppen
③ (*stretched tautly*) gespannt; ~ **muscles** verspannte Muskeln
④ (*closely integrated*) eng verbunden; ~ **circle** enger Kreis
⑤ (*severe*) streng; ~ **bend** [*or* **turn**] enge Kurve; ~ **budget** knappes Budget; (*fig: difficult situation*) ~ **corner** [*or* **situation**] [*or* **spot**] Zwickmühle *f fam;* **to keep a** ~ **hold on sth** etw streng kontrollieren; ***the government are trying to keep a ~ hold on spending*** die Regierung versucht, die Ausgaben streng unter Kontrolle zu halten; **to be** ~ **for money/time** wenig Geld/Zeit haben; **to be** ~ **with one's money** knausrig sein; ~ **schedule** gedrängter Terminkalender
⑥ (*tense*) ~ **face** angespanntes Gesicht; ~ **voice** angespannte Stimme
⑦ (*hard-fought, keenly competitive*) knapp; ~ **finish** knapper Zieleinlauf
⑧ (*fam or dated: drunk*) betrunken
► PHRASES: **to keep a** ~ **rein over sb** jdn fest an die Kandare nehmen; **to run a** ~ **ship** ein strenges Regime führen
II. *adv pred* straff; **to screw a nut** ~ eine Mutter fest anziehen; **to cling/hang on** ~ **to sb/sth** sich *akk* an jdm/etw festklammern; **to close/seal sth** ~ etw fest verschließen/versiegeln
► PHRASES: **sleep** ~ schlaf gut

tighten ['taɪtᵊn] **I.** *vt* ① (*make tight*) ■**to** ~ **sth** etw festziehen; **to** ~ **a rope** ein Seil festbinden; **to** ~ **a screw** eine Schraube anziehen
② (*increase pressure*) ■**to** ~ **sth** etw verstärken; **to** ~ **one's grip on sth** den Druck auf etw *akk* verstärken; **to** ~ **one's lips** die Lippen zusammenkneifen, die Zügel anziehen *fig*
► PHRASES: **to** ~ **one's belt** den Gürtel enger schnallen *fig;* **to** ~ **the net** das Netz zusammenziehen *fig;* **to** ~ **the reins** die Zügel anziehen *fig*
II. *vi* straff werden; **sb's lips** ~ jd kneift die Lippen zusammen
► PHRASES: **a noose ~s around sb's neck** die Schlinge um jds Hals wird enger *fig*
◆**tighten up I.** *vt* ■**to** ~ **sth** ○ **up** ① (*make firmer*) etw fester ziehen; **to** ~ **up one's muscles** die Muskeln straffen
② (*make stricter*) etw verschärfen; **to** ~ **up the law on advertising** strengere Verordnungen in der Werbung einführen
II. *vi* ① (*introduce stricter regime*) schärfere Maßnahmen ergreifen; ***it's time we ~ed up around here*** es ist an der Zeit, hier ein strengeres Regime einzuführen; ■**to** ~ **up on sth** etw einschränken
② (*become tense*) sich *akk* anspannen

tight-fisted *adj* (*pej fam*) geizig **tight-fit** *n* enge Passform; ***this skirt is a ~*** dieser Rock liegt eng an **tight-fitting** *adj* eng anliegend **tight-knit** *adj* engmaschig; ~ **community** verschworene Gemeinschaft **tight-lipped** *adj* ① (*compressing lips*) schmallippig ② (*saying little*) ~ **silence** eisiges Schweigen; ■**to be** ~ **about sth** wortkarg auf etw *akk* reagieren

tightly ['taɪtli] *adv* ① (*holding sth firmly*) fest
② (*close together*) eng; **to be** ~ **packed** voll gepackt sein
③ (*firm control*) mit festem Griff

tightness ['taɪtnəs] *n no pl* ① (*firmness, strength*) Festigkeit *f*
② (*close fitting*) enge Passform
③ (*tight sensation*) Spannen *nt;* ~ ***in the chest area is a sign of heart disease*** Atembeklemmung ist ein Anzeichen einer Herzerkrankung

tightrope *n* Drahtseil *nt;* ■**on a** ~ auf einem Seil; **to walk the** ~ auf dem Drahtseil tanzen; **diplomatic/legal** ~ (*fig*) diplomatischer/rechtlicher Drahtseilakt ► PHRASES: **to tread** [*or* **walk**] **a** ~ einen Drahtseilakt vollziehen, eine Gradwanderung machen **tightrope walker** *n* Seiltänzer(in) *m(f)*

tights [taɪts] *npl* ① (*leggings*) Strumpfhose *f;* **pair of** ~ Strumpfhose *f;* **to have a hole** [*or* **run**] [*or* BRIT **ladder**] **in one's** ~ eine Laufmasche in der Strumpfhose haben
② AM, AUS (*for dancing/aerobics etc*) Leggings *pl,* Gymnastikhose *f*

tightwad ['taɪtwɑːd] *n* AM, AUS (*pej sl*) Geizkragen *m pej fam*

tigress <pl -es> ['taɪgres, AM -grɪs] *n* ❶ *(female tiger)* Tigerin *f*
❷ *(fig: woman)* Megäre *f geh,* Drachen *m fig pej sl*
tike *n see* **tyke**
tilde ['tɪldə] *n* Tilde *f*
tile [taɪl] **I.** *n* Fliese *f;* **roof** ~ Dachziegel *m*
► PHRASES: **to have a night [out] on the ~s, to be [out] on the ~s** BRIT auf den Putz hauen *fam*
II. *vt* ■**to ~ sth** etw fliesen; COMPUT *windows on screen* etw nebeneinander anordnen
tiled [taɪld] *adj inv* gefliest
tiler ['taɪləʳ, AM -ɚ] *n* Fliesenleger(in) *m(f)*
tiling ['taɪlɪŋ] *n no pl* ❶ *(action of laying tiles)* Kacheln *nt; roof* Dachdecken *nt*
❷ *(tiled surface)* Kachelung *f; roof* Ziegelung *f*
till¹ [tɪl] **I.** *prep see* **until**
II. *conj see* **until**
till² [tɪl] *n* [Laden]kasse *f;* ~ **float** Bargeldvorrat *m;* ~ **money** Bargeld *nt,* Kassenhaltung *f*
► PHRASES: **to be caught with one's hand in the ~** auf frischer Tat ertappt werden *fam*
till³ [tɪl] *vt* **to ~ the soil** den Boden bestellen [*o* bearbeiten] [*o* bebauen]
tillage ['tɪlɪdʒ] *n no pl* AGR Ackerbau *m,* Bodenbestellung *f*
tiller ['tɪləʳ, AM -ɚ] *n* Ruderpinne *f fachspr;* **at the ~** am Ruder
till roll *n* Kassenrolle *f*
tilt [tɪlt] **I.** *n* ❶ *(slope)* Neigung *f*
❷ *(fig: movement of opinion)* Schwenk *m*
► PHRASES: **[at] full ~** mit voller Kraft
II. *vt* ■**to ~ sth** etw neigen; **to ~ a pinball machine** einen Flipper kippen; **to ~ the balance in favour of sth/sb** *(fig)* einen Meinungsumschwung zugunsten einer S./Person *gen* herbeiführen
III. *vi* ❶ *(slope)* sich *akk* neigen
❷ *(movement of opinion)* ■**to ~ away from sth/sb** sich *akk* von etw/jdm abwenden; ■**to ~ towards sth/sb** sich *akk* etw/jdm zuwenden
► PHRASES: **to ~ at windmills** *(fam)* gegen Windmühlen kämpfen *fig*
tilth [tɪlθ] *n* Bodenbestellung *f*
timber ['tɪmbəʳ, AM -ɚ] **I.** *n* ❶ *no pl esp* BRIT *(wood for building)* Bauholz *nt,* Nutzholz *nt;* **to fell ~** Holz fällen; **for ~** für kommerzielle Nutzung
❷ *(elongated piece of wood)* Holzplanke *f*
II. *interj* **"T~!"** „Achtung, Baum!"
timbered ['tɪmbəd, AM -ɚd] *adj* Fachwerk-
timber forest *n* Hochwald *m* **timber-framed** *adj* Fachwerk-; ***the buildings were all ~*** die Gebäude waren alle mit Fachwerk gebaut
timbering ['tɪmbᵊrɪŋ] *n no pl* ❶ *(action)* Zimmerarbeit *f,* Zimmerung *f*
❷ *(material)* Bauholz *nt,* Zimmerholz *nt*
timberland *n no pl* AM Nutzholzgebiet *nt* **timberline** *n* AM *(treeline)* Baumgrenze *f* **timber merchant** *n* Holzhändler(in) *m(f)* **timber-work** *n no pl* Gebälk *nt*
timbre ['tæbrə, AM 'tæmbɚ] *n* MUS Klangfarbe *f,* Timbre *nt geh*

time [taɪm]

I. NOUN

❶ *no pl (chronological dimension of existence)* Zeit *f;* ***~ stood still*** die Zeit stand still; **in the course of ~** mit der Zeit; **over the course of ~** im Lauf der Zeit; **to be a matter [***or* **question] of ~** eine Frage der Zeit sein; **~ is on one's side** die Zeit arbeitet für jdn; **to have ~ on one's side** die Zeit auf seiner Seite haben; **space and ~** Raum und Zeit; **for all ~** für immer, für alle Zeiten; **of all ~** aller Zeiten; ***he was the greatest player of all ~*** er war der größte Spieler aller Zeiten; **~-tested** [alt]bewährt; **as ~ goes by [***or* **on]** mit der Zeit; **to make ~ for sth/to do sth** sich *dat* die Zeit für etw *akk* nehmen/nehmen, um etw zu tun; **to spend ~** Zeit verbringen; **[only] ~ can [***or* **will] tell** es wird sich mit der Zeit zeigen; **in ~** mit der Zeit; **over [***or* **with] ~** im Lauf der Zeit
❷ *no pl (time period, duration)* Zeit *f;* **~'s up** *(fam)* die Zeit ist vorüber; **injury ~** BRIT SPORTS Nachspielzeit *f;* **to have the ~ of one's life** sich *akk* großartig amüsieren; **most of the ~** meistens; **part [***or* **some] [of the] ~** einen Teil der Zeit; **for a short/long period of ~** kurze/lange Zeit; **to take the ~ and trouble to do sth** sich *dat* die Mühe machen, etw zu tun; **in one week's ~** in einer Woche; **to have all the ~ in the world** alle Zeit der Welt haben; **all the [***or* **this] ~** die ganze Zeit; **to have an easy/hard ~ of it [with sth]** keine Probleme/Probleme [mit etw *dat*] haben; **extra ~** SPORTS Verlängerung *f;* ***they played extra ~*** sie mussten in die Verlängerung; ***three minutes into extra ~, Ricardo scored the decisive goal*** nach drei Minuten Verlängerung erzielte Ricardo das entscheidene Tor; **free [***or* **spare] ~** Freizeit *f;* **to have a good ~** sich *akk* amüsieren; **to give sb a hard ~** *(fam)* jdm Schwierigkeiten bereiten; **a long ~ ago** vor langer Zeit; **it takes a long/short ~** es dauert lange/nicht lange; **for [***or* **in] a long ~** lange Zeit; ***I haven't seen one of those in a long ~*** so einen/eine/eines habe ich schon seit langem nicht mehr gesehen; **in [***or* **next to] [***or* **less than] no ~ [at all]** im Nu; **running ~** Spielzeit *f;* **for a short ~** kurze Zeit; **some ~ ago** vor einiger Zeit; **to be [all] out of ~** AM, AUS *(fam)* über der Zeit sein; **for the ~ being** vorläufig; **to do sth for a ~** etw eine Zeitlang machen; **to find the ~ to do sth** die Zeit [dazu] finden, etw zu tun; **to give sb ~ to do sth** jdm Zeit geben, um etw zu tun; **given [***or* **in] ~** mit der Zeit; **to have [***or* **have got] the ~** die Zeit haben; **to have ~ to do sth** Zeit haben, etw zu tun; **to have [***or* **take] ~ off** sich *dat* frei nehmen; **there's no ~ to lose [***or* **to be lost]** wir dürfen [jetzt] keine Zeit verlieren, es ist höchste Zeit; **to pass the ~** sich *dat* die Zeit vertreiben; **to be pressed for ~** in Zeitnot sein; **to run out of ~** nicht genügend Zeit haben; **to save ~** Zeit sparen; **to take one's ~** sich *dat* Zeit lassen; **to take one's ~ in doing sth** sich *dat* bei etw *dat* Zeit lassen; **to take one's ~ to do sth** sich *dat* mit etw *dat* Zeit lassen; **to take more ~ over [***or* **with] sth** sich *dat* mehr Zeit für etw *akk* nehmen, mehr Zeit für etw *akk* aufwenden; **to waste ~** Zeit vergeuden [*o* verschwenden]; **to waste ~ doing sth** die Zeit mit etw *dat* vergeuden [*o* verschwenden]; **after a ~** nach einer gewissen Zeit
❸ *(hour registration method)* Zeit *f;* **daylight saving ~** Sommerzeit *f;* **Greenwich Mean T~** Greenwicher Zeit
❹ TRANSP *(schedule)* Zeit *f;* **arrival/departure ~** Ankunfts-/Abfahrtszeit *f;* **bus/train ~s** Bus-/Zugzeiten *fpl*
❺ *(pertaining to clocks)* **to keep bad/good ~** falsch/richtig gehen; **the right ~** die korrekte Zeit; **wrong ~** falsche Zeit; **to gain/lose ~** Zeit gewinnen/verlieren; ■**the ~** die Uhrzeit; ***what's the ~?*** wie spät ist es?; **to have [got] the ~ on one** eine Uhr haben; **to tell the ~** die Uhr lesen
❻ *(specific time or hour)* Uhr *f;* **the best ~ of day** die beste Uhrzeit; ***what are you doing here at this ~ of the day/ night?*** was machst du um diese Uhrzeit hier?; **for the [***or* **this] ~ of the day/year** für diese Tages-/Jahreszeit; **at sb's ~ of life** in jds Alter; **this ~ tomorrow/next month** morgen/nächsten Monat um diese Zeit; ***the ~ is drawing near when we'll have to make a decision*** der Zeitpunkt, zu dem wir uns entscheiden müssen, rückt näher; ***he recalled the ~ when they had met*** er erinnerte sich daran, wie sie sich kennen gelernt hatten; **at all ~s** immer; **at any ~** immer, jederzeit; **at any given ~, at [any] one ~** jederzeit; **a bad/good ~** eine schlechte/gute Zeit; **at a different ~** zu einer anderen Zeit; **the last/next ~** letztes/nächstes Mal; **at other ~s** manchmal andererseits; **at the present [***or* AM **this] ~** diesmal; **~ and [~] again** immer wieder; **ahead of ~** *esp* AM vorher; **to know at the [***or* **that] ~** zur betreffenden Zeit wissen; **to remember the ~ …** sich *akk* erinnern, wie [*o* als] …; ***do you remember the ~ Alastair fell in the river?*** erinnerst du dich, als Alastair in den Fluss fiel?; **at the ~** damals, zu jener Zeit; **by the ~** als; **it is about [***or* **high] ~ that …** es ist höchste Zeit, dass …; **~s when …** Zeiten, zu denen …
❼ *(frequency)* Mal *nt;* ***the ~s I've [or how many ~s have I] told you …*** wie oft habe ich dir schon gesagt …; STOCKEX ***shares selling at 10 ~ earnings*** Aktien, die mit einem Kurs-Gewinn-Verhältnis von 10 verkauft werden; **three ~s champion** BRIT, AUS [*or* AM **three ~ champion]** dreimaliger Meister/dreimalige Meisterin; **four/three ~s** vier/drei Mal; **for the hundredth/thousandth/umpteenth ~** zum hundertsten/tausendsten/*fam* x-ten Mal; **lots of [***or* **many] ~s** oft, viele Male; **at the same ~** um dieselbe Zeit; **from ~ to ~** von Zeit zu Zeit
❽ *no pl (correct moment)* Zeitpunkt *m;* BRIT, AUS *(not before ~)* **about ~ [too]** *(tasks etc. yet to be accomplished)* wird aber auch [langsam] Zeit; *(tasks etc. accomplished)* wurde aber auch [langsam] Zeit; ***the ~ is ripe*** die Zeit ist reif; **breakfast/holiday ~** Frühstücks-/Urlaubszeit *f;* **in good ~** rechtzeitig; **in good ~ for sth** rechtzeitig zu etw *dat;* **high ~ for sth** höchste Zeit für etw *akk;* **ahead of ~** vorzeitig; **to do sth dead [***or* **exactly] [***or* **right] on ~** etw pünktlich machen; **it is ~ that …** es ist [an der] Zeit, dass …; **it is ~ to do sth** es ist [an der] Zeit, etw zu tun; **the ~ has come** der Zeitpunkt kommt; **to see when the ~ comes** etw sehen, wenn es aktuell ist; ■**~ for sth** Zeit für etw *akk;* **in ~** rechtzeitig; **in ~ to do sth** rechtzeitig [*o* früh genug], um etw zu machen; **on ~** pünktlich
❾ *usu pl (era)* Zeit *f;* ***~s were difficult [or hard]*** das waren harte Zeiten; **to set a book/film at the ~ of the Russian Revolution** ein Buch/Film spielt zur Zeit der Russischen Revolution; **from [since] ~ immemorial [***or esp* BRIT **out of mind]** seit undenklichen Zeiten; **during [***or* **in] former/medieval ~s** früher/im Mittelalter *nt;* **in modern [***or* **our] ~s** in der Gegenwart; ***she is one of the best writers of modern ~s*** sie ist eine der besten Schriftstellerinnen der Gegenwart; **at one ~** früher; **in ~s past** in der Vergangenheit, früher; **to be behind the ~s** hinter seiner Zeit zurück sein; **in ~s gone by** in der Vergangenheit; **to keep up [***or* **move] [***or* AM **change] with the ~s** mit der Zeit gehen; **~ was when sth could be done** früher war alles besser
❿ SPORTS *(duration of race)* Zeit *f;* **record ~** Rekordzeit *f;* ***he won the 100 metres in record ~*** er gewann das 100-Meter-Rennen in einer neuen Rekordzeit
⓫ *(lifetime)* Zeit *f;* ***my grandmother has seen a few things in her ~*** meine Großmutter hat in ihrem Leben schon einiges gesehen; **at sb's ~ of life** in jds Alter; **old ~s** alte Zeiten; **if one had one's ~ over again** wenn man nochmals beginnen könnte; **to be ahead of [***or esp* BRIT **before] one's ~** seiner Zeit voraus sein; **~ marches [***or* **moves] on** die Zeit hat sich geändert; **before [***or* **ahead of] sb's ~** *(advanced ideas)* seiner Zeit voraus; ***the ideas of Galileo were ahead of his ~*** in seinem Denken war Galileo seiner Zeit weit voraus; **before sb's ~** *(occurring prematurely)* vor der Zeit, frühzeitig; ***she has grown old before her ~*** sie ist frühzeitig gealtert; **during sb's ~** zu jds Zeit; **in my ~** zu meiner Zeit; **in sth's ~** zu seiner Zeit; ***in its ~ the flying boat was the fastest means of transport*** zu seiner Zeit war das Amphibienflugzeug das schnellste Transportmittel
⓬ *no pl* MUS *(rhythm)* Takt *m;* **to be/play out of ~** aus dem Takt sein; **to beat ~** den Rhythmus schlagen; **to get out of ~** aus dem Takt kommen; **to keep ~** den Takt halten; **in ~ with sth** im Takt mit etw *dat*
⓭ ECON *(remunerated work)* Zeit *f;* **~ and a half** Überzeit *f;* **double ~** doppelte Bezahlung *f (an Feiertagen);* **part ~** Teilzeit *f;* **short ~** BRIT Kurzzeit *f;* **to work [***or* **be on] short ~** BRIT Kurzzeit arbeiten; **to take ~ off** sich *dat* frei nehmen
⓮ BRIT *(end of pub hours)* Sperrstunde *f;* **"~ [please]!"** „Sperrstunde!"
► PHRASES: **not to give sb the ~ of day** jdn ignorieren; **~ is of the essence** die Zeit drängt; **to have ~ on one's hands** viel Zeit zur Verfügung haben; **~ is a great healer** *(prov),* **~ heals all wounds** *(prov)* die Zeit heilt alle Wunden *prov;* **~ and tide wait for**

T

no **man** [*or* **one**] (*prov*) man sollte jede Gelegenheit beim Schopf packen; ~ **is money** (*prov*) Zeit ist Geld *prov;* **there's a** ~ **and a place** [**for everything**] (*prov*) alles zu seiner Zeit; **a week is a long** ~ **in politics** (*saying*) eine Woche ist lang in der Politik; **there's no** ~ **like the present** (*saying*) was du heute kannst besorgen, das verschiebe nicht auf morgen *prov;* **all good things in all good** ~ alles zu seiner Zeit; **not to have much** ~ **for sb** jdn nicht mögen; **to have a lot of** ~ **for sb** großen Respekt vor jdm haben; ~ **hangs heavy** die Zeit steht still; **~s are changing** die Zeiten ändern sich; **to do** [*or* **serve**] ~ (*fam*) sitzen *fig fam;* ~ **flies, doesn't** ~ **fly?** (*saying*) die Zeit fliegt; **to kill** ~ die Zeit totschlagen; ~ **moves on** [*or* **passes**] wie die Zeit vergeht

II. TRANSITIVE VERB

❶ SPORTS (*measure duration*) ■**to** ~ **sb over 100 metres** für jdn die Zeit beim 100-Meter-Lauf nehmen [*o* stoppen]; ***the winning team was ~d at 5 minutes 26 seconds*** die Gewinnermannschaft wurde mit 5 Minuten und 26 Sekunden gestoppt
❷ (*choose best moment for*) ■**to** ~ **sth** für etw *akk* den richtigen Zeitpunkt auswählen

-time [taɪm] *in compounds* (*lunch-, story-*) -zeit; **bed~** Schlafenszeit *f;* **lunch~** Mittagspause *f;* ***it's nap~*** es ist Zeit für ein Nickerchen
time after time *adv inv* immer wieder **time and again** *adv inv* immer wieder **time and a half** *n no pl* 50% Zuschlag *m;* **to pay sb** ~ jdm 150% bezahlen **time and motion study** *n* Zeitstudie *f* **time bargain** *n* STOCKEX Termingeschäft *nt* **time bomb** *n* (*also fig*) Zeitbombe *f a. fig;* **to create** [*or* **set**] **a** ~ eine Zeitbombe legen *fig;* **to be sitting on a** ~ auf einem Schleudersitz [*o* einer Zeitbombe] sitzen *fig* **time buyer** *n* ECON Funkmedienkontakter(in) *m(f)* **time capsule** *n* Kassette *f* mit Zeitdokumenten **time card** *n* AM Stechkarte *f* **time clock** *n* Stechuhr *f* **time-consuming** *adj* zeitintensiv **time deposit** *n* FIN Festgeld *nt,* Termingeld *nt* **time difference** *n* Zeitunterschied *m* **timed-release capsule** *n* Retardkapsel *f,* Depotkapsel *f* **timed ticket** *n* zeitlich begrenzte Karte **time exposure** *n* Langzeitbelichtung *f; photograph* Langzeitaufnahme *f* **time famine** *n no pl* Zeitnot *f,* Zeitknappheit *f* **time frame** *n* Zeitrahmen *m;* ***all changes will be introduced in*** [*or* ***within***] ***a fairly short*** ~ alle Änderungen werden innerhalb eines kurzen Zeitrahmens eingeführt werden; **to set a** ~ **for sth** einen Zeitrahmen für etw *akk* festlegen **time fuse,** AM **time fuze** *n* Zeitzünder *m* **time-honoured** *adj attr, inv* altehrwürdig *geh;* ~ **custom** alter Brauch **timekeeper** *n* ❶ (*in sports*) Zeitnehmer *m* ❷ (*clock, watch*) Zeitmesser *m;* ***this watch is not an accurate*** ~ diese Uhr geht nicht genau; **to be a bad/good** ~ *person* sein Zeitsoll nie/immer erfüllen **timekeeping** *n no pl* ❶ (*measuring of time*) Zeitmessung *f* ❷ (*punctuality*) Erfüllung *f* des Zeitsolls; **bad** ~ ständiges Zuspätkommen **time lag** *n* Zeitdifferenz *f* **time-lapse** *adj attr, inv film, photography* Zeitraffer-
timeless ['taɪmləs] *adj* ❶ (*not dated*) *book, dress, values* zeitlos
❷ (*unchanging*) *landscape, beauty* immer während *attr*
timelessly ['taɪmləsli] *adv* zeitlos
timelessness ['taɪmləsnəs] *n no pl* Zeitlosigkeit *f*
time limit *n* Zeitbeschränkung *f;* ECON Frist *f*
timeliness ['taɪmlɪnəs] *n no pl* Rechtzeitigkeit *f*
time lock I. *n* (*on a safe*) Zeitschloss *nt;* (*on a computer*) Abschaltzeit *f*
II. *vt* **to** ~ **a safe** einen Safe mit einem Zeitschloss versehen
timely ['taɪmli] *adj* rechtzeitig; ~ **arrival** Ankunft *f* zur rechten Zeit; **in a** ~ **fashion** [*or* **manner**] rasch; ~ **remark** passende Bemerkung
time machine *n* Zeitmaschine *f* **time out** *n no pl* ❶ (*break*) Auszeit *f fam;* **to take some** ~ eine kleine Pause machen ❷ COMPUT Zeitsperre *f;* (*period of time*) Zeitauslösung *f* **time-out I.** *n* <*pl* times-out *or* -s> (*in sports*) Auszeit *f;* **to call a** ~ eine Auszeit fordern **II.** *interj* AM Stopp **timepiece** *n* Chronometer *nt geh m,* Uhr *f*
timer ['taɪmə^r^, AM -ɚ] *n* ❶ (*for lights, VCR*) Timer *m;* (*for cooking eggs*) Eieruhr *f;* **the** ~ **goes off** die Uhr klingelt
❷ (*time recorder*) Zeitmesser *m;* (*person*) Zeitnehmer(in) *m(f)*
❸ AM (*time switch*) Zeitschalter *m*
time-release capsule *n* PHARM Retardkapsel *f,* Depotkapsel *f*
times [taɪmz] *vt* (*fam*) ■**to** ~ **sth** etw multiplizieren
time-saving *adj device, gadget* Zeit sparend **time scale** *n* zeitlicher Rahmen; ~ **of events** zeitliche Abfolge von Ereignissen **time-server** *n* ❶ (*employee*) *jd, der bei der Arbeit seine Zeit nur absitzt* ❷ (*opportunist*) Opportunist(in) *m(f) geh* **time-serving** *adj attr, inv* ❶ (*employee*) ***my ~ boss can't seem to make any decisions any-more*** mein Chef, der seine Zeit nur noch absitzt, scheint keine Entscheidungen mehr fällen zu können ❷ (*opportunistic*) opportunistisch **time share** *n,* **time-sharing** *n* ECON Timesharing *nt* **time-sharing** *n* COMPUT Gemeinschaftsbetrieb *m,* Timesharing *nt* **time sheet** *n* Arbeitsblatt *nt* **time signal** *n* RADIO Zeitzeichen *nt* **time signature** *n* MUS Taktvorzeichnung *f* **time span** *n* Zeitspanne *f* **time switch** *n* BRIT, AUS Zeitschalter *m*
timetable I. *n* ❶ (*for bus, train*) Fahrplan *m;* (*for planes*) Flugplan *m;* (*for events, project*) Programm *nt;* (*for appointments*) Zeitplan *m;* ***I've got a very busy ~ for next week*** ich habe ein volles Programm für nächste Woche ❷ BRIT, AUS (*at school/ university*) Stundenplan *m* ❸ (*list of appointments/ events*) Terminkalender *m,* Programm *nt* **II.** *vt usu passive* ■**to** ~ **sth** etw planen; (*with respect to time*) einen Zeitplan für etw *akk* aufstellen; ***the lecture is ~d for 5.00 p.m.*** die Vorlesung ist für 17:00 Uhr angesetzt; ***we are ~d to go to the museum on Thursday*** wir sind eingeteilt, am Donnerstag ins Museum zu gehen **time travel** *n no pl* Zeitreise *f* **time traveller** *n* (*in science fiction*) Zeitreisende(r) *f(m)* **time warp** *n* ❶ (*for time travel*) Zeitverschiebung *f* ❷ (*fig: lifestyle*) Zeitsprung *m;* ***he's living in a*** ~ er lebt in einer anderen Zeit **time-wasting** *n no pl* ❶ (*wasting time*) Zeitverschwendung *f* ❷ (*also fig: slowing down play*) Verzögerungstaktik *f* **timeworn** *adj* abgenutzt; ~ **excuse** abgedroschene Entschuldigung **time zone** *n* Zeitzone *f*
timid <-er, -est *or* more ~, most ~> ['tɪmɪd] *adj* ängstlich; (*shy*) schüchtern; (*lacking courage*) zaghaft; **to be a** ~ **soul** eine scheue Seele sein
timidity [tɪ'mɪdəti, AM -ət̬i] *n no pl* Ängstlichkeit *f;* (*shyness*) Schüchternheit *f;* (*lack of courage*) Zaghaftigkeit *f*
timidly ['tɪmɪdli] *adv* ängstlich; (*shyly*) schüchtern; (*lacking courage*) zaghaft
timing ['taɪmɪŋ] *n* ❶ *no pl* (*of words, actions*) Timing *nt,* Wahl *nt* des richtigen Zeitpunkts; ***perfect ~! I was just hoping someone would call*** dein Anruf kommt gerade richtig! ich hatte gehofft, dass jemand anrufen würde; **good** ~ gutes Timing
❷ *no pl* (*musical rhythm*) Einsatz *m;* ***your ~ is off*** dein Einsatz ist vorbei
❸ *no pl* AUTO Steuerung *f* der Kraftstoffverbrennung
❹ (*measuring of time*) Zeitmessung *f,* Zeitabnahme *f; of a race, runners also* Stoppen *nt kein pl;* (*in factories*) Zeitkontrolle *f*
timing device *n* Zeitzünder *m*
timorous ['tɪm^ə^rəs, AM -ɚəs] *adj* (*form liter: shy*) schüchtern; (*fearful*) ängstlich
timorously ['tɪm^ə^rəsli, AM -ɚəs-] *adv* (*form liter: shyly*) schüchtern; (*fearfully*) ängstlich
timorousness ['tɪm^ə^rəsnəs, AM -ɚəs-] *n no pl* (*form liter: shyness*) Schüchternheit *f;* (*fearfulness*) Ängstlichkeit *f*
timpani ['tɪmpəni] *npl* MUS Timpani *mpl,* Pauken *fpl*
timpanist ['tɪmpənɪst] *n* MUS Timpanist(in) *m(f),* Paukist(in) *m(f)*
tin [tɪn] **I.** *n* ❶ *no pl* (*metal*) Zinn *nt*
❷ *esp* BRIT (*can*) Büchse *f,* Dose *f;* **a** ~ **of beans/ sardines** eine Dose Bohnen/eine Büchse Sardinen
❸ (*for baking*) Backform *f;* **cake** ~ Kuchenform *f*
II. *n modifier* (*mine, pot, toy*) Zinn-
► PHRASES: **to have a** ~ **ear** ein taubes Ohr haben; **to put the** ~ **lid on** die Luft anhalten
III. *vt* <-nn-> *esp* BRIT **to** ~ **meat/vegetables** Fleisch/Gemüse eindosen [*o* in Dosen konservieren]
tin can *n* Blechdose *f*
tincture ['tɪŋktʃə^r^, AM -ɚ] *n* ❶ (*mixture*) Tinktur *f;* **a** ~ **of iodine** eine Jodtinktur
❷ (*fig: trace*) *of an emotion* Spur *f*
tinder ['tɪndə^r^, AM -ɚ] *n no pl* Zunder *m;* **~-dry** staubtrocken
tinderbox *n* Pulverfass *nt fig*
tine [taɪn] *n* Zacke *f; of fork* Zinke *f; of antlers* Sprosse *f*
tinfoil ['tɪnfɔɪl] *n no pl* Alufolie *f*
ting [tɪŋ] **I.** *adv inv* **to go** ~ ‚bing' machen
II. *n* Klingen *nt kein pl*
III. *vi* klingen
ting-a-ling ['tɪŋəlɪŋ] *interj* klingeling
tinge [tɪndʒ] **I.** *n* ❶ (*of colour*) Hauch *m,* Spur *f;* ~ **of red** [leichter] Rotstich
❷ (*of emotion*) Anflug *m kein pl;* **a** ~ **of sadness** ein Anflug *m* von Traurigkeit
II. *vt usu passive* ❶ (*with an emotion*) **~d with admiration/regret** mit einer Spur von Bewunderung/Bedauern; ***his last letter to his former fiancee was ~d with sadness*** sein letzter Brief an seine ehemalige Verlobte hatte einen traurigen Unterton
❷ (*with colours*) **to be ~d with orange/pink/red** mit Orange/Pink/Rot [leicht] getönt sein
tingle ['tɪŋgl] **I.** *vi* kribbeln; ***mint makes my mouth ~ with freshness*** Minze gibt meinem Mund prickelnde Frische; **to** ~ **with desire** vor Verlangen brennen; **to** ~ **with excitement** vor Aufregung zittern; **to** ~ **with fear** vor Angst beben; **sb's spine ~s** jdm läuft ein Schauer über den Rücken
II. *n no pl* Kribbeln *nt,* Prickeln *nt*
tingling ['tɪŋglɪŋ] *n* Kribbeln *nt kein pl*
tingly ['tɪŋgli] *adj* kribbelnd *attr;* **to go all** ~, **to go** ~ **all over** ganz kribbelig werden; **to feel** ~ ein Prickeln spüren
tin god *n* (*fam*) Abgott *m pej;* **little** ~ kleiner Gott *iron* **tin hat** *n* Stahlhelm *m* **tinhorn** *esp* AM **I.** *adj attr, inv* (*fam*) angeberisch *fam* **II.** *n* (*fam*) Angeber(in) *m(f) fam*
tinker ['tɪŋkə^r^, AM -ɚ] **I.** *n* ❶ (*attempt to repair*) Tüftelei *f;* ■**to have a** ~ **with sth** an etw *dat* herumbasteln
❷ (*repairman*) wandernder Kesselflicker *hist;* BRIT (*pej: gypsy*) Zigeuner(in) *m(f)*
❸ BRIT (*fam: mischievous person*) kleiner Stromer/ kleine Stromerin, Bosnigl *m* ÖSTERR *pej*
► PHRASES: **to not give a ~'s damn** [*or* BRIT *also* **cuss**] **about sb/sth** sich *akk* einen Kehrricht um jdn/etw scheren *fam*
II. *vi* ■**to** ~ [**about** [*or* **around**]] [**with** [*or* **on**] **sth**] [an etw *dat*] herumbasteln, herumpfuschen *pej fam*
tinkle ['tɪŋkl] **I.** *vi* ❶ (*make sound*) *piano* klimpern; *bell* klingen, bimmeln *fam; fountain* plätschern; *breaking glass* klirren
❷ (*childspeak fam: urinate*) Pipi machen *Kindersprache*
II. *vt* **to** ~ **a bell** mit einer Glocke klingeln
III. *n* ❶ (*of bell*) Klingen *nt kein pl;* (*of water*) Plätschern *nt kein pl;* (*of breaking glass*) Klirren *nt kein pl;* **to give sb a** ~ (*dated fam*) jdn anklingeln *fam*
❷ (*childspeak fam: urine*) Pipi *nt Kindersprache;* **to have** [*or* **go for**] **a** ~ Pipi machen gehen *Kindersprache*
tinkling ['tɪŋklɪŋ] **I.** *n no pl of a piano* Klimpern *nt; of a bell* Klingen *nt; of a fountain* Plätschern *nt; of breaking glass* Klirren *nt*
II. *adj attr, inv* ~ **sound** Klirren *nt*
tin lizzie [ˌtɪn'lɪzi] *n* AM (*dated fam*) Klapperkiste *f*

fam
tinned [tɪnd] *adj inv* BRIT, AUS konserviert, eingedost; ~ **fruit** Dosenfrüchte *fpl;* ~ **milk** Büchsenmilch *f*
tinnitus [tɪ'naɪtəs, AM -t̬-] *n no pl* MED *(spec)* Ohrensausen *nt,* Tinnitus *m fachspr*
tinny ['tɪni] *adj* ❶ *recording* blechern
❷ *taste, food* nach Blech schmeckend *attr;* **to taste** ~ nach Blech schmecken
❸ *(cheap)* ~ **car** Blechkiste *f pej fam;* ~ **toys** minderwertige Spielsachen
tin-opener *n* BRIT, AUS Dosenöffner *m* **tin pan alley** *n (fam)* Schlagerindustrie *f; (district)* ■**T**~ Zentrum *nt* der Schlagerindustrie **tinplate** *n no pl* Zinnblech *nt* **tinplated** *adj inv* verzinnt **tinpot** *adj inv (pej fam)* schäbig *pej,* billig *pej;* ***he's a ~ dictator*** er ist ein Westentaschendiktator *pej*
tinsel ['tɪn(t)sᵊl] *n no pl* ❶ *(for magic wand)* Flitter *m; (for Christmas tree)* Lametta *nt*
❷ *(fig: sth showy)* Prunk *m;* **to be all** ~ **and glitter** prunk- und glanzvoll sein
Tinseltown *n (sl)* Hollywood *nt*
tinsely ['tɪn(t)sᵊli] *adj* kitschig
tin smith *n* Blechschmied(in) *m(f),* Klempner(in) *m(f)* **tin soldier** *n* Zinnsoldat *m*
tint [tɪnt] **I.** *n* ❶ *(hue)* Farbton *m;* **warm** ~ warme Farbe
❷ *(dye)* Tönung *f*
II. *vt* **to** ~ **one's hair** seine Haare tönen
tinted ['tɪntɪd] *adj inv* getönt; ~ **glass** Rauchglas *nt;* ~ **glasses/lenses/windows** getönte Brillengläser/Linsen/Scheiben
tin whistle *n* (irische) Blechflöte
tiny ['taɪni] *adj* winzig; **a** ~ **bit** ein klein wenig; ~ **little** winzig klein; **teeny** ~ klitzeklein *fam*
tip[1] [tɪp] **I.** *vt* <-pp-> ❶ *(attach to extremity of)* ■**to** ~ **sth with sth** etw an der Spitze mit etw *dat* versehen; **to** ~ **an arrow/spear with poison** einen Pfeil/Speer in Gift [ein]tauchen; **to** ~ **sth with black/red/white** etw in schwarze/rote/weiße Farbe eintauchen; **to** ~ **sth with silver/steel** etw mit einer Silber-/Stahlspitze versehen; **mountains ~ped with snow** Berge *mpl* mit schneebedeckten Gipfeln
❷ *(dye one's hair)* **to** ~ **one's hair** sich *dat* die Spitzen färben
II. *n* ❶ *(pointed end)* Spitze *f;* **asparagus** ~ Spargelspitze *f;* **filter** ~ Filtermundstück *nt;* **the southern** ~ **of Florida** die Südspitze von Florida
❷ *(of hair)* ■**~s** *pl* gefärbte Spitzen
▸ PHRASES: **to the ~s of sb's fingers** durch und durch; ***he's a conservative to the ~s of his fingers*** er ist erzkonservativ; **the** ~ **of the iceberg** die Spitze des Eisbergs; **it's on the** ~ **of my tongue** es liegt mir auf der Zunge
tip[2] [tɪp] **I.** *n* BRIT ❶ *(garbage dump)* Deponie *f;* **rubbish** [*or* **waste**] ~ Mülldeponie *f*
❷ *(fam: mess)* Saustall *m fig pej sl*
II. *vt* <-pp-> ❶ *(empty out)* ■**to** ~ **sth into sth** etw in etw *akk* ausschütten [*o* ausleeren]; ***the child ~ped the toys all over the floor*** das Kind kippte die Spielsachen über den ganzen Boden aus; *impers;* ***it's ~ping it down*** BRIT, AUS *(fam)* es schüttet [*o* gießt] *fam*
❷ *(tilt)* ■**to** ~ **sth** etw neigen; **to** ~ **the balance** [*or* **scales**] *(fig)* den Ausschlag geben; ***two quick goals ~ped the balance in favour of England*** zwei schnelle Tore brachten die Entscheidung zugunsten Englands; **to** ~ **the scales at 80 kilos** 80 Kilo auf die Waage bringen *fam;* **to** ~ **one's chair back** seinen Stuhl nach hinten kippen; **to** ~ **one's hat over one's eyes** sich *dat* den Hut über die Augen ziehen; **to** ~ **the window** das Fenster kippen
❸ *(touch)* ■**to** ~ **sth** etw antippen; *(tap)* etw abklopfen; **to** ~ **one's cap** [*or* **hat**] an den Hut tippen; **to** ~ **one's cigarette** die Asche von seiner Zigarette abklopfen
III. *vi* <-pp-> ❶ BRIT *(dump)* ***"No ~ping"*** „Müll abladen verboten"
❷ *(tilt)* umkippen
◆**tip out I.** *vi* herauskippen
II. *vt* ■**to** ~ **sth** ○ **out** etw ausleeren
◆**tip over I.** *vt* ■**to** ~ **sth** ○ **over** etw umschütten
II. *vi* umkippen
◆**tip up I.** *vt* ■**to** ~ **up** ○ **sth** etw kippen; **to** ~ **up** ○ **a leaf/a seat** eine Ausziehplatte/einen Sitz hochklappen
II. *vi* kippen
tip[3] [tɪp] **I.** *n* ❶ *(money)* Trinkgeld *nt;* **to give** [*or* **leave**] **a 10%** ~ 10% Trinkgeld geben
❷ *(suggestion)* Rat[schlag] *m,* Tipp *m fam;* **a** ~ **about buying a house/growing vegetables** ein Tipp für den Hauskauf/Gemüseanbau; **helpful/useful** ~ hilfreicher/nützlicher Tipp [*o* Hinweis]; **hot** ~ heißer Tipp *fam;* **to give sb a** ~ jdm einen Tipp geben *fam;* **to take a** ~ **from sb** jds Rat befolgen; ***if you take my ~, you'll avoid that part of the city*** wenn du mich fragst, solltest du diesen Teil der Stadt meiden
II. *vt* <-pp-> ❶ *(give money to)* ■**to** ~ **sb** jdm Trinkgeld geben; ***they ~ped the waiter £5*** sie gaben dem Ober 5 Pfund Trinkgeld
❷ *esp* BRIT *(predict)* ■**to** ~ **sth** auf etw *akk* tippen; ***Davis is being ~ped to win the championship*** Davis ist Favorit auf den Meistertitel; ***he's ~ped as the next Prime Minister*** er gilt als der nächste Premierminister; **to be ~ped for success** auf Erfolgskurs sein
▸ PHRASES: **to** ~ **one's hand** AM sich *akk* festlegen; **to** ~ **sb the wink** BRIT jdm einen Wink geben
III. *vi* <-pp-> Trinkgeld geben
◆**tip off** *vt* ■**to** ~ **sb** ○ **off** jdm einen Wink [*o fam* Tipp] geben
tip-off *n (fam)* Wink *m,* Tipp *m*
tipper ['tɪpəʳ, AM -ɚ] *n* ❶ *(person)* Trinkgeldgeber(in) *m(f);* ***Mr Smith is a good*** ~ Herr Smith gibt großzügige Trinkgelder
❷ BRIT *(truck)* Kipper *m*
tipper lorry *n* BRIT, **tipper truck** *n* BRIT Kipper *m*
tippet ['tɪpɪt] *n* FASHION ❶ *(woman's long scarf or cape)* Pelerine *f*
❷ *clergy* [Seiden]schärpe *f*
Tipp-Ex® ['tɪpeks] *n* BRIT Tipp-Ex® *nt*
tipple ['tɪpl] **I.** *vi* ❶ *(drink alcohol)* trinken, saufen *fam*
❷ BRIT *(fam)* **it is tippling down** es gießt [*o* schüttet] *fam*
II. *vt* **to** ~ **beer/champagne** Bier/Champagner süffeln *fam*
III. *n (fam)* **favourite** [*or* AM **favorite**] ~ Lieblingsdrink *m;* ***white wine is her*** ~ sie trinkt am liebsten Weißwein
tippler ['tɪpləʳ, AM -ɚ] *n (fam)* Säufer(in) *m(f) pej fam*
tip sheet *n* Wettliste *f*
tipsily ['tɪpsɪli] *adv (fam)* beschwipst
tipsiness ['tɪpsɪnəs] *n no pl (fam)* Schwips *m*
tipster ['tɪpstəʳ, AM -ɚ] *n (in sports)* Tippgeber(in) *m(f); (to authorities)* Informant(in) *m(f)*
tipsy ['tɪpsi] *adj* beschwipst
tiptoe ['tɪptəʊ, AM -toʊ] **I.** *n* **on** ~[**s**] auf Zehenspitzen
II. *vi* auf Zehenspitzen gehen; ■**to** ~ **in/out** hinein-/hinausschleichen
tip-top *adj (fam)* erstklassig, Spitzen-, Spitze *präd fam,* tipptopp *fam;* ~ **condition/shape** erstklassiger Zustand/erstklassige Form **tip truck** *n* AUS Kipper *m* **tip-up seat** *n* Klappsitz *m*
tirade [taɪ'reɪd, AM 'taɪreɪd] *n* Tirade *f geh;* **angry** ~ Schimpfkanonade *f;* **to deliver a** ~ sich *akk* in einer Tirade ergehen
tire[1] ['taɪəʳ, AM -ɚ] **I.** *n* AM Reifen *m*
II. *n modifier (pressure, store)* Reifen-; ~ **chain** Schneekette *f;* ~ **pressure gauge** Reifendruckmesser *m;* ~ **tracks** Reifenspuren *fpl;* ~ **tread** Reifenprofil *nt*
tire[2] ['taɪəʳ, AM -ɚ] **I.** *vt* ■**to** ~ **sb** jdn ermüden; ■**to** ~ **oneself doing sth** von etw *dat* müde werden
II. *vi* ermüden, müde werden; ■**to** ~ **of sth/sb** etw/jdn satt haben *fam;* **to never** ~ **of doing sth** nie müde werden, etw zu tun
◆**tire out I.** *vt* ■**to** ~ **sb** ○ **out** jdn müde machen; **to** ~ **oneself out working** sich *akk* durch das Arbeiten erschöpfen
II. *vi* erschöpft sein
tired <-er, -est *or* more ~, most ~> ['taɪəd, AM -ɚd] *adj* ❶ *(exhausted)* müde; ~ **and emotional** BRIT *(hum: drunk)* betrunken; *(impatient)* ***you make me ~!*** du regst mich auf!
❷ *(bored with)* ■**to be** ~ **of sth/sb** einer S./einer Person *gen* überdrüssig sein; **to be** ~ **to death of sth** etw gründlich leid sein; **to be sick and** ~ **of sth/sb** von etw/jdm die Nase gestrichen voll haben *fam;* **to get** [*or* **grow**] ~ **of sb/sth** jdn/etw satt bekommen *fam*
❸ *(over-used)* ~ **excuse** lahme Ausrede; **the same** ~ **old faces** dieselben langweiligen Gesichter; ~ **phrase** abgedroschene Phrase
tiredly ['taɪədli, AM -ɚd-] *adv* müde
tiredness ['taɪədnəs, AM -ɚd-] *n no pl* Müdigkeit *f*
tired out *adj inv person* völlig erschöpft; *idea, cliche* abgegriffen
tireless ['taɪələs, AM -ɚ-] *adj* unermüdlich (**in** bei +*dat*)
tirelessly ['taɪələsli, AM -ɚ-] *adv* unermüdlich
tiresome ['taɪəsəm, AM -ɚ-] *adj* mühsam; ***how ~!*** das ist aber dumm!; ~ **habit** unangenehme Angewohnheit
tiresomely ['taɪəsəmli, AM -ɚ-] *adv* langweilig
tiring ['taɪərɪŋ, AM -ɚ-] *adj* ermüdend
tiro ['taɪərəʊ, AM 'taɪroʊ] *n see* **tyro**
'tis [tɪz] *(old)* = **it is** *see* **be**
tisane [tɪ'zæn] *n* Kräutertee *m*
tissue ['tɪʃuː, -sjuː, AM 'tɪʃuː] *n* ❶ *(for wrapping)* Seidenpapier *nt*
❷ *(for wiping noses)* Papiertaschentuch *nt;* **a piece of** ~ ein Papiertuch *nt*
❸ *no pl (of animals or plants)* Gewebe *nt;* **scar** ~ vernarbtes Gewebe
❹ *(fig: complex mass)* Netz *nt;* **a** ~ **of lies** ein Lügengewebe *nt*
tissue culture *n* Gewebekultur *f* **tissue paper** *n (for cleaning)* Papiertuch *nt; (for wrapping)* Seidenpapier *nt* **tissue type** *n* Gewebeart *f*
tit [tɪt] *n* ❶ *(bird)* Meise *f;* **blue** ~ Blaumeise *f;* **coal** ~ Tannenmeise *f*
❷ *(vulg: breast)* Titte *f vulg*
❸ BRIT *(fam!: fool)* dumme Sau *derb,* Idiot(in) *m(f) fam;* **to feel a right** ~ sich *dat* total bescheuert vorkommen *fam*
▸ PHRASES: ~ **for tat** wie du mir, so ich dir; **to get on sb's ~s** BRIT *(sl)* jdm auf den Sack gehen *derb*
titan ['taɪtᵊn] *n* Titan *m,* Gigant *m;* **clash of** [**the**] **~s** Kampf *m* der Giganten; **financial** ~ Finanzriese *m;* **media** ~ Mediengigant *m*
titanic [taɪ'tænɪk] *adj* gigantisch
titanium [tɪ'teɪniəm, AM taɪ'-] *n no pl* Titan *nt*
titbit ['tɪtbɪt] *n esp* BRIT ❶ *(snack)* Leckerbissen *m*
❷ *usu pl (of information)* Leckerbissen *m fig;* **juicy ~s** pikante Einzelheiten
titch [tɪtʃ] *n* BRIT Knirps *m fam;* ***come on ~!*** BRIT komm Kleiner! *fam*
titchy ['tɪtʃi] *adj* BRIT *(fam)* winzig
tit-for-tat [ˌtɪtfə'tæt, AM -fɚ'-] *adj inv insults, killings* Rache-; ***he always has this ~ attitude*** er hat immer diese ‚wie du mir, so ich dir' Einstellung
tithe [taɪð] **I.** *vi* den Zehnten bezahlen [*o* abgeben]
II. *vt* ■**to** ~ **sth** den Zehnten von etw *dat* bezahlen
III. *n* ❶ *usu pl (church tax)* Zehnte[r] *m*
❷ *usu sing (old: tenth)* zehnter Teil, Zehntel *nt*
titian *adj,* **Titian** ['tɪʃᵊn] *adj inv* tizianrot
titian-haired *adj,* **Titian-haired** *adj* mit tizianrotem Haar *nach n*
titillate ['tɪtɪleɪt, AM -t̬ᵊl-] **I.** *vt* ■**to** ~ **sb/sth** jdn/etw anregen; **to** ~ **the palate** den Gaumen kitzeln
II. *vi* erregen
titillating ['tɪtɪleɪtɪŋ, AM -t̬ᵊleɪt̬-] *adj pictures* stimulierend, erregend; *information* pikant
titillation [ˌtɪtɪ'leɪʃᵊn, AM -t̬ᵊl'eɪ-] *n no pl (sexual)* Erregung *f,* Stimulation *f; (intellectual)* Anregung *f*
titivate ['tɪtɪveɪt, AM 'tɪt̬ə-] **I.** *vi* sich *akk* zurechtmachen
II. *vt* ■**to** ~ **oneself** sich *akk* fein machen; **to** ~ **a**

T

display/a dress/one's hair eine Anzeige/ein Kleid/sein Haar verschönern [*o* herausputzen]

title ['taɪtl̩, AM -t̬l̩] **I.** *n* ❶ *of a book, film* Titel *m* ❷ (*film credits*) ■ **~s** *pl* Vor-/Nachspann *m* ❸ (*status, rank*) Titel *m;* **job ~** Berufsbezeichnung *f* ❹ (*in sports event*) Titel *m;* **to hold the ~** den Titel verteidigen ❺ *no pl* Rechtsanspruch *m* (**to** auf +*akk*); (*to a car*) Fahrzeugbrief *m;* (*to a house, property*) Eigentumsrecht *nt;* **to research a ~** ein Eigentum prüfen ❻ LAW (*name of bill/Act*) Titel *m,* Gesetzesbezeichnung *f*

II. *vt* **to ~ a book/film/novel** ein Buch/einen Film/Roman betiteln; ***the report is ~d 'Streetchildren'*** der Bericht hat den Titel „Straßenkinder"; **to be aptly ~d** (*usu iron*) den treffenden Titel haben

titled ['taɪtl̩d, AM -t̬l̩d] *adj inv person* adelig

title deed *n* LAW [Grundstücks]eigentumsurkunde *f,* Grundbucheintrag *m* **title fight** *n* Titelkampf *m* **titleholder** *n* Titelverteidiger(in) *m(f)* **title insurance** *n no pl* Versicherung *f* der Eigentumsrechte **title music** *n no pl* Titelmusik *f* **title page** *n* Titelblatt *nt* **title role** *n* Titelrolle *f* **title track** *n* Titelsong *m*

titter ['tɪtəʳ, AM -t̬ɚ] **I.** *vi* kichern **II.** *n* Gekicher *nt kein pl*

tittle ['tɪtl̩, AM 'tɪt̬l̩] *n usu sing* [I-]Pünktchen *nt,* Tüttelchen *nt veraltend fam*

tittle-tattle *n no pl* (*fam*) Geschwätz *nt pej*

titty ['tɪti, AM -t̬-] *n* (*vulg*) Titte *f vulg;* ***that's tough titties!*** (*fam!*) das ist ein Scheißpech [aber auch]! *derb*

titular ['tɪtjələʳ, AM -tʃələr] *adj attr, inv* nominell, Titular-

tizz [tɪz] *n* BRIT, **tizzy** ['tɪzi] *n no pl* (*fam*) Aufregung *f;* ■ **to be in a ~** in heller Aufregung sein; **to get oneself in a real ~** sich *akk* schrecklich aufregen

T-junction ['ti:dʒʌŋkʃᵊn] *n* [rechtwinklige] Straßenabzweigung

TM [ˌti:'em] *n abbrev of* **Transcendental Meditation** transzendentale Meditation

TNT [ˌti:en'ti:] *n no pl* CHEM *abbrev of* **trinitrotoluene** TNT *nt*

to [tu:, tu, tə]

I. PREPOSITION	II. TO FORM INFINITIVES
III. ADVERB	

I. PREPOSITION

❶ (*moving towards*) in +*akk,* nach +*dat,* zu +*dat;* ***she walked over ~ the window*** sie ging [hinüber] zum Fenster [*o* ans Fenster]; **~ the right/left** nach rechts/links; ***there ~ the right*** dort rechts; ***he's standing ~ the left of Adrian*** er steht links neben Adrian; **~ the north/south** nördlich/südlich; ***twenty miles ~ the north of the city*** zwanzig Meilen nördlich der Stadt; ***the suburbs are ~ the west of the city*** die Vororte liegen im Westen der Stadt; ***parallel ~ the x axis*** parallel zur x-Achse; ***we're going ~ town*** wir gehen/fahren in die Stadt; **~ *the mountains*** in die Berge; **~ *the sea*** ans Meer; **~ *the park*** in den Park; ***from here ~ the station*** von hier [bis] zum Bahnhof; ***the way ~ the town centre*** der Weg ins Stadtzentrum; ***they go ~ work on the bus*** sie fahren mit dem Bus zur Arbeit; ***I'm going ~ a party/concert*** ich gehe auf eine Party/ein Konzert; ***she has to go ~ a meeting now*** sie muss jetzt zu einem Meeting [gehen]; ***we moved ~ Germany last year*** wir sind letztes Jahr nach Deutschland gezogen; ***he flew ~ the US*** er flog in die USA; ***she's never been ~ Mexico before*** sie ist noch nie [zuvor] in Mexiko gewesen; ***my first visit ~ Africa*** mein erster Aufenthalt in Afrika; ***this is a road ~ nowhere!*** diese Straße führt nirgendwohin! ❷ (*attending regularly*) zu +*dat,* in +*dat;* ***she goes ~ kindergarten*** sie geht in den Kindergarten; ***he goes ~ college*** er geht zur Hochschule [*o* studiert an der Hochschule]; ***do you go ~ church?*** gehst du in die Kirche?; ***I go ~ the gym twice a week*** ich gehe zweimal wöchentlich in die Turnhalle ❸ (*inviting to*) zu +*dat;* ***an invitation ~ a wedding*** eine Einladung zu einer Hochzeit; ***I've asked them ~ dinner*** ich habe sie zum Essen eingeladen; ***she took me out ~ lunch yesterday*** sie hat mich gestern zum Abendessen ausgeführt [*o* eingeladen] ❹ (*in direction of*) auf +*akk;* ***she pointed ~ a distant spot on the horizon*** sie zeigte auf einen fernen Punkt am Horizont; **to have one's back ~ sth/sb** etw/jdm den Rücken zudrehen; **back ~ front** verkehrt herum ❺ (*in contact with*) an +*dat;* ***they were dancing cheek ~ cheek*** sie tanzten Wange an Wange; ***she put her hand ~ his breast*** sie legte die Hand auf seine Brust; ***she clasped the letter ~ her bosom*** sie drückte den Brief an ihren Busen ❻ (*attached to*) an +*akk;* ***tie the lead ~ the fence*** mache die Leine am Zaun fest; ***they fixed the bookshelves ~ the wall*** sie brachten die Bücherregale an der Wand an; ***stick the ads ~ some paper*** klebe die Anzeigen auf ein Blatt Papier ❼ (*with indirect object*) mit +*dat;* ***I lent my bike ~ my brother*** ich habe meinem Bruder mein Fahrrad geliehen; ***give that gun ~ me*** gib mir das Gewehr; ***he is married ~ his cousin Emma*** er ist mit seiner Kusine Emma verheiratet; ***I told that ~ Glyn*** ich habe das Glyn erzählt; ***you should show that rash ~ the doctor*** du solltest den Ausschlag dem Arzt zeigen; ***what have they done ~ you?*** was haben sie dir [an]getan?; ***children are often cruel ~ each other*** Kinder sind oft grausam zueinander; ***who's the letter addressed ~?*** an wen ist der Brief gerichtet [*o* adressiert]?; ***her knowledge proved useful ~ him*** ihr Wissen erwies sich als hilfreich für ihn; ***I am deeply grateful ~ my parents*** ich bin meinen Eltern zutiefst dankbar; ***a threat ~ world peace*** eine Bedrohung des Weltfriedens [*o* für den Weltfrieden]; ***they made a complaint ~ the manager*** sie reichten beim Geschäftsleiter eine Beschwerde ein ❽ (*with respect to*) zu +*dat;* ***and what did you say ~ that?*** und was hast du dazu gesagt?; ***he finally confessed ~ the crime*** er gestand schließlich das Verbrechen; ***this is essential ~ our strategy*** dies ist ein wesentlicher Bestandteil unserer Strategie; (*in response*) auf +*akk;* ***a reference ~ Psalm 22:18*** ein Verweis auf Psalm 22:18; ***her reply ~ the question*** ihre Antwort auf die Frage; ***and what was her response ~ that?*** und wie lautete ihr Antwort darauf? ❾ (*belonging to*) zu +*dat;* ***the keys ~ his car*** seine Autoschlüssel; ***the top ~ this pen*** die Kappe zu diesem Stift; ***she has a mean side ~ her*** sie kann auch sehr gemein sein; ***there is a very moral tone ~ this book*** dieses Buch hat einen sehr moralischer Ton; ***there's a funny side ~ everything*** alles hat auch seine komische Seite ❿ (*compared to*) mit +*dat;* ***I prefer beef ~ seafood*** ich ziehe Rindfleisch Meeresfrüchten vor; ***frogs' legs are comparable ~ chicken*** Froschschenkel sind mit Hühnerfleisch vergleichbar; ***a colonel is superior ~ a sergeant*** ein Oberst ist ein höherer Dienstgrad als ein Unteroffizier; ***she looked about thirty ~ his sixty*** gegenüber seinen sechzig Jahren wirkte sie wie dreißig; **[to be] nothing ~ sth** nichts im Vergleich zu etw *dat* [sein]; ***her wage is nothing ~ what she could earn*** ihr Einkommen steht in keinem Vergleich zu dem, was sie verdienen könnte ⓫ (*in scores*) zu +*dat;* ***Paul beat me by three games ~ two*** Paul hat im Spiel drei zu zwei gegen mich gewonnen; ***Manchester won three ~ to one*** Manchester hat drei zu eins gewonnen ⓬ (*until*) bis +*dat,* zu +*dat;* ***I read up ~ page 100*** ich habe bis Seite 100 gelesen; ***unemployment has risen ~ almost 8 million*** die Arbeitslosigkeit ist auf fast 8 Millionen angestiegen; ***count ~ 20*** bis 20 zählen; ***it's about fifty miles ~ New York*** es sind [noch] etwa fünfzig Meilen bis New York ⓭ (*expressing change of state*) zu +*dat;* ***he converted ~ Islam*** er ist zum Islam übergetreten; ***his expression changed from amazement ~ joy*** sein Ausdruck wechselte von Erstaunen zu Freude; ***the change ~ the metric system*** der Wechsel zum metrischen System; ***her promotion ~ department manager*** ihre Beförderung zur Abteilungsleiterin; ***the meat was cooked ~ perfection*** das Fleisch war perfekt zubereitet [worden]; ***he drank himself ~ death*** er trank sich zu Tode; ***she nursed me back ~ health*** sie hat mich [wieder] gesund gepflegt; ***smashed ~ pieces*** in tausend Stücke geschlagen; ***she was close ~ tears*** sie war den Tränen nahe; ***he was thrilled ~ bits*** er freute sich wahnsinnig ⓮ (*to point in time*) bis +*dat;* ***the shop is open ~ 8.00 p.m.*** der Laden hat bis 20 Uhr geöffnet; ***we're in this ~ the end*** wir führen dies bis zum Ende; ***and ~ this day ...*** und bis auf den heutigen Tag ...; ***it's only two weeks ~ your birthday!*** es sind nur noch zwei Wochen bis zu deinem Geburtstag! ⓯ (*including*) ■ **from ... ~ ...** von ... bis ...; ***from beginning ~ end*** von Anfang bis Ende; ***from morning ~ night*** von Kopf bis Fuß; ***front ~ back*** von vorne bis hinten, von allen Seiten; ***I read the document front ~ back*** ich habe das Dokument von vorne bis hinten gelesen; ***he's done everything from snowboarding ~ windsurfing*** er hat von Snowboarden bis Windsurfen alles [mal] gemacht; ***from simple theft ~ cold-blooded murder*** vom einfachen Diebstahl bis zum kaltblütigen Mord ⓰ BRIT (*in clock times*) vor, bis SÜDD; ***it's twenty ~ six*** es ist zwanzig vor sechs ⓱ (*causing*) zu +*dat;* **~ *my relief/horror/astonishment*** zu meiner Erleichterung/meinem Entsetzen/meinem Erstaunen; ***much ~ her suprise*** zu ihrer großen Überraschung ⓲ (*according to*) für +*akk;* **~ *me, it sounds like he's ending the relationship*** für mich hört sich das an, als ob er die Beziehung beenden wollte; ***that outfit looks good ~ me*** das Outfit gefällt mir gut; ***if it's acceptable ~ you*** wenn Sie einverstanden sind; ***this would be ~ your advantage*** das wäre zu deinem Vorteil, das wäre für dich von Vorteil; ***does this make any sense ~ you?*** findest du das auf irgendeine Weise einleuchtend?; ***fifty pounds is nothing ~ him*** fünfzig Pfund bedeuten ihm nichts; **what's it ~ you?** (*fam*) was geht dich das an? ⓳ (*serving*) für +*akk;* ***as a personal trainer ~ the rich and famous*** als persönlicher Trainer der Reichen und Berühmten; ***they are hat makers ~ Her Majesty the Queen*** sie sind Hutmacher Ihrer Majestät, der Königin; ***economic adviser ~ the president*** Wirtschaftsberater des Präsidenten; FILM (*next to*) ***she was Ophelia ~ Olivier's Hamlet*** sie spielte die Ophelia neben Oliviers Hamlet ⓴ (*in honour of*) auf +*akk;* ***here's ~ you!*** auf dein/Ihr Wohl!; **~ *the cook!*** auf den Koch/die Köchin!; ***the record is dedicated ~ her mother*** die Schallplatte ist ihrer Mutter gewidmet; ***I propose a toast ~ the bride and groom*** ich bringe einen Toast auf die Braut und den Bräutigam aus; ***a memorial ~ all the soldiers who died in Vietnam*** ein Denkmal für alle im Vietnamkrieg gefallenen Soldaten ㉑ (*per*) ***the car gets 25 miles ~ the gallon*** das Auto verbraucht eine Gallone auf 25 Meilen; ***three parts oil ~ one part vinegar*** drei Teile Öl auf einen Teil Essig; ***the odds are 2 ~ 1 that you'll lose*** die Chancen stehen 2 zu 1, dass du verlierst ㉒ (*as a result of*) von +*dat;* ***she awoke ~ the sound of screaming*** sie erwachte von lautem Geschrei; ***he left the stage ~ the sound of booing*** er ging unter den Buhrufen von der Bühne; ***I like exercising ~ music*** ich trainiere gern zu [*o* mit] Musik; ***I can't dance ~ this sort of music*** ich kann zu dieser Art Musik nicht tanzen; ***the band walked on stage ~ rapturous applause*** die Band zog unter tosendem Applaus auf die Bühne ㉓ (*roughly*) bis +*dat;* ***thirty ~ thirty-five people*** dreißig bis fünfunddreißig Leute ㉔ MATH (*defining exponent*) hoch; ***ten ~ the power of three*** zehn hoch drei

► PHRASES: **that's all there is ~ it** das ist schon alles;

there's not much [*or* ***nothing***] ~ ***it*** das ist nichts Besonderes, da ist nichts Besonderes dabei

II. TO FORM INFINITIVES

❶ (*expressing future intention*) zu; ***she agreed ~ help*** sie erklärte sich bereit zu helfen; ***I'll have ~ tell him*** ich werde es ihm sagen müssen; ***I don't expect ~ be finished any later than seven*** ich denke, dass ich spätestens um sieben fertig sein werde; ***sadly she didn't live ~ see her grandchildren*** leider war es ihr nicht vergönnt, ihre Enkel noch zu erleben; ***I have ~ go on a business trip*** ich muss auf eine Geschäftsreise; ***the company is ~ pay over £500,000*** die Firma muss über £500.000 bezahlen; ***he's going ~ write his memoirs*** er wird seine Memoiren schreiben; ***I have some things ~ be fixed*** ich habe einige Dinge zu reparieren; ***Blair ~ meet with Putin*** Blair trifft Putin; **be about ~ do sth** gerade etw tun wollen, im Begriff sein etw zu tun

❷ (*forming requests*) zu; ***she was told ~ have the report finished by Friday*** sie wurde gebeten, den Bericht bis Freitag fertig zu stellen; ***he told me ~ wait*** er sagte mir, ich solle warten; ***I asked her ~ give me a call*** ich bat sie, mich anzurufen; ***we asked her ~ explain*** wir baten sie, es uns zu erklären; ***you've not ~ do that*** du sollst das nicht tun; ***that man is not ~ come here again*** der Mann darf dieses Haus nicht mehr betreten; ***young man, you're ~ go to your room right now*** junger Mann, du gehst jetzt auf dein Zimmer

❸ (*expressing wish*) zu; ***I need ~ eat something first*** ich muss erst etwas essen; ***I'd love ~ live in New York*** ich würde liebend [*o* nur zu] gern in New York leben; ***would you like ~ dance?*** möchten Sie tanzen?; ***that child ought ~ be in bed*** das Kind sollte [schon] im Bett sein; ***I want ~ go now*** ich möchte jetzt gehen; ***I need ~ go to the bathroom*** ich muss noch einmal zur [*o* auf die] Toilette; ***do you want ~ come with us?*** willst du [mit uns] mitkommen?; ***I'd love ~ go to France this summer*** ich würde diesen Sommer gern nach Frankreich fahren

❹ (*omitting verb*) ***are you going tonight? — I'm certainly hoping ~*** gehst du heute Abend? – das hoffe ich sehr; ***would you like to go and see the Russian clowns? — yes, I'd love ~*** möchtest du gern die russischen Clowns sehen? – ja, sehr gern; ***can you drive? — yes I'm able ~ but I prefer not ~*** kannst du Auto fahren? – ja, das kann ich, aber ich fahre nicht gern

❺ *after adj* (*to complete meaning*) ***it's not likely ~ happen*** es ist unwahrscheinlich, dass das geschieht, das wird wohl kaum geschehen; ***I was afraid ~ tell her*** ich hatte Angst, es ihr zu sagen; ***he's able ~ speak four languages*** er spricht vier Sprachen; ***she's due ~ have her baby*** sie soll bald ihr Baby bekommen; ***I'm afraid ~ fly*** ich habe Angst vorm Fliegen; ***she's happy ~ see you back*** sie ist froh, dass du wieder zurück bist; ***I'm sorry ~ hear that*** es ist tut mir Leid, das zu hören; ***easy ~ use*** leicht zu bedienen; ***languages are fun ~ learn*** Sprachenlernen macht Spaß; ***it is interesting ~ know that*** es ist interessant, das zu wissen; ***three months is too long ~ wait*** drei Monate zu warten ist zu lang; ***I'm too nervous ~ talk right now*** ich bin zu nervös, um jetzt zu sprechen

❻ (*expressing purpose*) ***I'm going there ~ see my sister*** ich gehe dort hin, um meine Schwester zu treffen; ***she's gone ~ pick Jean up*** sie ist Jean abholen gegangen; ***my second attempt ~ make flaky pastry*** mein zweiter Versuch, einen Blätterteig zu machen; ***they have no reason ~ lie*** sie haben keinerlei Grund zu lügen; ***I have the chance ~ buy a house cheaply*** ich habe die Gelegenheit, billig ein Haus zu kaufen; ***something ~ eat*** etwas zu essen; ***the first person ~ arrive*** die erste Person, die ankam [*o* eintraf]; ***Armstrong was the first man ~ walk on the moon*** Armstrong war der erste Mann, der je den Mond betrat

❼ (*expressing intent*) ***we tried ~ help*** wir versuchten zu helfen; ~ ***make this cake, you'll need …*** für diesen Kuchen braucht man …; ***he managed ~ escape*** es gelang ihm zu entkommen

❽ (*after wh- words*) ***I don't know what ~ do*** ich weiß nicht, was ich tun soll; ***I don't know where ~ begin*** ich weiß nicht, wo ich anfangen soll; ***she was wondering whether ~ ask David about it*** sie fragte sich, ob sie David deswegen fragen sollte; ***can you tell me how ~ get there?*** könne Sie mir sagen, wie ich dort hinkomme?

❾ (*introducing clause*) ~ **tell the truth** [*or* ~ **be truthful**] um die Wahrheit zu sagen; ~ ***be quite truthful with you, Dave, I never really liked the man*** ich muss dir ehrlich sagen, Dave, ich konnte diesen Mann noch nie leiden; ~ **be honest** um ehrlich zu sein

❿ (*in consecutive acts*) um zu; ***he looked up ~ greet his guests*** er blickte auf, um seine Gäste zu begrüßen; ***she reached out ~ take his hand*** sie griff nach seiner Hand; ***they turned around ~ find their car gone*** sie drehten sich um und bemerkten, dass ihr Auto verschwunden war

III. ADVERB

inv zu; **to push** [*or* **pull**] **the door** ~ die Tür zuschlagen; **to come** ~ zu sich *dat* kommen; **to set** ~ sich *akk* daranmachen *fam;* ***they set ~ with a will, determined to finish the job*** sie machten sich mit Nachdruck daran, entschlossen, die Arbeit zu Ende zu bringen

toad [təʊd, AM toʊd] *n* ❶ (*animal*) Kröte *f*
❷ (*fig pej: person*) Ekel *nt pej fam;* **lying** ~ verlogenes Miststück *derb*

toad-in-the-hole *n* BRIT *in Teig gebackene Wurst*
toadstool *n* Giftpilz *m*

toady ['təʊdi, AM 'toʊdi] (*pej*) **I.** *n* Speichellecker *m pej fam,* Arschkriecher *m pej derb*
II. *vi* <-ie-> ■**to ~ to sb** vor jdm kriechen *pej*

to and fro I. *adv inv* hin und her; (*back and forth*) vor und zurück
II. *vi* (*move*) ■**to be toing and froing** vor- und zurückgehen; (*be indecisive*) hin und her schwanken
III. *n* ■**toing and froing** Hin und Her *nt*

toast [təʊst, AM toʊst] **I.** *n* ❶ *no pl* (*bread*) Toast *m;* **slice of** ~ Scheibe *f* Toast; **to be warm as ~** mollig warm sein
❷ (*when drinking*) Toast *m,* Trinkspruch *m;* ***the ~ was the success of the future*** es wurde auf den zukünftigen Erfolg getrunken; **to drink a ~ to sb/sth** auf jdn/etw trinken; **to propose a ~ to sb/sth** einen Trinkspruch auf jdn/etw ausbringen; **the ~ of the town** (*dated*) der Star der Stadt
▶ PHRASES: **to be** ~ AM (*fam!*) erledigt sein *fam;* **to have sb on** ~ BRIT (*fam*) jdn in der Hand haben
II. *vt* ❶ (*cook over heat*) **to ~ almonds/walnuts** Mandeln/Walnüsse rösten; **to ~ bread/a muffin** Brot/ein Muffin toasten
❷ (*fig: warm up*) **to ~ oneself/one's feet by the fire** sich *akk*/seine Füße am Feuer wärmen
❸ (*drink to*) ■**to ~ sb/sth** auf jdn/etw trinken [*o* anstoßen]; **to be ~ed as a beauty/success** (*fig*) als eine Schönheit/Erfolg gefeiert werden

toasted cheese *n,* **toasted cheese sandwich** *n* BRIT Käsetoast *m*
toaster ['təʊstər, AM 'toʊstər] *n* Toaster *m*
toaster oven *n* AM Toastergrill *m*
toastie ['təʊsti, AM 'toʊ-] *n esp* BRIT (*fam*) Snack *m*
toasting fork *n* Fleischgabel *f*
toastmaster *n ein Mann, der Tischredner ankündigt und Toasts ausspricht* **toastmistress** *n eine Frau, die Tischredner ankündigt und Toasts ausspricht* **toast rack** *n* Toastständer *m*

toasty ['təʊsti, AM 'toʊ-] **I.** *adj* ❶ (*in taste*) geröstet
❷ *esp* AM (*fig: warm*) wohlig warm
II. *n* (*fam*) Snack *m*

tobacco [tə'bækəʊ, AM -koʊ] **I.** *n no pl* ❶ (*for smoking, chewing*) Tabak *m*
❷ (*plant*) Tabak *m*
II. *n modifier* (*company, industry, plant*) Tabak-; ~ **smoke** Tabakrauch *m*

tobacconist [tə'bækənɪst] *n* Tabakwarenhändler(in) *m(f),* Trafikant(in) *m(f)* ÖSTERR
-to-be [tə'bi:] *in compounds* (*boss-, husband-*) zukünftige(r, s) *attr;* **bride-~** zukünftige Braut; **mother-~** werdende Mutter

toboggan [tə'bɒgən, AM -'bɑ:-] **I.** *n* Schlitten *m,* Rodel *f* ÖSTERR
II. *vi* Schlitten fahren, rodeln; **to ~ down a hill/run** einen Hügel/eine Bahn hinunterrodeln

tobogganing [tə'bɒgənɪŋ, AM -'bɑ:-] *n* Schlittenfahren *nt kein pl,* Rodeln *nt kein pl;* **to go ~** Rodeln gehen
toboggan race *n* Rodelrennen *nt* **toboggan run** *n,* **toboggan slide** *n* Rodelbahn *f*
toby ['təʊbi, AM 'toʊbi] *n,* **toby jug** *n* Figurkrug *m*
toccata [tə'kɑ:tə, AM ţə] *n* MUS Toccata *f fachspr*
tocsin ['tɒksɪn, AM 'tɑ:k] *n* (*old*) Sturmglocke *f hist;* (*fig*) Warnsignal *nt;* **to sound the ~** Alarm schlagen
tod [tɒd] *n no pl* BRIT (*fam*) **on one's ~** allein; **to be on one's ~** allein sein

today [tə'deɪ] **I.** *adv inv* ❶ (*on this day*) heute; **a month from ~** heute in einem Monat; **five years ago ~** heute vor fünf Jahren; **to be here ~ and gone tomorrow** heute da und morgen dort sein
❷ (*nowadays*) heutzutage
II. *n no pl* ❶ (*this day*) heutiger Tag; ***~'s the day*** heute ist der große Tag; **~'s date** heutiges Datum; ***what's ~'s date?*** welches Datum haben wir heute?; **~'s paper** Zeitung *f* von heute; **~'s special** Angebot *nt* des Tages
❷ (*present period of time*) Heute *nt;* **cars/computers/youth of ~** Autos *ntpl*/Computer *mpl*/Jugend *f* von heute; **~'s cars/computers/youth** heutige Autos/Computer/Jugend

today week *adv* BRIT heute in einer Woche
toddle ['tɒdl, AM 'tɑ:dl] *vi child* wackeln, tapsen; (*fam*) *adult* schlappen *fam,* tappen *fam*
toddler ['tɒdlər, AM 'tɑ:dlər] *n* Kleinkind *nt*
toddler's pool *n* Planschbecken *nt*
toddy ['tɒdi, AM 'tɑ:di] *n* Toddy *m*
todger ['tɒdʒər] *n* BRIT (*sl*) Schwanz *m sl*

to-do [tə'du:] *n usu sing* (*fam*) ❶ (*fuss*) Getue *nt pej fam;* ***what's the big ~ about?*** was soll denn das ganze Theater?; **to make a great ~ about sth** ein großes Theater um etw *akk* machen
❷ (*confrontation*) Wirbel *m*
to-do list *n* Besorgungsliste *f*

toe [təʊ, AM toʊ] **I.** *n* ❶ (*on foot*) Zehe *f;* **to stub one's ~s** sich *dat* die Zehen anstoßen; **to tap one's ~s** mit den Zehen wippen
❷ (*of sock, shoe*) Spitze *f*
▶ PHRASES: **to make one's ~s curl** jdm peinlich sein; **to keep sb on their ~s** jdn auf Zack halten *fam;* **to stay on one's ~s** auf Zack bleiben *fam;* **to step on** [*or* **tread**] **sb's ~s** jdm [zu] nahe treten; **to turn up one's ~s** (*fam*) den Löffel abgeben *fam*
II. *vt* **to ~ the party line** der Parteilinie folgen
III. *vi* ■**to ~ in/out** X-/O-Beine haben

toe cap *n* Schuhkappe *f* **toe clip** *n* Rennbügel *m* **toe-curling** *adj* BRIT (*fam*) peinlich
-toed [təʊd, AM toʊd] *in compounds* **a two-/three-/four-~ animal** ein zwei-/drei-/vierzehiges Tier

toehold *n* ❶ (*in climbing*) Halt *m* für die Zehen
❷ (*fig: starting point*) Ausgangspunkt *m;* **to get a ~ in** Fuß fassen **toenail** *n* Zehennagel *m* **toerag** *n* BRIT (*pej vulg sl*) Widerling *m pej,* Miesling *m pej fam*

toff [tɒf] *n* BRIT, AUS feiner Pinkel *pej fam,* Schnösel *m pej fam*
toffee *n,* **toffy** ['tɒfi, AM 'tɑ:-] *n* Toffee *nt*
▶ PHRASES: **sb cannot do sth for ~** BRIT (*fam*) jd kann etw absolut [*o* überhaupt] nicht tun
toffee apple *n* kandierter Apfel **toffee-nosed** *adj* BRIT (*pej fam*) hochnäsig
tofu ['təʊfu:, AM 'toʊ-] *n no pl* Tofu *m*

tog [tɒg, AM tɑ:g] **I.** *n* ■**~s** *pl* (*fam*) Klamotten *pl fam; esp* AUS (*fam: swimming costume*) Schwimmsachen *pl*
II. *vt* <-gg-> ■**to ~ sb out** [*or* **up**] jdn herausput-

T

zen; ■**to ~ oneself up** sich *akk* in Schale werfen

toga ['təʊgə] *n* HIST, FASHION Toga *f*

together [tə'geðəʳ, AM -ɚ] **I.** *adv inv* ❶ (*with each other*) zusammen; ■**~ with sth** zusammen mit etw *dat;* ***the telephone bill ~ with the rent equals £300*** die Telefonrechnung und die Miete macht zusammen 300 Pfund; **close ~** nah beisammen ❷ (*collectively*) zusammen, gemeinsam; ***she's got more sense than the rest of you put ~*** sie hat mehr Verstand als ihr alle zusammen; **all ~ now** jetzt alle miteinander ❸ (*as to combine*) **to add sth ~** etw zusammenzählen; **to go ~** zusammenpassen; **to mix sth ~** etw zusammenmischen; **to stick sth ~** etw zusammenkleben ❹ (*in relationship*) zusammen; **to be ~** zusammen sein; **to be back ~** wieder zusammen sein; **to get ~** zusammenkommen; **to live ~** zusammenleben; **to sleep ~** (*fam*) miteinander schlafen *fam* ❺ (*simultaneously*) gleichzeitig; **to speak ~** gleichzeitig reden ❻ (*continuously*) **for hours ~** stundenlang **II.** *adj* (*approv fam*) ausgeglichen; ***he's a fairly ~ sort of guy*** er ist ein eher ausgeglichener Typ

togetherness [tə'geðənəs, AM -ðɚ-] *n no pl* Zusammengehörigkeit *f;* **feeling** [*or* **sense**] **of ~** Zusammengehörigkeitsgefühl *nt*

toggle ['tɒgl̩, AM 'tɑ:gl̩] **I.** *n* ❶ (*switch*) Kippschalter *m;* COMPUT (*key*) Umschalttaste *f* ❷ (*fastener*) Knebel *m* **II.** *vi* COMPUT hin- und herschalten **III.** *vt* COMPUT ■**to ~ sth** etw kippen

toggle joint *n* hebelübersetztes Gelenk **toggle key** *n* Umschalttaste *f* **toggle switch** *n* Kippschalter *m*

Togo ['təʊgəʊ, AM 'toʊgoʊ] *n* Togo *nt*

toil [tɔɪl] **I.** *n no pl* Mühe *f,* Plackerei *f fam,* Schufterei *f fam;* **hard/honest ~** harte/ehrliche Arbeit; **~ and tribulation** Mühsal *f* **II.** *vi* ❶ (*work hard*) hart arbeiten, schuften *fam* ❷ (*go with difficulty*) **to ~ along the cliff/up a hill** sich *akk* eine Klippe entlang-/einen Hügel hochschleppen **III.** *vt* **to ~ one's way through sth** sich *akk* durch etw *akk* durcharbeiten

◆**toil away** *vi* sich *akk* abrackern *fam*

toilet ['tɔɪlɪt] **I.** *n* ❶ (*lavatory, bowl*) Toilette *f,* Klo *nt fam;* [**public**] **~s** *esp* BRIT, AUS öffentliche Toiletten; **to go to the ~** *esp* BRIT auf die Toilette gehen; **to flush the ~** spülen; **to flush sth down the ~** etw die Toilette hinunterspülen ❷ *no pl* (*form or dated: preparation*) Toilette *f geh* **II.** *n modifier* ❶ (*of a lavatory*) (*brush, stall, window*) Toiletten-, Klo- *fam* ❷ (*concerned with cleanliness*) (*articles*) Toiletten-; **~-case** Reisenecessaire *nt*

toilet bag *n* Kulturbeutel *m,* Toilettentasche *f* **toilet paper** *n* Toilettenpapier *nt,* Klopapier *nt fam*

toiletries ['tɔɪlɪtriz] *npl* Toilettenartikel *mpl*

toilet roll *n* BRIT, AUS Rolle *f* Toilettenpapier [*o fam* Klopapier] **toilet-roll holder** *n* BRIT, AUS Klopapierhalter *nt fam* **toilet seat** *n* Toilettensitz *m,* Klobrille *f fam* **toilet soap** *n* Toilettenseife *f* **toilet tissue** *n no pl esp* BRIT, AUS Toilettenpapier *nt,* Klopapier *nt fam* **toilet-train** *vt* **to ~ a child** ein Kind zur Sauberkeit erziehen **toilet-trained** *adj inv* sauber; ***is Sammy ~ yet?*** geht Sammy schon auf den Topf? **toilet water** *n no pl* Eau *nt* de Toilette

toiling masses *npl* (*liter*) arbeitendes Volk

to-ing and fro-ing ['tu:ɪŋən(d),frəʊɪŋ, AM -,froʊ-] *n no pl* (*also fig*) Hin und Her *nt a. fig;* (*back and forth*) Vor und Zurück *nt*

toke [təʊk, AM toʊk] *n* (*sl*) Joint *m sl,* Tüte *f sl*

token ['təʊkᵊn, AM 'toʊ-] **I.** *n* ❶ (*symbol*) Zeichen *nt fig;* **a ~ of sb's affection** ein Zeichen *nt* für jds Zuneigung; **a ~ of sb's regret** ein Zeichen *nt* des Bedauerns ❷ BRIT, AUS (*voucher*) Gutschein *m* ❸ (*money substitute*) Chip *m;* **coffee/subway ~** Kaffeemarke *f*/U-Bahn-Marke *f* ❹ COMPUT (*internal code*) Kennzeichen *nt,* Token *nt;* (*in local area network*) Token *nt* ►PHRASES: **by the <u>same</u> ~** aus demselben Grund **II.** *adj attr, inv* ❶ (*symbolic*) nominell; *fine, gesture, resistance* symbolisch; **~ rent** Friedenszins *m;* **~ stoppage** [*or* **strike**] Warnstreik *m;* **~ troop presence** symbolische Truppenpräsenz ❷ (*pej: an appearance of*) Schein-; **a ~ offer** ein Pro-Forma-Angebot *nt;* **the ~ black/woman** der/die Alibischwarze/die Alibifrau *pej fam;* **~ effort** Anstrengung *f* zum Schein; **~ gesture** leere Geste

tokenism ['təʊkᵊnɪzᵊm, AM 'toʊ-] *n no pl* Alibihandlung *f*

told [təʊld, AM toʊld] *pt, pp of* **tell** ►PHRASES: **<u>all</u>** [**said and**] **~** alles in allem

tolerable ['tɒlᵊrəbl̩, AM 'tɑ:lɚ-] *adj* erträglich; (*fairly good*) annehmbar, [ganz] passabel

tolerably ['tɒlᵊrəbli, AM 'tɑ:lɚ-] *adv* recht, ganz

tolerance ['tɒlᵊrᵊn(t)s, AM 'tɑ:lɚ-] **I.** *n* ❶ *no pl* (*open-mindedness*) Toleranz *f* (**of/towards** gegenüber +*dat*); **~ of children** Nachsicht *f* mit Kindern; **~ of dissent** Toleranz *f* gegenüber Andersdenkenden; **racial ~** Toleranz *f* gegenüber Menschen aller Rassen ❷ (*capacity to endure*) Toleranz *f,* Widerstandsfähigkeit *f* (**to** gegen +*dat*); **~ to alcohol/a drug** Alkohol-/Medizinverträglichkeit *f;* **pain-~ threshold** Schmerzschwelle *f* ❸ (*in quantity, measurement*) Toleranz *f,* zulässige Abweichung **II.** *n modifier* **~ level** [*or* **threshold**] Toleranzschwelle *f*

tolerant ['tɒlᵊrᵊnt, AM 'tɑ:lɚ-] *adj* ❶ (*open-minded*) tolerant (**of/towards** gegenüber +*dat*); **to have a ~ attitude** eine tolerante Haltung haben ❷ (*resistant*) *person* widerstandsfähig; *plant* resistent (**of** gegen +*akk*)

tolerantly ['tɒlᵊrᵊntli, AM 'tɑ:lɚ-] *adv* tolerant; **to be ~ disposed towards sb/sth** gegen jdn/etw tolerant eingestellt sein

tolerate ['tɒlᵊreɪt, AM 'tɑ:lə-] *vt* ❶ (*accept*) ■**to ~ sth** etw tolerieren [*o* dulden]; ***I won't ~ lying*** Lügen werde ich nicht dulden; ***he couldn't ~ his wife speaking to strange men*** er konnte es nicht hinnehmen, dass seine Frau mit fremden Männern sprach; ■**to ~ sb** jdn ertragen; **to ~ sb's behaviour** [*or* AM **behavior**] jds Verhalten tolerieren; **to ~ no dissent** keine Widerrede dulden ❷ (*resist*) **to ~ a drug** eine Medizin vertragen; **to ~ heat/noise/pain/stress** Hitze/Geräusch/Schmerz/Stress aushalten; **to ~ cold/drought/insects** *plant* Kälte/Dürre/Insekten widerstehen

toleration [,tɒlᵊr'eɪʃᵊn, AM ,tɑ:lə'reɪ-] *n no pl* Toleranz *f*

toll¹ [təʊl, AM toʊl] *n* ❶ (*for bridges, motorways*) Zoll *m,* Maut *f bes* ÖSTERR ❷ AM (*for phone call*) [Fernsprech]gebühr *f* ❸ *no pl* (*deaths, loss*) Tribut *m fig;* ***malaria exacts a heavy ~ of illness and death in this region*** Malaria fordert viele Krankheits- und Todesfälle in dieser Region; **casualty ~** Opferzahl *f;* **to take its** [*or* **a**] **~** [**on sb/sth**] seinen/ihren Tribut [von jdm/etw] fordern

toll² [təʊl, AM toʊl] **I.** *vt* **to ~ a bell** eine Glocke läuten; **to ~ midnight/the hour** *bell* Mitternacht einläuten/die Stunde läuten ►PHRASES: **to ~ the <u>knell</u>** das Ende bedeuten **II.** *vi bell* läuten

toll-bar *n* Zahlschranke *f,* Mautstelle *f bes* ÖSTERR **tollbooth** *n* Zahlstelle *f,* Mauthäuschen *nt bes* ÖSTERR **toll bridge** *n* gebührenpflichtige Brücke, Mautbrücke *f bes* ÖSTERR **toll call** *n* AM Ferngespräch *nt* **toll collector** *n* Zöllner(in) *m(f)*

tolled [təʊld, AM toʊld] *adj inv* gebührenpflichtig, Maut- *bes* ÖSTERR

toll-free *adj inv* gebührenfrei **toll-free call** *n* AM gebührenfreier Anruf **toll-free number** *n* AM gebührenfreie Nummer **tollgate** *n* Schlagbaum *m,* Mautschranke *f bes* ÖSTERR **tollhouse** *n* Zollstelle *f,* Mautstelle *f bes* ÖSTERR **toll road** *n* gebührenpflichtige Straße, Mautstraße *f bes* ÖSTERR

tom [tɒm, AM tɑ:m] *n* (*male animal*) Männchen *nt;* (*cat*) Kater *m*

tomahawk ['tɒməhɔ:k, AM 'tɑ:məhɑ:k] *n* Tomahawk *m,* Kriegsbeil *nt*

tomato <*pl* -es> [tə'mɑ:təʊ, AM -'meɪţoʊ] *n* Tomate *f,* Paradeiser *m* ÖSTERR; **~ and cheese sandwich** Tomaten-Käse-Sandwich *nt*

tomato juice *n no pl* Tomatensaft *m* **tomato ketchup** *n no pl* Tomatenketchup *nt* **tomato sauce** *n no pl* Tomatensoße *f* **tomato soup** *n no pl* Tomatensuppe *f*

tomb [tu:m] *n* Grab *nt;* (*mausoleum*) Gruft *f;* (*below ground*) Grabkammer *f;* ■**the ~** (*fig*) der Tod; **~ of the unknown soldier** Grab *nt* des unbekannten Soldaten

tombola [tɒm'bəʊlə] *n* BRIT, AUS Tombola *f*

tomboy ['tɒmbɔɪ, AM 'tɑ:m-] *n* Wildfang *m*

tomboyish ['tɒmbɔɪɪʃ, AM 'tɑ:m] *adj girl* jungenhaft, knabenhaft

tombstone ['tu:mstəʊn, AM -stoʊn] *n* ❶ (*for grave*) Grabstein *m* ❷ ECON (*fam*) Emissionsanzeige *f* [der Emissionshäuser]

tomcat ['tɒmkæt, AM 'tɑ:m-] *n* Kater *m*

Tom, Dick and Harry *n,* **Tom, Dick or Harry** *n no pl* Hinz und Kunz; **any** [*or* **every**] **~** jeder x-Beliebige

tome [təʊm, AM toʊm] *n* (*usu hum*) Schmöker *m fam;* **weighty ~** dicker Wälzer *fam*

tomfoolery [,tɒm'fu:lᵊri, AM ,tɑ:m'fu:lɚi] *n no pl* Albernheit *f*

tommy gun *n* Maschinenpistole *f* **tommyrot** *n no pl* (*fam or dated*) Unsinn *m,* dummes Zeug *fam*

tomograph ['təʊməgræf, AM 'toʊ-] *n* MED ❶ (*device*) Tomograph *m fachspr* ❷ (*image*) Tomographie *f fachspr*

tomography [tə'mɒgrəfi, AM -'mɑ:g-] *n no pl* MED Tomographie *f fachspr*

tomorrow [tə'mɒrəʊ, AM -'mɑ:roʊ] **I.** *adv inv* morgen **II.** *n* morgiger Tag; **a month from ~** morgen in einem Monat; **~'s problems/technology/youth** Probleme *ntpl*/Technologie *f*/Jugend *f* von morgen; **a week ago ~** morgen vor einer Woche; **a better ~** eine bessere Zukunft; **to do sth like there was** [*or* **were**] **no ~** etw machen, als ob es das letzte Mal wäre ►PHRASES: **~ is another <u>day</u>** (*saying*) morgen ist auch noch ein Tag; **never put off until ~ what you can do <u>today</u>** (*saying*) was du heute kannst besorgen, das verschiebe nicht auf morgen *prov;* **who knows what ~ will <u>bring</u>?** wer weiß, was die Zukunft bringt? **III.** *n modifier* (*afternoon, evening*) morgen; **~ morning** morgen Früh; **~ week** BRIT morgen in einer Woche

tom-tom ['tɒmtɒm, AM 'tɑ:mtɑ:m] *n* Tamtam *nt*

ton <*pl* – *or* -s> [tʌn] *n* ❶ (*unit of measurement*) Tonne *f;* **long ~** *1016,05 kg;* **short ~** *907,185 kg* ❷ (*fig fam*) ■**a ~** [*or* **~s**] **of sth** ***how many cars does he have?*** **— ~s** wie viele Autos besitzt er? – jede Menge; **to weigh a ~** Unmengen wiegen ►PHRASES: **to come down on sb like a ~ of <u>bricks</u>** jdn völlig fertig machen; **to <u>do</u> a ~** *esp* BRIT (*fam*) mit 160 Sachen fahren *veraltend fam*

tonal ['təʊnᵊl, AM 'toʊ-] *adj* MUS tonal *fachspr;* **~ music** tonale Musik

tonality [təʊ'næləti, AM əţi] *n* ❶ MUS Tonart *f,* Klangcharakter *m,* Tonalität *f fachspr* ❷ ART Farbton *m*

tone [təʊn, AM toʊn] **I.** *n* ❶ (*of instrument*) Klang *m* ❷ (*manner of speaking*) Ton *m;* ***I don't like your ~ of voice*** dein Ton gefällt mir nicht; **an apologetic/a disrespectful/friendly ~** ein entschuldigender/respektloser/freundlicher Ton ❸ (*voice*) ■**~s** *pl* Stimme *f;* **to speak in hushed ~s** mit gedämpfter Stimme sprechen ❹ (*character*) Ton *m;* ***there is a very moral ~ to this book*** dieses Buch hat einen sehr moralischen Unterton; **to lower/raise the ~ of sth** der Qualität einer S. *gen* schaden/die Qualität einer S. *gen*

heben; ~ **of a celebration/party** Stimmung *f* bei einer Feier/Party; ~ **of an event** Niveau *nt* einer Veranstaltung
❺ (*of colour*) Farbton *m*
❻ *no pl* (*of muscles*) Tonus *m fachspr;* **muscle** ~ Muskeltonus *m fachspr*
❼ MUS (*difference in pitch*) Ton *m;* **half/whole** ~ Halb-/Ganzton *m*
❽ (*of a telephone*) Ton *m;* **dialling** [*or* AM **dial**] ~ Wählton *m;* **engaged** [*or* AM **busy**] ~ Besetztzeichen *nt;* **ringing** ~ Klingelzeichen *nt*
II. *vt* **to** ~ **the body/muscles/nerves** den Körper/die Muskeln/Nerven fit halten
III. *vi* ■**to** ~ **with sth** mit etw *dat* harmonieren
◆**tone down** *vt* ■**to** ~ **sth** ⊂ **down** etw abmildern; *colour, sound* etw abschwächen; *criticism, language, protests* etw mäßigen
◆**tone in** *vi* sich *akk* anpassen; ■**to** ~ **in with sth** mit etw *dat* harmonieren
◆**tone up I.** *vt* **to** ~ **up one's body/muscles** seinen Körper/seine Muskeln kräftigen
II. *vi* sich *akk* in Form bringen
tone arm *n* Tonarm *m* **tone control** *n* Klangregler *m*
toned [təʊnd, AM toʊnd] *adj* gestärkt; ~ **body** muskulöser Körper
tone-deaf *adj* ■**to be** ~ unmusikalisch sein **tone language** *n* Tonsprache *f*
toneless ['təʊnləs, AM 'toʊn-] *adj* (*liter*) tonlos
tonelessly ['təʊnləsli, AM 'toʊn] *adv* tonlos
tone of voice *n* Ton *m;* ***don't speak to me in that*** ~**!** sprich nicht in diesem Ton mit mir! **tone poem** *n* Tondichtung *f*
toner ['təʊnəʳ, AM 'toʊnɚ] *n* ❶ (*for skin*) Gesichtswasser *nt*
❷ (*for photographs*) Toner *m*
❸ COMPUT Toner *m*
toner cartridge *n,* **toner cassette** *n* TYPO Tonerpatrone *f*
tone-row *n* MUS Tonreihe *f*
tongs [tɒŋz, AM tɑːŋz] *npl* Zange *f;* **fire** ~ Feuerzange *f;* **a pair of** ~ eine Zange
tongue [tʌŋ] **I.** *n* ❶ (*mouth part*) Zunge *f;* ***have you lost your*** ~**?** hat es dir die Sprache verschlagen?; ***his name is on the tip of my*** ~ sein Name liegt mir auf der Zunge; ***a few whiskies should loosen his*** ~ ein paar Whiskys werden ihm schon die Zunge lösen; **to bite one's** ~ sich *dat* in die Zunge beißen; **to burn one's** ~ sich *dat* die Zunge verbrennen; **to find one's** ~ die Sprache wieder finden; **to hold one's** ~ den Mund halten; **to stick one's** ~ **out** [**at sb**] [jdm] die Zunge herausstrecken
❷ (*tongue-shaped object*) ~ **of land** Landzunge *f;* ~ **of a shoe** Zunge *f* eines Schuhs
❸ (*language*) Sprache *f;* **the gift of** ~**s** REL die Gabe, mit fremden Zungen zu sprechen
❹ *no pl* (*expressive style*) Ausdrucksweise *f;* **to have a sharp** ~ eine spitze Zunge haben
► PHRASES: **to say sth** ~ **in cheek** [*or* **with one's** ~ **in one's cheek**] etw als Scherz meinen; **to get one's** ~ **around** [*or* **round**] **a word** ein Wort kaum aussprechen können; **to set** [*or* **start**] ~**s wagging** Gerede verursachen
II. *vt* MUS ■**to** ~ **sth** etw mit Zungenschlag spielen
tongue-depressor *n* MED Zungenspatel *m,* Zungendepressorium *nt fachspr* **tongue-in-cheek** *adj* humoristisch **tongue-lashing** *n* Standpauke *f fam;* **to give sb a** ~ jdm eine Standpauke halten *fam* **tongue-tied** *adj* sprachlos; **to be/get** ~ **with surprise** vor Überraschung kein Wort herausbekommen **tongue twister** *n* Zungenbrecher *m*
tonguing ['tʌŋɪŋ] *n no pl* MUS Zungenschlag *m*
tonic¹ ['tɒnɪk, AM 'tɑː-] *n* ❶ (*medicine*) Tonikum *nt geh;* **to prescribe a** ~ ein Tonikum verschreiben
❷ (*sth that rejuvenates*) Erfrischung *f,* Energiespritze *f fig*
tonic² ['tɒnɪk, AM 'tɑː-] MUS **I.** *n* ■**the** ~ der Grundton, die Tonika *fachspr*
II. *adj inv* Grundton-, Tonika- *fachspr;* ~ **chord** Grundakkord *m*
tonic³ ['tɒnɪk, AM 'tɑː-] *n,* **tonic water** *n* Tonic[water] *nt*
tonight [tə'naɪt] **I.** *adv inv* (*during today's night*) heute Abend; (*till after midnight*) heute Nacht
II. *n* (*today's night*) der heutige Abend; ~**'s meeting** das Treffen des heutigen Abends
tonnage ['tʌnɪdʒ] *n no pl* Tonnage *f*
tonne <*pl* -s *or* -> [tʌn] *n* (*1000 kg*) Tonne *f*
-tonner ['tʌnəʳ, AM ɚ] *in compounds* -tonner; *vehicle* -tonnenfahrzeug; *ship* -tonnenschiff
tonsillectomy [ˌtɒn(t)sᵊl'ektəmi, AM ˌtɑːn(t)sə-] *n* Mandeloperation *f,* Tonsillektomie *f fachspr*
tonsillitis [ˌtɒn(t)sᵊl'aɪtɪs, AM ˌtɑːn(t)sə'laɪt̬ɪs] *n no pl* Mandelentzündung *f,* Tonsillitis *f fachspr*
tonsils ['tɒn(t)sᵊlz, AM 'tɑːn(t)-] *npl* MED Mandeln *fpl,* Tonsillen *fpl fachspr;* **to have one's** ~ **out** die Mandeln entfernt bekommen
tonsure ['tɒn(t)ʃəʳ, AM 'tɑːn(t)ʃɚ] **I.** *n* REL (*bare patch on head*) Tonsur *f*
II. *vt* ■**to** ~ **sb** jdm eine Tonsur scheren, jdn tonsurieren *geh*
ton-up ['tʌnʌp] *adj* BRIT (*fam*) Schnelligkeits-
tony ['toʊni] *adj* <-ier, -iest> *attr* AM (*fam: classy*) *clothing* todschick; *restaurant, boutique, resort* nobel, exklusiv
too [tuː] *adv inv* ❶ (*overly*) *big, heavy, small* zu; (*form*) ***it was*** ~ ***expensive a desk for a child's room*** der Tisch war für ein Kinderzimmer viel zu teuer; **to be** ~ **good an opportunity to miss** eine Chance sein, die man nicht auslassen darf; **to be** ~ **bad** wirklich schade sein; **to be in** ~ **deep** zu tief [in einer Sache] drinstecken *fam;* **far** ~ **difficult** viel zu schwierig; **to be only** [*or* **all**] ~ **easy** nur zu einfach sein; **to be** ~ **good to be true** zu gut um wahr zu sein; ~ **late** zu spät; **to be** ~ **much** zu viel sein
❷ (*very*) sehr; ***my mother hasn't been*** ~ ***well recently*** meiner Mutter geht es in letzter Zeit nicht allzu gut; (*form*) ***thank you, you're*** ~ ***kind!*** danke, das ist wirklich zu nett von Ihnen!; **to not be** ~ **sure if ...** sich *dat* nicht ganz sicher sein, ob ...
❸ (*also*) auch; ***I'd like to come*** ~ ich möchte ebenfalls kommen; **me** ~**!** (*fam*) ich auch!
❹ (*moreover*) überdies; ***it's a wonderful picture — and by a child*** ~**!** es ist ein wunderschönes Bild – und dabei von einem Kind gemalt!
❺ AM (*fam: said for emphasis, to contradict*) und ob; ***I'm not going to school today — you are*** ~**!** ich gehe heute nicht in die Schule – und ob du gehst!; ***she is*** ~ ***a professional basketball player!*** und ob sie eine Profibasketballspielerin ist!
► PHRASES: **to have** ~ **much of a good thing** zu viel des Guten sein; **to be** ~ **much like hard work** (*fam*) zu anstrengend sein; **to be** ~ **little** [**and**] ~ **late** völlig unzureichend sein; ~ **right!** Aus stimmt genau!
took [tʊk] *vt, vi pt of* **take**
tool [tuːl] **I.** *n* ❶ (*implement*) Werkzeug *nt;* **power** ~ Elektrowerkzeug *nt*
❷ (*aid*) Mittel *nt*
❸ (*fig pej: instrument*) Spielball *m fig,* Marionette *f fig*
❹ (*occupational necessity*) Instrument *nt;* **to be a** ~ **of the trade** zum Handwerkszeug gehören
❺ (*vulg sl: penis*) Schwanz *m vulg*
II. *vt* ■**to** ~ **sth** etw bearbeiten
◆**tool up** *vi* ❶ (*equip*) aufrüsten
❷ (*sl: arm oneself*) sich *akk* bewaffnen
tool bag *n* Werkzeugtasche *f* **tool bar** *n* COMPUT Symbolleiste *f* **tool box** *n* ❶ (*container*) Werkzeugkiste *f* ❷ COMPUT (*for program*) Toolbox *f,* Werkzeugsammlung *f*
tooled [tuːld] *adj inv* verziert
tooled up *adj pred* (*sl*) bewaffnet
tooling ['tuːlɪŋ] *n no pl* ❶ (*tools*) Werkzeug *nt,* Werkzeugausrüstung *f*
❷ (*making of tools*) Werkzeugherstellung *f*
❸ (*working with tools*) Bearbeitung *f*
❹ (*leather ornamentation*) Punzarbeit *f*
tool kit *n* ❶ (*container*) Werkzeugkasten *m* ❷ COMPUT (*for program*) Werkzeug *nt,* Werkzeugausrüstung *f* **toolmaker** *n* Werkzeugmacher(in) *m(f)* **tool shed** *n* Geräteschuppen *m*
toonie ['tuːni] *n* CAN (*fam*) Zweidollarmünze *f*
toot [tuːt] **I.** *n* Hupen *nt kein pl;* **to give a** ~ hupen
II. *vt* ❶ (*sound*) ■**to** ~ **sb** jdn anhupen; **to** ~ **a horn** auf die Hupe drücken
❷ (*fam: blow wind instrument*) ■**to** ~ **sth** [in] etw [*akk*] blasen
III. *vi* ❶ (*honk*) hupen, tuten
❷ MUS (*fam: blow*) blasen
tooth <*pl* teeth> [tuːθ, *pl* tiːθ] *n* ❶ (*in mouth*) Zahn *m;* **to bare one's teeth** die Zähne fletschen; **to brush one's teeth** die Zähne putzen; **to fill a** ~ einen Zahn plombieren; **to give sth teeth** (*fig*) etw *dat* Biss geben; **to grind one's teeth** mit den Zähnen knirschen *a. fig;* **to grit one's teeth** die Zähne zusammenbeißen; **to have a** ~ **out** [*or* AM **pulled**] einen Zahn gezogen bekommen
❷ *usu pl of a comb* Zinke *f; of a saw* [Säge]zahn *m;* ~ **of a cog** Zahn *m* eines Zahnrads
► PHRASES: **to set sb's teeth on edge** jdm den letzten Nerv rauben *fam;* **to fight** ~ **and nail** [**to do sth**] mit aller Macht [um etw *akk*] kämpfen; **to be** [**a bit**] **long in the** ~ in die Jahre gekommen sein; **to cut one's teeth on sth** Erfahrungen bei etw *dat* sammeln; **to get one's teeth into sth** sich *akk* in etw *akk* hineinstürzen; **in the teeth of sth** trotz einer S. *gen*
toothache *n no pl* Zahnschmerzen *mpl* **toothbrush** *n* Zahnbürste *f* **toothcomb** *n* NBRIT Staubkamm *m;* **to go through sth with a fine** ~ (*fig*) etw genau unter die Lupe nehmen *fig* **tooth decay** *n no pl* MED Zahnverfall *m*
toothed [tuːθt] *adj inv* mit Zähnen versehen, Zahn-; *leaf* gezähnt, gezackt
toothed whale *n* Zahnwal *m* **tooth fairy** *n Fee, die in der Nacht die ausgefallenen Milchzähne der Kinder gegen Süßigkeiten oder Geldmünzen austauscht*
toothless ['tuːθləs] *adj inv* zahnlos; (*fig: having no power*) wirkungslos, ohne Saft und Kraft *nach n, präd fig*
toothpaste *n no pl* Zahnpasta *f* **toothpick** *n* Zahnstocher *m* **tooth powder** *n* Zahnpulver *nt kein pl* **toothsome** ['tuːθsəm] *adj* köstlich, schmackhaft
toothy ['tuːθi] *adj* zähnefletschend; **a** ~ **grin** ein breites Grinsen; **a** ~ **face** ein Gesicht mit vorstehenden Zähnen
tootle ['tuːtl, AM 'tuːt̬l] *vi* (*fam*) ■**to** ~ **along** [*or* **around**] dahinzockeln *fam*
toots [tʊtz] *n esp* AM (*fam*) Schnuckelchen *nt fam,* Süße *f fam*
tootsie ['tʊtsi] *n* ❶ (*childspeak fam: foot or toe*) Füßchen *nt*
❷ *esp* AM (*dated fam: woman*) Schnuckelchen *nt fam,* Süße *f fam*
tootsy ['tʊtsi] *n* (*childspeak fam*) Füßchen *nt*
top¹ [tɒp, AM tæːp] *n* ❶ (*toy*) Kreisel *m*
❷ (*dated fam*) **to sleep like a** ~ schlafen wie ein Murmeltier
top² [tɒp, AM tæːp] **I.** *n* ❶ (*highest part*) oberes Ende, Spitze *f; of a mountain* [Berg]gipfel *m; of a tree* [Baum]krone *f,* Wipfel *m;* ***she waited for me at the*** ~ ***of the stairs*** sie wartete oben am Ende der Treppe auf mich; **from** ~ **to bottom** von oben bis unten; **to feel on** ~ **of the world** Bäume ausreißen können *fam;* **to get on** ~ **of sth** etw in den Griff bekommen
❷ (*upper surface*) Oberfläche *f;* ~ **of a desk** [*or* **table**] Tischplatte *f;* ***there was a pile of books on*** ~ ***of the table*** auf dem Tisch lag ein Stoß Bücher; ***put the letter on*** ~ ***of that pile of books*** leg den Brief auf diesen Stoß Bücher
❸ *no pl* (*highest rank*) Spitze *f;* **to be at the** ~ **of the class** Klassenbeste(r) *f(m)* sein; **to be at the** ~ an der Spitze sein; **to go to the** ~ an die Spitze kommen; ■**the** ~**s** *pl* (*dated*) die Besten
❹ FASHION Top *nt*
❺ (*head end*) *of a bed, table* Kopfende *nt;* **to live at the** ~ **of a street** am Ende der Straße wohnen
❻ BOT oberer Teil einer Pflanze; ■~**s** *pl* [Rüben]kraut *nt kein pl*

T

❼ (*lid*) Deckel *m;* **bottle** ~ Flaschenverschluss *m;* **screw-on** ~ Schraubverschluss *m*
❽ (*in addition to*) **on** ~ **of that ...** obendrein ...; ***we missed the train, and on ~ of that we had to ...*** wir verpassten den Zug, und als wäre das noch nicht genug gewesen, mussten wir auch noch ...
▸ PHRASES: **off the** ~ **of one's head** (*fam*) aus dem Stegreif; **from** ~ **to toe** von Kopf bis Fuß; **at the** ~ **of one's voice** aus vollem Halse; ***she shouted his name at the ~ of her voice*** sie rief, so laut sie konnte, seinen Namen; **the Big T**~ das Großzelt; **to be off one's** ~ BRIT (*pej fam*) kindisch sein *meist pej;* **over the** ~ (*fam*) zu viel des Guten; **to go over the** ~ überreagieren
II. *adj* ❶ *attr, inv* (*highest*) oberste(r, s); ~ **floor** oberstes Stockwerk; ~ **layer** oberste Schicht; **the** ~ **rung of the ladder** (*fig*) die Spitze der Karriereleiter
❷ (*best*) beste(r, s); **sb's** ~ **choice** jds erste Wahl; ~ **university** Eliteuniversität *f*
❸ (*most successful*) Spitzen-; ~ **athlete** Spitzensportler(in) *m(f)*
❹ (*maximum*) höchste(r, s); ~ **speed** Höchstgeschwindigkeit *f*
III. *adv* BRIT **to come** ~ [**of the class**] Klassenbeste(r) *f(m)* sein
IV. *vt* <-pp-> ❶ (*be at top of*) ■**to** ~ **sth** etw anführen; **to** ~ **the bill** der Star des Abends sein; **to** ~ **a list** obenan auf einer Liste stehen
❷ (*cover*) ■**to** ~ **sth with sth** etw mit etw *dat* überziehen; **to** ~ **a cake with cream** einen Kuchen mit Sahne garnieren
❸ (*surpass*) ■**to** ~ **sth** etw übertreffen; ***they've offered me £1000 — I'm afraid we can't ~ that*** sie haben mir 1000 Pfund geboten – das können wir leider nicht überbieten
❹ *esp* BRIT (*sl: kill*) ■**to** ~ **sb/oneself** jdn/sich umbringen
❺ *esp* BRIT (*remove top and bottom of*) **to** ~ **and tail food** Nahrungsmittel putzen
◆**top off** *vt* ■**to** ~ **off** ⊂ **sth with sth** ❶ FOOD (*give topping to*) etw mit etw *dat* garnieren
❷ *esp* AM, AUS (*fig: conclude satisfactorily*) etw mit etw *dat* abrunden; (*more than satisfactorily*) etw mit etw *dat* krönen; ***would you care to ~ off your meal with one of our fine desserts?*** würden Sie ihr Essen noch gerne mit einem unserer köstlichen Desserts beschließen?
◆**top out** *vt* ❶ BRIT (*mark building's completion*) **to** ~ **out** ⊂ **a house** bei einem Haus Richtfest feiern [*o* ÖSTERR Gleichenfeier haben]
❷ (*to extreme*) ■**to** ~ **out at sth** den Höchstwert einer S. *gen* erreichen
◆**top up** *vt* ❶ (*fill up again*) **to** ~ **up** ⊂ **a glass** ein Glas nachfüllen; ■**to** ~ **sb up** (*fam*) jdm nachschenken
❷ (*bring to a certain level*) ■**to** ~ **up** ⊂ **sth** etw aufbessern; ***students are able to take out loans to ~ up their grants*** Studierende können Kredite aufnehmen, um ihre Studienbeihilfe aufzubessern
topaz ['təʊpæz, AM 'toʊ-] **I.** *n* Topas *m*
II. *n modifier* (*ring, necklace*) Topas-
top brass *n* + *sing/pl vb* (*people with highest authority*) ■**the** ~ die Oberen; (*highest-ranking people*) die hohen Tiere *fam;* **to get approval from the top** die Genehmigung von oben bekommen
top-class *adj* spitze; ~ **athlete** Spitzensportler(in) *m(f)* **topcoat** *n* ❶ (*outer layer*) Deckanstrich *m* ❷ (*paint*) Deckfarbe *f* **top copy** *n* Original[manuskript] *nt* **top dog** *n* (*fam*) Boss *m fam;* ■**to be a** ~ etw zu sagen haben **top-down** *adj attr, inv* hierarchisch **top drawer** *n* ❶ (*uppermost drawer*) oberste [Schub]lade ❷ *esp* BRIT (*fam: social position*) Oberschicht *f* **top-drawer** *adj attr esp* BRIT ❶ (*dated: upper class*) Nobel- ❷ (*excellent*) beste(r, s); *see also* **top-flight**
topee ['təʊpiː, AM 'toʊ-] *n* Tropenhelm *m*
top-flight *adj attr* beste(r, s); ***he's one of our ~ engineers*** er ist einer unserer fähigsten Ingenieure
top form *n no pl* Höchstform *f;* ■**to be on** [*or* AM **in**] ~ in Höchstform sein **top gear** *n* BRIT MECH höchster Gang **top hat** *n* Zylinder *m* **top-hatted** *adj inv* einen Zylinder[hut] tragend, mit Zylinder *nach n* **top-heavy** *adj* ❶ (*usu pej: unbalanced*) kopflastig *a. fig* ❷ (*fam: big-breasted*) **a** ~ **woman** eine Frau mit großem Vorbau *fam*
topi *n see* **topee**
topiary ['təʊpjᵊri, AM 'toʊpieri] *n* Formschnitt *m*
topic ['tɒpɪk, AM 'tɑːp-] *n* Thema *nt*
topical ['tɒpɪkᵊl, AM 'tɑːp-] *adj* ❶ (*currently of interest*) aktuell; **to be of** ~ **interest** von aktuellem Interesse sein
❷ (*by topics*) thematisch; ***the organization of the book is ~*** das Buch ist nach Themenbereichen aufgebaut
❸ MED (*applied locally*) lokal, topisch *fachspr*
topicality [ˌtɒpɪ'kæləti, AM ˌtɑːpɪ'kæləṭi] *n no pl* Aktualität *f*
topically ['tɒpɪkᵊli, AM 'tɑːp-] *adv* aus aktuellem Anlass
topknot ['tɒpnɒt, AM 'tɑːpnɑːt] *n* Haarknoten *m*
topless ['tɒpləs, AM 'tɑːp-] **I.** *adj* topless, schulterfrei; (*with exposed breasts*) oben ohne *präd,* barbusig, Oben-ohne-
II. *adv inv* **to go** ~ oben ohne gehen
top-level *adj negotiations, talks* Spitzen-, auf höchster Ebene *nach n* **top loader** *n* Toplader *m* **top management** *n usu no pl* Topmanagement *nt,* Spitze *f* der Unternehmensleitung **topmost** *adj attr, inv* oberste(r, s) **top-notch** *adj* (*fam*) erstklassig **top of the range** *adj pred* ■**to be** ~ Spitzenqualität sein **top-of-the-range** *adj attr* Höchst-, Spitzen-, der höchsten Qualität *nach n*
topographer [tə'pɒgrəfəʳ, AM -'pɑːgrəfɚ] *n* Topograph(in) *m(f) fachspr,* Vermessungsingenieur(in) *m(f)*
topographic [ˌtɒpəʊ'græfɪk, AM ˌtɑːpə'] *adj inv see* **topographical** GEOG, MATH topographisch *fachspr*
topographical [ˌtɒpə(ʊ)'græfɪkᵊl, AM ˌtɑːpə'-] *adj inv* topographisch *fachspr*
topographically [ˌtɒpə(ʊ)'græfɪkᵊli, AM ˌtɑːpə'-] *adv inv* topographisch *fachspr*
topography [tə'pɒgrəfi, AM -'pɑːg-] *n no pl* Topographie *f fachspr*
topology [tɒp'ɒlədʒi, AM tə'pɑːlə] *n* ❶ *no pl* MATH Topologie *f fachspr*
❷ (*interrelation, arrangement*) Auslegung *f,* [Raum]struktur *f*
topper ['tɒpəʳ, AM 'tɑːpɚ] *n* (*fam*) Zylinder *m*
topping ['tɒpɪŋ, AM 'tɑːp-] **I.** *n* Garnierung *f*
II. *adj* BRIT (*dated fam*) famos *veraltend fam,* großartig
topple ['tɒpl̩, AM 'tɑːpl̩] **I.** *vt* ■**to** ~ **sth/sb** ❶ (*knock over*) etw/jdn umwerfen
❷ POL (*overthrow*) etw/jdn stürzen; **to** ~ **a government** eine Regierung zu Fall bringen
II. *vi* stürzen; *prices* fallen
◆**topple over I.** *vt* ■**to** ~ **sth over** etw umwerfen
II. *vi* umfallen; ■**to** ~ **over sth** über etw *akk* stürzen
top priority *n* höchste Priorität; ***give this report ~*** räumen Sie diesem Bericht höchste Priorität ein
top-ranking *adj* Spitzen-; ~ **university** Eliteuniversität *f* **topsail** *n* Toppsegel *nt fachspr* **top secret** *adj* streng geheim **top-security** *adj* Hochsicherheits-; ~ **prison** Hochsicherheitsgefängnis *nt* **topside I.** *n* ❶ *no pl* BRIT FOOD (*of beef*) äußere Schicht ❷ *usu pl* NAUT oberer Teil der Schiffseite **II.** *adv inv* NAUT auf Deck **III.** *adj inv* NAUT über der Wasserlinie *nach n* **topsoil** *n no pl* Mutterboden *m* **top speed** *n* Höchstgeschwindigkeit *f* **topspin** *n no pl* SPORTS Topspin *m*
topsy-turvy [ˌtɒpsi'tɜːvi, AM ˌtɑːpsi'tɜːr-] (*fam*) **I.** *adj* chaotisch; ~ **priorities** unklare Prioritäten
II. *adv* **to turn sth** ~ etw auf den Kopf stellen *a. fig*
top ten I. *n* Top Ten *pl sl;* **to be in the** ~ in den Top Ten sein **II.** *n modifier* (*singers, records*) Top-Ten-; ***'Casablanca' is one of my ~ films*** ‚Casablanca' ist einer meiner Lieblingsfilme; ~ **books** Bücher *ntpl* der Bestsellerliste **top-up** *n esp* BRIT, AUS ***can I give you a ~?*** darf ich dir noch nachschenken? **top-up loan** *n* Zusatzkredit *m* **top whack** *n* BRIT (*fam*) Spitzengehalt *nt;* ***we're paying £65,000, ~*** wir bezahlen maximal 65.000 Pfund
toque [toʊk] *n* CAN *see* **tuque**
tor [tɔːʳ] *n* schroffer Fels, Felsturm *m*
Torah ['tɔːrə] *n no pl* (*Jewish holy book*) ■**the** ~ die Thora *fachspr*
torch [tɔːtʃ, AM tɔːrtʃ] **I.** *n* <*pl* -es> ❶ AUS, BRIT (*hand-held light*) Taschenlampe *f;* **to shine a** ~ mit einer Taschenlampe leuchten
❷ (*burning stick*) Fackel *f;* **Olympic** ~ olympisches Feuer; **to carry a** ~ eine Fackel tragen; **to pass the** ~ [**to sb**] [jdm] den Stab übergeben; (*fig*) etw [an jdn] weitergeben; **to put sth to the** ~ (*form*) etw niederbrennen
❸ AM (*blowlamp*) Lötlampe *f*
❹ (*fig: source of well-being*) heller Glanz; ***the ~ illuminating this country at the moment is that of liberty and democracy*** momentan erstrahlt dieses Land im hellen Licht der Freiheit und Demokratie
▸ PHRASES: **to carry a** ~ **for sb** nach jdm schmachten
II. *n modifier* Taschenlampen-
III. *vt* (*fam*) ■**to** ~ **sth** etw in Brand setzen
torch-bearer *n* Fackelträger(in) *m(f)* **torchlight I.** *n no pl* Fackelschein *m;* ■**to do sth by** ~ etw im Fackelschein tun **II.** *adj attr, inv* Fackel- **torchlit** *adj inv* von Fackeln beleuchtet; ~ **procession** Fackelzug *m* **torch song** *n* sentimentales Liebeslied
tore [tɔːʳ, AM tɔːr] *vt, vi pt of* **tear**
toreador ['tɒriədɔːʳ, AM 'tɔːriədɔːr] *n* (*bullfighter*) Toreador(in) *m(f),* Stierkämpfer(in) *m(f)*
torment ['tɔːment, AM 'tɔːr-] **I.** *n* ❶ (*mental suffering*) Qual *f;* **to suffer the ~s of the damned** (*fig*) Höllenqualen ausstehen; **the ~s of jealousy** die Qualen *fpl* der Eifersucht; **to endure** ~ Qualen *fpl* erleiden; **to go through ~s** durch die Hölle gehen
❷ (*physical pain*) starke Schmerzen *mpl;* ■**to be in** ~ unter starken Schmerzen leiden
❸ (*torture*) Tortur *f*
II. *vt* (*cause to suffer*) ■**to** ~ **sb/an animal** jdn/ein Tier quälen; **to be ~ed by grief** großen Kummer haben
tormentor [tɔː'mentəʳ, AM tɔːr'mentɚ] *n* Peiniger(in) *m(f)*
torn [tɔːn, AM tɔːrn] **I.** *vt, vi pp of* **tear**
II. *adj pred* (*unable to choose*) [innerlich] zerrissen *fig;* ***I'm ~ between staying in and going to Erika's party*** ich bin hin- und hergerissen, ob ich zu Hause bleiben oder zu Erikas Party gehen soll
tornado [tɔː'neɪdəʊ, AM tɔːr'neɪdoʊ] **I.** *n* <*pl* -s *or* -es> Tornado *m*
II. *n modifier* (*programme, aircraft*) Tornado-; ~ **alert** Tornadowarnung *f;* ~ **damage** durch einen Tornado verursachter Schaden
tornado cellar *n,* **tornado shelter** *n* Tornadoschutzraum *m*
torpedo [tɔː'piːdəʊ, AM tɔːr'piːdoʊ] MIL, NAUT **I.** *n* <*pl* -es> Torpedo *m;* **to fire a** ~ einen Torpedo abschießen
II. *n modifier* (*warning, launch, strike*) Torpedo-; ~ **launch** Torpedoabschuss *m,* Torpedierung *f;* ~ **strike** (*hit*) Treffer *m* mit einem Torpedo; (*attack*) Torpedoangriff *m*
III. *vt* ■**to** ~ **sth** etw torpedieren *a. fig*
torpedo boat *n* Torpedoboot *nt*
torpid ['tɔːpɪd, AM 'tɔːr-] *adj* (*form*) träge
torpidity [tɔː'pɪdəti, AM tɔːr'pɪdəṭi] *n no pl* (*form*) *see* **torpor**
torpidly ['tɔːpɪdli, AM 'tɔːr-] *adv* (*form*) träge
torpor ['tɔːpəʳ, AM 'tɔːrpɚ] *n no pl* (*form*) Trägheit *f;* (*hibernation*) Winterschlaf *m;* **to rouse oneself from a general state of** ~ sich *akk* aus seiner Apathie lösen
torque [tɔːk, AM tɔːrk] *n no pl* PHYS Drehmoment *nt*
torrent ['tɒrᵊnt, AM 'tɔːr-] *n* ❶ (*large amount of water*) Sturzbach *m;* ~**s** [**of rain**] sintflutartige Regenfälle; **to come down** [*or* **fall**] **in** ~**s** in Strömen gießen, wie aus Kübeln schütten *fam*
❷ (*large amount*) Strom *m fig;* **to let out a** ~ **of tears** einen Schwall Tränen vergießen; **to come in** ~**s** in Massen kommen

torrential [təˈren(t)ʃᵊl, AM tɔːˈ-] *adj* sintflutartig; **~ rain** sintflutartige Regenfälle

torrid [ˈtɒrɪd, AM ˈtɔːr-] *adj* ① (*form: hot and dry*) ausgedörrt; **~ heat** sengende Hitze
② (*fig: strongly emotional*) glühend; **a ~ love scene** eine heiße Liebesszene *fig*; **~ topics** heiße [*o* gefühlsgeladene] Themen

torrid time *n* BRIT, AUS **to give sb a ~** jdm Schwierigkeiten bereiten; **to have a ~** eine schwere Zeit haben

torsion [ˈtɔːʃᵊn, AM ˈtɔːr-] *n no pl* MECH, MED Torsion *f fachspr*, Verdrehung *f*

torsion bar *n* Drehstabfeder *f*, Torsionsfeder *f fachspr*

torso [ˈtɔːsəʊ, AM ˈtɔːrsoʊ] *n* ① (*body*) Rumpf *m*
② (*statue*) Torso *m*

tort [tɔːt, AM tɔːrt] *n* LAW unerlaubte [*o* rechtswidrige] Handlung

tortilla [tɔːˈtiːə, AM tɔːrˈtiːjə] *n* Tortilla *f*

tortilla chip *n usu pl* Tortilla Chip *m*

tortoise [ˈtɔːtəs, AM ˈtɔːrt̬əs] *n* [Land]schildkröte *f*

tortoiseshell I. *n no pl* Schildpatt *nt* II. *adj attr, inv* Schildpatt- **tortoiseshell butterfly** *n* amerikanischer Fuchs **tortoiseshell cat** *n* Schildpattkatze *f*

tortuous [ˈtɔːtʃuəs, AM ˈtɔːr-] *adj* gewunden; (*complicated*) umständlich; **to have a ~ mind** verschlagen sein; **a ~ process** ein langwieriger Prozess

tortuously [ˈtɔːtʃuəsli, AM ˈtɔːr-] *adv* gewunden; (*in a complicated manner*) umständlich

tortuousness [ˈtɔːtʃuəsnəs, AM ˈtɔːr-] *n no pl* Gewundenheit *f*

torture [ˈtɔːtʃəʳ, AM ˈtɔːrtʃɚ] I. *n* ① *no pl* (*act of cruelty*) Folter *f*; **to divulge secrets under ~** unter Folter Geheimnisse preisgeben; **mental ~** seelische Folter
② (*painful suffering*) Qual *f*, Tortur *f*
II. *n modifier* (*method*) Folter-; **~ device** Folterinstrument *nt*; **~ technique** Foltermethode *f*
III. *vt* ■**to ~ sb** ① (*cause suffering to*) jdn foltern; **to ~ sb to death** jdn zu Tode foltern
② (*greatly disturb*) jdn quälen; ■**to be ~d by sth** von etw *dat* gequält werden; **to ~ oneself with a thought** sich *akk* mit einem Gedanken quälen

torture chamber *n* Folterkammer *f*

tortured [ˈtɔːtʃəd, AM ˈtɔːrtʃɚd] *adj* gequält

torturer [ˈtɔːtʃᵊrəʳ, AM ˈtɔːrtʃɚɚ] *n* Folterer *m*

torturous [ˈtɔːtʃərəs, AM ˈtɔːr-] *adj* folternd, marternd, Folter-; (*fig*) mühselig, beschwerlich

Tory [ˈtɔːri] POL I. *n* ① BRIT (*British Conservative*) Tory *m*; ***he's a lifelong ~*** er ist ein eingefleischter Konservativer; ■**the Tories** *pl* die Tories *pl*
② CAN *Mitglied der ‚Progressive Conservative Party'*
II. *adj inv* Tory-

Toryism [ˈtɔːriɪzᵊm] *n no pl* Torysmus *m fachspr*

tosh [tɒʃ] *n no pl* BRIT (*dated fam*) Unsinn *m*, dummes Zeug

toss <*pl* -es> [tɒs, AM tɑːs] I. *n* Wurf *m*; ***"I don't care," she said with a ~ of her head*** „das ist mir gleich", sagte sie und warf den Kopf zurück; **to win/lose the ~** den Münzwurf gewinnen/verlieren
► PHRASES: **I don't care** [*or* **give**] **a ~** BRIT (*fam*) das ist mir piepegal *fam*
II. *vt* ① (*throw*) ■**to ~ sb/sth** jdn/etw werfen; (*fling*) jdn/etw schleudern; *horse* jdn/etw abwerfen; ■**to ~ sth to sb** [*or* **to ~ sb sth**] jdm etw zuwerfen; **to ~ one's head** den Kopf zurückwerfen; **to ~ one's hat in the ring** *esp* AM (*fig*) in den Wahlkampf einsteigen
② (*to make a decision*) ■**to ~ sb** [**for sth**] mit jdm [um etw *akk*] knobeln; **to ~ a coin** eine Münze werfen
③ (*move up and back*) ■**to ~ sth** etw hin und her schleudern; ***carrots ~ed in butter*** Karotten in Butter geschwenkt; **to ~ a pancake** einen Pfannkuchen [*o* ÖSTERR eine Palatschinke] wenden (*durch Hochwerfen*)
III. *vi* ■**to ~ for sth** um etw *akk* knobeln
► PHRASES: **to ~ and turn** sich *akk* hin und her wälzen

◆**toss about, toss around** *vt* ■**to ~ sth** ↔ **around** [*or* **about**] etw hin und her werfen [*o* schleudern]; **to ~ a proposal around** (*fig*) einen Vorschlag zur Debatte stellen

◆**toss aside** *vt* ■**to ~ aside** ↔ **sth** etw beiseite legen; **to ~ aside one's scruples** seine Skrupel ablegen

◆**toss away** *vt* ■**to ~ away** ↔ **sth** etw wegwerfen

◆**toss back** *vt* ① (*throw back sharply*) **to ~ back one's hair/head** das Haar/den Kopf zurückwerfen
② (*drink quickly*) **to ~ back a drink** ein Getränk hinunterschütten

◆**toss down** *vt* **to ~ down a drink** ein Getränk hinunterschütten

◆**toss in** *vt* **to ~ in a comment** eine Bemerkung einwerfen
► PHRASES: **to ~ in the towel** das Handtuch werfen *fig*

◆**toss off** I. *vt* ① (*fam: do quickly*) ■**to ~ off** ↔ **sth** *text* etw hinwerfen *fig*
② BRIT, AUS (*vulg sl: excite sexually*) ■**to ~ sb off** jdn [durch Anfassen] scharf machen *sl*
③ (*drink quickly*) **to ~ off a drink** ein Getränk hinunterschütten
II. *vi* BRIT, AUS (*vulg sl*) sich *dat* einen runterholen *vulg*

◆**toss out** *vt* ① (*throw out*) ■**to ~ out** ↔ **sb/sth** jdn/etw hinauswerfen
② (*offer unsolicited*) ■**to ~ out** ↔ **sth** *remark* etw rauslassen *fig fam*; **to ~ out a suggestion** einen Vorschlag einwerfen

◆**toss up** *vi* eine Münze werfen

tossed salad *n* angemachter Salat

tosser [ˈtɒsəʳ] *n* BRIT (*sl*) Vollidiot *m pej fam*

tosspot *n* (*fam*) Säufer(in) *m(f) sl* **toss-up** *n* ① (*uncertain situation*) ungewisse Situation; ■**to be a ~** [noch] unentschieden [*o* offen] sein ② (*tossing a coin*) Werfen *nt* einer Münze

tot [tɒt, AM tɑːt] I. *n* ① (*fam: small child*) Knirps *m fam*
② *esp* BRIT (*small amount of alcohol*) Schlückchen *nt*
II. *vt* (*fam*) ■**to ~ up** ↔ **sth** etw zusammenrechnen [*o* addieren]
III. *vi* ausmachen; ***that ~s up to £20*** das macht zusammen 20 Pfund

total [ˈtəʊtᵊl, AM ˈtoʊt̬ᵊl] I. *n* Gesamtsumme *f*; ***a ~ of 21 horses was*** [*or* ***were***] ***entered for the race*** im Ganzen wurden 21 Pferde zum Rennen zugelassen; **~ of an amount** Gesamtsumme *f*; **in ~** insgesamt
II. *adj* ① *attr, inv* (*complete*) gesamt; **~ cost** Gesamtkosten *pl*; **~ income** Gesamteinnahmen *pl*
② (*absolute*) völlig; ***the cargo was written off as a ~ loss*** die Fracht wurde als Totalverlust abgeschrieben; **to be a ~ disaster** die reinste Katastrophe sein; **to be a ~ stranger** vollkommen fremd sein
III. *vt* <BRIT -ll- *or* AM *usu* -l-> ① (*add up*) ■**to ~ sth** etw zusammenrechnen [*o* addieren]; ***their debts ~ £8,000*** ihre Schulden belaufen sich auf 8.000 Pfund
② AM (*fam*) **to ~ a car** einen Wagen zu Schrott fahren

◆**total up** *vt* ■**to ~ up** ↔ **sth** etw zusammenrechnen [*o* addieren]

total eclipse *n of the sun* totale Sonnenfinsternis; *of the moon* totale Mondfinsternis

totalitarian [tə(ʊ)ˌtælɪˈteəriən, AM toʊˌtæləˈteri-] *adj* POL totalitär

totalitarianism [tə(ʊ)ˌtælɪˈteəriənɪzᵊm, AM toʊˌtæləˈteri-] *n no pl* POL Totalitarismus *m*

totality [tə(ʊ)ˈtæləti, AM toʊˈtælət̬i] *n no pl* ① (*whole amount*) Gesamtheit *f*; **to consider sth in its ~** etw im Ganzen [*o* als Ganzes] betrachten
② (*form: be all-important*) ***it's the ~ of his life*** es ist sein Lebensinhalt
③ (*total eclipse*) totale Verfinsterung

totalizator [ˈtəʊtᵊlaɪzeɪtəʳ, AM ˈtoʊt̬əlɪzeɪt̬ɚ] *n*, **totalizer** [ˈtəʊtᵊlaɪzəʳ, AM ˈtoʊt̬əlaɪzɚ] *n* SPORTS ① (*machine*) Zählwerk *nt*
② (*betting system*) Totalisator *m*

totally [ˈtəʊtᵊli, AM ˈtoʊt̬ᵊli] *adv inv* völlig, total

tote¹ [təʊt, AM toʊt] *n no pl* SPORTS ■**the ~** das Toto

tote² [təʊt, AM toʊt] *vt esp* AM (*fam*) ■**to ~ sth** etw schleppen

◆**tote along** *vt* ■**to ~ along** ↔ **sth/sb** etw/jdn mitschleppen *fam*

◆**tote around** *vt* ■**to ~ around** ↔ **sb/sth** jdn/etw herumschleppen *fam*

tote bag *n* Einkaufstasche *f*

totem [ˈtəʊtəm, AM ˈtoʊt̬əm] *n* Totem *nt*

totemic [tə(ʊ)ˈtemɪk, AM toʊˈ-] *adj* Totem-

totem pole *n* Totempfahl *m*

toto [ˈtəʊtəʊ, AM ˈtoʊtoʊ] *n no pl* ■**in ~** insgesamt

totter [ˈtɒtəʳ, AM ˈtɑːt̬ɚ] *vi* wanken, stolpern *a. fig*; **to ~ from crisis to crisis** (*fig*) von einer Krise in die andere schlittern; **to ~ towards extinction** (*fig*) kurz vor dem Aussterben sein

tottering [ˈtɒtᵊrɪŋ, AM ˈtɑːt̬-] *adj inv* schwankend, wackelig *a. fig*

tottery [ˈtɒtᵊri, AM ˈtɑːt̬-] *adj* wackelig; (*tatterig*) *person* zittrig

totty [ˈtɒti] *n no pl* BRIT (*fam*) Schnecke *f oft pej sl*, Schnalle *f oft pej sl*

toucan [ˈtuːkæn] *n* (*bird*) Tukan *m*

touch [tʌtʃ] I. *n* <*pl* -es> ① *no pl* (*ability to feel*) Tasten *nt*; **the sense of ~** der Tastsinn; ***the material was soft to the ~*** das Material fühlte sich weich an
② (*instance of touching*) Berührung *f*; **at** [*or* **with**] **a** [*or* **the**] **~ of a button** auf Knopfdruck
③ *no pl* (*communication*) Kontakt *m*; **to be in ~ with sb/sth** mit jdm/etw in Kontakt sein; **to get/keep in ~** [**with sb/sth**] [mit jdm/etw] in Kontakt treten/bleiben; ***he's not really in ~ with what young people are interested in*** er ist nicht mehr richtig auf dem Laufenden über die Interessen der jungen Leute
④ *no pl* (*skill*) Gespür *nt*; ***I admire her lightness/sureness of ~ as a cook*** ich bewundere ihre leichte/sichere Hand beim Kochen; **to have the magic ~** magische Fähigkeiten haben; **to lose one's ~** sein Gespür verlieren
⑤ *no pl* (*small amount*) ■**a ~ of …** ein wenig …; **a ~ of bitterness/irony** eine Spur Bitterkeit/Ironie; **a ~ of flu** (*fam*) eine leichte Grippe; **a ~ of the sun** ein Sonnenbrand *m*
⑥ *no pl* (*rather*) ■**a ~** ziemlich; ***the weather has turned a ~ nasty*** das Wetter ist ziemlich schlecht geworden
⑦ (*valuable addition*) Ansatz *m*; **a ~ of genius** ein genialer Einfall; **the final** [*or* **finishing**] **~** der letzte Schliff
⑧ *no pl* FBALL Aus *nt*; ***he kicked the ball into ~*** er schlug den Ball ins Aus
► PHRASES: **to be a soft ~** (*fam*) leichtgläubig sein
II. *vt* ① (*feel with fingers*) ■**to ~ sb/sth** jdn/etw berühren; **to ~ the brake** auf die Bremse steigen *fam*; ■**to ~ sb somewhere** jdn irgendwo berühren; ■**to ~ sb/sth with sth** jdn/mit etw *dat* berühren; ***the setting sun ~ed the trees with red*** (*fig*) die untergehende Sonne tauchte die Bäume in Rot
② (*come in contact with*) ■**to ~ sth** mit etw *dat* in Berührung kommen; ***the edge of the town ~es the forest*** die Stadt grenzt an den Wald; ***tragedy ~ed their lives when their son was 16*** (*fig*) ihre Tragödie begann, als ihr Sohn 16 war
③ (*consume*) ■**to ~ sth** etw anrühren; ***no thanks, I never ~ chocolate*** nein danke, ich esse keine Schokolade
④ (*move emotionally*) ■**to ~ sb** jdn bewegen *fig*
⑤ (*rival in quality*) ■**to ~ sth** an etw *akk* heranreichen; ■**to ~ sb** jdm das Wasser reichen; ***there's no one to ~ him as an illustrator of children's books*** als Illustrator von Kinderbüchern ist er einfach unschlagbar
⑥ (*deal with*) ■**to ~ sth** etw anpacken; **to ~ problems** Probleme in Angriff nehmen; ■**to ~ sb for sth** (*pej fam*) jdn um etw *akk* bitten
► PHRASES: **to ~ base with sb** mit jdm in Kontakt treten; **to ~ bottom** auf Grund stoßen; (*fig*) auf sei-

T

nem absoluten Tiefpunkt angelangt sein; **to ~ a** [**raw**] **nerve** einen wunden Punkt berühren; **not to ~ sb/sth with a barge** [*or* AM **ten-foot**] **pole** [von] jdm/etw fernbleiben; **~ wood** BRIT wenn alles gut geht; ***everybody has got the flu right now except me*** alle haben im Moment die Grippe außer mir — toi, toi, toi!
III. *vi* ❶ (*feel with fingers*) berühren; ***don't ~*** nicht berühren
❷ (*come in contact*) sich *akk* berühren
◆**touch at** *vi* NAUT **to ~ at a port** in einem Hafen anlegen
◆**touch down** *vi* AVIAT landen
◆**touch in** *vt* ART ■**to ~ in** ○ **sth** etw skizzieren
◆**touch off** *vt* ■**to ~ off** ○ **sth** etw auslösen; **to ~ off a storm of protest** einen Proteststurm entfachen
◆**touch on, touch upon** *vi* ■**to ~ on sth** etw ansprechen
◆**touch up** *vt* ❶ (*improve*) ■**to ~ up** ○ **sth** etw auffrischen; **to ~ up a photograph** ein Foto retuschieren
❷ BRIT (*fam: assault sexually*) ■**to ~ sb up** jdn abtasten [*o* DIAL *pej* begrapschen]
◆**touch upon** *vi see* **touch on**
touch-and-go *adj* unentschieden; ■**to be ~ whether ...** auf Messers Scheide stehen, ob ...
touchdown *n* ❶ (*landing*) Landung *f* ❷ *esp* AM SPORTS (*scoring play*) Versuch *m*; **to score a ~** einen Versuch erzielen
touché [tu'ʃeɪ] *interj* eins zu null für dich
touched [tʌtʃt] *adj pred* ❶ (*emotionally moved*) bewegt, gerührt
❷ (*dated fam: crazy*) ■**to be ~** nicht ganz richtig [im Kopf] sein *fam*
touch football *n* AM, AUS *Form des American Football, bei dem der Gegner nicht zu Fall gebracht wird*
touchily ['tʌtʃɪli] *adv* (*fam*) überempfindlich, leicht gereizt
touchiness ['tʌtʃɪnəs] *n no pl* (*fam*) ❶ (*sensitive nature*) Überempfindlichkeit *f*
❷ (*delicacy*) Empfindlichkeit *f*; ***everyone is aware of the ~ of the situation*** jeder ist sich darüber im Klaren, wie heikel die Situation ist
touching ['tʌtʃɪŋ] **I.** *adj* berührend
II. *n* Berühren *nt kein pl*; ***'No T~!'*** ,Nicht anfassen!'
touchingly ['tʌtʃɪŋli] *adv* auf rührende Weise; **to care ~ for sb** sich *akk* rührend um jdn kümmern
touchline *n* BRIT SPORTS Seitenlinie *f* **touchpaper** *n* Zündpapier *nt* **touchscreen** ['tʌtʃ,skri:n] **I.** *n* Touchscreen *m fachspr*, Berührungsbildschirm *m*
II. *n modifier* **~ display** Touchscreen Display *nt* **touch-sensitive** *adj* COMPUT Touch-; **~ screen** Touchscreen *m fachspr* **touchstone** *n* Kriterium *nt geh* (**for** für +*akk*) **Touch-Tone phone®** *n* Tastentelefon *nt* **touch-type** *vi* blind schreiben
touchy ['tʌtʃi] *adj* (*fam*) ❶ (*oversensitive*) *person* empfindlich; **to be ~ about sth** empfindlich auf etw *akk* reagieren; ***she's very ~ about the fact that her husband has been married before*** es ist ihr wunder Punkt, dass ihr Mann schon einmal verheiratet war
❷ (*delicate*) *situation, topic* heikel
touchy-feely *adj* (*pej fam*) gefühlsduselig *oft pej fam*; *topic* distanzlos; ■**to be ~** auf Tuchfühlung gehen *pej fam*
tough [tʌf] **I.** *adj* ❶ (*strong*) robust; **~ plastic** Hartplastik *nt*
❷ (*hardy*) *person, animal* robust, zäh; **to be as ~ as old boots** nicht unterzukriegen sein
❸ (*stringent*) *law* streng, strikt; **to get ~er with sb/sth** bei jdm/etw härter durchgreifen
❹ (*hard to cut*) *meat* zäh; ***these apples have ~ skins*** diese Äpfel haben eine harte Schale; **to be as ~ as old boots** [*or* AM *also* **shoe leather**] zäh wie Schuhsohlen sein
❺ (*difficult*) schwierig, hart; **~ bargaining** harte Verhandlungen *pl*; **~ competition** harte Konkurrenz; **~ climate/winter** raues Klima/strenger Winter
❻ (*violent*) rau, brutal; **a ~ neighbourhood** eine üble Gegend
❼ (*fam: unlucky*) ***that's a bit ~!*** da hast du wirklich Pech!; ***it's ~ on Geoff that ...*** es ist wirklich schade für Geoff, dass ...; ***if you get a cold, that'll be your ~*** wenn du dich erkältest, dann bist du selbst schuld; **~ luck!** so ein Pech! *a. iron;* **~ shit!** *esp* AM (*vulg sl*) scheiße für dich! *derb*
II. *n esp* AM (*fam*) Rowdy *m pej*
III. *vt* (*fam*) ■**to ~ out** ○ **sth** etw aussitzen [*o* durchstehen]; **~ *it out*** da musst du durch *fam*
tough cookie *n esp* AM (*fam*) zähe Person; ■**to be a ~** ein zäher Typ sein **tough customer** *n* (*fam*) harter Brocken *fam*
toughen ['tʌfᵊn] **I.** *vt* ■**to ~ sth** ❶ (*strengthen*) etw verstärken; **~ed glass** gehärtetes Glas
❷ (*make difficult to cut*) etw hart werden lassen
II. *vi* stärker werden
◆**toughen up** *vt* ❶ (*strengthen*) ■**to ~ up** ○ **sth/sb** etw/jdn härter machen
❷ (*make more stringent*) ■**to ~ up** ○ **sth** *controls, rules* etw verschärfen
tough guy *n* ❶ (*strong-willed person*) zäher Bursche
❷ (*violent person*) Rowdy *m pej*
toughie ['tʌfi] *n* (*fam*) ❶ (*issue*) schwierige Sache
❷ *esp* AM (*fam: person*) Rowdy *m pej*
toughly ['tʌfli] *adv* stabil, robust, hart *a. fig;* **~ made** *boots* robust verarbeitet; **~ run** *company* von starker Hand geführt; **~ worded** *article* scharf formuliert
tough-minded *adj* [durch und durch] realistisch
toughness ['tʌfnəs] *n no pl* ❶ (*strength*) Härte *f*, Robustheit *f*
❷ (*determination*) Härte *f*, Entschlossenheit *f*; **the ~ of the competition** die Härte der Konkurrenz
❸ (*of meat*) Zähheit *f*
tough nut *n* harter Brocken *fam* **tough-talking** *adj attr* ■**to be ~** kein Blatt vor den Mund nehmen; ***she's a ~ businesswoman*** sie ist eine harte Geschäftsfrau
toughy *n* (*fam*) *see* **toughie**
toupée ['tu:peɪ, AM tu:'peɪ] *n* Toupet *nt*
tour [tɔ:ʳ, tʊəʳ, AM tʊr] **I.** *n* ❶ (*journey*) Reise *f*, Tour *f*; **a ~ of the factory** eine Fabrikführung; **guided ~** Führung *f*; **sightseeing ~** Rundfahrt *f*; **walking ~** Rundwanderung *f*; **to go** [*or* **be taken**] **on a ~** eine Reise machen
❷ (*spell of duty*) Tournee *f*; **a ~ of inspection** ein Inspektionsrundgang *m*; **lecture ~** Vortragsreise *f*; **to be/go on ~** auf Tournee sein/gehen; **to serve a ~** [**somewhere**] [irgendwo] dienen
II. *n modifier* (*group, destination*) Reise-
III. *vt* ■**to ~ sth** ❶ (*travel around*) etw bereisen, durch etw *akk* reisen
❷ (*visit professionally*) etw besuchen, etw *dat* einen Besuch abstatten
❸ (*perform*) **to ~ Germany** in Deutschland auf Tournee gehen, eine Deutschlandtournee machen
IV. *vi* ■**to ~** [**with sb**] [mit jdm] auf Tournee gehen; ■**to ~ in** [*or* **around**] **somewhere** irgendwo eine Tournee machen
◆**tour around**, BRIT *also* **tour round** *vi* herumreisen
tour de force <*pl* tours de force> [,tɔ:də'fɔ:s, ,tʊə-, *pl* ,tɔ:z-, AM ,tʊrdə'fɔ:rs, *pl* ,tʊrz-] *n* Glanzleistung *f*
Tourette's syndrome [tɔ:'rets,-, tʊə-, AM tʊ'-] *n no pl* MED Tourette-Syndrom *nt fachspr*
tour guide *n* Reiseleiter(in) *m(f)*
touring ['tɔ:rɪŋ, 'tʊə-, AM 'tʊr-] **I.** *adj attr, inv* THEAT, MUS Tournee-; **~ company** Wandertheater *nt*
II. *n* Reisen *nt kein pl*; **to do some ~** herumreisen
tourism ['tɔ:rɪzᵊm, 'tʊə-, AM 'tʊr-] *n no pl* Tourismus *m*; **mass ~** Massentourismus *m*
tourist ['tɔ:rɪst, 'tʊə-, AM 'tʊr-] **I.** *n* ❶ (*traveller*) Tourist(in) *m(f)*
❷ AUS, BRIT (*member of sports team*) Mitglied *nt* einer Tourneemannschaft
II. *n modifier* Touristen-; **~ destination** Reiseziel *nt*; **~ group** Reisegruppe *f*; **to travel ~** in der Touristenklasse reisen
tourist agency *n* Reisebüro *nt* **tourist attraction** *n* Touristenattraktion *f* **tourist class** *n* Touristenklasse *f* **tourist destination** *n* Reiseziel *nt* **tourist guide** *n* ❶ (*book*) Reiseführer *m* ❷ (*person*) Fremdenführer(in) *m(f)* **tourist industry** *n* Tourismusindustrie *f* **tourist information office** *n*, **tourist office** *n* Touristeninformation *f* **tourist season** *n* Hauptsaison *f* **tourist track** *n* (*esp pej*) Touristenpfad *m* **tourist trap** *n* (*pej*) Touristenfalle *f pej* **tourist visa** *n* Reisevisum *nt*
touristy ['tɔ:rɪsti, 'tʊə-, AM 'tʊr-] *adj* (*pej*) touristisch; **~ souvenirs** Reiseandenken *ntpl*
tourmaline ['tʊəməli:n, AM 'tʊrməlɪn] *n* Turmalin *m*
tournament ['tɔ:nəmənt, 'tʊə-, AM 'tɜ:r-] *n* SPORTS Turnier *nt*
tourney ['tɜ:rni] *n* AM Turnier *nt*
tourniquet ['tɔ:nɪkeɪ, 'tɜ:-, AM 'tɜ:r-] *n* MED Stauschlauch *m*, Tourniquet *m fachspr*; **to apply a ~ to sth/sb** etw/jdm einen Tourniquet anlegen
tour of duty <*pl* tours-> *n* MIL, POL Verpflichtung *f*; **to serve a ~** Militärdienst leisten, dienen **tour of inspection** <*pl* tours-> *n* MIL Inspektionsrundgang *m* **tour operator** *n* Reiseveranstalter *m*
tourtière [tu:r'tjer] *n* CAN *Pastete mit Hackfleischfüllung, die in Québec traditionell zu Weihnachten gegessen wird*
tousle ['taʊzl] *vt* **to ~ one's hair** sich *dat* das Haar zerzausen
tousled ['taʊzld] *adj* zerzaust; **~ hair** zerzaustes Haar
tout [taʊt] **I.** *n* (*pej*) Schwarzhändler(in) *m(f)*
II. *vt* ❶ (*advertise*) ■**to ~ sth/sb** für etw/jdn Reklame machen; ■**to ~ sb as sth** jdn als etw preisen; ■**to ~ sb for sth** jdn für etw *akk* preisen; ***she is being ~ed for an Oscar*** sie wird als Kandidatin für den Oskar gehandelt; **to ~ ideas** Ideen propagieren
❷ BRIT (*pej: sell unofficially*) ■**to ~ sth** etw unter der Hand verkaufen
III. *vi* ■**to ~ for sth/sb** um etw/jdn werben; **to ~ for business** [*or* **custom**] [*or* **customers**] um Kunden kämpfen
◆**tout around, tout round** *vi* ■**to ~ around for sth** nach etw *dat* suchen
tow¹ [təʊ, AM toʊ] *n* (*fibre*) Werg *nt*
tow² [təʊ, AM toʊ] **I.** *n* Schleppen *nt kein pl*; ■**to be on** [*or* AM **in**] [*or* AUS *also* **under**] **~** abgeschleppt werden; **to give sb a ~** jdn abschleppen; **to take sth in ~** etw ins Schlepptau nehmen; **to have sb in ~** (*fig*) jdn im Schlepptau haben *fig*
II. *vt* ■**to ~ sb/sth** jdn/etw ziehen; **to ~ a vehicle** ein Auto abschleppen
◆**tow away, tow off** *vt* ■**to ~ sth** ○ **away** [*or* **off**] etw abschleppen
towage ['taʊɪdʒ, AM 'toʊ] *n no pl* ❶ (*process of towing*) [Ab]schleppen *nt*
❷ (*charge*) [Ab-]Schleppgebühr[en] *f*[*pl*]
toward(s) [tə'wɔ:d(z), AM tɔ:rd(z), tə'wɔ:rd(z)] *prep* ❶ (*in direction of*) in Richtung; ***she kept glancing ~ the telephone*** sie sah immerzu in Richtung Telefon; ***she walked ~ him*** sie ging auf ihn zu; ***he leaned ~ her*** er lehnte sich zu ihr
❷ (*near*) nahe +*dat*; ***our seats were ~ the back*** unsere Plätze waren recht weit hinten; ***we're well ~ the front of the queue*** wir sind nahe dem Anfang der Schlange
❸ (*just before*) gegen +*akk*; **~ midnight/the end of the year** gegen Mitternacht/Ende des Jahres; **~ Easter/August** um Ostern/August herum
❹ (*to goal of*) ***they are working ~ a degree*** sie arbeiten auf einen Abschluss hin; **to count ~ sth** auf etw *akk* angerechnet werden; ***to work ~ a solution*** auf eine Lösung hinarbeiten; ***there has been little progress ~ finding a solution*** es gab wenig Fortschritt in Richtung einer Lösung
❺ (*to trend of*) zu +*dat*; ***a trend ~ healthier eating*** ein Trend zu gesünderer Ernährung
❻ *after adj* (*in relation to*) gegenüber +*dat*; ***they've always been friendly ~ me*** mir gegenüber waren

sie immer freundlich; **to feel sth ~ sb** jdm gegenüber etw *akk* empfinden [*o* fühlen]
❼ (*to be used for*) für *+akk;* ***he has given me some money ~ it*** er hat mir etwas Geld dazugegeben; ***would you like to make a contribution ~ a present for Linda?*** möchtest du einen Beitrag für ein Geschenk für Linda leisten?

tow-away I. *n* Abschleppen *nt kein pl* II. *n modifier* Abschlepp-; **~ zone** [*or* **area**] Abschleppzone *f* **tow bar** *n* Abschleppstange *f*

tow boat *n* AM NAUT Schlepper *m*

towel ['taʊəl] I. *n* Handtuch *nt;* **paper ~** Papiertuch *nt;* **tea ~** Geschirrtuch *nt*
► PHRASES: **to throw** [*or* **chuck**] **in the ~** das Handtuch werfen *fig*
II. *vt* <-ll-> **to ~ sth dry** etw trockenreiben
◆**towel down** *vt* ■**to ~ sb down** jdn abtrocknen

towelette [ˌtaʊə'let, AM ˌtaʊ(ə)-] *n* Erfrischungstuch *nt*

toweling AM, **towelling** ['taʊəlɪŋ] I. *n no pl* Frottee *nt o m*
II. *n modifier* Frottee-

towel rack *n* AM, **towel rail** *n* BRIT, AUS Handtuchhalter *m*

tower [taʊəʳ, AM taʊɚ] I. *n* Turm *m;* **office ~** Bürohochhaus *nt*
► PHRASES: **a ~ of strength** ein Fels in der Brandung *fig*
II. *vi* aufragen; ■**to ~ above** [*or* **over**] **sb/sth** jdn/etw überragen *a. fig*

tower block *n* BRIT Hochhaus *nt*

towering ['taʊərɪŋ, AM 'taʊɚ-] *adj* ❶ (*very high*) hoch aufragend
❷ (*very great*) überragend; **~ rage** maßloser Zorn; **a ~ temper** ein zügelloses Temperament

towhead ['taʊhed, AM 'toʊ-] *n* Flachskopf *m*

towline ['təʊlaɪn, AM 'toʊ] *n see* **tow rope** Schlepptau *nt*

town [taʊn] *n* ❶ (*small city*) Stadt *f;* **home ~** Heimatstadt *f;* **resort ~** Fremdenverkehrsort *m*
❷ *no art* (*residential or working location*) Stadt *f;* ■**in/out of ~** in/außerhalb der Stadt; ■**to be in/out of ~** in der/nicht in der Stadt sein
❸ (*downtown*) ■[**the**] **~** das Zentrum; **to go to** [*or* **into**] **~** ins Zentrum fahren; **to be** [*or* **have a night**] **out on the ~** einen draufmachen *fam*
❹ (*major city in area*) Stadt *f;* **to go up to** [*or* **into**] **~** in die Stadt fahren
❺ *+ sing/pl vb* (*residents of a town*) Stadt *f*
► PHRASES: **to go to ~** [**on sth**] sich *akk* [bei etw *dat*] ins Zeug legen

town centre *n* BRIT ■**the ~** das Stadtzentrum **town clerk** *n* BRIT Magistratsbeamte(r), -beamtin *m, f;* **Town Clerk** Stadtdirektor *m* **town council** *n* BRIT Stadtrat *m* **town councillor** *n* Stadtrat, -rätin *m, f* **town crier** *n* (*hist*) Ausrufer *m hist*

townee *n* BRIT (*pej fam*) *see* **townie**

town hall *n* Rathaus *nt* **town house** *n* ❶ (*residence*) Stadthaus *nt* ❷ *esp* AM (*row house*) Reihenhaus *nt*

townie ['taʊni] *n* (*pej fam*) ❶ (*not academic*) *jd, der in einer Universitätsstadt wohnt, jedoch nicht mit der Universität in Verbindung steht*
❷ BRIT (*person*) Städter(in) *m(f)*

town meeting *n* AM Gemeindeversammlung *f* **town planner** *n* Stadtplaner(in) *m(f)* **town planning** *n no pl* Stadtplanung *f* **townscape** ['taʊnskeɪp] *n* Stadtbild *nt;* (*picture of town*) Stadtansicht *f* **townsfolk** *npl* Stadtbevölkerung *f kein pl,* Städter *mpl*

township ['taʊnʃɪp] *n* ❶ AM, CAN (*local government*) Gemeinde *f*
❷ SA (*settlement for blacks*) Township *f* (*von Farbigen bewohnte abseits der Stadt gelegene Siedlung*)

townsman *n* Städter *m,* Stadtbewohner *m*

townspeople *npl* Stadtbevölkerung *f kein pl,* Städter *mpl* **townswoman** *n* Städterin *f,* Stadtbewohnerin *f* **Townswomen's Guild** *n* BRIT *Frauenorganisation, die sich der städtischen Frauenschaft annimmt*

town twinning *n no pl* Städtepartnerschaft *f*

towny ['taʊni] *n* (*pej fam*) *see* **townie**

towpath *n* Treidelpfad *m,* Treppelweg *m* ÖSTERR

towplane *n* AVIAT Schleppflugzeug *nt* **towrope** *n* Abschleppseil *nt* **tow truck** *n* AM, AUS Abschleppwagen *m*

toxaemia [tɒk'siːmiə], **toxemia** [tɑːk-] *n no pl esp* AM Blutvergiftung *f,* Toxämie *f fachspr*

toxic ['tɒksɪk, AM 'tɑːk-] *adj* giftig, toxisch *fachspr;* **~ waste** Giftmüll *m*

toxicity [tɒk'sɪsəti, AM tɑːk'sɪsət̬i] *n no pl* Giftigkeit *f,* Toxizität *f fachspr*

toxicogenomics [ˌtɒksɪkə(ʊ)dʒɪ'nɒmɪks, AM ˌtɑːksɪkoʊdʒɪ'nɑːm-] *n + sing vb* Toxicogenomics *pl*

toxicologist [ˌtɒksɪ'kɒlədʒɪst, AM ˌtɑːksɪ'kɑːlə-] *n* Toxikologe, -in *m, f*

toxicology [ˌtɒksɪ'kɒlədʒi, AM ˌtɑːksɪ'kɑːlə-] *n no pl* Toxikologie *f*

toxic shock syndrome *n* MED toxisches Schocksyndrom *fachspr*

toxin ['tɒksɪn, AM 'tɑːk-] *n* Toxin *nt fachspr*

toxoplasmosis [ˌtɒksə(ʊ)plæz'məʊsɪs, AM ˌtɑːksoʊplæzmoʊ-] *n* MED Toxoplasmose *f fachspr*

toy [tɔɪ] I. *n* Spielzeug *nt a. fig;* **cuddly ~** Schmusespielzeug *nt*
II. *n modifier* ❶ (*used as a toy*) (*car, farm, gun, plane*) Spielzeug-; **~ book** Kinderbuch *nt*
❷ ZOOL (*tiny*) (*poodle, spaniel*) Zwerg-; **~ dog** Schoßhund *m;* (*stuffed*) Stofftund *m*
III. *vt* ❶ (*consider*) ■**to ~ with sth** mit etw *dat* herumspielen *a. fig;* **to ~ with an idea** mit einem Gedanken spielen; **to ~ with one's food** in seinem Essen herumstochern
❷ (*not treat seriously*) ■**to ~ with sb** mit jdm spielen; ***he's just ~ing with my affections*** er spielt nur mit meinen Gefühlen

toy blocks *npl* AM, AUS (*toy bricks*) Bauklötze *mpl* **toy boy** *n* (*fam*) jugendlicher Liebhaber **toy bricks** *npl* BRIT Bauklötze *mpl* **toyshop** *n* Spielwarengeschäft *nt* **toy soldier** *n* Spielzeugsoldat *m*

toytown *n attr, inv* Spielzeugstadt *f,* Miniaturstadt *f*

trace¹ [treɪs] *n* Zugriemen *m,* Strang *m;* **to kick over the ~s** (*fig*) über die Stränge schlagen

trace² [treɪs] I. *n* ❶ (*sign*) Zeichen *nt,* Spur *f;* **to disappear without a ~** spurlos verschwinden
❷ (*slight amount*) Spur *f,* Anflug *m kein pl;* **~s of cocaine/poison** Kokain-/Giftspuren *fpl;* **~ of emotion** Gefühlsregung *f;* **~ of a smile** Anflug *m* eines Lächelns; **without any ~ of sarcasm/humour** ohne jeglichen Sarkasmus/Humor
❸ (*electronic search*) Aufzeichnung *f;* **to put a ~ on a phone call** ein Telefongespräch verfolgen
❹ (*measurement line*) Aufzeichnung *f*
❺ *esp* AM (*path*) [Trampel]pfad *m*
❻ (*in math*) Kurve *f*
❼ COMPUT *of program* Programmablaufverfolgung *f*
II. *vt* ❶ (*follow trail*) ■**to ~ sb** jds Spur verfolgen; (*find*) jdn aufspüren [*o* ausfindig machen]; ***she was ~d to Manchester*** ihre Spur führte nach Manchester; **to ~ a letter/package** einen Brief/ein Paket auffinden
❷ (*track back*) ■**to ~ sth** etw zurückverfolgen; ***the outbreak of food poisoning was ~d to some contaminated shellfish*** man fand heraus, dass verseuchte Meeresfrüchte die Ursache der Lebensmittelvergiftung waren; **to ~ a call/computer virus** einen Anruf/Computervirus zurückverfolgen
❸ (*describe*) ■**to ~ sth** etw beschreiben
❹ (*draw outline*) ■**to ~ sth** etw skizzieren [*o* zeichnen]; (*through paper*) etw durchpausen; (*with a finger*) etw nachmalen; (*with one's eye/mind*) etw *dat* folgen
❺ (*take route*) **to ~ a path** einem Weg folgen
◆**trace back** *vt* ■**to ~ sth** ◯ **back** [**to sth**] etw zurückverfolgen [bis zu etw *dat*]
◆**trace out** *vt* ■**to ~ out** ◯ **sth** (*draw*) etw [nach]zeichnen; (*describe*) etw beschreiben

traceable ['treɪsəbl̩] *adj* zurückverfolgbar; ■**to be ~ to sth** sich *akk* auf etw *dat* zurückführen lassen

trace element *n* Spurenelement *nt*

tracer ['treɪsəʳ, AM -ɚ] I. *n* ❶ MIL Leuchtspurgeschoss *nt*
❷ MED Isotopenindikator *m fachspr*
❸ (*transmission device*) Sender *m*
❹ (*enquiry form*) Laufzettel *m*
❺ COMPUT (*monitoring programme*) Überwacher *m,* Überwachungsprogramm *nt*
II. *n modifier* MIL (*ammunition, fire, shell*) Leuchtspur-

tracer bullet *n* MIL Leuchtspurgeschoss *nt*

tracery ['treɪsəri] *n* ❶ *no pl* (*ornamental work*) Maßwerk *nt*
❷ (*pattern*) Filigranmuster *nt*

trachea <*pl* -s *or* -chae> [trə'kiə, *pl* -iː, AM 'treɪkiə, *pl* -i] *n* Luftröhre *f,* Trachea *f fachspr*

tracheotomy [ˌtræki'ɒtəmi, AM ˌtreɪki'ɑːt̬ə-] *n* MED Luftröhrenschnitt *m,* Tracheotomie *f fachspr*

tracing ['treɪsɪŋ] *n* Skizze *f*

tracing paper *n no pl* Pauspapier *nt*

track [træk] I. *n* ❶ (*path*) Weg *m,* Pfad *m;* **dirt ~** Sandstraße *f*
❷ (*rails*) Schienen *fpl;* ***"keep off the ~s"*** „Betreten der Gleise verboten"; **to leave the ~s** entgleisen; **to live/be on the wrong side of the ~s** (*fam*) aus ärmlichen Verhältnissen stammen
❸ AM RAIL (*platform*) Bahnsteig *m*
❹ *usu pl* (*mark*) Spur *f; of deer* Fährte *f;* **to be on the ~ of sb** [*or* **sb's ~**] jdm auf der Spur sein; **to cover up one's ~s** seine Spuren verwischen; **to leave ~s** Spuren hinterlassen
❺ (*path*) *of hurricane* Bahn *f; of comet* [Lauf]bahn *f; of airplane* Route *f*
❻ (*for curtains*) Schiene *f*
❼ (*fig: course*) Gang *m;* ***I tried to follow the ~ of his argument*** ich versuchte, seinem Gedankengang zu folgen; ***the company is on ~ to make record profits*** die Firma ist auf dem Weg, Rekordgewinne zu erzielen; **to be on the right/wrong ~** auf der richtigen/falschen Spur sein; **to get off** [**the**] **~** vom Thema abweichen; **to get back on ~** wieder in den Zeitplan kommen
❽ (*educational path*) Laufbahn *f;* (*career path*) Berufsweg *m;* ***Germany has a three-~ educational system*** Deutschland hat ein dreigleisiges Bildungssystem; **the fast ~** die Überholspur *fig;* **to change ~** eine neue Richtung einschlagen
❾ SPORTS (*racing path*) *for running* Laufbahn *f; for race cars* Piste *f; for bikes* Radrennbahn *f*
❿ *no pl* (*sports*) Leichtathletik *f*
⓫ (*song*) Nummer *f;* (*soundtrack*) Stück *nt*
⓬ (*magnetic strip*) Tonspur *f;* COMPUT [Magnet]spur *f*
⓭ (*between wheels*) Spurweite *f*
► PHRASES: **off the beaten ~** abwegig; **to keep ~ of sb/sth** (*follow*) jdn/etw im Auge behalten; (*count*) jdn/etw zählen; **to lose ~ of sb/sth** jdn/etw aus den Augen verlieren; **to make ~s** (*fam*) sich *akk* auf die Socken machen; **to throw sb off the ~** jdn täuschen; **in one's ~s** an Ort und Stelle; **to stop sb dead in his/her ~s** jdn vor Schreck erstarren lassen
II. *n modifier* SPORTS (*competition, team, star*) Lauf-; **~ medal** Rennsportmedaille *f*
III. *vt* ❶ (*pursue*) **to ~ a criminal/an animal** einen Kriminellen/ein Tier verfolgen; ***the terrorists were ~ed to Amsterdam*** die Terroristen wurden in Amsterdam aufgespürt
❷ *esp* AM (*make a track*) **to ~ sand/dirt in the house** Sand-/Schmutzspuren im Haus hinterlassen
❸ (*follow trail*) **to ~ sb's record/career** jds Vorgeschichte/Karriere verfolgen; **to ~ a storm/hurricane** einen Sturm/Orkan verfolgen; **to ~ a target** ein Ziel aufspüren
IV. *vi* ❶ (*in filming*) *camera* heranfahren
❷ (*adjust settings*) einstellen
❸ (*move*) *storm, hurricane* ziehen; *stylus* sich *akk* bewegen; *car* spurgenau laufen
◆**track down** *vt* ■**to ~ down sb/sth** [*or* **to ~ sb/sth down**] jdn/etw aufspüren
◆**track in** I. *vt* AM **to ~ mud/dirt/sand** ◯ **in** Matsch/Schmutz/Sand reintragen
II. *vi* FILM *camera* heranfahren
◆**track up** *vt* AM **to ~ up** ◯ **the house/kitchen** Schmutzspuren *fpl* im Haus/in der Küche hinterlas-

T

sen

track and field I. *n no pl* SPORTS Leichtathletik *f* II. *n modifier* SPORTS (*club, competition, team*) Leichtathletik-; ~ **athletics** Leichtathletikdisziplinen *fpl* **track ball** *n* COMPUT Rollkugel *f*

tracker ['trækəʳ, AM -ɚ] *n* Fährtenleser(in) *m(f)*

tracker dog *n* Spürhund *m*

track event *n* SPORTS Laufwettbewerb *m*

tracking ['trækɪŋ] *n no pl* ❶ (*pursuit*) Verfolgen *nt*, Nachspüren *nt*
❷ AUTO (*alignment of wheels*) [Rad]stellung *f*

tracking shot *n* FILM Schwenk *m* **tracking station** *n* AEROSP Bodenstation *f*

trackless ['trækləs] *adj inv* ❶ (*having no paths*) *desert, forest* spurenlos
❷ *esp* AM (*not running on tracks*) *vehicle* schienenlos; ~ **trolley** Oberleitungsbus *m*

trackman *n* Streckenarbeiter *m* **track meet** *n* AM Leichtathletikwettkampf *m* **track race** *n* Rennen *nt*; (*for cars, athletes*) Lauf *m* **track record** *n* ❶ SPORTS Streckenrekord *m* ❷ *of company, person* Erfolgsbilanz *f*; ***what's his ~ like?*** was hat er vorzuweisen?; (*hum*) ***it's hardly surprising your wife doesn't trust you, given your ~!*** es ist kaum verwunderlich, dass deine Frau dir nicht vertraut – bei deiner Karriere! *hum* **track rod** *n* Spurstange *f* **track shoe** *n* Laufschuh *m* **tracksuit** *n* Trainingsanzug *m* **track walker** *n* RAIL Streckenläufer(in) *m(f)*

tract[1] [trækt] *n* Traktat *nt o m geh* (**on** über +*akk*); ***he wrote a ~ against feminism*** er verfasste eine Schrift gegen den Feminismus

tract[2] [trækt] *n* ❶ (*area of land*) Gebiet *nt*; AM (*property*) Grundstück *nt*; (*small lot*) Parzelle *f*; **a large ~ of time** (*fig*) eine Menge Zeit
❷ ANAT (*bodily system*) Trakt *m*; **respiratory ~** Atemwege *pl*, Atemtrakt *m*

tractability [ˌtræktə'bɪləti, AM -ət̬i] *n no pl* (*form*) *of child* Lenkbarkeit *f*; *of metal* Formbarkeit *f*

tractable ['træktəbl] *adj* (*form*) *person, child* lenkbar; *metal* formbar; *problem* lösbar; *situation* in den Griff zu kriegen *präd*

tract house *n* AM Reihenhaus *nt*

traction ['trækʃᵊn] *n no pl* ❶ *of car, wheels* Bodenhaftung *f*; **to lose ~** Bodenhaftung *f* verlieren
❷ MECH (*pulling*) Antrieb *m*; **electric ~** Elektroantrieb *m*
❸ (*medical treatment*) Strecken *nt*; **to be in** [*or* **on**] **~** im Streckverband liegen

traction control *n no pl* Antriebsschlupfregelung *f fachspr* **traction engine** *n* Zugmaschine *f* **traction power** *n no pl* Zugkraft *f*

tractor ['træktəʳ, AM -ɚ] *n* Traktor *m*

tractor-trailer *n* AM Sattelschlepper *m*

trad [træd] *adj* BRIT, AUS (*fam*) *short for* **traditional** traditionell

trade [treɪd] I. *n* ❶ *no pl* (*buying and selling*) Handel *m* (**in/with** mit +*dat*); **the balance of ~** die Handelsbilanz
❷ *no pl* (*business activity*) Umsatz *m*
❸ (*type of business*) Branche *f*, Gewerbe *nt*; **building ~** Baugewerbe *nt*; **fur ~** Pelzgeschäft *nt*
❹ *no pl* (*particular business*) ■**the ~** die Branche; **the rules of the ~** die Regeln der Branche
❺ (*handicraft*) Handwerk *nt*; ***he's a carpenter by ~*** er ist Schreiner von Beruf; ■**to be in ~** BRIT (*esp pej dated*) Handwerker(in) *m(f)* sein; **to learn a ~** ein Handwerk erlernen
❻ *esp* AM (*swap*) Tauschgeschäft *nt*; ***it's a ~*** abgemacht!; **to take/give sth in ~** etw zum Tausch nehmen/geben
❼ AM SPORTS (*transfer*) Transfer *m*
❽ (*trade wind*) ■**the ~s** *pl* der Passat
II. *n modifier* (*enquiry, mission*) Handels-
III. *vi* ❶ (*exchange goods*) tauschen; ■**to ~ with sb** mit jdm tauschen
❷ (*do business*) Geschäfte machen; **to ~ in oil/luxury goods/tobacco** mit Öl/Luxusgütern/Tabak Handel betreiben
❸ STOCKEX (*be bought and sold*) handeln; ***shares in the company ~d actively*** Firmenaktien wurden lebhaft gehandelt
❹ (*use*) ■**to ~ on** [*or* **upon**] **sth** etw ausnutzen
IV. *vt* ❶ (*exchange*) ■**to ~ sth** [**for sth**] etw [durch etw *akk*] austauschen; ***I wouldn't ~ you for the world*** ich würde dich für nichts auf der Welt eintauschen; ***I'll ~ you some of my chocolate for some of your ice cream*** ich gebe dir etwas von meiner Schokolade für etwas von deinem Eis; **to ~ bets** Wetten abschließen; **to ~ places** [**with sb**] [mit jdm] den Platz tauschen; **to ~ stories/insults/punches** Geschichten/Beleidigungen/Schläge austauschen
❷ (*buy and sell*) **to ~ commodity futures/options/shares** mit Warentermingeschäften/Optionen/Aktien handeln
❸ AM SPORTS (*transfer*) **to ~ a football player** einen Fußballspieler verkaufen

◆**trade down** *vi* sich *akk* verkleinern *fig*; ***my car is costing me too much, so I'm going to ~ down for a cheaper model*** mein Auto ist zu teuer, ich hole mir ein billigeres Modell

◆**trade in** *vt* ■**to ~ in** ↔ **sth** etw in Zahlung geben

◆**trade off** *vt* ■**to ~ off** ↔ **sth against sth** etw gegen etw *akk* tauschen

◆**trade up** *vi* sich *akk* vergrößern *fig*

trade agreement *n* Handelsabkommen *nt* **trade association** *n* Wirtschaftsverband *m*, Handelsverband *m* **trade balance** *n* Handelsbilanz *f* **trade barrier** *n* Handelsschranke[n] *f*[*pl*]; **to lift ~s from imports** Handelsschranken *fpl* für Importe aufheben **trade creditors** *npl* Kreditoren *mpl*, Verbindlichkeiten *fpl* aus Lieferungen und Leistungen **trade cycle** *n* Konjunkturzyklus *m* **trade deficit, trade gap** *n* ECON Außenhandelsdefizit *nt* **Trade Descriptions Act** *n* LAW, ECON Warenkennzeichnungsgesetz *nt* **trade directory** *n* Branchenverzeichnis *nt* **trade discount** *n* Händlerrabatt *m* **trade dispute** *n* Handelsstreitigkeit *f*; (*between union and employer*) Tarifkonflikt *m*

traded option *n* STOCKEX handelbare Option

trade embargo *n* Handelsembargo *nt* **trade fair** *n* ECON [Handels]messe *f* **trade figures** *npl* Außenhandelszahlen *pl* **trade gap** *n* Außenhandelsdefizit *nt* **trade-in** ECON I. *n* Tauschware *f* II. *adj attr, inv* Eintausch- **trade journal** *n* Handelsblatt *nt* **trade language** *n* Verhandlungssprache *f* **trademark** I. *n* ❶ (*of a company*) Warenzeichen *nt*, Handelsmarke *f*; **registered ~** eingetragenes Warenzeichen ❷ (*of a person, music*) charakteristisches Merkmal, Handschrift *f fig* II. *n modifier* (*guarantee, service*) [handel]süblich **trade mission** *n* Handelsmission *f* **trade name** *n* Handelsname *m*, Markenname *m* **trade-off** *n* ECON Austausch *m* **trade paper** *n* Handelsblatt *nt* **trade policy** *n* Handelspolitik *f* **trade press** *n no pl* Wirtschaftspresse *f* **trade price** *n* BRIT Großhandelspreis *m*; **to buy sth at ~** etw zum Großhandelspreis kaufen **trade publication** *n* Handelsblatt *nt*

trader ['treɪdəʳ, AM -ɚ] *n* ❶ (*person*) Händler(in) *m(f)*; STOCKEX Wertpapierhändler(in) *m(f)*
❷ (*ship*) Handelsschiff *nt*

trade register *n* Handelsregister *nt* **trade route** *n* Handelsweg *m* **trade school** *n* AM Gewerbeschule *f* **trade secret** *n* Betriebsgeheimnis *nt a. fig* **trade show** *n* AM [Handels]messe *f*

tradesman ['treɪdzmən] *n* (*shopkeeper*) Händler *m*; (*craftsman*) Handwerker *m*; (*supplier*) Lieferant *m* **tradesmen's entrance** *n* BRIT (*esp dated*) Lieferanteneingang *m* **tradespeople** *npl* Händler *mpl* **trades union** *n* Gewerkschaft *f*

trade surplus *n* ECON Außenhandelsüberschuss *m* **trade union** I. *n* Gewerkschaft *f* II. *n modifier* (*member, meeting, official, ralley*) Gewerkschafts-; **~ activity** gewerkschaftliche Betätigung **trade unionism** *n no pl* Gewerkschaftswesen *nt* **trade unionist** *n* Gewerkschaftler(in) *m(f)* **trade union movement** *n* Gewerkschaftsbewegung *f* **trade war** *n* Handelskrieg *m* **trade wind** *n* Passat *m*

trading ['treɪdɪŋ] *n no pl* Handel *m*; STOCKEX Börsengeschäfte *ntpl*; ***~ was heavy/light today on Wall Street*** an der Wall Street war der Handel heute stark/schwach; **Sunday ~** BRIT Offenhalten *nt* der Geschäfte am Sonntag; **insider ~** Insidergeschäft *nt*

trading day *n* STOCKEX Börsentag *m*; **last ~** Ultimo *m* **trading estate** *n* BRIT Industriegelände *nt* **trading floor** *n* STOCKEX Börsenparkett *nt* **trading licence** *n* Gewerbekonzession *f* **trading partner** *n* Handelspartner(in) *m(f)* **trading post** *n* (*usu hist*) Laden *m*, Handelsniederlassung *f* **trading session** *n* Börsensitzung *f* **trading stamp** *n* Rabattmarke *f* **trading volume** *n* Geschäftsvolumen *nt*

tradition [trə'dɪʃᵊn] *n* ❶ *no pl* (*customary behaviour*) Tradition *f*; ■**by ~** aus Tradition; **according to ~ …** der Überlieferung nach …; **to be rooted in ~** in der Tradition verwurzelt sein
❷ (*custom*) Tradition *f*, Brauch *m*; **to break** [**with**] **a ~** mit einer Tradition brechen
❸ (*style*) Tradition *f*, Stil *m*
❹ (*in religion*) Überlieferung *f*

traditional [trə'dɪʃᵊnᵊl] *adj belief, costume, food* traditionell; *person* konservativ; *story* alt; **~ jazz** Dixieland[jazz] *m*

traditionalism [trə'dɪʃᵊnᵊlɪzᵊm] *n no pl* Traditionalismus *m geh*

traditionalist [trə'dɪʃᵊnᵊlɪst] I. *n* Traditionalist(in) *m(f) geh*
II. *adj inv* traditionalistisch *geh*

traditionally [trə'dɪʃᵊnᵊli] *adv* traditionell; (*usually*) üblicherweise, normalerweise; ***this area is ~ liberal*** diese Region war schon immer liberal

trad jazz *n no pl* BRIT Dixieland[jazz] *m*

traduce [trə'djuːs, AM *esp* -duːs] *vt* (*form*) ■**to ~ sb/sth** jdn/etw verleumden

traffic ['træfɪk] I. *n no pl* ❶ (*vehicles*) Verkehr *m*; **air/rail ~** Luft-/Bahnverkehr *m*; **commercial ~** Handelsverkehr *m*; **heavy ~** starker Verkehr; **passenger ~** Personenverkehr *m*; **to get stuck in ~** im Verkehr stecken bleiben; **to direct ~** den Verkehr regeln
❷ (*on telephone*) Fernsprechverkehr *m*; **data ~** COMPUT Datenverkehr *m*
❸ (*in illegal items*) illegaler Handel (**in** mit +*dat*); **drug ~** Drogenhandel *m*
❹ (*form: dealings*) ■**to have ~ with sth/sb** mit etw/jdm zu tun haben [*o* in Verbindung stehen]
II. *n modifier* (*casualties, flow, hazard, offence, problems, tie-ups*) Verkehrs-; **~ lane** Fahrstreifen *m*
III. *vi* <-ck-> handeln; **to ~ in weapons** [*or* **arms**] Waffenhandel betreiben; **to ~ in drugs** mit Drogen handeln; **to ~ in pornography** Pornografie vertreiben

traffic accident *n* Verkehrsunfall *m*

trafficator ['træfɪkeɪtəʳ] *n* BRIT (*dated*) Blinker *m*

traffic-calmed [-ˌkɑːmd] *adj attr, inv* BRIT verkehrsberuhigt **traffic-calming** BRIT I. *n no pl* Verkehrsberuhigung *f* II. *adj attr, inv* zur Verkehrsberuhigung *nach n*; **~ measures** verkehrsberuhigende Maßnahmen **traffic circle** *n* AM Kreisverkehr *m* **traffic cone** *n* AUTO Leitkegel *m*, Pylon *m*, Pylone *f* **traffic congestion** *n no pl* Stau *m* **traffic cop** *n* AM (*fam*) Verkehrspolizist(in) *m(f)* **traffic court** *n* AM Gericht *nt* für Straßenverkehrssachen **traffic diversion** *n* Umleitung *f* **traffic engineer** *n* Verkehrsingenieur(in) *m(f)* **traffic engineering** *n no pl* Verkehrsplanung *f* **traffic indicator** *n* Blinker *m* **traffic island** *n* ❶ (*pedestrian island*) Verkehrsinsel *f* ❷ AM (*central reservation*) Mittelstreifen *m* **traffic jam** *n* Stau *m*; **to be/get stuck in a ~** in einem Stau stecken

trafficked *vi pp, pt of* **traffic**

trafficker ['træfɪkəʳ, AM -ɚ] *n* (*pej*) Händler(in) *m(f)*; **arms ~** Waffenschieber(in) *m(f)*; **drug ~** Drogenhändler(in) *m(f)*, Dealer(in) *m(f) fam*

trafficking ['træfɪkɪŋ] *n no pl* (*pej*) Handel *m*; **arms ~** Waffenschieberei *f*; **drug ~** Drogenhandel *m*

traffic light *n* Ampel *f* **traffic patrol** *n* Verkehrspolizei *f* **traffic pattern** *n* ❶ (*for airplanes*) Flugroute *f* ❷ (*for road traffic*) Verkehrslage *f* **traffic police** *npl* Verkehrspolizei *f kein pl* **traffic policeman** *n* Verkehrspolizist *m* **traffic regula-**

tion *n* Straßenverkehrsordnung *f* **traffic report** *n* Verkehrsbericht *m* **traffic sign** *n* Verkehrszeichen *nt* **traffic signal** *n* Ampel *f* **traffic warden** *n* BRIT Verkehrspolizist(in) *m(f)*; (*woman*) Politesse *f*

tragedian [trəˈdʒiːdiən] *n* ❶ (*actor*) tragischer Schauspieler, Tragöde *m*
❷ (*writer*) Tragiker *m*, Trauerspieldichter *m*

tragedy [ˈtrædʒədi] *n* Tragödie *f a. fig*, Trauerspiel *nt a. fig*; ***it's a ~ that ...*** es ist tragisch, dass ...; **Greek ~** griechische Tragödie; **a human ~** eine menschliche Tragödie

tragic [ˈtrædʒɪk] *adj* tragisch; (*suffering sorrow*) leidgeprüft; ***he's a ~ actor*** er spielt tragische Rollen

tragically [ˈtrædʒɪkəli] *adv* ❶ (*sadly*) tragischerweise
❷ (*in theatre*) tragisch

tragicomedy [ˌtrædʒɪˈkɒmədi, AM -ˈkɑːmə-] *n* Tragikomödie *f*

tragicomic [ˌtrædʒɪˈkɒmɪk, AM -ˈkɑː-] *adj* tragikomisch

trail [treɪl] **I.** *n* ❶ (*path*) Weg *m*, Pfad *m*
❷ (*track*) Spur *f*; ■**to be on the ~ of sth/sb** etw/jdm auf der Spur sein; **~ of dust/smoke** Staubwolke *f*/Rauchfahne *f*; **a paper ~** ein schriftlicher Beweis; **to be hot on the ~ of sb** jdm dicht auf den Fersen sein; **to follow a ~** HUNT einer Fährte folgen; **to leave a ~** eine Spur hinterlassen
II. *vt* ❶ (*follow*) ■**to ~ sb/an animal** jdm/einem Tier auf der Spur sein
❷ (*drag*) ■**to ~ sth** etw nachziehen; (*leave behind*) etw hinterlassen
❸ (*in a competition*) ■**to ~ sb/sth** hinter jdm/etw liegen
III. *vi* ❶ (*drag*) schleifen; (*plant*) sich *akk* ranken
❷ (*be losing*) zurückliegen
❸ (*move sluggishly*) ■**to ~ [after sb]** [hinter jdm her] trotten; **to ~ along the street/into a room** die Straße entlangschlendern/in ein Zimmer schlurfen
◆**trail away** *vi* verstummen; ***her voice ~ed away into silence*** ihre Stimme wurde immer leiser, bis sie verstummte
◆**trail behind** *vi* zurückbleiben; ■**to ~ behind sb/sth** jdm/etw hinterherlaufen
◆**trail off** *vi* verstummen; *see also* **trail away**

trail bike *n* Motocross-Motorrad *nt* **trailblazer** [-ˌbleɪzəʳ, AM -ɚ] *n* Wegbereiter(in) *m(f)*

trailer [ˈtreɪləʳ, AM -ɚ] *n* ❶ (*wheeled container*) Anhänger *m*
❷ AM (*caravan*) Wohnwagen *m*
❸ (*advertisement*) Trailer *m fachspr*
❹ (*leader*) Vorspannband *nt*
❺ COMPUT (*byte*) Nachsatz *m*

trailer camp, trailer park *n* AM Wohnwagenabstellplatz *m* **trailer-truck** *n* AM Sattelschlepper *m*

trailing [ˈtreɪlɪŋ] *adj attr, inv* HORT Kletter-; **~ plant** Kletterpflanze *f*; **~ rose** Schlingrose *f*

trail mix *n no pl* Studentenfutter *nt*

train [treɪn] **I.** *n* ❶ RAIL Zug *m*; ■**to be on a ~** in einem Zug sitzen; **to board a ~** in einen Zug einsteigen; **to change ~s** umsteigen; **to miss/take** [*or* **catch**] **a ~** einen Zug verpassen/nehmen
❷ (*series*) Serie *f*; ■**to be in ~** im Gange sein; **a ~ of events** eine Kette von Ereignissen; **~ of thought** Gedankengang *m*; **to put** [*or* **set**] **sth in ~** etw in Gang setzen
❸ (*retinue*) Gefolge *nt kein pl*; (*procession*) Zug *m*; **an elephant/camel ~** ein Elefanten-/Kamelzug; **a ~ of barges** ein Schleppzug *m*; **wagon ~** Wagenkolonne *f*; **to bring sth in its/one's ~** (*fig*) etw nach sich *dat* ziehen
❹ (*part of dress*) Schleppe *f*
II. *n modifier* (*connection, journey, ride*) Zug-; **~ schedule** Fahrplan *m*; **~ driver** Lokführer(in) *m(f)*
III. *vi* ❶ (*learn*) ■**to ~ for sth** für etw *akk* trainieren; ***she ~ed as a pilot*** sie machte eine Pilotenausbildung
❷ (*travel by train*) **to ~ to London/New York** mit dem Zug nach London/New York fahren
IV. *vt* ❶ (*teach*) ■**to ~ sb [in sth]** jdn [in etw *dat*] ausbilden; ■**to ~ oneself to do sth** sich *dat* [selbst] beibringen, etw zu tun; ■**to ~ sb for** [*or* **to do**] **sth** jdn für etw *akk* ausbilden; (*hum*) ***you must ~ your husband to do housework!*** du musst deinen Mann zur Hausarbeit erziehen!; **to ~ children to be polite** Kinder zur Höflichkeit erziehen; **to ~ dogs** Hunde abrichten; **to ~ lions/tigers/elephants** Löwen/Tiger/Elefanten dressieren; **to ~ one's mind** seinen Verstand schulen
❷ HORT **to ~ roses/grape vines** Rosen/Weintrauben ziehen
❸ (*point at*) **to ~ a gun/light/telescope on** [*or* **upon**] **sb/sth** eine Waffe/ein Licht/Teleskop auf jdn/etw richten
◆**train up** *vt* ■**to ~ up** ○ **sb** jdn einschulen

train-bearer *n* Schleppenträger(in) *m(f)*

trained [treɪnd] *adj* ❶ (*educated*) ausgebildet; *animal* abgerichtet; (*hum*) ***I've got my husband well~*** ich habe meinen Ehemann gut erzogen; **to be ~ in nursing/teaching** als Krankenschwester/Lehrer ausgebildet sein
❷ (*expert*) *ear, eye, mind* geschult; *voice* ausgebildet

trainee [ˌtreɪˈniː] **I.** *n* Trainee *m*, Praktikant(in) *m(f)*; **management ~** Führungsnachwuchs *m*; **nurse ~** Krankenpflegeschüler(in) *m(f)*
II. *n modifier* **~ manager** Management-Trainee *m*; **~ teacher** Referendar(in) *m(f)*, Probelehrer(in) *m(f)* ÖSTERR

traineeship [ˌtreɪˈniːʃɪp] *n* Praktikum *nt*

trainer [ˈtreɪnəʳ, AM -ɚ] *n* ❶ (*teacher*) Trainer(in) *m(f)*; (*of animals*) Dresseur(in) *m(f)*; (*in circus*) Dompteur, Dompteuse *m, f*; **personal ~** Privattrainer(in) *m(f)*
❷ (*fam: flight simulator*) Schulflugzeug *nt*
❸ BRIT (*shoe*) Turnschuh *m*
❹ (*training pants*) ■**~s** *pl* Turnhose *f*

train ferry *n* Zugfähre *f*

training [ˈtreɪnɪŋ] **I.** *n no pl* ❶ (*education*) Ausbildung *f*; *of new employee* Schulung *f*; *of dogs* Abrichten *nt*; *of elephants, lions* Dressur *f*; **on-the-job ~** Ausbildung *f* am Arbeitsplatz; **basic ~** MIL Grundwehrdienst *m*
❷ SPORTS (*practice*) Training *nt*; ■**to be in ~ for sth** für etw *akk* trainieren; **to be out of/in ~** nicht/gut in Form sein
II. *adj attr, inv* Schulungs-

training camp *n* SPORTS Trainingscamp *nt* **training college** *n* BRIT Lehrerbildungsanstalt *f* **training course** *n* Vorbereitungskurs *m* **training manual** *n* Lehrbuch *nt* **training mission** *n* MIL Übungsmission *f* **training pants** *npl* Sporthose *f* **training plane** *n* Schulflugzeug *nt* **training program** *n* AM, **training programme** *n* BRIT, AUS Ausbildungsprogramm *nt* **training ship** *n* Schulschiff *nt* **training shoe** *n* BRIT Turnschuh *m* **training table** *n* AM Tisch *m* mit Sportlernahrung **training wheels** *npl* AM, AUS Stützräder *ntpl*; **to get off one's ~** (*fig*) den Kinderschuhen entwachsen

trainload *n* Zugladung *f* **trainman** *n* AM Eisenbahnbedienstete(r) *f(m)* **train-oil** *n no pl* Tran *m* **train service** *n no pl* Zugverkehr *m*; (*between two towns*) [Eisen]bahnverbindung *f* **train set** *n* Spielzeugeisenbahn *f* **train shed** *n* Lokschuppen *m* **trainsick** *adj* reisekrank (*beim Zugfahren*) **trainsickness** *n no pl* Reisekrankheit *f* (*beim Zugfahren*) **trainspotter** [-ˌspɒtəʳ] *n* BRIT *jd, der als Hobby die Nummern von Lokomotiven und Eisenbahnen sammelt* **trainspotting** [-ˌspɒtɪŋ] *n das Sammeln von Lokomotiven- und Eisenbahnnummern als Hobby* **train station** *n* Bahnhof *m* **train ticket** *n* Zugfahrkarte *f*

traipse [treɪps] **I.** *vi* latschen *fam*
II. *n no pl* Latschen *nt fam*

trait [treɪ, treɪt, AM treɪt] *n* Eigenschaft *f*; **character ~** Charakterzug *m*; **genetic ~** genetisches Merkmal

traitor [ˈtreɪtəʳ, AM -t̬ɚ] *n* Verräter(in) *m(f)*; ■**to be a ~ to sth/sb** etw/jdn verraten; **to brand sb [as] a ~** jdn als Verräter anprangern; **to turn ~** zu einem Verräter/einer Verräterin werden

traitorous [ˈtreɪtərəs, AM -t̬ɚ-] *adj* verräterisch *a. fig*

traitress <*pl* -es> [ˈtreɪtrɪs] *n* (*dated*) Verräterin *f*

trajectory [trəˈdʒektəri, AM -ɚi] *n* PHYS Flugbahn *f*; MATH Kurve *f*

tram [træm] BRIT, AUS **I.** *n* Straßenbahn *f*; **to go by ~** mit der Straßenbahn fahren
II. *n modifier* (*accident, fare, ride, route, service, system*) Straßenbahn-; **~ stop** Straßenbahnhaltestelle *f*

tram car *n* BRIT, AUS Straßenbahnwagen *m* **tram driver** *n* BRIT, AUS Straßenbahnfahrer(in) *m(f)*

tramline *n* BRIT, AUS ❶ (*route*) Straßenbahnlinie *f*
❷ (*tracks*) ■**~s** *pl* Straßenbahnschienen *fpl*
❸ SPORTS (*boundary lines*) ■**~s** *pl* Seitenlinien *fpl*

trammel [ˈtræməl] **I.** *n* ❶ (*liter*) ■**~s** *pl* (*restrictions*) *of etiquette, religion* Fesseln *fpl fig*
❷ (*trammel net*) Schleppnetz *nt*
II. *vt* <-ll-> (*liter*) ■**to ~ sb/sth** jdn/etw einschränken

trammel net *n* Schleppnetz *nt*

tramp [træmp] **I.** *vi* ❶ (*walk*) marschieren; (*walk heavily*) trampeln; **to ~ on sb's toes** auf jds Zehen trampeln
❷ (*live as vagabond*) umherziehen
II. *vt* ■**to ~ sth** ***you're ~ing dirt and mud all over the house!*** du schleppst den Schmutz und Matsch durch das ganzen Haus!; **to ~ the country/streets** das Land/die Straßen durchwandern
III. *n* ❶ *no pl* (*stomping sound*) schwere Schritte *pl*
❷ *no pl* (*long walk*) Wanderung *f*; (*tiring walk*) Fußmarsch *m*; **to go for a ~ [somewhere]** [irgendwo] eine Wanderung machen
❸ (*poor person*) Vagabund(in) *m(f)*, Sandler(in) *m(f)* ÖSTERR
❹ *esp* AM (*pej: woman*) Flittchen *nt pej fam*
❺ (*ship*) Trampdampfer *m*

trample [ˈtræmpl] **I.** *vt* **to ~ sb/sth** jdn/etw niedertrampeln; **to ~ grass/flowers/crops** Gras/Blumen/Getreide zertrampeln; **to be ~d to death** zu Tode getrampelt werden; **to ~ sb/sth underfoot** jdn/etw niedertrampeln
II. *vi* ❶ (*step on*) ■**to ~ on** [*or* **all over**] **sth** auf etw *dat* herumtrampeln
❷ (*fig: treat contemptuously*) ■**to ~ on sb/sth** auf jdm/etw herumtrampeln *fig*
◆**trample down** *vt* ■**to ~ down** ○ **sth** etw zertrampeln

trampoline [ˈtræmpəliːn, AM -pə-] *n* Trampolin *nt*

trampolinist [ˌtræmpəˈliːnɪst, AM -pə-] *n* Trampolinspringer(in) *m(f)*

tramp steamer *n* Trampdampfer *m*

tramway *n* (*rails*) Straßenbahnschienen *fpl*; (*route*) Straßenbahnstrecke *f*; (*system*) Straßenbahnnetz *nt*

trance [trɑːn(t)s, AM træn(t)s] *n* ❶ (*mental state*) Trance *f*; **to be in a ~** in Trance sein; **to go** [*or* **fall**] **into a ~** in Trance fallen; **to put** [*or* **send**] **sb into a ~** jdn in Trance versetzen
❷ *no pl* (*music*) Trance-Musik *f*

tranche [trɑːn(t)ʃ] *n* ❶ *of money* Rate *f*, Teilbetrag *m*
❷ STOCKEX Tranche *f fachspr*
❸ *of fish* Scheibe *f*

tranny [ˈtræni] *n esp* BRIT (*sl*) *short for* **transistor radio** Transistorradio *nt*

tranquil [ˈtræŋkwɪl] *adj setting, lake, neighbourhood* ruhig; *voice, expression* gelassen

tranquility *n* AM *see* **tranquillity**

tranquilize *vt* AM *see* **tranquillize**

tranquilizer *n* AM *see* **tranquillizer**

tranquillity [træŋˈkwɪləti], AM *also* **tranquility** [-əṱi] *n no pl* Ruhe *f*, Gelassenheit *f*

tranquillize [ˈtræŋkwɪlaɪz], AM *usu* **tranquilize** *vt* MED ■**to ~ sb/an animal** jdn/ein Tier ruhig stellen

tranquillizer [ˈtræŋkwɪlaɪzəʳ], AM *usu* **tranquilizer** [-ɚ] *n* Tranquilizer *m*, Beruhigungsmittel *nt*; ■**to be on ~s** unter Beruhigungsmitteln stehen

tranquillizing dart *n* Betäubungspfeil *m*

tranquilly [ˈtræŋkwɪli] *adv* ruhig; **to live ~** friedlich leben

transact [trænˈzækt] **I.** *vt* **to ~ business** Geschäfte

abwickeln [*o* abschließen]; **to ~ a deal** ein Geschäft abschließen; **to ~ negotiations/money exchange** Verhandlungen/einen Geldwechsel durchführen
II. *vi* **to ~ with sb** mit jdm verhandeln
transaction [trænˈzækʃən] *n* ❶ ECON Transaktion *f;* ***a ~ on the Stock Exchange*** Börsentransaktion *f;* **business ~** Geschäft *nt;* **~ of business** Geschäftsbetrieb *m;* **fraudulent ~** Schwindelgeschäft *nt*
❷ (*published report*) ■ **~s** *pl* Sitzungsbericht *m*
❸ COMPUT Datenbewegung *f,* Transaktion *f*
transactional analysis [træn,zækʃənəl-] *n no pl* PSYCH Transaktionsanalyse *f fachspr*
transaction costs *npl* STOCKEX Transaktionskosten *pl;* **~ and costs of exchange cover** Transaktions- und Kurssicherungskosten *pl*
transalpine [trænˈzælpaɪn] *adj* transalpin
transatlantic [ˌtrænzətˈlæntɪk, AM ˌtræn(t)sæt'-], **trans-Atlantic** *adj inv* transatlantisch; **~ flight** Transatlantikflug *m;* **our ~ allies/partners** (*said by British*) unsere amerikanischen Alliierten/Partner; (*said by Americans*) unsere britischen Alliierten/Partner
transceiver [trænˈsiːvər, AM -ər] *n* Sende-und Empfangsgerät *nt,* Fernkopierersender/-empfänger *m*
transcend [trænˈsend] *vt* ❶ (*go beyond*) ■ **to ~ sth** über etw *akk* hinausgehen; ***love ~s all*** [*or* ***everything else***] die Liebe überwindet alle Grenzen; **to ~ barriers/limitations** Grenzen/Einschränkungen überschreiten
❷ (*surpass*) ■ **to ~ sb/sth** jdn/etw überragen
transcendence [trænˈsendən(t)s] *n no pl* (*form*) Transzendenz *f geh*
transcendent [trænˈsendənt] *adj* ❶ (*supreme*) *authority, being* übernatürlich
❷ (*exceptional*) *love, genius* überragend
❸ (*in philosophy*) transzendent *geh*
transcendental [ˌtræn(t)senˈdentəl, AM -t̬əl] *adj* transzendent[al] *geh,* übersinnlich
transcendental meditation *n no pl* transzendentale Meditation **transcendental number** *n* transzendente Zahl, Transzendente *f fachspr*
transcontinental [ˌtræns,kɒntɪˈnentəl, AM ˌtræn(t)s,kɑːntənˈentəl] *adj inv* transkontinental
transcribe [trænˈskraɪb] *vt* ❶ (*put in written form*) **to ~ a conversation/a recording** ein Gespräch/eine Aufnahme niederschreiben [*o* protokollieren]
❷ MUS **to ~ a quartet for clarinet/piano** ein Quartett für Klarinette/Klavier umschreiben [*o fachspr* transkribieren]
❸ LING **to ~ characters** Zeichen transkribieren *fachspr;* **to ~ shorthand** Kurzschrift [in Langschrift] übertragen; **to ~ a text phonetically** einen Text in phonetische Schrift übertragen
❹ BIOL **to ~ genetic information** genetische Informationen transkribieren *fachspr* [*o* übertragen]
❺ COMPUT ■ **to ~ sth** etw umschreiben
transcript [ˈtræn(t)skrɪpt] *n* ❶ (*copy*) Abschrift *f,* Protokoll *nt*
❷ (*in genetics*) Transkription *f fachspr*
❸ AM (*school records*) ■ **~s** *pl* Zeugnisse *ntpl;* **high school/college ~s** High School-/Collegezeugnisse
❹ LAW Abschrift *f*
transcription [trænˈskrɪpʃən] *n* ❶ (*copy*) Abschrift *f,* Protokoll *nt*
❷ *no pl* (*putting into written form*) Abschrift *f;* BIOL, LING, MUS Transkription *f fachspr; of genetic information also* Übertragung *f;* **phonetic ~** Umsetzung *f* in Lautschrift
❸ COMPUT Umschreibung *f*
transducer [trænzˈdjuːsər, AM træn(t)sˈduːsər, -djuːs-] *n* ELEC Wandler *m*
transept [træn(t)ˈsept] *n* ARCHIT Querschiff *nt*
transfer **I.** *vt* <-rr-> [træn(t)sˈfɜːr, AM -ˈfɜːr] ❶ (*move*) ■ **to ~ sb/sth** jdn/etw transferieren *geh;* ***she ~red her gun from its shoulder holster to her handbag*** sie nahm ihre Waffe aus dem Schulterhalfter heraus und steckte sie in ihre Handtasche; ***all passengers were ~red out of one bus and into another*** alle Passagiere mussten von einem Bus in einen anderen umsteigen; **to ~ a drawing/design/pattern** eine Zeichnung/ein Design/Muster übertragen; **to ~ sb to a hospital** jdn in ein Krankenhaus einweisen; **to ~ money** Geld überweisen
❷ (*re-assign*) ■ **to ~ sb** jdn versetzen; ■ **to be/get ~red** versetzt werden; ■ **to ~ sth** etw übertragen; **to ~ power** die Macht abgeben; **to ~ responsibility** die Verantwortung übertragen
❸ (*redirect*) **to ~ anger/hate/mistrust** Ärger/Hass/Misstrauen übertragen; **to ~ a call** ein Gespräch weiterleiten; **to ~ one's emotions/affections to sb new** jd anderem seine Gefühle/Zuneigung schenken
❹ (*change ownership*) **to ~ a house/property to sb** ein Haus/Eigentum auf jdn überschreiben; **to ~ a title/rights** einen Titel/Rechte übertragen
❺ SPORTS (*sell*) ■ **to ~ sb** jdn verkaufen
❻ LING (*adapt*) **~ed meaning/use of a word or phrase** übertragene Bedeutung/übertragener Gebrauch eines Wortes oder Satzes
II. *vi* <-rr-> [træn(t)sˈfɜːr, AM -fɜːr] ❶ (*change jobs*) *employee* überwechseln; (*change club, university*) wechseln (**to** in/nach +*akk*)
❷ (*change buses, trains*) umsteigen
❸ (*change systems*) umstellen
III. *n* [ˈtræn(t)sfɜːr, AM -fɜːr] ❶ *no pl* (*process of moving*) *of hospital patients, prisoners* Verlegung *f* (**to** in/nach +*akk*)
❷ (*reassignment*) *of money* Überweisung *f;* **~ of capital** Kapitaltransfer *m;* **~ of ownership/a title** Übertragung *f* eines Besitzes/Titels; **~ of power** Machtübertragung *f*
❸ (*at work*) Versetzung *f; of teams, clubs* Transfer *m;* **to request a ~** um Transfer bitten
❹ *no pl* (*distribution*) Transfer *m;* **~ of information** Informationstransfer *m*
❺ SPORTS (*player*) Transferspieler(in) *m(f)*
❻ AM (*ticket*) Umsteige[fahr]karte *f*
❼ (*pattern*) Abziehbild *nt*
transferable [træn(t)sˈfɜːrəbl] *adj inv* übertragbar; *rights, stocks, property also* transferierbar *geh*
transfer agent *n* FIN Umschreibestelle *f* **transfer book** *n* FIN Aktienbuch *nt*
transference [trɑːn(t)sˈfərən(t)s, ˈtræn(t)sfɜːrənts, AM ˈtræn(t)sfər-, træn(t)sˈfɜːr-] *n no pl* ❶ (*act of changing*) Übergabe *f;* **~ of power** Machtübergabe *f*
❷ PSYCH *of emotions* Übertragung *f*
❸ *of property, stocks, money* Überschreibung *f*
transfer fee *n* BRIT SPORTS Ablösesumme *f* **transfer form** *n* STOCKEX Aktienübertragungsformular *nt* **transfer list** *n* BRIT SPORTS Transferliste *f* **transfer-list** *vt* BRIT ■ **to ~ sb** jdn auf die Transferliste setzen **transfer rate** *n* COMPUT Übertragungsgeschwindigkeit *f*
transferred charge call *n* BRIT R-Gespräch *nt*
transfer register *n see* **transfer book transfer RNA** *n no pl* BIOL Übertragungs-RNS *f* **transfer speed** *n* COMPUT Übertragungsgeschwindigkeit *f* **transfer station** *n* Umsteigestation *f* **transfer student** *n* AM Schüler/Schülerin, der/die die Schule gewechselt hat
transfiguration [ˌtræn(t)sfɪgərˈeɪʃən, AM -fɪgjə'-] *n no pl* ❶ (*of Christ*) ■ **the T~** die Verklärung; (*church festival*) die Transformation
❷ (*change*) Verwandlung *f*
transfigure [træn(t)sˈfɪgər, AM -ˈfigjər] *vt* ■ **to ~ sb/sth** [**into sth**] jdn/etw [in etw *akk*] verwandeln
transfix [træn(t)sˈfɪks] *vt usu passive* ❶ (*spellbind*) ■ **to be ~ed with sth/sb** von etw/jdm fasziniert sein; **to be ~ed with horror** starr [*o* gelähmt] vor Entsetzen sein
❷ (*form: impale*) ■ **to be ~d by sth** von etw *dat* durchbohrt sein
transform [træn(t)sˈfɔːm, AM -ˈfɔːrm] *vt* ❶ (*change*) ■ **to ~ sth/sb** etw/jdn verwandeln
❷ ELEC **to ~ voltage** Spannung transformieren *fachspr*
❸ MATH **to ~ an equation/fraction** eine Gleichung/einen Bruch umwandeln
transformation [ˌtræn(t)sfəˈmeɪʃən, AM -fər'-] *n* ❶ (*great change*) Verwandlung *f*
❷ (*in theatre*) Verwandlungsszene *f*
❸ ELEC *of voltage* Transformation *f*
❹ (*in math*) Umwandlung *f*
❺ (*in linguistics*) Umformung *f*
transformational [ˌtræn(t)sfəˈmeɪʃənəl, AM -fər'-] *adj inv* ❶ (*of transformation[s]*) Umwandlungs-, Änderungs-
❷ LING Transformations-; **~ grammar** Transformationsgrammatik *f fachspr*
transformation scene *n* Verwandlungsszene *f*
transformer [træn(t)sˈfɔːmər, AM -ˈfɔːrmər] *n* ELEC Transformator *m fachspr*
transfuse [træn(t)sfjuːz] *vt* ❶ MED (*transfer*) **to ~ blood** Blut übertragen [*o* transfundieren *fachspr*]
❷ (*impart*) **to ~ respect/values/honesty to sb** jdm Respekt/Werte/Ehrlichkeit vermitteln
❸ *usu passive* (*liter: permeate*) **to be ~d with happiness/joy** von Zufriedenheit/Freude erfüllt sein; ***his voice was ~d with emotion*** seine Stimme war emotionsgeladen
transfusion [træn(t)sˈfjuːʒən] *n* ❶ *no pl* MED (*transferring*) Transfusion *f fachspr*
❷ (*blood*) Blutübertragung *f,* Bluttransfusion *f*
❸ (*fig*) Investition *f*
transgendered [trænzˈdʒendəd, AM -dərd] *adj inv* transsexuell
transgendering [trænzˈdʒendərɪŋ] *n no pl* Geschlechtsumwandlung *f*
transgenetic [ˌtrænzdʒəˈnetɪk, AM -t̬-] *adj inv* transgen
transgenetics **I.** *n* [ˌtrænzdʒəˈnetɪks, AM -t̬-] + *sing vb* Transgenetik *f*
II. *n modifier* Transgenetik-
transgress [trænzˈgres, AM *also* træn(t)s-] **I.** *vt* (*form*) **to ~ industry standards** gegen Industrienormen verstoßen; **to ~ a law** ein Gesetz übertreten
II. *vi* ❶ (*form: break rule*) die Regeln verletzen
❷ REL sündigen; **to ~ against God** [*or* **the Lord**] gegen Gottes Gebote sündigen [*o* verstoßen]
transgression [trænzˈgreʃən, AM *also* træn(t)s-] *n* ❶ *no pl* (*form: violation*) Übertretung *f;* **~ of the law** Gesetzesverstoß *m;* **~ of the rules** Übertretung *f* der Regeln
❷ REL (*sin*) Sünde *f,* Verstoß *m*
transgressor [trænzˈgresər, AM *usu* træn(t)sˈgresər] *n* ❶ (*form: violator*) Schuldige(r) *f(m)*
❷ REL (*sinner*) Sünder(in) *m(f)*
tranship [træn(t)sˈʃɪp, AM træn'-] **I.** *vi* umladen
II. *vt* ■ **to ~ sth** etw umladen
tran-shipment [ˌtrænsˈʃɪpmənt] *n* Umladung *f*
transience [ˈtrænziən(t)s, AM ˈtrænʃən(t)s, -ʒən(t)s, -ziən(t)s] *n no pl* Vergänglichkeit *f*
transient [ˈtrænziənt, AM ˈtrænʃənt, -ʒənt, --ziənt] **I.** *adj* ❶ (*temporary*) vergänglich; ***a glass of whisky has only a ~ warming effect*** ein Glas Whisky wärmt nur vorübergehend; **the ~ nature of beauty/youth/life** die Vergänglichkeit von Schönheit/der Jugend/des Lebens
❷ (*mobile*) **~ population/work force** nicht ansässiger Teil der Bevölkerung/nicht ansässige Arbeitskräfte eines Ortes
❸ COMPUT kurzzeitig, Übergangs-; **~ suppressor** Spannungssprungunterdrücker *m*
II. *n* ❶ (*traveller*) Durchreisende(r) *f(m)*
❷ ELEC **power ~** Übergangsstrom *m;* **voltage ~** Spannungsspitze *f,* Spannungssprung *m*
transistor [trænˈzɪstər, AM -ər] *n* ELEC Transistor *m fachspr*
transistorize [trænˈzɪstəraɪz, AM -təraɪz] *vt* ELEC **to ~ a radio/television/tape recorder** einen Radio/Fernseher/Kassettenrekorder transistorisieren *fachspr*
transistorized [trænˈzɪstəraɪzd, AM -təraɪzd] *adj inv amplifier, radio, TV* Transistor-
transistor radio *n* Transistorradio *nt*
transit [ˈtræn(t)sɪt] **I.** *n* ❶ *no pl of people, goods* Transit *m*
❷ (*crossing*) Transit *m*
❸ AM (*public transport*) öffentliches Verkehrswesen; **mass ~** öffentlicher Nahverkehr

II. *vt* **to ~ a canal/ocean/territory** einen Kanal/Ozean/ein Gebiet durchqueren
transit camp *n* Auffanglager *nt* **transit duty** *n* Transitzoll *m*
transition [træn'zɪʃᵊn] *n* Übergang *m,* Wechsel *m;* (*in music*) Übergang *m;* ■**to be in ~** in einer Übergangsphase sein; **a period** [*or* **time**] **of ~** eine Übergangsphase
transitional [træn'zɪʃᵊnᵊl] *adj inv* Übergangs-; **~ government** Übergangsregierung *f;* **~ phase** Übergangsphase *f*
transition period *n* Übergangszeit *f* **transition point** *n* CHEM Ablösungspunkt *m;* (*fig*) Wechselpunkt *m* **transition stage** *n* Übergangsstadium *nt*
transitive ['træn(t)sətɪv, AM -t̬-] LING **I.** *adj inv* transitiv; **~ verb** transitives Verb
II. *n* Transitiv *nt*
transitively ['træn(t)sətɪvli, AM -t̬-] *adv inv* LING transitiv
transitivity [ˌtræn(t)sə'tɪvɪti, AM -t̬ɪvət̬i] *n no pl* LING Transitivität *f*
transit lounge *n* Transitraum *m*
transitory ['træn(t)sɪtᵊri, AM -sətɔːri] *adj* vergänglich; *see also* **transient**
transit passenger *n* Transitreisende(r) *f(m)* **transit system** *n* AM öffentliches Verkehrssystem **transit visa** *n* Transitvisum *nt*
translatable [trænz'leɪtəbl̩, AM træn(t)sleɪt̬əbl̩] *adj* übersetzbar
translate [trænz'leɪt, AM træn(t)s-] **I.** *vt* ① (*change language*) **to ~ a book/document/word** ein Buch/Dokument/Wort übersetzen; **to ~ sth from Greek into Spanish** etw aus dem Griechischen ins Spanische übersetzen
② (*interpret*) ■**to ~ sth** etw interpretieren; **to ~ sth as agreement** etw als Zustimmung interpretieren
③ (*adapt*) ■**to ~ sth** etw adaptieren; **to ~ a stage play into film** ein Bühnenstück für den Film adaptieren
④ (*make a reality*) ■**to ~ sth** etw umsetzen; **to ~ a plan into action** einen Plan in die Tat umsetzen
⑤ (*move*) **to be ~d from one state to another** aus einem Zustand in einen anderen versetzt werden
⑥ REL **to ~ a bishop** einen Bischof in eine andere Diözese berufen
⑦ ECON ■**to ~ sth into sth** etw in etw *akk* umrechnen
⑧ COMPUT (*convert data*) ■**to ~ sth** etw übersetzen
II. *vi* ① (*change words*) übersetzen; **to ~ from Hungarian into Russian** aus dem Ungarischen ins Russische übersetzen; **to ~ easily/only with difficulty** sich *akk* einfach/schwierig übersetzen lassen; **to ~ simultaneously** simultan dolmetschen
② (*transfer*) sich *akk* umsetzen lassen; ***hopefully these advertisements will ~ into increased sales*** hoffentlich werden diese Anzeigen zu erhöhtem Verkauf führen
translation [trænz'leɪʃᵊn, AM træn(t)s-] **I.** *n* ① (*of a text, word*) Übersetzung *f*
② *no pl* (*process*) Übersetzen *nt;* ■**in ~** bei der Übersetzung; **simultaneous ~** Simultandolmetschen *nt*
③ (*conversion*) Umsetzung *f*
▸ PHRASES: **to get lost in the ~** das ursprüngliche Ziel aus den Augen verlieren
II. *n modifier* (*agency, company, problem, work*) Übersetzungs-
translation table *n* COMPUT Umsetzungstabelle *f*
translator [trænz'leɪtəʳ, AM træn(t)s'leɪt̬ɚ] *n* Übersetzer(in) *m(f);* **simultaneous ~** Simultandolmetscher(in) *m(f)*
transliterate [trænz'lɪtᵊreɪt, AM træns'lɪt̬ə-] *vt* LING ■**to ~ sth** etw transliterieren *fachspr*
transliteration [trænz'lɪtᵊr'eɪʃᵊn, AM træns'lɪt̬ə'reɪʃᵊn] *n* LING Transliteration *f fachspr* (**into** in +*akk*)
translucence [trænz'luːsᵊn(t)s, AM træn'sluː-] *n no pl* Lichtdurchlässigkeit *f*
translucent [trænz'luːsᵊnt, AM træn'sluː-] *adj* lichtdurchlässig; (*fig*) *writing, logic, prose* klar; **~ glass** Milchglas *nt;* **~ skin** durchsichtige Haut
transmigrate [ˌtrænzmaɪ'greɪt, AM ˌtræn(t)s'maɪgreɪt] *vi* ① *soul* [in einen anderen Körper] wandern
② (*migrate*) übersiedeln
transmigration [ˌtrænzmaɪ'greɪʃᵊn, AM ˌtræn(t)s-] *n* ① *of soul* Seelenwanderung *f*
② (*emigration*) Auswanderung *f*
transmissible [trænz'mɪsəbl̩, AM træn'smɪs-] *adj* übertragbar; **~ disease** übertragbare Krankheit
transmission [trænz'mɪʃᵊn, AM træn'smɪʃ-] *n* ① *no pl* (*act of broadcasting*) Übertragen *nt*
② (*broadcast*) Sendung *f,* Übertragung *f*
③ *no pl* MED *of a disease* Übertragung *f; of a hereditary disease* Vererbung *f,* Weitergabe *f*
④ (*in a car engine*) Getriebe *nt;* **automatic/manual ~** AUTO Automatik-/Schaltgetriebe *nt*
transmission fluid *n no pl* Getriebeöl *nt* **transmission shaft** *n* AUTO Kardanwelle *f fachspr*
transmit <-tt-> [trænz'mɪt, AM træn'smɪt] **I.** *vt* ① (*pass on*) **to ~ cholera/an infection** Cholera/eine Infektion übertragen
② (*impart*) **to ~ information** Informationen übermitteln; **to ~ knowledge** Wissen vermitteln
③ COMPUT (*send*) ■**to ~ sth** etw senden
II. *vi* senden; ***Radio Seven ~s on 210 medium wave*** Radio Sieben sendet auf Mittelwelle 210
transmitter [trænz'mɪtəʳ, AM træn'smɪt̬ɚ] *n* Sender *m*
transmogrification [ˌtrænzmɒgrɪfɪ'keɪʃᵊn, AM trænˌsmɑːgrə-] *n no pl* (*hum*) wundersame Wandlung *hum*
transmogrify <-ie-> [trænz'mɒgrɪfaɪ, AM trænˌsmɑːgrə-] *vt* ■**to ~ sb/sth** [**into sth**] jdn/etw [in etw *akk*] verwandeln
transmutation [ˌtrænzmjuː'teɪʃᵊn, AM ˌtræn(t)s-] *n* (*form: change*) Umwandlung *f;* (*spec*) *of elements, metals, species* Transmutation *f fachspr*
transmute [trænz'mjuːt, AM træn(t)s-] (*form*) **I.** *vt* ■**to ~ sth** [**into sth**] etw [in etw *akk*] verwandeln; **to ~ lead into gold** (*hist*) Blei in Gold umwandeln
II. *vi* ① (*change completely*) ■**to ~ into sth** sich *akk* in etw *akk* verwandeln
② (*spec*) transmutieren *geh;* ■**to ~ into** [*or* **to**] **sth** zu etw *dat* transmutieren *fachspr*
transoceanic [ˌtrænzəʊsi'ænɪk, AM ˌtræn(t)soʊʃi-] *adj attr, inv people, cultures* aus Übersee *nach n; communications, flight, travel* Übersee-
transom ['træn(t)səm] *n* ① (*on boat*) Querbalken *m*
② AM (*fanlight*) Oberlicht *nt*
▸ PHRASES: **over the ~** AM (*fam*) unaufgefordert
transom window *n* AM Oberlicht *nt*
trans-Pacific [ˌtrænspə'sɪfɪk] *adj inv* transpazifisch
transparency [træns'pærᵊn(t)si, AM træn'sper-] *n* ① *no pl* (*quality*) Lichtdurchlässigkeit *f,* Transparenz *f geh*
② (*slide*) Dia *nt,* Diapositiv *nt*
③ (*for overhead*) Overheadfolie *f*
④ *no pl* (*obviousness*) Durchschaubarkeit *f*
transparent [træns'pærᵊnt, AM træn'sper-] **I.** *adj* ① *inv* (*see-through*) durchsichtig, transparent *geh*
② (*fig*) transparent *geh,* durchschaubar; **~ lie** leicht zu durchschauende Lüge
II. *n* durchsichtiges System
transparently [træns'pærᵊntli, AM træn'sper-] *adv* offensichtlich
transpiration [ˌtræn(t)spɪ'reɪʃᵊn] *n no pl* BIOL Transpiration *f geh;* (*sweat*) Schwitzen *nt*
transpire [træn'spaɪəʳ, AM -ɚ] *vi* ① (*occur*) passieren, sich *akk* ereignen
② (*become known*) sich *akk* herausstellen, bekannt werden, durchsickern *fam*
③ BIOL transpirieren *geh; person also* schwitzen
transplant **I.** *vt* [træn'splɑːnt, AM -'splænt] ① (*replant*) ■**to ~ sth** etw umpflanzen [*o* umsetzen]
② MED (*from donor*) ■**to ~ sth** [**into sb/sth**] etw [in jdn/etw] verpflanzen [*o fachspr* transplantieren]
③ (*relocate*) ■**to ~ sb/sth** jdn/etw umsiedeln
II. *vi* [træn'splɑːnt, AM -'splænt] ***beetroot doesn't ~ well*** Rote Bete lässt sich nicht gut umpflanzen
III. *n* ['træn(t)splɑːnt, AM -splænt] ① (*surgery*) Verpflanzung *f,* Transplantation *f fachspr;* **to have a ~** sich *akk* einer Transplantation unterziehen
② (*organ*) Transplantat *nt*
③ (*plant*) umgesetzte Pflanze
transplantation [ˌtræn(t)splɑːn'teɪʃᵊn, AM -splæn'-] *n no pl* Verpflanzung *f,* Transplantation *f fachspr* (**from** von +*dat*)
transplant operation *n* Transplantation[soperation] *f* **transplant patient** *n* Transplantatempfänger(in) *m(f)* **transplant surgery** *n no pl* Transplantationschirurgie *f*
transponder [træn'spɒndəʳ, AM -'spɑːndɚ] *n* AVIAT, TECH Transponder *m*
transport **I.** *vt* [træn'spɔːt, AM -'spɔːrt] ① (*carry*) ■**to ~ sth** [**somewhere**] etw [irgendwohin] transportieren [*o* befördern]; ■**to ~ sb** [**somewhere**] jdn [irgendwohin] transportieren; *prisoner* jdn [irgendwohin] überführen
② (*remind*) **to ~ sb to a place/time** jdn an einen Ort/in eine Zeit versetzen; ***the film ~ed us back to the New York of the 1950s*** der Film versetzte uns in das New York der 50er Jahre zurück
③ *usu passive* (*liter: infuse*) **to be ~ed with grief** gramerfüllt sein; **to be ~ed with joy** entzückt sein
④ *usu* BRIT (*hist: deport*) **to ~ sb** [**to a country**] jdn [in ein Land] deportieren
II. *n* ['træn(t)spɔːt, AM -spɔːrt] ① *no pl* (*conveying*) Transport *m,* Beförderung *f*
② *no pl* (*traffic*) Verkehrsmittel *nt;* **means of ~** Transportmittel *nt;* **public ~** öffentliche Verkehrsmittel *ntpl*
③ (*vehicle*) [Transport]fahrzeug *nt;* ***do you have your own ~?*** hast du ein eigenes Fahrzeug?; **a troop ~** ein Truppentransporter *m;* (*plane*) Transportflugzeug *nt;* (*ship*) Transportschiff *nt*
④ *usu pl* (*form: emotion*) Gefühlsausbruch *m;* **to be in ~s of delight** [*or* **joy**] vor Freude außer sich *dat* sein
III. *n* ['træn(t)spɔːt, AM -spɔːrt] *modifier* (*company, costs, facilities, link, network, service, route*) Transport-
transportable [træn'spɔːtəbl̩, AM -'spɔːrt̬-] *adj* ① (*movable*) transportabel; *phones* mobil
② *esp* BRIT (*hist: punishable*) mit Deportation bestrafbar; **a ~ crime/offence** *ein Verbrechen/Vergehen, auf das Deportation steht*
transportation [ˌtræn(t)spɔː'teɪʃᵊn, AM -spɚ'-] *n no pl* ① (*conveying*) Transport *m,* Beförderung *f*
② *esp* AM, AUS (*traffic*) Transportmittel *nt,* Verkehrsmittel *nt;* **means of ~** Transportmittel *nt,* Verkehrsmittel *nt;* **to provide ~** ein Beförderungsmittel zur Verfügung stellen
③ *usu* BRIT (*hist: deportation*) Deportation *f* (**to** nach +*dat*)
transport café *n* BRIT Fernfahrerraststätte *f,* Fernfahrerlokal *nt*
transporter [træn'spɔːtəʳ, AM -'spɔːrt̬ɚ] *n* Transporter *m*
transport plane *n* Transportflugzeug *nt* **transport ship** *n* Transportschiff *nt* **transport system** *n* Verkehrswesen *nt*
transpose [træn'spəʊz, AM -'spoʊz] *vt* ① (*form: swap*) ■**to ~ sth** *numbers* etw vertauschen [*o* umstellen]
② (*form: relocate*) ■**to ~ sth** [**somewhere**] etw [irgendwohin] versetzen
③ MUS ■**to ~ sth** etw transponieren *fachspr;* **to ~ a piece of music into C** ein Musikstück in C-Dur transponieren; **to ~ a song up/down** ein Lied höher/tiefer transponieren
④ MATH ■**to ~ sth** etw umstellen; **to ~ a term/number** einen Term/eine Zahl umstellen
transposition [ˌtræn(t)spə'zɪʃᵊn] *n* ① (*swap*) Vertauschung *f,* Umstellung *f*
② MUS Transposition *f fachspr*
③ (*math*) Umstellung *f*
transputer [træn'spjuːtəʳ, AM -t̬ɚ] *n* COMPUT Transputer *m fachspr*
transracial [trænz'reɪʃᵊl] *adj inv* gemischtrassig; **~ adoption** Adoption *f* eines Kindes einer anderen Rasse

T

transsexual [træn'sekʃʊəl] **I.** *n* Transsexuelle(r) *f(m)*
II. *adj inv* transsexuell

trans-shipment [ˌtræns'ʃɪpmənt] *n* Umladen *nt,* Umverfrachten *nt*

transubstantiation [ˌtræn(t)səbˌstæn(t)ʃi'eɪʃən] *n no pl* REL Wandlung *f,* Transsubstantiation *f fachspr*

transverse [trænz'vɜːs, AM -n(t)s'vɜːrs] *adj inv* TECH Quer-, querlaufend; ~ **beam** Querbalken *m*

transverse colon *n* ANAT Querdarm *m* **transverse wave** *n* PHYS Schubwelle *f fachspr*

transvestism [trænz'vestɪzəm, AM træn(t)s'-] *n no pl* (*form*) Transvestismus *m*

transvestite [trænz'vestaɪt, AM træn(t)s'-] *n* Transvestit *m*

trap [træp] **I.** *n* ❶ (*snare*) Falle *f;* **to set a** ~ eine Falle aufstellen
❷ (*trick*) Falle *f;* (*ambush*) Hinterhalt *m;* **to fall** [*or* **walk**] **into a** ~ in die Falle gehen
❸ BRIT (*fam!: mouth*) Klappe *f fam,* Maul *nt derb,* Schnauze *f derb;* ***oh, shut your ~!*** ach, halt's Maul! *derb;* **to keep one's** ~ **shut** die Schnauze halten *derb*
❹ (*part of drain*) Siphon *m*
❺ SPORTS (*caster*) Wurfmaschine *f;* (*for clay pigeons*) Wurftaubenanlage *f*
❻ (*hist: carriage*) [zweirädriger] Einspänner
❼ COMPUT (*software/hardware*) Fangstelle *f*
II. *vt* <-pp-> ❶ (*snare*) ■**to** ~ **an animal** ein Tier [in einer Falle] fangen
❷ *usu passive* (*confine*) ■**to be ~ped** eingeschlossen sein; **to feel ~ped** sich *akk* gefangen fühlen; ***Jack left the job because he was beginning to feel ~ped*** Jack kündigte, weil er begann sich eingeengt zu fühlen
❸ (*trick*) ■**to** ~ **sb** jdn in die Falle locken; ■**to** ~ **sb into sth/doing sth** jdn dazu bringen, etw zu tun
❹ (*catch and hold*) **to** ~ **the ball** SPORTS den Ball stoppen; **to** ~ **one's finger/foot in the door** sich *dat* den Finger/Fuß in der Tür einklemmen; **to** ~ **a nerve** sich *dat* einen Nerv einklemmen

trapdoor *n* ❶ (*door*) Falltür *f;* THEAT Versenkung *f* (**into** in +*dat*)
❷ COMPUT Fangstelle *f*

trapeze [trə'piːz, AM træp'iːz] *n* Trapez *nt;* **on the** [**flying**] ~ auf dem [fliegenden] Trapez

trapeze artist *n* Trapezkünstler(in) *m(f)*

trapezium <*pl* -s *or* -zia> [trə'piːziəm, *pl* -ziə] *n* BRIT, AUS, AM **trapezoid** ['træpɪzɔɪd] *n* MATH Trapez *nt*

trapper ['træpəʳ, AM -ɚ] *n* Trapper(in) *m(f),* Fallensteller(in) *m(f);* **fur** ~ Pelztierjäger(in) *m(f)*

trappings ['træpɪŋz] *npl* Drumherum *nt kein pl fam* (**of** +*gen*); **the** ~ **of power** die Insignien *ntpl* der Macht

Trappist ['træpɪst] *n,* **Trappist monk** *n* Trappist *m*

trapshooting *n no pl* Wurftaubenschießen *nt,* Tontaubenschießen *nt*

trash [træʃ] **I.** *n no pl* ❶ AM (*waste*) Müll *m,* Abfall *m;* **to take out the** ~ den Müll rausbringen *fam*
❷ AM (*pej fam: people*) Gesindel *nt;* **poor white** ~ armes weißes Gesindel
❸ (*pej fam: junk*) Ramsch *m*
❹ (*pej fam: art*) Kitsch *m,* Plunder *m;* (*literature*) Schund *m pej*
❺ (*pej fam: nonsense*) Unsinn *m,* Mist *m fam;* **to talk** ~ Mist reden *fam*
II. *vt* (*fam*) ❶ (*wreck*) ■**to** ~ **sth** etw kaputt machen [*o fam* auseinander nehmen]; *place* etw verwüsten
❷ (*criticize*) ■**to** ~ **sb/sth** jdn/etw auseinander nehmen *fam*
❸ AM (*sl: to speak badly about*) ■**to** ~ **sb** über jdn herziehen, schlecht über jdn sprechen

trash bag *n* AM (*dustbin bag*) Müllsack *m* **trash can** *n* ❶ AM (*dustbin*) Mülltonne *f* ❷ COMPUT Papierkorb *m* **trash can liner** *n* AM (*dustbin liner*) Müllsack *m* **trash dump** *n* AM (*dated fam*) Schuttabladeplatz *m,* Müllkippe *f* **trash-talking** ['træʃtɔːkɪŋ] **I.** *n no pl* blödes Geschwätz **II.** *adj attr, inv* (*silly talk*) Schwachsinn sprechend *fam;* (*insulting talk*) schimpfend

trashy ['træʃi] *adj* (*pej fam*) wertlos; ~ **literature** Schundliteratur *f fam;* ~ **music/soap operas** kitschige Musik/Seifenopern *fpl;* ~ **novels** Kitschromane *mpl*

trattoria [ˌtrætə'riːə, AM ˌtrɑːt̬ə'] *n* FOOD Trattoria *f*

trauma ['trɔːmə, AM 'trɑː-] **I.** *n* <*pl* -s *or* -ta> ❶ *no pl* (*shock*) Trauma *nt,* seelischer Schock
❷ MED (*injury*) Trauma *nt*
II. *n modifier* (*experience, therapy*) Trauma-

trauma center *n* AM Unfallklinik *f,* Notfallklinik *f*

traumatic [trɔː'mætɪk, AM 'trɑː'mæt̬-] *adj* ❶ (*disturbing*) traumatisierend; ~ **experience** traumatische Erfahrung
❷ (*upsetting*) furchtbar

traumatize ['trɔːmətaɪz, AM 'trɑː-] *vt usu passive* ■**to be ~d by sth** durch etw *akk* traumatisiert sein

travail ['træveɪl, AM trə'-] *n* (*liter*) ❶ *pl* (*problems*) ■**~s** *pl* Mühen *pl*
❷ (*labour pains*) [Geburts]wehen *fpl;* **to be in** ~ in den Wehen liegen

travel ['trævəl] **I.** *vi* <BRIT -ll- *or* AM *usu* -l-> ❶ (*journey*) *person* reisen; **to** ~ **by air** fliegen; **to** ~ **on business** geschäftlich reisen [*o* unterwegs sein]; **to** ~ **by car/train** mit dem Auto/Zug fahren [*o* reisen]; **to** ~ **first-class** erster Klasse reisen; **to** ~ **light** mit leichtem Gepäck reisen; ■**to be ~ling with sb** mit jdm auf Reisen sein
❷ (*move*) sich *akk* [fort]bewegen
❸ (*fam: speed*) rasen *fam;* ***this car is really ~ling!*** dieses Auto hat einen ganz schönen Zahn drauf! *sl*
❹ (*react to travelling*) **to** ~ **well/badly** *person* lange Reisen vertragen/nicht vertragen; *freight* lange Transporte vertragen/nicht vertragen
❺ (*dated: deal in*) Vertreter/Vertreterin sein; ***he ~s in wines and spirits*** er arbeitet als Vertreter für Wein und Spirituosen
II. *vt* <BRIT -ll- *or* AM *usu* -l-> **to** ~ **a country/the world** ein Land/die Welt bereisen; **to** ~ **the length and breadth of a country** kreuz und quer durch ein Land reisen; **to** ~ **20 km** 20 km fahren [*o* zurücklegen]
III. *n* ❶ *no pl* (*travelling*) Reisen *nt*
❷ *pl* (*journey*) ■**~s** *pl* Reise *f*
IV. *n modifier* (*firm, industry, statistics*) Reise-

travel agency *n* Reisebüro *nt* **travel agent** *n* Reisebürokaufmann, Reisebürokauffrau *m, f* **travel allowance** *n* Reisekostenzuschuss *m* **travel book** *n* Reisebeschreibung *f* **travel bureau** *n* Reisebüro *nt* **travel card** *n* Tages-/Wochen-/Monatskarte *f;* (*for train also*) Netzkarte *f;* **one-day** ~ Tageskarte *f* **travel cot** *n* BRIT Kinderreisebett[chen] *nt* **travel documents** *npl* Reisedokumente *ntpl,* Reiseunterlagen *pl*

traveled *adj* AM *see* **travelled**

traveler *n* AM *see* **traveller**

travel expenses *npl* Reisekosten *pl* **travel guide** *n* Reiseführer *m*

traveling *n* AM *see* **travelling**

travel insurance *n no pl* Reiseversicherung *f;* (*for cancellations*) Reiserücktrittsversicherung *f* **travel journal** *n* Reisebericht *m;* **to keep a** ~ ein Reisetagebuch führen

travelled *adj,* AM **traveled** ['trævəld] *adj* **widely** ~ weit gereist; **a widely** [*or* **well-**]~ **couple** ein weit gereistes Pärchen; **a little-/much-/well-**~ **route** eine wenig/viel/gut befahrene Strecke

traveller ['trævələʳ] *n,* AM **traveler** [-ɚ] *n* ❶ (*organized*) Reisende(r) *f(m);* **commercial** ~ BRIT Vertreter(in) *m(f),* Handlungsreisende(r) *f(m)*
❷ BRIT (*gypsy*) Zigeuner(in) *m(f)*

traveller's check *n,* AM **traveler's cheque** *n* Reisescheck *m*

travelling *n,* AM **traveling** ['trævəlɪŋ] **I.** *n no pl* Reisen *nt*
II. *n modifier* Wander-

travelling circus *n* Wanderzirkus *m* **travelling clock** *n* Reisewecker *m* **travelling crane** *n* Rollkran *m* **travelling exhibition** *n* Wanderausstellung *f* **travelling kit** *n* Reiseausstattung *f,* Reiseausrüstung *f;* (*baggage*) Reisegepäck *nt* **travelling salesman** *n* (*dated*) Vertreter(in) *m(f),* Handlungsreisende(r) *f(m)*

travelog ['trævəlɑːg] *n esp* AM, **travelogue** [-vəlɒg] *n* (*book*) Reisebericht *m;* (*film*) Reisebeschreibung *f*

travel plug *n* Reisestecker *m,* [Steckdosen]adapter *m* **travel-sick** *adj* reisekrank **travel sickness** *n no pl* Reisekrankheit *f*

traverse [trə'vɜːs, AM -'vɜːrs] **I.** *vt* (*form*) ■**to** ~ **sth** ❶ (*travel*) etw bereisen
❷ (*consider*) *a subject* etw beleuchten *fig*
❸ (*cross*) *a foundation* etw überspannen
❹ (*in mountaineering*) *ice, slope* queren, traversieren
II. *n* ❶ (*in mountaineering*) Queren *nt,* Traversieren *nt*
❷ ARCHIT Querbalken *m,* Traverse *f*
❸ LAW Bestreiten *nt* [des Vorbringens der klagenden Partei]

travesty ['trævəsti, AM -vɪ-] *n* Karikatur *f,* Zerrbild *nt;* (*burlesque*) Travestie *f;* **a** ~ **of justice** ein Hohn *m* auf die Gerechtigkeit

trawl [trɔːl, AM trɑːl] **I.** *vt* ❶ (*fish*) ■**to** ~ **sth** etw mit dem Schleppnetz fangen; **to** ~ **the sea for cod** das Meer nach Kabeljau abfischen
❷ (*search*) ■**to** ~ **sth** [**for sth**] etw [nach etw *dat*] durchkämmen [*o* durchforsten]
II. *vi* ❶ (*fish*) ■**to** ~ [**for sth**] mit dem Schleppnetz [nach etw *dat*] fischen
❷ (*search*) ■**to** ~ **through sth** *data* etw durchsuchen
III. *n* ❶ (*net*) Schleppnetz *nt*
❷ (*fishing*) Trawl *nt*
❸ (*search*) Suche *f;* (*process*) [Ab]suchen *nt kein pl* (**for** nach +*dat*)

trawler ['trɔːləʳ, AM 'trɑːlɚ] *n* Trawler *m*

trawl net *n* Schleppnetz *nt*

tray [treɪ] *n* ❶ (*for serving*) Tablett *nt,* Servierbrett *nt*
❷ *esp* BRIT (*for papers*) Ablage *f;* **in-~/out-~** Ablage für Posteingänge/-ausgänge; (*drawer*) Schubfach *nt*

tray table *n* Serviertisch *m*

treacherous ['tretʃərəs, AM -ɚəs] *adj* ❶ (*esp old: deceiptful*) verräterisch; (*disloyal*) treulos; ■**to be** ~ **to sb** jdm gegenüber treulos sein
❷ (*dangerous*) tückisch; *sea, weather* trügerisch *geh;* ***snow and ice has left many roads*** ~ Schnee und Eis haben viele Straßen gefährlich gemacht

treacherously ['tretʃərəsli, AM -ɚ-] *adv* ❶ (*esp old: deceiptfully*) verräterisch
❷ (*dangerously*) tückisch

treachery ['tretʃəri, AM -ɚi] *n no pl* (*esp old*) Verrat *m*

treacle ['triːkl] *n no pl* BRIT ❶ (*black*) Melasse *f*
❷ (*golden*) Sirup *m*

treacly ['triːkli] *adj* ❶ (*sticky*) sirupartig
❷ (*pej: sentimental*) zuckersüß

tread [tred] **I.** *vi* <trod *or* AM *also* treaded, trodden *or* AM, AUS trod> ❶ (*step*) ■**to** ~ **somewhere** irgendwohin treten; ***he trod all over my nice clean floor in his filthy boots!*** er trampelte mit seinen dreckigen Stiefeln über meinen schönen sauberen Fußboden!; **to** ~ **carefully** vorsichtig auftreten; ■**to** ~ **in/on sth** in/auf etw *akk* treten
❷ (*maltreat*) ■**to** ~ **on sb** jdn treten
▸ PHRASES: **to** ~ <u>**carefully**</u> vorsichtig vorgehen; *see also* toe
II. *vt* <trod *or* AM *also* treaded, trodden *or* AM, AUS trod> ■**to** ~ **sth down** *grass* etw niedertreten; ■**to** ~ **sth into sth** etw in etw *akk* [hinein]treten; ***a load of food had been trodden into the carpet*** eine Ladung voll Essen war im Teppich festgetreten worden; **to** ~ **the boards** (*hum*) auf den Brettern stehen; **to** ~ **grapes** Trauben stampfen; **to** ~ **water** Wasser treten; **to** ~ **one's weary way** (*liter*) mühselig seinen Weg gehen
▸ PHRASES: **to** ~ <u>**water**</u> in einer Sackgasse stecken
III. *n* ❶ *no pl* (*walking*) Tritt *m,* Schritt *m;* **a heavy** ~ ein schwerer Schritt
❷ (*step*) Stufe *f*

❸ (*profile*) *of tyre* [Reifen]profil *nt; of shoe* [Schuh]profil *nt*
treadle ['tredl] *n* Pedal *nt*
treadle sewing machine *n* pedalbetriebene Nähmaschine
treadmill ['tredmɪl] *n* ❶ (*hist: wheel*) Tretmühle *f,* Tretwerk *nt*
❷ (*exerciser*) Heimtrainer *m*
❸ (*boring routine*) Tretmühle *f fam;* **the same old ~** derselbe alte Trott
treason ['tri:zᵊn] *n no pl* [Landes]verrat *m;* **an act of ~** Verrat *m;* **high ~** LAW (*form*) Hochverrat *m*
treasonable ['tri:zᵊnəbl] *adj,* **treasonous** ['tri:zᵊnəs] *adj inv* (*form*) verräterisch, hochverräterisch, landesverräterisch
treasure ['treʒəʳ, AM -ɚ] **I.** *n* ❶ *no pl* (*hoard*) Schatz *m;* **buried ~** vergrabener Schatz
❷ (*valuables*) ■ **~s** *pl* Schätze *mpl,* Kostbarkeiten *fpl,* Reichtümer *mpl;* **art ~s** Kunstschätze *mpl*
❸ (*fam: person*) Schatz *m; esp* BRIT ***she is an absolute ~!*** sie ist ein richtiger Schatz!
II. *vt* ■ **to ~ sth** etw [hoch]schätzen; **to ~ the memory/memories of sb/sth** die Erinnerung[en] an jdn/etw bewahren
◆**treasure up** *vt* ■ **to ~ up** ↔ **sth** etw [an]sammeln
treasure house *n* ❶ (*building*) Schatzhaus *nt*
❷ (*room*) Schatzkammer *f* ❸ (*fig: collection*) Fundgrube *f* **treasure hunt** *n* Schatzsuche *f*
treasurer ['treʒᵊrəʳ, AM -ɚɚ] *n* ECON ❶ (*bookkeeper of a society etc*) Schatzmeister(in) *m(f); of club* Kassenwart(in) *m(f)*
❷ AM (*main financial officer of a company*) Finanzmanager(in) *m(f)*
❸ AUS (*finance minister*) Finanzminister(in) *m(f)*
treasure trove *n* ❶ (*find*) Schatzfund *m*
❷ (*fig: collection*) Fundgrube *f*
treasury ['treʒᵊri, AM -ɚi] *n* ❶ (*office*) ■ **the ~** die Schatzkammer
❷ (*funds*) ■ **the ~** die Kasse
❸ *no pl* POL ■ **the T~** das Finanzministerium
treasury bill *n* AM [kurzfristiger] Schatzwechsel **treasury bond** *n* AM FIN Staatsanleihe *f,* [langfristige] Schatzanleihe [*o* Schatzanweisung], Schatzobligation *f* **treasury note** *n* AM [mittelfristiger] Schatzschein, Schatzanweisung *f* **Treasury Secretary** *n* AM [US-]Finanzminister(in) *m(f)* **treasury spokesperson** *n* Sprecher(in) *m(f)* des Finanzministeriums
treat [tri:t] **I.** *vt* ❶ (*handle*) ■ **to ~ sb/sth somehow** jdn/etw irgendwie behandeln; ***my parents ~ed us all the same*** meine Eltern behandelten uns alle gleich; **to ~ sb like dirt** (*fam*) jdn wie Dreck behandeln *fam;* **to ~ sb like royalty** für jdn den roten Teppich ausrollen; **to ~ sb/sth badly** jdn/etw schlecht behandeln, schlecht mit jdm/etw umgehen; ■ **to ~ sb/sth as if ...** jdn/etw [so] behandeln, als ob ...; ***they ~ her as if she was still a child*** sie behandeln sie immer noch wie ein Kind
❷ (*regard*) ■ **to ~ sth [as sth]** etw [als etw] betrachten [*o* auffassen]; **to ~ sth with contempt** etw *dat* mit Verachtung begegnen
❸ MED (*heal*) ■ **to ~ sb/an animal [for sth]** jdn/ein Tier [wegen etw *dat o gen*] behandeln; ***he was being ~ed for a skin disease*** er war wegen einer Hautkrankheit in Behandlung
❹ *often passive* (*process*) ■ **to ~ sth [with sth]** *material* etw [mit etw *dat*] behandeln; **to ~ sewage** Abwässer klären
❺ (*present*) **to ~ a topic** ein Thema behandeln
❻ (*discuss*) ■ **to ~ sth** *a question* etw erörtern
❼ (*pay for*) ■ **to ~ sb [to sth]** jdn [zu etw *dat*] einladen, jdm etw spendieren *fam;* ■ **to ~ oneself [to sth]** sich *dat* etw gönnen [*o fam* genehmigen]
II. *vi* ❶ (*deal with*) ■ **to ~ of sth** von etw *dat* handeln
❷ (*fam: pay*) einen ausgeben *fam;* ***drink up, everyone! Jack's ~ing!*** alle austrinken! Jack gibt einen aus!
III. *n* (*approv*) ❶ (*event*) ≈ [Extra]vergnügen *nt;* **to give oneself a ~** sich *dat* etw gönnen; **[it's] my ~** das geht auf meine Rechnung, ich lade Sie ein; ■ **it is a ~ to do sth** es ist ein Vergnügen, etw zu tun; ■ **to be a ~ for sb** für jdn ein Vergnügen sein
❷ *no pl* BRIT (*fam: very well*) ■ **a ~** prima; **to go down a ~** prima schmecken *fam;* **to work a ~** gut funktionieren
treatise ['tri:tɪz, AM -t̬ɪz] *n* Abhandlung *f* (**on** über +*akk*)
treatment ['tri:tmənt] *n* ❶ *no pl* (*handling*) Behandlung *f,* Umgang *m;* **to get rough ~ from sb** von jdm grob behandelt werden; **special ~** Sonderbehandlung *f*
❷ *usu sing* (*cure*) Behandlung *f* (**for** gegen +*akk*); **a course of ~** eine Behandlungsmethode; **to respond to ~** auf eine Behandlung ansprechen; ■ **to be under ~** in Behandlung sein
❸ *no pl* (*processing*) Behandlung *f; of waste* Verarbeitung *f*
❹ (*examination*) Behandlung *f,* Bearbeitung *f*
► PHRASES: **to give sb the full ~** (*fam*) für jdn keine Kosten [und Mühen] scheuen
treatment centre *n* PSYCH, MED Behandlungszentrum *nt*
treaty ['tri:ti, AM -t̬i] *n* (*between countries*) Vertrag *m,* Abkommen *nt;* (*between persons*) Vertrag *m* (**between** zwischen +*dat,* **on** über +*akk,* **with** mit +*dat*); **T~ of Maastricht** Vertrag *m* von Maastricht; **peace ~** Friedensvertrag *m;* **T~ of Rome** Römische Verträge; **to ratify/sign a ~** einen Vertrag ratifizieren/schließen
treble ['trebl] **I.** *adj inv* ❶ (*three*) dreifach
❷ *attr* (*high-pitched*) *notes* Diskant-; **~ voice** Sopranstimme *f*
II. *adv inv* ❶ (*three*) das Dreifache; ***he earns almost ~ the amount that I do*** er verdient fast dreimal so viel wie ich
❷ (*high-pitched*) **to sing ~** hoch singen
III. *vt* ■ **to ~ sth** etw verdreifachen
IV. *vi price* sich *akk* verdreifachen
V. *n* Sopran *m*
treble clef *n* MUS Violinschlüssel *m* **treble recorder** *n* MUS Altflöte *f*
trebly ['trebli] **I.** *adj* <-ier, -iest> MUS blechern, verzerrt
II. *adv inv* dreifach
tree [tri:] **I.** *n* Baum *m;* **to climb [up] a ~** auf einen Baum klettern; **money doesn't grow on ~s** Geld wächst nicht an Bäumen
► PHRASES: **to be out of one's ~** nicht [mehr] ganz dicht sein *fam,* spinnen *fam; see also* **bark**
II. *n modifier* ❶ (*of animals*) Baum-, Laub-; **~ toad** Laubfrosch *m*
❷ (*of trees*) (*planting, surgery, damage, growth*) Baum-
❸ COMPUT **~ [structure]** Baum *m,* Baumstruktur *f;* **~ and branch network system** Baumnetzsystem *nt;* **~ selection sort** Auswahlsortierverfahren *nt*
III. *vt* HUNT ■ **to ~ an animal** ein Tier auf einen Baum jagen
tree fern *n* Baumfarn *m* **tree frog** *n* Laubfrosch *m* **tree house** *n* Baumhaus *nt* **treeless** ['tri:ləs] *adj inv* baumlos **treeline** *n no pl* ■ **the ~** die Baumgrenze **tree-lined** *adj inv* von Bäumen gesäumt; **a ~ street** eine von Bäumen gesäumte Straße *geh* **Tree of Knowledge** *n no pl* REL ■ **the ~** der Baum der Erkenntnis **tree pruner** *n* Baumschere *f* **tree ring** *n* Jahresring *m* **tree stump** *n* Baumstumpf *m* **tree surgeon** *n* Baumchirurg(in) *m(f)* **treetops** *npl* ■ **the ~** die [Baum]wipfel *mpl* **tree trunk** *n* Baumstamm *m*
trefoil ['trefɔɪl, AM 'tri:-] *n* ❶ BOT Dreiblatt *nt*
❷ ARCHIT Dreipass *m*
trek [trek] **I.** *vi* <-kk-> ■ **to ~ somewhere** irgendwohin wandern; **to go ~king** wandern gehen
II. *vt* (*fam*) ***I ~ked all the way into town*** ich latschte den ganzen Weg in die Stadt *fam*
III. *n* Wanderung *f;* (*fam: long way*) Marsch *m*
Trekkie ['treki] *n* (*fam*) Trekkie *m fam* (*Star-Trek-Fan*)
trellis ['trelɪs] **I.** *n* <*pl* -es> Gitter *nt;* (*for plants*) Spalier *nt*
II. *vt* HORT ■ **to ~ vines** Reben am Spalier ziehen
tremble ['trembl] **I.** *vi* ❶ (*shake*) zittern; *lip, voice* beben; **to ~ with anger/cold** vor Wut/Kälte zittern; **to ~ like a leaf** zittern wie Espenlaub
❷ (*fear*) ***I ~ to think what will happen when he finds out*** mir wird Angst [und Bange], wenn ich daran denke, was passieren wird, wenn er es herausfindet
II. *n* Zittern *nt,* Beben *nt;* **to be all of a ~** (*fam*) am ganzen Körper zittern
trembling ['tremblɪŋ] *adj attr* zitternd; *lip, voice* bebend
tremendous [trɪ'mendəs] *adj* ❶ (*big*) enorm; *crowd, scope* riesig; *help* riesengroß *fam; success* enorm; **a ~ amount of money** wahnsinnig viel Geld
❷ (*good*) klasse *fam;* ***that's ~!*** das ist klasse!
tremendously [trɪ'mendəsli] *adv* äußerst, enorm, riesig *fam*
tremolo <*pl* -s> ['tremᵊləʊ, AM -əloʊ] *n* Tremolo *nt*
tremor ['treməʳ, AM -ɚ] *n* ❶ (*shiver*) Zittern *nt;* MED Tremor *m*
❷ (*earthquake*) Beben *nt,* Erschütterung *f*
❸ (*thrill*) Schauer *m;* **a ~ of excitement** ein aufgeregtes Beben
❹ (*fluctuation*) Schwanken *nt*
tremulous ['tremjələs] *adj hand* zitternd, bebend; **~ voice** zittrige Stimme
tremulously ['tremjələsli] *adv* zaghaft, ängstlich; **to speak ~** mit zitternder Stimme sprechen
trench <*pl* -es> [tren(t)ʃ] *n* ❶ (*hole*) Graben *m*
❷ MIL Schützengraben *m;* **in the ~es** im Schützengraben
trenchancy ['tren(t)ʃən(t)si] *n no pl* (*form*) Schärfe *f*
trenchant ['tren(t)ʃənt] *adj* (*form*) energisch; *criticism, wit* scharf
trenchantly ['tren(t)ʃəntli] *adv* (*form*) energisch
trench coat *n* Trenchcoat *m*
trencher ['tren(t)ʃəʳ, AM -ɚ] *n* ❶ (*hist: platter*) Schneidebrett *nt,* Tranchierbrett *nt*
❷ AUS (*mortarboard*) Doktorhut *m*
trencherman ['tren(t)ʃəmən, AM -ɚ-, *pl* -mən] *n* (*hum*) **good/poor ~** guter/schlechter Esser
trench fever *n no pl* MIL, MED Schützengrabenfieber *nt* **trench warfare** *n no pl* Grabenkrieg *m*
trend [trend] **I.** *n* ❶ (*tendency*) Trend *m,* Richtung *f,* Tendenz *f;* **downward ~** Abwärtstrend *m;* **general ~** allgemeiner Trend; **upward ~** Aufwärtstrend *m;* ■ **a ~ away from/towards sth** ein Trend weg von/hin zu etw *dat;* ***surveys show a ~ away from home-ownership and towards rented accommodation*** Untersuchungen zeigen einen Trend weg vom Hausbesitz hin zu gemieteten Wohnungen
❷ (*style*) Mode *f,* Trend *m;* **the latest ~** der letzte Schrei *fam;* **to set a new ~** einen neuen Trend auslösen
II. *vi* ■ **to ~ to[wards] sth** nach etw *akk* verlaufen; SOCIOL zu etw *dat* tendieren *geh;* ***birth rates are ~ing toward negative population growth*** die Geburtsraten tendieren zu einem negativen Bevölkerungswachstum
trend-conscious ['trendkɒn(t)ʃəs, AM -kɑ:n(t)-] *adj* trendbewusst, modebewusst
trendsetter ['trend,setəʳ, AM -t̬ɚ] *n* Trendsetter(in) *m(f)*
trendsetting ['trend,setɪŋ, AM ,set̬ɪŋ] *adj* Trendsetter-
trendy ['trendi] **I.** *adj* modisch; ***it's one of those ultra ~ bars*** es ist eines dieser Lokale, die wahnsinnig in sind
II. *n* (*esp pej*) Schickimicki *m oft pej fam*
trepidation [,trepɪ'deɪʃᵊn] *n no pl* (*form*) Ängstlichkeit *f,* Beklommenheit *f;* **a feeling of ~** ein beklommenes Gefühl; ■ **to do sth with ~** etw mit Angst tun
trespass **I.** *n* <*pl* -es> ['trespəs] ❶ LAW (*intrusion*) unbefugtes Betreten (**on** +*akk*)
❷ (*old: sin*) Sünde *f* (**against** gegen +*akk*); ***forgive us our ~es*** vergib uns unsere Schuld

T

II. *vi* ['trespəs, AM -pæs] ❶ (*intrude*) unbefugt eindringen; ■**to ~ on sth** unbefugt in etw *akk* eindringen; **to ~ on sb's land** jds Land unerlaubt betreten
❷ (*form: exploit*) ■**to ~ [up]on sth** etw übermäßig in Anspruch nehmen; **to ~ upon sb's good nature** jds Gutmütigkeit überstrapazieren
❸ (*old: sin*) ■**to ~ against sb** gegen jdn sündigen; ***as we forgive them that ~ against us*** wie wir vergeben unseren Schuldigern
❹ (*old: violate*) ■**to ~ against sth** gegen etw verstoßen

trespasser ['trespəsəʳ, AM -pæsɚ] *n* Eindringling *m*, Unbefugte(r) *f(m)*; ***"~s will be prosecuted!"*** „unbefugtes Betreten wird strafrechtlich verfolgt!"

tress <*pl* -es> [tres] *n usu pl* (*liter*) Locke *f*; ■**~es** *pl* Lockenkopf *m*

trestle ['tresl] *n* [Auflage]bock *m*

trestle table *n auf Böcke gestellter Tisch*

trews [truːz] *npl* ❶ BRIT (*trousers*) Hose[n] *f[pl]*
❷ (*tartan trousers*) schottenkarierte Hose (*eng anliegende Hose im Schottenkaro*)

triad ['traɪæd] *n* MUS Dreiklang *m*

Triad ['traɪæd] *n* ❶ (*gang*) Triade *f* (*chinesisches Verbrechersyndikat*)
❷ COMPUT Triade *f*; (*triangular grouping*) Dreier *m*

triage ['triːɑːʒ] *n no pl* MED Triage *f*

trial [traɪəl] I. *n* ❶ (*in court*) Prozess *m*, [Gerichts]verhandlung *f*, [Gerichts]verfahren *nt*; **~ by jury** Schwurgerichtsverhandlung *f*; **to await ~ for sth** einem Prozess wegen etw *akk* entgegensehen; **to bring sb to ~** jdn vor Gericht bringen; **to go to ~** vor Gericht gehen; **to put sb on ~** jdn unter Anklage stellen; **to stand** [*or* **be on**] **~** vor Gericht stehen; **to stand** [*or* **be on**] **~ for sth** wegen etw *dat* unter Anklage stehen; ***she's standing ~ for fraud*** sie steht wegen Betrug[e]s unter Anklage; **to be on ~ for one's life** wegen eines Verbrechens, auf das die Todesstrafe steht, angeklagt sein
❷ (*test*) Probe *f*, Test *m*; **clinical ~s** klinische Tests *mpl*; **~ of strength** Kraftprobe *f*; **to be on ~** *product* getestet werden; (*employee*) auf Probe eingestellt sein
❸ (*problem*) Problem *nt*; (*nuisance*) Plage *f*; ■**to be a ~ to sb** eine Plage für jdn sein; ***it's been a real ~ having my mother staying with us*** der Besuch meiner Mutter war die reinste Strapaze; **~s and tribulations** Schwierigkeiten *fpl*
❹ (*competition*) Qualifikationsspiel *nt*
II. *n modifier* ❶ (*legal*) Verhandlungs-, Prozess-
❷ (*test*) Probe-, Test-
III. *vt* <-ll- *or* -l-> ■**to ~ sth** *drugs* etw testen

trial and error *n no pl* Ausprobieren *nt*; ■**to do sth by ~** etw durch Versuch und Irrtum ausprobieren **trial balance** *n* FIN vorläufige Bilanz **trial balloon** *n* (*experiment* [*to test response*]) Versuchsballon *m fig* **trial basis** *n* AM, AUS ■**to do sth on a ~** etw auf Versuchsbasis machen **trial by combat** *n* HIST Probekampf *m* **trial flight** *n* Testflug *m* **trial marriage** *n* (*dated*) Ehe *f* auf Probe **trial period** *n* Probezeit *f* **trial run** *n* ❶ (*preparation*) Generalprobe *f* (**for** für +*akk*) ❷ (*test drive*) Probefahrt *f*, Testfahrt *f*; (*test flight*) Testflug *m* **trial separation** *n* Trennung *f* auf Probe

triangle ['traɪæŋgl] *n* ❶ (*shape*) Dreieck *nt*
❷ (*object*) dreieckiges Objekt
❸ (*percussion*) Triangel *f*
❹ AM (*setsquare*) Zeichendreieck *nt*
❺ (*relationship*) Dreiecksbeziehung *f*, Dreiecksverhältnis *nt*

triangular [traɪ'æŋgjələʳ, AM -ɚ] *adj* dreieckig

triangulation [traɪˌæŋgjə'leɪʃᵊn] *n no pl* ❶ (*subdivision*) Triangulation *f*
❷ (*measurement*) Triangulierung *f*

triathlon [traɪ'æθlɒn, AM -lɑːn] *n* Triathlon *nt*

tribal ['traɪbᵊl] *adj inv* ❶ (*ethnic*) Stammes-; **~ customs** Stammesbräuche *mpl*
❷ (*fam: group*) *attitudes* Gruppen-

tribalism ['traɪbᵊlɪzᵊm] *n no pl* ❶ (*organization*) Stammesorganisation *f*, Stammessystem *nt*
❷ (*loyalty*) Stammesverbundenheit *f*

tribe [traɪb] *n + sing/pl vb* ❶ (*community*) Stamm *m*
❷ (*fam: group*) Sippe *f*, Sippschaft *f a. hum fam*

tribesman *n* Stammesangehöriger *m* **tribeswoman** *n* Stammesangehörige *f*

tribulation [ˌtrɪbjə'leɪʃᵊn] *n* ❶ *no pl* (*state*) Leiden *nt*
❷ *usu pl* (*cause*) Kummer *m*; *see also* **trial**

tribunal [traɪ'bjuːnᵊl] *n* ❶ (*court*) Gericht *nt*
❷ (*investigative body*) Untersuchungsausschuss *m*

tribune[1] ['trɪbjuːn] *n* (*hist*) ~ [**of the people**] [Volks]tribun *m*

tribune[2] ['trɪbjuːn] *n* ❶ (*dais*) Tribüne *f*
❷ REL (*throne*) Bischofsthron *m*

tributary ['trɪbjətᵊri, AM -teri] I. *n* ❶ (*river*) Nebenfluss *m*
❷ (*hist: person*) Tributpflichtige(r) *m*; (*state*) tributpflichtiger Staat
II. *adj* (*form*) ❶ (*secondary*) Neben-; **~ river** [*or* **stream**] Nebenfluss *m*
❷ (*hist: paying tribute*) tributpflichtig, zinspflichtig

tribute ['trɪbjuːt] *n* ❶ (*respect*) Tribut *m*; **floral ~s** Blumen als Zeichen der Anerkennung/des Dankes; **to pay ~ to sb/sth** jdm/etw Tribut zollen *geh*
❷ *no pl* (*beneficial result*) ■**to be a ~ to sb/sth** jdm/etw Ehre machen; ***he is a ~ to his father*** er macht seinem Vater alle Ehre
❸ *no pl* (*hist: payment*) Tribut *m*, Abgabe *f*

trice [traɪs] *n no pl* (*dated fam*) **in a ~** im Handumdrehen *fam*

triceps <*pl* – *or* -es> ['traɪseps] *n* Trizeps *m*

trichina <*pl* -nae> [trɪ'kaɪnə, *pl* -niː] *n* ZOOL Trichine *f*, Fadenwurm *m*

trichinosis [ˌtrɪkɪ'nəʊsɪs, AM -'noʊ-] *n no pl* MED Trichinenkrankheit *f*, Trichinose *f fachspr*

trick [trɪk] I. *n* ❶ (*ruse*) Trick *m*, List *f*; **to play a ~ on sb** jdm einen Streich spielen
❷ (*feat*) Kunststück *nt*; **to do a ~ [for sb]** [jdm] ein Kunststück vorführen
❸ (*knack*) Kunstgriff *m*, Kniff *m fam*, Dreh *m fam*; **the ~s of the trade** einschlägige Tricks
❹ (*illusion*) **a ~ of the light** eine optische Täuschung
❺ (*quirk*) ■**to have a ~ of doing sth** eine Art [*o* Eigenheit] haben etw zu tun
❻ (*cards*) Stich *m*; **to take a ~** einen Stich machen
❼ (*sl: sex*) **to turn a ~** einen Freier bedienen [*o euph* abfertigen] *fam*; **to turn ~s** anschaffen [*o* auf den Strich] gehen *fam*
▶ PHRASES: **every ~ in the book** alle [nur erdenklichen] Tricks; **the oldest ~ in the book** der älteste Trick, den es gibt; **to be up to one's [old] ~s again** wieder in seine [alten] Fehler verfallen; **a dirty** [*or* **mean**] **~** ein gemeiner Trick; **not to miss a ~** keine Gelegenheit auslassen; **to do the ~** (*fam*) hinhauen *fam*, klappen *fam*; ***that should do the ~!*** damit müsste es [eigentlich] hinhauen!; **how's ~s?** (*dated sl*) wie geht's?
II. *adj attr, inv* ❶ (*deceptive*) *question* Fang-
❷ (*acrobatic*) Kunst-; **~ riding** Kunstreiten *nt*
❸ AM (*fam: weak*) schwach; **~ ankle/knee** schwacher Knöchel/schwaches Knie
III. *vt* ■**to ~ sb** ❶ (*deceive*) jdn täuschen; ■**to ~ sb into doing sth** jdn dazu bringen, etw zu tun
❷ (*fool*) jdn reinlegen *fam*
◆**trick out** *vt* ❶ (*fam: dress*) ■**to ~ out ↻ sb/sth** jdn/etw herausputzen
❷ (*deceive*) ■**to ~ sb out of sth** jdn um etw *akk* betrügen; ***the con man ~ed the old couple out of their nest egg*** der Hochstapler hat das alte Ehepaar um seine Ersparnisse gebracht

trick cyclist *n* BRIT (*hum fam*) Seelenklempner(in) *m(f) pej fam*

tricked-out ['trɪktaʊt] *adj* (*stylishly dressed*) herausgeputzt *fam*, aufgebrezelt *pej sl*

trickery ['trɪkᵊri, AM -ɚi] *n no pl* (*pej*) Betrug *m*; (*repeated*) Betrügerei *f*; **to resort to ~** sich *akk* auf Betrügereien verlegen

trickle ['trɪkl] I. *vi* ❶ (*flow*) sickern; (*in drops*) tröpfeln; *sand* rieseln; ***she felt a tear escape and ~ down her cheek*** sie merkte, dass ihr eine Träne über die Wange kullerte
❷ (*come*) in kleinen Gruppen kommen; ***people ~d back into the theatre*** die Leute kamen in kleinen Gruppen in den Theatersaal zurück
❸ (*become known*) durchsickern
II. *vt* ■**to ~ sth somewhere** *liquid* etw irgendwohin tröpfeln [*o* träufeln]
III. *n* ❶ (*flow*) Rinnsal *nt geh*; (*in drops*) *of blood* Tropfen *mpl*
❷ (*few, little*) ■**a ~ of people/things** wenige Leute/Sachen; ■**a ~ of sth** eine kleine Menge einer S. *gen*; **to be down** [*or* **dwindle**] **to a ~** auf ein Minimum gesunken sein [*o* absinken]

trickle-down *adj attr, inv* ECON Durchsickerungs- **trickle-down effect** *n* Durchsickerungseffekt *m*

trick or treat I. *n no pl Spiel zu Halloween, bei dem Kinder von Tür zu Tür gehen und von den Bewohnern entweder Geld oder Geschenke erhalten oder ihnen einen Streich spielen* II. *vi* **to go ~ing** von Tür zu Tür gehen (*an Halloween*) **trick photography** *n no pl* Trickfotografie *f* **trick question** *n* Fangfrage *f*

trickster ['trɪkstəʳ, AM -ɚ] *n* (*pej*) Betrüger(in) *m(f)*, Schwindler(in) *m(f)*; **confidence ~** LAW Schwindler(in) *m(f)*; *see also* **confidence**

tricksy ['trɪksi] *adj* ❶ (*devious*) *plan* durchtrieben
❷ (*delicate*) *question* knifflig
❸ (*smartly dressed*) schick angezogen

tricky ['trɪki] *adj* ❶ (*deceitful*) betrügerisch
❷ (*sly*) verschlagen, raffiniert; **a ~ customer** ein schwieriger Zeitgenosse
❸ (*awkward*) *situation* schwierig, kompliziert
❹ (*fiddly*) knifflig, verzwickt *fam*
❺ (*skilful*) geschickt

tricolor ['traɪˌkʌlɚ] *n* AM, **tricolour** ['trɪkᵊləʳ] *n* Trikolore *f*

tricycle ['traɪsɪkl] *n* Dreirad *nt*

trident ['traɪdᵊnt] *n* ❶ (*fork*) Dreizack *m*
❷ (*missile*) ■**T~** Trident *f* (*ballistische Rakete, die von U-Booten abgefeuert wird*)

Tridentine [traɪ'dentaɪn] *adj inv* REL tridentinisch

tried [traɪd] *vt, vi pt, pp of* **try**

tried and tested *adj inv recipe* erprobt, bewährt **tried and true** I. *adj inv friend* treu II. *n no pl* ■**the ~** das Altbewährte; **to stick to the ~** sich *akk* an das Altbewährte halten **tried and trusted** *adj inv see* **tried and tested**

triennial [traɪ'eniəl] *adj inv* alle drei Jahre stattfindend, dreijährlich

trier ['traɪəʳ, AM ɚ] *n* (*approv*) Kämpfernatur *f*; ■**to be a ~** sich *dat* sehr viel Mühe geben

trifecta *n* AM Hattrick *m*

trifle ['traɪfl] I. *n* ❶ BRIT (*dessert*) Trifle *nt*
❷ (*form: petty thing*) Kleinigkeit *f*
❸ (*money*) ■**a ~** ein paar Pfennige *mpl*
❹ + *adj* (*form: slightly*) ■**a ~** ein bisschen, etwas; ***I'm a ~ surprised about your proposal*** ich bin über deinen Vorschlag etwas erstaunt
II. *vt* ■**to ~ away ↻ sth** etw verschwenden [*o geh* vergeuden]; **to ~ one's time away** seine Zeit vertrödeln *fam*
III. *vi* (*form*) ■**to ~ with sb/sth** mit jdm/etw spielen; ***Caroline is not a woman to be ~d with*** mit Caroline ist nicht zu spaßen; **to ~ with sb's affections** [*or* **heart**] mit jds Gefühlen spielen

trifling ['traɪflɪŋ] *adj* (*form*) unbedeutend; **~ matter** belanglose Angelegenheit; **a ~ sum of money** eine geringfügige Menge Geld

trig [trɪg] *n no pl* (*fam*) *short for* **trigonometry** Trigonometrie *f*

trigger ['trɪgəʳ, AM -ɚ] I. *n* ❶ (*gun part*) Abzug *m*; **to pull the ~** abdrücken
❷ (*start*) Auslöser *m* (**for** für +*akk*)
▶ PHRASES: **to be quick on the ~** (*fam*) fix sein *fam*
II. *n modifier* Abzugs-
III. *vt* ■**to ~ sth** etw auslösen; **to ~ an alarm** einen Alarm auslösen
◆**trigger off** *vt* ■**to ~ off ↻ sth** *protest* etw auslösen

trigger finger *n* Zeigefinger *m* **trigger-happy** <more ~, most ~> *adj* (*fam*) ❶ (*shooting*) schießfreudig *fam* ❷ (*using force*) schießwütig *fam*

trigger mechanism *n* TECH Abzugsmechanismus *m*

trigonometric [ˌtrɪgənə(ʊ)ˈmetrɪk, AM -nəˈ-] *adj inv* trigonometrisch

trigonometrical [ˌtrɪgᵊnəʊˈmetrɪkᵊl, AM nəˈ] *adj inv* MATH trigonometrisch *fachspr*

trigonometry [ˌtrɪgəˈnɒmɪtri, AM -ˈnɑːmə-] *n no pl* Trigonometrie *f*

trihedron <*pl* -dra *or* -s> [traɪˈhiːdrən] *n* MATH Dreiflächner *m*, Trihedron *nt fachspr*

trike [traɪk] *n short for* **tricycle** Dreirad *nt*

trilateral [traɪˈlætᵊrᵊl, AM -ˈlæt̬ɚ-] *adj inv* ❶ POL trilateral
❷ MATH dreiseitig

trilby [ˈtrɪlbi] *n esp* BRIT [weicher] Filzhut

trilingual [traɪˈlɪŋgwᵊl] *adj inv* dreisprachig

trill [trɪl] **I.** *n* ❶ (*chirp*) Trillern *nt*
❷ MUS (*note*) Triller *m*
II. *vi* ❶ (*sing*) trillern; *lark* tirilieren *geh*
❷ (*liter: speak*) trillern
III. *vt* ❶ MUS ■**to ~ sth** etw trillern
❷ LING **to ~ one's r's** das R rollen

trillion [ˈtrɪljən] *n* ❶ <*pl* – *or* -s> (*10¹²*) Billion *f*
❷ <*pl* – *or* -s> BRIT (*dated: 10¹⁸*) Trillion *f*
❸ *pl* (*fam: many*) ■**~s** *pl* Tausende *pl* (**of** von +*dat*); ***there were ~s of birds*** es gab dort Tausende von Vögeln

trillionth [ˈtrɪljən(t)θ] **I.** *n* ❶ (*10⁻¹²*) Billionstel *nt*
❷ BRIT (*dated: 10⁻¹⁸*) Trillionstel *nt*
II. *adj inv* billionste(r, s)/trillionste(r,s)

trilobite [ˈtraɪə(ʊ)baɪt, AM -loʊ-] *n* ZOOL Trilobit *m fachspr*

trilogy [ˈtrɪlədʒi] *n* Trilogie *f*

trim [trɪm] **I.** *n no pl* ❶ (*cutting*) Nachschneiden *nt*; **to give sb a ~** jdm die Spitzen schneiden; **to give sth a ~** etw nachschneiden; ***just give the ends a ~, please!*** bitte nur die Spitzen nachschneiden!
❷ (*edging*) Applikation *f*
❸ (*ready*) ■**to be in ~** [**for sth**] [für etw *akk*] bereit sein; **to be in fighting ~** kampfbereit sein
❹ AVIAT, NAUT Trimmung *f*; ■**to be out of ~** nicht richtig [aus]getrimmt sein
II. *adj* <-mer, -mest> ❶ (*neat*) ordentlich; *lawn* gepflegt
❷ (*approv: slim*) schlank
III. *vt* <-mm-> ❶ (*cut*) ■**to ~ sth** etw [nach]schneiden; ***my hair needs to be ~med*** mein Haar muss nachgeschnitten werden; **to ~ one's beard** sich *dat* den Bart stutzen; **to ~ a hedge** eine Hecke stutzen
❷ (*reduce*) ■**to ~ sth** etw kürzen [*o* verringern]; **to ~ costs** Kosten verringern
❸ (*decorate*) ■**to ~ sth** [**with sth**] etw [mit etw *dat*] schmücken; **to ~ the Christmas tree** den Weihnachtsbaum schmücken
❹ AVIAT **to ~ an aircraft** ein Flugzeug [aus]trimmen
❺ NAUT **to ~ a boat** ein Boot trimmen; **to ~ the sails** die Segel richtig stellen
▶ PHRASES: **to ~ the <u>fat</u> from one's budget** den Gürtel enger schnallen; **to ~ one's <u>sails</u>** [**to the wind**] sich *akk* neuen Umständen anpassen

◆**trim away** *vt* ■**to ~ away** ⇄ **sth** ❶ (*cut*) etw wegschneiden
❷ (*edit*) etw zusammenstreichen

◆**trim down** *vi* abnehmen

◆**trim off** *vt* ❶ (*cut*) ■**to ~ off** ⇄ **sth** etw abschneiden; **to ~ the fat off the meat** das Fett wegschneiden
❷ (*reduce*) **to ~ off the budget** das Budget kürzen; **to ~ off taxes** die Steuern senken

trimaran [ˈtraɪməræn] *n* Trimaran *m*

trimester [trɪˈmestəʳ, AM traɪˈmestɚ] *n* ❶ (*period of time*) Zeitraum *m* von drei Monaten, Vierteljahr *nt*
❷ AM SCH, UNIV Trimester *nt*

trimmed [trɪmd] *adj inv, pred of cloth* mit Bordüre versehen

trimmer¹ [ˈtrɪməʳ, AM -ɚ] *n* ❶ (*tool*) Schneidegerät *nt*; **hedge ~** Heckenschere *f*
❷ NAUT Trimmer *m*

trimmer² [ˈtrɪməʳ, AM -ɚ] *adj comp of* **trim III**

trimming [ˈtrɪmɪŋ] *n* ❶ *no pl* (*cutting*) Nachschneiden *nt*
❷ (*pieces*) ■**~s** *pl* Abfälle *mpl*; **lawn ~s** Rasenabfälle
❸ *usu pl* (*edging*) Besatz *m*; **a jumper with ~s** ein Pullover *m* mit Verzierungen
❹ (*appearance*) ■**~s** *pl*, ■**the ~s** der Anstrich
❺ (*accompaniment*) ■**the ~s** *pl* das Zubehör; **turkey with all the ~s** Truthahn *m* mit allem Drum und Dran *fam*

Trinidad [ˈtrɪnɪdæd] *n no pl* Trinidad *nt*

trinity [ˈtrɪnɪti] *n* ❶ *usu sing* (*liter: trio*) Dreiheit *f*
❷ *no pl* ■**the** [**Holy**] **T~** die [Heilige] Dreifaltigkeit [*o* Dreieinigkeit]
❸ ■**T~** LAW Dreieinigkeit *f*
▶ PHRASES: **the <u>unholy</u> ~ of sth** die ungeweihte Dreieinigkeit von etw *dat*

trinket [ˈtrɪŋkɪt] *n* ❶ (*bauble*) wertloser Schmuckgegenstand
❷ (*rubbish*) ■**~s** *pl* Plunder *m kein pl*

trio <*pl* -s> [ˈtriəʊ, AM -oʊ] *n* ❶ (*three*) Trio *nt* (**of** von +*dat*)
❷ (*performers*) Trio *nt*; **string/piano ~** Streich-/Klaviertrio *nt*
❸ (*music*) Trio *nt*

trip [trɪp] **I.** *n* ❶ (*stumble*) Stolpern *nt*
❷ (*journey*) Reise *f*, Fahrt *f*; **business ~** Geschäftsreise *f*; **round ~** Rundreise *f*
❸ *esp* BRIT (*outing*) Ausflug *m*, Trip *m*; **to go on** [*or* **take**] **a ~** einen Ausflug machen
❹ (*experience*) Erfahrung *f*
❺ (*self-indulgence*) Trip *m*; **an ego ~** ein Egotrip *m*; **to be on a power ~** auf einem starken Egotrip sein
❻ (*hallucination*) Trip *m sl*; **to have a bad ~** auf einen schlimmen Trip kommen *sl*
II. *vi* <-pp-> ❶ (*unbalance*) stolpern; ■**to ~ on** [*or* **over**] **sth** über etw *akk* stolpern; **to ~ over one's own feet** über seine eigenen Füße stolpern
❷ (*be hindered*) ■**to ~ over sb/sth** über jdn/etw stolpern; **to ~ over each other** übereinander stolpern
❸ (*mispronounce*) **to ~ over one's tongue** sich *akk* versprechen; **to ~ over one's words** über seine Worte stolpern
❹ (*be uttered*) **to ~ off the tongue** leicht von der Zunge gehen
❺ (*walk*) ■**to ~ somewhere** irgendwohin tänzeln
❻ (*fam: be on drugs*) auf einem Trip sein *sl*; **to ~ [out] on LSD** auf einem LSD-Trip sein *sl*
❼ (*journey*) ■**to ~ somewhere** irgendwohin reisen
III. *vt* <-pp-> ❶ (*unbalance*) ■**to ~ sb** jdm ein Bein stellen
❷ (*activate*) ■**to ~ sth** etw anschalten
▶ PHRASES: **to ~ the <u>light</u> fantastic** (*dated or hum*) das Tanzbein schwingen *hum fam*

◆**trip up I.** *vt* ❶ (*unbalance*) ■**to ~ up** ⇄ **sb** jdm ein Bein stellen
❷ (*foil*) ■**to ~ up** ⇄ **sb/sth** jdn/etw zu Fall bringen
II. *vi* ❶ (*stumble*) stolpern
❷ (*blunder*) ■**to ~ up** [**on sth**] [bei etw *dat*] einen Fehler machen

tripartite [ˌtraɪˈpɑːtaɪt, AM -ˈpɑːr-] *adj inv* ❶ (*form: three-part*) *structure* dreiteilig
❷ POL *meetings, coalition* Dreiparteien-, Dreier-; **~ agreement** dreiseitiges Abkommen

tripe [traɪp] *n no pl* ❶ (*food*) Kutteln *fpl*, Kaldaunen *fpl* SÜDD, ÖSTERR, SCHWEIZ
❷ (*fam: nonsense*) Mist *m fam*, Quatsch *m fam*; **to talk ~** Mist [*o fam* Quatsch] reden

triplane *n* AVIAT Dreidecker *m*

triple [ˈtrɪpl] **I.** *adj inv* ❶ *attr* (*threefold*) dreifach
❷ *attr* (*of three parts*) Dreier-
II. *adv* (*three times greater*) dreimal so viel; ***in 1991 the number of one-parent U.S. households reached nearly ~ that of 1971*** die Anzahl der allein erziehenden Amerikaner erreichte 1991 fast das Dreifache von 1971
III. *vt* ■**to ~ sth** etw verdreifachen
IV. *vi* sich *akk* verdreifachen

triple glazing *n no pl* Dreifachverglasung *f* **triple jump** *n no pl* ■**the ~** der Dreisprung **triple jumper** *n* Dreispringer(in) *m(f)* **triple play** *n* Baseballspiel, *in dem drei Spieler hintereinander ‚aus' gemacht werden*

triplet [ˈtrɪplət] *n* ❶ *usu pl* (*baby*) Drilling *m*; **a set of ~s** Drillinge *mpl*; **to have ~s** Drillinge bekommen
❷ MUS Triole *f*

triplex <*pl* -es> [ˈtrɪpleks] *n* ❶ *no pl* BRIT (*safety glass*) ■**T~**® Sicherheitsglas *nt*
❷ AM (*building*) Wohneinheit *f* mit drei Wohnungen

triplicate [ˈtrɪplɪkət] *adj attr, inv* (*form*) *samples* dreifach; **in ~** in dreifacher Ausfertigung

triply [ˈtrɪpli] *adv inv* dreifach

tripod [ˈtraɪpɒd, AM -pɑːd] *n* Stativ *nt*; **to mount sth on a ~** etw auf ein Stativ montieren

tripos <*pl* -es> [ˈtraɪpɒs] *n usu sing* BRIT UNIV Abschlussexamen *nt*

tripper [ˈtrɪpəʳ, AM -ɚ] *n esp* BRIT Ausflügler(in) *m(f)*, [Massen]tourist(in) *m(f)*; **coach ~s** Bustouristen *pl*

trippy [ˈtrɪpi] *adj* (*fam*) tripmäßig *sl*

trip switch *n* Sicherung *f*, Sicherungsschalter *m*

triptych [ˈtrɪptɪk] *n* ARCHIT Triptychon *nt*

tripwire *n* Stolperdraht *m*

tripy [ˈtraɪpi] *adj* (*fam*) schwachsinnig *fam*

triquarterly [traɪˈkwɔːtᵊli, AM -ˈkwɔːrt̬əli] *adv inv* alle neun Monate, neunmonatlich

trireme [ˈtraɪriːm] *n* (*hist*) MIL, NAUT Trireme *f*

trisect [traɪˈsekt] *vt* ■**to ~ sth** etw dreiteilen [*o* in drei [gleiche] Teile teilen]

tristesse [trɪˈstes] *n no pl* (*liter*) Melancholie *f*

trite [traɪt] *adj* (*pej*) platt; *cliché, phrase* abgedroschen *fam*; **to sound ~** abgedroschen klingen

tritely [ˈtraɪtli] *adv* (*pej*) platt; (*clichéd*) abgedroschen *fam*

triteness [ˈtraɪtnəs] *n no pl* (*pej*) Plattheit *f*, Trivialität *f geh*, Banalität *f*; *of cliché* Abgedroschenheit *f*

triumph [ˈtraɪəm(p)f] **I.** *n* ❶ (*victory*) Triumph *m*, Sieg *m* (**for** für +*akk*, **over** über +*akk*); **to hail sth as a ~** [**for sb**] etw als Triumph [für jdn] feiern; ■**to do sth in ~** etw triumphierend tun
❷ (*feat*) **a ~ of engineering/medicine** ein Triumph *m* der Ingenieurskunst/Medizin
❸ *no pl* (*joy*) Triumph *m*, Siegesfreude *f*; ■**to do sth in ~** etw in Siegesfreude tun
II. *vi* ❶ (*win*) triumphieren, den Sieg davontragen; ■**to ~ over sb/sth** über jdn/etw triumphieren
❷ (*exult*) ■**to ~ over sb** über jdn triumphieren

triumphal [traɪˈʌm(p)fᵊl] *adj* triumphal; **~ entry/return** triumphaler Einzug/triumphale Rückkehr

triumphal arch *n* Triumphbogen *m*

triumphalist [ˈtraɪˈʌm(p)fᵊlɪst] (*pej*) **I.** *adj inv* triumphierend
II. *n jd, der seinen Sieg extrem auskostet*

triumphant [traɪˈʌm(p)fənt] *adj* ❶ (*victorious*) siegreich; **~ return** triumphale Rückkehr; **to emerge ~ from sth** *a fight* aus etw *dat* siegreich hervorgehen
❷ (*successful*) erfolgreich
❸ (*exulting*) *smile* triumphierend

triumphantly [traɪˈʌm(p)fəntli] *adv* triumphierend

triumvirate [traɪˈʌmvɪrət, AM -rɪt] *n* ❶ HIST Triumvirat *nt*
❷ (*group*) Dreimännerbund *m*

trivet [ˈtrɪvɪt] *n* FOOD Untersetzer *m*

trivia [ˈtrɪviə] *npl* Lappalien *fpl*; **the ~ of everyday life** die Trivialitäten des täglichen Lebens *geh*

trivial [ˈtrɪviəl] *adj* ❶ (*unimportant*) trivial *geh*, banal; *dispute, issue* belanglos; *details* bedeutungslos
❷ (*petty*) kleinlich; *remark* oberflächlich
❸ (*easy*) *problem* leicht, einfach

triviality [ˌtrɪviˈæləti, AM -t̬i] *n* ❶ *no pl* (*unimportance*) Belanglosigkeit *f*, Bedeutungslosigkeit *f*; **the ~ of the offence** die Geringfügigkeit des Vergehens
❷ (*unimportant thing*) Trivialität *f geh*

trivialization [ˌtrɪviᵊlaɪˈzeɪʃᵊn, AM lɪˈ] *n* Trivialisierung *f*

trivialize [ˈtrɪviᵊlaɪz] *vt* (*pej*) ■**to ~ sth** etw trivialisieren; **to ~ a problem** ein Problem bagatellisieren

trochaic [trə(ʊ)'keɪɪk, AM troʊ-] *adj inv* LIT *meter* trochäisch
trochee ['trəʊkiː, AM 'troʊ-] *n* LIT Trochäus *m*
trod [trɒd, AM trɑːd] *pt, pp of* **tread I, II**
trodden ['trɒdᵊn, AM 'trɑːd-] *pp of* **tread I, II**
trog <-gg-> [trɒg] *vi* BRIT (*fam*) ■**to ~ somewhere** irgendwohin schlendern
troglodyte ['trɒglə(ʊ)daɪt, AM 'trɑːglə-] *n* ❶ (*cave dweller*) Höhlenbewohner(in) *m(f)*
❷ (*loner*) Einsiedler(in) *m(f)*
troika ['trɔɪkə] *n* ❶ (*group*) Troika *f*
❷ (*carriage*) Dreigespann *nt,* Troika *f*
Trojan ['trəʊdʒᵊn, AM 'troʊ-] **I.** *n* Trojaner(in) *m(f);* **to work like a ~** arbeiten wie ein Pferd *fam*
II. *adj inv legends* trojanisch
Trojan horse *n* ❶ *no pl* HIST ■**the ~** das Trojanische Pferd ❷ (*trick*) Trojanisches Pferd *geh,* Danaergeschenk *nt geh* ❸ (*spy*) Spion *m* ❹ COMPUT Trojanisches Pferd **Trojan War** *n no pl* ■**the ~** der Trojanische Krieg
troll [trəʊl, AM troʊl] *n* Troll *m*
trolley ['trɒli, AM 'trɑːli] *n* ❶ *esp* BRIT, AUS (*cart*) Karren *m;* **luggage ~** Gepäckwagen *m;* (*on platform*) Kofferkuli *m;* **shopping/supermarket ~** Einkaufswagen *m*
❷ *esp* BRIT, AUS (*table*) Servierwagen *m;* **drinks ~** Getränkewagen *m*
❸ *esp* BRIT, AUS (*bed*) fahrbares [Kranken]bett
❹ AM (*tram*) Straßenbahn *f*
► PHRASES: **to <u>be</u> off one's ~** *esp* BRIT, AUS nicht mehr ganz dicht sein *fam*
trolleybus *n* Oberleitungsbus *m* **trolleycar** *n* AM (*tram*) Straßenbahn *f*
trollop ['trɒləp, AM 'trɑː-] *n* (*pej*) Flittchen *nt pej fam;* (*slut*) Schlampe *f pej fam*
trombone [trɒm'bəʊn, AM trɑːm'boʊn] **I.** *n* ❶ (*instrument*) Posaune *f*
❷ (*player*) Posaunist(in) *m(f)*
II. *n modifier* (*lessons, player, solo*) Posaunen-
trombonist [trɒm'bəʊnɪst, AM trɑːm'boʊn-] *n* Posaunist(in) *m(f)*
trompe l'oeil <-s> [ˌtrɒmp'lɔɪ, AM ˌtrɔːmp'-] *n* Trompe-l'oeil *m*
troop [truːp] **I.** *n* ❶ (*group*) Truppe *f; of animals* Schar *f; of soldiers* Trupp *m;* **cavalry ~** Schwadron *f;* **a ~ of scouts** eine Pfadfindergruppe
❷ (*soldiers*) ■**~s** *pl* Truppen *fpl;* **to withdraw ~s** Truppen abziehen
II. *n modifier* (*movements, reduction, supplies, withdrawal*) Truppen-
III. *vi* ■**to ~ somewhere** [in Scharen] irgendwohin strömen; *soldiers* irgendwohin marschieren; ■**to ~ off** abziehen *fam;* ***the fans gave their team a loud cheer as they ~ed off the field*** die Fans spendeten ihrer Mannschaft lauten Beifall, als sie vom Feld abzog
IV. *vt* BRIT **to ~ the colour** die Fahnenparade abhalten
troop carrier *n* Truppentransporter *m*
trooper ['truːpəʳ, AM -ɚ] *n* ❶ (*soldier*) [einfacher] Soldat
❷ AM (*police officer*) **state ~** Polizist(in) *m(f)*
► PHRASES: **to <u>swear</u> like a ~** wie ein Landsknecht fluchen
troopship *n* Truppentransportschiff *nt*
trope [trəʊp, AM troʊp] **I.** *n* LIT bildlicher Ausdruck, Tropus *m fachspr*
II. *vt* **to ~ towards sth** sich *akk* etw *dat* zuwenden
trophy ['trəʊfi, AM 'troʊ-] *n* ❶ (*prize*) Trophäe *f,* Preis *m*
❷ (*memento*) Trophäe *f;* **war ~** Kriegsbeute *f kein pl*
trophy girlfriend *n* Vorzeigefreundin *f fam* **trophy wife** *n* Vorzeigefrau *f fam*
tropic ['trɒpɪk, AM 'trɑː-] *n* ❶ (*latitude*) Wendekreis *m*
❷ (*hot region*) ■**~s** *pl,* ■**the ~s** *pl* die Tropen *pl*
tropical ['trɒpɪkᵊl, AM 'trɑː-] *adj inv* ❶ (*of tropics*) Tropen-; **~ climate** Tropenklima *nt;* **~ disease/medicine** Tropenkrankheit/-medizin *f;* **~ hardwoods** tropische Harthölzer
❷ (*hot*) *weather* heiß
❸ (*passionate*) *style* leidenschaftlich
tropical fruit *n* Tropenfrucht *f* **tropical rainforest** *n* tropischer Regenwald
Tropic of Cancer *n no pl* ■**the ~** der Wendekreis des Krebses, der nördliche Wendekreis **Tropic of Capricorn** *n no pl* ■**the ~** der Wendekreis des Steinbocks, der südliche Wendekreis
tropism ['trəʊpɪzᵊm, AM 'troʊp] *n no pl* BIOL Tropismus *m fachspr*
troposphere ['trɒpə(ʊ)sfɪəʳ, AM 'trɑːpəsfɪr] *n no pl* SCI Troposphäre *f*
troppo ['trɒpəʊ, AM 'trɑːpoʊ] *adj* AUS (*fam*) verrückt *fam,* übergeschnappt *fam;* **to go ~** verrückt werden
trot [trɒt, AM trɑːt] **I.** *n* ❶ *no pl* (*pace*) Trab *m;* **to go at a ~** *horse* traben
❷ (*walk*) kleiner Spaziergang; *of horse* Trott *m*
❸ (*run*) Trab *m fam;* ***the team warmed up for the match with a ~ around the pitch*** die Mannschaft wärmte sich mit einem Lauf um das Spielfeld auf
❹ (*fam: diarrhoea*) ■**the ~s** *pl* Durchfall *m,* Dünnpfiff *m fam,* die Renneritis *hum fam*
► PHRASES: **<u>on</u> the ~** (*in succession*) in einer Tour *fam;* (*busy*) auf Trab *fam;* ***she worked 30 hours on the ~*** sie arbeitete 30 Stunden in einer Tour durch; **to be on the ~ all day** den ganzen Tag auf Trab sein
II. *vi* <-tt-> ❶ (*walk*) trotten; *horse* traben
❷ (*ride*) im Trab reiten
❸ (*run*) laufen; ***the athlete ~ted slowly around the track*** der Athlet lief langsam um die Bahn
❹ (*fam: go*) traben *fam;* **to ~ down to the end of the street** die Straße bis zum Ende 'runterlaufen
III. *vt* <-tt-> **to ~ a horse** ein Pferd traben lassen
◆**trot off** *vi* (*fam*) losziehen *fam,* abtraben *fam;* ***he's just ~ted off to the supermarket*** er hat sich gerade auf den Weg zum Supermarkt gemacht
◆**trot out** *vt* (*pej*) ■**to ~ out** ⊂ **sb/sth** jdn/etw vorführen; **to ~ out arguments/excuses** Argumente/Ausreden herauskramen *fam*
troth [trəʊθ, trɒθ, AM troʊθ, trɑːθ] *n no pl* (*form or old*) Treue *f;* ***by my ~!*** bei meiner Ehre!; **to plight one's ~ [to sb]** (*old or hum*) [jdm] ewige Treue schwören *veraltet o hum,* [jdn] heiraten; *see also* **plight**
trotter ['trɒtəʳ, AM 'trɑːtɚ] *n* ❶ *usu pl* (*food*) ■**~s** *pl* Schweinshaxen *pl*
❷ (*horse*) Traber *m*
troubadour ['truːbədɔːʳ, AM -dɔːr] *n* (*hist*) Troubadour *m*
trouble ['trʌbl̩] **I.** *n* ❶ *no pl* (*difficulties*) Schwierigkeiten *fpl;* (*annoyance*) Ärger *m;* **to be in serious ~** in ernsten Schwierigkeiten sein; **to head** [*or* **be heading**] **for ~** auf dem besten Weg sein, Schwierigkeiten zu bekommen; **to ask** [*or* **be asking**] **for ~** Ärger herausfordern; **to be in/get into ~** in Schwierigkeiten sein/geraten; ■**to be in ~ with sb** mit jdm Schwierigkeiten [*o* Ärger] haben; **to have a lot of ~ [to do sth]** große Schwierigkeiten haben[, etw zu tun]; **to get into ~ with sb** mit jdm in Schwierigkeiten geraten; **to land sb in ~ [with sb]** jdn [bei jdm] in Schwierigkeiten bringen; **to keep sb out of ~** jdn vor Schwierigkeiten bewahren; **to spell ~** (*fam*) Ärger verheißen *geh,* nichts Gutes bedeuten; **to stay out of ~** sauber bleiben *hum fam;* **to store up ~ [for the future]** sich *dat* Schwierigkeiten einhandeln
❷ (*problem*) Problem *nt;* (*cause of worry*) Sorge *f;* ***that's the least of my ~s*** das ist meine geringste Sorge; ***the only ~ is that we …*** der einzige Haken [dabei] ist, dass wir …; ***I don't want to be a ~ to anybody*** ich möchte niemandem zur Last fallen; **to tell sb one's ~s** jdm seine Sorgen erzählen
❸ *no pl* (*inconvenience*) Umstände *mpl,* Mühe *f;* ***it's no ~ at all*** das macht gar keine Umstände; ***he's been no ~ at all*** er war ganz lieb; ***it's more ~ than it's worth to take it back to the shop*** es lohnt sich nicht, es ins Geschäft zurückzubringen; **to go to the ~ [of doing sth], to take the ~ [to do sth]** sich *dat* die Mühe machen, [etw zu tun]; **to go to some/a lot of ~ for sth/sb** sich *dat* für etw/jdn große Mühe geben; **to put sb to the ~ of doing sth** jdn bemühen, etw zu tun *geh;* ***I don't want to put you to any ~*** ich möchte dir keine Umstände machen; **to take ~ with sth/sb** sich *dat* mit etw/jdm Mühe geben; **to be [not] worth the ~ [of doing sth]** [nicht] der Mühe wert sein, [etw zu tun]
❹ *no pl* (*physical ailment*) Leiden *nt;* ***my eyes have been giving me some ~ recently*** meine Augen haben mir in letzter Zeit zu schaffen gemacht; **stomach ~** Magenbeschwerden *pl*
❺ *no pl* (*malfunction*) Störung *f;* **engine ~** Motorschaden *m*
❻ (*strife*) Unruhe *f;* **at the first sign of ~** beim ersten [*o* geringsten] Anzeichen von Unruhe; **to look** [*or* **go looking**] **for ~** Ärger [*o* Streit] suchen; **to stir up ~** Unruhe stiften
❼ *no pl* (*dated: pregnancy before marriage*) **to be in ~** in Schwierigkeiten sein; **to get a girl into ~** ein Mädchen ins Unglück stürzen *geh*
II. *vt* ❶ (*form: cause inconvenience*) ■**to ~ sb for sth** jdn um etw *akk* bemühen *geh;* ■**to ~ sb to do sth** jdn bemühen etw zu tun *geh*
❷ (*make an effort*) ■**to ~ oneself about sth** sich *akk* um etw *akk* kümmern
❸ (*cause worry*) ■**to ~ sb** jdn beunruhigen; (*grieve*) jdn bekümmern; **to be [deeply] ~ed by sth** wegen einer S. *gen* tief besorgt [*o* beunruhigt] sein
❹ *usu passive* (*cause problems*) ■**to be ~d by sth** durch etw *akk* in Bedrängnis geraten
❺ (*cause pain*) ■**to ~ sb** jdn plagen
III. *vi* sich *akk* bemühen; ■**to ~ to do sth** sich *dat* die Mühe machen, etw zu tun
troubled ['trʌbl̩d] *adj* ❶ (*beset*) *marriage* bewegt; *situation* bedrängt; *times* unruhig
❷ (*worried*) besorgt; *look* beunruhigt
trouble-free *adj inv car* problemlos; *holiday* reibungslos; *machine* störungsfrei **troublemaker** *n* Unruhestifter(in) *m(f)*
Troubles ['trʌbl̩z] *npl* ■**the ~** *die Unruhen in Nordirland ab den 60ern* **troubleshoot** <-shot, -shot> **I.** *vt* ■**to ~ sth** bei etw *dat* die Störung suchen und beheben **II.** *vi* eine Störung suchen und beheben; COMPUT Softwarefehler bereinigen; (*in hardware*) Hardwarefehler suchen und beseitigen
troubleshooter *n* ❶ (*examiner*) Troubleshooter *m* (*jd, der Störungen aufspürt und beseitigt*)
❷ (*mediator*) Vermittler(in) *m(f);* (*in crisis*) Krisenmanager *m* **troubleshooting** *n no pl* ❶ (*fixing*) Fehler-/Störungsbeseitigung *f* ❷ (*mediation*) Vermittlung *f*
troublesome ['trʌbl̩səm] *adj* schwierig; *scandal* peinlich
trouble spot *n* ❶ (*in a region*) Unruheherd *m*
❷ (*in traffic*) Störung *f*
troubling ['trʌbl̩ɪŋ] *adj* beunruhigend; ■**to be ~ to sb** für jdn beunruhigend sein
troublingly ['trʌbl̩ɪŋli] *adv* beunruhigenderweise
troublous ['trʌbləs] *adj* (*liter or old*) unruhig, turbulent
trough [trɒf, AM trɑːf] *n* ❶ (*bin*) Trog *m;* **a feeding/water ~** ein Futter-/Wassertrog *m*
❷ (*usu pej: benefits*) **to feed at the public ~** sich *akk* aus öffentlichen Mitteln bereichern
❸ (*low*) Tiefpunkt *m;* (*in economy*) Tiefstand *m,* Talsohle *f,* Konjunkturtief *nt*
❹ METEO Trog *m*
❺ TELEC [Wellen]tal *nt*
trounce [traʊn(t)s] *vt* (*fam*) ❶ (*beat*) ■**to ~ sb/sth** jdn/etw vernichtend schlagen
❷ (*rebuke*) ■**to ~ sth** etw heftig tadeln
trouncing ['traʊn(t)sɪŋ] *n usu sing* (*fam*) vernichtende Niederlage; **to be given a ~** vernichtend geschlagen werden
troupe [truːp] *n + sing/pl vb* THEAT Truppe *f*
trouper ['truːpəʳ, AM -ɚ] *n* ❶ (*actor*) **an old ~** ein alter Hase *fam*
❷ (*approv: reliable*) treue Seele
trouser clip *n* (*bicycle clip*) Hosenklammer *f*
trouser leg *n* Hosenbein *nt* **trouser press** *n*

Hosenbügler *m*

trousers ['traʊzəz, AM -zɚz] *npl* Hose *f;* **a pair of ~** eine Hose
► PHRASES: **to wear the ~** die Hosen anhaben *fam; see also* **catch**

trouser suit *n* BRIT Hosenanzug *m*

trousseau <*pl* -s *or* -x> ['tru:səʊ, *pl* -səʊz, AM '-soʊ, *pl* -soʊz] *n* (*dated*) Aussteuer *f kein pl veraltend*

trout [traʊt] *n* ① <*pl* -s *or* -> (*fish*) Forelle *f*
② BRIT (*fam: woman*) **old ~** alte Schachtel *fam*

trout farm *n* Forellenzucht[anlage] *f* **trout farming** *n no pl* Forellenzucht *f* **trout fishing** *n no pl* Forellenfang *m;* ■**to go ~** auf Forellenfang gehen

trove [trəʊv] *n* Fund *m*

trowel ['traʊəl] *n* ① (*building*) Maurerkelle *f*
② (*gardening*) kleiner Spaten

Troy [trɔɪ] *n no pl* (*hist*) Troja *nt*

troy ounce *n* ECON Troyunze *f* **troy weight** *n* Troygewicht *nt*

truancy ['tru:ən(t)si] *n no pl* unentschuldigtes Fehlen [von der Schule], [Schule]schwänzen *nt fam*

truant ['tru:ənt] **I.** *n* Schulschwänzer(in) *m(f) fam;* **to play ~ [from school]** *esp* BRIT, AUS [die Schule] schwänzen *fam*
II. *adj inv children* schwänzend
III. *vi esp* BRIT, AUS [die Schule] schwänzen *fam*

truanting ['tru:əntɪŋ] *n no pl* [Schule]schwänzen *nt fam*

truant officer *n* (*dated*) *Beamter einer Schulbehörde, der Schulschwänzer wieder in die Schule zurückbringt*

truce [tru:s] *n* Waffenstillstand *m* (**between** zwischen +*dat*); **a flag of ~** eine Parlamentärflagge; **to agree** BRIT [*or* AM, AUS **agree to**] **a ~** einen Waffenstillstand vereinbaren; **to call** [*or* **declare**]/**sign a ~** einen Waffenstillstand ausrufen/unterzeichnen

truck¹ [trʌk] **I.** *n* ① (*lorry*) Last[kraft]wagen *m,* Laster *m fam;* **pickup ~** Lieferwagen *m*
② BRIT (*train*) Güterwagen *m,* Güterwaggon *m*
II. *n modifier* (*accident, motor*) Lastwagen-
III. *vt esp* AM ■**to ~ sth somewhere** etw per Lastwagen irgendwohin transportieren
IV. *vi* AM (*fam*) gehen; ***she was ~ing on down the avenue*** sie ging immer weiter die Allee entlang
► PHRASES: **to keep on ~ing** ≈ vor sich *dat* hin arbeiten

truck² [trʌk] *n no pl* ► PHRASES: **to have** [*or* **want**] **no ~ with sb/sth** (*fam*) mit jdm/etw nichts zu tun haben

truck driver *n* Lastwagenfahrer(in) *m(f);* (*long-distance*) Fernfahrer(in) *m(f)*

trucker ['trʌkəʳ, AM -ɚ] *n* Lastwagenfahrer(in) *m(f),* Trucker(in) *m(f) fam;* (*long-distance*) Fernfahrer(in) *m(f)*

truck farm *n* AM, CAN Gemüsefarm *f,* Gemüseanbaubetrieb *m* **truck farmer** *n* AM, CAN Gemüsegärtner(in) *m(f)* **truck farming** *n no pl* AM, CAN Gemüseanbau *m* **truck garden** *n* AM Gemüsegarten *m*

truckie ['trʌki] *n* AUS Lastwagenfahrer(in) *m(f),* Trucker(in) *m(f) fam;* (*long-distance*) Fernfahrer(in) *m(f)*

trucking ['trʌkɪŋ] AM, AUS **I.** *n no pl* Lkw-Transport *m*
II. *n modifier* Speditions-

trucking company *n* AM, AUS Spedition[sfirma] *f* **trucking industry** *n no pl* AM, AUS ■**the ~** die Lastwagenindustrie

truckle ['trʌkl] **I.** *n* FOOD *eine Art Cheddarkäse*
II. *vi* ■**to ~ to sb** jdm gegenüber klein beigeben

truckle bed *n esp* BRIT [niedriges] Rollbett

truckload *n* Wagenladung *f* (**of** mit +*dat*); **~s *of rice*** Wagenladungen voller Reis; **by the ~** in ganzen Wagenladungen **truck shop** *n* (*hist*) *Geschäft, in dem Angestellte mit Firmengutscheinen einkaufen können* **truck stop** *n* AM, AUS [Fernfahrer]raststätte *f* **truck trailer** *n* AM Lkw-Anhänger *m*

truculence ['trʌkjələn(t)s] *n no pl* ① (*aggression*) Wildheit *f*
② (*defiance*) Aufsässigkeit *f*

truculent ['trʌkjələnt] *adj* ① (*aggressive*) wild
② (*defiant*) aufsässig

truculently ['trʌkjələntli] *adv* ① (*aggressively*) wild
② (*defiantly*) aufsässig

trudge [trʌdʒ] **I.** *vi* ① (*walk*) wandern; **to ~ along/down sth** etw entlang-/hinuntertrotten [*o fam* -latschen]; **to ~ through sth** durch etw *akk* [hindurch]laufen; *mud, water* durch etw *akk* [hindurch]waten
② (*work*) ■**to ~ through sth** etw durchackern *fam*
II. *n* ① (*walk*) [anstrengender] Fußmarsch
② (*work*) mühseliger Weg
III. *vt* ■**to ~ sth** *streets* etw entlangtrotten

true [tru:] **I.** *adj* <-r, -st> ① *inv* (*not false*) wahr; ■**to be ~ for sb/sth** für jdn/etw wahr sein; ■**to be ~ of sb/sth** auf jdn/etw zutreffen, für jdn/etw gelten; ***it is ~ [to say] that …*** es stimmt [*o* ist richtig], dass …; **partly ~** teilweise wahr; **to hold ~ [for sb/sth]** [auf jdn/etw] zutreffen; **to ring ~** glaubhaft klingen
② (*exact*) richtig; *aim* genau; **to be a ~ likeness of sb** (*dated*) ein genaues Ebenbild von jdm sein
③ *attr* (*actual*) echt, wahr, wirklich; **the ~ faith** der wahre Glaube; **~ grit** echter Mumm *fam;* **~ heir** rechtmäßiger Erbe; **~ identity** wahre Identität; **~ love** wahre Liebe; **one's ~ self** sein wahres Selbst; *see also* **faith 2, grit I 2**
④ (*loyal*) treu; **good men and ~** (*old*) redliche [*o* rechtschaffene] Leute; ■**to be/remain ~ to sb/sth** jdm/etw treu sein/bleiben; **to be ~ to one's word** zu seinem Wort stehen; ■**to be ~ to oneself** sich *dat* selbst treu bleiben
⑤ *attr* (*conforming*) echt; **in ~ Hollywood style** in echter Hollywoodmanier; **in the ~ sense of a word** im wahrsten Sinne des Wortes
⑥ *pred* (*straight*) genau; ***none of the drawers were ~*** keine der Schubladen war genau eingepasst
► PHRASES: **sb's ~ colours** jds wahres Gesicht; **~ to form, type** wie zu erwarten; **to come ~** wahr werden; **he's so fat/rich it's not ~!** *esp* BRIT er ist unglaublich fett/reich!; *see also* **jest**
II. *adv* ① *inv* (*admittedly*) stimmt
② (*straight*) gerade
③ (*exactly*) genau; **to aim ~** genau zielen
④ (*old: truly*) ehrlich; ***tell me ~ — do you really love me?*** sag mir die Wahrheit – liebst du mich wirklich?
III. *n no pl* **to be out of ~** schief sein; ***the frame must be out of ~*** der Rahmen muss verzogen sein

TRUE [tru:] *n* COMPUT WAHR

true-blue *adj attr* ① (*loyal*) treu ② (*typical*) waschecht *fam* **true-born** *adj attr, inv criminal* echt **true-false** *adj inv* Wahr-Falsch- **true-false test** *n* Ja-Nein-Test *m* **true-hearted** *adj* (*liter*) *servant* treu

true-life *adj inv* lebenswahr **true-life adventure** *n* aus dem Leben gegriffenes Abenteuer **true-life story** *n* wahre Geschichte

truelove *n* (*liter*) ■**sb's ~** jds Geliebte(r) *f(m)* **true north** *n no pl* geographischer Norden **true-to-life** *adj novel* lebensnah, lebensecht

truffle ['trʌfl] *n* Trüffel *f o m*

trug [trʌg] *n,* **trug basket** *n* BRIT [flacher] Korb

truism ['tru:ɪzəm] *n* Binsenweisheit *f;* (*platitude*) Plattitüde *f geh,* Gemeinplatz *m;* ■**it's a ~ that …** es ist eine Binsenweisheit, dass …

truly ['tru:li] *adv* ① *inv* (*not falsely*) wirklich, wahrhaftig; ***I can't ~ say I love him*** ich müsste lügen, um zu sagen, dass ich ihn liebe
② (*genuinely*) wirklich, echt; ***mushrooms aren't ~ vegetables*** Pilze sind kein Gemüse
③ (*emph: very*) wirklich; ***the river is ~ a beautiful sight*** der Fluss ist wirklich ein wunderschöner Anblick
④ (*form: sincerely*) ehrlich, aufrichtig; ***I'm ~ sorry about the accident*** das mit dem Unfall tut mir wirklich Leid; ***Yours ~,*** (*in private letter*) dein(e)/Ihr(e) Jane May; (*in business letter*) mit freundlichen Grüßen
► PHRASES: **yours ~** (*fam*) meine Wenigkeit *hum*

trump¹ [trʌmp] **I.** *n* ① (*card*) Trumpf *m;* **to draw/play a ~** einen Trumpf ziehen/ausspielen
② (*suit*) ■**~s** *pl* Trumpf *m,* Trumpffarbe *f*
► PHRASES: **to come** [*or* **turn**] **up ~s** BRIT Glück haben; (*help out*) die Situation retten
II. *vt* ■**to ~ sb/sth** ① (*cards*) jdn/etw übertrumpfen
② (*better*) jdn/etw ausstechen
◆**trump up** *vt* ■**to ~ up** ↻ **sth** etw erfinden; **to ~ up an accusation** sich *dat* eine Beschuldigung aus den Fingern saugen *fam*

trump² [trʌmp] *n no pl* (*liter or old*) ① (*trumpet*) Posaune *f*
② (*fanfare*) Posaunenstoß *m,* Trompetenstoß *m;* **at the Last T~** REL wenn die Posaunen des Jüngsten Gerichts erklingen

trump card *n* ① (*card*) Trumpfkarte *f,* Trumpf *m*
② (*advantage*) Trumpf *m*

trumpery ['trʌmpəri] **I.** *n* (*old*) ① (*baubles*) Plunder *m kein pl,* Flitterkram *m kein pl fam*
② (*customs*) Unsinn *m*
II. *adj* (*form: worthless*) billig; (*flashy*) kitschig *pej*

trumpet ['trʌmpɪt, AM -pət] **I.** *n* ① (*instrument*) Trompete *f; see also* **blow**
② (*player*) Trompeter(in) *m(f)*
③ (*bellow*) *of an elephant* Trompeten *nt*
II. *n modifier* (*lessons, player, solo*) Trompeten-
III. *vi* ① (*play*) trompeten
② *elephant* trompeten
IV. *vt* (*esp pej*) ■**to ~ sth** etw ausposaunen *fam*

trumpeter ['trʌmpɪtəʳ, AM -pət̬ɚ] *n* Trompeter(in) *m(f)*

trumpeting ['trʌmpɪtɪŋ, AM pət̬] *adj inv* trompeteblasend; **~ angel** Posaunenengel *m*

trump suit *n* Trumpf *m,* Trumpffarbe *f*

truncate [trʌŋ'keɪt, AM 'trʌŋkeɪt] **I.** *vt* ■**to ~ sth**
① *match, book, discussion* etw kürzen
② COMPUT (*cut short*) etw abschneiden
③ COMPUT (*give value to number*) etw abstreichen
II. *vi* ECON nach dem beleglosen Scheckeinzugsverfahren arbeiten

truncated [trʌŋ'keɪtɪd, AM 'trʌŋkeɪt̬ɪd] *adj version* gekürzt

truncation [trʌŋ'keɪʃən] *n no pl* ① (*shortening*) Kürzung *f*
② ECON belegloses Scheckeinzugsverfahren
③ COMPUT Abschneiden *nt*

truncheon ['trʌn(t)ʃən] *n* BRIT, AUS Schlagstock *m*

trundle ['trʌndl] **I.** *vi* ■**to ~ somewhere** irgendwohin zuckeln *fam;* **to ~ along** [*or* **on**] (*proceed leisurely*) sich *akk* hinziehen; (*drag on*) sich *akk* dahinschleppen
II. *vt* ■**to ~ sth somewhere** etw irgendwohin rollen
◆**trundle out I.** *vt* (*pej*) ■**to ~ out** ↻ **sth** etw hervorkramen *fam*
II. *vi* herausrollen

trundle bed *n* AM, AUS (*truckle bed*) [niedriges] Rollbett

trunk [trʌŋk] *n* ① (*stem*) Stamm *m;* **tree ~** Baumstamm *m*
② (*body*) Rumpf *m*
③ (*nose*) Rüssel *m*
④ (*box*) Schrankkoffer *m*
⑤ AM (*boot of car*) Kofferraum *m*
⑥ (*pants*) ■**~s** *pl* Shorts *pl;* **a pair of swimming ~s** eine Badehose
⑦ TELEC Fernverbindungskabel *nt*

trunk call *n* BRIT (*dated*) Ferngespräch *nt* **trunk line** *n esp* BRIT ① RAIL Hauptstrecke *f* ② TELEC Fernleitung *f* **trunk road** *n* BRIT Fern[verkehrs]straße *f*

truss [trʌs] **I.** *n* ① (*belt*) Bruchband *nt*
② ARCHIT (*frame*) Gerüst *nt*
II. *vt* ■**to ~ sb** jdn fesseln; **to ~ poultry** Geflügel dressieren
◆**truss up** *vt* ■**to ~ up** ↻ **sb** jdn fesseln

trust [trʌst] **I.** *n* ① *no pl* (*belief*) Vertrauen *nt;* **to be built** [*or* **based**] **on ~** auf Vertrauen basieren; **to abuse** [*or* **betray**] **sb's ~** jds Vertrauen missbrauchen; **to gain** [*or* **win**] **sb's ~** jds Vertrauen gewinnen; **to place** [*or* **put**] **one's ~ in sb/sth** sein Ver-

trauen in jdn/etw setzen; **to take sth on** ~ etw einfach glauben, etw für bare Münze nehmen *fam;* ■**to do sth in the** ~ **that …** etw in dem Vertrauen tun, dass …
❷ *no pl* (*responsibility*) **a position of** ~ ein Vertrauensposten *m;* ■**in sb's** ~ in jds Obhut; **to have sth in** ~ etw zur Verwahrung haben
❸ (*arrangement*) Treuhand *f kein pl,* Treuhandschaft *f;* (*management of money or property for sb*) Vermögensverwaltung *f;* **investment** ~ Investmentfonds *m;* **to hold** [*or* **keep**] **sth in** ~ etw treuhänderisch verwalten; **to set up a** ~ eine Treuhandschaft übernehmen
❹ (*trustees*) Treuhandgesellschaft *f;* ***he was guilty of a breach of*** ~ er verletzte die Treuhandpflicht; ***he has a position of*** ~ er hat eine Vertrauensstellung; **charitable** ~ Stiftung *f*
❺ AM (*union*) Ring *m;* BRIT (*trust company*) Trust *m*
❻ AM (*bank name*) *Zusatz bei Banknamen*
❼ AM (*monopoly*) Trust *m,* Syndikat *nt*
▸ PHRASES: **a brains** ~ (*hum*) geballte Intelligenz *fam*
II. *vt* ❶ (*believe*) ■**to** ~ **sb/sth** jdm/etw vertrauen
❷ (*rely on*) ■**to** ~ **sth** einer S. *dat* trauen, auf etw *akk* vertrauen; ***you must*** ~ ***your own feelings*** du musst auf deine Gefühle vertrauen; ■**to** ~ **sb to do sth** jdm zutrauen, dass er/sie etw tut; ■**to** ~ **oneself to do sth** sich *dat* zutrauen, etw zu tun; ■**to** ~ **sb with sth** jdm etw anvertrauen
❸ (*commit*) ■**to** ~ **sb/sth to sb** jdm jdn/etw anvertrauen
▸ PHRASES: **to not** ~ **sb an inch** *esp* BRIT, AUS jdm nicht über den Weg trauen *fam;* **I wouldn't** ~ **him as far as I can** [*or* **could**] **throw him** ich würde ihm nicht über den Weg trauen; ~ **her/him/you etc. to do that!** (*fam*) das musste sie/er/musstest du natürlich machen! *iron;* ~ ***you to upset her by talking about the accident!*** du musst sie natürlich auch noch mit deinem Gerede über den Unfall aus der Fassung bringen
III. *vi* ❶ (*form: believe*) ■**to** ~ **in sb/sth** auf jdn/etw vertrauen
❷ (*rely*) ■**to** ~ **to sb/sth** auf jdn/etw vertrauen, sich *akk* auf jdn/etw verlassen; **to** ~ **to luck** sich *akk* auf sein Glück verlassen
❸ (*form: hope*) ***the meeting went well, I*** ~ das Treffen verlief gut, hoffe ich [doch]; ■**to** ~ [**that**] … hoffen, [dass] …; ***I*** ~ [***that***] ***you slept well?*** du hast doch hoffentlich gut geschlafen?
trustbuster *n* AM FIN (*fam*) *Beamter/Beamtin, der/die gegen Trusts vorgeht*
trusted ['trʌstɪd] *adj attr* ❶ (*loyal*) getreu *geh o veraltet*
❷ (*proved*) bewährt; *see also* **tried and trusted**
trustee [trʌs'tiː] *n* Treuhänder(in) *m(f),* Vermögensverwalter(in) *m(f);* **board of** ~**s** Kuratorium *nt*
trusteeship [trʌs'tiːʃɪp] *n* Treuhänderschaft *f*
trustful ['trʌstfᵊl] *adj see* **trusting**
trustfully ['trʌstfᵊli] *adv* ❶ (*artlessly*) zutraulich
❷ (*gullibly*) leichtgläubig
trustfulness ['trʌstfᵊlnəs] *n no pl* ❶ (*artlessness*) Zutraulichkeit *f*
❷ (*gullibility*) Vertrauensseligkeit *f*
❸ (*trust*) Vertrauen *nt*
trust fund *n* Treuhandfonds *m*
trusting ['trʌstɪŋ] *adj* ❶ (*artless*) vertrauensvoll, zutraulich; **to give a** ~ **smile** vertrauensselig lächeln
❷ (*gullible*) leichtgläubig, vertrauensselig
trustingly ['trʌstɪŋli] *adv* vertrauensvoll, zutraulich
trustworthiness ['trʌstˌwɜːðɪnəs, AM -ˌwɜr-] *n no pl* ❶ (*honesty*) Vertrauenswürdigkeit *f*
❷ (*accuracy*) Zuverlässigkeit *f*
trustworthy ['trʌstˌwɜːði, AM -ˌwɜr-] *adj* ❶ (*honest*) vertrauenswürdig
❷ (*accurate*) zuverlässig
trusty ['trʌsti] **I.** *adj attr* (*dated or hum*) ❶ (*reliable*) *machine* zuverlässig
❷ (*loyal*) *servant* getreu *liter*
II. *n* (*sl*) privilegierter Häftling
truth <*pl* -s> [truːθ] *n* ❶ *no pl* (*not falsity*) Wahrheit *f* (**of** über +*akk*); ***there is some/no*** ~ ***in what she says*** es ist etwas/nichts Wahres an dem, was sie sagt; **a grain of** ~ ein Körnchen *nt* Wahrheit *geh*
❷ *no pl* (*facts*) ■**the** ~ die Wahrheit (**about/of** über +*akk*); ■**the** ~ **is that …** die Wahrheit ist, dass …; **the Gospel** ~ die reine Wahrheit; **to tell** [**sb**] **the** ~ [jdm] die Wahrheit sagen; **to tell the** ~**, the whole** ~**, and nothing but the** ~ LAW die Wahrheit und nichts als die Wahrheit sagen; **to tell** [**you**] **the** ~ [*or form* **if the** ~ **be told**], *form dated* ~ **to tell** um die Wahrheit zu sagen
❸ (*belief*) Wahrheit *f* (**about** über +*akk*)
❹ (*principle*) Grundprinzip *nt*
▸ PHRASES: ~ **is stranger than fiction** (*prov*) im Leben passieren oft seltsame Dinge; ~ **will out** (*prov*) die Sonne bringt es an den Tag *prov,* Lügen haben kurze Beine *prov;* **in** ~ (*form*) in Wahrheit [*o* Wirklichkeit]
truthful ['truːθfᵊl] *adj* ❶ (*true*) *answer* wahr
❷ (*sincere*) ehrlich; ■**to be** ~ **with sb** zu jdm ehrlich sein
❸ (*not lying*) ehrlich
❹ (*accurate*) wahrheitsgetreu; **a** ~ **portrait of sth** ein wahrheitsgetreues Abbild einer S. *gen*
truthfully ['truːθfᵊli] *adv* wahrheitsgemäß; ~, ***I don't know what happened*** ehrlich, ich weiß nicht, was passiert ist
truthfulness ['truːθfᵊlnəs] *n no pl* ❶ (*veracity*) Wahrhaftigkeit *f*
❷ (*sincerity*) Ehrlichkeit *f*
❸ (*accuracy*) Wahrheit *f*
truth-in-packaging *adj attr, inv* unverfälscht
try [traɪ] **I.** *n* ❶ (*attempt*) Versuch *m;* ***it's worth a*** ~ es ist einen Versuch wert; **to give sth a** ~ etw ausprobieren; **to have a** ~ **at sth** etw versuchen
❷ (*in rugby*) Versuch *m*
II. *vi* <-ie-> ❶ (*attempt*) versuchen; ***please*** ~ ***and keep clean*** bitte versuch, sauber zu bleiben *hum fam;* ■**to** ~ **for sth** sich *akk* um etw *akk* bemühen; **to** ~ **for a job** sich *akk* um eine Stelle bewerben
❷ (*make an effort*) sich *akk* bemühen; ***she wasn't even*** ~***ing*** sie hat sich überhaupt keine Mühe gegeben
III. *vt* <-ie-> ❶ (*attempt to do sth*) ■**to** ~ **sth** etw versuchen; ■**to** ~ **to do sth** versuchen, etw zu tun; **to** ~ **one's best** [*or* **hardest**] [*or* **damnedest**] sein Bestes versuchen; **to** ~ **one's hand at sth** sich *akk* in etw *dat* versuchen; ***she tried her hand at cooking*** sie versuchte sich im Kochen; **to** ~ **one's luck** [*or* **fortune**] sein Glück versuchen
❷ (*test sth by experiment*) ■**to** ~ **sth** etw probieren [*o* versuchen]
❸ (*sample*) ■**to** ~ **sth** etw [aus]probieren; ***we don't sell newspapers, but have you tried the shop on the corner?*** wir verkaufen keine Zeitungen, aber haben Sie es schon einmal bei dem Laden an der Ecke versucht?
❹ (*put to test*) ■**to** ~ **sb** jdn auf die Probe stellen; **to** ~ **sb's patience** jds Geduld auf die Probe stellen
❺ (*put on trial*) ■**to** ~ **sb** jdn vor Gericht stellen; ■**to** ~ **sth** etw verhandeln
◆**try on** *vt* ■**to** ~ **on** ↔ **sth** *clothes* etw anprobieren
▸ PHRASES: **to** ~ **on** ↔ **sth for size** AM, AUS etw versuchsweise ausprobieren; **to** ~ **it on** BRIT, AUS (*fam*) [aus]probieren, wie weit man gehen kann
◆**try out I.** *vt* ■**to** ~ **out** ↔ **sth** etw ausprobieren; ■**to** ~ **out** ↔ **sb** jdn testen; ■**to** ~ **out** ↔ **sth on sb** etw an jdm ausprobieren
II. *vi* AM, AUS **to** ~ **out for a post/a role/a team** sich *akk* auf einem Posten/in einer Rolle/ bei einer Mannschaft versuchen
trying ['traɪɪŋ] *adj* ❶ (*annoying*) anstrengend
❷ (*difficult*) *time* schwierig
try-on *n* BRIT, AUS (*fam*) [Täuschungs]versuch *m;* ***it was a*** ~ ***to see how far he could go*** er probierte nur aus, wie weit er gehen konnte **try-out** *n* (*fam*) ❶ SPORTS Testspiel *nt,* Probespiel *nt* ❷ (*test run*) Erprobung *f; of play* Probevorstellung *f*
tryptophan ['trɪptəfæn] *n modifier* Tryptophan-
tryst [trɪst] *n* (*old or hum*) Rendezvous *nt veraltend* (**with** mit +*dat*), Stelldichein *nt veraltet* (**with** mit +*dat*); **to keep a** ~ ein Rendezvous haben
tsar [zɑːʳ] *n* BRIT, AUS Zar *m;* **antidrug** ~ Drogenbekämpfungsbeauftragte(r) *f(m);* **drug** ~ Drogenzar *m;* **economic** ~ Wirtschaftszar *m*
tsarina [zɑː'riːnə] *n* BRIT, AUS Zarin *f*
tsarist, Tsarist ['zɑːrɪst] HIST **I.** *adj inv* Zaren-, zaristisch
II. *n* Zarist(in) *m(f)*
tsetse fly ['tetsi-, AM 'tsetsi-] *n* Tsetsefliege *f*
T-shirt ['tiːʃɜːt, AM -ʃɜrt] *n* T-Shirt *nt*
tsk [tɪsk] *interj* (*dated*) ■~[, ~] tsts
tsp <*pl* – *or* -s> *n abbrev of* **teaspoon** Teel.
T-square ['tiːskweəʳ, AM -skwer] *n* Reißschiene *f*
TT [ˌtiː'tiː] *n abbrev of* **Tourist Trophy** *jährliches Motorradrennen auf der Isle of Man*
TU [ˌtiː'juː] *n* + *sing/pl vb abbrev of* **Trade Union** Gew.
tub [tʌb] *n* ❶ (*vat*) Kübel *m*
❷ (*fam: bath*) [Bade]wanne *f*
❸ (*carton*) Becher *m;* **a** ~ **of ice cream/yoghurt** ein Eis-/Joghurtbecher *m*
❹ (*pej fam: boat*) Kahn *m*
tuba ['tjuːbə, AM *esp* 'tuː-] *n* Tuba *f*
tubby ['tʌbi] *adj* (*fam*) pummelig *fam*
tube [tjuːb, AM *esp* tuːb] *n* ❶ (*pipe*) Röhre *f;* (*bigger*) Rohr *nt;* **inner** ~ Schlauch *m;* **test** ~ Reagenzglas *nt*
❷ (*container*) Tube *f*
❸ BIOL Röhre *f;* (*fam: fallopian tube*) Eileiter *m;* **bronchial** ~**s** Bronchien *pl;* **to have one's** ~**s tied** sich *akk* unfruchtbar machen lassen
❹ *no pl* BRIT (*fam: railway*) ■**the** ~ die [Londoner] U-Bahn
❺ *no pl* AM (*fam: TV*) ■**the** ~ die Glotze *sl*
❻ AUS (*fam: can*) Dose *f* [Bier]; (*bottle*) Flasche *f* [Bier]
▸ PHRASES: **to go down the** ~[**s**] den Bach runter gehen *fam*
tubeless ['tjuːbləs, AM *esp* 'tuːb-] *adj inv* ~ **tyre** schlauchloser Reifen
tuber ['tjuːbəʳ, AM 'tuːbɚ, 'tjuː-] *n* BOT Knolle *f*
tubercle ['tjuːbəkl̩, AM 'tuːbɚ] *n* ❶ ANAT, ZOOL Knötchen *nt*
❷ MED Tuberkel *m fachspr*
tubercular [tjuː'bɜːkjələʳ, AM tuː'bɜːrkjəlɚ, tjuː-] *adj inv* tuberkulös
tuberculosis [tjuːˌbɜːkjə'ləʊsɪs, AM tuːˌbɜːrkjə'loʊsɪs, tjuː-] *n no pl* Tuberkulose *f,* Schwindsucht *f veraltend*
tuberculous [tjuː'bɜːkjələs, AM tuː'bɜːr-, tjuː-] *adj inv* tuberkulös
tuberose ['tjuːbᵊrəʊz, AM 'tuːbroʊz] *n* Tuberose *f*
tuberous ['tjuːbᵊrəs, AM 'tuː-, tjuː-] *adj* knollig
tube station *n* U-Bahnstation *f,* U-Bahnhof *m*
tubing ['tjuːbɪŋ, AM *esp* 'tuː-] *n no pl* ❶ (*material*) Schlauch *m*
❷ (*tubes*) Rohre *ntpl*
tub-thumper *n* (*pej fam*) Demagoge, -in *m, f* **tub-thumping I.** *n no pl* (*pej fam*) Demagogie *f* **II.** *adj attr* (*pej fam*) demagogisch
tubular ['tjuːbjələʳ, AM 'tuːbjəlɚ, tjuː-] *adj flower* Rohr-, Röhren-; ~ **chair** Stahlrohrstuhl *m*
tubular bells *npl* Glockenspiel *nt*
TUC [ˌtiːjuː'siː] *n no pl* BRIT *abbrev of* **Trades Union Congress**: ■**the** ~ ≈ der DGB, der ÖGB ÖSTERR
tuck [tʌk] **I.** *n* ❶ (*pleat*) Abnäher *m;* (*ornament*) Biese *f*
❷ (*med*) **a tummy** ~ *Operation, bei der am Bauch Fett abgesaugt wird*
❸ *no pl* BRIT (*dated: sweets*) Süßigkeiten *fpl*
II. *vt* ❶ (*fold*) ■**to** ~ **sth somewhere** etw irgendwohin stecken; ***she had a napkin*** ~***ed in the neck of her blouse*** sie hatte eine Serviette in den Ausschnitt ihrer Bluse gesteckt; ***she*** ~***ed her doll under her arm*** sie klemmte sich ihre Puppe unter den Arm; **to** ~ **sb into bed** jdn ins Bett [ein]packen *fam*
❷ (*stow*) ■**to** ~ **sth somewhere** etw irgendwohin verstauen; **to** ~ **one's legs under one** seine Beine unterschlagen
❸ *usu passive* (*be situated*) ■**to be** ~**ed some-**

where irgendwo versteckt liegen; *~ed along this alley are some beautiful houses* entlang dieser Allee liegen versteckt einige wunderschöne Häuser

◆**tuck away** *vt* ❶ *(stow)* ■**to ~ away** ◌ **sth** [**somewhere**] etw [irgendwo] verstauen; *(hide)* etw [irgendwo] verstecken; ***he always keeps a bit of money ~ed away in case there's an emergency*** er hält immer etwas Geld für eventuelle Notfälle versteckt

❷ *usu passive (lie)* ■**to be ~ed away somewhere** irgendwo versteckt liegen; ***a group of tiny brick houses is ~ed away behind the factory*** eine Gruppe winziger Ziegelhäuser liegt versteckt hinter der Fabrik

◆**tuck in I.** *vt* ❶ *(fold)* ■**to ~ in** ◌ **sth** etw hineinstecken; **to ~ in one's shirt** sein Hemd in die Hose stecken; *see also* **tuck II 1**

❷ *(put to bed)* ■**to ~ in** ◌ **sb** jdn zudecken

❸ *(fam: hold in)* **to ~ in** ◌ **one's tummy** seinen Bauch einziehen

II. *vi (fam)* reinhauen *fam,* zulangen *fam;* ***there's plenty of food so please ~ in!*** es ist genug Essen da, also bitte langt zu!

◆**tuck into** *vt (fam)* ■**to ~ into sth** etw verschlingen

◆**tuck up** *vt* ❶ *(fold)* **to ~ up one's feet/legs** seine Füße/Beine anziehen

❷ BRIT *(put to bed)* ■**to ~ up** ◌ **sb** jdn ins Bett stecken *fam*

tucker ['tʌkəʳ, AM -ɚ] *(fam)* **I.** *n no pl* AUS Essen *nt,* Futter *nt sl*

II. *vt* AM ■**to ~ out** ◌ **sb** jdn fix und fertig machen *fam;* ■**to be ~ed out** erledigt [*o* fix und fertig] sein *fam*

tuck-in *n* BRIT *(fam)* großes Essen **tuck shop** *n* BRIT *(dated)* Schulkiosk *nt (für Süßwaren)*

Tudor ['tju:dəʳ, AM 'tu:dɚ] *adj inv* Tudor-

Tue(s) *n abbrev of* **Tuesday** Di.

Tuesday ['tju:zdeɪ] *n* Dienstag *m;* [**on**] **~ afternoon/evening/morning/night** [am] Dienstagnachmittag/-abend/-morgen [*o* -vormittag]/-nacht; **on ~ afternoons/evenings/mornings/nights** dienstagnachmittags/-abends/-morgens [*o* -vormittags]/-nachts, dienstags nachmittags/abends/morgens [*o* vormittags]/nachts; [**around**] **noon on ~** Dienstagmittag; [**around**] **noon on ~s** dienstagmittags; **in the early hours of ~ morning** in der Nacht [von Montag] auf [*o* zu] Dienstag; **a week/fortnight on ~** [*or* BRIT *also* **~ week/fortnight**] Dienstag in einer Woche [*o* acht Tagen]/zwei Wochen [*o* vierzehn Tagen]; **a week/fortnight last** [*or* BRIT *also* **ago on**] **~** Dienstag vor einer Woche [*o* acht Tagen]/zwei Wochen [*o* vierzehn Tagen]; **early ~** [**morning**] [am] Dienstag früh; **every ~** jeden Dienstag; **last/next/this ~** [am] letzten [*o* vorigen]/[am] nächsten/diesen [*o* an diesem] [*o* kommenden] Dienstag; **~ before last/after next** vorletzten/übernächsten Dienstag; **since last ~** seit letzten [*o* letztem] Dienstag; **from next ~** [**on**] ab nächsten [*o* nächstem] Dienstag; **to fall** [*or* **be**] **on a ~** auf einen Dienstag fallen; **one** [*or* **on a**] **~** an einem Dienstag, eines Dienstags; [**on**] **~** [am] Dienstag; ***we're meeting*** [***on***] ***~*** wir treffen uns [am] Dienstag; **on ~ 4th March** [*or esp* AM **March 4**] am Dienstag, den 4. März; [**on**] **~s** dienstags

tuffet ['tʌfɪt] *n* ❶ *(tuft, clump)* Büschel *m*

❷ *(footstool, low seat)* niedriger Polstersitz, Schemel *m*

tuft [tʌft] *n* Büschel *nt;* **~ of feathers** Federbüschel *nt*

tufted ['tʌftɪd] *adj* mit Federbüschel; **~ duck** Haubenente *f*

tug [tʌg] **I.** *n* ❶ *(pull)* Ruck *m* (**at** an +*dat*); **to give sth a ~** an etw *dat* zerren

❷ *(boat)* Schlepper *m*

II. *vt* <-gg-> ■**to ~ sb/sth** jdn/etw ziehen

III. *vi* <-gg-> ■**to ~ at sth** an etw *dat* zerren [*o* ziehen]; ***her children were ~ging at her hair*** ihre Kinder zerrten an ihren Haaren

▶ PHRASES: **to tug at sb's heartstrings** bei jdm auf die Tränendrüse drücken *fam; see also* **heartstrings**

◆**tug off** *vt* ■**to ~ off** ◌ **sth** etw abziehen

tugboat *n* Schlepper *m* **tug of love** *n* BRIT *(fam) Streit um das Sorgerecht für das Kind* **tug-of-love** *adj attr, inv* BRIT *(fam) sich auf einen Sorgerechtsstreit beziehend;* **~ parents** *Eltern, die um das Sorgerecht streiten* **tug-of-war** *n* ❶ *(sport)* Tauziehen *nt* ❷ *(face-off)* Konfrontation *f* ❸ *(fluctuation)* Tauziehen *nt,* Hin und Her *nt fam*

tuition [tju'ɪʃᵊn, AM tu'-] *n no pl* ❶ *esp* BRIT *(teaching)* Unterricht *m* (**in** in +*dat*)

❷ *esp* AM *(tuition fee)* Studiengebühr *f; of school* Schulgeld *nt kein pl*

tuition fee *n esp* BRIT Studiengebühr *f; of school* Schulgeld *nt kein pl*

tulip ['tju:lɪp, AM *esp* 'tu:-] *n* Tulpe *f*

tulle [tju:l, AM tu:l] *n no pl* Tüll *m*

tum [tʌm] *n (fam) see* **tummy**

tumble ['tʌmbl] **I.** *vi* ❶ *(fall)* fallen; *(faster)* stürzen

❷ *(rush)* ■**to ~ somewhere** irgendwohin stürzen; ***the children ~d out of school*** die Kinder stürzten aus der Schule

❸ *(decline) prices* [stark] fallen, purzeln *fam*

❹ *(dated fam: understand)* kapieren; ■**to ~ that ...** kapieren, dass ... *fam; see also* **tumble to**

II. *n* ❶ *(fall)* Sturz *m;* **to take a ~** stürzen

❷ *(decline) prices* Sturz *m* (**in** +*gen*); **to take a ~** stürzen

◆**tumble down I.** *vi building* einstürzen

II. *vt* ■**to ~ down sth** etw hinabstürzen

◆**tumble over I.** *vi (unbalance)* hinfallen; *(collapse)* umfallen

II. *vt* ■**to ~ over sb/sth** über jdn/etw stürzen

◆**tumble to** *vi (dated fam)* ■**to ~ to sth** ❶ *(notice)* etw merken

❷ *(understand)* etw kapieren *fam*

❸ *(find out)* etw spitzkriegen *fam*

tumbledown *adj attr building* baufällig **tumble drier, tumble dryer** *n* Wäschetrockner *m*

tumbler ['tʌmbləʳ, AM -ɚ] *n* ❶ *(glass)* [Trink]glas *nt*

❷ *(acrobat)* Bodenakrobat(in) *m(f)*

❸ *(dryer)* Wäschetrockner *m*

❹ TECH *(in lock)* Zuhaltung *f fachspr*

tumbleweed ['tʌmblwi:d] *n no pl* Steppenhexe *f,* Steppenläufer *m*

tumbling ['tʌmblɪŋ] *n no pl* Bodenturnen *nt*

tumbrel ['tʌmbrᵊl] *n,* **tumbril** ['tʌmbrɪl] *n* HIST ❶ *(open cart)* Schuttkarren *m*

❷ MIL [zweirädriger gedeckter] Munitionswagen *m*

tumescence [tju:'mesᵊn(t)s, AM *esp* tu:-] *n no pl* ANAT Schwellung *f*

tumescent [tju:'mesᵊnt, AM *esp* tu:-] *adj* ANAT anschwellend

tumid ['tju:mɪd, AM *esp* 'tu:-] *adj* ANAT *see* **tumescent**

tummy [tʌmi] *n (esp childspeak fam)* Bauch *m*

tummy ache *n (esp childspeak fam)* Bauchweh *nt kein pl,* Bauchschmerzen *mpl* **tummy button** *n* BRIT *(esp childspeak fam)* Bauchnabel *m*

tumor ['tu:mɚ, 'tju:-] *n* AM, **tumour** ['tju:məʳ] *n* BRIT, AUS Geschwulst *f,* Tumor *m;* **brain ~** Hirntumor *m;* **benign/malignant ~** gutartiger/bösartiger Tumor

tumult ['tju:mʌlt, AM *esp* 'tu:-] *n usu sing* ❶ *(noise)* Krach *m*

❷ *(disorder)* Tumult *m;* ■**to be in ~** sich *akk* in Aufruhr befinden

❸ *(uncertainty)* Verwirrung *f*

❹ *(agitation)* Aufruhr *m kein pl* (**over** wegen +*dat*); ***her feelings were in a ~*** ihre Gefühle waren in Aufruhr

tumultuous [tju:'mʌltjuəs, AM tu:'mʌltʃu:əs, tju:-] *adj* ❶ *(loud)* lärmend; **~ applause** stürmischer Applaus

❷ *(confused) crowd* turbulent

❸ *(excited) life* aufgeregt

tumultuously [tju:'mʌltjuəsli, AM tu:'mʌltʃu:əsli, tju:-] *adv* stürmisch

tumulus <*pl* -li> ['tju:mjələs, AM *esp* 'tu:-] *n* ARCHEOL Grabhügel *m,* Tumulus *m fachspr*

tun [tʌn] *n* ❶ *(vat)* Fass *nt; (of metal)* Tonne *f; (for brewing)* Gärfass *nt*

❷ *(measure)* Tonne *f*

tuna ['tju:nə, AM *esp* 'tu:-] *n* ❶ <*pl* **-s** *or* -> *(fish)* Thunfisch *m*

❷ *no pl (meat)* Thunfisch *m*

tuna melt *n* mit Käse überbackener Thunfischtoast

tundra ['tʌndrə] **I.** *n no pl* Tundra *f*

II. *n modifier region* Tundra-

tune [tju:n, AM *esp* tu:n] **I.** *n* ❶ *(melody)* Melodie *f;* **signature ~** Kennmelodie *f;* **theme ~** Titelmelodie *f,* Titelmusik *f;* **a catchy ~** eine Melodie, die ins Ohr geht, ein Ohrwurm *m;* **not to be able to carry a ~** [**in a bucket**] [total] unmusikalisch sein; **to hum a ~** eine Melodie [vor sich *akk* hin] summen

❷ *no pl* MUS *(pitch)* ■**to be in/out of ~** richtig/falsch spielen; ■**to be in/out of ~ with sth** *(fig)* mit etw *dat* in Einklang/nicht in Einklang sein; ***he's in ~ with what his customers want*** er hat eine Antenne dafür, was seine Kunden wünschen; ■**to be in ~ with sb** mit jdm auf einer Wellenlänge liegen *fam*

❸ BRIT TECH *(adjustment of car engine)* Einstellung *f;* **to give a car a ~** einen Wagen neu einstellen

❹ *(amount)* ■**to the ~ of £2 million** in Höhe von 2 Millionen Pfund

▶ PHRASES: **to change one's** [*or* **sing a different**] **~** einen anderen Ton anschlagen *fig*

II. *vt* ❶ MUS **to ~ an instrument/a piano** ein Instrument/Klavier stimmen

❷ RADIO **to ~ a radio** ein Radio einstellen [*o fachspr* tunen]; ***she ~d the radio to her favourite station*** sie stellte ihren Lieblingssender im Radio ein

❸ AUTO **to ~ an engine** einen Motor einstellen

III. *vi* [sein Instrument/die Instrumente] stimmen

◆**tune in I.** *vi* ❶ RADIO, TV einschalten; **to ~ in to a channel/station** einen Kanal/Sender einstellen; ***the video automatically ~s itself in to the next channel*** der Videorekorder stellt sich automatisch auf den nächsten Kanal ein; **to ~ in to a programme** eine Sendung einschalten

❷ *(fig fam: be sensitive to sth)* ■**to be ~d in to sth** eine Antenne für etw *akk* haben *fig*

II. *vt* AUS RADIO, TV ■**to ~ in** ◌ **a programme** eine Sendung einschalten

◆**tune out** *vt* ■**to ~ out** ◌ **sb/sth** jdn/etw ignorieren

◆**tune up I.** *vi* [sein Instrument/die Instrumente] stimmen; *(fig)* ***he didn't bother to ~ up before his lesson*** er hielt es nicht für nötig, sich auf die nächste Stunde vorzubereiten; **to get ~d up** sich *akk* aufeinander einstimmen

II. *vt* ❶ AUTO **to ~ up the engine** den Motor einstellen

❷ MUS **to ~ up an instrument** ein Instrument stimmen

tuneful ['tju:nfᵊl, AM *esp* 'tu:n-] *adj* melodisch

tunefulness ['tju:nfᵊlnəs, AM 'tu:n] *n no pl* Melodienreichtum *m,* Klangfülle *f*

tuneless ['tju:nləs, AM *esp* 'tu:n-] *adj* unmelodisch

tunelessly ['tju:nləsli, AM 'tu:n] *adv* unmelodisch, ohne Klang *nach n*

tuner ['tju:nəʳ, AM *esp* 'tu:nɚ] *n* ❶ TECH *(for selecting stations)* Empfänger *m,* Tuner *m fachspr*

❷ MUS *(person)* Stimmer(in) *m(f);* **harpsichord/organ/piano ~** Cembalo-/Orgel-/Klavierstimmer(in) *m(f)*

tune-up *n* TECH Einstellung *f;* **to give a car a ~** einen Wagen [neu] einstellen

tungsten ['tʌŋ(k)stᵊn] *n no pl* Wolfram *nt;* **~ steel** Wolframstahl *m*

tunic ['tju:nɪk, AM *esp* 'tu:-] *n* Kittel *m,* Kasack *m;* HIST Tunika *f*

tuning ['tju:nɪŋ, AM *esp* 'tu:n-] *n no pl* ❶ MUS Stimmen *nt; (correctness of pitch)* Klangreinheit *f*

❷ TECH Einstellen *nt*

tuning fork *n* MUS Stimmgabel *f;* **to strike the ~** die Stimmgabel anschlagen **tuning peg, tuning pin** *n* MUS Stimmstock *m fachspr,* Seele *f fachspr*

Tunisia [tju:'nɪziə, AM tu:'ni:ʒə] *n* Tunesien *nt*

Tunisian [tju:'nɪziən, AM tu:'ni:ʒən] **I.** *n* Tunesier(in) *m(f)*

II. *adj* tunesisch

tunnel ['tʌnᵊl] **I.** *n* Tunnel *m;* ZOOL, BIOL Gang *m;* **to**

T

dig [or make] ~s *ants, gophers* Gänge graben
▶ PHRASES: **to see [the] light at the end of the ~** das Licht am Ende des Tunnels sehen *fig*
II. *vi* <BRIT -ll- or AM usu -l-> einen Tunnel graben; **to ~ under a river** einen Fluss untertunneln
III. *vt* <BRIT -ll- or AM usu -l-> ■**to ~ sth** ***they ~ed a passage through the debris*** sie gruben einen Tunnel durch die Trümmer; **to ~ one's way out [of sth]** sich *akk* [aus etw *akk*] herausgraben

tunnel(l)er ['tʌnələr, AM -ər] *n* 1 (*person*) Tunnelbauer(in) *m(f)*
2 (*burrowing animal*) Grab[e]tier *nt*

tunnel vision *n no pl* 1 (*pej: way of thinking*) Scheuklappendenken *nt*
2 MED Tunnelblick *m*

tunny <*pl* – or -nies> ['tʌni] *n* (*fam*) Thunfisch *m*

tuppence ['tʌpən(t)s] *n no pl* BRIT (*fam*) zwei Pence; (*fig*) ***I don't care ~ about his problems*** seine Probleme interessieren mich nicht für fünf Pfennig *fam;* **to not give ~ for sth** keinen Pfifferling auf etw *akk* geben *fam;* **to not matter ~** überhaupt keine Rolle spielen

tuppenny ['tʌpəni] *adj attr, inv* BRIT (*fam or dated*) *coin* Zwei-Pence -; *stamp* zu zwei Pence *nach n*

Tupperware® ['tʌpəweər, AM -əwer] **I.** *n no pl* Tupperware® *f;* **~ party** Tupperware-Party *f*
II. *n modifier* (*container, party*) Tupperware-; **~ cup** verschließbarer Plastikbecher

tuque [tu:k] *n* CAN (*bobble hat*) (*meist spitz zulaufende*) *Strickmütze*

turban ['tɜ:bən, AM 'tɜ:r-] *n* Turban *m*

turbaned ['tɜ:bənd, AM 'tɜ:r-] *adj inv* mit Turban *nach n*

turbid ['tɜ:bɪd, AM 'tɜ:r-] *adj* 1 (*cloudy*) *liquid* trüb
2 (*liter: dense and dark*) **~ *clouds gathered off the coast*** vor der Küste brauten sich dicke Wolken zusammen; **~ smoke** Rauchschwaden *mpl*
3 (*liter: confused*) *emotions, thoughts* verworren, wirr; ***his writings were ~*** er schrieb [lauter] wirres Zeug

turbidity [tɜ:'bɪdəti, AM tɜ:r'bɪdəṭi] *n no pl* (*liter*) 1 (*cloudy state*) Trübheit *f*, Trübe *f;* ***the ~ of the river mirrored the troubled state of his soul*** seine Stimmung war so trüb wie das Wasser des Flusses
2 (*thickness and darkness*) *of clouds, smoke* Dichte *f;* ***the ~ of the clouds indicated a bad storm was arriving*** die dunkle Wolkenwand deutete darauf hin, dass sich ein heftiges Gewitter zusammenbraute
3 (*troubled state*) *of emotions, thoughts* Verworrenheit *f*, Wirrheit *f*

turbine ['tɜ:baɪn, AM 'tɜ:rbɪn] *n* TECH Turbine *f;* **gas/steam ~** Gas-/Dampfturbine *f*

turbine engine *n* TECH Maschine *f* mit Turbinenantrieb *fachspr*

turbo-car ['tɜ:bəʊ-, AM 'tɜ:rboʊ-] *n* AUTO Wagen *m* mit Turboantrieb *fachspr* **turbocharge** ['tɜ:bəʊtʃɑ:dʒ, AM 'tɜ:rboʊtʃɑ:rdʒ] *vt* ■**to ~ sth** etw ankurbeln **turbocharged** *adj inv* 1 TECH mit Turboaufladung *nach n fachspr* 2 (*approv sl: energetic*) Turbo-, [super]dynamisch *fam* **turbocharger** *n* TECH Turbolader *m fachspr* **turbo diesel** *n* TECH 1 (*engine*) Dieselmotor *m* mit Turboaufladung *fachspr,* Turbodiesel *m fachspr* 2 (*vehicle*) Diesel[wagen] *m* mit Turbomotor *fachspr,* Turbodiesel *m fachspr* **turbo engine** *n* TECH Turbomotor *m fachspr* **turbofan** *n* 1 AVIAT Turbofan *m fachspr;* (*aircraft*) Turbofan-Flugzeug *nt fachspr* 2 TECH (*fan*) Turbinen-Kreiselgebläse *nt fachspr* **turbojet** *n* 1 TECH (*engine*) Turbojet *m fachspr* 2 AVIAT (*aircraft*) Turbojet-Flugzeug *nt* **turboprop** *n* 1 (*propeller*) Turbopropeller *m fachspr,* Turboprop *m fachspr* 2 (*aircraft*) Turbinenpropeller-Flugzeug *nt fachspr,* Turboprop-Flugzeug *nt fachspr*

turbot <*pl* – or -s> ['tɜ:bət, AM 'tɜ:r-] *n* ZOOL Steinbutt *m*

turbulence ['tɜ:bjələn(t)s, AM 'tɜ:r-] *n no pl* Turbulenz *f a. fig;* **air ~** Turbulenzen *fpl;* **~ in a marriage** Sturm *m* in einer Ehe; **economic/political ~** wirtschaftliche/politische Turbulenzen *fpl*

turbulent ['tɜ:bjələnt, AM 'tɜ:r-] *adj* turbulent, stürmisch; *sea also* unruhig; **~ times** (*fig*) stürmische Zeiten

turd [tɜ:d, AM tɜ:rd] *n* (*vulg sl*) 1 (*excrement*) Scheißhaufen *m derb*
2 (*vulg: vile person*) Scheißkerl *m derb,* Scheißtyp *m derb;* **little ~** kleiner Scheißer *m derb,* Wichser *m vulg*

tureen [tə'ri:n, AM tʊ-] *n* FOOD Terrine *f;* **soup ~** Suppenterrine *f*

turf <*pl* -s or BRIT *usu* turves> [tɜ:f, AM tɜ:rf] **I.** *n*
1 *no pl* (*grassy earth*) Rasen *m*
2 (*square of grass*) Sode *f;* **to lay ~s** Rasen[flächen] anlegen
3 (*fam: personal territory*) Revier *nt;* (*field of expertise*) Spezialgebiet *f,* Domäne *f,* Reich *nt;* **to win a game on home ~** ein Spiel auf dem eigenen Platz gewinnen; **to cover different ~** in unterschiedlichen Bereichen tätig sein; **to defend one's ~ against sb** sein Revier gegen jdn verteidigen
4 *no pl* SPORTS ■**the ~** (*horse racing*) der Pferderennsport
II. *vt* ■**to ~ the backyard** im Hinterhof Rasen verlegen

◆**turf out** *vt esp* BRIT (*fam*) ■**to ~ sb/sth out [of sth]** jdn/etw [aus etw *dat*] rauswerfen *fam*

turf accountant *n* BRIT (*form: bookmaker*) Buchmacher(in) *m(f)*

turf war *n* Kompetenzstreit *m,* Kompetenzgerangel *nt pej*

turgid ['tɜ:dʒɪd, AM 'tɜ:r-] *adj* 1 MED (*form: swollen*) [an]geschwollen; **~ river** angeschwollener Fluss
2 (*fig pej: tediously pompous*) *speech, style, writing* überladen *fig pej,* schwülstig *fig pej*

turgidity [tɜ:'dʒɪdəti, AM tɜ:r'dʒɪdəṭi] *n no pl* (*form*) 1 (*pej: pomposity*) Schwülstigkeit *f,* geschwollene Ausdrucksweise
2 (*state of being swollen*) Schwellung *f;* ***the ~ of the growth alarmed the doctor*** der Arzt war wegen der Größe der Geschwulst beunruhigt

turgidly ['tɜ:dʒɪdli, AM 'tɜ:r-] *adv* (*form or pej*) geschwollen, schwülstig

Turk [tɜ:k, AM tɜ:rk] *n* Türke, -in *m, f*

turkey ['tɜ:ki, AM 'tɜ:r-] *n* 1 ZOOL Truthahn, -henne *m, f,* Pute(r) *f(m)*
2 *no pl* (*meat*) Truthahn *m,* Pute *f,* Putenfleisch *nt*
3 *esp* AM, AUS (*pej fam: total failure*) Flop *m fam,* Pleite *f fam*
4 AM, AUS (*fam: stupid person: woman*) dumme Pute [*o* Gans] *pej fam;* (*man*) Blödmann *m fam,* Idiot *m*

Turkey ['tɜ:ki, AM 'tɜ:r-] *n no pl* Türkei *f*

Turkish ['tɜ:kɪʃ, AM 'tɜ:r-] **I.** *adj* (*pertaining to Turkey*) türkisch
II. *n* (*language of Turkey*) Türkisch *nt*

Turkish bath *n* türkisches Bad **Turkish delight** *n no pl* Lokum *nt* (*geleeartiges, mit Puderzucker bestäubtes Konfekt*)

Turkmenistan [ˌtɜ:kmenɪ'stɑ:n, AM ˌtɜ:rkme-nɪ'stæn] *n no pl* GEOG Turkmenistan *nt*

turmeric ['tɜ:mərɪk, AM 'tɜ:r-] *n no pl* Kurkuma *f,* Gelbwurz *f*

turmoil ['tɜ:mɔɪl, AM 'tɜ:r-] *n* Tumult *m,* Aufruhr *m;* ■**to be in [a] ~** in Aufruhr sein; ***the Stock Exchange was in complete ~*** die Börse stand buchstäblich Kopf; ***her mind was in a ~*** sie war völlig durcheinander; **the ~s of war** die Wirren des Krieges; **to be thrown into ~** völlig durcheinander geraten; ***his heart was thrown into ~ by her conflicting signals*** ihre widersprüchlichen Signale stürzten ihn in ein Gefühlschaos

turn [tɜ:n, AM tɜ:rn]

I. NOUN	II. TRANSITIVE VERB
III. INTRANSITIVE VERB	

I. NOUN

1 (*rotation*) *of a wheel* Drehung *f;* ***give the screw a couple of ~s*** drehen Sie die Schraube einige Male um; **to give the handle a ~** den Griff [herum]drehen
2 (*change in direction: in road*) Kurve *f;* SPORTS Wende *f;* ***"no left/right ~"*** „Links/Recht abbiegen verboten"; ***the path had many twists and ~s*** der Pfad wand und schlängelte sich dahin; (*fig*) ***the novel has many twists and ~s of plot*** die Handlung des Romans ist total verwickelt *fam;* (*fig*) ***things took an ugly turn*** die Sache nahm eine üble Wendung; (*fig*) ***I find the ~ of events most unsatisfactory*** ich mag nicht, wie sich die Dinge gerade entwickeln; **to make a ~** abbiegen; **to make a wrong ~** falsch abbiegen; **to make a ~ to port/starboard** NAUT nach Backbord/Steuerbord abdrehen; **to take a ~ [to the left/right]** [nach links/rechts] abbiegen; **to take a ~ for the better/worse** (*fig*) sich zum Besseren/Schlechteren wenden; ***she's taken a ~ for the worse since ...*** mit ihr ist es ziemlich bergab gegangen, seit ... *fam;* **to take a new ~** eine [ganz] neue Wendung nehmen
3 (*changing point*) **the ~ of the century** die Jahrhundertwende; **at the ~ of the century** zur Jahrhundertwende; **at the ~ of the 19th century** Anfang des 19. Jahrhunderts; **the ~ of the tide** der Gezeitenwechsel; ***the tide was on the ~*** die Flut/Ebbe setzte gerade ein; (*fig*) ***the ~ of the tide occurred when ...*** das Blatt wandte sich, als ...
4 (*allotted time*) ***it's my ~ now!*** jetzt bin ich an der Reihe [*o fam* dran]!; ***it's Jill's ~ next*** Jill kommt als Nächste dran; ***it's your ~ to take out the rubbish*** du bist dran, den Abfall runter zu bringen; ***your ~ will come!*** du kommst schon auch noch dran! *fam;* (*in desperate situations*) du wirst auch noch zum Zuge kommen! *fam;* ***whose ~ is it?*** wer ist dran?; ***I want everyone to take their ~ nicely without any fighting*** ich will, dass ihr euch schön abwechselt, ohne Streitereien; ***you can have a ~ at the computer now*** Sie können jetzt den Computer benutzen; **to do sth in ~ [or by ~s]** etw abwechselnd tun; **to miss a ~** eine Runde aussetzen; **to take ~s [or esp BRIT it in ~s] doing sth** etw abwechselnd tun; **to take a ~ at the wheel** für eine Weile das Steuer übernehmen; **to wait one's ~** warten, bis man an der Reihe ist; ■**in ~** wiederum; ***she told Peter and he in ~ told me*** sie hat es Peter erzählt und er wiederum hat es dann mir erzählt; ***he's all sweet and cold in ~s [or by turn[s]]*** er ist abwechselnd total nett und dann wieder total kalt *fam*
5 ([*dis*]*service*) **to do sb a good/bad ~** jdm einen guten/schlechten Dienst erweisen; **to do a good ~** eine gute Tat tun
6 (*odd sensation, shock*) Schreck[en] *m;* **to give sb a ~** jdm einen gehörigen Schrecken einjagen
7 (*feeling of queasiness*) Anfall *m;* (*fam*) ***she was having one of her ~s*** sie hatte wieder einmal einen ihrer Anfälle
8 (*performance on stage*) Nummer *f;* **to do comic ~s** Sketche aufführen; **to perform a ~** eine Nummer aufführen
9 (*not appropriate*) ■**out of ~** ***what you've just said was completely out of ~*** was du da gerade gesagt hast, war wirklich völlig unpassend; ***sorry, have I been talking out of ~?*** tut mir Leid, habe ich was Falsches gesagt?; ***he really was speaking out of ~*** es war völlig unangebracht, dass er sich dazu äußerte
10 (*character*) ■**to be of a ... ~ of mind** einen Hang zu etw *dat* haben; **to be of a humourous ~** eine Frohnatur sein; **to have a logical ~ of mind** ein logischer Mensch sein
11 (*stroll*) Runde *f;* **to take a ~ [in the park]** eine [kleine] Runde [durch den Park] drehen
12 (*round in coil, rope*) Umwickelung *f*
13 (*expression well put together*) **a nice [or elegant] [or good] ~ of phrase** elegante Ausdrucksweise; (*wording*) elegante Formulierung; **to have a nice ~ of phrase** sich *akk* sehr gut ausdrücken können
14 (*purpose*) **to serve sb's ~** jdm dienen; ***that'll serve my ~*** das ist gerade genau das Richtige für mich
15 MUS Doppelschlag *m*

⑯ STOCKEX Gewinnspanne *f,* Gewinn *m,* Courtage *f;* **jobber's ~** Courtage *f*
⑰ *(cooked perfectly)* **to be done** [*or* **cooked**] **to a ~** *food* gut durch[gebraten] sein
► PHRASES: **a ~ of the screw** eine weitere Verschärfung [einer Maßnahme]; ***the raising of their rent was another ~ of the screw in the landlord's attempt to get them evicted*** die Mieterhöhung war ein weiterer Versuch, ihnen Daumenschrauben anzulegen und sie allmählich aus der Wohnung zu drängen; **at every ~** *(continually)* ständig; *(again and again)* jedes Mal; **to fight at every ~** mit aller Macht kämpfen; **one good ~ deserves another** *(saying)* eine Hand wäscht die andere; **to be on the ~** sich *akk* wandeln; *milk* einen Stich haben; *leaves* gelb werden

II. TRANSITIVE VERB

① *(rotate, cause to rotate)* ■**to ~ sth** *knob, screw* etw drehen; ***he ~ed the key quietly in the lock*** er drehte den Schlüssel vorsichtig im Schloss um; ***she ~ed the wheel sharply*** sie riss das Steuer herum
② *(switch direction)* ■**to ~ sth** ***he ~ed his head in surprise*** überrascht wendete er den Kopf; ***my mother can still ~ heads*** nach meiner Mutter drehen sich die Männer noch immer um; ***he ~ed the car*** er wendete den Wagen; ***the little girl just ~ed her back to her*** das kleine Mädchen wandte ihr einfach den Rücken zu; ***she ~ed the chair to the window so that she could look outside*** sie drehte den Stuhl zum Fenster, so dass sie hinausschauen konnte; **to ~ one's car into a road** [in eine Straße] abbiegen; **to ~ round the corner** um die Ecke biegen; **to ~ the course of history** den Gang der Geschichte [ver]ändern; **to ~ one's eyes towards sb** jdn anblicken; **to ~ somersaults** einen Purzelbaum schlagen; SPORTS einen Salto machen; *(fig)* ***he ~ed somersaults in his joy*** er machte vor Freude Luftsprünge
③ *(aim)* ■**to ~ sth on sb** *lamp, hose* etw auf jdn richten; ***she ~ed her full anger onto him*** ihr ganzer Zorn richtete sich gegen ihn; ***the stranger ~ed a hostile stare on him*** der Fremde warf ihm einen feindseligen Blick zu; **to ~ one's attention** [*or* **mind**] **to sth** seine Aufmerksamkeit etw *dat* zuwenden; **to ~ a gun on sb** ein Gewehr auf jdn richten; **to ~ one's steps homewards** sich *akk* nach Hause begeben; **to ~ one's thoughts to sth** sich *akk* etw *dat* zuwenden
④ *(sprain)* ■**to ~ sth** sich *dat* etw verrenken; **to ~ one's ankle** sich *dat* den Knöchel verrenken
⑤ + *adj* *(cause to become)* ■**to ~ sb/sth sth** ***the shock ~ed her hair grey overnight*** durch den Schock wurde sie über Nacht grau; ***the cigarette smoke had ~ed the walls grey*** durch den Zigarettenrauch waren die Wände ganz grau geworden; ***the hot weather has ~ed the milk sour*** durch die Hitze ist die Milch sauer geworden; ***the news ~ed her pale*** als sie die Nachricht hörte, wurde sie ganz bleich; ***his comment ~ed her angry*** sein Kommentar verärgerte sie
⑥ *(cause to feel nauseous)* **to ~ sb's stomach** jdm den Magen umdrehen; ***the smell ~ed her stomach*** bei dem Gestank drehte sich ihr der Magen um
⑦ *(change)* ■**to ~ sth/sb into sth** etw/jdn in etw *akk* umwandeln; ***the wizzard ~ed the ungrateful prince into a frog*** der Zauberer verwandelte den undankbaren Prinzen in einen Frosch; **to ~ a book into a film** ein Buch verfilmen; **to ~ sth into German/English** etw ins Deutsche/Englische übertragen; **to ~ the light[s] low** das Licht dämpfen
⑧ *(reverse)* ■**to ~ sth** *garment, mattress* etw wenden [*o* umdrehen]; **to ~ the page** umblättern; **to ~ sth inside out** *bag* etw umdrehen, von etw *dat* das Innere nach Außen kehren
⑨ *(gain)* **to ~ a profit** einen Gewinn machen
⑩ *(send)* **to ~ a dog on sb** einen Hund auf jdn hetzen; **to ~ sb loose on sth** jdn auf etw *akk* loslassen; **to be ~ed loose** losgelassen werden *akk*
⑪ *(stop sb)* ■**to ~ sb from sth** jdn von etw *dat* abbringen
⑫ TECH *(create by rotating)* ■**to ~ sth** *wood* etw drechseln; *metal* etw drehen
► PHRASES: **to ~ one's back on sb/sth** sich *akk* von jdm/etw abwenden *fig;* ***it is time for you to ~ your back on childish pursuits*** es wird langsam Zeit, dass du deine kindischen Spiele hinter dir lässt; **to ~ the other cheek** die andere Wange hinhalten *fig;* **to know how to ~ a compliment** wissen, wie man Komplimente macht; **to ~ the corner** [allmählich] über den Berg sein; **to ~ a deaf ear** [**to sth**] sich *akk* [gegenüber etw *dat*] taub stellen; **to ~ a blind eye** sich *akk* blind stellen; **to ~ a blind eye to sth** die Augen vor etw *dat* verschließen; **to not ~ a hair** keine Miene verziehen; ***without ~ing a hair ...*** ohne auch nur mit der Wimper zu zucken; **to ~ one's hand to sth** sich *akk* in etw *dat* versuchen; **to be able to ~ one's hand to anything** ein Händchen für alles haben; **to ~ sb's head** jdm den Kopf verdrehen; **sth has ~ed sb's head** etw ist jdm zu Kopf[e] gestiegen; **to ~ sth on its head** etw [vollkommen] auf den Kopf stellen; **to ~ a phrase** sprachgewandt sein; **to ~ the spotlight on sb/sth** die [allgemeine] Aufmerksamkeit auf jdn/etw lenken; **to ~ the tables** [**on sb**] den Spieß umdrehen; **to ~ tail and run** auf der Stelle kehrtmachen und die Flucht ergreifen; **to ~ a trick** *prostitute* sich *akk* prostituieren; **to ~ sth upside down** [*or* **inside out**] etw gründlich durchsuchen; *room* etw auf den Kopf stellen *fam*

III. INTRANSITIVE VERB

① *(rotate)* sich drehen; *person* sich *akk* umdrehen; ***this tap won't ~*** dieser Hahn lässt sich nicht drehen; ■**to ~ on sth** sich *akk* um etw *akk* drehen; ***the ballerina ~ed on her toes*** die Ballerina drehte auf den Zehenspitzen Pirouetten; ***the chickens were being ~ed on a spit*** die Hähnchen wurden auf einem Spieß gedreht; ***the earth ~s on its axis*** die Erde dreht sich um ihre Achse; ■**to ~ to sb** sich *akk* zu jdm [um]drehen; **to ~ upside down** *boat* umkippen; *car* sich überschlagen
② *(switch the direction faced)* *person* sich *akk* umdrehen; *car* wenden; *(in bend)* abbiegen; *wind* drehen; *(fig)* sich *akk* wenden; ***she ~ed onto the highway*** sie bog auf die Autobahn ab; ***she ~ed into a little street*** sie bog in ein Sträßchen ein; ***heads still ~ when she walks along*** die Männer schauen ihr noch immer nach; ***when the tide ~s*** *(high tide)* wenn die Flut kommt; *(low tide)* wenn es Ebbe wird; *(fig)* wenn sich das Blatt wendet; ***the path down the mountain twisted and ~ed*** der Pfad schlängelte sich den Berghang hinab; **to ~ on one's heel** auf dem Absatz kehrtmachen; **to ~ right/left** [nach] rechts/links abbiegen; *ship* nach rechts/links abdrehen; MIL **~ *right!*** rechts um!; ■**to ~ towards sb/sth** sich *akk* zu jdm/etw umdrehen; *(turn attention to)* sich *akk* jdm/etw zuwenden; ***plants ~ toward the light*** Pflanzen wenden sich dem Licht zu
③ *(fig: for aid or advice)* ■**to ~ to sb** [**for sth**] sich *akk* [wegen einer S. *gen*] an jdn wenden; ***he has no one to ~ to*** er hat niemanden, an den er sich wenden kann; ***he ~ed to me for help*** er wandte sich an mich und bat um Hilfe; ***I don't know which way to ~*** ich weiß keinen Ausweg mehr; **to ~ to drink** sich *akk* in den Alkohol flüchten; **to ~ to God** sich *akk* Gott zuwenden; **to ~ to sb for money** jdn um Geld bitten
④ *(change)* werden; *milk* sauer werden; *leaves* gelb werden, sich verfärben; ***his mood ~ed quite nasty*** er wurde richtig schlecht gelaunt; ***his face ~ed green*** er wurde ganz grün im Gesicht *fam;* ***my hair is ~ing grey!*** ich kriege graue Haare!; ***the friendship between the two neighbours ~ed sour*** das freundschaftliche Verhältnis zwischen den beiden Nachbarn kühlte sich erheblich ab; ***my luck has ~ed*** das Blatt hat sich gewandt; **to ~ informer/traitor** zum Informanten/zur Informantin/zum Verräter/zur Verräterin werden; **to ~ Muslim** Muslim werden; **to ~ cold/warm/pale** kalt/warm/blass werden; **to ~ red** *person, traffic lights* rot werden; ■**to ~ into sth** zu etw *dat* werden; ***the frog ~ed into a handsome prince*** der Frosch verwandelte sich in einen schönen Prinzen; ***he ~ed from a sweet boy into a sullen brat*** aus dem süßen kleinen Jungen wurde ein mürrischer Flegel; ***all this ~ed into a nightmare*** das alles ist zum Albtraum geworden; ***when there's a full moon, he ~s into a werewolf*** bei Vollmond verwandelt er sich in einen Werwolf
⑤ *(turn attention to)* ■**to ~ to sth** *conversation, subject* sich *akk* etw *dat* zuwenden; ***my thoughts ~ed to him and his family*** meine Gedanken gingen an ihn und seine Familie
⑥ *(attain particular age)* **to ~ 20/40** 20/40 werden
⑦ *(pass particular hour)* ***it had already ~ed eleven*** es war schon kurz nach elf; ***it has just ~ed past five o'clock*** es ist gerade fünf vorbei; ***just as it ~ed midnight ...*** genau um Mitternacht ...
⑧ *(make feel sick)* ***my stomach ~ed at the grisly sight*** bei dem grässlichen Anblick drehte sich mir der Magen um; ***this smell makes my stomach ~*** bei diesem Geruch dreht sich mir der Magen um
► PHRASES: **to ~ on a dime** AM auf der Stelle kehrtmachen; **to ~** [**over**] **in one's grave** sich *akk* im Grabe umdrehen; **to ~ tattle-tail** AM *(usu childspeak fam)* petzen *fam*

◆**turn about I.** *vi* sich *akk* umdrehen; *(when walking)* kehrtmachen; *(fig)* eine Kehrtwendung machen
II. *vt* ■**to ~ sth about** etw wenden; ■**to ~ oneself about** sich *akk* umdrehen

◆**turn against I.** *vi* ■**to ~ against sb/sth** sich *akk* gegen jdn/etw wenden; ***she ~ed against her parents at an early age*** sie lehnte sich schon sehr früh gegen ihre Eltern auf
II. *vt* ■**to ~ sb against sb/sth** jdn gegen jdn/etw aufwiegeln [*o* aufbringen]; ***she succeeded in ~ing him against the idea*** es gelang ihr, ihm die Idee madig zu machen *fam;* **to ~ sb's own argument against him/her** jds eigenes Argument gegen ihn/sie verwenden

◆**turn around I.** *vi* ① *(move)* sich *akk* umdrehen; *(while walking)* umdrehen; **to ~ around and around** [*or* **around in circles**] sich *akk* im Kreis drehen
② *(fam: suddenly do sth)* ***he said he loved her but then he ~ed around and started dating the cheerleader*** er sagte, dass er sie liebt, doch begann dann, sich mit einer Cheerleaderin zu treffen; **to ~ around and go back** umkehren
II. *vt* ① *(move)* ■**to ~ sb/sth** ↻ **around** jdn/etw umdrehen; **to ~ one's car** ↻ **around** sein Auto wenden
② *(reverse situation)* ■**to ~ sth/sb around** etw/jdn umkrempeln; ECON ■**to ~ around** ↻ **sth** etw sanieren; ***she took over management of the nearly bankrupt business and ~ed it around*** sie übernahm die Leitung des beinahe bankrotten Betriebs und brachte ihn wieder auf Vordermann; **to ~ one's life around** sein Leben umkrempeln
③ *(change sense)* ■**to ~ sth around** *argument* etw verdrehen *fam;* ***he's ~ed my words all around!*** er hat mir das Wort im Munde herumgedreht!
④ *(un-/reload)* **to ~ a car around** ein Auto be- und entladen; **to ~ a ship around** ein Schiff abfertigen

◆**turn aside I.** *vi* ■**to ~ aside**[**from sth**] sich *akk* [von etw *dat*] abwenden *a. fig*
II. *vt* ■**to ~ sth aside** etw abwenden

◆**turn away I.** *vi* ■**to ~ away** [**from sb/sth**] sich *akk* [von jdm/etw] abwenden; ***she ~ed away from fatty foods*** sie verzichtet jetzt auf fetthaltige Nahrungsmittel; **to ~ away from a fight** einen Kampf ausschlagen
II. *vt* ① *(move)* ■**to ~ sth** ↻ **away** etw wegrücken; ***he ~ed his chair away from the fire*** er rückte seinen Stuhl vom Feuer weg; **to ~ one's face away** seinen Blick abwenden
② *(refuse entry)* ■**to ~ sb** ↻ **away** jdn abweisen; ***he was ~ed away from the posh restaurant*** man verweigerte ihm den Zutritt zu dem piekfeinen Restaurant

T

❸ (*deny help*) ■to ~ **sb away** jdn abweisen

◆**turn back** I. *vi* ❶ (*return to starting point*) umkehren, [wieder] zurückgehen; (*fig*) ***there's no ~ing back now!*** jetzt gibt es kein Zurück [mehr]!
❷ (*in book*) zurückblättern
II. *vt* ❶ (*send back*) ■**to ~ sb ↻ back** jdn zurückschicken; (*at the frontier*) jdn zurückweisen
❷ (*fold*) ■**to ~ sth ↻ back** *bedcover* etw zurückschlagen; **to ~ the corner of a page back** ein Eselsohr in eine Seite machen
❸ (*put back*) **to ~ back ↻ the clocks** die Uhren zurückstellen; **to ~ back time** (*fig*) die Zeit zurückdrehen

◆**turn down** *vt* ❶ (*reject*) ■**to ~ sb/sth ↻ down** jdn/etw abweisen; ***she ~ed down his proposal of marriage*** sie lehnte seinen Heiratsantrag ab; **to ~ down an invitation** eine Einladung ausschlagen
❷ (*reduce level*) ■**to ~ sth ↻ down** etw niedriger stellen; **to ~ down the air conditioning** die Klimaanlage herunterdrehen; **to ~ the radio/stereo down** das Radio/die Stereoanlage leiser stellen
❸ (*fold*) ■**to ~ sth ↻ down** etw umschlagen; **to ~ down a blanket** eine Decke zurückschlagen; **to ~ down one's collar** seinen Kragen herunterschlagen
❹ CARDS **to ~ down a card** eine Karte verdeckt ablegen

◆**turn in** I. *vt* ❶ (*give to police etc*) ■**to ~ sth ↻ in** etw abgeben [*o* abliefern]
❷ (*submit*) ■**to ~ sth ↻ in** *assignment, essay* etw einreichen; **to ~ in one's resignation** seinen Rücktritt einreichen; **to ~ in good results** gute Ergebnisse abliefern
❸ (*fam: to the police*) ■**to ~ sb ↻ in** jdn verpfeifen *fam;* **to ~ oneself in to the police** sich *akk* der Polizei stellen
❹ (*inwards*) ■**to ~ in ↻ sth** etw nach innen drehen
❺ (*quit*) **to ~ in one's job** seinen Job hinschmeißen *fam*
► PHRASES: **~ it in!** (*fam*) jetzt mach aber mal einen Punkt! *fam*
II. *vi* ❶ (*fam: go to bed*) sich *akk* in die Falle hauen *fam*
❷ (*drive in*) *car* einbiegen
❸ (*inwards*) nach innen gebogen sein; ***his toes ~ in when he walks*** er läuft über den großen Onkel *fam*
❹ (*become introspective*) ■**to ~ in on oneself** sich *akk* in sich *akk* selbst zurückziehen

◆**turn off** I. *vt* ❶ (*switch off*) ■**to ~ off ↻ sth** etw abschalten; **to ~ off the alarm/a computer** den Alarm/einen Computer abschalten; **to ~ off the engine/the power** den Motor/den Strom abstellen; **to ~ off the gas** das Gas abdrehen; **to ~ the light[s] off** das Licht ausmachen; **to ~ the radio/TV off** das Radio/den Fernseher ausschalten
❷ (*cause to lose interest*) ■**to ~ off ↻ sb** jdm die Lust nehmen; (*disust*) jdn anekeln; ***the salesman's high-pressure pitch really ~ed her off*** die harte Verkaufstaktik des Händlers stieß sie wirklich ab; ***that kind of approach to learning ~s students off*** bei dieser Art der Wissensvermittlung verlieren die Studenten die Lust am Lernen
❸ (*fam: be sexually unappealing*) ■**to ~ off ↻ sb** jdn abtörnen *sl*
II. *vi* ❶ (*leave one's path*) abbiegen; ***she ~ed off the road/ onto a small dirt road*** sie bog von der Straße/in einen kleinen Feldweg ab; ***she ~ed off the path to gather berries*** sie verließ den Weg, um Beeren zu pflücken
❷ (*lose interest*) [innerlich] abschalten *fam*

◆**turn on** I. *vt* ❶ (*switch on*) ■**to ~ on ↻ sth** *air conditioning, computer* etw einschalten; **to ~ on the gas** das Gas aufdrehen; **to ~ on the heat** die Heizung aufdrehen [*o* anmachen]; **to ~ the light[s] on** das Licht anmachen; **to ~ on the radio/TV** das Radio/den Fernseher anmachen [*o* einschalten]; **to ~ on the water** (*tub*) das [Bade]wasser einlassen
❷ (*fam: excite*) ■**to ~ on ↻ sb** jdn anmachen *fam;* (*sexually also*) jdn antörnen *sl;* ***ok, whatever ~ you on!*** ok, wenn's dir Spaß macht!
❸ (*start to use*) ■**to ~ on ↻ sth** etw einschalten *fig;* **to ~ on the charm** seinen Charme spielen lassen
❹ (*drugs*) ■**to ~ on ↻ sb** jdn antörnen *sl*
II. *vi* ❶ (*switch on*) einschalten
❷ (*attack*) ■**to ~ on sb** auf jdn losgehen
❸ (*turn against*) ■**to ~ on sb/sth** sich *akk* gegen jdn/etw wenden
❹ (*be dependent on*) ■**to ~ on sth** von etw *dat* abhängen, auf etw *akk* ankommen
❺ (*be preoccupied with*) ■**to ~ on sth** *problems* sich *akk* [im Geiste] etw *dat* zuwenden; ***his thoughts ~ed on Mabel*** seine Gedanken wanderten zu Mabel

◆**turn out** I. *vi* ❶ (*work out*) sich *akk* entwickeln; ***things didn't really ~ out the way we wanted*** die Dinge haben sich nicht so entwickelt, wie wir es uns gewünscht haben; ***nothing ever ~s out right for me*** bei mir läuft's nie so, wie's laufen soll! *fam;* ***how did it ~ out?*** wie ist es gelaufen? *fam;* ***thank God everything ~ed out well*** zum Glück war am Ende alles gut; ***it depends how things ~ out*** das kommt drauf an, wie sich die Dinge entwickeln; ***the evening ~ed out pleasant*** es wurde ein netter Abend
❷ (*be revealed*) sich *akk* herausstellen; ***he ~ed out to be quite a nice guy*** am Ende war er doch eigentlich ganz nett; ***it ~ed out that …*** es stellte sich heraus, dass …
❸ (*come to*) erscheinen; ***thousands ~ed out for the demonstration against the government's new policy*** Tausende gingen auf die Straße, um gegen die neue Politik der Regierung zu demonstrieren
❹ (*point*) sich *akk* nach außen drehen
II. *vt* ❶ (*switch off*) ■**to ~ out ↻ sth** etw ausschalten; **to ~ out the gas** das Gas abstellen; **to ~ out a lamp/the radio/the TV** eine Lampe/das Radio/den Fernseher ausschalten [*o* ausmachen]; **to ~ out the light[s]** das Licht ausmachen
❷ (*kick out*) ■**to ~ sb out [of sth]** jdn [aus etw *dat*] [hinaus]werfen *fam;* **to ~ sb out on the street** jdn auf die Straße setzen *fam*
❸ (*empty contents*) ■**to ~ out ↻ sth** etw [aus]leeren; ***he ~ed out the kitchen cabinet*** er räumte den Küchenschrank aus; **to ~ out one's pockets** die Taschen umdrehen
❹ (*manufacture, produce*) ■**to ~ sth ↻ out** etw produzieren; ■**to ~ sb ↻ out** *specialists, experts* jdn hervorbringen; ***he ~s out about ten articles a week for the paper*** er schreibt in der Woche etwa zehn Artikel für die Zeitung; **to ~ out sth by the dozens/hundreds/thousands** etw dutzendweise/in großer Zahl/in Unmengen produzieren
❺ FOOD ■**to ~ sth ↻ out** *cake, jelly* etw stürzen
❻ (*turn outwards*) ***she ~s her feet out*** sie läuft nach außen
❼ (*clean*) ■**to ~ sth ↻ out** *room* etw gründlich putzen
❽ MIL **to ~ the guard out** die Wache antreten lassen
❾ *usu passive* FASHION (*be dressed*) ***he is normally ~ed out very smartly*** meistens zieht er sich sehr schick an

◆**turn over** I. *vi* ❶ (*move*) *person* sich *akk* umdrehen; *boat* kentern, umkippen; *plane, car* sich überschlagen; ***the dog ~ed over on its back*** der Hund drehte sich auf den Rücken
❷ (*sell*) laufen; ***French cheese ~s over quite slowly in American supermarkets*** französischer Käse geht in den amerikanischen Supermärkten nicht so gut
❸ (*operate*) *engine* laufen; (*start*) anspringen
❹ BRIT TV (*change TV channel*) umschalten
❺ (*feel nauseous*) ***at the mere thought of it my stomach ~ed over*** schon bei dem Gedanken daran drehte sich mir der Magen um
❻ (*in book*) umblättern
II. *vt* ❶ (*move*) ■**to ~ over ↻ sth/sb** etw/jdn umdrehen; **to ~ a burger over** einen Burger wenden; **to ~ a mattress over** eine Matratze wenden; **to ~ a page over** eine Seite umblättern; **to have ~ed over two pages** eine Seite übersprungen haben; **to ~ over the soil** den Boden umgraben
❷ (*cause to fall over*) ■**to ~ over ↻ sth** etw umwerfen; ***they ~ed the car over*** sie überschlugen sich
❸ (*take to authorities*) **to ~ over ↻ sb [to the police]** jdn [der Polizei] übergeben
❹ (*delegate responsibility*) ■**to ~ over ↻ sth to sb** jdm etw übertragen; **to ~ over control of a department to sb** jdm die Kontrolle über eine Abteilung übergeben; **to ~ over pieces of evidence for analysis** Beweisstücke zur Untersuchung übergeben
❺ (*give*) ■**to ~ sth ↻ over to sb** jdm etw [über]geben; ***the boy was forced to ~ his water gun over to the teacher*** der Junge musste dem Lehrer seine Wasserpistole aushändigen
❻ (*ponder*) ■**to ~ over ↻ sth** etw sorgfältig überdenken; **to ~ sth over in one's head/mind** sich *dat* etw durch den Kopf gehen lassen
❼ ECON (*alter function*) ■**to ~ over ↻ sth to sth** *factory* etw auf etw *akk* umstellen
❽ FIN, ECON ■**to ~ over ↻ sth** ***they ~ over £1,500 a month*** sie haben einen Umsatz von 1.500 Pfund im Monat
❾ (*operate*) **to ~ over the engine** einen Motor laufen lassen
❿ BRIT (*fam: burglarize destructively*) ■**to ~ over ↻ sth** etw [völlig verwüsten und] ausräumen; ***the agents ~ed over the office*** die Agenten stellten das ganze Büro auf den Kopf
► PHRASES: **to ~ over a new leaf** einen [ganz] neuen Anfang machen

◆**turn round** *vt, vi see* **turn around**

◆**turn up** I. *vi* ❶ (*show up*) erscheinen, auftauchen *fam;* ***five months later she ~ed up again*** fünf Monate später tauchte sie wieder auf
❷ (*become available*) sich *akk* ergeben; *solution* sich finden; ***I'll let you know if something ~s up*** ich lass dich wissen, wenn sich was ergibt; ***he is getting desperate enough to take any job that ~s up*** er ist allmählich so verzweifelt, dass er bereit ist, jede Arbeit anzunehmen, die sich ihm bietet
❸ (*occur in*) auftreten, auftauchen
❹ (*happen*) passieren
II. *vt* ❶ (*increase volume*) ■**to ~ up ↻ sth** etw aufdrehen; ***hey, ~ it up — this is my favourite song!*** he, mach mal lauter – das ist mein Lieblingslied! *fam;* ***could you ~ up the heat a little, please?*** könnten Sie die Heizung bitte etwas höher stellen?; **to ~ up the gas** das Gas aufdrehen
❷ (*hem clothing*) **to ~ up a dress/trousers** ein Kleid/eine Hose umnähen
❸ (*point to face upwards*) **to ~ up one's collar** den Kragen hochschlagen; **to ~ up one's palms** die Handflächen nach oben drehen
❹ (*find*) ■**to ~ up ↻ sth** etw finden; ***I'll see if I can ~ something up for you*** ich schau mal, ob ich etwas Geeignetes für Sie finden kann
❺ (*find out*) ■**to ~ up ↻ sth** etw herausfinden; ***he wasn't able to ~ up any information on the businessman*** es gelang ihm nicht, an irgendwelche Informationen über den Geschäftsmann heranzukommen
► PHRASES: **~ it up!** BRIT (*sl*) hör auf damit! *fam*

◆**turn upon** *vi see* **turn on**

turnabout *n* COMM Umschwung *m,* Wende *f* **turnaround** *n,* AM **turnround** *n no pl* ❶ (*improvement*) Wende *f,* Umschwung *m; of health* Besserung *f; of company* Aufschwung *m;* (*sudden reversal*) Kehrtwendung *f*
❷ COMM Bearbeitungszeit *f,* Lieferzeit *f;* **~ time** Wartezeit *f* (*nach der Bewerbung um einen Studienplatz bis die Zusage seitens der Universität erteilt wird*)
❸ ECON (*sold goods*) mittlerer Lagerumschlag
❹ ECON *of ship, plane* Entladung *f* und Wiederfahrbereitmachung
❺ (*making a company profitable again*) Sanierung *f*

⑥ AVIAT ~ **time** Wartezeit *f* (*eines Flugzeugs am Boden zwischen zwei Flügen*) **turncoat** *n* Überläufer(in) *m(f)*, jd, der sein Fähnchen nach dem Wind hängt
turner ['tɜ:nəʳ, AM 'tɜ:rnɚ] *n* (*fam*) FOOD Wender *m*
turning ['tɜ:nɪŋ, AM 'tɜ:rn-] *n* ① (*road*) Abzweigung *f*, Abbiegung *f*; ***the ~ she took was too early*** sie bog zu früh ab
② *no pl* (*changing direction*) Abbiegen *nt*
turning area *n* AUTO Wendeplatz *m* **turning circle** *n* AUTO Wendekreis *m* **turning lathe** *n* Drehbank *f* **turning point** *n* Wendepunkt *m* **turning radius** *n esp* AM AUTO Wendekreis *m*, Wenderadius *m*
turnip ['tɜ:nɪp, AM 'tɜ:r-] *n* [Steck]rübe *f*; ~ **greens** Rübstielgemüse *nt*
turnkey ['tɜ:nki:, AM 'tɜ:rn-] *adj attr, inv* schlüsselfertig, Fertig-; ~ **housing unit** Fertigbau *m*; ~ **system** Fertigteilsystem *nt*
turnkey operation *n* ECON *Auftrag, bei dem eine Firma für einen bestimmten Teil die gesamte Fertigung und die Bereitstellung des Personals übernimmt*
turn-off ['tɜ:nɒf, AM 'tɜ:rnɑ:f] *n* ① (*sth unappealing*) Gräuel *nt*; ***they find computers a ~*** ihnen sind Computer ein Gräuel
② (*sth sexually unappealing*) **to be a real** ~ unattraktiv sein, abtörnen *sl*
turn-on ['tɜ:nɒn, AM 'tɜ:rnɑ:n] *n* ■**a** ~ ① (*sth appealing*) etwas Interessantes
② (*sth sexually appealing*) etwas, was einen so richtig anmacht [*o* antörnt] *sl*; **to find sth a** ~ etw unwiderstehlich finden, auf etw *akk* total abfahren *sl*
turnout ['tɜ:naʊt, AM 'tɜ:rn-] *n no pl* ① (*attendance*) Teilnahme *f*, Beteiligung *f* (**for** an +*dat*); ***the ~ for the concert was good*** das Konzert war gut besucht
② POL (*in voting*) Wahlbeteiligung *f*
turnover ['tɜ:nˌəʊvəʳ, AM 'tɜ:rnˌoʊvɚ] *n* ① (*rate change in staff*) Fluktuation *f geh*; **staff** ~ Personalwechsel *m*
② (*volume of business*) Umsatz *m*; **annual** ~ Jahresumsatz *m*
③ (*rate of stock movement*) Absatz *m*, [Lager]umschlag *m*, Umsatz *m*; ~ **of shares** Aktienumschlag *m*; **stock** ~ Lagerumschlag *m*
④ FOOD (*pastry*) **apple** ~ Apfeltasche *f*
turnpike *n* AM TRANSP Mautschranke *f*; **the New Jersey T~** *die Mautschranke bei New Jersey, die berühmt für ihr besonders hohes Verkehrsaufkommen ist* **turnround** *n no pl* BRIT *see* **turnaround**
turn signal *n* AM AUTO Blinker *m*, Blinklicht *nt*; ***she flipped the ~ to the right*** sie betätigte den rechten Blinker; **to use the** ~ den Blinker betätigen, blinken **turnstile** *n* SPORTS Drehkreuz *nt* **turntable** *n* ① TECH, RAIL Drehscheibe *f* ② (*on record-player*) Plattenteller *m* **turntable ladder** *n* Drehleiter *f*
turn-up ['tɜ:nʌp] *n esp* BRIT Aufschlag *m*; **trouser** ~ Hosenaufschlag *m*
▶ PHRASES: **to be a** ~ **for the book[s]** mal ganz was Neues sein *fam*
turpentine ['tɜ:pəntaɪn, AM 'tɜ:r-] *n no pl* Terpentin *nt*
turpitude ['tɜ:pɪtju:d, AM 'tɜ:rpɪtu:d, -tju:d] *n no pl* (*form*) Verworfenheit *f*; **moral** ~ [moralische] Verderbtheit [*o* Verdorbenheit]
turps [tɜ:ps, AM tɜ:rps] *n no pl* (*fam*) *short for* **turpentine** Terpentin *nt*
turquoise ['tɜ:kwɔɪz, AM 'tɜ:r-] **I.** *n* ① GEOL (*stone*) Türkis *m*
② (*colour*) Türkis *nt*
II. *n modifier* (*mine, ring*) Türkis-; ~ **necklace** Kette *f* aus/mit Türkisen; ~ **stone** Türkis *m*
III. *adj inv* türkis[farben]
turret ['tʌrɪt, AM 'tɜ:rɪt] *n* ① (*poet*) [Mauer]turm *m*
② MIL **bomber's/ship's** ~ Geschützturm *m* eines Bombers/eines Schiffes; **tank's** ~ Panzerturm *m*
turreted ['tʌrɪtɪd, AM 'tɜ:rɪṭɪd] *adj* (*poet*) mit [Eck]türmen *nach n*
turtle <*pl* – *or* -s> ['tɜ:tl̩, AM 'tɜ:rṭl̩] *n* ① (*animal*) Schildkröte *f*; **snapping** ~ Schnappschildkröte *f*
② COMPUT (*device*) Schildkröte *f*
turtledove *n* Turteltaube *f* **turtleneck** **I.** *n* ① BRIT (*tight garment neck*) Stehkragen *m*; (*pullover*) Stehkragenpullover *m* ② AM (*polo neck*) Rollkragen *m*; (*pullover*) Rollkragenpullover *m* **II.** *n modifier* BRIT Stehkragen-; AM Rollkragen-; ~ **sweater** BRIT Stehkragenpullover *m*; AM Rollkragenpullover *m*
turves [tɜ:vz] *n* BRIT *pl of* **turf**
Tuscan ['tʌskən] *adj inv* toskanisch
tush [tʊʃ] *n* AM (*sl*) Hintern *m fam*, Hinterteil *nt fam*; ***get off your ~ and come help me*** beweg deinen Hintern und hilf mir mal *fam*
tusk [tʌsk] *n* Stoßzahn *m*
tussle ['tʌsl] **I.** *vi* ① (*scuffle*) sich *akk* balgen; ■**to ~ with sb [for sth]** sich *akk* mit jdm [um etw *akk*] balgen
② (*fig: quarrel*) ■**to ~ [with sb] over sth** [mit jdm] über etw *akk* streiten; **sb ~s with an idea** jdm macht eine Vorstellung zu schaffen; **to ~ with a problem** sich *akk* mit einem Problem herumschlagen
II. *n* ① (*struggle*) Rauferei *f*, Gerangel *nt*; ■**to be in a** ~ in eine Rauferei verwickelt sein
② (*quarrel*) Streiterei *f*, Gerangel *nt fig* (**for** um +*akk*, **over** wegen +*gen*)
tussock ['tʌsək] *n* ① (*of grass*) [Gras]büschel *nt*
② (*rare: of hair*) [Haar]büschel *nt*
tut [tʌt] **I.** *interj* (*pej*) ~ ~ na, na!, aber, aber!
II. *vi* <-tt-> ■**to ~ at sth** sich *akk* über etw *akk* mokieren
tutelage ['tju:tɪlɪdʒ, AM 'tu:ṭəlɪdʒ, 'tju:-] *n no pl* [An]leitung *f*; ■**to be under the ~ of sb** bei jdm Unterricht nehmen
tutelar ['tju:təlaʳ, AM 'tu:ṭəlɚ] *adj*, **tutelary** ['tju:təlᵊri, AM 'tu:ṭəleri] *adj* ① (*protective*) Schutz-
② LAW Vormunds-, Vormundschafts-
tutor ['tju:təʳ, AM 'tu:ṭɚ, 'tju:-] **I.** *n* (*giving extra help*) Nachhilfelehrer(in) *m(f)*; (*private teacher*) Privatlehrer(in) *m(f)*; BRIT UNIV (*supervising teacher*) Tutor(in) *m(f)*; **home** ~ Privatlehrer(in) *m(f)*, Hauslehrer(in) *m(f)*
II. *vt* ■**to ~ sb [in sth]** (*in addition to school lessons*) jdm [in etw *dat*] Nachhilfestunden geben; (*private tuition*) jdm [in etw *dat*] Privatunterricht erteilen
tutorial [tju:'tɔ:riəl, AM *esp* tu:'-] *n* Tutorium *nt geh*
tut-tut [ˌtʌt'tʌt] **I.** *interj* na, na!, jetzt aber!
II. *vi* <-tt-> ***he ~ted disapprovingly*** „na, na!", sagte er missbilligend
tutu ['tu:tu:] *n* Ballettröckchen *nt*
tu-whit tu-whoo [tʊˌ(h)wɪttʊ'(h)wu:] *interj* *Eulenruf*
tux <*pl* -es> [tʌks] *n* AM (*fam*) *short for* **tuxedo** Smoking *m*
tuxedo [tʌk'si:doʊ] *n* AM (*dinner jacket*) Smoking *m*
TV [ˌti:'vi:] **I.** *n* ① (*appliance*) *abbrev of* **television** Fernseher *m*
② *no pl* (*programming*) *abbrev of* **television** Fernsehen *nt*; ***what's on ~ tonight?*** was kommt denn heute Abend im Fernsehen?; **satellite** ~ Satellitenfernsehen *nt*
II. *n modifier abbrev of* **television** *film, interviewer, reporter, series, show* TV-, Fernseh-; ~ **channel** [Fernseh]kanal *m*; ~ **commercial** Fernsehwerbung *f*; ~ **producer** Fernsehproduzent(in) *m(f)*; ~ **production** Fernsehproduktion *f*; ~ **screen** Bildschirm *m*; ~ **set** Fernseher *m*, Fernsehapparat *m*; ~ **station** [Fernseh]sender *m*
TV dinner *n* Fertiggericht *nt* **TV guide** *n* Fernsehzeitschrift *f*
TVP [ˌti:vi:'pi:] FOOD *abbrev of* **textured vegetable protein**
TV satellite *n* Satellitenschüssel *f*; **to receive sth via** ~ etw über Satellit empfangen **TV star** *n* Fernsehstar *m*
twaddle ['twɒdl̩, AM 'twɑ:dl̩] *n no pl* (*fam*) Unsinn *m*, dummes Zeug; **a bunch** [*or* **load**] **of [old]** ~ ein Haufen dummes Gerede; **utter** ~ vollkommener Quatsch
twain [tweɪn] *n* (*old*) zwei; ***Kipling wrote that "East is East, and West is West, and never the ~ shall meet"*** Kipling schrieb „Osten ist Osten und Westen ist Westen, die zwei werden nie zueinander finden"
twang [twæŋ] **I.** *n no pl* ① (*sound*) Doing *nt*, Ploing *nt*; **to give sth a** ~ an etw *dat* zupfen
② LING (*nasal accent*) Näseln *nt*; **to speak with a** ~ mit näselnder Stimme sprechen
II. *vt* ■**to ~ sth** etw zupfen; **to ~ someone's nerves** (*fig*) an jds Nerven zerren; **~ed nerves** angespannte Nerven
III. *vi* einen sirrenden Ton von sich geben
'twas [twɒz, AM twɑ:z] = **it was** *see* **be**
twat [twæt] *n* ① ANAT (*vulg sl: female genitals*) Möse *f vulg*
② BRIT, AUS (*pej! vulg sl: idiot*) Idiot(in) *m(f) pej*; ***he's a bloody ~*** er ist ein verdammter Idiot
tweak [twi:k] **I.** *vt* ① (*pull sharply*) ■**to ~ sth** ***the rider ~ed the horse's reins in exasperation*** der Reiter riss verzweifelt die Zügel zurück; ***he was nervously ~ing his ear again*** er zupfte wieder nervös an seinem Ohr; (*fig*) ***this proposal still needs some ~ing*** an diesem Vorschlag muss noch etwas herumgefeilt werden; ■**to ~ sth out** etw ausreißen
② (*adjust*) ■**to ~ sth** etw gerade ziehen; ***he ~ed his tie straight*** er zog seine Krawatte zurecht
II. *n* Zupfen *nt kein pl*; ***she gave her eyebrows a few ~s with the tweezers*** sie zupfte hier und da mit der Pinzette an den Augenbrauen herum; ***Billy gave Jane's ponytail a playful ~*** Billy zog Jane im Spaß an ihrem Pferdeschwanz
twee [twi:] *adj esp* BRIT (*fam or pej*) niedlich, auf putzig gemacht *pej*
tweed [twi:d] **I.** *n* ① *no pl* (*cloth*) Tweed *m*
② (*clothes*) ■**~s** *pl* Tweedkleidung *f kein pl*
II. *n modifier* Tweed-; ~ **jacket** Tweedjacke *f*
tweedy ['twi:di] *adj* ① (*made of tweed*) Tweed-; **~-nubby** aus grobem Tweed *nach n*
② (*casually rich*) *elegant im Stil des englischen Landadels*
tween [twi:n] *n acht- bis zwölfjähriges Kind*
tweet [twi:t] **I.** *vi* piepsen, ziepen
II. *n* Piepsen *nt kein pl*, Ziepen *nt kein pl*
tweeter ['twi:təʳ, AM -ɚ] *n* TECH Hochtonlautsprecher *m fachspr*
tweezer ['twi:zɚ] *n* AM Pinzette *f*
tweezers ['twi:zəz] *npl* Pinzette *f*; **a pair of** ~ eine Pinzette
twelfth [twelfθ] **I.** *adj inv* zwölfte(r, s)
II. *adv inv* als zwölfte(r, s); **to come in** ~ SPORTS als Zwölfte(r) ins Ziel einlaufen
III. *n* ■**the** ~ der/die/das Zwölfte; ***I'll be home on the ~*** ich komme am Zwölften nach Hause
twelfth man *n* BRIT, AUS SPORTS Ersatzspieler(in) *m(f)* **Twelfth Night** *n* REL Dreikönigsnacht *f*, Dreikönigsabend *m*
twelve [twelv] **I.** *adj inv* zwölf; **~-seater van** Bus *m* mit zwölf Sitzen
II. *n* Zwölf *f*; **the England** ~ SPORTS die England-Zwölf; **the number** ~ die Zahl Zwölf; (*representing sth specific*) die Nummer zwölf
twelvemonth *n* (*old*) Jahr *nt* **twelve-note** [noʊt] *adj*, **twelve-tone** *adj inv* MUS Zwölfton-
twenties ['twenti:z, AM -ṭi:z] *npl* ① (*aged 20 to 29*) ■**to be in one's** ~ in den Zwanzigern sein; **early/mid/late** ~ Anfang/Mitte/Ende Zwanzig; ***he's in his late ~*** er ist Ende Zwanzig
② (*temperature*) *Temperaturen zwischen 20 und 29 Grad*; **low/mid/upper** ~ etwas über 20 Grad/[so] um die 25 Grad/beinahe schon 30 Grad
③ (*period*) ■**the** ~ die Zwanziger[jahre]; ■**in the** ~ in den Zwanzigerjahren; **the early/late** ~ die frühen/späten Zwanziger; **in the mid** ~ Mitte der Zwanzigerjahre
twentieth ['twentiɪθ, AM -ṭi-] **I.** *adj inv* zwanzigste(r, s)
II. *adv inv* an zwanzigster Stelle
III. *n* ■**the** ~ der/die/das Zwanzigste; ***they made***

an appointment for the ~ sie verabredeten sich für den Zwanzigsten
twentieth century *adj pred* **sb is very** ~ jd ist aus dem letzten Jahrhundert [*o fam* lebt hinter dem Mond]
twenty ['twenti, AM -t̬i-] **I.** *adj inv* zwanzig
II. *n* Zwanzig *f;* **the number** ~ die Zahl Zwanzig; (*representing sth specific*) die Nummer zwanzig; **on one's ~-first** an seinem/ihrem einundzwanzigsten Geburtstag
twenty-four-hour clock *n Uhrzeit, die auf der Zählung von 24 Stunden basiert;* ***I'll meet you at one — that's 13 hours on the ~!*** wir treffen uns um eins, d.h. um 13 Uhr!; ***the US military uses the*** ~ die Streitkräfte der Vereinigten Staaten geben die Uhrzeit im 24-Stundentakt an
24/7 [ˌtwentifɔːˈsevᵊn, AM -fɔːr-] *short for* **24 hours per day, 7 days per week** rund um die Uhr [und sieben Tage die Woche]
twentysomething ['twentisʌm(p)θɪŋ] *n modifier* über zwanzigjährig **twenty-twenty vision** *n no pl* hundertprozentige Sehschärfe
twerp [twɜːp, AM twɜːrp] *n* (*pej sl*) Blödmann *m pej fam;* ***don't be such a*** ~ sei nicht so blöd *fam;* **little** ~ dummes Ding
twice [twaɪs] **I.** *adv inv* zweimal; ~ **a day** zweimal täglich
II. *adj inv* doppelt; ***she is*** ~ ***his age*** sie ist doppelt so alt wie er
twice-told *adj story* altbekannt, oft erzählt *attr*
twiddle ['twɪdl̩] **I.** *vt* ■**to** ~ **sth** an etw *dat* [herum]drehen; ***she ~d her pencil out of nervousness*** sie spielte nervös mit ihrem Bleistift herum; **to** ~ **one's thumbs** Däumchen drehen
II. *vi* ■**to** ~ **with sth** an etw *dat* [herum]drehen; ***she was twiddling with her pen*** sie spielte mit ihrem Füllfederhalter herum
III. *n* [Herum]drehen *nt kein pl;* **to give a knob a** ~ an einem Knopf herumdrehen
twiddly ['twɪdl̩i] *adj* (*fam*) schnuckelig, niedlich
twig¹ [twɪg] *n* ❶ (*of a tree*) Zweig *m*
❷ (*skinny person*) Bohnenstange *f;* ***she's such a*** ~ sie ist dürr wie eine Bohnenstange
twig² <-gg-> [twɪg] (*fam*) **I.** *vt* ■**to** ~ **sth** etw kapieren *fam;* (*hear*) etw mitbekommen
II. *vi* ❶ (*understand*) kapieren *fam;* ***Ann's expecting a baby — had you ~ged?*** Ann bekommt ein Baby – hast du das schon mitbekommen?
❷ AM (*realize*) ■**to** ~ **to sth** etw merken [*o fam* spitzkriegen]
twiggy ['twɪgi] *adj branch* dürr; *person also* klapperdürr *fam*
twilight ['twaɪlaɪt] *n no pl* Dämmerung *f,* Zwielicht *nt;* ■**in the** ~ in der Dämmerung, im Zwielicht; (*fig*) ***he was in the ~ of his career as a painter*** er befand sich in seiner letzten Schaffensperiode als Maler; **the** ~ **of sb's life** jds Lebensabend
twilight existence *n* unsichere Existenz **twilight world** *n* Bohemewelt *f;* **the** ~ **of nightclubs** die zwielichtige Welt der Nachtklubs **twilight years** *npl* Lebensabend *m kein pl* **twilight zone** *n* ❶ (*urban area*) Stadtgebiet, das immer mehr verfällt ❷ *no pl* (*undefined conceptual area*) Grauzone *f;* ■**the** ~ REL die Welt zwischen Diesseits und Jenseits
twilit ['twaɪlɪt] *adj inv mountains, streets* von der Abendsonne beschienen, im Licht der untergehenden Sonne leuchtend *attr;* ~ **hours** Dämmerstunden *fpl*
twill [twɪl] *n no pl* FASHION Köper *m*
twin [twɪn] **I.** *n* ❶ (*one of two siblings*) Zwilling *m;* (*similar or connected thing*) Pendant *nt geh;* **identical/fraternal ~s** eineiige/zweieiige Zwillinge
❷ (*room*) Zweibettzimmer *nt*
II. *adj inv* ❶ (*born at the same*) Zwillings-; ~ **daughter/son** Zwillingstochter *f*/-sohn *m*
❷ (*connected*) miteinander verbunden; ***the ~ problems of poverty and ignorance*** die untrennbaren Probleme der Armut und Bildungsschwäche
III. *vt* <-nn-> ■**to** ~ **sth** [**with sth**] etw [mit etw *dat*] [partnerschaftlich] verbinden; ■**to** ~ **sb with sb** ***she ~ned her students with visiting foreign students*** sie bildete Paare aus je einem ihrer Studenten und einem der ausländischen Studenten, die auf Besuch waren
IV. *vi* <-nn-> eine Städtepartnerschaft bilden
twin bed *n* Einzelbett *nt* (*eines von zwei gleichen Betten*) **twin-bedded room** *n* Zweibettzimmer *nt* **twin brother** *n* Zwillingsbruder *m* **twin carburettors** *npl* AUTO Doppelvergaser *mpl fachspr* **twin-cylinder engine** *n* AUTO Zweizylindermotor *m fachspr*
twine [twaɪn] **I.** *vi* (*twist around*) ■**to** ~ **around sth** sich *akk* um etw *akk* schlingen [*o* winden]; ■**to** ~ **up sth** sich *akk* an etw *dat* hochranken
II. *vt* ■**to** ~ **sth together** etw ineinander [*o* umeinander] schlingen
III. *n no pl* Schnur *f*
twin-engined *adj inv* zweimotorig
twinge [twɪndʒ] *n* Stechen *nt kein pl;* **a** ~ **of anxiety** ein plötzlich einsetzendes Angstgefühl; **a** ~ **of conscience** Gewissensbisse *mpl;* **a** ~ **of doubt** ein leiser Zweifel; **a** ~ **of fear** eine leise Furcht; **a** ~ **of guilt** ein Anflug *m* eines schlechten Gewissens; **a** ~ **of pain** ein stechender Schmerz; **a** ~ **of regret** ein leises Bedauern; **a** ~ **of shame** eine leise Scham
twinkle ['twɪŋkl̩] **I.** *vi star, diamond* funkeln, glitzern; *lights also* glimmern; *eyes* funkeln, blitzen
II. *n no pl* Glitzern *nt,* Glimmern *nt; of diamonds, stars* Funkeln *nt;* **to do sth with a** ~ **in one's eye** (*fig*) etw mit einem [verschmitzten] Augenzwinkern tun
▶ PHRASES: **to be just** [*or* **no more than**] **a** ~ **in one's <u>father's</u> eye** noch gar nicht auf der Welt sein
twinkling ['twɪŋklɪŋ] **I.** *adj inv* ❶ (*glittering*) *eyes, light, star* glitzernd, funkelnd
❷ (*quick*) *tapdancer* leichtfüßig
II. *n no pl* kurzer Augenblick [*o* Moment]; ***wait here a sec — I'll be back in a*** ~ warte hier einen Moment – ich bin gleich wieder zurück
▶ PHRASES: **to do sth in the** ~ **of an <u>eye</u>** etw im Handumdrehen [*o* im Nu] tun
twinning ['twɪnɪŋ] *n no pl* gemeinsame [*o* partnerschaftliche] Durchführung
twin room *n* Zweibettzimmer *nt* **twinset** *n* BRIT, AUS Twinset *nt* **twin sister** *n* Zwillingsschwester *f* **twin town** *n* BRIT Partnerstadt *f* **twin-tub, twin-tub washing machine** *n* Waschmaschine *f* mit zwei Trommeln
twirl [twɜːl, AM twɜːrl] **I.** *vi* wirbeln; ***the spinning top ~ed across the table*** der Kreisel tanzte über den Tisch
II. *vt* ■**to** ~ **sth** etw rotieren lassen; **to** ~ **one's moustache** sich *dat* den Schnurrbart zwirbeln; **to** ~ **a pencil** an einem Bleistift drehen; (*in dancing*) ■**to** ~ **sb** jdn [herum]wirbeln
III. *n* Wirbel *m;* (*in dancing*) Drehung *f;* (*in writing*) Schnörkel *m;* ***give us a*** ~ dreh dich doch mal
twirler ['twɜːrlɚ] *n* AM (*majorette*) Majorette *f*
twirling ['twɜːlɪŋ, AM 'twɜːrl-] *n no pl* AM *Hochwerfen des Taktstocks, um ihn durch die Luft wirbeln zu lassen*
twirly ['twɜːli, AM 'twɜːrl-] *adj handwriting* schnörkelig; *moustache* gezwirbelt
twirp [twɜːp, AM twɜːrp] *n* (*pej sl*) *see* **twerp**
twist [twɪst] **I.** *vt* ❶ (*wind*) ■**to** ~ **sth** etw [ver]drehen; *towel* etw auswringen; ■**to** ~ **sth on/off** etw auf-/zudrehen; **to** ~ **sb's arm** jdm den Arm verdrehen
❷ (*coil*) ■**to** ~ **sth around sth** etw um etw *akk* herumwickeln; ■**to be ~ed around one another** *strands* sich *akk* umeinander winden
❸ (*sprain*) ■**to** ~ **sth** sich *dat* etw verrenken [*o* [ver]zerren]; **to** ~ **one's ankle** sich *dat* den Fuß vertreten
❹ (*fig: manipulate*) ■**to** ~ **sth** etw verdrehen *fig;* ***don't ~ my words!*** dreh mir nicht die Worte im Mund herum!; **to** ~ **the facts/the truth** die Tatsachen/die Wahrheit verdrehen; **to** ~ **the rules** die Regeln manipulieren
▶ PHRASES: **to** ~ **sb's <u>arm</u>** auf jdn Druck ausüben; **to** ~ **sb** [**a**]**round one's** [**little**] **<u>finger</u>** jdn um den kleinen Finger wickeln; **to** ~ **oneself into <u>knots</u>** sich *akk* in lange[n] Erklärungen verstricken; **to be left ~ing in the <u>wind</u>** blamiert sein
II. *vi* ❶ (*squirm*) sich *akk* winden; ***she ~ed away from his embrace*** sie wand sich aus seiner Umarmung; **to** ~ **in agony/pain** *person* sich *akk* vor Qual/Schmerz krümmen; *face* sich *akk* vor Qual/Schmerz verzerren; **to** ~ **with grief** *face* vor Kummer verzerrt sein; **to** ~ **and turn** *road* sich *akk* schlängeln
❷ (*dance*) twisten, Twist tanzen
III. *n* ❶ (*rotation*) Drehung *f;* ~ **of the pelvis** Hüftschwung *m;* **to give sth a** ~ etw [herum]drehen
❷ (*sharp bend*) Kurve *f,* Biegung *f;* **with ~s and turns** mit vielen Kurven und Biegungen
❸ (*fig: complication*) Komplikationen *fpl,* ewiges Hin und Her; **~s and turns** Irrungen und Wirrungen
❹ (*fig: unexpected change*) Wendung *f;* **a cruel** ~ **of fate** [*or* **fortune**] eine grausame Wendung des Schicksals; ~ **of the rules** [*or* **regulations**] Abänderung *f* der Vorschriften; **to take a new/surprise** ~ eine neue/überraschende Wendung nehmen
❺ BRIT (*drink*) Mixgetränk *nt* (*aus zwei Zutaten*); ***what's this? — it's called a margarita, it's like lemonade, but with a*** ~ was ist das? – das heißt Margarita, es ist wie Limonade, aber mit Schuss
❻ (*curl*) *of hair* Locke *f; of ribbon* Schleife *f;* ~ **of lemon** Zitronenspirale *f*
❼ (*dance*) ■**the** ~ der Twist; **to do the** ~ [den] Twist tanzen, twisten
▶ PHRASES: **to <u>be</u> in a** ~ verwirrt sein; ***he's all in a ~ about his in-laws surprise visit*** er ist ganz aufgelöst, weil seine Schwiegereltern überraschend zu Besuch kommen; **to <u>be</u>/<u>go</u>** BRIT **round the** ~ (*fam or dated*) verrückt sein/werden *fig fam;* **to <u>send</u> sb round the** ~ BRIT (*fam or dated*) jdn verrückt machen *fam*
twisted ['twɪstɪd] *adj* ❶ (*bent and turned*) verdreht; ***the car was just a pile of ~ metal after the accident*** nach dem Unfall war der Wagen nur noch ein Haufen ineinander verkeiltes Metall; ~ **ankle** gezerrter Knöchel
❷ (*winding*) verschlungen; ~ **course of events** (*fig*) verwickelter Ablauf von Geschehnissen; ~ **path** gewundener Pfad
❸ (*perverted*) verwirrt, verdreht; **a** ~ **mind** ein verworrener Geist
twister ['twɪstəʳ, AM -ɚ] *n* ❶ (*tornado*) Tornado *m*
❷ (*pej fam: swindler*) Schwindler(in) *m(f)*
twisting ['twɪstɪŋ] *adj inv* sich *akk* windend *attr*
twist-tie *n esp* AM, AUS Verschlussstreifen *m*
twisty ['twɪsti] *adj* (*fam*) *road* kurvenreich, gewunden
twit [twɪt] *n esp* BRIT (*pej fam*) Trottel *m pej fam*
twitch ['twɪtʃ] **I.** *vi* zucken; **to** ~ **violently** heftig zucken
II. *vt* ■**to** ~ **sth** ❶ (*jerk*) mit etw *dat* zucken; **to** ~ **one's nose** *rabbit* schnuppern
❷ (*tug quickly*) etw zupfen; ***she ~ed her skirt to straighten it*** sie zupfte ihren Rock glatt; SPORTS ***she ~ed the reins to the right*** sie zog die Zügel nach rechts
III. *n* <*pl* -es> ❶ (*jerky spasm*) **to have a** [**nervous** [*or* **facial**]] ~ nervöse Zuckungen haben
❷ (*quick tug*) Ruck *m;* **a** ~ **of the crop** SPORTS ein leichter Schlag mit der Reitpeitsche; **a** ~ **of the reins** SPORTS ein rasches Ziehen an den Zügeln
twitcher ['twɪtʃəʳ, AM ɚ] *n* BRIT Vogelliebhaber(in) *m(f)*
twitchy ['twɪtʃi] *adj* nervös, zappelig
twitter ['twɪtəʳ, AM -ɚ] **I.** *vi* ❶ (*chirp*) zwitschern; ■**to** ~ **away** vor sich *akk* hin zwitschern
❷ (*talk rapidly*) ■**to** ~ **away** vor sich *akk* hinplappern; ***he just sat there ~ing away*** er saß da und redete wie ein Wasserfall; ■**to** ~ **on about sth** unentwegt von etw *dat* reden
II. *n* Zwitschern *nt kein pl,* Gezwitscher *nt kein pl*
twixt [twɪkst] *prep* (*old poet*) *see* **between**
two [tuː] **I.** *adj* zwei; ***no ~ kids are alike*** kein Kind

ist wie das andere; ***are you coming over, you ~?*** kommt ihr 'rüber, ihr zwei?; ***a movie or ~*** ein oder zwei [*o* ein paar] Filme; ~ **[o'clock]** zwei [Uhr]; **the terrible ~s** das Trotzalter; **to be/turn ~ [years old]** zwei [Jahre alt] sein/werden; **to break sth in ~** etw entzwei brechen; **to cut sth in ~** etw durchschneiden; **to divide** [*or* **split**] **sth in ~** etw in zwei [Teile] teilen; **to walk by ~** in Zweierreihen gehen; **in ones or ~s** allein oder zu zweit [*o* in Zweiergruppen]; **the ~ of you** ihr beide

► PHRASES: **to put** [*or* **throw**] **in one's ~ cents worth** AM, AUS (*fam*) seinen Senf dazugeben *fam;* **~'s company three's a crowd** (*prov*) drei sind einer zu viel; **to put** [*or* **stick**] **~ fingers up** [*or* **in the air**] den Mittelfinger zeigen; **to give sb ~ fingers** BRIT, AUS jdm den Mittelfinger zeigen (*als beleidigende Geste*); **~ can play at that game** wie du mir, so ich dir *prov;* **~ heads are better than one** (*prov*) vier Augen sehen mehr als zwei *prov;* **to be ~ of a kind** aus dem gleichen Holz geschnitzt sein; **to be in** [*or* **of**] **~ minds** hin- und hergerissen sein; **to be sb's number ~** die Nummer zwei nach jdm sein; **there are no ~ ways about it** es gibt keine andere Möglichkeit [*o* Alternative]; **to put ~ and ~ together** (*fam*) zwei und zwei zusammenzählen; **to put ~ and ~ together and make five** (*hum fam*) einen falschen Schluss ziehen; **it takes ~ to tango** (*prov*) dazu gehören immer zwei

II. *n* Zwei *f,* Zweier *m*

two-bit *adj attr, inv* AM (*pej fam*) billig *fig pej,* zweitklassig, mies *pej fam* **two-by-four** *n ein Stück Holz mit einer Dicke von 2 Inches und einer Breite von 4 Inches* **two-dimensional** *adj inv* zweidimensional *a. fig;* (*pej*) *character, plot* flach **two-door** **I.** *adj attr, inv* AUTO zweitürig **II.** *n* zweitüriges Auto **two-edged** *adj inv* ❶ (*with two blades*) *knife, sword* zweischneidig, doppelschneidig ❷ (*fig: with pros and cons*) *argument* zweischneidig; (*ambiguous*) *comment, remark* zweideutig, doppeldeutig **two-faced** *adj* (*pej*) falsch, heuchlerisch **two-fisted** *adv* AM handfest, robust

twofold ['tu:fəʊld, AM -foʊld] **I.** *adj inv* (*double*) zweifach, doppelt; (*with two parts*) zweiteilig; ***we are looking for ~ results from this new advertising campaign — a more modern image and a younger clientele*** wir erwarten uns zweierlei von dieser neuen Werbekampagne – ein moderneres Image und eine jüngere Klientel

II. *adv* (*double*) zweifach; **to increase one's income ~** sein Einkommen verdoppeln

two-four ['tu:fɔ:r] *n* CAN (*fam*) *ein Karton mit 24 Flaschen Bier*

two-handed **I.** *adj attr, inv* ❶ (*needing two hands*) **~ backhand** TENNIS, SPORTS beidhändige Rückhand; **~ saw** Zugsäge *f;* **~ sword** Zweihänder *m* ❷ (*ambidextrous*) beidhändig **II.** *adv* mit beiden Händen **two-hander** *n* BRIT THEAT Zweipersonenstück *nt*

twoonie *n* CAN (*fam*) *see* **toonie**

two-part **I.** *adj attr, inv* zweiteilig; **~ aria** Arie *f* für zwei Stimmen **II.** *n* COMPUT (*paper*) zweilagiges Papier **two-party system** *n* Zweiparteiensystem *nt* **twopence** *n* BRIT (*tuppence*) zwei Pence; (*fig*) ***this thing isn't worth ~*** dieses Ding ist keinen Pfifferling wert ► PHRASES: **to not care** [*or* **give**] **~ about sth** sich *akk* den Teufel um etw *akk* scheren *fam;* **to not give ~ for sth** keinen Pfifferling auf etw *akk* geben; **to not matter ~** überhaupt keine Rolle spielen, vollkommen egal sein **twopenny** *adj attr, inv* BRIT ❶ (*dated: worth two pennies*) **~ piece** Zweipencestück *nt;* **~ stamp/sweet** Briefmarke *f*/Süßigkeit *f* zu zwei Pence ❷ (*fam: worthless*) wertlos; ***what, you want to marry some ~ salesman?*** was, du willst so einen dahergelaufenen Verkäufer heiraten? **two-phase** *adj attr, inv* ELEC Zweiphasen- **two-piece** *n* ❶ (*suit*) Zweiteiler *m* ❷ (*bikini*) Bikini *m* **two-pin** *adj* zweipolig; **~ plug** Zweipolstecker *m* **two-ply** *adj inv* doppelt; *tissues* zweilagig; *wool* zweifädig; *rope* zweisträhnig **two-seater** *n* (*car, sofa*) Zweisitzer *m*

twosome ['tu:səm] *n* ❶ (*duo*) Duo *nt;* (*couple*) Paar *nt,* Pärchen *nt* ❷ (*dance for two*) Paartanz *m;* (*game for two*) Spiel *nt* für zwei Personen **two-star** **I.** *adj* Zwei-Sterne-; **~ petrol** Normalbenzin **II.** *n no pl* AM Normalbenzin *nt* **two-stroke** **I.** *n* (*car, engine*) Zweitakter *m* **II.** *n modifier* Zweitakt-; **~ car** Zweitakter *m;* **~ engine** Zweitaktmotor *m,* Zweitakter *m;* **~ motorbike** Motorrad *nt* mit Zweitaktmotor **two-thirds** **I.** *n* zwei Drittel; ***they were ~ of the way home*** sie hatten schon zwei Drittel ihres Nachhausewegs hinter sich **II.** *n modifier* Zweidrittel-; **~ majority** Zweidrittelmehrheit *f* **two-tiered** *adj inv* (*two levels*) zweistufig, Zweistufen-; (*pej: two standards*) Zweiklassen-; **~ management structure** zweistufige Managementstruktur; **~ education/health system** Zweiklassenbildungs-/gesundheitssystem *nt* **two-time** **I.** *vt* (*fam*) **■to ~ sb [with sb]** jdn [mit jdm] betrügen **II.** *adj* zweifach; **~ winner** zweifacher Gewinner/zweifache Gewinnerin **two-timer** *n* (*pej fam*) Betrüger(in) *m(f);* (*having a lover*) Ehebrecher(in) *m(f);* **■to be a ~** fremdgehen *fam* **two-timing** *adj attr, inv* (*pej fam*) untreu; ***you ~ son of a bitch*** du mieser Ehebrecher *pej fam* **two-up two-down** *n* BRIT (*fam*) kleines Reihenhäuschen

two-way *adj attr, inv* ❶ (*traffic*) **~ street/tunnel** Straße *f*/Tunnel *m* mit Gegenverkehr ❷ *communication, conversation, exchange, process* wechselseitig; ***negotiations are a ~ thing*** Verhandlungen beruhen auf Gegenseitigkeit; **~ trade deal** bilaterales Handelsabkommen ❸ ELEC **~ switch** Wechselschalter *m* **two-way mirror** *n* Spionspiegel *m* **two-way radio** *n* Gegenradiobetrieb *m;* (*device*) Funksprechgerät *nt* **two-way street** *n* ❶ (*road*) *Straße, bei der der Verkehr in beide Richtungen verläuft* ❷ (*fig: joint responsibility*) wechselseitige Angelegenheit; ***friendships are a ~*** Freundschaften beruhen immer auf Gegenseitigkeit; ***this agreement is a ~, you know*** diese Übereinkunft gilt für beide, das weißt du

tycoon [taɪ'ku:n] *n* [Industrie]magnat(in) *m(f),* Tycoon *m*

tyke [taɪk] *n* ❶ BRIT, AUS (*fam: mischievous child*) Gör *nt oft pej,* Range *f;* (*boy*) Lausejunge *m;* ***come here, you cheeky little ~*** komm her, du kleiner Frechdachs

❷ AM (*small child*) kleines Kind

❸ (*dog*) Hund *m;* (*mongrel*) Mischling[shund] *m,* Promenadenmischung *f hum*

tympanum <*pl* -s *or* tympana> ['tɪmpᵊnəm, *pl* -nə] **I.** *n* ❶ ANAT (*spec: middle ear*) Paukenhöhle *f* im Mittelohr, Tympanum *nt fachspr;* **infection in the ~** Mittelohrentzündung *f*

❷ ARCHIT (*ornamental panel*) Tympanon *nt fachspr*

II. *n modifier* (*examination, infection*) Mittelohr-

type [taɪp] **I.** *n* ❶ (*kind*) Art *f; of hair, skin* Typ *m; of food, vegetable* Sorte *f;* ***what ~ of clothes does she wear?*** welche Art von Kleidern trägt sie?; ***he's the ~ of man you could take home to your mother*** er gehört zu der Sorte Mann, die du mit nach Hause bringen und deiner Mutter vorstellen kannst; **that ~ of behaviour** ein solches Benehmen; **~ of car** Autotyp *m;* **~ of grain** Getreideart *f;* **for all different skin ~s** für jeden Hauttyp

❷ (*character*) Typ *m;* ***he's not the ~ to cause trouble*** er ist nicht der Typ, der Ärger macht; **■to be one's ~** jds Typ sein *fam;* **quiet/reserved ~** ruhiger/zurückhaltender Typ [*o* Mensch]

❸ PHILOS Typus *m fachspr,* Urbild *nt*

❹ THEAT, LIT Typus *m*

❺ TYPO (*characters*) Buchstaben *pl,* Schrift *f;* (*lettering*) Schriftart *f;* (*stamp*) [Druck]type *f fachspr;* **italic ~** Kursivschrift *f;* ***I wouldn't believe everything I read in ~*** ich würde nicht alles glauben, was so geschrieben wird

❻ COMPUT (*bars*) Type *f*

❼ (*definition*) Typ *m*

II. *vt* ❶ (*write with machine*) **■to ~ sth** etw tippen [*o* mit der Maschine schreiben]

❷ (*categorize*) **■to ~ sb/sth** jdn/etw typisieren [*o* in Kategorien einteilen] *geh;* **to ~ blood** MED die Blutgruppe bestimmen

❸ (*be example for*) **■to ~ sth** für etw *akk* typisch sein

III. *vi* Maschine schreiben, tippen

◆**type away** *vi* [eifrig] vor sich *akk* hin tippen *fam*

◆**type in** *vt* COMPUT **■to ~ in ↔ sth** etw eingeben

◆**type out** *vt* **■to ~ out ↔ sth** etw tippen [*o* mit der Schreibmaschine schreiben]; (*copy*) etw abtippen

◆**type up** *vt* **■to ~ up ↔ sth** etw komplett abtippen

type A *adj* PSYCH unruhig und leicht erregbar

type B *adj* PSYCH ruhig und ausgeglichen

typecast <-cast, -cast> *vt usu passive* FILM, THEAT (*pej*) **■to be ~** auf eine Rolle festgelegt sein/werden; ***with her blonde good looks she has tended to be ~ as the young bimbo*** als blonde, gut aussehende Frau wurde sie meist als das junge Dummchen besetzt **typeface** *n no pl* Schrift[art] *f;* (*design*) Schriftbild *nt;* **italic ~** Kursivschrift *f* **typescript** *n* Typoskript *nt geh,* Maschine geschriebenes Manuskript **typeset** <-tt-, -set, -set> *vt* TYPO **■to ~ sth** etw setzen **typesetter** *n* TYPO ❶ (*machine*) Setzmaschine *f* ❷ (*printer*) [Schrift]setzer(in) *m(f)* **typesetting** TYPO **I.** *n no pl* Setzen *nt* **II.** *adj attr, inv* (*machine, technique*) Satz-

typewrite <-wrote, -written> *vt* **■to ~ sth** etw tippen [*o* mit der Maschine schreiben]

typewriter *n* Schreibmaschine *f;* **electric/manual ~** elektrische/manuelle Schreibmaschine

typewriter ribbon *n* Farbband *nt*

typewriting *n no pl* [Schreib]maschineschreiben *nt*

typewriting paper *n* Schreibmaschinenpapier *nt;* **[non-]erasable ~** [nicht] radierfähiges Schreibmaschinenpapier

typewritten *adj inv* Maschine geschrieben, maschinengeschrieben

typhoid ['taɪfɔɪd], **typhoid fever** *n no pl* Typhus *m*

typhoon [taɪ'fu:n] **I.** *n* Taifun *m*

II. *n modifier* **~ damage** durch einen Taifun verursachten Schaden; **~ season** [Jahres]zeit *f* der Taifune

typhus ['taɪfəs] *n no pl* Typhus *m,* Fleckfieber *nt*

typical ['tɪpɪkᵊl] *adj* typisch; *symptom also* charakteristisch (**of** für +*akk*); (*pej fam*) ***~ male chauvinist!*** typisch Macho! *fig fam*

typically ['tɪpɪkᵊli] *adv* typisch; **~, ...** normalerweise ...; **~ English** typisch Englisch

typify <-ie-> ['tɪpɪfaɪ] *vt* **■to ~ sth** etw kennzeichnen; (*symbolize*) für etw *akk* ein Symbol sein

typing ['taɪpɪŋ] **I.** *n no pl* (*typewriting*) Maschineschreiben *nt,* Tippen *nt*

II. *adj attr, inv* Tipp-; **~ error** [*or* **mistake**] Tippfehler *m;* **~ speed** Schnelligkeit *f* beim Maschineschreiben

typist ['taɪpɪst] *n* Schreibkraft *f*

typo <*pl* -os> ['taɪpəʊ, AM oʊ] *n* (*fam*) Druckfehler *m*

typographer [taɪ'pɒgrəfəʳ, AM -'pɑ:grəfɚ] *n* Typograf(in) *m(f),* [Schrift]setzer(in) *m(f)*

typographic(al) [ˌtaɪpə(ʊ)'græfɪkᵊl, AM -pə'-] *adj inv* typografisch, Druck-; **~ error** Druckfehler *m*

typography [taɪ'pɒgrəfi, AM -'pɑ:-] *n no pl* Typografie *f,* Buchdruckerkunst *f*

typological ['taɪpəʊ'lɒdʒɪkᵊl, AM pə'lɑ:] *adj inv* typologisch, Typen-

typology [taɪ'pɒlədʒi, AM 'pɑ:lə] *n no pl* Typologie *f,* Typenlehre *f*

tyrannical [tɪ'rænɪkᵊl, AM tə'-] *adj* (*pej*) tyrannisch, despotisch; **~ regime** Tyrannei *f,* Gewaltherrschaft *f*

tyrannically [tɪ'rænɪkᵊli, AM tə'-] *adv* (*pej*) tyrannisch, despotisch; ***stop behaving so ~*** hör auf, deine Umwelt zu tyrannisieren

tyrannize ['tɪrᵊnaɪz] **I.** *vt* **■to ~ sb** jdn tyrannisieren

II. *vi* sich *akk* tyrannisch gebärden

tyrannosaur(us) [tɪˌrænə'sɔ:rəs, AM təˌ-] *n* Tyrannosaurus *m;* **~ rex** Tyrannosaurus Rex *m*

tyrannous ['tɪrᵊnəs] *adj* tyrannisch

tyranny ['tɪrᵊni] *n* Tyrannei *f a. fig,* Gewaltherrschaft *f*

tyrant ['taɪrᵊnt] *n* Tyrann(in) *m(f),* Despot(in) *m(f);* (*fig: bossy man*) [Haus]tyrann *m pej;* (*bossy woman*)

T

[Haus]drachen *m pej fam*

tyre [taɪəʳ], AM **tire** [taɪɚ] **I.** *n* BRIT, AUS Reifen *m;* **summer/winter** ~ Sommer-/Winterreifen *m;* **back/front** ~ Hinter-/Vorderreifen *m;* **spare** ~ Ersatzreifen *m;* **worn** ~**s** abgefahrene Reifen
II. *n modifier* (*tracks, shop*) Reifen-; ~ **chain** Schneekette[n] *f[pl];* ~ **mark** Reifenabdruck *m;* ~ **valve** Reifenventil *nt;* ~ **wear** Reifenabnutzung *f*

tyre gauge *n* BRIT, AUS Reifendruckmesser *m* **tyre pressure** *n no pl* Reifendruck *m*

tyro ['taɪərəʊ, AM 'taɪroʊ] *n* AM Anfänger(in) *m(f),* Neuling *m*

Tyrol [tɪ'rəʊl, AM 'roʊl] *n no pl* GEOG ■**the** ~ Tirol *nt*

Tyrolean [ˌtɪrəʊ'liən, AM tɪ'roʊliən] *adj,* **Tyrolese** [ˌtɪrəʊ'li:z, AM rə'] *adj inv* tirolerisch, Tiroler-

tzar [zɑ:ʳ, AM zɑ:r] *n see* **tsar**

tzarina [zɑ:'ri:nə] *n see* **czarina** Zarin *f*

tzetze fly ['tetsiˌflaɪ, AM tset-] *n see* **tsetse fly**

U

U [ju:], **u** <*pl* -'s> *n* ❶ (*letter*) U *nt*
❷ (*sl: you*) du

U¹ [ju:] *n* ❶ BRIT (*for general audience*) jugendfrei; ***the film is rated*** ~ der Film ist jugendfrei
❷ CHEM *see* **uranium** U *nt*

U² [ju:] AM, AUS (*fam*) *abbrev of* **university** Uni *f fam*

U³ [ju:] *adj inv* BRIT, AUS (*dated*) ~ **behaviour** kultiviertes Benehmen; ~ **speech** gepflegter Sprachstil

UAE [ˌju:er'i:] *n abbrev of* **United Arab Emirates** VAE

UB40 [ˌju:bi:'fɔ:ti] *n* BRIT ❶ (*card*) Arbeitslosenausweis *m*
❷ (*unemployed person*) Arbeitslose(r) *f(m)*

U-bend ['ju:bend] *n* ❶ (*of a pipe*) U-Rohr *nt,* Knie *nt*
❷ (*of a street*) Haarnadelkurve *f*

ubiquitous [ju:'bɪkwɪtəs, AM -wət̬əs] *adj* allgegenwärtig

ubiquitously [ju:'bɪkwɪtəsli, AM -wət̬əs-] *adv* überall

ubiquity [ju:'bɪkwɪti, AM -wət̬i] *n no pl* (*form*) Allgegenwart *f*

U-boat ['ju:bəʊt, AM -boʊt] *n* U-Boot *nt*

UCCA ['ʌkə] *n no pl,* + *sing/pl vb* BRIT UNIV (*hist*) *acr for* **Universities Central Council on Admissions** ≈ ZVS *f*

UDA [ˌju:bi:'eɪ] *n no pl,* + *sing/pl vb abbrev of* **Ulster Defence Association** *paramilitärische Organisation in Nordirland*

udder ['ʌdəʳ, AM -ɚ] *n* Euter *nt*

UDR [ˌju:bi:'ɑ:] *n no pl,* + *sing/pl vb* BRIT MIL (*hist*) *abbrev of* **Ulster Defence Regiment** *paramilitärische Organisation in Nordirland, die das britische Regiment unterstützt*

UEFA [ju:'eɪfə] *n no pl,* + *sing/pl vb* SPORTS *acr for* **Union of European Football Associations** UEFA *f*

UFO <*pl* s *or* -'s> [ˌju:ef'əʊ, AM -'oʊ] *n abbrev of* **unidentified flying object** UFO *nt*

ufologist [ju:'fɒlədʒɪst, AM -'fɑ:-] *n* Ufologe, -in *m, f* **ufology** [ju:'fɒlədʒi, AM -'fɑ:-] *n no pl* Ufologie *f*

Uganda [ju:'gændə] *n* Uganda *nt*

Ugandan [ju:'gændən] **I.** *n* Ugander(in) *m(f)*
II. *adj inv* ugandisch, aus Uganda *nach n, präd;* ***they're*** ~ sie sind Ugander

ugh [ʊg, ʊh, AM *also* ʊk] *interj* (*fam*) i! *fam,* igitt! *fam*

ugliness ['ʌglɪnəs] *n no pl* ❶ (*in appearance*) Hässlichkeit *f*
❷ (*fig: unpleasantness*) Hässlichkeit *f fig,* Unschönheit *f,* Scheußlichkeit *f*

ugly ['ʌgli] *adj* ❶ (*not attractive*) hässlich; **to be** ~ **as sin** hässlich wie die Nacht sein *fam;* **to feel/look** ~ sich *akk* hässlich fühlen/hässlich aussehen
❷ (*fig: unpleasant*) *incident, scene* hässlich *fig; weather, wound also* scheußlich; *rumours, story* übel; ***he's an*** ~ ***customer*** er ist ein unangenehmer Kunde; ***I just had an*** ~ ***thought*** mir kam gerade ein ganz schrecklicher Gedanke; ~ **mood** unerfreuliche Stimmung; **an** ~ **look** ein böser Blick; **the** ~ **truth** die unangenehme Wahrheit; (*terrible*) die schreckliche Wahrheit; **to turn** ~ eine üble Wendung nehmen

ugly American *n* (*pej*) *Amerikaner/in, der/die im Ausland durch lautes und unsensibles Auftreten unangenehm auffällt* **ugly duckling** *n* (*fig*) hässliches Entlein *fam*

uh-huh [ʊ'hʊ, ə'hʊ] *interj* (*fam: agreeing*) hm

UHT [ˌju:eɪtʃ'ti:] **I.** *adj inv abbrev of* **ultra-heat-treated**: ~ **milk** H-Milch *f*
II. *n* H-Milch *f*

uh-uh *interj* (*fam*) ne[, ne] *fam,* nö *fam*

UK [ju:'keɪ] **I.** *n abbrev of* **United Kingdom**: ■**the** ~ das Vereinigte Königreich
II. *n modifier* (*policy, product*) des Vereinigten Königreichs *nach n;* ~ **citizen** Bürger(in) *m(f)* des Vereinigten Königreichs

ukelele [ˌju:kə'leɪli], **ukulele** *n* MUS Ukulele *f*

Ukraine [ju:'kreɪn] *n* ■**the** ~ die Ukraine; ■**from/in the** ~ aus/in der Ukraine

Ukrainian [ju:'kreɪniən] **I.** *n* ❶ (*person*) Ukrainer(in) *m(f)*
❷ (*language*) Ukrainisch *nt*
II. *adj inv* ukrainisch, aus der Ukraine *nach n, präd;* ***she's*** ~ sie ist Ukrainerin

ulcer ['ʌlsəʳ, AM -sɚ] *n* ❶ MED (*open sore*) Geschwür *nt;* **mouth** ~ Mundfäule *f,* Stomatitis *f fachspr;* **stomach** [*or* **peptic**] ~ Magengeschwür *nt;* **duodenal** ~ Zwölffingerdarmgeschwür *nt*
❷ (*fig: blemish*) Schandfleck *m; of a person* Makel *m*

ulcerate ['ʌlsəreɪt, AM -sə-] *vi* ulzerieren *fachspr;* ***the stress, coffee and alcohol were causing his stomach to*** ~ durch Stress, Kaffee und Alkohol hat er ein Magengeschwür bekommen

ulcerated ['ʌlsəreɪtɪd, AM -sə-] *adj inv* geschwürig, ulzerös *fachspr*

ulceration [ˌʌlsəˈreɪʃən, AM -sə-] *n* MED ❶ *no pl* (*process*) Geschwürbildung *f,* Ulzeration *f fachspr*
❷ (*open sore*) Geschwür *nt; of skin* offene Stellen

ulcerous ['ʌlsərəs] *adj inv* geschwürig, ulzerös *fachspr*

ullage ['ʌlɪdʒ] *n no pl die Menge, die in einem Flüssigkeitsbehälter bis zum Gefülltsein fehlt;* ***the cask was not completely full, it's*** ~ ***amounting to about three centimeters*** das Fass war nicht bis zum äußersten Rand gefüllt, es fehlten etwa drei Zentimeter; (*liquid loss*) Flüssigkeitsschwund *m,* Leckage *f fachspr;* (*in brewery*) Restbier *nt;* NAUT Ullage *f fachspr* (*Abstand von Unterkante Tankdeck bis zur Oberfläche einer Tankladung*)

ulna <*pl* -nae *or* -s> ['ʌlnə, *pl* -ni:] *n* Elle *f,* Ulna *f fachspr*

Ulsterman ['ʌlstəmən, AM 'stɚ] *n* Mann *m* aus Ulster, Bewohner *m* von Ulster

ulterior [ʌl'tɪəriəʳ, AM 'tɪriɚ] *adj inv* ❶ (*secret*) versteckt, heimlich; ~ **measures** geheime Maßnahmen
❷ (*form: subsequent*) weitere(r, s); (*coming later*) spätere(r, s); ***the political leaders will decide*** ~ ***measures*** die politischen Führer werden über weitere Maßnahmen entscheiden
❸ (*form: beyond scope*) ■**to be** ~ **to sth** für etw *akk* nicht von Bedeutung sein

ulterior motive *n* Hintergedanke *m,* niedrige Beweggründe

ultimate ['ʌltɪmət, AM -təmɪt] **I.** *adj attr, inv* ❶ (*unbeatable*) beste(r, s), optimal, vollendet; *experience, feeling* umwerfend, unvergleichlich; ***parachuting is the*** ~ ***experience*** Fallschirmspringen ist das absolute Nonplusultra
❷ (*highest degree*) höchste(r, s); *deterrent, weapon* wirksamste(r, s), stärkste(r, s); ***infidelity is the*** ~ ***betrayal*** Untreue ist die schlimmste Form des Betrugs
❸ (*final*) ultimativ *geh,* letzte(r, s); *decision also* endgültig; *effect* eigentlich; **the** ~ **destination** das Endziel; **the** ~ **say** das letzte Wort; **the** ~ **truth** die letzte Wahrheit
❹ (*fundamental*) grundlegend, grundsätzlich, Grund-; *aim, cause* eigentlich; **the** ~ **problem** das Grundproblem
II. *n* (*the best*) ■**the** ~ das Nonplusultra; (*highest degree*) **the** ~ **in happiness** das größte [*o* höchste] Glück; **the** ~ **of bad taste** der Gipfel der Geschmacklosigkeit

ultimately ['ʌltɪmətli, AM -əmɪt-] *adv inv* (*in the end*) letzten Endes; (*eventually*) letztlich, schließlich; ~, ***he'd like to have his own business*** sein Fernziel ist es, eine eigene Firma aufzumachen

ultimatum <*pl* -ta *or* -tums> [ˌʌltɪ'meɪtəm, AM -tə'meɪt̬əm] *n* Ultimatum *nt;* **to give sb an** ~ jdm ein Ultimatum stellen; **to issue an** ~ (*form*) ein Ultimatum stellen

ultimo ['ʌltɪməʊ, AM -tɪmoʊ] *adj inv, after n* ECON (*dated*) des letzten [*o* vergangenen] Monats *nach n*

ultra ['ʌltrə] **I.** *adj inv* extrem; ***he is*** ~ ***in his conservative views*** er hat ultrakonservative Ansichten
II. *n* Radikale(r) *f(m),* Extremist(in) *m(f)*

ultra- ['ʌltrə] *in compounds* ultra-; *modern* hyper-; *rich* super-; ~**expensive** irrsinnig [*o* wahnsinnig] teuer *fam;* ~**sensitive** hypersensibel

ultraconservative [ˌʌltrəkən'sɜ:vətɪv, AM 'sɜ:rvət̬ɪv] *adj* ultrakonservativ **ultrahigh frequency I.** *n no pl* RADIO Ultrahochfrequenz *f,* Dezimeterwellen *pl* **II.** *adj attr, inv* ~ **wave** Ultrahochfrequenzwelle *f* **ultralight I.** *adj inv* [überaus] leichtgewichtig *a. fig* **II.** *n* AM Ultraleichtflugzeug *nt* **ultramarine I.** *adj* ultramarin[blau] **II.** *n no pl* Ultramarin[blau] *nt* **ultramodern** *adj inv* hypermodern, ultramodern

ultramontane [ˌʌltrə'mɒnteɪn, AM mɑ:n] REL **I.** *adj inv* ultramontan, papsttreu
II. *n* Ultramontane(r) *f(m),* Papist(in) *m(f)*

ultra-short wave *n* Ultrakurzwelle *f* **ultrasonic** *adj inv* Ultraschall-; ~ **wave** Ultraschallwelle *f*

ultrasound *n no pl* Ultraschall *m* **ultrasound picture** *n* Ultraschallaufnahme *f,* Ultraschallbild *nt* **ultrasound scan** *n* Ultraschalluntersuchung *f*

ultraviolet *adj inv* ultraviolett; ~ **lamp** UV-Lampe *f,* Höhensonne *f;* ~ **rays** ultraviolette Strahlen; ~ **treatment** Ultraviolettbestrahlung *f*

ultraviolet protection factor *n* Schutzfaktor *m* vor UV-Strahlung

ululation [ˌju:ljə'leɪʃən, AM ˌju:lju:'-] *n* Heulen *nt,* Geheul[e] *nt*

um [əm] **I.** *interj* (*fam*) hm, äh
II. *vi* (*fam*) **to** ~ **and err** herumdrucksen *fam*

umbel ['ʌmbəl] *n* Dolde *f*

umber ['ʌmbəʳ, AM -ɚ] **I.** *adj* umbra[braun]
II. *n no pl* Umbra *nt;* **shades of** ~ Umbratöne *mpl;* **raw** ~ Umbra natur *nt;* **to dye sth** ~ etw umbra[braun] färben

umbilical [ʌm'bɪlɪkl] **I.** *adj attr, inv* ❶ MED (*near navel*) Nabel-; ~ **hernia** Nabelbruch *m;* ~ **region** Nabelgegend *f*
❷ AEROSP (*link*) Versorgungs-; *plug, connection* Verbindungs-; ~ **cable** Versorgungs- und Steuerkabel *nt;* ~ **pipe** Verbindungsleitung *f*
❸ (*fig: very close*) [extrem] eng; ~ **relationship** symbiotische Beziehung
II. *n* AEROSP Versorgungs-/Verbindungskabel *nt;* (*hose*) Versorgungs-/Verbindungsleitung *f*

umbilical cord *n* ❶ MED, ANAT Nabelschnur *f;* **to cut the** ~ die Nabelschnur durchschneiden
❷ AEROSP Versorgungskabel *nt;* (*hose*) Versorgungsleitung *f*

umbilicus <*pl* -ci *or* -es> [ʌm'bɪlɪkəs] *n* ANAT Nabel *m*

umbrage ['ʌmbrɪdʒ] *n no pl* (*form*) Anstoß *m;* **to give** ~ **to sb** bei jdm Anstoß erregen; **to take** ~ **at sth** Anstoß an etw *dat* nehmen

umbrella [ʌm'brelə] **I.** *n* ❶ (*protection from rain*) Regenschirm *m;* **folding** ~ Knirps® *m;* **to put one's** ~ **up** den Regenschirm aufspannen; **to take one's** ~ **down** den Regenschirm [wieder] zumachen; (*sun protection*) Sonnenschirm *m*

❷ (*fig: protection*) Abschirmung *f,* Schutz *m;* MIL Jagdschutz *m;* **air** ~ Luftschirm *m;* ***West Germany was protected by the nuclear ~ of the US*** Westdeutschland stand unter dem Schutz amerikanischer Atomwaffen
II. *n modifier* ❶ (*belonging to an umbrella*) (*stand, handle*) Schirm-; ~ **cover** Schirmhülle *f*
❷ POL, ADMIN (*including many elements*) Dach-; ~ **fund** FIN Investmentfonds *m;* ~ **term** Sammelbegriff *m*

umbrella organization *n* Dachorganisation *f*

umlaut [ˈʊmlaʊt] *n* LING Umlaut *m*

umpire [ˈʌmpaɪəʳ, AM -paɪɚ] **I.** *n* ❶ SPORTS Schiedsrichter(in) *m(f)*
❷ (*arbitrator*) Vermittler(in) *m(f),* Schlichter(in) *m(f),* Obmann *m*
II. *vi* als Schiedsrichter/Schiedsrichterin fungieren
III. *vt* **to ~ a game/match** ein Spiel/Match leiten

umpteen [ʌm(p)ˈtiːn] *adj* (*fam*) zig *fam,* x *fam;* ***most people have one toothbrush but he's got ~*** die meisten Leute haben eine Zahnbürste, aber er hat Dutzende; **to do sth ~ times** etw x-mal [*o* zigmal] tun *fam*

umpteenth [ʌm(p)ˈtiːnθ] *adj* x-te(r, s) *fam;* ***for the ~ time, Anthony, …*** zum hundertsten Mal, Anthony, …

UN [ˌjuːˈen] **I.** *n abbrev of* **United Nations:** ▪**the ~** die UNO [*o* UN]; **ambassador to the ~** UN[O]-Botschafter(in) *m(f)*
II. *n modifier abbrev of* **United Nations** UNO-, UN-; **the ~ General Assembly** die UN-Vollversammlung; **~ peace-keeping mission** UNO-Friedensmission *f;* **~ observer** UNO-Beobachter(in) *m(f);* **~ report** UN-Bericht *m;* **~ sanction** UN-Sanktion *f;* **~ Security Council** UN-Sicherheitsrat *m;* **~ troops** UNO-Truppen *fpl*

'un [ən] *pron* DIAL (*fam: one*) ein(e,r); ***she's a only a little ~*** sie ist ja nur so ein kleines Ding; ***this fish really is a big ~*** dieser Fisch ist wirklich ein Riesenbrocken *fam;* **the little ~s** die Kleinen *pl;* **the young ~s** die jungen Leute *pl;* (*girls*) die jungen Dinger *pl*

unabashed [ˌʌnəˈbæʃt] *adj* ❶ (*not ashamed*) unverfroren, unverschämt, dreist; **to be completely ~ about doing sth** überhaupt keine Hemmungen haben, etw zu tun
❷ (*not influenced*) ▪**to be ~ by sth** von etw *dat* unbeeindruckt sein

unabashedly [ˌʌnəˈbæʃɪdli] *adv* unverfroren

unabated [ˌʌnəˈbeɪtɪd, AM -t̬-] *adj* (*form*) unvermindert, nicht nachlassend *attr;* ***the storm was ~*** der Sturm tobte unvermindert weiter; **to continue** [*or* **go on**] **~** *fighting, recession* unvermindert anhalten

unable [ʌnˈeɪbl̩] *adj* unfähig, außerstande; ▪**to be ~ to do sth** unfähig [*o* außerstande] sein, etw zu tun; ***he was ~ to look her in the eye*** er konnte ihr nicht in die Augen schauen

unabridged [ˌʌnəˈbrɪdʒd] *adj* LIT, PUBL *edition, speech, version* ungekürzt

unacceptable [ˌʌnəkˈseptəbl̩] *adj behaviour, excuse* inakzeptabel; *offer* unannehmbar; *conditions* untragbar; ▪**sth is ~ to sb** etw ist für jdn inakzeptabel, jd kann etw nicht hinnehmen; **the ~ face of sth** BRIT, AUS die Kehrseite einer S. *gen*

unacceptably [ˌʌnəkˈseptəbli] *adv* inakzeptabel, untragbar

unaccompanied [ˌʌnəˈkʌmpənɪd] *adj inv* ❶ (*without companion* [*of adult*]) ohne Begleitung [einer erwachsenen Person] *nach n, präd; baggage, luggage* herrenlos; (*fig*) *condition, event* nicht begleitet [*o* gefolgt] *präd*
❷ MUS (*solo*) ohne Begleitung *nach n;* **~ flute** Soloflöte *f*

unaccountable [ˌʌnəˈkaʊntəbl̩, AM -t̬ə-] *adj* ❶ (*not responsible*) nicht verantwortlich; ▪**to be ~ to sb** jdm gegenüber keine Rechenschaft schuldig sein
❷ (*inexplicable*) unerklärlich; **for some ~ reason** aus unerfindlichen Gründen

unaccountably [ˌʌnəˈkaʊntəbli, AM -t̬ə-] *adv* unerklärlicherweise

unaccounted for [ˌʌnəˈkaʊntɪdˌfɔːʳ, AM -t̬ɪdˌfɔːr] *adj inv* ❶ (*unexplained*) ungeklärt; **~ absence from work** unentschuldigtes Fehlen auf der Arbeit
❷ (*not included in count*) nicht erfasst; (*missing*) fehlend *attr; person* vermisst; ▪**to be ~** fehlen; *person* vermisst werden
❸ ECON nicht ausgewiesen

unaccustomed [ˌʌnəˈkʌstəmd] *adj* ❶ (*seldom seen*) **an ~ pleasure** ein seltenes Vergnügen; ***well, that's an ~ face, Susie!*** Susie, wir haben uns ja seit Ewigkeiten nicht gesehen!
❷ (*something new*) *luxury, silence* ungewohnt; ▪**to be ~ to sth** an etw *akk* nicht gewöhnt sein; ▪**to be ~ to doing sth** es nicht gewohnt sein, etw zu tun

unacknowledged [ˌʌnəkˈnɒlɪdʒd, AM -ˈnɑːlɪdʒd] *adj inv* unbeachtet; (*unrecognized*) nicht anerkannt; **to go** [*or* **remain**] **~** unbeachtet bleiben; (*not recognized*) nicht anerkannt werden; ***her greeting remained ~*** ihr Gruß wurde nicht erwidert

unacquainted [ˌʌnəˈkweɪntɪd, AM t̬ɪd] *adj inv* ❶ *pred* (*having no experience with*) ▪**to be ~ with sth** mit etw *dat* nicht vertraut sein
❷ ▪**to be ~ with sb/sth** (*not having met before*) jdn/etw noch nicht kennen

unaddressed [ˌʌnəˈdrest] *adj inv* ❶ *envelope* nicht adressiert, ohne Anschrift *nach n*
❷ (*not dealt with*) *question* unbeantwortet; ***this issue remained ~*** dieses Thema wurde nicht angesprochen

unadopted [ˌʌnəˈdɒptɪd, AM -ˈdɑːp-] *adj inv* ❶ *child* nicht adoptiert
❷ (*not passed*) *measure, law* nicht verabschiedet
❸ BRIT TRANSP **~ road** *Straße, für deren Instandhaltung die Anlieger aufkommen müssen*

unadorned [ˌʌnəˈdɔːnd, AM -ˈdɔːrnd] *adj inv* (*plain*) einfach, schlicht; *story* nicht ausgeschmückt; *beauty* natürlich; **the ~ truth** die ungeschminkte Wahrheit

unadulterated [ˌʌnəˈdʌltəreɪtɪd, AM -təreɪt̬ɪd] *adj inv* (*absolute*) unverfälscht; (*pure*) *substance, alcohol* rein, unvermischt; *wine* nicht gepanscht; **~ jealousy** schiere Eifersucht; **~ nonsense** blanker Unsinn; **the ~ truth** die reine Wahrheit

unadventurous [ˌʌnədˈventʃərəs] *adj person* wenig unternehmungslustig; *life* unspektakulär, ereignislos; *style* bieder, hausbacken *pej; prose, performance* fade, einfallslos; ***don't be so ~ and give it a try!*** gib dir mal einen Ruck und versuch's mal!

unadvisable [ˌʌnədˈvaɪzəbl̩] *adj* nicht ratsam [*o* empfehlenswert]

unaffected [ˌʌnəˈfektɪd] *adj inv* ❶ (*unchanged*) unberührt; (*unmoved*) unbeeindruckt, ungerührt; MED nicht angegriffen; (*not influenced*) nicht beeinflusst; ▪**to be/remain ~ by sth** von etw *dat* nicht betroffen sein; ***this city was largely ~ by the bombing*** diese Stadt blieb von den Bomben weitgehend verschont
❷ (*down to earth*) natürlich; *manner, speech* ungekünstelt; (*sincere*) echt; **~ joy** echte Freude; **~ modesty** natürliche Bescheidenheit

unaffectedly [ˌʌnəˈfektɪdli] *adv* (*sincerely*) echt; (*naturally*) natürlich, ungekünstelt; ***she ~ welcomed each guest*** sie begrüßte jeden Gast mit aufrichtiger Herzlichkeit

unafraid [ˌʌnəˈfreɪd] *adj inv* unerschrocken; ▪**to be ~ of sb/sth** vor jdm/etw keine Angst haben, sich *akk* vor jdm/etw nicht fürchten; ▪**to be ~ of doing sth** keine Angst davor haben, etw zu tun

unaided [ʌnˈeɪdɪd] *adj inv* ohne fremde Hilfe *nach n*

unalike [ˌʌnəˈlaɪk] *adj* unähnlich

unalloyed [ˌʌnəˈlɔɪd] *adj inv* ❶ (*liter: complete*) rein; *bliss, pleasure* ungetrübt
❷ (*pure*) *metal* rein

unalterable [ʌnˈɔːltərəbl̩, AM ˈɔːlt̬ɚ-] *adj inv* unveränderlich, unabänderlich

unaltered [ʌnˈɔːltəd, AM -tɚd] *adj inv* unverändert; **to leave sth ~** etw lassen, wie es ist; **to remain ~** unverändert bleiben

unambiguous [ˌʌnæmˈbɪgjuəs] *adj* unzweideutig; *language, statement, terms* eindeutig, klar und unmissverständlich

unambiguously [ˌʌnæmˈbɪgjuəsli] *adv* eindeutig, unmissverständlich

unambitious [ˌʌnæmˈbɪʃəs] *adj* ❶ (*of a person*) nicht ehrgeizig, ohne Ehrgeiz *nach n*
❷ (*of a thing*) anspruchslos, schlicht

un-American [ˌʌnəˈmerɪkən] *adj* (*pej*) unamerikanisch; **~ activities** ≈Landesverrat *m* (*gegen den amerikanischen Staat gerichtete Umtriebe*)

unamused [ˌʌnəˈmjuːzd] *adj* grantig, wenig erbaut

unanimity [ˌjuːnəˈnɪməti, AM -əṱi] *n no pl* (*form*) Einstimmigkeit *f*

unanimous [juːˈnænɪməs, AM -nəməs] *adj inv* einstimmig, einmütig

unanimously [juːˈnænɪməsli, AM -nəməs-] *adv inv* einstimmig; ▪**to be ~ for/against sth** einstimmig für/gegen etw *akk* sein

unannounced [ˌʌnəˈnaʊn(t)st] **I.** *adj inv* ❶ (*without warning*) unangekündigt, ohne Vorankündigung *nach n;* (*unexpected*) unerwartet; **~ guest** [*or* **visitor**] unerwarteter Gast; (*not wanted*) ungebetener Gast
❷ (*not made known*) unangekündigt; ***the exact date of the fair will remain ~*** das genaue Datum der Messe wird erst später bekannt gegeben; **as yet ~** derzeit noch nicht bekannt
II. *adv inv* unangemeldet, ohne [Vor]ankündigung; (*unexpected*) unerwartet

unanswerable [ʌnˈɑːn(t)sərəbl̩, AM ˈæn(t)-] *adj* ❶ (*without an answer*) unbeantwortbar; ▪**to be ~** nicht zu beantworten sein; **an ~ question** eine Frage, auf die es keine Antwort gibt
❷ (*form: irrefutable*) zwingend, unwiderlegbar; *proof* eindeutig; **there is ~ proof that …** es ist eindeutig nachgewiesen, dass …

unanswered [ʌnˈɑːn(t)səd, AM ˈæn(t)sɚd] *adj inv* unbeantwortet; **to go** [*or* **remain**] **~** unbeantwortet bleiben

unapologetic [ˌʌnəpɒləˈdʒetɪk, AM pɑːləˈdʒet̬ɪk] *adj* zu keiner Entschuldigung geneigt, ungerührt

unappealing [ˌʌnəˈpiːlɪŋ] *adj* unerfreulich, unattraktiv

unappetizing [ʌnˈæpətaɪzɪŋ] *adj* unappetitlich

unappreciated [ˌʌnəˈpriːʃieɪtɪd, AM t̬ɪd] *adj* nicht gewürdigt, nicht geschätzt

unappreciative [ˌʌnəˈpriːʃiətɪv, AM -t̬-] *adj* undankbar; (*uncomprehending*) verständnislos; ▪**to be ~ of sth** für etw *akk* kein Verständnis haben; **to cast an ~ look at sth** einen gleichgültigen Blick auf etw *akk* werfen; **to remain ~ of sth** etw nicht zu schätzen wissen

unapproachable [ˌʌnəˈprəʊtʃəbl̩, AM -ˈproʊ-] *adj place* unzugänglich; *person also* unnahbar

unarguable [ʌnˈɑːgjuːəbl̩, AM -ˈɑːr-] *adj* unbestreitbar; **an ~ case** ein eindeutiger Fall; **an ~ theory** eine unstrittige Theorie

unarguably [ʌnˈɑːgjuːəbli, AM ˈɑːr] *adv* unstreitig, eindeutig

unarmed [ʌnˈɑːmd, AM -ˈɑːrmd] *adj inv* (*without weapons*) unbewaffnet; (*not prepared*) unvorbereitet, nicht gewappnet; **~ combat** Nahkampf *m* ohne Waffe

unashamed [ˌʌnəˈʃeɪmd] *adj* schamlos; *attitude, feeling* unverhohlen; ▪**to be ~ about** [*or* **of**] **sth** sich *akk* einer S. *gen* überhaupt nicht schämen; **with ~ delight** mit unverhohlener Freude

unashamedly [ˌʌnəˈʃeɪmɪdli] *adv* ganz offen, unverhohlen; ▪**to be ~ for/against sth** ganz offen für/gegen etw *akk* sein

unasked [ʌnˈɑːskt] **I.** *adj inv* ❶ (*not questioned*) ungefragt; **an ~ question** eine Frage, die keiner zu stellen wagt
❷ (*not requested*) ▪**~-for** ungebeten; **~-for advice** ungebetene Ratschläge *pl;* **~-for help** Hilfe, um die man nicht gebeten hat
II. *adv inv* ❶ (*spontaneously*) spontan, unaufgefordert
❷ (*unwanted*) ungebeten; **to come ~ to a party** uneingeladen auf eine Party gehen

U

unaspirated [ʌn'æspᵊreɪtɪd, AM -'æspəreɪt̬ɪd] *adj inv* LING ohne Hauchlaut *nach n*, unaspiriert *fachspr*

unassailable [ˌʌnə'seɪləb|] *adj* ❶ (*irrefutable*) *argument, conclusion* unwiderlegbar, zwingend; *conviction* unerschütterlich; *reputation* unangreifbar, unantastbar; ~ **alibi** stichfestes Alibi
❷ (*impregnable*) *fortification, fortress* uneinnehmbar, unbezwingbar

unassisted [ˌʌnə'sɪstɪd] *adj inv* ununterstützt, ohne Beistand *nach n*

unassuming [ˌʌnə'sju:mɪŋ, AM *esp* -'su:-] *adj* (*approv*) bescheiden

unattached [ˌʌnə'tætʃt] *adj inv* ❶ (*not connected*) einzeln; **to come** ~ als Einzelteile [mit]geliefert werden
❷ (*independent*) unabhängig
❸ (*unmarried*) ledig, ungebunden

unattainable [ˌʌnə'teɪnəb|] *adj inv* unerreichbar; **an** ~ **dream** ein ferner Traum

unattended [ˌʌnə'tendɪd] *adj inv* ❶ (*without participants*) *meeting, reading* nicht besucht; (*with few participants*) kaum besucht
❷ (*without companion*) unbegleitet, ohne Begleitung *nach n, präd;* **to leave sth/sb** ~ (*alone*) etw/jdn allein lassen
❸ (*not taken care of*) *child, luggage* unbeaufsichtigt; *homework, work* unerledigt; (*unmanned*) *switchboard, counter* nicht besetzt; **to go** [*or* **be**] ~ *patient, wound* unbehandelt bleiben; *work* liegen bleiben; **to leave sb/sth** ~ [**to**] sich *akk* nicht um jdn/etw kümmern; (*to child, suitcase also*) jdn/etw unbeaufsichtigt lassen; (*to work also*) etw liegen lassen

unattractive [ˌʌnə'træktɪv] *adj person, offer* unattraktiv; *place also* ohne Reiz *nach n, präd; character, personality* wenig anziehend; **to find sth extremely** ~ etw richtig hässlich finden

unattractively [ˌʌnə'træktɪvli] *adv* unattraktiv; ***the house was** ~ **painted*** das Haus hatte einen hässlichen Anstrich

unattractiveness [ˌʌnə'træktɪvnəs] *n no pl* Unattraktivität *f,* Reizlosigkeit *f*

unattributed [ˌʌnə'trɪbju:tɪd, AM t̬ɪd] *adj inv* ohne Angabe der Urheberschaft; *quotation* nicht nachgewiesen

unaudited [ʌn'ɔ:dɪtɪd, AM *also* -'ɑ:-] *adj inv* FIN *account, tax return* ungeprüft; **to go** ~ nicht geprüft werden

unauthorized [ʌn'ɔ:θᵊraɪzd, AM -'ɑ:θə-] *adj inv* nicht autorisiert, unerlaubt; *person* unbefugt *attr,* nicht befugt; COMPUT unbefugt; **to obtain** ~ **access to sth** sich *dat* unbefugt Zugang zu etw *dat* verschaffen; ~ **biography/version** nicht autorisierte Biografie/Fassung; ~ **person** Unbefugte(r) *f(m)*

unauthorized unit trust *n* ECON offener Investmentfonds (*der von einer Broker-Firma verwaltet wird*)

unavailable [ˌʌnə'veɪləb|] *adj* ❶ (*not in*) nicht verfügbar; *person* nicht erreichbar; (*busy*) beschäftigt; *library book* nicht zur Ausleihe verfügbar; (*lent out*) ausgeliehen; ***I'm sorry, Mr Smith is** ~ **at the moment*** es tut mir Leid, Herr Smith ist im Moment nicht zu sprechen; ■**to be** ~ **for sth** für etw *akk* nicht zur Verfügung stehen
❷ (*not for the public*) *records, information* [der Öffentlichkeit] nicht zugänglich; ■**to be** ~ **to sb** für jdn nicht zugänglich sein
❸ (*in relationship*) ■**to be** ~ vergeben [*o fam* nicht mehr zu haben] sein

unavailing [ˌʌnə'veɪlɪŋ] *adj* (*liter*) vergeblich

unavailingly [ˌʌnə'veɪlɪŋli] *adv* nutzlos, vergeblich

unavoidable [ˌʌnə'vɔɪdəb|] *adj* unvermeidlich, zwangsläufig, nicht zu vermeiden *präd*

unavoidably [ˌʌnə'vɔɪdəbli] *adv* unausweichlich, unvermeidlich

unaware [ˌʌnə'weəʳ, AM -'wer] *adj* ■**to be/be not** ~ **of sth** sich *dat* einer S. *gen* nicht/durchaus bewusst sein; ***she remained quite** ~ **of the illegal activities of her husband*** sie hatte nie bemerkt, dass ihr Mann in illegale Geschäfte verwickelt war; ■**to be** ~ **that …** sich *dat* nicht bewusst sein, dass …

unawares [ˌʌnə'weəz, AM -'werz] *adv inv* ❶ (*unexpectedly*) unerwartet; **to catch** [*or* **take**] **sb** ~ jdn überraschen
❷ (*by accident*) ungeplant, zufällig; (*without purpose*) versehentlich; (*without noticing*) unwissentlich

unbalance [ʌn'bælən(t)s] *vt* ■**to** ~ **sb/sth** jdn/etw aus dem Gleichgewicht bringen *a. fig;* **to** ~ **sb's mind** jdn aus dem [inneren] Gleichgewicht bringen, jdm den Boden unter den Füßen wegziehen

unbalanced [ʌn'bælən(t)st] *adj* ❶ (*uneven*) schief; AUTO nicht ausgewuchtet; FIN *account* nicht ausgeglichen; *economy* unausgeglichen; JOURN nicht objektiv, einseitig; *diet* unausgewogen
❷ PSYCH (*unstable*) labil; **mentally** ~ psychisch labil; (*ill*) psychisch krank

unban <-nn-> [ʌn'bæn] *vt* ■**to** ~ **sb/sth** den Bann von jdm/etw nehmen; *movement, party* etw [wieder] zulassen

unbar <-rr-> [ʌn'bɑ:ʳ, AM -'bɑ:r] *vt* ■**to** ~ **sth** etw entriegeln

unbearable [ʌn'beərəb|, AM 'berə-] *adj* unerträglich; ■**to be** ~ unerträglich [*o* nicht auszuhalten] sein; ■**to be** ~ **to** [*or* **for**] **sb** für jdn sehr schwer zu ertragen sein

unbearably [ʌn'beərəbli, AM 'berə-] *adv* unerträglich; ~ **sad** unsäglich traurig

unbeatable [ʌn'bi:təb|, AM -t̬ə-] *adj inv* (*approv*) ❶ (*sure to win*) unschlagbar; *army* unbesiegbar; ■**to be** ~ nicht zu schlagen [*o* zu besiegen] sein; ~ **record** nicht zu schlagender Rekord
❷ (*perfect*) unübertrefflich; *value, quality* unübertroffen

unbeaten [ʌn'bi:tᵊn] *adj inv* ungeschlagen; *army* unbesiegt; ***until today her record remains** ~* ihr Rekord steht bis heute

unbecoming [ˌʌnbɪ'kʌmɪŋ] *adj* ❶ (*not flattering*) unvorteilhaft; ***that hairstyle is** ~ **to her*** diese Frisur steht ihr nicht
❷ (*unpleasant*) *behaviour, conduct* unschön, hässlich; (*unseemly*) unschicklich, unziemlich *veraltend geh;* ***conduct** ~ **to an officer*** ein Benehmen, das sich für einen Offizier nicht ziemt *veraltend geh*

unbeknown [ˌʌnbɪ'nəʊn, AM -'noʊn], **unbeknownst** [ˌʌnbɪ'nəʊnst, AM -'noʊnst] *adv inv* (*form*) ■~ **to sb** ohne jds Wissen; ~ ***to anyone he was leading a double life*** kein Mensch ahnte, dass er ein Doppelleben führte

unbelief [ˌʌnbɪ'li:f] *n no pl* ❶ (*surprise and shock*) Ungläubigkeit *f;* **to stare at sb in** ~ jdn ungläubig anstarren
❷ (*faithlessness*) Unglaube *m*

unbelievable [ˌʌnbɪ'li:vəb|] *adj* ❶ (*surprising*) unglaublich; ***he's really** ~* er ist wirklich ein Phänomen; ***it's** ~**!*** es ist einfach nicht zu fassen!
❷ (*fam: extraordinary*) unglaublich, sagenhaft
❸ (*impossible to believe*) unglaubhaft; ~ ***or not …*** ob du's glaubst oder nicht …

unbelievably [ˌʌnbɪ'li:vəbli] *adv* unglaublich

unbeliever [ˌʌnbɪ'li:vəʳ, AM -ɚ] *n* Ungläubige(r) *f(m)*

unbelieving [ˌʌnbɪ'li:vɪŋ] *adj* ungläubig

unbelievingly [ˌʌnbɪ'li:vɪŋli] *adv* ungläubig, zweifelnd

unbend [ʌn'bend] **I.** *vt* <-bent, -bent> ■**to** ~ **sth** etw strecken; **to** ~ **an arm/leg** einen Arm/ein Bein ausstrecken; **to** ~ **wire** Draht gerade biegen
II. *vi* <-bent, -bent> ❶ (*straighten out*) *pipe, rod* [wieder] gerade werden; *person* sich *akk* aufrichten
❷ (*fig: relax*) *person* sich *akk* entspannen; (*become less reserved*) auftauen *fig*

unbending [ʌn'bendɪŋ] *adj* (*form*) unnachgiebig; *will* unbeugsam; ~ **determination** eiserne Entschlossenheit

unbias(s)ed [ʌn'baɪəst] *adj* unparteiisch, unvoreingenommen; *judge* nicht befangen; *opinion, report* objektiv

unbidden [ʌn'bɪdᵊn] (*liter*) **I.** *adj* ungebeten, unaufgefordert; ~ ***thoughts of failure troubled him*** leidige Versagensängste drängten sich ihm auf
II. *adv* ungebeten, unaufgefordert

unbind <-bound, -bound> [ʌn'baɪnd] *vt* ■**to** ~ **sb/sth** jdn/etw losbinden; **to** ~ **sb's feet/hands** jds Füße/Hände losbinden; **to** ~ **one's hair** das Haar öffnen; **to** ~ **a prisoner** eine Gefangene/einen Gefangenen befreien

unbleached [ʌn'bli:tʃt] *adj inv* ungebleicht

unblemished [ʌn'blemɪʃt] *adj inv* makellos, einwandfrei; *reputation* tadellos

unblinking [ʌn'blɪŋkɪŋ] *adj gaze, look* starr; **to give sb an** ~ **stare** jdn starr ansehen

unblinkingly [ʌn'blɪŋkɪŋli] *adv inv* ohne Wimpernzucken; (*also fig*) unbeirrt [dreinblickend]

unblock [ʌn'blɒk, AM 'blɑ:k] *vt* ■**to** ~ **sth** ein Funktionshindernis an etw *dat* beseitigen; *pipe* etw wieder durchlässig machen, die Verstopfung von etw *dat* beheben

unblushing [ʌn'blʌʃɪŋ] *adj inv* schamlos; ***she remained** ~* sie wurde nicht einmal rot

unbolt [ʌn'bəʊlt, AM -'boʊlt] *vt* entriegeln; **to** ~ **sb's heart** (*fig*) jds Herz gewinnen

unborn [ʌn'bɔ:n, AM -bɔ:rn] **I.** *adj inv* ❶ (*not yet born*) ungeboren; **protection of the** ~ **child** Schutz *m* des ungeborenen Lebens
❷ (*future*) künftig; ~ **generations** kommende Generationen
II. *n* ■**the** ~ *pl* ungeborene Kinder

unbosom [ʌn'bʊzəm] *vt* (*old*) ❶ (*reveal*) ■**to** ~ **sth** etw enthüllen; **to** ~ **one's feelings/thoughts** seine Gefühle/Gedanken offenbaren
❷ (*confide in*) ■**to** ~ **oneself to sb** jdm sein Herz ausschütten

unbound [ʌn'baʊnd] **I.** *vt, vi pp, pt of* **unbind**
II. *adj inv* ❶ (*not bound or tied up*) ungebunden, lose; (*fig*) bindungslos, frei
❷ (*of a book*) ungebunden, broschiert

unbounded [ʌn'baʊndɪd] *adj* grenzenlos, schrankenlos; ~ **ambition** maßloser Ehrgeiz; ~ **hope** unbegrenzte Hoffnung

unbowed [ʌn'baʊd] *adj pred* ❶ (*fig: not submitting*) ungebrochen, ungebeugt
❷ (*erect*) erhoben; **with one's head** ~ mit hoch erhobenem Kopf

unbreakable [ʌn'breɪkəb|] *adj inv* ❶ (*unable to be broken*) unzerbrechlich; ~ **code** nicht zu knackender Kode
❷ (*unable to stop*) ~ **habit** fest verankerte Gewohnheit; ~ **silence** undurchdringliches Schweigen
❸ (*must be followed*) *promise* bindend; *rule* unumstößlich
❹ SPORTS ~ **record** nicht zu brechender Rekord

unbribable [ʌn'braɪbəb|] *adj inv* unbestechlich

unbridgeable [ʌn'brɪdʒəb|] *adj* unüberbrückbar

unbridled [ʌn'braɪd|d] *adj* ❶ (*unrestrained horse*) ohne Zügel
❷ (*form or liter: not held back*) ungezügelt; *ambition, greed* hemmungslos; *passion* zügellos; **an** ~ **tongue** eine lose Zunge

un-British [ʌn'brɪtɪʃ] *adj* unbritisch

unbroken [ʌn'brəʊkᵊn, AM -'broʊ-] *adj inv* ❶ (*not broken*) unbeschädigt, heil; *spirit* ungebrochen; ***to date, the peace treaty remains** ~* bis zum heutigen Tag wurde nicht gegen den Friedensvertrag verstoßen; **an** ~ **promise** ein gehaltenes Versprechen
❷ (*continuous*) stetig; *peace* beständig; ***Liverpool's** ~ **run of six successive victories came to an end with a defeat at Manchester United*** Liverpools Serie von sechs Siegen in Folge fand mit einer Niederlage bei Manchester United ein Ende; **an** ~ **night's sleep** ein ungestörter Schlaf
❸ (*unsurpassed*) *record* ungebrochen
❹ (*not tamed*) **an** ~ **horse** ein nicht zugerittenes Pferd

unbuckle [ʌn'bʌk|] *vt* ■**to** ~ **sth/sb** etw/jdn aufschnallen [*o* losschnallen]; **to** ~ **a seatbelt** einen Sitzgurt öffnen

unburden [ʌn'bɜ:dᵊn, AM -'bɜ:r-] *vt* ❶ (*unload*) ■**to** ~ **an animal/sb** einem Tier/jdm die Lasten abnehmen
❷ (*fig*) ■**to** ~ **oneself** [**of sth**] sich *akk* [von etw

dat] befreien; ■**to ~ oneself** [**to sb**] [jdm] sein Herz ausschütten; **to ~ one's sorrows** seine Sorgen abladen

unbusinesslike [ʌn'bɪznɪslaɪk] *adj* ungeschäftsmäßig; ***his unpunctuality is very ~*** seine Unpünktlichkeit ist sehr unprofessionell

unbutton [ʌn'bʌtən] **I.** *vt* ■**to ~ sth** etw aufknöpfen
II. *vi* ***the dress has ~ed at the back*** die Knöpfe hinten am Kleid sind aufgegangen

unbuttoned [ʌn'bʌtənd] *adj* aufgeknöpft, offen; (*also fig fam*) zugänglich, aufgeknöpft *fam*

uncalled *adj* ECON nicht eingefordert, nachschusspflichtig

uncalled for *adj pred*, **uncalled-for** [ʌn'kɔːldfɔːʳ, AM -fɔːr] *adj attr* unnötig; ***it was really ~ to show her up like that*** es war völlig überflüssig, sie derartig bloßzustellen; **an ~ remark** eine unpassende Bemerkung

uncannily [ʌn'kænɪli] *adv* unheimlich; ***the woman ~ resembled my former lover*** die Frau hatte eine beängstigende Ähnlichkeit mit meiner Ex-Freundin

uncanny [ʌn'kæni] *adj* unheimlich; ***it's ~ how alike you two look*** es ist schon frappierend, wie ähnlich ihr euch seht; **an ~ knack** eine außergewöhnliche Fähigkeit; **an ~ likeness** eine unglaubliche Ähnlichkeit

uncap <-pp-> [ʌn'kæp] *vt* ■**to ~ sth** ❶ (*remove the lid*) den Deckel von etw *dat* abnehmen
❷ (*remove the cover*) die Hülle von etw *dat* entfernen
❸ (*remove a limit or restriction*) die Beschränkung von etw *dat* aufheben

uncapped [ʌn'kæpt] *adj inv* BRIT SPORTS noch nicht zum Einsatz gekommen

uncared for *adj pred*, **uncared-for** [ʌn'keədfɔːʳ, AM -'kerdfɔːr] *adj attr* vernachlässigt, ungepflegt; **to leave sth ~** etw nicht pflegen

uncaring [ʌn'keərɪŋ, AM -'kerɪŋ] *adj* gleichgültig; **an ~ mother** eine Rabenmutter *fig pej*

uncarpeted [ʌn'kɑːpɪtɪd, AM -'kɑːrpəṭ-] *adj inv* nicht mit Teppich ausgelegt; ***he wants to leave the house ~*** er möchte keinen Teppichboden im Haus

uncashed [ʌn'kæʃt] *adj inv cheque* [noch] nicht eingelöst

unceasing [ʌn'siːsɪŋ] *adj* (*form*) unaufhörlich; **~ efforts/support** unablässige Anstrengungen/Unterstützung

unceasingly [ʌn'siːsɪŋli] *adv* unablässig

uncensored [ʌn'sen(t)səd, AM -əd] *adj* unzensiert

unceremonious [ʌn,serɪ'məʊniəs, AM -'moʊ-] *adj* ❶ (*abrupt*) rüde *pej*; **an ~ dismissal** ein Quasi-Rauswurf *m fam*; **an ~ refusal** eine unsanfte Abfuhr
❷ (*informal*) ungezwungen, locker

unceremoniously [ʌn,serɪ'məʊniəsli, AM -'moʊ-] *adv* ❶ (*abruptly*) rüde, grob *pej*
❷ (*in an informal manner*) ungezwungen

uncertain [ʌn'sɜːtən, AM -'sɜːr-] *adj* ❶ (*unsure*) unsicher; **in no ~ terms** klar und deutlich; ■**to be ~ of sth** sich *dat* einer S. *gen* nicht sicher sein; ■**to be ~ whether/when/why/what …** nicht sicher sein, ob/wann/warum/was …
❷ (*unpredictable*) ungewiss; ***the weather is rather ~ at the moment*** das Wetter ist im Moment ziemlich unbeständig; **an ~ future** eine ungewisse Zukunft
❸ (*volatile*) unzuverlässig, unstet; **an ~ mood** eine angespannte Stimmung; **an ~ temper** ein launenhaftes Gemüt

uncertainly [ʌn'sɜːtənli, AM -'sɜːr-] *adv* zögerlich

uncertainty [ʌn'sɜːtənti, AM -'sɜːrtənṭi] *n* ❶ (*unpredictability*) Unbeständigkeit *f*; ***life is full of uncertainties*** das Leben ist voller Überraschungen
❷ *no pl* (*doubtfulness*) Ungewissheit *f*, Zweifel *m* (**about** über +*akk*); ***there is increasing ~ about whether the band will ever play live again*** es wird immer zweifelhafter, ob die Band jemals wieder öffentlich auftritt
❸ *no pl* (*hesitancy*) Unsicherheit *f*

unchain [ʌn'tʃeɪn] *vt* ■**to ~ sb/sth** jdn/etw losketten, jdn/etw von seinen Fesseln befreien; (*fig*) jdn/etw entfesseln

unchallengeable [ʌn'tʃælɪndʒəbl] *adj* unbestreitbar, unanfechtbar

unchallenged [ʌn'tʃælɪndʒd, AM -əndʒd] *adj* unangefochten; (*not opposed*) unwidersprochen; **to go** [*or* **stand**] **~** unangefochten bleiben; ***his long-jump record stood ~ for many years*** sein Weitsprungrekord blieb viele Jahre unangetastet; **to pass ~** MIL passieren, ohne angehalten zu werden

unchanged [ʌn'tʃeɪndʒd] *adj inv* ❶ (*unaltered*) unverändert; ***his views are ~*** seine Meinung hat sich nicht geändert
❷ (*not replaced*) nicht [aus]gewechselt

unchanging [ʌn'tʃeɪndʒɪŋ] *adj inv* unveränderlich, gleich bleibend

unchaperoned [ʌn'ʃæpərəʊnd, AM roʊnd] *adj inv* unbeaufsichtigt, ohne [schützende] Begleitung *nach n*

uncharacteristic [ʌnkærəktəʳ'ɪstɪk, AM -,kerɪktə'rɪs-] *adj* ungewöhnlich; ■**to be ~ of sb/sth** für jdn/etw untypisch sein

uncharacteristically [ʌnkærəktəʳ'ɪstɪkli, AM -,kerɪktə'rɪs-] *adv* untypischerweise

uncharitable [ʌn'tʃærɪtəbl, AM -'tʃerəṭə-] *adj* ❶ (*severe*) unbarmherzig; ***she is very ~ in her treatment of him*** sie behandelt ihn ohne die geringste Nachsicht; ■**to be ~** [**of sb**] **to do sth** gemein [von jdm] sein, etw zu tun; ***that was really ~ of you!*** das war wirklich gemein von dir!
❷ (*ungenerous*) hartherzig, lieblos

uncharitably [ʌn'tʃærɪtəbli, AM -'tʃerəṭə-] *adv* ❶ (*harshly*) unbarmherzig; **to judge sb ~** jdn ungerecht beurteilen
❷ (*not generously*) hartherzig, lieblos

uncharted [ʌn'tʃɑːtɪd, AM -'tʃɑːrṭ-] *adj* ❶ *inv* (*not mapped*) auf keiner Landkarte verzeichnet
❷ (*fig: unexplored*) unerforscht; **~ seas** [*or* **territory**] [*or* **waters**] Neuland *nt*

unchaste [ʌn'tʃeɪst] *adj* unkeusch

unchecked [ʌn'tʃekt] *adj* ❶ (*unrestrained*) unkontrolliert; **~ passion/violence** hemmungslose Leidenschaft/Gewalt; **to continue** [*or* **go**] **~** ungehindert weitergehen; ■**to be ~ by sth** von etw *dat* unbeeindruckt sein
❷ (*not examined*) ungeprüft
❸ TRANSP *ticket* nicht kontrolliert

unchristian [ʌn'krɪstʃən] *adj* unchristlich

uncial ['ʌnsiəl, AM ʃiəl] TYPO **I.** *adj inv* Unzial- *fachspr*
II. *n* ❶ (*letter*) Unziale *f fachspr*
❷ (*writing*) Unzialschrift *f fachspr*

uncircumcised [ʌn'sɜːkəmsaɪzd, AM 'sɜːr] *adj inv* ❶ (*not circumcised*) unbeschnitten
❷ (*irreligious, heathen*) Heiden-

uncivil [ʌn'sɪvəl] *adj* unhöflich

uncivilized [ʌn'sɪvəlaɪzd] *adj* (*also fig*) unzivilisiert, ungesittet; ***it was rather ~ of them not even to offer us a drink*** es war ziemlich stillos von ihnen, uns nicht mal einen Drink anzubieten; **~ conditions** harte Bedingungen; **an ~ hour** eine unchristliche Zeit

uncivilly [ʌn'sɪvəli] *adv* rüde *pej*

unclad [ʌn'klæd] *adj inv* (*form*) unbekleidet, nackt

unclaimed [ʌn'kleɪmd] *adj benefits, winnings* nicht beansprucht; *letter, baggage* nicht abgeholt

unclasp [ʌn'klɑːsp, AM -'klæsp] *vt* ■**to ~ sth** etw öffnen; **to ~ sb's hand** jds Hand lösen

unclassified [ʌn'klæsɪfaɪd] *adj* ❶ (*not ordered or arranged*) nicht klassifiziert
❷ (*not secret*) nicht geheim

uncle ['ʌŋkl] *n* Onkel *m*
► PHRASES: [**old**] **U~ Tom Cobleigh** [*or* **Cobley**] **and all** BRIT (*dated fam*) Hinz und Kunz *pej fam*; **to say** [*or* **cry**] **~** AM (*childspeak*) klein beigeben

unclean [ʌn'kliːn] *adj* ❶ (*unhygienic*) verunreinigt
❷ *inv* (*form: taboo*) unrein
❸ (*fig: impure*) schmutzig; **~ thoughts** (*dated*) schmutzige Gedanken

unclear [ʌn'klɪəʳ, AM -'klɪr] *adj* ❶ (*not certain, indefinite*) unklar; ***it is ~ whether/what/when/who …*** es ist unklar, ob/was/wann/wer …
❷ (*uncertain, unsure*) ■**to be ~ about sth** in Bezug auf etw *akk* nicht sicher sein; ■**to be ~** [**as to**] **whether/what/why/when …** nicht sicher sein, ob/was/warum/wann …
❸ (*vague*) vage; **an ~ statement** eine unklare Aussage

unclearly [ʌn'klɪəli, AM -'klɪr-] *adv* undeutlich; **to think ~** unzusammenhängend denken

unclench [ʌn'klen(t)ʃ] *vt* **to ~ one's fist/teeth** seine Faust öffnen/seine [fest] zusammengebissenen Zähne lockern

Uncle Sam *n no pl* (*the USA*) Uncle Sam *hum*

Uncle Tom *n* (*pej!*) Onkel Tom *pej* (*serviler Schwarzer*)

unclimbable [ʌn'klaɪməbl] *adj* unbesteigbar, nicht zu erklettern[d]

unclimbed [ʌn'klaɪmd] *adj inv* [noch] nicht erstiegen, unbezwungen

unclog <-gg-> [ʌn'klɒg, AM -'klɑːg] *vt* **to ~ a pipe** ein Rohr frei machen [*o* reinigen]

unclothe [ʌn'kləʊð, AM -'kloʊð] *vt* (*also fig*) ■**to ~ sth** etw entblößen, etw enthüllen *a. fig*

unclouded [ʌn'klaʊdɪd] *adj* unbewölkt, wolkenlos, heiter *a. fig*; (*fig*) ungetrübt, unbeschwert

uncluttered [ʌn'klʌtəd, AM -ṭəd] *adj* ❶ *desk, room* aufgeräumt, nicht überladen
❷ (*fig*) **an ~ mind** ein freier Kopf

uncoil [ʌn'kɔɪl] **I.** *vt* ■**to ~ sth** etw entrollen [*o* abspulen] [*o* abwickeln]
II. *vi* sich *akk* abrollen [*o* abspulen]

uncollected [,ʌnkə'lektɪd] *adj inv* ❶ (*not claimed*) *fare, tax* nicht erhoben
❷ (*not reclaimed*) *baggage, mail* nicht abgeholt
❸ LIT nicht in den gesammelten Werken enthalten

uncolored [ʌn'kʌləd] AM, **uncoloured** [-əd] *adj* ❶ (*colourless*) farblos
❷ (*fig: unbiased*) objektiv, unbeeinflusst; ■**to be ~ by sth** frei von etw *dat* sein

uncombed [ʌn'kəʊmd, AM 'koʊmd] *adj inv* ungekämmt

uncomfortable [ʌn'kʌm(p)ftəbl, AM -fəṭə-] *adj* ❶ (*causing discomfort*) *bed, chair* unbequem
❷ (*physically discomforted*) **to feel ~** *person, animal* sich *akk* unwohl fühlen
❸ (*uneasy, awkward*) unbehaglich; ***she felt slightly ~, meeting him for the first time*** sie fühlte sich nicht ganz wohl in ihrer Haut, als sie ihm zum ersten Mal begegnete; **an ~ silence** eine gespannte Stille; **an ~ situation/predicament** eine missliche Situation/Lage

uncomfortably [ʌn'kʌm(p)ftəbli, AM -fəṭə-] *adv* ❶ (*physically*) unangenehm; ***they had come ~ close to death*** sie waren dem Tod bedenklich nahe gekommen
❷ (*uneasily*) angespannt; **to be ~ aware of sth** sich *dat* einer S. *gen* schmerzlich bewusst sein; **to smile ~** nervös lächeln

uncommitted [,ʌnkə'mɪtɪd, AM -'mɪṭ-] *adj* ❶ (*undecided*) unentschieden; ■**to be ~ on sth** sich *akk* noch nicht auf etw *akk* festgelegt haben; ***twenty-five senators have admitted they are still ~ on the taxation question*** fünfundzwanzig Senatoren räumten ein, sich in der Steuerfrage noch nicht entschieden zu haben
❷ (*not dedicated*) **to be ~ to a cause/relationship** einer Sache/Beziehung halbherzig gegenüberstehen

uncommon [ʌn'kɒmən, AM -'kɑːm-] *adj* ❶ (*rare*) selten; ***it is not ~ for that to happen*** so etwas passiert immer wieder; ***it is not ~ for him to turn up unexpectedly*** er hat es so an sich, unerwartet aufzutauchen; **an ~ name** ein ungewöhnlicher Name
❷ (*esp approv dated form: exceptional*) außergewöhnlich; **with ~ interest** mit ungeteiltem Interesse

uncommonly [ʌn'kɒmənli, AM -'kɑːm-] *adv* ❶ (*unusually*) ungewöhnlich; ***it happens not ~ that …*** es passiert recht häufig, dass …
❷ (*exceptionally*) äußerst

uncommunicative [,ʌnkə'mjuːnɪkətɪv, AM -ṭɪv] *adj* verschlossen, wenig mitteilsam; ■**to be ~ about**

U

sth/sb wenig über etw/jdn sprechen
uncompetitive [ˌʌnkəmˈpetɪtɪv, AM ˈpet̬ət̬ɪv] *adj* ECON ❶ *(unable)* wettbewerbsunfähig, nicht konkurrenzfähig
❷ *(harmful) practices, conditions* wettbewerbsfeindlich
uncomplaining [ˌʌnkəmˈpleɪnɪŋ] *adj* ~ **patience** unendliche Geduld; ~ **resignation** stille Resignation; ■**to be** ~ nicht klagen
uncomplainingly [ˌʌnkəmˈpleɪnɪŋli] *adv* ohne zu klagen
uncompleted [ˌʌnkəmˈpliːtɪd, AM t̬ɪd] *adj inv* unvollendet, [noch] nicht abgeschlossen
uncomplicated [ˌʌnˈkɒmplɪkeɪtɪd, AM -ˈkɑːmplɪkeɪt̬ɪd] *adj* unkompliziert
uncomplimentary [ʌnˌkɒmplɪˈmentəri, AM -ˌkɑːmpləˈment̬əi] *adj* wenig schmeichelhaft; ■**to be** ~ **about sb/sth** sich *akk* abfällig über jdn/etw äußern
uncomprehending [ˌʌnkɒmprɪˈhendɪŋ, AM ˌʌnkɑːm-] *adj* verständnislos
uncomprehendingly [ˌʌnkɒmprɪˈhendɪŋli, AM ˌʌnkɑːm] *adv* verständnislos, ratlos; *silence, stare* fassungslos
uncompromising [ʌnˈkɒmprəmaɪzɪŋ, AM ʌnˈkɑːm-] *adj* kompromisslos, entschieden; **to take an** ~ **stand** [*or* **stance**] eindeutig Stellung beziehen
uncompromisingly [ʌnˈkɒmprəmaɪzɪŋli, AM ʌnˈkɑːm-] *adv* unmissverständlich; ~ **direct/honest** schonungslos direkt/ehrlich
unconcealed [ˌʌnkənˈsiːld] *adj inv* unverhohlen, offen [gezeigt]
unconcern [ˌʌnkənˈsɜːnd, AM sɜːr] *n no pl* ❶ *(carelessness)* Sorglosigkeit *f,* Unbekümmertheit *f*
❷ *(indifference)* Gleichgültigkeit *f,* Desinteresse *nt*
unconcerned [ˌʌnkənˈsɜːnd, AM -ˈsɜːrnd] *adj* ❶ *(not worried)* unbekümmert; ■**to be** ~ **about** [*or* **by**] **sth/sb** sich *dat* keine Sorgen über etw/jdn machen
❷ *(indifferent)* desinteressiert; ■**to be** ~ **with sth/sb** nicht an etw/jdm interessiert sein; ***they are*** ~ ***that ...*** es ist ihnen gleichgültig, dass ...
unconcernedly [ˌʌnkənˈsɜːnɪdli, AM -ˈsɜːrn-] *adv* unbetroffen
unconditional [ˌʌnkənˈdɪʃənəl] *adj inv* bedingungslos, vorbehaltlos; ***the offer went*** ~ ***last Thursday*** das Angebot wurde am letzten Donnerstag vorbehaltlos angenommen; ~ **love** rückhaltlose Liebe; ~ **release/surrender** bedingungslose Freilassung/Kapitulation
unconditionally [ˌʌnkənˈdɪʃənəli] *adv* bedingungslos, vorbehaltlos
unconditioned [ˌʌnkənˈdɪʃənd] *adj* ❶ *(without limitation)* bedingungslos, voraussetzungslos
❷ *(without reserve)* uneingeschränkt, vorbehaltlos
❸ *(unprocessed)* unbehandelt, unaufbereitet
❹ PSYCH unbedingt, unkonditioniert *fachspr*
unconfined [ˌʌnkənˈfaɪnd] *adj* uneingeschränkt, grenzenlos
unconfirmed [ˌʌnkənˈfɜːmd, AM -ˈfɜːrmd] *adj inv* unbestätigt
uncongenial [ˌʌnkənˈdʒiːniəl] *adj* ❶ *person* unsympatisch
❷ *thing* unangenehm; ~ **climate** unwirtliches Klima; ~ **conditions** wenig zusagende Bedingungen
unconnected [ˌʌnkəˈnektɪd] *adj inv* unzusammenhängend; ***the police claim that the two cases are entirely*** ~ die Polizei behauptet, die beiden Fälle hätten nichts miteinander zu tun; ■**to be** ~ **with sth** nicht mit etw *dat* zusammenhängen; ELEC, TECH ***one of the wires had been left*** ~ eines der Kabel war nicht angeschlossen worden
unconquerable [ʌnˈkɒŋkərəbl̩, AM ˈkɑːŋ] *adj* unbesiegbar, unüberwindlich *a. fig; place* uneinnehmbar
unconquered [ʌnˈkɒŋkəd, AM ˈkɑːŋkəd] *adj inv* unbesiegt, nicht erobert
unconscionable [ʌnˈkɒn(t)ʃənəbl̩, AM -ˈkɑːn-] *adj* *(form)* unzumutbar
unconscionably [ʌnˈkɒn(t)ʃənəbli, AM -ˈkɑːn-] *adv (form)* unzumutbarerweise
unconscious [ʌnˈkɒn(t)ʃəs, AM -ˈkɑːn-] **I.** *adj* ❶ MED bewusstlos; ~ **state** Bewusstlosigkeit *f;* **to knock sb** ~ jdn bewusstlos schlagen
❷ PSYCH unbewusst; **the** ~ **mind** das Unbewusste [*o* Unterbewusste]
❸ *(unaware)* unabsichtlich; ■**to be** ~ **of sth** *(form)* sich *dat* einer S. *gen* nicht bewusst sein
II. *n no pl* PSYCH ■**the** ~ das Unbewusste [*o* Unterbewusste]
unconsciously [ʌnˈkɒn(t)ʃəsli, AM -ˈkɑːn-] *adv* unbewusst
unconsciousness [ʌnˈkɒn(t)ʃəsnəs, AM -ˈkɑːn-] *n no pl* ❶ MED Bewusstlosigkeit *f*
❷ *(unawareness)* Unbewusstheit *f*
unconsidered [ˌʌnkənˈsɪdəd, AM -əd] *adj* unüberlegt
unconstitutional [ʌnˌkɒn(t)stɪˈtjuːʃənəl, AM -ˌkɑːn(t)stəˈtuː-] *adj inv* verfassungswidrig, nicht verfassungsmäßig
unconstitutionally [ʌnˌkɒn(t)stɪˈtjuːʃənəli, AM -ˌkɑːn(t)stəˈtuː-] *adv* verfassungswidrig
unconsummated [ʌnˌkɒn(t)səmeɪtɪd, AM -ˌkɑːn(t)sə-] *adj inv* nicht umgesetzt; **an** ~ **marriage** eine nicht vollzogene Ehe
uncontaminated [ˌʌnkənˈtæmɪneɪtɪd, AM -t̬ɪd] *adj* nicht verunreinigt [*o fachspr* kontaminiert]; *radiation, germs* unverseucht, nicht verseucht
uncontested [ˌʌnkənˈtestɪd] *adj* ❶ *(unchallenged)* unbestritten; ***his election as chairman went*** [*or* ***was***] ~ er wurde ohne Gegenkandidat zum Vorsitzenden gewählt; **an** ~ **claim** ein unstreitiger Anspruch
❷ LAW unangefochten; **an** ~ **divorce** eine einvernehmliche Scheidung
uncontrollable [ˌʌnkənˈtrəʊləbl̩, AM -ˈtroʊ-] *adj* unkontrollierbar; ~ **bleeding** unstillbare Blutung; **an** ~ **child** ein unzähmbares Kind; **an** ~ **urge** [*or* **desire**] ein unstillbares Verlangen
uncontrollably [ˌʌnkənˈtrəʊləbli, AM -ˈtroʊ-] *adv* unkontrollierbar; ***he was bleeding*** ~ seine Blutung war nicht zu stoppen; **to be** ~ **greedy** hemmungslos gierig sein; **to laugh** ~ hemmungslos lachen; **to rampage/riot** ~ wild toben/randalieren; **to sob** ~ hemmungslos schluchzen
uncontrolled [ˌʌnkənˈtrəʊld, AM -ˈtroʊld] *adj* unkontrolliert; *children, dogs* unbeaufsichtigt; ~ **aggression** unbeherrschte Aggressivität
uncontroversial [ʌnˌkɒntrəˈvɜːʃəl, AM -ˌkɑːntrəˈvɜːr-] *adj* unumstritten
unconventional [ˌʌnkənˈven(t)ʃənəl] *adj* unkonventionell; ~ **weapons** *(euph)* Atomwaffen *fpl*
unconventionality [ˌʌnkənˌvenʃənˈæləti, AM ət̬i] *n no pl* unkonventionelle Haltung
unconventionally [ˌʌnkənˈven(t)ʃənəli] *adv* unkonventionell
unconvinced [ˌʌnkənˈvɪn(t)st] *adj* nicht überzeugt; ■**to be** ~ **of sth** von etw *dat* nicht überzeugt sein
unconvincing [ˌʌnkənˈvɪn(t)sɪŋ] *adj* ❶ *(not persuasive)* nicht überzeugend; **rather** ~ wenig überzeugend
❷ *(not credible)* unglaubwürdig
unconvincingly [ˌʌnkənˈvɪn(t)sɪŋli] *adv* nicht überzeugend
uncooked [ʌnˈkʊkt] *adj inv* ungekocht, roh
uncool [ʌnˈkuːl] *adj (fam)* uncool *pej sl*
uncooperative [ˌʌnkəʊˈɒpərətɪv, AM -koʊˈɑːpərət̬ɪv] *adj* unkooperativ
uncooperatively [ˌʌnkəʊˈɒpərətɪvli, AM -koʊˈɑːpərət̬ɪv-] *adv* unkooperativ; **to behave** ~ sich *akk* unkooperativ verhalten
uncooperativeness [ˌʌnkəʊˈɒpərətɪvnəs, AM -koʊˈɑːpərət̬ɪv-] *n no pl* mangelnde Kooperationsbereitschaft
uncoordinated [ˌʌnkəʊˈɔːdɪneɪtɪd, AM -koʊˈɔːrdəneɪt̬ɪd] *adj* ❶ *(not well-organized)* unkoordiniert
❷ *(clumsy)* unkoordiniert, ungelenk *geh*
uncork [ʌnˈkɔːk, AM -ˈkɔːrk] *vt* ■**to** ~ **sth** *bottle, wine* etw entkorken; **to** ~ **one's feelings** *(fig fam)* aus sich *dat* herausgehen; **to** ~ **a surprise** eine Überraschung zum Besten geben
uncorroborated [ˌʌnkəˈrɒbəreɪtɪd, AM ˌʌnkəˈrɑːbəreɪt̬ɪd] *adj* unbestätigt
uncorrupted [ˌʌnkəˈrʌpt, AM ˌʌnkəˈrʌpt] *adj* nicht korrupt; ~ **values** unverfälschte Werte
uncountable [ʌnˈkaʊntəbl̩, AM -t̬ə-] *adj inv* ❶ *(not countable)* unzählbar; **an** ~ **noun** ein unzählbares Hauptwort
❷ *(countless)* zahllos; **an** ~ **number of people** unzählige Menschen
uncounted [ʌnˈkaʊntɪd, AM t̬ɪd] *adj inv* ❶ *(not counted)* ungezählt
❷ *(very numerous)* unzählig[e]
uncouple [ʌnˈkʌpl̩] *vt* ■**to** ~ **sth** [**from sth**] ❶ MECH etw [von etw *dat*] abkuppeln
❷ *(fig)* etw [von etw *dat*] trennen [*o* loslösen]
uncouth [ʌnˈkuːθ] *adj* ungehobelt, grob
uncover [ʌnˈkʌvər, AM -ə] *vt* ■**to** ~ **sth** ❶ *(lay bare)* etw freilegen; **to** ~ **a wound** den Verband von einer Wunde nehmen
❷ *(disclose)* etw entdecken; **to** ~ **a scandal/secret** einen Skandal/ein Geheimnis aufdecken
uncritical [ʌnˈkrɪtɪkəl, AM -t̬-] *adj* unkritisch; ■**to be** ~ **of sth/sb** gegenüber etw/jdm eine unkritische Einstellung haben
uncritically [ʌnˈkrɪtɪkəli, AM -t̬-] *adv* unkritisch
uncross [ʌnˈkrɒs, AM -ˈkrɑːs] *vt* ■**to** ~ **sth** etw aus einer gekreuzten Position nehmen; ***he*** ~***ed his feet and began to stand up*** er nahm die übereinander geschlagenen Beine auseinander und stand auf; **to** ~ **one's legs** seine überkreuzten Beine öffnen
uncrossed [ʌnˈkrɒst, AM -ˈkrɑːst] *adj inv* ❶ *legs* nicht gekreuzt
❷ BRIT ~ **cheque** Barscheck *m*
❸ *(fig: unhindered)* ungehindert
uncrowded [ʌnˈkraʊdɪd] *adj* nicht überlaufen, nicht [gedrängt] voll
uncrowned [ʌnˈkraʊnd] *adj inv* *(also fig)* ungekrönt *a. fig*
uncrushable [ʌnˈkrʌʃəbl̩] *adj inv* ❶ *material* knitterfrei
❷ *spirit* unbeugsam
unction [ˈʌŋkʃən] *n* *(form)* ❶ REL Salbung *f;* **extreme** ~ letzte Ölung
❷ *(pej: behaviour)* salbungsvolles Gehabe *pej*
unctuous [ˈʌŋktjuəs, AM -tʃu-] *adj* ❶ *(pej form: obsequious)* salbungsvoll *pej*
❷ *(spec: oily)* fettig, ölig
unctuously [ˈʌŋtjuəsli, AM tʃu] *adv* ölig; *(fig)* salbungsvoll
unctuousness [ˈʌŋktjuəsnəs, AM -tʃu-] *n no pl* *(form)* salbungsvolles Gehabe *pej*
uncultivated [ʌnˈkʌltɪveɪtɪd, AM -t̬ɪd] *adj* ❶ *land* unbebaut, brachliegend
❷ *person* unkultiviert, ungebildet
uncultured [ʌnˈkʌltʃəd, AM -əd] *adj* unkultiviert, ungebildet
uncurl [ʌnˈkɜːl, AM -ˈkɜːrl] **I.** *vt* ■**to** ~ **sth** etw gerade streichen, etw glätten; **to** ~ **oneself** sich *akk* strecken; **to** ~ **one's fingers** die Faust aufmachen
II. *vi* sich *akk* entfalten; *material* sich *akk* glätten; *person* sich *akk* ausstrecken; *hair, cloth* aufgehen
uncurtained [ʌnˈkɜːtənd, AM -ˈkɜːr-] *adj inv* *window, alcove* ohne Vorhänge *nach n*
uncut [ʌnˈkʌt] *adj inv* ❶ *(not cut)* ungeschnitten; *book* unaufgeschnitten; *drugs* unverschnitten; **an** ~ **diamond** ein ungeschliffener Diamant
❷ *(not shortened)* ungekürzt
undamaged [ʌnˈdæmɪdʒd] *adj* unbeschädigt, unversehrt
undated [ʌnˈdeɪtɪd, AM -t̬ɪd] *adj inv* undatiert; ~ **bond** Schuldverschreibung *f* ohne Fälligkeitstermin
undaunted [ʌnˈdɔːntɪd, AM -ˈdɑːnt̬ɪd] *adj usu pred* unerschrocken; **to remain** ~ unverzagt bleiben; ■**to be** ~ **by sth** von etw *dat* unbeirrt sein
undead [ʌnˈded] **I.** *adj inv* untot, zombiemäßig; ***he looks like an*** ~ ***monster*** er sieht aus wie eine aufgewärmte Leiche
II. *n* ■**the** ~ *pl* die Lebenden Leichen
undeceive [ˌʌndɪˈsiːv] *vt* *(liter)* ■**to** ~ **sb** [**of sth**] jdn [über etw *akk*] aufklären

undecided [ˌʌndɪˈsaɪdɪd] *adj* ❶ (*hesitant*) unentschlossen; ***she is still ~ as to which job to apply for*** sie schwankt noch, um welche Stelle sie sich bewerben soll; ■**to be ~ about sth** sich *dat* über etw *akk* [noch] unklar sein; ■**to be ~ whether/when/how/where …** unschlüssig sein, ob/wann/wie/wo …
❷ (*not settled*) offen, nicht entschieden; **an ~ vote** eine unentschiedene Abstimmung
undeclared [ˌʌndɪˈkleəd, AM -ˈklerd] *adj* ❶ FIN nicht deklariert
❷ (*not official*) nicht erklärt; **an ~ war** ein Krieg *m* ohne Kriegserklärung
undefeated [ˌʌndɪˈfiːtɪd, AM -t̬ɪd] *adj* unbesiegt, ungeschlagen
undefended [ˌʌndɪˈfendɪd] *adj* unverteidigt, ungeschützt
undefiled [ˌʌndɪˈfaɪld] *adj inv* (*esp fig*) unbefleckt, rein
undefinable [ˌʌndɪˈfaɪnəbl̩] *adj* AM, AUS undefinierbar
undefined [ˌʌndɪˈfaɪnd] *adj* ❶ (*not defined*) nicht definiert, unbestimmt
❷ (*lacking clarity*) vage
undeliverable [ˌʌndɪˈlɪvᵊrəbl̩] *adj* unzustellbar
undelivered [ˌʌndɪˈlɪvəd, AM -ɚd] *adj* nicht zugestellt
undemanding [ˌʌndɪˈmɑːndɪŋ, AM -ˈmæn-] *adj* anspruchslos
undemocratic [ʌndeməˈkrætɪk, AM -t̬-] *adj* undemokratisch
undemonstrative [ˌʌndɪˈmɒn(t)strətɪv, AM -ˈmɑːn(t)strət̬ɪv] *adj* zurückhaltend
undeniable [ˌʌndɪˈnaɪəbl̩] *adj* unbestritten; **~ evidence** [*or* **proof**] eindeutiger Beweis; **to be of ~ importance** von fragloser Wichtigkeit sein
undeniably [ˌʌndɪˈnaɪəbli] *adv* unbestreitbar
under [ˈʌndəʳ, AM -ɚ] **I.** *prep* ❶ (*below*) unter +*dat; with verbs of motion* unter +*akk*; ***he hid ~ the bed*** er versteckte sich unterm Bett; ***they stood ~ a tree*** sie standen unter einem Baum; **~ water/the surface** unter Wasser/der Oberfläche
❷ (*supporting*) unter +*dat*; ***it felt good to have the earth ~ my feet again*** es war schön, wieder festen Boden unter meinen Füßen zu haben
❸ (*covered by*) unter +*dat*; ***he wore a white shirt ~ his jacket*** unter seiner Jacke trug er ein weißes Hemd
❹ (*one side to other*) unter +*dat*; ***a cold draught blew ~ the door*** ein kalter Zug blies unter der Tür durch
❺ (*less than*) unter +*dat*; ***all items cost ~ a pound*** alle Artikel kosten unter einem Pfund; ***she can run a mile in ~ a minute*** sie kann eine Meile in unter einer Minute laufen
❻ (*inferior to*) **to be ~ sb** unter jdm sein [*o* stehen]
❼ (*governed by*) unter +*dat*; ***~ the Romans*** unter römischer Herrschaft; **~ the supervision of sb** unter jds Aufsicht; ***they are ~ strict orders*** sie haben strenge Anweisungen; **to be ~ sb's influence** (*fig*) unter jds Einfluss stehen
❽ (*in condition/state of*) unter +*dat*; **~ quarantine/arrest/control** unter Quarantäne/Arrest/Kontrolle; **~ suspicion** unter Verdacht; **~ [no] circumstances** unter [keinen] Umständen; **~ anaesthetic** unter Betäubung [*o* Narkose]; **~ pressure/stress** unter Druck/Stress; **~ repair** in Reparatur; **~ oath** LAW unter Eid
❾ (*in accordance to*) gemäß +*dat*; ***~ our agreement*** gemäß unserer Vereinbarung
❿ (*referred to as*) unter +*dat*; ***he writes ~ a pseudonym*** er schreibt unter einem Pseudonym
⓫ (*in catagory of*) unter +*dat*; ***you'll find that ~ Goethe*** das finden Sie unter Goethe
⓬ (*during time of*) **~ Pisces/Virgo/Aries** im Sternzeichen Fische/Jungfrau/Widder
▶ PHRASES: **[already] ~ way** [bereits [*o* schon]] im Gange; **to get ~ way** anfangen, beginnen
II. *adv inv* ❶ (*also fig: sink*) **to go ~** untergehen *a. fig*; ***thousands of companies went ~ during the recession*** tausende Firmen machten während der Rezession Pleite
❷ (*below specified age*) ***suitable for kids of five and ~*** geeignet für Kinder von fünf Jahren und darunter
▶ PHRASES: **to get out from ~** sich *akk* aufrappeln *fam*
III. *adj pred, inv* ■**to be ~** unter Narkose stehen
under- [ˈʌndəʳ, AM -ɚ] *in compounds* ❶ (*done insufficently*) (*-feed, -appreciate*) zu wenig; **to ~bill sb** jdm zu wenig verrechnen; **~investment** zu geringe Investitionen
❷ (*of lower rank*) (*-classman, -sheriff*) Unter-, Vize-
underachieve *vi* weniger leisten als erwartet
underachievement *n esp* SCH Leistungsrückstand *m* **underachiever** *n* ■**to be an ~** weniger leisten als erwartet **underact I.** *vi* [in einer Rolle] zu verhalten spielen **II.** *vt* ■**to ~ sth** etw zu schwach wiedergeben **underage** *adj inv* minderjährig; ***there are laws against ~ drinking*** es gibt Gesetze, die Minderjährigen den Genuss von Alkohol verbieten **underarm I.** *adj* ❶ *attr, inv* ANAT Achsel- ❷ SPORTS *serve, throw* mit der Hand von unten *nach n* **II.** *n* Achselhöhle *f* **III.** *adv inv* SPORTS **to bowl/serve/throw ~** mit der Hand von unten kegeln/aufschlagen/werfen **underbelly** *n* ❶ ZOOL Bauch *m* ❷ *no pl* (*liter: most vulnerable point*) Schwachstelle *f*; **the sordid ~ of modern society** (*pej*) die Schattenseite der modernen Gesellschaft **underbid** <-bid, -bid> **I.** *vi* ein zu niedriges Angebot machen **II.** *vt* ■**to ~ sb/sth** jdn/etw unterbieten **underbody** *n* Unterteil *nt*, untere Partie **underbrush** *n no pl* AM Unterholz *nt*, Strauchwerk *nt* **undercapitalized** *adj* ECON unterkapitalisiert, mit zu geringer Kapitalausstattung *nach n*; ■**to be ~** zu wenig Kapital haben **undercarriage** *n usu sing* AVIAT Fahrwerk *nt* **undercharge I.** *vt* ■**to ~ sb** jdm zu wenig berechnen; ***the sales assistant ~d me by £2*** die Verkäuferin hat mir zwei Pfund zu wenig berechnet **II.** *vi* zu wenig berechnen; ■**to ~ for sth** für etw *akk* zu wenig berechnen **underclass** *n* unterprivilegierte Klasse **underclothes** *npl*, **underclothing** *n no pl* (*form*) Unterwäsche *f* **undercoat** *n* ❶ *no pl* (*paint*) Grundierung *f* ❷ ZOOL (*fur*) Wollhaarkleid *nt* **undercooked** *adj* nicht gar; *meat* blutig **undercover I.** *adj attr, inv* geheim; **an ~ detective** ein verdeckter Ermittler/eine verdeckte Ermittlerin; **~ police officer** Geheimpolizist(in) *m(f)* **II.** *adv inv* geheim **undercurrent** *n* ❶ (*of sea, river*) Unterströmung *f* ❷ (*fig*) Unterton *m* **undercut** <-cut, -cut> *vt* ■**to ~ sb/sth** ❶ (*charge less*) jdn/etw unterbieten ❷ (*undermine*) jdn/etw untergraben **underdeveloped** *adj* unterentwickelt; **~ country** Entwicklungsland *nt*; **an ~ resource** ein unzureichend ausgebeuteter Rohstoff **underdog** *n* Außenseiter(in) *m(f)*, Underdog *m*; **societal ~** Außenseiter(in) *m(f)* der Gesellschaft; **to side with the ~** den Außenseiter/die Außenseiterin unterstützen **underdone** *adj* FOOD ❶ (*rare*) *meat* blutig ❷ (*undercooked*) nicht gar **underdressed** *adj* zu einfach gekleidet **underemployed** *adj* ❶ *person* unterbeschäftigt ❷ ■**to be ~** *thing* nicht voll genutzt werden **underemployment** *n no pl* Unterbeschäftigung *f* **underequipped** *adj* unzureichend ausgerüstet; **an ~ expedition** eine unzureichend ausgerüstete Expedition **underestimate I.** *vt* ■**to ~ sth/sb** etw/jdn unterschätzen **II.** *vi* eine zu geringe Schätzung abgeben **III.** *n* Unterbewertung *f*; **to give sb an ~** jdm einen zu niedrigen Kostenvoranschlag erstellen **underestimation** *n* Unterschätzen *nt*, zu geringe Einschätzung **underexpose** *vt* PHOT **to ~ a film/photo** einen Film/ein Foto unterbelichten **underexposure** *n no pl* PHOT Unterbelichtung *f* **undereye circles** [ˌʌndᵊraɪˈsɜːkl̩, AM -ˈsɜːrkl̩] *n pl* dunkle Augenringe **underfed** *n* unterernährt **underfelt** *n no pl* BRIT Filzunterlage *f* **underfloor** *adj inv esp* BRIT Unterboden-; **~ heating** Fußbodenheizung *f* **underfoot** *adv inv* ❶ (*below one's feet*) unter den Füßen; ***the fields were very muddy ~*** die Felder waren sehr schlammig zu begehen; **to trample sb/sth ~** jdn/etw mit Füßen treten *a. fig* ❷ *pred* (*pej: in the way*) zwischen den Füßen, im Weg **underfund** *vt* ■**to ~ sth** etw unterfinanzieren **underfunded** *adj* unterfinanziert **underfunding** *n no pl* Unterfinanzierung *f* **undergarment** *n* (*form*) Unterbekleidung *f*, Unterwäsche *f kein pl* **undergo** <-went, -gone> *vt* **to ~ a change** eine Veränderung durchmachen; ***conditions in the inner city are ~ing a radical change for the better*** die Bedingungen in der Innenstadt verbessern sich zusehends; **to ~ repairs** in Reparatur [befindlich] sein; **to ~ surgery** [*or* **an operation**] sich *akk* einer Operation unterziehen
undergrad [ˈʌndəgræd, AM -dɚ-] *n* (*fam*) *short for* **undergraduate** Student(in) *m(f)*
undergraduate I. *n* Student(in) *m(f)*
II. *n modifier* (*class, degree, requirements, work*) Studien-
underground I. *adj* ❶ *inv* GEOG unterirdisch; **~ cable** Erdkabel *nt* ❷ POL Untergrund-; **~ movement** Untergrundbewegung *f* ❸ *attr* ART, FASHION Underground- ❹ *attr* RAIL U-Bahn-; **~ station** U-Bahn-Station *f* **II.** *adv* ❶ *inv* GEOG unter der Erde; ***you can park ~ below the cinema*** du kannst in der Tiefgarage unter dem Kino parken ❷ POL **to drive sb ~** jdn in den Untergrund zwingen; **to go ~** in den Untergrund gehen **III.** *n* ❶ *no pl esp* BRIT RAIL U-Bahn *f*; ■**by ~** mit der U-Bahn ❷ POL ■**the ~** der Untergrund; **a member of the ~** ein Mitglied *nt* der Untergrundbewegung ❸ ART, FASHION ■**the ~** die Undergroundbewegung **undergrowth** *n no pl* Dickicht *nt*; **dense ~** dichtes Gestrüpp **underhand I.** *adj* ❶ BRIT (*pej: devious*) hinterhältig; **~ dealings** betrügerische Machenschaften ❷ AM SPORTS *service, throw* mit der Hand von unten *nach n* **II.** *adv* AM SPORTS (*not overarm*) mit der Hand von unten **underhanded** *adj* AM ❶ (*pej: devious*) hinterhältig; **~ dealings** betrügerische Machenschaften ❷ (*understaffed*) unterbesetzt **underinsure** *vt* ■**to ~ sth** etw unterversichern **underinvest** *vi* zu geringe finanzielle Mittel bereitstellen; ***successive governments continue to ~ in education/ the health service*** nach wie vor stellen die Regierungen dem Erziehungs-/Gesundheitswesen zu wenig Mittel bereit **underinvestment** *n* Unterinvestition *f*, Underinvestment *nt* **underlay I.** *n no pl* BRIT, AUS Unterlage *f*; **foam ~** Schaumstoffunterlage *f* **II.** *vt pt of* **underlie** **underlie** <-y-, -lay, -lain> *vt* ■**to ~ sth** etw *dat* zugrunde liegen **underline I.** *vt* ■**to ~ sth** ❶ (*draw a line beneath*) etw unterstreichen; **to ~ sth in red** etw rot unterstreichen ❷ (*emphasize*) etw betonen [*o* unterstreichen]; ■**to ~ that …** betonen, dass … **II.** *n* Unterstreichung *f*
underling [ˈʌndᵊlɪŋ, AM -dɚ-] *n* Handlanger *m pej*
underlining *n* Unterstreichung *f* **underlying** *adj attr, inv* ❶ GEOG tiefer liegend ❷ (*real, basic*) zugrunde liegend; ***and what might be the ~ significance of these supposedly random acts of violence?*** und was könnte letztlich hinter diesen angeblich zufälligen Gewaltakten stecken?; ***the ~ reason for her poor results*** der Grund für ihr dürftiges Abschneiden **undermanned** *adj* unterbesetzt **undermanning** *n no pl* Unterbesetzung *f* **undermentioned** *adj attr, inv esp* BRIT (*form*) unten genannt **undermine** *vt* ■**to ~ sth** ❶ (*tunnel under*) etw untertunneln; **to ~ a dam/river bank** einen Damm/ein Flussufer unterhöhlen ❷ (*fig: weaken*) etw unterminieren, etw untergraben; **to ~ sb's [self-]confidence** jds Selbstvertrauen schwächen; **to ~ a currency** eine Währung schwächen; **to ~ sb's health** jds Gesundheit schädigen; **to ~ hopes** Hoffnungen zunichte machen
undermost [ˈʌndəməʊst, AM -ɚmoʊst] *adj inv* ■**the ~ …** der/die/das unterste …
underneath [ˌʌndəˈniːθ, AM -ɚˈ-] **I.** *prep* ❶ (*below*) unter +*dat*; ***the tunnel goes right ~ the city*** der Tunnel verläuft direkt unter der Stadt
❷ (*supporting*) unter +*dat*; ***~ the building*** unter dem Gebäude
❸ (*covered by*) unter +*dat*; ***he was wearing a***

T-shirt ~ his shirt unter seinem Hemd trug er ein T-shirt
❹ (*hidden by*) unter +*dat*
II. *adv inv* darunter; ***the tunnel goes right ~ the city*** der Tunnel führt direkt unter der Stadt durch
III. *n no pl* ■**the ~** die Unterseite
IV. *adj inv* untere(r, s)

undernourished *adj* unterernährt **undernourishment** *n no pl* Unterernährung *f* **underpaid** *adj* unterbezahlt **underpants** *npl* Unterhose *f;* **down to one's ~** bis auf die Unterhose **underpart** *n* ❶ (*of a thing*) Unterseite *f* ❷ (*of an animal*) **~s** Bauchseite *f* **underpass** <*pl* -es> *n* Unterführung *f* **underpay** <-paid, -paid> *vt usu passive* ■**to ~ sb** jdn unterbezahlen **underpayment** *n* Unterbezahlung *f* **underperform I.** *vi* eine [unerwartet] schlechte Leistung erbringen; ***his boss says he's ~ing at work*** sein Chef sagt, er bleibe bei der Arbeit hinter den Erwartungen zurück **II.** *vt* ■**to ~ sth** hinter den Erwartungen zurückbleiben; **to ~ the market** unter dem Marktdurchschnitt den Kurs steigern **underperforming** *adj* leistungsschwach; **~ employees** Angestellte, die das Leistungssoll nicht erreichen **underpin** <-nn-> *vt* ■**to ~ sth** ❶ ARCHIT *building, wall* etw [ab]stützen, etw untermauern ❷ (*fig*) etw unterstützen; ***better trade figures are ~ning the dollar*** bessere Handelsbilanzen stützen den Dollar; ***he presented very few facts to ~ his argument*** er brachte sehr wenige Fakten zur Erhärtung seines Arguments bei **underpinning** *n* ❶ ARCHIT *building, wall* Unterbau *m,* Untermauerung *f* ❷ (*fig*) Basis *f* **underplay I.** *vt* ■**to ~ sth** ❶ (*play down*) etw herunterspielen; **to ~ the importance/seriousness of sth** die Bedeutung/den Ernst einer S. *gen* herunterspielen ❷ THEAT etw zurückhaltend spielen **II.** *vi* THEAT zurückhaltend spielen **underpopulated** *adj* unterbevölkert **underpowered** *adj* untermotorisiert **underprepared** *adj* schlecht vorbereitet **underprice** *vt* ■**to ~ sth** etw preislich zu niedrig ansetzen **underpriced** *adj* unter Wert angeboten **underprivileged I.** *adj* unterprivilegiert **II.** *n* ■**the ~** *pl* die Unterprivilegierten *pl* **underrate** *vt* ■**to ~ sth/sb** etw/jdn unterschätzen; **to ~ the difficulty/importance of sth** die Schwierigkeit/Bedeutung einer S. *gen* unterschätzen; ■**to ~ sth** ECON etw unterbewerten **underrated** *adj* unterbewertet **underrepresented** *adj* unterrepräsentiert **underscore I.** *vt* ■**to ~ sth** ❶ (*put a line under*) etw unterstreichen ❷ (*emphasize*) etw betonen; **to ~ a point** einen Punkt unterstreichen **II.** *n* Unterstreichung *f* **undersea** *adj attr, inv* unterseeisch, Unterwasser-; **~ exploration** Unterwasserforschung *f* **underseal** *esp* BRIT **I.** *n* AUTO Unterbodenschutz *m kein pl* **II.** *vt* AUTO ■**to ~ sth** etw mit Unterbodenschutz versehen **undersecretary** *n* POL ❶ *esp* BRIT Staatssekretär(in) *m(f)* ❷ AM Unterstaatssekretär(in) *m(f)* **undersell** <-sold, -sold> *vt* ❶ (*offer cheaper*) ■**to ~ sth/sb** etw/jdn unterbieten; **to ~ the competition** die Konkurrenz unterbieten; **to ~ goods** Waren unter Preis verkaufen ❷ (*undervalue*) ■**to ~ sth/sb** etw/jdn unterbewerten; ■**to ~ oneself** sich *akk* unter Wert verkaufen *fam* **undershirt** *n* AM Unterhemd *nt* **undershoot I.** *vt* <-shot, -shot> ■**to ~ sth** etw verfehlen; ***the plane undershot the runway by 150 metres*** das Flugzeug setzte 150 Meter vor der Piste auf; ***tax revenues undershot government targets by 10%*** die Steuereinnahmen fielen um 10% geringer aus als von der Regierung erwartet **II.** *vi* <-shot, -shot> das Ziel verfehlen; *aircraft* zu früh aufsetzen **III.** *n esp* AVIAT verfehlte Landung **undershorts** *npl* AM Unterhose *f* **underside** *n usu sing* Unterseite *f* **undersigned** <*pl* -> *n* (*form*) ■**the ~** der/die Unterzeichnete; ***we, the ~*** wir, die Unterzeichnenden **undersize(d)** *adj* zu klein **underskirt** *n* Unterrock *m* **undersoil heating** *n* SPORTS Rasenheizung *f* **undersold** *vt, vi pp, pt of* **undersell** **underspend I.** *vt* <-spent, -spent> ■**to ~ sth** zu wenig Geld für etw *akk* ausgeben; **to ~ a budget** ein Budget nicht voll ausschöpfen **II.** *vi* <-spent, -spent> zu wenig ausgeben; ***the council underspent by £2 million last year*** der Rat hat das Budget letztes Jahr um 2 Millionen Pfund unterschritten **III.** *n usu sing* Ausgabendefizit *nt* **understaffed** *adj* unterbesetzt

understand <-stood, -stood> [ˌʌndəˈstænd, AM -ɚˈ-] **I.** *vt* ❶ (*perceive meaning*) ■**to ~ sth/sb** etw/jdn verstehen; ***the pub was so noisy I couldn't ~ a word he said*** in der Kneipe ging es so laut zu, dass ich kein Wort von dem, was er sagte, verstehen konnte; **to ~ one another** [*or* **each other**] sich *akk* verstehen; **to make oneself understood** sich *akk* verständlich machen
❷ (*comprehend significance*) ■**to ~ sb/sth** jdn/etw begreifen [*o* verstehen]; ■**to ~ what/why/when/how …** begreifen, was/warum/wann/wie …; ■**to ~ that …** verstehen, dass …
❸ (*sympathize with*) ■**to ~ sb/sth** für jdn/etw Verständnis haben; ***I can ~ your feeling upset about what has happened*** ich kann verstehen, dass du wegen des Vorfalls betroffen bist
❹ (*approv: empathize*) ■**to ~ sb** sich *akk* in jdn einfühlen können; ***Jack really ~s horses*** Jack kann wirklich mit Pferden umgehen
❺ (*be informed*) ■**to ~ [that] …** hören, dass …; ***I ~ [that] you are interested in borrowing some money from us*** Sie sollen an einem Darlehen von uns interessiert sein; **to give sb to ~ that …** jdm zu verstehen geben, dass …
❻ (*believe, infer*) ***when he said 3 o'clock, I understood him to mean in the afternoon*** als er von 3 Uhr sprach, ging ich davon aus, dass der Nachmittag gemeint war; ***a secret buyer is understood to have paid £3 million for the three pictures*** ein ungenannter Käufer soll 3 Millionen Pfund für die drei Bilder bezahlt haben; ***as I ~ it, we either agree to a pay cut or get the sack*** so, wie ich es sehe, erklären wir uns entweder mit einer Gehaltskürzung einverstanden oder man setzt uns vor die Tür; ■**to ~ that …** annehmen, dass …
❼ (*be generally accepted*) ■**to be understood that …** klar sein, dass …; ***in the library it is understood that loud talking is not permissible*** es dürfte allgemein bekannt sein, dass lautes Sprechen in der Bibliothek nicht gestattet ist; ***when Alan invites you to dinner, it's understood that it'll be more of an alcohol than a food experience*** wenn Alan zum Dinner einlädt, dann ist schon klar, dass der Alkohol im Mittelpunkt steht; ***in this context, 'America' is understood to refer to the United States*** in diesem Kontext sind mit ‚Amerika' selbstverständlich die Vereinigten Staaten gemeint
II. *vi* ❶ (*comprehend*) verstehen; ***she explained again what the computer was doing but I still didn't ~*** sie erklärte nochmals, was der Computer machte, aber ich kapierte immer noch nicht; ■**to ~ about sth/sb** etw/jdn verstehen; ***Jane's dad never understood about how important her singing was to her*** Janes Vater hat nie verstanden, wie wichtig das Singen für sie war
❷ (*infer*) ■**to ~ from sth that …** aus etw *dat* schließen, dass …
❸ (*be informed*) ■**to ~ from sb that …** von jdm hören, dass …; ***I've been promoted — so I ~*** ich bin befördert worden – ich habe davon gehört

understandable [ˌʌndəˈstændəbl, AM -ɚˈ-] *adj* verständlich; ■**to be ~ to sb** für jdn verständlich sein; ■**to be ~ that …** verständlich sein, dass …

understandably [ˌʌndəˈstændəbli, AM -ɚˈ-] *adv* verständlicherweise

understanding [ˌʌndəˈstændɪŋ, AM -ɚˈ-] **I.** *n* ❶ *no pl* (*comprehension*) Verständnis *nt;* ***my ~ of the agreement is that …*** ich fasse die Abmachung so auf, dass …; **to arrive at an ~** schließlich zu einer Einsicht kommen; **to be beyond sb's ~** über jds Verständnis hinausgehen; ■**to not have any ~ of sth** keinerlei Ahnung von etw *dat* haben; ***she doesn't have any ~ of politics*** sie versteht nichts von Politik
❷ (*agreement*) Übereinkunft *f;* **to come to** [*or* **reach**] **an ~** zu einer Übereinkunft kommen; **a tacit ~** ein stillschweigendes Abkommen
❸ *no pl* (*harmony*) Verständigung *f;* **a spirit of ~** eine verständnisvolle Atmosphäre
❹ *no pl* (*condition*) Bedingung *f;* ■**to do sth on the ~ that …** etw unter der Bedingung machen, dass …
❺ *no pl* (*form: intellect*) Verstand *m*
II. *adj* (*approv*) verständnisvoll

understandingly [ˌʌndᵊrˈstændɪŋli, AM dɚˈ] *adv* verständnisvoll

understate [ˌʌndəˈsteɪt, AM -ɚˈ-] *vt* ■**to ~ sth** etw abschwächen [*o* mildern]; ECON etw zu niedrig angeben; **to ~ the case** untertreiben; **to ~ sb's viewpoint** jds Ansicht beiläufig behandeln

understated [ˌʌndəˈsteɪtɪd, AM -ɚˈsteɪţɪd] *adj* ❶ (*downplayed*) untertrieben; (*underestimated*) *figures* zu niedrig angegeben
❷ (*approv: restrained*) zurückhaltend; **~ elegance** schlichte Eleganz; **~ humour** subtiler Humor *geh*

understatement [ˌʌndəˈsteɪtmənt, AM -ɚˈ-] *n* Untertreibung *f,* Understatement *nt;* **to be the ~ of the year** die Untertreibung des Jahres sein

understeer [ˌʌndᵊrˈstɪəʳ, AM dɚˈstɪr] AUTO **I.** *vi* untersteuern **II.** *n no pl* Untersteuern *nt* **understocked** *adj* ungenügend bestückt; **~ shelves** halb leere Regale

understood [ˌʌndəˈstʊd, AM -ɚˈ-] *pt, pp of* **understand**

understorey <*pl* -s> [ˌʌndəˈstɔːri, AM -ɚˈ-] *n* BOT Unterholz *nt kein pl*

understudy [ˈʌndəˌstʌdi, AM -ɚˌ-] THEAT **I.** *n* Zweitbesetzung *f*
II. *vt* <-ie-> ■**to ~ sb** jdn als Zweitbesetzung vertreten; **to ~ a part** [*or* **role**] eine Rolle in der Zweitbesetzung spielen

undersubscribed *adj esp* BRIT *course* unterbelegt; *places* nicht voll ausgebucht; *shares* nicht in voller Höhe gezeichnet

undersubscription *n* FIN Unterzeichnung *f*

undertake <-took, -taken> [ˌʌndəˈteɪk, AM -ɚˈ-] *vt* ❶ (*set about, take on*) ■**to ~ sth** etw durchführen; **to ~ a journey** eine Reise unternehmen; **to ~ an offensive** in die Offensive gehen; **to ~ a role** eine Rolle übernehmen
❷ (*form: guarantee*) ■**to ~ to do sth** sich *akk* verpflichten, etw zu tun; ■**to ~ [that] …** garantieren, [dass] …

undertaker [ˌʌndəˈteɪkəʳ, AM -ɚˈteɪkɚ] *n* ❶ (*person*) Leichenbestatter(in) *m(f)*
❷ (*firm*) Bestattungsinstitut *nt*

undertaking [ˌʌndəˈteɪkɪŋ, AM -ɚˈ-] *n* ❶ (*project*) Unternehmung *f,* Übernahme [einer Aufgabe] *f;* **noble ~** edles Unterfangen *iron geh*
❷ (*form: pledge*) Verpflichtung *f;* (*legally binding promise*) Zusicherung *f;* ***the manager gave an ~ that no employees would lose their jobs*** der Manager gab ein Garantieversprechen ab, dass keiner der Angestellten seine Stelle verlieren würde; **to honour** [*or* AM **honor**] **one's ~** seiner Verpflichtung nachkommen
❸ *no pl* (*profession*) Leichenbestattung *f*

under-the-counter I. *adj attr* illegal **II.** *adv* unter der Hand **undertone** *n* ❶ *no pl* (*voice*) gedämpfte Stimme; **to say sth in an ~** etw mit gedämpfter Stimme sagen ❷ (*colour*) Farbstich *m kein pl* ❸ (*fig: undercurrent*) Unterton *m* **undertow** *n no pl* Sog *m* **underused** *adj,* **underutilized** *adj* nicht [voll] ausgelastet **undervalue** *vt* ■**to ~ sth** etw unterbewerten; ■**to ~ sb** jdn unterschätzen **undervalued** *adj* unterbewertet; *person* unterschätzt **underwater** *inv* **I.** *adj* Unterwasser- **II.** *adv* unter Wasser **under way I.** *adj pred, inv* ■**to be ~** in Gang sein; NAUT Fahrt machen, unterwegs sein **II.** *adv* **to get ~** anfangen; NAUT den Kurs aufnehmen **underwear** *n no pl* Unterwäsche *f* **underweight** *adj* ❶ (*not heavy enough*) untergewichtig; ***according to the chart he's four kilos ~*** nach der Tabelle wiegt er vier Kilo zu wenig; ***the pack is twenty grams ~*** das Gewicht der Packung liegt zwanzig Gramm unter dem angegebenen Gewicht ❷ *portfolio* unausgeglichen

underwent [ˌʌndəˈwent, AM -əˈ-] *pt of* **undergo**

underwhelmed [ˌʌndəˈ(h)welmd, AM -əˈ-] *adj esp* BRIT (*hum fam*) ■**to be ~ by sth** von etw *dat* alles andere als begeistert sein *fam*

underwired *adj inv* ■**to be ~** *bra* mit Drahtbügel versehen (*an einem Büstenhalter*) **underwork** *vt* ■**to ~ sb** jdn unterbeschäftigen; **to ~ a machine** eine Maschine nicht [voll] auslasten **underworked** *adj* ❶ (*insufficiently used*) nicht [voll] ausgelastet ❷ (*insufficiently challenged*) zu wenig gefordert, unausgelastet **underworld I.** *n* ❶ *no pl* (*criminal milieu*) Unterwelt *f* ❷ (*afterworld*) ■**the U~** die Unterwelt, der Hades *liter* **II.** *n modifier* (*figure, dealings*) Unterwelts-, aus der Unterwelt *nach n;* **~ connections** Verbindungen *fpl* zur Unterwelt **underwrite** <-wrote, -written> *vt* **to ~ an insurance policy** die Haftung für eine Versicherung übernehmen; **to ~ a loan** für einen Kredit bürgen; **to ~ a share issue** die Unterbringung einer Aktienemission garantieren **underwriter** *n* ❶ (*of insurance*) Versicherer *m;* **Lloyd's ~** Versicherungsträger(in) *m(f)* bei Lloyd's; **marine ~** Seetransportversicherer(in) *m(f)* ❷ FIN (*of a share issue*) Emissionsgarant(in) *m(f)*, Anleihegarant(in) *m(f)*

undeserved [ˌʌndɪˈzɜːvd, AM -ˈzɜːrvd] *adj* unverdient

undeservedly [ˌʌndɪˈzɜːvɪdli, AM -ˈzɜːrv-] *adv* unverdientermaßen

undeserving [ˌʌndɪˈzɜːvɪŋ, AM -ˈzɜːrv-] *adj* unwert, unwürdig; **to be ~ of pity** kein Mitleid verdienen

undesirability [ˌʌndɪˌzaɪərəˈbɪləti, AM ˌzaɪrəˈbɪləṭi] *n no pl* Unerwünschtheit *f*

undesirable [ˌʌndɪˈzaɪ(ə)rəbl̩, AM -ˈzaɪr-] **I.** *adj* unerwünscht; **~ alien** (*form*) unerwünschte Person; **an ~ character** ein windiger Typ *pej fam;* **~ element** (*pej*) unerwünschtes Element *pej* **II.** *n usu pl* unerwünschte Person

undetectable [ˌʌndɪˈtektəbl̩] *adj inv* nicht zu entdecken *präd,* nicht nachweisbar

undetected [ˌʌndɪˈtektɪd] *adj inv* unentdeckt; **to go ~** unentdeckt bleiben

undetermined [ˌʌndɪˈtɜːmɪnd, AM ˈtɜːr] *adj inv* ❶ (*undecided*) unentschieden, [noch] ausstehend ❷ (*not known*) unbestimmt, vage

undeterred [ˌʌndɪˈtɜːd, AM -ˈtɜːrd] *adj pred* nicht abgeschreckt; ■**to be ~ by sth** sich *akk* von etw *dat* nicht abschrecken lassen

undeveloped [ˌʌndɪˈveləpt] *adj* ❶ (*not built on or used*) unerschlossen ❷ BIOL, BOT unausgereift ❸ ECON unterentwickelt ❹ PHOT nicht entwickelt ❺ PSYCH gering ausgeprägt

undeviating [ʌnˈdiːvieɪtɪŋ, AM ṭɪŋ] *adj* den Kurs haltend, unentwegt; (*fig*) unbeirrbar

undiagnosed [ˌʌndaɪəgˈnəʊzd, AM ˈnoʊsd] *adj inv* nicht diagnostiziert

undid [ʌnˈdɪd] *pt of* **undo**

undies [ˈʌndiz] *npl* (*fam*) Damenunterwäsche *f kein pl*

undifferentiated [ˌʌndɪfəˈrenʃieɪtɪd, AM eɪṭɪd] *adj inv* undifferenziert, homogen

undigested [ˌʌndaɪˈdʒestɪd] *adj food* unverdaut *a. fig; information* unverarbeitet

undignified [ʌnˈdɪgnɪfaɪd] *adj* unwürdig, würdelos

undiluted [ˌʌndaɪˈluːtɪd, AM -ṭɪd] *adj* ❶ *liquid* unverdünnt ❷ (*not moderated or weakened*) unverwässert, unverfälscht; *joy, pleasure* ungetrübt

undiminished [ˌʌndɪˈmɪnɪʃt] *adj* unvermindert; ■**to be** [*or* **remain**] **~ by sth** durch etw *akk* nicht gemindert werden

undiplomatic [ˌʌndɪpləˈmætɪk, AM -ṭ-] *n* undiplomatisch; **~ behaviour** [*or* AM **behavior**] taktloses Verhalten

undipped headlights [ˌʌndɪpt-] *npl* AUTO Fernlicht *nt kein pl*

undischarged [ˌʌndɪsˈtʃɑːdʒd, AM ˈtʃɑːrdʒd] *adj inv* ❶ FIN unbeglichen, unerledigt; *bankruptcy* [noch] nicht entlastet ❷ (*unemptied*) [noch] nicht entladen ❸ HUNT, MIL [noch] nicht abgeschossen

undischarged bankrupt *n* COMM nicht entlasteter Gemeinschuldner/nicht entlastete Gemeinschuldnerin

undisciplined [ʌnˈdɪsɪplɪnd] *adj* undiszipliniert

undisclosed [ˌʌndɪsˈkləʊzd, AM -ˈkloʊ-] *adj inv* nicht veröffentlicht; LAW ungenannt; **an ~ address** eine Geheimadresse; **an ~ amount/location** ein geheimer Betrag/Aufenthaltsort; **an ~ source** JOURN eine geheime Quelle

undiscovered [ˌʌndɪsˈkʌvəd, AM -ərd] *adj* unentdeckt; **to go ~** unentdeckt bleiben

undiscriminating [ˌʌndɪˈskrɪmɪneɪtɪŋ, AM -ṭɪŋ] *adj* ■**to be ~** keinen Unterschied machen; ■**to be ~ in sth** bei etw *dat* unkritisch sein

undisguised [ˌʌndɪsˈgaɪzd] *adj* unverhohlen

undismayed [ˌʌndɪsˈmeɪd] *adj* unerschrocken, unverzagt *geh*

undisputed [ˌʌndɪˈspjuːtɪd, AM -ṭɪd] *adj* unumstritten; **an ~ claim** eine [allgemein] anerkannte Forderung

undistinguished [ˌʌndɪˈstɪŋgwɪʃt] *adj* mittelmäßig *meist pej*

undisturbed [ˌʌndɪˈstɜːbd, AM -ɜːrbd] *adj* ❶ (*untouched*) unberührt, unangetastet ❷ (*uninterrupted*) ungestört ❸ (*unconcerned*) nicht beunruhigt; ***she is quite ~ by all the media attention*** der ganze Medienwirbel lässt sie ziemlich kalt

undivided [ˌʌndɪˈvaɪdɪd] *adj* ❶ (*not split*) vereint, ungeteilt ❷ (*concentrated*) uneingeschränkt; **~ attention** ungeteilte Aufmerksamkeit

undo <-did, -done> [ʌnˈduː] **I.** *vt* ❶ (*unfasten*) ■**to ~ sth** etw öffnen; **to ~ a belt by a couple of holes** einen Gürtel einige Löcher weiter schnallen; **to ~ buttons/a zip** Knöpfe/einen Reißverschluss aufmachen ❷ (*cancel*) **to ~ the damage** [*or* **harm**] den Schaden beheben; **to ~ the good work** die gute Arbeit zunichte machen ❸ (*ruin*) ■**to ~ sb/sth** jdn/etw zugrunde richten ❹ COMPUT ■**to ~ sth** etw rückgängig machen ▶ PHRASES: **what's done cannot be ~ne** (*saying*) Geschehenes kann man nicht mehr ungeschehen machen [*o* was passiert ist, ist passiert] **II.** *vi dress, shirt* aufgehen

undocumented [ˌʌnˈdɒkjəmentɪd, AM -ṭɪd] *adj inv* ❶ (*unproven*) nicht bewiesen ❷ AM **~ worker** Schwarzarbeiter(in) *m(f)*

undoing [ʌnˈduːɪŋ] *n no pl* Ruin *m;* ■**to be sb's ~** [*or* **the ~ of sb**] jds Ruin sein

undomesticated [ˌʌndəˈmestɪkeɪtɪd, AM -ṭɪd] *adj* ❶ *person* nicht häuslich ❷ *animal* ungezähmt

undone [ʌnˈdʌn] **I.** *vt pp of* **undo** **II.** *adj* ❶ *inv* (*not fastened*) offen; **to come ~** aufgehen ❷ (*unfinished*) unvollendet ❸ *pred* (*dated: ruined*) ruiniert

undoubted [ʌnˈdaʊtɪd, AM -ṭɪd] *adj inv* unbestritten

undoubtedly [ʌnˈdaʊtɪdli, AM -ṭɪd-] *adv inv* zweifellos

undramatic [ˌʌndrəˈmætɪk, AM ˈmæṭ] *adj* ❶ (*lacking dramatic qualities*) undramatisch ❷ (*unexciting*) nicht aufregend, harmlos

undreamed of *adj pred,* **undreamed-of** [ʌnˈdriːmd,ɒv, AM -ˌɑːv] *adj attr,* **undreamt of** *adj pred,* **undreamt-of** [ˌʌnˈdrem(p)t,ɒv, AM -ˌɑːv] *adj attr* unvorstellbar; **to increase to ~ levels** ungeahnte Ausmaße erreichen; **to achieve ~ success** ungeahnten Erfolg haben

undress [ʌnˈdres] **I.** *vt* ■**to ~ sb/sth** jdn/etw ausziehen; **to ~ sb with one's eyes** (*fig*) jdn mit den Augen ausziehen **II.** *vi* sich *akk* ausziehen **III.** *n no pl* (*hum*) **in a state of ~** spärlich bekleidet

undressed [ʌnˈdrest] *adj pred, inv* ausgezogen, unbekleidet; **to get ~** sich *akk* ausziehen

undrinkable [ʌnˈdrɪŋkəbl̩] *adj inv* nicht trinkbar

undue [ʌnˈdjuː, AM *esp* -ˈduː] *adj* (*form*) unangemessen, ungebührlich *geh;* ***there's no ~ hurry — we've got*** [*or* ***we're in***] ***plenty of time*** nur keine übertriebene Eile – wir haben genügend Zeit; **to cause** [*or* **give rise to**] **~ alarm** [*or* **concern**] die Pferde scheu machen; **to impose ~ burdens on sb** jdn über Gebühr belasten; **~ influence** LAW unzulässige Beeinflussung; **~ pressure** übermäßiger Druck

undulate [ˈʌndjəleɪt, AM -dʒə-] *vi* (*form*) auf und ab verlaufen; ***the road ~s*** die Straße verläuft achterbahnmäßig

undulating [ˈʌndjəleɪtɪŋ, AM -dʒəleɪṭ-] *adj* (*form*) ❶ (*moving like a wave*) wallend ❷ (*shaped like waves*) wellenförmig; **~ hills/landscape** sanft geschwungene Hügel/Landschaft

undulation [ˌʌndjəˈleɪʃən, AM dʒə] *n* ❶ (*wave*) wellenförmige Bewegung, Wallen *nt,* Wogen *nt* ❷ PHYS Schwingung *f*

unduly [ʌnˈdjuːli, AM *esp* -ˈduːli] *adv* unangemessen, ungebührlich *geh;* **~ concerned/pessimistic** übermäßig besorgt/pessimistisch

undying [ʌnˈdaɪɪŋ] *adj attr* (*liter*) unvergänglich; **~ devotion/loyalty** unerschütterliche Hingabe/Loyalität; **~ love/gratitude** ewige Liebe/Dankbarkeit

unearned [ʌnˈɜːnd, AM -ˈɜːrnd] *adj* ❶ (*undeserved*) unverdient ❷ (*not worked for*) nicht erarbeitet; **~ income** (*from real estate*) Besitzeinkommen *nt;* (*from investments*) Kapitaleinkommen *nt*

unearth [ʌnˈɜːθ, AM -ˈɜːrθ] *vt* ■**to ~ sth** ❶ (*dig up*) etw ausgraben; **to ~ a treasure** einen Schatz zutage fördern ❷ (*fig: discover*) etw entdecken; **to ~ the truth** die Wahrheit ans Licht bringen; ■**to ~ sb** jdn ausfindig machen; ***we finally ~ed him in the hay loft*** schließlich stöberten wir ihn auf dem Heuboden auf

unearthly [ʌnˈɜːθli, AM -ˈɜːrθ-] *adj* ❶ (*eerie*) gespenstisch; **~ beauty** übernatürliche Schönheit; **~ noise/scream** grässliches Geräusch/grässlicher Schrei ❷ (*pej fam: inconvenient*) unmöglich *meist pej fam;* **at some** [*or* **an**] **~ hour** zu einer unchristlichen Zeit ❸ (*not from the earth*) nicht irdisch

unease [ʌnˈiːz] *n no pl* Unbehagen *nt; see also* **uneasiness**

uneasily [ʌnˈiːzɪli] *adv* ❶ (*anxiously*) unbehaglich ❷ (*causing anxiety*) beunruhigend; ***responsibility of any sort sits very ~ on his shoulders*** jegliche Verantwortung lastet schwer auf seinen Schultern

uneasiness [ʌnˈiːzɪnəs] *n no pl* Unbehagen *nt* (**over/at** über +*akk*); ■**~ in sb/sth** Unruhe *f* bei jdm/etw

uneasy [ʌnˈiːzi] *adj* ❶ (*anxious*) besorgt; **an ~ smile** ein gequältes Lächeln; ■**to be/feel ~ about sth/sb** sich *akk* in Bezug auf etw/jdn unbehaglich fühlen; ***I feel a bit ~ about asking her to do such a favour*** mir ist nicht ganz wohl dabei, sie um einen solchen Gefallen zu bitten ❷ (*causing anxiety*) unangenehm; **an ~ feeling** ein ungutes Gefühl; **an ~ relationship** ein gespanntes Verhältnis; **an ~ suspicion** ein beunruhigender Verdacht ❸ (*insecure*) unsicher; **an ~ peace** ein unsicherer Frieden ▶ PHRASES: **~ lies the head that wears a crown** BRIT (*saying*) Verantwortung ist eine schwere Last

uneatable [ʌnˈiːtəbl̩, AM ṭə] *adj* ungenießbar

uneaten [ʌnˈiːtən] *adj inv* ungegessen

uneconomic [ʌnˌiːkəˈnɒmɪk, AM -ˌekəˈnɑːm-] *adj* unwirtschaftlich, unökonomisch; ***it is an ~ proposition*** das ist ein unrentables Geschäft; **~ rent** nicht kostendeckende Miete

uneconomical [ʌnˌiːkəˈnɒmɪkəl, AM -ˌekəˈnɑːm-] *adj* unwirtschaftlich; ***it is ~ to pour even more money into subsidizing the coal industry*** es ist unwirtschaftlich, noch mehr Geld in die Subventionierung der Kohlenindustrie zu stecken

unedifying [ʌnˈedɪfaɪɪŋ] *adj* unerquicklich *geh*

unedited [ʌnˈedɪtɪd, AM -ṭɪd] *adj* unbearbeitet

uneducated [ʌn'edʒʊkeɪtɪd, AM -t̬ɪd] **I.** *adj* ungebildet
II. *n* ■**the** ~ *pl* die ungebildete Bevölkerungsschicht

unelectable [ˌʌnɪ'lektəbḷ] *adj* unwählbar

unelected [ˌʌnɪ'lektɪd] *adj* nicht gewählt

unemotional [ˌʌnɪ'məʊʃᵊnᵊl, AM -'moʊ-] *adj* ❶ (*not feeling emotions*) kühl
❷ (*not revealing emotions*) emotionslos

unemotionally [ˌʌnɪ'məʊʃᵊnᵊli, AM 'moʊ] *adv* ohne Gefühlsregung, kühl *fig*, unemotional

unemployable [ˌʌnɪm'plɔɪəbḷ] *adj* unvermittelbar

unemployed [ˌʌnɪm'plɔɪd] **I.** *n* ■**the** ~ *pl* die Arbeitslosen
II. *adj* arbeitslos

unemployment [ˌʌnɪm'plɔɪmənt] *n no pl* ❶ (*state*) Arbeitslosigkeit *f*
❷ (*rate*) Arbeitslosenrate *f*; **large-/small-scale** ~ hohe/niedrige Arbeitslosenrate; **long-/short-term** ~ Langzeit-/Kurzzeitarbeitslosigkeit *f*; **mass** ~ Massenarbeitslosigkeit *f*; **seasonal** ~ saisonale Arbeitslosigkeit
❸ AM (*unemployment insurance*) Arbeitslosengeld *nt*

unemployment benefit *n* BRIT, AUS, **unemployment compensation** *n no pl* AM, **unemployment insurance** *n no pl* AM Arbeitslosenunterstützung *f*, Arbeitslosengeld *nt*, Arbeitslosenhilfe *f*; **to claim** ~ Arbeitslosengeld [*o* Arbeitslosenunterstützung] beziehen; ■**to be on** ~ arbeitslos sein **unemployment rate** *n* Arbeitslosenrate *f*

unencumbered [ˌʌnɪŋ'kʌmbəd, AM -ɪn'kʌmbɚd] *adj usu pred* ❶ (*unburdened*) unbelastet; ■**to be** ~ [**by sth**] [von etw *dat*] befreit sein; ~ ***by baggage, he was able to move much faster*** unbehindert von Gepäck konnte er sich viel schneller fortbewegen
❷ (*fig: free from debt*) unbelastet

unending [ʌn'endɪŋ] *adj* endlos; **an** ~ **delight** eine anhaltende Wonne; ~ **pleasure** ein Vergnügen *nt* ohne Ende

unendurable [ˌʌnɪn'djʊərəbḷ, AM -'dʊr-, -'djʊr-] *adj* unerträglich

unenforceable [ˌʌnɪn'fɔːsəbḷ, AM -'fɔːrs-] *adj inv* nicht durchsetzbar; **an** ~ **law** ein nicht durchsetzbares [*o* anwendbares] Gesetz

un-English [ʌn'ɪŋglɪʃ] *adj* unenglisch

unenlightened [ˌʌnɪn'laɪtᵊnd] *adj* ❶ (*not wise or insightful*) unklug; **an** ~ **person** ein Ignorant *m*/eine Ignorantin
❷ (*subject to superstition*) unaufgeklärt; **an** ~ **age** ein unaufgeklärtes Zeitalter
❸ (*missing the higher level*) einfallslos, uninspiriert
❹ (*also hum: not informed*) ahnungslos; **to remain** ~ im Dunkeln tappen *fam*

unenlightening [ˌʌnɪn'laɪtᵊnɪŋ] *adj* ohne Erkenntniswert *nach n geh*; **an** ~ **answer** eine wenig aussagekräftige Antwort

unenterprising [ʌn'entəpraɪzɪŋ, AM -'ent̬ɚ-] *adj* ohne Unternehmungsgeist *nach n*

unenthusiastic [ˌʌnɪnˌθjuːzi'æstɪk, AM -ˌθuː-] *adj* wenig begeistert

unenthusiastically [ˌʌnɪnθjuːzi'æstɪkᵊli, AM enθuː] *adv* begeisterungslos, ohne [jede] Anteilnahme

unenviable [ʌn'enviəbḷ] *adj* wenig beneidenswert

unequal [ʌn'iːkwᵊl] *adj* ❶ (*different*) ungleich, unterschiedlich; ~ **triangle** ungleichseitiges Dreieck
❷ (*unjust*) ungerecht; ~ **contest** ungleicher Wettkampf; ~ **relationship** einseitige Beziehung; **to do sth on** ~ **terms** etw unter ungleichen Bedingungen machen; ~ **treatment** Ungleichbehandlung *f*
❸ (*inadequate*) ■**to be** ~ **to sth** etw *dat* nicht gewachsen sein

unequaled AM, **unequalled** [ʌn'iːkwᵊld] *adj* unübertroffen; ***this fish restaurant is*** ~ ***anywhere else in London*** dieses Fischrestaurant ist in London ohnegleichen; ~ **prosperity** beispielloser Wohlstand

unequally [ʌn'iːkwᵊli] *adv* unterschiedlich, ungleichmäßig; **to treat people** ~ Menschen ungleich behandeln

unequivocal [ˌʌnɪ'kwɪvəkᵊl] *adj* eindeutig, unmissverständlich; ***the church has been*** ~ ***in its condemnation of the violence*** die Kirche hat an ihrer Missbilligung der Gewalt keinen Zweifel gelassen; **an** ~ **success** ein eindeutiger Erfolg

unequivocally [ˌʌnɪ'kwɪvəkᵊli] *adv* unmissverständlich; ***the critics panned the film*** ~ die Kritiker verrissen den Film einhellig; **to state sth** ~ etw hundertprozentig unterschrieben

unerring [ʌn'ɜːrɪŋ] *adj* unfehlbar

unerringly [ʌn'ɜːrɪŋli] *adv* unfehlbar; ***my staff are*** ~ ***professional*** meine Mitarbeiter arbeiten stets professionell

UNESCO, Unesco [juː'neskəʊ, AM -koʊ] **I.** *n no pl acr for* **United Nations Educational, Scientific and Cultural Organization** UNESCO *f*
II. *n modifier acr for* **United Nations Educational, Scientific and Cultural Organization** *commission, fund, programme* UNESCO-

unethical [ʌn'eθɪkᵊl] *adj* unmoralisch; ***it's usually considered*** ~ ***for university teachers to have affairs with their students*** Liebesverhältnisse zwischen Professoren und Studenten werden allgemein als ethisch bedenklich angesehen

uneven [ʌn'iːvᵊn] *adj* ❶ (*not flat or level*) uneben; **an** ~ **road** eine holprige Straße
❷ (*unequal, asymmetrical*) ungleich; ~ **bars** AM (*in gymnastics*) Stufenbarren *m*
❸ (*unequal, unfair*) unterschiedlich; ~ **contest** ungleicher Wettkampf; ~ **treatment** Ungleichbehandlung *f*
❹ (*usu euph: inadequate*) *quality* uneinheitlich, durchwachsen *fam*
❺ (*erratic*) unausgeglichen, schwankend *attr;* ~ **performances** schwankende Leistungen
❻ MED (*irregular*) unregelmäßig
❼ MATH (*odd*) ~ **numbers** ungerade Zahlen

unevenly [ʌn'iːvᵊnli] *adv* ❶ (*irregularly*) ungleichmäßig
❷ (*unfairly*) unfair; **to be** ~ **distributed** ungerecht verteilt sein
❸ (*usu euph: inadequately*) nicht zufrieden stellend
❹ MED (*irregularly*) unregelmäßig

unevenness [ʌn'iːvᵊnnəs] *n no pl* ❶ (*bumpiness*) Unebenheit *f*, Holprigkeit *f*; ~ **of a flight** unruhiger Flug
❷ (*inequity*) Ungleichmäßigkeit *f*; ~ **of the lines/sides** Ungleichheit *f* der Linien/Seiten
❸ (*usu euph: poor quality*) unbefriedigende Leistung
❹ MED (*irregularity*) Unregelmäßigkeit *f*

uneventful [ˌʌnɪ'ventfᵊl] *adj* ereignislos; **an** ~ **career/life** eine Laufbahn/ein Leben *nt* ohne Höhen und Tiefen; **an** ~ **journey** eine Reise ohne Zwischenfälle

uneventfully [ˌʌnɪ'ventfᵊli] *adv* ruhig; **to pass** ~ ohne Zwischenfälle verlaufen

unexampled [ˌʌnɪg'zɑːmpḷd, AM -'zæm-] *adj inv* (*form*) beispiellos, unvergleichlich

unexceptionable [ˌʌnɪk'sepʃᵊnəbḷ] *adj* untadelig; ~ **behaviour** [*or* AM **behavior**] tadelloses Benehmen

unexceptional [ˌʌnɪk'sepʃᵊnᵊl] *adj* nicht außergewöhnlich; ~ **life** ereignisloses Leben

unexciting [ˌʌnɪk'saɪtɪŋ, AM -t̬ɪŋ] *adj* ❶ (*not exciting*) langweilig; **an** ~ **work of art** ein durchschnittliches Kunstwerk
❷ (*uneventful*) ereignislos

unexpected [ˌʌnɪk'spektɪd, AM -tɪd] **I.** *adj* unerwartet; **an** ~ **break** eine unvorhergesehene Unterbrechung; [**to take**] **an** ~ **turn** eine unvorhergesehene Wendung [nehmen]; **an** ~ **windfall** ein unverhoffter Gewinn
II. *n no pl* ■**the** ~ das Unerwartete; ***life is full of the*** ~ das Leben ist voller Überraschungen

unexpectedly [ˌʌnɪk'spektɪdli, AM -tɪd-] *adv* unerwartet

unexperienced [ˌʌnɪk'spɪəriən(t)st, AM -'spɪr-] *adj sensation, situation* [noch] nicht erlebt; *person* unerfahren

unexplainable [ˌʌnɪks'pleɪnəbḷ] *adj* unerklärbar, unerklärlich

unexplained [ˌʌnɪk'spleɪnd] *adj inv* unerklärt, unklar

unexploded [ˌʌnɪk'spləʊdɪd, AM -'sploʊd-] *adj inv bomb* nicht detoniert

unexploited [ˌʌnɪk'splɔɪtɪd, AM -t̬ɪd] *adj* nicht ausgeschöpft; ~ **resources** nicht ausgebeutete Ressourcen

unexplored [ˌʌnɪk'splɔːd, AM -ɔːrd] *adj* unerforscht

unexposed [ˌʌnɪk'spəʊzd, AM -'spoʊ-] *adj* ❶ PHOT unbelichtet
❷ (*not revealed*) verborgen; ***the tabloids left no detail of his private life*** ~ die Regenbogenpresse ließ kein Detail seines Privatlebens im Verborgenen
❸ (*not in contact with*) ■**to be** ~ **to sth** etw *dat* nicht ausgesetzt sein

unexpressed [ˌʌnɪk'sprest] *adj* unausgesprochen

unexpressive [ˌʌnɪk'spresɪv] *adj* ausdruckslos

unexpurgated [ʌn'ekspəgeɪtɪd, AM -spɚgeɪt̬ɪd] *adj texts* unzensiert; **an** ~ **edition** eine ungekürzte Ausgabe

unfailing [ʌn'feɪlɪŋ] *adj* ❶ (*dependable*) beständig; ***she was*** ~ ***in her support for the downtrodden*** sie war immer für die Unterdrückten da; ~ **loyalty** unerschütterliche Loyalität
❷ (*continuous*) unerschöpflich

unfailingly [ʌn'feɪlɪŋli] *adv* (*approv*) immer, stets; **to be** ~ **cheerful/optimistic/polite** stets fröhlich/optimistisch/höflich sein

unfair [ʌn'feəʳ, AM -'fer] *adj* unfair; **an** ~ **advantage** ein unfairer Vorteil; ~ **competition** unlauterer Wettbewerb; **an** ~ **decision** eine ungerechte Entscheidung; ■**to be** ~ **to sb** jdm gegenüber unfair sein; ***it is*** ~ ***to the people living here*** es ist unfair den Menschen gegenüber, die hier leben

unfairly [ʌn'feəli, AM -'fer-] *adv* unfair; **to be** ~ **blamed** zu Unrecht beschuldigt werden; **to treat sb** ~ jdn unfair behandeln

unfairness [ʌn'feənəs, AM -'fer-] *n no pl* Ungerechtigkeit *f*; (*in sports*) Unfairness *f*

unfaithful [ʌn'feɪθfᵊl] *adj* ❶ (*adulterous*) untreu; ■**to be** ~ [**to sb**] [jdm] untreu sein
❷ (*disloyal*) illoyal *geh*
❸ (*form: inaccurate*) *rendition, translation* ungenau

unfaithfulness [ʌn'feɪθfᵊlnəs] *n no pl* ❶ (*sexual infidelity*) Untreue *f*
❷ (*disloyalty*) Illoyalität *f geh*
❸ (*form: inaccuracy*) Ungenauigkeit *f*

unfaltering [ʌn'fɔːltᵊrɪŋ, AM -'fɑːltɚ-] *adj* unbeirrbar; **with** ~ **steps** mit festem Schritt; **in an** ~ **voice** mit fester Stimme

unfamiliar [ˌʌnfə'mɪljəʳ, AM -ɚ] *adj* ❶ (*new*) unvertraut; **an** ~ **experience** ein ungewohntes Erlebnis; **an** ~ **place** ein unbekannter Ort; ■**to be** ~ **to sb** jdm fremd sein
❷ (*unacquainted*) ■**to be** ~ **with sth** mit etw *dat* nicht vertraut sein

unfamiliarity [ˌʌnfəˌmɪli'ærəti, AM -'erət̬i] *n no pl* ❶ (*strangeness*) Unvertrautheit *f*, Fremdheit *f*
❷ (*ignorance of*) ■~ **with sth** Unkenntnis *f* einer S. *gen*

unfashionable [ʌn'fæʃᵊnəbḷ] *adj* unmodisch, unmodern

unfashionably [ʌn'fæʃᵊnəbli] *adv* unmodischerweise, der Mode zuwider

unfasten [ʌn'fɑːsᵊn, AM -'fæs-] **I.** *vt* ■**to** ~ **sth** *blouse, button, belt* etw öffnen; *bracelet* etw abnehmen; *fetters* etw losbinden [*o* lösen]; ***do not*** ~ ***your seatbelts until the aircraft has come to a complete stop*** bleiben Sie angeschnallt, bis das Flugzeug zum Stillstand gekommen ist
II. *vi* aufgehen

unfathomable [ʌn'fæðəməbl] *adj* ❶ (*too deep to measure*) unergründlich
❷ (*inexplicable*) unverständlich, unergründlich; **an** ~ **mystery** (*also hum*) ein unergründliches Geheimnis

unfathomably [ʌn'fæðəməbli] *adv* (*form*) ❶ (*immeasurably*) ~ **deep** unergründlich tief

❷ (*incomprehensibly*) unbegreiflich
unfathomed [ʌn'fæðəmd] *adj* ❶ (*of unmeasured depth*) unergründet
❷ (*not understood*) unerforscht
unfavorable *adj* Am *see* **unfavourable**
unfavorably *adv* Am *see* **unfavourably**
unfavourable [ʌn'feɪvərəbl̩], Am **unfavorable** *adj* ❶ (*adverse*) ungünstig; **an ~ comparison** ein unvorteilhafter Vergleich; **an ~ decision** eine negative Entscheidung; **an ~ reaction to sth** eine ablehnende Reaktion auf etw *akk*
❷ (*disadvantageous*) nachteilig; **~ balance of trade** passive Handelsbilanz; **to appear in an ~ light** in einem ungünstigen Licht erscheinen
unfavourably [ʌn'feɪvərəbli], Am **unfavorably** *adv* ungünstig; **to be ~ disposed [towards sb/sth]** [jdm/etw gegenüber] ablehnend [*o* negativ] eingestellt sein; **to compare ~ with sth/sb** im Vergleich mit etw/jdm schlecht abschneiden
unfazed [ʌn'feɪzd] *adj usu pred* (*fam*) unbeeindruckt; ***she seems ~ by all the recent media attention*** der Medienrummel der letzten Zeit lässt sie anscheinend ziemlich kalt
unfeasible [ʌn'fi:zəbl̩] *adj* undurchführbar, nicht machbar
unfeasibly [ʌn'fi:zəbli] *adv* sinnlos; **an ~ extravagant suggestion** ein haarsträubend wirklichkeitsfremder Vorschlag
unfeeling [ʌn'fi:lɪŋ] *adj* gefühllos, herzlos
unfeigned [ʌn'feɪnd] *adj* aufrichtig; **~ surprise** echte Überraschung
unfeminine [ʌn'femɪnɪn] *adj* unweiblich, nicht feminin
unfenced [ʌn'fen(t)st] *adj* nicht eingezäunt
unfertilized [ʌn'fɜ:tɪlaɪzd, Am -'fɜ:rt̬-] *adj* ❶ *egg* unbefruchtet
❷ *land* ungedüngt
unfettered [ʌn'fetəd, Am -'fet̬ɚd] *adj* ❶ (*form: not restricted*) uneingeschränkt; **~ competition** freier Wettbewerb; **~ by fluctuations in exchange rates** von Wechselkursschwankungen unbeeinträchtigt; **~ movement of money** freier Geldverkehr
❷ (*unchained*) *prisoner* nicht gefesselt
unfilled [ʌn'fɪld] *adj* leer; *job* offen; ***the number of ~ teaching posts is increasing*** die Zahl der offenen Stellen in Lehrberufen steigt an; **an ~ hole** ein nicht aufgefülltes Loch
unfinished [ʌn'fɪnɪʃt] *adj* ❶ (*incomplete*) unvollendet; **~ business** (*also fig*) offene Fragen *fpl;* **the U~ Symphony** die Unvollendete; **to leave sth ~** etw unvollendet lassen
❷ *esp* Am (*rough, without finish*) unlackiert
unfit [ʌn'fɪt] **I.** *adj* ❶ (*unhealthy*) nicht fit, in schlechter Form *präd;* **to be ~ for work/military service** arbeits-/dienstuntauglich sein
❷ (*pej: unsuitable*) *person* ungeeignet; ***he's an ~ parent*** er ist als Erziehungsberechtigter ungeeignet; ■**to be ~ for sth** für etw *akk* ungeeignet sein; ***she is ~ for teaching*** sie eignet sich nicht als Lehrerin; ■**to be ~ to do sth** unfähig sein, etw zu tun; ***the inquiry stated that he was ~ to run a public company*** die Untersuchung bescheinigte ihm Untauglichkeit zur Führung eines öffentlichen Unternehmens
❸ (*unsuitable*) ■**to be ~ for** [*or* **to do**] **sth** für etw *akk* ungeeignet sein; **to be ~ for human consumption** nicht zum Verzehr geeignet sein; **to be ~ for [human] habitation** unbewohnbar sein; **to be ~ for publication** sich *akk* nicht zur Veröffentlichung eignen
II. *vt* <-tt-> (*form*) ■**to ~ sb/sth [for sth]** (*dated*) jdn/etw für etw *akk* untauglich machen
unfitness [ʌn'fɪtnəs] *n no pl* Untauglichkeit *f,* Unbrauchbarkeit *f*
unfitting [ʌn'fɪtɪŋ, Am -t̬ɪŋ] *adj* unpassend; ***it's ~ for you to be going out with him — he's a married man*** es gehört sich nicht, dass du mit ihm ausgehst – er ist verheiratet; ***his behaviour at the wedding was ~ to the occasion*** sein Verhalten bei der Hochzeit war dem Anlass nicht angemessen
unfittingly [ʌn'fɪtɪŋli, Am -t̬ɪŋ-] *adv* unpassend
unfix [ʌn'fɪks] *vt* ■**to ~ sth** etw losmachen [*o* lösen]; **to become ~ed** sich *akk* lösen
unflagging [ʌn'flægɪŋ] *adj* (*approv*) unermüdlich; ***he was ~ in his efforts on behalf of the homeless*** er setzte sich unentwegt für Obdachlose ein; **~ optimism** ungebrochener Optimismus
unflappable [ʌn'flæpəbl̩] *adj* (*approv fam*) unerschütterlich; ■**to be ~** nicht aus der Ruhe zu bringen sein
unflattering [ʌn'flætərɪŋ, Am -t̬-] *adj description, remark* wenig schmeichelhaft; *dress, hairstyle, photo, portrait* unvorteilhaft; ***that colour is ~ to you*** diese Farbe steht dir nicht; **to show sb/sth in an ~ light** jdn/etw in einem wenig schmeichelhaften Licht präsentieren
unfledged [ʌn'fledʒd] *adj* ❶ ORN ungefiedert
❷ (*fig: inexperienced*) unerfahren
unflinching [ʌn'flɪn(t)ʃɪŋ] *adj* (*approv*) unerschrocken; **~ determination** unbeirrbare Entschlossenheit; **an ~ report** ein wahrheitsgetreuer Bericht; **~ support/honesty** beständige Unterstützung/Ehrlichkeit
unflinchingly [ʌn'flɪn(t)ʃɪŋli] *adv* (*approv*) unerschrocken
unfocus(s)ed [ʌn'fəʊkəsd, Am 'foʊ] *adj* ❶ (*of eyes*) blicklos
❷ (*of vision*) undeutlich
❸ (*of light rays*) ungerichtet, nicht fokussiert *fachspr*
❹ (*of optical device*) nicht eingestellt
❺ (*without aim or direction*) unkonzentriert, richtungslos
unfold [ʌn'fəʊld, Am -'foʊld] **I.** *vt* ❶ (*open out*) ■**to ~ sth** etw entfalten [*o* auseinander falten]; **to ~ one's arms** seine Arme ausbreiten; **to ~ a table** einen Tisch aufklappen
❷ (*fig: make known*) **to ~ one's ideas/plans** seine Ideen/Pläne darlegen; **to ~ a story** eine Geschichte entwickeln
II. *vi* ❶ (*develop*) sich *akk* entwickeln
❷ (*become revealed*) enthüllt werden
❸ (*become unfolded*) aufgehen, sich *akk* entfalten
unforced [ʌn'fɔ:st, Am 'fɔ:rst] *adj* ungezwungen *a. fig*
unforeseeable [ˌʌnfɔ:'si:əbl̩, Am -fɔ:r'-] *adj* unvorhersehbar
unforeseen [ˌʌnfɔ:'si:n, Am -fɔ:r'-] *adj inv* unvorhergesehen
unforgettable [ˌʌnfə'getəbl̩, Am -fɚ'get̬-] *adj* unvergesslich
unforgettably [ˌʌnfə'getəbli, Am -fɚ'get̬-] *adv* beeindruckend, auf unvergessliche Weise
unforgivable [ˌʌnfə'gɪvəbl̩, Am -fɚ'-] *adj* unverzeihlich; ***that was ~ of you*** das war unverzeihlich von dir; **an ~ sin** eine Todsünde *a. iron*
unforgivably [ˌʌnfə'gɪvəbli, Am -fɚ'-] *adv* unverzeihlich
unforgiving [ˌʌnfə'gɪvɪŋ, Am -fɚ'-] *adj* ❶ (*not willing to forgive*) *person* nachtragend, unversöhnlich
❷ (*harsh, hostile*) gnadenlos *a. fig; place, climate* menschenfeindlich
unformed [ʌn'fɔ:md, Am -'fɔ:rmd] *adj* ❶ (*lacking shape*) formlos, ungeformt
❷ (*undeveloped*) unentwickelt, unfertig
unforthcoming [ˌʌnfɔ:θ'kʌmɪŋ, Am -fɔ:rθ'-] *adj person* wenig mitteilsam, ungesprächig; *thing* nicht erhältlich [*o* verfügbar]; ***he was very ~ about his plans for the future*** er hielt mit seinen Zukunftsplänen hinter dem Berge; ***with money ~ from his parents, he was forced to increase his loan*** da ihm seine Eltern kein Geld gaben, musste er seinen Kredit aufstocken
unfortunate [ʌn'fɔ:tʃənət, Am -'fɔ:r-] **I.** *adj* ❶ (*unlucky*) unglücklich; ***she's inherited her father's nose, which is very ~*** sie hat die Nase ihres Vaters geerbt, was wirklich unvorteilhaft ist; ***it was just ~ that he phoned exactly as our guests were arriving*** dass er auch ausgerechnet dann anrufen musste, als unsere Gäste eintrafen
❷ (*regrettable*) bedauerlich; **an ~ manner** eine ungeschickte Art
❸ (*adverse*) unglücksselig; **~ circumstances** unglückliche Umstände
II. *n* (*form or hum*) Unglücksselige(r) *f(m)*
unfortunately [ʌn'fɔ:tʃənətli, Am -'fɔ:r-] *adv* unglücklicherweise; ***~ for me I didn't have my credit card with me*** zu meinem Pech hatte ich meine Kreditkarte nicht dabei
unfounded [ʌn'faʊndɪd] *adj* unbegründet; ***these accusations are ~ in fact*** diese Anschuldigungen entbehren einer tatsächlichen Grundlage; ***our fears about the weather proved ~*** unsere Befürchtungen wegen des Wetters stellten sich als unbegründet heraus
unframed [ʌn'freɪmd] *adj inv* ungerahmt
unfreeze <-froze, -frozen> [ʌn'fri:z, Am ˌʌn'-] **I.** *vt* ■**to ~ sth** etw auftauen; **to ~ assets** ECON Vermögen[swerte] freigeben
II. *vi* auftauen
unfrequented [ˌʌnfrɪ'kwentɪd, Am ʌn'fri:kwent̬ɪd] *adj* wenig besucht
unfriendliness [ʌn'frendlɪnəs] *n no pl* Unfreundlichkeit *f;* ***his ~ towards his colleagues led people to avoid him*** wegen seiner unfreundlichen Art Kollegen gegenüber gingen ihm die Leute aus dem Weg
unfriendly [ʌn'frendli] *adj* unfreundlich; (*hostile*) feindlich; **user ~** nicht benutzerfreundlich; **environmentally ~** umweltschädlich; ■**to be ~ to sb** jdm gegenüber unfreundlich sein
unfrock [ʌn'frɒk, Am -'frɑ:k] *vt* ■**to ~ sb** jdn des Amtes entheben
unfrozen [ʌn'frəʊzən, Am -'froʊ-] *adj* ungefroren
unfruitful [ʌn'fru:tfəl] *adj* ❶ (*barren*) unfruchtbar
❷ (*unprofitable*) fruchtlos, unergiebig; (*unproductive*) ergebnislos; ***in his opinion yoga is ~*** seiner Meinung nach bringt Yoga nichts *fam*
unfulfilled [ˌʌnfʊl'fɪld] *adj* ❶ *thing* unvollendet; **an ~ promise** ein unerfülltes Versprechen
❷ *person* unausgefüllt; *life, wishes* unerfüllt; ***the rumour remained ~*** das Gerücht hat sich nicht bewahrheitet
unfunded [ʌn'fʌndɪd] *adj inv* FIN ❶ (*without assets*) ohne finanzielle Ausstattung, nicht subventioniert
❷ (*of a debt*) schwebend, unfundiert *fachspr*
unfunny [ʌn'fʌni] *adj* [gar] nicht komisch; ***I find that joke decidedly ~ and in extremely poor taste*** diesen Witz finde ich alles andere als komisch und völlig geschmacklos
unfurl [ʌn'fɜ:l, Am -'fɜ:rl] **I.** *vt* ■**to ~ sth** etw ausrollen; *banner, flag* etw entrollen [*o* entfalten]; **to ~ a sail** ein Segel setzen; **to ~ an umbrella** einen Schirm aufspannen
II. *vi* sich *akk* öffnen
unfurnished [ʌn'fɜ:nɪʃt, Am -'fɜ:r-] **I.** *adj* unmöbliert; **to rent sth ~** etw unmöbliert mieten
II. *n* Brit (*fam*) unmöbliertes Zimmer
unfussy [ʌn'fʌsi] *adj* schlicht
ungainly [ʌn'geɪnli] *adj* unbeholfen, plump; ***though graceful while swimming, ducks are somehow ~ on land*** obwohl Enten beim Schwimmen recht anmutig wirken, bewegen sie sich auf dem Trockenen eher unbeholfen fort
ungeared [ʌn'gɪəd, Am -'gɪrd] *adj* ❶ TECH ohne Gangschaltung *nach n*
❷ Brit FIN *account* ohne Fremdkapitalaufnahme *nach n; company* schuldenfrei; **~ balance sheet** unangepasste Bilanz
ungenerous [ʌn'dʒenərəs] *adj* kleinlich *pej,* knausrig *pej fam*
ungentlemanly [ʌn'dʒentl̩mənli] *adj* ungalant *geh*
unget-at-able [ˌʌnget'ætəbl̩, Am -get̬'æt̬-] *adj* (*sl*) unerreichbar
unglazed [ʌn'gleɪzd] *adj inv* ❶ (*lacking glass*) unverglast
❷ (*lacking glazing*) unglasiert
unglued [ʌn'glu:d] *adj* ❶ *inv* (*not glued*) nicht geklebt
❷ Am (*fig*) **to come ~** (*go wrong*) sich *akk* auflösen, zerfallen; *person* instabil werden

U

ungodly [ʌn'gɒdli, AM -'gɑːd-] *adj* (*pej*) ❶ *attr* (*fam: unreasonable*) unerhört; **at an** [*or* **some**] ~ **hour** zu einer unchristlichen Zeit
❷ (*form liter: impious*) gottlos

ungovernable [ʌn'gʌvᵊnəbl̩, AM -vɚn-] *adj country, people* unregierbar; *temper* unkontrollierbar

ungraceful [ʌn'greɪsfᵊl] *adj* plump

ungracious [ʌn'greɪʃəs] *adj* (*form*) unhöflich; ~ **behaviour** [*or* AM **behavior**] unfreundliches Verhalten

ungraciously [ʌn'greɪʃəsli] *adv* unfreundlich, ungnädig *fig*

ungrammatical [ˌʌngrə'mætɪkᵊl, AM -'mæţ-] *adj* grammatisch inkorrekt

ungrateful [ʌn'greɪtfᵊl] *adj* undankbar; ▪**to be** ~ **for sth** für etw *akk* undankbar sein

ungratefully [ʌn'greɪtfᵊli] *adv* undankbarerweise

ungreen [ʌn'griːn] *adj* (*fig*) unökologisch

ungrounded [ʌn'graʊndɪd] *adj* unbegründet, grundlos, ohne Basis *nach n*

ungrudging [ʌn'grʌdʒɪŋ] *adj* ❶ (*without reservation*) bereitwillig; ~ **admiration** rückhaltlose Bewunderung; ~ **encouragement** großzügige Förderung
❷ (*not resentful*) neidlos

ungrudgingly [ʌn'grʌdʒɪŋli] *adv* großzügig; **to** ~ **admire sb** jdn rückhaltlos bewundern; **to** ~ **congratulate sb** jdn aufrichtig beglückwünschen

unguarded [ʌn'gɑːdɪd, AM -'gɑːrd-] *adj* ❶ (*not defended or watched*) unbewacht; **an** ~ **border** eine offene Grenze
❷ (*careless, unwary*) unvorsichtig, unüberlegt; **an** ~ **face** ein verräterischer Gesichtsausdruck; **in an** ~ **moment** in einem unbedachten Augenblick

unguent ['ʌŋgwənt] *n* (*liter or spec*) Salbe *f*, Unguentum *nt fachspr*

ungulate ['ʌŋgjəleɪt, AM lɪt] *n* ZOOL Huftier *nt*

unhallowed [ʌn'hæləʊd, AM -loʊd] *adj* ❶ (*not consecrated*) ungeweiht; ~ **ground** ungeweihte Erde
❷ (*unholy*) unheilig *veraltend o hum*

unhampered [ʌn'hæmpəd, AM -ɚd] *adj* uneingeschränkt; **to be** ~ **by regulations** nicht von Bestimmungen eingeschränkt sein; **an** ~ **view** eine ungehinderte Sicht

unhand [ʌn'hænd] *vt* (*dated or hum*) ▪**to** ~ **sb** jdn loslassen

unhang <-hung, -hung> [ʌn'hæŋ] *vt* ▪**to** ~ **sth** etw abhängen, etw abnehmen

unhappily [ʌn'hæpɪli] *adv* ❶ (*unfortunately*) unglücklicherweise; ~ ***for the spectators, it began to rain*** zum Leidwesen der Zuschauer fing es an zu regnen
❷ (*miserably*) unglücklich; **to be** ~ **married** unglücklich verheiratet sein

unhappiness [ʌn'hæpɪnəs] *n no pl* Traurigkeit *f*

unhappy [ʌn'hæpi] *adj* ❶ (*sad*) unglücklich; **an** ~ **marriage** eine unglückliche Ehe; ▪**to be** ~ **about sth** über etw *akk* unglücklich sein; ▪**to be** ~ **with sth** mit etw *dat* unzufrieden sein
❷ (*unfortunate*) unglücksselig; **an** ~ **coincidence** ein unglückliches Zusammentreffen

unharmed [ʌn'hɑːmd, AM -'hɑːrmd] *adj inv* unversehrt; ***fortunately, they were*** ~ ***by the flying glass*** zum Glück wurden sie von den umherfliegenden Glassplittern nicht getroffen; **to escape** ~ unversehrt davonkommen

unharness [ʌn'hɑːnəs, AM -'hɑːrn-] *vt* **to** ~ **a horse/a husky/an ox** ein Pferd/einen Husky/einen Ochsen ausspannen [*o* abschirren]

unhealthily [ʌn'helθɪli] *adv* ❶ MED ungesund
❷ PSYCH krankhaft

unhealthiness [ʌn'helθɪnəs] *n no pl* ❶ (*poor health*) Kränklichkeit *f*
❷ (*unwholesomeness*) Gesundheitsschädlichkeit *f*

unhealthy [ʌn'helθi] *adj* ❶ (*unwell*) kränklich
❷ (*harmful to health*) ungesund
❸ (*fam: dangerous*) gefährlich
❹ (*morbid*) krankhaft; **an** ~ **interest in sth** ein krankhaftes Interesse an etw *dat*

unheard [ʌn'hɜːd, AM -'hɜːrd] *adj* ❶ (*not heard*) ungehört
❷ *usu pred* (*ignored*) **to go** ~ ungehört bleiben

unheard-of *adj* ❶ (*unknown*) unbekannt; ***in those days space travel was*** ~ zu jener Zeit hatte man von der Raumfahrt noch nichts gehört
❷ (*pej: unthinkable*) undenkbar

unheated [ʌn'hiːtɪd, AM -ţɪd] *adj* ungeheizt

unheeded [ʌn'hiːdɪd] *adj* unbeachtet; **to go** ~ kein Gehör finden

unhelpful [ʌn'helpfᵊl] *adj* ❶ (*not ready to help*) *person* nicht hilfsbereit
❷ (*useless*) nicht förderlich, nicht hilfsbereit; *behaviour, comment* nicht hilfreich

unhelpfully [ʌn'helpfᵊli] *adv* ❶ (*uncooperatively*) ohne Hilfsbereitschaft
❷ (*uselessly*) wenig hilfreich, nutzloserweise

unheralded [ʌn'herəldɪd] *adj inv* unangekündigt

unhesitating [ʌn'hezɪteɪtɪŋ, AM -ţɪŋ] *adj* unverzüglich; ***they were*** ~ ***in their approval of the marriage*** die Heirat fand ihre bereitwillige Zustimmung; **an** ~ **reaction/response** eine unverzügliche Reaktion/Antwort

unhesitatingly [ʌn'hezɪteɪtɪŋli, AM -ţɪŋ-] *adv* ohne zu zögern

unhindered [ʌn'hɪndəd, AM -ɚd] *adj inv* ungehindert

unhinge [ʌn'hɪndʒ] *vt* ❶ (*take off hinges*) **to** ~ **a door/gate** eine Tür/ein Tor aus den Angeln heben
❷ (*esp hum: make crazy*) ▪**to** ~ **sb** jdn aus der Fassung bringen

unhinged [ʌn'hɪndʒd] *adj* (*esp hum*) verrückt

unhip [ʌn'hɪp] *adj* (*sl*) uncool *sl*

unhistorical [ˌʌnhɪ'stɒrɪkᵊl, AM 'stɔːr] *adj* unhistorisch

unhitch [ʌn'hɪtʃ] *vt* ▪**to** ~ **sth** etw losmachen, etw loshaken

unholy [ʌn'həʊli, AM -'hoʊli] *adj* ❶ (*wicked*) ruchlos
❷ REL gottlos; ~ **ground** ungeweihte Erde
❸ (*outrageous*) heillos; **to get up at some** ~ **hour** zu einer unchristlichen Zeit aufstehen; ~ **glee** [*or* **relish**] Schadenfreude *f*
❹ (*pej: dangerous*) gefährlich; **an** ~ **alliance** eine unheilige Allianz *a. hum*

unhook [ʌn'hʊk] *vt* ▪**to** ~ **sth** ❶ (*remove from hook*) etw abhängen; **to** ~ **a fish** einen Fisch vom Haken nehmen; **to** ~ **a trailer** einen Anhänger abhängen
❷ (*unfasten*) *clothing* etw aufmachen

unhoped-for [ʌn'həʊptˌfɔːʳ, AM -'hoʊptˌfɔːr] *adj* unverhofft

unhorse [ʌn'hɔːs, AM -'hɔːrs] *vt* ▪**to** ~ **sb** jdn abwerfen

unhurried [ʌn'hʌrɪd, AM -'hɜːr-] *adj* gemächlich, ohne Eile *nach n*; *person* gelassen

unhurriedly [ʌn'hʌrɪdli, AM -'hɜːr-] *adv* gemächlich, gemütlich, in [aller] Ruhe, ohne Eile; ***he ate*** ~ ***without a care in the world*** er ließ sich beim Essen nicht aus der Ruhe bringen

unhurt [ʌn'hɜːt, AM -'hɜːrt] *adj* unverletzt

unhygienic [ˌʌnhaɪ'dʒiːnɪk, AM -'dʒen-] *adj* unhygienisch

uni ['juːni] *n* BRIT, AUS (*fam*) *short for* **university** Uni *f fam*

uni- ['juːni] *in compounds* COMPUT Ein-, ein-

unicameral [ˌjuːnɪ'kæmᵊrᵊl] *adj* LAW Einkammer-

UNICEF *n*, **Unicef** ['juːnɪsef] *n no pl acr for* **United Nations (International) Children's (Emergency) Fund** UNICEF *f*

unicellular [ˌjuːnɪ'seljələʳ, AM -ɚ] *adj* BIOL einzellig

unicorn ['juːnɪkɔːn, AM -kɔːrn] *n* Einhorn *nt*

unicycle ['juːnɪˌsaɪkl̩, AM -nəˌ-] *n* Einrad *nt*

unidentifiable [ˌʌnaɪ'dentɪfaɪəbl̩, AM ˌʌnaɪˌdenţɪ'faɪ-] *adj* nicht identifizierbar

unidentified [ˌʌnaɪ'dentɪfaɪd, AM -ţ-] *n inv* ❶ (*unknown*) nicht identifiziert
❷ (*not yet made public*) unbekannt

unidentified flying object *n see* **UFO** unbekanntes Flugobjekt

unidiomatic [ʌnˌɪdiə(ʊ)'mætɪk, AM -ə'mæţ-] *adj* LING unidiomatisch *fachspr*

unification [ˌjuːnɪfɪ'keɪʃᵊn, AM -nə-] *n no pl* Vereinigung *f*

unified ['juːnɪfaɪd] *adj* einheitlich, vereint; ~ **European currency** europäische Einheitswährung

uniform ['juːnɪfɔːm, AM -nəfɔːrm] **I.** *n* ❶ (*clothing*) Uniform *f*; **nurse's** ~ Schwesterntracht *f*; ▪**to be in/out of** ~ eine/keine Uniform tragen
❷ AM (*fam: uniformed policeman*) Polizist(in) *m(f)*
II. *adj* ❶ (*same*) einheitlich
❷ (*not changing*) *condition, quality, treatment* gleich bleibend; *temperature, rate, speed* konstant; *colour, sound, design* einförmig, eintönig *pej*; *scenery* gleichförmig

uniformed ['juːnɪfɔːmd, AM -nəfɔːrmd] *adj inv* uniformiert; **the** ~ **branch** die uniformierte Polizei

uniformity [ˌjuːnɪ'fɔːməti, AM -nə'fɔːrməţi] *n no pl* ❶ (*sameness*) Einheitlichkeit *f*; (*pej*) Eintönigkeit *f*
❷ (*unchangingness*) Gleichmäßigkeit *f*

uniformly ['juːnɪfɔːmli, AM -nəfɔːrm-] *adv* ohne Ausnahme

unify ['juːnɪfaɪ] **I.** *vt* ▪**to** ~ **sb/sth** jdn/etw vereinigen
II. *vi* sich *akk* vereinigen, sich *akk* zusammentun

unilateral [ˌjuːnɪ'lætᵊrᵊl, AM -nə'læţ-] *adj inv* einseitig; POL *also* unilateral

unilateral disarmament *n*, **unilateralism** [ˌjuːnɪ'lætᵊrᵊlɪzᵊm] *n no pl* BRIT einseitige Abrüstung

unilateralist [ˌjuːnɪ'lætᵊrᵊlɪst] *n* BRIT Anhänger(in) *m(f)* der einseitigen Abrüstung

unilaterally [ˌjuːnɪ'lætᵊrᵊli, AM -nə'læţ-] *adv inv* im Alleingang; POL *also* unilateral; ***the Justice Department says the president does not have the power to act*** ~ das Justizministerium betont, dass der Präsident nicht im Alleingang handeln kann

unilateral nuclear disarmament *n* BRIT einseitige nukleare Abrüstung

unimaginable [ˌʌnɪ'mædʒɪnəbl̩] *adj* unvorstellbar

unimaginative [ˌʌnɪ'mædʒɪnətɪv, AM -ţɪv] *adj* einfallslos, fantasielos

unimpaired [ˌʌnɪm'peəd, AM -'perd] *adj* unbeeinträchtigt; ~ **hearing/sight** ausgezeichnetes Gehör/Sehvermögen; ▪**to be** ~ **by sth** von etw *dat* unbeeinträchtigt sein

unimpeachable [ˌʌnɪm'piːtʃəbl̩] *adj inv* (*approv form*) untadelig; **an** ~ **authority/source** eine unanfechtbare Autorität/Quelle

unimpeded [ˌʌnɪm'piːdɪd] *adj* ungehindert, ungehemmt

unimportance [ˌʌnɪm'pɔːtᵊn(t)s, AM -'pɔːr-] *n* Unwichtigkeit *f*, Bedeutungslosigkeit *f*

unimportant [ˌʌnɪm'pɔːtᵊnt, AM -'pɔːr-] *adj* unwichtig, unbedeutend

unimpressed [ˌʌnɪm'prest] *adj pred* unbeeindruckt; ▪**to be** ~ **by** [*or* **with**] **sth/sb** von etw/jdm nicht beeindruckt sein

unimpressive [ˌʌnɪm'presɪv] *adj* wenig beeindruckend

unimproved [ˌʌnɪm'pruːvd] *adj inv* ❶ (*not made better*) nicht gebessert, nicht besser geworden
❷ AGR nicht bebaut, nicht kultiviert

uninfluenced [ʌn'ɪnfluən(t)st] *adj* unbeeinflusst

uninfluential [ʌnˌɪnflu'en(t)ʃᵊl] *adj* nicht einflussreich

uninformative [ˌʌnɪn'fɔːmətɪv, AM -'fɔːrməţ-] *adj* nicht aufschlussreich, nicht informativ, inhaltslos; ***he sent us an*** ~ ***letter*** er schickte uns einen wenig aufschlußreichen Brief

uninformed [ˌʌnɪn'fɔːmd, AM -'fɔːrmd] *adj* uninformiert; ▪**to be** ~ **about** [*or* **as to**] **sth** über etw *akk* nicht unterrichtet sein

uninhabitable [ˌʌnɪn'hæbɪtəbl̩, AM -ţə-] *adj* ❶ (*unlivable in*) unbewohnbar
❷ (*unlivable on*) unbesiedelbar

uninhabited [ˌʌnɪn'hæbɪtɪd, AM -ţɪd] *adj* ❶ (*not lived in*) unbewohnt
❷ (*not lived on*) unbesiedelt

uninhibited [ˌʌnɪn'hɪbɪtɪd, AM -ţɪd] *adj* ❶ (*usu approv: unselfconscious*) ungehemmt
❷ (*unconstrained*) ungezwungen

uninitiated [ˌʌnɪ'nɪʃieɪtɪd, AM -ţɪd] **I.** *adj* ❶ (*uninstructed*) uneingeweiht; **an** ~ **eye** ein ungeübtes

Auge; ■**to be ~ in sth** von etw *dat* keine Ahnung haben
❷ (*not inducted*) nicht eingeführt
II. *n* (*esp hum*) ■**the ~** *pl* die Nichteingeweihten *hum*

uninjured [ʌnˈɪndʒəd, AM -ɚd] **I.** *adj* unverletzt; **to escape ~** unverletzt bleiben
II. *n* ■**the ~** *pl* die Unverletzten

uninspired [ˌʌnɪnˈspaɪəd, AM -ɚd] *adj* einfallslos

uninspiring [ˌʌnɪnˈspaɪərɪŋ, AM -spaɪrɪŋ] *adj* langweilig

uninsurable [ˌʌnɪnˈʃʊəʳəbl̩, AM -ˈʃʊr-] *adj inv* nicht versicherbar

uninsured [ˌʌnɪnˈʃʊəd, AM -ˈʃʊrd] *adj inv* ■**to be ~ [for [*or* against] sth]** [gegen etw *akk*] nicht versichert sein

unintelligent [ˌʌnɪnˈtelɪdʒənt] *adj* unintelligent

unintelligibility [ˌʌnɪnˌtelɪdʒəˈbɪləti, AM əṭi] *n no pl* Unverständlichkeit *f*

unintelligible [ˌʌnɪnˈtelɪdʒəbl̩] *adj* unverständlich; ■**to be ~ to sb** für jdn unbegreiflich sein

unintelligibly [ˌʌnɪnˈtelɪdʒəbli] *adv* unverständlich

unintended [ˌʌnɪnˈtendɪd] *adj inv* unbeabsichtigt, nicht geplant

unintentional [ˌʌnɪnˈten(t)ʃənəl] *adj* unabsichtlich; **~ humour** [*or* AM **humor**] unfreiwillige Komik

unintentionally [ˌʌnɪnˈten(t)ʃənəli] *adv* unabsichtlich; **~ comic/funny** unfreiwillig komisch/lustig

uninterested [ʌnˈɪntrəstɪd, AM -trɪstɪd] *adj* uninteressiert; ■**to be ~ in sth/sb** kein Interesse an etw/jdm haben; ■**to be ~ in doing sth** an etw *dat* nicht interessiert sein

uninteresting [ʌnˈɪntrəstɪŋ, AM -trɪstɪŋ] *adj* uninteressant

uninterrupted [ʌnˌɪntəˈrʌptɪd, AM -təˈrʌp-] *adj inv* ununterbrochen; *rest, view* ungestört, unbeeinträchtigt; **~ activity** kontinuierliche Tätigkeit; **~ growth** beständiges Wachstum

uninterruptedly [ˌʌnɪntəˈrʌptɪdli] *adv* ununterbrochen

uninvited [ˌʌnɪnˈvaɪtɪd, AM -ṭɪd] *adj guest* ungeladen, ungebeten; *question* unerwünscht, unwillkommen

uninviting [ˌʌnɪnˈvaɪtɪŋ, AM -ṭɪŋ] *adj* wenig einladend; (*fig*) nicht [*o* wenig] verlockend

union [ˈjuːnjən] **I.** *n* ❶ *no pl* (*state*) Union *f*, Staatenbund *m*, Zusammenschluss *m*; **monetary ~** Währungsunion *f*
❷ (*act*) Vereinigung *f*
❸ + *sing/pl vb* (*organization*) Verband *m*; (*trade union*) Gewerkschaft *f*; **student[s'] ~** (*organization*) Studentenunion *f* (*engl. bzw. US-amerikan. universitäre Einrichtung zur studentischen Betreuung*); (*building*) Treffpunkt *m* der Studentenunion
❹ (*form: marriage*) Verbindung *f*
❺ (*harmony*) **to live in perfect ~** in völliger Harmonie leben
❻ COMPUT (*function*) Union *f*
II. *n modifier* (*activity, dues, leader, member, official, representative*) Gewerkschafts-; **the ~ demands** die Forderungen *fpl* der Gewerkschaft; **~ shop** *Betrieb, in dem nur Gewerkschaftsmitglieder tätig sind*

Union [ˈjuːnjən] *n* ❶ POL ■**the ~** die Nation (*vor allem die USA oder Großbritannien*); **the state of the ~ address** AM Rede *f* zur Lage der Nation
❷ AM (*hist*) ■**the ~** die Nordstaaten *mpl*
❸ (*fam: students' social centre*) **Student ~** Gemeinschaftszentrum *nt* (*an Universitäten*)

Union Flag *n see* **Union Jack** britische Flagge

unionism [ˈjuːnjənɪzəm] *n no pl* ❶ (*trade unions*) Gewerkschaftswesen *nt*
❷ HIST, POL Unionismus *m*, unionistische Bestrebungen *fpl*

unionist [ˈjuːnjənɪst] *n* ❶ (*trade unionist*) Gewerkschaftler(in) *m(f)*
❷ BRIT POL **U~** Unionist(in) *m(f)*

unionization [ˌjuːnjənaɪˈzeɪʃən, AM -nɪˈ-] *n no pl* gewerkschaftliche Organisierung

unionize [ˈjuːnjənaɪz] **I.** *vt* ■**to ~ sb/sth** jdn/etw gewerkschaftlich organisieren
II. *vi* sich *akk* gewerkschaftlich organisieren

unionized [ˈjuːnjənaɪzd] *adj* gewerkschaftlich organisiert

Union Jack *n* Union Jack *m*; NAUT Gösch *f* **union suit** *n esp* AM (*dated*) Hemdhose *f veraltend*

unipod [ˈjuːnɪpɒd, AM -pɑːd] *n* Einbeinstativ *nt*

unipolar [ˈjuːnɪpəʊləʳ, AM -poʊlɚ] *adj* SCI einpolig, unipolar *fachspr*

unique [juːˈniːk] *adj* ❶ *inv* (*only one*) einzigartig; ***the coral is ~ to this reef*** die Koralle ist nur an diesem Riff heimisch; ***these customs are ~ to this tribe*** diese Bräuche gibt es nur bei diesem Stamm; **a ~ characteristic** ein besonderes Merkmal; **~ selling point** COMM einzigartiges Verkaufsargument; **~ selling proposition** COMM einmaliges Verkaufsangebot; ■**to be ~ in doing sth** als Einzige(r) *f(m)* etw tun
❷ (*fam: exceptional*) einzigartig; **a ~ opportunity** eine einmalige Gelegenheit

uniquely [juːˈniːkli] *adv* ❶ *inv* (*exclusively*) als Einzige(r, s)
❷ (*fam: very specially*) besonders

uniqueness [juːˈniːknəs] *n no pl* Einzigartigkeit *f*

unisex [ˈjuːnɪseks, AM -nə-] *adj inv* unisex

unison [ˈjuːnɪsən, AM -nə-] **I.** *n no pl* ❶ MUS Gleichklang *m*; **to sing/play in ~** einstimmig singen/spielen
❷ (*simultaneously*) ■**to do sth in ~** gleichzeitig dasselbe tun
❸ (*in agreement*) **to act in ~** in Übereinstimmung handeln; ■**to be in ~** [miteinander] im Einklang sein
II. *adj attr, inv* MUS einstimmig

unit [ˈjuːnɪt] *n* ❶ (*standard of quantity*) Einheit *f*; **~ of alcohol** Alkoholeinheit *f*; **~ of currency** Währungseinheit *f*; **~ of length** Längenmaß *nt*
❷ + *sing/pl vb* (*group of people*) Abteilung *f*; **anti-terrorist ~** Antiterroreinheit *f*; **the family ~** der Familienverband; **policy ~** politische Abteilung
❸ (*part*) Teil *m*, Einheit *f*; **~ of a course** Abschnitt *m* eines Kurses; **~ of a course book** Kapitel *nt* eines Kursbuches
❹ (*element of furniture*) Element *nt*; **kitchen ~** Küchenelement *nt*
❺ MECH Einheit *f*; **central processing ~** zentrale Datenverarbeitungsanlage; **video display ~** Sichtgerät *nt*
❻ COMM Einheit *f*; STOCKEX Anlageeinheit *f*
❼ MIL Einheit *f*, Verband *m*
❽ MED Abteilung *f*
❾ AM, AUS (*apartment*) Wohnung *f*; **multiple-~ dwelling** Wohnanlage *f*
❿ MATH Einer *m*
⓫ COMPUT (*machine*) einzelne Maschine

Unitarian [ˌjuːnɪˈteəriən, AM -ˈteri-] REL **I.** *n* Unitarier(in) *m(f)*
II. *adj inv* unitarisch

Unitarianism [ˌjuːnɪˈteəriənɪzəm, AM -ˈteri-] *n no pl* REL Unitarismus *m*

unitary [ˈjuːnɪtəri, AM -teri] *adj* POL einheitlich

unit cost *n* COMM Kosten *pl* pro Einheit

unite [juːˈnaɪt] **I.** *vt* ❶ (*join together*) ■**to ~ sb/sth [with sb/sth]** jdn/etw [mit jdm/etw] vereinigen
❷ (*bring together*) ■**to ~ sth with sth** etw mit etw *dat* verbinden; ***the restrictive policies of the government have served only to ~ many citizens' groups in opposition to the regime*** die restriktive Regierungspolitik hat einzig und allein bewirkt, viele Bürgerinitiativen zu einer einzigen Opposition zusammenzuschweißen
II. *vi* ❶ POL, SOCIOL (*join in common cause*) sich *akk* vereinigen; ■**to ~ to do sth** sich *akk* zusammenschließen, um etw zu tun; ■**to ~ with/against sb** sich *akk* mit jdm/gegen jdn zusammentun
❷ (*join together*) sich *akk* verbinden

united [juːˈnaɪtɪd, AM -ṭ-] *adj* ❶ (*joined together*) vereinigt; **~ Germany** wiedervereinigtes Deutschland
❷ (*joined in common cause*) **to present a ~ front** Einigkeit demonstrieren; **~ in grief** in Trauer vereint; ■**to be ~ against sth** geschlossen gegen etw *akk* auftreten
❸ (*in agreement*) vereint; ***on that issue we're ~*** in diesem Punkt stimmen wir überein
▶ PHRASES: **~ we stand, divided we fall** (*saying*) nur gemeinsam sind wir stark

United Kingdom *n* ■**the ~** das Vereinigte Königreich (*Großbritannien und Nordirland*) **United Nations** **I.** *n* ■**the ~** die Vereinten Nationen *pl*
II. *n modifier* (*charter, commission, member, policy, spokesman*) UN-, der Vereinten Nationen *nach n*; **a ~ peacekeeping force** eine Friedenstruppe der Vereinten Nationen **United States** *n* + *sing vb* ■**the ~ [of America]** die Vereinigten Staaten *pl* [von Amerika]

unitholder *n esp* BRIT FIN Inhaber(in) *m(f)* von Investmentpapieren **unit price** *n* COMM Preis *m* pro Einheit **unit trust** *n* BRIT FIN [offener] Investmentfonds *m*

unity [ˈjuːnəti, AM -ṭi] *n usu no pl* ❶ (*oneness*) Einheit *f*; **~ of a film/novel** Einheitlichkeit *f* eines Films/Romans; **the unities [of time, place and action]** THEAT die Einheiten *fpl* [von Zeit, Ort und Handlung]
❷ (*harmony*) Einigkeit *f*; **an appeal for ~** ein Ruf *m* nach Eintracht; **national ~** nationale Einheit

universal [ˌjuːnɪˈvɜːsəl, AM -nəˈvɜːr-] **I.** *adj* allgemein, universell; **~ agreement** [*or* **approval**] allgemeine Zustimmung; **~ health care** allgemeine Gesundheitsfürsorge; **~ joint** TECH Kugelgelenk *nt*, Universalgelenk *nt*; **~ language** Weltsprache *f*; **~ panacea** Allheilmittel *nt*, Patentrezept *nt*; **~ military service** allgemeine Wehrpflicht; **~ suffrage** allgemeines Wahlrecht; **a ~ truth** eine allgemein gültige Wahrheit
II. *n* ■**a ~** eine allgemein verbindliche Aussage

universality [ˌjuːnɪvɜːˈsæləti, AM -nəvɜːrˈsæləṭi] *n no pl* (*form*) Universalität *f geh*

universally [ˌjuːnɪˈvɜːsəli, AM -nəˈvɜːr-] *adv* allgemein; **to be ~ true** allgemein gültig sein

universe [ˈjuːnɪvɜːs, AM -nəvɜːrs] *n* ❶ ASTRON ■**the ~** das Universum; **centre** [*or* AM **center**] **of the ~** Mittelpunkt *m* des Universums
❷ LIT Schauplatz *m*; ***the characters in his novels inhabit a bleak and hopeless ~*** seine Romanfiguren sind in einer Welt der Öde und Hoffnungslosigkeit angesiedelt
❸ *no pl* (*fig*) Welt *f*; ***his family is his whole ~*** für ihn besteht die ganze Welt nur aus seiner Familie

university [ˌjuːnɪˈvɜːsəti, AM -nəvɜːrsəṭi] **I.** *n* Universität *f*; **to attend** [*or* **go to**] [*or* **be at**] [AM **a**] **~** [an einer Universität] studieren
II. *n modifier* (*campus, lecturer, library, professor, student, town*) Universitäts-; **~ chair** Lehrstuhl *m* an einer Universität; **~ education** Hochschulbildung *f*; **~ graduate** Akademiker(in) *m(f)*; **~ lecture** Vorlesung *f*; **~ student** Student(in) *m(f)*

unjust [ʌnˈdʒʌst] *adj* ungerecht; LAW unrechtmäßig

unjustifiable [ʌnˌdʒʌstɪˈfaɪəbl̩] *adj* nicht zu rechtfertigen *präd*

unjustifiably [ʌnˌdʒʌstɪˈfaɪəbli] *adv* in nicht zu rechtfertigender Weise; ***the costs of this project have become ~ high*** die Projektkosten sind so hoch, dass sie nicht mehr zu rechtfertigen sind

unjustified [ʌnˈdʒʌstɪfaɪd] *adj* ❶ (*not justified*) ungerechtfertigt; **~ complaint** [*or* **grievance**] unberechtigte Beschwerde
❷ TYPO im Flattersatz, nicht ausgerichtet

unjustly [ʌnˈdʒʌstli] *adv* (*pej*) ❶ (*in an unjust manner*) ungerecht; ***her complaint was ~ dealt with*** ihre Beschwerde erfuhr eine ungerechte Behandlung
❷ (*wrongfully*) zu Unrecht; **to be ~ condemned** zu Unrecht verurteilt werden

unkempt [ʌnˈkem(p)t] *adj* ungepflegt; **~ appearance** ungepflegtes Äußeres; **~ hair** ungekämmte Haare *ntpl*; **~ lawn** ungepflegter Rasen; **to look ~** einen ungepflegten Eindruck machen

unkind [ʌnˈkaɪnd] *adj* ❶ (*not kind*) unfreundlich; ■**to be ~ of sb [to do sth]** gemein [*o* nicht nett] von jdm sein[, etw zu tun]; ***that was ~ of you*** das war

nicht nett von dir; ■**to be ~ to sb** unfreundlich zu jdm sein; **to be ~ to animals** Tiere schlecht behandeln; ~ **critics** ungnädige Kritiker
❷ *pred* (*not gentle*) **to be ~ to hair/skin/surfaces** die Haare/die Haut/Oberflächen angreifen

unkindly [ʌn'kaɪndli] **I.** *adv* unfreundlich; ***she speaks ~ of him*** sie hat für ihn kein gutes Wort übrig; **to take ~ to sth** (*form*) sich *akk* über etw *akk* pikiert zeigen; *news* etw unfreundlich aufnehmen
II. *adj* (*dated form*) unfreundlich

unkindness [ʌn'kaɪndnəs] *n* ❶ *no pl* (*quality*) Unfreundlichkeit *f*
❷ (*instance*) Gemeinheit *f*

unknot <-tt-> [ʌn'nɒt, AM 'nɑːt] **I.** *vi* aufknoten, entknoten; (*fig*) die Lösung finden
II. *vt* ■**to ~ sth** etw aufknoten, etw losknüpfen; (*also fig*) etw aufdröseln, etw entwirren

unknowable [ʌn'nəʊəbl̩, AM 'noʊ] *adj inv* unkenntlich, nicht auszumachen[d]

unknowing [ʌn'nəʊɪŋ, AM -'noʊ-] *adj* ahnungslos; ***Jennie was the ~ cause of the quarrel*** Jennie war, ohne es zu wissen, der Grund für den Streit

unknowingly [ʌn'nəʊɪŋli, AM -'noʊ-] *adv* unwissentlich; ***a great number of people ~ carry the AIDS virus*** viele Menschen tragen das Aidsvirus in sich, ohne es zu wissen

unknown [ʌn'nəʊn, AM -'noʊn] **I.** *adj* ❶ (*not known*) unbekannt, nicht bekannt; ■**to be ~ to sb** jdm unbekannt sein; ***~ to me, she had organized a party for my birthday*** ohne mein Wissen hatte sie eine Geburtstagsparty für mich organisiert; **by a person** [*or* **persons**] ~ LAW von unbekannt; **an ~ quantity** eine unbekannte Größe; **the U~ Soldier** der Unbekannte Soldat
❷ (*not widely familiar*) unbekannt; ***as recently as six months ago her name was almost ~ in Britain*** noch vor sechs Monaten kannte sie kaum jemand in England
II. *n* ❶ (*sth not known*) Ungewissheit *f;* MATH Unbekannte *f;* ■**the ~** das Unbekannte; **a fear of the ~** Angst *f* vor dem Unbekannten
❷ (*sb not widely familiar*) Unbekannte(r) *f(m)*

unlace [ʌn'leɪs] *vt* ■**to ~ sth** etw aufschnüren

unladylike [ʌn'leɪdilaɪk] *adj* (*pej dated*) nicht damenhaft [*o* ladylike]

unlamented [ˌʌnlə'mentɪd, AM t̬ɪd] *adj* unbeklagt, nicht bedauert

unlatch [ʌn'lætʃ] *vt* ■**to ~ sth** etw aufklinken, etw öffnen

unlawful [ʌn'lɔːfəl, AM -'lɑː-] *adj inv* ungesetzlich, rechtswidrig; ■**~ possession of sth** illegaler Besitz einer S. *gen*

unlawfully [ʌn'lɔːfəli, AM -'lɑː-] *adv* auf ungesetzliche Weise, ungesetzlich, gesetzwidrig

unleaded [ʌn'ledɪd] *adj inv* unverbleit; ~ **petrol** bleifreies Benzin

unlearn [ʌn'lɜːn, AM -'lɜːrn] *vt* ■**to ~ sth** etw verlernen; *habit* sich *dat* etw abgewöhnen

unleash [ʌn'liːʃ] *vt* **to ~ a dog** einen Hund von der Leine lassen; (*fig*) ***she ~ed the full force of her anger on him*** sie ließ ihre ganze Wut an ihm aus; **to ~ passions in sb** Leidenschaften in jdm entfesseln; **to ~ a storm of protest** einen Proteststurm auslösen; **to ~ a war** einen Krieg auslösen

unleavened [ʌn'levənd] *adj inv* ~ **bread** ungesäuertes Brot

unless [ʌn'les] *conj* (*except for when*) wenn … nicht, außer … wenn; ***don't promise anything ~ you're 100 per cent sure*** mach' keine Versprechungen, es sei denn, du bist hundertprozentig sicher!

unlettered [ʌn'letəd, AM 'let̬ərd] *adj inv* ❶ (*uneducated*) ungebildet, ungelehrt
❷ (*illiterate*) analphabetisch

unlicensed [ʌn'laɪsən(t)st] *adj inv* ohne Lizenz *nach n; car* nicht zugelassen *präd;* ~ **restaurant** Restaurant *nt* ohne Konzession; (*in Großbritannien*) Restaurant *nt* ohne Schankkonzession

unlike [ʌn'laɪk] **I.** *adj pred* (*not similar*) unähnlich, nicht ähnlich; ***the twins are completely ~ each other*** die Zwillinge ähneln sich überhaupt nicht
II. *prep* ❶ (*different from*) **to be ~ sth/sb** jdm/etw nicht ähnlich sein
❷ (*in contrast to*) anders als, im Gegensatz zu
❸ (*not normal for*) **to be ~ sth/sb** für jdn/etw nicht typisch sein

unlik(e)able [ʌn'laɪkəbl̩] *adj* nicht liebenswert, unsympathisch

unlikelihood [ʌn'laɪklɪhʊd] *n no pl* Unwahrscheinlichkeit *f,* Unwahrscheinliche(s) *nt*

unlikeliness [ʌn'laɪklɪnəs] *n no pl* Unwahrscheinlichkeit *f*

unlikely [ʌn'laɪkli] *adj* ❶ (*improbable*) unwahrscheinlich; ■**it's ~ that …** es ist unwahrscheinlich, dass …; **in the ~ event that …** in dem unwahrscheinlichen Fall, dass …; [**sth**] **seems ~** [etw] sieht nicht so aus
❷ (*unconvincing*) nicht überzeugend; ***he seems an ~-looking policeman*** er sieht nicht wie ein Polizist aus; ***they surely make an ~ pair*** sie sind schon ein seltsames Paar

unlimited [ʌn'lɪmɪtɪd, AM -t̬-] *adj* ❶ *inv* (*not limited*) unbegrenzt; ~ **access** unbeschränkter Zugang; ~ **visibility** uneingeschränkte Sicht
❷ (*very great*) grenzenlos; ~ **amounts of food and drink** [schier] unerschöpfliche Mengen von Essen und Trinken

unlined ['ʌnlaɪnd] *adj inv* ❶ (*without lines*) unliniert, ohne Linien *nach n; face* faltenlos
❷ *esp* FASHION (*without a lining*) ungefüttert

unlisted [ʌn'lɪstɪd] *adj inv* ❶ (*not on stock market*) nicht notiert; ~ **market** geregelter Freiverkehr; ~ **securities** unnotierte Wertpapiere
❷ AM, AUS (*not in phone book*) nicht verzeichnet; **to have an ~ number** nicht im Telefonbuch stehen

unlit [ʌn'lɪt] *adj inv* (*not lit*) unbeleuchtet; (*not aflame*) *candle, match* unangezündet, nicht brennend

unload [ʌn'ləʊd, AM -'loʊd] **I.** *vt* ❶ (*remove the contents*) ■**to ~ sth** *vehicle* etw entladen; *container, boot of car* etw ausladen; *dishwasher* etw ausräumen; ■**to ~ sth from sth** etw von etw *dat* abladen; **to ~ a camera** einen Film aus einer Kamera nehmen; **to ~ a rifle** ein Gewehr entladen
❷ (*fam: get rid of*) ■**to ~ sth** etw abstoßen *fam* [*o sl* verschachern]; *rubbish* etw abladen; STOCKEX etw abstoßen
❸ (*unburden*) **to ~ one's heart** sein Herz ausschütten; **to ~ one's worries on sb** jdm etwas vorjammern *pej*
II. *vi* ❶ TRANSP (*remove the contents*) abladen
❷ (*discharge goods*) entladen; *ship* löschen
❸ (*fam: relieve stress*) Dampf ablassen *fam;* ■**to ~ on sb** jdm sein Herz ausschütten
❹ (*sl: shoot a gun at*) ■**to ~ on sb** jdn abknallen *pej sl*

unlock [ʌn'lɒk, AM -'lɑːk] *vt* ■**to ~ sth** ❶ (*release a lock*) etw aufschließen
❷ (*release*) etw freisetzen; **to ~ the imagination** der Fantasie freien Lauf lassen
❸ (*solve*) etw lösen; **to ~ a mystery/riddle** ein Geheimnis/Rätsel lösen
❹ COMPUT etw freigeben [*o* entsperren]

unlocked [ʌn'lɒkt, AM -'lɑːkt] *adj inv door, window* unverschlossen; **to leave sth ~** etw nich abschließen

unlooked-for *adj attr,* **unlooked for** [ʌn'lʊktfɔːr, AM -fɔːr] *adj pred* unerwartet, unvorhergesehen; ~ **problem** unvorhergesehenes Problem

unlov(e)able [ʌn'lʌvəbl̩] *adj* nicht liebenswert

unloved [ʌn'lʌvd] *adj* ungeliebt

unlovely <-ier, -iest *or* more ~, most ~> [ʌn'lʌvli] *adj* unschön, hässlich, widerwärtig

unloving [ʌn'lʌvɪŋ] *adj* lieblos

unluckily [ʌn'lʌkɪli] *adv* unglücklicherweise, leider; ***he landed ~ and injured his back*** er fiel unglücklich und verletzte sich am Rücken; ■**~ for sb** zu jds Pech [*o* Unglück]

unlucky [ʌn'lʌki] *adj* ❶ (*unfortunate*) glücklos; ***he's always been ~*** er hat immer Pech; ***they were ~ enough to be there when it happened*** sie hatten das [große] Pech, gerade dort zu sein, als es passierte; ■**to be ~ for sb** [**that …**] jd hat das Pech[, dass …]; ***it was ~ for her that …*** zu ihrem Pech …; **to be ~ at cards/in love** Pech im Spiel/in der Liebe haben; **an ~ person** ein Pechvogel *m*
❷ (*dated form: bringing bad luck*) ■**to be ~** Unglück bringen; ~ **day** Unglückstag *m;* **to draw the ~ lot** den Kürzeren ziehen

unmade [ʌn'meɪd] **I.** *vi pt, pp of* **unmake**
II. *adj inv* ungemacht; **an ~ bed** ein ungemachtes Bett

unmake <-made, -made> [ʌn'meɪk] *vt usu passive* ■**to ~ sth** etw zunichte machen; **to ~ a name/reputation** einen [guten] Namen zerstören/Ruf ruinieren

unman <-nn-> [ʌn'mæn] *vt* (*dated*) ■**to ~ sb** jdn entmutigen [*o* schwach werden lassen]; (*shock*) jdn erschüttern

unmanageable [ʌn'mænɪdʒəbl̩] *adj* unkontrollierbar; ***the children are ~*** die Kinder sind außer Rand und Band; **to become ~** *situation* außer Kontrolle geraten; *hair* nicht zu bändigen sein

unmanly [ʌn'mænli] *adj* unmännlich, weibisch

unmanned ['ʌnmænd] *adj inv* AEROSP unbemannt

unmannerly [ʌn'mænəli, AM -əli] *adj* (*form*) *behaviour* ungehörig *geh; language* salopp; ■**to be ~** keine Manieren haben

unmarked [ʌn'mɑːkt, AM -'mɑːrkt] *adj inv* ❶ (*undamaged*) *people* unverletzt; *things* unbeschädigt
❷ (*without distinguishing signs*) nicht gekennzeichnet; ~ **grave** namenloses Grab; ~ [**police**] **car** Zivilfahrzeug *nt* der Polizei

unmarried [ʌn'mærɪd, AM *esp* -'mer-] *adj inv* unverheiratet, ledig; ~ **mother** ledige Mutter

unmask [ʌn'mɑːsk, AM 'mæsk] **I.** *vt* ■**to ~ sb/sth** [**as sb/sth**] jdn/etw [als jdn/etw] entlarven; **to ~ a fraud** einen Betrug aufdecken
II. *vi* die Maske abnehmen

unmatched [ʌn'mætʃt] *adj* ❶ *inv* (*unequalled*) unerreicht, unübertroffen; ***she has an intellectual capacity ~ in the rest of the group*** was ihre intellektuelle Kapazität angeht, kommt der Rest der Gruppe ihr nicht nach; ***they have enjoyed a standard of living ~ by anyone else in Europe*** sie haben einen Lebensstandard genossen, der in Europa seinesgleichen sucht
❷ (*extremely great*) gewaltig, enorm

unmentionable [ʌn'men(t)ʃənəbl̩] **I.** *adj* unaussprechlich; ■**to be ~** tabu sein; ***in the past pregnancy was considered to be something ~*** früher war Schwangerschaft ein Tabuthema; ~ **disease** *Krankheit, über die man nicht spricht*
II. *n* (*hum dated*) ■**~s** *pl* (*undergarments*) Unaussprechliche *pl hum;* (*genitals*) Scham *f kein pl*

unmentioned [ʌn'men(t)ʃənd] *adj inv* unerwähnt; (*in a book*) nicht aufgeführt

unmercifully [ʌn'mɜːsɪfəli, AM mɜːr] *adv* unbarmherzig, gnadenlos

unmerited [ʌn'merɪtɪd, AM t̬ɪd] *adj* unverdient

unmet [ʌn'met] *adj inv need, demand* offen [geblieben], nicht zufrieden gestellt

unmetalled [ʌn'metəld, AM 'met̬] *adj inv* BRIT *road* unbefestigt

unmindful [ʌn'maɪndfəl] *adj* (*form*) ■**to be ~ of sth** auf etw *akk* keine Rücksicht nehmen; ***he was ~ of his own best interests*** er dachte nicht an seinen eigenen Vorteil

unmissable [ʌn'mɪsəbl̩] *adj* (*fam*) ■**to be ~** ein Muss sein *fam; **the one ~ show in town*** die Show in der Stadt, die man einfach gesehen haben muss

unmistak(e)able [ˌʌnmɪ'steɪkəbl̩] *adj* unverkennbar; ~ **symptom** eindeutiges Anzeichen

unmistak(e)ably [ˌʌnmɪ'steɪkəbli] *adv* unverkennbar, unverwechselbar

unmitigated [ʌn'mɪtɪgeɪtɪd, AM -'mɪt̬əgeɪt̬ɪd] *adj* total *fam,* völlig *fam,* komplett *fam; **she described the film as 'ninety minutes of gloom, ~ by the slightest hint of humour'*** sie beschrieb den Film als ‚neunzig Minuten langen Trübsinn, der nicht vom kleinsten Anzeichen von Humor unterbrochen wurde'; ~ **contempt** volle Verachtung; **an ~ disaster** eine totale Katastrophe; ~ **evil** das absolute Böse

unmixed [ʌn'mɪkst] *adj inv* ❶ (*not mixed*) unvermischt
❷ (*unambiguous*) unverfälscht, rein
unmolested [,ʌnmǝʊ'lestɪd, AM mǝ'] *adj inv* unbelästigt, ungestört
unmotivated [ʌn'mǝʊtɪveɪtɪd, AM 'moʊt̬ǝveɪt̬ɪd] *adj* unmotiviert
unmounted [ʌn'maʊntɪd, AM t̬ɪd] *adj inv* ❶ (*not on horseback*) nicht beritten
❷ *not assembled* nicht montiert
❸ *print* nicht aufgezogen
❹ *gem* nicht [ein]gefasst
unmoved [ʌn'mu:vd] *adj usu pred* unbewegt; (*emotionless*) ungerührt; ***he was quite ~ by her pleas for mercy*** ihre Bitten um Gnade rührten ihn überhaupt nicht
unmusical [ʌn'mju:zɪkᵊl] *adj* unmusikalisch
unnamed [ʌn'neɪmd] *adj inv* ungenannt; ~ **source** JOURN ungenannte Quelle
unnatural [ʌn'nætʃᵊrᵊl, AM -ǝ·ǝl] *adj* ❶ (*contrary to nature*) unnatürlich; PSYCH abnorm, pervers *pej;* ~ **sexual practices** perverse Sexualpraktiken
❷ (*not normal*) ungewöhnlich, unnormal; ***it's ~ for you to react so calmly*** normalerweise reagierst du nicht so gelassen
❸ (*dated: cruel*) unmenschlich; ~ **mother** Rabenmutter *f*
unnaturally [ʌn'nætʃᵊrᵊli, AM -ǝ·ǝli] *adv* ❶ (*abnormally*) unnatürlich, unnormal
❷ (*unexpectedly*) **not** ~ nicht verwunderlich; ***not ~, they have refused to lend him any more money*** es ist kein Wunder, dass sie es abgelehnt haben, ihm nochmals Geld zu leihen
❸ (*affectedly*) affektiert, geziert; **to walk** ~ einen affektierten Gang haben
unnecessarily [ʌn,nesǝ'serɪli] *adv* unnötigerweise; ~ **complex** unnötig kompliziert
unnecessary [ʌn'nesǝsᵊri, AM -ser-] *adj* ❶ (*not necessary*) unnötig
❷ (*pej: uncalled for*) überflüssig, verzichtbar; ***a lot of the violence in the film was totally*** ~ auf einen Großteil der Gewaltszenen im Film hätte man gut verzichten können
unnerve [ʌn'nɜ:v, AM -'nɜ:rv] *vt* ■**to ~ sb** jdm an die Nerven gehen, jdn nervös machen
unnerving [ʌn'nɜ:vɪŋ, AM -'nɜ:rv-] *adj* entnervend, enervierend *geh;* ***I find it too*** ~ das kostet mich zu viel Nerven *fam*
unnervingly [ʌn'nɜ:vɪŋli, AM -'nɜ:rv-] *adv* enervierend *geh;* ***it was ~ still*** es herrschte eine schier unerträgliche Stille
unnoticed [ʌn'nǝʊtɪst, AM -'noʊt̬ɪst] *adj pred* unbemerkt; ■**to do sth** ~ etw unbemerkt tun; **to go ~ that ...** nicht bemerkt werden, dass ...; ***so far it has gone ~ that several thousand dollars are missing from the treasury*** bisher ist es noch nicht aufgefallen, dass mehrere tausend Dollar aus der Staatskasse fehlen
unnumbered [ʌn'nʌmbǝd, AM -bǝd] *adj* ❶ *inv* (*not marked*) nicht nummeriert; **an ~ house** ein Haus ohne Hausnummer; **an ~ page** eine Seite ohne Zahl
❷ (*form: countless*) unzählig *geh,* zahllos
UNO ['ju:nǝʊ, AM noʊ] *n no pl, + sing/pl vb abbrev of* **United Nations Organization**: ■**the** ~ die UNO
unobjectionable [,ʌnǝb'dʒekʃᵊnǝbl̩] *adj* einwandfrei, nicht zu beanstanden[d]
unobservant [,ʌnǝb'zɜ:vᵊnt, AM -'zɜ:r-] *adj* unaufmerksam
unobserved [,ʌnǝb'zɜ:vd, AM 'zɜ:rvd] *adj inv* unbeobachtet, unbemerkt
unobstructed [,ʌnǝb'strʌktɪd] *adj inv* ungehindert; *passage* unversperrt
unobtainable [,ʌnǝb'teɪnǝbl̩] *adj* unerreichbar, utopisch *fam*
unobtrusive [,ʌnǝb'tru:sɪv] *adj* unaufdringlich; ~ **make-up** dezentes Make-up; **an ~ person** ein unaufdringlicher Mensch; **an ~ piece of furniture** ein dezentes Möbelstück
unobtrusively [,ʌnǝb'tru:sɪvli] *adv* ❶ (*unnoticed*) unaufdringlich
❷ (*discreetly*) unauffällig
unobtrusiveness [,ʌnǝb'tru:sɪvnǝs] *n no pl* (*approv*) Unaufdringlichkeit *f*
unoccupied [ʌn'ɒkjǝpaɪd, AM -'ɑ:kjǝ-] *adj inv* ❶ (*uninhabited*) unbewohnt
❷ (*not under military control*) nicht besetzt; **an ~ country** eine unbesetztes Land
❸ (*not taken*) *seat* frei
unofficial [,ʌnǝ'fɪʃᵊl] *adj* inoffiziell, nicht amtlich; ~ ***estimates claim that ...*** inoffiziellen Schätzungen zufolge ...; **in an ~ capacity** inoffiziell; ***according to ~ figures, ...*** inoffiziellen [*o* nicht amtlichen] Zahlen zufolge ...; ~ **strike** BRIT wilder Streik
unofficially [,ʌnǝ'fɪʃᵊli] *adv* inoffiziell; ***speaking ~, the politician intimated that ...*** hinter vorgehaltener Hand gab der Politiker zu verstehen, dass ...
unopened [ʌn'ǝʊpᵊnd, AM 'oʊ] *adj inv* ungeöffnet, [noch] verschlossen
unopposed [,ʌnǝ'pǝʊzd, AM 'poʊzd] *adj inv* keinem Widerstand ausgesetzt, unbehindert; *opinion* unwidersprochen
unorganized [ʌn'ɔ:gᵊnaɪzd, AM -'ɔ:r-] *adj* unorganisiert
unoriginal [,ʌnǝ'rɪdʒᵊnᵊl, AM 'rɪdʒɪ] *adj* unoriginell, ohne Originalität *nach n*
unorthodox [ʌn'ɔ:θǝdɒks, AM -'ɔ:rθǝdɑ:ks] *adj* unorthodox *geh,* unkonventionell; ~ **approach** ungewöhnliche Methode
unpack [ʌn'pæk] **I.** *vt* ■**to ~ sth** etw auspacken; COMPUT (*remove data*) etw auspacken; **to ~ a car** ein Auto ausladen [*o* entladen]
II. *vi* auspacken
unpaid [ʌn'peɪd] *adj inv* ❶ (*not remunerated*) unbezahlt; **to take ~ leave** unbezahlten Urlaub nehmen
❷ (*not paid*) unbezahlt; **an ~ invoice** eine ausstehende [*o* unbezahlte] Rechnung
unpalatable [ʌn'pælǝtǝbl̩, AM -ǝt̬ǝ-] *adj* ❶ (*not tasty*) ■**to be** ~ schlecht schmecken
❷ (*fig: distasteful*) unangenehm
unparalleled [ʌn'pærᵊleld, AM -'per-] *adj* (*form*) beispiellos, einmalig; *success* noch nie da gewesen; ***they enjoyed success on a scale ~ by any previous pop group*** sie hatten so viel Erfolg wie keine andere Popgruppe zuvor
unpardonable [ʌn'pɑ:dᵊnǝbl̩, AM -'pɑ:r-] *adj* unentschuldbar, unverzeihlich
unpardonably [ʌn'pɑ:dᵊnǝbli, AM -'pɑ:r-] *adv* unentschuldbar
unparliamentary [ʌn,pɑ:lǝ'mentᵊri, AM -,pɑ:rlǝ'ment̬ǝ·i] *adj inv* unparlamentarisch, nicht parlamentsfähig; ~ **language** der Würde des Parlaments nicht entsprechende Sprache
unpatriotic [ʌn,pætri'ɒtɪk, AM ,peɪtri'ɑ:t̬ɪk] *adj* unpatriotisch
unpaved [ʌn'peɪvd] *adj inv* ungepflastert
unperfumed [,ʌnpǝ'fju:md, AM pǝ·'] *adj inv* nicht parfümiert
unperturbed [,ʌnpǝ'tɜ:bd, AM -pǝ·'tɜrbd] *adj* nicht beunruhigt; ■**to be ~ by sth** sich *akk* durch etw *akk* nicht aus der Ruhe bringen lassen
unpick [ʌn'pɪk] *vt* ■**to ~ sth** ❶ (*undo sewing*) etw auftrennen
❷ (*fig: reverse*) etw zunichte machen
❸ (*carefully analyse*) etw auseinander nehmen *fig*
unpin <-nn-> [ʌn'pɪn] *vt* ■**to ~ sth** die Nadeln aus etw *akk* entfernen, etw losstecken, etw losmachen
unplaced [ʌn'pleɪst] *adj inv* SPORTS unplatziert
unplanned [ʌn'plænd] *adj inv* ❶ (*not intended*) ungeplant, nicht vorgesehen
❷ (*orderless*) planlos
unplayable [ʌn'pleɪǝbl] *adj* ❶ SPORTS, MUS (*too difficult to play*) unspielbar
❷ (*not able to support play*) *field, pitch* unbespielbar
unpleasant [ʌn'plezᵊnt] *adj* ❶ (*not pleasing*) unerfreulich *geh,* unangenehm; ~ **incident** unliebsamer Vorfall *geh;* ~ **sensation** unangenehmes Gefühl; ~ **surprise** unangenehme Überraschung
❷ (*unfriendly*) *person* unfreundlich; *relations* frostig
unpleasantly [ʌn'plezᵊntli] *adv* ❶ (*not pleasingly*) unangenehm, in unangenehmer Weise
❷ (*in an unfriendly manner*) unfreundlich
unpleasantness [ʌn'plezᵊntnǝs] *n* ❶ *no pl* (*quality*) Unerfreulichkeit *f*
❷ *no pl* (*unfriendly feelings*) Unstimmigkeit[en] *f[pl]*, Spannungen *fpl*
❸ (*instance*) Gemeinheit *f,* Nettigkeit[en] *f[pl] iron*
unplug <-gg-> [ʌn'plʌg] *vt* ❶ (*disconnect*) **to ~ an electric appliance** ein elektrisches Gerät aus der Steckdose ziehen
❷ (*unstop*) **to ~ a drain/pipe** einen Abfluss/ein Rohr reinigen
unplugged [ʌn'plʌgd] *adj* MUS unplugged (*ohne elektronische Verstärkung*)
unplumbed [ʌn'plʌmd] *adj* ❶ (*not known*) unergründet; *mystery* ungelöst; ~ **depths [of the ocean]** unerforschte Tiefen [des Meeres]
❷ *inv* (*not plumbed*) ohne Wasserleitungen *nach n*
unpolished [ʌn'pɒlɪʃt, AM -'pɑ:-] *adj* ❶ *inv* (*not polished*) unpoliert
❷ (*fig: not refined*) ungehobelt, ungeschliffen
unpolluted [,ʌnpǝ'lu:tɪd, AM -t̬-] *adj* unverschmutzt; ~ **water** sauberes Wasser
unpopular [ʌn'pɒpjǝlǝʳ, AM -'pɑ:pjǝlǝ·] *adj* ❶ (*not liked*) unbeliebt; ■**to be ~ with sb** bei jdm unbeliebt sein
❷ (*not widely accepted*) unpopulär; **to be** ~ wenig Anklang finden
unpopularity [ʌn,pɒpjǝ'lærǝti, AM -,pɑ:pjǝ'lerǝt̬i] *n no pl person* Unbeliebtheit *f; government policies* Unpopularität *f*
unpractical [ʌn'præktɪkᵊl] *adj* ❶ (*impractical*) unpraktisch
❷ (*not feasible*) unpraktikabel, nicht durchführbar
❸ (*lacking skill*) unpraktisch, nicht praktisch veranlagt
unpracticed AM, **unpractised** [ʌn'præktɪst] *adj* BRIT (*form*) unerfahren; ■**to be ~ in sth** in etw *dat* unerfahren sein [*o* keine Übung haben]
unprecedented [ʌn'presɪdᵊntɪd, AM -'presǝdent̬ɪd] *adj inv* noch nie da gewesen; LAW ohne Präzedenz[fall], beispiellos; ~ **action** beispiellose Aktion; ~ **in the history of sth** beispiellos in der Geschichte einer S. *gen;* **on an ~ scale** in bislang ungekanntem Ausmaß
unprecedentedly *adv* nie da gewesen
unpredictability [ʌnprɪ,dɪktǝ'bɪlɪti, AM -ǝt̬i] *n no pl* Unvorhersehbarkeit *f*
unpredictable [,ʌnprɪ'dɪktǝbl] *adj* ❶ (*impossible to anticipate*) unvorhersehbar; ***the hours in this job are very*** ~ in diesem Job weiß man nie, wie lange man arbeiten muss; ~ **policies/weather** unberechenbare Politik/unberechenbares Wetter
❷ (*moody*) unberechenbar
unpredictably [,ʌnprɪ'dɪktǝbli] *adv* unvorhersehbar; (*suddenly*) unvermittelt, plötzlich
unpredicted [,ʌnprɪ'dɪktɪd] *adj inv* unvorhergesehen, unerwartet
unprejudiced [ʌn'predʒǝdɪst] *adj* ❶ (*not prejudiced*) unvoreingenommen; ~ **opinion** objektive Meinung
❷ (*not prejudiced against race*) ohne [Rassen]vorurteile *nach n;* ■**to be** ~ keine [Rassen]vorurteile haben
unpremeditated [,ʌnpri:'medɪteɪtɪd, AM -t̬-] *adj* unbedacht, unüberlegt; **to give an ~ answer** eine unbedachte Antwort geben; ~ **crime** LAW nicht vorsätzliches Verbrechen; ~ **murder** Mord *m* im Affekt
unprepared [,ʌnprɪ'peǝd, AM -'perd] *adj* ❶ (*not prepared*) unvorbereitet; **to catch sb** ~ jdn unvorbereitet treffen [*o fam* kalt erwischen]; ■**to be ~ for sth** *an event* auf etw *akk* nicht vorbereitet sein; *a reaction, emotion* auf etw *akk* nicht gefasst sein
❷ (*not ready*) nicht vorbereitet
unprepossessing [ʌn,pri:pǝ'zesɪŋ] *adj* wenig anziehend, nicht gerade sympathisch
unpretentious [,ʌnprɪ'ten(t)ʃǝs] *adj* bescheiden, unprätentiös *geh; tastes* einfach

U

unprincipled [ʌn'prɪn(t)səpl̩d] *adj* skrupellos; **an ~ person** ein Mensch *m* ohne Skrupel
unprintable [ʌn'prɪntəbl̩, AM -t̬-] *adj* JOURN nicht druckfähig; **an ~ remark** eine für die Veröffentlichung ungeeignete Bemerkung
unproductive [ˌʌnprə'dʌktɪv] *adj* unproduktiv; **~ business** unrentabler Betrieb; **~ land** unfruchtbares Land; **~ negotiations** unergiebige Verhandlungen
unprofessional [ˌʌnprə'feʃənəl] *adj (pej)* ❶ *(amateurish)* unprofessionell, unfachmännisch, amateurhaft
❷ *(beneath serious consideration)* unseriös
❸ *(contrary to professional ethics)* gegen die Berufsehre *präd;* **~ conduct** berufswidriges Verhalten; *(against colleagues)* unkollegiales Verhalten
unprofessionally [ˌʌnprə'feʃənəli] *adv (pej)* unprofessionell; **to handle sth ~** etw unfachmännisch handhaben
unprofitable [ʌn'prɒfɪtəbl̩, AM -'prɑːfɪt̬əbl̩] *adj* ❶ *(not making a profit)* unrentabel; ***their business was ~*** ihr Betrieb warf keinen Gewinn ab; **~ investment** Fehlinvestition *f*
❷ *(unproductive)* unproduktiv, unergiebig
unpromising [ʌn'prɒmɪsɪŋ, AM -'prɑːmə-] *adj (bad)* nicht sehr viel versprechend; *(promising success)* nicht gerade aussichtsreich
unprompted [ʌn'prɒm(p)tɪd, AM -'prɑːm(p)-] *adj inv* unaufgefordert; ▪**to do sth ~** etw unaufgefordert [*o* spontan] tun
unpronounceable [ˌʌnprə'naʊn(t)səbl̩] *adj (fam)* unaussprechlich
unpropitious [ˌʌnprə'pɪʃəs] *adj* ungünstig, nicht förderlich
unprotected [ˌʌnprə'tektɪd] *adj* ❶ *(exposed to harm)* schutzlos
❷ *(without safety guards)* unbewacht
❸ *(without a condom) sex* ungeschützt
❹ COMPUT *(allowing full access)* frei zugänglich
unprovable [ʌn'pruːvəbl̩] *adj inv* unbeweisbar
unproved [ʌn'pruːvd] *adj,* **unproven** [ʌn'pruːvən] *adj* unbewiesen, nicht bewiesen; **~ allegations** unerwiesene Behauptungen
unprovided [ˌʌnprə'vaɪdɪd] *adj inv* ❶ *(not provided)* unversorgt
❷ *(not equipped)* ▪**to be ~ with sth** mit etw *dat* nicht versehen [*o* ausgestattet] sein
unprovided for *adj pred* unversorgt *präd;* **to leave sb ~** jdn unversorgt lassen; **to leave sb ~ in one's will** jdn in seinem Testament nicht bedenken
unprovoked [ˌʌnprə'vəʊkt, AM -'voʊkt] *adj* grundlos; ***his reproaches were entirely ~*** seine Vorwürfe waren völlig aus der Luft gegriffen; **to come under ~ attack** grundlos angegriffen werden
unpublished [ʌn'pʌblɪʃt] *adj inv* unveröffentlicht
unpunctual [ʌn'pʌŋktʃuəl] *adj* unpünktlich; **~ start** verzögerter Beginn
unpunished [ʌn'pʌnɪʃt] *adj inv* unbestraft; **to go ~** *flaw, foul* durchgehen *fam; crime* unbestraft bleiben; *person* ungestraft davonkommen
unputdownable [ˌʌnpʊt'daʊnəbl] *adj (approv fam)* **an ~ book** ein Buch, das man nicht aus der Hand legen kann
unqualified [ʌn'kwɒlɪfaɪd, AM -'kwɑːlə-] *adj* ❶ *(without appropriate qualifications)* unqualifiziert; ***I'm ~ to give an opinion on that subject*** mir fehlt die Kompetenz, Stellung zu diesem Thema zu nehmen; ▪**to be ~ for sth** für etw *akk* nicht qualifiziert sein
❷ *(unreserved)* uneingeschränkt; **~ denial** strikte Ablehnung; **an ~ disaster** eine Katastrophe grenzenlosen Ausmaßes; **~ endorsement** uneingeschränktes Indossament; **~ love** grenzenlose Liebe; **~ success** voller Erfolg; **~ support** rückhaltlose Unterstützung
unquenchable [ʌn'kwen(t)ʃəbl̩] *adj* **~ thirst** nicht zu löschender Durst; **~ thirst for knowledge** *(fig)* unstillbarer Wissensdurst
unquestionable [ʌn'kwestʃənəbl̩] *adj* fraglos, unbestreitbar; ***her intelligence is ~*** ihre Intelligenz steht außer Frage; **~ evidence** [*or* **proof**] unumstößlicher Beweis; **~ fact** unumstößliche Tatsache; **~ honesty** unzweifelhafte Ehrlichkeit
unquestionably [ʌn'kwestʃənəbli] *adv* zweifellos, mit Sicherheit
unquestioned [ʌn'kwestʃənd] *adj* ❶ *(not doubted)* unbestritten, unangefochten; ***her authority is ~*** ihre Autorität steht außer Frage; **to let sth go ~** etw fraglos hinnehmen
❷ *(not questioned)* nicht befragt; *(not interrogated)* nicht verhört
unquestioning [ʌn'kwestʃənɪŋ] *adj* bedingungslos; **~ obedience** absoluter [*o* blinder] Gehorsam
unquestioningly [ʌn'kwestʃənɪŋli] *adv* ohne zu fragen; **to ~ believe in sth** blind an etw *akk* glauben
unquiet [ʌn'kwaɪət] *adj (liter)* unruhig; **~ times** unruhige Zeiten; **sb's ~ spirit** jds rastloser Geist
unquote ['ʌnkwəʊt, AM -kwoʊt] *vi* Ende des Zitats; **quote … ~** Zitatanfang … Zitatende; *(iron)* ***they are quote 'just good friends' ~*** sie sind, in Anführungszeichen, ‚nur gute Freunde'
unquoted [ʌn'kwəʊtɪd, AM -'kwoʊt̬-] *adj* STOCKEX nicht notiert
unravel <BRIT -ll- *or* AM *usu* -l-> [ʌn'rævəl] **I.** *vt* ▪**to ~ sth** ❶ *(unknit, undo)* etw auftrennen
❷ *(untangle)* etw entwirren; **to ~ a knot** einen Knoten aufmachen
❸ *(solve)* etw enträtseln; **to ~ a mystery** ein Rätsel lösen; **to ~ a secret** hinter ein Geheimnis kommen *fam*
❹ *(fig: destroy)* etw zunichte machen
II. *vi* sich auftrennen
unread [ʌn'red] *adj* ❶ *inv (not studied)* ungelesen; **to leave sth ~** etw ungelesen [liegen] lassen
❷ *(form liter: not well-educated)* unbelesen, ungebildet
unreadable [ʌn'riːdəbl̩] *adj (pej)* ❶ *(illegible)* unleserlich
❷ *book* schwer zu lesen *präd,* schwierig
❸ *(not worth reading)* nicht lesenswert
unready [ʌn'redi] *adj* ❶ *pred (not prepared)* nicht bereit, nicht gerüstet *a. fig*
❷ *(old: slow to act, hesitant)* zögerlich, unlustig
unreal [ʌn'rɪəl, AM ʌn'riːl] *adj* ❶ *(not real)* unwirklich
❷ *(sl: astonishingly good)* unmöglich *fam;* ***man, that's ~!*** Mann, das gibt's doch nicht! *fam*
unrealistic [ˌʌnrɪə'lɪstɪk, AM -riːə-] *adj* ❶ *(not realistic)* unrealistisch, wirklichkeitsfremd; **~ objectives** unrealistische Zielsetzungen
❷ LIT, THEAT, FILM *(not convincing)* nicht realistisch; **~ stage techniques** Verfremdungseffekte *mpl*
unrealistically [ˌʌnrɪə'lɪstɪkəli, AM riə'] *adv* unrealistisch[erweise]
unreality [ˌʌnri'æləti, AM -ət̬i] *n no pl* Unwirklichkeit *f;* ***there was an air of ~ about the visit*** der Besuch hatte etwas Unwirkliches
unrealized [ʌn'rɪəlaɪzd, AM -'riːə-] *adj* ❶ *(not realized)* nicht verwirklicht
❷ FIN *(not turned into money)* unrealisiert
unreasonable [ʌn'riːzənəbl̩] *adj* ❶ *(not showing reason)* unvernünftig; ***it's not an ~ assumption that …*** es ist nicht abwegig anzunehmen, dass …
❷ *(unfair)* übertrieben, unzumutbar; ***don't be so ~! he's doing the best he can*** verlang nicht so viel! er tut sein Bestes; **~ demands** überzogene Forderungen
unreasonableness [ʌn'riːzənəbl̩nəs] *n no pl* ❶ *(lack of reason)* Unvernunft *f,* Unvernünftigkeit *f*
❷ *(inadequateness)* Unbilligkeit *f,* Unmäßigkeit *f*
unreasonably [ʌn'riːzənəbli] *adv* ❶ *(illogically)* unvernünftig; ***she claims, not ~, that …*** sie behauptet nicht zu Unrecht, dass …
❷ *(unfairly)* übertrieben, unangemessen; ***you're being ~ strict with Daphne*** du bist unnötig streng mit Daphne
unreasoning [ʌn'riːzənɪŋ] *adj* unbegründet; **an ~ fear** unbegründete Angst; **~ hatred** grundloser Hass
unreceptive [ˌʌnrɪ'septɪv] *adj* unempfänglich, nicht aufnahmefähig
unrecognizable [ˌʌnrekəg'naɪzəbl̩] *adj inv* nicht [wieder]erkennbar, unkenntlich
unrecognized [ʌn'rekəgnaɪzd] *adj inv* ❶ *(not identified)* nicht [wieder]erkannt, unerkannt
❷ *(not acknowledged)* nicht anerkannt
unreconstructed [ˌʌnriːkən'strʌktɪd] *adj (also hum)* unbeirrbar, unbelehrbar; ***he's an ~ socialist*** er ist ein eingefleischter Sozialist
unrecorded [ˌʌnrɪ'kɔːdɪd, AM 'kɔːr] *adj inv* ❶ *(unaccounted for in history)* nicht überliefert, nicht aufgezeichnet
❷ *(not in the files)* nicht eingetragen, unverzeichnet
❸ *(not on tape)* nicht aufgenommen
unredeemed [ˌʌnrɪ'diːmd] *adj* nicht ausgeglichen; ▪**to be ~ by sth** durch etw *akk* nicht ausgeglichen [*o* wettgemacht] werden; **~ sinner** REL unerlöster Sünder/unerlöste Sünderin
unrefined [ˌʌnrɪ'faɪnd] *adj* ❶ *(not chemically refined)* nicht raffiniert, naturbelassen; **~ sugar/oil** Rohzucker *m*/Rohöl *nt*
❷ *(not socially polished)* unkultiviert; **~ manners** rüde Umgangsformen
unreflecting [ˌʌnrɪ'flektɪŋ] *adj (form)* unbedacht, unüberlegt
unregarded [ˌʌnrɪ'gɑːdɪd, AM 'gɑːr] *adj* ❶ *(lacking attention)* unbeachtet, unberücksichtigt
❷ *(neglected)* vernachlässigt
unregenerate [ˌʌnrɪ'dʒenərət, AM -ərɪt] *adj (pej form)* hartnäckig; **~ refusal** hartnäckige Weigerung
unregistered [ʌn'redʒɪstəd, AM -əd] *adj inv* nicht registriert [*o* eingetragen]; **an ~ birth** eine uneingetragene Geburt; **an ~ person** eine Person ohne Registrierung; **~ mail** nicht eingeschriebene Post[sendungen]
unregulated [ʌn'regjəleɪtɪd, AM t̬ɪd] *adj inv* ungeregelt, ungeordnet; *market* nicht reguliert
unrehearsed [ˌʌnrɪ'hɜːst, AM -'hɜːrst] *adj* ❶ *(spontaneous)* spontan
❷ THEAT *(not previously rehearsed)* nicht geprobt
unrelated [ˌʌnrɪ'leɪtɪd, AM -t̬-] *adj* ❶ *inv (not relatives)* nicht [miteinander] verwandt
❷ *(not logically connected)* ▪**to be ~ to sth** nicht mit etw *dat* zusammenhängen
unrelenting [ˌʌnrɪ'lentɪŋ, AM -t̬-] *adj* ❶ *(not yielding)* unerbittlich; **to be an ~ opponent of sth** unbeugsamer Gegner/unbeugsame Gegnerin einer S. *gen* sein; ▪**to be ~ in sth** in etw *dat* nicht nachlassen
❷ *(incessant)* unaufhörlich; ***the pain was ~*** der Schmerz ließ nicht nach; **~ pressure** konstanter Druck; **~ rain** anhaltende Regenfälle *mpl*
❸ *(form: unmerciful)* gnadenlos, unerbittlich; ***the headmaster was ~ and the prescribed punishment followed in due course*** der Direktor blieb hart und die vorgesehene Strafe folgte bald
unrelentingly [ˌʌnrɪ'lentɪŋli, AM -t̬ɪŋli] *adv* unaufhörlich, unablässig; **to ~ pursue sth** etw unermüdlich verfolgen
unreliability [ˌʌnrɪlaɪə'bɪlɪti, AM -ət̬i] *n no pl* Unzuverlässigkeit *f*
unreliable [ˌʌnrɪ'laɪəbl̩] *adj* unzuverlässig
unrelieved [ˌʌnrɪ'liːvd] *adj* ❶ *(depressingly unvarying)* ununterbrochen, anhaltend *attr;* ▪**to be ~ by sth** trotz einer S. *gen* anhalten; ***the pressure at work was ~ by any improvement in the sales figures*** da sich die Verkaufszahlen nicht verbessert hatten, hielt auch der Druck in der Arbeit an; **~ poverty** unverminderte Armut; **~ pressure/stress** anhaltender Druck/Stress; **~ tedium** dauernde Langeweile
❷ *(not helped)* unvermindert
unrelievedly [ˌʌnrɪ'liːvɪdli] *adv* anhaltend, gleich bleibend
unremarkable [ˌʌnrɪ'mɑːkəbl̩, AM -'mɑːr-] *adj* nicht bemerkenswert; **an ~ dress** ein unauffälliges Kleid
unremarked [ˌʌnrɪ'mɑːkt, AM 'mɑːrkt] *adj inv* kommentarlos, unerwidert
unremitting [ˌʌnrɪ'mɪtɪŋ, AM -'mɪt̬ɪŋ] *adj (form)* unablässig; ▪**to be ~ in sth** in etw *dat* beharrlich sein; ***he was ~ in his determination to graduate with honours*** er war unbeirrbar in seinem Ent-

schluss, mit Auszeichnung zu graduieren

unremittingly [ˌʌnrɪˈmɪtɪŋli, AM -ˈmɪţ-] *adv* unaufhörlich

unrepeatable [ˌʌnrɪˈpiːtəbl̩, AM -ţ-] *adj* ❶ *inv* (*unable to be repeated*) nicht wiederholbar; ~ **sale price** einmaliger Verkaufspreis
❷ (*too offensive*) nicht wiederholbar *pej*

unrepentant [ˌʌnrɪˈpentənt, AM -ţənt] *adj* reu[e]los; ■**to be** ~ keine Reue zeigen; ■**to be** ~ **about sth** etw nicht bereuen; ~ **sinner** reuloser Sünder/reulose Sünderin; **to die** ~ sterben, ohne bereut zu haben

unreported [ˌʌnrɪˈpɔːtɪd, AM ˈpɔːrţɪd] *adj inv* nicht berichtet, nicht gemeldet

unrepresentative [ˌʌnreprɪˈzentətɪv, AM -ţəţɪv] *adj* nicht repräsentativ; ■**to be** ~ **of sth** für etw *akk* nicht repräsentativ sein

unrepresented [ˌʌnreprɪˈzentɪd, AM ţɪd] *adj inv* nicht vertreten

unrequited [ˌʌnrɪˈkwaɪtɪd, AM -ţɪd] *adj* (*form or hum*) unerwidert; ■**to be** ~ unerwidert bleiben, nicht erwidert werden; ~ **love** unerwiderte Liebe

unreserved [ˌʌnrɪˈzɜːvd, AM -ˈzɜːrvd] *adj* ❶ (*without reservations*) uneingeschränkt, vorbehaltlos; **to be** ~ **in one's praise for sb/sth** jdn/etw über alle Maßen loben; ~ **support** volle [*o* rückhaltlose] Unterstützung
❷ (*not having been reserved*) nicht reserviert [*o* vorbestellt]; ~ **seats** freie Plätze
❸ (*not standoffish*) offen; ~ **friendliness** Herzlichkeit *f*

unreservedly [ˌʌnrɪˈzɜːvɪdli, AM -ˈzɜːrv-] *adv* uneingeschränkt, vorbehaltlos; ***I trust her*** ~ ich vertraue ihr rückhaltlos; **to apologize** ~ **to sb** sich *akk* ohne Einschränkungen bei jdm entschuldigen

unresisting [ˌʌnrɪˈzɪstɪn] *adj* widerstandslos

unresolved [ˌʌnrɪˈzɒlvd, AM -ˈzɑːlvd] *adj* ❶ (*not settled*) ungelöst; ~ **tension** anhaltende Spannung
❷ *pred* (*undecided*) unentschlossen, unschlüssig

unresponsive [ˌʌnrɪˈspɒn(t)sɪv, AM -ˈspɑːn(t)-] *adj* ■**to be** ~ nicht reagieren, keine Reaktion zeigen; ***the audience was*** ~ das Publikum ging nicht mit *fam;* ■**to be** ~ **to sth** auf etw *akk* nicht reagieren [*o* eingehen]; **to be** ~ **to medicine/treatment** auf Medikamente/eine Behandlung nicht ansprechen

unrest [ʌnˈrest] *n no pl* Unruhen *pl;* **ethnic/social** ~ ethnische/soziale Spannungen

unrestrained [ˌʌnrɪˈstreɪnd] *adj* uneingeschränkt; ~ **consumerism** hemmungsloses Konsumverhalten; ~ **criticism** harte Kritik; ~ **laughter** ungehemmtes Gelächter; ~ **praise** unumschränktes Lob

unrestricted [ˌʌnrɪˈstrɪktɪd] *adj* uneingeschränkt; ~ **access** ungehinderter Zugang

unrewarded [ˌʌnrɪˈwɔːdɪd, AM ˈwɔːrd] *adj inv* unbelohnt

unrewarding [ˌʌnrɪˈwɔːdɪŋ, AM ˈwɔːrd] *adj* nicht lohnend, undankbar *fig*

unrighteous [ʌnˈraɪtʃəs] *adj esp* REL (*form*) ungerecht *veraltet*

unripe [ʌnˈraɪp] *adj* ❶ (*not ripe*) unreif; **to pick sth** ~ etw unreif pflücken
❷ (*form: immature*) unerfahren, unreif

unrivalled [ʌnˈraɪvəld] *adj* unerreicht, unübertroffen; **an** ~ **collection of French porcelain** eine einzigartige Sammlung französischen Porzellans

unroll [ʌnˈrəʊl, AM -ˈroʊl] **I.** *vt* ■**to** ~ **sth** *map, poster* etw aufrollen
II. *vi* sich *akk* abrollen [lassen]

unromantic [ˌʌnrəʊˈmæntɪk, AM roʊˈmænţɪk] *adj* unromantisch

unrope [ʌnˈrəʊp, AM ˈroʊp] *vi* (*in climbing*) sich *akk* vom Seil losmachen

unrounded [ʌnˈraʊndɪd] *adj inv* LING entrundet

unruffled [ʌnˈrʌfl̩d] *adj* ❶ (*not agitated*) unbeeindruckt, gelassen; ■**to be** ~ **by sb/sth** von jdm/etw unbeeindruckt sein
❷ (*not ruffled up*) unzerzaust; ~ **feathers/fur/hair** glattes Gefieder/glatter Pelz/ordentliches Haar

unruliness [ʌnˈruːlɪnəs] *n no pl* ungebärdiges Verhalten, Ungebärdigkeit *f*

unruly <-ier, -iest *or* more ~, most ~> [ʌnˈruːli] *adj* ❶ (*disorderly*) ungebärdig; *child* schwierig; ~ **crowd** aufrührerische Menge
❷ (*difficult to control*) ~ **children** Kinder außer Rand und Band; ~ **hair** nicht zu bändigendes Haar

unsaddle [ʌnˈsædl̩] *vt* ❶ (*remove saddle*) **to** ~ **a horse** ein Pferd absatteln
❷ (*unseat*) **to** ~ **a rider** einen Reiter abwerfen

unsafe [ʌnˈseɪf] *adj* ❶ (*dangerous*) unsicher; *animal* gefährlich; ■**to be** ~ **to do sth** gefährlich sein, etw zu tun; ~ **sex** ungeschützter Sex; ~ **at any speed** ganz und gar unsicher; **to declare sth** ~ etw für nicht sicher erklären; *building, bridge* etw für einsturzgefährdet erklären
❷ *pred* (*in danger*) nicht sicher, gefährdet; ***I don't know why, but I feel*** ~ ***here*** ich weiß nicht warum, aber ich fühle mich hier nicht sicher
❸ BRIT LAW (*unlikely to stand*) unhaltbar; ~ **conviction** unhaltbares Urteil *nt;* ~ **verdict** unhaltbarer Schuldspruch

unsaid [ʌnˈsed] **I.** *adj inv* (*form*) ungesagt; **to leave sth** ~ etw ungesagt lassen; (*vaguely*) etw offen [*o* in der Schwebe] lassen; **to be better left** ~ besser ungesagt bleiben
II. *vt pt, pp of* **unsay**

unsalaried [ʌnˈsælərid] *adj inv* unbezahlt; ~ **position** Tätigkeit ohne Monatsgehalt

unsal(e)able [ʌnˈseɪləbl̩] *adj* unverkäuflich; ***last year's fashions are*** ~ Modeartikel vom letzten Jahr verkaufen sich nicht

unsalted [ʌnˈsɔːltɪd] *adj* ungesalzen

unsanitary [ʌnˈsænɪtəri, AM əteri] *adj* ❶ (*unhealthy*) ungesund
❷ (*lacking cleanliness*) unhygienisch

unsatisfactory [ʌnˌsætɪsˈfæktəri, AM -ţ-] *adj* ❶ (*not satisfactory*) nicht zufriedenstellend, unzureichend; ***your performance is most*** ~ Ihre Leistungen lassen sehr zu wünschen übrig *geh;* ~ **answer** unbefriedigende Antwort; ~ **service** unzureichender Service
❷ (*grade*) ungenügend

unsatisfied [ʌnˈsætɪsfaɪd, AM -ţ-] *adj* ❶ (*not content*) unzufrieden; **to leave sb/sth** ~ jdn/etw nicht befriedigen; ■**to be** ~ **with sb/sth** mit jdm/etw unzufrieden sein
❷ (*not convinced*) nicht überzeugt; **to be** ~ **with an explanation** sich *akk* mit einer Erklärung nicht zufrieden geben; **sth leaves sb** ~ jd gibt sich mit etw *dat* nicht zufrieden
❸ (*not sated*) nicht gesättigt; ***the sandwiches left them*** ~ die Brote machten sie nicht satt

unsatisfying [ʌnˈsætɪsfaɪɪŋ, AM ˈsæţ] *adj* unbefriedigend

unsaturated [ʌnˈsætʃəreɪtɪd, AM -ţ-] *adj* CHEM, FOOD ungesättigt *attr;* ~ **fat[s]** ungesättigte Fettsäuren *fpl*

unsavory AM, **unsavoury** [ʌnˈseɪvəri] *adj* BRIT, AUS ❶ (*unpleasant to the senses*) unappetitlich
❷ (*disgusting*) ekelhaft, widerlich
❸ (*socially offensive*) zweifelhaft, fragwürdig; ~ **district** übles Viertel; ~ **reputation** zweifelhafter Ruf; ~ **type** zwielichtige Gestalt, schmierige Type *sl*

unsay <-said, -said> [ʌnˈseɪ] *vt* ■**to** ~ **sth** etw zurücknehmen [*o* ungesagt machen]
► PHRASES: **what's** <u>**said**</u> **cannot be unsaid** (*prov*) gesagt ist gesagt

unscarred [ʌnˈskɑːd, AM ˈskɑːrd] *adj inv* ohne Narben *nach n,* unverwundet; (*fig*) unbeeinträchtigt, nicht gezeichnet

unscathed [ʌnˈskeɪðd] *adj* unverletzt; ■**to be** ~ **by sth** (*fig*) durch etw *akk* keinen Schaden genommen haben; **to escape** ~ unverletzt davonkommen; **to emerge** ~ **from sth** (*fig*) etw unbeschadet überstehen

unscheduled [ʌnˈʃedjuːld, AM -ˈskedʒʊld,] *adj inv* außerplanmäßig; ***the meeting was*** ~ das Treffen war nicht geplant; **an** ~ **stop** *of train* außerfahrplanmäßiger Halt

unschooled [ʌnˈskuːld] *adj* (*form*) ❶ (*uninstructed*) nicht ausgebildet [*o* geschult]; ■**to be** ~ **in sth** in etw *dat* nicht geschult sein; (*not know*) mit etw *dat* nicht vertraut sein
❷ (*untrained*) ~ **horse** undressiertes Pferd

unscientific [ˌʌnsaɪənˈtɪfɪk] *adj* ❶ (*not meeting scientific standards*) unwissenschaftlich
❷ (*fam: not understanding scientific matters*) unwissenschaftlich

unscramble [ʌnˈskræmbl̩] *vt* ■**to** ~ **sth** ❶ (*decode*) etw dekodieren [*o* entschlüsseln]; (*fig*) Licht in etw *akk* bringen
❷ (*restore order*) etw wieder ordnen

unscreened [ʌnˈskriːnd] *adj inv* ❶ (*not checked*) unkontrolliert, nicht überprüft
❷ (*not broadcast*) nicht ausgestrahlt

unscrew [ʌnˈskruː] **I.** *vt* MECH ■**to** ~ **sth** ❶ (*remove screws*) etw abschrauben; (*to open*) etw aufschrauben
❷ (*remove sth by twisting*) etw abschrauben; **to** ~ **a jar** ein Glas aufschrauben; **to** ~ **a lid** [*or* **a top**] einen Deckel abschrauben
II. *vi* (*take off by unscrewing*) sich abschrauben lassen; (*open*) aufschrauben

unscripted [ʌnˈskrɪptɪd] *adj inv* improvisiert; ~ **remark** spontane Äußerung; ~ **speech** Stegreifrede *f*

unscrupulous [ʌnˈskruːpjələs] *adj* (*pej*) skrupellos; ~ **dealings/methods** skrupellose Machenschaften/Methoden

unseal [ʌnˈsiːl] *vt* (*dated*) ❶ (*open*) **to** ~ **a letter** einen Brief entsiegeln
❷ (*tell*) **to** ~ **a secret** ein Geheimnis enthüllen
❸ (*publicize*) ■**to** ~ **sth** etw bekannt geben

unsealed [ʌnˈsiːld] *adj inv* ❶ (*not sealed*) unversiegelt
❷ (*open*) *letter* nicht zugeklebt

unseasonable [ʌnˈsiːzənəbl̩] *adj* ❶ (*not appropriate for season*) für die Jahreszeit ungewöhnlich, nicht der Jahreszeit entsprechend
❷ (*form: untimely*) unangebracht

unseasonably [ʌnˈsiːzənəbli] *adv* für die Jahreszeit ungewöhnlich; ~ **cold/warm** für die Jahreszeit zu kalt/warm

unseasoned [ʌnˈsiːzənd] *adj inv* ❶ (*not spiced or salted*) ungewürzt
❷ HORT (*not aged*) ~ **timber** nicht abgelagertes Holz

unseat [ʌnˈsiːt] *vt* ❶ (*remove from power*) ■**to** ~ **sb** jdn seines Amtes entheben
❷ SPORTS (*throw*) **to** ~ **a rider** einen Reiter abwerfen

unsecured [ˌʌnsɪˈkjʊəd, AM -ˈkjʊrd] *adj inv* ❶ FIN (*not covered by collateral*) ungesichert; ~ **creditor** Gläubiger(in) *m(f)* ohne Sicherheiten; ~ **bond** ungesicherte Schuldverschreibung; ~ **debt** ungesicherte Verbindlichkeit; **an** ~ **loan** [*or* **credit**] Blankokredit *m,* ungesichertes Darlehen
❷ (*unfastened*) *load* ungesichert, unbefestigt

unseeded [ʌnˈsiːdɪd] *adj inv* ❶ TENNIS, SPORTS (*not seeded*) **an** ~ **player** ein ungesetzter Spieler/eine ungesetzte Spielerin
❷ HORT (*not planted with seed*) unbesät

unseeing [ʌnˈsiːɪŋ] *adj* (*form*) blind; **to look at sb with** ~ **eyes** jdn mit leerem Blick anstarren

unseemliness [ʌnˈsiːmlɪnəs] *n no pl* (*form or dated*) Unschicklichkeit *f veraltend geh,* Ungehörigkeit *f*

unseemly [ʌnˈsiːmli] *adj* (*form or dated*) ungehörig, unschicklich *veraltend geh;* ***don't sit like that, Suzie — it's*** ~ sitz nicht so da, Suzie – das schickt sich nicht *veraltend;* ~ **behaviour** ungehöriges Benehmen

unseen [ʌnˈsiːn] *adj inv* ungesehen; ■**to do sth** ~ etw unbemerkt tun; **sight** ~ unbesehen; **to buy property sight** ~ ein Grundstück unbesehen kaufen

unselfconscious [ˌʌnselfˈkɒn(t)ʃəs, AM -ˈkɑːn-] *adj* unbefangen; ■**to be** ~ **about sth** unbefangen mit etw *dat* umgehen

unselfconsciously [ˌʌnselfˈkɒn(t)ʃəsli, AM -ˈkɑːn-] *adv* unbefangen; **to laugh/talk** ~ unbefangen [*o* ungezwungen] lachen/reden

unselfish [ʌnˈselfɪʃ] *adj* selbstlos, uneigennützig

unselfishly [ʌnˈselfɪʃli] *adv* selbstlos

unselfishness [ʌnˈselfɪʃnəs] *n no pl* Selbstlosigkeit

U

f, Uneigennützigkeit *f*
unsentimental [ˌʌnsentɪˈmentᵊl, AM t̬ᵊl] *adj* unsentimental
unserviceable [ʌnˈsɜːvɪsəbl̩, AM -ˈsɜːr-] *adj* unnütz, nicht zu gebrauchen; ~ **appliances** unbrauchbare Geräte
unsettle [ʌnˈsetl̩, AM -ˈset̬l] *vt* ❶ *(make nervous)* ■**to** ~ **sb** jdn verunsichern [*o fam* durcheinander bringen]
❷ COMM *(make unstable)* **to** ~ **the market** das Marktgleichgewicht stören
unsettled [ʌnˈsetl̩d, AM -ˈset̬l̩d] *adj* ❶ *(unstable)* instabil, unruhig; ***his feelings were in an ~ state*** seine Gefühle waren aus dem Gleichgewicht; **an ~ political climate** ein unruhiges politisches Klima; **an ~ period** eine bewegte Zeit; ~ **weather** unbeständiges Wetter
❷ *(troubled)* unruhig, besorgt
❸ *(unresolved)* **an** ~ **issue** eine noch anstehendes Thema
❹ *(queasy)* **to have an ~ stomach** einen gereizten Magen haben
❺ *(without settlers)* unbesiedelt
unsettling [ʌnˈsetlɪŋ, AM -t̬-] *adj* ❶ *(causing nervousness)* beunruhigend, verunsichernd; ***she had the ~ feeling that ...*** sie hatte das ungute Gefühl, dass ...; ~ **image** FILM aufrüttelnde Szene
❷ *(causing disruption)* ■**to be** ~ jdn/einen aus der Bahn werfen; ***it's very ~ to have to keep moving every couple of years*** man kann sich nirgendwo richtig zu Hause fühlen, wenn man alle zwei Jahre umziehen muss
❸ COMM destabilisierend
unsexy [ʌnˈseksi] *adj* unsexy *sl,* ohne Sexappeal *nach n*
unshackle [ʌnˈʃækl̩] *vt* ❶ *(release from shackles)* ■**to** ~ **sb/sth** jdm/etw die Ketten abnehmen, jdn/etw von den Fesseln befreien
❷ *(fig: liberate, set free)* ■**to** ~ **sb/sth** [**from sth**] jdn/etw befreien
unshaded [ʌnˈʃeɪdɪd] *adj inv* unbeschattet, ohne Schatten *nach n; painting, drawing* nicht schattiert
unshakable [ʌnˈʃeɪkəbl̩] *adj,* **unshakeable** *adj belief, feeling, opinion* unerschütterlich; *alibi* felsenfest; **to have ~ faith in sth** fest an etw *akk* glauben
unshaken [ʌnˈʃeɪkᵊn] *adj* unerschüttert; ***despite her husband's repeated flings, she has remained ~ in her loyalty*** trotz der wiederholten Eskapaden ihres Ehemannes geriet ihre Treue nicht ins Wanken
unshaved [ʌnˈʃeɪvd] *adj,* **unshaven** [ʌnˈʃeɪvᵊn] *adj inv* unrasiert
unsheathe [ʌnˈʃiːð] *vt* **to ~ a dagger/sword** einen Dolch/ein Schwert aus der Scheide ziehen
unshed [ʌnˈʃed] *adj inv* unvergossen
unshockable [ʌnˈʃɒkəbl̩, AM ˈʃɑːk] *adj* unerschütterlich, nicht zu schockieren[d]
unshod [ʌnˈʃɒd, AM -ˈʃɑːd] *adj inv (form)* unbeschuht, barfuß
unshrinkable [ʌnˈʃrɪŋkəbl̩] *adj* ■**to be** ~ *clothes* nicht einlaufen
unshrinking [ʌnˈʃrɪŋkɪŋ] *adj* unverzagt, furchtlos; **to be ~ in the face of sth** vor etw *dat* nicht zurückschrecken
unshrinkingly [ʌnˈʃrɪŋkɪŋli] *adv* unverzagt, furchtlos; **to be ~ determined** fest entschlossen sein; **to face sb** ~ jdm furchtlos entgegentreten
unsighted [ʌnˈsaɪtɪd, AM t̬ɪd] *adj* ❶ *(lacking the power of sight)* blind
❷ SPORTS ohne Sicht *nach n*
❸ *(unseen)* ungesehen, ungesichtet
unsightly <-ier, -iest *or* more ~, most ~> [ʌnˈsaɪtli] *adj* unansehnlich
unsigned [ʌnˈsaɪnd] *adj inv* ❶ *(lacking signature)* nicht unterschrieben [*o geh* unterzeichnet]; *painting* unsigniert
❷ *(not under contract) musician, player* nicht unter Vertrag stehend *attr*
❸ MATH, COMPUT *(without plus, minus sign)* unbezeichnet, ohne Plus- oder Minuszeichen *nach n,* ohne Vorzeichen *nach n*
unsinkable [ʌnˈsɪŋkəbl̩] *adj* ■**to be** ~ *boat, ship* unsinkbar sein
unskilful *adj* BRIT, AUS, **unskillful** [ʌnˈskɪlfᵊl] *adj* AM ungeschickt, unerfahren
unskilled [ʌnˈskɪld] *adj* ❶ *(not having skill)* ungeschickt; ■**to be ~ in** [*or* **at**] [**doing**] **sth** sich *akk* bei etw *dat* ungeschickt anstellen
❷ *(not requiring skill)* ungelernt; ~ **job** Tätigkeit *f* für ungelernte Arbeitskräfte; ~ **work** Hilfsarbeiten *pl*
unskilled labour, AM **unskilled labor** *n no pl* ungelernte Arbeitskräfte *pl* **unskilled labourer**, AM **unskilled laborer**, **unskilled worker** *n* Hilfsarbeiter(in) *m(f)*
unsliced [ʌnˈslaɪst] *adj inv* nicht in Scheiben geschnitten, am Stück *nach n*
unsmiling [ʌnˈsmaɪlɪŋ] *adj inv (liter)* ernst; ~ **expression** ernste Miene
unsmilingly [ʌnˈsmaɪlɪŋli] *adv inv (liter)* ohne zu lächeln, ernst
unsnap <-pp-> [ʌnˈsnæp] *vt* ■**to** ~ **sth** etw aufschnappen lassen
unsnarl [ʌnˈsnɑːl, AM -ˈsnɑːrl] **I.** *vt* **to ~ yarn** Garn entwirren
II. *vi traffic* sich *akk* auflösen
unsociable [ʌnˈsəʊʃəbl̩, AM -ˈsoʊ-] *adj person* ungesellig; *activity* nicht [gerade] Kontakt fördernd *attr; place* nicht einladend *(für Kontakte und Begegnungen)*
unsocial [ʌnˈsəʊʃᵊl, AM -ˈsoʊ-] *adj* ❶ BRIT *(socially inconvenient)* nicht sozialverträglich; **to work ~ hours** außerhalb der normalen Arbeitszeiten arbeiten
❷ *(antisocial)* asozial *pej*
❸ *(not seeking company)* unsozial
unsold [ʌnˈsəʊld, AM -ˈsoʊld] *adj inv* unverkauft
unsolicited [ˌʌnsəˈlɪsɪtɪd, AM -t̬-] *adj inv* unerbeten; ~ **advice** ungebetene Ratschläge *pl;* ~ **manuscript** unaufgefordert eingesandtes Manuskript
unsolved [ʌnˈsɒlvd, AM -ˈsɑːlvd] *adj inv mystery, problem* ungelöst; *murder* unaufgeklärt
unsophisticated [ˌʌnsəˈfɪstɪkeɪtɪd, AM -təkeɪt̬ɪd] *adj* ❶ *(pej: lacking knowledge) person* naiv, einfältig *pej; taste* einfach, anspruchslos
❷ *(uncomplicated) machine* einfach, unkompliziert
❸ *(approv: genuine)* unverfälscht; ~ **pleasure** bescheidenes Vergnügen
unsound [ʌnˈsaʊnd] *adj* ❶ *(unstable)* instabil; *financial situation* heikel
❷ *(not valid) argument* nicht stichhaltig; *judgement* anfechtbar; ***your theory is logically ~*** deine Theorie ist logisch nicht folgerichtig; ~ **police evidence** nicht stichhaltiges polizeiliches Beweismaterial
❸ *(unreliable) person* unsolide, unzuverlässig; ***the construction firm was accused of ~ building practices*** man hat das Bauunternehmen beschuldigt, unsolide zu bauen
❹ *(unhealthy)* ungesund; ***his kidney function is ~*** seine Nieren arbeiten nicht richtig; **to be of ~ mind** unzurechnungsfähig sein
unsoundness [ʌnˈsaʊndnəs] *n no pl* ❶ *(sth harming health)* Ungesunde[s] *nt*
❷ *([mental or moral] unhealthiness)* Krankhaftigkeit *f*
❸ *(lack of reason)* Anfechtbarkeit *f,* Verfehltheit *f*
unsparing [ʌnˈspeərɪŋ, AM -ˈsper-] *adj* ❶ *(merciless)* schonungslos
❷ *(approv form: lavish)* großzügig; *(pej)* verschwenderisch; **to be ~ in one's efforts** keine Mühen scheuen
unsparingly [ʌnˈspeərɪŋli, AM ˈsper] *adv* ❶ *(generously)* reichlich, überaus
❷ *(regardlessly)* schonungslos
unspeakable [ʌnˈspiːkəbl̩] *adj* ❶ *(not to be expressed in words)* **an ~ tenderness** nicht in Worte zu fassende Gefühle der Zärtlichkeit
❷ *(horrific)* ~ **atrocities** unbeschreibliche Gräueltaten
unspeakably [ʌnˈspiːkəbli] *adv* unsagbar, unbeschreiblich; ***he behaved ~*** wie er sich aufgeführt hat, spottet jeder Beschreibung; ~ **bad/vile** unsagbar schlecht/gemein
unspecified [ʌnˈspesɪfaɪd] *adj inv* unspezifiziert, nicht näher erläutert; *people* namentlich nicht genannt
unspectacular [ʌnspekˈtækjələʳ, AM lɚ] *adj* unauffällig, unspektakulär *geh*
unspent [ʌnˈspent] *adj inv* ❶ *(not spent) money, energy* nicht verbraucht
❷ *(not exhausted)* unverbraucht, übrig geblieben
unspoiled [ʌnˈspɔɪld] *adj,* **unspoilt** [ʌnˈspɔɪlt] *adj* BRIT *(approv) person* unverdorben, natürlich; *child* nicht verwöhnt; *landscape* unberührt; ~ **view** unverbaute Aussicht
unspoken [ʌnˈspəʊkᵊn, AM ˈspoʊ-] *adj inv* unausgesprochen; ***there's an ~ assumption that ...*** man geht stillschweigend davon aus, dass ...; ~ **agreement** stillschweigende Übereinkunft; ~ **suspicions of sb** unausgesprochener Verdacht gegen jdn
unsporting [ʌnˈspɔːtɪŋ, AM ˈspɔːrt̬ɪŋ] *adj,* **unsportsmanlike** [ʌnˈspɔːtsmenlaɪk, AM ˈspɔːrts-] *adj* unfair, unsportlich; ~ **conduct** [*or* **behaviour**] unfaires Verhalten
unsprung [ʌnˈsprʌŋ] *adj inv* ungefedert
unstable [ʌnˈsteɪbl̩] *adj* ❶ *(not firm)* nicht stabil; ~ **chair** wackeliger Stuhl
❷ *(fig)* instabil; ***his future looks ~*** seine Zukunft ist ungewiss; ~ **society** instabile Gesellschaft; **emotionally** [*or* **mentally**] ~ PSYCH [psychisch] labil
unstated [ʌnˈsteɪtɪd, AM t̬ɪd] *adj inv* unausgesprochen
unsteadily [ʌnˈstedɪli] *adv* ❶ *(unstably)* unsicher, unruhig; **to walk ~** wanken
❷ *(irregularly)* unregelmäßig
unsteadiness [ʌnˈstedɪnəs] *n no pl* Unsicherheit *f,* Schwanken *nt*
unsteady [ʌnˈstedi] *adj* ❶ *(unstable)* nicht stabil; ***the table is ~*** der Tisch wackelt; **to be ~ on one's feet** [*or* **legs**] wack[e]lig auf den Beinen sein
❷ *(fluctuating)* instabil; ***the stock market has been ~ in recent weeks*** der Aktienmarkt ist in den letzten Wochen von Schwankungen gekennzeichnet
❸ *(wavering) hands, voice* zittrig; ***her voice was ~*** ihr zitterte die Stimme
❹ *(not regular) footsteps, heartbeat* unregelmäßig
unstinted [ʌnˈstɪntɪd, AM t̬ɪd] *adj* uneingeschränkt, unverkürzt *veraltend*
unstinting [ʌnˈstɪntɪŋ] *adj (form) person* großzügig; *support also* vorbehaltlos, uneingeschränkt; ***she is ~ in her generosity*** ihre Großzügigkeit kennt keine Grenzen; **to be ~ in one's efforts/praise** keine Mühen scheuen/mit Lob nicht sparen
unstintingly [ʌnˈstɪntɪŋli, AM t̬ɪŋ] *adv* freigebig, ohne zu knausern
unstoppable [ʌnˈstɒpəbl̩, AM ˈstɑːpə-] *adj* nicht aufzuhalten
unstrap <-pp-> [ʌnˈstræp] *vt* ■**to** ~ **sb/sth** jdn/etw abschnallen [*o* losschnallen]
unstressed [ʌnˈstrest] *adj inv* ❶ LING unbetont
❷ *(not worried)* unbelastet
unstructured [ʌnˈstrʌktʃəd, AM ɚd] *adj* ❶ *(without structure)* unstrukturiert
❷ *inv (of clothes)* unversteift, nicht appretiert
unstuck [ʌnˈstʌk] *adj* ❶ *pred, inv (not fastened)* **to** [**be**]**come ~** sich *akk* [ab]lösen
❷ *(undone)* **to come ~** scheitern; *speaker* stecken bleiben; *(in exam)* ins Schwimmen geraten *fam*
unstudied [ʌnˈstʌdid] *adj (form)* ❶ *(natural)* ungezwungen; ~ **naturalness** Ungekünsteltheit *f geh,* ungezwungene Natürlichkeit; ~ **response** spontane Antwort
❷ *(dated: not learned)* ■**to be ~ in sth** sich *akk* mit etw *dat* nicht auskennen
unsubstantial [ˌʌnsəbˈstæn(t)ʃᵊl] *adj* unwesentlich, dürftig; *(immaterial)* körperlos
unsubstantiated [ˌʌnsəbˈstæn(t)ʃieɪtɪd, AM -t̬-] *adj inv* unbegründet; ***these claims/rumours are entirely ~*** diese Behauptungen/Gerüchte entbehren jeder Grundlage
unsubtle <-r, -st> [ʌnˈsʌtl̩, AM ˈsʌt̬l] *adj* grob, unfein, unsubtil *geh*

unsuccessful [ˌʌnsəkˈsesfᵊl] *adj* erfolglos; *attempt* vergeblich; *candidate* unterlegen; *negotiations* ergebnislos; ■**to be ~ in sth** bei etw *dat* keinen Erfolg haben; **to prove ~** sich *akk* als Fehlschlag erweisen

unsuccessfully [ˌʌnsəkˈsesfᵊli] *adv* erfolglos, vergeblich

unsuitable [ʌnˈsjuːtəbl̩, AM -ˈsuːt̬ə-] *adj* unpassend; ■**to be ~ for sth** für etw *akk* nicht geeignet sein, sich *akk* für etw *akk* nicht eignen; **~ clothes** ungeeignete Kleidung; **~ moment** unpassender Moment; **to be ~ to** [*or* **for**] **the occasion** dem Anlass nicht entsprechen

unsuitably [ʌnˈsjuːtəbli, AM -ˈsuːt̬ə-] *adv* unpassend; **~ dressed** unpassend gekleidet; **to behave ~** sich *akk* danebenbenehmen

unsuited [ʌnˈsuːtɪd, AM t̬ɪd] *adj pred* ■**to be ~** [**for/to sth**] für etw *akk* ungeeignet sein

unsullied [ʌnˈsʌliːd] *adj* (*approv*) ❶ (*form: not tarnished*) makellos, unbefleckt; **an ~ reputation** ein makelloser Ruf
❷ (*dated: pure*) unberührt

unsung [ʌnˈsʌŋ] *adj inv* unbesungen; **~ achievements** unbeachtete Erfolge; **an ~ hero** ein Held *m*, von dem niemand spricht; **to go ~** sang- und klanglos untergehen

unsupported [ˌʌnsəˈpɔːtɪd, AM -ˈpɔːrt̬ɪd] *adj inv* ❶ (*physically*) ungestützt, ohne Stütze *präd;* **to walk ~** ohne Stützen gehen
❷ (*without evidence*) *assumption, theory* nicht gestützt
❸ (*without financial aid*) ohne Unterstützung
❹ COMPUT (*not offering assistance*) ohne Support

unsure [ʌnˈʃʊəʳ, AM -ˈʃʊr] *adj person* unsicher; *fact, date* ungewiss; ■**to be ~ how/what/when/whether/why ...** nicht genau wissen [*o* sich *dat* nicht sicher sein], wie/was/wann/ob/warum ...; ■**to be ~ about sth** sich *dat* einer S. *gen* nicht sicher sein; ■**to be ~ of oneself** unsicher sein, kein Selbstvertrauen haben

unsurpassable [ˌʌnsəˈpɑːsəbl̩, AM səˈpæs] *adj inv* unübertrefflich, unüberbietbar

unsurpassed [ˌʌnsəˈpɑːst, AM -səˈpæst] *adj inv* unübertroffen, einzigartig; ■**to be ~ at** [*or* **in**] [**doing**] **sth** in etw *dat* unübertroffen sein

unsurprising [ˌʌnsəˈpraɪzɪŋ, AM səˈ] *adj* nicht überraschend

unsurprisingly [ˌʌnsəˈpraɪzɪŋli, AM səˈ] *adv* wie nicht anders erwartet [*o* zu erwarten]

unsuspected [ˌʌnsəˈspektɪd] *adj inv cause* unvermutet; *talent also* unerwartet; *person* unverdächtig; ***the real killer remained ~ for years*** der wahre Mörder geriet jahrelang nicht in Verdacht

unsuspecting [ˌʌnsəˈspektɪŋ] *adj* nichts ahnend, ahnungslos; **an ~ world** (*hum*) eine erstaunte Weltöffentlichkeit; **all ~** völlig ahnungslos

unsustainable [ˌʌnsəˈsteɪnəbl̩] *adj* ❶ *inv* (*not maintainable*) *levels* nicht aufrechtzuerhalten
❷ *inv* ECOL (*damaging to ecology*) umweltschädigend
❸ (*not to be supported*) *argument, remark* unhaltbar

unsustained [ˌʌnsəˈsteɪnd] *adj inv* nicht fortgeführt [*o* weitergeführt]

unsweetened [ʌnˈswiːtᵊnd] *adj inv esp* FOOD ungesüßt

unswerving [ʌnˈswɜːvɪŋ, AM -ˈswɜːr-] *adj inv* ❶ (*unshakeable*) *commitment, loyalty* unerschütterlich, unbeirrbar; ■**to be ~ in sth** sich *akk* in etw *dat* nicht beirren lassen
❷ (*not turning*) ■**to be ~** nicht abweichen; ***he marched straight through the crowd, ~ from the direct line to the door*** er marschierte geradewegs durch die Menge, schnurstracks auf die Tür zu

unsympathetic [ˌʌnsɪmpəˈθetɪk, AM -t̬-] *adj* ❶ (*not showing sympathy*) ohne Mitgefühl *nach n, präd;* ■**to be ~ about sth** wegen einer S. *gen* kein Mitgefühl zeigen
❷ (*not showing approval*) verständnislos; ■**to be ~ toward sth** für etw *akk* kein Verständnis haben; **to show an ~ reaction to sth** auf etw *akk* mit Unverständnis reagieren
❸ (*not likeable*) *character* unsympathisch

unsympathetically [ˌʌnsɪmpəˈθetɪkli, AM ˈθet̬] *adv* merklich abgeneigt, mit spürbarer Ablehnung

unsystematic [ˌʌnsɪstəˈmætɪk, AM ˈmæt̬] *adj* unsystematisch, ohne Plan *nach n*

unsystematically [ˌʌnsɪstəˈmætɪkli, AM ˈmæt̬] *adv* planlos, unsystematisch

untainted [ʌnˈteɪntɪd, AM -t̬-] *adj* ❶ *inv* FOOD unverdorben
❷ (*not corrupted*) makellos, unbefleckt; ■**to be ~ by sth** von etw *dat* nicht beeinträchtigt sein; **~ name** guter Name; **~ reputation** untadeliger Ruf

untalented [ʌnˈtæləntɪd, AM t̬ɪd] *adj* untalentiert, unbegabt

untamed [ʌnˈteɪmd] *adj inv* wild, ungebändigt; *animal also* ungezähmt; **~ spirit** ungezügeltes Temperament

untangle [ʌnˈtæŋgl̩] *vt* ■**to ~ sth** etw entwirren *a. fig;* **to ~ a mystery** ein Rätsel lösen

untapped [ʌnˈtæpt] *adj inv line, keg* nicht angezapft; *market* nicht erschlossen; *resources* ungenutzt, brachliegend *attr*

untarnished [ʌnˈtɑːnɪʃt, AM tɑːr] *adj* makellos; (*also fig*) im alten Glanz erstrahlend, ungetrübt

untasted [ʌnˈteɪstɪd] *adj inv* ungekostet; (*fig*) nicht angerührt

untaught [ʌnˈtɔːt, AM ˈtɑːt] *adj inv* ❶ (*not taught*) unwissend, ungebildet
❷ (*not trained by teaching*) nicht unterrichtet, ungelehrt
❸ (*natural, spontaneous*) ungelernt, autodidaktisch geh

untaxed [ʌnˈtækst] *adj inv income* steuerfrei; (*tax not paid for*) unversteuert

unteachable [ʌnˈtiːtʃəbl̩] *adj inv* ❶ (*of a person*) unbelehrbar
❷ (*of a subject*) unlehrbar, nicht beizubringen[d]

untenable [ʌnˈtenəbl̩] *adj* (*form*) unhaltbar, nicht vertretbar

untenanted [ʌnˈtenəntɪd] *adj inv house, property* unbewohnt, leer

untended [ʌnˈtendɪd] *adj inv* ❶ (*not looked after*) unbeaufsichtigt
❷ (*neglected*) unbehütet, vernachlässigt

untested [ʌnˈtestɪd] *adj inv* ungeprüft, [noch] nicht getestet

untether [ʌnˈteðəʳ, AM -ɚ] *vt* **to ~ an animal** ein Tier losbinden

unthinkable [ʌnˈθɪŋkəbl̩] I. *adj* ❶ (*unimaginable*) undenkbar, nicht vorstellbar
❷ (*shocking*) unfassbar
II. *n no pl* ■**the ~** das Unvorstellbare

unthinking [ʌnˈθɪŋkɪŋ] *adj inv* gedankenlos, unbedacht; (*unintentional*) unabsichtlich; **~ *hostility to anything foreign*** blinde Feindseligkeit gegen alles Fremde

unthinkingly [ʌnˈθɪŋkɪŋli] *adv inv* gedankenlos, unbedacht; ***I just said it ~*** ich habe das nur so dahergesagt

unthought of [ʌnˈθɔːtɒv, AM -ɑːv] *adj pred, inv,* **unthought-of** *adj attr, inv* unvorstellbar; **~ details** nicht bedachte Einzelheiten; **to leave sth ~** etw nicht bedenken

untidily [ʌnˈtaɪdɪli] *adv* unordentlich

untidiness [ʌnˈtaɪdɪnəs] *n no pl* Unordnung *f; of a person, dress* Unordentlichkeit *f*

untidy [ʌnˈtaɪdi] *adj* ❶ (*disordered*) unordentlich; *room* unaufgeräumt; *appearance* ungepflegt
❷ (*not well organized*) unsystematisch, schlampig *fam; thesis also* konzeptlos; **to have an ~ mind** einen wirren Geist haben

untie <-y-> [ʌnˈtaɪ] *vt* ❶ (*undo*) **to ~ a knot** einen Knoten lösen; **to ~ shoelaces** Schnürsenkel aufbinden
❷ (*undo fastening*) **to ~ a boat** ein Boot losbinden; **to ~ a parcel** ein Paket aufschnüren

until [ʌnˈtɪl] I. *prep* ❶ (*up to*) bis; ***we waited ~ half past six*** wir warteten bis halb sieben; ***two more days ~ Easter*** noch zwei Tage bis Ostern
❷ (*beginning at*) bis; ***we didn't eat ~ past midnight*** wir aßen erst nach Mitternacht
II. *conj* (*esp form*) ❶ (*up to time when*) bis; ***I laughed ~ tears rolled down my face*** ich lachte, bis mir die Tränen kamen
❷ (*not before*) ■**to not do sth ~ ...** etw erst [dann] tun, wenn ...; ***he won't stop ~ everything is finished*** er hört nicht eher auf, bis alles fertig ist; ***he didn't have a girlfriend ~ he was thirty-five*** er hatte erst mit 35 eine Freundin; ***not ~ all the people are here, can we get started*** solange nicht alle Leute da sind, können wir nicht anfangen

untimely [ʌnˈtaɪmli] *adj* (*form*) ❶ (*inopportune*) ungelegen
❷ (*premature*) verfrüht, vorzeitig

untiring [ʌnˈtaɪərɪŋ, AM -ˈtaɪrɪŋ] *adj* unermüdlich

untiringly [ʌnˈtaɪərɪŋli, AM -ˈtaɪrɪŋ-] *adv* unermüdlich

untitled [ʌnˈtaɪtl̩d, AM -t̬-] *adj inv* ❶ (*without heading*) unbetitelt, ohne Titel *nach n*
❷ SPORTS ohne Titelgewinn *nach n*
❸ LAW ohne Rechtstitel, unberechtigt

unto *prep* (*liter or old*) ❶ (*to*) zu; ***for ~ us a child is born*** denn uns ist ein Kind geboren; ***do ~ others as you would be done by*** was du nicht willst, dass man dir tu, das füg auch keinem andern zu
❷ (*until*) bis; **~ *this day*** bis zum heutigen Tage

untold [ʌnˈtəʊld, AM -ˈtoʊld] *adj* ❶ *attr* (*immense*) unsagbar; *damage* immens; **~ misery** unsägliches Elend; **~ numbers of trees** unzählige Bäume; **~ wealth** unermesslicher Reichtum
❷ *inv* (*not told*) ungesagt; ***her real secrets remain ~*** ihre wirklichen Geheimnisse werden nicht preisgegeben; ***this is better left ~*** darüber schweigt man besser

untouchable [ʌnˈtʌtʃəbl̩] I. *adj* ❶ (*sacrosanct*) unantastbar, tabu
❷ *inv* (*fam: unbeatable*) unschlagbar
❸ *inv* REL unberührbar
II. *n* ❶ REL Unberührbare(r) *f(m);* ■**the ~s** *pl* die Unberührbaren
❷ (*pariah*) Aussätzige(r) *f(m)*

untouched [ʌnˈtʌtʃt] *adj inv* ❶ (*not touched*) unberührt; **to be ~ by human hands** von Menschenhand unberührt sein
❷ *drink, food* nicht angerührt
❸ (*not affected*) ■**to be ~ by sth** von etw *dat* nicht betroffen sein; ■**to remain ~ by sth** von etw *dat* verschont bleiben; **to leave sth ~** etw verschont lassen
❹ (*indifferent*) unbewegt, ungerührt
❺ (*not mentioned*) unerwähnt; **to leave no detail ~** nicht die kleinste Kleinigkeit auslassen
❻ (*dated: sexually pure*) unberührt

untoward [ˌʌntəˈwɔːd, AM -ˈtɔːrd] *adj* (*form*) ❶ (*unfortunate*) ungünstig; ***unless anything ~ happens*** wenn nichts dazwischenkommt; **~ side effects** unerwünschte Nebenwirkungen
❷ (*inappropriate*) *joke, remark* unpassend

untraceable [ʌnˈtreɪsəbl̩] *adj inv* unauffindbar, nicht aufzuspüren[d]

untrained [ʌnˈtreɪnd] *adj inv* ungeübt, ungeschult; *person* unausgebildet; *animal* undressiert; SPORTS untrainiert; ***she is ~ in psychology*** sie hat keine Ausbildung in Psychologie; **to the ~ eye** dem ungeschulten Auge

untrammeled AM, **untrammelled** [ʌnˈtræmᵊld] *adj* BRIT (*form*) ungehindert, frei; ■**to be ~ by sb/sth** nicht an jdn/etw gebunden sein

untransferable [ˌʌntræn(t)sˈfɜːrəbl̩] *adj inv* LAW nicht übertragbar

untranslatable [ˌʌntræn(t)sˈleɪtəbl̩, AM -t̬-] *adj* unübersetzbar

untreatable [ʌnˈtriːtəbl̩, AM -t̬-] *adj inv* MED unheilbar

untreated [ʌnˈtriːtɪd, AM -t̬-] *adj inv* BIOL, CHEM, MED unbehandelt; **~ sewage** ungeklärte Abwässer

untried [ʌnˈtraɪd] *adj* ❶ *inv* (*not tested*) ungetestet, noch nicht erprobt; **~ troops** nicht kampferprobte Truppen
❷ (*form: inexperienced*) unerfahren
❸ *inv* LAW noch nicht verhandelt; ***the accused***

remains ~ der Beschuldigte wird nicht vor Gericht gestellt; ~ **case** unverhandelter Fall

untroubled [ʌn'trʌbl̩d] *adj* nicht beunruhigt, sorglos; ■**to be** ~ **by sth** sich *akk* von etw *dat* nicht beunruhigen lassen; ~ **serenity** ruhige Gelassenheit

untrue [ʌn'tru:] *adj* ❶ (*false*) *statement, story* unwahr, falsch
❷ *pred* (*not faithful*) untreu; ■**to be** ~ **to sb/sth** jdm/etw untreu sein; ***he's been*** ~ ***to his principles*** er ist seinen Prinzipien untreu geworden
❸ (*not level*) vorstehend

untrustworthy [ʌn'trʌst,wɜ:ði, AM -,wɜ:r-] *adj* unzuverlässig

untruth [un'tru:θ] *n* ❶ (*lie*) Unwahrheit *f*; **to tell an** ~ (*euph*) flunkern *fam*
❷ *no pl* (*quality*) Unrichtigkeit *f*, Falschheit *f*

untruthful [un'tru:θfᵊl] *adj* unwahr; (*tending to tell lies*) unaufrichtig

untruthfully [ʌn'tru:θfᵊli] *adv* unaufrichtig[erweise]

untuck [un'tʌk] *vt* **to** ~ **bedclothes** die Bettdecke zurückschlagen

unturned [un'tɜ:nd, AM -'tɜ:rnd] *adj inv* nicht umgedreht; *soil* nicht umgegraben

untutored [un'tju:təd, AM -'tu:t̬ɚd] *adj* (*form*) ungeschult; ■**to be** ~ **in sth** von etw *dat* keine Ahnung haben; ~ **remark** unqualifizierte Bemerkung

untwist [un'twɪst] I. *vt* **to** ~ **wire** Draht aufdrehen; **to** ~ **threads** Fäden entwirren
II. *vi* aufgehen; *wire* sich *akk* aufdrehen

untypical [ʌn'tɪpɪkᵊl] *adj* abweichend, untypisch

unusable [un'ju:zəbl̩] *adj inv* unbrauchbar

unused¹ [un'ju:zd] *adj inv* unbenutzt; *clothes* ungetragen; ~ **property** ungenutzte [*o* leer stehende] Immobilien; **to go** ~ nicht genutzt werden, ungenutzt bleiben; *talent, energy* brachliegen

unused² [un'ju:st] *adj pred* (*not accustomed*) ■**to be** ~ **to sth** an etw *akk* nicht gewöhnt sein

unusual [un'ju:ʒᵊl, AM -ʒuəl] *adj* ❶ (*not habitual*) ungewöhnlich; (*for a person*) untypisch
❷ (*remarkable*) ungewöhnlich, außergewöhnlich; ~ **taste** ausgefallener Geschmack

unusually [un'ju:ʒᵊli, AM -ʒuəli] *adv* ungewöhnlich; ***he was*** ~ ***polite*** er war ungewohnt höflich; ~ ***for me, …*** ganz gegen meine Gewohnheit …

unutterable [un'ʌtᵊrəbl, AM -t̬-] *adj* (*form*) unsäglich *geh*, unbeschreiblich; ~ **suffering** unbeschreibliches Leid

unutterably [un'ʌtᵊrəbli, AM -t̬-] *adv* (*form*) unsäglich *geh*, unbeschreiblich

unvarnished [un'vɑ:nɪʃt, AM -'vɑ:r-] *adj inv* ❶ (*not coated*) *wood* unlackiert, ungefirnisst; ~ **furniture** naturbelassene Möbel
❷ (*straightforward*) einfach; **the** ~ **truth** (*fig*) die ungeschminkte Wahrheit

unvarying [un'veəriɪŋ, AM -'veri-] *adj* unveränderlich, gleich bleibend; *landscape* eintönig

unveil [un'veɪl] I. *vt* ❶ (*remove covering*) ■**to** ~ **sth** etw enthüllen; ***she*** ~***ed her face*** sie entschleierte das Gesicht
❷ (*present to public*) **to** ~ **a product** ein Produkt der Öffentlichkeit vorstellen
II. *vi* sich *akk* entschleiern, den Schleier abnehmen [*o fig* fallen lassen]

unveiling [ʌn'veɪlɪŋ] *n no pl* Enthüllung *f a. fig*; (*fig*) Entschleierung *f*, Aufdeckung *f*

unventilated [ʌn'ventɪleɪtɪd, AM t̬əleɪt̬ɪd] *adj inv* nicht belüftet, nicht ventiliert *a. fig geh*

unversed [un'vɜ:st, AM -'vɜ:rst] *adj pred* (*form*) ■**to be** ~ **in sth** in etw *dat* nicht versiert sein; ***I'm not entirely*** ~ ***in these matters*** ich bin nicht so ganz unbewandert in diesen Dingen

unvisited [ʌn'vɪzɪtɪd, AM t̬ɪd] *adj* ❶ (*not visited*) nicht besucht, nicht aufgesucht
❷ (*unravaged*) nicht heimgesucht

unvoiced [un'vɔɪst] *adj inv* ❶ (*form: unuttered*) unausgesprochen
❷ LING (*not voiced*) stimmlos

unwaged [un'weɪdʒd] BRIT I. *adj inv* ❶ (*out of work*) ~ **adults** arbeitslose Erwachsene
❷ (*unpaid*) ~ **work** unbezahlte [*o* unentgeltliche] Arbeit
II. *n* ■**the** ~ *pl* die Arbeitslosen *pl*

unwanted [un'wɒntɪd, AM -'wɑ:nt̬ɪd] *adj* unerwünscht, störend; *clothes* abgelegt; ~ **advice** ungebetene Ratschläge; ~ **child** ungewolltes Kind; **to feel** ~ sich *akk* unerwünscht fühlen; **to make sb feel** ~ jdm das Gefühl geben, nicht erwünscht zu sein

unwarily [un'weərɪli, AM -'werɪli] *adv* unvorsichtig, unbedachtsam

unwarrantable [ʌn'wɒrᵊntəbl̩, AM ʌn'wɔ:rᵊnt̬əbl̩] *adj* ungerechtfertigt, nicht vertretbar, nicht haltbar

unwarranted [un'wɒrᵊntɪd, AM -'wɔ:rᵊnt̬ɪd] *adj* (*form*) ❶ (*not justified*) ungerechtfertigt; *fears* unbegründet; *criticism* unberechtigt
❷ (*not authorized*) unrechtmäßig

unwary [un'weəri, AM -'weri] I. *adj* unvorsichtig, unachtsam
II. *n* <*pl* -> ■**the** ~ der Unvorsichtige [*o* Unbesonnene]

unwashed [un'wɒʃt, AM -'wɑ:ʃt] I. *adj inv* ungewaschen; ~ **dishes** ungespültes Geschirr; ~ **urchin** schmutziger Bengel *fam*
II. *n* (*pej*) **the** [**great**] ~ *pl* der Pöbel *pej*

unwavering [un'weɪvᵊrɪŋ] *adj* unerschütterlich, standhaft; ~ **determination** eiserne Entschlossenheit; **to be** ~ **in one's support for sb** fest zu jdm halten

unwaveringly [ʌn'weɪvᵊrɪŋli] *adv* unerschütterlich, standhaft

unwed [un'wed] *adj*, **unwedded** [un'wedɪd] *adj inv* (*dated*) unverheiratet, ledig; **an** ~ **mother** eine ledige Mutter

unwelcome [un'welkəm] *adj* unwillkommen; ~ **guest** unwillkommener Gast; ~ **news** unerfreuliche Nachricht; **to feel** ~ das Gefühl haben, nicht willkommen zu sein; **to make sb feel** ~ jdm das Gefühl geben, nicht willkommen zu sein

unwelcoming [ʌn'welkʌmɪŋ] *adj* abweisend, wenig verheißungsvoll *iron*

unwell [un'wel] *adj pred* unwohl; ■**sb is** ~ jdm geht es nicht gut; **to feel** ~ sich *akk* unwohl fühlen

unwholesome [un'həʊlsəm, AM -'hoʊl-] *adj* ungesund; ~**-looking fruit** ungesund aussehendes Obst; **to be an** ~ **influence on sb** einen unguten Einfluss auf jdn ausüben; ~ **neighbourhood** zwielichtige Umgebung

unwieldy [un'wi:ldi] *adj* ❶ (*cumbersome*) unhandlich; *piece of furniture* sperrig
❷ (*ineffective*) unüberschaubar; ~ **system** schwerfälliges System

unwilling [un'wɪlɪŋ] *adj* widerwillig, widerstrebend; ■**to be** ~ **to do sth** nicht gewillt sein, etw zu tun; ***Natalie was*** ~ ***for her husband to accompany her to her school reunion*** Nathalie wollte nicht, dass ihr Mann sie zum Klassentreffen begleitet

unwillingly [un'wɪlɪŋli] *adv* widerwillig, ungern

unwillingness [un'wɪlɪŋnəs] *n no pl* mangelnde Bereitschaft, Widerwilligkeit *f*

unwind <unwound, unwound> [un'waɪnd] I. *vi* ❶ (*unroll*) sich *akk* abwickeln
❷ (*relax*) sich *akk* entspannen
II. *vt* ■**to** ~ **sth** etw abwickeln; **to** ~ **a rope from a spool** ein Seil von einer Spule abwickeln

unwise [un'waɪz] *adj* unklug

unwisely [un'waɪzli] *adv* unklugerweise; ***you acted*** ~ ***in cancelling the test*** es war unklug von dir, den Test abzusagen

unwitting [un'wɪtɪŋ, AM -t̬-] *adj* ❶ (*unaware*) ahnungslos; ~ **accomplice** ahnungsloser Komplize/ahnungslose Komplizin; ~ **victim** ahnungsloses Opfer
❷ (*unintentional*) unbeabsichtigt, unabsichtlich

unwittingly [un'wɪtɪŋli, AM -t̬-] *adv* ❶ (*without realizing*) unwissentlich
❷ (*unintentionally*) unabsichtlich, unbeabsichtigterweise

unwomanly [un'wʊmənli] *adj* (*dated*) unweiblich

unwonted [un'wəʊntɪd, AM -'wɔ:nt̬ɪd] *adj attr* (*form*) ungewohnt

unwontedly [ʌn'wəʊntɪdli, AM 'wɔ:nt̬ɪd] *adv* ungewohnt, ungewöhnlich

unworkable [un'wɜ:kəbl̩, AM -'wɜ:r-] *adj* undurchführbar

unworldliness [un'wɜ:ldlɪnəs, AM -'wɜ:rld-] *n no pl* ❶ (*spiritual detachment*) Weltabgewandtheit *f*
❷ (*naivety*) Weltfremdheit *f*

unworldly [un'wɜ:ldli, AM -'wɜ:rld-] *adj* ❶ (*spiritually-minded*) weltabgewandt; ***he grew ever more*** ~ er zog sich immer mehr von der Welt zurück
❷ (*naive*) weltfremd, realitätsfern
❸ (*not of this world*) nicht von dieser Welt *präd*

unworried [ʌn'wʌrɪd] *adj pred* nicht beunruhigt, sorglos

unworthiness [ʌn'wɜ:θɪnəs, AM 'wɜ:r] *n no pl* Unwürdigkeit *f*

unworthy [un'wɜ:ði, AM -'wɜ:r-] *adj* (*pej*) ❶ (*not deserving*) unwürdig; ■**to be** ~ **of sth** einer S. *gen* nicht würdig sein; **to be** ~ **of interest** nicht von Interesse sein
❷ (*unacceptable*) nicht würdig; ***that was*** ~ ***of you*** das war deiner nicht würdig
❸ (*discreditable*) verachtenswert

unwound [ʌn'waʊnd] *vt, vi pp, pt of* **unwind**

unwounded [ʌn'wu:ndɪd] *adj inv* unverletzt, unverwundet

unwrap <-pp-> [un'ræp] *vt* ■**to** ~ **sth** ❶ (*remove wrapping*) etw auspacken
❷ (*fig: reveal*) etw enthüllen

unwritten [un'rɪtᵊn] *adj inv* nicht schriftlich fixiert; ~ **agreement** stillschweigendes Abkommen, ungeschriebene [mündliche] Vereinbarung; ~ **law** ungeschriebenes Gesetz; ~ **traditions** mündliche Überlieferungen

unyielding [un'ji:ldɪŋ] *adj* ❶ (*physically firm*) ■**to be** ~ nicht nachgeben; ~ **ground** harter Boden
❷ (*resolute*) unnachgiebig; ■**to be** ~ **in sth** in etw *dat* unnachgiebig sein, nicht nachgeben; ~ **opposition** hartnäckiger Widerstand; ~ **refusal** standhafte Weigerung

unzip <-pp-> [un'zɪp] *vt* ❶ (*open zip*) **to** ~ **a dress** an einem Kleid den Reißverschluss aufmachen
❷ COMPUT **to** ~ **a file** eine Datei auspacken [*o* entpacken]

up [ʌp] I. *adv inv* ❶ (*to higher position*) nach oben, hinauf; ***hands*** ~***!*** Hände hoch!; ***the water had come*** ~ ***to the level of the windows*** das Wasser war bis auf Fensterhöhe gestiegen; ***our flat is four flights*** ~ ***from here*** unsere Wohnung ist vier Etagen höher; **bottom** ~ mit der Unterseite nach oben; **to jump** ~ aufspringen; **to pick sth** ~ etw aufheben
❷ (*erect*) ***just lean it*** ~ ***against the wall*** lehnen Sie es einfach gegen die Wand; **to stand** ~ aufstehen, sich *akk* erheben *geh*; ***was she standing*** ~ ***or sitting down?*** stand sie oder saß sie?
❸ (*out of bed*) auf[gestanden]; ***they're not*** ~ ***yet*** sie sind noch nicht auf[gestanden]; **to get** ~ aufstehen
❹ (*above horizon*) ***what time does the sun come*** ~ ***today?*** wann geht heute die Sonne auf?
❺ (*northwards*) ***on Tuesday she'll be travelling*** ~ ***to Newcastle from Birmingham*** am Dienstag wird sie von Birmingham nach Newcastle hinauffahren; ***she comes*** ~ ***from Washington about once a month on the train*** sie kommt ungefähr einmal im Monat mit dem Zug aus Washington herauf
❻ (*at higher place*) oben; ~ **in the hills/on the fifth floor** oben in den Bergen/im fünften Stock
❼ BRIT (*towards city*) ***I'll be*** ~ ***in London this weekend*** ich fahre an diesem Wochenende nach London
❽ BRIT (*at university*) ***is he*** ~ ***at Cambridge yet?*** hat er schon [mit seinem Studium] in Cambridge angefangen?
❾ (*toward sb*) heran; ***a limousine drew*** ~ ***to where we were standing*** eine Limousine kam auf uns zu; ***she went*** ~ ***to the counter*** sie ging zum Schalter; **to run** ~ **to sb** jdm entgegenlaufen; **to walk** ~ **to sb** auf jdn zugehen
❿ (*at stronger position*) hoch, nach oben; ***as a composer he was*** ~ ***there with the best*** als Komponist gehörte er zur Spitze; **to move** ~ aufsteigen;

to turn the music ~ die Musik lauter stellen
⑪ (*at higher level*) ~ höher, gestiegen; ***last year the company's turnover was £240 billion, ~ 3% on the previous year*** letztes Jahr lag der Umsatz der Firma bei 240 Milliarden Pfund, das sind 3% mehr als im Jahr davor; ***items on this rack are priced £50 ~*** [*or* ***from £50 ~***] die Waren in diesem Regal kosten ab 50 Pfund aufwärts; ***this film is suitable for children aged 13 and ~*** dieser Film ist für Kinder ab 13 Jahren geeignet; ***the river is ~*** der Fluss ist angeschwollen; **to go ~** steigen; **to push the number of unit sales ~** die Verkaufszahlen steigern; **to get the price ~** den Preis in die Höhe treiben
⑫ (*to point of*) ~ **until** [*or* **till**] [*or* **to**] bis +*akk;* ~ ***until last week, we didn't know about it*** bis letze Woche wussten wir nichts davon; ~ ***to yesterday*** bis gestern; ~ **to** (*to the limit of*) bis zu; ***he can overdraw ~ to £300*** er kann bis zu 300 Pfund überziehen
⑬ (*leading*) in Führung; ***Manchester is two goals ~*** Manchester liegt mit zwei Toren in Führung
⑭ (*completely*) ***they used ~ all their money on food*** sie gaben ihr ganzes Geld für Essen aus; ***when are you going to pay ~ the money you owe me?*** wann zahlst du das Geld zurück, das du mir schuldest?; **to burn ~** [ganz] abbrennen; **to finish sth ~** etw aufbrauchen; **to fold ~ a piece of paper** ein Stück Papier zusammenfalten; **to tear ~ a letter** einen Brief zerreißen; **to wrap ~** sich *akk* warm anziehen
⑮ (*informed*) ■**to be ~ in sth** sich *akk* mit etw *dat* auskennen; ***how well ~ are you in Spanish?*** wie fit bist du in Spanisch? *fam*
⑯ LAW (*on trial*) unter Anklage; ***he'll be ~ before the magistrate*** er wird sich vor Gericht verantworten müssen; ■**to be ~ for sth** sich *akk* wegen einer S. *gen* vor Gericht verantworten müssen
⑰ (*in opposition to*) **to come ~ against sth/sb** es mit etw/jdm zu tun haben, sich *akk* mit etw/jdm konfrontiert sehen; ***the company came ~ against some problems*** die Firma stand vor einigen Problemen [*o* sah sich mit einigen Problemen konfrontiert]
⑱ AM (*apiece*) pro Person; ***the score was 3 ~ at half-time*** bei Halbzeit stand es 3 [für] beide
⑲ (*in baseball*) ***now Boston's best batter is ~*** jetzt ist Bostons bester Schläger am Schlag
⑳ COMPUT (*working*) laufend; ■**to be ~** [**and running**] laufen
㉑ (*dated fam: yes for*) ~ **with sth/sb** hoch lebe etw/jd; ~ ***with freedom!*** es lebe die Freiheit!
► PHRASES: **to be ~ with the clock** gut in der Zeit liegen; **to be all ~ with sb** das Aus für jdn bedeuten; **to be ~ against it** in Schwierigkeiten sein; **to be ~ for sth** für etw *akk* vorgesehen sein; *terms* zur Debatte stehen; ***the house is ~ for sale*** das Haus steht zum Verkauf; **to be ~ to sb** von jdm abhängen; ***I'll leave it ~ to you …*** ich überlasse dir die Entscheidung, …; **to be ~ to sb to do sth** jds Aufgabe sein, etw zu tun; **to be ~ to sth** (*contrive*) etw vorhaben [*o* im Schilde führen]; (*be adequate*) etw *dat* gewachsen sein, bei etw *dat* mithalten können; ***he's ~ to no good*** er führt nichts Gutes im Schilde
II. *prep* ① (*to higher position*) ■~ **sth** etw *akk* hinauf; ~ ***the mountain*** den Berg hinauf; ***he walked ~ the hill*** er lief den Hang hinauf; ***we followed her ~ the stairs*** wir folgten ihr die Treppe hinauf; ***he climbed ~ the ladder*** er stieg die Leiter hinauf
② (*along*) ■~ **sth** etw *akk* hinauf; ***walk ~ the road*** die Straße hinauflaufen [*o* entlanglaufen]; ***just ~ the road*** ein Stück die Straße hinauf, weiter oben in der Straße; ~ **and down** auf und ab; ***he was running ~ and down the path*** er rannte den Pfad auf und ab; ***strolling ~ and down the corridor*** auf dem Gang auf und ab schlendern; (*all over*) ***cinemas ~ and down the country*** Kinos überall im Land
③ (*against flow*) ■~ **sth** etw *akk* aufwärts; ***rowing ~ the river is very hard work*** flussaufwärts [zu] rudern ist Schwerstarbeit; ***to swim ~ the stream*** stromauf[wärts] schwimmen; ***a cruise ~ the Rhine*** eine Fahrt den Rhein aufwärts
④ (*at top of*) oben auf +*dat;* ~ ***the stairs*** am Ende der Treppe; ***he's ~ that ladder*** er steht dort oben auf der Leiter
⑤ AUS, BRIT (*fam: to*) ***are you going ~ the club tonight?*** gehst du heute Abend in den Club?; ***we are going ~ the Palais*** wir gehen tanzen [*o* in den Tanzsaal]; (*at*) ***I'll see you ~ the pub later*** ich treffe dich [*o* wir sehen uns] später in der Kneipe
► PHRASES: **be ~ the creek** [*or vulg sl* ~ **shit creek**] [**without a paddle**] [schön] in der Klemme [*o derb* Scheiße] sitzen; ~ **hill and down dale** bergauf und bergab; ***he led me ~ hill and down dale till my feet were dropping off*** ich latschte mit ihm überall in der Gegend herum, bis mir fast die Füße abfielen; **a man with nothing much ~ top** BRIT (*fam*) ein Mann mit nicht viel im Kopf [*o* Hirnkasten]; ~ **yours!** (*vulg*) ihr könnt mich mal! *derb*
III. *adj inv* ① *attr* (*moving upward*) nach oben; **the ~ escalator** der Aufzug nach oben
② *attr* BRIT (*dated: travelling toward the city*) ***what time does the next ~ train leave?*** wann fährt der nächste Zug in die Stadt ab?; ~ **platform** *Bahnsteig, von dem die Züge in die nächstgelegene Stadt abfahren*
③ *attr* PHYS ~ **quark** Up-Quark *nt*
④ *pred* BRIT, AUS (*being repaired*) *road* aufgegraben; ***the council has got the road ~*** der Stadtrat hat die Straße aufgraben lassen
⑤ *pred* (*in horseracing*) zu Pferd
⑥ *pred* (*happy*) high *sl,* obenauf; ■**to be ~ about** [*or* **on**] [*or* **for** [**doing**]] **sth** von etw *dat* begeistert sein; ***I'm really ~ for spending a posh weekend in Paris*** ich freue mich total darauf, ein tolles Wochenende in Paris zu verbringen
⑦ *pred* BRIT (*dated: frothy*) schäumend
⑧ *pred* (*functioning properly*) funktionstüchtig; ***do you know when the network will be ~ again?*** weißt du, wann das Netz wieder in Betrieb ist?; ***this computer is down more than it's ~*** dieser Computer ist öfter gestört, als dass er läuft; **to be ~ and running** funktionstüchtig [*o* in Ordnung] sein; **to get sth ~ and running** etw wieder zum Laufen bringen
⑨ *pred* (*finished*) vorbei; ***when the two hours were ~ …*** als die zwei Stunden um waren, …; ***the soldier's leave will be ~ at midnight*** der Ausgang des Soldaten endet um Mitternacht; ***your time is ~!*** Ihre Zeit ist um!
⑩ *pred* (*fam: happening*) **sth is ~** irgendetwas ist im Gange; **what's ~?** was ist los?
⑪ (*interested in*) ■**to be ~ for sth** ***I think I'm ~ for a walk*** ich glaube, ich habe Lust spazieren zu gehen [*o* auf einen Spaziergang]; ***I'm ~ for going out to eat*** ich möchte essen gehen
⑫ (*in opposition to*) **to be ~ against sth/sb** gegen etw/jdn stehen; ***in this case, we're ~ against the law*** in diesem Fall stehen wir gegen das Gesetz [*o* kommen wir mit dem Gesetz in Konflikt]
IV. *n* (*fam: good period*) Hoch *nt;* ***unfortunately, we won't always have ~s*** leider gibt es für uns nicht immer nur Höhen
► PHRASES: **to be on the ~ and ~** BRIT, AUS (*fam: be improving*) im Aufwärtstrend begriffen sein; ***her career has been on the ~ and ~ since she moved into sales*** seit sie im Vertrieb ist, geht es mit ihrer Karriere stetig aufwärts; *esp* AM (*be honest*) sauber sein *fam;* ***is this deal on the ~ and ~?*** ist das ein sauberes Geschäft?
V. *vi* <-pp-> (*fam*) ■**to ~ and do sth** etw plötzlich tun; ***after dinner they just ~ped and went without saying goodbye*** nach dem Abendessen gingen sie einfach weg, ohne auf Wiedersehen zu sagen
VI. *vt* <-pp-> ■**to ~ sth** ① (*increase*) *capacity* etw erhöhen; **to ~ the ante** [*or* **stakes**] den Einsatz erhöhen; **to ~ a price/tax rate** einen Preis/Steuersatz anheben
② (*raise*) etw erheben; ***they ~ped their glasses and toasted the host*** sie erhoben das Glas und brachten einen Toast auf den Gastgeber aus
VII. *interj* auf!, los, aufstehen!

up and about *adj,* **up and around** *adj pred, inv* (*fam*) ■**to be ~** auf [den Beinen] sein; (*no longer ill*) wieder auf den Beinen sein; ***gosh, you're ~ early this morning!*** Mann, du bist heute Morgen aber früh auf den Beinen! **up-and-comer** *n jd, der nach oben strebt* **up-and-coming** *adj attr* aufstrebend **up-and-down** *adj attr* wechselvoll **up and down** *adj pred* (*fam*) ■**to be ~** Stimmungsschwankungen haben **up-and-over** *adj inv* BRIT ~ **door** Schiebetür *f*
upbeat [ˈʌpbiːt] **I.** *n* MUS Auftakt *m*
II. *adj* (*fam*) *message* optimistisch; *mood* fröhlich, beschwingt; ■**to be ~ about sth** von etw *dat* begeistert sein
upbraid [ʌpˈbreɪd] *vt* (*form*) ■**to ~ sb** [**for sth**] jdn [wegen einer S. *gen*] tadeln [*o* rügen]
upbringing [ˈʌpˌbrɪŋɪŋ] *n usu sing* Erziehung *f;* ***he was a cowboy by ~*** er wurde von Kindesbeinen an zum Cowboy erzogen
upchuck [ˈʌptʃʌk] AM **I.** *vi* (*fam*) [sich *akk*] erbrechen
II. *vt* (*fam*) **to ~ food** Essen erbrechen
III. *n* (*fam*) [Er]brechen *nt kein pl*
upcoming [ˈʌpˌkʌmɪŋ] *adj inv esp* AM bevorstehend, kommend
up-country **I.** *adv* [ʌpˈkʌntri] *inv* landeinwärts
II. *adj* [ʌpˈkʌntri, AM ˈʌpkʌntri] *inv* im Landesinnern; ~ **tribesmen** Angehörige *pl* von Stämmen im Landesinneren
III. *n* [ˌʌpˈkʌntri, AM ˈʌpkʌntri] *no pl* das Landesinnere
update **I.** *vt* [ʌpˈdeɪt] ① (*modernize*) ■**to ~ sth** etw aktualisieren [*o* auf den neuesten Stand bringen]; COMPUT ein Update machen; **to ~ the hardware** die Hardware nachrüsten; **to ~ the software** die Software aktualisieren
② (*inform*) ■**to ~ sb** jdn auf den neuesten Stand bringen; (*permanently*) jdn auf dem Laufenden halten
II. *n* [ˈʌpdeɪt] ① (*updating*) Aktualisierung *f,* Update *nt sl;* **the latest ~ on the traffic conditions** der aktuelle Bericht zur Verkehrslage
② COMPUT aktuelle Datei; (*information*) akutelle Information; (*newest version*) neueste Version
updated [ʌpˈdeɪtɪd, AM -t̬-] *adj inv* aktualisiert, überarbeitet
updraft [ˈʌpdræft] *n* AM, **updraught** [ˈʌpdrɑːft] *n* Aufwärtsströmung *f*
upend [ʌpˈend] **I.** *vt* (*fam*) ■**to ~ sth** etw hochkant stellen
II. *vi* ① (*rise on end*) sich *akk* aufstellen
② (*submerge head*) *duck* tauchen
UPF [juːpiːˈef] *n abbrev of* **ultraviolet protection factor**
upfront [ʌpˈfrʌnt] *adj* (*fam*) ① (*bold, honest and frank*) offen, unverblümt *geh*
② (*in advance*) Voraus-
③ AM (*most prominent*) vorneweg kommend, an vorderster Stelle stehend [*o* kommend], Erst-
up front *adv inv* ① (*in front*) ganz vorne
② (*in advance*) im Voraus
upfront [ʌpˈfrʌnt] *adj* (*fam*) ① *pred* (*frank*) offen; ■**to be ~ about sth** etw offen [*o* frei heraus] sagen; **to be ~ and honest** offen und ehrlich sein
② *attr* (*advance*) Voraus-; ~ **money** Vorschuss *m;* ~ **payment** Anzahlung *f*
③ *esp* AM (*prominent*) herausragend, exponiert *geh*
upgrade [ʌpˈgreɪd] **I.** *vt* ① (*improve quality*) ■**to ~ sth** etw verbessern; COMPUT etw erweitern; **to ~ hardware** Hardware nachrüsten [*o* aufrüsten]; **to ~ a program** eine verbesserte Version eines Programms erstellen
② (*raise in rank*) ■**to ~ sb** jdn befördern; ■**to ~ sth** etw aufwerten
II. *n* ① COMPUT Aufrüsten *nt*
② (*version*) verbesserte Version; **a software ~** eine verbesserte Version einer Software
③ AM (*slope*) Steigung *f*
► PHRASES: **to be on the ~** AM (*improving in health*) auf dem Wege der Besserung sein; (*advancing*) in einer Aufwärtsentwicklung begriffen sein; ***our com-***

U

pany has been on the ~ for the last six months mit unserer Firma ging es in den letzten sechs Monaten stetig aufwärts

upheaval [ʌp'hiːvᵊl] *n* ❶ *no pl* (*change*) Aufruhr *m;* **emotional** ~ Aufruhr *m* der Gefühle; **political** ~ politische Umwälzung[en]
❷ GEOL Erhebung *f,* Aufwölbung *f;* ~ **of the earth's crust** Erhebung *f* der Erdkruste

upheld [ʌp'held] *vt pp, pt of* **uphold**

uphill [ʌp'hɪl] **I.** *adv inv* bergauf; **to run/walk** ~ bergauf laufen/gehen
II. *adj* ❶ *inv* (*ascending*) bergauf
❷ (*fig: difficult*) mühselig; ~ **battle** harter Kampf
III. *n* Steigung *f*

uphold <-held, -held> [ʌp'həʊld, AM -'hoʊld] *vt* ■**to ~ sth** etw aufrechterhalten; **to ~ the law** das Gesetz [achten und] wahren; **to ~ the principle that …** an dem Grundsatz festhalten, dass …; **to ~ traditions** Bräuche pflegen; **to ~ a verdict** ein Urteil bestätigen

upholder [ʌp'həʊldəʳ, AM -'hoʊldɚ] *n* Verteidiger(in) *m(f); of public order* Hüter(in) *m(f);* ■**to be an ~ of sth** etw verteidigen; ***Nancy is the great ~ of tradition within our family*** in unserer Familie ist Nancy diejenige, die die Tradition hochhält; ***James is a passionately committed ~ of the cause*** James ist ein leidenschaftlicher Verfechter der Sache

upholster [ʌp'həʊlstəʳ, AM -'hoʊlstɚ] *vt* ❶ **to ~ furniture** (*pad*) ein Möbelstück [auf]polstern; (*cover*) ein Möbelstück beziehen
❷ (*furnish*) **to ~ a room** ein Zimmer ausstatten

upholstered [ʌp'həʊlstəd, AM -'hoʊlstɚd] *adj inv*
❶ (*covered*) gepolstert; ~ **chair** Polsterstuhl *m*
❷ (*hum fam: plump*) **well ~** gut gepolstert *hum*

upholsterer [ʌp'həʊlstᵊrəʳ, AM -'hoʊlstɚɚ] *n* Polsterer, Polsterin *m, f*

upholstery [ʌp'həʊlstᵊri, AM -'hoʊl-] *n no pl*
❶ (*padding*) Polsterung *f;* (*covering*) Bezug *m;* **leather ~** Lederbezug *m;* **faded ~** zerschlissener Bezug
❷ (*activity*) Polstern *nt*

upkeep ['ʌpkiːp] *n no pl* ❶ (*maintenance*) Instandhaltung *f*
❷ (*cost*) Instandhaltungskosten *pl*
❸ (*support*) *of people* Unterhalt *m; of animals* Haltungskosten *f*

upland ['ʌplənd] **I.** *adj attr, inv* Hochland-; ~ **plain** Hochebene *f;* ~ **village** Bergdorf *nt*
II. *n* ■**the ~s** *pl* das Hochland *kein pl*

uplift ['ʌplɪft] **I.** *vt* ❶ (*raise*) ■**to ~ sth** etw anheben; *soil* aufwerfen
❷ (*stimulate*) ■**to ~ sb** jdn [moralisch] aufrichten, jdm [wieder] Auftrieb geben *fam*
II. *n* ❶ (*elevation*) Aufschwung *m*
❷ GEOL Hebung *f*
❸ (*influence*) Erbauung *f;* **to give moral ~ to sb** jdn [moralisch] aufbauen
❹ ECON Anhebung *f*

uplift bra *n* Stütz-BH *m*

uplifted [ʌp'lɪftɪd] *adj* ❶ (*form: raised*) erhoben; **with ~ arms/hands** mit erhobenen Armen/Händen
❷ (*stimulated*) ■**to be ~ by sth** von etw *dat* erbaut sein

uplifting [ʌp'lɪftɪŋ] *adj* (*form*) erbaulich

upmarket *adv no pl* besser; **to take sth ~** etw in eine teurere Gegend verlegen

up-market [ˌʌp'mɑːkɪt, AM 'ʌpˌmɑːr-] *esp* BRIT **I.** *adj goods* hochwertig, exklusiv; ~ **consumers** anspruchsvolle Kunden, -innen *mpl, fpl;* ~ **hotel** Luxushotel *nt;* ~ **products** Produkte *ntpl* der gehobenen Preisklasse
II. *adv* in der gehobenen Preisklasse, im oberen Marktsegment; ***the company has decided to move ~*** die Firma entschied sich, anspruchsvollere [*o* mehr] Produkte des gehobenen Bedarfs anzubieten; **to go ~** in die gehobene Preisklasse wechseln, exklusiver werden; **to place** [*or* **position**] **sth ~** etw in einer höheren Preisklasse anbieten

upon [ə'pɒn, AM ə'pɑːn] *prep* (*usu form*) ❶ (*on top of*) auf +*dat; with verbs of motion* auf +*akk;* ***there are two books lying ~ my desk*** auf meinem Schreibtisch liegen zwei Bücher; ***he put his hand ~ her shoulder*** er legte seine Hand auf ihre Schulter
❷ (*around*) an +*dat;* **the watch ~ his wrist** die Uhr an seinem Handgelenk
❸ (*hanging on*) an +*dat;* ~ **the wall/ceiling** an der Wand/Decke
❹ (*at time of*) bei +*dat;* ~ **arrival** bei Ankunft; ~ ***the count of three, start running*** bei drei lauft ihr los; **once ~ a time** vor langer Zeit
❺ (*form: about*) über +*akk;* ***after meditating ~ the idea a few minutes*** nachdem sie einige Minuten über die Sache nachgedacht hatte; ***I'll have more to say ~ that subject later*** ich werde zu diesem Punkt später noch mehr sagen
❻ (*form: through medium of*) auf +*akk;* ~ **paper** auf Papier
❼ (*with base in*) auf +*akk;* ***he swore ~ his word*** er schwor bei seinem Wort
❽ (*concerning*) ***don't try to force your will ~ me*** versuch' nicht, mir deinen Willen aufzuzwingen; ***we settled ~ a price*** wir einigten uns auf einen Preis; ***he was intent ~ following in his father's footsteps*** er war entschlossen, in die Fußstapfen seines Vaters zu treten
❾ (*responsibility of*) ***it is ~ your shoulders*** es liegt in deinen Händen; ***we're relying ~ you*** wir verlassen uns auf dich
❿ *after vb* (*against*) gegen +*akk*
⓫ *after vb* (*across*) über +*akk*
⓬ (*following*) nach +*dat;* ***they suffered defeat ~ defeat*** sie erlitten eine Niederlage nach der anderen
⓭ (*currently happening*) **to be ~ sb** jdm bevorstehen

upper ['ʌpəʳ, AM -ɚ] **I.** *adj attr, inv* ❶ (*higher, further up*) obere(r, s); ANAT *abdomen, arm, jaw, lip* Ober-; ~ **part of the body** Oberkörper *m;* ~ **tooth** oberer Zahn, Zahn *m* des Oberkiefers
❷ *importance, rank* obere(r, s), höhere(r, s); **to reach the ~ ranks of the Civil Service** in die höhere Beamtenlaufbahn vorstoßen; **the ~ echelons of society** die oberen Schichten der Gesellschaft; **the ~ middle class** die gehobene Mittelschicht
❸ *location* höher gelegen; **U~ Egypt** Oberägypten *nt;* **the U~ Rhine** der Oberrhein; **the ~ reaches of a river** der Oberlauf eines Flusses
II. *n* ❶ (*part of shoe*) Obermaterial *nt;* ***leather ~s*** Obermaterial Leder
❷ (*sl: drug*) Aufputschmittel *nt*
▸ PHRASES: **to <u>be</u> on one's ~s** (*fam or dated*) [völlig] abgebrannt sein *fam,* auf dem Trockenen sitzen *fam*

upper-body ['ʌpəbɒdi, AM 'ʌpɚbɑːdi] *n modifier* (*exercise, workout, strength*) Oberkörper- **upper case** *n* TYPO Großbuchstaben *pl,* Versalien *pl;* ■**in ~** in Großbuchstaben **upper-case letter** *n* TYPO Großbuchstabe *m* **upper chamber** *n* POL Oberhaus *nt* **upper class** *n + sing/pl vb* Oberschicht *f* **upper-class** *adj* der Oberschicht *nach n;* **in ~ circles** in den gehobenen Kreisen **upper crust** *n* (*fam*) ■**the ~** die oberen Zehntausend **upper-cut** *n* BOXING Uppercut *m fachspr,* Aufwärtshaken *m* **upper deck** *n of bus, ship* Oberdeck *nt; of bridge* oben liegende Fahrbahn **upper hand** *n* **to have/gain** [*or* **get**] **the ~** die Oberhand haben/gewinnen; SPORTS ***who has the ~ in the first set at the moment?*** wer führt denn gerade im ersten Satz?; **to let sb get the ~** jdm die Führung überlassen **upper house** *n* POL Oberhaus *nt;* ■**the U~ House** (*House of Lords*) das Oberhaus; (*in Germany, Austria*) Bundesrat *m;* (*in Switzerland*) Ständerat *m;* (*in the USA*) Senat *m* **uppermost** *inv* **I.** *adj* ❶ (*highest, furthest up*) oberste(r, s), höchste(r, s); **the ~ floors** [*or* **storeys**] [*or* AM **stories**] die obersten Etagen [*o* Stockwerke] ❷ (*most important*) wichtigste(r, s); ■**to be ~** an erster Stelle stehen; **to be ~ in one's mind** jdn am meisten beschäftigen **II.** *adv* obenauf, ganz oben

uppish ['ʌpɪʃ] *adj* (*pej fam*), **uppity** ['ʌpɪti, AM -t̬-] *adj* (*pej fam*) hochnäsig, hochmütig; *reaction* schnippisch; **to get** [*or* **become**] ~ ein arrogantes Benehmen an den Tag legen

upraised [ʌp'reɪzd] *adj arms, weapon* erhoben

upright ['ʌpraɪt] **I.** *adj* ❶ (*vertical*) senkrecht; (*erect*) stehend, aufrecht; **the umpire's ~ finger** der erhobene Finger des Schiedsrichters; ~ **freezer** Gefrierschrank *m;* ~ **unit** Standgerät *nt;* ~ **vacuum cleaner** Handstaubsauger *m*
❷ (*approv: honest*) aufrecht, redlich, anständig; ***he's a ~ citizen*** er ist ein rechtschaffener Bürger
II. *adv* (*vertical*) senkrecht; (*erect*) aufrecht; **bolt ~** kerzengerade; **to sit/stand ~** aufrecht [*o* gerade] sitzen/stehen
III. *n* ❶ (*upright piano*) Klavier *nt*
❷ TECH (*perpendicular*) [Stütz]pfeiler *m,* Pfosten *m;* (*column*) Säule *f*
❸ FBALL Pfosten *m*

uprightly ['ʌpraɪtli] *adv* (*approv*) aufrecht, redlich, anständig; **to live ~** ein rechtschaffenes Leben führen

uprightness ['ʌpraɪtnəs] *n no pl* (*approv*) Aufrichtigkeit *f,* Rechtschaffenheit *f,* Redlichkeit *f*

upright piano *n* Klavier *nt*

uprising ['ʌpˌraɪzɪŋ] *n* Aufstand *m;* **peasant ~** Bauernaufstand *m;* **popular ~** Volkserhebung *f;* **to crush** [*or* **quell**] **an ~** einen Aufstand niederschlagen

upriver [ˌʌp'rɪvəʳ, AM -ɚ] **I.** *adj* flussaufwärts gelegen
II. *adv* flussaufwärts

uproar ['ʌprɔːʳ, AM -rɔːr] *n no pl* ❶ (*noise*) Lärm *m,* Toben *nt*
❷ (*protest*) Aufruhr *m,* Tumult *m*

uproarious [ʌp'rɔːriəs] *adj* ❶ (*loud and disorderly*) stürmisch, turbulent; ~ **crowd** lärmende Menge; ~ **laughter** schallendes Gelächter
❷ (*extremely amusing*) urkomisch, zum Schreien *präd fam*

uproariously [ʌp'rɔːriəsli] *adv* urkomisch; ~ **funny** wahnsinnig komisch, zum Totlachen [*o* Schreien] *präd fam;* **to laugh ~** schallend lachen, sich *akk* vor Lachen kaum halten können

uproot [ʌp'ruːt] *vt* ❶ (*extract from ground*) **to ~ a plant** eine Pflanze herausreißen; **to ~ a tree** einen Baum entwurzeln
❷ (*remove from one's home*) ■**to ~ sb** jdn aus der gewohnten Umgebung herausreißen; ■**to ~ oneself** seine Heimat verlassen; ***his family was ~ed by the war*** seine Familie wurde durch den Krieg entwurzelt
❸ (*fig: eradicate*) ■**to ~ sth** etw ausmerzen [*o* ausrotten] *fig*

ups-a-daisy [ˌʌpsə'deɪzi, ˌʊps-] *interj* (*esp childspeak fam*) hoppla *fam*

upscale [ʌp'skeɪl] *esp* AM **I.** *adj* ECON hochwertig, exklusiv, der oberen Preisklasse *nach n,* des oberen Marktsegments *nach n;* **for an ~ target group** für einen anspruchsvollen Kundenkreis
II. *adv* ECON in der gehobenen Preisklasse, im oberen Marktsegment; **to go** [*or* **move**] ~ in die gehobene Preisklasse wechseln; **to place** [*or* **position**] **sth ~** etw in einer höheren Preisklasse anbieten

upset I. *vt* [ʌp'set] ❶ (*push over*) ■**to ~ sth** etw umwerfen; **to ~ a boat** ein Boot zum Kentern bringen; **to ~ a glass** ein Glas umstoßen [*o* umkippen]
❷ (*psychologically unsettle*) ■**to ~ sb** jdn aus der Fassung bringen; (*distress*) jdn mitnehmen, jdm an die Nieren gehen *fam;* ■**to ~ oneself** sich *akk* aufregen
❸ (*throw into disorder*) ■**to ~ sth** etw durcheinander bringen
❹ MED **to ~ sb's metabolism** jds Stoffwechsel durcheinander bringen; **to ~ sb's stomach** jdm auf den Magen schlagen
▸ PHRASES: **to ~ the <u>apple</u> cart** (*fam*) alle Pläne über den Haufen werfen [*o* zunichte machen]
II. *adj* [ʌp'set] ❶ (*up-ended*) umgestoßen, umgeworfen, umgekippt
❷ *pred* (*disquieted*) ■**to be ~** (*nervous*) aufgeregt sein; (*angry*) aufgebracht sein; (*distressed*) bestürzt [*o* betroffen] sein; (*sad*) traurig sein; **to get ~ about sth** sich *akk* über etw *akk* aufregen; ■**to be ~** [**that**]

… traurig sein, dass …; ***he was very ~ [that] you didn't reply to his letters*** es hat ihn sehr getroffen, dass du auf seine Briefe nicht geantwortet hast; ***don't be*** [*or* ***get***] ~ reg dich nicht auf; **to be ~ to hear/read/see that …** bestürzt sein zu [*o* mit Bestürzung] hören/lesen/sehen, dass …
❸ *inv* (*fam: bilious*) **to have an ~ stomach** [*or fam* **tummy**] sich *dat* den Magen verdorben haben
III. *n* ['ʌpset] ❶ *no pl* (*trouble*) Ärger *m;* (*argument*) Verstimmung *f;* (*psychological*) Ärgernis *nt;* ***it was a great ~ to his self-image*** sein Selbstverständnis hat darunter sehr gelitten; ■**to be an ~ to sb** jdm nahe gehen, jdn mitnehmen; **to be an ~ to sth's equilibrium** das Gleichgewicht einer S. *gen* [empfindlich] stören; **to have an ~** eine Meinungsverschiedenheit haben
❷ *esp* SPORTS (*great surprise*) unliebsame Überraschung; ***one of the major ~s of this year's Wimbledon was the elimination of the favourite*** eine der großen Enttäuschungen des diesjährigen Wimbledon-Turniers war das Ausscheiden des Favoriten
❸ (*fam: stomach*) **stomach** [*or fam* **tummy**] ~ verdorbener Magen, Magenverstimmung *f*

upset price *n* AM Mindestpreis *m*

upsetting [ʌp'setɪŋ, AM -t̬-] *adj* schlimm, erschütternd; (*saddening*) traurig; (*annoying*) ärgerlich

upshot ['ʌpʃɒt, AM -ʃɑ:t] *n no pl* [End]ergebnis *nt;* ***the ~ [of it all] is that …*** letzten Endes lief es darauf hinaus, dass ..

upside ['ʌpsaɪd] *n no pl* ❶ (*advantage*) Vorteil *m*
❷ ECON Kursgewinn *m*

upside down I. *adj inv* ❶ (*inverted position*) auf dem Kopf stehend *attr;* ***that picture is ~*** dieses Bild hängt verkehrt herum; ***an ~ gymnast was hanging from the wall bars*** ein Turner hing mit dem Kopf nach unten an der Sprossenwand
❷ (*fig: very confused*) verkehrt; ~ **world** verkehrte Welt
II. *adv inv* (*inverted position*) verkehrt herum; ***the plane was flying ~*** das Flugzeug flog auf dem Kopf; (*fig*) ***my whole world turned ~ when I met Alan*** mein Leben ist völlig durcheinander geraten, als ich Alan getroffen habe; **to turn sth ~** etw auf den Kopf stellen *a. fig*

upside potential *n* STOCKEX Kursspielraum *m* nach oben

upstage I. *adj* [ʌp'steɪdʒ, AM 'ʌpsteɪdʒ] THEAT im hinteren Bühnenbereich *nach n*
II. *adv* [ʌp'steɪdʒ, AM 'ʌpsteɪdʒ] THEAT **to look ~** in Richtung Bühnenhintergrund schauen
III. *vt* ['ʌpsteɪdʒ] ■**to ~ sb** ❶ THEAT ***he made a typical young actor's mistake: he ~d the star of the show*** er machte einen Fehler, der für unerfahrene Schauspieler typisch ist: er trat auf der Bühne zurück und zwang so den Hauptdarsteller, dem Publikum den Rücken zuzuwenden
❷ (*outshine*) jdm die Schau stehlen, jdn in den Schatten stellen

upstairs [ʌp'steəz, AM -'sterz] *inv* **I.** *adj* oben *präd,* obere(r, s) *attr;* **the ~ windows** die Fenster *ntpl* im Obergeschoss
II. *adv* (*upward movement*) nach oben; (*higher position*) oben; **the people who live ~** die Leute über uns; **to run ~** nach oben rennen; **to stay ~** oben bleiben
III. *n no pl* Obergeschoss *nt,* oberes Stockwerk

upstanding [ʌp'stændɪŋ] *adj* ❶ (*honest*) aufrecht *fig,* rechtschaffen, aufrichtig
❷ (*erect*) groß gewachsen; (*strong*) kräftig
❸ BRIT (*form: stand up*) ■**to be ~** sich *akk* erheben; LAW ***the court will be ~*** bitte erheben Sie sich

upstart ['ʌpstɑ:t, AM -stɑ:rt] *n* (*usu pej*) Emporkömmling *m pej,* Parvenü [*o* ÖSTERR Parvenu] *m pej*

upstate ['ʌpsteɪt] AM **I.** *adj* im ländlichen Norden [des Bundesstaates] *präd;* **in ~ New York** im ländlichen Teil New Yorks
II. *adv* in den/im ländlichen Norden [des Bundesstaates]; **to go/move ~** ins Hinterland ziehen; **to travel ~** in den nördlichen Teil reisen

upstream [ʌp'stri:m] **I.** *adj* **the ~ part of the river** der obere Teil des Flusses; ~ **pollution** Verschmutzung *f* im oberen Flusslauf
II. *adv move, paddle, swim* flussaufwärts, stromaufwärts; ***they live eight kilometres ~ from Amsterdam*** sie wohnen acht Kilometer flussaufwärts von Amsterdam; ***factories situated ~*** am oberen Flusslauf gelegene Fabriken; **to swim ~** gegen den Strom schwimmen

upsurge ['ʌpsɜ:dʒ, AM -sɜ:rdʒ] *n* rasche Zunahme, starkes Anwachsen; ~ **of attention** steigende Aufmerksamkeit; ~ **in inflation** Inflationsstoß *m;* ~ **in prices** Preisanstieg *m;* **an ~ in students** ein steiler Anstieg der Studentenzahlen; **the ~ of violence** die stark zunehmende Gewalt; **cyclical ~** Konjunkturaufschwung *m*

upswept [ʌp'swept] *adj inv* ❶ (*curved upwards*) aufwärts gebogen, [hoch]geschweift; *moustache* gezwirbelt
❷ (*brushed upwards*) hochgekämmt

upswing ['ʌpswɪŋ] *n* ECON Aufschwung *m;* ■**to be on the ~** ansteigen, zunehmen; ~ **in economic activity** [*or* **the economy**] Konjunkturaufschwung *m;* ~ **in exports** Exportsteigerung *f*

uptake ['ʌpteɪk] *n no pl* ❶ (*absorption*) *of nutrients, water* Aufnahme *f*
❷ BRIT, AUS (*level of usage*) Nutzungsgrad *m*
▶ PHRASES: **to be quick on the ~** (*fam*) schnell schalten *fam;* **to be slow on the ~** (*fam*) schwer von Begriff sein *fam,* eine lange Leitung haben *fam*

uptempo [,ʌp'tempəʊ, AM -poʊ] *adj* MUS schneller, flotter

upthrust ['ʌpθrʌst] **I.** *n* ❶ PHYS Auftrieb *m*
❷ GEOL Erhebung *f*
II. *adj inv* [steil] aufgerichtet

uptight [ʌp'taɪt] *adj* (*fam*) ❶ (*nervous*) nervös; (*anxious*) ängstlich; **to be/get ~ [about sth]** [wegen einer S. *gen*] nervös sein/werden; ***don't get ~ about the exam*** mach dich wegen der Prüfung nicht verrückt *fam*
❷ (*stiff in outlook*) verklemmt, verkrampft; ***there's no need to be so ~ all the time!*** sieh doch nicht immer alles so furchtbar eng!

up to *prep* ❶ (*to point of*) bis; ***we read ~ page 24*** wir haben bis Seite 24 gelesen; ***we drove ~ the North Sea*** wir sind an die Nordsee gefahren
❷ (*over to*) zu +*dat;* **go ~ *the counter*** geh' zum Schalter
❸ (*submerged to*) bis zu +*dat;* ~ **the knees/waist** bis zu den Knien/der Hüfte; **to have it ~** [*or* **one's ears**] **here [with sth]** (*fig*) die Nase voll [von etw *dat*] haben
❹ (*to time of*) bis; ~ **midnight/noon/yesterday** bis Mitternacht/zum Nachmittag/gestern
❺ (*decision of*) **to be ~ sb/sth** an jdm/etw liegen; **to leave sth ~ sb** jdm etw *akk* überlassen
❻ (*responsibility of*) **to be ~ sb** jdm obliegen
❼ (*secretly doing*) **to be ~ sth** etw vorhaben; **to be ~ something/no good** etwas/nichts Gutes im Sinn haben
❽ (*well enough to*) **to be/feel ~ doing sth** im Stande sein/sich *akk* im Stande fühlen, etw *akk* zu tun

up to date *adj pred* ■**to be ~** auf dem neuesten Stand sein; (*well-informed*) auf dem Laufenden sein; **to bring sb ~** jdn über den neuesten Stand informieren; **to bring sth ~** etw aktualisieren [*o* auf den neuesten Stand bringen]; **to keep sb/sth ~** jdn/etw auf dem neuesten Stand halten; ***please keep me ~ on the latest share prices*** informieren Sie mich bitte laufend über die aktuellen Aktienpreise

up-to-date *adj attr* modern, zeitgemäß; (*well-informed*) *information, report* aktuell

up-to-the-minute *adj* allerneueste(r, s) *attr,* allerletzte(r, s) *attr,* hochaktuell; ~ **information** brandneue Informationen *pl*

uptown [ʌp'taʊn] AM **I.** *adj inv* (*in north of city*) im Norden *nach n;* (*in residential area*) in den [nördlichen] Wohngebieten *nach n;* (*with affluent connotations*) im Villenviertel *nach n,* im Nobelviertel *nach n;* ~ **boy/girl** Junge *m*/Mädchen *nt* aus den besseren Kreisen; **in ~ Manhattan** im nördlichen, vornehmen Teil Manhattans
II. *adv inv* (*in residential area*) in den [nördlichen] Wohngebieten; (*with affluent connotations*) im Villenviertel [*o* Nobelviertel]; (*to residential area*) in die [nördlichen] Wohngebiete; (*to wealthy area*) ins Villenviertel; ***we could walk ~ or we could take the train*** wir können in die Nordstadt laufen oder mit dem Zug fahren; ***I can get lunch in Chinatown for half of what it costs ~*** in Chinatown kostet ein Mittagessen nur halb so viel wie in den teuren Vierteln
III. *n* (*residential area*) Wohngebiet *nt,* Wohnviertel *nt;* (*wealthy area*) Villenviertel *nt*

uptrend ['ʌptrend] *n esp* AM Aufwärtstrend *m,* Aufschwung *m*

upturn ['ʌptɜ:n, AM -tɜ:rn] *n* Aufwärtstrend *m,* Aufschwung *m;* ~ **in the economy** Konjunkturaufschwung *m*

upturned ['ʌptɜ:nd, AM -tɜ:rnd] *adj* nach oben gewendet; *table* umgedreht; *bucket* umgekippt; *boat* gekentert; ~ **nose** Stupsnase *f;* **with ~ palms** mit den Handflächen nach oben

upward ['ʌpwəd, AM -wɚd] **I.** *adj inv usu* AM Aufwärts-, nach oben *nach n;* **to move in an ~ direction** sich *akk* aufwärts [*o* nach oben] bewegen; ~ **movement** Aufwärtsbewegung *f*
II. *adv* nach oben; ***he looked ~ to the sky*** er sah hinauf [*o* hoch] zum Himmel; **from childhood ~** von Kindheit an

upwardly ['ʌpwədli, AM -wɚd-] *adv inv* nach oben, aufwärts

upwardly mobile *adj* sozial aufsteigend; ■**to be ~** [sozial] aufsteigen, ein Aufsteiger/eine Aufsteigerin sein

upward mobility *n* sozialer Aufstieg

upward of *prep, adv esp* AM *see* **upwards**

upwards ['ʌpwədz, AM -wɚdz] *adv inv* ❶ (*move upwards*) nach oben, aufwärts; **from the waist ~** von der Taille aufwärts
❷ (*with numbers*) nach oben; **to revise costs ~** die Kosten nach oben korrigieren

upward trend *n* Aufwärtstrend *m,* Aufwärtsentwicklung *f;* ~ **in inflation** Inflationsstoß *m*

upwind [ʌp'wɪnd] **I.** *adj* auf der Windseite *nach n;* ~ **side** Windseite *f*
II. *adv* gegen den Wind

uraemia [jʊə'ri:miə], AM **uremia** [ju:'-] *n* MED Urämie *f fachspr,* Harnvergiftung *f*

Ural Mountains [,jʊərəl'maʊntɪnz, AM jʊrəl'maʊntənz] *npl,* **Urals** ['jʊərəlz, AM 'jʊr] *npl* GEOG ■**the ~** der Ural

uranium [jʊə'reɪniəm, AM jʊ'-] *n no pl* CHEM, PHYS Uran *nt*

Uranus ['jʊərənəs, AM 'jʊr-] *n no art* ASTRON Uranus *m*

urban ['ɜ:bən, AM 'ɜ:r-] *adj attr* städtisch, urban *geh;* ~ **area** Stadtgebiet *nt;* ~ **blight** (*run-down part of town*) heruntergekommener Stadtteil; (*piece of misplanning*) Verschandelung *f* des Stadtbildes; ~ **centre** [*or* AM **center**] Stadtzentrum *nt;* ~ **decay** (*in centre*) Verfall *m* der Innenstadt; (*in residential area*) Verslumung *f;* ~ **jungle** (*pej*) Großstadtdschungel *m meist pej;* ~ **planning** Stadtplanung *f;* ~ **population** Stadtbevölkerung *f,* Stadtbewohner *mpl;* ~ **redevelopment** Stadtsanierung *f;* ~ **renewal** Stadterneuerung *f;* ~ **sprawl** Zersiedelung *f*

urbane [ɜ:'beɪn, AM ɜ:r'-] *adj* (*approv*) weltmännisch, weltgewandt, urban *geh;* ~ **manner** kultivierte [*o* weltmännische] Art; ~ **words** höfliche Worte

urbanely [ɜ:'beɪnli, AM ɜ:r'-] *adv* (*approv*) weltmännisch, weltgewandt, urban *geh*

urban guerrilla *n* (*group*) Stadtguerilla *f;* (*person*) Stadtguerilla *m*

urbanity [ɜ:'bænəti, AM ɜ:r'bænət̬i] *n no pl* (*approv*) weltmännische Art, Weltgewandtheit *f,* Urbanität *f geh*

urbanization [,ɜ:bənaɪ'zeɪʃən, AM ,ɜ:rbənɪ'-] *n no pl* Verstädterung *f,* Urbanisierung *f geh*

urbanize ['ɜ:bənaɪz, AM 'ɜ:r-] *vt* ■**to ~ sth** etw verstädtern [*o geh* urbanisieren]

urchin ['ɜ:tʃɪn, AM 'ɜ:r-] *n* ❶ (*homeless child*) **street ~** Straßenkind *nt;* (*boy*) Gassenjunge *m*
❷ (*hum dated: impudent child*) Range *f o selten a. m* DIAL; (*boy*) Bengel *m*

Urdu ['ʊədu:, AM 'ʊr] *n no pl* Urdu *nt*

urea [jʊə'riə, AM jʊ'ri] *n no pl* BIOL, CHEM Harnstoff *m*

uremia *n* AM *see* **uraemia**

urethra <*pl* -s *or* -rae> [jʊə'ri:θrə, AM jʊ'-, *pl* -ri:] *n* ANAT Urethra *f fachspr,* Harnröhre *f*

urethrae [jʊə'ri:θri:, AM jʊ'-] *n pl of* **urethra**

urge [ɜ:dʒ, AM ɜ:rdʒ] **I.** *n* (*strong desire*) Verlangen *nt,* [starkes] Bedürfnis (**for** nach +*dat*); (*compulsion*) Drang *m* (**for** nach +*dat*); PSYCH Trieb *m;* ***a violent ~ came over him*** ihn überkam ein heftiges Verlangen; ***if you get the ~ to go out tonight, give me a ring*** ruf mich an, wenn du heute Abend Lust bekommst, auszugehen; **irresistible ~** unwiderstehliches Verlangen; **sexual ~** Sexual-/Geschlechtstrieb *m;* **to control/repress an ~** einen Trieb kontrollieren/unterdrücken; **to give in** [*or* **way**] **to the ~ to do sth** dem Verlangen, etw zu tun, nicht widerstehen können
II. *vt* ❶ (*press*) ■**to ~ sb somewhere** ***on arriving at the house he ~d her inside*** nach der Ankunft drängte er sie in das Haus hinein; ■**to ~ sb away from sth** jdn von etw *dat* wegdrängen; ■**to ~ sb** [**into doing sth**] jdn antreiben [*o* drängen][, etw zu tun]; **to ~ dogs/horses** Hunde/Pferde antreiben
❷ (*try to persuade*) ■**to ~ sb** [**to do sth**] jdn drängen [*o* eindringlich bitten][, etw zu tun]
❸ (*seriously advocate*) ■**to ~ sth** auf etw *akk* dringen, zu etw *dat* drängen; ***"don't have anything more to do with him!" her mother ~d*** „gib dich nicht mehr mit ihm ab!" mahnte sie ihre Mutter eindringlich; ***we ~d that the plans be submitted immediately*** wir drängten darauf, die Pläne sofort weiterzuleiten; ***I ~ you to take the time to reconsider your decision*** ich rate Ihnen dringend, sich die Zeit zu nehmen, Ihren Beschluss zu überdenken; **to ~ caution/vigilance** zur Vorsicht/Wachsamkeit mahnen; **to ~ peace** sich *akk* für den Frieden einsetzen
❹ (*form: persuade to accept*) ■**to ~ sth on** [*or* **upon**] **sb** jdn zu etw *dat* drängen, jdm etw eindringlich nahe legen; ***she ~d on him the importance of remaining polite at all times*** sie versuchte, ihm klar zu machen, wie wichtig es ist, immer höflich zu bleiben; **to ~ self-discipline on sb** jdn zur Selbstdisziplin [er]mahnen
III. *vi* ■**to ~ for sth** auf etw *akk* drängen
◆**urge on** *vt* ■**to ~ sb on** [**to do sth**] jdn [dazu] antreiben[, etw zu tun]; **~d on by ambition** vom Ehrgeiz getrieben

urgency ['ɜ:dʒənt(t)si, AM 'ɜ:r-] *n no pl* ❶ (*top priority*) *of a matter, demand* Dringlichkeit *f; of a problem, situation also* Vordringlichkeit *f;* **to be a matter of ~** äußerst dringend sein; **to realize/stress the ~ of sth** die Dringlichkeit einer S. *gen* erkennen/betonen
❷ (*insistence*) Eindringlichkeit *f;* ***there was a note of ~ in her speech*** sie sprach mit großer Eindringlichkeit

urgent ['ɜ:dʒənt, AM 'ɜ:r-] *adj* ❶ (*imperative*) *action, request* dringend, dringlich; *situation* brisant; ***the letter is marked '~'*** auf dem Brief steht ‚eilt'; **to be in ~ need of medical attention** dringend ärztliche Hilfe benötigen
❷ (*insistent*) *person, voice* eindringlich; *steps* eilig; **~ plea** deutlicher Appell

urgently ['ɜ:dʒəntli, AM 'ɜ:r-] *adv* ❶ (*imperatively*) dringend, dringlich; ***help is ~ needed*** es wird dringend Hilfe benötigt
❷ (*insistently*) eindringlich; **to speak ~** mit eindringlicher Stimme sprechen

urging ['ɜ:dʒɪŋ, AM 'ɜ:r-] *n* Drängen *nt kein pl*

uric ['jʊərɪk, AM 'jʊr-] *adj attr, inv* Harn-, Urin-

uric acid *n* BIOL Harnsäure *f*

urinal [jʊə'raɪnəl, -rɪ-, AM 'jʊrənəl] *n* ❶ (*device*) Urinal *nt form,* Pinkelbecken *nt fam;* (*room*) Pissoir *nt,* Herrentoilette *f*
❷ (*for patient*) Uringlas *nt,* Urinal *nt fachspr*

urinary ['jʊərɪnəri, AM 'jʊrəneri] *adj inv* Harn-, Urin-; **~ diseases** Erkrankungen *fpl* der Harnwege; **~ incontinence** Harninkontinenz *f;* **the first morning ~ secretion** der erste Morgenurin; **~ tract** Harnsystem *nt,* Harnorgane *ntpl;* **~ tract infection** Harnwegsinfektion *f*

urinate ['jʊərɪneɪt, AM 'jʊrə-] *vi* urinieren, Wasser lassen

urination [ˌjʊərɪ'neɪʃən, AM ˌjʊrə'-] *n no pl* Urinieren *nt,* Wasserlassen *nt*

urine ['jʊərɪn, AM 'jʊr-] *n no pl* Urin *m,* Harn *m*

urine specimen *n* Urinprobe *f*

URL [ju:ɑ:'el, AM -ɑ:r'-] **I.** *n abbrev of* **uniform resource locator** URL *m*
II. *n modifier abbrev of* **uniform resource locator** URL-

urn [ɜ:n, AM ɜ:rn] *n* ❶ (*garden ornament*) Krug *m,* Urne *f*
❷ (*for remains*) [Grab]urne *f; see also* **tea urn**

urologist [jʊə'rɒlədʒɪst, AM jʊ'rɑ:-] *n* MED Urologe, -in *m, f*

urology [jʊə'rɒlədʒi, AM jʊ'rɑ:lə] *n no pl* SCI, MED Urologie *f fachspr*

Uruguayan [ˌjʊərə'gwaɪən, AM ˌjʊrə'gweɪ] *adj inv* uruguayisch

us [ʌs, əs] *pron* ❶ (*object of we*) uns *im Dativ o Akkusativ;* ***thank you for driving ~ to the station*** danke, dass du uns zum Bahnhof geführt hast; ***it would be rude for ~ to leave so early*** es wäre unhöflich von uns, so früh zu gehen; ***let ~ know*** lassen Sie es uns wissen; ***we asked him to come with ~*** wir fragten ihn, ob er mit uns kommen wolle; **both/many of ~** wir beide/viele von uns; **to be one of ~** zu uns gehören; ***Jack's all right, he's one of ~*** Jack ist in Ordnung, er gehört zu uns; **it's ~** wir sind's; ***don't worry, it's just ~*** keine Sorge, wir sind's nur; **… as/than ~ …** als wir; ***they are richer than ~*** sie sind reicher als wir; **~ and them** [*or* **them and ~**] (*fam*) gleicher als gleich; ***it's definitely a case of them and ~*** ein typischer Fall von gleicher als gleich; **~ against them** (*fam*) wir gegen sie
❷ AUS, BRIT (*fam: me*) mir *im Dativ,* mich *im Akkusativ;* ***give ~ a kiss*** gib' mir einen Kuss
❸ AM (*fam: to, for ourselves*) uns

US [ju:'es] **I.** *n abbrev of* **United States:** ■**the ~** die USA *pl*
II. *adj attr abbrev of* **United States** US-

USA [ju:es'eɪ] *n no pl* ❶ (*country*) *abbrev of* **United States of America:** ■**the ~** die USA *pl*
❷ (*army*) *abbrev of* **United States Army** Armee *f* der USA

usable ['ju:zəbl] *adj inv* brauchbar, nutzbar; ■**to** [**not**] **be ~** [nicht] zu gebrauchen sein; **~ software** verwendbare Software

USAF [ju:eser'ef] *n no pl* MIL *abbrev of* **United States Air Force** Luftwaffe *f* der Vereinigten Staaten

us-against-them mentality *n* Wir-gegen-sie-Mentalität *f*

usage ['ju:sɪdʒ] *n* ❶ *no pl* (*handling*) Gebrauch *m,* Benutzung *f;* (*consumption*) Verbrauch *m;* ***this bag has had some rough ~*** diese Tasche ist schon ziemlich abgenutzt; **water ~** Wasserverbrauch *m*
❷ *no pl* (*customary practice*) Usus *m geh,* Brauch *m,* Sitte *m,* Usance *f;* ***it's common ~ …*** es ist allgemein üblich …
❸ LING (*instance of using language*) *of a term, word* Verwendung *f,* Gebrauch *m*
❹ *no pl* LING (*manner of using language*) Sprachgebrauch *m;* ***in English/French ~*** im englischen/französischen Sprachgebrauch; **in general** [*or* **everyday**] **~** im alltäglichen Sprachgebrauch

use **I.** *vt* [ju:z] ❶ (*make use of, utilize*) ■**to ~ sth** etw benutzen; *building, one's skills, training, talent* etw nutzen; *method* etw anwenden; ***this glass has been ~d*** dieses Glas ist schon benutzt; ***I could ~ some help*** ich könnte etwas Hilfe gebrauchen; ***I could ~ a drink now*** ich könnte jetzt einen Drink vertragen *fam;* ***this table could ~ a wipe*** diesen Tisch könnte man auch mal wieder abwischen; ***these lights are ~d for illuminating the playing area*** mit diesen Lichtern wird die Spielfläche beleuchtet; ***what perfume do you ~?*** welches Parfüm nimmst du?; ***what shampoo do you ~?*** welches Shampoo benutzt du?; ***I've got to ~ the toilet*** ich muss auf die Toilette; **to ~ alcohol** Alkohol trinken; **to ~ one's brains** seinen Verstand benutzen; **to ~ a chance** eine Gelegenheit nutzen; **to ~ a dictionary** ein Wörterbuch verwenden; **to ~ drugs** Drogen nehmen; **to ~ military force against sb** Militärgewalt gegen jdn einsetzen; **to ~ an idea** eine Idee verwenden; **to ~ logic** logisch denken; **to ~ one's money to do sth** sein Geld dazu verwenden, etw zu tun; **to ~ sb's name** jds Name verwenden; (*as reference*) sich *akk* auf jdn berufen; ***she ~s the name Mary Pons*** sie nennt sich Mary Pons; **to ~ poison gas/truncheons/chemical warfare** Giftgas/Schlagstöcke/chemische Waffen einsetzen; **to ~ a pseudonym** ein Pseudonym benutzen; **to ~ service** eine Dienstleistung in Anspruch nehmen; **to ~ swear words** fluchen; **to ~ one's time to do sth** seine Zeit dazu nutzen, etw zu tun; ***you should ~ your free time more constructively*** du solltest deine freie Zeit sinnvoller nutzen!; **to ~ violence** Gewalt anwenden; ■**to ~ sth to do sth** etw benutzen [*o* verwenden], um etw zu tun; **~ *scissors to cut the shapes out*** schneiden Sie die Formen mit einer Schere aus; ***you can ~ this brush to apply the paint*** du kannst die Farbe mit diesem Pinsel auftragen
❷ (*employ*) ■**to ~ sth ~ *your head*** [*or* BRIT *also* ***loaf***] jetzt schalt doch mal dein Hirn ein! *sl;* ***~ your imagination!*** lass doch mal deine Fantasie spielen!; **to ~ common sense** seinen gesunden Menschenverstand benutzen; **to ~ discretion/tact** diskret/taktvoll sein
❸ (*get through, consume*) ■**to ~ sth** etw verbrauchen; ***we've ~d nearly all the bread*** wir haben fast kein Brot mehr; ***what do you ~ for heating?*** womit heizen Sie?; ***there's no more paper after this is ~d*** wenn wir dieses Papier aufgebraucht haben, ist keines mehr da; ***this radio ~s 1.5 volt batteries*** für dieses Radio braucht man 1,5 Volt Batterien; **to ~ energy** Energie verbrauchen
❹ (*usu pej: manipulate, impose upon*) ■**to ~ sb** jdn benutzen; (*exploit*) ■**to ~ sb/sth** jdn/etw ausnutzen
❺ (*form: treat in stated way*) **to ~ sb badly/well** jdn schlecht/gut behandeln; ***he's ~d her despicably*** er hat ihr übel mitgespielt
II. *n* [ju:s] ❶ (*application, employment*) Verwendung *f* (**for** für +*akk*); *of dictionary also* Benutzung *f; of labour* Einsatz *m; of leftovers* Verwertung *f; of talent, experience* Nutzung *m;* ***don't throw that away, you'll find a ~ for it one day*** wirf das nicht weg – eines Tages wirst du es schon noch irgendwie verwenden können; ***a food processor has a variety of ~s in the kitchen*** eine Küchenmaschine kann man auf ganz unterschiedliche Weise in der Küche einsetzen; ***they've called for further restrictions on the ~ of leaded petrol*** sie forderten weitere Einschränkungen für die Verwendung von verbleitem Benzin; ***she lost the ~ of her fingers in the accident*** seit dem Unfall kann sie ihre Finger nicht mehr benutzen; **the ~ of alcohol/drugs** der Alkohol-/Drogenkonsum; **by the ~ of deception** durch Täuschung; **directions for ~** Gebrauchsanweisung *f;* **for ~ in an emergency** für den Notfall; **for ~ in case of fire** bei Feuer; **the ~ of force/a particular method** die Anwendung von Gewalt/einer bestimmten Methode; **the correct ~ of language** der korrekte Sprachgebrauch; **the ~ of poison gas/truncheons/chemical warfare** der Einsatz von Tränengas/Schlagstöcken/chemischen Waffen; **to be in daily ~** täglich verwendet werden; **for external ~ only** nur für äußerlichen Anwendung; **to be no longer in ~** nicht mehr benutzt werden; **ready for ~** gebrauchsfertig; *machine* einsatzbereit; **for private ~ only** nur für den Privatgebrauch; **to come into ~** in Gebrauch kommen; **to find a ~ for sth** für etw *akk* Verwendung finden; **to**

go [*or* **fall**] **out of** ~ nicht mehr benutzt werden; **to have no** [**further**] ~ **for sth** keine Verwendung [mehr] für etw *akk* haben; ***do you have any ~ for these old notes?*** kannst du diese alten Unterlagen irgendwie verwenden?; **to make ~ of sth** etw benutzen; *experience, talent* etw nutzen; *leftovers* etw verwenden; *connections* von etw *dat* Gebrauch machen; ***can you make ~ of that?*** kannst du das gebrauchen?; **to put sth to** ~ etw verwenden; **to be able to put sth to good** ~ etw gut verwenden können; **to be able to put one's experience to good** ~ seine Erfahrung gut einbringen können; **in/out of** ~ in/außer Gebrauch

② (*consumption*) Verwendung *f;* ***building a dam would be a ~ of financial resources which this country cannot afford*** für einen Dammbau würde dieses Land Gelder verwenden müssen, die es nicht aufbringen kann

③ (*usefulness*) Nutzen *m;* ***is this of any ~ at all?*** nützt das vielleicht was? *fam;* ***can I be of any ~?*** kann ich vielleicht irgendwie behilflich sein?; ***what's the ~ of shouting?*** was bringt es denn herumzuschreien?; ***there's no ~ complaining*** Herumjammern bringt auch nichts *fam;* ***what ~ is praying?*** wozu soll das Beten nutzen?; ***it has its ~s*** das kann auch nützlich sein; ***he's no ~ as an editor*** als Redakteur ist er nicht zu gebrauchen; ***what's the ~*** was soll's! *fam;* (*pej fam*) ***that's a fat lot of ~*** da haben wir ja auch was von! *iron fam;* **to be no ~** keine Hilfe sein; **to be no/not much ~ to sb** jdm nichts/nicht viel nützen; ■**to be of ~ to sb** für jdn von Nutzen [*o* nützlich] sein; ***is this of any ~ to you?*** kannst du das vielleicht gebrauchen?; ■**it's no ~** [**doing sth**] es hat keinen Zweck[, etw zu tun]; ***it's no ~ — I just can't stand the man*** es hilft alles nichts – ich kann den Mann einfach nicht ausstehen!; ***it's no ~ trying to escape — no one has ever got away before*** wir brauchen erst gar nicht versuchen auszubrechen – das hat bisher noch keiner geschafft!

④ (*right*) **to have the ~ of sth** *bathroom, car* etw benutzen dürfen; **to give sb** [*or* **let sb have**] **the ~ of sth** jdn etw benutzen lassen

⑤ (*custom*) Brauch *m*

⑥ (*out of order*) ■**to be out of** [*or* AM, AUS *usu* **not in**] ~ nicht funktionieren; ***the escalator is out of ~*** der Aufzug ist außer Betrieb

⑦ REL Ritual *nt*

⑧ LAW (*old*) Nießbrauch *m fachspr*

♦**use up** *vt* ■**to ~ up ⊃ sth** *strength, energy* etw verbrauchen; (*completely*) etw [völlig] aufbrauchen; ***the money was soon ~d up*** das Geld war bald verbraucht [*o fam* alle]; ***I was tired and ~d up*** ich war müde und ausgebrannt; ***I might ~ up all my old scraps of wool to make a scarf*** ich werde wohl meine ganzen alten Wollreste für einen Schal verwerten; ***damn, the milk is ~d up!*** Mist, die Milch ist alle! *fam;* **to ~ up food/paper** Lebensmittel/Papier aufbrauchen

us(e)ability [ju:zəˈbɪləti, AM əṭi] *n no pl* Brauchbarkeit *f,* Verwendbarkeit *f*

used¹ [ju:st] *vt semi-modal, only in past* ***Aunt Betty ~ to live in Australia*** Tante Betty hat früher in Australien gelebt; ***my father ~ to work there*** mein Vater hat [früher] dort gearbeitet; ***they ~ not to enjoy horror films*** früher haben ihnen Horrorfilme nicht gefallen; ***has she always done this? — no, she didn't use to*** macht sie das schon immer? – nein, früher nicht; ***did you use*** [*or old* ~] ***to work in banking?*** haben Sie früher im Bankgewerbe gearbeitet?; ***things aren't what they ~ to be*** es ist alles nicht mehr so, wie es mal war *fam;* ***my father ~ to say …*** mein Vater sagte immer [*o* pflegte immer zu sagen], …; ***you didn't use to like wine*** früher mochtest du keinen Wein; ***I read much more than I ~ to*** heute lese ich viel mehr als früher; ***she ~ to be quite ambitious*** sie war mal sehr ehrgeizig

used² [ju:zd] *adj inv* ① (*not new*) gebraucht; ~ **clothes** getragene Kleidung, Secondhandkleidung *f;* ~ **matches** abgebrannte Streichhölzer; ~ **notes** gebrauchte [Geld]scheine; ~ **towels** benutzte Handtücher

② (*familiar with*) gewohnt, gewöhnt; ■**to be ~ to sth** an etw *akk* gewöhnt sein, etw gewohnt sein; ***there are some things you never get ~ to*** an einige Dinge kann man sich einfach nicht gewöhnen; ■**to be ~ to doing sth** gewohnt sein, etw zu tun; **to be ~ to being criticized** Kritik gewohnt sein; **to become** [*or* **get**] **~ to sth** sich *akk* an etw *akk* gewöhnen

used car I. *n* Gebrauchtwagen *m;* (*fig hum*) ***would you buy a ~ from this man?*** würden Sie diesem Mann vertrauen?

II. *n modifier* (*dealer, guarantee, purchase, sales, salesman*) Gebrauchtwagen-

useful [ˈju:sfᵊl] *adj* ① (*practical, functional*) nützlich, praktisch, brauchbar (**for** für +*akk*); ***let him mow the lawn, he likes to feel ~*** lass ihn den Rasen mähen, er hat gerne das Gefühl, gebraucht zu werden; ***do the exercises serve any ~ purpose?*** sind diese Übungen für irgendetwas gut?; ~ **bits of information** nützliche [*o* wertvolle] Informationen; **to make oneself ~** sich *akk* nützlich machen

② (*approv: advantageous*) wertvoll; ***Spanish is a very ~ language to know*** es ist sehr vorteilhaft, Spanisch zu können; ***that voucher could come in ~ when we go shopping*** wir können den Gutschein vielleicht gut gebrauchen, wenn wir einkaufen gehen; **to prove ~** sich *akk* als nützlich erweisen

③ (*approv: effective*) nutzbringend *attr,* hilfreich; *discussion* ergiebig; ***aspirins are ~ for headaches*** Aspirin hilft gegen Kopfschmerzen; ***the TV has a ~ life of ten years*** die Lebensdauer des Fernsehers beträgt zehn Jahre

④ (*fam: competent*) gut; ***he's a ~ teacher/tennis player*** er ist ein fähiger Lehrer/versierter Tennisspieler; ***he's a ~ person to have if you get into trouble*** es ist ganz gut, ihn zu kennen, wenn man in Schwierigkeiten gerät; ***he plays a ~ hand of bridge*** er spielt ziemlich gut Bridge; **to be ~ with a gun/knife** gut mit der Schusswaffe/dem Messer umgehen können; **to be ~ with one's hands** handwerklich geschickt sein

usefully [ˈju:sfᵊli] *adv* sinnvoll, nutzbringend; ***you might ~ study the etymology of English words*** es könnte dir sehr nützlich sein, dich mit der Etymologie englischer Begriffe zu beschäftigen; **to be ~ employed** eine sinnvolle Beschäftigung haben

usefulness [ˈju:sfᵊlnəs] *n no pl* Nützlichkeit *f; of contribution, information also* Brauchbarkeit *f,* Nutzen *m,* Wert *m;* (*applicability*) Verwendbarkeit *f;* **to outlive one's ~** ausgedient haben

useless [ˈju:sləs] *adj* ① (*pointless*) sinnlos, zwecklos; ■**to be ~ doing** [*or* **to do**] **sth** sinnlos [*o* zwecklos] sein, etw zu tun; ***it's ~ trying to discuss politics with him*** es hat keinen Sinn, mit ihm über Politik diskutieren zu wollen; ~ **verbiage** unnützes Geschwätz

② (*fam: incompetent*) zu nichts nütze [*o* zu gebrauchen] *präd;* ***you're absolutely ~!*** du bist doch zu nichts zu gebrauchen!; ***you're such a ~ idiot!*** du bist ein hoffnungsloser Schwachkopf! *fam;* ***he's a ~ goalkeeper*** er taugt nichts als Torwart; ***I'm ~ at maths*** ich habe keine Ahnung von Mathematik; **to be worse than ~** einfach zu gar nichts zu gebrauchen sein

③ (*unusable*) unbrauchbar; ***this knife is ~*** dieses Messer taugt nichts; ~ **details** überflüssige Details; ~ **information** wertlose Informationen; **to render sth ~** etw unbrauchbar machen

uselessly [ˈju:sləsli] *adv* ① (*without point*) sinnlos; **to protest ~** vergeblich protestieren

② (*unusable*) nutzlos

uselessness [ˈju:sləsnəs] *n no pl* ① (*unproductiveness*) Nutzlosigkeit *f,* Unbrauchbarkeit *f*

② (*futility*) Sinnlosigkeit *f,* Zwecklosigkeit *f*

user [ˈju:zəʳ, AM -ɚ] *n* Benutzer(in) *m(f); of software, a system also* Anwender(in) *m(f); of electricity, gas, water* Verbraucher(in) *m(f);* ***unemployed people are the main ~s of this advice centre*** dieses Beratungszentrum wird hauptsächlich von Arbeitslosen in Anspruch genommen; **drug ~** Drogenkonsument(in) *m(f);* **telephone ~** Telefonkunde, -in *m, f*

user-friendliness *n* COMPUT Anwenderfreundlichkeit *f,* Benutzerfreundlichkeit *f* **user-friendly** *adj* COMPUT anwenderfreundlich, benutzerfreundlich **user ID** *n* COMPUT Benutzerkennzeichen *nt* **user interface** *n* COMPUT Benutzeroberfläche *f,* Benutzerschnittstelle *f* **user program** *n* COMPUT Anwenderprogramm *nt,* Benutzerprogramm *nt* **user's guide** *n,* **user's handbook** *n* Benutzerhandbuch *nt* **user software** *n* COMPUT Anwendersoftware *f,* Benutzersoftware *f*

usher [ˈʌʃəʳ, AM -ɚ] I. *n* ① (*in theatre, church*) Platzanweiser(in) *m(f)*

② LAW Gerichtsdiener(in) *m(f)*

③ BRIT (*escort*) Zeremonienmeister(in) *m(f)*

II. *vt* **to ~ sb into a room** jdn in einen Raum hineinführen; **to ~ sb to his seat** jdn zu seinem Platz führen

♦**usher away** *vt see* **usher out**

♦**usher in** *vt* ① (*show the way*) ■**to ~ in ⊃ sb** jdn hineinführen [*o* hineinbringen]

② (*fig: begin*) ■**to ~ in ⊃ sth** etw einleiten; **to ~ in a new epoch/era** eine neue Epoche/Ära einleiten

♦**usher out** *vt* ① (*bring to an end*) ■**to ~ out ⊃ sth** das Ende einer S. *gen* ankündigen

② (*remove*) ■**to ~ out ⊃ sb** [*or* **away**] jdn hinausführen

usherette [ˌʌʃᵊrˈet, AM -ɚˈ-] *n* Platzanweiserin *f*

USN [ju:esˈen] *n* MIL *abbrev of* **United States Navy** Marine *f* der Vereinigten Staaten

USP [ju:esˈpi:] *n* BRIT ECON *abbrev of* **unique selling proposition** USP *m*

USS [ju:esˈes] *n before n* MIL *abbrev of* **United States Ship** *Schiff aus den Vereinigten Staaten*

USSR [ju:esesˈɑ:ʳ, AM -ˈɑ:r] *n* (*hist*) *abbrev of* **Union of Soviet Socialist Republics** UdSSR *f hist*

usual [ˈju:ʒᵊl, AM -ʒuəl] I. *adj* gewöhnlich, üblich, normal; ***is it ~ for a child to be so interested in money?*** ist es normal, dass sich ein Kind so sehr für Geld interessiert?; ***it's ~ to ask before you borrow something!*** normalerweise fragt man erst, bevor man sich etwas leiht!; ***business as ~*** normaler Betrieb; (*in a shop*) Verkauf geht weiter; [**the**] **~ formalities** die üblichen Formalitäten; **to find sth in its ~ place** etw an seinem gewohnten Platz vorfinden; **later/less/more than ~** später/weniger/mehr als sonst; **as** [**per**] **~** wie üblich [*o* gewöhnlich]

II. *n* ① (*fam: regular drink*) ■**the** [*or* **one's**] **~** das Übliche; ***a pint of the ~, please!*** ein Halbes bitte, wie immer!; ***the ~, please, John!*** bitte dasselbe wie immer, John!; ***what's his ~?*** was trinkt er gewöhnlich?

② (*regular thing*) das Übliche; ***the band played all the ~s at the party last night*** die Band spielte auf der Party gestern Abend das übliche Programm

usually [ˈju:ʒᵊli, AM -ʒuəli] *adv* gewöhnlich, normalerweise; ***is your friend ~ so rude?*** ist dein Freund immer so unhöflich?; ***does this shop open on Sundays? — ~*** hat dieser Laden sonntags geöffnet? – für gewöhnlich ja; ***he felt more than ~ hungover*** er fühlte sich noch verkaterter als sonst

usufruct [ˈju:sjʊfrʌkt, AM -zʊ-] *n no pl* LAW Usufruktus *m fachspr,* Nießbrauch *m fachspr*

usurer [ˈju:ʒᵊrəʳ, AM -ɚ] *n esp* LAW Wucherer, Wucherin *m, f*

usurious [ju:ˈzjʊəriəs, AM -ˈʒʊr-] *adj esp* LAW wucherisch, Wucher-; ~ **rates** Wucherzinsen *mpl*

usurp [ju:ˈzɜ:p, AM -ˈsɜ:rp] *vt* ① (*take position*) ■**to ~ sth** sich *dat* etw widerrechtlich aneignen, sich *akk* etw *dat* bemächtigen, etw usurpieren; **to ~ the power** die Macht an sich *akk* reißen; **to ~ the throne** sich *akk* des Thrones bemächtigen *geh*

② (*supplant*) ■**to ~ sb** jdn verdrängen; **to ~ sb's place** jds Platz einnehmen

usurpation [ju:zɜ:ˈpeɪʃᵊn, AM sɚˈ] *n* Usurpation *f,* Übermächtigung *f*

usurper [ju:ˈzɜ:pəʳ, AM -ˈsɜ:rpɚ] *n* Usurpator(in) *m(f) geh; of the throne also* Thronräuber(in) *m(f); of power also* unrechtmäßiger Machthaber/unrechtmäßige Machthaberin

usury [ˈjuːʒəri, AM -ɚi] *n no pl esp* LAW Wucher *m;* **to practise** [*or* AM **practice**] ~ Wucher treiben

Ut. AM *abbrev of* **Utah**

utensil [juːˈten(t)səl] *n* Utensil *nt;* **kitchen ~s** Küchengeräte *ntpl*

uteri [ˈjuːtəraɪ, AM -t̬ə-] *n pl of* **uterus**

uterine [ˈjuːtəraɪn, AM -t̬ɚɪn] *adj inv* ANAT uterin *fachspr,* Uterus- *fachspr,* Gebärmutter-

uterine wall *n* ANAT Gebärmutterwand *f*

uterus <*pl* -ri *or* -es> [ˈjuːtərəs, AM -t̬ɚ-] *n* ANAT Uterus *m fachspr,* Gebärmutter *f*

utilitarian [ˌjuːtɪlɪˈteəriən, AM juːˌtɪləˈter-] *adj* ❶ PHILOS (*philosophy*) utilitaristisch *fachspr* ❷ (*functional*) praktisch, funktionell

utilitarianism [ˌjuːtɪlɪˈteəriənɪzəm, AM juːˌtɪləˈter-] *n no pl* PHILOS Utilitarismus *m fachspr*

utilities sector *n* ECON Versorgungswirtschaft *f*

utility [juːˈtɪləti, AM -ət̬i] **I.** *n* ❶ (*usefulness*) Nützlichkeit *f,* Nutzen *m;* **economic** ~ wirtschaftlicher Nutzen ❷ *usu pl* (*public service*) Leistungen *fpl* der öffentlichen Versorgungsbetriebe; **public utilities** öffentliche Versorgungsbetriebe ❸ COMPUT Dienstprogramm *nt*
II. *adj* ❶ (*useful*) Mehrzweck-, Vielzweck-; ~ **player** SPORTS mehrfach einsetzbarer Spieler/einsetzbare Spielerin; ~ **vehicle** Mehrzweckfahrzeug *nt* ❷ (*functional*) funktionell, Gebrauchs-; ~ **model** Gebrauchsmuster *nt;* ~ **program** [*or* **routine**] COMPUT Dienstprogramm *nt*
III. *n modifier* (*company, costs, service*) Versorgungs-; ~ **bill** [Ab]rechnung *f* der öffentlichen Versorgungsbetriebe; ~ **expenses/spending** Kosten *pl* für Wasser- und Energieversorgung

utility program *n* COMPUT Dienstprogramm *nt*

utility room *n* ≈ Waschküche *f*

utilizable [ˈjuːtɪlaɪzəbl̩, AM -t̬əl-] *adj* (*form*) verwendbar, nutzbar

utilization [ˌjuːtəlaɪˈzeɪʃən, AM -t̬əlɪˈ-] *n no pl* (*form*) Verwendung *f,* Nutzung *f;* ECON Auslastung *f;* ~ **of scrap** Abfallverwertung *f*

utilize [ˈjuːtɪlaɪz, AM -t̬əl-] *vt* ■**to** ~ **sth** etw verwenden, etw [be]nutzen, etw nutzen

utmost [ˈʌtməʊst, AM -moʊst] **I.** *adj attr, inv* größte(r, s); **a person of the ~ brilliance** eine Person von höchster Genialität; **with the ~ care/precision** so sorgfältig/genau wie möglich; **with the ~ caution/reluctance** mit äußerster Vorsicht/Zurückhaltung; **to put sb in a position of the ~ difficulty** jdn in größte Schwierigkeiten bringen; **to the ~ ends of the earth** (*liter*) bis in die entlegensten Winkel der Erde; **with the ~ ferocity** mit aller Schärfe; **a matter of the ~ importance** eine Angelegenheit von äußerster Wichtigkeit
II. *n no pl* ■**the** ~ das Äußerste; ***the car offers the ~ in power and performance*** der Wagen bietet ein Maximum an Kraft und Leistung; ■**at the** ~ höchstens; ■**to the** ~ bis zum Äußersten; **to live life to the utmost** das Leben voll auskosten [*o* in vollen Zügen genießen]; **to try sb's patience to the ~** jds Geduld bis aufs Äußerste strapazieren; **to try** [*or* **do**] **one's ~** sein Bestes geben [*o* Möglichstes tun]

Utopia [juːˈtəʊpiə, AM -ˈtoʊ-] *n no pl* Utopia *nt*

utopian [juːˈtəʊpiən, AM -ˈtoʊ-] *adj* utopisch

Utopianism [juːˈtəʊpiənɪzəm, AM ˈtoʊ] *n no pl* Utopismus *m*

utter[1] [ˈʌtəʳ, AM ˈʌt̬ɚ] *adj attr, inv* vollkommen, total, völlig; **to be ~ bliss** eine ungeheure Wohltat sein; **in ~ despair** in völliger Verzweiflung, völlig verzweifelt; **in ~ disbelief** völlig ungläubig; ~ **drivel** dummes Geschwätz; ~ **fool** Vollidiot(in) *m(f) fam;* ~ **nonsense** absoluter Blödsinn; **in ~ rapture** total hingerissen; **an ~ stranger** ein völlig Fremder/eine völlig Fremde; **a complete and ~ waste of time** eine totale Zeitverschwendung

utter[2] [ˈʌtəʳ, AM ˈʌt̬ɚ] *vt* ■**to** ~ **sth** ❶ (*liter: make a noise*) etw von sich *dat* geben; ***no one was able to ~ a sound*** keiner konnte einen Ton hervorbringen; **to ~ a cry** einen Schrei ausstoßen; **to ~ a groan/grunt/laugh** stöhnen/grunzen/auflachen ❷ (*liter: put into words*) etw sagen [*o* äußern]; **to ~ certitude about sth** seine Gewissheit über etw *akk* zum Ausdruck bringen; **to ~ a curse/threat** einen Fluch/eine Drohung ausstoßen; **to ~ a diatribe** eine Schmährede halten; **to ~ a falsehood** eine Unwahrheit sagen; **to ~ an incantation** einen Zauberspruch aufsagen; **to ~ an oath** einen Eid schwören; **to ~ a prayer** ein Gebet sprechen; **to ~ a warning** eine Warnung aussprechen; **without ~ing a word** ohne ein Wort zu sagen ❸ LAW (*liter form*) etw verbreiten, etw in Umlauf [*o* Verkehr] setzen; **to ~ calumnies** Verleumdungen in Umlauf setzen; **to ~ forged money** Falschgeld in Umlauf bringen

utterance [ˈʌtərən(t)s, AM ˈʌt̬ɚ-] *n* ❶ (*form: statement*) Äußerung *f;* **a child's first ~s** die ersten Worte eines Kindes ❷ *no pl* (*form: act of speaking*) Sprechen *nt;* **to give ~ to sth** (*liter*) etw zum Ausdruck bringen; **to give ~ to a feeling** einem Gefühl Ausdruck verleihen ❸ LING (*chain of language*) Sprache *f*

utterly [ˈʌtəli, AM ˈʌt̬ɚ-] *adv inv* vollkommen, total, völlig; ~ **beautiful** ausgesprochen [*o* hinreißend] schön; **to be ~ convinced that …** vollkommen [davon] überzeugt sein, dass …; **to find sb/sth ~ irresistible** jdn/etw absolut unwiderstehlich finden; **to ~ despise/hate sb** jdn zutiefst [*o* aus tiefster Seele] verachten/hassen

uttermost [ˈʌtəməʊst, AM ˈʌt̬ɚmoʊst] *n, adj see* **utmost**

U-turn [ˈjuːtɜːn, AM -tɜːrn] *n* ❶ (*of a car*) Wende *f;* **to do** [*or* **make**] **a ~** wenden ❷ (*fig: change plan*) Kehrtwendung *f;* **to make a ~** eine Kehrtwendung machen, sich *akk* um 180 Grad drehen *fig*

UVA rays [ˌjuːviːˈeɪreɪz] *npl abbrev of* **long wavelength ultraviolet radiation** UVA-Strahlen *pl*

UVB rays [ˌjuːviːˈbiːreɪz] *npl abbrev of* **short wavelength ultraviolet radiation** UVB-Strahlen *pl*

uvula <*pl* -lae> [ˈjuːvjələ, *pl* -liː] *n* ANAT Uvula *f fachspr,* [Gaumen]zäpfchen *nt*

uvular [ˈjuːvjələʳ, AM -ɚ] *adj* ANAT uvular *fachspr;* ~ **'r'** Zäpfchen-R *nt*

uxorious [ʌkˈsɔːriəs] *adj* (*form*) *husband* blind ergeben; (*very fond*) treu liebend

Uzbek [ˈʊzbek] *adj inv* usbekisch

Uzbekistan [ʊzˌbekɪˈstɑːn, AM stæn] *n no pl* GEOG Usbekistan *nt*

V

V <*pl* -'s *or* -s> *n,* **v** <*pl* -'s *or* -s> [viː] *n* ❶ (*letter of alphabet*) V *nt,* v *nt* ❷ (*Roman numeral five*) V (*römisches Zahlzeichen für 5*) ❸ (*shape*) V *nt;* **V-shaped neck** V-Ausschnitt *m* ❹ *see* **voltage**

v [viː] **I.** *adv abbrev of* **very**
II. *n* LING *abbrev of* **verb** v
III. *prep abbrev of* **verse, verso, versus** vs.

Va. AM *abbrev of* **Virginia**

vac [væk] **I.** *n* ❶ BRIT (*fam*) *short for* **vacation** Semesterferien *pl;* **the long ~** die Sommerferien *pl* ❷ (*fam*) *short for* **vacuum cleaner** Staubsauger *m* ❸ (*fam*) *short for* **vacuum clean: to give sth a ~** etw [staub]saugen
II. *vt* <-cc-> (*fam*) *short for* **vacuum clean:** ■**to** ~ **sth** etw [staub]saugen
III. *vi short for* **vacuum clean** [staub]saugen

vacancy [ˈveɪkən(t)si] *n* ❶ (*unoccupied room*) freies Zimmer; **'vacancies'** ‚Zimmer frei'; **'no vacancies'** ‚belegt' ❷ (*appointment*) freier Termin; ***the dentist has a ~ tomorrow morning*** die Zahnärztin hat morgen früh noch einen Termin frei ❸ (*employment*) freie [*o* offene] Stelle; **to fill a ~** eine [freie] Stelle besetzen; **to have a ~** eine Stelle frei haben ❹ *no pl* (*emptiness*) *of expression* Leere *f; of look* Ausdruckslosigkeit *f* ❺ (*lack of thought*) Gedankenlosigkeit *f,* Unbedachtheit *f*

vacant [ˈveɪkənt] *adj inv* ❶ (*empty*) *bed, chair, seat* frei; (*on toilet door*) '~' ‚frei'; ~ **house** unbewohntes [*o* leer stehendes] Haus; ~ **plot** [**of land**] unbebautes Grundstück; **to leave sth ~** etw frei lassen ❷ (*employment*) frei, offen, unbesetzt; **to fall** [*or* **become**] ~ frei werden ❸ (*unfilled time*) frei, unausgefüllt; ~ **hours** Mußestunden *fpl* ❹ (*expressionless*) leer; ~ **expression** nichtssagender Ausdruck; ~ **stare** ausdrucksloser Blick

vacantly [ˈveɪkəntli] *adv* (*without thought*) leer; (*without expression*) ausdruckslos; **to gaze ~ into space** geistesabwesend ins Leere starren

vacant possession *n* BRIT, AUS LAW bezugsfertiges Objekt, bezugsfertige Immobilie; **house with ~** bezugsfertiges [*o* sofort beziehbares] Haus

vacate [vəˈkeɪt, AM ˈveɪkeɪt] *vt* ■**to** ~ **sth** etw räumen; **to ~ a building/house/room** ein Gebäude/Haus/Zimmer räumen; **to ~ a job/position/post** eine Stelle aufgeben; **to ~ an office** ein Amt niederlegen; **to ~ a place/seat** einen Platz/Sitzplatz frei machen

vacation [vəˈkeɪʃən, AM *esp* veɪˈ-] **I.** *n* ❶ AM (*proper holiday*) Ferien *pl,* Urlaub *m;* ***where are you going for your ~?*** wohin fahrt ihr in Urlaub?; **to take a ~** Urlaub machen ❷ AM *see* **holiday** Urlaub *m;* ***I've still got some ~ left*** ich habe noch etwas Resturlaub; ■**on ~** im Urlaub; ■**to be on ~** Urlaub machen, im Urlaub sein; **paid ~** bezahlter Urlaub ❸ UNIV Semesterferien *pl;* LAW Gerichtsferien *pl;* AM, AUS SCH (*school holidays*) [Schul]ferien *pl* ❹ *no pl* (*relinquish*) ~ **of a house** Räumung *f* eines Hauses; ~ **of a post** Aufgabe *f* eines Postens
II. *vi* AM Urlaub [*o* Ferien] machen

vacationer [veɪˈkeɪʃənəʳ] *n* AM Urlauber(in) *m(f)*

vaccinate [ˈvæksɪneɪt, AM -ksə-] *vt* MED ■**to** ~ **sb** jdn impfen; **to be ~d against measles/polio** gegen Masern/Kinderlähmung geimpft sein/werden

vaccination [ˌvæksɪˈneɪʃən, AM -səˈ-] *n* MED [Schutz]impfung *f* (**against** gegen +*akk*); **oral ~** Schluckimpfung *f;* **to have a ~** geimpft werden

vaccine [ˈvæksiːn, AM vækˈsiːn] *n* ❶ MED Impfstoff *m,* Vakzine *f fachspr* ❷ COMPUT (*software*) Impfprogramm *nt*

vacillate [ˈvæsɪleɪt, AM -sə-] *vi* schwanken; **to ~ between hope and despair** zwischen Hoffnung und Verzweiflung schwanken

vacillation [ˌvæsəlˈeɪʃən, AM -səˈleɪ-] *n* Schwanken *nt kein pl,* Unentschlossenheit *f kein pl,* Unschlüssigkeit *f kein pl*

vacuity [vækˈjuːəti, AM -ət̬i] *n* ❶ *no pl* (*pej: vacancy of mind*) Leere *f;* (*brainlessness*) Geistlosigkeit *f;* (*lack of expression*) Ausdruckslosigkeit *f* ❷ (*inane remarks*) ■**vacuities** *pl* Plattheiten *fpl,* Platitüden *fpl geh*

vacuous [ˈvækjuəs] *adj* ❶ (*inane*) *person, question* geistlos; *remark also* nichts sagend ❷ (*expressionless*) *look, expression* ausdruckslos, leer

vacuously [ˈvækjuəsli] *adv* ❶ (*mindless*) geistlos; **to speak ~** leer daherreden ❷ (*showing little expression*) ausdruckslos, leer

vacuousness [ˈvækjuəsnəs] *n no pl* (*vacancy of mind*) Leere *f;* (*brainlessness*) Geistlosigkeit *f;* (*lack of expression*) Ausdruckslosigkeit *f*

vacuum [ˈvækjuːm, *pl* -kjuə] **I.** *n* ❶ <*pl* -s *or form* -cua> PHYS (*area without gas/air*) Vakuum *nt,* luftleerer Raum; **perfect ~** vollständiges Vakuum ❷ <*pl* -s *or form* -cua> (*fig: gap*) Vakuum *nt fig,* Lücke *f;* **power ~** Machtvakuum *nt;* **security ~** Sicherheitslücke *f;* **to fill/leave a ~** eine Lücke füllen/hinterlassen; **in a ~** (*fig*) im luftleeren Raum *fig*

③ <*pl* -s> (*hoover*) Staubsauger *m*
► PHRASES: **nature abhors a ~** (*prov*) die Natur verabscheut das Leere
II. *vt* ■**to ~ sth** etw [staub]saugen; ■**to ~ up** ○ **sth** etw aufsaugen
vacuum bottle *n*, **vacuum flask** *n esp* BRIT Thermosflasche *f* **vacuum cleaner** *n* Staubsauger *m;* **cylinder** [*or* AM **canister**] ~ Bodenstaubsauger *m;* **upright** ~ Handstaubsauger *m*
vacuuming ['vækju:mɪŋ] *n no pl* [Staub]saugen *nt*
vacuum-packaged *adj*, **vacuum-packed** *adj* vakuumverpackt **vacuum pump** *n* Vakuumpumpe *f,* Absaugpumpe *f*
vagabond ['vægəbɒnd, AM -bɑ:nd] **I.** *n* (*liter or dated*) Vagant *m veraltet,* Vagabund(in) *m(f) veraltend,* Landstreicher(in) *m(f)*
II. *adj* umherziehend *attr,* vagabundierend *attr;* ~ **life** Vagabundenleben *nt*
vagary ['veɪgəri, AM -ə-i] *n* ① (*caprice, whimsy*) Laune *f,* Kaprice *f geh,* Kaprize *f* ÖSTERR
② (*fig*) ■**vagaries** *pl* (*unpredictable change*) Launen *fpl;* **the vagaries of fashion** die Launen *pl* der Mode; **the vagaries of life** die Wechselfälle *pl* des Lebens; **the vagaries of the weather** die Kapriolen *fpl* des Wetters
vagina [və'dʒaɪnə] *n* ANAT Vagina *f fachspr,* Scheide *f*
vagina dentata [vəˌdʒaɪnədenˈtɑ:tə, AM -t̬ə] *n* PSYCH zahnbewehrte Vagina
vaginal [və'dʒaɪnəl, AM 'vædʒənəl] *adj inv* ANAT, MED vaginal *fachspr,* Vaginal- *fachspr,* Scheiden-; ~ **cramp** Scheidenkrampf *m,* Vaginismus *m fachspr;* ~ **discharge** Ausfluss *m;* ~ **orifice** Scheidenöffnung *f,* Scheideneingang *m;* ~ **speculum** Vaginalspekulum *nt fachspr;* ~ **spray** Intimspray *nt;* ~ **suppository** Vaginalzäpfchen *nt*
vaginally [və'dʒaɪnəli, AM 'vædʒən-] *adv* vaginal *fachspr*
vaginismus [ˌvædʒɪ'nɪzməs, AM -ə'nɪz-] *n no pl* (*form*) Vaginismus *m fachspr*
vagrancy ['veɪgrən(t)si] *n no pl* ① (*dated*) Landstreicherei *f veraltend*
② (*homelessness*) Obdachlosigkeit *f*
vagrant ['veɪgrənt] **I.** *n* ① (*dated*) Landstreicher(in) *m(f)*
② (*homeless person*) Obdachlose(r) *f(m),* Penner *m pej*
II. *adj inv* vagabundierend; ~ **lifestyle** Vagabundenleben *nt*
vague [veɪg] *adj* ① (*not distinct*) ungenau, vage; *figure, shape* verschwommen, undeutlich; **a ~ conception** ein verschwommenes Konzept; **a ~ memory** eine vage Erinnerung; ~ **pains** diffuse Schmerzen; ~ **promises** vage Versprechungen; **a ~ suspicion** eine vage Vermutung; **to reply in ~ terms** eine ausweichende Antwort geben
② (*imprecise*) *person* zerstreut; ■**to be ~ about sth** sich *akk* [nur] vage zu etw *dat* äußern
vaguely ['veɪgli] *adv* ① (*somehow*) vage; ***he does look ~ familiar*** er kommt mir irgendwie bekannt vor; ***he looked ~ in her direction*** er blickte ungefähr in ihre Richtung; **to be ~ aware that …** sich *dat* vage bewusst sein, dass …; **to ~ remember** sich *akk* dunkel erinnern
② (*absent-mindedly*) zerstreut; **to smile ~** abwesend lächeln
vagueness ['veɪgnəs] *n no pl* ① (*imprecision*) Unbestimmtheit *f*
② (*absent-mindedness*) Zerstreutheit *f*
vain [veɪn] *adj* ① (*pej: conceited*) eingebildet; (*about one's looks*) eitel; ***he was very ~ about his clothes*** er war sehr eitel, wenn es um Kleidung ging
② (*futile*) sinnlos; *hope* töricht
③ (*unsuccessful*) *attempt, effort* vergeblich; **in ~** vergeblich, umsonst
vainglorious [ˌveɪn'glɔ:riəs] *adj* (*pej liter*) dünkelhaft *pej liter;* ~ **behaviour** [*or* AM **behavior**] überhebliches Benehmen; ~ **manner** hochnäsige Art
vainly ['veɪnli] *adv* vergebens
valance ['vælən(t)s] *n* ① (*on bed*) Volant *m*
② AM (*on curtain rail*) Querbehang *m*
vale [veɪl] *n* ① (*liter: valley*) Tal *nt*
② (*place name*) **the V~ of Evesham/York** das Tal von Evesham/York
► PHRASES: ~ **of tears** (*liter*) Jammertal *nt liter*
valediction [ˌvælɪ'dɪkʃən, AM -ə'-] *n* (*form*) Abschiedsrede *f*
valedictorian [ˌvælədɪk'tɔ:riən] *n* AM Abschiedsredner(in) *m(f)* (*bei Schul- oder Universitätsentlassungsfeiern*)
valedictory [ˌvælɪ'dɪktəri, AM -ə'dɪktə-i] *adj inv* Abschieds-; AM (*upon finishing school*) ~ **address** [*or* **speech**] Abschiedsrede *f;* ~ **dinner** Abschiedsessen *nt*
valence ['veɪlən(t)s], **valency** ['veɪlən(t)si] **I.** *n* Valenz *f*
II. *n modifier* Valenz-; ~ **band/bond** PHYS, MATH Verbindungs-/Bindungswertigkeit *f;* ~ **electrons** PHYS Valenzelektronen *ntpl fachspr*
valentine ['væləntaɪn] *n Person, die am Valentinstag von ihrem Verehrer/ihrer Verehrerin beschenkt wird;* ***the message on the card said "be my ~!"*** auf der Karte stand: „sei mein Schatz am Valentinstag!"
valentine card *n* Valentinskarte *f* **Valentine's Day** *n* Valentinstag *m*
valerian [və'lɪəriən, AM -'lɪr-] *n* Baldrian *m*
valet ['væleɪ, AM væ'leɪ] **I.** *n* ① (*esp hist: private servant*) Kammerdiener *m*
② (*car parker*) *Person, die Autos* (*meist im Hotel*) *einparkt*
II. *vt* BRIT **to ~ a car** ein Auto waschen; (*on the inside*) den Innenraum eines Autos reinigen
valet parking *n no pl* AM, AUS Parkservice *m*
valet service *n* BRIT Hotelwäscherei *f*
valetudinarian [ˌvælɪtju:dɪ'neəriən, AM -əˌtu:də'neri-] *n* (*esp pej form*) ① (*hypochondriac*) Hypochonder(in) *m(f);* (*health fanatic*) Gesundheitsapostel *m hum pej fam*
② (*in poor health*) kränkelnde Person
Valhalla [væl'hælə] *n* Walhall *nt,* Walhalla *nt o f*
valiant ['væliənt, AM -jənt] *adj* (*approv*) mutig; *effort* kühn; *resistance* tapfer; *warrior* wacker
valiantly ['væliəntli, AM -jənt-] *adv* (*approv*) mutig, tapfer
valid ['vælɪd] *adj* ① (*well-founded*) begründet; (*worthwhile*) berechtigt; *argument* stichhaltig; *criticism* gerechtfertigt; *deduction* schlüssig; ***my way of thinking might be different from yours but it's equally ~*** meine Denkweise ist vielleicht anders als deine, aber sie hat genauso ihre Berechtigung; ~ **claim** berechtigter Anspruch; ~ **precaution** sinnvolle Vorsichtsmaßnahme; ~ **reason** triftiger Grund
② (*still in force*) *passport, qualification* gültig; LAW (*contractually binding*) rechtskräftig
validate ['vælɪdeɪt, AM -lə-] *vt* ① (*officially approve*) ■**to ~ sb/sth** jdn/etw anerkennen
② (*verify, authenticate*) ■**to ~ sth** etw bestätigen [*o* für gültig erklären]; ***the data is entered on a computer which ~s it*** die Daten werden in einen Computer eingegeben, der die Richtigkeit überprüft
③ (*show to be worthwhile*) ■**to ~ sth** etw bestätigen
validation [ˌvælɪ'deɪʃən, AM -ə'-] **I.** *n no pl* ① (*official approval*) Bestätigung *f; of document* Gültigkeitserklärung *f*
② (*verification*) Nachweis *m,* Bestätigung *f*
③ COMPUT Gültigkeitsprüfung *f*
II. *n modifier* Prüfungs-; ~ **procedures** Kontrollmechanismen *mpl;* ~ **process** Prüfungsvorgang *m*
validity [və'lɪdəti, AM -əţi] *n no pl* ① (*authentication*) Gültigkeit *f;* (*value*) Wert *m;* **to give** [*or* **lend**] ~ **to a claim** einen Anspruch rechtfertigen; **to give ~ to a theory** eine Theorie bestätigen
② (*significance*) Bedeutung *f*
validly ['vælɪdli] *adv* gültig; ***the test must be checked before it can be ~ applied*** der Test muss überprüft werden, bevor er zum Einsatz kommen kann; ~ **married** rechtsgültig verheiratet
valise [və'li:z, AM 'li:s] *n* kleiner Handkoffer
Valium® ['væliəm] *n no pl* Valium® *nt;* **to be on ~** Valium nehmen
Valkyrie [væl'kɪəri, AM -'kɪri] *n* Walküre *f*
valley ['væli] *n* Tal *nt;* **the Nile/Rhine/Thames ~** das Nil-/Rhein-/Themsetal
valley girl *n aufreizendes Mädchen, meist aus Kalifornien*
valor ['vælə-] AM, **valour** [-ləʳ] *n no pl* (*approv form*) Wagemut *m geh*
valorous ['vælərəs] *adj* tapfer, heldenhaft
valuable ['væljuəbl̩] *adj* wertvoll; ~ **experience/information** wertvolle Erfahrung/Informationen *pl;* ~ **gems** kostbare Edelsteine
valuables ['væljuəbl̩z] *npl* Wertsachen *fpl,* Wertgegenstände *mpl*
valuation [ˌvælju'eɪʃən] *n* ① (*instance*) Schätzwert *m,* geschätzter Wert
② *no pl* (*act*) Schätzung *f*
valuation fee *n* FIN Schätzungskosten *pl*
valuator ['væljueɪtəʳ, AM -t̬ə-] *n* FIN Schätzer(in) *m(f)*
value ['vælju:] **I.** *n* ① *no pl* (*significance*) Wert *m,* Bedeutung *f;* **entertainment ~** Unterhaltungswert *m;* **incalculable** [*or* **inestimable**] ~ unschätzbarer Wert; **to be of little ~** wenig Wert haben; **to place** [*or* **put**] [*or* **set**] **a high ~ on sth** auf etw *akk* großen Wert legen
② *no pl* (*financial worth*) Wert *m;* **market ~** Marktwert *m;* **to be** [AM **a**] **good/**[AM **a**] **poor ~** [**for sb's money**] sein Geld wert/nicht wert sein; ***that restaurant is ~ for money*** in diesem Restaurant bekommt man etwas für sein Geld; **to assess the ~ of sth** den Wert einer S. *gen* schätzen; **the ~ of sth falls/rises** der Wert einer S. *gen* fällt/steigt; **to hold** [*or* **keep**] [*or* **maintain**] **its ~** den Wert beibehalten
③ (*monetary value*) Wert *m;* ***goods to the ~ of £70,000*** Gegenstände im Wert von 70.000 Pfund; **property ~s** Grundstückspreise *mpl*
④ (*moral ethics*) ■**~s** *pl* Werte *mpl,* Wertvorstellungen *fpl;* **set of ~s** Wertesystem *nt;* **basic ~s** Grundwerte *mpl;* **moral ~s** Moralvorstellungen *fpl*
II. *vt* ① (*deem significant*) ■**to ~ sth/sb** etw/jdn schätzen [*o veraltend* wertschätzen]; ***he ~d the watch for sentimental reasons*** die Armbanduhr hatte einen persönlichen Wert für ihn; **to ~ sb as a friend** jdn als Freund schätzen
② (*estimate financial worth*) ■**to ~ sth** etw schätzen; ***he ~d the painting at $2,000*** er schätzte den Wert des Bildes auf 2.000 Dollar; ■**to have sth ~d** etw schätzen lassen
value added tax *n* Mehrwertsteuer *f*
valued ['vælju:d] *adj* (*approv form*) geschätzt; ***he is a ~ friend of ours*** er ist uns ein lieber Freund; ~ **customer** geschätzter Kunde/geschätzte Kundin
value judgement *n* Werturteil *nt*
valueless ['vælju:ləs] *adj* wertlos
value of collateral *n* FIN Beleihungswert *m*
valuer ['vælju:əʳ, AM -ə-] *n esp* BRIT FIN Schätzer(in) *m(f),* Taxator(in) *m(f) fachspr*
valve [vælv] *n* ① (*control device*) Ventil *nt;* **shutdown/shut-off ~** Schließ-/Sperrventil *nt*
② (*body part*) Klappe *f;* **heart ~** Herzklappe *f*
③ (*wind instrument part*) Ventil *nt*
④ COMPUT Ventil *nt*
vamoose [væm'u:s] *vi* AM (*fam*) abhauen *fam;* **~!** (*fam*) raus hier! *fam,* nichts wie weg!; ***we ~d out the back*** wir haben uns durch den Hinterausgang aus dem Staub gemacht *fam*
vamp¹ [væmp] *vi* MUS improvisieren
◆**vamp up** *vt* ■**to ~ sth** ○ **up** etw reparieren [*o* herrichten]; (*improve*) etw aufpeppen [*o* aufmotzen] *fam*
vamp² [væmp] **I.** *n* (*pej*) Vamp *m*
II. *vt* ■**to ~ sb** jdn bezirzen [*o sl* anmachen]
vampire ['væmpaɪəʳ, AM -ə-] *n* Vampir *m*
vampire bat *n* Vampirfledermaus *f*
vampiric [væm'pɪrɪk] *adj* vampirartig *a. fig*
vampish ['væmpɪʃ] *adj* aufreizend
van¹ [væn] *n* ① (*vehicle*) Transporter *m;* **delivery ~** Lieferwagen *m;* **plumber's ~** Klempnerauto *nt*
② AM (*car type*) Kleinbus *m;* (*smaller*) Minibus *m*
③ BRIT (*railway*) Gepäckwagen *m*

van² [væn] *n no pl short for* **vanguard**: **to be in the ~ of sth** an der Spitze von etw *dat* stehen, bei etw *dat* führend sein

van³ [væn] *n* BRIT SPORTS (*fam*) *short for* **advantage** Vorteil *m*

vanadium [vəˈneɪdiəm] *n no pl* Vanadin *nt*, Vanadium *nt*

vandal [ˈvændᵊl] *n* Vandale *m pej*, Rowdy *m*

vandalism [ˈvændᵊlɪzᵊm] *n no pl* Vandalismus *m pej*, blinde Zerstörungswut; LAW vorsätzliche [*o* mutwillige] Sachbeschädigung

vandalize [ˈvændᵊlaɪz] *vt* ■**to ~ sth** etw mutwillig [*o* vorsätzlich] zerstören; *building* etw verwüsten; *vehicle* etw demolieren

van driver *n* Lieferwagenfahrer(in) *m(f)*

vane [veɪn] *n* Propellerflügel *m*

vanguard [ˈvængɑːd, AM -gɑːrd] *n no pl* ① (*esp form: advance guard*) Vorhut *f;* (*advance elements*) Spitze *f*
② (*fig: leader*) ■**the ~** die Avantgarde *geh;* ***he sees himself as being in the ~ of economic reform*** er glaubt, dass er zu den Vorreitern der Wirtschaftsreform gehört

vanilla [vəˈnɪlə] **I.** *n no pl* Vanille *f*
II. *n modifier* (*sauce, flavouring*) Vanille-; **~ custard** Vanillepudding *m;* **~ ice cream** Vanilleeis *nt*
III. *adj attr, inv* (*fig: not unusual*) durchschnittlich; **~ people** ganz normale Leute; **plain ~** nullachtfuffzehn *fam*

vanilla bean *n* AM, AUS, **vanilla pod** *n* BRIT Vanilleschote *f*

vanish [ˈvænɪʃ] *vi* ① (*disappear*) verschwinden; **to ~ into thin air** sich *akk* in Luft auflösen; **to ~ from sight** außer Sicht geraten; **to ~ without trace** spurlos verschwinden
② (*cease to exist*) verloren gehen; **a ~ed era/past** ein verflossenes Zeitalter/eine vergangene Zeit; **to see one's hopes ~ing** seine Hoffnungen schwinden sehen

vanishing cream *n* (*dated*) Pflegecreme *f*

vanishing point *n* ① (*horizon*) Fluchtpunkt *m*
② (*fig*) Nullpunkt *m;* **to reach ~** den Nullpunkt erreichen

Vanitory unit® [ˈvænɪtᵊri,-] *n* BRIT Waschtisch *m*

vanity [ˈvænəti, AM -ət̬i] *n* ① *no pl* Eitelkeit *f*
② AM, AUS (*Vanitory unit*) Toilettentisch *m*, Schminktisch *m*

vanity bag *n*, **vanity case** *n* (*bag*) Schminktasche *f;* (*case*) Beautycase *nt* **vanity plate** *n* AM *selbst gewähltes Kfz-Kennzeichen* **vanity press** *n* Autorenverlag *m* **vanity unit** *n* BRIT Toilettentisch *m*, Schminktisch *m*

vanquish [ˈvæŋkwɪʃ] *vt* (*esp liter*) ■**to ~ sb/sth** jdn/etw besiegen [*o liter* bezwingen]

vantage [ˈvɑːntɪdʒ, AM ˈvænt̬-] *n* Aussichtspunkt *m*

vantage point *n* ① (*outlook*) Aussichtspunkt *m;* ***the castle affords a good ~*** von der Burg hat man einen schönen Blick
② (*fig: ideological perspective*) Blickpunkt *m;* **from the ~ of sb** aus jds Sicht

Vanuatu [ˌvænuˈɑːtuː, AM vænˈwɑːtuː] *n no pl* Vanuatu *nt*

vapid [ˈvæpɪd] *adj* (*pej*) banal *pej*

vapidity [væpˈɪdəti, AM -əti] *n no pl* (*pej*) Geistlosigkeit *f pej;* **spiritual ~** spirituelle Leere

vapor *n* AM *see* **vapour**

vaporization [ˌveɪpᵊraɪˈzeɪʃᵊn, AM -ɪˈ-] *n* (*slow*) Verdunstung *f;* (*quick*) Verdampfung *f*

vaporize [ˈveɪpᵊraɪz, AM -pər-] **I.** *vt* ■**to ~ sth** etw verdampfen [*o* in Gas umwandeln]
II. *vi* (*slowly*) verdunsten; (*quickly*) verdampfen

vaporizer [ˈveɪpᵊraɪzəʳ, AM -pəraɪzɚ] *n* Inhalator *m*

vaporous [ˈveɪpᵊrəs] *adj* Dampf-, dunstig, nebelhaft *a. fig*

vapour [ˈveɪpəʳ], AM **vapor** [-ɚ] *n* ① (*steam*) Dampf *m;* (*breath*) Atem[hauch] *m;* **poisonous ~s** giftige Dämpfe; **water ~** Wasserdampf *m*
② (*dated or hum: sick feeling*) ■**~s** *pl* Übelkeit *f;* **to get an attack** [*or* **a fit**] **of the ~s** einen hysterischen Anfall kriegen; **to give sb the ~s** jdm Übelkeit verursachen

vapour pressure *n no pl* Gasdruck *m* **vapour trail** *n* Kondensstreifen *m*

variability [ˌveəriəˈbɪləti, AM ˌveriəˈbɪlət̬i] *n no pl* Veränderlichkeit *f*, Variabilität *f geh;* **the ~ of the climate** Klimaschwankungen *fpl;* **the ~ of exchange rates** Wechselkursschwankungen *fpl*

variable [ˈveəriəbl̩, AM ˈver-] **I.** *n* Variable *f*
II. *adj* variabel, veränderlich; *quality* wechselhaft; *weather* unbeständig; **~ costs** variable Kosten; **~** [*or* **floating**] **rate** variabler Zinssatz; **~ redemption bond** variable Amortisationsanleihe

variable-price securities *npl* Schwankungswerte *mpl*

variance [ˈveəriən(t)s, AM ˈver-] *n* ① *no pl* (*form: at odds*) ■**to be at ~ with sth** mit etw *dat* nicht übereinstimmen, sich *akk* von etw *dat* unterscheiden; **to be at ~ with the facts** an den Tatsachen vorbeigehen
② *no pl* (*variation*) Abweichung *f;* ***a ~ in temperature*** Temperaturschwankungen *fpl*
③ AM LAW (*special permission*) Sondergenehmigung *f;* **zoning ~** *Ausnahmegenehmigung vom Bauamt*

variant [ˈveəriənt, AM ˈver-] **I.** *n* Variante *f*
II. *n modifier* variierend, unterschiedlich; **~ spelling** Rechtschreibvariante *f*

variation [ˌveəriˈeɪʃᵊn, AM ˌver-] *n* ① *no pl* (*variability*) Abweichung *f;* ***the medical tests showed some ~ in the baby's heart rate*** die medizinischen Tests ergaben, dass sich der Herzrhythmus des Babys verändert hatte
② (*difference*) Unterschied *m*, Schwankung[en] *f[pl];* **temperature ~s** Temperaturschwankungen *fpl;* **seasonal ~s** jahreszeitlich bedingte Schwankungen
③ LIT, MUS Variation *f;* **~s on a theme** Variationen *fpl* über ein Thema

varicocele [ˈværɪkə(ʊ)siːl, AM -kəˈ-] *n no pl* MED Varikozele *f fachspr*, Krampfaderbruch *m*

varicose [ˈværikə(ʊ)s, AM ˈverəkoʊs] *adj inv* MED varikös *fachspr;* **~ swelling** Krampfaderschwellung *f*

varicose veins *npl* Krampfadern *fpl*

varied [ˈveərid, AM ˈver-] *adj* unterschiedlich; ***with its ~ climate, the country can grow anything*** aufgrund der verschiedenen Klimazonen kann in dem Land einfach alles angebaut werden; **a ~ career** eine bewegte Karriere; **a ~ group** eine bunt gemischte Gruppe

variegated [ˈveərɪgeɪtɪd, AM ˈveriə-] *adj* ① (*with variety*) vielfältig
② (*multicoloured*) mischfarbig; BOT panaschiert *fachspr;* **~ leaves** bunte Blätter

variegation [ˌveərɪˈgeɪʃᵊn, AM ˌveriəˈ-] *n no pl* BOT Panaschierung *f fachspr*

variety [vəˈraɪəti, AM -ət̬i] *n* ① *no pl* (*absence of monotony*) Vielfalt *f;* (*in a job also*) Abwechslungsreichtum *m;* ECON Auswahl *f;* **to lend ~** Abwechslung bieten [*o* bringen]
② *no pl* (*differing from one another*) Verschiedenartigkeit *f*
③ *no pl* ■**a ~ of** (*range of things*) verschiedene; ***a ~ of courses*** verschiedene Kurse; ***a ~ of different possibilities*** eine Vielzahl unterschiedlicher Möglichkeiten; ***this device can be used for a ~ of purposes*** dieses Gerät kann für die unterschiedlichsten Verwendungszwecke eingesetzt werden; **in a ~ of ways** auf vielfältige Weise
④ (*category*) Art *f*, Variation *f;* BIOL Spezies *f;* **a new ~ of tulip/sweetcorn** eine neue Tulpen-/Maissorte
⑤ *no pl* (*entertainment*) Varietee *nt*
▶ PHRASES: **~ is the spice of life** (*prov*) Abwechslung macht das Leben interessanter

variety act *n* Varieteenummer *f* **variety meats** *npl* AM Innereien *fpl* **variety show** *n* Varieteeshow *f* **variety store** *n* AM Kramladen *m fam* **variety theatre** *n* BRIT Varieteetheater *nt*

variorum [ˌveərˈɔːrəm, AM ˌveriˈ-] **I.** *n von verschiedenen Autoren kommentierte Ausgabe*
II. *adj attr, inv* **~ edition** *von verschiedenen Autoren kommentierte Ausgabe*

various [ˈveəriəs, AM ˈver-] *adj inv* verschieden; **~ problems/reasons** verschiedene Probleme/Gründe

variously [ˈveəriəsli, AM ˈver-] *adv inv* unterschiedlich; ***the number of cases of salmonella poisoning has been ~ put at 26, 49 or 51*** die Angaben über die Zahl der Salmonellenvergiftungen schwanken zwischen 26, 49 und 51; **to be ~ called … or …** mal als … und mal als … bezeichnet werden

varmint [ˈvɑːrmɪnt] *n* AM Schädling *m;* (*fig fam: mischievous person*) Tunichtgut *m*

varnish [ˈvɑːnɪʃ, AM ˈvɑːr-] **I.** *n* <*pl* -es> Lack *m;* (*on painting*) Firnis *m;* **coat of** [**clear**] **~** [Klar]lackschicht *f;* **to give sth a ~** etw lackieren; **to seal with a clear ~** mit Klarlack versiegeln
II. *vt* ■**to ~ sth** etw lackieren

varnished [ˈvɑːnɪʃt, AM ˈvɑːr-] *adj inv* lackiert

varsity [ˈvɑːsəti, AM ˈvɑːrsət̬i] **I.** *n* BRIT (*fam*) Uni *f fam*
II. *n modifier* AM (*sports, football, basketball*) Uni-

vary <-ie-> [ˈveəri, AM ˈveri] **I.** *vi* ① (*differ*) variieren, verschieden sein; **opinions ~ as to …** was … angeht, gehen die Meinungen auseinander; **to ~ in quality** von unterschiedlicher Qualität sein; **to ~ greatly** [*or* **widely**] stark voneinander abweichen
② (*change*) sich *akk* verändern; (*fluctuate*) schwanken
II. *vt* ■**to ~ sth** etw variieren [*o* abwandeln]; **to ~ one's diet** abwechslungsreich essen

varying [ˈveəriɪŋ, AM ˈver-] *adj* (*different*) unterschiedlich; (*fluctuating*) variierend; **~ costs** schwankende Kosten; **~ quality** unterschiedliche Qualität

vascular [ˈvæskjələʳ, AM -ɚ] *adj inv* BOT, MED vaskulär *fachspr;* **~ blockage** Blutgefäßverstopfung

vascular disease *n* MED Blutgefäßentzündung *f*, Vaskulitis *f fachspr* **vascular system** *n* ① MED vaskuläres System *fachspr;* MED Blutgefäßsystem *nt*
② BOT Wasserleitungssystem *nt*

vas deferens <*pl* vasa deferentia> [ˌvæsˈdefərenz] *n* ANAT Samenleiter *m*, Ductus deferens *m*

vase [vɑːz, AM veɪs, veɪz] *n* Vase *f*

vasectomy [vəˈsektəmi] *n* MED Vasektomie *f fachspr*, Sterilisation *f*

Vaseline® [ˈvæsᵊliːn, AM -səl-] *n no pl* Vaseline *f*

vassal [ˈvæsᵊl] *n* (*hist*) ① (*feudal subject*) Vasall *m hist*
② (*fig pej: puppet*) Marionette *f pej*

vassalage [ˈvæsᵊlɪdʒ] *n no pl* (*hist*) Vasallentum *nt hist*

vassal state *n* (*pej*) Vasallenstaat *m pej*

vast [vɑːst, AM væst] *adj* gewaltig, riesig; **a ~ amount of money** eine Riesensumme *fam;* **~ country** weites Land; **~ fortune** riesiges Vermögen; **~ majority** überwältigende Mehrheit

vastly [ˈvɑːstli, AM ˈvæst-] *adv* wesentlich, erheblich; **~ improved** deutlich verbessert; **~ superior** haushoch überlegen

vastness [ˈvɑːstnəs, AM ˈvæst-] *n no pl* riesige Ausmaße *ntpl;* **the ~ of Russia/space** die endlose Weite Russlands/des Weltraums

vat [væt] *n* (*for beer, wine*) Fass *nt;* (*with open top*) Bottich *m*

VAT [ˌviːeɪˈtiː] *n* BRIT ECON *abbrev of* **value added tax** MwSt *f*

VATable [ˈvætəbl̩] *adj inv* BRIT der Umsatzsteuer unterliegend *attr* **VAT declaration** *n* BRIT MwSt-Erklärung *f*

Vatican [ˈvætɪkən, AM -t̬-] **I.** *n no pl* ■**the ~** der Vatikan
II. *adj attr, inv* Vatikan-, des Vatikans *nach n*

Vatican City *n no pl* Vatikanstadt *f*

VAT inspector *n* BRIT Finanzbeamte(r) *f(m)*, Finanzbeamte [*o* -in] *f* (*zuständig für Mehrwertsteuer*)

VAT invoice *n* BRIT MwSt-Rechnung *f* **VAT invoicing** *n* BRIT MwSt-Abrechnung *f* **VATman, vatman** *n* [ˈvætmæn] BRIT ECON (*fam*) Finanzbeamte(r) *f(m)*, Finanzbeamte [*o* -in] *f* (*zuständig für Mehrwertsteuer*) **VAT office** *n* BRIT Umsatzsteuerstelle *f*

vaudeville [ˈvɑːdvɪl] *n no pl* AM (*old: variety thea-*

tre) Varietee *nt*

vaudeville theater *n* AM *(old)* ① *(venue)* Varietee *nt*
② *(genre)* Vaudeville *nt geh*

vaudevillian [ˌvɑːdˈvɪliən] *n* AM *(old)* Varieteekünstler(in) *m(f)*; ***he was an old ~*** er war ein alter Hase des Vaudeville

vault [vɔːlt, AM vɑːlt] **I.** *n* ① *(arch)* Gewölbebogen *m*
② *(ceiling)* Gewölbe *nt*
③ *(strongroom)* Tresorraum *m;* *(safe repository)* Magazin *nt*
④ *(in church)* Krypta *f;* *(at cemeteries)* Gruft *f;* **family ~** Familiengruft *f*
⑤ *(jump)* Sprung *m*
II. *vt* ① *(jump)* ■**to ~ sth** über etw *akk* springen; *athletics* etw überspringen
② *(fig: promote very fast)* ■**to ~ sb** jdn schlagartig befördern; **to ~ sb to the top** jdn an die Spitze katapultieren
III. *vi* springen (**over** über +*akk*)

vaulted [ˈvɔːltɪd, AM ˈvɑːl-] *adj inv* ARCHIT gewölbt; **~ ceiling** Gewölbedecke *f*

vaulting [ˈvɔːltɪŋ, AM ˈvɑːl-] **I.** *n no pl* ARCHIT Wölbung *f*
II. *adj attr (fig)* rasch ansteigend; **~ ambition** skrupelloser Ehrgeiz; **~ costs** explodierende Kosten

vaulting horse *n* SPORTS Sprungpferd *nt* **vaulting pole** *n* Stab *m (für Stabhochsprung)*

vaunt [vɔːnt, AM vɑːnt] *vt* ■**to ~ sth** etw preisen [*o* rühmen] *geh*

vaunted [ˈvɔːntɪd, AM ˈvɑːn-] *adj (form)* gepriesen; **much ~** viel gepriesen *geh*, hoch gelobt

VC [ˌviːˈsiː] *n* ① BRIT *abbrev of* **Victoria Cross** Viktoriakreuz *nt (Tapferkeitsmedaille)*
② POL *abbrev of* **Vice Chancellor**

V chip *n* V-Chip *m (≈ Kindersicherung bei TV-Programmen)*

VCR [ˌviːsiːˈɑːr] *n* AM *abbrev of* **video cassette recorder** Videorekorder *m*

VD [ˌviːˈdiː] *n no pl* MED *(dated) abbrev of* **venereal disease**

VD clinic *n Klinik für Geschlechtskrankheiten*

VDT [ˌviːdiːˈtiː] *n* AM COMPUT *abbrev of* **visual display terminal** Bildschirmgerät *nt*

VDU [ˌviːdiːˈjuː] *n abbrev of* **visual display unit** Sichtgerät *nt*, Bildschirmgerät *nt*

've [v, əv] = **have**

veal [viːl] **I.** *n no pl* Kalbfleisch *nt*
II. *n modifier (chop, cutlet, escalope, roast, stew)* Kalbs-; **~ dish** Kalbfleischgericht *nt*

vector [ˈvektəʳ, AM -ɚ] *n* ① *(changing quantity)* Vektor *m*
② *(disease transmitter)* Überträger *m*
③ MATH Vektor *m*

Veda [ˈveɪdə] *n no pl, + sing/pl vb* REL Weda *m fachspr*

Vedanta [vedˈɑːntə, AM vɪˈdɑː-] *n no pl* REL Wedanta *m fachspr*

Vedic [ˈveɪdɪk] *adj inv* REL wedisch *fachspr*

vee-jay [ˈviːdʒeɪ] *n (fam)* VJ *m;* *(woman also)* V-Jane *f*, Moderator(in) *m(f) (auf einem Musikkanal)*

veep [viːp] *n* AM *(fam: vice president)* Vizepräsident(in) *m(f)*

veer [vɪəʳ, AM vɪr] *vi* ① *(alter course)* abdrehen; ***there was a sudden flash of light making the driver ~ sharply*** ein plötzlicher Lichtstrahl zwang den Fahrer, scharf auszuscheren; ***the wind ~ed round to the north*** der Wind drehte plötzlich auf Nord
② *(alter goal)* umschwenken; ***our talk soon ~ed onto the subject of football*** wir kamen bald auf das Thema Fußball zu sprechen; ■**to ~ back and forth between sth** zwischen etw *dat* hin und her pendeln; ■**to ~ towards sth** auf etw *akk* hinsteuern; **to ~ from one's usual opinions** von seiner üblichen Meinung abgehen
◆**veer off** *vi* ***the car ~ed off the road*** der Wagen kam von der Straße ab; ***the kite ~ed off in the wind*** der Drachen wurde vom Wind abgetrieben; **to ~ off course** vom Kurs abkommen

veg¹ [vedʒ] **I.** *n no pl (fam) short for* **vegetable(s)**: **meat and two ~** *esp* BRIT *(also hum)* Fleisch und zwei Gemüsesorten
II. *n modifier short for* **vegetable**: **fruit and ~ stall/shop** Obst- und Gemüsestand *m*/-laden *m*

veg² [vedʒ] *vi (fam)* ■**to ~ out** herumhängen *fam*

vegan [ˈviːgən] **I.** *n* Veganer(in) *m(f)*
II. *adj* vegan; **to turn ~** Veganer(in) *m(f)* werden

veganism [ˈviːgənɪzᵊm] *n no pl* Veganismus *m*

vegeburger *n* BRIT *see* **veggieburger**

vegetable [ˈvedʒtəbl̩] **I.** *n* ① *(plant)* Gemüse *nt;* **fresh fruit and ~s** frisches Obst und Gemüse; **root ~** Wurzelgemüse *nt;* **green ~** Grüngemüse *nt;* **organic ~** Biogemüse *nt;* **raw ~** rohes Gemüse; **seasonal ~** Gemüse *nt* der Saison
② *(fig pej fam: handicapped person)* Scheintote(r) *f(m) fig pej;* **to be a ~** vor sich *dat* hin vegetieren *pej*
③ *(fig pej: inactive person)* Faulpelz *m fam*
④ *(as opposed to animal and mineral)* Pflanze *f*
II. *n modifier (dish, soup)* Gemüse-; **~ diet** *of a person* pflanzliche Ernährung; *of an animal* Grünfutter *nt;* **~ fibre** [*or* AM **fiber**] Pflanzenfaser *f*

vegetable butter *n no pl* BRIT pflanzliche Butter

vegetable crop *n* Gemüseernte *f;* ***California produces almost half of the US fruit and ~*** Kalifornien produziert fast die Hälfte des amerikanischen Obstes und Gemüses **vegetable fat** *n* pflanzliches Fett **vegetable garden** *n* Gemüsegarten *m* **vegetable kingdom** *n no pl* Pflanzenreich *nt* **vegetable knife** *n* Gemüsemesser *nt* **vegetable marrow** *n esp* BRIT Gartenkürbis *m* **vegetable oil** *n* pflanzliches Öl

vegetarian [ˌvedʒɪˈteəriən, AM -əˈter-] **I.** *n* Vegetarier(in) *m(f);* **strict ~** strenger Vegetarier/strenge Vegetarierin
II. *adj inv* vegetarisch; **~ diet** vegetarische Kost; **to go ~** Vegetarier(in) *m(f)* werden

vegetarianism [ˌvedʒɪˈteəriənɪzᵊm, AM -əˈter-] *n no pl* Vegetarismus *m*

vegetate [ˈvedʒɪteɪt, AM -dʒə-] *vi* vegetieren; ***don't just ~ — get up and do something!*** häng nicht einfach nur herum, steh auf und tu was! *fam*

vegetation [ˌvedʒɪˈteɪʃᵊn, AM -dʒəˈ-] *n no pl (in general)* Pflanzen *fpl;* *(in specific area)* Vegetation *f*

vegetative [ˈvedʒɪtətɪv, AM ətetɪv] *adj inv* ① BIOL pflanzlich, das [Pflanzen]wachstum betreffend, vegetativ *fachspr*
② MED vegetativ *fachspr*

veggie [ˈvedʒi] *n (fam)* ① *short for* **vegetarian** Vegetarier(in) *m(f)*
② *esp* AM, AUS *short for* **vegetable** Gemüse *nt*

veggieburger [ˈvedʒiˌbɜːgəʳ, AM -ˌbɜːrgɚ] *n* Gemüseburger *m*

veggy *n, n modifier short for* **veggie**

vehemence [ˈviːəmən(t)s] *n no pl* Vehemenz *f*, Heftigkeit *f;* ■**with ~** mit Vehemenz

vehement [ˈviːəmənt] *adj* vehement, heftig; **~ attack/objection** heftiger Angriff/Widerspruch; **~ critic** scharfer Kritiker/scharfe Kritikerin

vehemently [ˈviːəməntli] *adv* vehement; **to defend sth ~** etw erbittert verteidigen; **to ~ deny sth** etw heftig abstreiten

vehicle [ˈvɪəkl̩, AM ˈviːə-] *n* ① *(transport)* Fahrzeug *nt;* **farm ~** landwirtschaftliches Nutzfahrzeug; **motor ~** Kraftfahrzeug *nt;* **road ~s** Straßenfahrzeuge *ntpl*
② *(fig: means of expression)* ■**a ~ for sth** ein Vehikel *nt geh* [*o* [Hilfs]mittel *nt*] für etw *akk;* ***the free newspapers are ~s for advertising*** die kostenlosen Zeitungen sind ein Medium für die Werbung; ***the film seems to be little more than a ~ for the director and its star*** der Film scheint wenig mehr als Staffage für den Regisseur und seinen Star zu sein

vehicle emissions *npl* Fahrzeugemissionen *fpl;* **the risks from ~** die Gefahren des Schadstoffausstoßes **vehicle registration centre** *n* BRIT Kfz-Zulassungsstelle *f* **vehicle registration number** *n* Kfz-Kennzeichen *nt*

vehicular [vɪˈɪkjələʳ, AM viːˈhɪkjəlɚ] *adj attr, inv (form)* Fahrzeug-; **~ access** Zufahrt *f*

veil [veɪl] **I.** *n* ① *(facial covering)* Schleier *m;* **bridal ~** Brautschleier *m;* **to take the ~** REL *(euph)* den Schleier nehmen *euph geh*, ins Kloster gehen
② *(fig: cover)* Schleier *m;* **to draw a ~ over sth** einen Schleier über etw *akk* breiten *fig;* **the ~ of secrecy** der Schleier des Geheimnisses; **~ of silence** der Mantel des Schweigens
③ *(covering)* **~ of mist/smoke** Nebel-/Rauchschleier *m*
II. *vt* ① *usu passive (cover by veil)* ■**to be ~ed** verschleiert sein; ■**to ~ oneself** sich *akk* verschleiern
② *(fig: cover)* ■**to ~ sth** etw verschleiern; ***he tried to ~ his contempt by changing the subject*** er versuchte seine Verachtung zu verbergen, indem er das Thema wechselte
③ *(envelop)* ■**to ~ sth** etw einhüllen; ***thick fog ~ed the city*** dicker Nebel lag wie ein Schleier über der Stadt

veiled [veɪld] *adj* ① *inv (wearing a veil)* verschleiert
② *(fig: concealed)* verschleiert; ***~ in shadow, he managed to slip unnoticed through the gateway*** im Schatten verborgen gelang es ihm, unbemerkt durch das Tor zu schlüpfen; **~ criticism/hint** [*or* **reference**]**/threat** versteckte Kritik/Anspielung/Drohung

veiling [ˈveɪlɪŋ] *n no pl* ① *(action)* Verschleierung *f*
② *(fabric used for veils)* Schleier[stoff] *m*

vein [veɪn] *n* ① *(blood vessel)* Vene *f*
② *(for sap)* Ader *f*
③ *(of insect's wing)* Ader *f*
④ *(mineral seam)* Ader *f;* **~ of iron ore** Eisenerzader *f;* **quartz ~** Quarzader *f*
⑤ *(fig: element)* Spur *f;* ***a ~ of satirical anger runs through all his work*** sein ganzes Werk ist von satirischem Zorn durchzogen; **a ~ of wisdom** eine Spur von Weisheit
⑥ *usu sing (style)* Stil *m*, Manier *f;* **to talk in a serious ~** in ernstem Ton reden; **in [a] similar ~** im gleichen Stil

veined [veɪnd] *adj* geädert; **deeply ~ leaves** mit tiefen Adern durchzogene Blätter; **~ with scars** von Narben überzogen

velar [ˈviːləʳ, AM -ɚ] LING **I.** *adj inv* velar *fachspr*
II. *n* Velar *m fachspr*

Velcro® [ˈvelkrəʊ, AM -roʊ] *n no pl* Klettverschluss *m*

veld *n*, **veldt** [velt] *n* Steppe *f*

vellum [ˈveləm] **I.** *n no pl* ① *(paper)* Pergament *nt*
② *(testimonial)* Urkunde *f* auf Pergament
II. *n modifier* Pergament[papier]-, aus Pergament[papier] *nach n*

velocipede [vɪˈlɒsɪpiːd, AM vəˈlɑːs-] *n (old)* Veloziped *nt veraltend*

velocity [vɪˈlɒsəti, AM vəˈlɑːsəṭi] **I.** *n (form)* Geschwindigkeit *f;* ECON Umlaufgeschwindigkeit *f;* **~ of circulation** ECON Geldumlaufgeschwindigkeit *f*
II. *adj attr, inv* Geschwindigkeits-; **high ~ bullet** Hochgeschwindigkeitskugel *f*

velour [vəˈlʊəʳ, AM -ˈlʊr], **velours** [vəˈlʊəz, AM -ˈlʊrz] **I.** *n no pl* Velours *m*
II. *n modifier (couch, hat)* Velours- *f;* **~ jumper** Nickipullover *m*

velouté [vəˈluːteɪ] *n* Velouté *f*

Velux® <*pl* -es> [ˈviːlʌks] *n* BRIT Veluxfenster® *nt*

velvet [ˈvelvɪt] **I.** *n no pl* Samt *m;* **as soft as ~** samtweich
II. *n modifier (skirt)* Samt-; **~ gloves** Samthandschuhe *f;* **~ sky** *(fig)* samtener Himmel; **~ voice** samtige Stimme

velveteen [ˌvelvɪˈtiːn] **I.** *n no pl* Veloursamt *m*
II. *n modifier* Veloursamt-; **~ blouse** Bluse *f* aus Veloursamt; **~ coat** Mantel *m* aus Veloursamt

velvety [ˈvelvɪti, AM -əṭi] *adj (fig)* samtig; **~ brown** samtbraun

venal [ˈviːnᵊl] *adj (pej form)* bestechlich; **~ character** verdorbener Charakter; **~ regime** korruptes Regime; **~ ruler** korrupter Herrscher/korrupte Herrscherin

venality [viːˈnæləti, AM vɪˈnæləṭi] *n no pl (pej form)* Korruption *f*, Bestechlichkeit *f*

vend [vend] *vt* ■**to ~ sth** etw verkaufen
vendetta [ven'detə, AM -t̬-] *n* Vendetta *f,* [Blut]rache *f;* **to wage a personal ~** einen persönlichen Rachefeldzug führen
vending ['vendɪŋ] *(form)* **I.** *n no pl* [Straßen]verkauf *m*
II. *adj attr, inv* Straßenverkaufs-
vending machine *n,* **automatic vending machine** *n* Automat *m*
vendor ['vendɔːʳ, AM -ɚ] *n* ❶ *(street seller)* Straßenverkäufer(in) *m(f)*
❷ *(form: seller of real estate)* Verkäufer(in) *m(f)*
❸ ECON Emittent *m;* **~ placing** *Unterbringung neu ausgegebener Wertpapiere zur Finanzierung des Ankaufs einer anderen Firma*
vendue ['vendu:] *n* AM *(public auction)* Auktion *f*
veneer [və'nɪəʳ, AM -'nɪr] *n* ❶ *(covering layer)* Furnier *nt*
❷ *no pl (fig: false front)* [schöner] Schein, Fassade *f fig;* ***a ~ of self-confidence thinly concealed his nervousness*** die Maske der Selbstsicherheit verbarg seine Nervosität nur schlecht
veneered [və'nɪəd, AM -'nɪrd] *adj inv* furniert
venerable ['venᵊrəbl] *adj* ❶ *(approv: deserving respect)* ehrwürdig; **~ family** angesehene Familie; **~ tradition** alte Tradition
❷ *(esteemed through age)* **~ ruins** altehrwürdige Ruinen
❸ *(very old) age* ehrwürdig; *(hum)* ***I see you still have your ~ old car*** wie ich sehe, hast du immer noch deine alte Nobelkarosse *hum;* **a ~ rock star** *(esp hum fam)* ein Rockveteran/eine Rockveteranin
❹ *no pl* ■**the V~** *(Anglican archdeacon's title)* Hochwürden; *(Catholic rank below saint)* ehrwürdiger Vater/ehrwürdige Mutter
venerate ['venᵊreɪt, AM -nər-] *vt (form)* ■**to ~ sb** jdn verehren; ■**to ~ sb for sth** jdn für etw *akk* bewundern; **to ~ the memory of sb** das Andenken an jdn hochhalten
veneration [ˌvenᵊr'eɪʃᵊn, AM -nə'reɪ-] *n no pl* Verehrung *f;* **~ of saints** Heiligenverehrung *f*
venereal [və'nɪəriəl, AM -'nɪr-] *adj inv* MED venerisch *fachspr;* **~ illness** Geschlechtskrankheit *f*
venereal disease *n* Geschlechtskrankheit *f*
Venetian [və'niːʃᵊn] *adj inv* venezianisch; **the ~ School** die venezianische Schule
venetian blind *n* Jalousie *f*
Venezuela [ˌvenɪ'zweɪlə, AM -ə'-] *n no pl* Venezuela *nt*
Venezuelan [ˌvenɪ'zweɪlən, AM ə'] **I.** *adj inv* venezolanisch
II. *n* Venezolaner(in) *m(f)*
vengeance ['vendʒᵊn(t)s] *n no pl* ❶ *(revenge)* Rache *f;* *(liter)* ***she swore that ~ would be hers*** sie schwor, dass die Stunde ihrer Rache kommen würde *liter;* **cruel/swift/terrible ~** grausame/prompte/schreckliche Rache; **to exact** [*or* **wreak**] **~** Rache üben; **to seek ~** Vergeltung suchen; **to take/vow ~** Rache nehmen/schwören
❷ *(fig: great energy)* ■**with a ~** mit voller Kraft; **to work with a ~** wie besessen arbeiten
vengeful ['vendʒfᵊl] *adj (form)* rachsüchtig; **~ act** Racheakt *m*
vengefully ['vendʒfᵊli] *adv (form)* rachsüchtig, aus Rachsucht
vengefulness ['vendʒfᵊlnəs] *n no pl (form)* Rachsucht *f*
venial ['viːniəl] *adj (form)* verzeihlich, entschuldbar; **~ sin** harmloses Vergehen
venison ['venɪsᵊn] *n no pl* Rehfleisch *nt;* **haunch of ~** Rehkeule *f*
Venn diagram ['ven,-] *n* MATH Venn-Diagramm *nt fachspr*
venom ['venəm] *n no pl (toxin)* Gift *nt;* *(fig: viciousness)* Bosheit *f,* Gehässigkeit *f;* **sheer ~** reine Boshaftigkeit
venomous ['venəməs] *adj* giftig *a. fig;* **a ~ look** *(fig)* ein giftiger Blick *fig;* **~ snake** Giftschlange *f;* **to have a ~ tongue** *(fig)* eine böse Zunge haben
venomously ['venəməsli] *adv* boshaft; **to reply ~** giftig antworten; **to speak ~** Gift versprühen *fig*
venous ['viːnəs] *adj inv* ANAT, MED venös *fachspr*
vent [vent] **I.** *n* ❶ *(gas outlet)* Abzug *m;* **air ~** Luftschacht *m*
❷ FASHION *(opening)* Schlitz *m;* **side ~** Seitenschlitz *m*
❸ *(fig: release of feelings)* Ventil *nt;* **to give ~ to one's anger/rage** seinem Ärger/seiner Wut Luft machen; **to give ~ to one's grief** seinem Schmerz freien Lauf lassen; **to give ~ to a whoop of joy** einen Freudenschrei ausstoßen; **to give ~ to one's feelings** seinen Gefühlen Ausdruck geben
II. *vt* ■**to ~ sth** etw *dat* Ausdruck geben; ***strong emotions were ~ed*** die Gemüter erhitzten sich; **to ~ one's anger on sb** seine Wut an jdm auslassen; **to ~ one's fury** seinem Ärger Luft machen
III. *vi* Dampf ablassen *fam*
ventilate ['ventɪleɪt, AM -tə-] *vt* ❶ *(with air)* ■**to ~ sth** etw lüften
❷ *(form: verbalize)* ■**to ~ sth** etw *dat* Ausdruck verleihen *geh;* **to ~ one's doubts** seine Zweifel zum Ausdruck bringen
ventilated ['ventɪleɪtɪd, AM -təleɪt̬-] *adj* belüftet; *installation* mit Lüftung *f* [*o* Ventilation *f*] versehen; ***a badly/well ~ building*** ein schlecht/gut belüftetes Gebäude
ventilation [ˌventɪ'leɪʃᵊn, AM -tə'-] *n no pl* Belüftung *f;* ***she opened the window to improve the ~*** sie öffnete das Fenster, um frische Luft hereinzulassen
ventilation duct *n* Belüftungsschacht *m* **ventilation system** *n* Belüftungsanlage *f*
ventilator ['ventɪleɪtəʳ, AM -əleɪt̬ɚ] *n* ❶ *(air outlet)* Abzug *m;* *(device for freshening air)* Ventilator *m*
❷ *(breathing apparatus)* Beatmungsgerät *nt*
ventilator shaft *n* Luftschacht *m*
ventral ['ventrᵊl] *adj inv* ANAT, BOT, ZOOL Bauch-
ventricle ['ventrɪkl̩] *n* Herzkammer *f*
ventriloquism [ven'trɪləkwɪzᵊm] *n no pl* Bauchreden *nt*
ventriloquist [ven'trɪləkwɪst] *n* Bauchredner(in) *m(f)*
ventriloquist's dummy *n* Bauchrednerpuppe *f*
ventriloquy [ven'trɪləkwi] *n no pl* Bauchreden *nt*
venture ['ventʃəʳ, AM -ɚ] **I.** *n* Unternehmung *f,* Projekt *nt;* *(risky)* gewagtes Unternehmen; ECON Unternehmen *nt;* **joint ~** Jointventure *nt fachspr,* Gemeinschaftsunternehmen *nt*
II. *vt* ❶ *(dare to express)* ■**to ~ sth** etw vorsichtig äußern; **to ~ an opinion** sich *dat* erlauben, seine Meinung zu sagen
❷ *(put at risk)* ■**to ~ sth on sth** etw auf etw *akk* setzen; ***he ~d the company's reputation on his new invention*** er setzte den Ruf der Firma für seine neue Erfindung aufs Spiel; **to ~ one's winnings on sth** seine Gewinne auf etw *akk* setzen
▸ PHRASES: **nothing ~d, nothing gained** *(prov)* wer wagt, gewinnt *prov,* frisch gewagt ist halb gewonnen *prov*
III. *vi* sich *akk* vorwagen; **to ~ forth into the unknown** *(liter)* sich *akk* in eine unbekannte Welt vorwagen
venture capital *n no pl* Risikokapital *nt,* Wagniskapital *nt* **venture capital fund** *n* Risikokapitalfonds *m* **venture capitalist** *n* Risikokapitalgeber(in) *m(f)*
Venturer ['ventʃᵊrəʳ] *n,* **Venture Scout** *n Pfadfinder zwischen 16 und 20 Jahren*
venturesome ['ventʃəsəm, AM -tʃɚ-] *adj* ❶ *(adventurous) person* wagemutig; **~ entrepreneur** risikofreudiger Unternehmer/risikofreudige Unternehmerin
❷ *(risky)* riskant; **~ journey** gefährliche Reise
venue ['venjuː] *n* ❶ *(location for event)* Veranstaltungsort *m;* *(for competition)* Austragungsort *m*
❷ AM LAW *(location for trial)* Verhandlungsort *m*
Venus ['viːnəs] *n no pl* Venus *f*
Venus flytrap *n* Venusfliegenfalle *f*
Venusian [vɪ'njuːziən, AM 'nuːʃᵊn] *adj inv* venusisch, Venus-
veracious [və'reɪʃəs] *adj (rare form)* ❶ *(marked by honesty) person* ehrlich; *witness* glaubwürdig
❷ *(accurate) statement, testimony* wahrheitsgemäß; ■**to be ~** der Wahrheit entsprechen
veracity [və'ræsəti, AM -ət̬i] *n no pl (form)* Aufrichtigkeit *f; of an alibi* Glaubwürdigkeit *f*
veranda(h) [və'rændə] *n* Veranda *f*
verb [vɜːb, AM vɜːrb] *n* Verb *nt;* **intransitive/transitive ~** intransitives/transitives Verb; **to conjugate a ~** ein Verb konjugieren
verbal ['vɜːbᵊl, AM 'vɜːr-] **I.** *adj inv* ❶ *(oral)* mündlich, verbal *geh;* **~ ability** Artikulationsfähigkeit *f;* **to give a ~ description of sth** etw in Worten beschreiben
❷ *(pertaining to verb)* **~ noun** Verbalsubstantiv *nt*
II. *n* BRIT *(sl)* ■**~s** *pl* mündliche Aussage
verbal abuse *n no pl* Schimpftirade *f* **verbal dexterity** *n no pl* Wortgewandtheit *f* **verbal diarrhoea** *n no pl (hum or pej fam)* Redseligkeit *f oft pej,* Geschwätzigkeit *f pej*
verbalize ['vɜːbᵊlaɪz, AM 'vɜːrbə-] **I.** *vt* ■**to ~ sth** etw ausdrücken [*o* in Worte fassen]
II. *vi* sich *akk* verbal ausdrücken; **to start to ~** *children* anfangen zu sprechen
verbally ['vɜːbᵊli, AM 'vɜːr-] *adv inv* verbal, mündlich; **to be ~ abusive to sb** jdn beschimpfen
verbatim [vɜː'beɪtɪm, AM vɚ'beɪt̬-] *inv* **I.** *adj* wörtlich, wortgetreu, Wort *nt* für Wort
II. *adv* wortwörtlich, wortgetreu, Wort *nt* für Wort
verbena [vɜː'biːnə, AM vɚ] *n* BOT Eisenkraut *nt*
verbiage ['vɜːbiɪdʒ, AM 'vɜːr-] *n no pl (pej form)* Worthülsen *fpl;* *(in a speech)* Floskeln *fpl;* **much technical ~** ein Wust *m* von Fachausdrücken
verbose [vɜː'bəʊs, AM vɚ'boʊs] *adj (pej form)* wortreich; **~ speech** weitschweifige Rede
verbosely [vɜː'bəʊsli, AM vɚ'boʊs-] *adv (pej form)* weitschweifig; **to speak ~** weit ausholen; **to write ~** umständlich schreiben
verbosity [vɜː'bɒsəti, AM vɚ'bɑːsət̬i] *n no pl (pej form)* Wortfülle *f;* ■**with ~** langatmig
verboten [vɜː'bəʊtᵊn, AM vɚ'boʊ-] *adj* verboten
verdant ['vɜːdᵊnt, AM 'vɜːr-] *adj (liter)* fruchtbar; **~ garden** üppiger Garten; **~ lawn** sattgrüner Rasen
verdict ['vɜːdɪkt, AM 'vɜːr-] *n* ❶ *(judgement)* Urteil *nt;* ***what was the ~?*** wie lautete das Urteil?; ***the guilty ~ was upheld*** der Schuldspruch wurde bestätigt; **~ of guilty** [**with extenuating circumstances**] Schuldspruch *m* [mit mildernden Umständen]; **~ of not guilty** Freispruch *m;* **to return a unanimous ~ of guilty/not guilty** einen einstimmigen Schuldspruch/Freispruch fällen; **fair/questionable/surprise ~** faires/fragwürdiges/überraschendes Urteil; **open ~** richterliche Feststellung auf unbekannte Todesursache; **unanimous ~** einstimmiges Urteil; **to bring in** [*or* **hand down**] **a ~** ein Urteil fällen; **to deliver a ~** ein Urteil verkünden
❷ *(opinion)* Urteil *nt;* **to give a ~ on sth** ein Urteil über etw *akk* fällen; ***the studio is anxiously awaiting the box-office ~ on the movie*** das Studio wartet gespannt darauf, ob der Film ein Kassenschlager wird
verdigris ['vɜːdɪgrɪs, AM 'vɜːrdɪgriːs] *n no pl* Grünspan *m*
verdure ['vɜːdjəʳ, AM 'vɜːrdʒɚ] *n no pl (liter)* Grün *nt;* ***the ~ of the plants*** das saftige Grün der Pflanzen
verge [vɜːdʒ, AM vɜːrdʒ] **I.** *n* ❶ *(physical edge)* Rand *m;* **on the ~ of the desert** am Rand der Wüste
❷ *esp* BRIT *(ribbon next to road)* [seitlicher] Grünstreifen; **grass ~** [seitlicher] Grünstreifen
❸ *(fig: brink)* ■**to be on the ~ of sth** am Rande von etw *dat* stehen; **to be on the ~ of collapse** kurz vor dem Zusammenbruch stehen; **to drive sb to the ~ of despair** jdn an den Rand des Wahnsinns treiben; **to be on the ~ of tears** den Tränen nahe sein
II. *vi* ■**to ~ on sth** etw *dat* nahe sein; **to ~ on the ridiculous** ans Lächerliche grenzen
verger ['vɜːdʒəʳ, AM 'vɜːrdʒɚ] *n esp* BRIT Küster(in) *m(f)*
Vergil ['vɜːdʒɪl, AM 'vɜːrdʒᵊl] *n no pl* LIT Vergil *m,* Vergil *m*

verifiable [ˌverɪˈfaɪəbḷ, AM ˌverə-] *adj* verifizierbar *geh;* ~ **fact** überprüfbare Tatsache; ~ **theory** nachweisbare Theorie

verification [ˌverɪfɪˈkeɪʃən, AM ˌverə-] **I.** *n no pl* ❶ *(verifying)* Verifizierung *f geh* ❷ *(checking)* Überprüfung *f;* ~ **of a testimony** Bestätigung *f* einer Zeugenaussage ❸ COMPUT Verifikation *f* **II.** *n modifier* Überprüfungs-; ~ **principle** Prinzip *nt* der Verifizierbarkeit *geh;* ~ **procedure** Prüfungsverfahren *nt;* ~ **test** Prüfung *f*

verify <-ie-> [ˈverɪfaɪ, AM ˈverə-] *vt* ■**to** ~ **sth** etw verifizieren *geh;* *(check)* nachprüfen, überprüfen; *(confirm)* belegen; ***these figures are surprisingly high and they'll have to be verified*** diese Zahlen sind erstaunlich hoch und müssen überprüft werden; **to** ~ **a report/theory** den Inhalt eines Berichts/eine Theorie belegen; ***the government refused to*** ~ ***the reports*** die Regierung weigerte sich, die Berichte zu bestätigen

verily [ˈverəli] *adv inv (old)* wahrlich *veraltend*

verisimilitude [ˌverɪsɪˈmɪlɪtjuːd, AM -əsəˈmɪlɪtuːd, -tjuːd] *n no pl (form)* Wahrhaftigkeit *f; of a painting* Wirklichkeitsnähe *f; of a story also* Authentizität *f*

veritable [ˈverɪtəbḷ, AM -ət̬ə-] *adj attr, inv* wahr; ***my garden has become a*** ~ ***jungle*** mein Garten ist der reinste Dschungel geworden; **a** ~ **war of words** das reinste Wortgefecht

veritably [ˈverɪtəbli, AM -ət̬ə-] *adv inv* in der Tat, wahrhaftig; ***they were*** ~ ***making fools of themselves*** sie machten sich buchstäblich zum Narren

verity [ˈverəti, AM -ət̬i] *n (form)* ❶ *no pl (truth)* Wahrheit *f;* *(authenticity) of a document* Authentizität *f,* Echtheit *f* ❷ *(principle)* Wahrheit *f,* Glaubenssatz *m;* **universal verities** universelle Erkenntnisse

vermicelli [ˌvɜːmɪˈtʃeli, AM ˌvɜːrmə-] *npl* ❶ *(pasta)* Vermicelli *pl,* Fadennudeln *fpl* ❷ BRIT *(in baking)* Schokosplitter *mpl*

vermicide [ˈvɜːmɪsaɪd, AM ˈvɜːrmə-] *n* Vermizid *nt fachspr,* Wurmmittel *nt*

vermiform [ˈvɜːmɪfɔːm, AM ˈvɜːrməfɔːrm] *adj inv* wurmförmig

vermil(l)ion [vəˈmɪljən, AM vəˈ-] **I.** *n* Zinnoberrot *nt* **II.** *adj inv* zinnoberrot

vermin [ˈvɜːmɪn, AM ˈvɜːr-] *npl (pej: animals)* Schädlinge *mpl;* *(persons)* Schmarotzer *mpl pej,* nutzloses Pack *pej;* **to control** ~ Ungeziefer bekämpfen

verminous [ˈvɜːmɪnəs, AM ˈvɜːr-] *adj attr (pej)* voller Ungeziefer *nach n*

vermouth [ˈvɜːməθ, AM vəˈmuːθ] *n no pl* Wermut *m;* **dry/sweet** ~ trockener/süßer Wermut

vernacular [vəˈnækjələʳ, AM vəˈnækjələ] **I.** *n* Umgangssprache *f;* *(dialect)* Dialekt *m;* *(jargon)* Jargon *m,* Ausdrucksweise *f* **II.** *adj* ❶ *(of language)* umgangssprachlich; *(as one's mother tongue)* muttersprachlich ❷ ARCHIT *building* funktional; MUS volksnah

vernal [ˈvɜːnəl, AM ˈvɜːr-] *adj* Frühlings-; **the** ~ **season** die Frühjahrszeit; **a** ~ **touch** ein Hauch *m* von Frühling

vernal equinox *n* Frühlingsäquinoktium *nt fachspr*

veronica [vəˈrɒnɪkə, AM -ˈrɑːn-] *n* Veronika *f geh,* Ehrenpreis *m*

verruca <*pl* -s *or* -ae> [vəˈruːkə, *pl* -kiː] *n* Warze *f*

verrucae [vəˈruːkiː] *n pl of* **verruca**

versatile [ˈvɜːsətaɪl, AM ˈvɜːrsət̬əl] *adj actor, athlete* vielseitig; *material* vielseitig verwendbar

versatility [ˌvɜːsəˈtɪləti, AM ˌvɜːrsəˈtɪlət̬i] *n no pl* *(flexibility)* Vielseitigkeit *f;* *(adjustability)* Anpassungsfähigkeit *f; of a device* vielseitige Verwendbarkeit

verse [vɜːs, AM vɜːrs] *n* ❶ *no pl (poetical writing)* Dichtung *f,* Poesie *f;* **volume of** ~ Gedichtband *m;* **in** ~ in Versen *m* ❷ *(stanza of poetry)* Strophe *f* ❸ MUS Strophe *f* ❹ *(of scripture)* Vers *m;* **to recite a** ~ **[from the Bible/Koran]** einen [Bibel-/Koran]vers vortragen

versed [vɜːst, AM vɜːr-] *adj (form)* **to be [well]** ~ **in sth** *(knowledgeable about)* in etw *dat* [sehr] versiert [*o* bewandert] sein *geh;* *(familiar with)* sich *akk* mit [*o* in] etw *dat* [gut] auskennen

versification [ˌvɜːsɪfɪˈkeɪʃən, AM ˌvɜːrsə] *n no pl* LIT Versbau *m,* Versifikation *f fachspr*

versify [ˈvɜːsɪfaɪ, AM ˈvɜːrsə-] **I.** *vi* Gedichte schreiben, dichten **II.** *vt* ■**to** ~ **sth** etw in Versform bringen

version [ˈvɜːʃən, -ʒən, AM ˈvɜːrʒ-, ʃən] *n* ❶ *(account)* Version *f,* Fassung *f;* *(description)* Darstellung *f;* ***the two witnesses gave contradictory*** ~***s of what had happened that night*** die beiden Zeuginnen machten widersprüchliche Angaben über das, was in jener Nacht geschehen war ❷ *(variant)* Version *f; of book, text, film* Fassung *f;* **film** ~ **of a book** Verfilmung *f* eines Buches; **abridged** ~ Kurzfassung *f,* gekürzte Fassung; **revised** ~ revidierte Ausgabe ❸ *(translation)* **English-language** ~ englischsprachige Ausgabe ❹ *no pl* MED *(turning of foetus)* Wendung *f*

verso [ˈvɜːsəʊ, AM ˈvɜːrsoʊ] *n* ❶ PUBL *(lefthand page)* linke Seite; *(back of page)* Verso *nt fachspr* ❷ *(reverse side)* Rückseite *f; of coin also* Revers *m fachspr*

versus [ˈvɜːsəs, AM ˈvɜːr-] *prep* gegen +*akk*

vertebra <*pl* -brae> [ˈvɜːtɪbrə, AM ˈvɜːrt̬ə-, *pl* -briː] *n* ANAT Wirbel *m*

vertebral [ˈvɜːtɪbrəl, AM ˈvɜːrt̬ə-] *adj inv* ANAT, MED Wirbel-; ~ **injection** vertebrale Injektion *fachspr;* ~ **wound** Wirbelverletzung *f*

vertebral column *n* ANAT Wirbelsäule *f*

vertebrate [ˈvɜːtɪbreɪt, AM ˈvɜːrt̬əbrɪt] BIOL **I.** *n* Wirbeltier *nt* **II.** *adj attr, inv* Wirbel-; ~ **animal** Wirbeltier *nt*

vertex <*pl* -es *or* -tices> [ˈvɜːteks, AM ˈvɜːr-, *pl* -tɪsiːz] *n* ❶ MATH Scheitel[punkt] *m* ❷ *(highest point)* Spitze *f*

vertical [ˈvɜːtɪkəl, AM ˈvɜːrt̬ə-] **I.** *adj* senkrecht, vertikal; *cliffs* senkrecht abfallend; ***a basketball player's*** ~ ***leap*** der Korbleger eines Basketballspielers; ~ **axis** y-Achse *f,* Vertikalachse *f;* ~ **communication** vertikale Kommunikation; ~ **integration** vertikale Integration; ~ **lines** Längsstreifen *mpl* **II.** *n* ❶ *(vertical line)* Senkrechte *f,* Vertikale *f geh;* ***the wall is a few degrees off the*** ~ die Wand steht nicht ganz im Lot ❷ *(of ski slopes)* Abfahrt *f*

vertical angles *npl* Scheitelwinkel *m*

vertical integration *n no pl* ECON, FIN Vertikalkonzentration *f*

vertically [ˈvɜːtɪkəli, AM ˈvɜːrt̬ə-] *adv* senkrecht, vertikal; **to jump** [*or* **leap**] ~ senkrecht hochspringen; *(in basketball)* einen Korbleger machen

vertically challenged *adj (hum)* ■**to be** ~ etwas kurz geraten sein *hum*

vertical market *n potentieller Käufermarkt innerhalb eines bestimmten Industriezweigs oder Tätigkeitsbereichs*

vertical take-off aircraft *n,* **vertical take-off jet** *n* Senkrechtstarter *m*

vertical thinking *n esp* BRIT [konventionell] rationales Denken

vertiginous [vɜːˈtɪdʒɪnəs, AM vəˈtɪdʒə-] *adj (form)* ❶ *(causing vertigo)* Schwindel erregend ❷ *(dizzy)* schwindlig; **to make sb feel** ~ jdn schwindlig machen

vertigo [ˈvɜːtɪgəʊ, AM ˈvɜːrt̬əgoʊ] *n no pl (feeling)* Schwindel *m;* MED Gleichgewichtsstörung *f;* **sb has** [*or* **suffers from**] ~ jdm wird leicht schwindlig

verve [vɜːv, AM vɜːrv] *n no pl* Begeisterung *f,* Verve *f geh;* ***she delivered her speech with tremendous wit and*** ~ sie hielt ihre Rede mit unglaublichem Witz und Schwung; ***although in pain, he greeted his friends with his old*** ~ trotz Schmerzen begrüßte er seine Freunde mit gewohntem Elan; **to give sth added** ~ *(fig)* etw *dat* [den letzten] Pfiff geben *fam*

very [ˈveri] **I.** *adv inv* ❶ *(extremely)* sehr, außerordentlich; ***his behaviour makes me feel*** ~, ~ ***cross*** sein Benehmen macht mich wirklich sehr böse; ***there's nothing*** ~ ***interesting on TV tonight*** es kommt nichts besonders Interessantes heute Abend im Fernsehen; ***how*** ~ ***childish of her to refuse to speak to me!*** wie absolut kindisch von ihr, sich zu weigern, mit mir zu sprechen!; ***how are you? —*** ~ ***well, thanks*** wie geht es dir? – sehr gut, danke ❷ *(to a great degree)* sehr; **to not be** ~ **happy/pleased about sth** *(iron)* über etw *akk* nicht gerade sehr glücklich/erfreut sein; **to not be** ~ **impressed about sth** *(iron)* von etw *dat* nicht gerade sehr beeindruckt sein; ~ **much** sehr; ***did you enjoy the play? —*** ~ ***much so*** hat dir das Stück gefallen? – [ja] sehr [sogar]; ***thank you*** ~ ***much*** danke sehr; **to feel** ~ **much at home** sich *akk* ganz wie zu Hause fühlen; **not** ~ nicht sehr; **not** ~ **much …** nicht besonders … ❸ + *superl (to add force)* aller-; **the** ~ **best** der/die/das Allerbeste; **the** ~ **best of friends** die allerbesten Freunde; **to do the** ~ **best one can** sein Allerbestes geben; **the** ~ **first/last** der/die/das Allererste/Allerletzte; **at the** ~ **most/least** allerhöchstens/zumindest; **the** ~ **next day** schon am nächsten Tag; **to have one's** ~ **own sth** etw ganz für sich *akk* [alleine] haben; **the** ~ **same** genau der/die/das Gleiche ❹ *(I agree)* ~ **well** [also] gut [*o* schön]; ***can't I stay for five minutes longer? — oh*** ~ ***well*** kann ich nicht noch fünf Minuten länger bleiben? – na schön *fam;* ***she couldn't*** ~ ***well say sorry when she didn't think she had done anything wrong*** sie konnte sich doch nicht entschuldigen, wenn sie ihrer Meinung nach nichts falsch gemacht hatte; **to be all** ~ **fine** [*or* **good**] [*or* **well**], **but …** schon recht [*o* schön und gut] sein, aber … **II.** *adj attr, inv* genau; ***this is the*** ~ ***book I've been looking for*** das ist genau das Buch, nach dem ich gesucht habe; ***the*** ~ ***idea!*** was für eine Idee!; ***it's the*** ~ ***thing!*** das ist genau das Richtige!; **at the** ~ **bottom** zuunterst; **at the** ~ **end of sth** ganz am Ende einer S. *gen;* **the** ~ **fact that …** allein schon die Tatsache, dass …; **the** ~ **opposite** das genaue [*o* genau das] Gegenteil; ***they're the*** ~ ***opposite of one another*** sie sind völlig unterschiedlich; **the** ~ **thought …** allein der Gedanke …

Very light [ˈveri, ˈvɪəri, AM ˈvɪri-] *n* Leuchtkugel *f*

Very pistol [ˈveri, ˈvɪəri, AM ˈvɪri-] *n* Leuchtpistole *f*

Very Reverend *n* ■**the** ~ Hochwürden; **the** ~ **David Smith** Hochwürden David Smith

vesicle [ˈvesɪkḷ] *n* ❶ MED *(blister)* Blase *f;* *(pustule)* Pustel *f;* *(fluid-filled sac)* Bläschen *nt;* *(cyst)* Zyste *f,* Vesikel *f fachspr* ❷ GEOL Blase *f* ❸ BOT Bläschen *nt*

vespers [ˈvespəʳs, AM -əs] *npl* REL Vesper *f,* Abendandacht *f*

vessel [ˈvesəl] *n* ❶ NAUT *(form)* Schiff *nt;* **cargo** ~ Frachtschiff *nt* ❷ *(form: for liquid)* Gefäß *nt* ❸ *(liter: person)* ~ **for the nation's hopes** Hoffnungsträger(in) *m(f)* für die Nation; ***he saw his son as a*** ~ ***for his own ambitions*** in seinem Sohn sollten sich seine eigenen Ambitionen verwirklichen ❹ ANAT, BOT Gefäß *nt;* **blood** ~ Blutgefäß *nt*

vest [vest] **I.** *n* ❶ BRIT *(underwear)* Unterhemd *nt;* **long-sleeved** ~ langärm[e]liges Unterhemd; **thermal** ~ Thermounterhemd *nt* ❷ *esp* AM *(outer garment)* Weste *f;* **bullet-proof** ~ kugelsichere Weste ❸ *(jersey)* Trikot *nt* ❹ AM, AUS *(waistcoat)* [Anzug]weste *f* ❺ BRIT *(T-shirt)* ~ [**top**] ärmelloses T-Shirt **II.** *vt (form)* ❶ *usu passive (give)* **to be** ~**ed with the authority/right to do sth** bevollmächtigt sein, etw zu tun; **to be** ~**ed with the power to do sth** berechtigt sein, etw zu tun; **to** ~ **in sb the right to do sth** jdm das Recht erteilen, etw zu tun ❷ *(place)* ***control has been*** ~***ed in local authorities*** die Aufsicht liegt bei den örtlichen Behörden; **to** ~ **one's hopes in sb/sth** seine Hoffnungen auf jdn/etw setzen **III.** *vi* LAW **a property** ~**s in sb** Besitz *m* auf jdn

übertragen; **to ~ a right in** [*or* **on**] **sb** jdm ein Recht verleihen

vestal ['vest³l] **I.** *n* ❶ (*liter or old: chaste woman*) Jungfrau *f*
❷ *see* **vestal virgin**
II. *adj* ❶ (*old: chaste*) keusch
❷ HIST (*of Roman goddess*) ~ **temple** Tempel *m* der Vesta

vestal virgin *n*, **Vestal Virgin** *n* Vestalin *f*, vestalische Jungfrau

vested interest *n* ❶ (*personal involvement*) **to have a ~ in sth** an etw *dat* ein [starkes] persönliches Interesse haben
❷ *usu pl* (*people, organizations*) maßgebliche Kreise; ***a compromise has to be reached between all the powerful ~s*** es muss ein Kompromiss zwischen all den mächtigen Interessengruppen gefunden werden
❸ LAW **to have a ~ in sth** auf etw *akk* ein gesetzliches Anrecht haben

vestibule ['vestɪbju:l, AM -tə-] *n* (*form*) ❶ (*foyer*) Vorraum *m;* (*in a hotel, big building*) Eingangshalle *f*, Vestibül *nt geh;* (*in a theatre*) Foyer *nt*
❷ AM (*porch*) Veranda *f*

vestige ['vestɪdʒ] *n* ❶ (*trace*) Spur *f;* (*remainder*) Überrest *m;* **~s of the past** Spuren *fpl* der Vergangenheit
❷ (*fig*) ***there is no ~ of hope*** es gibt keinerlei Hoffnung mehr; ***there's not a ~ of truth in what she says*** es ist kein Körnchen [*o* Fünkchen] Wahrheit an dem, was sie sagt; ***there was not a ~ of remorse in his voice*** es lag nicht die geringste Spur von Reue in seiner Stimme *fam;* **to remove the last ~ of doubt** den letzten Rest Zweifel ausräumen

vestigial [ves'tɪdʒiəl] *adj inv* ❶ (*tiny*) spärlich
❷ ANAT, BIOL *limb, wing* nicht voll ausgebildet
❸ LING ~ **language** rudimentäre Sprache

vestments ['ves(t)mənts] *npl* ❶ (*for clergy*) Messgewand *nt;* (*for special occassion*) Ornat *m geh*
❷ (*hist: official clothes*) Amtstracht *f*

vest-pocket *adj attr, inv* AM ❶ (*pocket-size*) Westentaschen-, im Westentaschenformat *nach n;* ~ **camera** Kamera *f* im Westentaschenformat
❷ (*very small*) Miniatur-, Mini-

vestry ['vestri] *n* Sakristei *f*

Vesuvius [vɪ'su:viəs, AM və'] *n no pl* HIST, GEOG Vesuv *m*

vet[1] [vet] **I.** *n* (*animal doctor*) Tierarzt, Tierärztin *m, f*, Veterinär(in) *m(f) fachspr;* ***we had to take the cat to the ~'s*** wir mussten die Katze zur Tierärztin bringen
II. *vt* <-tt-> ❶ (*examine*) ■**to ~ sb/sth** jdn/etw überprüfen
❷ *usu passive* BRIT (*screen*) ■**to be ~ted** [auf Herz und Nieren] [über]prüft werden *fam*

vet[2] [vet] *n* AM MIL (*fam*) *short for* **veteran** Veteran(in) *m(f)*

vetch [vetʃ] *n* Wicke *f*

veteran ['vet³r³n, AM 'veṭɚ-] **I.** *n* ❶ (*experienced person*) Veteran(in) *m(f) hum,* alter Hase *hum;* ***he's a 20-year ~ of the New York Police Department*** er ist seit 20 Jahren Mitarbeiter bei der New Yorker Polizeibehörde; ***she is a ~ of a number of matches*** sie hat an zahlreichen Turnieren teilgenommen
❷ (*ex-military*) Veteran(in) *m(f)*
II. *adj attr, inv* ❶ (*experienced*) erfahren; (*of many years' standing*) langjährig; (*of an actor, actress*) altgedient
❷ BRIT (*hum: old*) uralt *hum*

veteran car *n* BRIT Oldtimer *m*

Veterans Day *n* AM *11. November, an dem als staatlicher Feiertag die Kriegsveteranen geehrt werden und der Kriegsopfer gedacht wird*

veterinarian [ˌvet³rɪ'neriən] *n* AM (*vet*) Tierarzt, Tierärztin *m, f*, Veterinär(in) *m(f) fachspr*

veterinary ['vet³rɪn³ri, AM -neri] *adj attr, inv* tierärztlich; ~ **medicine** [*or* **science**] Tiermedizin *f*

veterinary surgeon *n* BRIT, AUS Tierarzt, Tierärztin *m, f*, Veterinär(in) *m(f) fachspr*

veto ['vi:təʊ, AM -ṭoʊ] **I.** *n* <*pl* -es> ❶ (*nullification*) Veto *nt;* ~ **of a measure** Veto *nt* gegen eine Maßnahme; **presidential** ~ Veto *nt* des Präsidenten
❷ (*right of refusal*) Vetorecht *nt;* **to have the power** [*or* **right**] **of** ~ das Vetorecht haben; ***the author has insisted on having a ~ over the film version of her book*** die Autorin hat darauf bestanden, ein Vetorecht bei der Verfilmung ihres Buches zu haben; **to put a ~ on sth** *esp* BRIT (*fig*) etw verbieten [*o* untersagen]
II. *vt* ■**to ~ sth** ❶ (*officially refuse*) ein Veto gegen etw *akk* einlegen, Einspruch gegen etw *akk* erheben
❷ (*forbid*) etw untersagen

vetting ['vetɪŋ] *n no pl* BRIT [genaue] Untersuchung

vex [veks] *vt* ■**to ~ sb** ❶ (*upset*) jdn verärgern; ■**to be ~ed by** [*or* **with**] [*or* **at**] [*or* **about**] **sb/sth** über jdn/etw verärgert sein
❷ (*dated: cause trouble*) jdm Ärger bereiten

vexation [vek'seɪʃ³n] *n no pl* (*dated*) Ärger *m;* **to be a ~ to sb** ein Ärgernis für jdn sein

vexatious [vek'seɪʃəs] *adj* (*dated*) ärgerlich; LAW schikanös; ~ **action** [*or* **litigation**] schikanöse [*o* mutwillige] Klage; ~ **child** unausstehliches Kind; ~ **headaches** lästige Kopfschmerzen; ~ **problem** leidiges Problem

vexed ['vekst] *adj* ❶ *attr* (*difficult*) leidig; ~ **question/relationship** schwierige Frage/schwieriges Verhältnis
❷ (*annoyed*) verärgert
❸ (*concerned*) beunruhigt

vexing ['veksɪŋ] *adj* ärgerlich, verdrießlich *liter*

VGA [ˌvi:dʒi:'ei] *n* COMPUT *abbrev of* **video graphics adaptor** VGA

vgc BRIT *abbrev of* **very good condition** in sehr gutem Zustand

VHF [ˌvi:eitʃ'ef] **I.** *n no pl abbrev of* **very high frequency** UKW *f*, Ultrakurzwellenbereich *m;* ■**on** ~ auf UKW
II. *adj attr abbrev of* **very high frequency** UKW-

VHS® [ˌvi:eitʃ'es] *n no pl abbrev of* **Video Home System** VHS

via ['vaɪə, AM *esp* 'vi:ə] *prep* ❶ (*through*) über +*akk;* ***the flight goes ~ Frankfurt*** der Flug geht über Frankfurt; ~ ***satellite*** über [*o* via] Satellit
❷ (*using*) per, via

viability [ˌvaɪə'bɪləti, AM -əṭi] *n no pl* ❶ BIOL Lebensfähigkeit *f*
❷ *of businesses* Rentabilität *f;* **economic** ~ [wirtschaftliche] Rentabilität, Eigenwirtschaftlichkeit *f*
❸ (*feasibility*) Realisierbarkeit *f*, Durchführbarkeit *f*

viable ['vaɪəbl] *adj* ❶ (*successful*) existenzfähig; *of a company* rentabel; **not commercially** ~ nicht rentabel
❷ (*feasible*) machbar, durchführbar, realisierbar; ~ **alternative** durchführbare Alternative
❸ BIOL (*able to sustain life*) lebensfähig; (*able to reproduce*) zeugungsfähig

viaduct ['vaɪədʌkt] *n* Viadukt *m o nt;* (*bridge*) Brücke *f*

vial [vaɪ(ə)l, AM 'vaɪəl] *n* Phiole *f*, [Glas]fläschchen *nt*

vibe [vaɪb] *n* Stimmung *f*, Atmosphäre *f*

vibes [vaɪbz] *npl* (*fam*) ❶ (*atmosphere*) Schwingungen *fpl*, Vibrations *pl sl;* (*general feeling*) Klima *nt;* ***some people come to this area because of the good ~*** einige Leute kommen in diese Gegend, weil es hier einfach toll ist *fam;* ***that job just gave me bad ~*** diese Arbeit hat mich einfach fertig gemacht *fam*
❷ (*vibraphone*) Vibraphon *nt*

vibrancy ['vaɪbrən(t)si] *n no pl* (*liveliness*) Lebhaftigkeit *f;* (*power to change things*) Dynamik *f;* ***these colours have a rich ~*** diese Farben sind sehr lebhaft

vibrant ['vaɪbrənt] *adj* ❶ *person* lebhaft; (*dynamic*) dynamisch; **to be ~ with life** vor Leben nur so sprühen
❷ *atmosphere, place* lebendig; ***the hope is that this area will develop into a ~ commercial centre*** man hofft, dass sich dieses Gebiet zu einem pulsierenden Gewerbezentrum entwickeln wird; ***the atmosphere in the stadium was ~ with anticipation*** die Atmosphäre im Stadion war erwartungsvoll aufgeladen
❸ ECON ~ **economy** boomende Wirtschaft
❹ *colour* kräftig, leuchtend
❺ *sound* sonor; ~ **performance** temperamentvolle Aufführung

vibraphone ['vaɪbrəfəʊn, AM -foʊn] *n* Vibraphon *nt*

vibrate [vaɪ'breɪt, AM 'vaɪbreɪt] **I.** *vi* ❶ (*pulsate*) vibrieren; *person* zittern; **to ~ with emotion** vor Erregung zittern; **to ~ with enthusiasm** (*fig*) vor Begeisterung sprühen
❷ *sound* nachklingen; ***the thunder ~d down the valley*** der Donner hallte durch das Tal
II. *vt* ■**to ~ sth** etw vibrieren lassen; MUS etw zum Schwingen bringen

vibrate alert *n* Vibrationsalarm *m*, Vibrafunktion *f*

vibration [vaɪ'breɪʃ³n] *n* Vibration *f; of earthquake* Erschütterung *f;* PHYS Schwingung *f;* ~ **of vocal chords** Schwingen *nt* der Stimmbänder

vibrato [vɪ'brɑ:təʊ, AM ṭoʊ] *n no pl* MUS Vibrato *nt fachspr*

vibrator [vaɪ'breɪtə^r, AM 'vaɪbreɪṭɚ] *n* Vibrator *m*

Vic. AUS *abbrev of* **Victoria**

vicar ['vɪkə^r, AM -ɚ] *n* Pfarrer *m;* **local** ~ Gemeindepfarrer *m*

vicarage ['vɪk³rɪdʒ] *n* Pfarrhaus *nt*
► PHRASES: **this makes my problems look like a ~ tea-party** dagegen wirken meine Probleme ja wie ein Kaffeekränzchen *fam*

vicarious [vɪ'keəriəs, AM -'keri-] *adj* ❶ (*through another person*) nachempfunden; ~ **pleasure** indirekte Freude; ~ **satisfaction** Ersatzbefriedigung *f;* **to get a ~ thrill out of sth** sich *akk* an etw *dat* aufgeilen *sl*
❷ (*form: delegated*) stellvertretend; (*not direct*) indirekt, mittelbar; ~ **power** Stellvertreterbefugnis *f*

vicariously [vɪ'keəriəsli, AM -'keri-] *adv* indirekt, mittelbar; (*as substitute*) stellvertretend; **to experience sth** ~ etw ersatzweise erleben

Vicar of Christ *n* Statthalter *m* Christi

vice[1] [vaɪs] *n* ❶ (*moral weakness*) Laster *nt*, Untugend *f;* ***my one real ~ is chocolate*** (*hum*) mein einziges echtes Laster ist Schokolade
❷ *no pl* (*immoral behaviour*) Lasterhaftigkeit *f*
❸ LAW Sittlichkeitsdelikt *nt*

vice[2] [vaɪs], AM **vise** *n* (*tool*) Schraubstock *m*

vice- [ˌvaɪs] *in compounds* Vize-

vice-admiral *n* Vizeadmiral(in) *m(f)* **vice-captain** *n* SPORTS stellvertretender Mannschaftskapitän/stellvertretende Mannschaftskapitänin **vice-chairman** *n* stellvertretende(r) [*o* zweite(r)] Vorsitzende(r), Vizevorsitzende(r) **vice-chancellor** *n* (*senior official*) Vizekanzler(in) *m(f);* BRIT UNIV Rektor(in) *m(f)* **Vice Chancellor** *n* LAW Präsident(in) *m(f)* der Chancery Division des High Court **vice-like** *adj* fest; **to maintain ~ control over sb/sth** jdn/etw fest unter Kontrolle haben; **to hold sb/sth in** [*or* **with**] **a ~ grip** jdn/etw eisern im Griff haben *fam;* ~ **pain** bohrender Schmerz **vice-presidency** *n* Vize-Präsidentschaft *f* **Vice President** *n*, **vice-president** *n* Vizepräsident(in) *m(f)* **vice-regal** *adj* (*form*) des Vizeköniges *nach n* **vice ring** *n* Verbrecherring *m* **viceroy** ['vaɪsrɔɪ] *n* Vizekönig *m* **vice squad** *n* Sittendezernat *nt*

vice versa [ˌvaɪsi'vɜ:sə, AM -ə'vɜ:r-] *adv inv* umgekehrt

vichyssoise [ˌvi:ʃi:'swɑ:z] *n* FOOD Vichyssoise *f*

vicinity [vɪ'sɪnəti, AM və'sɪnəṭi] *n* (*nearness*) Nähe *f;* (*surrounding area*) Umgebung *f;* **immediate** ~ unmittelbare Umgebung; ■**in the ~** [**of sth**] in der Nähe [einer S. *gen*]; (*fig*) ***they paid in the ~ of £3 million for their latest new player*** sie haben um die 3 Millionen Pfund für ihren jüngsten Neuzugang gezahlt

vicious ['vɪʃəs] *adj* ❶ (*malicious*) boshaft, gemein; ~ **attack** heimtückischer Überfall; ~ **crime/murder** grauenhaftes Verbrechen/grauenhafter Mord; ~ **dog** bissiger Hund; ~ **fighting** brutaler Kampf; ~ **gossip** gehässiges Gerede *pej*
❷ (*causing pain*) grausam; ***I had a ~ headache all***

day yesterday ich hatte gestern den ganzen Tag über brutale Kopfschmerzen *fam*
❸ (*nasty*) gemein; ~ **look** böser Blick
❹ (*fig: powerful*) schrecklich; ***we had a ~ bout of gastro-enteritis in the family*** meine ganze Familie lag mit einer fiesen Magen-Darm-Grippe danieder; ~ **wind** heftiger Wind

vicious circle *n*, **vicious cycle** *n* Teufelskreis *m;* **to be** [*or* **get**] **caught in a ~** in einen Teufelskreis geraten; **to be trapped in a ~** in einem Teufelskreis gefangen sein

viciously ['vɪʃəsli] *adv* ❶ (*cruelly*) brutal; (*maliciously*) gemein, bösartig
❷ (*extremely*) furchtbar *fam,* schrecklich *fam;* ***it was ~ cold outside*** draußen war es saukalt *fam*

viciousness ['vɪʃəsnəs] *n no pl* Brutalität *f;* *of a dog* Bissigkeit *f;* (*maliciousness*) Bösartigkeit *f;* (*nastiness*) Gemeinheit *f;* ***I was surprised at the ~ with which he spoke about his father*** ich war überrascht, wie gehässig er von seinem Vater sprach

vicissitude [vɪ'sɪsɪtju:d, AM -ətu:d, -tju:d] *n* (*form*) ■ **~s** *pl of circumstances* Unbeständigkeit *f;* (*liter*) *of weather* Launen *fpl;* **the ~s of life** die Launen des Schicksals

victim ['vɪktɪm] *n* ❶ (*sb, sth harmed*) Opfer *nt;* ***he is the ~ of a cruel hoax*** ihm wurde übel mitgespielt; **to be the ~ of a crime** einem Verbrechen zum Opfer fallen; **to be the ~ of sb's envy** unter jds Neid zu leiden haben; **to be the ~ of sb's sarcasm** die Zielscheibe von jds Sarkasmus sein; **to fall ~ to sb/sth** jdm/etw zum Opfer fallen
❷ (*sufferer of illness*) ***Max fell ~ to the flu*** Max hat die Grippe erwischt *fam;* **cancer ~** Krebskranke(r) *f(m);* **to fall ~ to the plague** der Pest zum Opfer fallen
❸ (*fig*) **to fall ~ to sb's charms** jds Charme erliegen; **to be a ~ of fortune** dem Schicksal ausgeliefert sein

victimization [,vɪktɪmaɪ'zeɪʃən, AM -təmɪ'-] *n no pl* ungerechte Behandlung; (*picking on sb*) Schikanierung *f;* (*discrimination*) Diskriminierung *f*

victimize ['vɪktɪmaɪz, AM -təm-] *vt* ■ **to ~ sb** jdn ungerecht behandeln; (*pick at*) jdn schikanieren; **to be ~d by the law** rechtlich diskriminiert werden

victimless crime [,vɪktɪmləs'-, AM -təm-] *adj inv* Verbrechen *nt* ohne Opfer

victor ['vɪktəʳ, AM -ɚ] *n* ❶ (*person*) Sieger(in) *m(f),* Gewinner(in) *m(f);* **to emerge** [**as**] **the ~** als Sieger/Siegerin hervorgehen; **to be the ~ in sth** der Gewinner/die Gewinnerin einer S. *gen* sein, in etw *dat* siegen; **to be a ~ over sb** jdn besiegen
❷ (*code word*) Viktor (*Code für Buchstaben V, z.B. in der Buchstabiertafel beim Telefonieren*)

Victoria Day *n* CAN *ursprünglich der Geburtstag der Königin Victoria, jetzt ein beweglicher Feiertag im Monat Mai*

Victorian [vɪk'tɔ:riən] **I.** *adj* ❶ (*era*) viktorianisch; **the ~ stage** das viktorianische Theater
❷ (*fig pej: prudish*) prüde
❸ AUS (*of or from Victoria*) aus Viktoria *nach n*
II. *n* Viktorianer(in) *m(f);* (*fig pej*) prüder Mensch

Victoriana [,vɪk,tɔ:ri'ɑ:nə, AM vɪk'tɔ:riænə] *n no pl* viktorianische Antiquitäten *fpl*

victorious [vɪk'tɔ:riəs] *adj* siegreich; ~ **team** Siegermannschaft *f;* **to emerge ~** als Sieger/Siegerin hervorgehen

victoriously [vɪk'tɔ:riəsli] *adv* triumphierend, siegreich

victory ['vɪktəri] *n* Sieg *m;* ***this result is a ~ for democracy*** dieses Ergebnis ist ein Sieg für die Demokratie; **Pyrrhic ~** (*fig*) Pyrrhussieg *m geh;* **to achieve** [*or* **gain**] **a ~** [**against sb**] [über jdn] einen Sieg davontragen; **to claim ~** den Sieg für sich *akk* in Anspruch nehmen; **to clinch a ~** [**over sb**] [über jdn] einen Sieg erringen; **to lead sb to ~** jdn zum Sieg führen; **to score a ~** einen Sieg verbuchen; **to secure ~** sich *dat* den Sieg sichern; **to win a ~** [**in sth**] [bei etw *dat*] einen Sieg erringen

victory parade *n* Triumphzug *m;* (*of army*) Siegerparade *f*

victual ['vɪtəl, AM 'vɪţ-] **I.** *n* ■ **~s** *pl* (*dated or hum*) Lebensmittel *ntpl;* (*for a trip*) Proviant *m kein pl*
II. *vt* <BRIT -ll- *or* AM *usu* -l-> **to ~ an expedition/a ship/troops** eine Expedition/ein Schiff/Truppen mit Lebensmitteln versorgen
III. *vi* <BRIT -ll- *or* AM *usu* -l-> sich *akk* verpflegen

victualler ['vɪtələʳ, AM 'vɪţələʳ] *n* **licensed ~** *Gastwirt, der eine Lizenz für den Verkauf von Alkohol hat*

vide ['vaɪdi:] *vt impers* (*form*) siehe

videlicet [vɪ'di:lɪset, AM -'deləsɪt] *adv* (*form*) nämlich

video ['vɪdiəʊ, AM -dioʊ] **I.** *n* ❶ *no pl* (*recording*) Video *nt;* **to come out on ~** auf Video erscheinen; **to record a ~** ein Video aufnehmen
❷ (*tape*) Videokassette *f;* **blank ~** leere Videokassette
❸ (*recorded material*) Videoaufnahme *f*
❹ (*of pop group*) Video *nt,* Videoclip *m*
❺ BRIT (*recorder*) Video *m fam,* Videorekorder *m*
II. *vt* ■ **to ~ sb/sth** jdn/etw auf Video aufnehmen

video arcade *n* Videospielhalle *f* **video camera** *n* Videokamera *f* **video card** *n* COMPUT Videokarte *f* **video cassette** *n* Videokassette *f* **video cassette recorder** *n* Videorekorder *m,* Video *m fam* **video conference** *n* Videokonferenz *f* **video conferencing** *n no pl* Videokonferenzschaltung *f;* (*system*) Videokonferenztechnik *f* **video disc** *n* Bildplatte *f* **video disc player** *n,* **video disc system** *n* Bildplattenspieler *m* **videodisk** *n* COMPUT Videospeicherplatte *f* **video film** *n* Videofilm *m,* Video *nt fam* **video game** *n* Videospiel *nt* **video graphics** *npl* COMPUT Videografik *f* **video monitor** *n* AM, AUS Videomonitor *m* **video nasty** *n* BRIT (*horror film*) Horrorvideo *nt;* (*porno film*) Pornovideo *nt* **video-on-demand** *n no pl* Video-on-Demand *nt* (*System, bei dem der Zuschauer per PC o.Ä. Videos aus seinem eigenen Fundus auswählt*) **videophone** *n* Bild[schirm]telefon *nt* **video piracy** *n no pl* Videokopierdiebstahl *m* **VideoPlus®** *n no pl Videoprogrammsystem* **video recorder** *n* Videorekorder *m,* Video *m fam* **video recording** *n* Videoaufnahme *f* **video shop** *n* AUS, BRIT Videothek *f* **video signal** *n* Bildsignal *nt,* Videosignal *nt,* BAS-Signal *nt* **video store** *n* AM (*video shop*) Videothek *f* **videotape** **I.** *n* ❶ (*cassette*) Videokassette *f,* Video *nt fam* ❷ *no pl* (*tape*) Videoband *nt* ❸ (*recorded material*) Videoaufnahme *f* **II.** *vt* ■ **to ~ sb/sth** jdn/etw auf Video aufnehmen **videotex, videotext** *n* Videotext *m,* Bildschirmtext *m* **video transmission** *n* Videoübertragung *f*

vie <-y-> [vaɪ] *vi* wetteifern; (*in commerce, business*) konkurrieren; ■ **to ~** [**with sb**] **for sth** [mit jdm] um etw *akk* wetteifern

Vienna [vi'enə] *n* Wien *nt*

Viennese [,viə'ni:z, AM ,vi:ə'-] **I.** *n* <*pl* -> Wiener(in) *m(f)*
II. *adj* Wiener-, wienerisch; ***have you got any ~ friends I could stay with?*** hast du irgendwelche Freunde in Wien, bei denen ich wohnen könnte?

Vietcong <*pl* -> [,vjet'kɒŋ, AM ,vi:et'kɑ:ŋ] *n* Vietkong *m*

Vietnam [,vjet'næm, AM ,vi:et'nɑ:m] *n* Vietnam *nt*

Vietnamese [,vjetnə'mi:z, AM vi,et-] **I.** *adj* vietnamesisch
II. *n* ❶ (*language*) Vietnamesisch *nt*
❷ (*person*) Vietnamese, -in *m, f*

view [vju:] **I.** *n* ❶ *no pl* (*sight*) Sicht *f;* ***in full ~ of all the spectators*** vor den Augen aller Zuschauer; **to block** [*or* **obstruct**] **sb's ~** jds Sicht behindern; **to come into ~** in Sicht kommen, sichtbar werden; **to disappear from** [*or* **out of**] **~** [in der Ferne] verschwinden; **to hide** [*or* **shield**] **from ~** sich *akk* dem Blick entziehen; ***the house is hidden from ~ behind a high hedge*** das Haus liegt den Blicken entzogen hinter einer hohen Hecke; **to keep sb/sth in ~** jdn/etw im Auge behalten
❷ (*panorama*) [Aus]blick *m,* Aussicht *f;* ***we have a clear ~ of the sea*** wir haben freien Blick aufs Meer; ***the ~ from our living room over the valley is breathtaking*** der [Aus]blick von unserem Wohnzimmer über das Tal ist atemberaubend; ***he paints rural ~s*** er malt ländliche Motive; ***he lifted his daughter up so that she could get a better ~*** er hob seine Tochter hoch, so dass sie besser sehen konnte; **to have a bird's-eye ~ of sth** etw aus der Vogelperspektive sehen; **panoramic ~** Panoramablick *m;* **to afford a ~** einen Blick [*o* eine Aussicht] bieten
❸ (*opportunity to observe*) Besichtigung *f*
❹ *no pl* (*for observation*) **to be on ~** *works of art* ausgestellt werden; **to be on ~ to the public** der Öffentlichkeit zugänglich sein
❺ (*opinion*) Ansicht *f,* Meinung *f* (**about/on** über +*akk*); ***what are your ~s on this issue?*** was meinen Sie zu dieser Frage?; ***it's my ~ that the price is much too high*** meiner Meinung nach ist der Preis viel zu hoch; **exchange of ~s** Meinungsaustausch *m;* **point of ~** Gesichtspunkt *m,* Standpunkt *m;* **from my point of ~ …** meiner Meinung nach …; **world ~** Weltanschauung *f;* **conflicting ~s** widersprüchliche Meinungen; **jaundiced/prevailing ~** zynische/vorherrschende Meinung; **there is a prevailing ~ that …** es herrscht die Ansicht, dass …; **to air one's ~s** seine Ansichten darlegen; **to echo** [*or* **endorse**] **a ~** sich *akk* einer Meinung anschließen; **to express a ~** eine Meinung ausdrücken [*o* zum Ausdruck bringen]; **to have** [*or* **take**] **a ~** eine Meinung vertreten; **to have an optimistic ~ of life** eine optimistische Lebenseinstellung haben; **to take a dim** [*or* **poor**] **~ of sth** nicht viel von etw *dat* halten; **to have** [*or* **hold**] [*or* **take**] **the ~ that …** der Meinung sein, dass …; **to have** [*or* **hold**] **~s about** [*or* **on**] **sb/sth** Ansichten über jdn/etw haben; **to hold strong ~s about sth** über etw *akk* strenge Ansichten haben; **to make a ~ known** eine Ansicht mitteilen; **to share a ~** gleicher Meinung sein, eine Ansicht teilen; ***this ~ is not widely shared*** diese Ansicht wird nicht von vielen geteilt; ■ **in sb's ~** jds Ansicht nach
❻ (*fig: perspective*) Ansicht *f;* ***from the money point of ~, the plan is very attractive but from the work point of ~, it's a disaster*** vom Finanziellen her gesehen ist der Plan sehr verlockend, aber von der Arbeit her ist er eine Katastrophe; ***we take a very serious ~ of the situation*** wir nehmen die Situation sehr ernst; **to take a long-/short-term ~** eine langfristige/vorläufige Perspektive einnehmen; **to take an overall ~ of sth** etw von allen Seiten betrachten; ■ **in ~ of sth** angesichts [*o* in Anbetracht] einer S. *gen;* ■ **with a ~ to doing sth** mit der Absicht, etw zu tun
❼ (*idea*) Vorstellung *f;* ***have you anything in ~ for when you leave college?*** hast du [schon] irgendeine Idee, was du machen willst, wenn du vom College abgehst?
II. *vt* ❶ (*watch*) ■ **to ~ sth** [**from sth**] etw [von etw *dat* aus] betrachten; (*as a spectator*) etw *dat* [von etw *dat* aus] zusehen [*o bes* SÜDD, ÖSTERR, SCHWEIZ zuschauen]
❷ (*fig: consider*) ■ **to ~ sb/sth** [**as sb/sth**] jdn/etw [als jdn/etw] betrachten; ***we ~ the situation with concern*** wir betrachten die Lage mit Besorgnis; **to ~ sth from a different angle** etw aus einem anderen Blickwinkel betrachten
❸ (*inspect*) ■ **to ~ sth** sich *dat* etw ansehen; **to ~ a flat/a house** eine Wohnung/ein Haus besichtigen

viewdata *n no pl* Bildschirmtext *m*

viewer ['vju:əʳ, AM -ɚ] *n* ❶ (*person*) [Fernseh]zuschauer(in) *m(f)*
❷ (*for film*) Filmbetrachter *m;* (*for slides*) Diabetrachter *m*
❸ COMPUT Leuchtkasten *m,* Gucki *m*

viewfinder *n* PHOT [Bild]sucher *m*

viewing ['vju:ɪŋ] *n no pl* ❶ (*inspection*) Besichtigung *f*
❷ FILM Anschauen *nt;* TV Fernsehen *nt;* ***the movie was too violent for general ~*** der Film war zu gewalttätig, als dass man ihn hätte öffentlich zeigen können

viewing figures *npl* TV Einschaltquoten *fpl*

viewpoint *n* ❶ (*fig: opinion*) Standpunkt *m;*

(*aspect*) Gesichtspunkt *m*
❷ (*place*) Aussichtspunkt *m*
vigil ['vɪdʒɪl, AM -ᵊl] *n* [Nacht]wache *f;* **to hold** [*or* **maintain**] [*or* **keep**] [*or* **stage**] **a ~** Wache halten; ***they held an all-night candlelit prayer ~ outside the cathedral*** sie hielten die ganze Nacht Mahnwache vor der Kathedrale
vigilance ['vɪdʒɪlən(t)s, AM -ᵊl-] *n no pl* Wachsamkeit *f;* **to escape sb's ~** jds wachsamen Auge entgehen
vigilant ['vɪdʒɪlənt] *adj* wachsam, [sehr] aufmerksam; ***the children managed to escape the ~ eye of their mother*** den Kindern gelang es, dem wachsamen Auge ihrer Mutter zu entkommen; ***teachers have been told to be more ~ in spotting signs of drug abuse among their students*** die Lehrer wurden angehalten, aufmerksamer auf Anzeichen von Drogenmissbrauch bei den Schülern zu achten; **to be ~ about** [*or* **for**] **sth** auf etw *akk* achten
vigilante [ˌvɪdʒɪ'lænti, AM -t̬i] **I.** *n* ❶ (*unofficial police*) *Mitglied einer Bürgerwehr;* ▪**the ~s** *pl* die Bürgerwehr
❷ (*fig: observer*) *Person, die sicherstellt, dass etwas akzeptabel ist*
II. *n modifier* (*force, patrol, squad*) Bürgerwehr-; **~ group** Bürgerwehr *f*
vigilantly ['vɪdʒɪləntli] *adv* wachsam, [sehr] aufmerksam; **to guard sb/sth ~** jdn/etw streng bewachen
vignette [vɪ'njet] *n* Vignette *f*
vigor *n no pl* AM, AUS *see* **vigour**
vigorous ['vɪgᵊrəs, AM -gɚ-] *adj* ❶ (*energetic*) energisch; ***we went for a ~ walk*** wir machten einen strammen Spaziergang; **~ denial/protest** energisches Leugnen/energischer Protest; **to make a ~ speech** eine feurige Rede halten
❷ SPORTS **~ exercises** intensive Übungen
❸ (*flourishing*) kräftig; **~ growth** kräftiges Wachstum; **~ health** robuste Gesundheit
vigorously ['vɪgᵊrəsli, AM -gɚ-] *adv* (*energetically*) energisch; (*vehemently*) heftig; **to deny/oppose sth ~** etw entschieden leugnen/ablehnen; **to exercise ~** eifrig trainieren
vigour ['vɪgᵊr, AM -gɚ] *n no pl* ❶ (*liveliness*) Energie *f,* [Tat]kraft *f;* (*vitality*) Vitalität *f;* ***we were impressed by the ~ of the orchestra's playing*** wir waren vom dynamischen Spiel des Orchesters beeindruckt; **to do sth with ~** etw mit vollem Eifer tun; ***they set about their work with youthful ~ and enthusiasm*** sie machten sich mit jugendlichem Schwung und Begeisterung an die Arbeit; ***they expressed their opinions with great ~*** sie brachten ihre Ansichten mit großer Leidenschaftlichkeit zum Ausdruck
❷ (*forcefulness*) Ausdruckskraft *f*
Viking ['vaɪkɪŋ] **I.** *n* Wikinger(in) *m(f)*
II. *adj* Wikinger-, wikingisch
vile [vaɪl] *adj* ❶ (*disgusting*) gemein, niederträchtig
❷ (*fam: unpleasant*) abscheulich; **~ language** unflätige Sprache; **~ mood** üble [*o fam* miese] Stimmung; **~ weather** scheußliches Wetter; **to smell ~** stinken
vilely ['vaɪlli] *adv* in verwerflicher Weise *geh;* **to act ~** abscheulich handeln
vileness ['vaɪlnəs] *n no pl* Abscheulichkeit *f; of thoughts* Gemeinheit *f,* Niederträchtigkeit *f*
vilification [ˌvɪlɪfɪ'keɪʃᵊn, AM -lə-] *n no pl* (*form*) Verunglimpfung *f,* Diffamierung *f geh;* **~ campaign** Verleumdungskampagne *f*
vilify <-ie-> ['vɪlɪfaɪ, AM -lə-] *vt* ▪**to ~ sb/sth** jdn/etw verleumden [*o geh* diffamieren]; ***he was vilified as a traitor*** er wurde als Verräter diffamiert
villa ['vɪlə] *n* ❶ (*rural residence*) Landhaus *nt;* (*grand one*) Villa *f*
❷ BRIT (*holiday home*) Ferienhaus *nt*
❸ BRIT (*Victorian, Edwardian house*) Einfamilienhaus *nt;* (*semi*) Doppelhaushälfte *f*
❹ HIST (*Roman house*) *zu Zeiten der Römer großes Haus mit Grundstück*
village ['vɪlɪdʒ] **I.** *n* ❶ (*settlement*) Dorf *nt;* **fishing ~** Fischerdorf *nt*
❷ + *sing/pl vb* (*populace*) Dorfbevölkerung *f*
II. *n modifier* (*hall, life, pub, school, shop*) Dorf-
village community *n* Dorfgemeinschaft *f* **village green** *n* Dorfwiese *f* **village idiot** *n* (*dated*) Dorftrottel *m pej fam* **village inn** *n* Dorfgasthaus *nt,* Dorfgasthof *m*
villager ['vɪlɪdʒəʳ, AM -ədʒɚ] *n* Dorfbewohner(in) *m(f),* Dörfler(in) *m(f)*
villain ['vɪlən] *n* ❶ (*lawbreaker*) Verbrecher(in) *m(f);* **small-time ~** kleiner Fisch *fig hum fam*
❷ (*capable of bad behaviour*) Schurke *m;* (*in novel, film*) Bösewicht *m;* **to be ~ of the piece** (*fig*) der Übeltäter/die Übeltäterin sein
❸ BRIT LAW (*fam: criminal*) Ganove *m*
villainous ['vɪlənəs] *adj* schurkisch; (*mean*) gemein; **~ deed** niederträchtige Tat
villainy ['vɪləni] *n no pl* Schurkerei *f;* (*meanness*) Gemeinheit *f;* LAW (*illegal act*) Niederträchtigkeit *f,* verbrecherische Handlung; **an act of ~** eine Niederträchtigkeit *geh*
villanelle [ˌvɪlə'nel] *n* LIT Villanelle *f*
villein ['vɪleɪn, lɪn, AM lᵊn] *n* BRIT (*hist*) Leibeigener *m,* Zinsbauer *m,* Hintersasse *m*
vim [vɪm] *n no pl* (*dated fam*) Schwung *m,* Elan *m;* **with ~** schwungvoll
vinaigrette [ˌvɪnɪ'gret, AM -ə'-] *n,* **vinaigrette dressing** *n no pl* Vinaigrette *f*
vindaloo [ˌvɪndə'lu:] *n no pl* FOOD *sehr scharfes indisches Currygericht*
vindicate ['vɪndɪkeɪt, AM -də-] *vt* ❶ (*justify*) ▪**to ~ sth** etw rechtfertigen; ▪**to ~ sb** jdn verteidigen
❷ (*support*) **to ~ a theory** eine Theorie bestätigen
❸ (*clear of blame, suspicion*) ▪**to ~ sb** jdn rehabilitieren; **to ~ sb's reputation** jds Ruf retten
vindication [ˌvɪndɪ'keɪʃᵊn, AM -də'-] *n no pl* ❶ (*justification*) Rechtfertigung *f;* **in ~ of sth** zur Rechtfertigung einer S. *gen*
❷ (*act of clearing blame*) Rehabilitierung *f*
vindictive [vɪn'dɪktɪv] *adj* nachtragend; (*longing for revenge*) rachsüchtig; **to make sb ~** Rachegefühle bei jdm wecken
vindictively [vɪn'dɪktɪvli] *adv* nachtragend; (*spitefully*) rachsüchtig
vindictiveness [vɪn'dɪktɪvnəs] *n no pl* Rachsucht *f;* **to feel ~ towards sb** Rachegefühle gegenüber jdm hegen
vine [vaɪn] *n* ❶ (*grape plant*) Weinrebe *f*
❷ (*climbing plant*) Rankengewächs *nt*
vinegar ['vɪnɪgəʳ, AM -əgɚ] *n no pl* ❶ FOOD Essig *m;* ***the expression on his face was as sour as ~*** er setzte eine saure Miene auf
❷ (*fig: of behaviour*) Säuerlichkeit *f*
vinegary ['vɪnɪgᵊri, AM -əgɚi] *adj* ❶ (*of taste*) sauer
❷ (*full of vinegar*) Essig-; ▪**to be ~** viel Essig enthalten
❸ (*fig: of attitude*) säuerlich; (*critical, unkind*) scharf
vineyard ['vɪnjəd, AM -jɚd] *n* ❶ (*where vines grow*) Weinberg *m*
❷ (*area*) Weinanbaugebiet *nt*
► PHRASES: **labourers** [*or* **toilers**] **in the ~** *Kämpfer/Kämpferinnen in/auf einem bestimmten Arbeitsgebiet*
vino ['vi:nəʊ, AM -noʊ] *n no pl* (*fam*) Vino *m fam*
vintage ['vɪntɪdʒ, AM -t̬-] **I.** *n* ❶ (*wine*) Jahrgangswein *m;* ***the 1983 ~ was particularly good*** der Jahrgang 1983 war besonders gut
❷ (*wine year*) Jahrgang *m;* (*fig*) ***he is undoubtedly England's best captain of recent ~*** er ist zweifellos der beste Kapitän, den England in der letzten Zeit hervorgebracht hat
II. *adj* ❶ *inv* FOOD Jahrgangs-; ***is this wine ~ or not?*** ist dies ein Jahrgangswein?
❷ *inv* (*of classic quality*) erlesen; ***this film is ~ Disney*** dieser Film ist ein Disneyklassiker; **the ~ years of sth** die Glanzjahre einer S. *gen*
❸ BRIT, AUS AUTO Oldtimer-; **~ car** Oldtimer *m*
vintner ['vɪntnəʳ, AM -ɚ] *n* Weinhändler(in) *m(f)*
vinyl ['vaɪnᵊl] **I.** *n* ❶ *no pl* (*material, record*) Vinyl *nt*
❷ (*type of plastic*) Vinoplast *m,* Vinylkunststoff *m*
II. *n modifier* ❶ (*flooring, raincoat, record, tablecloth, upholstery*) Vinyl-
❷ CHEM (*acetate, chloride*) Vinyl-, Äthenyl-
viol ['vaɪəl] *n* Viole *f;* **bass ~** [*or* **~ da Gamba**] Viola da Gamba *f,* Gambe *f*
viola¹ [vi'əʊlə, AM vaɪ'oʊ-] **I.** *n* MUS Viola *f,* Bratsche *f;* **~ da braccio** Viola da Braccio *f;* **~ da Gamba** Viola da Gamba *f,* Gambe *f*
II. *n modifier* (*concerto, lessons, music*) Viola-
viola² ['vaɪələ, AM 'vi:ə-] *n* BOT Viola *f,* Veilchen *nt*
viola da gamba [vi,əʊlədə'gæmbə, AM ˌoʊlədə'gɑ:mbə] *n,* **viol da gamba** ['vaɪəldəgæmbə, AM gɑ:mbə] *n* Viola da Gamba *f,* Gambe *f*
violate ['vaɪəleɪt] *vt* ❶ (*not comply with*) **to ~ a ceasefire agreement** ein Waffenstillstandsabkommen brechen; **to ~ a law/rule** gegen ein Gesetz/eine Regel verstoßen; **to ~ a regulation** eine Vorschrift verletzen
❷ (*enter, cross illegally*) ▪**to ~ sth** in etw *akk* eindringen
❸ (*not respect*) **to ~ sb's privacy/rights** jds Privatsphäre/Rechte verletzen; **to ~ a tomb** ein Grab schänden
❹ (*form: rape*) ▪**to ~ sb** jdn vergewaltigen
violation [ˌvaɪə'leɪʃᵊn] *n* ❶ *of rules, the law* Verletzung *f,* Verstoß *m;* ***it was clear that they had not acted in ~ of the rules*** es war klar, dass sie nicht gegen die Regeln verstoßen hatten; **~ of the law** Rechtsbruch *m;* **human rights ~** Menschenrechtsverletzung *f;* **traffic ~** Verkehrsdelikt *nt*
❷ (*rape*) Vergewaltigung *f*
❸ *of holy places* Entweihung *f*
violator ['vaɪəleɪtəʳ, AM -t̬ɚ] *n of a treaty* Vertragsbrüchige(r) *f(m); of holy places* Schänder(in) *m(f);* (*rapist*) Schänder *m;* ***~s of the curfew will be shot*** wer sich nicht an die Ausgangssperre hält, wird erschossen; **~ of the law** Gesetzesübertreter(in) *m(f)*
violence ['vaɪəlᵊn(t)s] *n no pl* ❶ (*behaviour*) Gewalt *f,* Gewalttätigkeit *f* (**against** gegen +*akk*); ***~ erupted in the crowd during the second half of the match*** während der zweiten Hälfte des Spieles kam es zu Gewalttätigkeiten; **act of ~** Gewalttat *f;* **robbery with ~** bewaffneter Raubüberfall; **domestic ~** Gewalt *f* in der Familie; **to use ~ against sb** Gewalt gegen jdn anwenden
❷ (*force*) Heftigkeit *f;* ***we were all surprised at the ~ of his anger*** wir waren alle vom Ungestüm seines Zorns überrascht; **~ of a storm** Heftigkeit *f* eines Sturms
❸ (*fig*) **to do ~ to sth** etw *dat* Gewalt antun
violent ['vaɪəlᵊnt] *adj* ❶ (*brutal*) gewalttätig; *person also* brutal; **~ crime** Gewaltverbrechen *nt;* **~ death** gewaltsamer Tod; **to meet a ~ end** eines gewaltsamen Todes sterben; **~ incident** Fall *m* von Gewalt[anwendung]; **~ scene** Gewaltszene *f*
❷ (*powerful*) *attack, blow, protest* heftig; (*fig pej*) *colour* grell, schrill; **~ affair** leidenschaftliche Affäre; **~ argument** heftige Auseinandersetzung; **~ contrast** krasser Gegensatz; **~ pain** heftiger Schmerz; **to have a ~ temper** jähzornig sein
violently ['vaɪəlᵊntli] *adv* ❶ (*physically abusive*) brutal; **to die ~** eines gewaltsamen Todes sterben
❷ (*very much*) heftig; ***I was ~ sick last night*** ich musste mich letzte Nacht heftig übergeben; **to be ~ angry** vor Wut rasen; **~ jealous** äußerst eifersüchtig; **to dislike sb ~** jdn absolut widerlich finden; **to push ~** kräftig drücken; **to tremble ~** heftig zittern
violet ['vaɪələt, AM -lɪt] **I.** *n* ❶ (*colour*) Violett *nt*
❷ BIOL Veilchen *nt*
► PHRASES: **to be a shrinking ~** ein scheues Reh sein *fig*
II. *adj* violett
violin [ˌvaɪə'lɪn] **I.** *n* Violine *f,* Geige *f*
II. *n modifier* Geigen-; (*concerto, sonata*) Violin-
violin case *n* Geigenkasten *m*
violinist [vaɪə'lɪnɪst] *n* Violinist(in) *m(f),* Geiger(in) *m(f)*
violin maker *n* Geigenbauer(in) *m(f)* **violin**

player *n* Geiger(in) *m(f)*

violist [vi'əʊlɪst, AM -oʊ-] *n* Bratschist(in) *m(f)*

violoncellist [ˌvaɪələn'tʃelɪst, AM ˌvi:ələ:n'-, ˌvaɪə-] *n* Violoncellist(in) *m(f)*

violoncello [ˌvaɪələn'tʃeləʊ, AM ˌvi:ələ:n'tʃeloʊ, ˌvaɪə-] *n (form)* Violoncello *nt*

V.I.P., VIP [ˌvi:aɪ'pi:] **I.** *n abbrev of* **very important person** VIP *m*, Promi *m fam*
II. *adj attr abbrev of* **very important person** *area, tent* VIP-; **to be given ~ treatment** besonders zuvorkommend behandelt werden; ***we were given the full ~ treatment*** für uns wurde extra der rote Teppich ausgerollt *hum*

viper ['vaɪpəʳ, AM -ɚ] *n* ① ZOOL Viper *f*
② *(fig pej liter: person)* Natter *f pej*; *(esp a woman)* Schlange *f*; **nest of ~s** Natternnest *nt*, Schlangengrube *f geh*

viperish ['vaɪpərɪʃ, AM -ɚɪʃ] *adj (fig)* giftig; **~ attack** niederträchtiger Angriff

VIP lounge *n* VIP-Lounge *f*

virago <*pl* -s *or* -es> [vɪ'rɑ:gəʊ, AM və'rɑ:goʊ] *n*
① *(pej: shrew)* Xanthippe *f pej*, zänkische Frau
② *(dated: warrior)* Amazone *f*

viral ['vaɪ(ə)rəl] *adj inv* Virus-, viral *fachspr*; **~ disease** Viruserkrankung *f*; **anti~ drug** antivirales Medikament *fachspr*; **~ infection** Virusinfektion *f*

Virgil ['vɜ:dʒɪl, AM 'vɜ:rdʒəl] *n no pl* LIT Virgil *m*

virgin ['vɜ:dʒɪn, AM 'vɜ:r-] **I.** *n* ① *(sexually inexperienced person)* Jungfrau *f*; ■ **the V~ [Mary]** REL die Jungfrau [Maria]; ■ **to be a ~** Jungfrau sein, unschuldig sein *fam*
② *(inexperienced person)* unbeschriebenes Blatt *fam*
II. *adj inv, attr* ① *(chaste)* jungfräulich, unberührt
② *(fig: unexplored)* jungfräulich, unerforscht; **~ territory** Neuland *nt*
③ *(liter: untouched)* jungfräulich, unberührt, rein; *forest* unberührt; **~ sheet of paper** unbeschriebenes Blatt
④ *(untreated products)* **~ olive oil** kalt gepresstes Olivenöl
⑤ COMPUT *tape, disk* unbespielt

virginal ['vɜ:dʒɪnəl, AM 'vɜ:r-] **I.** *adj* jungfräulich
II. *n* MUS ■ **the ~s** *pl* das Tafelklavier

virgin birth *n* ■ **the ~** die jungfräuliche Geburt; BIOL Jungfernzeugung *f*

Virginia [və'dʒɪnjə, AM vɚ'-] **I.** *n* ① *(state)* Virginia *nt*
② *(tobacco)* Virginia *m*
II. *n modifier* **~ creeper** Wilder Wein; **~ tobacco** Virginiatabak *m*

Virginian [və'dʒɪnjən, AM vɚ'-] **I.** *n* Einwohner(in) *m(f)* von Virginia
II. *adj* aus Virginia *nach n*

Virgin Isles *npl* ■ **the ~** die Jungferninseln *pl*

virginity [və'dʒɪnəti, AM vɚ'dʒɪnəţi] *n no pl* Jungfräulichkeit *f*; **to lose one's ~ [to sb]** seine Unschuld [an jdn] verlieren, [von jdm] entjungfert werden

Virgo ['vɜ:gəʊ, AM 'vɜ:rgoʊ] *n* ASTROL *no art* Jungfrau *f*; *see also* **Aries**

Virgoan ['vɜ:gəʊən, AM 'vɜ:rgoʊ-] *inv* ASTROL **I.** *adj* **~ trait** Charakterzug *m* der Jungfrau
II. *n* Jungfrau *f*

viridescent [ˌvɪrɪ'desənt, AM -ə'-] *adj* grünlich

virile ['vɪraɪl, AM -əl] *adj (approv)* ① *(full of sexual energy)* potent; *(masculine)* männlich
② *(energetic) voice* kraftvoll

virility [vɪ'rɪləti, AM və'rɪləţi] *n no pl (approv)*
① *(sexual vigour)* Potenz *f*; *(masculinity)* Männlichkeit *f*
② *(vigour)* Kraft *f*; **economic ~** *(fig)* wirtschaftliche Stärke

virology [vaɪə'rɒlədʒi, AM vaɪ'rɑ:lə-] *n no pl* Virologie *f*

virtual ['vɜ:tʃuəl, AM 'vɜ:r-] *adj inv* ① *(almost certain)* so gut wie, quasi; ***years of incompetent government had brought about the ~ collapse of the economy*** Jahre inkompetenter Regierungsführung hatten dazu geführt, dass die Wirtschaft so gut wie zusammenbrach; ***now that the talks have broken down, war in the region looks like a ~ certainty*** jetzt, wo die Gespräche gescheitert sind, scheint der Krieg in der Region praktisch sicher zu sein; ***nowadays, television has a ~ monopoly over cultural life*** heutzutage hat das Fernsehen quasi ein Monopol über das kulturelle Leben; ***snow brought the whole of Guernsey to a ~ standstill yesterday*** der Schnee brachte gestern ganz Guernsey praktisch zum Stillstand; **to be a ~ unknown** praktisch unbekannt sein
② COMPUT, PHYS virtuell

virtuality [ˌvɜ:tʃu'æləti, AM ˌvɜ:rtʃu'æləţi] *n no pl* Virtualität *f*

virtually ['vɜ:tʃuəli, AM 'vɜ:r-] *adv inv* ① *(almost)* praktisch, eigentlich, so gut wie
② COMPUT virtuell

virtual reality *n no pl* virtuelle Realität, Virtual Reality *f*

virtue ['vɜ:tju:, -tʃu:, AM 'vɜ:rtʃu:] *n* ① *(good quality)* Tugend *f*
② *no pl (morality)* Tugendhaftigkeit *f*; **to be a paragon of ~** *(also iron)* ein Muster an Tugendhaftigkeit sein *a. iron*; **woman of easy ~** *(euph)* leichtes Mädchen
③ *(advantage)* Vorteil *m*; **to extol the ~s of sth** die Vorteile einer S. *gen* preisen *geh*
④ *no pl (benefit)* Nutzen *m*; ***would there be any ~ in taking an earlier train?*** hätte es irgendeinen Nutzen, wenn ich einen früheren Zug nehmen würde?
⑤ *(hist: chastity)* Keuschheit *f*
⑥ *(form: because of)* ■ **by ~ of sth** wegen [*o* aufgrund] einer S. *gen*
► PHRASES: **to make a ~ [out] of necessity** aus der Not eine Tugend machen; **patience is a ~** *(saying)* Geduld ist eine Tugend

virtuosity [ˌvɜ:tju'ɒsəti, -tʃu:-, AM ˌvɜ:rtʃu'ɑ:səţi] *n no pl (form)* Virtuosität *f*

virtuoso [ˌvɜ:tju'əʊsəʊ, -tʃu-, AM ˌvɜ:rtʃu'oʊsoʊ, *pl* -si] **I.** *n* <*pl* -s *or* -si> Virtuose, -in *m, f*; **to be a ~ on the piano** ein Virtuose/eine Virtuosin am Klavier sein; **~ of politics** *(fig)* politisches Genie
II. *adj* virtuos; **~ pianist** begnadeter Pianist/begnadete Pianistin

virtuous ['vɜ:tʃuəs, -tju-, AM 'vɜ:r-] *adj* ① *(morally good)* tugendhaft; *(upright)* rechtschaffen
② *(pej: morally better)* moralisch überlegen; *(self-satisfied)* selbstgerecht

virtuously ['vɜ:tʃuəsli, AM 'vɜ:r] *adv* tugendhaft, rechtschaffen

virulence ['vɪrʊlən(t)s, AM -jəl-] *n no pl* ① MED Virulenz *f fachspr*, Bösartigkeit *f*
② *(form: bitterness)* Schärfe *f*; *(maliciousness)* Bösartigkeit *f*

virulent ['vɪrʊlənt, AM -jəl-] *adj* ① MED bösartig, virulent *fachspr*; **~ poison** starkes Gift
② *(form: fierce)* bösartig; ***she is very ~ about her former employer*** sie ist sehr feindselig gegenüber ihrem früheren Arbeitgeber; **~ critic** scharfer Kritiker/scharfe Kritikerin

virulently ['vɪrʊləntli, AM 'vɪrjə] *adv* virulent, giftig *a. fig*, bösartig *a. fig*

virus ['vaɪ(ə)rəs, AM 'vaɪr-] **I.** *n* <*pl* -es> ① MED Virus *nt o fam m*; **to have caught a ~** sich *dat* einen Virus [*o fam* was] eingefangen haben
② COMPUT Virus *m*
③ *(fig pej)* Geschwür *nt*
II. *n modifier* **~ disease** Viruserkrankung *f*; **~ infection** Virusinfektion *f*

visa ['vi:zə] **I.** *n* Visum *nt*, Sichtvermerk *m*; **entry/exit ~** Einreise-/Ausreisevisum *nt*
II. *n modifier (application)* Visum-

visage ['vɪzɪdʒ] *n usu sing (fig poet liter)* ① *(sb's face)* Antlitz *nt poet*
② *(fig: surface of an object)* Antlitz *nt fig liter*, Angesicht *nt fig*

vis-à-vis [ˌvi:zɑ:'vi:, AM -ə'-] *prep* ① *(concerning)* bezüglich +*gen*, wegen +*gen*
② *(in comparison with)* gegenüber +*dat*

viscera ['vɪsərə] *npl* ANAT Viszera *pl fachspr*, Eingeweide *ntpl*

visceral ['vɪsərəl] *adj* ① *inv* ANAT viszeral *fachspr*
② *(liter: not objective)* emotional; **~ hate** tief sitzender Hass

viscid ['vɪsɪd] *adj (form)* zähflüssig, dickflüssig

viscose ['vɪskəʊs, AM -koʊs] *n no pl* Viskose *f*

viscosity [vɪ'skɒsəti, AM -skɑ:səţi] *n no pl* Zähflüssigkeit *f*, Viskosität *f fachspr*

viscount ['vaɪkaʊnt] *n* Viscount *m*

viscountcy ['vaɪkaʊntsi] *n* Viscountwürde *f*

viscountess <*pl* -es> [ˌvaɪkaʊn'təs, AM 'vaɪkaʊnţɪs] *n* Viscountess *f*

viscounty ['vaɪkaʊnti] *n* Rang *m* [*o* Stellung *f*] [*o* Würde *f*] eines Viscounts

viscous ['vɪskəs] *adj* zähflüssig, viskos *fachspr*

vise *n* AM *see* **vice**

visibility [ˌvɪsə'bɪləti, AM -əţi] *n no pl* ① *(of view)* Sichtweite *f*; **~ *in some areas is down to two metres*** die Sichtweite beträgt stellenweise nur noch zwei Meter; **good/poor ~** gute/schlechte Sicht
② *(being seen)* Sichtbarkeit *f*

visible ['vɪsəbl̩] *adj* ① *(able to be seen)* sichtbar; ■ **to be ~** sichtbar [*o* zu sehen] sein; **to be ~ to the naked eye** mit bloßem Auge zu erkennen sein; **to be barely ~** kaum zu sehen sein; **to be clearly ~** deutlich sichtbar [*o* zu sehen] sein
② *(fig)* sichtbar; *(imminent)* deutlich

visibly ['vɪsəbli] *adv* sichtlich, merklich

Visigoth ['vɪzɪgɒθ, AM əgɑ:θ] *n* HIST Westgote, -in *m, f*

vision ['vɪʒən] *n* ① *no pl (sight)* Sehvermögen *nt*; **to be beyond the range of ~** außer Sichtweite sein; **to have blurred ~** verschwommen sehen
② *(mental image)* Vorstellung *f*; ***for me, the smell of coconut oil conjures up ~s of palm trees and white beaches*** wenn ich Kokosnussöl rieche, sehe ich immer Palmen und weiße Strände vor mir; ***she's got ~s of marrying a billionaire and living in luxury*** sie träumt davon, einen Milliardär zu heiraten und im Luxus zu leben; **~ of the future** Zukunftsvision *f*
③ *(supernatural experience)* Vision *f*
④ *no pl (forethought)* Weitblick *m*
⑤ *(esp hum: beautiful sight)* ***she emerged from the bedroom, a ~ in cream silk*** sie kam aus dem Schlafzimmer heraus, ein Traum in cremefarbener Seide; **to be a ~ of loveliness** eine traumhafte Schönheit sein; **to be a real ~** traumhaft sein

visionary ['vɪʒənəri, AM -eri] **I.** *adj* ① *(not realistic)* unrealistisch; *(imagined)* eingebildet
② *(future-orientated)* visionär *geh*; **to have ~ powers** hellseherische Kräfte haben
II. *n* ① *(religious prophet)* Visionär(in) *m(f) geh*, Seher(in) *m(f)*
② *(social prophet)* Visionär(in) *m(f) geh*

visit ['vɪzɪt] **I.** *n* ① *(stopping by)* Besuch *m*; ***I went to Edinburgh on a ~ to a friend*** ich habe in Edinburgh eine Freundin besucht; **flying ~** kurzer [*o* flüchtiger] Besuch; **to expect a ~ from sb** Besuch von jdm erwarten; **to have a ~ from sb** von jdm besucht werden; ***they had a ~ from the police yesterday*** sie hatten gestern Besuch von der Polizei *fam*; **to pay a ~ to sb** jdm einen Besuch abstatten, jdn besuchen; *(for professional purposes)* jdn aufsuchen; ***pay us a ~ some time*** besuch uns doch mal!
② AM *(fam: chat)* Plauderei *f*
II. *vt* ① *(stop by for a while)* ■ **to ~ sb/sth** jdn/etw besuchen, jdm/etw einen Besuch abstatten *geh*
② *(for professional purposes)* ■ **to ~ sb** jdn aufsuchen; ***the school inspector will ~ the school next week*** der Schulinspektor wird nächste Woche die Schule inspizieren; **to ~ the dentist/doctor** den Zahnarzt/den Arzt aufsuchen [*o geh* konsultieren]
③ *usu passive (form or dated: inflict)* ■ **to ~ sth [up]on sb/sth** etw über jdn/etw bringen; ***warfare ~s devastation on a land*** Krieg bringt Zerstörung über ein Land; ■ **to be ~ed by sth** von etw *dat* heimgesucht werden
► PHRASES: **the sins of the fathers [are ~ed upon the children]** *(saying)* die Sünden der Väter [suchen die Kinder heim]
III. *vi* ① *(stopping by)* einen Besuch machen; ***we're***

just ~ ing wir sind nur zu Besuch [da]; ■ **to ~ with sb** AM sich *akk* mit jdm treffen
❷ AM (*fam: chat*) ein Schwätzchen halten *fam*

visitation [ˌvɪzɪˈteɪʃᵊn, AM -əˈ-] *n* ❶ *no pl* (*stopping by*) Besuch *m*
❷ (*supernatural experience*) Erscheinung *f*; ***they reported a ~ from the Virgin Mary*** sie berichteten, dass ihnen die Jungfrau Maria erschienen sei
❸ (*official visit*) offizieller Besuch
❹ (*hum fam*) Heimsuchung *f hum*
❺ *no pl* AM (*for child*) ≈ Besuchszeit *f*; (*right to see child*) Besuchsrecht *nt*
❻ REL Heimsuchung *f*

visitation rights *npl* AM Besuchsrecht *nt* (*bei Scheidungskindern*)

visiting [ˈvɪzɪtɪŋ] *adj attr, inv* Gast-; **~ professor** Gastprofessor; **~ monarch/dignitary** Monarch/Würdenträger, der zu Besuch ist

visiting card *n* Visitenkarte *f* **visiting fireman** *n* AM (*fam*) Ehrengast *m* **visiting hours** *npl* Besuchszeiten *fpl* **visiting nurse** *n* Gemeindeschwester *f* **visiting professor** *n* Gastprofessor(in) *m(f)* **visiting teacher** *n* Hauslehrer(in) *m(f)* **visiting team** *n* SPORTS Gastmannschaft *f*

visitor [ˈvɪzɪtəʳ, AM -t̬ɚ] *n* Besucher(in) *m(f)*; (*in a hotel*) Gast *m*; **to have a ~** Besuch haben

visitors' book *n esp* BRIT Gästebuch *nt*

visor [ˈvaɪzəʳ, AM -ɚ] *n* ❶ (*part of helmet*) Visier *nt*
❷ AM (*brim of cap*) Schild *nt*
❸ AUTO Sonnenblende *f*

vista [ˈvɪstə] *n* ❶ (*view*) Aussicht *f*, Blick *m*
❷ *usu pl* (*fig: mental view*) Perspektiven *fpl*; **to open up new ~s** neue Perspektiven eröffnen

visual [ˈvɪʒuəl] **I.** *adj* visuell, Seh-; **~ acuity** Sehschärfe *f*; **~ disorder** Sehstörung *f*; **~ imagery** Bildersymbolik *f*; **~ perception** bildliche [*o geh* visuelle] Wahrnehmung; **~ stimulus** visueller Reiz
II. *n* ■ **~s** *pl* Bildmaterial *nt*

visual aid *n* Anschauungsmaterial *nt* **visual arts** *npl* bildende Künste

visualization [ˌvɪʒuəlaɪˈzeɪʃᵊn, AM -ᵊlɪˈ-] *n no pl*
❶ (*act*) Veranschaulichung *f*
❷ (*imagination*) Visualisierung *f*, Sichvorstellen *nt*; ***that skier used ~ to prepare herself for the downhill run*** die Skiläuferin stellte sich im Geist die Abfahrt vor, um sich darauf vorzubereiten

visualize [ˈvɪʒuᵊlaɪz, AM -ʒuə-] *vt* ■ **to ~ sth**
❶ (*imagine*) sich *dat* etw vorstellen, etw visualisieren; (*sth of the past*) sich *dat* etw *akk* vergegenwärtigen
❷ (*foresee*) etw erwarten; ***I don't ~ many changes*** ich rechne nicht mit großen Veränderungen

visually [ˈvɪʒuəli] *adv* visuell *geh*; ***Mitchell's production is ~ striking*** Mitchells Produktion ist von der Aufmachung her echt bemerkenswert; **~ handicapped** [*or* **impaired**] sehbehindert

vital [ˈvaɪtᵊl, AM -t̬ᵊl] *adj* ❶ (*essential*) essenziell, unerlässlich; (*more dramatic*) lebenswichtig, lebensnotwendig; **to play a ~ part** eine entscheidende Rolle spielen; **to be of ~ importance** von entscheidender Bedeutung [*o* von größter Wichtigkeit] sein; ■ **to be ~ to sth** für etw *akk* lebenswichtig [*o* unerlässlich] sein; ■ **it is ~ to do sth** es ist äußerst wichtig, etw zu tun; ■ **it is ~ that …** es ist von entscheidender Bedeutung, dass …
❷ (*approv form: energetic*) *person* vital, lebendig

vitality [vaɪˈtæləti, AM -əti] *n no pl* (*approv*)
❶ (*energy*) Vitalität *f*, Lebenskraft *f*
❷ (*durability*) Dauerhaftigkeit *f*, Beständigkeit *f*

vitalize [ˈvaɪtᵊlaɪz, AM -t̬əl-] *vt* ■ **to ~ sth** etw beleben, Leben in etw *akk* bringen

vitally [ˈvaɪtᵊli, AM -t̬ᵊli] *adv* äußerst; **to be ~ important** von entscheidender Bedeutung sein; **to be ~ necessary** dringend benötigt werden; **to matter ~** sehr viel ausmachen

vital organs *npl* lebenswichtige Organe **vital signs** *npl* MED Lebenszeichen *ntpl* **vital statistics** *npl* ❶ (*of demography*) Bevölkerungsstatistik *f*
❷ (*hum dated: woman's measurements*) Maße *pl fam*

vitamin [ˈvɪtəmɪn, AM ˈvaɪt̬ə-] *n* Vitamin *nt*; ***with added ~s*** mit Vitaminen angereichert; **~ B12** Vitamin *nt* B12

vitamin deficiency *n no pl* Vitaminmangel *m* **vitamin pill** *n* Vitamintablette *f* **vitamin supplement** *n Vitamintabletten, um den Vitaminhaushalt zu ergänzen* **vitamin tablets** *npl* Vitamintabletten *fpl*

vitiate [ˈvɪʃieɪt] *vt* (*form*) ■ **to ~ sth** ❶ (*impair*) etw beeinträchtigen
❷ (*spoil*) etw verderben; *air, water* etw verunreinigen; *atmosphere* etw vergiften *fig*
❸ LAW etw ungültig werden lassen, etw hinfällig machen

viticulture [ˈvɪtɪkʌltʃəʳ, AM t̬əkʌltʃɚ] *n no pl* AGR Wein[an]bau *m*

vitreous [ˈvɪtriəs] *adj attr* Glas-; **~ china** Porzellanemail *nt*

vitrify [ˈvɪtrɪfaɪ, AM -trə-] *vt esp passive* ■ **to ~ sth** etw zu Glas schmelzen

vitriol [ˈvɪtriəl, AM *esp* -ɪɔl] *n no pl* ❶ CHEM (*liter or dated: sulphuric acid*) Vitriolsäure *f*
❷ (*fig: criticism*) Schärfe *f*

vitriolic [ˌvɪtriˈɒlɪk, AM -ɑːlɪk] *adj* ❶ *criticism* scharf; *remark* beißend
❷ CHEM vitriolhaltig

vituperate [vɪˈtjuːpᵊreɪt, AM vaɪˈtuːpə-] (*form*) **I.** *vt* ■ **to ~ sb** jdn schelten
II. *vi* schmähen *veraltend*

vituperation [vɪˌtjuːpᵊrˈeɪʃᵊn, AM vaɪˌtuːpəˈr-] *n no pl* (*form*) Schmähungen *fpl geh*

vituperative [vɪˈtjuːpᵊrətɪv, AM vaɪˈtuːpɚət̬ɪv] *adj* (*form*) schmähend *geh*, Schmäh-; **~ speech** Schmährede *f*

viva [ˈvaɪvə] *n* BRIT *see* **viva voce** mündliche Prüfung

vivacious [vɪˈveɪʃes] *adj* (*lively*) lebhaft, temperamentvoll; (*cheerful*) munter; *street* belebt

vivaciously [vɪˈveɪʃesli] *adv* lebhaft; (*cheerfully*) munter; **to act a role ~** eine Rolle temperamentvoll spielen; **to talk ~** sich *akk* lebhaft unterhalten

vivacity [vɪˈvæsəti, AM -əti] *n no pl* Lebhaftigkeit *f*; (*cheerfulness*) Munterkeit *f*

vivarium <*pl* -s *or* -ria> [vɪˈveəriəm, AM vaɪˈver-, *pl* -riə] *n* Vivarium *nt fachspr*

viva voce [ˌvaɪvəˈvəʊsi, AM -ˈvoʊsi] **I.** *n* mündliche Prüfung; **to have** [*or* **take**] **a ~** eine mündliche Prüfung haben
II. *n modifier* (*examination, presentation*) mündlich
III. *adv inv* mündlich

vivid [ˈvɪvɪd] *adj* ❶ *account, description* anschaulich, lebendig; **~ language** lebendige Sprache
❷ (*of mental ability*) lebhaft; **~ imagination** lebhafte Fantasie; **to have ~ memories of sth** sich *akk* lebhaft an etw *akk* erinnern können
❸ *colours* leuchtend, kräftig; **~ lightning flash** greller Blitz

vividly [ˈvɪvɪdli] *adv* lebhaft; *describe* anschaulich, lebendig; **to depict sth ~** etw anschaulich [*o* lebendig] schildern; **to remember ~** sich *akk* lebhaft erinnern

vividness [ˈvɪvɪdnəs] *n no pl of a person* Lebhaftigkeit *f*; *of a description* Anschaulichkeit *f*; (*of colours, light*) Intensität *f*

vivify <-ie-> [ˈvɪvɪfaɪ, AM ˈvɪvə] *vt* ■ **to ~ sth** etw beleben, etw anregen, etw intensivieren

viviparous [vɪˈvɪpᵊrəs, AM vaɪˈ-] *adj inv* BIOL (*spec*) lebend gebärend, vivipar *fachspr*

vivisect [ˈvɪvɪsekt, AM ˈvɪvə-] *vt* ■ **to ~ an animal** ein Tier vivisezieren *fachspr*

vivisection [ˌvɪvɪˈsekʃᵊn, AM ˌvɪvə-] *n no pl* Vivisektion *f fachspr*

vixen [ˈvɪksᵊn] *n* ❶ (*female fox*) Füchsin *f*
❷ (*pej: woman*) zänkische Frau, Drachen *m fam*

viz[1] *abbrev of* **videlicet**

viz[2] [vɪz], **viz.** *adv inv* (*dated*) nämlich

vizier [vɪˈzɪəʳ, AM ˈzɪr] *n* (*hist*) Wesir *m*

V-neck [ˈviːnek] *n* FASHION V-Ausschnitt *m*

V-necked [ˈviːnekt] *adj inv* mit V-Ausschnitt *nach n*

vocabulary [və(ʊ)ˈkæbjələri, AM voʊˈkæbjəleri] *n* Vokabular *nt*, Wortschatz *m*; (*words*) Vokabeln *fpl*; (*glossary*) Glossar *nt geh*, Wörterverzeichnis *nt*; **a list of ~** eine Liste mit Vokabeln; **limited ~** begrenzter Wortschatz; **to widen one's ~** seinen Wortschatz erweitern

vocal [ˈvəʊkᵊl, AM ˈvoʊ-] **I.** *adj* ❶ *inv* (*of voice*) stimmlich; **~ communication** mündliche Kommunikation; **~ piece** Vokalstück *nt*; **~ range** Stimmumfang *m*; **~ sound** Ton *m*
❷ (*outspoken*) laut; ■ **to be ~** sich *akk* freimütig äußern; **~ minority** lautstarke Minderheit; **to become ~** laut werden
❸ (*communicative*) gesprächig
II. *n* ❶ MUS Vokalpartie *f fachspr*; ***is that Tamsin Palmer on ~s?*** ist das Tamsin Palmer, die da singt?
❷ (*singer*) Sänger(in) *m(f)*; **lead ~** Leadsänger(in) *m(f) sl*

vocal cords *npl* Stimmbänder *ntpl*

vocalist [ˈvəʊkᵊlɪst, AM ˈvoʊ-] *n* Sänger(in) *m(f)*

vocalize [ˈvəʊkᵊlaɪz, AM ˈvoʊ-] LING **I.** *vi* vokalisieren *fachspr*
II. *vt* ❶ (*make sound*) ■ **to ~ sth** etw in Töne umsetzen
❷ (*put into words*) ■ **to ~ sth** etw aussprechen; (*of thoughts, ideas*) etw in Worte fassen
❸ (*in phonetics*) **to ~ a consonant** einen Konsonanten vokalisieren *fachspr*

vocally [ˈvəʊkᵊli, AM ˈvoʊ-] *adv* ❶ (*outspokenly*) lautstark, vernehmlich
❷ *inv* (*of singing*) gesanglich

vocation [və(ʊ)ˈkeɪʃᵊn, AM voʊˈ-] *n* ❶ (*calling*) Berufung *f*; ***a ~ or a profession?*** Beruf oder Berufung?; **to find/miss one's ~** seine Berufung finden/verfehlen; **to have a ~ for sth** sich *akk* zu etw *dat* berufen fühlen
❷ *usu sing* (*trade*) Beruf *m*

vocational [və(ʊ)ˈkeɪʃᵊnᵊl, AM voʊˈ-] *adj inv* beruflich; **~ counselling** [*or* **guidance**] Berufsberatung *f*; **~ school** Berufsschule *f*; **~ training** Berufsausbildung *f*

vocationally [vəʊˈkeɪʃᵊnᵊli, AM voʊ] *adv inv* beruflich, unter beruflichem Aspekt

vocative [ˈvɒkətɪv, AM ˈvɑːkət̬ɪv] LING **I.** *adj inv* Anrede-, vokativisch *fachspr*
II. *n* ❶ (*vocative word*) Anrede *f*, Vokativ *m fachspr*
❷ *no pl* (*vocative case*) ■ **the ~** der Anredefall, der Vokativ *fachspr*

vocative case *n* LING ■ **the ~** der Vokativ *fachspr*

vociferate [və(ʊ)ˈsɪfəreɪt, AM voʊˈ-] **I.** *vi* **to ~** [**loudly/violently**] [**against sth**] [gegen etw *akk*] lautstark protestieren
II. *vt* ■ **to ~ sth** etw lautstark zum Ausdruck bringen

vociferous [və(ʊ)ˈsɪfᵊrəs, AM voʊˈ-] *adj* lautstark; (*impetuous*) vehement

vociferously [və(ʊ)ˈsɪfᵊrəsli, AM voʊˈ-] *adv* lautstark

vocoder [ˈvəʊkəʊdəʳ, AM ˈvoʊkoʊdɚ] *n* Vocoder *m*

vocodered [ˈvəʊkəʊdəd, AM ˈvoʊkoʊdɚd] *adj inv* Vocoder-

vodka [ˈvɒdkə, AM ˈvɑːd-] *n* Wodka *m*

vogue [vəʊg, AM voʊg] *n* Mode *f*; ■ **to be in ~/out of ~** in Mode [*o* en vogue]/aus der Mode sein; **to be back in ~** wieder Mode sein; **to become the ~** Mode werden; **to have [a] considerable ~** sich *akk* beachtlicher Beliebtheit erfreuen

voice [vɔɪs] **I.** *n* ❶ (*of person*) Stimme *f*; ***her ~ broke with emotion*** ihre Stimme brach vor Rührung; ***this is the ~ of experience talking*** ich spreche aus Erfahrung; **the ~ of conscience** die Stimme des Gewissens; **to have an edge to one's ~** eine [gewisse] Schärfe in der Stimme haben; **to listen to the ~ of reason** auf die Stimme der Vernunft hören; **to like the sound of one's own ~** sich *akk* selbst gerne reden hören; **tone of ~** Ton *m*; ***don't speak to me in that tone of ~!*** sprich nicht in diesem Ton mit mir!; **at the top of one's ~** in [*o* mit] voller Lautstärke; **husky/throaty ~** heisere/kehlige Stimme; **hushed ~** gedämpfte Stimme; (*whisper*) Flüsterstimme *f*; **inner ~** innere Stimme; **singing ~** Singstimme *f*; **sb's ~ is breaking** jd ist im Stimmbruch; **to give ~ to sth** etw aussprechen; **to keep one's ~**

down leise sprechen; **to lower/raise one's** ~ seine Stimme senken/erheben
❷ (*ability to speak, sing*) Artikulationsfähigkeit *f geh;* **to be in good/magnificent** ~ gut/hervorragend bei Stimme sein; **to lose one's** ~ seine Stimme verlieren
❸ (*opinion*) Stimme *f,* Meinung *f;* **to make one's** ~ **heard** sich *dat* Gehör verschaffen; **with one** ~ einstimmig
❹ (*agency expressing opinion*) Stimme *f,* Stimmrecht *nt;* **to give sb a** ~ jdm ein Mitspracherecht einräumen
❺ MUS Stimmlage *f*
❻ (*in grammar*) **active/passive** ~ Aktiv/Passiv *nt*
► PHRASES: **a** ~ **crying in the wilderness** die Stimme eines Rufenden in der Wüste *fig*
II. *vt* ■**to** ~ **sth** etw zum Ausdruck bringen; **to** ~ **a complaint** eine Beschwerde vorbringen; **to** ~ **a desire** einen Wunsch aussprechen

voice-activated *adj inv* TECH, COMPUT sprachgesteuert **voice box** *n* (*fam*) Kehlkopf *m* **voice carrier** *n* Telefonfirma *f,* Telefonanbieter *m* **voice coach** *n* Sprechlehrer(in) *m(f)*

voiced [vɔɪst] *adj inv* LING stimmhaft

voiceless ['vɔɪsləs] *adj inv* ❶ (*also fig*) stumm
❷ (*lacking power*) *electorate, citizens* ohne Mitspracherecht *nach n*
❸ LING stimmlos

voice mail *no pl* Voicemail *f fachspr* **voice memo** *n no pl* Mailbox *f* **voice messaging** *n no pl* Anrufaufzeichnung *f* **voice-over** *n* TV, FILM Offkommentar *m fachspr,* Hintergrundkommentar *m* **voice portal** *n* INET Voice Portal *nt fachspr* (*in ein Telefon integriertes elektronisches Kommunikationssystem, das gesprochene Informationsanfragen an das Internet weiterleitet und mit synthetisierter Stimme beantwortet*) **voice vote** *n* **to take a** ~ eine mündliche Abstimmung durchführen

void [vɔɪd] **I.** *n* Leere *f kein pl a. fig;* (*in building*) Hohlraum *m;* ■**into the** ~ ins Leere; ***she sensed the black** ~ **of despair inside him*** sie spürte den Abgrund der Verzweiflung in ihm; **to fill the** ~ die innere Leere ausfüllen
II. *adj inv* ❶ (*invalid*) nichtig; **to declare sth** [**null and**] ~ etw für [null und] nichtig erklären
❷ (*liter: lacking in*) ■**to be** ~ **of sth** ohne etw *akk* sein, einer S. *gen* entbehren *geh;* ***he's completely** ~ **of charm*** er hat absolut keinen Charme
❸ (*form*) *position* frei
❹ *action, speech* nutzlos; **to render sth** ~ etw zunichte machen
III. *vt* ❶ *esp* AM (*declare invalid*) ■**to** ~ **sth** etw aufheben [*o* ungültig machen]; **to** ~ **a contract** einen Vertrag für ungültig erklären
❷ MED **to** ~ **one's/the bowels** seinen/den Darm entleeren

voile [vɔɪl] **I.** *n no pl* FASHION Voile *m fachspr*
II. *n modifier* (*tank top, skirt*) Voile-

vol, vol. *n abbrev of* **volume** Bd.; (*measure*) vol.

volatile ['vɒlətaɪl, AM 'vɑːlətᵊl] **I.** *adj* ❶ (*changeable*) unbeständig; (*unstable*) instabil
❷ (*explosive*) *situation* explosiv
❸ CHEM flüchtig; ~ **liquid** schnell verdampfende Flüssigkeit
II. *n usu pl* sich schnell verflüchtigende Substanz

volatility [ˌvɒlə'tɪləti, AM ˌvɑːlə'tɪləṱi] *n no pl* ❶ (*changeableness*) Unbeständigkeit *f;* (*instability*) Instabilität *f*
❷ (*inconsistency*) Widersprüchlichkeit *f,* Inkonsequenz *f geh;* **the** ~ **of sb's moods** jds Launenhaftigkeit
❸ COMPUT Flüchtigkeit *f*

vol-au-vent ['vɒlə(ʊ)vɑ̃(ŋ), AM ˌvɔːloʊ'vɑ̃(n)] *n* FOOD Vol-au-vent *m,* [Königin]pastete *f*

volcanic [vɒl'kænɪk, AM vɑːl'-] *adj* ❶ *inv* GEOL vulkanisch, Vulkan-; ~ **eruption** Vulkanausbruch *m*
❷ (*fig*) *emotion* aufbrausend

volcano <*pl* -oes *or* -os> [vɒl'keɪnəʊ, AM vɑːl'keɪnoʊ] *n* Vulkan *m a. fig;* (*of emotion*) Pulverfass *nt fig*

vole [vəʊl, AM voʊl] *n* Wühlmaus *f*

Volga ['vɒlgə, AM 'vɑːl] *n no pl* GEOG ■**the** ~ die Wolga

volition [və(ʊ)'lɪʃᵊn, AM voʊ'-] *n no pl* (*form*) Wille *m;* **to do sth of one's own** ~ etw aus freiem Willen tun

volley ['vɒli, AM 'vɑːli] **I.** *n* ❶ (*salvo*) Salve *f;* ~ **of gunfire** Gewehrsalve *f;* **to discharge** [*or* **fire**] [*or* **let off**] **a** ~ eine Salve abgeben [*o* abfeuern]
❷ (*hail*) Hagel *m;* ~ **of bullets** Kugelhagel *m*
❸ (*fig: onslaught*) Flut *f*
❹ TENNIS Volley *m fachspr;* FBALL Volleyschuss *m fachspr*
II. *vi* TENNIS einen Volley schlagen *fachspr;* FBALL einen Volley schießen *fachspr*
III. *vt* ❶ TENNIS, FBALL **to** ~ **a ball** einen Ball volley nehmen *fachspr*
❷ (*fig: let fly*) **to** ~ **a series of questions/remarks** eine Reihe von Fragen/Bemerkungen loslassen

volleyball ['vɒlibɔːl, AM 'vɑːli-] *n no pl* Volleyball *m*

volleyer ['vɒliəʳ, AM 'vɑːliɚ] *n* SPORTS Flugballspieler(in) *m(f)*

vols. *n pl of* **vol.** Bde. *mpl*

volt [vəʊlt, vɒlt, AM voʊlt] *n* Volt *nt*

voltage ['vəʊltɪdʒ, AM 'voʊlṱɪdʒ] *n* [elektrische] Spannung; **high/low** ~ Hoch-/Niederspannung *f*

voltage regulator *n* ELEC Spannungsregler *m*

volte-face <*pl* volte-faces> [ˌvɒlt'fæs, AM ˌvɑːlṱ'fɑːs] *n usu sing* (*also fig liter*) Kehrtwendung *f;* **to do** [*or* **make**] **a** ~ eine Kehrtwendung machen

voluble ['vɒljəbl, AM 'vɑːl-] *adj* ❶ (*fluent*) redegewandt
❷ (*pej: talkative*) redselig

volubly ['vɒljəbli, AM 'vɑːl-] *adv* ❶ **to speak** ~ (*fluently*) eloquent sprechen *geh;* (*pej: talkatively*) sehr redselig sein, quasseln *fig fam* (**about** von +*dat*)
❷ (*loudly*) laut[stark]; ***the audience expressed their appreciation*** ~ die Zuschauer brachten ihre Begeisterung in stürmischem Applaus zum Ausdruck

volume ['vɒljuːm, AM 'vɑːl-] *n* ❶ *no pl* (*space*) Volumen *nt*
❷ *no pl* (*amount*) Umfang *m;* ~ **of sales** Umsatzvolumen *nt;* ~ **of traffic** Verkehrsaufkommen *nt*
❸ *no pl* (*sound level*) Lautstärke *f*
❹ (*control dial*) Lautstärkeregler *m;* **to turn the** ~ **down/up** leiser/lauter machen
❺ (*book of set*) Band *m*
► PHRASES: **to speak** ~**s about sth** über etw *akk* Bände sprechen *fam*

volume control, volume regulator *n* Lautstärkeregler *m*

volumetric [ˌvɒljə'metrɪk, AM ˌvɑːl] *adj inv* ❶ ART *painting* mit räumlicher Wirkung *nach n; sculpture* raumgreifend
❷ CHEM volumetrisch *fachspr*

voluminous [və'luːmɪnəs, AM -mənəs] *adj* (*form*) *clothes* weit [geschnitten]; *written account* umfangreich; *writer* produktiv

voluntarily ['vɒləntᵊrᵊli, ˌvɒlən'teərᵊli, AM 'vɑːləntᵊrᵊli] *adv inv* freiwillig

voluntarism ['vɒləntᵊrɪzᵊm, AM 'vɑːl] *n no pl* ❶ (*principle*) Grundsatz *m* der Freiwilligkeit, Freiwilligkeitsprinzip *nt*
❷ PHILOS Voluntarismus *m fachspr*

voluntary ['vɒləntᵊri, AM 'vɑːlᵊnteri] **I.** *adj inv* freiwillig; ~ **liquidation** [*or* **winding up**] freiwillige Liquidation; ~ **redundancy** freiwillige Arbeitsplatzaufgabe; ~ **work for the Red Cross** ehrenamtliche Tätigkeit für das Rote Kreuz
II. *n* MUS Orgelsolo *nt*

voluntary manslaughter *n no pl* Totschlag *m* im Affekt **voluntary organization** *n* + *sing/pl vb* Wohltätigkeitsverein *m* **voluntary redundancy** *n* freiwilliges Ausscheiden; **to take** ~ freiwillig ausscheiden **voluntary school** *n* BRIT Privatschule *f* (*von der Kommunalverwaltung finanziert, jedoch nicht gegründet; steht oft einem bestimmten religiösen Bekenntnis nahe*) **Voluntary Service Overseas** *n no pl* Freiwilliger Entwicklungsdienst

volunteer [ˌvɒlən'tɪəʳ, AM ˌvɑːlən'tɪr] **I.** *n* ❶ (*unpaid worker*) ehrenamtlicher Mitarbeiter/ehrenamtliche Mitarbeiterin
❷ (*willing person*) Freiwillige(r) *f(m)*
II. *vt* ■**to** ~ **oneself for sth** sich *akk* freiwillig zu etw *dat* melden; ■**to** ~ **sb to do sth** jdn [als Freiwilligen/Freiwillige] für etw *akk* vorschlagen; **to** ~ **information** bereitwillig Informationen geben; **to** ~ **one's services** seine Dienste anbieten
III. *vi* ❶ (*offer one's services*) ■**to** ~ **to do sth** sich *akk* [freiwillig] anbieten, etw zu tun
❷ (*join*) **to** ~ **for the army** sich *akk* freiwillig zur Armee melden
IV. *n modifier* (*counsellor, librarian, teacher, work, worker*) ehrenamtlich

voluptuous [və'lʌptʃuəs] *adj* (*approv*) üppig; *woman also* kurvenreich; *lips* sinnlich; (*sumptuous*) verschwenderisch

voluptuously [və'lʌptʃuəsli] *adv* (*erotically*) sinnlich; (*luxuriously*) genüsslich; (*sumptuously*) schwelgerisch

voluptuousness [və'lʌptʃuəsnəs] *n no pl* ❶ (*sensuality*) Wollust *f,* Geilheit *f pej*
❷ (*opulence*) Üppigkeit *f*

volute [və(ʊ)'luːt, AM və'-] **I.** *n* ❶ ARCHIT Volute *f fachspr*
❷ (*marine gastropod*) Meeresschnecke *f*
❸ (*snail's shell*) Schneckenhaus *nt*
II. *adj inv* spiralförmig

vomit ['vɒmɪt, AM 'vɑːmɪt] **I.** *vi* [sich *akk*] erbrechen [*o* übergeben], kotzen *derb*
II. *vt* ❶ (*of person, animal*) ■**to** ~ [**up**] ↔ **sth** etw erbrechen; **to** ~ **blood** Blut spucken
❷ (*fam: of machine*) ■**to** ~ **sth** ↔ [**out**] etw ausspucken *fam*
III. *n no pl* Erbrochene(s) *nt;* **to choke on one's own** ~ an seinem Erbrochenen ersticken

voodoo ['vuːduː] *n no pl* ❶ (*black magic*) Voodoo *m;* **to practise** ~ Voodoo praktizieren
❷ (*fam: jinx*) Hexerei *f;* (*magic spell*) Zauber *m*

voracious [və'reɪʃəs, AM vɔː-] *adj* (*liter*) gefräßig; (*fig*) unersättlich, gierig; ***he's a** ~ **reader of historical novels*** er verschlingt historische Romane geradezu *fig*

voraciously [və'reɪʃəsli, AM vɔː-] *adv* **to eat sth** ~ etw gierig verschlingen; **to read sth** ~ etw [geradezu] verschlingen *fig*

voracity [və'ræsəti, AM vɔː'ræsəṱi] *n no pl* Gefräßigkeit *f;* (*fig*) Unersättlichkeit *f,* Gier *f* (**for** nach +*dat*)

vortex <*pl* -es *or* -tices> ['vɔːteks, *pl* -tɪsiːz, AM 'vɔːr-, *pl* -ṱɪsiːz] *n* ❶ (*whirlwind*) Wirbel *m*
❷ (*whirlpool*) Strudel *m;* ~ **of emotions** (*fig*) Strudel *m* von Gefühlen

votary ['vəʊtᵊri, AM 'voʊṱɚ] *n* ❶ (*monk, nun*) Geweihte(r) *f(m)*
❷ (*follower, adherent*) Anhänger(in) *m(f),* Verehrer(in) *m(f),* Jünger(in) *m(f)*
❸ (*advocator*) Verfechter(in) *m(f)*

vote [vəʊt, AM voʊt] **I.** *n* ❶ (*expression of choice*) Stimme *f;* **to cast** [*or* **record**] **one's** ~ seine Stimme abgeben
❷ (*election*) Abstimmung *f,* Wahl *f;* **to hold** [*or* **take**] **a** ~ eine Abstimmung durchführen; **to put sth to the** [*or* **a**] ~ über etw *akk* abstimmen lassen
❸ (*of group*) Stimmen *fpl;* **the working-class** ~ die Stimmen *fpl* der Arbeiterklasse
❹ *no pl* (*right*) ■**the** ~ das Wahlrecht [*o* Stimmrecht]; **to have the** ~ das Wahlrecht [*o* Stimmrecht] haben
II. *vi* ❶ (*elect candidate, measure*) wählen; **to** ~ **in an election** zu einer Wahl gehen; ■**to** ~ **against/for sb/sth** gegen/für jdn/etw stimmen
❷ (*formally choose*) ■**to** ~ **to do sth** dafür stimmen [*o* sich *akk* dafür aussprechen], etw zu tun
❸ (*formally decide*) ■**to** ~ **on sth** über etw *akk* abstimmen; **to** ~ **on a proposal** über einen Vorschlag abstimmen
► PHRASES: **to** ~ **with one's feet** mit den Füßen abstimmen
III. *vt* ❶ (*elect*) ■**to** ~ **sb in** jdn wählen; **to** ~ **sb into office** jdn ins Amt wählen; **to** ~ **sb out** [**of office**] jdn [aus dem Amt] abwählen

V

❷ (*propose*) ■to ~ that ... vorschlagen, dass ...
❸ (*declare*) ■to ~ sb/sth sth jdn/etw zu etw *dat* erklären; ***she was ~d the winner*** sie wurde zur Siegerin erklärt; ***the evening was ~d a tremendous success*** der Abend wurde als überwältigender Erfolg bezeichnet
❹ (*decide to give*) ■to ~ sb/sth sth [*or* sth for [*or* BRIT to] [*or* AM towards] sb/sth] etw jdm/etw bewilligen; to ~ £1 million for a project eine Million Pfund für ein Projekt bewilligen
◆**vote down** *vt* ■to ~ down ⊂ sb/sth jdn/etw niederstimmen; LAW ■to ~ sth ⊂ down etw [durch Abstimmung] ablehnen
◆**vote in** *vt* LAW ■to ~ sb ⊂ in jdn [durch Abstimmung] wählen
◆**vote out** *vt* LAW ■to ~ sb ⊂ out jdn abwählen
◆**vote through** *vt* ■to ~ through ⊂ sth etw durchbringen

vote-getter [-ˌgetəʳ, AM -ˌget̬ɚ] *n* AM, AUS Stimmenfänger(in) *m(f)*, Wahllokomotive *f sl* **vote of censure** *n* Misstrauensvotum *nt*; *see also* **vote of no confidence** **vote of confidence** *n* Vertrauensvotum *nt*; (*fig*) Vertrauensbeweis *m*; ***he proposed a ~ in the government*** er sprach der Regierung das Vertrauen aus **vote of no confidence** *n* Misstrauensvotum *nt* (**in** gegen +*akk*); **to pass a ~ in sb** ein Misstrauensvotum gegen jdn stellen **vote of thanks** *n* öffentliche Danksagung; **to propose a ~ to sb** jdm öffentlich seinen Dank ausdrücken

voter ['vəʊtəʳ, AM 'voʊt̬ɚ] *n* Wähler(in) *m(f)*

voter registration *n* Eintragung *f* ins Wählerverzeichnis **voter turnout** *n* Wahlbeteiligung *f*

voting ['vəʊtɪŋ, AM 'voʊt̬-] **I.** *adj attr, inv* wahlberechtigt, stimmberechtigt
II. *n no pl* Wählen *nt*, Wahl *f*, Stimmabgabe *f*

voting booth *n* Wahlkabine *f* **voting machine** *n esp* AM Wahlmaschine *f* **voting paper** *n* Stimmzettel *m* **voting rights** *npl* Stimmrecht *nt* **voting shares** *npl* ECON stimmberechtigte Aktien[anteile]; **non-~** stimmrechtslose Aktien

votive ['vəʊtɪv, AM 'voʊt̬ɪv] *adj inv* Weih-, Votiv-

vouch [vaʊtʃ] *vi* ■to ~ for sb/sth sich *akk* für jdn/etw verbürgen, für jdn/etw bürgen; ■to ~ that ... dafür bürgen, dass ...
◆**vouch for** *vi* LAW ■to ~ for sth etw bestätigen, für etw *akk* bürgen [*o* einstehen]

voucher ['vaʊtʃəʳ, AM -ɚ] *n* ❶ AUS, BRIT (*coupon*) Gutschein *m*, Voucher *m*; **cash ~** Bargeldgutschein *m*; **gift ~** Geschenkgutschein *m*; **luncheon ~** Essensmarke *f*; **school ~** AM *öffentliche Mittel, die in Amerika bereitgestellt werden, damit Eltern ihre Kinder in Privatschulen schicken können*
❷ (*receipt*) Buchungsbeleg *m*, Beleg *m*, Quittung *f*

voucher system *n* Gutscheinsystem *nt*

vouchsafe ['vaʊtʃseɪf] *vt* (*form*) ❶ *esp passive* (*grant*) ■sth is ~d [sb] etw wird [jdm] gewährt
❷ (*give in condescending manner*) ■to ~ to do sth geruhen, etw zu tun *geh*; **to ~ information** Informationen herausrücken

vow [vaʊ] **I.** *vt* ■to ~ sth etw geloben *geh*; ■to ~ that ... geloben, dass ... *geh*; **to ~ obedience** Gehorsam geloben *geh*; **to ~ revenge** [*or* **vengeance**] Rache schwören
II. *n* Versprechen *nt*; ■~s *pl* (*of marriage*) Eheversprechen *nt*; (*of religious order*) Gelübde *nt geh*; **to take a ~** ein Gelübde ablegen *geh*; **to take a ~ to do sth** geloben, etw zu tun *geh*

vowel [vaʊəl] *n* Vokal *m*, Selbstlaut *m*

voyage ['vɔɪɪdʒ] **I.** *n* Reise *f*; (*by sea*) Seereise *f*; **~ of discovery** (*also fig*) Entdeckungsreise *f*
II. *vi* (*liter or dated*) reisen; ***he ~d across the seven seas*** er hat die sieben Meere befahren; **to ~ to distant lands** ferne Länder bereisen

voyager ['vɔɪɪdʒəʳ, AM -ɚ] *n* Reisende(r) *f(m)*; (*by sea*) Seereisende(r) *f(m)*; (*in space*) Raumfahrer(in) *m(f)*

voyeur [vwɑː'jɜːʳ, AM vɔɪ'jɜːr] *n* (*pej*) Voyeur(in) *m(f)* *pej*

voyeurism ['vwɑːjɜːrɪzᵊm, AM 'vɔɪ-] *n no pl* (*pej*) Voyeurismus *m pej*, Spannertum *nt fam*

voyeuristic [ˌvɔɪə'rɪstɪk, AM ˌvɔɪjə-] *adj* (*pej*) voyeuristisch *pej*

VP [ˌviː'piː] *n abbrev of* **Vice President**

vroom [vruːm] **I.** *n* lautes Motorengeräusch
II. *interj* wrumm!

vs ['vɜːsəs, AM 'vɜːr] *prep abbrev of* **versus** vs.

V-sign ['viːsaɪn] *n* ❶ BRIT (*cursing gesture*) *beleidigende Geste mit Zeige- und Mittelfinger*
❷ (*gesture of victory*) V-Zeichen *nt*, Siegeszeichen *nt*

VSO [ˌviːes'əʊ] *n abbrev of* **Voluntary Service Overseas**

VSOP [ˌviːesəʊ'piː, AM oʊ] *n no pl abbrev of* **Very Special Old Pale** VSOP *m*

Vt. AM *abbrev of* **Vermont**

VTOL ['viːtɒl, AM -tɑːl] *abbrev of* **vertical take-off and landing**: **~ aircraft** Senkrechtstarter *m* (*Flugzeug, das senkrecht starten und landen kann*)

vulcanite ['vʌlkənaɪt] *n no pl* Hartgummi *m o nt*

vulcanization [ˌvʌlkənaɪ'zeɪʃᵊn, AM -nɪ'-] *n no pl* Vulkanisierung *f*, Vulkanisation *f*

vulcanize ['vʌlkənaɪz] *vt* ■to ~ sth etw vulkanisieren

vulcanized ['vʌlkənaɪzd] *adj inv* vulkanisiert

vulgar ['vʌlgəʳ, AM -ɚ] *adj* ordinär, vulgär, gewöhnlich; (*of bad taste*) abgeschmackt; **~ accent** vulgärer Akzent

vulgarity [vʌl'gærəti, AM -'gerət̬i] *n no pl* Vulgarität *f geh*, vulgäre Art; (*bad taste*) Geschmacklosigkeit *f*

vulgarize ['vʌlgəraɪz] *vt* ■to ~ sth etw vulgarisieren *geh*

vulgarly ['vʌlgəli, AM -gɚli] *adv* vulgär, ordinär; (*in bad taste*) abgeschmackt, geschmacklos

Vulgate ['vʌlgeɪt] *n* ■the ~ die Vulgata

vulnerability [ˌvʌlnᵊrə'bɪləti, AM -nɚə'bɪlət̬i] *n no pl* Verwundbarkeit *f*, Verletzlichkeit *f*; ***the ~ of the economy to recession*** die Anfälligkeit der Wirtschaft für eine Rezession

vulnerable ['vʌlnᵊrəbl̩, AM -nɚə-] *adj* verwundbar, verletzlich; ■to be ~ to sth anfällig für etw *akk* sein; **to be ~ to attack/criticism** Angriffen/Kritik ausgesetzt sein; **to be in a ~ position** in einer prekären Lage sein; **~ spot** schwache Stelle; **to feel ~** sich *akk* verwundbar fühlen

vulpine ['vʌlpaɪn] *adj* ❶ *inv* ZOOL fuchsartig
❷ (*cunning*) schlau, listig, gerissen *fam*

vulture ['vʌltʃəʳ, AM -tʃɚ] *n* (*also fig*) Geier *m a. fig*
▶ PHRASES: **culture ~** (*fam*) Kulturfanatiker(in) *m(f)*

vulva <*pl* -s *or* vulvae> ['vʌlvə, *pl* -viː] *n* ANAT Vulva *f fachspr*

vying ['vaɪɪŋ] *pp of* **vie**

W

W, w <*pl* -'s *or* -s> ['dʌbl̩juː] *n* W *nt*, w *nt*

W¹ **I.** *adj inv* ❶ *abbrev of* **West** W-
❷ *abbrev of* **western I 2**
II. *n no pl abbrev of* **West** W

W² <*pl* -> *n abbrev of* **Watt** W

WA AUS *abbrev of* **Western Australia**

WAAF [wæf] *n* BRIT *acr for* **Women's Auxiliary Air Force** *von 1938 bis 1948: königliche Luftwaffe, in der ausschließlich Frauen dienten*

wack¹ [wæk] *n* NBRIT, DIAL Kumpel *m fam*

wack² [wæk] *n* AM (*fam*) ❶ (*person*) Querkopf *m*
❷ *no pl* (*nonsense*) Blödsinn *m*, Quatsch *m*

wacko ['wækəʊ] (*fam*) **I.** *n* <*pl* -os> Verrückte(r) *f(m)*, Spinner *m fam*
II. *adj* verrückt, spinnert *fam*

wacky ['wæki] *adj* (*fam*) *person, object* verrückt; *place* skurril

wad [wɒd, AM wɑːd] **I.** *n* ❶ (*mass*) Knäuel *nt*; (*for stuffing*) Pfropfen *m*; **~ of cotton wool** Wattebausch *m*; **~ of chewing tobacco** Priem *m*, Stück *nt* Kautabak
❷ (*bundle*) **~ of banknotes** Bündel *nt* Banknoten; **~ of forms** Stoß *m* Formulare; **~[s] of money** (*fam*) schöne Stange Geld *fam*
▶ PHRASES: **to shoot one's ~** (*vulg*) abspritzen *vulg*
II. *vt* <-dd-> *esp passive* ■to ~ sth etw zusammenknüllen; (*line garment*) etw wattieren [*o* ausstopfen]; ***the pipe was ~ded up with rags*** das Rohr war mit Lumpen umwickelt; **to ~ [up] paper** Papier zusammenknüllen

wadding ['wɒdɪŋ, AM 'wɑːd-] *n no pl* (*packaging material*) Watte *f*; (*in clothes*) Wattierung *f*; (*for stuffing*) Polstermaterial *nt*

waddle ['wɒdl̩, AM 'wɑːd-] **I.** *vi* watscheln
II. *n no pl* Watschelgang *m*; (*act*) Watscheln *nt*

wade [weɪd] **I.** *n usu sing* Waten *nt kein pl*; **to go for a ~** waten
II. *vi* ❶ (*walk in water*) waten; ■to ~ across [*or* through] sth durch etw *akk* waten, etw durchwaten; **to ~ into the river/the sea/water** in den Fluss/das Meer/das Wasser hineinwaten; **to ~ ashore** an Land waten
❷ (*fig: attack*) ■to ~ into sb/sth jdn/etw angreifen
❸ (*fig: deal with*) ■to ~ into sth etw anpacken; ■to ~ through sth sich *akk* durch etw *akk* durchkämpfen
III. *vt* ■to ~ sth etw durchwaten
◆**wade in** *vi* (*fam*) sich *akk* engagieren; ***whenever she sees a problem, she ~s in immediately*** wann immer sie ein Problem sieht, packt sie es sofort an; **to ~ in with one's opinion** seinen Senf dazugeben *fam*

wader ['weɪdəʳ, AM 'weɪdɚ] *n* ❶ (*bird*) Watvogel *m*, Stelzvogel *m*
❷ (*boots*) ■~s *pl* Watstiefel *mpl*

wadi ['wɒdɪ, AM 'wɑː] *n* Wadi *nt*

wading bird *n* Watvogel *m*, Stelzvogel *m* **wading pool** *n* AM (*paddling pool*) Planschbecken *nt*

wafer ['weɪfəʳ, AM -ɚ] *n* ❶ (*biscuit*) Waffel *f*; (*extremely thin*) Oblate *f*; **~ biscuit** gefüllte Waffel
❷ (*for Holy Communion*) Hostie *f*
❸ COMPUT Halbleiterscheibe *f*

wafer-thin *adj inv* hauchdünn

waffle¹ ['wɒfl̩, AM 'wɑːfl̩] (*pej*) **I.** *vi* (*fam*) ❶ *esp* BRIT (*talk, write*) ■to ~ on schwafeln *pej fam*; ■to ~ on about sth sich *akk* über etw *akk* auslassen
❷ AM (*be indecisive*) ■to ~ about [*or* over] sth ***she had been waffling over where to go*** sie hatte hin und her überlegt, wohin sie gehen sollte
II. *n no pl* ❶ *esp* BRIT (*speech, writing*) Geschwafel *nt pej fam*
❷ AM (*indecision*) Unschlüssigkeit *f*

waffle² ['wɒfl̩, AM 'wɑːfl̩] *n* (*breakfast food*) Waffel *f*

waffle iron *n* Waffeleisen *nt*

waffler ['wɒfl̩əʳ, AM 'wɑːfl̩ɚ] *n* (*fam*) Schwätzer(in) *m(f) fam*, Quasselstrippe *f fam*

waft [wɒft, AM wɑːft] (*liter*) **I.** *vi* schweben; (*blown by air*) herangetragen werden; ***the sound of a flute ~ed down the stairs*** der Klang einer Flöte tönte die Treppe herunter; ***birdsong ~ed through the trees*** Vogelgesang klang durch die Bäume; **to ~ through the air** *smell* durch die Luft ziehen; *sound* durch die Luft schweben
II. *vt* **to ~ smell/sound somewhere** Geruch/Klang irgendwohin wehen; **to be ~ed by the wind** vom Wind getragen werden

wag¹ [wæg] **I.** *vt* <-gg-> **to ~ one's finger** mit dem Finger drohen; **to ~ one's tail** *dog* mit dem Schwanz wedeln
▶ PHRASES: **the tail ~s the dog** der Schwanz wedelt mit dem Hund
II. *vi* <-gg-> wedeln
▶ PHRASES: **tongues** [*or* **chins**] [*or* **jaws**] **~** es wird getratscht *pej fam*
III. *n usu sing* Wackeln *nt kein pl*; *of the head* Schütteln *nt kein pl*; *of the tail* Wedeln *nt kein pl*

wag² [wæg] *n* (*fam: person*) Witzbold *m fam*

wage [weɪdʒ] **I.** *vt* (*form*) **to ~ war** [*or* **a campaign**] **against/for sth/sb** gegen/für etw/jdn zu Felde ziehen; **to ~ war on sth** (*fig*) gegen etw *akk* vorgehen; **to ~ war with sth/sb** mit etw/jdm Krieg führen

II. *n* ❶ (*payment for work*) Lohn *m*; ***they get paid good ~s at the factory*** sie werden in der Fabrik gut bezahlt; ~ **differential** Lohnunterschied *m*; **to get a decent/good/low** ~ anständig/gut/wenig verdienen; **living** ~ [für den Lebensunterhalt] ausreichender Lohn; **minimum** ~ Mindestlohn *m*; **real ~s** Reallöhne *mpl*; **to earn a** ~ Lohn erhalten
❷ (*fig: results*) ■ **~s** *pl* Lohn *m kein pl fig*, Quittung *f kein pl fig* (**of** für +*akk*); **the ~s of sin** der Sünde Lohn

wage claim, **wage demand** *n* BRIT, AUS Lohnforderung *f*

waged ['weɪdʒd] *adj inv* Lohn empfangend, bezahlt

wage earner *n* Lohnempfänger(in) *m(f)* **wage freeze** *n* Lohnstopp *m*; **to impose a** ~ einen Lohnstopp verhängen **wage packet** *n* AUS, BRIT ❶ (*pay*) Lohn *m* ❷ (*envelope*) Lohntüte *f*

wager ['weɪdʒəʳ, AM -ɚ] I. *n* ❶ (*bet*) Wette *f*; **to lay** [*or* **make**] **a** ~ wetten, eine Wette eingehen
❷ (*stake*) [Wett]einsatz *m*
II. *vt* ■ **to** ~ **that ...** wetten [*o* darauf setzen], dass ...; ***I'll ~ you £5 that they'll get there first*** ich wette um 5 Pfund mit dir, dass sie als Erste dort ankommen werden; **to** ~ **one's life/reputation** sein Leben/Ansehen aufs Spiel setzen

wage scale *n* Lohnskala *f*

waggish ['wægɪʃ] *adj* (*dated fam*) schelmisch, spitzbübisch

waggle ['wægḷ] I. *n* Wackeln *nt kein pl*
II. *vt* ■ **to** ~ **sth** mit etw *dat* wackeln; ***she was waggling a gun*** sie fuchtelte mit einer Pistole herum
III. *vi* wackeln

waggly ['wægḷi] *adj* wack[e]lig

wag(g)on ['wægən] *n* ❶ (*cart*) Wagen *m*; (*wooden cart*) Karren *m*; **to be as cheeky as a ~-load of monkeys** so verrückt wie eine Fuhre Affen sein *fam*; **covered** ~ Planwagen *m*
❷ AUS, BRIT (*for freight*) Wagon *m*; **goods** ~ Güterwagon *m*
► PHRASES: **to be on the** ~ (*fam*) trocken sein *fam*; **to fall off the** ~ (*fam*) wieder zur Flasche greifen, wieder saufen *fam*

wag(g)oner ['wægənəʳ, AM -ɚ] *n* Fuhrmann *m veraltend*

Wagnerian [vɑːg'nɪəriən, AM 'nɪri] MUS I. *adj inv* ❶ (*by Wagner*) Wagnersch
❷ (*referring to Wagner*) wagnerisch, wagnerianisch, Wagner-
II. *n* Wagnerianer(in) *m(f)*

wagon-lit *n* BRIT Schlafwagen *m* **wagonload** *n* Wagenladung *f*, Fuhre *f* **wagon train** *n* Planwagenzug *m*

wagtail <*pl* – *or* -s> ['wægteɪl] *n* ORN Bachstelze *f*

waif [weɪf] *n* (*liter*) ❶ (*abandoned child*) ausgesetztes Kind; (*neglected child*) verwahrlostes Kind
❷ (*animal*) streunendes Tier
❸ **~s and strays** (*people without a dwelling*) Obdachlose *pl*; (*homeless people*) Heimatlose *pl*

waif-like ['weɪflaɪk] *adj inv* elfenhaft

wail [weɪl] (*esp pej*) I. *vi* Klagelaute von sich *dat* geben, jammern; *siren* heulen; *wind* pfeifen
II. *vt* ■ **to** ~ **sth** etw beklagen; ■ **to** ~ **that ...** jammern, dass ...
III. *n* Klagelaut *m*, [Weh]klagen *nt kein pl*, Gejammer *nt kein pl*; *of sirens* Geheul *nt kein pl*

wailing ['weɪlɪŋ] *adj inv* jammernd, klagend; ~ **cries** Klagegeschrei *nt*; ~ **sirens** heulende Sirenen

Wailing Wall *n no pl* ■ **the** ~ die Klagemauer

wainscot ['weɪnskət] I. *n no pl* Wandtäfelung *f*, Holzverkleidung *f*
II. *vt* <-t- *or* -tt-> **to** ~ **a room/a wall** einen Raum/eine Wand mit Holz verkleiden

waist [weɪst] *n* Taille *f*; *of skirts, trousers* Bund *m*

waistband *n* Bund *m* **waistcoat** *n* BRIT Weste *f* **waist-deep** *inv* I. *adj* bis zur Taille [reichend], hüfthoch II. *adv* bis zur Taille, hüfthoch

waisted ['weɪs(t)ɪd] *adj inv* tailliert

waist-high *adj inv see* **waist-deep** **waistline** *n* Taille *f*, Taillenumfang *m* **waist pack** *n* AM (*bumbag*) Gürteltasche *f*, Wimmerl *nt* SÜDD, ÖSTERR *fam*

wait [weɪt] I. *n no pl* Warten *nt* (**for** auf +*akk*); ***we had a three-hour ~ before we could see the doctor*** wir mussten drei Stunden warten, bevor wir den Arzt sprechen konnten
► PHRASES: **to lie in** ~ [**for sb**] [jdm] auflauern
II. *vi* ❶ (*bide one's time*) warten (**for** auf +*akk*); ~ ***and see!*** warten Sie es ab!, abwarten und Tee trinken!; ~ ***for it!*** (*fam*) wart's [doch] ab! *fam*; ~ ***a bit*** [*or* ***minute***] [*or* ***moment***] [*or* ***second***]***!*** Moment mal!; **sb cannot** ~ **to do sth** jd kann es kaum erwarten, etw zu tun
❷ (*expect*) ■ **to** ~ **for** [*or* **on**] **sb/sth** jdn/etw erwarten
❸ (*be delayed*) warten; **sth will have to** ~ etw wird warten müssen; **to keep sb ~ing** jdn warten lassen
❹ (*express warning*) [***just***] ***you ~!*** warte [du] nur!
❺ (*serve*) ■ **to** ~ **on sb** jdn bedienen; **to** ~ **on sb hand and foot** (*fig*) jdn von vorn[e] bis hinten bedienen; **to** ~ AUS, BRIT **at** [*or* AM **on**] **table[s]** (*form*) bedienen, als Kellner/Kellnerin arbeiten
► PHRASES: **time and tide** ~ **for no man** (*saying*) das Rad der Zeit lässt sich nicht anhalten *geh*; **to be ~ing in the wings** schon in den Startlöchern sitzen [und warten] *fig*
III. *vt* AM (*serve*) **to** ~ **a meal for sb** mit dem Essen auf jdn warten
► PHRASES: **to** ~ **one's turn** warten, bis man an der Reihe ist

◆**wait about**, **wait around** *vi* warten; **to** ~ **about for sth to happen** darauf warten, dass etw geschieht
◆**wait behind** *vi* zurückbleiben
◆**wait in** *vi* zu Hause warten
◆**wait out** *vt* ■ **to** ~ **out** ○ **sth** etw aussitzen
◆**wait up** *vi* ❶ (*not go to bed*) ■ **to** ~ **up for sb** wegen jdm aufbleiben
❷ AM (*wait*) ■ ~ **up!** warte mal!

wait-and-see *adj inv* abwartend *attr*; ~ **attitude** abwartende Haltung; ~ **policy** Politik *f* des Abwartens

waiter ['weɪtəʳ, AM -t̬ɚ] *n* Bedienung *f*, Kellner *m*; ~*!* Herr Ober!

waiting ['weɪtɪŋ, AM -t̬-] *n no pl* ❶ (*time*) ■ **the** ~ das Warten, die Warterei (**for** auf +*akk*)
❷ BRIT (*parking*) Halten *nt*; ***"no ~"*** „Halten verboten“
❸ (*of waiter, waitress*) Bedienen *nt*, Servieren *nt*

waiting game *n* **to play a** [*or* **the**] ~ zunächst einmal abwarten **waiting list** *n* Warteliste *f*; **to put sb on the** ~ jdn auf die Warteliste setzen **waiting room** *n* Wartezimmer *nt*

waitress <*pl* -es> ['weɪtrɪs] *n* Kellnerin *f*, Bedienung *f*

waitressing ['weɪtrɪsɪŋ] *n no pl* Bedienen *nt*, Servieren *nt*

waive [weɪv] *vt* (*form*) ■ **to** ~ **sth** auf etw *akk* verzichten; **to** ~ **a fee/[a] payment** eine Gebühr/die Bezahlung erlassen; **to** ~ **an objection** einen Einwand fallen lassen; **to** ~ **one's right** auf sein Recht verzichten

waiver ['weɪvəʳ, AM -ɚ] *n* ❶ (*document*) Verzichterklärung *f*
❷ (*agreement*) Erlass *m*; (*repeal*) Außerkraftsetzung *f*

wake[1] [weɪk] *n* NAUT Kielwasser *nt*; AEROSP Turbulenz *f*; ■ **in the** ~ **of sth** (*fig*) infolge einer S. *gen*; **to follow in sb's** ~ (*also fig*) in jds Kielwasser segeln *a. fig*; **to leave sb/sth in one's** ~ (*also fig*) jdn/etw hinter sich *dat* zurücklassen

wake[2] [weɪk] *n* (*vigil*) Totenwache *f*; **to have** [*or* **hold**] **a** ~ [**for sb**] [für jdn] eine Totenwache halten

wake[3] <woke *or* waked, woken *or* waked> [weɪk] I. *vi* aufwachen
II. *vt* (*rouse*) ■ **to** ~ **sb** jdn aufwecken; (*fig*) ■ **to** ~ **sth in sb** etw in jdm [er]wecken
► PHRASES: **to** ~ **the dead** die Toten auferwecken

◆**wake up** I. *vi* ❶ (*after being asleep*) aufwachen *a. fig*; ~ ***up Daniel! it's your turn*** wach auf Daniel! du bist dran; ■ **to** ~ **up to sth** sich *dat* einer S. *gen* bewusst werden
❷ COMPUT (*switch on*) einschalten
► PHRASES: ~ **up and smell the coffee!** AM (*saying fam*) wach endlich auf und sieh den Tatsachen ins Auge!
II. *vt* ■ **to** ~ **up** ○ **sb** jdn aufwecken; ***he woke himself up with his own snoring*** er wachte von seinem eigenen Schnarchen auf

wakeboarding ['weɪkbɔːdɪŋ, AM -bɔːrd-] *n* SPORTS Wakeboarding *nt*

wakeful ['weɪkfᵊl] *adj* (*form*) ❶ (*not able to sleep*) ■ **to be** ~ nicht schlafen können
❷ (*period of time*) ~ **night** schlaflose Nacht
❸ (*vigilant*) wach, wachsam; **to feel** ~ sich *akk* munter fühlen

wakefulness ['weɪkfᵊlnəs] *n no pl* ❶ (*sleeplessness*) Schlaflosigkeit *f*
❷ (*watchfulness*) Wachsamkeit *f*

waken ['weɪkᵊn] *vi* (*form*) aufwachen

wake-up call *n* ❶ (*hotel wake-up service*) Weckruf *m*; **to give sb a** ~ jdn wecken
❷ (*fig: call to attention*) Warnruf *m*

wakey ['weɪki] *interj* (*hum*) ~ ~*!* aufwachen!

waking ['weɪkɪŋ] *n no pl* Wachsein *nt*, Wachen *nt*

Wales [weɪlz] *n no pl* Wales *nt*

walk [wɔːk, AM wɑːk] I. *n* ❶ (*going on foot*) Gehen *nt*; (*as recreation*) Spaziergang *m*; ***it's only a five minute ~ away*** es sind nur fünf Minuten [zu Fuß] von hier; **to go for** [*or* **take**] **a** ~ einen Spaziergang machen; **to take sb out for a** ~ mit jdm einen Spaziergang machen
❷ (*gait*) Gang *m*
❸ (*walking speed*) *of horse* Schritt *m*; **to drop into** [*or* **slow to**] **a** ~ in Schritttempo verfallen; ***she slowed the horses to a ~*** sie ließ die Pferde im Schritt gehen
❹ (*promenade*) Spazierweg *m*; (*path in rural area*) Wanderweg *m*
❺ (*spiritual journey*) [spirituelle] Suche
► PHRASES: ~ **of life** soziale Schicht, Gesellschaftsschicht *f*; ***people from all ~s of life*** Leute aus allen Gesellschaftsschichten
II. *vt* ❶ (*go on foot*) ■ **to** ~ **sth** etw zu Fuß gehen; **to** ~ **a distance** eine Strecke zu Fuß zurücklegen; **to** ~ **the plank** (*hist: sailor's punishment*) *über eine Schiffsplanke ins Wasser getrieben werden*; **to** ~ **the streets** (*wander*) durch die Straßen gehen; (*be a prostitute*) auf den Strich gehen *sl*
❷ (*accompany*) ■ **to** ~ **sb somewhere** jdn irgendwohin begleiten; **to** ~ **sb off his/her feet** (*fig*) ein so zügiges Tempo vorlegen, dass jd kaum mithalten kann; ***he ~ed me off my feet*** ich konnte kaum mit ihm mithalten; ■ **to** ~ **sb through sth** etw mit jdm durchgehen; **to** ~ **sb home** jdn nach Hause bringen
❸ (*take for a walk*) **to** ~ **the dog** den Hund ausführen, mit dem Hund Gassi gehen *fam*
❹ BRIT (*fam: succeed easily*) ■ **to** ~ **sth** etw spielend meistern *geh*
III. *vi* ❶ (*go on foot*) ■ **to** ~ [**somewhere**] zu Fuß [irgendwohin] gehen; ***it takes half an hour to ~ to the office*** man braucht zu Fuß eine halbe Stunde ins Büro; ***can your toddler ~ yet?*** kann dein Kleiner schon laufen?; **to** ~ **on one's hands** auf den Händen laufen; **to begin to** ~ laufen lernen
❷ (*for exercise*) ■ **to** ~ [**somewhere**] [irgendwo] spazieren gehen
❸ (*fig: take advantage of*) **to** ~ [**all**] **over sb** jdn ausnutzen [*o bes* SÜDD, ÖSTERR ausnützen]
❹ (*fig: get caught in*) **to** ~ [**right** [*or* **straight**]] **into sth** [mitten] in etw *akk* geraten; **to** ~ **into a trap** in eine Falle gehen [*o fam* tappen]
❺ (*easily get*) **to** ~ [**right** [*or* **straight**]] **into a job** [leicht] eine Stelle bekommen
❻ THEAT ■ **to** ~ **through sth** etw [ein]üben
❼ (*fig fam: go missing*) Beine bekommen [*o* kriegen] *fam*
► PHRASES: **to** ~ **on air** selig sein, sich *akk* wie im siebten Himmel fühlen, auf Wolken schweben; **to** ~ **the beat** seine Runde gehen [*o* machen]; **to** ~ **on eggs** [*or* **eggshells**] einen Eiertanz aufführen; **to** ~ **before one can run** laufen lernen, bevor man springt

◆**walk away** *vi* ❶ (*remove sth*) ■**to ~ away with sth** etw mitgehen lassen *fam*
❷ (*easily win*) ■**to ~ away with sth** etw spielend gewinnen; **to ~ away from one's competition** die Konkurrenz mit Leichtigkeit besiegen
❸ (*pej: stop dealing with*) ■**to ~ away from sth** etw *dat* ausweichen [*o* aus dem Weg gehen]
❹ (*escape unhurt*) **to ~ away from an accident** einen Unfall unverletzt überstehen
◆**walk in** *vi* hereinkommen, hereinspazieren *fam;* ■**to ~ in on sb/sth** bei jdm/etw hereinplatzen *fam*
◆**walk off** I. *vt* **to ~ off anger/depression/pain** spazieren gehen, um den Ärger/die Depressionen/die Schmerzen loszuwerden; **to ~ off a meal** einen Verdauungsspaziergang machen
II. *vi* ❶ (*leave*) weggehen
❷ (*take without asking*) ■**to ~ off with sth** etw mitgehen lassen *fam*
❸ (*easily win*) ■**to ~ off with sth** etw spielend gewinnen
◆**walk on** *vi* THEAT eine Nebenrolle spielen
◆**walk out** *vi* ❶ (*leave*) gehen; ***she ~ed out of his life forever*** sie verschwand für immer aus seinem Leben; ■**to ~ out on sb** jdn im Stich lassen [*o* verlassen]; **to ~ out of a meeting** eine Sitzung [aus Protest] verlassen
❷ (*go on strike*) streiken
❸ BRIT (*dated: court*) ■**to ~ out with sb** mit jdm gehen *fam*
◆**walk through** *vt* COMPUT ■**to ~ through ⊂ sth** etw durchgehen
walkabout *n esp* BRIT (*fam*) Rundgang *m;* **to go on a ~** ein Bad in der Menge nehmen ► PHRASES: **to go ~** (*hum*) *person* verschwinden; *object* sich *akk* selbständig machen *hum* **walkaway** *n* AM leichter [*o* spielender] Sieg; **to win in a ~** einen leichten Sieg davontragen
walker ['wɔːkəʳ, AM 'wɑːkɚ] *n* ❶ (*person on foot*) Fußgänger(in) *m(f);* (*for recreation*) Spaziergänger(in) *m(f);* **to be a fast/slow ~** schnell/langsam gehen
❷ (*as sport*) Geher(in) *m(f)*
❸ AM (*walking frame*) Gehhilfe *f*
❹ (*for baby*) Laufstuhl *m*
❺ (*pej: single*) *gut gekleideter Single der Oberklasse*
walker-on *n* Statist(in) *m(f)*
walkies ['wɔːkiːz, AM 'wɑː-] *npl* (*fam*) **~!** komm Gassi! *fam;* ■**to go ~** Gassi gehen *fam*
walkie-talkie [ˌwɔːkiˈtɔːki, AM ˌwɑːkiˈtɑː-] *n* [tragbares] Funksprechgerät, Walkie-Talkie *nt*
walk-in *adj* begehbar; **~ wardrobe** begehbarer Kleiderschrank **walk-in clinic** *n esp* AM *Klinik, für die keine Voranmeldung nötig ist*
walking ['wɔːkɪŋ, AM 'wɑː-] I. *n no pl* Gehen *nt;* (*as recreation*) Spazierengehen *nt*
II. *adj attr, inv* ❶ (*of movement on foot*) Geh-; **~ aid** Gehhilfe *f;* **to be within ~ distance** zu Fuß erreichbar sein
❷ (*human*) wandelnd; **to be a ~ encyclopaedia** ein wandelndes Lexikon sein *hum fam*
walking boots *n* Wanderstiefel *mpl* **walking frame** *n* AUS, BRIT Gehhilfe *f* **walking orders** *npl* (*fam*), **walking papers** *npl* (*fam*) Entlassungspapiere *pl;* **to give sb their ~** jdn feuern; **to get one's ~** entlassen werden *fam* **walking shoes** *npl* Wanderschuhe *mpl* **walking stick** *n* Spazierstock *m; for old people* Stock *m; for invalids* Krücke *f,* Krückstock *m* **walking tour** *n* ❶ (*in town*) [Stadt]rundgang *m* (**of/through** durch +*akk*); (*guided tour*) Führung *f* (**of** durch +*akk*)
❷ (*in the countryside*) Wanderung *f* **walking wounded** *npl* ■**the ~** die Leichtverwundeten *pl*
Walkman® <*pl* -men *or* -s> ['wɔːkmən, AM 'wɑːk-, *pl* -mən] *n* Walkman® *m;* **to listen** [*or fam* **be plugged in**] **to one's ~** Walkman hören
walk-on *adj attr, inv* THEAT, FILM Statisten-; **~ part** [*or* **role**] Statistenrolle *f;* **~ role** Komparsenrolle *f* **walkout** *n* Arbeitsniederlegung *f,* Ausstand *m;* **to stage a ~** (*strike*) aus Protest die Arbeit niederlegen; (*at a meeting*) ***senior union workers staged a ~ this afternoon at the annual conference*** leitende Gewerkschaftsmitglieder verließen heute Nachmittag auf der Jahrestagung demonstrativ den Saal **walkover** *n* ❶ (*easy victory*) leichter Sieg, Spaziergang *m fam* ❷ (*bye*) kampfloser Sieg; **to win a ~** kampflos gewinnen **walk-through** *n* Probe *f;* ***before we film this scene, let's have a ~*** lasst uns die Szene noch einmal durchgehen, bevor wir sie filmen **walk-up** *n* AM ❶ (*building*) Haus *nt* ohne Aufzug ❷ (*apartment*) Wohnung *f* in einem Haus ohne Aufzug **walkway** *n* [Fuß]weg *m;* (*covered path*) überdachter Weg, Gang *m;* (*raised path*) [Lauf]steg *m;* **moving ~** Laufband *nt*
wall [wɔːl] I. *n* ❶ (*of a house, town*) Mauer *f;* (*of a room*) Wand *f;* (*around a plot*) Mauer *f,* Einfriedung *f;* ***this is like banging your head against a brick ~*** das ist, als ob man mit dem Kopf gegen eine Wand rennt; **city ~** Stadtmauer *f;* **the Berlin W~** (*hist*) die Berliner Mauer *hist;* **the Great W~ of China** die Chinesische Mauer; **dry-stone ~** Bruchsteinmauer *f*
❷ MED, ANAT Wand *f;* **artery ~** Arterienwand *f*
❸ (*of a tyre*) Mantel *m*
❹ (*barrier*) Mauer *f;* **a ~ of men** eine Mauer von Menschen; **a ~ of silence** (*fig*) eine Mauer des Schweigens; **a ~ of water** eine Wasserwand; **a ~ of words** ein Wortschwall *m pej*
► PHRASES: **to have one's back to the ~** mit dem Rücken an der [*o* zur] Wand stehen; **to hit** [*or* **come up against**] **a brick ~** gegen eine Wand rennen; **to talk to a brick ~** gegen eine Wand reden; **~s have ears** (*saying*) die Wände haben Ohren; **to be a fly on the ~** Mäuschen spielen *fam;* **the weakest go to the ~** (*prov*) den Letzten beißen die Hunde *prov;* **the writing is on the ~** das Ende vom Lied ist abzusehen; **this must not go beyond these four ~s** das muss innerhalb dieser vier Wände bleiben; **to be off-the-~** verrückt sein *fam;* **to climb the ~s** *in anger* die Wände hochgehen *fam; due to worry* vor Sorgen verrückt werden *fam;* **to drive** [*or* **send**] **sb up the ~** jdn zur Weißglut treiben *fam;* **to go to the ~** Konkurs machen; **to go up the ~** die Wände hochgehen *fam,* ausrasten *fam*
II. *vt* ❶ *usu passive* (*enclose*) ■**sth is ~ed in** etw ist ummauert [*o* mit einer Mauer umgeben]
❷ *usu passive* (*separate*) ■**to be ~ed off** durch eine Mauer abgetrennt werden; (*in a building*) durch eine Wand abgetrennt werden; (*fig*) abgeschottet sein
❸ (*imprison*) ■**to ~ sb ⊂ up** jdn einmauern
❹ (*fill in*) ■**to ~ sth ⊂ up** etw zumauern
walla ['wɒlə, AM 'wɑːlɑː] *n* (*hum fam: female*) Dienstmädchen *nt,* Minna *f hum fam;* (*male*) Butler *m hum*
wallaby ['wɒləbi, AM 'wɑːl-] *n* Wallaby *nt*
wallah *n see* **walla**
wall bars *npl* Sprossenwand *f* **wallboard** *n no pl* [Wand]faserplatte *f* **wall chart** *n* Schautafel *f* **wall clock** *n* Wanduhr *f* **wallcovering** *n* Tapete *f*
walled [wɔːld] *adj inv* von einer Mauer umgeben; ■**to be ~ off** durch eine Mauer abgetrennt sein; (*in a building*) durch eine Wand abgetrennt sein
wallet ['wɒlɪt, AM 'wɑːl-] *n* ❶ (*for money*) Brieftasche *f*
❷ *esp* BRIT (*for documents*) Dokumentenmappe *f*
walleye ['wɔːlaɪ] *n* (*pikeperch*) Zander *m*
wall-eyed *adj inv* MED *bei den Augen ist mehr Weiß als Iris zu sehen, was durch Schielen bedingt sein kann* **wallflower** *n* ❶ HORT Goldlack *m* ❷ (*fam: woman*) Mauerblümchen *nt fam* **wall hanging** *n* Wandteppich *m* **wall map** *n* Wandkarte *f*
Walloon [wɒl'uːn, AM wɑː'luːn] *n* ❶ (*person*) Wallone, -in *m, f*
❷ *no pl* (*language*) Wallonisch *nt*
wallop ['wɒləp, AM 'wɑː-] (*fam*) I. *vt* ■**to ~ sb** ❶ (*hit*) jdn schlagen; **to ~ sb across the head** jdm eins überbraten *fam;* **to ~ the living daylights out of sb** jdn windelweich schlagen *fam*
❷ (*fig: win*) jdn haushoch besiegen [*o* schlagen]
II. *n* Schlag *m*
walloping ['wɒləpɪŋ, AM 'wɑː-] I. *adj attr, inv* (*fam*) ❶ (*hum: very big*) **~** [**great**] riesig *fam,* Mords- *fam*
❷ AM (*very good*) super *fam;* ***we had a ~ good time at Darryl's birthday party*** wir haben uns auf Daryls Geburtstag super[gut] amüsiert
II. *n usu sing* Tracht *f* Prügel *fam;* **to give sb a ~** jdm eine Tracht Prügel verpassen *fam,* jdn verhauen *fam*
wallow ['wɒləʊ, AM 'wɑːloʊ] I. *n usu sing* Bad *nt a. fig;* ***he likes a good ~ in the bath*** er liebt es, so richtig ausgiebig zu baden
II. *vi* ■**to ~ in sth** ❶ (*lie*) sich *akk* in etw *dat* wälzen [*o* suhlen]
❷ (*pej: in negativity*) sich *akk* etw *dat* hingeben, etw *dat* frönen *geh;* **to ~ in self-pity** in [*o* vor] Selbstmitleid zerfließen
❸ (*revel*) in etw *dat* schwelgen *geh;* **to ~ in luxury** im Luxus baden [*o geh* schwelgen]
wall painting *n* Wandgemälde *nt* **wallpaper** I. *n* ❶ (*for decoration*) Tapete *f;* **a roll of ~** eine Tapetenrolle; **to hang** [*or* **put up**] **~** [**in a room**] [ein Zimmer] tapezieren ❷ STOCKEX Emission *f* bei Aktienumtausch ❸ COMPUT Hintergrundbild *nt* II. *n modifier* Tapeten-; **~ paste** Tapetenkleister *m* III. *vt* ■**to ~ sth** etw tapezieren **wallpaper music** *n no pl* BRIT (*pej fam*) Hintergrundmusik *f* **wall socket** *n* [Wand]steckdose *f*
Wall Street *n no pl* Wall Street *f,* Wallstreet *f*
wall-to-wall *adj inv* ❶ (*covering floor*) **~ carpet** Teppichboden *m*
❷ (*fig: continuous*) ständig; **~ coverage** Berichterstattung *f* rund um die Uhr; **~ parties** eine Party nach der anderen
wally ['wɒli] *n* BRIT (*fam*) Vollidiot *m pej fam*
walnut ['wɔːlnʌt] I. *n* ❶ (*nut*) Walnuss *f*
❷ (*tree*) Walnussbaum *m*
❸ *no pl* (*wood*) Nussbaumholz *nt*
II. *n modifier* ❶ FOOD (*bread, shell, tree*) Walnuss-
❷ (*wood*) (*cabinet, chair, table*) Nussbaum-; **~ finish** Nussbaumimitat *nt*
Walpurgis night [væl'pʊəgɪs-, AM vɑːl'pʊr-] *n* Walpurgisnacht *f*
walrus <*pl* – *or* -es> ['wɔːlrəs] *n* Walross *nt*
walrus moustache *n* Schnauzbart *m*
Walter Mitty [ˌwɒltə'mɪti, AM ˌwɔːltɚ-] *adj attr, inv* Versager-
waltz [wɒls, AM wɔːlts] I. *n* <*pl* -es> Walzer *m*
II. *vi* ❶ (*dance*) Walzer tanzen, walzen *veraltend o hum*
❷ (*fam: walk*) spazieren; ***you can't just ~ into my office unannounced*** du kannst nicht einfach unangemeldet in mein Büro platzen *fam;* ■**to ~ across to sb** zu jdm rübergehen *fam;* ■**to ~ in** hereintanzen *fam,* hereinspazieren *fam;* ■**to ~ up to sb** auf jdn [einfach] zugehen
◆**waltz off** *vi* abtanzen *fam,* abziehen *fam*
◆**waltz through** *vi* (*fam*) ■**to ~ through sth** etw mit Leichtigkeit schaffen; **to ~ through an exam** ein Examen mit links bestehen *fam*
wan <-nn-> [wɒn, AM wɑːn] *adj* fahl; **~ face** blasses [*o* bleiches] Gesicht; **~ light** fahles [*o* schwaches] Licht; **~ smile** mattes Lächeln
wand [wɒnd, AM wɑːnd] *n* ❶ (*of a magician*) Zauberstab *m;* **to wave one's magic ~** (*also fig*) den Zauberstab schwingen *a. fig*
❷ (*for mascara*) Mascarabürste *f,* Mascara *m*
❸ COMPUT Lesestift *m*
wander ['wɒndəʳ, AM 'wɑːndɚ] I. *n usu sing* (*fam*) Bummel *m fam,* Streifzug *m;* **to go for** [*or* **have**] [*or* **take**] **a ~ around the city** einen Stadtbummel machen *fam;* **to go for** [*or* **have**] [*or* **take**] **a ~ through the park/town** einen Bummel durch den Park/die Stadt machen *fam*
II. *vt* **to ~ the streets** (*leisurely*) durch die Straßen schlendern; (*being lost*) durch die Straßen irren
III. *vi* ❶ (*lose concentration*) abschweifen; ***my attention is ~ing*** ich bin nicht bei der Sache
❷ (*become confused*) wirr werden; ***her mind is beginning to ~*** sie wird allmählich wirr [im Kopf *fam*]
◆**wander around** *vi* umherstreifen; **to ~ around**

the city einen Bummel durch die Stadt machen
◆**wander off** *vi* ❶ (*walk away*) weggehen; *children* weglaufen, sich *akk* selbständig machen *hum*
❷ (*fig: change subject*) abschweifen; **to ~ off the point/topic** vom Thema abkommen [*o* abschweifen]

wanderer [ˈwɒndərər, AM ˈwɑːndərə] *n* ❶ (*person*) Wandervogel *m hum veraltet*
❷ (*animal*) umherziehendes Tier

wandering [ˈwɒndərɪŋ, AM ˈwɑːndə-] *adj attr*
❶ *inv* (*nomadic*) wandernd *attr,* Wander-; **the W~ Jew** der Ewige Jude; **a ~ Jew** ein Ahasver *m selten* (*ruheloser Mensch*); **~ minstrel/tinker** fahrender Sänger/Kesselflicker; **~ people/tribe** nomadisierendes Volk/nomadisierender Stamm, Nomadenvolk *nt*/Nomadenstamm *m*
❷ (*not concentrating*) abschweifend; (*rambling*) wirr; **~ eyes** umherschweifende Augen; **~ story** weitschweifende Geschichte

wanderings [ˈwɒndərɪŋz, AM ˈwɑːndə-] *npl* (*travels*) Reisen *fpl;* (*walks*) Streifzüge *mpl*

wanderlust [ˈwɒndəlʌst, AM ˈwɑːndə-] *n no pl* Reiselust *f,* Fernweh *nt*

wane [weɪn] **I.** *vi* ❶ (*weaken*) abnehmen; *interest, popularity* schwinden *geh*
❷ *the moon* abnehmen; **to wax and ~** zu- und abnehmen
II. *n no pl* Abnehmen *nt,* Schwinden *nt geh;* **to be on the ~** im Abnehmen begriffen sein *geh; interest, popularity* [dahin]schwinden *geh*

wangle [ˈwæŋgl] *vt* (*fam*) ■**to ~ sth** etw deichseln *fam* [*o* organisieren]; ***she managed to ~ an invitation to his house*** es gelang ihr, sich eine Einladung zu ihm nach Hause zu verschaffen; **to ~ one's way into sth** sich *akk* in etw *akk* [hinein]mogeln; **to ~ one's way out of sth** sich *akk* aus etw *dat* herauswinden

wank [wæŋk] BRIT, AUS **I.** *vi* (*vulg*) ■**to ~ [off]** sich *dat* einen runterholen *vulg,* wichsen *vulg*
II. *vt* (*vulg*) ■**to ~ sb off** jdm einen runterholen *vulg*
III. *n* (*vulg*) Wichsen *nt kein pl vulg;* **to have a ~** sich *dat* einen runterholen *vulg,* wichsen *vulg*

wanker [ˈwæŋkər] *n* BRIT, AUS (*vulg*) Wichser *m pej vulg;* **a bunch of ~s** ein Haufen *m* Wichser *pej vulg*

wanky [ˈwæŋki] *adj* BRIT, AUS (*vulg*) schwachsinnig *pej fam*

wanly [ˈwɒnli, AM ˈwɑːn] *adv* matt, erschöpft

wanna [ˈwɒnə, AM ˈwɑːnə] (*fam*) = **want to** *see* **want II, III**

wannabe(e) [ˈwɒnəbi, AM ˈwɑːn-] *adj attr esp* AM (*pej fam*) Möchtegern- *iron fam;* **~ actress** Möchtegernschauspielerin *f iron fam*

want [wɒnt, AM wɑːnt] **I.** *n* ❶ (*need*) Bedürfnis *nt;* **to be in ~ of sth** etw benötigen [*o* brauchen]
❷ *no pl* (*lack*) Mangel *m;* ***the time of ~ in the prison camp had broken her health*** die entbehrungsreiche Zeit, die sie im Gefangenenlager durchlitten hatte, hatte ihre Gesundheit zerstört; **to live in ~** Not leiden; **for [*or* from] ~ of sth** aus Mangel an etw *dat,* mangels einer S. *gen;* ***it won't be for ~ of trying*** zumindest haben wir es dann versucht; **for ~ of anything better to do, …** da ich nichts Besseres zu tun hatte, …
II. *vt* ❶ (*wish*) ■**to ~ sth** etw wünschen [*o* wollen]; (*politely*) etw mögen; (*impolitely*) etw haben wollen; ***what do you ~ out of life?*** was willst du vom Leben?; ***I don't ~ any more tea, thanks*** ich möchte keinen Tee mehr, danke; ■**to ~ sb** (*to see*) nach jdm verlangen; (*to speak to*) jdn verlangen; (*sexually*) jdn begehren; ■**to ~ sb to do sth** wollen, dass jd etw tut; ***do you ~ me to take you to the station?*** soll ich dich zum Bahnhof bringen?; ■**to ~ sth done** wünschen, dass etw getan wird; **to be ~ed by the police** polizeilich gesucht werden; ■**to ~ to do sth** etw tun wollen; ***what do you ~ to eat?*** was möchtest du essen?; ***I ~ to be picked up at the airport at about nine o'clock*** ich möchte gegen neun Uhr vom Flughafen abgeholt werden
❷ (*need*) ■**to ~ sb/sth** jdn/etw brauchen; ***your hair ~s doing*** du solltest mal wieder zum Friseur gehen; ***you'll ~ a coat on*** du wirst einen Mantel brauchen; ■**to be ~ed** gebraucht werden
❸ (*fam: should*) ■**to ~ to do sth** etw tun sollen; ***you ~ to tell him before it's too late*** du solltest es ihm sagen, bevor es zu spät ist; ***you ~ to turn left here at the next traffic lights*** Sie müssen hier an der nächsten Ampel links abbiegen
► PHRASES: **to ~ one's head seen to [*or* examined]** *esp* BRIT sich *akk* mal auf seinen Geisteszustand untersuchen lassen müssen *hum fam;* **to not ~ any part of sth** nichts mit etw *dat* zu tun haben wollen; **to ~ one's pound of flesh** Genugtuung verlangen *geh;* **to ~ one's share [*or* slice] of the cake** seinen Anteil fordern, sein Stück vom Kuchen abhaben wollen *fam;* **to ~ it [*or* everything] [*or* things] both ways** alles wollen; **to have sb where one ~s him/her** jdn da haben, wo man ihn/sie haben will; **to not ~ to know** (*prefer ignorance*) nichts [davon] wissen wollen; (*feign ignorance*) so tun, als ob man nichts davon wüsste; **waste not, ~ not** (*prov*) spare in der Zeit, dann hast du in der Not *prov*
III. *vi* ❶ (*form: lack*) **sb ~s for nothing** jdm fehlt es an nichts
❷ (*fam: [not] be part of*) ■**to ~ in [on sth]** [bei etw *dat*] dabei [*o* mit von der Partie] sein wollen; ■**to ~ out [of sth]** [aus etw *dat*] aussteigen wollen *fam*

want ad *n* AM (*fam: classified ad*) Anzeige *f,* Annonce *f*

wantage [ˈwɑːnt̬ɪdʒ] *n usu sing* AM (*need*) Mangel *m kein pl* (**of** an +*dat*); ***there is a serious ~ of initiative in industry at the moment*** zurzeit mangelt es [in] der Industrie an Initiative

wanted [ˈwɒntɪd, AM ˈwɑːnt̬-] *adj* ❶ (*desired*) erwünscht; (*in an ad*) gesucht; ***she was a much ~ baby*** sie war ein sehnsüchtig erwartetes Wunschkind
❷ (*by the police*) gesucht; ■**to be ~** gesucht werden

wanting [ˈwɒntɪŋ, AM ˈwɑːnt-] *adj pred* ❶ *inv* (*be required*) ■**to be ~** fehlen; ***initiative is ~ in this situation*** in dieser Situation fehlt es an Initiative
❷ *inv* (*not having*) ■**sb/sth is ~ in sth** jdm/etw fehlt es an etw *dat,* jd/etw lässt etw vermissen; ***I think she's a little ~ in charm*** meiner Meinung nach fehlt es ihr etwas an Charme
❸ (*deficient*) **to be found to be ~** sich *akk* als unzulänglich erweisen; ***he is ~ in certain areas*** er weist in einigen Bereichen Defizite auf; **to be tried and found ~** sich *akk* als unzulänglich erweisen, gewogen und [für] zu leicht befunden werden

wanton [ˈwɒntən, AM ˈwɑːntən] *adj* ❶ (*wilful*) leichtfertig, rücksichtslos; **~ destruction** mutwillige Zerstörung; **~ disregard** völlige Gleichgültigkeit; **~ waste** sträfliche Verschwendung
❷ *usu attr* (*dated or hum: dissolute*) wollüstig *geh;* **~ smile** lüsternes Lächeln *geh*
❸ (*liter: capricious*) übermütig, launenhaft; **~ breeze** leichte Brise

wantonly [ˈwɒntənli, AM ˈwɑːntən-] *adv* ❶ (*wilfully*) mutwillig
❷ (*dated or hum: dissolutely*) schamlos
❸ (*liter: capriciously*) übermütig

wantonness [ˈwɒntənnəs, AM ˈwɑːntən] *n no pl* Mutwille *m,* Übermut *m; sexuality* Lüsternheit *f,* Liederlichkeit *f*

WAP [wɒp, AM wɑːp] *n* INET *acr for* **Wireless Application Protocol** WAP *nt* (*Verfahren, mit dem über das Handy Informationen aus dem Internet abgerufen werden können*)

Wapalizer [ˈwɒpəlaɪzər, AM ˈwɑːpəlaɪzə] *n* INET, COMPUT WAP-Software *f* für PC **WAP-enabled mobile phone** [ˌwɒpɪneɪbldˌməʊbaɪlˈfəʊn, AM ˌwɑːpɪneɪbldˌmoʊbaɪlˈfoʊn] *n* INET, COMPUT WAP-fähiges Handy

wapiti <*pl* – *or* -s> [ˈwɒpɪti, AM ˈwɑːpət̬i] *n* Wapiti *m*

WAP phone [ˈwɒpˌfəʊn, AM ˈwɑːpˌfoʊn] *n* COMPUT, TELEC, INET *abbrev of* **wireless access protocol phone** WAP-Handy *nt*

war [wɔːr, AM wɔːr] *n* ❶ *no pl* (*armed combat*) Krieg *m;* **the art of ~** die Kriegskunst; **to carry the ~ into the enemy's camp** den Krieg ins Lager der Feinde tragen; (*fig*) zum Gegenangriff ansetzen; **the horrors of ~** die Schrecken *pl* des Krieges; **at the outbreak of the ~** bei Kriegsausbruch *m;* **state of ~** Kriegszustand *m;* **in times of ~** in Kriegszeiten; **civil ~** Bürgerkrieg *m;* **to be at ~** (*also fig*) sich *akk* im Kriegszustand befinden *a. fig;* **to declare ~ on sb/sth** jdm/etw den Krieg erklären; (*fig*) jdm/etw den Kampf ansagen; **to go to ~** in den Krieg ziehen; **to wage ~ against [*or* on] sb/sth** gegen jdn/etw Krieg führen; (*fig*) jdn/etw bekämpfen
❷ (*armed conflict*) Krieg *m;* **a ~ of attrition** ein Zermürbungskrieg *m;* **the American Civil W~** der Amerikanische Bürgerkrieg; **the cold ~** (*hist*) der Kalte Krieg *hist;* **the Great W~, World W~ I** der Erste Weltkrieg; **holy ~** heiliger Krieg; **the Vietnam W~** der Vietnamkrieg
❸ (*conflict*) Kampf *m;* **class ~** *esp* BRIT Klassenkampf *m;* **a ~ of nerves** (*fig*) ein Nervenkrieg *m;* **price/trade ~** Preis-/Handelskrieg *m*
► PHRASES: **all's fair in love and ~** (*prov*) in der Liebe und im Krieg ist alles erlaubt; **to have been in the ~s** *esp* BRIT [ziemlich] ramponiert aussehen *fam*

war atrocities *npl* Kriegsgräuel *pl geh,* Kriegsverbrechen *ntpl;* **to commit ~** Kriegsverbrechen begehen **war baby** *n* ❶ (*child*) Kriegskind *nt* ❷ AM (*fam: bond*) *Aktie, die durch einen Krieg an Wert gewinnt*

warble [ˈwɔːbl, AM ˈwɔːr-] *vi bird* trillern; (*hum*) *person* trällern

warbler [ˈwɔːblər, AM ˈwɔːrblə] *n* ❶ (*songbird*) Grasmücke *f;* (*any singing bird*) Singvogel *m*
❷ (*hum: person*) Sänger(in) *m(f)*

war bride *n* Kriegsbraut *f* **war bulletin** *n* Kriegsbericht *m* **war chest** *n* (*for a war*) Kriegskasse *f;* (*for a campaign*) Mittel *ntpl* für eine Kampagne; (*for a strike*) Streikkasse *f* **war cloud** *n usu pl* [drohende] Kriegsgefahr; **~s gather** es droht Kriegsgefahr **war correspondent** *n* Kriegsberichterstatter(in) *m(f)* **war crime** *n* Kriegsverbrechen *nt* **war criminal** *n* Kriegsverbrecher(in) *m(f)* **war cry** *n* Schlachtruf *m;* (*fig*) Parole *f*

ward [wɔːd, AM wɔːrd] **I.** *n* ❶ (*in hospital*) Station *f;* **maternity ~** Entbindungsstation *f;* **geriatric/psychiatric ~** geriatrische/psychiatrische Abteilung
❷ BRIT (*political area*) [Stadt]bezirk *m,* Wahlbezirk *m*
❸ AM (*in prison*) [Gefängnis]trakt *m*
❹ LAW (*protected by guardian*) Mündel *nt;* (*protected by court*) Minderjährige(r) *f(m)*
II. *vt* ❶ (*fend off*) ■**to ~ sth** ↔ **off** etw abwehren; *danger* etw abwenden
❷ LAW ■**to ~ sb** jd unter Vormundschaft stellen

war dance *n* Kriegstanz *m*

warden [ˈwɔːdən, AM ˈwɔːr-] *n* ❶ (*building manager*) [Heim]leiter(in) *m(f)*
❷ BRIT, AUS (*head of a college*) Rektor(in) *m(f)*
❸ AM (*person running institution*) Leiter(in) *m(f),* Direktor(in) *m(f);* (*prison governor*) Gefängnisdirektor(in) *m(f)*
❹ (*public official*) Aufseher(in) *m(f);* **animal ~** Tierwärter(in) *m(f);* **game ~** Wildaufseher(in) *m(f);* **park ~** Parkwächter(in) *m(f);* **traffic ~** BRIT Verkehrspolizist(in) *m(f),* Politesse *f*

warder [ˈwɔːdər, AM ˈwɔːrdə] *n esp* BRIT [Gefängnis]aufseher(in) *m(f),* [Gefängnis]wärter(in) *m(f),* Vollzugsbeamte(r) *f(m)*

ward of court <*pl* wards of court> *n* ❶ (*protected by the court*) Mündel *nt* unter Amtsvormundschaft; ***she was made a ~*** sie wurde unter Amtsvormundschaft gestellt
❷ (*protected by a guardian*) Mündel *nt*

wardress <*pl* -es> [ˈwɔːdrɪs, AM ˈwɔːr-] *n esp* BRIT [Gefängnis]aufseherin *f,* [Gefängnis]wärterin *f*

wardrobe [ˈwɔːdrəʊb, AM ˈwɔːrdroʊb] *n* ❶ (*cupboard*) [Kleider]schrank *m*
❷ *no pl* (*clothes*) Garderobe *f*
❸ (*department*) Kostümfundus *m*

wardrobe mistress *n esp* BRIT THEAT Garderobiere *f,* Gewandmeisterin *f*

wardroom [ˈwɔːdrʊm, AM ˈwɔːrdruːm] *n* NAUT Offiziersmesse *f*

wardship ['wɔːdʃɪp, AM 'wɔːr-] *n no pl* Vormundschaft *f* (**of** für +*akk*)
ware [weəʳ, AM wer] *n* ① (*pottery*) Töpferware *f*, Steingut *nt;* **china** ~ Porzellan *nt*
② (*products*) *see* **wares** Ware[n] *f[pl]*, Artikel *m[pl]*
war effort *n* Kriegsanstrengungen *fpl*
warehouse ['weəhaʊs, AM 'wer-] *n* Lagerhaus *nt*, Lagerhalle *f;* **bonded** ~ Zolllager *nt;* ~ **capacity** Lagerhauskapazität *f;* **price ex** ~ Preis ab Lager
warehouseman *n* ① (*owner*) Lagerbesitzer *m*
② (*seller*) Großhändler *m*
③ (*worker*) Lagerverwalter *m*, Lagerist *m*
warehousing ['weəhaʊzɪŋ, AM 'wer] *n no pl* Lagerung *f*, Lagerhaltung *f*
wares [weəz, AM werz] *npl* (*articles*) Artikel *mpl*, Ware[n] *f[pl]*; (*fam: products*) Erzeugnisse *ntpl*
warfare ['wɔːfeəʳ, AM 'wɔːrfer] *n no pl* Krieg[s]führung *f;* **guerilla/naval/nuclear** ~ Guerilla-/See-/Atomkrieg *m*
war film *n* Kriegsfilm *m* **war game** *n* Kriegsspiel *nt* **war grave** *n* Kriegsgrab *nt meist pl* **warhead** ['wɔːhed, AM 'wɔːr-] *n* Sprengkopf *m* **war hero** *n* Kriegsheld(in) *m(f)* **warhorse** *n* (*hist*) Schlachtross *nt hist;* (*fig fam: person*) **an old** ~ ein altes Schlachtross *fam;* ***an old civil rights ~, she's back in the political arena*** als kampferprobte Bürgerrechtlerin ist sie in die politische Arena zurückgekehrt
warily ['weərəli, AM 'wer-] *adv* vorsichtig; (*suspiciously*) misstrauisch
wariness ['weərɪnəs, AM 'wer] *n no pl* Wachsamkeit *f*, Vorsicht *f*
Warks BRIT *abbrev of* **Warwickshire**
warlike *adj* ① (*military*) kriegerisch
② (*hostile*) militant, kämpferisch; ~ **speech** militante Rede
warlock ['wɔːlɒk, AM 'wɔːrlɑːk] *n* Zauberer *m*, Hexenmeister *m*
warlord *n* Kriegsherr *m*
warm [wɔːm, AM wɔːrm] **I.** *adj* ① (*not cool*) warm; ***are you ~ enough?*** ist [es] dir warm genug?; **sb is as ~ as toast** [*or* AM *usu* **toasty** ~] (*fam*) jdm ist mollig warm; **nice and** ~ angenehm warm
② (*affectionate*) warm; ~ **person** warmherzige Person; ~ **welcome** herzliche Begrüßung; **to give a ~ welcome to sb** jdn herzlich willkommen heißen
③ *clothes* warm, wärmend *attr*
④ (*energetic*) ***cycling uphill is ~ work*** beim Radfahren bergauf kommt man ins Schwitzen
⑤ *usu attr colours* warm
⑥ *usu pred* (*close guess*) warm *fam*, nahe dran *fam;* ■**to be** ~ nahe dran sein *fam;* ***you're very*** ~ heiß; **to get** ~ der Sache näher kommen
⑦ *usu pred* (*fresh*) *track, trail* frisch
▶ PHRASES: **cold hands,** ~ **heart** kalte Hände, warmes Herz; **to keep sb's seat** ~ **for them** (*fam*) jds Platz für jdn freihalten
II. *n* ① *no pl* (*place*) **to come** [*or* **get**] **into the** ~ ins Warme kommen
② *usu sing* (*fam: heating up*) **to have a** ~ sich *akk* [auf]wärmen
III. *vt* ■**to ~ sth** etw wärmen; **to ~ one's feet** sich *dat* die Füße wärmen; **to ~ the soup** die Suppe aufwärmen [*o fam* warm machen]
▶ PHRASES: **to ~ the** [*esp* BRIT **cockles of one's**] **heart** (*hum*) das Herz erwärmen, warm ums Herz machen
IV. *vi* ① (*grow to like*) ■**to ~ to[wards] sb/sth** sich *akk* für jdn/etw erwärmen
② (*get animated*) **to ~ to a subject** [*or* **theme**] sich *akk* in ein Thema hineinfinden
◆**warm over** *vt* AM (*heat up*) ■**to ~ sth** ↻ **over** etw aufwärmen
▶ PHRASES: **to feel like death ~ed over** sich *akk* wie eine wandelnde Leiche fühlen *fam;* **to look like death ~ed over** wie eine wandelnde Leiche aussehen *fam*
◆**warm through I.** *vt* ■**to ~ sth** ↻ **through** etw warm machen
II. *vi* warm werden
◆**warm up I.** *vi* ① (*become hot*) warm werden, sich *akk* erwärmen; *person* sich *akk* aufwärmen; *weather* wärmer werden
② (*begin to work*) warm werden; *engine, machine* sich *akk* warm laufen
③ (*become animated*) *party* in Schwung kommen *fam; people* in Stimmung kommen
④ (*limber up*) sich *akk* aufwärmen
II. *vt* ① (*make hot*) ■**to ~ sth** ↻ **up** etw warm machen; *machine, computer* etw anwärmen; **to ~ up an engine** einen Motor warm laufen lassen; **to ~ a room up** einen Raum erwärmen; ■**to ~ sb** ↻ **up** jdn aufwärmen
② (*cook*) ■**to ~ sth** ↻ **up** etw aufwärmen [*o* warm machen]
③ (*bring into the mood*) **to ~ up the audience** das Publikum in Stimmung bringen; **to ~ up a party** Stimmung in eine Party bringen
▶ PHRASES: **to feel like death ~ed up** sich *akk* wie eine wandelnde Leiche fühlen *fam;* **to look like death ~ed up** wie eine wandelnde Leiche aussehen *fam*
warm-blooded *adj inv* warmblütig; ~ **animal** Warmblüter *m*
warmed-over ['wɔːrmd,oʊvɚ] *adj* AM ① *inv* (*warmed up*) *food* aufgewärmt
② (*pej: unimaginative*) aufgewärmt *pej fam*
war memorial *n* Kriegerdenkmal *nt veraltend*
warmer ['wɔːməʳ, AM 'wɔːrmɚ] *n* Mittel *nt* zum [Auf]wärmen
warm front *n* METEO Warmfront *f* **warm-hearted** *adj* warmherzig
warming ['wɔːmɪŋ, AM 'wɔːr-] *adj attr* wärmend
warmly ['wɔːmli, AM 'wɔːr-] *adv* ① (*with warm clothes*) **to dress** ~ sich *akk* warm anziehen
② (*affectionately*) herzlich
warmonger ['wɔː,mʌŋgəʳ, AM 'wɔːr,mʌŋgɚ] *n* Kriegstreiber(in) *m(f) pej*, Kriegshetzer(in) *m(f) pej*
warmongering ['wɔː,mʌŋgərɪŋ, AM 'wɔːr,mʌŋgɚ-] *n no pl* Kriegshetze *f pej*, Kriegstreiberei *f pej*
warm start *n* COMPUT Warmstart *m fachspr*
warmth [wɔːmθ, AM wɔːrmθ] *n no pl* ① (*heat*) Wärme *f*
② (*affection*) Herzlichkeit *f*, Wärme *f*
warm-up *n* ① (*limber-up*) [Sich]aufwärmen *nt kein pl;* ***a ~ is important before a run*** vor einem Rennen ist es wichtig, sich aufzuwärmen
② (*starting activity*) Einstimmung *f*, Warmup *nt* (**for/to** auf +*akk*)
warn [wɔːn, AM wɔːrn] **I.** *vi* warnen; ■**to ~ of sth** vor etw *dat* warnen; *road sign* auf etw *akk* hinweisen
II. *vt* ① (*make aware*) ■**to ~ sb** [**about** [*or* **of**] **sth**] jdn [vor etw *dat*] warnen; ***you have been ~ed!*** sag nicht, du wärst nicht gewarnt worden!; ■**to ~ sb not to do sth** jdn davor warnen, etw zu tun; ■**to ~ sb that ...** jdn darauf hinweisen [*o* aufmerksam machen], dass ...; ■**to ~ that ...** darauf hinweisen, dass ...
② (*urge*) ■**to ~ sb to do sth** jdn ermahnen, etw zu tun; (*strongly dissuade*) ■**to ~ sb against** [*or* **off**] **sth** jdn vor etw *dat* warnen, jdm von etw *dat* abraten; ■**to ~ sb against** [*or* **off**] **doing sth** jdn davor warnen [*o* jdm davon abraten], etw zu tun
③ (*threaten*) ■**to ~ sb** jdn verwarnen
warning ['wɔːnɪŋ, AM 'wɔːr-] *n* ① *no pl* (*notice*) Warnung *f;* **health** ~ Warnung *f* vor Risiken; **without** ~ unerwartet, ohne Vorwarnung
② (*threat*) Drohung *f;* **to give sb a ~ that ...** jdm drohen, dass ...
③ (*lesson*) Lehre *f;* ***let it be a ~ to you!*** lass dir das eine Lehre sein!
④ *no pl* (*advice*) warnender Hinweis; ***take ~ from me, ...*** lassen Sie sich's von mir sagen, ..., lassen Sie sich von mir gesagt sein, ...
⑤ (*of dangers, risks*) Warnung *f* (**about/of/on** vor +*dat*); ***there was a ~ from the police about handbag-snatchers*** die Polizei hat vor Handtaschenräubern gewarnt; **to sound a note of** ~ sich *akk* warnend äußern; **a word of** ~ ein guter Rat; **to issue a ~** [**about sth**] [vor etw *dat*] warnen
⑥ (*a caution*) Verwarnung *f*, Warnung *f;* **to receive a written** ~ eine schriftliche Verwarnung erhalten; **to give sb a** ~ jdm eine Verwarnung erteilen
warning bells *npl* ▶ PHRASES: **to hear** ~ die Alarmglocken läuten hören; ~ **start to ring** [*or* **sound**] die Alarmglocken beginnen zu läuten **warning label** *n* (*on cigarette packages*) Warnhinweis *m*
warningly ['wɔːnɪŋli, AM 'wɔːr] *adv* warnend
warning sign *n* ① (*signboard*) Warnschild *nt*
② *usu pl* (*symptom*) Anzeichen *nt*
warp [wɔːp, AM wɔːrp] **I.** *vi wood* sich *akk* verziehen
II. *vt* ① (*bend*) ■**to ~ sth** *wood* etw verziehen
② (*fig: pervert*) ■**to ~ sb** jdn [seelisch] verbiegen; ***the whole affair ~ed him so much, he's now unable to start another relationship*** er ist von der ganzen Sache seelisch so angeknackst, dass er jetzt keine andere Beziehung eingehen kann *fam;* **to ~ sb's mind** jds Charakter verderben
III. *n* ① (*in wood*) verzogene Stelle; ***there is a ~ in the shelf*** das Regal ist verzogen
② *usu sing* (*fig: abnormality*) **to have a ~ in one's character** einen verbogenen [*o fam* verkorksten] Charakter haben; **to have a ~ in one's way of looking at things** die Dinge verzerrt sehen, einen Knick in der Optik haben *fam*
③ (*in space travel*) **time** ~ Zeitverwerfung *f;* ***we've flown into a time ~*** wir haben uns in Zeit und Raum verloren
④ *no pl* (*threads*) Kette *f*, Kettfäden *mpl;* ~ **and weft** Kette und Schuss
warpaint *n no pl* (*also hum*) Kriegsbemalung *f*
warpath *n no pl* **to be on the** ~ (*hum fam*) auf dem Kriegspfad sein *hum*
warped [wɔːpt, AM wɔːrpt] *adj* ① (*bent*) verzogen
② (*fig: perverted*) verschroben *pej*
warplane *n* Kampfflugzeug *nt* **war poet** *n* Kriegsdichter(in) *m(f)*, Kriegslyriker(in) *m(f)*
warp speed *n* (*fam*) **to do sth at** ~ etw in Windeseile [*o* blitzschnell] machen
warrant ['wɒrənt, AM 'wɔːr-] **I.** *n* ① (*document*) [Vollziehungs]befehl *m;* **arrest** ~ Haftbefehl *m;* **to have a ~ for sb's arrest** einen Haftbefehl gegen jdn haben; **to issue a ~ for sb's arrest/an arrest** ~ einen Haftbefehl gegen jdn/einen Haftbefehl erlassen; ~ **of execution** Vollstreckungsbefehl *m;* **search** ~ Durchsuchungsbefehl *m;* **to execute a** ~ AM (*form*) einen Befehl ausführen
② FIN Bezugsrecht *nt;* (*stockmarket security*) Optionsschein *m*
③ *no pl* (*justification*) Rechtfertigung *f;* ***there's no ~ for that sort of behaviour!*** ein solches Verhalten ist nicht zu rechtfertigen!
II. *vt* ■**to ~ sth** ① (*justify*) etw rechtfertigen
② (*form: guarantee*) etw garantieren [*o* zusichern]
warrant bond *n* FIN Optionsanleihe *f* **warrant card** *n* Polizeiausweis *m*
warrantee [,wɒrən'tiː, AM ,wɔːr-] *n* Garantienehmer(in) *m(f)*
warrant officer *n ranghöchster Unteroffizier*
warrantor ['wɒrəntɔːʳ, AM 'wɔːrəntɔːr] *n* Garantiegeber(in) *m(f)*, Garant(in) *m(f)*
warranty ['wɒrənti, AM 'wɔːr-] *n* ① (*guarantee*) Garantie *f;* **sth is still under** ~ auf etw *akk* ist [*o* etw hat] noch Garantie
② (*promise in a contract*) Gewähr *f;* **breach of** ~ Garantieverletzung *f*, Verletzung *f* der Gewährleistungspflicht
③ (*statement of an insured person*) wahrheitsgemäße Angabe, Gewähr[leistung] *f*
warren ['wɒrən, AM 'wɔːr-] *n* ① (*burrows*) Kaninchenbau *m*
② (*maze*) Labyrinth *nt*
warring ['wɔːrɪŋ] *adj attr, inv* Krieg führend; **the ~ factions** die Krieg führenden Parteien
warrior ['wɒriəʳ, AM 'wɔːrjɚ] *n* (*usu hist*) Krieger *m;* **Samurai** ~ Samuraikrieger *m*
Warsaw Pact [,wɔːsɔː'pækt, AM ,wɔːrsɑː'-] *n*, **Warsaw Treaty** *n* (*hist*) ■**the** ~ der Warschauer Pakt *hist*

warship ['wɔːʃɪp, AM 'wɔːr-] *n* Kriegsschiff *nt*
wart [wɔːt, AM wɔːrt] *n* Warze *f;* **~s and all** (*fig fam*) mit all seinen/ihren Fehlern und Schwächen
warthog ['wɔːthɒg, AM 'wɔːrthɑːg] *n* Warzenschwein *nt*
wartime I. *n no pl* Kriegszeit[en] *f[pl];* **in ~** in Kriegszeiten II. *n modifier* Kriegs-; ***the film is set in ~ England*** der Film spielt in England während des Krieges **wartorn** *adj usu attr* vom Krieg erschüttert
warty ['wɔːti, AM 'wɔːrt̬i] *adj* warzig, voller Warzen *nach n*
war-weary *adj* kriegsmüde **war widow** *n* Kriegswitwe *f*
wary ['weəri, AM 'weri] *adj* vorsichtig, wachsam; **with a ~ note in one's voice** mit einem argwöhnischen [*o* misstrauischen] Unterton in der Stimme; ■**to be ~ about** [*or* **of**] **doing sth** etw nur ungern tun; ***I'm a bit ~ about giving people my address when I don't know them very well*** ich bin vorsichtig, wenn es darum geht, Leuten, die ich nicht besonders gut kenne, meine Adresse zu geben; ■**to be ~ of sb/sth** vor jdm/etw auf der Hut sein, sich *akk* vor jdm/etw in Acht nehmen
war zone *n* Kriegsgebiet *nt*
was [wɒz, wəz, AM wɑːz, wəz] *pt of* **be**
wasabi [wə'sɑːbi] *n no pl* ① (*plant*) *orientalischer Meerrettich*
② *no pl* (*sauce*) *grüne Paste aus orientalischem Meerrettich, die in Japan zusammen mit Sushi gegessen wird*
Wash. AM *abbrev of* **Washington**
wash [wɒʃ, AM wɑːʃ] I. *n* <*pl* -es> ① *usu sing* (*cleaning, laundering*) Waschen *nt kein pl;* **to do a ~** [Wäsche] waschen; **to give sth/sb a** [**good**] **~** etw/jdn [gründlich] waschen; **to have a ~** sich *akk* waschen; **to need a good ~** gründlich gewaschen werden müssen
② *no pl* (*clothes*) ■**the ~** die Wäsche; **to be in the ~** in der Wäsche sein
③ *no pl* AM (*liter: sound*) *of a river* Geplätscher *nt; of the sea* Brandung *f*
④ *usu sing* (*thin layer*) [Farb]überzug *m,* Lasur *f*
⑤ *usu sing* (*even situation*) Pattsituation *f;* ***they both have their pros and cons so it's a ~ really*** beide haben ihre Vor- und Nachteile, es bleibt sich also gleich
► PHRASES: **it'll all <u>come</u> out in the ~** (*fam*) das wird sich alles klären
II. *vt* ① (*clean*) ■**to ~ sb/oneself/sth** jdn/sich/etw waschen; **to ~ sb's clothes** jds Wäsche waschen; **to ~ the dishes** abwaschen, [ab]spülen; **to ~ one's hair/hands** sich *dat* die Haare/Hände waschen; **to ~ one's hands** (*euph: go to the toilet*) sich *dat* die Hände waschen gehen *euph;* **to ~ a wound** eine Wunde spülen [*o* auswaschen]
② *usu passive* (*sweep*) **to be ~ed ashore** an Land gespült werden; **to be ~ed overboard** über Bord gespült werden
► PHRASES: **to not be fit to ~ sb's <u>feet</u>** es nicht wert sein, jds Füße zu waschen; **to ~ one's <u>hands</u> of sb/sth** mit jdm/etw nichts zu tun haben wollen; **to ~ one's dirty <u>linen</u> in public** (*pej*) seine schmutzige Wäsche in aller Öffentlichkeit waschen; **to ~ sb's <u>mouth</u>** [**out**] **with soap and water** jdm den Mund gründlich mit Seifenwasser ausspülen
III. *vi* ① (*clean oneself*) sich *akk* waschen
② (*laundry*) **to ~ well** sich *akk* gut waschen lassen
③ (*lap*) ■**to ~ against sth** gegen etw *akk* schlagen [*o* spülen]
► PHRASES: **sth <u>won't</u> ~ with sb** etw hat keinerlei Wirkung bei jdm; ***your excuse for being late won't ~ with me*** deine Entschuldigung für dein Zuspätkommen kaufe ich dir nicht ab *fam*
◆**wash away** *vt* ① (*sweep off, erode*) ■**to ~ sth** ↔ **away** etw fortschwemmen [*o* wegspülen]; ■**to ~ sb away** jdn fortschwemmen; **to ~ away the soil** die Erde wegschwemmen
② (*fig: eliminate*) ■**to ~ away** ↔ **sth** etw vertreiben; **to ~ away sb's sins** jdn von seinen Sünden reinwaschen; ***and the blood of the Lamb has ~ed away the sins of the world*** und das Blut des Lammes nahm hinweg die Sünden der Welt
③ (*clean*) ■**to ~ sth** ↔ **away** etw auswaschen
◆**wash down** *vt* ■**to ~ sth** ↔ **down** ① (*swallow*) etw hinunterspülen [*o* runterspülen] *fam*
② (*clean*) etw abwaschen; **to ~ down a car** ein Auto waschen
③ *usu passive* (*carry off*) etw herabschwemmen; ***huge rocks had been ~ed down by the recent torrential rain*** riesige Felsbrocken wurden bei dem letzten sintflutartigen Regen heruntergeschwemmt
◆**wash off** I. *vi* sich *akk* abwaschen lassen
II. *vt* ■**to ~ sth** ↔ **off** etw abwaschen
◆**wash out** I. *vi* sich *akk* herauswaschen lassen
II. *vt* ① (*clean inside*) ■**to ~ sth** ↔ **out** etw auswaschen; **to ~ a bottle out** eine Flasche ausspülen
② (*remove*) ■**to ~ out** ↔ **sth** herauswaschen; (*fig*) etw auslöschen; **to ~ out the memory of sth** die Erinnerung an etw *akk* auslöschen
③ (*launder*) ■**to ~ sth** ↔ **out** etw [aus]waschen
④ *usu passive* (*abandon*) ■**to be ~ed out** *event* ins Wasser gefallen sein *fam*
⑤ (*exhaust*) ■**to ~ sb** ↔ **out** jdn erschöpfen [*o* auslaugen]
◆**wash over** *vi* ① (*flow over*) ■**to ~ over sb/sth** über jdn/etw [hinweg]spülen
② (*fig: overcome*) ■**to ~ over sb** jdn überkommen [*o* übermannen]
③ (*fig: have no effect*) ■**to ~ over sb** keine Wirkung auf jdn haben, an jdm abprallen; ***it makes no difference what I say, it just ~es over them*** es ist ganz egal, was ich sage, es prallt einfach an ihnen ab
◆**wash up** I. *vi* ① (*clean dishes*) abspülen, abwaschen
② AM (*wash oneself*) sich *akk* waschen
II. *vt* ■**to ~ up** ↔ **sth** *sea* etw anspülen
washable ['wɒʃəbl̩, AM 'wɑː-] *adj inv* waschecht; **machine-~** waschmaschinenfest
wash-and-wear *adj inv* bügelfrei **washbag** *n* Kulturbeutel *m* **washbasin** *n* Waschbecken *nt* **washboard** *n* (*dated*) Waschbrett *nt* **washboard stomach** *n* Waschbrettbauch *m* **washbowl** *n* AM (*washbasin*) Waschbecken *nt;* (*bowl*) Waschschüssel *f* **washcloth** *n* AM (*face cloth*) Waschlappen *m* **washday** *n* Waschtag *m* **washdown** *n* Wäsche *f;* **to give sb a ~** jdn waschen; **to give sth a ~** etw abwaschen; **to have a ~** sich *akk* waschen
washed-out *adj* ① *clothes* verwaschen; **~ jeans** verwaschene Jeans ② (*tired*) fertig *fam,* erledigt *fam*
washed-up *adj* (*fam*) fertig *fam,* erledigt *fam;* ■**to be ~** weg vom Fenster sein *fam;* **to be all ~** völlig am Ende sein *fam*
washer ['wɒʃəʳ, AM 'wɑːʃɚ] *n* ① AM (*washing machine*) Waschmaschine *f*
② (*ring*) Unterlegscheibe *f;* (*for sealing*) Dichtung *f,* Dichtungsring *m*
washer-up <*pl* washers-up> *n,* **washer-upper** *n* (*fam*) Spüler(in) *m(f),* Tellerwäscher(in) *m(f)*
washerwoman *n* Waschfrau *f,* Wäscherin *f*
wash-hand basin *n* Waschbecken *nt* **wash house** *n* Waschhaus *nt*
washing ['wɒʃɪŋ, AM 'wɑː-] *n no pl* ① (*cleaning*) Wäsche *f;* **to do the ~** [Wäsche] waschen
② (*clothes*) ■**the ~** die Wäsche; **to hang** [*or* **peg**] **out the ~** die Wäsche aufhängen
③ AM FIN Scheinkauf und -verkauf *m* von Wertpapieren
washing machine *n* Waschmaschine *f;* **to empty/load the ~** die Waschmaschine ausräumen/voll machen **washing powder** *n* BRIT Waschpulver *nt* **washing soda** *n no pl* Bleichsoda *nt*
washing-up *n no pl* BRIT, AUS ① (*cleaning dishes*) ■**the ~** das Abwaschen, der Abwasch; **to do the ~** abspülen, abwaschen, den Abwasch machen
② (*dishes*) Abwasch *m fam,* schmutziges Geschirr
washing-up basin *n* BRIT, **washing-up bowl** *n* BRIT Spülbecken *nt* **washing-up liquid** *n* BRIT Spülmittel *nt*
wash leather *n* ① *no pl* (*material*) Waschleder *nt* ② (*to clean windows*) Fensterleder *nt* **washout** *n usu sing* (*fam*) Reinfall *m fam* **washrag** *n* AM (*face cloth*) Waschlappen *m* **washroom** *n* AM (*toilet*) Toilette *f* **wash sale** *n* AM STOCKEX Scheingeschäfte *ntpl* **washstand** *n* Waschtisch *m* **washtub** *n* Waschwanne *f,* Waschbütte *f veraltend*
washy ['wɒʃi, AM 'wɑːʃi] *adj* ① (*insipid*) verwässert, schal, dünn *fig*
② (*faded*) *colour* blass, verwaschen
wasn't ['wɒzᵊnt, AM 'wɑː-] = **was not** *see* **be**
wasp [wɒsp, AM wɑːsp] *n* Wespe *f*
Wasp [wɑːsp] AM I. *n* (*pej*) *weißer amerikanischer Protestant angelsächsischer Herkunft*
II. *adj inv aus einer protestantischen weißen amerikanischen Familie angelsächsischen Ursprungs*
waspish ['wɒspɪʃ, AM 'wɑːsp-] *adj* giftig *fam,* gehässig *pej*
Waspish ['wɑːspɪʃ] *adj,* **Waspy** ['wɑːspi] *adj inv* AM (*pej*) *kühl-korrekt, wie die weißen protestantischen Amerikaner angelsächsischer Herkunft*
waspishly ['wɒspɪʃli, AM 'wɑːsp] *adv* bissig, scharf, gereizt
wasps' nest *n* Wespennest *nt*
wasp sting *n* Wespenstich *m* **wasp-waisted** *adj inv* mit einer Wespentaille *nach n,* tailliert
wastage ['weɪstɪdʒ] *n no pl* ① (*misuse*) Verschwendung *f*
② BRIT, AUS (*cutting workforce*) natürlicher Arbeitskräfteabgang
③ BRIT UNIV (*dropouts*) Abgänge *mpl*
④ (*product wasted*) Ausschuss *m,* Abfall *m;* (*product lost*) Schwund *m,* Verlust *m;* ***there is a lot of ~ of material using this pattern*** man hat ziemlich viel Verschnitt, wenn man dieses Schnittmuster verwendet
waste [weɪst] I. *n* ① *no pl* (*misuse*) Verschwendung *f,* Vergeudung *f;* ***he's a total ~ of space, that man*** (*fam*) der Mann ist zu nichts zu gebrauchen; ***what a ~!*** was für eine Verschwendung!; **to be a ~ of effort** vergeudete Mühe sein; **it's a ~ of energy/money** es ist Energie-/Geldverschwendung; **to lay ~ to the land** das Land verwüsten; **~ of resources** Verschwendung [*o* Vergeudung] von Ressourcen; **~ of time** Zeitverschwendung *f,* Zeitvergeudung *f*
② *no pl* (*unwanted matter*) Abfall *m;* **household/industrial ~** Haushalts-/Industriemüll *m;* **nuclear** [*or* **radioactive**] **~** Atommüll *m;* **toxic ~** Giftmüll *m;* **to go to ~** verkommen, verderben; **to let sth go to ~** etw verderben lassen; **to recycle ~** Müll recyceln
③ (*excrement*) Exkremente *ntpl*
④ LAW (*damage done to land*) Einöde *f*
II. *vt* ① (*misuse*) ■**to ~ sth** etw verschwenden [*o* vergeuden]; ***don't ~ your money on me, love*** verschwende dein Geld nicht an mich, Liebling; ***don't ~ my time!*** stiehl mir nicht meine wertvolle Zeit!; ***you are wasting your time here!*** das ist reine Zeitverschwendung!; **to ~ one's breath** sich *dat* seine Worte sparen können; **to ~ no time** keine Zeit verlieren; **to not ~ words** nicht viele Worte machen [*o* verlieren]
② AM (*sl: kill*) ■**to ~ sb** jdn umlegen *fam*
III. *vi* ► PHRASES: **~ not, <u>want</u> not** (*prov*) spare in der Zeit, dann hast du in der Not *prov*
◆**waste away** *vi* dahinsiechen *geh,* [zusehends] verfallen; (*get thinner*) immer dünner [*o fam* weniger] werden
wastebasket *n* AM (*wastepaper basket*) Papierkorb *m* **waste bin** *n* Abfalleimer *m,* Müllbehälter *m*
wasted ['weɪstɪd] *adj inv* ① (*misused*) verschwendet, vergeudet; ***all my efforts are ~!*** meine ganze Mühe war umsonst!; **~ journey** vergebliche Reise; **~ opportunity** verschenkte Gelegenheit; **~ time** vergeudete Zeit
② (*fig: unappreciated*) verschwendet; ■**sth is ~ on sb** jd weiß etw nicht zu schätzen; ***this wine would be ~ on him*** dieser Wein wäre an ihn nur verschwendet
③ (*thin*) ausgemergelt
④ AM (*sl: very tired*) fertig *fam;* (*drunk*) zu *sl*
waste disposal *n* ① *no pl* (*disposing*) Abfallbeseitigung *f,* Müllentsorgung *f* ② (*disposer*) Müllschlu-

W

cker *m* **waste-disposal unit** *n* Müllschlucker *m*

wasteful ['weɪs(t)fᵊl] *adj* verschwenderisch; ■**to be ~ of sth** mit etw *dat* verschwenderisch umgehen; ***it's very ~ of electricity to have so many lights on at once*** es ist eine große Stromverschwendung, so viele Lampen gleichzeitig brennen zu lassen

wastefully ['weɪs(t)fᵊli] *adv* verschwenderisch

wastefulness ['weɪstfᵊlnəs] *n no pl* Verschwendung *f*

waste ground *n no pl* (*not cultivated*) Ödland *nt;* (*not built on*) unbebautes Land **waste heat** *n no pl* TECH Abwärme *f fachspr* **wasteland** *n* ❶ (*neglected land*) ungenutztes Grundstück; (*not built on*) unbebautes Grundstück ❷ *no pl* (*empty area*) Ödland; (*not built on*) unbebautes Land ❸ (*fig: unproductive area*) Öde *f;* ***their relationship had become an emotional ~*** ihre Beziehung hatte sich emotional totgelaufen; **cultural ~** Kulturwüste *f* **waste management** *n no pl* Abfallwirtschaft *f* **wastepaper** *n no pl* Papiermüll *m;* (*for recycling*) Altpapier *nt* **wastepaper basket** *n,* BRIT, AUS *also* **wastepaper bin** *n* Papierkorb *m* **waste pipe** *n* Abflussrohr *nt* **waste product** *n* Abfallprodukt *nt*

waster ['weɪstəʳ, AM -ɚ] *n* ❶ (*wasteful person*) Verschwender(in) *m(f);* **money/time ~** Geld-/Zeitverschwender(in) *m(f) pej*

❷ BRIT (*fam: good-for-nothing*) Taugenichts *m pej veraltend*

waste reprocessing *n no pl* Müllwiederaufbereitung *f,* Müllverwertung *f*

wastes [weɪsts] *npl* Einöde *f;* **the ~ of the Arctic/Sahara** die eintönigen Weiten der Arktis/Sahara

wasting ['weɪstɪŋ] *adj attr, inv* schwächend *attr,* zehrend *attr;* **muscle-~ disease** muskelschwächende Krankheit

wastrel ['weɪstrᵊl] *n* (*liter*) Nichtsnutz *m pej veraltend,* Taugenichts *m pej veraltend*

watch [wɒtʃ, AM wɑːtʃ] **I.** *n* ❶ (*timepiece*) **wrist~** Armbanduhr *f;* **pocket ~** Taschenuhr *f*

❷ *no pl* (*observation*) Wache *f;* **on ~** auf Wache; **to be on ~** Wache haben; **to be on ~ for sth** nach etw *dat* Ausschau halten; **to be under** [**close**] **~** unter [strenger] Bewachung stehen; **to keep ~** Wache halten; **to keep a close ~ on sb/sth** jdn/etw scharf bewachen; **to keep close ~ over sb/sth** über jdn/etw sorgsam wachen; **to put a ~ on sb** jdn beobachten lassen

❸ (*period of duty*) Wache *f;* **in** [*or* **through**] **the** [**long**] **~es of the night** (*liter*) in den langen Stunden der Nacht *liter;* **the officers of the ~** die wachhabenden Offiziere

❹ (*unit*) Wacheinheit *f,* Wachtrupp *m,* Wachmannschaft *f*

II. *vt* ❶ (*look at*) ■**to ~ sb/sth** jdn/etw beobachten; ***I ~ed him get into a taxi*** ich sah, wie er in ein Taxi stieg; ***I ~ed the man repairing the roof*** ich schaute dem Mann dabei zu, wie er das Dach reparierte; ***it's fascinating ~ing children grow up*** es ist faszinierend, die Kinder heranwachsen zu sehen; ***I got the feeling I was being ~ed*** ich bekam das Gefühl, beobachtet zu werden; ***I'll only show you this once, so ~ carefully*** ich werde dir das nur dieses eine Mal zeigen, also pass gut auf; ***just ~ me!*** schau mal, wie ich das mache!; (*in a race*) ***just ~ him go!*** sieh nur, wie er rennt!; **to ~ a match** SPORTS einem Match zusehen; **to ~ the clock** [ständig] auf die Uhr sehen; **to ~ a film/a video** sich *dat* einen Film/ein Video ansehen; **to ~ TV** fernsehen; **to ~ the world go by** die [vorbeigehenden] Passanten beobachten

❷ (*keep vigil*) ■**to ~ sb/sth** auf jdn/etw aufpassen, jdn/etw im Auge behalten; ***~ your son for symptoms of measles*** achten Sie bei Ihrem Sohn darauf, ob er Symptome von Masern aufweist; **to ~ sb/sth like a hawk** jdn/etw mit Argusaugen bewachen *geh*

❸ (*be careful about*) ■**to ~ sth** auf etw *akk* achten; ***~ your language!*** du sollst nicht fluchen!; ***~ it!*** pass auf!; ***you want to ~ him*** bei ihm solltest du aufpassen; ***~ yourself!*** sieh dich vor!; ***you have to ~ what you say to Aunt Emma*** bei Tante Emma musst du aufpassen, was du sagst; **to ~ it with sb** sich *akk* vor jdm vorsehen *geh;* **to ~ every penny** [**one spends**] auf den Pfennig sehen *fam;* **to ~ the time** auf die Zeit achten; ***you'll have to ~ the time, your train leaves soon*** du musst dich ranhalten, dein Zug fährt bald *fam;* **to ~ one's weight** auf sein Gewicht achten

► PHRASES: **a ~ed kettle** [*or* **pot**] **never boils** (*prov*) wenn man auf etwas wartet, dauert es besonders lang; **what a performance! I'd rather ~ paint dry!** (*hum fam*) mein Gott war die Vorstellung langweilig! *hum;* **~ this space!** mach dich auf etwas gefasst!; **to ~ one's step** aufpassen, sich *akk* vorsehen *geh*

III. *vi* ❶ (*look*) zusehen, zuschauen; ***they just sit and ~*** die sitzen hier nur dumm rum und schauen zu *fam;* ***she'll pretend that she hasn't seen us – you ~*** pass auf – sie wird so tun, als habe sie uns nicht gesehen; ■**to ~ as sb/sth does sth** zusehen, wie jd/etw etw tut; ■**to ~ for sth/sb** nach etw/jdm Ausschau halten

❷ (*be attentive*) aufpassen; ***~ that …*** pass auf, dass …; **to ~ like a hawk** wie ein Luchs aufpassen; ■**to ~ over sb/sth** über jdn/etw wachen; **to ~ over children** auf Kinder aufpassen

◆**watch out** *vi* ❶ (*keep lookout*) ■**to ~ out for sb/sth** nach jdm/etw Ausschau halten; ***remember to ~ out for him*** denk daran, auf ihn zu achten

❷ (*beware of*) aufpassen, sich *akk* in Acht nehmen; ***~ out!*** Achtung!, Vorsicht!; ■**to ~ out for sb/sth** sich *akk* vor jdm/etw in Acht nehmen

watchable ['wɒtʃəbl, AM 'wɑː-] *adj* (*fam*) *film* sehenswert

watchband *n* AM, AUS Uhr[arm]band *nt* **watch chain** *n* Uhrkette *f* **watchdog** *n* ❶ (*guard dog*) Wachhund *m* ❷ (*fig: person*) Überwachungsbeauftragte(r) *f(m)* (**on** für +*akk*), Aufpasser(in) *m(f) fam;* (*organization*) Überwachungsgremium *nt,* Kontrollgremium *nt;* (*state-controlled*) Aufsichtsbehörde *f,* Kontrollbehörde *f*

watcher ['wɒtʃəʳ, AM 'wɑːtʃɚ] *n* (*watching person*) Zuschauer(in) *m(f);* (*observer*) Beobachter(in) *m(f)*

watchful ['wɒtʃfᵊl, AM 'wɑː-] *adj* wachsam, aufmerksam; **to keep a ~ eye on sb/sth** ein wachsames Auge auf jdn/etw haben; **under the ~ eye of sb** unter jds Aufsicht

watchfully ['wɒtʃfᵊli, AM 'wɑː-] *adv* wachsam, aufmerksam

watchfulness ['wɒtʃfᵊlnəs, AM 'wɑː-] *n no pl* Wachsamkeit *f*

watching brief *n* BRIT ❶ LAW Auftrag *m* zur Prozessverfolgung (*im Interesse eines nicht Beteiligten*)

❷ (*indirect interest*) mittelbares Interesse

watchlist *n* Beobachtungsliste *f,* schwarze Liste *fam* **watchmaker** [-ˌmeɪkəʳ, AM -ˌmeɪkɚ] *n* Uhrmacher(in) *m(f)* **watchman** *n* Wachmann *m;* **night ~** Nachtwächter *m* **watchstrap** *n esp* BRIT Uhr[arm]band *nt* **watchtower** *n* Wachturm *m* **watchword** *n usu sing* ❶ (*slogan*) Parole *f,* Losung *f* ❷ (*password*) Kennwort *nt;* MIL Parole *f*

water ['wɔːtəʳ, AM 'wɑːt̬ɚ] **I.** *n* ❶ *no pl* (*colourless liquid*) Wasser *nt;* **a bottle/a drink/a glass of ~** eine Flasche/ein Schluck *m*/ein Glas *nt* Wasser; **bottled ~** in Flaschen abgefülltes Wasser; **hot and cold running ~** fließendes kaltes und warmes Wasser; **to make ~** (*urinate*) Wasser lassen; (*leak*) lecken, Wasser machen; **to pass ~** Wasser lassen; **by ~** auf dem Wasserweg; **under ~** unter Wasser

❷ (*area of water*) ■**~s** *pl* Gewässer *ntpl;* **the ~s of the Rhine** die Wasser [*o liter* Fluten] des Rheins; **British/South African ~** Britische/Südafrikanische Gewässer; **coastal ~s** Küstengewässer *pl;* **murky ~s** (*dated or fig*) trübe Gewässer *fig;* **uncharted ~s** (*fig*) unbekannte Gewässer *fig*

❸ (*dated*) ■**~s** *pl* (*spa water*) Heilquelle *f;* **to take the ~s** (*hist*) eine Brunnenkur machen

❹ (*tide level*) Wasserstand *m;* **high ~** Hochwasser *nt;* **low ~** Niedrigwasser *nt;* **high ~ mark** Hochwassermarke *f;* **low ~ mark** Niedrigwassermarke *f*

❺ MED **~ on the brain** Wasserkopf *m;* **~ on the knee** Kniegelenkerguss *m*

❻ (*amniotic fluid*) ■**the ~s** *pl* das Fruchtwasser; ***at around three o'clock her ~s broke*** gegen drei Uhr ist bei ihr die Fruchtblase geplatzt

► PHRASES: **to throw out the baby with the bath ~** das Kind mit dem Bade ausschütten; **blood is thicker than ~** (*prov*) Blut ist dicker als Wasser; **to be ~ under the bridge** Schnee von gestern sein *fam;* **to be** [**like**] **~ off a duck's back** an jdm einfach abprallen, jdn völlig kalt lassen *fam;* **to take to sth like a duck to ~** sich *akk* bei etw *dat* gleich in seinem Element fühlen; **like a fish out of ~** wie ein Fisch auf dem Trocknen; **to go through fire and ~ for sb/sth** für jdn/etw durchs Feuer gehen; **to keep one's head above ~** sich *akk* über Wasser halten; **come hell or high ~** komme was [da] wolle, unter allen Umständen; **through hell and high ~** durch dick und dünn; **you can take a horse to ~ but you can't make it drink** (*prov*) man kann niemanden zu seinem Glück zwingen; **to spend money like ~** das Geld mit beiden Händen ausgeben, mit dem Geld nur so um sich *akk* werfen; **to pour oil on troubled ~s** Öl auf die Wogen gießen, die Gemüter beruhigen; **to pour cold ~ on sth** etw *dat* einen Dämpfer aufsetzen *fam;* ***stop pouring cold ~ on all my ideas!*** hör auf, mir alle meine Ideen madig zu machen!; **to be in deep ~** in großen Schwierigkeiten sein; **of the first ~** (*extremely good*) von höchster Qualität *nach n;* (*extremely bad*) der schlimmsten Sorte *nach n;* **to get into hot ~** in Teufels Küche kommen; **still ~s run deep** (*fig*) stille Wasser sind tief *prov;* **to hold ~** *argument* stichhaltig [*o* wasserdicht] sein

II. *vt* ■**to ~ sth** etw bewässern; *farm animals* etw tränken; *garden* etw sprengen; *flowers, plants* etw gießen

III. *vi* ❶ (*produce tears*) *eyes* tränen

❷ (*salivate*) *mouth* wässern *geh;* ***ooh, the smell of that bread is making my mouth ~!*** mmh, das Brot riecht so gut, da läuft einem ja das Wasser im Mund zusammen!

◆**water down** *vt* ■**to ~ sth** ↔ **down** ❶ (*dilute*) etw [mit Wasser] verdünnen; **to ~ down wine** Wein panschen

❷ (*fig: make less controversial*) etw verwässern *fig;* **a ~ed-down version of the proposal** eine abgemilderte Version des Vorschlags

water bed *n* Wasserbett *nt* **water bill** *n* Wasser[ab]rechnung *f* **waterbird** *n* Wasservogel *m,* Schwimmvogel *m* **water biscuit** *n* ≈ Kräcker *m* **water boatman** *n* ZOOL Rückenschwimmer *m* **water-borne** *adj inv* ❶ (*transported*) zu Wasser befördert; **~ trade** Handelsschifffahrt *f;* **~ attack** Angriff *m* zu Wasser ❷ (*transmitted*) durch Trinkwasser übertragen; **~ disease** durch das Wasser übertragene Krankheit **water bottle** *n* Wasserflasche *f;* MIL Feldflasche *f* **waterbuck** <*pl* – *or* -s> *n* ZOOL Wasserbock *m* **water buffalo** *n* Wasserbüffel *m* **water butt** *n* BRIT Regentonne *f* **water cannon** *n* Wasserwerfer *m* **water carrier** *n* ❶ *esp* BRIT ASTROL ■**the ~** der Wassermann ❷ (*person*) Wasserträger(in) *m(f)* ❸ (*water pipe*) Wasserleitung *f* **water cart** *n* (*hist*) Wasserkarren *m,* Wasserwagen *m* **water chute** *n* Wasserrutschbahn *f,* Wasserrutsche *f fam* **water color** AM, **water colour I.** *n* ❶ (*paint*) Wasserfarbe *f,* Aquarellfarbe *f*

❷ (*picture*) Aquarell *nt*

❸ *no pl* (*style of painting*) Aquarellmalerei *f*

II. *adj usu attr* Aquarell-

watercolourist ['wɔːtəkʌlᵊrɪst, AM 'wɑːt̬ɚ-] *n* Aquarellmaler(in) *m(f)* **water-cooled** *adj* wassergekühlt

water-cooler conversation [ˌwɔːtəˌkuːləkɒnvəˈseɪʃᵊn, AM ˌwɑːt̬ɚˌkuːlɚkɑːnvɚ-] *n* (*gossip*) Tratsch *m pej fam,* Klatsch *m pej fam,* Bassenatratsch *m* ÖSTERR *pej fam*

water-cooler debate *n* Bürotratsch *m pej fam*

watercourse *n* Wasserlauf *m* **watercraft** *n* ❶ (*liter: vessel*) Wasserfahrzeug *nt* ❷ *no pl* (*dated: skill*) Geschicklichkeit *f* im Wassersport **watercress** *n no pl* BOT Brunnenkresse *f* **water cure** *n* MED Wasserkur *f* **water diviner** *n* BRIT [Wünschel]rutengänger(in) *m(f)* **waterfall** *n* Wasserfall *m* **water filter** *n* Wasserfilter *m* **water fountain** *n* (*fountain*) Quelle *f*; (*for drinking*) Trinkbrunnen *m* **waterfowl** *n* ZOOL (*one bird*) Wasservogel *m*, Schwimmvogel *m*; (*collectively*) Wasservögel *mpl*, Schwimmvögel *mpl* **waterfront** *n* (*bank, shore*) Ufer *nt*; (*area*) Hafengebiet *nt*, Hafenviertel *nt*

Watergate ['wɔːtəgeɪt, AM 'wɑːt̬ɚ] *n* HIST, POL Watergate *nt a. fig*

water gauge *n* Wasserstandsmesser *m*, Wasserstandsanzeiger *m* **water hole** *n* Wasserloch *nt* **water ice** *n* (*dated*) Fruchteis *nt*

wateriness ['wɔːtərɪnəs, AM 'wɑːt̬ɚ-] *n* Wässrigkeit *f*

watering ['wɔːtərɪŋ, AM 'wɑːt̬ɚ-] *n of land, fields* Bewässerung *f*, Bewässern *nt*; *of garden* Sprengen *nt*; *of flowers, plants* Gießen *nt*

watering can *n* Gießkanne *f* **watering hole** *n* ❶ (*for animals*) Wasserstelle *f* ❷ (*hum fam: bar*) Kneipe *f fam* **watering place** *n* ❶ (*fam: watering hole*) Wasserstelle *f*, [Vieh]tränke *f* ❷ (*dated: spa*) [Kur]bad *nt*, Kurort *m*; (*seaside resort*) Seebad *nt* **water jump** *n* SPORTS Wassergraben *m*

waterless ['wɔːtələs, AM 'wɑːt̬ɚ-] *adj* wasserlos; ~ **desert** trockene Wüste

water level *n* ❶ (*of surface water*) Wasserstand *m*; *of river* Pegel[stand] *m* ❷ (*of groundwater*) Grundwasserspiegel *m* **water lily** *n* Seerose *f*, Teichrose *f* **water line** *n no pl* NAUT Wasserlinie *f*; GEOL Grundwasserspiegel *m* **water-logged** *adj boat, ship* voll gelaufen; *wood* voll gesogen; *clothes* durchnässt; *ground* feucht

Waterloo [ˌwɔːtə'luː, AM 'wɑːt̬ə-luː] *n* ► PHRASES: **to meet one's** ~ ein Fiasko erleiden

water main *n* Haupt[wasser]leitung *f*, Haupt[wasser]rohr *nt* **waterman** *n* ❶ (*ferryman*) Fährmann *m* ❷ SPORTS Ruderer *m* **watermark** I. *n* ❶ (*showing tide level*) Wasser[stands]marke *f* ❷ (*on paper*) Wasserzeichen *nt* II. *vt* ■**to ~ sth** etw mit Wasserzeichen versehen **water meadows** *npl* Feuchtwiesen *pl*, Auen *pl* **watermelon** *n* Wassermelone *f* **water meter** *n* Wasserzähler *m*, Wasseruhr *f* **water mill** *n* Wassermühle *f* **water park** *n* Erlebnisbad *nt* **water pipe** *n* ❶ (*conduit*) Wasserleitung *f*, Wasserrohr *nt* ❷ (*hookah*) Wasserpfeife *f* **water pistol** *n* Wasserpistole *f* **water plane** *n* Wasserflugzeug *nt* **water pollution** *n* Wasserverschmutzung *f*; *of sea, river* Gewässerverschmutzung *f*; *of drinking water* Trinkwasserbelastung *f* **water polo** *n* Wasserball *m kein pl*; **game of** ~ Wasserballspiel *nt* **water power** *n no pl* Wasserkraft *f* **water-power plant** *n*, **water-power station** *n* Wasserkraftwerk *nt* **water pressure** *n* Wasserdruck *m* **waterproof** I. *adj* wasserdicht; *clothes* wasserundurchlässig; *colour* wasserfest II. *n esp* BRIT (*coat*) Regenmantel *m*; (*jacket*) Regenjacke *f* III. *vt* ■**to ~ sth** etw wasserundurchlässig [*o* wasserdicht] machen; **to ~ one's bag/jacket/shoes** seine Tasche/Jacke/Schuhe imprägnieren **water rat** *n* Wasserratte *f* **water-repellent** *adj* Wasser abweisend, Wasser abstoßend **water-resistant** *adj* wasserbeständig; ~ **colour** [*or* AM **color**] wasserfeste Farbe **watershed** *n* ❶ (*high ground*) Wasserscheide *f* ❷ (*fig: great change*) Wendepunkt *m*; **to mark a** ~ einen Wendepunkt markieren [*o* darstellen] **water shortage** *n* Wassermangel *m kein pl*, Wasserknappheit *f* **waterside** *n no pl* (*beside lake*) Seeufer *nt*; (*beside river*) Flussufer *nt*; (*beside sea*) Strand *m*; ~ **café** am Wasser gelegenes Café **water-ski** I. *vi* Wasserski fahren [*o* laufen]; **to go ~ing** Wasserskilaufen gehen II. *n* Wasserski *m* **water slide** *n* Wasserrutschbahn *f* **water snake** *n* Wasserschlange *f* **water softener** *n* Wasserenthärter *m* **water-soluble** *adj* wasserlöslich **water sports** *npl* Wassersport *m kein pl* **water spout** *n esp* AM ❶ METEO Wasserhose *f*, Trombe *f fachspr* ❷ (*cloudburst*) Wolkenbruch *m*, Platzregen *m*

water supply *n* ❶ *usu sing* (*for area*) Wasservorrat *m*, Wasserreservoir *nt* ❷ *usu sing* (*for households*) Wasserversorgung *f* **water supply pipe** *n* Wasserzuleitung *f*, Wasserversorgungsleitung *f* **water supply point** *n* Wasserentnahmestelle *f*; (*for fire fighting*) Hydrant *m*

watertable *n* Grundwasserspiegel *m* **water tank** *n* Wassertank *m*, Wasserspeicher *m* **water taxi** *n* Wassertaxi *nt*

watertight ['wɔːtətaɪt, AM 'wɑːt̬ɚ-] *adj* ❶ (*impermeable*) wasserdicht
❷ (*fig: not allowing doubt*) *agreement* wasserdicht *fig*; *argument* unanfechtbar, hieb- und stichfest

water tower *n* Wasserturm *m* **water vapor** AM, **water vapour** *n* Wasserdampf *m* **waterway** *n* Wasserstraße *f*, Schifffahrtsweg *m* **water wheel** *n* Wasserrad *nt* **waterwings** *npl* Schwimmflügel *pl*; **to wear** ~ Schwimmflügel anhaben *fam* **waterworks** *npl* ❶ (*facility*) Wasserwerk *nt* ❷ (*fam: in body*) [Harn]blase *f* ► PHRASES: **to turn on the** ~ (*pej*) losheulen *fam*, losflennen *fam*

watery <more, most *or* -ier, -iest> ['wɔːtəri, AM 'wɑːt̬əi] *adj* ❶ (*pej: bland*) *coffee, drink* dünn; *soup* wässrig
❷ (*pale-coloured*) blass; (*weak*) *light, sun* fahl; *smile* müde
❸ (*liter*) **to meet a ~ grave** sein Grab in den Wellen finden *liter o fig*

watt, Watt *n* [wɒt, AM wɑːt] ELEC, PHYS Watt *nt*

wattage ['wɒtɪdʒ, AM 'wɑːt̬-] *n no pl* ELEC Wattzahl *f*, Wattleistung *f*

wattle ['wɒtl̩, AM 'wɑːt̬l̩] *n* ❶ *no pl* (*twig structure*) Flechtwerk *nt*
❷ AUS (*acacia*) [australische] Akazie; ~ **tree** Goldakazie *f*

wattle and daub *n no pl* Lehmflechtwerk *nt*

wave [weɪv] I. *n* ❶ (*of water*) Welle *f*, Woge *f geh*; **crest of a** ~ Wellenkamm *m*
❷ (*fig: feeling*) Welle *f fig*, Woge *f fig geh*; ~ **of emotion** Gefühlswallung *f*; **on the crest of a** ~ (*fig*) auf dem Höhepunkt; ***she's riding on the crest of a*** ~ sie ist im Moment ganz oben; ~ **of fear/panic/sympathy** Welle der Angst/Panik/Sympathie
❸ (*series*) Welle *f*; ~ **of redundancies** Entlassungswelle *f*; ~ **of terrorism** Terrorwelle *f*; **to spark off a ~ of protest** eine Welle des Protests auslösen
❹ (*hand movement*) Wink *m*; **with a ~ of the hand** mit einer Handbewegung; ***and then, with a ~ of the hand, she was off*** und dann winkte sie noch einmal und war verschwunden; **to give sb a** ~ jdm [zu]winken
❺ (*hairstyle*) Welle *f*; ***your hair has a natural*** ~ dein Haar ist von Natur aus gewellt
❻ PHYS Welle *f*; **long/medium/short** ~ Lang-/Mittel-/Kurzwelle *f*
► PHRASES: **to come over sb in ~s** (*fam*) jdn immer wieder heimsuchen; **to make ~s** (*fig: cause shake-up*) Unruhe stiften; (*create impression*) Aufsehen erregen, Staub aufwirbeln *fig*
II. *vi* ❶ (*greet*) winken; ■**to ~ at** [*or* **to**] **sb** jdm [zu]winken; ***I ~d at him across the room*** ich winkte ihm durch den Raum zu
❷ (*sway*) *field of grass, field of corn* wogen *geh*; *flag* wehen, flattern
❸ (*be wavy*) sich *akk* wellen
III. *vt* ❶ (*signal with*) ■**to ~ sth at** [*or* **to**] **sb** jdm mit etw *dat* winken; **to ~ one's hand** winken; ***she was waving her hand at the departing car*** sie winkte dem davonfahrenden Auto hinterher; **to ~ one's hands around** [mit den Händen] herumfuchteln *fam*; **to ~ sb goodbye** [*or* **goodbye to sb**] jdm zum Abschied [nach]winken
❷ (*swing*) ■**to ~ sth** etw schwenken; **to ~ a magic wand** einen Zauberstab schwingen
❸ (*make wavy*) **to ~ one's hair** sich *dat* das Haar wellen; **to have one's hair ~d** sich *dat* das Haar wellen lassen

◆**wave aside** *vt* ■**to ~ aside ↔ sth** (*fig*) etw [mit einer Handbewegung] abtun; **to ~ aside an idea/an objection/a suggestion** eine Idee/einen Einwand/Vorschlag abtun

◆**wave away** *vt* ■**to ~ away ↔ sb** jdn wegschicken [*o* abwimmeln]; ■**to ~ away ↔ sth** etw zurückweisen [*o* verschmähen]

◆**wave down** *vt* ■**to ~ down ↔ sb/sth** jdn/etw anhalten [*o* stoppen]

◆**wave off** *vt* ■**to ~ off ↔ sb** jdm [zum Abschied] nachwinken

◆**wave on** *vt* ■**to ~ on ↔ sb/sth** jdn/etw weiterwinken; ***the policeman ~d the traffic on*** der Polizist winkte den Verkehr durch

◆**wave through** *vt* ■**to ~ through ↔ sb** jdn durchwinken

wave-band *n* Wellenbereich *m*, Frequenzbereich *m*; **to broadcast in the long/medium/short** ~ auf Lang-/Mittel-/Kurzwelle senden **wavelength** *n* PHYS Wellenlänge *f* ► PHRASES: **to be on the same** ~ auf derselben Wellenlänge liegen, dieselbe Wellenlänge haben

wavelet ['weɪvlət] *n* kleine Welle, Kräuselwelle *f*

waver ['weɪvəʳ, AM -ɚ] *vi* ❶ (*lose determination*) ins Wanken geraten, wanken; *concentration, support* nachlassen
❷ (*become unsteady*) *eyes* flackern; *voice* beben, zittern
❸ (*be indecisive*) schwanken, unschlüssig sein; ■**to ~ over sth** sich *dat* etw hin- und herüberlegen, sich *dat* über etw den Kopf zerbrechen

waverer ['weɪvərəʳ, AM -ɚɚ] *n* Unentschlossene(r) *f(m)*, Zauderer, Zauderin *m, f*

wavering ['weɪvərɪŋ, AM -ɚ-] *adj usu attr* unentschlossen; *between two options* schwankend *attr*; *flame, candle* flackernd; *courage* wankend; *voice* zitternd

wavy ['weɪvi] *adj* wellig, gewellt, Wellen-; ~ **field of corn** wogendes Kornfeld; ~ **hair** gewelltes Haar; ~ **line** Schlangenlinie *f*; ~ **pattern** Wellenmuster *nt*

wax¹ [wæks] I. *n* ❶ (*substance*) Wachs *nt*; **candle** ~ Kerzenwachs *nt*
❷ (*for polishing*) Wachs *nt*; (*for shoes*) Schuhcreme *f*
❸ (*inside ear*) Ohrenschmalz *nt*
► PHRASES: **to be like ~ in sb's hands** *esp* BRIT (*fig*) wie Wachs in jds Händen sein
II. *vt* ❶ (*polish*) ■**to ~ sth** etw wachsen; **to ~ the floor** den Fußboden bohnern; **to ~ one's moustache** [sich *dat*] den Schnurrbart wachsen [*o fam* wichsen]; **to ~ shoes** Schuhe wichsen *fam*; **to ~ wood** Holz [ein]wachsen [*o* mit Wachs behandeln]
❷ (*remove hair*) **to ~ one's legs** sich *dat* die Beine [mit Wachs] enthaaren

wax² [wæks] *vi* ❶ (*liter: get larger*) *moon* zunehmen; **to ~ and wane** zu- und abnehmen; (*fig*) *love* kommen und gehen
❷ (*liter: become*) werden; **to ~ lyrical** [**about sth**] [über etw *akk*] ins Schwärmen geraten

wax³ [wæks] *n* BRIT (*dated fam*) **to be in a ~** [**about sth**] [wegen einer S. *gen*] eine Stinkwut haben *fam*

waxed [wækst] *adj usu attr* gewachst; *floor* gebohnert; *moustache* gewachst, gewichst *fam*; ~ **jacket** eingewachste [*o* mit Wachs imprägnierte] Jacke; ~ **paper** Butterbrotpapier *nt*, Wachspapier *nt*

waxen ['wæksən] *adj* wächsern; *complexion* wachsbleich

wax-head *n* AUS (*fam*) begeisterter Surfer/begeisterte Surferin

waxing ['wæksɪŋ] *n no pl* Wachsen *nt*

wax paper *n* Butterbrotpapier *nt*, Wachspapier *nt* **waxwork** *n* Wachsfigur *f* **waxworks** *n + sing vb* Wachsfigurenkabinett *nt*

waxy ['wæksi] *adj* ❶ (*like wax*) Wachs-, aus Wachs *nach n*, wächsern *geh*, wachsartig *pej*
❷ BRIT (*firm when cooked*) *potatoes* festkochend

way [weɪ]

I. NOUN

❶ (*road*) Weg *m*; **the W~ of the Cross** der Kreuzweg; **cycle** ~ Fahrradweg *m*; **one-~ street** Einbahnstraße *f;* **to be across** [*or* BRIT *also* **over**] **the** ~ gegenüber sein

❷ [*route*] Weg *m;* ***excuse me, which ~ is the train station?*** Entschuldigung, wie geht es hier zum Bahnhof?; ***could you tell me the ~ to the post office, please?*** könnten Sie mir bitte sagen, wie ich zur Post komme?; ***there's no ~ through the centre of town in a vehicle*** das Stadtzentrum ist für Autos gesperrt; ***will you get some bread on your ~ home?*** kannst du auf dem Heimweg [etwas] Brot mitbringen?; ***oh, I must be on my ~*** oh, ich muss mich auf den Weg machen!; ***on the ~ in/out …*** beim Hineingehen/Hinausgehen …; ***on my ~ to Glasgow, I saw …*** auf dem Weg nach Glasgow sah ich …; ***on the ~ back from India, …*** auf dem Rückweg/Rückflug von Indien …; ***sorry, I'm on my ~ out*** tut mir Leid, ich bin gerade am Gehen; ***we stopped on the ~ to ask for directions*** wir hielten unterwegs, um nach dem Weg zu fragen; ***"W~ In/Out"*** „Eingang/Ausgang"; ***we have to go by ~ of Copenhagen*** wir müssen über Kopenhagen fahren; **to ask the ~** [**to the airport/station**] nach dem Weg [zum Flughafen/Bahnhof] fragen; **to be on the ~** *letter, baby* unterwegs sein; **to be on the** [*or* **one's**] **~** [**to sth**] auf dem Weg [*o* unterwegs] [zu etw *dat*] sein; ***no problem, it's on my ~*** kein Problem, das liegt auf meinem Weg; **to be out of the ~** abgelegen sein; **to be out of sb's ~** für jdn ein Umweg sein; **to be under ~** *person* losgegangen sein; (*fig*) im Gange sein; ***we stopped to have lunch but within half an hour we were under ~ again*** wir machten eine Mittagspause, waren aber nach einer halben Stunde bereits wieder unterwegs; **to find one's ~ home** nach Hause finden; **to find one's ~ around** (*fig*) sich *akk* zurechtfinden; **to find one's ~ into/out of sth** in etw *akk* hineinfinden/aus etw *dat* herausfinden; (*fig*) ***how did my ring find its ~ into your pockets?*** wie kommt denn mein Ring in deine Taschen?; **to find one's ~ through sth** (*also fig*) sich *akk* in etw *dat* zurechtfinden *a. fig;* **to get under ~** in Gang kommen; **to give ~** einem anderen Fahrzeug die Vorfahrt geben; ***remember to give ~*** vergiss nicht, auf die Vorfahrt zu achten!; ***on roundabouts, you have to give ~ to cars already on the roundabout*** im Kreisverkehr haben die Autos Vorfahrt, die sich bereits im Kreisverkehr befinden; ***"give ~"*** BRIT „Vorfahrt [beachten]"; **to go on one's ~** sich *akk* auf den Weg machen; **to go out of one's ~ to do sth** einen Umweg machen, um etw zu tun; (*fig*) sich *akk* bei etw *dat* besondere Mühe geben; ***please don't go out of your ~!*** bitte machen Sie sich doch keine Umstände!; **to go one's own ~** (*fig*) seinen eigenen Weg gehen; **to go one's own sweet ~** (*fig*) rücksichtslos seinen eigenen Weg verfolgen; **to go separate ~s** getrennte Wege gehen; **to go the wrong ~** sich *akk* verlaufen; (*in car*) sich *akk* verfahren; **to know one's ~ around sth** (*also fig*) sich *akk* in etw *dat* auskennen; **to lead the ~** vorausgehen; (*fig*) ***the research group is leading the ~ in developing new types of computer memory*** die Forschungsgruppe ist führend in der Entwicklung neuartiger Computerspeicher; **to lose one's ~** sich *akk* verirren; **to make one's own ~ to sth** alleine irgendwohin kommen; **to make one's ~ to somewhere** irgendwohin gehen, sich *akk* irgendwohin begeben *geh;* ***we should make our ~ home*** wir sollten uns auf den Heimweg machen; **to make one's ~ in the world** seinen Weg gehen; **to pay one's ~** (*fig*) für sich *akk* selbst aufkommen; **to show sb the ~** jdm den Weg zeigen; ***can you show me the ~ out, please?*** können Sie mir bitte zeigen, wo es hier zum Ausgang geht?; **to talk one's ~ out of sth** (*fig*) sich *akk* aus etw *dat* herausreden *fam;* **to work one's ~ up** (*fig*) sich *akk* hocharbeiten

❸ [*fig: be just doing*] **to be** [**well**] **on the ~ to doing sth** auf dem besten Weg[e] sein, etw zu tun; ***I'm well on the ~ to completing the report!*** der Bericht ist so gut wie fertig! *fam;* ***she's well on her ~ of becoming an alcoholic*** sie ist auf dem besten Weg[e], Alkoholikerin zu werden

❹ [*fig fam: coming in/disappear*] ■ **to be on the ~ in** [*or* **up**]**/out** im Kommen/am Verschwinden sein

❺ [*distance*] Weg *m,* Strecke *f;* AM ***keep going straight and after a ~s, you'll see the house*** fahr immer geradeaus und nach ein paar Metern siehst du dann das Haus; **all the ~** den ganzen Weg; ***she stayed with him in the ambulance all the ~ to the hospital*** sie blieb während der ganzen Fahrt bis zum Krankenhaus bei ihm im Krankenwagen; (*fig*) ***I agree with you all the ~*** ich stimme dir voll und ganz zu; (*fig*) ***I'll take my complaint all the ~ to the managing director if I have to*** wenn ich muss, gehe ich mit meiner Beschwerde noch bis zum Generaldirektor; (*fig*) ***I'll support you all the ~*** du hast meine volle Unterstützung; **a long ~** weit; **a long ~ back** vor langer Zeit; **to be a long/short ~ off** (*in space*) weit entfernt/sehr nahe sein; (*in time*) fern/nahe sein; ***Christmas is just a short ~ off*** bis Weihnachten ist es nicht mehr lange hin; **to still have a long ~ to go** (*also fig*) noch einen weiten Weg vor sich *dat* haben; **to go a long ~** (*fig*) lange reichen; **to have a** [**long**] **~ to go** einen [weiten] Weg vor sich *dat* haben; **to have come a long ~** (*fig*) es weit gebracht haben; ***he's still a long ~ off perfection*** er ist noch weit davon entfernt, perfekt zu sein; ***a little kindness goes a long ~*** wenn man ein bisschen freundlich ist, hilft das doch gleich viel; [**not**] **by long ~** (*fig*) bei Weitem [nicht]

❻ [*facing direction*] Richtung *f;* ***which ~ up should this box be?*** wie herum soll die Kiste stehen?; ***"this ~ up"*** „hier oben"; **this ~ round** so herum; **the wrong ~ round** [*or* **around**] *figures* falsch [*o* verkehrt] herum; (*fig*) ***no, it's the other ~ round!*** nein, es ist gerade andersherum!; **to be the wrong ~ up** auf dem Kopf stehen

❼ [*direction*] Richtung *f;* ***which ~ are you going?*** in welche Richtung gehst du?; ***this ~, please!*** hier entlang bitte!; ***look this ~, please*** bitte hierher schauen; (*fam*) ***they live out Manchester ~*** sie wohnen draußen bei Manchester; ***I really didn't know which ~ to look*** ich wusste wirklich nicht mehr, wo ich hinschauen sollte; **to come sb's ~** ***after applying for a job, many offers came her ~*** nachdem sie sich beworben hatte, bekam sie viele Angebote; ***I'd take any job that comes my ~*** ich würde jeden Job nehmen, der sich mir bietet; ***all of a sudden, money came her ~*** plötzlich kam sie zu Geld; ***when something like this comes your ~ …*** wenn dir so etwas passiert, …; ***when a girl like this comes your ~ …*** wenn dir so ein Mädchen über den Weg läuft, … *fam;* **to go this/that ~** hier/da entlanggehen; **to go the other ~** in die andere Richtung gehen; **down my ~** bei mir in der Nähe; **down your ~** in deiner Gegend

❽ [*manner*] Art *f,* Weise *f;* ***I liked the ~ he asked for a date*** mir gefiel [die Art und Weise], wie er um ein Rendezvous bat; ***I don't like the ~ he looks at me*** ich mag es nicht, wie er mich anschaut; ***it's terrifying the ~ prices have gone up in the last few months*** es ist beängstigend, wie die Preise in den letzten Monaten gestiegen sind; ***that's just the ~ it is*** so ist das nun einmal; ***the ~ things are going …*** so wie sich die Dinge entwickeln …; ***trust me, it's better that ~*** glaub mir, es ist besser so!; ***that's her ~ of saying she's sorry*** das ist ihre Art zu sagen, dass es ihr Leid tut *fam;* ***I did it my ~*** ich habe es gemacht, [so] wie ich es für richtig hielt; ***do it my ~*** mach es wie ich; ***this is definitely not the ~ to do it*** so macht man das auf gar keinen Fall!; ***he looked at me in a sinister ~*** er sah mich finster an; ***she's got a funny ~ of asking for help*** sie hat eine komische Art, einen um Hilfe zu bitten; ***he's got a very strange ~ of behaving*** er benimmt sich schon ziemlich seltsam *fam;* ***you could tell by the ~ he looked*** man konnte es schon an seinem Blick erkennen; ***that's no ~ to speak to your boss!*** so redet man nicht mit seinem Vorgesetzten!; ***the ~ he looked at me …*** so wie er mich angeschaut hat …; ***the ~ we were*** wie wir einmal waren; ***it's always the ~!*** [*or* ***isn't it always the ~!***] es ist doch echt immer dasselbe! *fam;* ***I wouldn't have it any other ~*** ich würde es nicht anders haben wollen; ***what a ~ to talk!*** so etwas sagt man nicht!; ***what a ~ to behave!*** so benimmt man sich nicht!; ***just leave it the ~ it is, will you*** lass einfach alles so, wie es ist, ja?; **to see the error of one's ~s** seine Fehler einsehen; **to be in the family ~** in anderen Umständen sein *euph;* **~ of life** Lebensweise *f;* **~ of thinking** Denkweise *f;* **to sb's ~ of thinking** jds Meinung nach; **this ~** so; ***come on, do it this ~!*** komm, mach es so! *fam;* ***that ~, I'll save a lot of money*** auf diese [Art und] Weise spare ich viel Geld; ***looking at it in that ~, I was lucky after all*** so gesehen hatte ich sogar noch Glück; **in a big ~** im großen Stil; **in a small ~** im kleinen Rahmen; ***he started off in a small ~*** er fing klein an; **one ~ or another** so oder so; ***one ~ or another, we've got to …*** so oder so, irgendwie müssen wir …; **either ~** so oder so; **no ~** auf keinen Fall; ***there's no ~ to get me on this ship*** keine zehn Pferde kriegen mich auf dieses Schiff! *fam;* ***there's no ~ I'll give in*** ich gebe auf gar keinen Fall nach!; ***no ~!*** ausgeschlossen!, kommt nicht in die Tüte! *fam;* **to show sb the ~ to do sth** jdm zeigen, wie etw geht

❾ [*respect*] Weise *f,* Hinsicht *f;* **in a ~** in gewisser Weise; **in every** [**possible**] **~** in jeder Hinsicht; **in many/some ~s** in vielerlei/gewisser Hinsicht; **in more ~s than one** in mehr als nur einer Hinsicht; **in no ~** in keinster Weise; ***in which ~s does a zebra resemble a horse?*** worin ähnelt ein Zebra einem Pferd?; **not in any ~** in keiner Weise

❿ *no pl* [*free space*] Weg *m,* Platz *m;* **to be in sb's ~** jdm im Weg sein *a. fig;* **to block the way** den Weg versperren; **to get** [*or* **stand**] **in the ~ of sth** etw *dat* im Wege stehen; (*fig*) ***may nothing stand in the ~ of your future happiness together!*** möge nichts eurem zukünftigen gemeinsamen Glück im Wege stehen!; ***she's determined to succeed and she won't let anything stand in her ~*** sie ist entschlossen, ihr Ziel zu erreichen und wird sich durch nichts aufhalten lassen; **to get out of sb's/sth's ~** jdm/etw aus dem Weg gehen; ***can you put your stuff out of the ~, please?*** kannst du bitte deine Sachen woanders hintun?; **to get sb/sth out of the ~** jdn/etw loswerden; ***could you get this out of the ~, please?*** könntest du das bitte wegtun?; ***please get the children out of the ~ while I …*** sorge bitte dafür, dass die Kinder nicht stören, während ich…; **to give ~** (*fig*) nachgeben; **to give ~ to** [*or* **make ~ for**] **sth** etw *dat* [*o* für etw *akk*] Platz machen; (*fig*) etw *dat* weichen; ***make ~!*** Platz da!; **to keep** [*or* **stay**] **out of the ~** wegbleiben; **to keep** [*or* **stay**] **out of sb's ~** jdm nicht in die Quere kommen; **to make ~** [**for sb**] [für jdn] Platz machen *a. fig;* **to want sb out of the ~** jdn aus dem Weg haben wollen

⓫ [*method*] Art *f* [und Weise]; ***by ~ of an introduction to the subject, …*** als Einführung zum Thema …; ***my mother has a ~ of knowing exactly what I need*** meine Mutter weiß irgendwie immer genau, was ich brauche; ***she just has a ~ with her*** sie hat einfach so eine gewisse Art; ***there are ~s of making you talk, you know*** Sie werden schon noch Reden!; ***don't worry, we'll find a ~!*** keine Sorge, wir werden einen Weg finden!; **~s and means** Mittel und Wege; ***with today's technology everybody has the ~s and means to produce professional-looking documents*** mit der heutigen Technologie hat jeder die Möglichkeit, professionell aussehende Dokumente zu erstellen; **to have a ~ with children** gut mit Kindern umgehen können

⓬ [*habit*] Art *f;* ***over the years we've got used to his funny little ~s*** im Lauf der Jahre haben wir uns an seine kleinen Marotten gewöhnt; ***that's the ~ of the world*** das ist nun mal der Lauf der Dinge; **to fall into bad ~s** in schlechte Angewohnheiten verfallen; **to get into/out of the ~ of doing sth** sich *dat* etw an-/abgewöhnen

⓭ *no pl* [*condition*] Zustand *m;* **to be in a bad ~** in schlechter Verfassung sein; ***he's been in a bad ~ ever since the operation*** seit der Operation geht's ihm schlecht; ***she's in a terrible*** ~ sie ist in einer schrecklichen Verfassung

⓮ *(desire)* **to get** [*or* **have**] **one's** [**own**] ~ seinen Willen bekommen; ***if I had my*** ~, ***we'd eat fish every day*** wenn es nach mir ginge, würden wir jeden Tag Fisch essen

⓯ *(fam: something like)* ***he's by*** ~ ***of being an artist*** er ist so'ne Art Künstler *fam*

⓰ NAUT **to gather/lose** ~ Fahrt aufnehmen/verlieren

⓱ NAUT ■ **~s** *pl* Helling *f*

► PHRASES: **that's the ~ the cookie crumbles** *(saying)* so ist das Leben [eben]; **to go the ~ of all flesh** den Weg allen Fleisches gehen *geh;* **the ~ to a man's heart is through his stomach** *(prov)* [die] Liebe [des Mannes] geht durch den Magen *prov;* **where there's a will, there's a ~** *(prov)* wo ein Wille ist, ist auch ein Weg *prov;* **to see/find out which ~ the wind blows/is blowing** *(fig)* sehen/herausfinden, woher der Wind weht; **there are no two ~s about it** daran gibt es keinen Zweifel; **to fall by the ~** auf der Strecke bleiben; **to have it/sth both ~s** beides haben; ***you can't have it both ~s*** du kannst nicht beides haben; **to go all the ~** [**with sb**] *(fam: have sex)* es [mit jdm] richtig machen *sl;* **by the ~** übrigens; ***and, by the*** ~, ***this wasn't the first time I ...*** und das war, nebenbei bemerkt, nicht das erste Mal, dass ich...

II. ADVERB

❶ *(fam: used for emphasis)* weit; ***it would be ~ better for you to ...*** es wäre weit[aus] besser für dich, ...; ***she spends ~ too much money on clothes*** sie gibt viel zu viel Geld für Kleidung aus; ***you're ~ out if you think ...*** wenn du denkst, dass ..., liegst du voll daneben!; **to be ~ down with one's guess** mit seiner Schätzung völlig daneben liegen; **~ back** vor langer Zeit; **~ back in the early twenties** damals in den frühen Zwanzigern; **to be ~ past sb's bedtime** *(fam)* für jdn allerhöchste Zeit zum Schlafengehen sein; **~ up in the sky** weit oben am Himmel

❷ *(sl: very)* **~ cool/hot** total [*o* voll] cool/heiß *fam*

waybill *n (list of passengers)* Passagierliste *f; (list of goods)* Frachtbrief *m* **wayfarer** *n (liter or old)* Wandersmann *m veraltet,* [Fuß]reisende(r) *f(m),* Wanderer, -in *m, f* **wayfaring** *adj attr (liter or old)* wandernd, reisend; **~ man** Wandersmann *m veraltet*

waylay <-laid, -laid> [ˌweɪˈleɪ, AM ˈweɪleɪ] *vt* ■ **to ~ sb** ❶ *(hum: accost)* jdn abfangen [*o fam* abpassen]; ***I was waylaid on the way out of a meeting by the managing director*** der Vorsitzende hat mich direkt nach dem Treffen abgefangen

❷ *(attack)* jdn überfallen; ***she had been waylaid*** sie geriet in einen Hinterhalt

way out *n* Ausgang *m*

way-out *adj (sl)* ❶ *(unconventional)* irre *sl,* abgefahren *sl* ❷ *(dated: wonderful)* super *fam* **wayside I.** *n (beside road)* Straßenrand *m;* ■ **by the ~** am Straßenrand; *(beside path)* Wegrand *m;* ■ **by the ~** am [*o* neben dem] Weg; **to fall by the ~** *(fig)* auf der Strecke bleiben *fig* **II.** *adj attr, inv (beside road)* an der Straße; *(beside path)* am Weg; **~ inn** *(dated)* Gasthof *m* an der Straße [*o* am Weg] **way station** *n* AM RAIL Zwischenstation *f,* Haltepunkt *m*

wayward [ˈweɪwəd, AM -wɚd] *adj* ❶ *(wilful)* eigenwillig, eigensinnig; **~ child** widerspenstiges Kind

❷ *(erratic)* unberechenbar, launisch

waywardness [ˈweɪwədnəs, AM -wɚd-] *n* ❶ *(wilfulness)* Eigensinn *m,* Eigenwilligkeit *f*

❷ *(capriciousness)* Unberechenbarkeit *f,* Launenhaftigkeit *f*

WBA [ˌdʌbljuːbiːˈeɪ] *n no pl, + sing/pl vb abbrev of* **World Boxing Association:** ■ **the ~** die WBA

WC [ˌdʌbljuːˈsiː] *n* BRIT *abbrev of* **water closet** WC *nt*

we [wiː, wi] *pron pers* ❶ *(1st person plural)* wir; ***if you don't hurry up, ~'ll be late*** wenn du dich nicht beeilst, kommen wir zu spät

❷ *(speaker/writer for group)* wir; ***in this section ~ discuss the reasons*** in diesem Abschnitt besprechen wir die Gründe; **the editorial ~** das redaktionelle Wir

❸ *(all people)* wir; **~ all ... ** wir alle ...; ***~'ve all experienced pain of some sort*** wir kennen alle Schmerz in irgendeiner Form

❹ *(form: royal I)* wir; ***"~ are not amused"*** „wir sind nicht erfreut"; **the royal ~** das königliche Wir

❺ *(pej fam: to patient)* wir; ***"and how are ~ feeling today?"*** „und wie geht es uns heute?"; *(dated fam: to child)* wir; ***you know, Josh, ~ don't rub ants in little girls' hair*** du weißt Josh, dass man kleinen Mädchen keine Ameisen ins Haar gibt

weak [wiːk] *adj* ❶ *(not strong)* schwach; *coffee, tea* schwach, dünn; **to be/feel as ~ as a kitten** ganz matt sein/sich *akk* ganz schlapp fühlen *fam;* **to be/go ~ at the knees** weiche Knie haben/bekommen; **to be ~ with desire/hunger/thirst** schwach vor Begierde/Hunger/Durst sein; **to feel ~** sich *akk* schwach fühlen; **~ chin** schwach ausgeprägtes Kinn; **~ link** *(fig)* schwaches Glied *fig;* **~ spot** *(fig)* schwache Stelle *fig;* **the ~er sex** das schwache Geschlecht *fig*

❷ *(ineffective)* *leader* unfähig, schwach; *argument, attempt* schwach; ■ **to be ~** [**on sth**] [in etw *dat*] schwach sein; ***the report is strong on criticism but rather ~ on suggestions for improvement*** der Bericht übt scharfe Kritik, bietet aber kaum Verbesserungsvorschläge

❸ *(below standard)* schwach; ***he was always ~ at languages but strong at science*** er war schon immer schwach in Sprachen, dafür aber gut in Naturwissenschaften

weaken [ˈwiːkᵊn] **I.** *vi (become less strong)* schwächer werden, nachlassen; *(become less resolute)* schwach [*o* weich] werden

II. *vt* ■ **to ~ sb/sth** jdn/etw schwächen; ***they were ~ed by hunger*** sie waren vom Hunger geschwächt; **to ~ an argument** ein Argument entkräften

weak-kneed [-ˈniːd] *adj (pej fam)* feige, ängstlich; **to be ~** weiche Knie haben, Schiss haben *sl*

weakling [ˈwiːklɪŋ] *n (pej)* Schwächling *m pej*

weakly [ˈwiːkli] *adv* ❶ *(without strength)* schwach, kraftlos, schwächlich

❷ *(unconvincingly)* schwach, matt; **to smile ~** matt lächeln

weak-minded [-ˈmaɪndɪd] *adj (pej)* ❶ *(lacking determination)* unentschlossen, unentschieden; *(weak-willed)* willensschwach

❷ *(mentally deficient)* schwachsinnig

weakness <*pl* -es> [ˈwiːknəs] *n* ❶ *no pl (physical frailty)* Schwäche *f; (ineffectiveness)* Unwirksamkeit *f;* **a sign of ~** ein Zeichen *nt* von Schwäche

❷ *(area of vulnerability)* Schwachstelle *f,* schwacher Punkt

❸ *(flaw)* Schwäche *f; (in character)* [Charakter]schwäche *f*

❹ *(strong liking)* Schwäche *f* (**for** für *+akk*), Vorliebe *f* (**for** für *+akk*)

weak-willed [-ˈwɪld] *adj* willensschwach

weal [wiːl] *n* Schwiele *f,* Striemen *m*

wealth [welθ] *n no pl* ❶ *(money)* Reichtum *m;* **~ and prosperity** Reichtum und Wohlstand; *(fortune)* Vermögen *nt;* **to inherit ~** ein Vermögen erben; **national ~** Volksvermögen *nt*

❷ *(large amount)* Fülle *f,* Reichtum *m fig;* **to have a ~ of sth** *raw materials* reich an etw *dat* sein; **a ~ of opportunity** vielerlei Möglichkeiten

wealth creation *n,* **wealth generation** *n* Vermögensbildung *f* **wealth tax** *n* Vermögenssteuer *f*

wealthy [ˈwelθi] **I.** *adj* reich, wohlhabend, vermögend

II. *n* ■ **the ~** *pl* die Reichen *pl*

wean [wiːn] *vt* ❶ *(from mother's milk)* **to ~ a baby** ein Baby abstillen; **to ~ a baby animal** ein Jungtier entwöhnen

❷ *(make independent of)* ■ **to ~ sb off sth** jdm etw abgewöhnen, jdn von etw *dat* abbringen; ***the whole scheme is intended to ~ people off welfare dependency*** der ganze Plan zielt darauf ab, die Leute von Sozialhilfe unabhängig zu machen

❸ *usu passive (fig: rear on)* ■ **to be ~ed on sth** mit etw *dat* aufgewachsen [*o* groß geworden] sein

weaning [ˈwiːnɪŋ] *n* Entwöhnung *f*

weapon [ˈwepən] *n (also fig)* Waffe *f;* **~s of mass destruction** Massenvernichtungswaffen *fpl;* **dangerous** [*or* **offensive**] ~ gefährliche Waffe, Angriffswaffe *f;* **lethal** [*or* **deadly**] ~ tödliche Waffe; **nuclear** [*or* **atomic**] **~s** Atomwaffen *pl,* Kernwaffen *pl;* **to search sb for ~s** jdn nach Waffen durchsuchen

weaponry [ˈwepənri] *n no pl* Waffen *fpl*

wear [weəʳ, AM wer] **I.** *n* ❶ *(clothing)* Kleidung *f;* **casual/sports ~** Freizeit-/Sport[be]kleidung *f*

❷ *(amount of use)* Gebrauch *m;* ***the chairs have a bit more ~ left in them*** die Stühle lassen sich noch gut eine Weile benutzen; ***I haven't had much ~ out of this sweater*** ich habe diesen Pullover wenig getragen; **to show signs of ~** Abnutzungserscheinungen [*o* Verschleißerscheinungen] aufweisen; **~ and tear** Abnutzung *f,* Verschleiß *m;* **to take a lot of ~ and tear** stark strapaziert werden; **to be the worse for ~** abgenutzt sein; *(clothes)* abgetragen sein; *(fig: person)* fertig sein *fam;* ***I feel a bit the worse for ~*** ich fühle mich etwas angeschlagen

II. *vt* <wore, worn> ❶ *(have on body)* ■ **to ~ sth** *clothes* etw tragen [*o fam* anhaben]; *jewellery* etw tragen; ***what are you ~ing to Caroline's wedding?*** was ziehst du zu Carolines Hochzeit an?; ***she had nothing to ~ to the party*** sie hatte für die Party nichts anzuziehen; ***he wore a grim expression*** *(fig)* er trug eine grimmige Miene zur Schau; **to ~ glasses** eine Brille tragen; **to ~ one's hair loose/up** das Haar offen/hoch gesteckt tragen

❷ *(make a hole)* **to ~ a hole in sth** etw durchwetzen; *water* etw aushöhlen

❸ BRIT, AUS *(fam: permit)* ■ **to ~ sth** etw hinnehmen [*o fam* schlucken]

► PHRASES: **to ~ one's heart on one's sleeve** das Herz auf der Zunge tragen; **to ~ the mantle of power** *(form liter)* die Insignien der Macht innehaben; **to ~ the trousers** [*or* AM **pants**] die Hosen anhaben *fam*

III. *vi* <wore, worn> *(get thinner) clothes* sich *akk* abtragen; *(get hole)* sich *akk* durchscheuern; *machine parts* sich *akk* abnutzen; ***this shirt is starting to ~ at the collar*** dieses Hemd wird am Kragen schon dünn; ***my jeans have worn at the knees*** meine Jeans sind an den Knien durchgewetzt; **to ~ thin** dünn werden; *(fig)* verflachen *fig*

◆**wear away** *vi* sich *akk* abnutzen

◆**wear down** *vt* ❶ *(reduce)* ■ **to ~ sth** ↻ **down** *rock* etw abtragen

❷ *(make weak and useless)* ■ **to ~ sth** ↻ **down** etw abnutzen [*o* verschleißen]

❸ *(fig: tire)* ■ **to ~ sb** ↻ **down** jdn fertig machen *fam; (weaken)* jdn zermürben; **to ~ down sb's resistance** jds Widerstand [allmählich] brechen

◆**wear off** *vi effect* nachlassen

◆**wear on** *vi time* sich *akk* hinziehen

◆**wear out I.** *vi* sich *akk* abnutzen

II. *vt* ■ **to ~ sb** ↻ **out** jdn erschöpfen; *(mentally)* jdn fertig machen *fam*

◆**wear through** *vi shoes* durchlaufen

wearable [ˈweərəbl, AM ˈwer-] *adj* tragbar

wearer [ˈweərəʳ, AM ˈwerɚ] *n* Träger(in) *m(f);* **~ of spectacles** Brillenträger(in) *m(f)*

wearily [ˈwɪərɪli, AM ˈwɪr-] *adv* ❶ *(tiredly)* müde

❷ *(resignedly)* lustlos, gelangweilt

weariness [ˈwɪərɪnəs, AM ˈwɪr-] *n no pl* ❶ *(tiredness)* Müdigkeit *f,* Erschöpfung *f*

❷ *(boredom)* Langeweile *f;* **a general air of ~** eine allgemeine Lustlosigkeit

wearing [ˈweərɪŋ, AM ˈwer-] *adj* ermüdend

wearisome [ˈwɪərɪsᵊm, AM ˈwɪr-] *adj (form)* ❶ *(causing tiredness)* ermüdend, anstrengend

❷ *(causing boredom)* langweilig, eintönig

weary [ˈwɪəri, AM ˈwɪri] **I.** *adj* ❶ *(very tired)* müde, erschöpft; **~ to death** sterbensmüde, total erschöpft

W

❷ (*bored*) gelangweilt; (*unenthusiastic*) lustlos; **to be ~ of sth** etw leid sein [*o* satt haben]; **to grow ~ of sth** einer S. *gen* überdrüssig werden; **~ of life** lebensmüde
❸ (*corny*) **~ joke** abgedroschener Witz
II. *vt* <-ie-> (*liter*) ■**to ~ sb** [**with sth**] ❶ (*make tired*) jdn [mit etw *dat*] ermüden; ■**to be wearied by sth** von etw *dat* erschöpft sein
❷ (*make bored*) jdn [mit etw *dat*] langweilen; ■**to be wearied by sth** von etw *dat* genug haben, etw satt haben
III. *vi* <-ie-> ■**to ~ of sth** von etw *dat* genug haben, etw satt haben

wearying ['wɪərɪɪŋ, AM 'wɪr-] *adj* ermüdend, anstrengend

weasel ['wi:zᵊl] **I.** *n* Wiesel *nt*
II. *vi* AM ■**to ~ out of sth** sich *akk* aus etw *dat* herauslavieren *fam;* ■**to ~ out of doing sth** sich vor etw *dat* drücken

weaseling ['wi:zᵊlɪŋ] *n* ❶ (*evasive action*) Ausweichen *nt*
❷ (*ambiguous words*) [Herum]schwafeln *nt pej*

weather ['weðəʳ, AM -ɚ] **I.** *n no pl* (*air conditions*) Wetter *nt;* (*climate*) Witterung *f;* (*state of the weather*) Wetterlage *f;* ***this front will bring warm ~ to most of the British Isles*** diese Front wird dem größten Teil der Britischen Inseln warme Witterung bringen; **~ permitting** vorausgesetzt, das Wetter spielt mit, wenn es das Wetter erlaubt; **in all ~s** bei jedem Wetter
▸ PHRASES: **to make heavy ~ of sth** (*make sth well known*) viel Wind um etw *akk* machen *fam;* (*have problems with sth*) sich *dat* mit etw *dat* schwer tun; **to be under the ~** angeschlagen sein *fam*
II. *vi object* verwittern; *person* altern; ***he's ~ed well*** er hat sich gut gehalten
III. *vt* ❶ *usu passive* (*change through*) ■**to ~ sth** *wood* etw auswittern; *skin* etw gerben; *rock* etw verwittern lassen; **~ed face** vom Wetter gegerbtes Gesicht
❷ (*survive*) ■**to ~ sth** etw überstehen; **to ~ the storm** *ship* dem Sturm trotzen [*o* standhalten]; ***as a small new company they did well to ~ the recession*** als kleines neues Unternehmen sind sie gut durch die Rezession gekommen

weather-beaten *adj* ❶ (*of person*) **~ face/hands/skin** wettergegerbtes Gesicht/wettergegerbte Hände/Haut ❷ (*of object*) verwittert; **~ boards** verwitterte Bretter **weatherboard I.** *n* ❶ *usu pl* (*protective board*) [Dach]schindel[n] *f[pl]* ❷ *no pl* (*covering of boards*) Verschalung *f* ❸ (*over window*) Überdachung *f,* Überdach *nt* ❹ *esp* BRIT (*on door*) Türleiste *f* **II.** *vt* ■**to ~ sth** etw abdichten; (*panel*) etw verschalen **weatherboarding** *n no pl* ❶ (*surface*) Verschalung *f* ❷ (*process*) Verschalen *nt* ❸ (*over window*) Überdachung *f,* Überdach *nt* ❹ (*at door*) Türleiste *f* **weather-bound** *adj inv* wetterbedingt behindert; ***the rescue team was ~ for two days*** das Rettungsteam war für zwei Tage wegen schlechten Wetters handlungsunfähig **weather bulletin** *n* Wetterbericht *m* **weather bureau** *n* AM Wetteramt *nt,* Wetterdienst *m* **weather chart** *n* Wetterkarte *f* **weathercock** *n* Wetterhahn *m* **weather conditions** *npl* Witterungsverhältnisse *pl*

weathered ['weðəd, AM ɚd] *adj* von der Witterung gezeichnet, der Witterung ausgesetzt; *face* wettergegerbt

weather forecast *n* Wettervorhersage *f* **weather forecaster** *n* ❶ (*meteorologist*) Wetterexperte, -in *m, f,* Meteorologe, -in *m, f* ❷ TV, RADIO Wetteransager(in) *m(f),* Wetterfrosch *m hum fam* **weathergirl** *n* (*fam*) TV Wetteransagerin *f* **weather glass** *n* (*dated*) Barometer *nt* **weather house** *n* Wetterhäuschen *nt*

weathering ['weðᵊrɪŋ] *n no pl* Verwitterung *f*

weatherman *n* Wettermann *m fam* **weather map** *n* Wetterkarte *f* **weatherproof** *adj* wetterfest **weather report** *n* Wetterbericht *m* **weather satellite** *n* Wettersatellit *m* **weather station** *n* Wetterstation *f,* Wetterwarte *f* **weather-strip** *n* Dichtungsleiste *f* **weathertight** *adj* wetterfest **weather tiles** *npl* Schindeln *fpl* **weather vane** *n* Wetterfahne *f* **weather-worn** *adj* verwittert

weave [wi:v] **I.** *vt* <wove *or* AM *also* weaved, woven *or* AM *also* weaved> ❶ (*of cloth*) ■**to ~ sth** etw weben; ***this type of wool is woven into fabric*** diese Art Wolle wird zu Stoff verwoben
❷ (*also fig: intertwine things*) ■**to ~ sth** etw flechten; ***the biography is woven from the many accounts which exist of things she did*** die Biografie setzt sich aus den vielen bereits existierenden Berichten über Dinge, die sie getan hat, zusammen; ■**to ~ sth together** etw zusammenflechten [*o* ineinander flechten]; **to ~ a basket** [**from rushes**] [aus Binsen] einen Korb flechten
❸ (*also fig: move*) **to ~ one's way through sth** sich *dat* einen Weg durch etw *akk* bahnen; (*fig*) sich *dat* durch etw *akk* durchschlängeln [*o* durchmogeln]
II. *vi* <wove *or* AM *also* weaved, woven *or* AM *also* weaved> ❶ (*produce cloth*) weben
❷ (*also fig: move*) sich *akk* durchschlängeln
▸ PHRASES: **to get weaving** BRIT (*dated fam: hurry*) Gas geben *fam;* (*begin action*) loslegen *fam*
III. *n* Webart *f;* **basket ~** Leinenbindung *f;* **to have loose/tight ~** locker/fest gewebt sein; **striped ~** Streifenmuster *nt*

weaver ['wi:vəʳ, AM -ɚ] *n* Weber(in) *m(f);* **basket ~** Korbflechter(in) *m(f);* **textile ~** Textilweber(in) *m(f)*

weaver bird *n* Webervogel *m;* **golden ~** Goldammer *f;* **sociable ~** Sperlingsweber *m*

weaving ['wi:vɪŋ] *n no pl* ❶ (*of producing cloth*) Weben *nt*
❷ (*of intertwining*) Flechten *nt*

web [web] *n* ❶ (*woven net trap*) Netz *nt;* **spider['s] ~** Spinnennetz *nt;* **spider ~s** [*or* **cobwebs**] Spinnweben *fpl;* **to spin a ~** ein Netz spinnen
❷ (*fig: network*) Netzwerk *nt;* **a ~ of deceit/intrigue** ein Netz *nt* von Betrug/Intrigen; **an intricate ~** ein kompliziertes Netzwerk
❸ (*fig: trap*) Falle *f*
❹ ANAT Interdigitalhaut *f fachspr;* (*of ducks*) Schwimmhaut *f;* (*of birds*) Flughaut *f*
❺ (*in machinery*) [endlose] Bahn
▸ PHRASES: **when first we practise to deceive, oh what a tangled ~ we weave** (*prov*) wer einmal lügt, dem glaubt man nicht, und wenn er auch die Wahrheit spricht *prov*

Web [web] *n* COMPUT (*fam*) *short for* **World Wide Web:** ■**the ~** das [World Wide] Web *fachspr,* das Netz; ■**on the ~** im [World Wide] Web *fachspr,* im Netz

webbed [webd] *adj inv* mit Schwimmhäuten *nach n;* **~ feet/toes** Schwimmfüße *mpl*

webbing ['webɪŋ] *n no pl* ❶ (*band*) Gurte *mpl*
❷ (*cloth*) Gurtband *nt*
❸ MIL *Gurte, kleine Taschen, Patronengürtel etc, die Soldaten für Munition und dergleichen an der Kleidung haben*

web browser *n* COMPUT [Web-]Browser *m fachspr* **webcam** ['webkæm] *n* INET, COMPUT Webcam *f fachspr* (*Kamera, deren Aufnahmen ins Internet eingespeist werden*) **webcast** ['webkɑ:st, AM -kæst] *n* Webcast *nt* **web crawler** *n* COMPUT Suchprogramm *nt* **Web-enabled** ['webɪneɪbld] *adj* COMPUT internetfähig **web-fingered** [-'fɪŋəd, AM -ɚd] *adj inv* mit Schwimmhäuten zwischen den Fingern **web-footed** [-'fʊtɪd, AM -t̬-] *adj inv* mit Schwimmfüßen *nach n;* ■**to be ~** Schwimmfüße haben **Webhead** ['webhed] *n* (*sl*) Computerfreak *m fam* **Weblish** ['weblɪʃ] *n,* **Webspeak** ['webspi:k] *n no pl* INET, COMPUT Webjargon *m* **webmaster** ['webmɑ:stəʳ, AM -mæstɚ] *n* INET, COMPUT Web-Administrator(in) *m(f)* **web-offset printing** *n no pl* Rotationsdruck *m* **web page** *n* COMPUT Webseite *f* **Web-page design** ['webpeɪdʒdɪ'zaɪn] *n no pl* COMPUT Webpage-Design *nt* **Web-page designer** ['webpeɪdʒdɪ'zaɪnəʳ, AM -ɚ] *n* COMPUT Webpage-Designer(in) *m(f)* **web press** *n* Rotationspresse *f* **web search engine** *n* COMPUT Suchmaschine *f fachspr* **web site** *n* COMPUT Website *f fachspr;* **to visit a ~** auf eine Website gehen **web spider** *n* COMPUT Suchprogramm *nt* **web-toed** [-'təʊd, AM -toʊd] *adj* mit Schwimmfüßen *nach n;* ■**to be ~** Schwimmfüße haben; *see also* **web-footed** **webzine** ['webzi:n] *n* INET Webzine *nt*

wed <wedded *or* wed, wedded *or* wed> [wed] **I.** *vt* ❶ (*form or dated: marry*) ■**to ~ sb** jdn ehelichen *veraltend o hum,* sich *akk* mit jdm vermählen *geh*
❷ (*fig: unite*) ■**to ~ sth and sth** etw mit etw *dat* vereinen; ***this desk ~s beauty and utility*** dieser Tisch vereint Schönheit mit Nützlichkeit
II. *vi* sich *akk* vermählen *geh*

we'd [wi:d, wɪd] ❶ = **we had** *see* **have I, II**
❷ = **we would** *see* **would**

Wed *n abbrev of* **Wednesday** Mi., Mittw.

wedded ['wedɪd] **I.** *adj* ❶ *attr, inv* verheiratet, Ehe-; ***do you, Helen, take Charles to be your lawful ~ husband?*** nimmst du, Helen, Charles zu deinem rechtmäßig angetrauten Ehemann?; **~ bliss** Eheglück *nt*
❷ *pred* (*fig: obstinately cling to*) ■**to be ~ to sth** *activity, idea* sich *akk* etw *dat* verschrieben haben; ***he is ~ to an antiquated idea of what an acceptable career for a woman is*** er hat antiquierte Vorstellungen davon, was eine akzeptable Karriere für eine Frau ist; **to be ~ to an opinion/view** auf einer Meinung/Ansicht beharren
II. *pt, pp of* **wed**

wedding ['wedɪŋ] *n* Hochzeit *f;* **a big/small ~** eine große/kleine Hochzeit, eine Hochzeit im großen/kleinen Kreis

wedding anniversary *n* Hochzeitstag *m* **wedding attendant** *n jd, der bei einer Hochzeit eine offizielle Aufgabe übernimmt* **wedding band** *n* AM (*wedding ring*) Ehering *m,* Trauring *m* **wedding bells** *npl* Hochzeitsglocken *pl;* **to hear ~** (*fig*) die Hochzeitsglocken läuten hören **wedding breakfast** *n* BRIT Hochzeitsessen *nt* **wedding cake** *n no pl* Hochzeitstorte *f* **wedding ceremony** *n* Trauung *f,* Trauzeremonie *f* **wedding day** *n* Hochzeitstag *m,* Tag *m* der Hochzeit **wedding dress** *n* Brautkleid *nt,* Hochzeitskleid *nt* **wedding gift** *n* Hochzeitsgeschenk *nt* **wedding gown** *n* Brautkleid *nt,* Hochzeitskleid *nt* **wedding guest** *n* Hochzeitsgast *m* **wedding march** *n* Hochzeitsmarsch *m* (*beim Ein- und Auszug des Brautpaares in die/aus der Kirche*) **wedding night** *n* Hochzeitsnacht *f* **wedding present** *n* Hochzeitsgeschenk *nt* **wedding reception** *n* Hochzeitsempfang *m* **wedding ring** *n* Ehering *m,* Trauring *m* **wedding tackle** *n no pl* BRIT (*hum sl*) Eier *pl derb*

wedge [wedʒ] **I.** *n* ❶ (*tapered block*) Keil *m;* **to force a ~ between sth** einen Keil zwischen etw *akk* treiben
❷ (*fig: triangular piece*) [keilförmiges] Stück; *of a pie chart* Ausschnitt *m;* **a ~ of bread/cake** ein Stück *nt* Brot/Kuchen; **a ~ of cheese** eine Ecke Käse
❸ (*type of golf club*) Wedge *m fachspr*
❹ (*type of shoe*) **~** [**shoe**] Schuh *m* mit Keilabsatz
❺ *no pl* (*sl: money*) Knete *f sl*
▸ PHRASES: **the thin end of the ~** der Anfang vom Ende
II. *n modifier* (*divisive, wedge-like*) *issue* entzweiend
III. *vt* ❶ (*jam into*) ■**to ~ sth/sb** etw/jdn einkeilen [*o* einzwängen]
❷ (*keep in position*) **to ~ sth closed/open** etw verkeilen (*damit es geschlossen/offen bleibt*)

wedge sandal *n usu pl* Plateausandale *f*

wedgie ['wedʒi] *n* Schuh *m* mit Keilabsatz

Wedgwood® ['wedʒwʊd] *n no pl* Wedgwood[-Porzellan] *nt*

wedlock ['wedlɒk, AM -lɑ:k] *n no pl* (*old*) Ehe *f,* Ehestand *m veraltet;* ■**out of ~** außerehelich; **sex out of ~** Sex *m* außerhalb der Ehe; **to be born in/**

out of ~ ehelich/unehelich geboren sein
Wednesday ['wenzdeɪ] *n* Mittwoch *m; see also* **Tuesday**
wee [wi:] **I.** *adj attr, inv* Scot (*fam*) winzig; **a ~ bit** ein [*fam* klitze]kleines bisschen
II. *n no pl* (*childspeak fam*) ■**~** [**~**] Pipi *nt Kindersprache;* **to do** [*or* **have**] **a ~** [**~**] Pipi machen *Kindersprache*
III. *vi* (*childspeak fam*) Pipi machen *Kindersprache*
weed [wi:d] **I.** *n* ① (*plant*) Unkraut *nt kein pl*
② Brit (*pej fam: person*) Schwächling *m pej fam*
③ *no pl* (*dated fam: tobacco*) ■**the ~** das Kraut *pej fam*
④ *no pl* (*dated sl: marijuana*) Gras *nt sl*
► Phrases: **to grow like a ~** *person* in die Höhe schießen
II. *vt* **to ~ the garden/patch** den Garten/das Beet jäten
III. *vi* [Unkraut] jäten
◆**weed out** *vt* ■**to ~ out ⊂⊃ sth** etw aussortieren; ■**to ~ out ⊂⊃ sb** jdn aussondern [*o fam* aussieben]
weedgrown *adj* unkrautbewachsen, voller Unkraut *nach n;* ***the plot was ~*** die Handlung war überladen
weeding ['wi:dɪŋ] *n no pl* [Unkraut]jäten *nt;* **to do** [**the**] **~** Unkraut jäten
weedkiller *n* Unkrautvernichtungsmittel *nt* **weed whacker®** *n* Am (*strimmer*) Rasentrimmer *m*
weedy ['wi:di] *adj* ① (*full of weeds*) unkrautbewachsen
② Brit (*pej fam: of person*) [*fam* spindel]dürr, schmächtig
③ (*fig: uninteresting*) schwach; **~ plot** schwache Handlung
week [wi:k] *n* ① (*seven days*) Woche *f;* ***it'll be ~s before the damage is cleared up*** es wird Wochen dauern, bis die Schäden beseitigt sind; ***I saw him only the other ~*** ich habe ihn gerade vor ein paar Wochen gesehen; ***this time next ~*** nächste Woche um diese Zeit; ***a ~ last Friday*** Freitag vor einer Woche; ***a ~ ago yesterday*** gestern vor einer Woche; ■**a ~** [**on**] **… …** in einer Woche; ***our holiday starts a ~*** [***on***] ***Saturday*** unsere Ferien beginnen Samstag in einer Woche; **for ~s** [**on end**] wochenlang; **a few ~s ago** vor einigen Wochen; **last ~** letzte Woche; **once/twice a ~** einmal/zweimal die Woche; [**for**] **a ~ or two** ein bis zwei Wochen [lang]; ■**~ by ~** [*or* **from ~ to ~**] von Woche zu Woche; ■**~ in, ~ out** [*or* **~ after ~**] Woche für Woche
② (*work period*) [Arbeits]woche *f;* **a thirty-seven-and-a-half-hour ~** eine 37,5-Stunden-Woche; **to work a five-day/35-hour ~** eine 5-Tage-/35-Stunden-Woche haben
③ (*fam: Monday to Friday*) **during the ~** während [*o* südd unter] der Woche
weekday *n* Wochentag *m;* ■**on ~s** an Wochentagen, wochentags **weekend** *n* Wochenende *nt;* ***how much would a ~ for two in Amsterdam cost?*** wie teuer käme ein Wochenende für zwei [Personen] in Amsterdam?; ■**this ~** (*present*) dieses Wochenende; (*future*) kommendes Wochenende; ■**at** [*or* Am, Aus **on**] **the ~**[**s**]/**at** [*or* Am, Aus **on**] **~s** am Wochenende/an Wochenenden; **~ cottage** Wochenendhaus *nt* **weekender** *n* Wochenendausflügler(in) *m(f)*
weekly ['wi:kli] **I.** *adj inv* wöchentlich; **~ magazine** Wochenzeitschrift *f;* **bi~, twice-~** zweimal wöchentlich
II. *adv inv* wöchentlich; ***the fire alarm is tested ~*** der Feueralarm wird jede Woche getestet; ***Newsweek is published ~*** Newsweek erscheint wöchentlich; **to exercise/meet ~** wöchentlich trainieren/sich *akk* wöchentlich treffen
III. *n* (*magazine*) Wochenzeitschrift *f;* (*newspaper*) Wochenzeitung *f*
Weekly Law Reports *npl,* **WLR** *n wöchentlich erscheinende, aktuelle Rechtsprechungsübersicht*
weeknight *n* ■**on ~s** werktags abends
weenie *n* (*fam*) Weichei *nt sl*
weeny ['wi:ni] *adj* (*fam*) winzig; **a ~ bit** ein klitzekleines bisschen *fam;* **eenie ~** klitzeklein *fam*
weep [wi:p] **I.** *vi* <wept, wept> ① (*also liter: cry*) weinen; (*sob*) schluchzen; **to ~ with joy/sorrow** vor Freude/Kummer weinen; **to ~ inconsolably/uncontrollably** hemmungslos/unkontrolliert weinen [*o* schluchzen]
② (*secrete liquid*) nässen
► Phrases: **laugh and the world laughs with you, ~ and you ~ alone** (*saying*) Freunde in der Not gehen tausend auf ein Lot *prov*
II. *vt* <wept, wept> **to ~ tears of joy/sorrow** Freudentränen/Tränen des Kummers weinen; ***it's not worth ~ing even a single tear over him*** es lohnt sich nicht, ihm auch nur eine Träne nachzuweinen; **to ~ crocodile tears** (*fig*) Krokodilstränen weinen [*o* vergießen]
III. *n no pl* (*liter*) Weinen *nt;* **to have a** [**good**] **~** sich *akk* [ordentlich] ausweinen
weeper ['wi:pəʳ, Am -ɚ] *n* ► Phrases: **finders keepers, losers ~s** (*saying*) wer's findet, dem gehört's, wer's verliert, hat Pech gehabt *fam*
weepie ['wi:pi] *n* (*fam*) Schnulze *f pej fam;* (*of film*) Schmachtfetzen *m pej sl*
weeping ['wi:pɪŋ] **I.** *adj attr, inv* ① (*of person*) weinend
② (*of wound*) nässend
II. *n no pl* Weinen *nt*
weeping willow *n* Trauerweide *f*
weepy ['wi:pi] **I.** *adj* ① (*of person*) weinerlich
② (*of film*) rührselig, sentimental
II. *n* (*fam*) Seelenkitsch *m fam,* Schmalz *m fig fam*
weevil ['wi:vᵊl] *n* Rüsselkäfer *m*
wee-wee ['wi:wi:] (*childspeak*) **I.** *n no pl* (*fam*) ① (*urine*) Pipi *nt*
② (*act of urinating*) Pipimachen *nt Kindersprache fam;* **to go** [*or* **do a**] **~** Pipi machen *Kindersprache fam*
II. *vi* Pipi machen *Kindersprache fam*
weft [weft] *n no pl* fashion ■**the ~** die Kette
weigh [weɪ] **I.** *vi* ① (*in measurement*) wiegen
② (*fig: be important*) **to ~ heavily with sb** bei jdm schwer wiegen, für jdn eine große Bedeutung haben
③ (*distress*) ■**to ~ on sb** auf jdm lasten; ***he's under huge pressure at work, and it's really ~ing on him*** er steht bei der Arbeit unter enormem Druck, was ihn wirklich belastet; **to ~ heavily on sb** schwer auf jdm lasten
II. *vt* ① (*measure*) ■**to ~ sth/sb** etw/jdn wiegen; ■**to ~ oneself** sich *akk* wiegen
② (*consider*) ■**to ~ sth** etw abwägen; ***academic ability doesn't ~ much in my mind*** akademische Befähigung zählt bei mir nicht viel; ■**to ~ sth against sth** etw gegen etw *akk* abwägen; **to ~ one's words** [*or* **each word**] seine Worte [*o* jedes Wort] auf die Goldwaage legen
③ naut **to ~ anchor** den Anker lichten
◆**weigh down** *vt* ① (*be burden*) ■**to ~ sb/sth ⊂⊃ down** jdn/etw niederdrücken; ■**to be ~ed down with sth** schwer mit etw *dat* beladen sein; ***the boughs of the tree were ~ed down with fruit*** die Äste des Baumes bogen sich unter dem Gewicht der Früchte
② (*fig: worry*) ■**to ~ sb ⊂⊃ down** jdn niederdrücken *geh;* ***she felt ~ed down by worries*** sie fühlte sich von Sorgen erdrückt
◆**weigh in** *vi* ① sports (*be weighed*) sich *akk* wiegen lassen; ***the jockey ~ed in at 60 kilos*** der Jockey brachte 60 Kilo auf die Waage
② (*fam: intervene*) sich *akk* einschalten; ■**to ~ in with sth** *opinion, proposal* etw einbringen
◆**weigh into** *vi* ① (*join in*) ■**to ~ into sth** *campaign, discussion* sich *akk* an etw *dat* beteiligen
② (*also fig: attack*) ■**to ~ into sb** jdn angreifen
◆**weigh out** *vt* ■**to ~ out ⊂⊃ sth** etw abwiegen
◆**weigh up** *vt* ① (*consider*) ■**to ~ sth ⊂⊃ up** etw abwägen
② (*evaluate*) ■**to ~ sb/sth ⊂⊃ up** jdn/etw einschätzen
weighbridge *n* Brückenwaage *f* **weigh-in** *n no pl* sports Wiegen *nt*
weight [weɪt] **I.** *n* ① *no pl* (*heaviness*) Gewicht *nt;* ***the ~ of snow caused the roof to collapse*** die Schneelast brachte das Dach zum Einsturz; **to lose/put on ~** ab-/zunehmen
② (*unit of heaviness*) Gewicht *nt;* ***Joe's quite a ~*** Joe ist ein ziemlicher Brocken; **a decrease in ~** *of person* Gewichtsabnahme *f;* **to be a ~ off sb's mind** (*fig*) jdn nicht mehr belasten; **to lift a heavy ~** ein schweres Gewicht heben
③ (*metal piece*) Gewicht *nt;* **to lift ~s** Gewicht[e] heben
④ *no pl* (*importance*) Gewicht *nt,* Bedeutung *f;* ***her experience does give her opinions ~*** ihre Erfahrung verleiht ihren Ansichten Gewicht; **to attach ~ to sth** etw *dat* Bedeutung beimessen; **to carry ~** ins Gewicht fallen
► Phrases: **to take the ~ off one's feet** [*or* **legs**] es sich *dat* bequem machen; **to be worth one's ~ in gold** sein Gewicht in Gold wert sein; **to throw one's ~ about** (*fam*) seinen Einfluss geltend machen; **to throw one's ~ behind sb/sth** (*fam*) sich *akk* für jdn/etw stark machen *fam*
II. *vt* ■**to ~ sth down** etw beschweren; econ etw gewichten; ■**to ~ sth with sth** etw mit etw *dat* beladen; **to be ~ed in favour of sb/sth** (*fig*) zugunsten von jdm/etw angelegt sein
weighted average *n* ① math gewichteter Durchschnitt
② econ Bewertungsdurchschnitt *m*
weightiness ['weɪtɪnəs] *n no pl* Gewicht *nt,* Gewichtigkeit *f*
weighting ['weɪtɪŋ] *n no pl* ① Brit (*additional allowance*) Zulage *f*
② math, comput Gewichtung *f*
③ (*importance*) Bedeutung *f*
weightless ['weɪtləs] *adj inv* schwerelos
weightlessness ['weɪtləsnəs] *n no pl* Schwerelosigkeit *f*
weightlifter *n* Gewichtheber(in) *m(f)* **weightlifting** *n no pl* Gewichtheben *nt;* **to do ~** Gewichtheben betreiben **weight loss** *n no pl* Gewichtsverlust *m,* Gewichtsabnahme *f* **weight training** *n no pl* Krafttraining *nt* **weight-watcher** *n* Figurbewusste(r) *f(m),* Weight-Watcher *m fam;* (*specialist*) Ernährungsspezialist(in) *m(f)*
weighty ['weɪti] *adj* ① (*heavy*) schwer
② (*fig: important*) [ge]wichtig; **~ issues** [*or* **matters**] wichtige Angelegenheiten
weir [wɪəʳ, Am wɪr] *n* Wehr *nt*
weird [wɪəd, Am wɪrd] **I.** *adj* ① (*fam: strange*) merkwürdig, seltsam, komisch; (*crazy*) irre *fam;* ***that's ~*** das ist aber merkwürdig
② (*supernatural*) unheimlich; **the ~ sisters** (*the Fates*) die Schicksalsschwestern *pl,* die Nornen *fpl;* (*witches*) die Hexen *fpl*
II. *vt* Am (*fam*) ■**to ~ sb out** (*give sb feeling of alienation*) jdn abschrecken; (*make sb freak out*) jdn ausflippen lassen *fam*
weirdie ['wɪədi, Am 'wɪrdi] *n* (*fam*) ① (*person*) seltsame Person
② (*thing*) ***that film was a real ~*** der Film war wirklich bizarr
weirdly ['wɪədli, Am 'wɪrd-] *adv* merkwürdig
weirdness ['wɪədnəs, Am 'wɪrd-] *n no pl* Merkwürdigkeit *f,* Eigenartigkeit *f*
weirdo ['wɪədəʊ, Am 'wɪrdoʊ] (*pej*) **I.** *n* <*pl* -os> (*fam*) seltsame Person
II. *adj* (*fam*) irre *fam*
welch [wel(t)ʃ] *vi* (*pej*) **to ~ on a debt** sich *akk* einer Zahlungsverpflichtung entziehen; **to ~ on a promise** sich *akk* vor einem [gegebenen] Versprechen drücken
welcome ['welkəm] **I.** *vt* ① (*greet gladly*) ■**to ~ sb** jdn willkommen heißen; **to ~ sb warmly** jdn herzlich willkommen heißen
② (*be glad of*) ■**to ~ sth** etw begrüßen; ***the new appointment has been widely ~d*** die neue Ernennung ist weithin begrüßt worden
II. *n* ① (*act of friendly reception*) Willkommen *nt;* ***they were given a warm ~*** man bereitete ihnen einen herzlichen Empfang; **to be given a hero's/heroine's ~** wie ein Held/eine Heldin empfangen

werden

2 *no pl (friendly reception)* [freundlicher] Empfang; **speech of** ~ Begrüßungsansprache *f*

3 *(expression of approval)* Zustimmung *f;* **to give sth a cautious** [*or* **guarded**] ~ etw *dat* verhalten zustimmen

▶ PHRASES: **to outstay** [*or* **overstay**] **one's** ~ länger bleiben, als man erwünscht ist; ***he outstayed his ~ as Mayor*** er war zu lange Bürgermeister

III. *adj* 1 *(gladly received)* willkommen; ■**to be** ~ willkommen sein; ***you're always ~, you'll always be*** ~ du bist immer willkommen; **a ~ guest** ein willkommener [*o* gern gesehener] Gast; **to make sb very** ~ jdn sehr freundlich aufnehmen; ***the restaurant made the children very*** ~ das Restaurant war sehr kinderfreundlich

2 *(wanted)* willkommen; *(pleasant)* angenehm; ***she was a ~ addition to the team*** sie war eine willkommene Bereicherung für die Mannschaft; ~ **chance** [*or* **opportunity**] willkommene Gelegenheit; ~ **change** willkommene Veränderung; **most** [*or* **particularly**] [*or* **very**] ~ sehr willkommen; ***that drink was most ~!*** der Drink kam gerade recht!

3 *(willingly permitted)* ■**to be ~ to do sth *you're ~ to use the garage while we're away*** Sie können gerne unsere Garage benutzen, solange wir nicht da sind; ***if they want to change the rules, they are ~ to try*** *(iron)* wenn sie die Regeln ändern wollen, sollen sie es nur versuchen

4 *(replying to thanks)* **thank you very much — you're** ~ vielen Dank – nichts zu danken [*o* keine Ursache] [*o* gern geschehen]

IV. *interj* willkommen!; ~, ***come in*** hallo, komm rein; ~ ***to Cambridge*** [herzlich] willkommen in Cambridge; ~ ***to our humble abode*** *(hum)* willkommen in unserem bescheidenen Heim; ~ **aboard** NAUT willkommen an Bord; ~ **back/home** willkommen zu Hause

welcome mat *n* 1 *(by door of house)* Fußabtreter *m* 2 *(fig: readiness to welcome)* **to dust off the ~ for sb** sich *akk* jdm gegenüber gastfreundlich zeigen; **to put the ~ out** den roten Teppich ausrollen **welcome speech** *n* Begrüßungsansprache *f* **Welcome Wagon®** *n* AM ■**the** ~ *Einrichtung, die Neuhinzugezogenen Informationen über lokale Einrichtungen und Dienste gibt;* **to roll out the** ~ jdm freundlich entgegenkommen

welcoming ['welkəmɪŋ] *adj* freundlich; ***he ran to his mother's ~ arms*** er rannte in die ausgebreiteten Arme seiner Mutter; ~ **shout** Willkommensruf *m;* ~ **smile** freundliches Lächeln

weld [weld] **I.** *vt* 1 *(join material)* ■**to ~ sth** etw schweißen; ■**to ~ sth together** etw zusammenschweißen; ■**to ~ sth [on]to sth** etw auf [*o* an] etw *akk* schweißen

2 *(fig: unite)* ■**to ~ sb into sth** jdn zu etw *dat* zusammenschweißen

II. *n* Schweißnaht *f*

welder ['weldəʳ, AM -ɚ] *n* Schweißer(in) *m(f)*

welding ['weldɪŋ] *n no pl* Schweißen *nt*

welding torch *n* Schweißbrenner *m*

welfare ['welfeəʳ, AM -fer] *n no pl* 1 *(state of health, happiness)* Wohlergehen *nt*

2 *(state aid)* Sozialhilfe *f;* ~ **net** soziales Netz; ~ **policy** Gesundheits- und Sozialpolitik *f;* **social** ~ soziale Fürsorge; ■**to be on** ~ AM von [der] Sozialhilfe leben, Sozialhilfe bekommen

welfare agency *n (charitable organization)* wohltätige [*o* karitative] Vereinigung; *(run by state[s] or local authority)* Sozialamt *nt* **welfare benefits** *npl* Sozialleistungen *pl* **welfare check** *n* AM Sozialhilfeüberweisung *f* **welfare officer** *n* BRIT Sozialarbeiter(in) *m(f)* **welfare payments** *npl* AM Sozialabgaben *pl* **welfare services** *npl* 1 *(state support)* Sozialleistungen *pl* 2 + *sing vb (office)* Sozialamt *nt*

welfare state *n* Sozialstaat *m,* Wohlfahrtsstaat *m oft pej*

welfare worker *n* Sozialarbeiter(in) *m(f)*

we'll [wi:l, wɪl] = **we will** *see* **will**[1]

well[1] [wel] **I.** *adj* <better, best> *usu pred* 1 *(healthy)* gesund; ***he hasn't been too ~ lately*** ihm ging es in letzter Zeit nicht besonders gut; ***"you're looking very ~ today!" he remarked to his patient*** „Sie sehen heute ausgezeichnet aus!" bemerkte er zu seiner Patientin; **to be alive and** ~ gesund und munter sein; **to feel** ~ sich *akk* gut [*o* wohl] fühlen; ***I don't feel ~ today*** ich fühle mich heute nicht gut; **to get** ~ gesund werden; ***I hope you get ~ soon*** ich hoffe, dass es dir bald wieder besser geht; ***get ~ soon!*** gute Besserung!; **get ~ card** Genesungskarte *f*

2 *(satisfactory)* ***we are fooling ourselves if we think that all is ~ in our health service*** wir machen uns selbst etwas vor, wenn wir glauben, dass mit unserem Gesundheitswesen alles in Ordnung ist; ***all being ~, we should arrive on time*** wenn alles gut geht, müssten wir pünktlich ankommen

▶ PHRASES: **all's ~ that ends** ~ *(saying)* Ende gut, alles gut *prov*

II. *adv* <better, best> 1 *(in satisfactory manner)* gut; ***you speak English very*** ~ du sprichst sehr gut Englisch; ***the house and garden were ~ cared for*** Haus und Garten wurden gut gepflegt; ***the kitchen is ~ equipped*** die Küche ist gut eingerichtet; ***the book had been very ~ researched*** für das Buch ist gut recherchiert worden; ***I can't do it as ~ as Marie*** [**can**] ich kann es nicht so gut wie Marie; ***she can sing as ~ as her sister*** [**does**] sie kann genauso gut singen wie ihre Schwester; ***they took two hours to discuss the plans and considered it time ~ spent*** sie brauchten zwei Stunden, um die Pläne zu diskutieren, und waren der Meinung, diese Zeit sinnvoll genutzt zu haben; ***what we spent on double-glazing the house was money ~ spent*** die Ausgaben für die Doppelfenster im Haus waren gut angelegtes Geld; ***look! I can see a badger in amongst the bracken — oh yes! ~ spotted!*** guck mal! ich kann einen Dachs zwischen dem Adlerfarn sehen – oh ja! gut gesehen! *fam;* ***his point about the need to reduce waste was ~ taken*** seine Aussagen über die Notwendigkeit, Müll zu reduzieren, wurden gut aufgenommen; ***the babysitter did ~ to inform the police about what she had seen*** die Babysitterin tat gut daran, die Polizei darüber zu informieren, was sie gesehen hatte; ***look at all those wine bottles! you certainly live ~!*** guck dir nur all die Weinflaschen an! du hast es dir ja gut gehen lassen! *fam;* ***the old people in that home are not treated*** ~ die alten Menschen werden in dem Heim nicht gut behandelt; ~ **enough** *(sufficiently well)* gut genug; *(quite well)* ganz gut, einigermaßen; ***the concert was ~ enough advertised*** das Konzert war genügend angekündigt; ***he plays the piano ~ enough*** er spielt ganz gut Klavier; **pretty** ~ ganz gut; **to do ~ for oneself** erfolgreich sein; ~ **done** gut gemacht; ***it's a job ~ done*** die Arbeit ist ordentlich gemacht worden; **to mean** ~ es gut meinen; ~ **put** *(in speech)* gut gesagt; *(in writing)* gut ausgedrückt

2 *(thoroughly)* gut, gründlich; ***knead the dough*** ~ kneten Sie den Teig gut durch; **to know sb** ~ jdn gut kennen

3 *inv (used for emphasis)* ***I can ~ believe it*** das glaube ich gern; ***I should damn ~ hope so!*** das will ich [aber auch] stark hoffen!; ***he could ~ imagine how much his promise was going to cost him*** er konnte sich lebhaft vorstellen, wie viel sein Versprechen ihn kosten würde; ***there are no buses after midnight, as you ~ know*** wie du sicher weißt, es fahren nach Mitternacht keine Busse mehr; ***I ~ remember the last time they visited us*** *(form)* ich kann mich gut an ihren letzten Besuch erinnern; ***stand ~ clear of the doors*** halten Sie gut Abstand von den Türen; ***the results are ~ above what we expected*** die Ergebnisse liegen weit über dem, was wir erwartet haben; ***the police are ~ aware of the situation*** die Polizei ist sich der Lage sehr wohl bewusst; ***keep ~ away from the edge of the cliff*** halten Sie sich vom Rand des Abhangs fern; ***they kept the crowd ~ behind the white line*** sie hielten die Menge sicher hinter der weißen Linie zurück; ***it costs ~ over £100*** es kostet weit über 100 Pfund; **to be ~ pleased** [*or* **satisfied**] **with sth** mit etw *dat* vollauf zufrieden sein; ~ **and truly** ganz einfach; ***the party was ~ and truly over when he arrived*** die Party war gelaufen, als er kam *fam;* **to be ~ away in sth** BRIT *(fig fam)* ganz in etw *akk* versunken sein

4 *inv (justifiably)* gut; ***where's Pete? — you may ~ ask! he should have been here hours ago!*** wo ist Pete? – das kannst du laut fragen! er hätte schon seit Stunden hier sein sollen!; ***I couldn't very ~ refuse their kind offer*** ich konnte ihr freundliches Angebot doch nicht ablehnen; ***he may ~ wonder why no one was there — he forgot to confirm the date*** er braucht sich gar nicht zu fragen, warum keiner da war – er hat vergessen, das Datum festzulegen

5 *inv (probably)* ***you may ~ think it was his fault — I couldn't possibly comment*** es mag gut sein, dass es seine Schuld war – ich halte mich da raus; ***he might ~ be sick after spending so much time in the cold last night*** es ist gut möglich, dass er krank ist, nachdem er letzte Nacht so lange im Kalten gewesen war; ***it may ~ be finished by tomorrow*** es kann gut sein, dass es morgen fertig ist; ***she might ~ be the best person to ask*** sie ist wahrscheinlich die Beste, die man fragen kann

6 *inv* BRIT *(fam: very)* total *fam;* ***we were ~ bored at the concert*** wir haben uns in dem Konzert furchtbar gelangweilt

7 *inv (also)* ***invite Emlyn — and Simon as ~*** lade Emlyn ein – und Simon auch; ***I'll have the ice cream as ~ as the cake*** ich nehme das Eis und auch den Kuchen; ***it would be as ~ to check the small print*** es ist ratsam, auch das Kleingedruckte zu überprüfen; ***it's just as ~ that …*** es ist nur gut, dass …; ***it's just as ~ you're not here — you wouldn't like the noise*** gut, dass du nicht hier bist – du könntest den Lärm eh' nicht ertragen; ***you might*** [***just***] ***as ~ wash the dishes*** eigentlich könntest du das Geschirr abwaschen

▶ PHRASES: **if a thing's worth doing, it's worth doing** ~ *(saying)* wenn schon, denn schon *fam;* **if you want a thing done ~, do it yourself** *(saying)* willst du, dass etwas gut erledigt wird, mach es am besten selbst; **all ~ and good** [*or* **all very** ~] gut und schön; ***electric heating is all very ~ until there's a power cut*** elektrische Heizung ist so weit ganz in Ordnung, es sei denn, es kommt zum Stromausfall; **to be ~ away** BRIT *(fig: asleep)* weg sein *fam;* *([almost] drunk)* angeheitert sein *fam;* **to leave** ~ [AM **enough**] **alone** es lieber sein lassen; ***is telling her the right thing to do, or should I leave ~ alone?*** ist es richtig, es ihr zu erzählen, oder sollte ich es lieber sein lassen?; **to be ~ in with sb** BRIT, **to be in ~ with sb** AM *(fam)* gut mit jdm können *fam,* bei jdm gut angeschrieben sein *fam;* **to be ~ out of it** BRIT, AUS davongekommen sein; ***they think he is ~ out of it*** sie denken, dass er noch einmal davongekommen ist; **to be ~ up on** [*or* **in**] **sth** in etw *dat* gut bewandert sein

III. *interj* nun [ja], tja *fam;* ~, ***what shall we do now?*** tja, was sollen wir jetzt tun? *fam;* ~? ***what did you do next?*** und? was hast du dann gemacht?; ~, ~ ja, ja; ~ ***now*** [*or* ***then***] also [dann]; ***very*** ~ na gut; ***oh ~, it doesn't matter*** ach [was], das macht doch nichts

well[2] [wel] **I.** *n* 1 *(for water)* Brunnen *m;* **to drill a** ~ einen Brunnen bohren

2 *(for mineral)* Schacht *m;* **gas** ~ Gasbrunnen *m;* **oil** ~ Ölquelle *f;* **to drill a** ~ einen Schacht bohren; *(for oil)* ein Bohrloch anlegen

3 ARCHIT *(for stairs)* Treppenhaus *nt;* *(for lift)* Fahrstuhlschacht *m;* *(for light)* Lichtschacht *m*

4 BRIT LAW *Ort, wo die Anwälte und Protokollanten im Gerichtssaal sitzen*

5 *(bountiful source)* Quelle *f*

6 *(small depression)* Kuhle *f,* Mulde *f*

II. *vi* ■**to ~ up in sth** in etw *dat* aufsteigen; ***tears ~ed up in her eyes*** Tränen stiegen ihr in die

Augen; (*fig*) ***conflicting emotions ~ed up in his heart*** widerstreitende Gefühle stiegen in seinem Herzen auf *geh;* ***pride ~ed up in his chest*** Stolz schwellte seine Brust *geh;* ■**to ~ [up] out of sth** aus etw *dat* hervorquellen

well-adjusted *adj inv* ❶ (*approv: mentally stable*) [mental] ausgeglichen ❷ (*successfully changed*) gut eingestellt **well-advised** *adj pred* (*form*) ■**to be ~ to do sth** gut beraten sein, etw zu tun; ***you would be ~ to book in advance*** es ist empfehlenswert, vorher zu buchen **well-appointed** *adj inv* (*form*) gut ausgestattet **well-argued** *adj* gut begründet **well-attended** *adj* gut besucht **well-balanced** *adj inv* ❶ (*not one-sided*) **a ~ article** ein objektiver Artikel; **a ~ team** eine harmonische Mannschaft ❷ (*of food*) **~ diet/meal** ausgewogene Ernährung/Mahlzeit ❸ (*of person*) ausgeglichen; **~ children** zufriedene Kinder **well-behaved** *adj* (*of child*) artig, gut erzogen; (*of dog*) brav; COMPUT *program* gut funktionierend **well-being** *n no pl* Wohl[ergehen] *nt*, Wohlbefinden *nt;* **a feeling of ~** ein wohliges Gefühl **well born** [ˌwelˈbɔːn, AM ˈbɔːrn] *adj pred,* **well-born** [ˈwelbɔːn, AM bɔːrn] *adj attr* aus guter Familie *nach n,* besserer Herkunft *nach n* **well-bred** *adj inv* ❶ (*with good manners*) wohlerzogen *geh;* (*refined*) gebildet; **a ~ voice** eine [gut] geschulte Stimme ❷ (*dated: from high society*) aus gutem Hause **well-brought-up** *adj inv* gut erzogen **well-built** *adj inv* ❶ (*approv: of muscular body*) gut gebaut, muskulös ❷ (*approv: nice or shapely body*) gut gebaut; ***he's very ~*** er hat eine sehr gute Figur ❸ BRIT, AUS (*euph: overweight*) kräftig, gut beieinander *hum fam* ❹ (*of good construction*) solide gebaut, stabil **well-chosen** *adj* gut gewählt; **[to say] a few ~ words** ein paar passende Worte [sagen] **well-connected** *adj* (*knowing powerful people*) mit guten Beziehungen *nach n;* ■**to be ~** gute Beziehungen haben; (*of good family and connections*) einflussreich; **a ~ family** eine angesehene Familie **well-covered** *adj inv* BRIT gut genährt **well-defined** *adj inv* scharf umrissen; **a ~ answer** eine detaillierte Antwort; **a ~ term** ein klar definierter Begriff **well-deserved** *adj inv* wohlverdient; **a ~ break** eine wohlverdiente Pause **well-developed** *adj* ❶ (*of human body*) gut entwickelt; (*hum: having large breasts*) vollbusig ❷ (*of object, idea, country*) gut entwickelt, ausgereift; **a ~ sense of humour** ein ausgeprägter Sinn für Humor **well-disposed** *adj inv* wohlgesinnt; ■**to be ~ to[wards] sb/sth** jdm/etw wohlgesinnt sein; **to feel ~ towards other people** anderen Menschen gegenüber freundlich gesonnen sein **well-documented** *adj inv* gut belegt [*o geh* dokumentiert] **well-done** *adj inv* ❶ (*of meat*) gut durch[gebraten] ❷ (*of work*) gut gemacht **well-dressed** *adj* gut gekleidet **well-earned** *adj inv* wohlverdient; **a ~ break** eine wohlverdiente Pause **well-educated** *adj* gebildet **well-endowed** *adj inv* ❶ (*with money*) *person* gut situiert ❷ (*with resources*) gut ausgestattet; ■**to be ~ with sth** mit etw *dat* gut ausgestattet sein; ***South Africa is ~ with gold and diamond resources*** Südafrika hat reiche Gold- und Diamantenvorkommen; ***the centre is ~ with generous funding*** das Zentrum wird mit großzügigen Spendengeldern unterhalten ❸ (*euph*) gut ausgestattet *euph;* (*with big breasts*) vollbusig; (*of male genitals*) gut bestückt *hum fam* **well-established** *adj inv* (*having a firm position*) etabliert; (*being generally known*) bekannt; **a ~ theme** ein allseits bekanntes Thema **well-fed** *adj inv* (*having good food*) [ausreichend] mit Nahrung versorgt; (*result of good feeding*) wohlgenährt **well-founded** *adj inv* [wohl]begründet; **~ fears/suspicions** [wohl]begründete Ängste/Vermutungen **well-groomed** *adj inv* gepflegt **well-grounded** *adj inv* (*based on good reasons*) [wohl]begründet; (*having knowledge*) ■**to be ~ in sth** in etw *dat* gute Kenntnisse haben; **to be ~ in fact** auf Tatsachen beruhen **well-guarded** *adj* wohlbehütet; **a ~ secret** ein gut gehütetes Geheimnis

well head *n* ❶ (*spring*) Quelle *f* ❷ (*structure*) Bohrturm *m*

well-heeled I. *adj inv* (*fam*) [gut] betucht *fam;* **~ family homes** stattliche Einfamilienhäuser II. *n* ■**the ~** *pl* die Wohlhabenden *pl* **well-hung** *adj inv* ❶ (*of meat*) [gut] abgehangen ❷ (*fam: of man*) gut ausgestattet [*o* bestückt] *hum fam*

wellie [ˈweli] *n esp* BRIT (*fam*) *short for* **wellington** Gummistiefel *m*

well-informed *adj* (*approv*) gut informiert [*o* unterrichtet]; **to be ~ on a subject** über ein Thema gut Bescheid wissen; ■**to be ~ about sb/sth** über jdn/etw gut informiert [*o* unterrichtet] sein

wellington [ˈwelɪŋtən] *esp* BRIT, **wellington boot** *n esp* BRIT Gummistiefel *m*

well-intentioned *adj inv* gut gemeint **well-kept** *adj* ❶ (*of person, property*) gepflegt ❷ (*not revealed*) gut gehütet; **a ~ secret** ein gut gehütetes Geheimnis **well-knit** *adj inv* ❶ (*of human body*) stramm ❷ (*of interaction*) **a ~ group** eine fest gefügte Gruppe; **a ~ plot/story** eine gut durchdachte Handlung/Geschichte **well-known** *adj* (*widely known*) [allgemein] bekannt; (*famous*) berühmt; ■**to be ~ for sth** für etw *akk* bekannt sein; (*famous*) für etw *akk* berühmt sein; ■**it is ~ that ...** es ist [allgemein] bekannt, dass ... **well-liked** *adj inv* [sehr] beliebt

well man clinic *n* Männerklinik *f*

well-mannered *adj inv* wohlerzogen; **a ~ child** ein wohlerzogenes Kind **well-matched** *adj inv* ❶ (*of equal ability*) gleich stark, einander ebenbürtig *geh* ❷ (*suited to each other*) zueinander passend, gut zusammenpassend; ***they are a ~ couple*** sie passen gut zueinander; ***her skills are ~ to the job*** ihre Fähigkeiten sind dem Job angemessen **well-meaning** *adj inv* wohlmeinend; **~ advice/comments** gut gemeinte Ratschläge/Kommentare **well-meant** *adj inv* gut gemeint

wellness [ˈwelnəs] *n no pl* AM Wohlbefinden *nt*

wellness center *n* AM Wellnesscenter *nt* **wellness clinic** *n* AM Kurklinik *f*

well-nigh [ˌwelˈnaɪ] *adv inv* beinah[e], nahezu; **to be ~ impossible** praktisch unmöglich sein

well-off I. *adj* <better-, best-> ❶ (*wealthy*) wohlhabend, reich ❷ *pred* (*fortunate*) gut dran *fam;* ***the city is ~ for parks and gardens*** die Stadt hat viele Parks und Gärten; **to not know when one is ~** nicht wissen, wann es einem gut geht II. *n* ■**the ~** *pl* die Wohlhabenden *pl* **well-oiled** *adj inv* ❶ *attr* (*functioning*) gut funktionierend ❷ *pred* (*euph fam: inebriated*) betrunken, voll *fam* **well-ordered** *adj inv* wohlgeordnet; (*planned to the last detail*) durchgeplant **well-preserved** *adj inv building* gut erhalten; *people* wohlerhalten; ***she's ~ for her sixty years*** sie hat sich für ihre sechzig Jahre gut gehalten **well-proportioned** *adj inv* wohlproportioniert **well-qualified** *adj* (*having formal qualification*) qualifiziert; (*suitable, experienced*) geeignet; ***he seems ~ for the job*** er scheint für den Job geeignet zu sein **well-read** *adj* ❶ (*knowledgeable*) [sehr] belesen ❷ (*frequently read*) viel gelesen *attr;* ***she is one of the most ~ authors*** sie ist eine der meistgelesenen Autoren; ■**to be ~** viel gelesen werden ❸ (*dog-eared*) mit Eselsohren *nach n;* ■**to be ~** Eselsohren haben **well-rounded** *adj inv* ❶ *attr* (*developed*) Allround-; **a ~ person** ein Allroundtalent *nt* ❷ (*balanced*) vielseitig, facettenreich; **a ~ article** ein abgerundeter Artikel ❸ (*of object*) wohlgerundet ❹ (*of phrase, sentence*) ausgewogen **well-spoken** *adj inv* (*speaking pleasantly*) höflich; (*articulate or refined in speech*) beredt, wortgewandt

wellspring [ˈwelsprɪŋ] *n* (*liter*) Quell *m geh;* **a ~ of information/joy/love** eine Quelle der Information/Freude/Liebe

well-thought-of *adj* (*highly regarded*) angesehen; (*recognized*) anerkannt **well-thought-out** *adj* gut durchdacht **well-timed** *adj* zeitlich gut gewählt; ***his remark was ~*** seine Bemerkung kam zur rechten Zeit **well-to-do** (*fam*) I. *adj inv* wohlhabend, [gut] betucht *fam* II. *n* ■**the ~** *pl* die [Gut]betuchten *pl fam* **well-tried** *adj inv* [alt]bewährt **well-trodden** *adj inv* ❶ (*often walked*) ausgetreten; (*often visited*) viel besucht; **a ~ path/way** ein ausgetretener Pfad/Weg ❷ (*fig: frequently used*) altbekannt; **a ~ path** eine altbekannte Methode **well-turned** *adj inv* ❶ (*of speech act*) wohlgesetzt *geh;* **a ~ phrase** ein gut formulierter Ausdruck ❷ (*dated: shapely*) wohlgeformt; **a ~ leg** ein wohlgeformtes Bein **well-upholstered** *adj inv* ❶ (*of furniture*) gut gepolstert ❷ (*euph: of person*) korpulent, gut gepolstert *fig fam* **well-used** *adj inv* ❶ (*worn*) abgenutzt ❷ (*frequently used*) viel genutzt **well-versed** *adj inv* ■**to be ~ in sth** in etw *dat* versiert sein; *habits* mit etw *dat* vertraut sein **well-wisher** *n* (*supportive person*) Sympathisant(in) *m(f);* (*person who wishes well*) wohlwollender Freund/wohlwollende Freundin; (*patron*) Gönner(in) *m(f);* (*sponsor*) Förderer, Förderin *m, f*

well woman clinic *n* BRIT Frauenklinik *f*

well-worn *adj inv* ❶ (*damaged by wear*) *clothes* abgetragen; *object* abgenützt ❷ (*fig: overused*) abgedroschen *fam*

welly [ˈweli] *n esp* BRIT (*fam*) *short for* **wellington** Gummistiefel *m*

welsh [welʃ] *vi* sich *akk* drücken; **to ~ on a debt/promise** sich *akk* einer Schuldbegleichung entziehen/vor einem Versprechen drücken *fam*

Welsh [welʃ] I. *adj inv* walisisch; ***his mother is ~*** seine Mutter kommt aus Wales
II. *n* ❶ *no pl* (*Celtic language*) Walisisch *nt* ❷ (*inhabitants, people of Wales*) ■**the ~** *pl* die Waliser *pl*

Welshman *n* Waliser *m* **Welsh pony** *n* Welsh Pony *nt* **Welsh rabbit**, **Welsh rarebit** [-ˈreəbɪt] *n no pl geschmolzener Käse* (*evtl. mit etwas Milch*) *auf Toastbrot* **Welshwoman** *n* Waliserin *f*

welt [welt] I. *n* ❶ *usu pl* (*scar*) Striemen *m* ❷ (*of shoe*) Rahmen *m*
II. *vt* ■**to ~ sb** jdn verprügeln [*o fam* verdreschen]

welter [ˈweltəʳ, AM -ɚ] *n no pl* [Un]menge *f;* **a ~ of problems/questions** eine Menge Probleme/Fragen

welterweight [ˈweltəweɪt, AM -ɚ-] *n* Weltergewicht *nt*

wench <*pl* -es> [wen(t)ʃ] (*old*) I. *n* ❶ (*hum: young woman*) Maid *f veraltet,* junges Mädchen; ***come here, my pretty ~!*** (*hum*) komm her, mein schönes Kind! *hum* ❷ (*servant girl*) Magd *f veraltend* ❸ (*whore*) Dirne *f veraltend*
II. *vi* (*hum*) [herum]huren *pej*

wend [wend] *vt* (*liter*) ■**to ~ one's way somewhere** sich *akk* irgendwohin begeben; **to ~ one's way home** sich *akk* auf den Heimweg machen

Wendy house [ˈwendiˌhaʊs] *n* BRIT Spielhaus *nt*

went [went] *pt of* **go**

wept [wept] *pt, pp of* **weep**

were [wɜːʳ, wəʳ, AM wɜːr, wər] *pt of* **be**

we're [wiːəʳ, AM wɪr] = **we are** *see* **be**

weren't [wɜːnt, AM wɜːrnt] = **were not** *see* **be**

werewolf <*pl* -wolves> [ˈweəwʊlf, AM ˈwer-, *pl* -wʊlvz] *n* Werwolf *m*

wert [wɜːt, AM wɜːrt] *vt, vi* (*old*) *2nd pers. sing pt of* **be**

Wesleyan [ˈwezliən, AM ˈwes] REL I. *adj inv* methodistisch
II. *n* Anhänger(in) *m(f)* von John Wesley, Methodist(in) *m(f)*

west [west] I. *n no pl* ❶ (*direction*) ■**W~** Westen *m;* **~-facing** westwärts; ***she chose the ~-facing bedroom*** sie wählte das nach Westen liegende Schlafzimmer; ■**the ~** der Westen; **to be [*or* lie] to the ~ of sth** westlich von etw *dat* liegen; ■**in the ~** im Westen; ■**to be in the ~ of sth** im Westen einer S. *gen* sein; ***Bristol is in the ~ of England*** Bristol liegt im Westen Englands ❷ (*of the US*) ■**the W~** der Westen; **the Wild W~** der Wilde Westen ❸ + *sing/pl vb* POL (*western hemisphere*) ■**the W~** der Westen, die westliche Welt; (*the Occident*) das

W

Abendland, der Okzident *geh;* ■ **in** [*or* **throughout**] **the W~** im Westen
❹ POL (*hist: non-communist countries*) ■ **the W~** der Westen, die westlichen Staaten; **East-W~ relations** Ost-West-Beziehungen *pl*
❺ (*in bridge*) West *m*
II. *adj inv* westlich; ***they live on the ~ side of town*** sie leben im Westen der Stadt; **W~ Africa** Westafrika *nt;* **the ~ coast of Ireland** die Westküste Irlands; **~ wind** Westwind *m;* **to be due ~ of sth** genau westlich von etw *dat* liegen
III. *adv inv* westwärts; ***the balcony faces ~*** der Balkon geht nach Westen; **to go/head/travel ~** nach Westen gehen/ziehen/reisen; **to turn ~** sich *akk* nach Westen wenden; **due ~** direkt nach Westen
► PHRASES: **east, ~, home's best** (*saying*) daheim ist es [doch] am schönsten; **to go ~** den Bach runtergehen *fam*

West Bank *n no pl* ■ **the ~** das Westjordanland, die West Bank **westbound** *adj inv* in Richtung Westen; **~ lane** AUTO, TRANSP Spur *f* in Richtung [*o* nach] Westen **West Coast I.** *n no pl* (*of USA*) ■ **the ~** die Westküste **II.** *adj attr, inv* (*of USA*) Westküsten-; ***a ~ computer firm*** eine Computerfirma an der Westküste; **~ cuisine** *die Küche der Westküste* **West Country I.** *n no pl* ■ **the ~** der Südwesten Englands **II.** *adj attr, inv* südwestenglisch **West End I.** *n no pl* ■ **the ~** das [Londoner] Westend **II.** *adj attr, inv* (*of central London*) Westend-; **the ~ theatres** die Theater *ntpl* des Londoner Westends

westerly ['westᵊli, AM -tɚli] **I.** *adj* westlich; ***he pointed in a ~ direction*** er zeigte in westliche Richtung; **~ gales/winds** Weststürme/-winde *mpl*
II. *n* ❶ *usu pl* (*wind from west*) Westwind *m*
❷ (*in southern hemisphere*) ■ **westerlies** Westwinde *mpl*

western ['westən, AM -tɚn] **I.** *adj attr, inv* ❶ GEOG West-, westlich; **~ Europe** Westeuropa *nt;* **~ France** Westfrankreich *nt;* **~ states** Weststaaten *mpl* (*der USA*)
❷ (*of culture*) ■ **W~** westlich; **W~ culture/medicine** westliche Kultur/Medizin
❸ POL (*hist: non-communist*) ■ **W~** westlich
❹ (*of wind*) westlich
II. *n* (*film*) Western *m;* (*novel*) Wildwestroman *m*

Western Circuit *n* BRIT LAW Gerichtsbezirk West (*des Crown Court*)

westerner ['westənəʳ, AM -tɚnɚ] *n* ❶ (*person from western hemisphere*) Abendländer(in) *m(f)*
❷ POL Person *f* aus dem Westen; ***on my trip to China, I met up with some other ~s*** auf meiner Chinareise traf ich einige andere Leute aus dem Westen

westernization [ˌwestᵊnaɪ'zeɪʃᵊn, AM -tɚnɪ'-] *n no pl* Verwestlichung *f*

westernize ['westənaɪz, AM -tɚ-] **I.** *vt* ■ **to ~ sb/sth** jdn/etw verwestlichen; ***many young Japanese have been extensively ~d*** viele japanische Jugendliche sind unter einen extrem westlichen Einfluss geraten
II. *vi* sich *akk* dem Westen anpassen

westernized ['westənɑɪzd, AM tɚ] *adj* verwestlicht

westernmost ['westənməʊst, AM -tɚnmoʊst] *adj attr, inv* ■ **the ~ …** der/die/das westlichste …

West Germany *n no pl* (*hist*) Westdeutschland *nt hist* **West Indian I.** *adj inv* westindisch **II.** *n* Westinder(in) *m(f)* **West Indies** *npl* ■ **the ~** die Westindischen Inseln

Westminster ['wes(t)mɪn(t)stəʳ, AM -stɚ] *n no pl*
❶ (*area of London*) Westminster *nt*
❷ + *sing/pl vb* BRIT (*Parliament*) Westminster *kein art*

Westphalia [ˌwes'feɪliə] *n no pl* GEOG Westfalen *nt*
Westphalian [ˌwes'feɪliən] *adj inv* westfälisch
West Side *n no pl* (*western part of Manhattan*) ■ **the ~** die West Side

westward(s) ['wes(t)wəd(z), AM -wɚd(z)] *inv*
I. *adj* westlich; *road* nach Westen
II. *adv* westwärts, in Richtung Westen

wet [wet] **I.** *adj* <-tt-> ❶ (*saturated*) nass; ■ **~ through** [völlig] durchnässt; **to be ~ behind the ears** (*fig*) noch nicht trocken hinter den Ohren sein *fam;* **all** [*or* **soaking**] **~** triefend nass; **to get sth ~** etw nass machen; **to get ~** nass werden
❷ (*covered with moisture*) feucht
❸ (*not yet dried*) frisch; ***"~ paint!"*** „frisch gestrichen!"
❹ (*rainy*) regnerisch; **~ season** Regenzeit *f;* **~ weather** nasses [*o* regnerisches] Wetter
❺ (*having urinated*) nass
❻ BRIT (*pej: feeble*) schlapp *pej fam*
❼ (*sl: allowing sale of alcohol*) *bezeichnet die Verfügbarkeit von Alkohol in einem Staat oder legalisierten Alkoholkonsum in einer Gesetzgebung*
► PHRASES: **to be a ~ <u>blanket</u>** ein Spielverderber *m/* eine Spielverderberin sein; **to be as much <u>fun</u> as a ~ weekend** (*fam*) so lustig wie ein verregnetes Wochenende sein; **to be <u>all</u> ~** AM sich *akk* auf dem Holzweg befinden
II. *vt* <-tt-, **wet** *or* **wetted, wet** *or* **wetted**>
❶ (*moisten*) ■ **to ~ sth** etw anfeuchten
❷ (*saturate*) ■ **to ~ sth** etw nass machen
❸ (*urinate*) **~ the bed** das Bett nass machen; **to ~ one's pants** [*or* **trousers**] seine Hose nass machen; ■ **to ~ oneself** sich *akk* nass machen
► PHRASES: **to ~ the <u>baby's</u> head** auf die Geburt eines Kindes anstoßen; **to ~ one's <u>whistle</u>** (*dated fam*) sich *dat* die Kehle anfeuchten *hum fam*
III. *n* ❶ *no pl* (*rain*) Nässe *f;* ***don't leave those boxes out in the ~*** lass die Kisten nicht draußen in der Nässe stehen
❷ *no pl* (*liquid*) Flüssigkeit *f;* (*moisture*) Feuchtigkeit *f*
❸ *no pl* (*damp area*) Pfütze *f*
❹ (*unassertive person*) Schlappschwanz *m pej*
❺ BRIT (*dated: conservative politician with liberal views*) Gemäßigte(r) *f(m)*

wetback *n* AM (*pej! sl*) illegaler Einwanderer/illegale Einwanderin aus Mexiko **wet cell** *n* Nasszelle *f* **wet dream** *n* feuchter Traum **wet fish** *n no pl* frischer Fisch

wether ['weðəʳ, AM ɚ] *n* ZOOL Hammel *m*

wetland *n no pl,* **wetlands** *npl* Sumpfgebiet *nt* **wet-look I.** *adj attr, inv* Wetlook-; **~ hair gel** Wetgel *nt* **II.** *n usu sing* Wetlook *m*

wetly ['wetli] *adv* nass; **to gleam ~** nass glänzen

wetness ['wetnəs] *n no pl* ❶ (*moisture*) Nässe *f; of climate, paint* Feuchtigkeit *f*
❷ (*state of being wet*) Nassheit *f*

wet nurse I. *n* (*usu hist*) Amme *f hist* **II.** *vt* ❶ (*breast-feed*) **to ~ a baby** ein Baby stillen ❷ (*pej: pamper*) ■ **to ~ sb** jdn verhätscheln *oft pej* **wet shave** *n* Nassrasur *f* **wetsuit** *n* Taucheranzug *m*

wetting ['wetɪŋ, AM 'wet̬ɪŋ] *n no pl* ❶ (*making wet*) ***the ~ of the soil is very important*** es ist wichtig, dass die Erde richtig durchtränkt ist; ***after that ~ in the rain, I'm not surprised you're cold*** nach deiner Dusche im Regen wundert mich nicht, dass dir kalt ist
❷ (*urination*) **bed ~** Bettnässen *nt*

WEU [ˌdʌb|ju:i:'ju:] *n no pl,* + *sing/pl vb abbrev of* **Western European Union**: ■ **the ~** die WEU

we've [wi:v, wiv] = **we have** *see* **have I, II**

whack [(h)wæk] **I.** *vt* (*fam*) ❶ (*hit*) ■ **to ~ sth/sb** etw/jdn schlagen
❷ (*defeat*) ■ **to ~ sb** jdn [haushoch] besiegen [*o* schlagen]
❸ (*put*) ■ **to ~ sth somewhere** etw irgendwohin reinstecken *fam;* ***just ~ your card into the machine and out comes the money!*** du brauchst deine Karte nur in den Automat zu stecken und schon kommt das Geld raus!
❹ AM (*murder*) ■ **to ~ sb** jdn umlegen *fam*
II. *n* ❶ (*blow*) Schlag *m;* **to give sb/an animal a ~** jdm/einem Tier einen Schlag versetzen; **to give sth a [good] ~** auf etw *akk* [ordentlich] [ein]schlagen
❷ *no pl* (*fam: share, part*) Satz *m;* **to pay full** [*or* **top**] **~** den vollen Satz bezahlen
❸ *no pl* (*fam: deal*) **a fair ~** ein fairer Handel
► PHRASES: **to <u>be</u> out of ~** AM, AUS nicht in Ordnung sein; **to <u>have</u> a ~ at sth** (*fam*) etw mal versuchen *fam*
◆**whack around** *vt* (*sl*) ■ **to ~ sb around** jdn niedermachen *fam*
◆**whack off** *vi* (*vulg*) wichsen *derb*

whacked [(h)wækt] *adj pred* (*dated fam: exhausted*) kaputt *fam,* erledigt *fam*

whacked out *adj* ❶ *see* **whacked**
❷ AM (*sl: effect of drugs*) high *sl;* ■ **to be ~ on sth** von etw *dat* high sein

whacking ['(h)wækɪŋ] **I.** *adj attr, inv* riesig; **a ~ fine** eine saftige Geldstrafe
II. *adv inv* enorm; **a ~ big kiss** ein dicker Kuss
III. *n* BRIT, AUS (*dated*) Prügel *pl;* **to give sb a real ~** jdm eine richtige Tracht Prügel verpassen

whacko ['(h)wækəʊ, AM -oʊ] *adj* (*sl*) durchgeknallt *fam*

whacky ['(h)wæki] *adj* (*fam: crazy*) verrückt *fam;* (*funny*) abgefahren *fam,* schrill *fam;* **~ memorabilia** kitschige Andenken

whaddya ['(h)wɑ:dᵊjə] (*sl*) = **what do you** *see* **what I 1**

whale [(h)weɪl] *n* ❶ ZOOL Wal *m;* **a beached ~** ein gestrandeter Wal
❷ (*a lot of*) ***that's a ~ of a story*** das ist vielleicht eine tolle Geschichte; **a ~ of a difference** ein enormer Unterschied
► PHRASES: **to have a ~ of a <u>time</u>** eine großartige Zeit haben, sich *akk* großartig amüsieren

whalebone I. *n no pl* Fischbein *nt*
II. *n modifier* Fischbein-

whaler ['(h)weɪləʳ, AM -ɚ] *n* ❶ (*ship*) Walfangschiff *nt*
❷ (*person*) Walfänger(in) *m(f)*

whaling ['(h)weɪlɪŋ] *n no pl* Walfang *m*

wham [(h)wæm] **I.** *interj* (*fam*) ❶ (*as sound effect*) zack; **~, *zap!*** zack, peng!
❷ (*emphasis for sudden action*) wumm; ***everything was fine until, ~, the wire snapped*** alles war in Ordnung, bis auf einmal, wumm, das Kabel riss
II. *vi* <-mm-> ■ **to ~ into sth** in etw *akk* [hinein]krachen; ***the billiard balls ~med into each other*** die Billardkugeln knallten aufeinander

wham-bam [ˌ(h)wæm'bæm] *adj inv esp* AM (*fig fam*) ❶ (*sudden*) plötzlich
❷ (*quick*) **~, thank you ma'am** ruck, zuck *fam;* (*quick sex*) schnelle Nummer *meist pej fam*

whammy ['(h)wæmi] *n* (*fam*) ❶ *esp* AM (*incident*) Patzer *m fam;* (*more severe*) Hammer *m fam;* **a double ~** ein doppelter [Rück]schlag
❷ AM, AUS (*magic spell*) Zauber[bann] *m;* (*bad-luck spell*) Fluch *m;* (*evil eye*) böser Blick; **to put the ~ on sb** jdn mit einem Bann belegen

whang [(h)wæŋ] (*fam*) **I.** *interj* boing!
II. *vt* ❶ (*throw down*) ■ **to ~ sth somewhere** etw irgendwohin knallen *fam*
❷ (*hit*) ■ **to ~ sth** etw schlagen
III. *n* **to give sth a ~** etw *dat* einen Schlag versetzen

wharf <*pl* wharves *or* -s> [(h)wɔ:f, *pl* (h)wɔ:vz, AM (h)wɔ:rf, *pl* (h)wɔ:rvz] *n* Kai *m;* **Canary W~** Canary Pier *m* (*saniertes Piergelände in London, das als schick gilt*)

what [(h)wɒt, AM (h)wʌt] **I.** *pron* ❶ *interrog* (*asking for specific information*) was; ***~ happened after I left?*** was geschah, nachdem ich gegangen war?; ***they asked me ~ I needed to buy*** sie fragten mich, was ich kaufen musste; ***~ do you do?*** was machst du?; ***~'s your address?*** wie lautet deine Adresse?; ***~'s that called?*** wie heißt das?; ***~'s your phone number?*** was hast du für eine Telefonnummer?; ***~ is your name?*** wie heißt du?; **~ on earth …?** (*fam: emphasizing*) was um alles in der Welt …?; ***~ on earth are you talking about?*** worüber um alles in der Welt sprichst du?; **~ in God's** [*or* **heaven's**] **name …?** was in Gottes Namen …?; ***~ in God's/heaven's name did you think was likely to happen?*** was in Gottes Namen glaubtest du, würde passieren?; **~ the hell** [*or* **heck**] **…?** (*fam!*), **~ the fuck …?** (*vulg*) was zum Teufel …? *sl;* **~'s the matter** [*or* **~'s** [**up**]]**?** was ist los?; **~ for?** (*why*) wofür?; ***you want a hammer and a***

screwdriver? ~ ***for?*** du möchtest einen Hammer und einen Schraubenzieher? wofür?; ~ ***are these tools for?*** wofür sind diese Werkzeuge?; (*fam: why is sth being done?*) warum; ~ ***are you talking to me like that for?*** warum sprichst du so mit mir?; ~ ***is he keeping it secret for?*** warum hält er es geheim?; ***I'll give you ~ for if I catch you doing that again*** es wird was setzen, wenn ich dich noch einmal dabei erwische; ~ **is sb/sth like?** wie ist jd/etw?; ~ ***'s the weather like?*** wie ist das Wetter?; ~**'s on?** (*what's happening?*) was gibt's?; ***hi everybody, ~'s on here?*** hallo alle miteinander, was gibt's?; ~ **about sth/sb/doing sth?** (*fam*) was ist mit etw/jdm?; ~ ***about Lalla? — shall we invite her?*** was ist mit Lalla? – sollen wir sie einladen?; ~ **about doing sth?** (*used to make a suggestion*) wie wäre es, etw zu tun?; ~ ***about taking a few days off?*** wie wäre es mit ein paar Tagen Urlaub?; ***let's do something fun — hey, ~ about going to the movies?*** lasst uns etwas Lustiges tun – hey, wie wäre's mit Kino?; ~ **of it?** was soll's?; ~**'s it to you?** das geht dich nichts an; ***so I smoke, ~'s it to you?*** und wenn ich rauche — was geht dich das an?; **so ~?** (*fam*) na und? *fam;* **or ~?** (*fam*) oder was? *fam;* ***are you going to help me or ~?*** hilfst du mir nun oder was?; ~ **if …?** was ist, wenn …?; ~ ***if the train's late?*** was ist, wenn der Zug Verspätung hat?
❷ *rel* (*thing or things that*) was; ***she wouldn't tell me ~ he said*** sie erzählte mir nicht, was er gesagt hatte; ***I can't decide ~ to do next*** ich kann mich nicht entschließen, was ich als nächstes tun soll; ***I'll take a look at ~ you have finished*** ich werde mir anschauen, was du gemacht hast; ~ ***we need is a commitment*** was wir brauchen ist Engagement; ~**'s more …** darüber hinaus …, und außerdem …; **and** [*or* **or**] ~ **have you** (*fam*) oder etwas Ähnliches; ***for a binder try soup, gravy, cream or ~ have you*** zum Binden nehmen Sie Suppe, Soße, Sahne oder etwas Ähnliches
❸ *rel* (*used as an introduction*) ***you'll never guess ~ — Laurie won first prize!*** du wirst es nie erraten – Laurie hat den ersten Platz gemacht!; (*fam*) ***I'll tell you ~ — we'll collect the parcel on our way to the station*** weißt du was? wir holen das Paket auf dem Weg zum Bahnhof ab
❹ *rel* (*whatever*) was; **do** ~ ***you can but I don't think anything will help*** tu, was du kannst, aber glaub' nicht, dass etwas hilft; ***it doesn't matter ~ I say — they always criticize me*** ich kann sagen, was ich will – sie kritisieren mich immer; ~ **have we/you here?** was haben wir denn da?; ~ ***have you here? is that a science project?*** was ist denn das? ist das ein wissenschaftliches Projekt?; **come ~ may** komme, was wolle; ~ **sb says goes** was jd sagt, gilt; ***we don't like keeping this information secret, but ~ the director says goes*** ich halte diese Information nicht gerne geheim, aber es gilt, was der Direktor sagt
❺ *in exclamations* (*showing disbelief*) was; ~***'s this I hear? you're leaving?*** was höre ich da? du gehst?; (*emphasizing sth surprising or remarkable*) was; **… or ~!** … oder was!; ***is he smart or ~!*** ist er intelligent oder was!
► PHRASES: ~**'s his/her name** [*or fam* ~ **do you call him/her**] [*or fam!* ~**'s his/her face**] wie heißt er/sie gleich?; ***I gave it to ~'s her name — the new girl*** ich gab es ihr, wie heißt sie gleich – das neue Mädchen; ~**'s it called** [*or* ~ **do you call it**] wie heißt es gleich; ***it looks like a ~'s it called — a plunger?*** es sieht aus wie ein Dings, ein Tauchkolben; ~ **gives?** (*fam*) was ist los?; ***you've been in a bad mood all day long — ~ gives?*** du bist schon den ganzen Tag schlechter Laune – was ist los?; **to have ~ it takes** (*fam*) ausgesprochen fähig sein; ~ **is** ~ was Sache ist; ***I'll teach her ~'s ~*** ich werde ihr beibringen, was Sache ist; **to know ~'s ~** (*fam: to have experience*) sich *akk* auskennen; ***you have to ask the manager about that problem — he knows ~'s ~*** du must den Manager wegen dieses Problems fragen – er kennt sich aus; ~ **say …** wie wäre es, wenn …; ~ ***say we call a tea break?*** wie wäre es mit einer Pause?; ~ **with …** [**and all**] (*fam*) bei all dem/der …; ~ ***with the drought and the neglect, the garden is in a sad condition*** bei der Trockenheit und der Vernachlässigung ist der Garten in traurigem Zustand; ***I'm very tired, ~ with travelling all day yesterday and having a disturbed night*** ich bin sehr müde, wo ich doch gestern den ganzen Tag gefahren bin und schlecht geschlafen habe; **and ~ not** (*often pej fam*) und ähnliches Zeug *fam;* ***she puts all her figurines and ~ not in the glass case there*** sie stellt ihre Figuren und ähliches Zeug in die Vitrine
II. *adj inv* ❶ (*which*) welche(r, s); ~ ***time is it?*** wie viel Uhr ist es?; ~ ***books did you buy?*** welche Bücher hast du gekauft?; ~ ***size do you take?*** welche Schuhgröße haben Sie?; ~ ***sort of car do you drive?*** was für ein Auto fährst du?; ***she didn't know ~ cigarettes to buy*** sie wusste nicht, welche Zigaretten sie kaufen sollte; ***do you know ~ excuse he gave me?*** weißt du, welche Entschuldigung er mir gegeben hat?
❷ (*of amount*) **use** ~ [***little***] ***brain you have and work out the answer for yourself!*** benutze dein [bisschen] Hirn und erarbeite dir die Antwort selbst! *fam;* ***she took ~ [sums of] money she could find*** sie nahm alles Geld, das sie finden konnte; ***he had been robbed of ~ little money he had*** man hat ihm das bisschen Geld geraubt, das er hatte
❸ (*used for emphasis*) was für; ~ ***a lovely view!*** was für ein herrlicher Ausblick!; ~ ***a fool she was*** wie dumm sie war; ~ ***a day!*** was für ein Tag!; ~ **luck!** was für ein Glück!; ~ **nonsense** [*or* **rubbish**]! was für ein Unsinn!; ~ **a pity** [*or* **shame**] wie schade
III. *adv inv* ❶ (*to what extent?*) was; ~ ***do qualifications matter?*** was nutzen Qualifikationen schon?; ~ ***do you care if I get myself run over?*** dir ist es doch egal, wenn ich mich überfahren lasse!; ~ ***does he care about the problems of teenagers?*** was kümmern ihn die Probleme der Teenager?; ~ **does it matter?** was macht's? *fam*
❷ (*indicating approximation*) sagen wir; ***see you, ~, about four?*** bis um, sagen wir vier?
❸ (*dated fam: used for emphasis or to invite agreement*) oder?; ***pretty poor show, ~?*** ziemlich schlechte Show, nicht?
IV. *interj* ❶ (*fam: pardon?*) was *fam;* ~***? I can't hear you*** was? ich höre dich nicht
❷ (*showing surprise or disbelief*) was; ~***! you left him there alone!*** was? du hast ihn da allein gelassen?

whatcha ['(h)wɒtʃə, AM '(h)wʌtʃə] (*fam*) = **what are you**: ~ ***doin' tonight?*** was machst'n heut' Abend? *fam*

whatchamacallit ['(h)wɒtʃəməˌkɔːlɪt, AM '(h)wʌt-] *n* (*fam*) Dingsbums *m o f o nt fam,* Dingsda *m o f o nt fam*

whatever [(h)wɒt'evəʳ, AM (h)wʌt'evɚ] **I.** *pron* ❶ (*anything that*) was [auch immer]; ~ ***you choose is fine*** mir ist gleich, was du aussuchst; ***I eat ~ I want*** ich esse, was ich will; ***do ~ you want*** mach, was du willst; ~ ***you do, don't …*** ganz gleich, was du machst, aber …; ~ ***that means*** was auch immer das heißen soll
❷ (*fam: that or something else*) wie du willst; ***I'll bring red wine then — sure, ~*** ich hole also Rotwein – ja, ist mir recht; ***use chopped herbs, nuts, garlic, or ~*** verwenden Sie gehackte Kräuter, Nüsse, Knoblauch oder Ähnliches
❸ (*no matter what*) was auch immer; ~ ***happens, you know that I'll stand by you*** was auch passieren mag, du weißt, dass ich zu dir halte; ~ ***else may be said of Mr Meese, …*** ganz gleich, was man über Mr. Meese sonst sagen kann, …
❹ *interrog* (*what on earth*) was in Gottes Namen; ~ ***are you talking about?*** worüber in Gottes Namen sprichst du?; ~ ***is he doing with that rod!*** was in Gottes Namen macht er mit dieser Stange?; ~ ***makes you think that?*** wie kommst du denn nur darauf?
II. *adj inv* ❶ (*any*) was auch immer; ~ ***dress you want to wear is fine*** welches Kleid du auch immer tragen möchtest, mir ist es recht; ***take ~ action is needed*** mach, was auch immer nötig ist
❷ (*regardless of*) gleichgültig welche(r, s); ***we'll go ~ the weather*** wir fahren bei jedem Wetter; ~ ***the outcome of the war, …*** wie der Krieg auch ausgehen wird, …; ~ ***decision he made I would support it*** ich würde jede seiner Entscheidungen unterstützen
III. *adv inv* ❶ *with negative* (*whatsoever*) überhaupt; ***there is no evidence ~ to show that …*** es gibt überhaupt keinen Beweis dafür, dass …; ***he had no respect for authority ~*** er hatte keinerlei Respekt vor Autorität
❷ (*fam: no matter what happens*) auf jeden Fall; ***we told him we'd back him ~*** wir sagten ihm, dass wir ihn auf jeden Fall unterstützen würden

what for *n no pl* (*fam*) ***I'll give you ~*** gleich setzt's was! *fam*

whatnot ['(h)wɒtnɒt, AM '(h)wʌtnɑːt] *n no pl* ❶ (*fam*) ■**and** ~ und was weiß ich noch alles *fam*
❷ (*piece of furniture*) Etagere *f*

whatsit ['(h)wɒtsɪt, AM '(h)wʌt-] *n* (*fam*) Dingsda *m o f o nt fam;* (*object*) Dings *nt fam*

whatsoever [ˌ(h)wɒtsəʊ'evəʳ, AM ˌ(h)wʌtsoʊ'evɚ] **I.** *adv inv* überhaupt; ***he has no respect for authority ~*** er hat überhaupt keinen Respekt vor Autorität; ***I have no doubt ~*** daran zweifele ich überhaupt nicht; ***I have no idea ~*** ich habe nicht die leiseste Idee; **to have no interest ~ in sth** an etw *dat* überhaupt [*o* absolut] kein Interesse haben
II. *pron* (*old: whatever*) was auch immer; ***we can go out to dinner, go to the movies or just take a walk — ~ you like*** wir können essen, ins Kino oder einfach spazieren gehen – was du möchtest
III. *adj det* (*old: whatever*) welche; ~ ***career you choose, …*** welchen Karriereweg du auch einschlägst, …

wheat [(h)wiːt] *n no pl* Weizen *m;* ~ **field** Weizenfeld *nt;* ~ **flour** Weizenmehl *nt*
► PHRASES: **to separate the ~ from the chaff** die Spreu vom Weizen trennen

wheaten ['wiːtᵊn] *adj inv* ❶ (*made of wheat*) Weizen-
❷ (*yellow-beige*) weizengelb

wheatgerm *n no pl* Weizenkeim *m* **wheatmeal** BRIT **I.** *n no pl* Weizenschrot *m o nt* **II.** *n modifier* (*bread, flour*) Vollkornweizen-; ~ **digestive biscuits** Vollkornweizenkekse *mpl*

wheedle ['(h)wiːdl] (*pej*) **I.** *vt* ❶ (*cajole*) ■**to ~ sb into** [**doing**] **sth** jdn beschwatzen [*o* dazu kriegen], etw zu tun *fam;* ■**to ~ sth out of sb** jdm etw abschwatzen *fam*
❷ (*also fig: gain entrance*) **to ~ one's way in** sich *dat* Zutritt verschaffen
II. *vi* schmeicheln

wheedling ['(h)wiːdlɪŋ] **I.** *adj attr* (*pej*) schmeichelnd; **a ~ tone** ein [ein]schmeichelnder Tonfall
II. *n no pl* Schmeichelei *f*

wheel [wiːl] **I.** *n* ❶ (*circular object*) Rad *nt;* **alloy ~s** AUTO Aluminiumfelgen *pl,* Alufelgen *pl;* **front/rear** ~ Vorder-/Hinterrad *nt;* ■**to be on ~s** Rollen haben
❷ (*for steering*) Steuer *nt;* AUTO Steuerrad *nt;* ***keep your hands on the ~!*** lass die Hände am Steuer!; ■**to be at** [*or* **behind**] **the** ~ am [*o* hinterm] Steuer sitzen; **to get behind the** ~ sich *akk* hinters Steuer setzen *fam;* **to take the** ~ sich *akk* ans Steuer setzen *fam*
❸ (*vehicle*) ■~**s** *pl* (*fam*) fahrbarer Untersatz *hum fam;* **set of ~s** Schlitten *m sl*
❹ (*fig: cycle, process*) Kreis *m;* **the ~ of fortune** das Glücksrad; **the ~ of life** der Kreis des Lebens
❺ (*fig*) ■~**s** *pl* (*workings*) Räder *pl;* ***the ~s of bureaucracy move very slowly*** die Mühlen der Bürokratie mahlen sehr langsam; **to set the ~s in motion** die Sache in Gang bringen
❻ (*at fairground*) **the** [**big**] ~ das Riesenrad
❼ (*shape*) **a ~ of cheese** ein Laib *m* Käse
► PHRASES: **to be hell on ~s** (*fam*) ein Hansdampf in allen Gassen sein *fam;* **to set one's shoulder to the**

W

~ sich *akk* mächtig anstrengen [*o* [mächtig] ins Zeug legen]; **to be a big** ~ AM (*fam*) ein hohes Tier sein *fam;* **to feel like a fifth** [*or* AM **third**] ~ sich *dat* wie das fünfte Rad am Wagen vorkommen *fam;* **to run on ~s** wie am Schnürchen laufen *fam;* **to spin one's ~s** AM Däumchen drehen; **~s within ~s** BRIT [schwer durchschaubare] Beziehungen

II. *vt* ■**to ~ sth/sb somewhere** (*roll*) etw/jdn irgendwohin rollen; (*push*) etw/jdn irgendwohin schieben; **to ~ a pram along** einen Kinderwagen schieben; ■**to ~ in sth** etw hereinrollen; ■**to ~ out** ○ **sth** (*pej fig fam*) etw hervorholen [*o fam* ausgraben] *fig*

III. *vi* kreisen

▶ PHRASES: **to ~ and deal** (*pej fam*) mauscheln *pej fam*

◆**wheel around, wheel round** *vi* BRIT, AUS sich *akk* schnell umdrehen; (*esp out of shock*) herumfahren

wheelbarrow *n* Schubkarre *f*, Schubkarren *m* **wheel base** *n usu sing* Radstand *m* **wheel brace** *n* Kreuzschlüssel *m* **wheelchair** *n* Rollstuhl *m;* ■**to be in a ~** im Rollstuhl sitzen **wheelchair ramp** *n* Rollstuhlrampe *f* **wheel clamp** **I.** *n esp* BRIT, AUS Parkkralle *f* **II.** *vt* **to ~ a car** ein Auto mit einer Parkkralle festsetzen

wheeled ['wi:ld] *adj inv* rollend, Roll-; **a three-~ car** ein dreirädriger Wagen

-wheeled *in compounds* -rädrig

-wheeler *in compounds* -rad

wheeler-dealer [ˌ(h)wi:lə'di:ləʳ, AM -lə'di:lɚ] *n* (*pej fam: tricky person*) Schlitzohr *nt fam;* (*squeezing money out of people*) Abzocker(in) *m(f) sl;* ECON [gerissener] Geschäftemacher/[gerissene] Geschäftemacherin

wheelhouse ['(h)wi:lhaʊs] *n* NAUT Ruderhaus *nt*

wheelie ['(h)wi:li] *n* (*fam*) Wheelie *nt sl* (*Fahren auf dem Hinterrad*); **to do** [*or* **pop**] **a ~** auf dem Hinterrad fahren, ein Wheelie machen

wheelie bin *n* BRIT, AUS Mülltonne *f* auf/mit Rollen

wheeling ['(h)wi:lɪŋ] **I.** *n no pl* Kreisen *nt*

▶ PHRASES: **~ and dealing** (*pej fam*) Abzockerei *f sl;* (*shady deals and actions*) Gemauschel *nt pej,* Machenschaften *fpl pej*

II. *adj inv* kreisend

wheelwright ['wi:lraɪt] *n* (*hist*) Stellmacher *m hist*

wheely ['(h)wi:li] *n see* **wheelie**

wheeze [(h)wi:z] **I.** *vi* keuchen

II. *n* ❶ (*of breath*) Keuchen *nt kein pl*

❷ BRIT (*fam: scheme*) Idee *f;* **good ~** kluger Schachzug; **to have a ~** eine Idee haben

wheezing ['(h)wi:zɪŋ] **I.** *adj attr, inv* keuchend; **~ cough** Keuchhusten *m*

II. *n no pl* Keuchen *nt*

wheezy ['(h)wi:zi] *adj* keuchend; **to get all ~** zu keuchen anfangen

whelk [welk, AM (h)welk] *n* ZOOL Wellhornschnecke *f*

whelp [(h)welp] **I.** *n* (*old*) ❶ (*puppy*) Welpe *m*

❷ (*young animal, cub*) Junge(s) *nt*

❸ (*hum: young child*) Balg *m o nt meist pej fam;* (*esp girl*) Gör *nt fam*

II. *vt* **to ~ a litter/puppy** einen Wurf bekommen/einen Welpen werfen

when [(h)wen] **I.** *adv inv* ❶ *interrog* (*at what time*) wann; ***~ do you want to go?*** wann möchtest du gehen?; ***~'s the baby due?*** wann hat sie Geburtstermin?; ***do you know ~ he'll be back?*** weißt du, wann er zurückkommt?; **to tell sb ~ to do sth** jdm sagen, wann er/sie etw tun soll; **since ~ …?** seit wann …?; **until ~ …?** wie lange …?

❷ *interrog* (*in what circumstances*) wann; ***~ is it OK to cross the road? — when the little green man is lit up*** wann darf man die Straße überqueren? – wenn das kleine grüne Männchen aufleuchtet

❸ *rel* (*in following circumstances*) wenn; (*at which, on which*) wo; ***when is it OK to cross the road? — ~ the little green man is lit up*** wann darf man die Straße überqueren? – wenn das kleine grüne Männchen aufleuchtet; ***the week between Christmas and New Year is ~ we carry out an inventory*** in der Woche zwischen Weihnachten und Neujahr machen wir eine Inventur; ***March is the month ~ the monsoon arrives*** im März kommt der Monsun; ***this is one of those occasions ~ I could wring his neck*** dies ist eine der Gelegenheiten, wo ich ihm den Hals umdrehen könnte; ***she was only twenty ~ she had her first baby*** sie war erst zwanzig, als sie das erste Kind bekam; ***Saturday is the day ~ I get my hair done*** samstags lasse ich mir immer die Haare machen; ***there are times ~ …*** es gibt Momente [*o* Augenblicke], wo …

II. *conj* ❶ (*at, during the time*) als; ***I used to love that film ~ I was a child*** als Kind liebte ich diesen Film; ***I loved maths ~ I was at school*** in der Schule liebte ich Mathe

❷ (*after*) wenn; ***he was quite shocked ~ I told him*** er war ziemlich schockiert, als ich es ihm erzählte; ***call me ~ you've finished*** ruf mich an, wenn du fertig bist

❸ (*whenever*) wenn; ***I hate it ~ there's no one in the office*** ich hasse es, wenn niemand im Büro ist

❹ (*and just then*) als; ***I was just getting into the bath ~ the telephone rang*** ich stieg gerade in die Badewanne, als das Telefon läutete

❺ (*considering that*) wenn; ***how can you say you don't like something ~ you've never even tried it?*** wie kannst du sagen, dass du etwas nicht magst, wenn du es nie probiert hast?

❻ (*although*) obwohl; ***I don't understand how he can say that everything's fine ~ it's so obvious that it's not*** ich verstehe nicht, wie er sagen kann, dass alles in Ordnung ist, wenn doch offensichtlich was nicht stimmt

whence [(h)wen(t)s] *adv inv* (*old*) ❶ *interrog* (*form: from what place*) woher; ***~ comes this lad?*** woher kommt dieser Junge?; ***~ does Parliament derive this power?*** woher nimmt das Parlament seine Macht?; **from ~ …?** [von] woher …?

❷ *rel* (*form: from where*) wo; ***his last years he spent in Rome, ~ he came*** seine letzten Jahre verbrachte er in Rom, seiner Heimatstadt; ***the Ural mountains, ~ the ore is procured*** der Ural, wo Eisen abgebaut wird; ***he will be sent back ~ he came*** wir werden ihn dahin zurückschicken, wo er herkam; **from ~ …** woher …; ***it has been returned to the shop from ~ it came*** es wurde an das Geschäft zurückgeschickt, von dem es kam

❸ *rel* (*form: as a consequence*) daraus; ***~ it followed that …*** daraus folgte, dass …

whenever [(h)wen'evəʳ, AM -ɚ] **I.** *conj* ❶ (*on whatever occasion*) wann auch immer; ***you can ask for help ~ you need it*** du kannst mich jederzeit um Hilfe bitten, wenn du welche brauchst; **or ~ …** oder wann auch immer …

❷ (*every time*) jedes Mal, wenn …; ***I blush ~ I think about it*** ich werde immer rot, wenn ich daran denke; ***~ I go there …*** jedes Mal, wenn ich dahin gehe …

II. *adv inv* ❶ (*at whatever time*) wann auch immer; ***I try to use olive oil ~ possible*** ich versuche wenn möglich Olivenöl zu verwenden; **or ~** (*fam*) oder wann auch immer

❷ *interrog* (*when*) wann denn [nur]; ***~ am I going to be finished with all this work?*** wann werde ich je mit dieser ganzen Arbeit fertig sein?; ***~ do you get the time to do these things?*** wann hast du je Zeit, das alles zu erledigen?

when's [(h)wenz] = **when is, when has** *see* **when**

where [(h)weəʳ, AM (h)wer] *adv inv* ❶ *interrog* (*what place, position*) wo; ***~ does he live?*** wo wohnt er?; ***~ are you going?*** wohin gehst du?; ***~ did you put my umbrella?*** wo hast du meinen Schirm hingelegt?; ***~ are we going?*** wohin gehen wir?; ***~'s the party being held?*** wo ist denn die Party?; ***could you tell me ~ Barker Drive is please?*** können Sie mir bitte sagen, wo Barker Drive ist?; ***I wonder ~ they will take us to*** ich frage mich, wohin sie uns bringen; ***~ does this argument lead?*** zu was führt dieser Streit?; ***he was so obnoxious so I told him ~ to go*** er war so eklig zu mir, dass ich ihm gesagt habe, dass er sich verziehen soll *fam*

❷ *rel* (*at that place which*) wo; ***Bradford, ~ Bren comes from …*** Bradford, wo Bren herkommt …; ***you see ~ Mira is standing?*** siehst du, wo Mira steht?; ***this is ~ I live*** hier wohne ich; ***he was free to go ~ he liked*** er konnte gehen, wohin er wollte; ***that's ~ you're wrong*** genau da liegst du falsch; ***he's as soft as butter ~ children are concerned*** er ist weich wie Butter, was Kinder anbelangt

❸ *rel* (*at what stage*) ***you reach a point in any project ~ you just want to get the thing finished*** bei jedem Projekt erreicht man irgendwann mal den Punkt, an dem man einfach fertig werden möchte; ***I've reached the stage ~ I just don't care anymore*** ich habe einen Punkt erreicht, an dem es mir einfach egal ist

❹ *interrog* (*in what situation*) wo; ***~ do you see yourself five years from now?*** wo sehen Sie sich in fünf Jahren?; ***you're not available on the 12th and Andrew can't make the 20th — so ~ does that leave us?*** du kannst am 12. nicht und Andrew am 20. nicht – was machen wir also?

▶ PHRASES: **to know/see ~ sb's coming from** wissen/verstehen, was jd meint; **to be ~ it's at** (*dated*) das Maß aller Dinge sein

whereabouts **I.** *n* ['(h)weərəbaʊts, AM '(h)wer-] + *sing/pl vb, no pl* Aufenthaltsort *m;* **sb's ~** jds Aufenthaltsort; ***I don't suppose you know the ~ of my silver pen, do you?*** ich nehme an, du weißt auch nicht, wo mein Silberfüller hingekommen ist, oder?

II. *adv* [ˌ(h)weərə'baʊts, AM ˌ(h)wer-] *inv* (*fam*) wo [genau]; ***~ in Madrid do you live?*** wo genau in Madrid wohnst du?

whereas [(h)weə'ræz, AM (h)wer'æz] *conj* ❶ (*in contrast to the fact that*) während, wo[hin]gegen; ***he must be about sixty, ~ his wife looks about thirty*** er muss so um die sechzig sein, während seine Frau wie etwa dreißig aussieht

❷ LAW (*considering the fact that*) in Anbetracht [*o* Ansehung] dessen [*o* der Tatsache], dass …

whereat [weə'ræt, AM wer'] (*old*) **I.** *adv inv* woran, wobei, worauf

II. *conj* woran, wobei, worauf

whereby [(h)weə'baɪ, AM (h)wer-] *conj* (*form*) wodurch, womit, wonach *form;* ***he posted the letter ~ he thought to have done his duty*** er schickte den Brief ab, womit er glaubte, seine Pflicht getan zu haben

wherefore ['(h)weəfɔːʳ, AM '(h)werfɔːr] **I.** *adv inv* (*old*) weshalb, weswegen

II. *conj* (*old*) weshalb, weswegen

III. *n* ▶ PHRASES: **the whys and ~s** [**of sth**] das Warum und Weshalb; *see also* **why**

wherein [(h)weə'rɪn, AM (h)wer'ɪn] *conj* (*old form liter*) ❶ (*in which*) worin; ***I read almost every day ~ I take great pleasure*** ich lese beinahe jeden Tag, woran ich große Freude habe

❷ (*in which respect*) ***that was ~ the mystery lay*** hierin lag das eigentlich Rätselhafte; ***he was certainly a pleasant man, but ~ lay his charms, she wondered*** er war sicherlich ein angenehmer Zeitgenosse, doch fragte sie sich, was eigentlich seinen Charme ausmachte

whereof [(h)weə'rɒv, AM (h)wer'ɑːv] *adv* (*form*) wovon, worüber

whereon [(h)weə'rɒn, AM (h)wer'ɑːn] *adv* (*old*) worauf

where's [(h)weəz, AM (h)werz] = **where is, where has** *see* **where**

wheresoever [ˌ(h)weəsəʊ'evəʳ, AM ˌ(h)wersoʊ'evɚ] (*form*) **I.** *conj* (*form*) ❶ (*at which place*) wo [auch] immer; ***I have looked ~ I could think of*** ich habe an jeder erdenklichen Stelle gesucht

❷ (*to which place*) wohin [auch] immer; ***he went ~ the spirit led him*** er ging, ganz gleich, wo sein Genie ihn hinführte

II. *adv inv* wo [nur]; *see also* **wherever**

whereupon [ˌ(h)weərə'pɒn, AM '(h)werəpɑːn]

conj (form) worauf[hin]; ***I told him he looked fat, ~ he burst into tears*** ich sagte ihm, dass er dick aussehe, und er brach in Tränen aus

wherever [(h)weə'revəʳ, AM (h)wer'evə˞] **I.** *conj* ❶ *(in, to whatever place)* wohin auch immer; ***we can go ~ you like*** du kannst gehen, wo auch immer du hinwillst
❷ *(in all places)* wo auch immer; ***~ you look there are pictures*** wohin du auch schaust, überall sind Bilder; ***it should be available ~ you go to shop*** man sollte es in allen herkömmlichen Läden bekommen
II. *adv inv* ❶ *(in every case)* wann immer; ***~ possible I use honey instead of sugar*** ich verwende, wenn möglich, immer Honig statt Zucker
❷ *interrog (where)* wo [nur]; ***~ did you find that hat?*** wo hast du nur diesen Hut gefunden?; ***~ does he get the money to go on all those exotic journeys?*** wo hat er nur das Geld her, um so viele exotische Reisen machen zu können?; ***~ did you get that idea!*** wie bist du nur auf diese Idee gekommen!; ***~ can he have gone to?*** wo kann er nur hingefahren sein?
❸ *(fam: any similar place)* ***it is bound to have originated in Taiwan or ~*** das muss aus Taiwan oder so kommen *fam*

wherewithal ['(h)weəwɪðɔːl, AM '(h)wer-] *n no pl* ■ **the ~** das nötige Kleingeld; **sb lacks the ~** jdm fehlt das nötige Kleingeld

wherry ['weri] *n* NAUT Jolle *f*

whet <-tt-> [(h)wet] *vt* ❶ *(stimulate)* **to ~ sb's appetite [for sth]** jdm Appetit [auf etw *akk*] machen
❷ *(old: sharpen)* **to ~ a blade/knife [against a stone]** eine Klinge schärfen/ein Messer [an einem Stein] wetzen

whether ['(h)weðəʳ, AM -ə˞] *conj* ❶ *(if)* ob; ***she can't decide ~ to tell him*** sie kann sich nicht entscheiden, ob sie es ihm sagen soll; ***it all depends on ~ or not she's got the time*** alles hängt davon ab, ob sie Zeit hat
❷ *(no difference if)* ***~ we do it now or later, it's got to be done*** ob wir es jetzt oder später tun, ist egal – es muss halt getan werden; ***~ you like it or not*** ob es dir [nun] gefällt oder nicht; *(form)* ***do everything you do, ~ it be work, learning or play, to 100% of your ability*** was du auch tust, ob Arbeit, Studium oder Spiel – mache es hundertprozentig!

whetstone *n* Wetzstein *m*

whew [fjuː] *interj (fam)* puh

whey [(h)weɪ] *n no pl* Molke *f*

whey-faced *adj* käsig, käseweiß

which [(h)wɪtʃ] **I.** *pron* ❶ *interrog (one of choice)* welche(r, s); ***~ is mine? the smaller one?*** welches gehört mir? das Kleinere?; ***it was either Spanish or Portugese, I've forgotten ~*** es war entweder Spanisch oder Portugiesisch, ich habe vergessen, welches von beiden; ***~ are the best varieties of grapes for long keeping?*** welche Traubensorten halten am besten?; ***~ of your parents do you feel closer to?*** welchem Elternteil fühlst du dich enger verbunden?; ***~ of you knows where the keys are kept?*** wer von euch weiß, wo die Schlüssel sind?; ***~ of the suspects murdered him?*** wer von den Verdächtigen hat ihn umgebracht?; ***those two paintings look so alike I'm surprised anyone can tell ~ is ~*** diese zwei Bilder sind so ähnlich, dass es mich wundert, dass sie jemand unterscheiden kann; ***I really can't tell them apart — ~ is ~?*** ich kann sie nicht auseinander halten – wer ist wer?
❷ *rel (with defining clause)* der/die/das; ***you know that little Italian restaurant — the one ~ I mentioned in my letter?*** kennst du das kleine italienische Restaurant – das, das ich in meinem Brief erwähnt habe?; ***these are the principles ~ we all believe in*** das sind die Prinzipien, an die wir alle glauben; ***a conference in Vienna ~ ended on Friday*** eine Konferenz in Wien, die am Freitag geendet hat
❸ *rel (with non-defining clause)* was; ***she says it's Anna's fault, ~ is rubbish*** sie sagt, das ist Annas Schuld, was aber Blödsinn ist; ***he showed me round the town, ~ was very kind of him*** er zeigte mir die Stadt, was sehr nett von ihm war; ***that building, the interior of ~ is rather better than the outside, …*** das Gebäude, das innen besser ist als außen, …; ***it's the third in a sequence of three books, the first of ~ I really enjoyed*** das ist das dritte aus einer Reihe von drei Büchern, von denen mir das erste wirklich gut gefallen hat; **at/upon ~ …** woraufhin …
❹ *after prep* der/die/das; ***is that the film in ~ he kills his mother?*** ist das der Film, in dem er seine Mutter umbringt?; ***the death of his son was an experience from ~ he never fully recovered*** der Tod seines Sohnes war eine Erfahrung, von der er sich nie ganz erholte; ***it isn't a subject to ~ I devote a great deal of thought*** über dieses Thema mache ich mir nicht viele Gedanken; ***we are often afraid of that ~ we cannot understand*** wir fürchten uns oft vor dem, was wir nicht verstehen
II. *adj inv* ❶ *interrog (what one)* welche(r, s); ***~ doctor did you see?*** bei welchem Arzt warst du?; ***~ button do I press next?*** auf welchen Knopf muss ich als Nächstes drücken?; ***I didn't know ~ brother I was speaking to*** ich wusste nicht, mit welchem Bruder ich sprach; ***~ way is the wind blowing?*** woher kommt der Wind?; ***Jacinta came last night with her boyfriend — ~ one? she's got several*** Jacinta kam letzten Abend mit ihrem Freund – mit welchem? sie hat mehrere; ***see if you can guess ~ one is me in my old school photo*** mal schauen, ob du erräts, wer auf dem alten Schulfoto ich bin
❷ *rel (used to introduce more info)* der/die/das; ***the picking of the fruit, for ~ work they receive no money, …*** das Ernten des Obstes, für das sie kein Geld erhalten, …; ***the talk lasted two hours, during all of ~ time the child was well behaved*** das Gespräch hat zwei Stunden gedauert, während der sich das Kind gut benahm; ***it might be made of plastic, in ~ case you could probably carry it*** es könnte aus Plastik sein – in dem Fall könntest du es wahrscheinlich tragen

whichever [(h)wɪtʃ'evəʳ, AM -ə˞] **I.** *pron* ❶ *(any one)* wer/was auch immer; ***we can go to the seven o'clock performance or the eight — ~ suits you best*** wir können zu der Vorstellung um sieben oder um acht gehen – wie es dir besser passt; ***which bar would you prefer to meet in? — ~, it doesn't matter to me*** in welcher Bar sollen wir uns treffen? – wo du willst – mir ist es egal
❷ *(regardless of which)* was/wer auch immer; ***~ they choose, we must accept it*** wir müssen akzeptieren, was auch immer sie entscheiden
II. *adj attr, inv* ❶ *(any one)* ■ **~ …** der-/die-/dasjenige, der/die/das …; ***you may pick ~ puppy you want*** du kannst den Welpen nehmen, der dir gefällt; ***choose ~ brand you prefer*** wähle die Marke, die du lieber hast
❷ *(regardless of which)* egal welche(r, s), welche(r, s) … auch immer; ***~ option we choose …*** egal welche Möglichkeit wir wählen, …; ***~ party gets in at the next election, …*** welche Partei auch immer sich bei der nächsten Wahl durchsetzen wird, …; **~ way** wie auch immer; ***it's going to be expensive ~ way you do it*** es wird teuer werden, ganz gleich, wie wir es machen

whiff [(h)wɪf] **I.** *n usu sing* ❶ *(smell)* Hauch *m kein pl;* ***I got a ~ of the alcohol on his breath*** ich konnte seine Fahne riechen
❷ *(fig: trace)* Spur *f fig*
II. *vi* BRIT *(fam)* ■ **to ~ [of sth]** nach etw *dat* müffeln DIAL *fam*

whiffle ['(h)wɪfl] *vi* ≈ sanft wehen; *snow* rieseln

whiffy ['(h)wɪfi] *adj* BRIT *(sl)* muffig *fam*

Whig [(h)wɪg] *n (hist)* ❶ *(British party)* ■ **the ~s** *pl* die Whigs *pl hist*
❷ *(member of British party)* Whig *m hist*
❸ *(American party)* ■ **the ~s** *pl* die Whigs *pl hist*
❹ *(revolutionary American)* *Vorkämpfer der Unabhängigkeit der amerikanischen Kolonien von England*

while [(h)waɪl] **I.** *n no pl* Weile *f;* ***I only stayed for a short ~*** ich blieb nur eine kurze Weile; ***he's been gone quite a ~*** er ist schon eine ganze Weile weg; **all the ~** die ganze Zeit [über]; **a ~ ago** vor einer Weile; **in a ~** in Kürze, bald; ***I'll be fine in a ~*** mir geht's bald wieder gut; **to be worth [the] ~** die Mühe wert sein, sich *akk* lohnen
II. *conj* ❶ *(during which time)* während; ***I don't want to be bothered ~ I'm recording*** solange ich aufnehme, möchte ich nicht gestört werden
❷ *(although)* obwohl; ***~ I fully understand your point of view, …*** wenn ich Ihren Standpunkt auch vollkommen verstehe, …; ***~ he does drive to work, he reduces the environmental impact by taking others with him*** er fährt zwar mit dem Wagen zur Arbeit, aber die Umweltbelastung macht er wieder wett, indem er andere mitnimmt
❸ *(however)* wo[hin]gegen; ***he gets thirty thousand pounds a year ~ I get a meagre fifteen!*** er bekommt dreißigtausend Pfund im Jahr, während ich gerade mal schlappe fünfzehntausend kriege
III. *vt* **to ~ away the time** sich *dat* die Zeit vertreiben

whilst [waɪlst] *conj* BRIT *(form) see* **while**

whim [(h)wɪm] *n* Laune *f;* ***he works as the ~ takes him*** er arbeitet nur nach Lust und Laune; **a ~ of fashion** ein Modetrend *m;* **to indulge sb's every ~** jds Launen ertragen; **purely on a ~** nur aus Spaß; **[to do sth] on a ~** [etw] aus einer Laune heraus [tun]

whimper ['(h)wɪmpəʳ, AM -pə˞] **I.** *vi (of person)* wimmern; *(of dog)* winseln
II. *n (of person)* Wimmern *nt kein pl; (of dog)* Winseln *nt kein pl*

whimpering ['(h)wɪmpərɪŋ] **I.** *n no pl (of person)* Wimmern *nt; (of dog)* Winseln *nt;* ***stop your ~*** hör auf zu jammern
II. *adj attr, inv child* wimmernd, heulend; *dog* winselnd

whimsey, whimsy ['(h)wɪmzi] *n (pej)* ❶ *no pl (fancifulness)* Spleenigkeit *f*
❷ *(fanciful thing or work)* Klamauk *m kein pl oft pej fam*
❸ *(whim)* Laune *f*

whimsical ['(h)wɪmzɪkəl] *adj* ❶ *(fanciful)* skurril *geh*
❷ *(capricious)* launenhaft, launisch

whimsicality [ˌ(h)wɪmzɪ'kæləti, AM -əṭi] *n no pl* ❶ *(fanciful quality)* Skurrilität *f geh*
❷ *(capriciousness)* Launenhaftigkeit *f*

whimsically ['(h)wɪmzɪkəli] *adv* ❶ *(in a playful manner)* launig
❷ *(crankily)* wunderlich, schrullenhaft

whin [wɪn] *n no pl* NBRIT *(furze, gorse)* Stechginster *m*

whine [(h)waɪn] **I.** *vi* ❶ *(make complaining sound)* jammern; *(of animal)* jaulen; *(of engine)* heulen
❷ *(pej: complain peevishly)* maulen *pej fam*
II. *n usu sing child* Jammern *nt kein pl; animal* Jaulen *nt kein pl; engine* Heulen *nt kein pl*

whiner ['(h)waɪnəʳ, AM -ə˞] *n (pej)* Jammerlappen *m pej; (grumbler)* Nörgler(in) *m(f) pej*

whinge [(h)wɪndʒ] **I.** *n usu sing (petty complaint)* Gemecker[e] *nt pej fam; (griping)* Gejammer *nt pej fam;* **to have a ~ [about sb/sth]** [über jdn/etw] meckern *pej fam*
II. *vi* BRIT, AUS *(pej fam: complain pettily)* meckern *pej fam; (whine)* jammern
◆**whinge on** *vi* BRIT, AUS *(pej fam: complain in petty way)* herummeckern *pej fam; (whine)* herumjammern *pej fam*

whingeing ['(h)wɪndʒɪŋ] **I.** *n no pl* BRIT, AUS *(pej fam: petty complaining)* Gemecker[e] *nt pej fam; (griping)* Gejammer *nt pej fam;* ***stop your ~!*** hör mit dem Gejammer auf! *pej fam*
II. *adj inv* BRIT, AUS *(pej fam: bleating)* meckernd *pej fam; (moaning)* jammernd; *(grumbling)* nörgelnd *pej*

whinger ['(h)wɪndʒəʳ] *n* BRIT, AUS *(pej fam)* Miesepeter *m pej fam,* Nörgler(in) *m(f) pej*

whinging ['(h)wɪndʒɪŋ] *n, adj* BRIT, AUS *see* **whingeing**

whining ['(h)waɪnɪŋ] **I.** *n no pl* ❶ (*noise*) *of a person* Heulen *nt; of an animal* Jaulen *nt*
❷ (*complaining*) Gejammer *nt pej fam*
II. *adj inv* ❶ (*fretful*) *person* queng[e]lig *fam; animal* jaulend; ~ **voice** weinerliche Stimme
❷ (*complaining*) klagend; (*grumbling*) nörglerisch *pej*

whinny ['(h)wɪni] **I.** *vi* wiehern
II. *n* Wiehern *nt kein pl*

whiny ['(h)waɪni] *adj* (*fam: complaining*) jammernd *attr;* (*whining*) weinerlich; ***that ~ Pete's over there in the corner*** dieser Jammerlappen Pete sitzt dort drüben in der Ecke; ■**to be ~** [immer] [herum]jammern; ~ **voice** klägliche Stimme

whip [(h)wɪp] **I.** *n* ❶ (*for hitting*) Peitsche *f;* **to crack the ~** die Peitsche knallen lassen; (*fig*) Druck machen *fam;* **to have a fair crack of the ~** eine gute Chance haben
❷ BRIT POL (*person*) Einpeitscher(in) *m(f);* **the chief ~** der Haupteinpeitscher/die Haupteinpeitscherin
❸ BRIT POL (*notice*) *schriftliche und verbindliche Aufforderung des Einpeitschers zur Teilnahme an den Plenarsitzungen;* **three-line ~** ≈ Fraktionszwang *m*
❹ *no pl* FOOD Creme *f*
II. *vt* <-pp-> ❶ (*hit*) ■**to ~ sb/an animal** jdn/ein Tier [mit der Peitsche] schlagen; **to ~ a horse** einem Pferd die Peitsche geben
❷ (*fig: incite*) ■**to ~ sb into sth** jdn zu etw *dat* anspornen; **to ~ sb into a frenzy** jdn aus der Fassung bringen
❸ (*fig: of wind*) ***a freezing wind ~ped torrential rain into their faces*** ein eisiger Wind peitschte ihnen Regenfluten ins Gesicht; ***the storm ~ped the waves into a froth*** der Sturm peitschte die Wellen zu Schaumkronen auf
❹ FOOD ■**to ~ sth** etw [schaumig] schlagen; **to ~ [the] cream** [die] Sahne schlagen; ~ ***the egg whites into peaks*** schlagen Sie das Eiweiß steif
❺ BRIT (*dated fam: steal*) ■**to ~ sth** etw mitgehen lassen *fam*
❻ AM (*fam: defeat*) ■**to ~ sb [at/in sth]** jdn [bei/in etw *dat*] [vernichtend] schlagen
III. *vi* <-pp-> ❶ (*move fast*) *wind* peitschen; ***the wind ~ped through her hair*** der Wind fuhr durch ihr Haar
❷ (*fam: go quickly*) *of person* flitzen *fam*

◆**whip away** *vt* ■**to ~ away** ⊂ **sth** etw wegziehen [*o* wegreißen]

◆**whip out** *vt* ■**to ~ out** ⊂ **sth** ❶ (*take out quickly*) *credit card* etw zücken
❷ (*make quickly*) etw aus dem Ärmel schütteln *fig fam*

◆**whip up** *vt* ❶ (*excite*) **to ~ up** ⊂ **enthusiasm** Begeisterung entfachen; **to ~ up bad feeling** böses Blut schaffen; **to ~ up prejudice** Vorurteile schüren; **to ~ up sand/snow/water** Sand/Schnee/Wasser aufpeitschen; **to ~ up support** Unterstützung finden
❷ (*fam: cook or make quickly*) ■**to ~ up** ⊂ **sth** etw zaubern *fig hum*
❸ FOOD (*beat*) **to ~ up eggs** Eier [schaumig] schlagen

whipcord *n* ❶ *no pl* (*for whips*) Peitschenschnur *f*
❷ FASHION Whipcord *m fachspr* **whip hand** *n* **to get/hold the ~** die Oberhand gewinnen/haben

whiplash I. *n* ❶ (*flexible part of whip*) Peitschenschnur *f* ❷ (*blow*) Peitschenhieb *m;* **the ~ of sb's tongue** (*fig*) jds scharfe Zunge ❸ *no pl* MED (*injury to neck*) ~ **[injury]** Schleudertrauma *nt* **II.** *vt* ■**to ~ sb/sth** jdn/etw peitschen **III.** *vi* peitschen

whipped [(h)wɪpt] *adj* ❶ FOOD (*beaten to firmness*) geschlagen; ~ **butter** schaumig geschlagene Butter; ~ **cream** Schlagsahne *f,* Schlagobers *nt* ÖSTERR, Nidel *m o f* SCHWEIZ
❷ *attr* (*hit*) verprügelt, geschlagen
❸ AM (*sl: defeated*) geschlagen; (*discouraged, tired*) erledigt *fam,* mitgenommen *fam*

whipper-in <*pl* whippers-in> [ˌ(h)wɪpəʳˈɪn, AM -ə˞-] *n* HUNT Pikör *m fachspr* **whipper-snapper** *n* (*hum dated fam*) Schlaumeier *m fam;* **young ~** Grünschnabel *m oft pej fam*

whippet ['(h)wɪpɪt] *n* ZOOL Whippet *m*

whipping ['(h)wɪpɪŋ] *n* ❶ *no pl* (*hitting with whip*) [Aus]peitschen *nt kein pl;* **to be given a [good] ~** [ordentlich] ausgepeitscht werden
❷ (*hard physical beating*) [Tracht *f*] Prügel *fam;* **to get/give a ~** Prügel beziehen/austeilen; **to give sb a ~** jdm eine Tracht Prügel verpassen *fam*
❸ *no pl* ***the ~ of the wind*** das Peitschen des Windes; ***the ~ of the rope back and forth ...*** das Hin- und Herpeitschen des Taus ...

whipping boy *n* Prügelknabe *m* **whipping cream** *n no pl* Schlagsahne *f,* Schlagobers *nt* ÖSTERR, Nidel *m o f* SCHWEIZ **whipping post** *n* (*hist*) Pranger *m hist,* Schandpfahl *m hist;* **to tie sb to the ~** (*fig*) jdn an den Pranger stellen

whippy ['(h)wɪpi] *adj* biegsam, federnd

whip-round *n* BRIT (*fam*) **to have a ~ [for sb]** [für jdn] sammeln [*o* den Hut herumgehen lassen] *fam*

whipsaw ['(h)wɪpsɔː, AM -sɑː] *vt* ■**to be ~ed by sth** [von 2 Seiten her] in Bedrängnis geraten

whir *n, vi* AM *see* **whirr**

whirl [(h)wɜːl, AM (h)wɜːrl] **I.** *vi* wirbeln; ***my head is ~ing*** mir schwirrt der Kopf; ***her head was ~ing with the excitement of it all!*** ihr war vor Aufregung ganz schwindelig!
II. *vt* ■**to ~ sb somewhere** ***the figure skater ~ed her past the onlookers*** der Eiskunstläufer wirbelte sie an den Zuschauern vorbei; ■**to ~ sb [a]round** jdn herumwirbeln
III. *n* ❶ *no pl* (*of movement*) Wirbel *m;* (*action, of dust*) Wirbeln *nt*
❷ (*activity*) Trubel *m;* **the social ~** der gesellschaftliche Trubel
❸ (*overwhelmed*) **to have one's head in a ~** nicht mehr wissen, wo einem der Kopf steht; ***my head's in a ~*** mir schwirrt der Kopf
► PHRASES: **to <u>give</u> sth a ~** etw mal [aus]probieren

whirligig ['(h)wɜːlɪgɪg, AM '(h)wɜːr-] *n* ❶ (*spinning top*) Kreisel *m;* (*toy windmill*) Windrädchen *nt*
❷ *no pl* (*fig: sth hectic/changing*) Wechselspiel *nt;* ~ **of politics/time** Schnelllebigkeit *f* der Politik/Zeit *fig*

whirling ['(h)wɜːlɪŋ, AM '(h)wɜːrl-] **I.** *adj* wirbelnd
II. *n no pl* (*spinning*) Wirbeln *nt;* (*turning*) Drehen *nt*

whirling dervish *n* tanzender Derwisch

whirlpool ['(h)wɜːlpuːl, AM '(h)wɜːrl-] *n* ❶ (*fig: situation*) Trubel *m,* Wirbel *m*
❷ (*pool*) Whirlpool *m;* (*in river, sea*) Strudel *m*

whirlpool bath *n* Whirlpool *m*

whirlwind ['(h)wɜːlwɪnd, AM '(h)wɜːrl-] **I.** *n* ❶ METEO Wirbelwind *m*
❷ (*person*) Wirbelwind *m;* (*situation*) Trubel *m*
► PHRASES: **[sow the wind and] <u>reap</u> the ~** (*saying*) [wer Wind sät, wird] Sturm ernten *prov*
II. *n modifier* (*holiday, meeting*) stürmisch; **a ~ romance** eine stürmische Romanze

whirlybird ['(h)wɜːlibɜːrd] *n* AM (*dated: helicopter*) Hubschrauber *m,* Quirl *m hum sl*

whirr [(h)wɜːʳ], AM **whir** [(h)wɜːr] **I.** *vi* (*of insects*) summen; (*of birds' wings*) schwirren; (*of machine parts*) surren
II. *n usu sing of insects* Summen *nt kein pl; of wings* Schwirren *nt kein pl; of machines* Surren *nt kein pl*

whirring ['(h)wɜːrɪŋ] **I.** *n no pl of insects* Summen *nt;* (*of wings*) Schwirren *nt; of machine parts* Surren *nt*
II. *adj attr, inv insects* summend; *wings* schwirrend; *machines* surrend

whisk [(h)wɪsk] **I.** *n* ❶ (*kitchen tool*) Schneebesen *m;* **electric ~** [elektrisches] Rührgerät
❷ *no pl* (*quick visit*) Stippvisite *f fam*
❸ (*tied up bunch of twigs*) **fly ~** Fliegenwedel *m*
II. *vt* ❶ FOOD ■**to ~ sth** etw [schaumig] schlagen; **to ~ cream** Sahne schlagen; ~ ***the egg whites until stiff*** schlagen Sie das Eiweiß steif
❷ (*animal*) **to ~ its tail** mit dem Schwanz schlagen
❸ (*take, move quickly*) ■**to ~ sb off** ***I was ~ed off to hospital*** ich wurde ins Krankenhaus überwiesen; ***her husband ~ed her off to Egypt for her birthday*** ihr Mann entführte sie zu ihrem Geburtstag nach Ägypten

◆**whisk away** *vt* ■**to ~ away** ⊂ **sth** etw schnell wegnehmen; (*more vehemently*) etw wegreißen; (*hide from others*) etw schnell verschwinden lassen

◆**whisk in** *vt* FOOD ■**to ~ in** ⊂ **sth** etw [mit dem Schneebesen] einrühren

whisker ['(h)wɪskəʳ, AM -kə˞] *n* ❶ *usu pl* (*of animal*) Schnurrhaar[e] *nt[pl]*
❷ ■**~s** *pl* (*of man: beard*) Bartstoppeln *pl;* (*hair on cheek*) Backenbart *m;* (*single hair of beard*) Barthaar *nt;* (*moustache*) Schnurrbart *m;* (*big moustache*) Schnauzbart *m,* Schnauzer *m fam;* ***you've grown some ~s!*** du hast ja [jetzt] einen Bart!
► PHRASES: **to <u>have</u> ~s** einen Bart haben *fam;* **<u>by</u> a ~** um Haaresbreite, haarscharf; **<u>within</u> a ~ [of sth]** in unmittelbarer Nähe [einer S. *gen*]; **I came <u>within</u> a ~ of being run over today** ich wäre heute beinahe überfahren worden

whiskered ['(h)wɪskəd, AM -kə˞d] *adj inv* [schnurr]bärtig; **a grey-~ old gentleman** ein graubärtiger alter Herr

whiskery ['(h)wɪskəri] *n* backenbärtig

whiskey *esp* AM, IRISH, **whisky** ['hwɪski] *n* BRIT, AUS ❶ *no pl* (*drink*) Whisk[e]y *m*
❷ (*glass of this drink*) Whisk[e]y *m;* **to knock back a ~** sich *dat* einen Whisk[e]y hinter die Binde gießen *fam*

whisper ['(h)wɪspəʳ, AM -pə˞] **I.** *vi* flüstern; ■**to ~ to sb** mit jdm flüstern
II. *vt* ❶ (*speak softly*) ■**to ~ sth [in sb's ear]** etw [in jds Ohr] flüstern; ■**to ~ sth to sb** jdm etw zuflüstern; **to ~ sweet nothings in sb's ear** jdm Zärtlichkeiten ins Ohr flüstern
❷ *usu passive* (*gossip*) ■**it is ~ed that ...** man munkelt, dass ... *fam*
III. *n* ❶ (*soft speaking*) Flüstern *nt kein pl,* Geflüster *nt kein pl;* (*mysterious murmur*) Raunen *nt kein pl;* ***I heard ~s outside my room*** ich hörte Geflüster vor meinem Zimmer; **to lower one's voice to a ~** seine Stimme [zu einem Flüstern] dämpfen; **to say sth in a ~** etw im Flüsterton sagen; **to speak in a ~** [*or* **in ~s**] flüstern
❷ (*fig: rumour*) Gerücht *nt;* ***have you heard ~s of ...*** hast du auch schon läuten hören, dass ... *fam*
❸ *usu sing* (*trace*) Spur *f*
❹ *no pl* (*fig liter: soft rustle*) Rascheln *nt;* **the ~ of the leaves** das Rascheln der Blätter

whispering ['(h)wɪspᵊrɪŋ] **I.** *n no pl* ❶ (*talking very softly*) Flüstern *nt,* Geflüster *nt;* ***all this ~ has got to stop!*** Schluss jetzt mit dem Geflüster!
❷ (*fig: gossiping*) Gerede *nt,* Getuschel *nt*
II. *adj attr, inv* ❶ (*talking softly*) flüsternd
❷ (*fig: gossiping*) tratschend *pej fam,* tuschelnd *oft pej*
❸ (*rustling*) raschelnd

whispering campaign *n* (*pej*) Verleumdungskampagne *f* **whispering gallery** *n* Flüstergalerie *f*

whist [(h)wɪst] *n no pl* Whist *nt;* **a game of ~** eine Partie Whist

whistle ['(h)wɪsl] **I.** *vi* ❶ (*of person*) pfeifen; **to ~ in admiration/surprise** vor Bewunderung/Überraschung pfeifen; ■**to ~ at sb** hinter jdm herpfeifen; ■**to ~ to sb** [nach] jdm pfeifen
❷ (*of air movement*) *wind, kettle* pfeifen
❸ (*move past*) vorbeipfeifen; ***a bullet ~d past my head*** eine Kugel pfiff an meinem Kopf vorbei
❹ (*make bird noises*) pfeifen; (*in a trilling way*) zwitschern
► PHRASES: **to ~ in the <u>dark</u>** im Dunkeln pfeifen, sich *dat* Mut zupfeifen; **to ~ in the <u>wind</u>** gegen Windmühlen ankämpfen *fig*
II. *vt* ■**to ~ sth** etw pfeifen; **to ~ a tune** eine Melodie pfeifen
III. *n* ❶ *no pl* (*sound*) *also of wind* Pfeifen *nt; of referee* Pfiff *m;* **as clean as a ~** (*very clean*) blitzsauber; (*fig fam: revealing no proof*) sauber *fam*

❷ (*device*) Pfeife *f;* **referee's ~** Trillerpfeife *f;* **to blow one's ~** pfeifen
► PHRASES: **to blow the ~** singen *fam;* **to blow the ~ on sb** jdn verpfeifen *fam;* **to blow the ~ on sth** etw aufdecken; **to wet** [*or* **whet**] **one's ~** sich *dat* die Kehle anfeuchten *fam*

whistle blower *n* ≈ Zuträger(in) *m(f) pej;* ***what was the name of that ~ again?*** wie hieß doch gleich wieder der Typ, der ausgepackt hatte? *fam*

whistle-stop *adj attr, inv* kleiner Ort, Nest *nt fam,* Kaff *nt sl* **whistle-stop tour** *n* Reise *f* mit verschiedenen Kurzaufenthalten

whit [(h)wɪt] *n no pl* (*old form*) **not a ~** keinen Deut *veraltend o hum;* ***... not a ~ more expensive*** ... und kein bisschen teurer; **not a ~ of sense** keinen Funken Verstand; **to not care a ~** [**about sth**] sich *akk* keinen Deut [um etw *akk*] scheren *veraltend o hum*

Whit [(h)wɪt] *n abbrev of* **Whitsun**[**tide**] Pfingsten *nt*

white [(h)waɪt] **I.** *n* ❶ *no pl* (*colour*) Weiß *nt;* **the colour ~** die Farbe Weiß; **to be whiter than ~** weißer als weiß sein; (*fig*) engelsrein sein *geh;* **to wear ~** Weiß tragen
❷ *usu pl* (*part of eye*) Weiße *nt;* **to see the ~s of sb's eyes** das Weiße in jds Augen erkennen können
❸ *of egg* Eiweiß *nt,* Eiklar *nt* ÖSTERR
❹ (*person*) Weiße(r) *f(m)*
❺ (*clothes/uniform*) **dress ~s** MIL [weiße] Paradeuniform; [**tennis**] **~s** [weißer] Tennisdress
❻ (*fam: light-coloured laundry*) ■**~s** *pl* Weißwäsche *f kein pl*
❼ ■**W~** (*in chess*) Weiß *nt;* (*in billiards, snooker*) weiße Kugel
► PHRASES: **to see things in black and ~** die Dinge schwarz-weiß sehen
II. *adj* ❶ (*colour*) weiß; **black and ~** schwarz-weiß; **creamy ~** cremefarben, weißhaarig; **pearly ~** perlweiß; **pure ~** ganz weiß; **snowy ~** schneeweiß; **snowy ~ hair** schlohweißes [*o* schneeweißes] Haar
❷ (*fig: morally good*) **~ as driven snow** rein wie frisch gefallener Schnee
❸ (*in coffee*) ***I like my coffee ~*** ich trinke meinen Kaffee mit Milch
❹ FOOD **~ bread** Weißbrot *nt;* **~ chocolate** weiße Schokolade; **~ flour** weißes Mehl; **~ pepper/rum/sugar** weißer Pfeffer/Rum/Zucker; **~ wine** Weißwein *m*
❺ (*caucasian*) weiß; (*pale-skinned*) hellhäutig; ***it's a predominantly ~ neighbourhood*** in der Nachbarschaft leben überwiegend Weiße
► PHRASES: **to be ~ with anger** vor Wut kochen; **as ~ as a sheet** weiß wie die Wand, kreidebleich; **to bleed sth ~** etw schröpfen [*o fig* ausbluten] *fam*
III. *vt* ■**to ~ out** ↔ **sth** etw weiß machen; ***please ~ out the mistakes*** bitte korrigiere die [Schreib]fehler mit Tipp-Ex

white ant *n* weiße Ameise, Termite *f fachspr*

whitebait [-beɪt] *n no pl* (*the young of sprat*) junge Sprotte; (*the young of herring*) junger Hering, Schotte *f* NORDD **whitebeam** *n* BOT Mehlbeerbaum *m* **white blood cell** *n* weißes Blutkörperchen, Leukozyt *m meist pl fachspr* **white blood cell count** *n* Messung *f* der Leukozytenzahl **white board** *n* weiße Kunststofftafel **White Book** *n* LAW *Sammlung von Verfahrensregeln des Supreme Court und Kommentare* **whiteboy** ['(h)waɪtbɔɪ] *n* AM (*pej*) Weißer *m* **white Christmas** *n* weiße Weihnacht[en] **white-collar** *adj* Schreibtisch-; ***there has been an increase in ~ employment recently*** in letzter Zeit wurden [wieder] mehr Angestellte im Verwaltungs- und Servicebereich beschäftigt; **~ job** Schreibtischposten *m;* **~ union** Angestelltengewerkschaft *f;* **~ worker** Angestellte(r) *f(m)*

white collar crime *n no pl* COMM, LAW Wirtschaftsverbrechen *nt* **white corpuscle** *n* MED weißes Blutkörperchen **white elephant** *n* (*useless object*) Fehlinvestition *f;* (*unwanted property*) lästiger Besitz **white elephant stall** *n* Trödelstand *m* **white feather** *n* BRIT **to show the ~** BRIT sich *akk* feig[e] benehmen, kneifen *fam* **white flag** *n* weiße Fahne; COMPUT Signal, das ein neues Videovollbild anzeigt; **to fly/raise/wave a ~** eine weiße Fahne wehen lassen/hochziehen/schwenken **white flight** *n no pl* AM *Flucht der Weißen aus einem Gebiet, in das andere Rassen ziehen* **white goods** *npl* ❶ (*household appliances*) Haushaltsgeräte *ntpl* ❷ (*old: household linens*) Weißwäsche *f kein pl* **white-haired** *adj* weißhaarig

Whitehall *n* ❶ (*offices of Britain's government*) Whitehall
❷ (*fig: government of Britain*) Whitehall *fig*

whitehead *n* (*fam*) Eiterpickel *m* **white heat** *n no pl* ❶ (*temperature*) Weißglut *f* ❷ (*fig: intensity*) Weißglut *f fig;* **in the ~ of the moment** im Eifer des Gefechts **white horse** *n* ❶ (*animal*) Schimmel *m* ❷ BRIT (*liter: of waves*) ■**~s** *pl* Schaumkronen *fpl* **white-hot** *adj inv* weißglühend *a. fig* **White House** *n no pl* ■**the ~** ❶ (*US President's residence*) das Weiße Haus ❷ (*fig: US government*) das Weiße Haus *fig* **white knight** *n* ❶ (*rescuer*) Retter *m* in der Not *fig* ❷ FIN (*person or company*) weißer Ritter *fachspr* **white knuckle ride** *n* (*hum*) Abenteuerfahrt *f* **white lie** *n* Notlüge *f* **white magic** *n* weiße Magie **white meat** *n* helles Fleisch

whiten ['(h)waɪtᵊn] **I.** *vt* ■**to ~ sth** etw weiß machen; *shoe, wall* etw weißen [*o* ÖSTERR, SCHWEIZ, SÜDD weißeln]; (*cloth, clothing*) etw weiß färben; ***she's had her teeth ~ed*** sie hat ihre Zähne bleichen lassen
II. *vi* weiß werden

whitener ['(h)waɪtᵊnəʳ, AM -ɚ] *n no pl* (*for coffee*) Kaffeeweißer *m;* (*for shoes*) Schuhweiß *nt*

whiteness ['waɪtnəs] *n no pl* Weiße *f;* (*fig*) Blässe *f*

whitening ['(h)waɪtᵊnɪŋ] *n* Schuhweiß *nt*

white noise *n* [Statik]rauschen *nt,* weißes Rauschen **white-out** *n* ❶ (*blizzard*) [starker] Schneesturm ❷ *no pl* AM, AUS (*for erasing*) Tipp-Ex® *nt* **White Pages** *npl* AM, AUS Telefonbuch *nt* **white paper** *n* BRIT, AUS POL Weißbuch *nt fachspr* **white pepper** *n* weißer Pfeffer **white sale** *n* Weißwäscheausverkauf *m,* weiße Woche *fachspr* **white sauce** *n no pl* weiße Soße; (*bechamel*) Béchamelsoße *f* **white shark** *n* weißer Hai **white slave** *n* (*pej*) ≈ Prostitutionssklavin *f;* **~ trade** Mädchenhandel *m* **white spirit** *n no pl* BRIT Terpentinersatz *m* **white supremacist** *n Anhänger der Theorie von der Überlegenheit der Weißen* **white supremacy** *n no pl* Vorherrschaft *f* der Weißen **whitethorn** *n* Weißdorn *m* **white tie I.** *adj inv* mit Frackzwang *nach n;* **~ dinner** Essen *nt* mit Frackzwang **II.** *n* ❶ (*bowtie*) weiße Fliege ❷ (*full evening dress*) Frack *m* **white trash** *n no pl* AM SOCIOL (*pej! sl*) weißer Abschaum *pej* **white van man** *n* (*fam*) *Fahrer eines Lieferwagens, der wie ein Verrückter fährt, um seine Termine einzuhalten*

whitewash I. *n* ❶ *no pl* (*solution*) Tünche *f;* ***these walls need another coat of ~*** diese Wände müssen nochmals weiß getüncht werden ❷ (*pej: coverup*) Schönfärberei *f* ❸ SPORTS (*fam: victory*) Zu-Null-Sieg *m* **II.** *vt* ❶ (*paint*) ■**to ~ sth** etw weiß anstreichen; *walls* etw tünchen ❷ (*pej fig: conceal*) ■**to ~ sth** etw schönfärben; ■**to ~ sb** jdn reinwaschen ❸ SPORTS (*fam*) **to ~ sb** [**6:0**] jdn [mit 6:0] vom Platz fegen *fam* **whitewater** *n no pl* Wildwasser *nt* **whitewater rafting** *n no pl* Wildwasserfahren *nt,* [Wildwasser]rafting *nt* **white wedding** *n* weiße Hochzeit **white wine** *n* Weißwein *m;* **a glass of ~** ein Glas *nt* Weißwein

whitey ['(h)waɪti, AM -t̬-] *n* (*pej!*) Weiße(r) *f(m)*

whither ['(h)wɪðəʳ, AM -ɚ] *adv inv* (*old*) wohin

whiting¹ <*pl* -> ['(h)waɪtɪŋ, AM -t̬-] *n* (*fish*) Weißfisch *m,* Wittling *m*

whiting² ['(h)waɪtɪŋ, AM -t̬-] *n no pl* (*substance*) Schlämmkreide *f*

whitish ['(h)waɪtɪʃ, AM -t̬-] *adj inv* weißlich; **~-grey** weiß-grau

Whitsun ['(h)wɪtsᵊn] **I.** *n* Pfingsten *nt;* **at ~** an [*o* zu] Pfingsten
II. *n modifier* (*holiday*) Pfingst-; ***they're planning a ~ wedding*** sie wollen an Pfingsten heiraten

Whit Sunday *n* Pfingstsonntag *m*

Whitsuntide ['(h)wɪtsᵊntaɪd] *n* Pfingsten *nt,* Pfingstzeit *f; see also* **Whitsun**

whittle ['(h)wɪtl, AM '(h)wɪt̬l] *vt* ■**to ~ sth** etw schnitzen

◆**whittle away I.** *vi* ■**to ~ away at sth** ❶ (*take bits off*) an etw *dat* herumschneiden [*o fam* herumschnippeln]
❷ (*fig: gradually decrease*) *jobs* an etw *dat* sägen *fig; rights* etw beschneiden *geh*
II. *vt* ■**to ~ away** ↔ **sth** etw verringern

◆**whittle down** *vt* ■**to ~ down** ↔ **sth** etw reduzieren; ***Argentina had ~d the gap down to one goal*** Argentinien hatte den Abstand auf ein Tor verkürzt

whiz AM, **whizz** [(h)wɪz] **I.** *vi* ❶ (*fam: move fast*) jagen; **to ~ by** [*or* **past**] vorbeijagen; ***the bullet ~ed past her head*** die Kugel schoss an ihrem Kopf vorbei
❷ (*fig*) *time* rasen; ***time just ~es past when you're enjoying yourself*** wie die Zeit verfliegt, wenn man sich amüsiert!; ***the holidays just ~ed past*** die Ferien vergingen im Nu
❸ AM (*sl: urinate*) pinkeln *fam*
II. *vt* ❶ FOOD ■**to ~ sth** etw [mit dem Mixer] verrühren
❷ (*move fast*) ■**to ~ sb somewhere** jdn irgendwohin scheuchen
III. *n* ❶ *usu sing* (*approv fam: expert*) Genie *nt,* Ass *nt fam;* **chess ~** Schachgenie *nt;* **computer ~** Computerass *nt fam;* ■**to be a ~ at sth** ein As in etw *dat* sein *fam*
❷ AM (*sl: pee*) **to take a ~** pinkeln *fam*

◆**whiz through I.** *vi* (*fam*) ❶ (*move fast*) ■**to ~ through somewhere** irgendwo durchrasen [*o fam* durchflitzen]
❷ (*deal with*) ■**to ~ through sth** etw schnell durchgehen; ***we ~ed through the rehearsal*** wir hetzten durch die Probe
II. *vt* ■**to ~ sb/sth through somewhere** jdn/etw irgendwo durchjagen

whiz(z) kid *n* Wunderkind *nt,* Genie *nt oft hum;* (*in job*) Senkrechtstarter(in) *m(f) fam;* **computer ~** Computergenie *nt hum*

who [huː] *pron* ❶ *interrog* (*which person*) wer; ***~ did this?*** wer war das?; ***~'s she?*** wer ist sie?; ***hi, I'm Liz — ~ are you?*** hi, ich bin Liz – wer bist du?; ***she asked if I knew ~ had got the job*** sie fragte, ob ich wüsste, wer den Job bekommen hatte; ***we have about 20 people for the party — ~ else should come?*** wir haben etwa 20 Leute für die Party – wer soll noch kommen?; ***~ am I to laugh? it's happened to me many times*** na, ich hab' gut lachen – das ist mir auch schon oft passiert; ***~ are they to get special treatment?*** wer sind sie [denn], dass sie eine besondere Behandlung bekommen?
❷ *interrog* (*whom*) wem *im Dativ,* wen *im Akkusativ;* ***~ do you want to talk to?*** mit wem möchten Sie sprechen?; ***I don't know ~ to ask to the party*** ich weiß nicht, wen ich zur Party einladen soll; ***~ am I talking to, please?*** mit wem spreche ich bitte?
❸ *interrog* (*unknown person*) wer; ***~ can tell why ...*** wer kann sagen, warum ...; ***~ knows?*** wer weiß?; ***~ cares*** was soll's! *fam*
❹ *rel* (*with defining clause*) der/die/das; ***I think it was your dad ~ phoned*** ich glaube, das war dein Vater, der angerufen hat; ***the other people ~ live in the house ...*** die anderen Leute, die in dem Haus wohnen, ...; ***he ~ laughs last, laughs best*** wer zuletzt lacht, lacht am besten
❺ *rel* (*with non-defining clause*) der/die/das; ***he rang Geoffrey, ~ was a good friend*** er rief Geoffrey an, der ein guter Freund war; ***this is Frank, ~ I told you about*** das ist Frank, von dem ich dir erzählt habe
❻ ■**~ is ~** ***ask George — he knows ~'s ~*** frag' George – er weiß, wer wer ist; ***the new book tells ~'s ~ in modern politics*** in dem neuen Buch steht, wer heute in der Politik das Sagen hat; ***the***

W

guest list reads like a ~'s ~ of top American industrialists die Gästeliste liest sich wie das Who is Who der führenden amerikanischen Industriellen

WHO [ˌdʌbljuːˌeɪtʃ'əʊ, AM -'ɔʊ] *n no pl abbrev of* **World Health Organization** WHO *f*

whoa [(h)wəʊ, AM (h)woʊ] *interj* ❶ (*command to stop horse*) brr, hoo
❷ (*fig fam: used to slow or stop*) langsam; ~ ***there!*** hoppla!

whodun(n)it [ˌhuː'dʌnɪt] *n* (*fam*) Krimi *m fam*

whoever [huː'evəʳ, AM -ɚ] *pron* ❶ *rel* (*anyone that*) wer auch immer; ~ ***wants to come to the party is invited*** wer auch immer zu der Party kommen möchte, ist herzlich eingeladen; ***I'll bet they're important, ~ they are*** ich wette, sie sind wichtig, wer auch immer sie sind; ***come out, ~ you are*** kommen Sie heraus, wer auch immer Sie sind
❷ *rel* (*whomever*) ***they shoot at ~ leaves the building*** sie schießen auf alle, die das Gebäude verlassen
❸ *rel* (*the person who*) wer auch immer; ***could I speak to ~ is in charge of International Sales please?*** könnte ich mit der Person sprechen, die für Internationale Verkäufe zuständig ist?; ~ ***wins should be guaranteed an Olympic place*** wer auch immer gewinnt, ist im Olympiateam
❹ *interrog* (*who on earth*) wer; ~ ***can that be in the car with Max?*** wer kann das im Auto mit Max nur sein?; ~ ***heard such an unlikely story?*** hat man je so eine unwahrscheinliche Geschichte schon gehört?; ~ ***told you that? it's absolutely not true*** wer hat dir das erzählt? das stimmt überhaupt nicht; ~ ***does he think he is?*** wer glaubt er denn, dass er ist?; ~ ***said being rich is easy?*** wer sagt, dass reich sein einfach ist?

whole [həʊl, AM hoʊl] **I.** *adj inv* ❶ (*entire*) ganz, gesamt; ***I can't believe I ate the ~ thing!*** ich kann nicht glauben, dass ich das komplett aufgegessen habe!; ***this ~ thing is ridiculous!*** das Ganze ist ja lächerlich!; **the ~ time/truth** die ganze Zeit/Wahrheit; **the ~ [wide] world** die ganze [weite] Welt; **[to do] the ~ bit** *esp* BRIT, AUS (*fig*) das ganze Programm [durchmachen]
❷ (*in one piece*) ganz, heil; (*intact*) intakt; **to swallow sth ~** etw ganz [hinunter]schlucken
❸ *pred* (*liter: healthy*) **to be ~ in body and mind** gesund sein an Körper und Geist
❹ (*fam: emphasize amount*) ***I've got a ~ heap of work to do*** ich habe einen riesigen Berg Arbeit vor mir; ***the new computers are a ~ lot faster*** die neuen Computer sind um ein Vielfaches schneller; ***flying is a ~ lot cheaper these days*** Fliegen ist heutzutage sehr viel billiger
► PHRASES: **the ~ [kit and] caboodle** (*fam*) der ganze Kram *fam;* **the ~ enchilada** AM (*fam*) der ganze Krempel *pej fam;* **to go [the] ~ hog** [*or* AM **the ~ nine yards**] (*fam*) es [wenn schon, dann] gleich richtig machen *fam;* **the ~ shebang** AM (*fam*) der ganze Kram *fam*
II. *n* ❶ (*entire thing*) ■**a ~** ein Ganzes *nt*
❷ *no pl* (*entirety*) ■**the ~** das Ganze; **an aspect of the ~** ein Aspekt des Ganzen; **the ~ of Charleston** ganz Charleston; **the ~ of the country** das ganze Land; **the ~ of next week** die ganze nächste Woche
❸ (*in total*) **as a ~** als Ganzes [betrachtet]; **taken as a ~, …** alles in allem …; ■**on the ~** (*taking everything into account*) insgesamt; (*in general*) generell
III. *adv* ganz; **a ~ new approach/dimension** ein ganz neuer Ansatz/eine ganz neue Dimension

wholefood **I.** *n* BRIT ❶ *no pl* (*unprocessed food*) Vollwertkost *f* ❷ (*unprocessed food products*) ■**~s** *pl* Vollwertprodukte *pl* **II.** *n modifier* (*cooking, restaurant*) Vollwertkost-; ~ **diet** Vollwerternährung *f*

wholefood shop *n* BRIT Bioladen *m fam;* (*health food shop*) Reformhaus *nt*

wholegrain *adj inv esp* BRIT, AUS Vollkorn-; ~ **bread** Vollkornbrot *nt;* ~ **breakfast cereal** Vollkornmüsli *nt;* ~ **food products** Vollkornprodukte *pl*

whole-hearted [-'hɑːtɪd, AM -hɑːrt̬ɪd] *adj inv* ❶ (*sincere*) aufrichtig; (*cordial*) herzlich; ***you have our ~ thanks*** herzlichen Dank! ❷ (*committed*) engagiert, rückhaltlos; ***… her ~ efforts on our behalf …*** ihr unermüdlichen Einsatz für uns

whole-heartedly [-'hɑːtɪdli, AM -'hɑːrt̬ɪd-] *adv inv* (*sincerely*) ernsthaft, aufrichtig; (*completely*) voll und ganz; **to be ~ in favour of sth** sich *akk* für etw *akk* aussprechen; **to believe ~ in sth** fest an etw *akk* glauben

whole-life insurance *n,* **whole-life policy** *n* LAW Lebensversicherung auf den Todesfall

wholemeal **I.** *n* BRIT Vollkornmehl *nt* **II.** *adj inv* BRIT Vollkorn-; ~ **bread** Vollkornbrot *nt;* ~ **flour** Vollkornmehl *nt;* ~ **pastry** Vollkorngebäck *nt*

wholeness ['həʊlnəs, AM 'hoʊl-] *n no pl* Ganzheit *f*

whole note *n* AM (*semibreve*) ganze Note

whole number *n* ganze Zahl

wholesale ['həʊlseɪl, AM 'hoʊl-] **I.** *adj inv* ❶ *attr* (*of bulk sales*) Großhandels-; ~ **business** Großhandel *m;* ~ **prices** Großhandelspreise *mpl;* ~ **supplier** Großhändler(in) *m(f)*
❷ (*usu pej: on large scale*) Massen-; ~ **reform** umfassende Reform; ~ **slaughter** Massenmord *m*
II. *adv inv* ❶ (*at bulk price*) zum Großhandelspreis; ***I can get that camera cheaper for you ~*** ich kann dir diese Kamera im Einkauf billiger besorgen
❷ (*in bulk*) in Großmengen

wholesaler ['həʊlseɪləʳ, AM 'hoʊlseɪlɚ] *n* Großhändler(in) *m(f);* **furniture ~** Möbelgroßhändler(in) *m(f)*

wholesome ['həʊlsəm, AM 'hoʊl-] *adj* (*approv: promoting well-being*) wohltuend; (*healthy*) gesund; ***this film is good ~ family entertainment*** dieser Film ist rundherum gute Familienunterhaltung; ***they want her to marry a nice ~ young man*** sie möchten, dass sie einen netten, anständigen, jungen Mann heiratet; ***a healthy diet includes lots of ~ natural food*** eine gesunde Ernährung beinhaltet viele nahrhafte, naturbelassene Nahrungsmittel; **clean ~ fun** einfacher harmloser Spaß

wholesomeness ['həʊlsəmnəs, AM 'hoʊl-] *n no pl* (*approv*) ❶ (*physical health*) Gesundheit *f;* (*wholesome quality*) Bekömmlichkeit *f*
❷ (*of morality*) ≈ Zuträglichkeit *f*

whole-tone scale *n* Ganztonleiter *f*

wholewheat **I.** *n no pl* Voll[korn]weizen *m* **II.** *n modifier* (*biscuits, bread, cookies, pasta*) Voll[korn]weizen-; ~ **flour** Weizenvollkornmehl *nt; see also* **wholemeal**

who'll [huːl] = **who will** *see* **who**

wholly ['həʊl(l)i, AM 'hoʊl(l)i] *adv* ganz, völlig; ***this motorcycle is ~ British-made*** dieses Motorrad wurde komplett in Großbritannien hergestellt; ***that's a ~ different matter!*** das ist doch etwas völlig anderes!; **to be ~ aware of sth** sich *dat* einer S. *gen* vollkommen bewusst sein; **to be ~ convinced by sth** von etw *dat* völlig [*o* vollkommen] überzeugt sein

wholly-owned subsidiary *n* ECON hundertprozentige Tochter[gesellschaft]

whom [huːm] *pron* (*form*) ❶ *interrog, after vb or prep* wem *dat,* wen *akk;* ~ ***did you want to see?*** zu wem möchten Sie?; ~ ***did he marry?*** wen hat er geheiratet?; ***to ~ do you wish to speak?*** mit wem möchten Sie sprechen?
❷ *rel* (*with defining clause*) der, die, das; ***the women ~ you mentioned are all former employees*** die Frauen, die Sie erwähnt haben, sind alles ehemalige Angestellte
❸ *rel* (*with non-defining clause*) der, die, das; ***he took out a photo of his son, ~ he adores*** er nahm ein Foto von seinem Sohn heraus, den er vergöttert; **none/some/several/all of ~ …** keiner/einige/mehrere/alle, die …; ***he came home with his drinking pals, all of ~ were drunk*** er kam mit seinen Trinkkumpanen nach Hause, die alle betrunken waren; ***three men, none of ~ she had ever seen before, came knocking at her door*** drei Männer klopften an ihre Tür, die sie nie zuvor gesehen hatte

whomever ['huːm'evəʳ, AM -ɚ] *pron* (*form*) ❶ *rel* (*anyone whom*) wer auch immer; ***give it to ~ you please*** gib das, wem du willst; ~ ***she saw, she asked for money*** sie bat alle um Geld, die sie traf; ***I'll sing whatever I like to ~ I like*** ich singe was ich will, vor wem ich will
❷ *rel* (*the person who*) die Person, die; ***he decided to tell his story to ~ he saw first*** er beschloss, seine Geschichte der Person zu erzählen, die er zuerst traf
❸ *interrog* (*whom on earth*) wer auch immer; ~ ***do you mean?*** wen in Gottes Namen meinst du?

whomsoever [ˌhuːmsəʊ'evəʳ, AM -soʊ'evɚ] *pron rel formal variant of* **whosoever**

whoop [(h)wuːp] **I.** *vi* jubeln
II. *vt* ■**to ~ it up** (*fam: celebrate*) sich *akk* amüsieren, einen drauf machen *fam;* AM (*create excitement*) auf den Putz hauen *fam*
III. *n* ❶ (*shout of excitement*) Jauchzer *m,* Freudenschrei *m;* **to give a ~ of triumph** einen Triumphschrei loslassen; **to give a loud ~** laut aufjauchzen
❷ (*of object*) Aufheulen *nt*
❸ (*of cough*) Keuchen *nt*
► PHRASES: **to not care** [*or* **give**] **a ~** AM (*dated*) sich *akk* nicht im mindesten [um etw *akk*] kümmern [*o fam* scheren]

whoopee **I.** *interj* [(h)wʊ'piː] juchhe, hurra; (*iron*) toll *iron fam;* ***oh, ~, another letter to type up!*** super, noch ein Brief zum Abtippen! *iron*
II. *n* ['(h)wuːpi, AM '(h)wuːpi] *no pl* ❶ (*rejoicing*) ausgelassenes Feiern
❷ **to make ~** (*have sex*) es tun *fam;* (*rejoice noisily*) auf die Pauke hauen *fam*

whoopee cushion *n* Furzkissen *nt derb*

whooping cough *n no pl* Keuchhusten *m*

whoops [(h)wʊps] *interj* (*fam*) hups, hoppla; ~ **a daisy** (*childspeak*) hopsala *Kindersprache*

whoosh [(h)wʊʃ] (*fam*) **I.** *interj* zisch; ***no sooner had she arrived than, ~, she was off again*** kaum war sie gekommen, zack, war sie auch schon wieder weg
II. *vi* zischen *fam*
III. *vt* ■**to ~ sb/sth somewhere** jdn/etw schnell irgendwohin bringen
IV. *n usu sing* ❶ (*of air*) Zischen *nt kein pl*
❷ (*fig: sudden large amount*) ***they expect a ~ of money*** sie erwarten eine wahre Geldflut

whop [(h)wɑːp] **I.** *vt* <-pp-> *esp* AM (*fam*) ❶ (*strike*) ■**to ~ sb with sth** jdn mit etw *dat* schlagen [*o fam* hauen]; **to ~ sb one** jdm eine reinhauen [*o fam* ein Ding verpassen] *fam*
❷ (*defeat*) ■**to ~ sb** jdn schlagen
II. *n usu sing esp* AM (*fam*) Knall *m*

whopper ['(h)wɒpəʳ, AM '(h)wɑːpɚ] *n* (*hum fam*) ❶ (*huge thing*) Apparat *m sl;* ***that's a ~ of a fish*** das ist ja ein Riesenfisch
❷ (*lie*) faustdicke Lüge *fam;* **to tell sb a ~** jdm einen Bären aufbinden

whopping ['(h)wɒpɪŋ, AM '(h)wɑːp-] (*fam*) **I.** *adj inv* saftig *fam;* ***she got a ~ 12 000 votes more than her opponent*** sie bekam satte 12.000 Stimmen mehr als ihr Gegner; ~ **lie** faustdicke Lüge *fam;* ~ **great** riesengroß *fam*
II. *n* AM ❶ (*beating*) Prügel *pl fam;* **to give sb a ~** jdm Prügel [*o* eine Abreibung] verpassen *fam*
❷ (*defeat*) Schlappe *f fam;* **to take a [sound] ~ [from sb]** eine [schwere] Schlappe [von jdm] einstecken müssen *fam*

whore [hɔːʳ, AM hɔːr] **I.** *n* (*pej*) ❶ (*female prostitute*) Nutte *f pej sl*
❷ (*fam: promiscuous woman*) Flittchen *nt pej fam*
❸ (*Roman Catholic Church*) **the W~ of Babylon** die große Hure
II. *vi* (*dated or pej*) ❶ (*sleep with prostitutes*) herumhuren *pej*
❷ (*work as prostitute*) sich *akk* prostituieren, auf den Strich gehen *fam*

whorehouse *n esp* AM (*pej fam*) Puff *m pej fam; see also* **brothel**

whorl [(h)wɜːl, AM (h)wɜːrl] *n* (*liter*) Windung *f;* **~s of color** Farbkreise *mpl*

whortleberry ['(h)wɜːtl̩ˌberi, AM '(h)wɜːrt̬l̩-] *n* Heidelbeere *f*

who's [huːz] = **who is, who has** *see* **who**

whose [hu:z] I. *adj* ❶ (*in questions*) wessen; ~ ***bag is this?*** wessen Tasche ist das?, wem gehört die Tasche?; ***I don't care ~ fault it is*** mir ist egal, wessen Schuld es ist; ~ ***round is it?*** wer ist dran?
❷ (*indicating possession*) dessen; ***Cohen, ~ contract …*** Cohen, dessen Vertrag …; ***she's the woman ~ car I crashed into*** sie ist die Frau, in deren Auto ich gefahren bin
II. *pron poss, interrog* wessen; ~ ***is this bag?*** wessen Tasche ist das?; ~ ***is the car parked outside?*** wem gehört das Auto draußen?
whosesoever [ˌhu:zsəʊ'evəʳ, AM -soʊ'evɚ] (*form*), **whosever** [ˌhu:z'evəʳ, AM -evɚ] (*rare*) I. *pron rel* (*whose on earth*) ***the decision, ~ it was, is a good one*** das ist eine gute Entscheidung, wer auch immer sie getroffen hat
II. *adj attr, inv* deren auch immer; ***she dialled ~ number she could still remember*** sie rief die Leute an, deren Telefonnummer sie noch wusste
whosoever [ˌhu:səʊ'evəʳ, AM -soʊ'evɚ] *pron* (*old form*) *see* **whoever**
why [(h)waɪ] I. *n* ► PHRASES: **the ~s and wherefores** [**of sth**] das Warum und Weshalb [einer S. *gen*]
II. *adv* ❶ (*for what reason*) warum; ~ ***did he say that?*** warum hat er das gesagt?
❷ (*used to introduce suggestion*) ~ ***don't you join us at the bar? — good idea, ~ not*** warum kommst du nicht mit uns an die Bar? – gute Idee, warum eigentlich nicht
❸ (*for that reason*) ***the reason ~ I …*** der Grund, warum ich …; ***that's the reason ~ he didn't phone*** deshalb hat er nicht angerufen hat
III. *interj esp* AM (*dated*) ~, ***if it isn't old Georgie Frazer!*** na, wenn das nicht Georgie Frazer ist!
WI [ˌdʌbljuː'aɪ] *n abbrev of* **Women's Institute**
wiccan ['wɪkᵊn] *n* Hexe *f*
wick [wɪk] *n* Docht *m*
► PHRASES: **to dip one's ~** (*fam*) seinen Schwanz reinstecken *derb*; **to get on sb's ~** BRIT (*dated fam*) jdm auf den Keks [*o* Wecker] gehen *fam*
wicked ['wɪkɪd] I. *adj* ❶ (*evil*) böse
❷ (*mischievous*) verführerisch; (*cunning*) raffiniert; **to have a ~ sense of humour** einen beißenden Humor haben; **~-looking** verführerisch aussehend
❸ (*likely to cause pain*) gefährlich
❹ (*very bad*) *cough* schlimm
❺ (*approv sl: excellent*) saugut *sl*, stark *fam*
II. *n pl* ■**the ~** die Bösen *pl*
► PHRASES: **there's no peace** [*or* **rest**] **for the ~** (*saying*) es gibt keine Ruhe für die Schuldigen
III. *interj* (*approv sl*) fantastisch *fam*, super *fam*
wickedly ['wɪkɪdli] *adv* ❶ (*evilly*) gemein, fies, böse
❷ (*mischievously*) **to say sth/laugh ~** etw frech sagen/frech lachen; **look/smile ~** verschmitzt schauen/lächeln
❸ (*extremely*) extrem; ~ **expensive** unverschämt [*o* fürchterlich] teuer; ~ **rich dessert/cake** Kalorienbombe *f*; ~ **attractive/handsome** *woman* umwerfend schön; *man* unverschämt gut aussehend
wickedness ['wɪkɪdnəs] *n no pl* (*evil*) Bosheit *f*, Schlechtigkeit *f*; (*viciousness*) Bösartigkeit *f*; (*mischievousness*) Boshaftigkeit *f*
wicker ['wɪkəʳ, AM -ɚ] I. *n no pl* Korbgeflecht *nt*; (*rattan*) Rattan *nt*
II. *n modifier* (*furniture*) Korb-; ~ **basket** Weidenkorb *m*; ~ **chair** Rattansessel *m*
wicker furniture *n no pl* Korbmöbel *ntpl*; (*made of rattan*) Rattanmöbel *ntpl* **wickerwork** *n no pl* ❶ (*material*) Korbmaterial *nt*; (*rattan*) Rattan *nt*
❷ (*articles*) Korbwaren *pl*
wicket ['wɪkɪt] *n* BRIT ❶ (*target in cricket*) Tor *nt*, Wicket *nt fachspr*
❷ (*area in cricket*) Spielbahn *f*
❸ (*dismissal of batsman*) Ausscheiden *nt* (*eines Schlagmannes*)
❹ CAN [Bank]schalter *m*
► PHRASES: **to be on a sticky ~** (*fam*) in der Klemme stecken *fam*
wicket-keeper *n* BRIT Torwächter(in) *m(f)*, Torhüter(in) *m(f)*

wide [waɪd] I. *adj* ❶ (*broad*) *nose, river, road* breit
❷ (*considerable*) enorm, beträchtlich; ***there's a ~ gap between … and …*** zwischen … und … herrscht eine große Kluft; **the** [**great**] **~ world** die [große] weite Welt; **to search** [**for sb/sth**] **the ~ world over** (*fig*) in [*o* auf] der ganzen Welt [nach jdm/etw] suchen
❸ (*very open*) *eyes* groß; ***his eyes were ~ with surprise*** seine Augen waren vor Erstaunen weit aufgerissen
❹ *after n* (*with a width of*) breit; ***the swimming pool is 5 metres ~*** der Swimmingpool ist 5 Meter breit
❺ (*varied*) breit gefächert; **to have a ~ experience in sth** in etw *dat* reiche Erfahrung haben; **a ~ range of goods** ein großes Sortiment an Waren
❻ (*extensive*) groß; **to enjoy ~ support** breite Unterstützung genießen
► PHRASES: **to give sb/sth a ~ berth** um jdn/etw einen großen Bogen machen; **to be ~ of the mark** (*of argument*) weit hergeholt sein *fam*; (*of fact*) nicht zutreffen
II. *adv* weit; ~ **apart** weit auseinander; **to open ~** [sich *akk*] weit öffnen; ***his eyes opened ~ with surprise*** seine Augen waren vor Erstaunen weit aufgerissen; ***"open ~", said the dentist*** „weit aufmachen", sagte der Zahnarzt; ***she longed for the ~ open spaces of her homeland*** sie sehnte sich nach der großen Weite ihres Heimatlandes; **to be ~ open** weit geöffnet sein; (*fig*) *competition* völlig offen sein; (*offering opportunities*) offen stehen; (*vulnerable*) verletzbar; **to be ~ open to attack** dem Angriff schutzlos ausgeliefert sein
wide-angle, **wide-angle lens** *n* PHOT Weitwinkelobjektiv *nt fachspr* **wide-awake** *adj* hellwach **wideawake** *n* Schlapphut *m* **wide-bodied jet** *n* Großraumflugzeug *nt* **wide boy** *n* BRIT (*pej fam*) Gauner *m fam* **wide-eyed** *adj* mit großen Augen *nach n*; (*fig*) blauäugig *fig*, naiv
widely ['waɪdli] *adv* ❶ (*broadly*) breit; **to smile ~ at sb** jdn breit anlächeln
❷ (*extensively*) weit; ***they travelled ~ in Asia*** sie sind kreuz und quer durch Asien gereist; ***French used to be ~ spoken in Kampuchea*** in Kampuchea war Französisch früher weit verbreitet; ***his plays are still ~ performed in the USA*** seine Stücke werden in den USA immer noch oft aufgeführt; ~ **accepted/admired/believed** weithin akzeptiert/bewundert/geglaubt; **to be ~ read** (*of person*) [sehr] belesen sein; (*of literature*) viel gelesen werden
❸ (*considerably*) beträchtlich; ~ **differing aims** völlig verschiedene Ziele
widen ['waɪdᵊn] I. *vt* ■**to ~ sth** (*make broader*) etw verbreitern; (*make wider*) etw erweitern; (*make larger*) etw vergrößern; **to ~ the discussion** (*fig*) die Diskussion ausweiten
II. *vi* (*become broader*) *river, smile* breiter werden; (*become wider*) *eyes* weiter werden
◆**widen out** *vi* breiter werden, sich *akk* verbreitern
wideness ['waɪdnəs] *n no pl* Weite *f*, Breite *f*, Ausdehnung *f*; (*fig*) Größe *f*
wide-ranging [-'reɪndʒɪŋ] *adj* ❶ (*extensive*) weitreichend, ausführlich ❷ (*diverse*) breit gefächert; ~ **interests** vielseitige Interessen **wide receiver** *n* AM Fänger(in) *m(f)* (*beim Football*) **widespread** *adj* weit verbreitet; ***there are reports of ~ flooding in southern France*** es wird von großflächigen Überschwemmungen in Südfrankreich berichtet; ***there is ~ speculation that …*** es wird weithin spekuliert, dass …; ***the campaign has received ~ support*** die Kampagne stieß auf breite Unterstützung
widget ['wɪdʒɪt] *n* ❶ (*gadget*) Vorrichtung *f*
❷ (*hypothetical gadget*) Dingsbums *nt fam*, Ding[s] *nt fam*
❸ BRIT *Vorrichtung in Bierdose, damit das Bier beim Ausschenken schäumt*
widow ['wɪdəʊ, AM -doʊ] I. *n* ❶ (*woman*) Witwe *f*; **to be left a ~** Witwe werden, als Witwe zurückbleiben; **a football/golf ~** (*hum*) eine Fußball-/Golfwitwe *hum*
❷ TYPO Hurenkind *nt fachspr*
II. *vt usu passive* ■**to ~ sb** jdn zur Witwe/zum Witwer machen; ■**to be ~ed** zur Witwe/zum Witwer werden
widowed ['wɪdəʊd, AM -oʊd] *adj inv* verwitwet
widower ['wɪdəʊəʳ, AM -oʊɚ] *n* Witwer *m*
widowhood ['wɪdəʊhʊd, AM -doʊ-] *n no pl* ❶ (*state*) *of women* Witwenschaft *f*; *of men* Witwerschaft *f selten*
❷ (*period*) *of women* Witwentum *nt*; *of men* Witwertum *nt selten*
widow's benefit *n no pl* BRIT Witwenrente *f*; (*for wife of a civil servant*) Witwengeld *nt* **widow's mite** *n* Scherflein *nt* **widow's peak** *n spitz zulaufender Haaransatz in der Stirnmitte* **widow's weeds** *npl* Witwenkleidung *f kein pl*, Trauerkleidung *f kein pl*
width [wɪtθ] *n* ❶ *no pl* (*measurement*) Breite *f*; *of clothes* Weite *f*; ***the corridor runs the ~ of the building*** der Flur ist so breit wie das Gebäude; **to be five metres** [*or* AM **meters**] **in ~** fünf Meter breit sein
❷ (*unit*) *of fabric* Breite *f*; *of wallpaper* Bahn *f*; *of swimming pool* Breite *f*; **to come in different ~s** unterschiedlich breit sein; **to swim two ~s** zweimal quer durch das Becken schwimmen
❸ *no pl* (*fig: scope, range*) Größe *f*; *of a product line* [Angebots]umfang *m*; ***there is a surprising ~ of support for the proposal*** der Vorschlag findet eine überraschend große Unterstützung
widthways ['wɪtθweɪz] *adv*, **widthwise** ['wɪtθwaɪz] *adv* der Breite nach
wield [wi:ld] *vt* ■**to ~ sth** *tool, weapon* etw schwingen; **to ~ authority/influence/power over sb/sth** Autorität/Einfluss/Macht über jdn/etw ausüben
wiener ['wi:nɚ] *n* AM ❶ (*fam: sausage*) Wiener Würstchen *nt*, Wienerle *nt* DIAL
❷ (*fam!: boy's penis*) Pimmel *m fam*
❸ (*pej fam: spoilsport*) Spielverderber(in) *m(f)*; (*wimp*) Waschlappen *m fam*
wife <*pl* wives> [waɪf] *n* [Ehe]frau *f*, Gattin *f form o hum*; ***will you be my ~?*** möchtest du meine Frau werden?; ***give my regards to your ~*** grüßen Sie Ihre Frau von mir; **to live together as man and ~** wie Mann und Frau zusammenleben; **to make sb one's ~** jdn zu seiner [Ehe]frau machen; **my** [*or fam* **the**] **~** meine [*o fam* die] Frau
► PHRASES: **to be like Caesar's ~** BRIT ohne Fehl und Tadel sein; **the world and his ~** BRIT (*saying*) Gott und die Welt *fam*
wifely ['waɪfli] *adj* einer Ehefrau *nach n*; **her ~ duties** ihre Pflichten als Ehefrau
wife-swapping *n no pl* (*fam*) Partnertausch *m* **wife-swapping party** *n* (*fam*) Party *f* mit Partnertausch, Swingerparty *f*
Wi-Fi ['waɪfaɪ] *n see* **wireless fidelity**
wig [wɪg] I. *n* Perücke *f*; ■**in a ~** mit [einer] Perücke
II. *vt* <-gg-> ■**to ~ sb** jdm die Leviten lesen *fam*
◆**wig out** *vi esp* AM (*fam*) ausflippen *fam*
wigeon ['wɪdʒən] *n* Pfeifente *f*
wigged [wɪgd] *adj inv* mit Perücke *nach n*; ■**to be ~** eine Perücke tragen
wigging ['wɪgɪŋ] *n* (*dated fam*) Standpauke *f fam*, Gardinenpredigt *f hum fam*; **to get a ~** einen Rüffel erteilt bekommen *fam*; **to give sb a ~** jdm eine Standpauke halten [*o* die Leviten lesen] *fam*
wiggle ['wɪgl] I. *vt* ■**to ~ sth** mit etw *dat* wackeln; **to ~ one's bottom/hips/toes** mit dem Po/den Hüften/den Zehen wackeln
II. *vi* wackeln
III. *n* ❶ (*movement*) Wackeln *nt kein pl*; ***she walks with a sexy ~*** sie hat einen sexy Gang *fam*
❷ (*line*) Schlangenlinie *f*
❸ *esp* AM (*fam: hurry*) **to get a ~ on** einen Zahn zulegen *fam*
wiggly ['wɪg|i] *adj* (*fam*) ❶ (*having curves*) schlangenlinienförmig, geschlängelt; ~ **line** Schlangenlinie *f*

❷ (*moving*) wackelnd; *picture, film* verwackelt; **a ~ worm** ein sich windender Wurm

wiggy ['wɪgi] *adv* (*fam*) durchgedreht *fam*, durchgeknallt *fam;* **to get ~** durchdrehen *fam*

wight [waɪt] *n* ❶ DIAL (*old: person*) Wicht *m veraltet*, Kerl *m*
❷ (*poet liter: spirit, ghost*) Wesen *nt*, Geschöpf *nt*

wigwam ['wɪgwæm, AM -wɑ:m] *n* Wigwam *m*

wild [waɪld] **I.** *adj* ❶ *inv* (*not domesticated*) wild; *cat, duck, goose* Wild-; ***lions and tigers are ~ animals*** Tiger und Löwen leben in freier Wildbahn; **~ horse** Wildpferd *nt*
❷ (*uncultivated*) *country, landscape* rau, wild; **~ flowers** wild wachsende Blumen
❸ (*uncivilized*) *people* unzivilisiert; *behaviour* undiszipliniert; *situation* chaotisch; **to lead a ~ life** ein zügelloses Leben führen; **~ and woolly** *esp* BRIT ungehobelt
❹ (*uncontrolled*) unbändig; (*disorderly*) wirr; ***a wave of ~ fury overcame her*** sie wurde von unbändiger Wut gepackt; ***he had this ~ look in his eye*** er hatte diesen verstörten Blick; **~ hair/hairstyle** wirres Haar/wirre Frisur; **~ party** wilde [*o* ausgelassene] Party; **~ talk** wirres Gerede
❺ (*stormy*) *wind, weather* rau, stürmisch
❻ (*excited*) wild, ungezügelt; (*not sensible*) verrückt *fam;* **~ applause** stürmischer [*o* tosender] Applaus; **in ~ rage** in blinder Wut; **to be/go ~** außer sich *dat* sein/geraten, aus dem Häuschen sein/geraten *fam;* **to go ~ with excitement** in helle Aufregung geraten
❼ (*fam: angry*) wütend, außer sich *dat;* ■**to be ~ with** [*or* **at**] **sb/sth** auf jdn/etw wütend sein; **to be ~ with fury** vor Wut [ganz] außer sich *dat* sein; **to drive sb ~** jdn rasend machen [*o fam* in Rage bringen]; **to go ~** aus der Haut fahren *fam*
❽ (*fam: enthusiastic*) ■**to be ~ about sb/sth** auf jdn/etw ganz wild [*o* versessen] sein; ■**to be ~ to do sth** wild [*o* versessen] [*o sl* scharf] darauf sein, etw zu tun
❾ (*not accurate*) ungezielt; (*imaginative*) wild; ***their estimate of the likely cost was pretty ~*** sie hatten wilde Vorstellungen von den voraussichtlichen Kosten; **beyond one's ~est dreams** mehr als je erträumt; ***they had been successful beyond their ~est dreams*** sie waren erfolgreicher, als sie es sich je erträumt hatten; **never in one's ~est dreams** auch in seinen kühnsten Träumen nicht; **to make a ~ guess** wild drauflosraten *fam;* **a ~ plan** [*or* **scheme**] ein unausgegorener Plan; **~ throw** Fehlwurf *m*
❿ (*extreme*) stark, heftig; **~ variations** enorme Unterschiede
⓫ *inv* CARDS beliebig einsetzbar
⓬ (*fam: great*) klasse *fam*, geil *sl;* ***this music is really ~, man*** diese Musik ist echt geil, Mann
▶ PHRASES: **~ horses couldn't** [*or* **wouldn't**] **make me do sth** keine zehn Pferde könnten mich dazu bringen, etw zu tun *fam;* **to sow one's ~ oats** sich *dat* die Hörner abstoßen *fam*
II. *adv inv* wild; **to grow ~** wild wachsen; **to live ~** (*person, animals*) in Freiheit leben; (*esp exotic animals*) in freier Wildbahn leben; **to run ~** *child, person* sich *dat* selbst überlassen sein; *animals* frei herumlaufen; *garden* verwildern; *plants* ins Kraut schießen
III. *n* ❶ (*natural environment*) ■**the ~** die Wildnis; **in the ~s of Africa** im tiefsten Afrika; **to survive in the ~** in freier Wildbahn überleben
❷ (*fig: remote places*) ■**the ~s** *pl* die Pampa *f kein pl oft hum fam;* ■[**out**] **in the ~s** in der Pampa *fig, oft hum fam*, jwd *hum fam;* **in the ~s of Edmonton** im hintersten Edmonton

wild boar *n* ZOOL Wildschwein *nt*, Keiler *m*, Wildeber *m* **wildcard** ['waɪldkɑ:d, AM -kɑ:rd] *n* COMPUT Wildcard *f fachspr*, Ersatzzeichen *nt* **wild card** *n* ❶ CARDS Joker *m*, beliebig einsetzbare Spielkarte ❷ COMPUT Wildcard *f*, Jokerzeichen *nt*, Stellvertreterzeichen *nt* ❸ TENNIS Wildcard *f;* **~ entry** Teilnahme *f* über eine Wildcard ❹ (*unpredictable element*) Fragezeichen *nt* **wildcat I.** *n* ZOOL Wildkatze *f a. fig* **II.** *adj attr, inv* ❶ *esp* AM (*very risky*) riskant, gewagt; **~ security** ECON risikoreiches Wertpapier; **~ stocks** AM STOCKEX hochspekulative Aktien ❷ ECON (*unofficial*) **~ company** Schwindelfirma *f;* **~ strike** wilder Streik ❸ (*exploratory*) Probe-; **~ drilling** [*or* **well**] Probebohrung *f*

wildebeest <*pl* – *or* -s> ['wɪldɪbi:st, AM -də-] *n* Gnu *nt*

wilderness <*pl* -es> ['wɪldənəs, AM -ɚ-] *n usu no pl* ❶ (*wild unpopulated area*) Wildnis *f;* (*desert*) Wüste *f*
❷ (*fam: overgrown area*) wild wachsendes Stück Land; (*garden*) wild wachsender Garten
❸ (*confusion*) Wirrwarr *nt*, Durcheinander *nt* (**of** von +*dat*)
❹ (*position of disgrace*) ■**to be in the ~** BRIT zur Bedeutungslosigkeit verurteilt sein
▶ PHRASES: **a voice in the ~** ein Rufender *m*/eine Rufende in der Wüste

wilderness area *n esp* AM, AUS Naturschutzgebiet *nt*

wild-eyed *adj* wild, mit irrem Blick *nach n* **wildfire** *n no pl* Lauffeuer *nt*, nicht zu kontrollierender [Großflächen]brand; **to spread like ~** (*fig*) sich *akk* wie ein Lauffeuer verbreiten **wildfowl** *n* Federwild *nt kein pl;* FOOD Wildgeflügel *nt kein pl* **wild-goose chase** *n* (*hopeless search*) aussichtslose Suche; (*pointless venture*) fruchtloses [*o* hoffnungsloses] Unterfangen; **to send sb** [**off**] **on a ~** jdn für nichts und wieder nichts losschicken *fam;* ***the police had been sent on a ~*** man hatte die Polizei einem Phantom nachjagen lassen **wildlife I.** *n no pl* ■**the ~** die [natürliche] Tier- und Pflanzenwelt, die Flora und Fauna **II.** *n modifier* (*club, photography*) Natur-; **~ conservation** Erhaltung *f* der Tier- und Pflanzenwelt; **~ programmes** [*or* AM **shows**] Natursendungen *fpl;* (*esp about animals*) Tierfilme *mpl;* **~ reserve** Wildreservat *nt;* **~ sanctuary** Wildschutzgebiet *nt*

wildly ['waɪldli] *adv* ❶ (*in uncontrolled way*) wild; (*boisterously*) unbändig; ***my heart was beating ~*** mein Herz schlug wie wild; **to fling one's arms about ~** wild mit den Armen um sich *akk* schlagen; **to behave ~** sich *akk* wie wild aufführen *fam;* **to gesticulate ~** wild gestikulieren; **to talk ~** wirres Zeug reden *fam*
❷ (*haphazardly*) ungezielt; **to guess ~** [wild] drauflosraten *fam;* **to hit out ~** wahllos drauflosschlagen *fam;* **to shoot ~** wild um sich *akk* schießen
❸ (*fam: extremely*) äußerst; (*totally*) völlig; ***I'm not ~ keen on it*** ich bin nicht gerade wild [*o sl* scharf] darauf; **to be ~ enthusiastic about sth** von etw *dat* tierisch begeistert sein *fam;* **~ exaggerated/expensive** maßlos übertrieben/überteuert; **~ improbable/inaccurate** höchst unwahrscheinlich/ungenau; **to fluctuate/vary ~** stark fluktuieren/schwanken

wildness ['waɪldnəs] *n no pl* ❶ (*natural state*) Wildheit *f*
❷ (*tempestuousness*) Wildheit *f*, Heftigkeit *f;* ***the ~ of the weather was frightening*** das stürmische Wetter war Angst einflößend
❸ (*behaviour*) Wildheit *f;* (*lack of control*) Unkontrolliertheit *f*
❹ (*excitement*) Unbändigkeit *f*, Zügellosigkeit *f*
❺ (*haphazardness*) Ungezieltheit *f;* (*rashness*) Unüberlegtheit *f*, Unbesonnenheit *f;* (*lacking principle*) Wahllosigkeit *f*

wild oat *n* Wildhafer *m* **wild rice** *n no pl* Wildreis *m* **wild silk** *n no pl* Wildseide *f* **Wild West** *n no pl* HIST ■**the ~** der Wilde Westen

wiles [waɪlz] *npl* (*form*) List *f*, Trick *m*, Schliche *mpl;* **to fall victim to sb's ~** auf jds Tricks hereinfallen; **to use all one's ~** mit allen Tricks arbeiten

wilful ['wɪlfəl], AM **willful** *adj* ❶ *usu attr* (*deliberate*) bewusst, absichtlich; *damage* mutwillig; LAW vorsätzlich; ***he eats too many sweet foods in ~ disregard of his health*** er isst zu viele süße Sachen, obwohl er genau weiß, dass das seiner Gesundheit schadet; **~ disobedience of orders** bewusstes Nichtbefolgen von Anordnungen
❷ (*self-willed*) eigensinnig, eigenwillig; (*obstinate*) starrsinnig

wilfully ['wɪlfəli], AM **willfully** *adj* ❶ (*deliberately*) bewusst, absichtlich; *damage* mutwillig; LAW vorsätzlich; **to be ~ obstructive** sich *akk* bewusst quer stellen *fam*
❷ (*obstinately*) starrsinnig, eigensinnig

wilfulness ['wɪlfəlnəs], AM **willfulness** *n no pl* ❶ (*deliberateness*) Absichtlichkeit *f*, Mutwille *m;* LAW Vorsätzlichkeit *f*
❷ (*obstinacy*) Eigensinn *m*, Starrsinn *m*

wiliness ['waɪlɪnəs] *n no pl* Listigkeit *f*, Schläue *f*, Gewieftheit *f fam*

will[1] <would, would> [wɪl] **I.** *auxvb* ❶ (*in future tense*) werden; ***we ~ be at the airport*** wir werden am Flughafen sein; ***do you think he ~ come?*** glaubst du, dass er kommt?; ***so we'll be in Glasgow by lunchtime*** wir sind also um die Mittagszeit [herum] in Glasgow; ***I'll be with you in a minute*** ich bin sofort bei Ihnen; ***it won't be easy*** es wird nicht leicht sein; ***by the time we get there, Jim ~ have left*** bis wir dort ankommen, ist Jim schon weg; ***you'll have forgotten all about it by next week*** nächste Woche wirst du alles vergessen haben; (*in immediate future*) ***we'll be off now*** wir fahren jetzt; ***I'll be going then*** ich gehe dann; ***I'll answer the telephone*** ich gehe ans Telefon
❷ (*with tag question*) ***you won't forget to tell him, ~ you?*** du vergisst aber nicht, es ihm zu sagen, oder?; ***they'll have got home by now, won't they?*** sie müssten mittlerweile zu Hause sein, nicht?
❸ (*expressing intention*) ■**sb ~ do sth** jd wird etw tun; ***I ~ always love you*** ich werde dich immer lieben; ***I'll make up my own mind about that*** ich werde mir meine eigene Meinung darüber bilden; ***I'll not be spoken to like that!*** ich dulde nicht, dass man so mit mir redet!; ***I won't have him ruining the party*** ich werde nicht zulassen, dass er die Party verdirbt
❹ (*in requests, instructions*) ***~ you give me her address, please?*** würden Sie mir bitte ihre Adresse geben?; ***~ you stop that!*** hör sofort damit auf!; ***~ you let me speak!*** würdest du mich bitte ausreden lassen!; ***you'll do it because I say so*** du tust es, weil ich es dir sage!; ***hang on a second, ~ you?*** bleiben Sie bitte einen Moment dran!; ***just pass me that knife, ~ you?*** gib mir doch bitte mal das Messer rüber, ja?; ***give me a hand, ~ you?*** sei so nett und hilf mir mal; ***~ you sit down?*** setzen Sie sich doch!; ***won't you come in?*** möchten Sie nicht hereinkommmen?; ***won't you have some cake?*** möchten Sie nicht etwas Kuchen?
❺ (*expressing willingness*) ***who'll post this letter for me? — I ~*** wer kann den Brief für mich einwerfen? – ich [kann es]; ***anyone like to volunteer for this job? — we ~!*** meldet sich jemand freiwillig für diese Arbeit? – ja, wir!; ***I keep asking him to play with me, but he won't*** ich frage ihn ständig, ob er mit mir spielt, aber er will nicht
❻ (*not functioning*) ***the car won't start*** das Auto springt nicht an; ***the door won't open*** die Tür geht nicht auf
❼ (*expressing facts*) ***fruit ~ keep longer in the fridge*** Obst hält sich im Kühlschrank länger; ***new products ~ always sell better*** neue Produkte verkaufen sich einfach besser; ***that won't make any difference*** das macht keinen Unterschied; ***the car won't run without petrol*** ohne Benzin fährt der Wagen nicht
❽ (*expressing persistence*) ***accidents ~ happen*** Unfälle passieren nun einmal; ***he ~ keep doing that*** er hört einfach nicht damit auf; ***they ~ keep sending me those brochures*** sie senden mir immer noch diese Broschüren
❾ (*expressing likelihood*) ***that'll be Scott*** das wird Scott sein; ***I expect you'll be wanting your supper*** ich nehme an, du möchtest dein Abendbrot [haben]; **as you ~ all probably know already, …** wie Sie vermutlich schon alle wissen, …
II. *vi* (*form*) wollen; ***as you ~*** wie du willst; ***do what you ~ with me*** machen Sie mit mir, was Sie

wollen

will² [wɪl] I. *n* ① *no pl* (*faculty*) Wille *m;* ■**to do sth with a ~** etw mit großem Eifer tun; ***everyone heaved with a ~ to get the car out of the mud*** alle hoben kräftig mit an, um das Auto aus dem Schlamm zu befreien; **to have an iron ~** [*or* **a ~ of iron**] einen eisernen Willen haben; **only with a ~ of iron** nur mit eisernem [*o* einem eisernen] Willen; **strength of ~** Willensstärke *f;* **political ~** politischer Wille; **to have the ~ to do sth** den [festen] Willen haben, etw zu tun; **to lose the ~ to live** den Lebenswillen verlieren
② *no pl* (*desire*) Wille *m;* **Thy ~ be done** REL Dein Wille geschehe; ■**to be the ~ of sb** [*or* **sb's ~**] jds Wille sein; **it was God's ~** [**that ...**] es war Gottes Wille[, dass ...]; **against sb's ~** gegen jds Willen; **at ~** nach Belieben; ***they were able to come and go at ~*** sie konnten kommen und gehen, wann sie wollten; ***an actor has to be able to cry at ~*** ein Schauspieler muss auf Kommando weinen können
③ LAW letzter Wille, Testament *nt;* ***she remembered you in her ~*** sie hat dich in ihrem Testament bedacht; **holograph ~** handgeschriebenes Testament; **nuncupative ~** mündliches Zeugentestament; **the reading of the ~** die Testamentsverlesung; **to change one's ~** sein Testament ändern; **to draw up/make a ~** ein Testament aufsetzen/machen
▶ PHRASES: **where there's a ~, there's a way** (*saying*) wo ein Wille ist, ist auch ein Weg *prov;* **with the best ~ in the world** beim besten Willen; **to have a ~ of one's own** einen eigenen Willen haben
II. *vt* ① (*try to cause by will power*) ■**to ~ sb to do sth** jdn [durch Willenskraft] dazu bringen, etw zu tun; ***I was ~ing you to win*** ich habe mir ganz fest gewünscht, dass du gewinnst; ■**to ~ oneself to do sth** sich *akk* dazu zwingen, etw zu tun
② (*form: ordain*) ■**to ~ sth** etw bestimmen [*o* verfügen]; ***God ~ed it and it was so*** Gott hat es so gewollt und so geschah es
③ (*bequeath*) ■**to ~ sb sth** [*or* **sth to sb**] jdm etw vererben [*o* [testamentarisch] vermachen]

willful *adj* AM *see* **wilful**

willfully *adv* AM *see* **wilfully**

willfulness *n no pl* AM *see* **wilfulness**

William ['wɪljəm] *n* Wilhelm *m*

willie *n see* **willy**

willies ['wɪliz] *npl* (*fam*) **sb gets/has the ~** jd kriegt Zustände *fam,* jdm wird ganz anders [zumute] *fam;* ***I suddenly got the ~ and ran away*** plötzlich kriegte ich Panik und rannte weg; **sth gives sb the ~** bei etw *dat* wird jdm ganz mulmig *fam;* ***this place gives me the ~*** hier wird mir ganz mulmig zumute

willing ['wɪlɪŋ] I. *adj* ① *pred* (*not opposed*) bereit, gewillt *geh;* **God ~** so Gott will; **to be ready and ~** [*or* **ready, ~ and able**] bereit sein; ■**to be ~ to do sth** bereit [*o geh* gewillt] sein, etw zu tun; **to be more than ~ to do sth** nur zu gerne etw tun wollen; ■**to** [**not**] **be ~ for sb to do sth** [nicht] gewillt sein, jdn etw tun zu lassen; ***John and Gabriel are ~ for us to use their garden*** John und Gabriel haben nichts dagegen, wenn wir ihren Garten benutzen; ***they're not ~ for us to bring our own wine*** sie wollen nicht, dass wir [uns] unseren eigenen Wein mitbringen
② (*enthusiastic*) willig; ***the staff are ~ enough*** die Mitarbeiter sind allemal [dazu] bereit; **~ hands** bereitwillige Hilfe
▶ PHRASES: **the spirit is ~ but the flesh is weak** (*saying*) der Geist ist willig, doch das Fleisch ist schwach *prov*
II. *n no pl* BRIT **to show ~** [seinen] guten Willen zeigen

willingly ['wɪlɪŋli] *adv* ① (*gladly*) gern[e]; ***I would ~ help you*** ich würde euch gern[e] helfen
② (*voluntarily*) freiwillig

willingness ['wɪlɪŋnəs] *n no pl* (*readiness*) Bereitschaft *f;* (*enthusiasm*) Bereitwilligkeit *f;* **lack of ~** mangelnde Bereitschaft; **to express one's ~ to do sth** sich *akk* bereit erklären, etw zu tun; **to show a ~ to do sth** die Bereitschaft zeigen, etw zu tun

will-o'-the-wisp [ˌwɪləðə'wɪsp] *n* ① (*light*) Irrlicht *nt*
② (*fig: elusive thing*) Trugbild *nt,* Phantom *nt*

willow ['wɪləʊ, AM -loʊ] *n* BOT ① (*tree*) Weide *f;* **~ tree** Weidenbaum *m*
② *no pl* (*wood*) Weidenholz *nt*

willowherb *n* Weidenröschen *nt* **willow pattern** *n no pl* [chinesisches] Weidenmotiv **willow-pattern** *adj attr, inv cup, plate* Weidenmotiv-, mit [chinesischem] Weidenmotiv *nach n;* **~ dinner service** Tafelservice *nt* mit [chinesischem] Weidenmotiv **willow tree** *n* Weidenbaum *m*

willowy ['wɪləʊi, AM -oʊi] *adj place* weidenbestanden; *person* gertenschlank

will power *n no pl* Willenskraft *f;* **by sheer ~** durch reine Willenskraft

willy ['wɪli] *n esp* BRIT (*fam!*) Pimmel *m fam*

willy-nilly [ˌwɪli'nɪli] *adv inv* ① (*like it or not*) wohl oder übel, nolens volens *geh*
② (*haphazardly*) aufs Geratewohl; (*in disorder*) wahllos [durcheinander]

wilt¹ [wɪlt] I. *vi* ① (*droop*) *plants* [ver]welken, welk werden; ■**~ed** verwelkt
② (*lose energy*) *person* schlappmachen *fam,* abschlaffen *fam; enthusiasm* abflauen
③ (*lose confidence*) den Mut verlieren [*o fam* Kopf hängen lassen]
II. *vt* AGR **to ~ grass/a crop** Gras/eine Feldfrucht ausdörren lassen
III. *n* Welke[krankheit] *f*

wilt² [wɪlt, ᵊlt] (*old*) *2nd pers. sing pres of* **will**

Wilts BRIT *abbrev of* **Wiltshire**

wily ['waɪli] *adj* listig; *deception, plan, tactics* raffiniert; *person also* gewieft; **a ~ old bird** [*or* **fox**] ein schlauer Fuchs

wimp [wɪmp] (*pej*) I. *n* (*fam*) Waschlappen *m pej fam,* Schlappschwanz *m pej fam*
II. *vi* (*fam*) ■**to ~ out** (*shirk*) kneifen, sich *akk* drücken; (*give in*) den Schwanz einziehen *fam;* ***he ~ed out of going on the roller coaster*** er hat beim Achterbahnfahren gekniffen

wimpish ['wɪmpɪʃ] *adj* (*pej fam: feeble*) weichlich; (*timorous*) feige

wimple ['wɪmpl̩] *n* (*hist*) Schleier *m;* REL [Nonnen]schleier *m*

win [wɪn] I. *vt* <won, won> ① (*be victorious*) ■**to ~ sth** etw gewinnen; **to ~ a battle/war** eine Schlacht/einen Krieg gewinnen; **to ~ a case/lawsuit** einen Fall/eine Klage gewinnen; **to ~ the day** (*fig*) einen Sieg davontragen; **to ~ a debate** aus einer Debatte als Sieger(in) *m(f)* hervorgehen; **to ~ an election** eine Wahl gewinnen; **to ~ a seat** ein Mandat gewinnen; **to ~ a victory** einen Sieg erringen
② (*obtain*) ■**to ~ sth** etw gewinnen [*o* bekommen]; **to ~ sb's approval** (*appreciation*) jds Anerkennung finden; (*consent*) jds Zustimmung finden; **to ~ fame** berühmt werden; **to ~ sb's heart/love** jds Herz/Liebe gewinnen; **to ~ people's hearts** die Menschen für sich *akk* gewinnen; **to ~ popularity** sich *akk* beliebt machen; **to ~ promotion** befördert werden; **to ~ recognition** Anerkennung finden; **to ~ a reputation as sb** sich *dat* einen Namen als jd machen; **to ~ a scholarship to Oxford** ein Stipendium für Oxford bekommen; **to ~ sb's support** jds Unterstützung gewinnen; ■**to ~ sb/sth sth** [*or* **sth for sb**] jdm/etw etw einbringen; ■**to ~ sth off sb** (*fam*) jdm etw abnehmen [*o fam* abknöpfen]; ***she won £10 off me at poker*** sie hat mir beim Poker 10 Pfund abgeknöpft *fam*
③ (*extract*) ■**to ~ sth** *ore, coal* etw abbauen; **to ~ oil** Öl gewinnen
▶ PHRASES: **to ~ one's spurs** sich *dat* die Sporen verdienen; [**you**] **~ some,** [**you**] **lose some** (*saying*) mal gewinnt man, mal verliert man; **you can't ~ them all** (*saying*) man kann nicht immer Glück haben
II. *vi* <won, won> gewinnen; ***they were ~ning at half time*** sie lagen zur Halbzeit vorn; ***you* [*just*] *can't ~!*** da hat man keine Chance!; ***OK, you ~!*** okay, du hast gewonnen!; **to ~ by three goals to two** drei zu zwei gewinnen; **to ~ by two lengths/a handsome majority** mit zwei Längen [Vorsprung]/einer stattlichen Mehrheit gewinnen; **to ~ easily** [*or fam* **hands down**] spielend gewinnen; **~ or lose, ...** (*also fig*) [ob] gewonnen oder verloren, ..., wie es auch ausgeht, ...
▶ PHRASES: **may the best man ~** dem Besten der Sieg, der Beste möge gewinnen
III. *n* Sieg *m;* **away/home ~** Auswärts-/Heimsieg *m;* **to have a ~** *bet* gewinnen; *money* einen Gewinn machen

◆**win around** *vt esp* AM ■**to ~ sb around** jdn für sich *akk* gewinnen; ■**to ~ sb around to sth** jdn zu etw *dat* umstimmen, jdn für etw *akk* gewinnen; ***he won him around to his point of view*** er konnte ihn auf seine Seite bringen; ■**to ~ sb around by sth** jdn durch etw *akk* umstimmen

◆**win back** *vt* ■**to ~ back** ↔ **sth** etw zurückgewinnen

◆**win out** *vi* sich *akk* durchsetzen; **to ~ out in the end** sich *akk* letzten Endes durchsetzen; ■**to ~ out over sb/sth** sich *akk* gegen jdn/etw durchsetzen, über jdn/etw siegen

◆**win over** *vt* ■**to ~ over** ↔ **sb** (*persuade*) jdn überzeugen [*o* gewinnen]; (*gain support*) jdn für sich *akk* gewinnen; ***he won him over to his point of view*** er konnte ihn von seiner Meinung überzeugen; ***she was completely won over by his charm*** mit seinem Charme hatte er sie ganz für sich gewonnen

◆**win round** *vt* BRIT ■**to ~ round** ↔ **sb** jdn überzeugen [*o* gewinnen]; *see also* **win over**

◆**win through** *vi* [letztlich [*o* schließlich]] Erfolg haben; **to ~ through to the next round** SPORTS die nächste Runde erreichen

wince [wɪn(t)s] I. *n* Zusammenzucken *nt,* Zusammenfahren *nt;* **to give a ~** zusammenzucken
II. *vi* zusammenzucken

winceyette [ˌwɪn(t)si'et] NBRIT I. *n no pl* Winceyetteflanell *m,* Flanellette *nt*
II. *n modifier* (*cloth, sheet, underwear*) Flanell-, aus Flanell *nach n;* **~ pyjamas** Flanellpyjama *m*

winch [wɪn(t)ʃ] I. *n* <*pl* -es> ① (*for lifting, pulling*) Winde *f,* Winsch *f fachspr*
② (*crank*) Kurbel *f*
③ BRIT (*fishing reel*) Rolle *f*
II. *vt* ■**to ~ sb/sth** jdn/etw mit einer Winde [hoch]ziehen

win column *n* Punktekonto *nt*

wind¹ [wɪnd] I. *n* ① (*current of air*) Wind *m;* ■**against the ~** NAUT gegen den Wind, luvwärts *fachspr;* ■**into the ~** NAUT in den Wind; ***~s up to 60 miles per hour*** Windstärken bis zu 60 Meilen in der Stunde; ***there isn't enough ~*** es ist nicht windig genug; ***the ~ started to pick up*** der Wind frischte auf; ***the ~ is in the east/north/south/west*** der Wind kommt aus Osten/Norden/Süden/Westen; **to have the ~ at one's back** (*also fig*) Rückenwind haben; **a breath of ~** ein Lüftchen *nt,* ein Windhauch *m;* ***there wasn't a breath of ~*** es regte sich kein Lüftchen; **to throw caution/sb's advice to the ~s** (*fig*) alle Vorsicht/jds Ratschlag in den Wind schlagen; **a ~ of change** (*fig*) ein frischer Wind; **gust of ~** Windstoß *m,* Windböe *f;* **to take the ~ out of sb's sails** (*also fig*) jdm den Wind aus den Segeln nehmen; **to see which way the ~ is blowing** (*also fig*) sehen, woher der Wind weht; **to sail close to the ~** NAUT hart am Wind segeln; (*fig*) sich *akk* hart an der Grenze des Erlaubten bewegen; **to go/run like the ~** laufen/rennen wie der Wind; **to run before the ~** vor dem Wind segeln
② *no pl* (*breath*) Atem *m,* Luft *f;* **to get one's ~** wieder Luft kriegen; **to knock the ~ out of sb** (*fig*) jdm den Atem verschlagen
③ *no pl* (*meaningless words*) leere Worte, leeres Geschwätz *pej;* ***he's full of ~*** er ist ein Schaumschläger *pej*
④ *no pl* (*flatulence*) Blähungen *fpl,* Winde *mpl euph;* ***garlic gives me dreadful ~*** von Knoblauch bekomme ich fürchterliche Blähungen; **to break ~**

einen fahren lassen *fam;* **to suffer from ~** Blähungen haben
❺ MUS (*in an organ*) Wind *m;* (*in other instrument*) Luftstrom *m;* ■**the ~s** die [Blech]bläser(innen) *mpl(fpl)*
❻ (*scent*) Witterung *f;* **to get ~ of sth** (*fig*) von etw *dat* Wind bekommen; **there's something in the ~** (*fig*) es liegt etwas in der Luft
❼ BRIT, AUS (*fig: fear*) **to get the ~ up** Schiss kriegen *oft pej derb;* **to put the ~ up sb** jdm Angst einjagen; ***tell them your father's a policeman, that'll put the ~ up them!*** sag ihnen, dein Vater ist Polizist, dann kriegen sie Muffensausen! *fam*
► PHRASES: **to be three sheets in the ~** völlig betrunken [*o fam* sternhagelvoll] sein; **it's an ill ~ that does nobody any good** (*saying*) an allem lässt sich auch etwas Gutes finden; **to raise the ~** (*dated fam*) Geld auftreiben *fam*
II. *vt* ❶ (*knock breath out*) ■**to ~ sb** jdm den Atem nehmen; ***the blow to the stomach ~ed me*** durch den Schlag in den Bauch blieb mir die Luft weg; **to be/get ~ed** außer Atem sein/geraten
❷ BRIT (*bring up wind*) **to ~ a baby** ein Baby ein Bäuerchen machen lassen
❸ (*scent*) ■**to ~ sb/sth** jdn/etw wittern
III. *n modifier* ❶ *energy, power, turbine* Wind-; **~mill** Windmühle *f*
❷ MUS *instrument, section* Blas-; **~ player** Bläser(in) *m(f)*

wind[2] [waɪnd] **I.** *n* ❶ (*bend*) Windung *f; of river* Schleife *f; in a road* Kurve *f*
❷ (*turn*) Umdrehung *f;* **to give sth a ~** etw aufziehen
II. *vt* <wound, wound> ❶ (*wrap*) ■**to ~ sth** etw wickeln; **to ~ wool/yarn into a ball** Wolle/Garn zu einem Knäuel aufwickeln; ■**to ~ sth around/onto sth** etw um/auf etw *akk* wickeln; ***she wound her arms around me*** sie schlang ihre Arme um mich; **to ~ a film onto a reel** einen Film auf eine Rolle spulen; ■**to ~ sth off sth** etw von etw *dat* abwickeln
❷ (*cause to function*) **to ~ a clock/watch** eine Uhr/Armbanduhr aufziehen
❸ (*turn*) ■**to ~ sth** etw winden [*o* kurbeln]; **to ~ a handle** eine Kurbel drehen
❹ (*move*) **to ~ one's way** sich *akk* schlängeln
❺ (*cause to move*) ■**to ~ sth** etw spulen; **to ~ a film/tape back[wards]/forwards** einen Film/ein Band zurück-/vorspulen
III. *vi* <wound, wound> ❶ (*meander*) *stream, road* sich *akk* schlängeln
❷ (*coil*) sich *akk* wickeln [*o* spulen]; **to ~ back[wards]/forwards** *film, tape* zurück-/vorspulen
◆**wind down I.** *vt* ❶ (*lower*) **to ~ down the car window** das Autofenster herunterkurbeln
❷ (*gradually reduce*) ■**to ~ down ⊂ sth** etw zurückschrauben; **to ~ down activities/operations** Aktivitäten/Operationen reduzieren; **to ~ down a business** ein Geschäft auflösen; **to ~ down production** ECON die Produktion drosseln
II. *vi* ❶ (*become less active*) ruhiger werden; *business* nachlassen; *party* an Schwung verlieren
❷ (*cease*) auslaufen
❸ (*relax after stress*) [sich *akk*] entspannen, abspannen *fam;* **~ing-down exercises** Entspannungsübungen *fpl*
❹ (*need rewinding*) *clock, spring* ablaufen
◆**wind in** *vt* ■**to ~ in ⊂ sth** *line* etw aufspulen; *fish* etw einholen
◆**wind up I.** *vt* ❶ (*raise*) ■**to ~ up ⊂ sth** etw hochziehen [*o* heraufholen]; **to ~ up a car window** ein Autofenster hochkurbeln
❷ TECH ■**to ~ up ⊂ sth** etw aufziehen; **to ~ up a clock/watch** eine Uhr/Armbanduhr aufziehen
❸ BRIT (*fam: tease*) ■**to ~ up ⊂ sb** jdn aufziehen
❹ (*fam: annoy*) ■**to ~ up ⊂ sb** jdn auf die Palme bringen *fam;* **to be/get wound up** [**about** [*or* **over**] **sb/sth**] sich *akk* [über jdn/etw] aufregen
❺ (*bring to an end*) ■**to ~ up ⊂ sth** etw abschließen [*o* zu Ende bringen]; **to ~ up a debate/meeting/speech** eine Debatte/Versammlung/Rede beenden
❻ BRIT, AUS ECON **to ~ up one's affairs** seine Angelegenheiten in Ordnung bringen; **to ~ up a company** eine Firma auflösen [*o* liquidieren]; **to ~ up the company's affairs** die Firmenangelegenheiten abwickeln
II. *vi* ❶ (*fam: end up*) enden; **to ~ up in prison** im Gefängnis landen *fam;* **to ~ up homeless** als Obdachlose(r) *f(m)* enden; ■**to ~ up [by] doing sth** am Ende etw tun; ***you could ~ up having to sell your house*** es könnte damit enden, dass du dein Haus verkaufen musst
❷ (*bring to an end*) schließen, Schluss machen *fam;* (*conclude*) abschließend bemerken; ***..., she said, ~ing up ...***, sagte sie abschließend; **to ~ up for the government/opposition** BRIT (*in parliament*) als Letzte(r) für die Regierung/Opposition sprechen

windbag *n* (*pej fam: excessive talker*) Schwätzer(in) *m(f) pej,* Quasselstrippe *f pej fam;* (*boaster*) Schaumschläger(in) *m(f) pej* **wind band** *n* + *sing/pl vb* (*band*) Blaskapelle *f;* (*in orchestra*) Bläser *mpl* **wind-blown** *adj hair* [vom Wind] zerzaust **windbreak** *n* Windschutz *m* **windbreaker** *n* AM, **windcheater** *n* BRIT Windjacke *f* **windburn** *n* Hautrötung *f* aufgrund von Wind **wind chill** *n no pl* Windkälte *f* **wind chill factor** *n* Windchillindex *m,* Windkältefaktor *m* **wind chimes** *npl* Windspiel *nt* **wind cone** *n* Windsack *m,* Luftsack *m*

wind-down ['waɪn(d)daʊn] *n no pl* (*fam*) Nachlassen *nt,* Abflauen *nt*

wind energy *n no pl* Windenergie *f*

winder ['waɪndəʳ, AM -ɚ] *n* (*winding device*) Aufziehschraube *f;* (*for clock*) Schlüssel *m* (*zum Aufziehen der Uhr*); (*on watch*) Krone *f*

windfall I. *n* ❶ (*fruit*) Stück *nt* Fallobst; ■**~s** *pl* Fallobst *nt kein pl* ❷ (*money*) warmer [Geld]regen *fam,* unerwartete Einnahme **II.** *n modifier* (*profits*) Sonder-; **~ tax** Sondergewinnsteuer *f* **wind farm** *n* Windpark *m,* Windfarm *f* **wind gauge** *n* Wind[stärke]messer *m,* Anemometer *nt fachspr* **wind generator** *n* Windgenerator *m*

winding ['waɪndɪŋ] **I.** *adj course, path, river* gewunden, sich *akk* schlängelnd [*o* windend] *attr; road* kurvenreich
II. *n* ❶ *no pl* (*of course*) Windung *f*
❷ ELEC (*coils*) Wicklung *f;* (*of machinery*) Aufwickeln *nt*

winding sheet *n* Leichentuch *nt* **winding staircase** *n* Wendeltreppe *f* **winding up** *n* COMM, LAW Liquidation *f,* Abwicklung *f;* **compulsory ~ order** Zwangsliquidationsbeschluss *m;* **~ sale** Räumungsverkauf *m;* **voluntary ~** freiwillige Liquidation *f* **winding up petition** *n* COMM, LAW Konkurseröffnungsantrag *m*

wind instrument *n* Blasinstrument *nt* **windjammer** ['wɪn(d),dʒæməʳ, AM -ɚ] *n* Windjammer *m*

windlass ['wɪndləs] **I.** *n* <*pl* -es> Winde *f;* NAUT Winsch *f fachspr*
II. *vt* ■**to ~ sth** etw hochwinden

windless ['wɪndləs] *adj inv* windstill, ohne Wind *nach n*

wind machine *n* Windmaschine *f* **windmill I.** *n* ❶ (*for grinding*) Windmühle *f* ❷ (*wind turbine*) Windrad *nt* ❸ *esp* BRIT (*toy*) Windrädchen *nt* ❹ (*fam*) Gefälligkeitswechsel *m; see also* **accommodation bill** ► PHRASES: **to tilt** [*or* **fight**] **at ~s** gegen Windmühlen kämpfen **II.** *vt* **to ~ one's arms about** mit den Armen herumfuchteln *fam* **III.** *vi* ❶ (*of person's arms*) herumwedeln *fam* ❷ TECH sich *akk* [vom Luftstrom angetrieben] drehen **wind noise** *n no pl* Geräusch *nt* des Fahrtwindes

window ['wɪndəʊ, AM -doʊ] **I.** *n* ❶ (*in building*) Fenster *nt;* (*glass*) Fensterscheibe *f,* Fenster *nt;* ■**at the ~** am Fenster; **bay ~** Erkerfenster *nt;* **bedroom/kitchen ~** Schlafzimmer-/Küchenfenster *nt;* **casement ~** Flügelfenster *nt;* **dormer ~** Mansardenfenster *nt;* **a third-floor ~** ein Fenster *nt* im dritten Stock; **a ~ on the world** (*fig*) ein Fenster *nt* zur Welt; **French ~** Verandatür *f;* **to throw sth out of the ~** (*fig*) etw aus dem Fenster werfen
❷ (*of shop*) Schaufenster *nt;* (*window display*) [Schaufenster]auslage *f;* ■**in the ~** im Schaufenster
❸ (*of vehicle*) [Fenster]scheibe *f,* Fenster *nt;* **rear ~** Heckscheibe *f,* Rückfenster *nt*
❹ (*in ticket office*) Schalter *m*
❺ (*fig: opportunity*) Gelegenheit *f;* ***there might be a ~ in his schedule next Thursday when he could see you*** es könnte eventuell nächsten Donnerstag eine Lücke in seinem Terminplan sein, wo er Sie sehen könnte; **a ~ of opportunity** eine Chance [*o* Gelegenheit], günstiger Zeitpunkt
❻ COMPUT Fenster *nt,* Ausschnitt *m*
❼ (*in envelope*) Fenster *nt*
► PHRASES: **~s of the soul** Augen *ntpl;* **to go out [of] the ~** (*fam*) den Bach runtergehen *fam*
II. *vt* COMPUT ■**to ~ sth** etw als Fenster einrichten

window box *n* Blumenkasten *m* **window cleaner** *n* ❶ (*person*) Fensterputzer(in) *m(f)* ❷ *no pl* (*detergent*) Glasreiniger *m* **window display** *n* Schaufensterauslage *f* **window dresser** *n* Schaufensterdekorateur(in) *m(f)* **window dressing** *n no pl* ❶ (*in shop*) Schaufensterdekoration *f,* Auslage *f* ❷ (*pej: trivia*) Schau *f pej,* Schönfärberei *f pej;* (*swindle*) Augenwischerei *f pej* **window envelope** *n* Fenster[brief]umschlag *m* **window frame** *n* Fensterrahmen *m* **window ledge** *n* (*inside*) Fensterbank *f,* Fensterbrett *nt;* (*outside*) Fenstersims *m o nt* **window pane** *n* Fensterscheibe *f* **window seat** *n* ❶ (*beneath window*) Fensterbank *f* ❷ TRANSP Fensterplatz *m* **window shade** *n* AM (*blind*) Springrollo *nt,* Jalousie *f* **window-shop** <-pp-> *vi* einen Schaufensterbummel machen; ■**to ~ for sth** bei einem Schaufensterbummel nach etw *dat* Ausschau halten **window-shopper** *n* Schaufensterbummler(in) *m(f)* **window-shopping** *n no pl* Schaufensterbummel *m;* **to go ~** einen Schaufensterbummel machen **window sill** *n* (*inside*) Fensterbank *f,* Fensterbrett *nt;* (*outside*) Fenstersims *m o nt* **windpipe** *n* Luftröhre *f* **wind power** *n no pl* ❶ (*force of wind*) Windkraft *f* ❷ ECOL Windenergie *f* **windproof** *adj* windundurchlässig; **~ jacket** Windjacke *f* **wind rose** *n* Windrose *f* **windscreen** *n* BRIT, AUS Windschutzscheibe *f* **windscreen wiper** *n* BRIT, AUS Scheibenwischer *m* **windshield** *n* AM (*windscreen*) Windschutzscheibe *f* **windshield wiper** *n* AM (*windscreen wiper*) Scheibenwischer *m* **windsock** *n* Windsack *m,* Luftsack *m*

windsurf ['wɪn(d)sɜːf, AM -sɜːrf] *vi* windsurfen

windsurfer ['wɪn(d),sɜːfəʳ, AM -,sɜːrfɚ] *n* Windsurfer(in) *m(f)*

windsurfer® ['wɪn(d),sɜːrfɚ] *n* AM (*sailboard*) [Wind]surfbrett *nt*

windsurfing ['wɪn(d),sɜːfɪŋ, AM -,sɜːr-] *n no pl* Windsurfen *nt*

windswept *adj* ❶ (*exposed*) dem Wind ausgesetzt; **~ beach/coast** windgepeitschter Strand/windgepeitschte Küste ❷ *appearance* [vom Wind] zerzaust **wind tunnel** *n* Windkanal *m* **wind turbine** *n* Windturbine *f*

wind-up ['waɪndʌp] *n* ❶ (*finish*) [Ab]schluss *m;* (*conclusion*) abschließende Bemerkung; **a business/company ~** eine Geschäfts-/Firmenauflösung
❷ *usu sing* BRIT (*fam*) Jux *m fam;* ***is this a ~?*** willst du mich auf den Arm nehmen?

windward ['wɪn(d)wəd, AM -wɚd] NAUT **I.** *adj* windwärts, luvwärts *fachspr,* gegen den Wind *nach n;* **~ side** Windseite *f,* Luvseite *f fachspr*
II. *adv* windwärts, luvwärts *fachspr,* gegen den Wind; **to turn ~** anluven *fachspr*
III. *n* Windseite *f,* Luv *f fachspr*

windy[1] ['wɪndi] *adj* ❶ METEO windig; **a ~ street** eine zugige Straße
❷ (*of digestion*) blähend; **to get ~** Blähungen bekommen
❸ (*fam: wordy*) phrasenhaft *pej;* (*long-winded*) langatmig *pej;* ■**to be ~** *person* Phrasen dreschen; *speech* langatmig sein
❹ *pred* BRIT (*fam: anxious*) ängstlich; **to be/get ~**

Schiss haben/kriegen *derb*

windy[2] ['wɪndi] *adj* (*curvy*) gewunden; (*meandering*) sich *akk* schlängelnd [*o* windend] *attr;* **a ~ road** eine kurvenreiche Straße

wine [waɪn] **I.** *n* ① (*drink*) Wein *m;* **a bottle/glass of ~** eine Flasche/ein Glas *nt* Wein; **elderberry ~** Holunderwein *m;* **~, women and song** Wein, Weib und Gesang; **a life of ~, women and song** (*fig*) das süße Leben; **dry/medium/sweet ~** trockener/halbtrockener/lieblicher Wein; **red/white ~** Rot-/Weißwein *m*
② *no pl* (*colour*) Weinrot *nt*
► PHRASES: **good ~ needs no bush** (*prov*) Qualität spricht für sich selbst; **to put new ~ in old bottles** (*prov*) neuen Wein in alte Schläuche füllen *prov*
II. *vt* **to ~ and dine sb** jdn fürstlich bewirten
III. *vi* **to ~ and dine** fürstlich essen

wine bar *n* Weinlokal *nt,* Weinstube *f* **wine bottle** *n* Weinflasche *f* **wine box** *n* Zapfpack *m* **wine cellar** *n* Weinkeller *m* **wine cooler** *n* Weinkühler *m* **wine glass** *n* Weinglas *nt* **wine-grower** [-,grəʊəʳ, AM -,groʊɚ] *n* Winzer(in) *m(f),* Weinbauer, -bäuerin *m, f* **winegrowing** [-,grəʊɪŋ, AM -,groʊ-] **I.** *n no pl* Wein[an]bau *m*
II. *adj attr, inv* Wein[an]bau-; **~ area** Weingegend *f,* Wein[an]baugebiet *nt* **wine gum** *n* BRIT Weingummi *m* **wine list** *n* Weinkarte *f* **winemaker** *n* ① (*producer*) Weinhersteller(in) *m(f)* ② (*grower*) Winzer(in) *m(f),* Weinbauer, -bäuerin *m, f* **winemaking** *n no pl* Weinherstellung *f* **wine merchant** *n esp* BRIT ① (*person*) Weinhändler(in) *m(f)* ② (*shop*) ■**the ~['s]** die Weinhandlung **wine press** *n* [Wein]kelter *f,* Weinpresse *f* **wine rack** *n* Weinregal *nt*

winery ['waɪnᵊri, AM -ɚi] *n esp* AM Weinkellerei *f*

wineskin *n* Weinschlauch *m* **wine steward** *n* AM (*wine waiter*) Weinkellner(in) *m(f),* Sommelier, Sommelière *m, f fachspr* **wine taster** *n* Weinverkoster(in) *m(f),* Weinprüfer(in) *m(f)* **wine tasting** *n* Weinprobe *f* **wine vinegar** *n* Weinessig *m* **wine waiter** *n* BRIT Weinkellner(in) *m(f),* Sommelier, Sommelière *m, f fachspr*

wing [wɪŋ] **I.** *n* ① ZOOL *of bird* Flügel *m,* Schwinge *f liter;* **to clip a bird's ~s** einem Vogel die Flügel stutzen; **to clip sb's ~s** (*fig*) jdm die Flügel stutzen; **to give sb ~s** (*fig*) jdm Flügel verleihen *fig;* **to spread [or stretch] one's ~s** die Flügel spreizen; (*fig*) *children* flügge werden *fam;* **to take ~** (*liter*) davonfliegen, losfliegen; **to take sb/sth under one's ~** (*also fig*) jdn/etw unter seine Fittiche nehmen *a. fig fam;* ■**on the ~** im Flug; ■**to be on ~s** (*fig*) schweben
② AVIAT Flügel *m,* Tragfläche *f*
③ ARCHIT *of building* Flügel *m; **go to the outpatients' ~*** gehen Sie zur Ambulanz
④ FBALL Flügel *m;* **to play left/right ~** links/rechts Außen spielen; **to play on the left/right ~** auf der linken/rechten Seite spielen; **down the left ~** über den linken Flügel
⑤ THEAT ■**the ~s** *pl* die Kulissen; **to be waiting in the ~s** in den Kulissen warten; (*fig*) schon in den Startlöchern sitzen [und warten] *fig*
⑥ + *sing/pl vb* POL Flügel *m;* **the left/right ~** der linke/rechte Flügel
⑦ MIL (*of battle formation*) Flügel *m,* Flanke *f*
⑧ BRIT AUTO Kotflügel *m*
⑨ + *sing/pl vb* MIL (*air force unit*) Geschwader *nt;* (*pilot's badge*) ■**~s** *pl* Pilotenabzeichen *nt;* **to earn one's ~s** sich *dat* die [ersten] Sporen verdienen
► PHRASES: **on a ~ and a prayer** mit wenig Aussicht auf Erfolg
II. *vt* ① (*fly*) **to ~ one's way** [dahin]fliegen; (*fig: travel fast*) dahineilen
② (*wound*) **to ~ a bird** HUNT einen Vogel flügeln *fachspr,* einem Vogel in den Flügel schießen; ■**to ~ sb** jdn streifen
③ (*send*) ■**to ~ sth** etw schicken; (*fig: spur on*) etw beflügeln *geh liter*
④ (*pej fam: improvise*) **to ~ it** etwas aus dem Ärmel schütteln *fam*
III. *vi* fliegen

wing back *n* FBALL Außenverteidiger(in) *m(f)* **wingbeat** *n* Flügelschlag *m* **wing case** *n* Deckflügel *m* **wing chair** *n* Ohrensessel *m* **wing collar** *n* Vatermörder *m,* Eckenkragen *m* **wing commander** *n* BRIT MIL Oberstleutnant(in) *m(f)* (*der Luftwaffe*); AM Geschwaderkommodore, -in *m, f*

wingding ['wɪŋdɪŋ] *n esp* AM (*fam*) Sause *f fam; **that was a ~ of a party!*** das war eine Riesenparty!

winged [wɪŋd] *adj inv* ① ZOOL mit Flügeln *nach n*
② BOT *seeds* geflügelt
③ (*with projections*) Flügel-
④ (*fig: apposite*) **~ words** geflügelte Worte

winger ['wɪŋəʳ, AM -ɚ] *n* SPORTS Flügelspieler(in) *m(f);* FBALL (*on the left wing*) Linksaußen *m;* (*on the right wing*) Rechtsaußen *m*

-winger ['wɪŋəʳ, AM -ɚ] *in compounds* POL **left-/right-~** Linke(r) *f(m)*/Rechte(r) *f(m)*

wing forward *n* (*in rugby*) Flügelstürmer(in) *m(f)* **wing game** *n no pl* Flügelwild *nt*

wingless ['wɪŋləs] *adj inv* flügellos, ohne Flügel *nach n; insect* ungeflügelt

wing mirror *n* Außenspiegel *m* **wing nut** *n* Flügelmutter *f* **wingspan** *n* Flügelspannweite *f* **wing-three-quarter** *n* (*in rugby*) *Angriffsspieler, der links oder rechts außen spielt* **wing tip** *n* ① BIOL, AVIAT Flügelspitze *f* ② AM (*shoes*) ■**~s** *pl Männerschuhe mit gebogener Schuhkappe*

wink [wɪŋk] **I.** *vi* ① (*close one eye*) zwinkern; (*blink*) blinzeln; ■**to ~ at sb** jdm zuzwinkern; (*blink*) jdm zublinzeln; ■**to ~ at sth** (*fig*) über etw *akk* [geflissentlich] hinwegsehen
② (*twinkle*) *light* blinken; *star* funkeln
③ BRIT AUTO blinken; **to ~ left/right** links/rechts blinken
► PHRASES: **sth is as easy as ~ing** (*fam*) etw ist kinderleicht [*o* ein Kinderspiel]
II. *vt* **to ~ one's eye** [mit den Augen] zwinkern; (*blink*) [mit den Augen] blinzeln; **to ~ one's eye at sb/sth** jdm/etw zuzwinkern; (*blink*) jdm/etw zublinzeln
III. *n* [Augen]zwinkern *nt;* (*blink*) Blinzeln *nt;* **to give sb a ~** jdm zuzwinkern; (*blink*) jdm zublinzeln; **to tip sb the ~** (*fam*) jdm einen Wink geben
► PHRASES: **in the ~ of an eye** [*or* **in a ~**] in einem Augenblick; **to not sleep a ~** [*or* **get a ~ of sleep**] kein Auge zutun; **to take forty ~s** ein Nickerchen machen

winker ['wɪŋkəʳ] *n* BRIT AUTO Blinker *m*

winkle ['wɪŋkl̩] *esp* BRIT **I.** *n* Strandschnecke *f*
II. *vt* ■**to ~ out** ↔ **sth** etw herausholen [*o fam* herauskriegen]; ■**to ~ sth out of sb** etw aus jdm herausbekommen [*o fam* herauskriegen]; ■**to ~ out** ↔ **sb** jdn loseisen

winkle-picker ['wɪŋkl̩,pɪkəʳ] *n* BRIT *vorne spitz zulaufender Schuh*

winnable ['wɪnəbl̩] *adj* gewinnbar, zu gewinnen[d]

winnage ['wɪnɪdʒ] *n no pl* Erfolg *m*

winner ['wɪnəʳ, AM -ɚ] *n* ① (*sb that wins*) Gewinner(in) *m(f);* (*in competition*) Sieger(in) *m(f); **everyone's a ~!*** (*person*) jeder gewinnt!; (*ticket*) jedes Los gewinnt!; **Nobel Prize ~** Nobelpreisträger(in) *m(f);* **to back a ~** (*also fig*) auf das richtige Pferd setzen *a. fig*
② SPORTS (*fam: goal*) Siegestor *nt;* (*shot*) [Sieges]treffer *m*
③ (*fam: successful thing*) Knaller *m fam;* ■**to be a ~** gut ankommen *fam;* ■**to be onto a ~** das große Los gezogen haben *fam*

winner takes all LAW Mehrheitswahl *f*

winner-takes-all *adj inv* der-Sieger-erhält-alles-; **~ system** Alles-oder-Nichts-System *nt*

winning ['wɪnɪŋ] **I.** *adj* ① *attr* (*that wins*) Gewinn-; (*in competition*) Sieger-; (*victorious*) siegreich; **to play one's ~ card** (*fig*) sein Ass [*o* seinen Trumpf] ausspielen; **the ~ entry** die prämierte Einsendung; **~ number** Gewinnzahl *f;* **on the ~ side** auf der Gewinnerseite; **the ~ song** der Siegertitel; **to be on a ~ streak** eine Glückssträhne haben; **~ team** Siegermannschaft *f;* **~ ticket** Gewinnschein *m*
② (*charming*) gewinnend, einnehmend; ***with her ~ ways …*** mit ihrer gewinnenden Art …
II. *n* ■**~s** *pl* Gewinn *m*

winningly ['wɪnɪŋli] *adv* gewinnend, einnehmend

winning post *n* Zielpfosten *m,* Ziel *nt*

winnow ['wɪnəʊ, AM -noʊ] *vt* ① AGR **to ~ grain** das Getreide reinigen [*o fachspr veraltend* worfeln]
② (*fig: sift*) ■**to ~ sth** etw sichten *geh;* **to ~ out the truth** die Wahrheit herausfiltern
③ (*reduce*) ■**to ~ [down]** ↔ **sth** etw aussortieren; ***the class has been ~ed to fifteen from twenty-five*** die Klasse ist von fünfundzwanzig auf fünfzehn reduziert worden

winnower ['wɪnəʊəʳ, AM -noʊɚ] *n* AGR Worfschaufel *f fachspr veraltend*

wino <*pl* -os> ['waɪnəʊ, AM -noʊ] *n* (*fam*) Weinsäufer(in) *m(f) pej derb;* (*esp male*) Wermutbruder *m pej fam,* Saufbruder *m oft pej derb*

winsome ['wɪnsəm] *adj* (*liter*) *person, looks* reizend; **~ charm/smile** gewinnender Charme/gewinnendes [*o* einnehmendes] Lächeln

winter ['wɪntəʳ, AM -t̬ɚ] **I.** *n* Winter *m;* **on a ~'s morning** an einem Wintermorgen; **on a ~'s night** in einer Winternacht; **last/next ~** letzten/nächsten Winter; ■**in [the] ~** im Winter; **in the dead of ~** mitten im Winter
II. *n modifier* ① (*in, for winter*) (*evening, holiday, morning, plumage, season, solstice*) Winter-; **~ break** Winterpause *f;* **~ clothes** Wintersachen *pl;* **~ coat** (*for a person*) Wintermantel *m;* (*on an animal*) Winterfell *nt;* **~ scene** Winterlandschaft *f;* **~ sleep** Winterschlaf *m;* **~ wardrobe** Wintergarderobe *f*
② AGR (*ripening late*) (*fruit*) Lager-; **~ apples** Lageräpfel *mpl*
③ AGR (*planted in autumn*) (*crops*) Winter-; **~ wheat** Winterweizen *m*
III. *vi animals* überwintern; *person* den Winter verbringen
IV. *vt* **to ~ sb/an animal** jdn/ein Tier durch den Winter bringen

winter garden *n* Wintergarten *m* **wintergreen** *n* Wintergrün *nt*

winterize ['wɪntəraɪz, AM -t̬ɚ-] *vt esp* AM **to ~ a car** ein Auto winterfest machen; **to ~ a house** ein Haus für den Winter herrichten

Winter Olympics *npl* ■**the ~** die Winterolympiade, die [Olympischen] Winterspiele *pl* **winter quarters** *npl* Winterquartier *nt* **winter sleep** *n* Winterschlaf *m* **winter sports** *npl* Wintersport *m kein pl* **winter-sports** *adj attr, inv* Wintersport-; **~ holiday** Wintersporturlaub *m;* **~ tourism** Wintersporttourismus *m* **wintertime** *n no pl* Winterzeit *f;* ■**in [the] ~** im Winter, in der Winterszeit *geh*

wint(e)ry ['wɪntri, AM *also* -t̬ə-] *adj* ① (*typical of winter*) winterlich
② (*fig: unfriendly*) *greeting, smile* frostig; *look* eisig

wintry showers *npl* Graupelschauer *m;* (*with snow*) Schneegestöber *nt*

wipe [waɪp] **I.** *vt* ① (*clean*) ■**to ~ sth** etw abwischen [*o* abputzen]; **to ~ one's bottom** sich *dat* den Hintern abputzen *fam;* **to ~ one's feet** sich *dat* die Füße [*o* Schuhe] abtreten; **to ~ the floor** den [Fuß]boden [auf]wischen; **to ~ one's nose** sich *dat* die Nase putzen; **to ~ one's nose on one's sleeve** sich *dat* die Nase am Ärmel abwischen; **to ~ the rear window/the windscreen** [über] die Heckscheibe/die Windschutzscheibe wischen; **to ~ sth clean** etw abwischen; ■**to ~ sth on sth** etw an etw *dat* abwischen [*o* abputzen]; ***don't ~ your sticky fingers on your trousers!*** wisch dir nicht deine klebrigen Finger an der Hose ab!; ■**to ~ sth with sth** etw mit etw *dat* abwischen [*o* abputzen]
② (*dry*) ■**to ~ sth** etw abtrocknen; ***you can ~ your hands on this towel*** du kannst dir die Hände an diesem Handtuch abtrocknen; ***she ~d the tears from the child's face*** sie wischte dem Kind die Tränen aus dem Gesicht; **to ~ one's brow** sich *dat* die Stirn abwischen; **to ~ the dishes** das Geschirr abtrocknen; **to ~ one's eyes** sich *dat* die Augen wischen; **to ~ the kitchen top/table dry** die Arbeitsfläche in der Küche/den Tisch trockenreiben
③ (*erase*) **to ~ a cassette/disk/tape** eine Kassette/eine Diskette/ein Band löschen
► PHRASES: **to ~ the floor with sb** (*fam*) jdn fertig

machen *fam;* **to ~ the** <u>**slate**</u> **clean** etw bereinigen, reinen Tisch machen; **to consider the** <u>**slate**</u> **~d clean** etw als erledigt betrachten
II. *vi* Brit, Aus abtrocknen
III. *n* ① *(act of cleaning)* Wischen *nt;* **to give the floor a ~** den [Fuß]boden [auf]wischen; **to give the kitchen top/table a ~** die Arbeitsfläche in der Küche/den Tisch abwischen
② *(tissue)* Reinigungstuch *nt*
◆**wipe away** *vt* ■**to ~ away** ↔ **sth** etw wegwischen; **to ~ away a tear** sich *dat* eine Träne abwischen
◆**wipe down** *vt* ■**to ~ down** ↔ **sth** etw abwischen; *(with water)* etw abwaschen; *(rub)* etw abreiben
◆**wipe off** *vt* ① *(clean)* ■**to ~ off** ↔ **sth** etw wegwischen; *(from hand, shoes, surface)* etw abwischen; ~ ***the make-up off your face!*** wisch dir das Make-up aus dem Gesicht!; **to ~ the crumbs off the table** die Krümel vom Tisch wischen
② *(erase)* **to ~ data/a program off** [**sth**] Daten/ein Programm [von etw *dat*] löschen
③ Econ *(pay off)* ■**to ~ off** ↔ **sth** etw zurückzahlen; *debts, mortgage* etw tilgen
④ Econ ■**to ~ off sth** ***£10 million has been ~d off the value of the company's shares*** die Firmenaktien haben 10 Millionen Pfund an Wert verloren
⑤ *(destroy)* **to be ~d off the map** [*or* **the face of the earth**] von der Landkarte [*o* Erdoberfläche] verschwinden
► Phrases: **to ~ the** <u>**smile**</u> **off sb's face** dafür sorgen, dass jdm das Lachen vergeht; ***that should ~ the smile off his face!*** da wird ihm das Lachen schon noch vergehen!
◆**wipe out** **I.** *vt* ① *(clean inside of)* ■**to ~ out** ↔ **sth** etw auswischen
② *(destroy)* ■**to ~ out** ↔ **sth** etw auslöschen *geh;* ***water pollution ~d out all the fish in the river*** die Gewässerverschmutzung vergiftete alle Fische im Fluss; ***how can we ~ out world poverty?*** wie können wir die Armut in der Welt beseitigen?; **to ~ out one's debts** seine Schulden tilgen; **to ~ out a disease** eine Krankheit ausrotten; **to ~ out sb's profits** jds Gewinne zunichte machen; **to ~ out sb's savings** jdn um seine [gesamten] Ersparnisse bringen
③ *(sl: murder)* ■**to ~ out** ↔ **sb** jdn beseitigen [*o* verschwinden lassen] *fam*
④ *esp* Am, Aus *(fam: tire out)* ■**to ~ out** ↔ **sb** jdn schlauchen [*o fam* fix und fertig machen]
⑤ *(fam: take all sb's money)* ■**to ~ out** ↔ **sb** jdn an den Bettelstab bringen
II. *vi esp* Am, Aus *(fam: have accident)* einen Unfall bauen *fam;* sports hinfliegen *fam;* **to ~ out on a bend** aus der Kurve getragen werden
◆**wipe up** **I.** *vt* ■**to ~ up** ↔ **sth** etw aufwischen; *(dry)* etw abtrocknen
II. *vi* abtrocknen
wiped out *adj pred esp* Am, Aus *(fam)* geschafft *fam,* geschlaucht *fam,* fertig, fix und foxi *fam*
wipe-out *n (fam)* ① radio Frequenzstörung *f*
② *(destruction)* Knall *m fam*
③ sports Sturz *m (vom Surfbrett)*
wiper ['waɪpəʳ, Am -ɚ] *n* ① auto [Scheiben]wischer *m*
② tech Abstreifer *m*
wiper blade *n* Wischerblatt *nt*
wire ['waɪəʳ, Am -ɚ] **I.** *n* ① *no pl (metal thread)* Draht *m;* **a bit/length/piece of ~** ein Stück *nt* Draht
② elec *(electric cable)* Leitung *f;* **telephone ~** Telefonleitung *f*
③ *esp* Am *(dated: telegram)* Telegramm *nt;* **to send a ~** ein Telegramm aufgeben; **by ~** telegrafisch
④ Am elec *(hidden microphone)* Wanze *f;* **to wear a ~** verwanzt sein
⑤ *(prison camp fence)* ■**the ~** *der Drahtzaun um ein Gefängnis; (fig)* das Gefängnis
► Phrases: **to get one's ~s** <u>**crossed**</u> aneinander vorbeireden, sich *akk* falsch verstehen; **to be a** <u>**live**</u> **~** *(fam)* ein Energiebündel sein *fam;* **to** <u>**get**</u> [**sth**] **in under the ~** *esp* Am *(fam)* etw [so gerade noch] unter Dach und Fach bringen *fam;* **to** <u>**go**</u> [**down**] **to the ~** *esp* Am *(fam)* bis zum Schluss offen bleiben; **to** <u>**pull**</u> **~s** *esp* Am seine Beziehungen spielen lassen
II. *n modifier (basket, cage)* Draht-; **~ fence** Drahtzaun *m*
III. *vt* ① *(fasten with wire)* ■**to ~ sth to sth** etw mit Draht an etw *akk* binden; ■**to ~ sth together** etw mit Draht zusammenbinden
② elec *(fit with cable)* ■**to ~ sth** etw mit elektrischen Leitungen versehen; *(connect)* etw ans Stromnetz anschließen; tv etw verkabeln
③ *esp* Am *(transmit electronically)* **to ~ sb money** [*or* **money to sb**] jdm telegrafisch Geld überweisen
④ *esp* Am *(dated: send telegram to)* ■**to ~ sb** jdm telegrafieren [*o veraltend* kabeln]
⑤ *(reinforce)* **to ~ sb's jaw** jds Kiefer [mit einer Spange] richten
IV. *vi* telegrafieren, kabeln *veraltend*
◆**wire up** *vt* elec ① *(connect up)* ■**to ~ up** ↔ **sth** [**to sth**] etw [an etw *akk*] anschließen; **to ~ up a building/house** [*or* **a building/house up**] die elektrischen Leitungen [*o* den Strom] in einem Gebäude/Haus verlegen; **to be ~d up for sound** mit einer Lautsprecheranlage ausgestattet sein
② *usu passive (fit with concealed microphone)* ■**to ~ up** ↔ **sb/sth** jdn/etw mit einer Wanze versehen [*o* verwanzen]; ■**to be ~d up** verwanzt sein
wire brush *n* Drahtbürste *f* **wire-cutters** *npl* [**a pair of**] **~** eine Drahtschere
wired ['waɪəd, Am -ɚd] *adj* ① *inv* comput *(fam)* vernetzt
② *pred (fam: tense)* total aufgedreht *fam,* überdreht *fam*
③ *(fam: drunk, drugged)* high *euph fam,* bekifft *sl,* voll gedröhnt *sl*
► Phrases: **to** <u>**be**</u> **~ for sth** für etw *akk* wie gemacht sein; **to** <u>**be**</u> **~ like sb** jdm gleichen; **to** <u>**have**</u> **sth ~** Am *(sl)* etw sicher [*o fam* [so gut wie] in der Tasche] haben
wired up *adj pred* Am *(fam)* total aufgedreht *fam,* überdreht *fam*
wire gauge *n* ① *(for measuring)* Drahtlehre *f*
② *(diameter)* Drahtstärke *f* **wire-haired** *adj inv* drahthaarig, Drahthaar- **wire-haired terrier** *n* Drahthaarterrier *m*
wireless ['waɪələs, Am -ɚ-] **I.** *n* <*pl* -es> Brit *(dated)* ① *(set)* Radioapparat *m,* Radio *nt*
② *no pl (radio)* [Rund]funk *m,* Radio *nt; (telegraphy)* Funk *m;* ■**by ~** über [Rund]funk; ■**on the ~** im Rundfunk [*o* Radio]
II. *adj inv (lacking wire)* drahtlos; *(radio)* Funk-, Radio-; **~ telegraphy** drahtlose Telegrafie
wireless fidelity *n* kabellose [Daten]übermittlung **wireless set** *n* Brit Radioapparat *m,* Radio *nt*
wire netting *n no pl* Drahtgeflecht *nt; (for fence)* Maschendraht *m* **wirepuller** [-,pʊləʳ, Am -,pʊlɚ] *n esp* Am *(fam)* Drahtzieher(in) *m(f)* **wirepulling** *n no pl esp* Am *(fam)* Drahtziehen *nt,* Drahtzieherei *f pej;* **to do some ~** seine Beziehungen spielen lassen **wire rope** *n* Drahtseil *nt* **wire service** *n esp* Am Nachrichtendienst *m*
wiretap **I.** *n* ① *(device)* Abhörgerät *nt; (small)* Wanze *f*
② *(activity)* Abhören *nt*
II. *vt* ■**to ~ sb/sth** jdn/etw abhören; **to ~ a telephone** ein Telefon anzapfen
wiretapper [-,tæpəʳ, Am -,tæpɚ] *n* Abhörer(in) *m(f)* von Telefonleitungen
wiretapping [-,tæpɪŋ] *n no pl* Abhören *nt* [*o* Anzapfen *nt*] von Telefonleitungen
wire wool *n no pl* Brit Stahlwolle *f*
wiring ['waɪərɪŋ, Am -ɚ-] *n no pl* elec ① *(system of wires)* elektrische Leitungen *fpl,* Stromkabel *ntpl*
② *(electrical installation)* Stromverlegen *nt,* Verlegen *nt* der elektrischen Leitungen; **to do the ~** die elektrischen Leitungen [*o* den Strom] verlegen
wiring diagram *n* Schaltplan *m*
wiry ['waɪəri, Am -ɚi] *adj* ① *(rough-textured)* drahtig; *hair* borstig
② *(fig: lean and strong) person* drahtig, sehnig
Wis. Am *abbrev of* **Wisconsin**
wisdom ['wɪzdəm] *n no pl* ① *(state of having good judgement)* Weisheit *f; (iron)* ***in her ~ ...*** in ihrer grenzenlosen Weisheit ... *iron;* ***~ comes with age*** die Weisheit kommt mit dem Alter; **the ~ of hindsight** im Nachhinein, hinterher; **conventional ~ has it that ...** [*or* **the received ~ is that ...**] im Allgemeinen ist man der Auffassung, dass ...
② *(sensibleness)* Klugheit *f,* Vernünftigkeit *f;* ***I am not convinced of the ~ of letting them go ahead unsupervised*** ich bin nicht davon überzeugt, dass es vernünftig ist, sie einfach unbeaufsichtigt weitermachen zu lassen; ***did we ever stop to question the ~ of going to war?*** haben wir jemals den Sinn von Kriegsführung hinterfragt?
③ *(sayings)* weise Sprüche *mpl; (advice)* weise Ratschläge *mpl;* **words of ~** *(also iron)* weise Worte *a. iron geh;* **to give sb a few words of ~** jdm kluge Ratschläge erteilen *a. pej*
wisdom tooth *n* Weisheitszahn *m*
wise[1] [waɪz] **I.** *adj* ① *(having knowledge and sagacity)* weise *geh,* klug; ***it's easy to be ~ after the event*** nachher ist man immer schlauer; ***I'm afraid her explanation left me none the ~r*** ich fürchte, nach ihrer Erklärung bin ich auch nicht klüger als zuvor; **the Three W~ Men** rel die drei Weisen [aus dem Morgenland]; **to be older** [*or* Brit *also* **sadder**] **and ~r** viel Lehrgeld bezahlt haben, durch Schaden klug geworden sein
② *(showing sagacity)* klug, vernünftig; **~ advice** [*or* **counsel**] weiser Rat[schlag] *geh;* **~ saying** weiser Ausspruch *geh;* **~ words** weise Worte *a. pej geh*
③ *(sensible)* vernünftig; ***it would be ~ to check up on that*** es wäre besser, das nachzuprüfen; ***you would be ~ to wait*** du tätest gut daran, zu warten; **a ~ choice** eine gute Wahl; **a ~ decision** eine weise Entscheidung *geh*
④ *pred (experienced)* ■**to be ~ in sth** in etw *dat* erfahren sein; **to be worldly ~** weltklug sein, Lebenserfahrung haben
⑤ *pred (fam: aware)* ■**to be ~ to sb/sth** jdn/etw kennen; **to not be any the ~r** nichts bemerken; ***none of them was any the ~r*** niemand hatte etwas bemerkt; ***without anyone being any the ~r*** ohne dass jemand etwas bemerkt hätte; **to get ~ to sb** jdn durchschauen, jdm auf die Schliche kommen; **to get ~ to sth** etw spitzkriegen *fam;* **to get ~ to what is going on** dahinterkommen, was los ist, wissen, was läuft *fam*
⑥ *esp* Am *(fam: cheeky)* **to act ~** dreist sein; **to act ~ with sb** sich *akk* jdm gegenüber dreist verhalten, jdm frech kommen *fam;* **to get ~ with sb** zu jdm frech werden; ***don't get ~ with me, young man*** nun aber mal nicht frech werden, junger Mann
► Phrases: **early to** <u>**bed**</u> **and early to rise makes a man healthy, wealthy and ~** *(saying)* ≈ Morgenstund' hat Gold im Mund *prov;* <u>**penny**</u> **~** [**and**] **pound foolish** sparsam im Kleinen, [und] verschwenderisch im Großen
II. *n* ■**the ~** *pl* die Weisen *mpl;* **a word to the ~** *(also iron)* sapienti sat *prov geh,* für den Weisen genug *prov*
III. *vi esp* Am *(fam)* ■**to ~ up** aufwachen *fig,* Vernunft annehmen; ***come on, ~ up!, it's time you ~d up!*** wach endlich auf! *fig;* ■**to ~ up to sb** jdm auf die Schliche kommen, jdn durchschauen; ■**to ~ up to sth** etw herausbekommen [*o fam* spitzkriegen]; **to ~ up to the fact that ...** sich *dat* darüber klar werden, dass ..., dahinterkommen, dass ... *fam*
IV. *vt* Am *(fam)* ■**to ~ up** ↔ **sb** jdm die Augen öffnen; ■**to ~ sb up about** [*or* **to**] **sb/sth** jdn über jdn/etw aufklären
wise[2] [waɪz] *n no pl (dated)* Weise *f;* **in no ~** keinesfalls, in keinster Weise
-wise [waɪz] *in compounds* ① *(fam: with regard to)* in Bezug auf, in puncto, -mäßig *fam;* **clothes~** in puncto Kleidung, kleidungsmäßig *fam;* **food~** vom Essen her, essensmäßig *fam;* **money~** in puncto Geld, was das Geld betrifft; **weather~** was das Wetter betrifft, wettermäßig *fam;* **work~** arbeitsmäßig

fam
❷ *(in a direction)* -wärts; **clock-/counterclock~** im/gegen den Uhrzeigersinn; **length~** der Länge nach; **width~** der Breite nach
wiseacre ['waɪz,eɪkəʳ, AM -ɚ] *n (fam)*, **wise-ass** ['waɪzæs] *n* AM *(fam!)* Klugschwätzer(in) *m(f) pej fam,* Neunmalkluge(r) *f(m) iron pej*
wisecrack ['waɪzkræk] **I.** *n* Witzelei[en] *f[pl]*, witzige Bemerkung, Bonmot *nt geh;* **to make a ~ about sb/sth** über jdn/etw witzeln
II. *vi* witzeln; ***he's always ~ing*** er hat immer eine witzige Bemerkung auf Lager
wisecracking ['waɪz,krækɪŋ] *adj attr, inv* witzig
wise guy *n (pej fam)* Klugschwätzer *m pej fam,* Klugscheißer *m pej derb*
wisely ['waɪzli] *adv* ❶ *(showing wisdom)* weise *geh;* **to speak ~** weise Worte sprechen *geh*
❷ *(sensibly)* klug, vernünftig; ***they ~ decided to seek legal advice*** klugerweise haben sie beschlossen, juristischen Rat einzuholen; **to invest one's money ~** sein Geld schlau investieren; **to act ~** sich *akk* klug verhalten
wise man *n* Zauberer *m*
wisenheimer ['waɪzᵊn,haɪmɚ] *n* AM *(fam)* Klugschwätzer(in) *m(f) pej fam,* Klugscheißer(in) *m(f) pej derb*
wise saw *n* weiser Spruch, Weisheit *f* **wise woman** *n* Kräuterfrau *f,* Heilkräuterkundige *f*
wish [wɪʃ] **I.** *n* <*pl* -es> ❶ *(desire)* Wunsch *m,* Verlangen *nt;* ***against the ~es of the party members*** gegen den Willen der Parteimitglieder; ***it was your mother's dearest/greatest/last ~*** es war der sehnlichste/größte/letzte Wunsch deiner Mutter; ***your ~ is my command!*** dein Wunsch sei mir Befehl! *hum;* **to express a ~** einen Wunsch äußern; **to have a ~** sich *dat* etwas wünschen; **to have no ~ to do sth** keine Lust haben [*o geh* nicht das Verlangen verspüren], etw zu tun; ***he had no ~ to go through the experience again*** er wollte diese Erfahrung nicht noch einmal durchmachen; ***I've no ~ to be offensive, but …*** ich möchte niemandem zu nahe treten, aber …
❷ *(thing desired)* Wunsch *m;* ***may all your ~es come true*** mögen alle deine Wünsche in Erfüllung gehen; **to get** [*or* **have**] **one's ~** seinen Willen bekommen; ***well, you've got your ~, here we are in Paris*** nun, jetzt hast du deinen Willen – wir sind in Paris; **to grant sb a ~** jdm einen Wunsch erfüllen; **to make a ~** sich *dat* etwas wünschen
❸ *(regards)* ■**~es** *pl* Grüße *mpl;* ***good ~es for your time at university*** alles Gute für deine Zeit an der Universität; **with best ~es** mit den besten Wünschen; [**with**] **best** [*or* **all good**] **~es** *(at end of letter)* mit herzlichen Grüßen, herzliche Grüße; **to give** [*or* **send**] **sb one's best ~es** jdn herzlich grüßen [lassen], jdm die besten Wünsche ausrichten [lassen]; ***please send her my best ~es for a speedy recovery*** richten Sie ihr bitte meine besten Wünsche für eine baldige Genesung aus *geh*
► PHRASES: **the ~ is father to the thought** *(prov)* der Wunsch ist der Vater des Gedankens *prov;* **if ~es were horses[, then beggars would ride]** *(saying)* wenn das Wörtchen wenn nicht wär'[, wär' mein Vater Millionär] *prov*
II. *vt* ❶ *(be desirous)* ■**to ~ sth** etw wünschen; ***whatever you ~*** was immer du möchtest; ***if that is what you ~, you shall have it*** wenn es das ist, was du möchtest, dann sollst du es haben; ■**to ~ [that] …** wünschen, dass …; *(expressing annoyance)* wollen [*o* erwarten], dass …; ***I ~ I hadn't said that*** ich wünschte, ich hätte das nicht gesagt; ***I do ~ you wouldn't keep calling me*** ich möchte, dass du endlich aufhörst, mich anzurufen; ***I ~ she'd shut up for a minute!*** wenn sie doch nur für einen Moment den Mund halten würde!
❷ *(form: want)* ■**to ~ to do sth** etw tun wollen; ***I ~ to make a complaint*** ich möchte mich beschweren; ***we don't ~ to be disturbed*** wir möchten nicht gestört werden; ***what do you ~ me to do?*** was kann ich für Sie tun?; ***passengers ~ing to take the Kings Cross train …*** Passagiere für den Zug nach Kings Cross …; ***I don't ~ to worry you, but …*** ich möchte Sie nicht beunruhigen, aber …; ***I don't ~ to appear rude, but …*** ich möchte nicht unhöflich erscheinen, aber …; ***without ~ing to appear overcritical, …*** ohne allzu kritisch erscheinen zu wollen, …; ■**to [not] ~ sth [up]on sb** jdm etw [nicht] wünschen; ***I wouldn't ~ it on my worst enemy!*** das würde ich nicht einmal meinem schlimmsten Feind wünschen!
❸ *(make a magic wish)* ■**to ~ [that] …** sich *dat* wünschen, dass …; ***I ~ you were here*** ich wünschte, du wärst hier; ***I ~ed the day over*** ich wünschte, der Tag wäre schon vorbei; ***she ~ed herself anywhere but there*** sie wünschte sich möglichst weit weg; ***sometimes I ~ed myself dead*** manchmal wollte ich am liebsten tot sein; **to ~ oneself back home** sich *akk* nach Hause sehnen
❹ *(express wishes)* ■**to ~ sb sth** jdm etw wünschen; **to ~ sb happy birthday** jdm zum Geburtstag gratulieren; **to ~ sb merry Christmas** jdm frohe Weihnachten wünschen; **to ~ sb goodnight** jdm [eine] gute Nacht wünschen; **to ~ sb a safe journey/luck/every success** jdm eine gute Reise/Glück/viel Erfolg wünschen; **to ~ sb well/ill** jdm [viel] Glück [*o* alles Gute]/nur Schlechtes wünschen
❺ *(fam: impose on)* ■**to ~ sb/sth [up]on sb** jdm jdn/etw aufhalsen *fam*
III. *vi* ❶ *(want)* wollen, wünschen; [***just***] ***as you ~*** [ganz] wie Sie wünschen; ***if you ~*** wenn Sie es wünschen; ■**to ~ for sth** etw wünschen [*o* wollen]; ***what more could you ~ for?*** was kann man sich mehr wünschen?
❷ *(make a wish)* ■**to ~ for sth** sich *dat* etw wünschen; ***we couldn't have ~ed for a better start*** wir hätten uns keinen besseren Start wünschen können; ***they've got everything a normal person could ~ for*** sie haben alles, was sich ein normaler Mensch nur wünschen kann
◆**wish away** *vt* ■**to ~ away** ⟲ **sth** etw wegwünschen
wishbone ['wɪʃbəʊn, AM -boʊn] *n* Gabelbein *nt*
wishful ['wɪʃfᵊl] *adj* ❶ *(desirous)* sehnsuchtsvoll; *(desiring)* wünschend, begierig
❷ *(fanciful)* traumverloren
wish-fulfilment *n* Erfüllung *f* eines Wunsches; *(in fantasy)* eingebildete Wunscherfüllung, Fantasievorstellung *f*
wishful thinking *n no pl* Wunschdenken *nt;* ***that's just ~*** das ist reines Wunschdenken
wishing well *n* Wunschbrunnen *m*
wishy-washy ['wɪʃi,wɒʃi, AM -,wɑːʃi] *adj (pej)* ❶ *(indeterminate)* lasch, wischiwaschi *pej fam; person* [saft- und] kraftlos, farblos
❷ *(weak and watery) drink* wässrig, dünn, labberig *fam; food* fad[e]; *colours* wässrig
wisp [wɪsp] *n* ❶ *(small bundle)* Büschel *nt;* **~s of cloud** *(fig)* Wolkenfetzen *mpl,* Wolkenstreifen *mpl;* **~ of hair** Haarsträhne *f;* **~s of smoke** *(fig)* [kleine] Rauchfahnen; **~ of straw** Strohbüschel *nt*
❷ *(person)* Strich *m hum fam;* **a little ~ of a boy** ein schmächtiges Kerlchen, ein Strich *m* in der Landschaft *hum fam*
wispy ['wɪspi] *adj* dünn; *person* schmächtig, schmal; ***she's got very ~ hair*** sie hat sehr strähniges Haar; **~ clouds** Wolkenfetzen *mpl*
wisteria [wɪ'stɪəriə, AM -'stɪr-] BOT **I.** *n no pl* Glyzin[i]e *f*
II. *n modifier (trellis)* Glyzinien-
wistful ['wɪs(t)fᵊl] *adj note, smile* wehmütig; *glance, look* sehnsüchtig; **to feel ~** Wehmut empfinden *geh*
wistfully ['wɪs(t)fᵊli] *adv* wehmütig; **to gaze ~ at sth** etw sehnsüchtig anblicken; **to speak ~ about sth** wehmütig [*o geh* voller Wehmut] über etw *akk* sprechen
wistfulness ['wɪs(t)fᵊlnəs] *n no pl* ❶ *(melancholy)* Wehmut *f geh*
❷ *(longing)* Sehnsucht *f;* **to feel a ~ for sth** sich *akk* nach etw *dat* sehnen
wit [wɪt] **I.** *n* ❶ *no pl (humour)* Witz *m,* Geist *m,* Esprit *m geh;* **a flash of ~** ein Geistesblitz *m;* **biting/dry ~** beißender/trockener Humor; **to have a ready ~** schlagfertig sein
❷ *no pl (intelligence)* Verstand *m;* **to be beyond the ~ of sb** über jds Verstand [*o* Horizont] [hinaus]gehen; **to have the ~ to do sth** Verstand genug haben, etw zu tun
❸ *(practical intelligence)* ■**~s** *pl* geistige Fähigkeiten, Intelligenz *f kein pl;* **battle of ~s** geistiger Schlagabtausch, geistiges Kräftemessen; **to be at one's ~s' end** mit seiner Weisheit [*o* seinem Latein] am Ende sein; **to collect** [*or* **gather**] **one's ~s** seine fünf Sinne zusammennehmen *fam,* sich *akk* wieder besinnen; **to frighten** [*or* **scare**] **sb out of his/her ~s** [*or* **the ~s out of sb**] jdn zu Tode erschrecken; **to be frightened** [*or* **scared**] **out of one's ~s** sich *akk* zu Tode ängstigen; **to have/keep one's ~s about one** seine fünf Sinne beisammenhaben *fam*/zusammenhalten *fam;* **to live** [*or* **survive**] **on one's ~s** sich *akk* [mit Schläue] durchs Leben schlagen; **to lose one's ~s** *(old)* den Verstand verlieren; **to need all one's ~s about one** seine fünf Sinne zusammennehmen müssen *fam;* **to pit one's ~s against sb/sth** seinen Verstand an jdm/etw messen *geh*
❹ *(funny person)* geistreiche Person, kluger Kopf *fam; (astute person)* schlagfertige Person
II. *vi (form)* ■**to ~** nämlich, und zwar
witch <*pl* -es> [wɪtʃ] *n* ❶ *(woman with magic powers)* Hexe *f;* **wicked ~** böse Hexe
❷ *(pej fam: ugly or unpleasant woman)* [alte] Hexe *pej*
► PHRASES: **to be as cold as** [*or* **colder than**] **a ~'s tit** *esp* BRIT *(fam)* eiskalt sein
witchcraft *n no pl* Hexerei *f,* Zauberei *f;* **to practice ~** hexen, zaubern **witch doctor** *n* Medizinmann *m* **witch elm** *n* BOT Bergulme *f*
witchery ['wɪtʃᵊri, AM -ɚi] *n no pl* Hexerei *f,* Zauberei *f*
witches' brew *n (pej)* Gebräu *nt pej,* Teufelszeug *nt pej fam*
witch hazel *n no pl* ❶ BOT Zaubernuss *f,* Hamamelis *f* ❷ MED Hamamelisextrakt *m* **witch-hunt** *n* ❶ *(old)* Hexenjagd *f,* Hexenverfolgung *f* ❷ *(fig pej fam)* Hexenjagd *f pej* (**against** auf +*akk*)
witching hour *n* ■**the ~** die Geisterstunde
with [wɪθ] *prep* ❶ *(having, containing)* mit +*dat;* ***~ a little bit of luck*** mit ein wenig Glück; ***he spoke ~ a soft accent*** er sprach mit einem leichten Akzent; ***I'd like a double room ~ a sea view*** ich hätte gerne ein Doppelzimmer mit Blick aufs Meer
❷ *(accompanied by)* mit +*dat;* ***I'm going to France ~ a couple of friends*** ich fahre mit ein paar Freunden nach Frankreich
❸ *(together with)* mit +*dat;* ***I need to talk ~ you about this*** ich muss mit dir darüber reden; ***I've got nothing in common ~ him*** ich habe mit ihm nichts gemeinsam; ***~ you and me, there'll be 10 of us*** mit dir und mir sind wir zu zehnt
❹ *(in company of)* bei +*dat;* ***I'll be ~ you in a second*** ich bin gleich bei dir; ***we're going to stay ~ some friends*** wir werden bei Freunden übernachten
❺ *(in the case of)* ***it's the same ~ me*** bei mir ist es das Gleiche; ***let me be frank ~ you*** lass mich offen zu dir sein; ***away ~ you!*** fort mit dir!
❻ *(concerning)* ***he decided to make a clean break ~ the past*** er beschloss einen Strich unter die Vergangenheit zu setzen; ***can you help me ~ my homework?*** kannst du mir bei den Hausaufgaben helfen?; ***what's the matter ~ her?*** was ist los mit ihr?; **to have something/nothing to do ~ sb/sth** etwas/nichts mit jdm/etw zu tun haben
❼ *(expressing feeling towards sb/sth)* mit +*dat;* ***I'm angry ~ you*** ich bin sauer auf dich; ***he was dissatisfied ~ the new car*** er war unzufrieden mit dem neuen Wagen; ***I'm content ~ things the way they are*** ich bin zufrieden mit den Dingen so wie sie sind
❽ *(expressing manner)* mit +*dat;* ***she nodded ~ a sigh*** sie nickte seufzend; ***~ a look of suprise*** mit einem erstaunten Gesichtsausdruck; ***please handle this package ~ care*** bitte behandeln sie dieses

Paket mit Vorsicht
⑨ (*in a state of*) vor +*dat;* ***she was shaking ~ rage*** sie zitterte vor Wut; ***he looked ~ utter disbelief*** er starrte völlig ungläubig; ***she was green ~ jealousy*** sie war grün vor Eifersucht
⑩ (*in addition to*) mit +*dat;* ~ **that …** [und] damit …
⑪ (*in proportion to*) mit +*dat;* ***the value could decrease ~ time*** der Wert könnte mit der Zeit sinken; ***the wine will improve ~ age*** der Wein wird mit dem Alter besser
⑫ (*in direction of*) mit +*dat;* ***they went ~ popular opinion*** sie gingen mit der öffentlichen Meinung; ***I prefer to go ~ my own feeling*** ich verlasse mich lieber auf mein Gefühl; ~ **the wind/tide/current** mit dem Wind/der Flut/Strömung
⑬ (*using*) mit +*dat;* ***she paints ~ watercolors*** sie malt mit Wasserfarben; ***they covered the floor ~ newspaper*** sie bedeckten den Boden mit Zeitungspapier
⑭ (*in circumstances of, while*) ~ ***things the way they are*** so wie die Dinge sind [*o* stehen]; ~ ***two minutes to take-off*** mit nur noch zwei Minuten bis zum Start; ***what ~ school and all, I don't have much time*** mit der Schule und allem bleibt mir nicht viel Zeit
⑮ (*despite*) bei +*dat;* ~ ***all her faults*** bei all ihren Fehlern; **even ~ …** selbst mit …
⑯ (*working for*) bei +*dat;* ***he's been ~ the department since 1982*** er arbeitet seit 1982 in der Abteilung
⑰ (*in support of*) ***I agree ~ you 100%*** ich stimme dir 100% zu; **to be ~ sb/sth** hinter jdm/etw stehen; **to go ~ sth** mit etw *dat* mitziehen; **up/down ~ sth** hoch/nieder mit etw *dat*
⑱ (*to match*) **to go ~ sth** zu etw *dat* passen
⑲ (*filled with, covered by*) mit +*dat;* ***the basement is crawling ~ spiders*** der Keller wimmelt vor Spinnen; ***his plate was heaped ~ food*** sein Teller war mit Essen voll geladen
⑳ (*on one's person*) bei +*dat*, an +*dat;* ***do you have a pen ~ you?*** hast du einen Stift bei dir?; ***bring a cake ~ you*** bring einen Kuchen mit
㉑ (*fam: denoting comprehension*) ***are you ~ me?*** verstehst du?; ***I'm sorry, but I'm not ~ you*** entschuldigung, aber da komm' ich nicht mit

withdraw <-drew, -drawn> [wɪðˈdrɔː, AM *esp* -ˈdrɑː] **I.** *vt* ① (*remove*) ■**to ~ sth** etw herausziehen; **to ~ one's hand** seine Hand zurückziehen
② (*from bank account*) **to ~ sth [from an account]** etw [von einem Konto] abheben
③ (*take back*) ■**to ~ sth** *coins, notes, stamps* etw einziehen [*o* aus dem Verkehr ziehen]; BRIT ECON *goods* etw zurückrufen; ■**to ~ sb** *a team, sportsmen* jdn abziehen; **to ~ an ambassador** einen Botschafter zurückrufen; **to ~ forces/troops** MIL Streitkräfte/Truppen abziehen; **to ~ sb from school** jdn von der Schule nehmen
④ (*cancel*) **to ~ an accusation** eine Anschuldigung zurücknehmen; **to ~ an action** LAW eine Klage zurückziehen; **to ~ a charge** eine Anklage fallen lassen; **to ~ funding** seine Zahlungen einstellen; **to ~ one's labour** BRIT (*form*) die Arbeit niederlegen; **to ~ one's statement** LAW seine Aussage zurückziehen; **to ~ one's support for sth** etw nicht mehr unterstützen
II. *vi* ① (*leave*) sich *akk* zurückziehen
② MIL (*retreat*) sich *akk* zurückziehen [*o* absetzen]
③ (*stop taking part in*) sich *akk* zurückziehen; **to ~ from college** vom College abgehen; **to ~ from public life** sich *akk* aus dem öffentlichen Leben zurückziehen; *esp* BRIT SPORTS nicht antreten; **to ~ from a match** zu einem Spiel nicht antreten
④ (*fig: become incommunicative*) sich *akk* zurückziehen; **to ~ into a fantasy world/oneself** sich *akk* in eine Fantasiewelt/in sich *akk* selbst zurückziehen; **to ~ into silence** in Schweigen verfallen
⑤ (*practise coitus interruptus*) Geschlechtsverkehr unterbrechen

withdrawal [wɪðˈdrɔːəl, AM *esp* -ˈdrɑː-] *n* ① FIN [Geld]abhebung *f;* ~ ***without penalty at seven days' notice*** bei Einhaltung der 7-tägigen Kündigungsfrist entstehen keine Gebühren; **early ~** vorzeitige Abhebung; **to make a ~** Geld abheben
② MIL Rückzug *m,* Abzug *m*
③ *no pl* (*taking back*) Zurücknehmen *nt;* (*cancel*) Zurückziehen *nt; of consent, support* Entzug *m;* BRIT ECON *of goods for sale* Rückruf *m,* Zurückbeordern *nt; of allegation* Widerruf *m; of action* Zurückziehen *nt; of charge* Fallenlassen *nt;* ~ **from a contract** Rücktritt *m* von einem Vertrag; ~ **of funds** Entzug *m* von Geldern
④ *no pl* SPORTS Abzug *m* (**from** von +*dat*); ***her sudden ~ from the championship …*** ihr plötzlicher Startverzicht bei den Meisterschaften …
⑤ *no pl* (*fig: distancing from others*) Rückzug *m* in sich *akk* selbst
⑥ *no pl from drugs* Entzug *m*
⑦ *no pl* (*coitus interruptus*) Koitus interruptus *m*

withdrawal method *n no pl* ■**the ~** der Koitus interruptus **withdrawal slip** *n* Auszahlungsbeleg *m,* Auszahlungsschein *m* **withdrawal symptoms** *npl* Entzugserscheinungen *fpl;* **to suffer [from] ~** (*also fig*) an Entzugserscheinungen leiden *a. fig*

withdrawn [wɪðˈdrɔːn, AM *esp* -ˈdrɑːn] *adj* introvertiert, verschlossen

wither [ˈwɪðəʳ, AM -ɚ] **I.** *vi* ① (*of plants*) verdorren, vertrocknen
② *person* verfallen; *part of body* verkümmern; **to ~ with age** mit dem Alter an Vitalität verlieren
③ (*fig: lose vitality*) dahinschwinden *geh; interest* nachlassen
► PHRASES: **to ~ on the vine** nach und nach [von selbst] verschwinden; *traditions* allmählich in Vergessenheit geraten
II. *vt* ■**to ~ sth** etw verkommen lassen; **to ~ plants** Pflanzen verdorren lassen; ***age cannot ~ her*** das Alter kann ihr nichts anhaben
◆**wither away** *vi plants* verdorren, vertrocknen, dahinwelken *geh;* (*fig*) verkommen, verfallen

withered [ˈwɪðəd, AM -ɚd] *adj* ① (*shrivelled*) verdorrt, vertrocknet; *flowers, leaves* welk; (*fig*) *face, skin* verhutzelt
② (*paralysed*) *limb* verkrüppelt

withering [ˈwɪðərɪŋ, AM -ɚɪŋ] **I.** *adj* ① (*destructive*) ~ **fire** verzehrendes Feuer *geh;* **to be under ~ fire from sb** (*fig*) von jdm vernichtend kritisiert werden; ~ **heat** sengende Hitze
② (*contemptuous*) vernichtend; **to treat sth with ~ contempt** etw mit tiefster Verachtung strafen; **to give sb a ~ look** jdn vernichtend anblicken
II. *n no pl* ① (*becoming shrivelled*) Verdorren *nt,* Vertrocknen *nt*
② (*becoming less*) Abnahme *f,* Rückgang *m*

witheringly [ˈwɪðərɪŋli] *adv* feindselig, giftig *fig,* voller Abneigung

withers [ˈwɪðəz, AM -ɚz] *npl of horse* Widerrist *m*

withhold <-held, -held> [wɪθˈhəʊld, AM -ˈhoʊld] *vt* ■**to ~ sth** ① (*not give*) etw zurückhalten; ■**to ~ sth from sb** jdm etw *akk* vorenthalten; **to ~ [crucial] evidence** [entscheidendes] Beweismaterial zurückhalten; **to ~ information/a name** Informationen/einen Namen verschweigen; **to ~ one's permission to do sth** etw nicht genehmigen; ***permission was withheld*** es wurde keine Genehmigung erteilt; **to ~ one's support** seine Unterstützung versagen *geh*
② (*not pay*) etw nicht zahlen; **to ~ benefit payments** Leistungen nicht auszahlen; **to ~ a tax** eine Steuer einbehalten

withholding tax *n* FIN ① (*tax for interest or dividends*) Quellensteuer *f*
② AM (*income tax deduction*) Quellensteuer *f*

within [wɪˈðɪn] **I.** *prep* ① (*form: inside of*) innerhalb +*gen;* ***cross-border controls ~ the EU*** Grenzkontrollen innerhalb der EU
② (*confined by*) innerhalb +*gen;* ***dogs barked from ~ the gates*** Hunde bellten hinter den Toren
③ (*hidden inside*) ■**~ oneself** in seinem Inneren
④ (*in limit of*) ■**~ sth** innerhalb einer S. *gen;* ~ **sight/earshot/reach** in Sicht-/Hör-/Reichweite; ~ **easy reach** bequem [*o* einfach] zu erreichen
⑤ (*in less than*) ■**~ sth** innerhalb von etw *dat;* ~ **hours/minutes/six months** innerhalb von Stunden/Minuten/sechs Monaten; ~ **inches** [*or* **an inch**] **of sth** [nur] Zentimeter von etw *dat* entfernt; (*fig*) ***she came ~ an inch of losing her job*** sie verlor beinahe ihren Job
⑥ (*in accordance to*) ■**~ sth** innerhalb einer S. *gen;* ~ **the rules/the law** innerhalb der Regeln/des Gesetzes
⑦ (*in group of*) ■**~ sth** innerhalb einer S. *gen;* ~ **society** innerhalb der Gesellschaft
II. *adv inv* innen; ***"cleaning personnel wanted, enquire ~"*** „Raumpflegepersonal gesucht, Näheres im Geschäft"; ■**from ~** von innen [heraus]; **to promote from ~** offene Stellen intern neu besetzen

without [wɪˈðaʊt, AM *also* -ˈθaʊt] **I.** *prep* ① (*not having, not wearing*) ohne +*akk;* ***she looks much better ~ make-up*** sie sieht ohne Make-up viel besser aus; ~ **a dime** ohne einen Pfennig; **to be ~ foundation** (*fig*) jeder Grundlage entbehren
② (*no occurance of*) ■**~ sth** ohne etw *akk;* ~ **warning/delay** ohne [Vor]warnung/Verzögerung; ~ **question** ohne Frage
③ (*no feeling of*) ■**~ sth** ohne etw *akk;* ~ **conviction** ohne Überzeugung
④ (*not with*) ohne +*akk;* ***why don't you start ~ me?*** warum fangt ihr nicht schon ohne mich an?; ~ ***sugar*** ohne Zucker
⑤ LAW ~ **prejudice** ohne Verbindlichkeit [*o* Anerkennung einer Rechtspflicht]
II. *adv inv* ① (*liter: on the outside*) außen; ■**from ~** von außen
② (*old: outside*) draußen

with-profits *adj inv* BRIT FIN *insurance* Gewinnbeteiligung *f,* Bonusanteile *mpl*

withstand <-stood, -stood> [wɪðˈstænd, wɪθ-, AM -θˈ-, -ðˈ-] *vt* ■**to ~ sb/sth** jdm/etw standhalten; **to ~ temptation** der Versuchung widerstehen; **to ~ rough treatment** eine unsanfte Behandlung aushalten

witless [ˈwɪtləs] *adj* dumm; *person also* einfältig; ~ **remark** geistlose Bemerkung; **to frighten** [*or* **scare**] **sb ~** jdn zu Tode erschrecken; **to be scared ~** Todesängste ausstehen

witness [ˈwɪtnəs] **I.** *n* <*pl* -es> ① (*observer or attester to sth*) Zeuge, -in *m, f* (**to** +*gen*); ***as God is my ~, …*** Gott ist mein Zeuge, …; ~ **[to a marriage]** Trauzeuge, -in *m, f;* **in the presence of two ~es** in Gegenwart zweier Zeugen/Zeuginnen; **according to ~es** Zeugenaussagen zufolge; ■**before ~es** vor Zeugen/Zeuginnen
② LAW (*sb giving testimony*) Zeuge, -in *m, f;* ***your ~!*** Ihr Zeuge/Ihre Zeugin!; **adverse ~** Gegenzeuge, -in *m, f;* **character ~** Leumundszeuge, -in *m, f;* ~ **for the defence/prosecution** [*or* **defence/prosecution ~**] Zeuge, -in *m, f* der Verteidigung/Anklage, Entlastungs-/Belastungszeuge, -in *m, f;* **expert** [*or* **professional**] [*or* **skilled**] ~ Gutachter(in) *m(f),* Sachverständiger *m;* **key ~ for the defence** Hauptentlastungszeuge, -in *m, f;* **in ~ whereof** (*form*) zum Zeugnis dessen *geh;* **to appear as a ~** als Zeuge/Zeugin auftreten; **to call a ~** einen Zeugen/eine Zeugin aufrufen; **to hear/swear in a ~** einen Zeugen/eine Zeugin vernehmen/vereidigen
③ *no pl* (*form: proof*) Zeugnis *nt geh;* **to bear ~ to sth** von etw *dat* zeugen *geh,* etw zeigen; **to bear false ~** (*old*) falsches Zeugnis ablegen *veraltend form*
④ REL (*of belief*) Bekenntnis *nt;* **to bear ~ to sth** von etw *dat* Zeugnis ablegen; ***thou shalt not bear false ~*** du sollst nicht falsch Zeugnis reden
II. *vt* ① (*see*) ■**to ~ sth** etw beobachten, Zeuge/Zeugin einer S. *gen* sein; ■**to ~ sb doing sth** sehen, wie jd etw tut; (*watch attentively*) beobachten, wie jd etw tut
② (*experience*) ■**to ~ sth** etw miterleben; ***the past few years have ~ed momentous changes throughout Eastern Europe*** die vergangenen Jahre sahen tief greifende Veränderungen in ganz Osteuropa

③ (*attest*) ■ **to ~ sth** etw bestätigen; **to ~ sb's signature** jds Unterschrift beglaubigen; **to ~ a will** ein Testament als Zeuge/Zeugin unterschreiben; **now this deed ~eth** LAW im Folgenden bezeugt dieser Vertrag
④ *usu passive* ■ **as ~ed by sth** (*demonstrated*) wie etw zeigt [*o* beweist]; ***as ~ed by the number of tickets sold ...*** wie man anhand der verkauften Karten sehen kann, ...
⑤ (*behold*) ***the situation is still unstable — ~ the recent outbreak of violence in the capital*** die Lage ist noch immer instabil, wie der jüngste Ausbruch von Gewalt in der Hauptstadt gezeigt hat; ***forecasters can get it disastrously wrong — ~ the famous British hurricane of 1987*** Meteorologen können sich fürchterlich irren – man denke nur an den berühmten britischen Hurrikan von 1987
III. *vi* LAW (*form*) ■ **to ~ to sth** etw bestätigen [*o* bezeugen]; **to ~ to the authenticity of sth** die Echtheit einer S. *gen* bestätigen

witness box *n esp* BRIT, **witness stand** *n esp* AM Zeugenstand *m kein pl;* **to go into** [*or* **take**] **the ~** in den Zeugenstand treten

witter ['wɪtəʳ] *vi* BRIT (*pej fam*) ■ **to ~** [**on**] labern *pej fam,* quatschen *pej fam;* ■ **to ~ on about sth** von etw *dat* labern *pej fam,* über etw *akk* quatschen *pej fam*

witticism ['wɪtɪsɪzᵊm, AM 'wɪt̬-] *n* Witzelei *f*

wittily ['wɪtɪli, AM 'wɪt̬-] *adv* (*cleverly*) geistreich; (*humourously*) auf witzige Weise; **to comment ~ on sth** über etw *akk* geistreiche Bemerkungen machen

wittingly ['wɪtɪŋli] *adv* wissentlich

witty ['wɪti, AM -t̬i] *adj* (*clever*) geistreich; (*funny*) witzig

wives [waɪvz] *n pl of* **wife**

wiz [wɪz] *n* (*fam*) *short for* **wizard** Genie *nt oft hum;* **to be a ~ at sth** ein [wahres] Genie in etw *dat* sein

wizard ['wɪzəd, AM -əd] **I.** *n* ① (*magician*) Zauberer *m,* Hexenmeister *m*
② (*expert*) Genie *nt oft hum;* ***he's a real ~ on the piano*** er ist ein wahrer Meister am Klavier; ***she's a ~ with figures*** sie ist eine wahre Rechenkünstlerin; **computer/financial ~** Computer-/Finanzgenie *nt;* ■ **to be a ~ at sth** ein [wahres] Genie in etw *dat* sein; ***he's a ~ at raising money*** in Sachen Geldbeschaffung vollbringt er wahre Wunder
II. *adj* BRIT (*dated fam*) prima *fam,* klasse *fam,* toll *fam*

wizardry ['wɪzədri, AM -əd-] *n no pl* ① (*expertise*) Zauberei *f fig,* Hexerei *f fig;* **financial ~** Finanzakrobatik *f*
② (*also hum: equipment*) **high-tech/technical ~** hochtechnologische/technische Wunderdinge *hum*

wizened ['wɪzᵊnd] *adj person* verhutzelt; *face, skin* runz[e]lig; *apple* schrump[e]lig, verhutzelt

wk *n abbrev of* **week** Wo.

WLR *n* LAW *abbrev of* **Weekly Law Reports**

W. Midlands BRIT *abbrev of* **West Midlands**

WML [ˌdʌblju:em'el] *n* COMPUT *abbrev of* **Wireless Markup Language** WML *f fachspr* (*Seitenbeschreibungssprache für das WAP-Protokoll*)

woad [wəʊd, AM woʊd] *n no pl* [Färber]waid *m*

wobble ['wɒbl̩, AM 'wɑ:-] **I.** *vi* ① (*move*) wackeln; *wheel* eiern *fam; double chin, jelly, fat* schwabbeln *fam; legs* zittern, schlottern; ■ **to ~ off** davonwackeln
② (*tremble*) *voice* zittern
③ ECON (*fig: fluctuate*) *prices, shares* schwanken *fig*
④ (*fig: be undecided*) ■ **to ~ on sth** bei etw *dat* schwanken [*o* unschlüssig sein]
II. *vt* ■ **to ~ sth** an etw *dat* rütteln
III. *n* ① *usu sing* (*movement*) Wackeln *nt kein pl;* ***there's a slight ~ in the front wheel*** das Vorderrad eiert etwas; **to have a ~** *chair* wackeln
② *usu sing* (*sound*) Vibrieren *nt kein pl; of a voice* Zittern *nt kein pl*
③ ECON (*fig*) Schwankung *f*

wobbler ['wɒbləʳ, AM 'wɑ:blɚ] *n* BRIT [Wut]anfall *m; see also* **wobbly II**

wobbly ['wɒbli, AM 'wɑ:-] **I.** *adj* ① (*unsteady*) wack[e]lig; ***I've got a ~ tooth*** bei mir wackelt ein Zahn; ***my legs feel a bit ~*** ich bin etwas wacklig auf den Beinen; **to draw a ~ line** einen zittrigen Strich ziehen
② (*wavering*) **~ voice** zittrige Stimme
II. *n* BRIT (*fam*) [Wut]anfall *m;* **to throw a ~** einen Wutanfall kriegen *fam,* ausrasten *fam*

wodge [wɒdʒ] *n* BRIT, AUS (*fam*) Brocken *m;* **a ~ of cake/cheese** ein [großes] Stück Kuchen/Käse; **a ~ of notes** einen Packen Geldscheine; **~ of paper** Stoß *m* Papier; **~ of papers** Stapel *m* Papiere

woe [wəʊ, AM woʊ] *n* ① *no pl* (*liter: unhappiness*) Kummer *m,* Leid *nt,* Weh *nt geh;* ***~ betide you if ...*** wehe dir, wenn ...; ***~ is me!*** (*old*) wehe mir!; **to have a face full of ~** ein ganz vergrämtes Gesicht haben; **a day of ~** ein Unglückstag *m;* **a tale of ~** eine Geschichte des Jammers
② (*form*) ■ **~s** *pl* (*misfortunes*) Nöte *fpl,* Kummer *nt kein pl;* **economic/financial ~s** wirtschaftliche/finanzielle Probleme; **to pour out one's ~s** sein Leid klagen

woebegone ['wəʊbɪgɒn, AM 'woʊbɪgɑ:n] *adj* (*liter*) *expression* kummervoll; *face* vergrämt *geh,* sorgenvoll; **to look ~** bekümmert aussehen

woeful ['wəʊfᵊl, AM 'woʊ-] *adj* ① (*deplorable*) beklagenswert; **~ ignorance/incompetence** erschreckende Unwissenheit/Inkompetenz; **~ record/standard** jämmerlicher Rekord/erbärmlicher Standard
② (*liter: sad*) traurig; **~ tidings** schlechte Nachrichten

woefully ['wəʊfᵊli, AM 'woʊ-] *adv* ① (*deplorably*) jämmerlich; *ignorant, inadequate* erschreckend
② (*liter: sadly*) traurig, betrübt *geh*

wog [wɒg] *n* (*pej! sl*) ① BRIT, AUS (*dark-skinned person*) ≈ Kanake, -in *m, f pej fam*
② AUS (*non-English-speaking immigrant*) Ausländer(in) *m(f)*

wok [wɒk, AM wɑ:k] *n* Wok *m*

woke [wəʊk, AM woʊk] *vt, vi pt of* **wake**

woken [wəʊkᵊn, AM woʊ-] *vt, vi pp of* **wake**

wolf [wʊlf] **I.** *n* <*pl* wolves> ① (*animal*) Wolf *m;* ***who's afraid of the big bad ~?*** wer hat Angst vor dem bösen Wolf?
② (*dated: seducer*) Schürzenjäger *m pej fam,* Weiberheld *m pej*
► PHRASES: **a ~ in sheep's clothing** ein Wolf im Schafspelz; **to keep the ~ from the door** sich *akk* [gerade so] über Wasser halten; **to hold a ~ by the ears** in der Klemme sitzen *fam;* **to cry ~** blinden Alarm schlagen; **to throw sb to the wolves** jdn den Wölfen zum Fraß vorwerfen
II. *vt* (*fam*) ■ **to ~ sth** etw verschlingen [*o* hinunterschlingen]

◆**wolf down** *vt* (*fam*) ■ **to ~ down** ↔ **sth** etw verschlingen [*o* hinunterschlingen]

wolf cub *n* ① (*young wolf*) Wolfsjunge(s) *nt* ② BRIT (*dated: Cub Scout*) Wölfling *m*

wolfhound *n* Wolfshund *m*

wolfish ['wʊlfɪʃ] *adj* ① (*sexually predatory*) lüstern
② (*voracious*) gefräßig; **~ appetite** unbändiger Appetit; **~ hunger** Wolfshunger *m fam,* Bärenhunger *m fam*

wolfishly ['wʊlfɪʃli] *adv* wölfisch *fig,* wild

wolfram ['wʊlfrəm] *n no pl* CHEM Wolfram *nt*

wolf whistle *n* bewundernder Pfiff; **to give sb a ~** jdm nachpfeifen

wolf-whistle I. *vt* ■ **to ~ sb** jdm nachpfeifen
II. *vi* [lüstern] pfeifen

wolves [wʊlvz] *n pl of* **wolf**

woman I. *n* <*pl* women> ['wʊmən, *pl* wɪmɪn]
① (*female human*) Frau *f;* ***I feel a new ~*** ich fühle mich wie neugeboren; **~ to ~** von Frau zu Frau; **a ~ of letters** (*scholar*) eine Gelehrte; (*author*) eine Literatin [*o* Schriftstellerin]; **~ of the streets** (*dated or euph*) Straßenmädchen *nt meist pej;* **~'s talk** Frauengespräche *ntpl;* **to be a ~ of one's word** eine Frau sein, die Wort hält; **a ~ of the world** eine Frau von Welt; **to be one's own ~** eine selbständige Frau sein
② (*fam: used as term of address*) Weib *pej fam*
③ (*fam: man's female partner*) Frau *f;* **the little** [*or* **old**] **~** (*dated or pej!*) meine/seine Alte *pej;* (*hum*) meine Frau; **the other ~** die Geliebte
► PHRASES: **hell knows no fury like a ~ scorned** (*saying*) die Hölle [selbst] kennt nicht solche Wut wie eine zurückgewiesene Frau; **a ~'s place is in the home** (*saying dated*) eine Frau gehört ins Haus; **it's a ~'s privilege** [**to change her mind**] (*saying*) es ist das Vorrecht einer Frau [ihre Meinung zu ändern]; **a ~'s work is never done** (*prov*) Frauenhände ruhen nie *geh*
II. *n* ['wʊmən] *modifier* weiblich; **~ candidate** Kandidatin *f;* **~ doctor** Ärztin *f;* **a ~ driver** eine Frau am Steuer; **~ police officer** Polizistin *f;* **~ president** Präsidentin *f*

-woman ['wʊmən] *in compounds* ① (*of nationality*) **English~/Irish~** Engländerin *f*/Irin *f*
② (*of job, skill*) **chair~** Vorsitzende *f;* **fire~** Feuerwehrfrau *f;* **police~** Polizistin *f;* **sales~** Verkäuferin *f;* **helms~** NAUT Steuerfrau *f;* **needle~** Näherin *f;* **oars~** Ruderin *f*
③ (*consisting of women*) **a three-~ committee** ein Komitee *nt* aus drei Frauen; **an all-~ crew** eine reine Frauenmannschaft

woman-about-town <*pl* women-about-town> *n* moderne Frau; (*experienced*) Frau *f* von Welt

womanhood ['wʊmənhʊd] *n no pl* ① (*female adulthood*) Frausein *nt;* **a girl's journey towards ~** die Entwicklung eines Mädchens zur Frau; **to reach ~** eine Frau werden
② (*group*) Frauen *fpl*

womanish ['wʊmənɪʃ] *adj* (*pej*) weibisch *pej*

womanize ['wʊmənaɪz] *vi* Frauengeschichten haben *fam,* den Frauen nachsteigen, hinter den Weibern her sein *sl*

womanizer ['wʊmənaɪzəʳ, AM -ɚ] *n* Weiberheld *m pej,* Schürzenjäger *m pej fam*

womanizing ['wʊmənaɪzɪŋ] *n no pl* Schürzenjägerei *f;* ***because of his constant ~*** wegen seiner ständigen Frauengeschichten

womankind [ˌwʊmən'kaɪnd] *n no pl* (*dated form*) weibliches Geschlecht, Frauen *fpl;* **all ~** alle Frauen

womanliness ['wʊmənlɪnəs] *n no pl* Weiblichkeit *f*

womanly ['wʊmənli] *adj* ① (*of character*) weiblich; **~ virtues** weibliche Tugenden; **~ wiles** weibliche List; **to use all one's ~ wiles** (*dated*) mit den Waffen einer Frau kämpfen
② (*of body*) fraulich

womb [wu:m] *n* Mutterleib *m,* [Mutter]schoß *m geh liter;* MED Gebärmutter *f*

wombat ['wɒmbæt, AM 'wɑ:m-] *n* ZOOL Wombat *m*

women ['wɪmɪn] *n pl of* **woman**

womenfolk ['wɪmɪnfəʊk, AM -foʊk] *npl* Frauen *fpl*

women's group *n* Frauengruppe *f*

Women's Institute *n* BRIT ■ **the ~** *britische Frauenvereinigung*

women's lib [-'lɪb] *n* (*dated fam*) *short for* **women's liberation** Frauen[rechts]bewegung *f*

women's libber [-'lɪbəʳ, AM -ɚ] *n* (*dated fam*) Frauenrechtlerin *f,* Emanze *f oft pej fam*

women's liberation *n no pl* (*dated*) Frauen[rechts]bewegung *f*

women's movement *n* ■ **the ~** die Frauen[rechts]bewegung

women's refuge *n* BRIT, AUS, **women's shelter** *n* AM Frauenhaus *nt*

women's rights *npl* Rechte *ntpl* der Frauen, Frauenrechte *pl*

women's studies *npl Studienfach, das die Rolle der Frau in Geschichte, Gesellschaft und Literatur untersucht*

women's suffrage *n no pl* Frauenwahlrecht *nt*

womenswear *n no pl* Damenbekleidung *f*

women's work *n no pl* Frauenarbeit *f*

womyn ['wɪmɪn] *npl von Feministinnen verwendete Schreibweise für 'Frauen' um englisch 'woMEN' zu vermeiden*

won [wʌn] *vt, vi pt, pp of* **win**

wonder ['wʌndəʳ, AM -ɚ] **I.** *vt* ① (*ask oneself*) ■ **to ~ sth** sich *akk* etw fragen; ***I've been ~ing that myself*** das habe ich mich auch schon gefragt; ***why, one ~s, is she doing that?*** warum tut sie das

W

wohl?; ***I ~ if you'd mind passing the sugar*** wären Sie wohl so freundlich, mir den Zucker herüberzureichen?; ***I ~ if you could give me some information about …*** könnten Sie mir vielleicht ein paar Informationen über… geben?; ***I was just ~ing if you felt like doing something tomorrow evening*** hätten Sie nicht Lust, morgen Abend etwas zu unternehmen?; ***it makes you wonder why they …*** man fragt sich [schon], warum sie …; ■**to ~ what/when/where …** sich *akk* fragen, was/wann/wo …

❷ (*feel surprise*) ■**to ~ that …** überrascht sein, dass …; ***I don't ~ that …*** es überrascht mich nicht, dass …

II. *vi* ❶ (*ask oneself*) sich *akk* fragen; ***will that be enough, I ~?*** ob *das* wohl reichen wird?; ***why do you ask? — I was just ~ing*** warum fragst du? – ach, nur so; ***I ~ — could you help me with these books?*** könntest du mir vielleicht mit den Büchern helfen?; ***when shall we meet? — we were ~ing about next Friday*** wann sollen wir uns treffen? – wir dachten an nächsten Freitag; ■**to ~ about sb/sth** sich *dat* über jdn/etw Gedanken [*o* Sorgen] machen; ■**to ~ about doing sth** darüber nachdenken, ob man etw tun sollte; **to ~ aloud** [*or* **out loud**] **about sth** über etw *akk* laut nachdenken

❷ (*feel surprise*) sich *akk* wundern, staunen; ***you ~ that …*** man wundert sich schon, dass …; ***I shouldn't ~*** das würde mich nicht wundern; ***I don't ~*** [***at it***] das wundert mich nicht; ■**to ~ at sb/sth** sich *akk* über jdn/etw wundern; (*astonished*) über jdn/etw erstaunt sein

III. *n* ❶ *no pl* (*feeling*) Staunen *nt*, Verwunderung *f*; **a sense of ~** ein Gefühl *nt* der Ehrfurcht; **to fill sb with ~** jdn in Staunen versetzen; **to listen in ~** staunend zuhören

❷ (*marvel*) Wunder *nt*; ***it's little*** [*or* ***no***] [*or* ***small***] ***~*** [***that***] **…** es ist kein Wunder, dass …; ***no ~ …*** kein Wunder, dass …; ***~s*** [***will***] ***never cease!*** (*iron*) es geschehen noch Zeichen und Wunder! *hum*; **the ~s of modern technology** die Wunder der modernen Technik; **the Seven W~s of the world** die sieben Weltwunder; **to do** [*or* **work**] **~s** [wahre] Wunder wirken [*o geh* vollbringen]

▸ PHRASES: **God moves in a mysterious way, his ~s to perform** BRIT (*saying*) die Wege Gottes sind unerforschlich; **to be a chinless ~** BRIT (*fam*) ein junger, reicher Lackaffe sein *fam*; **to be a nine-days'** [*or* **seven-day**] **~** *esp* BRIT eine sehr kurzlebige Sensation sein, nur kurze Zeit für Aufsehen sorgen

wonder boy *n* (*iron hum fam*) Wunderknabe *m hum iron fam* **wonder drug** *n* Wundermittel *nt*

wonderful ['wʌndəfəl, AM -dɚ-] *adj* wunderbar, wundervoll

wonderfully ['wʌndəfəli, AM -dɚ-] *adv* wunderbar; **to cope ~ with sth** mit etw *dat* ausgezeichnet zurechtkommen; **to go ~ well with sth** zu etw *dat* hervorragend passen; **to get on ~** ausgezeichnet miteinander auskommen

▸ PHRASES: [**hanging**] **concentrates the mind ~** BRIT (*saying*) [der Strick vor Augen] konzentriert die Gedanken ganz hervorragend

wondering ['wʌndərɪŋ] *adj* verwundert, staunend

wonderingly ['wʌndərɪŋli] *adv* mit Verwunderung, mit Erstaunen

wonderland *n* Wunderland *nt*, Märchenland *nt*; **winter ~** winterliche Märchenlandschaft

wonderment ['wʌndəmənt, AM -dɚ-] *n no pl* Verwunderung *f*, Erstaunen *nt*

wondrous ['wʌndrəs] *adj* wunderbar; *achievement* großartig; **to have ~ effect on sth** bei etw *dat* wahre Wunder bewirken

wondrously ['wʌndrəsli] *adv* außerordentlich

wonk [wɒŋk, AM wa:ŋk] *n* ❶ AM (*fam: diligent person*) Streber(in) *m(f) pej*

❷ AM (*fam: legalistic person*) Politikbesessene(r) *f(m) fam*

❸ NAUT (*incompetent sailor*) unfähiger Matrose/unfähige Matrosin

wonkiness ['wɒŋkɪnəs] *n no pl* Schrägheit *f fig fam*

wonky ['wɒŋki] *adj* BRIT, AUS (*fam*) ❶ (*unsteady*) wack[e]lig *a. fig*

❷ (*be unwell*) **to feel ~** sich *akk* angeschlagen fühlen

❸ (*askew*) ■**to be ~** *picture* schief hängen; *hat* schief sitzen

wont [wəʊnt, AM wɔ:nt] (*form*) **I.** *adj pred* gewohnt; ■**to be ~ to do sth** [für] gewöhnlich etw tun

II. *n no pl* (*hum*) Gewohnheit *f*; **as is her/his ~** wie er/sie zu tun pflegt; ***she arrived an hour late, as is her ~*** wie üblich kam sie eine Stunde zu spät

won't [wəʊnt, AM woʊnt] = **will not** *see* **will[1]**

wonted [wəʊntɪd, AM wɔ:nt̬ɪd] *adj attr, inv* (*liter*) gewohnt; **sb's ~ courtesy** jds gewohnte Höflichkeit

woo [wu:] *vt* ❶ (*attract*) ■**to ~ sb/sth** um jdn/etw werben; **to ~ customers/voters** Kunden/Wähler umwerben; ■**to ~ sb with sth** jdn mit etw *dat* locken; ■**to ~ sb away** [**from sb/sth**] jdn [von jdm/etw] weglocken; **to ~ work force** Arbeitskräfte abwerben

❷ (*dated: court*) ■**to ~ sb** jdn umwerben, jdm den Hof machen *veraltend*

wood [wʊd] **I.** *n* ❶ *no pl* (*material from trees*) Holz *nt*; **block of ~** Holzklotz *m*; **plank of ~** [Holz]brett *nt*; **dead ~** (*fig*) Ballast *m*

❷ (*type of timber*) Holz *nt*

❸ (*forest*) Wäldchen *nt*; ■**~s** *pl* Wald *m*; **beech/oak ~** [*or* **~s**] Buchen-/Eichenwald *m*; **in the ~** [*or* **~s**] im Wald

❹ (*golf club*) Holz *nt*, Holzschläger *m*

❺ *no pl* (*container*) [Holz]fass *nt*; **beer from the ~** Bier *nt* vom Fass, Fassbier *nt*; **matured in the ~** im Holzfass gereift

▸ PHRASES: **there aren't many … in our neck of the ~s** in unseren Breiten gibt es nicht viele …; **sb can't see the ~**[**s**] **for the trees** jd sieht den Wald vor [lauter] Bäumen nicht *prov fam*; **to touch** [*or* AM **knock on**] **~** [dreimal] auf Holz klopfen; **touch ~!** unberufen!; **to not be out of the ~** [*or* **~s**] (*not out of critical situation*) noch nicht über den Berg sein *fam*; (*not out of difficulty*) noch nicht aus dem Schneider sein *fam*

II. *n modifier* (*desk, furniture, picture frame, toy*) Holz-

wood alcohol *n no pl* CHEM Methanol *nt*

woodbine ['wʊdbaɪn] *n* BOT ❶ (*wild honeysuckle*) Geißblatt *nt*, Jelängerjelieber *nt*

❷ AM (*Virginia creeper*) Wilder Wein, Jungfernrebe *f*

wood block I. *n* ❶ ART (*pattern*) Druckstock *m* ❷ BRIT (*parquet*) Parkettbrettchen *nt* **II.** *adj attr, inv* ART **~ print** Holzschnitt *m* **wood-burning stove** *n* Holzofen *m* **woodcarver** *n* Holzschnitzer(in) *m(f)* **woodcarving** *n* ART ❶ *no pl* (*art genre*) Holzschnitzerei *f*; [**art of**] **~** Schnitzkunst *f* ❷ (*object*) [Holz]schnitzerei *f*, Schnitzwerk *nt* **woodchip** *n* ❶ (*chip of wood*) Holzspan *m* ❷ *no pl esp* BRIT (*wallpaper*) **~** [**paper**] Raufaser[tapete] *f* **woodchuck** *n* Waldmurmeltier *nt* **woodcock** <*pl* -s *or* -> *n* ORN Waldschnepfe *f* **woodcraft** *n no pl esp* AM ❶ (*outdoor skills*) *Fähigkeiten/Kenntnisse zum Überleben in freier Natur* ❷ (*artistic skill*) Geschick *nt* für das Arbeiten mit Holz **woodcut** *n* ART Holzschnitt *m* **woodcutter** *n* (*dated*) Holzfäller *m*

wooded ['wʊdɪd] *adj* bewaldet; **~ area** Waldgebiet *nt*

wooden ['wʊdən] *adj* ❶ (*made of wood*) Holz-, hölzern, aus Holz; **~ box/fence/leg** Holzkiste *f*/-zaun *m*/-bein *nt*; **~ shoes** Holzschuhe *mpl*

❷ (*fig pej*) *sb's movements* hölzern; *person also* steif; **~ smile** ausdrucksloses Lächeln

wood engraving *n* ❶ (*print*) Holzdruck *m*, Holzschnitt *m*

❷ *no pl* (*skill*) Holzschnitzerei *f*

wooden-head *n* (*fam*) Holzkopf *m pej sl*

woodenly ['wʊdənli] *adv* (*fig pej*) steif, hölzern; **to smile ~** ausdruckslos lächeln **wooden spoon** *n* ❶ (*utensil*) Holzlöffel *m* ❷ BRIT, AUS (*fam: booby prize*) Trostpreis *m* (*für den letzten Platz*); **to get** [*or* **take**] [*or* **win**] **the ~** den letzten Platz belegen, als Schlechteste(r) *f(m)* abschneiden

woodgrain *n no pl* [Holz]maserung *f* **woodland I.** *n* ■**~** [*or* **~s**] Wald *m*, Waldland *nt kein pl* **II.** *n modifier* (*animals, destruction, fauna, flora, preservation*) Wald- **woodlouse** *n* Bohrassel *f*, Kellerassel *f* **woodman** *n* (*hist*) ❶ (*forester*) Förster *m* ❷ (*woodcutter*) Holzfäller ❸ (*hunter*) Jäger *m* ❹ (*inhabitant*) Waldbewohner *m* **wood mouse** *n* Waldmaus *f* **woodpecker** *n* Specht *m* **wood pigeon** *n* Ringeltaube *f* **woodpile** *n* Holzstoß *m*, Holzstapel *m* **wood preservative** *n* Holzschutzmittel *nt* **wood pulp** *n no pl* Zellstoff *m*, Holzschliff *m fachspr* **woodshed I.** *n* Holzschuppen *m*

▸ PHRASES: **there's sth nasty in the ~** BRIT (*fam*) da ist etwas Übles im Gange *fam*; **to take sb to the ~** AM (*dated fam*) jdn zur Seite nehmen (*um ihn/sie auszuschimpfen/zu bestrafen*) **II.** *vi* <-dd-> AM (*fam*) intensiv üben

woodsman *n* Waldarbeiter *m*

woodsmoke *n no pl* Rauch *m* (*vom Holzverbrennen*) **wood spirit** *n no pl* CHEM Methanol *nt*

woodsy ['wʊdzi] *adj* AM (*fam*) waldig

woodturning *n no pl* Drechseln *nt* **woodwind** MUS **I.** *n* ❶ (*type of instrument*) Holzblasinstrument *nt* ❷ + *sing/pl vb* ■**the ~** (*orchestra section*) die Holzbläser *pl* **II.** *n modifier* (*instrument*) Holzblas-; **~ music** Musik *f* von Holzbläsern; **the ~ section** die Holzbläser *pl* **woodwork** *n no pl* ❶ (*parts of building*) Holzteile *ntpl*, Holzwerk *nt* ❷ BRIT (*carpentry*) Tischlern *nt*; (*business*) Tischlerei *f*; SCH Arbeiten *nt* mit Holz; **~ classes** ≈ Werkunterricht *m* (*mit Holz als Werkstoff*); **~ skills** Geschick *nt* im Umgang mit Holz; **to do ~** mit Holz arbeiten ❸ BRIT SPORTS (*fam*) ■**the ~** (*goal post*) der Pfosten; (*cross bar*) die Latte; **to hit the ~** den Pfosten/die Latte treffen ▸ PHRASES: **to come** [*or* **crawl**] **out of the ~** ans Licht kommen **woodworking** *n no pl* AM Tischlern *nt*; SCH Arbeiten *nt* mit Holz **woodworm** <*pl* -> *n* ❶ (*larva*) Holzwurm *m* ❷ *no pl* (*damage*) Wurmfraß *m*; ***the table's got ~*** in dem Tisch ist der Holzwurm drin *fam*

woody ['wʊdi] *adj* ❶ HORT holzig, Holz-

❷ FOOD holzig

❸ (*wooded*) bewaldet, waldig

woof[1] [wʊf] **I.** *n* [dumpfes] Bellen; **to give a loud ~** laut bellen

II. *vi dog* bellen; **"~, ~"** „wau, wau"; ■**to ~ at sb** jdn anbellen

woof[2] [wu:f] *n* BRIT Schuss *m fachspr*; **the warp and the ~** (*fig*) das A und O

woofer ['wʊfəʳ, AM -ɚ] *n* Tieftonlautsprecher *m*

wool [wʊl] **I.** *n no pl* ❶ (*sheep's fleece*) Wolle *f*

❷ (*fibre from fleece*) Wolle *f*; **ball of ~** Wollknäuel *nt*; **a cotton and ~ mixture** ein Baumwollgemisch *nt*

▸ PHRASES: **to pull the ~ over sb's eyes** jdm Sand in die Augen streuen *fam*

II. *n modifier* ❶ (*made of wool*) (*blanket, coat, lining, rug, scarf, sweater*) Woll-

❷ (*like wool*) (*lead*) -wolle; **steel ~** Stahlwolle *f*

woolen *adj* AM *see* **woollen**

woolens *npl* AM *see* **woollens**

wool-gathering ['wʊl,gæðərɪŋ, AM -ɚɪŋ] **I.** *n no pl* Träumen *nt*; ***if you did a little less ~ …*** wenn du etwas weniger vor dich hinträumen würdest, …; ***… because of her ~*** … wegen ihrer Träumereien

II. *vi* ■**to be ~** [vor sich *akk* hin]träumen

wooliness *n no pl* AM *see* **woolliness**

woollen ['wʊlən], AM **woolen** *adj inv* wollen, aus Wolle; **~ dress** Wollkleid *nt*; **a pair of ~ socks** ein Paar *nt* wollene Strümpfe

woollens ['wʊlənz], AM **woolens** *npl* Wollsachen *pl*

woolliness ['wʊlɪnəs], AM **wooliness** *n no pl* ❶ (*wool-like quality*) Flauschigkeit *f*

❷ (*vagueness*) Verschwommenheit *f*, Unklarheit *f*; *of ideas, thinking* Verworrenheit *f*; ***there's a certain ~ about the proposals*** die Vorschläge sind irgendwie schwammig

woolly ['wʊli], AM **wooly** I. *adj inv* ① (*made of wool*) Woll-, wollen; ***this is definitely ~ vest weather!*** draußen ist es eklig kalt!; ~ **hat** Wollmütze *f;* ~ **jumper** Wollpullover *m;* ~ **vest** wollenes Unterhemd
② (*wool-like*) wollig
③ (*vague*) verschwommen; *mind, ideas* verworren; *thoughts* kraus
II. *n* BRIT (*dated fam: jumper*) Wollpulli *m fam;* (*cardigan*) Wolljacke *f;* ■ **woollies** *pl* Wollsachen *pl*
woolly-headed *adj,* **woolly-minded** *adj* (*pej*) wirrköpfig *pej*
Woolsack ['wʊlsæk] *n* BRIT POL ■ **the ~** ① (*Lord Chancellor's seat*) *mit Wolle gepolsterter Sitz des Lordkanzlers im britischen Oberhaus*
② (*fig: office of Lord Chancellor*) das Amt des Lordkanzlers
wooly *adj* AM *see* **woolly**
Woop Woop ['wu:pwu:p] *n* AUS (*hum fam*) Kaff *nt fam*
woosh *interj* (*fam*) *see* **whoosh**
woozy ['wu:zi] *adj* (*fam: dizzy*) benommen, duselig *fam;* (*drunk*) beschwipst *fam*
wop [wɒp, AM wɑ:p] *n* (*pej! sl*) Spaghettifresser(in) *m(f) pej derb,* Itaker(in) *m(f) pej fam*
Worcester sauce [ˌwʊstəˈsɔ:s] *n* BRIT, **Worcestershire sauce** [ˌwʊstəʃəˈsɔ:s, AM -əʃəˈsɑ:s] *n* AM, AUS Worcestersoße *f*
Worcs BRIT *abbrev of* **Worcestershire**
word [wɜ:d, AM wɜ:rd] I. *n* ① (*unit of language*) Wort *nt;* ***we've had enough of ~s*** genug der Worte; ***do you remember the exact ~s?*** erinnern Sie sich [noch] an den genauen Wortlaut?; ***and those are his exact ~s?*** und das hat er genau so gesagt?; ***what's the ~ for 'bikini' in French?*** was heißt ‚Bikini' auf Französisch?; ***clumsy isn't the ~ for it!*** unbeholfen ist noch viel zu milde ausgedrückt!; ***hush, not a ~!*** pst, keinen Mucks!; ***nobody's said a ~ about that to me*** kein Mensch hat mir etwas davon gesagt; **or ~s to that effect** oder so ähnlich; **to be a man/woman of few ~s** nicht viel reden, kein Mann/keine Frau vieler Worte sein; **empty ~s** leere Worte; **in other ~s** mit anderen Worten; **to use a rude ~** ein Schimpfwort benutzen; **the spoken/written ~** das gesprochene/geschriebene Wort; **to be too stupid for ~s** unsagbar dumm sein; **to not breathe a ~ of** [*or* **about**] **sth** kein Sterbenswörtchen von etw *dat* verraten; **to not know a ~ of French/German/Spanish** kein Wort Französisch/Deutsch/Spanisch können; ■ **~ for ~** Wort für Wort; **to translate sth ~ for ~** etw [wort]wörtlich übersetzen; **in a ~** um es kurz zu sagen; **in the ~s of Burns** um mit Burns zu sprechen; **in ~s of one syllable** in einfachen Worten; **in sb's own ~s** mit jds eigenen Worten; **in so many ~s** ausdrücklich, direkt
② *no pl* (*short conversation*) [kurzes] Gespräch; (*formal*) Unterredung *f;* **to have a ~ with sb** [**about sth**] mit jdm [über etw *akk*] sprechen; ***ah, John, I've been meaning to have a ~ with you*** ach, John, kann ich dich kurz mal sprechen?; ***could I have a ~ about the sales figures?*** kann ich Sie kurz wegen der Verkaufszahlen sprechen?; ***the manager wants a ~*** der Manager möchte Sie sprechen; **to exchange** [*or* **have**] **a few ~s with sb** ein paar Worte mit jdm wechseln; **to have a quiet ~ with sb** jdn zur Seite nehmen; **to say a few ~s** [**about sth**] [zu etw *dat*] ein paar Worte sagen
③ *no pl* (*news*) Nachricht *f;* (*message*) Mitteilung *f;* ***there's no ~ from head office yet*** die Zentrale hat uns noch nicht Bescheid gegeben; ***hey, Martin, what's the good ~?*** AM (*fam*) hallo, Martin, was gibt's Neues?; ***~ gets around*** [*or* ***about***] [*or* BRIT ***round***] Neuigkeiten verbreiten sich schnell; ***~ has it*** [*or* [***the***] ***~ is***] ***that they may separate*** es geht das Gerücht, dass sie sich trennen; [**the**] **~ is out** [**that**] … es wurde öffentlich bekannt gegeben, dass …; **to get ~ of sth** [**from sb**] etw [von jdm] erfahren; **to have ~ from sb** [etwas] von jdm hören; **to have** [*or* **hear**] **~ that …** [davon] hören, dass …
④ *no pl* (*order*) Kommando *nt,* Befehl *m;* ***we're waiting for the ~ from head office*** wir warten auf die Anweisung von der Zentrale; **to give the ~** den Befehl geben
⑤ (*remark*) Bemerkung *f;* ***if you want to leave, just say the ~*** wenn du gehen möchtest, brauchst du es nur zu sagen; **~ of advice** Rat[schlag] *m;* **~ of warning** Warnung *f*
⑥ *no pl* (*promise*) Wort *nt,* Versprechen *nt;* ***do we have your ~ on that?*** haben wir dein Wort darauf?; ***my ~ is my bond*** (*form or hum*) auf mein Wort kannst du bauen; **to be a man/woman of his/her ~** zu seinem/ihrem Wort stehen, halten, was man verspricht; **to be as good as/better than one's ~** sein Wort halten/mehr als halten; **to break** [*or* **go back on**]/**keep one's ~** sein Wort brechen/halten; **to give** [**sb**] **one's ~ that …** jdm versprechen [*o* sein [Ehren]wort geben], dass …; **to take sb at his/her ~** jdn beim Wort nehmen
⑦ *no pl* (*statement of facts*) Wort *nt;* ***it's her ~ against mine*** es steht Aussage gegen Aussage; **to take sb's ~ for it** [**that …**] jdm glauben, dass …
⑧ (*lyrics*) ■ **~s** *pl* Text *m*
► PHRASES: **a ~ in your ear** BRIT ein kleiner Tipp unter uns; **to have a quick ~ in sb's ear** BRIT kurz mit jdm allein sprechen; **by ~ of mouth** mündlich; **to put ~s in**[**to**] **sb's mouth** jdm Worte in den Mund legen; **to take the ~s out of sb's mouth** jdm das Wort aus dem Mund[e] nehmen; **to not have a good ~ to say about sb/sth** kein gutes Haar an jdm/etw lassen; **to put in a good ~ for sb/sth** [**with sb**] [bei jdm] ein gutes Wort für jdn/etw einlegen; **sb cannot get a ~ in edgeways** [*or* AM **edgewise**] (*fam*) jd kommt überhaupt nicht zu Wort; **~s fail me!** mir fehlen die Worte!; **from the ~ go** vom ersten Moment [*o* von Anfang] an; **to have ~s with sb** eine Auseinandersetzung mit jdm haben, sich *akk* mit jdm streiten; **my ~!** [*or old* **upon my ~**] du meine Güte!
II. *vt* ■ **to ~ sth** etw formulieren [*o* in Worte fassen]; *document* etw abfassen
-word *in compounds* (*fam*) (*F-, S-, P-*) -Wort *nt*
word association *n no pl* Wortassoziation *f*
word blindness *n no pl* Wortblindheit *f* **word break** *n* [Silben]trennung *f* **word class** *n* Wortklasse *f* **word deafness** *n no pl* Worttaubheit *f* **word division** *n no pl* [Silben]trennung *f*
worded ['wɜ:dɪd, AM 'wɜ:rd-] *adj inv* formuliert, abgefasst; **carefully/strongly ~** sorgfältig/scharf formuliert
word game *n* Spiel *nt* um Wörter, Spiel *nt* mit der Sprache
wordiness ['wɜ:dɪnəs, AM 'wɜ:rd-] *n no pl* Weitschweifigkeit *f,* Langatmigkeit *f*
wording ['wɜ:dɪŋ, AM 'wɜ:rd-] *n no pl* ① (*words used*) Formulierung *f*
② (*manner of expression*) Formulieren *nt;* **the ~ of a contract** der Wortlaut eines Vertrags; **the ~ of a document** das Abfassen eines Dokuments
wordless ['wɜ:dləs, AM 'wɜ:rd-] *adj inv* wortlos, ohne Worte; ***we sat in ~ contemplation of the view*** stumm betrachteten wir die Aussicht
wordlessly ['wɜ:dləsli, AM 'wɜ:rd-] *adv inv* wortlos, ohne Worte; **to communicate ~** ohne Worte [miteinander] kommunizieren
word order *n no pl* Wortstellung *f,* Satzstellung *f*
word-perfect *adj pred* textsicher; ■ **to be ~** seinen Text [Wort für Wort] beherrschen **wordplay** *n no pl* Wortspiel *nt* **word processing** *n no pl* Textverarbeitung *f* **word-processing** *adj attr, inv* Textverarbeitungs-; **~ program/software** Textverarbeitungsprogramm *nt*/-software *f* **word processor** *n* COMPUT ① (*computer*) Textverarbeitungssystem *nt* ② (*program*) Textverarbeitungsprogramm *nt* **wordsmith** *n* wortgewandter Schreiber/wortgewandte Schreiberin
words of art *npl* LAW Fachausdrücke *mpl* **word wrap** *n no pl* COMPUT [automatischer] Zeilenumbruch
wordy ['wɜ:di, AM 'wɜ:rdi] *adj* (*pej*) langatmig, weitschweifig, wortreich
wore [wɔ:ʳ, AM wɔ:r] *pt of* **wear**

work [wɜ:k, AM wɜ:rk]

I. NOUN II. INTRANSITIVE VERB
III. TRANSITIVE VERB

I. NOUN

① *no pl* (*useful activity*) Arbeit *f;* ***good ~!*** gute Arbeit!; ***there's a lot of ~ to be done yet*** es gibt noch viel zu tun; ***the garden still needs a lot of ~*** im Garten muss noch [so] einiges gemacht werden; (*fig*) ***forces of destruction are at ~ here*** hier sind zerstörerische Kräfte am Werk; ***various factors are at ~ in this situation*** in dieser Situation spielen verschiedene Faktoren eine Rolle; ***~ on the tunnel has been suspended*** die Arbeiten am Tunnel wurden vorübergehend eingestellt; **to be a** [**real**] **piece of ~** ganz schön nervig sein; **to be hard ~** [**doing sth**] (*strenuous*) anstrengend sein[, etw zu tun]; (*difficult*) schwierig sein[, etw zu tun]; ■ **to be at ~ doing sth** [gerade] damit beschäftigt sein, etw zu tun; **to get** [*or* **go**] [*or* **set**] **to ~** sich *akk* an die Arbeit machen; **to get** [*or* **go**] [*or* **set**] **to ~ on sth** sich *akk* an etw *akk* machen; **to get** [*or* **go**] [*or* **set**] **to ~ on sb** (*fam*) jdn in die Mache nehmen *fam;* (*strongly influence*) jdn bearbeiten *fam;* **to make ~ for sb** jdm Arbeit machen; **to make ~ for oneself** sich *dat* unnötige Arbeit machen; **to put** [*or* **set**] **sb to ~ doing sth** jdn losschicken, etw zu tun
② *no pl* (*employment*) Arbeit *f;* ***~ in the laboratory was interesting*** die Arbeit im Labor war interessant; ***what sort of ~ do you have experience in?*** welche Berufserfahrungen haben Sie?; ■ **to be in ~** eine Stelle [*o* Arbeit] haben; ■ **to be out of ~** arbeitslos sein; **to get ~ as a translator** eine Stelle als Übersetzer/Übersetzerin finden; **to look for ~** auf Arbeitssuche sein; **to be looking for ~ as a system analyst** eine Stelle als Systemanalytiker/-analytikerin suchen
③ *no pl* (*place of employment*) Arbeit *f,* Arbeitsplatz *m;* ***he rang me from ~*** er rief mich von der Arbeit [aus] an; **to get to ~ on the train** mit dem Zug zur Arbeit fahren; **to be injured at ~** einen Arbeitsunfall haben; **to be late for ~** zu spät zur Arbeit kommen; **to have to stay late at ~** lange arbeiten müssen; **to be at ~** bei der Arbeit sein; ***I'll be at ~ until late this evening*** ich werde heute bis spät abends arbeiten; **to be off ~** frei haben; (*without permission*) fehlen; **to be off ~ sick** sich *akk* krankgemeldet haben; **to commute to ~** pendeln; **to go/travel to ~** zur Arbeit gehen/fahren
④ *no pl* (*sth produced by sb*) Werk *f;* ***this is the ~ of professional thieves*** dies ist das Werk professioneller Diebe
⑤ ART, LIT, MUS Werk *nt;* ***"The Complete W~s of William Shakespeare"*** „Shakespeares gesammelte Werke"; **~s of art** Kunstwerke *ntpl;* **~ in bronze** Bronzearbeiten *fpl;* **~ in leather** aus Leder gefertigte Arbeiten; **sb's early/later ~** jds Früh-/Spätwerk; **to show one's ~ in a gallery** seine Arbeiten in einer Galerie ausstellen
⑥ (*factory*) ■ **~s** + *sing/pl vb* Betrieb *m,* Fabrik *f;* **steel ~s** Stahlwerk *nt*
⑦ (*working parts*) ■ **~s** *pl of a clock* Uhrwerk *nt; of a machine* Getriebe *nt*
⑧ (*fam: everything*) ■ **the ~s** *pl* das ganze Drum und Dran *fam; esp* AM FOOD ***two large pizzas with the ~s, please!*** zwei große Pizzen mit allem bitte!
⑨ *no pl* PHYS Arbeit *f*
► PHRASES: **to have one's ~ cut out** sich *akk* mächtig reinknien müssen *fam,* jede Menge zu tun haben; **to give sb the ~s** (*dated sl*) jdn [ordentlich] in die Mangel nehmen *fam*

II. INTRANSITIVE VERB

① (*do job*) arbeiten; ***where do you ~?*** wo arbeiten Sie?; ■ **to ~ as sth** als etw arbeiten; ■ **to ~ for sb** für jdn arbeiten; ■ **to ~ with sb** (*work together*) mit jdm zusammenarbeiten; (*do work helping sb*) mit jdm arbeiten; **to ~ from home** [von] zu Hause arbeiten; **to ~ at the hospital/abroad** im Krankenhaus/

W

im Ausland arbeiten; **to ~ to rule** Dienst nach Vorschrift tun; **to ~ like a slave** [*or* Am, Aus **dog**] schuften wie ein Tier *fam;* **to ~ hard** hart arbeiten; **to ~ together** zusammenarbeiten

② *(be busy)* arbeiten, beschäftigt sein; ***we're ~ing on it*** wir arbeiten daran; ***we're ~ing to prevent it happening again*** wir bemühen uns, so etwas in Zukunft zu verhindern; ■**to ~ [hard] at doing sth** [hart] daran arbeiten, etw zu tun; **to ~ on the assumption that …** von der Annahme ausgehen, dass …; **to ~ towards a degree in sth** UNIV einen Hochschulabschluss in etw *dat* anstreben; **to ~ at a problem** an einem Problem arbeiten

③ *(function)* funktionieren; ***the boiler seems to be ~ing OK*** der Boiler scheint in Ordnung zu sein; ***I can't get this washing machine to ~*** ich kriege die Waschmaschine irgendwie nicht an; ***listen, the generator's ~ing*** hör mal, der Generator läuft; **to ~ off batteries** batteriebetrieben sein; **to ~ off the mains** Brit mit Netzstrom arbeiten; **to ~ off wind power** mit Windenergie arbeiten

④ *(be successful)* funktionieren, klappen *fam; plan, tactics* aufgehen; **to ~ in practice** [auch] in der Praxis funktionieren

⑤ MED *medicine, pill* wirken

⑥ *(have an effect)* ■**to ~ against sb/sth** sich *akk* als negativ für jdn/etw herausstellen; ■**to ~ for sb** [*or* **in sb's favour**] sich *akk* zugunsten einer Person *gen* auswirken; ■**to ~ for sth** auf etw *akk* hinwirken; ■**to ~ on sb** jdn bearbeiten *a. hum fam;* **to ~ both ways** sich *akk* sowohl positiv als auch negativ auswirken

⑦ *(move)* ■**to ~ through/under/up etc sth** ***the water damage slowly ~ed up through the walls*** der Wasserschaden breitete sich langsam über die Wände nach oben aus

⑧ + *adj (become)* **to ~ free/loose** sich *akk* lösen/lockern

⑨ *(liter: change expression) sb's face* arbeiten; *(contort)* sich *akk* verzerren

► Phrases: **to ~ like a charm** [*or* **like magic**] Wunder bewirken; **to ~ like a Trojan** Brit wie ein Pferd arbeiten *fam;* **to ~ till you drop** bis zum Umfallen arbeiten; **to ~ round to sth** Brit sich *akk* [bis] zu etw *dat* vorarbeiten; **to ~ round to doing sth** Brit sich *akk* aufraffen, etw zu tun

III. transitive verb

① *(make sb work)* **to ~ oneself to death** sich *akk* zu Tode schinden; **to ~ a twelve-hour day/a forty-hour week** zwölf Stunden am Tag/vierzig Stunden in der Woche arbeiten; **to ~ sb/oneself hard** jdm/sich selbst viel abverlangen

② MECH *(operate)* ■**to ~ sth** *machine* etw bedienen; **~ed by electricity** elektrisch betrieben; **~ed by steam** dampfgetrieben; **~ed by wind power** durch Windenergie angetrieben

③ *(move back and forward)* ■**to ~ sth out of sth** etw aus etw *dat* herausbekommen; ■**sth ~s itself out of sth** etw löst sich *akk* aus etw *dat;* **to ~ one's way around/through … sth** sich *dat* seinen Weg um etw *akk*/durch etw *akk* … bahnen; **to ~ one's way up through a firm** sich *akk* in einer Firma hocharbeiten; ***I have ~ed my way through quite a few books*** ich habe jede Menge Bücher durchgearbeitet; **to ~ one's way down a list** eine Liste durchgehen; **to ~ sth [backwards and forwards]** etw [hin- und her]bewegen; **to ~ sth free/loose** etw losbekommen/lockern; **sth ~s itself free/loose** etw löst/lockert sich *akk*

④ *(bring about)* ■**to ~ sth** etw bewirken; ***I don't know how she ~ed it, but in the end she got £1000 off him*** ich weiß nicht, *wie* sie es geschafft hat, aber am Ende luchste sie ihm 1000 Pfund ab; **to ~ a cure** eine Heilung herbeiführen; **to ~ oneself into a more positive frame of mind** sich *dat* eine positivere Lebenseinstellung erarbeiten; **to ~ oneself [up] into a frenzy** sich *akk* in eine Raserei hineinsteigern; **to ~ sb [up] into a frenzy/rage** jdn zur Raserei/in Rage bringen *fam;* **to ~ a miracle** ein Wunder vollbringen *geh;* **to ~ miracles** [*or* **wonders**] [wahre] Wunder vollbringen *geh;* **to ~ oneself into a state** sich *akk* aufregen; **to ~ sb into a state of jealousy** jdn eifersüchtig machen

⑤ *(shape)* **to ~ bronze/iron** Bronze/Eisen bearbeiten; **to ~ clay** Ton formen

⑥ *(mix)* ■**to ~ sth into sth** etw in etw *akk* einarbeiten; *(incorporate)* etw in etw *akk* einbauen [*o* einfügen]; **~ *the butter into the flour*** fügen Sie die Butter hinzu und vermengen Sie sie mit dem Mehl; **to ~ sth into one's skin** *(rub in)* die Haut mit etw *dat* einreiben; *(massage)* etw in die Haut einmassieren

⑦ FASHION ■**to ~ sth [on sth]** etw [auf etw *akk*] sticken, etw [mit etw *dat* be]sticken

⑧ *(exploit)* ■**to ~ sth** sich *dat* etw vornehmen; **to ~ the land** AGR das Land bewirtschaften; **to ~ a mine/quarry** MIN eine Mine/einen Steinbruch ausbeuten

⑨ *(pay for by working)* **to ~ one's passage** sich *dat* seine Überfahrt durch Arbeit auf dem Schiff verdienen; **to ~ one's way through university** sich *dat* sein Studium finanzieren

► Phrases: **to ~ one's fingers to the bone [for sb]** sich *dat* [für jdn] den Rücken krumm arbeiten *fam;* **to ~ a treat** Brit *(fam)* prima funktionieren

◆**work away** *vi* vor sich *akk* hinarbeiten; ■**to ~ away at sth** an etw *dat* arbeiten

◆**work for** *vt* ■**to [not] ~ for sb** jdm [nicht] zusagen

◆**work in** *vt* ■**to ~ in** ⊃ **sth** ① *(mix in) food* etw hineingeben; *(into a dough)* etw [hin]einrühren; **to ~ fertilizer/manure in[to the soil]** HORT Dünger/Mist [in den Boden] einarbeiten

② *(on one's skin)* **to ~ cream/lotion in** Creme einreiben/Lotion einmassieren

③ *(include) meeting* etw einschieben; **to ~ in a couple of sly digs** einige spitze Bemerkungen einfließen lassen; **to ~ in a reference** einen Hinweis einbauen

◆**work off** *vt* ① *(counter effects of)* ■**to ~ off** ⊃ **sth** etw abarbeiten; **to ~ off one's anger/frustration** seine Wut/seine Frustrationen abreagieren; **to ~ off some surplus energy** überschüssige Energie loswerden *fam;* **to ~ off stress** Stress abbauen

② *(pay by working)* **to ~ off a debt/loan** eine Schuld/einen Kredit abtragen

◆**work out I.** *vt* ① *(calculate)* ■**to ~ out** ⊃ **sth** etw errechnen [*o* ausrechnen]; **to ~ sth out to three decimal places** etw bis drei Stellen hinter dem Komma ausrechnen; **to ~ out the best way** den günstigsten Weg berechnen; ■**to ~ out how much/what …** ausrechnen, wie viel/was …

② *(develop)* ■**to ~ out** ⊃ **sth** etw ausarbeiten; **to ~ out a settlement** einen Vergleich aushandeln; **to ~ out a solution** eine Lösung erarbeiten; ■**to ~ out how/what/when …** festlegen, wie/was/wann …

③ *(understand)* ■**to ~ out** ⊃ **sb** jdn verstehen, schlau aus jdm werden; ■**to ~ out** ⊃ **sth** etw verstehen, hinter etw *akk* kommen; ■**to ~ out that …** dahinter kommen, dass …

④ *(complete)* ■**to ~ out** ⊃ **sth** etw vollenden; **to ~ out a contract** einen Vertrag erfüllen; **to ~ out one's notice** seine Kündigungsfrist einhalten

⑤ *(solve itself)* ■**to ~ itself out** ***the problem will ~ itself out*** das Problem wird sich von allein lösen; ***things usually ~ themselves out*** die Dinge erledigen sich meist von selbst

⑥ *usu passive* MIN *(become unproductive/used up)* ■**to be ~ed out** *a mine, quarry* ausgebeutet sein; *mineral resources* abgebaut sein

II. *vi* ① *(amount to)* **to ~ out at roughly £10 a head** sich auf ungefähr 10 Pfund pro Kopf belaufen; **to ~ out cheaper/more expensive** billiger/teurer kommen; ***the figures ~ out differently each time*** die Zahlen ergeben jedesmal etwas anderes; ***that ~s out at 154 litres per day*** das macht 154 Liter am Tag

② *(develop)* sich *akk* entwickeln; *(go on)* laufen *fam;* ***the way it ~ed out in the end was that …*** am Ende lief es darauf hinaus, dass …; **to ~ out for the best** sich *akk* zum Guten wenden; **to ~ out badly** schief gehen; **to ~ out well** gut laufen

③ *(be successful) relationship* funktionieren, klappen *fam*

④ *(do exercise)* trainieren

◆**work over** *vt (fam)* ■**to ~ over** ⊃ **sb** jdn zusammenschlagen *fam*

◆**work through I.** *vt* ■**to ~ through** ⊃ **sth** etw durcharbeiten; *traumas, difficulties, problems* etw aufarbeiten

II. *vi* durcharbeiten, ohne Pause arbeiten

◆**work to** *vt* **to ~ to a deadline** auf einen Termin hinarbeiten; **to ~ to rule** [peinlich genau] nach Vorschrift arbeiten

◆**work up I.** *vt* ① *(generate)* **to ~ up an appetite [for sth]** sich *dat* Appetit [auf etw *akk*] holen; **to ~ up courage/energy** Mut/Energie aufbringen

② *(arouse strong feelings)* ■**to ~ oneself/sb up** sich *akk*/jdn aufregen; **to ~ oneself up into a frenzy** sich *akk* in eine Raserei hineinsteigern; **to ~ sb up into a frenzy** jdn zur Raserei bringen; **to ~ oneself up into a rage** sich *akk* in eine Wut hineinsteigern; **to ~ sb up into a rage** jdn in Rage bringen *fam;* **to ~ oneself/sb up into a [real] state** sich *akk*/jdn [furchtbar] aufregen

③ *(develop)* ■**to ~ up** ⊃ **sth** etw entwickeln; **to ~ up a business** *(set up)* ein Geschäft aufbauen; *(extend)* ein Geschäft ausbauen; **to ~ up data into a report** Daten zu einem Bericht verarbeiten; **to ~ up a plan** einen Plan ausarbeiten; **to ~ up a sweat** ins Schwitzen kommen; ■**to ~ oneself up to sth** sich *akk* auf etw *akk* vorbereiten; ■**to ~ oneself up to doing sth** sich *akk* darauf vorbereiten, etw zu tun

II. *vi* ■**to ~ up to sth** ① *(progress to)* sich *akk* zu etw *dat* hocharbeiten; ***I ~ed up to half an hour exercising a day*** ich habe meine Trainingszeit auf eine halbe Stunde am Tag gesteigert

② *(get ready for)* auf etw *akk* zusteuern *fig*

-work [wɜːk, Am wɜːrk] *in compounds* ① *(of special material)* -arbeit; **metal/wrought iron~** Metall-/Kunstschmiedearbeit *f*

② *(of mechanism)* -werk; **bridge~** Zahnbrücke *f;* **sth runs like clock~** etw läuft wie am Schnürchen *fam*

③ *(of ornamentation)* -arbeit; **embroidery/knot~** Spitzen-/Knüpfarbeit *f*

workable [ˈwɜːkəbl̩, Am ˈwɜːrk-] *adj* ① *(feasible)* durchführbar, praktikabel; **~ compromise** vernünftiger Kompromiss

② *(able to be manipulated)* bearbeitbar; ■**to be~** sich bearbeiten lassen; **~ ground/land** AGR bebaubarer Grund/bebaubares Land

workaday [ˈwɜːkədeɪ, Am ˈwɜːrk-] *adj* ① *(of job)* Arbeits-

② *(not special)* alltäglich; **the ~ world of office routine** die alltägliche Routine im Büro

workaholic [ˌwɜːkəˈhɒlɪk, Am ˌwɜːrkəˈhɑːl-] *n (fam)* Arbeitssüchtige(r) *f(m),* Arbeitswütige(r) *f(m) hum,* Arbeitstier *nt fig, oft pej;* PSYCH Workaholic *m*

workaholism [ˈwɜːkəhɒlɪzᵊm, Am ˈwɜːrkəhɑːl-] *n no pl* Arbeitssucht *f,* Arbeitswut *f hum*

workbag *n* Nähbeutel *m,* Handarbeitsbeutel *m* **workbasket** *n* Nähkorb *m,* Handarbeitskorb *m* **workbench** *n* Werkbank *f* **workbook** *n* Arbeitsbuch *nt* **workbox** *n (container for tools)* Werkzeugkasten *m; (for painting)* Malkasten *m; (for sewing)* Nähkasten *m* **work camp** *n esp* Am Lager in dem Freiwillige gemeinnützige Arbeiten verrichten **work creation plan** *n,* **work creation scheme** *n esp* Brit Arbeitsbeschaffungsmaßnahme[n] *f[pl]* **workday** *n* Am, Aus ① *(time at work)* Arbeitstag *m;* **an eight-hour ~** ein Achtstundentag *m* ② *(not holiday)* Werktag *m*

worked up *adj pred* ■**to be ~ up [about** [*or* **over**] **sth]** [über etw *akk*] aufgebracht sein; **to get ~ up [about** [*or* **over**] **sth]** sich *akk* [über etw *akk*] aufregen

worker [ˈwɜːkəʳ, Am ˈwɜːrkɚ] **I.** *n* ① *(not executive)* Arbeiter(in) *m(f);* **construction ~** Bauarbeiter(in) *m(f);* **factory ~** Fabrikarbeiter(in) *m(f);* **farm ~** Landarbeiter(in) *m(f);* **office ~** Büroangestellte(r) *f(m);* **blue-collar ~** [Fabrik]arbeiter(in) *m(f);* **white-**

collar ~ [Büro]angestellte(r) *f(m);* ■ **the ~s** *pl* POL die Arbeiter *pl*

❷ (*sb who works hard*) ***he's a real ~*** er ist ein echtes Arbeitstier *fam*

❸ (*insect*) Arbeiterin *f*

► PHRASES: **to be [all] ~s in the vineyard** BRIT (*saying*) alle Arbeiter im Dienst derselben Sache sein

II. *n modifier* ZOOL Arbeits-, Arbeiter-; ~ **ant/bee** Arbeitsameise *f*/-biene *f*, Arbeiterameise *f*/-biene *f*, Arbeiterin *f*

worker priest *n* Arbeiterpriester *m*

work ethic *n* Arbeitsethos *nt* **work experience** *n no pl* ❶ SCH (*on-the-job training for students*) Praktikum *nt;* **to do ~** ein Praktikum machen ❷ (*professional experience*) Berufserfahrung *f*

workfare ['wɜːrkfer] **I.** *n no pl* AM (*public service work*) Arbeitsdienst *m* **II.** *n modifier* vom Arbeitsdienst *nach n* **workflow** *n* Arbeitsfluss *m*, Arbeitsschritte *mpl* **workforce** *n of a factory* Belegschaft *f*, Betriebspersonal *nt; of a country* Arbeiterschaft *f* **workhorse** *n* Arbeitspferd *nt fig*, Arbeitstier *nt fig, oft pej* **workhouse** *n* BRIT (*hist*) Armenhaus *nt hist* **work-in** *n* ECON Work-in *nt*, Betriebsbesetzung *f*

working ['wɜːkɪŋ, AM 'wɜːrk-] **I.** *adj attr, inv* ❶ (*employed*) berufstätig, erwerbstätig; **the ordinary ~ man** [*or* AM **Joe**] der einfache Arbeiter; **the ~ population** die arbeitende Bevölkerung

❷ (*pertaining to work*) Arbeits-; ~ **breakfast/lunch** Arbeitsfrühstück *nt*/-essen *nt;* ~ **clothes** Arbeitskleidung *f;* ~ **conditions** Arbeitsbedingungen *fpl;* ~ **hour/hours** Arbeitsstunde *f*/-zeit *f;* ~ **model** Arbeitsmodell *nt;* ~ **practices** Arbeitsweise *f;* ~ **relationship** Arbeitsverhältnis *nt;* **37-hour ~ week** 37-Stunden-Woche *f*

❸ (*functioning*) funktionierend *attr;* ~ **order** Betriebsfähigkeit *f*, Funktionsfähigkeit *f;* **to be in good ~ order** sich *akk* in gutem Zustand befinden, gut in Schuss sein *fam;* **to restore sth to ~ order** etw wieder in Ordnung bringen; **in ~ order** betriebsfähig, funktionstüchtig; **the ~ parts** *of a machine* die beweglichen Teile

❹ (*of theory*) ~ **definition/hypothesis/theory** Arbeitsdefinition *f*/-hypothese *f*/-theorie *f*

❺ (*basic*) Arbeits-; **to have a ~ knowledge of sth** in etw *dat* Grundkenntnisse haben

❻ (*of animal*) ~ **dog/horse** Arbeitshund *m*/-pferd *nt*

II. *n* ❶ *no pl* (*activity*) Arbeiten *nt*, Arbeit *f*

❷ *no pl* MIN (*extracting minerals*) Abbau *m*, Gewinnung *f;* **opencast ~** Abbau *m* über Tage

❸ MIN ■ ~ [*or* **~s**] (*mine*) Grube *f*, Mine *f;* (*part of mine*) Schacht *m*

► PHRASES: **the ~s of <u>fate</u>** die Wege des Schicksals

working capital *n no pl* Betriebskapital *nt* **working class** *n + sing/pl vb* ■ **the ~** die Arbeiterklasse *kein pl* **working-class** *adj* der Arbeiterklasse *nach n;* **sb from a ~ background** jd aus der Arbeiterschicht; **a ~ family** eine Arbeiterfamilie **working day** *n esp* BRIT ❶ (*time at work*) Arbeitstag *m;* **an eight-hour ~** ein Achtstundentag *m* ❷ (*not holiday*) Werktag *m* **working girl** *n* (*fam*) ❶ (*dated: woman with job*) berufstätige [junge] Frau ❷ *esp* AM (*euph: prostitute*) Freudenmädchen *nt euph geh*, Prostituierte *f* **working group** *n* Arbeitsgruppe *f* **working life** *n of a person* Berufsleben *nt kein pl*, Arbeitsleben *f kein pl; of a machine* Lebensdauer *f kein pl* **working-out** *n no pl* MATH Rechenweg *m* **working-over** *n* (*fam*) Abreibung *f fam;* **to get a good ~** eine ordentliche Abreibung verpasst bekommen *fam*

workload *n* Arbeitspensum *nt kein pl*, Arbeit[sbelastung] *f;* TECH Leistungsumfang *m;* **a heavy/light/unbearable ~** ein hohes/niedriges/unerträgliches Arbeitspensum **workman** *n* ❶ (*craftsman*) Handwerker *m* ❷ (*worker*) Arbeiter *m* **workmanlike** *adj* ❶ (*approv: skilful*) fachmännisch, professionell; ~ **job** fachmännische Arbeit; ~ **performance** solide Leistung ❷ (*pej: sufficient*) annehmbar

workmanship ['wɜːkmənʃɪp, AM 'wɜːrk-] *n no pl* Verarbeitung[sgüte] *f;* (*workman's skill*) handwerkliches Können *f;* **fine/shoddy/solid ~** feine/schludrige/solide Verarbeitung

workmate *n esp* BRIT (*fam*) Arbeitskollege, -in *m, f*

work of art *n* Kunstwerk *nt* **workout** *n* SPORTS Training *nt;* (*fitness training*) Konditionstraining *nt*, Fitnesstraining *nt;* **light/heavy** [*or* **vigorous**] ~ leichtes/hartes Training **work permit** *n* Arbeitserlaubnis *f*, Arbeitsgenehmigung *f* **workpiece** *n* TECH Werkstück *nt* **workplace** *n* Arbeitsplatz *m;* ■ **in sb's ~** an jds Arbeitsplatz **workroom** *n* Arbeitszimmer *nt*, Arbeitsraum *m;* (*for sewing*) Nähzimmer *nt* **workshop** **I.** *n* ❶ (*room*) Werkstatt *f;* **electronics/stone ~** Elektro-/Steinmetzwerkstatt *f* ❷ (*meeting*) Workshop *m*, Seminar *nt;* **drama/nutrition/stress-reduction ~** Theater-/Ernährungs-/Antistressworkshop *m;* **weekend ~** Wochenendseminar *nt;* **to attend/run a ~** einen Workshop besuchen/leiten **II.** *vt* **to ~ a play** ein Stück inszenieren **workshop production** *n* Stück *nt* einer Theater-AG **work-shy** *adj* BRIT (*pej*) arbeitsscheu *pej* **workspace** *n* ❶ *no pl* (*space to work*) Arbeitsraum *m*, Werkraum *m* ❷ (*commercially used area*) gewerbliche Nutzfläche ❸ COMPUT (*temporary memory storage*) Arbeitsspeicher *m* **workstation** *n* ❶ COMPUT Arbeitsplatzrechner *m*, Workstation *f fachspr* ❷ (*work area*) Arbeitsplatz *m*, Arbeitsbereich *m* **work study** *n* ❶ *no pl* SCH, UNIV, COMM Praktikum *nt;* **to do ~** ein Praktikum machen ❷ COMM (*evaluation method*) Arbeitsstudie *f* **work-study programme** *n* SCH, UNIV, ECON Praktikum *nt;* **to be enrolled in a ~** ein Praktikum machen **work surface** *n* BRIT Arbeitsfläche *f*, Arbeitsplatte *f* **worktable** *n* Arbeitstisch *m;* MECH Werktisch *m;* (*for sewing*) Nähtisch *m* **worktop** *n* BRIT Arbeitsfläche *f*, Arbeitsplatte *f* **work-to-rule** *n no pl esp* BRIT Dienst *m* nach Vorschrift

world [wɜːld, AM wɜːrld] *n* ❶ *no pl* (*earth*) ■ **the ~** die Welt [*o* Erde]; ***the longest bridge in the ~*** die längste Brücke der Welt

❷ (*planet*) Welt *f*, Planet *m;* **beings from other ~s** Außerirdische *pl*

❸ (*society*) Welt *f;* ***we live in a changing ~*** wir leben in einer Welt, die sich ständig ändert; **the ancient/modern ~** die antike/moderne Welt; **the industrialized ~** die Industriegesellschaft; **the ~ to come** die Nachwelt

❹ *usu sing* (*domain*) Welt *f;* **the animal ~** die Tierwelt; **the ~ of business** die Geschäftswelt; **the rock music ~** die Welt des Rock, die Rockszene; **the Catholic/Christian/Muslim ~** die katholische/christliche/moslemische Welt; **the French-speaking/German-speaking ~** die französisch-/deutschsprachige Welt

❺ *no pl* (*life*) Welt *f;* ***her whole ~ had collapsed*** für sie war die Welt zusammengebrochen; **to be inexperienced in the ways of the ~** die Gesetze der Welt nicht kennen; **to be off in one's own little ~** sich *dat* seine eigene kleine Welt geschaffen haben; **to be** [*or* **live**] **in a ~ of one's own** in seiner eigenen Welt sein [*o* leben]; **to withdraw from the ~** sich *akk* von der Welt [*o* den Menschen] zurückziehen

► PHRASES: **sb has the ~ at their <u>feet</u>** jdm liegt die Welt zu Füßen; **all the ~ and her <u>husband</u>/his <u>wife</u>** BRIT Gott und die Welt, Hinz und Kunz *fam;* **<u>love</u>/<u>money</u> makes the ~ go [a]round** die Liebe/Geld regiert die Welt; **to be a <u>man</u>/<u>woman</u> of the ~** ein Mann/eine Frau von Welt sein; **to be at <u>one</u> with the ~** mit sich *dat* und der Welt zufrieden sein; **the ~ is your <u>oyster</u>** die Welt steht dir offen; **in the ~ at <u>large</u>** im Großen und Ganzen [gesehen]; **to be ~s <u>apart</u>** Welten auseinander liegen; ***they are ~s apart in their political views*** zwischen ihren politischen Ansichten liegen Welten; **to <u>be</u>** [*or* **<u>mean</u>**] **[all] the ~ to sb** jds Ein und Alles sein; **to <u>be</u> out of this ~** (*fam*) himmlisch [*o sl* Spitze] sein; **to <u>come</u>** [*or* AM, AUS **<u>move</u>**] **<u>down</u> in the ~** (*fam*) [sozial] absteigen; **to <u>go</u>** [*or* AM, AUS **<u>move</u>**] **<u>up</u> in the ~** (*fam*) [sozial] aufsteigen; **to <u>look</u> for all the ~ like …** ganz aussehen wie …; **for <u>all</u> the ~ as if …** geradeso, als ob …; **not <u>for</u> [all] the ~** nie im Leben, um keinen Preis; **<u>what</u>/<u>who</u>/<u>how</u> in the ~** was/wer/wie um alles in der Welt; **[all] the ~ <u>over</u>** überall auf der Welt, auf der ganzen Welt

world authority *n* internationale Kapazität [*o* Koryphäe] **World Bank** *n no pl* ■ **the ~** die Weltbank **world-beater** *n* der/die/das Weltbeste **world-beating** *adj inv* weltbeste(r, s) **world champion** *n* Weltmeister(in) *m(f)* **world-class** *adj inv* Weltklasse-, von Weltklasse *nach n;* ~ **product** Produkt *nt* von internationaler Qualität **World Cup** **I.** *n* ❶ (*competition*) Weltmeisterschaft *f;* (*in soccer*) Fußballweltmeisterschaft *f*, Fußball-WM *f* ❷ (*trophy*) Worldcup *m*, Weltpokal *m* **II.** *n modifier* **the ~ Finals** das WM-Finale; (*in soccer*) das Endspiel der Fußball-WM; **the British/French ~ squad** die britische/französische WM-Auswahl **world fair** *n* Weltausstellung *f* **world-famous** *adj inv* weltberühmt **World Health Organization** *n no pl, + sing/pl vb* ■ **the ~** die Weltgesundheitsorganisation **world language** *n* Weltsprache *f*

worldliness ['wɜːldlɪnəs, AM 'wɜːrld-] *n no pl* ❶ (*concern with the physical*) weltliche Gesinnung, Weltlichkeit *f*

❷ (*experience*) Weltgewandtheit *f*

world literature *n no pl* Weltliteratur *f*

worldly ['wɜːldli, AM 'wɜːrld-] *adj* ❶ *attr* (*physical*) weltlich, materiell; ~ **goods** materielle Güter; ~ **person** weltlich [*o* materiell] eingestellter Mensch; ~ **success** materieller Erfolg

❷ (*experienced*) weltgewandt

world music *n no pl* Ethnopop *m*, Weltmusik *f* **world opinion** *n* Meinung *f* der Weltöffentlichkeit **world order** *n no pl* Weltordnung *f* **world population** *n no pl* ■ **the ~** die Weltbevölkerung **world power** *n* Weltmacht *f;* **great ~** Supermacht *f* **world record** *n* Weltrekord *m;* **to break the ~** den Weltrekord brechen; **to hold the ~ for sth** den Weltrekord in etw *dat* halten **World Series** *n* ■ **the ~** *jährliches Endspiel zwischen den Gewinnern der beiden großen Baseballligen in den USA*

World's Fair *n* Weltausstellung *f;* **the 1958 ~** die Weltausstellung von 1958

world-shaking, world-shattering *adj* weltbewegend, welterschütternd **world tour** *n* Welttournee *f* **world view** *n* PHILOS Weltanschauung *f*, Weltbild *nt*, Weltsicht *f* **world war** *n* Weltkrieg *m;* **W~ W~ I/II** 1./2. Weltkrieg *m* **world-weariness** *n no pl* Lebensmüdigkeit *f;* (*tiredness of the world*) Weltverdrossenheit *f* **world-weary** *adj inv* lebensmüde, lebensüberdrüssig; **to be** [*or* **feel**] ~ lebensmüde sein; (*tired of the world*) weltverdrossen sein

worldwide [,wɜːld'waɪd, AM 'wɜːrld,waɪd] *inv* **I.** *adj* weltweit, weltumfassend; **of ~ reputation** von Weltruf

II. *adv* weltweit, auf der ganzen Welt; **to ship [sth] ~** etw in die ganze Welt verschiffen; **to travel ~** die ganze Welt bereisen, durch die ganze Welt reisen

World Wide Web *n no pl* COMPUT ■ **the ~** das World Wide Web, das Internet; **shopping on the ~** Einkaufen *nt* im Web

worm [wɜːm, AM wɜːrm] **I.** *n* ❶ ZOOL Wurm *m;* (*larva*) Larve *f;* (*maggot*) Made *f*

❷ MED (*parasite*) Wurm *m;* **to have ~s** Würmer haben

❸ (*pej fam: person*) Fiesling *m pej fam*

❹ TECH (*in gear*) Schnecke *f fachspr*

► PHRASES: **even a ~ will <u>turn</u>** (*prov*) auch der Wurm krümmt sich, wenn er getreten wird *prov*

II. *vt* ❶ (*wriggle*) **to ~ one's hand into sth** seine Hand in etw *akk* hineinzwängen; **to ~ oneself** [*or* **one's way**] **through/under sth** sich *akk* durch/unter etw *akk* hindurchzwängen; **to ~ one's way through the crowd/people** sich *dat* seinen Weg durch die Menge/die Menschen bahnen

❷ (*fig pej: insinuate into*) **to ~ oneself into someone's affection** sich *dat* jds Zuneigung erschleichen; **to ~ oneself into someone's heart/trust** sich *akk* in jds Herz/Vertrauen einschleichen

W

❸ (*treat for worms*) **to ~ an animal** ein Tier entwurmen
III. *vi* sich *akk* winden; **to ~ through the crowd/people** sich *akk* durch die Menge/Menschen zwängen
◆**worm out** *vt* (*fig pej*) ■**to ~ sth out of sb** jdm etw entlocken
worm cast, worm casting *n Erdhäufchen, das ein Regenwurm aufgeworfen hat* **worm-eaten** *adj* wurmzerfressen, wurmstichig *a. fig* **wormhole** *n* ❶ (*burrow*) Wurmloch *nt* ❷ PHYS Wurmloch *nt*
wormwood ['wɜ:mwʊd, AM 'wɜ:rm] *n* ❶ (*shrub*) Wermut *m*
❷ *no pl* (*fig*) Wermutstropfen *m fig*, bittere Pille *fig*
wormy ['wɜ:mi, AM 'wɜ:rmi] *adj* ❶ (*full of worms*) *animal* von Würmern befallen, verwurmt; *fruit, vegetable* wurmig, voller Würmer *präd; soil* wurmreich
❷ (*damaged by worms*) wurmzerfressen; *wood* wurmstichig
worn [wɔ:n, AM wɔ:rn] I. *vt, vi pp of* **wear**
II. *adj* ❶ (*damaged*) abgenutzt; *carpet* abgetreten; *clothing, furniture* abgewetzt, verschlissen; **~ shoes** durchgelaufene Schuhe; **~ tyres** abgefahrene Reifen
❷ (*exhausted*) *person* erschöpft; ***he seems very ~ from all the stress*** der Stress hat ihm offenbar sehr zugesetzt; **a ~ expression** ein müder Gesichtsausdruck
worn down *adj pred,* **worn-down** *adj attr* ❶ (*used up*) abgenutzt; **~ shoes** durchgelaufene Schuhe; **~ tyres** abgefahrene Reifen
❷ (*exhausted*) *person* ausgebrannt, ausgelaugt
worn out *adj pred,* **worn-out** *adj attr* ❶ (*exhausted*) *person* erschöpft, abgespannt
❷ (*damaged*) *clothes* verschlissen; *shoes also* durchgelaufen; **~ wheel bearings** verschlissenes Kugellager
❸ (*fig: used too often*) *idea, method* abgedroschen
worried ['wʌrɪd, AM 'wɜ:r-] *adj* (*concerned*) beunruhigt, besorgt; ■**to be ~ about sth** sich *dat* um etw *akk* Sorgen machen; ■**to be ~ by sth** sich *dat* wegen einer S. *gen* Sorgen machen; ■**to be ~ that ...** sich *dat* Sorgen machen, dass ..., Angst haben, dass ...; **to give sb a ~ expression** [*or* **look**] jdn besorgt ansehen; **to have sb ~** jdm einen Schreck einjagen; **to be ~ to death [about sb/sth]** verrückt vor Sorge [um jdn/etw] sein; **to be ~ sick [about sb/sth]** krank vor Sorge [um jdn/etw] sein; **to be unduly ~ [by sth]** sich *dat* unnötige Sorgen [um etw *akk*] machen
worriedly ['wʌrɪdli, AM 'wɜ:r-] *adv* besorgt, beunruhigt
worrier ['wʌriəʳ, AM 'wɜ:riə˞] *n* Pessimist(in) *m(f)*
worrisome ['wʌrisəm, AM 'wɜ:ri-] *adj* beunruhigend, Besorgnis erregend; **~ problem** drückendes Problem
worry ['wʌri, AM 'wɜ:ri] I. *vi* <-ie-> ❶ (*be concerned*) sich *dat* Sorgen machen; ***I'm sorry — don't ~*** tut mir Leid – das macht doch nichts; ***don't ~, we'll be right back!*** keine Sorge, wir sind gleich zurück!; ***don't ~, I'll handle this!*** keine Angst, das regle ich schon!; ***why ~?*** mach dir keine Sorgen!; ■**to ~ about sb/sth** sich *dat* um jdn/etw Sorgen machen
❷ (*fiddle with*) ■**to ~ at sth** sich *akk* mit etw *dat* herumquälen [*o* herumplagen]
► PHRASES: **not to ~!** (*fam*) keine Sorge [*o* Angst]!
II. *vt* <-ie-> ❶ (*cause worry*) ■**to ~ sb** jdn beunruhigen, jdm Sorgen bereiten *geh;* **to ~ one's pretty little head [about sth]** (*hum fam*) sich *dat* seinen hübschen kleinen Kopf [über etw *akk*] zerbrechen *hum*
❷ (*bother*) ■**to ~ sb** jdn stören
❸ (*fiddle with*) **to ~ sth** mit etw *dat* herumspielen
❹ (*tear at with teeth*) **to ~ a bone** an einem Knochen herumnagen
❺ (*chase*) **to ~ an animal** einem Tier nachstellen; (*bite*) ein Tier reißen
III. *n* ❶ *no pl* (*state of anxiety*) Sorge *f,* Besorgnis *f;* **to be a cause of ~** ein Anlass *m* zur Sorge sein
❷ (*source of anxiety*) Sorge *f;* **existential/financial worries** existenzielle/finanzielle Sorgen; **to be a minor/major ~ for sb** jdm kaum/ernste Sorgen machen; **to have a ~ [about sth]** sich *dat* [um etw *akk*] Sorgen machen; **to not have a ~ in the world** keine Sorgen haben, völlig sorgenfrei sein
worrying ['wʌriɪŋ, AM 'wɜ:r-] *adj* Besorgnis erregend, beunruhigend
worryingly ['wʌriɪŋli, AM 'wɜ:r-] *adv* Besorgnis erregend, beunruhigend
worry lines *npl* Sorgenfalten *fpl*
worrywart ['wʌriwɔ:t, AM 'wɜ:riwɔ:rt] *n* AM, AUS (*fam*) Grübler(in) *m(f)*
worse [wɜ:s, AM wɜ:rs] I. *adj inv comp of* **bad**
❶ (*not as good*) schlechter; (*more difficult, unpleasant*) schlimmer, ärger; ***stop, I can't take any ~!*** hör auf, ich kann nicht noch mehr ertragen!; **~ *luck!*** (*fam*) so ein Pech [*o fam* Mist]!; ***that only makes matters ~*** das macht alles nur noch schlimmer; ***and to make matters ~ ...*** und was alles noch schlimmer macht, ...; ***it could have been*** [*or* ***come***] **~** es hätte schlimmer sein [*o* kommen] können; ■**to be ~ than ...** schlechter/schlimmer sein als ...
❷ MED (*sicker*) schlechter, schlimmer; ***he's [got] ~*** es geht ihm schlechter; ***my cold seems to be getting ~*** meine Erkältung scheint schlimmer zu werden [*o* sich zu verschlimmern]
► PHRASES: **[a bit] the ~ for drink** (*dated fam*) beschwipst; **~ things have happened at sea!** es gibt Schlimmeres!; **[a bit] the ~ for wear** (*fam*) [ziemlich] mitgenommen, abgenutzt; **to be [all] the ~ for sb** für jdn schlimme Folgen haben; **sb is none the ~ for sth** jdm tut es um etw *akk* nicht Leid; ***you would be none the ~ for some basic manners, young man!*** etwas Benehmen würde Ihnen nicht schaden, junger Mann!; **so much the ~ for sb** um so schlimmer für jdn
II. *adv inv comp of* **badly** ❶ (*less well*) schlechter; (*more seriously*) schlimmer; ***he did ~ than he was expecting in the exams*** er schnitt beim Examen schlechter als erwartet ab; ***you could do a lot ~ than marry her*** dir kann doch gar nichts Besseres passieren, als sie zu heiraten; ■**to be ~ off [than ...]** schlechter dran sein [als ...]; **to get ~ and ~** immer schlechter werden, sich *akk* immer mehr verschlechtern
❷ (*to introduce statement*) **even ~, ...** was noch schlimmer ist, ...
III. *n no pl* ❶ (*condition*) ■**the ~** das Schlechtere; **to change for the ~** schlechter werden, sich *akk* verschlechtern [*o* verschlimmern], sich *akk* zum Schlechten verändern
❷ (*circumstance*) Schlimmeres *nt*
worsen ['wɜ:sᵊn, AM 'wɜ:r-] I. *vi* sich *akk* verschlechtern [*o* verschlimmern]
II. *vt* ■**to ~ sth** etw verschlechtern; **to ~ the situation** die Situation verschlimmern
worsening ['wɜ:sᵊnɪŋ, AM 'wɜ:r-] I. *n no pl* Verschlechterung *f,* Verschlimmerung *f;* **~ of conditions** Verschlechterung *f* der Lage
II. *adj attr* sich *akk* verschlechternd; **~ hair loss** zunehmender Haarausfall
worship ['wɜ:ʃɪp, AM 'wɜ:r-] I. *n no pl* ❶ (*homage*) Verehrung *f;* **act of ~** Anbetung *f;* **ancestor ~** Ahnenverehrung *f*
❷ (*religious service*) Gottesdienst *m;* **place of ~** (*Christian*) Andachtsstätte *f;* (*non-Christian*) Kultstätte *f;* **public ~** [öffentlicher] Gottesdienst; **to attend ~** (*form*) den Gottesdienst besuchen, in die Kirche gehen
❸ (*adoration*) Verehrung *f;* **fitness and health ~** Fitness- und Gesundheitskult *m pej;* **money ~** Geldgier *f pej*
❹ *esp* BRIT (*form: title*) **Your W~** (*to judge*) Euer Ehren *form;* (*to mayor*) sehr geehrter Herr Bürgermeister/sehr geehrte Frau Bürgermeisterin *form*
II. *vt* <BRIT -pp- *or* AM *usu* -p-> ❶ (*revere*) **to ~ a deity** einer Gottheit huldigen *geh,* eine Gottheit anbeten
❷ (*adore*) ■**to ~ sb/sth** jdn/etw anbeten [*o* vergöttern] [*o* verehren]; **to hero-~ sb** jdn wie einen Helden verehren
❸ (*be obsessed with*) ■**to ~ sth** von etw *dat* besessen sein; **to ~ money** geldgierig sein; **to ~ sex** sexbesessen sein
► PHRASES: **to ~ the ground sb walks on** jdn abgöttisch verehren, total verrückt nach jdm sein *fam*
III. *vi* <BRIT -pp- *or* AM *usu* -p-> beten; (*pray as Christian*) am Gottesdienst teilnehmen; **to ~ on a weekly basis** jede Woche zur Kirche gehen; **to ~ in** [*or* **at**] **a church/mosque/synagogue/temple** in einer Kirche/einer Moschee/einer Synagoge/einem Tempel zu Gott beten
► PHRASES: **to ~ at the altar of sth** etw hochloben; **to ~ at the shrine of sth** in etw *dat* die Erfüllung suchen
worshiper *n* AM *see* **worshipper**
worshipful ['wɜ:ʃɪpfᵊl, AM 'wɜ:r-] *adj esp* BRIT (*form*) ❶ (*showing reverence*) ehrfürchtig
❷ *inv* (*in titles*) **the W~ Company of Silversmiths** die achtbare Zunft der Silberschmiede
worshipper ['wɜ:ʃɪpəʳ], AM *also* **worshiper** ['wɜ:rʃɪpə˞] *n* (*person going to church*) Kirchgänger(in) *m(f);* (*believer*) Gläubige(r) *f(m);* **devil ~** Teufelsanbeter(in) *m(f);* **sun ~** (*fig*) Sonnenanbeter(in) *m(f) hum*
worship service *n* Gottesdienst *m;* **to attend a ~** (*form*) einen Gottesdienst besuchen
worst [wɜ:st, AM wɜ:rst] I. *adj inv superl of* **bad**
❶ (*of poorest quality*) ■**the ~ ...** der/die/das schlechteste ...
❷ (*least pleasant*) schlechteste(r, s)
❸ (*most dangerous*) übelste(r, s), schlimmste(r, s); **to be one's own ~ enemy** sich *dat* selbst sein ärgster Feind sein
❹ (*least advantageous*) ungünstigste(r, s); ***the ~ time to go would be in the morning*** am ungünstigsten ist es am Morgen
II. *adv inv superl of* **badly** ❶ (*most severely*) am schlimmsten
❷ (*least well*) am schlechtesten; ***he's the school's ~-dressed teacher*** er ist der am schlechtesten angezogene Lehrer
❸ (*to introduce sth*) **~ of all ...** und was am schlimmsten war, ...
III. *n no pl* ■**the ~** der/die/das Schlimmste [*o* Ärgste]; ***the ~ is over now*** das Schlimmste ist jetzt überstanden; **to fear** [*or* **think**] **the ~** das Schlimmste befürchten; ■**at ~** schlimmstenfalls
► PHRASES: **to be at one's** [*or* **its**] **~** sich *akk* von seiner schlechtesten Seite zeigen; **if [the] ~ comes to [the] ~** wenn es ganz schlimm kommt, wenn alle Stricke reißen *fam;* **to do one's ~ *I'm not frightened of him — let him do his ~!*** was er auch tut, ich habe keine Angst vor ihm!; **to get** [*or* **have**] **the ~ of it** das meiste abbekommen
IV. *vt usu passive* (*old*) ■**to be ~ed** vernichtend geschlagen werden
worst-case *adj attr, inv* schlimmstmöglich
worst case *n,* **worst case scenario** *n* schlimmster Fall
worsted ['wʊstɪd] I. *n no pl* Kammgarn *nt*
II. *n modifier* **~ suit** Kammgarnanzug *m*
worst-ever *adj inv* ■**the ~ ...** der/die/das bisher schlimmste ...
wort [wɜ:t, AM wɜ:rt] *n* ❶ (*used in plant names*) -kraut *nt,* -wurz *f*
❷ *no pl* (*malt infusion*) Bierwürze *f*
worth [wɜ:θ, AM wɜ:rθ] I. *adj inv, pred* ❶ (*of monetary value*) wert; ■**to be ~ sth** etw wert sein; ***jewellery ~ several thousand pounds*** Schmuck im Wert von mehreren tausend Pfund; ***what's it ~ to you?*** wie viel ist dir das wert?; **to not be ~ a bean** keinen Pfifferling wert sein *fam;* **to not be ~ the paper it is written on** nicht das Papier wert sein, auf dem es geschrieben ist; **to be ~ one's weight in gold [to sb/sth]** [für jdn/etw] Gold wert sein
❷ (*deserving*) wert; ■**to be ~ sth** etw wert sein; ***their latest record is ~ a listen*** ihre neueste Platte kann sich hören lassen; **to [not] be ~ a mention** [nicht] erwähnenswert sein; **to be ~ a try/visit** einen Versuch/Besuch wert sein; **to be ~ reading** *book, article* lesenswert sein

③ (*advisable*) [lohnens]wert; ***it's not really ~ arguing about!*** es lohnt sich nicht, sich darüber zu streiten!; ***it's ~ mentioning that ...*** man sollte nicht vergessen zu erwähnen, dass ...; ***it's ~ remembering that ...*** man sollte daran denken, dass ...
④ (*fam: in possession of*) ***she must be ~ at least half a million*** sie besitzt mindestens eine halbe Million
► PHRASES: **to be/not be ~ one's salt** etwas/nichts taugen; **if a thing is ~ doing, it's ~ doing well** (*saying*) wenn schon, denn schon *fam;* **to be ~ sb's while doing sth** sich *akk* für jdn auszahlen [*o* lohnen], etw zu tun; **to make sth/it ~ sb's while** jdn für etw *akk* entsprechend belohnen; **to be [well] ~ it** die Mühe wert sein, sich *akk* lohnen; **to do sth for all one is ~** etw mit aller Kraft tun; ***I screamed for all I was ~*** ich schrie aus Leibeskräften; **for what it's ~** (*fam*) übrigens *fam*
II. *n no pl* ① (*monetary value*) Wert *m;* ***$4 million ~ of gift items*** Geschenkartikel im Wert von 4 Millionen Dollar; ***I did a month's ~ of shopping*** ich habe für einen Monat eingekauft; ***a dollar's ~ of candy, please*** für einen Dollar Bonbons, bitte; **to get one's money's ~** etw für sein Geld bekommen
② (*merit*) Bedeutung *f,* Wert *m;* ***this is of little ~ to me*** das bedeutet mir nicht viel; **of comparable/dubious/little ~** von vergleichbarem/zweifelhaftem/geringem Wert

worthily ['wɜːðɪli, AM 'wɜːr-] *adv* (*form*) ehrenhaft *geh*

worthiness ['wɜːðɪnəs, AM 'wɜːr-] *n no pl* ① (*value*) Wert *m*
② (*appropriateness*) Befähigung *f;* **credit ~** Kreditwürdigkeit *f,* Bonität *f geh*

worthless ['wɜːθləs, AM 'wɜːr-] *adj* wertlos *a. fig*

worthlessness ['wɜːθləsnəs, AM 'wɜːr-] *n no pl* Wertlosigkeit *f a. fig*

worthwhile [ˌwɜːθ'(h)waɪl, AM ˌwɜːr-] *adj* lohnend; ■ **to be ~** sich *akk* lohnen; ***that's hardly ~*** das ist kaum der Mühe wert; **to be financially ~** sich *akk* finanziell lohnen

worthy ['wɜːði, AM 'wɜːr-] **I.** *adj* ① (*form: estimable*) würdig; **to make a donation to a ~ cause** für einen wohltätigen [*o* guten] Zweck spenden; **~ opponent** würdiger Gegner/würdige Gegnerin; **~ principles** achtbare Prinzipien
② (*meriting*) **~ of attention** [*or* **notice**]/**praise** beachtens-/lobenswert; **issues ~ of consideration** in Betracht zu ziehende Punkte
③ *pred* (*suitable*) würdig
II. *n* (*hum or pej*) großer Held/große Heldin *hum o pej;* **local worthies** Lokalmatadoren *mpl hum*

wot [wɒt, AM wɑːt] (*hum fam*) *non-standard spelling of* **what** was

wotcha ['wɒtʃə], **wotcher** ['wɒtʃəʳ] *interj* BRIT (*fam*) hallo *fam,* na! *fam*

would [wʊd] *auxvb* ① (*in indirect speech*) ***he said he ~ see his brother tomorrow*** er sagte, er würde seinen Bruder morgen sehen; ***they promised that they ~ help*** sie versprachen zu helfen
② (*to express condition*) ***what ~ you do if ...?*** was würdest du tun, wenn ...?; ***I ~n't worry about it*** ich würde mir darüber keine Sorgen machen
③ (*to express inclination*) ***I'd go myself, but I'm too busy*** ich würde [ja] selbst gehen, aber ich bin zu beschäftigt; ***I ~ hate to miss the show*** die Show möchte ich wirklich nicht verpassen; **sb ~ rather/sooner do sth** jd würde lieber etw tun; ***~n't you rather finish it tomorrow?*** willst du es nicht lieber morgen fertig machen?; **sb ~ rather die than do sth** jd würde lieber sterben, als etw tun
④ (*polite request*) ***if you ~ just wait a moment ...*** wenn Sie einen kleinen Moment warten, ...; ***~ you mind sharing a room?*** würde es Ihnen etwas ausmachen, ein Zimmer mit jemandem zu teilen?; ***~ you like some cake?*** hättest du gern ein Stück Kuchen?
⑤ (*expressing opinion*) ***it ~ have been very boring ...*** es wäre sehr langweilig gewesen ...; ***I ~ imagine that ...*** ich könnte mir vorstellen, dass ...; ***I ~n't have thought that ...*** ich hätte nicht gedacht, dass ...
⑥ (*express regularity*) immer [wieder]; ***the bus ~ be late when I'm in a hurry*** der Bus kommt immer zu spät, wenn ich es eilig habe; ***he ~ say that, wouldn't he?*** er sagt das immer, nicht wahr?
⑦ (*poet liter: expresses a wish*) ***ah, ~ that I were younger!*** ach, wäre ich doch jünger!

would-be **I.** *adj attr, inv* Möchtegern-; **~ politician** Möchtegernpolitiker(in) *m(f) pej*
II. *n* Möchtegern *m pej,* Gernegroß *m pej*

wouldn't ['wʊdᵊnt] = **would not** *see* **would**

wound¹ [wuːnd] **I.** *n* ① (*injury*) Wunde *f;* **flesh ~** Fleischwunde *f;* **gunshot/stab/war ~** Schuss-/Stich-/Kriegsverletzung *f;* **a gaping/open ~** eine klaffende/offene Wunde; **a nasty ~** eine schlimme Wunde
② (*fig: psychological hurt*) Wunde *f,* Kränkung *f;* **to reopen old ~s** [*or* **an old ~**] alte Wunden wieder aufreißen
II. *vt* ■ **to ~ sb** ① (*physically*) jdn verletzen [*o* verwunden]; **to be ~ed in the leg** am Bein verletzt [*o* verwundet] werden; **to ~ sb badly/fatally/mortally** jdn schwer/schlimm/tödlich verletzen [*o* verwunden]
② (*fig: psychologically*) jdn kränken [*o* verletzen]; **to ~ sb's heart** jdn [*o* jds Gefühle] verletzen; **to ~ sb deeply** jdn tief verletzen

wound² [waʊnd] *vt, vi pt, pp of* **wind**

wounded ['wuːndɪd] **I.** *adj* ① (*physically*) verletzt, verwundet; **the number of people ~** die Zahl der Verletzten; **~ soldier** verwundeter Soldat
② (*fig: psychologically*) gekränkt, verletzt; **~ feelings** verletzte Gefühle; **~ pride** verletzter Stolz
II. *n* ■ **the ~** *pl* die Verletzten *pl;* MIL die Verwundeten *pl;* **the walking ~** die Leichtverletzten *pl*

wove [wəʊv, AM woʊv] *vt, vi pt of* **weave**

woven ['wəʊvᵊn, AM 'woʊv-] **I.** *vt, vi pp of* **weave**
II. *adj inv* ① (*on loom*) gewebt; **~ fabric** Gewebe *nt*
② (*intertwined*) geflochten; **~ basketwork** geflochtene Korbwaren; **~ wreath** geflochtener Kranz
③ (*complex*) verwickelt, kompliziert

wow [waʊ] (*fam*) **I.** *interj* wow *sl,* toll! *fam,* Wahnsinn! *sl,* super! *sl*
II. *n* ① **to be a ~ with sb/sth** bei jdm/etw total beliebt sein *sl;* ***he's a real ~ with the girls in his class*** er kommt bei den Mädchen in seiner Klasse super an *sl*
② COMPUT Gleichlaufschwankung *f,* Jaulen *nt*
► PHRASES: **to have a ~ of a time** sich *akk* großartig amüsieren
III. *vt* ■ **to ~ sb** jdn hinreißen [*o* umhauen] *fam*

WP [ˌdʌbljuː'piː] *n* COMPUT ① *abbrev of* **word processing**
② *abbrev of* **word processor**

WPC [ˌdʌbljupiː'siː] *n* BRIT *abbrev of* **Woman Police Constable** Wachtmeisterin *f*

WRAC [ræk] *n no pl,* + *sing/pl vb* BRIT MIL *abbrev of* **Women's Royal Army Corps**

wrack [ræk] *n esp* AM, AUS *see* **rack²**

wraith [reɪθ] *n* (*liter*) ① (*spirit*) Geist *m,* Erscheinung *f*
② (*insubstantial person*) Gespenst *nt;* ***strokes had reduced him to a ~*** durch die Schlaganfälle war er nur noch ein Schatten seiner selbst
③ (*faint trace*) Spur *f*

wraithlike *adj* gespenstisch, geisterhaft

wrangle ['ræŋgl] **I.** *vi* streiten; ■ **to ~ about** [*or* **over**] **sth** um etw *akk* rangeln; ■ **to ~ with** [*or* **against**] **sb** mit jdm streiten
II. *vt* AM (*care for*) **to ~ cattle/horses** Vieh/Pferde hüten
III. *n* Gerangel *nt* (**about/over** um +*akk*); **a legal ~** ein Rechtsstreit *m*

wrangler ['ræŋgləʳ, AM -ə˞] *n* ① AM (*fam: cowboy*) Cowboy *m*
② (*arguer*) streitsüchtige Person, Rechthaber(in) *m(f)*
③ BRIT (*maths student*) *Mathematikstudent/-in in Cambridge mit einem erstklassigen Examen*

wrangling ['ræŋglɪŋ] *n no pl* Gerangel *nt pej*

wrap [ræp] **I.** *n* ① FASHION (*covering*) Umhang *m;* **beach ~** Strandtuch *nt*
② *esp* AM FASHION (*stole*) Stola *f;* **chiffon/silk ~** Chiffon-/Seidenstola *f*
③ *no pl* (*packaging*) Verpackung *f;* **plastic ~** Plastikverpackung *f*
④ *usu pl* (*fig: veil of secrecy*) **to keep sth under ~s** etw unter Verschluss halten; **to take the ~s off sth** etw an die Öffentlichkeit bringen
⑤ FILM (*fam*) gelungene Szene; ***it's a ~*** die Szene ist im Kasten *fam*
⑥ *esp* AM (*meal*) Tortillawrap *m*
⑦ (*sl: cocaine*) **a ~ of cocaine** ein Briefchen *nt* Kokain
II. *n modifier* **~ skirt** Wickelrock *m*
III. *vt* <-pp-> ① (*cover*) ■ **to ~ sth** etw einpacken; **to ~ sth in paper** etw in Papier einwickeln
② (*embrace*) ■ **to ~ sb** jdn umarmen
③ (*draw round*) ■ **to ~ sth around sb/sth** etw um jdn/etw wickeln; **to ~ a blanket round sb** jdn in eine Decke wickeln
④ (*place around*) ■ **to ~ sth [a]round sb/sth** etw um jdn/etw schlingen; **to ~ one's arms around sb** die Arme um jdn schlingen, jdn in die Arme nehmen
⑤ (*fam: crash*) ***he ~ed his car around a tree*** er ist mit seinem Auto an einem Baum hängen geblieben *fam*
⑥ COMPUT **to ~ text/words** Texte/Wörter umbrechen
► PHRASES: **to ~ sb [up] in cotton wool** BRIT jdn in Watte packen *fam;* **to ~ sb [a]round one's little finger** jdn um den kleinen Finger wickeln; **to ~ oneself in the flag** [*or* BRIT **Union Jack**] [*or* AM **Stars and Stripes**] (*pej*) sich *akk* als Patriot aufspielen
IV. *vi* <-pp-> ① COMPUT umbrechen
② FILM (*fam*) die Dreharbeiten beenden

◆**wrap up** **I.** *vt* ① (*completely cover*) ■ **to ~ up ○ sth** etw einwickeln [*o* einpacken]; ■ **to ~ up ○ sth in sth** etw in etw *akk* einwickeln [*o* einpacken]; **to ~ sth up in secrecy** (*fig*) etw geheim halten
② (*dress warmly*) ■ **to ~ up ○ oneself/sb** sich/jdn warm einpacken
③ BRIT (*fam: stop talking*) ***~ it up!*** halt die Klappe! *fam,* halt's Maul! *derb*
④ (*conclude*) ■ **to ~ up ○ sth** etw abschließen [*o* beenden]; ***that just about ~s it up for today*** damit kommen wir für heute zum Ende; **to ~ up a deal** einen Handel unter Dach und Fach bringen
⑤ (*win*) ■ **to ~ up sth** etw gewinnen; **to ~ up a game for a team** ein Spiel für eine Mannschaft entscheiden
⑥ (*fig: preoccupy*) ■ **to be ~ped up in sb/sth** mit jdm/etw ganz beschäftigt sein; ***he's completely ~ped up in Ann*** er hat nur noch Ann im Kopf
II. *vi* ① (*dress*) sich *akk* warm einpacken [*o* anziehen]; **to ~ up snugly** [*or* **warmly**] [*or* **well**] sich *akk* gut einpacken [*o* warm anziehen]
② (*finish*) zum Ende kommen; ***let's ~ up and grab some lunch*** lasst uns zum Ende kommen und etwas zu Mittag essen
③ (*pej! fam: stop talking*) ***~ up!*** halt die Klappe! *fam,* halt das Maul! *derb*

wraparound ['ræpəraʊnd], BRIT *also* **wrapround** ['ræpraʊnd] **I.** *adj inv* ① (*curving*) herumgezogen; **~ sofa** Ecksofa *nt;* **~ windshield** [*or* **windscreen**] Panorama[windschutz]scheibe *f*
② FASHION Wickel-; **~ skirt** Wickelrock *m*
II. *n* ① FASHION Wickelrock *m*
② TYPO Zeilenumbruch *m*
③ COMPUT Umlaufsystem *nt*

wrapped [ræpt] *adj* ① *inv* (*covered*) eingepackt, verpackt
② *pred* AUS (*thrilled*) aus dem Häuschen *fam;* ***I'm really ~ to see you again*** ich kann dir gar nicht sagen, wie ich mich freue, dich wiederzusehen

wrapper ['ræpəʳ, AM -ə˞] *n* ① (*packaging*) Verpackung *f;* **plastic ~** Plastikverpackung *f;* **sweet** [*or* AM **candy**] **~** Bonbonpapier *nt*
② (*for newspaper*) Streifband *nt*
③ (*for book*) [Schutz]umschlag *m,* Schutzhülle *f*
④ *esp* AM (*for cigars*) Deckblatt *nt*

❺ Am (*robe*) Umhang *m;* **beach** ~ Strandtuch *nt*

wrapping ['ræpɪŋ] *n* Verpackung *f;* (*for presents*) Geschenkverpackung *f;* **cellophane** ~ Cellophanhülle *f*, Zellophanhülle *f;* **protective plastic** ~ Plastikschutzhülle *f*

wrapping paper *n no pl* (*for package*) Packpapier *nt;* (*for present*) Geschenkpapier *nt*

wrath [rɒθ, AM ræθ] *n no pl* (*form liter or dated*) Zorn *m;* **to fuel sb's** ~ [*or* **the** ~ **of sb**] jds Zorn schüren *geh;* **to incur sb's** ~ [*or* **the** ~ **of sb**] sich *dat* jds Zorn zuziehen

wrathful ['rɒθfəl, AM 'ræθ-] *adj* (*form liter or dated*) zornig, wutentbrannt

wrathfully ['rɒθfəli, AM 'ræθ-] *adv* (*form liter or dated*) zornig, wutentbrannt

wreak [ri:k] *vt* (*form*) ❶ (*cause*) ■**to** ~ **sth** etw verursachen; **to** ~ **damage/havoc** [**on** [*or* **with**] **sth**] Schaden [an etw *dat*] anrichten
❷ (*inflict*) **to** ~ **one's anger on sb** seine Wut an jdm auslassen; **to** ~ **revenge** [*or* **vengeance**] **on sb** sich *akk* an jdm rächen, an jdm Rache nehmen

wreath [ri:θ] *n* Kranz *m* (**of** aus +*dat*); **Christmas** [*or* **holly**] ~ Weihnachtskranz *m;* ~ **of flowers** Blumenkranz *m;* **laurel** ~ Lorbeerkranz *m;* ~ **of leaves** Blätterkranz *m;* **to lay a** ~ einen Kranz niederlegen

wreathe [ri:ð] (*liter*) **I.** *vt usu passive* ❶ (*encircle*) ■**to** ~ **sth** etw umwinden; ***the peak of the mountain is perpetually*** ~***d in cloud*** die Spitze des Berges ist ständig in Wolken gehüllt; ***her face was*** ~***d in smiles*** ein Lächeln umrahmte ihr Gesicht; **to be** ~**d in melancholy/sorrow** zutiefst melancholisch/traurig sein
❷ (*place around*) ■**to** ~ **sth around** [*or* **about**] **sb/sth** etw um jdn/etw [herum]winden; **to** ~ **one's arms around** [*or* **about**] **sb/sth** seine Arme um jdn/etw schlingen
❸ (*form into wreath*) ■**to** ~ **sth** etw zu einem Kranz flechten; **to** ~ **flowers/leaves** einen Kranz aus Blumen/Blättern flechten
II. *vi* sich *akk* kräuseln [*o* ringeln]; ***the smoke*** ~***d upwards*** der Rauch stieg in Kringeln auf

wreck [rek] **I.** *n* ❶ (*destruction of boat*) Schiffbruch *m*
❷ (*boat*) [Schiffs]wrack *nt*
❸ *no pl* LAW Strandgut *nt*
❹ (*ruined vehicle*) Wrack *nt;* ~ **of a car/plane** Auto-/Flugzeugwrack *nt*
❺ (*disorganized remains*) Trümmerhaufen *m*, Ruine *f;* ***this place is a complete*** ~ das ist ja hier ein totales Schlachtfeld *hum*
❻ (*accident*) Unfall *m;* **car** ~ Autounfall *m;* **to have** [*or* **be in**] **a bad** ~ einen schweren Unfall haben
❼ (*person*) Wrack *nt;* **to be a complete/nervous/quivering** ~ ein totales/nervliches/zitterndes Wrack sein
II. *vt* ❶ (*sink*) ■**to be** ~**ed** *ship* Schiffbruch erleiden
❷ (*destroy*) ■**to** ~ **sth** etw zerstören; ***our greenhouse was*** ~***ed in last night's storm*** unser Treibhaus ging im Sturm der letzten Nacht zu Bruch
❸ (*fig: spoil*) ■**to** ~ **sth** etw ruinieren; **to** ~ **chances/hopes/plans** Aussichten/Hoffnungen/Pläne zunichte machen; **to** ~ **sb's life** jds Leben zerstören; **to** ~ **a marriage** eine Ehe zerrütten

wreckage ['rekɪdʒ] *n no pl* Wrackteile *ntpl*, Trümmer *pl a. fig;* ***there is some hope for those left clinging to the*** ~ ***of small businesses*** es besteht noch etwas Hoffnung für die, die das, was von den kleinen Unternehmen übrig ist, retten wollen

wrecked [rekt] *adj* ❶ (*destroyed*) zerstört, vernichtet; ~ **car** Autowrack *nt*, Schrottauto *nt;* **half-**~ **houses** halb zerstörte Häuser
❷ (*involved in shipwreck*) schiffbrüchig
❸ (*sl: drunk*) **to get** ~ versumpfen *sl*

wrecker ['rekəʳ, AM -ɚ] *n* ❶ (*person who destroys*) Zerstörer(in) *m(f)*, Vernichter(in) *m(f)*
❷ *esp* Am (*salvager*) Bergungsarbeiter(in) *m(f)*
❸ Am (*breakdown truck*) Abschleppwagen *m;* **to call a** ~ einen Abschleppwagen rufen

wrecking ['rekɪŋ] *n no pl* Bergung *f* von Strandgut; HIST Strandraub *m*

wrecking ball *n* Abrissbirne *f*

wren [ren] *n* Zaunkönig *m;* **the Carolina** ~ *Zaunkönig im Staatswappen von Carolina*

Wren [ren] *n* Brit MIL (*fam*) *weibliches Mitglied der Royal Navy*

wrench [ren(t)ʃ] **I.** *n* <*pl* -es> ❶ *usu sing* (*twisting*) Ruck *m*
❷ *usu sing* (*fig: painful feeling*) Trennungsschmerz *m;* ***what a*** ~***, seeing you board the plane!*** ich werde total traurig, wenn ich sehe, wie du ins Flugzeug steigst!
❸ *esp* Am (*spanner*) Schraubenschlüssel *m;* **screw** ~ Franzose *m*, Rollgabelschlüssel *m fachspr*
II. *vt* ❶ (*twist*) ■**to** ~ **sb/sth from sb** jdm jdn/etw entreißen *a. fig;* ■**to** ~ **sth from sth** etw aus etw *dat* reißen; **to** ~ **sth free** [**from sb/sth**] etw [von jdm/etw] losreißen; ■**to** ~ **sth off sth** etw von etw *dat* abreißen
❷ (*injure*) **to** ~ **a muscle** sich *dat* einen Muskel zerren; **to** ~ **one's shoulder** sich *dat* die Schulter verrenken
❸ (*turn*) **to** ~ **a bolt/nut** eine Schraube/Mutter drehen

wrenched [ren(t)ʃt] *adj inv neck* verrenkt

wrenching ['ren(t)ʃɪŋ] *adj* schmerzlich; **heart-**~ herzzerreißend

wrest [rest] *vt* (*form*) ■**to** ~ **sth** [**away**] **from sb** jdm etw entreißen; **to** ~ **control/power from sb/sth** (*fig*) jdm/etw die Kontrolle/Macht entreißen; **to** ~ **a living** sein Dasein fristen; **to** ~ **oneself free** sich *akk* losreißen

wrestle ['resl] **I.** *vi* ❶ SPORTS ringen
❷ (*fig: struggle*) ■**to** ~ **with sth** mit etw *dat* ringen [*o* kämpfen]
II. *vt* ❶ SPORTS ■**to** ~ **sb** mit jdm ringen; **to** ~ **sb to the ground** jdn zu Boden bringen
❷ (*manipulate*) ■**to** ~ **sth** etw manipulieren
III. *n* ❶ (*contest*) Ringkampf *m*
❷ (*fig: struggle*) Ringen *nt kein pl*

wrestler ['resləʳ, AM -ɚ] *n* Ringer(in) *m(f);* **professional** ~ Profiringer(in) *m(f);* **Sumo** ~ Sumoringer(in) *m(f)*

wrestling ['reslɪŋ] *n no pl* Ringen *nt*, Ringkampf *m;* **arm** ~ Armdrücken *nt;* **mud** ~ Schlammcatchen *nt fachspr*

wrestling bout, **wrestling match** *n* Ringkampf *m*

wretch <*pl* -es> [retʃ] *n* ❶ (*unfortunate person*) **poor** ~ armer Kerl [*o* Teufel] *fam*
❷ (*fam: mean person*) **miserable** ~ Schweinehund *m pej fam*, Mistkerl *m fam;* (*hum: child*) Schlingel *m hum*

wretched ['retʃɪd] *adj* ❶ (*unhappy*) unglücklich, deprimiert; **to feel** ~ sich *akk* elend fühlen
❷ (*very bad*) schlimm; *state, condition* jämmerlich; ***she had a*** ~ ***life as a child*** sie hatte eine schreckliche Kindheit; **to live on a** ~ **diet** sich *akk* kärglich ernähren
❸ (*to express anger*) verflixt; ***it's a*** ~ ***nuisance!*** so ein Mist!

wretchedly ['retʃɪdli] *adv* deprimierend, frustrierend; ***unemployment is*** ~ ***high*** die Arbeitslosenzahlen sind erschreckend hoch; ***some of the samples were*** ~ ***inadequate*** einige der Muster passten überhaupt nicht

wretchedness ['retʃɪdnəs] *n no pl* Elend *nt*

wriggle ['rɪgl] **I.** *vi* ❶ (*twist and turn*) sich *akk* winden; **to** ~ **free** [**of sth**] sich *akk* [aus etw *dat*] herauswinden, sich *akk* [von etw *dat*] befreien
❷ (*move*) ■**to** ~ **somewhere** sich *akk* irgendwohin schlängeln, irgendwohin kriechen; ■**to** ~ **through sth** sich *akk* durch etw *akk* hindurchwinden
► Phrases: **to** ~ **off the hook** (*fam*) sich *akk* herausreden *fam;* **to** ~ **out of doing sth** (*fam*) sich *akk* davor drücken, etw zu tun *fam*
II. *vt* ***she*** ~***d her shoulders against the cushions*** sie grub die Schultern in die Kissen; **to** ~ **one's toes in the sand** die Zehen in den Sand graben
III. *n usu sing* Schlängeln *nt*, Winden *nt kein pl*

wrily ['raɪli] *adv remark, smile* trocken

wring <wrung, wrung> [rɪŋ] **I.** *n usu sing* [Aus]wringen *nt*
II. *vt* ❶ (*twist*) ■**to** ~ **sth** etw auswringen
❷ (*break*) **to** ~ **an animal's neck** einem Tier den Hals umdrehen; **to** ~ **sb's neck** (*fig*) jdm den Hals umdrehen *fam*
❸ (*squeeze*) **to** ~ **sb's hand** jdm fest die Hand drücken
❹ (*obtain*) ■**to** ~ **sth from** [*or* **out of**] **sb** etw aus jdm herauspressen; **to** ~ **concessions from sb** jdm Zugeständnisse abpressen
► Phrases: **to** ~ **one's hands** die Hände ringen
◆**wring out** *vt* ■**to** ~ **out** ↻ **sth** etw auswringen; **to** ~ **information out of sb** (*fig*) Informationen aus jdm herauspressen

wringer ['rɪŋəʳ, AM -ɚ] *n* Wäschemangel *f*
► Phrases: **to put sb through the** ~ (*fam*) jdn in die Mangel nehmen *fam*

wringing ['rɪŋɪŋ] *adj inv* klatschnass *fam*, patschnass *fam;* ~ **wet** patschnass *fam*

wrinkle ['rɪŋkl] **I.** *n* ❶ (*in a material*) Knitterfalte *f;* (*in the face*) Falte *f*, Runzel *f;* **anti-**~ **cream** Antifaltencreme *f;* **to get** ~**s** Falten bekommen
❷ (*fam: difficulty*) **to iron the** ~**s out** einige Unklarheiten beseitigen
❸ (*fam: piece of advice*) Kniff *m*
II. *vt* ■**to** ~ **sth** etw zerknittern; **to** ~ **skin** die Haut faltig werden lassen
► Phrases: **to** ~ **one's brow** die Stirn runzeln; **to** ~ [**up**] **one's nose at sth** über etw *akk* die Nase rümpfen
III. *vi material* zerknittern, Knitterfalten bekommen; *face, skin* Falten bekommen, faltig werden; *fruit* schrumpeln

wrinkled ['rɪŋk|d] *adj clothes* zerknittert; *face, skin* faltig, runzlig; *fruit* verschrumpelt, schrumpelig

wrinklie ['rɪŋkli] *n* Brit, Aus (*sl*) *see* **wrinkly**

wrinkly ['rɪŋkli] **I.** *adj clothes* zerknittert; *face, skin* faltig, runzlig; *fruit* schrumpelig, verschrumpelt
II. *n* Brit, Aus (*pej or hum sl*) Grufti *m pej o hum sl*

wrist [rɪst] *n* ❶ ANAT Handgelenk *nt;* **to slash** [*or* **slit**] **one's** ~**s** sich *dat* die Pulsadern aufschneiden; **to sprain one's** ~ sich *dat* das Handgelenk verstauchen
❷ FASHION Manschette *f*

wristband *n* ❶ (*strap*) Armband *nt*
❷ (*absorbent material*) Schweißband *nt*
❸ FASHION Manschette *f*

wristlet ['rɪs(t)lɪt] *n* ❶ (*bracelet*) Armreif *m*
❷ (*handcuff*) Handschelle *f*

wristwatch *n* Armbanduhr *f*

writ¹ [rɪt] *n* ❶ (*legal notice*) [gerichtliche] Verfügung; ~ **of execution** Vollstreckungsbefehl *m;* ~ **of habeas corpus** gerichtliche Anordnung eines Haftprüfungstermins; **a** ~ **of summons** eine [schriftliche] Vorladung; **libel** ~ Anzeige *f* wegen übler Nachrede; **to issue a** ~ **against sb** jdn vorladen; **to serve a** ~ [**for sth**] **on sb** jdm [wegen einer S. *gen*] eine Ladung zustellen, jdn vorladen
❷ *esp* Brit (*Crown document*) Wahlausschreibung *f* für das Parlament; **to move a** ~ eine Nachwahl beantragen
❸ *no pl* (*form: authority*) ~ **of law** Gesetzgebungshoheit *f*

writ² [rɪt] *vt, vi* (*old*) *pt, pp of* **write**
► Phrases: **to be** ~ **large** (*form: be blatant*) ***her distress was*** ~ ***large in her face*** ihr Ärger stand ihr deutlich ins Gesicht geschrieben; (*exaggerated*) ***Hollywood is often said to be American society*** ~ ***large*** man sagt oft, Hollywood sei amerikanische Gesellschaft in Reinkultur

write <wrote, written *or old* writ> [raɪt] **I.** *vt* ❶ (*make letters*) ■**to** ~ **sth** etw schreiben; ***he wrote the appointment in his calendar*** er trug die Verabredung in seinen Kalender ein; **to** ~ **a letter to sb** jdm einen Brief schreiben
❷ (*complete*) ■**to** ~ **sth** etw ausstellen; **to** ~ **sb a cheque** [*or* **a cheque to sb**] jdm einen Scheck ausstellen [*o* ausschreiben]; **to** ~ **a prescription/receipt** ein Rezept/eine Quittung ausstellen; **to** ~ **one's will** sein Testament aufsetzen
❸ Can, SA sch **to** ~ **a test** einen Test schreiben

❹ (*compose*) ■**to ~ sth** etw schreiben; ■**to ~ sb sth** etw für jdn [*o* jdm etw] schreiben; ■**to ~ to sb [that …]** BRIT, AUS [*or* AM **to ~ sb [that …]**] jdm schreiben[, dass …]; **to ~ a book/song/thesis** ein Buch/ein Lied/eine Doktorarbeit schreiben; **to ~ sth in English/German/French** etw auf Englisch/Deutsch/Französisch verfassen
❺ (*state*) ■**to ~ that …** schreiben [*o* berichten], dass …
❻ (*add*) ■**to ~ sth into sth** etw in etw *akk* einfügen; **to ~ sth into a contract** etw in einen Vertrag aufnehmen
❼ COMPUT ■**to ~ sth to sth** etw auf etw *dat* speichern
❽ (*underwrite*) **to ~ an insurance policy** eine Versicherungspolice unterschreiben [*o* unterzeichnen]
▶ PHRASES: **to be nothing to ~ home about** nichts Weltbewegendes sein; ***that was nothing to ~ home about*** das hat uns nicht vom Hocker gerissen *fam*
II. *vi* ❶ (*make letters*) schreiben; **to ~ clearly/legibly** deutlich/leserlich schreiben; **to know how/learn [how] to read and ~** Lesen und Schreiben können/lernen
❷ (*handwrite*) mit der Hand schreiben
❸ (*compose literature*) schreiben; ■**to ~ about** [*or* **on**] **sth** über etw *akk* schreiben; **to ~ for a living** Schriftsteller(in) *m(f)* sein
❹ COMPUT schreiben, speichern, sichern
◆**write away** *vi* ■**to ~ away for sth** etw [schriftlich] anfordern; **to ~ away for brochures/information** Broschüren/Informationen anfordern
◆**write back I.** *vt* ■**to ~ sb [sth] back** jdm [etw] zurückschreiben [*o* antworten]
II. *vi* zurückschreiben, antworten
◆**write down** *vt* ■**to ~ down** ↔ **sth** ❶ (*record*) etw aufschreiben [*o form* niederschreiben]
❷ FIN etw abschreiben
◆**write in I.** *vt* ❶ AM POL ■**to ~ in** ↔ **sb** *seine Stimme für jdn abgeben, der nicht auf der Kandidatenliste steht*
❷ (*put in*) ■**to ~ in** ↔ **sth** (*in text*) etw einfügen; (*in form*) etw eintragen [*o* ausfüllen]
II. *vi* schreiben; ***he wrote in expressing his dissatisfaction with recent programming*** er schickte einen Brief, um seine Unzufriedenheit mit dem momentanen Programm auszudrücken; ■**to ~ in to sb** jdn anschreiben; ■**to ~ in for sth** etw anfordern
◆**write off I.** *vi* ■**to ~ off for sth** etw [schriftlich] anfordern
II. *vt* ❶ (*dismiss*) ■**to ~ off** ↔ **sb/sth** jdn/etw abschreiben *fam*
❷ FIN **to ~ off** ↔ **an asset** einen Vermögenswert abschreiben; **to ~ off** ↔ **a debt** Schulden abschreiben
❸ BRIT (*destroy*) **to ~ off a car** ein Auto zu Schrott fahren *fam*
❹ (*send*) **to ~ off a letter** einen Brief abschicken
◆**write out** *vt* ❶ (*remove*) ■**to ~ sb/sth out [of sth]** jdn/etw [aus etw *dat*] streichen; ■**to ~ sb out** THEAT, FILM *character in play, series* jdm einen Abgang schaffen; **to ~ sb out of one's will** jdn aus seinem Testament streichen
❷ (*write in full*) ■**to ~ out** ↔ **sth** etw ausschreiben
❸ (*put in writing*) ■**to ~ out** ↔ **sth** etw aufschreiben
❹ (*fill out*) ■**to ~ out** ↔ **sth** etw ausstellen; **to ~ a cheque out to sb** [*or* **sb out a cheque**] jdm einen Scheck ausschreiben [*o* ausstellen]
◆**write up** *vt* ❶ (*put in written form*) **to ~ up an article/notes** einen Artikel/Notizen ausarbeiten
❷ (*critique*) ■**to ~ up sth** eine Kritik zu etw *dat* schreiben; **to ~ up a concert/film/play** eine Kritik zu einem Konzert/Film/Stück schreiben
❸ (*make entries*) **to ~ up a diary** ein Tagebuch auf den neuesten Stand bringen
❹ AM (*report*) ■**to ~ sb up** jdn aufschreiben *fam*
writedown *n* Teilabschreibung *f* **write-down allowance** *n* Abschreibungsbetrag *m* **write-in** POL **I.** *n* ❶ AM (*vote*) *Stimmabgabe für einen Kandidaten, der nicht auf der Liste steht* ❷ (*candidate*) *Kandidat, der nicht auf der Liste steht* ❸ (*protest*) Einspruch *m*, Protest *m* **II.** *n modifier* **a ~ candidate** *ein nachträglich auf der Liste hinzugefügter Kandidat;* **a ~ campaign** *eine Wahlkampagne, bei der man einen Kandidaten wählen kann, den man nachträglich auf den Stimmzettel dazuschreibt*
write-off *n* ❶ BRIT (*vehicle*) Totalschaden *m;* **to be a complete ~** ein absoluter Totalschaden sein
❷ (*worthless person*) Versager(in) *m(f);* (*worthless event*) Reinfall *m* ❸ FIN Abschreibung *f;* **tax ~** [steuerliche] Abschreibung **write-protected** *adj inv* COMPUT schreibgeschützt
writer [ˈraɪtəʳ, AM -ɚ] *n* ❶ (*person who writes*) Verfasser(in) *m(f)*, Schreiber(in) *m(f)*
❷ (*author*) Autor(in) *m(f);* **~ of books** Buchautor(in) *m(f);* **~ of children's books** Kinderbuchautor(in) *m(f);* **crime ~** Krimiautor(in) *m(f);* **fiction ~** Romanautor(in) *m(f);* **~ of films** Drehbuchautor(in) *m(f);* **~ of plays** Dramatiker(in) *m(f);* **sports ~** Sportreporter(in) *m(f);* **travel ~** Reiseschriftsteller(in) *m(f)*
❸ ECON *of a cheque* Aussteller(in) *m(f);* **~ of an option** Optionsverkäufer(in) *m(f)*, Stillhalter(in) *m(f)*
writer-director [ˌraɪtədaɪˈrektəʳ, AM -t̬ɚdaɪˈrektɚ] *n* Drehbuchautor(in) *m(f)* und Regisseur/-in **writer's block** *n* Schreibblockade *f* **writer's cramp** *n* Schreibkrampf *m*
write-up *n of play, film* Kritik *f; of book also* Buchbesprechung *f*, Rezension *f*
writhe [raɪð] **I.** *vi* ❶ (*squirm*) sich *akk* winden [*o* krümmen]; **to ~ in agony** sich *akk* vor Schmerzen winden
❷ (*fig: emotionally*) beben; ***she ~d in suppressed fury*** sie bebte innerlich vor unterdrückter Wut
II. *vt* **to ~ one's body** seinen Körper krümmen [*o* winden]
writhing [ˈraɪðɪŋ] **I.** *adj attr* sich *akk* windend
II. *n no pl* Sichwinden *nt*
writing [ˈraɪtɪŋ] *n* ❶ *no pl* (*skill*) Schreiben *nt;* ***reading, ~ and arithmetic*** Lesen, Schreiben und Rechnen; ■**in ~** schriftlich; ***we'll need to have your agreement in ~*** wir brauchen Ihr schriftliches Einverständnis
❷ *no pl* (*occupation*) Schreiben *nt*, Schriftstellerei *f;* **creative ~** kreatives Schreiben
❸ *no pl* (*literature*) Literatur *f;* **women's ~** Frauenliteratur *f*
❹ (*written works*) ■**~s** *pl* Schriften *fpl*
❺ *no pl* (*handwriting*) [Hand]schrift *f*
❻ *no pl* (*inscription*) Inschrift *f*
❼ REL ■**the W~s** *pl* die Hagiographa *pl fachspr,* die Hagiographen *pl fachspr*
▶ PHRASES: **the ~ is on the wall/the wall for sb** die/jds Stunde hat geschlagen; **to read** [*or* **see**] **the ~ on the wall** die Zeichen der Zeit erkennen
writing desk *n* Schreibtisch *m* **writing pad** *n* ❶ (*paper*) Schreibblock *m* ❷ COMPUT Sensor[schreib]block *m* **writing paper** *n no pl* Schreibpapier *nt;* **a piece of ~** ein Blatt *nt* Schreibpapier
writ of summons *n* LAW Prozesseröffnungsbeschluss *m*, Klageschrift *f* mit Ladung, gerichtliche Verfügung
written [ˈrɪtᵊn] **I.** *vt, vi pp of* **write**
II. *adj inv* schriftlich; **~ work** SCH schriftliche Arbeiten; **the ~ word** das geschriebene Wort
▶ PHRASES: **to be ~ in the stars** in den Sternen stehen; **to have sth ~ all over one** [*or* **one's face**] jdm steht etw ins Gesicht geschrieben
written-down value *n* ECON Restbuchwert *m*, Nettobuchwert *m*
wrong [rɒŋ, AM rɑːŋ] **I.** *adj inv* ❶ (*not correct*) falsch; ***your clock is ~*** deine Uhr geht falsch; ***she's ~ in thinking that …*** sie liegt falsch, wenn sie denkt, dass …; ***he's the ~ person for the job*** er ist nicht der richtige Mann für diesen Job; ***I think we're going the ~ way*** ich denke, wir sind falsch *fam;* ***it's all ~*** das ist völlig verkehrt; ***this is the ~ time to …*** dies ist nicht der richtige Zeitpunkt, …; ***it is ~ that you always pay*** es ist nicht in Ordnung, dass du immer bezahlst; ***what's ~ with spending Saturday night in the pub?*** was ist so falsch daran, den Samstagabend im Pub zu verbringen?; ***sorry, you've got the ~ number*** tut mir Leid, Sie haben sich verwählt; ***who was on the phone? — oh, it was just a ~ number*** wer war am Telefon? – oh, da hatte sich nur einer verwählt; ***she got in with the ~ crowd at university*** sie ist an der Universität mit den falschen Leuten zusammengekommen; **to get sth ~** sich *akk* mit etw *dat* vertun; (*misunderstand*) etw falsch verstehen; ***you can't go ~ with that type of wine!*** mit diesem Wein können Sie gar nichts falsch machen!; ***he got the answer ~*** er hat die falsche Antwort gegeben; MATH er hat sich verrechnet; ***you got three questions ~*** Sie haben drei Fragen falsch beantwortet; **to get sb ~** jdn falsch verstehen; ***don't get me ~*** versteh mich bitte nicht falsch; **to be proved ~** widerlegt werden; ***I thought she couldn't do it, but she proved me ~*** ich dachte, sie könnte es nicht tun, aber sie bewies mir, dass ich Unrecht hatte; ■**to be ~ about sth** sich *akk* bei etw *dat* irren; ***I was ~ about her*** ich habe mich in ihr getäuscht
❷ *pred* (*amiss*) ***is there anything ~?*** stimmt etwas nicht?; ***what's ~ with you today?*** was ist denn heute mit dir los?
❸ (*morally reprehensible*) verwerflich *geh;* ***it was ~ of her to …*** es war nicht richtig von ihr, …
❹ *pred* (*not functioning properly*) ***something's ~ with the television*** irgendetwas stimmt mit dem Fernseher nicht; ***my car's gone ~ again*** mein Auto tut mal wieder nicht *fam;* ***my computer goes ~ everytime I …*** mein Computer stürzt jedes Mal ab, wenn ich …; **to find out what is ~** herausfinden, wo der Fehler liegt
▶ PHRASES: **to get out of bed on the ~ side** [*or* **out of the ~ side of the bed**] mit dem linken Fuß zuerst aufstehen; **to get hold of the ~ end of the stick** etw in den falschen Hals bekommen *fam;* **to catch sb on the ~ foot** jdn auf dem falschen Fuß erwischen *fam;* **to fall** [*or* **get**] **into the ~ hands** in die falschen Hände geraten; **to have/put sth on the ~ way round** [*or* AM **around**] etw falsch herum anhaben/anziehen; ***you've got your skirt on the ~ way around*** du hast deinen Rock falsch herum an[gezogen]
II. *adv inv* ❶ (*incorrectly*) falsch; **to spell sth ~** etw falsch buchstabieren
❷ (*in a morally reprehensible way*) falsch; ***his mother always said he lived ~*** seine Mutter hat immer gesagt, dass er ein verwerfliches Leben führe
❸ (*amiss*) **to go ~** *things* schief gehen *fam; people* vom rechten Weg abkommen
III. *n* ❶ *no pl* (*moral reprehensibility*) **a sense of right and ~** ein Gespür *nt* für Recht und Unrecht; **to know right from ~** richtig und falsch unterscheiden können
❷ *no pl* (*unjust action*) Unrecht *nt*, Rechtsverletzung *f;* **to do ~** unrecht tun; **to do sb a ~** jdm Unrecht zufügen; **to do sb no ~** jdm kein unrecht tun; **to suffer a ~** Unrecht erleiden
▶ PHRASES: **to be in the ~** (*mistaken*) sich *akk* irren; (*reprehensible*) im unrecht sein
IV. *vt usu passive* (*form: treat unjustly*) ■**to ~ sb** jdm unrecht tun; (*judge character unjustly*) jdn falsch einschätzen; ***I ~ed him when I said that he was a fair-weather friend*** ich habe ihn falsch eingeschätzt, als ich sagte, er sei ein Freund für schöne Stunden
wrongdoer [-ˌduːəʳ, AM -ˌduɚ] *n* Übeltäter(in) *m(f)*, Missetäter(in) *m(f) veraltend;* LAW Rechtsverletzer(in) *m(f)*
wrongdoing [-ˌduːɪŋ] *n no pl* Übeltat *nt veraltend,* Missetat *f veraltend geh;* LAW Delikt *nt*, Vergehen *nt;* **police ~** Fehlverhalten *nt* der Polizei; **to accuse sb of ~** jdm Fehlverhalten vorwerfen; **to deny ~** ein Fehlverhalten von sich *dat* weisen
wrong-foot *vt* BRIT, AUS ■**to ~ sb** jdn auf dem falschen Fuß erwischen
wrongful [ˈrɒŋfᵊl, AM ˈrɑːŋ-] *adj* unrechtmäßig; LAW ungesetzlich; **~ arrest/dismissal/imprisonment**

W

unrechtmäßige Verhaftung/Entlassung/Inhaftierung

wrongfully ['rɒŋfᵊli, AM 'rɑːŋ-] *adv* zu Unrecht, unrechtmäßig; LAW ungesetzlich

wrong-headed *adj* (*pej*) *person* querköpfig *pej*, verbohrt *pej; idea, plan* hirnverbrannt *fam;* ~ **person** Querkopf *m meist pej*

wrongly ['rɒŋli, AM 'rɑːŋ-] *adv inv* ❶ (*mistakenly*) fälschlicherweise, irrtümlicherweise
❷ (*unjustly*) zu Unrecht; **to ~ convict sb of a crime** jdn zu Unrecht verurteilen
❸ (*incorrectly*) falsch, verkehrt; **to spell sth ~** etw falsch buchstabieren

wrongness ['rɒŋnəs, AM 'rɑːŋ] *n no pl* ❶ (*inaccuracy*) Unrichtigkeit *f*, Fehlerhaftigkeit *f*
❷ (*inadequacy*) Unstimmigkeit *f*
❸ (*inequity*) Ungerechtigkeit *f*

wrote [rəʊt, AM roʊt] *vt, vi pt of* **write**

wrought [rɔːt, AM *esp* rɑːt] I. *vt* (*old liter*) *pt, pp of* **work III**
II. *adj inv* ❶ (*form: crafted*) [aus]gearbeitet; (*conceived*) [gut] durchdacht; *piece of writing* [gut] konzipiert
❷ *attr* (*beaten out*) *silver, gold* gehämmert, getrieben

wrought iron I. *n no pl* Schmiedeeisen *nt* II. *adj pred, inv* schmiedeeisern **wrought-iron** *adj attr, inv* schmiedeeisern; ~ **gate** schmiedeeisernes Tor **wrought up** *adj usu pred* beunruhigt, aufgeregt; **to be/get ~ [about** [*or* **over**] **sth/sb]** sich *akk* [über etw/jdn] aufregen

wrung [rʌŋ] *vt pt, pp of* **wring**

WRVS [ˌdʌbljuːɑːviː'es] *n no pl, + sing/pl vb* BRIT *abbrev of* **Women's Royal Voluntary Service**

wry <-ier, -iest *or* -er, -est> [raɪ] *adj usu attr* ❶ (*dry and ironic*) trocken; ~ **comments** trockene [*o* ironische] Bemerkungen; ~ **[sense of] humour** [*or* AM **humor**] trockener [Sinn für] Humor; **a ~ smile** ein bitteres Lächeln
❷ (*of dislike, disgusted*) **to make** [*or* **pull**] **a ~ face** das Gesicht verziehen; (*disappointed*) ein langes Gesicht machen

wryly *adv see* **wrily**

W. Sussex BRIT *abbrev of* **West Sussex**

wt *n abbrev of* **weight** Gew.

wunderkind <*pl* -s *or* -er> ['wʊndəkɪnd, AM -ɚ-] I. *n* Wunderkind *nt*, [Natur]talent *nt*
II. *n modifier* (*flautist, pianist, singer*) ≈ Star-

wuss [wʊs] *n* AM (*pej sl*) Schlappschwanz *m pej sl*, Waschlappen *m pej sl*

W.V. AM *abbrev of* **West Virginia**

WWF [ˌdʌbljuːˌdʌbljuː'ef] *n no pl abbrev of* **World-wide Fund for Nature:** ■**the ~** der WWF

WWI *n no pl abbrev of* **World War I** der Erste Weltkrieg

WWII *n no pl abbrev of* **World War II** der Zweite Weltkrieg

wych elm ['wɪtʃelm] *n see* **witch elm wych hazel** *n* BRIT *see* **witch hazel**

Wyo. AM *abbrev of* **Wyoming**

W. Yorks BRIT *abbrev of* **West Yorkshire**

WYSIWYG ['wɪziwɪg] COMPUT *acr for* **what you see is what you get** WYSIWYG (*Ausdruck, der besagt, dass exakt der Inhalt eines Bildschirms ausgedruckt wird, so wie angezeigt*)

X

X <*pl* -s>, **x** <*pl* 's *or* -'s> [eks] *n* ❶ (*letter*) X *nt*, x *nt;* ~ **for Xmas** [*or* AM *also* **as in**] X für Xanthippe; *see also* **A**
❷ (*Roman numeral*) X *nt*, x *nt*
❸ (*in place of name*) X; **Mr/Mrs ~** Herr/Frau X

x [eks] I. *vt* AM (*delete*) ■**to ~ sth** etw streichen; **to ~ out a name/word** einen Namen/ein Wort [aus]streichen
II. *n* ❶ MATH x *nt; **let's assume the number of people is ~*** nehmen wir einmal an, wir haben x Personen; **x-axis** x-Achse *f*
❷ (*symbol for kiss*) *Kusssymbol, etwa am Briefende; **all my love, Katy ~~~*** alles Liebe, Gruß und Kuss, Katy
❸ (*cross symbol*) x *nt*, Kreuzchen *nt*
◆**x out** [ˌeks'aut] *vt* ■**to ~ out** ○ **sb** (*fam*) jdn ausstreichen [*o fam* rausschmeißen]

X [eks] *n* (*dated: film rating symbol*) *Symbol, das einen Film als nicht jugendfrei ausweist*

X certificate *n* BRIT (*dated*) *Zertifikat, das einen Film als nicht jugendfrei ausweist*

X-certificate *adj inv* BRIT (*dated*) **an ~ film** [*or* **movie**] *ein Film, der für Jugendliche unter 16 Jahren nicht zugelassen ist*

X chromosome *n* X-Chromosom *nt*

xenon ['ziːnɒn, AM -nɑːn] *n no pl* Xenon *nt*

xenophobe ['zenə(ʊ)fəʊb, AM -əfoʊb] *n* Ausländerfeind(in) *m(f)*

xenophobia [ˌzenə(ʊ)'fəʊbiə, AM -ə'foʊ-] *n no pl* Fremdenhass *m*, Xenophobie *f geh*

xenophobic [ˌzenə(ʊ)'fəʊbɪk, AM -ə'foʊ-] *adj* fremdenfeindlich, xenophob *geh;* ~ **attitude** fremdenfeindliche Haltung; ~ **violence** Gewalt *f* gegen Fremde

xenotransplantation [ˌzenə(ʊ)træn(t)splɑːn'teɪʃᵊn, AM ˌzenətrænsplæn'-] *n* GEN Xenotransplantation *f*

xerox ['zɪərɒks, AM 'zɪrɑːks] *vt* ■**to ~ sth** etw kopieren; **a ~ed copy of a document** eine Kopie eines Dokuments

Xerox® *n* Kopie *f*

X-Games ['eksgeɪmz] *npl* Extremsportarten *fpl*

XL [ˌeks'el] *adj inv* FASHION *abbrev of* **extra large** XL *nt*

Xmas ['krɪs(t)məs, 'eksməs, AM 'krɪs-] (*fam*) I. *n* <*pl* -es> *short for* **Christmas** Weihnachten *nt*
II. *n modifier* (*decorations, presents, season*) Weihnachts-; ~ **tree** Weihnachtsbaum *m*

XML [ˌeksːem'el] *n* COMPUT *abbrev of* **eXtensible Markup Language** XML *nt*

X-rated *adj inv* (*hist*) **an ~ film** [*or* **movie**] *ein Film, der für Jugendliche unter 18* (*in den USA unter 17*) *Jahren nicht zugelassen ist*

X-ray ['eksreɪ] I. *n* ❶ (*radiation*) Röntgenstrahl[en] *m[pl]*
❷ (*examination*) Röntgenuntersuchung *f*, Röntgen *nt kein pl;* **to give sb an ~** jdn röntgen; **to go for an ~** sich *akk* röntgen lassen
❸ (*picture*) Röntgenbild *nt*, Röntgenaufnahme *f*
❹ *no pl* (*hospital department*) Röntgenabteilung *f*
II. *n modifier* (*using X-rays*) (*analysis, image, machine, room, technician*) Röntgen-; **the ~ department** die Röntgenabteilung; ~ **eyes** (*fig*) Röntgenaugen *ntpl;* ~ **vision** (*fig*) Röntgenblick *m*
III. *vt* ■**to ~ sth/sb** etw/jdn röntgen [*o fam* durchleuchten]

xylophone ['zaɪləfəʊn, AM -foʊn] *n* Xylophon *nt*

xylophonist ['zaɪləfəʊnɪst, AM -foʊn-] *n* MUS Xylophonist(in) *m(f)*

Y <*pl* -s>, **y** <*pl* 's *or* -'s> [waɪ] *n* ❶ (*letter*) Y *nt*, y *nt;* ~ **for Yellow** [*or* AM **as in Yoke**] Y für Ypsilon; *see also* **A**
❷ (*in place of name*) Y; **Mr/Mrs ~** Herr/Frau Y

y [waɪ] *n* MATH y *nt;* **y-axis** y-Achse *f*

Y2K [ˌwaɪtuː'keɪ] *n modifier* COMPUT *abbrev of* **year 2000** *problem, crisis, celebration* Y2K-

yacht [jɒt, AM jɑːt] *n* Jacht *f;* **luxury ~** Luxusjacht *f;* **ocean-going ~** hochseetaugliche Jacht, Hochseejacht *f*

yacht club *n* Jachtclub *m*

yachting ['jɒtɪŋ, AM 'jɑːt̬-] *n no pl* Segeln *nt;* **to go ~** segeln gehen

yacht race *n* Segelregatta *f;* **a round-the-world ~** eine Segelregatta um die Welt

yachtsman *n* (*owner*) Jachtbesitzer *m;* (*person sailing*) Segler *m;* **round-the-world ~** Weltumsegler *m* **yachtswoman** *n* (*owner*) Jachtbesitzerin *f;* (*person sailing*) Seglerin *f;* **round-the-world ~** Weltumseglerin *f*

yack [jæk] *vi* (*sl*) quasseln *pej fam*, quatschen *fam*, labern *pej fam*

yackety-yack [ˌjækəti'jæk, AM -t̬-] *n usu sing* (*fam*) Blabla *nt fam*, Gequassel *nt fam*

yah [jɑː] *interj* BRIT (*fam*) ❶ (*yes*) jaja *fam;* **~, okay, *I understand what you're saying*** ja ja, o.k., ich verstehe, was du sagst
❷ (*derision*) pah!, bah!

yahoo I. *n* ['jɑːhuː] (*pej fam*) Krakeeler *m pej;* **a ghastly ~** ein unmöglicher Typ *fam*
II. *interj* [jə'huː] (*expressing joy, excitement*) juhu!

yak [jæk] I. *n* Jak *m*
II. *vi* <-kk-> *see* **yack**

yakka ['jækə] *n no pl* AUS, NZ (*fam*), **yakker** ['jækəʳ] *n no pl* AUS (*fam*) Maloche *f fam*

yakuza <*pl* -> ['jækʊzɑː, AM 'jɑː] *n* Yakuza *m*

Yale lock® ['jeɪllɒk] *n* BRIT Sicherheitsschloss *nt*

y'all [jɔːl] AM DIAL = **you-all**

yam [jæm] *n* ❶ FOOD (*African vegetable*) Jamswurzel *f*
❷ AM (*sweet potato*) Süßkartoffel *f*

yammer ['jæməʳ, AM -ɚ] *vi esp* AM aufdringlich drauflosreden, jammern *fam;* ■**to ~ [away** [*or* **on**]] **[about sth]** [über etw *akk*] maulen

yang [jæŋ] *n no pl* Yang *nt*

yank [jæŋk] (*fam*) I. *vt* ❶ (*pull hard*) ■**to ~ sth** an etw *dat* [ruckartig] ziehen, an etw *dat* zerren
❷ (*remove forcefully*) ■**to ~ sth/sb out [of sth]** etw/jdn [aus etw *dat*] herausreißen [*o* herauszerren]; **to be ~ed out of bed** (*fig*) aus dem Bett geworfen werden; **to ~ out a tooth** einen Zahn ziehen
II. *vi* ■**to ~ [on sth]** [an etw *dat*] zerren
III. *n* Ruck *m; **she gave two ~s on the cord*** sie zog zweimal an der Schnur

Yank [jæŋk] *n* (*fam*) Yankee *m*, Ami *m fam*

Yankee ['jæŋki] (*fam*) I. *n* ❶ (*American*) Yankee *m*, Ami *m fam*
❷ AM (*person from northern USA*) Nordstaatler(in) *m(f)*, Yankee *m*
II. *adj attr, inv* ❶ (*from USA*) Yankee-, Ami-; ~ **neighbours** BRIT Yankeenachbarschaft *f*
❷ AM (*from northern USA*) Nordstaaten-; ~ **businessmen** Geschäftsleute *pl* aus dem Norden [der USA]; (*esp hist*) Nordstaatler-, Yankee-; ~ **government** Yankeeregierung *f*

Yankee bonds *npl* FIN Yankee Bonds *pl*

yap [jæp] I. *vi* <-pp-> ❶ (*bark*) *dog* kläffen
❷ (*pej fam: talk continuously*) quasseln *fam*, ratschen *fam*
II. *n no pl* Kläffen *nt;* **to give a ~** kläffen

yapping ['jæpɪŋ] I. *adj attr, inv dog* kläffend
II. *n no pl* ❶ (*high-pitched barking*) Kläffen *nt*, Kläfferei *f*
❷ (*pej fam: chatter*) Gequassel *nt fam*, Geschwätz *nt*
❸ (*nagging*) Gezeter *nt; **if she starts her ~ again, I'm going down to the pub*** wenn sie wieder zu keifen anfängt, gehe ich in die Kneipe

yappy ['jæpi] *adj* **a ~ dog** ein Kläffer *m pej fam*

yard[1] [jɑːd, AM jɑːrd] *n* ❶ (*3 feet*) Yard *nt; **we've got a list a ~ long of things to do today*** (*fig*) wir haben heute eine ellenlange Liste zu erledigen; **~s and ~s of material** meterweise Stoff; **to sell fabric by the ~** Stoff in Yards verkaufen; **by the ~** am laufenden Band [*o* Meter]
❷ NAUT (*spar*) Rah[e] *f*

yard[2] [jɑːd, AM jɑːrd] *n* ❶ (*paved area*) Hof *m;* (*backyard*) Hinterhof *m*
❷ (*work site*) Werksgelände *nt;* (*for storage*) Lagerplatz *m;* (*dockyard*) [Schiffs]werft *f;* (*garage*) Werkstatt *f;* **builder's ~** Baustofflager *nt;* **goods ~** Güterbahnhof *m;* **naval repair ~** Schiffswerft *f;* **scrap ~**

Schrottplatz *m;* **wood** ~ Sägewerk *nt*
③ AM (*garden, lot*) Garten *m;* **back~** Hinterhof *m;* **front** ~ Vorhof *m;* (*planted strip*) Vorgarten *m*
Yard [jɑːd] *n no pl, + sing/pl vb* BRIT (*fam*) ■**the** ~ Scotland Yard *m*
yardage [ˈjɑːdɪdʒ, AM ˈjɑːr] *n* ① (*measurement*) Yardzahl *f*
② HIST *Recht zur Nutzung eines Viehhofes bzw. Abgeltung hierfür*
yardarm [ˈjɑːdɑːm, AM ˈjɑːrdɑːrm] *n* NAUT Nock *f o nt fachspr;* **to hang sb from the** ~ jdn am Mast aufknüpfen
▸ PHRASES: **the sun is over the** ~ (*dated: time for a drink*) jetzt darf man sich einen genehmigen
Yardie [ˈjɑːdi, AM ˈjɑːr] *n* (*fam*) *jamaikanischer Bandengangster*
yardstick *n* ① (*measuring tool*) Zollstock *m*
② (*standard*) Maßstab *m*
yarmulka *n,* **yarmulke** [ˈjʌmʊlkə, AM ˈjɑːrməl-] *n* REL Scheitelkäppchen *nt*
yarn [jɑːn, AM jɑːrn] **I.** *n* ① *no pl* (*for knitting, weaving*) Wolle *f;* (*for sewing*) Garn *nt;* **ball of** ~ Knäuel *m o nt* Wolle
② (*story*) Geschichte *f;* (*sailor's tall story*) Seemannsgarn *nt;* (*hunter's, angler's exploit*) Jäger-/Anglerlatein *nt;* **to spin [sb] a** ~ [jdm] eine Lügengeschichte erzählen
II. *vi* (*fam*) klönen *fam*
yarrow <*pl* – *or* -s> [ˈjærəʊ, AM ˈjeroʊ] *n* BOT Schafgarbe *f*
yashmak [ˈjæʃmæk, AM ˈjɑːʃmɑːk] *n* REL *Schleier, der von Musliminnen getragen wird*
yaw [jɔː, AM *esp* jɑː] AVIAT, NAUT, TECH **I.** *vi ship* gieren *fachspr,* vom Kurs abweichen; *plane* ausbrechen, vom Kurs abweichen
II. *n no pl* Gieren *nt fachspr*
yawl [jɔːl, AM *esp* jɑːl] *n* Jolle *f*
yawn [jɔːn, AM *esp* jɑːn] **I.** *vi* ① (*show tiredness*) gähnen
② (*liter: open wide*) *chasm* gähnen, klaffen
II. *vt* **to** ~ **one's head off** (*fam*) hemmungslos gähnen
III. *n* ① (*tiredness*) Gähnen *nt kein pl;* **to stifle a** ~ ein Gähnen unterdrücken
② (*fam: boring thing*) [stink]langweilige Angelegenheit *fam;* ***I thought the film was a big*** ~ ich fand den Film stinklangweilig
yawning [ˈjɔːnɪŋ, AM *esp* ˈjɑːn-] *adj attr, inv*
① (*tiredness*) gähnend
② (*liter: wide and deep*) *chasm* gähnend; ***there exists nowadays a*** ~ ***gap between fashion and style*** heutzutage klaffen Mode und Stil weit auseinander; ~ **budget deficit** gewaltiges Loch im Staatshaushalt; ~ **chasm/crater** gähnender Abgrund/Krater
Y chromosome *n* Y-Chromosom *nt*
yd *n abbrev of* **yard[1] 1**
ye[1] [jiː] *pron* DIAL (*old*) ① *pl of* **thou** ihr; ***O*** ~ ***of little faith!*** oh ihr Kleingläubigen!; ~ ***cannot serve God and mammon*** ihr könnt nicht Gott und dem Mammon dienen; ~ **gods!** bei Gott!; ~ ***gods and little fishes!*** ach du meine Güte!
② *pl of* **thee** euch; ***take up arms and fight for I have strengthened*** ~ nehmt die Waffen und kämpft, denn ich habe euch Stärke gegeben
ye[2] [jiː] *adj* (*old*) der/die/das; ***"Y~ Olde Barb"*** „Zum alten Angelhaken"
yea [jeɪ] *adv inv* (*form or old*) fürwahr *veraltet liter;* ***I will be with you,*** ~, ***even unto the end of the world*** wahrlich, ich bin bei euch bis ans Ende der Welt; ~ **or nay** ja oder nein
yeah [jeə] *adv inv* (*fam: yes*) ja[wohl]; ~**?** ach wirklich?; ***oh*** ~**!** [*or* ~, ~**!**] (*iron*) klar!, ganz bestimmt!
year [jɪəʳ, AM jɪr] *n* ① (*twelve months*) Jahr *nt;* ***it's taken them a*** ~ ***to get this far*** sie haben ein Jahr gebraucht, um so weit zu kommen; ***she got two*** ~***s*** sie bekam zwei Jahre [Gefängnis]; ***it'll be a*** ~ ***next August*** kommenden August wird es ein Jahr; ***in the*** ~ ***of Our Lord 1492*** im Jahre des Herrn 1492; ***how much does he earn a*** ~**?** wie viel verdient er im Jahr?; **calendar** ~ Kalenderjahr *nt;* **two** ~**s' work** zwei Jahre Arbeit; **a** ~ **ago** vor einem Jahr; **all [the]** ~ **round** das ganze Jahr über; **every other** ~ alle zwei Jahre; **fiscal** ~ Geschäftsjahr *nt,* Rechnungsjahr *nt; revenue* Steuerjahr *nt;* **last/next/this** ~ letztes/nächstes/dieses Jahr; ***he retires in March of next*** ~ er geht im März nächsten Jahres in Rente; ~ **by** ~ Jahr für Jahr; **for two** ~**s** zwei Jahre lang; **five times a** ~ fünfmal im [*o* pro] Jahr
② (*age, time of life*) [Lebens]jahr *nt;* ***he dances very well for a man of his*** ~***s*** für einen Mann in seinem Alter tanzt er sehr gut; **a two-~-old child** ein zweijähriges Kind
③ (*fam: indefinite time*) ■~**s** *pl* Jahre *ntpl;* ~ **in,** ~ **out** Jahr ein, Jahr aus; **for** ~**s** (*since a long time ago*) seit Jahren; (*regularly*) regelmäßig; (*for a long time*) jahrelang; **over the** ~**s** mit den Jahren, im Laufe der Jahre
④ (*academic year*) SCH Schuljahr *nt;* UNIV Studienjahr *nt;* (*group*) Klasse *f;* ***he was in my*** ~ ***at college*** er war am College in meinem Semester; ***she was in the*** ~ ***above*** [*or* AM ***ahead of***]**/*****below*** [*or* AM ***behind***] ***me at school/university*** sie war in der Schule/Uni[versität] ein Jahr/zwei Semester über/unter mir; **a two-/three-~ course** ein zwei-/dreijähriger Kurs; **the** ~ **9 pupils** BRIT die Neuntklässler *pl;* **school** ~ Schuljahr *nt;* **a first-/second-~ student** ein Student *m*/eine Studentin im ersten/zweiten Studienjahr; **academic** ~ akademisches Jahr; **the second-~s** BRIT UNIV die Studenten *mpl*/Studentinnen *fpl* im zweiten Studienjahr; SCH die Schüler *mpl*/Schülerinnen *fpl* der zweiten Klasse
⑤ (*season*) Jahr *nt;* **the time of the** ~ die Jahreszeit; **to be a bad** [*or* **poor**]**/good** ~ **for sth** ein schlechtes/gutes Jahr für etw *akk* sein; ***1988 was an extremely good*** ~ — ***if you can find a bottle of that, buy it*** 1988 war ein äußerst gutes Jahr – wenn du eine Flasche davon finden kannst, kaufe sie
▸ PHRASES: **from** [*or* **since**] **the** ~ **dot** BRIT, AUS seit Urzeiten [*o* ewigen Zeiten] *fam;* **to put** ~**s on sb** jdn um Jahre älter machen; **to take** ~**s off sb** jdn jünger wirken lassen
yearbook *n* ① PUBL Jahresausgabe *f* ② ECON Jahrbuch *nt* ③ AM SCH, UNIV Jahrbuch *nt;* **school** ~ Schuljahrbuch *nt* **year end** *n* FIN Jahresabschluss *m*
yearling [ˈjɪəlɪŋ, AM ˈjɪr-] *n* Jährling *m fachspr,* Enter *m o nt* NORDD; (*racehorse*) einjähriges Pferd
year-long *adj attr, inv* (*lasting one year*) ein Jahr dauernd, einjährig; (*lasting for years*) jahrelang
yearly [ˈjɪəli, AM ˈjɪr-] *inv* **I.** *adj* [all]jährlich; ~ **pay increase** jährliche Gehaltserhöhung; ~ **subscription** Jahresabonnement *nt;* **twice-~** zweimal pro Jahr
II. *adv* jährlich
yearn [jɜːn, AM jɜːrn] *vi* ■**to** ~ **for** [*or* **after**] **sth/sb** sich *akk* nach etw/jdm sehnen, nach etw/jdm verlangen *geh;* ■**to** ~ **to do sth** sich *akk* danach sehnen, etw zu tun
yearning [ˈjɜːnɪŋ, AM ˈjɜːrn-] *n* ① *no pl* (*feeling of longing*) Verlangen *nt,* Sehnsucht *f*
② (*feeling of loss*) Sehnsucht *f;* **full of unfulfilled** ~**s and desires** voller unerfüllter Sehnsüchte und Wünsche
year-round *adj attr, inv* ganzjährig
yeast [jiːst] *n no pl* Hefe *f;* **brewer's** ~ Bierhefe *f;* **dried** ~ Trockenhefe *f;* **fresh** ~ frische Hefe
yeasty [ˈjiːsti] *adj* hefig; ***the bread has a wonderful*** ~ ***taste*** das Brot schmeckt wunderbar nach Hefe
yell [jel] **I.** *n* ① (*loud shout*) [Auf]schrei *m;* (*continuous loud and high pitched shouting*) Gellen *nt,* gellendes Geschrei; SPORTS Anfeuerungsgeschrei *nt;* **to give** [*or* **let out**] **a** ~ aufschreien, einen Schrei ausstoßen
② AM (*chant*) Schlachtruf *m;* **college** ~ Schlachtruf *m* eines Colleges
II. *vi person, baby* [laut [*o* gellend]] schreien; ***she*** ~***ed at me to catch hold of the rope*** sie schrie mir zu, das Seil zu packen; ***the teacher was*** ~***ing at the class*** der Lehrer schrie die Klasse an; ■**to** ~ **for sth/sb** nach etw/jdm rufen; **to** ~ **for help** um Hilfe rufen; **to** ~ **with laughter/pain** vor Lachen/Schmerzen schreien; **to** ~ **at each other** sich *akk* anschreien
III. *vt* ■**to** ~ **sth [at sb]** [jdm] etw laut [zu]rufen [*o* [zu]brüllen]; ***the crowd were*** ~***ing insults at the referee*** die Menge rief dem Schiedsrichter Beleidigungen zu
◆**yell out I.** *vi* schreien; *fans, supporters* johlen
II. *vt* ■**to** ~ **out** ↔ **sth** etw schreien [*o* brüllen]; ***someone*** ~***ed out "stop!"*** jemand rief laut „halt!"; **to** ~ **out an answer** mit der Antwort herausplatzen; **to** ~ **out orders** MIL Befehle brüllen; **to** ~ **out a warning** eine Warnung hervorstoßen
yellow [ˈjeləʊ, AM -oʊ] **I.** *adj* ① (*colour*) gelb; ~ **hair** flachsfarbenes Haar; **bright** ~ knallgelb *fam;* **to turn** ~ *leaves* gelb werden; *paper, paint* vergilben
② (*fam: cowardly*) feige; **to have a** ~ **streak** feige sein, Schiss haben *sl*
③ *inv* (*pej!: colour of skin*) gelb; **the** ~ **peril** (*pej! dated*) die gelbe Gefahr
④ (*sensationalist*) *book, newspaper* sensationsheischend, Sensations-; ~ **journalism** Sensationsjournalismus *m*
II. *n* ① *no pl* (*colour*) Gelb *nt;* **to paint a room/wall** ~ ein Zimmer/eine Wand gelb streichen; **a lighter shade of** ~ ein helleres Gelb
② (*shade of yellow*) Gelbton *m*
③ (*snooker*) ■**the** ~ **[ball]** die gelbe Billardkugel
III. *vi paint, paper* vergilben
IV. *vt* **to** ~ **sth** etw gelb[lich] einfärben; ***the sun has*** ~***ed the wallpaper*** die Sonne hat die Tapete vergilben lassen
yellow-bellied [-ˌbelid] *adj* (*pej fam: cowardly*) feige; ***you*** ~ ***rat!*** du Angsthase! **yellow-belly** *n* (*pej fam*) Feigling *m,* Schlappschwanz *m sl,* Waschlappen *m sl* **yellow card** *n* SPORTS gelbe Karte; **to get a** ~ die gelbe Karte [gezeigt] bekommen; **to show sb the** ~ jdm die gelbe Karte zeigen **yellow dog contract** *n* AM LAW *Arbeitsvertrag, der den Beitritt zu einer Gewerkschaft verbietet* **yellow fever** *n no pl* Gelbfieber *nt* **yellowhammer** *n* Goldammer *f*
yellowish [ˈjeləʊɪʃ, AM -loʊ-] *adj* gelblich; **a** ~ **tinge** eine gelbliche Tönung, ein Stich *m* ins Gelbliche
yellow line *n* ① BRIT (*on roadside*) Halteverbot *nt,* Parkverbot *nt;* **double** ~ absolutes Halteverbot; **single** ~ eingeschränktes Halteverbot
② AM (*in middle of road*) Mittelstreifen *m*
yellowness [ˈjeləʊnəs, AM -loʊ-] *n no pl* gelbe Farbe; *of skin* Gelbfärbung *f;* ***the paper developed traces of*** ~ ***as it aged*** das Papier vergilbte mit der Zeit
Yellow Pages® *npl + sing vb* ■**the** ~ die Gelben Seiten *pl* **yellow press** *n no pl* AM (*pej*) ■**the** ~ die Regenbogenpresse, die Sensationspresse
yellowy [ˈjeləʊi, AM oʊ] *adj* gelblich
yelp [jelp] **I.** *vi* (*bark: of dog*) kläffen; (*howl*) jaulen; *person* aufschreien, kreischen; **to** ~ **with pain** *person* vor Schmerz aufschreien; *animal* vor Schmerz aufjaulen [*o* aufheulen]
II. *vt* ■**to** ~ **sth** etw rufen [*o* schreien]
III. *n* (*bark*) *dog* Gebell *nt;* (*howl*) Gejaule *nt,* Geheul[e] *nt; person* Schrei *m;* ~ **of pain** Schmerzensschrei *m;* **a strangled** ~ ein erstickter Aufschrei; **to let out a** ~ einen Schrei von sich *dat* geben, aufschreien; ***she let out a*** ~ ***of fear*** sie stieß einen Angstschrei aus
Yemen [ˈjemən] *n no pl* Jemen *m*
Yemeni [ˈjeməni] **I.** *adj inv* jemenitisch
II. *n* Jemenit(in) *m(f)*
yen[1] <*pl* -> [jen] *n* (*currency unit*) Yen *m*
yen[2] [jen] *n* (*fam*) Faible *nt fam;* **to have a** ~ **for sth/sb** ein Faible für etw/jdn haben; **to have a** ~ **to do sth** den Drang [*o* Lust] haben, etw zu tun
yeoman [ˈjəʊmən, AM ˈjoʊ-] *n* (*hist*) Freisasse *m hist;* ~ **farmer** Kleinbauer *m hist*
▸ PHRASES: **to do** ~**['s] service [for sth]** [etw *dat*] treue Dienste leisten
Yeoman of the Guard <*pl* Yeomen of the Guard> *n* BRIT königlicher Leibgardist *hist*
yeomanry [ˈjəʊmənri, AM ˈjoʊ-] *n no pl* (*hist*) ■**the**

~ die Freisassen *pl hist*

yep [jep] *adv inv* (*fam*) ja; ***have you got the money with you? — ~, it's right here*** hast du das Geld dabei? – klar, hier

yes [jes] **I.** *adv inv* ❶ (*affirmative answer*) ja; ***do you like Indian food? — ~, I love it*** mögen Sie indisches Essen? – ja, sehr; ***she's happy enough, isn't she? — ~, I think so*** sie ist richtig glücklich, nicht wahr? – ja, ich denke schon; ~ ***sir/madam*** [*or* AM ***ma'am***] jawohl; ~ ***please*** ja bitte; ~, ***thank you*** ja, danke; ~ ***and no*** ja und nein; **to say** ~ [**to sth**] ja [zu etw *dat*] sagen, etw bejahen
❷ (*contradicting a negative*) aber ja [doch]; ***I'm not a very good cook — ~, you are*** ich bin kein sehr guter Koch – ach was, bist du doch; ***she didn't really mean it — oh ~ she did!*** sie hat es nicht so gemeint – oh doch, das hat sie!
❸ (*as a question*) ja; ***Dad — ~, honey?*** Papa – ja, mein Liebes?; ~, ***madam, how can I help you?*** ja, gnädige Frau, was kann ich für Sie tun?; (*indicating doubt*) ***oh ~?*** ach ja?, ach wirklich?
❹ (*used for emphasis*) ja; ***and I'm sorry, ~, really sorry*** und es tut mir Leid, ja, ehrlich Leid
❺ (*answering own question*) ach ja; ***where were we? ~, …*** wo waren wir? ach ja, …
❻ (*express delight*) [oh] ja!
II. *n* <*pl* -es> Ja *nt;* ***was that a ~ or a no?*** war das ein Ja oder ein Nein?
III. *vt* <-ss-> AM ■**to ~ sb** jdm nach dem Mund reden

yes-man *n* (*pej*) Jasager *m*, Schleimer *m pej fam*

yesterday ['jestədeɪ, AM -tɚ-] **I.** *adv inv* ❶ (*day before today*) gestern; ~ **afternoon/evening/morning** gestern Nachmittag/Abend/Morgen; **a week ago** ~ [*or* BRIT ~ **week**] gestern vor einer Woche; **the day before** ~ vorgestern
❷ (*a short time ago*) kürzlich, vor kurzem
► PHRASES: **sb wasn't born** ~ jd ist nicht von gestern
II. *n no pl* ❶ (*day before today*) Gestern *nt;* ***this is ~'s paper*** das ist die Zeitung von gestern
❷ (*the past*) Gestern *nt;* ***they're ~'s men*** die sind doch von gestern; ***that's ~'s news*** das ist Schnee von gestern

yesteryear ['jestəjɪəʳ, AM -əjɪr] *n no pl* (*liter*) **of** ~ von vergangenen Zeiten; **the Hollywood stars of** ~ die Hollywoodstars *pl* vergangener Zeiten

yet [jet] **I.** *adv inv* ❶ (*up to now*) bis jetzt; ***not many people have arrived*** ~ bis jetzt sind noch nicht viele Leute da; **as** ~ bis jetzt; ***the issue is as ~ undecided*** die Sache ist bis jetzt noch nicht entschieden; + *superl;* **the best/fastest/worst** ~ der/die/das Beste/Schnellste/Schlechteste bisher
❷ (*already*) schon; ***is it time to go ~? — no, not ~*** ist es schon Zeit zu gehen? – nein, noch nicht
❸ (*in the future*) noch; ***the best is ~ to come*** das Beste kommt [erst] noch; **not** ~ noch nicht; ***she won't be back for a long time*** ~ sie wird noch lange nicht zurück sein
❹ (*still*) noch; ***the date and time have ~ to be decided*** Datum und Uhrzeit müssen noch festgelegt werden; (*in negative questions*) ***isn't supper ready ~?*** ist das Abendessen noch nicht fertig?; ***it's not ~ time to go*** es ist noch nicht Zeit zu gehen; **to have ~ to do sth** noch etw tun müssen; ***we have ~ to decide on a name*** wir müssen uns noch für einen Namen entscheiden; **sb may** [*or* **might**] ~ **do sth** jd wird vielleicht noch etw tun; ***you might ~ prove me wrong*** noch könntest du mich widerlegen
❺ (*even*) [sogar] noch; ~ ***more snow is forecast for the north*** für den Norden ist noch mehr Schnee angesagt; + *comp;* ~ **bigger/more beautiful** noch größer/schöner
❻ (*despite that*) trotzdem; ***they're a most unlikely couple and ~ they get on really well together*** sie sind ein ziemlich ungleiches Paar und trotzdem verstehen sie sich gut; (*but*) aber [auch]; ***she manages to be firm ~ kind with the kids*** ihr gelingt es, streng und zugleich freundlich mit den Kindern umzugehen; (*in spite of everything*) schon; ***you wait, I'll get you ~!*** na warte, ich kriege dich schon!
❼ (*in addition*) ***he came back from rugby with ~ another black eye*** er kam vom Rugby wieder mal mit einem blauen Auge nach Hause; ~ **again** schon wieder
II. *conj* und doch, und trotzdem; ***they're a most unlikely couple,*** [***and***] ~ ***they get on really well together*** sie sind ein unmögliches Paar, und doch kommen sie bestens miteinander aus; ***though the sun was warm, ~ the wind was chilly*** obwohl die Sonne warm schien, ging doch ein frischer Wind

yeti ['jeti, AM -t̬-] *n* Yeti *m*

yew [juː] *n* ❶ (*tree*) Eibe *f*
❷ *no pl* (*wood*) Eibenholz *nt*

Y-fronts® ['waɪfrʌnts] *npl* BRIT Herrenunterhose *f* mit Eingriff

YHA [ˌwaɪeɪθʃ'eɪ] *n no pl,* + *sing/pl vb* BRIT *abbrev of* **Youth Hostels Association** ≈ DJH *nt*

yid [jɪd] *n* (*pej! fam*) Jud *m pej*

Yiddish ['jɪdɪʃ] *n no pl* Jiddisch *nt*

yield [jiːld] **I.** *n* ❶ AGR (*amount produced*) Ertrag *m;* (*field produce*) Ernte *f;* (*in recipes*) ~: ***10 pieces*** ergibt 10 Stück
❷ MIN, GEOL (*amount gained*) gewonnene Menge, Ausbeute *f*
❸ FIN (*financial return*) [Zins]ertrag *m*, Gewinn *m;* ~ **of tax**[**es**] Steueraufkommen *nt;* **initial ~s** anfängliche Gewinne
II. *vt* ❶ (*produce*) ■**to ~ sth** etw hervorbringen; *cereals, fruit* etw erzeugen; ***this area of land should ~ several tons of barley*** dieses Stück Land sollte für etliche Tonnen Gerste gut sein
❷ (*render*) ■**to ~ sth** *mine, quarry, oil wells* etw liefern [*o* ergeben]; *energy, water supplies* etw spenden; (*provide*) etw hergeben; **to ~ information/results** Informationen/Ergebnisse liefern; ***the talks with management failed to ~ any results*** die Gespräche mit dem Management blieben ergebnislos
❸ FIN ■**to ~ sth** etw abwerfen; ***the bonds are currently ~ing 6–7%*** die Pfandbriefe bringen derzeit 6–7 %
❹ (*concede*) ■**to ~ sth** [**to sb**] etw [an jdn] abgeben; *competence, responsibility* etw [an jdn weiter]delegieren; **to ~ responsibility** Verantwortung übertragen
❺ (*give in*) **to ~ ground to sb** jdm [gegenüber] nachgeben; **to ~ a point to sb** jdm ein Zugeständnis machen; (*in discussion*) jdm in einem Punkt Recht geben; (*in competition*) einen Punkt an jdn abgeben
III. *vi* ❶ (*be profitable*) Ertrag geben; *land* [gute] Ernte[n] erbringen; *trees* tragen; *mine, oil well* ergiebig sein; *investments* einträglich sein, Gewinn abwerfen
❷ (*give way*) nachgeben; ■**to ~ to sth/sb** etw/jdm gegenüber nachgeben; **to ~ to a demand/temptation** einer Forderung/Versuchung nachgeben
❸ (*bend*) *material, structure* nachgeben
❹ (*form: be replaced by*) weichen; ***the small houses had been forced to ~ to a modern tower block*** die Häuser mussten einem modernen Wohnblock weichen
❺ (*give right of way*) ■**to ~ to sb** jdm den Vortritt lassen; **to ~ to a vehicle** einem Fahrzeug [die] Vorfahrt gewähren
❻ AM (*form*) ■**to ~ to sb** jdm das Wort erteilen
❼ MIL (*old: surrender*) sich *akk* ergeben
◆**yield up** *vt* ■**to ~ up** ↻ **sth** etw aufgeben; **to ~ up privileges** auf Privilegien verzichten; **to ~ up rights** Rechte abtreten; **to ~ up a secret** ein Geheimnis lüften

yield gap *n* BRIT FIN Renditegefälle *nt*

yielding ['jiːldɪŋ] *adj* ❶ (*pliable*) dehnbar, verformbar; *cake, bread* locker
❷ (*compliant*) nachgiebig; **a ~ disposition** eine flexible Einstellung

yikes [jaɪks] *interj* (*fam*) [du lieber] Himmel

yin [jɪn] *n no pl* Yin *nt*

yippee [jɪ'piː, AM 'jɪpiː] *interj* (*fam*) jippie! *fam*

yippy ['jɪpi] *n* <*pl* -ies> (*a politically active hippy*) Yippie *m*

ylang-ylang [ˌiːlæŋiː'læŋ, AM -lɑːŋiː'lɑːŋ] *n* Ylang-Ylang *m*

YMCA [ˌwaɪemsiː'eɪ] *n* ❶ *no pl,* + *sing/pl vb* (*organization*) *abbrev of* **Young Men's Christian Association** CVJM *m*
❷ (*hostel*) ≈ Jugendherberge *f*

yo *interj* ❶ (*sl: Black English: greeting*) hi *fam*
❷ (*sl: Black English: attention getter*) he! *fam*
❸ (*sl: yes*) klar *fam;* ***party at my place? — ~, baby*** Party bei mir zu Hause? – klar doch Baby!

yob [jɒb, AM jɑːb] *n esp* BRIT, AUS (*fam*), **yobbo** <*pl* -os *or* -oes> ['jɒbəʊ, AM 'jɑːboʊ] *n esp* BRIT, AUS (*fam*) Rabauke *m*, Rowdy *m*

yobbishness ['jɒbɪʃnəs] *n* Rowdytum *nt kein pl pej*

yodel ['jəʊdəl, AM 'joʊ-] **I.** *vi* <BRIT -ll- *or* AM *usu* -l-> jodeln
II. *vt* <BRIT -ll- *or* AM *usu* -l-> ■**to ~ sth** etw jodeln
III. *n* Jodler *m*

yodeller ['jəʊdələʳ, AM 'joʊdələ˞] *n* Jodler(in) *m(f)*

yoga ['jəʊgə, AM 'joʊ-] **I.** *n no pl* Yoga *nt;* **to do ~** Yoga betreiben
II. *n modifier* (*class, teacher*) Yoga-; ~ **exercise** Yogaübung *f*

yoghourt *n see* **yogurt**

yogi ['jəʊgi, AM 'joʊ-] *n* Yogi[n] *m*

yogic ['jəʊgɪk, AM 'joʊ-] *adj attr, inv* Yoga-; ~ **exercise** Yogaübung *f*

yogurt ['jɒgət, AM 'joʊgɚt] *n* ❶ *no pl* (*curdled milk*) Joghurt *m;* **ultra low-fat** ~ Joghurt *m* der niedrigsten Fettstufe; **chilled** ~ [eis]gekühlter Joghurt; **natural** ~ reiner Joghurt
❷ (*portion*) Joghurt *m*

yoke [jəʊk, AM joʊk] **I.** *n* ❶ (*for pulling*) Joch *nt;* (*for carrying*) Tragjoch *nt*, Schultertrage *f*
❷ (*fig liter: oppressive burden*) Joch *nt geh;* **the ~ of marriage** das Joch der Ehe *hum;* **to throw off the ~** das Joch abschütteln *geh*
❸ <*pl* – *or* -s> ~ **of oxen** Ochsengespann *nt*
❹ (*dress part*) Passe *f*
II. *vt* ❶ (*fit with yoke*) ■**to ~ an animal** ein Tier ins Joch spannen; **to ~ animals to a plough** Tiere vor einen Pflug spannen
❷ (*fig: combine*) ■**to ~ sth together** etw [miteinander ver]koppeln
❸ (*fig: couple*) ■**to be ~d** verheiratet sein; **to be ~d together in marriage** ehelich vereint sein

yokel ['jəʊkəl, AM 'joʊ-] *n* (*hum or pej*) Tölpel *m*, Tolpatsch *m;* **country** ~ Bauerntölpel *m pej;* (*woman also*) Landpomeranze *f hum;* **local** ~ Dorftrottel *m pej fam*

yolk [jəʊk, AM joʊk] *n* Eigelb *nt*, [Ei]dotter *m*

Yom Kippur [ˌjɒmkɪ'pʊəʳ, AM ˌjɑːm'kɪpɚ] *n* Jom Kippur *m*

yomp [jɒmp] *vi* BRIT MIL (*sl*) marschieren

yon [jɒn, AM jɑːn] *adj attr, inv* DIAL (*poet*) jener/jene/jenes … dort [drüben]

yonder ['jɒndəʳ, AM 'jɑːndɚ] *inv* (*old*) **I.** *adv* DIAL dort drüben; ***she lives in that village*** ~ sie lebt in diesem Dorf dort drüben; **down/over** ~ dort drüben
II. *adj attr* DIAL jener/jene/jenes … dort [drüben]; ***close by ~ tree is an old well*** nahe bei jenem Baum dort drüben befindet sich ein alter Brunnen

yonks [jɒŋks] *n no pl* BRIT, AUS (*dated fam*) **for** [*or* **in**] ~ seit Ewigkeiten *fam*

yoo-hoo ['juːhuː] *interj* juhu

yore [jɔːʳ, AM jɔːr] *n no pl* (*liter poet*) **of** ~ aus vergangenen Zeiten; **in** [**the**] **days of** ~ einstmals, ehedem *liter poet*

Yorkshire pudding [ˌjɔːkʃə'pʊdɪŋ, AM ˌjɔːrkʃɚ'-] *n esp* BRIT Yorkshire Pudding *m*

you [juː, ju, jə] *pron* ❶ (*singular*) du *im Nominativ*, dich *im Akkusativ*, dir *im Dativ; polite form* Sie *im Nominativ, Akkusativ*, Ihnen *im Dativ;* ~ ***look nice*** du siehst gut aus; ***I love ~*** ich liebe dich; ***I'll help ~ if ~ like*** wenn du willst, helfe ich dir; ~***'ve made an old lady very happy*** du hast eine alte Frau sehr glücklich gemacht; ~ ***painted that yourself?*** das hast du selbst gemalt?; ***can I help ~?*** kann ich dir/Ihnen helfen?; ***are ~ listening?*** hörst du zu?; ***if I***

were ~ wenn ich dich/Sie wäre, an deiner/Ihrer Stelle; ***that dress just isn't ~!*** das Kleid passt einfach nicht zu dir!; ~ **got it** AM (*you'll get it immediately*) sofort; ***would you get me a coffee? — sure, ~ got it*** würden Sie mir einen Kaffee bringen? – natürlich, sofort
❷ (*plural*) ihr *im Nominativ*, euch *im Akkusativ, Dativ; polite form* Sie *im Nominativ, Akkusativ,* Ihnen *im Dativ;* ~ ***kids are going to eat us into the poorhouse!*** ihr Kinder bringt uns noch in den Ruin; ***how many of ~ are there?*** wie viele seid ihr?; ~ **Americans/engineers/men etc.** ihr Amerikaner/Ingenieure/Männer, etc.; ***I can't stand ~ men!*** ich kann euch Männer nicht ausstehen!; ~ **two/three/four** ihr zwei/drei/vier; ***are ~ two ready?*** seid ihr zwei [*o* beide] fertig?
❸ (*one*) man; ~ ***learn from experience*** aus Erfahrung wird man klug; ~ ***can't get a driving licence till ~'re seventeen in this country*** in diesem Land bekommt man erst mit 17 den Führerschein; ~ ***meet a lot of people through work*** in der Arbeit trifft man viele Menschen; ***it's not good for*** ~ das ist nicht gesund; ~ ***never know*** man weiß nie
❹ (*in exclamations*) du ..., Sie ..., ihr ...; ~ ***darling!*** du bist ein Engel! [*o* Schatz!]; ~ ***clever girl!*** du kluges Mädchen!; ~ ***fools!*** ihr Dummköpfe!; ***hey ~, what are you doing in there?*** he Sie, was machen Sie da drinnen?; ***now there's a man for ~!*** das ist [doch mal] ein toller Mann!; ***just ~ dare!*** untersteh dich!
► PHRASES: ~ **and yours** die Familie; ***Christmas is a time to spend with ~ and yours*** Weihnachten sollte man mit der Familie verbringen

you-all [juˈɔːl] *pron pl* AM DIAL (*fam: all of you*) ihr alle; ***are ~ coming tonight?*** kommt ihr heute Abend alle?; ~ ***seem very busy*** ihr scheint alle sehr beschäftigt zu sein; ***how are ~?*** wie geht es euch allen?

you'd [juːd] ❶ = **you had** *see* **have**
❷ = **you would** *see* **would**

you'd've [ˈjuːdəv] = **you would have** *see* **have**

you'll [juːl] = **you will** *see* **will¹**

young [jʌŋ] **I.** *adj* ❶ (*not old*) jung; ***I'm not as ~ as I was, you know*** ich bin nämlich nicht mehr der/die Jüngste; ***you're only ~ once!*** man ist nur einmal jung!; ***we married ~*** wir haben jung geheiratet; **a ~ couple** ein junges Paar; ~ **children** kleine Kinder; **the ~er generation** die jüngere Generation; **to be rather/too ~ to do sth** recht/zu jung sein, um etw zu tun
❷ (*young-seeming*) jugendlich, jung; (*immature*) kindlich; ***she's a very ~ forty*** für vierzig sieht sie sehr jung aus; ***she's ~ for sixteen*** für sechzehn ist sie noch recht kindlich; **to be/look ~ for one's age** jung für sein Alter sein/aussehen; **to be ~ at heart** im Herzen jung [geblieben] sein; **to be a bit/too ~ for sb** *clothes* ein bisschen/zu jugendlich für jdn sein
❸ (*not as old*) ***if I was ten years ~er, ...*** wenn ich zehn Jahre jünger wäre, ...; ***this is John, our ~est*** das ist John, unser Jüngster; **in sb's ~[er] days** in jds jüngeren Jahren
❹ (*early*) [noch] nicht weit fortgeschritten; ***the night is still ~, let's go to a night club?*** die Nacht ist noch jung, gehen wir doch in einen Nachtklub?
❺ (*newly formed*) jung; **a ~ company** ein junges Unternehmen; **a ~ country** ein junges Land
❻ (*title*) ■**the Y~er** der/die Jüngere; ***Pieter Brueghel/Pitt the Y~er*** Pieter Brueghel/Pitt der Jüngere; ~ **Mr Jones** Herr Jones junior
► PHRASES: **live fast, die ~** lieber kurz aber dafür intensiv gelebt
II. *n* ❶ (*young people*) ■**the ~** *pl* die jungen Leute
❷ ZOOL (*offspring*) Junge *pl*

young blood *n no pl* junges [*o* frisches] Blut

youngish [ˈjʌŋɪʃ] *adj* ziemlich jung

young lady *n* ❶ (*form of address*) junge Dame
❷ (*dated: girlfriend*) Auserwählte *f hum geh,* Zukünftige *f hum* **young love** *n no pl* junge Liebe

young man *n* ❶ (*form of address*) junger Mann; ***excuse me, ~ ...*** Verzeihung, junger Mann, ...
❷ (*dated: boyfriend*) Auserwählte(r) *m hum geh,* Zukünftige(r) *m hum* **young offender** *n* BRIT LAW jugendlicher Straftäter (*zwischen 17 und 20 Jahren*)

young offenders' institution *n* BRIT Jugendstrafanstalt *f* **young ones** *npl* ■**the ~** (*children*) die Kleinen; (*young adults*) junge Leute **young person** *n* BRIT LAW Jugendlicher, Minderjähriger (*zwischen 14 und 17 Jahren*)

youngster [ˈjʌŋ(k)stəʳ, AM -ɚ] *n* (*fam*) Jugendliche(r) *f(m)*; ***you ~s*** ihr jungen Leute; **homeless ~s** obdachlose Jugendliche

your [jɔːʳ, jʊəʳ, AM jʊr] *adj poss* ❶ (*of you, singular*) dein(e); (*plural*) euer/eure; (*polite*) Ihr(e); ***garlic is good for ~ blood*** Knoblauch ist gut für das Blut
❷ (*one's*) sein(e); ***it's enough to break ~ heart*** es bricht einem förmlich das Herz; (*referring to sb else*) ~ ***average German*** der durchschnittliche Deutsche; ***she's one of ~ chatty types*** sie redet auch gern viel

you're [jɔːʳ, jəʳ, AM jʊr, jɚ] = **you are** *see* **be**

yours [jɔːz, AM jʊrz] *pron poss* ❶ (*belonging to you*) deine(r, s), Ihre(r, s); ***this is my plate and that one's ~*** dies ist mein Teller und der da ist deiner; ***is this pen ~?*** ist das dein Stift?; ***unfortunately, my legs aren't as long as ~*** leider sind meine Beine nicht so lang wie deine; ***the choice is ~*** Sie haben die Wahl; ***what's ~?*** (*to drink*) was möchtest du [trinken]?; ***you and ~*** du und deine Familie, du und die deinen *geh;* ■**sth of ~** dein(e); ***that recipe of ~ for cheesecake was wonderful!*** dein Rezept für Käsekuchen war wunderbar!; ***you know, that dog of ~ smells*** weißt du, dein Hund stinkt; ***it's no business of ~*** das geht dich nichts an
❷ (*belonging to people in general*) ***someone else's dirty handkerchief is revolting but it's okay if it's ~*** fremde schmutzige Taschentücher sind widerwärtig, das eigene ist aber okay
❸ (*at end of letter*) ~ **[truly/sincerely/faithfully]**, ..., **sincerely/faithfully** ~ mit freundlichen Grüßen, ...; ~, ***as ever, Christiane*** in Liebe, deine Christiane
❹ COMM (*your letter*) Ihr Brief; ***Mr Smythe has sent me ~ of the 15th inst. regarding the vacancy*** Mr. Smythe hat mir Ihren Brief vom 15. des Monats betreffend der freien Stelle übermittelt
► PHRASES: **up ~!** (*vulg*) leck mich! *derb;* ~ **truly** (*fam*) ich; ***and who had do the dishes? — ~ truly!*** und wer musste dann abwaschen? – ich natürlich!

yourself <*pl* yourselves> [jɔːˈself, AM jʊrˈ-] *pron* ❶ *after vb* dich; ***if you apply ~ and study hard, I'm sure you'll do well in the test*** wenn du dich anstrengst und viel lernst, wirst du die Prüfung sicher gut schaffen; ***did you enjoy ~ at the picnic?*** hat dir das Picknick gefallen?; ***be careful with that knife or you'll cut ~!*** sei vorsichtig mit dem Messer, damit du dich nicht schneidest; ***try to calm ~ and tell us exactly what happened*** beruhig dich und erzähl uns genau, was passiert ist; ***how would you describe ~?*** wie würden Sie sich beschreiben?; ***help yourselves, boys*** bedient euch, Jungs
❷ *after prep to, for, at* dir *dat,* dich *akk;* ***do you always talk to ~ like that?*** sprichst du immer so mit dir selbst?; ***see for ~*** sieh selbst
❸ (*oneself*) sich; ***you tell ~ everything's all right but you know it's not really*** man sagt sich, dass alles in Ordnung ist, aber man weiß, dass das nicht stimmt; ***you should love others like you love ~ — at least that's what it says in the Bible*** man soll andere lieben wie sich selbst – das steht zumindest in der Bibel
❹ (*personally*) selbst; ***you can do that ~*** du kannst das selbst machen; ***you could write to him ~, you know*** du könntest ihm selbst schreiben, weißt du; ***you're going to have to do it ~*** das wirst du selbst machen müssen; **to see/taste/feel/try sth for ~** etw selbst sehen/kosten/fühlen/versuchen; ***it's right here in black and white — read it for ~!*** hier steht es schwarz auf weiß – lies selbst!; **you ~ ...** du selbst ...; ***you ~ said that you sometimes find your mother a pain*** du selbst hast gesagt, dass deine Mutter manchmal nervt
❺ (*alone, without help*) dich; **to keep sth for ~** sich *dat* etw behalten, etw für sich *akk* behalten; ***do you want to keep those sweets for ~?*** willst du die Bonbons [alle] für dich behalten?; ■**[all] by ~** [ganz] allein; ***did you carry all that heavy stuff in all by ~?*** hast du die ganzen schweren Sachen alleine getragen?; **to have sth [all] to ~** etw für sich *akk* allein haben; ***so have you got the whole house to ~ this weekend?*** hast du das Haus übers Wochenende für dich allein?
❻ (*normal*) **to be ~** du selbst sein; ***the best thing you can do is to go into the interview and just be ~*** das Beste, was du bei dem Bewerbungsgespräch tun kannst, ist ganz natürlich sein; **to not be/feel/seem ~** nicht du selbst sein/zu sein scheinen; **to look ~** wie du selbst aussehen; ***you don't look ~ in those jeans*** du siehst in den Jeans so fremd aus
► PHRASES: **in ~** BRIT (*dated*) trotz allem; ***I heard of your latest tragedy, but how are you in ~?*** ich habe von deinem letzten Unglück gehört, wie geht es dir trotz allem?; **how's ~?** (*fam*) wie geht's?; ***me and the wife are doing fine, thanks, and how's ~?*** meiner Frau und mir geht's gut, danke, und selbst? *fam*

youth [juːθ] **I.** *n* ❶ *no pl* (*period when young*) Jugend *f;* **sb's misspent ~** jds vergeudete Jugend; **in my ~** in meiner Jugend
❷ *no pl* (*being young*) Jugend[lichkeit] *f;* **to have got ~ on one's side** den Vorteil der Jugend besitzen; **the secret of eternal ~** das Geheimnis ewiger Jugend
❸ (*young man*) junger Mann, Jugendliche(r) *m;* **a callow ~** ein grüner Junge *fam,* ein Grünschnabel *m fam*
❹ (*young people*) ■**the ~** *pl* die Jugend; **the ~ of today** die Jugend von heute
II. *n modifier* (*club, crime, group, movement, orchestra, organization, team, unemployment*) Jugend-; ~ **culture** Jugendszene *f;* ~ **section** (*of political party*) [organisierte] Parteijugend

youth center *n* AM, **youth centre** *n* BRIT, **youth club** *n* Jugendzentrum *nt* **youth custody order** *n* LAW Verurteilung zum Jugendarrest

youthful [ˈjuːθfəl] *adj* ❶ (*young-looking*) jugendlich; ~ **appearance** jugendliches Aussehen; ~ **good looks** jugendlich-hübsche Erscheinung; ~ **skin** junge Haut
❷ (*young*) jung
❸ (*typical of the young*) jugendlich; ~ **enthusiasm/vigour** [*or* AM **vigor**] jugendlicher Enthusiasmus/Elan; ~ **impetuosity/overconfidence** jugendlicher Übermut/Leichtsinn

youthfully [ˈjuːθfəli] *adv* jugendlich

youthfulness [ˈjuːθfəlnəs] *n no pl* ❶ (*youthful appearance*) Jugendlichkeit *f*
❷ (*youthful spirit*) jugendliche Art

youthful offender *n* AM LAW jugendlicher Straftäter (*zwischen 17 und 20 Jahren*)

youth hostel *n* Jugendherberge *f* **youth hostelling** *n no pl* **to go ~** von Jugendherberge zu Jugendherberge ziehen **Youth Training Scheme** *n* BRIT *Berufsfindungsprojekt für Jugendliche*

you've [juːv] = **you have** *see* **have I, II**

yowl [jaʊl] **I.** *vi cat, dog* heulen, jaulen; *person* [auf]heulen, brüllen
II. *n* Gejaule *nt;* **ear-splitting ~s** ohrenbetäubendes Gejaule

yo-yo <*pl* -os> [ˈjəʊjəʊ, AM ˈjoʊjoʊ] *n* Jo-Jo *nt;* ***the oil price has been up and down like a ~ in the last few months*** der Ölpreis ist in den letzten paar Monaten rauf- und runtergeschnellt

yo-yo diet *n* (*fam*) Jo-Jo-Diät *f* **yo-yo dieting** *n no pl* (*fam*) Abnehmen *nt* und gleich wieder Zunehmen **yo-yo effect** *n* Jo-Jo-Effekt *m*

yr *n abbrev of* **year**

Y.T. CAN *abbrev of* **Yukon Territory**

YTS [ˌwaɪtiːˈes] *n* BRIT *abbrev of* **Youth Training Scheme**

yucca [ˈjʌkə] *n* Yucca[palme] *f*

yuck [jʌk] *interj* (*fam*) i, igitt

yucky ['jʌki] *adj* (*fam*) ek[e]lig, widerlich; **a ~ mess** eine fürchterliche Sauerei

Yugoslav ['ju:gə(ʊ)slɑ:v, AM -goʊ-] **I.** *adj inv* ❶ (*country*) Jugoslawien-
❷ (*nationality*) jugoslawisch; **to be ~** Jugoslawe/Jugoslawin sein
II. *n* Jugoslawe, -in *m, f*

Yugoslavia [ˌju:gə(ʊ)'slɑ:viə, AM -goʊ'-] *n no pl* Jugoslawien *nt;* **the former ~** das ehemalige Jugoslawien

Yugoslavian [ju:gə(ʊ)'slɑ:viən, AM -goʊ'-] **I.** *adj inv* ❶ (*country*) Jugoslawien-; ***our ~ holiday*** unser Urlaub in Jugoslawien
❷ (*nationality*) jugoslawisch; **to be ~** Jugoslawe/Jugoslawin sein
II. *n* Jugoslawe, -in *m, f*

yuk *interj see* **yuck**

yukky *adj see* **yucky**

yuk up <-kk-> *vt* (*sl*) ■**to ~ it up with sb** mit jdm ein Schwätzchen halten

Yule [ju:l] *n* (*liter or old*) *veraltender literarischer Ausdruck skandinavischen Ursprungs für Weihnachten*

yule log *n* ❶ (*log*) *großes Holzscheit, das zur Weihnachtszeit im offenen Feuer brennt*
❷ (*cake*) *Schokoladenkuchen in der Form eines Holzscheits, der zur Weihnachtszeit gegessen wird*

Yuletide ['ju:ltaɪd] **I.** *n* (*liter or old*) Weihnachtszeit *f*
II. *n modifier* (*atmosphere, dinner, morning, tree*) Weihnachts-; **~ festivities** Weihnachtsfeierlichkeiten *fpl;* **~ greetings** Weihnachtsgrüße *mpl;* **~ season** Weihnachtszeit *f*

yum [jʌm], **yum-yum** [ˌjʌm'jʌm] (*fam*) **I.** *interj* lecker!
II. *adj inv* lecker, köstlich

yummy ['jʌmi] *adj* (*fam*) ❶ (*delicious*) lecker; **~-looking desserts** appetitlich aussehende Desserts
❷ (*attractive*) süß, schnuck[e]lig *fam,* zum Anbeißen *nach n*

yup¹ [jʌp] *n* (*fam*) *short for* **yuppie** Yuppie *m*

yup² [jʌp] *interj see* **yep**

yuppie ['jʌpi] *n* Yuppie *m meist pej*

yuppify <-ie-> ['jʌpɪfaɪ] *vt usu passive* (*usu pej fam*) ***the pub has been so yuppified that you look out of place there in jeans*** die Kneipe ist dermaßen hochgestylt worden, dass man sich da mit Jeans nicht mehr blicken lassen kann

yuppy *n see* **yuppie**

yurt [jɜ:t, AM jɜ:rt] *n* Jurte *f*

YWCA [ˌwaɪˌdʌb|ju:si:'eɪ] *n* ❶ *no pl, + sing/pl vb abbrev of* **Young Women's Christian Association** CVJF *m*
❷ (*hostel*) ≈ Jugendherberge *f*

Z

Z <*pl* -s>, **z** <*pl* 's *or* -'s> [zed, AM zi:] *n* ❶ (*letter*) Z *nt,* z *nt;* **~ for** [*or* AM *also* **as in**] **Zebra** Z für Zacharias; *see also* **A**
❷ (*third unknown person, thing*) Z
► PHRASES: **to catch** [*or* **get**] **some ~'s** AM (*fam*) ein Nickerchen machen *fam; see also* **A¹ 4.**

Z *n* PHYS *abbrev of* **impedence** *Symbol für Impedanz*

z [zed, AM zi:] *n* MATH z *nt;* **~-axis** z-Achse *f*

zabaglione [ˌzæbəl'jəʊni, AM ˌzɑ:bəl'joʊni] *n* Zabaglione *f*

zaftig ['zæftɪg] *adj attr* AM (*fam*) drall, pummelig

Zaire [zaɪ'ɪər, AM -'ɪr] *n no pl* Zaire *nt*

Zairean, Zairian [zaɪ'ɪəriən, AM -'ɪr-] **I.** *adj inv* zairisch
II. *n* Zairer(in) *m(f)*

Zambezi [zæm'bi:zi] *n no pl* GEOG ■**the ~** der Sambesi

Zambia ['zæmbiə] *n no pl* Sambia *nt*

Zambian ['zæmbiən] **I.** *adj inv* ❶ (*country*) sambisch
❷ (*nationality*) sambisch
II. *n* Sambier(in) *m(f)*

zany ['zeɪni] *adj* (*fam*) ulkig, verrückt; ***Daisy is a pretty ~ character*** Daisy ist eine total schräge Nummer; **~ humour** [*or* AM **humor**] skurriler Humor

zap [zæp] (*fam*) **I.** *vt* <-pp-> ❶ (*destroy*) ■**to ~ sb** jdn erledigen; ■**to ~ sth** etw kaputtmachen; **to ~ the competition** die Konkurrenz ausschalten; **to ~ the enemy** den Feind alle machen *fam*
❷ (*send fast*) ■**to ~ sth** etw blitzschnell übermitteln
❸ (*move fast*) ■**to ~ sb** jdn katapultieren *a. fig;* ***he ~ped us back to the airport in no time*** er hatte uns in null Komma nichts wieder zum Flughafen gebracht
❹ AM FOOD (*in the microwave*) ■**to ~ sth** etw in der Mikrowelle aufwärmen
❺ COMPUT (*fam: delete*) ■**to ~ sth** etw löschen
II. *vi* <-pp-> ❶ (*go fast*) düsen; ***they're always ~ping off somewhere or other*** sie haben es immer eilig, irgendwohin zu kommen; **to ~ to the airport/beach** zum Flughafen/Strand sausen *fam*
❷ (*change channels*) zappen *fam;* **to ~ between** [*or* **through**] **channels** durch die Kanäle zappen *fam*
III. *n no pl esp* AM Pep *m fam,* Schwung *m*
IV. *interj* schwups!, schwuppdiwupp!

zapper ['zæpər, AM -ɚ] *n* (*fam*) Fernbedienung *f*

zappy ['zæpi] *adj esp* AM (*fam*) animierend, peppig *fam;* **a ~ advertising campaign** eine zündende Werbekampagne

zeal [zi:l] *n no pl* Eifer *m;* **missionary/religious ~** missionarischer/religiöser Eifer; **with determined ~** mit Entschlossenheit

zealot ['zelət] *n* (*usu pej*) Fanatiker(in) *m(f);* **a feminist ~** eine fanatische Feministin

zealotry ['zelətri] *n no pl* Fanatismus *m*

zealous ['zeləs] *adj* [über]eifrig; ***he was not thought to have been sufficiently ~ on his client's behalf*** er hat sich anscheinend nicht genug für die Belange seines Klienten eingesetzt; ■**to be ~ to do sth** bestrebt sein, etw zu tun; ***they have been extremely ~ in their attempts to get smoking banned in the office*** sie haben leidenschaftlich dafür gekämpft, dass das Rauchen in den Büros verboten wird; **a ~ convert to** [*or* **supporter of**] **sth** ein leidenschaftlicher Verfechter/eine leidenschaftliche Verfechterin einer S. *gen*

zealously ['zeləsli] *adv* eifrig; ***she ~ promoted her friend's book*** sie hat sich voll und ganz für das Buch ihres Freundes eingesetzt

zebra <*pl* -s *or* -> ['zebrə, AM 'zi:-] *n* Zebra *nt;* **a herd of ~s** eine Zebraherde

zebra crossing *n* BRIT, AUS Zebrastreifen *m*

zeitgeist ['tsaɪtgaɪst, AM *also* 'zaɪt-] *n no pl* Zeitgeist *m;* **the ~ of the sixties** der Zeitgeist der Sechziger

Zen [zen] *n,* **Zen Buddhism** *n no pl* Zen *nt*

zenith ['zenɪθ, AM 'zi:n-] *n* ❶ ASTRON (*highest point*) Zenit *m*
❷ (*most successful point*) Zenit *m geh,* Gipfel *m;* **to be at the ~ of one's fame** auf dem Gipfel seines Ruhms sein

Zen out *vi* AM (*sl*) sich *akk* entspannen

zephyr ['zefər, AM -ɚ] *n* (*poet*) Zephir *m veraltet liter*

zeppelin ['zepəlɪn, AM -pə-] *n* Zeppelin *m*

zero ['zɪərəʊ, AM 'zɪroʊ] **I.** *n* <*pl* -os *or* -oes> ❶ MATH Null *f*
❷ (*point on scale*) Null *f;* ***the needle is at*** [*or* ***on***] **~** die Nadel steht auf Null
❸ *temperature* Nullpunkt *m,* Gefrierpunkt *m;* **10 degrees above/below ~** zehn Grad über/unter Null
❹ (*nothing, lowest possible*) Null *kein art;* **to reduce sth to ~** etw auf Null reduzieren
❺ (*fig pej: worthless person*) Null *f pej,* Niete *f pej*
II. *adj inv* ❶ (*lowest possible level*) **at ~ altitude** in unmittelbarer Bodennähe; **at ~ extra cost** ohne zusätzliche Kosten; **at ~ gravity** bei Schwerelosigkeit; **~ growth** Nullwachstum *nt;* **~ inflation** Nullinflation *f*
❷ (*none, nothing at all*) kein bisschen, keinerlei; ***his prospects are ~*** seine Aussichten sind gleich Null
III. *vt* **to ~ a counter/an instrument** einen Zähler/ein Gerät auf Null einstellen

◆**zero in** *vi* ❶ (*aim precisely*) **to ~ in on a target** ein Ziel anvisieren
❷ (*shoot*) sich *akk* einschießen
❸ (*fig: focus on*) ■**to ~ in on sth** sich *akk* auf etw *akk* konzentrieren

◆**zero out** *vt* (*eliminate*) ■**to ~ sb ↔ out** jdn ausradieren *pej sl*

zero-coupon bond *n* FIN Nullkuponanleihe *f,* Zerobond *m,* Zero-Bond *m* **zero hour** *n* MIL die Stunde Null **zero inflation** *n* ECON Nullinflation *f* **zero-rated** *adj inv* BRIT FIN von der Mehrwertsteuer befreit, mehrwertsteuerfrei **zero-rating** *n* BRIT FIN VAT ohne Mehrwertsteuerpflicht **zero tolerance** *n no pl* LAW Nulltoleranz *f*

zest [zest] *n no pl* ❶ (*enthusiasm, energy*) Eifer *m;* ***he approaches every task with a boundless ~*** er geht mit Feuereifer an jede Aufgabe heran; **~ for life** Lebensfreude *f,* Lebenslust *f;* **to do sth with ~** etw begeistert [*o* mit Begeisterung] tun
❷ (*stimulation*) [An]reiz *m,* Würze *f;* **to add some ~ to sth** Schwung in etw *akk* bringen
❸ (*rind*) Schale *f;* **lemon/lime/orange ~** Zitronen-/Limonen-/Orangenschale *f*

zestful ['zestfəl] *adj* ❶ (*lively*) *person* lebenslustig
❷ (*energetic*) begeisternd, durchschlagend; **a ~ performance** eine mitreißende Vorstellung

zeugma ['zju:gmə, AM 'zu:g] *n* LING, LIT Zeugma *nt*

Zeus [zju:s, AM zu:s] *n* Zeus *m*

ziggurat ['zɪgəræt] *n* HIST, ARCHIT Stufenpyramide *f*

zigzag ['zɪgzæg] **I.** *n* ❶ (*line, course*) Zickzack *m;* **in a ~** im Zickzack
❷ (*turn on course*) Zickzackkurve *f*
II. *adj inv* Zickzack-; ***we followed the ~ path up the hill*** wir liefen im Zickzack den Bergpfad hinauf; **to steer a ~ course** einen Zickzackkurs steuern; **~ pattern** Zickzackmuster *nt*
III. *adv inv* im Zickzack; ***to get to the airport she drives ~ across the city*** um zum Flughafen zu kommen, fährt sie kreuz und quer durch die Stadt
IV. *vi* <-gg-> sich *akk* im Zickzack bewegen; *line, path* im Zickzack verlaufen

zilch [zɪltʃ] (*fam*) **I.** *pron* null *fam,* nix *fam;* ***how many points did you score? — ~*** wie viele Punkte hast du gemacht? – nicht einen
II. *adj inv* null *fam;* ***the chances are pretty well ~*** die Aussichten sind gleich null

zillion ['zɪljən] *n* zigtausend *fam;* **a ~ times, ~s of times** zigmal *fam*

Zimbabwe [zɪm'bɑ:bweɪ] *n no pl* Simbabwe *nt*

Zimbabwean [zɪm'bɑ:bwiən] **I.** *adj inv* ❶ (*country*) simbabwisch
❷ (*nationality*) simbabwisch; ***her mother is ~*** ihre Mutter kommt aus Zimbabwe
II. *n* Simbabwer(in) *m(f)*

Zimmer frame® ['zɪmə-] *n* BRIT Laufgestell *nt*

zinc [zɪŋk] *n no pl* Zink *nt*

zinc oxide *n no pl* MED Zink[oxid]salbe *f*

zine [zi:n] *n* (*fam*) *short for* **magazine** Hochglanzmagazin *nt*

zing [zɪŋ] **I.** *n* ❶ *no pl* (*fam: liveliness*) Pep *m fam,* Pfiff *m*
❷ (*noise of bullet*) Pfeifen *nt,* Sirren *nt*
II. *vi* schwirren, zischen
III. *vt* ■**to ~ sb** jdn bestrafen

zingy ['zɪŋi] *adj* (*fam*) peppig *fam,* pfiffig; **~ slogan** fetziger Slogan

Zion ['zaɪən] *n* Zion *nt*

Zionism ['zaɪənɪzəm] *n no pl* Zionismus *m*

Zionist ['zaɪənɪst] **I.** *adj inv* zionistisch; **the ~ movement** die zionistische Bewegung
II. *n* Zionist(in) *m(f)*

zip [zɪp] **I.** *n* ❶ *esp* BRIT (*zipper*) Reißverschluss *m;* **to do up a** ~ einen Reißverschluss zumachen
❷ *no pl* (*fam: vigour*) Schwung *m;* ***these new measures are intended to put a bit of*** ~ ***back into the economy*** diese neuen Maßnahmen sollen die Wirtschaft ankurbeln
II. *pron* AM (*fam: nothing*) null *fam;* ***I know*** ~ ***about computers*** ich habe null Ahnung von Computern; ***they have done*** ~ ***about it*** sie haben bisher rein gar nichts unternommen
III. *vt* <-pp-> ❶ (*close*) **to** ~ **clothing** den Reißverschluss eines Kleidungsstücks zumachen; ***would you mind helping me to*** ~ ***my dress*** könntest du mir vielleicht den Reißverschluss [an meinem Kleid] zumachen?
❷ (*fasten in*) den Reißverschluss zumachen; ***they*** ~***ped themselves into their sleeping bags*** sie zogen die Reißverschlüsse an ihren Schlafsäcken zu
❸ (*connect two things*) ■**to** ~ **sth together** etw mit einem Reißverschluss zusammenziehen
► PHRASES: **to** ~ **one's lip** [*or* **mouth**] (*sl*) den Mund halten
IV. *vi* <-pp-> ❶ (*close zip*) den Reißverschluss zuziehen
❷ (*go quickly*) rasen, fegen *fam;* ***he*** ~***ped through the traffic on his bike*** er flitzte auf seinem Fahrrad durch den Verkehr; ■**to** ~ **along** dahinsausen, dahinfegen *fam;* ***I'm just going to*** ~ ***along to the shops*** ich düse nur mal eben durch die Geschäfte; ■**to** ~ **past** vorbeirasen; ■**to** ~ **through sth** (*fam*) etw im Eiltempo [*o* Schnelldurchgang] erledigen
◆**zip up I.** *vt* ❶ (*fasten with zip*) ■**to** ~ **up** ⊂ **sth** den Reißverschluss an etw *dat* zuziehen; **to** ~ **up a bag/a dress/trousers** den Reißverschluss einer Tasche/eines Kleides/einer Hose zumachen
❷ (*fasten sb's zip*) ■**to** ~ **up** ⊂ **sb** jdm den Reißverschluss zumachen
II. *vi* sich *akk* mit einem Reißverschluss schließen lassen; ***the dress*** ~***s up at the back*** das Kleid hat hinten einen Reißverschluss
zip code *n* AM (*postal code*) ≈ Postleitzahl *f*
zip fastener *n* BRIT, **zipper** ['zɪpəʳ, AM -ɚ] *n* AM, AUS Reißverschluss *m*
zipper clause *n* AM LAW *Arbeitsvertragsklausel, die eine Diskussion der Arbeitsbedingungen untersagt*
zippy ['zɪpi] *adj* (*fam*) *person* lebhaft, quirlig; **a** ~ **car** ein flottes Auto
zircon ['zɜːkɒn, AM 'zɜːrkɑːn] *n* GEOL Zirkon *m*
zit [zɪt] *n* (*fam*) kleiner Pickel, Wimmerl *nt* SÜDD, ÖSTERR *fam,* Stippe *f* NORDD *fam*
zither ['zɪðəʳ, AM -θɚ] *n* Zither *f*
zloty <*pl* -s *or* -ties> ['zlɒti, AM 'zlɔːt̬i] *n* FIN Zloty *m*
zodiac ['zəʊdiæk, AM 'zoʊ-] *n* ❶ *no pl* ASTROL, ASTRON (*area*) ■**the** ~ der Zodiakus *fachspr,* der Tierkreis; **the signs of the** ~ die Tierkreiszeichen [*o* Sternzeichen] *ntpl*
❷ ASTROL (*chart*) Zodiakus *m fachspr*
zodiacal [zəʊ'daɪəkəl, AM zoʊ'-] *adj inv* ASTROL zodiakal *fachspr,* Tierkreis-; ~ **sign** Tierkreiszeichen *nt,* Sternzeichen *nt*
zombie ['zɒmbi, AM 'zɑː-] *n* ❶ (*pej fam: mindless person*) Zombie *m pej fam,* Schwachkopf *m pej fam*
❷ (*revived corpse*) Zombie *m*
zonal ['zəʊnəl, AM 'zoʊ-] *adj inv* Zonen-, zonal; ~ **boundary** Zonengrenze *f;* ~ **division** Zoneneinteilung *f*
zone [zəʊn, AM zoʊn] **I.** *n* ❶ (*defined area*) Zone *f,* Region *f;* **earthquake** ~ Erdbebenregion *f;* **relegation** ~ SPORTS abstiegsgefährdete Ränge *mpl;* **time** ~ Zeitzone *f;* **the central time** ~ *Standardzeit für die Mittelstaaten der USA und von Teilen Zentralkanadas;* **wheat** ~ Weizengürtel *m;* **erogenous** ~ ANAT erogene Zone; **temperate** ~ GEOG, METEO gemäßigte Zone
❷ (*restricted area*) **combat/war** ~ MIL Kampf-/Kriegsgebiet *nt;* **danger** ~ Gefahrenzone *f;* **no-fly** ~ MIL Flugverbotszone *f;* **no-parking** ~ Parkverbotszone *f*
❸ (*in city planning*) Gebiet *nt;* **business** [*or* **commercial**] ~ Geschäftszentrum *nt;* **industrial/residential** ~ Industrie-/Wohngebiet *nt*
❹ COMPUT (*part of screen*) Zone *f*
II. *vt* ADMIN, LAW ■**to** ~ **sth** etw abstellen, etw zu etw *dat* erklären; **to** ~ **an area/**~ **land** ein Gebiet/Land in [Nutzungs]zonen aufteilen; ***this area has been*** ~***d as agricultural land*** dieses Gebiet ist als Agrarland ausgewiesen worden
◆**zone out** *vi* [mit den Gedanken] abschweifen, abdriften
zoning ['zəʊnɪŋ, AM 'zoʊn-] **I.** *n no pl* ADMIN, LAW (*system*) Bodenordnung *f;* (*effecting*) Umlegung *f fachspr,* Nutzungszuweisung *f,* Abstellen *nt,* Erklärung *f*
II. *adj attr, inv* ~ **law** Baugesetz *nt;* ~ **restriction** Planungsbeschränkung *f*
zonk [zɒnk, AM zɑːnk] **I.** *vt* ❶ (*hit*) ■**to** ~ **sb** jdn hauen
❷ (*exhaust*) ■**to** ~ **sb out** jdn [richtig] schaffen
II. *vi* wegtreten *fam;* ***I always*** ~ ***out when I've been drinking red wine*** ich bin immer ganz hinüber, wenn ich Rotwein getrunken habe
zonked [zɒnkt, AM zɑːnkt] *adj* (*sl*), **zonked out** *adj pred* (*sl*) ❶ (*exhausted*) kaputt *fam,* geschafft *fam*
❷ (*drunk, high*) zu *sl,* hinüber *fam*
zoo [zuː] *n* Zoo *m*
zookeeper ['zuːˌkiːpəʳ, AM -ɚ] *n* Wärter(in) *m(f),* Tierpfleger(in) *m(f)*
zoological [ˌzəʊə(ʊ)'lɒdʒɪkəl, AM ˌzoʊə'lɑː-] *adj inv* zoologisch; ~ **research** zoologische Forschung; ~ **studies** zoologische Studien
zoological gardens *npl* (*dated form*) Zoo *m*
zoologist [zu'ɒlədʒɪst, AM zoʊ'ɑːl-] *n* Zoologe, -in *m, f*
zoology [zu'ɒlədʒi, AM zoʊ'ɑːl-] *n no pl* Zoologie *f*
zoom [zuːm] **I.** *n* ❶ (*lens*) Zoom[objektiv] *nt*
❷ (*adaptation*) [automatische] Entfernungseinstellung; (*picture as regards distance*) Nahaufnahme *f;* (*picture as regards size*) Großaufnahme *f*
II. *adj attr, inv* Zoom-; ~ **lens** Zoomobjektiv *nt*
III. *vi* (*fam*) ❶ (*move very fast*) rasen *fam;* ■**to** ~ **ahead** [*or* **off**] davonsausen; (*in a race*) vorpreschen; ■**to** ~ **past** vorbeirasen; (*fig*) *year* rasend schnell vergehen
❷ (*increase dramatically*) steil ansteigen; *prices* in die Höhe schießen
❸ PHOT, FILM (*have capacity to zoom*) zoomen; COMPUT (*enlarge text*) vergrößern; ***does this camera*** ~ ***or not?*** hat diese Kamera ein Zoomobjektiv?
◆**zoom in** *vi* [nahe] heranfahren, heranzoomen; ■**to** ~ **in on sth** auf etw *akk* [ein]schwenken
◆**zoom out** *vi* wegzoomen
zoot suit ['zuːtˌsuːt] *n* FASHION *weit geschnittener Herrenanzug im Stil der vierziger Jahre*
Zoroaster [ˌzɒrəʊ'æstəʳ, AM ˌzɔːroʊ'æstɚ] *n no pl* Zoroaster *m,* Zarathustra *m*
Zoroastrian [ˌzɒrəʊ'æstriən, AM ˌzɔːroʊ'-] REL **I.** *adj inv* zoroastrisch
II. *n* Anhänger(in) *m(f)* der Lehre Zoroasters [*o* Zarathustras]
Zoroastrianism [ˌzɒrəʊ'æstriənɪzəm, AM ˌzɔːroʊ'-] *n no pl* Zoroastrismus *m*
zucchini <*pl* -s *or* -> [zʊ'kiːni, AM zuː'-] *n* AM, AUS (*courgette*) Zucchini *f*
Zulu ['zuːluː] **I.** *n* ❶ (*person*) Zulu *m*
❷ *no pl* (*language*) Zulu *nt*
II. *adj inv, attr* Zulu-; ~ **chief** Zuluhäuptling *m;* ~ **warrior** Zulukrieger *m*
Zululand ['zuːluːlænd] *n no pl* KwaZulu-Natal *nt,* Zululand *nt hist*
zygote ['zaɪgəʊt, AM -goʊt] *n* BIOL Zygote *f fachspr*

Notizen

Notizen

Notizen

Notizen

Notizen

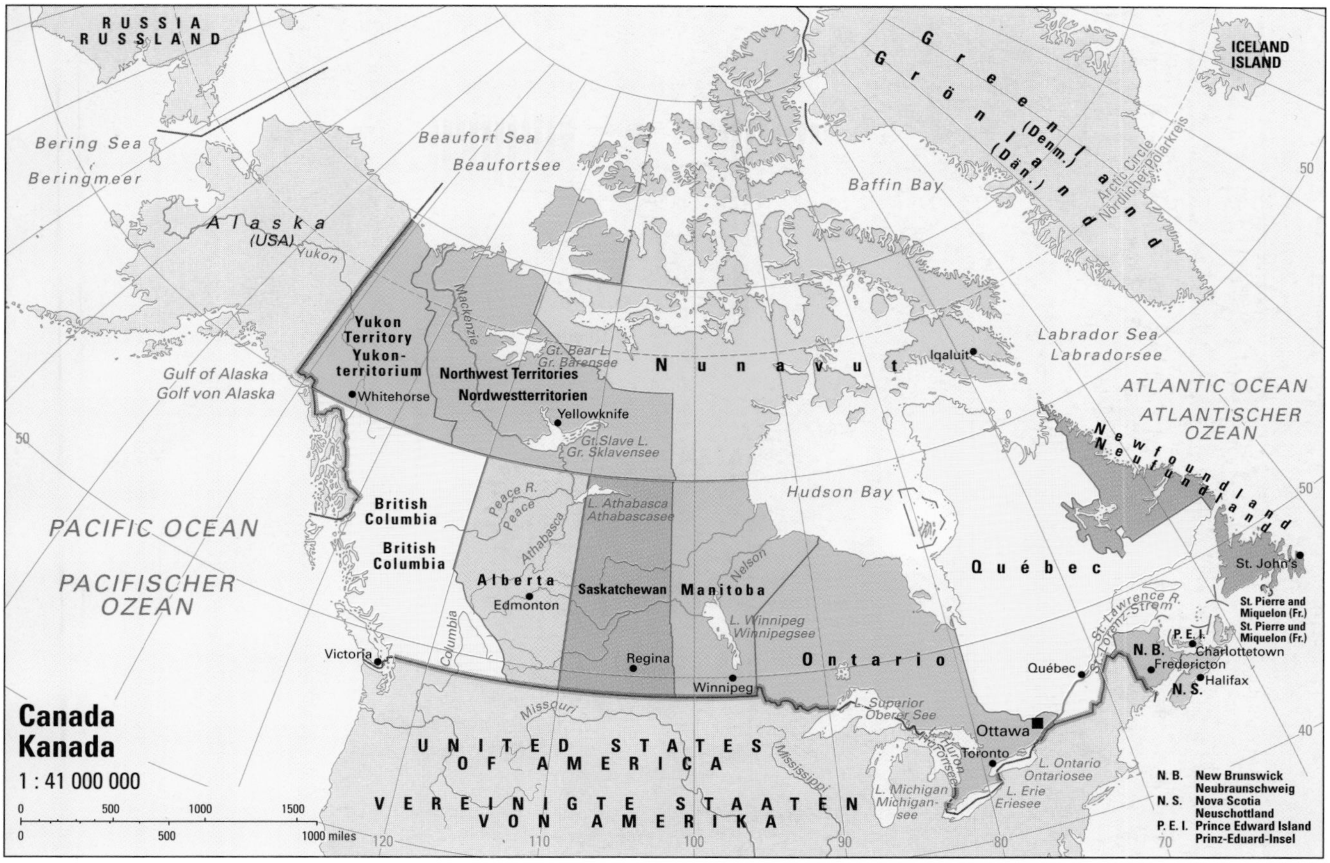

Canada
Kanada

1 : 41 000 000

0 500 1000 1500 km

0 500 1000 miles

RUSSIA
RUSSLAND

Bering Sea
Beringmeer

Alaska
(USA)

Yukon

Beaufort Sea
Beaufortsee

Greenland (Denm.)
Grönland (Dän.)

ICELAND
ISLAND

Baffin Bay

Arctic Circle
Nördlicher Polarkreis

Gulf of Alaska
Golf von Alaska

Yukon Territory
Yukon-territorium

Whitehorse

Mackenzie

Gt. Bear L.
Gr. Bärensee

Northwest Territories
Nordwestterritorien

Yellowknife

Gt. Slave L.
Gr. Sklavensee

Nunavut

Iqaluit

Labrador Sea
Labradorsee

ATLANTIC OCEAN
ATLANTISCHER OZEAN

Newfoundland
Neufundland

St. John's

St. Pierre and Miquelon (Fr.)
St. Pierre und Miquelon (Fr.)

Hudson Bay

Québec

St. Lawrence R.
St.-Lorenz-Strom

P.E.I.
Charlottetown

N.B.
Fredericton

Halifax

N.S.

PACIFIC OCEAN
PACIFISCHER OZEAN

British Columbia
British Columbia

Peace R.
Peace

Athabasca

L. Athabasca
Athabascasee

Alberta
Edmonton

Saskatchewan

Manitoba

Nelson

L. Winnipeg
Winnipegsee

Regina

Winnipeg

Ontario

Québec

Victoria

Columbia

Missouri

L. Superior
Oberer See

Ottawa

Toronto

L. Ontario
Ontariosee

L. Huron
Huronsee

L. Michigan
Michigansee

L. Erie
Eriesee

Mississippi

UNITED STATES OF AMERICA
VEREINIGTE STAATEN VON AMERIKA

N. B. New Brunswick
Neubraunschweig

N. S. Nova Scotia
Neuschottland

P. E. I. Prince Edward Island
Prinz-Eduard-Insel

50 40 120 110 100 90 80 70

United States of America
Vereinigte Staaten von Amerika

1 : 28 00 0000

0 200 400 600 km

0 200 400 miles

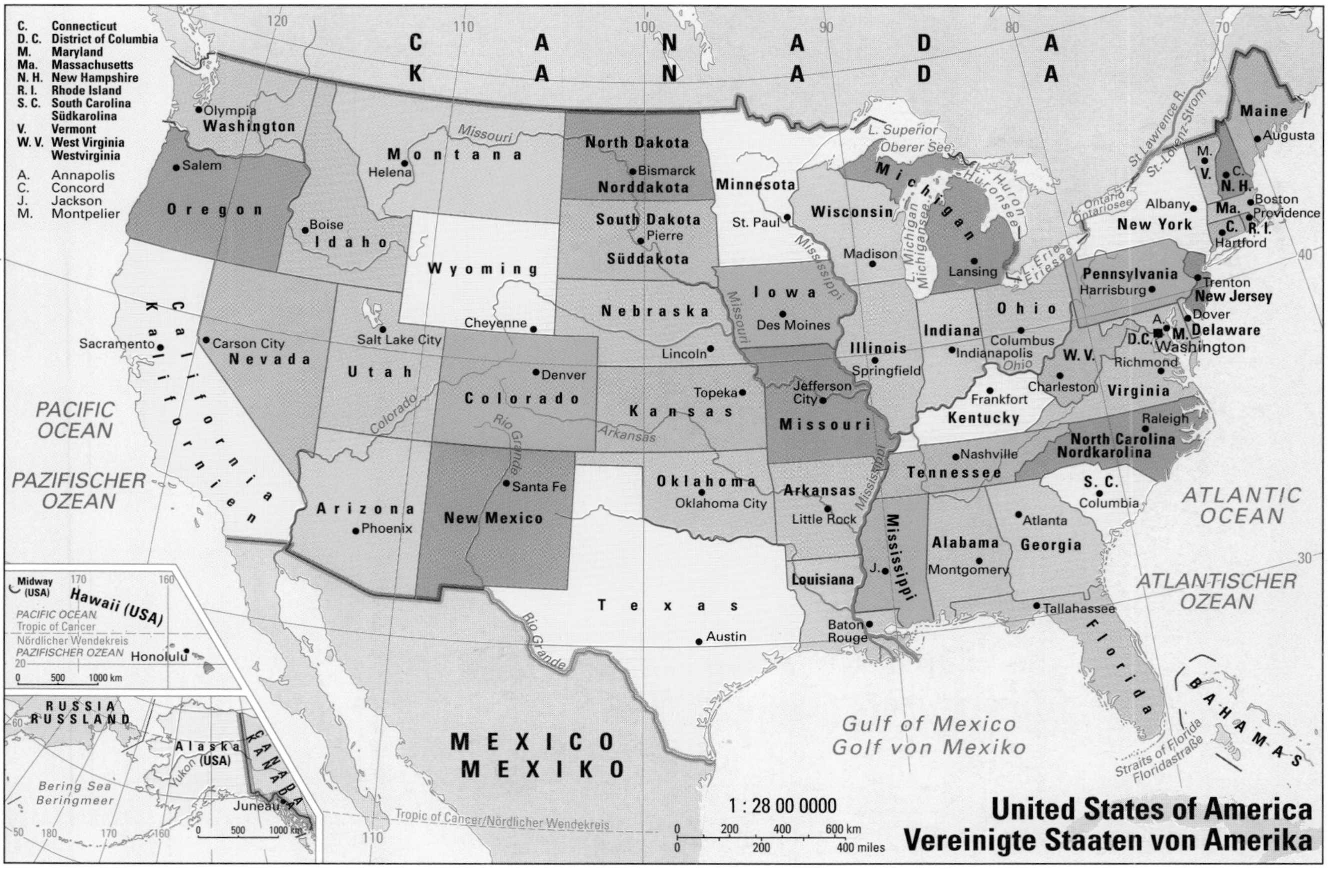

C. Connecticut
D. C. District of Columbia
M. Maryland
Ma. Massachusetts
N. H. New Hampshire
R. I. Rhode Island
S. C. South Carolina
Südkarolina
V. Vermont
W. V. West Virginia
Westvirginia

A. Annapolis
C. Concord
J. Jackson
M. Montpelier

CANADA
KANADA

Olympia
Washington

Salem
Oregon

Boise
Idaho

Missouri

Montana
Helena

North Dakota
Bismarck
Norddakota

South Dakota
Pierre
Süddakota

Wyoming

Cheyenne

Minnesota
St. Paul

L. Superior
Oberer See

Wisconsin
Madison

Michigan
Lansing

L. Michigan
Michigansee

L. Huron
Huronsee

L. Erie
Eriesee

L. Ontario
Ontariosee

St. Lawrence R.
St.-Lorenz-Strom

Maine
Augusta

M.
V.
C.
N. H.

Boston
Providence
Ma.
C.
R. I.
Hartford

Albany
New York

Pennsylvania
Harrisburg

Trenton
New Jersey
Dover
Delaware

A.
D.C.
M.
Washington

California
Kalifornien

Sacramento

Carson City
Nevada

Salt Lake City
Utah

Denver
Colorado

Nebraska
Lincoln

Iowa
Des Moines

Mississippi

Illinois
Springfield

Indiana
Indianapolis

Ohio
Columbus

W. V.
Charleston

Richmond
Virginia

Topeka
Kansas

Jefferson City
Missouri

Frankfort
Kentucky

Colorado

Rio Grande

Arkansas

Raleigh
North Carolina
Nordkarolina

Nashville
Tennessee

S. C.
Columbia

PACIFIC OCEAN
PAZIFISCHER OZEAN

Santa Fe
New Mexico

Arizona
Phoenix

Oklahoma
Oklahoma City

Arkansas
Little Rock

Mississippi
J.

Alabama
Montgomery

Georgia
Atlanta

ATLANTIC OCEAN
ATLANTISCHER OZEAN

Louisiana

Baton Rouge

Tallahassee

Florida

Texas
Austin

Rio Grande

BAHAMAS

Straits of Florida
Floridastraße

Gulf of Mexico
Golf von Mexiko

MEXICO
MEXIKO

Tropic of Cancer/Nördlicher Wendekreis

Midway (USA)

Hawaii (USA)

PACIFIC OCEAN
Tropic of Cancer
Nördlicher Wendekreis
PAZIFISCHER OZEAN

Honolulu

0 500 1000 km

RUSSIA
RUSSLAND

Alaska
(USA)

Yukon

KANADA

Bering Sea
Beringmeer

Juneau

0 500 1000 km

120 110 100 90 80 70 40 30 170 160 20 50 180

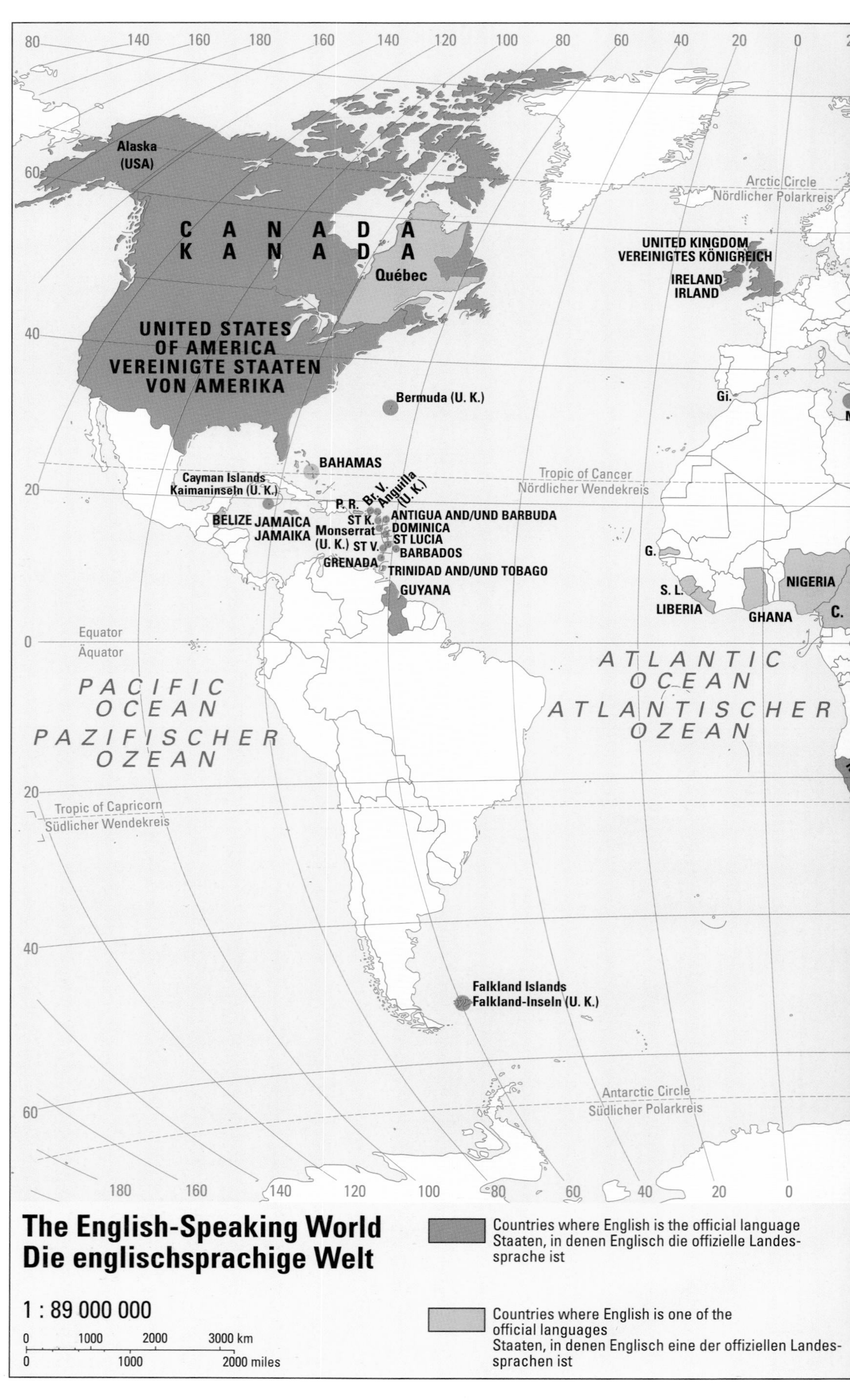

The English-Speaking World
Die englischsprachige Welt

1 : 89 000 000

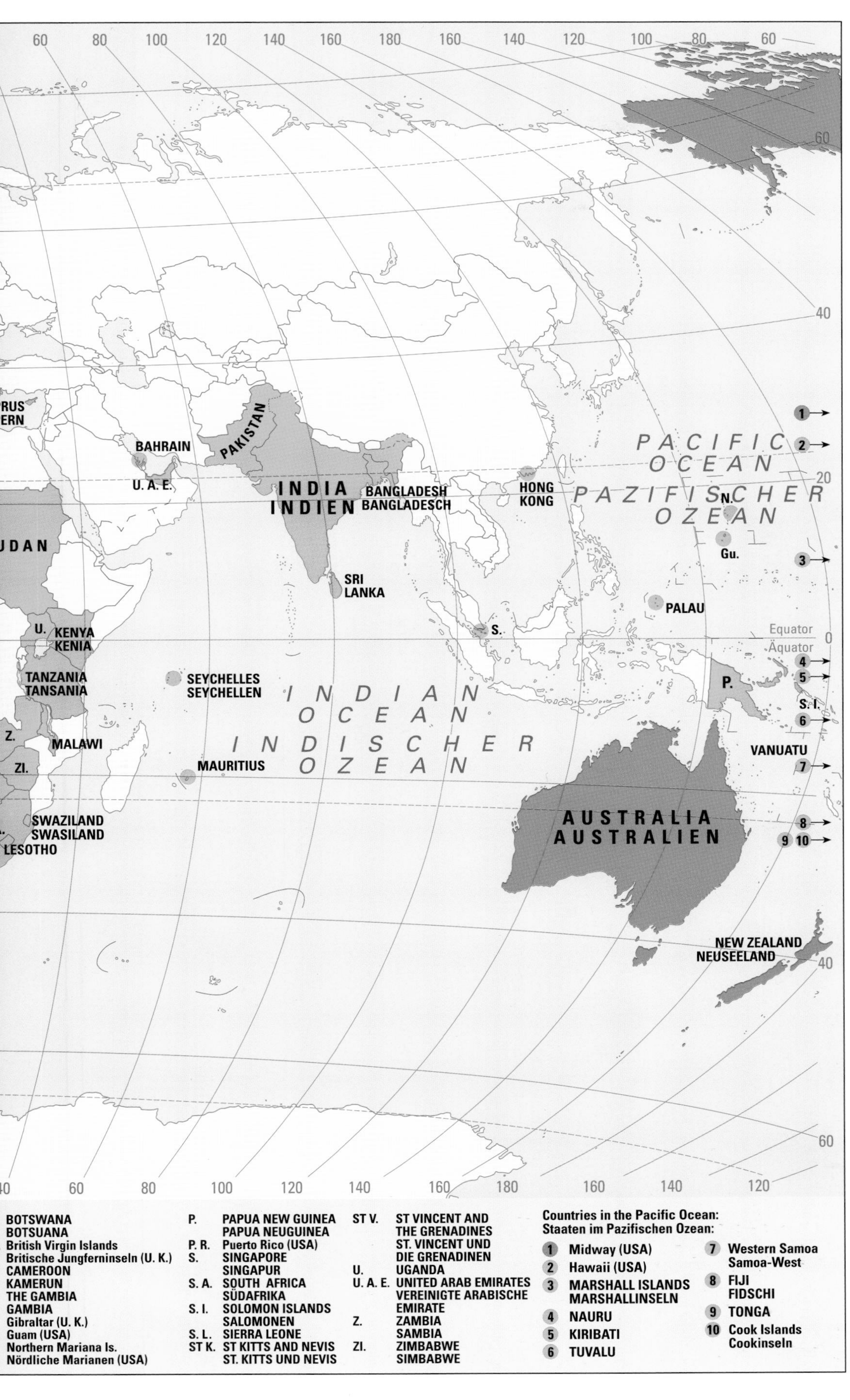

BOTSWANA
BOTSUANA
British Virgin Islands
Britische Jungferninseln (U. K.)
CAMEROON
KAMERUN
THE GAMBIA
GAMBIA
Gibraltar (U. K.)
Guam (USA)
Northern Mariana Is.
Nördliche Marianen (USA)

P.	PAPUA NEW GUINEA PAPUA NEUGUINEA
P. R.	Puerto Rico (USA)
S.	SINGAPORE SINGAPUR
S. A.	SOUTH AFRICA SÜDAFRIKA
S. I.	SOLOMON ISLANDS SALOMONEN
S. L.	SIERRA LEONE
ST K.	ST KITTS AND NEVIS ST. KITTS UND NEVIS
ST V.	ST VINCENT AND THE GRENADINES ST. VINCENT UND DIE GRENADINEN
U.	UGANDA
U. A. E.	UNITED ARAB EMIRATES VEREINIGTE ARABISCHE EMIRATE
Z.	ZAMBIA SAMBIA
ZI.	ZIMBABWE SIMBABWE

Countries in the Pacific Ocean:
Staaten im Pazifischen Ozean:

1 Midway (USA)
2 Hawaii (USA)
3 MARSHALL ISLANDS
MARSHALLINSELN
4 NAURU
5 KIRIBATI
6 TUVALU
7 Western Samoa
Samoa-West
8 FIJI
FIDSCHI
9 TONGA
10 Cook Islands
Cookinseln

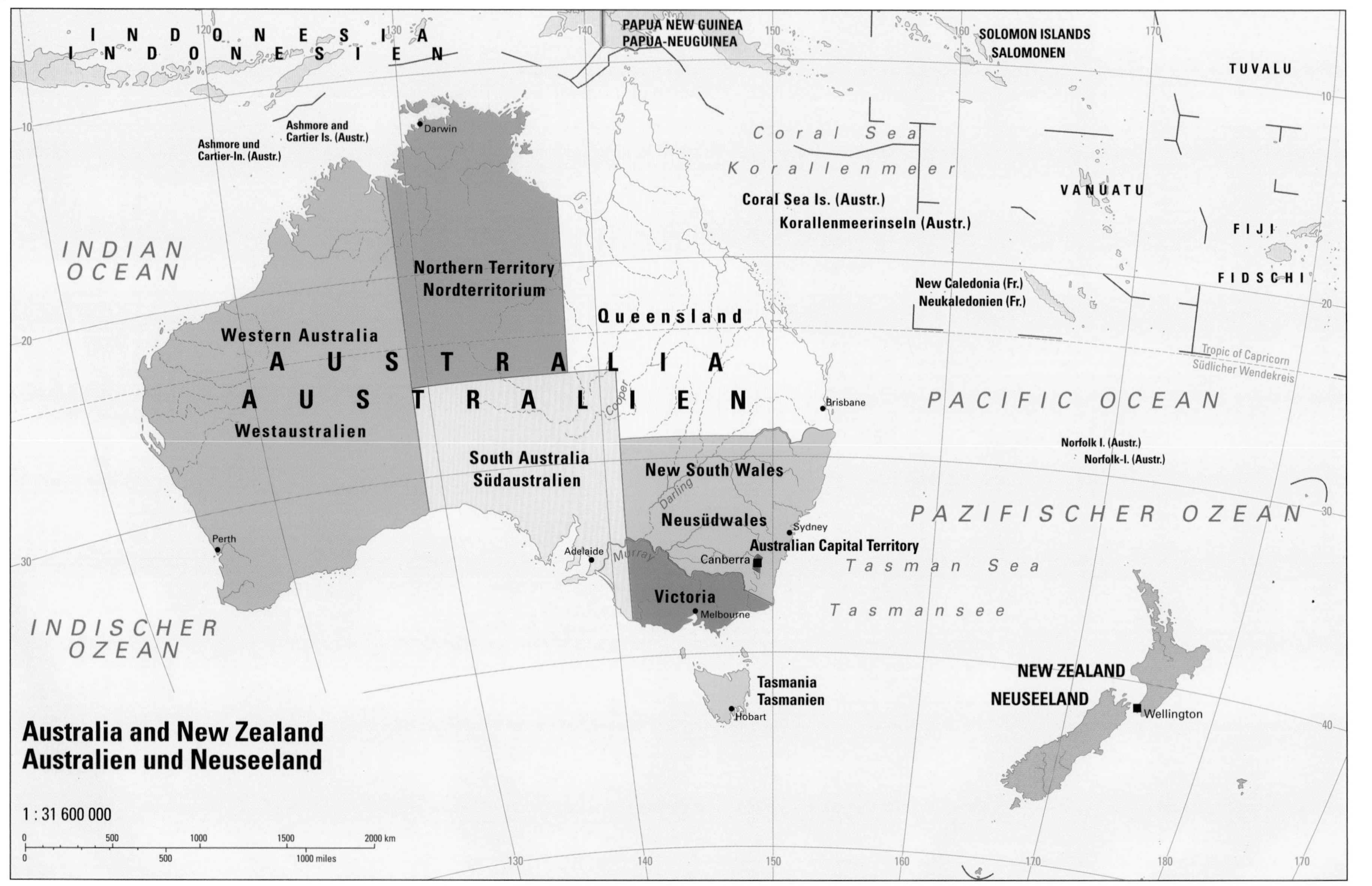
Australia and New Zealand
Australien und Neuseeland
1 : 31 600 000
0 500 1000 1500 2000 km
0 500 1000 miles
INDONESIA
INDONESIEN
PAPUA NEW GUINEA
PAPUA-NEUGUINEA
SOLOMON ISLANDS
SALOMONEN
TUVALU
VANUATU
FIJI
FIDSCHI
Ashmore and Cartier Is. (Austr.)
Ashmore und Cartier-In. (Austr.)
INDIAN OCEAN
INDISCHER OZEAN
Coral Sea
Korallenmeer
Coral Sea Is. (Austr.)
Korallenmeerinseln (Austr.)
New Caledonia (Fr.)
Neukaledonien (Fr.)
Tropic of Capricorn
Südlicher Wendekreis
PACIFIC OCEAN
PAZIFISCHER OZEAN
Norfolk I. (Austr.)
Norfolk-I. (Austr.)
Tasman Sea
Tasmansee
AUSTRALIA
AUSTRALIEN
Western Australia
Westaustralien
Northern Territory
Nordterritorium
Queensland
South Australia
Südaustralien
New South Wales
Neusüdwales
Australian Capital Territory
Victoria
Tasmania
Tasmanien
NEW ZEALAND
NEUSEELAND
Darwin
Perth
Adelaide
Brisbane
Sydney
Canberra
Melbourne
Hobart
Wellington
Cooper
Darling
Murray

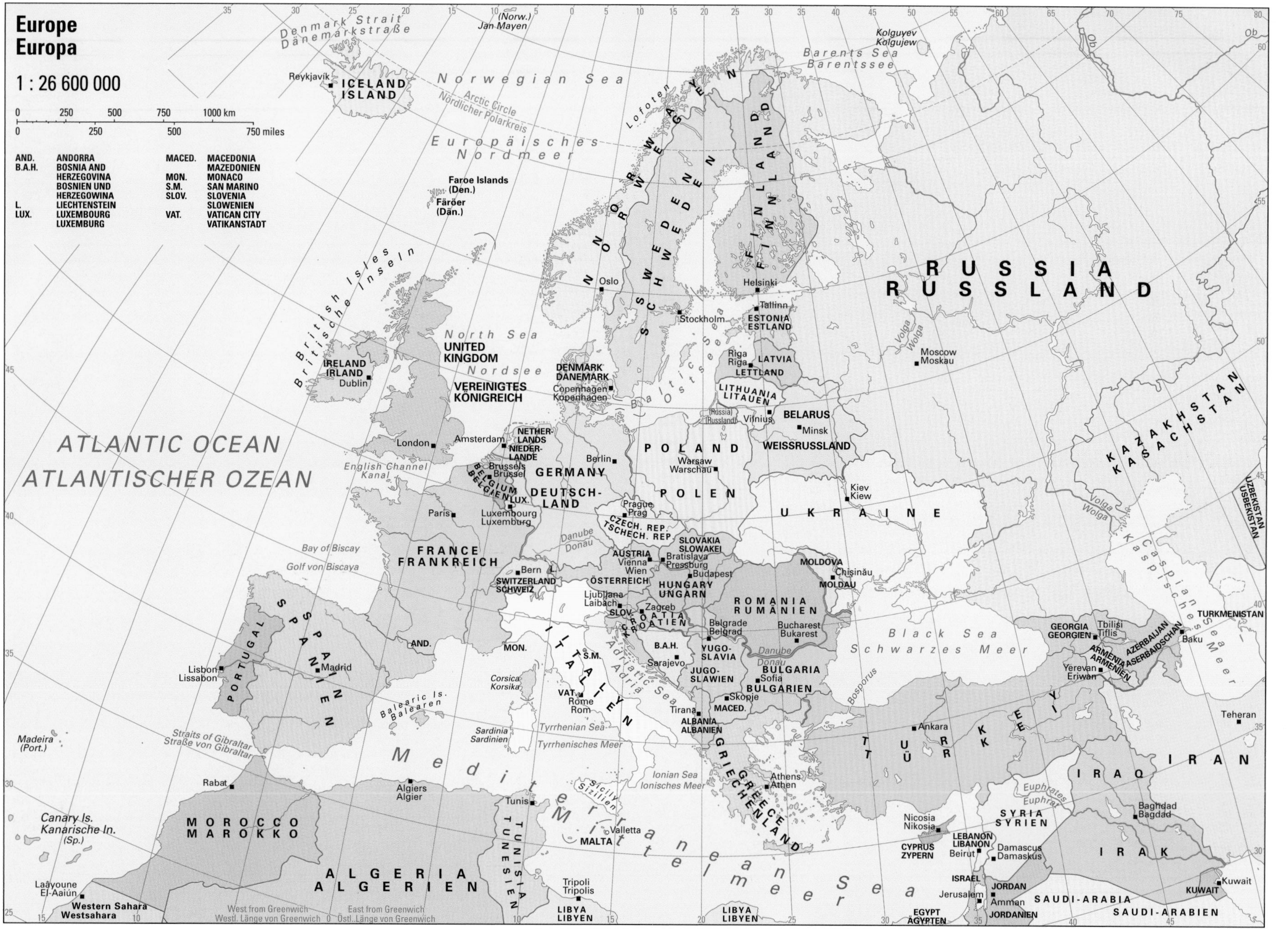
Europe
Europa
1 : 26 600 000
0 250 500 750 1000 km
0 250 500 750 miles
AND. ANDORRA
B.A.H. BOSNIA AND HERZEGOVINA
BOSNIEN UND HERZEGOWINA
L. LIECHTENSTEIN
LUX. LUXEMBOURG
LUXEMBURG
MACED. MACEDONIA
MAZEDONIEN
MON. MONACO
S.M. SAN MARINO
SLOV. SLOVENIA
SLOWENIEN
VAT. VATICAN CITY
VATIKANSTADT
Denmark Strait
Dänemarkstraße
Jan Mayen (Norw.)
Reykjavík
ICELAND
ISLAND
Norwegian Sea
Arctic Circle
Nördlicher Polarkreis
Europäisches Nordmeer
Faroe Islands (Den.)
Färöer (Dän.)
Barents Sea
Barentssee
Kolguyev
Kolgujew
Ob
Lofoten
NORWAY
NORWEGEN
SWEDEN
SCHWEDEN
FINLAND
FINNLAND
Oslo
Stockholm
Helsinki
Tallinn
ESTONIA
ESTLAND
Riga
LATVIA
LETTLAND
LITHUANIA
LITAUEN
Vilnius
(Russia)
(Russland)
BELARUS
WEISSRUSSLAND
Minsk
RUSSIA
RUSSLAND
Moscow
Moskau
Volga
Wolga
KAZAKHSTAN
KASACHSTAN
UZBEKISTAN
USBEKISTAN
TURKMENISTAN
British Isles
Britische Inseln
North Sea
Nordsee
UNITED KINGDOM
VEREINIGTES KÖNIGREICH
IRELAND
IRLAND
Dublin
London
English Channel
Kanal
ATLANTIC OCEAN
ATLANTISCHER OZEAN
DENMARK
DÄNEMARK
Copenhagen
Kopenhagen
Baltic Sea
Ostsee
NETHERLANDS
NIEDERLANDE
Amsterdam
Brussels
Brüssel
BELGIUM
BELGIEN
LUX.
Luxembourg
Luxemburg
GERMANY
DEUTSCHLAND
Berlin
POLAND
POLEN
Warsaw
Warschau
UKRAINE
Kiev
Kiew
Paris
FRANCE
FRANKREICH
Bay of Biscay
Golf von Biscaya
Prague
Prag
CZECH. REP.
TSCHECH. REP.
Danube
Donau
SLOVAKIA
SLOWAKEI
AUSTRIA
ÖSTERREICH
Vienna
Wien
Bratislava
Pressburg
Budapest
HUNGARY
UNGARN
MOLDOVA
MOLDAU
Chişinău
Bern
L.
SWITZERLAND
SCHWEIZ
Ljubljana
Laibach
SLOV.
Zagreb
CROATIA
KROATIEN
ROMANIA
RUMÄNIEN
Bucharest
Bukarest
Belgrade
Belgrad
B.A.H.
Sarajevo
YUGOSLAVIA
JUGOSLAWIEN
BULGARIA
BULGARIEN
Sofia
Skopje
MACED.
Tirana
ALBANIA
ALBANIEN
Black Sea
Schwarzes Meer
Bosporus
GEORGIA
GEORGIEN
Tbilisi
Tiflis
ARMENIA
ARMENIEN
AZERBAIJAN
ASERBAIDSCHAN
Yerevan
Eriwan
Baku
Caspian Sea
Kaspisches Meer
Teheran
IRAN
PORTUGAL
Lisbon
Lissabon
SPAIN
SPANIEN
Madrid
AND.
MON.
Corsica
Korsika
S.M.
ITALY
ITALIEN
VAT.
Rome
Rom
Adriatic Sea
Adria
Balearic Is.
Balearen
Sardinia
Sardinien
Tyrrhenian Sea
Tyrrhenisches Meer
Ionian Sea
Ionisches Meer
Sicily
Sizilien
Valletta
MALTA
GREECE
GRIECHENLAND
Athens
Athen
TURKEY
TÜRKEI
Ankara
Madeira (Port.)
Straits of Gibraltar
Straße von Gibraltar
Mediterranean Sea
Mittelmeer
Rabat
MOROCCO
MAROKKO
Algiers
Algier
Tunis
TUNISIA
TUNESIEN
ALGERIA
ALGERIEN
Canary Is.
Kanarische In.
(Sp.)
Laâyoune
El-Aaiún
Western Sahara
Westsahara
West from Greenwich
Westl. Länge von Greenwich
East from Greenwich
Östl. Länge von Greenwich
Tripoli
Tripolis
LIBYA
LIBYEN
Nicosia
Nikosia
CYPRUS
ZYPERN
LEBANON
LIBANON
Beirut
Damascus
Damaskus
SYRIA
SYRIEN
Euphrates
Euphrat
ISRAEL
Jerusalem
Amman
JORDAN
JORDANIEN
EGYPT
ÄGYPTEN
IRAQ
IRAK
Baghdad
Bagdad
SAUDI-ARABIA
SAUDI-ARABIEN
Kuwait
KUWAIT

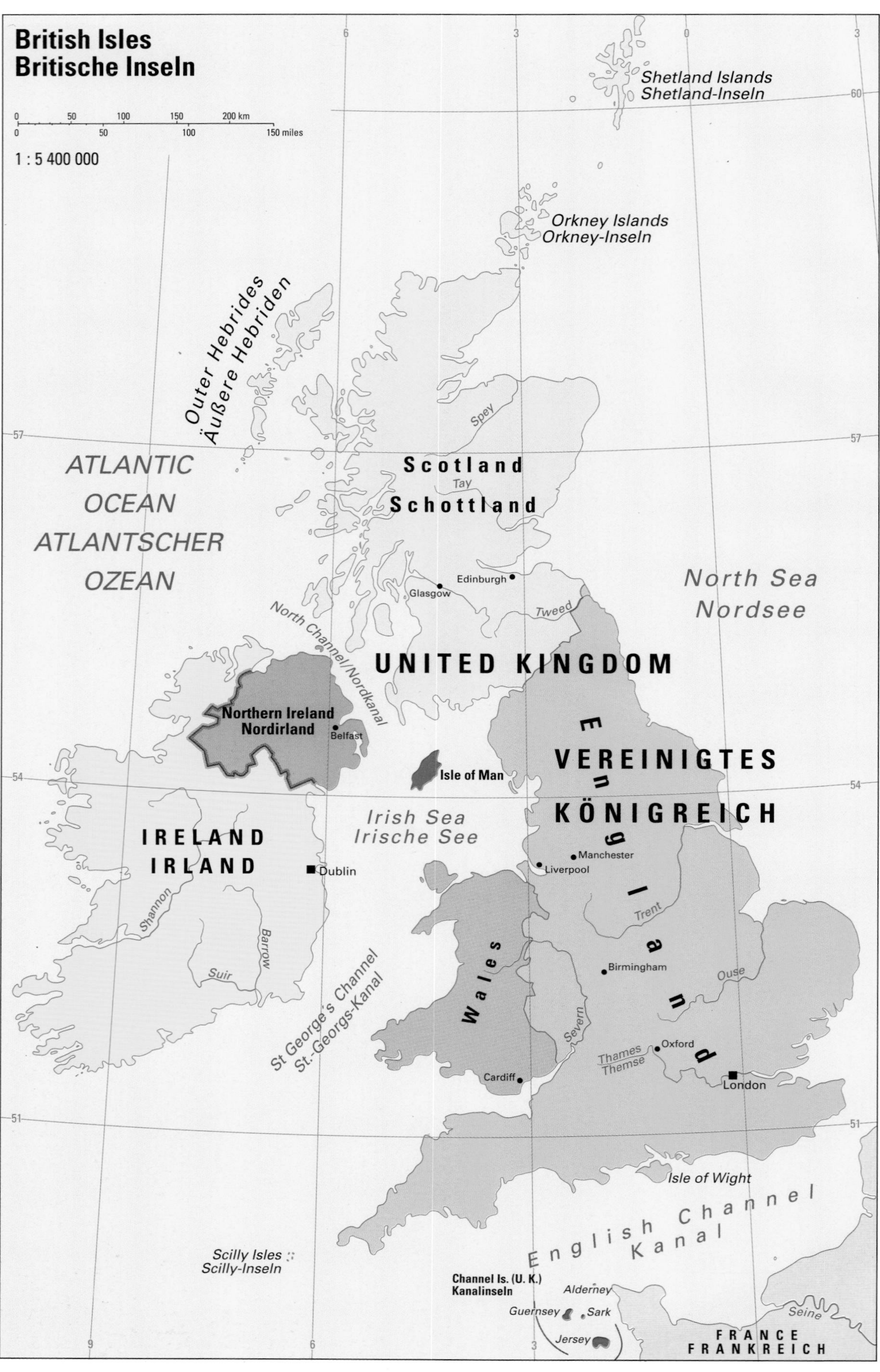
British Isles
Britische Inseln
1 : 5 400 000
Shetland Islands
Shetland-Inseln
Orkney Islands
Orkney-Inseln
Outer Hebrides
Äußere Hebriden
ATLANTIC
OCEAN
ATLANTSCHER
OZEAN
Scotland
Schottland
Spey
Tay
Edinburgh
Glasgow
Tweed
North Sea
Nordsee
North Channel/Nordkanal
UNITED KINGDOM
VEREINIGTES
KÖNIGREICH
Northern Ireland
Nordirland
Belfast
Isle of Man
England
Irish Sea
Irische See
IRELAND
IRLAND
Dublin
Manchester
Liverpool
Shannon
Barrow
Suir
Trent
St George's Channel
St.-Georgs-Kanal
Wales
Birmingham
Ouse
Severn
Thames
Themse
Oxford
Cardiff
London
Isle of Wight
English Channel
Kanal
Scilly Isles
Scilly-Inseln
Channel Is. (U. K.)
Kanalinseln
Alderney
Guernsey
Sark
Jersey
Seine
FRANCE
FRANKREICH

DÄNEMARK
DENMARK
Nordsee
North Sea
Nordfriesische Inseln
North Frisian Islands
Ostsee
Baltic Sea
Rügen
Kiel
Schleswig-
Holstein
Ostfriesische Inseln
East Frisian Islands
(zu/to Hamburg)
Mecklenburg-Vorpommern
Mecklenburg-West Pomerania
Schwerin
(zu/to Bremen)
Hamburg
Hamburg
Elbe
Bremen
Bremen
NIEDERLANDE
NETHERLANDS
POLEN
POLAND
Niedersachsen
Lower Saxony
Oder
Branden-
burg
Hannover
Hanover
Sachsen-
Anhalt
Berlin
Berlin
Potsdam
Weser
Magdeburg
Nordrhein-
Westfalen
North Rhine-
Westphalia
Saxony-Anhalt
Düsseldorf
Köln
Cologne
Elbe
Sachsen
Saxony
Dresden
Erfurt
Hessen
Hesse
Thüringen
Thuringia
BEL.
Rhein
Rhine
Rheinland-Pfalz
Rhineland-Palatinate
Wiesbaden
Mainz
Frankfurt
LUX.
TSCHECHISCHE
REPUBLIK
CZECH REPUBLIC
Saarland
Saarbrücken
Bayern
Bavaria
Nürnberg
Nuremberg
Baden-
Württemberg
Stuttgart
FRANKREICH
FRANCE
Donau
Danube
München
Munich
Rhein
Rhine
Bodensee
Lake Constance
SCHWEIZ
SWITZERLAND
L.
ÖSTERREICH
AUSTRIA
Deutschland
Germany
1 : 4 500 000
0 50 100 150 200 km
0 50 100 150 miles
BELG. BELGIEN
BELGIUM
L. LIECHTENSTEIN
LUX. LUXEMBURG
LUXEMBOURG

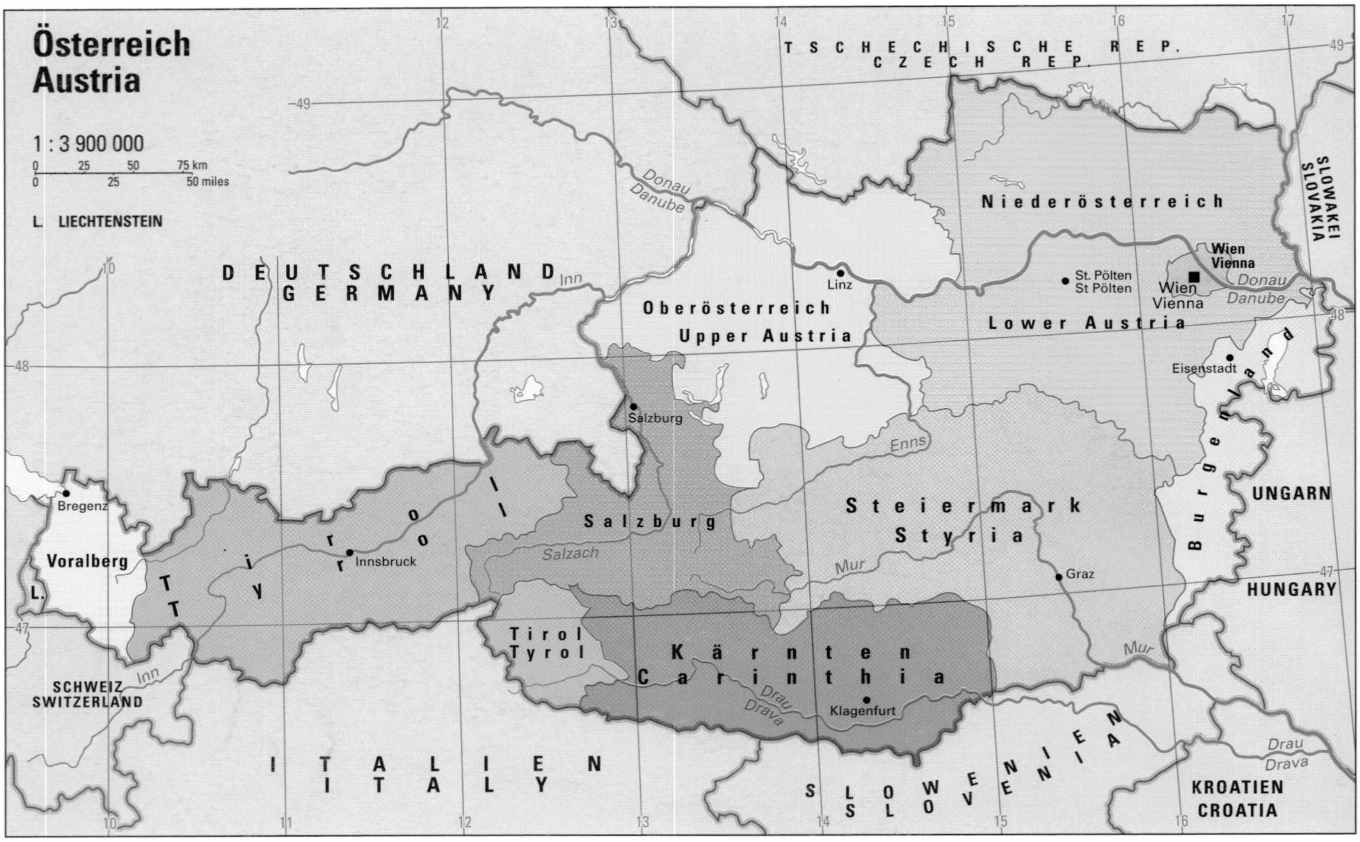

Österreich
Austria

1 : 3 900 000

0 25 50 75 km
0 25 50 miles

L. LIECHTENSTEIN

TSCHECHISCHE REP.
CZECH REP.
SLOWAKEI
SLOVAKIA
DEUTSCHLAND
GERMANY
Donau
Danube
Inn
Niederösterreich
Lower Austria
Oberösterreich
Upper Austria
Linz
St. Pölten
St Pölten
Wien
Vienna
Eisenstadt
Burgenland
Salzburg
Enns
Steiermark
Styria
Graz
Mur
UNGARN
HUNGARY
Bregenz
Voralberg
L.
Tyrol
Innsbruck
Salzach
Tirol
Tyrol
Kärnten
Carinthia
Drau
Drava
Klagenfurt
SCHWEIZ
SWITZERLAND
ITALIEN
ITALY
SLOWENIEN
SLOVENIA
KROATIEN
CROATIA

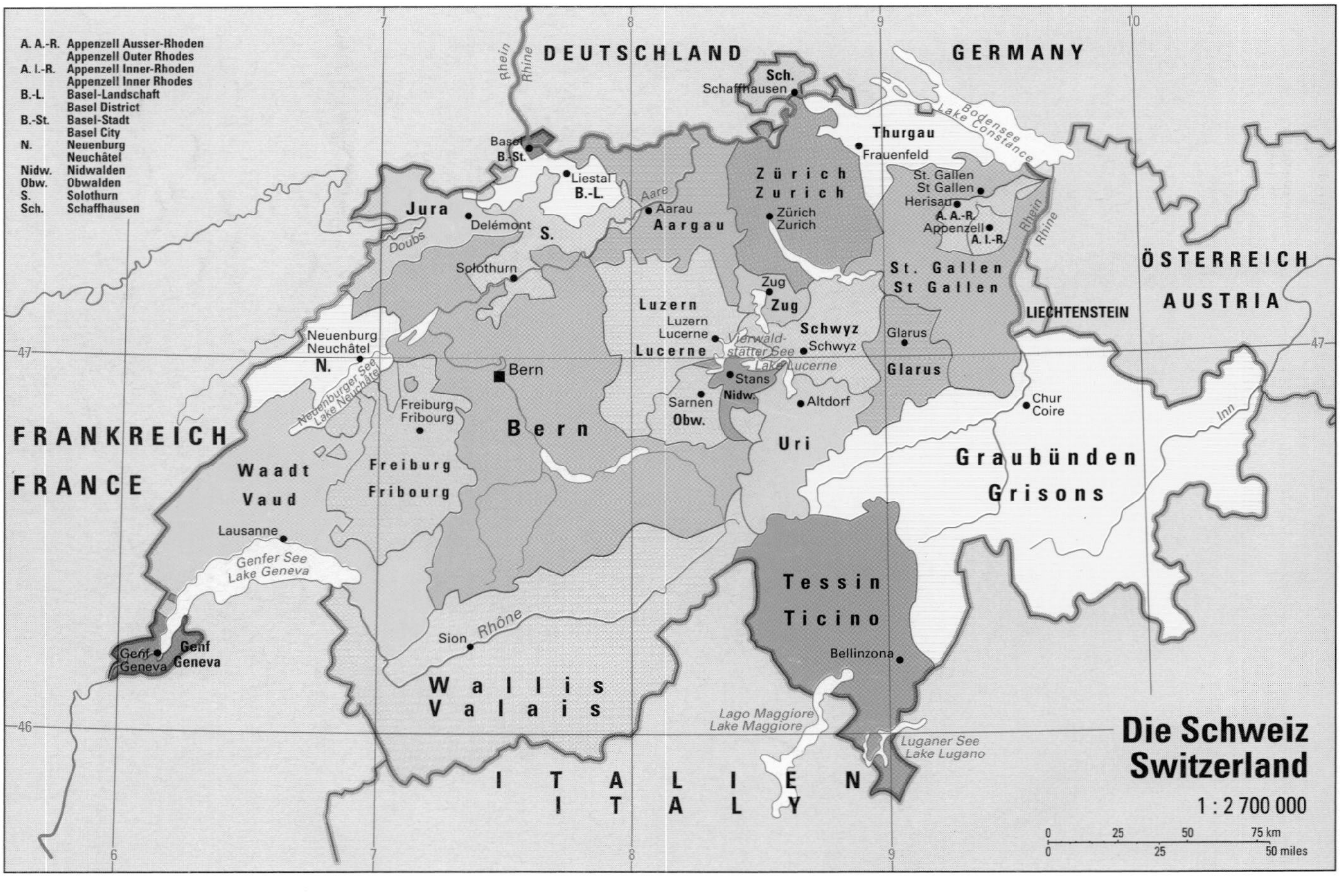

A. A.-R. Appenzell Ausser-Rhoden
Appenzell Outer Rhodes
A. I.-R. Appenzell Inner-Rhoden
Appenzell Inner Rhodes
B.-L. Basel-Landschaft
Basel District
B.-St. Basel-Stadt
Basel City
N. Neuenburg
Neuchâtel
Nidw. Nidwalden
Obw. Obwalden
S. Solothurn
Sch. Schaffhausen

DEUTSCHLAND
GERMANY
Rhein
Rhine
Sch.
Schaffhausen
Thurgau
Frauenfeld
Bodensee
Lake Constance
Basel
B.-St.
Liestal
B.-L.
Aare
Aarau
Aargau
Zürich
Zurich
St. Gallen
St Gallen
Herisau
A. A.-R.
Appenzell
A. I.-R.
Jura
Delémont
S.
Doubs
Solothurn
Zug
Luzern
Lucerne
Vierwaldstätter See
Lake Lucerne
Schwyz
Glarus
LIECHTENSTEIN
ÖSTERREICH
AUSTRIA
Neuenburg
Neuchâtel
N.
Neuenburger See
Lake Neuchâtel
Bern
Stans
Nidw.
Sarnen
Obw.
Altdorf
Uri
Chur
Coire
Inn
Freiburg
Fribourg
FRANKREICH
FRANCE
Waadt
Vaud
Graubünden
Grisons
Lausanne
Genfer See
Lake Geneva
Tessin
Ticino
Sion
Rhône
Genf
Geneva
Bellinzona
Wallis
Valais
Lago Maggiore
Lake Maggiore
Luganer See
Lake Lugano
ITALIEN
ITALY

Die Schweiz
Switzerland

1 : 2 700 000

0 25 50 75 km
0 25 50 miles

Cambridge Klett

Comprehensive German Dictionary

German – English

CAMBRIDGE
UNIVERSITY PRESS

A

A, a <-, – *o fam* -s, -s> *nt* ❶ (*Buchstabe*) A, a; **ein großes A/ein kleines a** a capital a/a small A; **~ wie Anton** A for Andrew BRIT, A as in Abel AM
❷ MUS A, a; **A-Dur/a-Moll** A major/A minor; **das ~ anschlagen** to hit a
▸ WENDUNGEN: **von ~ nach B [kommen]** [to get] from A to B; **wer ~ sagt, muss auch B sagen** (*prov*) if you make your bed, you've got to lie in it, BRIT *a.* in for a penny, in for a pound *prov;* **das ~ und [das] O** the be-all and end-all, the most important thing; **von ~ bis Z** (*fam: von Anfang bis Ende*) from beginning to end; (*in- und auswendig*) inside out
à [a] *präp* at; ***200 Flaschen Mouton ~ DM 135,-*** 200 bottles of Mouton at DM 135 each
Ä, ä <-, – *o fam* -s> [ɛː] *nt* a umlaut
Aa <-> [a'ʔa] *nt kein pl* (*kindersprache*) poo[h] BRIT *childspeak,* poop AM *childspeak;* **~ machen** to do a poo[h] [*or* AM poop]
AA <-> *nt kein pl* ❶ *Abk von* **Auswärtiges Amt** ≈ FCO BRIT, ≈ State Department AM
❷ *ohne art Abk von* **Anonyme Alkoholiker** AA
Aachen <-s> *nt* Aachen
Aal <-[e]s, -e> *m* eel
▸ WENDUNGEN: **glatt wie ein ~** as slippery as an eel; **sich [drehen und] winden wie ein ~** (*aus Unaufrichtigkeit*) to wriggle like a worm; (*aus Verlegenheit*) to squirm
aalen *vr* (*fam*) ▪**sich ~** to stretch out; ▪**sich in der Sonne ~** to bask in the sun
aalglatt I. *adj* (*pej*) slippery II. *adv* (*pej*) artfully
Aalquappe *f* KOCHK burbot, eelpout **Aalsuppe** *f* eel soup
AAM <-s, -s> *m Abk von* **angeborener Auslösemechanismus** IRM
a.a.O. *Abk von* **am angegebenen Ort** loc. cit.
Aargau <-s> *m* ▪**der ~** Aargau
Aas <-es> *nt* ❶ *pl Aase* (*Tierleiche*) carrion
❷ *pl Äser* (*fam männliche Person*) bastard *fam!,* AM *a.* jerk *fam!;* (*weibliche Person*) bitch *fam!*
▸ WENDUNGEN: **kein ~** (*fam*) not a soul
aasen *vi* (*fam*) ▪**mit etw** *dat* **~** to fritter away sth *sep;* **mit Energie/Rohstoffen ~** to squander energy/resources; **mit seiner Gesundheit ~** to neglect one's health
Aasfliege *f* carrion fly **Aasfresser** <-s, -> *m* carrion-eating animal **Aasgeier** *m* vulture *a. pej;* ***ihr seid wie die ~!*** you're vultures! **Aaskäfer** *m* carrion-beetle
ab I. *adv* ❶ (*weg, entfernt*) off; ***zur Post geht es an der Kreuzung links ~*** the post office is off to the left at the crossroads; **~ sein** to be out in the sticks; **weit ~ sein** [*o* **liegen**] to be far away; ***das Lokal ist mir zu weit ab*** the pub is too far away; ***das liegt zu weit ~ vom Weg*** that's too far off the beaten track
❷ (*abgetrennt*) off; **~ sein** (*fam*) to be broken [off]; ***mein Knopf ist ab*** I've lost a button; ***erst muss die alte Farbe ~*** first you have to remove the old paint
❸ (*in Befehlen*) off; **~ *ins Bett!*** off to bed!; **~, *ihr beiden, Hände waschen!*** off you two go, and wash your hands!; **~ *nach Hause!*** off home with you!; **~ *in/auf dein Zimmer!*** go to your room!; **~ nach oben/unten!** up/down we/you etc. go!; **~ sofort** as of now; **~ und zu** [*o* NORDD **an**] now and then
❹ (*abgehend*) from; ***der Zug fährt ~ Köln*** the train departs from Cologne; ***Frankfurt ~ 19 Uhr, New York an 20 Uhr Ortszeit*** departing Frankfurt [at] 19.00, arriving New York [at] 20.00 local time
II. *präp* +*dat* ❶ (*räumlich*) from
❷ (*zeitlich*) from; **~ *wann ...?*** from when ...?
❸ (*von ... aufwärts*) from; ***Kinder ~ 14 Jahren*** children from the age of 14 up
❹ ÖKON ex; **Preis ~ Fabrik/Werk** price ex factory/works
❺ SCHWEIZ (*nach der Uhrzeit*) past; ***Viertel ~ 8*** quarter past eight
❻ SCHWEIZ (*von*) on; **~ *Kassette*** on cassette
Abakus <-, -> *m* abacus
ab|ändern *vt* ▪**etw [in etw** *akk*] **~** to amend sth [to sth]; **ein Gesetz/einen Text/eine Verfassung ~** to amend a law/text/constitution; **ein Programm ~** to change a schedule; **eine Strafe ~** to revise a punishment
Abänderung *f* amendment; *einer Strafe* revision; **~en [an etw** *dat*] **vornehmen** to make amendments [to sth]; **in ~ des Programmes** as a change to the schedule
Abänderungsantrag *m* JUR motion for amendment; **einen ~ einbringen** to propose an amendment **abänderungsfähig** *adj* amendable **Abänderungsklage** *f* JUR petition to modify a judgement **Abänderungsklausel** *f* JUR modifying clause **Abänderungsurkunde** *f* JUR amending document **Abänderungsurteil** *nt* JUR amending judgement
Abandon <-s, -s> [abã'dõː] *m* JUR abandonment
Abandonerklärung *f* JUR declaration of abandonment **Abandonklausel** *f* JUR abandonment clause
abandonnieren *vt* JUR to abandon
ab|arbeiten I. *vt* ▪**etw ~** ❶ (*durch Arbeit tilgen*) to work off sth *sep;* **die Überfahrt ~** to work one's passage
❷ (*der Reihe nach erledigen*) to work through sth
❸ (*hinter sich bringen*) to finish sth
II. *vr* ▪**sich ~** (*fam*) to work like a madman [*or* dog] *fam,* to work oneself into the ground [*or* to death]; *s. a.* **abgearbeitet**
Abarbeitssystem *nt* debt repayment scheme
Abart *f* ❶ BIOL mutation *spec*
❷ BOT variety
abartig I. *adj* ❶ (*abnorm*) deviant, abnormal; (*pervers a.*) perverted; **eine ~e Neigung haben** to have abnormal [*or* deviant] tendencies
❷ (*sl: verrückt*) crazy, mad
II. *adv* ❶ (*abnorm*) abnormally; **auf etw** *akk* **~ reagieren** to react abnormally to sth
❷ (*sl*) really; ***mein Kopf tut ~ weh*** I've got a splitting headache; ***das hat ~ lang gedauert*** that took absolute ages
❸ (*pervers*) pervertedly
Abartigkeit <-, -en> *f* deviance, perversity; **von einer besonderen/seltenen ~ sein** to be peculiarly/particularly deviant
ab|äschern *vt* KOCHK **einen Fisch ~** *to rub a fish with wooden ashes to remove slime*
ABB *Abk von* **Asea Brown Boveri** ABB
Abb. *f Abk von* **Abbildung** illust., illus., Fig.
ab|backen *vt* KOCHK *s.* **ausbacken**
ab|balgen *vt* KOCHK, JAGD **Wild ~** to skin game
ab|ballern *vt* (*sl*) ▪**jdn ~** to blow away sb *sep,* to crate sb *sl;* ▪**ein Tier ~** to pot an animal *fam*
Abbau <-s> *m kein pl* ❶ (*Förderung*) mining; **der ~ von Braunkohle/Schiefer/Steinkohle** brown coal/slate/hard coal mining; **der ~ von Bodenschätzen** mining for mineral resources
❷ (*Verringerung*) cut; ***ein ~ der Produktion*** a cutback in production
❸ (*allmähliche Beseitigung*) revocation, withdrawal; **der ~ von Vorurteilen** the breaking down [*or* elimination] of prejudices
❹ MED (*Verfall*) deterioration *spec*
❺ CHEM breakdown
abbaubar *adj* ❶ BERGB (*sich fördern lassend*) workable
❷ CHEM, MED degradable; **biologisch ~** biodegradable
ab|bauen I. *vt* ▪**etw ~** ❶ BERGB (*fördern*) to mine sth
❷ (*demontieren*) to dismantle sth
❸ (*verringern*) to reduce [*or* decrease] sth
❹ (*schrittweise beseitigen*) to cut sth; **Vorrechte ~** to reduce [*or* cut] privileges
❺ CHEM, MED to break down sth *sep*
II. *vi* (*fam: allmählich weniger leisten*) *Kräfte, Konzentration* to flag, to wilt; (*geistig/körperlich nachlassen*) to deteriorate
Abbauprodukt *nt* break-down product **Abbaurecht** *nt* JUR quarrying right
abbedingen *vt* JUR **etw [vertraglich] ~** to contract out sth
Abbedingung <-, -en> *f* JUR contracting out
ab|beeren *vt* ▪**etw ~** to strip the berries off sth
ab|beißen *irreg* I. *vt* ▪**[jdm] etw ~** to bite [off] [sb's] sth; ▪**etw von etw** *dat* **~** to bite sth off [of] sth; ***er biss ein Stück von der Schokolade ab*** he bit off a piece of the chocolate
II. *vi* to take a bite; ***möchtest du mal ~?*** would you like [to have] a bite?
ab|beizen *vt* ▪**etw [von etw** *dat*] **~** to strip sth [off [*or* AM *a.* off of] sth]
Abbeizmittel *nt* stripper
ab|bekommen* *vt irreg* ❶ (*seinen Anteil erhalten*) ▪**etw [von etw** *dat*] **~** to get [*or* receive] one's share [of sth]; ***ich habe noch nichts vom Gewinn ~*** I still haven't had my share of the winnings; **die Hälfte von etw ~** to receive [*or* get] half of sth
❷ (*durch etw getroffen werden*) ▪**etw ~** to get sth; **Prügel ~** to get a beating
❸ (*fam: beschädigt werden*) ▪**etwas/nichts ~** to get/not get damaged; ***das Auto hat bei dem Unfall eine ganze Menge ~*** the car got quite a bashing in the accident
❹ (*fam: verletzt werden*) ▪**etwas/nichts ~** to be/not be injured
❺ (*entfernen können*) ▪**etw [von etw** *dat*] **~** to get sth off [of sth]
ab|berufen* *vt irreg* (*zurückbeordern*) ▪**jdn ~** to recall sb
▸ WENDUNGEN: **[von Gott] ~ werden** (*euph*) to pass away, to be called Home to one's Lord *euph*
Abberufung <-, -en> *f* JUR recall
Abberufungsschreiben *nt* HANDEL letter of recall
ab|bestellen* *vt* ❶ (*eine Bestellung widerrufen*) ▪**etw ~** to cancel sth; **ein Abonnement ~** to cancel a subscription; INET to unsubscribe
❷ (*einen Besuch widerrufen*) ▪**jdn ~** to cancel sb's visit/appointment; ***du kannst den Klempner wieder ~*** you can tell the plumber he needn't come anymore
Abbestellung *f* cancellation
ab|bezahlen* I. *vt* ▪**etw ~** to pay off sth *sep*
II. *vi* to pay in instalments [*or* AM *usu* installments]; ***an dem Auto muss ich noch 16 Monate lang ~*** I have another 16 month's instalments to make on the car
ab|biegen *irreg* I. *vt haben* (*fam*) ▪**etw ~** to get out of sth *fam;* ***ich sollte eine Rede halten, aber zum Glück konnte ich das ~*** I was supposed to give a speech but luckily I managed to get out of it; **einen Plan ~** to forestall a plan
II. *vi sein* ❶ (*nach links/rechts fahren*) to turn [off]; **[nach] links/rechts ~** to turn [off to the] left/right; **von einer Straße ~** to turn off [*or* AM *a.* off of] a road
❷ (*eine Biegung machen*) to bend; ***die Straße biegt [scharf] ab*** there's a [sharp] bend in the road
Abbiegespur *f* filter [*or* exit] [*or* AM turn] lane
Abbiegung <-, -en> *f* turn-off
Abbild *nt* image; (*im Spiegel*) reflection
ab|bilden *vt* ❶ (*fotografisch wiedergeben*) **einen Gegenstand ~** to copy [*or* reproduce] an object; ▪**jdn ~** to portray [*or* depict] sb; **eine Landschaft ~** to depict a landscape; ***auf dem Foto war der Tatort abgebildet*** the photo showed the scene of the crime
❷ (*geh: wiedergeben*) ▪**etw ~** to portray [*or* depict] sth; ***der Bericht bildet die Verhältnisse in Litauen ab*** the report describes the conditions in Lithuania
Abbildfunktion *f* INFORM mapping function
Abbildung <-, -en> *f* ❶ (*Illustration*) illustration
❷ (*bildliche Wiedergabe*) image, diagram; ***siehe ~ 3.1 auf Seite 5*** see figure 3.1 on page 5
❸ (*das Abbilden*) reproduction, depiction; ***diese Statistik eignet sich nicht zur ~*** these figures are not suitable for depicting in a diagram
Abbildungsbereich *m* TYPO enlargement range,

reproduction scale **Abbildungsmaßstab** *m* TYPO reproduction ratio [*or* scale]

ab|binden *irreg* **I.** *vt* ❶ MED (*abschnüren*) **die Hauptschlagader/ein Körperglied** ~ to put a tourniquet on [*or* to apply a tourniquet to] the main artery/a limb
❷ KOCHK (*verdicken*) **eine Soße/Suppe [mit etw** *dat*] ~ to thicken [*or* bind] a sauce/soup [with sth]; ***zum A~ nehme ich immer Stärkemehl*** I always use cornflour to thicken
❸ (*losbinden*) ■**sich** *dat* **etw** ~ to untie [*or* undo] one's sth; **eine Krawatte** ~ to undo a tie; **eine Schürze** ~ to untie an apron
II. *vi* ❶ BAU to bind
❷ KOCHK to thicken

Abbindezeit *f* TYPO drying time

Abbitte *f* (*geh*) apology; **[bei jdm]** ~ **leisten** [*o* **tun**] to offer one's apologies [to sb]

ab|bitten *vt irreg* ■**jdm [etw]** ~ to beg sb's pardon [for sth]

ab|blasen *vt irreg* ❶ (*fam: absagen*) ■**etw** ~ to call off sth *sep*
❷ (*durch Blasen entfernen*) ■**etw [von etw** *dat*] ~ to blow sth away [from sth]
❸ (*durch Blasen von Belag reinigen*) ■**etw** ~ to blow the dust off [*or* AM *a.* off of] sth

ab|blättern *vi sein* ■**[von etw** *dat*] ~ to peel [off [*or* AM *a.* off of] sth]

ab|bleiben *vi irreg sein* (*fam*) ***wo ist sie nur schon wieder abgeblieben?*** where has she got to this time?; ***irgendwo muss es abgeblieben sein*** it has got to be somewhere

abblendbar *adj* ■**ein ~er Rückspiegel** a dipping rear mirror

ab|blenden **I.** *vi* ❶ AUTO to dip [*or* AM dim] the [*or* one's] lights
❷ FILM to fade out
II. *vt* **die Scheinwerfer** ~ to dip [*or* AM dim] the headlights; **das Fenster** ~ to black out the window

Abblendlicht *nt* AUTO dipped [*or* AM dimmed] headlights

ab|blitzen *vi sein* (*fam*) ■**bei jdm [mit etw** *dat*] ~ to not get anywhere with sb [with sth] *fam;* ***mit diesem Vorschlag werden Sie beim Chef*** ~ you won't get anywhere with the boss with that proposal; **jdn ~ lassen** to give sb the brush-off *fam,* to turn sb down

ab|blocken **I.** *vt* ■**jdn/etw [mit etw** *dat*] ~ to block sb/sth [with sth]
II. *vi* to refuse to talk about sth

Abbrand *m* ❶ NUKL burn-up *spec*
❷ (*metal*) melting loss

ab|brausen **I.** *vi sein* (*fam*) to race [*or fam* zoom] off
II. *vt haben* ■**etw** ~ to rinse sth off [under the shower]; ■**jdn** ~ to put sb under the shower

ab|brechen *irreg* **I.** *vt haben* ■**etw** ~ ❶ (*von etw lösen*) to break off sth *sep*
❷ (*abbauen*) to dismantle sth; **ein Lager** ~ to break [*or* strike] camp; **ein Zelt** ~ to take down [*or* strike] a tent; *s. a.* **Zelt**
❸ (*niederreißen*) to pull down sth *sep,* to demolish sth
❹ (*vorzeitig beenden*) to stop sth; **eine Beziehung** ~ to break off a relationship; **eine Behandlung/Therapie** ~ to stop [*or fam* quit] a course of treatment/a therapy; **einen Streik** ~ to call off a strike; **das Studium** ~ to drop out of college [*or* BRIT *a.* university]; **den Urlaub** ~ to cut short one's holidays; **eine Übertragung** ~ to interrupt a broadcast; **ein Installationsprogramm** ~ to abort [*or* nullify] a setup program; *s. a.* **abgebrochen**
II. *vi* ❶ *sein* (*sich durch Brechen lösen*) to break off
❷ (*aufhören*) to stop
❸ (*beendet werden*) to cease; *Beziehung* to end, to break off; **etw ~ lassen** to break off sth; **den Kontakt ~ lassen** to lose contact [*or* touch]
III. *vr haben* ▸ WENDUNGEN: **sich** *dat* **[bei etw** *dat*] **[k]einen** ~ (*sl*) to [not] bust a gut [doing sth] *sl;* ***[nun] brich dir [mal] keinen ab!*** don't put yourself out!; ***brich dir bloß keinen ab bei deinen Gratulationen!*** don't go overboard with the congratulations!

ab|bremsen **I.** *vt* ❶ (*langsamer werden lassen*) ■**etw** ~ to slow down sth *sep;* **den Motor** ~ to brake the engine
❷ (*fig: langsamer verlaufen lassen*) ■**etw** ~ to curb [*or sep* slow down] sth; **einen Fall** ~ to break a fall; **die Inflation** ~ to curb inflation
II. *vi* to brake, to slow down; ***hier solltest du auf 50 km/h abbremsen*** you should slow down to 50 km/h here

ab|brennen *irreg* **I.** *vt haben* ■**etw** ~ ❶ (*durch Verbrennen beseitigen*) to burn off sth *sep*
❷ (*niederbrennen*) to burn down sth *sep,* to burn sth to the ground
❸ (*brennen lassen*) to burn sth; **ein Feuerwerk/eine Rakete** ~ to let off fireworks/rockets *sep*
❹ KOCHK (*absengen*) to singe [*or* burn] off sth *sep,* to distil [*or* AM distill] sth
❺ KOCHK ÖSTERR (*mit brauner Butter übergießen*) to pour black butter over sth
II. *vi sein* ❶ (*niederbrennen*) to burn down [*or* to the ground]
❷ (*sein Haus durch Brand verlieren*) to be burnt [*or* burned] out
❸ (*sich durch Brennen aufbrauchen*) to burn out

ab|bringen *vt irreg* ■**jdn von etw** *dat* ~ get sb to give up sth; (*abraten*) to change sb's mind about sth; ■**jdn davon ~, etw zu tun** to prevent sb [from] doing sth; (*abraten*) to dissuade sb from doing sth; **jdn vom Kurs** ~ to throw sb off course; **jdn vom Thema** ~ to get sb away from the subject; ■**sich von etw** *dat* **nicht ~ lassen** to not let oneself be made [*or* persuaded] to give up sth; **sich nicht von seiner Meinung ~ lassen** to not let anyone/anything change one's mind [*or* opinion]; **sich nicht von seinen Gewohnheiten ~ lassen** to not be made to give up one's habits; ***er ließ sich von seinem Vorhaben nicht*** ~ he wouldn't be persuaded to drop his plan; **jdn/einen Hund von der Spur** ~ to throw [*or* put] sb/a dog off the scent

ab|bröckeln *vi sein* ❶ (*sich bröckelnd lösen*) ■**[von etw** *dat*] ~ to crumble [away from sth]
❷ FIN (*an Wert verlieren*) to ease off

Abbruch *m* ❶ *kein pl* (*das Niederreißen*) demolition; ***der ~ eines verwahrlosten Gebäudes*** to pull down [*or* demolish] a neglected building; **etw auf ~ verkaufen** to sell sth at demolition value
❷ *kein pl* (*Beendigung*) breaking off; *einer Therapie a.* ceasing; *des Studiums* dropping out; **mit dem ~ der diplomatischen Beziehungen drohen** to threaten to break off diplomatic relations; ***es kam zum ~ der Veranstaltung*** the event had to be called off
❸ (*fam: Schwangerschafts~*) abortion
❹ INFORM abortion, nullification
▸ WENDUNGEN: **etw** *dat* **keinen ~ tun** to not spoil sth; **jds Fröhlichkeit** [*o* **guten Laune**] **keinen ~ tun** to not dampen sb's spirits; ***das tut der Liebe keinen Abbruch*** never mind!

Abbrucharbeiten *pl* demolition work *no pl*

Abbruchfirma *f* demolition firm **abbruchreif** *adj* ❶ (*baufällig*) dilapidated ❷ SCHWEIZ (*schrottreif*) ready for the scrap heap *pred* **Abbruchunternehmer** *m* demolition firm

ab|brühen *vt* KOCHK ■**etw** ~ to scald sth; **Gemüse** ~ to parboil vegetables

ab|brummen *vt* (*fam*) ■**etw** ~ to sit out sth *sep;* ***die zehn Monate Knast brumme ich doch im Handumdrehen ab!*** I'll have the 10 months inside behind me in no time at all!

ab|buchen *vt* ❶ FIN ■**etw [von etw** *dat*] ~ to debit sth [from sth]; ■**etw [von etw** *dat*] ~ **lassen** to have sth debited [from sth]; ***für das A~ erhebt die Bank Gebühren*** the bank charges for debits
❷ ÖKON (*abschreiben*) ■**etw [unter etw** *dat*] ~ to write sth off [as sth]
❸ (*verzeichnen*) ■**etw als etw** [*o* **unter etw** *dat*] ~ to write sth off as sth

Abbuchung *f* direct debit; (*abgebuchter Betrag*) debit; **durch** ~ by direct debit

Abbuchungsauftrag *m* [direct] debit order **Abbuchungsermächtigung** *f* FIN direct debit mandate **Abbuchungsverfahren** *nt* FIN direct debiting service

ab|bügeln *vt* (*fig sl*) ■**etw** ~ to stonewall sth

ab|bürsten *vt* ❶ (*durch Bürsten reinigen*) ■**etw** ~ to brush off sth *sep;* **einen Anzug/einen Mantel** ~ to brush down a suit/coat; ■**sich** ~ to brush oneself down
❷ (*durch Bürsten entfernen*) ■**[sich** *dat*] **etw von etw** *dat* ~ to brush sth off [of] [one's] sth; ***dieser Dreck lässt sich nicht sehr gut*** ~ this muck is not very easy to brush off
❸ (*fam: zurechtweisen*) ■**jdn** ~ to give sb a dressing down

ab|büßen *vt* ■**etw** ~ to serve sth

Abbüßung <-, -en> *f* JUR serving; ***sie wurde vor~ ihrer Strafe entlassen*** she was released before she'd finished serving her sentence

Abc <-, -> *nt* ❶ (*Alphabet*) abc, ABC; **etw nach dem ~ ordnen** to put sth in alphabetical order
❷ (*Grundwissen*) ■**das ~ einer S.** *gen* the ABC of sth; ***„~ der Astronomie für Anfänger“*** "Basic Astronomy for Beginners"

Abchasien <-s> *nt* Abchasia

ab|checken [-tʃɛkn] *vt* (*fam*) ❶ (*kontrollieren*) ■**etw** ~ to check out sth *sep;* ■**~, ob** to check out whether
❷ (*prüfen*) ■**jdn** ~ to give sb the once-over *fam,* to check out sb *sep*
❸ (*abhaken*) ■**etw** ~ to tick off sth *sep*
❹ (*absprechen*) ■**etw mit jdm** ~ to confirm sth with sb

ABC-Kampfanzug *m* ABC combat uniform

ABC-Pflaster [a:be:ˈtse:-, abeˈtse:-] *nt* PHARM deep-heat plaster [*or* poultice]

Abc-Schütze, -Schützin *m, f* SCH (*hum: Schulanfänger*) school starter

ABC-Staaten *pl Argentina, Brazil and Chile*

ABC-Waffen *pl* MIL nuclear, biological and chemical [*or* NBC] weapons *pl*

ab|dampfen *vi* to evaporate, to vaporize

ab|danken *vi* ❶ (*fam: zurücktreten*) to resign, to step down
❷ (*auf den Thron verzichten*) to abdicate
❸ ■**abgedankt** (*veraltet*) retired

Abdankung <-, -en> *f* ❶ (*fam: Rücktritt*) resignation
❷ (*Thronverzicht*) abdication
❸ SCHWEIZ (*Trauerfeier*) funeral service

Abdeckblech *nt* BAU flashing

ab|decken *vt* ❶ (*abnehmen*) ■**etw** ~ to take off sth *sep;* **das Bett** ~ to strip the bed; **den Tisch** ~ to clear the table
❷ (*aufmachen*) ■**etw** ~ to uncover [*or* open up] sth *sep;* (*den Deckel abnehmen*) to remove the lid/cover from sth
❸ (*die Dachpfannen wegnehmen*) ■**etw** ~ to lift the roof off [*or* AM *a.* off of] sth
❹ (*bedecken*) ■**etw** ~ to cover [over] sth
❺ FIN (*ausgleichen*) ■**etw [mit etw** *dat*] ~ to cover sth with sth; ***die Kosten der Feier werden von der Firma abgedeckt*** the cost of the celebration will be met by the company
❻ (*schminken*) ■**etw** ~ *Hautunreinheiten* to conceal sth

Abdecker(in) <-s, -> *m(f)* knacker BRIT, renderer AM

Abdeckerei <-, -en> *f* knacker's [yard] BRIT, rendering works AM

Abdeckhaube *f* cover **Abdeckleiste** *f* BAU cover molding **Abdeckplane** *f* tarpaulin **Abdeckprofil** *nt* BAU cover section **Abdeckstift** *m* concealer stick

Abdeckung *f* ❶ (*Material zum Abdecken*) cover
❷ *kein pl* (*das Bedecken*) covering

ab|dichten *vt* ❶ (*dicht machen*) ■**etw** ~ to seal sth; **ein Leck** ~ to plug [*or* stop] a leak; **ein Loch/Ritzen** ~ to fill [in] [*or* seal] a hole/cracks
❷ (*isolieren*) ■**etw gegen etw** *akk* ~ to proof sth against sth; **etw gegen Feuchtigkeit/Lärm/Zugluft** ~ to damp proof/soundproof/draught [*or* AM

A

draft] proof sth
Abdichtung *f* ❶ (*Dichtung*) seal
❷ (*Isolierung*) proofing
❸ *kein pl* (*das Abdichten*) sealing; **die ~ eines Lecks** the plugging [*or* stopping] of a leak; **die ~ eines Lochs/einer Ritze** the filling [in] of a hole/crack
abdingbar *adj* JUR subject to being contracted away
Abdomen <-s, Abdomina> *nt* MED, ZOOL (*Unterleib, Hinterleib eines Insekts*) abdomen
ab|drängen *vt* ❶ (*beiseite drängen*) ■**jdn ~** to push sb away
❷ SPORT ■**jdn [von etw** *dat*] ~ to keep sb away [from sth]; **jdn vom Ball/Tor ~** to push sb off the ball/to block sb's path to the goal
❸ NAUT ■**etw [von etw** *dat*] ~ to drive [*or* force] sth off [of] sth; **vom Wind abgedrängt werden** to be blown off course by the wind
ab|drehen I. *vt haben* ❶ (*abstellen*) ■**etw ~** to turn off sth *sep*
❷ (*abtrennen*) ■**etw [von etw** *dat*] ~ to twist sth [off sth]
❸ (*zudrücken*) ■**jdm die Gurgel [***o* **den Hals] ~** to strangle [*or* throttle] sb; (*fig*) to send [*or* force] sb to the wall
❹ FILM (*zu Ende drehen*) ■**etw ~** to finish filming [*or* shooting] sth
II. *vi sein o haben* ❶ (*Richtung ändern*) to turn [off]; **Backbord/Steuerbord ~** to turn to port/starboard; **nach Norden/Osten/Süden/Westen ~** to turn to the north/east/south/west
❷ PSYCH (*fam*) to go crazy
ab|driften *vi sein* ❶ (*abgetrieben werden*) ■**[irgendwohin] ~** to drift [off] [somewhere]; ■**von etw** *dat* ~ to drift [away] from sth
❷ (*sl: abgleiten*) ■**irgendwohin ~** to drift somewhere; **ins Abseits ~** to disappear into obscurity
ab|drosseln *vt* ■**etw ~** AUTO *Motor* to throttle back sth *sep;* (*fig*) *Produktion* to cut back sth *sep*
Abdruck[1] <-drücke> *m* ❶ (*abgedrückte Spur*) print; MED impression; **einen ~ machen [***o* **nehmen]** to make [*or* take] a print
❷ (*Umriss*) impression
Abdruck[2] <-drucke> *m* ❶ (*Veröffentlichung*) printing, publication; ***wir planen den ~ dieses Artikels für den nächsten Monat*** we plan to print [*or* publish] this article next month
❷ *kein pl* (*das Nachdrucken*) reprint
ab|drucken *vt* ■**etw ~** to print sth
ab|drücken I. *vt* ❶ (*fam: umarmen*) ■**jdn ~** to hug sb
❷ MED (*unterbinden*) ■**etw ~** to clamp sth
❸ (*abfeuern*) ■**etw ~** to fire sth
II. *vi* (*feuern*) to shoot
Abdruckerlaubnis *f* printing permission
Abdruckrecht *nt* JUR copyright
ab|ducken *vi* to duck
ab|dunkeln *vt* ■**etw ~** ❶ (*abschirmen*) to dim sth
❷ (*dunkler machen*) to darken sth; **ein Fenster ~** to black out a window; **ein Zimmer ~** to darken a room
❸ (*dunkler werden lassen*) to tone down sth
Abdunklungsrollo <-s, -s> *nt* [roller] blind
ab|duschen *vt* ■**jdn ~** to give sb a shower; ■**sich** *akk* ~ to [take a] shower; ■**sich** *akk* **[von jdm] ~ lassen** to be given a shower [by sb]; ■**jdm etw ~** to shower sb's sth, to rinse sb's sth in the shower
ab|ebben *vi sein* to subside; ***selbst nachts ebbt der Straßenlärm nur vorübergehend etwas ab*** even at night the noise from the street only dies down for a while
abend *adv s.* **Abend 1**
Abend <-s, -e> *m* ❶ (*Tageszeit*) evening; ***'n ~!*** (*fam*) evening!; **gestern/morgen ~** yesterday/tomorrow evening; **guten ~!** good evening!; **jdm guten ~ sagen [***o* **wünschen]** to wish sb good evening, to say good evening to sb; **heute ~** tonight, this evening; **übermorgen ~** the evening after next; **vorgestern ~** the evening before last; **jeden ~** every evening; **letzten ~** yesterday evening, last night; **am [***o* **den] nächsten ~** tomorrow evening; **~ sein/werden** to be/get dark; ***um 16 Uhr ist es im Winter schon ~*** it's already dark at 4 o'clock in winter; ***es wird so langsam ~*** the evening's beginning to draw in, it's beginning to get dark; **zu ~ essen** to eat dinner; **am ~** in the evening; ***der Unfall geschah am ~ des 13.*** the accident occurred on the evening of the 13th; **~ für [***o* **um] ~** every night, night after night; **gegen ~** towards evening; **den ganzen ~ über** the whole evening, all evening; **des ~s** (*geh: abends*) in the evening; **eines ~s** [on] one evening; (*abendliche Freizeit*) evening; **ein bunter ~** an entertainment evening; *s. a.* **Dienstagabend**
❷ (*Vor~*) evening before, eve *liter;* **der ~ des Geschehens/der Hochzeit** the eve of [*or* the evening before] the events/the wedding
❸ (*abendliche Freizeit*) evening; **ein bunter ~** (*Unterhaltungsveranstaltung*) an entertainment evening
▸ WENDUNGEN: **je später der ~, desto schöner die Gäste** (*prov, hum*) some guests are worth waiting for! *hum;* **am ~ des Lebens** (*geh*) at the end of one's life; **du kannst mich am ~ besuchen!** (*euph*) you know where you can go! *sl*
Abendakademie *f* evening school **Abendandacht** *f* evening service **Abendanzug** *m* dinner dress *no pl,* black tie; **im ~ erscheinen [***o* **kommen]** to wear [*or* come in] evening dress [*or* black tie] **Abendblatt** *nt* evening [news]paper **Abendbrot** *nt* supper; **~ essen** to eat [*or* have] supper **Abenddämmerung** *f* dusk, twilight
abendelang I. *adj attr* night after night
II. *adv* for evenings on end, night after night
Abendessen *nt* dinner; ***wann gibt es denn endlich ~?*** when will dinner finally be ready? **abendfüllend** *adj* all-night *attr,* lasting the whole evening [*or* night] *pred;* ***das ist ja ein ~es Programm, was ihr euch da ausgedacht habt!*** you've got the whole evening planned out! **Abendgesellschaft** *f* ❶ (*Abendgäste*) evening guests *pl* ❷ (*abendliche Feier*) dinner party, soirée *form* **Abendgottesdienst** *m* religious evening service **Abendgymnasium** *nt* evening [*or* night] school **Abendhandschuh** *m* **langer ~** evening glove **Abendkasse** *f* evening box-office **Abendkleid** *nt* evening dress; **im ~ erscheinen [***o* **kommen]** to wear [*or* come in] an evening dress **Abendkleidung** *f* evening dress *no art* **Abendkurs** *m* evening [*or* night] class **Abendland** *nt kein pl* (*geh*) ■**das ~** the West, the Occident *form;* **das christliche ~** the Christian Occident **abendländisch I.** *adj* (*geh*) western, occidental *form* **II.** *adv* (*geh*) in a western style, occidentally *form*
abendlich I. *adj* evening
II. *adv* for the evening; ***es war schon um drei Uhr ~ kühl*** there was already an evening chill at three o'clock
Abendmahl *nt* [Holy] Communion; **das Letzte ~** the Last Supper; **zum ~ gehen** to attend [Holy] Communion; **das ~ empfangen [***o* **nehmen]** (*geh*) to receive [*or* take] [Holy] Communion; **jdm das ~ erteilen [***o* **reichen] [***o* **spenden]** to give sb [Holy] Communion, to administer [Holy] Communion to sb *form* **Abendmahlzeit** *f* (*geh*) dinner **Abendöffnungszeiten** *pl* evening opening times [*or* hours] *pl,* evening hours of business AM *pl* **Abendprogramm** *nt* evening programme [*or* AM -am] **Abendrobe** *f* (*geh*) evening dress **Abendrot** *nt* (*geh*) [red] sunset; **im ~** in the evening glow, in the last glow of the sunset
abends *adv* in the evening; (*jeden Abend*) in the evening[s]; **~ um acht** at eight in the evening
Abendschule *f* evening [*or* night] school **Abendschüler(in)** *m(f)* evening [*or* night] school student **Abendsonne** *f kein pl* evening sun **Abendständchen** *nt* serenade **Abendstern** *m kein pl* ASTRON (*geh*) ■**der ~** the evening star **Abendstille** *f* the evening stillness **Abendstunde** *f meist pl* evening [hour]; ***wer schellt denn noch zu dieser späten ~?*** who's that ringing at this [late] hour?; **bis in die ~n** until late into the evening; **in den frühen/späten ~n** in the early/late hours of the evening **Abendverkauf** *m* SCHWEIZ late-night opening **Abendvorstellung** *f* FILM evening showing; THEAT evening performance **Abendzeit** *f* **zur ~** (*geh: abends*) in the evening, at eventide *poet*
Abenteuer <-s, -> *nt* ❶ (*aufregendes Erlebnis*) adventure
❷ (*Liebes~*) fling; **auf ~ aus sein** to be looking for a fling *fam;* **ein ~ mit jdm haben** to have a fling with sb *fam*
❸ (*risikoreiches Unternehmen*) venture
Abenteuerferien *pl* adventure holiday
abenteuerlich I. *adj* ❶ (*wie ein Abenteuer gestaltet*) exciting, adventurous; ■**A~es** exciting things, adventurous experience
❷ (*fantastisch*) fantastic[al]
❸ (*wild romantisch*) exotic
❹ (*unglaublich*) preposterous
II. *adv* ❶ (*fantastisch*) fantastic[al], far-fetched
❷ (*wild romantisch*) exotically
Abenteuerlichkeit <-, -en> *f* ❶ *kein pl* (*abenteuerliche Art*) adventure
❷ (*Unwahrscheinlichkeit*) preposterousness
Abenteuerlust *f* thirst for adventure **abenteuerlustig** *adj* adventurous **Abenteuerroman** *m* adventure novel **Abenteuerspielplatz** *m* adventure playground
Abenteurer, -teu(r)erin <-s, -> *m, f* (*pej*) adventurer
aber I. *konj* (*jedoch*) but; **~ dennoch [***o* **trotzdem] ...** but in spite of this ...; **oder ~** or else; ***geben Sie mir drei Kilo Orangen, oder ~ doch lieber Bananen*** I'd like three kilos of oranges, or, no, I'd rather have bananas
II. *part* ❶ (*jedoch, dagegen*) but; ***komm doch mit! — ich habe ~ keine Zeit!*** come with me/us! But I haven't got any time!; ***ein Pils, ~ 'n bisschen plötzlich!*** a Pils and a bit quick about it!; ***das mach' ich ~ nicht!*** I will not do that!
❷ (*wirklich*) really; ***das ist ~ schön!*** that really is wonderful!; ***das ist ~ nicht gerade nett von dir!*** that's not really very nice of you, is it!
❸ (*empört*) oh; **~ *Hannelore, reiß dich doch endlich zusammen!*** [oh] Hannelore, pull yourself together!; **~ *hallo!*** Excuse me! *emph*
▸ WENDUNGEN: **~ selbstverständlich [***o* **gewiss [doch]]** but of course; **~ ja!** yes [of course]!, BRIT *a.* rather! *form;* ***magst du auch ein Stück Sahnetorte? — ~ ja!*** would you like another piece of cream cake? Yes please!; ***gefällt dir der Weihnachtsbaum? — ~ ja!*** do you like the Christmas tree! — Yes I do!; **~ nein!** no, no!, goodness, no!; ***das war doch so, oder? — ~ nein!*** that's what happened, isn't it? — goodness, no!; **~, ~!** now, now!
III. *adv* **~ und abermals** time and again
Aber <-s, - *o fam* -s> *nt* but *fam;* ***da ist nur noch ein ~ ...*** there's only one problem ...; **ein ~ haben** to have a catch [*or fam* snag]; **kein ~!** no buts!
Aberglaube *m* ❶ (*falscher Glaube*) superstition
❷ (*fam: Unsinn*) nonsense, rubbish BRIT
abergläubisch *adj* superstitious
aberhundert, Aberhundert[RR] *adj* (*geh*) hundreds upon hundreds of
Aberhunderte *pl* (*geh*) hundreds upon hundreds of
ab|erkennen* *vt irreg* ■**jdm etw ~** to divest sb of sth *form*
Aberkennung <-, -en> *f* divestiture *form*
abermalig *adj attr* repeated; (*nochmalig*) renewed
abermals *adv* once again
ab|ernten *vt* ■**etw ~** to harvest sth; ■**etw [von jdm] ~ lassen** to have sth harvested [by sb]
aberratio ictus JUR miscarriage of criminal act
abertausend, Abertausend[RR] *adj* (*geh*) thousands upon thousands; **Tausend und A~ [***o* **tausend und ~]** thousands upon thousands
Abertausende *pl* (*geh*) thousands upon thousands; ***die Zuschauer waren zu ~n zusammengeströmt*** the onlookers came in their thousands
Aberwitz <-es> *m* sheer foolishness

aberwitzig *adj* (*geh*) ludicrous
Abessinien *nt* Abyssinia
Abessinier(in) <-s, -> *m(f)* Abyssinian
abessinisch *adj* Abyssinian
Abf. *f Abk von* **Abfahrt** dep., departure
ab|fackeln *vt* ❶ (*abbrennen lassen*) ■**etw** ~ to burn sth; **Erdgas** ~ to flare off gas *spec*
❷ (*niederbrennen*) ■**etw** ~ to torch [*or* burn down] *sep* sth
abfahrbereit *adj s.* **abfahrtbereit**
ab|fahren *irreg* **I.** *vi sein* ❶ (*losfahren*) to depart, to leave, to drive off *fam*
❷ SKI (*zu Tal fahren*) to ski down
❸ (*fam: abgewiesen werden*) ■**bei jdm** ~ to not get anywhere with sb *fam;* ***mit der Bitte um eine Gehaltserhöhung ist er beim Chef aber abgefahren!*** he wasn't very successful asking the boss for a payrise; ■**jdn** ~ **lassen** to turn sb down
❹ (*fam: besonders beeindruckt sein*) ■**auf jdn/etw** ~ to be crazy [*or* mad] about sb/sth *fam*
II. *vt* ❶ *haben* (*wegfahren*) ■**etw** ~ to collect sth
❷ *sein o haben* (*bereisen*) **ein Land/eine Region** ~ to travel throughout a country/region
❸ *sein o haben* (*befahren und inspizieren*) ■**etw** ~ to [drive along and] check sth
❹ *haben* (*abnutzen*) ■**etw** ~ to wear down sth *sep*
❺ *haben* (*durch Anfahren abtrennen*) ■**etw** ~ to [drive into and] break off sth *sep;* **jdm ein Arm/Bein** ~ to run over sb and sever his/her arm/leg
III. *vr haben* ■**sich** ~ to wear down
Abfahrt *f* ❶ (*Wegfahren*) departure
❷ (*fam: Autobahnabfahrt*) exit
❸ SKI (*Talfahrt*) run; (*Abfahrtsstrecke*) slope
abfahrtbereit I. *adj* ready to depart [*or* leave] *pred;* ***im letzten Moment sprang er noch auf den ~ en Bus*** at the last moment he leapt onto the waiting bus
II. *adv* ready to depart [*or* leave]; ***der Zug stand ~ auf Gleis 14*** the train was ready for departure at platform 14
Abfahrtsanzeige *f* NAUT sailing advice **Abfahrtsbahnsteig** *m* departure platform **Abfahrtshafen** *m* port of sailing **Abfahrtshalle** *f* departure hall **Abfahrtslauf** *m* SKI downhill [event] **Abfahrtssignal** *nt* BAHN guard's whistle; NAUT sailing signal **Abfahrtsstrecke** *f* SPORT ski run **Abfahrtstafel** *f* departure timetable **Abfahrtstag** *m* day of departure; *eines Schiffes* sailing day [*or* date] **Abfahrtszeit** *f* departure time
Abfall[1] *m* rubbish *esp* BRIT, garbage AM, trash *esp* AM, refuse *form*
Abfall[2] *m kein pl* renunciation
Abfallaufbereitung <-> *f kein pl* waste processing, waste recovery [*or* treatment] [*or* recycling] **Abfallbeförderungsverordnung** *f* JUR waste transportation directive **Abfallbehälter** *m* waste container; (*kleiner*) waste bin **Abfallbehandlung** *f* ❶ (*Industriezweig*) waste management *no pl* ❷ (*Tätigkeit*) waste treatment [*or* processing] **Abfallbeseitigung** *f* ❶ (*Beseitigung von Müll*) refuse disposal ❷ (*fam: städtisches Reinigungsamt*) town [*or* municipal] refuse collection service BRIT, municipal waste collection AM **Abfallbeseitigungsanlage** *f* JUR waste disposal plant **Abfallbeseitigungsgesetz** *nt* JUR Waste Disposal Law, Refusal Disposal [Amenity] Act BRIT **Abfallbestimmungsverordnung** *f decree on refuse disposal* **Abfallbewirtschaftung** *f* management of refuse disposal **Abfalldeponie** *f* waste disposal site **Abfalleimer** *m* [rubbish] bin BRIT, garbage [*or* trash] can AM
ab|fallen[1] *vi irreg sein* ❶ (*herunterfallen*) ■**von etw** *dat* ~ to fall off [*or* AM *a.* off of] sth
❷ (*schlechter sein*) ■**[gegenüber jdm/gegen etw** *akk*] ~ to fall behind [sb/sth]
❸ (*beim Wettlauf*) to fall [*or* lag] behind, to drop back
❹ (*übrig bleiben*) to be left over
❺ (*schwinden*) to vanish; ***alle Furcht fiel plötzlich von ihm ab*** suddenly all his fear vanished
❻ (*sich senken*) ■**gegen etw** [*o* **zu etw** *dat*] ~ to slope towards sth; ***zum Wald hin fällt der Weg leicht ab*** the path slopes gently towards the wood; ■**~d** declining, sloping
❼ (*sich vermindern*) to decrease; *Temperatur* to drop
❽ (*fam: herausspringen*) ■**[bei etw** *dat*] **fällt für jdn etw ab** sb gets sth [out of sth] *fam*
ab|fallen[2] *vi irreg sein* ■**[von etw** *dat*] ~ to renounce [sth]; **von einer Partei** ~ to turn renegade on a party
abfallend *adj Weg, Dach* sloping
Abfallentsorgungsanlage *m* ÖKOL waste disposal facility [*or* plant] **Abfallhaufen** *m* rubbish [*or* AM garbage] heap
abfällig I. *adj* derogatory, disparaging, snide; **ein ~es Lächeln** a derisive smile
II. *adv* (*in ~er Weise*) disparagingly; **sich ~ über jdn/etw äußern** to make disparaging remarks about sb/sth
Abfallindustrie *f kein pl* waste-handling industry **Abfallmaterial** *nt* waste material **Abfallprodukt** *nt* ❶ CHEM waste product ❷ (*Nebenprodukt*) by-product **Abfallrecht** *nt kein pl* waste disposal laws *pl* **Abfallsortierung** *f kein pl* sifting of refuse **Abfallstoff** *m meist pl* waste [*or* BRIT *a.* rubbish] product **Abfalltonne** *f* rubbish bin BRIT, garbage [*or* trash] can AM **Abfallverbringungsverordnung** *f* JUR waste transportation ordinance **Abfallvermeidung** *f* waste [*or* refuse] reduction **Abfallverwertung** *f* recycling of waste **Abfallwirtschaft** *f kein pl* waste management **Abfallwirtschaftskonzept** *nt* JUR waste management plan **Abfallwirtschaftsplanung** *f* JUR waste management planning **Abfallzerkleinerer** *m* waste chopper
ab|fälschen *vt* SPORT ■**etw** ~ to deflect sth
ab|fangen *vt irreg* ❶ (*vor dem Ziel einfangen*) ■**jdn/etw** ~ to intercept sb/sth
❷ (*wieder unter Kontrolle bringen*) ■**etw** ~ to bring sth back under control
❸ (*abwehren*) ■**etw** ~ to ward off sth *sep*
❹ (*mildernd auffangen*) ■**etw** ~ to cushion sth
Abfangjäger *m* MIL interceptor
ab|färben *vi* ❶ (*die Farbe übertragen*) ■**[auf etw** *akk*] ~ to run [into sth]
❷ (*fig: sich übertragen*) ■**auf jdn** ~ to rub off on sb
ab|fassen *vt* ■**etw** ~ to write sth; ■**etw von jdm** ~ **lassen** to have sth written by sb, to have sb write sth
Abfassung *f* writing; *eines Textes* wording
ab|faulen *vi Blätter* to rot away
ab|federn I. *vt haben* ❶ (*durch Federn dämpfen*) ■**etw** ~ to cushion sth
❷ (*abmildern*) ■**etw** ~ to mitigate sth
II. *vi sein o haben* SPORT ❶ (*hoch federn*) to bounce
❷ (*zurückfedern*) to land
ab|feiern I. *vt* (*fam*) **Überstunden** ~ *to take time off by using up hours worked overtime*
II. *vi* (*fam: tanzen*) to dance the night away; (*trinken*) to drink the night away
ab|feilen *vt* ■**etw** ~ to file off sth *sep*
ab|fertigen I. *vt* ❶ (*versandfertig machen*) ■**etw** ~ to prepare sth for dispatch, to process sth; **Gepäck** ~ to handle [*or* process] luggage; ■**etw** ~ **lassen** to have sth processed
❷ (*be- und entladen*) **ein Flugzeug** ~ to prepare an aircraft for take-off; **einen Lastwagen** ~ to clear a lorry for departure; **ein Schiff** ~ to prepare a ship to sail
❸ (*bedienen*) ■**jdn** ~ to serve [*or* deal with] sb; **Passagiere** ~ to handle [*or* deal with] passengers
❹ (*kontrollieren und passieren lassen*) ■**jdn** ~ to clear sb, to check sb through
❺ (*fam: abspeisen*) ■**jdn mit etw** *dat* ~ (*fam*) to fob sb off with sth
❻ (*behandeln*) ■**jdn irgendwie** ~ to treat sb in a particular way; **jdn kurz** [*o* **schroff**] ~ to snub sb, to be curt [*or* brusque] with sb
II. *vi* to conduct clearance; ***der Zoll hat heute sehr langsam abgefertigt*** customs clearance was very slow today
Abfertigung *f* ❶ (*Bearbeitung für den Versand*) dispatching, processing; ***die ~ der Pakete erfolgt an Schalter 5*** packages are processed at counter 5
❷ (*Abfertigungsstelle*) check-in counter [*or* desk]
❸ (*Bedienung*) service
❹ (*Kontrolle*) check
Abfertigungsgebühr *f* HANDEL clearance fee **Abfertigungshalle** *f* check-in hall **Abfertigungsschalter** *m* check-in counter [*or* desk] **Abfertigungszeit** *f* HANDEL hours *pl* of clearance
ab|fetten *vt* KOCHK ■**etw** ~ to remove the fat
ab|feuern *vt* ■**etw** ~ to fire sth; **einen Flugkörper/eine Granate** ~ to launch a projectile/grenade
ab|finden *irreg* **I.** *vt* ❶ (*entschädigen*) ■**jdn [mit etw** *dat*] ~ to compensate sb [with sth]
❷ (*zufrieden stellen*) ■**jdn mit etw** *dat* ~ to palm sb off with sth *fam*
II. *vr* ■**sich** *akk* **mit jdm/etw** ~ (*fam*) to put up with sb/sth; ■**sich** *akk* **damit ~, dass** to put up with the fact [*or* resign oneself to the fact] that; ***damit wirst du dich wohl oder übel ~ müssen!*** you'll just have to like it or lump it! *fam*
Abfindung <-, -en> *f* ❶ (*das Abfinden*) compensation, indemnity payments *pl spec*
❷ (*zur Abfindung gezahlter Betrag*) compensation; (*bei Entlassung*) severance pay; (*wegen Rationalisierungsmaßnahmen*) redundancy [*or* AM severance] payment
Abfindungsangebot *nt* HANDEL offer of compensation payment **Abfindungsanspruch** *m* JUR redundancy [*or* indemnity] claim **Abfindungsforderung** *f* JUR claim for compensation **Abfindungsgewinn** *m* HANDEL indemnity, compensation **Abfindungsguthaben** *nt* JUR balance due in settlement of claims **Abfindungsklausel** *f* JUR general release clause **Abfindungsleistung** *f* HANDEL redundancy pay[ment] **Abfindungsrecht** *nt* JUR indemnity law **Abfindungsregelung** *f* JUR redundancy [*or* severance] scheme **Abfindungssumme** *f* (*zur Abfindung gezahlter Betrag*) compensation; (*bei Entlassung*) severance pay; (*wegen Rationalisierungsmaßnahmen*) redundancy payment, indemnity **Abfindungsvereinbarung** *f* JUR settlement agreement **Abfindungsvergleich** *m* JUR accord and satisfaction **Abfindungsvertrag** *m* JUR settlement [*or* termination] agreement **Abfindungszahlung** *f* (*bei Entlassung*) severance pay; (*bei Rationalisierungsmaßnahmen*) redundancy payment
ab|flachen I. *vi sein* (*pej: sinken*) to drop
II. *vt haben* ■**etw** ~ to flatten sth
III. *vr haben* ■**sich** *akk* ~ to level off
Abflachung <-, -en> *f* ❶ (*abgeflachte Form*) flatness
❷ (*das Abflachen*) flattening
❸ (*Sinken*) drop
ab|flämmen *vt* KOCHK ■**etw** ~ to brown sth in a hot oven, to flame sth *spec*
Abflauen *nt kein pl* ÖKON *der Aktienkurse* dropping; *des Marktes* lull
ab|flauen *vi sein* ❶ (*schwächer werden*) to subside; (*zurückgehen*) to decrease; *Interesse* to wane, to flag; (*nachgeben*) to drop; **~der Wind** light wind
❷ (*sich legen*) to abate
ab|fliegen *vi irreg sein* ❶ (*losfliegen*) to depart [*or* leave] [by plane]; ***sie sind gestern nach München abgeflogen*** they flew to Munich yesterday; ***wir fliegen mit der nächsten Maschine ab*** we're leaving on the next plane
❷ ORN (*wegfliegen*) to migrate
ab|fließen *vi irreg sein* ❶ (*wegfließen*) to flow away; ■**von etw** *dat* ~ to run off [of] sth; ■**aus etw** *dat* ~ to drain away from sth
❷ (*sich entleeren*) to empty
❸ (*sich durch Weiterfahren auflösen*) *Stau* to flow
❹ FIN to migrate, to siphon off
Abflug *m* ❶ (*das Losfliegen*) departure; ***mein ~ nach Jamaica ist am 17.*** my flight to Jamaica is on the 17th, I leave for Jamaica on the 17th
❷ (*fam: Abflugstelle*) departure gate
❸ ORN (*das Wegfliegen*) migration

abflugbereit I. *adj* ready for departure *pred;* ***der Pilot machte die Maschine*** ~ the pilot prepared the plane for departure II. *adv* ready for departure; ***das Flugzeug steht ~ auf dem Rollfeld*** the plane is ready for departure on the runway **Abflughafen** *m* departure terminal **Abflughalle** *f* departure lounge **Abflugzeit** *f* [time of] departure, flight departure time

Abfluss[RR] <-es, -flüsse> *m,* **Abfluß** <-sses, -flüsse> *m* ① (*Abflussstelle*) drain; *eines Flusses* outlet; (*Rohr*) drain pipe
② *kein pl* (*das Abfließen*) drainage, draining away
③ *kein pl* FIN outflow

Abflussgraben[RR] *m* drainage ditch **Abflussreiniger**[RR] *m* drain cleaner **Abflussrinne**[RR] *f* drainage channel **Abflussrohr**[RR] *nt* ① (*Kanalrohr*) drain pipe ② (*Einleitungsrohr*) outlet pipe

Abfolge *f* (*geh*) sequence; **in ununterbrochener** ~ one after the other

ab|fordern *vt* (*geh*) ① (*einfordern*) ■**jdm etw** ~ to demand sth from sb; **jds Ausweis/Papiere** ~ to ask for sb's identity card/papers
② (*anfordern*) ■**etw bei jdm** ~ to request sth from sb
③ (*verlangen*) ■**jdm etw** ~ to demand sth of sb

Abfrage <-, -n> *f* INFORM inquiry, query; ~ **anhand eines Beispiels** query by example

Abfragemedium *nt* INFORM inquiry medium

ab|fragen *vt* ① (*nach etw befragen*) ■**jdn** ~ to test sb; ■**jdn** [*o* **bei jdm**] **etw** ~ to test sb on sth
② INFORM ■**etw** ~ to call up sth

ab|fräsen *vt* TYPO ■**etw** ~ to rout off sth *sep*

ab|fressen *vt irreg* ① (*herunterfressen*) **die Blätter** [**von etw** *dat*] ~ to eat [*or* strip] the leaves off sth; **das Gras** ~ to crop the grass
② (*abnagen*) ■**etw** ~ to gnaw away at sth

ab|frieren *irreg* I. *vi sein* to suffer frostbite, to freeze off
II. *vr haben* ■**sich** *dat* **etw** ~ to lose sth due to frostbite; ***die Bergsteiger froren sich Finger und Zehen ab*** the mountain climbers' fingers and toes froze off; **sich** *dat* **einen** ~ (*sl*) to freeze to death, to freeze one's balls off *vulg*

Abfuhr <-, -en> *f* ① (*Zurückweisung*) snub; **jdm eine** ~ **erteilen** to snub sb; **sich** *dat* [**bei jdm**] **eine** ~ **holen** (*fam*) to not get anywhere with sb; ***mit seiner Bemerkung holte er sich bei den Kollegen eine*** ~ his remark was met with a snub [*or* rebuff] from his colleagues
② SPORT crushing defeat; **sich** *dat* [**gegen jdn**] **eine** ~ **holen** to suffer a crushing defeat [from sb]
③ *kein pl* (*geh: Abtransport von Müll*) collection; ***wann ist hier ~?*** what day is the rubbish collected here?

ab|führen I. *vt* ① (*wegführen*) ■**jdn** ~ to lead sb away; ~**!** take him/her away!
② FIN (*abgeben*) ■**etw** [**an jdn/etw**] ~ to pay sth [to sb/sth]; **Steuern** ~ to pay taxes
③ (*ableiten*) ■**etw** ~ to expel sth
④ (*entfernen*) ■**jdn von etw** ~ to divert sb from sth
II. *vi* ① MED to loosen the bowels
② (*wegführen*) ■[**von etw**] ~ to turn off [of sth]
③ (*entfernen*) ■[**von etw**] ~ to be a diversion [from sth]; **jdn vom Thema** ~ to divert sb [*or* take sb away] from the subject

abführend I. *adj* MED laxative; **ein leicht** [*o* **mild**]/**stark ~es Mittel** a mild/strong laxative
II. *adv* ~ **wirken** to have a laxative effect

Abfuhrkosten *pl* cartage

Abführmittel *nt* laxative **Abführtee** *m* laxative tea

Abführung *f* FIN payment

Abfüllbetrieb *m* bottling plant **Abfülldatum** *nt* date of bottling

ab|füllen *vt* ① (*abziehen*) ■**etw** [**in etw** *akk*] ~ to fill sth [into sth]; **etw in Flaschen** ~ to bottle sth
② (*sl: betrunken machen*) ■**jdn** ~ to get sb drunk [*or sl* sloshed]

Abfüllung <-, -en> *f* ① (*das Abfüllen*) bottling
② (*abgefüllte Flüssigkeit*) bottled liquid

ab|füttern *vt* ■**jdn/ein Tier** ~ to feed sb/an animal; (*hum a.*) to get sb fed *fam*

Abgabe[1] *f kein pl* ① (*Tätigung*) giving, making; *einer Erklärung* issuing, making; *eines Urteils* passing, pronouncing; ***der Minister wurde zur ~ einer Erklärung aufgefordert*** the minister was called on to issue a statement
② (*Einreichung*) handing in, submission
③ (*das Abgeben*) *von Stimmen* casting
④ (*Verkauf*) sale; ~ ***von Broschüren kostenlos*** please take a brochure
⑤ (*das Abliefern*) giving [*or* handing] in; ***die ~ der Mäntel kann an der Garderobe erfolgen*** coats my be handed in to [*or* left at] the cloakroom
⑥ (*Abstrahlung*) emission
⑦ (*Abfeuerung*) firing of; ***die ~ des Schusses geschah versehentlich*** the shot was fired accidentally
⑧ SPORT (*Abspiel*) pass; (*Verlust*) loss; ***nach ~ von weiteren Punkten*** after conceding [*or* losing] more points

Abgabe[2] *f* ① (*Gebühr*) [additional] charge
② (*Steuer*) tax

Abgabebeschränkungen *pl* HANDEL sales restrictions **Abgabedruck** *m* BÖRSE sales pressure

Abgabenautonomie *f* FIN right to levy taxes and duties **Abgabenbefreiung** *f* FIN tax exemption; **teilweise/vollständige** ~ partial/total exemption **Abgabenbelastung** *f* burden of taxation **Abgabenbescheid** *m* JUR order concerning tax liability **abgabe(n)frei** I. *adj* (*geh*) non-taxable, tax-free II. *adv* (*geh*) tax-free **Abgabenfreiheit** *f kein pl* FIN exemption from duties/taxes **Abgabenordnung** *f* FIN tax [*or* fiscal] code **Abgabenpflicht** *f* FIN tax liability **abgabe(n)pflichtig** *adj* (*geh*) taxable **Abgabenpflichtige(r)** *f(m) dekl wie adj* FIN taxpayer **Abgabenquote** *f* ① (*Verkauf*) sales quota ② (*Steuer*) tax quota; **volkswirtschaftliche** ~ quota of tax and social security contributions **Abgabenrecht** *nt* JUR revenue law **Abgabensystem** *nt* ÖKON tax[ation] system **Abgabenverteilung** *f* FIN allocation of revenue, distribution of taxes **Abgabetermin** *m* deadline for submission

Abgang <-gänge> *m* ① *kein pl* (*Schul~*) leaving; ***man legte ihm den ~ von der Schule nahe*** they suggested that he leave school; (*Ausscheiden aus einem Amt*) retirement from office
② *kein pl* (*das Verlassen der Bühne*) exit; **sich** *dat* **einen guten/glänzenden ~ verschaffen** (*a. fig*) to make a good/triumphant exit
③ *kein pl* (*Versand*) dispatch, despatch
④ SPORT (*Absprung*) dismount, jump down
⑤ MED (*geh: Absonderung*) discharge; *eines Embryos* miscarriage
⑥ ÖSTERR (*Fehlbetrag*) deficit
⑦ (*geh: Gestorbene(r)*) death, fatality; **den ~ machen** (*sl*) to kick the bucket *sl*
⑧ (*geh: Ausscheidende(r)*) departure

Abgänger(in) <-s, -> *m(f)* SCH school leaver BRIT, high school graduate AM

abgängig *adj* ÖSTERR (*geh: vermisst*) missing

Abgängige(r) *f(m) dekl wie adj* ÖSTERR missing person

Abgängigkeitsanzeige *f* ÖSTERR (*Vermisstenanzeige*) missing persons report; **eine ~ aufgeben** to report sb [*or* a person] [as] missing

Abgangsbahnhof *m* station of departure; (*von Waren*) station of dispatch **Abgangsflughafen** *m* airport of departure **Abgangshafen** *m* port of clearance [*or* sailing] **Abgangsprüfung** *f* school-leaving examination BRIT **Abgangszeit** *f* time of departure, departure time; *eines Schiffs* sailing time **Abgangszeugnis** *nt* [school-]leaving certificate BRIT, diploma AM

Abgas *nt* exhaust *no pl,* exhaust emission[s *pl*], exhaust gas[es *pl*], exhaust fumes *pl*

Abgasanlage *f* AUTO exhaust system **abgasarm** *adj* low-emission; ***ein Gasmotor ist abgasärmer als ein Benzinmotor*** a gas engine has a lower emission level than a petrol engine **Abgasbestimmungen** *pl* AUTO exhaust emission regulations *pl* **Abgasemissionen** *pl* AUTO exhaust emissions *pl* **Abgasentgiftung** *f* car exhaust decontamination **Abgasentschwefelung** *f* exhaust-gas desulfurization **abgasfrei** I. *adj* emission-free; **~es Auto** pollution-free car II. *adv* ~ **fahren** to not produce exhaust fumes **Abgasgrenzwert** *m meist pl* exhaust emission standard **abgashaltig** *adj inv* **~e Luft** air containing exhaust gases **Abgaskatalysator** *m* catalytic converter **Abgaskomponente** *f* AUTO exhaust gas component **Abgasprüfung** *f* AUTO exhaust test **Abgasreinigung** *f* AUTO exhaust emission purification **Abgasrückführung** *f* exhaust-gas recirculation, EGR **Abgassonderuntersuchung** *f* exhaust emission check **Abgasturbolader** *m* AUTO turbocharger **Abgasverlustgrenzwert** *m* limit on exhaust [*or* waste] gas loss **Abgasvorschriften** *pl* ~ **für Kraftfahrzeuge** car exhaust emission standards *pl* **Abgaswolke** *f* cloud of exhaust

ab|gaunern *vt* (*fam*) ■**jdm etw** ~ to con sb out of sth *fam;* ■**sich** *dat* [**von jdm**] **etw ~ lassen** to be conned out of sth [by sb]

abgearbeitet *adj* worn out

ab|geben *irreg* I. *vt* ① (*übergeben*) ■**etw an jdn** ~ to give sth to sb; (*einreichen*) to submit sth [*or sep* hand in sth] to sb
② (*hinterlassen*) ■**etw** [**bei jdm**] ~ to leave sth [with sb]; **das Gepäck** ~ to check [in] one's luggage [*or* AM baggage]; **einen Koffer an der Gepäckaufbewahrung** ~ to leave a case in the left luggage office [*or* AM checkroom]; **den Mantel an der Garderobe** ~ to leave one's coat in the cloakroom
③ (*verschenken*) ■**etw** [**an jdn**] ~ to give sth away [to sb]; ***gebrauchter Kinderwagen kostenlos abzugeben*** second-hand pram to give away
④ (*überlassen*) ■**jdm etw** ~ to give sb sth [*or* sth to sb]; ■**etw** [**an jdn**] ~ to hand over [*or* pass on] sth *sep* [to sb]
⑤ (*verkaufen*) ■**etw** [**an jdn**] ~ to sell off sth [to sb] *sep;* ***gebrauchter Fernseher billig abzugeben*** second-hand television for cheap sale
⑥ (*teilen*) ■**jdm etw** [**von etw** *dat*] ~ to give sb [a piece [*or* share] of] sth, to share sth [with sb]; **jdm die Hälfte** [**von etw**] ~ to go halves [on sth] with sb; **jdm nichts** ~ to not share with sb
⑦ (*erteilen*) ■**etw** [**zu etw** *dat*] ~ to give sth [on sth]; **eine Erklärung** ~ to make [*or* issue] [*or* deliver] a statement; **ein Gutachten** ~ to submit a report; **seine Stimme** ~ to cast one's vote; **ein Urteil** ~ to make a judgement
⑧ (*fam: für etw brauchbar sein*) ■**etw** [**für jdn**] ~ to be useful for sth [for sb]; ***der alte Stoff könnte noch ein Kleid für dich*** ~ you might get a dress out of the old material
⑨ (*fam: darstellen*) ■**etw** ~ to be sth; ***die perfekte Hausfrau/den perfekten Familienvater*** ~ to be the perfect wife/father; **eine komische Figur** ~ to create a strange impression; **eine traurige Figur** ~ to cut a sorry figure
⑩ (*abfeuern*) **einen Schuss** [**auf jdn**] ~ to fire a shot [at sb]
⑪ CHEM (*ausströmen lassen*) ■**etw** ~ to emit [*or* give off] sth
⑫ SPORT (*weitergeben*) **den Ball** [**an jdn**] ~ to pass the ball [to sb]; **einen Punkt/eine Runde** [**an jdn**] ~ to concede a point/round [to sb]
II. *vr* ① (*sich beschäftigen*) ■**sich mit jdm** ~ to look after sb; ***mit dem Kind solltest du dich viel intensiver*** ~ you should spend much more time with the child; ■**sich mit etw** *dat* ~ to spend [one's] time on [*or* doing] sth
② (*sich einlassen*) ■**sich mit jdm** ~ to associate [*or* get involved] with sb; ***mit solchen Leuten gebe ich mich nicht ab*** I won't have anything to do with people like that
III. *vi* SPORT to pass

abgebrannt *adj* (*fam*) broke *fam,* BRIT *sl a.* skint

abgebrochen *adj* ① (*fam*) **ein ~er Jurist/Mediziner** law school/medical school dropout
② *s.* **abbrechen**

ạbgebrüht *adj* (*fam*) unscrupulous

ạbgedreht *adj* (*fam: verrückt*) round the bend *fam*, out to lunch *fam*, way out *fam*

ạbgedroschen *adj* (*pej fam*) hackneyed; **ein ~er Witz** an old [*or* ancient] [*or* stale] joke

ạbgefedert *adj* AUTO (*stoßgedämpft*) shock-absorbing

ạbgefeimt *adj* (*pej*) low

Ạbgefeimtheit <-, -en> *f* (*pej*) lowness; ***er war ein Ausbund von*** ~ he was the lowest of the low

ạbgefuckt *adj* (*sl*) fucked-up *attr sl*, fucked up *pred sl*

ạbgegriffen *adj* ① (*abgenutzt*) worn; **ein ~es Buch** a dog-eared book
② (*pej: sinnentleert*) hackneyed

ạbgehackt I. *adj* broken; **eine ~e Sprechweise** a clipped manner of speech; **~e Worte** clipped words
II. *adv* ~ **sprechen** to speak in a clipped manner

ạbgehangen *adj* KOCHK hung

ạbgehängt *adj* **~e Decke** BAU suspended ceiling

ạbgehärmt *adj* haggard

ạbgehärtet *adj* ■**[gegen etw** *akk*] ~ **sein** to be hardened [to sth]

ạb|gehen[1] *irreg* I. *vi sein* ① (*sich lösen*) ■**[von etw** *dat*] ~ to come off [of] sth
② (*abgezogen werden*) ■**von etw** *dat* ~ to be deducted from sth
③ (*abgeschickt werden*) to be sent [off]; ■**~d** outgoing
④ (*abzweigen*) ■**[von etw** *dat*] ~ to branch off [from sth]
⑤ (*abfahren*) ■**[von irgendwo]** ~ to leave [*or* depart] [from somewhere]
⑥ (*abweichen*) ■**von etw** *dat* ~ to deviate from sth; **von einem Vorhaben** ~ to drop a plan; **von seiner Meinung nicht** ~ to stick [*or* hold fast] to one's opinion
⑦ (*fam: fehlen*) ■**jdm** ~ to be lacking in sb; ***dir geht ja jegliches Taktgefühl ab*** you have absolutely no tact whatsoever; ***die Fähigkeit, sich in andere hineinzudenken, geht ihr völlig ab*** she is completely unable to put herself in sb else's position
⑧ (*ausscheiden*) **von einem Amt** ~ to leave [*or* retire from] an office; **von der Schule** ~ to leave [*or pej* drop out of] school
⑨ MED (*abgesondert werden*) to be discharged; *Embryo* to be miscarried
⑩ SPORT (*abspringen*) ■**[von etw** *dat*] ~ to dismount [sth]
⑪ (*sl: sterben*) to kick the bucket *sl*
II. *vt sein* ① (*entlanggehen und abmessen*) ■**etw** ~ to pace sth out
② MIL (*passieren*) ■**etw** ~ to inspect sth

ạb|gehen[2] *vi irreg sein* ① (*verlaufen*) to go; **glatt/gut** ~ to go smoothly/well; ***wenn die zwei aufeinander treffen, geht es nie ohne Ärger ab*** there's always trouble when those two meet
② *impers* to be happening; ***auf der Party ist irre 'was abgegangen*** (*sl*) the party was really happening

ạbgehetzt *adj* worn-out

ạbgehoben *adj* ① (*weltfremd*) far from reality *pred*
② (*verstiegen*) fanciful; **eine ~e Vorstellung** a high-flown [*or* an unrealistic] idea

ạbgekämpft *adj* tired [*or* worn] out

ạbgekartet *adj inv* (*fam*) rigged *fam*, put-up; **eine ~e Sache sein** to be a put-up job *fam;* **ein ~es Spiel treiben** to play a double game; **mit jdm ein ~es Spiel treiben** to try to set sb up

ạbgeklärt I. *adj* prudent
II. *adv* prudently

Ạbgeklärtheit <-> *f kein pl* serenity, calmness

ạbgelagert *adj Tabak, Zigarren* seasoned; KOCHK matured

ạbgelaufen *adj inv* ① (*nicht mehr gültig*) expired; ~ **sein** to have expired
② (*verschlissen*) worn-down *attr*, worn down *pred*
③ (*abgenutzt*) *Absätze* worn

ạbgelegen *adj* remote

Ạbgelegenheit *f kein pl* remoteness

ạbgelehnt *pp von* **ablehnen**

ạb|gelten *vt irreg* ① (*durch Zahlung erledigen*) ■**etw** ~ to settle sth
② (*ausgleichen*) ■**etw [bei jdm]** ~ to settle sth [with sb]

Ạbgeltung <-, -en> *f* FIN compensation; (*Erstatten*) reimbursement

Ạbgeltungssteuer *f* settlement tax

ạbgemacht *adj inv* ■**es ist ~, dass ...** it was arranged, that ...; **~!** ok, that's settled then!, it's [*or* that's] a deal!

ạbgeneigt *adj* (*ablehnend*) ■**jdm ~ sein** to be ill-disposed towards sb; ■**etw** *dat* ~ **sein** to be opposed to sth; ■**etw** *dat* **nicht ~ sein** to not be averse to sth; ■**nicht ~ sein[, etw zu tun]** to not be averse [to doing sth]

ạbgenutzt *adj* worn

Ạbgeordnete(r) *f(m) dekl wie adj* Member of Parliament

Ạbgeordnetenbank <-bänke> *f* bench [in the parliament] **Ạbgeordnetengesetz** *nt* JUR parliamentary act **Ạbgeordnetenhaus** *nt* ① POL (*Körperschaft*) chamber of deputies, ≈ House of Commons BRIT, ≈ House of Representatives AM ② (*Gebäude*) parliament [building] **Ạbgeordnetensitz** *m* parliamentary seat

ạbgerissen *adj* ① (*zerlumpt*) tattered
② (*heruntergekommen*) scruffy
③ (*unzusammenhängend*) incoherent

ạbgerundet *adj* ① (*nicht spitz*) rounded off
② KOCHK (*ausgewogen*) balanced, rounded, mellow

ạbgesagt *adj inv* ▶ WENDUNGEN: **ein ~er Feind von etw** *dat* **sein** (*geh*) to be a hostile critic [*or* opponent] of sth

Ạbgesandte(r) *f(m) dekl wie adj* envoy

Ạbgesang *m* ① (*im Minnesang*) *the third and final verse of a minnesinger's song*
② (*geh: Ende*) end

ạbgeschieden I. *adj* (*geh*) isolated
II. *adv* in isolation; ***das Grundstück am Wald liegt sehr*** ~ the plot near the forest is very isolated

Ạbgeschiedene(r) *f(m) dekl wie adj* (*geh*) deceased, departed *form*

Ạbgeschiedenheit <-> *f kein pl* isolation

ạbgeschlagen[1] *adj* ① SPORT (*abgedrängt*) lagging behind *after n*
② POL, ÖKON outstripped

ạbgeschlagen[2] *adj* (*ermüdet*) drained

Ạbgeschlagenheit <-> *f kein pl* lethargy

ạbgeschlossen I. *adj* ① (*isoliert*) secluded
② *attr* (*separat*) separate
③ (*umgeben*) enclosed
II. *adv* (*isoliert*) in seclusion
III. *pp von* **abschließen**

Ạbgeschlossenheit <-> *f kein pl* ① (*Isoliertheit*) seclusion
② (*Weltabgeschiedenheit*) reclusion

ạbgeschmackt I. *adj* tasteless; **etwas A~es** tasteless remark [*or* comment]
II. *adv* tastelessly

Ạbgeschmacktheit <-, -en> *f* ① *kein pl* (*Geistlosigkeit*) senselessness
② (*abgeschmackte Äußerung*) tasteless remark

ạbgeschnitten I. *adj inv* isolated; ***ein völlig von der Welt ~es Bergdorf*** a mountain village cut off from the rest of civilization
II. *adv inv* in isolation; **irgendwo ~ leben** to live cut off [from the rest of civilization] somewhere

ạbgeschoben *pp von* **abschieben**

ạbgeschrägt I. *pp von* **abschrägen**
II. *adj inv* sloping

ạbgesegnet *pp von* **absegnen**

ạbgesehen I. *adj* **es auf jdn ~ haben** (*jdn schikanieren wollen*) to have it in for sb; (*an jdm interessiert sein*) to have a thing for sb; **es auf etw** *akk* **~ haben** to have one's eye on sth; **es darauf ~ haben, etw zu tun** to be out to do sth; ***du hast es nur darauf ~, mich zu ärgern*** you're just out to annoy me
II. *adv* ■**~ davon, dass ...** apart from the fact that ...; ■**~ von jdm/etw** apart from [*or* except for] [*or* form aside from] sb/sth, sb/sth apart

ạbgesichert *adj* safeguarded; **materiell** [*o* **finanziell**] **~ sein** to be well off *pred fam;* **vertraglich ~ sein** to be covered by contract *pred*, to be contractually guaranteed

ạbgespannt I. *adj* weary, tired
II. *adv* weary; **~ aussehen** to look weary [*or* tired]

Ạbgespanntheit <-> *f kein pl* weariness, fatigue

ạbgestanden I. *adj* stale; *Limonade* flat; **~ schmecken** to taste flat
II. *adv* stale

ạbgestimmt I. *pp von* **abstimmen**
II. *adj inv* balanced; ■**[gut] ~ auf etw sein** to be [well] coordinated with sth

ạbgestorben *adj inv* MED numb

ạbgestuft *adj inv* TYPO *Tonwert* graded, graduated

ạbgestumpft *adj* ① (*gefühllos*) unfeeling, numb
② (*unempfindlich geworden*) insensitive, apathetic

Ạbgestumpftheit <-> *f kein pl* ① (*Gefühllosigkeit*) coldness
② (*Unempfindlichkeit*) insensitivity, apathy

ạbgetakelt I. *adj* (*pej fam*) worn out, haggard
II. *adv* worn out, haggard

ạbgetan *pp von* **abtun**

ạbgetastet I. *pp von* **abtasten**
II. *adj inv* scanned; ***mit einem Laserstrahl berührungslos*** ~ scanned by a laser beam without direct contact

ạbgetragen *adj* worn, worn-out *attr*, worn out *pred*

ạbgetreten *adj* worn, worn-down *attr*, worn down *pred*

ạbgewetzt *adj* worn

ạbgewichst *adj* (*vulg: heruntergekommen*) screwed-up *vulg*

ạb|gewinnen* *vt irreg* ① (*als Gewinn abnehmen*) ■**[jdm] etw abgewinnen** to win sth [off [of] sb]
② (*etwas Positives finden*) ■**einer S.** *dat* **etw/nichts abgewinnen** to get sth/not get anything out of sth

ạbgewogen *adj* well-considered

Ạbgewogenheit <-> *f kein pl* carefully weighed nature, balance

ạb|gewöhnen* *vt* ■**jdm etw ~** to break sb of sth; ***wir konnten ihr das Rauchen nicht*** ~ we couldn't get her to quit [*or* stop] smoking; ***wir werden Ihrem Sohn seine schlechten Manieren schon ~!*** we will soon cure your son of his bad manners!; ***diese Frechheiten werde ich dir schon noch ~!*** I'll teach you to be cheeky!; ■**sich** *dat* **etw ~** to give up sth; ■**zum A~ sein** (*sl*) to be enough to put anyone [*or* you] off; ***noch einen letzten Schnaps zum A~!*** (*hum*) one for the road *hum*

ạbgewrackt [-wr-] *adj* (*fam: heruntergekommen*) *Person* washed-up

ạbgezehrt *adj* emaciated

ạbgezogen *pp von* **abziehen**

ạb|gießen *vt irreg* ■**etw ~** to pour off sth *sep*

Ạbglanz *m kein pl* reflection

Ạbgleich <-[e]s, -e> *m* comparison

ạb|gleichen *vt irreg* ① (*aufeinander abstimmen*) ■**etw [mit etw] ~** to compare sth [with sth]
② (*in der Höhe gleichmachen*) ■**etw [mit etw] ~** to level off sth [with sth]
③ TECH ■**etw ~** to match sth
④ ELEK ■**etw ~** to tune sth

ạb|gleiten *vi irreg sein* (*geh*) ① (*abrutschen*) ■**[von etw] ~** to slip [off sth]; (*fig*) to decline; *person* to go downhill
② (*abschweifen*) ■**von etw** *dat*/**in etw** *akk* ~ to stray from sth/into sth
③ (*absinken*) ■**[in etw** *akk*] ~ to slide [*or* sink] [into sth]; (*an Wert verlieren*) to slide
④ (*abprallen*) ■**an** [*o* **von**] **jdm ~** to bounce off sb; ■**etw an** [*o* **von**] **sich ~ lassen** to let sth bounce off oneself

Ạbgott, -göttin *m, f* idol

Ạbgötterei *f* idolization, idolatry

ạbgöttisch *adj* inordinate

ạb|graben *vt irreg* ① (*abtragen*) ■**etw ~** *Erdreich*

to dig away sth
❷ (*ableiten*) ■**etw** ~ *Wasser* to divert sth
► WENDUNGEN: **jdm das Wasser** ~ to take the bread from sb's mouth, to pull the rug out from under sb's feet

ạb|grasen *vt* ■**etw** ~ ❶ (*abfressen*) to graze on sth
❷ (*fam: absuchen*) to scour [*or* comb] sth; ***wir haben die ganze Stadt nach einem Geschenk für ihn abgegrast*** we combed the entire town looking for a present for him
❸ (*fam: erschöpfend bearbeiten*) to exhaust sth

ạb|greifen *vt irreg* ■**etw** ~ ❶ MED (*abtasten*) to feel sth
❷ (*sl: einstreichen*) to pocket sth

ạb|grenzen **I.** *vt* ■**etw** ~ ❶ (*einfrieden*) to enclose sth; ■**etw [gegen etw]** ~ to close sth off [from sth]
❷ (*eingrenzen*) to differentiate sth; ***diese Begriffe lassen sich schwer gegeneinander*** ~ it is difficult to differentiate between these terms
II. *vr* ■**sich [gegen jdn/etw]** ~ to distinguish [*or* distance] oneself [from sb/sth]

Ạbgrenzung <-, -en> *f* ❶ *kein pl* (*das Einfrieden*) enclosing, fencing-off
❷ (*Einfriedung*) boundary; (*Zaun*) enclosure
❸ (*fig: Eingrenzung*) definition
❹ (*das Abgrenzen*) dissociation

Ạbgrenzungsbestrebungen *pl* PSYCH attempts *pl* at dissociation, efforts *pl* to dissociate [oneself]

Ạbgrund *m* ❶ (*steil abfallender Hang*) precipice; (*Schlucht*) abyss, chasm
❷ (*Verderben*) abyss; **jdn in den ~ treiben** to force sb to ruin; **am Rande des ~s stehen** to be on the brink of disaster [*or* ruin]; ■**ein ~ von etw** an abyss of sth; **ein ~ tut sich auf** an abyss opened up

ạbgrundhässlich[RR] *adj* ugly as sin *pred*

ạbgründig *adj* inscrutable

ạbgrundtief *adj* ❶ (*äußerst groß*) profound
❷ (*äußerst tief*) bottomless

ạb|gruppieren *vt* ■**jdn** ~ to bring sb down a grade

ạb|gucken **I.** *vt* ❶ (*von jdm kopieren*) ■**etw [von jdm]** ~ [*o* **[jdm] etw** ~] to copy sth [from sb]; ***bei ihm kann man sich so manchen Trick*** ~ you can learn lots of tricks from him
❷ (*fig fam: sich beim Ausgezogensein genieren*) ■**jdm etwas** ~ to make sb feel selfconscious about being naked; ***ich guck dir schon nichts ab!*** no need to feel embarrassed getting undressed!
II. *vi* ■**[bei jdm]** ~ to copy [from sb]

Ạbguss[RR] <-es, Abgüsse> *m*, **Abguß** <-sses, Abgüsse> *m* ❶ (*Nachbildung*) cast
❷ (*fam: Ausguss*) drain[pipe]; ***kipp die alte Brühe doch einfach in den*** ~ just tip the old broth down the drain

ạb|haben *vt irreg* (*fam*) **etw [von etw]** ~ **wollen** to want to have some [of sth]; ***Mami, darf ich von dem Kuchen etwas ~?*** mummy, may I have some of that cake?; ***möchtest du etwas davon ~?*** would you like to have some?; **jdn etw [von etw]** ~ **lassen** to let sb have sth [of sth]

ạb|hacken *vt* ■**etw** ~ to chop down sth; **jdm/sich den Finger/die Hand etc.** ~ to chop sb's/one's finger/hand etc. off; *s. a.* **abgehackt**

ạb|haken *vt* ❶ (*mit einem Häkchen markieren*) ■**etw** ~ to tick sth off
❷ (*fam: den Schlussstrich darunter machen*) ■**jdn/etw** ~ to forget sb/sth; ***die Affäre ist abgehakt*** the affair is over and done with

ạb|halftern *vt* ❶ (*fam: entlassen*) ■**jdn** ~ to give sb the push [*or* shove]
❷ (*fam: heruntergekommen*) **ein abgehalfterter Schauspieler** a down-and-out actor
❸ (*vom Halfter befreien*) **ein Pferd** ~ to remove the halter from a horse

ạb|halten¹ *vt irreg* ❶ (*hindern*) ■**jdn von etw** ~ to keep sb from sth; ***wenn du unbedingt gehen willst, werde ich dich nicht [davon]*** ~ if you really want to go, I won't stop you; ■**jdn davon ~, etw zu tun** to prevent [*or* keep] sb from doing sth; ■**sich [von jdm/etw]** ~ **lassen** to be deterred [by sb/sth]; ***lass dich nicht ~!*** don't let anyone/anything stop you!
❷ (*fern halten*) **die Hitze/die Kälte/den Wind** ~ to protect from the heat/the cold/the wind; **Insekten/Mücken** ~ to deter [*or* keep away] [the] insects/mosquito[e]s
❸ (*über der Toilette halten*) **ein [Klein]kind** ~ to hold a child on the toilet

ạb|halten² *vt irreg* (*veranstalten*) ■**etw** ~ to hold sth; **eine Demonstration** ~ to stage a demonstration

Ạbhaltung *f kein pl* holding; ***nach ~ der ersten freien Wahlen*** after the first free elections [were held]

ạb|handeln¹ *vt* ❶ (*nach Handeln abkaufen*) ■**jdm etw** ~ to buy sth from sb [having haggled over it]; ■**sich** *dat* **etw** ~ **lassen** to sell sth off, to let sth go
❷ (*herunterhandeln*) ■**etw [von etw]** ~ to get sth knocked off [sth]; ***sie handelte noch fünf Mark von der Vase ab*** she got another five marks knocked off the vase; ■**jdm etw [von etw]** ~ to get sb to knock sth off [sth]; ***er konnte ihm noch 20 % vom ursprünglichen Preis*** ~ he finally managed to get him to knock 20 % off the original price; ■**sich** *dat* **etw [von etw** *dat***]** ~ **lassen** to knock sth off [sth]; ■**sich nichts [von etw]** ~ **lassen** to not be talked into parting with sth

ạb|handeln² *vt* ■**etw** ~ to deal with sth

abhạnden *adv* **[jdm]** ~ **kommen** to get lost [*or* go missing]; ***mir ist meine Geldbörse ~ gekommen*** I've lost my purse

Abhạndenkommen <-s> *nt kein pl* disappearance

Abhandlung *f* ❶ (*gelehrte Veröffentlichung*) paper
❷ (*das Abhandeln*) dealing

Ạbhang *m* slope, incline

ạb|hängen¹ **I.** *vt haben* ❶ (*abnehmen*) ■**etw [von etw]** ~ to take down sth [from sth]
❷ (*abkoppeln*) ■**etw [von etw]** ~ to uncouple sth [from sth]
❸ (*fam: hinter sich lassen*) ■**jdn** ~ to lose sb
❹ KOCHK ■**etw** ~ to hang [*or* age] sth
II. *vi* (*meist pej sl*) to laze about [*or* around]; **den Tag** ~ to laze away the day *sep*

ạb|hängen² *vi irreg* ❶ *haben* (*abhängig sein*) ■**von jdm/etw** ~ to depend on sb/sth; **davon ~, ob** to depend whether; **das hängt davon ab** that [*or* it] [all] depends
❷ *haben* (*auf jdn angewiesen sein*) ■**von jdm** ~ to be dependent on sb

Ạbhänger <-s, -> *m* BAU hanger wire

ạbhängig *adj* ❶ (*bedingt*) ■**von etw ~ sein** to depend on sth
❷ (*angewiesen*) ■**von jdm ~ sein** to be dependent on sb
❸ (*süchtig*) addicted; ■**[von etw] ~ sein** to be addicted [to sth], to be dependent [on sth]
❹ LING (*untergeordnet*) subordinate; **ein ~er Nebensatz** a subordinate clause; ***der Kasus ist ~ von der Präposition*** the case depends on the preposition

Ạbhängige(r) *f(m) dekl wie adj* ❶ (*Süchtige(r)*) addict
❷ (*abhängiger Mensch*) dependant

Ạbhängigkeit <-, -en> *f* ❶ *kein pl* (*Bedingtheit*) dependence; **gegenseitige** ~ mutual dependance, interdependence
❷ (*Sucht*) dependence, addiction
❸ (*Angewiesensein*) dependence; ■**jds ~ von jdm/voneinander** sb's dependence on sb/one another

Ạbhängigkeitsverhältnis *nt* ❶ (*Verhältnis des Angewiesenseins*) relationship of dependence
❷ (*emotionale Bindung*) relationship of dependence

ạb|härten **I.** *vt* ■**jdn [gegen etw]** ~ to harden sb [to sth]; ■**sich [gegen etw]** ~ to harden oneself [to sth]
II. *vi* ■**[gegen etw]** ~ to harden [to sth]

Ạbhärtung <-> *f kein pl* ❶ (*das Abhärten*) hardening
❷ (*Widerstandsfähigkeit*) resistance

ạbhaspeln *vt* **eine Rede/ein Gedicht** ~ to reel off a speech/poem

ạb|hauen¹ *vt* ❶ <hieb ab *o fam* haute ab, abgehauen> (*abschlagen*) ■**etw** ~ to chop sth down; ■**[jdm] etw** ~ to chop [sb's] sth off
❷ <haute ab, abgehauen> (*durch Schlagen entfernen*) ■**etw [mit etw]** ~ to break off sth *sep* [with sth]

ạb|hauen² <haute ab, abgehauen> *vi sein* (*fam: sich davonmachen*) ■**[aus etw]** ~ to do a runner [from somewhere] BRIT, to skip out of town AM; ***hau ab!*** get lost!, scram!, buzz off!, get out of here!

Ạbhäutemesser *nt* KOCHK skinning knife

ạb|heben *irreg* **I.** *vi* ❶ LUFT ■**[von etw]** ~ to take off [from sth]
❷ (*den Hörer abnehmen*) to answer [the phone]; ***ich heb' ab!*** I'll get it!
❸ KARTEN to pick [up]; ***du bist mit A~ dran!*** it's your turn to pick up!
❹ (*geh: hinweisen*) ■**auf etw** *akk* ~ to refer to sth *form*; ■**darauf ~, dass …** to concentrate [*or* focus] on the fact that …
❺ (*sl: spinnen*) to go crazy; ***ein Rolls Royce?! jetzt hebst du aber ab!*** a Rolls Royce?! you must be joking!
❻ (*sl: ins Träumen kommen*) to go all dreamy
II. *vt irreg* ❶ FIN **Geld [von seinem Konto]** ~ to withdraw money [from one's account]
❷ KARTEN **eine Karte vom Stapel** ~ to take [*or* pick] a card from the pack
❸ (*beim Stricken*) **eine Masche** ~ to cast off a stitch
III. *vr* ■**sich von jdm/etw** [*o* **gegen jdn/etw**] ~ to stand out from [*or* against] sb/sth

Ạbhebung <-, -en> *f* FIN *von Konto* withdrawal; **tägliche ~en** day-to-day withdrawals

Ạbhebungsbefugnis *f*, **Ạbhebungsrecht** *nt* FIN drawing right

ạb|heften *vt* ■**etw** ~ to file [away *sep*] sth; **etw in einen Ordner** ~ to place [*or* put] sth in a file

ạb|heilen *vi Wunde* to heal [up]

ạb|helfen *vi irreg* ■**etw** *dat* ~ to remedy sth; ***allen Beschwerden soll möglichst umgehend abgeholfen werden*** all complaints should be dealt with immediately

ạb|hetzen **I.** *vr* ■**sich** ~ to stress oneself out, to rush around; *s. a.* **abgehetzt**
II. *vt* ■**jdn/etw** ~ to push sb/sth

Abhịlfe *f kein pl* remedy; ~ **schaffen** to find a remedy, to do something about it; **in etw** *dat* ~ **schaffen** to resolve sth; **in etw** *dat* **schnelle** ~ **leisten** to resolve a matter swiftly

Ạbhilfegesetz *nt* JUR remedial statute **Ạbhilfegesuch** *nt* JUR petition for relief **Ạbhilferecht** *nt* JUR right to redress **Ạbhilfeverfahren** *nt* JUR redress proceedings *pl*

ạb|hobeln *vt* ■**etw** ~ ❶ (*durch Hobeln entfernen*) to plane off sth *sep*
❷ (*glatt hobeln*) to plane sth smooth

ạbholbereit *adj* HANDEL ready for collection *pred*, ready to be picked up *pred* AM; ~ **sein** to be awaiting collection

abhọld *adv* (*abgeneigt*) ■**jdm/einer Sache ~ sein** to be averse to sb/sth

Ạbholdienst *m* HANDEL pickup service

ạb|holen *vt* ❶ (*kommen und mitnehmen*) ■**etw [bei jdm]** ~ to collect sth [from sb]; ■**etw ~ lassen** to have sth collected
❷ (*treffen und mitnehmen*) ■**jdn [bei jdm/irgendwo]** ~ to pick up *sep* [*or* collect] sb [from sb's [place]/from somewhere]; ■**sich [von jdm] ~ lassen** to be picked up [*or* collected] [by somebody]
❸ (*euph: verhaften*) ■**jdn** ~ to take sb away

Ạbholgebühr *f* HANDEL collection fee **Ạbholmarkt** *m* furniture superstore (*where customers transport goods themselves*) **Ạbholpreis** *m* take-away price, price without delivery

Ạbholung <-, -en> *f* collection

ạb|holzen *vt* ■**etw** ~ to chop down sth *sep*; **einen Baum** ~ to fell a tree; **einen Wald** ~ to clear a forest

Ạbholzung <-, -en> *f* FORST deforestation

Ạbhöraktion *f* bugging campaign **Ạbhöranlage** *f* bugging system

ab|horchen *vt* MED ■**etw** ~ to listen to sth [*or spec* auscultate]; ■**jdn** ~ to auscultate sb

ab|hören *vt* ① (*belauschen*) **ein Gespräch/ein Telefonat** ~ to bug [*or* listen into] a conversation/telephone conversation
② (*überwachen*) ■**jdn/etw** ~ to observe sb/sth; ■**jds Telefon** ~ to monitor [*or* tap] sb's telephone [line]
③ SCH ■**jdn** ~ to test sb
④ MED ■**jdn/etw** ~ to auscultate sb/sth *spec*
⑤ (*anhören*) **einen Sender/ein Tonband** ~ to listen to a station/a tape

Abhörgerät *nt* ① (*Gerät zum Belauschen*) bugging device ② (*bei Anrufbeantwortern*) listening device **Abhörgesetz** *nt* JUR Exemption from Telecommunication Secrecy Act **Abhörmaßnahmen** *pl* bugging measures *pl* **Abhörskandal** *m* bugging scandal

ab|hungern *vr* ① (*fam: durch Hungern verlieren*) ■**sich** ~ to starve oneself; **sich 10 Kilo** ~ to lose 10 kilos [by not eating]
② (*sich mühselig absparen*) ■**sich** *dat* **etw** ~ to scrape together sth *sep*

Abi <-s, -s> *nt* (*fam*) *kurz für* **Abitur** ≈ A Levels BRIT, ≈ High School Diploma AM; **sein Abi machen** [*o fam* **bauen**] to do one's Abitur

abiotisch *adj inv* ÖKOL (*nicht lebend*) *Umweltfaktor* abiotic

ab|irren *vi sein* (*geh*) ① (*abschweifen*) **vom Thema** ~ to digress, to deviate from the subject
② (*von der Richtung abkommen*) **vom Weg** ~ to stray

Abisolierzange *f* wire stripper

Abitur <-s, *selten* -e> *nt* Abitur (*school examination usually taken at the end of the 13th year and approximately equivalent to the British A level/American SAT exam*); **das/sein** ~ **ablegen** (*geh*) to sit the/one's Abitur; [**das**] ~ **haben** to have [one's] Abitur; [**das**] ~ **machen** to do [one's] Abitur

Abiturfeier *f leaving party for pupils who have passed their Abitur*

Abiturient(in) <-en, -en> *m(f)* Abitur student (*student who has passed the Abitur*)

Abiturklasse *f* Abitur class **Abiturtreffen** *nt* class reunion (*of Abitur students*) **Abiturzeugnis** *nt* Abitur certificate

ab|jagen *vt* (*fam*) ① (*durch eine Verfolgung entreißen*) ■**jdm etw** ~ to snatch sth from sb
② (*listig erwerben*) ■**jdm jdn/etw** ~ to poach sb/sth from sb

Abk. *f Abk von* **Abkürzung** abbr.

ab|kämmen *vt* ■**etw** [**nach jdm/etw**] ~ to comb sth [for sb/sth]

ab|kämpfen *vr* ① (*übermäßig anstrengen*) ■**sich** ~ to exert oneself; *s. a.* **abgekämpft**
② (*fam: abmühen*) ■**sich mit etw** ~ to struggle with sth

Abkantprofil *nt* BAU edge profile

ab|kanzeln *vt* (*fam*) ■**jdn** [**für etw**] ~ to give sb a tongue-lashing [for sth] *fam;* ■**sich von jdm** ~ **lassen** to be given a tongue-lashing by sb

ab|kapseln *vr* ① (*sich ganz isolieren*) ■**sich** [**von jdm/etw**] ~ to cut oneself off [from sb/sth]
② MED ■**sich** ~ to become encapsulated

Abkaps(e)lung <-, -en> *f* ① (*völlige Isolierung*) complete isolation *no pl, no art*
② MED encapsulation

ab|karren *vt* ① (*auf Karren wegschaffen*) ■**etw** ~ to cart sth away
② (*wegschaffen*) ■**jdn** ~ to cart sb off

ab|karten *vt* (*fam*) ■**abgekartet sein** to be set up; ***die Sache war von vornherein abgekartet*** the whole thing was a fix [*or* set-up]; **ein abgekartetes Spiel** a rigged match

ab|kassieren* **I.** *vt* ① (*fam: schnell, leicht verdienen*) ■**etw** ~ to receive [*or* get] sth
② (*abrechnen*) **das Essen** ~ to ask sb to settle the bill for a meal
II. *vi* ① (*fam: finanziell profitieren*) ■[**bei etw**] ~ to clean up [in sth]; **ganz schön** [*o* **kräftig**] ~ to make a tidy sum [*or* quite a profit]
② (*abrechnen*) ■**bei jdm** ~ to hand sb the bill, to settle up with sb; ***darf ich bei Ihnen ~?*** could I ask you to settle up?

ab|kaufen *vt* ① (*von jdm kaufen*) ■**jdm etw** ~ to buy sth off sb
② (*fam: glauben*) ■**jdm etw** ~ to buy sth off sb, to believe sb; ***das kaufe ich dir nicht ab!*** I don't buy that!

Abkehr <-> *f kein pl* rejection; *vom Glauben* renunciation; *von der Familie* estrangement

ab|kehren¹ *vt* ■**etw** ~ to sweep [*or* brush] sth away

ab|kehren² **I.** *vt* (*geh*) **den Blick/das Gesicht** [**von etw**] ~ to avert one's gaze/eyes [from sth], to look away [from sth]
II. *vr* (*geh*) ■**sich** [**von jdm/etw**] ~ to turn away [from sb/sth]; **sich vom Glauben/von Gott** ~ to renounce one's faith/God

ab|kippen *vt* ■**etw irgendwo** ~ to dump sth somewhere

ab|klappen *vt* ■**etw** ~ ① (*nach unten klappen*) to fold [*or* let] down sth *sep*
② (*Müll abladen*) to dump sth

ab|klappern *vt* (*fam*) ■**jdn/etw** [**nach etw/jdm**] ~ to go round sb/sth [looking for sth/sb]; ***ich habe die ganze Gegend nach dir abgeklappert*** I've been looking for you everywhere

ab|klären *vt* ■**etw** [**mit jdm**] ~ to clear sth up [*or* sort sth out] [*or* check sth] [with sb]; [**mit jdm**] ~, **ob/wer/wo ...** to check [with someone] whether/who/where ...

Abklärung <-> *f kein pl* **sich mit der** ~ **eines Problems befassen** to [attempt to] clear up a problem

Abklatsch <-[e]s, -e> *m* (*pej*) pale [*or* poor] imitation, cheap copy früherer Inszenierungen von Shakespeare

ab|klemmen *vt* ① (*abquetschen*) ■[**jdm**] **etw** ~ to crush [sb's] sth; ***er hat sich den Finger abgeklemmt*** he crushed his finger
② MED ■**etw** ~ *Nabelschnur* to clamp sth
③ ELEK ■**etw** ~ *Kabel* to disconnect sth, to switch [*or* turn] off sth

ab|klingen *vi irreg sein* ① (*leiser werden*) to become quieter, to die [*or* fade] away
② (*schwinden*) to subside

ab|klopfen *vt* ① (*durch Klopfen abschlagen*) ■**etw** ~ to knock off sth
② (*durch Klopfen vom Staub reinigen*) ■**etw** ~ to beat the dust out of sth; **den Schmutz von einer Jacke** ~ to tap off the dust from a jacket
③ MED ■**jdn/etw** ~ to tap [*or spec* percuss] sb/sth
④ (*fam: untersuchen*) ■**etw auf etw** *akk* ~ to check sth [out] for sth
⑤ (*sl: befragen*) ■**jdn auf etw** *akk* ~ to quiz sb about sth

ab|knabbern *vt* (*fam*) ■**etw** ~ to nibble [*or* gnaw] [at] sth; **sich** *dat* **die Fingernägel** ~ to bite [*or* chew] one's [finger]nails

ab|knallen *vt* (*sl*) ■**jdn** ~ to blast sb *fam*, to shoot down sb *sep*

ab|knappen, ab|knapsen *vt* (*fam*) ■**sich** *dat* **etw** ~ [*o* **abknapsen**] to scrape together sth *sep;* ■[**jdm**] **etw** ~ to sponge [*or* scrounge] sth [off sb]

ab|kneifen *vt irreg* ① ■**etw** [**mit etw**] ~ to pinch sth off [with sth]
② (*fam*) **sich einen** ~ to make a meal of sth

ab|knicken **I.** *vt haben* ■**etw** ~ ① (*durch Knicken abbrechen*) to break sth off
② (*umknicken*) to fold sth over [*or* back]; **eine Blume** ~ to knock a flower over; (*abbrechen*) to break off a flower head
II. *vi sein* ① (*umknicken und abbrechen*) to break off
② (*abzweigen*) ■[**von etw**] ~ to branch off [from sth]

abknöpfbar *adj inv* removable by unbuttoning

ab|knöpfen *vt* ① (*durch Knöpfen entfernen*) ■**etw** [**von etw**] ~ to unbutton sth [from sth]
② (*fam: listig abwerben*) ■**jdm etw** ~ to [manage to] get sth off [*or* out of] sb; ***ich konnte ihm 50 Euro*** ~ I managed to get 50 euros out of him

ab|knutschen *vt* (*fam*) ■**jdn** ~ to snog sb BRIT *fam;* ■**sich** [*o* **einander**] ~ to neck, to snog BRIT

ab|kochen *vt* ■**etw** ~ to boil sth

ab|kommandieren* *vt* ① MIL (*versetzen*) ■**jdn irgendwohin** ~ to post [*or* send] sb somewhere; ***er wurde nach Afrika/an die Front abkommandiert*** he was posted to Africa/to the Front
② (*befehlen*) ■**jdn** [**zu etw**] ~ to order sb [to do sth]; MIL *a.* to detail [*or* assign] sb to sth

ab|kommen *vi irreg sein* ① (*versehentlich abweichen*) to go off; **vom Kurs** ~ to go off course; **von der Straße** ~ to veer off the road; **vom Weg** ~ to stray from the path, to lose one's way
② (*aufgeben*) to give up; **von einer Angewohnheit** ~ to break a habit; **von einer Meinung** ~ to change one's mind, to revise an opinion; **vom Rauchen/Trinken** ~ to give up [*or* stop] smoking/drinking; ■**davon** ~, **etw zu tun** to stop [*or* give up] doing sth
③ (*sich vom Eigentlichen entfernen*) ■[**von etw**] ~ to digress [from sth]; ***jetzt bin ich ganz abgekommen!*** now I've completely forgotten where I was [*or* what I was talking about]

Abkommen <-s, -> *nt* agreement, treaty; **das Münchner** ~ HIST the Treaty of Munich; **ein** ~ **schließen** to conclude an agreement, to sign a treaty

abkömmlich *adj* available; ■**nicht** ~ **sein** to be unavailable

Abkömmling <-s, -e> *m* ① (*geh: Nachkomme*) descendant
② (*hum fam: Sprössling*) offspring *no pl*
③ CHEM derivative

ab|können *vt irreg* (*fam*) ① (*leiden können*) ■**jdn/etw nicht** ~ to not be able to stand sb/sth
② (*vertragen*) **nicht viel/nichts** ~ to not [be able to] take a lot/anything; ***er kann ganz schön was ab!*** he can knock back quite a bit!

ab|koppeln **I.** *vt* ① (*abhängen*) ■**etw** [**von etw**] ~ to uncouple sth [from sth]
② RAUM ■**etw** [**von etw**] ~ to undock sth [from sth]
II. *vr* (*fam*) ■**sich von etw** ~ to sever one's ties with sth

ab|kratzen **I.** *vt haben* ■[**sich** *dat*] **etw** ~ to scratch off sth *sep;* ■**etw** [**von etw**] ~ to scrape sth off [sth]; [**sich** *dat*] **den Schorf** ~ to pull [*or* pick] off a scab *sep*
II. *vi sein* (*sl*) to kick the bucket *sl*

ab|kriegen *vt* (*fam*) *s.* **abbekommen**

ab|kühlen **I.** *vi sein* ① (*kühl werden*) to cool [down]
② (*an Intensität verlieren*) to cool [off]; *Begeisterung* to wane
II. *vt haben* ■**etw** ~ ① (*kühler werden lassen*) to leave sth to cool
② (*vermindern*) to cool sth; **jds Leidenschaft** ~ to dampen sb's passion; **jds Zorn** ~ to appease [*or* allay] sb's anger
III. *vr impers haben* ■**sich** ~ to cool off; *Wetter* to become cooler
IV. *vi impers haben* to become cooler [*or* colder]

Abkühlung *f* ① (*Verminderung der Wärme*) cooling
② (*kühlende Erfrischung*) **sich eine** ~ **verschaffen** to cool oneself down
③ (*Verringerung der Intensität*) cooling off

Abkunft <-> *f kein pl* (*geh*) **einer bestimmten** ~ **sein** to be of [a] particular origin; ***sie ist asiatischer*** ~ she is of Asian descent

ab|kupfern **I.** *vt* (*fam*) ■**etw** [**von jdm**] ~ to copy sth [from sb]
II. *vi* (*fam*) ■[**aus etw**] ~ to quote [from sth]; ■**voneinander** ~ to copy from one another

ab|kürzen **I.** *vt* ① (*eine Kurzform benutzen*) ■**etw** [**durch etw/mit etw**] ~ to abbreviate sth [to sth]
② (*etw kürzer machen*) ■**etw** [**um etw**] ~ to cut sth short [by sth]
II. *vi* ① (*einen kürzeren Weg nehmen*) to take a shorter route
② (*mit Abkürzungen schreiben*) to abbreviate

Abkürzung *f* ① (*abgekürzter Begriff*) abbreviation
② (*abgekürzter Weg*) short cut; **eine** ~ **nehmen** to

take a short cut
③ (*Verkürzung*) cutting short
Abkürzungstaste *f* INFORM shortcut **Abkürzungsverzeichnis** *nt* list of abbreviations
ab|küssen *vt* ■**jdn** ~ to smother sb in [*or* with] kisses; ■**sich** ~ to kiss [one another] passionately
Ablad <-[e]s> *m kein pl* SCHWEIZ (*geh: Abladen*) unloading
Abladeklausel *f* JUR, ÖKON *trade terms relating to freight and delivery e.g. cif, ex works, etc.*
Abladekonnossement *nt* HANDEL shipped bill of lading
ab|laden *vt irreg* ① (*deponieren*) ■**etw irgendwo** ~ to dump [*or* put] sth somewhere
② (*entladen*) ■**etw** ~ to unload sth
③ (*absetzen*) ■**jdn** [**irgendwo**] ~ to set sb down [*or* drop sb off] [somewhere]
④ (*fam: abreagieren*) **seinen Ärger/Frust bei jdm** ~ to take out [*or* vent] one's anger/frustration on sb
⑤ (*fam: abwälzen*) ■**etw auf jdn** ~ to shift sth on to sb
Ablader <-s, -> *m* HANDEL (*im Frachtverkehr für Übersee*) forwarder; (*per Schiff*) shipper
Ablage *f* ① (*Möglichkeit zum Deponieren*) storage place; ***ich brauche eine ~ für meine Disketten*** I need somewhere to put my disks
② (*Akten~*) filing cabinet; ***bitte heften Sie diese Briefe in der ~ ab*** please file away these letters
③ SCHWEIZ (*Annahmestelle*) delivery point; (*Zweigstelle*) branch [office]
Ablagefach *nt* [storage] tray **Ablagefläche** *f* storage tray **Ablagekorb** *m* letter tray
ab|lagern **I.** *vt haben* ■**etw** ~ ① (*deponieren*) to dump sth
② (*durch Lagern ausreifen lassen*) to let sth mature
II. *vi sein o haben* ① (*durch Lagern ausreifen lassen*) ■**etw** ~ **lassen** to let sth mature
② (*durch Lagern trocknen*) **Holz** ~ to season wood; **Tabak** ~ to cure tobacco
III. *vr haben* ■**sich** [**auf/in etw** *dat*] ~ to be deposited [on sth/in sth]; ***im Wasserkocher hat sich viel Kalk abgelagert*** a large chalk deposit has formed in the kettle
Ablagerung *f* ① (*Sedimentbildung*) sedimentation, deposition
② (*Sediment*) sediment, deposit
③ (*Inkrustierung*) incrustation BRIT, encrustation AM
④ *kein pl* (*das Ablagern zum Reifen*) maturing; ***für diesen Wein ist eine ~ von 2 Jahren empfehlenswert*** this wine should be matured for 2 years
ablagerungsfähig *adj Lebensmittel* storable
Ablass[RR] <-es, Ablässe> *m*, **Ablaß** <-sses, Ablässe> *m* ① REL (*Nachlass von Fegefeuerstrafe*) indulgence; (*Urkunde*) letter of indulgence
② (*fam*) outlet valve
ab|lassen *irreg* **I.** *vt* ① (*abfließen lassen*) ■**etw** ~ to let out sth *sep;* **Dampf** [**aus etw**] ~ to let off steam [from sth]; **Urin** ~ to pass urine; **Öl/Wasser** [**aus etw**] ~ to drain oil/water [out of sth]
② (*leer laufen lassen*) ***könntest du bitte das Wasser aus dem Pool ~*** could you please drain the water from the pool
③ (*ermäßigen*) ■**jdm etw** [**von etw**] ~ to give sb a discount; ***ich lasse Ihnen 5 % [vom Preis] ab*** I'll give you a 5 % discount
④ KOCHK **ein Ei** ~ to separate the eggwhite from the yolk
II. *vi* ① (*geh: mit etw aufhören*) ■[**von etw**] ~ to give up [sth *sep*]
② (*in Ruhe lassen*) ■**von jdm** ~ to let sb be
Ablassstopfen[RR] *m* AUTO drain plug **Ablassventil**[RR] [-vɛn-] *nt* outlet valve
Ablation <-, -en> *f a.* MED ablation
Ablativ <-s, -e> *m* LING ablative
Ablauf[1] *m* ① (*Verlauf*) course; *von Verbrechen, Unfall* sequence of events; ***alle hofften auf einen reibungslosen ~ des Besuches*** everybody hoped that the visit would pass off smoothly
② (*das Verstreichen*) passing; ***der ~ des Ultimatums erfolgt in 10 Stunden*** the deadline for the ultimatum runs out in 10 hours; **nach ~ von etw** after sth, once sth has passed; ***nach ~ von 10 Tagen*** after 10 days
Ablauf[2] *m* ① (*geh: das Ablaufen*) draining
② (*Abflussrohr*) outlet pipe
Ablaufdatum *nt* FIN (*Fälligkeitstermin*) date of expiry [*or* maturity], due date
Ablaufdiagramm *nt* work schedule
ab|laufen[1] *vi irreg sein* ① (*abfließen*) ■[**aus etw**] ~ to run [out of sth], to drain [from sth]; ***das Badewasser ~ lassen*** to let the bath water out
② (*sich leeren*) to empty; ***das Becken läuft nicht ab*** the water won't drain out of the sink
③ (*trocken werden*) to stand [to dry]; ***nach dem Spülen lässt sie das Geschirr erst auf dem Trockengestell ~*** after washing up, she lets the dishes stand on the drainer
④ (*ungültig werden, auslaufen*) to expire, to run out; ■**abgelaufen** expired
⑤ (*verstreichen, zu Ende gehen*) to run out; ***das Ultimatum läuft nächste Woche ab*** the ultimatum will run out [*or* expire] [*or* end] next week; ***das Verfallsdatum dieses Produkts ist abgelaufen*** this product has passed its sell-by date
⑥ (*vonstatten gehen, verlaufen*) to proceed, to run, to go [off]; ***misch dich da nicht ein, die Sache könnte sonst ungut für dich ~!*** don't interfere — otherwise, it could bring you trouble!; ***das Programm läuft ab wie geplant*** the programme ran as planned [*or* scheduled]
⑦ (*sich abwickeln*) ■[**von etw**] ~ to run out [from sth]; ***das Kabel läuft von einer Rolle ab*** the reel pays out the cable
⑧ (*fam: unbeeindruckt lassen*) ■**an jdm** ~ to wash over sb; ***an ihm läuft alles ab*** it's like water off a duck's back [with him]
ab|laufen[2] *vt irreg* ① *haben* (*durch Gehen abnützen*) ■**etw** ~ to wear down [*or* out] sth *sep*
② *sein o haben* (*abgehen*) ■**etw** ~ to walk sth
③ *sein o haben* (*absuchen*) ■**etw** [**nach etw**] ~ to go everywhere [looking for sth]; ***ich habe den ganzen Marktplatz nach Avocados abgelaufen*** I've been all over the market looking for avocados; **sich die Beine** [*o* **Hacken**] [*o* **Schuhsohlen**] **nach etw** ~ (*fam*) to hunt high and low [for sth]
Ablauffrist *f* ÖKON time limit; FIN *von Wechsel* maturity **Ablaufhemmung** *f* JUR suspension of the running of a period **Ablaufplanung** *f* ÖKON scheduling
Ablaut *m pl selten* ablaut
Ableben *nt kein pl* (*geh*) death, demise *form*
ab|lecken *vt* ① (*durch Lecken entfernen*) ■**etw** ~ *Blut, Marmelade* to lick sth off; **sich** *dat* **etw von der Hand** ~ to lick sth off one's hand
② (*durch Lecken säubern*) ■**etw** ~ *Finger, Löffel, Teller* to lick sth [clean]; ***der Hund leckte mir die Finger ab*** the dog licked my fingers
ab|ledern *vt* ■**etw** ~ to polish with [chamois] leather
ab|legen **I.** *vt* ① (*deponieren, an einen Ort legen*) to put, to place
② (*archivieren*) ■**etw** ~ to file sth [away]
③ (*ausziehen und weglegen*) ■**etw** ~ to take off sth *sep* [and put it somewhere]; ***Sie können Ihren Mantel dort drüben ~*** you can put your coat over there
④ (*aufgeben*) ■**etw** ~ to drop sth, to give up sth *sep*
⑤ (*ausrangieren*) ■**etw** ~ to throw out sth *sep,* to cast aside sth *sep form*
⑥ (*absolvieren, vollziehen, leisten*) to take; **die Beichte** ~ to confess; **ein Geständnis** ~ to confess, to make a confession; **einen Eid** ~ to take an oath, to swear [an oath]; **eine Prüfung** ~ to pass an exam
⑦ KARTEN ■**etw** ~ to discard
⑧ ZOOL ■**etw** ~ to lay sth; ***Frösche legen ihren Laich im Wasser ab*** frogs like to spawn in water
II. *vi* ① NAUT, RAUM to [set] sail, to cast off; ***die Fähre legt gleich ab*** the ferry's just leaving [*or* departing]; ■**das A~** departure
② (*ausziehen*) to take off sth *sep*
Ableger <-s, -> *m* ① BOT shoot; **einen ~ ziehen** to take a cutting
② (*fam: Filiale*) branch
③ (*hum fam: Sprössling*) kid *fam,* offspring *hum*
ab|lehnen **I.** *vt* ① (*zurückweisen*) to turn down, to refuse, to reject; **einen Antrag** ~ (*Vorschlag*) to reject [*or* defeat] a proposal; (*Gesuch*) to reject an application; ■**jdn** ~ to reject sb
② (*sich weigern*) ■**es ~ etw zu tun** to refuse to do sth
③ (*missbilligen*) ■**etw** ~ to disapprove of sth, to object to sth; *s. a.* **dankend**
II. *vi* (*nein sagen*) to refuse
ablehnend **I.** *adj* (*negativ*) negative
II. *adv* (*geh*) negatively; ■**jdm/etw ~ gegenüberstehen** to oppose sb/sth, to disapprove of sb/sth; ***diesen Vorschlägen stehe ich eindeutig ~ gegenüber*** I clearly cannot accept these proposals
Ablehnung <-, -en> *f* ① (*Zurückweisung*) refusal; *eines Antrags, Bewerbers* rejection; *eines Vorschlags* defeat
② (*ablehnendes Schreiben*) [written] rejection
③ (*Missbilligung*) disapproval, objection; **auf ~ stoßen** (*geh: wird abgelehnt*) to be rejected [*or* refused]; (*wird missbilligt*) to meet with disapproval
Ablehnungsantrag *m* JUR challenging motion
Ablehnungsbescheid *m* JUR notice of rejection [*or* denial] **Ablehnungsentscheidung** *f* JUR decision rejecting the complaint **Ablehnungsgesuch** *nt* JUR challenging petition
ab|leisten *vt* (*geh: absolvieren*) to serve, to do; **eine Probezeit** ~ to complete a probationary period; **den Wehrdienst** ~ to do one's military service
ab|leiten **I.** *vt* ① (*umleiten*) ■**etw** ~ to divert sth; (*ablenken*) *Blitz* to conduct; ***der Verkehr musste abgeleitet werden*** the traffic had to be rerouted
② LING (*herleiten, entwickeln*) ■**etw** ~ to trace sth back [to], to derive sth [from]
③ MATH **eine Funktion** ~ to differentiate a function; **eine Gleichung** ~ to develop an equation
④ (*logisch folgern*) ■**etw** ~ to deduce [*or* infer] sth [from sth]
II. *vr* ① LING ■**sich** ~ to stem [*or* be derived] [from]
② (*logisch folgen*) ■**sich** ~ to be derived [*or* derive] [from]; **sich** *dat* **sein Recht von etw** *dat* ~ to derive one's privilege from sth
Ableitung *f* ① (*Umleitung*) *Rauch, Flüssigkeit* diversion
② LING, SCI derivation; (*abgeleitetes Wort*) derivative
③ MATH *von Formeln* differentiation
④ (*Folgerung*) deduction; ~ **eines Vorrechts aus einer Stellung** derivation of a privilege from a position
Ableitungsregel *f* MATH derivation rule
ab|lenken **I.** *vt* ① (*zerstreuen*) ■**jdn** ~ to divert [*or* distract] sb; ***wenn er Sorgen hat, lenkt ihn Gartenarbeit immer ab*** if he's worried, working in the garden diverts his thoughts; ■**sich** [**mit etw**] ~ to relax [with sth/by doing sth]
② (*abbringen*) ■**jdn** [**von etw**] ~ to distract sb [from sth]; ■**sich von etw ~ lassen** to be distracted by sth
③ (*eine andere Richtung geben*) ■**etw** [**von etw**] ~ to divert sth [from sth]
④ PHYS **Licht** ~ to refract light; **Strahlen** ~ to deflect rays
II. *vi* ① (*ausweichen*) ■[**von etw**] ~ to change the subject
② ■[**von etw**] ~ to distract [from sth]
Ablenkung *f* ① (*Zerstreuung*) diversion, distraction; **sich** [**mit etw**] ~ **verschaffen** to relax [with sth] [by doing sth]; **zur** ~ in order to relax
② (*Störung*) distraction, interruption
③ PHYS (*das Ablenken*) *von Licht* refraction; *von Strahlen* deflection
Ablenkungsmanöver *nt* diversion, diversionary tactic
ab|lesen *irreg* **I.** *vt* ① (*den Stand feststellen*) ■**etw** ~ *Messgeräte, Strom* to read sth
② (*nach der Vorlage vortragen*) ■**etw** [**von etw**] ~ to read sth [from sth]

❸ (*folgern*) ▪**etw** [**aus etw**] ~ to read [*or form* construe] sth [from sth]; ***aus seinem Verhalten konnte sie ungeteilte Zustimmung*** ~ from his behaviour she gathered that he was completely in agreement

II. *vi* ❶ (*den Zählerstand feststellen*) to read the meter

❷ (*mit Hilfe einer Vorlage sprechen*) to read [from sth]

ab|leuchten *vt* (*mit Hilfe einer Lichtquelle untersuchen*) ▪**etw** ~ to inspect sth with light

ab|leugnen I. *vt* (*bestreiten*) ▪**etw** ~ to deny sth; **seine Schuld** ~ to refuse to take the blame; **die Vaterschaft** ~ to deny paternity

II. *vi* (*leugnen*) to deny; ▪**das A**~ denial

ab|lichten *vt* ❶ (*fam: fotografieren*) ▪**etw/jdn** ~ to take a photo [*or* picture] of sb/sth

❷ (*fotokopieren*) ▪**etw** ~ to photocopy sth

Ablichtung <-, -en> *f* ❶ *kein pl* (*das Fotokopieren*) photocopying

❷ (*Fotokopie*) photocopy, copy *fam*

ab|liefern *vt* ❶ (*abgeben*) ▪**etw** ~ to hand over sth *sep*, to turn in sth *sep*

❷ (*fam: einreichen*) ▪**etw** ~ to hand in sth *sep*, to turn in sth *sep*

❸ (*liefern*) ▪**etw** [**bei jdm**] ~ to deliver sth [to sb]

❹ (*hum fam: nach Hause bringen*) ▪**jdn** [**bei jdm**] ~ to hand sb over [to sb]

Ablieferungsbescheinigung *f* delivery notice **Ablieferungsfrist** *f* delivery period **Ablieferungshindernis** *nt* HANDEL obstacle to delivery

ab|liegen *vi irreg* ❶ *haben* (*entfernt sein*) to be a long way [from], to be distant *form*; ***die Mühle liegt sehr weit ab*** the mill is a long way away; **zu weit** [**vom Weg**] ~ to be too far [out of the way], to be too much of a detour

❷ *haben* SÜDD, ÖSTERR (*durch Lagern mürbe werden*) **Fleisch** ~ *to hang meat to tenderize it*

ab|listen *vt* (*abgaunern*) ▪**jdm etw** ~ to trick sb out of sth

ab|locken *vt* (*abnehmen*) ▪**jdm etw** ~ to wangle [*or* coax] sth out of sb *fam*; ***er hat mir DM 50 abgelockt*** he managed to get DM 50 out of me

ablösbar *adj* detachable, removable

ab|löschen *vt* ❶ (*mit einem Löschblatt trocknen*) ▪**etw** [**mit etw**] ~ *Tinte* to blot sth [with sth]

❷ (*das Ablöschen*) ▪**etw** [**mit etw**] ~ *Tafel* to wipe sth [with sth]

❸ KOCHK ▪**etw** [**mit etw**] ~ to pour sth [on sth]; ***den Braten mit einem Schuss Wein*** ~ to add a little wine to the roast

Ablöse <-, -n> *f* (*fam*) *s.* **Ablösesumme**

ab|lösen I. *vt* ❶ (*abmachen*) ▪**etw** [**von etw**] ~ to remove [*or* take off *sep*] sth [from sth]; *Pflaster* to peel off

❷ (*abwechseln*) ▪**sich** [*o* **einander**] [**bei etw**] ~ to take turns [at sth], to relieve one another [at sth]; ***die beiden Fahrer lösten sich am Steuer ab*** both drivers took turns at the wheel; **sich bei der Arbeit** ~ to work in shifts; **einen Kollegen** ~ to take over from [*or form* relieve] a colleague; **die Wache** ~ to change the guard

❸ (*fig: an die Stelle von etw treten*) ▪**jdn/etw** [**durch jdn/etw**] ~ to supersede [*or* replace] sb/sth [by/with sb/sth]; ***neue Methoden werden die alten*** ~ new methods will take the place of old ones

❹ (*tilgen*) ▪**etw** ~ to pay off sth *sep*, to redeem sth

II. *vr* (*abgehen*) ▪**sich** [**von etw**] ~ to peel off [sth]; ***das Etikett löst sich nur schwer ab*** the label doesn't peel off easily

Ablösesumme *f* transfer fee **Ablösevertrag** *m* FIN contract to redeem

Ablösung *f* ❶ (*Auswechslung*) relief; **die** ~ **der Schichtarbeiter** change of shift; **die** ~ **der Wache** the changing of the guard

❷ (*Ersatzmann*) replacement

❸ (*Entlassung*) dismissal; ***die Opposition forderte die*** ~ ***des Ministers*** the opposition demanded that the minister be removed from office

❹ (*das Ablösen*) removal, loosening; *von Farbe, Lack* peeling off; (*Abtrennung*) separation; **die** ~ **der Netzhaut** the detachment of the retina

❺ (*Tilgung*) redemption *no pl*; **die** ~ **einer Schuld** the discharge of a debt; ***die vorzeitige*** ~ ***der Hypothek*** to pay off the mortgage prematurely

Ablösungsfonds *m* FIN sinking fund **Ablösungsrecht** *nt* JUR right of redemption **Ablösungsrente** *f* JUR redeemable annuity **Ablösungssumme** *f s.* Ablösesumme **Ablösungswert** *m* FIN redemption value; (*bei Versicherung*) surrender value

ab|lotsen *vt*, **ab|luchsen** [-lʊksn] *vt* (*fam*) ▪**jdm etw** ~ [*o* **luchsen**] to wangle [*or* coax] sth out of sb *fam*

Abluft *f kein pl* TECH outgoing air

Abluftfilter *m* exhaust air filter **Abluftschlauch** *m* exhaust air pipe

ABM <-, -s> *f Abk von* **Arbeitsbeschaffungsmaßnahme** job creation scheme [*or* AM plan]

ab|machen *vt* ❶ (*entfernen*) ▪**etw** ~ to take off sth; ▪**jdm etw** ~ to take off sb's sth *sep*; ***er machte dem Hund das Halsband ab*** he took the dog's collar off

❷ (*vereinbaren*) ▪**etw** [**mit jdm**] ~ to arrange sth [with sb], to make an arangement to do sth; ▪**abgemacht** arranged, fixed; ▪**abgemacht!** agreed!, OK!, you're on!

❸ (*klären*) ▪**etw** ~ to sort out sth *sep*, to settle sth; ***wir sollten das lieber unter uns*** ~ we should better settle this between ourselves

❹ (*fam: ableisten*) ▪**etw** ~ to do sth; ***er hat schon längst seine Dienstzeit in der Firma abgemacht*** he's more than done his work at the company

Abmachung <-, -en> *f* (*Vereinbarung*) agreement; **sich** [**nicht**] **an eine** ~ **halten** to [not] carry out an agreement *sep*

ab|magern *vi sein* to grow [*or* get] thin; ▪**abgemagert** very thin; ***die Flüchtlinge waren völlig abgemagert*** the refugees were emaciated

Abmagerung <-> *f kein pl* weight loss, emaciation

Abmagerungskur *f* (*Schlankheitskur*) diet; **eine** ~ **machen** to be on a diet

ab|mähen *vt* ▪**etw** ~ to mow sth

ab|mahnen *vt* ▪**jdn** ~ to warn [*or form* caution] [*or form* admonish] sb

Abmahnschreiben *nt* JUR [written] warning notice

Abmahnung *f* warning, BRIT *form a.* caution

Abmahnungsfrist *f* JUR period of warning

ab|malen I. *vt* (*abzeichnen*) ▪**etw** [**von etw**] ~ to paint [*or* portray] sth [from sth]; [**von anderen Bildern**] ~ to copy [other pictures]

II. *vr* (*sich zeigen*) to show; ***ihre Bluse war so eng, dass sich alles abmalte*** her blouse was so tight that you could see everything

Abmarkung <-, -en> *f* JUR demarcation

Abmarsch *m* march off, start of a march; ***fertig machen zum*** ~**!** ready to [*or* quick] march!

abmarschbereit I. *adj* ready to march

II. *adv* ready to march

ab|marschieren* *vi sein* to march off, to start marching; ***los,*** ~ [***zum Schießstand***]! forward, march [to the rifle range]!

Abmauerung <-, -en> *f* BAU brick partition wall

ab|mehren *vi* SCHWEIZ (*abstimmen*) to vote [on sth] [by a show of hands]

ab|meiern *vt* (*vom Dienst entfernen*) ▪**jdn** ~ to dismiss sb

Abmeldeformular *nt* **ein** ~ **für einen Umzug** a change of address form; **ein** ~ **für Personen und PKWs** a cancellation of registration form

ab|melden I. *vt* ❶ (*den Austritt anzeigen*) ▪**jdn** [**von etw**] ~ to cancel sb's membership [of sth] [*or* AM [in sth]]; **jdn von einer Schule** ~ to withdraw sb from a school

❷ (*die Außerbetriebnahme von etw anzeigen*) **ein Fernsehgerät/Radio** ~ to cancel a TV/radio licence [*or* AM -se]; **ein Auto** ~ to cancel a car's registration; **das Telefon** ~ to request the disconnection of the phone

❸ (*fam*) ▪**bei jdm abgemeldet sein** no longer be of interest to sb; ***er ist endgültig bei mir abgemeldet*** I've had it with him, I wash my hands of him

II. *vr* ❶ (*seinen Umzug anzeigen*) ▪**sich** ~ to give [official] notification of a change of address

❷ (*um Erlaubnis bitten, weggehen zu dürfen*) ▪**sich** [**bei jdm**] ~ to report to sb that one/sb is leaving

❸ MIL ▪**sich** [**bei jdm/zu etw**] ~ to report to sb/for sth; ***melde mich zum Waffenreinigen ab, Herr Feldwebel!*** reporting for weapon cleaning duty, Sergeant!

Abmeldung *f* ❶ (*das Abmelden*) *vom Auto* request to deregister a car; *vom Fernsehgerät/Radio* cancellation; *vom Telefon* disconnection

❷ (*Anzeige des Umzugs*) [official] notification of a change of address

❸ (*fam*) *s.* **Abmeldeformular**

❹ INFORM log off

ab|messen *vt irreg* ❶ (*ausmessen*) ▪**etw** ~ to measure sth

❷ **eine Länge** ~ to measure [off] a length [from sth]; **eine Menge** ~ to measure [out] an amount [from sth]

❸ (*abschätzen*) **etw** ~ **können** to be able to assess [*or* BRIT gauge] [*or* AM gage] sth

Abmessung *f meist pl* measurements, size; (*von dreidimensionalen Objekten a.*) dimensions

ab|mildern *vt* ❶ (*abschwächen*) ▪**etw** ~ to moderate sth; **eine Äußerung** ~ to temper one's words

❷ (*mildern*) ▪**etw** ~ to lessen [*or* reduce] sth; **einen Sturz** ~ to cushion a fall

ABM-Kraft *f employee on job creation scheme* BRIT

ABMler(in) <-s, -> *m(f)* (*fam*) *person on job creation scheme* BRIT

ab|moderieren *vt* **eine Sendung** ~ to conclude a TV/radio broadcast

ab|montieren* *vt* (*mit einem Werkzeug entfernen*) ▪**etw** [**von etw**] ~ to remove sth [from sth]; ***die Einbauküche musste abmontiert werden*** the built-in kitchen had to be dismantled

ABM-Stelle *f* position assisted by job creation scheme [*or* AM plan]

ab|mühen *vr* (*sich große Mühe geben*) ▪**sich** ~ to work [*or* try] hard, to take a lot of trouble [*or pl* pains]; ▪**sich mit etw** ~ to work [*or* try] hard at sth; ▪**sich mit jdm** ~ to take a lot of trouble [*or pl* pains] with sb; ▪**sich** ~ **etw zu tun** to try hard to do sth

ab|murksen *vt* (*sl: umbringen*) ▪**jdn** ~ to bump off sb *sep sl*, to do in sb *sep sl*, to kill

ab|mustern I. *vt* NAUT ▪**jdn** ~ to discharge sb

II. *vi* NAUT to go ashore, to leave ship

ABM-Vertrag *m* job creation scheme contract BRIT

ab|nabeln I. *vt* (*jds Nabelschnur durchtrennen*) ▪**jdn** [**von jdm**] ~ to cut the umbilical cord [between sb and sb]

II. *vr* (*Bindungen kappen*) ▪**sich** [**von jdm/etw**] ~ to become independent [of sb/sth], to become self-reliant

ab|nagen *vt* ❶ (*blank nagen*) ▪**etw** ~ to gnaw sth clean

❷ (*durch Nagen abessen*) ▪**etw** [**von etw**] ~ to gnaw sth [off sth]

ab|nähen *vt* (*enger machen*) ▪**etw** ~ to take in sth *sep*

Abnäher <-s, -> *m* MODE dart, tuck

Abnahme[1] <-, *selten* -n> *f* ❶ (*Verringerung*) reduction [of], drop [*or* fall] [in]

❷ (*das Nachlassen*) loss; ~ **der Kräfte** weakening

Abnahme[2] <-, -n> *f* ❶ ÖKON (*Übernahme*) *Ware* acceptance; **die** ~ **verweigern** to refuse [to take] delivery

❷ ADMIN *Neubau, Fahrzeug* inspection and approval

❸ (*geh: Herunternahme*) removal, taking down

Abnahmebedingung *f meist pl* ÖKON acceptance specification **Abnahmebescheinigung** *f* HANDEL acknowledg[e]ment of receipt **Abnahmegarantie** *f* FIN *von Anleihen* underwriting guarantee **Abnahmegeschäft** *nt* FIN acceptance deal **Abnahmemenge** *f* ÖKON ordered [*or* purchased] quantity **Abnahmepflicht** *f* HANDEL obligation to take delivery **Abnahmeprotokoll** *nt* HANDEL inspection report **Abnahmesurrogat** *nt* JUR acceptance surrogate **Abnahmeverpflichtung** *f*

A

❶ HANDEL purchase commitment ❷ JUR obligation to take delivery **Abnahmeverweigerung** *f* HANDEL refusal to take delivery, non-acceptance **Abnahmeverweigerungsrecht** *nt* HANDEL right of rejection **Abnahmeverzug** *m* HANDEL delay in taking delivery

ab|nehmen¹ *vi irreg* ❶ (*Gewicht verlieren*) to lose weight; **stark** ~ to lose a lot of weight ❷ (*sich verringern*) to drop, to fall, to decrease ❸ (*nachlassen*) to diminish; ***durch die Krankheit nahmen ihre Kräfte immer mehr ab*** her strength continued to decrease due to her illness; ***bei zu hohen Preisen nimmt das Interesse der Kunden deutlich ab*** when the price is too high, customers lose interest; ***die Nachfrage nach diesem Automodell hat stark abgenommen*** demand for this car model has dropped dramatically

ab|nehmen² *irreg* **I.** *vt* ❶ (*wegnehmen*) ■**jdm etw** ~ to take sth [away] from sb *sep*, to relieve sb of sth *hum;* ***dem betrunkenen Autofahrer wurde von der Polizei der Führerschein abgenommen*** the police took the drunk driver's licence; ***er nahm seinem Gegenüber beim Poker große Summen ab*** he won a lot of money from his opponent at poker ❷ (*herunternehmen*) ■**etw** ~ to take down sth *sep;* ***nimm bitte draußen die Wäsche ab!*** can you get the washing in, please?; ***nehmen Sie bitte den Hut ab!*** please take your hat off! ❸ (*aufnehmen*) ■**etw** ~ to pick up sth *sep;* ***nimmst du bitte den Hörer/das Telefon ab?*** can you answer [*or* pick up] the phone, please? ❹ (*tragen helfen*) ■**jdm etw** ~ to take sth [from sb] ❺ (*a. fig: abkaufen*) ■**jdm etw** ~ to buy sth [from sb], to accept sth [from sb]; ***niemand wollte ihm die Ladenhüter*** ~ no one wanted to buy the line that was not selling from him; ***das nehme ich dir nicht ab*** I don't buy that; ***dieses Märchen nimmt dir keiner ab!*** nobody will buy that fairy tale! ❻ (*übernehmen*) ■**jdm etw** ~ to take on sth for sb, to take sth off sb's shoulders; ***deine Arbeit kann ich dir nicht*** ~ I can't do your work for you ❼ KARTEN to take ❽ MED (*amputieren*) ■[**jdm**] **etw** ~ to take off sb's sth, to amputate; ***das zerquetschte Bein musste ihm abgenommen werden*** they had to take off his crushed leg ❾ (*begutachten und genehmigen*) ■**etw** ~ to approve sth; ***nach drei Jahren muss man zum TÜV, um seinen Wagen ~ zu lassen*** after three years you have to take your car for an MOT test; ***der Wagen konnte nicht abgenommen werden*** the car failed its MOT ❿ (*prüfen*) **eine Prüfung** ~ to examine sb **II.** *vi* to answer the phone, to pick up [the phone] *sep;* ***ich habe es gestern öfter bei ihr versucht, aber niemand nahm ab*** I tried to reach her many times yesterday, but no one answered [the phone]

Abnehmer(in) <-s, -> *m(f)* (*Käufer*) customer; ***für dieses Produkt gibt es sicher viele*** ~ there'll be a lot of people wanting to buy this product

Abnehmerklage *f* JUR purchaser's suit [*or* petition] **Abnehmerland** *nt* ÖKON customer country

Abneigung *f* ❶ (*Widerwillen*) ■~ **gegen jdn/etw** dislike for [*or* of] [*or* aversion to] sb/sth; ***sie ließ ihn ihre ~ deutlich spüren*** she didn't hide her dislike of him; **eine ~ gegen jdn/etw haben** to have a dislike of [*or* an aversion to] sb/sth; ***sie hatte schon immer eine starke ~ gegen Thunfisch*** she never did like tuna ❷ (*Widerstreben*) ■~, **etw zu tun** reluctance [*or* disinclination] to do sth; **eine ~ haben, etw zu tun** to be [*or* feel] reluctant [*or* disinclined] to do sth

abnorm *adj*, **abnormal** *adj bes* ÖSTERR, SCHWEIZ abnormal

Abnormität <-, -en> *f* abnormality

ab|nötigen *vt* (*geh*) ■**jdm etw** ~ to wring sth out of [*or* from] sb; ***das nötigt einem Respekt ab*** you have to respect it

ab|nutzen, ab|nützen SÜDD, ÖSTERR **I.** *vt* ■**etw** ~ [*o* **abnützen**] to wear out; ■**abgenutzt** worn-down; ***der Teppich ist an manchen Stellen ziemlich abgenutzt*** the carpet is fairly worn in places **II.** *vr* ❶ (*im Gebrauch verschleißen*) ■**sich** ~ [*o* **abnützen**] to wear; ***Textilbezüge nutzen sich meist schneller ab als Lederbezüge*** cloth covers tend to wear thin quicker than leather ❷ (*an Wirksamkeit verlieren*) ■**sich** ~ to lose effect; ***zu häufig gebrauchte Phrasen nutzen sich bald ab*** phrases which are used too often soon lose their effect; ■**abgenutzt** worn-out; **abgenutzte Phrasen** hackneyed phrases

Abnutzung *f*, **Abnützung** <-, -en> *f* SÜDD, ÖSTERR (*Verschleiß durch Gebrauch*) wear and tear; **Absetzung für** ~ depreciation for wear and tear

Abnutzungserscheinungen *pl* ÖKON signs of wear

Abo <-s, -s> *nt* MEDIA (*fam*) *kurz für* **Abonnement** subscription; **ein ~ für eine Zeitung haben** to subscribe to a newspaper; (*Theater~*) season ticket [*or* AM tickets]

Abolition <-, -en> *f* JUR abolition

Abolitionismus <-> *f kein pl* ❶ (*Abschaffung der Sklaverei*) abolitionism ❷ (*Kampf gegen die Prostitution*) *fight against prostitution* ❸ (*Abschaffung der Gefängnisse*) *movement to abolish all prisons*

Abonnement <-s, -s> [abɔnəˈmã:] *nt* subscription; ■**im ~** ***bei Theatervorstellungen sind die meisten Karten im ~ vergeben*** most tickets for the theatre are given to subscribers; **etw im ~ beziehen** to subscribe to sth

Abonnent(in) <-en, -en> *m(f)* subscriber

Abonnentennummer *f* subscriber number

abonnieren* *vt haben* ■**etw** ~ to subscribe to sth; ■[**auf etw** *akk*] **abonniert sein** to be a subscriber [to sth]; ***sie ist wirklich auf Einser abonniert*** (*hum*) she always gets A's

ab|ordnen *vt* (*dienstlich hinbefehlen*) ■**jdn** [**zu etw**] ~ to delegate sb [to sth]; (*abkommandieren*) to detail sb [for sth]; ***er wurde nach Berlin abgeordnet*** he was posted to Berlin

Abordnung *f* delegation

Abort¹ <-s, -e> *m* (*veraltet*) *s.* **Toilette**

Abort² <-s, -e> *m* MED (*Fehlgeburt*) miscarriage

ab|packen *vt a.* ÖKON (*einpacken*) ■**etw** ~ to pack sth; ***packen Sie mir bitte drei Kilo Hackfleisch ab!*** could you wrap up three kilos of minced meat for me, please?; ■**sich** *dat* **etw** [**von jdm**] ~ **lassen** to have [sb] wrap sth up; ■**sich** *dat* **etw** ~ **lassen** to have sth wrapped up; **abgepackte Lebensmittel** pre-packaged food

ab|passen *vt* ❶ (*abwarten*) ■**etw** ~ to wait [*or* watch] for sth; **die passende Gelegenheit** ~ to bide one's time ❷ (*timen*) **etw gut** [*o* **richtig**] ~ to time sth well ❸ (*abfangen, jdm auflauern*) ■**jdn** ~ to waylay sb; ***der Taschendieb passte sie an der Ecke ab*** the pickpocket lay in wait for her at the corner

ab|pausen *vt* ■**etw** [**auf etw** *akk*] ~ to trace sth [onto sth]; ■**etw von etw** *dat* ~ to trace sth [from sth]; ***hast du das selbst gezeichnet oder nur von einer Vorlage abgepaust?*** did you draw it yourself or did you just trace it?

ab|perlen *vi sein* ■[**von etw**] ~ to run off sth in drops; ***der Tau perlte von den Blättern ab*** the dewdrops fell from the leaves

ab|pfeifen *irreg* **I.** *vt* ■**etw** ~ to stop sth by blowing a whistle; ***nach 45 Minuten wurde die erste Halbzeit abgepfiffen*** after 45 minutes the whistle for the end of the first half was blown; **das Spielende** ~ to blow the final whistle **II.** *vi* to blow the whistle

Abpfiff *m* the [final] whistle

ab|pflücken *vt* (*pflücken*) ■**etw** ~ to pick sth; ***im Park darf man keine Rosen*** ~ picking roses is not allowed in the park

ab|placken *vr* (*fam*) *s.* **abplagen**

ab|plagen *vr* ■**sich** [**mit etw** *dat*] ~ to struggle [with sth]; ***er hat sich sein ganzes Leben lang abgeplagt*** he slaved away his whole life; ***sie plagt sich immer sehr ab mit den schweren Einkaufstaschen*** she always struggles with her heavy shopping bags; ***er plagte sich jahrelang mit den Manuskripten ab*** he worked himself to death on the manuscripts

ab|platten *vt* (*flacher machen*) ■**etw** ~ to flatten sth, to level sth off; ■**abgeplattet** flattened

ab|platzen *vi Gips, Knopf* to pop off, to burst off; *Farbe* chip off, peel off; *Metallteile* break away [*or* off], split off

Abprall <-[e]s, *selten* -e> *m* rebound, ricochet

ab|prallen *vi sein* ❶ (*zurückprallen*) ■[**von/an etw** *dat*] ~ to rebound [from/off/against sth], to ricochet [off sth], to bounce [off sth] ❷ (*nicht treffen*) ■**an jdm** ~ to bounce off sb

ab|pressen *vt* ❶ (*durch Druck abnehmen*) ■**jdm etw** ~ to extort sth from sb, to squeeze sth out of sb *fam;* **jdm ein Geständnis** ~ to force a confession from [*or* beat a confession out of] sb ❷ (*abschnüren*) **jdm den Atmen** ~ to take sb's breath away ❸ (*herauspressen, unter Druck absondern*) ■**etw** ~ to force sth; ***Blutwasser wird ins Bindegewebe abgepresst*** serum is forced into the connective tissue

Abpressen <-s> *nt kein pl* TYPO backing, nipping, pressing, smashing

Abpressfalz^RR^ *m* TYPO backing joint

Abprodukt *nt kein pl* (*fachspr*) waste product; **wiederverwendungsfähiges** ~ reusable waste product

abproduktarm *adj* (*fachspr*) low-waste *attr* **abproduktfrei** *adj* (*fachspr*) waste-free *attr*

ab|pumpen *vt* (*durch Pumpen entfernen*) ■**etw** [**aus etw/von etw**] ~ to pump sth [out of/from sth]

ab|putzen *vt* ❶ (*durch Putzen reinigen*) ■**etw** ~ to clean sth; ■**jdm etw** ~ to clean sb's sth; ***soll ich dir etwa noch den Hintern ~?*** you don't want me to wipe your backside for you, do you?; ■[**sich** *dat*] **etw** ~ to clean sth; ***putz dir die Schuhe ab!*** wipe your shoes! ❷ (*durch Putzen entfernen*) ■**etw** [**von etw**] ~ to wipe sth [off sth], to clean sth [from/off sth] ❸ (*mit neuem Putz versehen*) ■**etw** ~ to plaster [*or* replaster] sth

ab|quälen *vr* ❶ (*sich abmühen*) ■**sich** [**mit etw**] ~ to struggle [*or* battle] [with sth]; ***was quälst du dich so ab?*** why are you making things so difficult for yourself? ❷ (*sich mühsam abringen*) ■**sich** *dat* **etw** ~ to force sth; ***er quälte sich ein Grinsen ab*** he managed to force a grin; ***diese Entschuldigung hast du dir ja förmlich abgequält!*** you really had to force yourself to make that apology!

ab|qualifizieren *vt* ■**jdn/etw** ~ to scorn sb/sth, to treat sb/sth with contempt, to put sb/sth down *fam;* ■**etw** ~ to dismiss sth [out of hand]

ab|rackern *vr* (*fam: sich abmühen*) ■**sich** [**mit etw** *dat*] ~ to slave [over/away at sth] *fam or hum;* ***was rackerst du dich so mit der Handsäge ab? nimm doch die Motorsäge!*** why on earth are you bothering with the hand saw? use the power saw!; ■**sich für jdn/etw** ~ to work one's fingers to the bone for sb/sth, to work oneself to a shadow; ***sie hat sich Tag für Tag für diese Firma abgerackert*** she sweated blood for that company day after day

Abraham <-s> *m kein pl* Abraham ▸ WENDUNGEN: [**sicher**] **wie in ~s Schoß** as safe as houses BRIT, in safe hands AM

ab|rahmen *vt* **Milch** ~ to skim milk; **alles** ~ (*fig*) to cream off everything

Abrakadabra <-s> *nt kein pl* abracadabra

Abrakeln <-s> *nt kein pl* TYPO squeezing

ab|rasieren* *vt* ❶ (*durch Rasieren entfernen*) ■[**jdm/sich**] **etw** ~ to shave [off] sth [*or* sb's/one's sth] *sep;* **jdm/sich den Bart** ~ to shave sb's/one's beard [off] ❷ (*fam: abtrennen*) ■**etw** ~ to shave off sth *sep;* ***der Düsenjäger rasierte das Dach des Gebäudes ab*** the jet shaved off the roof of the house

❸ *(fam: dem Erdboden gleichmachen)* ■**etw** ~ to raze sth to the ground

Abrasion <-, -en> *f* ❶ *a.* GEOL abrasion ❷ MED curettage, scrape

ạb|raten *vi irreg* ■**jdm** [**von etw**] ~ to advise [*or* warn] sb [against sth]; ■**jdm davon ~, etw zu tun** to advise [*or* warn] sb not to do [*or* against doing] sth; ***von diesem Arzt kann ich Ihnen nur*** ~ I really can't recommend that doctor

Ạbraum *m kein pl* BERGB slag

ạb|räumen *vt* ■**etw** [**von etw**] ~ to clear [sth] of sth, to clear sth [from sth]; ■**das A~** clearing away; ■**etw** ~ to clear sth; ***nach dem Essen räumte sie das Geschirr ab*** after the meal she cleared the table; ***beim Kegelturnier räumte sie kräftig ab*** at the skittles tournament she really cleaned up *fam*

Ạbraumhalde *f* slag-heap

ạb|rauschen *vi sein* ❶ *(fam: fortfahren)* to rush off [in a vehicle] ❷ *(sich demonstrativ entfernen)* to rush off in protest; ***gestern ist er beleidigt abgerauscht*** yesterday he felt offended and rushed off

ạb|reagieren* I. *vt* ❶ *(negative Emotionen herauslassen)* ■**etw** ~ to work off sth ❷ *(auslassen)* ■**etw an jdm** ~ to take out sth on sb II. *vr (fam: sich durch einen Ausbruch beruhigen)* ■**sich** ~ to calm down; ***er war ziemlich wütend, aber jetzt hat er sich abreagiert*** he was furious but he's cooled off now

ạb|rechnen I. *vi* ❶ *(abkassieren)* to settle up; ***am Ende der Woche rechnet der Chef ab*** the boss does the accounts at the end of the week; ***Sie haben sich beim A~ um DM 4,65 vertan!*** you've miscalculated the bill by DM 4.65!; ■**mit jdm** ~ to settle up with sb; ***mit den Vertretern wird monatlich abgerechnet*** the agents are paid monthly ❷ *(zur Rechenschaft ziehen)* ■**mit jdm** ~ to call sb to account, to get even [*or* settle an account] with sb; ■[**miteinander**] ~ to settle the score [with each other] II. *vt (abziehen)* ■**etw** [**von etw**] ~ to deduct sth [from sth]; [**jdm**] **einen Rabatt vom Preis** ~ to give [sb] a discount on the price

Ạbrechnung *f* ❶ *(Erstellung der Rechnung)* calculation [*or* preparation] of a bill [*or* an invoice]; ***ich bin gerade bei der ~ für den Kunden*** I'm just adding up the bill for the customer; **die ~ machen** [*o* **vornehmen**] to prepare [*or* calculate] [*or* add up] the bill [*or* invoice]; ***wie viel mussten Sie ausgeben? — ich bin gerade dabei, die ~ zu machen*** how much did you have to spend? — I'm just working it out ❷ *(Aufstellung)* list, itemized bill ❸ *(Rache)* revenge, pay off; **der Tag der ~** the day of reckoning; ***endlich war die Stunde der ~ gekommen*** the time for revenge had finally come ❹ *(Abzug)* ■**die ~ von etw** the deduction of sth; **~ von Skonto** discount; **etw in ~ bringen** *(geh: etw abziehen)* to deduct sth from sth

Ạbrechnungsperiode *f* HANDEL accounting period **Ạbrechnungsstelle** *f* FIN clearing house **Ạbrechnungstag** *m* BÖRSE, FIN settling day **ạbrechnungstechnisch** *adj* HANDEL **aus ~en Gründen** for convenience of rendering accounts **Ạbrechnungstermin** *m* FIN due [*or* settlement] date **Ạbrechnungsüberhang** *m* FIN accounting surplus **Ạbrechnungsverfahren** *nt* FIN clearing system **Ạbrechnungsverkehr** *m* FIN clearing system **Ạbrechnungswährung** *f* ÖKON accounting currency; FIN settlement currency **Ạbrechnungszeitraum** *m* FIN accounting period

Ạbrede *f* agreement; **eine mündliche ~** a verbal agreement; **etw in ~ stellen** *(geh)* to deny sth

ạb|regen *vr (fam)* ■**sich** ~ to calm down; ***reg dich ab!*** keep your shirt [*or* BRIT hair] on!, chill out! *sl*

ạb|regnen *vr* ■**sich** ~ *Wolken to come down in the form of rain*

ạb|reiben *vt irreg* ❶ *(durch Reiben entfernen, abwischen)* ■[**jdm**] **etw** [**von etw**] ~ to rub sth off [sth] [for sb]; ■[**sich** *dat*] **etw** [**an etw** *dat*] ~ to wipe [*or* clean] sth [on sth]; ***bitte reib dir doch nicht immer die Hände an der Hose ab!*** please don't always wipe your hands on your trousers! ❷ *(durch Reiben säubern)* ■**etw** ~ to rub sth down; **Autolack/Fenster** ~ polish the paintwork/window ❸ *(trocknen)* ■**jdn/ein Tier/etw** ~ to rub sb/an animal/sth down; ***er badete das Baby und rieb es dann mit einem Frotteehandtuch ab*** he bathed the baby and then dried him/her with a terry towel

Ạbreibeschrift *f* TYPO dry transfer letters *pl*, instant lettering

Ạbreibung *f (fam)* ❶ *(Prügel)* beating, a good thump *fam*; ***dafür hast du eine ~ verdient!*** you deserve to get clobbered! *fam* ❷ *(Tadel)* censure, criticism

Ạbreise *f kein pl* departure; ***die ~ naht*** it's nearly time to leave; **bei ihrer ~** when she left, on her departure

ạb|reisen *vi sein* to leave, to depart; ■[**irgendwohin**] ~ to leave [*or* depart] [*or* start] [for somewhere]

ạb|reißen *irreg* I. *vt haben* ❶ *(durch Reißen abtrennen)* ■**etw** [**von etw**] ~ to tear [*or* rip] sth [off sth]; **Tapete von der Wand** ~ to tear down wallpaper from the wall; **Blumen** ~ to pull off the flowers; ■**sich** *dat* **etw** ~ to tear off sth *sep*; ***er blieb an der Türklinke hängen and riss sich dabei einen Knopf ab*** he got caught on the doorknob and tore a button off ❷ *(niederreißen)* ■**etw** ~ *ein baufälliges Bauwerk* to tear sth down ❸ *(sl: hinter sich bringen)* ■**etw** ~ to get through sth; ***er hat gerade die 2 Jahre Gefängnis abgerissen*** he's just finished sitting out his 2-year prison sentence II. *vi sein* ❶ *(von etw losreißen)* to tear off ❷ *(aufhören)* to break off; **einen Kontakt nicht ~ lassen** to not lose contact ❸ *(kontinuierlich anhalten)* ■**nicht** ~ to go on and on, to not stop; ***der Strom der Flüchtlinge riss nicht ab*** the stream of refugees did not end

Ạbreißkalender *m* tear-off calendar

Ạbreißperforation *f* tear-off perforation

ạb|rennen *vt irreg (fam: eilig aufsuchen)* ■**etw** ~ to run [a]round [somewhere]

ạb|richten *vt (dressieren)* ■**ein Tier** ~ to train an animal; ■**ein Tier darauf ~, etw zu tun** to train an animal to do sth

Ạbrichtung *f (Dressur)* training

Ạbrieb <-[e]s, -e> *m* ❶ *kein pl (bei Reifen)* abrasion ❷ *(von Steinkohle)* dust

ạbriebfest *adj* BAU wear-resistant

Ạbriebfestigkeit *f von Lack, Farbe* abrasion [*or* rub] resistance

ạb|riegeln *vt* ❶ *(absperren)* ■**etw** ~ to cordon [*or* seal] off sth *sep* ❷ *(versperren)* **die Tür** ~ to bolt the door

Ạbrieg(e)lung <-, -en> *f (Absperrung)* cordoning [*or* sealing] off; ***der Einsatzleiter ordnete die ~ des Gebietes an*** the troop leader ordered the area to be cordoned off

ạb|ringen *irreg* I. *vt* ❶ *(abzwingen)* ■**jdm etw** ~ to force sth out of sb ❷ *(geh: durch mühseligen Einsatz abzwingen)* ■**einer S.** *dat* **etw** ~ to wrest sth from sth *form* II. *vr (sich abquälen)* ■**sich** *dat* **etw** ~ to force [oneself to do sth]; ***er rang sich ein Grinsen ab*** he forced a grin; ***sie rang sich eine Entschuldigung ab*** she forced herself to apologize

Ạbriss[RR1] <-e, -e> *m*, **Ạbriß** <-sses, -sse> *m* *kein pl (Abbruch)* demolition; ***die Planierraupe begann mit dem ~ des Gebäudes*** the bulldozer began to tear down the building

Ạbriss[RR2] <-es, -e> *m*, **Ạbriß** <-sses, -sse> *m* *(Übersicht)* summary, survey; ■**ein ~ einer S.** *gen* an outline of sth

Ạbrissarbeiten[RR] *pl* demolition work **Ạbrissfirma**[RR] *f* demolition firm **ạbrissreif**[RR] *adj* in ruins, ready for demolition

ạb|rocken *vi* MUS *(sl)* to rock [till one drops] *sl*

ạb|rollen I. *vi sein* ❶ *(sich abwickeln)* ■[**von etw**] ~ *Kabel, Tau* to unroll [from sth], to roll [off sth] ❷ *(fam: vonstatten gehen)* to go [off], to run; **reibungslos** ~ to go off without a hitch; ***die Show rollte reibungslos ab*** the show ran smoothly ❸ *(sich im Geist abspielen)* ■**vor jdm** ~ to unfold [in front of sb [*or* sb's eyes]]; ■**etw** [**vor sich**] ~ **lassen** to let sth unfold [in one's mind's eye] ❹ *(eine Rollbewegung machen)* ***und den Fuß schön*** ~ and gently roll your foot; ***sie ließ sich geschickt*** ~ she rolled over skillfully ❺ *(sich rollend entfernen)* to roll off; ***das Flugzeug rollt zum Start ab*** the plane taxied out for take-off II. *vt haben* ■**etw** [**von etw**] ~ to unroll [*or* unreel] sth [from sth]

Ạbrollgerät *nt* INFORM trackball **Ạbrollkosten** *pl* cartage **Ạbrollmenü** *nt* INFORM pull-down menu

ạb|rücken I. *vi sein* ❶ *(sich distanzieren)* ■**von etw/jdm** ~ to distance oneself from sth/sb, to back off from sth/sb ❷ MIL *(abmarschieren)* ■[**irgendwohin**] ~ to march off [to somewhere] ❸ *(hum: weggehen)* to go away ❹ *(wegrücken)* ■[**von etw/jdm**] ~ to move away [*or* back] [from sth/sb] II. *vt haben (wegschieben)* ■**etw** [**von etw**] ~ to move sth away [from sth]; **ein Möbelstück von der Wand** ~ to push a piece of furniture away from the wall

Ạbruf *m* ❶ *(Bereitschaft)* **auf** ~ on alert; ***er hielt sich auf~ bereit*** he was on alert ❷ INFORM recall, recovery ❸ ÖKON **auf** ~ on call purchase

Ạbrufauftrag *m* ÖKON make-and-hold-order

ạbrufbar *adj* INFORM retrievable

ạbrufbereit I. *adj* ❶ *(einsatzbereit)* on alert ❷ *(abholbereit)* ready for collection ❸ *(verfügbar)* disposable, approved; **ein ~er Kredit** an approved overdraft limit II. *adv* ❶ *(einsatzbereit)* on alert ❷ *(abholbereit)* ready for collection

ạb|rufen *vt irreg* ❶ *(wegrufen)* ■**jdn** [**von etw**] ~ to call sb away [from sth] ❷ *(liefern lassen)* ■**etw** [**bei jdm**] ~ to have sth delivered [by sb]; ***die Barren lagern im Safe der Bank, bis sie abgerufen werden*** the ingots are stored in the safe at the bank until they are collected ❸ *(abheben)* ■**etw** ~ to withdraw sth; ***wir werden die Summe von Ihrem Konto*** ~ we will debit your account by this amount ❹ INFORM ■**etw** [**aus etw**] ~ to retrieve [*or* recover] sth [from sth]

ạb|runden *vt* ❶ *(auf einen vollen Betrag kürzen)* ■**etw** [**auf etw** *akk*] ~ to round sth down [to sth]; ■**abgerundet** rounded down ❷ *(perfektionieren)* ■**etw** ~ to round sth off

ạb|rupfen *vt (fam: abreißen)* ■**etw** ~ to pull off sth *sep*

abrụpt I. *adj (plötzlich)* abrupt II. *adv (unvermittelt)* abruptly, without warning

ạb|rüsten I. *vi* ❶ *(die Arsenale verringern)* ■[**um etw** *akk*/**auf etw** *akk*] ~ to disarm [by sth/to sth] ❷ BAU to remove [*or* take down] the scaffolding II. *vt* ❶ *(Waffen reduzieren)* ■**etw** [**um etw** *akk*/**auf etw** *akk*] ~ to disarm [by sth/to sth]; ***es wurde gefordert, die Bundeswehr abzurüsten*** the Federal Armed Forces were ordered to disarm ❷ *(das Gerüst entfernen von)* ■**etw** ~ to remove the scaffolding from sth

Ạbrüstung *f kein pl (das Abrüsten)* disarmament

Ạbrüstungsgespräche *pl* POL disarmament talks *pl* **Ạbrüstungskonferenz** *f* POL disarmament conference **Ạbrüstungsverhandlungen** *pl* POL disarmament negotiations

ạb|rutschen *vi sein* ❶ *(abgleiten)* ■[**an etw** *dat*/**von etw** *dat*] ~ to slip [on sth/from sth]; ***seine Finger rutschten am glatten Fels immer wieder ab*** his fingers kept slipping from the smooth rocks ❷ *(fig: sich verschlechtern)* ■**auf etw** *akk* ~ to drop to sth ❸ *(fig: herunterkommen)* to go downhill; ***sie muss aufpassen, dass sie nicht völlig abrutscht*** she

has to watch out that she does not completely go downhill
Abruzzen *pl* ■**die** ~ the Abruzzi *npl*
ABS <-> *nt Abk von* **Antiblockiersystem** ABS
Abs. *m Abk von* **Absatz** par. [*or* para.]
ab|sacken *vi sein* ❶ (*einsinken*) to subside, to sink
❷ LUFT to drop, to lose altitude
❸ (*fam: sich verschlechtern*) ■**[auf etw** *akk*] ~ to drop [*or* deteriorate] [to sth]; ***sie ist in ihren Leistungen sehr abgesackt*** her performance has deteriorated considerably
❹ MED (*fam*) ■**[auf etw** *akk*] ~ to sink [*or* drop] [to sth]
❺ (*fig*) *Gewinne* to plummet
Absage *f* ❶ (*negativer Bescheid*) refusal; **eine ~ auf eine Bewerbung** a rejection to a job application; **jdm eine ~ erteilen** (*geh*) to refuse sb
❷ (*Ablehnung*) ■**eine ~ an etw** *akk* a rejection of sth
ab|sagen I. *vt* (*rückgängig machen*) ■**etw** ~ to cancel [*or* call off] sth; **die Teilnahme an etw** ~ to cry off [*or* cancel]
II. *vi* (*informieren, dass man nicht teilnimmt*) **eine Einladung von jdm** ~ to decline sb's invitation; ***ich muss leider*** ~ I'm afraid I'll have to cry off; ***hast du schon bei ihr abgesagt?*** have you told her you're not coming?
ab|sägen *vt* ❶ (*abtrennen*) ■**etw** ~ to saw off sth *sep;* **einen Baum** ~ to saw down a tree *sep,* to fell a tree
❷ (*fam: um seine Stellung bringen*) ■**jdn** ~ to give sb the chop [*or* AM ax]; *s. a.* **Ast**
ab|sahnen I. *vt* ❶ (*fam: sich verschaffen*) ■**etw** ~ to cream off sth *sep fam*
❷ KOCHK **Milch** ~ to skim milk
II. *vi* ❶ (*fam: Geld raffen*) ■**[bei jdm]** ~ to cream off [from sb]
❷ KOCHK to skim
Absahner(in) <-s, -> *m(f)* (*pej*) scrounger, BRIT *a.* spawny git
ab|satteln I. *vt* **ein Pferd** ~ to unsaddle a horse
II. *vi* (*fig: aufhören*) to stop
Absatz[1] *m* ❶ (*Schuh~*) heel
❷ (*Abschnitt*) paragraph; **einen ~ machen** to begin a paragraph
❸ (*Treppen~*) landing
► WENDUNGEN: **auf dem ~ kehrtmachen** to turn on one's heel
Absatz[2] *m* sales *pl;* ~ **finden** to find a market; ***die neue Kollektion fand reißenden*** ~ the new collection sold like hot cakes
Absatzanfang *m* TYPO, INFORM beginning of paragraph **absatzbedingt** *adj* HANDEL market-related *pred* **Absatzbehinderung** *f* HANDEL sales barrier **Absatzbeschränkung** *f* HANDEL sales restriction **Absatzbindung** *f* HANDEL tying distribution arrangement **Absatzbindungsvertrag** *m* JUR tying distribution contract **Absatzeinzug** *m* TYPO, INFORM paragraph indent **Absatzende** *nt* TYPO, INFORM end of paragraph **Absatzerwartungen** *pl* HANDEL sales prospects **absatzfähig** *adj* saleable BRIT, salable AM **Absatzflaute** *f* ÖKON period of slack sales **Absatzförderung** *f* ÖKON sales promotion **Absatzformat** *nt* TYPO, INFORM paragraph format **Absatzformatierung** *f* INFORM paragraph formatting **Absatzgebiet** *nt* sales area **Absatzkampagne** *f* HANDEL sales drive **Absatzkartell** *nt* JUR sales cartel **Absatzmarkt** *m* HANDEL market, outlet; **begrenzter ~** limited market **Absatzmittler(in)** *m(f)* HANDEL marketing [*or* sales] agent **Absatzplus** *nt kein pl* HANDEL increase of sales, sales plus **Absatzprognose** *f* sales forecast **Absatzprognosen** *pl* HANDEL sales prospects **Absatzrenner** *m* best-seller, no. 1 seller, big seller **Absatzschiene** *f* HANDEL trade channel **Absatzschutz** *m* INFORM paragraph protection **Absatzschwierigkeiten** *pl* sales problem **Absatzsteigerung** *f* ÖKON increase in sales **Absatzstockung** *f* HANDEL stagnation in trade **Absatzvermittler(in)** *m(f)* HANDEL sales agent **Absatzvolumen** *nt* ÖKON sales volume [*or* volume in sales]
Absatzweg *f* HANDEL *s.* **Absatzschiene**
absatzweise *adv* (*Absatz für Absatz*) paragraph by paragraph
Absatzzahlen *pl* HANDEL sales figures
ab|saufen *vi irreg sein* ❶ (*sl: ertrinken*) ■**[in etw** *dat*] ~ to drown [in sth]
❷ (*unter Wasser gesetzt werden*) to be flooded
❸ NAUT (*fam*) to sink
❹ AUTO (*fam*) to flood; ***na, will er nicht anspringen? ist dir wohl abgesoffen?*** it won't start, will it? you've flooded it!
Absauganlage *f* air filtering system
Absaugen <-s> *nt kein pl* MED *von Fett* liposuction
ab|saugen *vt* ❶ (*durch Saugen entfernen*) ■**etw [aus etw/von etw]** ~ to draw [*or* suck] off sth [out of [*or* from] sth]; **Fett** ~ to suck up fat
❷ (*mit dem Staubsauger reinigen*) ■**etw** ~ to vacuum sth; ■**etw von etw** ~ to use the vacuum cleaner to remove sth from sth
ab|schaben *vt* ❶ ■**etw [von etw]** ~ to scrape sth [off sth]
❷ (*verschleißen*) to wear through [*or* thin]; **ein abgeschabter Mantel** a tattered coat
ab|schaffen *vt* ❶ (*außer Kraft setzen*) ■**etw** ~ to do away with sth, to abolish sth; **ein Gesetz** ~ to repeal a law
❷ (*weggeben*) ■**etw/ein Tier** ~ to get rid of sth/ an animal, to dispose of [*or* dispense with] sth
Abschaffung *f* ❶ (*das Abschaffen*) abolition; **die ~ eines Gesetzes** the repeal of a law
❷ (*Weggabe*) disposal
ab|schälen I. *vt* ■**etw [von etw]** ~ to peel sth off [sth], to remove sth [from sth]; **die Rinde von einem Baum** ~ to bark a tree
II. *vr* ■**sich** ~ to peel off; ***nach dem Sonnenbad begann sich ihre Haut abzuschälen*** after lying in the sun she began to peel
Abschaltautomatik *f* automatic shut-off [*or* cutoff] [*or* cutout]
ab|schalten I. *vt* (*abstellen*) ■**etw** ~ to turn off *sep* [*or sep* turn out] [*or sep* switch off] sth; **ein Kernkraftwerk** ~ to turn a nuclear power plant off
II. *vi* (*fam: nicht mehr aufmerksam sein*) to switch off *fam*
III. *vr* ■**sich** ~ to disconnect, to cut out, to switch itself off
Abschaltung *f* switching off; *Kontakt* disconnection
ab|schätzen *vt* ❶ (*einschätzen*) ■**etw** ~ to assess; ***ich kann ihre Reaktion schlecht*** ~ I can't even guess at her reaction; ***es ist nicht abzuschätzen ...*** it's not possible to say ...
❷ (*ungefähr schätzen*) ■**etw** ~ to estimate
abschätzend I. *adj* speculative, thoughtful; **ein ~er Blick** an appraising look
II. *adv* speculatively, thoughtfully
abschätzig I. *adj* disparaging, scornful, contemptuous
II. *adv* disparagingly, scornfully, contemptuously; **sich** *akk* ~ **über jdn/etw äußern** to make disparaging remarks about sb/sth
Abschätzung *f* estimation, assessment
ab|schauen *vt* SÜDD, ÖSTERR, SCHWEIZ ■**etw [von** [*o* **bei] jdm]** ~ ❶ (*nachahmen*) to copy sth by watching [sb doing sth]; ***das hast du sicher von ihm abgeschaut!*** I bet you learnt that from him!
❷ SCH (*abschreiben*) to copy sth [from sb], to crib [from sb] *fam*
Abschaum *m kein pl* (*pej*) scum *no pl,* dregs *npl*
ab|scheiben *vt* BAU ■**etw** ~ to trowel-smooth sth
ab|scheiden *irreg* **I.** *vt haben* ❶ MED ■**etw** ~ to secrete [*or* discharge] sth
❷ (*separieren*) ■**etw von etw** ~ to separate sth from sth
II. *vr* ❶ MED ■**sich** ~ to be secreted [*or* discharged]
❷ (*sich abtrennen*) ■**sich von etw** ~ to separate from sth; ***Öl und Wasser scheiden sich voneinander ab*** oil and water separate
ab|scheren *vt* to cut; ■**[jdm/einem Tier] etw** ~ to cut [sb's/an animal's] sth; **einem Schaf die Wolle** ~ to shear a sheep [of its wool]; ***dir haben sie die Haare ziemlich abgeschoren!*** they've really cropped your hair short!
Abscheu <-[e]s> *m kein pl* (*Ekel*) revulsion, disgust, loathing; ■**jds ~ vor etw** *dat* sb's revulsion against/at/towards sth, sb's disgust at/with, sb's loathing for sth; ***sie konnte ihren ~ vor Spinnen kaum verbergen*** she could hardly conceal her loathing for spiders; ~ **vor jdm/etw empfinden** to feel revulsion towards [*or* be revolted by] [*or* be disgusted at/with] sb/sth
ab|scheuern I. *vt* ❶ (*durch Scheuern reinigen/ entfernen*) ■**etw [mit etw]** ~ to scrub [*or* scour] sth [with sth]
❷ (*an der Kleidung abwetzen*) ■**[sich** *dat*] **etw** ~ to wear sth through [*or* out]; ■**abgescheuert** worn through [*or* out]
❸ (*abschürfen*) ■**etw** ~ to rub [*or* chafe] sth
II. *vr* (*sich abwetzen*) ■**sich** ~ to wear thin [*or* through] [*or* out]
abscheulich *adj* ❶ (*entsetzlich*) revolting, horrible, dreadful; **ein ~es Verbrechen** a horrifying [*or* heinous] crime, an atrocious crime
❷ (*fam: unerträglich*) dreadful, terrible; ***das Essen schmeckt mal wieder*** ~ the food tastes revolting [*or* disgusting] again
Abscheulichkeit <-, -en> *f* ❶ *kein pl* (*Scheußlichkeit*) atrociousness, dreadfulness
❷ (*schreckliche Sache*) atrocity; **kriegerische ~en** atrocities of war
ab|schicken *vt* ■**etw** ~ to send sth [off], to dispatch sth; **einen Brief** ~ to post [*or* AM mail] a letter
Abschiebehaft *f* JUR remand pending deportation; **sich in ~ befinden** to be held on remand pending deportation; **jdn in ~ nehmen** to remand sb pending deportation **Abschiebehindernis** *nt* obstacle [*or* impediment] to deportation
ab|schieben *irreg* **I.** *vt haben* ❶ (*ausweisen*) ■**jdn** ~ to deport sb
❷ (*abwälzen*) ■**etw auf jdn** ~ to pass sth on to sb; **die Schuld auf jdn** ~ to shift the blame onto sb; ***er versucht immer, die Verantwortung auf andere abzuschieben*** he's always trying to pass the buck *fam*
❸ (*abrücken*) ■**etw von etw** ~ to push [*or* move] [*or fam* shove] sth away from sth
II. *vi sein* (*sl*) to push off; ***komm, schieb jetzt ab!*** push off, will you!, go on, get lost [*or* out of here]! *fam*
Abschiebestopp[RR] *m* POL deportation prevention; **einen ~ verhängen** to order a halt to deportations
Abschiebung *f* deportation
Abschiebungsanordnung *f* JUR deportation order **Abschiebungshaft** <-> *f kein pl* JUR remand pending deportation
Abschied <-[e]s, -e> *m* ❶ (*Trennung*) farewell, parting; ***der ~ fiel ihr nicht leicht*** she found it difficult to say goodbye; ***es ist ja kein ~ für immer*** we're not saying goodbye forever; ■**~ von jdm/ etw** parting from sb/sth; **von jdm ~ nehmen** to say goodbye [*or* farewell] to sb; **von etw ~ nehmen** to part with sth; ***ich hasse ~e*** I hate farewells [*or* goodbyes]; **zum** ~ as a token of farewell *liter;* ***sie gab ihm zum ~ einen Kuss*** she gave him a goodbye [*or* farewell] kiss
❷ (*geh: das Aufgeben*) ■**~ von etw** to take leave from sth; ***der ~ von alten Gewohnheiten fiel ihm nicht leicht*** it was hard for him to break his old habits
❸ (*Entlassung*) **jdm den ~ geben** to dismiss sb; **seinen ~ nehmen** to resign
Abschiedsbesuch *m* farewell visit; ***er machte bei seinen Freunden noch einen*** ~ he visited his friends one last time **Abschiedsbrief** *m* farewell letter **Abschiedsfeier** *f* farewell [*or* going-away] party **Abschiedsgesuch** *nt* resignation; **sein ~ einreichen** to tender one's resignation **Abschiedsgruß** *m* goodbye, farewell **Abschiedskuss**[RR] *m* parting [*or* goodbye] [*or* farewell] kiss **Abschiedsrede** *f* farewell speech **Abschiedsschmerz** *m* (*geh*) pain of separation

[*or* parting] **Abschiedsszene** *f* farewell scene **Abschiedsträne** *f* tears of farewell *pl*

ab|schießen *vt irreg* ❶ (*durch Schüsse zerstören*) ■**jdn/etw** ~ to shoot sb/sth [down]; **ein Flugzeug/einen Piloten** ~ to shoot down a plane/pilot; **einen Panzer** ~ to disable a tank
❷ (*schießen*) ■**ein Tier** ~ to shoot an animal; *s. a.* **Vogel**
❸ (*abfeuern*) ■**etw [auf etw/jdn]** ~ to fire sth [off] [at sth/sb]; **einen Böller** ~ to let off a banger BRIT, to shoot off a firework AM; **eine Rakete/einen Torpedo** ~ to launch a missile/torpedo
❹ (*sl: erschießen*) ■**jdn** ~ to shoot sb
❺ (*fam: beruflich absägen*) ■**jdn** ~ to put the skids under sb *fam*, to dump sb *fam*, to get rid of sb

ab|schilfern *vi sein* DIAL (*sich schuppen*) ■**[von etw]** ~ to peel off [from sth]

ab|schinden *vr irreg* (*fam*) ■**sich [an etw** *dat*] ~ to sweat blood [*or fam* your guts out], to work one's fingers to the bone *fam*, to slog away [at sth] *fam*, to work one's socks off [at sth] *fam*; ■**sich mit jdm** ~ to sweat blood to help sb; ■**sich mit etw** ~ to slog away [*or* work one's socks off] at sth *fam*; **sich mit der Arbeit** ~ to sweat away at one's work *fam*

Abschirmdienst *m* MIL counter-intelligence

ab|schirmen *vt* ❶ (*isolieren, schützen*) ■**jdn/sich [von jdm/etw]** ~ to isolate [*or* protect] [*or* shield] sb/oneself [from sb/sth]; ■**abgeschirmt** isolated
❷ (*verdecken, dämpfen*) ■**etw** ~ to shield sth; **ein Licht** ~ to shade a light

Abschirmung <-, -en> *f* ❶ (*Schutz*) isolation
❷ (*Dämpfen, Zurückhalten*) shield, screen, protection; *von Licht* shading; **eine ~ aus Blei** a lead screen

ab|schlachten *vt* ■**jdn/ein Tier** ~ to butcher [*or* slaughter] sb/an animal; ■**sich [gegenseitig]** ~ to slaughter [*or* butcher] each other

ab|schlaffen *vi sein* (*fam*) to droop [*or* flag]; ■**abgeschlafft** dog-tired *fam*, frazzled *fam*, [dead] beat *sl*; **abgeschlaffte Typen** dead beats; ***sie wirkt in letzter Zeit ziemlich abgeschlafft*** she's been looking quite frazzled recently

Abschlag *m* ❶ (*Preisnachlass*) discount, [price] reduction; **einen ~ von den Listenpreisen machen** to give a discount on the list prices
❷ (*Vorschuss*) ■**ein ~ auf etw** *akk* an advance payment on sth; ***sie erhielten einen ~ von 5000 Mark*** they received a payment of DM 5000 in advance
❸ FBALL kickout, punt; (*beim Golf*) tee-off; (*~fläche*) tee; (*in Hockey*) bully[-off]

ab|schlagen *irreg* **I.** *vt* ❶ (*durch Schlagen abtrennen*) ■**etw [von etw]** ~ to knock sth [off sth]; **einen Ast** ~ to knock down [*or* break off] a branch; **jdm den Kopf** ~ to cut [*or* chop] off sb's head
❷ (*fällen*) ■**etw** ~ to cut [*or* chop] sth down
❸ (*ablehnen*) ■**jdm etw** ~ to deny [*or* refuse] sb sth; **eine Einladung/einen Vorschlag/einen Wunsch** ~ to turn down an invitation/a suggestion/a request; ***er kann keinem etwas*** ~ he can't refuse anybody anything
❹ MIL (*zurückschlagen*) ■**jdn/etw** ~ to beat [*or* drive] sb/sth off
❺ SPORT (*abwehren*) ***der Torwart schlug den Ball ab*** the goalkeeper took a goal kick
❻ SPORT (*fig: im Hintertreffen sein*) ■**abgeschlagen sein** to have fallen behind; ***die Konkurrenz war weit abgeschlagen*** the competitors were totally wiped out
II. *vr* (*kondensieren*) ■**sich an etw** *dat* ~ to form as condensation on sth

abschlägig *adj* negative; **ein ~er Bescheid** a refusal, a negative reply; **jdn/etw ~ bescheiden** (*geh*) to refuse [*or* reject] sb/sth; **einen Antrag/ein Gesuch ~ bescheiden** to turn down a proposal/request

Abschlagsdividende *f* FIN interim dividend

Abschlag(s)zahlung *f* (*Vorschusszahlung*) part [*or* partial] payment

ab|schleifen *irreg* **I.** *vt* ■**etw** ~ to sand sth [down]
II. *vr* ❶ (*sich beim Schleifen abnutzen*) ■**sich** ~ to grind down
❷ (*fig: verschwinden*) ■**sich** ~ to wear off; ***das schleift sich (noch) ab*** that'll wear off

Abschleppdienst *m* breakdown [*or* AM towing] service

ab|schleppen **I.** *vt* ❶ (*wegziehen*) ■**jdn/etw** ~ *Fahrzeug, Schiff* to tow sb/sth [away]; ***unbefugt Parkende werden kostenpflichtig abgeschleppt*** unauthorized cars will be towed away at the owner's expense
❷ (*fam: mitnehmen*) ■**jdn** ~ to pick sb up *fam*; ***jede Woche schleppt er eine andere ab*** he comes home with a different girl every week
II. *vr* (*fam: sich beim Tragen abmühen*) ■**sich [mit etw]** ~ to struggle [with sth], to haul [*or fam* lug] sth [somewhere]

Abschleppfahrzeug *nt* breakdown [*or* AM tow] truck **Abschleppseil** *nt* tow rope **Abschleppstange** *f* AUTO tow bar **Abschleppwagen** *m* AUTO recovery vehicle BRIT, tow truck AM

ab|schließen *irreg* **I.** *vt* ❶ (*verschließen*) ■**etw** ~ to lock sth; **ein Auto/einen Schrank/eine Tür** ~ to lock a car/cupboard/door
❷ (*isolieren*) ■**etw** ~ to seal sth; **ein Einmachglas/einen Raum** ~ to seal a jar/room; **hermetisch abgeschlossen** hermetically sealed; **luftdicht** ~ to put an airtight seal on sth
❸ (*beenden*) ■**etw [mit etw]** ~ to finish [*or* complete] sth [with sth]; **mit einer Diplomprüfung** ~ to graduate; **ein abgeschlossenes Studium** completed studies; **eine Diskussion** ~ to end a discussion
❹ (*vereinbaren*) ■**etw [mit jdm]** ~ to agree to sth [with sb]; **ein Geschäft** ~ to close a deal, seal an agreement; **eine Versicherung** ~ to take out insurance [*or* an insurance policy]; **einen Vertrag** ~ to sign [*or* conclude] a contract; **ein abgeschlossener Vertrag** a signed contract; **eine Wette** ~ to place a bet
❺ ÖKON ■**etw** ~ to settle sth; **ein Geschäftsbuch** ~ to close the accounts
II. *vi* ❶ (*zuschließen*) to lock up; ***vergiss das Abschließen nicht!*** don't forget to lock up!
❷ (*einen Vertrag schließen*) ■**[mit jdm]** ~ to agree a contract [*or* [the] terms] [with sb]
❸ (*mit etw enden*) ■**mit etw** ~ to end [*or* conclude] with sth; ***der Kurs schließt mit einer schriftlichen Prüfung ab*** there is a written exam at the end of the course
❹ FIN, ÖKON ■**mit etw** ~ to close [*or* conclude] with sth
❺ (*Schluss machen*) ■**mit etw/jdm** ~ to finish [*or* be through] with sb/sth, to put sb/sth behind oneself; ***er hatte mit dem Leben abgeschlossen*** he no longer wanted to live; ***mit der Schauspielerei habe ich endgültig abgeschlossen*** I will never act again
❻ (*zum Schluss kommen*) to close, end; ***sie schloss ihre Rede mit einem Zitat von Morgenstern ab*** she ended [*or* concluded] her speech with a quotation from Morgenstern
III. *vr* (*sich isolieren*) ■**sich [von jdm/etw]** ~ to shut oneself off [*or* away] [from sb/sth]

abschließend **I.** *adj* (*den Abschluss bildend*) closing; **einige ~e Bemerkungen machen** to make a few closing remarks
II. *adv* (*zum Abschluss*) in conclusion, finally; ***~ möchte ich noch etwas anmerken*** finally I would like to point something out

Abschluss^RR <-es, Abschlüsse> *m*, **Abschluß** <-sses, Abschlüsse> *m* ❶ *kein pl* (*Ende*) conclusion; ■**etw zum ~ bringen** to bring sth to a conclusion [*or* close]; **seinen ~ finden** (*geh*) to conclude; **zum ~ kommen** to draw to a conclusion; **kurz vor dem ~ stehen** to be shortly before the end; **zum ~ von etw** as a conclusion to sth; ***zum ~ möchte ich Ihnen allen danken*** finally [*or* in conclusion], I would like to thank you all
❷ (*abschließendes Zeugnis*) *final certificate from educational establishment;* ***ohne ~ haben Bewerber keine Chance*** applicants without a certificate don't stand a chance; ***viele Schüler verlassen die Schule ohne ~*** a lot of pupils leave school without taking their final exams; ***welchen ~ haben Sie? Magisterexamen?*** what is your final qualification? a master's?
❸ (*das Abschließen, Vereinbarung*) settlement; *einer Versicherung* taking out; *eines Vertrags* signing
❹ (*Geschäft*) deal; ***ich habe den ~ so gut wie in der Tasche!*** I've got the deal just about sewn up!; **einen ~ tätigen** to conclude [*or* make] a deal
❺ FIN (*Jahresabrechnung*) accounts, books; **der jährliche ~** the annual closing of accounts
❻ *kein pl* ÖKON (*Ende des Finanzjahres*) [end of the] financial [*or* fiscal] year; **der ~ der Inventur** the completion of the inventory

Abschlussarbeit^RR *f* SCH final assignment [*or* project] **Abschlussball**^RR *m* graduation ball **Abschlussbericht**^RR *m* ÖKON final report **Abschlussbilanz**^RR *f* FIN [annual] balance sheet **Abschlussbindung**^RR *f* JUR tying contract **Abschlussbuchung**^RR *f* FIN closing entry **Abschlussdividende**^RR *f* FIN final [*or* year-end] dividend **Abschlusserklärung**^RR *f* POL final declaration **Abschlussfeier**^RR *f* (*Feier zur Schulentlassung*) graduation party [*or* ball] **Abschlussfreiheit**^RR *f* JUR freedom to contract **Abschlussklasse**^RR *f* SCH graduating class **Abschlusskundgebung**^RR *f* final rally **Abschlussleiste**^RR *f* BAU wall filler **Abschlussort**^RR *m* JUR place of contracting [*or* signature] **Abschlussprofil**^RR *nt* BAU end profile **Abschlussprüfer(in)**^RR *m(f)* FIN auditor **Abschlussprüfung**^RR *f* ❶ SCH final exam[s], finals ❷ ÖKON statutory balance sheet audit, audit of annual accounts BRIT **Abschlussrechnung**^RR *f* ❶ BÖRSE settlement note ❷ FIN final account **Abschlusstermin**^RR *m* ÖKON target day **Abschlussvertreter(in)**^RR *m(f)* HANDEL commercial agent **Abschlussvollmacht**^RR *f* JUR power [*or* authority] to contract **Abschlusszeugnis**^RR *nt* leaving certificate BRIT, diploma AM

ab|schmecken **I.** *vt* ❶ (*würzen*) ■**etw [mit etw]** ~ to season sth [with sth]
❷ (*versuchen*) ■**etw** ~ to taste sth
II. *vi* ❶ (*würzen*) to season
❷ (*versuchen*) to taste [*or* try]; ***schmeckst du bitte mal ab?*** could you please taste [*or* try] it?

ab|schmelzen *irreg* **I.** *vt haben* ■**etw** ~ to melt [off] sth *sep*
II. *vi sein* (*schmelzen*) to melt

ab|schmettern *vt* (*fam*) ■**etw** ~ to shoot sth down *fam*; **einen Angriff** ~ to beat off an attack; **einen Antrag** ~ to throw out a proposal; **eine Berufung** ~ to refuse an appeal; ***die Klage wurde abgeschmettert*** the case was thrown out

Abschmieren <-s> *nt kein pl* TYPO smearing, set off

ab|schmieren **I.** *vt haben* ❶ (*mit Schmierfett versehen*) ■**etw** ~ to lubricate [*or* grease] sth
❷ (*fam: unsauber abschreiben*) ■**etw [von jdm/irgendwo]** ~ to pinch [*or* crib] sth [from sb/somewhere] *fam*
II. *vi sein* (*abstürzen*) to crash

abschminken *vt* ❶ (*Schminke entfernen*) ■**sich/jdn** ~ to take off [*or* remove] one's/sb's make-up; ■**abgeschminkt** without make-up
❷ (*fam: aufgeben*) ■**sich** *dat* **etw** ~ to give sth up; ***das können Sie sich ~!*** you can forget about that!; ***das habe ich mir schon längst abgeschminkt*** I gave that idea up ages ago

Abschminkmittel *nt* make-up remover **Abschminkpad** <-s, -s> *nt* remover pad

ab|schmirgeln *vt* to sand [down], to rub down

ab|schnallen **I.** *vt* (*losschnallen*) ■**etw** ~ to unbuckle sth; ■**sich** ~ to unbuckle; ***nach der Landung schnallte ich mich ab*** after the landing I undid the seat belt
II. *vi* (*sl*) ❶ (*nicht verstehen können*) to be lost; ***bei seinen Erklärungen schnalle ich jedesmal ab*** he always looses me when he explains things

❷ (*fassungslos sein*) to be thunderstruck [*or* staggered]; ***da schnallst du ab!*** it's incredible [*or* amazing]!

ab|schneiden *irreg* **I.** *vt* ❶ (*durch Schneiden abtrennen*) ■**etw** ~ to cut sth [off]; ***könntest du mir ein Stück Brot ~?*** could you slice me a piece of bread?; **jdm die Haare** ~ to cut sb's hair
❷ (*unterbrechen, absperren*) **jdm den Fluchtweg** ~ to cut off sb's escape route; **jdm den Weg** ~ to intercept sb; **jdm das Wort** ~ to cut sb short
❸ (*isolieren*) ■**jdn/etw von jdm/etw** ~ to cut sb/sth off from sb/sth; **jdn von der Außenwelt/der Menschheit** ~ to cut sb off from the outside world/humanity
II. *vi* (*fam*) to perform; **bei etw gut/schlecht** ~ to do [*or dated* fare] well/badly at sth; ***wie hast du bei der Prüfung abgeschnitten?*** how did you do in the exam?; ***sie schnitt bei der Prüfung als Beste ab*** she got the best mark in the exam

ab|schnippeln *vt* (*fam: abschneiden*) ■**etw [von etw]** ~ to snip [*or* cut] sth off [from sth]

Abschnitt *m* ❶ (*abtrennbarer Teil*) counterfoil BRIT, stub AM; **der ~ einer Eintrittskarte** ticket stub
❷ (*Zeit~*) phase, period; ***ein neuer ~ der Geschichte*** a new era in history; ***es begann ein neuer ~ in seinem Leben*** a new chapter of his life began
❸ (*Unterteilung*) part, section; *einer Autobahn, Rennstrecke* section
❹ MIL sector
❺ MATH segment

ab|schnüren *vt* **jdm den Arm** ~ to put a tourniquet around sb's arm; **jdm das Blut** ~ to cut off sb's blood circulation; **jdm die Luft** ~ to choke sb; (*fig a.*) to ruin sb

ab|schöpfen *vt* ❶ (*herunternehmen*) ■**etw [von etw]** ~ to skim sth off [from sth]; **die Sahne** ~ to skim the cream
❷ ÖKON (*dem Geldverkehr entnehmen*) ■**etw** ~ to absorb sth; **Gewinne** ~ to cream [*or* siphon] off profits; **die Kaufkraft** ~ to reduce spending power

Abschöpfung <-, -en> *f* FIN skimming [off]

ab|schotten *vt* ❶ NAUT ■**etw** ~ to build in watertight doors and hatches
❷ (*isolieren*) ■**jdn/etw** ~ to cut sb/sth off, to isolate sb/sth; ***der Präsident wurde durch seine Leibwächter abgeschottet*** the president was guarded by his bodyguards; ■**sich** ~ to cut oneself off, to isolate oneself; ***die Mönche führen ein abgeschottetes Leben*** the monks lead a secluded [*or* cloistered] life

Abschottung <-, -en> *f* shield, isolation

ab|schrägen *vt* ■**etw** ~ to slope sth; **ein Brett** ~ to bevel a plank; ■**abgeschrägt** sloping

Abschrägung <-, -en> *f* slope, slant, bevel

ab|schrauben *vt* ■**etw [von etw]** ~ to unscrew sth [from sth]; ***der Deckel lässt sich nicht ~*** I can't unscrew the lid

ab|schrecken **I.** *vt* ❶ (*abhalten*) ■**jdn [von etw]** ~ to frighten [*or* scare] [*or* put] sb off [sth], to deter sb [from doing sth]; ***er ließ sich nicht von seinem Plan ~*** he wasn't put off from carrying out his plan
❷ KOCHK ■**etw** ~ to rinse with cold water; **ein Ei** ~ to dip an egg in cold water
II. *vi* (*abschreckend sein*) to deter, to act as a deterrent

abschreckend **I.** *adj* ❶ (*abhaltend, warnend*) deterrent; **ein ~es Beispiel** a warning; ***die hohen Geldstrafen sollen ~ wirken*** the high fines are designed to be a powerful deterrent
❷ (*abstoßend*) abhorrent; **ein ~es Aussehen [*o* Äußeres]** forbidding appearance; **ein ~er Eindruck** a [very] unfavourable [*or* AM -orable] impression
II. *adv* (*abhaltend*) ~ **wirken** to act as a deterrent

Abschreckung <-, -en> *f* deterrent; **als ~ dienen** to act as a deterrent

Abschreckungsmittel *nt* deterrent measure

Abschreckungsszenario *nt* scenario of deterrence; **glaubwürdiges ~** credible deterrent

Abschreckungswaffe *f* deterrent weapon, weapon of deterrence

ab|schreiben *irreg* **I.** *vt* ❶ (*handschriftlich kopieren*) ■**etw** ~ to copy sth; ***Mönche haben die alten Handschriften abgeschrieben*** monks transcribed the old scripts
❷ (*plagiieren*) ■**etw [bei [*o* von] jdm]** ~ to copy [*or* crib] sth [from sb]; ***das hast du doch aus dem Buch abgeschrieben!*** you copied that from the book!
❸ FIN (*abziehen*) ■**etw** ~ to write sth off
❹ (*verloren geben*) ■**jdn/etw** ~ to write sb/sth off; **bei jdm abgeschrieben sein** (*fam*) to be out of favour [*or* AM -or] with sb; ***ich bin bei ihr endgültig abgeschrieben*** she's washed her hands of me; ***du bist abgeschrieben!*** you're all washed up!
II. *vi* ❶ (*plagiieren*) ■**[von jdm/etw]** ~ to copy [from sb/sth]; ***er hatte seitenweise abgeschrieben*** he plagiarized entire pages; ***wo hat sie das abgeschrieben?*** where did she get that from?
❷ (*schriftlich absagen*) ■**jdm** ~ to cancel in writing; ***du solltest ihm ~, wenn du seine Einladung nicht annehmen kannst*** you should decline his invitation in writing if you can't accept
III. *vr* (*von Stiften*) ■**sich** ~ to wear out

Abschreibepolice *f* FIN open policy

Abschreiber(in) *m(f)* (*fam*) cribber *fam*, plagiarist

Abschreibung *f* ❶ (*steuerliche Geltendmachung*) deduction, tax write-off; ***bei manchen Gütern ist eine sofortige ~ zulässig*** some goods can be deducted immediately; **außerordentliche ~** unplanned [*or* nonscheduled] depreciation; **direkte/indirekte ~** direct/indirect method of depreciation; **progressive/lineare ~** progressive/linear depreciation; **steuerliche ~** tax writeoff
❷ (*Wertminderung*) depreciation

Abschreibungsaufwand *m* FIN depreciation expense **Abschreibungsbetrag** *m* FIN [allowance for] depreciation **abschreibungsfähig** *adj* FIN depreciable, liable to depreciation *pred;* **~e Güter** depreciable assets **Abschreibungsgesellschaft** *f* FIN tax shelter company **Abschreibungsmodell** *nt* FIN depreciation model **Abschreibungsobjekt** *nt* FIN depreciation base **Abschreibungsperiode** *f* FIN depreciation period **abschreibungspflichtig** *adj* FIN depreciable, liable to depreciation *pred* **Abschreibungsprozentsatz** *m* FIN depreciation rate **Abschreibungsquote** *f* FIN depreciation rate **Abschreibungssatz** *m* FIN depreciation rate **Abschreibungsvergünstigung** *f* FIN depreciation allowance **Abschreibungszeitraum** *m* FIN depreciation period

ab|schreiten *vt irreg* (*geh*) ■**etw** ~ ❶ (*durch Schritte abmessen*) to pace sth off [*or* out]
❷ (*gehend inspizieren*) to inspect sth

Abschrift *f* (*Doppel*) copy, duplicate; **eine beglaubigte ~ erteilen** to furnish [*or* deliver] a certified [*or* AM exemplified] copy; ■**in ~** in duplicate

ab|schrubben *vt* (*fam*) ❶ (*reinigen*) ■**etw** ~ to scrub sth; ■**sich** ~ to scrub oneself
❷ (*entfernen*) ■**etw [von etw]** ~ to scrub sth [off sth]; **sich den Dreck** ~ to scrub off the dirt

ab|schuften *vr* (*fam*) ■**sich [an [*o* mit] etw *dat*]** ~ to slave [away] [at sth]

ab|schuppen **I.** *vr* ■**sich** ~ to flake off
II. *vt* ■**etw** ~ to scale sth; **einen Fisch** ~ to scale a fish

ab|schürfen *vt* (*sich durch Schürfen verletzen*) ■**sich *dat* etw** ~ *Haut* to graze sth

Abschürfung <-, -en> *f* (*Schürfwunde*) graze, abrasion

Abschuss[RR] <-es, Abschüsse> *m*, **Abschuß** <-sses, Abschüsse> *m* ❶ (*das Abfeuern*) firing; *einer Rakete* launch; ***fertig machen zum ~!*** stand by to fire!
❷ (*das Abschießen*) shooting down; *eines Panzers* knocking out [*or* destruction]
❸ JAGD shooting; ***Fasane sind zum ~ freigegeben*** it's open season for pheasants
❹ SPORT [goal] kick

Abschussbasis[RR] *f* launch[ing] pad

abschüssig *adj* steep

Abschussliste[RR] *f* hit list; **bei jdm auf der ~ stehen** (*fam*) to be on sb's hit list; **auf der ~ stehen** to be marked out **Abschussplattform**[RR] *f für Raketen* launch[ing] platform **Abschussrampe**[RR] *f* launch[ing] pad [*or* platform]

ab|schütteln *vt* ❶ (*loswerden*) ■**jdn/etw** ~ to shake sb/sth off; ***es gelang ihm, seine Verfolger abzuschütteln*** he succeeded in shaking off his pursuers; ***sie versuchte, ihre Müdigkeit abzuschütteln*** she tried to ward off sleep; **die Knechtschaft ~** to deliver oneself from bondage
❷ (*durch schütteln säubern*) ■**etw [von etw]** ~ to shake sth [off sth]

ab|schütten *vt* ■**etw** ~ ❶ (*abgießen*) to pour off
❷ (*teilweise abgießen*) ■**etw** ~ to pour off some liquid
❸ (*Kochwasser wegschütten*) ■**etw** ~ to drain sth; **die Kartoffeln ~** to strain the potatoes

ab|schwächen **I.** *vt* ■**etw** ~ ❶ (*weniger drastisch machen*) to tone sth down, to moderate sth
❷ (*vermindern*) to reduce
II. *vr* ■**sich** ~ ❶ (*leiser werden*) to diminish, to quieten [*or* AM quiet] down
❷ (*an Intensität verlieren*) to get weaker [*or* diminish] [*or* decrease]
❸ (*sich vermindern*) to diminish; ***die Inflation hat sich deutlich abgeschwächt*** inflation has decreased markedly

Abschwächer <-s, -> *m* FOTO reducer

Abschwächung <-, -en> *f* ❶ (*das Abschwächen*) toning-down, moderation
❷ (*Verminderung*) lessening, weakening; METEO *eines Hochs* moving on
❸ (*Verringerung*) decrease; *von Inflation* drop, fall, decrease

ab|schwatzen *vt* (*fam*), **ab|schwätzen** *vt* SÜDD (*fam*) ■**jdm etw** ~ to talk sb into parting with sth; ***diesen Tisch habe ich meiner Oma abgeschwatzt*** I talked my grandmother into giving me this table

ab|schweifen *vi sein* (*abweichen*) ■**[von etw]** ~ to deviate [from sth]; **vom Thema ~** to digress [from a topic]; ***bitte schweifen Sie nicht ab!*** please stick [*or* keep] to the point

Abschweifung <-, -en> *f* deviation; *von einem Thema* digression; ***das ist eine ~ vom Thema!*** that's beside the point!

ab|schwellen *vi irreg sein* ❶ (*sich zurückbilden*) to subside, to go down; ***sein Knöchel ist abgeschwollen*** the swelling has gone down in his ankle; **etw zum A~ bringen** to reduce the swelling of sth
❷ (*geh: leiser werden*) to fade [*or* ebb] away *liter;* ***langsam schwoll der Beifall ab*** the applause slowly faded away

ab|schwenken **I.** *vi sein* ❶ (*durch eine Schwenkung die Richtung ändern*) ■**[von etw]** ~ to change direction [from sth]; ***die Kamera schwenkte nach rechts ab*** the camera panned away to the right; **von einer Straße ~** to turn off [*or* leave] a road; **plötzlich ~** to veer [*or* swerve] away; **plötzlich von einer Straße ~** to swerve off a road
❷ (*Ansichten, Vorgehensweise ändern*) ■**[von etw]** ~ to move [away from sth]; **vom bisherigen Kurs ~** to change one's course
II. *vt haben* (*Wasser abschütteln*) ■**etw** ~ to shake sth dry

ab|schwindeln *vt* (*pej*) ■**jdm etw** ~ to swindle sth out of [*or fam* pinch sth from] sb

ab|schwirren *vi sein* ❶ (*mit einem schwirrenden Geräusch wegfliegen*) to buzz [*or* whirr] off
❷ (*fam: verschwinden*) to buzz off

ab|schwören *vi irreg* ■**etw *dat*** ~ ❶ (*etw aufgeben*) to give up [*or* abstain from] sth; **dem Alkohol ~** to abstain from alcohol
❷ (*sich durch Schwur von etw lossagen*) to renounce sth; **einem Glauben ~** to recant a belief

Abschwung *m* downswing; *von Wirtschaftswachstum* downward trend; SPORT *vom Barren* dismount

Abschwungphase *f* ÖKON downward swing

A

ab|segeln I. *vi sein* (*lossegeln*) to [set] sail; **aus dem Hafen/von der Küste** ~ to sail from the port/leave the coast; ***die ~den Jachten boten einen prächtigen Anblick*** the departing yachts made a beautiful sight
II. *vt haben* (*eine Strecke segelnd zurücklegen*) ■**etw** ~ to sail sth

ab|segnen *vt* (*fam: genehmigen*) ■**etw** ~ to bless sth *hum*, to give sth one's blessing *hum;* **einen Vorschlag von jdm ~ lassen** to get sb's blessing on sth

absehbar *adj* foreseeable; ***das Ende ist nicht*** ~ the end is not in sight; **in ~er Zeit** in the foreseeable future

Absehen <-s> *nt kein pl* JUR exemption; ~ **von Strafe** exemption from punishment

ab|sehen *irreg* I. *vt* ❶ (*voraussehen*) ■**etw** ~ to foresee [*or* predict] sth; ***ist die Dauer des Verfahrens jetzt bereits abzusehen?*** can you say how long the trial will last?; ■**es ist abzusehen, dass/wie ...** it is clear that/how ...; **etw ~ können** to be able to say [*or* foresee] sth
❷ SCH (*unerlaubt abschreiben*) ■**etw [bei jdm]** ~ to copy sth [from sb]
❸ (*fam: abgucken*) ■**jdm etw** ~ to imitate [*or* copy] sb/sth; ***dieses Verhalten haben die Kinder ihrem Vater abgesehen*** the children are imitating their father; **sich** *dat* **[bei jdm] etw** ~ ***diesen Tanzschritt habe ich mir bei meiner Schwester abgesehen*** I got this dance step from my sister
II. *vi* (*übergehen*) ■**von etw** ~ to ignore [*or* disregard] sth; ■**davon ~, etw zu tun** to refrain from doing [*or* not do] sth; *s. a.* **abgesehen**

ab|seifen *vt* ■**jdn** ~ to soap sb; ■**jdm etw** ~ to soap sth for sb

ab|seihen *vt* ■**etw** ~ to sieve [*or* filter] sth

ab|seilen I. *vr* (*fam: verschwinden*) ■**sich** ~ to clear off
II. *vt* ■**jdn/etw** ~ to let sb/sth down on a rope; ■**sich [von etw/aus etw]** ~ to abseil [*or* AM rappel] [down from sth]

ab|sein *vi irreg s.* **ab**

abseits I. *adv* ❶ (*entlegen*) off the beaten track, remote
❷ (*entfernt*) ~ **bleiben/stehen** to remain/stand on the sidelines; **sich ~ halten** to be aloof; ***ich halte mich lieber ~, da mir keine Partei recht ist*** I prefer to sit on the fence since I don't like any of the parties; ***warum standest du auf dem Fest so ~?*** why did you stand around like a spare part at the party?
❸ SPORT ~ **sein** [*o* **stehen**] to be offside
II. *präp* +*gen* (*entfernt von etw*) ■~ **einer S.** *gen* at a distance from sth; ***das Haus liegt ein wenig ~ der Straße*** the house isn't far from the road [*or* is just off the road]

Abseits <-, -> *nt* ❶ SPORT offside; **im ~ stehen** to be offside
❷ (*ausweglose Situation*) end of the line [*or* road]; ***sie haben sich selbst ins politische ~ manövriert*** they've manoeuvred themselves onto the political sidelines; **im ~ stehen** to be on the edge; **im beruflichen/sozialen ~ stehen** to be on the edge [*or pl* fringes] of working life/society; ***Langzeitarbeitslose geraten oft ins soziale ~*** the long-term unemployed are often marginalized

ab|senden *vt reg o irreg* ❶ (*abschicken*) ■**etw [an jdn/etw]** ~ to send [*or* dispatch] [*or* BRIT post] [*or* AM mail] sth [to sb/sth]
❷ (*losschicken*) ■**jdn** ~ to send sb; **einen Boten** ~ to send a courier

Absender(in) <-s, -> *m(f)* sender, sender's return address; INFORM data source

Absenderhaftung *f* JUR consignor's liability

Absendetag *m* HANDEL date of dispatch; (*per Schiff*) date of shipment

ab|sengen *vt* ■**etw** ~ to scorch [*or* singe] sth off

ab|senken I. *vt* ■**etw** ~ ❶ (*tiefer platzieren*) to lower sth; **Fundamente** ~ to lay the foundations deeper, to lower the foundations
❷ AGR to layer sth; **eine Pflanze** ~ to propagate a plant by layering
II. *vr* ■**sich** ~ ❶ (*sich nach unten bewegen*) to sink
❷ (*sich neigen*) to slope; ***der hintere Teil des Gartens senkt sich stark ab*** the rear part of the garden has a steep slope [*or* slopes steeply]

Absenz <-, -en> *f* ÖSTERR, SCHWEIZ (*Abwesenheit*) absence; ***bei ~ muss eine Entschuldigung der Eltern vorgelegt werden*** when a pupil is absent parents must provide a written excuse; ***wie viele ~en haben wir heute?*** how many absentees have we got today?, how many people are absent today?

ab|servieren* [-vi-] I. *vi* (*Geschirr abräumen*) to clear the table, to clear the dirty dishes away
II. *vt* ❶ (*abräumen*) ■**etw [von etw]** ~ to clear sth [away from sth]; **den Tisch** ~ to clear the table
❷ (*fam: loswerden*) ■**jdn** ~ to get rid of sb; **jdn eiskalt** ~ to get rid of sb in a cold and calculating manner; **sich von jdm ~ lassen** to let oneself be pushed around
❸ (*sl: umbringen*) ■**jdn** ~ to bump sb off *fam,* to do away with sb

absetzbar *adj* ❶ (*verkäuflich*) saleable; **kaum/schwer ~ sein** to be almost impossible/difficult to sell; **nicht ~ sein** to be unsaleable
❷ (*steuerlich zu berücksichtigen*) tax-deductible
❸ (*des Amtes zu entheben*) removable [from office]

ab|setzen I. *vt* ❶ (*des Amtes entheben*) ■**jdn** ~ to remove sb [from office], to relieve sb of their duties *euph;* **einen Herrscher** ~ to depose a ruler; **einen König/eine Königin** ~ to dethrone a king/queen
❷ (*abnehmen*) ■**etw** ~ to take sth off, to remove sth; **seine Brille/seinen Hut** ~ to take one's glasses/hat off
❸ (*hinstellen*) to put [*or* set] sth down
❹ (*aussteigen lassen*) ■**jdn [irgendwo]** ~ to drop sb [off somewhere]; ***wo kann ich dich ~?*** where shall I drop you off?
❺ (*verkaufen*) ■**etw** ~ to sell sth; ***bisher haben wir schon viel abgesetzt*** up till now our sales figures are good
❻ FIN ■**etw [von etw]** ~ to deduct sth [from sth]
❼ (*nicht mehr stattfinden lassen*) ■**etw** ~ to cancel sth; ■**etw von etw** ~ to withdraw sth from sth; **ein Theaterstück** ~ to cancel a play
❽ MED ■**etw** ~ to stop taking sth; **ein Medikament** ~ to stop taking [*or* to come off] a medicine
❾ (*unterbrechen*) ■**etw** ~ to take sth off sth; **die Feder** ~ to take [*or* lift] the pen off the paper; **die Flöte/das Glas** ~ to take [*or* lower] the flute/glass from one's lips; **den Geigenbogen** ~ to lift the bow [from the violin]
❿ (*kontrastieren*) ■**Dinge/Menschen voneinander** ~ to define things/people [*or* pick things/people out] [from one another]
II. *vr* ❶ (*sich festsetzen*) ■**sich [auf/unter etw** *dat*] ~ *Dreck, Staub* to be [*or* settle] [on/under sth]
❷ CHEM, GEOL ■**sich [irgendwo]** ~ to be deposited [somewhere]
❸ (*fam: verschwinden*) ■**sich** ~ to abscond, to clear out *fam;* **sich ins Ausland** ~ to clear out of [*or* leave] the country
❹ (*Abstand vergrößern*) ■**sich [von jdm/etw]** ~ to get away [from sb/sth], to put a distance between oneself and sb/sth
❺ (*sich unterscheiden*) ■**sich gegen jdn/etw** [*o* **von jdm/etw**] ~ to stand out against [*or* from] sb/sth; ***die Silhouette des Doms setzte sich gegen den roten Abendhimmel ab*** the silhouette of the cathedral contrasted with the red evening sky
III. *vi* (*innehalten*) to pause [for breath], to take a breather *fam;* ***er trank das Glas aus, ohne abzusetzen*** he drank the contents of the glass without pausing for breath

Absetzung <-, -en> *f* ❶ (*Amtsenthebung*) removal [from office], dismissal; ***die Massen verlangten die ~ des Diktators*** the masses called for the dictator to be deposed
❷ (*das Absetzen*) cancellation; *von Theaterstück* removal, withdrawal
❸ FIN ~ **für Abnutzung** deduction for depreciation

ab|sichern I. *vr* ■**sich [gegen etw]** ~ to cover oneself [*or* guard] [against sth]; **sich vertraglich** ~ to cover oneself by signing a contract; ***ich muss mich für den Fall des Falles ~*** I have to be ready for all eventualities; **sich durch eine Versicherung gegen etw** ~ to insure oneself [*or* be insured] against sth
II. *vt* ❶ (*garantieren*) ■**etw** ~ to secure [*or* guarantee] [*or* underwrite] sth; ***du musst mir den Betrag durch deine Unterschrift ~*** you'll have to provide me with security for the amount by signing this
❷ (*sicher machen*) ■**etw** ~ to secure [*or* safeguard] sth; ***du solltest das Fahrrad am besten mit einem Schloss ~*** it is best to secure the bicycle with a lock
❸ POL (*ein sicheres Mandat garantieren*) **jdn über die Landesliste** ~ to give sb a safe seat, to secure a seat for sb

Absicherung <-, -en> *f* protection, making safe

Absicht <-, -en> *f* intention; ***das war bestimmt nicht meine ~!*** it was an accident!, I didn't mean to do it!; ***es war schon immer seine ~, reich zu werden*** it has always been his goal to be rich; ***das lag nicht in meiner ~*** that was definitely not what I intended; **mit den besten ~en** with the best of intentions; **ernste ~en haben** to have honourable [*or* AM -orable] intentions; **verborgene ~en** hidden intentions; **die ~ haben, etw zu tun** to have the intention of doing sth; **in selbstmörderischer ~** with the intention of killing herself/himself; ~ **sein** to be intentional; **in der ~, etw zu tun** with a view to [*or* the intention of] doing sth; ***er verfolgte sie in der ~, sie zu berauben*** he followed her with intent to rob her; **eine ~ verfolgen** to pursue a goal; **mit/ohne ~** intentionally/unintentionally

absichtlich I. *adj* deliberate, intended, intentional
II. *adv* deliberately, intentionally, on purpose

Absichtserklärung *f* declaration of intent

absichtslos *adj* (*unabsichtlich*) unintentional

ab|singen *vt irreg* ❶ (*von Anfang bis Ende singen*) ■**etw** ~ to sing the entire piece
❷ (*vom Blatt singen*) ■**etw [von etw]** ~ to sight read; **vom Blatt** ~ to sing from the sheet

Absinken *nt* ÖKON *der Belegschaftszahlen, Reserven* decline

ab|sinken *vi irreg sein* ❶ (*sich verringern*) ■**[auf etw** *akk*] ~ to drop [to sth]
❷ (*sich verschlechtern*) to deteriorate; ***das Niveau ist abgesunken*** the standard has fallen [*or* dropped] off
❸ (*tiefer sinken*) to sink; **auf den Grund** ~ to sink to the bottom
❹ (*sich senken*) ■**[um etw]** ~ to subside [by sth]

Absinth <-[e]s, -e> *m* absinth[e]

ab|sitzen *irreg* I. *vt haben* (*verbringen*) ■**etw** ~ to sit out sth; ***sie sitzt jeden Tag ihre 8 Stunden im Büro ab*** she sits out her 8 hours each day at the office; **eine Haftstrafe** ~ to serve time [*or* a sentence]
II. *vi sein* ■**[vom Pferd]** ~ to dismount [from a horse]

absolut I. *adj* ❶ (*uneingeschränkt*) absolute; **~e Glaubensfreiheit** complete religious freedom; **ein ~er Monarch** an absolute monarch; **~e Ruhe** complete calm [*or* quietness]
❷ (*nicht relativ*) absolute; **~e Mehrheit** absolute majority; **~er Nullpunkt** PHYS absolute zero
❸ (*völlig*) absolute, complete; **ein ~es Missverständnis** a complete misunderstanding
II. *adv* ❶ (*fam: völlig*) absolutely, completely; ~ **unmöglich** absolutely impossible; ***es ist mir ~ unerfindlich*** it's a complete mystery to me
❷ (*in Verneinungen: überhaupt*) ~ **nicht** positively [*or* absolutely] not; ***ich sehe ~ nicht ein, warum es so ist*** I can't for the life of me see why it's like that, it is inconceivable to me why it's like that *form;* ***das ist ~ nicht so, wie du es darstellst!*** it is positively not the way you describe it!; ~ **nichts** absolutely nothing
❸ (*für sich*) ~ **genommen** [*o* **betrachtet**] seen as a separate issue

Absolutheit <-> *f kein pl* ❶ (*Entschiedenheit*)

determination; **auf seinem Standpunkt mit ~ beharren** to maintain one's position with sovereignty
❷ (*Unbedingtheit*) absoluteness
Absolutheitsanspruch *m* claim to be the absolute, claim to the absolute truth; **einen ~ vertreten** to claim absoluteness; **ohne ~** without claiming the absolute truth
Absolution <-, -en> *f* REL absolution; [**jdm**] **die ~ erteilen** to grant [sb] [*or* pronounce] absolution; **jdm keine ~ erteilen können** (*fig*) not to be in the position to declare sb blameless
Absolutismus <-> *m kein pl* absolutism
absolutistisch I. *adj* absolutist
II. *adv* in an absolutist manner; **~ regieren** to rule absolutely
Absolvent(in) <-en, -en> [-ˈvɛ-] *m(f)* graduate
absolvieren* [-ˈviː-] *vt* ❶ SCH ■**etw ~** to [successfully] complete sth; **eine Prüfung ~** to pass an exam; ***welche Schule haben Sie absolviert?*** which school did you go to?
❷ REL ■**jdn** [**von etw**] **~** to absolve sb [from sth]
❸ (*ableisten*) ■**etw ~** to do sth, to get sth behind one
Absolvierung <-> [-ˈviː-] *f kein pl* ❶ (*das Durchlaufen*) [successful] completion; *einer Prüfung* passing
❷ (*das Ableisten*) completion
absonderlich I. *adj* peculiar, strange, bizarre *fam*
II. *adv* peculiarly, strangely, oddly; **~ aussehen/fühlen/klingen/riechen/schmecken** to look/feel/sound/smell/taste peculiar [*or* strange] [*or* odd]
Absonderlichkeit <-, -en> *f* ❶ *kein pl* (*Merkwürdigkeit*) strangeness, peculiarity; *von Verhalten* oddness
❷ (*merkwürdige Eigenart*) oddity, peculiarity
ab|sondern I. *vt* ❶ (*ausscheiden*) ■**etw ~** to secrete [*or* discharge] [*or* excrete] sth
❷ (*isolieren*) ■**jdn/ein Tier ~** to isolate sb/an animal; ■**jdn von jdm ~** to separate sb from sb
❸ (*fam: von sich geben*) ■**etw ~** to produce sth *pej*; ***wer hat denn diesen Schwachsinn abgesondert?*** who came up with this nonsense?
II. *vr* ❶ (*sich isolieren*) ■**sich** [**von jdm**] **~** to keep oneself apart [*or* aloof]
❷ (*ausgeschieden werden*) ■**sich** [**aus etw**] **~** to be secreted [*or* discharged] [from [*or* out of] sth]
Absonderung <-, -en> *f* ❶ *kein pl* (*Isolierung*) isolation
❷ *kein pl* (*Vorgang des Absonderns*) secretion, discharge; ***bei fehlender ~ von Insulin kommt es zu Diabetes*** diabetes occurs when insulin is not produced
❸ (*abgeschiedener Stoff*) secretion, discharge
Absorber <-s, -> *m* TECH absorber
absorbieren* *vt* ❶ (*aufnehmen*) ■**etw ~** to absorb sth
❷ (*geh: in Anspruch nehmen*) ■**jdn/etw ~** to absorb sb/sth
Absorption <-, -en> *f* TECH absorption
Absorptionsprinzip *nt* JUR lesser included offence principle
ab|spalten I. *vr* ❶ (*sich trennen*) ■**sich** [**von etw**] **~** to split away/off [from sth]; ***viele Gebiete der ehemaligen Sowjetunion haben sich abgespaltet*** many areas have split away from the former Soviet Union
❷ CHEM ■**sich** [**von etw**] **~** to separate [from sth]
II. *vt* ❶ (*etw durch Spalten trennen*) ■**etw ~** to chop off sth; **ein Stück Holz ~** to chop a piece of wood
❷ CHEM ■**etw** [**von etw**] **~** to separate sth [from sth]
Abspaltung <-, -en> *f* ❶ (*Abtrennung*) splitting
❷ CHEM separation
❸ ÖKON (*Ausgründung*) *einer Firma* hiving off
Abspann <-[e]s, -e> *m* FILM, TV credits *pl*
ab|spannen *vt* ■**ein Tier** [**von etw**] **~** to unyoke an animal [from sth]
Abspannung *f* BAU reverse bracing
ab|sparen *vr* ■**sich** *dat* **etw von etw** *dat* **~** to pinch and scrape *dated*, to scrimp and save; ***sie hat sich die Stereoanlage vom Taschengeld abgespart*** she saved up her pocket money and bought a stereo system; **sich etw vom Munde ~** to scrimp and save
ab|specken I. *vi* (*fam*) ❶ (*abnehmen*) to slim down, to lose weight
❷ (*den Gürtel enger schnallen*) to reduce, to cut back; ***da hilft nur*** **~** reduction [*or* cutting back] is the only answer
II. *vt* (*fam: reduzieren*) ■**etw ~** to reduce the size of sth
ab|speichern *vt* ■**etw** [**auf etw** *akk o dat*] **~** to store sth; **eine Datei auf eine Diskette ~** to save a file onto [a] disk
Abspeicherung <-, -en> *f* INFORM saving
Abspeicherungsmedium *nt* INFORM streamer
ab|speisen *vt* ■**jdn** [**mit etw**] **~** to fob [*or* palm] off sb *sep* [with sth]; **sich von jdm ~ lassen** to be fobbed [*or* palmed] off by sb
abspenstig *adj* **jdm jdn/etw ~ machen** to take [*or* entice] [*or* lure] sb/sth away from sb, to steal sb/sth from sb *fam*; ***er hat mir meine Verlobte abspenstig gemacht*** he has stolen my fiancée from me
ab|sperren I. *vt* ❶ (*versperren*) ■**etw** [**mit etw**] **~** to cordon [*or* seal] sth off [with sth]; ***die Unfallstelle wurde von der Polizei abgesperrt*** the police cordoned off the scene of the accident
❷ (*abstellen*) ■[**jdm**] **etw ~** to cut off [sb's] sth; **jdm Strom/Wasser ~** to cut off sb's electricity/water supply
❸ SÜDD (*zuschließen*) ■**etw ~** to lock sth
II. *vi* SÜDD (*die Tür verschließen*) to lock up
Absperrgitter *nt* fencing **Absperrhahn** *m* stopcock **Absperrkette** *f* chain
Absperrung *f* ❶ (*das Absperren*) cordoning [*or* sealing] off; (*durch Absperrgitter*) fencing-off
❷ (*Sperre*) cordon, barricade; *durch Polizei* police cordon; ***Baugruben müssen durch ~en gesichert sein*** trenches must be cordoned off
❸ BAU (*Türblatt*) paneling
ab|spielen I. *vr* (*ablaufen*) ■**sich ~** to happen [*or* occur] [*or liter* unfold]; ***wie hat sich die Sache abgespielt?*** what happened here?; ***da spielt sich*** [***bei mir***] ***nichts ab!*** (*fam*) nothing doing! *fam*, forget it! *fam*
II. *vt* ❶ (*laufen lassen*) ■[**für jdn**] **etw ~** to play sth [for sb]; **das A~ einer Schallplatte** the playing of a record
❷ SPORT (*abgeben*) ■**etw ~** *Ball* to pass sth; ■**das A~ von etw** passing sth
Abspielgerät *nt* MUS playback device
ab|spitzen *vt* BAU ■**etw ~** to cut [*or* break] out sth *sep*
ab|splittern I. *vi sein* ■[**von etw**] **~** to chip off [from sth]; ***ein Stück Holz splitterte ab*** a piece of wood splintered off; **ein abgesplittertes Holzstückchen** a splinter; **ein Stückchen von der Tasse war abgesplittert** the cup was chipped
II. *vr haben* ■**sich** [**von etw**] **~** to split off [of sth], to separate
Absprache *f* agreement; **eine ~ treffen** to come to an agreement; **nach ~** as agreed, according to the agreement
absprachegemäß *adv* as agreed, according to the agreement
ab|sprechen *irreg* **I.** *vt* ❶ (*verabreden*) ■**etw** [**mit jdm**] **~** to arrange sth [with sb]; **einen Termin ~** to make an appointment
❷ (*vorher vereinbaren*) ■**etw ~** to agree on sth
❸ (*streitig machen*) ■**jdm etw ~** to deny sb sth; ***eine gewisses Bemühen kann man ihm nicht ~*** one can't deny his effort
❹ JUR (*aberkennen*) ■**jdm etw ~** to deny sb [*or* strip sb of] sth
II. *vr* (*sich einigen*) ■**sich mit jdm** [**über etw** *akk*] **~** to discuss [sth] with sb, to come to an agreement with sb [about sth]
ab|springen *vi irreg sein* ❶ (*fam: sich zurückziehen*) ■[**von etw**] **~** to bale out [of sth] *fam*, to extricate oneself [from sth] *form*
❷ (*hinunterspringen*) ■[**aus etw/von etw**] **~** to jump [*or* leap] from sth; **mit dem Fallschirm ~** to parachute
❸ (*von etw hoch springen*) **mit dem rechten Fuß ~** to take off on the right foot
❹ (*sich lösen*) ■[**an etw** *dat*/**von etw** *dat*] **~** to come away [from sth], to come off [sth]
❺ (*abprallen*) ■[**an etw** *dat*/**von etw** *dat*] **~** to rebound [from sth], to bounce [off sth]; **von einer Mauer ~** to bounce back from a wall
ab|spritzen I. *vt* ❶ (*mit einem Wasserstrahl entfernen*) ■**etw** [**von etw**] **~** to hose sth off [sth]
❷ (*mit einem Wasserstrahl reinigen*) ■**jdn/etw** [**mit etw**] **~** to hose sb/sth off [with sth]; ■**sich** [**mit etw**] **~** to hose oneself down [*or* off]
❸ (*sl: durch Injektion töten*) ■**jdn** [**mit etw**] **~** to give sb a lethal injection [of sth]
II. *vi* ❶ (*vulg: ejakulieren*) to ejaculate, to come [*or* cum] *fam*
❷ (*von etw spritzend abprallen*) ■**von etw ~** to spray off sth
Absprung *m* ❶ (*fam: Ausstieg*) getting out; **den ~ schaffen** to make a getaway; **den ~ verpassen** to miss the boat
❷ LUFT take-off
❸ SKI jump
❹ (*Abgang vom Gerät*) jump; ***beim ~ vom Barren fiel er um*** as he jumped from the bars, he fell over
ab|spulen I. *vt* ❶ (*abwickeln*) ■**etw** [**von etw**] **~** to unwind sth [from sth]
❷ (*fam: von einer Spule*) ■**etw ~** *Garn, Film* to reel off sth
❸ (*fam: in immer gleicher Weise tun*) ■**etw ~** to go through sth mechanically; **das gleiche Programm ~** to go through the same routine
II. *vi* (*fam: in immer gleicher Weise ablaufen*) ■**sich ~** to repeat itself over and over again; ***bei jedem Streit spult sich bei den beiden immer wieder dasselbe ab*** every time they have an argument, it's the same old pattern [*or fam* thing]
ab|spülen I. *vt* ❶ (*unter fließendem Wasser reinigen*) ■**etw ~** to wash [*or* rinse] sth; **das Geschirr ~** to do the dishes, BRIT *a.* to wash up
❷ (*durch einen Wasserstrahl entfernen*) ■**etw** [**von etw**] **~** to wash [*or* rinse] sth off [sth]
II. *vi* (*spülen*) to do the dishes, BRIT *a.* to wash up
ab|stammen *vi kein pp* ❶ (*jds Nachfahre sein*) ■**von jdm ~** to descend [*or* be descended] from sb
❷ LING ■**von etw ~** to stem [*or* derive] from sth
Abstammung <-, -en> *f* (*Abkunft*) origins *pl*, descent, extraction; **adeliger ~ sein** to be of noble birth; ***sie muss französicher ~ sein*** she must be of French extraction; **ehelicher/nichtehelicher ~ sein** JUR to be legitimate/illegitimate
Abstammungserklärung *f* JUR declaration of parentage **Abstammungsfeststellung** *f* JUR certification of parentage **Abstammungsfeststellungsklage** *f* JUR paternity suit **Abstammungsgutachten** *nt* JUR expert opinion on someone's lineage **Abstammungslehre** *f* theory of evolution **Abstammungsprinzip** *nt*, **Abstammungsrecht** *nt* JUR jus sanguis BRIT **Abstammungsrecht** *nt* JUR law of descent **Abstammungsurkunde** *f* JUR certificate of descent and personal status **Abstammungsurteil** *nt* JUR judgment concerning descent **Abstammungszeugnis** *nt* JUR certificate of parentage
Abstand[1] *m* ❶ (*räumliche Distanz*) distance; **ein ~ von 20 Metern** a distance of 20 metres [*or* AM -ers]; ■**der ~ von etw zu etw** the distance between sth and sth; ***der Wagen näherte sich dem vorausfahrenden Fahrzeug bis auf einen ~ von einem Meter*** the car came to within a metre of the car in front; **mit knappem/weitem ~** at a short/great [*or* considerable] distance; **in einigem ~** at some distance; **einen ~ einhalten** to keep a distance; **~** [**von jdm/etw**] **halten** to maintain a distance [from sb/sth]; ***fahr nicht so dicht auf, halte ~!*** don't drive so close, leave a space!; **mit ~** by a long way, far and away
❷ (*zeitliche Distanz*) interval; **in kurzen/regel-**

mäßigen ~en at short/regular intervals
③ (*innere Distanz*) aloofness; **die Dinge mit ~ sehen** [*o* **~ [von etw] gewinnen**] to distance oneself from sth
④ SPORT margin; **mit zwei Punkten ~** with a two-point margin; ***mit weitem ~ folgten die anderen Mannschaften*** there was a big gap between the leaders and the other teams; **mit [großem] ~ führen** to lead by a [wide] margin, to be [way] ahead *fam*
⑤ (*geh: Verzicht*) **von etw ~ nehmen** to decide against sth; **davon ~ nehmen, etw zu tun** to refrain from [*or* decide against] doing sth
Abstand² *m* FIN (*fam*) *s.* **Abstandssumme**
Abstandhalter *m* BAU spacer **Abstandsgeld** *nt* FIN (*Abfindung*) compensation, indemnification; **als ~ zahlen** to pay by way of compensation
Abstandssumme *f* FIN (*geh*) compensation; ***der Spieler wechselte für eine ~ von drei Millionen zu dem anderen Verein*** the player changed teams for a transfer fee of three million **Abstandswarngerät** *nt* TRANSP distance warning device
Abstandszahlung *f* FIN payment by way of compensation [*or* indemnity] **Abstapeln** <-s> *nt kein pl* TYPO piling, stacking
ab|statten *vt* (*geh*) ▪**jdm etw ~** *to do sth dutifully or officially;* **jdm einen Bericht über etw ~** to give a report on sth to sb; **jdm einen Besuch ~** to pay sb a visit; **jdm einen Staatsbesuch ~** to pay an official visit on sb, to call on sb officially; ***ich muss mal meiner Tante einen Besuch ~*** I must call in on [*or* AM visit] my aunt
ab|stauben I. *vt* ① (*fam: ergattern*) ▪**etw [von** [*o* **bei**] **jdm]** ~ to rip sth off [from sb] *sl,* to liberate sth [from sb] *fam,* to get hold of sth [from sb]; ***Sie wollen wohl nur bei anderen Leuten ~, wie?*** you just want to rip other people off, don't you?; ***das alte Gemälde habe ich bei meinen Großeltern abgestaubt*** I liberated that painting from my grandparents *hum*
② (*vom Staub befreien*) ▪**etw ~** to dust sth
II. *vi* to dust
Abstauber(in) <-s, -> *m(f)* (*pej*) scrounger
ab|stechen *irreg* **I.** *vt* ① (*schlachten*) ▪**ein Tier ~** to slit [*or* cut] an animal's throat
② (*sl: erstechen*) ▪**jdn ~** to stab sb to death
③ HORT ▪**etw [mit etw] ~** to cut sth [with sth]; **die Grasnarbe ~** to cut the turf
④ (*abfließen lassen*) ▪**etw ~** to run off sth; **einen Hochofen ~** to tap a furnace
II. *vi* (*sich abheben, unterscheiden*) ▪**von jdm/etw ~** ▪**gegen etw ~** to stand out from [*or* against] sb/sth; **stark von jdm/etw ~** to be in [stark] contrast to sb/against sth; **gegen den Hintergrund ~** to stand out against the background
Abstecher <-s, -> *m* ① TOURIST (*fam: Ausflug*) trip, excursion
② (*Umweg*) detour
③ (*geh: Exkurs*) ▪**ein ~ in etw** *akk* to sidestep [*or* digress] into sth
ab|stecken *vt* ① (*markieren*) ▪**etw [mit etw] ~** to mark sth out [with sth]; **etw mit Pfosten ~** to stake out sth
② (*umreißen*) ▪**etw ~** to sketch [*or* map] sth out
③ MODE ▪**etw [mit etw] ~** to pin sth; ***bei der Anprobe wurde der Anzug von der Schneiderin abgesteckt*** at the fitting the suit was fitted by the taylor
ab|stehen *vi irreg* ① (*nicht anliegen*) ▪**[von etw] ~** to stick out [from sth]; **vom Kopf ~** to stick up; ***er hat abstehende Ohren*** his ears stick out
② (*entfernt stehen*) ▪**[von etw] ~** to be at a distance [from sth]; ***das Bücherregal sollte etwas von der Wand ~*** the book shelf should not touch the wall
Absteifbalken *m* BAU truss
Absteige *f* (*pej fam: schäbiges Hotel*) cheap hotel, dive *fam,* dosshouse BRIT, flophouse AM *fam*
ab|steigen *vi irreg sein* ① (*heruntersteigen*) ▪**[von etw/einem Tier] ~** to dismount [from sth/an animal], to get off [of sth/an animal]; **von einer Leiter ~** to get down off [*or* from] the ladder, to climb down from a ladder
② (*fam: sich einquartieren*) ▪**[in etw** *dat*] ~ to stay [somewhere], to put up at sth; **in einem Hotel ~** to stay in a hotel
③ (*seinen Status verschlechtern*) ▪**irgendwie ~** to go downhill; **beruflich/gesellschaftlich ~** to slide down the job/social ladder
④ SPORT ▪**[aus etw** *dat***/in etw** *akk*] ~ to be relegated [from sth/to sth]; ***sie sind auf den letzten Platz abgestiegen*** they've been relegated to the last position
⑤ (*im Gebirge*) to descend, to climb down
Absteiger(in) <-s, -> *m(f)* SPORT relegated team
ab|stellen **I.** *vt* ① ELEK (*ausschalten*) ▪**etw ~** to switch [*or* turn] sth off *sep*
② (*Zufuhr unterbrechen, abdrehen*) ▪**[jdm] etw ~** to cut sth off [of sb] *sep,* to disconnect sth; **den Haupthahn ~** to turn off *sep* [*or* BRIT *a.* disconnect] the mains [*or* AM main tap]
③ (*absetzen*) ▪**etw ~** to put sth down; ***Vorsicht beim A~ des Schreibtisches!*** be careful how you put the desk down!
④ (*aufbewahren*) ▪**etw [bei jdm] ~** to leave sth [with sb]; ***Gepäckstücke können in den Schließfächern abgestellt werden*** luggage can be deposited in the lockers
⑤ (*parken*) ▪**etw ~** to park [sth]; ***wo stellst du dein Auto immer ab?*** where do you park?
⑥ (*unterbinden*) ▪**etw ~** to stop sth, to put an end [*or* a stop] to sth
⑦ (*abrücken*) ▪**etw von etw ~** to move sth away from sth; ***der Kühlschrank muss etwas von der Wand abgestellt werden*** the fridge should not be right up against the wall
⑧ (*abordnen, abkommandieren*) ▪**jdn für etw/zu etw ~** to send [*or* detail] sb for sth/to sth
⑨ (*einstellen, anpassen*) ▪**etw auf etw/jdn ~** to adjust sth to sth/sb; ***die Rolle ist sehr gut auf den Schauspieler abgestellt*** the part was written with the actor in mind
II. *vi* (*berücksichtigen*) ▪**[mit etw** *dat*] **auf etw** *akk* ~ to take sth into consideration [when doing sth/with sth], to focus on sth [with sth]; ***die Produktion auf die Erfordernisse des Umweltschutzes ~*** to take the environment into consideration when planning the production
Abstellgleis *nt* BAHN siding ► WENDUNGEN: **jdn aufs ~ schieben** (*fam*) to throw sb on the scrap heap; **auf dem ~ sein** [*o* **stehen**] (*fam*) to be on the scrap heap **Abstellkammer** *f* broom closet, cubbyhole, BRIT *a.* boxroom **Abstellraum** *m* storeroom, BRIT *a.* boxroom
ab|stempeln *vt* ① (*mit einem Stempel versehen*) ▪**[jdm] etw ~** to frank [*or* stamp] [*or* post mark] sth [for sb]
② (*pej*) ▪**jdn [als** [*o* **zu**] **etw] ~** to brand sb [as sth]; **sich von jdm als** [*o* **zu**] **etw ~ lassen** to let oneself be branded as sth; ***ich lasse mich von dir nicht als Miesmacher ~!*** I'm not going to let you get away with calling me a killjoy!
ab|steppen *vt* ▪**etw ~** to stitch [*or* quilt] sth; **Daunenjacken ~** to quilt down jackets
ab|sterben *vi irreg sein* ① (*eingehen*) *Pflanzen, Bäume* to die
② MED (*leblos werden*) *Glieder* to die
③ (*gefühllos werden*) ▪**[jdm] ~** to go numb [*or* dead] [on sb]; ▪**abgestorben** to go [*or* grow] numb, to be benumbed; **wie abgestorben sein** as if dead; ***von der Kälte waren meine Finger wie abgestorben*** my fingers were numb [*or* benumbed] with cold
Abstieg <-[e]s, -e> *m* ① (*das Hinabklettern*) descent
② (*Niedergang*) decline; **der berufliche/gesellschaftliche ~** descent down the job/social ladder
③ SPORT relegation
ab|stillen **I.** *vt* ▪**jdn ~** to wean sb, to stop breast-feeding; **ein Kind/einen Säugling ~** to wean a child/baby
II. *vi* to stop breast-feeding
Abstimmbogen *m* TYPO agreed proof [*or* o.k.] sheet
ab|stimmen **I.** *vi* (*die Stimme abgeben*) ▪**[über jdn/etw] ~** to vote for sb/on sth; **[über etw** *akk*] **~ lassen** to have [*or* take] a vote [on sth], to put sth to the vote
II. *vt* ① (*in Einklang bringen, anpassen*) ▪**Dinge aufeinander/etw auf etw** *akk* ~ to co-ordinate things [with each other]; *Farben, Kleidung* to match
② RADIO ▪**etw [auf etw** *akk*] ~ to tune sth [to/in to sth]
③ (*mechanisch einstellen*) ▪**etw [auf etw** *akk*] ~ to adjust sth [to sth]; ***die Sitze sind genau auf seine Größe abgestimmt*** the seats are adjusted to fit his size
III. *vr* (*eine Übereinstimmung erzielen*) ▪**sich [mit jdm] ~** to co-ordinate [with sb]; ▪**sich [miteinander] ~** to co-ordinate with one another; ***die Zeugen hatten sich offensichtlich in ihren Aussagen miteinander abgestimmt*** the witnesses had obviously worked together on their statements
Abstimmung *f* ① (*Stimmabgabe*) vote; **etw zur ~ bringen** to put sth to the vote; **geheime ~** secret ballot; **eine ~ [über etw** *akk*] **durchführen** [*o* **vornehmen**] to take a vote on sth; **zur ~ schreiten** (*geh*) to vote
② (*harmonische Kombination*) co-ordination; ***die ~ der Farben ist sehr gelungen*** the colours are well-matched
③ RADIO tuning
④ (*Anpassung durch mechanische Einstellung*) adjustment
Abstimmungsbedarf *m* demand for a vote
Abstimmungsbogen *m* POL ballot sheet
Abstimmungsergebnis *nt* result of the vote
Abstimmungsniederlage *f* defeat [in the vote]
Abstimmungssieg *m* victory [in the vote]
abstinent **I.** *adj* ① (*enthaltsam*) teetotal, abstinent; ▪**~ sein** to be teetotal, to be a teetotaller [*or* AM teetotaler]
② (*sexuell enthaltsam*) celibate
II. *adv* ① (*enthaltsam*) abstinently
② (*sexuell enthaltsam*) in celibacy, as a celibate
Abstinenz <-> *f kein pl* ① (*das Abstinentsein*) abstinence; **strenge ~** strict abstinence
② (*sexuelle Enthaltsamkeit*) [sexual] abstinence, celibacy
Abstinenzler(in) <-s, -> *m(f)* (*pej*) teetotaller BRIT, teetotaler AM
ab|stoppen **I.** *vt* ① (*zum Stillstand bringen*) ▪**etw ~** to stop sth, to bring sth to a halt; **den Verkehr ~** to stop the traffic
② (*mit der Stoppuhr messen*) ▪**jdn/etw ~** to time sb/sth
II. *vi* to stop
Abstoß *m* ① (*das Abstoßen*) shove, push
② FBALL goal kick
ab|stoßen *irreg* **I.** *vt* ① MED ▪**etw ~** to reject sth
② (*nicht eindringen lassen*) ▪**etw ~** to repel sth; **Wasser ~d** to be waterproof [*or* water-repellent]
③ (*anwidern*) ▪**jdn ~** to repel sb
④ (*durch einen Stoß abschlagen*) ▪**etw ~** to chip off sth
⑤ (*verkaufen*) ▪**etw ~** to get rid of [*or* offload] sth
⑥ (*durch Stöße beschädigen, abnutzen*) ▪**etw ~** to damage sth; ***an älteren Büchern sind oft die Ecken abgestoßen*** the corners of old books are often bent and damaged
⑦ (*wegstoßen*) ▪**etw [von etw] ~** to push sth away [from sth]; ***mit dem Ruder stieß er das Boot vom Ufer ab*** using the rudder he shoved [*or* pushed] off from the bank
⑧ (*abwerfen*) ▪**etw ~** ***die Schlange stieß die Haut ab*** the snake shed its skin
II. *vr* ① (*abfedern und hochspringen*) ▪**sich [von etw] ~** to jump [*or* leap] [from sth]
② (*durch Stöße ramponiert werden*) ▪**sich ~** to become [*or* get] damaged
III. *vi* (*anwidern*) **sich von etw abgestoßen fühlen** to be repelled by sth
abstoßend **I.** *adj* ① (*widerlich*) repulsive, sicken-

ing, revolting, disgusting; **ein ~es Aussehen** a repulsive appearance
❷ (*für Flüssigkeiten undurchlässig*) repellent
II. *adv* (*widerlich*) in a repulsive [*or* revolting] [*or* disgusting] way; **~ aussehen** to look repulsive; **~ riechen** to smell disgusting

Abstoßung <-, -en> *f* MED rejection; PHYS repulsion

Abstoßungsreaktion *f* MED rejection

ab|stottern *vt* (*fam: nach und nach bezahlen*) ■**etw** [**mit** [*o* **durch**] **etw**] ~ to pay by [*or* in] instalments [*or* AM installments], BRIT *a.* to buy sth on the never-never *fam*

abstrahieren* **I.** *vi* (*geh: auf ein Prinzip zurückführen*) to abstract
II. *vt* (*geh: verallgemeinern*) ■**etw** [**aus etw**] ~ to abstract sth [from sth]

ab|strahlen *vt* ❶ PHYS (*ausstrahlen*) ■**etw** ~ to radiate sth
❷ (*sandstrahlen*) ■**etw** ~ to sandblast sth

abstrakt **I.** *adj* abstract
II. *adv* in the abstract; **etw zu ~ darstellen** to present [*or* deal with] sth too much in the abstract

Abstraktion <-, -en> *f* (*abstraktes Denken*) abstraction

Abstraktionsprinzip *nt* JUR principal of the abstract nature of rights in rem **Abstraktionsvermögen** *nt* (*geh*) ability to think in the abstract [*or* use abstract notions]

ab|strampeln *vr* (*fam*) ❶ (*mühsam strampeln*) ■**sich** ~ to pedal hard
❷ (*fam: sich abrackern*) ■**sich** ~ to struggle, to sweat, to work oneself half to death

ab|streichen *vt irreg* ❶ (*streichend entfernen*) ■**etw** [**an etw** *dat*] ~ to wipe off the excess; ***du musst die überschüssige Farbe am Rand des Farbeimers*** ~ you have to wipe off the drips on the rim of the tin
❷ (*abziehen*) ■**etw von etw** ~ *Betrag* to deduct sth from sth, to knock sth off sth; ***von dem, was sie sagt, muss man die Hälfte*** ~ you can take everything she says with a pinch [*or* grain] of salt

ab|streifen *vt* ❶ (*abziehen*) ■**etw** [**von etw**] ~ to take off *sep* [*or* remove] sth [from sth]
❷ (*säubern*) ■**etw** [**an etw** *dat*] ~ to wipe sth [on sth]; **die Füße** ~ to wipe one's feet
❸ (*geh: entfernen*) **den Dreck** [*o* **Schmutz**] [**von etw**] ~ to wipe off the dirt [from sth] *sep*, to wipe the dirt [from sth]
❹ (*geh: aufgeben*) ■**etw** ~ to rid oneself of sth, to throw sth off; **eine schlechte Gewohnheit** ~ to shake off a bad habit
❺ (*absuchen*) ■**etw** ~ to search [*or fam* scour] [*or fam* comb] sth; ***er streifte das Gelände nach seinem Hund ab*** he scoured [*or* combed] the area for his dog

ab|streiten *vt irreg* ❶ (*leugnen*) ■**etw** ~ to deny sth; ***er stritt ab, sie zu kennen*** he denied knowing her [*or* that he knew her]
❷ (*absprechen*) ■**jdm etw** ~ to deny sb sth; ***das kann man ihr nicht*** ~ you can't deny her that

Abstrich *m* ❶ *pl* (*Kürzungen*) cuts; [**an etw** *dat*] **~e machen** to make cuts [in sth]; (*Zugeständnisse, Kompromisse*) to lower one's sights [in sth]; ***man muss im Leben oft ~e machen*** you can't always have everything in life
❷ MED swab; **einen ~** [**von etw**] **machen** to take a swab [*or* smear] [of sth]; *vom Gebärmutterhals* to conduct [*or* carry out] a smear test [*or* cervical smear]

abstrus *adj* (*geh*) abstruse

ab|stufen **I.** *vt* ■**etw** ~ ❶ (*nach Intensität staffeln*) to shade sth; ■**abgestuft** shaded, graded; **eine fein abgestufte Farbpalette** a finely shaded [*or* graded] range of colours [*or* AM -ors]
❷ (*terrassieren*) to terrace sth
❸ (*nach der Höhe staffeln*) to grade sth
II. *vr* ■**sich** ~ to be terraced; ***die Hänge stufen sich zum Tal hin ab*** the slopes go down in terraces into the valley

Abstufung <-, -en> *f* ❶ (*Staffelung*) grading; ***die ~ der Gehälter*** the grading of salaries
❷ (*Stufe*) grade
❸ (*Schattierung*) shading
❹ (*Nuance*) shade
❺ *kein pl* (*das Gliedern in Terrassen*) terracing; ***durch ~ wurde der Hang für die Landwirtschaft nutzbar gemacht*** the slope was terraced for agricultural use

ab|stumpfen **I.** *vt haben* ❶ (*stumpf machen*) ■**etw** ~ to blunt sth
❷ (*gleichgültig machen*) ■**jdn** [**gegenüber etw** *dat*] ~ to inure sb [to sth]; ***der ständige Reizüberfluss stumpft die Menschen immer mehr ab*** constant stimulation is blunting people's senses
II. *vi sein* ■[**gegen etw**] ~ to become inured [to sth]

Absturz *m* ❶ (*Sturz in die Tiefe*) fall; *von Flugzeug* crash
❷ (*fam: Misserfolg*) fall from grace, flop
❸ (*Zusammenbruch*) collapse; ***der Firma droht der*** ~ the company is in danger of folding [*or fam!* going bust]; **einen Computer/ein Programm/ein System zum ~ bringen** to cause a computer/program/system to crash, to make a computer/program/system crash
❹ (*sehr steiler Abhang*) sharp drop

ab|stürzen *vi sein* ❶ (*in die Tiefe stürzen*) ■[**von etw**] ~ to fall [from sth]; *Flugzeug* to crash
❷ INFORM to crash
❸ (*fam: Misserfolg haben*) to fall from grace
❹ (*fam: zusammenbrechen*) to collapse; ***wer hätte geahnt, dass eine so solide Firma je ~ würde?*** who would have thought that such a secure company would fold [*or fam!* go bust]
❺ (*fam: betrunken sein*) to get blind drunk [*or dated sl* completely blotto]
❻ (*den inneren Halt verlieren*) to lose control
❼ (*steil abfallen*) to fall away [steeply]; ***die Klippen stürzen steil ins Meer ab*** there's a sharp drop from the cliffs to the sea [*or* the cliffs fall away steeply into the sea]

Absturzstelle *f* ❶ LUFT, RAUM crash site, scene [*or* site] of the/a crash
❷ (*Stelle eines Bergsteigerunfalls*) location of the fall [*or* accident]

ab|stützen *vt* ■**etw** [**durch** [*o* **mit**] **etw**] ~ to support [*or sep* prop up] sth [with sth]; ■**sich** [**mit etw**] ~ to support oneself [with sth]; **sich durch Krücken** ~ to support oneself on crutches

ab|suchen *vt* ❶ (*durchstreifen*) ■**etw** [**nach jdm/etw**] ~ to search [*or fam* scour] [*or fam* comb] sth [for sb/sth]
❷ (*untersuchen*) ■**etw** [**nach etw**] ~ to examine sth [for sth]; ***wir haben den Baum nach Schädlingen abgesucht*** we've examined [*or* checked] the tree for pests
❸ (*suchend absammeln*) ■**etw** [**von etw**] ~ to pick sth [off sth]

Absud *m* decoction

absurd *adj* absurd; **~es Theater** theatre [*or* AM -er] of the absurd

Absurdität <-, -en> *f* absurdity

absurdum *adj* **etw ad ~ führen** to demonstrate the absurdity of sth

Abszess[RR] <-es, -sse> *m*, **Abszeß** <-sses, -sse> *m* MED abscess

Abszisse <-, -n> *f* MATH abscissa

Abt, **Äbtissin** <-[e]s, Äbte> *m, f* abbot *masc*, abbess *fem*

Abt. *f Abk von* **Abteilung** dept.

ab|takeln *vt* ❶ NAUT ■**etw** ~ to unrig sth
❷ (*heruntergekommen*) ■**abgetakelt** seedy

ab|tasten *vt* ❶ (*tastend untersuchen*) ■**jdn/etw** [**auf etw** *akk* [*o* **nach etw** *dat*]] ~ to search sb/sth [for sth]; ■**sich** [**auf etw** *akk*] ~ to search oneself; **jdn nach Knoten** ~ to palpate sb for [lymph] nodes; **jdn nach Waffen** ~ to frisk sb for weapons
❷ (*durch Strahlen untersuchen*) ■**jdn/etw** [**nach etw**] ~ to screen sb/sth [for sth]
❸ INFORM ■**etw** ~ to scan sth
❹ (*sondieren*) ■**jdn** [**auf etw** *akk*] ~ to sound sb out [for sth]; ■**sich** [**auf etw** *akk*] ~ to size one another up [for sth]; **den Feind/einen sportlichen Gegner** ~ to size up the enemy/a sporting opponent, to suss out the enemy/opposition *sl*

Abtasten *nt* ÖKON *des Marktes* sounding; INFORM scanning

Abtastrate *f* INFORM sampling rate

ab|tauchen *vi sein* (*sl*) to go underground

ab|tauen **I.** *vt haben* ■**etw** ~ to thaw sth [out], to defrost sth; **einen Kühlschrank** ~ to defrost a refrigerator
II. *vi sein* ❶ (*sich tauend auflösen*) to thaw [*or* melt]
❷ (*eisfrei werden*) to become free of ice, to defrost

Abtauvorrichtung *f* (*im Kühlschrank*) defrosting device

Abtei <-, -en> *f* abbey

Abteil *nt* compartment; **~ für Mutter und Kind** compartment for mothers with young children; **ein ~ erster/zweiter Klasse** a first-/second-class compartment; **in verschiedene ~e aufgeteilt** divided into various sections

ab|teilen *vt* ■**etw** [**von etw**] ~ to divide [*or* partition] sth off [from sth]

Abteilservice *m* TRANSP food and drinks trolley

Abteilung[1] *f* ❶ (*Teil einer Organisation*) department; *eines Krankenhauses* ward [*or* section]
❷ MIL section, unit

Abteilung[2] *f kein pl* (*Abtrennung*) dividing [*or* partitioning] off

Abteilungsleiter(in) *m(f) einer Verkaufsabteilung* department[al] manager; *einer Firma, Universität, Krankenhaus* head of department

ab|telefonieren* **I.** *vi* (*fam*) ■[**jdm**] ~ to [tele]phone [*or* call] [sb] to say one can't come
II. *vt* (*fam*) ■**jdn/etw** ~ to [tele]phone [a]round sb/sth *fam*; ***ich habe die ganze Firma nach ihm abtelefoniert*** I've phoned [a]round the whole company in search of him

Abteufarbeiten *pl* BERGB sinking work *no pl, no indef art*, work on the sinking of a/the shaft

ab|tippen *vt* (*fam*) ■**etw** ~ to type [up [*or* out] *sep*] sth

Äbtissin <-, -nen> *f fem form von* **Abt** abbess

ab|tönen *vt* **eine Farbe** ~ to tone [down *sep*] a colour [*or* AM -or]; **zwei Farben** ~ to tone two colours in [with each other]

Abtönfarbe *f* BAU tinting colour [*or* AM -or]

Abtönung *f* ❶ (*das Abtönen*) toning down
❷ (*Farbnuance*) tone, shade

ab|törnen *vt* (*sl*) ■**jdn** ~ to turn sb off

ab|töten *vt* ❶ (*zum Absterben bringen*) ■**etw** ~ to kill off sth *sep*, to destroy sth
❷ (*zum Erlöschen bringen*) ■**etw** [**in** [*o* **bei**] **jdm**] ~ to deaden sth [in sb]

ab|tragen *irreg* **I.** *vt* ❶ (*abnutzen*) ■**etw** ~ to wear sth out; **abgetragene Kleidung** worn [out] clothes; ■**etwas Abgetragenes** sth worn out
❷ (*geh: abbezahlen*) ■**etw** ~ to pay off *sep* [*or* discharge] sth
❸ (*geh: abräumen*) **das Geschirr** ~ to clear away the dishes *sep*
❹ (*entfernen*) ■**etw** [**bis auf etw** *akk*] ~ to clear sth away [down to sth]; ***der verseuchte Boden soll bis auf eine Tiefe von 15 Metern abgetragen werden*** the contaminated soil is to be cleared away down to a depth of 15 metres
❺ (*geh: abbauen*) **ein Gebäude/ein Haus/eine Mauer** ~ to take [*or* tear] down *sep* [*or* dismantle] a building/house/wall
❻ GEOG ■**etw** ~ to wash away sth *sep*
II. *vi* (*geh: vom Tisch wegtragen*) to clear away *sep*

abträglich *adj* (*geh*), **abträgig** *adj* SCHWEIZ ■[**jdm/etw**] ~ **sein** to be detrimental [to sb/sth]

Abtragung <-, -en> *f* ❶ FIN (*geh*) discharge, paying off
❷ GEOG washing away
❸ (*geh: Abbau*) dismantling, taking down

Abtransport *m* removal; *von Verwundeten* evacuation

ab|transportieren* *vt* ■**etw** ~ to remove sth, to transport sth [away]; ■**jdn** ~ to transport sb; ***die Überlebenden wurden aus dem Erdbebenge-***

biet abtransportiert the survivors were evacuated from the earthquake zone

ab|treiben *irreg* I. *vt haben* ❶ MED **ein Kind** ~ to abort a pregnancy, to have an abortion
❷ (*in eine andere Richtung treiben lassen*) ■**jdn/etw [von etw]** ~ to carry [*or* drive] sb/sth [from sth] [*or* away from sth]; **ein Schiff vom Kurs** ~ to drive [*or* carry] a ship off course
❸ (*zu Tal treiben*) **das Vieh** ~ to bring down the animals
II. *vi* ❶ *haben* MED to perform [*or* carry out] an abortion; ~ **lassen** to have an abortion
❷ *sein* (*in eine andere Richtung treiben*) ■**[von etw]** ~ to be carried [*or* driven] [[away] from sth]; ***das Boot trieb weit vom Kurs ab*** the boat was driven a long way off course

Abtreibung <-, -en> *f* MED abortion; **eine** ~ **[an jdm] vornehmen** (*geh*) to perform [*or* carry out] an abortion [on sb]; **eine** ~ **vornehmen lassen** (*geh*) to have [*or* undergo] an abortion

Abtreibungsparagraph *m* JUR abortion law **Abtreibungspille** *f* morning-after pill **Abtreibungsrecht** *nt kein pl* abortion law **Abtreibungsversuch** *m* MED attempted abortion; **einen** ~ **[an sich** *dat*] **vornehmen** (*geh*) to attempt to carry out an abortion [on oneself]

ab|trennen *vt* ❶ (*ablösen*) ■**etw [von etw]** ~ to detach [*or* remove] sth [from sth]; ***hier*** ~ detach [*or* tear off] here
❷ (*abteilen*) ■**etw [von etw]** ~ to divide [*or* partition] off sth [from sth] *sep*
❸ (*geh: gewaltsam vom Körper trennen*) ■**[jdm] etw** ~ to cut [sb's] sth off *sep;* ***der Mähdrescher trennte ihm einen Arm ab*** the combine harvester severed his arm [from his body]

Abtrennkarte *f* TYPO detachable postcard

Abtrennung *f* ❶ (*das Lostrennen von Festgenähtem*) removal, detachment
❷ (*das Abteilen*) dividing [*or* partitioning] off
❸ (*trennende Vorrichtung*) partition
❹ MED (*das Abschneiden*) cutting off; *von Tumor* excision, removal

abtretbar, abtretungsfähig *adj* JUR transferable, assignable

Abtretbarkeit <-> *f kein pl* JUR transferability *no pl*, assignability *no pl*

ab|treten *irreg* I. *vt haben* ❶ (*übertragen*) ■**[jdm] etw** ~, ■**etw [an jdn]** ~ to sign over sth [to sb] *sep;* **Ansprüche/Rechte** ~ to transfer [*or* cede] claims/rights; **ein Gebiet/Land** ~ to cede a territory/land; ■**abgetreten** ceded
❷ (*fam: überlassen*) ■**jdm etw** ~ to give sth to sb; ***er hat ihr seinen Platz abgetreten*** he gave up his seat to her, he offered her his seat
❸ (*durch Betreten abnutzen*) ■**etw** ~ to wear sth out
❹ (*durch Treten entfernen, reinigen*) **den Dreck/Schnee [von etw]** ~ to stamp off the dirt/snow [from sth] *sep*
II. *vi sein* ❶ (*zurücktreten*) ■**[von etw]** ~ to step down [from sth]; **von der politischen Bühne** ~ to retire from the political stage; *Monarch* to abdicate; *Politiker* to resign
❷ THEAT **[von der Bühne]** ~ to leave [*or* exit] [the stage]
❸ (*fam: sterben*) to make one's [last] exit
❹ MIL to stand down; ■~ **lassen** to dismiss; ~**!** dismissed!
III. *vr haben* ❶ (*sich durch Treten säubern*) ■**sich etw** ~ to wipe one's sth; **sich** *dat* **seine Schuhe/Stiefel [an etw** *dat*] ~ to wipe off one's shoes/boots [on sth] *sep*
❷ (*sich durch Betreten abnutzen*) ■**sich** ~ to wear out

Abtretende(r) *f(m) dekl wie adj* JUR transferor, assignor

Abtreter <-s, -> *m* (*fam*) doormat

Abtretung <-, -en> *f* signing over; *von Anspruch, Rechten* transferring [*or* ceding]; *von Gebiet* ceding

Abtretungsbegünstigte(r) *f(m) dekl wie adj* JUR allottee, assignee **Abtretungsempfänger(in)** *m(f)* JUR transferee, assignee **Abtretungserklärung** *f* JUR declaration of assignment **Abtretungsurkunde** *f* JUR [deed of] assignment; *von Grundstück* deed of conveyance **Abtretungsverbot** *nt* JUR restraint of assignment **Abtretungsverbotsklausel** *f* JUR non-assignment clause **Abtretungsverfügung** *f* JUR assignment order **Abtretungsvertrag** *m* JUR contract of assignment; *von Grundstück* treaty of cession

Abtrieb *m* AGR *Vieh von der Alm* to bring down the cattle from the mountain pastures

Abtritt[1] *m* ❶ (*Rücktritt*) resignation; *von Monarch* abdication; **jds** ~ **von der politischen Bühne** sb's withdrawal from the political stage
❷ THEAT exit

Abtritt[2] *m* (*veraltend*) *s.* **Toilette**

ab|trocknen I. *vt* ■**jdn/etw** ~ to dry sb/sth; ■**sich** ~ to dry oneself; **das Geschirr** ~ to dry [up [*or* AM off] *sep*] the dishes [*or* BRIT *a.* to do the drying up]; ■**jdm etw** ~ to dry sth for sb; ■**sich** *dat* **etw** ~ to dry one's sth; ***liebevoll trocknete er ihr die Tränen ab*** lovingly he wiped away [*or* dried] her tears
II. *vi* to dry the dishes, BRIT *a.* to dry up, BRIT *a.* to do the drying up

ab|tropfen *vi sein* to drain; ■**etw** ~ **lassen** to leave sth to drain; **die Wäsche** ~ **lassen** to leave the washing to drip-dry

Abtropfsieb *nt* colander

ab|trotzen *vt* (*geh*) ■**jdm etw** ~ to wring sth out of sb

abtrünnig *adj* renegade; ~**er Ketzer** apostate heretic; ~**er Lehnsmann** renegade [*or* disloyal] vassal; ~**e Provinz**/~**er Staat** rebel region/state; ■**jdm/etw** ~ **werden** to be disloyal to sb/sth; **seinem Glauben/der Kirche** ~ **werden** to renounce one's [*or* desert the] faith/the church

Abtrünnige(r) *f(m) dekl wie adj* renegade; REL apostate

Abtrünnigkeit <-> *f kein pl* disloyalty; *eines Glaubens* apostasy

ab|tun *vt irreg* ❶ (*keine Wichtigkeit beimessen*) ■**etw [mit etw]** ~ to dismiss sth [with sth]; **etw mit einem Achselzucken/Lächeln** ~ to dismiss sth with a shrug/laugh, to shrug/laugh sth off; ■**etw als etw** ~ to dismiss sth as sth; ***als jugendlichen Übermut kann man diese Gewalttaten nicht*** ~ these acts of violence cannot be dismissed as youthful high spirits
❷ (*selten: erledigen*) ■**[mit etw] abgetan sein** to be settled [by sth]; ***lassen wir es damit abgetan sein*** let that be an end to it; **eine Sache so schnell wie möglich** ~ to deal [*or* have done] with sth as quickly as possible

ab|tupfen *vt* ❶ (*durch Tupfen entfernen*) ■**[jdm] etw** ~ to dab sth away [of sb]; **die Tränen von jds Wange** ~ to wipe the tears from sb's cheek; ■**sich** *dat* **etw** ~ to wipe one's sth; **sich den Schweiß von der Stirn** ~ to mop [*or* dab] the sweat from one's brow
❷ (*durch Tupfen reinigen*) ■**etw [mit etw]** ~ to swab sth [with sth]; **eine Wunde** ~ to clean a wound

abturnen [-tøːɐ-] *vi* (*sl*) to be a pain in the neck *fam*

Abundanz <-> *f kein pl* abundance

ab|urteilen *vt* ❶ JUR ■**jdn** ~ to [pass] sentence [*or* judgement] [on] sb; ■**abgeurteilt** convicted
❷ (*pej: verdammen*) ■**jdn** ~ to condemn sb

Aburteilung <-, -en> *f* ❶ JUR sentencing, passing of a sentence
❷ (*pej: Verdammung*) condemnation

Abverkauf *m* ÖSTERR (*Ausverkauf*) sale

ab|verlangen* *vt s.* **abfordern**

ab|wägen *vt irreg* ■**etw [gegeneinander]** ~ to weigh sth up [against sth else]; **seine Worte gut** ~ to choose [*or* weigh] one's words carefully; **beide Möglichkeiten [gegeneinander]** ~ to weigh up the two possibilities [against one another]; **Vor- und Nachteile [gegeneinander]** ~ to weigh [up] the disadvantages and advantages [*or* pros and cons]; *s. a.* abgewogen

Abwägung <-, -en> *f* weighing up, consideration; ***so eine Situation bedarf der*** ~ ***eines jeden Wortes*** a situation like this calls for every single word to be carefully considered

Abwahl *f kein pl* voting out; ***es kam zur*** ~ ***des Vorstands*** the board was voted out of office

abwählbar *adj sth that can be cancelled by vote or choice;* ***der Vorsitzende ist jederzeit*** ~ the chairman can be voted out [of office] at any time; **ein** ~**es Schulfach** an optional subject

ab|wählen *vt* ■**jdn** ~ to vote sb out [of office]; **ein [Schul]fach** ~ to drop [*or sep* give up] a subject

ab|wällen *vt s.* **abbrühen**

ab|wälzen *vt* ■**etw [auf jdn]** ~ to unload sth [on to sb]; **die Kosten auf jdn** ~ to pass on the costs to sb; **die Schuld/Verantwortung [auf jdn]** ~ to shift the blame/responsibility [on to sb]

ab|wandeln *vt* ■**etw** ~ to adapt sth; **ein Musikstück** ~ to adapt a piece of music; **ein Thema/einen Vertrag** ~ to modify a subject/contract

ab|wandern I. *vi sein* ❶ (*sich von einem Ort entfernen*) to go away
❷ (*auswandern*) ■**[aus etw]** ~ to migrate [from somewhere]; ***die ländliche Bevölkerung wanderte in die Städte ab*** the rural population moved [*or* migrated] to the towns
❸ (*fam: überwechseln*) ■**zu jdm** ~ to move to sb; ***die besten Spieler wandern immer zu den größten Vereinen ab*** the best players always move [*or* transfer] to the biggest clubs
❹ FIN (*fam: andernorts angelegt werden*) ■**[aus etw] [irgendwohin]** ~ to be transferred [from [*or* out of] sth] [to somewhere]
II. *vt* **ein Gebiet** ~ to walk all over an area

Abwanderung *f* ❶ (*an einen anderen Ort ziehen*) migration
❷ FIN exodus [*or* flight] of capital
❸ (*gründliche Begehung eines Gebietes*) walking all over

Abwanderungsverlust *m* population drain

Abwandlung *f* adaptation; MUS variation

Abwärme *f* waste heat

Abwärmenutzung *f* utilization of waste heat

Abwart(in) <-s, -e> *m(f)* SCHWEIZ (*Hausmeister*) caretaker

ab|warten I. *vt* ■**etw/jdn** ~ to wait for sth/sb; ***wir müssen erst den Regen*** ~ we must wait until it stops raining [*or* the rain stops] [*or* for the rain to stop]; ***das bleibt abzuwarten*** that remains to be seen, only time will tell; ***sie konnte es einfach nicht mehr*** ~ she simply [*or* just] couldn't wait any longer
II. *vi* to wait; ***wart' mal ab!*** [just] [you] wait and see!

abwartend I. *adj* expectant; **eine** ~**e Haltung einnehmen** to adopt a policy of wait and see
II. *adv* expectantly; **sich** ~ **verhalten** to behave cautiously

Abwartin <-, -nen> *f fem form von* **Abwart**

abwärts *adv* downhill; ***hinter der Kurve geht es*** ~ it's all downhill after the bend; ***vom Chef*** ~ ***sind alle anwesend*** from the boss down everyone is present; **es geht mit jdm/etw** ~ sb/sth is going downhill; ***es geht mit ihr gesundheitlich abwärts*** her health is deteriorating

Abwärtsbewegung *f* ÖKON *von Preisen* downward movement [*or* slide] **abwärts|gehen** *vi irreg sein s.* **abwärts** **abwärtsgerichtet** *adj* downward; ~**e Kursbewegung** downward price movement **Abwärtskompatibilität** *f* INFORM downward compatibility **Abwärtstrend** *m* downhill trend, recession

Abwasch[1] <-[e]s> *m kein pl* ❶ (*Spülgut*) dirty dishes *pl*, BRIT *a.* washing-up
❷ (*das Spülen*) washing the dishes, washing-up BRIT; **den** ~ **machen** to do the dishes, BRIT *a.* to wash up, BRIT *a.* to do the washing-up
▶ WENDUNGEN: **das geht in einem** ~ [*o* **das ist ein** ~] (*fam*) you can kill two birds with one stone *prov*

Abwasch[2] <-, -en> *f* ÖSTERR (*Spülbecken*) sink

abwaschbar *adj* washable

Abwaschbecken *nt* sink

ab|waschen *irreg* **I.** *vt* ① (*spülen*) ■**etw** ~ to wash sth up; **das Geschirr** ~ to do the dishes [*or* BRIT *a.* washing-up]
② (*durch Waschen entfernen*) ■**etw** [**von etw**] ~ to wash sth [off sth]; ■**sich** *dat* **etw** [**von etw** *dat*] ~ to wash sth [from one's sth]; ***sie wusch ihrer Tochter den Schmutz vom Gesicht ab*** she washed the dirt off her daughter's face
③ (*reinigen*) ■**sich** ~ to wash oneself
II. *vi* to do the dishes, BRIT *a.* to wash up, BRIT *a.* to do the washing-up; ***hilfst du mir mal beim A~?*** will you help me do the washing-up?

Abwaschlappen *m* dishcloth **Abwaschmaschine** *f* SCHWEIZ dishwasher **Abwaschschüssel** *f* washing-up bowl BRIT, dishpan AM **Abwaschwasser** *nt* ① (*Spülwasser*) dishwater, BRIT *a.* washing-up water ② (*pej fam: dünne Flüssigkeit*) dishwater

Abwasser <-wässer> *nt* waste water, sewage; *von Industrieanlagen* effluent, waste water

Abwasseranlage *f* sewage treatment plant **Abwasseraufbereitung** *f* sewage treatment **Abwasserbehandlung** *f* sewage treatment **Abwasserbehandlungsanlage** *f* JUR waste water treatment plant **Abwasserbeseitigung** *f* sewage disposal **Abwasserbeseitigungsanlage** *f* JUR sewage disposal plant **Abwasserentsorgung** *f* ÖKOL sewage disposal **Abwassergebühr** *f meist pl* ÖKOL *rates for sewage disposal* **Abwasserkanal** *m* sewer **Abwasserleitung** *f* waste pipe; BAU drain [*or* sewer] line **Abwasserreinigung** *f* purification of effluent[s]

ab|wechseln [-vɛks-] *vi, vr* ■**sich** ~ ① (*im Wechsel handeln*) to take turns
② (*im Wechsel erfolgen*) to alternate; ***Sonne und Regen wechselten sich ab*** it alternated between sun and rain

abwechselnd [-vɛks-] *adv* alternately; ***in der Nacht hielten die vier ~ Wache*** the four took turns to stand guard during the night

Abwechs(e)lung <-, -en> [-vɛks-] *f* change; **eine willkommene ~ sein** to be a welcome change; **die ~ lieben** to like a bit of variety; **zur ~** for a change

abwechslungshalber [-vɛks-] *adv* for a change, for variety's sake **abwechslungslos** *adj* unchanging, monotonous **abwechslungsreich** *adj* varied

Abweg *m meist pl* **jdn auf ~e führen** [*o* **bringen**] to lead sb astray; **auf ~e geraten** to go astray; (*moralisch*) to stray from the straight and narrow

abwegig *adj* ① (*unsinnig*) absurd; **ein ~er Gedanke/eine ~e Idee** a far-fetched thought/idea; **ein ~er Verdacht** an unfounded [*or* a groundless] suspicion
② (*merkwürdig*) strange, bizarre, weird

Abwegigkeit <-, *selten* -en> *f* erroneousness; *von Verdacht* groundlessness; *von Idee* strangeness, far-fetchedness

Abwehr *f kein pl* ① (*inneres Widerstreben*) resistance; ***seine Pläne stießen auf starke*** ~ his plans met [with] strong [*or* stiff] resistance
② MIL repelling, repulse
③ (*Spionage~*) counterespionage, counterintelligence
④ SPORT (*Verteidigung*) defence [*or* AM -se]; **die ~ gegnerischer Angriffe** to ward off the opponent's attacks; (*die Abwehrspieler*) defenders
⑤ (*Widerstand gegen Krankheit*) protection; *von Infektion* protection, resistance

Abwehranspruch *m* JUR defensive claim [*or* demand] **abwehrbereit** *adj* ready for defence [*or* AM -se] **Abwehrdienst** *m* MIL counter-intelligence service

ab|wehren **I.** *vt* ① MIL ■**jdn/etw** ~ to repel [*or* repulse] sb/sth
② SPORT ■**etw** ~ to fend sth off; **den Ball** ~ to clear the ball; **mit dem Kopf den Ball** ~ to head the ball clear; **einen Schlag** ~ to fend off [*or* parry] a blow
③ (*abwenden, fern halten*) ■**etw** [**von sich**] ~ to turn sth away [from oneself]; **eine Gefahr/Unheil** ~ to avert [a] danger/[a] disaster; **einen Verdacht** [**von sich**] ~ to avert suspicion [from oneself]; **einen Vorwurf** ~ to fend off [*or* deny] [*or form* refute] an accusation
II. *vi* ① (*ablehnen*) to refuse
② SPORT to clear

abwehrend *adj* defensive

Abwehrkampf *m* defensive action **Abwehrkartell** *nt* JUR defensive cartel; **~e bilden** to engage in defensive restrictive practices **Abwehrklage** *f* JUR action to repel unlawful interference **Abwehrklausel** *f* JUR protective clause **Abwehrkräfte** *pl* the body's defences **Abwehrmaßnahme** *f* defence reaction **Abwehrmechanismus** *m* PSYCH, MED defence mechanism **Abwehrreaktion** *f* defensive reaction **Abwehrspieler(in)** *m(f)* SPORT defender, defenseman **Abwehrstoffe** *pl* MED antibodies *pl* **Abwehrsystem** *nt* MED immune system **Abwehrvergleich** *m* JUR defensive composition

ab|weichen *vi irreg sein* ① (*sich entfernen, abkommen*) ■**von etw** ~ to deviate from sth
② (*sich unterscheiden*) ■[**in etw** *dat*] **von jdm/etw** ~ to differ from sb/sth [in sth]

abweichend *adj* different

Abweichler(in) <-s, -> *m(f)* (*pej*) deviant

Abweichung <-, -en> *f* ① (*Unterschiedlichkeit*) difference; *einer Auffassung* deviation [*or* divergence]
② (*das Abkommen*) deviation
③ TECH **zulässige** ~ tolerance
④ MATH *mittlere, quadratische* deviation

ab|weisen *vt irreg* ① (*wegschicken*) ■**jdn** ~ to turn sb away; **sich** [**von jdm**] **nicht ~ lassen** to not take no for an answer [from sb]
② (*ablehnen*) ■**etw** ~ to turn down sth *sep;* **einen Antrag** ~ to refuse [*or* turn down] [*or* reject] an application; **eine Bitte** ~ to deny [*or* reject] a request; ■**jdn** ~ to reject sb
③ JUR **eine Klage** ~ to dismiss [*or* throw out] a complaint

abweisend *adj* cold

Abweisung *f* ① (*das Wegschicken*) turning away
② (*das Ablehnen*) turning down, rejection
③ JUR dismissal

Abweisungsbegehren *nt* JUR *aus Rechtsgründen* motion to dismiss BRIT, AM demurrer **Abweisungsbescheid** *m* JUR non-suit

abwendbar *adj* avoidable, preventable

ab|wenden *reg o irreg* **I.** *vr* (*geh*) ■**sich** [**von jdm/etw**] ~ to turn away [from sb/sth]
II. *vt* ① (*verhindern*) ■**etw** [**von jdm/etw**] ~ to protect [sb/sth] from sth; **eine Katastrophe/ein Unheil** ~ to avert a catastrophe/disaster
② (*zur Seite wenden*) ■**etw** [**von jdm/etw**] ~ to turn sth away [from sb/sth]; **die Augen** [*o* **den Blick**] ~ to look away, to avert one's gaze [*or* eyes]; **mit abgewandtem** [*o* **abgewendetem**] **Blick** with one's eyes averted

Abwendung <-> *f kein pl* JUR warding off

Abwerben <-> *nt kein pl* JUR poaching; ~ **von Arbeitskräften** labour piracy [*or* poaching]

ab|werben *vt irreg* ■[**jdm**] **jdn** ~ to entice [*or* lure] sb away [from sb]

Abwerbung <-, -en> *f von Arbeitskräften* enticement

ab|werfen *irreg* **I.** *vt* ① (*aus der Luft herunterfallen lassen*) ■**etw** ~ to drop sth; **Ballast** ~ to drop [*or* shed] [*or* discharge] ballast; **Blätter** [*o* **Laub**]/**Nadeln** ~ to shed leaves/needles; **das Geweih** ~ to shed antlers
② (*von sich werfen*) **einen Reiter** ~ to throw [*or* unseat] a rider
③ FIN, ÖKON ■**etw** ~ to yield sth; **einen Gewinn** ~ to yield [*or* make] [*or* show] a profit; **Zinsen** ~ to yield [*or* bear] [*or* earn] interest
④ (*geh: abschütteln*) ■**etw** ~ to throw [*or* cast] off sth *sep;* **die Fesseln/das Joch der Sklaverei** ~ (*fig*) to cast [*or* throw] off the yoke of slavery *fig*
⑤ (*ablegen*) **eine Karte** ~ to discard a card
II. *vi* ① SPORT (*beim Hochsprung*) to knock down [*or* knock off] [*or* dislodge] the bar
② FBALL (*Abwurf vom Tor machen*) to throw the ball out

ab|werten **I.** *vt* ① (*Kaufwert vermindern*) ■**etw** [**um etw**] ~ to devalue sth [by sth]; ■**abgewertet** devalued
② (*Bedeutung mindern*) ■**etw** ~ to debase [*or* cheapen] sth
II. *vi* ■[**um etw**] ~ to devalue [by sth]

abwertend **I.** *adj* pejorative, derogatory
II. *adv* derogatorily; **ein Wort ~ gebrauchen** to use a word in a derogatory way

Abwertung *f* ① (*Minderung der Kaufkraft*) devaluation
② (*Wertminderung*) debasement

Abwertungsbremse *f* brake on devaluation **Abwertungsdruck** *m* pressure to devalue

abwesend *adj* ① (*geh: nicht anwesend*) absent; ***Herr Frank ist momentan*** ~ Mr Frank is not here [*or* out of the office] at the moment
② (*geistes~*) absent-minded; ***sie hatte einen ganz ~en Gesichtsausdruck*** she looked completely lost in thought; ***du siehst so ~ aus!*** you look as though you're somewhere else [altogether]!

Abwesende(r) *f(m) dekl wie adj* absentee

Abwesenheit <-, *selten* -en> *f* ① (*Fehlen*) absence; **durch ~ glänzen** (*iron fam*) to be conspicuous by one's absence *esp hum;* **in ~ von jdm** in sb's absence
② (*Geistes~*) absent-mindedness

Abwesenheitsgeld *nt* JUR fee for out-of-town services **Abwesenheitspfleger(in)** *m(f)* JUR curator in absentia **Abwesenheitspflegschaft** *f* JUR curatorship for an absent person **Abwesenheitsurteil** *nt* JUR default judgment

ab|wickeln **I.** *vt* ① (*von etw wickeln*) ■**etw** [**von etw**] ~ to unwind sth [from sth]; ■**sich** [**von etw**] ~ to unwind [itself] [from sth]
② (*erledigen*) ■**etw** ~ to deal with sth; **einen Auftrag** ~ to process an order; **Aufträge** ~ to transact business; **ein Geschäft** ~ to carry out a transaction
③ (*als politische Altlast abschaffen*) ■**jdn/etw** ~ *Firma, Arbeitskräfte* to deal with sb/sth
II. *vr* (*glatt vonstatten gehen*) ■**sich** ~ to run smoothly

Abwickler <-s, -> *m* JUR liquidator; **einen ~ bestellen** to appoint a liquidator

Abwicklung <-, -en> *f* ① (*Erledigung*) conducting; *von Auftrag* processing; ***er war für die reibungslose ~ der Veranstaltung verantwortlich*** he was responsible for making sure that the event ran smoothly
② (*Abschaffung*) getting rid of; ***hunderte von Staatsdienern befürchten die*** ~ hundreds of civil servants fear they will be dismissed [*or* are living in fear of dismissal]
③ FIN (*Liquidation*) winding up

Abwicklungsanfangsvermögen *nt* FIN net worth at the beginning of the winding-up proceedings **Abwicklungsantrag** *m* JUR winding-up petition **Abwicklungsendvermögen** *nt* FIN net worth at the end of the winding-up proceedings **Abwicklungsgeschäft** *nt* FIN winding-up transaction **Abwicklungsmasse** *f* FIN total assets and liabilities under liquidation **Abwicklungsmaßnahmen** *pl* JUR measures of liquidation **Abwicklungsschlussbilanz**[RR] *f* FIN closing balance sheet of the company in liquidation **Abwicklungsverfahren** *nt* JUR liquidation [*or* winding-up] proceedings *pl* **Abwicklungsvollstreckung** *f* JUR execution of a winding-up order

ab|wiegeln **I.** *vi* to play it down; ***jetzt wieg[e]le mal nicht ab, die Situation ist sehr ernst!*** don't [try and] play it down, the situation is very serious!
II. *vt* (*beschwichtigen*) ■**jdn/etw** ~ to calm down [*or* pacify] sb/sth *sep;* ***die Menge ließ sich nicht*** ~ the crowd would not be calmed; **sich nicht ~ lassen** to not take no for an answer

ab|wiegen *vt irreg* ■[**jdm**] **etw** ~ to weigh sth [out] [for sb]; **Argumente** [**sorgfältig**] ~ (*fig*) to [carefully] weigh up the arguments *fig*

ab|wimmeln *vt* (*fam*) ■**jdn** ~ to get rid of sb; ■**etw** ~ to get out of [doing] sth
ab|winkeln *vt* ■**etw** ~ to bend sth; ■**abgewinkelt** bent; **mit abgewinkelten Armen** with arms akimbo
ab|winken *vi* (*fam*) to signal one's refusal
ab|wirtschaften *vi* (*fam*) to go downhill; ***die Firma hat jetzt endgültig abgewirtschaftet*** the company now finally had been run-down; ■**abgewirtschaftet** run-down; **eine abgewirtschaftete Regierung** a discredited government
ab|wischen *vt* ❶ (*durch Wischen entfernen*) ■[**sich** *dat*] **etw** [**von etw** *dat*] ~ to wipe sth [from sth]; **sich die Tränen** ~ to dry one's tears; ***liebevoll wischte er ihr die Augen ab*** he lovingly dried her eyes; **sich den Schweiß von der Stirn** ~ to mop the sweat from one's brow
❷ (*durch Wischen säubern*) ■[**jdm**] **etw** ~ to wipe sth [for sb]; ***bitte die Hände an diesem Handtuch ~!*** please dry your hands on this towel!; ■[**sich** *dat*] **etw** ~ to wipe sth; ***wisch dir die Hände bitte am Handtuch ab!*** dry your hands on the towel!
Abwrackaktion *f* NAUT *campaign to scrap outdated ships*
ab|wracken *vt* ❶ (*verschrotten*) ■**etw** ~ to break up *sep* [*or* scrap] sth
❷ (*herunterkommen*) ■**abgewrackt** clapped-out *fam*
Abwrackwerft *f* NAUT breaker's yard
Abwurf *m* ❶ (*das Hinunterwerfen*) dropping; *von Ballast* shedding, jettisoning
❷ (*das Abgeworfenwerden*) throwing; ***bei dem ~ von dem Pferd brach er sich den Arm*** he broke his arm when he was thrown from the horse
❸ SPORT (*Abwerfen der Latte beim Hochsprung*) knocking down [*or* off], dislodging; (*Speerwerfen*) throwing; (*beim Fußball*) throw-out
ab|würgen *vt* (*fam*) ❶ (*ungewollt ausschalten*) **den Motor** ~ to stall the engine
❷ (*im Keim ersticken*) ■**etw** ~ to nip sth in the bud; ■**jdn** ~ (*unterbrechen*) to cut sb short [*or* off], to interrupt sb; **jdn** [**einfach**] **mitten im Satz** ~ to cut sb off right in the middle of a sentence
ab|zahlen *vt* ❶ (*zurückzahlen*) ■**etw** ~ to pay sth off; **ein Darlehen** [*o* **einen Kredit**]/**seine Schulden** ~ to pay off [*or* repay] a loan/one's debts
❷ (*in Raten bezahlen*) ■**etw** ~ to pay for sth in instalments [*or* AM installments]; ■**abgezahlt** paid for *pred;* ***unser Haus ist endlich abbezahlt*** we've finally paid off [*or* for] the house, we've finally paid all the instalments on the house
ab|zählen I. *vt* ■**etw** ~ to count sth [out]; ■**abgezählt** exact; ***bitte das Fahrgeld abgezählt bereithalten*** please tender [the] exact [*or* correct] fare
II. *vi* to count; ***der Kassierer hat sich beim A~ vertan*** the cashier made a mistake counting
Abzählreim *m* counting-out rhyme
Abzahlung *f* ❶ (*Rückzahlung*) paying off
❷ (*Bezahlung auf Raten*) repayment; [**etw**] **auf ~ kaufen** to buy sth in instalments [*or* AM installments] [*or* BRIT *a.* on hire purchase] [*or* BRIT *fam a.* on the never-never]
Abzahlungsbedingungen *pl* FIN instalment [*or* BRIT hire-purchase] terms **Abzahlungsgeschäft** *nt* JUR instalment [*or* BRIT hire purchase] transaction **Abzahlungsgesellschaft** *f* JUR, FIN personal loan [*or* BRIT hire-purchase] company **Abzahlungsgesetz** *nt* JUR Statue Covering Instalment Sales, BRIT Hire-Purchase Act, AM Installment Purchase Law **Abzahlungskauf** *m* JUR, FIN instalment buying, BRIT hire purchase, AM installment purchase **Abzahlungskosten** *pl* HANDEL instalment [*or* AM *usu* -ll-] charges **Abzahlungskredit** *m* loan payable in installments, installment credit
Abzählvers *m s.* **Abzählreim**
ab|zapfen *vt* ■**etw** [**aus etw**] ~ to pour [*or* tap] sth [from sth]; **Bier** ~ to tap beer; **jdm Geld** ~ (*fam*) to get [*or* scrounge] money from [*or* off] sb
Abzäunung <-, -en> *f* fencing
Abzeichen *nt* ❶ (*ansteckbare Plakette*) badge
❷ SPORT badge
❸ MIL insignia [*or* badge] of rank
ab|zeichnen I. *vt* ❶ (*durch Zeichnen wiedergeben*) ■**etw** [**von etw**] ~ to copy [*or* reproduce] sth [from sth]
❷ (*signieren*) ■**etw** ~ to initial sth; **einen Scheck** ~ to initial a check
II. *vr* ❶ (*erkennbar werden*) ■**sich** ~ to become apparent; ***der Ausbruch eines Bürgerkrieges beginnt sich immer deutlicher abzuzeichnen*** the outbreak of civil war is beginning to loom ever larger [on the horizon]
❷ (*Umrisse erkennen lassen*) ■**sich** [**durch/auf etw**] ~ to show [through/on sth]
abziehbar *adj* HANDEL deductible
Abziehbild *nt* TECH transfer
ab|ziehen *irreg* **I.** *vi* ❶ *sein* MIL ■[**aus etw**] ~ to withdraw [from sth]
❷ *sein* (*fam: weggehen*) to go away; ***zieh ab!*** go away!, clear off!, get lost! *sl*
❸ *sein* (*durch Luftzug entfernen*) ■[**aus etw**] ~ to clear [*or* escape] [from sth]
❹ *sein* METEO ■[**irgendwohin**] ~ to move away [*or* off] [somewhere] [*or* on]
❺ *haben* (*den Abzug einer Waffe drücken*) to fire, to pull the trigger
II. *vt haben* ❶ (*einbehalten*) ■**etw** [**von etw**] ~ to deduct sth [from sth]; ***Steuern und Sozialabgaben werden direkt vom Gehalt abgezogen*** tax and national insurance are deducted directly from the wages
❷ (*nachlassen*) ■**etw** [**von etw**] ~ to take [*or* knock] sth off [sth] *sep;* ***ich kann Ihnen 5 % Rabatt*** [***vom Preis***] ~ I can knock 5 % [off the price] for you [*or* give [*or* offer] you a discount of 5 % [on the price]]
❸ MATH ■**etw** [**von etw**] ~ to subtract sth [from sth]
❹ FIN **Kapital** [**aus einer Firma/einem Land**] ~ to withdraw capital [from a company/country]; **jdm eine Summe vom Konto** ~ to debit a sum [of money] from sb's account
❺ MIL ■**etw** [**aus etw**] ~ to withdraw sth [from sth]; **Truppen aus einem Gebiet** ~ to withdraw [*or* draw back] troops from an area
❻ (*etw durch Ziehen entfernen*) ■**etw** ~ to pull off sth *sep;* **das Bett** ~ to strip the bed; **ein Laken** ~ to remove [*or sep* take off] a sheet; **einen Ring** ~ to take [*or* pull] off a ring *sep;* **einen Schlüssel** [**von etw**] ~ to take [*or* pull] out a key [from sth]; [**jdm/einem Tier**] **das Fell/die Haut** ~ to skin sb/an animal
❼ (*vervielfältigen*) ■**etw** ~ to run sth off; ***bitte ziehen Sie das Manuskript 20 mal ab*** please make [*or* run off] 20 copies of the manuscript
❽ SCHWEIZ (*ausziehen*) ■**etw** ~ to take sth off
III. *vr* SCHWEIZ (*sich ausziehen*) ■**sich** ~ to undress
ab|zielen *vi* ❶ (*anspielen*) ■[**mit etw** *dat*] **auf etw** *akk* ~ to get at sth [with sth] *fam*
❷ (*im Visier haben*) ■**auf jdn/etw** ~ to aim [*or* direct] at sb/sth
ab|zinsen *vt* FIN ■**etw** ~ to discount sth (*to calculate the present value of future payment*)
ab|zocken I. *vt* (*sl*) ■**jdn** ~ to fleece sb *fam*
II. *vi* (*sl*) to clean up *fam*
Abzockerei <-, -en> *f* (*pej sl*) rip-off *fam*
Abzug *m* ❶ (*das Einbehalten*) deduction; ***ohne Abzüge verdient sie 3.000 DM*** she earns 3000 marks before deductions
❷ (*das Abziehen*) deduction; ***nach ~ des Rabattes musste er nur noch 200 DM zahlen*** after deducting the discount he was left with only 200 marks to pay; **etw** [**von etw**] **in ~ bringen** (*geh*) to deduct sth [from sth]; **ohne** ~ without [any] deductions, net
❸ TYPO proof
❹ FOTO print
❺ MIL withdrawal; **jdm freien ~ gewähren** to grant sb safe passage
❻ FIN **der ~ von Kapital** withdrawal of capital
❼ METEO moving away; ***mit einem ~ der Kaltfront ist vorläufig noch nicht zu rechnen*** we don' t expect the cold front to move on yet
❽ (*Luft~*) vent; (*Dunst~*) extractor [fan]; (*über einem Herd*) extractor hood
❾ (*Vorrichtung an einer Waffe*) trigger; **den Finger am ~ haben** to have one's finger on the trigger
abzüglich *präp +gen* ■~ **einer S.** *gen* less [*or* minus] sth
abzugsfähig *adj inv* FIN deductible, allowable; **steuerlich/steuerlich nicht** ~ tax-deductible [*or* allowable for tax purposes]/disallowable against tax; **nicht** ~ non-deductible
Abzugsfähigkeit *f* ÖKON **steuerliche** ~ tax deductibility **abzugsfrei** *adj* tax-free **Abzugshaube** *f* extractor hood **Abzugskapital** *nt* FIN deductible capital **Abzugsposten** *m* FIN valuation item **Abzugsrohr** *nt* flue [pipe] **Abzugssteuer** *f* FIN withholding tax
Abzweig *m* ❶ (*geh: Weggabelung*) turning, turn-off
❷ TECH couple
ab|zweigen I. *vi sein* ■[**von etw**] [**irgendwohin**] ~ to branch off [from sth] [to somewhere]; ***hinter der Kurve zweigt die Goethestraße nach links ab*** Goethestraße turns [*or* goes] off to the left after the bend
II. *vt haben* (*fam*) ■**etw** [**von etw**] ~ to set [*or* put] aside sth [from sth] *sep*
Abzweigung <-, -en> *f* ❶ (*Straßengabelung*) turning, turn-off; ***wir müssen an der ~ links*** [***abbiegen***] we must turn left at the junction
❷ (*Nebenlinie einer Strecke*) branch line
ab|zwicken *vt* ■[**jdm/etw**] **etw** ~ to nip [*or* pinch] off sth [sb/sth] *sep*
Accelerator-Karte [ək'seləreɪtəʳ-] *f* INFORM accelerator card
Accessoire <-s, -s> [aksɛ'soaːɐ] *nt meist pl* accessory
ACEA *m Abk von* **Verband europäischer Automobilbauer** Association of European Motor Manufacturers
Acerolakirsche *f* BOT West Indian Cherry
Acetat <-s, -e> [atse-] *nt* acetate
Aceton <-s, -e> [atse-] *nt* acetone
Acetylcholin <-s> *nt kein pl* BIOL (*Überträgerstoff an Nervenzellen*) acetylcholine
Acetylen <-s> [atse-] *nt* acetylene
Acetylsalicylsäure *f* acetylsalicylic acid, aspirin
ach I. *interj* ❶ (*jammernd, ärgerlich*) oh no!; ~, ***das sollte doch schon lange erledigt sein!*** oh no! that was supposed to have been done ages ago!; ~ ***je!*** oh dear [me]!; ~, ***rutsch mir doch den Buckel runter!*** oh, go [and] take a running jump!; ~ ***nein, du schon wieder?*** oh no! not you again?; ~ **und weh schreien** (*veraltend geh*) to scream blue murder
❷ (*also*) oh!; ~, ***so ist das also …*** oh, so that's how it is …
❸ (*aha*) [oh,] I see!; ~ **ne** [*o* **nein**]**!** (*fam*) I say!; ~ ***so, ich verstehe!*** oh, I see!; ~ ***wirklich?*** really?; ~ ***so! na, dann versuchen wir es eben noch mal!*** well, all right then, let's try it one more time!
❹ (*ganz und gar nicht*) ~ **was** [*o* **wo**]**!** come on!
II. *adv* (*geh*) ***sie glaubt von sich, sie sei ~ wie schön*** she thinks she's oh so beautiful
Ach <-s, -[s]> *nt* (*Ächzen*) groan
► WENDUNGEN: **mit ~ und** __**Krach**__ (*fam*) by the skin of one's teeth; ***er bestand die Prüfung nur mit ~ und Krach*** he only [just] scraped through the exam [*or* passed the exam by the skin of his teeth]; **mit ~ und** __**Weh**__ (*fam*) with great lamentations; ***mit ~ und Weh stimmte sie zu*** she agreed through gritted teeth
Achat <-[e]s, -e> *m* agate
Achillesferse *f* Achilles' heel **Achillessehne** *f* Achilles tendon
Achsaufhängung *f* AUTO suspension mounting
Achsbruch *m* AUTO broken axle
Achse <-, -n> ['aksə] *f* ❶ AUTO axle
❷ (*Schwerpunkt*) axis
❸ POL, HIST axis
► WENDUNGEN: [**ständig**] **auf ~** __**sein**__ (*fam*) to be [always] on the move
Achsel <-, -n> ['aksl] *f* ❶ ANAT armpit

② (*fam: Schulter*) shoulder; **die** [*o* **mit den**] **~n zucken** to shrug one's shoulders
Achselhaare ['aksl-] *pl* armpit [*or* underarm] hair **Achselhöhle** *f* armpit **Achselklappe** *f* epaulette **Achselpolster** *nt* shoulder padding **Achselstück** *nt* MIL epaulette **Achselzucken** <-> *nt kein pl* shrug [of the shoulders] **achselzuckend** I. *adj* shrugging II. *adv* with a shrug [of the shoulders]
Achsenbruch ['aksn-] *m* broken axle **Achsenkreuz** *nt* MATH axes of coordinates, coordinate axes **Achsenmächte** *pl* HIST ■**die ~** the Axis Powers
Achslager *nt* AUTO axle bearing **Achslast** ['aks-] *f* AUTO axle weight **Achsstand** *m* AUTO wheelbase **Achswelle** *f* AUTO drive shaft
acht[1] *adj* eight; **~ *mal drei sind gleich 24*** eight times three is 24; ***das kostet* ~ *Mark*** that costs eight marks; ***die Linie ~ fährt zum Bahnhof*** the No. 8 goes to the station; ***es steht ~ zu drei*** the score is eight three [*or* 8–3]; **~ [Jahre alt] sein/werden** to be/turn eight [years old]; **mit ~ [Jahren]** at the age of eight, at eight [years old], as an eight-year-old; **~ Uhr sein** to be eight o'clock; **gegen ~ [Uhr]** [at] about [*or* around] eight [o'clock]; **um ~** at eight [o'clock]; **... [Minuten] nach/vor ~ ...** [minutes] past/to eight [o'clock]; **kurz nach/vor ~ [Uhr]** just [*or* shortly] after/before eight [o'clock]; **alle ~ Tage** [regularly] every week; **heute/Freitag in ~ Tagen** a week today/on Friday; **heute/Freitag vor ~ Tagen** a week ago today/on Friday
acht[2] *adv* **zu ~ sein *wir waren zu*** **~** there were eight of us
Acht[1] <-, -en> *f* ① (*Zahl*) eight
② (*etw von der Form einer 8*) ***ich habe eine ~ im Vorderrad*** my front wheel is buckled; **auf dem Eis eine ~ laufen** to skate a figure of eight on the ice
③ (*hum fam: Handschellen*) handcuffs
④ KARTEN ■**die/eine ~** the/an eight; **die Herz-/Kreuz-~** the eight of hearts/clubs
⑤ (*Verkehrslinie*) ■**die ~** the [number] eight; ***die ~ fährt zum Bahnhof*** the No. 8 goes to the station
Acht[2RR] *f* **~ geben** [*o* **haben**] to be careful; ***sie gab genau ~, was der Professor sagte*** she paid careful attention to what the professor said; **auf jdn/etw ~ geben** [*o* **haben**] to look after [*or fam* keep an eye on] sb/sth; **~ geben** [*o* **haben**], **dass ...** to be careful that ...; ***gib ~, dass dir niemand das Fahrrad klaut!*** watch out that nobody pinches your bike!; **etw außer ~ lassen** to not take sth into account [*or* consideration]; ***wir haben ja ganz außer ~ gelassen, dass der Friseur geschlossen hat!*** we completely forgot that the hairdresser is closed!; **sich in ~ nehmen** to be careful, to take care; ***nimm dich bloß in ~, Bürschchen!*** just you watch it, mate *fam*!; **sich [vor jdm/etw] in ~ nehmen** to be wary [of sb/sth]; ***vielen Dank für die Warnung, ich werde mich in ~ nehmen*** thank you for the warning, I'll be on my guard; ***nimm dich in ~ vor dieser gefährlichen Kurve!*** please take care on this dangerous bend!
Acht[3] <-> *f* ① HIST (*Entzug der bürgerlichen Rechte*) ■**die ~** outlawry; **in ~ und Bann sein** to be outlawed
② (*Ausschluss aus christlicher Gemeinschaft*) **jdn in ~ und Bann tun** to excommunicate sb; (*verdammen*) to ostracize sb
achtbar *adj* (*geh*) respectable
Achtbarkeit <-> *f* (*geh*) respectability
achte(r, s) *adj* ① (*nach dem siebten kommend*) eighth; **an ~r Stelle** [in] eighth [place]; **die ~ Klasse** third year of senior school BRIT, eighth grade AM
② (*Datum*) eighth; ***heute ist der ~ Mai*** it's the eighth of May today; **am ~n September** on the eighth of September
Achte(r) *f(m) dekl wie adj* ① (*Person*) ■**der/die/das ~** the eighth; ***du bist jetzt der ~, der fragt*** you're the eighth person to ask; **als ~ an der Reihe** [*o* **dran**] **sein** to be the eighth [in line]; **~[r] sein/werden** to be/finish [in] eighth [place]; **als ~r durchs Ziel gehen** he finished eighth, he crossed the line in eighth place; **jeder ~** every eighth person, one in eight [people]
② (*bei Datumsangabe*) ■**der ~** [*o geschrieben* **der 8.**] the eighth *spoken*, the 8th *written*; ■**am ~n** on the eighth
③ (*Namenszusatz*) **Karl der ~** [*o geschrieben* **Karl VIII.**] Karl the Eighth *spoken* [*or written* Karl VIII]
Achteck *nt* octagon **achteckig** *adj* octagonal, eight-sided *attr* **achteinhalb** *adj* eight and a half; *s. a.* **anderthalb**
achtel *adj* eighth
Achtel <-s, -> *nt o* SCHWEIZ *m* eighth; **zwei/drei ~** two/three eighths; **ein ~ Rotwein** a small glass of red wine (*measuring 125 ml*)
Achtelfinale *nt* round of the last sixteen, eighth-finals *rare*; ***die Sieger des ~s*** the winners from the last sixteen **Achtelnote** *f* MUS quaver **Achtelpause** *f* MUS quaver rest
achten I. *vt* (*schätzen*) ■**jdn ~** to respect sb; ■**jdn als etw ~** to respect sb as sth
II. *vi* ① (*aufpassen*) ■**auf jdn/etw ~** to look after [*or fam* keep an eye on] sb/sth
② (*be~*) ■**auf jdn/etw ~** to pay attention to sb/sth; **auf das Kleingedruckte ~** to pay attention to the small print
③ (*darauf sehen*) ■**darauf ~, etw zu tun** to remember to do sth; ***achtet aber darauf, dass ihr nichts umwerft!*** be careful [*or* take care] not to knock anything over!
ächten *vt* ① (*verdammen*) ■**jdn ~** to ostracize sb
② HIST (*proskribieren*) ■**jdn [für etw] ~** to outlaw sb [for sth]
achtens *adv* eighthly
achtenswert *adj* **ein ~er Erfolg** a commendable success, commendable efforts; **eine ~e Person** a worthy person
Achter <-s, -> *m* (*Ruderboot*) ■**ein ~** an eight
Achterbahn *f* roller-coaster; **~ fahren** to ride [*or* go] on a roller coaster **Achterdeck** *nt* after deck
achterlei *adj inv* eight [different]; **~ Brot/Käse** eight [different] kinds of bread/cheese; **in ~ Farben/Größen** in eight [different] colours [*or* AM -ors]/sizes
achtern *adv* NAUT aft, astern; **nach/von ~** aft/from aft, astern/from astern
achtfach, 8fach I. *adj* eightfold; **die ~e Menge** eight times the amount; **bei ~er Vergrößerung** enlarged eight times; **in ~er Ausfertigung** eight copies of
II. *adv* eightfold, eight times over
Achtfache, 8fache *nt dekl wie adj* the eightfold *rare*; ■**das ~ an etw** *dat* eight times as much of sth; **um das ~ größer/höher sein** to be eight times bigger [*or* as big]/higher [*or* as high]; **um das ~ erhöhen** to increase eightfold [*or* eight times]
acht|geben *vi irreg s.* **Acht**[2]
achtgeschossig *adj* eight-storey [*or* AM -story] *attr*; ***das Haus ist ~*** the house has eight storeys
acht|haben *vi irreg* (*geh*) *s.* **Acht**[2]
achthundert *adj* eight hundred; *s. a.* **hundert**
achthundertjährig *adj* eight hundred-year-old *attr*; **das ~e Bestehen von etw feiern** to celebrate the octocentenary [*or* octocentennial] of sth **achtjährig, 8-jährig**[RR] *adj* ① (*Alter*) eight-year-old *attr*, eight years old *pred*; ***ein ~er Junge*** an eight-year-old boy, a boy of eight; **das ~e Jubiläum einer S.** *gen* the eighth anniversary of sth
② (*Zeitspanne*) eight-year *attr*; **eine ~e Amtszeit** an eight-year tenure, a tenure [of] eight years **Achtjährige(r), 8-Jährige(r)**[RR] *f(m) dekl wie adj* eight-year-old **achtköpfig** *adj* eight-headed *attr*; ***eine ~köpfige Familie*** a family of eight
achtlos I. *adj* careless, thoughtless; ■**~ von jdm sein, etw zu tun** to be thoughtless of sb to do sth
II. *adv* without noticing; ***~ ging er an ihr vorbei*** he went past her without noticing
Achtlosigkeit <-> *f* ① (*Unachtsamkeit*) carelessness
② (*unachtsames Verhalten*) thoughtlessness
achtmal, 8-mal[RR] *adv* eight times; **~ so viel/so viele** eight times as much/as many
achtmalig, 8-malig[RR] *adj* eight times over; ***nach ~em Klingeln*** after ringing [the bell] eight times [*or* for the eighth time], after eight rings of the bell
Achtmonatsangst *f* PSYCH anxiety of an eight-month-old child
achtsam I. *adj* (*geh*) careful; ■**~ sein [mit etw]** to be careful [with sth]
II. *adv* (*geh*) carefully; ***bitte gehen Sie sehr ~ damit um!*** please take great care with this!
Achtsamkeit <-> *f kein pl* (*geh*) care
Achtsitzer <-s, -> *m* eight-seater **Achtspurtechnik** *f* MUS, TV eight-track technology **achtstöckig, 8-stöckig**[RR] *adj inv* eight-storey [*or* AM -story] *attr*, with eight storeys *pred* **Achtstundentag** *m* eight-hour day **achtstündig, 8-stündig**[RR] *adj* eight-hour *attr*, lasting eight hours *pred*; **~er Arbeitstag** eight-hour day **achttägig, 8-tägig**[RR] *adj* eight-day *attr*, lasting eight days *pred*
achttausend *adj* ① (*Zahl*) eight thousand; *s. a.* **tausend** 1 ② (*fam: 8000 DM*) eight grand *no pl*, eight thou *no pl sl*, eight G's [*or* K's] *no pl* AM *sl*
Achttausender <-s, -> *m* mountain over 8,000 metres [*or* AM meters] **achtteilig, 8-teilig**[RR] *adj* eight-part; *Besteck* eight-piece **Achtundsechziger(in)** <-s, -> *m(f) sb who took an active part in the demonstrations and student revolts of 1968*
Achtung[1] *interj* ■**~!** ① (*Vorsicht*) watch [*or* look] out!; ***„~ Hochspannung!"*** "danger, high voltage!"; ***„~ Lebensgefahr!"*** "danger [to life]!"; ***„~ Stufe!"*** "mind the step"
② (*Aufmerksamkeit*) [your] attention please!; ***~, ~, eine wichtige Durchsage!*** [your] attention please, this is an important message!
③ MIL attention!; ***~, präsentiert das Gewehr!*** present arms!
► WENDUNGEN: **~, fertig, los!** ready, steady, go!; ***~, auf die Plätze, fertig, los!*** on your marks, [get] set, go!
Achtung[2] <-> *f kein pl* ① (*Beachtung*) ■**die ~ einer S.** *gen* respect for sth
② (*Wertschätzung*) ■**~ [vor jdm/etw]** respect [for sb/sth]; **[keine] ~ vor jdm/etw haben** to have [no] respect for sb/sth; **sich** *dat* **[bei jdm] ~ verschaffen** to earn [sb's] respect; ***alle ~!*** well done!; **bei aller ~ [vor jdm/etw]** with all due respect [for sb/sth]
Ächtung <-, -en> *f* ① (*Verfemung*) ostracism
② (*Verdammung*) condemnation
③ HIST (*Erklärung der Acht*) outlawing
achtunggebietend *adj* (*geh*) awe-inspiring
Achtungsapplaus *m* polite applause **Achtungserfolg** *m* reasonable success
achtzehn *adj* eighteen; **ab ~ frei[gegeben] sein** *Film* for eighteens and over; ■**~ Uhr** 6pm, 1800hrs *written*, eighteen hundred hours *spoken*; *s. a.* **acht**[1]
achtzehnte(r, s) *adj* eighteenth; *s. a.* **achte (r, s)**
Achtzellstadium *nt* BIOL eight-cell stage
achtzig *adj* ① (*Zahl*) eighty; ***die Linie A~ fährt zum Bahnhof*** the No. 80 goes to the station; **~ [Jahre alt] sein** to be eighty [years old]; **mit ~ [Jahren]** at the age of eighty, at eighty [years old], as an eighty-year-old; **über ~ sein** to be over eighty; **Mitte ~ sein** to be in one's mid-eighties
② (*fam: Stundenkilometer*) eighty [kilometres [*or* AM -ers] an hour]; **[mit] ~ fahren** to do [*or* drive at] eighty [kilometres an hour]
► WENDUNGEN: **jdn auf ~ bringen** (*fam*) to make sb's blood boil, to make sb flip his/her lid; **auf ~ sein** (*fam*) to be hopping mad *fam*; *s. a.* **Sache**
Achtzig <-> *f* eighty
achtziger, 80er *adj attr, inv* ① (*das Jahrzehnt von 80 bis 90*) **die ~ Jahre** the eighties, the '80s
② (*aus dem Jahr -80 stammend*) [from] '80; **ein ~ Jahrgang** an '80 vintage
Achtziger[1] <-s, -> *m* (*Wein aus dem Jahrgang -80*) '80 vintage
Achtziger[2] <-, -> *f* (*Briefmarke im Wert von 80 Pfennig*) eighty-pfennig stamp
Achtziger(in) <-s, -> *m(f)* octogenarian; **in den ~n sein** to be in one's eighties; ***meine Mutter ist schon eine ~ in*** my mother's already in her eighties
Achtzigerjahre *pl* ■**die ~** the eighties [*or* '80s]

achtzigjährig, 80-jährig[RR] *adj* ❶ (*Alter*) eighty-year-old *attr,* eighty years old *pred*
❷ (*Zeitspanne*) eighty-year *attr*
Achtzigjährige(r), 80-jährige(r)[RR] *f(m) dekl wie adj* eighty-year-old
achtzigste(r, s) *adj* eighth; *s. a.* **achte(r, s)**
Achtzylinder *m* (*fam*) ❶ (*Wagen*) eight-cylinder car ❷ (*Motor*) eight-cylinder engine **Achtzylindermotor** *m* eight-cylinder engine **achtzylindrig** *adj* eight-cylinder; ■ ~ **sein** to have eight cylinders
ächzen *vi* ❶ (*stöhnen*) to groan; ~ **und stöhnen** (*fam*) to moan and groan *fam*
❷ (*knarren*) to creak
Ächzer <-s, -> *m* (*schwerer Seufzer*) groan
▶ WENDUNGEN: **seinen letzten** ~ **tun** (*fam*) to draw one's last breath
Acker <-s, Äcker> *m* field; **den** ~/**die Äcker bestellen** to plough the field[s], to till the soil
Ackerbau *m kein pl* [arable] farming; ~ **betreiben** to farm [the land], to till the soil **ackerbautreibend** *adj attr* farming **Ackerbeere** *f* dewberry **Ackerbohne** *f* broad bean **Ackerfläche** *f* area of arable land **Ackergaul** *m* (*pej: Pferd*) carthorse, old nag *pej* ▶ WENDUNGEN: **aus einem** ~ **kann man kein Rennpferd machen** (*prov*) you can't make a silk purse out of a sow's ear *prov* **Ackergerät** *nt* farm[ing] implement **Ackerklee** *m* field clover **Ackerknoblauch** *nt* wild leek **Ackerkrume** *f* topsoil **Ackerland** *nt kein pl* arable [farm]land
ackern *vi* ❶ (*fam: hart arbeiten*) to slog away *fam*
❷ (*das Feld bestellen, pflügen*) to till the soil
Ackersalat *m* DIAL lamb's lettuce **Ackerschnecke** *f* ZOOL field slug **Ackersenf** *m* field mustard **Ackerwicke** *f* field vetch **Ackerwinde** *f* BOT field bindweed
a conto *adv* on account
Acryl <-s> [a'kry:l] *nt* acrylic
Acrylfarbe *f* acrylic paint **Acrylglas** *nt* acrylic glass
Actinium <-s> *nt* actinium
actio libera in causa JUR criminal responsibility as a result of knowingly bringing about a condition of alcoholic incapacity in order to commit an offence
Action <-> ['ɛkʃən] *f* (*fam*) action *fam;* **jede Menge** ~ loads of action; (*bei Veranstaltung a.*) lots going on; ~ **geladen** action packed
Actionfilm *m* action film **actiongeladen** *adj s.* **Action**
actio pro socio JUR action by a partner against one or several of his associates in respect of recovery for the partnership as a whole
ActiveX <-> *f* INET (*MS-Programmiersprache*) ACTIVEX
a.D. *Abk von* **außer Dienst** retd.
A.D. *Abk von* **Anno Domini** AD
ad absurdum *adv* [**etw**] ~ **führen** (*geh*) to make nonsense of [sth]
ADAC <-> *m kein pl Abk von* **Allgemeiner Deutscher Automobil-Club** *German automobile club,* ≈ AA BRIT, ≈ RAC BRIT, ≈ AAA AM
ad acta *adv* **etw** ~ **legen** (*geh*) to consider sth [as] finished [*or* closed]
Adage <-> [a'da:ʒ] *f kein pl* (*Schrittfolge beim Tanz*) adagio
Adam <-s, -s> *m* ❶ (*Name*) Adam
❷ (*hum: Mann*) man
▶ WENDUNGEN: **bei** ~ **und Eva anfangen** (*fam*) to start from scratch [*or* the very beginning]; **noch von** ~ **und Eva stammen** (*fam*) to be out of the ark; (*fam*) **nach** ~ **Riese** (*fam*) according to my calculations; **seit** ~**s Zeiten** (*fam*) for God knows how long *fam*
Adamsapfel *m* (*fam*) Adam's apple **Adamskostüm** *nt* ▶ WENDUNGEN: **im** ~ (*hum fam*) in one's birthday suit
Adaptation <-, -en> *f* (*fachspr*) *s.* **Adaption**
Adaptationsrecht *nt* right of adaptation
Adapter <-s, -> *m* adapter, adaptor
Adapterkabel *m* INFORM adapter cable **Adapterkarte** *m* INFORM adapter card
adaptieren* I. *vt* ❶ (*umarbeiten*) ■**etw** [**für etw**] ~ to adapt sth [for sth]
❷ ÖSTERR (*herrichten*) ■**etw** ~ to renovate sth; ***der neue Mieter muss die Wohnung noch mit Tapeten und Fußbodenbelägen*** ~ the new tenant still has to fit the flat out with wallpaper and floor coverings
II. *vr* ■**sich an etw** *akk* ~ to adapt to sth
Adaption <-, -en> *f* ❶ *kein pl* (*Einfügung*) ■**jds** ~ **an etw** *akk* sb's adaptation to sth; ***die*** ~ ***an seine neue Umgebung fiel ihm nicht leicht*** it wasn't easy for him to adapt to his new surroundings
❷ LIT adaptation
Adäquanztheorie *f* JUR theory of adequate causation
adäquat *adj* adequate; ~**e Position/Stellung/**~**es Verhalten** suitable position/job/behaviour [*or* AM -or]; ~**e Kritik** valid criticism; ■**etw** *dat* ~ **sein** to be appropriate [*or* in proportion] to sth
Adäquatheit <-> *f kein pl* (*geh*) adequacy; *Kritik* validity
ADD *f* PSYCH *Abk von* **Attention Deficit Disorder** ADD
A/D-D/A-Wandler <-s, -> *m* INFORM *s.* **Analog-Digital und Digital-Analog-Wandler** A/D and D/A converter
addieren* I. *vt* ■**etw** ~ to add up sth *sep;* ■**etw zu etw** ~ to add sth to sth
II. *vi* to add; ***ich habe mich beim A~ vertan*** I've made a mistake counting
Addis Abeba <-s> *nt* Addis Ababa
Addition <-, -en> *f* addition
Additivität <-> *f kein pl* FIN additive potential
Adduktor <-s, Adduktoren> *m* MED adductor
ade *interj* SÜDD goodbye; [**jdm**] ~ **sagen** to say goodbye [to sb]; **jdm/etw** ~ **sagen** to bid sb/sth farewell
Adel <-s> *m kein pl* ❶ (*Gesellschaftsschicht*) nobility, aristocracy
❷ (*Zugehörigkeit zum* ~) [membership of the] nobility [*or* aristocracy]; ~ ***verpflichtet*** noblesse oblige; **jdm den** ~ **verleihen** to bestow a title on sb, to raise sb to the peerage BRIT; **alter** ~ ancient nobility, ancienne noblesse; **aus altem** ~ **stammen** to be a member of the ancient nobility [*or* from an old aristocratic family] [*or* aristocratic lineage]; **erblicher** ~ hereditary title [*or* peerage]; **der hohe** ~ the higher nobility, the aristocracy; **der niedere** ~ the lesser nobility; **persönlicher** ~ non-hereditary title, life peerage; **verarmter** ~ impoverished nobility; **von** ~ of noble birth; **von** ~ **sein** to be [a] noble [*or* of noble birth] [*or* a member of the nobility]
❸ (*geh: edle Gesinnung*) nobility; ■**der** ~ **einer S.** *gen* the nobility of sth
adelig *adj s.* **adlig**
Adelige(r) *f(m) dekl wie adj s.* **Adlige(r)**
adeln *vt* ■**jdn** ~ ❶ (*den Adel verleihen*) to bestow a title on sb, to raise sb to the peerage
❷ (*geh: auszeichnen*) to ennoble sb; ***dein Großmut adelt dich sehr*** your magnanimity does you credit
Adelstitel *m* title [of nobility]
adenoid *adj* MED (*drüsenärtig*) adenoid
Adenom <-s, -e> *nt* MED (*Geschwulst*) adenoma
Adenosintriphosphat *nt* BIOL adenosine triphosphate
Adenovirus *nt* MED adenovirus
Ader <-, -n> *f* ❶ (*Vene*) vein; (*Schlagader*) artery; **sich** *dat* **die** ~**n aufschneiden** to slash one's wrists; **jdn zur** ~ **lassen** (*veraltet*) to bleed sb; (*fig*) to milk sb
❷ (*Erzgang*) vein
❸ (*einzelner Draht*) core
❹ BOT vein
❺ (*Begabung*) **eine** ~ **für etw haben** to have a talent for sth; **jds** ~ **sein** to be sb's forte; **eine künstlerische/musikalische/poetische** ~ **haben** to have an artistic/musical/poetic bent
Äderchen <-s, -> *nt dim von* **Ader** small vein; **erweiterte** ~ broken capillaries *pl*
Aderhaut *f* ANAT (*Blutgefäß-Schicht des Auges*) choroid coat
Aderlass[RR] <-es, -lässe> *m,* **Aderlaß** <-lasses, -lässe> *m* ❶ (*geh: fühlbarer Verlust*) drain
❷ MED (*veraltet*) bleeding
Äderung <-, -en> *f* ❶ ANAT veining
❷ BOT venation
ADFC *m Akr von* **Allgemeiner Deutscher Fahrrad-Club** ≈ Royal Cycling Club
Adhäsionsverfahren *nt* JUR adhesive procedure
Adhäsionsverschluss[RR] *m* [reusable] adhesive seal
ad hoc *adv* (*geh*) ad hoc
Ad-hoc-Kredit *m* FIN ad hoc loan
Ad-hoc-Maßnahme *f* (*geh*) ad hoc measure
adieu [a'diø:] *interj* (*geh*) *s.* **ade**
adipös *adj* adipose
Adjektiv <-s, -e> *nt* adjective
adjektivisch *adj* adjectival
Adjudikation <-, -en> *f* JUR adjudication
Adjunkt(in) <-en, -en> *m(f)* ÖSTERR, SCHWEIZ (*unterer Beamter*) low-ranking civil servant
adjustieren* *vt* ■**etw** ~ to adjust sth; **ein Messgerät/die Waage** ~ to set a gauge/the scales; **ein Zielfernrohr** ~ to collimate a telescope
Adjutant(in) <-en, -en> *m(f)* adjutant, aide-de-camp
Adler <-s, -> *m* eagle
Adlerauge *nt* eagle eye; ~**n haben** (*fig*) to be eagle-eyed, to have eagle eyes; (*alles sehen*) to be hawk-eyed, to have eyes like a hawk **Adlerfarn** *m* bracken **Adlerhorst** *m* eyrie **Adlerlachs** *m* coraker, shadefish **Adlernase** *f* aquiline nose **Adlerrochen** *m* eagle ray
adlig *adj* aristocratic, noble; ***er kann eine lange Reihe*** ~***er Vorfahren vorweisen*** he comes from a long line of aristocrats; ■ ~ **sein** to have a title, to be titled
Adlige(r) *f(m) dekl wie adj* aristocrat, nobleman *masc,* noblewoman *fem*
Administration <-, -en> *f* ❶ (*Verwaltung*) administration
❷ POL (*Regierung*) administration, government
administrativ I. *adj* administrative
II. *adv* administratively
Administrativenteignung *f* JUR expropriation by administrative authorities
Administrator(in) <-s, -oren> *m(f)* ❶ (*Verwalter*) administrator
❷ REL administrator
❸ INFORM administrator
Admiral[1] <-s, -e> *m* (*Schmetterlingsart*) red admiral
Admiral(in)[2] <-s, -e *o* Admiräle> *m(f)* admiral
Admiralität <-, -en> *f* admirals *pl,* admiralty *no pl,* Admiralty [Board] BRIT, Navy Department AM
Admiralsrang *m* rank of admiral; ■**im** ~ holding the rank of admiral
ADN *m Abk von* **Allgemeiner Deutscher Nachrichtendienst** *news agency in the former GDR*
Adonis <-, -se> *m* (*geh*) Adonis; ***du bist auch nicht gerade ein*** ~***!*** you're no oil-painting yourself! [*or* fam]
adoptieren* *vt* ■**jdn** ~ to adopt sb; ■**adoptiert sein/werden** to be adopted
Adoption <-, -en> *f* adoption; **ein Kind zur** ~ **freigeben** to put a child up for adoption
Adoptionismus <-> *m kein pl* REL adoptionism
Adoptiveltern *pl* adoptive parents **Adoptivkind** *nt* adopted [*or* adoptive] child
ADR *nt Abk von* **Astra Digital Radio** ADR
Adr. *f Abk von* **Adresse** addr.
Adrenalin <-s> *nt kein pl* adrenalin
Adrenalinspiegel *m* adrenalin level **Adrenalinstoß** *m* rush [*or* surge] of adrenalin
Adressanhänger[RR] *m* address tag
Adressat(in) <-en, -en> *m(f)* ❶ (*geh: Empfänger*) addressee
❷ (*geh: Zuständige(r)*) *person, to whom sb should direct themselves;* ***unser Abteilungsleiter ist Ihr*** ~ our head of department is the person you should go [*or* turn] to

③ *pl* ÖKON (*Zielgruppe*) target group[s]
Adressatengruppe *f* target group **Adressatenkreis** *m* target group
Adressatin <-, -nen> *f fem form von* **Adressat**
Adressbuch[RR] *nt* ① (*amtliches Adressverzeichnis*) directory ② (*Notizbuch für Adressen*) address book **Adressbus**[RR] *m* INFORM address bus **Adressdatei**[RR] *f* INFORM address file
Adresse <-, -n> *f* ① (*Anschrift*) address
② INFORM address
③ (*Name*) **eine gute** [*o* **feine**] ~ a leading name
▶ WENDUNGEN: **an jds eigene** ~ **gehen** [*o* **sich an jds eigene** ~ **richten**] (*geh: an jdn selbst*) to be addressed [*or* directed] at sb [personally]; **bei jdm [mit etw] an der falschen/richtigen** ~ **sein** to have addressed [*or* come to] the wrong/right person [*or* knocked at the wrong door] [with sth]; **bei jdm [mit etw] an die falsche/richtige** [*o* **verkehrte**] ~ **kommen** [*o* **geraten**] (*fam*) to address the wrong/right person [with sth], to knock at [*or* come to] the wrong door; **sich an die falsche/richtige** ~ **wenden** (*fam*) to come [*or* go] to the wrong/right place [*or* person], to knock at the wrong/right door; **etw an jds** ~ **richten** (*geh*) to address sth to sb; **eine Warnung an jds** ~ **richten** to issue [*or* address] a warning to sb, to warn sb
Adressenliste *f* list of addresses; HANDEL (*Verteiler*) mailing list **Adressenverwaltung** *f* INFORM address administration [*or* management]
adressieren* *vt* ■**etw [an jdn/etw]** ~ to address sth to sb/sth
Adressiermaschine *f* addressing machine, Addressograph®
Adressierung <-, -en> *f* INFORM addressing
Adressliste[RR] *f* INFORM mailing list **Adressraum**[RR] *m* INFORM address space
adrett I. *adj* (*hübsch, gepflegt*) smart; **ein ~es Äußeres** a smart [*or* well-groomed] appearance
II. *adv* neatly, smartly; ***sie ist immer ~ gekleidet*** she's always neatly turned out [*or* smartly dressed]
Adria <-> *f* ■**die** ~ the Adriatic [Sea]
adriatisch *adj* Adriatic
ADSL *f Abk von* **Asynchronous Digital Subscriber Line** ADSL
adsorbieren *vt* ■**etw** ~ to adsorb sth
Adsorption <-, -en> *f* adsorption
Adstringens <-, -gentien *o* -gentia> *nt* MED astringent
adstringierend *adj* MED astringent
Advent <-s, -e> *m* Advent [season]; ■**im** ~ during [the] Advent [season]; **erster/zweiter/dritter/vierter** ~ first/second/third/fourth Sunday in Advent
Adventist(in) <-en, -en> *m(f)* REL Adventist
Adventskalender *m* Advent calendar **Adventskranz** *m* Advent wreath **Adventssonntag** *m* Advent Sunday **Adventszeit** *f* Advent [season]
Adverb <-s, -ien> *nt* adverb
adverbial I. *adj* adverbial
II. *adv* adverbially
Adverbialbestimmung *f* adverbial qualification **Adverbialsatz** *m* adverbial clause
Advokat(in) <-en, -en> [-vo-] *m(f)* ① ÖSTERR, SCHWEIZ (*Rechtsanwalt*) lawyer, solicitor BRIT, attorney AM
② (*geh: Fürsprecher*) advocate
Advokatur <-, -en> *f* SCHWEIZ ① (*Amt eines Advokaten*) legal profession
② (*Kanzlei eines Advokaten*) lawyer's office
Advokaturbüro *nt* SCHWEIZ (*Anwaltsbüro*) lawyer's office
Advokaturskanzlei *f* ÖSTERR (*Anwaltskanzlei*) lawyer's [*or* AM *a.* law] office
A/D-Wandler <-s, -> *m* INFORM *s.* **Analog-Digital-Wandler** A/D converter
Adzukibohne *f* adzuki bean
AE *f Abk von* **astronomische Einheit** AU, astronomical unit
Aerobic <-s> [ɛ'ro:bɪk] *nt kein pl* aerobics + *sing/pl vb*
Aerobier <-s, -> *m* BIOL, MED aerobe
Aerodynamik [aero-, ɛro-] *f* aerodynamics + *sing/pl vb*
aerodynamisch I. *adj* aerodynamic
II. *adv* aerodynamically
Aerofelge [ae'ro-] *f* aero rim
Aerosol <-s, -e> [aero'zo:l] *nt* aerosol
Aerosoltherapie *f* aerosol therapy
AfA *f* FIN *Abk von* **Absetzung für Abnutzung** tax deprecation
AFC *f Abk von* **alkalische Brennstoffzelle** alkaline fuel cell
Affäre <-, -n> *f* ① (*Angelegenheit*) affair, business *no pl*
② (*Liebesabenteuer*) [love] affair; **eine** ~ **haben** to have an affair
③ (*unangenehmer Vorfall*) affair; (*Skandal*) scandal; **in eine** ~ **verwickelt sein** to be involved [*or* mixed up] in an affair
▶ WENDUNGEN: **keine [große]** ~ **sein** to be no big deal *fam;* **sich aus der** ~ **ziehen** (*fam*) to wriggle out of a sticky situation *fam*
Äffchen <-s, -> *nt dim von* **Affe** little monkey [*or* ape]
Affe <-n, -n> *m* ① (*Tier*) ape, monkey
② (*sl: blöder Kerl*) fool, idiot, clown, twit *sl;* **ein eingebildeter** ~ (*fam*) a conceited ass *fam*
▶ WENDUNGEN: **[dasitzen] wie der** ~ **auf dem Schleifstein** (*sl*) [to sit there] looking like a right berk [*or* AM real fool]; **die drei ~n** see no evil, hear no evil, speak no evil; **flink wie ein** ~ agile as a cat; **ich glaub'** [*o* **denk'**], **mich laust der** ~**!** (*fam*) I think my eyes are deceiving me!
Affekt <-[e]s, -e> *m bes* JUR affect *form,* emotion; **im** ~ **handeln** to act in the heat of the moment
Affekthandlung *f* act committed in the heat of the moment
affektiert I. *adj* (*pej geh*) affected, artificial
II. *adv* (*pej geh*) affectedly, artificially
Affenarsch *m* (*pej*) stupid arse [*or* AM ass], baffoon **affenartig** *adj* (*den Affen ähnlich*) apelike, like a monkey *pred,* simian *form* **Affenbrotbaum** *m* monkey bread [tree], baobab **Affenbrotbaumfrucht** *f* monkey bread **affengeil** *adj* (*sl*) really cool *sl,* wicked *sl* **Affenhaus** *nt* monkey house **Affenhitze** *f* (*fam*) scorching heat; ***heute ist mal wieder eine ~!*** it's another scorching hot day! *fam,* it's another scorcher! *fam* **Affenkäfig** *m* monkey cage ▶ WENDUNGEN: **zugehen wie im** [*o* **in einem**] ~ (*fam*) to be like bedlam *fam;* ***hier geht es ja zu wie in einem ~!*** it's like bedlam in here!; **stinken wie im** [*o* **in einem**] ~ (*sl*) to smell like a pig sty, to stink to high heaven **Affenliebe** *f* (*fig*) *exaggerated, blind affection* **Affenlücke** *f gap between the canine tooth and the incisors* **Affenmensch** *m* ape-man **Affenpockenvirus** *nt* MED monkeypox virus **Affenschande** *f* (*fam*) it's a sin *fam* **Affentempo** *nt* (*fam*) breakneck speed; **in** [*o* **mit**] **einem** ~ at breakneck speed **Affentheater** *nt* (*fam*) (*furchtbare Umstände*) [sheer] farce ▶ WENDUNGEN: **[wegen etw] ein** ~ **machen** to make a right [*or* AM real] song and dance [*or* fuss] [about sth] **Affenzahn** *m* (*sl*) breakneck speed
Affiche <-, -n> ['afiʃ] *f* SCHWEIZ (*Plakat*) poster, bill
Affidavierung <-, -en> *f* FIN certification by affidavit
Affidavit <-s, -s> *nt* FIN affidavit, sworn declaration
affig I. *adj* (*pej fam*) affected; **einen ~en Eindruck machen** to make a ridiculous impression
II. *adv* (*pej fam*) affectedly
Äffin <-, -nen> *f fem form von* **Affe** female monkey, she-monkey; (*Menschen~*) female ape, she-ape
Affinität <-, -en> *f* (*geh*) affinity
Affront <-s, -s> [a'frõ:] *m* (*geh*) affront; ■**ein** ~ **gegen jdn/etw** an affront [*or* insult] to sb/sth
Afghane, Afghanin <-n, -n> *m, f* Afghan; *s. a.* Deutsche(r)
Afghanisch *nt dekl wie adj* Afghan; *s. a.* **Deutsch**
afghanisch *adj* Afghan; *s. a.* **deutsch**
Afghanische <-n> *nt* ■**das** ~ Afghan, the Afghan language; *s. a.* **Deutsche**
Afghanistan <-s> *nt* Afghanistan; *s. a.* **Deutschland**
Afrika <-s> *nt* Africa
Afrikaans <-> *nt* Afrikaans
Afrikaner(in) <-s, -> *m(f)* African; ■~ **sein** to be [an] African
afrikanisch *adj* African
Afroamerikaner(in) *m(f)* Afro-American
afroamerikanisch *adj inv* Afro-American
Afrolook[RR] <-s, -s> [-lʊk] *m* Afro[-look]; ■**im** ~ with [*or* in] an Afro[-look]; ***sie trug ihre Haare früher im ~*** she used to have an Afro [*or* her hair in an Afro]
After <-s, -> *m* (*geh*) anus
After-Shave[RR], **Aftershave**[RR] <-[s], -s> ['a:ftɐ-'ʃeɪv] *nt* aftershave
After-Shave-Lotion, Aftershavelotion[RR] <-, -s> ['ɑ:ftəʃeɪv,loʊʃən] *f* after-shave [lotion]
AG <-, -s> *f Abk von* **Aktiengesellschaft** plc, public limited company BRIT, [stock] corporation AM
AG & Co KG *f* JUR *Abk von* **Aktiengesellschaft und Co. Kommanditgesellschaft** limited partnership with a plc as general partner
Ägäis <-> *f* the Aegean [Sea]
Agape <-, -en> *f* REL Agape
Agar <-s> *nt kein pl* BIOL agar
Agave <-, -n> [-və] *f* agave
Agenda <-, -den> *f* ① (*Notizbuch*) diary, notebook
② (*Tagesordnung*) agenda
Agent(in) <-en, -en> *m(f)* ① (*Spion*) [secret] agent, spy
② (*Generalvertreter*) agent, representative
Agentenring *m* spy ring **Agententätigkeit** *f* espionage
Agentin <-, -nen> *f fem form von* **Agent**
Agent provocateur <- -, -s -s> [a'ʒã: provoka'tø:ɐ̯] *m* JUR agent provocateur
Agentur <-, -en> *f* agency
Agenturbericht *m* [news] agency report **Agenturmeldung** *f* agency report **Agenturvereinbarung** *f* JUR agency shop agreement **Agenturvertrag** *m* JUR agency agreement
Agglomerat <-[e]s, -e> *f* ① (*geh: Anhäufung*) agglomeration *form,* agglomerate *form*
② CHEM agglomerate
③ GEOL conglomerate
Agglomeration <-, -en> *f* SCHWEIZ (*Ballungsraum*) conurbation
Agglutination <-, -en> *f* MED (*Verklumpung von Blutbestandteilen*) agglutination
ag|glutinieren* *vi sein* MED agglutinate
Aggregat <-[e]s, -e> *nt* unit, set [of machines]; (*Stromaggregat*) power unit
Aggregationsfähigkeit *f kein pl* FIN aggregation potential
Aggregatzustand *m* CHEM state
Aggression <-, -en> *f* ① (*aggressive Gefühle*) aggression; **~en gegen jdn/etw empfinden** to feel aggressive [*or* aggression] towards sb/sth
② MIL (*Angriff*) aggression
Aggressionspotenzial[RR] *nt* aggression potential **Aggressionsstau** *m* pent-up aggression **Aggressionsverhalten** *nt* BIOL aggressive behaviour [*or* AM -or]
aggressiv I. *adj* aggressive
II. *adv* aggressively
Aggressivität <-, -en> [-vi-] *f* aggressiveness
Aggressor <-s, -ssoren> *m* (*geh*) aggressor
agieren* *vi* (*geh*) ■**[als etw]** ~ to act [*or* operate] [as sth]
agil *adj* (*geh*) ① (*beweglich*) agile
② (*geistig regsam*) mentally agile [*or* alert]
Agio <-s, -s> ['a:dʒio, 'aʒi̯o] *nt* FIN [exchange] premium; ~ **auf Anteile** share premium; ~ **auf Darlehen** loan premium
Agio-Rücklage *f* FIN share premium reserve
Agitation <-, -en> *f* agitation; ■~ **treiben** [*o* **betreiben**] to agitate
Agitator, -torin <-en, -toren> *m, f* agitator
agitatorisch *adj* agitative
agitieren* *vi* (*geh*) ■**[für jdn/etw]** ~ to agitate [for

sb/sth]
Agnat <-en, -en> *m* JUR descendants of the same father's through males
Agnostiker(in) <-s, -> *m(f)* PHILOS agnostic
Agnostizismus <-> *m kein pl* PHILOS agnosticism
Agonie <-, -n> [*pl* -'ni:ən] *f* (*geh*) death throes *npl;* **in ~ liegen** [to be] in the throes of death; **in** [**letzter/tiefer**] **~ liegen** (*geh*) to be in the [last] throes of death
agrar- *in Komposita* agricultural
Agrarfläche *f* agrarian land **Agrarfonds** *m* European Agricultural Guidance and Guarantee Fund, EAGGF **Agrargesellschaft** *f* agrarian [*or* agricultural] society **Agrarhandel** *m* agricultural trade **Agrarland** *nt* agricultural country **Agrarmarkt** *m* agricultural market **Agrarmarktordnung** *f* JUR agricultural market regime **Agrarmarktrecht** *nt* JUR agricultural market law **Agrarminister(in)** *m(f)* agriculture minister, Minister for Agriculture BRIT, Agriculture Secretary AM, Secretary of Agriculture AM **Agrarordnung** *f* JUR agricultural regime **Agrarpolitik** *f* agricultural policy **Agrarrecht** *nt kein pl* JUR agricultural law **Agrarreform** *f* agricultural reform **Agrarstaat** *m* agrarian state **Agrarsubvention** *f* ÖKON, AGR agricultural subsidy **Agrarüberschüsse**[RR] *pl* ÖKON, AGR agricultural surplus **Agrarwirtschaft** *f* agricultural economy
Agrobakterium <-s, -bakterien> *nt* BIOL agrobacterium
Agrochemie [-çe-] *f* agrochemistry, agricultural chemistry
Agronom(in) <-en, -en> *m(f)* agronomist
Agronomie <-> *f kein pl* study of agriculture, agronomy
Ägypten <-s> *nt* Egypt
Ägypter(in) <-s, -> *m(f)* Egyptian; ■**~ sein** to be [an] Egyptian
ägyptisch *adj* Egyptian
Ägyptologie <-> *f kein pl* Egyptology
ah *interj* ❶ (*sieh an*) ah, oh; ***~, jetzt verstehe ich*** ah, now I understand; ***~, da kommt ja unser Essen!*** oh look, here comes our food
❷ (*Ausdruck von Wohlbehagen*) mmm; ***~, das schmeckt lecker!*** mmm, that tastes lovely!
äh *interj* ❶ (*Pausenfüller*) er; ***~, lass mich mal nachdenken*** er, just let me think
❷ (*Ausdruck von Ekel*) ugh; ***~, was stinkt das denn hier so widerlich!*** ugh, what's the disgusting smell in here?
aha *interj* ❶ (*ach so*) aha, [ah,] I see; ***~, ich verstehe!*** aha, I understand [*or* see]
❷ (*sieh da*) look!
Aha-Erlebnis *nt* PSYCH aha experience [*or* moment], moment of sudden insight
Ahle <-, -n> *f* bodkin
Ahn <-[e]s *o* -en, -en> *m s.* **Ahne 1**
ahnden *vt* (*geh*) ■**etw** [**mit etw**] **~** to punish sth [with sth]
Ahne, Ahne <-n, -n> *m, f* ❶ (*geh: Vorfahre*) ancestor, forefather
❷ (*geh: Vorläufer*) forerunner
Ahne <-n, -n> *f* (*geh*) *fem form von* **Ahne** ancestress
ähneln *vt* ■**jdm/etw ~** to resemble sb/sth; ***du ähnelst meiner Frau*** you remind me of my wife; ■**jdm** [**in etw** *dat*] **~** to resemble sb [in sth]; ***die Schwestern ~ sich in ihrem Aussehen*** the sisters resemble each other [*or* one another] in appearance, the sisters look like each other [*or* one another]
ahnen I. *vt* ❶ (*vermuten*) ■**etw ~** to suspect sth; ■**~, dass/was/weshalb ...** to suspect, that/what/why ...; ***na, ahnst du jetzt, wohin wir fahren?*** well, have you guessed where we're going yet?
❷ (*voraussehen*) ■**etw ~** to have a premonition of sth
❸ (*er~*) ■**etw ~** to guess [at] sth; ***das kann/konnte ich doch nicht ~!*** how can/could I know that?; **ohne es zu ~** without suspecting, unsuspectingly; **ohne zu ~, dass/was** without suspecting, that/what; **etwas/nichts** [**von etw**] **~** to know something/nothing [about sth], to have an/no idea [about sth] *fam;* [**ach,**] ***du ahnst es nicht!*** (*fam*) [oh,] you'll never guess! *fam*
II. *vi* (*geh: schwanen*) ■**jdm etw ~** to have misgivings [*or* forebodings]; ***mir ahnt Schreckliches*** I have misgivings; ***mir ahnt da nichts Gutes*** I fear the worst
Ahnenforschung *f* genealogy **Ahnengalerie** *f* gallery of ancestral [*or* family] portraits **Ahnengemälde** *nt* ancestral painting **Ahnenreihe** *f* ancestral line **Ahnentafel** *f* genealogical table, family tree
Ahnfrau *f* (*veraltend*) *fem form von* **Ahne** ancestress **Ahnherr** *m* (*veraltend*) ancestor, forefather
Ahnin <-, -nen> *f* (*geh*) *fem form von* **Ahn** ancestress
ähnlich I. *adj* similar; ■**~ wie jd/etw sein** to be similar to [*or* like] sb/sth; ■[**etwas**] **Ähnliches** [something] similar; ***Ähnliches habe ich vorher noch nie gesehen*** I've never seen anything like it
II. *adv* (*vergleichbar*) similarly; ■**jdm ~ sehen** to look like [*or* resemble] sb
▶ WENDUNGEN: **das sieht ihm/ihr** [**ganz**] **~!** (*fam*) that's just like him/her *fam,* that's him/her all over *fam*
III. *präp +dat* ■**~ jdm/etw** like [*or* similar to] sb/sth
Ähnlichkeit <-, -en> *f* ❶ (*ähnliches Aussehen*) resemblance, similarity; ***man konnte eine gewisse ~ feststellen*** there was a certain similarity; ■**~ mit jdm/etw** similarity [*or* resemblance] to sb/sth; ***sie hat eine große ~ mit ihrem Vater*** she bears a great resemblance to her father
❷ (*Vergleichbarkeit*) similarity
❸ **mit jdm/etw ~ haben** (*ähnliche Züge*) to resemble sb/sth; ***du hast ~ mit ihr*** you resemble her; (*mit etw vergleichbar sein*) similar to sth
Ahnung <-, -en> *f* ❶ (*Vorgefühl*) foreboding, premonition; **~en haben** to have premonitions
❷ (*Vermutung*) suspicion, hunch *fam;* ***es ist eher so eine ~*** it's more of a hunch [than anything] *fam*
❸ (*Idee*) idea; **keine ~ haben** to have no idea; **keine blasse** [*o* **nicht die geringste**] **~ haben** (*fam*) to not have the faintest idea [*or* clue] *fam;* ***hast du/haben Sie eine ~, warum/was/wohin ...?*** (*fam*) do you know why/what/where ...?; ***hast du eine ~!*** (*iron fam*) that's what you think! *fam;* **eine ~** [**davon**] **haben, was** to have an idea what; **~/keine ~** [**von etw**] **haben** to understand/to not understand [sth]; ***man merkt gleich, dass sie ~ hat*** you can see straight away that she knows what she's talking about; **keine ~ haben, wie ...** to not have an idea how ...; **keine ~!** (*fam*) [I've] no idea! *fam,* [I] haven't [got] a clue *fam*
ahnungslos I. *adj* ❶ (*etw nicht ahnend*) unsuspecting
❷ (*unwissend*) ignorant, clueless
II. *adv* unsuspectingly
Ahnungslose(r) *f(m) dekl wie adj* unsuspecting [person]; ***spiel nicht die ~*** don't play [*or* come] the innocent [with me] *fam*
Ahnungslosigkeit <-> *f* ❶ (*Arglosigkeit*) innocence, naivety
❷ (*Unwissenheit*) ignorance
ahoi *interj* ■**Boot ~!** ship ahoy!
Ahorn <-s, -e> *m* ❶ (*Baum*) maple [tree]
❷ (*Holz*) maple [wood]
Ahornblatt *nt* maple leaf **Ahornpresssaft**[RR] *m* maple sap **Ahornsirup** *m* maple syrup
Ähre <-, -n> *f* ❶ (*Samenstand*) ear, head
❷ (*Blütenstand*) spike
▶ WENDUNGEN: **~n lesen** to glean
Ährenachse *f* BOT rachilla **Ährenfeld** *nt* field [of corn] in the ear **Ährenfisch** *m* sand smelt, smelt, silverside
Aids <-> [eɪds] *nt Akr von* **Acquired Immune Deficiency Syndrom** Aids
Aidsaktivist(in) *m(f)* aids activist **Aidserreger** *m* Aids virus **Aidshilfe** *f* Aids relief **aidsinfiziert** *adj* infected with Aids *pred* **Aidsinfizierte(r)** *f(m) dekl wie adj* person infected with Aids **aidskrank** *adj* suffering from Aids *pred* **Aidskranke(r)** *f(m) dekl wie adj* person suffering from Aids, Aids sufferer **Aidstest** *m* Aids test **Aidsübertragung** *f* Aids transmission **Aidsvirus** *nt* Aids virus
Aikido <-> *nt kein pl* SPORT aikido
Aimara *nt* Aymara; *s. a.* **Deutsch**
Airbag <-s, -s> ['æ:ɐbæk] *m* airbag
Airbagsensor *m* AUTO airbag sensor
Airbus ['æ:ɐbʊs] *m* airbus
Ajatollah <-s, -s> *m* Ayatollah
Ajourarbeit [a'ʒu:ɐ̯-] *f* open-work
Akademie <-, -en> [*pl* -'mi:ən] *f* ❶ (*Fachhochschule*) college
❷ (*wissenschaftliche Vereinigung*) academy; **~ der Wissenschaften** academy of sciences
Akademiker(in) <-s, -> *m(f)* ❶ (*Hochschulabsolvent*) [college [*or* university]] graduate
❷ (*Hochschullehrkraft*) academic
akademisch I. *adj* ❶ (*von der Universität verliehen*) academic
❷ (*studentisch*) scholarly; **~es Proletariat** academic proletariat
❸ (*abstrakt*) theoretical, academic
II. *adv* **~ gebildet sein** to be academically [*or* university] educated
Akazie <-, -n> [-tsiə] *f* ❶ (*Acacia*) acacia
❷ (*Robinia pseudoacacia*) robinia, false acacia
Akelei <-, -en> *f* BOT columbine, aquilegia
Akipflaume *f* ackee
Akklamation <-, -en> *f* acclamation; **jdn per** [*o* **durch**] [*o* **mit**] **~ wählen** ÖSTERR, SCHWEIZ to elect sb by acclamation
akklimatisieren* *vr* ❶ (*sich gewöhnen*) ■**sich** [**an etw** *dat*] **~** to become acclimatized [to sth]
❷ (*sich einleben*) ■**sich** [**an etw** *akk*] **~** to become [*or* get] used to sth; ■**sich** [**bei jdm**] **~** to settle in [somewhere]
Akklimatisierung <-, -en> *f* acclimatization
Akkommodation <-, -en> *f* ❶ BIOL (*Anpassung*) accommodation
❷ REL (*Angleichung einer Religion*) adaptation, reconciliation
Akkord[1] <-[e]s, -e> *m* chord
Akkord[2] <-[e]s, -e> *m* piece-work; ■**im** [*o* **in**] [*o* **auf**] **~ arbeiten** to be on piece-work
Akkordarbeit *f* piece-work **Akkordarbeiter(in)** *m(f)* piece-worker
Akkordeon <-s, -s> *nt* accordeon
Akkordlohn *m* piece-work pay **Akkordschere** *f* ÖKON rate cutting **Akkordzuschlag** *m* piece-work bonus
akkreditieren* *vt* ■**jdn** [**bei etw**] [**als etw**] **~** to accredit sb [to sth] [as sth]; ■**akkreditiert** accredited; ■[**bei etw**] **~ sein** to be accredited [to sth]; ***sie ist beim Handelsministerium akkreditiert*** she is accredited to the ministry of trade
Akkreditierung <-, -en> *f* accreditation; ■**jds ~** [**bei etw**] sb's accreditation [to sth]
Akkreditiv <-s, -e> *nt* FIN [commercial] letter of credit; **unwiderrufliches ~** irrevocable letter of credit; **ein ~ eröffnen/zurückziehen** to issue/revoke a letter of credit
Akkreditivauftraggeber(in) *m(f)* HANDEL applicant
Akku <-s, -s> *m* (*fam*) *kurz für* **Akkumulator**
Akkulturation <-, -en> *f* SOZIOL acculturation
Akkumulation <-, -en> *f* (*Anhäufung*) accumulation
Akkumulationseffekt *m* ÖKON accumulation effect
Akkumulationsmittel *pl* ÖKON means of accumulation
Akkumulator <-s, -toren> *m* accumulator, [storage] battery
akkumulieren* I. *vt* ■**etw ~** to accumulate sth
II. *vr* ■**sich ~** to accumulate
akkurat I. *adj* ❶ (*sorgfältig*) meticulous; **~er Mensch** meticulous person
❷ (*exakt*) accurate, precise
II. *adv* ❶ (*sorgfältig*) meticulously
❷ (*exakt*) accurately

❸ DIAL (*genau*) exactly
Akkusativ <-s, -e> *m* accusative [case]
Akkusativobjekt *nt* direct [*or* accusative] object
Akne <-, -n> *f* acne
Aknepustel *f* acne pustule
Akontozahlung *f* payment on account; ***eine ~ von 30 % auf den Kaufpreis*** a 30 % deposit on the asking price, a deposit [*or* down payment] of 30 % of the asking price
AKP *f Abk von* **Afrika, Karibik, Pazifik** ACP
AKP-Abkommen *nt* JUR ACP agreement **AKP-Länder** *pl* JUR ACP countries
AKP-Staaten *pl* ACP countries *pl* (*African, Caribbean and Pacific States*)
Akquisition <-, -en> *f* ❶ (*geh: Erwerbung*) acquisition
❷ ÖKON (*Kundenwerbung*) sales canvassing
Akribie <-> *f kein pl* (*geh*) [extreme] precision
akribisch **I.** *adj* (*geh*) [extremely] precise, meticulous; ■**etwas Akribisches** something [extremely] precise [*or* meticulous]
II. *adv* (*geh*) [extremely] precisely, meticulously
Akrobat(in) <-en, -en> *m(f)* acrobat
Akrobatik <-> *f kein pl* ❶ (*Körperbeherrschung und Geschicklichkeit*) acrobatic skill
❷ SPORT (*Disziplin*) acrobatics + *sing vb*
akrobatisch *adj* acrobatic
Akronym <-s, -e> *nt* acronym
Akt[1] <-[e]s, -e> *m* ❶ (*Darstellung eines nackten Menschen*) nude [painting]
❷ (*geh: Geschlechts~*) sexual act
❸ (*Handlung*) act; ***ein ~ der Rache*** an act of revenge
❹ (*Zeremonie*) [ceremonial] act, ceremony
❺ (*Aufzug eines Theaterstücks*) act
❻ (*Zirkusnummer*) act
► WENDUNGEN: **das ist doch kein ~!** (*fam*) that's not much to ask *fam*
Akt[2] <-[e]s, -en> *m* ÖSTERR (*Akte*) file
Aktaufnahme *f* nude photograph **Aktbild** *nt* nude picture [*or* painting]
Akte <-, -n> *f* ❶ (*Unterlagen zu einem Vorgang*) file; ***die ~ Borgfeld*** the Borgfeld file
❷ (*Personalakte*) file, records
❸ **in die ~ kommen** to be entered into the/a [personal] file, to go on record [*or* file]; **zu den ~n kommen** to be filed away; **etw zu den ~n legen** (*etw ablegen*) to file sth away; (*etw als erledigt betrachten*) to lay sth to rest
Aktenauszug *m* JUR excerpt from the record; **einen ~ machen** to take an excerpt from the record **Aktenbeiziehung** *f* JUR consulting the records **Aktenberg** *m* (*fam*) mountain of files **Akteneinforderung** *f* JUR order for the return of a record **Akteneinsicht** *f* (*geh*) inspection of the files [*or* records] **Aktenexemplar** *nt* JUR record copy **Aktenkoffer** *m* attaché [*or* executive] case, briefcase
aktenkoffergroß *adj inv* the size of a briefcase *pred* **aktenkundig** *adj* ❶ (*mit dem Inhalt der Akte vertraut sein*) familiar with the records *pred* ❷ (*in Akten vermerkt*) on record ► WENDUNGEN: **sich ~ machen** to make oneself familiar with the records
Aktenlage *f* JUR status of the case, the record as it stands; **nach ~** on [the] record; **etw nach ~ entscheiden** to decide sth on the record **Aktenlagenentscheidung** *f* JUR ex officio decision **Aktenmappe** *f* ❶ (*Hefter für Akten*) folder ❷ (*schmale Aktentasche*) briefcase, portfolio **Aktennotiz** *f* memorandum **Aktenordner** *m* file **Aktenschrank** *m* filing cabinet **Aktentasche** *f* briefcase **Aktenvermerk** *m* memo, memorandum **Aktenvernichter** *m* shredder **Aktenvernichtung** *f* (*Zerreißen*) document [*or* file] shredding; (*Verbrennen*) document [*or* file] incineration **Aktenwidrigkeit** *f* JUR non-conformity with matters in the record **Aktenzeichen** *nt* file reference [number]
Akteur(in) <-s, -e> [ak'tøːɐ̯] *m(f)* ❶ (*geh: Handelnder*) player
❷ THEAT, FILM actor
❸ SPORT player
Aktfoto *nt* nude photograph **Aktfotografie** *f* nude photography
Aktie <-, -n> [-tsi̯ə] *f* BÖRSE share, stock *esp* AM; **ausgegebene ~n** issued shares; **gezeichnete ~n** subscribed shares; [**an der Börse**] **notierte ~** quoted [*or* listed] share; **stimmberechtigte/stimmrechtlose ~** voting/nonvoting share; **~n ausgeben** to issue shares; **neue ~n zeichnen** to subscribe to [*or* for] new shares; **~n zuteilen** to allocate shares; **die ~n stehen gut/schlecht** (*einen guten Kurs haben*) the shares are doing well/badly; (*fig: die Umstände sind vorteilhaft*) things are/aren't looking good
► WENDUNGEN: **wie stehen die ~n?** (*hum fam: wie geht's?*) how's it going?, BRIT *a.* how's tricks? *fam;* (*wie sind die Aussichten?*) what are the prospects?
Aktien-Agio *nt* BÖRSE premium on newly issued shares **Aktienaufgeld** *nt* BÖRSE premium on newly issued shares **Aktienausgabe** *f kein pl* BÖRSE share [*or* AM stock] issue **Aktienbank** *f* FIN, BÖRSE equity [*or* joint-stock] bank **Aktienbesitz** *m* BÖRSE shareholdings *pl* [*or* AM stockholdings] *pl;* **wechselseitiger ~** cross holdings *pl* of shares **Aktienbestand** *m* BÖRSE shareholding [*or* AM stockholding]; (*Inventar*) portfolio of shares [*or* AM stocks] **Aktienbeteiligung** *f* BÖRSE equity interest [*or* stake] **Aktienbezugsrecht** *nt* BÖRSE stock option **Aktienbezugsschein** *m* BÖRSE share [*or* AM stock] warrant **Aktienbörse** *f* BÖRSE stock exchange [*or* market] **Aktienbuch** *nt* BÖRSE share register **Aktienemission** *f* BÖRSE share [*or* AM stock] issue **Aktienemissionsagio** *nt* BÖRSE share- [*or* AM stock-]issue premium **Aktienfonds** *m* share [*or* equity] fund **Aktiengeschäft** *nt* ÖKON stock market dealings *pl* **Aktiengesellschaft** *f* ÖKON public limited company BRIT, [stock] corporation AM **Aktiengesetz** *nt* JUR Companies Act **Aktienindex** *m* share index **Aktienkapital** *nt* BÖRSE share [*or* equity] capital (*both authorized and unissued*) **Aktienkauf** *m* BÖRSE purchase of shares [*or* AM stock]; **~ mit/ohne Dividende** share cum/ex dividend **Aktienkurs** *m* share [*or* AM *a.* stock] price **Aktienkurseinbruch** *m* share price collapse [*or* slump] **Aktienmarkt** *m* stock market **Aktienmehrheit** *f* majority shareholding **Aktienminderheit** *f* JUR minority of shares [*or* shareholding] **Aktiennotierung** *f* JUR share quotation **Aktienoption** *f* BÖRSE share option **Aktienoptionshandel** *m* BÖRSE dealings *pl* in share options **Aktienpaket** *nt* BÖRSE block [*or* parcel] of shares; **ein ~ abstoßen** to unload a block of shares **Aktienplatzierung**[RR] *f* BÖRSE placing of shares [*or* AM stocks] **Aktienportefeuille** *nt* BÖRSE share [*or* AM stock] portfolio **Aktienrecht** *nt kein pl* JUR company law BRIT, [stock] corporation law AM; **Aktien- und Depotrecht** law on shares and portfolios **aktienrechtlich** *adj inv* JUR as established in company law, company law *attr* **Aktienrendite** *f* BÖRSE yield on shares [*or* AM stocks] **Aktienrückkauf** *m* BÖRSE redemption of shares [*or* AM stocks] **Aktiensplitting** *f* BÖRSE (*Vorgang*) share [*or* AM stock] splitting; (*Ergebnis*) share [*or* AM stock] split **Aktienstreuung** *f* BÖRSE dispersal of stock ownership AM **Aktientausch** *m* BÖRSE share [*or* AM stock] exchange **Aktienübernahme** *f* BÖRSE stock takeover **Aktienübernahmeangebot** *nt* BÖRSE stock takeover offer **Aktienübertragung** *f kein pl* BÖRSE transfer of shares [*or* AM stocks] **Aktienzeichnung** *f* BÖRSE subscription for shares [*or* AM stocks] **Aktienzeichnungsvertrag** *m* JUR subscription contract **Aktienzertifikat** *nt* BÖRSE share [*or* AM stock] certificate; **~e verpfänden** to pledge share certificates **Aktienzuteilung** *f* BÖRSE share [*or* AM stock] allotment
Aktin <-s, -e> *nt* BIOL actin
Aktion <-, -en> *f* ❶ (*Handlung*) act, action
❷ (*Sonderverkauf*) sale
❸ (*Militär~ -, Werbe~*) campaign
❹ **in ~ sein** to be [constantly] in action; **in ~ treten** to act, to go [*or* come] into action
Aktionär(in) <-s, -e> *m(f)* FIN shareholder, AM *a.* stockholder
Aktionärsbuch *nt* BÖRSE register of shareholders [*or* AM stockholders] **Aktionärshauptversammlung** *f* JUR general meeting of shareholders; **Einberufung der ~** calling of a shareholders meeting **Aktionärsrechte** *pl* JUR shareholder's [*or* AM stockholder's] rights **Aktionärsstimmen** *pl* shareholders' votes *pl* **Aktionärsstimmrecht** *nt* BÖRSE shareholder's [*or* AM stockholder's] voting right **Aktionärsversammlung** *f* ÖKON shareholders' [*or* AM *a.* stockholders'] meeting **Aktionärsverzeichnis** *nt* BÖRSE register of shareholders [*or* AM stockholders]
Aktionismus <-> *m* (*pej: übertriebener Tätigkeitsdrang*) excessive desire for action
Aktionsbündnis *nt* alliance for action **aktionsfähig** *adj* ❶ (*fam: in der Lage, zu agieren*) capable of action *pred* ❷ MIL (*kampffähig*) ready [*or* fit] for action *pred* **Aktionsgemeinschaft** *f* united action **Aktionskomitee** *nt* action committee **Aktionsplan** *m* plan of action **Aktionspreis** *m* special offer **Aktionsprogramm** *nt* programme [*or* AM -am] of action **Aktionsradius** *m* ❶ (*Reichweite*) radius [*or* range] of action ❷ (*Wirkungsbereich*) sphere of activity; ***diese Abteilung ist ab heute Ihr neuer ~*** this department is your new domain from today ❸ AUTO operating range **Aktionstag** *m* day of action **aktionsunfähig** *adj* ❶ (*nicht in der Lage, zu agieren*) incapable of action *pred* ❷ MIL (*nicht kampffähig*) not ready [*or* fit] for action *pred;* ■**etw ~ machen** to render sth unfit for action, to stand sth down **Aktionswoche** *f* week of action
aktiv **I.** *adj* ❶ (*rührig, praktizierend*) active; ■**in etw** *dat* **~ sein** to be active in sth
❷ (*im Militärdienst befindlich*) serving; **~e Laufbahn** [professional] career
❸ (*berufstätig*) working
❹ ÖKON **~e Dollarbilanz** favourable balance for the dollar; **~e Zahlungsbilanz** favourable balance of payments
II. *adv* ❶ (*tatkräftig*) actively
❷ (*als ~er Soldat*) ■**~ dienen** to serve
Aktiv <-s, *selten* -e> *nt* LING active [voice]
Aktiva [-va] *pl* ÖKON assets; **~ und Passiva** assets and liabilities
Aktive(r) [-və, -vɐ] *f(m) dekl wie adj* active participant
Aktivgeschäft *nt* ÖKON *einer Bank* lending business
aktivieren* [-'viː-] *vt* ❶ (*anspornen*) ■**jdn ~** to stimulate sb, to get sb moving [*or fam* going]
❷ (*aktiver gestalten*) ■**etw ~** to intensify sth, to step sth up
❸ MED (*stimulieren*) ■**etw ~** to stimulate sth
❹ (*in Gang setzen*) ■**etw ~** to activate sth; **einen Prozess ~** to set a process in motion
Aktivierung <-, -en> *f* ❶ (*Anregen zu vermehrter Tätigkeit*) activation; ***dieses Mittel dient zur ~ der körpereigenen Abwehrkräfte*** this preparation serves to activate the body's defences
❷ CHEM, PHYS activation
❸ ÖKON activation, improvement; *von Bilanz* carrying as assets; **die ~ des Außenhandels** achievement of an export surplus
❹ FIN capitalization
aktivierungsfähig *adj* FIN ... may be capitalized *nach n* **Aktivierungspflicht** *f* FIN mandatory inclusion as assets **aktivierungspflichtig** *adj* FIN capitalized; **nicht ~** non-capitalized **Aktivierungsverbot** *nt* JUR, FIN prohibited inclusion as assets **Aktivierungswahlrecht** *nt* FIN optional inclusion as assets
Aktivist(in) <-en, -en> [-'vɪst] *m(f)* (*aktiver Mensch*) active person; (*politisch aktiver Mensch*) politically active person, activist
Aktivität <-, -en> [-vi-] *f* ❶ (*Tätigkeit*) activity
❷ BIOL (*Funktion*) function
❸ (*Strahlung*) [radio]activity

❹ ~/~**en entfalten** to be active
Aktivkohle *f* CHEM activated carbon **Aktivkonten** *pl* FIN assets account **Aktivlautsprecher** *m* active box **Aktivlegitimation** *f* JUR capacity to sue; **mangelnde** ~ incapacity to sue as the proper party; ~ **für Nichtigkeitsklagen** capacity to sue in petty cases **Aktivposten** *m* ÖKON asset **Aktivsaldo** *m* FIN active balance; ~ **im Waren- und Dienstleistungsverkehr** surplus on trade and services; ~ **aufweisen** to show an active balance **Aktivschulden** *pl* FIN accounts payable **Aktivurlaub** *m* activity holiday **Aktivvermögen** *nt* FIN assets *pl* **Aktivzinsen** *pl* FIN interest due
Aktmalerei *f* nude painting **Aktmodell** *nt* nude model
aktualisieren* *vt* ■**etw** ~ to bring sth up-to-date, to update sth; ■**aktualisiert** up-to-date, updated
Aktualisierung <-, -en> *f* INFORM update
Aktualität <-, -en> *f* ❶ (*Gegenwartsinteresse*) topicality
❷ *pl* (*geh: aktuelle Ereignisse*) current events
Aktuar(in) <-s, -e> *m(f)* SCHWEIZ (*Schriftführer*) secretary
aktuell *adj* ❶ (*gegenwärtig*) topical; **die ~sten Nachrichten** the latest news; ~**e Vorgänge** current events; ■**Aktuelles** topicalities, news; ***Aktuelles findet man nur in der Tageszeitung*** it is only possible to find the latest [*or* most up-to-date] news in a daily newspaper
❷ (*gegenwärtig*) current; ~**e Kaufkraft** real purchasing power
❸ (*modern*) latest; ***solche Schuhe sind schon lange nicht mehr*** ~ shoes like that haven't been in fashion for ages
Aktzeichnung *f* nude drawing
Akupressur <-, -en> *f* acupressure
Akupunkteur(in) <-s, -e> [akupʊŋk'tø:ɐ] *m(f)* acupuncturist
akupunktieren* I. *vt* ■**jdn** ~ to perform acupuncture on sb
II. *vi* to [perform] acupuncture
Akupunktur <-, -en> *f* acupuncture
Akupunkturpunkt *m* acupuncture point
Akustik <-> *f kein pl* ❶ (*akustische Verhältnisse*) acoustics + *pl vb*; ***der Raum hat eine gute*** ~ the room has good acoustics
❷ (*Lehre vom Schall*) acoustics + *sing vb*
Akustikkoppler *m* TECH, INFORM acousting coupler **Akustikplatten** *pl* BAU acoustic tiles *pl*
akustisch I. *adj* acoustic
II. *adv* acoustically; ***ich habe dich rein*** ~ ***nicht verstanden*** I just didn't hear [*or* catch] what you said
akut *adj* ❶ MED (*plötzlich auftretend*) acute
❷ (*dringend*) pressing, urgent; ~**er Mangel** acute shortage [*or* lack]; ■**etwas Akutes** something pressing [*or* urgent]
Akut <-[e]s, -e> *m* LING acute [accent]
AKW <-s, -s> *nt Abk von* **Atomkraftwerk**
Akzent <-[e]s, -e> *m* ❶ (*Aussprache*) accent; **einen bestimmten** ~ **haben** to have a certain [type of] accent; **mit** ~ **sprechen** to speak with an accent
❷ LING (*Zeichen*) accent
❸ (*Betonung*) stress
❹ (*Schwerpunkt*) accent, emphasis; **den** ~ **auf etw** *akk* **legen** to emphasize [*or* accentuate] sth; ~**e setzen** (*Vorbilder schaffen*) to set [new] trends; (*akzentuiert in bestimmter Weise*) to emphasize [*or* stress] sth
akzentfrei I. *adj* without an [*or* any] accent *pred*; ■~ **sein** to have no accent
II. *adv* without an [*or* any] accent
akzentuieren* *vt* (*geh*) ❶ (*betonen*) ■**etw** ~ to emphasize sth
❷ (*hervorheben*) ■**etw** ~ to accentuate sth
Akzept <-[e]s, -e> *nt* FIN [letter of] acceptance; **einen Wechsel mit** ~ **versehen** to provide a bill with acceptance
akzeptabel *adj* acceptable; ■[**für jdn**] ~ **sein** to be acceptable [to sb]; ■**etwas Akzeptables** something acceptable
Akzeptant(in) <-en, -en> *m(f)* FIN acceptor
Akzeptanz <-> *f* acceptance
akzeptfähig *adj* FIN negotiable
Akzepthergabe *f* FIN giving of an acceptance
akzeptieren* I. *vt* ■**etw** ~ to accept sth
II. *vi* to accept
Akzeptkredit *m* FIN acceptance credit **Akzeptkreditbank** *f* FIN acceptance bank **Akzeptverweigerung** *f* FIN nonacceptance
Akzessorietät <-> *f* JUR accessoriness
Akzidenzdruckerei *f* commercial [*or* jobbing] printer
AL <-, -s> *f Abk von* **Alternative Liste** electoral pact of alternative political groups
à la *adv* ❶ KOCHK (*nach Art von*) à la, after the manner of
❷ LIT (*nach jds Art*) in the manner [*or* style] of sb
Alabaster <-s, -> *m* alabaster
Alant <-[e]s, -e> *m* BOT **Echter** ~ elecampane, inula helenium
Alarm <-[e]s, -e> *m* ❶ (*Warnsignal*) alarm; ■~ **schlagen** [*o* **geben**] to sound [*or* raise] the alarm
❷ MIL (*Alarmzustand*) alert; ■~ **sein** to be on alert; ■**bei** ~ during an alert; ■~! alert!, action stations!
Alarmanlage *f* alarm [system] **alarmbereit** *adj* on stand-by *pred* **Alarmbereitschaft** *f* stand-by; ■~ **haben** to be on stand-by; ■**in** ~ **sein** [*o* **stehen**] to be on stand-by; **jdn/etw in** ~ **versetzen** to put sb/sth on stand-by **Alarmfunktion** *f* alarm function **Alarmglocke** *f* alarm bell ▸ WENDUNGEN: **bei jdm geht die** ~ (*fam*) sb sees the warning signs
alarmieren* *vt* ❶ (*zum Einsatz rufen*) ■**jdn** ~ to call sb out
❷ (*aufschrecken*) ■**jdn** ~ to alarm sb
alarmierend *adj* alarming
Alarmsignal *nt* alarm signal; **bei jdm/etw ein** ~ **auslösen** to alert sb/sth **Alarmstufe** *f* state of alert **Alarmübung** *f* practice alert **Alarmvorrichtung** *f* alarm [device] **Alarmzustand** *m* alert; ■**im** ~ **sein** to be on the alert [*or* stand-by]; **jdn in den** ~ **versetzen** to put sb on the alert, stand-by
Alaun <-s, -e> *m* CHEM alum
Alb[1] <-> *f kein pl* **die** [**Schwäbische**] ~ the Swabian Alps
Alb[RR2] <-[e]s, -e> *m meist pl* ❶ (*veraltend geh: Albtraum*) nightmare
❷ (*veraltet: Nachtmahr*) spectre [*or* AM -er]
Albaner(in) <-s, -> *m(f)* Albanian; *s. a.* **Deutsche(r)**
Albanien <-s> *nt* Albania; *s. a.* **Deutschland**
albanisch *adj* Albanian; *s. a.* **deutsch**
Albanisch *nt dekl wie adj* Albanian; *s. a.* **Deutsch**
Albanische *nt* ■**das** ~ Albanian; *s. a.* **Deutsche**
Albatros <-, -se> *m* albatross
Albdruck[RR] <*selten* -drücke> *m* (*schwere seelische Bedrückung*) nightmare
▸ WENDUNGEN: **wie ein** ~ **auf jdm lasten** to weigh heavily on sb [*or* sb's mind]
Alben *pl von* **Album**
Alberei <-, -en> *f* ❶ (*Benehmen*) silliness
❷ (*Tat*) silly prank
albern[1] I. *adj* ❶ (*kindisch*) childish, puerile
❷ (*lächerlich, unbedeutend*) laughable, trivial
II. *adv* childishly
albern[2] *vi* to fool around
Albernheit <-, -en> *f* ❶ (*kindisches Wesen*) childishness
❷ (*Lächerlichkeit, Unbedeutsamkeit*) triviality
❸ (*kindische Handlung*) tomfoolery
❹ (*lächerliche Bemerkung*) silly remark
Albinismus <-> *m kein pl* BIOL, MED albinism
Albino <-s, -s> *m* albino
Albtraum[RR] *m* nightmare
Album <-s, Alben> *nt* album
Albumin <-s, -e> *nt* BIOL, MED albumin
Alchimie <-> *f*, **Alchemie** <-> *f bes* ÖSTERR alchemy
Alchimist(in) <-en, -en> *m(f)*, **Alchemist(in)** <-en, -en> *m(f) bes* ÖSTERR alchemist
Aldehyd <-s, -e> *nt* CHEM (*Verbindung von Alkoholen mit Sauerstoff*) aldehyde
al dente *adj* [*of pasta*] *tender but still firm when bitten*, al dente
Alemanne, Alemannin <-n, -n> *m, f* Aleman
alemannisch *adj* LING Alemannic
Alevit(in) <-en, -en> *m(f)* REL Alevite
Alfa <-[s], -s> *nt s.* **Alpha** alfa [grass]
Alfalfasprossen *pl* alfalfa sprouts
Algarve <-> *f kein pl* GEOG Algarve
Alge <-, -n> *f* alga
Algebra <-> *f* algebra; **boolsche** ~ Boolean algebra
Algebraiker(in) <-s, -> *m(f)* MATH algebraist
algebraisch *adj* algebraic
Algenblüte *f* algal bloom **Algenpest** *f* ÖKOL plague of algae
Algerien <-s> *nt* Algeria; *s. a.* **Deutschland**
Algerier(in) <-s, -> *m(f)* Algerian; *s. a.* **Deutsche(r)**
algerisch *adj* Algerian; *s. a.* **deutsch**
Algier <-s> [-ʒi:ɐ̯] *nt* Algiers
algorithmisch *adj* algorithmic
Algorithmus <-, -men> *m* algorithm
alias *adv* alias, otherwise known as
Aliasadresse *f* INFORM alias address **Aliasname** *nt* INFORM alias
Alibi <-s, -s> *nt* ❶ (*Aufenthaltsnachweis zur Tatzeit*) alibi
❷ (*Vorwand*) excuse
Alibifrau *f* token woman **Alibifunktion** *f* use as an alibi [*or* excuse]; ■[**nur**] ~ **haben** to [only] serve as an alibi [*or* excuse] **Alibipolitik** *f* token policy
Alien <-, -s> ['e:li̯ən] *m* alien
Alimente *pl* maintenance *no pl*, alimony *no pl* AM
Alimentenbeschluss[RR] *m* JUR affiliation order **Alimentenklage** *f* JUR bastardy [*or* maintenance] action **Alimentenprozess**[RR] *m* JUR maintenance [*or* BRIT affiliation] proceedings *pl*
Aliudlieferung *f* JUR delivery of goods other than those ordered
Alk[1] <-s> *m kein pl* (*pej sl*) alcohol
Alk[2] <-en, -en> *m* ORN auk
Alkali <-s, -lien> [*pl* -li̯ən] *nt* alkali
alkalisch *adj* alkaline
Alkaloid <-[e]s, -e> *nt* alkaloid
Alkohol <-s, -e> *m* alcohol; **jdn unter** ~ **setzen** (*sl*) to get sb drunk [*or* BRIT *vulg a.* pissed]; **unter** ~ **stehen** (*geh*) to be under the influence [of alcohol]
alkoholarm *adj* low alcohol, low in alcohol *pred* **Alkoholdelirium** *nt* alcoholic delirium **Alkoholeinfluss**[RR] *m* (*geh*) influence of alcohol; **unter** ~ **stehen** to be under the influence of alcohol [*or* BRIT *a.* drink] **Alkoholeinwirkung** *f* influence of alcohol **Alkoholembryopathie** <-> *f kein pl* MED alcohol embryopathy **Alkoholexzess**[RR] *m* excessive drinking **Alkoholfahne** *f* (*fam*) alcohol breath; ■**eine** ~ **haben** to smell of alcohol [*or* drink], to have alcohol breath **alkoholfrei** *adj* non-alcoholic, alcohol-free **Alkoholgegner(in)** *m(f)* teetotaler BRIT, teetotaller AM, *esp* AM prohibitionist **Alkoholgehalt** *m* alcohol[ic] content **Alkoholgenuss**[RR] *m* (*geh*) consumption of alcohol **alkoholhaltig** *adj* alcoholic
Alkoholika *pl* alcoholic drinks
Alkoholiker(in) <-s, -> *m(f)* alcoholic; ~ **sein** to be [an] alcoholic; **Anonyme** ~ Alcoholics Anonymous
alkoholisch *adj* alcoholic
alkoholisiert I. *adj* (*geh*) inebriated
II. *adv* (*geh*) inebriatedly; ***wer*** ~ ***Auto fährt, macht sich strafbar*** anyone who drives in an inebriated state is open to prosecution, drunk drivers are liable to prosecution *fam*
Alkoholismus <-> *m* alcoholism
Alkoholkonsum *m* consumption of alcohol **alkoholkrank** *adj inv* alcoholic **Alkoholmessgerät**[RR] *nt* alcoholometer, breathalyser BRIT *fam*, Breathalyzer® AM **Alkoholmissbrauch**[RR] *m kein pl* alcohol abuse **Alkoholpegel** *m* (*hum*), **Alkoholspiegel** *m* level of alcohol in one's blood, Blood-alcohol level **Alkoholschmuggel** *m kein*

pl alcohol smuggling, smuggling of alcohol **Alkoholsteuer** *f* duty [*or* tax] on alcohol **alkoholsüchtig** *adj* MED alcoholic, addicted to alcohol **Alkoholsüchtige(r)** *f(m) dekl wie adj* alcoholic **Alkoholsünder(in)** *m(f)* (*fam*) [convicted] drunk driver *fam* **Alkoholtest** *m* breath test *fam* **Alkoholunfall** *m* accident due to alcohol consumption **Alkoholverbot** *nt* ban on alcohol, *esp* AM prohibition **Alkoholvergiftung** *f* alcohol[ic] poisoning **Alkoholwirkung** *f* effect of alcohol

all *pron indef* all; ■ ~ **jds ...** all sb's ....; ***sie gab ihnen ~ ihr Geld*** she gave them all her money; ■ **~ der/die/das/dies ...** all the/this ...; ~ ***die Zeit*** all the time; ~ ***dies soll umsonst gewesen sein?*** all this was for nothing?

All <-s> *nt kein pl* space

allabendlich I. *adj* regular evening *attr;* **der ~e Spaziergang** the regular evening walk
II. *adv* every evening

Allah <-s> *m* REL Allah

allbekannt *adj* universally known

alldem *pron s.* **alledem**

alle *adj pred* (*fam*) (*gegessen*) ■ **~ sein** to be all gone [*or* finished]; ***der Kuchen ist ~!*** the cake is all gone [*or* finished]; **etw ~ machen** to finish sth off *sep*

▸ WENDUNGEN: **jdn ~ machen** (*sl*) to do sb in *sl;* ***ich bin ganz ~*** I'm exhausted [*or* finished]

alle(r, s) *pron indef* ❶ *attr* (*mit Singular*) all; ***er hat ~s Geld verloren*** he's lost all his money; [***ich wünsche dir***] ***~s Gute*** [I wish you] all the best; (*mit Plural*) all, all the; ***ich bitte ~e Anwesenden*** I call on all those present
❷ *substantivisch* ■ **~** all of you, everyone, all of them; ***und damit sind ~ gemeint*** and that means everyone; ***das sind aber viele Bücher, hast du sie ~ gelesen?*** that's a lot of books, have you read them all?; ***von den Röcken haben mir ~ nicht gefallen*** I didn't like any of the dresses; ***ihr seid ~ beide Schlitzohren!*** you're both a couple of crafty devils!; ***wir haben ~ kein Geld mehr*** none of us have any money left; **zum Kampf ~r gegen ~ kommen** to turn into a free for all; ■ **~ die[jenigen], die** all of those, who, everyone, who
❸ *substantivisch* (*~ Dinge*) ■ **alles** everything; ***ist das schon ~s?*** is that everything [*or fam* it]?
❹ *substantivisch* (*insgesamt*) ■ **alles** all [that]; ***das ist doch ~s Unsinn*** that's all nonsense; ***das geht dich doch ~s nichts an!*** that's nothing at all to do with you!
❺ *substantivisch* (*fam:* ~) ■ **alles** everyone; ***so, nun aber ~s ab ins Bett!*** right, everyone [*or* all [of you]] off to bed now!; ***bitte ~s aussteigen!*** all change, please!
❻ (*bei Zeit und Maßangaben*) every; ~ **fünf Minuten** every five minutes; **das ist ~s** that's everything [*or* all]; ***das kann doch nicht ~s sein*** that can't be everything [*or fam* it]; ***soll das schon ~s gewesen sein?*** was that everything [*or fam* it]?; ~ ***auf einmal*** [everyone] all at once; ***redet nicht ~ auf einmal*** don't all speak at once; ~ ***auf einmal passen nicht durch die Tür*** everyone won't fit through the door [all] at the same time; **in ~m** in everything; **~s in ~m** (*insgesamt betrachtet*) all in all; (*zusammengerechnet*) in all; **trotz ~m** in spite of everything; **über ~s** above all else; **vor ~m** (*insbesondere*) above all; (*hauptsächlich*) primarily; **was ... ~s** (*fam*) ***was habt ihr im Urlaub so ~s gemacht?*** what did you get up to on holiday?; ***was er ~s so weiß*** the things he knows; ***was sie ~s nicht kann*** the things she can do; **~s, was** (*~ Dinge*) everything that; (*das Einzige*) all [that]; ***~s, was jetzt noch zählt, ist Einigkeit*** all that matters now is unity; ***~s, was ich weiß, ist ...*** all I know is that ...; ***wer war ~s da?*** who was there?

▸ WENDUNGEN: [**wohl**] **nicht mehr ~ haben** (*fam*) to be mad; ***hast du/ hat er/ sie noch ~?*** (*fam*) are you/is he/she mad?; ~ **für einen und einer für ~** all for one and one for all; **~s und jedes** anything and everything

alledem *pron* all that; **bei/trotz ~** even so, in spite of that; **zu ~** on top of [all] that; **nichts von ~** none of it

Allee <-, -n> [*pl* -eːən] *f* avenue, tree-lined walk

Allegorie <-, -n> [*pl* -iːən] *f* allegory

allegorisch *adj inv* allegorical

Allegro <-s, -s *o* Allegri> *nt* allegro

allein, alleine (*fam*) I. *adj pred* ❶ (*ohne andere*) alone; **jdn ~ lassen** to leave sb alone; ***wir sind jetzt endlich ~*** we're on our own at last; ***sind Sie ~ oder in Begleitung?*** are you by yourself or with someone?
❷ (*einsam*) lonely
❸ (*ohne Hilfe*) on one's own; **auf sich** *akk* **~ angewiesen** [*o* **gestellt**] **sein** to be on one's own, to be left to one's own resources; **für sich ~** by oneself, on one's own; ***er arbeitet lieber für sich ~*** he prefers to work alone

▸ WENDUNGEN: **für sich ~** [**genommen**] in itself; ***dieser Vorfall ist, für sich ~ genommen, schon schwerwiegend genug*** this incident is in itself serious enough

II. *adv* ❶ (*bereits*) just; ~ ***das Ausmaß der Schäden war schon schlimm genug*** the extent of the damage alone was bad enough; ~ ***der Gedanke daran*** the mere [*or* very] thought of it
❷ (*ausschließlich*) exclusively; ***das ist ganz ~ dein Bier!*** that's up to you!; ***das ist ~ deine Entscheidung*** it's your decision [and yours alone]; **die ~ selig machende Kirche/Lehre** the only true church/teaching
❸ (*ohne Hilfe*) single-handedly, on one's own, by oneself; ***unser Jüngster kann sich schon ~ anziehen*** our youngest can already dress himself [*or* get dressed by himself]; **eine ~ erziehende Mutter/ein ~ erziehender Vater** a single mother/ a single father; **~ erziehend sein** to be a single parent; **von ~** by itself/oneself; ***ich wäre auch von ~ darauf gekommen*** I would have thought of it myself
❹ (*unbegleitet*) unaccompanied; (*isoliert*) alone; ***das Haus liegt ganz für sich ~*** the house is completely isolated; **~ gelassen** left on one's own; **sich** [**sehr/ganz**] **~ gelassen fühlen** to feel abandoned; **~ stehend** single, unmarried

▸ WENDUNGEN: **nicht ~ ..., sondern auch ...** not only [*or* just] ..., but also ...

Alleinaktionär(in) *m(f)* FIN sole shareholder [*or* AM stockholder] **Alleinauftrag** *m* HANDEL exclusive order **Alleinbelieferungspflicht** *f* HANDEL exclusive order to supply **alleinberechtigt** *adj* JUR exclusively entitled; **~ sein etw zu tun** to have the exclusive right to do sth **Alleinberechtigung** *f* JUR sole [*or* exclusive] right **Alleinbetriebsrecht** *nt* JUR operating monopoly **Alleinbezug** *m* JUR exclusive sourcing **Alleinbezugsvertrag** *m* JUR exclusive supply contract **Alleineigentümer(in)** *m(f)* JUR sole proprietor [*or* owner] **Alleinerbe, -erbin** *m, f* sole heir *masc* [*or fem* heiress]; ***er war ~*** he was the sole heir **alleinerziehen*** *vt irreg s.* **allein II 3** **alleinerziehend** *adj inv, attr s.* **allein II 3** **Alleinerziehende(r)** *f(m) dekl wie adj* single parent **Alleinflug** *m* solo flight **Alleingang** <-gänge> *m* (*fam*) solo effort; **etw im ~ machen** to do sth on one's own **alleingelassen** I. *pp von* **allein lassen** II. *adj inv s.* **allein II 4** **Alleinherrschaft** *f* POL absolute power **Alleinherrscher(in)** *m(f)* (*geh*) absolute ruler, autocrat, dictator

alleinig I. *adj attr* sole
II. *adv* (*geh*) solely

Alleinlebende(r) *f(m) dekl wie adj* single person **Alleinlizenz** *f* HANDEL exclusive licence [*or* AM -se] **Alleinrechte** *pl* JUR exclusive rights **Alleinsein** *nt kein pl* solitariness; (*Einsamkeit*) loneliness; ***manchen Menschen macht das ~ nichts aus*** some people don't mind being alone **alleinseligmachend** *adj s.* **allein II 2** **Alleinsorge** *f* (*sl: alleiniges Sorgerecht*) sole custody **alleinstehend** *adj s.* **allein II 4** **Alleinstehende(r)** *f(m) dekl wie adj* unmarried person **Alleinunterhalter(in)** *m(f)* solo entertainer **Alleinverkaufsrecht** *nt* JUR exclusive right of sale; **das ~ für etw haben** to have exclusive selling rights for sth **Alleinverschulden** *nt kein pl* JUR sole and exclusive fault **Alleinvertreter(in)** *m(f)* HANDEL sole agent [*or* distributor] **Alleinvertretung** *f* ÖKON sole and exclusive agency [*or* representation]; **die ~ einer Firma haben** to be the sole representative of a firm **Alleinvertretungsbefugnis** *f* JUR exclusive representation **alleinvertretungsberechtigt** *adj inv* JUR **~ sein** to have sole power of representation **Alleinvertretungsrecht** *nt* JUR sole power of representation **Alleinvertretungsvertrag** *m* HANDEL exclusive agency contract; (*Verkaufsvertrag*) exclusive sales agreement **Alleinvertrieb** *m* ÖKON exclusive marketing; ***in diesem Bezirk hat er den ~ von Mercedes*** he's the sole distributor of Mercedes in this area **Alleinvertriebsabkommen** *nt* JUR exclusive sales contract **Alleinvertriebsrecht** *nt* HANDEL exclusive distribution right **Alleinvertriebsvertrag** *m* JUR exclusive distribution [*or* dealing] agreement

allel *adj inv, attr* BIOL allele

Allel <-s, -e> *nt* BIOL allele

allemal *adv* ❶ (*ohne Schwierigkeit*) without any trouble; ***was er kann, kann ich ~*** whatever he can do, I can do, too; **~!** definitely
❷ (*in jedem Fall*) always; **ein für ~** once and for all

allenfalls *adv* at [the] most, at best

allenthalben *adv* (*geh*) everywhere

aller- *in Komposita mit superl* ... of all; **die A~schönste .../der A~größte ...** the most beautiful/the biggest of all **alleraller-** *in Komposita mit superl* (*fam*) ***der/ die/ das A~schnellste/ A~größte ...*** the very fastest/biggest ... *childspeak*

allerbeste(r, s) *adj* very best; ***ich wünsche Dir das Allerbeste*** I wish you all the best; ■ **es ist das A~** [*o* **am A~n**], **etw zu tun** it's best to do sth; ***es ist das A~, in diesem Fall zu schweigen*** it's best to keep quiet in this case

allerdings *adv* ❶ (*jedoch*) although, but; ***ich rufe dich an, ~ erst morgen*** I'll call you, although [*or* but] not till tomorrow
❷ (*in der Tat*) definitely, indeed *form;* **~!** indeed!, AM *a.* you bet! *fam;* ***hast du mit ihm gesprochen? — ~!*** did you speak to him? — I certainly did!

allererste(r, s) *adj* the [very] first; ***Zähneputzen ist morgens das A~, was er tut*** the first thing he does in the morning is clean his teeth; ■ **als A~r** the first; ■ **als A~s** first of all **allerfrühestens** *adv* at the [very] earliest

allergen I. *adj* MED allergenic
II. *adv* as an allergen; **~ wirken** to have an allergenic effect

Allergen <-s, -e> *nt* MED allergen

Allergie <-, -n> [*pl* -iːən] *f* allergy; **~ auslösend** allergenic; **eine ~** [**gegen etw**] **haben** to have an allergy [to sth]

allergieauslösend *adj inv s.* **Allergie** **allergiegetestet** *adj inv* allergy-tested **Allergietest** *m* allergy test

Allergiker(in) <-s, -> *m(f)* person suffering from an allergy

allergisch I. *adj* allergic; ■ **~ gegen etw sein** to be allergic to sth
II. *adv* ❶ MED **~ bedingt** caused by an allergy; **~** [**auf etw** *akk*] **reagieren** to have an allergic reaction [to sth]
❷ (*abweisend*) **~ auf etw** *akk* **reagieren** to get hot under the collar about sth

Allergologe, Allergologin <-n, -n> *m, f* allergist

Allergologie <-> *f kein pl* allergology

allerhand *adj inv* (*fam*) all sorts of; **~ Auswahl** enormous choice; (*ziemlich viel*) a great deal [*or fam* masses] of; ***ich habe noch ~ zu tun*** I've still got so much [*or fam* masses] [*or fam* tons] to do

▸ WENDUNGEN: **das ist ja** [*o* **doch**] **~!** that's a bit rich! [*or* AM much]; [**das ist**] **~!** Oh my God!, Good heavens! [*or dated* Lord]

Allerheiligen <-s> *nt* All Saints' Day

Allerheiligste(s) *nt dekl wie adj* REL ❶ (*jüdisch*) Holy of Holies ❷ (*katholisch*) Blessed Sacrament

allerhöchste(r, s) *adj* highest; **die ~ Belastung** the maximum load; **der ~ Betrag** the highest sum ever; **die ~ Geschwindigkeit** the maximum speed; **die ~ Instanz** the supreme authority **allerhöchstens** *adv* ❶ (*allenfalls*) at the most ❷ (*spätestens*) at the latest; ***in ~ 4 Minuten explodiert hier alles!*** in no later than 4 minutes everything here will explode!

allerlei *adj inv* ❶ *substantivisch* (*viel*) a lot, loads *fam;* ***ich muss noch ~ erledigen*** I still have a lot [*or fam* loads] to do

❷ *attr* (*viele Sorten*) all sorts of

Allerlei <-s, *selten* -s> *nt* all sorts [*or* kinds] of things; **ein ~ an etw** all sorts of sth; **Leipziger ~** *mixed vegetables comprising of peas, carrots and asparagus*

allerletzte(r, s) *adj* ❶ (*ganz letzte*) [very] last; ■**der/die A~** the [very] last [person]; ■**das A~** the [very] last thing ❷ (*allerneueste*) latest ❸ (*allerjüngste*) recently; **in ~r Zeit** very recently; **in den ~n Wochen** in the last few weeks ▸ WENDUNGEN: **[ja/wirklich] das Allerletzte sein** (*fam*) to be beyond the pale! *fam;* ***er ist das Allerletzte!*** he's just vile!

allerliebste(r, s) *adj* ❶ (*Lieblings-*) favourite BRIT, favorite AM ❷ (*meistgeliebt*) dearest; ■**am ~n** most [*or* best] [of all]; ***mir wäre es am ~n wenn …*** I would prefer it if … **Allerliebste(r)** *f(m) dekl wie adj* darling; ***sie ist seine ~*** she's his favourite **allermeiste(r, s)** *adj* most *generalization,* the most *comparison;* ***im Urlaub verbringt er die ~ Zeit mit Angeln*** on holiday he spends most of his time fishing; ***er bekommt in der Firma das ~ Geld*** he earns the most money in the company; ■**das A~** most, the lion's share; ***das A~ habe ich schon fertig*** I've done most of it already; ■**die A~n** most people; ■**am ~n** most of all **allernächste(r, s)** *adj* ❶ (*unmittelbar folgend*) next; **in ~r Zeit** [*o* **Zukunft**] in the very near future; ■**als ~s/am ~n** next ❷ (*unmittelbar benachbart*) nearest ❸ (*kürzeste*) shortest ❹ (*emotional nahe*) ■**am ~n** ***ihre Tante steht ihr am ~n*** her aunt is closest to her **allerneu(e)ste(r, s)** *adj* latest; **auf dem ~n Stand** state-of-the-art, up-to-the-minute; ■**das Allerneueste** the latest; ■**am ~n** the newest

allerorten *adv inv* (*veraltend*) everywhere

Allerseelen <-s> *nt* All Souls' Day

allerseits *adv* ❶ (*bei allen*) on all sides; ***sie war ~ ein gerne gesehener Gast*** she was a welcome guest everywhere

❷ (*an alle*) everyone; ***„Abend, ~!"*** "evening, everyone!"

allerspätestens *adv* at the latest

Allerweltsausdruck *m* (*pej*) trite [*or* meaningless] [*or* hackneyed] phrase **Allerweltskerl** *m* Jack of all trades, all-rounder

allerwenigste(r, s) *adj* ❶ (*wenigste: zählbar*) fewest; (*unzählbar*) least; **in den ~n Fällen** in only a very few cases; **das ~ Geld** the least money; **die ~n Menschen** very few people; ■**am ~n** the least; **die ~** [*o* **am ~n**] **Zeit haben** to have the least amount of time ❷ (*mindeste*) least; ***das ~ wäre noch gewesen, sich zu entschuldigen*** the least he could have done was to apologize ▸ WENDUNGEN: **das am ~n!** that's the last thing I want to do/hear!

allerwenigstens *adv* at [the very] least **Allerwerteste** *m dekl wie adj* (*hum*) behind, posterior

alles *pron indef s.* **alle(r, s)**

allesamt *adv* all [of them/you/us]; ***die Politiker sind doch ~ korrupt*** politicians are corrupt to a man; ***ihr seit doch ~ verrückt!*** you're mad, the lot [*or* all] of you!, you're all mad!

Allesfresser <-s, -> *m* BIOL omnivore, omnivorous animal **Alleskleber** *m* general purpose adhesive [*or* glue] **Allesschneider** *m* slicing machine **Alleswisser(in)** <-s, -> *m(f)* smart-alec *fam,* know-all BRIT *fam,* know-it-all AM *fam*

allfällig *adj* SCHWEIZ (*eventuell*) necessary

allg. *adj Abk von* **allgemein**

Allgäu <-s> *nt* ■**das ~** the Allgäu

Allgefahrendeckung *f* JUR all risks cover[age]

Allgefahrenpolice *f* FIN all-risks policy

allgegenwärtig *adj* ❶ REL (*geh*) omnipresent; ■**der Allgegenwärtige** the omnipresent One, God ❷ (*überall gegenwärtig*) ubiquitous *form*

allgemein I. *adj* ❶ *attr* (*alle betreffend*) general; **~e Feiertage** national holidays; **im ~en Interesse liegen** [*o* **sein**] to be in everyone's interests [*or* in the common interest]; **von ~em Interesse sein** to be of interest to everyone; **~e Vorschriften** universal regulations, regulations applying to everyone; **das ~e Wahlrecht** universal suffrage; **die ~e Wehrpflicht** military service

❷ *attr* (*allen gemeinsam*) general, public; **zur ~en Überraschung** to everyone's surprise; **das ~e Wohl** the common good; **~e Zustimmung finden/auf ~e Ablehnung stoßen** to meet with general approval/disapproval

❸ (*nicht spezifisch*) general; ***die Frage war ~er Natur*** the question was of a rather general nature

▸ WENDUNGEN: **im A~en** (*normalerweise*) generally speaking; (*insgesamt*) on the whole

II. *adv* ❶ (*allerseits, überall*) generally; **~ bekannt/üblich sein** to be common knowledge/practice; **~ gültig** general, universally applicable; **~ verständlich** intelligible to everybody; **~ zugänglich sein** to be open to the general public; **~ verbreitet** widespread

❷ (*nicht spezifisch*) generally; ***der Vortrag war leider sehr ~ gehalten*** unfortunately the lecture was rather general [*or* lacked focus]; **eine ~ bildende Schule** *a school providing a general rather than specialized education;* **~ medizinisch** general medical *attr*

Allgemeinarzt, -ärztin *m, f* general practitioner, BRIT *a.* GP **Allgemeinbefinden** *nt* general health; ***danke, mein ~ ist recht gut*** generally speaking, I'm very well, thanks **allgemeinbildend** *adj* SCH *s.* **allgemein II 2** **Allgemeinbildung** *f kein pl* general education **allgemeingültig** *adj attr s.* **allgemein II 1** **Allgemeingültigkeit** *f* [universal] validity **Allgemeingut** *nt* common knowledge

Allgemeinheit <-> *f kein pl* ❶ (*Öffentlichkeit*) general public

❷ (*Undifferenziertheit*) generality, universality; ***seine Erklärungen waren von viel zu großer ~*** his explanations were far too general

Allgemeinkundigkeit *f* JUR common knowledge

Allgemeinmedizin *f* general medicine **Allgemeinmediziner(in)** *m(f)* general practitioner, GP **allgemeinmedizinisch** *adj inv, attr s.* **allgemein II 2** **allgemeinverbindlich** *adj s.* **allgemein** **Allgemeinverbindlichkeit** *f kein pl* JUR universal validity *no pl* **Allgemeinverbindlichkeitserklärung** *f* JUR (*im Tarifvertrag*) declaration of general application [of a collective agreement] **Allgemeinverfügung** *f* JUR general disposition **allgemeinverständlich** *adj s.* **allgemein II 1** **Allgemeinwissen** *nt* general knowledge **Allgemeinwohl** *nt* welfare of the general public **Allgemeinzustand** *m* general health

Allheilmittel *nt* cure-all, panacea *esp pej*

Allianz <-, -en> *f* alliance

Alligator <-s, -toren> *m* alligator

alliiert *adj attr* allied

Alliierte(r) *f(m) dekl wie adj* ally; ■**die ~n** the Allies, the Allied Forces

Alliteration <-, -en> *f* LIT alliteration

alljährlich I. *adj attr* annual

II. *adv* every year, annually

Allmacht *f kein pl* unlimited power, omnipotence *form;* REL omnipotence

allmächtig *adj* all-powerful, omnipotent *form;* REL omnipotent

Allmächtige(r) *m dekl wie adj* Almighty God; ■**der ~** the Almighty; **~r!** (*fam*) Good God!

allmählich I. *adj attr* gradual

II. *adv* ❶ (*langsam*) gradually; ***~ geht er mir auf die Nerven*** he's beginning to get on my nerves; ***ich werde ~ müde*** I'm getting tired

❷ (*endlich*) ***wir sollten jetzt ~ gehen*** it's time we left; ***es wurde auch ~ Zeit!*** about time too!

allmonatlich I. *adj attr* monthly II. *adv* every month **allmorgendlich** I. *adj attr* every morning; **das ~e Anstehen an der Bushaltestelle** the morning queue [*or* AM line] at the bus stop; ***das ~e Aufstehen um 6 Uhr ist eine Qual*** getting up every morning at 6 is torture II. *adv* every morning **allnächtlich** I. *adj attr* nightly II. *adv* every night

allochthon *adj* GEOL allochthonous

Allokationskartell *nt* JUR allocation cartel

Allometrie <-, -ien> *f* BIOL allometry

allometrisch *adj inv* BIOL allometric

Allonge <-, -n> [a'lõ:ʒə] *f* ÖKON allonge, rider; TYPO fly-leaf

Allparteienregierung *f* all-[*or* multi-]party government

Allphasen-Brutto-Umsatzsteuer *f* FIN all-stage tax on gross turnover **Allphasen-Netto-Umsatzsteuer** *f* FIN all-stage tax on net turnover **Allphasen-Umsatzsteuer** *f* FIN cumulative all-stage turnover tax

Allradantrieb *m* four-[*or* all-]wheel drive

allradgetrieben *adj* AUTO four wheel [*or* all-wheel] drive; (*geschrieben a.*) 4WD

Allround- ['ɔ:lraʊnd-] *in Komposita* all-round [*or* AM -around]

Allroundgenie [ɔ:l'raʊnd-] *nt,* **Allroundtalent** *nt* all-round genius [*or* talent] **Allroundkünstler(in)** *m(f)* multi-talented [*or* all-round] artist

allseitig I. *adj* widespread

II. *adv* **~ interessiert sein** to be interested in everything; **~ begabt sein** to be an all-round talent [*or* a good all-rounder]

allseits *adv* ❶ (*überall*) everywhere

❷ (*rundum*) in every respect; ***sie schien ~ gewappnet zu sein*** she seemed to know about everything; ***ich bin ~ vorbereitet*** I'm ready for anything

Alltag *m* ❶ (*Werktag*) working day BRIT, workday AM; ■**an ~en** on workdays

❷ (*Realität*) everyday life

alltäglich *adj* ❶ *attr* (*tagtäglich*) daily, everyday

❷ (*gang und gäbe*) usual; ***diese Probleme sind bei uns ~*** these problems are part of everyday life here

❸ (*gewöhnlich*) ordinary

alltags *adv* on workdays

Alltagskleidung *f* everyday clothes, not your Sunday best **Alltagsleben** *nt* daily routine

allumfassend *adj* (*geh*) all-round, global; **~e Forschungen** extensive research; ***sein Wissen ist nahezu ~!*** his knowledge is almost encyclop[a]edic!

Allüren *pl* ❶ (*geziertes Verhalten*) affectation ❷ (*Starallüren*) airs and graces

allwissend *adj* ❶ (*fam: umfassend informiert*) knowing it all; ***er tut immer so ~*** he thinks he knows it all; ***ich bin doch nicht ~!, bin ich ~?*** (*fam*) what do you think I am? a walking encyclop[a]edia?, I don't know everything, you know

❷ REL (*alles wissend*) omniscient; ■**der A~e** the Omniscient

Allwissenheit <-> *f kein pl* omniscience

allwöchentlich I. *adj attr* weekly

II. *adv* every week

allzeit *adv* (*geh*) always; ***ich bin ~ die Deine!*** I'm yours for ever; **~ bereit!** be prepared!

allzu *adv* all too; ***du hast ~ dick aufgetragen*** you've gone over the top; ■**nur ~ …** only too …; **~ früh** far too early, all too soon; ***ruf mich am Sonntag an, aber bitte nicht ~ früh!*** call me on Sunday, but not too early!; **~ gern** only too much [*or* willingly]; ***gehen wir heute ins Theater? — nur ~ gern!*** shall we go to the theatre tonight? — I'd love to!; ***magst du Fisch? — nicht ~ gern*** do you like fish? — not very much [*or* I'm not over[ly] fond of it]; ***ich habe das nicht ~ gern getan*** I didn't like doing that; **~ häufig** all too often; **~ oft** only too often; **nicht ~ oft** not [all] too often; **~ sehr** too much; ***dieser Schmuck gefällt mir wirklich ~***

A

sehr! I just love this jewellery!; ***er war nicht ~ sehr in sie verliebt*** he wasn't all that much in love with her; ***man sieht dir ~ sehr an, dass du lügst!*** I can see all too clearly that you're lying!; ***bin ich ~ sehr verspätet?*** am I very late?; ■**nicht ~** not all that much [*or* too much]; **nicht ~ gerne** reluctantly; ***fühlst du dich nicht gut? — nicht ~ sehr!*** are you all right? — not really; **~ viel** too much; ***er trank nie ~ viel Alkohol*** he never drank that much alcohol; ***450 Mark ist aber nicht ~ viel!*** 450 marks is not very much!; **~ viel ist ungesund** moderation in everything **allzufrüh** *adv s.* allzu **allzugern** *adv s.* allzu **allzuhäufig** *adj s.* allzu **allzuoft** *adv inv s.* allzu **allzusehr** *adv s.* allzu **Allzuständigkeit** *f* JUR comprehensive jurisdiction **allzuviel** *adv s.* **allzu**

Allzweckcreme *f* all-purpose cream **Allzweckhalle** *f* [multipurpose] hall **Allzweckreiniger** *m* general-purpose cleaner

Alm <-, -en> *f* mountain pasture, alp

Almanach <-s, -e> *m* almanac

Almaty <-s> *nt* Almaty, Alma-Ata

Almosen <-s, -> *nt* ❶ (*pej: geringer Betrag*) pittance
❷ (*geh: Spende*) alms, donation

Almrausch *m* alpine rose

Aloe <-, -n> ['a:loe, *pl* -loən] *f* aloe

Aloe Vera *f* aloe vera

Alp <-[e]s, -e> *m meist pl* ❶ (*veraltend geh: Albtraum*) nightmare
❷ (*veraltet: Nachtmahr*) spectre [*or* AM -er]

Alpaka <-s, -s> *nt* alpaca

Alpakawolle *f* alpaca [wool]

Alpdruck <*selten* -drücke> *m* (*schwere seelische Bedrückung*) nightmare
► WENDUNGEN: **wie ein ~ auf jdm lasten** to weigh heavily on sb [*or* sb's mind]

Alpen *pl* ■**die ~** the Alps

Alpendohle *f* ORN alpine chough **Alpenglühen** *nt* alpenglow **Alpenkrähe** *f* ORN chough **Alpenland** *nt* ❶ (*in den Alpen liegendes Land*) alpine country ❷ (*Gebiet der Alpen*) the Alps **Alpenpass**[RR] *m* alpine pass **Alpenrepublik** *f* (*Österreich*) Austria **Alpenrose** *f* alpine rose [*or* rhododendron] **Alpenstrandläufer** *m* ORN dunlin **Alpenstraße** *f* alpine road **Alpentransitverkehr** *m kein pl transit traffic in alpine regions* **Alpenveilchen** *nt* cyclamen **Alpenvorland** *nt* foothills *pl* of the Alps

Alpha <-[s], -s> *nt* alpha
► WENDUNGEN: **das ~ und das Omega** (*geh*) the be-all and end-all

Alphabet <-[e]s, -e> *nt* alphabet; ■**nach dem ~** alphabetically

Alphabetberechnung *f* TYPO (*Satz*) price per 1,000 ens

alphabetisch *adj* alphabetical

alphabetisieren* *vt* ■**etw ~** to put sth into alphabetical order; ■**alphabetisiert sein** to be in alphabetical order; ■**jdn ~** to teach sb to read and write

Alphabetisierung <-, -en> *f* ❶ (*das Alphabetisieren*) arranging in alphabetical order
❷ (*Beseitigung des Analphabetentums*) literacy campaign

Alphadaten *pl* alphabetic data + *sing vb*

Alpha-Helix <-, -Helices> *f* BIOL alpha helix

Alpha-Hydroxy(carbon)säure *f* alpha-hydroxy acid, AHA

alphamerisch *adj s.* alphanumerisch **alphanumerisch, alphamerisch** *adj* alphanumeric BRIT, alphameric AM **Alphastrahlen** *pl* NUKL alpha rays **Alpha-Tier** *nt* BIOL alpha animal

Alphorn *nt* alp[en]horn

alpin *adj* alpine

Alpinismus <-> *m kein pl* SPORT alpinism

Alpinist(in) <-en, -en> *m(f)* alpinist

Alptraum *m* nightmare

Alraun <-[e]s, -e> *m,* **Alraune** <-, -n> *f* BOT mandrake

als *konj* ❶ (*in dem Moment, da*) when, as; ***ich kam, ~ er ging*** I came as he was leaving; **gleich, ~ ...** as soon as ...; **damals, ~ ...** [back] in the days when ...; **gerade ~ ...** just when [*or* as]...; ***sie rief an, ~ ich gerade weg war*** she called just as I'd left
❷ *nach komp* than; ***der Bericht ist interessanter ~ erwartet*** the report is more interesting than would have been expected
❸ (*geh: wie*) as; **so ... ~ möglich** as ... as possible; **alles andere ~ ...** everything but ...; **anders ~ jd sein** to be different from [*or* to] sb; **niemand/nirgends anders ~ ...** nobody/nowhere but...; **niemand anders ~ ...** (*a. hum, iron*) none other than ...; ***sie haben andere Verfahren ~ wir*** they have different procedures from ours; ***ich brauche nichts anderes ~ ein paar Tage Urlaub*** all I need is a couple of days vacation
❹ (*in Modalsätzen*) ■**..., ~ habe/könne/sei/würde ...** as if [*or* though]; ***es sieht aus, ~ würde es bald schneien*** it looks like snow [*or* as though it's going to snow]; ***~ ob ich das nicht wüsste!*** as if I didn't know that!
❺ (*so dass es ausgeschlossen ist*) ■**zu ..., ~ dass** too ... to ...; ***du bist noch zu jung, ~ dass du dich daran erinnern könntest*** you're too young to be able to remember that
❻ (*zumal*) since; ■**um so ..., ~ ...** all the more ..., since ...; ***das ist um so trauriger, ~ es nicht das erste Mal war*** it is all the sadder since it wasn't the first time
❼ (*in der Eigenschaft von etw*) ■**~ etw** as sth; ***ein Tonband ist vor Gericht nicht ~ Beweis zugelassen*** a tape recording is not recognized as evidence in court; ■**~ jd** as sb; ***schon ~ Kind hatte er immer Albträume*** even as a child, he had nightmares; **sich ~ wahr/falsch erweisen** to prove to be true/false

alsbald *adv* (*geh*) soon, presently *form;* ***ich komme ~*** I'm just coming

alsbaldig *adj* (*geh*) immediate; ***wir sehen Ihrer ~en Antwort mit Interesse entgegen*** we look forward to your prompt reply; ***„zum ~en Verbrauch bestimmt"*** "for immediate use only"

alsdann *adv* ❶ (*geh: sodann*) then
❷ DIAL (*also* [*dann*]) so, well then

Alse <-, -n> *f* KOCHK [alice] shad

also **I.** *adv* (*folglich*) so, therefore *form;* ***es regnet, ~ bleiben wir zu Hause*** it's raining, so we'll stay at home
II. *part* ❶ (*nun ja*) well; [*ja*] ***~, zuerst gehen Sie geradeaus und dann ...*** ok, first you go straight ahead and then ...
❷ (*tatsächlich*) so; ***er hat ~ doch nicht die Wahrheit gesagt!*** so he wasn't telling the truth after all!; ***kommst du ~ mit?*** so are you coming [then]?
❸ (*aber*) ***~, dass du dich ordentlich benimmst!*** now, see that you behave yourself!; ***~ so was!*** well [I never]!; ***~, jetzt habe ich langsam genug von deinen Eskapaden!*** now look here, I've had enough of your escapades!
❹ (*na*) ***~ warte, Bürschchen, wenn ich dich kriege!*** just you wait, sunshine, till I get my hands on you!; **~ gut** [*o* **schön**] well, OK, [well,] all right; **~ dann, ...!** so ..., well then ...; ***~ dann, mach's gut!*** oh well, take care!
► WENDUNGEN: **~ doch!** you see!; ***~ doch, wie ich's mir dachte!*** you see! just as I thought!; **na ~!** just as I thought!; ***wird's bald? na ~!*** get moving! at last!; **~ nein!** no!

Als-ob-Bedingung *f* JUR deeming condition **Als-ob-Bestimmung** *f* JUR deeming provision **Als-ob-Bilanz** *f* FIN pro-forma balance sheet **Als-ob-Prinzip** *nt* JUR deeming principle

Alsterwasser *nt* (*Mixgetränk aus Bier und Limonade*) ≈ shandy

alt <älter, älteste(r,s)> *adj* ❶ (*betagt*) old; **schon sehr ~ sein** to be getting on a bit *fam;* ***ich glaube nicht, dass ich ~ werde*** I don't think I'll live to a ripe old age; ***ich möchte mit dir ~ werden*** I'd like to grow old with you; ■**älter sein/werden** to be/get older; ***tja, man wird eben älter!*** well, we're all getting on!; ■**älter als jd werden** to live longer than sb; ■**für etw zu ~ sein** to be too old for sth; ■**jdm zu ~ sein** to be too old for sb; **A~ und Jung** young and old alike; [**für/zu etw**] **~ genug sein** to be old enough [for]; **~er Knacker** (*pej*) old fogy [*or* BRIT *a.* sod]; **~e Schachtel** (*pej*) old bag
❷ (*ein bestimmtes Alter habend*) old; **... Wochen/Monate/Jahre ~ sein** to be ... weeks/months/years old; ***er ist 21 Jahre ~*** he's 21 [years old [*or* years of age]]; ***wie ~ ist er? — er ist 18 Monate ~*** how old is he? — he's 18 months [old]; ***darf ich fragen, wie ~ Sie sind?*** may I ask how old you are?; ***er wird dieses Jahr 21 Jahre ~*** he'll be [*or* he's going to be] 21 [years old] this year; ***Ende Mai wurde sie 80 Jahre ~*** she turned 80 at the end of May; [**etwas**] **älter als jd sein** to be [slightly] older than sb; ■**älter/am ältesten sein** to be the older/the oldest; ■**der/die Ältere/Älteste** the older [*or* *dated* elder]/the oldest [*or* *dated* eldest]
❸ (*aus früheren Zeiten stammend*) ancient; ***der Attis-Kult ist älter als das Christentum*** the cult of Attica is older than Christianity
❹ *attr* (*langjährig*) old; **~e diplomatische Beziehungen** long-standing diplomatic relations
❺ (*gebraucht*) old
❻ (*nicht mehr frisch*) old; **~es Brot** stale bread
❼ *attr* (*abgelagert*) mature; **~er Käse** mature cheese; **~er Wein** vintage wine
❽ *attr* (*pej: wirklich*) old; ***du ~er Geizhals!*** you old skinflint! *fam;* ***~er Freund/~es Haus!*** old friend/mate!
❾ *attr* (*ehemalig*) old
❿ *attr* (*frühere*) ■**der/die/das A~ ...** the same old ...; ***du bist wirklich noch der ~e Pedant*** you're still the same old pedantic fellow you always were; ***du bist ganz der A~e geblieben*** you're still your old self; ***er war nie wieder der A~e*** he was never the same again
► WENDUNGEN: **man ist so ~, wie man sich fühlt** you're as old as you feel; **~ aussehen** (*fam: dumm dastehen*) to look a [*or* AM like a] complete fool [*or* BRIT *a.* a proper charlie]; **ich werde heute nicht ~!** (*fam*) I won't stay up late tonight; **hier werde ich nicht ~!** (*fam*) I won't hang around here much longer!

Alt[1] <-s, -e> *m* MUS alto, contralto

Alt[2] <-s, -> *nt kurz für* **Altbier** *top-fermented dark beer*

Altachtundsechziger(in) *m(f) person who was active in the 1968 student uprisings in Germany*

Altamira <-> *f kein pl* KUNST, GEOG Altamira

altangesehen *adj* established **altangesessen, altansässig** *adj s.* **alteingesessen**

Altar <-s, -täre> *m* altar; **jdn zum ~ führen** (*geh*) to lead sb to the altar; **etw auf dem ~ einer S.** *gen* **opfern** to sacrifice sth on the altar of sth

Altarfalz *m* TYPO double gate fold **Altarkreuz** *nt* altar crucifix **Altarraum** *m* chancel, sanctuary

Altauto *nt* old car

Altautoentsorgung *f* old car disposal **Altautoverordnung** *f* old car ordinance **Altautoverwertung** *f* recycling of old cars

altbacken *adj* ❶ (*nicht mehr frisch*) stale
❷ (*altmodisch*) old-fashioned

Altbatterie *f* used battery

Altbau <-bauten> *m* old building

Altbausanierung *f* rennovation of old buildings **Altbauwohnung** *f* flat [*or* AM apartment] in an old building

altbekannt *adj* well-known **altbewährt** *adj* ❶ (*seit langem bewährt*) *Methode, Mittel etc.* well-tried ❷ (*lange gepflegt*) well-established; ***eine ~e Freundschaft*** a long-standing friendship

Altbier *nt top-fermented dark beer*

Altbundeskanzler(in) *m(f)* ex-chancellor, former chancellor

altdeutsch **I.** *adj* traditional German
II. *adv* in traditional German style

Alte(r) *f(m) dekl wie adj* ❶ (*fam: alter Mann*) old geezer; (*alte Frau*) old dear [*or* girl]; ■**die ~n** the older generation, the old folks *fam*
❷ (*fam: Ehemann, Vater*) old man; (*Mutter*) old woman; ■**meine/die ~e** (*Ehefrau*) the old wife

fam; ■ **die/jds ~n** (*Eltern*) the/sb's old folks
③ (*fam: Vorgesetzte(r)*) ■ **der/die ~** the boss
④ *pl* (*die Ahnen*) ■ **die ~n** the ancients
⑤ *pl* ZOOL (*Tiereltern*) ■ **die ~n** the parent animals
▸ WENDUNGEN: **wie die ~n sungen, so zwitschern auch die Jungen** (*prov*) like father, like son *prov*

Alte(s) *nt dekl wie adj* ① (*das Traditionelle*) ■ **das ~** tradition; **das ~ und das Neue** the old and the new
② (*alte Dinge*) old things
▸ WENDUNGEN: **aus Alt mach Neu** (*prov fam*) make do and mend *prov;* **alles bleibt beim A~n** nothing ever changes

altehrwürdig *adj* (*geh*) time-honoured [*or* AM -ored]; **der ~e Greis** the revered [*or* venerable] old man **Alteigentümer(in)** *m(f)* former owner [*or* original] **alteingesessen** *adj* old-established **Alteisen** *nt* scrap iron

Altenanteil *m older population in a society* **Altenarbeit** *f* voluntary work for the elderly, *as home-help* **Altenclub, Altenklub** *m* old people's club, senior citizens' club **Alteneinrichtungen** *pl* geriatric institutions

Altenglisch *nt* Old English, Anglo-Saxon

Altenheim *nt s.* **Altersheim** **Altenhilfe** *f kein pl* geriatric welfare, old-age care BRIT, care for the elderly AM **Altenpflege** *f* care for the elderly, geriatric care **Altenpflegeheim** *nt* old people's [*or* nursing] home **Altenpfleger(in)** *m(f)* geriatric nurse **Altentagesstätte** *f* day care centre [*or* AM -er] for the elderly **Altenteil** *nt a cottage reserved for the farmer after he passes the farm over to his heirs* ▸ WENDUNGEN: **sich aufs ~ begeben** [*o* **setzen**] [*o* **zurückziehen**] to retire [from public life] **Altenteilsvertrag** *m kein pl* JUR contract for granting old age pension and support **Altenwohnheim** *nt* sheltered housing **Altenwohnstift** *nt* old people's home

Alter <-s, -> *nt* ① (*Lebensalter*) age; ***wenn du erst mal mein ~ erreicht hast, ...*** when you're as old as I am, ...; **in jds** *dat* **~** at sb's age; **mittleren ~s** middle-aged; **in vorgerücktem ~** (*geh*) at an advanced age; **im zarten ~ von ...** (*geh*) at the tender age of ...; **in jds ~ sein** to be the same age as sb; ***er ist in meinem ~*** he's my age; ***das ist doch kein ~!*** that's not old!
② (*Bejahrtheit*) old age; ***er hat keinen Respekt vor dem ~*** he doesn't respect his elders; **im ~** in old age
▸ WENDUNGEN: **~ schützt vor Torheit nicht** (*prov*) there's no fool like an old fool *prov*

älter *adj* ① *komp von* **alt**
② *attr* (*schon betagt*) somewhat older; **~e Mitbürger** senior citizens

Ältere(r) *f(m) dekl wie adj* ① ■ **die ~n** the older people, the oldies *fam*
② HIST ***Breughel der ~*** Breughel senior [*or esp* BRIT the elder]

altern *vi sein o selten haben* ① (*älter werden*) to age; ■ **~d** aging; ■ **das Altern** the process of aging
② (*sich abnutzen*) to age; ■ **das Altern** the ageing-process
③ (*reifen*) to mature

alternativ I. *adj* alternative; **~e Liste** *Green Party Faction in Berlin*
II. *adv* **~ leben** to live an alternative lifestyle

Alternativanklage *f* JUR alternative charge

Alternative <-n, -n> [-və] *f* alternative; ■ **die ~ haben, etw zu tun** to have the alternative of doing sth

Alternative(r) [-və, -vɐ] *f(m) dekl wie adj* ① POL follower [*or* member] of an alternative party
② ÖKOL member of the alternative society, greenie BRIT *fam,* tree-hugger AM *pej fam*

Alternativobligation *f* JUR alternative obligation **Alternativreisende(r)** *f(m) dekl wie adj* TOURIST alternative traveller [*or* AM traveler] **Alternativvermächtnis** *nt* JUR alternative legacy

alterprobt *adj* well-tried; ***ein ~er Lehrer*** a proven teacher

alters *adv* **von** [*o* **seit**] **~** [**her**] (*geh*) of old, for donkey's years *fam;* ***das ist schon von ~ her bei uns so Sitte*** that's a time-honoured custom here

Altersarmut *f kein pl* poverty in old age, old-age poverty **Altersasyl** *nt* SCHWEIZ (*Altersheim*) old people's home, AM *a.* home for senior citizens **Altersaufbau** *m kein pl der Bevölkerung* build-up of old people **altersbedingt** *adj* due to old age; ***~e Kurzsichtigkeit*** myopia caused by old age; ■ **[bei jdm] ~ sein** to be caused by old age [in sb's case] **Altersbeschränkung** *f* age limit **Altersbeschwerden** *pl* complaints *pl* of old age **Altersbestimmung** *f* ZOOL age determination **Altersdiabetes** *f* age-related diabetes **Alterserfordernisse** *pl* JUR age requirements **Alterserscheinung** *f* symptom of old age **Altersfleck** *m* age spot **Altersforschung** *f* MED gerontology **Altersgenosse, -genossin** *m, f* person of the same age **Altersgrenze** *f* ① (*altersbedingtes Einstellungslimit*) age limit ② (*Beginn des Rentenalters*) retirement age **Altersgründe** *pl* reasons of age; ***für seinen Rücktritt waren ~ ausschlaggebend*** his age was the decisive factor for his resignation; ■ **aus ~n** by reason of age, because of one's age **Altersgruppe** *f* age group **Altersheim** *nt* old people's home, AM *a.* home for senior citizens **Altersklasse** *f* class **Alterskrankheit** *f* ailment of old age, geriatric [*or* old-age-related] illness **Alterskurzsichtigkeit** *f* old-age-related shortsightedness [*or* nearsightedness] **Altersprozess**[RR] *m* aging process **Alterspyramide** *f* SOZIOL age pyramid **Altersrang** *m* JUR rank priority **Altersrente** *f,* **Altersruhegeld** *nt* (*geh*) old-age pension BRIT, social security AM **altersschwach** *adj* ① (*gebrechlich*) frail, decrepit *esp pej;* **~e Menschen** frail [*or* infirm] old people; **ein ~es Tier** an old and weak animal ② (*fam: abgenutzt*) decrepit, worn-out **Altersschwäche** *f kein pl* ① (*Gebrechlichkeit*) infirmity; ***er konnte vor ~ kaum noch gehen*** he could hardly walk, he was so old and frail ② (*fam: schwere Abnutzung*) decrepitude **Altersschwachsinn** *m* senile dementia **Altersschwatzhaftigkeit** *f* senile garrulousness [*or* rambling] **Altersschwerhörigkeit** *f* old-age-related hardness of hearing **Alterssicherung** *f kein pl* old-age provisions *pl* BRIT, provisions for the elderly AM **Alterssitz** *m* retirement home **altersspezifisch** *adj* age-related **Altersstarrsinn** *m* senile obstinacy **Altersstruktur** *f kein pl* age structure **Altersstufe** *f* ① (*Altersgruppe*) age group ② (*Lebensabschnitt*) stage of life **Altersteilzeit** *f* old-age part-time working **Altersübergangsgeld** *nt* ÖKON transitional benefits *pl* for early retirement **Altersunterschied** *m* age difference **Altersversicherung** *f* pension insurance **Altersversorgung** *f* retirement pension; (*betrieblich*) pension scheme [*or* AM plan] **Altersvorsorge** *f* (*Rücklagen*) provision for one's [old age] retirement; (*Plan*) old age pension scheme **Alterswerk** *nt* KUNST, LIT, MUS later work **Alterswertminderung** *f* JUR depreciation for wear and tear

Altertum <-> *nt kein pl* antiquity; **das Ende des ~s** the end of the ancient world

Altertümer *pl* KUNST, HIST antiquities *pl*

altertümlich *adj* ① (*veraltet*) old-fashioned, out-of-date, dated
② (*archaisch*) ancient; LING archaic

Altertümlichkeit <-> *f kein pl* ancientness; (*archaische Art*) antiquity; LING archaic

Altertumskunde *f* archaeology BRIT, archeology AM **Altertumswert** *m* antique value ▸ WENDUNGEN: **schon ~ haben** (*hum fam*) to be an antique

Alterung <-, -en> *f* ① (*Altwerden*) ageing, aging AM
② KOCHK maturation; *von Wein* ageing [*or* AM aging]

alterungsbeständig *adj* resistant to ageing [*or* AM aging]; BAU non-aging **Alterungsprogramm** *nt kein pl des Körpers* ageing [*or* AM aging] programme, program of ageing **Alterungsprozess**[RR] *m* ageing [*or* AM aging] process

älteste(r, s) *adj superl von* **alt** oldest

Älteste(r) *f(m) dekl wie adj* the oldest; ***ich glaube, mit 35 sind wir hier die ~n*** I think that, at 35, we're the oldest here; ■ **die ~n** REL, HIST the elders *pl*

Ältestenrat *m* council of elders; (*in der BRD*) parliamentary advisory committee (*consisting of members of all parties whose task it is to assist the President of the Bundestag*)

Altfahrzeug *nt* old car

Altflöte *f* alto-flute

Altfranzösisch *nt* Old French

altgedient *adj inv* long-serving **Altgerät** *nt* second-hand equipment **Altglas** *nt* glass for recycling; ***wir bringen unser ~ zum Altglascontainer*** we take our old bottles and jars to the bottle bank **Altglascontainer** *m* bottle bank BRIT, glass-recycling collection point AM **Altgold** *nt* old gold **altgriechisch** *adj* classical [*or* ancient] Greek **Altgriechisch** *nt* classical [*or* ancient] Greek **althergebracht, altherkömmlich** *adj* traditional; **eine ~e Sitte** an ancient custom; ■ **etwas Althergebrachtes** a tradition **althochdeutsch** *adj* Old High German **Althochdeutsch** *nt dekl wie adj* Old High German

Altist(in) <-en, -en> *m(f)* MUS alto

Altjahresabend *m* SCHWEIZ (*Silvester*) New Year's Eve

Altkartell *nt* ÖKON existing cartel **Altkleidersammlung** *f* collection of old [*or* used] clothes

altklug *adj* precocious

Altkredit *m* FIN existing credit **Altkreditschulden** *pl* FIN debts due from existing credits

Altlasten *pl* ① ÖKOL (*Umwelt gefährdender Müll*) poisonous waste
② (*fig: Überbleibsel*) relics (*problems caused by one's predecessor*)

Altlastsanierung *f* removal of hazardous waste from the past

ältlich *adj* oldish

Altmaterial *nt* ÖKOL waste material **Altmeister(in)** *m(f)* ① (*großer Könner*) doyen *masc,* doyenne *fem,* dab hand *fam* ② SPORT former champion **Altmetall** *nt* scrap metal **Altmetallcontainer** *m* can [*or* tin] bank BRIT, metal-recycling collection point AM **altmodisch** I. *adj* old-fashioned; (*rückständig*) old-fangled, old hat *pred fam;* ***das sind aber sehr ~e Methoden!*** those methods are very old hat! II. *adv* **~ gekleidet** dressed in old-fashioned clothes; **~ eingerichtet** furnished in an old-fashioned style **Altöl** *nt* used oil

Altölbeseitigung *f* AUTO used oil disposal **Altöltank** *m* used-oil tank

Altpapier *nt* waste paper

Altpapiercontainer *m* paper bank BRIT, paper-recycling collection point AM **Altpapiersammlung** *f* waste paper collection

Altphilologe, -login *m, f* classical scholar, classicist **Altreifen** *m* AUTO discarded tire

altrosa *adj inv* old rose

Altruismus <-> *m kein pl* BIOL, PSYCH altruism

altruistisch *adj* (*geh*) altruistic, selfless

Altschnee *m snow which has been lying for some time* **Altschulden** *pl* FIN long-standing debts **Altsilber** *nt* ① (*Gebrauchtsilber*) old silver ② (*künstlich gedunkeltes Silber*) oxidized silver **Altsprachler(in)** <-s, -> *m(f)* (*fam*) *s.* **Altphilologe** **altsprachlich** *adj* SCH classical **Altstadt** *f* old town centre [*or* AM -er] **Altstadtsanierung** *f* restoration of [the] old town centre [*or* AM -er] **Altsteinzeit** *f* ARCHÄOL Palaeolithic [*or* AM Paleolithic] Age **altsteinzeitlich** *adj* ARCHÄOL Palaeolithic BRIT, Paleolithic AM; **der ~e Mensch** Palaeolithic man

Altstimme *f* MUS alto; (*Frauenstimme*) contralto [voice]

Altstoff *m* used material

Altstoffcontainer *m* used-material container [*or* bin]

Alt-Taste *f* INFORM option key

altväterlich I. *adj* ① (*überkommen*) old ② (*altmodisch*) old-fashioned, quaint ③ (*patriarchalisch*) patriarchal II. *adv* in an old-fashioned way **Altverbindlichkeiten** *pl* FIN existing liabilities **Altver-**

schuldung *f* old debt **Altvertrag** *m* JUR existing contract **Altwarenhändler(in)** *m(f)* second-hand dealer

Altweiberfas(t)nacht *f* DIAL *part of the carnival celebrations: last Thursday before Ash Wednesday, when women assume control* **Altweibersommer** *m* ❶ (*Nachsommer*) Indian summer ❷ (*Spinnfäden im ~*) gossamer

ALU *f* INFORM *Akr von* **arithmetic and logic unit** ALU

Alu[1] *nt kurz für* **Aluminium** aluminium, aluminum AM

Alu[2] *f* (*fam*) *kurz für* **Arbeitslosenunterstützung** unemployment benefit, BRIT *a.* dole *fam*

Alufelge *f* AUTO aluminium [*or* AM aluminum] [wheel] rim **Alufolie** *f* (*fam*) tin foil

Aluminium <-s> *nt kein pl* aluminium BRIT, aluminum AM

Aluminiumfolie *f* aluminium foil **Aluminiumprofil** *nt* aluminium profile **Aluminiumrohr** *nt* aluminium tube

Alveole <-, -en> *f* MED (*Lungenbläschen*) alveolus

Alzheimer <-s> *m* (*fam*), **Alzheimerkrankheit**^RR *f kein pl* Alzheimer's [disease]; ■~ **haben** to suffer from Alzheimer's [disease]

am = **an dem** ❶ *zur Bildung des Superlativs* ***ich fände es ~ besten, wenn ...*** I think it would be best if ...; ***es wäre mir ~ liebsten, wenn ...*** I would prefer it if ...; ***~ schnellsten/schönsten sein*** to be [the] fastest/most beautiful ❷ (*fam: beim*) ***ich bin ~ Schreiben!*** I'm writing!

Amalgam <-s, -e> *nt* MED, CHEM amalgam

Amaryllis <-, Amaryllen> *f* BOT amaryllis

Amateur(in) <-s, -e> [ama'tøːɐ] *m(f)* amateur

Amateurfotograf, -grafin <-s, -en> *m, f* amateur photographer **Amateurfunker(in)** *m(f)* TECH radio amateur

amateurhaft *adj* amateurish

Amateurin <-, -nen> *f fem form von* **Amateur**

Amateurliga *f* amateur league **Amateurmannschaft** *f* amateur team **Amateursport** *m* amateur sport **Amateurverein** *m* SPORT amateur club

Amazonas <-> *m* Amazon

Amazone <-, -n> *f* Amazon

Amberfisch *m* rock salmon

Ambiente <-> *nt kein pl* (*geh*) ambience *form*

Ambition <-, -en> *f meist pl* ambition; **~[en] haben** to be ambitious; **~[en] auf etw** *akk* **haben** to have designs *pl* [*or fam* one's eye] on sth

ambitioniert *adj* (*geh*) ambitious

ambivalent [-va-] *adj* (*geh*) ambivalent; **~e Gefühle haben** to have mixed feelings

Ambivalenz <-, -en> *f* ambivalence

Amboss^RR <-es, -e> *m*, **Amboß** <-sses, -sse> *m* ❶ (*beim Schmied*) anvil ❷ ANAT anvil, incus *spec*

Ambrettekörner *pl* amber seed

ambulant I. *adj* out-patient *attr;* **ein ~er Patient** an out-patient
II. *adv* **jdn ~ behandeln** to treat sb as an out-patient; **sich ~ versichern** to insure oneself against non-hospital treatment

Ambulanz <-, -en> *f* ❶ (*im Krankenhaus*) out-patient department ❷ (*Unfallwagen*) ambulance

Ameise <-, -n> *f* ant

Ameisenbär *m* anteater **Ameisenhaufen** *m* anthill **Ameisenigel** *m* ZOOL echidna, spiny anteater **Ameisenlöwe** *m* ZOOL ant lion, doodlebug **Ameisensäure** *f* formic acid **Ameisenstaat** *m* ant colony

amen *interj* amen

Amen <-s, -> *nt* Amen
▶ WENDUNGEN: **so sicher wie das ~ in der Kirche** (*fam*) as sure as eggs are eggs, as sure as I'm standing here; **sein ~ zu etw geben** to give one's blessing [*or* the go-ahead] to sth

Amenorrhö, Amenorroe <-, -en> *f* MED amenorrhoea BRIT, amenorrhea AM

American Football <-s> [ameri'kɛn'fʊtbɔːl] *nt kein pl* SPORT American Football

Americium <-s> *nt kein pl* americium

Amerika <-s> *nt* ❶ (*Kontinent*) America ❷ (*USA*) the USA, the United States, the States *fam;* **die Indianer ~s** the North American Indians

Amerikaner <-s, -> *m a small, round, flat, iced cake*

Amerikaner(in) <-s, -> *m(f)* American

amerikanisch *adj* ❶ (*der USA*) American; ***der Mississippi ist der längste ~e Fluss*** the Mississippi is the longest river in the USA ❷ (*des ~en Kontinents*) [North] American

amerikanisieren* *vt* ■**etw/jdn ~** to Americanize sth/sb

Amerikanismus <-, -men> *m* Americanism

Amerikanistik <-> *f kein pl* American Studies

Amethyst <-s, -e> *m* amethyst

Amex <-> *m kein pl kurz für* **American Stock Exchange** Amex

Amharisch *nt dekl wie adj* Amharic; *s. a.* **Deutsch**

Amharische <-n> *nt* ■**das ~** Amharic; *s. a.* **Deutsche**

Ami <-s, -s> *m* ❶ (*fam: US-Bürger*) Yank ❷ (*sl: US-Soldat*) GI

Amin <-s, -e> *nt* CHEM amine

Aminoglykosid <-[e]s, -e> *nt* PHARM aminoglycoside **Aminogruppe** *f* BIOL, CHEM amino group **Aminosäure** *f* amino acid

Ammann <-männer> *m* SCHWEIZ (*Land~*) cantonal president; (*Gemeinde~*) mayor; (*Vollstreckungsbeamte(r)*) [local] magistrate

Amme <-, -n> *f* wet nurse

Ammenmärchen *nt* (*fam*) old wives' tale

Ammer <-, -n> *f* ORN bunting

Ammoniak <-s> *nt kein pl* ammonia

Ammonit <-en, -en> *m* ARCHÄOL ammonite

Amnesie <-, -n> [*pl* -iːən] *f* amnesia

Amnestie <-, -n> *f* amnesty; **eine ~ [für jdn] verkünden** to declare [*or* grant] [BRIT *a.* an] amnesty [for sb]

amnestieren* *vt* ■**jdn ~** to grant sb [BRIT *a.* an] amnesty, to pardon sb

Amnestierte(r) *f(m) dekl wie adj* person who has been granted amnesty

Amnesty International <-s> ['æmnɪstɪ ɪntə'næʃənl] *f kein pl* Amnesty International

Amnion <-s> *nt kein pl* ZOOL amnion

Amniozentese <-, -n> *f* MED (*Fruchtwasseruntersuchung*) amniocentesis

Amöbe <-, -n> *f* amoeba BRIT, AM *a.* ameba

Amöbenruhr *f* MED amoebic [*or* AM *a.* amebic] dysentery

Amok <-s> *m* **~ fahren** to run amok [*or* amuck]; **~ laufen** running amok [*or* amuck]

Amokfahrer(in) *m(f)* mad [*or* crazed] driver **Amokfahrt** *f* rampant [*or* crazed] drive **Amoklauf** *m* rampage; **einen ~ aufführen** to run amok **Amoklaufen** *nt s.* **Amok** **Amokläufer(in)** *m(f)* madman, crazed person **Amokschütze, -schützin** *m, f* crazed gunman; **ein unbekannter ~** an unknown gunman

Amor <-s> *m kein pl* Cupid, Eros
▶ WENDUNGEN: **~s Pfeil** (*geh*) Cupid's arrow, love's arrows

amoralisch *adj* ❶ (*unmoralisch*) immoral ❷ (*außerhalb moralischer Werte*) amoral

Amoralismus <-> *m kein pl* PHILOS amoralism

Amortisation <-, -en> *f* (*Deckung vor Ertrag*) amortization

Amortisationsdauer *f* payback period **Amortisationsfonds** *m* FIN amortization fund **Amortisationsvertrag** *m* JUR amortization contract **Amortisationszeit** *f* FIN payback period

amortisieren* I. *vt* ÖKON **eine Investition ~** to amortize an investment
II. *vr* ■**sich ~** to pay for itself

amourös [amu'røːs] *adj* (*geh*) amorous

Ampel <-, -n> *f* traffic lights *npl;* ***die ~ ist auf rot gesprungen*** the lights have turned red; ***fahr los, die ~ ist grün!*** drive on! it's green!; ***du hast eine rote ~ überfahren*** you've just driven through a red light

Ampelanlage *f* [set of] traffic lights **Ampelkoalition** *f* POL (*fam*) *a coalition of the three political parties, SPD, FDP and Greens, whose party colours are red, yellow and green respectively* **Ampelkreuzung** *f a crossroads where traffic is regulated by traffic lights* **Ampelphase** *f* sequence of traffic lights

Ampère <-[s], -> [am'pɛːɐ̯] *nt* amp, ampere *form*

Amperemeter <-s, -> *nt* amp meter, ammeter **Amperestunde** *f* ampere hour

Amphetamin <-s, -e> *nt* amphetamine

Amphibie <-, -n> [*pl* -iən] *f* amphibian

Amphibienfahrzeug *nt* amphibian, amphibious vehicle

Amphibien-Leitsystem, Amphibienleitsystem *nt* amphibious control system

amphibisch *adj* amphibious

Amphitheater *nt* amphitheatre [*or* AM -er]

Amphore <-, -n> *f* amphora

Amplitude <-, -n> *f* PHYS amplitude

Ampulle <-, -n> *f* ampoule, AM *a.* ampul, AM *a.* ampule

Amputation <-, -en> *f* amputation

amputieren* I. *vt* ■**jdn ~** to carry out an amputation on sb; **jdm ein Glied ~** to amputate sb's limb
II. *vi* to amputate

Amputierte(r) *f(m) dekl wie adj* amputee

Amsel <-, -n> *f* blackbird

Amsterdam <-s> *nt* Amsterdam

Amt <-[e]s, Ämter> *nt* ❶ (*Behörde, Abteilung*) office, department; **aufs ~ gehen** (*fam*) to go to the authorities; **Auswärtiges ~** Foreign Office BRIT, State Department AM ❷ (*öffentliche Stellung*) post, position; (*hohe, ehrenamtliche Stellung*) office; [**noch**] **im ~ sein** to be [still] in office; **sein/ein ~ antreten** to take up one's post [*or* office]; **für ein ~ kandidieren** to be a candidate for an office/a post [*or* position], to go for an office/a post [*or* position] *fam;* **ein ~ innehaben** to hold an office; **jdn aus dem ~ entfernen** to remove sb from [his/her] office; **in ~ und Würde sein** to be a man/woman of position and authority ❸ (*offizielle Aufgabe*) responsibility, [official] duty; **kraft jds ~es** (*geh*) in one's official capacity; ***kraft ihres ~es als Vorsitzende*** acting in her capacity as president; **seines ~es walten** (*geh*) to carry out [*or* discharge] one's duty; **von ~s wegen** officially, ex officio *spec;* ***ich erkläre Sie von ~s wegen für verhaftet*** I arrest you in the name of the law ❹ TELEK (*Fernamt*) operator, exchange *dated;* (*freie Leitung*) outside line ❺ REL (*Hochamt*) [high] mass

Ämterhäufung *f* holding of multiple posts

Amtfrau *f fem form von* **Amtmann**

amtieren* *vi* ❶ (*ein Amt innehaben*) to hold office; (*sein Amt angetreten haben*) to be in office; ■[**als etw**] **~** to hold office [as sth]; ■**~d** official ❷ (*ein Amt vorübergehend wahrnehmen*) ■[**als etw**] **~** to act [as sth] ❸ (*fam: fungieren*) ■**als etw ~** to act [as] sth; **als Gastgeber ~** to play host

amtierend *adj inv, attr* office-holding *attr,* present *attr*

amtlich BÖRSE I. *adj* **~er Handel/Kurs** official trade/quotation; **~e Statistik** government statistics; **~e Währungsreserven** official reserves
II. *adv* **~ notiert** officially listed [*or* quoted]; **~ notierte Wertpapiere** listed [*or* onboard] securities

amtlich I. *adj* official; *s. a.* **Kennzeichen**
II. *adv* officially

Amtmann, -männin *o* **-frau** <-leute> *m, f* senior civil servant

Amtsanmaßung *f* JUR usurpation of office **Amtsantritt** *m* assumption of office; ***vor seinem ~*** before he took up office **Amtsanwalt, -anwältin** *m, f* JUR public prosecutor at a local court **Amtsarzt, -ärztin** *m, f* ADMIN ≈ medical officer **amtsärztlich** I. *adj* **ein ~es Attest** ≈ a health certificate from the medical officer II. *adv* MED **sich ~ untersuchen lassen** to be examined by the medical officer **Amtsbefugnis** *f* JUR authority, official competence **Amtsbereich** *m* jurisdiction **Amtsbescheid** *m* JUR official letter [*or* notification] **Amtsbetrieb** *m* JUR ex officio proceedings **Amtsbezeichnung** *f* official title [*or* designation] **Amtsbezirk** *m* JUR administrative district **Amtsblatt** *nt* official gazette **Amtsdauer** *f* term of office **Amtsdelikt** *nt* JUR malfeasance, malpractice in office; **ein ~ begehen** to commit a malfeasance **Amtsdeutsch** *nt* (*pej*) officialese *pej* **Amtseid** *m* oath of office; **einen ~ ablegen** to be sworn in **Amtseinführung** *f* inauguration **Amtsenthebung** *f*, **Amtsentsetzung** *f* ÖSTERR, SCHWEIZ dismissal, removal from office **Amtsfähigkeit** *f* JUR eligibility for office **Amtsfehler** *m* JUR malpractice in office **Amtsführung** *f kein pl* discharge of [one's] office **Amtsgang** *m* ADMIN official government transactions *pl* **Amtsgeheimnis** *nt* ① *kein pl* (*Schweigepflicht*) official secrecy; **dem ~ unterliegen** to be bound by official secrecy [*or esp* BRIT protected by the Official Secrets Act] ② (*geheime Information*) official secret **Amtsgericht** *nt* ≈ magistrates' [*or* AM district] court **Amtsgeschäfte** *pl* official duties [*or* business] *no pl* **Amtshaftung** *f* JUR public liability **Amtshaftungsklage** *f* JUR legal action for public liability claims **Amtshaftungsverfahren** *nt* JUR public liability proceedings *pl* **Amtshandlung** *f* JUR official action **Amtshilfe** *f* ADMIN *obligatory exchange of information between local or government authorities* **Amtshilfeersuchen** *nt* JUR letters rogatory **Amtsinhaber(in)** *m(f)* office-bearer [*or* -holder], incumbent **Amtskollege, -kollegin** *m, f* [work] colleague **Amtsleiter(in)** *m(f)* head of department **Amtsmissbrauch**[RR] *m* abuse of authority **amtsmüde** *adj* tired of office **Amtsniederlegung** *f* resignation from a public office position **Amtsperiode** *f* term of office **Amtspflegschaft** *f* JUR ex officio curatorship **Amtspflicht** *f* official duty; **seine ~ verletzen** to violate one's official duties **Amtspflichten** *pl* JUR official duties **Amtspflichtsverletzung** *f* JUR breach of official duty **Amtspflichtverletzung** *f* JUR breach of duty, misconduct **Amtsrichter(in)** *m(f)* ≈ magistrate BRIT, district court judge AM **Amtsschimmel** *m kein pl* (*hum fam*) bureaucracy, red tape; **dem ~ ein Ende bereiten** to cut the red tape; **den ~ reiten** to tie everything up with red tape; **den ~ wiehern hören** to see oneself caught up in red tape **Amtssitz** *m* official seat **Amtssprache** *f* ① *kein pl* (*Amtsdeutsch*) official language, officialese *pej* ② (*offizielle Landessprache*) official language **Amtsstelle** *f* JUR governmental office **Amtsstube** *f* (*veraltet*) office **Amtsstunden** *pl* office hours **Amtston** *m* dialing tone **Amtsträger(in)** *m(f)* office bearer **Amtstreuhänder(in)** *m(f)* JUR official trustee **Amtsübernahme** *f* assumption of office; **bei ~** on assuming office **Amtsunterschlagung** *f* JUR misappropriation by a public official **Amtsvergehen** *nt* offence [*or* AM -se] committed by public servant **Amtsverschwiegenheit** *f* JUR official secrecy **Amtsvorgänger(in)** *m(f)* predecessor [in office] **Amtsvormund** *m* official guardian (*appointed by the courts*) **Amtsvormundschaft** *f* JUR ex officio [*or* public] guardianship **Amtsvorsteher(in)** *m(f)* head [*or* director] [of a department] **Amtsweg** *m* official channels *pl*; **auf dem ~** through official channels; **den ~ beschreiten** (*geh*) to go through official channels **Amtszeichen** *nt* dialling [*or* AM dial] tone **Amtszeit** *f* period of office, term [*or* tenure] [of office] **Amtszimmer** *nt* office **Amtszustellung** *f* JUR service ordered by the court ex officio

Amulett <-[e]s, -e> *nt* amulet

amüsant I. *adj* entertaining, amusing
II. *adv* entertainingly; **sich ~ unterhalten** to have an amusing conversation

amüsieren* I. *vr* ■**sich ~** enjoy oneself; ***amüsiert euch gut!*** have a good time!; ■**sich mit jdm ~** to have a good time with sb; ■**sich über jdn/etw ~** to laugh about sb/sth; ■**sich darüber ~, dass** to laugh about the fact that
II. *vt* ■**jdn ~** to amuse sb; ***du grinst? was amüsiert dich denn so?*** what are you grinning about?; ***dein Benehmen amüsiert mich nicht sehr!*** I don't find your behaviour very amusing!; **etw zum Amüsieren finden** to find sth amusing

Amüsierviertel *nt* red light district

amusisch *adj* (*geh*) uncultivated, uncultured, philistine *pej*

Amylase <-, -n> *f* BIOL amylase

an I. *präp* ① +*dat* (*direkt bei*) at; **der Knopf ~ der Maschine** the button on the machine; **nahe ~ der Autobahn** close to the motorway [*or* AM freeway]; **~ dieser Stelle** in this place, on this spot
② +*dat* (*in Berührung mit*) on; ***er nahm sie ~ der Hand*** he took her by the hand
③ +*dat* (*auf/bei*) at; ***sie ist am Finanzamt*** she works for the Inland Revenue
④ +*dat* (*zur Zeit von*) on; **~ den Abenden** in the evenings; **~ jenem Morgen** that morning; **~ Weihnachten** at Christmas; (*25. Dezember*) on Christmas Day
⑤ +*dat* (*verbunden mit einer Sache/Person*) about; **das Angenehme/Besondere/Schwierige ~ etw** the nice [*or* pleasant]/special/difficult thing about sth; ***was ist ~ ihm so besonders?*** what's so special about him?; ***das gefällt mir gar nicht ~ ihr*** I don't like that about her at all
⑥ +*dat* (*nebeneinander*) **Tür ~ Tür wohnen** to be next-door neighbours [*or* AM -ors]; ***in der Altstadt steht Haus ~ Haus dicht beieinander*** in the old town the houses are very close together; ***die Zuschauer standen dicht ~ dicht*** the spectators were packed close together
⑦ +*dat* SCHWEIZ (*auf*) on; (*bei*) at; (*in*) in; ***das kam gestern am Fernsehen*** it was on television yesterday
⑧ +*akk* *räumlich* ***sie ging ~s Klavier*** she went to the piano; ***er setzte sich ~ den Tisch*** he sat down at the table; ***die Hütte war ~ den Fels gebaut*** the hut was built on the rocks; **bis ~ etw reichen** to reach as far as sth; ***pflanze den Baum nicht zu dicht ~s Haus*** don't plant the tree too close to the house; ***er schrieb etw ~ die Tafel*** he wrote sth on the board; **etw ~ etw lehnen** to lean sth against sth; ***er setzte sich gleich ~ den Computer*** he went straight to the computer
⑨ +*akk* (*sich wendend*) to; **~ das Telefon gehen** to answer the telephone; **~ *dieses Gerät lasse ich keinen ran!*** I won't let anybody touch this equipment!
⑩ +*akk* *zeitlich* (*sich bis zu etw erstreckend*) of, about; ***sie dachten nicht ~ Morgen*** they didn't think about [*or* of] tomorrow; ***kannst du dich noch ~ früher erinnern?*** can you still remember the old days?
⑪ +*akk* SCHWEIZ (*zu*) to
▸ WENDUNGEN: **~ jdm/etw vorbei** past; **~ [und für] sich** actually; *s. a.* **ab**
II. *adv* ① (*ungefähr*) ■**~ die ...** about, approximately
② (*Ankunftszeit*) arriving at
③ ELEK (*fam: angeschaltet*) on; **~ sein** to be on; *Licht a.* to be burning
④ (*fam: angezogen*) on; **ohne etwas ~** with nothing on
⑤ (*zeitlich*) **von etw ~** from sth on [*or* onwards]; ***von seiner Kindheit ~*** from the time he was a child; **von jetzt ~** from now on

Anabolikum <-s, -ka> *nt* anabolic steroid

Anabolismus <-> *m kein pl* BIOL anabolism

Anachronismus <-, -nismen> *m* (*geh*) anachronism

anachronistisch *adj* (*geh*) anachronistic

anaerob [anae-] *adj* BIOL anaerobic; **~e Bakterien** anaerobe bacteria

Anaerobier <-s, -> *m* BIOL anaerobe

Anakonda <-, -s> *f* anaconda

anal I. *adj* anal
II. *adv* anally; **~ fixiert sein** PSYCH to be anally retentive; **~ verkehren** to have anal intercourse

Analeptikum <-s, -ka> *nt* MED analeptic

Analfissur <-, -en> *f* MED anal fissure

Analgetikum <-s, -ka> *nt* MED (*schmerzstillendes Mittel*) analgesic

analog I. *adj* ① (*entsprechend*) analogous
② INFORM analog
II. *adv* ① (*entsprechend*) analogous; ■**~ [zu etw** *dat*] analogous [to [*or* with] sth]
② INFORM as an analog

Analoganschluss[RR] *m* TELEK analog connector [*or* connection]

Analog-Digital-Wandler *m* INFORM analog to digital converter

Analogie <-, -n> [*pl* -iːən] *f* analogy; **in ~ zu etw** in analogy to sth

Analogieschluss[RR] *m* PHILOS argument by analogy **Analogieverbot** *nt* JUR prohibition of analogy **Analogieverfahren** *nt* JUR analogy process

Analogmessinstrument[RR] *nt* LUFT, TECH *im Flugzeug* analogue [*or* AM *a.* -og] meter **Analognetz** *nt* TELEK analog network **Analogrechner** *m* analogue computer **Analogtachometer** *m* TECH, AUTO analogue tachometer **Analoguhr** *f* analogue watch

Analphabet(in) <-en, -en> ['anʔalfabeːt] *m(f)* illiterate; (*pej: Unwissende(r)*) ignoramus

Analphabetentum <-s> *nt*, **Analphabetismus** <-> *m kein pl* illiteracy

Analphabetin <-, -nen> *f fem form von* **Analphabet**

Analverkehr *m* anal sex

Analyse <-, -n> *f* analysis

analysieren* *vt* ■**etw/jdn ~** to analyze sth/sb

Analysis <-> *f kein pl* MATH analysis

Analyst(in) <-en, -en> *m(f)* BÖRSE analyst

Analytiker(in) <-s, -> *m(f)* (*geh*) analyst

analytisch I. *adj* (*geh*) analytic, analytical
II. *adv* analytically

Anämie <-, -n> [*pl* -iːən] *f* MED anaemia BRIT, anemia AM

anämisch *adj* MED (*blutarm*) anemic

Anamnese <-, -n> *f* MED patient's history, anamnesis *spec*

Ananas <-, – *o* -se> *f* pineapple

Anapäst <-[e]s, -e> *m* (*Versfuß*) anapaest BRIT, anapest AM

Anarchie <-, -n> [*pl* -iːən] *f* anarchy

anarchisch *adj* anarchic[al]

Anarchismus <-> *m kein pl* anarchism

Anarchist(in) <-en, -en> *m(f)* anarchist

anarchistisch *adj* anarchic, anarchical

Anarcho <-s, -s> *m* (*sl*) anarchist, anarcho-syndicalist

Anarchosyndikalismus *m* HIST anarcho-syndicalism **Anarchosyndikalist(in)** <-en, -en> *m(f)* HIST anarcho-syndicalist **Anarchoszene** *f* (*fam*) anarchist scene

Anästhesie <-, -n> [*pl* -iːən] *f* anaesthesia BRIT, anesthesia AM

Anästhesist(in) <-en, -en> *m(f)* anaesthetist BRIT, anesthetist AM

Anästhetikum <-s, -ka> *nt* MED (*schmerzstillendes Mittel*) anaesthetic BRIT, anesthetic AM; **allgemeines/örtliches ~** general/local anaesthetic

Anatolien <-s> *nt* Anatolia

Anatomie <-, -n> [*pl* -iːən] *f* ① *kein pl* (*Fach*) anatomy
② (*Institut*) institute of anatomy

Anatomiesaal *m* anatomy theatre [*or* AM -er]

anatomisch I. *adj* anatomic, anatomical
II. *adv* anatomically

an|backen *vi* KOCHK to stick, to cake on

an|baggern *vt* (*sl*) ■**jdn ~** to chat sb up BRIT, to hit on sb AM

an|bahnen I. *vt* (*geh*) ■**etw ~** (*anknüpfen*) to pave the way for sth; (*in die Wege leiten*) to prepare [the ground] for sth; ■**das Anbahnen** preparation, spadework *fam*
II. *vr* ① (*sich andeuten*) ■**sich ~** to be in the offing [*or* on the horizon]
② (*sich entwickeln*) ■**sich [bei jdm] ~** to be in the making; ***hoffentlich bahnt sich da keine Erkäl-***

tung [*bei dir*] *an!* I hope you're not getting a cold!; ***zwischen ihnen bahnt sich etwas an*** there's sth going on there

an|bändeln *vi* ① (*Liebesbeziehung beginnen*) ■ **mit jdm** ~ to take up with sb
② (*Streit anfangen*) ■ **mit jdm** ~ to start an argument with sb

Anbau[1] *m kein pl* AGR cultivation

Anbau[2] <-bauten> *m* ① (*Nebengebäude*) extension, annexe BRIT, annex AM
② *kein pl* (*das Errichten*) building

an|bauen[1] *vt* ■ **etw** ~ to grow [*or* cultivate] sth

an|bauen[2] **I.** *vt* ■ **etw** [**an etw** *akk*] ~ to build an extension [to sth]
II. *vi* to extend, to build an extension

Anbaufläche *f* AGR ① (*zum Anbau geeignete Fläche*) land suitable for cultivation ② (*bebaute Ackerfläche*) acreage **Anbaugebiet** *nt* AGR area [of cultivation] **Anbaugrenze** *f* limit of cultivation **Anbaumöbel** *nt* unit furniture BRIT, modular furniture AM **Anbausaison** *f* AGR growing season

Anbeginn *m* (*geh*) beginning; **seit** ~ [**einer S.** *gen*] since the beginning [of sth]; ***seit** ~ **der Welt*** since the world began; **von** ~ [**an**] [right] from the beginning

an|behalten* *vt irreg* ■ **etw** ~ to keep sth on

anbei *adv* (*geh*) enclosed; ~ ***die erbetenen Prospekte*** please find enclosed the requested brochure

an|beißen *irreg* **I.** *vi* ① (*den Köder beißen*) to take [*or* nibble at] the bait
② (*fam: Interesse haben*) to show interest, to take the bait
II. *vt* ■ **etw** ~ to take a bite of [*or* bite into] sth
► WENDUNGEN: **zum Anbeißen** (*fam*) fetching BRIT, hot AM *sl*

an|belangen* *vt* (*geh*) ■ **jdn** ~ to be sb's business, to concern sb; **was jdn/etw anbelangt, ...** as far as sb/sth is concerned...; ***was die Sache anbelangt ...*** as far as that is concerned ...

an|bellen *vt* ■ **jdn** ~ to bark at sb

an|beraumen* *vt* (*geh*) ■ **etw** ~ to fix [*or* arrange] sth; **einen Termin** ~ to set [*or* fix] a date

an|beten *vt* ① REL ■ **jdn/etw** ~ to worship sb/sth
② (*verehren*) ■ **jdn** ~ to adore [*or* worship] sb

Anbeter(in) <-s, -> *m(f)* REL worshipper, devotee

Anbetracht *m* ■ **in** ~ **einer S.** *gen* in view of; **in** ~ **dessen, dass** in view of the fact that

an|betreffen* *vt irreg* (*geh*) *s.* **anbelangen**

an|betteln *vt* ■ **jdn** ~ to beg from sb; ■ [**jdn**] **um etw** ~ to beg [sb] for sth

Anbetung <-, *selten* -en> *f* REL worship, adoration

an|biedern *vr* (*pej*) ■ **sich** [**bei jdm**] ~ to curry favour [*or* AM -or] with sb, to crawl [to sb]; ■ **~d** crawling, ingratiating *form*

Anbiederung <-, -en> *f* ingratiation; ***ihre** ~ **an ihn ist wirklich abstoßend*** the way she fawns all over him is really disgusting

Anbiederungsversuch *m* attempt to ingratiate oneself; ***seine ~e gehen mir auf die Nerven*** his attempts to ingratiate himself with me up are getting on my nerves

an|bieten *irreg* **I.** *vt* ■ [**jdm**] **etw** ~ to offer [sb] sth, to offer sth [to sb]; ***darf ich Ihnen noch ein Stück Kuchen ~?*** would you like another piece of cake?; ***na, was bietet die Speisekarte denn heute an?*** well, what's on the menu today?; ***dieser Laden bietet regelmäßig verschiedene Südfrüchte an*** this shop often has exotic fruit for sale; ***diesen Fernseher kann ich Ihnen besonders günstig ~*** I can give you a particularly good price for this TV
II. *vr* ① (*sich zur Verfügung stellen*) ■ **sich** [**jdm**] **als etw** ~ to offer [*or* volunteer] one's services as sth to sb; ***darf ich mich Ihnen als Stadtführer ~?*** my services as guide are at your disposal; ■ **sich** ~, **etw zu tun** to offer [*or* volunteer] to do sth
② (*nahe liegen*) ■ **sich** [**für etw**] ~ to be just the right thing [for sth]; ***eine kleine Pause würde sich jetzt ~*** a little break would be just the thing now; ***es bietet sich leider keine andere Alternative an*** unfortunately, there's no alternative; ■ **es bietet sich an, das zu tun** it would seem to be the thing to do; ***bei dem Wetter bietet es sich doch an, einen Ausflug zu unternehmen*** this is just the right weather for a trip somewhere

Anbietende(r) *f(m) dekl wie adj s.* **Anbieter**

Anbieter(in) <-s, -> *m(f)* supplier; (*bei Ausschreibung*) tenderer; INFORM, TELEK provider

Anbietungspflicht *f* JUR obligation to make an offer

an|binden *vt irreg* ① (*festbinden*) ■ **jdn/etw** [**an etw** *akk o dat*] ~ to tie sb/sth [to sth]; ***die Kähne waren fest an den Anlegern angebunden*** the barges were moored to the jetty
② (*durch Pflichten einschränken*) ■ **jdn** ~ to tie sb down; (*jds Freiheit einschränken*) to keep sb on a lead
③ TRANSP ■ **etw an etw** *akk* ~ to connect sth to sth

Anbindung <-, -en> *f* ① (*Verbindung*) linkage; ~ **an den Wechselkurs** link to the exchange rate
② (*an ein Versorgungsnetz, Verkehr*) connection
③ TECH gate

Anblick *m* sight; **einen erfreulichen/Furcht erregenden** ~ **bieten** to be a welcoming/horrifying sight; ***das war kein schöner ~!*** it was not a pretty sight!; **beim** ~ **einer S.** *gen* at the sight of; **beim ersten** ~ at first sight

an|blicken *vt* (*geh*) ■ **jdn** ~ to look at sb; ***er blickte sie lange und versonnen an*** he gazed at her, lost in thought; ***er blickte sie kurz an*** he glanced at her

an|blinken *vt* ■ **jdn** ~ to flash [at] sb, to signal to sb

an|blinzeln *vt* ■ **jdn** ~ to blink at sb; (*zublinzeln*) to wink at sb

an|bohren *vt* ① (*ein Loch bohren*) ■ **etw** ~ to drill [*or* bore] into sth
② (*zugänglich machen*) ■ **etw** ~ to drill for sth
③ ZOOL ■ **etw** ~ to eat into sth

An-Bord-Konnossement *nt* HANDEL onboard bill of lading

Anbot <-[e]s, -e> *nt* ÖSTERR (*geh: Angebot*) offer

an|braten *vt irreg* KOCHK ■ **etw** ~ to fry sth until brown

an|brauchen *vt* (*fam*) ■ **etw** ~ to open [*or* start] sth; **eine angebrauchte Flasche Cola** an open bottle of coke; **eine angebrauchte Tüte Chips** an open [*or* a half-eaten] packet of crisps [*or* AM chips]

an|bräunen *vt* KOCHK ■ **etw** ~ to brown sth

an|brechen *irreg* **I.** *vi sein* to begin; *Tag* to dawn, to break *form; Winter, Abend* to set in; *Dunkelheit, Nacht* to fall; ***wir redeten bis der Tag anbrach*** we talked until the break of day
II. *vt haben* ■ **etw** ~ ① (*zu verbrauchen beginnen*) to open sth; **eine Packung Kekse** ~ to open [*or* start] a packet of biscuits; **die Vorräte** ~ to break into supplies; ■ **angebrochen** opened, half-eaten *fam;* ***wir haben den angebrochenen Urlaub daheim verbracht*** we spent the rest of the holiday at home
② (*auszugeben beginnen*) to break sth; ***ich wollte den Hunderter nicht ~*** I didn't want to break the hundred mark note
③ (*teilweise brechen*) to chip sth

an|brennen *irreg* **I.** *vi sein* ① (*verkohlen*) to burn; ■ **etw** ~ **lassen** to let sth burn; ***es riecht hier so angebrannt*** it smells of burning in here
② (*zu brennen beginnen*) to burn; ***tu erst Papier unter die Kohle, dann brennt sie leichter an!*** put paper under the coal so that it ignites better
► WENDUNGEN: **nichts** ~ **lassen** (*fam*) to not hesitate [*or* let an opportunity go past one]
II. *vt haben* ■ **etw** ~ to ignite sth

an|bringen *vt irreg* ① (*befestigen*) ■ **etw** [**an etw** *dat*] ~ to hang sth [on sth], to fix sth [to sth]
② (*montieren*) **Beschläge** ~ to attach [*or* mount] fittings; **ein Gerät** ~ to instal a piece of equipment; **ein Regal** ~ to put up a shelf
③ (*vorbringen*) ■ **etw** ~ to introduce [*or* mention] sth; *s. a.* **angebracht**
④ (*äußern*) ■ **etw** [**bei jdm**] ~ to make sth [to sb]
⑤ (*verwenden*) ■ **etw** [**in etw** *dat*] ~ to make use of sth [in sth], to put sth to good use
⑥ (*fam: herbeibringen*) ■ **jdn/etw** ~ to bring sb/sth [along]
⑦ (*fam*) ■ **etw** [**bei jdm**] ~ to sell [*or sl* flog] sth [to sb]

Anbruch *m kein pl* (*geh*) dawn, beginning *form;* **bei** ~ **des Tages** at the break of day, at daybreak [*or* dawn]; **bei** ~ **der Dunkelheit** at dusk

an|brüllen **I.** *vt* ① (*fam: wütend laut ansprechen*) ■ **jdn/etw** ~ to shout at sb/sth
② (*in jds Richtung brüllen*) ■ **jdn** ~ to bawl at sb; *Löwe* to roar at sb; *Bär* to snarl at sb; *Stier* to bellow at sb
II. *vi* (*fam*) ■ **gegen jdn/etw** ~ to shout sb/sth down, to make oneself heard above sb/sth

ANC *m Abk von* **African National Congress** ANC

Anchovis <-, -> [an'ʃoːvɪs] *f* anchovy

Andacht <-, -en> *f* prayer service; **in** [*o* **mit**] [*o* **voller**] ~ REL in [*or* with] devotion; **voller** ~ (*geh*) in rapt devotion

andächtig **I.** *adj* ① REL devout, reverent
② (*ehrfürchtig*) reverent; (*in Gedanken versunken*) rapt
II. *adv* ① REL devoutly, religiously
② (*hum: ehrfürchtig*) reverently; (*inbrünstig*) raptly

Andächtige(r) *f(m) dekl wie adj* REL worshipper, devotee

Andalusien *nt* Andalusia

Andalusier(in) *m(f)* Andalusian

andalusisch *adj* Andalusian

Andamanisches Meer *nt* Andaman Sea

an|dämpfen *vt* KOCHK *s.* **andünsten**

Andauer *f kein pl* continuance; ***mit einer** ~ **des milden Wetters ist weiterhin zu rechnen*** the mild weather is expected to continue

an|dauern *vi* to continue; *Gespräche, Meeting* to go on

andauernd **I.** *adj* continuous, persistent; **bis in die späten Abendstunden** ~ going on well into the night
II. *adv* continuously, persistently; ***jetzt schrei mich nicht** ~ **an*** stop shouting at me all the time

Anden *pl* ■ **die** ~ the Andes *npl*

an|denken *vt irreg* (*selten*) ■ **eine S.** ~ to start thinking about sth

Andenken <-s, -> *nt* ① (*Souvenir*) souvenir *a. fam*
② (*Erinnerungsstück*) ■ **ein** ~ **an jdn/etw** a keepsake from sb/sth; **zum** ~ **an jdn/etw** as a keepsake of sb/sth, in memory of sb/sth
③ *kein pl* (*Erinnerung*) memory; **zum** ~ **an jdn** in memory [*or* remembrance] of; **jdm ein ehrendes** ~ **bewahren** (*geh*) to honour [*or* AM -or] sb's memory; (*jdm gedenken*) to commemorate sb; **jdn/etw in freundlichem** ~ **behalten** in fond memory of sb; **im** ~ **an ...** in memory of ...

andere(r, s) *pron indef* ① *adjektivisch* (*abweichend*) different, other; ***das ist eine** ~ **Frage*** that's another [*or* a different] question; **bei einer ~n Gelegenheit** another time; **das** ~ **Geschlecht** the opposite sex; **ein ~s Mal** another time; **eine** ~ **Meinung haben, einer ~n Meinung sein** to have [*or* be of] a different opinion; **eine ganz** ~ **Sache** an entirely different matter
② *adjektivisch* (*weitere*) other; ***er besitzt außer dem Mercedes noch drei** ~ **Autos*** apart from the Mercedes, he's got three more cars; ***haben Sie noch** ~ **Fragen?*** have you got any more [*or* further] questions?
③ ■ **andere** *substantivisch* (*sonstige*) more, others; ***es gibt noch ~, die warten!*** there are others waiting!; ***ich habe nicht nur diese Brille, sondern noch*** ~ I've got more than just this one pair of glasses; ■ **das/der/die** ~ the other; ■ **ein ~r/eine ~/ein ~s** [an]other, a different one; ***eines ist schöner als das ~!*** each one is more beautiful than the last!
④ ■ **andere** *substantivisch* (*sonstige Menschen*) others; ■ **der/die** ~ the other [one]; ■ **ein ~r/eine** ~ someone else; ■ **die ~n** the others; **alle ~n** all the others; **wir ~n** the rest of us; **jede/jeder** ~ anybody else; **keine ~/kein ~r als ...** nobody [*or* no one else] but ...; **weder den einen/die eine noch den ~n/die** ~ neither one of them; **einer nach dem ~n, eine nach der ~n** one after the other; **der eine oder** ~ one or two people; ***falls dem einen***

oder ~n etwas einfällt if any of you have an idea; ***ich will weder den einen noch den ~n einladen*** I don't want to invite either one; **auf ~ hören** to listen to others; ***2 Kinder haben sie schon, sie wollen aber noch ~*** they've already got 2 children but they want more; ***gab es noch ~ [Frauen] in deinem Leben?*** were there other women in your life?; ***hast du eine ~?*** is there someone else?, have you got another woman?; ***auch ~ als ich denken so*** other people think the same as I do; **da muss ein ~r kommen** (*fig*) it will take more than him/you etc

❺ ■**anderes** *substantivisch* (*Abweichendes*) other things *pl;* ***das T-Shirt ist schmutzig — hast du noch ein ~s*** that t-shirt is dirty — have you got another one?; ■**etwas/nichts ~s** [*o* **A~s**] something/anything else; ***hattest du an etwas ~s gedacht/ etwas ~s erwartet?*** what did you expect?; ***ich hatte nichts ~s erwartet*** I didn't expect anything else; ***das ist natürlich etwas ~s!*** that's a different matter altogether; ***das ist etwas ganz ~s!*** that's something quite different; ***es bleibt uns nichts ~s übrig*** there's nothing else we can do; ***lass uns von etwas ~m sprechen*** let's talk about something else, let's change the subject; ***dem hätte ich was ~s erzählt!*** (*fam*) I would have given him a piece of my mind; **nichts ~s** [*o* **A~s**] [**mehr**] **tun wollen, als ...** to not want to do anything else than ...; **nichts ~s** [*o* **A~s**] **als** nothing but; ***das bedeutet doch nichts ~s als die totale Pleite*** it means only one thing and that is total ruin; **alles ~** everything else; **alles ~ als ...** anything but ...; **ein[e]s nach dem ~n** first things first; **so kam eins zum ~n** one thing led to another; **weder das eine noch das ~** neither [one]; (*tun wollen*) not either; **und ~s mehr** and much more besides; **unter ~m ... ...** amongst other things, including ...

ander(e)nfalls *adv* otherwise **ander(e)norts** *adv* (*geh*) elsewhere; ***~ ist es auch nicht anders!*** it's no different anywhere else!

and(e)rerseits *adv* on the other hand

Anderkonto *nt* FIN trust account, third-party account

andermal *adv* ■**ein ~** another [*or* some other] time

ändern I. *vt* ❶ (*verändern*) ■**etw ~** to change [*or* alter] sth; ***ich kann es nicht ~*** I can't do anything about it; **[s]eine Meinung ~** to change one's mind; **den Namen ~** to change one's name; **das ändert nichts daran, dass ...** that doesn't change [*or* alter] the fact that; ***das alles ändert nichts an der Tatsache, dass ...*** none of that changes [*or* alters] the fact that ...; ***daran kann man nichts ~*** there's nothing anyone/we/you can do about it

❷ MODE ■**[jdm] etw ~** to alter sth [for sb]; (*kleiner machen*) to take sth in; (*die Naht auslassen*) to let sth out

II. *vr* ■**sich ~** to change; ***in meinem Leben muss sich einiges ~*** there will have to be some changes in my life; ***die Windrichtung hat sich geändert*** the wind has changed direction; ***es hat sich nichts geändert*** nothing's changed; ■**sich an etw** *dat* **~** to change; **das lässt sich nicht ~** there's nothing that can be done about it, you can't do anything about it

anders *adv* ❶ (*verschieden*) differently; ***die Sachen sind doch etwas ~ als erwartet gelaufen*** things have progressed in a different way to what we expected; ***sie denkt ~ als wir*** she has a different point of view from us; ***diese Musik klingt schon ganz ~*** this music sounds completely different; ***als braves Kind gefällst du mir ganz ~*** I like you much more when you behave; ■**~ als ...** different to [*or* from] [*or* AM *a.* than] ...; **~ als sonst** different than usual; **es sich** *dat* **~ überlegen** to change one's mind; **~ denkend** dissenting, dissident; **~ gesinnt** of a different opinion; **~ lautend** contrary, different

❷ (*sonst*) otherwise; ***~ kann ich es mir nicht erklären*** I can't think of another explanation; **jemand ~** somebody [*or* someone] [*or* anybody] else; **niemand ~** nobody [*or* no one] else; ***lass außer mir niemand ~ rein!*** don't let anybody in except [for] me!; **was/wer/wo ~?** what/who/where else?; **nicht ~ gehen** to be able to do nothing about sth; ***es ging leider nicht ~*** I'm afraid I couldn't do anything about it

▸ WENDUNGEN: **auch ~ können** (*fam*) ***ich kann auch ~!*** (*fam*) you'd/he'd etc. better watch it!; **nicht ~ können** (*fam*) to be unable to help it [*or* oneself]; ***ich konnte nicht ~*** I couldn't help it; **jdm wird ganz ~** (*schwindelig*) to feel dizzy; **da wird einem ja ganz ~!** (*ärgerlich zumute*) it makes [*or* it's enough to make] one's blood boil

andersartig *adj* different **andersdenkend** *adj attr s.* **anders 1 Andersdenkende(r)** *f(m) dekl wie adj* dissident

anderseits *adv s.* **and[e]rerseits**

andersfarbig I. *adj* of a different colour [*or* AM -or] [*or liter* hue] **II.** *adv* a different colour [*or* AM -or]; **~ lackiert** painted a different colour **andersgesinnt** *adj s.* **anders 1 Andersgesinnte(r)** *f(m) dekl wie adj* person of a different opinion **andersgläubig** *adj* REL of a different faith **Andersgläubige(r)** *f(m) dekl wie adj* REL follower of a different faith **anders(he)rum I.** *adv* the other way round **II.** *adj pred* (*fam: homosexuell*) gay **anderslautend** *adj attr* (*geh*) *s.* **anders 1 Anderslautende** *nt* contrary reports; ***ich habe nichts ~s gehört*** I haven't heard anything to the contrary **andersrum** *adv, adj* (*fam*) *s.* **anders(he)rum anderssprachig** *adj* ❶ (*abgefasst*) in another language ❷ (*sprechend*) speaking a different language **anderswie** *adv* (*fam*) differently **anderswo** *adv* ❶ (*an einer anderen Stelle*) somewhere else ❷ (*an anderen Orten*) elsewhere **anderswoher** *adv* from somewhere else **anderswohin** *adv* somewhere else, elsewhere

anderthalb *adj* one and a half; ***meine Tochter ist ~ Jahre alt*** my daughter is one and a half; **~ Kilometer** one kilometer and a half; **~ Stunden** an hour and a half

anderthalbfach *adj* one-and-a-half-fold **anderthalbmal** *adv* one and a half times; **~ so viel ...** half as much ... again

Änderung <-, -en> *f* ❶ (*Abänderung*) change, alteration; *Gesetz* amendment; *Entwurf, Zeichnung* modifications *pl;* ■**die ~ an etw** *dat* the alteration to; **eine ~/~en an etw** *dat* **vornehmen** to make a change/changes to sth, to change sth; **geringfügige ~en** slight alterations; **„~en vorbehalten"** "subject to change"

❷ MODE alteration

❸ (*Wandel*) change; **eine ~ des Wetters** a change in the weather

Änderungsantrag *m* POL amendment **Änderungsbeschluss**[RR] *m* JUR amending order **Änderungschneiderin** <-, -nen> *f fem form von* **Änderungsschneider** seamstress **Änderungsklausel** *f* JUR escape clause **Änderungskündigung** *f* JUR notice of dismissal pending a change of contract **Änderungsrecht** *nt* JUR right to require a change **Änderungssatzung** *f* JUR modified statutes *pl* **Änderungsschneider(in)** *m(f)* ≈ tailor *masc,* ≈ seamstress *fem* **Änderungsschneiderei** *f* MODE tailor's [shop] **Änderungsverbot** *nt* JUR (*Urheberrecht*) prohibited alterations *pl* **Änderungsvertrag** *m* JUR modified contract **Änderungsvorbehalt** *m* JUR reservation of the right of modification **Änderungsvorschlag** <*pl* -vorschläge> *m* proposed change [*or* amendment]; **einen ~/Änderungsvorschläge machen** to suggest a change, to make a suggestion for change **Änderungswunsch** <*pl* -wünsche> *m* proposed changes [*or* alterations]; **einen ~/Änderungswünsche haben** to want to make changes [*or* alterations]

anderweitig I. *adj attr* other, further

II. *adv* ❶ (*mit anderen Dingen*) with other matters; **~ beschäftigt sein** to be busy with other things, to be otherwise engaged

❷ (*von anderer Seite*) somewhere else, elsewhere; ***mir sind ~ bereits 200.000 DM geboten worden*** somebody else has offered me DM 200,000

❸ (*bei anderen Leuten*) other people; **~ verpflichtet sein** to have other commitments

❹ (*an einen anderen*) to somebody else

❺ (*anders*) in a different way; **sich ~ entscheiden** to make an alternative decision; **etw ~ verwerten** to make use of sth another way

an|deuten I. *vt* ❶ (*erwähnen*) ■**etw ~** to indicate [*or* make a reference to] sth

❷ (*zu verstehen geben*) ■**[jdm] etw ~** to imply sth [to sb]; ***was wollen Sie damit ~?*** what are you getting at?; ***was wollen Sie mir gegenüber ~?*** what are you trying to tell me?; ***sie hat es nicht direkt gesagt, nur angedeutet*** she didn't say it out loud but she implied it; ■**~, dass/was** to make it clear [that]

❸ KUNST, MUS (*in Umrissen erkennen lassen*) ■**jdn/etw ~** to outline [*or* sketch] sb/sth

II. *vr* ■**sich [bei jdm] ~** to be signs [*or* indications] of sth; ***eine Verbesserung/ Veränderung deutet sich an*** there are indications of improvement/of a change

Andeutung *f* ❶ (*flüchtiger Hinweis*) hint; ***aus ihren ~en konnte ich schließen, dass ...*** I gathered from her remarks that ...; **eine ~ fallen lassen** to drop a hint; **eine ~ auf etw sein** to be a reference to sth; **bei der geringsten ~ von sth** at the first sign of sth; **eine versteckte ~** an insinuation; **eine ~ [über jdn/etw] machen** to make a remark [about sb/sth], to imply sth [about sb]

❷ (*Spur*) hint, trace

andeutungsweise I. *adv* ❶ (*indirekt*) as an indication of; **jdm etw ~ zu verstehen geben** to indicate sth to sb; ***davon war nur ~ die Rede*** it was merely hinted at

❷ (*rudimentär*) as an intimation

II. *adj attr* (*selten*) **ein ~s Lächeln** the shadow [*or* a hint] of a smile

Andeutungswerbung *f* JUR suggestive advertising

an|dicken *vi* KOCHK to thicken

an|dienen I. *vt* ■**jdm etw ~** to press sth on sb; ■**sich** *dat* **etw von jdm ~ lassen** to be forced [*or* bludgeoned] into [doing] sth by sb

II. *vr* ■**sich jdm [als etw] ~** to offer sb one's services [*or* oneself] [as sth]

Andienung <-, -en> *f* ÖKON tendering

Andienungsklausel *f* JUR offer clause **andienungspflichtig** *adj inv* JUR to be offered to the official buyer **Andienungsrecht** *nt* JUR right to offer to the official buyer

an|diskutieren* *vt* ■**etw ~** to start discussing sth

an|docken *vi* ■**[an etw** *dat*] **~** to dock [with sth]; *Virus a.* to attach [to sth]

Andockmanöver *nt* docking manoeuvre [*or* AM maneuver] **Andockstation** *f* INFORM docking station [*or* unit]

Andorra <-s> *nt* GEOG Andorra

Andorraner(in) <-s, -> *m(f)* Andorran

andorranisch *adj* Andorran

Andrang *m kein pl* ❶ (*hindrängende Menschenmenge*) crush; **~ der Menschen** rush of people; **ein großer ~** a throng of people, a large crowd

❷ (*Zustrom*) rush, surge

andre(r, s) *adj s.* **andere(r, s)**

Andreas *m* Andrew

Andreaskreuz *nt* ❶ REL St. Andrew's cross

❷ (*Verkehrszeichen*) diagonal cross

an|drehen *vt* ❶ (*anstellen*) ■**etw ~** to turn [*or* switch] sth on

❷ (*festdrehen*) ■**etw ~** to tighten sth

❸ (*fam: verkaufen*) ■**jdm etw ~** to flog sb sth *sl;* ■**sich** *dat* **etw ~ lassen** to be flogged sth

andrerseits *adv s.* **and(e)rerseits**

Androgen <-s, -e> *nt* androgen

androgyn *adj* androgynous

an|drohen *vt* ■**jdm etw ~** to threaten sb with sth; ***er drohte ihm Prügel an*** he threatened to beat him up

Androhung *f* threat; **unter ~ einer S.** *gen* [*o* **von etw** *dat*] under [*or* with] threat of sth; JUR under penalty of sth

Androi̱d(e) <-en, -en> [andro'i:t, *pl* -'i:dən] *m* android

Andro̱medanebel *m* ASTRON Andromeda Nebula

A̱ndruck¹ <-drucke> *m* TYPO proof

A̱ndruck² *m kein pl* PHYS accelerative force

A̱ndruckbogen *m* TYPO [press]proof, proof print [*or* sheet]

a̱n|drucken *vi* TYPO to start printing

a̱n|drücken *vt* ❶ (*durch Drücken befestigen*) ■**etw** ~ *Pflaster* to press on sth *sep*

❷ (*durch Drücken anschalten*) ■**etw** ~ to turn [*or* switch] on sth *sep*

A̱ndruckskala *f* TYPO progressive proofs *pl*, set of progressives **A̱ndruckstudio** *nt* TYPO proofing [*or* print proof] studio

a̱n|dünsten *vt* KOCHK ■**etw** ~ to braise sth lightly

a̱n|ecken *vi sein* (*fam*) to put people's backs up *fam;* ■**bei jdm** ~ to put sb's back up *fam,* to rub sb the wrong way *fam*

a̱n|eignen *vr* ■**sich** *dat* **etw** ~ ❶ (*an sich nehmen*) to take [*or form* appropriate] sth

❷ (*sich vertraut machen*) to learn [*or* acquire] sth

❸ (*sich angewöhnen*) to learn [*or sep* pick up] sth

A̱neignung <-, *selten* -en> *f* ❶ (*geh: Diebstahl*) appropriation

❷ (*Erwerb*) acquisition

❸ (*Lernen*) learning, acquisition

A̱neignungsrecht *f* JUR right of appropriation

aneina̱nder *adv* ❶ (*jede(r,s) an den anderen/das andere*) to one another; ~ **denken** to think about each other; ~ **grenzen** to border on one another; ~ **hängen** to be very close; **sich** ~ **reihen** to follow one another; **etw** ~ **stellen** to put sth next to one another [*or* each other]

❷ (*jede(r,s) am anderen*) **Spaß** ~ **haben** to have fun together; **etw** ~ **finden** to see sth in each other; **sich** *akk* ~ **reiben** to rub each other [up] the wrong way; **sich** *akk* ~ **schmiegen** to cuddle; **sich** *akk* [**vor Kälte**] ~ **schmiegen** to huddle up together [in the cold]; ~ **geschmiegt** close together

❸ (*jeweils an der anderen Person*) each other; ~ **vorbeireden** to talk at cross purposes

❹ (*eine(r,s) am anderen*) together

❺ (*zusammen*) together; **etw** ~ **fügen** to put sth together; **sich** ~ **fügen** to go together; **etw** ~ **halten** to hold sth up together, to compare sth with each other; **etw** ~ **reihen** to string sth together; ~ **stoßen** to bump into each other; (*zwei Dinge*) to bang together

❻ (*eine(r) gegen den anderen/die andere*) [**wegen jdm/etw**] ~ **geraten** (*sich prügeln*) to come to blows [about sb/sth]; (*sich streiten*) to have a fight [*or* BRIT *a.* row] [about sth], to argue [about *or* over] sth]; **mit jdm** ~ **geraten** (*sich prügeln*) to have a fight with sb; (*sich streiten*) to have a fight [*or* BRIT *a.* row] with sb

aneina̱nder|fügen *vr, vt s.* **aneinander 5** **aneina̱nder|geraten*** *vi irreg sein s.* **aneinander 6** **aneina̱nder|grenzen** *vi s.* **aneinander 1** **aneina̱nder|halten** *vt irreg s.* **aneinander 5** **aneina̱nder|reihen** **I.** *vt s.* **aneinander 5** **II.** *vr s.* **aneinander 1** **aneina̱nder|schmiegen** *vr s.* **aneinander 2** **aneina̱nder|stellen** *vt s.* **aneinander 1** **aneina̱nder|stoßen** *vi irreg s.* **aneinander 5**

Anekdö̱tchen <-s, -> *nt* (*hum fam*) little anecdote

Anekdo̱te <-, -n> *f* anecdote, story

a̱n|ekeln *vt* ■**jdn** ~ to make sb sick, to disgust [*or* nauseate] sb; ■**es ekelt jdn an, etw tun zu müssen** it nauseates sb to have to do sth; ■**von etw angeekelt sein** to be disgusted [*or* nauseated] by sth

Anemo̱ne <-, -n> *f* BOT anemone

A̱nerbenrecht *nt* JUR entail on farm property in the former British zone of occupation in Germany

a̱n|erbieten* *vr irreg* (*geh*) ■**sich** ~ to offer one's services [*or* oneself]; ■**sich ~, etw zu tun** to offer to do sth

A̱nerbieten <-s, -> *nt* (*geh*) offer

a̱nerkannt *adj* ❶ (*unbestritten, geschätzt*) acknowledged, recognized

❷ (*zugelassen*) recognized; [**staatlich**] ~**e Schule** [state-] recognized schools

a̱nerkanntermaßen *adv* admittedly; ***dieses Werk gehört ~ zu den herausragendsten in der Kunstgeschichte*** this work is recognized as one of the greatest in the history of art

a̱n|erkennen* *vt irreg* ❶ (*offiziell akzeptieren*) ■**etw** [**als etw**] ~ to recognize sth [as sth]; **jdn als Herrscher** ~ to acknowledge sb as ruler; **ein Kind** ~ to acknowledge a child as one's own; **eine Forderung** ~ to accept a demand

❷ ÖKON **eine Rechnung** ~ to accept a bill; **Schulden** ~ to acknowledge debts

❸ (*würdigen*) ■**etw** ~ to appreciate sth, to recognize sth

❹ (*gelten lassen*) ■**etw** ~ to recognize sth; ■**~, dass** to accept [*or* acknowledge] [the fact] that; **eine Meinung** ~ to respect an opinion

a̱nerkennend **I.** *adj* acknowledging; **ein ~er Blick** a look of acknowledg[e]ment [*or* recognition]

II. *adv* in acknowledg[e]ment [*or* recognition]

a̱nerkennenswert **I.** *adj* commendable, praiseworthy, laudable *form*

II. *adv* in a commendable [*or* praiseworthy] way [*or* manner]

A̱nerkenntnis *nt* acknowledg[e]ment

A̱nerkenntnisurteil, **A̱nerkennungsurteil** *nt* JUR judgment by consent

A̱nerkennung *f* ❶ (*offizielle Bestätigung*) recognition; ~ **finden** to gain recognition

❷ ÖKON acknowledg[e]ment

❸ (*Würdigung*) appreciation, recognition; **in** ~ **einer S.** *gen* (*geh*) in recognition of [*or form* as a tribute to] sth

❹ (*lobende Zustimmung*) praise; ~ **finden** to earn [*or* win] respect

❺ (*Tolerierung*) acceptance, recognition

A̱nerkennungsprinzip *nt* JUR recognition principle **A̱nerkennungsrichtlinien** *pl* JUR recognition rules **A̱nerkennungsverfahren** *nt* JUR recognition procedure

a̱n|erziehen* *vt irreg* ■**jdm etw** ~ to teach sb sth, to instil [*or* AM -ll] sth into sb *form;* ■**sich** *dat* **etw** ~ to learn [*or* teach oneself] sth; ■**anerzogen sein** to be acquired

a̱n|fachen *vt* (*geh*) ❶ (*zum Brennen bringen*) ■**etw** ~ to kindle sth

❷ (*schüren*) ■**etw** ~ to arouse sth; **Hass** ~ to whip [*or* stir] up hatred; **Leidenschaft** ~ to arouse [*or* inflame] passion

a̱n|fahren *irreg* **I.** *vi sein* to drive off; *Zug* to draw in; **das A~ am Berg** the hill start; **angefahren kommen** to arrive, to come; ***da kommt unser Taxi ja schon angefahren!*** there's our taxi!

II. *vt haben* ❶ (*beim Fahren streifen*) ■**jdn/etw** ~ to hit [*or* run into] sb/sth

❷ (*mit dem Wagen liefern*) ■**etw** ~ to deliver sth; ■**etw** ~ **lassen** to have sth delivered

❸ *irreg* (*schelten*) ■**jdn** ~ to bite sb's head off *fam,* to snap at sb

❹ TRANSP ■**etw** ~ to call at sth; **einen Hafen** ~ to pull in at a port; ***Helgoland wird regelmäßig von Fährschiffen angefahren*** Helgoland is a regularly frequented port of call

❺ (*fam: auftischen*) ■**etw** ~ to lay on sth *sep fam*

A̱nfahrschlupfregelung *f* AUTO anti-spin regulation, ASR

A̱nfahrt <-, -en> *f* ❶ (*Hinfahrt*) journey [to]

❷ (*Anfahrtszeit*) journey [*or* travelling [*or* AM *usu* traveling]] time

❸ (*Zufahrt*) approach

A̱nfahrtsweg *m* approach road; **kurze ~e** short access routes

A̱nfall¹ <-[e]s> *m kein pl* ❶ (*Aufkommen allgemeiner Dinge*) accumulation; **ein** ~ **an Arbeit** a build-up of work; **ein** ~ **an Einsatz** a raising of the stakes

❷ FIN *von Zinsen* accrual; JUR devolution

❸ (*Anhäufung*) *Reparaturen, Kosten* amount

A̱nfall² <-[e]s, -fälle> *m* ❶ MED (*Attacke*) attack; **einen** ~ **bekommen** [*o* **haben**] to have a heart attack; **epileptischer** ~ epileptic fit

❷ (*Wutanfall*) fit of rage; **einen** ~ **bekommen** [*o fam* **kriegen**] to have [*or* go into] a fit of rage, to throw a fit [*or* BRIT *fam a.* wobbly], to blow one's top *fam;* ***der kriegt* [*nochmal*] *einen ~, wenn er das mitbekommt!*** he's going to go round the bend [*or* throw a wobbly] when he hears about this!

❸ (*Anwandlung*) ■**ein** ~ **von etw** a fit of sth; ■**in einem** ~ **von etw** in a fit of sth; **in einem** ~ **von Wahnsinn** in a fit of madness; **in einem** ~ **von Großzügigkeit** with [*or* in] a sudden show of generosity, in a fit of generosity

a̱n|fallen¹ *vi irreg sein* ❶ (*entstehen*) to arise, to be produced

❷ FIN (*anlaufen*) ■**bei etw** ~ to accrue on sth; *Kosten* incur; *Beitrag, Zahlung* to be due; **die ~den Kosten/Probleme** the costs/problems incurred

❸ (*sich anhäufen*) to accumulate; *Arbeit a.* to pile up; ***die zusätzlich ~de Arbeit*** the additional work incurred

a̱n|fallen² *vt irreg* ❶ (*überfallen*) ■**jdn** ~ to attack sb

❷ (*anspringen*) ■**jdn/ein Tier** ~ *bissiger Hund* to attack sb/an animal

❸ (*fig: [seelisch] befallen*) ■**jdn** ~ to overcome sb; ***Heimweh fiel ihn an*** he was overcome with [*or* by] homesickness

a̱nfällig *adj* ❶ (*leicht erkrankend*) delicate; ■[**für** [*o* **gegen**] **etw**] ~ **sein/werden** to be/become prone [*or* susceptible] [to sth]

❷ AUTO, TECH (*reparatur~*) temperamental

A̱nfälligkeit <-> *f meist sing* ❶ (*anfällige Konstitution*) delicateness; ■**die** ~ **für** [*o* **gegen**] **etw** susceptibility [*or* proneness] to sth

❷ AUTO, TECH (*Reparatur~*) temperamental nature

A̱nfang <-[e]s, -fänge> *m* ❶ (*Beginn*) beginning, start; ***... und das ist erst der ~*** ... and that's just the start; [**bei etw/mit etw**] **den** ~ **machen** to make a start [in sth/with sth]; **einen neuen** ~ **machen** to make a fresh start; **seinen** ~ **nehmen** (*geh*) to begin [*or* start]; ***das Verhängnis hatte bereits seinen ~ genommen*** fate had already begun to take [*or* run] its course; ~ **September/der Woche** at the beginning of September/the week; ***der Täter war ca. ~ 40*** the perpetrator was in his early 40s; **von** ~ **bis Ende** from start to finish; **am** ~ (*zu Beginn*) in the beginning; ***ich bin erst am ~ des Buches*** I've only just started the book; (*anfänglich*) to begin with, at first; **von** ~ **an** from the [very] start, right from the word go [*or* the start]; **zu** ~ to begin with

❷ (*Ursprung*) beginnings *pl*, origin[s] *usu pl;* ***wir stecken noch in den Anfängen*** we're still getting [it] off the ground; **der** ~ **allen Lebens** the origins of all life; **aus bescheidenen Anfängen** from humble beginnings

► WENDUNGEN: **der** ~ **vom Ende** the beginning of the end; **am** ~ **war das Wort** REL in the beginning was the Word; **aller** ~ **ist schwer** (*prov*) the first step is always the hardest *prov*

a̱n|fangen *irreg* **I.** *vt* ❶ (*beginnen*) ■**etw** ~ to begin [*or* start] sth; ■**etw** [**mit jdm**] ~ to start [up] sth [with sb]; ***er fing ein Gespräch mit ihr an*** he started [*or* struck up] a conversation with her, he started talking to her; ■**etw mit etw** ~ to start sth with sth; ***sie fangen das Essen immer mit einem Gebet an*** they always say grace before eating [*or* start a meal by saying grace]

❷ (*fam: anbrauchen*) **eine Packung Kekse/ein Glas Marmelade** ~ to start a [new [*or* fresh]] packet of biscuits/jar of jam

❸ (*machen*) **etw anders** ~ to do sth differently [*or* a different way]; **etw richtig** ~ to do sth correctly [*or* in the correct manner]; ***wenn Sie es richtig ~*** if you go about it correctly; **etwas mit etw/jdm** ~ **können** (*fam*) to be able to do sth with sth/sb; **jd kann mit etw/jdm nichts** ~ (*fam*) sth/sb is [of] no use to sb, sth/sb is no good to sb; ***damit kann ich doch gar nichts ~!*** that's no good at all to me!; (*verstehen*) that doesn't mean anything to me; ***was soll ich damit ~?*** what am I supposed to do with that?;

mit jdm ist nichts anzufangen nothing can be done with sb; ***mit ihr kann ich nichts*** ~ she's not my type; **nichts mit sich anzufangen wissen** to not know what to do with oneself

II. *vi* ① (*den Anfang machen*) ■**[mit etw]** ~ to start [sth]

② (*beginnen*) to start [*or* begin], to get going *fam;* ***bevor der Sturm so richtig anfängt*** before the storm really gets going *fam*

③ (*seine Karriere beginnen*) ■**[als etw]** ~ to start out [as sth]

Anfänger(in) <-s, -> *m(f)* novice, beginner; (*im Straßenverkehr*) learner [driver] BRIT, student driver AM; **[in etw** *dat*] ~ **sein** to be a novice [in [*or* at] sth]; ***ich bin in dieser Materie noch*** ~ I'm still a novice in [*or* new to] this field [*or* subject]; **ein blutiger** ~ **sein** (*fam*) to be a complete novice [*or* an absolute beginner]; **[du/Sie]** ~**!** (*fam*) you bungling idiot!

Anfängerkurs(us) *m* beginners' course, course for beginners **Anfängerübung** *f* exercises *pl* for beginners; SCH introductory course

anfänglich I. *adj attr* initial *attr*

II. *adv* (*geh*) at first, initially

anfangs I. *adv* at first, initially; ***gleich*** ~ right at the start [*or* outset]

II. *präp +gen* SCHWEIZ at the start of

Anfangsbedingungen *pl* MATH initial conditions *pl* **Anfangsbuchstabe** *m* initial [letter] **Anfangsgehalt** *nt* starting [*or* initial] salary **Anfangsgeschwindigkeit** *f* starting speed; PHYS initial velocity **Anfangsgründe** *pl* SCH basics *npl*, rudiments *pl* **Anfangsinvestition** *f* FIN initial investment **Anfangskapital** *nt* ÖKON, FIN initial capital **Anfangskolumne** *f* TYPO opening column **Anfangskosten** *pl* FIN initial costs **Anfangskredit** *m* FIN initial loan **Anfangskurs** *m* FIN, BÖRSE opening [*or* issuing] [*or* starting] price **Anfangsschwierigkeiten** *pl* initial [*or* starting] difficulties, teething troubles *pl fam* **Anfangsstadium** *nt* initial stage[s] *usu pl* **Anfangstermin** *m* JUR dies a quo **Anfangsverdacht** *m* initial hunch **Anfangsvermögen** *nt* FIN original assets *pl* **Anfangswert** *m* INFORM starting [*or* initial] value **Anfangszeit** *f* early stages *pl*

an|fassen I. *vt* ① (*berühren*) ■**etw** ~ to touch sth; ***die Lebensmittel bitte nicht*** ~ please do not handle the groceries; ***fass mal ihre Stirn an, wie heiß die ist!*** feel how hot her forehead is!; ***fass mich nicht an!*** don't [you] touch me!

② (*greifend berühren*) ■**jdn** ~ to take hold of sb; ■**jdn [an etw** *dat*] ~ (*packen*) to grab hold of sb [by sth]

③ (*bei der Hand nehmen*) ■**jdn an der Hand fassen** to take sb by the hand [*or* sb's hand]; ■**sich** [*o* **einander**] ~ (*geh*) to join [*or* hold] hands, to take one another's hand

④ (*anpacken*) ■**etw** ~ to tackle sth; **etw falsch** [*o* **verkehrt**]**/richtig** ~ to go about sth in the wrong/right way

⑤ (*behandeln*) **jdn/ein Tier hart** [*o* **scharf**]**/sachte** ~ to treat [*or* handle] sb/an animal harshly/gently

► WENDUNGEN: **zum A~** (*fam*) approachable, accessible; ***ein Politiker zum A~*** a politician of the people; ***EDV zum A~*** data processing [*or* computing] [*or* EDP] made easy

II. *vi* ① (*berühren*) ■**[etw irgendwo]** ~ to touch [sth somewhere]; ***fass mal an! weich, nicht?*** feel that! it's soft isn't it?

② (*mithelfen*) ■**mit** ~ to lend [*or* give] a hand

III. *vr* (*sich anfühlen*) to feel; ***es fasst sich rau an*** it feels rough

an|fauchen *vt* ① (*fauchen*) ■**jdn/ein Tier** ~ *Katze* to spit at sb/an animal

② (*fig fam: wütend anfahren*) ■**jdn** ~ to snap at sb, to bite sb's head off *fam;* ***was fauchst du mich so an!*** don't snap at me!, stop biting my head off!

an|faulen *vi sein* to begin to rot; ■**angefault** rotting

anfechtbar *adj* contestable, disputable; JUR contestable

Anfechtbarkeit <-> *f kein pl* contestability, disputability; JUR contestability

an|fechten *vt irreg* ① JUR ■**etw** ~ to contest sth

② (*nicht anerkennen*) ■**etw** ~ to dispute [*or* challenge] sth

③ (*geh: beunruhigen*) ■**jdn ficht etw an** *Sorgen, Versuchungen* sth concerns sb; ***das ficht mich nicht an*** that doesn't worry me

Anfechtung <-, -en> *f* ① JUR appeal, contestation; *eines Abkommens, Vertrages* challenging, contesting

② *meist pl* (*geh: Gewissenskonflikt*) moral conflict

③ LIT, REL (*geh: Versuchung*) temptation; **allen ~en standhalten** to withstand all trials

Anfechtungsberechtigte(r) *f(m) dekl wie adj* JUR party entitled to avoid **Anfechtungsfrist** *f* JUR time limit for an avoidance **Anfechtungsgegner** *m* JUR addressee of a notice of avoidance **Anfechtungsgesetz** *nt* JUR Creditors' Avoidance of Transfers Act **Anfechtungsgrund** *m* JUR ground for avoidance, cause of appeal **Anfechtungsklage** *f* JUR rescissory action **Anfechtungsklausel** *f* JUR avoidance clause **Anfechtungsrecht** *nt* JUR right of avoidance [*or* rescission]

an|feinden *vt* ■**jdn** ~ to be hostile to sb; ***wegen ihrer feministischen Aussagen wurde sie damals heftig angefeindet*** due to her feminist statements she aroused great hostility [*or* animosity] at that time; ■**sich** [*o* **einander**] ~ to be at war with one another

Anfeindung <-, -en> *f* hostility, animosity, ill-will

an|fertigen *vt* ① (*herstellen*) ■**etw** ~ to make sth; ■**sich** *dat* **etw [von jdm]** ~ **lassen** to have sth made [by sb]

② (*geh: erstellen*) ■**etw** ~ to make sth; **Protokolle** ~ to take [down] [*or* keep] minutes; **ein Portrait** ~ to do a portrait; **ein Schriftstück** ~ to draw up a document; **ein Zeichnung** ~ to do a drawing

③ PHARM (*zubereiten*) ■**etw** ~ to prepare sth, to make sth up *sep;* ■**etw lässt sich** ~ sth is made up; ***die Lotion lässt sich leicht selbst*** ~ the lotion can be easily prepared

Anfertigung <-, -en> *f* ① (*Herstellung*) making [up]; ~***en von Anzügen nach Maß*** suits made to measure; *eines Porträts* painting

② (*geh: Aufsetzung*) doing; *einer Kopie* making; *eines Schriftstücks* drawing up, preparation

③ PHARM (*Zubereitung*) preparation

an|feuchten *vt* ■**etw** ~ to moisten sth; **einen Schwamm** ~ to wet a sponge

► WENDUNGEN: **sich die Kehle** [*o* **Gurgel**] ~ to wet one's whistle

an|feuern *vt* ① (*ermutigen*) ■**jdn** ~ to cheer sb on, to encourage sb; ■**~d** encouraging; **~de Zurufe** cheers

② (*anzünden*) ■**etw** ~ to light sth

an|fixen *vt* (*sl*) ■**jdn** ~ to get sb to do [*or* into doing] drugs *sl*

an|flehen *vt* ■**jdn [um etw]** ~ to beg sb [for sth]; ■**jdn ~, etw zu tun** to beg [*or* implore] [*or liter* beseech] sb to do sth

an|fletschen *vt* ■**jdn/ein Tier** ~ to bare one's teeth at sb/an animal

an|fliegen *irreg* **I.** *vt haben* ① LUFT ■**etw** ~ to fly to sth

② MIL ■**etw** ~ to attack sth [from the air], to fly at sth

③ (*geh*) ■**jdn** ~ to overcome sb

II. *vi sein* ① LUFT to approach, to come in to land; ■**beim A~** in the approach, coming in to land

② (*herbeifliegen*) to come flying up; **angeflogen kommen** (*fam*) to come flying in

Anflug <-[e]s, -flüge> *m* ① LUFT approach

② (*fig: Andeutung, Spur*) hint, trace, touch; (*Anfall*) fit, burst, wave; **ein** ~ **von Grippe** a touch of flu; **ein** ~ **von Ironie/Spott/Bart** a hint [*or* trace] of irony/mockery/a beard; **ein** ~ **von Eifersucht** a fit of jealousy; **ein** ~ **von Mitleid** a wave of compassion

Anflugempfänger *m* approach receiver **Anflughilfe** *f* aid to approach **Anflugkontrollradar** *m* approach control radar **Anflugschneise** *f* landing path **Anflug- und Landehilfsmittel** *nt* approach-and-landing aid **Anflugweg** *m* approach path

an|fordern *vt* ① (*die Zusendung erbeten*) ■**etw [bei/von jdm]** ~ to request sth [of/from sb]; **einen Katalog** ~ to order a catalogue [*or* AM -og]

② (*beantragen*) ■**jdn/etw** ~ to ask for sb/sth

Anforderung <-, -en> *f* ① *kein pl* (*das Anfordern*) request; *Katalog* ordering; ■**auf** ~ on request; ■**nach [vorheriger]** ~ as [previously] requested

② *meist pl* (*Anspruch*) demands; ***seine Qualifikationen entsprechen leider nicht unseren ~en*** unfortunately his qualifications do not meet our requirements; ■**jds ~/~en an jdn** sb's demand/demands on sb; **[bestimmte] ~en [an jdn] stellen** to place [certain] demands [on sb]; ***du stellst zu hohe ~en*** you're too demanding

Anforderungsprofil *nt* requirements specification; *an Arbeitsstelle* job specification; *eines Produkts* product profile

Anfrage <-, -n> *f* ① (*Bitte um Auskunft*) inquiry, question; ■**auf** ~ on request; **große** ~ POL *question put to the government that is discussed at a meeting of the Lower House;* **kleine** ~ POL *question to the government that is raised and dealt with in writing*

② INFORM (*abfragender Befehl*) inquiry

an|fragen *vi* ■**[bei jdm] um etw** ~ to ask [sb] for sth; **[bei jdm] um Erlaubnis/Genehmigung** ~ to ask [sb] for permission/approval

an|freunden *vr* ① (*Freunde werden*) ■**sich mit jdm** ~ to make friends with sb; ■**sich** ~ to become friends

② (*fig: schätzen lernen*) ■**sich mit jdm/etw** ~ to get to like sb/sth

③ (*fig: sich zufrieden geben*) ■**sich mit etw** ~ to get to like sth, to get used to the idea of sth, to acquire a taste for sth; ***ich könnte mich schon mit der Vorstellung ~, in München zu leben*** I could get used to the idea of living in Munich

an|fügen *vt* ① (*daran legen*) ■**etw [an etw** *akk*] ~ to add sth [to sth]

② ([*Worte*] *hinzufügen*) ~, **dass** to add that

an|fühlen I. *vt* ■**etw [mit etw]** ~ to feel sth [with sth]

II. *vr* **sich glatt/samtig/weich** ~ to feel smooth/velvety/soft

Anfuhr <-, -en> *f* transport, transportation

an|führen *vt* ① (*befehligen*) ■**jdn/etw** ~ to lead sb/sth; **Truppen** ~ to command [*or* lead] troops

② (*fig: zitieren*) ■**etw** ~ to quote sth; **ein Beispiel/Beweise/einen Grund** ~ to give an example/evidence/a reason

③ (*fig: benennen*) ■**jdn** ~ to name sb

④ (*fig fam: hereinlegen*) ■**jdn** ~ to take sb in, to have sb on *sep;* ■**sich von jdm** ~ **lassen** to be taken for a ride by sb, to be taken in by sb

Anführer(in) <-s, -> *m(f)* ① (*Befehlshaber*) leader; *von Truppen* commander

② (*pej: Rädelsführer*) ringleader

Anfuhrkosten *pl* cartage

Anführung <-, -en> *f* ① (*Befehligung*) leadership; *von Truppen* command; **unter** ~ **eines Generals** under the command of a General

② (*das Anführen*) quotation; ***ich bitte um die ~ von Einzelheiten!*** please give [me] [some] details!; ***durch die ~ dieses Beispiels*** by using this example

③ (*Zitieren*) citation; ~ **einer Vorentscheidung** citing [*or* quoting] [*or* citation] of a precedent

Anführungsstrich *m*, **Anführungszeichen** *nt meist pl* quotation mark[s], BRIT *a.* inverted comma[s]; **Anführungsstriche** [*o* **Anführungszeichen**] **unten/oben** quote/unquote

an|füllen *vt* ■**etw [mit etw]** ~ to fill sth [with sth]; ■**[mit etw] angefüllt sein** to be filled [with sth], to be full [of sth]

an|funkeln *vt* ■**jdn** ~ to glare at sb

Angabe <-, -n> *f* ① *meist pl* (*Mitteilung*) details *pl,* statement; ***es gibt bisher keine genaueren ~n*** there are no further details to date; ***wie ich Ihren***

~*n entnehme* from what you've told me; **~n** [**über etw** *akk*/**zu etw** *dat*] **machen** to give details about sth; ***machen Sie bitte nähere ~n!*** please give us further [*or* more precise] details!; **laut ~n einer Person** *gen* according to sb; **nach ~n einer Person** *gen* according to sb, by sb's account; ***wir bitten um ~ der Einzelheiten*** please provide us with the details; ***er verweigerte die ~ seiner Personalien*** he refused to give his personal details [*or* particulars]; **~n zur Person** (*geh*) personal details, particulars; **~ von Referenzen** request for credentials
❷ *kein pl* (*fam: Prahlerei*) boasting, bragging, showing-off
❸ SPORT (*Aufschlag*) service, serve
❹ BÖRSE **~ von Ankaufs- und Verkaufskurs** double-barrelled quotation
Angaben *pl* data + *sing/pl vb,* particulars *pl;* **~, die ihrer Natur nach vertraulich sind oder vertraulich mitgeteilt werden** information which is by nature confidential or which is provided on a confidential basis; **irreführende ~** misleading statements; **unabsichtlich abgegebene falsche ~** innocent misrepresentation
an|gaffen *vt* (*pej*) ■**jdn ~** to gape [*or* BRIT *a.* gawp] [*or* AM *a.* gawk] at sb
an|geben *irreg* **I.** *vt* ❶ (*nennen*) ■[**jdm**] **etw ~** to give sth [to sb]; **einen/seinen Namen ~** to give a/one's name; **Mittäter ~** to name accomplices; **jdn als Zeugen ~** to cite sb as a witness
❷ (*zitieren*) ■**jdn/etw ~** to quote sb/sth
❸ (*behaupten*) ■**etw ~** to say [*or* claim] sth; **ein Alibi ~** to establish an alibi; **~, etw zu haben/etw getan zu haben** to claim to have sth/to have done sth
❹ FIN (*deklarieren*) ■**etw ~** to declare sth
❺ (*anzeigen*) ■**etw ~** to indicate sth; ■**angegeben** indicated
❻ (*bestimmen*) ■[**jdm**] **etw ~** to set sth [for sb]; **das Tempo ~** to set the pace; **eine Note/den Takt ~** MUS to give a note/the beat; *s. a.* **Ton²**
II. *vi* ❶ (*prahlen*) ■[**bei jdm**] [**mit etw**] **~** to boast [*or fam* brag] [about sth] [to sb], to show off [to sb] [about sth]
❷ SPORT (*Aufschlag haben*) to serve
Angeber(in) <-s, -> *m(f)* show-off, poser
Angeberei <-, -en> *f* (*fam*) ❶ *kein pl* (*Prahlerei*) showing-off, boasting, posing; ***hör doch auf mit der ~*** stop showing off, will you!
❷ *meist pl* (*großtuerische Äußerung*) boast; ***das sind bloß ~en!*** he's/they're etc. just boasting! [*or* showing off]
Angeberin <-, -nen> *f fem form von* **Angeber**
angeberisch I. *adj* pretentious, posey *fam*
II. *adv* pretentiously
Angebetete(r) *f(m) dekl wie adj* (*geh*) beloved; ■**jds ~** sb's beloved
angeblich I. *adj attr* alleged
II. *adv* allegedly, apparently; ***er hat jetzt ~ reich geheiratet*** he is believed [*or* said] to have married into money; ***er hat ~ nichts gewusst*** apparently, he didn't know anything about it
angeboren *adj* ❶ MED congenital
❷ (*fig fam*) characteristic, innate, inherent
Angeborener Auslösemechanismus *m* BIOL innate releasing mechanism
Angebot <-[e]s, -e> *nt* ❶ (*Anerbieten*) offer
❷ FIN (*Versteigerungsgebot*) bid; (*Offerte*) offer
❸ *kein pl* (*Warenangebot*) range of goods [on offer]; ■**ein ~ an/von etw** *dat* a range [*or* choice] [*or* selection] of sth; **jdm** [**zu etw**] **ein ~ machen** [*o* **unterbreiten**] (*geh*) to make sb an offer [on sth]; **~ und Nachfrage** ÖKON supply and demand
❹ (*Sonderangebot*) special offer; **im ~** on special offer
Angebotsabgabe *f* HANDEL tendering **Angebotsanforderung** *f kein pl* ÖKON request for tenders **Angebotsannahme** *f kein pl* ÖKON offer acceptance **Angebotsaufforderung** *f* HANDEL invitation for tenders **Angebotsbedingung** *f meist pl* HANDEL term of an offer **Angebotsbefristung** *f* HANDEL termination of an offer **Angebotsbindung** *f* HANDEL tying offer **Angebotsempfänger(in)** *m(f)* ÖKON tenderee **Angebotsfrist** *f* HANDEL time limit for offers **Angebotspflicht** *f* HANDEL, JUR obligatory offer for sale **Angebotspreis** *m* HANDEL tender price **angebotsstarr** *adj* ÖKON *Anlage* supply inelastic **Angebotsüberhang** *m,* **Angebotsüberschuss**RR *m* HANDEL surplus of selling orders; BÖRSE sellers over
Angebots- und Nachfragemacht *f* ÖKON power of supply and demand
Angebotsvielfalt *f kein pl* HANDEL wide range of offers **Angebotswettbewerb** *m* HANDEL supplier competition
angebracht *adj* ❶ (*sinnvoll*) sensible, reasonable
❷ (*angemessen*) suitable, appropriate; ■**für jdn/etw ~ sein** to be suitable [*or* appropriate] for sb/sth
angebunden I. *pp von* **anbinden**
II. *adj inv* ❶ *Boot, Tier* tied up
❷ (*sehr beschäftigt*) tied down
▶ WENDUNGEN: **kurz ~ sein** to be short [*or* abrupt] [*or* curt]
angedacht *adj* briefly considered
angedeihen (*geh: gewähren*) ■**jdm etw ~ lassen** to provide sb with sth
Angedenken *nt kein pl* (*geh*) ❶ (*Gedenken*) memory; ■**jds ~** memory of sb; ■**das ~ eines Menschen** a person's memory; ***ich werde sein ~ immer in Ehren halten*** I will always cherish his memory; **im ~ an etw** *akk* in memory of sth
❷ (*liter, form o veraltend*) **seligen ~s** of blessed memory
angefault *adj* starting to rot
angefochten I. *pp von* **anfechten**
II. *adj inv* contested; **~e Übernahme** ÖKON contested takeover
angegammelt *adj* (*fam*) partly rotten
angegangen *adj* KOCHK **~es Fleisch** meat that is starting to become high
angegilbt *adj Papier* yellowed [with age]
angegossen *adj* ▶ WENDUNGEN: **wie ~ sitzen** [*o* **passen**] (*fam*) to fit like a glove
angegraut *adj* greying
angegriffen I. *adj* exhausted; (*geschwächt*) frail; **gesundheitlich ~** weakened; **nervlich ~** strained
II. *adv* **~ aussehen** to look exhausted
angehaucht *adj* (*fig fam*) ■**irgendwie ~ sein** to have [*or* show] certain tendencies [*or* leanings]; **romantisch ~ sein** to have a romantic inclination
angeheiratet *adj* [related] by marriage; ***er ist ein ~er Onkel*** he is an uncle by marriage
angeheitert *adj* (*fam*) tipsy, merry *fam;* **leicht/stark ~ sein** to be slightly/very tipsy [*or fam* merry]
an|gehen *irreg* **I.** *vi* ❶ *sein* (*beginnen*) to start; (*zu funktionieren*) to come on
❷ (*zu leuchten beginnen*) to come [*or* go] on; (*zu brennen beginnen*) to start burning, to catch [fire]
❸ (*vorgehen*) ■[**bei jdm/etw**] **gegen jdn ~** to fight [against] sb [with sb/in sth]; ***ich werde bei Gericht gegen dich ~!*** I'll take you to [*or* see you in] court!
❹ (*bekämpfen*) ■**gegen etw ~** to fight [against] sth; **ein Feuer ~** to fight a fire
❺ (*möglich sein*) to be possible [*or fam* OK]; ■**es geht nicht an, dass jd etw tut** it is not permissible [*or fam* it's not o.k.] for sb to do sth
❻ MED, BIOL to take [root]
II. *vt* ❶ *haben o* SÜDD *sein* (*in Angriff nehmen*) ■**etw ~** *Problem, Schwierigkeit* to tackle [*or* AM address] sth
❷ *sein* SPORT (*anlaufen*) ■**etw ~** to [take a] run[-]up to sth
❸ *sein* (*gegen jdn vorgehen*) ■**jdn ~** to attack sb
❹ *haben* (*fig: attackieren*) ■**jdn irgendwie ~** to attack sb in a certain manner
❺ *haben* AUTO (*anfahren*) ■**etw ~** to take sth; **eine Kurve ~** to take a corner
❻ *haben* (*betreffen*) ■**jdn ~** to concern sb; ***was geht mich das an?*** what's that got to do with me?; ***das geht dich einen Dreck an!*** (*fam*) that's none of your [damn] business; ***was mich angeht, würde ich zustimmen*** as far as I am concerned [*or* for my part], I would agree
❼ *haben o* SÜDD *sein* (*um etw bitten*) ■**jdn** [**um etw**] **~** to ask sb [for sth]
angehend *adj* prospective, budding; ***eine ~e junge Dame*** [quite] a young lady; **eine ~e Mutter/ein ~er Vater** an expectant mother [*or* mother to be]/father; **ein ~er Beamter/Studienrat** a prospective civil servant/teacher; **ein ~er Künstler** a budding artist
an|gehören* *vi* ❶ (*Mitglied sein*) ■**etw** *dat* **~** to belong to [*or* be a member of] sth
❷ (*geh: gehören*) ■**jdm ~** to belong to sb
angehörig *adj* ■**etw** *dat* **~** belonging to sth *pred;* ■**jd ist etw** *dat* **~** sb belongs to sth
Angehörige(r) *f(m) dekl wie adj* ❶ (*Familienangehörige(r)*) relative; **der nächste ~** [*o* **die nächsten ~n**] the next of kin; ***haben Sie keine weiteren ~n mehr?*** do you not have any [other] family left?
❷ (*Mitglied*) member
Angeklagte(r) *f(m) dekl wie adj* accused, defendant
angekratzt *adj* (*fam: angeschlagen*) seedy; (*Ruf*) blemished; (*krank*) under the weather *fam*
Angel <-, -n> *f* ❶ (*zum Fische fangen*) fishing-rod and line, AM *a.* fishing pole
❷ (*Türangel*) hinge
▶ WENDUNGEN: **etw aus den ~n heben** (*fam*) to revolutionize sth completely; (*etw umkrempeln*) to turn sth upside down
Angeld <-[e]s, -er> *nt* FIN (*veraltet: Vorauszahlung*) deposit
Angelegenheit <-, -en> *f meist sing* matter; ***in welcher ~ wollten Sie ihn sprechen?*** in what connection [*or* on what business] did you want to speak to him?; **sich um seine eigenen ~en kümmern** to mind one's own business; **in eigener ~** on a private [*or* personal] matter; **jds ~ sein** to be sb's responsibility
angelegt I. *pp von* **anlegen**
II. *adj* calculated; ***das Projekt ist auf 3 Jahre ~*** the time plan for this project is 3 years
angelernt *adj* ❶ (*eingearbeitet*) semi-skilled; **~e Arbeiter** semi-skilled worker; ■**Angelernte(r)** semi-skilled worker
❷ (*oberflächlich gelernt*) acquired; **~es Wissen** superficially acquired knowledge
Angelernte(r) *f(m) dekl wie adj* semi-skilled worker
Angelgerät *nt* fishing tackle *no pl* **Angelhaken** *m* fish-hook
Angelika *f* BOT, KOCHK angelica
Angelikawurzel *f* root angelica
Angelleine *f* fishing line
angeln I. *vi* ❶ (*Fische fangen*) to fish, to angle; ■[**das**] **A~** fishing, angling; ***gehst du morgen zum A~ ?*** are you going fishing tomorrow?
❷ (*zu greifen versuchen*) ■**nach etw/einem Tier ~** to fish [around] for sth/an animal; **nach Komplimenten ~** to fish for compliments
II. *vt* ■**etw ~** to catch sth; **für jeden geangelten Fisch** for every fish caught; **sich einen Mann ~** (*fam*) to catch oneself [*or* hook] a man
Angeln *pl* HIST (*Volksstamm*) Angles
an|geloben *vt* ❶ (*geh: versprechen*) ■[**jdm**] **etw ~** to swear sth [to sb]
❷ ÖSTERR (*vereidigen*) ■**jdn ~** to swear in sb *sep*
Angelobung <-, -en> *f* ÖSTERR (*Vereidigung*) swearing in
Angelpunkt *m* central issue, crucial point, crux [of the matter]
Angelrute *f* fishing rod
Angelsachse, -sächsin <-n, -n> *m, f* Anglo-Saxon
angelsächsisch *adj* Anglo-Saxon
Angelschein *m* fishing licence [*or* AM -se] [*or* permit] **Angelschnur** *f* fishing line **Angelsport** *m* angling, fishing
angemeldet *pp von* **anmelden**
angemessen I. *adj* ❶ (*entsprechend*) fair, reasonable; ■**etw** *dat* **~ sein** to be proportionate to [*or form* commensurate with] sth

❷ (*passend*) appropriate, suitable, adequate; ■**etw** *dat* ~ **sein** to be appropriate to [*or* suitable for] sth
II. *adv* ❶ (*entsprechend*) proportionately, commensurately *form*
❷ (*passend*) appropriately, suitably
Angemessenheit <-> *f kein pl* ❶ (*angemessene Entsprechung*) reasonableness, fairness, commensurateness *form*
❷ (*passende Art*) appropriateness, suitability
angenehm I. *adj* pleasant; **eine ~e Nachricht** good news; **~es Wetter** agreeable weather; ■**jdm ~ sein** to be pleasant for sb; ***das wäre mir ~*** (*euph*) that would be helpful, I would be most grateful; ***es wäre mir ~er, wenn ...*** I would prefer it if ...; ***ist es Ihnen so ~?*** is that alright with you?
▶ WENDUNGEN: **das A~e mit dem Nützlichen verbinden** to mix business with pleasure; [**sehr**] **~!** (*geh*) pleased to meet you!
II. *adv* pleasantly
angenommen I. *adj* ❶ (*zugelegt*) assumed; ***unter einem ~en Namen schreiben*** to write under a pseudonym [*or* an assumed name]
❷ (*adoptiert*) *Kind* adopted
II. *konj* assuming; ■**~, [dass] ...** assuming [that] ...
angepasstRR, **angepaßt** I. *adj* conformist
II. *adv* conformist; **sich [stets] ~ verhalten** to [always] behave in a conformist manner
AngepasstheitRR, **Angepaßtheit** <-> *f kein pl* conformism
angerautRR, **angerauht** I. *pp von* **anrauen**
II. *adj inv* roughened
angeregt I. *adj* animated, lively
II. *adv* animatedly; ***sie diskutierten ~*** they had an animated discussion
angereichert I. *pp von* **anreichern**
II. *adj inv* enriched; **mit Vitaminen ~** with added vitamins; **~es Gemisch** an enriched mixture
angesagt *adj inv* scheduled
angesäuselt *adj* (*fam: leicht betrunken*) tipsy *fam*, BRIT *a.* squiffy *fam*
angeschlagen *adj* (*fig fam*) weak[ened]; ***du siehst ~ aus*** you look groggy [*or* worn out]; ■**[von etw] ~ sein** to be weakened [by sth]; **~es Aussehen** groggy appearance; **~e Gesundheit** poor [*or* weak] health
angeschlossen *pp von* **anschließen**
angeschmutzt *adj* slightly soiled, shop-soiled
angeschrieben *adj* ■**bei jdm gut/schlecht ~ sein** (*fam*) to be in sb's good/bad books
Angeschuldigte(r) *f(m) dekl wie adj* suspect
angesehen *adj* respected; **eine ~e Firma** a company of good standing; ■**[wegen etw] ~ sein** to be respected [for sth]
Angesicht <-[e]s, -er> *nt* (*geh*) ❶ (*Antlitz*) countenance; **jdn von ~ kennen** to know sb by sight; **im ~ einer S.** *gen* in the face of sth; **von ~ zu ~** face to face
❷ (*fig: Ruf*) reputation
angesichts *präp +gen* ■**~ einer S.** *gen* in the face of sth
angespannt I. *adj* ❶ (*angestrengt*) strained, tense; **ein ~er Mensch** a tense person; **~e Nerven** strained nerves; **mit ~er Aufmerksamkeit** with keen [*or* close] attention
❷ (*kritisch*) critical; **ein ~er Markt** a tight [*or* overstretched] market; **eine ~e politische Lage** a strained [*or* tense] situation
II. *adv* **~ wirken** to seem tense; **etw ~ verfolgen** to follow sth tensely; **~ zuhören** to listen attentively [*or* closely]
angesprochen I. *pp von* **ansprechen**
II. *adj inv* involved; **sich [nicht] ~ fühlen** to [not] feel involved
angestammt *adj* (*geerbt*) hereditary, ancestral; (*überkommen*) traditional; (*hum: altgewohnt*) usual
angestaubt *adj* (*fam: altmodisch*) outdated
Angestellte(r) *f(m) dekl wie adj* [salaried] employee, white-collar worker
Angestelltengewerkschaft *f* **Deutsche ~** *white-collar or salaried employees' union in Germany* **Angestelltenverhältnis** *nt* employment on a [monthly] salary; **im ~** to be on a [monthly] salary (*not employed for life with a subsequent pension*) **Angestelltenversicherung** *f* white-collar workers' [*or* salaried employees'] insurance
Angestelltenversicherungsgesetz *nt law governing employees' insurance*
angestrengt I. *adj* ❶ (*Anstrengung zeigend*) *Gesicht* strained
❷ (*intensiv*) hard
II. *adv* (*intensiv*) hard; **~ diskutieren** to discuss intensively
angetan *adj* ❶ (*erbaut*) ■**von jdm/etw irgendwie ~ sein** to be taken with sb/sth in a certain manner
❷ (*geh: so geartet*) ■**danach** [*o* **dazu**] **~ sein, etw zu tun** to be suitable for doing sth; *Atmosphäre, Benehmen, Wesen* to be calculated to do sth
Angetraute(r) *f(m) dekl wie adj* (*hum fam*) ■**jds ~** sb's better half *hum fam*
angetrunken *adj* slightly drunk, tipsy
angewandt *adj attr* applied
angewiesen *adj* (*abhängig*) dependent; ■**auf jdn/etw ~ sein** to be dependent on sb/sth; ***ich bin auf jede Mark ~*** I need [*or* have to watch] every penny
an|gewöhnen* *vt* (*zur Gewohnheit machen*) ■**jdm etw ~** to get sb into the habit of [doing] sth; ■**sich** *dat* **etw ~** to get into the habit of [doing] sth; ■**sich** *dat* **~, etw zu tun** to get into the habit of doing sth
Angewohnheit <-, -en> *f* habit
angewurzelt *adj inv* ▶ WENDUNGEN: **wie ~ dastehen** [*o* **stehen bleiben**] to stand rooted to the spot
angezeigt *adj* (*geh*) appropriate
an|giften *vt* (*fam*) ■**jdn ~** to snap at sb
Angina <-, Anginen> *f* MED angina; **~ Pectoris** angina pectoris
an|gleichen *irreg* I. *vt* (*anpassen*) ■**etw an etw** *akk* **~** to bring sth into line with sth; **sein Verhalten an eine bestimmmte Situation ~** to adapt one's behaviour [*or* AM -or] to a particular situation; ■**aneinander** *dat* **angeglichen werden** to become alike
II. *vr* (*sich anpassen*) ■**sich [jdm/etw] [in etw** *dat*] **~** to adapt oneself to [sb/sth] [in sth]; ■**sich [aneinander** *dat*] **~** to become like [each another] [*or* similar], to move into line
Angleichung *f* ❶ (*Anpassung*) adaptation, [social] conformity
❷ (*gegenseitige Anpassung*) becoming alike [*or* similar]
Angler(in) <-s, -> *m(f)* angler
Anglerfisch *m s.* **Seeteufel**
an|gliedern *vt* ■**etw einer S.** *dat* **~** ❶ (*anschließen*) to incorporate sth into sth; **eine Firma ~** to affiliate a company [to]
❷ (*annektieren*) to annex sth to sth
Angliederung *f* ❶ (*Anschluss*) incorporation; **die ~ von Firmen** the affiliation of companies
❷ (*Annexion*) annexation
anglikanisch *adj* Anglican; **die ~e Kirche** the Church of England, the Anglican Church
Anglist(in) <-en, -en> *m(f)* ❶ (*Wissenschaftler*) Anglist, English scholar
❷ (*Student*) student of English [language and literature]
Anglistik <-> *f kein pl* Anglistics, study of English [language and literature]
Anglistin <-, -nen> *f fem form von* **Anglist**
Anglizismus <-, -men> *m* LING anglicism
an|glotzen *vt* (*fam: anstarren*) ■**jdn ~** to gape [*or* BRIT *a.* gawp] [*or* AM *a.* gawk] at sb
Angola <-s> *nt* Angola; *s. a.* **Deutschland**
Angolaner(in) <-s, -> *m(f)* Angolan; *s. a.* **Deutsche(r)**
angolanisch *adj* Angolan; *s. a.* **deutsch**
Angorakaninchen *nt* angora rabbit **Angorakater** *m* angora [tom]cat **Angorakatze** *f* angora cat **Angorawolle** *f* angora [wool]
angrabschen, angrapschen *vt* (*pej fam*) ■**jdn/etw ~** to grab sb/sth
angreifbar *adj* (*bestreitbar*) contestable, open to attack [*or* criticism]
an|greifen *irreg* I. *vt* ❶ MIL, SPORT (*attackieren, vorgehen*) ■**jdn/etw ~** to attack sb/sth; ■**angegriffen** under attack *pred*
❷ (*kritisieren*) ■**jdn/etw ~** to attack sb/sth
❸ (*schädigen*) ■**etw ~** to damage sth; **das Nervensystem ~** to attack the nervous system; ■**[etw ist] angegriffen** [sth is] weakened; **eine angegriffene Gesundheit** weakened health *no pl, no indef art*
❹ (*zersetzen*) ■**etw ~** to attack [*or* corrode] sth
❺ (*beeinträchtigen*) ■**jdn/etw ~** to affect sb/sth, to put a strain on sb; ***die schlechte Nachricht hat sie doch angegriffen*** the bad news [visibly] affected her; **die Gesundheit ~** to harm [*or* impair] the [*or* one's] health; ***die lange Erkrankung hat sie spürbar angegriffen*** she was visibly weakened by the long illness; ■**angegriffen sein** to be exhausted; **nervlich angegriffen sein** to have strained nerves
❻ DIAL (*anfassen*) ■**etw ~** to [take] hold [of] sth
❼ (*Vorräte anbrechen*) ■**etw ~** to break into sth
II. *vi* ❶ MIL, SPORT (*attackieren, vorgehen*) to attack
❷ (*fig: aggressiv Kritik üben*) to attack
❸ MED, PHARM (*wirken*) ■**irgendwo ~** to have an affect somewhere
❹ DIAL (*anfassen, anpacken*) ■**[irgendwo] ~** to [take] hold [of] [somewhere]; ***greif mal [mit] an!*** [can [*or* will] you] lend a hand!
Angreifer(in) <-s, -> *m(f)* ❶ MIL (*angreifende Truppen*) attacker
❷ *meist pl* SPORT (*Angriffsspieler*) attacking player, forward, striker
an|grenzen *vi* ■**an etw** *akk* to border on sth
angrenzend *adj attr* bordering; **direkt ~er Anlieger** next-door neighbour [*or* AM -or]; ***die ~en Bauplätze*** the adjoining [*or* adjacent] building sites; ■**an etw** *akk* **~** bordering [on] sth
Angriff *m* ❶ MIL (*Attacke*) attack; ***ein ~ feindlicher Bomber*** an attack by enemy bombers, a[n air-]raid; **zum ~ blasen** to sound the charge [*or* attack]; (*fig*) to go on the offensive [*or* attack]; **zum ~ übergehen** to go over to the attack; (*fig*) to go on the offensive [*or* attack]
❷ SPORT (*Vorgehen*) attack; (*die Angriffsspieler*) attack, forwards *pl*; ***im ~ spielen*** to play in attack
❸ (*fig: aggressive Kritik*) attack; ■**ein ~ auf** [*o* **gegen**] **jdn/etw** an attack on sb/sth
▶ WENDUNGEN: **~ ist die beste Verteidigung** (*prov*) offence [*or* AM -se] is the best [form of] defence [*or* AM -se] *prov*; **etw in ~ nehmen** to tackle [*or* set about] sth
Angriffsfläche *f* MIL (*Ziel für Angriffe*) target; **jdm/etw eine ~ bieten** to offer a target to sb/sth; (*fig*) to leave [oneself] open to attack by sb/sth
Angriffskrieg *m* MIL war of aggression
Angriffslust *f kein pl* ❶ (*angriffslustige Einstellung*) aggressiveness ❷ MIL, POL, SPORT (*Aggressivität*) aggression **angriffslustig** *adj* ❶ (*zu aggressiver Kritik neigend*) aggressive ❷ MIL, SPORT (*aggressiv*) aggressive **Angriffspunkt** *m* target **Angriffsspiel** *nt* SPORT attacking play **Angriffsspieler(in)** *m(f)* SPORT forward, attacking player, striker **Angriffs- und Verteidigungsmittel** *nt* JUR means of prosecuting or defending a case **Angriffswaffe** *f* MIL offensive weapon
an|grinsen *vt* ■**jdn [irgendwie] ~** to grin at sb [in a certain manner]
angst *adj* afraid; **jdm ~ [und bange] werden** to become afraid; *s. a.* **Angst**
Angst <-, Ängste> *f* ❶ (*Furcht*) fear; ■**die ~ vor jdm/etw** the fear of sb/sth; **~ bekommen** [*o fam* **kriegen**] to become [*or fam* get] afraid [*or* frightened]; **~ [vor jdm/etw/einem Tier] haben** to be afraid [of sb/sth/an animal]; ***ich habe solche ~!*** I am so afraid!; ***er hat im Dunkeln ~*** he is afraid of the dark; **~ um jdn/etw haben** to be worried about sb/sth; **jdm ~ machen** [*o fam* **einjagen**] [*o geh* **einflößen**] to frighten sb; **jdm ~ [und bange] machen** to strike fear into sb's heart; **aus ~, etw zu tun** for fear of doing sth; **vor ~** by [*or* with] fear; ***vor***

~ ***war sie wie gelähmt*** [it was as if] she was paralysed by fear; ***vor ~ brachte er kein Wort heraus*** he was struck dumb with fear; **keine ~!** (*fam*) don't worry; **~ und Schrecken verbreiten** to spread fear and terror

❷ (*seelische Unruhe*) anxiety; **in tausend Ängsten [um jdn] schweben** to be terribly worried [about sb]

Angsthase *m* (*fig fam*) scaredy-cat

ängstigen **I.** *vt* ■**jdn ~** ❶ (*in Furcht versetzen*) to frighten sb

❷ (*beunruhigen, besorgen*) to worry sb

II. *vr* ❶ (*Furcht haben*) ■**sich [vor jdm/etw/einem Tier] ~** to be afraid [of sb/sth/an animal]

❷ (*sich sorgen*) ■**sich [um jdn/wegen etw] ~** to worry [about sb/because of sth]

ängstlich **I.** *adj* ❶ (*verängstigt*) frightened

❷ (*besorgt*) worried

II. *adv* (*fig: beflissen*) carefully

Ängstlichkeit <-> *f kein pl* ❶ (*Furchtsamkeit*) fear

❷ (*Besorgtheit*) anxiety

Angstneurose *f* anxiety neurosis; **an einer ~ leiden** to suffer from an anxiety neurosis **Angstschrei** *m* cry of fear **Angstschweiß** *m* cold sweat **Angsttraum** *m* nightmare **angstvoll** **I.** *adj inv* fearful **II.** *adv* fearfully, apprehensively **Angstzustand** *m* state of panic

an|gucken *vt* (*fam*) ■**jdn/etw ~** to look at sb/sth; ■**sich** *dat* **jdn/etw ~** to [take a] look at sb/sth

an|gurten *vt* ■**jdn ~** to strap sb in; ■**sich ~** to fasten one's seat belt, AM *a.* to buckle up; ■**angegurtet** with one's seat belt fastened

an|haben[1] *vt irreg* (*tragen*) ■**etw/nichts ~** to be wearing sth/nothing, to have sth/nothing on

an|haben[2] *vt irreg* **jdm etwas ~ können/wollen** to be able to/want to harm sb; **jdm nichts ~ können** to be unable to harm sb

an|haften *vi* ■**einer S.** *dat* **~** to adhere to sth; ■**jdm/einer S.** *dat* **~** (*fig*) *Nachteil, Risiko* to be attached to sth/sb

an|halten[1] *irreg* **I.** *vi* ❶ (*stoppen*) ■**[an etw** *dat*/**bei etw** *dat*/**vor etw** *dat*] **~** to stop [at sth/near sth/in front of sth]; ***an der Ampel ~*** to stop [*or* pull up] at the [traffic] lights

❷ (*stehen bleiben*) ■**[an etw** *dat*] **~** to stop [at sth]

❸ (*innehalten*) ■**[in etw** *dat*] **~** to pause [in sth]

II. *vt* (*stoppen*) ■**jdn/etw ~** to stop sb/sth, to bring sb/sth to a stop

an|halten[2] *vi irreg* (*fortdauern*) to continue; ***das schöne Wetter soll noch eine Weile ~*** the beautiful weather is expected to last for a little while yet; ***die Unruhen halten jetzt schon seit Monaten an*** the disturbances have been going on for some months now; ***wie lange hielten diese Beschwerden bei Ihnen jetzt schon an?*** how long have you had these symptoms now?

an|halten[3] *irreg* **I.** *vt* (*anleiten*) ■**jdn [zu etw] ~** to teach sb [to do sth]; ■**zu etw angehalten sein** to be taught to do sth; ■**angehalten sein, etw zu tun** to be encouraged to do sth

II. *vi* (*werben*) ■**[bei jdm] um jdn ~** to ask [sb] for sb; ***er hielt bei ihren Eltern um sie an*** he asked her parents for her hand in marriage

an|halten[4] *vt irreg* (*davor halten*) ■**jdm/sich etw** *akk* **~** to hold sth up against sb/oneself; ***die Verkäuferin hielt mir das Kleid an*** the shop assistant held the dress up against me

anhaltend **I.** *adj* continuous; **~er Lärm** incessant noise; **~er Schmerz** persistent [*or* constant] [*or* nagging] pain; ***die ~e Hitzewelle/Kältewelle*** the continuing heatwave/cold spell; FIN **~e Kurserholung** sustained rally; **~er Rückgang** sustained drop

II. *adv* ❶ METEO prolonged; **~ regnerisch sein** to rain continuously

❷ FIN **~ hohes Zinsniveau** persistently high interest level; **~ niedrige Inflation** constantly low inflation

Anhalter(in) <-s, -> *m(f)* hitch-hiker; **per ~ fahren** to hitch-hike

Anhalterecht *nt* JUR right of stoppage in transitu

Anhalte- und Durchsuchungsbefugnis *f* stop and search BRIT, frisk AM

anhaltinisch *adj inv* from Anhalt *pred*

Anhaltspunkt *m* clue

anhand *präp +gen* on the basis of; ■**~ einer S.** *gen* on the basis of sth; **sich ~ eines Kompasses zurechtfinden** to find one's way with the aid of a compass

Anhang <-[e]s, -hänge> *m* ❶ (*Nachtrag*) appendix

❷ *kein pl* (*Angehörige*) [close] family, dependants BRIT, dependents AM, wife [and children]

❸ *kein pl* (*Gefolgschaft*) followers, supporters, fans

Anhängelast *f* AUTO owing capacity

an|hängen **I.** *vt* ❶ *a.* BAHN (*ankuppeln*) ■**etw [an etw** *akk*] **~** to couple sth [*or* hitch sth up] [to sth]

❷ (*daran hängen*) ■**etw [an etw** *akk*] **~** to hang [up] sth [on sth]

❸ (*hinzufügen*) ■**etw ~** to add sth; ■**angehängt** final

❹ (*fig fam: übertragen*) ■**jdm etw ~** to pass sth on to sb

❺ (*fig fam: aufschwatzen*) ■**jdm etw ~** to palm [*or* foist] sth off on sb

❻ (*fig fam: anlasten*) ■**jdm etw ~** to blame [*or* pin] sth on sb

❼ (*fig fam: geben*) ■**jdm etw ~** to give sb sth; ***jdm einen schlechten Ruf ~*** to give sb a bad name

II. *vr* ❶ AUTO (*hinterherfahren*) ■**sich [an jdn/etw] ~** to follow [*or* drive behind] sb/sth

❷ (*fig: zustimmen*) ■**sich [an jdn/etw] ~** to agree with sb/sth

III. *vi irreg* (*fig*) ❶ (*anhaften*) ■**jdm hängt etw an** sth sticks to sb

❷ (*sich zugehörig fühlen*) ■**etw** *dat* **~** to belong to sth; **der [*o* einer] Mode ~** to follow [the] fashion[s]; **einer Vorstellung/Idee ~** to adhere to a belief/idea

Anhänger <-s, -> *m* ❶ AUTO (*angehängter Wagen*) trailer

❷ (*angehängtes Schmuckstück*) pendant

❸ (*Gepäckanhänger*) label, tag

Anhänger(in) <-s, -> *m(f)* (*fig*) ❶ SPORT (*Fan*) fan, supporter

❷ (*Gefolgsmann*) follower, supporter

Anhängerkupplung *f* AUTO coupling device, trailer coupling

Anhängerschaft <-> *f kein pl* ❶ (*Gefolgsleute*) followers *pl*, supporters *pl*

❷ SPORT (*Fans*) fans *pl*, supporters *pl*

anhängig *adj* JUR pending

Anhängigkeit <-> *f* JUR pendency; **~ der Anmeldung/eines Strafverfahrens** pendency of registration/of prosecution

Anhängigsein <-s> *nt kein pl* JUR pendency

anhänglich *adj* (*sehr an jdm hängend*) devoted; (*sehr zutraulich*) friendly

Anhänglichkeit <-> *f kein pl* ❶ (*anhängliche Art*) devotion

❷ (*Zutraulichkeit*) trusting nature

Anhängsel <-s, -> *nt* ❶ (*lästiger Mensch*) hanger-on, gooseberry *fam*

❷ (*Anhang*) **ein ~ an etw** *akk* **sein** to be an appendix to sth

an|hauchen *vt* ■**jdn [mit etw] ~** to breathe on sb [with sth]; *s. a.* **angehaucht**

an|hauen *vt irreg* (*sl*) ❶ (*ansprechen*) ■**jdn ~** to accost sb

❷ (*erbitten*) ■**jdn um etw ~** to tap [*or fam* touch] sb for sth

an|häufen **I.** *vt* ■**etw ~** ❶ (*aufhäufen*) to pile sth up

❷ (*fig: ansammeln*) to accumulate [*or* amass] sth

II. *vr* ❶ (*sich zu einem Haufen ansammeln*) ■**sich ~** to pile up

❷ (*sich ansammeln*) ■**sich ~** to accumulate

Anhäufung <-, -en> *f* ❶ (*das Aufhäufen*) piling up, amassing

❷ (*fig: das Ansammeln*) accumulation

an|heben *irreg* **I.** *vt* ❶ (*hochheben*) to lift sth [up]; **den Hut ~** to take off [*or liter* doff] one's hat

❷ (*erhöhen*) ■**etw ~** to increase [*or* raise] sth; **die Gebühren/Löhne/Preise ~** to increase [*or* raise] charges/wages/prices

II. *vi* (*hochheben*) ■**[mit] ~** to [help] lift sth [up]

Anhebung <-, -en> *f* (*Erhöhung*) increase, raising; **die ~ der Gebühren/Löhne/Preise** the increase [*or* rise] in charges/wages/prices

an|heften *vt* ❶ (*daran heften*) ■**etw an etw** *akk* **~** to attach sth to sth

❷ (*anstecken*) ■**jdm etw ~** to pin sth on sb, to decorate sb with sth

anheim *adv* (*geh*) ■**jdm/etw ~ fallen** to fall victim [*or* prey] to sb/sth; **es jdm ~ stellen, etw zu tun** to leave [it] up to sb [to decide] what to do

anheimelnd *adj* (*geh*) cosy BRIT, cozy AM, homey; **~e Klänge** familiar sounds

anheim|fallen *vi irreg sein* (*geh*) *s.* **anheim** **anheim|stellen** *vt* (*geh*) *s.* **anheim**

anheischig *adv* **sich ~ machen, etw zu tun** (*veraltend geh*) to take it upon oneself [*or* undertake] to do sth

an|heizen *vt* ■**etw ~** ❶ (*zum Brennen bringen*) to light sth, to set sth alight

❷ (*fig fam: im Schwung bringen*) to get sth going, to hot sth up

❸ (*fam: verschlimmern*) to aggravate [*or* fan the flames of] sth

anherrschen *vt* (*zurechtweisen*) ■**jdn ~** to bark at sb; **jdn barsch/wütend ~** to snap at sb

an|heuern **I.** *vt* NAUT ■**jdn [als etw] ~** to sign sb on [*or* up] [as sth]

II. *vi* NAUT ■**[bei jdm/auf etw** *dat*] **~** to sign on [with sb/on sth]

Anhieb *m* **auf [den ersten] ~** (*fam*) straight away [*or fam* off], at the first go; ***das kann ich nicht auf ~ sagen*** I couldn't say off the top of my head

an|himmeln *vt* (*fam*) ■**jdn ~** to idolize sb; (*schwärmerisch ansehen*) to gaze adoringly at sb

anhin *adv* SCHWEIZ (*am nächsten*) next; **am Montag ~** next Monday

Anhöhe <-, -n> *f* high ground

an|hören **I.** *vt* ❶ (*zuhören*) ■**[sich** *dat*] **etw ~** to listen to sth

❷ (*mithören*) ■**etw [mit] ~** to listen [in] to sth; **ein Geheimnis [zufällig] [mit] ~** to [accidentally] overhear a secret

❸ (*Gehör schenken*) ■**jdn ~** to listen to sb, to hear sb [out]; ■**[sich** *dat*] **etw ~** to listen to sth

❹ (*anmerken*) ■**jdm etw ~** to hear sth in sb['s voice]; ***dass er Däne ist, hört man ihm aber nicht an!*** you can't tell from his accent that he's Danish!

II. *vr* ❶ (*stimmlich klingen*) ■**sich irgendwie ~** to sound [a certain way]; ***na, wie hört sich die Gruppe an?*** well, how does the group sound?

❷ (*im Klang von bestimmter Art sein*) ■**sich irgendwie ~** to sound [a certain way]; ***eine CD hört sich besser an als eine Platte*** a CD sounds better than a record

❸ (*klingen*) ■**sich irgendwie ~** to sound [a certain way]; ***Ihr Angebot hört sich gut an*** your offer sounds good

Anhörung <-, -en> *f* JUR hearing

Anhörungsanspruch *m* JUR right of audience **Anhörungsfrist** *f* JUR consultation period **Anhörungspflicht** *f* JUR duty to hear the parties **Anhörungsrecht** *nt* JUR right to be heard **Anhörungstermin** *m* JUR hearing date **Anhörungsverfahren** *nt* JUR hearing

an|hupen *vt* (*fam: in jds Richtung hupen*) ■**jdn/etw ~** to sound one's horn [*or* BRIT *a.* hoot] at sb/sth; ■**sich ~** to sound the horn [*or* BRIT *a.* hoot] at one another

an|husten *vt* ■**jdn ~** to cough at [*or* on] sb

Anilin <-s> *nt kein pl* CHEM aniline

Anilinfarbe *f* CHEM aniline colour [*or* AM -or]

animalisch *adj* animal; ■**etwas A~es** sth animal-like; ***er hat so etwas A~es!*** he has a kind of animal magnetism!

Animateur(in) <-s, -e> [anima'tø:ɐ] *m(f)* (*Unterhalter(in)*) host *masc* [*or fem* hostess]

Animation <-, -en> *f* ❶ (*Unterhaltung*) entertainment
❷ FILM animation
Animierdame *f* [nightclub [*or* bar]] hostess
animieren* I. *vt* ■**jdn** [**zu etw**] ~ to encourage [*or* prompt] sb [to do sth]
II. *vi* ■[**zu etw**] ~ to encourage [to do sth]; ***diese Musik animiert mich zum Mittanzen!*** this music is making me want to join in [the dancing]!; ■**dazu ~, etw zu tun** to be encouraged to do sth
animierend I. *adj* stimulating; ***die Liveshow wurde immer ~er*** the live floorshow became increasingly provocative [*or* suggestive]
II. *adv* stimulatingly; ***schönes Wetter wirkt auf mich ~*** fine weather has a stimulative [*or* an invigorating] effect on me
Animierlokal *nt* hostess bar [*or* nightclub] **Animiermädchen** *nt s.* **Animierdame**
Animismus <-> *m kein pl* REL animism
Anion <-s, -en> *nt* CHEM (*negativ geladenes Ion*) anion
Anis <-[es], -e> *m* ❶ BOT (*Pflanze*) anise
❷ KOCHK (*Gewürz*) aniseed
❸ (*fam*) *s.* **Anisschnaps** aniseed brandy
Anislikör *m* aniseed liqueur, anisette
anisotrop *adj* PHYS *Kristalle* anisotropic
Anisschnaps *m* aniseed liqueur [*or* schnaps]
an|kämpfen *vi* ■**gegen etw** ~ to fight [against] sth; **gegen die Elemente** ~ to battle against [*or* with] the elements; ***sie kämpfte gegen ihre Tränen an*** she fought back her tears; ■**gegen jdn** ~ to fight [against] [*or* [do] battle with] sb
Ankauf <-[e]s, -käufe> *m* buy, purchase *form*; **An- und Verkauf von...** we buy and sell...
an|kaufen I. *vt* ■**etw** ~ to buy [*or form* purchase] sth
II. *vi* to buy, to purchase
III. *vr* (*eine Immobilie erwerben*) ■**sich** [**irgendwo**] ~ to buy property [somewhere]
Ankaufskurs *m* BÖRSE *einer Aktie* buying rate **Ankaufsrecht** *nt* JUR, HANDEL right to acquire
ankehrig *adj* SCHWEIZ (*geschickt*) skilful BRIT, skillful AM
Anker <-s, -> *m* ❶ NAUT anchor; [**irgendwo**] **vor ~ gehen** NAUT to drop [*or* cast] anchor [somewhere]; (*fig fam a.*) to stop [over] somewhere; **den ~ hieven** [*o* **lichten**] to weigh [*or* raise] anchor; [**irgendwo**] **vor ~ liegen** to lie [*or* ride] at anchor; **~ werfen** (*a. fig*) to drop [*or* cast] anchor
❷ (*fig geh: Halt*) mainstay, support
❸ TECH, BAU (*Befestigungsteil*) anchor[-iron]; (*Teil eines Aggregates*) armature; (*Teil des Uhrwerks*) anchor
Ankerbolzen *m* BAU anchor bolt **Ankerkette** *f* anchor cable **Ankermauer** *f* BAU abutment
ankern *vi* ❶ (*Anker werfen*) to drop [*or* cast] anchor; ■**ein Schiff ankert** a ship is dropping [*or* casting] anchor
❷ (*vor Anker liegen*) to lie [*or* ride] at anchor; ■**ein Schiff ankert** a ship is lying [*or* riding] at anchor
Ankerplatte *f* BAU anchor plate **Ankerplatz** *m* anchorage **Ankerwährung** *f* FIN anchor currency **Ankerwinde** *f* NAUT windlass, capstan
an|ketten *vt* ❶ (*an einer Kette befestigen*) ■**jdn/ein Tier/etw** ~ to chain sb/an animal/sth up; ■[**an etw** *akk o dat*] **angekettet sein** to be chained [up] [to sth]
❷ (*fig: unentrinnbar verbunden*) ■[**an jdn**] **angekettet sein** to be tied [to sb]
an|kläffen *vt* ■**jdn** ~ to yap at sb; (*fig: jdn heftig anfahren*) to bark at sb
Anklage <-, -n> *f* ❶ *kein pl* JUR (*gerichtliche Beschuldigung*) charge; ***wie lautet die ~?*** what's the charge?; **gegen jdn ~** [**wegen etw**] **erheben** to charge sb [with sth]; [**wegen etw**] **unter ~ stehen** to be charged [with sth]; **jdn** [**wegen etw**] **unter ~ stellen** to charge sb [with sth]
❷ JUR (*Anklagevertretung*) prosecution
❸ (*Beschuldigung*) accusation
❹ (*fig: Anprangerung*) ■**eine ~ gegen etw** a denunciation of sth
Anklagebank *f* JUR dock; **jdn** [**wegen etw**] **auf die ~ bringen** to put sb in the dock [*or* take sb to court] [for sth]; [**wegen etw**] **auf der ~ sitzen** to be in the dock [for sth] **Anklagebehörde** *f* JUR the public prosecutor, prosecuting authority **Anklageerhebung** *f* JUR preferral of charges **Anklageerzwingung** *f* JUR compelling the public prosecutor to prefer charges
an|klagen I. *vt* ❶ JUR (*gerichtlich beschuldigen*) ■**jdn** [**einer S.** *gen* [*o* **wegen einer S.** *gen*]] ~ to charge sb [with sth], to accuse sb [of sth]
❷ (*beschuldigen*) ■**jdn einer S.** *gen* ~ to accuse sb of sth; ■**jdn ~, etw getan zu haben** to accuse sb of doing [*or* having done] sth
❸ (*fig: anprangern*) ■**jdn/etw** ~ to denounce sb/sth
II. *vi* (*eine Anprangerung zum Ausdruck bringen*) to denounce
anklagend I. *adj* ❶ (*anprangernd*) denunciatory
❷ (*eine Beschuldigung beinhaltend*) accusatory
II. *adv* (*als Anklage*) accusingly
Anklageprinzip *nt* JUR principle of ex officio prosecution **Anklagepunkt** *m* JUR [count of a] charge
Ankläger(in) <-s, -> *m(f)* JUR prosecutor; **öffentlicher** ~ public prosecutor
Anklageschrift *f* JUR bill of indictment, charge sheet **Anklageverfahren** *nt* JUR accusatorial procedure **Anklageverfügung** *f* JUR indictment **Anklagevertreter(in)** *m(f)* JUR prosecutor, prosecuting attorney **Anklagevertretung** *f* JUR prosecution
an|klammern I. *vt* ❶ (*anheften: mit einer Büroklammer befestigen*) ■**etw** [**an etw** *akk o dat*] ~ to clip sth [[on]to sth]; (*mit einer Heftmaschine befestigen*) to staple sth [[on]to sth]
❷ (*mit einer Wäscheklammer befestigen*) ■**etw** ~ to peg sth
II. *vr* ❶ (*krampfhaft festhalten*) ■**sich an etw** *akk* ~ to cling [*or* hang] on to sth
❷ (*fig: sich festklammern*) ■**sich an jdn/etw** ~ to cling [on]to sb/sth
Anklang <-[e]s, -klänge> *m* ❶ *kein pl* (*Zustimmung*) approval; [**bei jdm**] [**bestimmten**] **~ finden** to meet with the approval [of sb] [*or* [a certain amount of] approval [from sb]]
❷ (*Ähnlichkeit*) ■**~/Anklänge an jdn/etw** similarity/similarities to sb/sth; ***in dem Film gibt es gewisse Anklänge an E.A. Poe*** there are certain similarities to [*or* echoes of] E.A. Poe in the film
an|kleben I. *vt haben* ■**etw an etw** *akk* ~ to stick sth on sth
II. *vi sein* to stick; ■**an etw angeklebt sein** to be stuck [on]to sth
Ankleidekabine *f* changing cubicle
an|kleiden *vt* (*geh*) ■**jdn** ~ to dress [*or* clothe] sb; ■**sich** ~ to dress [*or* clothe] oneself
Ankleideraum *m* changing room
an|klicken *vt* INFORM ■**etw** ~ to click on sth
an|klingeln *vi, vt* SÜDD, SCHWEIZ (*fam: telefonieren*) ■[**bei jdm**] ~ [*o* **jdn** ~] to give sb a ring [*or* call] [*or* BRIT *fam a.* bell]
an|klingen *vi irreg sein* ❶ (*erinnern*) ■**an etw** *akk* ~ to be reminiscent of sth
❷ (*spürbar werden*) ■**in etw** *dat* ~ to be discernible in sth; ***in ihren Worten klang ein deutlicher Optimismus an*** there was a clear note of optimism in her words; ■**etw** [**in etw** *dat*] **~ lassen** to make sth evident [*or* apparent] [in sth]
Anklopfen <-s> *nt kein pl* TELEK call waiting
an|klopfen *vi* ❶ (*an die Tür klopfen*) ■[**an etw** *akk o dat*] ~ to knock [on sth]; **an die** [*o* **der**] **Tür** ~ to knock on [*or* at] the door
❷ (*fig fam: vorfühlen*) ■**bei jdm** [**wegen etw**] ~ to sound sb out [about sth]
an|knabbern *vt* (*fam: annagen*) ■**etw** ~ to gnaw [away] at sth; ***das Kind knabberte das Brot nur an*** the child only nibbled [at] the bread
an|knacksen *vt* (*fam*) ❶ ■[**sich** *dat*] **etw** ~ to crack [a bone in] sth
❷ (*beeinträchtigen*) ■**etw** ~ to injure sth; **jds Stolz** ~ to injure [*or* hurt] sb's pride; **jds Selbstbewusstsein/Zuversicht** ~ to undermine [*or* shake] sb's [self-]confidence; ■**angeknackst sein** to be in a bad way; ***bei deiner angeknacksten Gesundheit solltest du aufpassen*** with your poor health you should take it easy
an|knipsen *vt* (*fam*) ■**etw** ~ to switch [*or fam* flick] sth on; ***lass das Licht*** [***nicht***] ***angeknipst*** [don't] leave the light on
an|knöpfen *vt* ■**etw** [**an etw** *akk o dat*] ~ to button sth on[to sth]
an|knoten *vt* ■**etw** [**an etw** *akk o dat*] ~ to tie sth [to sth]
an|knüpfen I. *vt* ❶ (*befestigen*) ■**etw** [**an etw** *akk o dat*] ~ to tie [*or* fasten] sth [to sth]
❷ (*fig: aufnehmen*) ■**etw** ~ to establish sth; **eine Freundschaft** ~ to strike up a friendship
II. *vi* (*fig*) ■**an etw** *akk* ~ to resume sth; **an ein altes Argument** ~ to take up an old argument
Anknüpfung <-, -en> *f* JUR connection, linkage; **akzessorische/selbständige** ~ accessorial/independent connection
Anknüpfungsgegenstand *m* JUR object of connection **Anknüpfungsgrund** *m* JUR, FIN ground for connection **Anknüpfungsmerkmal** *nt* JUR connecting feature **Anknüpfungsmoment** *nt* JUR link, common interest **Anknüpfungspunkt** *m* starting-point **Anknüpfungstatsache** *f* JUR connecting fact **Anknüpfungswerbung** *f* JUR follow-up [*or* tie-in] advertising
an|knurren *vt* ■**jdn** ~ (*a. fig*) to growl at sb
an|kochen *vt* ■**etw** ~ to parboil [*or* precook] sth
an|kommen *irreg* I. *vi sein* ❶ TRANSP (*ein Ziel erreichen*) to arrive; ***seid ihr auch gut angekommen?*** did you arrive safely?
❷ (*angeliefert werden*) ■[**bei jdm**] ~ to be delivered [to sb]
❸ (*angelangen*) ■**bei etw** ~ to reach sth
❹ (*fam: sich nähern*) to approach; ***schau mal, wer da ankommt!*** [just] look who's coming!
❺ (*fam: Anklang finden*) ■[**bei jdm**] ~ *Sache* to go down well [with sb]; *Person* to make an impression [on sb]; ***der neue Chef kommt gut an*** the new boss is well liked [*or* is a real [*or* big] hit]
❻ (*sich durchsetzen*) ■**gegen jdn/etw** ~ to get the better of sb/sth; ***gegen diesen Flegel von Sohn kommt sie nicht mehr an*** she can't cope with her brat of a son any more
❼ (*überwinden*) ■**gegen etw** ~ to break [*or fam* kick] a habit; **gegen eine Arbeitsüberlastung** ~ to cope with an excess of work; **gegen Vorurteile** ~ to break down prejudices
❽ (*fam: darauf ansprechen*) ■[**jdm**] [**mit etw**] ~ to speak [to sb] [about sth]; ***nachher kommst du mir wieder damit an*** afterwards you'll come back to me about it [and say...]; ***mit so einem alten Auto brauchen Sie bei uns nicht anzukommen!*** don't bother [coming to] us with such an old banger!; ***kommen Sie mir bloß nicht schon wieder damit an!*** [just] don't start harping on about that again!
❾ (*eine Stellung/einen Studienplatz finden*) ■[**bei jdm**] [**mit etw**] ~ to be taken on [*or* accepted] [by sb] [with sth]; ***bist du mit deiner Bewerbung bei Siemens angekommen?*** were you successful with your job application to [*or* at] Siemens?
❿ (*geboren werden*) ■[**bei jdm**] ~ to be born [to sb]; ***das Baby kommt in zwei Monaten an*** the baby is due in two months; ***bei meiner Frau ist gerade ein Junge angekommen!*** my wife has just given birth to a [baby] boy!
II. *vi impers sein* ❶ (*wichtig sein*) ■**auf etw** *akk* ~ sth matters [*or* is important]; ■**es kommt darauf an, dass** what matters is that; ***bei diesem Job kommt es sehr darauf an, dass man kreativ arbeiten kann*** what matters in this job is that one is able to work creatively
❷ (*von etw abhängen*) ■**auf jdn/etw** ~ to be dependent on sb/sth; ***du glaubst, ich schaffe es nicht? na, das käme auf einen Versuch an!*** you don't think I can manage it? well, I'll give it a [damn good] try! [*or fam* do my damnedest!]; ***das kommt***

darauf an it [*or* that] depends; ■**darauf ~, dass/ob** it depends on/on whether; ***alles kommt darauf an, ob wir rechtzeitig fertig werden*** it all depends on whether we're ready in time; ***es kommt darauf an, dass ich gesund bleibe*** it depends on me staying healthy
❸ (*riskieren*) **es auf etw** *akk* **~ lassen** to risk [*or* chance] sth; **es darauf ~ lassen** (*fam*) to risk [*or* chance] it; ***lass es lieber nicht darauf ~!*** don't leave it to chance!; ***lassen wir es also darauf ~!*** let's risk [*or* chance] it!
III. *vt sein* (*geh: sich für jdn darstellen*) **jdn leicht/schwer** [*o* **hart**] **~** to be easy/hard for sb; ***die Arbeitslosigkeit meines Mannes kommt mich schon schwer an*** I'm finding my husband's unemployment hard; **es kommt jdn leicht/schwer** [*o* **hart**] **an, etw zu tun** to be easy/hard for sb to do sth

Ankömmling <-s, -e> *m* (*Neugeborenes*) new arrival; (*kürzlich Angekommene(r)*) newcomer

an|koppeln *vt* BAHN ■**etw** [**an etw** *akk*] **~** to couple sth [to sth]; RAUM to dock sth [with sth]

an|kotzen *vt* ❶ (*derb: anwidern*) ■**jdn ~** to make sb [feel] sick; ***dieser schleimige Kerl kotzt mich an!*** this slimy bloke makes me [feel] sick! [*or fam!* want to puke]
❷ (*derb: bespucken*) ■**jdn/etw ~** to throw up [*or fam!* puke] [all] over sb/sth

an|kreiden *vt* ❶ (*anlasten*) ■**jdm etw** [**irgendwie**] **~** to hold sth against sb [in a certain manner]; ***das kreidet sie dir heute noch*** [***übel***] ***an!*** she still [really] holds that against you [even] today!
❷ (*veraltet: Schulden anschreiben*) to chalk up sth

an|kreuzen *vt* ■**etw ~** to mark sth with a cross

an|kündigen I. *vt* ❶ (*ansagen*) ■[**jdm**] **jdn ~** to announce sb [to sb]; ***darf ich Ihnen jetzt den nächsten Gast unserer Show ~*** [please] let me introduce the next guest in our show, and the next act in our show is
❷ (*avisieren*) ■**jdn** [**als jdn**] **~** to announce sb [as sb]; ***er wurde uns als Professor Poloni angekündigt*** he was announced [*or* introduced] to us as Professor Poloni
❸ (*voraussagen*) ■**etw ~** to predict sth; ***uns wurden gerichtliche Schritte angekündigt*** we were given notice of legal proceedings; ***die Wettervorhersage kündigt Regen an*** the weather forecast is predicting [*or* has announced] rain
❹ (*anzeigen, kundgeben*) ■**etw** [**für etw**] **~** to advertise sth [for sth]; ***der Magier kündigte die nächste Nummer an*** the magician announced the next number; ***wir konnten leider nicht vorher ~, dass...*** unfortunately we were unable to give prior notice that...
❺ (*Besuch anmelden*) ■**sich** [**bei jdm**] [**als jd**] **~** to announce oneself [to sb] [as sb]; ***sie besucht uns nie, ohne sich vorher angekündigt zu haben*** she never visits us without letting us know beforehand
II. *vr* (*sich andeuten*) ■**sich** [**durch etw**] **~** to announce itself [with sth]; ***es wird kälter, der Herbst kündigt sich an*** it is getting colder, autumn [*or* AM *a.* fall] is in the air; ***Erkältung kündigt sich oft durch Halsschmerzen an*** a cold is usually preceded by a sore throat

Ankündigung <-, -en> *f* ❶ (*Ansage*) announcement
❷ (*Avisierung*) advance notice
❸ (*das Voraussagen*) announcement; ***die ~ einer Sturmflut*** a storm tide warning
❹ (*Anzeige, Kundgebung*) announcement
❺ (*Vorzeichen*) advance warning

Ankunft <-, -künfte> *f* ❶ (*das Ankommen*) ■**jds ~** [**an etw** *dat*/**in etw** *dat*] sb's arrival [at sth/in sth]
❷ TRANSP (*Eintreffen*) arrival
❸ REL (*Wiederkunft*) the Second Coming

Ankunftsbahnsteig *m* arrival platform **Ankunftsflughafen** *m* arrival airport **Ankunftshafen** *m* port of arrival **Ankunftshalle** *f* arrivals [lounge [*or* hall]] **Ankunftstafel** *f* arrivals [indicator] board **Ankunftstag** *m* day of arrival **Ankunfts- und Abfahrtszeiten** *pl* arrivals and departures *pl* **Ankunftsverkehr** *m* incoming traffic **Ankunftszeit** *f* time of arrival, arrival time; **geschätzte ~** estimated time of arrival

an|kuppeln *vt* ■**etw** [**an etw**] **~** to hitch up sth *sep* [to sth], to couple up sth *sep* [to sth]; ***sie schauten, ob der Wohnwagen sicher an das Auto angekuppelt war*** they made sure the caravan was securely hitched up to the car

an|kurbeln *vt* ■**etw ~** ❶ ÖKON (*in Gang bringen*) to boost [*or* stimulate] sth
❷ AUTO (*anlassen*) to start sth [up], to crank sth up

Ankurbelung <-, -en> *f* ÖKON boost, stimulation

Ankurbelungskredit *m* pump-priming credit **Ankurbelungspolitik** *f* reflation policy

an|lächeln *vt* ■**jdn ~** to smile at sb

an|lachen I. *vt* ❶ (*in jds Richtung lachen*) ■**jdn ~** to laugh at sb; ■**sich ~** to laugh at one another
❷ (*fig*) ■**jdn lacht etw an** sth is enticing sb; ***das lacht mich nicht besonders an*** that doesn't appeal to me all that much; ***diese Schokotorte lacht mich so unwiderstehlich an*** this chocolate cake looks too good to resist [*or* is just asking to be eaten]
II. *vr* (*fam: mit jdm anbändeln*) ■**sich** *dat* **jdn ~** to pick sb up *fam*

Anlage <-, -n> *f* ❶ (*Produktionsgebäude*) plant
❷ BAU (*das Errichten*) building, construction
❸ HORT (*Grün~*) park, green area; (*das Anlegen*) lay out
❹ SPORT facilities *pl*, [sport's] complex; MIL (*Einrichtung*) installation
❺ TECH, TELEK, MUS (*Stereo~*) stereo equipment, sound [*or* music] system; (*Telefon~*) telephone system [*or* network]
❻ TECH (*technische Vorrichtung*) plant *no pl*; **sanitäre ~n** (*geh*) sanitary facilities
❼ FIN (*Kapital~*) investment
❽ ÖKON (*Beilage zu einem Schreiben*) enclosure; **als** [*o* **in der**] **~** enclosed
❾ *meist pl* (*Veranlagung*) disposition, natural abilities *pl*; ***dieser Knabe hat gute ~n, aus dem kann mal was werden!*** this guy is a natural, he could be big one day!; **die ~ zu etw haben** to have the disposition [*or* temperament] for sth
❿ *kein pl* LIT, THEAT (*Grundidee*) conception

Anlageabschreibung *f* FIN capital depreciation [*or* allowance] **Anlageberater(in)** *m(f)* FIN investment advisor **Anlageberatung** *f* FIN (*Ratschlag*) investment advice **Anlagefonds** *m* FIN investment trust **Anlageform** *f* FIN investment vehicle **Anlagegeschäft** *nt* ÖKON investment banking **Anlagegesellschaft** *f* ÖKON (*Investmentgesellschaft*) investment trust **Anlagegrundsätze** *pl* FIN investment standards **Anlagegüter** *pl* FIN capital goods **Anlageinvestitionen** *pl* FIN capital investment *no pl* **Anlagekapital** *nt* FIN capital [assets *pl*]

Anlagenbau *m kein pl* plant construction

Anlagepapier *nt* long-term investment bond

an|lagern *vr* CHEM ■**sich** [**an etw** *akk*] **~** to be taken up [by sth]

Anlageschwund *m kein pl* FIN reduced investments *pl* **anlagesuchend** *adj* investing *attr*; **~es Kapital** capital-seeking investment **Anlagevermögen** *nt* FIN fixed assets *pl*; **bewegliches/unbewegliches ~** movables [*or* non-fixed assets]/immovables **Anlagevorschriften** *pl* FIN investment rules [*or* regulations] **Anlagewert** *m* FIN asset [*or* investment] value **Anlagezwecke** *pl* FIN investment purposes; **zu ~n** for investment purposes

an|landen I. *vt haben* ■**etw** [**irgendwo**] **~** to land sth [somewhere]
II. *vi sein* ■**irgendwo ~** to land somewhere

Anlandung <-, -en> *f* landing

an|langen[1] **I.** *vt haben* (*betreffen*) ■**jdn ~** to concern sb; **was jdn/etw anlangt, ...** as far as sb/sth is concerned, ...
II. *vi sein* (*geh: ankommen*) ■[**irgendwo**] **~** to arrive [*or* reach] [somewhere]

an|langen[2] **I.** *vi* SÜDD (*fam*) ❶ (*anfassen*) ■**irgendwo ~** to touch somewhere
❷ (*mithelfen*) ■[**mit**] **~** to help [*or* lend a hand] [with]
II. *vt* SÜDD (*anfassen*) ■**etw ~** to touch sth

Anlass[RR] <-es, -lässe> *m*, **Anlaß** <-sses, -lässe> *m* ❶ (*unmittelbarer Grund*) reason; ■**der/ein/kein ~ zu etw** the/a/no reason for sth; ***ihr Geburtstag war der geeignete ~, mal wieder zu feiern*** her birthday was the perfect excuse for another party; ■**ein/kein ~, etw zu tun** a/no reason to do sth; **es besteht ~ zu etw** there are grounds [*or* is cause] for sth; **es besteht kein ~ zu etw/, etw zu tun** there are no grounds for sth/to do sth; [**jdm**] **~ zu etw geben** to give [sb] grounds for sth; **jdm ~ geben, etw zu tun** to give sb grounds to do sth; **einen/keinen ~ haben, etw zu tun** to have grounds/no grounds to do sth; **ein ~** [**für jdn**] **sein, etw zu tun** to be a [good] excuse [for sb] to do sth; **etw zum ~ nehmen, etw zu tun** to use sth as an opportunity to do sth; **aus bestimmtem ~** for a certain type of reason; **und aus diesem ~** and for this reason; ***aus besonderem ~ fällt der Spielfilm aus*** due to unforeseen circumstances we will not be able to show the film; **aus keinem besonderen ~** for no particular reason; **aus gegebenem ~** with good reason; **zum ~ von etw werden** to be the cause of sth
❷ (*Gelegenheit*) occasion; **dem ~ entsprechend** to fit the occasion; ***sie war immer dem ~ entsprechend angezogen*** she was always dressed for the occasion; **beim geringsten ~** at the slightest opportunity; **bei jedem ~** at every opportunity; **aus ~ einer S.** *gen* on the occasion of sth

an|lassen *irreg* **I.** *vt* ■**etw ~** ❶ AUTO (*starten*) to start sth [up]; ■**das A~** starting [up]
❷ (*fam: anbehalten*) to keep sth on
❸ (*fam: in Betrieb lassen*) to leave sth on; **den Motor ~** to leave the engine running; (*brennen lassen*) to leave sth burning; (*laufen lassen*) to leave sth running [*or* on]
II. *vr* (*fam*) ❶ (*sich beruflich erweisen*) ■**sich ~** to get along [*or* on]; ***na, wie lässt sich denn der neue Lehrling an?*** well, how is the new trainee getting on [*or* coming along]?
❷ METEO (*anfangen*) ■**sich irgendwie ~** to start in a certain manner; ***der Sommer lässt sich wirklich ausgezeichnet an*** the summer promises to be an excellent one
❸ ÖKON (*sich entwickeln*) ■**sich irgendwie ~** to develop in a certain manner; ***wie lässt sich euer Geschäft denn an?*** how's [your] business [going]?

Anlasser <-s, -> *m* AUTO starter [motor]

anlässlich[RR], **anläßlich** *präp* +*gen* ■**~ einer S.** *gen* on the occasion of

an|lasten *vt* ■**jdm etw ~** to blame sb for sth; ***ihm wird Betrug angelastet*** he was accused of fraud; ***dieses Zuspätkommen will ich Ihnen ausnahmsweise nicht ~*** as an exception I won't hold it against you for arriving late; ■**jdm etw als etw ~** to regard sth in sb as sth; ***ihr Ausbleiben wurde ihr als Desinteresse angelastet*** people regarded her absence as a lack of interest [*or* took her absence for a lack of interest] [on her part]

Anlauf <-[e], -läufe> *m* ❶ SPORT (*das Anlaufen*) run-up; **~ nehmen** to take a run-up; **mit/ohne** [**bestimmten**] **~** with/without a [certain type of] run-up
❷ (*fig: Versuch*) attempt, go *fam*; **beim ersten/zweiten ~** at the first/second attempt; [**noch**] **einen ~ nehmen** [*o* **machen**] to make another attempt, to have another go *fam*
❸ (*Beginn*) start; **~ nehmen, etw zu tun** to start to do sth

Anlaufdividende *f* FIN initial dividend

an|laufen *irreg* **I.** *vi sein* ❶ (*beginnen*) to begin, to start; ***in den Kinos läuft jetzt der neue James Bond an*** the new James Bond film is now showing at the cinema; ***in Kürze läuft die*** [***neue***] ***Saison an*** the new season opens [*or* begins] shortly
❷ SPORT (*zu laufen beginnen*) to take a run-up
❸ (*beschlagen*) *Brillengläser, Glasscheibe* to steam

up
❹ (*oxidieren*) to rust, to tarnish, to oxidize
❺ (*sich verfärben*) ■ **irgendwie** ~ to change colour [*or* AM -or] in a certain manner; ***vor Wut rot*** ~ to turn purple with rage; ***die Patientin läuft schon blau*** [***im Gesicht***] ***an!*** the patient is beginning to turn blue [in the face]!
❻ (*sich ansammeln*) ■ [**auf etw** *akk*] ~ to accrue [in sth]
❼ KOCHK *s.* **anschwitzen**
II. *vt haben* NAUT (*ansteuern*) ■ **etw** ~ to put into sth; ***das Schiff lief den Hafen an*** the ship put into port

Anlaufkosten *pl* FIN launching costs, set-up costs **Anlaufkredit** *m* FIN opening credit **Anlaufphase** *f* beginning stages *pl;* FILM, THEAT beginning performances **Anlaufprobleme** *pl* initial problems; *eines Projekts a.* teething problems [*or* troubles]; ~ **mit etw** *dat* **haben** to have trouble [*or* problems] starting sth **Anlaufstelle** *f* refuge, shelter **Anlaufzeit** *f* ❶ (*Vorbereitungszeit*) preparation [time]; ***morgens braucht er eine gewisse ~, um in Schwung zu kommen*** he needs a bit of time to get going in the morning ❷ AUTO (*Warmlaufzeit*) warming-up time [*or* period]

Anlaut *m* LING initial sound; **im** ~ at the beginning of a word, in initial position

an|läuten I. *vi* SÜDD, SCHWEIZ ■ [**jdm** [*o* **bei jdm**]] ~ to phone [sb], to ring [sb] [up]
II. *vt* ■ **jdn** ~ to phone sb, to ring sb [up]

Anlegebrücke *f* landing stage, jetty **Anlegeleiter** *f* straight ladder

an|legen I. *vt* ❶ (*erstellen*) ■ **etw** ~ to compile sth; **eine Liste** ~ to draw up a list
❷ HORT ■ **etw** ~ to lay sth out
❸ (*ansammeln*) ■ **etw** ~ to lay sth in; **sich** *dat* **einen Vorrat** [*o* **Vorräte**] [**an etw** *dat*] ~ to lay oneself in a stock [of sth]
❹ FIN (*investieren*) ■ **etw** [**in etw** *dat*] ~ to invest sth [in sth]; ■ **etw** [**für etw**] ~ to spend sth [on sth]
❺ (*fig*) ■ **es auf etw** *akk* ~ to risk sth, to leave sth to chance; ■ **es** [**mit etw**] **darauf ~, dass jd etw tut** to risk [with sth] that sb does sth
❻ (*daran legen*) ■ **etw** [**an etw** *akk*] ~ to place sth [against [*or* on] sth]; MATH to position sth [to sth]; **eine Leiter** ~ to put a ladder up; **Karten** ~ to lay down cards
❼ (*geh: anziehen*) ■ **etw** ~ to don sth; ■ **jdm etw** ~ to put sth on sb
❽ (*ausrichten*) ■ **etw auf etw** *akk* ~ to structure sth for sth; **etw auf eine bestimmte Dauer** ~ to plan sth [to last] for a certain period; ■ **auf jdn/etw angelegt sein** to be built for sb/sth; ***das Stadion ist auf 30.000 Besucher angelegt*** the stadium holds [*or* was built to hold] 30,000 spectators; *s. a.* **Maßstab**
II. *vi* ❶ NAUT (*festmachen*) ■ [**irgendwo** *dat*] ~ to berth [*or* dock] [somewhere]
❷ MIL (*zielen*) ■ [**mit etw**] [**auf jdn**] ~ to aim [at sb] [with sth]; ***„legt an – Feuer!“*** "take aim – fire!"
❸ KARTEN (*dazulegen*) ■ [**bei jdm**] ~ to lay down [cards] [on sb's hand]
III. *vr* ■ **sich mit jdm** ~ to pick an argument [*or* a fight] with sb

Anlegepflicht *f* TRANSP (*Anschnallpflicht*) compulsory wearing of a seat belt **Anlegeplatz** *m* berth, dock

Anleger(in) <-s, -> *m(f)* FIN investor

Anlegerrisiko *nt* FIN exposure, investor's risk **Anlegerschutz** *m kein pl* FIN protection for the investor

Anlegestelle *f* NAUT mooring

Anlegung <-, -en> *f* FIN *von Kapital* capital investment

an|lehnen I. *vt* ❶ (*daran lehnen*) ■ **etw** [**an etw** *akk*] ~ to lean sth [against sth]; ■ **angelehnt sein** propped up
❷ (*einen Spalt offen lassen*) ■ **etw** ~ to leave sth slightly open; **die Tür** ~ to leave the door ajar; ■ **angelehnt sein** to be slightly open [*or* ajar]
II. *vr* ❶ (*sich daran lehnen*) ■ **sich** [**an jdn/etw**] ~ to lean [against sb/sth]
❷ (*fig*) ■ **sich an etw** *akk* ~ *Text* to follow sth, to be faithful to sth

Anlehnung <-, -en> *f* ■ **die** ~ **an jdn/etw** following of sb/sth; **in** ~ **an jdn/etw** following sb/sth; ~ [**an jdn**] **suchen** (*Anschluss*) to strike up a friendship [with sb]

Anlehnungsbedürfnis *nt* need for affection **anlehnungsbedürftig** *adj* needing affection *pred,* in need of affection

an|leiern *vt* (*fam: im Gang setzen*) ■ **etw** ~ to get sth going

Anleihe <-, -n> *f* ❶ FIN (*Kredit*) loan; **eine** ~ [**bei jdm**] **aufnehmen** to take out a loan [with sb]; BÖRSE, FIN (*Wertpapier*) bond
❷ (*hum: Plagiat*) borrowing; ***dieser Satz ist eine ~ bei Goethe*** this sentence is lifted from Goethe *fam;* **eine** ~ **bei jdm/etw machen** (*fam*) to borrow sth from sb/sth

Anleiheagio *nt* FIN loan [*or* bond] premium **Anleiheemission** *f* FIN bond issue **Anleihekapital** *nt* FIN loan [*or* bond] capital **Anleihepapier** *nt* FIN stock, bond **Anleiherendite** *f* FIN loan [*or* bond] yield **Anleiheschuld** *f* FIN loan [*or* bonded] debt **Anleiheumlauf** *m* FIN bonds *pl* outstanding **Anleiheverbindlichkeiten** *pl* FIN bonded debt; (*zu zahlen*) bonds payable

an|leimen *vt* ❶ (*kleben*) ■ **etw** ~ to glue [*or* stick] on sth *sep,* to paste sth; **wie angeleimt dastehen** to stand rooted to the spot
❷ (*necken*) ■ **jdn** ~ to pull sb's leg

an|leiten *vt* ❶ (*unterweisen*) ■ **jdn** ~ to instruct [*or* train] sb; ■ **sich von jdm ~ lassen** to be instructed [*or* trained] by sb
❷ (*erziehen*) ■ **jdn zu etw** ~ to teach sb sth

Anleitung <-, -en> *f* ❶ (*Gebrauchs~*) instructions *pl;* **unter jds** *dat* ~ [*o* **unter der** ~ **von jdm**] under sb's guidance
❷ (*das Anleiten*) instruction, direction

Anlernberuf *m* semi-skilled job

an|lernen I. *vt* ❶ (*einweisen*) ■ **jdn** [**zu etw**] ~ to train sb [in sth]; *s. a.* **angelernt**
❷ (*dressieren*) ■ **ein Tier dazu ~, etw zu tun** to train an animal to do sth
II. *vr* ■ **sich** *dat* **etw** ~ to cram, BRIT *fam a.* to mug sth up, BRIT *fam a.* to mug up on sth, BRIT *fam a.* to swot up sth

an|lesen *irreg* **I.** *vt* (*den Anfang von etw lesen*) ■ **etw** ~ to start [*or* begin] to read [*or* reading] sth
II. *vr* (*sich durch Lesen aneignen*) ■ **sich** *dat* **etw** ~ to learn sth by reading; **angelesenes Wissen** knowledge [acquired] from books

an|leuchten *vt* ■ **jdn/etw** [**mit etw**] ~ to light sb/sth up [with sth]; ***beim Verhör wurde er mit der grellen Schreibtischlampe angeleuchtet*** the dazzling table lamp was shone [directly] at him during the interrogation

an|liefern *vt* ÖKON ■ [**jdm**] **etw** ~ to deliver sth [to sb]

Anlieferung <-, -en> *f* delivery; **bei** ~ on delivery

an|liegen *vi irreg* ❶ (*zur Bearbeitung anstehen*) to be on the agenda; ■ **~d** [still] to be done, pending
❷ MODE (*sich eng anpassen*) ■ [**an etw** *dat*] ~ to fit tightly [*or* closely] [on sth]; ■ **~d** tight-[*or* close-]fitting
❸ (*nicht abstehen*) to lie flat; ■ **~d** flat (**an** +*dat* against)

Anliegen <-s, -> *nt* ❶ (*Bitte*) request; **ein** ~ [**an jdn**] **haben** to have a request to make [*or* favour [*or* AM -or] to ask] [of sb]
❷ (*Angelegenheit*) matter

anliegend *adj* ❶ (*beiliegend*) enclosed
❷ (*angrenzend*) adjacent

Anlieger <-s, -> *m* ❶ (*Anwohner*) resident; ***die Straße ist nur für*** ~ [***bestimmt***]! [access to] the street is for residents only!; ~ **frei** [*o* **frei für** ~] residents only
❷ (*Anrainer*) neighbour [*or* AM -or]; **die** ~ **der Ostsee** countries bordering the Baltic Sea; **die** ~ **eines Sees** people living on the shores of a lake; ***die ~ des Kanals waren stets durch Hochwasser gefährdet*** the people living along[side] the canal were constantly endangered by high water

Anliegergebrauch *m* JUR use by adjacent owners **Anliegerrecht** *nt* JUR adjoining property rights **Anliegerschutzbestimmung** *f* JUR protective clause for adjoining parties **Anliegerstaat** *m* border[ing] state **Anliegerverkehr** *m* [local] residents' traffic; ~ **frei** residents only

an|locken *vt* ■ **jdn** ~ to attract sb; ■ **ein Tier** ~ to lure an animal

an|löten *vt* ■ **etw** [**an etw** *akk o dat*] ~ to solder sth on[to sth]

an|lügen *vt irreg* ■ **jdn** ~ to lie to [*or* tell a lie [*or* lies] to] sb; ■ **sich** [**von jdm**] ~ **lassen** to be lied to [by sb]

Anm. *f Abk von* **Anmerkung**

Anmache <-> *f kein pl* (*sl: plumper Annäherungsversuch*) come-on *sl*

an|machen *vt* ❶ (*fam: befestigen*) ■ **etw** [**an etw** *akk o dat*] ~ *Brosche, Gardinen, etc.* to put sth on[to sth]
❷ (*einschalten*) ■ **etw** ~ to turn [*or* put] sth on
❸ (*anzünden*) ■ **etw** ~ to light sth
❹ KOCHK (*zubereiten*) ■ **etw** [**mit etw**] ~ to dress sth [with sth]
❺ (*sl: aufreizen*) ■ **jdn** ~ to turn sb on
❻ (*sl: aufreißen wollen*) ■ **jdn** ~ to pick sb up; ■ **sich** [**von jdm**] ~ **lassen** to be picked up [by sb]; ■ **jdn** ~ (*rüde ansprechen*) to have a go at sb

an|mahnen *vt* ❶ (*zur Bezahlung auffordern*) ■ **etw** [**bei jdm**] ~ to send a reminder [to sb] [to pay]
❷ (*ermahnen*) ■ **jdn zu etw** ~ to urge sb to do [*or* into doing] sth, to exhort sb to [do] sth *form*
❸ (*fordern*) ■ **etw** ~ to call for sth

an|malen I. *vt* ❶ (*bemalen*) ■ **etw** [**mit etw**] ~ to paint sth [with sth]; **mit Buntstiften/Filzstiften** ~ to colour [*or* AM -or] in with pencils/felt tips
❷ (*fam: anstreichen*) ■ **etw** ~ to paint sth
❸ (*fam: schminken*) ■ **jdm etw** ~ to paint sth on sb
II. *vr* (*fam*) ❶ (*pej: sich schminken*) ■ **sich** ~ to paint one's face; ■ **sich** *dat* **etw** ~ to paint sth
❷ (*sich aufmalen*) ■ **sich** *dat* **etw** ~ to paint sth on one's face
III. *vi* (*anzeichnen*) ■ [**an etw** *dat*] **~, wo** to mark [on sth] where

Anmarsch <-[e]s> *m kein pl* ❶ MIL (*Marsch zu einem Bestimmungsort*) advance; **im** ~ [**auf etw** *akk*] **sein** to be advancing [on sth]
❷ (*Marschweg*) walk
► WENDUNGEN: **im** ~ **sein** (*fam*) to be on the way; (*hum*) to be coming

an|marschieren* *vi sein* MIL to advance

an|maßen *vr* ■ **sich** *dat* **etw** ~ to claim sth [unduly] for [*or form* arrogate sth to] oneself; ***was maßen Sie sich an!*** what right do you [think you] have!; **sich** [**eine**] **Kritik/ein Urteil** ~ to take it upon oneself to criticize/pass judgement; ■ **sich** *dat* **~, etw zu tun** to presume to do sth

anmaßend *adj* arrogant

Anmaßung <-, -en> *f* arrogation

Anmeldeamt *nt* receiving [*or* registration] office **Anmeldeberechtigte(r)** *f(m) dekl wie adj* (*für ein Patent*) [entitled] applicant **Anmeldeberechtigung** *f für Patent* entitlement to file an application **Anmeldebestätigung** *f* ❶ ADMIN (*für das Einwohnermeldeamt*) confirmation of registration ❷ SCH acknowledgement [of application] **Anmeldebestimmungen** *pl* JUR provisions governing the application, registration rules; ~ **für Patente** regulations for patent applications **Anmeldeformular** *nt* registration form **Anmeldefrist** *f* (*für Patente*) filing period **Anmeldegebühr** *f* registration fee **Anmeldekartell** *nt* ÖKON application cartel

an|melden I. *vt* ❶ (*ankündigen*) ■ **jdn/etw** [**bei jdm**] ~ to announce sb/sth [to sb]; **einen Besuch** ~ to announce a visit; ***wen darf ich ~?*** who shall I say is calling?; ***ich bin angemeldet*** I have an appointment; ■ **angemeldet** announced; **angemeldete Hotelgäste** registered hotel guests; **nicht angemeldete Patienten** patients without an appointment
❷ (*vormerken lassen*) ■ **jdn** [**bei/zu etw**] ~ to

enrol sb [at/in sth]; ***sie meldete ihre Tochter zu diesem Kurs an*** she enrolled her daughter in [*or* for] [*or* on] this course; ***Kinder müssen rechtzeitig bei einer Schule angemeldet werden*** children must be enrolled at a school in good time; ■**etw [für/zu etw]** ~ to book sth in [for sth]
❸ ADMIN (*polizeilich melden*) ■**jdn/etw [bei jdm]** ~ to register sb/sth [with sb]
❹ (*geltend machen*) ■**etw [bei jdm]** ~ to assert sth [with sb]; **Ansprüche bei der Versicherung** ~ to make a claim on one's insurance; **Bedenken/Proteste/Wünsche** ~ to make [one's] misgivings/protests/wishes known
❺ FIN (*anzeigen*) ■**etw [bei jdm]** ~ to declare sth [to sb]
II. *vr* ❶ (*ankündigen*) ■**sich [bei jdm]** ~ to give notice of a visit [to sb]
❷ (*sich eintragen lassen*) ■**sich [für/zu etw]** ~ to apply [for sth]
❸ (*sich einen Termin geben lassen*) ■**sich [bei jdm]** ~ to make an appointment [with sb]
❹ ADMIN (*sich registrieren lassen*) ■**sich [bei jdm]** ~ to register [oneself] [with sb]

Anmeldepflicht *f* JUR compulsory registration
anmeldepflichtig *adj* JUR subject to registration, notifiable; **~e Waren** goods to declare **Anmeldeprinzip** *nt* JUR principle of registration **Anmeldepriorität** *f* JUR priority of filing date

Anmelder(in) *m(f)* ❶ JUR [duty] declarant
❷ (*für Patent*) applicant; ***der ~ gilt als berechtigt, die Erteilung des Patents zu verlangen*** the [first] applicant is presumed to be entitled to the patent; **bedürftiger** ~ indigent applicant; **gemeinsame/mehrere** ~ joint/multiple applicants

Anmeldeschluss[RR] *m* application closing date **Anmeldestelle** *f* HANDEL registration [*or* filing] office **Anmeldetag** *m* HANDEL application date, date of filing; **Zuerkennung des ~es** accordance of the date of filing **Anmeldeverfahren** *nt* HANDEL application procedure **Anmeldevordruck** *m* HANDEL registration form; (*für Patent*) [duty] declaration form **Anmeldevorschriften** *pl* HANDEL (*für Patent*) application requirements **Anmeldezwang** *m* HANDEL compulsory registration

Anmeldung <-, -en> *f* ❶ (*vorherige Ankündigung*) [advance] notice [of a visit]; **ohne** ~ without an appointment
❷ SCH (*vorherige Meldung*) enrolment BRIT, enrollment AM
❸ (*Registrierung*) registration; **die ~ eines Fernsehers/Radios** the licensing of [*or* to license] a television/radio
❹ MED (*Anmelderaum*) reception
❺ FIN ~ **einer Konkursanforderung** proof of a debt

Anmeldungsgegenstand *m* JUR subject matter of the application **anmeldungsgemäß** *adj inv* according to the application **Anmeldungsstau** *m* backlog of pending applications **Anmeldungsunterlagen** *pl* application documents

an|merken *vt* ❶ (*an jdm feststellen*) ■**jdm etw** ~ to notice [*or* see] sth in sb; ■**jdm ~, was jd tut** to [be able to] tell what sb is doing; **sich** *dat* **etw ~ lassen** to let [*or* sb lets] sth show; **jd lässt sich** *dat* **etw [nicht]** ~ to [not] let sth show; **sich** *dat* **~ lassen, was/wie…** to let show what/how…
❷ (*eine Bemerkung machen*) ■**etwas/nichts [zu etw]** ~ to add sth/nothing [about sth]; ■**etwas Angemerktes** comment[s]
❸ MEDIA (*als Anmerkung aufführen*) ■**etw irgendwo** ~ to [make a] note [of] sth somewhere
❹ (*notieren*) ■**[sich** *dat*] **etw** ~ to make a note of sth

Anmerkung <-, -en> *f* ❶ ((*schriftliche*) *Erläuterung*) note
❷ (*Fußnote*) footnote
❸ (*a. iron geh:* (*mündlicher*) *Kommentar*) comment, observation; ((*schriftliche*) *Notiz*) written comment, notes *pl*

an|mieten *vt* (*geh*) ■**etw** ~ to rent sth [out]
Anmietung <-, -en> *f* (*form*) renting, leasing

an|motzen *vt* (*fam*) ■**jdn** ~ to scream at sb, to bite sb's head off *fam*
an|mustern *vi, vt* NAUT *s.* **anheuern** to sign on
Anmut <-> *f kein pl* (*geh*) ❶ (*Grazie*) grace[fulness]
❷ (*liebliche Schönheit*) beauty, loveliness
an|muten I. *vt* (*geh*) ■**jdn irgendwie** ~ to appear [*or* seem] to sb in a certain manner; ■**es/etw mutet jdn irgendwie an** it/sth seems in a certain manner to sb; ***dieser Schnee mutet wie im Märchen an*** this snow seems like sth out of a fairytale
II. *vi* (*geh*) ■**irgendwie** ~ to appear [*or* seem] in a certain manner; **es mutet sonderbar an, dass…** it seems strange that…
anmutig *adj* (*geh*) ❶ (*graziös*) graceful
❷ (*hübsch anzusehen*) beautiful, lovely
Anmutung <-, -en> *f* ❶ SCHWEIZ *s.* **Zumutung**
❷ (*geh: Gefühlseindruck*) **dunkle ~en** presentation
an|nageln *vt* (*durch Nägel befestigen*) ■**etw [an etw** *akk*] ~ to nail sth on[to sth]
► WENDUNGEN: **wie angenagelt** as if rooted to the spot; **[da]stehen wie angenagelt** to stand [there] [as if] [*or* remain] rooted to the spot
an|nagen *vt* ■**etw** ~ to gnaw [away] at sth
an|nähen *vt* ■**etw [an etw** *akk o dat*] ~ to sew sth on[to sth]
an|nähern I. *vr* ❶ (*sich in der Art angleichen*) ■**sich [einander** *dat*] ~ to come closer [to one another]
❷ (*sich gefühlsmäßig näher kommen*) ■**sich einander** *dat* ~ to come closer to one another
II. *vt* ■**aneinander** ~ to bring into line with each other [*or* one another]
annähernd I. *adj* approximate, rough
II. *adv* approximately, roughly; ***es kamen nicht ~ so viele Besucher wie erwartet*** nowhere near [*or* nothing like] as many spectators came as had been expected
Annäherung <-, -en> *f* convergence
Annäherungsversuch *m* advance[s] *esp pl;* ***lass deine plumpen ~e!*** stop coming on to me! [*or fam* giving me the come-on!]; **[bei jdm] ~e machen** to make advances [to sb]
annäherungsweise *adv* approximately; ■**nicht** ~ nowhere near, nothing like
Annahme <-, -n> *f* ❶ (*Vermutung*) supposition, assumption; **recht gehen in der ~, dass …** (*geh*) to be right in the assumption that…; **von einer ~ ausgehen** to proceed [*or* work] on the assumption; **der ~ sein, dass …** to assume that…; **in der ~, [dass] …** on the assumption [that]
❷ *kein pl* (*geh: das Annehmen*) acceptance; **mit der ~…** by accepting…; **~ verweigert** delivery [*or* acceptance] refused
❸ *kein pl* ÖKON ~ **eines Auftrags** taking on an order; ~ **eines Angebots** acceptance of an offer
❹ *kein pl* JUR ~ **eines Kindes, ~ an Kindes statt** (*geh*) adoption [of a child]; ~ **eines Namens** adoption [*or* assumption] of a name
❺ (*Annahmestelle*) reception
Annahmeerklärung *f* JUR letter of acceptance; **modifizierte** ~ modified letter of acceptance **Annahmefrist** *f* deadline **Annahmepflicht** *f* JUR obligation to accept **Annahmeschluss**[RR] *m* closing date **Annahmestelle** *f* ❶ (*Lottoannahmestelle*) outlet selling lottery tickets ❷ (*Abgabestelle für Altmaterialen/Müll*) [rubbish [*or* AM garbage]] dump, [refuse] collection point ❸ (*Stelle für die Annahme*) counter **Annahmeurkunde** *f* JUR instrument of acceptance **Annahmeverhinderung** *f* JUR obstruction of acceptance **Annahmeverweigerung** *f* JUR, HANDEL refusal of acceptance, non-acceptance **Annahmeverzug** *m* JUR default of acceptance **Annahmezwang** *m* JUR compulsory acceptance
Annalen *pl* annals; **in die ~ eingehen** to go down in history [*or* the annals [of history]]
annehmbar I. *adj* ❶ (*akzeptabel*) acceptable; ■**[für jdn] ~ sein** to be acceptable [to sb]
❷ (*nicht übel*) reasonable
II. *adv* reasonably

an|nehmen *irreg* **I.** *vt* ❶ (*entgegennehmen*) ■**etw [von jdm]** ~ to accept sth [from sb]; ***nehmen Sie das Gespräch an?*** will you take the call?
❷ ÖKON (*in Auftrag nehmen*) ■**etw** ~ to take sth [on]
❸ (*akzeptieren*) ■**etw** ~ to accept sth; **eine Herausforderung** ~ to accept [*or* take up] a challenge; **[einen] Rat** ~ to take [a piece of] advice *no pl, no indef art*
❹ (*meinen*) ■**etw [von jdm]** ~ to think sth [of sb]; ***du kannst doch nicht im Ernst [von mir] ~, dass ich dir helfe*** you can't seriously expect me to help you
❺ (*voraussetzen*) ■**etw** ~ to assume sth; *s. a.* **angenommen**
❻ (*billigen*) ■**etw** ~ to adopt [*or* pass] sth; **einen Antrag** ~ to carry [*or* pass] a motion
❼ (*sich zulegen*) ■**etw** ~ to adopt sth; **schlechte Angewohnheiten** ~ to pick up [*or form* acquire] bad habits; *s. a.* **angenommen**
❽ (*zulassen*) ■**jdn/etw** ~ to accept sb/sth; **Patienten/Schüler** ~ to take on [*or* accept] patients/[school]children
❾ (*sich entwickeln*) ***der Konflikt nimmt immer schlimmere Ausmaße an*** the conflict is taking a turn for the worse; ■**etw** ~ to take sth on
❿ JUR (*adoptieren*) ■**jdn** ~ to adopt sb; *s. a.* **angenommen**
⓫ (*eindringen lassen*) ■**etw** ~ to take sth, to let sth in; ***dieser Stoff nimmt kein Wasser an*** this material is water-resistant [*or* water-repellent]
II. *vr* ❶ (*sich um jdn kümmern*) ■**sich jds** ~ to look after sb; ***nach dem Tod ihrer Eltern nahm er sich ihrer rührend an*** after her parents' death, he took her under his wing
❷ (*sich mit etw beschäftigen*) ■**sich einer S.** *gen* ~ to take care of sth
Annehmende(r) *f(m) dekl wie adj* FIN acceptor
Annehmer <-s, -> *m* FIN acceptor
Annehmlichkeit <-, -en> *f meist pl* ❶ (*Bequemlichkeit*) comfort, convenience
❷ FIN (*Vorteil*) advantage
annektieren* *vt* ■**etw** ~ to annex sth
Annektierung <-, en> *f* ADMIN, POL annexation
an|nerven *vt* (*sl*) ■**jdn [mit etw]** ~ to get on sb's nerves [with sth]; ***das nervt mich vielleicht an!*** that really gets on my nerves! [*or sl* gets up my nose!]
Annerver(in) <-s, -> *m(f)* (*pej*) pain in the arse [*or* AM ass]
Annexion <-, -en> *f* annexation
Anno *adv,* **anno** *adv* ÖSTERR (*im Jahre*) in the year
► WENDUNGEN: **von ~ dazumal** [*o* **dunnemal**] [*o* **Tobak**] (*fam*) from the year dot BRIT *fam,* from long ago AM; ***die sind wohl noch von ~ dazumal!*** they are probably from the year dot! *fam,* they look like they came out of the ark! *sl*
Anno Domini *adv* HIST Anno Domini, in the year of our Lord
Annonce <-, -n> [a'nõ:sə, a'nɔŋsə] *f* MEDIA ❶ (*Anzeige*) advertisement, ad[vert] *fam*
❷ (*Kontaktanzeige*) ad *fam* in the personal column
annoncieren* [anõ'si:rən, anɔŋ'si:rən] **I.** *vi* MEDIA ❶ (*Anzeige veröffentlichen*) ■**[in etw** *dat*] ~ to advertise [in sth]
❷ (*Kontaktanzeige veröffentlichen*) to place an ad *fam* in the personal column
II. *vt* MEDIA ❶ (*eine Annonce aufgeben*) ■**etw** ~ to advertise sth
❷ (*geh: ankündigen*) ■**etw** ~ to announce sth
Annuität <-, -en> *f* FIN (*erhaltener Betrag*) annuity; (*ausgegebener Betrag*) regular annual payment
annullierbar *adj inv* JUR annullable, rescindable
Annullierbarkeit *f kein pl* JUR voidability, defeasibility
annullieren* *vt* JUR ■**etw** ~ to annul sth
annullierend *adj inv* JUR diriment
Annullierung <-, -en> *f* JUR annulment
Anode <-, -n> *f* PHYS anode
an|öden *vt* (*fam*) ■**etw/jd ödet jdn an** sth/sb bores sb silly [*or* stiff] [*or* to tears]

anomal *adj* abnormal

Anomalie <-, -n> [*pl* -'liːən] *f* ❶ MED (*Missbildung*) abnormality
❷ PHYS (*Unregelmäßigkeit*) anomaly

Anomie <-, -n> *f* SOZIOL anomie, anomy

anonym I. *adj* anonymous; ~ **bleiben** to remain anonymous; **Anonyme Alkoholiker** Alcoholics Anonymous
II. *adv* anonymously

anonymisieren* *vt* ■**etw** ~ to make sth anonymous *fig,* to estrange sth

Anonymität <-> *f kein pl* anonymity

Anorak <-s, -s> *m* anorak

an|ordnen *vt* ❶ (*festsetzen*) ■**etw** ~ to order sth; ***wer hat diesen Blödsinn angeordnet?*** who's responsible [*or* to blame] for this nonsense?; ■~, **dass** to order that
❷ (*ordnen*) ■**etw** [**nach etw**] ~ to arrange sth [according to sth]

Anordnung <-, -en> *f* ❶ (*Verfügung*) order; ***nur ich gebe hier* [*die*] *~en!*** I'm the only one who gives orders [around] here!; **~en treffen** to give orders; **gegen jds ~/~en verstoßen** to disobey sb's order[s]; **auf jds** *akk* ~ on sb's orders; ***auf ~ seines Arztes*** on [his] doctor's orders; ***auf polizeiliche ~*** by order of the police
❷ (*systematische Ordnung*) order

Anorexie <-, -n> [*pl* -'ksiːən] *f* MED, PSYCH anorexia

anorganisch *adj* CHEM inorganic

Anorgasmie <-, -n> *f* MED anorgasmia

anormal *adj* (*fam*) *s.* **anomal** abnormal

an|packen I. *vt* (*fam*) ❶ (*anfassen*) ■**jdn/etw/ein Tier** ~ to touch sb/sth/an animal
❷ (*beginnen*) ■**etw** ~ to tackle sth; ***packen wir's an!*** let's get started! [*or* going!]
❸ (*behandeln*) ■**jdn irgendwie** ~ to treat sb in a certain manner
II. *vi* (*fam*) ❶ (*anfassen*) ■[**irgendwo**] ~ to take hold of [somewhere]
❷ (*mithelfen*) ■**jd packt** [**mit**] **an** sb lends a hand; ***das schaffen wir, wenn ihr alle* [*mit*] *anpackt*** we can manage it if everybody lends a hand

an|passen I. *vt* ❶ (*adaptieren*) ■**etw einer S.** *dat*/**an etw** *akk* ~ to adapt sth to sth
❷ (*darauf abstellen*) ■**etw einer S.** ~ to adapt sth to sth
❸ (*angleichen*) ■**etw** [**an etw** *akk*] ~ to adjust sth [to sth]
❹ (*entsprechend verändern*) ■**etw einer S.** ~ to adjust sth to sth
II. *vr* ❶ (*sich darauf einstellen*) ■**sich** [**etw** *dat*] ~ to adjust [to sth]; *s. a.* **angepasst**
❷ (*sich angleichen*) ■**sich jdm** [*o* **an jdn**]/**einer S.** ~ to fit in with [*or* adapt [oneself] to] sb/sth; (*gesellschaftlich*) to conform to sth

Anpassung <-, *selten* -en> *f* ❶ (*Abstimmung*) adaptation (**an** +*akk* to); **mangelnde** ~ maladaptation
❷ (*Erhöhung*) adjustment; **eine ~ der Gehälter um 8 % vornehmen** to adjust salaries by 8 %
❸ (*Angleichung*) conformity *no art* (**an** +*akk* to/with), adjustment (**an** +*akk* to)

AnpassungsbeschlussRR *m,* **Anpassungsverordnung** *f* JUR Adaptation Decision

anpassungsfähig *adj* flexible, adaptable **Anpassungsfähigkeit** *f* adaptability (**an** +*akk* to), flexibility (**an** +*akk* in/towards) **Anpassungsklausel** *f* JUR escalator clause **Anpassungsprozess**RR *m* process of adapting [*or* adjusting] **Anpassungsschwierigkeiten** *pl* difficulties in adapting **Anpassungsvermögen** <-s, *selten* -> *nt* adaptability **Anpassungszwang** *m* adaption requirement

an|peilen *vt* ❶ TELEK (*durch Peilung ermitteln*) ■**etw** [**mit etw**] ~ to take a bearing on sth [with sth]
❷ NAUT (*fam: ansteuern wollen*) ■**etw** ~ to head [*or* steer] for sth
❸ (*fam: anvisieren*) ■**etw** ~ to set [*or* have] one's sights on sth; ■**jdn** ~ (*sl*) to fix one's eyes on sb

an|pfeifen *irreg* SPORT I. *vi* to blow the whistle
II. *vt* **das Spiel** ~ to blow the whistle [to start the game]; FBALL *a.* to blow the whistle for kickoff

Anpfiff *m* ❶ SPORT ~ [**des Spiels**] whistle [to start the game]; FBALL *a.* kick-off
❷ (*fam: Rüffel*) ticking-off BRIT *fam,* chewing-out AM *fam*

an|pflanzen *vt* ❶ ■**etw** ~ (*setzen*) to plant sth; (*anbauen*) to grow [*or* cultivate] sth
❷ (*bepflanzen*) ■**etw** [**mit etw**] ~ to plant sth [with sth]

Anpflanzung *f* ❶ (*Setzen*) planting *no pl;* (*Pflanzen*) growing *no pl,* cultivation
❷ (*angepflanzte Fläche*) cultivated area [*or* plot]

an|pflaumen *vt* (*fam*) ■**jdn** ~ to make fun of sb

an|pinkeln *vt* (*fam: gegen etw urinieren*) ■**jdn/etw** ~ to pee [*or fam* piddle] on sb/sth; **einen Baum/eine Wand** ~ to pee [*or fam* piddle] against a tree/wall

an|pinseln *vt* (*fam*) ❶ (*anstreichen*) ■**etw** [**mit etw**] ~ to paint sth [with sth]
❷ (*mit dem Pinsel anmalen*) ■**etw** [**an etw** *akk*] ~ to paint [*or* daub] sth [on sth]

an|pirschen *vr* ❶ (*sich vorsichtig nähern*) ■**sich** [**an ein Tier**] ~ to stalk [an animal]
❷ (*fam: sich anschleichen*) ■**sich an jdn** ~ to creep up on sb

an|pissen *vt* (*vulg*) ■**jdn/etw** ~ to piss on sb/sth *sl;* **einen Baum/eine Wand** ~ to piss against a tree/wall *sl*

Anpöbelei <-, -en> *f* (*fam*) verbal abuse *hum fam no pl, no indef art*

an|pöbeln *vt* (*fam*) ■**jdn** ~ to abuse sb [verbally], to get snotty with sb *fam*

Anprall <-[e]s, -e> *m* impact, collision; **beim ~ an etw** *akk* on impact with sth

an|prallen *vi sein* ■**an etw** *akk*/**gegen etw** *akk* ~ to crash into [*or* against] sth

an|prangern *vt* ■**jdn/etw** [**als etw**] ~ to denounce sb/sth [as sth]

an|preisen *vt irreg* (*rühmen*) ■**etw** ~ to extol sth; ***dieser Wagen wird in der Werbung als preisgünstig angepriesen*** the advert claims this car to be good value for money; ■**sich** [**als etw**] ~ to extol [*or* sell] oneself [as [being] sth]

Anprobe *f* fitting

Anproberaum *m* fitting [*or* changing] room

an|probieren* I. *vt* ■**etw** ~ to try on sth *sep;* ■**jdm etw** ~ (*fam*) to try sth on sb
II. *vi* to try on; ***darf ich mal ~?*** can I try it on?

an|pumpen *vt* (*fam*) ■**jdn** [**um etw**] ~ to cadge [*or* scrounge] [sth] from [*or* off] sb *fam*

an|pusten *vt* (*fam*) ❶ (*anblasen*) ■**jdn** ~ to blow at sb
❷ (*anfachen*) **das Feuer/die Flammen** ~ to blow on the fire/the flames

an|quatschen *vt* (*fam*) ■**jdn** ~ to speak to sb; (*anbaggern*) to chat up *sep* [*or* AM hit on] sb; ■**sich** [**von jdm**] ~ **lassen** to get chatted up [*or* AM hit on] [by sb]

Anrainer(in) <-s, -> *m(f)* ❶ (*geh: benachbarter Staat*) neighbour[ing] [*or* AM -or[ing]] [country]; ~ ***der Nordsee*** country bordering on the North Sea
❷ *bes* ÖSTERR (*Anlieger*) [local] resident

Anrainerstaat *m* neighbouring [*or* AM -oring] country; ***die ~en Deutschlands*** the countries bordering on Germany

an|raten *irreg* I. *vi* ■**jdm** ~[, **etw zu tun**] to advise sb [to do sth]; **auf jds Anraten** [**hin**] on sb's advice
II. *vt* ■**jdm etw** ~ to recommend sth to sb

anrechenbar *adj* FIN chargeable, attributable; ■**auf/für etw** *akk* ~ **sein** to be deductible from sth

an|rechnen *vt* ❶ (*gutschreiben*) ■**jdm etw** ~ to take sb's sth into consideration; ***die € 2000 werden auf die Gesamtsumme angerechnet*** the 2000 euros will be deducted from the total; ***das alte Auto rechnen wir Ihnen mit € 3450 an*** we'll take off 3450 euros for your old car
❷ (*in Rechnung stellen*) ■**jdm etw** ~ to charge sb with sth
❸ (*ankreiden*) **jdm etw als Fehler** ~ to count sth as a mistake [for sb], to consider sth to be a mistake on sb's part
❹ (*geh: bewerten*) ■**jdm etw als Fehler** ~ (*Lehrer*) to count sth as a mistake; (*fig*) to consider sth a fault on sb's part [*or* to be]; ***wir rechnen es Ihnen als Verdienst an, dass …*** we think it greatly to your credit that …; ***dass er ihr geholfen hat, rechne ich ihm hoch an*** I think very highly of him for having helped her; ■**sich** *dat* **etw** ~ to credit one's sth; ***diesen Erfolg rechnete er sich als besonderen Verdienst an*** he gave himself much credit for this success

Anrechnung *f* FIN allowance (**auf** +*akk* for); (*Belastung*) debit[ing] (**auf** +*akk* from); (*Gutschrift*) credit[ing] (**auf** +*akk* to); ***bei/unter ~ Ihres Gebrauchtwagens*** after deduction of the value of your used car; ~ **finden** (*geh*) to be considered, to be taken into account

anrechnungsfähig *adj inv* FIN deductible, allowable **Anrechnungsverfahren** *nt* FIN imputation system, tax credit method

Anrecht *nt* ■**das/ein** ~ **auf etw** *akk* the/a right [*or* the/an entitlement] to sth; **das/ein ~ auf die Erbschaft haben** [*o* **besitzen**] to have a right [*or* be entitled] to the inheritance; **das/ein ~ auf Ruhe/Respekt haben** [*o* **besitzen**] to be entitled to peace and quiet/respect; **sein ~ [auf etw** *akk*] **geltend machen** to assert [*or* enforce] one's right [to sth]

Anrede *f* form of address

an|reden I. *vt* **jdn** [**mit seinem Namen/mit seinem Titel/mit „Professor"**] ~ to address sb [by his name/by his title/as "Professor"]
II. *vi* ■**gegen jdn/etw** ~ to argue against sb, to make oneself heard against [*or* over] sth

an|regen I. *vt* ❶ (*ermuntern*) ■**jdn** [**zu etw**] ~ to encourage [*or* urge] sb [to do sth]; **jdn zum Denken/Nachdenken/Überlegen** ~ to make sb think/ponder/consider
❷ (*geh: vorschlagen*) ■**etw** ~ to suggest [*or form* propose] sth
❸ (*stimulieren*) ■**etw** ~ to stimulate sth; **den Appetit** ~ to stimulate [*or* whet] the appetite; *s. a.* **angeregt**
II. *vi* ❶ (*beleben*) to be a stimulant [*or* tonic], to have a stimulating effect; ***kein Appetit? ein Aperitif regt an!*** no appetite? an aperitif will whet it!
❷ (*geh: vorschlagen*) ■~, **etw zu tun** to suggest [*or* propose] that sth is [*or* be] done

anregend I. *adj* ❶ (*stimulierend*) stimulating; **eine ~e Droge/ein ~es Mittel** a stimulant
❷ (*sexuell stimulierend*) sexually arousing; ***das findet er ~*** he finds that sexually arousing
II. *adv* ❶ (*stimulierend*) [**bei Kreislaufschwäche/Müdigkeit**] ~ **wirken** to act as a stimulant [*or* tonic] [against circulatory debility/ tiredness]
❷ (*sexuell stimulierend*) ~ **wirken** to have a sexually arousing effect

Anregung *f* ❶ (*Vorschlag*) idea; **eine ~ machen** to make a suggestion [*or* proposal]; **auf ~ einer Person** [*o* **auf jds ~**] at sb's suggestion, at the suggestion of sb
❷ (*Impuls*) stimulus
❸ *kein pl* (*Stimulierung*) stimulation

an|reichern I. *vt* ❶ (*gehaltvoller machen*) ■**etw** [**mit etw**] ~ to enrich sth [with sth]
❷ CHEM (*versetzen*) ■**etw mit etw** ~ to add sth to sth; **Trinkwasser mit Fluor** ~ to add fluorine to [*or* to fluorinate] drinking water
II. *vr* ❶ CHEM (*sich ansammeln*) ■**sich in etw** *dat* ~ to accumulate [*or* build up] in sth
❷ CHEM (*etw als Zusatz anlagern*) ■**sich mit etw** ~ to become enriched with sth

Anreicherung <-, en> *f* ❶ (*Ansammlung, Speicherung*) accumulation
❷ (*Verbesserung*) enrichment

Anreicherungssystem *nt* AUTO enrichment system

Anreise *f* ❶ (*Anfahrt*) journey [here/there]
❷ (*Ankunft*) arrival; ***an welchem Tag erfolgt Ihre ~?*** on what day will you be arriving?

an|reisen *vi sein* ❶ (*ein Ziel anfahren*) to travel [here/there]; ***reist du mit dem eigenen Wagen an?*** will you be travelling [*or* coming] by car?

❷ (*eintreffen*) to arrive
an|reißen *vt irreg* ❶ (*kurz zur Sprache bringen*) ■**etw** ~ to touch on sth
❷ (*durch Reißen anbrechen*) **etw** [**an der Ecke/Seite**] ~ to open sth [at the corner/side]
❸ (*durch Reiben entzünden*) **ein Streichholz** [**an etw** *dat*] ~ to strike a match [on sth]
Anreiz *m* incentive
an|reizen I. *vt* ❶ (*jdn anspornen*) ■**jdn** [**zu etw**] ~ to encourage sb [to do sth], to urge sb to do sth; **jdn zu großen Leistungen** ~ to encourage [*or* urge] sb to perform great feats; ■**jdn** [**dazu**] ~, **etw zu tun** to act as an incentive for [*or* encourage] sb to do sth
❷ (*stimulieren*) ■**etw** ~ to stimulate sth; **den Appetit** ~ to stimulate [*or* whet] [*or* sharpen] the appetite
II. *vi* (*anspornen*) ■[**dazu**] ~, **etw zu tun** to act as an incentive to do sth
Anreizfonds *m* FIN incentive fund
an|rempeln *vt* ■**jdn** ~ to bump into sb
an|rennen *vi irreg sein* MIL ■**gegen etw** ~ to storm sth
Anrichte <-, -n> *f* ❶ (*Büfett*) sideboard
❷ (*Raum*) pantry
an|richten *vt* ■**etw** ~ ❶ (*zubereiten*) to prepare sth; **einen Salat mit Majonäse** ~ to dress a salad with mayonnaise
❷ (*geh: servieren*) to serve sth; ■**es ist/wird angerichtet** dinner etc. is served *form*
❸ (*fam: anstellen*) **Schaden** ~ to cause damage; **Unfug** [*o* **Unsinn**] ~ to get up to mischief, to be up to no good *fam*; ***was hast du da wieder angerichtet!*** what have you [*fam* gone and] done now!
❹ (*verursachen*) *Schaden, Unheil* to cause sth
an|ritzen *vt* ■**etw** ~ to scratch [the surface of] sth; **einen Baum/eine Rinde** ~ to scarify a tree/bark *spec*
an|rollen *vi sein* ❶ (*zu rollen beginnen*) to start to move [*or* roll], to start moving [*or* rolling]
❷ (*heranrollen*) to roll up; *Flugzeug* to taxi in
► WENDUNGEN: **etw** ~ lassen (*fam*) to get sth going *fam*
an|rosten *vi sein* to start rusting, to start to rust
an|rösten *vt* ■**etw** ~ to toast sth
anrüchig *adj* ❶ (*einen üblen Ruf aufweisend*) disreputable, of ill repute *pred*
❷ (*unanständig*) indecent, offensive; ■[**für jdn**] ~ **sein** to be offensive to sb; ■**etwas Anrüchiges** something offensive [*or* indecent]; **als etwas Anrüchiges gelten** to be considered offensive [*or* indecent]
an|rücken I. *vi sein* ❶ (*herbeikommen*) to be coming up [*or* closer]; *Feuerwehr, Polizei* to be on the scene
❷ MIL (*im Anmarsch sein*) ■[**gegen jdn/etw**] ~ to advance [against sb/sth]
❸ (*hum fam: zum Vorschein kommen*) to turn up *fam*, to materialize *hum*; ■**etw** ~ **lassen** to bring sth along *hum*
❹ (*weiter heranrücken*) ■**an jdn** ~ to come [*or* move] up [*or* closer] [to sb]
II. *vt haben* (*heranrücken*) ■**etw an etw** *akk* ~ to move sth up [*or* closer] [to sth]
Anruf *m* ❶ (*Telefonanruf*) [telephone] call
❷ MIL (*Aufforderung*) challenge; **ohne** [**vorherigen**] ~ **schießen** to shoot without warning
Anrufbeantworter <-s, -> *m* answering machine, BRIT *a.* answerphone; ***„hier ist der automatische ~"*** "this is an automatic answering service"
an|rufen *irreg* **I.** *vt* ❶ (*telefonisch kontaktieren*) ■**jdn** ~ to call sb [on the telephone], to phone sb, to give sb a ring [*or fam* call]; ■**angerufen werden** to get a telephone call
❷ MIL (*aufrufen*) ■**jdn** ~ to challenge sb; (*von einem Polizisten*) to shout sb a warning
❸ JUR (*appellieren*) ■**jdn/etw** ~ to appeal to sb/sth
❹ (*beschwören*) ■**jdn/etw** ~ to call on sb/sth
II. *vi* ■[**bei jdm/für jdn**] ~ to phone [sb/for sb]; ***darf ich mal bei dir ~?*** can I give you a call?
Anrufer(in) <-s, -> *m(f)* caller
Anrufung <-, -en> *f des Gerichts* appeal at law
Anrufungsverfahren *nt* JUR appeal procedure
Anrufweiterschaltung *f* TELEK call forwarding
an|rühren *vt* ❶ *verneint* (*konsumieren*) ■**etw nicht** ~ to not touch sth
❷ (*geh: berühren*) ■**etw** ~ to touch sth; ***rühr mich ja nicht an!*** don't you touch me!
❸ (*ansprechen*) ■**etw** ~ to touch on sth
❹ (*durch Rühren zubereiten*) ■[**jdm**] **etw** ~ to mix sth [for sb]; **eine Soße** ~ to blend a sauce
anrührend *adj* moving
ans = **an das** *s.* **an**
an|säen *vt* AGR ❶ (*aussäen*) ■**etw** ~ to sow sth
❷ (*besäen*) ■**etw** [**mit etw**] ~ to sow sth [with sth]
Ansage *f* ❶ (*Ankündigung*) announcement
❷ (*beim Kartenspiel*) bid; ***du hast die ~*** it's your bid
an|sagen I. *vt* ❶ (*durchsagen*) ■**etw** ~ to announce sth
❷ (*ankündigen*) ■[**jdm**] **jdn/etw** ~ to announce sb/sth [to sb]
❸ (*fam: erforderlich sein*) ■**angesagt sein** to be called for; (*in Mode sein*) to be in
❹ KARTEN ■[**jdm**] **etw** ~ to bid [sb] sth
II. *vr* ❶ (*Besuch ankündigen*) ■**sich** [**bei jdm**] [**für etw/zu etw**] ~ to announce a visit [to sb] [*or* tell sb that one is coming] [for sth]
❷ (*sich ankündigen*) to announce itself/themselves *liter*
III. *vi* ❶ (*eine Ansage machen*) to do the announcements
❷ KARTEN to bid; ***du sagst an!*** your bid!
an|sägen *vt* ■**etw** ~ to saw into sth; ■**das Ansägen** [**einer S.**] sawing [into sth]
Ansager(in) <-s, -> *m(f)* ❶ (*Sprecher*) announcer
❷ (*Conférencier*) host, compere BRIT, emcee AM
Ansagetext *m* announcement [text]
an|sammeln I. *vt* ❶ (*anhäufen*) ■**etw** ~ to accumulate [*or* amass] sth; **Vorräte** ~ to build up provisions
❷ FIN (*akkumulieren*) **Zinsen** [**auf einem Sparbuch/Konto**] ~ to accrue interest [on a savings book/an account]
❸ MIL (*zusammenkommen lassen*) **Truppen** [**für jdn/etw**] ~ to concentrate troops [for sb/sth]
II. *vr* ❶ (*sich versammeln*) ■**sich** ~ to gather, to collect
❷ (*sich anhäufen*) ■**sich** ~ *Spinnweben, Staub* to collect, to gather; *Krimskrams, Müll* to accumulate
❸ FIN (*sich akkumulieren*) ■**sich** ~ to accrue
❹ (*sich aufstauen*) ■**sich** [**bei jdm**] ~ to build up [in sb]
Ansammlung *f* ❶ (*Haufen*) crowd, gathering
❷ (*Aufhäufung*) accumulation
❸ (*Aufstauung*) buildup
ansässig *adj* (*geh*) resident; ***alle ~en Bürger*** all resident citizens; **in einer Stadt** ~ **sein** to be resident in a city
Ansässige(r) *f(m) dekl wie adj* resident
Ansatz *m* ❶ (*Basis*) base; *von Haar* hairline; **im** ~ basically
❷ (*erster Versuch*) ■**der/ein** ~ **zu etw** the/an [initial] attempt at sth; **einen neuen** ~ **zu etw** a fresh attempt at sth
❸ (*Ausgangspunkt*) first sign[s *pl*], beginning[s *pl*] (**zu** + *dat* of)
❹ ÖKON (*geh: Veranschlagung*) estimate, assessment; **außer** ~ **bleiben** (*geh*) to not be taken into account; **etw** [**für etw**] **in** ~ **bringen** (*geh*) to appropriate sth [for sth]
❺ (*angelagerte Schicht*) coating
Ansatzpunkt *m* starting point **Ansatzstück** *nt* TECH extension
ansatzweise *adv* basically; ~ **richtig sein/verstehen/zutreffen** to be basically correct/to basically understand/to basically apply; ***ich verstehe diese Theorie nicht einmal ~*** I don't have the faintest understanding of this theory
an|säuern *vt* KOCHK **eine Soße** ~ to acidulate [*or* acidify] [*or* sour] a sauce
an|saufen *vr irreg* ■**sich** *dat* **einen** [**Rausch**] ~ (*sl*) to get plastered [*or* BRIT pissed], AM hammered *sl*
an|saugen I. *vt* ■**etw** ~ to suck [*or* draw] in sth
II. *vr* ■**sich** [**an jdn/jdm/etw**] ~ *Blutegel* to attach itself [to sb/sth]; *Vampir* to fasten [*or* sink] its teeth [into sb/sth]
an|schaffen I. *vt* ❶ (*kaufen*) ■**etw** ~ to buy [*or form* purchase] sth; ■**sich** *dat* **etw** ~ to [go and] buy [*or* get] oneself sth
❷ (*fam: zulegen*) **Kinder** [*o* **Nachwuchs**] ~ to have children [*or* offspring]; [**sich**] **eine Frau/einen Freund/eine Freundin** ~ to find [*or* get] [oneself] a wife/friend/girlfriend
II. *vi* (*sl*) [**für jdn**] ~ [**gehen**] to be on the game [for sb] BRIT, to hook [for sb] AM *pej fam*; ***auf dem Strich*** ~ [**gehen**] to go on the game BRIT, to hook AM
Anschaffung <-, -en> *f* ❶ *kein pl* (*das Kaufen*) ■**die** ~ purchase
❷ (*gekaufter Gegenstand*) purchase, buy; **eine ~/~en machen** to make a purchase/purchases
Anschaffungsbetrag *m* FIN purchase price **Anschaffungsdarlehen** *nt* FIN personal loan **Anschaffungskosten** *pl* purchase price *no pl* **Anschaffungskredit** *m* FIN medium-sized personal loan; **persönlicher** ~ personal loan (*between DM 2000 and 25000*) **Anschaffungspreis** *m* HANDEL purchase price **Anschaffungswert** *m* FIN cost value; ~ **abzüglich Abschreibung** cost value adjusted for depreciation
an|schalten *vt* ■**etw** ~ to switch on sth; ***wo lässt sich der Fernseher ~?*** where do I switch on the television?; ■**sich** ~ to switch [itself/themselves] on
Anschaltpasswort[RR] *nt* INFORM power-on password
an|schauen I. *vt* ■**jdn/etw** ~ to look at sb/sth; ***wie schaust du mich denn an!*** what are you looking at me like that for?; **jdn/etw genauer** ~ to look more closely at [*or* examine] sb/sth; ***lass mich das Foto mal ~*** let me have a look at the photo; **einen Film/die Nachrichten** ~ to watch a film/the news
II. *vr* ❶ (*sich ansehen*) ■**sich** *dat* **etw** ~ to take a look at sth; ***wir haben uns gestern den Film angeschaut*** we watched the film last night; **sich** *dat* **etw genauer** [*o* **näher**] ~ to take a closer look at sth
❷ (*hinnehmen*) ■**sich** *dat* **etw** ~ to put up with sth; ■**sich** *dat* ~, **wie jd etw tut** to stand back and watch sb do sth [*or* how sb does sth]
III. *vi* [**da**] **schau** [**einer**] **an!** (*fam*) well there's something for you! *fam*
anschaulich I. *adj* illustrative; **ein ~es Beispiel** a good [*or* illustrative] example; **eine ~e Beschreibung** a graphic description; [**jdm**] **etw** ~ **machen** to illustrate sth [to sb]; ***sie konnte stets den Unterricht sehr ~ machen*** she was always able to make the lesson come alive
II. *adv* clearly, vividly
Anschaulichkeit <-> *f kein pl* clarity, vividness; *einer Beschreibung* graphicness
Anschauung <-, -en> *f* ❶ (*Ansicht*) view; **eine ~ teilen** to share a view; ***unserer ~ nach ...*** our view is that ..., in our view, ...; **aus eigener** ~ (*geh*) from one's own experience [*or* first hand]
❷ (*geh: Vorstellung*) idea, notion
Anschauungsmaterial *nt* visual aids *pl*
Anschein *m* ■[**äußerer**] ~ [outward] appearance; **den** ~ **erwecken, als** [**ob**] ... to give the impression that [*or* of] ...; **sich** *dat* **den** ~ **geben**[**, als/als ob**] ... to pretend [to be/as if ...]; **den** ~ **haben** to appear [*or* seem] so; **den** ~ **haben, als** [**ob**] ... to appear that [*or* as if] ..., to seem that [*or* as if] ...; **den** ~ **machen, dass ...** [*o* **als ob**] SCHWEIZ to give the impression that ...; **dem** [*o* **allem**] ~ **nach** to all appearances, apparently
anscheinend *adv* apparently
Anscheinsbeweis *m* JUR prima facie evidence **Anscheinseigentum** *nt* JUR reputed ownership **Anscheinsvertreter(in)** *m(f)* JUR ostensible agent **Anscheinsvollmacht** *f* JUR apparent authority
an|scheißen *vt irreg* (*sl*) ❶ (*zurechtweisen*) ■**jdn** ~ to give sb a dressing down [*or* BRIT *a.* bollocking] *sl*

❷ (*betrügen*) ▪ **jdn** ~ to screw sb *sl*

an|schicken *vr* (*geh*) ▪ **sich ~, etw zu tun** to prepare to do sth [*or* be on the point of doing sth]; **sich ~ wollen, etw zu tun** to want to do sth

Anschieben <-s> *nt kein pl* AUTO push starting

an|schieben *vt irreg* ▪ **etw** ~ *Fahrzeug* to push sth; ***schieben Sie mich mal an?*** can you give me a push?

an|schießen *irreg* **I.** *vt* ❶ (*durch Schuss verletzen*) ▪ **jdn/etw** ~ to shoot and wound sb/sth
❷ (*fam: kritisieren*) ▪ **jdn** ~ to hit out at sb; **jdn schwer** ~ to tear sb to pieces
II. *vi* to shoot along; ▪ **angeschossen kommen** to come shooting along

an|schimmeln *vi sein* to go mouldy

an|schirren *vt* **eine Kutsche** ~ to harness horses to a carriage; **ein Pferd** ~ to harness a horse; **Ochsen** ~ to yoke [up] oxen

Anschiss[RR] <-es, -e> *m*, **Anschiß** <-sses, -sse> *m* (*sl*) ▪ **ein** ~ a dressing down *sl*, BRIT *a.* a bollocking *sl*

Anschlag[1] *m* assassination; (*ohne Erfolg*) attempted assassination; ▪ **einen ~ auf jdn/etw verüben** to make an attack [*or* assault] on sb's life, to attack [*or* assault] sth; **einem ~ zum Opfer fallen** to be assassinated; **einen ~ auf jdn vorhaben** (*hum fam*) to have a request [*or hum fam* tiny request] for sb, to have a favour [*or* AM -or] to ask of sb

Anschlag[2] *m* ❶ (*betätigte Taste*) *von Klavier* touch, action; *von Schreibmaschine* stroke; ***200 Anschläge die Minute*** ≈ 40 words a minute
❷ (*angeschlagene Bekanntmachung*) placard, poster
❸ TECH (*Widerstand*) stop; BAU (*Tür*) door stop; (*Fenster*) offset jamb; **etw bis zum ~ drehen/durchdrücken** to turn sth as far as it will go/to push sth right down; ***er trat das Gaspedal durch bis zum*** ~ he floored it *fam*
❹ SPORT (*Schwimmbewegung*) touch
❺ MIL ▪ **etw [auf jdn] in ~ bringen** to aim sth [at sb], to draw [*or* take] a bead on sb; **eine Schusswaffe im ~ haben** to have a firearm cocked
❻ MUS touch, attack

Anschlag[3] *m* FIN estimate; **etw in ~ bringen** (*geh*) to take sth into account

Anschlagbrett *nt* notice [*or* AM bulletin] board

Anschlagdrucker *m* INFORM impact printer

an|schlagen[1] *irreg* **I.** *vt haben* ❶ (*annageln*) **einen Aushang/ein Bild/ein Plakat [an etw *akk*]** ~ to put [*or* hang] up a notice/picture/poster [on sth]; **ein Brett [an etw *akk*]** ~ to fasten [*or* nail] a board [to sth]
❷ MUS **eine Taste/einen Akkord** ~ to strike a key/chord
❸ (*anstimmen*) **Gelächter** ~ to burst into laughter; **einen anderen Ton** ~ to adopt a different tactic, to change tactics
❹ (*durch einen Stoß beschädigen*) ▪ **[jdm] etw** ~ to chip [sb's] sth; ▪ **[sich *dat*] etw [an etw *dat*]** ~ to [strike and] injure one's sth [on sth]; *s. a.* **angeschlagen**
❺ (*mit etw zielen*) ▪ **etw [auf jdn]** ~ to aim [*or* level] sth [at sb], to draw [*or* take] a bead on sb
❻ (*durch einen Klang anzeigen*) **die Stunde/halbe Stunde/Viertelstunde** ~ to strike the hour/half hour/quarter hour
❼ ÖSTERR (*anzapfen*) **ein Fass** ~ to tap [*or form or hum* broach] a barrel
II. *vi* ❶ *sein* (*anprallen*) ▪ **an etw *akk*/gegen etw *akk*** ~ to knock [*or* bump] sth on/against sth; (*heftiger*) to strike sth on/against sth; ▪ **[an etw *akk*]** ~ *Wellen* to beat [against sth]
❷ *haben* SPORT (*den Beckenrand berühren*) to touch
❸ *haben* (*läuten*) to ring; *Glocken* to strike, to toll *liter*
❹ *haben* (*warnend bellen*) *Hund* to [give a [loud]] bark

an|schlagen[2] *vi irreg* ❶ (*wirken*) ▪ **[bei jdm/etw]** ~ to have an effect [on sb/sth], to be effective [against sth]; **bei jdm gut/schlecht** ~ to have a good/bad effect on sb
❷ (*fam: dick machen*) ▪ **bei jdm** ~ to make sb put on [weight]; ***Sahnetorten schlagen bei mir sofort an*** I put on weight immediately from cream gateaux

Anschlagfläche *f* BAU jamb **Anschlagschiene** *f* BAU striker bar, stop rail

Anschlagsopfer *nt* victim

an|schleichen *vr irreg* ▪ **sich an jdn/etw** ~ to creep up on sb/up to sth; **angeschlichen kommen** to come creeping up

an|schleppen *vt* ❶ (*fam: mitbringen*) ▪ **jdn [mit]** ~ to drag sb along *fam*
❷ (*mühsam herbeibringen*) ▪ **etw** ~ to drag sth along; ▪ **[jdm] etw** ~ to bring [sb] sth *hum fam*
❸ AUTO **ein Fahrzeug** ~ to tow-start a vehicle

an|schließen *irreg* **I.** *vt* ❶ ELEK, TECH, TELEK ▪ **etw [an etw *akk*]** ~ to connect sth [to sth]
❷ (*mit Schnappschloss befestigen*) ▪ **etw [an etw *akk*]** ~ to padlock sth [to sth]
❸ (*hinzufügen*) ▪ **etw** ~ to add sth
❹ (*anketten*) ▪ **jdn [an etw *akk*]** ~ to chain sb [to sth]; **jdn an Händen und Füßen** ~ to chain sb hand and foot
II. *vr* ❶ (*sich zugesellen*) ▪ **sich jdm** ~ to join sb
❷ (*beipflichten*) ▪ **sich jdm/etw** ~ to fall in with [*or* follow] sb/sth; ***dem schließe ich mich an*** I think I'd go along with that
❸ (*sich beteiligen*) ▪ **sich etw *dat*** ~ to associate [*or* become associated] with sth; ▪ **etw *dat* angeschlossen sein** to be affiliated with sth
❹ (*angrenzen*) ▪ **sich [etw *dat*/an etw *akk*]** ~ to adjoin sth; **sich unmittelbar** ~ to directly adjoin
❺ (*folgen*) ▪ **sich etw *dat*/an etw *akk*** ~ to follow sth; ***dem Vortrag schloss sich ein Film an*** the lecture was followed by a film
III. *vi* ▪ **an etw *akk*** ~ to [directly] follow sth

anschließend **I.** *adj* (*darauf folgend*) following; **die ~e Diskussion/das ~e Ereignis** the ensuing discussion/event
II. *adv* afterwards

Anschluss[RR] <-es, Anschlüsse> *m*, **Anschluß** <-sses, Anschlüsse> *m* ❶ TELEK (*Telefonanschluss*) [telephone] connection; (*weiterer ~*) extension; ***der ~ ist gestört*** there's a disturbance on the line; **„kein ~ unter dieser Nummer"** "the number you are trying to call is not available"; **der ~ ist besetzt** the line is engaged [*or* AM busy]; **~ [nach etw] bekommen** to get through [to sth]
❷ TECH (*das Anschließen*) ▪ **der** ~ connecting
❸ **im ~ an etw *akk*** (*anschließend*) after sth; **im ~ an jdn/etw** with respect to sb/sth
❹ *kein pl* (*Kontakt*) contact; **~ bekommen** [*o* **finden**] to make friends; **~ [an jdn] suchen** to want to make friends [with sb]
❺ POL (*Annektion*) annexation (**an** +*akk* to)
❻ (*Beitritt*) affiliation (**an** +*akk* with)
❼ *kein pl* SPORT ***diesem Läufer gelang der ~ an die Spitze*** this runner has managed to join the top athletes
❽ BAHN, LUFT (*Verbindung*) connection, connecting flight/train; **~ [nach London/München] haben** to have a connection [*or* connecting flight/train] [to London/Munich]; **den ~ verpassen** to miss one's connecting train/flight
▸ WENDUNGEN: **den ~ verpassen** (*keinen Partner finden*) to be left on the shelf *hum*; (*beruflich nicht vorwärts kommen*) to miss the boat

Anschlussberufung[RR] *f* JUR cross-appeal, counter appeal; **gegen etw ~ einlegen** to cross-appeal sth

Anschlussbeschwerde[RR] *f* JUR cross-complaint

Anschlussbox[RR] *f* TELEK connection box

Anschlusseisen[RR] *nt* BAU connection plate

Anschlussflug[RR] *m* connecting flight

Anschlussfusion[RR] *f* FIN follow-up merger

Anschlussgewinde[RR] *nt* connection thread

Anschlusskabel[RR] *nt* connection cable

Anschlusskennung[RR] *f* INFORM identifier

Anschlusskonkursverfahren[RR] *nt* JUR bankruptcy proceedings *pl* (*after failure to agree on composition*) **Anschlussnorm**[RR] *f* TECH, INFORM connecting standard **Anschlusspfändung**[RR] *f* JUR second distress, secondary attachment **Anschlusspflicht**[RR] *f* JUR compulsory connection **Anschlussrevision**[RR] *f* JUR cross-appeal, counter appeal **Anschlussstück**[RR] *nt* BAU joining piece **Anschluss- und Benutzungszwang**[RR] *m* JUR compulsory connection and use **Anschlusszug**[RR] *m* BAHN connecting train, connection

an|schmachten *vt* ▪ **jdn** ~ to drool over sb *fig*

an|schmieden *vt* ▪ **jdn [an etw *akk*]** ~ to chain sb [to sth]; ▪ **angeschmiedet sein** to be forged

an|schmiegen **I.** *vt* ▪ **etw an etw *akk*** ~ to nestle sth against sth
II. *vr* ▪ **sich [an jdn/etw]** ~ ❶ (*sich fest daran schmiegen*) to cuddle up [to sb/sth]; (*von Katzen, Hunden*) to nestle [up to sb/into [*or* against] sth]
❷ (*eng umfangen*) to be close-fitting, to cling to sb/sth

anschmiegsam *adj* ❶ (*anlehnungsbedürftig*) affectionate
❷ (*weich*) soft

an|schmieren **I.** *vt* ❶ (*pej: achtlos bemalen*) ▪ **jdn/etw [mit etw]** ~ *Wand, Gesicht* to smear sb/sth [with sth]
❷ (*fam: beschmutzen*) ▪ **jdn/sich mit etw** ~ to smear sth on sb/oneself
❸ (*fam: betrügen*) ▪ **jdn [mit etw]** ~ to con sb [with sth], to take sb for a ride *fam*; ***da bist du ganz schön angeschmiert worden!*** they certainly saw you coming!
II. *vr* (*pej: sich beliebt machen*) ▪ **sich bei jdm** ~ to suck up to sb

an|schnallen *vt* ❶ AUTO, LUFT (*den Sicherheitsgurt anlegen*) ▪ **jdn** ~ to fasten sb's seat belt, to strap sb up; **jdn im Sitz** ~ to strap sb in his seat; ▪ **sich** ~ to fasten one's seat belt
❷ (*sich etw festschnallen*) ▪ **etw** ~ to strap on sth

Anschnallpflicht *f* obligatory wearing of seat belts

an|schnauzen *vt* (*fam*) ▪ **jdn** ~ to bawl at sb *fam*, to bite sb's head off *fam*; ▪ **sich [von jdm] ~ lassen** to get bawled at [by sb] *fam*

an|schneiden *vt irreg* ❶ (*durch Schneiden anbrechen*) ▪ **etw** ~ to cut [into] sth
❷ (*ansprechen*) ▪ **etw** ~ to touch on sth
❸ TYPO **angeschnittenes Bild** bled-off illustration

Anschnitt *m* ❶ *kein pl* (*das Anschneiden*) cutting
❷ (*erstes Stück*) ▪ **der** ~ the first slice; (*Ende*) end piece

Anschovis <-, -> *f s.* **Anchovis**

an|schrauben *vt* ▪ **etw [an etw *akk o dat*]** ~ to screw sth to sth; (*durch Schraubenbolzen*) to bolt sth to sth; **etw fest** ~ to screw sth tight

an|schreiben *irreg* **I.** *vt* ❶ (*etw darauf schreiben*) ▪ **etw [an etw *akk*]** ~ to write sth [on sth]; (*mit Farbe*) to paint sth [on sth]; (*mit Kreide*) to daub sth [on sth]
❷ (*ein Schreiben an jdn richten*) ▪ **jdn [wegen etw]** ~ to write to sb [for [*or* regarding] sth]; ▪ **Angeschriebene(r)** addressee; *s. a.* **angeschrieben**
❸ (*fam: zu jds Lasten notieren*) ▪ **jdm etw** ~ to charge sth to sb's account, AM *a.* to put sth on sb's tab
II. *vi* (*fam*) to take credit; ▪ **[bei jdm] ~ lassen** to buy on credit [*or* BRIT *a.* tab] [from sb]

an|schreien *vt irreg* ▪ **jdn [wegen etw]** ~ to shout at sb [because of sth]; ▪ **sich [von jdm] ~ lassen** to get shouted at [by sb]

Anschrift *f* address

Anschubfinanzierung *f* FIN knock-on [*or no indef art* start up] financing

an|schuldigen *vt* ▪ **jdn [einer S. *gen*]** ~ to accuse sb [of sth]; ▪ **jdn ~, etw zu tun** to accuse sb of doing sth

Anschuldigung <-, -en> *f* accusation

an|schwärzen *vt* (*fam*) ❶ (*schlecht machen*) ▪ **jdn [bei jdm]** ~ to blacken sb's name [with sb]
❷ (*denunzieren*) ▪ **jdn [wegen etw] [bei jdm]** ~ to run sb down [to sb] [for sth]

Anschwärzung <-, -en> *f* ÖKON denigration; **~ der Konkurrenz** trade libel, disparagement of a competitor

an|schweigen *vt irreg* ▪ **jdn** ~ to say nothing [to

sb]; ■**sich** ~ to say nothing to each other

an|schweißen *vt* TECH ■**etw** [**an etw** *akk*] ~ to weld sth [to sth]; ■[**an etw** *akk o dat*] **angeschweißt sein** to be welded to sth

an|schwellen *vi irreg sein* ① (*eine Schwellung bilden*) to swell [up]; ■[**dick**] **angeschwollen sein** to be [very] swollen
② (*einen höheren Wasserstand bekommen*) *Fluss* to swell, to rise
③ (*lauter werden*) to rise

Anschwellung *f* slight swelling

an|schwemmen I. *vt haben* ■**etw** ~ to wash sth up [*or* ashore]; **angeschwemmtes Holz** driftwood
II. *vi sein* to be washed up [*or* ashore]

an|schwimmen *irreg* I. *vi sein* ■**gegen etw** ~ to swim against sth
II. *vt haben* ■**etw** ~ to swim to[wards] sth

an|schwindeln *vt* (*fam*) ■**jdn** ~ to tell [sb] fibs *fam* [*or* lies]; ■**sich** [**von jdm**] ~ **lassen** to take fibs *fam* [*or* lies] [from sb]

an|schwitzen *vt* KOCHK to [lightly] sautée

an|segeln *vt* ■**etw** ~ to sail to[wards] sth; **einen Hafen** ~ to put into a harbour [*or* AM -or]; **eine Stadt** ~ to head for a city

an|sehen *irreg* I. *vt* ① (*ins Gesicht sehen*) ■**jdn** ~ to look at sb; **jdn ärgerlich/böse/unschuldig** ~ to give sb an irritated/angry/innocent look; **jdn groß** ~ to stare at sb [with surprise]; **jdn verdutzt/verwundert** ~ to look at sb with surprise/a baffled expression
② (*betrachten*) ■**etw** ~ to take a look at sth; ■**sich** *dat* **jdn/etw** ~ to take a look [*or* peer] at sb/sth; **etw genauer** [*o* **näher**] ~ to take a closer look at sth; **hübsch/schauderhaft anzusehen sein** to be pretty/horrible to look at; **jdn nicht mehr** ~ (*fam*) to not even look at [*or* want to know] sb any more
③ (*etw für etw halten*) ■**etw als** [*o* **für**] **etw** ~ to consider sth [as being [*or* to be]] sth, to look upon [*or* regard] sth as being sth
④ (*betrachten*) [**sich** *dat*] **einen Film/eine Fernsehsendung** ~ to watch a film/a television programme [*or* AM -am]; [**sich** *dat*] **ein Fußballspiel/ein Theaterstück** ~ to see a football match/a play
⑤ (*an jdm ablesen können*) **jdm sein Alter nicht** ~ sb doesn't look his/her age; ***die Überarbeitung sieht man ihr an den dunklen Augenringen an*** you can tell by the dark rings under her eyes that she's overworked; ***ihre Erleichterung war ihr deutlich anzusehen*** her relief was obvious [*or* stood plainly on her face]; *s. a.* **Auge, Nasenspitze**
⑥ (*sehen und hinnehmen*) ■**etw** [**mit**] ~ to stand by and watch sth; ■**nicht** [**mit**] ~, **wie jd etw tut** to not put up with sb doing sth; ***das kann ich nicht länger mit*** ~ I can't stand [*or* put up with] it any more
► WENDUNGEN: **sieh mal einer an!** (*fam*) well, well, what a surprise! *fam*, [well] I'll be damned! *fam*, BRIT *a.* well I never! *fam*
II. *vr* ► WENDUNGEN: **das sehe sich einer an!** (*fam*) well, would you believe it!

Ansehen <-s> *nt kein pl* ① (*Reputation*) reputation, standing; [**bei jdm**] [**ein großes**] ~ **genießen** to enjoy a [good] reputation [*or* have [a lot of] standing] [with sb]; **zu** ~ **kommen** [*o* **gelangen**] to acquire standing [*or* a good reputation]; [**bei jdm**] **in** [**großem/hohem**] ~ **stehen** to be held in [high] regard [*or* esteem] [by sb]; [**bei jdm**] **an** ~ **verlieren** to lose standing [with sb]
② (*geh: Aussehen*) appearance; **ein anderes** ~ **gewinnen** to take on a different appearance
③ JUR **ohne** ~ **der Person** without respect [*or* exception] of person

Ansehensverlust *m* loss of face

ansehnlich *adj* ① (*beträchtlich*) considerable; **eine ~e Leistung** an impressive performance
② (*stattlich*) good-looking, handsome; **ein ~er Bauch** a proud stomach *hum;* **ein ~es Gebäude** a majestic building

an|seilen *vt* ■**jdn** ~ to fasten sb with a rope; ■**sich** ~ to fasten a rope to oneself; ■**angeseilt sein** to be roped together

an|sein *vi irreg sein* (*fam*) *s.* **an II 3**

an|sengen I. *vt haben* ■**etw** ~ to singe sth
II. *vi sein* to be[come] singed; ***es riecht angesengt*** there's a singeing smell

an|setzen I. *vt* ① (*anfügen*) ■**etw** [**an etw** *akk o dat*] ~ to attach sth [to sth]; (*annähen*) to sew sth on [sth]
② (*anlehnen*) ■**etw** [**an etw** *akk*] ~ to lean sth against sth; **eine Leiter** [**an etw** *akk*] ~ to put up a ladder [against sth]
③ (*daran setzen*) ■**etw** ~ to place sth in position; **ein Blasinstrument** ~ to raise a wind instrument to one's mouth; **eine Feder** ~ to put a pen to paper; **ein Trinkgefäß** ~ to raise a cup to one's lips; ***wo muss ich den Wagenheber ~?*** where should I put [*or* place] the jack?
④ (*veranschlagen*) ■**etw** [**mit etw** *dat*/**auf etw** *akk*] ~ to estimate [*or* calculate] sth [at sth]; ***mit wie viel Mark würden Sie die Gesamtkosten des Hauses ~?*** what would you estimate to be the total cost of the house [in marks]?
⑤ (*festlegen*) ■**etw** [**für etw**] ~ to fix sth [for sth]
⑥ (*auf jdn hetzen*) ■**jdn auf jdn/etw** ~ to put sb on[to] sb/sth; **Hunde auf jdn/jds Spur** ~ to put [*or* set] dogs on sb's trail
⑦ BOT (*bilden*) **Beeren/Früchte** ~ to produce [*or* form] berries/fruit; **Blätter** ~ to put out leaves; **Blüten/Knospen** ~ to blossom/bud
⑧ KOCHK (*aufsetzen*) ■**etw** [**mit etw**] ~ to prepare sth [with sth]
II. *vi* ① (*einzuwirken beginnen*) ■**mit etw an einer bestimmten Stelle** ~ to put sth at a certain place
② (*beginnen*) ■[**zu etw**] ~ to start [*or* begin] to do sth; **zum Trinken/Überholen** ~ to start to drink/overtake; **mit der Arbeit/mit dem Heben** ~ to start work[ing]/lifting
③ BOT (*sich bilden*) ■**an etw** *dat* ~ to come out [*or* forth] [on sth]
④ (*dick werden*) [**Fett**] ~ to put on weight
III. *vr* ■**sich** [**an/auf/in etw** *dat*] ~ to form [on/in sth]

ANSI *nt* INFORM *Akr von* **American National Standards Institute** ANSI

Ansicht <-, -en> *f* ① (*Meinung*) view, opinion; **über etw** *akk*/**in etw** *dat* **geteilter** ~ **sein** to have a different view of [*or* opinion about] sth, to think differently about sth; [**über etw** *akk*/**in etw** *dat*] **bestimmter** ~ **sein** to have a particular view [of sth] [*or* opinion [about sth]], to think a certain way [about sth]; ***ich bin ganz Ihrer*** ~ I agree with you completely; ***und welcher ~ bist du?*** what's your view [of it] [*or* opinion [on it]]?; **der gleichen** ~ **sein** to be of [*or* share] the same view [*or* opinion]; **der** ~ **sein, dass ...** to be of the opinion that ...; **nach** ~ *gen* in the opinion of; **deiner/meiner** ~ **nach** in your/my opinion, I/you think that ...
② (*Abbildung*) view; **die** ~ **von hinten/vorne/der Seite** the rear/front/side view, the view from the rear/front/side; **die** ~ **von oben/unten** the view from above/below; TECH the top/bottom view; **zur** ~ for [your/our] inspection

ansichtig *adj* ■**jds/einer S.** ~ **werden** (*veraltend geh*) to set eyes on [*or liter or old* behold] sb/sth

Ansichtsexemplar *nt* article sent on approval

Ansichts(post)karte *f* [picture] postcard

Ansichtssache *f* [**reine**] ~ **sein** to be [purely] a matter of opinion; ■**das ist ~!** (*fam*) that's a matter of opinion! *fam* **Ansichtssendung** *f* articles sent on approval

an|siedeln I. *vt* ① (*ansässig machen*) ■**jdn** ~ to settle sb; **eine Tierart irgendwo** [**wieder**] ~ to [re-]introduce a species to somewhere; **eine Vogelkolonie** [**wieder**] ~ to [re-]establish a bird colony somewhere
② ÖKON (*etablieren*) ■**etw** [**irgendwo**] ~ to establish sth [somewhere]
③ (*geh: aus etw stammen*) ■**in etw** *dat* **angesiedelt** [*o* **anzusiedeln**] **sein** to belong to the field of sth
II. *vr* ■**sich** ~ ① (*sich niederlassen*) to settle
② BIOL (*entstehen*) to establish itself/themselves

Ansiedler(in) *m(f)* settler

Ansiedlung *f* ① (*Siedlung*) settlement
② (*das Ansiedeln*) ■**die** ~ the settlement; *Tier, Tierart* the colonization, the introduction
③ ÖKON (*Etablierung*) ■**die** ~ the establishment
④ JUR *ohne Rechtstitel* squatting

Ansinnen <-s, -> *nt* (*geh*) suggestion; **ein** ~ [**an jdn**] **haben** to have an implausible request [for sb]

Ansitz *m* JAGD raised hide [*or* AM blind]

ANSI-Zeichensatz *m* INFORM ANSI character set

ansonsten *adv* ① (*im Übrigen*) otherwise
② (*iron: sonst*) ~ ***hast du nichts zu kritisieren?*** anything else to criticize? *iron;* ***aber ~ geht's dir gut?*** you're not serious!, you must be joking!
③ (*im anderen Fall*) otherwise; (*bedrohlicher*) else

an|spannen I. *vt* ① (*zusammenziehen*) ■**etw** ~ to tighten [*or* tauten] sth; **seine Muskeln** ~ to tense one's muscles
② (*überanstrengen*) ■**etw** ~ to strain [*or* tax] sth; **jdn** [**zu sehr**] ~ to [over]tax sb; *s. a.* **angespannt**
③ (*in Anspruch nehmen*) **seine Ersparnisse/seinen Etat** ~ to stretch one's savings/budget
④ (*mit Zugtieren bespannen*) ■**etw** ~ to hitch up sth; **die Kutsche mit Pferden** ~ to hitch up the horses; **ein Pferd** ~ to harness a horse; **Ochsen** ~ to yoke [up] oxen
II. *vi* ① (*ins Geschirr spannen*) *Ochsen* to yoke [up] the oxen; *Pferde* to harness the horse[s]
② (*mit Pferden bespannen*) ***es ist angespannt!*** the carriage is ready; ■~ **lassen** to get a/the carriage ready, to put in the horse[s]

Anspannung *f* strain, exertion; (*körperlich*) effort; **unter** ~ **aller Kräfte** by exerting all one's energies

Anspiel <-s> *nt kein pl* ① (*Spielbeginn: beim Kartenspiel*) lead; (*Schach*) first move; SPORT start of play; **das** ~ **haben** [*o* **ausführen**] to have the lead [*or* first move]
② SPORT (*Ballspiele*) pass

an|spielen I. *vi* ① (*etw andeuten*) ■**auf jdn/etw** ~ to allude to sb/sth; (*böse*) to insinuate sth; ***worauf willst du ~?*** what are you driving [*or* getting] at?; ***spielst du damit auf mich an?*** are you getting at me?
② SPORT (*das Spiel beginnen*) to start; FBALL to kick off; ***wann wird denn angespielt?*** when's the kick off?
II. *vt* SPORT ■**jdn** ~ to pass [*or* play] the ball to sb

Anspielung <-, -en> *f* allusion; (*böse*) insinuation; (*sexuell a.*) innuendo; ■**eine** ~ **auf jdn/etw** an allusion to [*or* regarding] sb/sth; **sich in ~en ergehen** to indulge in allusions

an|spitzen *vt* ① (*spitz machen*) ■**etw** ~ to sharpen sth
② (*fam: antreiben*) ■**jdn** ~ to egg sb on, to push sb [on]

Anspitzer <-s, -> *m* sharpener

Ansporn <-[e]s> *m kein pl* incentive; **innerer** ~ motivation

an|spornen *vt* ① (*Anreize geben*) ■**jdn** [**zu etw**] ~ to spur sb on [to sth]; ■**jdn** [**dazu**] ~, **etw zu tun** to spur sb on to do sth; **Spieler** ~ to cheer on players
② (*die Sporen geben*) ■**ein Pferd** ~ to spur [on] a horse

Ansprache *f* speech, address; **eine** ~ **halten** to make [*or* hold] [*or* deliver] a speech, to hold [*or* deliver] an address *fam;* **halte keine ~n!** (*fam*) don't go lecturing! *fam*

ansprechbar *adj pred* ① (*zur Verfügung stehend*) available, open to conversation
② MED (*bei Bewusstsein*) responsive
③ (*zugänglich sein*) ■**auf etw** *akk* ~ **sein** to respond to sth; ***sie ist heute nicht*** ~ you can't talk to her at all today

an|sprechen *irreg* I. *vt* ① (*anreden*) ■**jdn** ~ to speak to sb
② (*betiteln*) **jdn** [**mit Kasimir/seinem Namen/seinem Titel**] ~ to address sb [as Kasimir/by his name/by his title]
③ (*erwähnen*) **jdn auf etw** *akk* ~ to approach sb about sth

❹ (*bitten*) ■**jdn um etw** ~ to ask sb for sth, to request sth of sb *form*
❺ (*meinen*) ■**jdn** ~ to concern sb; ***mit dieser Aufforderung sind wir alle angesprochen*** this request concerns us all
❻ (*erwähnen*) ■**etw** ~ to mention sth
❼ (*gefallen*) ■**jdn** ~ to appeal to sb
❽ (*beeindrucken*) ■**jdn** ~ to impress sb
II. *vi* ❶ MED (*reagieren*) ■**auf etw** *akk* ~ to respond to sth; ■**bei jdm** ~ to make an impression on sb
❷ TECH (*reagieren*) ■**bei etw** *dat*/**auf etw** *akk* ~ to respond to sth
❸ (*Anklang finden*) ■**[bei jdm]** ~ to appeal to sb, to make an impression [on sb]; **sehr** ~ to make a strong impression

ansprechend *adj* appealing; **eine ~e Umgebung** a pleasant environment

Ansprechpartner(in) *m(f)* contact, partner

an|springen *irreg* **I.** *vi sein* ❶ (*zu laufen beginnen*) to start; *Motor a.* to catch; ***der Motor will nicht*** ~ the engine won't start; **schwer** ~ to start with difficulty
❷ (*fam: reagieren*) ■**auf etw** *akk* ~ to jump at sth *fam*; **auf eine Erpressung/Drohung** ~ to respond to blackmail/a threat
II. *vt haben* ■**jdn** ~ to jump on sb; *Raubtiere* to pounce on sb; *Hund* to jump up at sb

an|spritzen *vt* ■**jdn/etw [mit etw]** ~ to spray sb/sth [with sth]

Anspruch *m* ❶ JUR (*Recht*) claim; ■~ **auf etw** *akk* claim to; **einen ~ auf etw** *akk* **erheben** to make a claim for [*or* to] sth; (*behaupten*) to claim sth; JUR *a.* to file a claim to [*or* for] sth; **einen ~ auf etw** *akk* **haben** to be entitled to sth; **darauf ~ haben, etw zu tun** to be entitled to do sth
❷ *pl* (*Anforderungen*) demands (**an** +*akk* on); **den/jds Ansprüchen [voll/nicht] gerecht werden** to [fully/not] meet the/sb's requirements; **Ansprüche stellen** to be exacting [*or* very demanding]; **große [*o* hohe] Ansprüche [an jdn/etw] stellen** to place great demands on [*or* be very demanding of] sb/sth; **etw [für sich] in ~ nehmen** to claim sth [for oneself]; **jds Dienste/Hilfe/Unterstützung in ~ nehmen** to enlist sb's services/help/support; **Möglichkeiten/eine Einrichtung in ~ nehmen** to take advantage of opportunities/a facility; **jdn in ~ nehmen** to preoccupy sb; **sehr in ~ genommen** to be very busy/preoccupied; ***darf ich Sie in ~ nehmen?*** may I have a moment [of your time]?
❸ *pl* (*Wünsche*) standards, requirements, demands

Anspruchsabtretung *f* JUR assignment of a claim **Anspruchsänderung** *f* JUR amendment of a claim **Anspruchsbegründung** *f* JUR establishment of a claim **anspruchsberechtigt** *adj* JUR eligible; ~ **sein** to be entitled to a claim, to be eligible **Anspruchsberechtigte(r)** *f(m) dekl wie adj* JUR beneficiary, rightful claimant **Anspruchsberechtigung** *f* JUR validity of a claim **Anspruchsdenken** *nt* demanding attitude **Anspruchsdurchsetzung** *f* JUR enforcement of a claim **Anspruchsgrundlage** *f* JUR basis [*or* foundation] of a claim **Anspruchshäufung** *f* JUR multiplicity of claims **Anspruchskonkurrenz** *f* JUR concurring claims **anspruchslos** *adj* ❶ (*keine großen Ansprüche habend*) modest, unassuming; **ein ~er Mensch** a modest [*or* an unassuming] person, a person of few wants; ***ich bin recht*** ~ I don't want for much ❷ (*trivial*) trivial; **literarisch ~ sein** to be of a low literary level, to be light reading; ■**etwas Anspruchsloses** something trivial; (*Buch*) something light ❸ (*pflegeleicht*) undemanding **Anspruchslosigkeit** <-> *f kein pl* ❶ (*anspruchsloses Wesen*) modesty ❷ (*Trivialität*) triviality ❸ (*Pflegeleichtigkeit*) undemanding nature **Anspruchsregulierung** *f* JUR claim settlement **Anspruchsteller(in)** *m(f)* JUR claimant **Anspruchsübergang** *m* JUR devolution [*or* passing] of claims **Anspruchsverjährung** *f* JUR barring of claims **Anspruchsverzicht** *m* JUR waiver of a claim **anspruchsvoll** *adj* ❶ (*besondere Anforderungen habend*) demanding; **sehr** ~ fastidious, hard to please *pred* ❷ (*geistige Ansprüche stellend*) demanding; *Geschmack, Lesestoff, Film a.* highbrow ❸ (*qualitativ hochwertig*) high-quality, of high quality *pred* **Anspruchsvolle(r)** *f(m) dekl wie adj* discriminating person, person of discrimination

an|spucken *vt* ■**jdn** ~ to spit at sb

an|spülen *vt* ■**etw** ~ to wash up sth *sep*, to wash sth ashore

an|stacheln *vt* ■**jdn [zu etw]** ~ to drive [*or* goad] sb [to sth]; ■**jdn [dazu] ~, etw zu tun** to drive [*or* goad] sb to do sth

Anstachelung <-, -en> *f* incitement, instigation

Anstalt <-, -en> *f* ❶ MED institute, mental institution, asylum
❷ SCH (*geh*) institution *form*
❸ (*öffentliche Einrichtung*) institute; **öffentliche** ~ public institution; ~ **des öffentlichen Rechts** public institution, body corporate *spec*

Anstalten *pl* preparations; **~/keine ~ machen [*o* treffen][, etw zu tun]** (*geh*) to make a/no move to do sth; ***er bat sie zu gehen doch sie machten keine*** ~ he asked them to go, but they didn't move; ~ **[für [*o* zu] etw] treffen** to take measures [*or* make preparations] [for sth]; **[nur] keine ~!** don't trouble yourself/yourselves!

Anstaltsarzt, -ärztin *m, f* resident physician; (*im Gefängnis*) prison doctor **Anstaltsgeistliche(r)** *f(m) dekl wie adj* resident chaplain; (*im Gefängnis*) prison chaplain **Anstaltsgewalt** *f* JUR authority vested in a public institution **Anstaltskleidung** *f* institutional clothing; (*im Gefängnis*) prison clothing **Anstaltsleiter(in)** *m(f)* director of an/the institution **Anstaltsordnung** *f* JUR regulations of a public institution **Anstaltsunterbringung** *f* JUR committal to an institution

Anstand *m kein pl* decency, propriety; **keinen ~ haben** to have no sense of decency; (*schlechte Manieren haben*) to have no manners; ~ **an etw** *dat* **nehmen** to object to sth; **den ~ verletzen** to offend against decency; **ohne** ~ (*geh*) without objection [*or form* demur]

anständig **I.** *adj* ❶ (*gesittet*) decent; **~e Witze** clean jokes
❷ (*ehrbar*) respectable
❸ (*fam: ordentlich*) proper *fam*
II. *adv* ❶ (*gesittet*) decently; **sich ~[er] benehmen** to behave oneself; ~ **sitzen** to sit up straight
❷ (*fam: ausgiebig*) properly; ~ **baden** to have a proper bath *fam*; ~ **ausschlafen/essen** to get a decent meal/a good night's sleep

anständigerweise *adv* out of decency

Anständigkeit <-> *f kein pl* ❶ (*Ehrbarkeit*) respectability
❷ (*Sittsamkeit*) decency

Anstandsbesuch *m* duty call **Anstandsdame** *f* chaperone **anstandshalber** *adv* out of politeness **anstandslos** *adv* without difficulty **Anstandsschenkung** *f* JUR customary present **Anstandswauwau** <-s, -s> *m* (*fam*) chaperon[e]; **den ~ spielen** to play gooseberry BRIT *hum fam*, to act as chaperone AM

an|starren *vt* ■**jdn/etw** ~ to stare at sb/sth; ***was starrst du mich so an?*** what are you staring at [me like that for]?

anstatt **I.** *präp* +*gen* instead of
II. *konj* ■~ **etw zu tun** instead of doing sth

an|stauben *vi sein* to gather dust *a. iron*; ■**angestaubt** dusty

an|stauen **I.** *vt* ■**etw** ~ to dam sth up, to bank sth
II. *vr* ❶ (*sich stauen*) ■**sich [in etw** *dat*/**vor etw** *dat*] ~ to bank [*or* accumulate] [in/before sth]; *Blut* to congest [in/before sth]
❷ (*sich aufstauen*) ■**sich in jdm** ~ to build up [in sb]; **angestauter Hass** brimming hatred; **angestaute Wut** pent-up rage

an|staunen *vt* ■**jdn/etw** ~ to stare at sb/sth in wonder; (*sehnsüchtig*) to gaze at sth

an|stechen *vt irreg* ❶ KOCHK (*durch Hineinstechen prüfen*) ■**etw [mit etw]** ~ to prick sth [with sth]
❷ MED (*durch Hineinstechen öffnen*) ■**etw [mit etw]** ~ to lance [*or* pierce] sth [with sth]
❸ (*in etw stechen*) ■**etw** ~ to puncture sth
❹ (*anzapfen*) **ein Fass** ~ to tap [*or* broach] a barrel

an|stecken **I.** *vt* ❶ (*befestigen*) ■**[jdm] etw** ~ to pin sth on [sb]
❷ (*auf den Finger ziehen*) **[jdm] einen Ring** ~ to put [*or* slip] a ring on sb's finger, to put [*or* slip] on a ring
❸ (*anzünden*) **[jdm] eine Pfeife/Zigarette/Zigarre** ~ to light [up] a pipe/cigarette/cigar [for sb]; **[sich** *dat*] **eine Pfeife/Zigarre/Zigarette** ~ to light [up] a pipe/cigar/cigarette
❹ (*in Brand stecken*) ■**etw [mit etw]** ~ to set sth alight [*or* on fire] [with sth]; **ein Gebäude** ~ to set fire to a building; ■**sich ~ lassen** to catch fire
❺ MED (*infizieren*) ■**jdn [mit etw]** ~ to infect sb [with sth]; ***ich möchte dich nicht*** ~ I don't want to give it to you
❻ (*fig*) ■**jdn [mit etw]** ~ to infect sb [with sth]
II. *vr* MED (*sich infizieren*) ■**sich [bei jdm] [mit etw]** ~ to catch sth [from sb], to become infected [with sth]
III. *vi* ❶ MED (*infektiös sein*) to be infectious [*or* catching]; (*durch Berührung*) to be contagious; **sich leicht/schnell** ~ to catch illnesses easily
❷ (*fig: sich übertragen*) to be contagious

ansteckend *adj* ❶ MED (*infektiös*) infectious, catching *pred*; (*durch Berührung*) contagious
❷ (*fig: sich leicht übertragend*) contagious

Anstecker *m* pin, badge

Anstecknadel *f* pin

Ansteckung <-, *selten* -en> *f* infection; (*durch Berührung*) contagion; **eine ~ mit Aids/Syphilis** catching AIDS/syphilis

Ansteckungsgefahr *f* risk of infection

an|stehen *vi irreg haben o* SÜDD *sein* ❶ (*Schlange stehen*) ■**[nach etw]** ~ to queue [*or* AM line] [up] [for sth]
❷ (*zu erledigen sein*) ■**etw steht [bei jdm] an** sth must be dealt with, sb must deal with sth; ***für heute steht nichts mehr an*** there's nothing else to be done today; ***steht bei dir heute etwas an?*** are you planning on doing anything today?; **~de Fragen/Punkte** questions/points on the agenda; **~de Probleme** problems facing them/us etc.
❸ JUR (*angesetzt sein*) to be pending; **etw ~ haben** to have sth pending
❹ (*geh: geziemen*) **jdm [besser/gut/schlecht]** ~ to [better/well/badly] befit sb *form or old*; ■**es steht jdm an, etw zu tun** to befit sb to do sth *form or old*

anstehend *adj inv* still to be done *pred*, outstanding *attr*

Ansteigen <-s> *nt kein pl* ÖKON rise, increase; **rasches ~ der Preise** skyrocketing of prices

an|steigen *vi irreg sein* ❶ (*sich erhöhen*) ■**[auf etw** *akk*/**um etw** *akk*] ~ to go up [*or* increase] [*or* rise] [to/by sth]; ■**~d** increasing
❷ (*steiler werden*) to ascend; **stark/steil** ~ to ascend steeply; ■**~d** ascending *attr*, inclined

anstelle *präp* +*gen* instead of

an|stellen **I.** *vt* ❶ (*einschalten*) ■**etw** ~ *Maschine, Wasser* to turn on sth
❷ (*beschäftigen*) ■**jdn [als etw]** ~ to employ sb [as sth]; ■**[bei jdm/einer Firma] [als etw] angestellt sein** to be employed [by sb/at [*or* by] a company] [as sth]
❸ (*geh: durchführen*) **Betrachtungen/Vermutungen [über etw** *akk*/**zu etw** *dat*] ~ to make observations [on sth]/assumptions [about sth]; **Nachforschungen [über etw** *akk*/**zu etw** *dat*] ~ to conduct [*or* make] enquiries [*or* inquiries] [*or* investigations] [into sth]; **[neue] Überlegungen [über etw** *akk*/**zu etw** *dat*] ~ to [re]consider [sth]
❹ (*fam: bewerkstelligen*) ■**etw** ~ to do [*or* manage] sth; **etw geschickt** ~ to bring [*or fam* pull] sth off; **ich weiß nicht, wie ich es ~ soll** I don't know how to do [*or* manage] it; ■**es ~, dass man etw tut** to go about doing sth
❺ (*fam: anrichten*) **Blödsinn** ~ to get up to non-

sense; ***was hast du da wieder angestellt?*** what have you [*fam* gone and] done now?; ***dass ihr mir ja nichts anstellt!*** see to it that you don't get up to anything!
❻ (*anlehnen*) ■**etw** [**an etw** *akk*] ~ to lean sth against sth; **eine Leiter** [**an einen Baum/eine Wand**] ~ to put up [*or* stand] a ladder [against a tree/wall]
❼ (*dazu stellen*) ■**etw** ~ [**an etw** *akk*] to add sth [to sth]
II. *vr* ■**sich** ~ ❶ (*Schlange stehen*) to queue [up] BRIT, to line up AM; **sich hinten** ~ to join the back of the queue [*or* AM line[-up]]
❷ (*fam: sich verhalten*) to act, to behave; **sich dumm** ~ to act as if one is stupid, to play the fool
❸ (*wehleidig sein*) to make a fuss, kick up a shindy *fam;* ***stell dich nicht*** [***so***] ***an!*** don't go making a fuss!

anstellig I. *adj* able
II. *adv* **sich** ~[**er**] **verhalten** to be [more] able

Anstellung *f* post; [**noch**] **in** ~ **sein** to be [still] employed; **in fester** ~ **sein** to have a permanent job, to be permanently employed

Anstellungsbetrug *m* JUR employment obtained by fraud **Anstellungsvertrag** *m* employment contract, articles *pl* of employment *rare*

an|steuern *vt* ■**etw** ~ ❶ (*darauf zusteuern*) to head [*or* steer] for sth
❷ (*anvisieren*) to steer for sth; **etw** ~ **wollen** to be steering for sth

Anstich *m* tapping, broaching

Anstieg <-[e]s, -e> *m* ❶ (*Aufstieg*) ascent
❷ *kein pl* (*Steigung*) incline
❸ *kein pl* (*das Ansteigen*) rise, increase (+*gen* in)

an|stieren *vt* (*pej*) ■**jdn** ~ to gape [*or* BRIT *a.* gawp] [*or* AM *a.* gawk] at sb

an|stiften *vt* ❶ (*anzetteln*) ■**etw** ~ to instigate [*or* be behind] sth
❷ (*fam: anrichten*) **Streiche/Unfug** ~ to get up to mischief/no good
❸ (*veranlassen*) **jdn zu einem Verbrechen** ~ to incite sb to commit a crime; **jdn zu Meineid** ~ to suborn sb [to commit perjury] *form;* ■**jdn** [**dazu**] ~, **etw zu tun** to incite sb to put sb up] to do sth

Anstifter(**in**) *m(f)* instigator (+*gen*/**zu** +*dat* of)

Anstiftung *f* ~ **eines Verbrechens** [*o* **zu einem Verbrechen**] instigation of a crime; ■~ **einer Person** [**zu etwas**] incitement of a person [to do sth]

Anstiftungsversuch *m* JUR attempted instigation [to commit a crime]

an|stimmen I. *vt* ■**etw** ~ ❶ (*zu singen anfangen*) to begin singing sth; **summend eine Melodie** ~ to hum a tune
❷ (*zu spielen anfangen*) to start playing [*or* strike up] sth
❸ (*erheben*) **ein Geheul/ein Geschrei/Proteste** ~ to start howling/screaming/protesting; **Gelächter** ~ to burst out laughing
II. *vi* (*den Grundton angeben*) to give the keynote

Anstoß *m* ❶ (*Ansporn*) impetus (**zu** +*dat* for); ***der*** ~ ***zu diesem Projekt ging von ihr aus*** she was the one who originally got this project going; **den** ~ **zu etw bekommen** [*o* **den** ~ **bekommen, etw zu tun**] to be encouraged to do sth; **jdm den** ~ **geben, etw zu tun** to encourage [*or* induce] sb to do sth; [**jdm**] **den** [**ersten**] ~ **zu etw geben** to give [the first] impetus to sth, to [initially] stimulate sb [to do sth]
❷ (*geh: Ärgernis*) annoyance; [**bei jdm**] ~ **erregen** to cause annoyance [to sb]; [**bei jdm**] **schon lange** ~ **erregen** to have long been a cause [*or* source] of annoyance [to sb]; **an etw** *dat* ~ **nehmen** to take offence [*or* AM -se]; *s. a.* **Stein**
❸ SPORT (*Spielbeginn*) start of the game; (*Billard*) break; (*Fußball*) kick off; (*Feldhockey*) bully [off]; (*Eishockey*) face-off; **der Pfiff zum** ~ the starting whistle; (*Fußball*) the whistle for kick off
❹ SCHWEIZ (*Angrenzung*) ■~ **an etw** *akk* border to sth

an|stoßen *irreg* **I.** *vi* ❶ *sein* (*gegen etw stoßen*) ■[**mit etw** *dat*] [**an etw** *akk*] ~ to bump sth [on sth]; **mit dem Kopf an etw** ~ to bump one's head on sth
❷ *haben* (*einen Toast ausbringen*) ■[**mit etw**] [**auf jdn/etw**] ~ to drink to sb/sth [with sth]; ***lasst uns*** ~***!*** let's drink to it/that!
❸ *sein* (*selten: angrenzen*) ■**an etw** *akk* ~ to adjoin sth; *Land, Staat* to border on sth
II. *vt haben* ❶ (*leicht stoßen*) ■**jdn** [**mit etw**] ~ to bump sb [gently] [with sth]
❷ (*in Bewegung setzen*) ■**etw** ~ to hit sth
❸ (*in Gang setzen*) ■**etw** ~ to set sth in motion
III. *vr haben* ■**sich** [**an etw** *dat*] ~ to knock [*or* bang] [and injure] oneself [on sth]; **sich** *dat* **den Kopf/Arm** ~ to knock one's head/arm

Anstößer(**in**) <-s, -> *m(f)* SCHWEIZ (*Anwohner*) [local] resident

anstößig I. *adj* offensive; ~**e Kleidung** indecent clothing; **ein** ~**er Witz** an offensive [*or* a dirty] [*or* BRIT *a.* a blue] joke
II. *adv* offensively, indecently; **sich** ~ **ausdrücken** to use offensive language

Anstößigkeit <-, -en> *f* offensiveness *no pl,* indecency *no pl*

Anstoßpunkt *m* FBALL centre [*or* AM -er] spot

an|strahlen *vt* ❶ (*mit Scheinwerfer anleuchten*) **ein Gebäude/eine Kirche** ~ to floodlight a building/church; **einen Menschen/eine Szene** [**mit einem Scheinwerfer**] ~ to train a spotlight on a person/scene
❷ (*strahlend ansehen*) ■**jdn** ~ to beam at sb; **jdn freudig** [*o* **glücklich**] ~ to beam at sb with joy; ***sie strahlte/ihre Augen strahlten ihn an*** she beamed at him

an|streben *vt* ■**etw** ~ to strive for sth; ■~, **etw zu tun** to be striving to do sth

an|streichen *vt irreg* ■**etw** [**mit etw**] ~ ❶ (*mit Farbe bestreichen*) to paint sth [with sth]; **etw neu/frisch** ~ to give sth a new/fresh coat of paint; **etw rot** ~ to paint sth red
❷ (*markieren*) to mark sth; **etw dick/rot** ~ to mark sth clearly/in red

Anstreicher(**in**) <-s, -> *m(f)* [house] painter

an|strengen I. *vr* ❶ (*sich intensiv einsetzen*) ■**sich** [**bei etw/für etw**] ~ to exert oneself [in/for sth]; **sich mehr/sehr** ~ to make a greater/great effort; **sich übermäßig** ~ to overexert [*or* overstrain] oneself
❷ (*sich besondere Mühe geben*) ■**sich** [**mit etw**] ~ to make a [big] effort [with sth], to try hard for sth; **sich sehr** [**mit etw**] ~ to go to [*or* take] a lot of trouble [for sth]; ■**sich** ~, **etw zu tun** to try hard to do sth; **sich sehr** ~, **etw zu tun** to go to [*or* take] a lot of trouble to do sth [*or* in doing sth]
II. *vt* ❶ (*strapazieren*) ■**jdn** ~ to tire sb out; ***das viele Lesen strengt meine Augen an*** all this reading puts a strain on my eyes
❷ (*intensiv beanspruchen*) ■**etw** ~ to strain sth; **seinen Geist/die Muskeln** ~ to exert one's mind/muscles; **alle Kräfte** ~ to use all one's strength
❸ (*strapazieren*) ■**jdn** [**sehr**] ~ to [over]tax sb; *s. a.* **angestrengt**

anstrengend *adj* strenuous; (*geistig*) taxing; (*körperlich*) exhausting [*or* tiring]; **eine** ~**e Zeit** an exhausting time; ***das ist*** ~ ***für die Augen*** it's a strain on the eyes

Anstrengung <-, -en> *f* ❶ (*Kraftaufwand*) exertion *no pl*
❷ (*Bemühung*) effort; **mit äußerster** [*o* **letzter**] ~ with one last effort; ~**en/einige** ~**en machen, etw zu tun** to make an effort/several efforts to do sth, to try [several times] to do sth

Anstrich[1] *m* ❶ *kein pl* (*das Anstreichen*) ■**der** ~ painting
❷ (*Farbüberzug*) coat [of paint]

Anstrich[2] *m kein pl* ❶ (*persönliche Note*) ■**ein** ~ **von etw** a touch of sth; **ein** ~ **von Charmeur** a touch of the charmer
❷ (*Anschein*) ■**der** ~ **von etw** the veneer [*or* gloss] of sth

Ansturm *m* ❶ (*Andrang*) rush (**auf** +*dat* on)
❷ MIL (*stürmische Attacke*) onslaught
❸ (*geh: das Aufwallen*) surge

an|stürmen *vi sein* ❶ (*ungestüm angelaufen kommen*) to rush [*or* dash] up
❷ MIL (*anrennen*) ■**gegen etw** ~ to storm sth
❸ (*geh: dagegen peitschen*) ■**gegen etw** ~ to pound against sth

an|suchen *vi* ÖSTERR (*veraltend: förmlich erbitten*) ■**bei jdm um etw** ~ to ask sb for sth, to request sth of sb *form*

Ansuchen <-s, -> *nt* ÖSTERR (*a. form*) request (**um** +*dat* for); **auf jds** *akk* ~ at sb's request

Antagonist(**in**) <-en, -en> *m(f)* antagonist

an|tanzen *vi sein* (*fam*) ■[**bei jdm**] ~ to show [*or* turn] up [at sb's place] *fam*

Antarktis <-> *f* ■**die** ~ the Antarctic, Antarctica

antarktisch *adj* Antarctic *attr*

an|tasten *vt* ■**etw** ~ ❶ (*beeinträchtigen*) **jds Ehre/Würde** ~ to offend against sb's honour [*or* AM -or]/dignity; **jds Privileg/Recht** ~ to encroach [up]on sb's privilege/right
❷ (*anbrechen*) to use sth; **Vorräte** ~ to break into supplies
❸ (*leicht berühren*) to touch sth

an|tauen *vi sein* to begin [*or* start] to defrost; ■**angetaut** slightly defrosted

Antazidum <-s, -da> *nt* (*Magensäurebindemittel*) antacid

Anteil *m* ❶ (*Teil*) share (**an** +*dat* of); ~ **an einer Erbschaft** [legal] portion of an inheritance; ~ **an einem Werk** contribution to a work; **der** ~ **an Asbest/Schwermetallen** the proportion of asbestos/heavy metals
❷ ÖKON (*Beteiligung*) interest, share (**an** +*dat* in)
❸ (*geh: Mitgefühl*) sympathy, understanding (**an** +*dat* for)
❹ (*geh: Beteiligung*) interest (**an** +*dat* in); ~ **an etw** *dat* **haben** to take part in sth; ~ **an etw** *dat* **nehmen** [*o* **zeigen**] to show [*or* take] an interest in sth; ~ **an jds Freude/Glück nehmen** [*o* **zeigen**] to share in sb's joy/happiness

anteilig, anteilmäßig I. *adj* proportionate, proportional
II. *adv* ***mir stehen*** ~ ***€ 450.000 zu*** 450,000 euro falls to my share

Anteilnahme <-> *f kein pl* ❶ (*Beileid*) sympathy (**an** +*dat* with)
❷ (*Beteiligung*) attendance (**an** +*dat* at)

Anteilpapier *nt* BÖRSE equity security

Anteilsabtretung *f* JUR assignment of a claim **anteilsberechtigt** *adj* JUR participating **Anteilschein** *m* ÖKON share [certificate] **Anteilseigner**(**in**) *m(f)* BÖRSE shareholder, AM stockholder, interested party **Anteilseignerschutz** *m* JUR protection of shareholders [*or* AM stockholders] **Anteilserwerb** *m* FIN acquisition of a stroke **Anteilsrecht** *nt* FIN interest, share **Anteilsrendite** *f* BÖRSE yield on equity **Anteilstausch** *m* FIN interest swap **Anteilsübertragung** *f* FIN assignment of interest **Anteilsveräußerer, -veräußerin** *m, f* FIN seller of a share **Anteilsveräußerung** *f* FIN divestiture **Anteilsverzicht** *m* FIN waiver of a claim to an interest **Anteilszeichner**(**in**) <-s, -> *m(f)* FIN interested party, shareholder, stockholder

an|telefonieren* *vt* (*fam*) ■**jdn** ~ to call [*or* phone] sb up

Antenne <-, -n> *f* ❶ RADIO, TV aerial; **eine ausfahrbare** ~ a telescopic aerial
❷ ZOOL antenna, feeler
► WENDUNGEN: **eine/keine** ~ **für etw haben** (*fam*) to have a/no feeling [*or fam* nose] for sth

Antennenanlage *f* antenna system **Antennenbuchse** *f* antenna socket

Anthologie <-, -n> [*pl* -'giːən] *f* anthology

Anthrazit <-s, *selten* -e> *m* anthracite, hard coal

anthrazitfarben *adj* charcoal **anthrazitfarbig** *adj* charcoal

anthropogen *adj* human-caused

Anthropologe, -login <-n, -n> *m, f* anthropologist

Anthropologie <-> *f kein pl* anthropology

Anthropologin <-, -nen> *f fem form von*

Anthropologe
anthropologisch *adj* anthropological
Anthroposoph(in) <-en, -en> *m(f)* anthroposophist
Anthroposophie <-> *f kein pl* anthroposophy
Anthroposophin <-, -nen> *f fem form von* **Anthroposoph**
anthroposophisch *adj* anthroposophic[al]
Antiadipositum <-s, -da> *nt* MED (*Mittel gegen Fettleibigkeit*) antiadipose drug
Antialkoholiker(in) *m(f)* teetotaller BRIT, teetotaler AM **antialkoholisch** *adj inv* anti-alcohol *attr* **antiamerikanisch** *adj inv* anti-American **Antiasthmatikum** <-s, -ka> *nt* anti-asthmatic [agent] **antiautoritär** *adj* anti[-]authoritarian **Antibabypille** *f* (*fam*) the pill [*or* Pill] *fam* **Antibiotikaeinsatz** *m kein pl* use of antibiotics **Antibiotikum** <-s, -biotika> *nt* antibiotic **Antiblockiersystem** *nt* anti-lock [braking] system, ABS **Antichrist(in)** *m(f)* ❶ <-[s]> REL ■ **der** ~ the Antichrist
❷ <-en, -en> antichristian, opponent of Christianity **antichristlich** *adj* antichristian **antidemokratisch** *adj inv* anti-democratic **Antidepressivum** <-s, -va> [-vʊm, -va] *nt* antidepressant **Antidiabetikum** <-s, -ka> *nt* antidiabetic [agent] **Antidiskriminierungspolitik** *f* anti-discrimination policy **Antidiuretikum** <-s, -ka> *nt* antidiuretic [agent]
Anti-Dumping-Aktion *f* anti-dumping campaign **Anti-Dumping-Recht** *nt* FIN antidumping legislation **Anti-Dumping-Regeln** *pl* FIN antidumping rules **Anti-Dumping-Verfahren** *nt* FIN antidumping proceedings *pl*
Antidumpingzoll *m* ÖKON antidumping duty **Antielektron** *nt* NUKL antielectron **Antiepileptikum** <-s, -ka> *nt* anti-epileptic [*or* anticonvulsant] [agent] **Antifa** <-> *f kein pl* (*sl*) antifascist movement **Antifaltencreme** *f* anti-wrinkle cream **Antifaltenkosmetika** *pl* anti-ageing [*or* AM -aging] cosmetics *pl* **Antifaschismus** *m* antifascism **Antifaschist(in)** *m(f)* antifascist **antifaschistisch** *adj* antifascist
Antigen <-s, -e> *nt* BIOL, MED antigen
Antiguaner(in) <-s, -> *m(f)* Antiguan; *s. a.* **Deutsche(r)**
antiguanisch *adj* Antiguan; *s. a.* **deutsch**
Antigua und Barbuda <-s> *nt* Antigua and Barbuda; *s. a.* **Deutschland**
antihaftbeschichtet *adj inv* KOCHK non-stick **Antihistamin, Antihistaminikum** <-, -ka> *nt* MED antihistamine **antiimperialistisch** *adj inv* anti-imperialist
antik I. *adj* ❶ (*als Antiquität anzusehen*) antique
❷ (*aus der Antike stammend*) ancient; **~e Kunst** ancient art forms *pl*
II. *adv* ~ **eingerichtet sein** to be furnished in an antique style
Antike <-> *f kein pl* antiquity; **der Mensch/die Kunst der** ~ man/the art of the ancient world
antiklerikal *adj* anticlerical **Antikommunismus** *m* anti[-]communism **Antikommunist(in)** *m(f)* anti[-]communist **antikommunistisch** *adj* anticommunist **Antikörper** *m* MED antibody **Antikörperbestimmung** *f* MED determination of antibodies
Antillen *pl* GEOG ■ **die** ~ the Antilles *npl;* **die [Großen/Kleinen]** ~ the [Greater/Lesser] Antilles
Antilope <-, -n> *f* antelope
Antimaterie *f* PHYS antimatter
Anti-Matsch-Tomate *f* stay-firm tomato
antimilitaristisch *adj* anti-militaristic
Antimon <-s> *nt kein pl* antimony
Antimykotikum <-, -ka> *nt* MED (*Mittel gegen Hautpilz*) antimycotic, fungicide
Antineutrino *nt* NUKL antineutrino
Antioxidans <-, -danzien *o* -dantien> *nt* CHEM antioxidant
Antipathie <-, -n> [*pl* -'tiːən] *f* antipathy (**gegen** +*dat* to)
Antipersonenmine *f* MIL anti-personnel mine
Anti-Pickel-Stift *m* anti-blemish stick
Antipode, Antipodin <-, -n> *m, f* ❶ (*Mensch*) Antipodean
❷ (*fig geh*) antipode
Antipoden *pl* the Antipodes
an|tippen *vt* ❶ (*kurz berühren*) ■ **jdn [an etw dat]** ~ to give sb a tap [on sth], to tap sb on sth; ■ **etw** ~ to touch sth
❷ (*streifen*) ■ **etw** ~ to touch on sth
Antiproton *nt* antiproton
Antiqua <-> *f kein pl* TYPO roman [type]
Antiquar(in) <-s, -e> *m(f)* second-hand bookseller
Antiquariat <-[e]s, -e> *nt* (*Laden*) second-hand bookshop [*or* AM *a.* bookstore]; (*Abteilung*) second-hand department; **modernes** ~ remainder bookshop [*or* AM *a.* bookstore]/department
Antiquarin <-, -nen> *f fem form von* **Antiquar**
antiquarisch I. *adj* (*alt*) antiquarian; (*von modernen Büchern*) second-hand, remaindered
II. *adv* (*im Antiquariat*) **ein Buch** ~ **bekommen/erwerben** [*o* **kaufen**] to get/buy a book second-hand
Antiquark *nt* PHYS antiquark
antiquiert *adj* (*pej*) antiquated, AM *a.* horse-and-buggy *attr*
Antiquität <-, -en> *f* antique
Antiquitätengeschäft *nt* antiques shop **Antiquitätenhandel** *m* antiques trade [*or* business] **Antiquitätenhändler(in)** *m(f)* antiques dealer
Antirakete, Antiraketenrakete *f* antiballistic missile, ABM **antirassistisch** *adj inv* anti-racist **Antiraucherkampagne** *f* anti-smoking campaign **Antirheumatikum** <-s, -ka> *nt* antirheumatic **Antisemit(in)** *m(f)* antisemite; **~[in] sein** to be antisemitic **antisemitisch** *adj* antisemitic **Antisemitismus** <-> *m kein pl* ■ **der** ~ antisemitism **Antiseptikum** <-s, -ka> *nt* antiseptic **antiseptisch** *adj* antiseptic **Antispastikum** <-s, -ka> *nt* antispasmodic [agent] **antistatisch** I. *adj* antistatic II. *adv* **etw** ~ **behandeln** to treat sth with an antistatic [agent]
Antisubventionskodex *m* FIN anti-subsidy code **Antisubventionsverfahren** *nt* JUR anti-subsidy proceedings *pl*
Anti-Tabak-Gesetz *nt* anti-tobacco law **Antiteilchen** *nt* PHYS anti[-]particle **Antiterroreinheit** *f* antiterrorist squad [*or* unit] **Antiterrorkampagne** *f* campaign against [*or* war on] terrorism **Antiterrormaßnahme** *f meist pl* antiterrorist measures *pl*
Antithese *f* antithesis
Antitranspirant <-s, -e *o* -s> *nt* antiperspirant
Antitrustrecht *nt kein pl* JUR antitrust law **Antivirenprogramm** *nt* INFORM anti-virus [program]
antizipativ *adj* FIN anticipative; **~e Passiva** accrued payables **antizyklisch** *adj inv* ❶ (*geh: unregelmäßig wiederkehrend*) anticyclical ❷ ÖKON anticyclical
Antizyklone <-, -n> *f* METEO (*Hochdruckgebiet*) anticyclone
Antlitz <-es, -e> *nt* (*poet*) face, countenance *liter*
Anton <-s> *m* ► WENDUNGEN: **blauer** ~ [blue] overalls *npl*
an|tönen *vt* ÖSTERR, SCHWEIZ *s.* **andeuten**
an|törnen I. *vt* (*sl*) **jdn [stark/stärker]** ~ to give sb a [big [*or* real]/bigger] kick *fam;* **von Drogen/Musik angetörnt werden** to get a kick from drugs/music *fam*
II. *vi* (*sl*) ***diese Droge/Musik törnt ganz schön an!*** this drug/music really gives you a great kick!; ■ **angetörnt sein** to be [on a] high *fam*
Antrag <-[e]s, -träge> *m* ❶ (*Beantragung*) application; **einen** ~ **[auf etw** *akk*] **stellen** to put in an application [for sth]; **auf jds** *akk* ~ at sb's request, at the request of sb
❷ (*Formular*) application form (**auf** +*akk* for)
❸ JUR petition; **einen** ~ **[auf etw** *akk*] **stellen** to file a petition [for sth]
❹ POL (*Vorschlag zur Abstimmung*) motion
❺ (*Heiratsantrag*) [marriage] proposal; **jdm einen** ~ **machen** to propose [to sb]
an|tragen *vt irreg* (*geh*) ■ **jdm etw** ~ to offer sb sth; ■ **jdm ~, etw zu tun** to suggest [*or* propose] that sb does sth
antragsberechtigt *adj* JUR ~ **sein** to be entitled to make an application **Antragsberechtigte(r)** *f(m) dekl wie adj* JUR person entitled to submit a request **Antragsdelikt** *nt* JUR offence requiring an application for prosecution **Antragseingang** *m* JUR receipt of application[s] **Antragsempfänger(in)** *m(f)* JUR receiver of an application **Antragsersuchen** *nt* JUR petition **Antragsformular** *nt* application form **Antragsfrist** *f* JUR application period **Antragsgegner(in)** *m(f)* JUR respondent, adverse party **Antragsgrund** *m* JUR reason for application **Antragspflicht** *f* JUR duty to petition **Antragsrecht** *nt* JUR right of application **Antragsschrift** *f* JUR written application
Antragsteller(in) <-s, -> *m(f)* (*geh*) applicant **Antragstellung** <-> *f kein pl* application
antrainiert *adj* ❶ *Muskeln, Fitness* developed
❷ *Verhalten* learned
an|trauen *vt* (*veraltend*) ■ **jdm angetraut werden** to be [*or* get] married to sb, to be given to sb in marriage *dated;* ***ihr angetrauter Ehemann*** her lawful wedded husband
an|treffen *vt irreg* ❶ (*treffen*) ■ **jdn** ~ to catch sb; **im Büro/zu Hause anzutreffen sein** to be in the office/at home; **jdn beim Putzen/Stricken** ~ to catch sb cleaning/knitting
❷ (*vorfinden*) ■ **etw** ~ to come across sth
an|treiben *irreg* I. *vt haben* ❶ (*vorwärts treiben*) ■ **jdn/ein Tier** ~ to drive sb/an animal [on]
❷ (*drängen*) ■ **jdn [zu etw]** ~**/jdn dazu ~, etw zu tun** to urge sb to do sth; (*aufdringlicher*) to push sb [to do sth]
❸ (*anschwemmen*) ■ **etw [an etw** *dat*] ~ to wash sth up [on sth]; **etw am Strand/an den Stränden** ~ to wash sth ashore
❹ TECH (*vorwärts bewegen*) ■ **etw** ~ to drive sth
❺ (*veranlassen*) ■ **jdn ~, etw zu tun** to drive sb [on] to do sth; ***die bloße Neugierde trieb ihn dazu an, die Briefe seiner Frau zu öffnen*** he was driven by pure curiosity to open his wife's letters
II. *vi sein* (*angeschwemmt werden*) ■ **[an etw** *akk*] ~ to be washed up [on sth]; **am Strand/an den Stränden** ~ to be washed ashore
Antreiber(in) *m(f)* (*pej*) slave-driver *pej*
an|treten[1] *irreg* I. *vt haben* ❶ (*beginnen*) ■ **etw** ~ to begin sth
❷ (*übernehmen*) **ein Amt/den Dienst** ~ to take up [*or* assume] [an] office/one's services; **seine Amtszeit** ~ to take office; **ein Erbe** ~ to come into an inheritance; **eine Stellung** ~ to take up a post; *s. a.* **Beweis**
II. *vi sein* ❶ (*sich aufstellen*) to line up; MIL to fall in
❷ (*erscheinen*) ■ **[zu etw]** ~ to appear [for sth]
❸ (*eine Stellung beginnen*) ■ **bei jdm/einer Firma [als etw]** ~ to start one's job [as sth] under sb/at a company
❹ SPORT (*zum Wettkampf erscheinen*) ■ **[zu etw]** ~ to compete [in sth]
an|treten[2] *irreg* I. *vt* ❶ (*fest treten*) ■ **etw** ~ to tread sth down [firmly]
❷ AUTO (*starten*) ■ **etw** ~ to start sth; **einen Motorrad** ~ to kickstart a motorbike
II. *vi* (*energisch die Pedale betätigen*) to sprint
Antrieb *m* ❶ AUTO, LUFT, RAUM (*Vortrieb*) drive (+*gen* for)
❷ (*motivierender Impuls*) drive, energy *no indef art;* **aus eigenem** ~ (*fig*) on one's own initiative; **jdm [neuen]** ~ **geben[, etw zu tun]** (*fig*) to give sb the/a new impetus to do sth
Antriebsachse [-aksə] *f* AUTO drive axle **Antriebskraft** *f* TECH [driving] power **Antriebsschlupfregelung** *f* AUTO anti-spin regulation, ASR, traction control system **Antriebsschwäche** *f* lack of drive [*or* energy] **Antriebswelle** *f* TECH drive shaft
an|trinken *irreg* I. *vt* (*fam*) **die Flasche/seinen Kaffee** ~ to drink a little from the bottle/some of one's coffee; **eine angetrunkene Flasche** an opened bottle; ***das Glas ist angetrunken*** somebody's drunk out of that glass

II. *vr (fam)* **sich** *dat* **einen [Rausch/Schwips]** ~ to get [oneself] tiddly [*or* Am tipsy] *fam; s. a.* **Mut**

Antritt[1] *m kein pl* ❶ *(Beginn)* start
❷ *(Übernahme)* **nach ~ seines Amtes/der Stellung/der Erbschaft** after assuming office/taking up the post/coming into the inheritance

Antritt[2] *m kein pl* SPORT spurt

Antrittsbesuch *m* first courtesy call [*or* visit]; **bei jdm einen ~ abstatten** to pay a first courtesy call [*or* visit] on sb **Antrittsrede** *f* maiden speech **Antrittsvorlesung** *f* inaugural lecture

an|trocknen *vi sein* ■**[an etw** *dat***]** ~ to dry [on sth]

an|tun *vt irreg* ❶ *(zufügen)* ■**jdm etwas/nichts** ~ to do something/not to do anything to sb; ***tu mir das nicht an!*** *(hum fam)* spare me, please! *hum fam;* **sich** *dat* **etwas** ~ *(Selbstmord begehen)* to kill oneself, to do oneself in *fam*
❷ **es jdm angetan haben** to appeal to sb; *s. a.* **angetan**

an|turnen *vi* ❶ *haben* SPORT *to celebrate the start of the open-air season with an athletic event*
❷ *sein (fam)* **angeturnt kommen** to come rollicking

an|turnen *vt* ❶ *(in einen Drogenrausch versetzen)* ■**jdn** ~ to turn sb on *sl,* to stone sb *sl*
❷ *(fam: in Erregung versetzen)* ■**jdn** ~ to turn sb on

Antwerpen <-s> *nt* Antwerp

Antwort <-, -en> *f* ❶ *(Beantwortung)* answer (**auf** +*akk* to); **eine ~ auf eine Anfrage/ein Angebot/einen Brief** an answer [*or* a reply] to an inquiry [*or* enquiry]/an offer/a letter; ***und wie lautet deine ~ auf meine Frage?*** and what's your answer [*or* reply] to my question?; **um ~ wird gebeten!** RSVP; **um baldige [*o* umgehende] ~ wird gebeten!** please reply by return [of] post [*or* Am return mail]; **jdm [eine] ~ geben** to give sb an answer, to answer [*or* reply to] sb; ***das also gibst du mir zur ~?*** so that's your answer?; *s. a.* **Rede**
❷ *(Reaktion)* response (**auf** +*akk* to); **als ~ auf etw** *akk* in response to sth
❸ *(Pendant)* answer (**auf** +*akk* to)
► Wendungen: **keine ~ ist auch eine ~** *(prov)* no answer is an answer

Antwortbrief *m* answer, reply

antworten *vi* ❶ *(als Antwort geben)* ■**[jdm]** ~ to answer [sb], to reply [to sb]; ***ich kann Ihnen darauf leider nichts*** ~ unfortunately I cannot give you an answer to that; ***was soll man darauf noch ~?!*** what kind of answer can you give to that?; **auf jds Frage** ~ to answer sb's [*or* reply to sb's] question; **mit Ja/Nein** ~ to answer yes/no [*or form* in the affirmative/negative]; **mit „vielleicht"** ~ to answer with "perhaps"; **schriftlich** ~ to answer [*or* reply] in writing, to give a written answer
❷ *(reagieren)* to respond (**mit** +*dat* with)

Antwortkarte *f* reply card **Antwortschein** *m* **internationaler** ~ [international] reply coupon **Antwortschreiben** *nt (geh)* answer, reply **Antwortzeit** *f* TECH response time

an|vertrauen* I. *vt* ❶ *(vertrauensvoll übergeben)* ■**jdm etw** ~ to entrust sth to sb [*or* sb with sth]
❷ *(geh: in etw bergen)* ■**etw einer S.** *dat* ~ to consign sth to sth *form*
❸ *(vertrauensvoll erzählen)* ■**jdm/einer S. etw** ~ to confide sth to sb/sth
II. *vr* ❶ *(sich vertrauensvoll mitteilen)* ■**sich jdm** ~ to confide in sb
❷ *(sich in einen Schutz begeben)* ■**sich etw** *dat* ~ to entrust oneself to sth

an|visieren* [-vi-] *vt* ❶ *(ins Visier nehmen)* ■**jdn/etw** ~ to sight sb/sth
❷ *(geh: ins Auge fassen)* ■**etw** ~ to set one's sights on sth; **eine Entwicklung/die Zukunft** ~ to envisage a development/the future

an|wachsen [-ks-] *vi irreg sein* ❶ *(festwachsen)* ■**[auf etw** *dat***]** ~ to grow [on sth]
❷ MED *(sich mit Körpergewebe verbinden)* ■**an etw** *dat* ~ to grow on sth; *Transplantat* to take [*or* adhere] [to sth]
❸ *(zunehmen)* ■**[bis zu etw** *dat***/auf etw** *akk***]** ~ to grow [*or* increase] [to sth]

Anwachsen *nt* ■**das** ~ ❶ *(das Festwachsen)* growing
❷ MED *(Verbindung mit Körpergewebe)* growing; *von Transplantat* taking, adherence
❸ *(Zunahme)* growth, increase; **im ~ [begriffen] sein** to be growing [*or* on the increase]

Anwachsungsrecht *nt* JUR, FIN right to accruals

an|wählen *vt* TELEK ■**jdn/eine Nummer** ~ to call sb/to dial a number

Anwalt, -wältin <-[e]s, -wälte> *m, f* ❶ *(Rechtsanwalt)* lawyer, solicitor Brit, attorney Am; **sich** *dat* **einen ~ nehmen** to engage the services of a lawyer
❷ *(geh: Fürsprecher)* advocate; ~ **der Armen/Hilfsbedürftigen** champion of the poor/needy

Anwältin <-, -nen> *f* JUR *fem form von* **Anwalt**

Anwaltsassessor(in) *m(f)* JUR *(veraltet: Anwalt auf Probe)* junior barrister **Anwaltsberuf** *m* JUR legal profession, the Bar; **den ~ ausüben** to practice law **Anwaltsbüro** *nt* ❶ *s.* **Anwaltskanzlei** ❷ *(Anwaltssozietät)* law firm, Brit *a.* firm of solicitors **Anwaltschaft** <-, *selten* -en> *f* ❶ *(Vertretung eines Klienten)* case; **eine ~ übernehmen** to take on [*or* over] a case; **eine ~ [für jdn] übernehmen** to take on [*or* over] sb's case ❷ *(Gesamtheit der Anwälte)* ■**die** ~ the legal profession **Anwaltsgehilfe, -gehilfin** *m, f* [solicitor's Brit] clerk, lawyer's secretary Am **Anwaltshonorar** *nt* JUR lawyer's [*or* legal] fees, solicitor's [*or* Am attorney's] fees; **vorläufiges** ~ retainer; **weiteres** ~ refresher **Anwaltskammer** *f* incorporated law society **Anwaltskanzlei** *f* lawyer's [*or* Am law] office, law firm **Anwaltskosten** *pl* legal expenses **Anwaltspraxis** *f* law [*or* Brit *a.* solicitor's] [*or* Am *a.* attorney's] practice; ~ **betreiben** to practise [*or* Am -ce] law **Anwaltsprivileg** *nt* JUR privilege of attorney **Anwaltsprozess**[RR] *m* JUR litigation with necessary representation by lawyers **Anwaltsschwemme** *f* glut of lawyers **Anwaltsstand** *m* JUR legal profession, the Bar **Anwaltsverzeichnis** *nt* JUR list of lawyers, Brit Solicitors' Roll **Anwaltswechsel** *m* JUR change of attorney **Anwaltszulassung** *f* JUR admission to the bar **Anwaltszustellung** *f* JUR direct service between lawyers **Anwaltszwang** *m kein pl* JUR mandatory [*or* statutory] representation by lawyers

an|wandeln *vt (geh)* ■**jdn** ~ to come over sb; ***mich wandelt ganz einfach die Lust an, spazieren zu gehen!*** I quite simply feel the desire to go for a walk

Anwandlung *f* mood; **aus einer ~ heraus** on an impulse; **[wieder] ~en bekommen** *(fam)* to go into [one of one's] fits *fam;* **in einer ~ von Großzügigkeit/Wahnsinn** in a fit of generosity/madness; **in einer ~ von Furcht/Misstrauen** on an impulse of fear/suspicion

an|wärmen *vt* **das Bett** ~ to warm [up] the bed; **Speisen** ~ to heat up food; ***danke, dass Sie mir den Platz angewärmt haben!*** thanks for keeping my seat warm! *a. hum*

Anwärter(in) *m(f)* candidate (**auf** +*akk* for); SPORT contender (**auf** +*akk* for); **der ~ auf den Thron** the heir to the throne; *(Prätendent)* the pretender to the throne

Anwärterbezüge *pl* JUR trainees' remuneration

Anwartschaft <-, *selten* -en> *f* candidature (**auf** +*akk* for), candidacy (**auf** +*akk* for); **die ~ auf das Erbe** the claim to the inheritance; SPORT contention; **~ auf den Thron** claim to the throne

Anwartschaftsberechtigte(r) *f(m) dekl wie adj* JUR reversioner, prospective beneficiary **Anwartschaftsrecht** *nt* JUR expectant right; **bedingtes** ~ contingent remainder; **unentziehbares** ~ vested remainder **Anwartschaftszeit** *f* JUR qualifying period *(waiting period between registering as unemployed and receiving benefit)*

an|weisen *vt irreg* ❶ *(durch Anweisung beauftragen)* ■**jdn ~[, etw zu tun]** to order sb to do sth
❷ *(anleiten)* ■**jdn** ~ to instruct sb
❸ *(zuweisen)* ■**jdm etw** ~ to direct sb to sth
❹ *(überweisen)* **[jdm] Geld [auf ein Konto]** ~ to transfer money [to sb/to sb's account]; *s. a.* **angewiesen**

Anweisung *f* ❶ *(Anordnung)* order, instruction; ~ **haben, etw zu tun** to have instructions to do sth; **auf [jds** *akk***]** ~ on [sb's] instruction, on the instructions of sb; **gerichtliche** ~ court order
❷ *(Anleitung)* instruction
❸ *(Gebrauchsanweisung)* instructions *pl*
❹ *(Zuweisung)* allocation
❺ *(Überweisung)* transfer
❻ *(Überweisungsformular)* payment slip

anwendbar *adj* applicable (**auf** +*akk o dat* to); **in der Praxis** ~ practicable, practical

Anwendbarkeit <-> *f kein pl* applicability (**auf** +*akk* to)

an|wenden *vt reg o irreg* ❶ *(gebrauchen)* ■**etw [bei jdm/etw]** ~ to use sth [on sb/during sth]
❷ *(übertragen)* ■**etw auf etw** *akk* ~ to apply sth to sth; *s. a.* **angewandt**

Anwender(in) <-s, -> *m(f)* INFORM user

anwenderfreundlich *adj* INFORM user-friendly

Anwenderin <-, -nen> *f fem form von* **Anwender**

Anwendernutzen *m* user benefits *pl* **anwenderorientiert** *adj* INFORM user-oriented **Anwenderprogramm** *nt* INFORM application program **Anwendersoftware** <-, -s> *f* application software

Anwendung *f* ❶ *(Gebrauch)* use; **etw zur ~ bringen** *(geh)* to use [*or* apply] sth; **~ finden [*o geh* zur ~ gelangen]** to be used [*or* applied], to find application *form*
❷ *(Übertragung)* application (**auf** +*akk* to)
❸ MED *(therapeutische Maßnahme)* administration
❹ INFORM application; **eine ~ starten** to start an application

Anwendungsbereich *m* JUR field of application; ~ **eines Gesetzes** scope of a law; ~ **eines Vertrages** purview of a treaty; INFORM application field **Anwendungsdatei** *f* INFORM application file **Anwendungsform** *f* form of use, usage **anwendungsfreundlich** *adj* TECH application friendly **Anwendungsfunktion** *f* INFORM application function **Anwendungsgebiet** *nt* field of applications **Anwendungsprogramm** *nt* INFORM application programme [*or* Am -am] **Anwendungssoftware** *f* INFORM application software **anwendungsspezifisch** *adj* TECH application-orientated [*or* Am -oriented] **Anwendungsvoraussetzung** *f* TECH application requirement **Anwendungsvorschrift** *f* instructions *pl* for use

Anwerben <-s> *nt kein pl* ÖKON *von Kunden* canvassing; *von Arbeitskräften* recruiting of labour [*or* Am -or]

an|werben *vt irreg* ■**jdn [für etw]** ~ to recruit sb [for sth]; **Soldaten** ~ to recruit [*or* enlist] soldiers

Anwerbestaat *m von Gastarbeitern* country of recruitment

Anwerbung *f* recruitment; *a.* MIL enlistment

Anwerbungsstopp[RR] *m* stop to recruitment

an|werfen *irreg* I. *vt* ■**etw** ~ ❶ TECH *(in Betrieb setzen)* to start sth up
❷ *(fam: anstellen)* to switch sth on
❸ *(durch Drehen in Gang setzen)* **den Motor [mit der Kurbel]** ~ to crank the engine; **den Propeller [von Hand]** ~ to swing the propeller
II. *vi* SPORT *(mit dem Werfen beginnen)* to take the first throw

Anwesen <-s, -> *nt (geh)* estate

anwesend *adj* present *pred;* ■**[bei jdm/bei etw/auf etw** *dat***]** ~ **sein** to be present [at sb's place/at sth]; **nicht ganz ~ sein** *(hum fam)* to be a million miles away [*or fam* off in one's own little world]

Anwesende(r) *f(m) dekl wie adj* person present; ■**die ~n** those present; **alle ~n** all those present

Anwesenheit <-> *f kein pl* presence; *von Studenten* attendance; **in jds ~** *dat,* **in ~ von jdm** in sb's presence, in the presence of sb

Anwesenheitsliste *f* attendance list **Anwesenheitspflicht** *f* obligation to attend; ***es herrscht*** ~

attendance is compulsory **Anwesenheitsrecht** *nt* JUR right of attendance

an|widern *vt* ■**jdn** ~ to nauseate sb, to make sb sick; ■**angewidert** nauseated *attr*

an|winkeln *vt* **den Arm/das Bein** ~ to bend one's arm/leg; **Signalflaggen in bestimmter Reihenfolge** ~ to move semaphore flags to certain angles; **mit angewinkeltem Arm/Bein** with the arm/leg bent

an|wirken *vt* KOCHK (*fachspr*) **Marzipan** ~ to knead marzipan in sugar

Anwohner(in) <-s, -> *m(f)* ❶ (*Anlieger*) [local] resident
❷ (*Anrainer*) **die** ~ **des Sees/der Küste** the people living by the lake/along the coast

Anwurf *m* ❶ *kein pl* SPORT first throw
❷ (*geh: Schmähung*) imputation, [unfounded] accusation

an|wurzeln *vi sein* ■[**in etw** *dat*] ~ to take root [in sth]; **wie angewurzelt dastehen** [*o* **stehen bleiben**] to stand rooted to the spot

Anzahl *f kein pl* number; **eine ganze** ~ quite a lot + *pl vb;* **eine ziemliche** ~ quite a number + *pl vb*

an|zahlen *vt* ❶ (*als Anzahlung geben*) ■[**jdm**] **etw** ~ to pay [sb] a deposit of sth; ***500 DM waren schon angezahlt*** a deposit of DM 500 has already been paid; ***abzüglich der angezahlten 10%*** minus the deposit of 10%
❷ (*eine Anzahlung auf den Preis von etw leisten*) ■**etw** ~ to pay a deposit on sth

Anzahlung *f* ❶ (*angezahlter Betrag*) deposit; **eine** ~ **machen** [*o* **leisten**] (*geh*) to pay a deposit; **€ 800** ~ **machen** [*o* **leisten**] to pay a deposit of 800 euros, to leave 800 euros as a deposit
❷ (*erster Teilbetrag*) first instalment [*or* AM installment]

Anzahlungsbetrag *m* FIN deposit, payment on account

an|zapfen *vt* ❶ (*Flüssigkeit durch Zapfen entnehmen*) ■**etw** ~ to tap sth; **ein Fass** ~ to tap [*or* broach] a barrel
❷ ELEK, TELEK (*fam: sich illegal an etw anschließen*) ■**etw** ~ to tap [*or* bug] sth; **eine Telefonleitung** ~ to tap a telephone line
❸ (*fam: Informationen gewinnen*) ■**jdn** ~ to pump sb *fam*

Anzeichen *nt* sign; MED (*Symptom*) symptom; ***es liegen [keine]*** ~ ***dafür vor, dass ...*** there are [no] signs that ...; ***alle*** ~ ***deuten darauf hin, dass ...*** all signs [*or* symptoms] indicate that ...; ***wenn nicht alle*** ~ ***trügen*** if all the symptoms are to be believed

an|zeichnen *vt* ❶ (*markieren*) ■**etw** [**auf etw** *dat*] ~ to mark [out] sth [on sth]; (*mit Kreide*) to chalk sth [on sth]
❷ (*zeichnen*) ■**etw** [**an etw** *akk*] ~ to draw sth [on sth]; (*mit Kreide*) to chalk sth [on sth]

Anzeige <-, -n> *f* ❶ (*Strafanzeige*) charge (**wegen** +*dat* for); ~ **bei der Polizei** report to the police; **eine** ~ [**wegen einer S.**] **bekommen** [*o* **erhalten**] to be charged [with sth]; ~ **gegen Unbekannt** charge against a person [*or* persons] unknown; **jdn/etw zur** ~ **bringen** (*geh*), [**gegen jdn**] **eine** ~ **machen** [*o* **erstatten**] to bring [*or* lay] a charge against sb, to report sth; [**eine**] ~ **gegen jdn bei der Polizei machen** [*o* **erstellen**] to report sb to the police
❷ (*Bekanntgabe bei Behörde*) notification
❸ (*Inserat*) ad[vertisement]
❹ (*Bekanntgabe*) announcement
❺ (*das Anzeigen*) display; **die** ~ **der Messwerte/Messinstrumente** the readings of the measured values/on the gauges [*or* AM *a.* gages]
❻ (*angezeigte Information*) information
❼ TECH (*Instrument*) gauge, AM *a.* gage

Anzeigedisplay *nt* INFORM read-out, display

an|zeigen *vt* ❶ (*Strafanzeige erstatten*) ■**jdn** [**wegen etw**] ~ to report sb [for sth]; ■**etw** ~ to report sth; ■**sich** [**selbst**] ~ to give oneself up, to turn oneself in
❷ (*mitteilen*) ■**jdm etw** ~ to announce sth to sb; MIL to report sth to sb
❸ (*angeben*) ■**etw** ~ to indicate [*or* show] sth; (*digital*) to display sth; **diese Uhr zeigt auch das Datum an** this watch also shows [*or* gives] the date
❹ (*bekannt geben*) ■[**jdm**] **etw** ~ to announce sth [to sb]
❺ (*angeben*) **ein Abbiegen/eine Richtung** ~ to indicate a turn-off/direction; AUTO to signal a turn-off/direction
❻ (*erkennen lassen*) ■**jdm** ~, **dass ...** to indicate to [*or* show] sb that ...; *s. a.* **angezeigt**

Anzeigenannahme *f* ❶ (*Stelle für die* ~) advertising sales department ❷ (*Erfassung einer Anzeige*) advertising sales **Anzeigenblatt** *nt* advertiser **Anzeigenkampagne** *f* advertising campaign **Anzeigenteil** *m* advertising section, small ads *pl*

Anzeigepflicht *f kein pl* (*geh*) obligation to inform the police/authorities etc.; **der** ~ **unterliegen** to be notifiable

anzeigepflichtig *adj* notifiable

Anzeiger[1] *m* advertiser

Anzeiger(in)[2] *m(f)* (*geh*) informer *a. pej*

Anzeigetafel *f* LUFT, BAHN departure and arrivals [information] board; SPORT scoreboard

an|zetteln *vt* ❶ (*vom Zaun brechen*) **Blödsinn** [*o* **Unsinn**] ~ to be up to mischief; **eine Schlägerei/einen Streit** ~ to provoke a fight/an argument
❷ (*in Gang setzen*) ■**etw** ~ to instigate sth

Anziehen <-s> *nt kein pl* FIN *der Preise* rise; (*nach Rückgang*) recovery

an|ziehen[1] *vt irreg* ❶ (*sich mit etw bekleiden*) ■[**sich** *dat*] **etw** ~ to put on sth *sep,* to don sth *form or liter;* [**sich**] **die Schuhe** ~ to put on [*or* slip into] one's shoes
❷ (*jdn bekleiden*) ■**jdn** ~ to dress sb; ■**jdm etw** ~ to put sth on sb
❸ (*kleiden*) **jdn** [**modisch/vorteilhaft**] ~ to dress sb [up] [in the latest fashion/to look their best]; ■**sich** ~ to get dressed; **sich leger/schick/warm** ~ to put on casual/smart/warm clothing
❹ SCHWEIZ (*beziehen*) **das Bett** ~ to make the bed; **das Bett frisch** ~ to change the bed

an|ziehen[2] *irreg* **I.** *vt* ❶ (*straffen*) ■**etw** ~ to pull sth tight; **die Zügel** ~ to pull [[back] on] the reins
❷ (*festziehen*) ■**etw** ~ to tighten sth; **die Bremse** ~ to apply [*or* put on] the brake
❸ (*an den Körper ziehen*) **einen Arm/ein Bein** ~ to draw up an arm/a leg
❹ (*anlocken*) ■**jdn** ~ to attract [*or* draw] sb; **sich von jdm/etw angezogen fühlen** to be attracted to [*or* drawn by] sb/sth
❺ PHYS (*an sich ziehen*) ■**etw** ~ to attract sth
❻ (*fig: sich zueinander hingezogen fühlen*) ■**sich** ~ to be attracted to each other; *s. a.* **Gegensatz**
❼ (*annehmen*) ■**etw** ~ to absorb sth
❽ (*ans Schloss ziehen*) **eine Tür** ~ to pull a door to
II. *vi* ❶ (*sich in Bewegung setzen*) *Zug* to start moving; *Zugtier* to start pulling
❷ (*beschleunigen*) to accelerate
❸ FIN (*ansteigen*) to rise; **kräftig** ~ to escalate

anziehend *adj* attractive

Anziehung *f* ❶ (*verlockender Reiz*) attraction
❷ *kein pl s.* **Anziehungskraft 1**

Anziehungskraft *f* ❶ PHYS (*Gravitation*) [force of] attraction; ~ **der Erde** [force of] gravitation
❷ (*Verlockung*) attraction, appeal; **auf jdn eine** [**große**] ~ **ausüben** to appeal to [*or* attract] sb [strongly]

Anzug[1] *m* ❶ (*Herrenanzug*) suit; **ein einreihiger/zweireihiger** ~ a single-[*or* double-]breasted suit; **im** ~ **erscheinen** to appear in a suit
❷ SCHWEIZ (*Bezug*) duvet cover; **Anzüge fürs Bett** linen *no pl,* bedclothes
► WENDUNGEN: **aus dem** ~ **kippen** (*fam: ohnmächtig werden*) to pass out

Anzug[2] *m kein pl* ❶ AUTO (*Beschleunigungsvermögen*) acceleration
❷ (*Heranrückung*) approach; **im** ~ **sein** to be on the way; MIL to be approaching; *Bedrohung, Gefahr* to be in the offing; (*von Erkältung, Schnupfen*) to be coming on

anzüglich *adj* ❶ (*schlüpfrig*) insinuating, suggestive, lewd; ***ich verbitte mir diese ~en Bemerkungen!*** I won't stand for such insinuating [*or* suggestive] remarks!
❷ (*zudringlich*) personal, pushy *fam;* ■~ **sein/werden** to get personal, to make advances

Anzüglichkeit <-, -en> *f* ❶ *kein pl* suggestiveness *no pl,* lewdness *no pl;* ***diese Geste war von einer gewissen*** ~ this gesture was of a certain suggestive [*or* insinuating] nature
❷ *kein pl* (*Zudringlichkeit*) advances *pl*
❸ (*zudringliche Handlung*) pushiness *no pl*

an|zünden *vt* ■**etw** ~ ❶ (*entzünden*) *Feuer* to light sth
❷ (*in Brand stecken*) *Haus* to set sth on fire, to set fire [*or* light] to sth
❸ (*anstecken*) *Zigarette* to light sth

Anzünder *m* (*fam*) fire lighter

an|zweifeln *vt* ■**etw** ~ to question [*or* doubt] sth; **einen Bericht/die Echtheit eines Gegenstandes/eine Theorie** ~ to question a report/the authenticity of an object/a theory

an|zwinkern *vt* ■**jdn** ~ to wink at sb, to give sb a wink

AOK <-, -s> *f Abk von* **Allgemeine Ortskrankenkasse** *public organization providing statutory health insurance to individuals living within a particular area*

äolisch *adj* GEOL aeolian BRIT, eolian AM

Äon <-s, -en> *m meist pl* ASTRON, PHILOS (*geh*) [a]eon

Aorta <-, Aorten> *f* aorta

Aostatal *nt* Aosta Valley

Apache, Apachin <-n, -n> [a'paxə] *m, f* Apache

apart *adj* striking, distinctive, unusual; ***er war ein Mann von ~em Aussehen*** he was a striking [*or* distinctive-looking] man; ***was für ein ~er Pullover!*** that's an unusual sweater!

Apartheid <-> *f kein pl* POL (*hist*) apartheid *no pl, no indef art*

Apartheidpolitik *f kein pl* POL (*hist*) policy of apartheid, apartheid policy

Apartment <-s, -s> [a'partmənt] *nt* flat BRIT, apartment AM

Apartmenthaus *nt* block of flats BRIT, apartment house AM **Apartmentwohnung** *f s.* **Apartment**

Apathie <-, -n> [*pl* -'ti:ən] *f* apathy; MED listlessness

apathisch **I.** *adj* apathetic; MED listless
II. *adv* apathetically; MED listlessly

Apenninen *pl* Apennines *npl*

aper *adj* SÜDD, ÖSTERR, SCHWEIZ (*schneefrei*) snowless, clear [*or* free] of snow

Aperitif <-s, -s *o* -e> *m* aperitif

Apex <-, Apizes> *m* ASTRON apex

Apfel <-s, Äpfel> *m* apple
► WENDUNGEN: **der** ~ **fällt nicht weit vom Stamm** (*prov*) like father, like son; **in den sauren** ~ **beißen** (*fam*) to bite the bullet

Apfelausstecher *m* apple corer **Apfelbaum** *m* apple tree **Apfelblüte** *f* (*Blüte*) apple blossom; (*das Blühen*) blossoming of apple trees; ***zur Zeit der*** ~ when the apple trees are in blossom **Apfelbrandwein** *m* apple brandy

Äpfelchen <-s, -> *nt dim von* **Apfel**

Apfelessig *m* cider vinegar **Apfelkuchen** *m* apple tart [*or* pie] [*or* cake] **Apfelmännchen** *nt* MATH Mandelbrot set

Apfel-Milchsäure-Gärung *f* CHEM apple-lactic-acid-fermentation

Apfelmost *m* DIAL (*unvergorener Fruchtsaft*) apple juice; (*vergorener Fruchtsaft*) [apple] cider **Apfelmus** *nt* apple sauce **Apfelsaft** *m* apple juice **Apfelschimmel** *m* dapple-grey [horse]

Apfelsine <-, -n> *f* (*Frucht*) orange; (*Baum*) orange tree

Apfelstrudel *m* apple strudel **Apfeltasche** *f* apple turnover

äpfeltragend *adj* BOT apple bearing, pomiferous

Apfeltrester *m* apple schnaps **Apfelwein** *m* cider

Aphorismus <-, -rismen> *m* aphorism

Aphrodisiakum <-s, -disiaka> *nt* aphrodisiac
Apnoe-Tauchen [a'pno:ə-] *nt* SPORT (*Tauchen ohne Atemgerät*) freediving *no pl, no indef art,* apnea diving *no pl, no indef art*
Apo, APO <-> *f kein pl Akr von* **außerparlamentarische Opposition** *s.* **außerparlamentarisch**
apodiktisch (*geh*) **I.** *adj* apodictic **II.** *adv* apodictically
Apokalypse <-, -n> *f* apocalypse
apokalyptisch *adj inv* REL apocalyptic
apolitisch *adj* apolitical, non-political
Apollon-Achse *f* SPORT barbell (*with two discs weighing 3 cwt*)
apoplektisch *adj* MED apoplectic
Apostel <-s, -> *m* apostle
Apostelbrief *m* epistle **Apostelgeschichte** *f kein pl* Acts of the Apostles *pl* **Apostelkuchen** *m* brioche-style cake
a posteriori (*geh*) PHILOS a posteriori
A-posteriori-Argument *nt* a posterior reasoning
apostolisch *adj* REL apostolic; **~e Väter** Apostolic Fathers
Apostroph <-s, -e> *m* apostrophe
apostrophieren* *vt* ❶ LING (*selten*) ■**etw** ~ to apostrophize sth ❷ (*geh: anreden, nachdrücklich bezeichnen*) ■**jdn/etw als etw** ~ to refer to sb/sth as sth
Apotheke <-, -n> *f* pharmacy, dispensary, BRIT *a.* [dispensing] chemist's
Apothekendienst *m* pharmacy service **apothekenpflichtig** *adj* available only at the pharmacy [*or* BRIT *a.* chemist's]
Apotheker(in) <-s, -> *m(f)* pharmacist, BRIT *a.* [dispensing] chemist
Apothekergewicht *nt* apothecaries' weight
Apothekerin <-, -nen> *f fem form von* **Apotheker**
Apothekerkammer *f* pharmacists' association; (*in Großbritannien*) Institute of Pharmacists **Apothekerwaage** *f* precision scales *pl*
Apotheose <-, -n> *f* REL apotheosis
Appalachen *pl* Appalachian Mountains *pl*
Appalachenwald *m* BOT Appalachian Forest
Apparat <-[e]s, -e> *m* ❶ TECH (*technisches Gerät*) apparatus *no pl form,* appliance, machine; (*kleineres Gerät*) gadget ❷ TELEK (*Telefon*) telephone, phone; **am ~ bleiben** to hold the line; ***bleiben Sie bitte am ~!*** please hold the line!; ***wer war eben am ~?*** who was that on the phone just then?; **am ~!** speaking! ❸ (*fam: Radio*) radio; (*Rasierapparat*) razor; (*Fotoapparat*) camera ❹ ADMIN (*Verwaltungsapparat*) apparatus, machinery; **kritischer ~** LIT critical apparatus ❺ (*sl: großer Gegenstand*) whopper; ***meine Gallensteine, das waren solche ~e!*** my gall-stones were real whoppers!
Apparatebau *m kein pl* machine-building *no pl,* instrument-making *no pl* **Apparatemedizin** *f kein pl* high-tech medicine *no pl*
Apparatschik <-s, -s> *m* (*pej*) apparatchik
Apparatur <-, -en> *f* [piece of] equipment *no pl,* apparatus *no pl*
Appartement <-s, -s> [apartə'mã:] *nt* ❶ (*Zimmerflucht*) suite [of rooms] ❷ *s.* **Apartment**
Appartementhaus *nt* block of flats BRIT, condominium AM, block of condominiums AM
Appel <-s, Äppel> *m* NORDD (*Apfel*) apple ▸ WENDUNGEN: **für einen ~ und ein Ei** (*fam*) for peanuts, dirt cheap
Appell <-s, -e> *m* ❶ (*Aufruf*) appeal; ■**der/ein ~ an jdn/etw** the/an appeal to sb/sth; ■**der/ein ~ zu etw** *dat* the/an appeal for sth; **einen ~ an jdn richten** to make an appeal to sb ❷ MIL (*Antreten zur Besichtigung*) roll call; **zum ~ antreten** to line up for roll call
Appellant(in) *m(f)* JUR appellant
Appellation <-, -en> *f* JUR SCHWEIZ appeal
appellationsfähig *adj inv* JUR appealable **Appellationsgericht** *nt* JUR court of appeal **Appellationsinstanz** *f* JUR appellate body **Appellationstribunal** *nt* JUR appellate tribunal **Appellationsverfahren** *nt* JUR appeal process
appellieren* *vi* ❶ (*sich auffordernd an jdn wenden*) to appeal; ■**an jdn ~[, etw zu tun]** to appeal to sb [to do th] ❷ (*etw wachrufen*) **an jds** *dat* **Großzügigkeit/Mitgefühl/Vernunft ~** to appeal to sb's [sense of] generosity/[sense of] sympathy/common sense ❸ SCHWEIZ (*Berufung einlegen*) ■**gegen etw** *akk* ~ to appeal against sth
Appendix <-, -dizes> [a'pɛndɪks, -dizes] *m* ❶ ANAT appendix ❷ LIT (*Anhang*) appendix
Appendizitis <-, -tiden> *f* MED (*Blinddarmentzündung*) appendicitis
Appenzell <-s> *nt* Appenzell **Appenzell-Außerrhoden** <-s> *nt* Appenzell Outer Rhodes [*or* Ausser Rhoden] **Appenzell-Innerrhoden** <-s> *nt* Appenzell Inner Rhodes [*or* Inner Rhoden]
Appetenz <-, -en> *f* BIOL appetence
Appetenzverhalten *nt* BIOL appetitive behaviour [*or* AM -or]
Appetit <-[e]s> *m kein pl* (*Lust auf Essen*) appetite; **~ [auf etw** *akk*] **bekommen/haben** to feel like [*or* fancy] [having] [sth]; ***das kann man mit ~ essen!*** that's sth you can really tuck into!; ***auf was hast du denn heute ~?*** what do you feel like having today?; **[jdm] ~ machen** to whet sb's appetite; **den ~ anregen** to work up an/one's appetite; **jdm den ~ [auf etw** *akk*] **verderben** (*fam*) to spoil sb's appetite; **guten ~!** enjoy your meal! ▸ WENDUNGEN: **der ~ kommt beim** [*o* **mit dem**] **Essen** (*prov*) the appetite grows with the eating
appetitanregend *adj* ❶ KOCHK (*appetitlich*) appetizing ❷ PHARM (*appetitfördernd*) **ein ~es Mittel** an appetite stimulant **Appetithappen** *m* canapé **appetithemmend** *adj* appetite suppressant
appetitlich **I.** *adj* ❶ (*Appetit anregend*) appetizing; (*fig a.*) tempting ❷ (*fam: Lust anregend*) tempting, attractive **II.** *adv* appetizingly, temptingly
appetitlos *adj* without any appetite; **~ sein** to have lost one's appetite
Appetitlosigkeit <-> *f kein pl* lack of appetite
Appetitzügler <-s, -> *m* appetite suppressant
applaudieren* *vi* (*geh*) to applaud; ■**[jdm/einer S.] ~** to applaud [sb/sth]
Applaus <-es, *selten* -e> *m* (*geh*) applause *no pl;* **stehender ~** standing ovation
Applet <-s, -s> ['æplɪt] *nt* INFORM applet
Applikation *f* INFORM application
apportieren* JAGD **I.** *vi* to retrieve, to fetch **II.** *vt* ■**etw ~** to fetch [*or* retrieve] sth
Apposition <-, -en> *f* LING apposition
appretieren* *vt* CHEM ■**etw ~** to proof [*or* finish] sth; **etw fleckunempfindlich/nässeunempfindlich ~** to stainproof [*or* rainproof] [*or* waterproof] sth
Appretur <-, -en> *f* CHEM finish
Approbation <-, -en> *f* licence [*or* AM -se] to practise [*or* AM -ce] as a doctor/dentist etc
approbiert *adj* certified, registered
Après-Ski <-, -s> [aprɛ'ʃi:] *nt* ❶ (*Freizeit nach dem Skilaufen*) après-ski ❷ MODE après-ski clothing
Après-Ski-Kleidung [aprɛ'ʃi:-] *f kein pl* après-ski clothes *npl* [*or* clothing] *no pl*
Aprikose <-, -n> *f* (*Frucht*) apricot; (*Baum*) apricot tree
aprikotieren *vt* KOCHK to brush with strained apricot jam
April <-s, *selten* -e> *m* April; *s. a.* **Februar** ▸ WENDUNGEN: **jdn in den ~ schicken** to make an April fool of sb; **~! ~!** (*fam*) April fool!
Aprilscherz *m* ❶ (*Scherz am 1. April*) April fool's trick ❷ (*schlechter Witz*) [bad] joke; ***das ist doch wohl ein ~!*** you must be joking! **Aprilwetter** *nt* April weather
a priori [apri'o:ri] *adv* PHILOS (*geh*) a priori
A-priori-Argument *nt* a priori reasoning
apropos [apro'po:] *adv* ❶ (*übrigens*) by the way[, that reminds me]; ~, ***was ich noch sagen wollte …*** by the way, I was going to say …; ~, ***ehe ich's vergesse …*** by the way, before I forget … ❷ (*was … angeht*) ~ ***Männer, …*** talking of [*or* apropos] men, …
Apsis <-, -siden> *f* ❶ ARCHIT (*Chorabschluss*) apse ❷ (*im Zelt*) bell
Apulien <-> *nt* Apulia
Aquädukt <-[e]s, -e> *m o nt* ARCHÄOL aqueduct
Aquakultur *f* aquaculture **Aquamarin** <-s, -e> *m* aquamarine **aquamarinblau** *adj* aquamarine **Aquaplaning** <-s> *nt kein pl* aquaplaning *no pl*
Aquarell <-s, -e> *nt* watercolour [*or* AM -or] [painting]; ■**~e malen** to paint in watercolours [*or* AM -ors]
Aquarellfarbe *f* watercolour **Aquarellmaler(in)** *m(f)* watercolourist **Aquarellmalerei** *f* KUNST watercolour painting **Aquarellmalerin** <-, -nen> *f fem form von* **Aquarellmaler**
Aquarium <-s, -rien> [*pl* -riən] *nt* aquarium
Aquatinta <-, -tinten> *f* aquatint
Äquator <-s> *m kein pl* equator
äquatorial *adj* equatorial; **~es Klima** equatorial climate
Äquatorialguinea <-s> *nt* Equatorial Guinea; *s. a.* **Deutschland**
Äquatorialguineer(in) <-s, -> [-gi'ne:ɐ] *m(f)* Equatorial Guinean, Equatoguinean; *s. a.* **Deutsche(r)**
äquatorialguineisch *adj* Equatorial Guinean, Equatoguinean; *s. a.* **deutsch**
Äquatortaufe *f* NAUT crossing-the-line ceremony
Aquavit <-s, -e> [-vi-] *m* aquavit
Aquifere <-, -n> *f* aquifer
äquivalent [-va-] *adj* (*geh*) equivalent; ■**etw** *dat* **~ sein** to be suitable [*or* appropriate] for sth
Äquivalent <-s, -e> [-va-] *nt* equivalent
Äquivalenz <-, -en> *f* equivalence
Äquivalenzprinzip *nt* FIN benefits received principle **Äquivalenzprüfung** *f* FIN equivalence tests *pl*
Äquivalenzrelation *f* MATH equivalence relation
Ar <-s, -e> *nt o m* (*100 m²*) are
Ära <-, Ären> *f* (*geh*) era
Ara <-, -s> *m* ORN macaw
Araber(in) <-s, -> *m(f)* Arab
Araber <-s, -> *m* (*Vollblutpferd*) Arab
Arabeske <-, -n> *f* KUNST, ARCHIT arabesque
Arabien <-s> *nt* Arabia
arabisch *adj* ❶ GEOG (*zu Arabien gehörend*) Arabian, Arab; **A~e Republik Syrien** ÖSTERR (*Syrien*) Syria; **A~e Halbinsel** Arabian Peninsula; **die A~e Liga** the Arab League; **A~es Meer** Arabian Sea ❷ LING Arabic; **auf ~** in Arabic
Arabisch *nt dekl wie adj* LING Arabic; ■**das ~e** Arabic
Arabische Republik Syrien *f* ÖSTERR *s.* **Syrien**
Arabisches Meer *nt* Arabian Sea
Arabistik <-> *f kein pl* Arabic studies *pl*
Arachidöl *nt* peanut oil
Arafurasee *f* Arafura Sea
Aragonien <-s> *nt* Aragon
Aragonier(in) <-s, -> *m(f)* Aragonian
Aralsee *m* Aral Sea
aramäisch *adj* Aramaic
Aramäisch <-> *nt dekl wie adj* Aramaic; ■**das ~e** Aramaic
Arbeit <-, -en> *f* ❶ (*Tätigkeit*) work *no pl, no indef art;* ***pack lieber mit an, statt mir nur bei der ~ zuzusehen!*** you could give me a hand instead of watching me do all the work!; ***die ~ mit Schwerbehinderten ist äußerst befriedigend*** working with the disabled is extremely fulfilling; **gute/schlechte ~ leisten** to do a good/bad job; **ganze** [*o* **gründliche**] **~ leisten** to do a good job; **etw [bei jdm] in ~ geben** to have sth done [at sb's [*or* by sb]]; **etw in ~ haben** to be working on sth; **in ~ sein** work is in progress on sth; ***Ihr Pils ist in ~!*** your Pils is on its way!; **an** [*o* **bei**] **der ~ sein** to be working; **die ~ läuft nicht davon** (*hum*) your work will still

be there when you get back; **jdm [viel] ~ machen** to make [a lot of] work for sb; **sich an die ~ machen** to get down to working; **an die ~ gehen** to get down to work; **an die ~!** get to work!; **~ und Kapital** labour [*or* AM -or] and capital
❷ (*Arbeitsplatz*) work *no indef art, no pl,* employment *no indef art, no pl,* job; ***er fand ~ als Kranfahrer*** he got a job as a crane driver; ***wir fahren mit dem Fahrrad zur ~*** we cycle to work; ***beeil dich, sonst kommst du zu spät zur ~!*** hurry up, or you'll be late for work!; ***ich gehe heute nicht zur ~*** I'm not going [in]to work today; **~ suchende Menschen** those looking for a job; **einer [bestimmten] ~ nachgehen** (*geh*) to have a job; **einer geregelten ~ nachgehen** to have a steady job; **[bei jdm] in ~ stehen** [*o* **sein**] (*geh*) to be employed [by sb]
❸ (*handwerkliches Produkt*) work, handiwork; ***dieser Schreibtisch ist eine saubere ~!*** this bureau is an excellent bit of handiwork!; **nur halbe ~ machen** to do a half-hearted job
❹ (*schriftliches Werk*) work
❺ SCH (*Klassenarbeit in der Schule*) test; **eine ~ schreiben** to do [*or* sit] a test; ***sie büffelten für die anstehende ~ in Mathe*** they were swotting for the upcoming maths test; (*Examensarbeit an der Uni*) paper, essay
❻ *kein pl* (*Mühe*) work, effort, troubles *pl;* ***das Geld ist für die ~, die Sie hatten!*** the money is for your troubles! [*or* efforts]; ***mit kleinen Kindern haben Eltern immer viel ~*** small children are always a lot of work for parents; **sich** *dat* **~ [mit etw** *dat***] machen** to go to trouble [with sth]; ***machen Sie sich keine ~, ich schaffe das schon alleine!*** don't go to any trouble, I'll manage on my own!; **viel ~ sein** [*o* **kosten**] to take a lot of work [*or* effort]
❼ (*Aufgabe*) job, chore; ***die Mutter verteilte an ihre Kinder die einzelnen ~en wie Spülen, Staubsaugen etc*** the mother shared out all the chores such as the washing-up, hoovering etc amongst her children
▸ WENDUNGEN: **~ schändet nicht** (*prov*) work is no disgrace, a bit of work never harmed anyone; **erst die ~, dann das Vergnügen** (*prov*) business before pleasure *prov*

ạrbeiten I. *vi* ❶ (*tätig sein*) to work; ***stör mich nicht, ich arbeite gerade!*** don't disturb me, I'm working!; ■**an etw** *dat* **~** to be working on sth; ***Helene arbeitet an der Fertigstellung ihres Erstromans*** Helen is working on the completion of her first novel; ■**über jdn/etw ~** to work on sb/sth; ***er arbeitet über Goethe*** he's working on Goethe; **für zwei ~** (*fam*) to do the work of two [people]
❷ (*berufstätig sein*) ■**[bei jdm/für jdn/an etw** *dat***] ~** to work [for sb/on sth]; **~ gehen** to have a job
❸ TECH (*funktionieren*) to work; ■**[mit etw] ~** to operate [on sth]; ***das System arbeitet vollautomatisch*** the system is fully automatic; ***unsere Heizung arbeitet mit Gas*** our heating operates [*or* runs] on gas; ***alle Systeme ~ nach Vorschrift*** all systems are working according to regulations
❹ MED (*funktionieren*) to function; ***Ihre Leber arbeitet nicht mehr richtig*** your liver is not functioning properly anymore
❺ (*sich bewegen*) *Holz, Balken* to warp
❻ (*gären*) *Hefe, Most etc* to ferment
❼ *impers* (*sich innerlich mit etw beschäftigen*) to work; ■**in jdm arbeitet es** sb is reacting; ***man sah, wie es in ihm arbeitete*** you could see his mind working; ***lass mich nachdenken, in meinem Kopf arbeitet es jetzt!*** let me think, my mind is starting to work!
❽ MODE (*schneidern*) **bei jdm ~ lassen** to have sth made somewhere/by sb; ***Ihr Anzug sitzt ja ganz ausgezeichnet! wo/bei wem lassen Sie ~?*** your suit fits wonderfully! where do you have your clothes made [*or* who makes your clothes for you]?
II. *vr* ❶ (*gelangen*) ■**sich irgendwohin ~** to work one's way somewhere; ***die Bergarbeiter arbeiteten sich weiter nach unten*** the miners worked their way further down; **sich [langsam] nach oben** [*o* **an die Spitze**] **~** to work one's way [slowly] to the top
❷ (*durchdringen*) ■**sich [durch etw] [durch]~** to work oneself [through sth]; ***der Bohrer musste sich durch das Gestein ~*** the drill had to work through the stonework
❸ (*bewältigen*) ■**sich durch etw ~** to work one's way through sth; ***es wird Wochen brauchen, bis ich mich durch all die Aktenberge gearbeitet habe*** it will take me weeks to work my way through the stacks of papers
❹ *impers* (*zusammenarbeiten*) ■**es lässt sich [mit jdm] arbeiten** there's co-operation [with sb]; **es arbeitet sich gut/schlecht mit jdm** you can/can't work well with sb; ***mit willigen Mitarbeitern arbeitet es sich besser als mit störrischen*** it's better to work with willing colleagues than with stubborn ones; (*umgehen*) to work; **es arbeitet sich gut/schlecht auf etw** *dat***/mit etw** *dat* you can/can't work well on sth/with sth; ***mit dem alten Computer arbeitet es sich nicht so gut*** you can't work as well on the old computer
❺ (*sich in einen Zustand arbeiten*) **sich halb tot ~** to work oneself to death; **sich krank ~** to work till one drops; **sich müde ~** to tire oneself out with work, to work oneself silly; *s. a.* **Tod**
III. *vt* ❶ (*herstellen*) to make; ■**etw [aus etw] ~** to make sth [from sth]; **von Hand ~** to make sth by hand; ***der Schmuck ist ganz aus 18-karätigem Gold gearbeitet*** the jewellery is made entirely from 18-carat gold
❷ (*tun*) ■**etwas/nichts ~** to do sth/nothing; ***ich habe heute noch nichts gearbeitet*** I haven't managed to do anything yet today

Ạrbeiter(in) <-s, -> *m(f)* (*Industrie*) [blue-collar] worker; (*landwirtschaftlicher ~*) labourer [*or* AM -orer]

Ạrbeiterbewegung *f* POL labour movement **Ạrbeiterfamilie** *f* working-class family **Ạrbeiterführer(in)** *m(f)* workers' leader **Ạrbeitergewerkschaft** *f* blue-collar union

Ạrbeiterin <-, -nen> *f fem form von* **Arbeiter**

Ạrbeiterkind *nt* working-class child **Ạrbeiterklasse** *f* working class **Ạrbeiterpartei** *f* workers' party

Ạrbeiterschaft <-> *f kein pl* work force + *sing/pl vb*

Ạrbeitersiedlung *f* workers' housing estate **Ạrbeiter-und-Bạuern-Staat** *m* HIST (*in der ehemaligen DDR*) worker's and peasant's state **Ạrbeiter-und-Soldạten-Rat** *m* HIST workers' and soldiers' council **Ạrbeiterviertel** *nt* working-class area [*or* district] **Ạrbeiterwọhlfahrt** *f kein pl* ■**die ~** the workers' welfare union

Ạrbeitgeber(in) <-s, -> *m(f)* employer; ***bei welchem ~ bist du beschäftigt?*** who is your employer?

Ạrbeitgẹberanteil *m* employer's contribution **Ạrbeitgẹberhälfte** *f* employer's contribution

Ạrbeitgeberin <-, -nen> *f fem form von* **Arbeitgeber**

Ạrbeitgẹberpräsident(in) *m(f)* president of an/the employers' association [*or* federation] **Ạrbeitgẹberseite** *f* employers' side **Ạrbeitgẹberverband** *m* employers' association

Ạrbeitnehmer(in) *m(f)* employee

Ạrbeitnehmeranteil *m,* **Ạrbeitnehmerbeitrag** *m* FIN (*zur Sozialversicherung*) employee's contribution **Ạrbeitnehmererfinder(in)** *m(f)* employee inventor **Ạrbeitnehmererfindervergütung** *f* FIN compensation for employee invention **Ạrbeitnehmererfindung** *f* employee invention; **Gesetz über ~en** Law on Employee Inventions; **Richtlinien für die Vergütung von ~en im privaten Dienst** Directives on the Compensation to be Paid for Employee Inventions Made in Private Employment **Ạrbeitnehmerfreibetrag** *m* FIN employee's personal tax allowance, BRIT earned income relief, AM employee allowance **Ạrbeitnehmerfreizügigkeit** *f kein pl* JUR free movement of labour **ạrbeitnehmerfreundlich** *adj* pro-employee

Ạrbeitnehmerin <-, -nen> *f fem form von* **Arbeitnehmer**

Ạrbeitnehmerinteresse *nt* employee's interest **Ạrbeitnehmerrechte** *pl* JUR workers' [*or* employee] rights **Ạrbeitnehmerschaft** <-, -en> *f* employees *pl* **Ạrbeitnehmerschutz** *m* JUR protection of employees **Ạrbeitnehmerseite** *f* employee's side **ạrbeitnẹhmertypisch** *adj inv* typical of/for employees **Ạrbeitnehmerüberlassung** *f* hiring out of employees, temping **Ạrbeitnẹhmervertreter(in)** *m(f)* employee [*or* workforce] representative

Ạrbeitsablauf *m* production, work routine

ạrbeitsam *adj* (*geh o veraltend*) industrious

Ạrbeitsamkeit <-> *f kein pl* (*geh o veraltend*) industriousness

Ạrbeitsamt *nt* job centre BRIT, employment office AM **Ạrbeitsanleitung** *f* (*mündlich*) [work] instructions *pl;* (*schriftlich*) [written] guidelines *pl* **Ạrbeitsantritt** *m* start of employment **Ạrbeitsanzug** *m* work clothes *pl;* (*Handwerker etc*) overalls *pl* **Ạrbeitsatmosphäre** <-, *selten* -n> *f* work climate, atmosphere at work **Ạrbeitsauffassung** *f s.* Arbeitsmoral **Ạrbeitsauftrag** *m* task **Ạrbeitsaufwand** *m* expenditure of energy; ***was für ein ~!*** what a lot of work! **ạrbeitsaufwändig**[RR], **ạrbeitsaufwendig** *adj* labour-intensive **Ạrbeitsausfall** *m* loss of working hours **Ạrbeitsausgleich** *m* ÖKON evening out labour **Ạrbeitsbedingungen** *pl* working conditions *pl* **Ạrbeitsbefreiung** *f* ÖKON exemption from working **Ạrbeitsbeginn** *m* start of work; (*Stempeluhr*) clocking-on; **zu spät zum ~ erscheinen** to be late for work [*or* clocking-on] **Ạrbeitsbelastung** *f* workload **Ạrbeitsbereich** *m* area [*or* field] of work **Ạrbeitsbericht** *m* work report **Ạrbeitsbeschaffung** *f* (*Arbeitsplatzbeschaffung*) job reation; (*Auftragsbeschaffung*) obtaining work *no art,* bringing in work *no art* **Ạrbeitsbeschaffungsmaßnahme** *f* job creation scheme [*or* AM plan] **Ạrbeitsbeschạffungsprojekt** *nt* job creation scheme [*or* AM plan] **Ạrbeitsbescheinigung** *f* cerificate of employment **Ạrbeitsbesuch** *m* working visit **Ạrbeitsbiene** *f* ❶ (*Insekt*) worker [bee] ❷ (*fleißige Frau*) busy bee **Ạrbeitsblatt** *nt* spreadsheet **Ạrbeitsdatei** *f* INFORM scratch file **Ạrbeitsdaten** *pl* INFORM working data + *sing vb* **Ạrbeitsdienst** *m* HIST labour service **Ạrbeitsdirektor(in)** *m(f)* personnel director **Ạrbeitseifer** *m* enthusiasm for one's work **Ạrbeitseinkommen** *nt* JUR earned income; **verschleiertes ~** undeclared earned income **Ạrbeitseịnkommensquote** *f* ÖKON quota of earned income **Ạrbeitseinstellung** *f* walkout **Ạrbeitseinteilung** *f* planning of work, work allocation **Ạrbeitsende** *nt* end of the working day; (*Stempeluhr*) clocking-off; ***um 16 Uhr 30 ist ~*** work finishes [*or* clocking-off is] at 4.30 pm **Ạrbeitsentgelt** *nt* employee earnings *npl* [*or* pay] **Ạrbeitsentgeltpflicht** *f* JUR duty to compensate labour **Ạrbeitserlaubnis** *f* (*betriebliche Arbeitsberechtigung*) permission to work; (*behördliche Arbeitsgenehmigung*) work permit **Ạrbeitserleichterung** *f* saving of labour; ***das bedeutet eine große ~*** that makes work a lot easier [*or* is very labour-saving]; **zur ~** to facilitate work, to make work easier **Ạrbeitsessen** *nt* business [*or* working] lunch/dinner **Ạrbeitsexemplar** *nt* desk copy **ạrbeitsfähig** *adj* ❶ (*tauglich*) able to work; ■**~ sein** to be fit for work ❷ (*funktionsfähig*) ■**~ sein** to be viable **Ạrbeitsfähige(r)** *f(m) dekl wie adj a person who is able to work* **Ạrbeitsfähigkeit** *f* ❶ (*Tauglichkeit*) ability [*or* fitness] to work ❷ (*Funktionsfähigkeit*) viability **Ạrbeitsfeld** *nt* (*geh*) field of work **Ạrbeitsfläche** *f* work surface **Ạrbeitsfluss**[RR] *m kein pl* ÖKON flow of workers **Ạrbeitsfolge** *f* ÖKON job sequence **Ạrbeitsförderung** *f* ÖKON work motivation **Ạrbeitsförde-**

rungsgesetz *nt kein pl* Labour Promotion Law [*or* Act] **Arbeitsfriede(n)** *m* peaceful labour relations *pl, no art* **Arbeitsgang** <-gänge> *m* ❶ (*Produktionsabschnitt*) production stage; (*Bearbeitungsabschnitt*) stage [of operation] ❷ *s.* **Arbeitsablauf** **Arbeitsgebiet** *nt s.* **Arbeitsfeld** **Arbeitsgemeinschaft** *f* working-group; SCH study-group **Arbeitsgerät** *nt* equipment *no pl* **Arbeitsgerätschaft** *f* working implement **Arbeitsgericht** *nt* industrial tribunal **Arbeitsgerichtsbarkeit** *f* JUR labour [court] jurisdiction **Arbeitsgerichtsgesetz** *nt* JUR Labour Court Act **Arbeitsgerichtsverfahren** *nt* JUR industrial tribunal proceedings **Arbeitsgesetz** *nt* JUR labour act **Arbeitsgesetze** *pl* JUR labour laws **Arbeitsgesetzgebung** *f* JUR labour legislation [*or* employment] **Arbeitsgruppe** *f* team **Arbeitshilfe** *f* aid; **technische ~n** technical aids **arbeitsintensiv** *adj* labour-intensive, requiring a lot of work **Arbeitskammer** *f* JUR chamber of labour **Arbeitskampf** *m* industrial action **Arbeitskampfmaßnahmen** *pl* industrial practices **Arbeitskleidung** *f* work clothes *pl* [*or form* attire] **Arbeitsklima** *nt* working atmosphere, work climate **Arbeitskollege, -kollegin** *m, f* colleague, work-mate *fam* **Arbeitskonflikt** *m* FIN industrial [*or* labour] dispute **Arbeitskosten** *pl* labour costs *pl* **Arbeitskraft** *f* ❶ *kein pl* (*Leistungskraft*) work capacity; **die menschliche ~** human labour ❷ (*Mitarbeiter*) worker; **ungelernte ~** unskilled [*or* manual] worker [*or* labourer] **Arbeitskräftemangel** *m* manpower [*or* labour] shortage **Arbeitskräftepotenzial**[RR] *nt* ÖKON manpower potential, human resources *pl* **Arbeitskräfterechnung** *f* ÖKON manpower estimates *pl* **Arbeitskreis** *m* working group **Arbeitskurve** *f* ÖKON manpower curve **Arbeitslager** *nt* labour camp **Arbeitsleben** *nt kein pl* working life **Arbeitsleistung** *f* output, performance **Arbeitslohn** *m* wages *pl*

arbeitslos *adj* unemployed; ■ **~ sein/werden** to be/become unemployed [*or* out of work]

Arbeitslose(r) *f(m) dekl wie adj* unemployed person; ■ **die ~n** the unemployed

Arbeitslosengeld *nt* unemployment benefit [*or* pay], BRIT *fam a.* the dole **Arbeitslosenhilfe** *f* unemployment aid [*or* assistance] **Arbeitsloseninitiative** *f* jobclub, programme [*or* AM -am] for the unemployed **Arbeitslosenmeldung** *f* report to [*or* personal appearance at] an/the unemployment office **Arbeitslosenquote** *f* unemployment figures *pl* [*or* rate] **Arbeitslosenunterstützung** *f kein pl* (*hist*) unemployment benefit [*or* pay], BRIT the dole *fam a.* **Arbeitslosenverein** *m* jobclub **Arbeitslosenversicherung** *f* unemployment insurance, National Insurance BRIT **Arbeitslosenzahlen** *pl* unemployment figures *pl,* jobless total

Arbeitslosigkeit <-> *f kein pl* unemployment *no indef art, + sing vb*

Arbeitsmangel *m* lack of work **Arbeitsmarkt** *m* job [*or* labour] market **Arbeitsmarktdaten** *pl* ÖKON data + *sing/pl vb* on the labour market **Arbeitsmarktpolitik** *f* ÖKON labour-market policy, employment [*or* manpower] policy **arbeitsmarktpolitisch** *adj attr* ÖKON labour-market policy *attr,* related to labour market policy *pred;* **~e Instrumente/Maßnahmen** labour-market policy instruments/measures **Arbeitsmarktreform** *f* labour market reform **Arbeitsmaterial** *nt* (*für den Beruf*) material required for work; (*für den Schulunterricht*) classroom aids *pl* **Arbeitsmedizin** *f* industrial medicine **Arbeitsminister(in)** *m(f)* Employment Secretary BRIT, Secretary of Labor AM **Arbeitsministerium** *nt* Ministry of Labour BRIT, Labour Ministry BRIT, Department of Labor AM **Arbeitsmittel** *pl* tools, equipment *no pl* **Arbeitsmittelintensität** *f* ÖKON intensity of labour instruments **Arbeitsmittelproduktivität** *f kein pl* ÖKON productivity of labour instruments **Arbeitsmoral** *f* work morale [*or* ethic] **Arbeitsniederlegung** *f* walkout **Arbeitsnorm** *f* ÖKON labour standard; **technisch begründete ~** technological labour standards **Arbeitsordnung** *f* work regulation **Arbeitsorganisation** *f* work organization **Arbeitsort** *m* place of work **Arbeitspapier** *nt* ❶ (*vorläufige Grundlage*) working paper ❷ *pl* (*beschäftigungsrelevante Unterlagen*) employment papers *pl* **Arbeitspartei** *f* party of work **Arbeitspause** *f* [coffee/lunch/tea] break **Arbeitspensum** *nt* work quota **Arbeitspflicht** *f* JUR obligation to work **Arbeitsplan** *m* workplan **Arbeitsplatte** *f* work[ing] surface **Arbeitsplatz** *m* ❶ (*Arbeitsstätte*) workspace, workplace; ***das Institut hat insgesamt 34 Arbeitsplätze*** the institute has working space for 34 members of staff; ***meine Kollegin ist im Moment nicht an ihrem ~*** my colleague is not at her desk at the moment; **am ~** at work, in the office; ***Alkohol am ~ ist untersagt*** alcohol at the workplace is not permitted ❷ (*Stelle*) job, vacancy; **freier ~** vacancy **Arbeitsplatzabbau** *m* job reductions *pl* **Arbeitsplatzbeschreibung** *f* job description **Arbeitsplatzdrucker** *m* INFORM desktop printer **Arbeitsplatzentwicklung** *f* job development **Arbeitsplatzrechner** *m* INFORM desktop computer **Arbeitsplatzteilung** *f* job-sharing, work-sharing **Arbeitsplatzwahlfreiheit** *f* JUR free choice of workplace **Arbeitsplatzwechsel** *m* change of employment [*or* job] **Arbeitsprobe** *f* sample of one's work **Arbeitsproduktivität** *f kein pl* ÖKON labour productivity **Arbeitsprogramm** *nt* INFORM operating software **Arbeitsprozess**[RR] *m* ❶ (*Vorgang*) working process ❷ JUR (*Gerichtsverfahren*) labour case **Arbeitsraum** *m s.* **Arbeitszimmer** **Arbeitsrecht** *nt* industrial law **arbeitsrechtlich** *adj* concerning industrial law **arbeitsreich** *adj* busy, filled with work **Arbeitsrhythmus** *m* work rhythm **Arbeitsrichter(in)** *m(f)* judge in an industrial tribunal **Arbeitsrückstand** *m* ÖKON backlog of work **Arbeitsruhe** *f* work shut-down; ***während des Streiks herrschte in fast allen Betrieben ~*** most factories were closed during the strikes **arbeitsscheu** *adj* (*pej*) work-shy **Arbeitsscheue(r)** *f(m) dekl wie adj* (*pej*) person who does not want to get a job **Arbeitsschluss**[RR] *m* finishing-time

Arbeitsschutz *m* health and safety protection at the workplace

Arbeitsschutzbrille *f* protective goggles *npl* [*or* eyewear] **Arbeitsschutzgesetz** *nt* JUR labour [*or* workers'] protection law, BRIT Factory Act **Arbeitsschutzgesetzgebung** *f,* **Arbeitsschutzrecht** *nt* JUR industrial safety legislation **Arbeitsschutzvorschriften** *pl* health and safety regulations *pl* at work

Arbeitssenator, -senatorin *m, f* senator responsible for labour affairs **Arbeitssicherheit** *f* occupational [*or* on-the-job] safety **Arbeitssicherheitsrecht** *nt* JUR industrial safety law **Arbeitsspeicher** *m* INFORM main memory **Arbeitsstätte** *f* (*geh*) place of work **Arbeitsstättenverordnung** *f workplace regulation* **Arbeitsstelle** *f* job **Arbeitsstunde** *f* (*am Arbeitsplatz verbrachte Stunde*) working hour; (*berechnete Stunde*) working hour, labour **Arbeitssuche** *f* search for employment; **auf ~ sein** to be seeking employment [*or* job-hunting]; **sich auf ~ machen** [*o* **begeben**] to start job-hunting [*or* looking for a job] **Arbeitssuchende(r)** *f(m) dekl wie adj* job-seeker **Arbeitstag** *m* working day; **ein harter ~** a hard day at work **Arbeitstagung** *f* conference **Arbeitstätigkeit** *f* (*geh*) work; **einer ~ nachgehen** to be employed **arbeitsteilig** I. *adj* based on job-sharing [*or* the division of labour] II. *adv* ***sie sind ~ beschäftigt*** they work under the principle of job-sharing **Arbeitsteilung** *f* job-sharing, division of labour **Arbeitstempo** *nt* work-speed, rate of work **Arbeitstier** *nt* (*fam*) workaholic, workhorse **Arbeitstisch** *m* work-table; (*Schreibtisch*) desk; (*für handwerkliche Arbeiten*) work-bench **Arbeitstitel** *m* provisional [*or* draft] title **Arbeitsüberlastung** *f* pressure of work

Arbeitssuche *f* job-hunting, search for employment

arbeitsuchend *adj s.* **Arbeit 2**

Arbeitsuchende(r) *f(m) dekl wie adj* job-seeker

Arbeits- und Berufskrankenversicherung *f* FIN labour [*or* AM -or] and employee health insurance

arbeitsunfähig I. *adj* unfit for work; **jdn ~ schreiben** MED to write sb a sick note [*or* put sb on sick leave] II. *adv* off sick; ***er war ~ erkrankt*** he was off sick [*or* on the sick-list] **Arbeitsunfähigkeit** *f* inability to work, unfitness for work **Arbeitsunfähigkeitsbescheinigung** *f* certificate of unfitness for work; (*Krankschreibung*) sick note **Arbeitsunfall** *m* work-related [*or* industrial] accident **Arbeitsunterlage** *f meist pl* work paper, sources *pl* required for one's work **Arbeitsverdienst** *m* (*geh*) income, earnings *npl* **Arbeitsvereinfachung** *f* work [*or* task] simplification **Arbeitsverhältnis** *nt* (*form*) employment relationship; **befristetes/unbefristetes ~** temporary/unlimited employment **Arbeitsvermittlung** *f* ❶ (*Vermittlung einer Beschäftigung*) arrangement of employment ❷ (*Abteilung im Arbeitsamt*) employment exchange, job centre [*or* AM -er] ❸ (*Vermittlungsagentur*) employment agency **Arbeitsvermittlungsmonopol** *nt* job placement monopoly **Arbeitsvermittlungsstelle** *f* labour exchange BRIT, government employment office AM **Arbeitsvermögen** *nt kein pl* ÖKON human capital; **betriebliches ~** operating human capital **Arbeitsvertrag** *m* contract of employment **Arbeitsvertragsrecht** *nt* JUR law relating to employment [contracts] **Arbeitsverwaltung** *f* labour [*or* manpower] administration **Arbeitsverweigerung** *f* refusal to work **Arbeitsvorgang** *m* operation, process **Arbeitsweise** *f* (*Vorgehensweise bei der Arbeit*) working method; (*Funktionsweise von Maschinen*) mode of operation **Arbeitswelt** *f* world of work **arbeitswillig** *adj* willing to work **Arbeitswillige(r)** *f(m) dekl wie adj* person willing to work **Arbeitswoche** *f* working week **Arbeitswut** *f* (*fam*) work mania **arbeitswütig** *adj* (*fam*) ■ **~ sein** to be suffering from work mania **Arbeitszeit** *f* ❶ (*tägliche betriebliche Arbeit*) working hours *pl;* **gleitende ~** flexible working hours *pl,* flexitime, AM *a.* flextime ❷ (*benötigte Zeit*) required [working] time **Arbeitszeitaufwand** *m* kein *pl* ÖKON total working time **Arbeitszeitermittlung** *f* ÖKON work measurement **Arbeitszeitkonto** *nt* working-time account (*increase in holiday entitlement through overtime*) **Arbeitszeitverkürzung** *f* reduction of working hours **Arbeitszeugnis** *nt* reference [from previous employer] **Arbeitszimmer** *nt* study

Arbitrage <-, -n> [arbiˈtraːʒə] *f* BÖRSE (*Ausnutzung von Kursdifferenzen*) arbitrage

arbitragefähig [arbiˈtraːʒə-] *adj* BÖRSE admitted to arbitrage dealings *pred*

Arbitrageur(in) <-s, -e> [arbitraˈʒøːɐ̯] *m(f)* BÖRSE arbitrage broker

Arborio <-s> *m,* **Arborio Reis** *m kein pl* KOCHK arborio rice *no pl*

archaisch *adj* archaic

Archaismus <-, -men> *m* KUNST, LING archaism

Archäologe, -login <-n, -n> *m, f* archaeologist, *esp* AM archeologist

Archäologie <-> *f kein pl* archaeology, *esp* AM archeology

Archäologin <-, -nen> *f fem form von* **Archäologe**

archäologisch I. *adj* archaeological, *esp* AM archeological

II. *adv* archaeological, *esp* AM archeological

Archäopteryx <-, -e> *m* ARCHÄOL, BIOL (*Urvogel*) archaeopteryx

Arche <-, -n> *f* ark; **die ~ Noah** REL Noah's Ark

Archetyp <-s, -en> *m* PHILOS, PSYCH archetype

archetypisch *adj* archetypal

archimedisch *adj inv* MATH **~e Spirale** Archimedes' [*or* Archimedean] screw

Archipel <-s, -e> *m* GEOG archipelago

Architekt(in) <-en, -en> *m(f)* architect
Architektenbüro *nt* ❶ (*Konstruktionsraum*) architect's office
❷ (*Firma*) firm of architects
Architektin <-, -nen> *f fem form von* **Architekt**
architektonisch I. *adj* architectural, structural
II. *adv* from an architectural point of view, structurally
Architektur <-, -en> *f* (*Baukunst*) architecture; (*Bauwerk*) piece of architecture
Archiv <-s, -e> [-və] *nt* archives *pl*
Archivar(in) <-s, -e> [-ˈvaːɐ] *m(f)* archivist
Archivbild *nt* MEDIA archive [*or* library] photo, photo from the archives **Archivexemplar** *nt* MEDIA file copy
archivieren* [-ˈviː-] *vt* MEDIA to archive, to file; ■**etw** ~ to put sth in[to] the archives, to file sth [away]
Archivierung *f* archiving
ARD <-> *f kein pl Abk von* **Arbeitsgemeinschaft der Rundfunkanstalten Deutschlands** *amalgamation of the broadcasting stations of the Länder which runs the first German national TV channel*
Are <-, -n> *f* SCHWEIZ *s.* **Ar**
Areal <-s, -e> *nt* ❶ (*Gebiet*) area
❷ (*Grundstück*) grounds *pl,* land
Arekanuss[RR] *f* areca nut, betel nut
Ären *pl von* **Ära**
Arena <-, Arenen> *f* ❶ (*Manege*) [circus-]ring
❷ SPORT (*Kampfplatz*) arena
❸ (*Stierkampfarena*) [bull-]ring
► WENDUNGEN: **in die ~ steigen** to enter the ring; POL to enter the [political] arena
arg <ärger, ärgste> I. *adj bes* SÜDD ❶ (*schlimm*) bad, terrible; **im A~en liegen** to be at sixes and sevens; **das Ärgste befürchten** to fear the worst; **etw noch ärger machen** to make sth worse; **eine ~e Beleidigung** a terrible insult; ***er war ihr ärgster Feind*** he was her worst enemy; **~ verletzt sein** to be badly hurt
❷ *attr* (*groß*) great; **eine ~e Enttäuschung/Freude** a great disappointment/pleasure
❸ *attr* (*stark*) heavy; **ein ~er Raucher/Säufer** a heavy smoker/drinker
II. *adv* SÜDD (*fam: sehr*) badly, terribly; ***tut es ~ weh?*** does it hurt badly?; ***er hat dazu ~ lang gebraucht*** he took a terribly long time for it; **es [zu] ~ treiben** to go too far
Argentinien <-s> [-niən] *nt* Argentina
Argentinier(in) <-s, -> *m(f)* Argentinian, Argentine; *s. a.* **Deutsche(r)**
argentinisch *adj* Argentinian, Argentine; *s. a.* **deutsch**
ärger *adj komp von* **arg**
Ärger <-s> *m kein pl* ❶ (*Wut*) annoyance, anger; ***er fühlte ~ in sich aufsteigen*** he could feel himself getting very annoyed [*or* angry]
❷ (*Unannehmlichkeiten*) bother, trouble; ***das sieht nach ~ aus!*** looks like trouble!; **~ bekommen** [*o* **kriegen**] (*fam*) to get into trouble; **es gibt [mit jdm] ~** (*fam*) there's going to be trouble [with sb]; **~ haben** to have problems [*or fam* hassle]; **~ mit jdm/etw haben** to have trouble [*or* problems] with sb/sth; **[jdm] ~ machen** [*o* **bereiten**] to cause [sb] trouble, to make trouble [for sb]; **so ein ~!** (*fam*) how annoying!; **zu jds ~** to sb's annoyance
ärgerlich I. *adj* ❶ (*verärgert*) annoyed, cross; (*sehr verärgert*) infuriated; ■**~ [über** [*o* **auf**] **jdn/etw] sein** to be annoyed [*or* cross] [about [*or* at] sb/sth]; **jdn ~ machen** to annoy [*or* infuriate] sb, to make sb cross; **es macht jdn ~, etw zu tun** it annoys sb to [have to] do sth
❷ (*unangenehm*) unpleasant; ■**~ [für jdn] sein** to be unpleasant [for sb]
II. *adv* (*verärgert*) annoyed, crossly; (*nervig*) annoyingly; ***sie sah mich ~ an*** she looked at me crossly
ärgern I. *vt* ❶ (*ungehalten machen*) ■**jdn [mit etw** *dat*] **~** to annoy [*or* irritate] sb [with sth]; ***du willst mich wohl ~?*** are you trying to annoy me?; ***das kann einen wirklich ~!*** that is really annoying!; ***ich ärgere mich, dass ich nicht hingegangen bin*** I'm annoyed with myself for not having gone; ***ich ärgere mich, weil er immer zu spät kommt*** I'm fed up [*or* annoyed] because he's always late
❷ (*reizen*) ■**jdn/ein Tier [wegen einer S.** *gen*] **~** to tease sb/an animal [about sth]
II. *vr* (*ärgerlich sein*) ■**sich** *akk* **[über jdn/etw] ~** to be/get annoyed [about sb/sth]; (*sehr ärgerlich sein*) to be/get angry [*or* infuriated] [about sb/sth]; **sich** *akk* **gelb/grün/schwarz [über etw** *akk*] **~** to drive oneself mad [about sth]; ***ich könnte mich schwarz darüber ~*** that makes me see red!
► WENDUNGEN: **nicht ~, nur wundern!** (*fam*) that's life!; *s. a.* **Tod**
Ärgernis <-, -se> *nt kein pl* (*Anstoß*) offence [*or* AM -se], outrage; **[bei jdm] ~ erregen** (*geh*) to cause offence [*or* AM -se] to sb, to offend sb; **ein ~ sein** to be a terrible nuiscance
► WENDUNGEN: **ein ~ kommt selten allein** (*prov*) it never rains but it pours BRIT, when it rains, it pours AM
Arglist <-> *f kein pl* JUR (*form*) malice *spec,* malevolence *form*
arglistig I. *adj* (*geh: hinterlistig*) cunning, crafty; JUR fraudulent; *s. a.* **Täuschung**
II. *adv* cunningly, craftily
arglos *adj* (*ahnungslos*) innocent, guileless; ***wie konntest du nur so ~ sein?*** how could you have been so stupid [*or* naive]?
Arglosigkeit <-> *f kein pl* innocence *no pl,* guilelessness *no pl*
Argon <-s> *nt kein pl* CHEM argon *no pl*
Argonaut <-en, -en> *m* argonaut, paper nautilus
ärgste(r, s) *adj superl von* **arg**
Argument <-[e]s, -e> *nt* ❶ (*Grund*) argument; **das ist kein ~** (*unsinnig sein*) that's a poor [*or* weak] argument; (*keine Entschuldigung*) that's no excuse
❷ MATH argument
Argumentation <-, -en> *f* argumentation *no pl*
argumentativ I. *adj* (*geh*) using reasoned argument
II. *adv* (*geh*) using reasoned argument; ***~ ist er sehr schwach*** he doesn't know how to argue; ***die Beweisführung war ~ sehr überzeugend*** the evidence provided a convincing argument
argumentieren* *vi* ■**[mit jdm] ~** to argue [with sb]; ■**mit etw** *dat* **~** to use sth as an argument
Argusauge *nt* (*geh*) eagle eye, vigilance; **jdn/etw mit ~n beobachten** to watch sb/sth with an eagle eye [*or* like a hawk]
Argwohn <-s> *m kein pl* suspicion; **jds ~ erregen** [*o* **~ bei jdm erregen**] to arouse sb's suspicion[s]; **~ gegen jdn hegen** (*geh*) to be [*or* become] suspicious of sb, to have doubts about sb; **~ [gegen jdn] schöpfen** (*geh*) to raise suspicion [against sb]; **jds ~ zerstreuen** to allay sb's suspicion[s]; **mit** [*o* **voller**] **~** with suspicion
argwöhnen *vt* (*geh*) ■**etw ~** to suspect sth; ■**~, dass …** to suspect, that …
argwöhnisch I. *adj* (*misstrauisch*) suspicious
II. *adv* suspiciously
Aridität <-> *f kein pl* GEOG (*Trockenheit*) aridity
Arie <-, -n> [-riə] *f* MUS aria
Arier(in) <-s, -> [-riɐ] *m(f)* ❶ LING (*Indogermane*) Aryan
❷ HIST Aryan
arisch *adj* ❶ LING Indo-Germanic
❷ HIST Aryan
Aristokrat(in) <-en, -en> *m(f)* aristocrat
Aristokratie <-, -n> [*pl* -ˈtiːən] *f* aristocracy
Aristokratin <-, -nen> *f fem form von* **Aristokrat**
aristokratisch *adj* aristocratic
Aristoteles <-> *m* Aristotle
Arithmetik <-> *f kein pl* arithmetic *no pl*
Arithmetikprozessor *m* INFORM arithmetic processor
arithmetisch I. *adj* arithmetic, arithmetical
II. *adv* arithmetically
Arkade <-, -n> *f* ARCHIT ❶ (*Torbogen*) archway
❷ *pl* (*Bogengang*) arcade
❸ (*überdachte Einkaufsstraße*) [shopping] arcade
Arktis <-> *f* Arctic
arktisch *adj* arctic
arm <ärmer, ärmste> *adj* ❶ (*besitzlos*) poor; ■**~ sein/werden** to be/become poor; **jdn ~ machen** to make sb poor; **du machst mich noch mal ~!** (*fam*) you'll ruin me yet!; **die Ärmsten der A~en** the poorest of the poor; **A~ und Reich** rich and poor
❷ (*gering*) sparse; ■**~ an etw** *dat* **sein** to be somewhat lacking in sth; ***die Landschaft ist ~ an Vegetation*** the scenery is sparsely vegetated
❸ AGR (*nicht fruchtbar*) *Boden* poor; ■**~ an etw** *dat* **sein** to be poor [*or* lacking] in sth; **~ an Nährstoffen sein** to be poor in nutrients
❹ (*verlieren*) ■**um jdn/etw ärmer sein/werden** to have lost/lose sth
❺ (*fam: in einer schlechten Lage*) **~ dran sein** to have a hard time
Arm <-[e]s, -e> *m* ❶ ANAT arm; **jdm den ~ bieten** [*o* **reichen**] (*geh*) to offer [*or* lend] sb one's arm; **jdn am ~ führen** to lead sb by the arm; **jdn im ~** [*o* **in den ~en**] **halten** to embrace sb, to hold sb in one's arms; **sich** *akk* **in den ~en liegen** to lie in each other's arms; **sich** *akk* **aus jds** *dat* **~en lösen** to free oneself from sb's embrace; **ein Kind/ein Tier auf den ~ nehmen** to pick up a child/an animal; **jdn in die ~e nehmen** to take sb in one's arms; **jdn in die ~e schließen** (*geh*) to embrace sb; **jdm den ~ umdrehen** to twist sb's arm; **mit den ~en rudern** [*o* **die ~e schwenken**] to wave one's arms; **~ in ~** arm in arm
❷ (*Zugriff*) grip
❸ (*Flussarm*) arm [*or* branch] of a river
❹ MODE (*Ärmel*) sleeve, arm
► WENDUNGEN: **der ~ der Gerechtigkeit** (*geh*) the long arm of justice; **der ~ des Gesetzes** (*geh*) the long arm of the law; **einen langen/den längeren ~ haben** to have a lot of/more influence [*or* clout] *fam;* **jdn am langen** [*o* **steifen**] **~ verhungern lassen** (*fam*) to put the screws on sb *fam;* **jds verlängerter ~** sb's right-hand man; **jdn mit offenen ~en empfangen** to welcome sb with open arms; **jdm in den ~ fallen** to get in sb's way, to spike sb's guns; **jdm [mit etw** *dat*] **unter die ~e greifen** to help sb out [with sth]; **jdm in die ~e laufen** (*fam*) to bump *fam* [*or* run] into sb; **jdn auf den ~ nehmen** to pull sb's leg *fam;* **jdn jdm/einer S. in die ~e treiben** to drive sb into the arms of sb/sth
Armada <-, -s *o* Armaden> *f* armada
armamputiert *adj* with an amputated arm [*or* both arms amputated]; ■**~ sein** to have had an arm amputated
Armamputierte(r) *f(m) dekl wie adj* person who has had an arm [*or* both arms] amputated
Armatur <-, -en> *f meist pl* ❶ TECH (*Mischbatterie mit Hähnen*) fitting
❷ AUTO (*Kontrollinstrument*) instrument
Armaturenbeleuchtung *f* AUTO dash-light **Armaturenbrett** *nt* AUTO dashboard
Armband <-bänder> *nt* ❶ (*Uhrarmband*) [watch] strap ❷ (*Schmuckarmband*) bracelet **Armbanduhr** *f* [wrist-]watch **Armbeuge** *f* inside of the/one's elbow, crook of the/one's arm **Armbinde** *f* ❶ MED (*Armschlinge*) sling ❷ (*Abzeichen*) armband **Armbruch** *m* MED ❶ (*gebrochener Armknochen*) broken [*or* fractured] arm ❷ (*sl: Patient mit einem ~*) fracture **Armbrust** *f* HIST crossbow
Ärmchen <-s, -> *nt dim von* **Arm** little arm
armdick *adj* as thick as one's arm
Arme(r) *f(m) dekl wie adj* (*besitzloser Mensch*) poor person, pauper; ■**die ~n** the poor *npl*
► WENDUNGEN: **[ach,] du/Sie ~(r)!** (*iron*) poor you!, you poor thing!; **ich ~(r)!** poor me!, woe is me! *poet*
Armee <-, -n> *f* MIL army; **die rote ~** the Red Army; ■**eine ~ von Menschen/Tieren** (*fig fam*) an army of people/animals
Armeechef(in) *m(f)* head [*or* chief] of the armed forces
Ärmel <-s, -> *m* sleeve; **angeschnittener ~** cap sleeve; **sich** *dat* **die ~ hochkrempeln** [*o* **aufkrem-**

peln] to roll up one's sleeves
► WENDUNGEN: **lasst uns die ~ hochkrempeln!** let's get down to it!; **etw aus dem ~ schütteln** (*fam*) to produce/do sth just like that

Ärmelaufschlag *m* MODE cuff **Ärmelbrett** *nt* sleeve-board

Armeleuteessen *nt* poor man's food [*or* fare] *liter*

Armeleuteviertel *nt s.* **Armenviertel**

Ärmelkanal *m* Channel; ■**der ~** the English Channel

Ärmellasche *f* sleeve strap

ärmellos *adj* sleeveless

Armenanwalt, -anwältin *m, f* JUR counsel representing legally-aided parties **Armenhaus** *nt* 1 HIST poorhouse, workhouse 2 (*fig: arme Region*) poor area

Armenien <-s> *nt* Armenia; *s. a.* **Deutschland**

Armenier(in) <-s, -> *m(f)* Armenian; *s. a.* **Deutsche(r)**

Armenisch *nt dekl wie adj* Armenian; *s. a.* Deutsch

armenisch *adj* Armenian; *s. a.* **deutsch**

Armenische <-n> *nt* ■**das ~** Armenian, the Armenian language; *s. a.* **Deutsche**

Armenrecht *nt* JUR poor [*or* poverty] law; (*Prozesskostenhilfe*) legal aid; **~ beantragen** to apply for legal aid **Armenrechtskasse** *f* JUR Legal Aid Fund BRIT **Armenrechtsverfahren** *nt* JUR poor persons procedure **Armenviertel** *nt* poor district [*or* quarter]

ärmer *adj komp von* **arm**

Armeslänge *f* arm's length

Armflor *m* black armband

armieren* *vt* ■**etw ~** TECH (*zur Verstärkung ummanteln*) to sheathe sth; BAU (*mit Eisengeflecht versehen*) to reinforce sth

Armierung <-, -en> *f* BAU reinforcement

armlang *adj* arm-length **Armlänge** *f* 1 ANAT arm length 2 MODE sleeve length **Armlehne** *f* armrest **Armlehnstuhl** *m* armchair **Armleuchter** *m* 1 (*mehrarmiger Leuchter*) chandelier 2 (*pej fam: Dummkopf*) twat *fam,* jerk *fam,* fool, bum BRIT, butt AM

ärmlich I. *adj* 1 (*von Armut zeugend*) poor, cheap; (*Kleidung*) shabby; **aus ~en Verhältnissen** from humble backgrounds
2 (*dürftig*) meagre [*or* AM -er]
II. *adv* (*kümmerlich*) poorly

Ärmlichkeit <-> *f kein pl* 1 (*von Armut zeugende Beschaffenheit*) poorness *no pl,* humbleness *no pl,* cheapness *no pl,* shabbiness *no pl*
2 (*Dürftigkeit*) meagreness BRIT *no pl,* meagerness AM *no pl*

Armloch *nt* MODE armhole **Armmuskel** *m* biceps **Armpolster** *nt* 1 MODE shoulder pads *pl* 2 (*Polster der Armlehne*) padded armrest **Armprothese** *f* MED artificial arm **Armreif** *f* bangle **Armreif(en)** *m* bangle

armselig *adj* 1 (*primitiv*) shabby, primitive
2 (*dürftig*) miserable, pitiful, wretched
3 (*meist pej: unzulänglich*) pathetic, wretched, sad *fam;* ***du ~er Lügner!*** you pathetic liar!

Armseligkeit *f* 1 (*Primitivität*) shabbiness *no pl,* primitiveness *no pl*
2 (*Dürftigkeit*) miserableness *no pl,* pitifulness *no pl,* wretchedness *no pl*
3 (*Unzulänglichkeit*) patheticness *no pl,* pitifulness *no pl*

Armsessel *m* armchair

ärmste(r, s) *adj superl von* **arm**

Armstumpf *m* stump of the/one's arm **Armstütze** *f* armrest

Armsündermiene *f* (*hum*) hang-dog [*or* sheepish] expression [*or* look]

Armut <-> *f kein pl* 1 (*Bedürftigkeit*) poverty; **neue ~** new wave of poverty
2 (*Verarmung*) lack; ■**die/eine ~ an etw** *dat* the/a lack of sth; **geistige ~** intellectual poverty

Armutsflüchtling *m* economic refugee **Armutsgrenze** *f* poverty line; **unterhalb der ~ leben** to live below the poverty line **Armutszeugnis** *nt*
► WENDUNGEN: **ein ~ für jdn sein** to be the proof of sb's shortcomings [*or* inadequacy]; **jdm/sich [mit etw** *dat*] **ein ~ ausstellen** to show up sb's/one's own shortcomings [with sth], to show sb/oneself up with sth

Armvoll <-, -> *m* armful

Arnika <-, -s> *f* arnica

Aroma <-s, Aromen *o* -s *o* -ta> *nt* 1 (*Geruch*) aroma; (*Geschmack*) taste, flavour [*or* AM -or]
2 CHEM (*Aromastoff*) [artificial] flavouring [*or* AM -oring]

Aromastoff *m* flavouring

Aromat <-en, -en> *m* CHEM *aromatic hydrocarbon compound* **Aromatherapie** *f* aromatherapy

aromatisch I. *adj* aromatic, savoury; (*wohlschmeckend*) flavoursome BRIT, flavorful AM, distinctive; ***die Speise hat einen sehr ~en Geschmack*** the dish has a very distinctive taste
II. *adv* 1 (*voller Aroma*) aromatic
2 (*angenehm schmeckend*) savoury BRIT, savory AM

aromatisieren* *vt* ■**etw ~** to aromatize sth

Aromen *pl von* **Aroma**

Aronsstab *m* BOT arum

ARPANET *nt* INET *Akr von* **Advanced Research Projects Agency NET** ARPANET

Arrangement <-s, -s> [arãʒəˈmãː] *nt* (*geh*) arrangement

arrangieren* [arãˈʒiːrən] I. *vt* 1 (*in die Wege leiten*) to arrange; ■**etw [für jdn] ~** to arrange sth [for sb]; ■**~, dass** to arrange, so that
2 (*gestalten*) ■**etw ~** to arrange sth
3 MUS to arrange
II. *vr* 1 (*übereinkommen*) ■**sich** *akk* **[mit jdm] ~** to come to an arrangement [with sb]
2 (*sich abfinden*) ■**sich** *akk* **[mit etw** *dat*] **~** to come to terms [with sth]

Arrest <-[e]s, -s> *m* JUR 1 (*Freiheitsentzug*) detention; **persönlicher ~** arrest, AM *a.* [body] attachment
2 (*Beschlagnahme*) **dinglicher ~** attachment, seizure; **einen dinglichen ~ erlassen** to issue a writ of attachment

Arrestanordnung *f* JUR arrest order **Arrestanspruch** *m* JUR claim for an arrest **Arrestbefehl** *m* JUR arrest order **Arrestbeschluss**^RR *m* JUR writ of attachment, order of arrest **Arrestgericht** *nt* JUR competent court for arrest proceedings **Arrestgrund** *m* JUR *reason for granting an order of civil arrest/writ of attachment* **Arresthypothek** *f* JUR provisional judicial mortgage **Arrestpfandrecht** *nt* JUR attachment lien **Arresturteil** *nt* JUR judgement on the validity of a civil arrest **Arrestverfahren** *nt* JUR attachment procedure **Arrestverfügung** *f* JUR writ of attachment **Arrestvollziehung** *f* JUR execution of attachment **Arrestzelle** *f* detention cell

arretieren* *vt* (*feststellen*) ■**etw ~** to lock sth [into place]; ***sie arretierte das Fenster in Kippstellung*** she put the window in[to] the tilt position

Arretierung <-, -en> *f* 1 (*das Arretieren*) locking [in place]
2 TECH (*Mechanismus*) locking mechanism

Arrhythmie <-, Arrhythmien> *f* MED (*unregelmäßige Herztätigkeit*) arrhythmia

arrivieren* *vi sein* (*geh*) to become a success, to make it *fam;* ■**zu etw** *dat* **~** to rise to become [*or* achieve] [*or fam* make it to] sth; ■**arriviert** successful

Arrivierte(r) <-n, -n> *f(m) dekl wie adj* 1 (*geh: beruflich erfolgreiche Person*) success, high-flier
2 (*pej: Emporkömmling*) upstart

arrogant I. *adj* arrogant
II. *adv* arrogantly

Arroganz <-> *f kein pl* arrogance

arrosieren *vt* KOCHK to baste

Arsch <-[e]s, Ärsche> *m* (*derb*) 1 (*Hintern*) arse BRIT *fam!,* ass AM *fam!,* BRIT *a.* bum *sl*
2 (*blöder Kerl*) [stupid] bastard, BRIT *sl a.* bugger
► WENDUNGEN: **jdm geht der ~ auf [*o* mit] Grundeis** (*sl*) sb is scared shitless [*or* BRIT *a.* shit-scared]; **aussehen wie ein ~ mit Ohren** (*sl*) to look as thick as pig-shit; **am ~ der Welt** (*sl*) out in the sticks, in the arse [*or* AM ass] end of nowhere *sl;* **einen kalten ~ haben/kriegen** (*euph: sterben*) to snuff it, to kick the bucket; **den ~ offen haben** (*vulg*) to be talking out of one's arse [*or* AM ass] *sl;* ***du hast ja den ~ offen!*** you're talking out of your arse!; **sich** *dat* **den ~ abfrieren** (*sl*) to freeze one's arse [*or* AM ass] [*or fam!* tits] [*or fam!* balls] off; **jdm in den ~ kriechen** to kiss *sl* [*or fam!* lick] sb's arse [*or* AM ass]; **jdn [mal] am ~ lecken können** sb can get stuffed *sl,* sb can fuck-off *vulg;* **leck mich [damit] am ~!** (*verpiss dich*) fuck [*or vulg* piss] off!, BRIT *a.* get stuffed! *sl,* AM *a.* kiss my ass! *sl;* (*verdammt noch mal*) fuck it! *vulg,* BRIT *fam a.* [oh] bugger [it]!; **im [*o* am] ~ sein** (*sl*) to be fucked[-up] *vulg;* **sich** *akk* **auf den [*o* seinen] ~ setzen** (*sl*) to park one's bum [*or* AM butt] *fam;* (*sich Mühe geben*) to get one's arse [*or* AM ass] in gear *sl;* (*perplex sein*) to be blown away *sl;* **jdn [*o* jdm] in den ~ treten** (*sl: einen Tritt versetzen*) to kick sb's arse [*or* AM ass] *sl;* (*jdn antreiben*) to give sb a [good] kick up the arse [*or* AM ass] *fam;* **[von jdm] den ~ voll bekommen [*o* kriegen]** (*sl*) to get a [bloody [*or* AM hell of a] *fam*] good hiding [from sb]; **den ~ zukneifen** (*euph: sterben*) to snuff it *sl,* to kick the bucket *sl*

Arschbacke *f* (*derb*) [bum-]cheek BRIT *fam!,* [butt-]cheek AM *fam!* ► WENDUNGEN: **etw auf einer ~ absitzen** (*sl*) to serve sth in a blink of an eye

Arschfick *m* (*vulg*) bum-fuck BRIT *vulg,* butt-fuck AM *vulg* **Arschkriecher(in)** *m(f)* (*pej sl: Kriecher*) arse-licker BRIT *fam!,* ass-kisser AM *sl*

Arschloch *nt* (*vulg*) arsehole BRIT, asshole AM; **dieses [*o* das] ~ von Chef/*etc*** that [*or* this] arsehole of a boss/*etc* **Arschtritt** *m* (*sl*) kick up the back-side *fam,* kick up the arse *sl;* **[von jdm] einen ~ kriegen** to get a kick up the back-side [*or* arse] [from sb]

Arsen <-s> *nt kein pl* CHEM arsenic *no pl*

Arsenal <-s, -e> *nt* 1 (*Vielzahl*) ■**ein ~ von [*o* an] etw** *dat* an arsenal of sth
2 (*Waffenlager*) arsenal

Arsenik <-s> *nt kein pl* arsenic *no pl*

Art. *Abk von* **Artikel**

Art <-, -en> *f* 1 (*Sorte*) sort, type, kind; ***er sammelt alle möglichen ~en von Schmetterlingen*** he collects all sorts of butterflies; ***ein Schurke der übelsten ~*** a rogue of the nastiest sort [*or* type]; ■**eine/diese ~** a/this sort [*or* kind] of
2 (*Methode*) way; ***eine merkwürdige ~*** an odd [*or* strange] way; **auf die [*o* diese] ~ und Weise** [in] this way; ***auf die ~ und Weise geht es am schnellsten*** it's quicker this way; **auf grausame/merkwürdige/ungeklärte ~** in a cruel/strange/unknown way; **nach ~ des Hauses** KOCHK à la maison
3 (*Wesens~*) nature; **von lebhafter/ruhiger/*etc* ~ sein** to be of a lively/quiet/*etc* nature
4 (*Verhaltensweise*) behaviour [*or* AM -or]; ***das ist doch keine ~!*** (*fam*) that's no way to behave!; ***ist das vielleicht eine ~?*** (*fam*) is that any way to behave?
5 BIOL species
6 (*Stil*) style
► WENDUNGEN: **einzig sein in seiner ~** to be the only one of its kind; **aus der ~ schlagen** (*Familie*) to go a different way, not to run true to type

Artbildung *f* BIOL specification

Art déco <-, -> [ardeˈko] *m* KUNST Art Deco

arteigen *adj* BIOL characteristic [of the species]

Artenkreuzung *f* BOT cross-breeding between different species **artenreich** *adj* species-rich, high in biodiversity **Artenreichtum** <-s> *m kein pl* BIOL abundance of species **Artenrückgang** *m* BIOL extinction of species **Artenschutz** *m* protection of species **Artenschutzabkommen** *nt* BIOL treaty for the protection of endangered species **Artenschutzübereinkommen** *nt* Protection of Species Agreement **Artensterben** *nt kein pl* extinction of the species **Artenvielfalt** <-> *f kein pl* BIOL abundance of species

Arterhaltung *f* survival of the species
Arterie <-, -n> [-riə] *f* artery
arteriell *adj* arterial
Arterienverkalkung *f,* **Arteriosklerose** <-, -n> *f* hardening of the arteries
Arterienverschluss[RR] *m* MED artery blockage
artfremd *adj* uncharacteristic, untypical **artgemäß** *adj s.* **artgerecht**
Artgenosse, -genossin *m, f* BIOL plant/animal of the same species
▸ WENDUNGEN: **jd und seine/ihre ~n** (*fam*) sb and his/her fellow species
artgerecht I. *adj* appropriate to [*or* suitable for] a species; **~e Tierhaltung** keeping animals in a near-natural environment **II.** *adv* appropriate to [*or* suitable for] a species; **~e Tierhaltung** keeping animals in ways appropriate to their species **artgleich** *adj* of the same species
Arthritis <-, Arthritiden> *f* arthritis
arthritisch *adj* arthritic
Arthropode <-, -en> *m* ZOOL arthropod
Arthrose <-, -n> *f* arthrosis
Arthroskopie <-, -n> *f* MED (*Gelenksuntersuchung*) arthroscopy
artifiziell *adj* ❶ (*künstlich*) *Umwelt* artificial
❷ (*gekünstelt*) *Sprechweise* stilted
artig *adj* well-behaved, good; ***sei schön ~!*** be good!
Artigkeit <-, -en> *f* (*veraltend*) ❶ *kein pl* (*Wohlerzogenheit*) courteousness *no pl form,* good manners *pl,* politeness *no pl*
❷ *pl* (*Komplimente*) compliments
Artikel <-s, -> *m* ❶ MEDIA (*Zeitungs~*) article; (*Eintrag*) entry
❷ ÖKON (*Ware*) item, article
❸ LING article
Artikulation <-, -en> *f* (*geh*) articulation, enunciation
artikulieren* **I.** *vt* (*geh*) to enunciate; **[seine] Worte deutlich ~** to enunciate one's words clearly **II.** *vr* (*geh*) **sich** *akk* **gut/schlecht ~** to articulate oneself well/badly
Artillerie <-, *selten* -n> *f* artillery
Artilleriebeschuss[RR] *m* artillery fire
Artillerist <-en, -en> *m* artilleryman
Artischocke <-, -n> *f* artichoke **Artischockenboden** *m* artichoke heart **Artischockenherz** *nt* artichoke heart
Artist(in) <-en, -en> *m(f)* (*Zirkuskunst etc.*) performer, artiste
artistisch *adj* ❶ (*Zirkuskunst betreffend*) spectacular
❷ (*überaus geschickt*) skilfull BRIT, skillfull AM, dextrous, masterly
artverschieden *adj* of a different species, like chalk and cheese *hum* **artverwandt** *adj* BIOL of similar species, [genetically] related
Artwort <-wörter> *nt* LING adjective
Arznei <-, -en> *f* ❶ PHARM, MED medicine
❷ (*fig geh: Lehre*) medicine, pill; **eine bittere/heilsame ~ für jdn sein** to be a painful/salutary lesson for sb
Arzneibuch *nt* PHARM pharmacopoeia BRIT, pharmacopeia AM **Arzneifläschchen** *nt* medicine bottle **Arzneiflasche** *f* medicine bottle **Arzneiformel** *f* medical formula **Arzneikunde** *f kein pl* pharmacology *no pl*
Arzneimittel *nt* drug, medicine **Arzneimittelabhängigkeit** *f* drug addiction **Arzneimittelallergie** *f* drug allergy **Arzneimittelentsorgung** *f* disposal of expired drugs **Arzneimittelforschung** *f* pharmacological research **Arzneimittelgebrauch** *m* use of prescribed drugs **Arzneimittelgesetz** *nt* JUR Medicines Act BRIT **Arzneimittelhaftung** *f* JUR drug liability **Arzneimittelhersteller** *m* drug manufacturer **Arzneimittelmissbrauch**[RR] *m* drug abuse **Arzneimittelprüfung** *f* drug test **Arzneimittelrecht** *nt* JUR drug law **Arzneimittelsucht** *f* prescription drug addiction **Arzneimittelvergiftung** *f* prescription drug poisoning **Arzneimittelzulassung** *f* prescription drug approval
Arzneipflanze *f* medicinal plant **Arzneischränkchen** *nt* medicine cabinet [*or* cupboard] **Arzneistoff** *m* medicinal substance, pharmaceutical
Arzt, Ärztin <-es, Ärzte> *m, f* doctor, medical practitioner; ■**~ für etw** *akk* specialist in sth; **~ für Chirugie** surgeon; **~ für Orthopädie** orthopaedic [*or* AM orthopedic] specialist; **~ für Allgemeinmedizin** general practitioner, GP; **~ am Krankenhaus** clinical specialist; **behandelnder ~** personal doctor [*or* GP]; ***wer ist Ihr behandelnder ~?*** who is your personal GP?; **praktischer ~** (*veraltet*) general practitioner, GP
Arztberuf *m* medical profession **Arztbesuch** *m* ❶ (*Besuch des Arztes*) doctor's visit ❷ (*Aufsuchen eines Arztes*) visit to a/the doctor
Ärztebesteck *nt* surgical instruments **Ärztehaus** *nt* medical building AM, *building containing several doctors' surgeries/practices* **Ärztekammer** *f* General Medical Council BRIT, medical association AM **Ärztekollegium** *nt,* **Ärztekommission** *f* medical advisory board **Ärztemuster** *nt* pharmaceutical sample
Ärzteschaft <-> *f kein pl* medical profession
Arztfrau *f* doctor's wife **Arzthelfer(in)** *m(f)* [doctor's] receptionist [*or* assistant]
Ärztin <-, -nen> *f fem form von* **Arzt**
Arztkosten *pl* medical costs *pl*
ärztlich I. *adj* medical
II. *adv* medically; **sich** *akk* **~ beraten [o behandeln] lassen** to seek [*or* get] medical advice
Arztpraxis *f* doctor's surgery [*or* practice] **Arztversorgung** *f* supply [*or* provision] of doctors **Arztvertrag** *m* JUR doctor-patient contract
As[1] <-ses, -se> *nt* KARTEN *s.* **Ass**
As[2] <-, -> *nt* MUS A flat
Asafötida <-s> *m kein pl* KOCHK asafoetida BRIT, asafetida AM
Asbest <-[e]s> *nt kein pl* asbestos *no pl*
asbestfrei *adj inv* **~er Bremsbelag** asbestos-free brake lining [*or* pad] **asbesthaltig** *adj* CHEM, ÖKOL containing asbestos *pred*
Asbestose <-, -n> *f* MED asbestosis
Asbestverseuchung *f* asbestos contamination **Asbestzement** *m* BAU asbestos cement
Aschantinuss[RR] *f* ÖSTERR *s.* **Erdnuss**
aschblond *adj* ash-blond
Aschchabat, Aschgabat <-s> *nt* Ashgabat, Ashkhabad
Asche <-, -n> *f* ❶ (*Feuerüberbleibsel*) ash
❷ *kein pl* (*geh: Reste einer kremierten Leiche*) ashes *pl*
▸ WENDUNGEN: **sich** *dat* **~ aufs Haupt streuen** (*geh: sich schuldig bekennen*) to wear sackcloth and ashes; **~ zu ~, Staub zu Staub** REL dust to dust, ashes to ashes; **zu ~ werden** to turn to ashes
Äsche <-, -n> *f* ZOOL grayling
Aschekasten *m* ash container
Aschenbahn *f* SPORT cinder track **Aschenbecher** *m* ashtray **Aschenbrödel** <-s> *nt kein pl s.* **Aschenputtel Ascheneimer** *m* ash can **Aschenplatz** *m* SPORT cindered turf **Aschenputtel** <-> *nt kein pl* LIT Cinderella **Aschenregen** *m* shower of ash
Ascher <-s, -> *m* (*fam*) *s.* **Aschenbecher**
Aschermittwoch *m* REL Ash Wednesday
aschfahl *adj* (*gräulich*) ashen; ■**~ sein/werden** to be/turn ashen **aschgrau** *adj* ash-grey
ASCII <-s> *m* INFORM *Akr von* **American Standard Code for Information Interchange** ASCII
ASCII-Code <-s, -s> *m* INFORM ASCII-Code **ASCII-Datei** *f* INFORM ASCII file **ASCII-Tastaturtabelle** *f* INFORM ASCII keyboard **ASCII-Zeichen** *nt* INFORM ASCII character
Ascorbinsäure <-> *f kein pl* BIOL, CHEM (*Vitamin C*) ascorbic acid *no pl*
ASEAN <-> *f kein pl Akr von* **Association of South East Asian Nations** ASEAN
äsen *vi* JAGD to graze, to browse
aseptisch *adj* aseptic
Äser *pl von* **Aas**
Aserbaidschan <-s> *nt* Azerbaijan; *s. a.* **Deutschland**
Aserbaidschaner(in) <-s, -> *m(f)* Azerbaijani; *s. a.* **Deutsche(r)**
aserbaidschanisch *adj inv* Azerbaijan[i], Azeri; *s. a.* **deutsch**
asexuell ['azɛksuɛl] *adj* asexual
Asiat(e), Asiatin <-en, -en> *m, f* Asian
asiatisch *adj Sprache, Kultur* Asian; (*Asien betreffend*) Asiatic; **die ~e Region der Türkei** the Asiatic region of Turkey
Asien <-s> *nt* Asia
Askalonzwiebel *f* shallot
Askese <-> *f kein pl* (*geh*) asceticism *no pl*
Asket(in) <-en, -en> *m(f)* (*geh*) ascetic
asketisch I. *adj* (*geh*) ascetic
II. *adv* (*geh*) ascetically
Askorbinsäure <-> *f kein pl* BIOL, CHEM (*Vitamin C*) ascorbic acid *no pl*
Äskulapnatter *f* ZOOL snake of Aesculapius
Äskulapstab *m* staff of Aesculapius
asozial I. *adj* antisocial **II.** *adv* antisocially **Asoziale(r)** *f(m) dekl wie adj* (*pej*) social misfit
Aspekt <-[e]s, -e> *m* (*geh*) aspect; **einen anderen ~ bekommen** to take on a different complexion; ***unter diesem ~ betrachtet*** looking at it from this aspect [*or* point of view]
Asperationsprinzip *nt* JUR principle of asperity
Asphalt <-[e]s, -e> *m* asphalt *no pl*
Asphaltdecke *f* asphalt surface
asphaltieren* *vt* to asphalt, to tarmac; ■**etw ~** to asphalt sth; ■**etw ~ lassen** to have sth asphalted
Asphaltmischgrund *m* BAU asphaltic mix **Asphaltstraße** *f* asphalt road
Aspik <-s, -e> *m o* ÖSTERR *nt* KOCHK aspic
Aspirant(in) <-en, -en> *m(f)* ❶ (*geh: Bewerber*) candidate; **ein ~ für/auf einen Posten** a candidate [*or* applicant] for a job [*or* position]
❷ SCHWEIZ (*Offiziersschüler*) trainee officer
❸ (*DDR: in Hochschule*) research student
Aspirationspneumonie *f* MED aspiration pneumonia
Aspirin® <-s, -> *nt* aspirin
Ass[RR] <-es, -e> *nt* KARTEN ace; (*fig: Spitzenkönner*) ace
▸ WENDUNGEN: **[noch] ein ~ im Ärmel haben** to have an [*or* another] ace up one's sleeve
aß *pret von* **essen**
assaisonnieren *vt* KOCHK (*fachspr*) to season
Assekurant <-en, -en> *m* ÖKON (*Versicherungsträger*) insurer, BRIT assurer
Assekuranz <-, -en> *f* ÖKON (*veraltet: Versicherung*) insurance, BRIT assurance
Assel <-, -n> *f* ZOOL isopod, woodlouse
Assembler <-s, -> [ə'sɛmblə] *m* INFORM assembler
Assemblersprache *f* INFORM assembly language
Asservat <-[e]s, -e> *nt* JUR [court] exhibit
Asservatenkammer *f* JUR room where [court] exhibits are kept
Assessmentcenter *nt* assessment centre [*or* AM -er]
Assessor(in) <-s, -oren> *m(f)* JUR junior judge
Assimilation <-, -en> *f* ❶ BIOL, CHEM photosynthesis
❷ (*geh: Anpassung*) ■**die ~ an etw** *akk* the assimilation [*or* integration] into [*or* the adjustment to] sth
assimilieren* **I.** *vr* (*geh*) ■**sich** *akk* **an etw** *akk* **~** to assimilate [*or* integrate] oneself into sth
II. *vt* BIOL, CHEM ■**etw ~** to photosynthesize sth
Assimilierung <-, -en> *f* assimilation
Assisen *pl* SCHWEIZ *s.* **Geschworene**
Assistent(in) <-en, -en> *m(f)* ❶ SCH assistant lecturer
❷ MED (*Assistenzarzt*) assistant physician/surgeon BRIT, house officer BRIT, resident AM, intern AM
❸ (*geh: Helfer*) assistant
❹ INFORM (*Hilfeprogramm*) wizard
Assistenz <-, *selten* -en> *f* (*geh*) assistance; **unter [der] ~ von jdm** with the assistance of sb; **unter jds ~** with sb's assistance
Assistenzarzt, -ärztin *m, f* assistant physician/surgeon BRIT, house officer BRIT, resident AM, intern

AM **Assistenzprofessor(in)** *m(f)* assistant professor
assistieren* *vi* ■[jdm] [bei etw *dat*] ~ to assist sb with sth
Assoziation <-, -en> *f* (*geh*) ❶ (*Verknüpfung*) association; ■**die/eine ~ an etw** *akk*/**mit etw** *dat* the/an association with sth
❷ POL (*Vereinigung*) association
assoziativ *adj inv* associative
assoziieren* *vt* (*geh*) to associate; ■**etw mit etw** *dat* ~ to associate sth with sth
assoziiert *adj* POL (*geh*) associate; ~**es *Mitglied der EU*** associate member of the EU
Assoziierungsabkommen *nt*, **Assoziierungsvereinbarung** *f* JUR association agreement
Assoziierungsvertrag *m* JUR treaty of association
Ast <-[e]s, Äste> *m* ❶ BOT (*starker Zweig*) branch, bough; (*Astknoten*) knot
❷ (*abzweigender Flussteil*) branch; **sich** *akk* **in Äste teilen** to branch
❸ MED (*Zweig*) branch
▶ WENDUNGEN: **auf dem absteigenden ~ sein** [*o* **sich** *akk* **auf dem absteigenden ~ befinden**] (*fam*) sb/sth is going downhill; **den ~ absägen, auf dem man sitzt** to dig one's own grave; **sich** *dat* **einen ~ lachen** (*sl*) to double up with laughter, to laugh one's head off
AStA <-[s], -[s] *o* Asten> ['asta] *m* SCH *Akr von* **Allgemeiner Studentenausschuss** Student Union, NUS BRIT
Aster <-, -n> *f* Michaelmas daisy
Asteroid <-en, -en> [astero'i:t, *pl* -'i:dən] *m* asteroid
Asteroidengürtel *m* ASTRON asteroid belt
Astgabel *f* fork of a tree [*or* branch]
Ästhet(in) <-en, -en> *m(f)* (*geh*) aesthete BRIT, esthete AM
Ästhetik <-> *f kein pl* ❶ (*Wissenschaft vom Schönen*) aesthetics BRIT, esthetics AM *pl*
❷ (*Schönheitssinn*) aesthetic [*or* AM esthetic] sense
Ästhetik Programm *nt* TYPO (*Satz*) aesthetic [*or* AM *a.* esthetic] programme [*or* AM -am]
Ästhetin <-, -nen> *f fem form von* **Ästhet**
ästhetisch *adj* (*geh*) aesthetic BRIT, esthetic AM
Asthma <-s> *nt kein pl* asthma
Asthmabehandlung *f* asthma treatment
Asthmatiker(in) <-s, -> *m(f)* asthmatic
asthmatisch I. *adj* ❶ (*durch Asthma ausgelöst*) asthmatic, asthma; **ein leichter/schwerer ~ Anfall** a mild/serious asthma [*or* asthmatic] attack; **ein ~es Röcheln** an asthmatic wheeze
❷ (*an Asthma leidend*) asthma; ~**er Patient** asthma patient
II. *adv* asthmatically
astig *adj* gnarled, knotty
Astigmatismus <-> *m kein pl* MED astigmatism
Astknoten *m* knot **Astloch** *nt* knothole
Astra *f* (*Planet, Satellit*) Astra
astrein *adj* ❶ (*fam: moralisch einwandfrei*) straight *fam*, above board, genuine; ***der Kerl ist nicht ganz*** ~ there is something fishy about that guy
❷ (*sl: bombig, spitze*) fantastic, great
❸ BOT (*fachspr: keine Astknoten aufweisend*) knot-free; ■ **~ sein** to be free of knots
Astrolabium <-s, Astrolabien> *nt* ASTRON astrolabe
Astrologe, -login <-n, -n> *m, f* astrologer
Astrologie <-> *f kein pl* astrology
Astrologin <-, -nen> *f fem form von* **Astrologe**
astrologisch I. *adj* astrological
II. *adv* astrologically
Astronaut(in) <-en, -en> *m(f)* astronaut
Astronom(in) <-en, -en> *m(f)* astronomer
Astronomie <-> *f kein pl* astronomy
Astronomin <-, -nen> *f fem form von* **Astronom**
astronomisch *adj* ❶ ASTRON astronomical; ~**e Koordinaten** astronomical coordinates
❷ (*fig: riesig, immens*) astronomical
Astrophysik *f* astrophysics + *sing vb, no art*
Astrophysiker(in) *m(f)* astrophysicist
Asturien *nt* Asturias
Astwerk *nt* (*geh*) boughs *pl*, branches *pl*
ASU <-, -s> *f Akr von* **Abgassonderuntersuchung**
Asuncion <-s> [asun'θi̯ɔn] *nt* Asunción
Äsung <-, -en> *f* JAGD grazing, browsing *liter*
Asyl <-s, -e> *nt* asylum; **das Recht auf ~** the right to asylum; **politisches ~** political asylum; **um ~ bitten** [*o* **nachsuchen**] (*geh*) to apply for [*or* seek] [political] asylum; **jdm ~ gewähren** to grant sb [political] asylum
Asylant(in) <-en, -en> *m(f) s.* **Asylbewerber**
Asylantenwohnheim *nt* home for asylum-seekers
Asylantrag *m* application [*or* request] for political asylum; **einen ~ stellen** to file [*or* submit] an application for political asylum **Asylberechtigte(r)** *f(m)* JUR person entitled to political asylum **Asylbewerber(in)** *m(f)* JUR asylum seeker **Asylbewerberheim** *nt* home for asylum seekers **Asylgewährung** *f* JUR granting of asylum **Asylmissbrauch**[RR] *m* JUR abuse of asylum procedures **Asylpolitik** *f kein pl* policy on asylum [seekers], asylum policy **Asylrecht** *nt* right of political asylum **Asylsuchende(r)** *f(m) dekl wie adj* asylum seeker **Asylverfahren** *nt* asylum proceedings *npl*
Asymmetrie *f* asymmetry
asymmetrisch *adj* asymmetric, asymmetrical
asynchron *adj* asynchronous; INFORM out of synch
asynchron *adj* asynchronous
Asynchronie <-> *f kein pl* SCI asynchrony
Asynchronie <-> *f kein pl* asynchrony
Aszendent <-en, -en> *m* ASTROL ascendant; JUR ascendent
Aszites <-> *m* MED (*Bauchwassersucht*) ascites
at [ɛt] *f Abk von* **Atmosphäre**
A.T. *nt Abk von* **Altes Testament** OT BRIT, O.T. AM
Atavismus <-, -men> *m* BIOL atavism
atavistisch *adj* BIOL atavistic
AT-Bus <-ses, -se> *m* INFORM AT-bus
Atelier <-s, -s> [ate'lie:, ata'lie:] *nt* KUNST, ARCHIT studio
Atelieraufnahme *f* FOTO studio shot **Atelierfenster** *nt* studio window **Atelierwohnung** *f* studio flat
Atem <-s> *m kein pl* ❶ (*Atemluft*) breath; **den ~ anhalten** to hold one's breath; **~ holen** [*o* **schöpfen**] to take [*or* draw] a breath; **wieder zu ~ kommen** to get one's breath back, to catch one's breath; **nach ~ ringen** to be gasping for breath; **außer ~** out of breath
❷ (*das Atmen*) breathing; **mit angehaltenem ~** holding one's breath
▶ WENDUNGEN: **mit angehaltenem ~** with bated breath; **den längeren ~ haben** to have the whip hand; **jdn in ~ halten** to keep sb on their toes; **~ holen** [*o* **schöpfen**] to take a [deep] breath; **jdm den ~ verschlagen** to take sb's breath away, to leave sb speechless; **in einem** [*o* **im selben**] **~** (*geh*) in one/the same breath
Atembeklemmung *f* shortness of breath *no pl*
atemberaubend *adj* breath-taking **Atembeschwerden** *pl* breathing difficulties *pl*, trouble [*or* difficulty] in breathing **Atemgerät** *nt* respirator; (*von Taucher, Feuerwehr*) breathing apparatus **Atemgeräusch** *nt* respiratory sounds *pl* **Atemholen** <-s> *nt kein pl* breathing *no pl* **Atemlähmung** *f* respiratory paralysis
atemlos I. *adj* ❶ (*außer Atem*) breathless
❷ (*perplex*) speechless
II. *adv* breathlessly, speechlessly
Atemlosigkeit <-> *f kein pl* breathlessness *no pl*
Atemluft *f* air [to breathe] **Atemmaske** *f* ❶ MED breathing [*or* oxygen] mask ❷ (*Gasmaske*) gas mask
Atemnot *f* MED shortness of breath *no pl* **Atempause** *f* ❶ (*um Luft zu schöpfen*) pause for breath
❷ (*kurze Unterbrechung*) breather **Atemschutzgerät** *nt* breathing apparatus **Atemschutzmaske** *f s.* **Atemmaske** **Atemstillstand** *m* respiratory arrest **Atemwege** *pl* ANAT respiratory tracts [*or* passages] *pl* **Atemwegserkrankung** *f* MED (*geh*) respiratory disease **Atemzug** *m* (*einmaliges Luftholen*) breath ▶ WENDUNGEN: **einen ~ lang** for [the count of] one breath; **in einem** [*o* **im selben**] **~** in one [*or* the same] breath
Atheismus <-> [ate'ɪsmʊs] *m kein pl* atheism *no pl*
Atheist(in) <-en, -en> *m(f)* atheist
atheistisch *adj* atheist
Athen <-s> *nt* Athens
Athener(in) <-s, -> *m(f)* Athenian
Äther <-s> *m kein pl* ❶ CHEM ether *no pl*
❷ (*liter: Himmel*) ether
❸ RADIO (*geh*) **etw in den ~ schicken** to put sth on the air [*or* out on air]; **über den ~** over the air
ätherisch *adj* ❶ (*geh*) ethereal
❷ CHEM ethereal
Atherosklerose <-, -n> *f* MED atherosclerosis
Äthiopien <-s> *nt* Ethiopia; *s. a.* **Deutschland**
Äthiopier(in) <-s, -> *m(f)* Ethiopian; *s. a.* **Deutsche(r)**
äthiopisch *adj* Ethiopian; *s. a.* **deutsch**
Athlet(in) <-en, -en> *m(f)* ❶ (*Sportler*) athlete
❷ (*wohlgeformter Mensch*) athletic type
athletisch *adj* athletic
Athos <-> *m kein pl* GEOG Mount Athos
Äthylalkohol *m* CHEM ethyl alcohol
Atlant <-en, -en> *m* atlas
Atlanten *pl von* **Atlas**
Atlantik <-s> *m* Atlantic; ■**der ~** the Atlantic
atlantisch *adj* METEO Atlantic; **ein ~es Hoch** a high-pressure area coming from the Atlantic
Atlas <- *o* -ses, Atlanten *o* -se> *m* atlas
ATM *m Abk von* **Asynchronous Transfer Mode** ATM
Atmen *nt* breathing, respiration
atmen I. *vi* to breathe; **frei ~** (*fig*) to breathe freely
II. *vt* to breathe; ■**etw atmen** to breathe sth [in]
Atmosphäre <-, -n> *f* ❶ PHYS atmosphere; ***die ~ der Erde*** the Earth's atmosphere
❷ (*Stimmung*) atmosphere; **eine gespannte ~** a tense atmosphere
Atmosphärendruck <-drücke> *m* atmospheric pressure **Atmosphärenüberdruck** <-drücke> *m* atmospheric excess pressure
atmosphärisch *adj* atmospheric
Atmung <-> *f kein pl* breathing *no pl*, respiration *form*
atmungsaktiv *adj* MODE breathable
Atmungsorgane *pl* respiratory organs
Ätna <-[s]> *m* Mount Etna
Atoll <-s, -e> *nt* atoll
Atom <-s, -e> *nt* atom
Atomangriff *m* MIL nuclear attack **Atomanlage** *f* nuclear plant [*or* installation] **Atomantrieb** *m* nuclear propulsion
atomar I. *adj* ❶ PHYS (*die Atome betreffend*) atomic, nuclear
❷ MIL (*Atomwaffen betreffend*) nuclear
II. *adv* ❶ MIL (*Atomwaffen betreffend*) with nuclear weapons
❷ TECH with nuclear power; ■ **~ angetrieben sein** to be nuclear-powered
Atomausstieg *m* denuclearization *no pl* **Atombindung** *f* CHEM bonding, covalent bond **Atombombe** *f* atomic [*or* nuclear] bomb **Atombombenexplosion** *f* atomic [*or* nuclear] explosion **atombombensicher** I. *adj* nuclear blast-proof II. *adv* safe from nuclear blast **Atombombenversuch** *m* nuclear [weapons] test
Atombomber *m* LUFT nuclear bomber **Atombunker** *m* nuclear fall-out shelter **Atomenergie** *f* nuclear [*or* atomic] energy **Atomenergiebehörde** *f* JUR Atomic Energy Authority [*or* AM Commission] **Atomenergiekommission** *f* JUR Atomic Energy Commission AM **Atomenergierecht** *nt* JUR atomic energy law **Atomexplosion** *f* nuclear [*or* atomic] explosion **Atomfalle** *f* PHYS atom trap **Atomforschung** *f* nuclear research **Atomforschungszentrum** *nt* nuclear research

centre [*or* AM -er] **Atomgegner(in)** *m(f)* person who is against nuclear power **Atomgesetz** *nt* JUR Atomic Energy Act **atomgetrieben** *adj* nuclear-powered **Atomgewicht** *nt* atomic weight **Atomhaftungsrecht** *nt* JUR nuclear liability law **Atomindustrie** *f* nuclear industry

atomisieren* *vt* ■**etw** ~ to atomize sth

Atomkern *m* PHYS nucleus **Atomkraft** *f kein pl* nuclear power [*or* energy] **Atomkraftgegner(in)** *m(f)* anti-nuclear activist [*or* protester] **Atomkraftwerk** *nt* nuclear power station **Atomkrieg** *m* nuclear war **Atommacht** *f* POL, MIL nuclear power **Atommeiler** *m* nuclear reactor **Atommodell** *nt* PHYS model of an atom

Atommüll *m* nuclear [*or* atomic] waste

Atommüllagerung <-> *f kein pl s.* **Atommülllagerung** **Atommüllendlager** *nt* nuclear [*or* radioactive] waste disposal site **Atommüllfracht** *f* nuclear waste cargo **Atommülllagerung**[RR] <-> *f kein pl* nuclear [*or* radioactive] waste disposal

Atomphysik *f* nuclear physics + *sing vb* **Atomphysiker(in)** *m(f)* nuclear physicist **Atompilz** *m* mushroom cloud **Atompolitik** *f kein pl* nuclear policy **Atomrakete** *f* nuclear missile **Atomreaktor** *m* nuclear reactor **atomrechtlich** *adj inv* related to [*or* in terms of] the law on nuclear installations **Atomschmuggel** <-s> *m kein pl illegal disposal of nuclear waste in another country* **Atomspaltung** *f* nuclear fission **Atomsperrvertrag** *m s.* **Atomwaffensperrvertrag** **Atomsprengkopf** *m* nuclear warhead **Atomstrom** *m kein pl* (*fam*) electricity generated by nuclear power **Atomtest** *m* MIL nuclear [weapons] test **Atomteststopp**[RR] *m* nuclear test ban **Atomteststoppabkommen**[RR] *nt* POL nuclear test ban treaty **Atomtransport** *m* transportation of nuclear material **Atomtriebwerk** *nt* RAUM nuclear engine **Atom-U-Boot** *nt* nuclear submarine **Atomuhr** *f* TECH atomic watch **Atomversuch** *m s.* **Atomtest**

Atomwaffe *f* MIL nuclear weapon

atomwaffenfrei *adj* POL nuclear-free **Atomwaffensperrvertrag** *m* POL Nuclear Weapons Non-Proliferation Treaty **Atomwaffenversuch** *m* nuclear weapon testing **Atomwirtschaft** *f* nuclear industry

Atomzeitalter *nt kein pl* ■**das** ~ the nuclear [*or* atomic] age **Atomzertrümmerung** *f* PHYS splitting of the atom

atonal *adj* MUS atonal

Atonie <-, -ien> *f* MED atony; **gastrische** ~ gastric atony

atoxisch *adj* (*fachspr*) non-toxic

ATP <-s, -s> *nt Abk von* **Adenosintriphosphat** ATP

Atrium <-s, Atrien> [*pl* -riən] *nt* ARCHIT atrium

Atriumhaus *nt* ARCHIT *a building centred around an open court/atrium*

Atrophie <-, -n> [*pl* -ˈfi:ən] *f* MED atrophy

atrophisch *adj* MED atrophied

Atropin <-s> *nt kein pl* BIOL, MED atropine *no pl*

ätsch *interj* (*fam*) ha-ha; ***du hast verloren,*** ~ [***bätsch***]! ha-ha, you lost! [na, na, na, na, na, na! *in a sing-song voice*]

Attaché <-s, -s> [ataˈʃe:] *m* POL attaché

Attachékoffer [ataˈʃe:-] *m* attaché case

Attachment <-s, -s> [əˈtætʃmənt] *nt* INET attachment

Attacke <-, -n> *f* ❶ MIL attack; **zur** ~ **blasen** to sound the charge; **eine** ~ **gegen jdn reiten** to charge sb
❷ (*Kritik*) ■**eine/die** ~ **gegen jdn/etw** an/the attack against sb/sth; [**wütende**] ~**n gegen jdn reiten** (*heftige Kritik üben*) to launch an [angry] attack against sb
❸ MED (*Anfall*) attack, fit; **eine epileptische** ~ an epilectic fit

attackieren* *vt* ■**jdn/etw** ~ ❶ (*geh*) to attack sb/sth
❷ MIL (*veraltend: angreifen*) to charge [*or* attack] sb/sth

attaschieren *vt* KOCHK **Fleisch/Geflügel** ~ *to boil meat/poultry until meat separates from the bone*

Attentat <-[e]s, -e> *nt* (*Mordanschlag*) an attempt on sb's life; (*mit tödlichem Ausgang*) assassination; **ein** ~ **auf jdn verüben** to make an attempt on sb's life; (*mit tödlichem Ausgang*) to assassinate sb
▸ WENDUNGEN: **ein** ~ **auf jdn vorhaben** (*hum fam: jdn um etw bitten wollen*) to [want to] ask sb a favour [*or* AM -or]

Attentäter(in) *m(f)* assassin

Attest <-[e]s, -e> *nt* MED (*ärztliche Bescheinigung*) certificate; **jdm ein** ~ [**über etw** *akk*] **ausstellen** to certify sth for sb; ***der Hausarzt stellte ihm ein*** ~ ***über seinen Gesundheitszustand aus*** the GP certified his condition for him

attestieren* *vt* ❶ MED (*geh: ärztlich bescheinigen*) ■[**jdm**] **etw** ~ to certify [sb] sth; ■**jdm** ~, **dass ...** to certify sb as ...; ■**sich** *dat* [**von jdm**] **etw** ~ **lassen** to have sb certify sth, to have sth certified; ***ich lasse mir meine Arbeitsunfähigkeit*** ~ I'm going to get myself certified unfit for work
❷ (*geh: bescheinigen*) to confirm; ■**jdm/einer S. etw** ~ to confirm sb/sth sth; ***dem Wein wurde erneut hohe Qualität attestiert*** once again the high quality of the wine was guaranteed

Attika <-, Attiken> *f* BAU fascia

Attitüde <-, -n> *f meist pl* (*geh*) posture, gesture, attitude

Attraktion <-, -en> *f* ❶ (*interessanter Anziehungspunkt*) attraction; ***das Riesenrad war die große*** ~ the Ferris wheel was the big attraction
❷ *kein pl* (*geh: Reiz, Verlockung*) attraction

attraktiv *adj* attractive

Attraktivität <-, -en> [-vi-] *f kein pl* attractiveness *no pl*

Attrappe <-, -n> *f* dummy, fake; [**nur**] ~ **sein** to be [only] a dummy [*or* fake]

Attribut <-[e]s, -e> *nt* (*geh*) ❶ LING attribute
❷ (*Kennzeichen oder Sinnbild*) symbol
❸ INFORM (*Eintrag*) attribute

attributiv *adj* LING attributive

atü *Akr von* **Atmosphärenüberdruck**

atypisch *adj* atypical

ätzen I. *vi* (*versetzend sein*) to corode II. *vt* KUNST (*durch Säure ein~*) to etch; ■**etw in etw** *akk* ~ to etch sth in sth **ätzend** *adj* ❶ (*zerfressend wirkend*) corrosive ❷ (*beißend*) *Geruch* pungent ❸ (*sl: sehr übel*) lousy

Ätzmittel *nt* CHEM corrosive **Ätznatron** *nt kein pl* CHEM caustic soda *no pl,* sodium hydroxide *no pl* **Ätzstift** *m* MED cautery stick

Ätzung <-, -en> *f* ❶ MED (*Ver~*) cauterization
❷ KUNST etching

au *interj* ouch, ow; ~ **fein/ja/klasse!** (*fam*) oh great/yeah/brilliant! [*or* AM excellent!]

Au <-, -en> *f* SÜDD, ÖSTERR *s.* **Aue**

aua *interj s.* **au 1**

Aubergine <-, -n> [obɛrˈʒi:nə] *f* aubergine BRIT, egg-plant AM

aubergine *adj pred,* **auberginefarben** *adj* aubergine[-coloured] BRIT, egg-plant[-colored] AM

auch I. *adv* ❶ (*ebenfalls*) too, also, as well; ***ich habe Hunger, du*** ~? I'm hungry, you too?; ***gehst du morgen*** ~ ***ins Kino?*** are you going to the cinema as well tomorrow?; ***Gewalt ist aber*** ~ ***keine Lösung!*** violence is no solution either!; ***das ist*** ~ ***möglich*** that's also a possibility; ***kannst du*** ~ ***einen Salto rückwärts?*** can you do a summersault backwards as well?; ***ich will ein Eis! — ich*** ~! I want an ice-cream! — me too!; ~ **gut** that's ok [too]; ... ~ **nicht!** not ... either, ... neither, nor ...; ***ich gehe nicht mit! — ich*** ~ ***nicht!*** I'm not coming! — nor am I! [*or* me neither!]; ***wenn du nicht hingehst, gehe ich*** ~ ***nicht*** if you don't go, I won't either
❷ (*sogar*) even; ***der Chef hat eben immer Recht,*** ~ ***wenn er Unrecht hat!*** the boss is always right, even when he's wrong!
▸ WENDUNGEN: ... **aber** ~! on top of everything; ***so was Ärgerliches aber*** ~! that's really too annoying; ***verdammt aber*** ~! damn and blast it! *fam;* ***wozu aber*** ~ ***sich widersetzen*** what's the point in arguing; ~ **das noch!** that's all I need!
II. *part* ❶ (*tatsächlich*) too, as well; ***so schlecht hat das nun*** ~ ***wieder nicht geschmeckt!*** it didn't taste *that* bad!; ***wenn ich etwas verspreche, tu' ich das*** ~! If I promise something then I'll do it!; ***ich habe das nicht nur gesagt, ich meine das*** ~ [***so***]! I didn't just say it, I mean it too [*or* as well]!
❷ *interrog* (*verallgemeinernd*) ■**so/was/wie ...** ~ however/whatever ...; ***was er*** ~ ***sagen mag ...*** whatever he may say ...
❸ (*einräumend*) ~ **wenn** even if; ~ ***wenn das stimmen sollte*** even if it were true; ***so schnell sie*** ~ ***laufen mag*** however fast she may run ...; ***wie sehr du*** ~ ***flehst*** however much you beg; **wie dem** ~ **sei** whatever; ***wie dem*** ~ ***sei, ich gehe jetzt nach Hause*** be that as it may, I am going home now
❹ (*zweifelnd*) ***ist das*** ~ ***gut/nicht zu weit?*** are you sure it's good/not too far?

Audienz <-, -en> *f* audience

Audimax <-> *nt kein pl* (*fam*) *kurz für* **Auditorium maximum** main lecture hall [*or* theatre [*or* AM -er]]

audio- *in Komposita* audio-

Audiodatei *f* INFORM audio file **Audioeingang** *m* INFORM sound entry **Audiokarte** *f* INFORM sound card **Audiokassette** *f* audio cassette **Audiosignal** *nt* TV audio signal **Audiotext** *m* MEDIA audiotext

audiovisuell [-vi-] *adj* audio-visual

Audition <-, -s> [ɔ:ˈdɪʃn] *f* FILM, THEAT audition

Auditorium <-s, -rien> [*pl* -riən] *nt* ❶ SCH auditorium
❷ (*geh: Zuhörerschaft*) audience

Aue <-, -n> *f* DIAL (*liter*) meadow, pasture

Auerhahn *m* ORN [male/cock] capercaillie **Auerhenne** *f* ORN (*weibliches Auerhuhn*) [female/hen] capercaillie **Auerhuhn** *nt* ORN capercaillie **Auerochse** *m* ZOOL aurochs

auf

I. PRÄPOSITION	II. ADVERB
III. INTERJEKTION	IV. KONJUNKTION

I. PRÄPOSITION

❶ +*dat* on, upon *form;* ***er saß*** ~ ***dem Stuhl*** he sat on the chair; ***sie kamen*** ~ ***dem Hügel an*** they arrived on the hill; ~ ***dem Mond gibt es keine Luft zum Atmen*** there's no air to breathe on the moon
❷ +*akk* (*in Richtung*) on, onto; ***das Wrack ist*** ~ ***den Meeresgrund gesunken*** the wreck has sunk to the bottom of the ocean; ***sie fiel*** ~ ***den Rücken*** she fell on[to] her back; ***sie schrieb etwas*** ~ ***ein Blatt Papier*** she wrote something on a piece of paper; ***schmier mir bitte nichts*** ~ ***die Decke!*** please don't make a mess on the tablecloth!; ***sie hob das Kind*** ~ ***den Stuhl*** she lifted the child onto the chair; ***sie legte sich*** ~ ***das Bett*** she lay down on the bed; ~ **ihn!** [go and] get him!
❸ +*akk* (*in Bezug ~ Inseln*) to; ***wann fliegst du*** ~ ***die Kanaren?*** when are you flying to the Canaries?
❹ +*dat* in; ***er verbringt den Winter*** ~ ***den Bahamas*** he spends the winter in the Bahamas; ***Kingston liegt*** ~ ***Jamaica*** Kingston is in Jamaica
❺ +*akk* (*zur*) to; ***morgen muss er*** ~ ***die Post*** tomorrow he has to go to the post office
❻ +*dat* at; ***ich habe*** ~ ***der Bank noch etwas zu erledigen*** I still have some business to take care of at the bank; ***sein Geld ist*** ~ ***der Bank*** his money is in the bank; ***er arbeitet*** ~ ***dem Finanzamt*** he works at the tax office; ~ **der Schule** at school; ***warst du schon*** ~ ***der Polizei?*** have you already been to the police?
❼ +*akk* (*einen Zeitpunkt festlegend*) on; ***Heiligabend fällt*** ~ ***einen Dienstag*** Christmas Eve falls on a Tuesday; ***die Konferenz muss*** ~ ***morgen verlegt werden*** the conference has to be postponed until tomorrow; ***es geht schon*** ~ ***Ostern zu*** it's getting closer to Easter; ***ich komme in der Nacht*** [***von Montag***] ~ ***Dienstag an*** I will arrive on Monday night

A

⑧ +*akk* (*beschränkend*) to; ***das Projekt konnte ~ drei Jahre reduziert werden*** it was possible to reduce the project to three years; ***ich kann es Ihnen nicht ~ den Tag genau sagen*** I can't tell you exactly to the day; ~ ***den Millimeter genau*** exact to a millimeter
⑨ +*dat* (*während*) on; ~ ***der Busfahrt wurde es einigen schlecht*** some people felt sick on the bus ride
⑩ +*akk* (*für*) for; ***bleib doch noch ~ einen Tee*** won't you stay for a cup of tea
⑪ +*akk* (*um*) upon, after; ■**etw ~ etw** sth upon [*or* after] sth; ***Sieg ~ Sieg*** win after [*or* upon] win
⑫ +*akk* (*als Reaktion*) at; ■~ **etw** [**hin**] at sth; ~ ***seinen Vorschlag*** [***hin***] ***wurde er befördert*** at his suggestion he was promoted; ~ ***meinen Brief hin hat sie bisher nicht geantwortet*** she hasn't replied yet to my letter; ~ ***seine Bitte*** [***hin***] at his request
⑬ +*akk* (*sl: in einer bestimmten Art*) ***komm mir bloß nicht ~ die wehleidige Tour!*** don't try the weepy approach on me!; ~ ***die Masche falle ich nicht rein*** I won't fall for that trick
⑭ +*akk* (*jdm zuprostend*) to; ~ ***uns!*** to us!
⑮ +*akk* (*zu einem Anlass*) to; ***wollen wir ~ das Fest gehen?*** shall we go to the party?
⑯ *mit Steigerungen* (*so ... wie möglich*) most + *adv;* ***man begrüßte sie ~ das Herzlichste*** she was greeted most warmly; ***sie wurden ~ das Grausamste gefoltert*** they were tortured most cruelly

II. ADVERB

① (*fam: geöffnet*) open; ***Fenster auf!*** open the window!; ***Augen ~ im Straßenverkehr!*** keep your eyes open in traffic!; ~ **sein** to be open; ***wie lange sind die Läden heute ~?*** how long are the shops open today?
② (*fam: nicht abgeschlossen*) ~ **sein** *Tür, Schloss* to be open [*or* unlocked]
③ (*fam: nicht mehr im Bett*) [**früh/schon**] ~ **sein** to be up [early/already]
▸ WENDUNGEN: ~ **und ab** [*o* **nieder**] (*geh*) up and down; ~ **und davon** (*fort*) up and away

III. INTERJEKTION

① (*los*) ~ ***nach Kalifornien!*** let's go to California!; ***auf, tu was!*** come on, do something!
② (*aufgesetzt*) on; **Helme/Masken/Hüte auf!** helmets/masks/hats on!

IV. KONJUNKTION

(*geh: Äußerung eines Wunsches*) ■~ **dass ...** that ...; ~ ***dass wir uns in Zukunft vertragen mögen!*** that we may get on well in the future!

Auf *nt* ▸ WENDUNGEN: **das/ein ~ und Ab** up and down, to and fro; (*ständiger Wechsel zwischen gut und schlecht*) up and down; ***in jedem Leben ist es doch immer ein ~ und Ab*** every life has its ups and downs

auf|arbeiten *vt* ① (*renovieren*) ■**etw ~** to refurbish sth [*or sep* do up]
② (*bearbeiten*) ■**etw ~** to get through [*or sep* finish off] sth; **aufgearbeitete Akten/Korrespondenz** cleared files/correspondence
③ (*bewältigen*) **die Vergangenheit ~** to reappraise the past
④ (*auswerten*) **Literatur ~** to incorporate literature critically

Aufarbeitung <-, -en> *f* ① (*Erledigung*) catching up
② (*Beurteilung*) *Literatur* reviewing
③ (*Restaurierung*) refurbishing

auf|atmen *vi* ① (*durchatmen*) to breathe
② (*seine Erleichterung zeigen*) to heave [*or* give] a sigh of [*or* to sigh with] relief; ■**ein** [**erleichtertes**] **A~** a sigh of relief

auf|backen *vt* ■**etw ~** to heat [*or* crisp] [*or* warm] up sth *sep*

auf|bahren *vt* ① (*im Sarg ausstellen*) ■**jdn ~** to lay sb out in state, to lay out sb *sep;* **eine prominente Persönlichkeit ~** to lay a famous person's body out in state; **einen Toten ~** to lay out a dead person; ■**aufgebahrt sein** to lie in state; **ein aufgebahrter Leichnam** (*geh*) a body lying in state
② (*offen aufstellen*) **einen Sarg ~** to lay a coffin on a/the bier; **ein aufgebahrter Sarg** a coffin laid on the bier

Aufbahrung <-, -en> *f* laying out, lying in state

Aufbahrungshalle *f* funeral parlour [*or* AM -or]

Aufbau¹ *m kein pl* ① (*das Zusammenbauen*) ■**der ~** assembling, construction
② (*Schaffung*) **der ~ von Kontakten** the setting up of contacts; **der ~ eines Landes** the building of a state; **der ~ eines sozialen Netzes** the creation of a social network; **der ~ der Wirtschaft/der wirtschaftliche ~** the building up of the economy
③ (*Wiedererrichtung*) reconstruction; **der ~ der Kommunikationsverbindungen** the reinstatement of communications
④ (*Struktur*) structure

Aufbau² <-bauten> *m* ① (*Karosserie~*) body[work [*or* shell]]
② *meist pl* NAUT superstructure *no pl, no indef art*

Aufbauarbeit *f* reconstruction work

Aufbaucreme *f* regenerative cream

auf|bauen **I.** *vt* ① (*zusammenbauen*) ■**etw ~** to assemble sth; **einen Motor ~** to assemble an engine
② (*hinstellen*) ■**etw ~** to set [*or* lay] out sth *sep;* **ein kaltes Büfett ~** to set [*or* lay] out *sep* a cold buffet
③ (*wieder ~*) ■**etw ~** to rebuild sth; **ein Haus/Land neu ~** to rebuild a house/country
④ (*schaffen*) ■**sich** *dat* **etw ~** to build up sth *sep;* **sich** *dat* **eine Existenz ~** to build up an existence [for oneself]; ■**etw ~ eine Organisation/Bewegung ~** to build up an organization/a movement *sep*
⑤ (*daraufbauen*) **etw** [**auf etw** *akk*] ~ to add [*or* build] sth [on sth], to add [on *sep*] sth
⑥ (*wiederherstellen*) **die Gesundheit/seine Kräfte ~** to build up one's health/strength [again] *sep*
⑦ (*basieren*) ■**etw auf etw** *akk o dat* ~ to base [*or* construct] sth on sth
⑧ (*fam: durch Förderung zu etw machen*) ■**jdn** [**zu etw**] ~ to build up sb *sep* into sth; **jdn zum großen Künstler ~** to build up sb *sep* into [*or* promote sb as] a great artist
⑨ (*herstellen*) **eine Verbindung ~** to make [*or form* effect] a connection; **eine Theorie ~** to construct a theory
⑩ (*strukturieren*) ■**aufgebaut sein** to be structured
II. *vi* ① (*sich gründen*) ■**auf etw** *akk o dat* ~ to be based [*or* founded] on sth; ***dieses Musikstück baut auf den Regeln der Zwölftonmusik auf*** this piece [of music] is based on twelve-tone principles
② (*mit dem Zusammenbau beschäftigt sein*) to be building; ***wir sind noch dabei aufzubauen*** we are still building; ***bis dahin müssen wir aufgebaut haben*** we have to have finished building by then
III. *vr* ① (*fam: sich postieren*) ■**sich vor jdm/etw ~** to stand up in front of sb, to take up position in front of sth; **sich drohend vor jdm ~** to plant oneself in front of sb *fam*
② (*sich gründen*) ■**sich** *akk* **auf etw** *akk o dat* ~ to be based [*or* founded] on sth
③ (*sich bilden*) ■**sich ~** to build up; ***die Regenwolken bauten sich auf*** the rainclouds started to build up
④ (*bestehen aus*) ■**sich aus etw ~** to be built up [*or* composed] of sth

Aufbauhilfe *f* POL reconstruction aid; *für Branche u. ä.* help with setting up

auf|bäumen *vr* ① (*sich ruckartig aufrichten*) ■**sich ~** to convulse; **sich vor Schmerz ~** to writhe [*or* be convulsed] with pain; *Pferd* to rear [up]
② (*geh: sich auflehnen*) ■**sich gegen jdn/etw ~** to revolt [*or* rebel] against sb/sth; ■**A~** revolt

auf|bauschen **I.** *vt* ① (*übertreibend darstellen*) ■**etw** [**zu etw**] ~ to blow up sth *sep* [into sth], to exaggerate sth
② (*blähen*) ■**etw ~** to fill [*or* swell] [*or* belly] [out *sep*] sth; **mit aufgebauschten Segeln** in [*or* under] full sail
II. *vr* (*scheinbar bedeutender werden*) ■**sich zu etw ~** to be blown up to sth

Aufbaustoff *m* nutritional substance

Aufbaustudium *nt* research studies *npl*

Aufbauten *pl* BAU superstructures *pl*

auf|begehren* *vi* ■[**gegen jdn/etw**] ~ ① (*geh*) to rebel [*or* revolt] [against sb/sth]; ■**~d** rebelling
② SCHWEIZ (*protestieren*) to protest [against sb/sth]; ■**A~** protest

auf|behalten* *vt irreg* ■**etw ~** to keep sth on *sep*

auf|beißen *vt irreg* ■**etw ~** to open sth using [*or* with] one's teeth; **eine Nuss ~** to crack a nut with one's teeth; **eine Verpackung ~** to bite open packaging *sep;* **sich** *dat* **die Lippe ~** to bite one's lip [and make it bleed]

auf|bekommen* *vt irreg* (*fam*) ■**etw ~**
① (*öffnen*) to get sth open; ***lässt sich die Schublade ohne Schlüssel ~?*** can the drawer be opened without a key?
② (*zu erledigen erhalten*) to get sth as homework; ***wir haben heute sehr viel ~*** we were given a lot of homework today

auf|bereiten* *vt* ■**etw ~** ① (*verwendungsfähig machen*) to process sth; **Erz ~** to dress [*or* prepare] ore; **Trinkwasser ~** to purify [*or* treat] water
② (*bearbeiten*) to edit sth; **etw literarisch ~** to turn sth into literature; **etw dramaturgisch ~** to adapt sth for the theatre [*or* AM -er]

Aufbereitung <-, -en> *f* ① (*das Aufbereiten*) processing; **die ~ von Erz** the dressing [*or* preparation] of ore; **die ~ von** [**Trink**]**wasser** the purification [*or* treatment] of water
② (*Bearbeitung*) editing

Aufbereitungsanlage *f* processing [*or* treatment] plant

auf|bessern *vt* ■**etw ~** to improve sth; **ein Gehalt ~** to increase a salary

Aufbesserung <-, -en> *f* improvement; ~ **eines Gehalts** an increase in salary (+*gen* in)

auf|bewahren* *vt* ■**etw ~** ① (*in Verwahrung nehmen*) to keep sth; **jds Dokumente/Wertsachen ~** to look after sb's documents/valuables, to have sb's documents/valuables in one's keeping
② (*lagern*) to store sth; ***kühl und trocken aufbewahren!*** keep in a cool dry place

Aufbewahrung <-, -en> *f* ① (*Verwahrung*) [safe]keeping; ~ **einer hinterlegten Sache** storage of a deposited item; **einen Koffer in ~ geben** to deposit a suitcase [at the left luggage [*or* AM baggage room]]; **jdm etw zur** [**sicheren**] ~ **anvertrauen** [*o* **übergeben**] to give sth to sb for [*or* put sth in[to] sb's] safekeeping
② (*fam: Gepäck~*) left-luggage [office] [*or* AM baggage room]

Aufbewahrungsfrist *f* JUR *für Akten* safekeeping period [*or* retention] **Aufbewahrungsort** *m* **etw an einen sicheren ~ bringen** to put sth in a safe place; **ein geeigneter ~ für etw** the right place to keep sth **Aufbewahrungspflicht** *f* JUR *für Geschäftsunterlagen* obligation to preserve business records; **einstweilige ~** compulsory safe custody

auf|bieten *vt irreg* ① (*einsetzen*) ■**jdn/etw ~** to muster sb/sth; **die Polizei ~** to call in the police *sep;* **Truppen ~** to call in *sep* [*or* mobilize] troops
② (*aufwenden*) ■**etw ~** to muster [*or* summon] [*or* gather] sth
③ (*zur Vermählung ausschreiben*) ■**aufgeboten werden** to have one's ban[n]s published

Aufbietung <-> *f kein pl* ① (*Einsatz*) mustering; *von Polizei, Militär* calling in; **die ~ von Truppen** to mobilize [*or* call in] troops; **unter ~ einer S.** *gen/* **von etw** *dat* with the employment [*or* use] of sth; **unter ~ von Truppen** with the mobilization of troops
② (*das Aufbieten*) summoning, gathering, mustering; **unter** [*o* **bei**] ~ **aller Kräfte** with the utmost effort, by summoning all one's strength

auf|binden *vt irreg* ❶ *(öffnen, lösen)* ■**[jdm] etw** ~ to untie [*or* undo] [sb's] sth
❷ *(hoch binden)* **Haare** ~ to put up hair *sep;* **Zweige** ~ to tie together twigs *sep*
❸ *(auf etw befestigen)* ■**etw [auf etw** *akk*] ~ to fasten [*or* tie] sth on[to] sth, to fasten [*or sep* tie down] sth; ■**jdm/sich etw** ~ to fasten [*or* tie] sth on sb/sth; **jdm/sich etw auf den Rücken** ~ to hitch sth on[to] sb's/one's back
❹ *(fam: weismachen)* ■**jdm etw** ~ to make sb fall for sth; **jdm eine Lüge** ~ to tell sb a lie; ***das lasse ich mir von dir nicht ~!*** I'm not going to fall for that!
❺ TYPO *(einbinden)* ■**etw** ~ to bind sth

auf|blähen I. *vt* ❶ *(füllen)* ■**etw** ~ to fill [*or* blow] out sth *sep;* ■**aufgebläht** inflated
❷ MED *(blähen)* ■**etw** ~ to distend sth; ■**aufgebläht** distended, swollen
❸ *(aufbauschen)* ■**etw** ~ to inflate sth; ■**aufgebläht** inflated; **bis ins Groteske aufgebläht** blown out of all recognition *pred*
❹ *(übersteigern)* ■**aufgebläht [sein]** [to be] inflated; **aufgeblähter Verwaltungsapparat** bloated administrative machinery
II. *vr* ■**sich** ~ ❶ *(sich füllen)* to fill
❷ MED *(sich blähen)* to become distended [*or* swollen]
❸ *(pej: sich wichtig machen)* to puff oneself up; ■**aufgebläht** puffed-up

aufblasbar *adj* inflatable

auf|blasen *irreg* **I.** *vt* ■**[jdm] etw** ~ to inflate sth [for sb]; **einen Luftballon/eine Papiertüte** ~ to blow up *sep* [*or* inflate] a balloon/paper bag; ■**[etw] zum Aufblasen sein** to be inflatable; **eine Puppe zum A~** an inflatable doll
II. *vr* ■**sich** ~ *(pej: sich wichtig machen)* to puff oneself up; ■**aufgeblasen [sein]** [to be] puffed-up

auf|bleiben *vi irreg sein* ❶ *(nicht zu Bett gehen)* to stay up
❷ *(geöffnet bleiben)* to stay open

auf|blenden I. *vi* ❶ AUTO to turn up the headlights *sep,* to turn the headlights on [full [*or* AM high] beam]; **aufgeblendet** [*o* **mit aufgeblendeten Scheinwerfern] fahren** to drive with one's headlights on full beam
❷ FOTO to increase the aperture
II. *vt* AUTO **die Scheinwerfer** ~ to turn up the/one's headlights *sep;* **die Scheinwerfer kurz** ~ to flash the/one's headlights

auf|blicken *vi* ❶ *(nach oben sehen)* ■**[zu jdm/etw]** ~ to look up [at sb/sth]; **[zu jdm/etw] kurz** ~ to glance up [at sb/sth]
❷ *(als Vorbild verehren)* ■**zu jdm** ~ to look up to sb

auf|blinken *vi* ❶ AUTO *(fam: kurz aufblenden)* to flash [one's headlights]
❷ *(kurz blinken)* to flash, to blink

auf|blitzen *vi* ❶ *haben (kurz aufleuchten)* to flash
❷ *sein (plötzlich auftauchen)* ■**[bei/in jdm]** ~ to flash through sb's mind; ***der Gedanke blitzte in ihm auf*** the thought flashed through his mind; *Hass, Kampfeswille* to flare up [in sb]; ***in seinen Augen blitzte es zornig auf*** his eyes flashed angrily

auf|blühen *vi sein* ❶ *(Blume)* to bloom; *Knospe, Baum* to blossom [out]; **[voll] aufgeblühte Blumen** flowers in [full] bloom
❷ *(aufleben)* to blossom out
❸ *(geh: sich entwickeln)* to [begin to] flourish [*or* thrive]

auf|bocken *vt* ■**etw** ~ to jack up sth *sep*

auf|bohren *vt* ■**etw** ~ to drill open sth *sep;* ■**das A~** drilling open

auf|brauchen *vt* ■**etw** ~ to use up sth *sep;* ■**sich** ~ to get used up; ***meine Geduld ist aufgebraucht*** my patience is exhausted

auf|brausen *vi sein* ❶ *(wütend werden)* to flare up, to fly into a temper, to fly off the handle
❷ *(schäumen)* to fizz [up]
❸ *(plötzlich einsetzen)* to break out; *Jubel a.* to burst forth

aufbrausend *adj* quick-tempered, irascible; ■~ **sein** to be quick-tempered [*or* irascible], to be liable to fly off the handle

auf|brechen *irreg* **I.** *vt haben* ■**etw** ~ ❶ *(gewaltsam öffnen)* to break [*or* force] open sth *sep;* **ein Auto/einen Tresor** ~ to break into a car/strongroom; **einen Deckel** ~ to force [*or* BRIT prise] [*or* AM prize] [off [*or* open] *sep*] a lid; **ein Schloss** ~ to break open a lock *sep,* to force [open *sep*] a lock
❷ *(geh: zur Öffnung bringen)* to break down sth *sep*
II. *vi sein* ❶ *(aufplatzen)* to break up, to split; *Knospe* to [burst] open; *Wunde* to open
❷ *(erneut sichtbar werden)* to break out
❸ *(sich auf den Weg machen)* to start [*or* set] off [*or* out]; ***ich glaube, wir müssen*** ~ I think we've got to go, I think we ought to go

aufbrezeln *vr (fam)* to get all dolled up *pej*

auf|bringen *vt irreg* ❶ *(bezahlen)* ■**etw** ~ to pay sth; **Geld** ~ to raise [*or* find] money
❷ *(mobilisieren)* ■**etw** ~ to summon [up *sep*] sth
❸ *(erzürnen)* ■**jdn [gegen jdn/etw]** ~ to irritate sb, to set sb against sb/sth; *s. a.* **aufgebracht**
❹ *(ins Leben rufen)* ■**etw** ~ to start sth; **ein Gerücht** ~ to put about a rumour [*or* AM -or] *sep*
❺ NAUT *(erobern)* **ein Schiff** ~ to capture [*or* seize] a ship
❻ DIAL *(aufbekommen)* ■**etw** ~ to get sth open; **einen Knoten** ~ to undo [*or* untie] a knot; ■**aufgebracht werden** to be opened
❼ *(auftragen)* ■**etw [auf etw** *akk*] ~ to apply sth [to sth]; **Farbe** ~ to apply paint

Aufbruch *m* ❶ *kein pl (das Aufbrechen)* departure; ***das Zeichen zum ~ geben*** to give the signal to set off [*or* out]
❷ *(geh: Erneuerung)* emergence, awakening *liter;* **eine Zeit des ~s** a time of change [*or* new departures]
❸ *(Frost~)* crack

Aufbruchsstimmung *f* ❶ *(Gefühl, aufbrechen zu wollen)* atmosphere of departure; ~ ***kam langsam [unter den Gästen] auf*** the party started to break up; ***hier herrscht schon*** ~ it's [*or* they are] all breaking up; ***es herrschte allgemeine ~ [unter den Gästen]*** the party was breaking up; **in** ~ **sein** to be wanting [*or* ready] to go
❷ *(Stimmung der Erneuerung)* atmosphere of awakening

auf|brühen *vt* ■**etw** ~ to brew up *sep* sth; ■**[jdm/sich] einen Tee/eine Tasse Kaffee** ~ to make [*or* brew] [sb/oneself] a [cup of] tee/coffee

auf|brummen *vt (fam)* ■**jdm etw** ~ to land sb with sth *fam;* ***man hat mir schon wieder den Küchendienst aufgebrummt!*** I'm landed with kitchen duties again!

auf|bürden *vt (geh)* ❶ *(jdn mit etw belasten)* ■**jdm etw** ~ to encumber sb with sth [*or form* load sth on to sb]
❷ *(jdm geben)* **jdm die Schuld** ~ to put the blame on [*or form* impute the guilt to] sb; **jdm die Verantwortung** ~ to burden [*or* saddle] sb with the responsibility

auf|decken I. *vt* ❶ *(enthüllen)* ■**etw** ~ to uncover [*or* discover] sth; **einen schwierigen/ungelösten Fall** ~ to unravel a difficult/an unsolved case; **ein Rätsel** ~ to solve a riddle
❷ *(geh: bloßlegen)* ■**etw** ~ to lay bare sth *sep,* to expose sth; **Fehler** ~ to discover [*or* identify] mistakes
❸ KARTEN *(umdrehen)* **die Karten** ~ to show one's cards [*or* hand]
❹ *(auf den Esstisch stellen)* ■**etw** ~ to put sth on the table, to lay [*or* AM set] the table with sth
❺ *(zurückschlagen)* ■**etw** ~ to fold down sth *sep*
❻ *(jds Bett zurückschlagen)* ■**jdn** ~ to throw off sb's blankets *sep*
II. *vi (den Tisch decken)* to lay [*or* AM set] the table

Aufdeckung <-, -en> *f* ❶ *(Enthüllung)* exposure, discovery; *(eines Falls)* solving; *(eines Rätsels)* solution (+*gen* to)
❷ *(geh: Bloßlegung)* exposure; *von Fehlern* discovery

auf|donnern *vr (pej fam)* ■**sich** ~ to doll [*or* BRIT *a.* tart] oneself up *pej fam;* ■**aufgedonnert** dolled [*or* BRIT *a.* tarted] up *pej fam;* ■**aufgedonnert sein** to be dolled [*or* BRIT *a.* tarted] up *pej fam*

auf|drängen I. *vt* ■**jdm etw** ~ to force [*or* push] [*or* impose] sth on sb
II. *vr* ■**sich jdm** ~ ❶ *(aufzwingen)* to force [*or* impose] oneself/itself on sb; ***ich will mich nicht*** ~ I don't want to impose [myself]
❷ *(in den Sinn kommen)* ***der Gedanke drängte sich ihm auf*** the thought came to [*or* struck] him, he couldn't help thinking

auf|drehen I. *vt* ■**etw** ~ ❶ *(durch Drehen öffnen)* to turn on sth *sep;* **eine Flasche/ein Ventil** ~ to open a bottle/valve; **einen Schraubverschluss** ~ to unscrew a cap
❷ *(fam: lauter stellen)* to turn up sth *sep;* **voll aufgedreht** turned up full *pred*
❸ DIAL *(aufziehen)* to wind up sth *sep*
❹ *(zu Locken rollen)* to curl sth
II. *vi (fam)* ❶ *(loslegen)* to get going; ■**aufgedreht sein** to be full of go
❷ *(beschleunigen)* **[voll]** ~ to floor [*or* step on] the accelerator

aufdringlich *adj* ❶ *(zudringlich)* obtrusive, importunate *form,* pushy *fam;* **ein ~er Mensch** an insistent person; ■~ **werden** to become obtrusive, to get pushy *fam*
❷ *(zu intensiv)* **ein ~er Geruch** a pungent [*or* powerful] smell
❸ *(schreiend)* loud, powerful; ■~ **sein** to be loud [*or* powerful]

Aufdringlichkeit <-, -en> *f* ❶ *(Zudringlichkeit)* obtrusiveness *no pl,* importunateness *no pl form,* pushiness *no pl,* insistence *no pl*
❷ *(zu intensive Art)* pungency *no pl*
❸ *(grelle Gestaltung)* loudness *no pl*

auf|dröseln *vt (fam)* ■**etw** ~ to unravel sth; **einen Knoten** ~ to undo [*or* untie] a knot

Aufdruck <-drucke> *m* ❶ *(aufgedruckter Hinweis)* imprint, stamp
❷ *(Zusatzstempel auf Briefmarke)* overprint

auf|drucken *vt* ■**etw [auf etw** *akk*] ~ to print sth on sth, to apply sth [to sth] *form*

auf|drücken I. *vt* ❶ *(durch Dagegendrücken öffnen)* ■**etw** ~ to push open sth *sep*
❷ *(durch Knopfdruck öffnen)* ■**etw** ~ to open sth [by pressing a/the button]
❸ *(mit etw darauf drücken)* ■**etw [auf etw** *akk*] ~ to press [down on] [*or* press sth on] sth
❹ ■**jdm einen** ~ *(fam)* to give sb a kiss [*or fam* quick peck]; *(schmatzend)* to give sb a smacker *fam*
II. *vi (die Tür elektrisch öffnen)* to open the door [by pressing a/the button]

aufeinander *adv* ❶ *(räumlich)* on top of each other [*or* one another]; **etw** ~ **häufen** to pile sth on top of one another; ■**etw** ~ **legen** to put [*or* lay] sth on top of each other [*or* one another]; ~ **liegen** to lie on top of each other [*or* one another]; **etw** ~ **schichten** to put sth in layers one on top of the other; **Holz** ~ **schichten** to stack wood [in layers]; **etw** ~ **stellen** to put [*or* place] sth on top of each other [*or* one another]; **sich** *akk* ~ **stellen** to get on top of each other [*or* one another]
❷ *(zeitlich)* after each other, to follow [*or* come after] each other [*or* one another]; **dicht** ~ **folgen** to come thick and fast *a. hum;* ~ **folgend** successive; **eng** ~ **folgend** thick and fast *a. hum*
❸ *(gegeneinander)* ~ **losgehen/losschlagen** to hit away at/charge at each other [*or* one another]; ~ **prallen** *(zusammenstoßen)* to collide, to bump into each other; *Truppen* to clash; **[hart]** ~ **prallen** *Meinungen* to clash; ~ **stoßen** *(in ein Handgemenge geraten)* to clash; ~ **treffen** *(zum Kampf zusammentreffen)* to meet; *(in konträrer Weise geäußert werden)* to come into conflict; **[hart]** ~ **treffen** to clash
❹ *(wechselseitig auf den anderen)* ~ **angewiesen sein** to be dependent on each other [*or* one another]; **sich** ~ **verlassen** to rely on each other [*or* one another]; ~ **zugehen** to approach each other [*or*

one another]
aufeinander|folgen *vi sein s.* **aufeinander 2**
aufeinanderfolgend *adj s.* **aufeinander 2**
aufeinander|häufen *vt s.* **aufeinander 1**
aufeinander|legen *vt s.* **aufeinander 1** **aufeinander|liegen** *vi irreg s.* **aufeinander 1** **aufeinander|prallen** *vi sein s.* **aufeinander 3** **aufeinander|schichten** *vt s.* **aufeinander 1** **aufeinander|stellen** *vt s.* **aufeinander 1** **aufeinander|stoßen** *vi irreg sein s.* **aufeinander 3** **aufeinander|treffen** *vi irreg sein s.* **aufeinander 3**

Aufenthalt <-[e]s, -e> *m* ❶ (*das Verweilen*) stay
❷ (*das Wohnen*) residence
❸ (*Aufenthaltsort*) place of residence, domicile *form*, abode *form*; **ständiger ~** permanent address [*or form* abode]; **in einer Stadt/einem Land [dauernden] ~ nehmen** (*geh*) to take up [permanent] residence in a city/country
❹ BAHN (*Wartezeit*) stop[over]; ***wie lange haben wir in Köln ~?*** how long do we have to wait [for] in Cologne?, how long do we stop [for] in Cologne?

Aufenthalter(in) <-s, -> *m(f)* SCHWEIZ nonpermanent [*or* foreign] resident; JUR resident alien

Aufenthaltsbefugnis *f* JUR residence title for exceptional purposes **Aufenthaltsberechtigung** *f* JUR right of unlimited residence **Aufenthaltsbewilligung** *f* JUR permit for stay, residence title for specific purposes **Aufenthaltsdauer** *f* length [*or* duration] of [one's] stay **Aufenthaltserlaubnis** *f* JUR residence permit; **befristete/unbefristete ~** temporary/permanent residence permit **Aufenthaltserlaubnis-EG** *nt* JUR EU residence permit **Aufenthaltsgenehmigung** *f* JUR residence permit [*or* authorization]; **einen Antrag auf ~ stellen** to apply for a residence permit; **befristete/unbefristete ~** temporary/permanent residence permit **Aufenthaltsgesetz** *nt* JUR residence act **Aufenthaltsgestattung** *f* JUR temporary permission to stay **Aufenthaltsort** *m* whereabouts + *sing/pl vb*; JUR [place of] residence, abode *form*; **ständiger ~** permanent address [*or form* abode] **Aufenthaltsprinzip** *nt* JUR residence principle **Aufenthaltsraum** *m* day room; (*in Firma*) recreation room; (*auf Flughafen*) lounge **Aufenthaltsrecht** *nt kein pl* JUR right of abode [*or* residence]; **uneingeschränktes ~** permanent right of residence; **das ~ erwerben** to acquire residence **Aufenthaltsverbot** *nt* JUR residence ban, exclusion order

auf|erlegen* *vt* (*geh*) ■**jdm etw ~** to impose sth on sb; **jdm eine Strafe ~** to impose [*or* inflict] a punishment on sb; ■**jdm ~, etw zu tun** to enjoin sb to do sth *form or liter*

auf|erstehen* *vi irreg sein* REL to rise from the dead; *Christus* to rise again; ■**der Auferstandene** the risen Christ; ***Christus ist auferstanden!*** Christ is risen!

Auferstehung <-, -en> *f* REL resurrection; **Christi ~** the Resurrection [of Christ]; **~ feiern** (*hum fam*) to enjoy a comeback

Auferstehungsfest *nt* Feast of the Resurrection

auf|essen *irreg* **I.** *vt* ■**etw ~** to eat up sth *sep*
II. *vi* to eat up [everything] *sep*

auf|fädeln *vt* ■**etw ~** to thread [*or* string] together sth *sep*

auf|fahren *irreg* **I.** *vi sein* ❶ (*mit einem Stoß darauf fahren*) ■**auf jdn/etw ~** to run [*or* drive] into sb/sth; **auf eine Sandbank ~** to run [aground] on a sandback
❷ (*näher heranfahren*) ■**[auf jdn/etw] ~** to drive [*or* move] up [to sb/sth]; **zu dicht ~** to drive too close behind [the car ahead], to tailgate; ***mein Hintermann fährt dauernd so dicht auf!*** the car behind me is right on my tail all the time, the car behind me is tailgating
❸ (*hinauffahren*) ■**auf etw** *akk* **~** to drive on[to] sth
❹ (*hochschrecken*) to start [up]; **[aus dem Schlaf] ~** to awake with a start [*or* fright]
❺ (*aufbrausen*) to fly into a rage; ■**auffahrend** irascible; *Mensch a.* quick-tempered
II. *vt haben* ■**etw ~** ❶ (*anfahren*) **Erde/Kies ~** to put down earth/gravel *sep*
❷ MIL (*in Stellung bringen*) to bring up sth *sep*, to bring sth into action
❸ (*sl: herbeischaffen*) to dish [*or* serve] up sth *sep*; ***fahr noch mal Bier auf!*** bring another round in! *fam*
❹ (*ins Felde führen*) to bring on [*or* forward] sth *sep*; *s. a.* **Geschütz**

Auffahrt *f* ❶ (*Autobahn~*) [motorway [*or* AM freeway]] slip [*or* approach] road [*or* AM ramp]
❷ *kein pl* (*das Hinauffahren*) climb, ascent
❸ (*ansteigende Zufahrt*) drive[way]
❹ SCHWEIZ *s.* **Himmelfahrt**

Auffahrunfall *m* collision; (*von mehreren Fahrzeugen*) pile-up

auf|fallen *vi irreg sein* ❶ (*positiv bemerkt werden*) **[jdm/bei jdm] [angenehm/positiv] ~** to make a good/positive impression on sb
❷ (*negativ bemerkt werden*) ■**[als etw] ~** to attract attention [*or fam* stick out] [as sth]; ***nur nicht ~!*** don't go attracting attention!, just keep low! [*or* a low profile]; **[bei jdm] [negativ/unangenehm] ~** to make a negative/bad impression on sb
❸ (*besonders bemerkt werden*) ■**[jdm] ~** to come to sb's attention [*or* notice], to stand out; ***sie fällt durch ihre weißen Haare auf*** her white hair makes her stand out
❹ (*als auffallend bemerkt werden*) ***ist Ihnen etwas Ungewöhnliches aufgefallen?*** did you notice anything unusual?; ***der Fehler fällt nicht besonders auf*** the mistake is not all that noticeable; ***fällt dieser Fleck/dieses Loch an meinem Kleid auf?*** does this stain show on/does this hole show in my dress?; ***was fällt dir an dem Gedicht auf?*** what does this poem tell you?; ■**jdm ~, dass ...** sb has noticed that ...

auffallend **I.** *adj* (*ins Auge fallend*) conspicuous, noticeable; **~e Ähnlichkeit/Schönheit** striking likeness/beauty; ■**~ sein** to be strange [*or* peculiar]; ■**etwas/nichts A~es** something/nothing remarkable; ***das A~[st]e an ihm sind die roten Haare*** the [most] striking thing about him is his red hair
II. *adv* ❶ (*in ~er Weise*) strangely, oddly
❷ ■**stimmt ~!** (*fam*) too true!, how right you are!

auffällig **I.** *adj* conspicuous; **~e Farbe/Kleidung** conspicuous [*or* loud] colour [*or* AM -or]/clothing; **~e Narbe** conspicuous [*or* prominent] scar; ***~er geht's nicht mehr*** he/they etc. couldn't make it more conspicuous [*or* obvious] if he/they etc. tried; **sozial ~** displaying social behavioural problems; ■**an jdm ~ sein** to be noticeable about sb; ***~ an ihm sind seine grauen Haare*** what is noticeable about him is his grey hair; ■**etwas A~es** something conspicuous [*or* remarkable]; ***ihr neuer Hut hatte etwas A~es*** her new hat had something remarkable about it
II. *adv* conspicuously; ***er hielt sich in der Diskussion ~ zurück*** it was conspicuous how little he took part in the discussion

auf|falten **I.** *vt* ■**etw ~** to unfold sth
II. *vr* ■**sich ~** ❶ (*von Fallschirm*) to open
❷ GEOL (*sich verwerfen*) to fold upwards, to upfold *spec*

Auffangbecken *nt* ❶ (*Sammelbecken*) collecting tank
❷ (*Sammlungsbewegung*) focal point

auf|fangen *vt irreg* ❶ (*einfangen*) ■**etw ~** to catch sth
❷ (*mitbekommen*) ■**etw ~** to catch sth
❸ TELEK (*zufällig über Funk mithören*) ■**etw ~** to pick up sth *sep*
❹ (*kompensieren*) ■**etw ~** to offset [*or* counterbalance] sth
❺ (*sammeln*) ■**etw ~** to collect [*or* catch] sth
❻ AUTO (*abfangen*) ■**jdn/etw ~** to cushion sb/sth, to absorb sth
❼ SPORT (*abwehren*) ■**etw ~** to block [*or* intercept] sth

Auffanggesellschaft *f* ÖKON rescue company **Auffangklausel** *f* JUR omnibus clause **Auffanglager** *nt* reception camp [*or* centre [*or* AM -er]] **Auffangraum** *m* (*fig*) gathering place

auf|fassen *vt* ■**etw [als etw** *akk*] **~** to interpret [*or* understand] sth [as sth]; **etw falsch ~** to interpret [*or* understand] sth wrongly, to misinterpret [*or* misunderstand] sth

Auffassung *f* ❶ (*Meinung*) opinion, view; ***ich bin der ~, dass ...*** I think [that]...; **nach jds ~, jds ~ nach** in sb's opinion, to sb's mind; ***nach katholischer ~*** according to the Catholic faith
❷ *kein pl* (*Auffassungsgabe*) perception

Auffassungsgabe *f kein pl* perception, grasp

auffieren *vt* NAUT ■**die Schoten ~** (*lockern*) to loosen the ropes

auffindbar *adj* ■**etw ist [nicht] ~** it is[n't] to [*or* can['t]] be found; **etw ~ machen** to show where sth can be found

auf|finden *vt irreg* ■**jdn/etw ~** to find [*or* discover] sb/sth; ■**etw ist nicht/nirgends aufzufinden** sth cannot be found/sth cannot be found anywhere

auf|fischen *vt* ❶ (*fam*) ■**jdn/etw ~** to fish out sb *sep*, to fish up sth *sep*
❷ (*sl*) ■**jdn ~** to dig up sb *sep fam*

auf|flackern *vi sein* (*geh*) to flare up, to kindle *liter*

auf|flammen *vi sein* ❶ (*flammend aufleuchten*) to flare up; **etw zum A~ bringen** to make sth flare up; **etw wieder zum A~ bringen** to rekindle sth
❷ (*geh: gewaltig losbrechen*) to flare up

auf|fliegen *vi irreg sein* ❶ (*hoch fliegen*) to fly up, to soar [up]; ■**~d** soaring
❷ (*sich jäh öffnen*) to fly open
❸ (*fam: öffentlich bekannt werden*) to be busted *fam*; *Betrug, Machenschaften* to be blown *fam*; ■**jdn/etw ~ lassen** to blow sb/sth *fam*, to shop sb *sl*
❹ (*fam: jäh enden*) to break up; ■**etw ~ lassen** to blow sth *fam*

auf|fordern *vt* ❶ (*ersuchen*) ■**jdn ~, etw zu tun** to ask [*or form* request] sb to do sth; ***wir fordern Sie auf, ...*** you are requested ...
❷ (*von jdm eine bestimmte Aktion fordern*) **jdn zum Bleiben ~** to ask [*or form* call upon] sb to stay; **jdn zum Gehen/Schweigen ~** to ask [*or* tell] sb to go/to be quiet
❸ (*zum Tanz bitten*) ■**jdn ~** to ask sb to dance [*or* for a dance]

auffordernd **I.** *adj* inviting
II. *adv* invitingly

Aufforderung *f* request; (*stärker*) demand; **auf die ausdrückliche ~** at the express request; **gerichtliche ~** summons; **~ zum Tanz** invitation to dance

Aufforderungsschreiben *nt* HANDEL letter of invitation

auf|forsten **I.** *vt* ■**etw [wieder] ~** to [re]afforest sth; ■**das A~** afforestation; ***das A~ von Brachland*** the afforestation of fallow land
II. *vi* to plant trees; ***man ist dabei aufzuforsten*** they are doing some reafforesting

auf|fressen *irreg* **I.** *vt* ❶ (*verschlingen*) ■**jdn/etw ~** to eat up sb/sth *sep*; **die Beute ~** to devour its prey; ***ich fress' dich [deswegen] nicht auf!*** I'm not going to bite your head off [because of it]!
❷ (*fig: erschöpfen*) ■**jdn ~** to exhaust sb
II. *vi* to eat up all its food *sep*

auf|frischen **I.** *vt haben* ❶ (*reaktivieren*) **frühere Beziehungen/Freundschaften ~** to renew [earlier] relationships/friendships; **seine Erinnerungen ~** to refresh one's memories; **seine Kenntnisse ~** to polish up one's knowledge *sep*; **sein Französisch ~** to brush up one's French *sep*
❷ (*erneuern*) ■**einen Anstrich ~** to brighten up a coat of paint *sep*; **sein Make-up ~** to retouch [*or sep* touch up] one's make-up
❸ MED **eine Impfung ~** to boost an inoculation
❹ (*ergänzen*) **Vorräte ~** to replenish stocks
II. *vi sein o haben Wind* to freshen, to pick up; ■**~d** freshening
III. *vi impers sein* ■**es frischt auf** it's getting [*or* becoming] cooler [*or* fresher]

Auffrischungsimpfung *f* booster [inoculation

form] **Auffrischungskurs** *m* refresher course

auf|führen **I.** *vt* ❶ (*spielen*) **Shakespeare/ein Theaterstück** ~ to perform [*or* put on] [*or* stage] Shakespeare/a play; **Wagner/ein Musikwerk** ~ to perform Wagner/a piece of music
❷ (*auflisten*) ■**jdn/etw** ~ to list sb/sth; **etw im Einzelnen** ~ to itemize sth; ***ich will jetzt nicht alles im Einzelnen*** ~ I don't want to go into details; **Beispiele** ~ to cite [*or* give] [*or* quote] examples; **Zeugen** ~ to cite witnesses
II. *vr* (*sich benehmen*) ■**sich** ~ to behave; **sich so ~, als ob ...** to act as if ...; ***führ dich wegen so einer Lappalie nicht gleich so auf!*** don't make a scene about such a petty matter!

Aufführung *f* ❶ (*Darbietung*) performance; **die ~ eines Theaterstücks** the staging [*or* performance] of a play; **die ~ eines Musikstücks** the performance of a piece of music; **jdn/etw zur ~ bringen** (*geh*) to perform sb/sth; **zur ~ kommen** [*o* **gelangen**] (*geh*) to be performed
❷ (*Auflistung*) listing; *von Beispielen* citing, giving, quoting; *von Zeugen* citing; **einzelne ~** itemization; **zur ~ kommen** to be listed etc.

Aufführungsrecht *nt* performing [*or* dramatic] rights *npl* **Aufführungszahlen** *pl* THEAT number of performances

auf|füllen **I.** *vt* ❶ (*vollständig füllen*) ■**etw** [**mit etw**] ~ to fill up sth *sep* [with sth]
❷ (*nachfüllen*) ■**jdm etw** [**mit etw**] ~ to top up sth *sep* [with sth] for sb; **Öl** ~ to top up the oil *sep;* **Benzin** ~ to tank [*or* fill] up
II. *vi* (*nachfüllen*) ■**jdm** ~ to serve sb; ***darf ich Ihnen noch ~?*** (*das Glas* ~) may I top you [*or* your glass] up?

Aufgabe¹ <-, -n> *f* ❶ (*Verpflichtung*) job, task; **jds ~ sein, etw zu tun** to be sb's job [*or* task] [*or* responsibility] to do sth; **sich** *dat* **etw zur ~ machen** to make sth one's job [*or* business]; **sich** *dat* **zur ~ machen, etw zu tun** to make it one's business to do sth
❷ *meist pl* SCH (*Übungs~*) exercise; (*Haus~*) homework *no pl*
❸ (*zu lösendes Problem*) question; **eine schwierige ~ lösen** to solve a difficult problem
❹ (*Zweck*) purpose
❺ (*das Aufgeben von Gepäck*) registering, registration; LUFT checking-in
❻ (*das Abschicken von Briefen, Päckchen*) posting, sending off

Aufgabe² <-> *f kein pl* ❶ (*Verzicht auf weiteren Kampf*) surrender; ~ **des Kampfes** cessation of fighting
❷ SPORT (*freiwilliges Ausscheiden*) withdrawal, retirement; **Sieg durch ~** (*in Boxen*) technical knockout
❸ (*das Aufgeben*) ■**die ~ einer S.** *gen*/**von etw** *dat* giving up sth
❹ (*das Fallenlassen*) dropping; *von Hoffnungen* abandonment
❺ (*Einstellung*) closing down, giving up
❻ (*das Abbrechen*) abandonment, dropping

auf|gabeln *vt* ❶ (*fam: kennen lernen*) ■**jdn** ~ to pick [*or* dig] up sb *sep fam*
❷ (*mit der Forke aufladen*) ■**etw** ~ to fork up sth *sep*

Aufgabenabgrenzung *f* ÖKON delimitation of tasks **Aufgabenbereich** *m,* **Aufgabengebiet** *nt* area of responsibility, purview *form* **Aufgabenbeschreibung** *f* INFORM task description **Aufgabenerfüllung** *f* JUR task fulfilment [*or* -fill-] AM **Aufgabenheft** *nt* SCH homework book **Aufgabenschwerpunkt** *m* main focus of the job **Aufgabenspektrum** *nt* duties *pl,* area of responsibility **Aufgabenstellung** *f* ❶ SCH (*geh*) setting of [one's] homework ❷ (*gestellte Aufgabe*) type of problem **Aufgabenverlagerung** *f* shift of responsibilities **Aufgabenverteilung** *f* allocation of responsibilities [*or* tasks]; SCH allocation of exercises **Aufgabenvollzug** *m* realization of tasks **Aufgabenwahrnehmung** *f* discharge of duties

Aufgang <-gänge> *m* ❶ (*das Erscheinen*) rising; *von Planeten a.* ascent
❷ (*aufwärts führende Treppe*) staircase, stairs *npl;* **zwei Aufgänge** two staircases [*or* sets of stairs]; **im ~** (*fam*) on the stairs [*or* staircase]

auf|geben¹ *vt irreg* ❶ (*zu lösen geben*) ■**jdm etw** ~ to pose sth for sb
❷ SCH (*die Anfertigung von etw anordnen*) ■[**jdm**] **etw** ~ to give [*or* set] [sb] sth
❸ (*zu befördern geben*) **Gepäck** ~ to register luggage; LUFT to check in luggage
❹ (*zur Aufbewahrung geben*) to put in [the] left luggage [*or* AM baggage room]
❺ (*im Postamt abgeben*) ■**etw** ~ to post [*or* AM mail] sth
❻ (*in Auftrag geben*) ■**etw** ~ to place [*or sep* put in] sth
❼ DIAL (*Essen zuteilen*) ■**jdm etw** ~ to serve sb sth; ***kann ich dir noch Kartoffeln ~?*** can serve you [any] more potatoes?

auf|geben² *irreg* **I.** *vt* ❶ (*einstellen*) ■**etw** ~ to give up sth *sep;* **den Widerstand** ~ to give up one's resistance
❷ (*etw sein lassen*) ■**jdn/etw** ~ to give up sb/sth *sep;* **eine Stellung** ~ to resign [*or sep* give up] a post
❸ (*mit etw aufhören*) ■**etw** ~ to give up sth *sep;* **eine Gewohnheit** ~ to break with [*or sep* give up] a habit; **das Rauchen** ~ to give up smoking; **eine Sucht** ~ to come away from an addiction; ***gib's auf!*** (*fam*) why don't you give up?
❹ (*fallen lassen*) ■**etw** ~ to drop sth; **die Hoffnung** ~ to give up [*or* lose] hope; **einen Plan** ~ to drop [*or* throw over] a plan
❺ (*verloren geben*) ■**jdn** ~ to give up with [*or* on] sb, to give up sb *sep* for lost
❻ (*einstellen*) ■**etw** ~ to give up [*or* close down] sth *sep*
❼ (*vorzeitig beenden*) ■**etw** ~ to drop [*or* abandon] sth
II. *vi* (*sich geschlagen geben*) to give up [*or* in]; MIL to surrender

aufgebläht **I.** *pp von* **aufblähen**
II. *adj* ❶ (*aufgetrieben*) *Bauch* distended
❷ (*weitschweifig*) *Rede* overblown
❸ (*wichtigtuerisch*) *Person* self-important

aufgeblasen **I.** *pp von* **aufblasen**
II. *adj inv* (*mit Luft gefüllt*) blown-up; (*pej: eingebildet*) self-important; **~e Pute** stuck-up cow [*or* AM chick]

Aufgebot *nt* ❶ (*aufgebotene Menschenmenge*) crowd; *von Polizei, Truppen* contingent *form*
❷ (*Heiratsankündigung*) notice of [an] intended marriage; **das ~ bestellen** to give notice of one's intended marriage
❸ JUR *für Patent* public invitation [to advance claims]; *für Wertpapiere* cancellation

Aufgebotstermin *m* JUR deadline fixed by public summons **Aufgebotsverfahren** *nt* JUR *für Patent* public announcement procedure; *für Wertpapiere* cancellation proceedings *pl*

aufgebracht **I.** *adj* outraged, infuriated, incensed; ■[**über jdn/über etw/wegen etw**] ~ **sein** to be outraged [*or* infuriated] [*or* incensed] [with sb/with sth/over sth]; ***über was bist du denn so ~?*** what are you so outraged [*or* infuriated] [*or* incensed] about?
II. *adv* in outrage

aufgedunsen *adj* bloated, swollen; **~es Gesicht** puffy face; ■~ **sein** to be bloated [*or* swollen]; *Gesicht* to be puffy

Aufgedunsenheit <-> *f kein pl* bloatedness; *von Gesicht* puffiness

auf|gehen *vi irreg sein* ❶ (*langsam sichtbar werden*) to rise; *Planeten a.* to ascend
❷ (*sich öffnen*) to open; THEAT (*von Vorhang*) to rise, to go up
❸ (*sich öffnen*) *Knoten, Reißverschluss etc.* to come undone
❹ (*sich verwirklichen*) to work [out], to come off; ***all seine Pläne sind aufgegangen*** all his plans [have] worked out
❺ (*klar werden*) ■**jdm** ~ to dawn on [*or* become apparent to] sb
❻ MATH to work [*or* come] out; ***die Division geht*** [***ganz/glatt***] ***auf*** the division works [*or* comes] out even; *s. a.* **Rechnung**
❼ (*seine Erfüllung finden*) ■**in etw** *dat* ~ to be taken [*or* wrapped] up in sth; ***sie geht ganz in ihrer Familie auf*** her family is her whole world
❽ (*aufkeimen*) to sprout, to come up
❾ KOCHK (*sich heben*) to rise, to prove

aufgehend *adj* **~e Wand** BAU above-ground wall

aufgehoben *adj* [**bei jdm**] **gut/schlecht ~ sein** to be/to not be in good keeping [*or* hands] [with sb]; [**bei jdm**] **besser/bestens ~ sein** to be in better/the best keeping [*or* hands] [with sb]; ***dort weiß ich die Kinder gut ~*** I know the children are in good care [*or* hands] there

auf|geilen **I.** *vt* (*sl*) ■**jdn** ~ to work up sb *sep fam*
II. *vr* (*sl*) ■**sich** [**an jdm/etw**] ~ to get off [on sb/sth] *sl*

aufgeklärt *adj* ❶ PHILOS enlightened; ■~ **sein** to be enlightened
❷ (*sexualkundlich*) ■~ **sein** to know the facts of life; ***die heutige Jugend ist sehr ~*** young people nowadays are well-acquainted with the facts of life; *s. a.* **aufklären**

aufgekratzt *adj* (*fam*) full of beans *fam;* **sehr ~** over the moon *fam*

aufgelaufen **I.** *pp von* **auflaufen**
II. *adj inv* accrued; **~e Schulden** accrued [*or* accumulated] debts

Aufgeld <-[e]s, -er> *nt* ❶ BÖRSE (*Agio*) premium
❷ ÖKON (*Zuschlag*) surcharge

aufgelegt *adj* ❶ (*in bestimmter Laune*) **gut/schlecht ~ sein** to be in a good/bad mood; ■[**dazu**] **~ sein, etw zu tun** to feel like doing sth; **zum Feiern ~ sein** to be in a mood for [*or* feel like] celebrating
❷ *attr* DIAL barefaced *pej*

aufgelöst *adj* ❶ (*außer sich*) ■[**vor etw** *dat*] ~ **sein** to be beside oneself [with sth]
❷ (*erschöpft*) exhausted, shattered *fam*

aufgepeppt **I.** *pp von* **aufpeppen**
II. *adj inv* (*fam*) jazzed up

aufgerauht *adj s.* **aufrauen**

aufgeräumt *adj* (*geh*) cheerful, blithe *dated*

aufgeraut[RR] **I.** *pp von* **aufrauen**
II. *adj inv* roughened

aufgeregt **I.** *adj* (*erregt*) excited; (*durcheinander*) flustered; ■~ [**über etw** *akk*] **sein** to be excited [*or* flustered] [about sth]; ~ [**vor Freude**] **sein** to be thrilled [with joy]
II. *adv* excitedly; **ganz/ziemlich ~** in complete/quite some excitement

Aufgeregtheit <-> *f kein pl* excitement; **in großer ~** in great excitement; (*durcheinander*) in a very flustered state

aufgeschlossen *adj* open-minded; ■**für/gegenüber etw ~ sein** to be open-minded about/as regards sth; ***neuen Ideen gegenüber bin ich jederzeit ~*** I am always open [*or* receptive] to new ideas; **etw** *dat* **~ gegenüberstehen** to be open-minded about [*or* as regards] sth

Aufgeschlossenheit <-> *f kein pl* open-mindedness

aufgeschmissen *adj* (*fam*) ■~ **sein** to be in a fix *fam*

aufgesetzt *adj* ❶ (*angezogen*) put on; **mit ~ Maske** with a mask on
❷ (*falsch*) false *pej;* ■~ **sein** to be false; **ein ~ Lächeln** a false [*or pej* plastic] smile
❸ (*aufgenäht*) **~e Tasche** patch pocket

aufgesprungen *adj* **~e Lippen** chapped lips

aufgeständert *adj* **~er Boden** BAU raised floor

aufgeweckt *adj* bright, sharp, quick-[witted]; ■~ **sein** to be bright [*or* sharp]

Aufgewecktheit <-> *f kein pl* quick-wittedness, intelligence

aufgeworfen **I.** *pp von* **aufwerfen**
II. *adj inv Frage* arising; *Lippen* pursed

auf|gießen *vt irreg* ❶ (*nachfüllen*) ■[**jdm**] **etw** ~

to pour in sth *sep* [for sb]; ***darf ich Ihnen noch Wein ~?*** may I top up your wine?
❷ (*darauf gießen*) **Kaffee/Tee** ~ to make coffee/tea, to brew tea; **Wasser** ~ to add [*or sep* pour on] water

auf|gliedern I. *vt* ■**etw [in etw** *akk***]** ~ to subdivide [*or sep* split up] sth [into sth]; **etw in [einzelne] Kategorien** ~ to categorize sth; **etw in Unterpunkte** ~ to itemize sth
II. *vr* ■**sich** *akk* **in etw** *akk* ~ to subdivide [*or* break down] into sth

Aufgliederung *f* breakdown, division

auf|glimmen *vi irreg sein* (*geh*) ❶ (*erglimmen*) to light up; **kurz** ~ to flicker up
❷ (*fig: schwach aufflackern*) to glimmer

auf|glühen *vi sein o haben* to start [*or* begin] to glow

auf|graben *vt irreg* ■**etw** ~ to dig up sth *sep*

auf|greifen *vt irreg* ❶ (*festnehmen*) ■**jdn** ~ to pick up sb *sep*
❷ (*weiterverfolgen*) ■**etw** ~ to take up sth *sep;* **einen Punkt** ~ to take up a point; **ein Gespräch** ~ to continue a conversation

aufgrund *präp,* **auf Grund**[RR] + *gen* ■~ **einer S.** *gen* owing to [*or* because of] sth; ~ ***der Aussagen der Zeugen*** on the basis [*or* strength] of the witnesses' testimonies

Aufguss[RR] <-es, Aufgüsse> *m,* **Aufguß** <-sses, Aufgüsse> *m* ❶ PHARM [herbal] brew, infusion *spec*
❷ (*in der Sauna*) *a preparation of herbs suspended in water for vaporization on hot stones in a sauna*

Aufgussbeutel[RR] *m* tea bag; (*Kaffee*) sachet

Aufgusstierchen[RR] <-s, -> *nt meist pl* BIOL protozoan, protozoon

auf|haben *irreg* I. *vt* (*fam*) ■**etw** ~ ❶ (*geöffnet haben*) to leave open sth *sep*
❷ (*an sich tragen*) to wear [*or sep* have on] sth
❸ (*aufgeknöpft haben*) to have sth open; **einen Knopf** ~ to have a button undone
❹ SCH (*aufbekommen haben*) to have sth [to do]
❺ DIAL (*aufgegessen haben*) to have finished [eating/drinking] [*or* have eaten/drunk up] sth *sep*
II. *vi* (*fam*) to be open

auf|hacken *vt* ■**etw** ~ ❶ (*durch Hacken aufbrechen*) to break up sth *sep*
❷ (*mit Schnabelhieben öffnen*) to peck [*or* break] open sth *sep;* **die Erde** ~ to peck away at the soil

auf|halsen *vt* (*fam*) ■**jdm etw** ~ to saddle [*or* land] sb with sth; ■**sich** *dat* **etw** ~ to saddle oneself with sth

auf|halten *irreg* I. *vt* ❶ (*abhalten*) ■**jdn [bei etw]** ~ to keep sb back [*or* away] [from sth]
❷ (*am Weiterkommen hindern*) ■**jdn** ~ to hold up sb *sep*
❸ (*zum Halten bringen*) ■**etw** ~ to stop sth; **einen Angriff** ~ to hold an assault in check; **den Vormarsch** ~ to arrest [*or* check] an advance
❹ (*abwehren*) **einen Schlag** ~ to parry a blow
❺ (*fam: offen hinhalten*) ■**etw** ~ to hold open sth *sep;* **die Hand** ~ to hold out one's hand *sep*
II. *vr* ❶ (*weilen*) ■**sich** ~ to stay
❷ (*verweilen*) ■**sich bei etw** ~ to dwell on [*or* linger over] sth
❸ (*sich weiterhin befassen*) ■**sich mit jdm/etw** ~ to spend time [dealing] with sb/sth; ***mit denen halte ich mich nicht länger auf*** I'll not waste any more [of my] time with them

auf|hängen I. *vt* ❶ (*daran hängen*) ■**etw [an/auf etw** *dat***]** ~ to hang up sth *sep* [on sth]; **etw an der Garderobe** ~ to hang up sth *sep* in the cloakroom; **ein Bild** ~ to hang [up] a picture; **die Wäsche** ~ to hang out the washing [*or* AM laundry] [to dry]
❷ (*durch Erhängen töten*) ■**jdn [an etw** *dat***]** ~ to hang sb [from sth]
❸ (*entwickeln*) **etw an einer Frage/Theorie** ~ to use a question/theory as a peg for sth
❹ (*etw Lästiges zuschieben*) ■**jdm etwas** ~ to lumber [*or* AM saddle] sb with sth
II. *vr* ❶ (*sich durch Erhängen töten*) ■**sich** *akk* **[an etw** *dat***]** ~ to hang oneself [from sth]
❷ (*hum fam: den Mantel an den Haken hängen*) ■**sich** ~ to hang up one's coat *sep*
❸ INFORM (*sich sperren*) to hang, to stop

Aufhänger <-s, -> *m* ❶ (*Schlaufe zum Aufhängen*) loop, tab
❷ (*fam: Anknüpfungspunkt*) peg [to hang sth on]

Aufhängung <-, -en> *f* AUTO suspension

auf|hauen I. *vt haben reg o irreg* (*fam*) ■**etw** ~ to break open sth *sep;* **etw mit einer Axt** ~ to chop open sth *sep* with an axe
II. *vi sein* (*fam*) **mit dem Kopf auf etw** *akk o dat* ~ to bash [*or* bump] one's head on [*or* against] sth

auf|häufen I. *vt* ■**etw** ~ to pile up [*or* accumulate] sth; ■**aufgehäuft** accumulated
II. *vr* ■**sich** ~ to pile up, to accumulate

aufhebbar *adj* JUR annullable; ~**es Urteil** voidable judg[e]ment

Aufhebbarkeit *f kein pl* JUR defeasibility

auf|heben *irreg* I. *vt* ❶ (*vom Boden nehmen*) ■**etw [von etw]** ~ to pick up sth *sep* [off sth]
❷ (*aufrichten*) ■**jdn/etw** ~ to help sb [to] get up, to lift up sth *sep*
❸ (*aufbewahren*) ■**[jdm] etw** ~ to put aside sth *sep* for sb, to keep [back *sep*] sth for sb; (*nicht wegwerfen*) to keep sth [for sb]; *s. a.* **aufgehoben**
❹ (*widerrufen*) ■**etw** ~ to abolish [*or* do away with] sth; **ein Embargo** ~ to lift [*or* remove] an embargo; **einen Erlass** ~ to annul [*or form* rescind] a decree; **ein Gesetz** ~ to abolish [*or form* abrogate] a law; **ein Urteil** ~ to quash [*or* reverse] [*or form* rescind] a judgement; **eine Verfügung** ~ to cancel [*or form* rescind] an order
❺ (*beenden*) ■**etw** ~ to raise [*or* lift] sth
❻ PHYS (*außer Kraft setzen*) ■**aufgehoben sein/werden** to be/become neutralized, to be/become cancelled out
II. *vr* (*sich ausgleichen*) ■**sich** ~ to offset each other; MATH to cancel [each other] out

Aufheben <-s> *nt kein pl* **[nicht] viel ~[s] [von etw] machen** to [not] make a lot of [*or* kick up a] fuss [about [*or* over] sth] *fam;* **viel ~[s] von jdm machen** to make a lot of fuss about sb; **ohne [jedes/großes]** ~ without any/much fuss

Aufhebung <-, -en> *f* ❶ (*das Aufheben*) abolition; *von Embargo* lifting, raising; *von Erlass* annulment; *von Immunität* lifting, withdrawing [the privileges of]; *von Urteil* reversal; *von Verfügung* cancellation
❷ (*Beendigung*) lifting, raising
❸ PHYS neutralization

Aufhebungsantrag *m* JUR motion in arrest of judgment **Aufhebungsbegehren** *nt* JUR petition for anulment [of marriage] **Aufhebungsklage** *f* JUR rescissory action **Aufhebungsklausel** *f* JUR overriding clause **Aufhebungsrecht** *nt* JUR right of rescission **Aufhebungsvertrag** *m* JUR agreement to terminate a contract

auf|heitern I. *vt* ■**jdn** ~ to cheer up sb *sep*
II. *vr* ■**sich** ~ ❶ (*sonniger werden*) to clear, to brighten up
❷ (*geh: einen heiteren Ausdruck annehmen*) to light up

Aufheiterung <-, -en> *f* ❶ (*das Aufheitern*) cheering up
❷ (*Nachlassen der Bewölkung*) bright period, improvement; **zunehmende** ~ gradual improvement, bright periods of increasing length

auf|heizen I. *vt* ❶ (*allmählich erhitzen*) ■**etw** ~ to heat [up *sep*] sth
❷ (*geh: emotional aufladen*) ■**jdn** ~ to inflame sb; **die Atmosphäre** ~ to charge the atmosphere; **die Stimmung** ~ to stir up feelings *sep;* ■**aufgeheizt** charged
II. *vr* ■**sich** ~ ❶ (*sich allmählich erhitzen*) to heat up
❷ (*geh: sich emotional aufladen*) to become charged, to intensify

auf|helfen *vi irreg* ■**jdm [von etw]** ~ to help up sb *sep* [*or* sb to get up] [off sth]

auf|hellen I. *vt* ■**etw** ~ ❶ (*blonder, heller machen*) to lighten sth
❷ (*klarer machen*) to throw [*or* shed] light upon sth
II. *vr* ■**sich** ~ ❶ (*sonniger werden*) to brighten [up]
❷ (*geh: heiterer werden*) to light up

Aufheller <-s, -> *m* (*für Wäsche*) optical brightener; (*für Haare*) lightener

Aufhellung <-, -en> *f* ❶ (*Blondierung*) lightening
❷ (*Erhellung*) clarification, illumination
❸ (*das Aufhellen*) brightening; ***es kam zu zeitweisen ~en*** the weather brightened up from time to time

auf|hetzen *vt* (*pej*) ■**jdn [gegen jdn/etw]** ~ to incite [*or sep* stir up] sb['s animosity] [against sb/sth], to set sb against sb/sth; ■**jdn zu etw** ~ to incite [*or sep* stir up] sb to [do] sth; ■**jdn dazu ~, etw zu tun** to incite [*or sep* stir up] sb to do sth

auf|heulen *vi* ❶ (*abrupt heulen*) ■**[vor etw** *dat***]** ~ to howl [out] [with sth], to give a howl [of sth]; ***er heulte auf vor Wut*** he gave a howl of anger
❷ (*laut zu weinen beginnen*) to [start to] wail [*or* howl]
❸ (*zum Heulen steigern*) *Motor* to [give a] roar; *Sirene* to [start to] wail

Aufholbedarf *m* need to catch up

auf|holen I. *vt* (*wettmachen*) ■**etw** ~ to make up sth *sep;* **versäumten Lernstoff** ~ to catch up on missed learning; ***der Bus holte die Verspätung auf*** the bus made up [for lost] time
II. *vi* to catch up; *Läufer, Rennfahrer* to make up ground; *Zug* to make up time

Aufholfusion *f* ÖKON catch-up merger

Aufholprozess[RR] *m* ÖKON backlog process

auf|horchen *vi* to prick up one's ears, to sit up [and take notice]

auf|hören *vi* ❶ (*etw nicht mehr weiter tun*) ■**[mit etw]** ~ to stop [*or* leave off] [sth]; ***hör endlich auf!*** [will you] stop it! [*or* leave off!]; **mit dem Lamentieren** ~ to stop complaining; **plötzlich** ~ to stop dead; ■~, **etw zu tun** to stop [*or* leave off] doing sth; ***hör auf zu jammern!*** stop whining!
❷ (*ein Ende nehmen*) to stop, to [come to an] end; ***es hört auf zu regnen*** the rain is stopping [*or* coming to an end]
❸ (*nicht weiterführen*) to stop, to [come to an] end; ***der Weg hört hier auf*** the track stops here
❹ (*nicht fortgesetzt werden*) to stop, to [come to an] end
❺ (*Stellung aufgeben*) ■**[bei jdm/etw]** ~ to leave [sb/sth]; ***sie hat bei uns aufgehört*** she has left [us]
► WENDUNGEN: **da hört sich doch alles auf!** (*fam*) that's the [absolute] limit!

Aufkantung <-, -en> *f* BAU upstand, upturn

Aufkauf *m* ■**der ~ [einer S.** *gen***/von etw** *dat***]** buying up sth *sep;* (*zur Verteuerung*) cornering sth

auf|kaufen *vt* ■**etw** ~ to buy up sth *sep;* (*zur Verteuerung*) to corner sth

Aufkäufer(in) *m(f)* buyer[-up]; (*zur Verteuerung*) cornerer, coemptor *spec*

Aufkaufspflicht *f* JUR obligation to buy

Aufkaufspreise *pl* ÖKON purchasing prices; **Aufkaufs- und Verkaufspreise** purchasing and selling prices

auf|keimen *vi sein* ❶ (*sprießen*) to germinate, to sprout
❷ (*geh: sich zaghaft zeigen*) ■**[in jdm]** ~ to bud [*or liter* burgeon] [in sb]; *Zweifel* to [begin to] take root; ■**~d** budding, burgeoning *liter;* ~**er Zweifel** growing [*or liter* nascent] doubt

auf|klaffen *vi sein o haben* to yawn; *Wunde* to gape; ■**~d** yawning; ~**er Abgrund** yawning abyss

aufklappbar *adj* hinged; ~**es Verdeck** fold[-]down top; **Auto mit ~em Verdeck** convertible; ■**~ sein** to be hinged [*or* on hinges]; **nach hinten/nach vorne/zur Seite ~ sein** to be hinged at the back/at the front/on the side; **nach außen/innen ~ sein** to hinge outwards/inwards

auf|klappen I. *vt haben* ■**etw** ~ ❶ (*durch Auseinanderlegen öffnen*) to open [up *sep*] sth; **einen Liegestuhl** ~ to unfold a deckchair; **ein Messer** ~ to unclasp [*or* open] a knife; **ein Verdeck** ~ to fold back a top *sep;* ■**aufgeklappt** open; **ein Cabrio mit aufgeklapptem Verdeck** a convertible with the top folded back; ■**das Aufklappen [einer S.**

gen/von etw *dat*] opening [up] sth
② (*hochschlagen*) to turn up sth *sep;* ▪**aufgeklappt** turned-up; **mit aufgeklapptem Kragen** with one's collar turned up
II. *vi sein* (*sich durch Auseinanderfallen öffnen*) to open [up]; *Verdeck* to fold back

auf|klaren METEO **I.** *vi impers* ▪**es klart auf** it's clearing [*or* brightening] [up]
II. *vi* (*sonniger werden*) to brighten [up]; *Wetter a.* to clear [up]; *Himmel a.* to clear

auf|klären I. *vt* ① (*erklären*) ▪**etw** ~ to clarify sth; **einen Irrtum/ein Missverständnis** ~ to resolve [*or sep* clear up] an error/a misunderstanding; **ein rätselhaftes Ereignis** ~ to throw [*or* shed] light on [*or* to clarify] a puzzling occurrence; ▪**es lässt sich** ~ it can be clarified/resolved etc.; ***lässt sich der Irrtum nicht ~?*** can't this error be put right?
② (*aufdecken*) ▪**etw** ~ to solve sth; **ein Verbrechen** ~ to clear up a crime
③ (*informieren*) ▪**jdn** [**über etw** *akk*] ~ to inform [*or* tell] sb [about sth], to inform sb [of sth]; ▪**aufgeklärt sein** to be informed
④ (*sexuell informieren*) **Kinder** ~ to explain the facts of life to children, to tell children the facts of life; (*in Sexualkunde*) to give children sex education; ▪**aufgeklärt sein** to know about the facts of life
⑤ MIL (*auskundschaften*) ▪**etw** ~ to reconnoitre sth; *s. a.* **aufgeklärt**
II. *vr* ▪**sich** ~ ① (*sich aufdecken*) *Geheimnis, Irrtum etc.* to resolve itself, to be cleared up
② (*geh: sich aufhellen*) to light up, to brighten [up]
③ (*sonniger werden*) to clear, to brighten [up]

Aufklärer <-s, -> *m* ① MIL reconnaissance plane
② PHILOS philosopher of the Enlightenment

aufklärerisch *adj inv* ① PHILOS Enlightenment
② (*freigeistig*) progressive
③ (*belehrend*) informative, educational

Aufklärung *f* ① (*Erklärung*) clarification; *von Irrtum, Missverständnis* resolution, clearing up
② (*Aufdeckung*) solution (+*gen*/**von** +*dat* to); *von Verbrechen* clearing up
③ (*Information*) ▪[**die**] ~ **über etw** *akk* [the] information about [*or* on] sth
④ (*sexuelle Information*) **die ~ von Kindern** explaining the facts of life to children; [**sexuelle**] ~ sex education
⑤ MIL (*Spionageabteilung*) reconnaissance
⑥ PHILOS ▪**die** ~ the Enlightenment

Aufklärungsarbeit *f kein pl* educational work **Aufklärungsbedarf** *m* need for information **aufklärungsbedürftig** *adj Fall, Sachverhalt, Angelegenheit* needing further explanation *pred* **Aufklärungsbuch** *nt* sex education book **Aufklärungsdienst** *f* information service **Aufklärungsfilm** *m* sex education film **Aufklärungsflugzeug** *nt s.* **Aufklärer 1 Aufklärungskampagne** *f* information campaign **Aufklärungspflicht** *f kein pl* [**richterliche**] ~ JUR duty of judicial enquiry; ADMIN obligation to provide information; [**ärztliche**] ~ MED *surgeon's/doctor's duty to inform a patient of the possible risks involved with an intended operation, course of treatment, etc.* **Aufklärungsquote** *f* detection rate (**von** +*dat* for) **Aufklärungsrüge** *f* JUR plea that the court failed to give clarifying directions **Aufklärungssatellit** *m* MIL spy satellite

auf|klatschen *vt* (*sl: verprügeln*) ▪**jdn** ~ to beat sb up *fam*

aufklebbar *adj* self-adhesive

auf|kleben *vt* ▪**etw** [**auf etw** *akk*] ~ to stick on sth *sep,* to stick sth on sth; (*mit Kleister*) to paste on sth *sep,* to paste sth on sth; (*mit Leim*) to glue [sth] on sth *sep;* **eine Briefmarke** ~ to put on *sep* [*or form* affix] a stamp

Aufkleber *m* sticker; (*für Briefumschläge, Pakete usw.*) adhesive label

auf|knacken *vt* ▪**etw** ~ ① (*fam: aufbrechen*) to break into sth; **einen Tresor** ~ to break into [*or fam* crack] a safe
② (*knacken*) to crack [open *sep*] sth; **eine Nuss** ~ to crack [open] a nut

aufknöpfbar *adj inv* attachable by buttons

auf|knöpfen *vt* ① (*durch Knöpfen öffnen*) ▪[**jdm/sich**] **etw** ~ to unbutton [sb's/one's] sth; **einen Knopf** ~ to undo a button; ▪**aufgeknöpft** unbuttoned; **mit aufgeknöpfter Hose** with one's trousers unbuttoned [*or* fly open [*or* undone]]; **sich** *dat* **die Knöpfe** ~ to undo one's buttons, to unbutton oneself *hum*
② (*durch Knöpfen befestigen*) ▪**etw** [**auf etw** *akk*] ~ to button sth to sth, to button on sth *sep*

auf|knoten *vt* ▪**etw** ~ to untie [*or* undo] sth; ▪**das A~** [**einer S.** *gen*/**von etw** *dat*] untying [*or* undoing] sth

auf|knüpfen I. *vt* ① (*erhängen*) ▪**jdn** [**an etw** *dat*] ~ to hang sb [from sth], to string up sb *sep* [on sth] *fam*
② *s.* **aufknoten**
II. *vr* (*sich erhängen*) ▪**sich** *akk* [**an etw** *dat*] ~ to hang oneself [from sth]

auf|kochen I. *vt haben* (*zum Kochen bringen*) ▪**etw** ~ to heat [*or* warm] up sth *sep;* (*bei Kochrezepten*) to bring sth to the [*or* AM a] boil
II. *vi sein* (*zu kochen beginnen*) to come to the [*or* AM a] boil; ▪**etw** ~ **lassen** to bring sth to the boil; ▪**das A~** [**einer S.** *gen*/**von etw** *dat*] bringing [sth] to the boil; ***nach kurzem A~ …*** after bringing to a quick boil …

auf|kommen *vi irreg sein* ① (*finanziell begleichen*) ▪**für etw** ~ to pay for sth, to bear [*or* pay] the costs of sth; **für die Kosten** ~ to bear [*or* pay] [*or form* defray] the costs of sth; **für den Schaden** ~ to pay for [*or* make good] the damage
② (*Unterhalt leisten*) ▪**für jdn/etw** ~ to pay for sth, to pay for sb's upkeep [*or* maintenance]
③ (*entstehen: von Nebel*) to come down; *Regen* to set in; *Wind* to rise, to get [*or* pick] up; **~der Nebel** settling mist; **bei ~dem Regen** as the rain sets/set in; **bei ~dem Wind** as the wind picks/picked up
④ (*entstehen*) to arise, to spring up; **~de Befürchtungen/Gerüchte** fresh fears/rumours [*or* AM -ors]; ▪**etw** ~ **lassen** to give rise to sth
⑤ (*aufsetzen*) ▪[**auf etw** *dat*] ~ to land [on sth]; **hart/weich** ~ to have a hard/soft landing; ▪**beim A~** when [*or* on] landing
⑥ NAUT (*herankommen*) to come [*or* haul] up; ▪**etw** ~ **lassen** to let sth come [*or* haul] up
► WENDUNGEN: **jdn/etw nicht** ~ **lassen** to not give sb/sth a chance; **gegen jdn/etw nicht** ~ to be no match for sb/sth; ***gegen ihn kommst du ja nicht auf!*** you haven't a [cat in hell's *fam*] chance against him

Aufkommen <-s, -> *nt* ① *kein pl* (*Entstehung*) emergence; *einer Methode* advent, emergence; *einer Mode a.* rise
② (*das Auftreten*) appearance; *von Wind* rising
③ FIN (*Einnahme*) amount; ~ **an Einkommensteuer** income-tax revenue

Aufkommensanalyse *f* ÖKON yield analysis

Aufkommensvolumen *nt* ÖKON yield volume

auf|kratzen *vt* ① (*durch Kratzen öffnen*) ▪[**sich** *dat*] **etw** ~ to scratch open sth *sep;* [**sich** *dat*] **die Haut** ~ to scratch one's skin sore
② (*sich durch Kratzen verletzen*) ▪**sich** ~ to scratch oneself sore

auf|kreischen *vi* ▪[**vor etw** *dat*] ~ to scream [out] [*or* shriek] [with sth], to give a scream [*or* shriek] [of sth]; ▪**~d** screaming, shrieking

auf|krempeln *vt* ▪**etw** ~ to roll up sth *sep;* ▪**sich** *dat* **etw** ~ to roll up one's sth *sep;* **sich die Ärmel** ~ to roll up one's sleeves

auf|kreuzen *vi sein* (*fam*) ▪[**bei jdm**] ~ to turn [*or* show] up [at sb's] *fam*

auf|kriegen *vt* (*fam*) *s.* **aufbekommen**

auf|künden *vt* (*geh*), **auf|kündigen** *vt* ① (*kündigen*) [**jdm**] **das Dienstverhältnis** ~ to give notice [to sb]; [**jdm**] **einen Vertrag** ~ to revoke [*or* terminate] a [*or* sb's] contract, to give sb notice of termination of their contract *form*
② (*das Ende von etw ankündigen*) **jdm die Freundschaft** ~ to break off *sep* [*or form* terminate] one's friendship with sb; **jdm den Gehorsam** ~ to refuse obedience to sb

Aufkündigung *f* (*geh*) ① (*Kündigung*) termination, revocation
② (*das Aufkündigen*) termination; ~ **des Gehorsams** refusal to obey

Aufl. *f Abk von* **Auflage** ed., edition

auf|lachen *vi* to [give a] laugh; **verächtlich** ~ to give a derisive laugh

aufladbar *adj* TECH loadable

auf|laden *irreg* **I.** *vt* ① (*darauf laden*) ▪**etw** [**auf etw** *akk*] ~ to load sth [on[to] sth]; **etw auf einen Wagen** ~ to load sth on[to] [*or* aboard] a vehicle
② (*auf den Rücken packen*) ▪**jdm/einem Tier etw** ~ to load down sb/an animal *sep* with sth
③ (*aufbürden*) ▪**jdm etw** ~ to burden [*or* saddle] sb with sth; ▪**sich** *dat* **etw** ~ to load oneself down [*or* burden oneself] with sth
④ ELEK ▪**etw** ~ to charge sth; **eine Batterie** [**wieder**] ~ to [re]charge a battery
⑤ (*Atmosphäre: aufheizen*) ▪**etw** ~ to charge sth; ▪**aufgeladen** charged
II. *vr* ELEK ▪**sich** ~ to become charged, to take on a charge

Aufladung <-, -en> *f* ① (*das Aufladen*) charging
② ELEK, PHYS (*Ladung*) charge; **statische** ~ static electricity

Auflage <-, -n> *f* ① (*gedruckte Exemplare*) edition; **verbesserte** ~ revised edition
② (*Auflagenhöhe*) number of copies; *von Zeitung* circulation; ***das Buch/die Zeitung hat hohe ~n erreicht*** a large number of copies [of this book] has been sold/this paper has attained a large circulation
③ ÖKON (*Produktion*) [series] production
④ (*Bedingung*) condition; **harte ~n** stringent conditions; **die** ~ **haben, etw zu tun** to be obliged to do sth; **jdm ~n/eine** ~ **machen** to issue instructions/an order to sb; **jdm etw zur** ~ **machen** to impose sth on sb as a condition; **jdm zur** ~ **machen, etw zu tun** to make it a condition for sb to do sth, to impose a condition on sb that he/she etc. [should] do sth; **mit der ~, etw zu tun** on condition that he/she etc. [should] do sth
⑤ (*aufzulegendes Polster*) pad, padding *no pl*
⑥ (*Überzug*) plating *no pl,* coating; **eine** ~ **aus Blattgold/Kupfer** copper/gold plating

Auflagenbeständigkeit *f* TYPO length-of run capacity, print run stability **Auflagendruck** *m* TYPO print [*or* production] run **Auflagengewinner** *m* circulation winner **Auflage(n)höhe** *f* (*von Buch*) number of copies published; *von Zeitung* circulation; ***das Buch/die Zeitung hatte eine ~ von 90.000 Exemplaren*** the book sold 90,000 copies/the paper had a circulation of 90,000 **auflagenschwach** *adj* low-circulation *attr,* with a low circulation; ▪~ **sein** to have a low circulation **auflagenstark** *adj* high-circulation *attr,* with a high circulation; ▪~ **sein** to have a high circulation **Auflagenvorbehalt** *m* JUR reservation as to provisions

Auflager *nt* BAU support

auf|lassen *vt irreg* ① (*fam: offen lassen*) ▪**etw** ~ to leave open sth *sep*
② (*fam: aufbehalten*) ▪**etw** ~ to leave [*or* keep] on sth *sep;* ***soll ich meinen Hut ~?*** should I keep my hat on?
③ (*fam: aufbleiben lassen*) ▪**jdn** ~ to let sb stay up [longer]
④ (*in die Höhe steigen lassen*) ▪**etw** ~ to let sth up
⑤ JUR (*übertragen*) ▪**etw** ~ to transfer [*or* convey] [*or form* assure] sth
⑥ (*stilllegen*) ▪**etw** ~ to close [*or* shut] down sth *sep;* ▪**aufgelassen** closed down; **ein aufgelassenes Bergwerk** an abandoned mine
⑦ SÜDD, ÖSTERR (*schließen*) ▪**etw** ~ to close [*or* shut] down sth *sep;* **das Geschäft** ~ to shut up shop

Auflassung <-, -en> *f* ① JUR (*Übertragung*) transfer[ance], conveyance
② BERGB (*Stilllegung*) shutting down
③ SÜDD, ÖSTERR (*Schließung*) shutting [*or* closing] down

Auflassungsanspruch *m* JUR entitlement to a

conveyance of land **Auflassungseintragung** *m* JUR entry of conveyance **Auflassungserklärung** *f* JUR conveyance **Auflassungspflicht** *f* JUR conveyance duty **Auflassungsurkunde** *f* JUR deed of conveyance **Auflassungsvollmacht** *f* JUR conveyance power **Auflassungsvormerkung** *f* JUR priority notice of conveyance

auf|lauern *vi* ■**jdm** ~ to lie in wait for sb; (*anschließend angreifen, ansprechen*) to waylay sb

Auflauf¹ *m* KOCHK *savoury or sweet dish baked in the oven*

Auflauf² *m* (*Menschen~*) crowd

auf|laufen *vi irreg sein* ① (*sich ansammeln*) to accumulate; *Zinsen* to accrue; *Schulden* to mount up; ■**~d** accumulating; *Zinsen* accruing; ■**aufgelaufen** accumulated; **aufgelaufene Zinsen** interest accrued
② (*auf Grund laufen*) ■**[auf etw** *akk o dat*] ~ to run aground [on sth]
③ (*aufprallen*) ■**auf jdn/etw** ~ to run into sb/sth; (*aus entgegengesetzten Richtungen a.*) to collide with sb/sth
④ (*ansteigen*) to rise; ■**~d** rising; **~des Wasser** flood [*or* rising] tide
⑤ (*scheitern*) ■**[mit etw]** ~ to fail [*or fam* fall flat] [with sth]; ■**jdn/etw ~ lassen** (*fam*) to drop sb/sth in it

Auflaufform *f* ovenproof dish

auf|leben *vi sein* ① (*munter werden*) to liven up
② (*neuen Lebensmut bekommen*) to find a new lease of [*or* AM on] life
③ (*geh: sich erneut bemerkbar machen*) to revive
④ FIN (*erneut in Kraft treten*) to be[come] reinstated

auf|lecken *vt* ■**etw** ~ to lick up sth *sep*

auf|legen I. *vt* ① (*herausgeben*) ■**etw** ~ to publish [*or* print] [*or sep* bring out] sth; **ein Buch neu** [*o* **wieder**] ~ to reprint [*or* republish] a book; (*neue Bearbeitung*) to bring out a new edition [of a book]
② ÖKON (*produzieren*) ■**etw** ~ to launch sth
③ FIN (*emittieren*) ■**etw** ~ to float [*or* issue] sth
④ (*auf den Tisch legen*) **Gedeck** ~ to lay cutlery; **eine Tischdecke** ~ to put on *sep* [*or* spread] a tablecloth
⑤ **den Hörer** ~ to hang up, to replace the receiver
⑥ (*nachlegen*) **Holz/Kohle** ~ to put on more wood/coal *sep*
⑦ NAUT ■**etw** ~ to lay up sth *sep*, to put sth out of commission
II. *vi* (*Telefonhörer ~*) to hang up, BRIT *a.* to ring off

auf|lehnen *vr* ■**sich [gegen jdn/etw]** ~ to revolt [*or* rebel] [against sb/sth]

Auflehnung <-, -en> *f* rebellion, revolt

auf|lesen *vt irreg* (*fam*) ① (*aufheben*) ■**etw [von etw]** ~ to pick up sth *sep* [off sth]; **Obst** ~ to pick up *sep* [*or* gather] fruit
② (*finden und mitnehmen*) **jdn [von der Straße]** ~ to pick sb up [off the street]
③ (*aufschnappen*) ■**etw** ~ to pick up sth *sep*

auf|leuchten *vi sein o haben* to light up

auf|liegen *irreg* I. *vi* ① (*auf etw liegen*) ■**[auf etw** *dat*] ~ to lie [on sth]
② (*erschienen sein*) to be published
II. *vr* (*sich etw wund liegen*) ■**sich** *dat* **etw** ~ to get bedsores [on one's sth]; ■**aufgelegen** [covered] with bedsores *pred*

auf|listen *vt* ■**[jdm] etw** ~ to list sth [for sb]

Auflistung <-, -en> *f* ① *kein pl* (*das Auflisten*) listing
② (*Liste*) list

auf|lockern I. *vt* ① (*abwechslungsreicher machen*) ■**etw [durch etw]** ~ to liven up sth *sep* [with sth], to make sth more interesting [with sth]
② (*zwangloser machen*) ■**etw** ~ to ease sth; **in aufgelockerter Stimmung** in a relaxed mood
③ (*weniger streng machen*) ■**etw** ~ to soften sth, to make sth less severe
④ (*von Verspannungen befreien*) ■**etw** ~ to loosen up sth *sep*; (*vor Leibesübungen*) to limber up sth *sep*
⑤ (*lockern*) ■**etw** ~ to loosen [up *sep*] sth, to mellow sth; ■**aufgelockert** loosened, mellow[ed]
⑥ (*locker machen*) **die Erde** ~ to break up the earth [*or* soil]
II. *vr* ■**sich** ~ ① SPORT (*sich von Verspannungen befreien*) to loosen up; (*vor Leibesübungen*) to limber up
② (*sich zerstreuen*) to break up, to disperse; **aufgelockerte Bewölkung** thinning cloudcover

Auflockerung *f* ① (*abwechslungsreichere Gestaltung*) **zur ~ des Unterrichtsstoffes** [in order] to liven up the lesson [*or* to make the lesson more interesting]
② (*zwanglosere Gestaltung*) ***seine Witze trugen zur ~ der gespannten Atmosphäre bei*** his jokes helped to ease the tense atmosphere
③ (*weniger strenge Gestaltung*) **zur ~ eines Musters dienen** to serve to make a pattern less severe [*or* to soften a pattern]
④ (*Beseitigung von Verspannungen*) loosening up; (*vor Leibesübungen*) limbering up
⑤ (*Zerstreuung*) breaking up, dispersal
⑥ (*das Auflockern*) loosening [up]

auf|lodern *vi sein* ① (*plötzlich hoch schlagen*) to flare [*or* blaze] up; **[hoch] ~de Flammen** raging flames
② (*geh: ausbrechen*) to flare up; *Kämpfe a.* to break out

auflösbar *adj* JUR terminable; **~er Vertrag** terminable contract

auf|lösen I. *vt* ① (*in Flüssigkeit lösen*) ■**etw [in etw** *akk o dat*] ~ to dissolve sth [in sth]
② (*aufklären*) ■**etw** ~ to clear up *sep* [*or* resolve] sth
③ (*aufheben*) ■**etw** ~ to disband sth; **Parlament** ~ to dissolve parliament; **einen Vertrag** ~ to terminate a contract; ■**aufgelöst** disbanded; **aufgelöstes Parlament** dissolved parliament
④ (*zerstreuen*) ■**etw** ~ to disperse [*or sep* break up] sth
⑤ FIN **ein Konto** ~ to close an account; ■**aufgelöst** closed
⑥ (*ausräumen*) ■**etw** ~ to clear sth; **einen Haushalt** ~ to break up a household *sep*
⑦ FOTO ■**etw** ~ to resolve sth
⑧ MATH **Gleichungen** ~ to [re]solve equations; **Klammern** ~ to eliminate brackets
⑨ MUS ■**Vorzeichen** ~ to cancel sharps/flats
⑩ (*geh: lösen*) **das Haar** ~ to let down one's hair *sep*; **einen Haarknoten** ~ to undo a bun; **mit aufgelösten Haaren** with one's hair loose [*or* down]
II. *vr* ① (*in Flüssigkeit zergehen*) ■**sich** ~ to dissolve
② (*sich zersetzen*) ■**sich** ~ to disintegrate
③ (*sich klären*) ■**sich** ~ to resolve itself, to be resolved; ***die Probleme haben sich [in nichts/in Luft] aufgelöst*** the problems have disappeared [into thin air]
④ (*die weitere Existenz beenden*) ■**sich** ~ to disband
⑤ (*sich zerstreuen*) ■**sich [in etw** *akk*] ~ to break up *sep* [*or* disperse] [into sth]; *Nebel a.* to lift
⑥ (*verschwinden*) **sich** *akk* **[in nichts/Luft]** ~ to disappear [into thin air]; *s. a.* **aufgelöst**

Auflösung *f* ① (*Beendigung des Bestehens*) disbanding; *vom Parlament* dissolution
② (*Zerstreuung*) dispersal, breaking up
③ (*Klärung*) clearing up, resolving
④ FIN closing
⑤ (*Bildqualität*) resolution; **ein Bildschirm mit hoher ~** a high-resolution screen; (*Computer*) a high-resolution monitor
⑥ (*das Auflösen*) clearing; *von Haushalt* breaking up
⑦ (*das Zergehen*) dissolving; **die ~ des Zuckers im Kaffee** dissolving sugar in coffee
⑧ (*geh: Verstörtheit*) distraction

Auflösungsantrag *m* JUR winding-up petition **Auflösungsbeschluss**[RR] *m* JUR winding-up order, resolution to liquidate a business **Auflösungsgründe** *pl* JUR statutory grounds for dissolution **Auflösungsklage** *f* JUR action for dissolution **Auflösungsverbot** *nt* JUR dissolution ban **Auflösungsverfügung** *f* JUR winding-up order **Auflösungsvertrag** *m* JUR dissolution contract **Auflösungszeichen** *nt* MUS natural [sign]

auf|machen I. *vt* ① (*fam: öffnen*) ■**etw** ~ to open sth
② (*fam: lösen*) ■**[jdm] etw** ~ to undo [sb's] sth; ■**[sich** *dat*] **etw** ~ to undo one's sth; **Schnürsenkel/Schuhe** ~ to undo [*or* untie] laces/shoes
③ (*gründen*) ■**etw** ~ to open [up *sep*] sth
④ (*gestalten*) ■**etw** ~ to make [*or* get] up sth *sep*
⑤ (*darstellen*) ■**etw** ~ to feature sth; **etw mysteriös** ~ to feature sth as a mystery; **etw groß** ~ to give sth a big spread
⑥ MED (*sl: operieren*) ■**jdn** ~ to open up sb *sep fam*, to cut open sb *sep fam*
II. *vi* ① (*die Tür öffnen*) ■**[jdm]** ~ to open the door [for sb]
② (*ein Geschäft (er)öffnen*) to open up
III. *vr* ① (*sich anschicken*) ■**sich [dazu] ~, etw zu tun** to get ready to do sth
② (*aufbrechen*) ■**sich [zu etw]** ~ to set [*or* start] out [on sth]; **sich nach Ottobrunn/in die Kneipe** ~ to set out for Ottobrunn/for the pub

Aufmacher *m* MEDIA front-page story, lead [article]

Aufmachung <-, -en> *f* ① (*Kleidung*) turn-out; **in großer ~ erscheinen** to turn up [*or* out] in full dress
② (*Gestaltung von Buch*) presentation
③ (*Gestaltung von Seite, Zeitschrift*) layout; ***der Artikel erschien in großer ~*** the article was given a big spread

auf|malen *vt* ■**etw [auf etw** *akk*] ~ to paint sth [on sth]; (*kritzeln*) to scrawl sth [on sth]

Aufmarsch *m* ① (*das Aufmarschieren*) marching up; (*Parade*) march-past
② MIL (*Beziehen der Stellungen*) deployment

auf|marschieren* *vi sein* ① (*heranmarschieren und sich aufstellen*) to march up
② MIL (*in Stellung gehen*) to be deployed; ■**jdn/etw ~ lassen** to deploy sb/sth; **jdn/etw in Gefechtsformation ~ lassen** to assemble sb/sth in fighting formation; **jdn ~ lassen** (*fig sl*) to drum up sb *sep*, to have sb march up *hum*

Aufmaß *nt* BAU final measurements *pl*

aufmeißeln *vt* MED ■**[jdm] etw** ~ to trephine [sb's] sth

auf|merken *vi* ① (*aufhorchen*) to sit up [and take notice]
② (*geh: Acht geben*) ■**[auf etw** *akk*] ~ to pay attention [to sth], to pay heed to sth; ***merk jetzt gut auf!*** pay close attention now!

aufmerksam I. *adj* ① (*alles genau bemerkend*) attentive; **~e Augen** keen [*or* sharp] eyes; ■**[auf jdn/etw] ~ sein/werden** to take notice [of sb/sth]; **jdn auf etw** *akk* **~ machen** to draw [*or* direct] sb's attention to sth, to point sth out to sb; **jdn darauf ~ machen, dass ...** to draw [*or* direct] sb's attention to the fact that ..., to point out to sb that ...; ***auf diese Situation sind wir nicht ~ gemacht worden*** we were not told of this situation
② (*zuvorkommend*) attentive; [***das ist***] ***sehr ~*** [***von Ihnen***]! [that's] most kind [of you]
II. *adv* attentively; (*beobachtend*) observantly; ***seht mal ~ zu!*** watch carefully, pay attention and watch

Aufmerksamkeit <-, -en> *f* ① *kein pl* (*aufmerksames Verhalten*) attention, attentiveness; ***es ist meiner ~ entgangen*** it escaped my attention
② *kein pl* (*Zuvorkommenheit*) attentiveness
③ (*Geschenk*) token [gift]; [***nur***] ***eine kleine ~ von mir!*** just a little something from me

auf|mischen *vt* (*sl*) ① (*neu mischen*) ■**Farben** ~ to remix paints
② (*verprügeln*) ■**jdn** ~ to lay into sb *sl*

auf|mixen *vt* **eine Soße** ~ *to mix cold butter into a sauce to bind*

auf|möbeln *vt* (*fam*) ① (*restaurieren*) ■**etw** ~ to do up sth *sep fam*
② (*aufmuntern*) ■**jdn** ~ to cheer [*or fam* buck] up sb *sep*

auf|montieren* *vt* ① ■**etw [auf etw** *akk*] ~ to mount [*or* install] sth [on sth], to fit sth on[to] sth, to

fit [on *sep*] sth
❷ KOCHK *s.* **montieren**

auf|motzen *vt* (*fam*) ▪**etw** ~ to doll [*or* BRIT *a.* tart] up sth *sep fam;* **ein aufgemotztes Auto** a souped-up car *fam*

auf|mucken *vi* (*fam*) ▪**[gegen jdn/etw]** ~ to kick [out] against sb/sth, to kick out; **~de Schüler** disruptive pupils

auf|mucksen *vi* (*fam*) ▪**gegen etw** ~ to protest against sth

auf|muntern *vt* ▪**jdn** ~ ❶ (*aufheitern*) to cheer up sb *sep*
❷ (*beleben*) to liven [*or* pick] up sb *sep*
❸ (*jdm Mut machen*) to encourage sb; **jdn zum Kampf** ~ to encourage sb to fight

aufmunternd I. *adj* encouraging
II. *adv* encouragingly; ~ **gemeint sein** to be meant as [*or* to be] an encouragement

Aufmunterung <-, -en> *f* ❶ (*Aufheiterung*) cheering up; **als** ~ **gemeint sein** to be meant to cheer up
❷ (*Ermutigung*) encouragement; **als** ~ as an encouragement
❸ (*Belebung*) livening up; **zur** ~ to liven up sb *sep;* **jdm zur** ~ **dienen** to serve to liven up sb *sep*

aufmüpfig *adj* (*fam*) ▪~ **sein/werden** to be rebellious [*or* unruly] [*or* contrary]

auf|nähen *vt* ▪**[jdm] etw [auf etw** *akk*] ~ to sew sth on[to] [sb's] sth, to sew on sth *sep;* ▪**aufgenäht** sewn-on

Aufnahme¹ <-, -n> *f* ❶ (*das Fotografieren*) ▪**die** ~ photographing; **die** ~ **von Bildern** taking of pictures [*or* photographs]
❷ (*das Filmen*) ▪**die** ~ **[einer S.** *gen*/**von etw** *dat*] filming [*or* shooting] [sth]; ***Achtung,*** **~*!*** action!
❸ (*Fotografie*) photo[graph], picture *fam;* **~n machen** to take photo[graph]s [*or* pictures]; **von jdm/etw eine** ~ **machen** to take a photo[graph] [*or* picture] of sb/sth *fam,* to take sb's photo[graph] [*or* picture] *fam*
❹ (*Tonband~*) [tape-]recording; **von jdm/etw eine** ~ **machen** to record sb/sth [on tape], to make a recording of sth on tape

Aufnahme² <-, -n> *f* ❶ (*Beginn*) start, commencement *form; von Tätigkeit a.* taking up; *von Beziehung, Verbindung a.* establishment
❷ (*Unterbringung*) ▪**die/eine** ~ **in etw** *akk* the admission [into] sth; **bei jdm** ~ **finden** to find accommodation at sb's house; **bei jdm freundliche** ~ **finden** to meet with a warm reception from sb
❸ *kein pl* (*Absorption*) absorption
❹ (*Verleihung der Mitgliedschaft*) ▪**die** ~ admission
❺ (*Auflistung*) inclusion (**in** +*akk* in)
❻ (*Aufzeichnung*) taking down; *von Telegramm* taking; **die** ~ **eines Unfalls** taking down the details of an accident
❼ FIN (*Inanspruchnahme*) taking up, raising
❽ (*Reaktion*) reception; ▪**die** ~ **einer S.** *gen* **bei jdm** sb's reception of sth
❾ (*Aufnahmeraum in Klinik*) reception area, reception *no art*
❿ (*aufgenommener Patient*) admission
⓫ *kein pl* (*geh: Verzehr*) ingestion *form*

Aufnahmeantrag *m* application for membership, membership application **Aufnahmebedingung** *f* entry [*or* admittance] requirement **aufnahmefähig** *adj* ▪**[für etw]** ~ **sein** to be able to grasp [*or sep* take in] sth; **~er Markt** ÖKON ready market **Aufnahmefähigkeit** *f* ÖKON *des Marktes* absorption capacity **Aufnahmegebühr** *f* membership fee, dues *npl* **Aufnahmelager** *nt* POL, SOZIOL refugee camp **Aufnahmeland** *nt* host country **Aufnahmeprüfung** *f* entrance examination **Aufnahmequalität** *f* TECH recording quality **Aufnahmestudio** *nt* recording studio **Aufnahmetechnik** *f* MUS, ELEK sound recording technology **Aufnahmewagen** *m* RADIO, TV recording van

Aufnahmsprüfung *f* ÖSTERR (*Aufnahmeprüfung*) entrance examination

auf|nehmen¹ *vt irreg* ▪**jdn/etw** ~ ❶ (*fotografieren*) to photograph [*or* take a photo[graph] of] sb/sth, to take sb's photo[graph] [*or* picture]; ***diese Kamera nimmt alles sehr scharf auf*** this camera takes very sharply focused photographs [*or* pictures]
❷ (*filmen*) to film [*or fam* shoot] sb/sth
❸ (*aufzeichnen*) to record sb/sth [on tape], to make a recording of sth [on tape]

auf|nehmen² *vt irreg* ❶ (*unterbringen*) ▪**jdn [bei sich]** ~ to accommodate sb [at one's house], to take in sb *sep*
❷ (*in einer Schule unterbringen*) ▪**jdn** ~ to admit [*or sep* take on] sb
❸ (*beitreten lassen*) ▪**jdn [in etw** *akk*] ~ to admit sb [to sth], to receive sb into sth
❹ (*geistig registrieren*) ▪**etw [in sich]** ~ to grasp [*or sep* take in] sth; ***diese Schüler nehmen alles schnell auf*** these pupils are quick on the uptake
❺ (*auflisten*) ▪**etw [in etw** *akk*] ~ to include sth [in sth]
❻ (*beginnen*) ▪**etw** ~ to begin [*or form* commence [with]] sth; **eine Beziehung** ~ to establish a relationship; **Kontakt mit jdm** ~ to establish [*or* make] [*or* get in] contact with sb, to contact sb; **das Studium/eine Tätigkeit** ~ to take up studies/an activity *sep*
❼ (*absorbieren*) ▪**etw** ~ to absorb sth
❽ (*auf etw reagieren*) ▪**etw** ~ to receive sth
❾ (*niederschreiben*) ▪**etw** ~ to take down sth *sep;* **ein Telegramm** ~ to take a telegram
❿ (*aufgreifen*) ▪**etw** ~ to take up sth *sep*
⓫ (*fassen*) ▪**etw** ~ to contain [*or* hold] sth
⓬ (*aufheben*) ▪**etw [von etw]** ~ to pick up sth *sep* [off sth]
⓭ NORDD (*aufwischen*) ▪**etw [mit etw]** ~ to wipe up sth *sep* [with sth]
⓮ FIN (*in Anspruch nehmen*) ▪**etw [auf etw** *akk*] ~ to raise sth [on sth]; **eine Hypothek auf ein Haus** ~ to raise a mortgage on [*or* to mortgage] a house
⓯ (*auf die Nadel nehmen*) ▪**etw** ~ to take [*or* pick] up sth *sep*
► WENDUNGEN: **es mit jdm/etw** ~ **[können]** to be a match for sb/sth; **es mit jdm/etw nicht** ~ **können** to be no match for sb/sth

aufnehmend *adj* ÖKON **eine ~e Gesellschaft** an absorbing company

Aufnehmer <-s, -> *m* NORDD (*Wischlappen*) cloth

äufnen *vt* SCHWEIZ (*ansammeln*) ▪**etw** ~ to accumulate sth

auf|nötigen *vt* ❶ (*zu nehmen drängen*) ▪**jdm etw** ~ to force [*or* press] sth on sb
❷ (*zu akzeptieren nötigen*) ▪**jdm etw** ~ to force [*or* impose] sth on sb

auf|opfern *vr* ▪**sich [für jdn/etw]** ~ to sacrifice oneself [for sb/sth]

aufopfernd *adj s.* **aufopferungsvoll**

Aufopferung *f* sacrifice; **jdn mit** ~ **pflegen** to nurse sb with devotion

Aufopferungsanspruch *m* JUR denial damage, disturbance claim **aufopferungsgleich** *adj* JUR set-off; **~er Anspruch** set-off claim **aufopferungsvoll I.** *adj* (*hingebungsvoll*) devoted; **~e Arbeit** work with devotion **II.** *adv* with devotion; **jdn** ~ **pflegen** to nurse sb with devotion

auf|packen *vt* ❶ (*aufladen*) ▪**jdm/einem Tier etw** ~ to load sth on[to] sb/an animal, to load sb/an animal with sth; ▪**sich** *dat* **etw** ~ to load oneself with sth
❷ (*fam: aufbürden*) ▪**jdm etw** ~ to burden [*or* saddle] sb with sth

auf|päppeln *vt* (*fam*) ▪**jdn/ein Tier** ~ to feed up sb/an animal *sep;* (*wieder gesund machen*) to nurse sb/an animal back to health

auf|passen *vi* ❶ (*aufmerksam sein*) to pay attention; **genau** ~ to pay close attention; ***kannst du nicht ~, was man dir sagt?*** can't you listen to what is being said to you?; ▪**~, dass ...** to take care that ...; ▪**pass auf!**, ▪**aufgepasst!** (*sei aufmerksam*) [be] careful!; (*Vorsicht*) watch [*or* BRIT *a.* mind] out!
❷ (*beaufsichtigen*) ▪**[auf jdn/etw]** ~ to keep an eye on sb/sth; (*bei Prüfung*) to invigilate [*or* AM proctor] [sb/sth]; **auf die Kinder** ~ to mind [*or* look after] the children

Aufpasser(in) <-s, -> *m(f)* (*pej: Aufseher*) watchdog *fam,* minder *fam;* (*bei Prüfung*) invigilator BRIT, proctor AM; (*Spitzel*) spy; (*Wächter*) guard, screw *pej sl*

auf|peitschen *vt* ❶ (*aufhetzen*) ▪**jdn** ~ to inflame [*or sep* work up] sb; (*stärker*) to whip up sb *sep* into a frenzy; **jdn zu neuen Übergriffen** ~ to inflame [*or sep* work up] sb into new attacks
❷ (*entflammen*) ▪**etw** ~ to inflame [*or* fire] sth
❸ (*aufbranden lassen*) ▪**etw** ~ to whip up sth *sep;* **das aufgepeitschte Meer** the wind-lashed sea

auf|peppen *vt* (*sl*) ▪**etw** ~ to jazz up sth *sep fam*

auf|pflanzen I. *vt* ❶ MIL **Bajonette** ~ to fix bayonets; ▪**aufgepflanzt** fixed
❷ (*aufstellen*) ▪**etw** ~ to plant sth
II. *vr* (*fam: sich hinstellen*) ▪**sich [vor jdm/etw]** ~ to plant oneself in front of sb/sth

auf|pfropfen *vt* ▪**etw [auf etw** *akk*] ~ to graft sth on[to] sth, to graft on sth *sep*

auf|picken *vt* ▪**etw** ~ ❶ (*pickend fressen*) to peck up sth *sep*
❷ (*pickend öffnen*) to peck open sth *sep*

auf|platzen *vi sein* to burst open; *Wunde* to open up, to rupture; ▪**aufgeplatzt** burst

auf|plustern I. *vt* (*aufrichten*) ▪**etw** ~ to ruffle [up] sth *sep;* **eine aufgeplusterte Henne** a hen with its feathers ruffled [up]
II. *vr* ▪**sich** ~ ❶ (*das Gefieder aufrichten*) to ruffle [up *sep*] its feathers
❷ (*pej fam: sich wichtig machen*) to puff oneself up

auf|polieren* *vt* ▪**etw** ~ (*fam*) to polish up sth *sep*

auf|prägen *vt* ▪**etw [auf etw** *akk*] ~ to emboss [*or* stamp] sth with sth; **seinen Namen auf einen Füller** ~ to emboss [*or* stamp] a pen with one's name; ▪**aufgeprägt** embossed; ▪**das A~ einer S.** *gen*/**von etw** *dat* stamping sth

Aufprall <-[e]s, -e> *m* impact; **bei einem** ~ **auf etw** *akk* [up]on impact with sth

auf|prallen *vi sein* ▪**[auf etw** *akk o dat*] ~ to hit [*or* strike] sth, to collide with sth; *Mensch, Fahrzeug a.* to run into sth; **frontal [auf etw** *akk o dat*] ~ to collide head-on [with sth]; **seitlich auf etw** *akk o dat* ~ AUTO to hit sth from the side, to have a lateral impact with sth *form;* ▪**das A~** impact

Aufpreis *m* extra [*or* additional] charge; **gegen** ~ for an extra [*or* additional] charge, at extra charge

auf|probieren* *vt* ▪**etw** ~ to try [on *sep*] sth; **einen Hut/eine Brille** ~ to try on *sep* a hat/a pair of spectacles

auf|pumpen *vt* ▪**etw** ~ ❶ (*durch Pumpen aufblasen*) to pump up *sep* [*or* inflate] sth; ▪**aufgepumpt** inflated
❷ (*die Reifen von etw mit Luft füllen*) to pump up [*or* inflate] the tyres [*or* AM tires] of sth; **beim A~** when pumping up [*or* inflating] tyres

auf|putschen I. *vt* ❶ (*aufwiegeln*) ▪**jdn/etw [gegen jdn/etw]** ~ to stir up *sep* [*or* rouse] sb/sth [against sb/sth]; **öffentliche Meinung** ~ to whip [*or* stir] up public opinion *sep*
❷ (*jds Leistungsfähigkeit steigern*) ▪**jdn** ~ to stimulate sb; ▪**~d** stimulating; **~de Substanzen** stimulants
II. *vr* (*seine Leistungsfähigkeit steigern*) ▪**sich [mit etw]** ~ to pep oneself up [with sth] *fam*

Aufputschmittel *nt* stimulant, upper *sl*

auf|putzen *vt* DIAL *s.* **aufwischen**

auf|quellen *vi irreg sein* to swell [up]; ▪**aufgequollen** swollen; **aufgequollenes Gesicht** puffy [*or* bloated] face

auf|raffen I. *vr* ❶ (*sich mühselig erheben*) ▪**sich** *akk* **[von etw** *dat*] ~ to pull [*or* pick] oneself up [off sth]
❷ (*sich mühselig entschließen*) ▪**sich** *akk* **zu etw** *dat* ~, ▪**sich** *akk* **dazu** ~, **etw zu tun** to bring [*or* rouse] oneself to do sth; ***ich muss mich*** ~ I must pull myself together
II. *vt* ▪**etw** ~ ❶ (*schnell aufheben*) to snatch up sth *sep*
❷ (*raffen*) to gather up sth *sep;* **mit aufgerafftem Rock** with her frock gathered up

auf|ragen *vi sein o haben* ■[**über etw** *dat*] ~ to rise above sth; (*sehr hoch*) to tower [up] over sth, to tower up; *Turm* soaring; *Baum* towering

auf|rappeln *vr* (*fam*) ■**sich** ~ ❶ (*wieder zu Kräften kommen*) to recover, to get over it
❷ *s.* **aufraffen I**

Aufrastern <-s> *nt kein pl* TYPO screening

auf|rauenRR, **auf|rauhen** *vt* ■**etw** ~ ❶ (*von Haut: rau machen*) to roughen sth, to make sth rough
❷ (*von Textilien: rau machen*) to nap sth

Aufräumarbeiten *pl* clearing-up [*or* clean-up] operations

auf|räumen I. *vt* (*Ordnung machen*) ■**etw** ~ to tidy [*or* clear] up sth *sep;* **einen Schrank** ~ to clear [*or* tidy] out a cupboard *sep;* **einen Schreibtisch** ~ to clear [up] a desk *sep;* **Spielsachen** ~ to clear [*or* tidy] away toys *sep;* ■**aufgeräumt sein** to be [neat and] tidy
II. *vi* ❶ (*Ordnung machen*) to tidy [*or* clear] up
❷ (*pej: dezimieren*) **unter der Bevölkerung** [**gründlich**] ~ *Seuche* to decimate [*or* wreak havoc among] the population; *Mordkommando* to slaughter the population; **unter Pennern** ~ to clear out [*or* away] down-and-outs *sep pej*
❸ (*etw beseitigen*) ■**mit etw** ~ to do away with sth

Aufräumungsarbeiten *pl* clear[ing]-up operations

aufrechenbar *adj* JUR, FIN subject to set-off, offsetable

auf|rechnen *vt* ■**jdm etw** [**gegen etw**] ~ to offset sth against [sb's] sth

Aufrechnung <-> *f* JUR, FIN set-off BRIT, offset AM

Aufrechnungsanspruch *m* JUR, FIN set-off claim **Aufrechnungseinrede** *f* JUR, FIN defence of set-off **Aufrechnungseinwand** *f* JUR defence of set-off **Aufrechnungserklärung** *f* JUR notice of set-off **Aufrechnungsverbot** *nt* JUR, FIN contractual exclusion of set-off

aufrecht I. *adj* upright, erect
II. *adv* upright, erect; ~ **sitzen** to sit up[right]; **etw** ~ **hinstellen** to place sth upright [*or* in an upright position]

aufrecht|erhalten* *vt irreg* ❶ (*daran festhalten*) ■**etw** ~ to maintain sth; **die Anklage** ~ to uphold [*or* abide by] the charge; **seine Behauptung** ~ to stick to one's view; **seine Entscheidung** ~ to abide by one's decision
❷ (*bestehen lassen*) ■**etw** ~ to keep up sth *sep*
❸ (*moralisch stützen*) ■**jdn** ~ to keep sb going, to sustain sb

Aufrechterhaltung *f* ❶ (*das Aufrechterhalten*) maintenance; *von Anklage* upholding; *von Behauptung* sticking (+*gen* to); *von Entscheidung* abiding (+*gen* by)
❷ (*das weitere Bestehenlassen*) continuation

Aufrechterhaltungsgebühr *f* FIN *für ein Patent* renewal fee [for the application]

auf|regen I. *vt* ■**jdn** ~ (*erregen*) to excite sb; (*verärgern*) to annoy [*or* irritate] sb; (*nervös machen*) to make sb nervous; (*bestürzen*) to upset sb; ***reg mich nicht auf!*** stop getting on my nerves!; ***das kann einen schon ~!*** that can really drive you mad *fam;* ***das regt mich auf!*** that really annoys me [*or fam* gets on my wig] !
II. *vr* (*sich erregen*) ■**sich** [**über jdn/etw**] ~ to get worked up *fam* [*or* excited] [about sb/sth]; ***reg dich nicht so auf!*** don't get [yourself] so worked up!; *s. a.* **aufgeregt**

aufregend *adj* exciting; ■**etwas A~es** something exciting; ■**wie** ~**!** (*fam*) how exciting! *a. iron,* bully for him/them/you etc.! *iron*

Aufregung *f* ❶ (*aufgeregte Erwartung*) excitement *no pl*
❷ (*Beunruhigung*) agitation *no pl;* ***nur keine ~!*** don't get flustered, don't get [yourself] worked up *fam;* ***wozu die*** [***ganze***] ***~?*** what's the big deal? *fam;* **in heller** ~ in utter confusion; **in helle** ~ **geraten** to work oneself into a panic; **jdn/etw in** ~ **versetzen** to get sb/sth into a state *fam*

auf|reiben *irreg* **I.** *vt* ❶ (*zermürben*) ■**jdn** ~ to wear down [*or* out] sb *sep;* **jdn nervlich** ~ to fray sb's nerves
❷ (*wund reiben*) ■[**jdm**] **etw** ~ to chafe sb's sth, to rub sb's sth sore
❸ MIL (*völlig vernichten*) ■**etw** ~ to annihilate [*or sep* wipe out] sth
II. *vr* ❶ (*sich zermürben*) ■**sich** ~ to wear oneself out; **sich** [**für die Arbeit**] ~ to work oneself into the ground
❷ (*sich aufscheuern*) ■**sich** *dat* **etw** [**an etw** *dat*] ~ to chafe one's sth [*or* rub one's sth sore] [against sth]; **sich die Hände/Haut** ~ to rub one's hands/skin sore

aufreibend *adj* wearing, trying

auf|reihen I. *vt* ■**etw** [**auf etw** *akk*] ~ to string sth [on sth]; **Edelsteine auf eine Schnur** ~ to string precious stones on a thread
II. *vr* ■**sich** ~ to line up, to get in lines [*or* a line]; **aufgereiht stehen** to stand in rows [*or* a row]

auf|reißen *irreg* **I.** *vt haben* ❶ (*durch Reißen öffnen*) ■**etw** ~ to tear [*or* rip] open sth *sep*
❷ (*aufbrechen*) ■**etw** ~ to tear [*or* rip] up sth *sep*
❸ (*ruckartig öffnen*) ■**etw** ~ to fling [*or* throw] open sth *sep;* **die Augen/den Mund** ~ to open one's eyes/mouth wide
❹ (*aufritzen*) ■**etw** ~ to tear [*or* rip] sth; ■[**sich** *dat*] **etw** [**an etw** *dat*] ~ to tear [*or* rip] one's sth [on sth]; **die Haut leicht** ~ to graze one's skin
❺ (*sl: aufgabeln*) ■**jdn** ~ to pick up sb *sep fam*
II. *vi sein* (*von Hose: aufplatzen*) to rip, to tear (**an** +*dat* at); *Naht* to split, to burst; *Wolkendecke* to break up; *Wunde* to tear open

auf|reizen *vt* ❶ (*erregen*) ■**jdn** ~ to excite sb; (*stärker*) to inflame sb; ■**sich durch etw** ~ **lassen** to get worked up about sth *fam*
❷ (*provozieren*) ■**jdn** [**zu etw**] ~ to provoke sb [into doing sth]; **jdn zum Kampf** ~ to provoke sb into fighting

aufreizend I. *adj* ❶ (*erregend*) exciting
❷ (*sexuell provokant*) provocative; *Unterwäsche a.* sexy *fam*
II. *adv* (*sexuell provokant*) provocatively; **sich** ~ **wiegen** to sway in a sexy rhythm *fam*

Aufrichte <-, -n> *f* SCHWEIZ (*Richtfest*) topping-out ceremony

auf|richten I. *vt* ❶ (*in aufrechte Lage bringen*) ■**etw** ~ to put [*or* set] sth upright; ■**jdn** ~ to help up sb *sep,* to help sb to her/his feet; **einen Patienten** ~ to sit up a patient
❷ (*aufstellen*) ■**etw** ~ to erect [*or sep* put up] sth; **die Flagge** ~ to raise [*or sep* run up] a flag
❸ (*geh: Mut machen*) ■**jdn** [**wieder**] ~ to put new heart into [*or* give fresh courage to] sb
II. *vr* ❶ (*aufrechte Stellung einnehmen*) ■**sich** ~ (*gerade stehen*) to stand up [straight]; (*gerade sitzen*) to sit up [straight]; (*aus gebückter Haltung*) to straighten up
❷ (*geh: neuen Mut fassen*) ■**sich an jdm** ~ to find new strength in [*or* take heart from] sb

aufrichtig I. *adj* honest, sincere, upright; ■~ [**zu jdm/gegenüber jdm**] **sein** to be honest [with sb]; **ein ~es Gefühl** a sincere feeling; **~e Liebe** true love
II. *adv* sincerely; ~ **bedauern, dass ...** to sincerely regret that ...; **jdn** ~ **hassen/verabscheuen** to hate sb deeply

Aufrichtigkeit <-> *f kein pl* sincerity *no pl,* honesty *no pl*

auf|riegeln *vt* ■**etw** ~ to unbolt sth

AufrissRR <-es, -e> *m,* **Aufriß** <-sses, -sse> *m* ❶ (*Ansicht*) elevation, vertical plan; (*Vorderansicht*) front view [*or* elevation]; (*Seitenansicht*) profile, side elevation; **etw im** ~ **zeichnen** to draw the front/side elevation etc. of sth
❷ (*kurze Darstellung*) outline, sketch

auf|ritzen *vt* ❶ (*durch Ritzen verletzen*) ■**jdm/sich etw** ~ to cut [open *sep*] sb's/one's sth; (*aufkratzen*) to scratch [open *sep*] sb's/one's sth
❷ (*durch Ritzen öffnen*) ■**etw** [**mit etw**] ~ to slit open *sep* sth [with sth]

aufrollbar *adj inv* roll-up *attr*

auf|rollen I. *vt* ❶ (*zusammenrollen*) ■**etw** ~ to roll up sth *sep;* **ein Kabel** ~ to coil [up *sep*] [*or sep* wind up] a cable; ■**etw** [**auf etw** *akk*] ~ to wind up *sep* sth [on sth]
❷ (*entrollen*) ■**etw** ~ to unroll sth; **eine Fahne** ~ to unfurl a flag
❸ (*erneut aufgreifen*) ■**etw wieder** ~ to re[-]open sth
II. *vr* ■**sich** [**zu etw**] ~ to roll up [into sth]; *Schlange* to coil [itself] [into sth]

auf|rücken *vi sein* ❶ (*weiterrücken*) to move up [*or* along]; (*auf einer Bank a.*) to budge up BRIT *fam*
❷ (*avancieren*) ■[**zu etw**] ~ to be promoted [to sth]

Aufruf *m* ❶ (*Appell*) appeal; ■**der/ein** ~ **an jdn** the/an appeal to sb; **ein** ~ **an das Volk** an appeal to the public; (*positiv a.*) a proclamation; **ein** ~ **zum Streik** a call for strike action; **einen** ~ **an jdn richten**[**, etw** [**nicht**] **zu tun**] to [make an] appeal to sb [[not] to do sth]
❷ (*das Aufrufen*) **ein** ~ **der Namen** a roll call; ■**nach** ~ when [*or* on being] called
❸ INFORM call; *von Daten a.* retrieval
❹ LUFT call; ***letzter ~ für alle Passagiere*** last call for all passengers

auf|rufen *irreg* **I.** *vt* ❶ ((*mit*) *Namen nennen*) ■**etw** ~ to call [out *sep*] sth; ■**jdn** [**namentlich**] ~ to call [out] sb['s name]
❷ (*zum Kommen auffordern*) ■**jdn** ~[**, etw zu tun**] to request sb [to do sth]
❸ (*appellieren*) ■[**jdn**] **zu etw** ~ to call [upon sb] [*or* appeal [to sb]] for sth; **Arbeiter zum Streik** ~ to call upon workers to strike; ■**jdn** ~**, etw zu tun** to call upon [*or* appeal to] sb to do sth
❹ INFORM ■**etw** ~ to call up *sep* sth; **Daten** ~ to retrieve [*or sep* call up] data
❺ LUFT ■**etw** ~ to call sth
II. *vi* ■**zu etw** ~ to call for sth; **zum Widerstand/Streik** ~ to call for resistance/a strike [*or* upon people to resist/strike]

Aufruhr <-[e]s, -e> *m* ❶ *kein pl* (*geh: Erregung*) tumult *no pl,* turmoil *no pl;* (*in der Stadt/im Volk*) unrest *no pl, no indef art;* **sein innerer** ~ the turmoil within one; **in** [*o* **im**] ~ **sein, sich in** [*o* **im**] ~ **befinden** to be in a tumult; *Bevölkerung* to be in a turmoil; **in** ~ **geraten** to be thrown into a turmoil; **jdn in** ~ *akk* **versetzen** to throw sb into a turmoil
❷ (*Aufstand*) revolt, uprising, rebellion; **einen** ~ **unterdrücken** to crush [*or* put down] [*or* quell] a revolt [*or* an uprising]

auf|rühren *vt* ❶ (*aufschlagen*) ■**etw** ~ to stir up sth *sep*
❷ (*Erinnerungen wecken*) ■**etw** ~ to stir up sth *sep*
❸ (*innerlich aufwühlen*) ■**jdn** ~ to rouse sb

Aufrührer(in) <-s, -> *m(f)* insurgent, rabble-rouser *pej*

aufrührerisch *adj* ❶ *attr* (*rebellisch*) rebellious, insurgent; (*meuternd*) mutinous
❷ (*aufwiegelnd*) inflammatory, rabble-rousing *pej;* **eine ~e Rede** an incendiary [*or* an inflammatory] [*or pej* a rabble-rousing] speech

auf|runden *vt* ■**etw** [**auf etw** *akk*] ~ to round up *sep* sth [to sth]; **etw auf einen glatten Betrag** ~ to bring up *sep* sth to a round figure; ■**aufgerundet** rounded up

aufrüstbar *adj inv* INFORM expandable

auf|rüsten I. *vi* to arm; ■**wieder** ~ to rearm
II. *vt* ❶ (*das* (*Militär*)*potenzial verstärken*) ■**etw** [**wieder**] ~ to [re]arm sth
❷ (*hochwertiger machen*) ■**etw** ~ to upgrade sth; **ein Kraftwerk** ~ to re[-]equip [*or* refit] a power plant

Aufrüstung *f* arming *no pl,* armament *no pl;* (*Wieder~*) rearming *no pl,* rearmament *no pl;* **die atomare** [*o* **nukleare**]**/konventionelle** ~ nuclear armament, the acquisition of nuclear/conventional arm[ament]s [*or* weapons]; TECH, INFORM upgrade

auf|rütteln *vt* ❶ (*durch Rütteln aufwecken*) ■**jdn** [**aus etw**] ~ to rouse sb [from sth], to shake sb out of sth
❷ (*aufstören*) ■**jdn/etw** [**aus etw**] ~ to rouse sb/

sth [from sth], to shake up *sep* sb/sth [out of sth]; **jdn aus seiner Lethargie/Untätigkeit** ~ to rouse sb from her/his apathy/[her/his] inactivity; **jds Gewissen** ~ to stir sb's conscience

aufs ❶ (*fam*) *s.* **auf das** *s.* **auf**
❷ + *superl* ~ **entschiedenste/grausamste** [*o* ~ **Entschiedenste/Grausamste**] most decisively/cruelly; ~ **beste** [*o* ~ **Beste**] in the best way possible

auf|sagen *vt* ❶ (*vortragen*) ■**etw** ~ to recite [*or* say] sth
❷ (*geh: aufkündigen*) **jdm den Dienst/Gehorsam** ~ to refuse to serve/obey sb; **jdm die Freundschaft** ~ to break off *sep* one's friendship with sb

auf|sammeln *vt* ■**etw** ~ to gather [up *sep*] sth; (*Fallengelassenes*) to pick up sth *sep*

aufsässig *adj* ❶ (*widerspenstig*) unruly, recalcitrant *form;* **ein ~er Zögling** a disruptive [*or* an unruly] element
❷ (*widersetzlich*) rebellious

Aufsässigkeit <-, -en> *f meist sing* ❶ (*Widerspenstigkeit*) unruliness, recalcitrance *form*
❷ (*Widersetzlichkeit*) rebelliousness

Aufsatz[1] *m* top [*or* upper] part; (*zur Verzierung*) bit on top; **ein abnehmbarer** ~ a removable top part [*or* section]

Aufsatz[2] *m* ❶ SCH essay, composition
❷ (*Essay*) essay, treatise

Aufsatzthema *nt* essay subject

auf|saugen *vt reg o irreg* ❶ (*durch Einsaugen entfernen*) ■**etw** [**mit etw**] ~ to soak up *sep* sth [with sth]
❷ (*mit dem Staubsauger entfernen*) ■**etw** ~ to vacuum up sth *sep*
❸ (*geh: in sich aufnehmen*) ■**etw** [**in sich** *akk*] ~ to absorb [*or sep* soak in] sth

auf|schauen *vi* (*geh*) *s.* **aufblicken**

auf|schaukeln *vr* (*fam*) ■**sich** ~ to build up

auf|schäumen **I.** *vi sein* to foam [up], to froth up; *Meer* to foam
II. *vt haben* ■**etw** ~ to foam [*or* expand] sth

auf|scheuchen *vt* ❶ (*erschrecken und wegscheuchen*) ■**etw** [**von etw**] ~ to frighten [*or* scare] away sth [from sth] *sep*
❷ (*fam: jds Ruhe stören*) ■**jdn** ~ to disturb sb; ■**jdn aus etw** ~ to jolt sb out of sth

auf|scheuern **I.** *vt* ■[**jdm**] **etw** ~ to rub sb's sth sore; **die Haut** ~ to chafe sb's skin; ■**aufgescheuert** [rubbed *pred*] sore; **aufgescheuerte Haut** chafed skin
II. *vr* ■**sich** *dat* **etw** ~ to rub one's sth sore, to chafe the skin of [*or* take the skin off] one's sth

auf|schichten *vt* ■**etw** ~ to stack [*or sep* pile up] sth; ■**aufgeschichtet** stacked, piled up

auf|schieben *vt irreg* ❶ (*durch Schieben öffnen*) ■**etw** ~ to slide open sth *sep;* **einen Riegel** ~ to push [*or* slide] back a bolt *sep*
❷ (*verschieben*) ■**etw** [**auf etw** *akk*] ~ to postpone [*or* defer] [*or sep* put off] sth [until [*or* till] sth]
► WENDUNGEN: **aufgeschoben ist nicht aufgehoben** (*prov*) there'll be another opportunity [*or* time]

auf|schießen *irreg* **I.** *vi sein* ❶ (*rasch wachsen*) to shoot up; *Jugendlicher* to shoot up *fam;* ■**aufgeschossen** [**sein**] [to be] lanky
❷ (*hochfahren*) ■[**aus etw**] ~ to leap [*or* shoot] up [out of sth]
❸ (*in die Höhe schießen*) to leap up
II. *vt haben* ■**etw** ~ to shoot open sth *sep*

Aufschlag *m* ❶ (*Aufprall*) impact *no pl;* (*mit Fallschirm*) landing
❷ SPORT (*eröffnender Schlag*) service *no pl,* serve; ~ **haben** to be serving; ***wer hat ~?*** whose serve [*or* service] [is it]?
❸ (*Aufpreis*) extra charge, surcharge
❹ MODE (*von Ärmel*) cuff; (*von Hose*) turn-up BRIT, cuff AM; (*von Mantel*) lapel, revers *spec*

auf|schlagen *irreg* **I.** *vi* ❶ *sein* (*auftreffen*) ■[**auf etw** *akk o dat*] ~ to strike, to hit [*or* strike] sth; ***das Flugzeug schlug in einem Waldstück auf*** the plane crashed into a wood; **mit dem Ellenbogen/Kopf** [**auf etw** *akk o dat*] ~ to hit one's elbow/head [on sth]; **dumpf** [**auf etw** *akk o dat*] ~ to [fall with a] thud [on[to] sth]
❷ *sein* (*sich abrupt öffnen*) to burst [*or* fly] open
❸ *sein* (*auflodern*) ■**aus etw** ~ to leap [*or* blaze] up out of sth
❹ *haben* (*sich verteuern*) ■[**um etw**] ~ to rise [*or* go up] [by sth]
❺ *haben* SPORT (*das Spiel durch Aufschlag eröffnen*) to serve
II. *vt haben* ❶ (*aufklappen*) ■**etw** ~ to open sth; **Seite 35** ~ to turn to page 35, to open one's book at [*or* AM to] page 35; ■**aufgeschlagen** open
❷ (*durch Schläge aufbrechen*) ■**etw** [**mit etw**] ~ to break open *sep* sth [with sth]; **das Eis** [**mit etw**] ~ to break a hole in [*or* through] the ice [with sth]; **Nüsse** [**mit etw**] ~ to crack [open *sep*] nuts [with sth]; **ein Schloss** [**mit etw**] ~ to break [open *sep*] a lock [with sth]
❸ (*öffnen*) ■**etw** ~ to open one's sth
❹ (*aufbauen*) ■**etw** ~ to put up sth *sep;* **ein Zelt** ~ to pitch [*or sep* put up] a tent
❺ (*einrichten*) **seinen Nachtlager** ~ to bed down for the night; **sein Quartier** [**in etw** *dat*] ~ to settle down [in sth]; **seinen Wohnsitz in Hamburg** ~ to take up residence in Hamburg
❻ (*hinzurechnen*) ■**etw auf etw** *akk* ~ to add sth to sth
❼ (*verteuern*) ■**etw** [**um etw**] ~ to raise [*or sep* put up] sth [by sth]
❽ (*umlegen*) ■**etw** ~ to turn back sth *sep;* **seine Ärmel** ~ to roll up *sep* one's sleeves; **seinen Kragen** ~ to turn up *sep* one's collar

Aufschläger(in) *m(f)* server

auf|schließen *irreg* **I.** *vt* ❶ (*etw mit dem Schlüssel öffnen*) ■[**jdm**] **etw** ~ to unlock sth [for sb]
❷ (*geh: offenbaren*) **jdm sein Herz/Innerstes** ~ to open [*or sep* pour out] one's heart to sb, to tell sb one's innermost thoughts
II. *vi* ❶ (*öffnen*) ■[**jdm**] ~ to unlock the door [for sb]
❷ (*näher rücken*) to move up; ■[**zu jdm/etw**] ~ to catch up [with sb/sth]; *s. a.* **aufgeschlossen**

auf|schlitzen *vt* ❶ (*durch Schlitzen öffnen*) ■**etw** [**mit etw**] ~ to slit [open *sep*] sth [with sth]; ■**jdn** [**mit etw**] ~ to slash [*or sep* cut up] sb [with sth]
❷ (*durch Schlitzen verletzen*) **jdm den Bauch** ~ to slash [*or* slit] [*or* cut] open sb's belly *sep;* **sich** *dat* **den Bauch** ~ to disembowel oneself, to slit [*or* slash] open one's stomach *sep*
❸ (*durch Schlitzen beschädigen*) ■**etw** [**mit etw**] ~ to slash sth [with sth]

Aufschluss[RR] <-es, Aufschlüsse> *m,* **Aufschluß** <-sses, Aufschlüsse> *m* information *no pl;* ~ [**über etw** *akk*] **verlangen** to demand an explanation [of sth]; [**jdm**] ~ [**über jdn/etw**] **geben** to give [sb] information [about sb/sth]

auf|schlüsseln *vt* ❶ (*detaillieren*) ■**etw** [**nach etw**] ~ to classify sth [according to sth]
❷ (*erläutern*) ■**jdm etw** ~ to explain sth to sb; **jdm etw detaillierter** ~ to give sb a more detailed explanation of sth

Aufschlüsselung <-, -en> *f* ÖKON breakdown

aufschlussreich[RR], **aufschlußreich** *adj* informative, instructive; (*enthüllend*) revealing, illuminating

auf|schnappen *vt* (*fam*) ■**etw** ~ ❶ (*mitbekommen*) to pick up sth *sep;* **einzelne Worte** ~ to catch [*or sep* pick up] the odd word
❷ (*durch Zuschnappen fangen*) to catch sth

auf|schneiden *irreg* **I.** *vt* ❶ (*in Scheiben schneiden*) ■[**jdm**] **etw** ~ to slice sth [for sb]; ■**aufgeschnitten** sliced, in slices *pred*
❷ (*tranchieren*) ■**etw** ~ to carve sth
❸ (*auseinander schneiden*) ■**etw** ~ to cut open sth *sep;* **einen Knoten/eine Kordel** ~ to cut [through] a knot/cord
❹ MED ■[**jdm**] **etw** ~ to lance [sb's] sth; *s. a.* **Pulsader**
II. *vi* (*fam*) to brag, to boast; **maßlos** ~ to lay it on thick [*or* with a trowel] *fam*

Aufschneider(in) *m(f)* (*fam*) boaster, show-off

Aufschneiderei <-, -en> *f* bragging, boasting

Aufschnitt *m kein pl* (*aufgeschnittene Wurst*) assorted sliced cold meats *pl,* cold cuts *npl* AM; (*aufgeschnittener Käse*) assorted sliced cheese[s *pl*]

Aufschnittgabel *f* cold meat fork **Aufschnittmesser** *nt* ham carver

auf|schnüren *vt* ■**etw** ~ to untie [*or* undo] sth; **ein Paket** ~ to unwrap [*or* open] [*or* undo] a parcel; **einen Schuh** ~ to unlace a shoe

auf|schrammen *vr s.* **aufschürfen**

auf|schrauben *vt* ■**etw** ~ to unscrew [*or sep* screw off] sth; **eine Flasche** ~ to take [*or* screw] the cap [*or* top] off a bottle, to unscrew the cap [*or* top] of a bottle

auf|schrecken **I.** *vt* <schreckte auf, aufgeschreckt> *haben* ■**jdn** [**aus etw**] ~ to startle sb [from sth]; **jdn aus der Gleichgültigkeit/Lethargie** ~ to rouse sb from [*or* jolt sb out of] her/his indifference/apathy
II. *vi* <schreckte *o* schrak auf, aufgeschreckt> *sein* ■[**aus etw**] ~ to start [up] [*or* be startled] [from sth]; **aus seinen Gedanken** ~ to start; **aus dem Schlaf** ~ to wake up with a start

Aufschrei *m* ❶ (*schriller Schrei*) scream, shriek
❷ (*Lamento*) outcry; **ein ~ der Empörung** an [indignant] outcry, an outcry of indignation

auf|schreiben *vt irreg* ❶ (*niederschreiben*) ■[**jdm**] **etw** [**auf etw** *akk*] ~ to write [*or* note] down sth [for sb] *sep,* to write [*or* note] sth [down] [for sb] on sth; ■**sich** *dat* **etw** ~ to make a note of sth
❷ (*fam: anschreiben*) ■[**jdm**] **etw** ~ to put sth on the/sb's slate *fam,* to chalk up *sep* sth [for sb]
❸ (*verordnen*) ■[**jdm**] **etw** ~ to prescribe sth [for sb]
❹ (*fam: polizeilich notieren*) ■**jdn** ~ to take sb's name; (*ausführlicher*) to take [down *sep*] sb's particulars

auf|schreien *vi irreg* to shriek; **vor Entsetzen** ~ to shriek with fright, to give a shriek of terror

Aufschrift *f* inscription

Aufschub *m* ❶ (*Verzögerung*) delay (+*gen* in); (*das Hinauszögern*) postponement, deferment; **ein ~ der Hinrichtung** a stay of execution, a reprieve; **keinen ~ dulden** (*geh*) to brook [*or* admit of] no delay *form*
❷ (*Stundung*) respite *no pl,* grace *no pl, no art;* **eine Woche** ~ a week's grace; **um einen ~ bitten** to ask for time [*or* a delay]; **jdm ~ gewähren** to allow sb grace, to grant sb a delay [*or* an extension]

Aufschubfrist *f* FIN period for which payment is deferred **Aufschubvereinbarung** *f* JUR suspension agreement

auf|schürfen *vt* ■[**sich** *dat*] **etw** ~ to graze [*or* scrape] one's sth; ■**aufgeschürft** grazed

auf|schütteln *vt* ■**etw** ~ to plump up sth *sep*

auf|schütten *vt* ❶ (*nachgießen*) ■**etw** [**auf etw** *akk*] ~ to pour on sth *sep,* to pour sth on [*or* over] sth
❷ (*aufhäufen*) ■**etw** ~ to heap [*or* pile] up sth *sep;* **Stroh** ~ to spread straw
❸ (*durch Aufhäufen errichten*) ■**etw** ~ to build up sth *sep;* **eine Straße** ~ to raise a road; (*erweitern*) to widen a road

Aufschüttung <-, -en> *f* earth bank [*or* wall], embankment

auf|schwatzen *vt,* **auf|schwätzen** *vt* DIAL (*fam*) ■**jdm etw** ~ to fob sth off on sb, to talk sb into taking/buying sth; ■**sich** *dat* **etw** [**von jdm**] ~ **lassen** to get talked into taking/buying sth [off sb]

auf|schwemmen **I.** *vt* ■**etw** ~ to make sb's sth bloated [*or* puffy]; ■**jdn** ~ to make sb bloated
II. *vi* to make sb bloated, to cause bloating; ■**aufgeschwemmt** bloated; **ein ~es Gesicht** a bloated [*or* puffy] face

auf|schwingen *irreg* **I.** *vr haben* ■**sich** [**zu etw**] ~ ❶ (*sich aufraffen*) to bring oneself to do sth; ■**sich dazu ~, etw zu tun** to bring oneself to do sth
❷ (*geh: sich nach oben schwingen*) to soar [up] [to[wards] sth]
II. *vi sein* to slide open

Aufschwung *m* ❶ (*Auftrieb*) lift *no pl,* impetus *no*

pl, no indef art; **jdm neuen ~ geben** to give sb fresh impetus
② (*Aufwärtstrend*) upswing, upturn; **einen ~ nehmen** to take an upward trend; **im ~ sein** to be on the upswing
③ SPORT swingup

Aufschwungstendenz *f* ÖKON rising [*or* upward] tendency

auf|sehen *vi irreg* ① (*hochsehen*) ■**[von etw] ~** to look up [from sth]; ■**nicht von der Arbeit ~** to not look up from one's work; (*nicht ablenken lassen*) to keep one's eyes on one's work; ■**zu jdm ~** to look up at sb
② (*bewundern*) ■**zu jdm ~** to look up to sb

Aufsehen <-s> *nt kein pl* sensation; **ohne [großes/jedes] ~** without any [real] fuss [*or fam* hassle]; **jd erregt [mit etw]/etw erregt [großes] ~** sb['s sth]/sth causes a [great] sensation [*or* stir]; **~ erregend** sensational; **etwas ~ Erregendes** something sensational, quite something *fam;* (*negativ*) something shocking; ■**nichts ~ Erregendes** nothing sensational; **um etw viel ~ machen** to make [*or fam* kick up] a lot of fuss about sth; **das wird für ~ sorgen** that will cause a sensation; **jedes ~ vermeiden** to avoid causing a sensation [*or* fuss]

aufsehenerregend *adj s.* **Aufsehen**

Aufseher(in) <-s, -> *m(f)* ① (*Gefängnis~*) [prison] guard, BRIT *a.* warder
② (*die Aufsicht führende Person*) supervisor; (*Museums~*) attendant

auf|sein *vi irreg sein* (*fam*) *s.* **auf II 1, 2, 3**

Aufsetzen <-s> *nt kein pl* LUFT **~ auf der Landebahn** touch down

auf|setzen I. *vt* ① (*auf den Kopf setzen*) ■**etw [auf etw** *akk*] **~** to put on sth *sep;* ■**sich** *dat* **etw ~** to put on sth *sep;* **die Brille ~** to put on one's glasses
② (*auf den Herd stellen*) ■**etw ~** to put on sth *sep*
③ (*auf den Boden aufkommen lassen*) ■**etw ~** to put down sth *sep,* to put sth down on the floor; ***ich kann den Fuß nicht richtig ~*** I can't put any weight on my foot
④ (*verfassen*) ■**[jdm] etw ~** to draft [*or sep* draw up] sth [for sb]
⑤ (*zur Schau tragen*) ■**etw ~** to put on sth *sep*
⑥ (*aufrichten*) ■**jdn ~** to sit up sb *sep*
II. *vr* (*sich aufrichten*) ■**sich ~** to sit up
III. *vi* ■**[auf etw** *akk o dat*] **~** to land [*or* touch down] [on sth]; **auf die [*o* der] Landebahn ~** to land, to touch down

auf|seufzen *vi* [laut] ~ to heave a [loud] sigh; ***„endlich!" seufzte sie auf*** "at last!" she sighed

Aufsicht <-, -en> *f* ① *kein pl* (*Überwachung*) supervision (**über** +*akk* of); **~ führend** supervising; **der ~ führende Lehrer** the invigilator [*or* AM proctor]; **bei einer Prüfung ~ führen [*o* haben]** to invigilate [*or* AM proctor] an exam; **im Pausenhof ~ führen [*o* haben]** to be on duty during break; **jdn ohne ~ lassen** to leave sb unsupervised [*or* without supervision]; **jdm obliegt die ~ über jdn/etw** (*geh*) sb is in charge of [*or* responsible for] sb/sth; **unter ärztlicher/polizeilicher ~** under medical/police supervision
② (*Aufsicht führende Person*) person in charge; (*bei einer Prüfung*) invigilator BRIT, proctor AM; **die ~ fragen** to ask at the office

aufsichtführend *adj* JUR supervising; **~er Richter** supervising judge

Aufsichtführende(r) *f(m) dekl wie adj* (*geh*) person in charge, office *no indef art*

Aufsichtsbehörde *f* supervisory authority [*or* body], controlling [*or* regulatory] body *form* **Aufsichtsgesetz** *nt* JUR regulatory act **Aufsichtsgremium** *nt* supervisory board [*or* committee] **Aufsichtsorgan** *nt* JUR supervisory body **Aufsichtspersonal** *nt* supervisory staff + *sing/pl vb* **Aufsichtspflicht** *f* obligatory supervision (*legal responsibility to look after sb, esp children*); (*die elterliche ~*) parental responsibility **Aufsichtspflichtverletzung** *f* JUR breach of supervisory duties **Aufsichtsrat** *m* supervisory board; **im ~ sitzen** to be on [*or* a member of] the supervisory board **Aufsichtsrat, -rätin** *m, f* supervisory board member, member of a/the supervisory board **Aufsichtsratmitglied** *nt* HANDEL member of the supervisory board

Aufsichtsratschef <in> *m* head of a/the supervisory board **Aufsichtsratsmitglied** *nt* ÖKON member of a [supervisory] board **Aufsichtsratssitzung** *f* ÖKON [supervisory] board meeting **Aufsichtsratsvergütung** *f* HANDEL directors's fees *pl* **Aufsichtsratsvorsitzende(r)** *f(m) dekl wie adj* chairman of the supervisory board, supervisory board chairman **Aufsichtsrecht** *nt* JUR right of control **Aufsichts- und Kontrollbefugnis** *f* regulatory power **Aufsichtsvorlage** *f* TYPO reflection artwork [*or* copy]

auf|sitzen *vi irreg* ① *sein* (*sich auf ein Reittier schwingen*) to mount; **wieder ~** to re[-]mount; **jdm aufzusitzen helfen** to help sb [to] mount [*or* into the saddle]
② *haben* (*fam: aufgerichtet sitzen*) ■**[in etw** *dat*] **~** to sit up [in sth]
③ *haben* NAUT (*festsitzen*) ■**[auf etw** *dat*] **~** to run/have run aground [on sth]
④ *sein* (*fam: darauf hereinfallen*) ■**jdm/einer S. ~** to be taken in by sb/sth
⑤ (*fam*) ■**jdn ~ lassen** (*im Stich lassen*) to let sb down, to leave sb in the lurch; (*versetzen*) to stand sb up *fam*

auf|spalten I. *vt* ① (*teilen*) ■**sich** *akk*/**etw in etw** *akk* **~** to split [*or* divide] them/sth up into sth
② (*zerlegen*) ■**etw [in etw** *akk*] **~** to split [up *sep*] [*or sep* break down] sth [into sth]
II. *vr* ■**sich** *akk* **[in etw** *akk*] **~** to split up [into sth], to divide [up] into sth

Aufspaltung *f* breakdown (**in** +*akk* into)

auf|spannen *vt* ① (*ziehen*) ■**etw ~** to stretch out *sep* [*or* spread [out *sep*]] sth; **ein Seil ~** to put up *sep* a cable
② (*auseinander ziehen*) ■**etw ~** to open sth; **einen Schirm ~** to open [*or sep* put up] an umbrella
③ (*aufziehen*) ■**etw [auf etw** *akk*] **~** to stretch sth [on[to] sth]; **eine Saite [auf etw** *akk*] **~** to put [on] a string on sth; **neue Saiten auf eine Gitarre ~** to re[-]string a guitar

auf|sparen *vt* ① (*für später aufheben*) ■**[jdm] etw ~** to save [*or* keep] sth [for sb]
② (*für später bewahren*) ■**etw für etw ~** to save sth for sth

auf|speichern *vt* ■**etw ~** to store up sth *pl; Energie* to accumulate sth

auf|sperren *vt* ■**etw ~** ① (*aufreißen*) to open wide sth *sep;* **weit aufgesperrt** wide open
② SÜDD, ÖSTERR (*aufschließen*) to unlock sth

auf|spielen I. *vr* (*fam*) ① (*angeben*) ■**sich ~** to give oneself [*or* put on] airs, to show off
② (*sich als etw ausgeben*) ■**sich als etw ~** to set oneself up as sth; **sich als Boss ~** to play [*or* act] the boss
II. *vi* (*veraltet*) ■**[jdm] [zum Tanz] ~** to play [the/some dance music] [for sb]; (*anfangen*) to strike up [the dance music] [for sb]

auf|spießen *vt* ① (*daraufstecken*) ■**etw [mit etw] ~** to skewer sth [with sth]; **etw mit der Gabel ~** to stab one's fork into sth; **Schmetterlinge [mit einer Nadel] ~** to pin butterflies
② (*durchbohren*) ■**jdn/etw [mit etw] ~** to run sb/sth through [with sth]

auf|springen *vi irreg sein* ① (*hoch springen*) to leap [*or* jump] up [*or* to one's feet]
② (*auf etw springen*) ■**[auf etw** *akk*] **~** to jump [*or* hop] on[[to] sth]
③ (*sich abrupt öffnen*) to burst [*or* fly] open; *Deckel* to spring open
④ (*aufplatzen*) to crack; *Lippen, Haut a.* to chap; ■**aufgesprungen** cracked/chapped
⑤ (*auftreffen*) to bounce

auf|sprühen *vt* ■**etw [auf etw** *akk*] **~** to spray on sth *sep,* to spray sth on sth

auf|spulen *vt* ■**etw ~** to wind sth on a spool [*or* reel]

auf|spüren *vt* ① (*auf der Jagd entdecken*) ■**etw ~** to scent sth; *Jäger* to track [down *sep*] [*or spec* spoor] sth
② (*ausfindig machen*) ■**jdn ~** to track down sb *sep*

auf|stacheln *vt* ■**jdn [zu etw] ~** to incite [*or* goad [on *sep*]] sb, to incite sb to do [*or* goad sb into doing] sth; ■**jdn gegen jdn ~** to turn sb against sb

auf|stampfen *vi* to stamp; **mit dem Fuß ~** to stamp one's foot

Aufstand *m* rebellion, revolt; (*örtlich begrenzt*) uprising; (*organisiert*) insurrection; **einen ~ niederschlagen** to quell [*or* put down] a rebellion; ***das wird einen ~ geben!*** (*fam: Unruhe geben*) there'll be trouble!; (*Ärger geben*) there'll be hell to pay! *fam;* **im ~ sein** to be in [a state of] rebellion [*or* revolt]; **den ~ proben** (*fam*) to flex one's muscles

aufständisch *adj* rebellious; (*meuternd*) mutinous

Aufständische(r) *f(m) dekl wie adj* rebel; (*einer politischen Gruppe a.*) insurgent

auf|stapeln *vt* ■**etw ~** to stack [up *sep*] [*or sep* pile up] sth

auf|stauen I. *vt* ■**etw ~** to dam sth
II. *vr* ■**sich ~** ① (*sich stauen*) to be dammed up
② (*sich ansammeln*) to be/become bottled up; ■**aufgestaut** bottled-up

auf|stechen *vt irreg* ■**etw [mit etw] ~** to lance [*or* pierce] sth [with sth]

aufsteckbar *adj inv* modular; **~es Modem** modular modem

auf|stecken I. *vt* ① (*auf etw stecken*) ■**etw ~** to put on sth *sep;* **Bajonette ~** to fix bayonets; **Fahnen ~** to put up *sep* bunting
② (*hochstecken*) ■**etw ~** to pin [*or* put] up sth *sep*
③ (*fam: aufgeben*) ■**es ~** to pack it in *fam,* to give up on it *fam*
II. *vi* (*fam*) to pack it in *fam*

auf|stehen *vi irreg sein* ① (*sich erheben*) ■**[von etw] ~** to get [*or* stand] up [from sth], to arise [*or form* rise] [from sth]; ■**vor jdm/für jdn ~** to get [*or* stand] up for [*or form* before] sb; (*aus Achtung*) to rise before sb *form;* (*im Bus*) to offer one's seat to sb
② (*das Bett verlassen*) to get up, to rise *form*
③ (*fam: offen sein*) to be open; ■**~d** open
④ (*geh: sich auflehnen*) ■**gegen jdn/etw ~** to rise [in arms] [*or* revolt] against sb/sth
► WENDUNGEN: **da musst du früher [*o* eher] ~!** (*fig fam*) you'll have to do better than that!

auf|steigen *vi irreg sein* ① (*sich in die Luft erheben*) to soar [up]; *Flugzeug* to climb; *Ballon* to ascend
② (*besteigen*) ■**[auf etw** *akk*] **~** to get [*or* climb] on [sth]; **auf ein Pferd ~** to get on[to] [*or* mount] a horse; **auf den Sattel ~** to get [*or* climb] into the saddle
③ (*befördert werden*) ■**[zu etw] ~** to be promoted [to sth]; **durch die Ränge ~** to rise through the ranks
④ (*den sportlichen Rang verbessern*) ■**[in etw** *akk*] **~** to go up [into sth], to be promoted [to sth]
⑤ (*sich in die Höhe bewegen*) ■**[aus etw] ~** to rise [from [*or* out of] sth]
⑥ (*sich in die Luft erheben*) ■**in etw** *dat*/**mit etw** *dat* **~** to climb in sth; **in einem Ballon ~** to ascend [*or* go up] in a balloon
⑦ (*entstehen*) ■**in jdm ~** to well up in sb
⑧ (*hochklettern*) ■**[an etw** *dat*] **~** to climb up, to climb [up] sth; **zum Gipfel ~** to climb [up] to the top
⑨ (*geh: aufragen*) to tower, to rise up; **bedrohlich ~** to loom

aufsteigend *adj inv* rising; *s. a.* **aufsteigen**

Aufsteiger(in) <-s, -> *m(f)* ① (*fam: beruflich aufgestiegene Person*) ■**ein [sozialer] ~** a social climber
② (*aufgestiegene Mannschaft*) promoted team

auf|stellen I. *vt* ① (*aufbauen*) ■**etw ~** to put up sth *sep;* **eine Anlage/Maschine ~** to install a system/machine [*or sep* put in]; **ein Denkmal ~** to erect [*or* raise] a monument; **eine Falle ~** to set [*or* lay] a trap; **einen Mast/eine Wand ~** to erect [*or* put up] a mast/wall; **ein Schild ~** to put up a plaque
② (*erheben*) ■**etw ~** to put forward [*or form* forth] sth *sep*

❸ (*ausarbeiten*) ■**etw ~** to draw up sth *sep;* **eine Theorie ~** to elaborate a theory *a. form*
❹ (*erstellen*) ■**etw ~** to draw up *sep* [*or* make [out *sep*]] sth; **eine Rechnung ~** to make out [*or* up] *sep* an invoice; **eine Tabelle ~** to compile [*or sep* make up] a table
❺ (*nominieren*) ■**jdn [als/für etw] ~** to nominate sb [sth/for [*or* as] sth]
❻ (*postieren*) ■**jdn ~** to post [*or* station] sb
❼ (*formieren*) **eine Mannschaft ~** to organize a team [*or* to field a team]; **Truppen ~** to raise [*or* muster] troops
❽ (*aufsetzen*) ■**etw ~** to put on sth *sep*
❾ (*erzielen*) ■**etw ~** to set sth
❿ (*wieder hinstellen*) ■**etw ~** to stand up sth *sep,* to set sth upright
⓫ (*aufrichten*) ■**etw ~** to prick up sth *sep*
⓬ SCHWEIZ (*aufmuntern*) ■**jdn ~** to pick [*or* perk] up sb *sep;* ■**aufgestellt [sein]** [to be] perky
II. *vr* ❶ (*sich hinstellen*) ■**sich ~** to stand; *Wachen* to be posted; **sich vor dem Tor ~** to stand [*or a. hum* plant oneself] in front of the goal; **sich hintereinander ~** to line up; *Soldaten* to fall into line; **sich im Kreis ~** to form a circle
❷ (*sich hochstellen*) *Haare* to raise, to bristle; *Ohren* to prick up; *Katzenfell* to bristle

Aufstellung <-> *f kein pl* ❶ (*Errichtung*) erection *no pl,* raising *no pl;* (*von Maschine*) installation *no pl*
❷ (*Erhebung*) putting forward *no pl* [*or form* forth]
❸ (*Ausarbeitung*) drawing up *no pl; von Software* writing *no pl; von Theorie* elaboration *no pl a. form*
❹ (*Erstellung*) making [out] *no pl,* drawing up *no pl; von Rechnung* making out [*or* up] *no pl; von Tabelle* compiling *no pl,* making up *no pl*
❺ (*Nominierung*) nomination *no pl,* nominating *no pl*
❻ (*Postierung*) posting, stationing; **~ nehmen** to take up position
❼ (*Formierung*) *von Mannschaft* drawing up *no pl; von Truppen* raising *no pl,* mustering *no pl*
❽ SPORT (*Auswahl*) team, lineup
❾ (*Erzielung*) setting *no pl*

Aufstellungskosten *pl* installation costs

Aufstieg <-[e]s, -e> *m* ❶ (*Verbesserung der Dienststellung*) rise; **der ~ zu etw** the rise to [becoming] sth; **beruflicher/sozialer ~** professional/social advancement; **den ~ ins Management schaffen** to work one's way up into the management
❷ (*Weg zum Gipfel*) climb, ascent (**auf** +*akk* up)
❸ SPORT ■**der/ein ~ [in etw** *akk***]** promotion [to sth]
❹ LUFT ascent

Aufstiegschance [-ʃɑ̃:sə, -ʃaŋsə] *f* prospect [*or* chance] of promotion **Aufstiegsmöglichkeit** *f* career prospect **Aufstiegsrunde** *f* SPORT play-off round, play-offs *pl fam* **Aufstiegsspiel** *nt* SPORT play-off [match]

auf|stöbern *vt* ❶ (*entdecken*) ■**jdn ~** to run sb to earth, to track down sb *sep;* ■**etw ~** to discover sth
❷ (*aufscheuchen*) ■**etw ~** to start [*or* flush] sth; (*aus dem Bau*) to run sth to earth, to unearth sth *spec;* **einen Fasan ~** to flush [*or sep* put up] a pheasant

auf|stocken **I.** *vt* ❶ (*zusätzlich erhöhen*) ■**etw [auf etw** *akk***/um etw** *akk***] ~** to increase sth [to/by sth]; **das Team ~** to expand the team
❷ (*erhöhen*) ■**etw ~** to add another storey [*or* AM story] on[to] sth; **etw um ein Stockwerk/zwei Stockwerke ~** to add another storey [*or* AM story]/another two storeys [*or* AM stories] on[to] sth
II. *vi* ❶ (*Kapital erhöhen*) ■**[um etw] ~** to increase one's capital stock [by sth]
❷ (*ein Gebäude erhöhen*) to build another storey [*or* AM story]; **um zwei Etagen ~** to build another two storeys [*or* AM stories]

Aufstockung <-, -en> *f* increase, addition; ÖKON *der Vorräte* stockpiling

auf|stöhnen *vi* to groan loudly [*or* aloud], to give [*or* heave] a loud groan

auf|stoßen *irreg* **I.** *vi* ❶ *haben* (*leicht rülpsen*) to burp
❷ *sein o haben* (*Rülpsen verursachen*) ■**jdm ~** to make sb burp, to repeat on sb *fam;* ***das Essen stößt mir immer noch auf*** the food is still repeating on me
❸ *haben* (*hart auftreffen*) ■**mit etw ~** to hurt oneself on sth
❹ *sein* (*fam: auffallen*) ■**jdm ~** to strike sb
❺ *sein* (*fam: übel vermerkt werden*) **jdm sauer/übel ~** to stick in sb's craw [*or* throat]; *Bemerkung a.* to leave a nasty taste in sb's mouth; ■**jdm ~, dass ...** to stick in sb's craw [*or* throat] that ...
II. *vt haben* ■**etw ~** to push sth open
III. *vr haben* ■**sich** *dat* **etw ~** to hit [*or* bang] one's sth; **mit aufgestoßenem Kopf** with a bang [*or* bump] on the head; **aufgestoßene Knie** grazed knees

auf|streben *vi sein* ❶ (*räumlich*) to tower up; **hoch ~de Türme** lofty towers
❷ *gesellschaftlich, politisch* to be up-and-coming; **ein ~des Industrieland** a rapidly-developing industrial country

aufstrebend *adj* ❶ (*Fortschritt anstrebend*) aspiring, striving for progress *pred;* **eine ~e Stadt** an up-and-coming [*or* a thriving] town
❷ (*ehrgeizig*) ambitious

auf|streichen *vt irreg* ■**etw [auf etw** *akk***] ~** to spread [*or* put] sth [on sth]; ***streich dir die Butter nicht zu dick auf*** don't spread the butter so thickly

Aufstrich *m bes* KOCHK spread

auf|stülpen *vt* ■**jdm etw ~** to put sth on sb; **jdm eine Kapuze ~** to pull a hood over sb's head; **den Kragen ~** to turn up one's collar; **sich** *dat* **einen Hut ~** to pull [*or* put] one's hat on

auf|stützen **I.** *vt* ❶ (*auf etw stützen*) ■**etw ~** to put [*or* rest] one's sth on the table etc.; **mit aufgestützten Ellenbogen** with one's elbows [resting] on the table etc.
❷ (*stützen und aufrichten*) ■**jdn ~** to prop up sb *sep;* **jdn unter den Achseln ~** to support sb under her/his arms
II. *vr* ■**sich** *akk* **[auf etw** *akk***] ~** to support oneself [on sth]; *Gebrechliche a.* to prop oneself up [on sth], to lean one's weight on sth

auf|suchen *vt* (*geh*) ❶ (*besuchen*) ■**jdn ~** to go to [see] sb; **einen Arzt ~** to consult *form* [*or* go to [see]] a doctor; **einen Freund ~** to call on a friend
❷ (*geh: irgendwohin gehen*) ■**etw ~** to go to sth; **das Bett ~** to go to [*or form* retire] to bed

auf|takeln **I.** *vt* NAUT ■**etw ~** to rig up sth *sep*
II. *vr* (*pej fam*) ■**sich ~** to doll [*or* BRIT *a.* tart] oneself up *fam;* ■**aufgetakelt [sein]** to be all dolled [*or* BRIT *a.* tarted] up *fig fam,* [to be] dressed [*or* done] [up] to the nines

Auftakt *m* ❶ (*Beginn*) start; (*Vorbereitung*) prelude (**zu/für** +*akk* to); **den ~ von [*o* zu] etw bilden** to mark the beginning [*or* start] of sth; (*als Vorbereitung*) to form a prelude to sth
❷ MUS upbeat

auf|tanken **I.** *vt* ■**etw ~** to fill up sth *sep;* ***einmal A~ bitte!*** fill up *sep* the tank please!, fill her up! *fam;* ■**aufgetankt** with a full tank *pred;* **ein Flugzeug ~** to refuel a plane
II. *vi* ❶ (*den Tank auffüllen*) to fill up, to fill [*or* refill] the tank; (*Flugzeug*) to refuel
❷ (*fam: sich erholen*) to recharge one's batteries

auf|tauchen *vi sein* ❶ (*an die Wasseroberfläche kommen*) to surface; *Taucher a.* to come up; **wieder ~** to resurface; **aus dem Wasser ~** to break the surface of the water; *Taucher* to come up; **in Etappen ~** to come up in stages
❷ (*zum Vorschein kommen*) to turn up; *verlorener Artikel a.* to be found
❸ (*plötzlich dasein*) to suddenly appear, to materialize
❹ (*sichtbar werden*) ■**[aus etw] ~** to appear [out of sth]; **aus dem Nebel ~** to emerge [*or* appear] from out of the fog; (*bedrohlich*) to loom out of the fog
❺ (*sich ergeben*) ■**[in/bei jdm] ~** to arise [in sb]; **~de düstere Ahnungen** the onset of forebodings

auf|tauen **I.** *vi sein* ❶ (*ganz tauen*) to thaw
❷ (*fig: weniger abweisend werden*) to open up, to unbend
II. *vt haben* ■**etw ~** to thaw [out *sep*] sth

auf|teilen *vt* ❶ (*aufgliedern*) ■**etw [in etw** *akk***] ~** to divide [up *sep*] [*or sep* split up] sth [into sth]; **Schubladen in Fächer ~** to partition drawers
❷ (*verteilen*) ■**etw [unter sie] ~** to share out *sep* sth [between them]

Aufteilung *f* ❶ (*Einteilung*) division; *von Schublade, Kleingarten* partitioning (**in** +*akk* into)
❷ (*Fach*) division; *von Schublade* partition

Aufteilungsplan *m* FIN allocation scheme **Aufteilungsvertrag** *m* JUR allocation contract

auf|tischen *vt* ❶ (*servieren*) ■**[jdm] etw ~** to serve [sb] sth, to dish out [*or* up] *sep* sth [for sb] *fam*
❷ (*fam: erzählen*) ■**jdm etw ~** to tell sb sth; **jdm Lügen ~** to give sb a pack of lies

Auftrag <-[e]s, Aufträge> *m* ❶ (*Beauftragung*) contract; (*an Freiberufler*) commission; ■**ein ~ über [*o* für] etw** *akk* a contract/commission for sth; **einen ~ erhalten** to obtain [*or* secure] a contract/commission
❷ (*Bestellung*) [sales] order; **einen ~ ausführen** to deal with [*or form* execute] an order; ■**ein ~ über etw** *akk* an order for sth; **im ~ und auf Rechnung von jdm** by order and for account of sb
❸ (*Anweisung*) orders *pl,* instructions *pl;* **einen ~ ausführen** to carry out [*or* execute] an order; **den [ausdrücklichen] ~ haben[, etw zu tun]** to be [expressly] instructed [to do sth]; **jdm den ~ geben, etw zu tun** to instruct sb to do sth; **etw [bei jdm] in ~ geben** to order sth [from sb]; **eine Skulptur [bei jdm] in ~ geben** to commission [sb with] a sculpture; **im ~** by order, on authority; **in jds ~** on sb's instructions; (*für jdn*) on sb's behalf
❹ *kein pl* (*geh: Mission*) task, mission; ***„~ erledigt!"*** "mission accomplished"
❺ (*das Aufstreichen*) application
❻ INFORM (*Aufgabe*) task

auf|tragen *irreg* **I.** *vt* ❶ (*aufstreichen*) ■**etw [auf etw** *akk***] ~** to apply sth [to sth], to put on sth *sep,* to put sth on sth; **Farbe ~** to apply paint; **Kleister ~** to apply paste, to spread [on *sep*] paste
❷ (*geh: ausrichten lassen*) ■**jdm etw ~** to instruct sb to do sth; ***er hat mir Grüße an Sie aufgetragen*** he['s] asked me to give you his regards; ***hat sie dir [für mich] denn nichts aufgetragen?*** didn't she give you a message [for me]?
❸ (*geh: servieren*) ■**etw ~** to serve [up [*or* out] *sep*] sth; ■**aufgetragen** served; ■**es ist aufgetragen!** (*geh*) lunch/dinner etc. is served! *form*
❹ (*durch Tragen abnutzen*) ■**etw ~** to wear out sth *sep;* ■**aufgetragen** worn out
II. *vi* ❶ (*dick aussehen lassen*) to be bulky, to make sb look fat; ***der Rock trägt auf*** the skirt is not very flattering to your/her figure
❷ (*übertreiben*) ■**dick [*o* stark] ~** to lay it on thick [*or* with a trowel] *fam*
❸ (*geh: servieren*) ■**jdm ~** to serve sb

auftragend *adj inv* **~es Papier** TYPO bulky paper

Auftraggeber(in) *m(f)* client; (*von Firma, Freiberufler*) client, customer **Auftragnehmer(in)** <-s, -> *m(f)* contractor *form;* (*beauftragte Firma*) firm receiving the order, successful bidder *spec;* **~ und Auftraggeber** principal and agent *form*

Auftragsabwicklung *f* ÖKON order processing **Auftragsannahme** *f* ÖKON acceptance of an order **Auftragsarbeit** *f* ÖKON contract work **Auftragsbestand** *m* ÖKON orders *pl* on hand [*or* on the books], level of orders **Auftragsbestätigung** *f* confirmation of [an] order **Auftragsbuch** *nt* order book **Auftragseingang** *m* receipt of order **Auftragsentwicklung** *f* ÖKON trend of orders **Auftragserfindung** *f* invention made under contract **Auftragserledigung** *f kein pl* ÖKON order filling **Auftragserteilung** *f* HANDEL placing an order; (*nach Ausschreibung*) award of contract; **endgültige ~** final award of contract; **bei ~** on ordering; **zahlbar bei ~** cash with order **Auftragsfertigung** *f kein pl* ÖKON custom order **auftragsgebunden** *adj* ÖKON tied to an order *pred* **auftragsgemäß** **I.** *adj* as ordered *pred,* as per order *pred* **II.** *adv* as ordered [*or* instructed] **Auftragsgeschäft** *nt* FIN commission business **Auftragslage** *f* order position [*or* situation] [*or spec* picture], situation concerning orders **Auftragsmord** *m* JUR contract killing **Auftragsnummer** *f* job [*or* order] number **Auftragsplanung** *f* ÖKON production planning **Auftragsplus** *nt* increase in orders **Auftragspolster** *nt* backlog of orders, back orders *pl;* ***wir haben ein dickes ~*** our order books are well-filled **Auftragsrecht** *nt* JUR contract law **Auftragsrückgang** *m* drop in [*or* falling off of] orders *no pl* **Auftragsrückstand** *m* ÖKON unfulfilled orders *pl,* backlog **Auftragssteuerung** *f* INFORM job control **Auftragsvergabe** *f* ÖKON placing an order **Auftragsverhältnis** *f* HANDEL agency contract **Auftragsverwalter** *m* INFORM task scheduler **Auftragsverwaltung** *f* HANDEL administration by commission; INFORM task management **auftragsweise** *adj* HANDEL by order **auftragswidrig** *adj* ÖKON contrary to instructions *pred*

Auftragung <-> *f kein pl* TYPO inking

auf|treffen *vi irreg sein* ■[**mit etw** *dat*] [**auf etw** *akk o dat*] ~ to hit [*or* strike] sth [on sth]; **auf den** [*o* **dem**] **Boden** ~ to hit [*or* strike] the ground; **mit dem Kopf** [**auf etw** *akk o dat*] ~ to hit [*or* strike] one's head [on sth]; **hart/weich** ~ *Fallschirmspringer* to land heavily/to have a soft landing; ■[**auf etw** *akk o dat*] ~ *Geschoss* to strike [sth]; *Rakete, abgeworfene Hilfsgüter a.* to land [on sth]

auf|treiben *vt irreg* ① (*fam*) ■**jdn/etw** ~ to find [*or fam* get hold of] sb/sth
② (*aufblähen*) ■**etw** ~ to distend [*or* bloat] sth; **den Teig** ~ to make the dough rise

auf|trennen *vt* ■**etw** ~ ① (*zerschneiden*) to undo sth
② MED (*aufschneiden*) to open sth

auf|treten *irreg* **I.** *vi sein* ① (*den Fuß aufsetzen*) to walk; ***der Fuß tut so weh, dass ich*** [***mit ihm***] ***nicht mehr ~ kann*** my foot hurts so badly that I can't walk on it [*or* put my weight on it]
② (*eintreten*) to occur; *Schwierigkeiten* to arise; ■**das A~ von etw** the occurrence of sth
③ MED (*sich zeigen*) ***bei Einnahme dieses Medikamentes kann Übelkeit ~*** [taking] this medicine can cause nausea; ***wenn diese Symptome ~, …*** if these symptoms [should] appear [*or* occur] …; ***diese seltene Tropenkrankheit ist lange nicht mehr aufgetreten*** there has been no record of this rare tropical disease for a long time; ***die Pest trat in dichter besiedelten Gebieten auf*** the plague occured in more densely populated areas
④ (*erscheinen*) to appear [on the scene *a. pej*]; ■[**als etw**] ~ to appear [as sth]; **als Kläger** ~ to appear as [a] [*or* for the] plaintiff; **als Zeuge** ~ to appear as a witness, to take the witness box; **geschlossen** ~ to appear as one body; ■**gegen jdn/etw** ~ to speak out against sb/sth; **gegen jdn/etw als Zeuge** ~ to give evidence against sb/sth
⑤ (*in einem Stück spielen*) to appear [on the stage]; ■[**auf/in etw** *dat*] **als etw** ~ to appear as [*or* play] sth [on/in sth]
⑥ (*sich benehmen*) to behave; **zurückhaltend** ~ to tread carefully
⑦ (*handeln*) ■**als etw/für jdn** ~ to act as sth/on sb's behalf
II. *vt haben* ■**etw** ~ to kick open [*or* in] sth *sep*

Auftreten <-s> *nt kein pl* ① (*Benehmen*) behaviour [*or* AM -or] *no pl,* conduct *no pl*
② (*Manifestation*) occurrence, outbreak; **bei ~ von Schwellungen** in the event of swelling, when swelling occurs; **bei ~ dieser Symptome** when these symptoms occur
③ (*Erscheinen*) appearance; **das ~ in der Öffentlichkeit vermeiden** to avoid public appearances [*or* appearing in public]

Auftrieb *m* ① *kein pl* PHYS buoyancy *no pl;* LUFT lift *no pl*
② *kein pl* (*Aufschwung*) upswing, upturn; **etw** *dat* **einen ~ geben** to buoy *sep* up sth
③ *kein pl* (*frischer Schwung*) impetus *no pl;* **jdm neuen ~ geben** to give sb fresh impetus [*or* a lift]
④ (*das Hinauftreiben*) driving of cattle up to [Alpine] pastures

Auftriebskräfte *pl* ÖKON expansive forces **Auftriebstendenz** *f* ÖKON upward trend [*or* tendency]

Auftritt *m* ① (*Erscheinen*) appearance
② (*Erscheinen auf der Bühne*) entrance; ***ich habe meinen ~ erst im zweiten Akt*** I don't come [*or* go] on until the second act
③ (*Streit*) row; **unangenehme ~e** unpleasant scenes
④ BAU (*Treppe*) tread

auf|trumpfen *vi* ① (*seine Überlegenheit ausspielen*) to show sb what one is made of
② (*sich schadenfroh äußern*) to crow *pej*

auf|tun *irreg* **I.** *vr* ① (*geh: sich öffnen*) ■**sich** [**vor jdm**] ~ to open [up] [for [*or form* before] sb]; *Abgrund a.* to yawn before sb *liter*
② (*sich ergeben*) ■**sich** ~ to open up
II. *vt* ① (*sl: ausfindig machen*) ■**jdn/etw** ~ to find sb/sth
② (*fam: servieren*) ■**jdm etw** ~ to serve sb with sth; ***können Sie mir noch etwas ~?*** can I have some more?
III. *vi* ① (*veraltet geh: öffnen*) ■**jdm** ~ to open the door for sb
② (*fam: Essen auflegen*) ■**jdm/sich** ~ to put sth on sb's/one's plate, to help sb/oneself to sth

auf|türmen **I.** *vt* ■**etw** [**auf/in etw** *dat*] ~ to pile [*or* heap] up sth [on/in sth] *sep;* **Holz** ~ to stack [up *sep*] [*or sep* pile up] wood
II. *vr* (*geh*) ① (*hoch aufragen*) ■**sich** [**vor jdm**] ~ to tower up [before [*or* in front of] sb]; (*bedrohlich*) to loom up [before [*or* in front of] sb]
② (*sich zusammenballen*) ■**sich** ~ to pile [*or* mount] up

auf|wachen *vi sein* to wake [up], to awake[n] *liter;* **aus einem Alptraum/einer Narkose** ~ to start up from a nightmare/to come round from an anaesthetic [*or* AM anesthetic]

Aufwachraum *m* (*im Krankenhaus*) recovery room

auf|wachsen [-ks-] *vi irreg sein* ■[**als etw**] [**auf/in etw** *dat*] ~ to grow up [sth] [on/in sth]; ***er wuchs als Kind armer Eltern auf*** he grew up the son of poor parents

auf|wallen *vi sein* ① (*leicht aufkochen*) to be brought to the [*or* AM a] boil; **etw ~ lassen** to bring sth to the boil
② (*geh: aufsteigen*) ■**in jdm** ~ to surge [up] [with]in sb

Aufwallung *f* ■**eine ~ von etw** a surge of sth; **eine ~ von Hass/Wut** a wave of hate/fit of rage

Aufwand <-[e]s> *m kein pl* ① (*Einsatz*) expenditure *no pl;* [**zeitlicher**] ~ time *no pl;* ***der ~ war umsonst/ das war ein unnützer ~*** it was a waste of energy/money/time; **einen ~ an Energie/Geld/Material erfordern** to require a lot of energy/money/material[s]; ***das erfordert einen ~ von 21 Millionen Mark*** that will cost [*or* take] 21 million marks
② (*aufgewendeter Luxus*) extravagance; [**großen**] ~ **treiben** to be [very] extravagant, to live in [grand] style [*or* [great] luxury]

aufwändig[RR] **I.** *adj* ① (*teuer und luxuriös*) lavish, extravagant; **~es Material** costly material[s *pl*]; ■~ **sein** to be lavish [*or* extravagant] [*or* costly]
② (*umfangreich*) costly, expensive
II. *adv* lavishly; ~ **eingerichtet sein** to be fitted out luxuriously

Aufwand-Nutzen-Rechnung *f* ÖKON costs-benefits evaluation

Aufwandsentschädigung *f* expense allowance **Aufwandsfinanzierung** *f* FIN cost financing **Aufwandsrückerstattung** *f* FIN refund of expenses **Aufwandsteuer** *f* FIN outlay [*or* AM use] tax **Aufwands- und Ertragsrechnung** *f* FIN account of receipts and expenditures *pl*

Aufwandzinsen *pl* ÖKON interest *no pl* on expenditure

auf|wärmen **I.** *vt* ① (*wieder warm machen*) ■[**jdm**] **etw** ~ to heat up *sep* sth [for sb]
② (*fam: erneut zur Sprache bringen*) ■**etw** ~ to bring [*or fam* drag] [*or pej a.* rake] up sth *sep*
II. *vr* ■**sich** ~ ① (*den Körper warm werden lassen*) to warm oneself [up]
② (*die Muskulatur auflockern*) to warm [*or* limber] up

auf|warten *vi* (*geh*) ① (*zu bieten haben*) ■**mit etw** ~ to offer sth; **mit einer Überraschung** ~ to come up with [*or* provide] a surprise
② (*vorsetzen*) ■[**jdm**] **mit etw** ~ to serve [sb with] sth
③ (*veraltend: bedienen*) ■**jdm** ~ to serve [*or* wait on] sb

aufwärts *adv* ① (*nach oben*) up[ward[s]]; ***die Ecken haben sich ~ gebogen*** the corners have curled up; **den Fluss** ~ upstream; **es geht** [**mit jdm/etw**] ~ (*Fortschritte machen*) things are looking up [for sb]/looking up [*or* getting better] [*or* improving] [for sth]; **es geht** [**mit jdm**] ~ (*sich gesundheitlich erholen*) sb is doing [*or* getting] better; **etw ~ richten** to direct sth upwards; ~ **zeigen** to point up[ward[s]]; *Konjunktur* to be on the upswing; ■**von etw** [**an**] ~ from sth upward[s]
② (*bergauf*) uphill

Aufwärtsbewegung *f* ① (*räumlich*) upward movement ② ÖKON *der Konjunktur* upward trend [*or* movement] **Aufwärtsentwicklung** *f* upward trend (+*gen* in) **aufwärts|gehen** *vi impers, irreg sein s.* **aufwärts 1** **aufwärtsgerichtet** *adj* upward[s] **Aufwärtshaken** *m* uppercut; **einen ~ unter dem** [*o* **das**] **Kinn landen** to land an uppercut on sb's chin **Aufwärtskompatibilität** *f* INFORM upward compatibility **Aufwärtstendenz** *f,* **Aufwärtstrend** *m* upward trend [*or* tendency]

Aufwartung *f* ■**jdm seine ~ machen** (*veraltet geh*) to visit [*or* call [in] on] [*or old* wait on] sb

Aufwasch <-s> *m kein pl* DIAL (*Abwasch*) washing-up
▶ WENDUNGEN: **das geht in einem** ~ (*fam*) we can do all that in one go, that will kill two birds with one stone

auf|waschen *vt irreg* DIAL (*abwaschen*) to wash [*or* do] the dishes, BRIT *a.* to wash up
▶ WENDUNGEN: **das ist** [**dann**] **ein A~** (*fam*) [that way] we can kill two birds with one stone

auf|wecken *vt* ■**jdn** ~ to wake [up *sep*] sb; ***um wie viel Uhr soll ich dich ~?*** at what time shall I wake you?; **unsanft aufgeweckt werden** to be rudely awoken; *s. a.* **aufgeweckt**

auf|weichen **I.** *vt haben* ① (*morastig machen*) ■**etw** ~ to make sth sodden [*or* soggy]; ■**aufgeweicht** sodden, soaked, soggy
② (*weich machen*) ■[**jdm/sich**] **etw** ~ to soak [one's] sth/sth [for sb]
③ (*geh: lockern*) ■**etw** ~ to weaken [*or* undermine] sth; **eine Doktrin** ~ to water down *sep* a doctrine
II. *vi sein* ① (*morastig werden*) to become [*or* get] sodden [*or* soggy]
② (*geh: sich lockern*) to be weakened [*or* undermined]; *Doktrin* to become watered down

auf|weisen *vt irreg* ① (*erkennen lassen*) ■**etw** ~ to show sth; ***das Auto wies einige Kratzer auf*** the car had a number of scratches; ***die Patientin wies einige blaue Flecke auf*** the patient exhibited some bruising
② (*durch etw gekennzeichnet sein*) ■**etw** ~ to contain sth; **viele Irrtümer/orthographische Fehler** ~ to be riddled with [*or* full of] mistakes/misspellings
③ (*über etw verfügen*) ■**etw aufzuweisen haben** to have sth to show [for oneself]

auf|wellen *vt* KOCHK to heat gently (*in a liquid*)

auf|wenden *vt irreg o reg* ■**etw** ~ ① (*einsetzen*) to use sth; **viel Energie ~, etw zu tun** to put a lot of energy into doing sth; **viel Mühe ~, etw zu tun** to take a lot of trouble [*or* great pains] doing sth; **viel Zeit ~, etw zu tun** to spend a lot of time doing sth
② (*ausgeben*) to spend [*or* expend] sth; **die aufgewendeten Mittel** expenditure *no pl*

aufwendig I. *adj* ❶ (*teuer und luxuriös*) lavish, extravagant; ~es Material costly material[s *pl*]; ■~ sein to be lavish [*or* extravagant] [*or* costly]
❷ (*umfangreich*) costly, expensive
II. *adv* lavishly; ~ eingerichtet sein to be fitted out luxuriously

Aufwendung <-, -en> *f* ❶ *kein pl* (*das Aufwenden*) spending *no pl, no indef art; von Energie, Zeit* expending *no pl, no indef art*
❷ *pl* (*Ausgaben*) expenditure *no pl, no indef art,* expenses *pl;* außerordentliche ~en below-the-line expenditure; betriebliche ~en operating expenses; laufende ~en current expenditure

Aufwendungsanspruch *m* JUR right of indemnity **Aufwendungsersatz** *m* FIN reimbursement of expenses **Aufwendungsersatzanspruch** *m* JUR claim for compensation of expenses **Aufwendungsersatzpflicht** *f* JUR duty to refund expenses

auf|werfen *irreg* I. *vt* ■etw ~ ❶ (*zur Sprache bringen*) to raise [*or sep* bring up] sth
❷ (*aufhäufen*) to build [up *sep*] [*or sep* throw up] sth; Erde ~ to throw on *sep* soil
II. *vr* ■sich zu etw ~ to set oneself up as sth; sich zum Richter ~ to set oneself up as judge

auf|werten I. *vt* ❶ (*im Wert erhöhen*) ■etw [um etw] ~ to revalue sth [by sth]
❷ (*höher werten*) ■etw ~ to increase the value of sth; sein Ansehen ~ to raise [*or* enhance] one's status; eine Rolle ~ to raise [*or* enhance] the status of a role
II. *vi* to revalue [its currency]

Aufwertung <-, -en> *f* ❶ (*das Aufwerten*) revaluation (um +*dat* by)
❷ (*höhere Bewertung*) enhancement

auf|wickeln *vt* ■etw ~ ❶ (*aufrollen*) to roll up sth *sep;* Haare ~ to put curlers in one's hair
❷ (*auseinander wickeln*) to unwind sth; einen Verband ~ to take off a bandage

auf|wiegeln *vt* ■jdn ~ to stir up sb *sep;* Leute gegeneinander ~ to set people at each other's throats; das Volk ~ to stir up the people *form;* die aufgewiegelte Bevölkerung the popular uprising; jdn zum Streik/Widerstand ~ to incite sb to strike/resist

auf|wiegen *vt irreg* ■etw ~ to compensate [*or* make up] for sth; ***sie ist nicht aufzuwiegen*** she can't be bought for all the money in the world

Aufwiegler(in) <-s, -> *m(f)* (*pej*) rabble-rouser *pej*

Aufwind *m* ❶ *kein pl* (*Aufschwung*) impetus *no pl;* ein konjunktioneller ~ an economic upswing; [neuen] ~ bekommen to be given [*or* gain] fresh impetus; im ~ sein to be on the way up; etw *dat* neuen ~ verschaffen to give fresh impetus to sth, to provide sb with fresh impetus
❷ LUFT upcurrent, updraught BRIT, updraft AM

auf|wirbeln I. *vi sein* to swirl [*or* whirl] up
II. *vt haben* ■etw ~ to swirl [*or* whirl] up sth *sep;* Staub ~ to raise [*or sep* swirl [*or* whirl] up] dust

auf|wischen I. *vt* ■etw ~ ❶ (*entfernen*) to wipe up sth *sep;* (*mit Mop a.*) to mop up sth *sep;* etw vom Boden ~ to wipe/mop up *sep* sth off the floor
❷ (*reinigen*) to wipe sth; (*mit Mop a.*) to mop sth
II. *vi* to wipe [*or* mop] the floor[s]; in der Küche ~ to wipe/mop the kitchen floor

auf|wühlen *vt* ❶ (*aufwerfen*) ■etw ~ to churn [up *sep*] sth; ■aufgewühlt churned [up]; die aufgewühlte See the churning sea; ■aufgewühlt sein to be churned up; *See* to be churning
❷ (*geh: stark bewegen*) ■jdn [innerlich] ~ to stir up *sep* [*or* shake [up *sep*]] sb; ■~d stirring; (*stärker*) devastating; ■aufgewühlt agitated, in a turmoil *pred;* (*stärker*) turbulent

auf|zählen *vt* ■[jdm] etw ~ to list [*or form* enumerate] sth [for sb], to give [sb] a list of sth; jdm seine ganzen Fehler ~ to tell sb all his faults, to count off *sep* all his faults; [jdm] Gründe/Namen ~ to give [sb] reasons/names, to list reasons/names for sb

Aufzahlung <-, -en> *f* ÖSTERR, SCHWEIZ (*Aufpreis*) additional charge

Aufzählung <-, -en> *f* list; *von Gründen, Namen a.* enumeration

auf|zäumen *vt* ■etw ~ to bridle sth; etw von hinten [*o* verkehrt herum] aufzäumen (*fig fam*) to set [*or* go] about sth the wrong way

auf|zehren I. *vt* (*geh*) ■etw ~ to consume sth; (*fig: Vorräte aufbrauchen*) to exhaust [*or* consume] sth
II. *vr* ■sich [innerlich] ~ to burn oneself out; sich vor Gram ~ to be consumed with sorrow [*or* grief]

auf|zeichnen *vt* ❶ (*aufnehmen*) ■etw [auf etw *akk*] ~ to record sth [on sth]; etw auf Tonband ~ to tape sth, to record sth on tape; FILM *a.* to can sth *sl;* etw mit dem Videorekorder ~ to video [*or* tape] sth
❷ (*als Zeichnung erstellen*) ■[jdm] etw [auf etw *akk*] ~ to draw [*or* sketch] sth [on sth] [for sb]; ■jdm ~, wie ... to draw [*or* sketch] sb a picture showing how ...
❸ (*notieren*) ■etw ~ to note [down *sep*] sth

Aufzeichnung *f* ❶ (*das Aufzeichnen*) recording *no pl, no indef art;* (*auf Band a.*) taping *no pl, no indef art;* (*auf Videoband a.*) videoing *no pl, no indef art;* INFORM ~ der Daten logging of data
❷ (*Zeichnung*) drawing, sketch
❸ *meist pl* (*Notizen*) notes

Aufzeichnungsdichte *f* INFORM packaging [*or* storage] density; einseitige/zweiseitige ~ single-sided/double-sided density **Aufzeichnungspflicht** *f* JUR legal obligation to keep [books and] records **aufzeichnungspflichtig** *adj* JUR liable to be recorded

auf|zeigen *vt* ■[jdm] [an etw *dat*] ~, dass/wie ... to show [sb] [using sth] that/how ...; (*nachweisen a.*) to demonstrate [to sb] [using sth] that/how ...

auf|ziehen *irreg* I. *vt haben* ❶ (*durch Ziehen öffnen*) ■etw ~ to open sth; einen Reißverschluss ~ to undo a zip; eine Schleife/seine Schnürsenkel ~ to untie [*or* undo] a bow/one's laces; die Vorhänge ~ to draw back *sep* [*or* open] the curtains
❷ (*herausziehen*) ■etw ~ to open [*or sep* pull open] sth
❸ (*aufkleben*) ■etw [auf etw *akk*] ~ to mount sth [on sth]
❹ (*befestigen und festziehen*) ■etw ~ to fit sth; Reifen ~ to fit [*or* mount] [*or sep* put on] tyres [*or* AM tires]; Saiten/neue Saiten auf eine Gitarre ~ to string/restring a guitar; *s. a.* Saite
❺ (*spannen*) ■etw ~ to wind up sth *sep*
❻ (*großziehen*) ■jdn/etw ~ to raise [*or* rear] sb/sth, to bring up *sep* sb
❼ (*kultivieren*) ■etw ~ to cultivate [*or* grow] sth
❽ (*fam: verspotten*) ■jdn [mit etw] ~ to tease sb [about sth], to make fun of sb['s sth]
❾ (*veranstalten*) ■etw ~ to set up sth *sep;* ein Fest [ganz groß] ~ to arrange a celebration [in grand style]
❿ (*fam: gründen*) ■etw ~ to start [*or* set] up sth *sep*
⓫ (*hochziehen*) ■etw ~ to hoist sth; die Segel ~ to hoist [*or* raise] the sails
⓬ (*durch Einsaugen füllen*) ■etw [mit etw] ~ to fill [*or* charge] sth [with sth]; ■etw ~ to draw up sth *sep*
II. *vi sein* ❶ (*sich nähern*) to gather, to come up
❷ (*aufmarschieren*) ■[vor etw *dat*] ~ to march up [in front of sth]; *Wache* to mount guard [in front of sth]

Aufzinsung <-, -en> *f* ÖKON accumulation

Aufzucht *f kein pl* ❶ (*das Großziehen*) raising *no pl, no indef art,* rearing *no pl, no indef art*
❷ (*aufgezogene Jungpflanzen*) cultivated plants *pl*
❸ (*aufgezogene Jungtiere*) young breed

Aufzug[1] *m* ❶ (*Fahrstuhl*) lift BRIT, elevator AM; (*für Speisen*) dumb waiter; ~ fahren to take [*or* go in] the lift
❷ (*Festzug*) procession
❸ *kein pl* (*das Aufmaschieren*) parade
❹ *kein pl* (*das Nahen*) gathering *no pl, no indef art*
❺ (*Akt*) act

Aufzug[2] *m kein pl* (*pej fam*) get-up *fam*

Aufzugführer(in) *m(f)* lift [*or* AM elevator] operator, BRIT *a.* liftman

Aufzugsschacht *m* BAU hoistway, elevator shaft

auf|zwingen *irreg* I. *vt* ❶ (*gewaltsam auferlegen*) ■jdm etw ~ to force sth on sb; jdm seinen Willen ~ to impose [*or* force] one's will on sb; jdm Geschlechtsverkehr ~ to force sb into [*or* to have] sex
❷ (*gewaltsam öffnen*) ■etw [mit etw] ~ to force [*or* BRIT prise] [*or* AM prize] open sth [with sth] *sep;* etw mit einer Brechstange ~ to jemmy [*or* AM jimmy] open sth *sep;* etw mit Gewalt ~ to force open sth *sep*
❸ (*aufdrängen*) ■jdm etw ~ to force sth on sb, to force sb to accept [*or* into accepting] sth
II. *vr* ■sich jdm ~ to force itself on sb; *Gedanke* to strike sb forcibly

Augapfel *m* eyeball, bulbus oculi *spec;* jdn/etw wie seinen ~ hüten to cherish sb/sth like life itself

Auge <-s, -n> *nt* ❶ (*Sehorgan*) eye; ***es tränen ihr die ~n*** her eyes are watering; ***er hat eng stehende ~n*** his eyes are too close together; das linke/rechte ~ one's left/right eye; [sich *dat*] die [*o* seine] ~n untersuchen lassen to have one's eyes tested; mit bloßem [*o* nacktem] ~ with the naked eye; etw mit [seinen] eigenen ~n gesehen haben to have seen sth with one's own eyes, to have witnessed sth in person; gute/schlechte ~n [haben] [to have] good/poor eyesight *sing* [*or pl* eyes]; ~n wie ein Luchs haben (*sehr gut sehen*) to have eyes like a hawk, to be eagle-eyed; (*alles merken a.*) to not miss a thing; [die] ~n links/rechts! MIL eyes left/right!; mit den ~n blinzeln [*o* zwinkern] to blink [*or* wink]; etw im ~ haben to have [got] sth in one's eye; sich *dat* die ~n reiben to rub one's eyes; (*nach dem Schlaf a.*) to rub the sleep from one's eyes; mit den ~n rollen to roll one's eyes; auf einem ~ schielen/blind sein to have a squint/to be blind in one eye; ***ich habe doch ~n im Kopf!*** (*fam*) I know what I saw!; ***hast du/haben Sie keine ~n im Kopf?*** (*fam*) haven't you got any eyes in you head?, use your eyes!; die ~n offen haben [*o* halten] to keep one's eyes open [*or fam* skinned] [*or fam* peeled]; mit offenen ~n schlafen to daydream; mir wurde schwarz vor ~n everything went black, I blacked out; sehenden ~s (*geh*) with open eyes, with one's eyes open; ein sicheres ~ für etw haben to have a good eye for sth; da blieb kein ~ trocken (*hum fam*) there wasn't a dry eye in the place; man muss seine ~n überall/hinten und vorn haben (*fam*) you need eyes in the back of your head; ***ich kann meine ~n nicht überall haben*** (*fam*) I can't look [*or* be] everywhere at once; mit verbundenen ~n blindfolded; (*mit absoluter Sicherheit*) blindfold; ***so weit das ~ reicht*** as far as the eye can see; jdn/etw im ~ behalten (*beobachten*) to keep an eye on sb/sth; (*sich vormerken*) to keep [*or* bear] sb/sth in mind; etw ins ~ fassen to contemplate sth; ins ~ fassen, etw zu tun to contemplate doing sth; ***das muss man sich mal vor ~n führen/führen, was ...!*** just imagine it/imagine what ...!; jdm etw vor ~n führen to make sb aware of sth; ***geh mir aus den ~n!*** get out of my sight [*or fam!* face]!; die ~n aufmachen [*o* aufsperren] [*o* auftun] (*fam*) to open one's eyes; ***jetzt gehen mir die ~n auf!*** now I'm beginning to see the light; sich *dat* die ~n nach jdm/etw ausgucken (*fam*) to look everywhere for sb/sth, to hunt high and low for sth; jdm gehen die ~n über sb's eyes are popping out of her/his head; ein ~ auf jdn/etw geworfen haben to have one's eye on sb/sth; jdn/etw im ~ haben to have one's eye on sb/sth, to keep tabs on sth; ein ~ auf jdn/etw haben to keep an eye on sb/sth; etw noch deutlich [*o* genau] [*o* lebhaft] vor ~n haben to remember sth clearly [*or* vividly]; nur ~n für jdn haben to only have eyes for sb; jdn nicht aus den ~n lassen to not let sb out of one's sight, to keep one's eyes riveted on sb; ein ~ riskieren (*fam*) to risk a glance [*or* peep], to have [*or* take] a peep; die ~n schließen (*geh*) to fall asleep; für immer die ~n schließen (*euph geh*) to pass away [*or* on] *euph;* jdm schwimmt alles vor den ~n sb feels giddy [*or* dizzy], sb's head is spinning; etwas fürs ~ sein to be a treat to look at; *Ding a.* to have visual

appeal; (*unerwartet*) to be a sight for sore eyes *fam;* **nur fürs ~ sein** (*fam*) to be good to look at but not much else *fam;* **jdm in die ~n sehen** [*o* **schauen**] to look into sb's eyes; (*trotzig*) to look sb in the eye[s] [*or* straight in the face]; **ins ~ springen** [*o* **fallen**] [*o* **stechen**] to catch the eye; **ins ~ springen** [*o* **fallen**], **wie ...** to be glaringly obvious that ...; **etw steht** [*o* **schwebt**] **jdm vor ~n** sb can picture sth vividly, sb envisages [*or* envisions] sth *form;* ***ich traute meinen ~n nicht!*** I couldn't believe my eyes [*or* what I was seeing]; **etw aus den ~n verlieren** to lose track of sth; **sich aus den ~n verlieren** to lose contact, to lose touch with each other [*or* one another]; **in jds** *dat* **~n** in the opinion [*or* view] of sb, in sb's opinion [*or* view], as sb sees it; **in den Augen der Leute/Öffentlichkeit** in the eyes of most people/the public; **~ in ~** face to face; **unter jds** *dat* **~n** before sb's very eyes, under sb's very nose; **vor aller ~n** in front of everybody
❷ (*Punkt beim Würfeln*) point
❸ (*Keimansatz*) eye
❹ (*Fett~*) drop [*or* globule] of fat
❺ (*Zentrum*) eye
▶ WENDUNGEN: **jdm sieht die Dummheit aus den ~n** sb's stupidity is plain to see; **das ~ des Gesetzes** (*hum*) the [arm of the] law + *sing/pl vb;* **jd guckt sich die ~n aus dem Kopf** (*fam*) sb's eyes are popping out of her/his head [*or* coming out on stalks]; **die/jds ~n sind größer als der Mund** (*fam*) sb's eyes are bigger than her/his stomach; **jdm sieht der Schalk aus den ~n** sb [always] has a roguish [*or* mischievous] look on his/her face; **aus den ~n, aus dem Sinn** (*prov*) out of sight, out of mind *prov;* **„~ um ~, Zahn um Zahn"** "an eye for an eye and a tooth for a tooth"; [**um**] **jds blauer ~n willen** for the sake of sb's pretty face *a. iron;* **mit einem blauen ~ davonkommen** (*fam*) to get off lightly; **vor jds geistigem** [*o* **innerem**] **~** in sb's mind's eye; **jdn mit** [*o* **aus**] **großen ~n ansehen** [*o* **anschauen**] to look at sb wide-eyed; **mit einem lachenden und einem weinenden ~** with mixed feelings; **jdm schöne** [*o* **verliebte**] **~n machen** to make eyes at sb; **unter vier ~n** in private; (*unter uns etc. a.*) between ourselves etc.; **ein Gespräch unter vier ~n** a private conversation; **ich hab' doch hinten keine ~n!** (*fam*) I don't have eyes in the back of my head; **jdm jeden Wunsch an** [*o* **von**] **den ~n ablesen** to anticipate sb's every wish; **der würde ich am liebsten die ~n auskratzen!** (*fam*) I'd like to scratch her eyes out; **jdm jdn/etw aufs ~ drücken** (*fam*) to force [*or* impose] sb/sth on sb; **ins ~ gehen** (*fam*) to backfire, to go wrong; [**große**] **~n machen** (*fam*) to be wide-eyed [*or* BRIT *a. fam* gobsmacked]; ***da machst du ~n, was?*** that's got you, hasn't it?; **jdm die ~n** [**über etw** *akk*] **öffnen** to open sb's eyes [to sth]; **die ~n vor etw** *dat* **verschließen** to close [*or* shut] one's eyes to sth; **ein ~/beide ~n zudrücken** (*fam*) to turn a blind eye; **kein ~ zutun** (*fam*) to not sleep a wink [*or* get a wink of sleep]; **~n zu und durch** (*fam*) take a deep breath [*or* grit your teeth] and get to it; **jdn/etw mit anderen ~n** [**an**]**sehen** to see sb/sth in a different [*or* in another] light

äugen *vi* (*veraltet fam*) to look

Augenarzt, -ärztin *m, f* eye specialist, ophthalmologist *spec* **augenärztlich** I. *adj attr* ophthalmological *spec;* **~e Behandlung** eye [*or spec* ophthalmic] treatment; **~e Beratung** advice from an eye specialist [*or spec* ophthalmologist]; **das ~e Gebiet** the field of ophthalmology *spec* II. *adv* ❶ (*durch einen Augenarzt*) by an eye specialist [*or spec* ophthalmologist] ❷ (*hinsichtlich der Augenheilkunde*) for the field of ophthalmology *spec* **Augenaufschlag** *m* look **Augenbank** *f* eyebank **Augenbelastung** *f* eye strain **Augenbeschwerden** *pl* eye complaints *pl,* eye problems *pl* **Augenblick** *m* ❶ (*kurze Zeitspanne*) moment; ***es dauert nur einen ~*** it won't take a minute; ***wenn Sie einen ~ Zeit haben, ...*** if you could spare a moment ...; **im ersten ~** for a moment, at first; **im letzten ~** at the [very] last moment, in the nick of time; **im nächsten ~** the [very] next moment; **in einem ~** [with]in a moment; **alle ~e** constantly, all the time; **etw alle ~e tun** to keep on doing sth; **einen ~**[**, bitte**]! one moment [please]!; **jeden ~** any time [*or* minute] [*or* moment] [now]; **keinen ~ zögern** to not hesitate for a moment; **~ mal!** (*he*) just a minute! [*or* second] [*or fam* sec], hang on! [*or* BRIT *a.* about] *fam;* (*ach ja*) wait a minute [*or* second] [*or fam* sec], hang on *fam*
❷ (*Zeitpunkt*) instant, moment; **der ~ der Wahrheit** the moment of truth; **der passende** [*o* **richtige**] **~** the right moment; **im passenden** [*o* **richtigen**] **~** at the right moment; **im ~** at present [*or* the moment]; **in diesem ~** at that/this moment; **in einem schwachen ~/~ der Schwäche** in a moment of weakness

augenblicklich I. *adj* ❶ (*sofortig*) immediate
❷ (*derzeitig*) present, current; **die ~e Lage** the present [*or* current] situation, the situation at the moment
❸ (*vorübergehend*) temporary; **eine ~e Modeerscheinung** a short-lived fashion, a fad *pej fam*
❹ (*einen Augenblick dauernd*) momentary
II. *adv* ❶ (*sofort*) immediately; (*herausfordernd*) at once, this minute
❷ (*zur Zeit*) at present, at the moment

Augenblinzeln *nt kein pl* blink; (*mit einem Auge*) wink **Augenbohne** *f* black-eyed bean **Augenbraue** *f* eyebrow, supercilium *spec;* **buschige ~n** bushy eyebrows; [**sich** *dat*] **die ~n zupfen** to pluck one's eyebrows; **die ~n hochziehen** to raise one's eyebrows **Augenbrauenbogen** *m* curve of the eyebrow **Augenbrauenfärben** <-s> *nt kein pl* eyebrow tinting **Augenbrauenstift** *m* eyebrow pencil **Augenbrauenzupfen** <-s> *nt kein pl* eyebrow plucking **Augenentspannung** *f* relaxation of the eyes **Augenentzündung** *f* inflammation of the eye **Augenerkrankung** *f* eye disease **augenfällig** *adj* obvious, evident; ■[**jdm** [*o* **für jdn**]] **~ sein** to be obvious [*or* evident] [to sb] **Augenfarbe** *f* colour [*or* AM -or] of [one's] eyes **Augenflimmern** *nt* flickering before the eyes **Augenheilkunde** *f* ophthalmology *spec* **Augenhöhe** *f* ■**in ~** at eye level **Augenhöhle** *f* [eye] socket, orbit[al cavity] *spec* **Augenklappe** *f* eye-patch; ■**~n** (*für Pferd*) blinkers *pl* BRIT, blinders *pl* AM **Augenklinik** *f* eye clinic **Augenkonturencreme** *f* eye contour cream **Augenkrankheit** *f* eye disease **Augenlicht** *nt kein pl* (*geh*) [eye]sight *no pl, no art;* **das** [*o* **sein**] **~ verlieren** to lose one's [eye]sight **Augenlid** *nt* eyelid **Augen-Make-up** *nt* eye make-up **Augen-Make-up-Entferner** *m* eye make-up remover **Augenmaß** *nt kein pl* ❶ (*Fähigkeit, Entfernungen abzuschätzen*) eye for distance[s]; [**ein**] **gutes/**[**ein**] **schlechtes ~ haben** to have a good/no [*or* a poor] eye for distance[s]; **ein ~ für etw haben** to have an eye for sth; **nach ~** by eye ❷ (*Gabe der Einschätzung*) perceptiveness; **~ haben** to be able to assess [*or* gauge] things [*or* situations]; **ein ~ für etw haben** to have an eye for sth **Augenmerk** <-s> *nt kein pl* (*Aufmerksamkeit*) attention *no pl, no art;* ***ich bitte für einen Augenblick um Ihr ~!*** could I have your attention please!; **mit gespanntem ~** with rapt attention; **jds ~ auf etw** *akk* **lenken** [*o* **richten**] to direct [*or* draw] sb's attention to sth **Augennerv** *m* optic nerve **Augenoperation** *f* eye operation **Augenoptiker(in)** *m(f)* (*geh*) *s.* **Optiker Augenränder** *pl* rims of the/one's eyes; ***seine ~ waren gerötet*** his eyes were red-rimmed **Augenringe** *pl* rings under one's/the eyes *pl;* (*als Maske*) rings [a]round one's/the eyes *pl* **Augensalbe** *f* eye ointment **Augenschatten** *pl* shadows *pl* under [*or* [a]round] one's/the eyes

Augenschein *m kein pl* ❶ (*Anschein*) appearance; **den ~ haben** to look like it; **den ~ haben, als ob ...** to appear [*or* look] as if/though ...; **nach dem/nach bloßem ~ urteilen** to judge by appearances [alone]; **dem ~ nach** by all [*or* to judge by] appearances; **der ~ kann trügen** looks can be [*or* are] deceptive; **jdn/etw in ~ nehmen** to look closely [*or* have a close look] at sb/sth
❷ SCHWEIZ (*Lokaltermin*) visit to the scene of the crime

augenscheinlich I. *adj* obvious, evident; ■**~ sein, dass ...** to be obvious [*or* evident] that ...
II. *adv* obviously, evidently

Augenscheinsbeweis *m* JUR ostensible evidence **Augenscheinseinnahme** *f* JUR inspection by the court

Augentropfen *pl* eye drops *npl* **Augentrost** *m* BOT eyebright, euphrasy **Augenübung** *f* exercise for the eyes **Augenverätzung** *f* cauterization of the eye **Augenverletzung** *f* eye injury **Augenweide** *f* feast [*or* treat] for one's [*or* the] eyes; (*unerwartet*) sight for sore eyes *fam;* **nicht gerade eine ~** a bit of an eyesore **Augenwimper** *f* **künstliche ~n** false eyelashes **Augenwinkel** *m* corner of one's/the eye; **aus dem** [*o* **einem**] **~** from [*or* out of] the corner of one's eye **Augenwischerei** <-, -en> *f* (*pej*) eyewash *no pl, no indef art* **Augenzahl** *f* number of points **Augenzeuge, -zeugin** *m, f* eyewitness; ■**~ sein**[**, wie ...**] to be an eyewitness, to witness how ...; ■**~ bei etw sein** to be an eyewitness to sth **Augenzeugenbericht** *m* eyewitness account; **nach ~en** [*o* **~en zufolge**] according to eyewitness accounts **Augenzwinkern** *nt kein pl* blinking *no pl, no indef art;* (*mit einem Auge*) winking *no pl, no indef art* **augenzwinkernd** *adv* with a wink; ***sie sahen sich ~ an*** they winked at each other; **jdm etw ~ zu verstehen geben** to give sb to understand sth with a wink

Augiasstall [au'gi:as-, 'augias-] *m kein pl* (*pej geh*) dunghill, Augean stables *pl,* sodom *pej liter*

Augur <-s *o* -guren, -guren> *m* ❶ HIST augur, auspex *spec*
❷ (*geh: Prophet*) augur, prophet

August[1] <-[e]s, -e> *m* August; *s. a.* **Februar**

August[2] <-s> *m kein pl* Augustus; **der dumme ~** (*veraltend*) the clown, August[e] *spec;* **den dummen ~ spielen** to act [*or* play] the clown [*or* fool]

Augustfeier *f* SCHWEIZ *public holiday celebrated on the evening of 1 August*

Augustiner <-s, -> *m,* **Augustinermönch** *m* Augustinian, Augustinian [*or* Augustine] monk

Auktion <-, -en> *f* auction

Auktionator, -torin <-s, -toren> *m, f* auctioneer

Auktionshaus *nt* auctioneers *pl,* auction house

Auktionsphase *f* auction phase

Aula <-, Aulen> *f* [assembly] hall

Au-pair-Mädchen [o'pɛ:r-], **Aupairmädchen**[RR] *nt* au pair [girl]; **als ~ arbeiten** to [work as an] au pair **Au-pair-Stelle, Aupairstelle**[RR] *f* au-pair job, job as an au pair

Aura <-> *f kein pl* (*geh*) aura; **eine geheimnisvolle ~** an aura of mystery

Aurikel <-, -n> *f* BOT auricula, bear's-ear

aus I. *präp* +*dat* ❶ (*von innen nach außen*) out of, out *fam;* **~ dem Fenster/der Tür** out of the window/door; **~ der Flasche trinken** to drink from [*or* out of] the bottle; ***das Öl tropfte ~ dem Fass/Ventil*** the oil was dripping from the barrel/from the valve; **etw ~ der Zeitung herausschneiden** to cut sth out of the newspaper; **Zigaretten ~ dem Automaten** cigarettes from a machine; ■**~ etw heraus** out of sth; *s. a.* **Weg**
❷ (*die zeitliche Herkunft bezeichnend*) from; **ein Gemälde ~ dem Barock** a painting from the Baroque period, a Baroque painting; **~ dem 17.Jahrhundert stammen** to be [from the] 17th century
❸ (*auf Ursache deutend*) **~ Angst** for [*or* out of] fear; **~ Angst vor/Liebe zu jdm/etw** for fear/love of sb/sth; ***~ Angst vor Strafe lief er davon*** fearing punishment he ran away; **~ Angst davor, dass ...** fearing that ...; **~ Dummheit/Eifersucht/Habgier/Hass/Verzweiflung** out of stupidity/jealousy/greed/hatred/desperation; ***warum redest du nur so einen Quatsch, wahrscheinlich nur ~ Dummheit!*** why are you talking such rubbish? you're probably just being stupid!; **ein Mord ~ Eifersucht/Habgier** a murder fuelled by jealousy/

hatred; **ein Mord** [*o* **Verbrechen**] ~ **Leidenschaft/Liebe** a crime of passion, a crime passionnel *liter;* ~ **niedrigen Motiven** for base motives; ~ **Unachtsamkeit** due to carelessness; ***pass doch auf, du wirfst sonst noch ~ Unachtsamkeit die Kanne um!*** look out, else you'll knock over the can in your carelessness; ***dieser Selbstmord geschah ~ Verzweiflung*** this suicide was an act of despair; ~ **einer Eingebung/Laune heraus** on [an] inspiration/impulse, on a whim
❹ (*von*) from; **jdn/etw ~ etw ausschließen** to exclude sb/sth from sth; ~ **dem Englischen** from [the] English [*or* the English language]; ~ **guter Familie** from [*or* of] a good family; ~ **guter Familie stammen** to be of [a] [*or* come from a] good family; ~ **uns[e]rer Mitte** from our midst; ~ **Stuttgart kommen** to be [*or* come] from Stuttgart; (*gebürtig a.*) to be a native of Stuttgart
❺ (*unter Verwendung von etw hergestellt*) [made] of; ~ **Wolle sein** to be [made of] wool; ~ **etw bestehen/sein** to be made of sth; **eine Bluse ~ Seide/Brosche ~ Silber** a silk blouse/silver brooch
II. *adv* ❶ (*fam: gelöscht*) out; ■~ **sein** to have gone out; *Feuer, Ofen, Kerze* to be out; ***Zigarette ~!*** put out *sep* your cigarette!
❷ (*ausgeschaltet*) off; **„~"** "off"; ■~ **sein** to be [switched] off; (*an elektronischen Geräten a.*) "standby"; **auf „~" stehen** to be off [*or* on "standby"]
❸ (*zu Ende*) ■~ **sein** to have finished; *Krieg* to have ended, to be over; *Schule* to be out; **mit etw ist es** ~ sth is over; **mit jdm ist es** ~ (*fam: sterben*) sb has had it *sl;* ***es ist ~ mit ihm*** he's finished [*or sl* had it]; **es ist ~ [zwischen jdm]** (*fam: beendet sein*) it's over [between sb]; ***zwischen denen ist es ~*** they've broken up, it's over between them; ***zwischen uns ist es ~, mein Freund!*** we're finished [*or* history], mate!; ~ **und vorbei sein** to be over and done with; ***es ist ~ und vorbei mit diesen Träumen*** these dreams are over once and for all
❹ (*außerhalb*) ~ **sein** SPORT to be out
❺ (*versessen*) ■**auf jdn/etw ~ sein** to be after sb/sth
❻ (*fort*) ■[**mit jdm**] ~ **sein** to go out [with sb]

Aus <-> *nt kein pl* ❶ FBALL out of play *no pl, no art;* (*seitlich*) touch *no pl, no art;* **ins ~ gehen** to go out of play; (*seitlich a.*) to go into touch; (*hinter der Torlinie a.*) to go behind [for a corner/goalkick]
❷ (*Ende*) end; **vor dem beruflichen ~ stehen** to be at the end of one's career; ■**das ~ für etw** the end of sth
❸ SPORT (*Spielende*) ■**das** ~ the end of the game [*or* match]; FBALL *a.* the final whistle

aus|arbeiten *vt* ■**etw** ~ to work out sth *sep;* (*verbessern*) to perfect sth; **ein System** ~ to elaborate *form* [*or sep* draw up] a system; **einen Text** ~ to prepare [*or sep* draw up] a text; (*formulieren a.*) to formulate [*or* compose] a text; **eine Theorie aus etw** ~ to elaborate *form* [*or sep* draw up] a theory from [*or* on the basis of] sth

Ausarbeitung <-, -en> *f* working out *no pl;* (*Verbesserung*) perfection *no pl; System, Theorie* elaboration *no pl,* drawing up *no pl* (**aus** +*dat* from/on the basis of); *Text* preparation *no pl,* drawing up *no pl;* (*Formulierung a.*) formulation *no pl,* composition *no pl*

aus|arten *vi sein* ❶ (*zu etw werden*) ■**in etw** *akk* ~ to degenerate into sth; **in einen Krieg** ~ to degenerate into a war
❷ (*ausfallend werden*) to get out of hand, to become unruly; (*fluchen*) to use bad [*or* coarse] language

aus|atmen I. *vi* to breathe out, to exhale
II. *vt* ■**etw** ~ to exhale [*or sep* breathe out] sth

aus|backen *vt* ■**etw** ~ KOCHK to deep-fry sth

aus|baden *vt* (*fam*) ■**etw** ~ to pay [*or* suffer] [*or* BRIT *fam a.* carry the can] for sth

aus|baggern *vt* ■**etw** ~ ❶ (*mit einem Bagger vertiefen*) to excavate sth; **eine Fahrrinne** ~ to deepen a shipping lane by dredging; **einen Fluss/See** ~ to dredge [out *sep*] a river/lake
❷ (*mit einem Bagger herausholen*) to excavate [*or sep* dig up] sth; (*in Fluss, See*) to dredge [up *sep*] sth

aus|balancieren* [-balãsi:rən] *vt* ■**etw** ~ ❶ (*ins Gleichgewicht bringen*) to balance sth
❷ (*geh: harmonisieren*) to balance [out *sep*] sth
❸ (*geh: abstimmen*) to balance sth

Ausbau <-bauten> *m* ❶ *kein pl* (*das Ausbauen*) extension *no pl* (**zu** +*dat* into); (*das Umbauen*) conversion *no pl* (**zu** +*dat* [in]to)
❷ ARCHIT (*angefügter Teil*) extension, annexe BRIT, annex AM
❸ *kein pl* (*das Herausmontieren*) removal (**aus** +*dat* from)
❹ *kein pl* (*Vertiefung*) building up, cultivation
❺ *kein pl* (*die Festigung*) strengthening, consolidation

Ausbauarbeiten *pl* BAU finishing work *no pl*

aus|bauen *vt* ❶ (*baulich erweitern*) ■**etw [zu etw]** ~ to extend sth [into sth]; (*umbauen*) to convert sth [[in]to sth]; (*innen*) to fit out *sep* sth [into sth]
❷ (*herausmontieren*) ■**etw [aus etw]** ~ to remove sth [from sth]
❸ (*vertiefen*) ■**etw [zu etw]** ~ to cultivate [*or sep* build up] sth [to sth]
❹ (*konsolidieren*) ■**etw** ~ to consolidate [*or* strengthen] sth

ausbaufähig *adj* ❶ (*fam: viel versprechend*) promising; ■~ **sein** to be promising; *Schüler, Mitarbeiter a.* to show promise
❷ (*erweiterungsfähig*) expandable
❸ (*sich vertiefen lassend*) that can be built up [*or* cultivated]; ***ich denke, unsere Beziehung ist noch ~*** I think we have a good relationship to build on
❹ (*möglich zu entfernen*) removable

Ausbaufähigkeit *f* INFORM extendability

Ausbaumaßnahme *f* expansion measure

Ausbaupatent *nt* improvement patent

aus|bedingen* *vr irreg* ■**sich** *dat* [**von jdm**] **etw** ~ to insist on sth, to make sth a condition [for sb]; **sich das Recht ~[, etw zu tun]** to reserve the right [to do sth]; ■**sich** *dat* [**von jdm**] **~, dass ...** to make it a condition [for sb] that ..., to stipulate that ...; ***... doch ich bedinge mir aus, dass ...*** ... but only on condition that ...

aus|beinen *vt* KOCHK DIAL ■**etw** ~ to [de]bone sth, to joint sth

Ausbeinmesser *nt* KOCHK boning knife

aus|beißen *vr irreg* ■**sich** *dat* **einen Zahn [an etw** *dat*] ~ to break a tooth [on sth], to lose a tooth [after biting into sth]

aus|bessern *vt* ❶ MODE (*durch Nähen reparieren*) ■**etw [mit etw]** ~ to mend [*or* repair] sth [with sth]; (*flicken*) to patch sth [with sth]; (*stopfen*) to darn sth [with sth]
❷ (*reparieren*) ■**etw** ~ to repair [*or* mend] [*or* fix] sth; **eine Roststelle** ~ to remove a rust spot

Ausbesserung <-, -en> *f* ❶ MODE mending *no pl,* repairing *no pl;* (*Flicken*) patching *no pl;* (*Stopfen*) darning *no pl*
❷ (*das Ausbessern*) repairing *no pl,* mending *no pl,* fixing *no pl; einer Roststelle* removal *no pl*

Ausbesserungsarbeiten *pl* repairs *pl* (**an** +*dat* to), repair work *no pl, no indef art* (**an** +*dat* on); *von Lack* retouching work *no pl* **ausbesserungsbedürftig** *adj* in need of repair/retouching etc. *pred*

aus|beulen I. *vt* ■**etw** ~ ❶ (*nach außen wölben*) to make sth bulge [*or* a bulge in sth]; (*verschleißen*) to make sth [go] baggy; ■**ausgebeult** baggy; **ein ausgebeulter Hut** a battered hat
❷ (*durch Herausschlagen glätten*) to remove dents/a dent in sth; (*durch Hämmern a.*) to hammer [*or* beat] out dents/a dent in sth *sep;* **eine Beule** ~ to remove a dent; (*durch Hämmern a.*) to hammer [*or* beat] out a dent *sep*
II. *vr* ■**sich** ~ to go baggy

ausbeutbar *adj* exploitable; **wirtschaftlich** ~ economically exploitable [*or* harnessable]

Ausbeute <-, -n> *f* ❶ (*Förderung*) gains *pl;* ■**die ~ an etw** *dat* the yield in sth; ***die ~ an nützlichen Informationen war gering*** little useful information was gleaned, the yield of useful information was minimal
❷ (*Gewinn*) profits *pl*

aus|beuten *vt* ❶ (*pej: völlig ausschöpfen*) ■**jdn** ~ to exploit sb; **Arbeiter** ~ to exploit [*or pej fam* sweat] workers
❷ (*abbauen*) ■**etw** ~ to work [*or* exploit] sth

Ausbeuter(in) <-s, -> *m(f)* (*pej*) exploiter, sweater *pej*

Ausbeutung <-, -en> *f* ❶ (*pej: das Ausbeuten*) exploitation *no pl*
❷ (*Abbau*) working *no pl,* exploitation *no pl*

Ausbeutungsmissbrauch[RR] *m* JUR abuse of exploitation **Ausbeutungsrecht** *nt* JUR working right

aus|bezahlen* *vt* ❶ (*zahlen*) ■[**jdm**] **etw** ~ to pay out *sep* sth [to sb]
❷ (*bezahlen*) ■**jdn** ~ to pay off sb *sep,* to pay sb her/his wages
❸ (*abfinden*) ■**jdn** ~ to buy out [*or* pay off] sb *sep*

Ausbietungsgarantie *f* JUR bidding guarantee

aus|bilden I. *vt* ❶ (*beruflich qualifizieren*) ■**jdn [in etw** *dat*] ~ to train sb [in sth]; (*unterrichten a.*) to instruct sb [in sth]; (*akademisch*) to educate sb [in sth]; **Rekruten** ~ to train [*or* drill] recruits; **jdn zum Arzt/Sänger** ~ to train sb to be a doctor/singer; **ein ausgebildeter Übersetzer** a qualified translator
❷ (*entwickeln*) ■**etw** ~ to develop [*or* cultivate] sth; **seine Stimme** ~ to train one's voice; **eine ausgebildete Stimme** a trained voice
II. *vr* ❶ (*sich schulen*) ■**sich** *akk* [**in etw** *dat*] ~ to train [in sth]; (*studieren*) to study [sth]; (*Qualifikation erlangen*) to qualify [in sth]
❷ MED ■**sich** ~ to develop; *Tumor a.* to form; ■[**voll**] **ausgebildet sein** to be fully developed
❸ BOT ■**sich** ~ to develop, to form

Ausbilder(in) <-s, -> *m(f),* **Ausbildner(in)** <-s, -> *m(f)* ÖSTERR, SCHWEIZ trainer; MIL instructor

Ausbildung <-, en> *f* ❶ (*Schulung*) training *no pl, no indef art;* ■**eine** ~ a training course; (*Unterricht*) instruction *no pl, no indef art;* (*akademisch*) education *no pl; von Rekruten* drilling *no pl,* training *no pl;* ***welche ~ hat er?*** what was he trained for? [*or* as]; **eine dreijährige** ~ three years of training/instruction; **die ~ zum Tischler** training as a joiner; **in der ~ sein** to be in training [*or* a trainee]; (*akademisch*) to still be at university [*or* college] BRIT, to still be in school [*or* college] AM
❷ (*Entwicklung*) development *no pl,* cultivation *no pl; von Stimme* training *no pl*
❸ MED (*Entwicklung*) development *no pl; von Tumor a.* formation *no pl*
❹ BOT (*Entwicklung*) development *no pl,* formation *no pl,* growth *no pl*

Ausbildungsangebot *nt* availability of training places **Ausbildungsbeihilfe** *f* educational grant; (*für Lehrlinge*) training allowance **Ausbildungsberuf** *m* occupation that requires training **Ausbildungsbetrieb** *m* apprenticing company (*company that takes on trainees*) **Ausbildungsdauer** *f* training period **Ausbildungsförderung** *f* [training/educational] grant **Ausbildungskapazität** *f* ÖKON training capacity **Ausbildungskompanie** *f* training unit **Ausbildungskosten** *pl* ÖKON training costs **Ausbildungsordnung** *f* JUR rules for vocational training **Ausbildungsplatz** *m* place to train **Ausbildungsstand** *m kein pl* level of training; *von Soldaten a.* level of drilling **Ausbildungsstandard** *m* training standard **Ausbildungsstätte** *f* training centre [*or* AM -er], place of training **Ausbildungsverbund** *m* training association **Ausbildungsvergütung** *f* (*geh*) training allowance **Ausbildungsverhältnis** *nt* apprenticeship **Ausbildungsvertrag** *m kein pl* JUR vocational training contract **Ausbildungszeit** *f* training period, period of training; **nach einer ~ von drei Jahren** after three years of training, after a three-year training period [*or* period of training] **Ausbildungszentrum** *nt* training centre [*or* AM -er] **Ausbildungsziel** *nt* training objective

aus|bitten *vr irreg (geh)* ❶ *(fordern)* ■**sich** *dat* [**von jdm**] **etw** ~ to ask [sb] for sth, to request sth [from [*or form* of] sb]; ***ich bitte mir Ruhe aus!*** I must [*or* will] have silence!; ***das möchte ich mir*** [***auch***] ***ausgebeten haben!*** I should think so too!; ■**sich** *dat* [**von jdm**] **~, dass jd etw tut** to ask [*or* request] sb to do sth
❷ *(erbitten)* ■**sich** *dat* **etw** ~ to ask for sth; ■**sich** *dat* **etw von jdm** ~ to ask [*or* beg] sth of sb *form*

aus|blasen *vt irreg* ■**etw** ~ to blow out sth *sep;* **ein Ei** ~ to blow an egg

aus|bleiben *vi irreg sein* ❶ *(nicht kommen)* to fail to appear [*or* come], to fail to materialize *fam*
❷ *(nicht auftreten)* to fail to appear; *Regen, Schnee* to hold off; ■**nicht** ~ **können** to be inevitable
❸ *(nicht eintreten)* to not appear, to be absent; *Menstruation* to not come, to be overdue
❹ *(nicht erfolgen)* to fail to come in
❺ *(aussetzen)* to stop, to fail

Ausbleiben <-s> *nt kein pl* ❶ *(Fortbleiben)* failure to appear [*or* come], non[-]appearance; *(Schüler a.)* absence
❷ *(das Nichtauftreten)* failure to appear; *Regen* holding off *no pl*
❸ *(Nichteintritt)* absence; **bei ~ der Menstruation** when [one's] menstruation doesn't come [*or* is overdue]
❹ *(das Nichteintreffen)* failure to come in

aus|blenden *vt (fam)* ■**etw** ~ *Problem* to blend out sth *sep;* INFORM to fade [*or* cut] out *sep* sth

aus|blenden I. *vt* ■**etw** ~ ❶ *(aus dem Film nehmen)* to cut out sth *sep;* **den Ton** ~ to cut off *sep* the sound; ■**ausgeblendet werden** to be cut out/off
❷ *(ausklingen lassen)* to fade out sth *sep*
II. *vr* ■**sich aus etw** ~ to leave sth; **sich** [**aus einer Übertragung**] ~ to leave a transmission

Ausblendung <-, -en> *f* INFORM fading out

Ausblick *m* ❶ *(Aussicht)* view, outlook *form,* prospect *liter;* ■**der/ein ~ auf etw** *akk* the/a view of sth, the/an outlook over [*or* on[to]] sth *form,* the/a prospect of [*or* over] sth *liter;* **ein Zimmer mit ~ aufs Meer** a room overlooking [*or* with a view of] the sea; **ein weiter ~ auf die Umgebung** a panorama of the surroundings
❷ *(Zukunftsvision)* prospect, outlook; ■**der/ein ~ auf etw** *akk* the/a prospect [*or* the/an outlook] for sth; **der ~ auf zukünftige Entwicklungen** future prospects *npl*

aus|bluten I. *vi sein* to bleed to death; ■**ein Schaf ~ lassen** to bleed a sheep [dry]; ■**ausgeblutet** bled [dry *pred*]
II. *vt* ■**jdn** ~ to bleed sb dry [*or* white] *sep fam;* ■**das A~** throatcutting

aus|bohren *vt* **ein Bohrloch/einen Brunnen** ~ to bore [*or* drill] out a borehole/a fountain

aus|bomben *vt* ■**jdn** ~ to bomb sb's home, to bomb sb out of her/his home; ■**die Ausgebombten** people who have been bombed out of their homes

aus|booten *vt (fam)* ■**jdn** ~ to kick [*or fam* boot] out sb *sep*

aus|borgen *vt* ❶ *(fam: verleihen)* ■[**jdm**] **etw** ~ to lend [sb] sth, to lend [out *sep*] sth [to sb]
❷ *(fam: sich ausleihen)* ■[**sich** *dat*] **etw** [**von jdm**] ~ to borrow sth [from sb]

aus|brechen *irreg* **I.** *vi sein* ❶ *(sich befreien)* ■[**aus etw**] ~ to escape [from sth]; *(Gefangene a.)* to break out [of sth]; ■**ausgebrochen** escaped
❷ MIL *(einen Durchbruch erzwingen)* ■[**aus etw**] ~ to break out [of sth]
❸ *(sich von etw frei machen)* ■[**aus etw**] ~ to break away [from sth]; **aus einer Ehe** ~ to break up *sep* a marriage
❹ *(zur Eruption gelangen)* to break out, to erupt; ■**das A~** eruption
❺ *(entstehen)* to break out; *Erdbeben* to strike
❻ *(losbrechen)* to explode, to erupt
❼ *(spontan erfolgen lassen)* **in Gelächter** ~ to burst into laughter [*or* out laughing]; **in Jubel** ~ to erupt with jubilation; **in Tränen** [*o* **Weinen**] ~ to burst into tears [*or* out crying]
❽ *(außer Kontrolle geraten)* to swerve; *Pkw a.* to career [out of control]
❾ *(austreten)* ■**jdm bricht der Schweiß aus** sb breaks into [*or* out in] a sweat
II. *vt haben* ❶ *(her~)* ■**etw** [**aus etw**] ~ to break off *sep* sth [from sth]; **ein Fenster** [**aus etw**] ~ to put in *sep* a window, to let [*or* put] a window into sth; **eine Wand** ~ to take down *sep* a wall; ■**sich** *dat* **einen Zahn** ~ to break off *sep* a tooth
❷ *(erbrechen)* ■**etw** ~ to vomit [*or sep fam* bring up] sth

Ausbrecher(in) <-s, -> *m(f)* escapee, escaped prisoner

aus|breiten I. *vt* ❶ *(entrollen und hinlegen)* ■**etw** [**vor jdm**] ~ to spread [out *sep*] sth [in front of [*or form* before] sb]; **eine Landkarte** ~ to open [*or* spread] out a map *sep*
❷ *(verteilen)* ■**etw** ~ to lay [*or* set] out sth *sep;* *(ausstellen)* to display sth
❸ *(ausstrecken)* ■**etw** ~ to spread [out *sep*] [*or* extend] sth; **die Arme** ~ to extend [*or sep* stretch [*or* spread] out] one's arms
❹ *(darlegen)* ■**etw** [**vor jdm**] ~ to enlarge [up]on sth [for sb]
II. *vr* ❶ *(sich erstrecken)* ■**sich** *akk* [**in etw** *akk*] ~ to spread [out] [in/towards etc. sth], to extend into/to etc. sth
❷ *(übergreifen)* ■**sich** *akk* [**auf/über etw** *akk o dat*] ~ to spread [to/over sth]
❸ *(überhand nehmen)* ■**sich** ~ to spread
❹ *(fam: sich breit machen)* ■**sich** ~ to spread oneself out

Ausbreitung <-, -en> *f* ❶ *(das Übergreifen)* spread *no pl* (**auf** +*akk* to)
❷ *(das Überhandnehmen)* spread *no pl; von Propaganda a.* dissemination *no pl,* propagation *no pl*
❸ *(Ausdehnung)* spread *no pl*
❹ *(Darlegung)* enlargement *no pl* (+*gen* on)

ausbrennen *irreg* **I.** *vi sein* ❶ *(zu Ende brennen)* to go out; *Feuer a.* to burn [itself] out; ■**ausgebrannt** extinguished
❷ *(energielos sein)* ■**ausgebrannt sein** to be burnt out
II. *vt haben* ■**etw** ~ to burn out *sep* sth, to cauterize sth *spec*

aus|bringen *vt irreg* ❶ *(ausrufen)* **einen Trinkspruch** [**auf jdn**] ~ to propose a toast [to sb]; **ein „Hurra" auf jdn** ~ to cheer sb; **ein Prosit auf jdn** ~ to toast sb's health
❷ *(verstreuen)* ■**etw** [**auf etw** *akk o dat*] ~ to spread [out *sep*] sth [on [*or* over] sth]
❸ NAUT *(herunterlassen)* ■**etw** ~ to lower sth

Ausbringungsmenge *f* ÖKON output [quantity]

aus|bröseln *vt* **eine Backform** ~ to grease and line a baking tin with breadcrumbs

Ausbruch *m* ❶ *(das Ausbrechen)* escape (**aus** +*dat* from); *von Gefangenen a.* breakout (**aus** +*dat* from); ■**der/ein** ~ the/a breakout/the/an escape; **ein ~ aus dem Gefängnis** a jailbreak
❷ MIL *(Durchbruch)* breakout
❸ *(Beginn)* outbreak
❹ *(Eruption)* eruption; **zum ~ kommen** to erupt
❺ *(fam: Entladung)* outburst; *(stärker)* eruption, explosion, BRIT *a.* wobbly *fam;* **einen ~ bekommen** to explode [*or* erupt], BRIT *a.* to throw a wobbly *fam*
❻ *(Weinauslese) high-quality wine made from selected fully ripe grapes*

Ausbruchsversuch *m* ❶ *(versuchter Ausbruch)* attempted escape [*or* breakout], escape [*or* breakout] attempt
❷ MIL *(versuchter Durchbruch)* attempted breakout, breakout attempt; **einen ~ machen** to attempt a breakout

aus|brüten *vt* ■**etw** ~ ❶ *(bis zum Ausschlüpfen bebrüten)* to hatch sth; *(in Brutkasten)* to incubate sth; ■**ausgebrütet** hatched [*or* incubated]
❷ *(fam: aushecken)* to hatch [up *sep*] [*or sep* cook up] sth
❸ *(fam: entwickeln)* to be sickening for sth

aus|buchen *vt* ■**etw** ~ ❶ FIN *(Buchhaltung)* to write off sth *sep;* **einen Posten aus dem Konto** ~ to delete an entry
❷ *(ausverkaufen)* to book out sth *sep*

aus|büchsen *vi (fam: abhauen)* to clear out *fam,* to push off *fam,* to run away

aus|buchten I. *vr* ■**sich** ~ to bulge [*or* curve] out[ward[s]]; ■**ausgebuchtet** curving
II. *vt* ■**etw** ~ to hollow out sth *sep*

Ausbuchtung <-, -en> *f* indentation; *von Strand* cove

aus|buddeln *vt (fam)* ■**etw** ~ ❶ *(ausgraben)* to dig up sth *sep*
❷ *(ausfindig machen)* to find [*or sep* dig up] sth

aus|bügeln *vt* ❶ *(durch Bügeln glätten)* ■**etw** ~ to iron out sth *sep*
❷ *(fam: wettmachen)* ■**etw** ~ to make good sth *sep*
❸ *(fam: bereinigen)* ■**etw** [**wieder**] ~ to iron out sth *sep*

aus|buhen *vt (fam)* ■**jdn** ~ to boo at sb; *(von der Bühne a.)* to boo off sb *sep,* to boo sb off the stage

Ausbund *m kein pl* paragon *no pl* (**an** +*dat* of), model *no pl* (**an** +*dat* of), epitome *no pl* (**an** +*dat* of); **ein ~ an** [*o* **von**] **Verworfenheit** depravity itself [*or* personified]

aus|bürgern *vt* ■**jdn** ~ to expatriate sb; **jdn aus Deutschland** ~ to deprive sb of German citizenship [*or* nationality]; ■**Ausgebürgerte[r]** expatriate

Ausbürgerung <-, -en> *f* expatriation

aus|bürsten *vt* ❶ *(durch Bürsten entfernen)* ■**etw** [**aus etw**] ~ to brush out sth *sep,* to brush sth out of sth
❷ *(sauber bürsten)* ■**etw** ~ to brush sth; ***dieses Haarspray lässt sich leicht*** ~ this hairspray is brushed out easily

aus|büxen *vi (hum fam)* to run away [from home]

Ausdauer *f kein pl* ❶ *(Beharrlichkeit)* perseverance *no pl,* tenacity *no pl;* *(Hartnäckigkeit a.)* persistence *no pl*
❷ *(Durchhaltevermögen)* stamina *no pl,* staying power *no pl;* *(im Ertragen)* endurance *no pl*

ausdauernd I. *adj* ❶ *(beharrlich)* persevering, tenacious; *(hartnäckig a.)* persistent; **~e Anstrengungen** [*o* **Bemühungen**] unremitting [*or* untiring] efforts; ■**~ sein** to be persevering [*or* persistent]
❷ *(Durchhaltevermögen besitzend)* with stamina [*or* staying power]; *(im Ertragen)* with endurance; ■**~ sein** to have stamina [*or* staying power]
II. *adv* **~ arbeiten/lernen** to apply oneself to working [*or* one's work]/learning

ausdehnbar *adj* ■**~** [**auf/über etw** *akk* **hinaus**] extendable [*or* extensible] [to sth]

aus|dehnen I. *vr* ❶ *(größer werden)* ■**sich** ~ to expand
❷ *(sich ausbreiten)* ■**sich** *akk* [**auf/über etw** *akk*] ~ to spread [to/over sth]; ■**ausgedehnt** extensive, expansive
❸ *(dauern)* ■**sich** ~ to go on; **sich endlos** ~ to take [*or* go on] forever *fam*
II. *vt* ❶ *(verlängern)* ■**etw** [**bis zu etw** *dat*/**über etw** *akk*] ~ to extend [*or* prolong] sth [by up to/by sth]
❷ *(erweitern)* ■**etw** [**auf etw** *akk*] ~ to expand [*or* extend] [*or* widen] sth [to sth]
❸ ■**etw** ~ *(vergrößern)* to expand sth; *(ausbeulen)* to stretch sth

Ausdehnung *f* ❶ *(Verlängerung)* extension (+*gen* to/of), prolongation *no pl* (+*gen* of)
❷ *(Ausbreitung)* spread[ing] *no pl* (**auf** +*akk* to)
❸ *(Erweiterung)* expansion *no pl*
❹ *(Vergrößerung)* expansion *no pl;* **in ~ begriffen sein** to be expanding
❺ *(Fläche)* area; **eine ~ von 10.000 km² haben** to cover an area of 10,000 km²

aus|denken *vr irreg* ■**sich** *dat* **etw** ~ *(ersinnen)* to think up sth *sep;* **eine Ausrede/Entschuldigung** ~ to think up [*or* of] *sep* [*or* contrive] [*or a. pej* concoct] an excuse; **eine Geschichte** ~ to think up [*or* make up] a story *sep;* **eine Idee/einen Plan** ~ to devise [*or sep* think up] an idea/a plan; **eine Überraschung** ~ to plan a surprise; **eine ausgedachte**

Geschichte a made-up story; ***da musst du dir schon etwas anderes ~!*** (*fam*) you'll have to think of something better than that!; ***das hast du dir so/fein ausgedacht!*** (*fam*) that's what you think!; ***es ist nicht auszudenken*** it's inconceivable

aus|dienen *vi* (*fam*) ■**ausgedient** worn-out, BRIT *fam a.* clapped-out; **ein ausgedientes Kraftwerk** a decommissioned power station; ■**ausgedient haben** to have had its day; *Stift* to be finished [*or* used up]

ausdifferenziert *adj inv* differentiated; **~e Zelle** differentiated cell

aus|diskutieren* **I.** *vt* ■**etw** ~ to discuss sth fully [*or* thoroughly]
II. *vi* ■**ausdiskutiert haben** to have finished discussing [*or* talking]

aus|dörren **I.** *vt haben* ■**jdn** ~ to dehydrate sb; ■**etw** ~ to dry up sth *sep;* **die Haut** ~ to dry out *sep* one's skin; **die Kehle** ~ to parch one's throat; ■**ausgedörrt sein** to be dehydrated; *Kehle* to be parched; *Erde, Land* to have dried out; (*stärker*) to be scorched [*or* parched]
II. *vi sein* to dry out; (*stärker*) to become parched [*or* scorched]; ■**ausgedörrt** dried out; (*stärker*) parched, scorched; **eine ausgedörrte Kehle** a parched throat

aus|drehen *vt* (*fam*) ■**etw** ~ to turn [*or* switch] off sth *sep;* **das Licht** ~ to turn out [*or* turn [*or* switch] off] the light *sep*

Ausdruck¹ <-drücke> *m* ❶ (*Bezeichnung*) expression; ***es gibt einen bestimmten ~ dafür*** there's a certain word for it; ■**Ausdrücke** bad [*or* coarse] language *no pl, no art,* swear words *pl;* **ein schwäbischer** ~ a Swabian turn of phrase *a. hum*
❷ *kein pl* (*Gesichts~*) [facial] expression
❸ *kein pl* (*Zeichen*) ■**der/ein/als** ~ **seiner Dankbarkeit/Liebe** *gen* the/an/as an expression of one's gratitude/love; **mit dem** ~ **des Bedauerns** (*geh*) expressing [*or* with an expression of] regret; **mit dem** ~ **der Hochachtung** (*geh*) with the expression of great respect; **etw zum** ~ **bringen, einer S.** *dat* ~ **geben** [*o* **verleihen**] (*geh*) to express [*or* give expression to] sth; **seine Dankbarkeit zum** ~ **bringen** to voice [*or* express] one's gratitude, to give expression to one's gratitude; ■[**in etw** *dat*] **zum Ausdruck kommen** to find expression [in sth]; ***in seinen Worten kam Mitleid zum*** ~ his words expressed his sympathy
❹ *kein pl* (*Ausdrucksweise*) mode of expression, way of expressing oneself; **gewandt im** ~ **sein** to have an elegant mode of expression; **sich im** ~ **vergreifen** to use the wrong approach; (*kompliziert ausdrücken*) to use long words

Ausdruck² <-drucke> *m* [computer] print-out, hard copy *spec;* **einen** ~ [**einer S.** *gen*/**von etw** *dat*] **machen** to run off *sep* a copy [of sth]

Ausdrucken <-s> *nt kein pl* ~ **von Vollflächen** printing-out of solids

aus|drucken *vt* ■[**jdm**] **etw** ~ to print [out *sep*] sth [for sb], to run off *sep* a copy [of sth] [for sb]

aus|drücken **I.** *vt* ❶ (*bekunden*) ■[**jdm**] **etw** [**für etw**] ~ to express sth [to sb] [for sth]; **jdm seine Liebe** ~ to express one's love for sb
❷ (*formulieren*) ■**etw** ~ to express [*or* formulate] sth, to put sth into words; **anders ausgedrückt** in other words; ***lassen Sie es mich anders*** ~ let me put it another way; **einfach ausgedrückt** put simply, in simple terms, in words of one syllable *a. iron;* **um es milde auszudrücken** to put it mildly [*or* another way]
❸ (*zeigen*) ■**etw** ~ to express [*or* show] sth; *Verhalten a.* to reveal sth; *Maßnahmen a.* to demonstrate sth
❹ (*auspressen*) ■[**jdm/sich**] **etw** ~ to press [*or* squeeze] out sth [for sb] *sep;* **eine Zitrone** ~ to press [*or* squeeze] the juice out of [*or* to squeeze] a lemon; **seine Pickel** ~ to squeeze one's spots
❺ (*durch Zerdrücken löschen*) ■**etw** ~ to stub [*or* put] out sth *sep*
II. *vr* ❶ (*seine Meinung formulieren*) ■**sich** ~ to express oneself; **sich ungeschickt** ~ to express oneself badly; **sich falsch** ~ to use the wrong word; **sich gewandt** ~ to be very articulate
❷ (*sich widerspiegeln*) ■**sich** *akk* **in etw** *dat* ~ to be expressed [*or* revealed] in sth; ***in ihrem Gesicht drückte sich Verzweiflung aus*** her face showed her despair

ausdrücklich **I.** *adj attr* express, explicit; **eine ~e Zuwiderhandlung** a clear [*or form* patent] violation
II. *adv* expressly, explicitly; (*besonders*) particularly; **etw** ~ **betonen** to emphasize sth particularly [*or* specifically]

Ausdruckskraft *f kein pl* expressiveness **ausdruckslos** *adj* inexpressive; **ein ~es Gesicht** an expressionless face; (*ungerührt*) an impassive face; **ein ~er Blick** a vacant [*or* blank] look **ausdrucksstark** *adj* expressive **Ausdruckstanz** *m* expressive [*or* free] dance **Ausdrucksvermögen** <-s> *nt kein pl* articulatedness **ausdrucksvoll** *adj* expressive, full of expression *pred* **Ausdrucksweise** *f* mode of expression, way of expressing oneself; ***was ist denn das für eine ~!*** what sort [*or* kind] of language is that [to use]?; **sich einer anständigen** ~ **befleißigen** to use decent language

aus|dünnen *vt* ❶ (*reduzieren*) ■**etw** ~ to reduce sth; **ein Team** ~ to reduce [*or sep* cut down] team members
❷ (*weniger dicht sein lassen*) ■**etw** ~ to thin out sth *sep*
❸ (*das Volumen vermindern*) ■[**jdm**] **etw** ~ to thin out *sep* [sb's] sth

aus|dünsten **I.** *vt* ■**etw** ~ ❶ (*gasförmige Stoffe abgeben*) to emit [*or sep* give off] [*or spec* exhale] sth
❷ (*Geruch verbreiten*) to give off sth *sep*
II. *vi* to emit [*or sep* give off] [*or spec* exhale] vapours [*or* AM -ors]/a vapour [*or* AM -or]

Ausdünstung <-, -en> *f* ❶ (*ausgedünstete Stoffe*) exhalation *spec;* (*gasförmig a.*) vapour [*or* AM -or]; (*Schweiß*) perspiration *no pl form;* (*Geruch*) fume, smell; *von Mensch, Tier* smell *no pl*
❷ (*das Ausdünsten*) evaporation *no pl,* exhalation *no pl spec*

auseinander *adv* ❶ (*räumlich*) ■~ **sein** to be wide apart; *Zähne* to be widely spaced; **etw** ~ **biegen** to bend apart sth *sep;* **Ranken** ~ **biegen** to push back *sep* branches; **etw** ~ **falten** to unfold sth; (*ausbreiten a.*) to open [out *sep*] sth; ~ **gehen** (*sich auflösen*) to disperse; (*sich verzweigen*) to diverge; (*fam: dick werden*) to [start to] fill out *a. hum;* ~ **laufen** (*zerlaufen*) to run; (*sich auflösen*) to disperse, to break up; (*voneinander abweichen*) to differ, to diverge (**in** +*dat* in); **etw** ~ **machen** (*aufmachen*) to open sth; (*mit Mühe a.*) to get open sth *sep;* (*auseinander falten*) to unfold sth; (*ausbreiten a.*) to open [out *sep*] sth; **verklebte Seiten** ~ **machen** to get apart *sep* glued pages; **die Arme** ~ **machen** to open one's arms; **die Beine** ~ **machen** to spread [*or* part] [*or* open] one's legs; ~ **streben** (*geh*) to diverge; ~ **treiben** to drift apart; **jdn/etw** ~ **treiben** to disperse sb/sth
❷ (*in mehrere Teile*) **etw** ~ **bekommen** [*o* **bringen**] to be able to get sth apart; ~ **brechen** to break [*or* fall] apart; **etw** ~ **brechen** to break sth in two; ~ **fallen** to fall apart [*or* to pieces]; **etw** ~ **nehmen** (*demontieren*) to dismantle [*or form* disassemble] sth, to take apart sth *sep;* (*zerpflücken*) to tear apart sth *sep,* to tear sth to pieces; **jdn** ~ **nehmen** (*fig sl: zerstören*) to smash [up *sep*] [*or fam* trash] [sb's] sth; (*gründlich verprügeln*) to work over sb *sep fam,* to beat [the] shit out of sb *fam!*
❸ (*separat*) **etw** ~ **schreiben** to write sth as two words; **zwei Personen/Vasen** ~ **setzen** to separate two persons/to set apart *sep* two vases; **sich** *akk* ~ **setzen** (*getrennt voneinander*) to sit apart
❹ (*zeitlich*) ■~ **sein** ***die beiden sind*** [***im Alter***] ***ein Jahr*** ~ there is a year between the two of them, the two are a year apart in age; ***sie sind altersmäßig weit*** ~ there is a great gap in their ages
❺ (*fam: getrennt*) ■~ **sein** to have broken [*or* split up]; ~ **brechen** (*sich auflösen*) to break up; ~ **gehen** (*in die Brüche gehen*) to break up; *Ehe a.* to fall apart; (*sich trennen*) to part; (*voneinander abweichen*) to differ, to diverge
❻ (*voneinander weg*) **jdn** ~ **bringen** to separate [*or* part] sb; **jdn** ~ **dividieren** to separate [*or* part] sb; **etw** ~ **halten** (*unterscheiden*) to distinguish between sth; **jdn** ~ **halten** (*voneinander unterscheiden können*) to tell apart sb *sep;* ***kannst du die Zwillinge immer ~ halten?*** can you always tell the twins apart?; **sich** *akk* ~ **leben** to drift apart; *Ehepartner a.* to become estranged; **sich mit jdm** ~ **leben** to drift away from sb; (*zerstritten*) to become estranged from sb *form*
❼ (*sonstige Verbindungen*) **jdm etw** ~ **setzen** (*erklären*) to explain sth to sb; **jdm etw detailliert** ~ **setzen** to explain sth to sb in detail, to expound sth to sb *form;* **jdm** ~ **setzen, was/wie …** to explain to sb what/how …; **sich** *akk* **mit etw** *dat* ~ **setzen** (*sich befassen*) to tackle sth; (*sich genau ansehen a.*) to have [*or* take] a good look at sth; **sich mit einem Problem** ~ **setzen** to tackle [*or* grapple with] a problem; **sich** ~ **setzen** (*geh: sich streiten*) to argue; **sich gerichtlich** [*o* **vor Gericht**] ~ **setzen** to go to court; **sich mit jdm** ~ **setzen** to argue with sb

auseinander|bekommen* *vt irreg s.* **auseinander 2** **auseinander|biegen** *vt irreg s.* **auseinander 1** **auseinander|brechen** *irreg vi, vt sein s.* **auseinander 2, 5** **auseinander|bringen** *vt irreg* (*fam*) *s.* **auseinander 6** **auseinander|dividieren** *vt s.* **auseinander 6** **auseinander|fallen** *vi irreg s.* **auseinander 1, 2** **auseinander|falten** *vt s.* **auseinander 1** **auseinander|gehen** *vi irreg sein s.* **auseinander 1, 5** **auseinander|halten** *vt irreg s.* **auseinander 6** **auseinander|laufen** *vi irreg sein s.* **auseinander 1** **auseinander|leben** *vr s.* **auseinander 6** **auseinander|machen** *vt* (*fam*) *s.* **auseinander 1** **auseinander|nehmen** *vt irreg s.* **auseinander 2**

auseinander|setzen *vi, vt s.* **auseinander 3, 7**

Auseinandersetzung <-, -en> *f* ❶ (*Streit*) argument, quarrel; [**mit jdm**] **eine** ~ [**wegen etw**] **haben** (*einen Streit*) to have [got into] an argument [with sb] [about sth]; (*ein Streitgespräch*) to have an argument [with sb] [about sth]; ■**es kam** [**wegen etw**] **zu einer** ~ an argument blew up [*or* there was an argument] [about sth]
❷ (*Beschäftigung*) ■**die** ~ **mit etw** the examination of sth; (*Analyse*) the analysis of sth

Auseinandersetzungsvertrag *m* JUR deed of partition

auseinander|streben *vi sein s.* **auseinander 1** **auseinander|treiben** *irreg vi, vt sein o haben s.* **auseinander 1**

auserkoren *adj* (*geh*) chosen; ■**dazu** ~ **sein, etw zu tun** to be chosen to do sth

auserlesen **I.** *adj* select; **~e Speisen/Weine** choice [*or* select] dishes/wines
II. *adv* particularly, especially

aus|ersehen* *vt irreg* (*geh*) ■**jdn** [**zu etw**] ~ to choose sb [for [*or* to be] sth]; ■**jdn dazu ~, etw zu tun** to choose sb to do sth

aus|erwählen* *vt* (*geh*) ■**jdn zu etw** ~ to choose sb for [*or* to do] sth; ■**jdn ~, etw zu tun** to choose sb to do sth

auserwählt *adj inv, pred* chosen

Auserwählte(r) *f(m) dekl wie adj* (*geh*) ❶ (*auserwählte Person*) ■**die ~n** the chosen few + *pl vb* [*or pl* ones], the elect + *pl vb form*
❷ (*hum: jds Zukünftige(r)*) ■**jds** ~ sb's intended *fam*

Ausfachung <-, -en> *f* BAU infil, strut member

ausfahrbar *adj* extendable, extensible *spec;* **eine ~e Antenne** a retractable aerial; **eine ~e Kopfstütze** an adjustable headrest; ■~ **sein** to be extendable [*or spec* extensible]/retractable/adjustable

aus|fahren *irreg* **I.** *vt haben* ❶ (*spazieren fahren*) ■**jdn** [**mit etw**] ~ to take [out *sep*] sb for a walk [in sth]; **jdn** [**im Wagen/in der Kutsche**] ~ to take sb [out *sep*] for a drive [*or* ride]; **ein Baby** ~ to take out

sep the baby [in the pushchair [*or* AM stroller]]
❷ (*ausliefern*) ■**etw** ~ to deliver sth
❸ (*Leistung voll ausnutzen*) ■**etw** ~ to run [up *sep*] sth to top speed; **ein Auto voll** ~ to drive a car flat out
❹ (*ausstrecken*) ■**etw** ~ to extend sth; **das Fahrgestell** ~ to lower the landing gear; **die Kopfstütze/das Periskop** ~ to raise the headrest/periscope
II. *vi sein* ❶ (*spazieren fahren*) to go [out] for a drive [*or* ride]
❷ (*sich verlängern*) *Antenne* to extend; *Kopfstütze* to be raised; *Fahrgestell* to lower
❸ (*in Bezug auf bösen Geist*) ■[**aus jdm**] ~ to come out [of sb], to leave [sb]

Ausfahrgarnitur *f* pramsuit, matinee wear **Ausfahrjäckchen** <-s, -> *nt* matinee jacket

Ausfahrt *f* ❶ *kein pl* (*Abfahrt*) departure
❷ (*Spazierfahrt*) ■**die/eine** ~ [**in etw** *dat*/**mit etw** *dat*] the/a drive [*or* ride] [in sth]; **eine** ~ **aufs Land** a drive [*or* ride] in the country, a country drive; **eine** ~ **machen** to go for a drive [*or* ride]
❸ (*Hof~, Garagen~*) exit; (*mit Tor*) gateway; **„~ freihalten!"** "keep clear", "No parking"; (*Autobahn~*) slip road BRIT, exit [ramp] AM; ~ **Sindelfingen** Sindelfingen exit, exit for Sindelfingen

Ausfahrt(s)schild *nt* exit sign **Ausfahrtsstraße** *f* exit road

Ausfall *m* ❶ (*Fehlbetrag*) deficit; **ein** ~ **von Steuereinnahmen** a revenue deficit; (*Verlust*) loss; MIL loss, casualty; **erhebliche Ausfälle** considerable losses, a considerable number of casualties
❷ (*das Versagen*) failure; AUTO breakdown; (*Produktions~*) stoppage; MED failure, loss of function; **bei einem** ~ **des Systems** in case of [a] system failure; **der** ~ **der Atmung/einer Niere** respiratory/kidney failure
❸ *kein pl* (*das Nichtstattfinden*) cancellation; (*das Fehlen*) absence
❹ LING dropping, omission
❺ (*Ergebnis*) outcome *no pl*, results *pl*
❻ (*beleidigende Äußerung*) insult; ■**Ausfälle** invective *form*
❼ MIL (*Ausbruch*) sortie, sally; (*beim Fechten*) thrust, lunge; **einen** ~ [**mit etw**] **machen** to [make a] lunge [*or* thrust] [with sth]

Ausfallbetrag *m* FIN deficiency **Ausfallbürge, -bürgin** *m, f* JUR deficiency guarantor **Ausfallbürgschaft** *f* JUR deficiency guarantee, indemnity bond; **die** ~ **übernehmen** to give a letter of indemnity

aus|fallen *vi irreg sein* ❶ (*herausfallen*) ■**etw fällt** [**jdm**] **aus** [sb's] sth is falling out, sb loses sth; **jdm fallen** [**die**] **Haare aus** sb is going bald [*or* is balding]
❷ (*nicht stattfinden*) to be cancelled [*or* AM *a.* canceled]; ■**ausgefallen** cancelled; ■**etw** ~ **lassen** to cancel sth; **das Frühstück** ~ **lassen** to go without breakfast; **eine Unterrichtsstunde** ~ **lassen** to cancel a lesson; *Schüler* to not go to [*or* to skip] a lesson, to skive BRIT, to play hooky AM
❸ (*nicht funktionieren*) *Niere* to fail; *Motor* to break down
❹ (*entfallen*) to be lost, to be not forthcoming *form*
❺ (*nicht zur Verfügung stehen*) ■[**bei/während etw**] [**wegen etw**] ~ to be absent [*or* unavailable] [for/during sth] [owing to sth]; (*ausscheiden*) to drop out [of sth] [because of sth]; *Rennwagen a.* to retire [from sth] [owing to [*or* because of] sth]
❻ LING to be dropped [*or* omitted]
❼ MODE **groß/klein** ~ *Kleidungsstück* to be large/small
❽ (*werden*) to turn out; ***die Rede ist zu lang ausgefallen*** the speech was [*or* turned out to be] too long

aus|fällen *vt* CHEM ■**etw** [**aus etw**] ~ to precipitate [out of sth]

ausfallend, ausfällig I. *adj* abusive
II. *adv* **sich** ~ **ausdrücken** to use abusive language; **sich** ~ **über jdn/etw äußern** [*o* **auslassen**] to get personal about sb/sth; **etw** ~ **formulieren** to frame sth in abusive language

Ausfallentschädigung *f* FIN deficiency compensation **Ausfallhaftung** *f* JUR contingent liability **Ausfallkredit** *m* FIN contingency loan **Ausfallrate** *f* failure rate **Ausfallrisiko** *nt* FIN default risk **Ausfallsicherheit** *f kein pl* INFORM fail safe **Ausfallstraße** *f* arterial road **Ausfallurteil** *nt* JUR deficiency judgment **Ausfallversicherung** *f* FIN contingency insurance **Ausfallzahlung** *f* FIN deficiency payment **Ausfallzeit** *f einer Maschine* downtime

aus|fechten *vt irreg* ■**etw** ~ to fight [out *sep*] sth

aus|federn *vt* **ein Auto** ~ to tilt a car (*due to suspension rebound caused by vigorous swerving*)

aus|fegen *vt* ■**etw** ~ to sweep [out *sep*] sth; ■**das A~ von etw** *dat*/**einer S.** *gen* sweeping [out *sep*] sth

aus|feilen *vt* ■**etw** ~ ❶ (*wegfeilen*) to file down sth *sep*, to remove sth by filing
❷ (*den letzten Schliff geben*) to polish [up *sep*] sth; ■**ausgefeilt** polished

aus|fertigen *vt* (*geh*) ■[**jdm**] **etw** ~ to draft [*or sep* draw up] sth [for sb]; [**jdm**] **einen Pass** ~ to issue [sb with] a passport; **eine Rechnung** [**für etw**] ~ to make out *sep* a bill [for sth], to invoice sth

Ausfertigung *f* (*geh*) ❶ *kein pl* (*Ausstellung*) drawing up, drafting; *einer Rechnung* making out; *von Pass a.* issuing
❷ (*Abschrift*) copy; **die erste** ~ the top [*or* master] copy; **in einfacher/doppelter/dreifacher/mehrfacher** ~ as one copy/as two/three/multiple copies; **in doppelter/dreifacher/vierfacher** ~ in duplicate/triplicate/quadruplicate; **in doppelter** ~ **unterzeichnet** signed in duplicate; **etw in doppelter** ~ two copies of sth

ausfindig *adj* ■**jdn/etw** [**in etw** *dat*] ~ **machen** to locate sb/sth [in sth], to trace sb/sth [to sth], to find [*or* discover] sb/sth [in sth]

Ausflaggen <-s> *nt kein pl* sailing under a foreign flag

aus|fliegen *irreg* **I.** *vi sein* ❶ (*das Nest verlassen*) to fly off [*or* away]; ***der Vogel ist ausgeflogen*** the bird has flown
❷ (*fam: weggehen*) to go out
II. *vt haben* ■**jdn** [**aus etw**] ~ to fly sb [out of sth], to evacuate sb [by air/plane/helicopter] [from sth]

aus|fließen *vi irreg sein* ■[**aus etw**] ~ to leak out [of sth]; *Eiter* to discharge [from sth]

aus|flippen *vi sein* (*fam*) ❶ (*wütend werden*) to freak out *fam*, to blow a fuse *fam*, BRIT *a.* to do one's nut *fam*
❷ (*sich wahnsinnig freuen*) to jump for joy, to be over the moon
❸ (*überschnappen*) to have a screw loose *hum fam*, to lose it [completely]; (*aufgrund von Drogen, Stimulanzien*) to be high *fam* [*or sl* spaced out]; (*aufgrund von Alkohol*) to get drunk [*or* [*or* BRIT *fam!* *a.* pissed] tight]; ■**ausgeflippt** (*überspannt*) freaky *fam;* (*unter Drogen stehend*) high *fam*, spaced out *sl;* ■**Ausgeflippte**[**r**] freak, weirdo *pej fam*

Ausflucht <-, Ausflüchte> *f* excuse; **Ausflüchte machen** to make excuses; ***mach keine Ausflüchte!*** [I want [to hear]] no excuses!

Ausflug *m* ❶ (*Betriebs~*) outing; (*Schul~ a.*) trip, AM *a.* field trip; (*Wanderung*) walk, hike; **einen** ~ **machen** to go on [*or* for] an outing [*or* a trip]/a walk [*or* hike]
❷ (*Exkurs*) ■~ **in etw** *akk* excursion; **einen** ~ **in etw** *akk* **machen** to make an excursion into sth

Ausflügler(in) <-s, -> *m(f)* tripper; (*für einen Tag*) day-tripper

Ausflugsdampfer *m* pleasure steamer **Ausflugslokal** *nt* tourist café **Ausflugsort** *m* pleasure resort **Ausflugsziel** *nt* destination [of one's outing]; **beliebte ~e** places of popular resort BRIT, popular destinations

Ausfluss[RR] <-es, Ausflüsse> *m,* **Ausfluß** <-sses, Ausflüsse> *m* ❶ (*~stelle*) outlet
❷ *kein pl* MED [vaginal *form*] discharge
❸ (*geh: Resultat*) result[s *pl*], product

aus|formulieren *vt* ■**etw** ~ *Gedanken, Text* to tidy up sth *sep*, to formulate sth in words [*or* in detail]

aus|forschen *vt* ■**jdn/etw** ~ to investigate sb/sth

Ausforschungsbeweis *m* JUR exploratory questioning of a witness

aus|fragen *vt* ■**jdn** ~ to question sb, to pump sb for details *a. pej*

aus|fransen *vi sein* to fray, to become frayed

aus|fressen *vt irreg* (*fam*) ■**etwas/nichts ausgefressen haben** to have done something/nothing wrong

Ausfuhr <-, -en> *f* ❶ *kein pl* (*Export*) export[ation]; (*~handel*) exports *pl*
❷ *pl* exports

Ausfuhrartikel *m* export item

ausführbar *adj* feasible, practicable, workable; INFORM executable; **kaum/leicht** ~ difficult/easy to carry out *pred*

Ausfuhrbeschränkung *f* export control **Ausfuhrbestimmungen** *pl* export regulations *pl* **Ausfuhrbewilligung** *f* ÖKON export licence **Ausfuhrbürgschaft** *f* ÖKON export [credit] guarantee **Ausfuhrembargo** *nt* POL export embargo

aus|führen *vt* ❶ (*durchführen*) ■**etw** ~ to carry out sth *sep;* **Anweisungen** ~ to act [up]on [*or sep* carry out] [one's/sb's] instructions; **einen Auftrag** ~ to carry out *sep* [*or form* execute] an order; **einen Befehl/Truppenbewegungen** ~ to execute an order/troop movements; **einen Elfmeter/Freistoß** ~ to take a penalty/free kick; **eine Operation** ~ to perform [*or sep* carry out] an operation; **einen Plan** ~ to put a plan into effect, to carry out *sep* a plan
❷ (*spazieren gehen mit*) ■**jdn/etw** ~ to take out sb/sth *sep;* **den Hund** ~ to take [out *sep*] the dog for a walk; **jdn groß** ~ to take out *sep* sb for a real treat
❸ (*hum: öffentlich zeigen*) ■**etw** ~ to parade *pej* [*or sep* show off] sth
❹ (*exportieren*) ■**etw** [**in etw** *akk*] ~ to export sth [to sth]; **ausgeführte Waren** exports
❺ (*erläutern*) ■[**jdm**] **etw** ~ to explain sth [to sb]; (*darlegen*) to set out *sep* sth [for sb]; **etw im Einzelnen** ~ to explain the points of sth, to elaborate on sth; **etw detailliert** ~ to explain sth in detail, to particularize sth *form*

Ausführende(r) *f(m) dekl wie adj* performer

Ausfuhrerklärung *f* export declaration

Ausfuhrerlaubnis *f* ÖKON export licence [*or* permit] **Ausfuhrerstattung** *f* FIN export refund **ausfuhrfähig** *adj* ÖKON exportable **Ausfuhrgenehmigung** *f* ÖKON export authorization **Ausfuhrgeschäft** *nt* ÖKON export transaction **Ausfuhrgüter** *pl* export goods *npl*, exports *pl* **Ausfuhrhafen** *m* shipping port, port of exportation **Ausfuhrhandel** *m* export trade **Ausfuhrkartell** *nt* FIN export-promoting cartel **Ausfuhrkontingent** *nt* ÖKON export quota **Ausfuhrkredit** *m* FIN export credit **Ausfuhrkreditversicherung** *f* FIN export credit insurance **Ausfuhrland** *nt* ❶ (*exportierendes Land*) exporting country; **ein** ~ **für Kaffee** a coffee-exporting country ❷ (*Land, in das ausgeführt wird*) export market

ausführlich I. *adj* detailed; **eine ~e Erklärung** a full explanation; **~e Informationen** full [*or* detailed] information *no pl, no art*
II. *adv* in detail [*or* full]; **sehr** ~ in great detail; ■**~er** in more [*or* greater] detail

Ausführlichkeit <-> *f kein pl* detail[edness]; *von Erklärung* fullness; **in aller** ~ in [great] [*or* down to the last] detail, in full

Ausfuhrlizenz *f* ÖKON export licence [*or* AM -se] **Ausfuhrpapiere** *pl* export documents *pl* **Ausfuhrrückgang** *m* ÖKON decline in exports **Ausfuhrsubvention** *f* FIN export subsidy **Ausfuhrumsatz** *m* FIN export sales

Ausführung *f* ❶ *kein pl* (*Durchführung*) carrying out; *von Auftrag a.* execution; *von Befehl* execution; *von Elfmeter, Freistoß* taking; *eines Gesetzes* implementation; *von Operation* performance, carrying out; **zur** ~ **gelangen** [*o* **kommen**] (*geh*) to be carried out/executed

❷ *(Qualität)* quality; *von Möbel a.* workmanship; *(Modell)* model, design
❸ *kein pl (Darlegung, Erklärung)* explanation
❹ *meist pl (Bericht)* report

Ausführungsbestimmung *f* implementing regulation [*or* statute] **Ausführungsgarantie** *f* JUR performance guarantee **Ausführungsgeschäft** *nt* JUR [agent's] implementing transaction **Ausführungsphase** *f* INFORM run phase **Ausführungsplan** *m* BAU design plan **Ausführungsqualität** *f* workmanship **Ausführungsverordnung** *f* JUR implementing regulation

Ausfuhrverbot *nt* POL export ban [*or* prohibition] **Ausfuhrzoll** *m* export duty

aus|füllen *vt* ❶ *(Antworten eintragen)* ■**etw** ~ to fill in [*or* out] sth *sep,* to complete sth
❷ *(gerecht werden)* ■**etw** ~ to fill sth; ***er füllt den Posten gut/nicht gut aus*** he is well-fitted/not fitted for the post
❸ *(befriedigen)* ■**jdn** [**ganz** [*o* **voll**]] ~ to satisfy sb [completely], to give sb [complete] fulfilment [*or* AM fulfillment] *usu form*
❹ *(Zeit in Anspruch nehmen)* ■**etw** ~ to take up *sep* all of sth; ■**seine Zeit** [**mit etwas**] ~ to fill up *sep* one's time [with sth], to pass one's time [doing sth]; **sein Leben mit etw** ~ to spend one's [whole] life doing [*or* in] sth
❺ *(stopfen)* ■**etw** [**mit etw**] ~ to fill sth [with sth]; **ein Loch** [**mit etw**] ~ to fill [up [*or* out] *sep*] a hole [with sth]; **einen Spalt** [**mit etw**] ~ to stop [*or sep* fill in] a gap [with sth]

aus|futtern *vt* KOCHK **eine Form** ~ to line a baking tin

Ausgabe *f* ❶ *kein pl (Austeilung)* distribution, giving out; *(Aushändigung a.)* handing out; *von Befehl, Fahrkarte, Dokument* issuing; ~ ***von Fahrkarten am Schalter 2*** Window 2 for tickets, tickets issued at Window 2
❷ *kein pl* BÖRSE *(Herausgabe)* issuing; *von Anleihen a.* negotiation *form*
❸ INFORM output *no pl; (Druck~ a.)* print-out; **eine ~ am Terminal** a screen output
❹ *(Schalter)* issuing counter; *(Büro)* issuing office; *(Bücher~)* issue [*or* issuing] desk; *(Essens~)* serving counter
❺ MEDIA, LIT edition; *von Zeitschrift a.* issue; **die ~ von 1989** the 1989 edition; **alte ~n** back issues; *(Version)* version
❻ *pl (Kosten)* expenses, costs; **die staatlichen ~n** state spending *no pl, no art*

Ausgabedaten *pl* INFORM output data + *sing vb* **Ausgabeeinheit** *f* INFORM output unit **Ausgabegerät** *nt* INFORM output device [*or* drive] **Ausgabekurs** *m* FIN issue[d] price **Ausgabengrenze** *f* FIN cost limit **Ausgabenpolitik** *f* FIN costs policy **Ausgabensperre** *f* FIN spending freeze **Ausgabensteuer** *f* JUR expenditure tax **Ausgabenstruktur** *f* FIN expenditure pattern

Ausgabeposten *m* FIN item of expenditure **Ausgabepreis** *m* FIN issue price **Ausgabeschalter** *m (in Bibliothek)* issue [*or* AM circulation] desk **Ausgabestelle** *f* ❶ *(Büro)* issuing office ❷ *(Schalter)* issuing counter ❸ *in Bibliothek* issue desk ❹ *für Hilfsgüter* distribution point

Ausgang *m* ❶ *(Weg nach draußen)* way out, exit *(+gen* from); ***ich bringe Sie noch* [*bis*] *zum*** ~ I'll show you the way out; *von Wald* edge; LUFT gate
❷ MED *(Auslass)* opening; *von Enddarm a.* exitus *spec*
❸ ELEK exit, outlet
❹ *(Erlaubnis zum Ausgehen)* permission to go out; MIL pass; ~ **haben** to have permission to go out; *Personal* to have the day off; *(für den Abend)* to have the evening off; MIL to be on leave; **bis 22 Uhr ~ haben** MIL to have a pass till 10 o'clock [*or* AM *a.* 10 PM]; ~ **bis zum Wecken haben** MIL to be on overnight leave [till reveille]
❺ *kein pl (Ende)* end; *einer Epoche a.* close; *von Film, Roman a.* ending; *(Ergebnis)* outcome; **einen tödlichen ~ haben** to end fatally; **einen glücklichen/tragischen/unverhofften ~ nehmen** to turn out [*or* end] happily/to end in tragedy/to take an unexpected turn
❻ *kein pl (~spunkt)* starting point, point of departure; *(Anfang)* beginning
❼ *pl (ausgehende Post)* outgoing mail *no pl, no indef art; (ausgehende Waren)* outgoing goods

ausgangs I. *präp +gen (räumlich, zeitlich)* at the end of; **ein Mann ~ der Dreißiger** a man in his late thirties
II. *adv (am Ausgang)* at the edge, on the way out of

Ausgangsbasis *f kein pl* basis **Ausgangsbehörde** *f* JUR originating office **Ausgangsflughafen** *m* ÖKON airport for outward freight **Ausgangsfracht** *f* carriage outward, freight out[ward] **Ausgangshafen** *m* ÖKON shipping port **Ausgangshelligkeit** *f* ASTRON *eines Sterns* initial luminosity **Ausgangskapital** *nt* FIN initial capital **Ausgangslage** *f* starting point **Ausgangsmaterial** *nt* ÖKON raw material **Ausgangsparameter** *m* INFORM default parameter **Ausgangsposition** *f* starting position **Ausgangsprodukt** *nt* ÖKON primary product **Ausgangspunkt** *m* starting point; *einer Reise a.* departure **Ausgangssperre** *f* MIL *(für die Bevölkerung)* curfew; **eine ~ verhängen** to impose a curfew; *(für Soldaten)* confinement to barracks; ~ **haben** to be confined to barracks **Ausgangssprache** *f* source language **Ausgangsstellung** *f* ❶ SPORT *(Grundstellung)* **in ~ gehen** starting position ❷ MIL initial position

ausgearbeitet I. *pp von* **ausarbeiten**
II. *adj inv* worked out, developed; **ein bis ins letzte Detail ~er Plan** a detailed plan

ausgebaut *adj* fully developed; **gut ~e Straßen** well-built roads

aus|geben *vt irreg* ❶ *(aufwenden)* ■**etw** [**für etw**] ~ to spend sth [on sth]; **einen Teil seines Gehalts für etw** ~ to invest [*or* spend] part of one's salary on sth
❷ *(austeilen)* ■**etw** [**an jdn**] ~ to distribute [*or sep* give out] sth [to sb]; *(aushändigen a.)* to hand out *sep* sth [to sb]; **einen Ausweis/ein Dokument/eine Fahrkarte** ~ to issue a passport/document/ticket; **die Karten** ~ to deal the cards; ***wer gibt die Karten aus?*** whose deal is it?; **eine Datei auf dem Drucker** ~ INFORM to output a file to the printer *form,* to print [out *sep*] a file; **Befehle** ~ to issue [*or* give] orders
❸ *(fam: spendieren)* ■[**jdm**] **etw** ~ to treat sb to sth; ***darf ich dir einen Ouzo ~?*** can I buy you an ouzo?; **eine Runde** [**Bier**] ~ to buy [*or fam* stand] a round, to get in *sep* the beers *fam;* [**jdm**] **einen** ~ *(fam)* to buy [*or* get] sb a drink; ***heute Abend gebe ich einen aus*** the drinks are on me this evening
❹ FIN ■**etw** ~ to issue sth
❺ *(darstellen)* ■**jdn/etw als/für jdn/etw** ~ to pass off *sep* sb/sth as sb/sth; ■**sich** [**jdm gegenüber**] **als jd/etw** ~ to pass oneself off as sb/sth [to sb], to pose as sb/sth

ausgebildet I. *pp von* **ausbilden**
II. *adj* trained

ausgebrannt *adj* drained, exhausted, BRIT *a.* knackered *fam!; (geistig erschöpft a.)* burned-out, spent

ausgebucht *adj* ❶ *(belegt)* booked up; *Flugzeug, Reise* [completely] booked out
❷ *(fam)* ■~ **sein** to be booked up; ***heute Abend/nächste Woche ist bei mir völlig*** ~ I'm fully booked up for this evening/next week

ausgebufft *adj (fam)* shrewd, BRIT *a.* fly

Ausgeburt *f* ❶ *(Gebilde)* monstrous product [*or* invention]; **eine ~ der Fantasie** a product of a diseased imagination *pej*
❷ *(pej: Geschöpf, Kreatur)* monster; **eine ~ der Hölle** a fiend from [*or pej* spawn of] hell [*or* Hell]

ausgedehnt I. *pp von* **ausdehnen**
II. *adj* ❶ *(lang) Spaziergang* long, extended
❷ *(groß) Ländereien* extensive

ausgedient *adj attr (veraltend)* worn out; MIL *(a.D.)* retired, veteran; **ein ~er Gegenstand** an item which one has no further use for

ausgedörrt *adj Boden* parched; *Land* arid; *Pflanze* shrivelled, dried up

ausgefallen *adj* unusual; *(sonderbar)* weird

ausgefeilt I. *pp von* **ausfeilen**
II. *adj* polished

ausgefranst *adj Kleidung* frayed

ausgeglichen *adj* ❶ *Klima* equable, even, steady
❷ *Mensch* equable, level-headed, easy-going; *Temperament* equable, easy-going
❸ TYPO *Satz* equally [*or* evenly] spaced

Ausgeglichenheit <-> *f kein pl* evenness, steadiness; *Mensch* level-headedness; **seine** ~ his balanced character

aus|gehen *vi irreg sein* ❶ *(aus dem Haus gehen)* to go out; ■**ausgegangen sein** to have gone out, to be out [*or liter* abroad]; ■[**mit jdm**] ~ *(zum Vergnügen)* to go out [with sb]
❷ *(aufhören zu brennen)* ■[**jdm**] ~ *Lampe* to go out [on sb *hum fam*]
❸ *(ausfallen)* ■**jdm/einem Tier** ~ *Haare* to fall out
❹ *(herrühren)* ■**von jdm** ~ to come from sb; ***von wem geht diese Idee aus?*** whose idea is this?
❺ *(seinen Ursprung haben)* ■**von etw** ~ to lead from sth; ***von dem Platz gehen vier Straßen aus*** four streets lead from [*or* off] the square; ■**etw geht von jdm/etw aus** sb/sth radiates sth
❻ *(enden)* to end; ■**gut/schlecht** ~ to turn out well/badly; *Buch, Film* to have a happy/sad ending [*or* end]; *Spiel* to end well/badly
❼ *(annehmen)* ■**davon ~, dass ...** to start out from the fact/idea that ...; ***es ist davon auszugehen, dass ...*** it can be assumed that ...; ***davon kann man nicht*** ~ you can't go by that
❽ *(zu Grunde legen)* ■**von etw** ~ to take sth as a basis [*or* starting point]
❾ *(zu Ende gehen)* ■**etw geht** [**jdm**] **aus** sb runs out of sth; ***das Brot ist ausgegangen*** there's no more bread, I've/we've etc. run out of bread; ***deine guten Ausreden gehen dir wohl auch nie aus!*** you're never at a loss for [*or* you always find] a good excuse; ***mir geht die Geduld aus*** I'm losing [my] patience; ***ihm ist die Luft*** [*o* ***Puste***] ***ausgegangen*** he ran out of steam *fam; (finanziell)* he ran out of funds

ausgehend *adj attr* **im ~en Mittelalter** towards the end of the Middle Ages; **das ~e 19. Jahrhundert** the end [*or* close] of the 19th century

ausgehungert *adj* ❶ *(fam: sehr hungrig)* ■~ **sein** to be starved [*or* starving] [*or* famished]
❷ *(ausgezehrt)* emaciated
❸ *(bedürftig)* ■**nach etw ~ sein** to be starved [*or* desperately in need] of sth

Ausgehuniform *f* MIL dress uniform

ausgeklügelt *adj* ingenious, [carefully] thought out; *Methode* cleverly devised

ausgekocht *adj (pej fam)* cunning, sly

ausgelassen *adj* wild, mad *fam; Kinder* boisterous, lively; ■~ **sein** to be boisterous [*or* lively] [*or* in high spirits]

Ausgelassenheit <-, *selten* -en> *f* wildness, madness *fam; von Kindern* boisterousness, high spirits *npl*

ausgeleuchtet I. *pp von* **ausleuchten**
II. *adj* illuminated

ausgemacht *adj* ❶ *(entschieden)* ■**es ist ~** [*o* **eine ~e Sache**], **dass ...** it is agreed that ...; *(nicht abwendbar)* it's a foregone conclusion that ... *form;* ***noch nicht ~ ist, ob ...*** it is not yet settled whether ...
❷ *attr (fam: eingefleischt)* complete, utter, downright *a. pej fam,* regular *hum fam*

ausgemergelt *adj* emaciated, gaunt; **ein ~es Gesicht** a gaunt [*or* pinched] face

ausgenommen *konj* except, apart from; **alle, ~ du** everyone but [*or* except [for]] you, everyone save [*or* apart from] yourself; ***wir kommen, ~ es regnet*** we'll come, but only if it doesn't rain; **ich/Sie/die Kranken nicht** ~ myself/yourself/the sick not excepted [*or* excluded]

ausgepowert [-paʊɐt] *adj* (*fam*) washed out *fam*, completely exhausted, BRIT *a.* done in *pred fam*
ausgeprägt *adj* (*prononciert*) *Charakterzüge, Eigenschaften* distinctive; (*markant*) distinctive; **ein ~es Interesse** a pronounced interest; **eine ~e Neigung** a distinct inclination; **ein [stark] ~er Sinn für alles Schöne** a well-developed sense for everything beautiful; **~er Stolz** deep-seated pride
ausgerechnet *adv* ❶ *personenbezogen* (*gerade*) ■**~ jd/jdn/jdm** sb of all people; ***warum muss das ~ mir passieren?*** why does it have to happen to me [of all people]?
❷ *zeitbezogen* (*gerade*) ■**~ jetzt** now of all times; ■**~ gestern/heute** yesterday/today of all days; ***~ dann war ich nicht zu Hause*** right then I was not in, of course; ***~, als wir ins Bett gehen wollten, ...*** just when we wanted to go to bed ...
ausgerichtet I. *pp von* **ausrichten**
II. *adj* oriented
ausgeruht I. *adj inv, attr* well rested
II. *adv inv* **etw ~ beginnen** to start sth well rested; **sich ~ an die Arbeit machen** to start work having had a good night's sleep
ausgerüstet *adj* ❶ (*ausgestattet*) equipped; **bügelfrei ~** non-iron; **gut ~** well-equipped; ***für die Bergtour gut ~*** well-equipped for the mountaineering expedition
❷ CHEM, MODE (*durch Nachbehandlung veredelt*) treated
ausgeschlafen *adj* (*fam*) sharp; ■**~ sein** to be alert [*or* sharp] [*or* on the ball]
ausgeschlagen I. *pp von* **ausschlagen**
II. *adj inv* beaten [out]
ausgeschlossen *adj pred* ■**~ sein[, dass ...]** to be impossible [that ...]; (*außer Frage kommen a.*) to be out of the question [that ...]; ***es ist nicht ~, dass ...*** it is just possible that ...; ■**[völlig] ~!** [that's] [completely] impossible! [*or* out of the question], nothing doing! *fam; s. a.* **Irrtum**
ausgeschnitten *adj* low-cut; ■**~ sein** to be low-cut [*or* cut low]; **ein vorn ~es/tief ~es Kleid** a dress cut low/very low at the front, a dress with a low/plunging neckline; ***sie kam tief ~ auf den Ball*** she came to the ball in a very low-cut dress
ausgesprochen I. *adj* (*positive Eigenschaft bezeichnend*) distinct; **~e Eleganz** sheer elegance; **~e Freundlichkeit** real friendliness; (*negative Eigenschaft bezeichnend*) extreme; **~e Begabung** a marked [*or* pronounced] ability; **eine/keine ~e Ähnlichkeit** a marked/no particular similarity; (*ausgeprägt*) pronounced, distinctive; ***sie ist keine ~e Schönheit*** she's not exactly what you would call pretty; **~es Pech haben** to have really bad luck, to be really unlucky
II. *adv* ❶ (*wirklich*) really
❷ (*besonders*) really, extremely; (*negative Eigenschaft bezeichnend a.*) downright *fam*
aus|gestalten* *vt* ■**etw ~** (*dekorieren, einrichten*) to decorate sth; (*ausbauen*) to develop sth; **etw antik ~** to decorate sth in an antique style
Ausgestaltung <-, -en> *f* ❶ (*Anordnung*) arrangement, development
❷ JUR *eines Patents* embodiment
ausgestattet I. *pp von* **ausstatten**
II. *adj inv* equipped with; **mit Stilmöbeln ~** furnished with antique furniture
ausgestellt I. *pp von* **ausstellen**
II. *adj inv* flared
ausgestorben *adj* ❶ (*erloschen*) extinct
❷ (*verlassen*) ■**[wie] ~ sein** to be deserted
ausgestoßen *pp von* **ausstoßen**
Ausgestoßene(r) *f(m) dekl wie adj* outcast
ausgestreckt I. *pp von* **ausstrecken**
II. *adj Hand* extended
ausgesucht I. *adj* ❶ (*erlesen*) choice, select; **~e Qualität** choice quality
❷ (*gewählt*) well-chosen; **eine ~e Gesellschaft** a select group of people
II. *adv* extremely, exceptionally; **~ gute Weine** choice [*or* select] wines
ausgetreten I. *pp von* **austreten**
II. *adj* ❶ *Schuhe* worn
❷ *Weg* [well-]trodden
ausgewachsen [-vaks-] *adj* ❶ (*voll entwickelt*) fully grown
❷ (*fam: komplett*) utter, complete; **ein ~er Skandal** a full-blown scandal
ausgewählt *adj* ❶ (*selektiert*) selected
❷ (*erlesen*) select; **eine ~e Mannschaft** a hand-picked team; **~e Weine** choice [*or* select] wines
ausgewiesen *adj* acknowledged
ausgewogen *adj* balanced; **das ~e Kräfteverhältnis** the balance of powers; **~e Maßnahmen** a balanced set of measures
Ausgewogenheit <-> *f kein pl* balance; **~ bewahren** to preserve the balance
ausgezeichnet I. *adj* excellent; ■**von ~er Qualität** of excellent [*or* superior] quality
II. *adv* extremely well; **~ kochen** to be an excellent cook; ***mir geht es ~*** I'm feeling just great
ausgiebig I. *adj* extensive; **eine ~e Mahlzeit** a substantial [*or* large] meal; **einen ~en Mittagsschlaf** a long afternoon nap; **von etw ~en Gebrauch machen** to make full [*or* good] use of sth
II. *adv* extensively; **~ baden/schlafen/schwimmen** to have a good [long] bath/sleep/swim; **etw ~ gebrauchen** to make full [*or* good] use of sth
aus|gießen *vt irreg* ❶ ■**etw ~** (*entleeren*) to empty sth; (*weggießen*) to pour away sth *sep;* **etw im Toilettenbecken ~** to pour sth down the toilet
❷ (*füllen*) ■**etw [mit etw] ~** to fill [in *sep*] sth [with sth]; **einen Hohlraum mit etw ~** to fill a cavity with sth, to pour sth into a cavity
❸ (*überschütten*) **Hohn/Spott über jdn ~** to pour scorn on/to mock sb
Ausgleich <-[e]s, *selten* -e> *m* ❶ (*das Ausgleichen*) balancing, squaring; **der ~ eines Kontos** to balance an account
❷ (*das Wettmachen*) settlement; *eines Fehlers, Schadens* compensation; ■**zum ~ einer S.** *gen* by way of compensation [*or* in order to compensate] for sth
❸ (*das Korrigieren*) balancing; *von Unebenheiten* evening out
❹ (*Vermittlung*) conciliation
❺ (*Kompensierung*) ***er treibt zum ~ Sport*** he does sport to keep fit; **zum willkommenen ~ von etw** as a welcome change from sth
❻ *kein pl* SPORT equalizer, tie AM; **den ~ erzielen** to equalize, to tie [the score [*or* it up]] AM; TENNIS deuce
aus|gleichen *irreg* I. *vt* ■**etw [durch etw] ~** ❶ (*glatt stellen*) to balance [*or* square] sth [with sth]; **Schulden [durch etw] ~** to settle debts [with sth]
❷ (*korrigieren*) to balance sth [with sth] *sep;* **die Unebenheiten eines Fußbodens ~** to even out a floor
❸ (*wettmachen*) to compensate for [*or* make good] sth [with sth/by doing sth]
❹ (*ausbalancieren*) to reconcile sth [with sth]
II. *vi* ❶ SPORT **[zu 1:1] ~** to equalize [the score at 1 all], to tie the score AM
❷ (*vermitteln*) to prove [*or* be] conciliatory; *Mensch* to act as a mediator
III. *vr* ■**sich [durch etw] ~** to balance out [as a result of sth]
ausgleichend *adj Wirkung* harmonizing, balancing-out; *Art* conciliatory
Ausgleichsabgabe *f* FIN equalization levy, compensatory [*or* compensation] tax **Ausgleichsanspruch** *m* JUR claim for adjustment **ausgleichsberechtigt** *adj* JUR entitled to contribution **Ausgleichsberechtigte(r)** *f(m) kein pl* JUR person entitled to equalization payments **Ausgleichsbetrag** *m* FIN compensatory amount **Ausgleichsempfänger(in)** *m(f)* FIN recipient of equalization payments **Ausgleichsfonds** *m* FIN compensation fund, equalization fund **Ausgleichsforderung** *f* FIN equalization claim **Ausgleichsgetriebe** *nt* AUTO differential **Ausgleichsgrundsatz** *m* JUR compensation principle **Ausgleichskapazität** *f* ÖKON compensating capacity **Ausgleichskasse** *f* SCHWEIZ *independent compensation and insurance fund for members of the armed forces* **Ausgleichsklausel** *f* JUR *Lohn* escalator clause **Ausgleichsleistung** *f* FIN compensation payment **Ausgleichspflicht, Ausgleichungspflicht** *f* JUR compensations payment liability; **~ der Gesamtschuldner** obligation to make contributions to co-debtors; **~ der Gesamtgläubiger** duty to account to co-creditors for moneys received **Ausgleichsposten** *m* FIN balancing [*or* compensating] item; **~ zur Auslandsposition** counterpart of changes in one's external position **Ausgleichsschicht** *f* BAU levelling [*or* AM leveling] layer **Ausgleichssport** *m* keep-fit activities **Ausgleichssteuer** *f* FIN compensatory duty **Ausgleichstor** *nt,* **Ausgleichstreffer** *m* equalizer, tying goal AM **Ausgleichsumlage** *f* FIN equalization levy **Ausgleichsverfahren** *nt* JUR composition proceedings *pl* **Ausgleichszahlung** *f* compensation, compensatory [payment] **Ausgleichszeitraum** *m* FIN balancing time **Ausgleichszinsen** *pl* FIN compensatory interest **Ausgleichszuschlag** *m* ÖKON cost-of-living allowance **Ausgleichung** <-, -en> *f* FIN compensation, adjustment **Ausgleichungsdumping** *nt* FIN anticipatory dumping **Ausgleichungspflicht** *f* JUR duty to compensate
aus|gleiten *vi irreg sein* (*geh*) ■**[auf etw** *dat***] ~** to slip [on sth]
aus|gliedern *vt* ÖKON ■**etw [aus etw] ~** to disembody [*or* disincorporate] sth [from sth] *spec*
aus|graben *vt irreg* ■**etw ~** ❶ (*aus der Erde graben*) to dig up sth *sep;* **Altertümer ~** to excavate [*or sep* dig up] ancient artefacts; **eine Leiche ~** to disinter [*or* exhume] a body
❷ (*hervorholen*) to dig out sth *sep;* **alte Geschichten ~** to bring up *sep* old stories
Ausgrabung *f* ❶ *kein pl* (*das Ausgraben*) digging up; *einer Leiche* disinterment, exhumation
❷ (*Grabungsarbeiten*) excavation[s *pl*]; (*Grabungsort*) excavation site; (*Grabungsfund*) [archaeological [*or* AM archeological]] find
aus|gräten *vt* KOCHK *s.* **entgräten**
aus|greifen *vi irreg* to make long strides
ausgreifend *adj* ■**[weit] ~** long, lengthy; **eine [weit] ~e Bewegung** a sweeping movement
aus|grenzen *vt* ■**jdn/etw [aus etw] ~** to exclude sb/sth [from sth]
Ausgrenzung <-> *f kein pl* ■**die ~ [aus etw]** the exclusion [from sth]
Ausguck <-[e]s, -e> *m* lookout; **~ halten** to keep a lookout; NAUT to keep lookout
aus|gucken *vt* (*fam*) ■**[sich** *dat***] jdn/etw ~** to set one's sights on sb/sth, to pick out sb *sep; s. a.* **Auge**
Ausguss[RR] <-es, Ausgüsse> *m,* **Ausguß** <-sses, Ausgüsse> *m* ❶ (*Spüle*) sink
❷ (*Tülle*) spout
aus|haben *irreg* I. *vt* (*fam*) ■**etw ~** ❶ (*ausgezogen haben*) to have taken off sth *sep*
❷ (*beendet haben*) to have finished sth
II. *vi* (*fam*) to get off [school]
aus|hacken *vt* ❶ (*durch Hacken entfernen*) ■**etw ~** to hoe [out *sep*] sth
❷ ■**jdm/etw etw ~** to peck out *sep* sb's/sth's sth; **etw** *dat* **die Federn ~** to tear out *sep* sth's feathers; *s. a.* **Krähe**
aushakbar *adj inv* unhookable
aus|haken I. *vt* ■**etw ~** to unlatch [*or* unhook] sth
II. *vi impers* (*fam*) ■**es hakt bei jdm aus** ❶ (*nichts mehr verstehen*) sb doesn't get it [*or* just can't understand]; (*zu viel auf einmal*) it's too much for sb
❷ (*wütend werden*) something in sb snapped *fam*
aus|halten *irreg* I. *vt* ❶ (*ertragen können*) ■**es ~** to bear [*or* stand] [*or* endure] it; ***er hält es in keiner Stellung lange aus*** he never stays in one job for long; ***hältst du es noch eine Stunde aus?*** can you hold out [*or* manage] another hour?; ***hält ein Mensch das überhaupt aus?*** is it humanly possible?; ***man kann es wochenlang ohne Essen ~*** you can go without food for weeks; ■**etw ~** to stand [*or* bear] sth; **die Kälte ~** to endure the cold; **jds**

Blick ~ to return sb's stare; **es ist mit jdm/etw nicht [länger] auszuhalten** [*o* **nicht zum A~**] it's [getting] unbearable with sb/sth; **es lässt sich [mit jdm]** ~ it's bearable [being with sb], I/we etc. can't complain, sb is bearable, you can get on with sb; **es lässt sich [hier]** ~ it's not a bad place
❷ (*standhalten*) ■**etw** ~ to be resistant to sth; **eine hohe Temperatur** ~ to withstand a high temperature; **viel** ~ to take a lot; *Stoff* to take a lot of wear [and tear]; **eine hohe Last** ~ to bear a heavy load; **den Druck** ~ to [with]stand the pressure; *s. a.* **Vergleich**
❸ (*fam: Unterhalt leisten*) ■**jdn** ~ to keep [*or* support] sb
II. *vi* to hold out; ***hältst du noch aus?*** can you hold out [any longer]?

aushandelbar *adj* negotiable

aus|handeln *vt* ■**etw [mit jdm]** ~ to negotiate sth [with sb]; ***das ist noch auszuhandeln*** we/they etc. still need to negotiate that

aus|händigen *vt* ■**jdm etw** ~ to hand over *sep* sth to sb; **jdm einen Preis** ~ to give sb a prize; **jdm eine Urkunde** ~ to surrender a document to sb *form*

Aushändigung <-> *f kein pl* handing over; *einer Urkunde* surrendering; **die feierliche** ~ **[von etw** *dat***/einer S.** *gen***]** the [formal] presentation of sth

Aushang *m* announcement, notice; (*das Aushängen*) posting; **etw durch** ~ **bekannt geben** to put up a notice about sth

Aushängebogen *m* advance [*or* specimen] sheet

aus|hängen **I.** *vt* ■**etw** ~ ❶ (*durch Aushang bekannt machen*) to put up sth *sep*; **Plakate** ~ to post [*or sep* put up] bills
❷ (*aus den Angeln heben*) to unhinge sth, to take sth off its hinges; **die Haken von etw** ~ to unhook sth
II. *vi irreg* to be/have been put up; **am schwarzen Brett** ~ to be on the notice board
III. *vr* ■**sich** ~ to drop out; ***das Kleid wird sich*** ~ the creases will drop out of the dress

Aushängeschild *nt* ❶ (*Reklametafel*) sign [board]
❷ (*Renommierstück*) showpiece

aus|harren *vi* to wait [patiently]; **auf seinem Posten** ~ to stand by one's post; **als letzter im Büro** ~ to be the last to leave the office

aus|hauchen *vt* (*geh*) ❶ (*Luft schwach ausstoßen*) ■**etw** ~ to exhale [*or sep* breathe out] sth; **seinen Atem** ~ to exhale, to breathe out
❷ (*sterben*) **sein Leben** [*o* **seine Seele**] ~ to breathe one's last

aus|hebeln *vt* ■**etw** ~ to annul [*or* cancel] sth

aus|heben *vt irreg* ❶ (*ausgraben*) ■**etw** ~ to excavate [*or sep* dig out] sth; **einen Graben/ein Grab** ~ to dig a ditch, grave
❷ (*ausrauben*) ■**etw** ~ to rob sth [of its eggs [*or* young]]
❸ (*hochgehen lassen*) ■**jdn/etw** ~ to bust sb/sth *fam*

Aushebung <-, -en> *f* SCHWEIZ (*Einberufung*) conscription

aus|hecken *vt* (*fam*) ■**etw** ~ to hatch [*or sep fam* cook up] sth; ***du hast wieder etwas ausgeheckt!*** you're up to something again; **[neue] Streiche** ~ to think up new tricks

aus|heilen **I.** *vt haben* ■**etw** ~ to cure sth [completely]; ■**ausgeheilt sein** to be [completely] cured
II. *vi sein* to be cured; *Wunde* to heal

aus|helfen *vi irreg* ■**[jdm]** ~ to help out [sb] *sep*, to give [*or* lend] [sb] a [helping] hand; ■**jdm [mit etw]** ~ to help out *sep* sb [with sth]

aus|heulen (*fam*) **I.** *vi* to have finished [*or* stopped] crying
II. *vr* ❶ (*gründlich weinen*) ■**sich** ~ to have a good cry
❷ (*jdm (weinend) sein Leid klagen*) ■**sich bei jdm** ~ to have a good cry on sb's shoulder, to sob one's heart out [to sb]

Aushilfe *f* ❶ (*vorübergehende Hilfe*) temporary help [*or* assistance]; ***„Assistentin zur ~ gesucht"*** "assistant wanted for temporary work"; **jdn zur** ~ **haben** to have sb to help out; **[bei jdm] zur** ~ **arbeiten** to temp [for sb] *fam*
❷ (*vorübergehende Hilfskraft*) temporary worker, temp *fam*

Aushilfsarbeit *f* ÖKON odd job, temporary work *no art, no pl*; (*im Büro a.*) temping **Aushilfsarbeiter(in)** *m(f)* ÖKON casual worker [*or* labourer] [*or* AM laborer], oddjobber **Aushilfsarbeitsverhältnis** *nt* FIN temporary employment **Aushilfsjob** *m* odd job, temporary work *no pl, no art* **Aushilfskellner, -kellnerin** *m, f* temporary waiter **Aushilfskraft** *f s.* **Aushilfe 2** **Aushilfspersonal** *nt* temporary staff + *sing/pl vb* **aushilfsweise** *adv* on a temporary basis

aus|höhlen *vt* ■**etw** ~ ❶ (*unterspülen*) to erode [*or sep* wear away] sth; (*Inneres herausmachen*) to hollow out sth *sep*; **einen Kürbis** ~ to scoop [*or* hollow] out *sep* a pumpkin
❷ (*untergraben*) to undermine sth; (*erschöpfen*) to weaken sth

Aushöhlung <-, -en> *f* ❶ *kein pl* erosion, wearing away
❷ *kein pl* undermining; *der Gesundheit* weakening
❸ (*kleine Höhle*) hollow; MED cavity

aus|holen *vi* ❶ (*Schwung nehmen*) ■**[mit etw]** ~ to swing back [sth] *sep*; **[mit der Hand]** ~ to take a swing; **weit** ~ to take a big swing; **zum Schlag** ~ to draw back *sep* one's arm/fist etc. for a blow; **mit dem Schläger** ~ to swing one's club/racket etc.; **mit dem Speer** ~ to draw back *sep* one's/the javelin
❷ (*ausschweifen*) to beat about the bush
❸ (*große Schritte machen*) to lengthen one's stride[s], to stride out; **mit weit ~den Schritten gehen** to walk with long strides, to stride

aus|horchen *vt* (*fam*) ■**jdn [über jdn/etw]** ~ to sound out *sep* sb [about sth]

Aushub <-[e]s> *m kein pl* BAU excavation

aus|hungern *vt* ■**jdn** ~ to starve out sb *sep*

aus|husten **I.** *vt* ■**etw [aus etw]** ~ to cough up sth *sep*, to cough [up *sep*] sth out of sth
II. *vi* to finish [*or* stop] coughing
III. *vr* ■**sich** ~ to finish [*or* stop] coughing; ***huste dich ordentlich aus!*** cough it all up *a. hum*

aus|kämmen *vt* ■**etw** ~ ❶ (*kämmend entfernen*) to comb out sth *sep*
❷ (*gründlich kämmen*) to comb sth; **etw gut** ~ to give sth a good combing

aus|kehren **I.** *vt* ■**etw** ~ to sweep away sth *sep*; **das Haus** ~ to sweep [out *sep*] the house
II. *vi* to sweep, to do the sweeping

aus|keimen *vi sein* to germinate; *Kartoffeln* to sprout; ■**ausgekeimt** germinated, sprouted

aus|kennen *vr irreg* ❶ (*sich gut zurechtfinden*) ■**sich [irgendwo]** ~ to know one's way around [somewhere]
❷ ((*gute*) *Kenntnisse besitzen*) ■**sich [auf/in etw** *dat***]** ~ to know a lot [about sth], to be well versed in *form* [*or* know all about] sth, to know one's stuff *fam*; ■**sich mit jdm/etw** ~ to know all about sb/sth; ***ich kenne mich mit dieser Technik nicht aus*** I don't know much about this technology
❸ (*wissen, woran man ist*) ■**sich bei jdm** ~ to know where one is with sb

aus|kippen *vt* (*fam*) ■**etw [auf/über etw** *dat***]** ~ to empty [out *sep*] sth [on[to] sth]; **Flüssigkeit** ~ to pour away sth *sep*

aus|klammern *vt* ■**etw** ~ to ignore [*or sep* leave aside] sth

Ausklang <-> *m kein pl* conclusion, end; **zum** ~ **des Abends** to conclude [*or sep* finish off] the evening

ausklappbar *adj* folding; (*mit Scharnieren*) hinged

aus|klappen *vt* ■**etw [aus etw]** ~ to open sth out of [*or sep* open out] sth; **eine Fußstütze** ~ to pull out *sep* a footrest

aus|klarieren* *vt* ÖKON (*Zoll*) ■**etw** ~ to clear sth outwards

Ausklarierung <-, -en> *f* ÖKON (*Zoll*) [outward] clearance

aus|kleiden *vt* ❶ (*beziehen*) ■**etw [mit etw]** ~ to line sth [with sth]
❷ (*geh: entkleiden*) ■**jdn** ~ to undress sb; ■**sich** ~ to get undressed

Auskleidung *f* BAU lining

aus|klingen *vi irreg sein* (*geh*) ■**[mit etw]** ~ to conclude [*or* end] [with sth]; *Abend, Feier a.* to finish off with sth

aus|klinken **I.** *vt* ■**etw** ~ to release sth
II. *vi* ■**[sich]** ~ to release itself/themselves; *Pilot* to activate the release
III. *vr* ■**sich [aus etw]** ~ to withdraw [from sth]; ***ihr geht danach ins Kino? da klinke ich mich aus*** you're going to the cinema afterwards? I don't think I'll join you there

aus|klopfen *vt* ■**etw** ~ to beat the dust out of sth; **einen Teppich** ~ to beat a carpet; **eine Pfeife** ~ to knock out *sep* one's pipe

aus|klügeln *vt* (*fam*) ■**etw** ~ to work out *sep* sth to perfection; ■**ausgeklügelt** cleverly thought-out; **ein ausgeklügelter Trick** an ingenious trick

aus|kneifen *vi irreg sein* (*fam: ausreißen*) to push off *sep* BRIT *fam*, to take off *sep* AM *fam*

aus|knipsen *vt* (*fam*) ■**etw** ~ to switch [*or* turn] off sth *sep*

aus|knobeln *vt* ■**etw** ~ to work [*or fam* figure] out sth *sep*

ausknöpfbar *adj* detachable

aus|kochen *vt* ■**etw** ~ ❶ KOCHK to boil [down *sep*] sth
❷ (*in kochendes Wasser legen*) to boil sth [clean]; **Instrumente/Spritzen** ~ to sterilize instruments/syringes
❸ (*fam: sich ausdenken*) to cook up sth *sep fam*; ***die haben wieder was ausgekocht!*** they're up to something again

aus|kommen *vi irreg sein* ❶ (*ausreichend haben*) ■**mit etw** ~ to get by on [*or* to manage on [*or* with]] sth; ***mein Auto kommt mit 7 Litern aus*** my car uses only 7 litres per 100 kilometres; ■**ohne jdn/etw** ~ to manage [*or* do] without sb/sth; (*nicht benötigen*) to go without sb/sth
❷ (*sich mit jdm vertragen*) ■**mit jdm [gut]** ~ to get on [*or* along] well with sb; ■**mit jdm nicht gut** ~ to not get on [*or* along] with sb; ***mit ihm ist nicht auszukommen*** he's impossible to get on [*or* along] with
❸ ÖSTERR (*entkommen*) ■**[jdm]** ~ to escape [sb], to get away [from sb]; **aus seiner Zelle** ~ to escape [from] one's cell

Auskommen <-s> *nt kein pl* ❶ (*Einkommen*) livelihood; **sein** ~ **haben/finden** to get by
❷ ■**mit jdm ist kein** ~ sb is impossible to get on [*or* along] with

auskömmlich **I.** *adj* ❶ (*ausreichend*) adequate, sufficient; **~e Verhältnisse** comfortable circumstances
❷ (*verträglich*) easy-going
II. *adv* comfortably

aus|kopieren* *vt* TYPO ■**etw** ~ to burn out sth *sep*

aus|kosten *vt* ■**etw** ~ ❶ (*genießen*) to make the most of sth; **das Leben** ~ to enjoy life to the full; **den Moment/seine Rache** ~ to savour [*or* AM -or] the moment/one's revenge
❷ (*fam: mitmachen, probieren*) to have one's fill of sth; **etw ~ müssen** to have to suffer sth

aus|kotzen (*derb*) **I.** *vt* ■**etw** ~ to puke up sth *sep fam*
II. *vi* to throw up *fam*, to puke *fam*
III. *vr* ■**sich** ~ to throw up *fam*, to puke *fam!*; **sich gründlich** [*o* **richtig**] ~ to puke one's guts out *fam!*

Auskragung <-, -en> *f* BAU projection section, cantilever

aus|kramen *vt* (*hervorholen*) ■**etw** ~ to dig out sth *sep*, to unearth sth; (*fig: alte Geschichten*) to bring up sth *sep*

aus|kratzen *vt* ❶ ■**etw** ~ to scrape out sth *sep*; **eine Pfanne** ~ to scour [out *sep*] [*or sep* scrape out] a pan
❷ MED *s.* **ausschaben 2**

aus|kriegen *vt* (*fam*) ■**etw** ~ ❶ (*ausziehen können*) to get off sth *sep*

❷ (*beenden*) to finish [off] sth, to polish off; **eine Flasche** ~ to empty [*or* AM *a.* kill] a bottle
aus|kristallisieren* CHEM **I.** *vr haben* ■**sich** ~ to crystallize, to form [*or spec* shoot into] crystals
II. *vi sein* to crystallize, to form [*or spec* shoot into] crystals
aus|kugeln *vt* ■**jdm etw** ~ to dislocate sb's sth; ■**sich** *dat* **etw** ~ to dislocate [*or spec* luxate] one's sth; ■**ausgekugelt** dislocated, luxated *spec*
aus|kühlen I. *vt haben* ■**jdn/etw** ~ to chill [through *sep*] sb/sth
II. *vi sein* to cool down; *Mensch, Körper* to get chilled [through]; ■**etw** ~ **lassen** to leave sth to cool
Auskühlung *f* hypothermia
aus|kundschaften *vt* ❶ (*herausfinden*) ■~, **ob/wann/wie/warum ...** to find out whether/when/how/why ...
❷ (*ausfindig machen*) ■**etw** ~ to find sth; MIL to reconnoitre [*or* AM -er] sth; **eine Lage** ~ to find out about the situation; **ein Versteck** ~ to spy out *sep* a hide-out
Auskunft <-, Auskünfte> *f* ❶ (*Information*) information *no pl, no indef art;* ■**eine** ~ a bit [*or* piece] of information; **nähere** [*o* **weitere**] ~ more information, further details *pl;* ■**eine/die** ~ **über jdn/etw** information/the information about sb/sth; **eine** ~ [*o* **Auskünfte**] [**über jdn/etw**] [**bei jdm**] **einholen** [*o* **einziehen**] to make [some] enquiries [*or* inquiries] [to sb] [about sb/sth]; [**jdm**] **eine** ~ **geben** [*o* **erteilen**] to give sb some information
❷ (*~sschalter*) information office/desk; (*am Bahnhof a.*) enquiry [*or* inquiry] office/desk; (*telefonische* ~) directory enquiries BRIT *npl, no art,* the operator AM
Auskunftei <-, -en> *f* credit [enquiry [*or* inquiry]] agency
Auskunftgeber(in) *m(f)* informant
Auskunftsanspruch *m* JUR entitlement to discovery, right to be informed **Auskunftsbeamte(r), -beamtin** *m, f* BAHN information clerk BRIT, inquiries assistant AM **auskunftsberechtigt** *adj* JUR entitled to receive information **Auskunftsersuchen** *nt* JUR request for information; (*Brief*) letter of inquiry **Auskunftserteilung** *f* JUR giving information; **Recht auf** ~ right to information **Auskunftshaftung** *f* JUR informant's liability **Auskunftspflicht** *f* JUR obligation to provide information; (*Versicherung*) duty of disclosure **auskunftspflichtig** *adj inv, pred* JUR liable to disclose [*or* provide information] **Auskunftsrecht** *nt* JUR right to demand information **Auskunftsschalter** *m* information desk; (*am Bahnhof*) enquiry desk, enquiries, inquiries **Auskunftssuchende(r)** *f(m) dekl wie adj* JUR enquirer **Auskunftsverfahren** *nt* JUR inquiry proceedings *pl* **Auskunftsverlangen** *nt* request for information; (*Brief*) letter of inquiry **Auskunftsverweigerung** *f* refusal to give [*or* furnish] information **Auskunftsverweigerungsrecht** *nt kein pl* JUR right of refusal to give information
aus|kungeln *vt* (*fam*) ■**etw** [**mit jdm**] ~ to hatch [out *sep*] sth [with sb]
aus|kuppeln *vi* AUTO to disengage [*or* let out] the clutch, to declutch
aus|kurieren* (*fam*) **I.** *vt* ■**etw** ~ to cure sth [completely], to get rid of sth *fam*
II. *vr* ■**sich** ~ to get better
aus|lachen I. *vt* ■**jdn** ~ to laugh at sb; (*höhnisch*) to jeer at sb
II. *vi* ■**ausgelacht haben** to have stopped laughing
aus|laden *irreg* **I.** *vt* ❶ (*entladen*) ■**etw** ~ to unload sth; NAUT *a.* to discharge sth; **ein Schiff** ~ to unload [*or* lighten] a ship
❷ (*fam: Einladung widerrufen*) ■**jdn** ~ to tell sb not to come; (*förmlich*) to cancel sb's invitation
II. *vi* to spread; [**4 Meter**] ~ *Dach, Balkon* to protrude [*or* jut out] [[by] 4 metres]
ausladend *adj* ❶ (*sich erstreckend*) spreading; *Baum* a tree with spreading branches; (*vorspringend*) protruding; (*breit*) broad; **~e Hüften** broad [*or hum a.* childbearing] hips; **ein ~es Dach** an overhanging [*or* a protruding] roof
❷ (*ausholend*) sweeping
Auslage <-, -n> *f* ❶ *pl* MODE, ÖKON (*im Schaufenster ausgestellte Ware*) display
❷ MODE, ÖKON (*Schaufenster*) shop window; (*Schaukasten*) showcase
❸ *pl* ÖKON (*zu erstattender Geldbetrag*) disbursement
❹ *pl* ÖKON (*Ausgaben, Unkosten*) expenses *npl;* **sonstige ~n** sundry expenses
❺ SPORT basic stance; (*Fechten*) on guard position; **in** [**die**] ~ **gehen** to adopt [the] on guard position
Auslagefläche *f* HANDEL display surface
Auslagenerstattung *f* JUR reimbursement of expenses **Auslagenschuldner(in)** *m(f)* JUR party liable to pay the expenses **Auslagenvorschuss**[RR] *m* JUR advance payment in respect of expenses
aus|lagern *vt* ■**etw** [**in etw** *akk*] ~ ❶ (*verlagern*) to move sth [to sth]
❷ (*an einem anderen Ort lagern*) to evacuate sth [to sth]
❸ (*aus dem Lager bringen*) to move sth to another storage site [in sth]
Auslagerung *f* ❶ (*das Verlagern*) moving; **die** ~ **der Produktion ins Ausland** the removal of production to outside the country
❷ (*das Auslagern*) evacuation
❸ (*in ein anderes Lager bringen*) moving to another storage site
Ausland <-[e]s> *nt kein pl* ■[**das**] ~ foreign countries *pl;* (*die Ausländer*) foreigners *pl;* **feindliches** ~ enemy countries *pl;* **Handel mit dem** ~ foreign trade, trade with other countries; **das benachbarte/westliche** ~ neighbouring/western countries *pl;* **die Reaktionen des ~s** [the] reaction [from] abroad; ■**aus dem** ~ from abroad [*or* another country]; **Nachrichten aus dem** ~ foreign news + *sing vb,* news from abroad + *sing vb;* ■**ins/im** ~ abroad
Ausländer(in) <-s, -> *m(f)* foreigner; JUR alien
Ausländeramt *nt* ADMIN office for foreigners [*or* non-residents], aliens' registration office BRIT, Immigration and Naturalization Service AM **Ausländeranteil** *m* proportion of foreigners [*or* non-residents] [*or* aliens] **Ausländerbeauftragte(r)** *f(m) dekl wie adj official assigned to the integration of foreign immigrants* **Ausländerbehörde** *f* authority for foreigners [*or* non-residents] [*or* aliens] **Ausländerbeirat** *m* advisory council on aliens **ausländerfeindlich I.** *adj* racist, xenophobic, hostile to foreigners *pred* **II.** *adv* **sich** ~ **ausdrücken** to use racist expressions **Ausländerfeindlichkeit** *f* racism, xenophobia, hostility to foreigners **Ausländergesetz** *nt* JUR Aliens Act, law on foreigners [*or* non-residents] **Ausländerhass**[RR] *m* racial hatred, xenophobia
Ausländerin <-, -nen> *f fem form von* **Ausländer**
Ausländerkind *nt* child of a foreigner **Ausländerkonvertibilität** *f* FIN convertibility for nonresidents **Ausländerpolitik** *f* policy on foreigners [*or* non-residents] [*or* aliens] **Ausländerrecht** *nt kein pl* JUR law[s] concerning aliens; ■**das** ~ the alien laws *pl* **Ausländerviertel** *nt* ethnic neighbourhood [*or* AM neighborhood] **Ausländerwahlrecht** *nt* voting rights for foreigners *pl* (*for foreigners living in Germany*) **Ausländerwohnheim** *nt* home for immigrants **Ausländerzentralregister** *nt* central register of foreigners
ausländisch *adj* ❶ *attr* foreign, from abroad *pred* BRIT; BOT exotic
❷ (*fremdländisch*) exotic, outlandish *a. pej*
Auslandsanlage *f* FIN foreign investment **Auslandsanleihe** *f* foreign loan **Auslandsaufenthalt** *m* stay abroad **Auslandsauftrag** *m* ÖKON indent **Auslandsbeteiligung** *f* FIN foreign participations *pl* **Auslandsbeziehungen** *f pl* POL foreign relations **Auslandsbonds** *pl* FIN external [*or* foreign-currency] bonds **Auslandsdeutsche(r)** *f(m)* expatriate German, German [national] living abroad **Auslandseinkünfte** *pl* FIN foreign income [*or* BRIT overseas] **Auslandserfahrung** *f* experience acquired abroad **Auslandserzeugnis** *nt* foreign manufacturer's product, foreign-made product **Auslandsflug** *m* international flight **Auslandsfracht** *f* cargo sent abroad **Auslandsgeschäft** *nt* HANDEL export trade, international business **Auslandsgesellschaft** *f* HANDEL overseas company **Auslandsgespräch** *nt* international call **Auslandsgläubiger** *m* FIN foreign creditor **Auslandsguthaben** *nt* FIN foreign assets *pl* **Auslandskäufe** *pl* HANDEL purchases abroad **Auslandskorrespondent(in)** *m(f)* foreign correspondent **Auslandskrankenschein** *m health insurance document for overseas travel,* ≈ E107 BRIT **Auslandsmarkt** *m* ÖKON export [*or* foreign] market **Auslandsnachrichten** *f pl* foreign news + *sing vb,* news from abroad + *sing vb* **Auslandsniederlassung** *f* ÖKON foreign branch **Auslandsposition** *f* ÖKON *s.* **Außenhandelsposition** **Auslandsprodukt** *nt* HANDEL foreign product **Auslandsrecht** *nt* JUR foreign law **Auslandsrechtsstreit** *m* JUR *s.* **Auslandssache** **Auslandsreise** *f* journey [*or* trip] abroad **Auslandssache** *f* JUR out-of-state case **Auslandsschuld** *f* external debt, foreign liabilities *pl* **Auslandsschule** *f* British/German etc. school abroad **Auslandsschutzbrief** *m* certificate of entitlement for international travel cover **Auslandssemester** *nt* SCH semester abroad **Auslandsstrafregister** *nt* JUR criminal register of offences committed abroad **Auslandsstraftaten** *pl* JUR offences committed abroad **Auslandsumsatz** *m* HANDEL export [*or* foreign] sales *pl* **Auslandsverbindlichkeiten** *pl* FIN external [*or* foreign] liabilities **Auslandsverkehr** *m* international traffic **Auslandsvermögen** *nt* FIN foreign assets *pl* **Auslandsverschuldung** *f* FIN foreign debts *pl* **Auslandsversicherung** *f* insurance for abroad **Auslandsvertretung** *f* ❶ POL diplomatic representation ❷ ÖKON foreign office **Auslandszustellung** *f* service abroad
aus|lassen *irreg* **I.** *vt* ❶ (*weglassen*) ■**etw** ~ to omit [*or sep* leave out] sth; (*überspringen*) to skip [*or* pass over] sth; (*verpassen*) to miss sth, to let sth pass by
❷ (*abreagieren*) ■**etw an jdm** ~ to vent [*or sep* take out] sth on sb; **seinen Hass an jdm** ~ to vent [*or* take out] one's hatred on sb
❸ KOCHK (*zerlaufen lassen*) **Butter** ~ to melt butter; **Speck** ~ to render down *sep* bacon fat
❹ (*fam: ausgeschaltet lassen*) ■**etw** ~ to keep sth switched off
❺ ÖSTERR ■**jdn/etw** ~ (*loslassen*) to let go of sb/sth; (*aus einem Käfig etc. freilassen*) to let out sb/sth *sep*
II. *vr* (*pej*) ■**sich über jdn/etw** ~ to go on about sb/sth *pej;* ***er hat sich nicht näher darüber ausgelassen*** he didn't say any more about it [*or* explain any further]
III. *vi* ÖSTERR to let go; ***lass aus, das ist mein Auto!*** hands off, that's my car!
Auslassung <-, -en> *f* ❶ *kein pl* (*das Weglassen*) omission
❷ (*weggelassene Stelle*) omission
❸ *pl* (*pej: Äußerungen*) spoutings *pej*
Auslassungspunkte *pl* ellipsis *spec,* AM *a.* suspension points **Auslassungszeichen** *nt* apostrophe
Auslassventil[RR] *nt* AUTO exhaust valve
aus|lasten *vt* ❶ (*voll beanspruchen*) ■**etw** ~ to use sth to capacity; ■[**voll**] **ausgelastet** [**sein**] [to be] running to capacity *pred;* **teilweise ausgelastet** running at partial capacity *pred;* **ausgelastete Kapazitäten** ÖKON capacity working
❷ (*voll fordern*) ■**jdn** ~ to occupy sb fully; ■**ausgelastet** [**sein**] [to be] fully occupied; ***mit den sechs Kindern sind sie voll ausgelastet*** they have their hands full with their six children, their six children keep them fully occupied
Auslastung <-> *f kein pl* ÖKON *von Kapazitäten*

utilization; *eines Flugzeugs* load factor; **optimale** ~ optimum capacity

Auslastungsgrad *m* capacity utilization rate

Auslastungsgrenze *f* ÖKON top level of utilization

Auslauf <-[e]s> *m* ❶ *kein pl* (*Bewegungsfreiheit*) exercise; (*für Tiere*) space [*or* room] to move about in; (*für Kinder*) room to run about
❷ (*Ausfluss*) outlet, discharge

aus|laufen *irreg* **I.** *vi sein* ❶ (*herauslaufen*) ■**[aus etw]** ~ to run out [of sth]; (*wegen Undichtheit*) to leak out [of sth]; (*Inhalt austreten lassen*) to leak; *Auge* to drain; *Blase* to discharge, to drain
❷ NAUT (*Hafen verlassen*) ■**[nach etw]** ~ to [set] sail [for sth], to put out to sea
❸ (*nicht fortgeführt werden*) to be discontinued; ■**ausgelaufen** discontinued
❹ (*enden*) to end; *Vertrag* to expire, to run out
❺ (*ein bestimmtes Ende nehmen*) ■**gut/nicht gut** ~ to turn out well/badly
❻ (*zum Stillstand kommen*) to come to a stop; *Läufer a.* to ease off, to slow down; *Skispringer* to glide to a stop
❼ (*übergehen in*) ■**in etw** *akk* ~ to run into sth; (*dadurch breiter werden*) to open out into sth; *Berge* to end in sth; *Streit, Ehekrach* to turn into sth
II. *vr haben* ■**sich** ~ to have a good run about [*or* enough exercise]

auslaufend *adj inv* **im ~en Jahrhundert** in the century that is about to draw to a close; **~es Modell** discontinued model; *s. a.* **auslaufen**

Ausläufer *m* ❶ METEO *Hochdruckgebiet* ridge; *Tiefdruckgebiet* trough
❷ *meist pl* (*Vorberge*) foothills *npl*
❸ BOT runner, stolon *spec*

Auslaufmodell *nt* discontinued model

aus|laugen *vt* ❶ (*Nährstoffe entziehen*) ■**etw** ~ to exhaust sth; *Regenfälle* to wash the nutrients out of sth; (*austrocknen*) to dry out sth *sep*
❷ (*erschöpfen*) ■**jdn** ~ to exhaust [*or sep* wear out] sb

Auslaut *m* LING final [*or* terminal] position

aus|lauten *vi* LING ■**auf etw** *akk* ~ to end [*or* terminate] in sth; ■**~d** final

aus|leben **I.** *vr* ❶ (*das Leben auskosten*) ■**sich** ~ to live it up
❷ (*sich verwirklichen*) ■**sich** *akk* **in etw** *dat* ~ to run free in sth
II. *vt* (*geh*) ■**etw** ~ to realize sth

aus|lecken *vt* ■**etw** ~ to lick out sth *sep;* **seinen Teller** ~ to lick one's plate clean

aus|leeren *vt* ■**etw** ~ ❶ (*ausgießen*) to empty [out *sep*] sth; (*ausladen*) to dump [*or form* discharge] sth; **Flüssigkeit** ~ to pour away *sep* liquid; **etw in den Ausguss/die Toilette** ~ to pour sth down the drain/toilet; ■**etw über jdm** [*o* **jdn**]**/etw** ~ to pour sth over sb/sth; **einen Behälter über jdm** [*o* **jdn**]**/etw** ~ to empty [the contents of] a container over sb/sth
❷ (*austrinken*) to drain [*or* empty] sth

aus|legen *vt* ❶ ■**etw** ~ (*ausbreiten*) to lay out sth *sep;* (*verlegen*) to put down sth
❷ (*bedecken*) ■**etw [mit etw]** ~ to cover sth [with sth]; (*auskleiden*) to line sth with sth; (*mit Einlegearbeit*) to inlay sth with sth; **einen Läufer/Teppich** ~ to lay down *sep* a rug/carpet; **ein Haus/einen Raum mit Teppichböden** ~ to furnish a house with carpets/to carpet a room; **eine Straße mit etw** ~ to surface a road with sth
❸ (*erklären*) ■**jdm etw** ~ to explain sth to sb
❹ (*deuten*) ■**etw** ~ to interpret sth; **etw richtig/falsch** ~ to interpret sth correctly [*or* wrongly], to misinterpret sth; **einen Witz übel** ~ to take a joke badly
❺ (*leihen*) ■**jdm etw** ~ to lend sb sth, to lend sth to sb; ***sie hat das Geld für das Paket ausgelegt*** she paid [the money] for the package
❻ TECH (*konzipieren, vorsehen*) ■**etw [für etw]** ~ to design sth [for sth]; ■**für etw ausgelegt sein** to be designed for sth; **komfortabler/sportlich ausgelegt sein** to be given a more comfortable [*or* a sporty] design [*or* look]; ■**etw für etw** ~ to design sth for sth; ■**auf etw** *akk* **ausgelegt sein** to be designed for sth
❼ KOCHK *s.* **ausfuttern**

Ausleger <-s, -> *m* ❶ TECH jib, boom
❷ (*Kufe gegen Kentern*) outrigger

Auslegeschrift *f* (*Patent*) specification [for public inspection]

Auslegeware *f kein pl* carpeting material

Auslegung <-, -en> *f* (*Interpretation*) construction, interpretation; ~ **von Gesetzen** statutory interpretation; ~ **eines Vertrages** interpretation of a contract; **falsche** ~ misinterpretation

Auslegungsdirektive *f* JUR construction guideline **Auslegungsgrundsätze** *pl* JUR principles of construction **Auslegungsklausel** *f* JUR construction clause **Auslegungsmonopol** *nt* JUR *des EuGH* construction monopoly **Auslegungsprotokoll** *nt* JUR construction protocol **Auslegungsregeln** *pl* JUR rules of interpretation **Auslegungsrichtlinie** *f* JUR guidelines on interpretation **Auslegungssache** *f* matter of interpretation; ***es ist* [*reine*]** ~ it's [purely] a matter of interpretation **Auslegungsspielraum** *m* JUR scope of interpretation **Auslegungsurteil** *nt* JUR construction verdict

aus|leiden *vi irreg* (*geh*) ■**er/sie etc. hat ausgelitten** his/her suffering is over [*or* at an end]

aus|leiern **I.** *vt haben* (*fam*) ■**etw** ~ to wear out sth *sep*
II. *vi sein* to wear out; ■**ausgeleiert [sein]** [to be] worn [out]

Ausleihe <-, -n> *f* ❶ (*das Ausleihen*) lending, issuing; ***eine ~ der Bücher ist nicht möglich*** it is not possible to lend [*or* issue] books
❷ (*Schalter*) issuing [*or* lending] desk

aus|leihen *irreg* **I.** *vt* ■**[jdm/an jdn] etw** ~ to lend [sb] sth, to lend [out *sep*] sth [to sb]
II. *vr* ■**sich** *dat* **etw [bei/von jdm]** ~ to borrow sth [from sb], to borrow [sb's] sth

aus|lernen *vi* to finish one's studies; ■**ausgelernt haben** to have finished school/college etc.; *Lehrling* to have finished one's apprenticeship; ■**ausgelernt** qualified
▶ WENDUNGEN: **man lernt [eben] nie aus** (*prov*) [you] live and learn *prov*

Auslese <-, -n> *f* ❶ (*die Elite*) ■**die** ~ the chosen few + *pl vb,* the elite + *sing/pl vb a. pej*
❷ (*Wein*) superior [*or* high-quality] wine (*made from selected grapes*)
❸ *kein pl* (*Auswahl*) ■**eine** ~ **von etw** a selection of sth; **die natürliche** ~ natural selection; **eine** ~ **treffen** [*o* **vornehmen**] to make a selection

aus|lesen *irreg* **I.** *vt* ■**etw** ~ to finish reading sth
II. *vi* to finish reading; ***hast du bald ausgelesen?*** will you have finished [reading] it soon?

Ausleseprozess^RR *m* selection process; **der natürliche** ~ the process of natural selection

Ausleseprüfung *f* screening test **Ausleseverfahren** *nt* selection procedure

aus|leuchten *vt* ■**etw** ~ ❶ (*mit Licht erfüllen*) to illuminate sth
❷ (*die Hintergründe klären*) to throw a light on sth; ■**etw muss ausgeleuchtet werden** light must be thrown on sth

aus|lichten *vt* ■**etw** ~ *Bäume, Sträucher* to thin out sth *sep,* to prune sth

aus|liefern *vt* ❶ (*liefern*) ■**etw [an jdn]** ~ to deliver sth [to sb]
❷ (*überstellen*) ■**jdn [an jdn/etw]** ~ to hand over *sep* sb [to sb/sth], to turn in sb *sep,* to turn sb over [*or* to deliver sb] to sb/sth; **jdn [an ein anderes Land]** ~ to extradite sb [to another country]
❸ (*preisgeben*) ■**jdm/etw ausgeliefert sein** to be at sb's mercy [*or* the mercy of sb/sth]

Auslieferung *f* ❶ *von Waren* delivery
❷ *von Menschen* handing over, turning in; **eine** ~ **[an ein anderes Land]** extradition [to another country]

Auslieferungsanspruch *m* HANDEL claim to delivery **Auslieferungsantrag** *m* JUR, POL application for extradition **Auslieferungsbefehl** *m* JUR extradition order; **einen** ~ **ausstellen** to make an extradition order **Auslieferungsbeschluss**^RR *m* JUR writ of extradition **Auslieferungsersuchen** *nt* POL application [*or* request] for extradition **auslieferungsfähig** *adj* JUR extraditable **Auslieferungsgesetz** *nt* JUR extradition act **Auslieferungshaft** *f* JUR **vorläufige** ~ provisional arrest **Auslieferungsverfahren** *nt* JUR extradition proceedings *pl* **Auslieferungsverpflichtung** *f* JUR obligation to extradite **Auslieferungsvertrag** *m* JUR extradition treaty

aus|liegen *vi irreg* ❶ (*zum Verkauf liegen*) ■**[in etw** *dat*] ~ to be displayed [*or* on display] [in sth]
❷ (*bereitliegen*) ■**[für jdn/zu etw]** ~ to be [made] available [to sb/for sth]; *Zeitungen a.* to be laid out [for sb/sth]; *Schlinge, Reuse* to be down

Auslinie [-li:niə] *f* FBALL touchline; TENNIS sideline; ■**die ~n** TENNIS the tramlines [*or* AM sidelines]

aus|loben *vt* JUR ■**etw für etw** ~ to offer sth as a reward for sth

Auslobung <-, -en> *f* JUR offer of a reward

Auslobungstarif *m* HANDEL special rate

aus|löffeln *vt* ■**etw** ~ to spoon up sth *sep;* (*aufessen*) to eat up *sep* [all of] sth; **seinen Teller** ~ to empty one's plate
▶ WENDUNGEN: **etw** ~ **müssen,** ~ **[müssen], was man sich** *dat* **eingebrockt hat** (*fig fam*) to take the consequences, to have to face the music, you make your bed, you've got to lie in it *fam; s. a.* **Suppe**

aus|loggen *vr* INFORM (*sich abmelden*) ■**sich** ~ to log off [*or* out]

aus|löschen *vt* ■**etw** ~ ❶ (*löschen*) to extinguish [*or sep* put out] sth; **eine Kerze** ~ to snuff [out *sep*] [*or* extinguish] a candle
❷ (*beseitigen*) to obliterate sth; ■**etw [an etw** *dat*] ~ to erase sth [from sth]
❸ (*geh: tilgen*) to blot out sth *sep;* **Erinnerungen** ~ to obliterate [*or sep* blot out] memories; (*vernichten*) to obliterate [*or* destroy] sth; ***während des Krieges wurden ganze Dörfer ausgelöscht*** during the war, whole villages were destroyed

aus|losen **I.** *vt* ■**jdn/etw** ~ to draw sb/sth; ■**ausgelost werden** to be drawn; (*mit Strohhalmen u. ä.*) to draw lots
II. *vi* to draw lots; ■**~/es wurde ausgelost, wer etw tut** to draw lots/lots were drawn as to [*or* to see] who does sth; ■**ausgelost werden** to be drawn by lot

aus|lösen *vt* ❶ (*in Gang setzen*) ■**etw** ~ to set off *sep* [*or* trigger [off *sep*]] sth, to activate sth; **den Kameraschluss** ~ to release the shutter; **eine Bombe** ~ to trigger [*or* set] off a bomb
❷ (*bewirken*) ■**[bei jdm] etw** ~ to produce sth [on sb]; **einen Aufstand** ~ to unleash [*or sep* trigger off] an uprising; **[bei jdm] Begeisterung/Mitgefühl** ~ to arouse [*or* evoke] [sb's] enthusiasm/pity; **Beifall** ~ to elicit [*or sep* trigger off] [*or* set off] [a round of] applause; **[bei jdm] Erleichterung/Überraschung** ~ to cause relief/surprise; **allergische Reaktionen** ~ to cause allergic reactions; **[bei jdm] Widerstand** ~ to have provoked [sb's] resistance
❸ (*einlösen*) ■**etw** ~ to redeem sth; **ein abgeschlepptes Auto** ~ to pay the fine on an impounded car; **Gefangene** ~ to release prisoners; (*durch Lösegeld*) to ransom prisoners
❹ DIAL (*herausnehmen*) ■**etw** ~ to take out sth *sep*
❺ KOCHK *s.* **ausbeinen**

Auslöser <-s, -> *m* ❶ FOTO [shutter] release
❷ PSYCH trigger mechanism
❸ (*fam: Anlass*) trigger; ■**der** ~ **für etw sein** to be the cause of [*or sep* trigger off] sth

Auslosung *f* draw; **die** ~ **der Preise** the prize draw

Auslösung *f* ❶ TECH activation; FOTO release
❷ (*Ursache*) causing; *eines Aufstands* unleashing, triggering off
❸ (*Einlösung*) redemption; ***die ~ meines Autos hat mich €200 gekostet*** I had to pay € 200 to retrieve my car; *von Gefangenen* release; (*durch Lösegeld*) ransoming

④ (*Aufwandsentschädigung*) travel allowance *no pl*
Auslösungspreis *m* FIN activating price
aus|loten *vt* ① NAUT ■**etw** ~ to sound [*or* plumb] the depth of sth; **die Tiefe** ~ to sound [*or* plumb] the depth
② (*geh: ergründen*) ■**jdn/etw** ~ to fathom out sb/sth *sep*, to plumb the depths of sb/sth
aus|machen *vt* ① (*löschen*) ■**etw** ~ to extinguish [*or sep* put out] sth; (*ausschalten*) to turn [*or* switch] off sth *sep*; **den Motor** ~ to switch off *sep* the engine
② (*ermitteln*) ■**jdn/etw** ~ to determine [*or sep* make out] the position/positions of sb/sth; **die Zahl der Opfer** ~ to determine the number of victims; ***es lässt sich nicht mehr ~, wie ...*** it can no longer be determined how ...; (*entdecken*) to make out sb/sth *sep*; **jdn/etw überall** ~ (*zu entdecken glauben*) to suspect sb/sth everywhere
③ (*vereinbaren*) ■**etw** [**mit jdm**] ~ to agree to [*or* [up]on] sth [with sb]; **einen Termin** ~ to agree upon [*or* to] [*or* AM *a.* on] a time; ***wir müssen nur noch ~, wann wir uns treffen*** we only have to arrange where we should meet; ■**ausgemacht** agreed
④ (*abmachen*) ■**etw mit sich** [**selbst**] ~ [**müssen**] to [have to] decide [sth] for oneself; **einen Streit** [**untereinander**] ~ to settle an argument [amongst themselves]
⑤ (*bewirken, darstellen*) ■**etw** ~ [to go] to make up sth; ***alles, was das Leben ausmacht*** everything that is a part of life; ***eine Luxuslimousine macht keinen Millionär aus*** a limousine does not make one a millionaire
⑥ (*betragen*) ■**etw** ~ to amount [*or* run] to sth; ***der stärkere Motor macht 32 PS mehr aus*** the more powerful engine delivers 32 HP more; (*sich summieren*) to add up [*or* come] to sth
⑦ (*bewirken*) ■**kaum etwas** ~ to hardly make any difference; ■**nichts** ~ to not make any difference [*or* to make no difference] [at all]; ■**viel** ~ to make a big difference; ***was macht es schon aus?*** what difference does it make?
⑧ (*beeinträchtigen*) ***macht es Ihnen etwas aus, wenn ...?*** do you mind if ...?; ***ja, es macht mir viel aus*** yes, I do mind very much; ■**es macht jdm nichts/viel aus, etw zu tun** sb doesn't mind doing sth/it matters a great deal to sb to do sth
aus|malen I. *vr* ■**sich** *dat* **etw** ~ to imagine sth; **sich** *dat* **das Leben/die Zukunft** ~ to picture one's life [ahead of one]/the [*or* one's] future; **sich** *dat* **etw ganz anders/viel schöner** ~ to imagine sth to be completely different/much more beautiful; ■**sich** *dat* **~, was ...** to imagine what ...
II. *vt* ■[**jdm**] **etw** ~ to describe sth [to sb]; *Reiseprospekt* to depict sth; **jdm etw in bunten Farben** ~ to give sb a vivid description of sth
aus|manövrieren* [-øvri:-] *vt* ■**jdn/etw** ~ to outmanoeuvre [*or* AM outmaneuver] [*or* outflank] sb/sth
Ausmaß *nt* ① (*Fläche*) area; **das ~ von etw haben** to cover the area of sth; **von geringem ~ sein** to be small in area; (*Größe*) size; ■**die ~e** the dimensions, the size; **das** ~ [*o* **die ~e**] **von etw** *dat*/**einer S.** *gen* **sein** to have the dimensions [*or* be the size] of sth
② (*Umfang*) extent *no pl*; **Besorgnis erregende/größere ~e annehmen** to assume alarming/greater proportions
aus|mauern *vt* BAU ■**etw** ~ to brick up sth with filler blocks
aus|merzen *vt* ① (*ausrotten*) ■**jdn/etw** ~ to exterminate sb/sth; **Schädlinge** ~ to exterminate [*or form* eradicate] pests; **Unkraut** ~ to eradicate weeds *form*
② (*beseitigen*) ■**etw** ~ to eliminate [*or form* eradicate] sth
aus|messen *vt irreg* ■**etw** ~ to measure [out *sep*] sth, to take the measurements [of sth]
Ausmessung <-> *f* ① *kein pl* (*das Ausmessen*) measuring [out]
② *pl* (*Abmessungen*) dimensions
aus|misten I. *vt* ■**etw** ~ ① (*vom Mist befreien*) to muck out sth *sep*
② (*fam: von Überflüssigem befreien*) to tidy out sth *sep*; **alte Bücher** ~ to throw out *sep* old books; **sein Zimmer** ~ to clean out *sep* one's room
II. *vi* ① (*den Mist hinausschaffen*) to muck out
② (*fam: Überflüssiges hinausschaffen*) to have a clean-out BRIT, to clean up AM
aus|mustern *vt* ① (*aussortieren*) ■**etw** ~ to take sth out of service; **Möbel** ~ to discard old furniture
② MIL (*entlassen*) ■**jdn** ~ to discharge sb [from the forces]
Ausnahme <-, -n> *f* exception; **eine ~ zulassen** to make an exception; **eine ~ sein wollen** to want to be different [*or* an exception]; [**bei jdm/etw**] **die ~ sein** to be the exception [with sb/sth]; [**mit jdm/etw**] **eine/keine ~ machen** to make an/to make no exception [in sb's case/the case of sth]; ■**mit ~ von jdm**, ■**mit jds** ~ with the exception of [*or* except [for]] sb; **mit einer** ~ with one exception; **ohne** [**jede**] ~ without exception
► WENDUNGEN: **~n bestätigen die Regel** (*prov*) the exception proves the rule *prov*
Ausnahmebestimmung *f* exemption [*or* exceptional] provision *spec* **Ausnahmebewilligung** *f* JUR exceptional grant **Ausnahmeerscheinung** *f* exception[al case], exceptional person **Ausnahmefall** *m* exception[al case]; **ein seltener** ~ a very rare case; **in Ausnahmefällen** in exceptional cases **Ausnahmegenehmigung** *f* special licence [*or* AM license] [*or* permit] **Ausnahmegericht** *nt* JUR special tribunal **Ausnahmegerichtsbarkeit** *f* JUR special jurisdiction **Ausnahmegesetz** *nt* JUR emergency act [*or* law] **Ausnahmegesetzgebung** *f* JUR emergency legislation **Ausnahmeklausel** *f* JUR exemption clause **Ausnahmeregelung** *f* special regulation [*or* provision] **Ausnahmesituation** *f* special [*or* exceptional] situation; POL state of emergency **Ausnahmeverordnung** *f* JUR provisional order **Ausnahmevorschriften** *pl* JUR exception provisions **Ausnahmezustand** *m* POL state of emergency; [**über etw** *akk*] **den ~ verhängen** to declare a state of emergency [in sth]; **über das ganze Land den ~ verhängen** to declare a state of national emergency
ausnahmslos I. *adv* without exception
II. *adj* **das ~e Erscheinen der gesamten Belegschaft** the appearance of all the staff without exception; **die ~e Zustimmung aller Delegierten** the unanimous agreement of all delegates
ausnahmsweise *adv* as a special exception; ***darf ich das machen? — ~!*** may I do that? — just this once!; ***heute ging er ~ eine Stunde früher*** today he left an hour earlier [for a change]
aus|nehmen *irreg* I. *vt* ① (*ausweiden*) ■**etw** ~ to gut [*or* dress] sth; **Geflügel** ~ to draw poultry
② (*ausschließen*) ■**jdn** [**von etw**] ~ to exempt sb [from sth], to make an exception of sb; ***ich nehme keinen aus*** I'll make no exceptions; ***nehmt mich bei dieser Sache aus!*** count me out [of it]!; **jdn von einer Pflicht** ~ to release [*or* exempt] sb from a duty
③ (*fam: viel Geld abnehmen*) ■**jdn** ~ to fleece sb *fam*; (*beim Glücksspiel*) to clean out sb *sep fam*
④ ÖSTERR (*erkennen*) ■**jdn/etw** ~ to make out *sep* [*or form* discern] sb/sth; **jdn/etw schlecht** ~ to barely make out *sep* [*or form* discern] sb/sth
II. *vr* (*geh*) **sich gut/schlecht** ~ to look good/bad; ■**sich neben jdm/etw wie jd/etw** ~ to look like sb/sth next to sb/sth
ausnehmend I. *adj* (*geh*) exceptional
II. *adv* exceptionally; ***das gefällt mir ~ gut*** I like it very much indeed; ~ **vorteilhaft angezogen** dressed to kill *pred fam*
aus|nüchtern I. *vt haben* ■**jdn** ~ to sober up sb *sep*
II. *vi, vr vi: sein, vr: haben* ■[**sich**] ~ to sober up
Ausnüchterung <-, -en> *f* sobering up
Ausnüchterungszelle *f* drying-out cell
aus|nutzen *vt* ① (*ausbeuten*) ■**jdn** ~ to exploit sb
② (*sich zunutze machen*) ■**etw** ~ to make the most of sth; **jds Leichtgläubigkeit/Unerfahrenheit** ~ to take advantage of sb's gullibility/inexperience
ausnützen *vt bes* SÜDD, ÖSTERR (*ausnutzen*) to take advantage of
Ausnutzung <-> *f kein pl* ① (*Ausbeutung*) exploitation
② (*das Wahrnehmen*) ■**die ~ von etw** *dat*/**einer S.** *gen* making the most of sth; ***bei rechtzeitiger ~ dieser einmaligen Gelegenheit hätten Sie ...*** if you had made the most of this unique opportunity, you would have ...; ■**unter ~ von jds etw** by taking advantage of sb's sth
Ausnützung <-> *f kein pl bes* SÜDD, ÖSTERR exploitation
aus|packen I. *vt* ■**etw** ~ to unpack sth; **ein Geschenk** ~ to unwrap a present
II. *vi* ① (*Koffer, Kisten* ~) to unpack
② (*fam: gestehen*) to talk *fam*; (*seine Meinung sagen*) to speak one's mind
aus|palen *vt* KOCHK *s.* **entschoten**
aus|peitschen *vt* ■**jdn** ~ to whip [*or* flog] sb
aus|pfeifen *vt irreg* ■**jdn/etw** ~ to boo sb off the stage/to boo [*or* hiss] at sth
aus|pflanzen *vt* ■**etw** [**in etw** *akk*] ~ to plant out sth [in sth] *sep*
aus|plaudern *vt* ■**etw** ~ to let out *sep* [*or fam* blab] sth
aus|plündern *vt* ① (*ausrauben*) ■**etw** ~ to plunder [*or* pillage] sth; **einen Laden** ~ to loot a shop
② (*hum: leer räumen*) ■**etw** ~ to raid sth
③ (*fam: ausnehmen 3*) ■**jdn** ~ to fleece sb *fam*; (*ausrauben*) to rob sb [of every penny]; (*beim Glücksspiel*) to clean out sb *sep fam*
aus|posaunen* *vt* (*fam*) ■**etw** ~ to broadcast sth *fam*
aus|prägen *vr* ■**sich** *akk* [**in etw** *dat*] ~ to be revealed in sth; ***die Erziehung prägt sich im Charakter/Verhalten aus*** one's upbringing shapes [*or* stamps] [*or* leaves its stamp on] one's character/behaviour
Ausprägung <-> *f* ① *kein pl* shaping, moulding BRIT, molding AM; *von Begabung, Hartnäckigkeit* development
② (*Akzentuierung*) markedness, distinctness; ***in einer derart starken ~ ist mir diese Krankheit noch nicht begegnet*** I have never come across this illness at such an advanced stage
aus|pressen *vt* ① (*her~*) ■**etw** ~ to squeeze out sth *sep*; **frisch ausgepresst** freshly pressed; **Orangen** ~ to press [*or* squeeze [the juice from]] oranges
② (*ausbeuten*) ■**jdn/etw** ~ to squeeze sb/sth dry [*or* BRIT *hum a.* until the pips squeak], to bleed sb/sth dry [*or fam* white], to milk sb/sth dry
③ (*brutal ausfragen*) ■**jdn** ~ to press sb; **jdn wie eine Zitrone** ~ to squeeze sb like a lemon [for information]
aus|probieren* I. *vt* ■**jdn/etw** ~ to try [out *sep*] sb/sth, to give sb/sth a try [*or* go]; **ein Auto** ~ to test-drive [*or sep* try out] a car, to go for a test drive; ■**es mit jdm** ~ to try sb out
II. *vi* ■**~, ob/wie ...** to see whether/how ...
Auspuff <-[e]s, -e> *m* exhaust [pipe], AM *a.* tailpipe
Auspuffgase *pl* exhaust fumes [*or form* emissions]
Auspuffrohr *nt* exhaust [pipe], AM *a.* tailpipe
Auspuffsystem *nt* AUTO exhaust system **Auspufftopf** *m* silencer BRIT, muffler AM
aus|pumpen *vt* ① (*leer pumpen*) ■**etw** ~ to pump out sth *sep*; **jdm den Magen** ~ to pump [out *sep*] sb's stomach
② (*fam: völlig erschöpfen*) ■**jdn** ~ to drain sb; ■**ausgepumpt sein** to be completely drained
aus|pusten *vt* (*fam*) ■**etw** ~ to blow out sth *sep*
aus|putzen *vt* ■**etw** ~ to clean sth; **einen Schrank** ~ to clean [out *sep*] a cupboard
aus|quartieren* *vt* ■**jdn** [**in etw** *akk*] ~ to move out *sep* sb [into/to sth]
aus|quetschen *vt* ① (*auspressen*) ■**etw** ~ to squeeze out sth *sep*; **Orangen** ~ to press [*or* squeeze [the juice out of]] oranges
② (*fam: forciert ausfragen*) ■**jdn** [**über jdn/etw**] ~

to pump sb [for information on/details about sb/sth]; *Polizei* to grill sb [about sb/sth] *fam*

aus|radieren* *vt* ■**etw** ~ ❶ (*mit Radiergummi entfernen*) to rub out *sep* [*or* erase] sth
❷ (*vernichten*) to wipe out sth *sep;* **eine Stadt** ~ to wipe a city off the map

aus|rangieren* [-raŋʒi:rən, -rãʒi:rən] *vt* ■**etw** ~ to throw out sth *sep;* **ein Auto** ~ to scrap [*or fam* junk] a car; **einen Fernseher** ~ to throw out *sep* [*or fam* junk] a television set; **Reifen** ~ to discard tyres [*or* AM tires]

aus|rasieren* *vt* ■**[jdm] etw** ~ to trim [sb's] sth; (*von Haaren befreien*) to shave [sb's] sth

aus|rasten **I.** *vi sein* ❶ (*herausspringen*) to come out; **einen Knopf** ~ **lassen** to release [*or spec* disengage] a button
❷ (*hum fam: wild werden*) to go ape-shit *fam!,* to throw a wobbly BRIT *hum fam,* to have a spaz AM *fam*
II. *vi impers haben* (*fam*) ■**bei jdm** ~ ❶ (*durchdrehen*) to go ape-shit *fam!,* to throw a wobbly BRIT *hum fam,* to have a spaz AM *fam*
❷ (*nichts mehr verstehen*) sb doesn't get it [*or* understand any more]

aus|rauben *vt* ■**jdn/etw** ~ to rob sb/sth; **ein Grab** ~ to rob [*or* plunder] a grave

aus|rauchen **I.** *vt* ■**etw** ~ to finish [smoking] sth
II. *vi* to finish smoking

aus|räuchern *vt* ■**jdn/etw** ~ to smoke out sb/sth *sep;* **etw aus etw** ~ to smoke sth out of sth

aus|raufen *vt* ■**[sich** *dat*] **etw** ~ to tear [*or* pull] out one's sth *sep*

aus|räumen *vt* ■**etw** ~ ❶ (*her~*) to move [*or* clear] out sth *sep;* (*leer räumen*) to clear out sth *sep;* **Schubladen** ~ to empty [*or* clear out] the drawers; **die Bücher [aus den Kisten]** ~ to remove the books [from the crates]
❷ (*beseitigen*) to clear up sth *sep;* **[jds] Zweifel** ~ to dispel [sb's] doubts
❸ MED (*herausoperieren*) to remove [*or spec* extirpate] sth

aus|rechnen **I.** *vt* ■**etw** ~ to calculate sth; **Kosten** ~ to calculate [*or sep* work out] the costs; **Aufgaben** ~ to work out *sep* problems; ■**etw nach etw** ~ to calculate sth from sth; **etw im Kopf/mit dem Taschenrechner** ~ to calculate [*or sep* work out] sth in one's head/using a calculator; ■~, **ob/wie ...** to work [*or fam* figure] out whether/how ...
II. *vr* ❶ (*kalkulieren mit*) ■**sich** *dat* **etw** ~ to reckon on sth, to reckon [*or* fancy] [that] one has sth
❷ (*sich vorstellen*) ■**sich** *dat* **etw** ~ to work out *sep* sth for oneself; ■**sich** *dat* ~, **wie ...** to work [it] out for oneself how ...
❸ (*sich berechnen lassen*) ■**etw lässt sich** ~ sth can be calculated; ***diese Gleichung lässt sich*** ~ this equation can be solved; (*sich vorstellen können*) sth can be imagined; ***es lässt sich [leicht]*** ~, ***dass ...*** you/I etc. can [easily] imagine that ...

Ausrede *f* excuse; ***keine ~n!*** no excuses!; (*zu Kind a.*) none of your excuses!; **eine faule** ~ a feeble [*or pej* lame] excuse

aus|reden **I.** *vi* to finish speaking; ■**jdn** ~ **lassen** to let sb finish [speaking], to hear out sb *sep;* ■**jdn nicht** ~ **lassen** to not let sb finish [speaking], to not hear out sb *sep,* to cut sb short
II. *vt* ■**jdm etw** ~ to talk sb out of sth
III. *vr bes* ÖSTERR ■**sich** ~ to have a heart-to-heart [talk]

aus|reiben *vt irreg* ■**etw** ~ ❶ (*durch Reiben entfernen*) to rub out sth *sep*
❷ (*trocken reiben*) to wipe out sth *sep;* (*mit Scheuermitteln*) to scour out sth *sep;* **Gläser** ~ to wipe out *sep* glasses

aus|reichen *vi* ■**[für jdn/etw]** ~ to be sufficient [*or* enough] [for sb/sth]; ***es muss für uns alle*** ~ it will have to do for us all

ausreichend **I.** *adj* sufficient; **~e Kenntnisse/Leistungen** adequate knowledge/performance; ■**nicht** ~ insufficient/inadequate; SCH satisfactory
II. *adv* sufficiently

aus|reifen *vi sein* ❶ (*liter*) to ripen; *Wein* to mature; **Wein** ~ **lassen** to allow wine to mature
❷ (*fig*) ■**ausgereift sein** to be perfected; ***die Technik ist noch nicht ausgereift*** the technology is still in the development[al] stages

Ausreise *f* departure [from a/the country]; ■**bei der** ~ on leaving the country; **die Erlaubnis zur** ~ **beantragen** to apply for an exit visa; **das Recht auf** ~ the right to leave the country; **jdm die** ~ **verweigern** to prohibit sb from leaving the country, to refuse sb an exit visa

Ausreiseantrag *m* application for an exit visa **Ausreiseerlaubnis**, **Ausreisegenehmigung** *f* exit permit

aus|reisen *vi sein* to leave the country; (*endgültig*) to emigrate; **nach Israel** ~ to go/emigrate to Israel

Ausreiseverbot *nt* JUR prohibition to leave the country **Ausreisevisum** [-vi:-] *nt* exit visa **Ausreisewelle** *f* POL mass emigration **ausreisewillig** *adj* wishing [*or* willing] to leave [the country] *pred* **Ausreisewillige(r)** *f(m) dekl wie adj* prospective emigrant

aus|reißen *irreg* **I.** *vt haben* ■**[jdm/etw] etw** ~ to pull out *sep* [sb's/sth's] sth; **jdm die Haare** ~ to tear out *sep* sb's hair; **einer Fliege die Flügel** ~ to pull off *sep* a fly's wings; **Unkraut/Blumen** ~ to pull up [*or* out] *sep* weeds/flowers; **Blätter** ~ to pull [*or* pluck] off *sep* leaves
II. *vi sein* ❶ (*fam: davonlaufen*) ■**[jdm]** ~ to run away [from sb]
❷ (*sich lösen*) ■**[aus etw]** ~ to come away [from sth]; *Griff* to come off [sth]
❸ (*einreißen*) to split, to pull apart; *Knopfloch* to tear

Ausreißer(in) <-s, -> *m(f)* ❶ (*fam*) runaway
❷ (*Ausnahmeerscheinung*) freak value

aus|reiten *irreg* **I.** *vi sein* ■**[auf seinem Pferd]** ~ to ride out, to go riding [*or* for a ride]
II. *vt haben* **ein Pferd** ~ to take out a horse *sep,* to exercise a horse

aus|reizen *vt* ■**etw** ~ ❶ KARTEN to bid sth up to strength
❷ (*ausschöpfen*) to discuss [*or* do] sth to death; **die Möglichkeiten** ~ to exhaust the possibilities

aus|renken *vt* ■**jdm etw** ~ to dislocate sb's sth; ■**sich** *dat* **etw** ~ to dislocate one's sth

aus|richten **I.** *vt* ❶ (*übermitteln*) ■**jdm etw** ~ to tell sb sth; **jdm eine Nachricht** ~ to pass on the news to sb *sep;* ■**jdm** ~, **dass ...** to tell sb that; ■**jdm** ~ **lassen, dass ...** to send sb word that; ***kann ich etwas ~?*** can I give him/her a message? [*or* take a message?]; ***bitte richten Sie ihr einen Gruß [von mir] aus*** give her my regards, say "hello" to her [for me]
❷ (*veranstalten*) ■**[jdm] etw** ~ to organize sth [for sb]; **[jdm] eine Hochzeit/ein Fest** ~ to arrange a wedding/celebration [for sb]
❸ (*erreichen*) ■**bei jdm etwas/nichts** ~ to achieve something/nothing with sb; ***wir konnten bei ihm nichts*** ~ we couldn't get anywhere with him
❹ (*einstellen*) ■**etw [auf etw** *akk*] ~ to align sth [with sth]; (*abstellen*) to gear sth to sth
❺ TYPO (*ausschließen*) ■**etw** ~ to justify sth; **den Rand** ~ to justify the margin
❻ (*aufstellen*) ■**jdn/etw** ~ to line up sb/sth *sep,* to get sb into line; ■**sich** ~ to line up [in a straight row]; MIL to dress ranks; **sich [nach dem Nebenmann/Vordermann/Hintermann]** ~ to line up [exactly] with the person next to one/in front [of one]/behind [one]
❼ ÖSTERR (*schlecht machen*) ■**jdn** ~ to run down *sep* [*or* AM *a.* badmouth] sb
❽ SCHWEIZ (*zahlen*) ■**jdm etw** ~ to pay sb sth; **jdm eine Entschädigung** ~ to recompense sb *form*
II. *vr* (*sich nach etw richten*) ■**sich** *akk* **an etw** *dat* ~ to orientate oneself to sth; **sich an der Parteimeinung** ~ to follow [*or a. pej* toe] the party line

Ausrichter <-s, -> *m* organizer, official sponsor

Ausrichtung <-> *f kein pl* ❶ (*Orientierung*) ■**die** ~ **[einer S.** *gen*] **an etw** *dat* the orientation [of sth] to sth
❷ (*Einstellung*) ■**die** ~ **[einer S.** *gen*] **auf etw** *akk* orientating [sth] to [*or* aligning [sth] with] sth
❸ INFORM justification; ~ **nach links/rechts** left/right hand justification
❹ (*Organisieren*) organization; *einer Hochzeit* arrangements *pl* (+*gen* for), arrangement

Ausrissfestigkeit[RR] *f* BAU tear-resistance

Ausritt *m* ride [out]; (*das Ausreiten*) riding out

aus|rollen **I.** *vt haben* ■**etw** ~ ❶ (*entrollen*) to roll out sth *sep;* **ein Kabel** ~ to run [*or* pay] out *sep* a cable
❷ (*flach walzen*) to roll out sth *sep*
II. *vi sein Flugzeug* to taxi to a standstill [*or* stop]; *Fahrzeug* to coast to a stop

aus|rotten *vt* ■**etw** ~ to exterminate sb/sth; **Termiten** ~ to destroy termites; **Unkraut** ~ to wipe out *sep* weeds; **ein Volk** ~ to exterminate [*or sep* wipe out] a people; **Ideen/Religion** ~ to eradicate *form* [*or sep* stamp out] ideas/a religion

Ausrottung <-, -en> *f* extermination

aus|rücken *vi sein* ❶ (*vorwärts bewegen*) *Truppen* to turn out; (*ins Feld*) to march out; *Panzer* to move [*or* set] out; *Polizei* to turn out; *Feuerwehr* to go out on a call
❷ (*fam: ausreißen*) to make off; **[aus einer Anstalt/von zu Hause]** ~ to run away [from an institute/from home]; **aus dem Gefängnis** ~ to escape from prison

Ausruf *m* cry; **ein** ~ **des Entsetzens** a cry of horror; **ein warnender** ~ a shout of warning, a warning shout; **etw durch** ~ **bekannt machen** to proclaim sth

aus|rufen *vt irreg* ❶ (*verkünden*) ■**etw** ~ to call out sth *sep; Auktionator* to invite bids for sth; **Haltestellen/einen Streik** ~ to call the stops/a strike; **Schlagzeilen** ~ to cry out *sep* the headlines; **seine Waren** ~ to cry one's wares; **Krieg** ~ to declare [*or* proclaim] war
❷ (*über Lautsprecher suchen lassen*) ■**jdn** ~ to put out a call for sb
❸ (*proklamieren*) **jdn zum König** ~ to proclaim sb king

Ausrufer(in) <-s, -> *m(f)* HIST [town] crier

Ausrufung <-, -en> *f* proclamation; *Krieg a.* declaration; **die** ~ **eines Streiks** a strike call, call to strike

aus|ruhen *vi, vr* ■**[sich]** ~ to [take [*or* have] a] rest; ■**jds etw muss sich** ~ sb has to rest his/her sth; ■**ausgeruht [sein]** [to be] well rested

aus|rupfen *vt* ■**etw** ~ to pluck out sth *sep*

aus|rüsten *vt* ■**jdn/etw** ~ to equip sb/sth; **ein Fahrzeug/Schiff [mit etw]** ~ to fit out *sep* a vehicle/ship, to fit a vehicle/ship with sth

Ausrüstung <-> *f* ❶ *kein pl* (*das Ausrüsten*) ■**die** ~ **einer S.** *gen* equipping sth; *Fahrzeug/Schiff* fitting out sth *sep*
❷ (*Ausrüstungsgegenstände*) equipment *no pl; Expedition a.* tackle, gear; (*Kleidung*) outfit *no pl*

Ausrüstungsaufwand *m* ÖKON furnishing costs *pl* **Ausrüstungsgegenstand** *m,* **Ausrüstungsstück** *nt* piece [*or* item] of equipment **Ausrüstungsgüter** *pl* ÖKON [industrial] equipment *no pl* **Ausrüstungsinvestitionen** *pl* FIN manufacturer's durable equipment *no pl; für Wirtschaftsentwicklung* investment in new equipment **Ausrüstungsstandard** *m* standard of equipment

aus|rutschen *vi sein* ❶ (*ausgleiten*) ■**[auf etw** *dat*] ~ to slip [on sth]; **sie ist ausgerutscht** she [*or* her foot] slipped
❷ (*entgleiten*) ■**jdm** ~ to slip [out of sb's hand [*or* fingers]]; ***mir ist die Hand ausgerutscht*** my hand slipped [*or hum* moved all by itself]

Ausrutscher <-s, -> *m* (*fam*) slip-up

Aussaat *f* ❶ *kein pl* (*das Säen*) ■**die** ~ **[von etw]** sowing [sth]
❷ (*Saat*) seed *no pl*

aus|säen *vt* ■**etw** ~ to sow sth

Aussage *f* ❶ *a.* JUR (*Darstellung*) statement; **eine eidliche/schriftliche** ~ a sworn/written statement; (*Zeugen~*) evidence *no pl,* testimony; **die** ~ **verweigern** *Angeklagter* to refuse to make a state-

ment; *Zeuge* to refuse to testify [*or* give evidence]; **eine ~ machen** to make a statement, to testify, to give evidence; **~ steht gegen ~** it's one person's word against another's
② (*Tenor*) message
Aussageerpressung *f* JUR extortion of statements **Aussagegenehmigung** *f* JUR permission to give evidence **Aussagekraft** *f kein pl* meaning[fulness] **aussagekräftig** *adj* convincing
aus|sagen I. *vt* ■**etw [über jdn/etw] ~** ① (*darstellen*) to say sth [about sb/sth]; JUR to give sth in evidence about sb/sth, to testify [to sb's actions/to sth]
② (*deutlich machen*) to say sth [about sb/sth]; ***was will der Dichter mit diesem Gedicht ~?*** what's the poet trying to say [*or form* convey] with this poem?
II. *vi* JUR ■**[vor etw** *dat*] ~ *Zeuge* to testify [*or* give evidence] [before sth]; *Angeklagter, Beschuldigter* to make a statement [before sth]; **eidlich** [*o* **unter Eid**] ~ to give evidence under oath, to depose *form;* **mündlich/schriftlich ~** to give evidence/to make a statement; ■**für/gegen jdn ~** to give evidence [*or* testify] in sb's favour [*or* AM -or]/against sb
aus|sägen *vt* ■**etw ~** to saw out sth *sep*
Aussagenotstand *m* JUR testimony under duress **Aussagepflicht** *f* JUR duty to give evidence **Aussagesatz** *m* LING statement **Aussageverweigerung** *f* JUR refusal to give evidence [*or* to testify] **Aussageverweigerungsrecht** *nt* JUR legal privilege; **~ wegen Gefahr der Selbstbezichtigung** self-incrimination privilege; **~ des Rechtsanwalts** legal professional privilege; **sich auf das ~ berufen** to claim privilege
Aussatz <-es> *m kein pl* MED (*veraltet*) leprosy *no art;* **vom ~ befallen sein** to be struck by leprosy
aussätzig *adj* MED (*veraltet*) leprous *spec;* **~e Menschen** lepers; ■**~ sein** (*liter o fig*) to be leprous *liter or spec,* to be a leper
Aussätzige(r) *f(m) dekl wie adj* (*veraltet liter o fig*) leper; **eine Kolonie für ~** a leper colony
aus|saufen *irreg* **I.** *vt* ■**etw ~** to drink up sth; **einen Eimer/Napf ~** to empty a bucket/bowl; **einen Eimer Wasser ~** to drink a bucket of water; (*derb*) to swill down sth *sep fam or a. pej;* ***wer hat mein Bier ausgesoffen?*** who's drunk my beer?; **eine Flasche/ein Glas ~** to empty [*or sep fam* knock back] a bottle/glass
II. *vi* (*derb*) to get it down one *fam* [*or fam!* one's neck]
aus|saugen *vt* ① (*leer saugen*) ■**etw ~** to suck the juice out of sth, to suck sth [dry]; **ein Wunde ~** to suck the poison out of a wound
② (*ausbeuten*) ■**jdn ~** to drain sb dry; **ein Land bis aufs Blut ~** to bleed a country dry [*or fam* white]
aus|schaben *vt* ① (*durch Schaben säubern*) ■**etw ~** to scrape out sth *sep*
② MED **jdm die Gebärmutter ~** to curette sb's womb *spec*
Ausschabung <-, -en> *f* MED curettage *spec,* curettement *spec; von Gebärmutter a.* D and C
aus|schachten I. *vt* ■**etw ~** to excavate [*or* dig] sth; **Erde ~** to dig up soil; **einen Brunnen ~** to sink [*or* dig] a well
II. *vi* to excavate, to dig
Ausschachtung <-, -en> *f* ① *kein pl* (*das Ausschachten*) ■**die ~ einer S.** *gen* the excavation of sth, digging sth; *von Brunnen* sinking [*or* digging] a well; *von Erde* digging up [*or* the excavation of] earth
② (*Baugrube*) excavation
Ausschachtungsarbeiten *pl* excavation work *no pl, no indef art*
aus|schaffen *vt* SCHWEIZ (*abschieben*) to deport
aus|schalten I. *vt* ① (*abstellen*) ■**etw ~** to turn [*or* switch] off sth *sep*
② (*eliminieren*) ■**jdn/etw ~** to eliminate sb/sth, to put sb out of the running
II. *vr* ■**sich [automatisch] ~** to switch [*or* turn] [itself] off [automatically]
Ausschaltung *f* ① (*das Abstellen*) switching [*or* turning] off
② (*Eliminierung*) elimination
Ausschank <-[e]s, -schänke> *m* ① (*Schankraum*) taproom, bar; (*Schanktisch*) bar, counter
② *kein pl* (*Getränkeausgabe*) serving of drinks; ***„~ von 9 bis 14 Uhr"*** "open from 9 am to 2 pm"; ***„kein ~ an Jugendliche unter 16 Jahren"*** "Persons under the age of 16 will not be served"
Ausschankerlaubnis *f* licence BRIT, license AM
Ausschau *f* ■**~ [nach jdm/etw] halten** to keep an eye out [*or* a lookout] [for sb/sth]; **~, nach Verdächtigen halten** to keep an eye out [*or* a lookout] for anything suspicious
aus|schauen *vi* ① (*geh: sich umsehen*) ■**nach jdm/etw ~** to look [*or* be on the lookout] for sb/sth
② DIAL, SÜDD, ÖSTERR *s.* **aussehen**
③ (*fam*) ■**wie schaut's aus?** how's things [*or* it going?]? *fam;* ***wie schaut's aus, kommst du mit?*** so what do you say, are you coming along?; ***wie schaut's aus? hast du eine Chance?*** what do you think? do you have a chance?
aus|schaufeln *vt* ■**etw ~** to dig sth; **Erde ~** to dig out *sep* [*or* shovel] soil
aus|schäumen *vt* ■**etw ~** to fill sth with foam; **die Wände eines Hauses ~** to fit a house with cavity insulation
Ausscheiden <-> *f kein pl* ÖKON retiral; **~ eines Gesellschafters** withdrawal of a partner; **freiwilliges ~** voluntary redundancy; **turnusmäßiges ~** retirement by rotation
aus|scheiden *irreg* **I.** *vi sein* ① (*nicht weitermachen*) ■**[aus etw] ~** to retire [from sth]; **aus einem Verein ~** to leave a club
② SPORT to drop out of sth; ***wer unfair kämpft, muss ~*** whoever cheats will be disqualified; ***sie schieden im Viertelfinale aus*** they were eliminated in the quarter-final; *Rennwagen* to retire [from sth]
③ (*nicht in Betracht kommen*) to be ruled out
II. *vt haben* ① (*aussondern*) ■**etw ~** to take out sth *sep;* ■**die faulen Beeren ~** to sort out *sep* the rotten berries; ■**jdn ~** to eliminate sb
② (*absondern*) ■**etw ~** to excrete sth; *Organ* to secrete sth
Ausscheidung <-, -en> *f* ① *kein pl* (*das Absondern*) excretion; *eines Organs* secretion; **die ~ von Giftstoffen** the excretion of toxic substances
② *pl* MED (*Exkremente*) excreta *form,* excrement *no pl, no indef art*
③ SPORT (*Vorkampf*) qualifying contest; FBALL qualifying round
Ausscheidungsanmeldung *f* (*von Patent*) divisional application **Ausscheidungskampf** *m s.* Ausscheidung 3 **Ausscheidungsorgan** *nt* excretory organ **Ausscheidungsrunde** *f* qualifying round; FBALL *a.* qualifying match [*or* game] **Ausscheidungsspiel** *nt* qualifying match [*or* game]
aus|schenken I. *vt* ① (*eingießen*) ■**jdm etw ~** to pour sb sth
② (*servieren*) ■**etw [an jdn] ~** to serve sth [to sb]; *Wirt* to serve [sb] sth [*or* sth [to sb]]
II. *vi* to serve the drinks
aus|scheren *vi sein* ① ■**[aus etw] ~** to pull out, to leave sth; (*ausschwenken*) to swing out; *Flugzeug* to break formation, to peel off [from sth]; *Soldat* to break rank
② (*ausschwenken*) ■**[aus etw] ~** to step out of line, to withdraw from [*or* pull out of] sth
aus|schicken *vt* ■**jdn ~** to send out sb *sep;* **einen Boten ~** to dispatch a messenger
Ausschießbogen *m* imposition sheet
aus|schießen *irreg* **I.** *vt haben* ■**[jdm] etw ~** to shoot out *sep* [sb's] sth
II. *vi sein* SÜDD, ÖSTERR to fade
aus|schiffen *vt* ■**jdn/sich ~** *Passagiere* to disembark sb/sth; ■**etw ~** *Ladung, Ware* to unload sth
aus|schildern *vt* ■**etw ~** to signpost sth; ■**ausgeschildert sein** to be signposted
aus|schimpfen *vt* ■**jdn [wegen etw] ~** to berate sb [for doing sth] *form,* to tell sb off, AM *fam a.* to give sb hell; ■**von jdm ausgeschimpft werden** to get told off by [*or* BRIT a telling-off from] [*or* to be scolded by] sb, to get hell from sb AM *fam;* ***aber schimpf mich nicht [deswegen] aus!*** but don't go telling me off!
aus|schirren *vt* **ein Pferd ~** to unharness a horse; (*von einer Kutsche a.*) to take out *sep* a horse; **Ochsen ~** to unyoke the oxen
aus|schlachten *vt* ■**etw ~** ① (*Verwertbares ausbauen*) to cannibalize sth [for parts]; **eine Firma ~** to break up *sep* a firm for sale; **ein Buch/Werk ~** to get everything out of a book/work
② (*fam: ausnutzen*) to exploit [*or* capitalize on] sth
aus|schlafen *irreg* **I.** *vt* ■**etw ~** to sleep off sth *sep;* ***seinen Rausch ~*** to sleep off one's drink
II. *vi, vr* ■**[sich] ~** to have a good [night's] sleep; *s. a.* **ausgeschlafen**
Ausschlag[1] *m* MED rash, exanthem[a] *spec;* **[von etw] ~ bekommen/haben** to get/have got [*or* AM *a.* gotten] a rash from sth, to come/have come out in a rash
Ausschlag[2] *m* deflection; **[bei etw] den ~ geben** (*fig*) to be the decisive factor [*or* prove decisive] [for/in sth]; ***die Stimme des Vorsitzenden gibt den ~*** the chair has the casting vote
aus|schlagen *irreg* **I.** *vt haben* ① (*ablehnen*) ■**etw ~** to turn down sth *sep;* (*höflicher*) to decline sth; **eine Erbschaft ~** to disclaim [*or* waive] an estate *form;* ■**jdm etw ~** to refuse sb sth
② (*auskleiden*) ■**etw mit etw ~** to line sth with sth
③ (*her~*) ■**jdm etw ~** to knock out *sep* sb's sth; *Huf a.* to kick out *sep* sb's sth
④ (*löschen*) ■**etw [mit etw] ~** to knock out *sep* sth [with [*or* using] sth]
⑤ DIAL (*ausschütteln*) ■**etw ~** to shake out sth *sep*
II. *vi* ① *haben* (*los-, zuschlagen*) ■**[mit etw] ~** to strike [*or* lash] out [with sth]; **mit den Füßen ~** to kick [out]; **mit dem Ellenbogen nach hinten ~** to hit backwards with one's elbow; **[mit den Hufen] ~** to kick
② *sein o haben* to deflect, to be deflected; *Wünschelrute* to dip; *Metallsuchgerät* to register [metal]
③ *sein o haben* (*sprießen*) to come out, to start to bud, to burgeon [out] *liter; Bäume a.* to come [*or liter* break] into leaf
④ *haben* ■**ausgeschlagen haben** to have finished striking [the hour]
⑤ *sein* (*ausgehen*) to turn out; ■**für/gegen jdn ~** to turn out well/badly for sb; **zum Guten ~** to turn out all right; **zu jds Nachteil/Vorteil ~** to turn out to sb's disadvantage/advantage
ausschlaggebend *adj* decisive; **die ~e Stimme** the deciding [*or* decisive] vote; ***die Stimme des Vorsitzenden ist ~*** the chair has the casting vote; **[für jdn] von ~er Bedeutung [sein]** [to be] of prime importance [for sb]; ■**[für jdn/etw] ~ sein** to be [*or* prove] decisive [for sb/sth]; ***für diese Entscheidung war ~, dass ...*** in this decision-making X was decisive
Ausschlagung <-, -en> *f* JUR, FIN refusal, rejection; **~ einer Erbschaft** disclaimer of an estate [*or* AM inheritance]
Ausschlagungsfrist *f* JUR period of disclaimer **Ausschlagungsrecht** *nt* JUR right to disclaim
aus|schließen *vt irreg* ① (*entfernen*) ■**jdn [aus/von etw] ~** to exclude sb [from sth]; (*als Strafe a.*) to bar sb [from sth]; **die Öffentlichkeit [von etw] ~** JUR to hold sth in camera; (*spec*) to exclude the public [from sth]; **ein Mitglied [aus etw] ~** to expel a member [from sth]; (*vorübergehend*) to suspend a member [from sth]; **einen Spieler [von etw] ~** to disqualify a player [from sth]
② (*für unmöglich halten*) ■**etw ~** to rule out sth *sep;* ***das eine schließt das andere nicht aus*** the one does not exclude the other, they're not mutually exclusive; ***ich will nicht ~, dass er ein Dieb ist, aber ...*** I don't want to rule out the possibility that he's a thief, but ...
③ (*aussperren*) ■**jdn/sich [aus etw] ~** to lock out *sep* sb/lock oneself out [of sth]
ausschließlich I. *adj attr* exclusive; **das ~e Recht**

the sole [*or* exclusive] right
II. *adv* exclusively; ***das ist ~ unsere Angelegenheit*** this is strictly our affair, this concerns nobody but us; ***darüber habe ~ ich zu bestimmen*** I'm the one to decide on this matter
III. *präp +gen* excluding, exclusive of; (*geschrieben a.*) excl[.]

Ausschließlichkeit <-> *f kein pl* JUR exclusiveness *no pl* **Ausschließlichkeitsbezug** *m* JUR exclusive procurement **Ausschließlichkeitsbindung** *f* JUR exclusive dealing **Ausschließlichkeitsklausel** *f* JUR exclusive clause **Ausschließlichkeitspatent** *nt* exclusive patent **Ausschließlichkeitsrecht** *nt* JUR sole and exclusive right **Ausschließlichkeitsvereinbarung** *f* JUR exclusive dealing clause **Ausschließlichkeitsvertrag** *m* JUR exclusive dealing contract

Ausschließung <-, -en> *f* (*Ausschluss*) exclusion, preclusion

Ausschließungsfrist *f* JUR preclusive period **Ausschließungsgrund** *m* JUR reason for exclusion **Ausschließungsklage** *f* JUR expulsion suit **Ausschließungsprinzip** *nt* PHYS [Pauli] exclusion principle

aus|schlüpfen *vi sein* ■[aus etw] ~ to hatch out [of sth], to hatch [out]

Ausschluss[RR] <-es, Auschlüsse> *m*, **Ausschluß** <-sses, Auschlüsse> *m* exclusion; *von Mitglied* expulsion; (*vorübergehend*) suspension; *von Spieler* disqualification; **unter ~ der Öffentlichkeit stattfinden** JUR to be closed to the public, to take place in camera *spec;* **~ der Gewährleistung** ÖKON caveat emptor *form*, let the buyer beware

Ausschlussfrist[RR] *f* JUR preclusive time limit **Ausschlussklage**[RR] *f* JUR foreclosure action **Ausschlussklausel**[RR] *f* JUR exclusion [*or* preclusion] clause **Ausschlusskriterium**[RR] *f* disqualifying criterion [*or* factor] **Ausschlussrecht**[RR] *nt* JUR exclusive right **Ausschlusstermin**[RR] *m* JUR cut-off date **Ausschlussurteil**[RR] *nt* JUR exclusory judgment, foreclosure decree **Ausschlussverfahren** *nt* JUR *gegen ein Mitglied* expulsory proceedings *pl*

aus|schmücken *vt* ■etw [mit etw] ~ ❶ (*dekorieren*) to decorate [*or liter* adorn] sth [with sth]
❷ (*ausgestalten*) to embellish [*or* embroider] sth [with sth]

Ausschmückung <-, -en> *f* ❶ (*Dekoration*) decoration, adornment *liter*
❷ (*das Ausgestalten*) embellishment, embroidery *no pl*

Ausschneidebogen *m* sheet of cardboard cutouts

aus|schneiden *vt irreg* ■etw [aus etw] ~ to cut out sth *sep*, to cut sth out of sth; INFORM **~ und einfügen** to cut and paste; *s. a.* **ausgeschnitten**

Ausschnitt *m* ❶ (*Zeitungs~*) cutting, clipping
❷ MATH sector
❸ (*ausgeschnittener Teil*) neckline; **runder ~** round neck; **ein tiefer ~** a low [*or* plunging] neckline; **jdm in den ~ schauen** to look down sb's dress
❹ (*Teil*) ■**der/ein ~ [aus etw]** the/a part of sth; **ein ~ [aus einem Gemälde/Foto]** a detail [of a painting/photograph]; **ein ~ [aus einem Roman]** an excerpt [*or* extract] [from a novel]; **ein ~ [aus einem Film]** a [film] clip; ***ich kenne das Buch/den Film nur in ~en*** I only know parts of the book/film

Ausschnittdarstellung *f* INFORM windowing

aus|schöpfen *vt* ❶ (*leeren*) ■etw [mit etw] ~ to empty sth [with [*or* using] sth]; ■**ausgeschöpft sein** to be empty; **ein Boot ~** to bale out *sep* a boat; **Suppe ~** to ladle out *sep* soup; **Wasser ~** to scoop out *sep* water
❷ (*vollen Gebrauch machen*) ■**etw [voll] ~** to make full use of one's sth; **seine Kompetenzen ~** to do everything [with]in one's power; **das ganze Angebot ~** to try out everything on offer; **die Möglichkeiten/seine Reserven ~** to exhaust the possibilities/one's reserves; **ein Thema ~** to go into a subject thoroughly

aus|schreiben *vt irreg* ❶ (*ungekürzt schreiben*) ■etw ~ to write out sth *sep;* **seinen Namen ~** to write out *sep* one's name in full
❷ (*ausstellen*) ■[jdm] **etw ~** to make out *sep* sth [to sb]; **ein Formular ~** to fill in [*or* AM *a.* out] *sep* a form, to complete a form
❸ (*bekannt machen*) ■**etw ~** to announce sth; (*um Angebote zu erhalten*) to invite tenders for sth; **eine Stelle ~** to advertise a post; **Wahlen ~** to call an election, BRIT *a.* to go to the country

Ausschreibung <-, -en> *f* announcement; (*für Angebote*) invitation to tender, call for tenders; *einer Stelle* advertisement (**von** *+dat* for); *von Neuwahlen* the calling of a new election; **öffentliche ~** public invitation to tender

Ausschreibungsabsprache *f* JUR, HANDEL collusive tendering **Ausschreibungsangebot** *nt* FIN tender offer **Ausschreibungsbedingungen** *pl* HANDEL terms of tender **Ausschreibungsfrist** *f* HANDEL bidding period **Ausschreibungskonsortium** *nt* HANDEL bidding syndicate **Ausschreibungspflicht** *f* JUR, HANDEL obligation to invite tenders **Ausschreibungsschluss**[RR] *m* HANDEL closing date [for submission] of tenders **Ausschreibungsverfahren** *nt* HANDEL tendering procedure, bidding process; **im ~** by tender **Ausschreibungswettbewerb** *m* HANDEL competitive bidding [on a tender basis] **Ausschreibungszeitraum** *m* HANDEL tender period

aus|schreiten *vi irreg sein* (*geh*) to stride out

Ausschreitung <-, -en> *f meist pl* riot[s *pl*], rioting *no pl, no indef art*

Ausschuss[RR1] <-es, Ausschüsse> *m*, **Ausschuß** <-sses, Ausschüsse> *m* committee; **einen ~ einsetzen** to constitute [*or* name] a committee *form;* **in einem ~ sitzen** to sit [*or* serve] on a committee

Ausschuss[RR2] <-es> *m*, **Ausschuß** <-sses, Ausschüsse> *m kein pl* (*fam*) rejects *pl*

Ausschuss[RR3] <-es, Ausschüsse> *m*, **Ausschuß** <-sses, Ausschüsse> *m* (*bei Schusswunde*) exit wound

Ausschussmitglied[RR] *nt* committee member **Ausschussquote**[RR] *f* reject [*or* frequency] [*or* breakage] rate **Ausschusssitzung**[RR] *f* committee meeting **Ausschussverlust**[RR] *m* (*bei Produktion*) reject-based loss **Ausschussvorsitzende(r)**[RR] *f(m) dekl wie adj* committee chairwoman *fem*, committee chairman *masc* **Ausschussware**[RR] *f* rejects *pl*

aus|schütteln *vt* ■etw ~ to shake out sth

aus|schütten I. *vt* ❶ (*ausleeren*) ■**etw [über jdn** [*o* **jdm**]**/etw] ~** to empty sth [over sb/sth]
❷ (*verschütten*) ■**etw ~** to spill sth
❸ FIN (*auszahlen*) ■**etw [an jdn] ~** to distribute sth [to sb]; **eine Dividende ~** to distribute [*or* pay out] a dividend
II. *vr* (*fam*) ■**sich vor Lachen ~** to split one's sides laughing *fig*

Ausschüttung <-, -en> *f* FIN dividend; (*das Ausschütten*) distribution of dividends

Ausschüttungsanspruch *m* FIN dividend entitlement **ausschüttungsberechtigt** *adj* FIN carrying dividend rights **ausschüttungsfähig** *adj* FIN distributable; **~er Gewinn** distributable profits **Ausschüttungssatz** *m* FIN distribution rate **Ausschüttungstermin** *m* FIN distribution date

aus|schwärmen *vi sein Bienen* to swarm out; *Soldaten* to fan out

aus|schweifen *vi sein* ❶ (*abschweifen*) to ramble on
❷ (*umherschweifen*) to run riot; ***er ließ seine Fantasie ~*** he let his imagination run riot

ausschweifend *adj* **ein ~es Leben** a hedonistic life; **eine ~e Fantasie** a wild imagination

Ausschweifung <-, -en> *f meist pl* excess

aus|schweigen *vr irreg* ■**sich [über jdn/etw] ~** to remain silent [about sb/sth]; **sich eisern ~** to maintain a stony silence

aus|schwemmen *vt* ❶ (*ausspülen*) ■**etw [aus etw] ~** to flush sth out [of sth]
❷ (*aushöhlen*) ■**etw ~** to hollow out *sep* sth

ausschwenkbar *adj Leuchte, Maschinentisch* swivel[ling]; *Kranarm* traversable, swing-out *attr*

aus|schwenken I. *vt haben* ■**etw ~** ❶ (*ausspülen*) to rinse out *sep* sth
❷ (*zur Seite schwenken*) to swing sth out
II. *vi sein* to wheel; ***die Marschkolonne schwenkte nach rechts aus*** the column wheeled to the right; ***Vorsicht, Anhänger schwenkt aus!*** Keep clear of trailer!

aus|schwitzen *vt* ❶ (*durch Schwitzen ausscheiden*) ■**etw ~** to sweat out *sep* sth; **eine Grippe ~** to sweat out a bout of flu
❷ (*Feuchtigkeit absondern*) *Wände* to sweat
❸ (*durch Erhitzen Feuchtigkeit entfernen*) **Mehl ~** to sweat flour

aus|sehen *vi irreg* to look; ***du siehst gut/gesund/schick aus*** you look great/healthy/smart; ■**~ wie ...** to look like ...; **es sieht gut/schlecht aus** things are looking good/not looking too good; **bei jdm sieht es gut/schlecht aus** things are looking good/not looking too good for sb; ***und wie sieht es bei euch aus?*** and how are things with you?; ***bei mir sieht es gut aus*** I'm doing fine; ***heute sieht es regnerisch aus*** it looks like rain today; **nach Schnee/Regen ~** to look as if it is going to snow/rain; **nach etwas/nichts aussehen** to look good/not look anything special, to look/not look the part; **es sieht [jdm] danach** [*o* **so**] **~, als ...** it looks [*or* seems] [to sb] as though [*or* if] ...; ***du siehst mir gerade danach aus!*** (*iron*) I don't think so!, I bet!; ***so siehst du [gerade] aus!*** (*fam*) that's what you think! *fam;* ***seh' ich so*** [*o* ***danach***] ***aus?*** what do you take me for? *fam;* **wie sieht's aus?** (*fam*) how's things? [*or* BRIT *fam a.* tricks]

Aussehen <-s> *nt kein pl* appearance; ■**jds ~ nach** judging [*or* going] by sb's appearance; ■**dem ~ nach** judging [*or* going] by appearances

aus|sein *irreg, Zusammenschreibung nur bei infin und pp* I. *vi sein* (*fam*) ❶ (*beendet sein*) to have finished; *Krieg* to have ended, to be over; *Schule* to be out
❷ (*ausgeschaltet sein*) to be [switched] off; *Feuer, Ofen, Kerze* to be out
❸ SPORT (*außerhalb des Spielfeldes*) *Ball* to be out
❹ (*es auf jdn/etw abgesehen haben*) ■**auf jdn/etw ~** to be after sb/sth
❺ (*ausgehen*) ■**[mit jdm] ~** to go out [with sb]
II. *vi impers sein* ❶ (*vorbei sein*) ■**es ist mit etw aus** sth is over; ***es ist aus und vorbei mit diesen Träumen*** these dreams are over once and for all
❷ (*fam: sterben*) ■**es ist mit jdm ~** sb has had it *sl;* ***es ist aus mit ihm*** he's finished [*or sl* had it]
❸ (*fam: beendet sein*) ■**es ist aus [zwischen jdm]** it's over [between sb]; ***zwischen denen ist es aus*** they've broken up, it's over between them; ***zwischen uns ist es aus, mein Freund!*** we're finished [*or* history], mate!

außen *adv* on the outside; **~ *an der Windschutzscheibe*** on the outside of the windscreen; ***er spielt links/rechts ~*** he is playing on the outside left/right; ■**nach ~** outwards; ■**von ~** from the outside; **~ vor bleiben** to be left out; **~ vor sein** to be left out; **jdn/etw ~ vorlassen** to leave sb/sth out, to exclude sb/sth; **nach ~ hin** outwardly

Außen <-> *nt kein pl* outside

Außenansicht *f* exterior view **Außenanstrich** *m* ❶ (*Farbe*) outside coating, exterior paint job
❷ (*das Anstreichen*) painting of the exterior **Außenantenne** *f* outdoor [*or* external] aerial **Außenaufnahme** *f* outdoor shot **Außenbahn** *f* SPORT outside lane **Außenbeitrag** *m* external contribution **Außenbeleuchtung** *f* exterior lighting **Außenbereich** *m* JUR external undeveloped land **Außenbezirk** *m* outer [*or* outlying] district **Außenborder** <-s, -> *m* NAUT outboard [motorboat] **Außenbordmotor** *m* outboard [motor] **Außenbordmotorboot** *m* outboard

motorboat

außenbords *adv inv* NAUT outboard

aus|senden *vt irreg* (*geh*) ❶ (*ausschicken*) ■ **jdn** ~ to send sb out
❷ (*ausstrahlen*) ■ **etw** ~ to broadcast sth

Außendienst *m* employment as a sales representative; **im ~ sein** [*o* **arbeiten**] to work as a sales representative [*or* in sales]; **~ machen** to work outside the office

Außendienstmitarbeiter(in) *m(f)* sales representative

Außeneinsatz *m* RAUM spacewalk, operation outside the space shuttle

Außenfinanzierung *f* FIN external financing

Außengesellschaft *f* HANDEL non-member company

Außenhafen *m* outer harbour [*or* AM -or]

Außenhaftung *f* JUR non-member liability

Außenhandel *m* foreign trade

Außenhandelsbeschränkungen *pl* HANDEL, JUR foreign trade restrictions **Außenhandelsbeziehungen** *pl* foreign trade relations **Außenhandelsbilanz** *f* balance of trade **Außenhandelsbürgschaft** *f* JUR, HANDEL foreign trade guarantee **Außenhandelskammer** *f* FIN chamber for foreign trade **Außenhandelslizenz** *f* HANDEL foreign trade licence **Außenhandelsmonopol** *nt* HANDEL foreign trade monopoly **Außenhandelsniederlassung** *f* ÖKON foreign trade branch **Außenhandelspolitik** *f* foreign trade policy **Außenhandelsposition** *f* ÖKON external position **Außenhandelsprognose** *f* ÖKON foreign trade forecast [*or* prognosis] **Außenhandelsquote** *f* ÖKON proportion of foreign trade **Außenhandelsrecht** *nt* JUR foreign trade law **Außenhandelsspanne** *f* ÖKON spread of foreign trade **Außenhandelsvertrag** *m* JUR foreign trade agreement **Außenhandelsvolumen** *nt* ÖKON export volume

Außenhaut *f* outer skin **Außenkurve** *f* outer curve, outside bend **Außenminister(in)** *m(f)* foreign minister, foreign secretary BRIT, Secretary of State AM **Außenministerium** *nt* foreign ministry, Foreign Office BRIT, State Department AM **Außenmitarbeiter(in)** *m(f)* external employee **Außenpolitik** *f* foreign policy **Außenpolitiker(in)** *m(f)* foreign policymaker **außenpolitisch** I. *adj* foreign policy *attr;* **~e Erfahrung/~er Erfolg** experience/success in foreign policy; ***in ~en Fragen*** in matters of foreign policy; **~er Sprecher** foreign policy spokesman II. *adv* as regards foreign policy **Außenprüfer(in)** *m(f)* FIN field auditor **Außenprüfung** *f* FIN field auditing; **abekürzte ~** summary examination **Außenquartier** *nt* SCHWEIZ suburb **Außenrecht** *nt* JUR international law **Außenseite** *f* outside; *Gebäude* exterior

Außenseiter(in) <-s, -> *m(f)* (*a. fig*) outsider

Außenspiegel *m* AUTO [out]side mirror **Außenstände** *pl* ÖKON debts outstanding, accounts receivable *pl* **Außensteckdose** *f* AUTO caravan inlet **Außenstehende(r)** *f(m)* *dekl wie adj* outsider **Außenstelle** *f* branch **Außensteuergesetz** *nt* JUR Law to Prevent International Fiscal Evasion **Außensteuerrecht** *nt* JUR, FIN tax legislation for non-residents **Außenstürmer(in)** *m(f)* FBALL wing **Außentasche** *f* outside pocket **Außentemperatur** *f* outside [*or* external] temperature **Außenverhältnis** *nt* JUR legal relationship with third parties **Außenwand** *f* exterior [*or* outside] wall **Außenwelt** *f* outside world **Außenwerbung** <-> *f kein pl* HANDEL outdoor advertising **Außenwert** *m* outside measurement **Außenwinkel** *m* exterior angle **Außenwirtschaft** *f* ÖKON foreign trade

außenwirtschaftlich *adj* ÖKON external, foreign-trade; **~e Anpassung/Entwicklung/Faktoren** external economic adjustment/development/factors; **~es Gleichgewicht** foreign-trade balance

Außenwirtschaftsgesetz *nt* JUR foreign trade and payments act **Außenwirtschaftsrecht** *nt* JUR foreign trade and payments legislation **Außenwirtschaftsverordnung** *f* JUR, FIN foreign trade and payments order **Außenwirtschaftsvertrag** *m* JUR, FIN foreign trade agreement

Außenzelt *nt* fly-sheet

Außenzoll *m* ÖKON external duty [*or* tariff]

außer I. *präp +dat o gen* (*selten*) ❶ (*abgesehen von*) apart from, except for; ***~ dir waren alle auf dem Fest*** everone was at the party but [*or* apart from] you
❷ (*zusätzlich zu*) in addition, apart from; ***~ ihrer eigenen Arbeit musste sie noch die seinige erledigen*** she had to do his work as well as her own
❸ (*nicht in*) out of; **~ Betrieb/Sicht/Gefahr sein** to be out of order/sight/danger
► WENDUNGEN: **[über jdn/etw] ~ sich** *dat* **sein** to be beside oneself [about sb/sth]; *s. a.* **Reihe, geraten**
II. *konj* ■ **~ dass** except that; ■ **~ [wenn]** except [when]

Außerachtlassung <-, -en> *f* disregard; **unter ~ der Regeln** with total disregard for the rules

außerbetrieblich *adj* ÖKON external; **~e Weiterbildung** external advanced training

außerdem *adv* besides; ***ich habe keine Zeit und ~ auch keine Lust*** I don't have time and besides [*or* anyway], I don't feel like it; ***er ist Professor und ~ noch Gutachter*** he is professor and expert besides that [*or* as well]

außerdienstlich I. *adj* private
II. *adv* in private, privately

äußere(r, s) *adj* ❶ (*außerhalb gelegen*) outer; **~e Verletzung** external injury
❷ (*von außen wahrnehmbar*) outer, exterior
❸ (*außenpolitisch*) external

Äußere(s) *nt dekl wie adj* outward appearance

außerehelich I. *adj* extramarital; **ein ~es Kind** an illegitimate child, a child born outside marriage [*or esp form* wedlock] II. *adv* illegitimately **außereuropäisch** *adj attr* non-European; ***China ist das bevölkerungsreichste ~e Land*** China is the most populated country outside of Europe **außerfahrplanmäßig** I. *adj* non-scheduled II. *adv* ***dieser Bus verkehrt nur ~*** this bus runs a non-scheduled service

außerfamiliär *adj inv* outside the family; **~e Kontakte** contacts outside the family **außergerichtlich** I. *adj* out of court *attr* II. *adv* out of court **außergewöhnlich** I. *adj* unusual; **eine ~e Leistung** an extraordinary achievement; **ein ~er Mensch** a remarkable [*or* an extraordinary] person; **einer ~en Belastung ausgesetzt sein** to be under extreme pressure; ■ **etwas A~es** something unusual [*or* out of the ordinary]; **etw ~ Gutes** something extraordinary II. *adv* extremely

außerhalb I. *adv* outside; **~ der Stadt** outside the town, out of town; **~ stehen** to be on the outside; **nach ~** outside [*or* out] of town; **von ~** from out of town
II. *präp +gen* ❶ (*räumlich entfernt*) outside; **~ der Stadt** outside the town
❷ (*zeitlich entfernt*) **~ der Sprechstunde** outside [of] surgery/visiting, etc. hours
❸ (*jenseits*) outside; **~ meiner Kompetenz** outside my competence; **~ der Legalität** outside the law

außerirdisch *adj* extraterrestrial; ■ **A~e** extraterrestrials, aliens

Außerkraftsetzung <-, -en> *f* (*geh*) repeal *form*

äußerlich *adj* ❶ (*außen befindlich*) external; **nur zur ~en Anwendung!** MED, PHARM [for] external use only
❷ (*oberflächlich*) superficial; **[rein] ~ betrachtet** on the face of it

Äußerlichkeit <-, -en> *f* ❶ (*Oberflächlichkeit*) superficiality; (*Formalität*) formality
❷ *pl* (*oberflächliche Details*) trivialities *pl*

äußerln *vi, vt nur infin* ÖSTERR ■ **einen Hund ~ [führen]** to take a dog for a walk

äußern I. *vr* ❶ (*Stellung nehmen*) ■ **sich [zu etw] ~** to say something [about sth], to comment [on sth]; ***ich will mich vorerst nicht dazu ~*** I don't want to make any comment at this stage; **sich** *akk* **über jdn/etw abfällig ~** to make disparaging comments about [*or* of] sb/sth
❷ (*sich manifestieren*) ■ **sich [irgendwie] ~** to manifest itself [somehow]
II. *vt* (*sagen*) ■ **etw ~** to say sth; (*zum Ausdruck bringen*) to utter [*or* voice] [*or* express] sth; **eine Kritik ~** to voice a criticism; **einen Wunsch ~** to express a wish

außerordentlich I. *adj* ❶ (*ungewöhnlich, bemerkenswert*) extraordinary, exceptional
❷ (*nicht turnusgemäß*) extraordinary; **ein ~er Professor** associate professor; **eine ~ Sitzung** an extraordinary meeting
II. *adv* extraordinarily, remarkably, exceptionally

außerorts *adv* ÖSTERR, SCHWEIZ out of town

außerparlamentarisch *adj* extraparliamentary; **~e Opposition** *left-wing opposition movement in the FRG founded by students and trade-unions in 1966 to promote opposition to the government from outside the parliament* **außerplanmäßig** *adj* unscheduled; **~e Ausgaben/Kosten** non-budgetary [*or* additional] expenses/costs **außerschulisch** *adj* extracurricular **außersinnlich** *adj* extrasensory; **~ Wahrnehmung** extrasensory perception

äußerst *adv* extremely

außerstande *adj* (*nicht in der Lage*) ■ **~, etw zu tun** unable [*or* not in a position] to do sth; ■ **zu etw ~ sein,** ■ **~ sein, etw zu tun** to be unable to do sth, to be incapable of doing sth; **sich ~ erklären/sehen, etw zu tun** to find oneself unable to do sth

äußerste(r, s) *adj* ❶ (*entfernteste*) outermost; **am ~n Ende der Welt** at the farthest point of the globe; **der ~ Norden/Süden** the extreme north/south
❷ (*späteste*) latest possible; **der ~ Termin** the latest possible time/date
❸ (*höchste*) utmost; **von ~r Dringlichkeit** extremely urgent; **von ~r Wichtigkeit** of supreme [*or* the utmost] importance; **der ~ Preis** the last price; ***sie wehrte sich mit ~r Kraft*** she defended herself with all her strength

Äußerste(s) *nt dekl wie adj* **auf das ~ gefasst sein** to be prepared for the worst; **bis zum ~n gehen** to go to any extreme; **sein ~s geben** to give one's all; **das ~ wagen** to go to all extremes

äußerstenfalls *adv* at the most, at best

außertariflich *adj inv* FIN above the agreed rate; (*Zoll*) non-tariff

außertourlich [-tuːɐ-] I. *adj* SÜDD, ÖSTERR unscheduled
II. *adv* SÜDD, ÖSTERR in addition

Äußerung <-, -en> *f* ❶ (*Bemerkung*) comment, remark
❷ (*Zeichen*) expression, sign

außeruniversitär *adj inv* SCI, SCH *Forschung, Veranstaltung, Weiterbildung* not university related

außervertraglich *adj* JUR noncontractual, extracontractual

Aussetzen <-> *nt kein pl s.* **Aussetzung**

aus|setzen I. *vt* ❶ (*im Stich lassen*) ■ **jdn/ein Tier ~** to abandon sb/an animal
❷ (*ins Freie herausbringen*) **Pflanzen ~** to plant out plants; **Wild/Fische ~** to release game/fish
❸ NAUT **Boote ~** to lower boats [to water]; **Passagiere ~** to maroon passengers
❹ (*preisgeben*) ■ **jdn/etw etw** *dat* **~** to expose sb/sth to sth; ■ **sich** *akk* **etw** *dat* **~** to expose oneself to sth; **jdn der Kritik aussetzen** to subject sb to criticism
❺ (*festsetzen*) ■ **jdm etw ~** to offer sb sth; **einen Preis auf jds Kopf ~** to put a price on sb's head
❻ (*vermachen*) ■ **jdm etw ~** to bequeath [*or* leave] sth to sb
❼ (*unterbrechen*) to interrupt; **einen Prozess ~** to adjourn a trial; **Rückzahlung/Zinsen ~** to defer payment/interest
❽ (*vertagen*) ■ **etw ~** to suspend sth
❾ (*bemängeln*) ■ **an etw** *dat* **ist etwas/nichts auszusetzen** there is something/nothing wrong with [*or* objectionable about] sth; ■ **[an jdm/etw]**

etwas/nichts auszusetzen haben to find fault/ not find any fault [with sb/sth]
II. *vi* ❶ (*aufhören*) ■ **[bei etw]** ~ to take a break [from sth]; (*bei Spiel*) to sit [sth] out; **eine Runde aussetzen** to miss a turn
❷ (*versagen*) to stop; *Motor* to fail; **bei jdm setzt die Atmung/das Herz aus** sb's breathing/heart stops
❸ (*unterbrechen*) ■ **mit etw** ~ to interrupt sth; **mit der Pille** ~ to stop taking the pill; **ohne auszusetzen** nonstop, without a break
III. *vi impers* (*fam: ausrasten*) ■ **es setzt [bei jdm] aus** sth snaps [in sb]; ***auf einmal setzte es bei ihm aus*** all of a sudden he snapped

Aussetzer <-s, -> *m* TECH (*fam*) *abrupt failure of a machine or one of its functions during operation*

Aussetzung <-, -en> *f* ❶ (*das Aussetzen*) *Kind, Haustiere* abandonment; *Pflanzen* planting out; *Fische, Wild* releasing; *Boote* lowering; *Passagiere* marooning
❷ (*in Aussicht stellen*) *Belohnung, Preis, Erbteil* offer
❸ JUR (*Unterbrechung*) adjournment; *einer Rückzahlung, der Zinsen* deferment
❹ JUR (*Vertagung*) suspension

Aussetzungsbeschluss^RR^ *m* JUR suspension order **Aussetzungsentscheidung** *f* JUR decision to stay proceedings

Aussicht *f* ❶ (*Blick*) view; ■ **die** ~ **auf etw** *akk* the view overlooking [*or* of] sth
❷ (*Chance*) prospect, chance; ■ **die** ~ **auf etw** *akk* the chance of sth; **große ~en auf etw** *akk* **haben** to have every prospect [*or* chance] of sth; **gute ~en auf etw** *akk* **haben** to have good prospects of sth; **keine [*o* nicht die geringsten] ~en [auf etw** *akk*] **haben** to have no [*or* not the slightest] chance [of sth]; **etw in ~ haben** to have good prospects of sth; **jdm etw in ~ stellen** to promise sb sth; **das sind ja schöne ~en!** (*iron fam*) what a prospect!

aussichtslos *adj* hopeless; ■ **[so gut wie]** ~ **sein** to be [absolutely] hopeless

Aussichtslosigkeit <-> *f kein pl* hopelessness, desperation

Aussichtspunkt *m* viewpoint **aussichtsreich** *adj* promising; **eine ~ Stelle** a job with good prospects **Aussichtsturm** *m* lookout tower

aus|sieben *vt* ❶ (*mit Sieb entfernen*) ■ **etw [mit etw] [aus etw]** ~ to strain sth [out of sth] [with sth]
❷ (*aussondern*) ■ **jdn [aus etw]** ~ to sift sb [out of sth]

aus|siedeln *vt* ■ **jdn** ~ to evacuate [*or* resettle] sb

Aussiedler(in) *m(f)* emigrant; (*Evakuierter*) evacuee

Aussiedlung *f* resettlement

aus|sitzen *vt* ■ **etw** ~ to sit sth out

aus|söhnen I. *vt* ■ **jdn mit jdm/etw** ~ to reconcile sb with sb/to sth
II. *vr* ■ **sich mit jdm/etw** ~ to become reconciled with sb/to sth; ■ **sich** ~ to make up

Aussöhnung <-, -en> *f* ■ ~ **[mit jdm]** reconciliation [with sb]

aus|sondern *vt* to select; **Schlechtes** ~ to sift [*or* flush] out the bad ones [*or* bits]; **den besten Kandidaten** ~ to single out the best candidate

Aussonderung <-, -en> *f* selection, picking out *no pl; von Bewerbern* singling out; JUR assertion of rights of ownership against the bankrupt's estate

Aussonderungsberechtigte(r) *f(m)* JUR person entitled to release from bankrupt's estate **Aussonderungsquote** *f* screening rate **Aussonderungsrecht** *nt kein pl* JUR right of separation and recovery

aus|sorgen *vi* ■ **ausgesorgt haben** to be set up for life *fam*

aus|sortieren* *vt* ■ **etw** ~ to sort sth out

aus|spachteln *vt* BAU ■ **etw [mit etw]** ~ to level sth [with sth]

aus|spähen I. *vi* ■ **[nach jdm/etw]** ~ to look out [for sb/sth]
II. *vt* ■ **jdn/etw** ~ to spy sb/sth out

Ausspähung <-, -en> *f* JUR spying out clandestinely

aus|spannen I. *vi* to relax, to have a break
II. *vt* ❶ ■ **etw [aus etw]** ~ to unharness [*or* unhitch] sth [from sth]; **einen Ochsen** ~ to unyoke an ox
❷ (*ausbreiten*) ■ **etw** ~ to spread sth out; **ein Seil/eine Leine** ~ to put up a rope/line
❸ (*herausdrehen*) ■ **etw [aus etw]** ~ to take sth out [of sth]; **den Bogen aus der Schreibmaschine** ~ to take the paper out of the typewriter
❹ (*fam: abspenstig machen*) **jdm die Freundin/den Freund** ~ to pinch [*or* steal] sb's girlfriend/boyfriend
❺ (*fam: sich ausborgen*) ■ **jdm etw** ~ to do sb out of sth *fam*

Ausspannung <-> *f kein pl* relaxation *no pl*

aus|sparen *vt* ❶ (*nicht einbeziehen*) ■ **etw [bei etw]** ~ to avoid sth [in sth]
❷ (*ausnehmen*) ■ **etw [bei etw]** ~ to omit sth [in sth]
❸ (*verschonen*) ■ **jdn** ~ to spare sb
❹ (*unbeschriftet lassen*) ■ **etw** ~ to leave sth blank

Aussparung <-, -en> *f* (*Lücke*) gap; (*Auslassung*) omission

aus|speien *irreg* **I.** *vt* (*geh*) ❶ (*ausstoßen*) ■ **etw** ~ to disgorge sth, to bring up *sep* sth
❷ (*ausspucken*) ■ **etw** ~ to spit out *sep* sth; (*fig*) to spew out *sep* sth
II. *vi* (*geh*) to spit out

aus|sperren *vt* ❶ (*ausschließen*) ■ **jdn [aus etw]** ~ to lock sb out [of sth]; ■ **sich [aus etw]** ~ to lock oneself out [of sth]
❷ TYPO ■ **etw** ~ to lead [*or* space] [*or* white] sth

Aussperrung <-, -en> *f* ÖKON lockout; **jdm mit** ~ **drohen** to threaten sb with a lockout, to threaten to lock out sb

aus|spielen I. *vt* ❶ KARTEN ■ **etw** ~ to play sth
❷ (*als Preis aussetzen*) ■ **etw** ~ *Lotterie* to pay out sth
❸ (*wechselseitig einsetzen*) to use, to apply; ■ **etw [gegen jdn]** ~ to play sth off [against sb], to use sth [against sb]; ■ **jdn gegen jdn** ~ to play sb off against sb
II. *vi* ❶ KARTEN (*das Spiel eröffnen*) to lead; (*Karte ablegen*) to play a card; **einen Trumpf** ~ to play a trump [card]
❷ (*verspielen*) ■ **[bei jdm] [als etw] ausgespielt haben** to have had it [with sb] [as sth]; ***bei mir hast du endgültig ausgespielt!*** you've had it as far as I am concerned!, I'm through with you! *fam*

Ausspielung <-, -en> *f* draw

aus|spinnen *vt irreg* ■ **etw** ~ to spin [*or* draw] sth out

aus|spionieren* *vt* ❶ (*als Spion durchsuchen*) ■ **etw** ~ to spy into sth, to spy sth out
❷ (*ausfindig machen*) ■ **jdn/etw** ~ to spy sb/sth out

Aussprache *f* ❶ (*Akzent*) pronunciation, accent; (*Art des Artikulierens*) articulation; **eine feuchte** ~ **haben** to splutter when one speaks
❷ (*Unterredung*) talk, discussion

Ausspracheangabe *f* phonetic transcription **Aussprachewörterbuch** *nt* phonetic dictionary, dictionary of pronunciation

aussprechbar *adj* ■ **[für jdn] nicht/schwer** ~ **sein** to be unpronounceable/difficult to pronounce [for sb]; ■ **[für jdn] kaum** ~ **sein** to be barely pronounceable [for sb]

aus|sprechen *irreg* **I.** *vt* ❶ (*artikulieren*) ■ **etw** ~ to pronounce sth; ***wie spricht man das [Wort] aus?*** how do you pronounce [*or* say] that [word]?
❷ (*äußern*) ■ **etw** ~ to express sth; ***kaum hatte er den Satz ausgesprochen, …*** he had barely finished the sentence …; **ein Lob** ~ to give a word of praise; **eine Warnung** ~ to issue [*or* give] a warning; **einen Zweifel [an etw]** ~ to express doubts [in sth]
❸ (*ausdrücken*) ■ **jdm etw** ~ to express sth to sb; ***das Parlament sprach der Regierung das Vertrauen aus*** parliament passed a vote of confidence in the government
❹ JUR **eine Scheidung** ~ to grant a divorce; **eine Strafe** ~ to give out a punishment; **ein Urteil** ~ to pronounce [a] sentence
II. *vr* ■ **sich** ~ ❶ (*sein Herz ausschütten*) to talk things over, to have a talk, to say what's on one's mind
❷ (*Stellung nehmen*) to voice one's opinion; ■ **sich für/gegen jdn/etw** ~ to voice one's support for/opposition against sb/sth
❸ (*sich äußern*) to speak one's mind; **sich anerkennend/lobend über jdn/etw** ~ to speak highly about sb/sth
❹ LING to be pronounced; ***dieses Wort spricht sich leicht/schwer aus*** this word is easy/difficult to pronounce; ***wie spricht sich der Name aus?*** how do you pronounce the name?
III. *vi* to finish [speaking]; ***haben Sie jetzt endlich ausgesprochen?*** have you quite finished?; *s. a.* ausgesprochen

Ausspruch *m* remark; (*geflügeltes Wort*) saying; JUR pronouncement

aus|spucken I. *vt* ❶ (*ausspeien*) ■ **etw** ~ to spit sth out
❷ (*fam: auswerfen*) ■ **etw** ~ to spew sth out *fam;* (*herausgeben*) to cough up *sep* sth; ***los, spuck das Geld endlich 'raus!*** come on, cough up the money! *fam*
❸ (*fam: gestehen*) ■ **[etw]** ~ to spit [sth] out
II. *vi* ■ **[vor jdm/etw]** ~ to spit [at sb/sth]

aus|spülen *vt* ■ **etw** ~ to wash sth out, to rinse sth; ■ **[sich** *dat*] **etw** ~ to wash out [one's] sth, to rinse [one's] sth; **etw kräftig** ~ to flush out sth

Ausspülung *f* washing out *no pl,* rinse; GEOL erosion

aus|staffieren* *vt* (*fam*) ❶ (*ausstatten*) ■ **etw [mit etw]** ~ to fit sth out [with sth], to equip sth [with sth]
❷ (*einkleiden*) ■ **jdn [mit etw]** ~ to rig [*or esp* BRIT kit] sb out [in sth]

Ausstand *m* ❶ (*Streik*) **im** ~ **sein** to be on strike; **in den** ~ **treten** to go on strike, BRIT *a.* to take industrial action
❷ SÜDD, ÖSTERR, SCHWEIZ (*Ausscheiden aus Stelle o Schule*) going away *no pl,* leaving BRIT *no pl;* **seinen** ~ **geben** to hold a going-away [*or* BRIT leaving] party

ausständig *adj* FIN, ÖKON outstanding

aus|stanzen *vt* ■ **etw [aus etw]** ~ to stamp [*or* punch] sth out [of sth]; **ein Loch** ~ to punch a hole; **Münzen** ~ to mint coins

aus|statten *vt* ❶ (*versorgen*) ■ **jdn [mit etw]** ~ to equip sb [with sth], to provide sb [with sth]
❷ JUR ■ **jdn mit etw** ~ to vest sb with sth, to provide [*or* furnish] sb with sth
❸ (*einrichten*) ■ **etw [mit etw]** ~ to furnish sth [with sth]
❹ (*versehen*) ■ **etw [mit etw]** ~ to equip sth with sth; ***der Bildband ist gut ausgestattet*** the book is well illustrated; *Auto;* ***dieses Modell ist serienmäßig mit elektrischen Fenstern ausgestattet*** this model has electric windows as a standard fitting

Ausstatter(in) <-s, -> *m(f)* FILM, TV, THEAT (*Kostüm*) wardrobe supervisor; (*Szenenbildner*) set designer; **~*in: Heike Busch*** wardrobe/set design by Heike Busch

Ausstattung <-, -en> *f* ❶ *kein pl* (*Ausrüstung*) equipment; (*das Ausrüsten*) equipping *no pl,* provision, fitting-out *no pl*
❷ *kein pl* ■ **jds** ~ **mit etw** the vesting of sb with sth
❸ (*Einrichtung*) furnishings *pl;* ***das Haus hatte eine sehr luxuriöse*** ~ the house was luxuriously furnished
❹ (*Aufmachung*) features *pl,* fittings *pl*

Ausstattungsdarlehen *nt* FIN loan for new equipment **Ausstattungsmerkmal** *nt* INFORM equipment feature **Ausstattungsschutz** *m* JUR legal protection

aus|stechen *vt irreg* ❶ (*entfernen, herausnehmen*) **jdm das Auge** ~ to poke [*or* gouge] sb's eye out; **Plätzchen** ~ to cut out biscuits; **Torf** ~ to cut peat [*or* turf]; **Unkraut** ~ to dig out weeds
❷ (*fam: übertreffen und verdrängen*) ■ **jdn** ~ to outdo sb; ■ **jdn bei jdm** ~ to push sb out of sb's favour; ***mit dieser Leistung stach er alle Kon-***

kurrenten aus this performance outstripped that of all his competitors

Ausstechform *f* KOCHK cutter

aus|stehen *irreg* **I.** *vt* ❶ (*ertragen*) ■**etw** ~ to endure sth; **jdn/etw nicht ~ können** to not be able to stand *fam* [*or* tolerate] sb/sth
❷ (*durchmachen*) ■**mit jdm/etw etwas/viel** ~ to go through something/a lot with sb/sth; ***ich habe nun wirklich genug ausgestanden!*** I've really been through enough!; **mit jdm/etw viel/etwas auszustehen haben** to have to put up with a lot/something with sb/sth; **ausgestanden sein** (*vorbei sein*) to be all over [and done with]
II. *vi* ■[**noch**] ~ ❶ (*noch nicht da sein*) to be due; ***die Antwort steht seit 5 Wochen aus*** the reply has been due for 5 weeks; ***die Sendung/das Paket steht immer noch aus*** the letter/package has still not been delivered; (*noch zu erwarten sein*) to be still expected [*or* awaited]
❷ ÖKON, FIN to be owing [*or* outstanding]

ausstehend *adj* ❶ (*noch zu tun*) still to be done *pred*
❷ FIN outstanding, receivable; **~e Einlagen auf das gezeichnete Kapital** uncalled capital; **~e Zahlungen auf Aktien** uncalled payments on shares

Aussteifung <-, -en> *f* BAU bracing

aus|steigen *vi irreg sein* ❶ ■[**aus etw**] ~ to get off [sth]; **aus einem Auto ~** to get out of a car; ***du kannst mich dort ~ lassen*** you can let me out over there; ***„Endstation, alles ~!“*** “Last stop, all change!”
❷ (*aufgeben*) ■[**aus etw**] ~ to drop out [of sth], to quit *fam* [sth]; SPORT to retire [*or* withdraw] [from sth]; (*sich zurückziehen*) to withdraw [from sth]; **aus der Gesellschaft ~** to drop [*or* opt] out of society

Aussteiger(in) <-s, -> *m(f)* (*aus Gesellschaft, Beruf, Studium*) dropout *esp pej*, BRIT *a.* downshifter; (*aus Terroristenkreisen*) deserter, apostate

aus|stellen I. *vt* ❶ (*zur Schau stellen*) ■**etw** ~ to display sth; (*auf Messe, in Museum*) to exhibit sth
❷ (*ausschreiben*) ■[**jdm**] **etw** ~ to write [out *sep*] [sb] sth, to make out *sep* sth [for sb]; [**jdm**] **eine Rechnung** ~ to issue [sb] an invoice; (*ausfertigen*) to issue [sb] sth; ■**etw auf jdn** ~ to make out sth to sb [*or* in sb's name]; ***stellen Sie bitte die Rechnung aus*** please write me [out] the bill; ***sie ließ sich einen Scheck/die Bescheinigung*** ~ she had a cheque/the certificate made out in her name
❸ (*ausschalten*) ■**etw** ~ to switch off *sep* sth; **die Heizung** ~ to turn off *sep* the heating [*or* AM the heat]
II. *vi* ÖKON (*sich an einer Ausstellung beteiligen*) to exhibit

Aussteller(in) <-s, -> *m(f)* ❶ (*auf Messe*) exhibitor
❷ FIN (*ausstellender Kontoinhaber*) *Scheck* drawer; ADMIN (*ausstellende Behörde o. Stelle*) issuer

Ausstellfenster *nt* AUTO quarterlight

Ausstellung *f* ❶ (*Kunst~, Messe*) exhibition
❷ *kein pl* (*das Ausschreiben*) *Scheck* making out; *Rezept, Rechnung* writing out, issuing; ***die ~ der Rechnung erfolgt innerhalb von zwei Werktagen*** an invoice will be issued withing two working days; (*Ausfertigung*) issue, issuing

Ausstellungsbescheinigung *f* JUR certificate of exhibition **Ausstellungsdatum** *nt* date of issue **Ausstellungseröffnung** *f* exhibition opening **Ausstellungsfläche** *f* ÖKON exhibition area **Ausstellungsgelände** *nt* exhibition site [*or* area] **Ausstellungshalle** *f* exhibition hall **Ausstellungskatalog** *m* exhibition catalogue **Ausstellungsmacher(in)** *m(f)* exhibition organizer **Ausstellungspriorität** *f* JUR exhibition priority **Ausstellungsraum** *m* exhibition space **Ausstellungsrecht** *nt* JUR right of exhibition **Ausstellungsstand** *m* exhibition stand **Ausstellungsstück** *nt* display model; (*in Ausstellung*) exhibit **Ausstellungstag** *m* day of issue

aus|stemmen *vt* BAU ■**etw** [**aus etw**] ~ to chisel out sth [of sth] *sep*

aus|sterben *vi irreg sein* to die out; *Geschlecht, Spezies* to become extinct

Aussterben *nt* extinction; **im ~ begriffen** dying out

aussterbend *adj Tiere, Pflanzen* dying out, becoming extinct

Aussteuer <-, -n> *f* dowry

Ausstieg <-[e]s, -e> *m* ❶ *kein pl* (*das Aussteigen*) ■**der ~ aus etw** *Bus, Zug etc.* getting off sth; *Auto* getting out of sth; *Höhle* climbing out of sth
❷ (*Öffnung zum Aussteigen*) exit
❸ (*das Aufgeben*) ■**der ~ aus etw** abandoning sth; **der ~ aus der Kernenergie** abandoning [of] nuclear energy

Ausstiegsklausel *f* JUR opt-out clause

ausstiegsorientiert *adj inv* JUR **~er Gesetzesvollzug** enforcement of the law in favour of withdrawal

aus|stopfen *vt* ■**etw** ~ to stuff sth; **eine Ritze** [**mit etw**] ~ to fill a crack [with sth]

Ausstoß *m* ❶ (*Produktion*) output, production; ■**der ~ von/an etw** the output [*or* production] of sth
❷ (*Ausschluss*) expulsion
❸ (*Emission*) emission

aus|stoßen *vt irreg* ❶ (*hervorbringen*) ■**etw** [**in etw** *akk*] ~ to eject sth [into sth]; **Gase** ~ to emit [*or* give off] gases
❷ (*von sich geben*) **einen Seufzer** ~ to utter a sigh; **einen Schrei** ~ to give [out] a shout, to shout out; **Laute** ~ to make noises
❸ (*herausstoßen*) ■**etw** [**aus etw**] ~ to expel sth [from sth]
❹ (*verlieren lassen*) ■**sich** *dat* **etw** ~ to put out [*or* knock out] one's sth; ■**jdm einen Zahn** ~ to knock out sb's tooth; **jdm ein Auge** ~ to poke out sb's eye
❺ (*ausschließen*) ■**jdn** [**aus etw**] ~ to expel [*or* banish] sb [from sth]; *s. a.* **Ausgestoßene(r)**
❻ (*produzieren*) ■**etw** ~ to turn out sth, to produce sth

Ausstoßleistung *f* output performance **Ausstoßmenge** *f* output

Ausstoßung <-> *f kein pl* ■**die ~ aus etw** expulsion from sth; (*aus der Gemeinschaft/dem Stamm*) banishment [*or* exclusion] from sth

aus|strahlen I. *vt haben* ❶ (*abstrahlen*) ■**etw** ~ to radiate sth; **Licht/Wärme** ~ to give off light/heat; **Radioaktivität** ~ to emit [*or* generate] radioactivity
❷ RADIO, TV (*senden*) ■**etw** ~ to transmit [*or* broadcast] sth
❸ (*verbreiten*) ■**etw** ~ to radiate [*or* exude] sth; ***er strahlt eine wohltuende Ruhe aus*** he exudes a pleasant sense of calm
II. *vi sein* ❶ (*abstrahlen*) ■[**von etw**] ~ to radiate; *bes Licht, Wärme* to be given off; *Radioaktivität* to be emitted [*or* generated]
❷ (*sich ausdehnen*) ■**in etw** *akk* ~ *Schmerz* to extend to sth
❸ (*übergehen*) ■**auf jdn/etw** ~ to spread out to sb/th

Ausstrahlung *f* ❶ (*besondere Wirkung*) radiance; **eine besondere ~ haben** to have a special charisma
❷ RADIO, TV broadcast[ing], transmission

Ausstrahlungstermin *m* TV broadcasting date

aus|strecken I. *vt* ■**etw** [**nach jdm/etw**] ~ to extend sth [to sb/sth]; **seine Fühler** ~ to put out one's antennae; (*fig*) to make enquiries; **die Hände/Beine** ~ to stretch [*or* put] out one's hands/legs
II. *vr* (*sich räkeln*) ■**sich** ~ to stretch oneself out, to have a stretch

aus|streichen *vt irreg* ❶ (*durch Streichen ungültig machen*) ■**etw** ~ to cross out *sep* sth
❷ (*glätten*) ■**etw** ~ to smooth out *sep* sth
❸ KOCHK ■**etw** [**mit etw**] ~ to grease sth [with sth]
❹ (*ausschmieren*) ■**etw** [**mit etw**] ~ to smooth over sth [with sth], to fill sth [with sth]

aus|streuen *vt* ❶ (*verstreuen*) ■**etw** ~ to scatter sth; ■**etw mit etw** ~ to scatter [*or* cover] sth with sth
❷ (*verbreiten*) ■**etw** ~ to scatter [*or* spread] sth
❸ KOCHK **etw** [**mit etw**] ~ to grease and line [with sth]

aus|strömen I. *vi sein* ❶ (*herausfließen*) ■[**aus etw**] ~ to stream [*or* pour] [out of sth]; (*entweichen*) *Dampf, Gas* to escape [*or* leak] [from sth]
❷ (*ausgehen*) ■**von etw** ~ to be given off from sth, to be emitted from sth; ***von diesen Blüten strömt ein süßlicher Duft aus*** these blossoms are giving off [*or* emitting] a sweet smell
❸ (*ausstrahlen*) ■**von etw** ~ *Hitze, Wärme* to radiate from sth; ■**von jdm** ~ *Heiterkeit, Ruhe, Zufriedenheit* to radiate [*or* exude] from sb
II. *vt haben* ❶ (*austreten lassen*) ■**etw** ~ to give off sth
❷ (*verbreiten*) ■**etw** ~ to radiate sth

aus|suchen *vt* (*auswählen*) ■[**jdm** [*o* **für jdn**]] **etw** ~ to choose [*or* pick [out]] [*or* select] sth [for sb]; ■**jdn** [**für/zu etw**] ~ to choose sb [for sth]; ■[**sich** *dat*] **etw** ~ to choose [*or* pick] sth; ■[**sich** *dat*] **jdn** ~ to pick [*or* select] sb; *s. a.* **ausgesucht**

Austausch *m* exchange; (*Ideenaustausch*) exchange of ideas; **im ~ für** [*o* **gegen**] **etw** in exchange for sth

Austauschabkommen *nt* JUR two-way agreement

austauschbar *adj* interchangeable, exchangeable; *abgenutzte o defekte Teile* replaceable; ■**~ sein** *Mensch* to be replaceable

aus|tauschen I. *vt* ❶ (*ersetzen*) ■[**jdm**] **etw** [**gegen etw**] ~ to replace sth [with sth] [for sb]
❷ POL ■**jdn/etw** ~ to exchange sb/sth; ***die Gegner tauschten Gefangene aus*** the enemies exchanged prisoners
❸ (*miteinander wechseln*) ■**etw** ~ *Erfahrungen* ~ to exchange [*or* swap] experiences
II. *vr* (*über jdn/etw sprechen*) ■**sich** [**über jdn/etw**] ~ to exchange stories [about sb/sth]

Austauschformat *nt* INFORM exchange format

Austauschmotor *m* replacement [*or* refurbished] engine **Austauschpfändung** *f kein pl* JUR levy upon a valuable item of property and replacing it by an inexpensive one **Austauschschüler(in)** *m(f)* exchange pupil **Austauschstudent(in)** *m(f)* exchange student **Austauschvertrag** *m* JUR reciprocal agreement **Austauschware** *f* HANDEL merchandise

aus|teilen *vt* ■**etw** [**an jdn**] ~ to distribute sth [*or* hand out *sep* sth] [to sb]; **das Abendmahl/Sakrament** ~ to administer [*or* give] communion; **Befehle** ~ to issue commands; **Essen** [**an jdn**] ~ to serve food [to sb]; **Karten** [**an jdn**] ~ to deal [out] [the] cards [to sb]; **den Segen** ~ (*a. fig*) to give [*or* pronounce] a blessing

Austeilung *f* distribution, handing out; *Essen* serving; REL administering, administration

Auster <-, -n> *f* oyster

Austernbank *f* oyster bank [*or* bed] **Austernbrecher** <-s, -> *m* oyster opener **Austernfischer** *m* ORN oyster catcher **Austerngabel** *f* oyster fork **Austernmesser** *nt* oyster knife **Austernöffner** *m s.* **Austernbrecher** **Austernpilz** *m* Chinese [*or* oyster] mushroom **Austernschale** *f* oyster shell

aus|testen *vt* ❶ (*auf die Probe stellen*) ■**jdn/etw** ~ to test out sb/sth *sep*
❷ INFORM (*ausprüfen*) ■**etw** ~ to debug [*or* troubleshoot] sth

aus|tilgen *vt* (*geh*) ❶ (*vernichten*) ■**jdn/etw** ~ to annihilate sb/sth; **Unkraut/Ungeziefer** ~ to exterminate [*or* eradicate] weeds/pests
❷ (*auslöschen*) ■**etw** ~ to extinguish sth; **die Erinnerung an etw** ~ to obliterate the memory of sth

aus|toben I. *vt* ■**etw an jdm** ~ to let sth out on sb
II. *vr* ■**sich** ~ ❶ (*sich abregen*) to let off steam; (*sich müde toben*) to romp around [*or* about]; (*ein wildes Leben führen*) to sow one's wild oats *fam!*; (*seine Neigungen ausleben*) to let one's hair down
❷ *Orkan* to die down

aus|tragen *vt irreg* ❶ (*zu Fuß zustellen*) ■**etw** ~ to deliver sth

❷ (*stattfinden lassen*) ■**etw** ~ to hold sth; **einen Streit mit jdm** ~ to have it out with sb

❸ (*streichen*) ■**etw** [**aus etw**] ~ to take out sth [from sth]; **einen Namen aus einer Liste** ~ to take a name off a list, to cross a name out on a list

❹ (*bis zur Geburt behalten*) ■**ein Baby/ein Tier** ~ to carry a baby/an animal to [the full] term

Austräger(in) *m(f)* [news]paper man/woman/boy

Austragung <-, -en> *f* holding

Austragungsort *m* venue

Australien <-s> *nt* Australia; *s. a.* **Deutschland**

Australier(in) <-s, -> *m(f)* Australian; *s. a.* **Deutsche(r)**

australisch *adj* Australian; *s. a.* **deutsch**

Australopithecus <-, Australopithecinae *o* Australopihecinen> *m* australopithecine

aus|träumen *vi* ■[**noch nicht**] **ausgeträumt haben** to have not stopped dreaming [yet]; ■**ausgeträumt sein** to be over; ***ihr Traum von einem schönen Urlaub war ausgeträumt*** her dream of a nice holiday was over

aus|treiben *irreg* **I.** *vt* ❶ REL (*vertreiben*) ■[**jdm**] **jdn** ~ to exorcise sb [in sb], to drive out sb [in sb]

❷ (*rücksichtlos abgewöhnen*) ■**jdm etw** ~ to knock sth out of sb *fam*

❸ AGR ■**etw** ~ to drive sth out; **das Vieh** ~ to drive out the cattle

❹ TYPO ■**etw** ~ to drive out sth *sep*

II. *vi* BOT to sprout

Austreibung <-, -en> *f* REL exorcism

Austreibungsperiode *f* MED *bei der Geburt* second stage of labour [*or* AM -or], bearing down

aus|treten *irreg* **I.** *vi sein* ❶ (*herausdringen*) ■[**aus etw**] ~ to come out [of sth]; *Blut, Eiter etc. a.* to issue [from sth]; *Öl* to leak [from sth]; (*entweichen*) *Gas* to escape [from sth]

❷ (*fam: zur Toilette gehen*) to go to the loo BRIT *fam* [*or* AM bathroom]

❸ (*ausscheiden*) ■[**aus etw**] ~ to leave [sth], to resign

II. *vt haben* ■**etw** ~ ❶ (*auslöschen*) to stamp sth out

❷ (*durch Tragen ausweiten*) to wear sth out

❸ (*abnutzen*) ■**etw** ~ to wear sth down; ■**ausgetreten** worn [down]

aus|tricksen *vt* (*fam*) ■**jdn** ~ to trick sb

Austrieb *m* ❶ (*Austreiben*) driving out

❷ (*Sprießen*) sprouting, budding

aus|trinken *irreg* **I.** *vt* ■**etw** ~ to finish sth

II. *vi* to drink up, to finish one's drink

Austritt *m* ❶ *kein pl* (*das Herauskommen*) issue; *Flüssigkeit* leakage; ***der Schaden wurde durch den ~ der Bremsflüssigkeit verursacht*** the damage was caused by the brake fluid leaking; (*das Entweichen*) *Gas, Radioaktivität* escape; *Geschoß* exit

❷ (*das Ausscheiden*) ■~ **aus etw** departure [*or esp form* resignation] from sth

Austrittserklärung *f* notice of resignation

Austrittsrecht *nt* JUR right of withdrawal

Austrittswelle *f* wave of withdrawals [*or* resignations]

aus|trocknen **I.** *vi sein* to dry out; *Brot, Fluss, Käse, Kuchen* to dry up; *Haut* to dehydrate, to become dry; *Kehle* to become parched

II. *vt* ❶ *haben* (*trockenlegen*) ■**etw** ~ to dry out sth

❷ (*trocken machen*) ■**etw** ~ to dehydrate sth; **die Kehle** ~ to make the throat parched

aus|trompeten* *vt* (*fam*) ■**etw** ~ to broadcast sth *fam*

aus|tüfteln *vt* (*fam: geschickt ausarbeiten*) ■**etw** ~ to work sth out, to figure out sth *fam;* (*sich ausdenken*) to think up sth

aus|üben *vt* ❶ (*praktizieren*) **einen Beruf** ~ to practise [*or* AM -ice] a profession; **ein Amt** ~ to hold office; **eine Aufgabe/Funktion** ~ to perform a task/a function; **Macht/ein Recht** ~ to exercise power/a right

❷ (*wirken lassen*) **Druck/einen Einfluss** [**auf jdn**] ~ to exert pressure/an influence [on sb]; **eine Wirkung** ~ [**auf jdn**] to have an effect [on sb]

Ausübung *f kein pl* ❶ (*das Praktizieren*) practising [*or* AM -ic-] *no pl;* (*das Innehaben*) *Amt* holding *no pl,* carrying out *no pl; Aufgabe, Funktion* performing *no pl;* **in ~ eines Berufes** (*geh*) in the pursuance of a profession *form;* **in ~ einer Pflicht** (*geh*) in the execution of a duty *form;* **in ~ eines Amtes** (*geh*) in the line of duty

❷ (*die Entfaltung einer Wirkung*) exertion

❸ (*das Verwalten*) exercise

Ausübungsrecht *nt* JUR right of execution

aus|ufern *vi sein* to escalate, to get out of hand; ■[**zu etw**] ~ to escalate [into sth]

Ausverkauf *m* ❶ ÖKON (*Räumung des Lagers*) clearance sale; ***„~ wegen Geschäftsaufgabe"*** "Closing-down sale"

❷ (*pej: Verrat*) sell-out

aus|verkaufen* *vt* ■**etw ausverkauft haben** to have sold out of sth

Ausverkaufsrecht *nt* JUR right to sell out

ausverkauft *adj* sold out; *s. a.* **Haus**

aus|wachsen *irreg* **I.** *vi sein* (*zu Ende wachsen*) to grow to full extent; ■**ausgewachsen sein** to be fully grown

► WENDUNGEN: **das/es ist** [**ja**] **zum A~** DIAL (*fam*) it's enough to drive you mad, it's enough to drive you around [*or* BRIT *a.* round] the bend *fam;* **es war zum A~ langweilig** DIAL (*fam*) it was incredibly boring

II. *vr haben* ❶ (*durch Wachstum verschwinden*) ■**sich** ~ to right itself

❷ (*ausufern*) ■**sich zu etw** ~ to escalate into sth, to turn into sth; *s. a.* **ausgewachsen**

Auswahl *f* ❶ ÖKON (*Warenangebot*) selection, range, choice; ■**die/eine ~ an etw** *dat* ~ the/a selection of sth; **freie ~** [**unter** *dat* ...] **haben** to have one's pick [among ...], to have the choice [among ...]; **die ~ haben** to have the choice; ***du hast die ~!*** it's your choice!; **jdn/etw zur ~ haben** to have sb/sth to choose from; **zur ~ stehen** to choose from; **eine/seine ~** [**unter** *dat* ...] **treffen** to make one's choice [*or* selection] [from ...]

❷ SPORT representative team

aus|wählen **I.** *vt* ■[**sich** *dat*] **jdn/etw** [**aus/unter** *dat* ...] ~ to choose [*or* select] sb/sth [from/among ...] [for oneself]; *s. a.* **ausgewählt**

II. *vi* to choose, to select; *s. a.* **ausgewählt**

Auswahlermessen *nt* JUR discretionary choice **Auswahlmannschaft** *f* SPORT representative team **Auswahlmenü** *nt* INFORM menu bar **Auswahlmöglichkeit** *f* INFORM option **Auswahlprüfung** *f* entrance examination **Auswahlspieler(in)** *m(f)* SPORT player for a representative team **Auswahlverfahren** *nt* selection process **Auswahlverschulden** *nt* JUR fault in selecting an agent

aus|walken *vt* KOCHK to flatten, to roll flat

aus|walzen *vt* ❶ (*zu Blech walzen*) ■**etw** [**zu etw**] ~ to roll out *sep* sth [to sth]

❷ (*pej: zu breit erörtern*) ■**etw** ~ to drag out *sep* sth, to go to town on sth

Auswanderer, -wanderin *m, f* emigrant

aus|wandern *vi sein* ■[**nach/in etw** *akk*] ~ to emigrate [to somewhere]

Auswanderung *f* emigration

auswärtig *adj attr* ❶ (*nicht vom Ort*) from out of town, non-local; ÖKON *Filiale, Zweigstelle* out of town

❷ POL foreign; **Minister des A~en** (*geh*) Foreign Minister, Foreign Secretary BRIT; *s. a.* **Amt, Dienst**

auswärts *adv* ❶ (*außerhalb des Ortes*) out of town; SPORT away; ***das Spiel fand ~ statt*** it was an away game; ■**von** ~ from out of town; ~ **essen** to eat out

❷ (*nach außen*) ■**nach** ~ outwards

Auswärtsschielen *nt* outward [*or* divergent] squint, walleyedness, walleye, being walleyed **Auswärtsspiel** *nt* SPORT away game

aus|waschen *vt irreg* ❶ (*durch Waschen entfernen*) ■[**sich** *dat*] **etw** [**aus etw** *akk o dat*] ~ to wash out sth [from sth]

❷ (*durch Spülen säubern*) ■**etw** ~ to wash sth out, to rinse sth

❸ GEOL (*herausspülen*) ■**etw** ~ to flush out [*or* erode] sth

Auswaschung *f* GEOL water erosion

auswechselbar *adj* (*untereinander* ~) interchangeable; (*ersetzbar*) replaceable

aus|wechseln [-ks-] *vt* ■**jdn/etw** [**gegen jdn/etw**] ~ to replace sb/sth [with sb/sth]; **einen Spieler** [**gegen jdn**] ~ to substitute a player [for sb]

► WENDUNGEN: **wie ausgewechselt** [**sein**] [to be] a different person, [to be] born again

Auswechselspieler(in) *m(f)* SPORT substitute

Auswechs(e)lung <-, -en> *f* replacement; SPORT substitution

Ausweg *m* ■**der/ein ~** [**aus etw**] the/a way out [of sth]; **der letzte ~** the last resort; **sich** *dat* **einen ~ offen lassen** [*o* **halten**] to leave oneself a way out; **keinen ~ mehr** [**aus etw**] **wissen** to not know a [*or* any] way out [of sth] anymore, to not know any solution [to sth]

ausweglos *adj* hopeless

Ausweglosigkeit <-> *f kein pl* hopelessness *no pl*

aus|weichen *vi irreg sein* ❶ (*Hindernis, Gefahr vermeiden*) ■[**etw** *dat*] ~ to get out of the way [of sth]

❷ (*zu entgehen versuchen*) ■[**jdm/etw**] ~ to evade [*or* avoid] [sb/sth]; ■**~d** evasive

❸ (*als Alternative beschreiten*) ■**auf etw** *akk* ~ to fall back on [*or* switch to] sth [as an alternative]

Ausweichflughafen *m* LUFT alternative airport **Ausweichgleis** *nt* siding **Ausweichklausel** *f* JUR escape clause **Ausweichmanöver** *nt* ❶ AUTO, LUFT evasive manoeuvre [*or* action] ❷ (*Ausflucht*) evasion **Ausweichmöglichkeit** *f* means of getting out of the way; (*Alternative*) alternative

aus|weiden *vt* JAGD ■**etw** ~ to disembowel sth

aus|weinen **I.** *vr* ■**sich** [**bei jdm**] ~ to have a good cry [on sb's shoulder]

II. *vi* (*zu Ende weinen*) ■**ausgeweint haben** to have finished crying

III. *vt* **Betrübnis/Kummer bei jdm** ~ to weep on sb's shoulder

Ausweis <-es, -e> *m* (*Personal-/Firmen~*) identity card, I.D.; (*Berechtigungs~*) pass, permit; (*Mitglieds/Leser/Studenten~*) card, I.D.; (*Blinden~, Behinderten~*) identification card; FIN (*Aufstellung*) statement; ~ **des Kapitals** statement of capital

aus|weisen *irreg* **I.** *vt* ❶ (*abschieben*) ■**jdn** ~ to deport [*or* expel] sb

❷ (*Identität nachweisen*) ■**jdn als jdn/etw** ~ to identify sb as sb/sth

❸ (*aufzeigen*) ■**etw** [**als etw**] ~ to identify [*or* reveal] sth [as sth]

❹ (*unter Beweis stellen*) ■**etw** ~ to prove sth; **sein Talent** ~ to reveal one's talent

❺ FIN (*nachweisen*) ■**etw** ~ to show sth on the books; **einen Überschuss** ~ to show a surplus

II. *vr* ❶ (*sich identifizieren*) ■**sich** ~ to identify oneself, to prove one's identity; ***können Sie sich*** [***irgendwie/durch irgend etwas***] ***~?*** do you have any means of identification?

❷ (*sich erweisen*) ■**sich als jd** ~ to prove oneself to be sb

❸ SCHWEIZ (*nachweisen*) ■**sich** *akk* **über etw** *akk* ~ to have proof [*or* evidence] of sth; *s. a.* **ausgewiesen**

Ausweishülle *f* document holder **Ausweiskontrolle** *f* identity check [*or* control] **Ausweispapiere** *pl* identity papers *pl* **Ausweispflicht** *f* JUR obligation to carry identification papers

Ausweisung <-, -en> *f* JUR expulsion, deportation

Ausweisungsschutz *m* JUR legal protection against deportation

aus|weiten **I.** *vt* ❶ (*weiter machen*) ■**etw** ~ to stretch sth

❷ (*umfangreicher machen*) ■**etw** ~ to broaden [*or* widen] sth, to expand sth

II. *vr* ❶ (*weiter werden*) ■**sich** ~ to stretch [out]

❷ (*sich ausdehnen*) to extend; ***der Konflikt***

A

drohte, sich über die Grenze auszuweiten the conflict threatened to extend [*or* spill over] across the border
❸ (*eskalieren*) ■**sich** [**zu etw**] ~ to escalate [into sth]
Ausweitung <-, -en> *f* ❶ (*Ausdehnung*) stretching *no pl*, widening *no pl*
❷ (*das Auswachsen*) escalation
aus|wellen *vt* KOCHK *s.* **auswalken**
auswendig *adv* [off] by heart, from memory; **etw ~ können** to know sth [off] by heart, to know sth from memory; **etw ~ lernen** to learn sth [off] by heart, to memorize sth
▶ WENDUNGEN: **das kann ich schon ~** (*iron*) I've heard it a million times before; *s. a.* **inwendig**
Auswendiglernen <-s> *nt kein pl* learning by heart *no pl*, memorizing *no pl*
aus|werfen *vt irreg* ❶ (*ausstoßen*) **Asche/Lava ~** to eject ash/lava
❷ (*herausschaufeln*) ■**etw ~** to dig out sth
❸ NAUT **ein Netz/eine Leine ~** to cast out a net/a line
❹ (*verteilen*) ■**etw** [**an jdn**] ~ to allocate sth [to sb]; **Dividende ~** to pay out dividends
❺ INFORM ■**etw ~** to turn [*or* put] out sth
aus|werten *vt* ■**etw ~** ❶ (*nutzbar machen*) to utilize sth, to make use of sth
❷ (*evaluieren*) to evaluate [*or* assess] sth; **Statistiken/Daten ~** to analyze statistics/data
Auswertung *f* ❶ (*Nutzbarmachung*) utilization
❷ (*Evaluierung*) evaluation; (*von Statistiken*) analysis
aus|wickeln *vt* ■**etw** [**aus etw**] ~ to unwrap sth [from sth]
aus|wiegen *vt irreg* ■[**jdm**] **etw** [**von etw**] ~ to weigh out [sth] [for sb]; ***wie viel Käse darf ich Ihnen ~?*** how much cheese shall I weigh out for you?; *s. a.* **ausgewogen**
aus|winden *vt irreg* SÜDD, SCHWEIZ ■**etw ~** to wring out *sep* sth
aus|wirken *vr* ■**sich** *akk* [**auf etw** *akk*] ~ to have an effect [on sth]
Auswirkung *f* (*Wirkung*) effect; (*Folge*) consequence; **negative ~en haben** to have negative repercussions
aus|wischen *vt* ❶ (*durch Wischen löschen*) ■**etw ~** to wipe sth; **die Tafelschrift ~** to wipe [*or* rub] off the writing on the blackboard
❷ (*sauber wischen*) ■**etw ~** to wipe clean *sep* sth
▶ WENDUNGEN: **jdm eins auswischen** (*fam*) to get one's own back on sb
aus|wringen *vt irreg* ■**etw ~** to wring out *sep* sth
Auswuchs *m* ❶ MED growth
❷ (*Missstand*) excess
aus|wuchten *vt* AUTO **ein Rad ~** to balance a wheel
Auswurf *m kein pl* ❶ MED phlegm
❷ GEOL (*das Auswerfen*) ejection, eruption
aus|zahlen I. *vt* ❶ (*Betrag aushändigen*) ■[**jdm**] **etw ~** to pay out sth [to sb]
❷ (*abfinden*) ■**jdn ~** to pay off *sep* sb; *Kompagnon, Miterben* to buy out *sep* sb
II. *vr* (*sich lohnen*) ■**sich** [**für jdn**] ~ to pay [off] [for sb]
aus|zählen *vt* ❶ (*durch Zählen ermitteln*) ■**etw ~** to count sth
❷ SPORT ■**jdn ~** to count out *sep* sb
Auszahlung *f* ❶ (*Aushändigung als Zahlung*) paying out; **zur ~ kommen** [*o geh* **gelangen**] to be paid out
❷ (*Abfindung*) paying off; *eines Kompagnons, Miterbens* buying out
Auszählung *f* counting
Auszahlungsformular *nt* FIN payment form **Auszahlungsströme** *pl* FIN outpayments
Auszehrung <-, -en> *f* ❶ (*Kräfteverfall*) emaciation
❷ (*Substanzverlust*) drain (**an** +*dat* on); (*in einer Firma*) shortage of staff
aus|zeichnen I. *vt* ❶ (*mit Preisschild versehen*) ■**etw ~** to price sth
❷ (*ehren*) ■**jdn** [**mit/durch etw**] ~ to honour [*or* AM -or] sb [with sth]; **jdn durch einen Preis ~** to give sb an award; **jdn durch einen Orden ~** to decorate sb with a medal
❸ (*positiv hervorheben*) ■**jdn ~** to distinguish sb [from all others]
❹ TYPO (*Schriftarten angeben*) ■**etw ~** to mark sth
II. *vr* ■**sich** [**durch etw**] ~ to stand out [due to sth]; ***er zeichnet sich nicht gerade durch Intelligenz aus*** (*iron*) he's not exactly known for his intelligence; *s. a.* **ausgezeichnet**
Auszeichner(in) *m(f)* FIN classifier
Auszeichnung *f* ❶ *kein pl* (*das Auszeichnen von Ware*) labelling [*or* AM -l-]
❷ *kein pl* TYPO (*das Auszeichnen*) marking up *no pl*
❸ *kein pl* (*das Ehren*) honouring [*or* AM -or-] *no pl*; (*mit Orden, Würde*) decoration; (*mit Preis*) awarding *no pl*
❹ (*Preisetikett an Ware*) price tag
❺ TYPO (*Schriftartangabe an Manuskript*) mark up
❻ (*Ehrung*) honour [*or* AM -or]; (*Orden*) decoration; (*Preis*) award; [**etw**] **mit ~ bestehen** to pass [sth] with distinction
Auszeichnungspflicht *f* JUR duty to price goods displayed
Auszeit *f* SPORT time out
ausziehbar *adj* extendable [*or* BRIT *a.* -ible]; **~e Antenne** telescopic aerial; **~er Tisch** pull-out table
aus|ziehen *irreg* I. *vt haben* ❶ (*ablegen*) ■[**sich** *dat*] **etw ~** to take off *sep* sth, to remove sth; ■**jdm etw ~** to remove [*or* take off] sb's sth
❷ (*entkleiden*) ■**jdn ~** to undress sb; ■**sich ~** to undress, to take off one's clothes, to get undressed *fam*
❸ (*fam*) ■**jdn ~** to rip sb off *fam*
❹ (*herausziehen*) ■**etw ~** to pull out *sep* sth
❺ (*verlängern*) ■**etw ~** to extend sth
❻ (*nachzeichnen*) **eine vorgezeichnete Linie** [**mit Tusche**] ~ to trace sth [with ink]
II. *vi sein* ❶ (*Wohnung aufgeben*) ■[**aus etw**] ~ to move out [of sth]
❷ (*ausrücken*) ■**auf etw** *akk*/**zu etw** *dat* ~ to set out on/to sth
Ausziehleiter *f* extension [*or* pull-out] ladder **Ausziehplatte** *f* leaf **Ausziehtisch** *m* pull-out table
aus|zischen *vt* THEAT ■**jdn/etw ~** to hiss off sb/sth
Auszubildende(r) *f(m) dekl wie adj* trainee
Auszug *m* ❶ (*das Umziehen*) move; **der ~ aus Ägypten** REL the Exodus from Egypt
❷ (*das Hinausschreiten*) procession
❸ (*Ausschnitt, Exzerpt*) excerpt; *Buch a.* extract
❹ (*Konto~*) statement
❺ JUR extract
❻ MUS arrangement
❼ PHARM ■■~ [**aus etw**] extract [of sth]
Auszugsvertrag *m* JUR agreement to vacate premises
auszugsweise I. *adv* in excerpts [*or* extracts]
II. *adj* in excerpts [*or* extracts]
aus|zupfen *vt* ❶ (*entfernen*) ■[**sich** *dat*] **etw ~** *Augenbrauen* to pluck sth
❷ (*Unkraut jäten*) ■**etw ~** to pull sth
autark *adj* ÖKON self-sufficient, autarkical *spec*
Autarkie <-, -n> [*pl* -kiːən] *f* ÖKON autarky
authentifizieren *vt* INFORM (*bestätigen*) ■**etw ~** to authenticate sth
Authentifizierung <-, -en> *f* authentication
authentisch *adj* authentic
Authentizität <-> *f kein pl* authenticity
Autismus <-> *m* MED autism
autistisch *adj* MED autistic
Auto <-s, -s> *nt* car; **~ fahren** to drive [a car]; (*als Mitfahrer*) to drive [by car]; **mit dem ~ fahren** to go by car
Autoantenne *f* car aerial [*or* AM *a.* antenna] **Autoapotheke** *f* car first-aid kit **Autoatlas** *m* road atlas
Autobahn *f* motorway BRIT, freeway AM; (*in Deutschland a.*) autobahn
Autobahnauffahrt *f* motorway slip-road [*or* approach [road]] BRIT, freeway on ramp [*or* entrance] AM -or] **Autobahnausfahrt** *f* motorway slip-road [*or* exit] BRIT, freeway exit [*or* off ramp] AM **Autobahn(benutzungs)gebühr** *f* [motorway] toll **Autobahnbrücke** *f* motorway [*or* AM freeway] [*or* AM expressway] bridge; (*Überführung*) motorway flyover BRIT, freeway [*or* expressway] overpass AM **Autobahndreieck** *nt* motorway junction **Autobahnkreuz** *nt* motorway intersection **Autobahnpolizei** *f* motorway [*or* AM highway] police + *sing/pl vb* **Autobahnraststätte** *f* motorway services *pl* BRIT, services *pl* AM, motorway service area BRIT **Autobahnring** *m* motorway ring road BRIT, beltway AM **Autobahnvignette** *f* (*car sticker showing that a monthly/ annual toll has been paid*), vignette **Autobahnzubringer** *m* motorway approach road BRIT, entrance ramp (*to the freeway*) AM
Autobatterie *f* car battery
Autobauer *m* car-maker, car manufacturer
Autobiografie[RR], **Autobiographie** *f* autobiography
autobiografisch[RR], **autobiographisch** *adj* autobiographical
Autobombe *f* car bomb **Autobücherei** *f* mobile library **Autobus** *m* (*veraltet*), **Autocar** *m* SCHWEIZ bus **Autobusbahnhof** *m* bus terminal [*or* station] **Autobusfahrer(in)** *m(f)* bus driver **Autobusfahrt** *f* bus ride **Autobushaltestelle** *f* bus stop **Autobuslinie** *f* bus line
autochthon *adj* (*geh*) autochthonous
Autodidakt(in) <-en, -en> *m(f)* self-educated person, autodidact *form*
autodidaktisch I. *adj* self-taught, autodidactic *form*
II. *adv* autodidactically; ***ihre Fähigkeiten waren ~ erworben*** her abilities were self-taught
Autodieb(in) *m(f)* car thief **Autodiebstahl** *m* car theft **Autodrom** <-s, -e> *nt* ❶ AUTO, SPORT motor-racing circuit ❷ ÖSTERR Dodgems® [*or* bumper cars] track **Autoelektrik** *f* car electrics *pl* **Autofähre** *f* car ferry
auto|fahren *vi irreg sein s.* **Auto Autofahren** *nt* driving (*by car*); ***ihr wird beim ~ immer übel*** she feels sick when she drives [*or* travels by car] **Autofahrer(in)** *m(f)* [car] driver **Autofahrt** *f* car journey
Autofokus <-, -se> *m* FOTO autofocus
autofrei *adj* car-free; *Straße, Stadtteil* pedestrian **Autofriedhof** *m* (*fam*) car dump
autogen *adj* ❶ TECH **~es Schweißen** autogenous welding
❷ PSYCH **~es Training** relaxation through self-hypnosis
Autogenschweißen <-s> *nt kein pl* oxyacetylene welding
Autogramm <-s, -e> *nt* autograph
Autogrammjäger(in) *m(f)* (*fam*) autograph hunter **Autogrammstunde** *f* MUS, FILM, LIT autograph [signing] session
Autohändler(in) *m(f)* car dealer[ship] **Autohaus** *nt* car dealership **Autohersteller** *m* car manufacturer
Autoimmunkrankheit *f* auto-immune disease
Autoindustrie *f* automotive [*or* car] industry **Autokarte** *f* road map
autokatalytisch *adj inv* CHEM autocatalytic; **~e Rückwirkung** autocatalytic production of missing nutrients
Autokino *nt* drive-in cinema **Autoknacker(in)** <-s, -> *m(f)* (*fam*) car thief **Autokolonne** *f* line of cars **Autokonzern** *m* automotive [*or* car] company
Autokorrektur *f* INFORM automatic error correction
Autokrat(in) <-en, -en> *m(f)* autocrat
Autokratie <-, -n> [*pl* -'tiːən] *f* autocracy
Autokratin <-, -nen> *f fem form von* **Autokrat**
autokratisch *adj* autocratic
Autolenker(in) *m(f) bes* SCHWEIZ (*Autofahrer*) [car] driver
Automat <-en, -en> *m* ❶ (*Geld~*) cash dispenser; (*Musik~*) jukebox; (*Spiel~*) slot-machine; (*Ver-*

kaufs~) vending machine
② ELEK [automatic] cut-out
Automatenknacker(in) <-s, -> *m(f)* (*fam*) vandal (*who breaks into slot- or vending machines*) **Automatenmissbrauch**RR *m* JUR misuse of vending machines **Automatenrestaurant** *nt restaurant with vending machines selling meals and snacks* **Automatenverkauf** *m kein pl selling/sales from vending machines*
Automatic Call Distribution, **Automatic-Call-Distribution**RR [ɔ:təˌmætɪ'kɔ:ldɪstrɪ'bj:ʃən] *f* TELEK automatic call distribution
Automatik[1] <-> *f* ① (*Steuerungs~*) automatic system
② (*Automatikgetriebe in Fahrzeugen*) automatic transmission
Automatik[2] <-s, -s> *m* (*Wagen mit Automatikgetriebe*) automatic
Automatikgetriebe *nt* AUTO automatic transmission **Automatikgurt** *m* inertia[-reel] seat belt, automatic seat belt AM **Automatikschaltung** *f* automatic transmission **Automatikwagen** *m* automatic
Automation <-> *f kein pl* automation
automatisch *adj* automatic
automatisieren* *vt* ■**etw** ~ to automate sth
Automatisierung <-, -en> *f* automation
Automatisierungsnutzen *m kein pl* ÖKON benefits of automation **Automatisierungstechnik** *f* automation
Automechaniker(in) *m(f)* car mechanic **Autominute** *f* minute by [*or* in the] car; ***20 ~n von hier entfernt*** 20 minutes by car from here
Automobil <-s, -e> *nt* (*veraltet geh*) automobile *dated*, motor-car *dated form*
Automobilausstellung *f* motor show **Automobilbau** *m kein pl* car manufacture [*or* manufacturing] *no pl* **Automobilbranche** *f* car industry **Automobilclub** *m* automobile association [*or* club] **Automobilhersteller** *m* car manufacturer **Automobilindustrie** *f* car industry
Automobilist(in) <-en, -en> *m(f)* SCHWEIZ (*geh: Autofahrer*) [car] driver
Automobilklub *m s.* **Automobilclub Automobilkonzern** *m* automotive [*or* car] company **Automobilsalon** *m* ① (*Automobilausstellung*) motor show ② (*Automobilhändler*) car showroom **Automobilsportklasse** *f* racing car class **Automobiltechnik** *f* motoring technology
Automodell *nt* [car] model
autonom *adj* POL autonomous
Autonome(r) *f(m) dekl wie adj* POL independent
Autonomie <-, -n> [*pl* -'mi:ən] *f* POL autonomy
Autonomieabkommen *nt* treaty of autonomy **Autonomiebehörde** *f* autonomy monitoring authority **Autonomiegebiet** *nt* POL autonomous province [*or* region] **Autonomierat** *m* autonomous council (*e.g. the Palestinian Council*) **Autonomieregierung** *f* autonomous government **Autonomieverhandlungen** *pl* negotiations on autonomy *pl*
Autonummer *f* car [registration] number
Autopflege *f* car care
Autopilot *m* LUFT autopilot
Autopsie <-, -n> [*pl* -'psi:ən] *f* MED autopsy
Autor, Autorin <-s, -toren> *m, f* author
Autoradio *nt* car radio; (*mit Kassettenspieler*) car stereo
Autoradiogramm <-s, -e> *nt* BIOL, MED autoradiogramme [*or* AM -am], autoradiograph
Autoradiographie <-, -n> *f* BIOL, MED autoradiography, radiography
Autoreifen *m* car tyre [*or* AM tire] **Autoreisezug** *m* BAHN ≈motorrail
Autorenlesung *f* author reading
Autorennen *nt* motor race; (*Rennsport*) motor racing
Autorensprache *f* INFORM authoring language **Autorensystem** *nt* INFORM authoring system **Autorenverzeichnis** *nt* index of authors
Autoreparaturwerkstatt *f* garage
Autoreverse-System ['au̯torivø:ɐ̯s-] *nt* auto-reverse system
Autorin <-, -nen> *f fem form von* **Autor** [female] author, authoress
autorisieren* *vt* ■**jdn [zu etw]** ~ to authorize sb [to do sth]; ***ich habe ihn dazu autorisiert*** I gave him authorization for it; ■**autorisiert** authorized
autoritär *adj* authoritarian
Autoritarismus <-> *m kein pl* POL, SOZIOL authoritarianism
Autorität <-, -en> *f* authority
autoritätsgläubig *adj* (*pej*) trusting authority **Autoritätsgläubigkeit** *f* (*pej*) trust in authority
Autorückruf *m* car recall **Autosalon** *m* ① *s.* **Automobilausstellung** ② (*Autohändler*) car showroom **Autoschalter** *m* FIN drive-through teller **Autoschlange** *f* queue [*or* AM line] of cars **Autoschlosser(in)** *m(f)* panel beater BRIT, auto mechanic **Autoschlüssel** *f* car key **Autoschutzbrief** *m* international travel insurance **Autoskooter** <-s, -> [-sku:tɐ] *m* bumper [*or* Dodgem®] car
Autosom <-s, -en> *nt* BIOL autosome
Autostopp *m* hitch-hiking; **mit/per ~ fahren** to hitch-hike **Autostrich** *m* (*sl*) kerb-crawling [*or* AM curb-crawling] district (*street with prostitutes propositioning car-drivers*) **Autostunde** *f* hour's drive; **drei ~n entfernt sein** to be three hours' drive [away] [*or* three hours [away] by car]
Autosuggestion *f* PSYCH autosuggestion
Autotelefon *nt* car phone **Autotransportfahrzeug** *nt* (*Zug*) car carrier **Autotunnel** *m* car tunnel
Autotypie <-, Autotypien> *f* TYPO halftone [image]
Autounfall *m* car accident **Autoverkehr** *m* car traffic **Autoverleih** *m* car rental [*or* BRIT *a.* hire] firm [*or* company] **Autovermietung** *f s.* **Autoverleih Autowerkstatt** *f* garage, car repair shop **Autowrack** *nt* car wreck, wrecked car
Autozoom [-zu:m] *nt* autozoom
Autozubehör *nt* car accessories *pl* **Autozug** *m s.* **Autoreisezug**
autsch *interj* (*fam*) ouch
auweh *interj*, **auwei(a)** *interj* oh dear, goodness *dated*
Auxin <-s, -e> *nt* BOT, CHEM auxin
Aval <-s, -e> *m o nt* FIN (*Bürgschaft*) guarantee, AM guaranty, surety; **~e übernehmen** to undertake sureties
Avalakzept *nt* FIN collateral acceptance
avalieren* *vt* FIN ■**etw** ~ to guarantee sth
Avalist *m* FIN guarantor
Avalkredit *m* FIN guarantee, AM guaranty, surety credit
Avance <-,-n> [a'vã:sə] *f* ① (*geh: Vorteil*) advantage
② (*Geldvorschuss*) advance
③ (*fig geh: Komplimente*) **jdm ~n machen** to make approaches [*or* advances] on sb
avancieren* [avã'si:rən] *vi sein* (*geh*) ■**[zu etw]** ~ to advance [to sth]
Avantgarde <-, -n> [avã'gardə] *f* (*geh*) avant-garde
Avantgardist(in) <-en, -en> *m(f)* avant-gardist, member of the avant-garde
avantgardistisch *adj* avantgarde
Avatur <-, -en> *f* INET avatur
AvD <-> *m kein pl Abk von* **Automobilclub von Deutschland** *German automobile club*
Ave-Maria <-[s], -[s]> *nt* REL Hail Mary
Aversion <-, -en> [-vɛr-] *f* ■~ **[gegen jdn/etw]** an aversion [to sb/sth]; **eine ~ gegen jdn/etw haben** to have an aversion to sb/sth
Aversionstherapie <-, -n> *f* aversion therapy
Avis [a'vi:] *m o nt* HANDEL advice note; **laut ~** as per advice
avisieren* [-vi-] *vt* (*geh*) ■**[jdm] jdn/etw** ~ to announce sb [to sb]/advise [sb] of sth; ***aha, Sie sind mir bereits [von Herrn Zahn] avisiert worden*** ah, I was told you were going to come [by Herr Zahn]; **jdm sein Ankunft** ~ to advise sb of one's arrival
avisierend *adj* HANDEL advising; **~e Bank** advising bank
a vista FIN [payable] at sight
Avistawechsel *m* FIN sight bill
Avocado <-, -s> [-vo-] *f* avocado
Avocadocreme, **Avocadokreme**RR *f* avocado mousse
Axel <-s, -> *m* SPORT (*Kantensprung beim Eiskunstlauf*) axel
axial *adj* TECH axial
Axiom <-s, -e> *nt* axiom
axiomatisch *adj* axiomatic
Axolotl <-s, -> *m* ZOOL axolotl
Axon <-s, Axone> *nt* BIOL axon
Axt <-, Äxte> *f* axe
► WENDUNGEN: **die ~ im Haus erspart den Zimmermann** (*prov*) self-help is the best help; **sich wie die ~ im Walde benehmen** (*fam*) to behave like a bull in a china shop; **die ~ an etw** *akk*/**an die Wurzel von etw** *dat* **legen** to take [*or* grab] the bull by the horns
Ayatollah *m* ayatollah
Azalee <-, -n> *f*, **Azalie** <-, -n> *f* BOT azalea
Azeton <-s> *nt kein pl* MED acetone
Azimut <-s, -e> *nt o m* ASTRON azimuth
Azoren *pl* GEOG ■**die** ~ the Azores *npl*
AZT <-s> *nt kein pl* PHARM AZT
Azteke, Aztekin <-n, -n> *m, f* HIST Aztec
Azubi <-s, -s> *m*, **Azubi** <-, -s> *f kurz für* **Auszubildende(r)** trainee
Azubine <-, -n> *f* (*fam*) *fem form von* **Azubi** [female] trainee
azurblau *adj* (*geh*) azure[-blue]
Azurjungfer *f* ZOOL damselfly

B

B, b <-, – *o fam* -s, -s> *nt* ① (*Buchstabe*) B [*or* b]; ~ **wie Berta** B for Benjamin BRIT, B as in Baker AM
② MUS B flat; ■**b** (*Erniedrigungszeichen*) flat
Baal <-s, -e *o* -im> *m* REL Baal
Babassu-Öl <-s> *nt kein pl* babassu oil
babbeln I. *vi* (*fam*) to babble *fam;* (*viel reden a.*) to chatter
II. *vt* (*fam: dummes Zeug reden*) ■**etw** ~ to babble on about sth *fam*
Babel <-s> *nt* (*geh*) Babel; (*fig*) hotbed of vice; *s. a.* **Turm**
Baby <-s, -s> ['be:bi] *nt* baby
Babyausstattung *f* MODE baby clothes *npl*
Baby-Bond *m* FIN (*kleingestückelte Schuldverschreibung*) savings [*or* baby] bond **Babyboom** [-bu:m] *m* baby-boom **Babydoll** <-s, -s> [-dɔl] *nt* baby-doll pyjamas [*or* AM pajamas] *npl* **Babyface** <-, -s> *nt* (*pej*) babyface **Babyfäustling** *m* mitties *pl*, mitts *pl* **Babyfläschchen** <-s, -> *nt* feeding bottle **Babyfon**RR <-s, -e> *nt* baby alarm **Babyhöschen** *nt* baby pants *npl* **Babyhüpfschaukel** *f* baby bouncer **Babyjahr** *nt* (*fam*) maternity [*or* paternity] leave (*of one-year duration*) **Babykost** *f* baby food **Babykostwärmer** *m* baby food heater **Babyliege** *f* Rhodes chair
Babylon *nt* Babylon
babylonisch *adj* Babylonian
Babynahrung *f* baby food **Babypflegekoffer** *m* layette box **Babyphon** <-s, -e> *nt s.* **Babyfon Babyphone** ['bebi:fo:n] *nt* babyphone **Babyschlafanzug** *m* sleepsuit **Babyschühchen** <-s, -> *nt* bootees *pl* **babysitten** [-zɪtn] *vi meist infin* ■**[bei jdm]** ~ to babysit [for sb] **Babysitter(in)** <-s, -> *m(f)* babysitter **Babysitz** *m* AUTO infant carrier **Babyspeck** *m* (*hum fam*) puppy fat BRIT *hum fam*, baby fat AM *hum fam* **Babystrich** *m* (*fam*) child prostitution **Babytragesack** *m* sling **Babytragesitz** *m* baby carrier

Babytragetasche *f* carrycot, baby carrier AM **Babywaage** *f* infant scales *npl* **Babywäsche** *f* baby clothes *npl* **Babywippe** *f* baby bouncer **Babyzelle** *f* mini[ature] cell [battery]

Bach <-[e]s, Bäche> *m* brook, creek AM; (*kleiner a.*) stream
▸ WENDUNGEN: **den ~ runtergehen** (*fam*) to go down the drain/plughole/tube *fam*

bachab *adv* SCHWEIZ (*bachabwärts*) downstream

Bache <-, -n> *f* JAGD [wild] sow

Bachforelle *f* brown trout

Bächlein <-s, -> *nt dim von* **Bach** small stream [*or* creek], brooklet
▸ WENDUNGEN: **ein ~ machen** (*kindersprache*) to do a wee-wee *childspeak*

Bachsaibling <-s, -e> *m* brook [*or* speckled] [*or* salmon] trout **Bachstelze** <-, -n> *f* wagtail

Back[1] <-, -en> *f* ① NAUT forecastle, fo'c'sle
② (*Schüssel*) mess-tin, dixie
③ (*Tisch*) mess table
④ (*Tischgemeinschaft*) mess

Back[2] <-s, -s> [bæk] *m* SPORT SCHWEIZ defender

Backbeutel *m tubular plastic bag for roasting meat in* **Backblech** *nt* baking tray

Backbord <-[e]s> *nt kein pl* NAUT port [side]

backbord(s) *adv* NAUT on the port side; ***Ruder hart ~!*** steer to port!

Bäckchen <-s, -> *nt dim von* **Backe** cheek

Backe <-, -n> *f* ① (*Wange*) cheek; **mit vollen ~n kauen** to chew with stuffed cheeks
② (*fam: Po~*) cheek, buttock; **etw auf einer ~ absitzen** (*sl*) to do sth easily [*or* with no bother]
③ KOCHK [pork] cheek
④ (*von Schraubstock*) jaw; (*Brems~*) shoe; (*am Fahrrad*) block
▸ WENDUNGEN: **au ~!** (*veraltet fam*) oh dear!

backen <backt *o* bäckt, backte *o veraltet* buk, gebacken> **I.** *vt* ■**etw ~** (*im Ofen*) to bake sth; (*in Fett*) to fry sth; ■**etw in etw** *dat* **~** to bake/fry sth with sth
II. *vi* to bake; DIAL (*braten*) to fry

Backenbart *m* sideburns *pl*

Backenfutter *nt* chuck

Backenfutterschlüssel *m* chuck key

Backenknochen *m* ANAT cheekbone **Backentasche** *f* ZOOL cheek pouch **Backenzahn** *m* back tooth, molar

Bäcker(in) <-s, -> *m(f)* ① (*Mensch*) baker; **beim ~** at the baker's [shop]
② (*Bäckerei*) bakery

Backerbsen *pl* SÜDD, ÖSTERR *small pasta balls in soups*

Bäckerei <-, -en> *f* ① (*Bäckerladen*) baker's [shop]; (*Backstube*) bakery
② ÖSTERR (*Gebäck*) small pastries and biscuits

Bäckerin <-, -nen> *f fem form von* **Bäcker**

Bäckerladen *m* baker's shop, bakery **Bäckermeister(in)** *m(f)* master baker **Bäckermesser** *nt* baker's knife

Bäckersfrau *f* baker's wife

backfertig *adj* KOCHK oven-ready **Backfisch** *m* ① (*gebackener Fisch*) fried fish in batter ② (*veraltet: Teenager*) teenage girl **Backfolie** *f kein pl* baking foil **Backform** *f* baking tin; (*Kuchenform a.*) cake tin **backfrisch** *adj* freshly baked

Backgammon <-s> [bæk'gæmən] *nt kein pl* backgammon

Background <-s, -s> [-graunt] *m* (*geh*) background; (*Musik*) background music

Backhähnchen *nt* fried chicken (*in breadcrumbs*) **Backhendl** <-s, -> *nt* SÜDD, ÖSTERR fried chicken (*in breadcrumbs*) **Backmischung** *f* cake mixture **Backobst** *nt* dried fruit **Backofen** *m* oven; **heiß wie in einem ~** like an oven, boiling hot **backofenfest** *adj* ovenproof

Backpacker(in) <-s, -> ['bækpækɐ] *m(f)* (*sl*) backpacker

Backpapier *nt kein pl* baking parchment

Backpfeife *f* DIAL slap in the face

Backpflaume *f* prune **Backpinsel** *m* brush **Backpulver** *nt* baking powder **Backrohr** *nt* ÖSTERR, **Backröhre** *f* oven **Backschaufel** *f s.* **Pfannenwender**

Backstein *m* BAU [red]brick

Backsteinbau <-bauten> *m* ARCHIT redbrick building **Backsteingotik** *f* ARCHIT, KUNST redbrick Gothic (*found in northern Germany*)

Backstube *f* bakery **Backtrog** *m* kneading [*or* dough] trough

Backup <-s, -s> ['bækʌp] *nt o m* INFORM backup [copy]

Backwaren *pl* bakery produce **Backwerk** *nt kein pl* cakes and pastries *pl*, [sweet] baked goods *npl*

Backzeit *f* baking time

Bad <-[e]s, Bäder> *nt* ① (*eingelassenes Badewasser*) bath; **jdm/sich ein ~ einlassen** [*o* **einlaufen lassen**] to run sb/oneself a bath
② (*das Baden*) bathing; **ein ~ nehmen** to take *form* [*or* have] a bath
③ (*Badezimmer*) bathroom
④ (*Schwimm~*) swimming pool [*or* BRIT bath[s]]
⑤ (*Badeort: Heil~*) spa; (*See~*) seaside resort
▸ WENDUNGEN: **ein ~ in der Menge** a walkabout

Badeanstalt *f* swimming pool, [swimming] baths *pl* **Badeanzug** *m* swimming costume, swimsuit **Badegast** *m* ① (*Kurgast*) spa visitor ② (*Schwimmbadbesucher*) swimmer **Badegelegenheit** *f swimming pool or nearby beach* **Bade(hand)tuch** *nt* bath towel **Badehose** *f* swimming trunks *npl* **Badekappe** *f* swimming cap **Badekur** *f* course of treatment at a spa **Badelatschen** *m* (*fam*) flip-flops *pl fam* **Bademantel** *m* bathrobe, dressing gown **Badematte** *f* bathmat **Bademeister(in)** *m(f)* [pool] attendant; (*am Strand*) lifeguard **Bademütze** *f s.* **Badekappe**

baden I. *vi* ① (*ein Wannenbad nehmen*) to bathe, to have a bath; **am B~ sein** to be in the bath; **warm baden** to have a warm bath
② (*schwimmen*) ■[**in etw** *dat*] **~** to swim [in sth]; **~ gehen** to go for a swim
▸ WENDUNGEN: **im Geld ~** to be rolling in money; [**bei/mit etw**] **~ gehen** (*fam*) to come a cropper [doing/with sth]
II. *vt* ① (*ein Bad geben*) ■**jdn ~** to bath sb; ■**sich ~** to have [*or form* take] a bath; *s. a.* **Kind**
② MED ■**etw** [**in etw** *dat*] **~** to bathe sth [in sth]

Badenixe *f* (*hum*) beach babe *fam*

Baden-Württemberg <-s> *nt* Baden-Württemberg

Badeofen *m* boiler **Badeort** *m* seaside resort; (*Kurort*) spa resort **Badeplatz** *m* bathing place **Badesaison** *f* swimming season **Badesalz** *nt* bath salt **Badeschuh** *m* bathing shoe **Badestrand** *m* bathing beach **Badetuch** *nt s.* **Badehandtuch** **Badewanne** *f* bath [tub] **Badewasser** *nt* bath water **Badewetter** *nt* weather for swimming **Badezeit** *f* ① (*Saison*) swimming season ② *pl* (*Öffnungszeiten eines Schwimmbades*) [pool] opening hours **Badezeug** *nt* swimming things *pl* **Badezimmer** *nt* bathroom **Badezimmer-Garnitur** *f* bathroom set **Badezusatz** *m* bath salts *npl*, bubble bath

badisch *adj inv* of Baden *pred; Produkt* from Baden; **im B~en** in Baden

Badkleid *nt* SCHWEIZ (*Badeanzug*) swimming costume

Badminton <-> ['bætmɪntən] *nt* badminton

Badvorleger *m* bathmat

baff *adj pred* (*fam*) ■**~ sein** to be flabbergasted

BAföG <-> *nt*, **Bafög** <-> *nt kein pl Akr von* **Bundesausbildungsförderungsgesetz** [student] grant, Federal Law on Training and Education Promotion; **~ bekommen** [*o fam* **kriegen**] to receive [*or fam* get] a grant

Bagage <-> [ba'ga:ʒə] *f* (*pej fam*) ① (*Gesindel*) pack *pej*
② (*veraltet: Gepäck*) baggage

Bagatelldelikt *nt* JUR minor [*or* petty] offence

Bagatelle <-, -n> *f* trifle, bagatelle *dated*

bagatellisieren* **I.** *vt* ■**etw ~** to trivialize sth, to play down *sep* sth
II. *vi* to trivialize

Bagatellkartell *nt* ÖKON petty cartel **Bagatellklausel** *f* JUR franchise clause **Bagatellkriminalität** *f* JUR petty crime **Bagatellsache** *f* JUR *s.* Bagatelldelikt **Bagatellsachen** *pl* JUR small claims **Bagatellschaden** *m* minor damage **Bagatellstrafsache** *f* JUR petty [*or* summary] offence **Bagatelltäter(in)** *m(f)* JUR petty criminal **Bagatellunfall** *m* minor accident **Bagatellvergehen** *nt* JUR minor offence, petty crime

Bagdad <-s> *nt* Bag[h]dad

Bagger <-s, -> *m* BAU excavator

Baggerführer(in) *m(f)* BAU excavator driver **Baggergut** *nt kein pl debris dug up by an excavator*

baggern I. *vi* ① BAU to dig, to excavate
② (*Volleyball*) to dig
③ (*sl*) to flirt
II. *vt* ① BAU ■**etw ~** to excavate [*or* dig] sth
② (*Volleyball*) **den Ball ~** to dig the ball

Baggersee *m artificial lake formed in gravel pit*

Baguette <-s, -s> [ba'gɛt] *nt* baguette

bäh *interj* ① (*vor Ekel*) yuck, ugh; (*aus Schadenfreude*) ha ha
② (*von Schaf*) baa; **~ machen** (*kindersprache*) to go baa *childspeak*

Bahamaer(in) <-s, -> *m(f) s.* **Bahamer**

bahamaisch *adj* Bahamian; *s. a.* **deutsch**

Bahamer(in) <-s, -> *m(f)* Bahamian; *s. a.* **Deutsche(r)**

bahamisch *adj s.* **bahamaisch**

bähen *vt* KOCHK ■**etw ~** ÖSTERR (*im Ofen leicht rösten*) to toast sth

Bahn <-, -en> *f* ① (*Eisen~*) train; (*Straßen~*) tram; (*Verkehrsnetz, Verwaltung*) railway[s]; **mit der ~/per ~** by train [*or* rail]; **frei ~** ÖKON free on rail, carriage paid
② SPORT track; *Schwimmbecken* lane; (*Kegel~*) alley; (*Schlitten~, Bob~*) run; (*Pferderenn~*) course, track
③ ASTRON orbit, path
④ MIL [flight] path
⑤ (*Stoff~, Tapeten~*) length, strip
⑥ (*Weg, Lauf*) course; TRANSP (*Fahr~*) lane; ***~ frei!*** make way!, mind your backs!
▸ WENDUNGEN: **freie ~** [**für etw/bei jdm**] **haben** to have the go-ahead [for sth/from sb]; **in geregelten ~en verlaufen** to take an orderly course; **jdn wieder auf die rechte ~ bringen** to put sb back on the right track [*or* straight and narrow]; **etw in die richtigen ~en lenken** to lead sth in the right channels; **auf die schiefe ~ kommen** [*o* **geraten**] to get off the straight and narrow; **jdn auf die schiefe ~ bringen** to get sb off the straight and narrow; **sich** *dat* **eine ~ brechen** to force one's way, to make headway; **etw** *dat* **~ brechen** to blaze the trail for sth; **aus der ~ geraten** to get off track; **jdn aus der ~ werfen** to get sb off course

bahnamtlich *adj inv, attr* by the railway [*or* AM railroad] authorities **Bahnanlagen** *pl* railway [*or* AM railroad] installations *pl* **Bahnanschluss**[RR] *m* railway link **Bahnarbeiter(in)** *m(f)* railway worker **Bahnbeamte(r), -beamtin** *m, f* railway official **Bahnbeförderung** *f* rail transport [*or* carriage], carriage by rail **Bahnbenutzer(in)** *m(f)* rail user **Bahnbetrieb** *m kein pl* rail[way] operation **bahnbrechend I.** *adj* ground-breaking, pioneering **II.** *adv* **~ wirken** to be ground-breaking [*or* pioneering] **Bahnbrecher(in)** *m(f)* pioneer **Bahnbruch** *m* TYPO web break **Bahnbus** *m* TRANSP rail coach **BahnCard** <-, -s> *f* BAHN ≈ railcard BRIT

Bähnchen <-s, -> *nt dim von* **Bahn**

Bahndamm *m* railway embankment **bahneigen** *adj inv, attr* railway-owned **Bahneigentum** *nt* railway property

bahnen *vt* ■[**jdm**] **etw ~** to pave a way [for sb]; ■**sich** *dat* **etw ~** to fight [*or* pave] one's sth; **ein Flussbett ~** to carve [*or* channel] out a river bed; **sich einen Weg durch etw ~** to fight [*or* pave] one's way through sth

Bahnenrock *m* gored skirt

Bahnfahrkarte *f* railway ticket **Bahnfahrt** *f* train [*or* rail[way]] journey **Bahnfracht** *f* rail freight **Bahnfrachtbrief** *m* HANDEL bill of carriage, railroad way bill [*or* consignment note] **Bahnfrachtdienst** *m* rail freight service **Bahnfrachtführer(in)** *m(f)* rail carrier **Bahnfrachtgebühren** *pl* rail charges *pl* **Bahnfrachtgeschäft** *nt* rail transport [*or* carriage], railway goods traffic **Bahnfrachtgut** *nt* rail cargo **Bahnfrachtkosten** *pl* rail freight charges *pl* **Bahnfrachtsatz** *m* railway freight rate **Bahnfrachtsätze** *pl* railway rates *pl* **Bahnfrachttarif** *m* rail freight rate **Bahnfrachtverkehr** *m* rail freight traffic **bahnfrei** *adj inv* TRANSP, ÖKON free on rail, f.o.r., free on board, FOB, f.o.b. **Bahngelände** *nt* railway area [*or* property] **Bahngleis** *nt* railway line

Bahnhof *m* [railway] station

▸ WENDUNGEN: **nur** [**noch**] ~ **verstehen** (*hum fam*) to not have the foggiest [idea] *fam;* **jdm einen großen** ~ **bereiten** to give sb [the] red carpet treatment

Bahnhofsbuchhandlung *f* station bookshop [*or* bookstore] **Bahnhofsgaststätte** *f* station restaurant **Bahnhofshalle** *f* station concourse **Bahnhofsmission** *f* REL *organisation for helping rail travellers in need* **Bahnhofsplatz** *m* station square **Bahnhofspolizei** *f kein pl* station police **Bahnhofsuhr** *f* station clock **Bahnhofsvorstand** *m* ÖSTERR, SCHWEIZ, **Bahnhofsvorsteher(in)** *m(f)* stationmaster **Bahnhofswirtschaft** *f* [train] station bar [*or* BRIT buffet], railway tavern BRIT

Bahnkilometer *m* rail kilometres [*or* AM -ers] **Bahnknotenpunkt** *m* rail[way] junction **Bahnkörper** *m* (*fachspr*) track **Bahnkunde, -kundin** *m, f* railway customer **bahnlagernd** *adj* ÖKON to be collected from a railway station

Bähnler(in) <-s, -> *m(f)* SCHWEIZ (*fam*) railway worker

Bahnlieferung *f* rail transport, carriage by rail **Bahnlinie** [-li:niə] *f* railway line **bahnmäßig** *adj inv, attr* ~ **verpackt** packed for railway transport BRIT [*or* AM rail shipment] **Bahnmeister(in)** *m(f)* permanent way inspector BRIT, trackmaster AM **Bahnmitteilung** *f* ~ **über Ankunft von Fracht** railway advice **Bahnnetz** *nt* railway network [*or* BRIT *a.* system] **Bahnoberbau** *m* roadbed, BRIT *a.* permanent way **Bahnpolizei** *f* railway police **Bahnpost** *f* railway postal [*or* AM railroad mail] service **Bahnpostamt** *nt* station post office **Bahnpostwagen** *m* mail van [*or* AM car] **Bahnreise** *f* rail travel **Bahnrollfuhr** *f* cartage **Bahnschranke** *f,* **Bahnschranken** *m* ÖSTERR level crossing barrier **Bahnschwelle** *f* BAHN sleeper, tie AM **Bahnspediteur(in)** *m(f)* railway agent, rail forwarding agent, railway carrier **Bahnspedition** *f* rail transport [*or* forwarding agent], carriage by rail **Bahnstation** *f* [railway] station **Bahnsteig** <-[e]s, -e> *m* [station] platform **Bahnsteigkante** *f* edge of the/a platform, platform edge **Bahnsteigkarte** *f* platform ticket **Bahnsteigsperre** *f* ticket gate **Bahnsteigüberführung** *f* footbridge [*or* overpass] between platforms **Bahnsteigunterführung** *f* subway [between platforms] **Bahnstrecke** *f* railway line, track section, AM *a.* track **Bahntarif** *m* rail charges *pl,* railway fare [*or* tariff] **Bahntaxi** *nt* TRANSP station taxi **Bahntouristik** *f* rail travel **Bahntransport** *m* HANDEL rail[way] transport, railage **Bahntunnel** *m* BAHN railway tunnel **Bahnüberführung** *f* overbridge, overpass AM, railway [*or* AM railroad] footbridge **Bahnübergang** *m* level crossing; **beschrankter/unbeschrankter** ~ guarded/open level crossing **Bahnunterführung** *f* [railway [*or* AM railroad]] underpass **Bahnverbindung** *f* [rail] connection [*or* link] **Bahnverkehr** *m* rail[road] traffic **Bahnverlauf** *m eines Asteroiden* path, orbit **Bahnversand** *m* HANDEL dispatch by rail, forwarding [*or* shipment] by rail **Bahnwärter(in)** *m(f)* level crossing attendant **Bahnzeit** *f* station time **Bahnzustellung** *f* railroad [*or* rail] delivery

Bahrainer(in) <-s, -> *m(f)* Bahraini, Bahreini; *s. a.* Deutsche(r)

bahrainisch *adj* Bahraini, Bahreini; *s. a.* **deutsch**

Bahre <-, -n> *f* stretcher; (*Toten~*) bier

Bahreiner(in) <-s, -> *m(f) s.* **Bahrainer**

bahreinisch *adj s.* **bahrainisch**

Baiser <-s, -s> [bɛ'ze:] *nt* meringue

Baisse <-, -n> ['bɛ:sə] *f* BÖRSE slump; **auf** ~ **spekulieren** to bear; **während der** ~ **kaufen** to buy for a fall

Baissemanöver *nt* BÖRSE bear raid **Baissespekulant(in)** *m(f)* BÖRSE bear **Baissestratege, -strategin** *m, f* BÖRSE bear strategist **Baissetendenz** *f* BÖRSE bearish tone

Baissier <-s, -s> [bɛ'si̯e:] *m* BÖRSE bear

Bajonett <-[e]s, -e> *nt* MIL bayonet

Bajonettverschluß *m* ELEK bayonet fitting

Bajuware, Bajuwarin <-n, -n> *m, f* (*hum*) *s.* **Bayer**

Bake <-, -n> *f* ❶ NAUT [marker] buoy

❷ LUFT beacon

❸ TRANSP lane closure/narrowing signal; (*vor Bahnübergang o Autobahnausfahrt*) countdown marker

Bakelit® <-s> *nt kein pl* Bakelite®

Bakkarat <-s> ['bakara] *nt kein pl* baccarat

Bakschisch <-s, -e *o* -s> *nt* baksheesh

Bakterie <-, -n> [-riə] *f meist pl* bacterium

bakteriell I. *adj* MED bacterial, bacteria *attr*

II. *adv* MED ~ **bedingt** caused by bacteria

Bakterienkolonie *f* BIOL bacteria colony **Bakterienkultur** *f* bacteria culture **Bakterienrasen** *m* BIOL bacteria lawn **Bakterienruhr** *f* bacillary dysentery **Bakterienträger(in)** *m(f)* MED carrier

Bakteriologe, -login <-n, -n> *m, f* bacteriologist

Bakteriologie <-> *f kein pl* bacteriology

Bakteriologin <-, -nen> *f fem form von* **Bakteriologe**

bakteriologisch *adj* bacteriological; ~**e Kriegsführung** biological warfare

Bakteriophage <-n, -n> *m* BIOL bacteriophage

Bakterizid <-[e]s, -e> *nt* bactericide

bakterizid I. *adj* germicidal, bactericidal

II. *adv* ~ **wirksam sein** to act as a germicide

Balalaika <-, -s *o* Balalaiken> *f* MUS balalaika

Balance <-, -n> ['balã:sə] *f* ❶ (*Gleichgewicht*) balance, equilibrium; **jdn aus der** ~ **bringen** to bring [*or* put] sb off balance; **die** ~ **halten/verlieren** to keep/lose one's balance

❷ (*Ausgewogenheit*) balance

Balanceakt *m* ❶ (*Seiltanz*) balancing [*or* tightrope] act

❷ (*Vorgang des Lavierens*) balancing act

balancieren* [balã'si:rən] I. *vi* ❶ *sein* (*sich vorsichtig bewegen*) ■[**über etw** *akk*] ~ to balance [one's way across sth]

❷ *haben* (*lavieren*) ■**zwischen etw** *dat* **und etw** ~ to keep [*or* achieve] a balance between sth and sth

II. *vt haben* ■**etw** [**auf etw** *dat*] ~ to balance sth [on sth]

Balancierstange *f* balancing pole

bald I. *adv* ❶ (*schnell, in Kürze*) soon; ***komm*** ~ ***wieder!*** come back soon!; ***so*** ~ ***wird es das nicht mehr geben*** that won't happen again in a hurry; **wird's ~?** (*fam*) move it!; **so** ~ **wie** [*o* **als**] **möglich** as soon as possible; [**all**]**zu** ~ [all] too soon; **bis ~!** see you later!; ~ **darauf** soon [*or* shortly] after[wards]; **nicht so** ~ not as soon

❷ (*fast*) almost; ***das ist schon*** ~ ***nicht mehr schön!*** that's taking it a bit too far!, that's beyond a joke!

❸ (*fam*) soon; ***wirst du wohl*** ~ ***ruhig sein?*** will you just be quiet! [*or sl* shut up!]; *s. a.* **möglichst, sobald**

II. *konj* (*geh*) ■~ **...,** ~ **...** one moment ..., the next ...; ~ ***hier,*** ~ ***da*** now here, now there

Baldachin <-s, -e> *m* canopy, baldachin

Bälde *f* **in** ~ in the near future

baldig *adj attr* speedy, quick; ***um*** ~***e Antwort wird gebeten*** we hope to receive [*or* look forward to receiving] a reply soon; ***wir hoffen auf Ihr*** ~***es Kommen!*** we hope to see you soon!; *s. a.* **Wiedersehen**

baldigst *adv* (*geh*) as soon as possible, without delay

baldmöglichst *adv* as soon as possible, without delay

Baldrian <-s, -e> *m* BOT valerian

Baldriantropfen *pl* PHARM valerian [drops *pl*]

Balg[1] <-[e]s, Bälge> *m* ❶ (*Blase~*) bellows *npl*

❷ (*Tierhaut*) pelt

▸ WENDUNGEN: **jdm auf den** ~ **rücken** (*fam*) to crowd sb

Balg[2] <-[e]s, Bälger> *m o nt* (*pej fam*) brat *pej fam*

balgen *vr* ■**sich** [**um etw**] ~ to scrap [over sth], to have a scrap [over sth]

Balgerei <-, -en> *f* scrap

Balinese, Balinesin <-n, -n> *m, f* Balinese

Balkan <-s> *m* ❶ ■**der** ~ the Balkans *pl;* **auf dem** ~ on [*or* in] the Balkans

❷ (*Balkangebirge*) Balkan Mountains *pl*

Balkanhalbinsel *f* Balkan Peninsula

balkanisch *adj* Balkan

Balkanisierung <-> *f kein pl* POL (*pej*) Balkanization

Balkanländer *pl* Balkan States **Balkanstaat** *m* Balkan country [*or* state]

Balken <-s, -> *m* ❶ (*Holz~*) beam

❷ (*Stahl~*) girder

❸ (*Stütz~*) prop, shore

❹ MUS bar

❺ SPORT beam

❻ (*heraldisches Zeichen*) fesse, bar; (*Uniformstreifen*) stripe

▸ WENDUNGEN: **der** ~ **im eigenen Auge** REL the beam in one's own eye; **lügen, dass sich die** ~ **biegen** (*fam*) to lie through one's teeth *fam*

Balkencode *m* bar code **Balkendecke** *f* ceiling with wooden beams, AM *a.* wood-beam ceiling **Balkendiagramm** *nt* bar chart **Balkenkode** *m* bar code **Balkenkodeleser** *m* optical bar reader **Balkenkonstruktion** *f* timber-frame construction **Balkenüberschrift** *f* MEDIA banner headline **Balkenwaage** *f* beam balance

Balkon <-s, -s *o* -e> [bal'kɔŋ, bal'ko:] *m* ❶ ARCHIT balcony

❷ THEAT dress circle

Balkonpflanze *f* balcony plant **Balkonzimmer** *nt* room with balcony

Ball[1] <-[e]s, Bälle> *m* ❶ (*zum Spielen*) ball; **am** ~ **sein** to be in possession of the ball, to have the ball; **jdm den** ~ **zuspielen** to feed sb the ball; ~ **spielen** to play ball

❷ (*runder Gegenstand*) ball; **der** ~ **der Sonne** (*poet*) the sun's fiery orb

▸ WENDUNGEN: **am** ~ **bleiben** to stay on the ball *fig;* **bei jdm am** ~ **bleiben** to keep in with sb *fig;* **den** ~ **aufgreifen** to pick up on a point; **am** ~ **sein** to be on the ball *fig;* **jdm den** ~ **zuspielen** to feed sb lines *fig*

Ball[2] <-[e]s, Bälle> *m* (*Tanzfest*) ball; (*mit Mahl a.*) dinner-dance BRIT; **auf dem** ~ at the ball

ballaballa *adj pred* (*sl*) whacko BRIT *sl*

Ballade <-, -n> *f* ballad

balladenhaft *adj* balladic, ballad-like

balladesk *adj s.* **balladenhaft**

Ballast <-[e]s, *selten* -e> *m* NAUT, LUFT ballast; (*fig*) burden, encumbrance; ~ **ab-/über Bord werfen** NAUT, LUFT to discharge [*or* shed] ballast; (*fig: sich von etwas Unnützem befreien*) to get rid of a burden [*or* an encumbrance]

Ballaststoffe *pl* roughage *sing,* [dietary] fibre [*or* AM -er]

ballen I. *vt* ■**etw** ~ to press sth together [into a ball]; **Papier** ~ to crumple paper [into a ball]; **die Faust** [**gegen jdn**] ~ to clench one's fist [at sb]; **die Hand zur Faust** ~ to clench one's [*or* make a] fist; *s. a.* **Faust**

II. *vr* ■**sich** ~ to crowd [together]; *Wolken* to gather; *Faust* to clench; *Verkehr* to build up

Ballen <-s, -> *m* ❶ (*rundlicher Packen*) bale

❷ (*an Hand o Fuß*) ball; (*bei Tieren*) pad

Ballenwild *nt* small game

Ballerei <-, -en> *f (fam)* ❶ *(Schießerei)* shooting
❷ *(Knallerei)* banging
Ballerina¹ <-, Ballerinen> *f* ballerina, ballet-dancer
Ballerina² <-s, Ballerinas> *m (Schuh)* court shoe BRIT, pump AM
Ballerinaschuh *m* pump
Ballermann <-männer> *m (sl)* gun
ballern I. *vi (fam)* ❶ *(schießen)* ■[mit etw] ~ to shoot [*or* fire] [with sth]; ***in Deutschland wird zu Silvester viel geballert*** there are lots of fireworks in Germany on New Year's Eve
❷ *(knallen)* to bang
❸ *(poltern)* ■**gegen etw** ~ to hammer against sth; **gegen die Tür** ~ to bang on the door
II. *vt (sl: zuschlagen)* ■**etw** ~ to bang [*or* slam] sth; **jdm eine** ~ to sock sb one *sl*
Ballett <-[e]s, -e> *nt* ❶ *(Tanz)* ballet
❷ *(Tanzgruppe)* ballet [company]; **zum ~ gehen** to become a ballet dancer; **beim ~ sein** to be [a dancer] with the ballet, to be a ballet dancer
Ballettänzer(in) *m(f) s.* **Balletttänzer**
Balletteuse <-, -n> [balɛ'tø:zə] *f (geh)* [ballet] dancer
Ballettkorps [-'ko:ɐ̯] *nt* corps de ballet + *sing/pl vb* **Ballettmeister(in)** *m(f)* ballet master, maître de ballet **Ballettmusik** *f* ballet music **Ballettröckchen** *nt* tutu **Ballettruppe** *f s.* Balletttruppe **Ballettschuhe** *pl* ballet shoes *pl*
Balletttänzer(in)^RR *m(f)* ballet dancer **Balletttruppe**^RR *f* ballet [company]
Ballgefühl *nt kein pl* SPORT feeling for the ball
Ballhaustennis *nt* real tennis
Ballistik <-> *f kein pl* ballistics + *sing vb*
ballistisch *adj* ballistic
Balljunge *m* TENNIS ball boy
Ballkleid *nt* ball dress [*or* gown]
Ballmädchen *nt* TENNIS *fem form von* **Balljunge** ball girl
Ballon <-s, -s *o* -e> [ba'lɔŋ, ba'lõ:] *m* ÖSTERR, SCHWEIZ ❶ *(Luft~)* balloon
❷ *(bauchiger Glasbehälter)* carboy, demijohn
❸ *(sl: Kopf)* nut BRIT, bean AM; **einen [roten] ~ kriegen** *(fam)* to turn [*or* go] bright red, to go [as] red as a beetroot
Ballonaufstieg *m* balloon ascent **Ballondilatation** <-, -en> *f* MED balloon dila[ta]tion **Ballonfahrer(in)** *m(f)* balloonist **Ballongondel** *f* balloon car, nacelle, basket **Ballonhülle** *f* [balloon] envelope; *(bei Luftschiffen)* gasbag **Ballonkorb** *m* balloon car, nacelle, basket **Ballonmütze** *f (veraltet)* Mao cap **Ballonreifen** *m (veraltet)* balloon tyre [*or* AM tire] **Ballonrock** *m* puffball **Ballonwerbung** *f kein pl* HANDEL balloon advertising
Ballsaal *m* ballroom
Ballspiel *nt* ball game **Ballspielen** <-s> *nt kein pl* playing ball; ~ **gehen** to go and play ball; **„~ verboten"** "No ball games"
Ballung <-, -en> *f* ❶ *(Ansammlung)* concentration; *Truppen* build-up, massing; **die ~ der Kaufkraft in einer Region** the concentration of spending power in a region
❷ *(Verdichtung)* accumulation [*or* concentration]
Ballungsgebiet *nt*, **Ballungsraum** *m* conurbation **Ballungszentrum** *nt* centre [*or* AM -er] of population; **industrielles ~** centre [*or* AM -er] of industry
Ballwechsel *m* rally
Balsaholz *nt* balsa[wood]
Balsam <-s, -e> *m* ❶ *(Salbe)* balsam, balm
❷ *(fig)* balm; ~ **für die Seele sein** to be [*or* work] like balm for the soul
Balsamessig *m* balsamic vinegar
balsamieren *vt* ❶ *(vor Verwesung schützen)* **einen Leichnam** ~ to embalm sth
❷ *(geh: einölen)* ■**jdn** ~ to anoint sb, to salve sb
Balte <-en, -en> *m* Balt, person [*or* man] from the Baltic
Baltikum <-s> *nt* ■**das** ~ the Baltic states
Baltin <-, -nen> *f fem form von* **Balte** Balt, person [*or* woman] from the Baltic
baltisch *adj* Baltic
Balustrade <-, -n> *f* balustrade
Balz <-, -en> *f* ❶ *(Paarungsspiel)* courtship display
❷ *(Paarungszeit)* mating season
balzen *vi* to perform a courtship display
Balztanz *m* BIOL courtship dance **Balzzeit** *f s.* **Balz 2.**
Bambus <-ses *o* -, -se> *m* bamboo
Bambusbär *m s.* **Panda Bambusrohr** *nt* bamboo cane **Bambussprossen** *pl* bamboo shoots *pl*
Bammel <-s> *m (fam)* ■[**einen**] ~ **vor jdm/etw haben** to be scared of sb/sth; [**einen**] **großen ~ vor etwas haben** to be scared stiff of sth
banal *adj* banal; **eine ~e Angelegenheit/Ausrede** a trivial matter/excuse; **eine ~e Bemerkung** a trite [*or* trivial] remark; **ein ~es Thema** a commonplace topic
banalisieren* *vt (geh)* ■**etw** ~ to trivialize sth
Banalität <-, -en> *f* ❶ *kein pl (banale Beschaffenheit)* banality [*or* triteness]; *eines Themas, einer Angelegenheit* triviality; **von großer ~** extremely trivial
❷ *meist pl (banale Äußerung)* platitude
Banane <-, -n> *f* banana
Bananendampfer *m* banana boat **Bananenplantage** *f* banana plantation **Bananenrepublik** *f (pej)* banana republic **Bananenschale** *f* banana skin **Bananenstaude** *f* banana [plant] **Bananenstecker** *m* ELEK *(veraltend)* banana plug
Banause <-n, -n> *m (pej)* philistine
band *imp von* **binden**
Band¹ <-[e]s, Bänder> *nt* ❶ *(Streifen Gewebe)* ribbon *a. fig;* *(Haar~)* hair ribbon; *(Hut~)* hatband; *(Schürzen~)* apron string; **das Blaue ~** the Blue Ribband [*or* AM Ribbon]
❷ *(Mess~)* measuring tape
❸ *(Metall~)* metal band
❹ *(Verpackungs~)* packaging tape
❺ TECH *(Ton~)* [recording] tape; **etw auf ~ aufnehmen** to tape [record] sth, to record sth on tape; **etw auf ~ diktieren** [*o* **sprechen**] to dictate sth on to tape; **auf ~ sein** to be [recorded] on tape; **etw auf ~ haben** to have sth [recorded] on tape
❻ *(Fließ~)* conveyor belt; **am ~ arbeiten** to work on an assembly [*or* a production] line; **vom ~ laufen** to come off the [production] line; **am laufenden ~** *(fam)* non-stop, continuously; **etw am laufenden ~ tun** to keep doing sth
❼ RADIO wavelength, [frequency] band
❽ *meist pl* ANAT ligament; **sich die Bänder zerren/[an]reißen** to strain/tear ligaments
❾ BAU *(Baubeschlag)* hinge
Band² <-[e]s, -e> *nt (geh)* ❶ *(gegenseitige Beziehung)* bond, tie; **zarte ~e knüpfen** to start a romance
❷ *pl (Fesseln)* bonds *npl,* fetters *npl,* shackles *npl;* **jdn in ~e schlagen** *(veraltet)* to clap [*or* put] sb in irons
Band³ <-[e]s, Bände> *m* volume; **Bände füllen** to fill volumes; **über etw Bände schreiben können** to be able to write volumes about sth
► WENDUNGEN: **Bände sprechen** *(fam)* to speak volumes
Band⁴ <-, -s> [bænt] *f* MUS band, group
Bandage <-, -n> [ban'da:ʒə] *f* bandage
► WENDUNGEN: **das sind harte ~n** *(fam)* those are hard words; **mit harten ~n kämpfen** *(fam)* to fight with no holds barred [*or* one's gloves off]
bandagieren* [banda'ʒi:rən] *vt* ■[**jdm**] **etw** ~ to bandage [up] [sb's] sth
Bandaufnahme *f* tape-recording
Bandbreite *f* ❶ *(geh)* range
❷ FIN variation; **eine ~ von ... bis ... haben** to range from ... to ...
❸ RADIO, INET bandwidth
Bandbreitenerweiterung *f* FIN broadening of the exchange rate bands
Bändchen <-s, -> *nt* ❶ *dim von* **Band ¹** small ribbon
❷ *dim von* **Band ³** small [*or* slim] volume
Bande¹ <-, -n> *f* ❶ *(Verbrecher~)* gang, band
❷ MUS *(fam: Gruppe)* gang *fam*
Bande² <-, -n> *f* SPORT barrier; **die ~ eines Billardtisches** the cushion of a billiard table; **die ~ einer Reitbahn** the boards of an arena
Bandeisen *nt* metal hoop
Bändel^RR <-s, -> *m* ❶ *(Schnürsenkel)* shoelace
❷ *(Bändchen)* ribbon
► WENDUNGEN: **jdn am ~ haben** *(fam)* to be able to twist sb round one's little finger
Bandenchef(in) [-ʃɛf] *m(f) (fam)*, **Bandenführer(in)** *m(f)* gang leader **Bandenkriminalität** *f (Kriminalität von Verbrecherbanden)* [organized] gang crime
Bandenwerbung *f* ÖKON *advertising on hoardings round the perimeter of sports arenas*
Banderole <-, -n> *f* revenue stamp [*or* seal]
Banderoleneinschlag *m* banderoling, sleeve-wrapping
Bänderriss^RR *m* MED torn ligament **Bänderzerrung** *f* MED pulled ligament
Bandfertigung *f* ÖKON assembly-line production
Bandformat *nt* INFORM tape format
bändigen *vt* ❶ *(zähmen)* ■**ein Tier** ~ to tame an animal
❷ *(niederhalten)* ■**jdn** ~ to bring sb under control, to subdue sb
❸ *(geh: zügeln)* ■**etw** ~ to control [*or* overcome] sth, to bring sth under control; **Haare** ~ to control one's hair; **Naturgewalten** ~ to harness the forces of nature
Bändigung <-, -en> *f* ❶ *(Zähmung)* taming
❷ *(Niederhaltung)* controlling, subduing
❸ *(geh: Zügelung)* controlling, overcoming; **die ~ eines Brandes** bringing a fire under control; **die ~ von Naturgewalten** harnessing [of] the forces of nature
Bandit(in) <-en, -en> *m(f)* bandit, brigand *old;* **einarmiger ~** one-armed bandit
Bandkeramik *f* band ceramics *npl,* ribbon ware
Bandlaufwerk *nt* INFORM tape drive [*or* deck]; INFORM tape streamer; **computergesteuertes ~** computerized tape deck
Bandmaß *nt* tape measure
Bandnudeln *pl* ribbon noodles, tagliatelle *npl*
Bandoneon <-s, -s> *nt* MUS bandoneon
Bandsäge *f* band saw
Bandscheibe *f* ANAT [intervertebral] disc; **es an [*o* mit] der ~ [*o* den ~n] haben** *(fam)* to have a slipped [*or* slipped a] disc
Bandscheibenschaden *m* MED damaged [intervertebral] disc **Bandscheibenvorfall** *m* MED slipped disc
Bandstahl *m* BAU strap iron
Bandwurm *m* tapeworm
bang(e) <-er *o* bänger, -ste *o* bängste> *adj (geh)* scared, frightened; **~e Augenblicke/Minuten/Stunden** anxious moments/minutes/hours; **ein ~es Schweigen** an uneasy silence; **in ~er Erwartung** uneasily; **es ist/wird jdm ~ [zumute]** to be/become uneasy [*or* anxious]; **jdm ist ~ [vor jdm/etw]** sb is scared [of sb/sth]; *s. a.* **Herz**
Bangale, Bangalin <-n, -n> *m, f s.* **Bangladescher**
bangalisch *adj* Bengali; *s. a.* **deutsch**
Bange <-> *f* ~ **[vor jdm/etw] haben** to be scared [*or* frightened] [*or* afraid] [of sb/sth]; **jdm ~ machen** to scare [*or* frighten] sb; **~ machen gilt nicht!** *(fam)* you can't scare me!; **[nur] keine ~!** *(fam)* don't be scared [*or* afraid]!; *(keine Sorge)* don't worry !
bangen *vi (geh)* ❶ *(sich ängstigen)* ■**um jdn/etw** ~ to worry [*or* be worried] about sb/sth; **um jds Leben** ~ to fear for sbs life
❷ *(Angst haben)* ■**es bangt jdm [vor jdm/etw]** [*o* **jdm bangt es [vor jdm/etw]**] sb is scared [*or* frightened] [*or* afraid] of sb/sth
Bangladesch, Bangladesh <-> *nt* Bangladesh
Bangladescher(in) <-s, -> *m(f)* Bangladeshi; *s. a.* **Deutsche(r)**
bangladeschisch *adj* BRD, ÖSTERR Bangladeshi; *s. a.* **deutsch**
Banjo <-s, -s> ['bændʒo] *nt* banjo

Bank¹ <-, Bänke> *f* ❶ (*Sitzmöbel*) bench; (*Garten~*) [garden] seat [*or* bench]; (*Anklage~*) dock; **auf der Anklage~** in the dock; (*Kirchen~*) pew; **vor leeren Bänken predigen** to preach to an empty church; (*Schul~*) desk; **in der ersten ~** in the front [*or* first] row; (*Werk~*) workbench; **vor leeren Bänken spielen** to play to an empty house
❷ (*bankförmige Anhäufung*) bank; (*Austern~*) bed; (*Korallen~*) reef; (*Sand~*) sandbank, sandbar; (*Wolken~*) bank of clouds
► WENDUNGEN: **etw auf die lange ~ schieben** (*fam*) to put sth off; **[alle] durch die ~** (*fam*) every single one [*or* the whole lot] [of them]

Bank² <-, -en> *f* ❶ FIN bank; **auf der ~** in the bank; **ein Konto bei einer ~ haben** to have an account with a bank; **~ für Internationalen Zahlungsausgleich** Bank for International Settlements, BIS
❷ (*Kasse*) bank; **die ~ haben [*o* halten]** to be [the] banker, to have a bank; **die ~ sprengen** to break the bank

Bankaktiva *pl* FIN bank's resources **Bankakzept** *nt* JUR banker's acceptance

Bank-an-Bank-Kredit *m* FIN interbank lending

Bankangestellte(r) *f(m)* *dekl wie adj* bank employee **Bankanweisung** *f* banker's order **Bankaufsichtsbehörde** *f* FIN bank supervisory authority **Bankaufsichtsrecht** *nt* JUR bank supervising law **Bankaufsichtsvereinbarung** *f* FIN international banking supervisory code **Bankauskunft** *f* FIN bank[er's] reference; **~ einholen** to obtain a bank[er's] reference **Bankauskunftsverfahren** *nt* FIN [banker's] reference procedure **Bankautomat** *m* [automated] cash dispenser, automated teller machine, ATM, bank machine **Bankavis** *nt* FIN bank's advice

Bänkchen <-s, -> *nt dim von* **Bank¹** little [*or* small] bench

Bankdarlehen *nt* FIN bank loan **Bankdirektor, -direktorin** *m, f* bank manager, director of a bank **Bankeinlage** *f* bank deposit

Bänkellied *nt* street ballad **Bänkelsänger(in)** *m(f)* ballad-singer

Bankenaufsicht *f* bank supervision **Bankenaufsichtsamt** *nt* FIN bank supervisory authorities *pl,* AM Comptroller of the Currency **Bankenfusion** *f* bank merger **Bankenkonsortium** *nt* bank[ing] consortium [*or* syndicate] **Bankenkonzession** *f* FIN bank charter **Bankenniederlassungsrichtlinien** *pl* FIN bank establishment rules **Bankenprüfer(in)** *m(f)* banking auditor **Bankenrecht** *nt kein pl* JUR banking law **Bankenrun** *m* FIN run on a bank **Bankensektor** *m* banking sector **Bankenviertel** *nt* banking district

Banker(in) <-s, -> ['bɛŋkɐ] *m(f)* (*fam*) banker

Bankett¹ <-[e]s, -e> *nt* banquet

Bankett² <-[e]s, -e> *nt,* **Bankette** <-, -n> *f* verge BRIT, shoulder AM; **„~e nicht befahrbar [*o* unbefahrbar]"** "soft verges"

Bankfach *nt* ❶ (*Schließfach*) safe-deposit box
❷ (*Beruf*) banking, banking profession; **im ~ arbeiten** to work in banking [*or* in the banking profession] **bankfähig** *adj* FIN bankable; **~er Scheck/Wechsel** bankable cheque/paper **Bankfähigkeit** <-> *f kein pl* FIN bankability **Bankfiliale** *f* branch (*of a bank*) **Bankgeheimnis** *nt* [the bank's duty to maintain] confidentiality **Bankgeschäfte** *pl* banking transactions *pl* **Bankgesellschaft** *f* FIN banking company [*or* AM corporation], bank **Bankgesetz** *nt* JUR, FIN banking act, Banking and Financial Dealings Act BRIT **Bankgesetzgebung** *f* JUR banking legislation **bankgiriert** [-ʒi-] *adj inv* FIN bank-endorsed **Bankgläubiger(in)** *m(f)* FIN bank creditor **Bankguthaben** *nt* bank balance **Bankhalter(in)** *m(f)* bank, banker **Bankhauptbuch** *nt* FIN bank ledger **Bankhaus** *nt* (*geh*) banking house; **~ Schlüter & Sohn** Schlüter & Son, Bankers

Bankier <-s, -s> [baŋ'kie:] *m* banker

Bankindossament *nt* FIN bank stamp

Banking ['bɛŋkɪŋ] *nt* FIN **elektronisches ~** electronic banking

Bankinspektor(in) *m(f)* FIN superintendent of banks **Bankinstitut** *nt* FIN banking institution; **öffentlich-rechtliches ~** bank incorporated under public law

Bankivahuhn *nt* ORN (*Gallus gallus*) red jungle fowl

Bankkaufmann, -frau *m, f* [qualified] bank clerk **Bankkonto** *nt* bank account **Bankkredit** *m* bank loan **Bankkuratorium** *nt* FIN bank trustees *pl* **Banklehre** *f* training as a bank clerk **Bankleistungen** *pl* bank performances [*or* results] *pl* **Bankleitzahl** *f* bank sorting code [number] **Banknote** *f* banknote **Banknotenumlauf** *m kein pl* FIN circulation of bank notes

Bankomat <-en, -en> *m* cash machine [*or* dispenser]

Bankplatz *m* (*geh*) banking centre [*or* AM -er] **Bankprovision** *f* bank charge **Bankraub** *m* bank robbery **Bankräuber(in)** *m(f)* bank robber **Bankreserve** *f* FIN bank reserves *pl* **Bankrevision** *f* FIN banking audit, bank examination

bankrott *adj* ❶ ÖKON bankrupt; **jdn ~ machen** to bankrupt sb
❷ (*fig*) bankrupt, discredited

Bankrott <-[e]s, -e> *m* bankruptcy; **~ gehen [*o* machen]** to go [*or* become] bankrupt; **betrügerischer ~** fraudulent bankruptcy

Bankrotterklärung *f* ❶ ÖKON declaration of bankruptcy
❷ (*Erklärung der Inkompetenz*) declaration of failure

Bankrotteur(in) <-s, -e> [baŋkrɔ'tø:ɐ] *m(f)* (*geh*) bankrupt

Bankrottgesetz *nt* JUR Bankruptcy Act BRIT

Bankrücklage *f* FIN bank reserves *pl* **Bankschalter** *m* bank counter BRIT, [teller] window AM **Bankscheck** *m* FIN bank check **Bankschließfach** *nt* safe-deposit box **Banktratte** <-, -n> *f* FIN bank draft **Banküberfall** *m* bank raid **Banküberweisung** *f* bank transfer **banküblich** *adj* **es ist ~** it is normal banking practice **Bankverbindlichkeiten** *pl* FIN BRIT bank loans and overdrafts **Bankverbindung** *f* banking arrangements; **wie ist Ihre ~?** what are the particulars of your bank account? **Bankvereinigung** *f* FIN banking association **Bankverkehr** *m kein pl* banking *no pl,* bank transactions *pl* **Bankvollmacht** *f* FIN bank mandate **Bankwechsel** *m* FIN bank draft **Bankwerte** *pl* FIN bank shares [*or* AM stocks] **Bankwesen** *nt kein pl* banking

Bann <-[e]s> *m* ❶ (*geh*) spell; **in jds** *akk* **~/in den ~ einer S.** *gen* **geraten** to come under sb's/sth's spell; **jdn in ~ halten** (*geh*) to hold sb in one's spell; **jdn in seinen ~ schlagen [*o* ziehen]** to cast a spell over sb; **in jds** *dat* **~/im ~ einer S.** *gen* **stehen** to be under sb's spell/under the spell of sth
❷ HIST excommunication; **den ~ über jdn aussprechen** to excommunicate sb; **jdn vom ~ lösen** to absolve sb [from excommunication]; **jdn in den ~ tun [*o* jdn mit dem ~ belegen]** to excommunicate sb

Bannbulle *f* HIST bull [*or* letter] of excommunication

bannen *vt* ❶ (*geh: faszinieren*) ■**jdn ~** to entrance [*or* captivate] sb; **[wie] gebannt** [as though] bewitched [*or* entranced]
❷ (*fern halten*) ■**jdn/etw ~** to exorcize sb/sth; **Gefahr ~** to avert [*or* ward off] danger

Banner <-s, -> *nt* banner; **das ~ einer Sache hochhalten** to hold high the banner of sth

Bannerträger(in) *m(f)* (*a. fig*) standard-bearer

Bannfluch *m* HIST excommunication **Bannkreis** *m* influence; **in jds ~ stehen** to be under sb's influence; **in jds ~ geraten/in den ~ einer Sache geraten** to come under sb's/sth's influence **Bannmeile** *f restricted area round a [government] building in which public meetings or demonstrations are banned* **Bannstrahl** *m* (*geh*) excommunication **Bannwald** *m* ÖSTERR, SCHWEIZ *forest planted as protection against avalanches*

Bantamgewicht *nt* SPORT ❶ *kein pl* (*Klasse*) bantamweight; **im ~ boxen** to box in the bantamweight category ❷ (*Sportler*) bantamweight **Bantamgewichtler(in)** <-s, -> *m(f) s.* **Bantamgewicht 2.**

Bantu <-[s], -[s]> *m* Bantu

Baobab <-s, -s> *m* BOT (*Adansonia*) baobab

BAPT *nt Abk von* **Bundesamt für Post und Telekommunikation** ≈ German Post Office

Baptist(in) <-en, -en> *m(f)* Baptist

bar *adj* ❶ (*in Banknoten oder Münzen*) cash; **~es Geld** cash; **~e Zahlungen** payments in cash; **[in] ~ bezahlen** to pay [in] cash; **gegen ~** for cash; ***Verkauf nur gegen ~*** cash sales only; ***DM 600 in ~*** DM 600 [in] cash
❷ *attr* (*rein*) pure; **~er Unsinn** utter [*or* absolute] rubbish [*or* AM garbage]
❸ *pred* (*geh: ohne*) ■**~ einer S.** *gen* devoid of [*or* [utterly] without] sth

bar, Bar <-s, -s> *nt als Maßeinheit* bar

Bar <-, -s> *f* bar

Bär(in) <-en, -en> *m(f)* bear; **stark wie ein ~** (*fam*) strong as an ox; **wie ein ~ schlafen** (*fam*) to sleep like a log; **der Große/Kleine ~** the Great/Little Bear, Ursa Major/Minor *spec*
► WENDUNGEN: **jdm einen ~en aufbinden** (*fam*) to have [*or* AM put] sb on, to pull sb's leg

Barabhebung *f* FIN cash withdrawal **Barablösungswert** *m* FIN cash surrender value

Baracke <-, -n> *f* hut, shack

Barangebot *nt* HANDEL cash offer **Barauslagen** *pl* FIN out-of-pocket expenses **Barausschüttung** *f* FIN cash dividend [*or* distribution] **Barauszahlung** *f* FIN cash payment

Barbadier(in) <-s, -> *m(f)* Barbadian, Bajan *fam; s. a.* **Deutsche(r)**

barbadisch *adj* Barbadian; *s. a.* **deutsch**

Barbados <-> *nt* Barbados; *s. a.* **Deutschland**

Barbar(in) <-en, -en> *m(f)* ❶ (*pej*) barbarian, brute
❷ HIST Barbarian

Barbarakraut *nt kein pl* wintercress, land cress

Barbarei <-, -en> *f* (*pej*) ❶ (*Unmenschlichkeit*) barbarity; **ein Akt der ~** an act of barbarity, a barbarous act
❷ *kein pl* (*Kulturlosigkeit*) barbarism; **in ~ versinken [*o* in die ~ zurücksinken]** to [re]lapse into barbarism

Barbarie-Ente *f* KOCHK Musk duck

Barbarin <-, -nen> *f fem form von* **Barbar**

barbarisch I. *adj* ❶ (*pej: unmenschlich*) barbarous; **~e Folter** brutal torture; **eine ~e Strafe** a savage punishment
❷ (*fam: grässlich*) barbaric
❸ (*fam: unerhört*) dreadful, terrible
❹ HIST barbarian
II. *adv* ❶ (*grausam*) brutally
❷ (*fam: entsetzlich*) dreadfully, awfully

Barbe <-, -n> *f* ZOOL, KOCHK (*Fischart*) barbel

bärbeißig *adj* (*fam*) grumpy; **ein ~er Ton** a gruff tone

Barbenkraut *nt* barbarea

Barbestand *m* FIN cash [*or* balance] on hand, cash balance **Barbetrag** *m* HANDEL cash amount

Barbiepuppe *f* (*pej*) Barbie doll

Barbier <-s, -e> *m* (*veraltet*) barber

Barbiturat <-[e]s, -e> *nt* barbiturate

Barbitursäure *f* PHARM barbituric acid

barbusig I. *adj* topless
II. *adv* topless

Barcodelesegerät *nt* TECH bar code reader

Bardame *f* barmaid, hostess

Barde <-n, -n> *m* bard

bardieren *vt* KOCHK to wrap in bacon

Bardiskont *m* FIN cash discount **Bardividende** *f* FIN cash dividend

Bare(s) *nt kein pl* cash

Bareingänge *pl* FIN cash receipts **Bareinlage** *f* FIN cash deposit; (*eines Geschäftspartners*) contribution in cash **Bareinzahlung** *f* FIN cash item

Bärendienst *m* ► WENDUNGEN: **jdm einen ~ erweisen** to do sb a bad turn [*or* disservice] **Bärendreck** *m* SÜDD, SCHWEIZ (*Lakritze*) liquorice BRIT, licorice AM **Bärenhaut** *f* bearskin ► WENDUNGEN:

auf der ~ liegen (*pej fam*) to laze about, to lie around **Bärenhunger** *m* a massive appetite; **einen ~ haben** (*fam*) to be famished [*or* ravenous] [*or* starving] **Bärenjagd** *f* bear hunt[ing] **Bärenklau** <-> *m kein pl* BOT hogweed, cow parsnip **Bärenkräfte** *pl* the strength of an ox **Bärenkrebs** *m* ZOOL, KOCHK slipper lobster **Bärenlauch** *m* wild garlic, ramson **Bärennatur** *f* tough constitution; **eine ~ haben** (*fam*) to be tough **bärenstark** *adj* ❶ (*fam: äußerst stark*) as strong as an ox *pred* ❷ (*sl: toll*) cool

Barentnahme *f* FIN withdrawal of cash **Bärentraube** *f* BOT bearberry

Barentssee *f* Barents Sea

Barett <-[e]s, -e *o* -s> *nt* beret; (*von Geistlichem*) biretta; (*von Richter*) cap; (*von Professor*) mortarboard

barfuß *adj pred* barefoot[ed]

barfüßig *adj* ❶ *attr* barefooted ❷ *pred* (*geh*) *s.* **barfuß**

barg *imp von* **bergen**

Bargebot *nt* JUR bid in cash

Bargeld *nt* cash

Bargeldabhebung *f* cash withdrawal **Bargeldbestand** *m* FIN cash balance; **~ bei Nichtbanken** nonbank cash balance **Bargeldfluss**[RR] *m* FIN cash flow **bargeldlos** I. *adj* cashless II. *adv* without using cash; **~ zahlen** to pay without cash [*or* by credit card etc.] **Bargeldtransport** *m* transport of cash **Bargeldüberweisung** *f* FIN cash transfer **Bargeldumlauf** *m kein pl* FIN cash in circulation **Bargeldvolumen** *nt* FIN total notes and coins in circulation **Bargeschäft** *nt* FIN cash sale [*or* deal]

barhäuptig I. *adj* (*geh*) bare-headed II. *adv* (*geh*) bare-headed

Barhocker *m* bar stool

bärig *adj* (*fam*) great *fam*

Bärin <-, -nen> *f fem form von* **Bär** [she-]bear

Bariton <-s, -e> *m* baritone

Barium <-s> *nt kein pl* barium

Barkasse <-, -n> *f* launch

Barkauf *m* cash purchase

Barke <-, -n> *f* skiff, rowing boat

Barkeeper(in) <-s, -> ['ba:ɐki:pɐ] *m(f)*, **Barmann** *m* barman, bartender

Barkredit *m* FIN cash credit

Bärlapp <-s, -e> *m* BOT clubmoss, lycopod **Bärlauch** *m* BOT broad-leaved garlic

Barlöffel *m* mixing spoon (*for drinks*)

barmherzig *adj* (*mitfühlend*) compassionate; ■**~ sein** to show compassion; **eine ~e Tat** an act of compassion

▶ WENDUNGEN: [**Gott**] **der B~e** REL merciful God

Barmherzigkeit <-> *f kein pl* mercy, compassion; [**an jdm**] **~ üben** (*geh*) to show mercy to [*or* compassion towards] sb

Barmittel *pl* FIN cash [funds *pl*]; **mangels ~** for lack of funds

Barmixer(in) <-s, -> *m(f)* barman

Bar-Mizwa[1] <-s, -s> *m* REL Bar Mitzvah

Bar-Mizwa[2] <-, -s> *f* REL Bar Mitzvah

barock *adj* ❶ KUNST, ARCHIT, LIT baroque ❷ (*üppig*) baroque [*or* ornate]; **eine ~e Figur** an ample [*or* voluptuous] figure; **eine ~e Sprache** florid language ❸ (*pompös*) extravagant

Barock <-[s]> *nt o m kein pl* baroque

Barock-Antiqua *f* TYPO Transitionals *pl*

Barockkirche *f* baroque church **Barockmusik** *f* baroque music **Barockzeit** *f* the baroque [*or* age] period

Barometer <-s, -> *nt* barometer; **das ~ fällt/steigt** the barometer is falling/rising

▶ WENDUNGEN: **das ~ steht auf Sturm** things look stormy

Barometerstand *m* barometer reading

Baron(in) <-s, -e> *m(f)* baron; KOCHK (*vom Lamm/Rind*) baron [of beef/lamb]

Baroness[RR] <-, -en> *f*, **Baroneß** <-, -essen> *f*, **Baronesse** <-, -n> *f daughter of a baron*

Baronin <-, -nen> *f fem form von* **Baron**

Barposten *pl* FIN cash items *pl*

Barrakuda <-, -s> *m* ZOOL barracuda

Barrel <-s, -s *o als Maßeinheit* -> ['bɛrəl] *nt* barrel

Barren[1] <-s, -> *m* SPORT parallel bars *npl*

Barren[2] <-s, -> *m* bar, ingot; **in ~** in the form of bars [*or* ingots]

Barrengold *nt* gold bullion

Barreserven *pl* FIN cash reserves *pl* **Barreservesatz** *m* FIN rate on cash reserves

Barriere <-, -n> *f* (*a. fig*) barrier

Barriereriff *nt* GEOG **Großes ~** Great Barrier Reef

Barrikade <-, -n> *f* (*Verschanzung*) barricade

▶ WENDUNGEN: [**für etw**] **auf die ~n gehen** to man the barricades [for sth], to go on the warpath for [sth]

barsch I. *adj* curt II. *adv* curtly

Barsch <-[e]s, -e> *m* perch

Barschaft <-> *f kein pl* (*geh*) cash; ***50 DM, das ist meine ganze ~!*** 50 marks is all the cash I have!

Barscheck *m* FIN open [*or* uncrossed] cheque BRIT, cashable check AM **Barsortiment** *nt* book wholesaler's, book distribution centre **Barspende** *f* FIN cash donation

barst *imp von* **bersten**

Bart <-[e]s, Bärte> *m* ❶ (*Voll~*) beard; **einen ~ haben** to have a beard; **sich** *dat* **etw in den ~ brummeln** (*fam*) to mumble sth [into one's beard]; **sich** *dat* **einen ~ wachsen** [*o* **stehen**] **lassen** to grow a beard; **mit ~** bearded; **ohne ~** clean-shaven ❷ (*Schnurr~*) moustache BRIT, mustache AM ❸ ZOOL whiskers ❹ TECH (*Schlüssel~*) bit

▶ WENDUNGEN: **beim ~e des Propheten** cross my heart; **jdm um den ~ gehen** (*fam*) to butter sb up; **einen ~ haben** (*fam*) to be as old as the hills; **der ~ ist ab** (*fam*) that's it! [*or* that]

Bartausch *m* FIN cash exchange

Bärtchen <-s, -> *nt* small beard; (*Schnurrbart*) small moustache [*or* AM mustache]

Bartenwal *m* ZOOL whalebone [*or* baleen] whale

Bartflechte *f* ❶ MED sycosis ❷ BOT beard lichen [*or* moss] **Bartgrundel** <-, -n> *f* ZOOL, KOCHK *s.* **Schmerle** **Barthaar** *nt* ❶ (*im Gesicht*) facial hair ❷ ZOOL whisker

Barthel *m* ▶ WENDUNGEN: **wissen, wo** [**der**] **~ den Most holt** (*fam*) to know what's what [*or* every trick in the book]

Bartholomäusnacht *f* HIST ■**die ~** the Massacre of St Bartholemew

bärtig *adj* bearded

Bärtige(r) *m dekl wie adj* a bearded man, a man with a beard

bartlos *adj* beardless, clean-shaven **Bartmännchen** *nt* KOCHK, ZOOL cusk eel **Bartnelke** *f* sweet william **Bartschneider** *m* beard trimmer **Bartstoppeln** *pl* stubble *sing* **Bartwuchs** *m* growth of beard; (*Frau*) facial hair

Barvergütung *f* FIN cash compensation **Barvergütung** *f* FIN (*Versicherung*) cash bonus **Barverkauf** *m* cash sale **Barverlust** *m* FIN net [*or* clear] loss **Barvermögen** *nt* cash [*or* liquid] assets

Baryt <-[e]s, -e> [ba'ryt] *m* barytes, AM *a.* barite

Barzahlung *f* payment in cash, cash payment **Barzahlungsbedingungen** *pl* FIN cash terms **Barzahlungspreis** *m* FIN cash price **Barzahlungsvereinbarung** *f* FIN cash payment deal **Barzahlungsverfahren** *nt* FIN cash-based payment system **Barzahlungsvertrag** *m* JUR cash contract

Barzange *f* bar tongs *npl*

Basaliom <-s, -e> *nt* MED basal cell carcinoma, rodent ulcer

Basalt <-[e]s, -e> *m* basalt

Basalzellschicht *f* MED Malpighian layer

Basar <-s, -e> *m* ❶ (*orientalischer Markt*) bazaar ❷ (*Wohltätigkeits~*) bazaar

Base[1] <-, -n> *f* CHEM base

Base[2] <-, -n> *f* ❶ (*veraltet*) *s.* **Cousine** ❷ SCHWEIZ *s.* **Tante**

Baseball <-s> ['bɛɪsbo:l] *m kein pl* baseball

Baseballschläger *m* baseball bat

Basedow-Kankheit, **Basedowkrankheit**[RR], **basedowsche Krankheit** ['ba:zedo-] *f kein pl* [exophthalmic] goitre [*or* AM -er]

Base-Jumping <-s> ['beɪsdʒʌmpɪŋ] *nt kein pl* SPORT base-jumping (*parashooting off buildings, bridges, etc.*)

Basel <-s> *nt* Basle [*or* Basel]

Basellandschaft <-s> *nt* Basel District

Basel-Stadt <-> *nt* Basel City

Basen *pl von* **Basis, Base**

Basenpaarung *f* BIOL base pairing

BASIC <-[s]> ['beɪsɪk] *nt kein pl Akr von* **Beginners All-Purpose Symbolic Instruction Code** BASIC

basieren* I. *vi* ■**auf etw** *dat* **~** to be based on sth II. *vt* (*selten*) ■**etw auf etw** *akk* **~** to base sth on sth

Basilika <-, Basiliken> *f* basilica

Basilikum <-s> *nt kein pl* basil

Basilisk <-en, -en> *m* basilisk

Basis <-, Basen> *f* ❶ (*Grundlage*) basis ❷ POL (*die Parteimitglieder/die Bürger*) ■**die ~** the grass roots [level]; **an der ~ arbeiten** to do grass roots work ❸ ARCHIT base ❹ MIL base

Basisarbeit *f* groundwork, work at grass roots level **Basisausstattung** *f* basic equipment **Basiscamp** [-kɛmp] *nt* base camp

basisch I. *adj* CHEM basic II. *adv* CHEM as a base

Basisdaten *pl* INFORM basic data **Basisdemokratie** *f kein pl* grass-roots democracy **Basiseinheit** *f* ÖKON base unit **Basisgesellschaft** *f* FIN foreign-based company **Basisgruppe** *f* POL action group **Basisjahr** *nt* ÖKON base year **Basislager** *nt* base camp **Basispatent** *nt* basic patent **Basissoftware** *f* INFORM basic software **Basisstation** *f* base **Basissteuersatz** *m* FIN basic tax rate **Basisunternehmen** *nt* FIN base company **Basiswert** *m* BÖRSE *von Aktien* base value **Basiswissen** *nt kein pl* basic knowledge

Baske, Baskin <-n, -n> *m, f* Basque; *s. a.* **Deutsche(r)**

Baskenland *nt* ■**das ~** Basque region **Baskenmütze** *f* beret

Basketball <-s> *m kein pl* basketball

Basketballkorb *m* basketball basket

Baskin <-, -nen> *f fem form von* **Baske**

Baskisch *nt dekl wie adj* Basque; *s. a.* **Deutsch**

baskisch *adj* Basque; *s. a.* **deutsch**

Baskisch *nt dekl wie adj* Basque; *s. a.* **Deutsch**

Baskische <-n> *nt* ■**das ~** Basque, the Basque language; *s. a.* **Deutsche**

Basler(in) <-s, -> *m(f)* native of Basle; (*Einwohner*) inhabitant of Basle

Basmati <-s> *m kein pl* basmati [rice]

Basrelief *nt* bas-relief

bass[RR], **baß** *adv* (*hum*) **~ erstaunt sein** to be flabbergasted

Bass[RR] <-es, Bässe> *m*, **Baß** <-sses, Bässe> *m* ❶ MUS bass [voice]; (*Sänger*) bass; ***den ~ singen*** to sing bass [*or* the bass part] ❷ MUS bass [notes *pl*]

Bassbariton[RR] *m* bass baritone

Basset <-s, -s> [ba'se:, 'bæsɪt] *m* (*Hunderasse*) basset[-hound] **Bassgeige**[RR] *f* (*fam*) [double] bass **Bassgitarre**[RR] *f* bass guitar

Bassin <-s, -s> [ba'sɛ̃:] *nt* ❶ (*Schwimmbecken*) pool ❷ (*Garten~*) pond

Bassist(in) <-en, -en> *m(f)* ❶ (*Sänger*) bass [singer] ❷ (*Spieler eines Bassinstrumentes*) [double] bass player

basslastig[RR] *adj* MUS *Musik, Sound, Song* heavy on the bass **Bassschlüssel**[RR] *m* bass clef **Bassstimme**[RR] *f* (*Gesangsstimme*) bass [voice]; (*Partie*) bass [part]

Basstölpel[RR] *m* ORN (*Sula bassana*) gannet

Bast <-[e]s, *selten* -e> *m* ❶ BOT bast; (*Pflanzenfaser zum Binden*) raffia

❷ (*Geweih*) velvet

basta *interj* [und damit] ~! [and that's] enough!

Bastard <-[e]s, -e> *m* ❶ (*fam: mieser Kerl*) bastard
❷ HIST (*uneheliches Kind*) bastard
❸ BOT (*Hybride*) hybrid

bastardisieren *vt* ■**etw** ~ to bastardize sth

Bastardisierung <-, -en> *f* BIOL, BOT bastardization

Bastei <-, -en> *f* HIST *s.* **Bastion**

Bastelarbeit *f* ❶ (*Tätigkeit des Bastelns*) handicraft [work]; (*knifflige Arbeit*) a tricky [*or* BRIT *fam a.* fiddly] job
❷ (*Ergebnis*) piece of handicraft [work]

Bastelei <-, -en> *f* (*pej fam*) fiddling around *fam*

basteln I. *vi* ❶ (*als Hobby*) to make things [with one's hands], to do handicrafts
❷ (*sich zu schaffen machen*) ■**an etw** *dat* ~ to work on sth; ***er bastelt schon den ganzen Tag an dem Computer herum*** he's been fiddling [*or* messing] around with the computer all day
II. *vt* (*handwerklich fertigen*) ■[**jdm**] **etw** ~ to make sth [for sb]; **ein Gerät** ~ to build a machine; ■**sich** *dat* **etw** ~ to make oneself sth

Basteln <-s> *nt kein pl* ❶ (*Hobby*) handicraft [work], making things
❷ (*Prozess des Anfertigens*) ■**das** ~ **einer Sache** making [*or* building] sth

Bastille <-> [bas'tiːjə] *f kein pl* HIST Bastille; ***der Sturm auf die*** ~ the storming of the Bastille

Bastion <-, -en> *f* ► WENDUNGEN: **die letzte** ~ (*fam*) the last bastion

Bastion <-, -en> *f* bastion, bulwark; ***eine*** ~ ***des Kommunismus*** a bastion of Communism; **die letzte** ~ the last bastion

Bastler(in) <-s, -> *m(f)* handicraft enthusiast, do-it-yourselfer, handy man; **ein guter** ~ **sein** to be good with one's hands

Bastmatte *f* woven mat, fiber mat; (*Raffiabast*) raffia mat

bat *imp von* **bitten**

BAT *m Abk von* **Bundesangestelltentarif** statutory salary scale

Bataillon <-s, -e> [batal'joːn] *nt* battalion

Bataillonskommandeur [-kɔmandøːɐ] *m* battalion commander

Batate <-, -n> *f* AGR, BOT sweet potato

Bataviasalat *m* Batavia lettuce

Batholith <-en, -en> *m* GEOL batholith, batholite

Batik <-, -en> *f* batik

batiken I. *vi* to do batik [work]
II. *vt* ■[**jdm**] **etw** ~ to decorate sth with batik [for sb]

Batist <-[e]s, -e> *m* batiste

Batterie <-, -n> [*pl* -'riːən] *f* ❶ ELEK battery
❷ TECH (*Misch~*) regulator
❸ (*fam: Ansammlung*) row
❹ MIL battery
❺ KOCHK set (*of matching pots and pans, casseroles etc.*)

Batteriebetrieb *m* battery operation; **auf** ~ **laufen** to run on batteries, to be battery-powered **batteriebetrieben** *adj* battery-powered **Batteriegerät** *nt* battery-powered device **Batteriehuhn** *nt* (*fam*) battery hen **Batterieklemme** *f* AUTO cable clamp **Batterieladeanzeige** *f* AUTO battery discharge indicator **Batterietechnik** *f* battery technology

Batzen <-s, -> *m* ❶ (*Klumpen*) lump; *Erde* clod; **ein ganzer** [*o* **schöner**] ~ [**Geld**] (*fam*) a pile [of money], a tidy sum, a pretty penny
❷ HIST (*Silbermünze*) batz

Bau[1] <-[e]s, -ten> *m* ❶ *kein pl* (*das Bauen*) building, construction; **im** ~ **befindlich** under construction; **mit dem** ~ **beginnen** to start building; **im** [*o* **in**] ~ **sein** to be under construction
❷ *kein pl* (*Körper~*) build, physique
❸ (*Gebäude*) building; (*~werk*) construction
❹ *kein pl* (*fam: Baustelle*) building site; **auf dem** ~ **arbeiten** to work on a building site, to be a construction worker
❺ *kein pl* MIL (*sl: Arrest*) guardhouse *sl*, BRIT *a. sl* glasshouse

Bau[2] <-[e]s, -e> *m* ❶ (*Erdhöhle*) burrow, hole; (*Biber~*) [beaver] lodge; (*Dachs~*) sett; (*Fuchs~*) earth, den; (*Wolfs~*) lair
❷ (*sl: Wohnung*) den; **nicht aus dem** ~ **kommen** to not stick one's nose out[side] the door

Bauabschnitt *m* stage [*or* phase] [of construction] **Bauamt** *nt* building control department, department of building inspection **Bauarbeiten** *pl* building [*or* construction] work *sing*; ***wegen*** ~ ***gesperrt*** closed for repair work **Bauarbeiter(in)** *m(f)* building [*or* AM construction] worker **Bauart** *f* ❶ ARCHIT style ❷ TECH construction, design ❸ (*Typ*) model, type **Bauartzulassung** *f* BAU qualification approval **Bauaufsicht** *f* HANDEL construction supervision **Bauaufsichtsbehörde** *f* JUR building supervisory authority **bauaufsichtsbehördlich** *adj* JUR building supervisory board **Baubaracke** *f* site hut **Baubeginn** *m kein pl* start of construction [*or* building] **Baubehörde** *f* JUR building authority **Baubeschränkungen** *pl* JUR building restrictions **Baubeschränkungsvereinbarung** *f* JUR restrictive covenant **Bauboom** *m* building boom **Bauboom** [-buːm] *m* construction [*or* building] boom **Baubude** *f* site hut

Bauch <-[e]s, Bäuche> *m* ❶ (*Unterleib*) stomach, belly, tummy *fam*; KOCHK belly; (*Fett~*) paunch; **einen dicken** ~ **bekommen** [*o* **kriegen**] to put on weight around the stomach, to develop a paunch; [**noch**] **nichts im** ~ **haben** (*fam*) to have an empty stomach; **sich** *dat* **den** ~ **voll schlagen** (*fam*) to stuff oneself *fam*
❷ (*bauchiger Teil*) belly; **im** ~ **eines Schiffes** in the bowels of a boat
► WENDUNGEN: **einen dicken** ~ **haben** (*sl*) to have a bun in the oven BRIT *vulg*, to be in the family way AM; **jdm einen dicken** ~ **machen** (*sl*) to put sb in the club [*or* AM in the family way] *sl*; **aus dem hohlen** ~ [**heraus**] (*fam*) off the top of one's head; **voller** ~ **studiert nicht gern** (*prov*) you can't study on a full stomach; **mit etw auf den** ~ **fallen** (*fam*) to make a hash of sth; **sich** *dat* [**vor Lachen**] **den** ~ **halten** (*fam*) to split one's sides [laughing]; **vor jdm auf dem** ~ **kriechen** [*o* **rutschen**] (*fam*) to crawl to sb, to grovel at sb's feet; **aus dem** ~ (*fam*) from the heart

Bauchansatz *m* beginnings *pl* of a paunch **Bauchbinde** *f* ❶ MED abdominal bandage ❷ (*Papierring/-streifen*) band **Bauchdecke** *f* ANAT abdominal wall

Bauchfell *nt* ANAT peritoneum

Bauchfellentzündung *f* MED peritonitis

Bauchfleck *m* ÖSTERR (*fam: Bauchklatscher*) belly-flop *fam* **Bauchfleisch** *nt* belly **bauchfrei** *adj inv* **~es Top** halter top **Bauchgrimmen** <-s> *nt kein pl* stomachache, a sore stomach

Bauchhöhle *f* abdominal cavity

Bauchhöhlenschwangerschaft *f* ectopic pregnancy

bauchig *adj* bulbous

Bauchklatscher <-s, -> *m* (*fam*) belly-flop

Bauchladen *m* vendor's [*or* sales] tray **Bauchlandung** *f* (*fam*) belly-landing ► WENDUNGEN: **eine** ~ **mit etw machen** to make a flop of sth, to come a cropper with sth **Bauchlappen** *m* KOCHK (*vom Kalb*) belly [of veal]

Bäuchlein <-s, -> *nt* (*hum*) tummy *fam*

bäuchlings *adv* on one's stomach, face down

Bauchmuskeln *pl* stomach muscles *pl* **Bauchnabel** *m* navel, belly [*or* BRIT *a.* tummy] button *fam* **bauchreden** *vi nur infin und pp* to ventriloquize; ■**das B~** ventriloquism **Bauchredner(in)** *m(f)* ventriloquist **Bauchschmerzen** *pl* stomachache [*or* pains], tummy ache *fam*; ~ **haben/kriegen** to have/get stomachache [*or* AM a stomachache]; (*fig: vor Aufregung*) to have/get butterflies in one's tummy [*or* stomach] *fam* **Bauchschuss**[RR] *m* ❶ (*Schuss in den Bauch*) shot in the stomach ❷ (*fam: Patient mit Bauchschuss*) stomach wound

Bauchspeck *m* ❶ (*Fleischstück*) streaky bacon ❷ (*Fettansatz*) spare tyre [*or* AM tire] **Bauchspeicheldrüse** *f* ANAT pancreas **Bauchspiegelung** *f* MED abdominoscopy **Bauchtanz** *m* belly-dance **Bauchtänzerin** *f* belly-dancer **Bauchweh** *nt s.* **Bauchschmerzen**

Baud <-[s], -> [boːt] *nt* baud

Baudarlehen *nt* FIN building loan **Baudenkmal** *nt* architectural [*or* historical] monument **Baudezernent** <in> *m* head of a/the building department

Baudrate *f* TELEK baud

Bauelement *nt* component [part]

bauen I. *vt* ❶ (*errichten*) ■[**jdm**] **etw** ~ to build [*or* construct] sth [for sb]; ■**sich** *dat* **etw** ~ to build oneself sth
❷ (*zusammen~*) ■**etw** ~ to construct [*or* make] sth; **ein Auto/eine Bombe/ein Flugzeug/ein Schiff** ~ to build a car/bomb/an aircraft/ship; **ein Gerät** ~ to construct a machine; **eine Violine** ~ to make a violin
❸ (*herstellen*) ■**etw** ~ to build sth; **ein Nest** ~ to build a nest; *s. a.* **Bett**
❹ (*fam: verursachen*) **Mist** ~ to mess things up; **einen Unfall** ~ to cause an accident
❺ (*fam: schaffen*) ■**etw** ~ to do sth; **den Führerschein** ~ to do one's driving test
II. *vi* ❶ (*ein Haus errichten lassen*) to build a house, to have a house built; **billig** ~ to build cheaply; **teuer** ~ to spend a lot on building a house; ■**an etw** *dat* ~ to work on sth; **an einem Haus** ~ to be building [*or* working on] a house
❷ (*vertrauen*) ■**auf jdn/etw** ~ to rely [*or* count] on sb/sth; **darauf ~, dass etwas passiert** to rely on sth happening

Bauentwurf *m* building plans *pl*

Bauer[1] <-n *o selten* -s, -n> *m* ❶ (*Landwirt*) farmer
❷ HIST (*Vertreter einer Klasse*) peasant
❸ (*pej: ungehobelter Mensch*) peasant, yokel, [country] bumpkin
❹ (*Schachspiel*) pawn
► WENDUNGEN: **die dümmsten ~n ernten die größten** [*o* **dicksten**] **Kartoffeln** (*prov fam*) fortune favours [*or* AM -ors] fools *prov*; **was der** ~ **nicht kennt,** [**das**] **frisst er nicht** (*prov fam*) people don't change their lifelong eating habits; *s. a.* **Bäuerin**

Bauer[2] <-s, -> *nt o selten m* (*Vogelkäfig*) [bird] cage

Bäuerchen <-s, -> *nt* (*kindersprache*) burp; [**ein**] ~ **machen** to burp [a baby]

Bäuerin <-, -nen> *f* ❶ *fem form von* **Bauer**
❷ (*Frau des Bauern*) farmer's wife

bäuerisch *adj s.* **bäurisch**

bäuerlich I. *adj* ❶ (*ländlich*) rural; **~e Betriebe** farms; **~e Sitten** rustic [*or* country] customs
❷ (*rustikal*) peasanty
II. *adv* ❶ (*agrarisch*) rural
❷ (*rustikal*) ~ **eingerichtet** decorated with rustic charm

Bauernaufstand *m* HIST peasants revolt [*or* uprising] **Bauernbrot** *nt* coarse rye-bread **Bauernbub** *m* SÜDD, ÖSTERR, SCHWEIZ (*Bauernjunge*) country lad [*or* AM boy] **Bauernfang** *m* ► WENDUNGEN: **auf** ~ **ausgehen** (*pej fam*) to set out to con people **Bauernfänger** *m* (*pej fam*) con-man *fam*, swindler **Bauernfängerei** <-, -en> *f* (*pej fam*) con-trick [*or* AM -game]; ***das ist doch nur ~!*** that's nothing but a con-trick **Bauernfrühstück** *nt* *fried potatoes with ham and egg* **Bauerngarten** *m* (*Gemüsegarten*) vegetable garden; (*Kräutergarten*) herb garden; (*für Eigenbedarf*) kitchen garden **Bauernhaus** *nt* farmhouse **Bauernhochzeit** *f* country wedding **Bauernhof** *m* farm **Bauernjunge** *m* country lad [*or* AM boy]; **ein strammer** ~ a strapping country lad [*or* boy] **Bauernkrieg** *m* HIST Peasants' War **Bauernmöbel** *nt* piece of rustic[-style] furniture **Bauernopfer** *nt* necessary sacrifice **Bauernpartei** *f* peasants' party *hist* **Bauernregel** *f* country saying **Bauernschaft** <-> *f kein pl* farming community, farmers **bauernschlau** *adj* crafty, cunning, sly **Bauernschläue** *f* native cunning [*or* craftiness] **Bauerntölpel** *m* (*pej*) country bumpkin [*or* yokel] **Bauernverband** *m* farmers' association

Bauersfrau *f s.* Bäuerin 2. **Bauersleute** *pl* 1 *(Bauern)* country [*or* farming] folk 2 *(Bauer und Bäuerin)* the farmer and his wife
Bauerwartungsland *nt* development land, land earmarked for development
baufällig *adj* dilapidated, in a bad state of repair
Baufälligkeit *f* state of dilapidation; ***„wegen ~ gesperrt"*** "no entry – building unsafe"
Baufinanzierung *f* FIN construction finance; **~ von Eigenheimen** home [*or* residential] financing **Baufirma** *f* building [*or* construction] firm, building contractor **Baufrist** *f* construction period **Bauführer** *m* site foreman **Bauführung** *f* site supervision **Baugefährdung** *f* JUR *violation of building regulations endangering public safety* **Baugelände** *nt* construction [*or* building] site **Baugelder** *pl* FIN building funds **Baugelderhypothek** *f* FIN development mortgage **Baugenehmigung** *f* planning [*or* building] consent [*or* permission] **Baugenossenschaft** *f* housing association **Baugerüst** *nt* scaffolding **Baugeschäft** *nt* building firm **Baugesellschaft** *f* construction company **Baugesetzbuch** *nt* JUR building code **Baugewerbe** *nt kein pl* building [*or* construction] trade **Baugrube** *f* excavation, foundation ditch **Baugrundstück** *nt* plot of land [for building] **Baugruppe** *f* AUTO assembly, assy **Bauhandwerker(in)** *m(f)* skilled building [*or* AM construction] worker **Bauhauptgewerbe** *nt* principal parts of the building trade **Bauhaus** *nt* KUNST Bauhaus **Bauherr, -herrin** *m, f* client for whom a building is being built **Bauherrendarlehen** *nt* ÖKON *für Bauinvestitionen* building loan **Bauherrenhaftung** *f* FIN liability of building principal **Bauherrenmodell** *nt tax-relief scheme for construction of residential and commercial properties* **Bauherrenrisiko** *nt* FIN principal's risk **Bauherrenverpflichtung** *f* JUR, FIN principal's duty **Bauholz** *nt* timber BRIT, lumber AM **Bauimperium** *nt* ÖKON *(pej)* building imperium [*or* empire] **Bauindustrie** *f* construction [*or* building] industry **Bauingenieur(in)** *m(f)* civil engineer **Bauinvestitionsprogramm** *nt* ÖKON programme for investment in the construction industry **Baujahr** *nt* 1 *(Jahr der Errichtung)* year of construction 2 *(Produktionsjahr)* year of manufacture **Baukasten** *m* construction set [*or* kit]; *(für Kleinkinder)* box of building blocks **Baukastenprinzip** *nt* TECH modularity **Baukastensystem** *nt kein pl* modular [*or* unit] construction system **Bauklotz** *m* building brick [*or* block] ► WENDUNGEN: **Bauklötze staunen** *(fam)* to gape in astonishment, to be flabbergasted **Bauklötzchen** *nt* [building] bricks **Baukommission** *f* ÖKON building commission **Baukonjunktur** *f* construction [*or* building] boom **Baukonzern** *m* building [*or* construction] company **Baukosten** *pl* building [*or* construction] costs *pl* **Baukostenzuschuss**[RR] *m tenant's contribution to building costs* **Baukran** *m* construction crane **Baukredit** *m* FIN building loan **Baukunst** *f* *(geh)* architecture **Bauland** *nt* building land **Baulandsachen** *pl* JUR land cases; **Kammer für ~** chamber for building land matters **Baulärm** *m kein pl* construction noise **Bauleiter(in)** *m(f)* [building] site manager, BRIT *a.* clerk of [the] works **Bauleitplan** *m* development plans for local real estate **Bauleitplanung** *f* JUR zoning **Bauleitung** *f* 1 *(Aufsicht)* site supervision; *(die Bauleiter)* supervisory staff 2 *(Büro)* site office
baulich I. *adj* structural; **sich in einem guten/schlechten ~en Zustand befinden** to be structurally sound/unsound; ***wegen ~er Maßnahmen bleibt das Gebäude vorübergehend geschlossen*** the building is temporarily closed due to renovations; **~e Veränderungen durchführen** to carry out structural alterations [*or* modifications]
II. *adv* structurally
Baulichkeit <-, -en> *f meist pl (geh)* building
Baulöwe *m (fam)* building speculator **Baulücke** *f* vacant [*or* BRIT *a.* gap] site
Baum <-[e]s, Bäume> *m* 1 *(Pflanze)* tree; **der Erkenntnis** the Tree of Knowledge; **stark wie ein ~** [as] strong as a horse [*or* an ox]; **auf einen ~ klettern** to climb [up] a tree; **Bäume ausreißen können** *(fig fam: voller Energie sein)* to be full of energy [*or fam* beans]; *(viel leisten können)* to feel able to tackle anything
2 INFORM *(Such~)* tree [structure]
► WENDUNGEN: **zwischen ~ und Borke stehen** [*o* **stecken**] to be in two minds [about sth], to be stuck between a rock and a hard place; **die Bäume wachsen nicht in den Himmel** *(prov)* all good things come to an end *prov;* **einen alten ~** [*o* **alte Bäume**] **soll man nicht verpflanzen** *(prov)* old people should be left in familiar surroundings
Baumarkt *m* 1 *(Geschäft für Baubedarf)* DIY superstore, building supplies store AM 2 *(Baugewerbe)* construction market **Baumaschine** *f* piece of construction equipment [*or* machinery] **Baumaßnahme** *f* HANDEL construction work, building project; **~ auf der grünen Wiese** greenfield development; **die ~ strecken** to slow construction **Baumaterial** *nt* building material
Baumbestand *m* [stock of] trees **baumbestanden** *adj* FORST tree-covered *attr,* covered with trees *pred*
Bäumchen <-s, -> *nt* 1 *dim von* **Baum** young tree 2 **~ wechsle dich spielen** *(hum)* to change [*or* swap] partners, to go bed-hopping
Baumeister(in) *m(f)* 1 *(Techniker im Bauwesen)* master builder
2 *(geh: Erbauer)* builder, architect
baumeln *vi* 1 *(hin und her schaukeln)* ■**[an etw** *dat*] **~** to dangle [from sth]
2 *(sl: erhängt werden)* to swing *fam;* ***wir wollen den Mörder ~ sehen!*** let's see the murderer swing!
bäumen *vr s.* **aufbäumen**
Baumfalke *m* ORN *(Falco subbuteo)* hobby **Baumfarn** *m* tree fern **Baumgrenze** *f* tree line, timberline **Baumgruppe** *f* group [*or* clump] [*or* cluster] of trees, coppice **baumhoch** *adj* as high as the trees **Bauminister(in)** *m(f)* Minister for Construction BRIT, Construction Secretary AM **Baumkelter** *f* arbor press **Baumkrone** *f* treetop, crown of a/the tree **baumlang** *adj (fam)* extremely tall; **ein ~er Bursche** a beanpole **Baumläufer** *m* ORN tree creeper **baumlos** *adj* treeless **Baumnuss**[RR] *f* SCHWEIZ *(Walnuss)* walnut **Baumnussöl**[RR] *nt* walnut oil **Baumriese** *m (geh)* giant tree **Baumrinde** *f* [tree] bark, bark of a tree **Baumschere** *f* secateurs *npl* **Baumschule** *f* tree nursery **Baumschulerzeugnis** *nt* tree nursery product **Baumstamm** *m* tree-trunk **baumstark** *adj* beefy, hefty **Baumsterben** *nt* dying[-off] of trees, forest die-back **Baumstruktur** *f* INFORM tree structure **Baumstrukturmenü** *nt* INFORM menu tree **Baumstumpf** *m* tree stump **Baumtomate** *f* BOT tamarillo, tree tomato **Baumwipfel** *m* treetop
Baumwolle *f* cotton
baumwollen *adj attr* cotton
Baumwollpflanzung *f* 1 *(das Pflanzen)* cotton planting 2 *(Plantage)* cotton plantation **Baumwollspinnerei** *f* cotton mill **Baumwollstaude** *f* cotton plant **Baumwollstoff** *m* cotton [material *or* fabric]
Baumzucht *f* cultivation of trees, arboriculture
Baunutzungsverordnung *f* JUR ordinance on use of buildings **Bauobligationen** *pl* FIN construction bonds **Bauordnung** *f* building regulations *pl* **Bauordnungsamt** *nt* ÖKON planning department **Bauordnungsrecht** *nt* JUR building regulations law **Bauplan** *m* building plans *pl* [*or* project]; **genetischer ~** genetic structure **Bauplanung** *f* [construction] project planning **Bauplanungsrecht** *nt kein pl* JUR law on planning building projects **Bauplatz** *m* site [for building] **Baupolizei** *f* building control [department] [*or* inspectorate] **Baupreis** *m meist pl* building costs *pl* **Bauprogramm** *nt* construction schedule **Bauprojekt** *nt* building [*or* construction] project **Baurealisierung** *f* erection of the building **Baurecht** *nt kein pl* building law [*or pl* regulations] **Baureihe** *f* [production] series
bäurisch *adj (pej)* boorish, oafish
Baurisiko *nt* FIN builder's risk **Bauruine** *f (fam)* unfinished [*or* half-finished] building which has been abandoned **Bausache** *f* JUR building land case **Bausatz** *m* construction kit
Bausch <-es, Bäusche *o* -e> *m* 1 *(Knäuel)* Watte ball
2 *(von Stoff)* puff; *(von Vorhang)* pleat
► WENDUNGEN: **in ~ und Bogen** lock, stock and barrel
Bauschäden *pl* construction faults *pl* **Bauschadenversicherung** *f* FIN builder's risk insurance
bauschen I. *vr* **sich ~** to billow out
II. *vi (bauschig sein)* **[in der Taille] ~** to be full [at the waist]; **an den Ärmeln/Schultern ~** to have full sleeves/shoulders
III. *vt* ■**etw ~** 1 *(aufblähen)* to fill [*or* swell] sth; ***der Wind bauschte die Segel*** the wind filled the sails
2 *(raffen)* gather sth
bauschig *adj* full; **eine ~e Hose** baggy trousers [*or* AM *a.* pants] *npl*
Bauschlosser(in) *m(f)* fitter [on a building site] **Bauschutt** *m* building rubble **Bausenator(in)** *m(f)* senator responsible for construction
Bauspardarlehen *nt* mortgage
bausparen *vi nur infin* to save with a building society [*or* AM savings and loan association]
Bausparer(in) *m(f)* saver with a building society [*or* AM savings and loan association], building society [*or* AM savings and loan association] investor
Bausparkasse *f* building society BRIT, savings and loan association AM
Bausparkassenwesen *nt* FIN savings and loan industry **Bausparkonto** *nt* FIN building society account **Bausparprämie** *f* FIN premium allowed on building society savings **Bausparvertrag** *m* savings contract with a building society [*or* AM savings and loan association] **Bauspekulant** *m* building speculator, speculative builder **Baustadtrat** *m* councillor [*or* AM councilor] responsible for construction **Baustahl** *m* BAU construction steel **Baustahlmatte** *f* BAU reinforcing mat **Baustein** *m* 1 *(Material zum Bauen)* building stone 2 *(Bestandteil)* element 3 INFORM chip, module **Baustelle** *f* 1 BAU building site; *(auf Straßen)* roadworks BRIT *npl,* [road] construction site AM; ***„Betreten der ~ verboten"*** "No entry to unauthorized persons" 2 INET *(Internetangebot noch im Aufbau)* building site **Baustellenklau** *m (fam)* theft from building sites **Baustil** *m* architectural style **Baustoff** *m* building material **Baustopp**[RR] *m* suspension of building work; **einen ~ verordnen** to halt [work on] a building project **Bausubstanz** *f* fabric [of a building]; **historische ~** historic building stock **Bautechniker(in)** *m(f)* structural engineer **Bauteil** *nt* part of a building; *(von Maschine)* component; **fertiges ~** prefabricated element **Bauteilekompatibilität** *f* INFORM module compatibility **Bauteilrecycling** *nt bei Altautos* component recycling
Bauten *pl von* **Bau**[1]
Bautischler(in) *m(f)* joiner **Bauträger** *m* property developer
Bauträgerunternehmen *nt* development company [*or* AM corporation] **Bauträgerverordnung** *f* building developer's ordinance **Bauträgervertrag** *m* building developer's contract **Bautrupp** *m* builders *pl* **Bauunterhaltung** *f* FIN building maintenance **Bauunternehmen** *nt* builder, building contractor **Bauunternehmer(in)** *m(f)* builder, building contractor **Bauverbot** *nt* building ban, ban on building **Bauvertrag** *m* building [*or* construction] contract **Bauverwaltung** *f* building authorities *pl* **Bauvolumen** *nt* ÖKON construction volume **Bauvorhaben** *nt* construction [*or* building] project **Bauwagen** *m* BAU trailer **Bauweise** *f* 1 *(Art des Bauens)* method of building [*or* con-

B

struction] ❷ *(Baustil)* style; **geschlossene/offene** ~ terraced/detached houses **Bauwerk** *nt* building; *(von Brücke usw.)* construction **Bauwerksvertrag** *m* building contract **Bauwesen** *nt kein pl* building industry [*or* trade], construction industry **Bauwillige(r)** *f(m)* willing builder; *(für Eigenheim)* willing homebuilder **Bauwirtschaft** *f kein pl* building [*or* construction] industry
Bauxit <-s, -e> *m* bauxite
bauz *interj (kindersprache)* bang, crash; ~ **machen** to go wallop [*or* AM boom]
Bauzaun *m* site fence [*or* hoarding] **Bauzeichnung** *f* construction drawing, building plan **Bauzeit** *f* time required for construction; ***die ~ beträgt 8 Monate*** it will take 8 months to build **Bauzinsen** *pl* FIN building loan interest *no pl*
Bayer(in) <-n, -n> *m(f)* Bavarian
bay(e)risch *adj* Bavarian; **der B~e Wald** the Bavarian Forest
Bayerischer Wald *m* ■**der Bayerische Wald** the Bavarian Forest, the Bayerischer Wald
Bayern <-s> *nt* Bavaria
Bayöl *nt* myrcia oil
Bayreuth *nt* Bayreuth
Bazille *f* **linke** ~ *(pej)* back-stabber
Bazillus <-, Bazillen> *m* MED bacillus; **der ~ der Freiheit** *(fig)* the cancer of corruption
bcc *f* INET *Abk von* **blind carbon copy** bcc
BCG-Schutzimpfung *f* BCG vaccine
Bd. *Abk von* **Band** vol.
BDA *m Abk von* **Bund deutscher Architekten**
Bde *Abk von* **Bände** vols.
BDI <-> *m kein pl Abk von* **Bundesverband der deutschen Industrie** ≈ CBI BRIT
BDÜ <-> *m kein pl Abk von* **Bundesverband der Dolmetscher und Übersetzer** *federal association of interpreters and translators*
beabsichtigen* *vt* ❶ *(intendieren)* ■**etw [mit etw]** ~ to intend [*or* mean] to do sth [with sth]; ***das hatte ich nicht beabsichtigt!*** I didn't mean to do that!, that wasn't intentional!
❷ *(geh: planen)* ■**etw** ~ to plan sth; ■~, **etw zu tun** to plan to do sth
beabsichtigt *adj* intended; ***das war durchaus ~!*** that was intentional!; **die ~e Wirkung zeigen** to have the desired [*or* intended] effect; **wie** ~ as intended
beachten* *vt* ❶ *(befolgen)* ■**etw** ~ to observe [*or* comply with] sth; **eine Anweisung/einen Rat** ~ to follow [*or* heed] advice/an instruction; **ein Verkehrszeichen** ~ to observe a traffic sign; **die Vorfahrt** ~ to yield [right of way], BRIT *a.* to give way
❷ *(darauf achten)* ■**jdn/etw** ~ to notice [*or* pay attention to] sb/sth
❸ *(berücksichtigen)* ***bitte ~ Sie, dass …*** please note [*or* take into consideration [*or* account]] that …
beachtenswert *adj* remarkable, noteworthy; ■~ **sein, dass/wie** to be worth noting that/how
beachtlich I. *adj* considerable; **ein ~er Erfolg/eine ~e Leistung** a notable success/achievement; **eine ~e Verbesserung** a marked improvement; **B~es leisten** to achieve a considerable amount; **nichts B~es** nothing worthy of note; ***~!*** not bad!
II. *adv* ❶ *(deutlich)* ~ **kälter/schneller/wärmer** considerably [*or* markedly] [*or* significantly] colder/faster/warmer
❷ *(bemerkenswert)* remarkably
Beachtung *f* observance; ***wir bitten um ~ der Bedienungsanleitung*** please follow the instructions; ***die strikte ~ der Vorschriften*** compliance with [the] regulations; ~ **finden** to receive attention; **keine ~ finden** to be ignored; **jdm/einer S. ~/keine ~ schenken** to pay attention/no attention to [*or* take notice/no notice of] sb/sth; **[jds] ~ verdienen** to be worthy of [sb's] attention; **bei ~ der Bestimmungen/Regeln** if one follows [*or* sticks to] the regulations/rules; **unter ~ einer S.** *gen* taking sth into account [*or* considering sth]
Beachvolleyball ['bi:tʃ-] *m* beach volleyball
Beamte(r) *f(m) dekl wie adj* public official; *(Polizei~)* police officer; *(Post~)* post-office official; *(Staats~)* civil servant; *(Zoll~)* customs officer; ~ **auf Probe** civil servant on probation; ~ **auf Lebenszeit** civil servant; ~ **auf Widerruf** probationary civil servant; ~ **auf Zeit** temporary civil servant
Beamtenanwärter(in) *m(f)* civil service trainee **Beamtenapparat** *m* civil service machinery **Beamtenbeleidigung** *f* insulting a [public] official; ***er ist wegen ~ angeklagt*** he's been charged with insulting an official **Beamtenbestechung** *f* bribing a [public] official; ***man hat sie wegen versuchter ~ verurteilt*** she was sentenced for attempting to bribe an official **Beamtenbund** *m* civil servants' [*or* service] association **Beamtendeutsch** *nt* LING, ADMIN *(pej)* officialese **Beamtenhaftung** *f* JUR *liability of public authorities for their officials and agents* **Beamtenlaufbahn** *f* civil service career, career in the civil service **beamtenmäßig** *adj* officious *pej,* according to … **Beamtenmentalität** *f (pej)* bureaucratic mentality **Beamtenpension** *f* civil servant's pension **Beamtenrecht** *nt kein pl* civil service law
Beamtenschaft <-> *f kein pl* civil servants *pl* [*or* service]
Beamtentum <-[e]s> *nt kein pl* ❶ *(Stand der Beamten)* civil service
❷ *s.* **Beamtenschaft**
Beamtenverhältnis *nt* status as a civil servant; **im ~ stehen** to be a civil servant; **ins ~ übernommen werden** to become [*or* attain the status of] a civil servant
beamtet *adj* appointed on a permanent basis; **~er Mitarbeiter** employee with the status of civil servants
Beamtin <-, -nen> *f fem form von* **Beamte(r)**
beängstigen* *vt (geh)* ■**jdn** ~ to alarm sb
beängstigend I. *adj* alarming, frightening; ***er ist in einem ~en Zustand*** his condition gives cause for concern; **etwas B~es haben** to be a cause for alarm
II. *adv* frighteningly, alarmingly
beanspruchen* *vt* ❶ *(fordern)* ■**etw [für sich]** ~ to claim sth [for oneself]; **etw zu ~ haben** to lay claim to sth
❷ *(brauchen)* ■**etw** ~ to require [*or* take up] sth; **Zeit/Platz** ~ to take up time/space
❸ *(Anforderungen an jdn stellen)* ■**jdn** ~ to make demands on sb; ***ich will Sie nicht länger ~*** I don't want to take up any more of your time; ■**etw** ~ to demand sth; **jds Gastfreundschaft/Zeit** ~ to make demands on [*or* take advantage of] sb's hospitality/time; **jds Geduld** ~ to try sb's patience
❹ *(belasten)* ■**jdn/etw** ~ to put sb/sth under stress
beansprucht I. *pp von* **beanspruchen**
II. *adj inv* **stark ~ sein** *Kleidung* to be well-worn [*or* faded]
Beanspruchung <-, -en> *f* ❶ *(das Fordern)* claim (+*gen* to)
❷ *(Inanspruchnahme)* demands *pl* (+*gen* on)
❸ *(Belastung)* use; **berufliche/physische/psychologische** ~ job-related/physical/psychological stress; **übermäßige ~ einer Maschine** subjecting a machine to excessive load
beanstanden* *vt* ■**etw [an jdm/etw]** ~ to complain about [*or* take exception to] sth; ***er findet an allem was zu ~*** he always finds sth to complain about; ***das ist beanstandet worden*** there have been complaints about that; ***daran ist nichts zu ~*** there is nothing wrong with it; ■~, **dass** to complain that; **beanstandete Waren** goods about which there have been complaints
Beanstandung <-, -en> *f* complaint; **~en haben** to have complaints; **zur ~ Anlass geben** *(geh)* to give cause for complaint; **ohne ~en** without [cause for] complaint
beantragen* *vt* ❶ *(durch Antrag erbitten)* ■**jdn/etw [bei jdm/etw]** ~ to apply for sb/sth [from sb/sth]
❷ POL ■**etw** ~ to propose sth, to put forward sth *sep*
❸ JUR ■**etw** ~ to apply [*or* file an application] for sth; **die Höchststrafe** ~ to seek [*or* request] the maximum penalty
beantworten* *vt* ■**etw** ~ to answer [*or* reply to] sth; **einfach/leicht/schwer zu** ~ simple/easy/difficult to answer; ■**etw mit etw** ~ to respond to sth with sth; **eine Frage mit Ja/Nein** ~ to answer yes/no
Beantwortung <-, -en> *f* answer, reply; **in ~ einer S.** *gen (geh)* in reply to sth
bearbeiten* *vt* ❶ *(behandeln)* ■**etw [mit etw]** ~ to work on sth [with sth]; **Holz** ~ to work wood; **etw mit einer Chemikalie** ~ to treat sth with a chemical; **etw mit einem Hammer/mit einer Feile/mit Schmirgelpapier** ~ to hammer/file/sand sth
❷ *(sich befassen mit)* ■**etw** ~ to deal with sth; **eine Bestellung** ~ to process an order; **einen Fall** ~ to work on [*or* handle] a case
❸ *(redigieren)* ■**etw** ~ to revise sth; ■**bearbeitet** revised
❹ *(fam: traktieren)* **jdn mit den Fäusten/mit Tritten** ~ to beat [*or* thump]/kick [away at] sb; ■**etw [mit etw]** ~ to work [away] at sth [with sth]
❺ *(fam: auf jdn einwirken)* ■**jdn** ~ to work on sb; ***wir haben ihn so lange bearbeitet, bis er zusagte*** we worked on him until he agreed
❻ *(bestellen)* ■**etw [mit etw]** ~ to cultivate sth [with/using sth]
❼ *(adaptieren)* ■**etw [für jdn]** ~ to arrange sth [for sb]; **ein Musikstück** ~ to arrange a piece of music
Bearbeiter(in) *m(f)* ❶ *(Sach~)* person [responsible for] dealing with sth
❷ *(bearbeitender Autor)* editor, reviser [*or* AM *a.* -or]
❸ MUS *(adaptierender Komponist)* arranger
Bearbeiterurheberrecht *nt* adapter's copyright
Bearbeitung <-, -en> *f* ❶ *(das Behandeln)* working [on]
❷ *(das Bearbeiten)* dealing with, handling; **die ~ eines Falles** to handle a case; **die ~ eines Antrags** to deal with an application
❸ *(das Redigieren)* editing, revising, revision; ***das ist eine neue ~ des Buchs*** that's a new [*or* revised] edition of the book
❹ *(adaptierte Fassung)* adaptation; **filmische** ~ film [*or* cinematographic] adaptation
Bearbeitungsdauer *f kein pl* processing time **Bearbeitungsgebühr** *f* administrative [*or* handling] charge **Bearbeitungsrecht** *nt* adaptation right **Bearbeitungsverfahren** *nt* manufacturing method **Bearbeitungsvorgang** *m* machining operation
beargwöhnen* *vt* ■**jdn/etw** ~ to be suspicious of sb/sth, to regard sb/sth with suspicion
Beat <-[s]> [bi:t] *m kein pl* beat [music]
Beatband <-bands> ['bi:tbɛnt] *f* beat group
beatmen* *vt* ❶ *(jdm Sauerstoff zuführen)* ■**jdn** ~ to give [*or* administer] artificial respiration to sb; *(während einer Operation)* to ventilate sb
❷ ÖKOL *(mit Sauerstoff anreichern)* **ein Gewässer/einen Teich** ~ to oxygenate a stretch of water/a pond
Beatmung *f* artificial respiration; **künstliche** ~ artificial respiration; *(während einer Operation)* ventilation
Beatmungsgerät *nt* respirator, ventilator
Beatmusik *f* beat music
Beatnik <-s, -s> *m* HIST beatnik
Beau <-, -s> [bo:] *m (geh)* dandy
Beaufortsee [bo:'fɔ:t-] *f* Beaufort Sea
Beaufortskala ['bo:fɐt-] *f* METEO Beaufort scale
beaufsichtigen* *vt* ■**jdn/etw** ~ to supervise sb/sth; **Kinder** ~ to mind [*or* AM look after] children; **eine Prüfung** ~ to invigilate [*or* AM proctor] an exam
Beaufsichtigung <-, -en> *f* supervision, supervising; *einer Prüfung* invigilation BRIT, proctorship AM; ***ihm wurde die ~ der Kinder übertragen*** he was asked to supervise [*or* look after] the children
beauftragen* *vt* ■**jdn mit etw** ~ to give sb the task of doing sth; **einen Architekten/Künstler [mit etw]** ~ to commission an architect/artist [to do

sth]; **eine Firma [mit etw]** ~ to hire [*or* BRIT *a.* engage] a firm [to do sth]; ■**jdn [damit] ~, etw zu tun** to ask sb to do sth

Beauftragte(r) *f(m) dekl wie adj* representative

Beauftragung <-, -en> *f eines Anwalts* retention; ~ **von Sachverständigen** commissioning of experts

beäugen* *vt* (*fam*) ■**jdn/etw** ~ to eye sb up *fam*, to inspect sb

Beauty <-, -ies> ['bju:ti] *f* beauty

bebauen* *vt* ① (*mit einem Gebäude versehen*) ■**etw [mit etw]** ~ to build [sth] on sth; **dicht bebaut sein** to be heavily built-up
② (*bestellen*) ■**etw [mit etw]** ~ to cultivate sth [with sth]; ***das Land wurde mit Gerste bebaut*** the land was planted with barley

Bebauung <-, -en> *f* ① (*das Bebauen*) development; ***der Konzern plant die ~ des Grundstückes*** the firm plans to develop this site
② (*Bauten*) buildings
③ (*das Bestellen*) cultivation

Bebauungsgesetz *nt* JUR Town and Country Planning Act BRIT, zoning law AM **Bebauungsplan** *m* development plan **Bebauungsverordnung** *f* JUR development order BRIT, zoning law AM

Bébé <-s, -s> *nt* SCHWEIZ (*Baby*) baby

beben *vi* ① (*zittern*) to shake, to tremble
② (*erbeben*) ■**[vor etw** *dat*] ~ to quiver [*or* tremble] [with sth]; *Lippen* to tremble [with sth]; *Knie* to shake [with sth]
③ (*geh: bangen*) ■**um jdn/etw** ~ to tremble for sb

Beben <-s, -> *nt* ① (*Erd~*) earthquake
② (*Zittern*) shaking, trembling
③ (*leichtes Zittern*) quivering

bebend I. *adj inv, attr* shaking, trembling
II. *adv inv* shaking, trembling

bebildern* *vt* ■**etw [mit etw]** ~ to illustrate sth [with sth]; **[mit etw] bebildert sein** to be illustrated [with sth]

Bebilderung <-, -en> *f* ① (*das Bebildern*) illustration
② (*Illustrationen*) illustrations *pl*

bebrillt *adj* (*hum fam*) bespectacled

Béchamelkartoffeln [beʃa'mɛl-] *pl* potatoes in béchamel sauce **Béchamelsoße** *f* béchamel sauce

Becher <-s, -> *m* ① (*Trinkgefäß*) glass, tumbler; (*aus Plastik*) beaker; (*für Wein*) goblet; (*für Tee/Kaffee*) mug
② (*becherförmige Verpackung*) carton, tub; **ein ~ Eis** a carton of ice-cream
③ SCHWEIZ (*Bierglas*) mug
④ BOT (*Hülle*) cup, cupule

bechern *vi* (*hum fam*) to booze [away]; **tüchtig** ~ to have a few

becircen* [bə'tsɪrtsn] *vt s.* **bezirzen**

Becken <-s, -> *nt* ① (*Bassin*) basin; (*Spül~*) sink; (*von Toilette*) bowl, BRIT *a.* pan; (*Schwimm~*) pool
② ANAT pelvis; **ein gebärfreudiges ~ haben** (*fam*) to have child-bearing hips
③ GEOL basin
④ MUS cymbals *pl*

Beckenbruch *m* (*gebrochenes Becken 2.*) fractured pelvis, pelvic fracture **Beckengurt** *m* hip belt **Beckengürtel** *m* BIOL (*Skelettbereich um das Becken*) pelvic girdle **Beckenknochen** *m* hipbone, pelvic bone

Becquerel <-s, -> [bɛkə'rɛl] *nt* becquerel

bedachen* *vt* ■**etw [mit etw]** ~ to roof sth [with sth]

bedacht I. *adj* ① (*überlegt*) careful, cautious, prudent
② (*Wert auf etw legen*) ■**auf etw** *akk* ~ **sein** to be concerned about [*or* lay great store by] sth; ■**darauf ~ sein, etw zu tun** to be concerned to do sth
II. *adv* carefully, circumspectly

Bedacht <-s> *m* **mit** ~ (*geh*) carefully, prudently; **mit ~ vorgehen** (*vorsichtig*) to act in a carefully considered way; (*absichtlich*) deliberately; **ohne/voll[er] ~** (*geh*) without thinking/with great care

Bedachte(r) *f(m) dekl wie adj* (*ein Erbender*) beneficiary

bedächtig I. *adj* ① (*ohne Hast*) measured, deliberate
② (*besonnen*) thoughtful
II. *adv* ① (*ohne Hast*) deliberately; ~ **sprechen** to speak in measured tones
② (*besonnen*) carefully

Bedächtigkeit <-> *f kein pl* deliberateness

bedachtsam *adj* (*geh*) *s.* **bedächtig 2**

Bedachung <-, -en> *f* (*geh*) ① (*das Bedachen*) roofing
② (*Dach*) roof

Bedampfungsgerät *nt* steamer

bedang *pret von* **bedingen**

bedanken* I. *vr* to express thanks; ■**sich bei jdm [für etw]** ~ to thank sb [*or* say thank you to sb] [for sth]; ***ich bedanke mich!*** thank you!; **sich bei jdm [für etw] ~ können [*o* dürfen]** (*iron*) to have sb to thank [for sth]
II. *vt* SÜDD, ÖSTERR ■**[von jdm] [für etw] bedankt werden** to be thanked [by sb] [for sth]; ***seien Sie herzlich bedankt!*** please accept our heartfelt thanks

Bedarf <-[e]s> *m kein pl* need, requirement; ■**der/jds ~ an etw** *dat* the/sb's need for sth; **der tägliche ~ an Vitaminen** daily requirement of vitamins [*or* vitamin requirement]; **Dinge des täglichen ~s** everyday necessities; **jds ~ [an etw] ist gedeckt** sb's need [*or* requirements] [of/for sth] are covered [*or* met]; ***mein ~ ist gedeckt!*** (*iron fam*) I've had enough!; ***kein ~!*** (*fam*) no thanks!; ~ **an etw** *dat* **haben** to need [*or* be in need of] sth; **keinen ~ an etw** *dat* **haben** to have no need for sth; **bei ~** if required; **[je] nach ~** as required

Bedarfsartikel *m* essential [*or* consumer] goods *npl* **Bedarfsbeeinflussung**[RR] *f* ÖKON effect on demand **Bedarfsdeckung** *f* ÖKON commodity coverage, filling [*or* meeting] of a demand **Bedarfsdeckungsvertrag** *f* JUR requirement contract **Bedarfseinschätzung** *f* ÖKON appraisal of the demand situation **Bedarfsermittlung** *f* ÖKON ascertainment of demand **Bedarfsfall** *m* **für den ~** (*geh*) in case the need arises; **im ~** (*geh*) if necessary **Bedarfsfeststellung** *f* FIN determination of demand **Bedarfsgegenstände** *pl* JUR implements **Bedarfsgüter** *pl* consumer goods **Bedarfshaltestelle** *f* request stop **Bedarfslenkung** *f kein pl* ÖKON consumer guidance **Bedarfsreserve** *f* ÖKON emergency reserves *pl* **Bedarfssättigung** *f* ÖKON satiation of demand **Bedarfsweckung** *f* FIN creation of needs

bedauerlich *adj* regrettable, unfortunate; **etwas B~es** sth regrettable; ***sehr ~!*** how unfortunate!, what a pity!; ■**~ sein, dass** to be unfortunate

bedauerlicherweise *adv* regrettably, unfortunately; ***ich kann mich ~ nicht mehr daran erinnern*** I'm afraid I can't remember

bedauern* *vt* ① (*schade finden*) ■**etw** ~ to regret sth; ■**~, dass** to regret that; ***wir ~, Ihnen mitteilen zu müssen...*** we regret to have [*or* we are sorry] to inform you...; **[ich] bedau[e]re!** I'm sorry!
② (*bemitleiden*) ■**jdn** ~ to feel [*or* be] sorry for sb; ***er ist zu ~*** he is to be pitied

Bedauern <-s> *nt kein pl* regret; **zu jds größtem ~ [*o* [sehr] zu jds ~]** to sb's [great] regret

bedauernd I. *adj* sympathetic
II. *adv* sympathetically, full of sympathy

bedauernswert *adj*, **bedauernswürdig** *adj* (*geh*) pitiful; **ein ~er Zwischenfall** an unfortunate incident

bedecken* I. *vt* ① (*zudecken*) ■**jdn/etw [mit etw]** ~ to cover sb/sth [with sth]; ■**sich [mit etw]** ~ to cover oneself [with sth]
② (*über etw breiten*) ■**etw** ~ to cover sth; ■**mit etw bedeckt sein** to be covered with sth
II. *vr* (*bewölken*) ■**sich** ~ to cloud over, to become overcast; ■**bedeckt** overcast

bedeckt *adj* ① *inv, pred* (*bewölkt*) overcast, cloudy
② *inv* (*belegt, heiser, rau*) hoarse
▶ WENDUNGEN: **sich** *akk* **[in etw** *dat*] ~ **halten** to keep a low profile

Bedecktsamer <-s, -> *m* BOT (*Angiospermae*) angiosperm

Bedeckung *f* ① (*das Bedecken*) covering
② MIL (*Schutz*) guard, escort
③ (*das Bedeckende*) covering
④ FIN ÖSTERR (*Deckung*) covering, meeting

bedenken* *irreg* I. *vt* ① (*in Betracht ziehen*) ■**etw** ~ to consider sth, to take sth into consideration; ***bitte bedenke, dass/was ...*** please consider [*or* take into consideration] [*or* remember] that .../what ...; ***das hätte er früher ~ müssen*** he should have considered [*or* thought of] that sooner; **[jdm] etw zu ~ geben** (*geh*) to ask [sb] to consider sth; **[jdm] zu ~ geben, dass ...** to ask [sb] to keep in mind that ...
② (*durchdenken*) ■**etw** ~ to consider [*or* think about] sth; ***wenn man es recht bedenkt, ...*** if you think about it properly ...; ***das will wohl bedacht sein*** (*geh*) that calls for careful consideration
③ (*geh: zukommen lassen*) ■**jdn [mit etw]** ~ to give sb sth; ***alle wurden großzügig bedacht*** everyone was generously catered for
④ (*geh: zuteil werden lassen*) ■**jdn mit etw** ~ to meet sb with sth; ***sie wurde mit viel Lob bedacht*** they heaped praise on her
II. *vr* (*geh: sich besinnen*) ■**sich** ~ to reflect, to think; **ohne sich lange zu ~** without stopping to reflect [*or* think]

Bedenken <-s, -> *nt* ① *meist pl* (*Zweifel*) doubt, reservation[s]; **moralische ~** moral scruples; ~ **haben [*o* hegen]** (*geh*) to have doubts [*or* reservations]; **jdm kommen ~** sb has second thoughts; **ohne ~** without hesitation
② *kein pl* (*das Überlegen*) consideration, reflection; ***nach langem ~*** after much thought

bedenkenlos I. *adv* ① (*ohne Überlegung*) unhesitatingly, without hesitation; **etwas ~ annehmen/unterschreiben** to accept/sign sth without a moment's hesitation
② (*skrupellos*) unscrupulously
II. *adj* unhesitating

Bedenkenlosigkeit <-> *f kein pl* ① (*Unüberlegtheit*) lack of consideration
② (*Skrupellosigkeit*) unscrupulousness, lack of scruples

bedenkenswert *adj* worth thinking about [*or* considering], worthy of consideration

bedenklich *adj* ① (*fragwürdig*) dubious, questionable
② (*Besorgnis erregend*) disturbing, alarming; **ein ~er Gesundheitszustand** a serious condition
③ (*besorgt*) apprehensive, anxious; **jdn ~ stimmen** to give sb cause for concern

Bedenkzeit *f* time to think about sth; **[jdn] um [etwas/ein bisschen/ein wenig] ~ bitten [*o* sich** *dat* **[von jdm] [etwas/ein bisschen/ein wenig] ~ ausbitten]** to ask [sb] for [a little] time to think about sth; **jdm [etwas/ein bisschen/ein wenig] ~ geben** to give sb [a bit of] time to think about sth

bedeuten* *vt* ① (*auf bestimmte Weise definiert sein*) ■**etw** ~ to signify [*or* mean] sth
② (*besagen*) ■**etw** ~ to mean [*or* represent] sth; ***was bedeutet dieses Symbol?*** what does this symbol signify?; ***ihr Schweigen dürfte wohl Desinteresse ~*** her silence seems to indicate a lack of interest; ■**~, dass** to indicate that; ***das hat nichts zu ~*** that doesn't mean anything; ***was hat das zu ~?*** what does that mean?, what's all that about?
③ (*versinnbildlichen*) ■**etw** ~ to symbolize sth
④ (*ankündigen, zur Folge haben*) ■**etw** ~ to mean sth; ***das bedeutet nichts Gutes für uns*** that spells trouble for us
⑤ (*wichtig sein für jdn*) **[jdm] etwas/nichts/wenig ~** to mean sth/nothing/little [to sb]; ***du bedeutest mir sehr viel*** you mean a lot to me
⑥ (*geh: zu verstehen geben*) ■**jdm ~, dass** to indicate to sb that; ■**jdm ~, etw zu tun** to indicate to sb that they should do sth

bedeutend I. *adj* ① (*wichtig*) important; **eine ~e Person** an eminent person; **ein ~er Politiker** a leading politician; **eine ~e Rolle spielen** to play a leading [*or* significant] role; **etwas B~es** something important [*or* significant]

❷ (*beachtlich*) considerable, significant
II. *adv* considerably

bedeutsam I. *adj* ❶ (*wichtig*) important; **eine ~e Entscheidung/Verbesserung** a significant decision/improvement
❷ (*viel sagend*) meaningful, significant
II. *adv* meaningfully, significantly

Bedeutung <-, -en> *f* ❶ (*Sinn*) meaning; **in wörtlicher/übertragener ~** in the literal/figurative sense
❷ (*Wichtigkeit*) significance, importance; **[für jdn] große/größte ~ besitzen** to be of great/the utmost significance [*or* importance] [to [*or* for] sb]; **von übergeordneter ~** of overriding importance; **[für jdn/etw] von [bestimmter] ~ sein** to be of [a certain] importance [for [*or* to] sb/sth]; ***es ist für mich überhaupt nicht von ~*** it is of no importance to me; **etw** *dat* **[bestimmte] ~ beimessen** to attach [a certain] importance to sth; **nichts von ~** nothing important
❸ (*Geltung*) importance; ***ein Mann von großer ~*** an important man

bedeutungslos *adj* ❶ (*ohne große Wirkung*) insignificant, unimportant; **keinesfalls/praktisch/völlig ~** not at all/practically/completely insignificant ❷ (*nichts besagend*) meaningless **Bedeutungslosigkeit** <-> *f kein pl* insignificance, unimportance **Bedeutungsumfang** *m kein pl* range [*or* extent] of meaning **bedeutungsvoll** *adj s.* **bedeutsam Bedeutungswandel** *m* change in [*or* of] meaning, semantic change **Bedeutungswörterbuch** *nt* defining dictionary

bedienbar *adj* usable

bedienen* **I.** *vt* ❶ (*im Restaurant*) ■**jdn ~** to serve [*or* wait on] sb; **sich [von jdm] ~ lassen** to be waited on [by sb]
❷ (*im Geschäft*) **einen Kunden ~** to serve a customer; ***werden Sie schon bedient?*** are you being served?
❸ (*bei jdm Dienste leisten*) ■**jdn ~** to serve sb
❹ (*sich alles bringen lassen*) **sich [von jdm] [von vorne bis hinten] ~ lassen** to be waited on hand and foot [by sb]
❺ (*benutzen*) ■**etw ~** to operate sth
❻ (*beliefern*) ■**jdn ~** to serve sb
❼ (*gebietlich abdecken, versorgen*) ■**etw ~** *Bus, Zug* to serve sth; *Flugzeug* to operate to
❽ FIN (*die Zinsen von etw zahlen*) **einen Kredit ~** to service [*or* AM pay interest on] a loan
❾ KARTEN ■**etw ~** to play; **eine Farbe ~** to follow suit
❿ (*pej fam: fördern*) ■**etw ~** *Klischee, Vorurteil, Ressentiment* to encourage sth
▸ WENDUNGEN: **bedient sein** (*fam*) to have had enough; **mit etw gut/schlecht bedient sein** to be well-/ill-served by sth
II. *vi* ❶ (*sich um den Gast kümmern*) to serve; ***wird hier nicht bedient?*** is there no-one serving here?
❷ (*Kartenspiel*) to follow suit
III. *vr* ❶ (*sich Essen nehmen*) ■**sich ~** to serve oneself, to help oneself to; **sich mit einem Stück Kuchen ~** to help oneself to a piece of cake; **~ *Sie sich!*** help yourself!
❷ (*geh: gebrauchen*) ■**sich** *akk* **einer S.** *gen* **~** to make use of sth; **sich** *akk* **eines Menschen ~** to use sb

Bediener(in) *m(f)* ❶ (*Benutzer*) operator
❷ ÖSTERR (*Putzfrau*) cleaner *masc*, cleaning lady *fem*

Bedienerfeld *nt* INFORM control panel **bedienerfreundlich** *adj* user-friendly; **etw ~ machen** to make sth more user-friendly **Bedienerführung** *f* INFORM user prompt

Bedienerin <-, -nen> *f fem form von* **Bediener** waitress

Bedieneroberfläche *f* INFORM user interface

bedienstet *adj* ❶ ÖSTERR in employment
❷ (*veraltet*) ■**bei jdm ~ sein** to be employed by sb

Bedienstete(r) *f(m) dekl wie adj* ❶ (*Angestellte(r) im öffentlichen Dienst*) employee
❷ *meist pl* (*veraltet: Dienstboten*) servant

Bedienung <-, -en> *f* ❶ (*Kellner*) waiter, waitress
❷ *kein pl* (*Handhabung*) operation
❸ *kein pl* (*das Bedienen*) service; ***ist der Biergarten draußen auch mit ~?*** is there table-service [*or* do the waiters serve] outside as well?; ***die Preise verstehen sich inklusive Mehrwertsteuer und ~*** the prices include VAT and service charge; **~ inbegriffen** service [charge] included; **jdm zur freien ~ stehen** to be at the disposal of sb
❹ MIL (*Bedienungsmannschaft*) crew
❺ FIN servicing BRIT, interest payments AM; **die ~ eines Kredites** debt service, serving [*or* AM paying interest on] a loan

Bedienungsanleitung *f* operating instructions *pl* **Bedienungsfehler** *m* operator['s] error **bedienungsfreundlich** *adj* easy-to-use *attr*, easy to use *pred*, user-friendly **Bedienungshebel** *m* operating lever **Bedienungshinweise** *pl* operating instructions *pl* **Bedienungskomfort** *m* ease of operation **Bedienungsmannschaft** *f* MIL operating crew; (*eines Geschützes*) gun crew **Bedienungsvorschrift** *f* operating instructions **Bedienungszuschlag** *m* (*Trinkgeld*) service charge

bedingen* *vt* ❶ (*verursachen*) ■**etw ~** to cause sth; ***höhere Löhne ~ höhere Preise*** higher wages lead to higher prices; ■**durch etw bedingt sein** to be a result of sth
❷ (*verlangen*) ■**etw ~** to require, to demand; ***die Lage bedingt rasches Handeln*** the situation calls for swift action

bedingt I. *adj* ❶ (*eingeschränkt*) qualified; **~e Erlaubnis** conditional permission
❷ JUR conditional; **~e Entlassung** suspension of the remainder of the sentence on probation; **~e Strafaussetzung** conditional discharge, [suspension of sentence on] probation; **~er Straferlass** remission of a penalty [*or* sentence]
❸ MED **~e Reaktion** conditioned reaction; **~er Reiz** conditioned stimulus
II. *adv* ❶ (*eingeschränkt*) partly, to some extent; **~ gültig** of limited validity; ***dem kann ich nur ~ zustimmen*** I can only agree with that to a degree
❷ JUR ÖSTERR, SCHWEIZ (*mit Bewährungsfrist*) conditionally

Bedingung <-, -en> *f* ❶ (*Voraussetzung*) condition; **[es] zur ~ machen, dass ...** to make it a condition [*or* stipulate] that ...; **[jdm] eine ~/~en stellen** to set [*or* impose] a condition/conditions [on sb]; **unter der ~, dass ...** on condition [*or* with the proviso] that ...; **[nur] unter einer ~** [only] on one condition; **unter keiner ~** under no circumstances, on no account [*or* condition]; **unter welcher ~?** on what condition?
❷ *pl* ÖKON terms, conditions; **zu günstigen/ungünstigen ~en** on favourable [*or* AM -orable]/unfavourable [*or* AM -orable] terms
❸ *pl* (*Umstände*) conditions; **unter gewissen ~en** in [*or* under] certain conditions

bedingungslos I. *adj* unconditional; **~er Gehorsam/~e Treue** unquestioning obedience/trust
II. *adv* unconditionally; **jdm ~ gehorchen** to obey sb unquestioningly [*or* without question]; **jdm ~ vertrauen** to trust sb blindly [*or* unconditionally]

Bedingungssatz *m* LING conditional clause

bedrängen* *vt* ❶ (*bestürmen*) ■**jdn [mit etw] ~** to pester [*or* bother] sb [with sth]; ■**jdn ~, etw zu tun** to pressure [*or* BRIT *a.* pressurize] sb into doing sth; (*belästigen*) to badger [*or* pester] sb into doing sth
❷ ((*seelisch*) *belasten*) ■**jdn ~** to burden sb

Bedrängnis <-ses, -se> *f* (*geh*) difficulties *pl*; **in finanzieller/seelischer ~ sein** to be in financial difficulties [*or* straits]/emotional difficulties [*or* distress]; **jdn in seelische ~ bringen** to put sb on the spot; **jdn in ~ bringen** to get sb into trouble *a. euph*; **einen Gegner in ~ bringen** to cause problems for an opponent; **in ~ sein/geraten** to be/get into difficulties

bedrohen* *vt* ❶ (*mit etw drohen*) ■**jdn [mit etw] ~** to threaten sb [with sth]
❷ (*gefährden*) ■**etw ~** to endanger sth; **den Frieden ~** to be [*or* pose] a threat to peace; ■**[durch** [*o* **von**] **etw] bedroht sein** to be threatened [by sth]

bedrohlich I. *adj* dangerous, threatening; **in ~er Nähe sein** to be perilously close; **eine ~e Lage** an alarming situation
II. *adv* dangerously, alarmingly

Bedrohtheit <-> *f kein pl* threatened state; *einer Person* threatened position

Bedrohung *f* ❶ (*Drohung*) threat (+*gen* to)
❷ (*das Bedrohen*) threat (+*gen* of)

Bedrohungsanalyse *f* threat analysis

bedruckbar *adj* TYPO printable **Bedruckbarkeit** <-> *f kein pl* TYPO printability

bedrucken* *vt* ■**etw [mit etw] ~** to print [sth] on sth

bedrücken* *vt* ■**jdn ~** to depress sb; ***was bedrückt dich?*** what's troubling you?, what's up? *fam*

bedrückend *adj* depressing; **ein ~es Schweigen/eine ~e Stimmung** an oppressive silence/atmosphere

bedrückt *adj* depressed; **~es Schweigen** oppressive silence

Bedrücktheit *f* depression, dejection

Bedrückung <-> *f kein pl* (*geh*) depression

Beduine, Beduinin <-n, -n> *m, f* Bed[o]uin

Beduinenzelt *nt* Bed[o]uin tent

bedürfen <bedurfte, bedurft> *vi* (*geh*) ■**einer S.** *gen* **~** to require [*or* need] sth; ***es bedarf keiner weiteren Erklärung*** no further explanation is necessary; ***es hätte nur eines Lächelns bedurft, um ihn zu überzeugen*** it would only have taken a smile to convince him; ***sein Benehmen bedarf einer Entschuldigung*** his behaviour demands [*or* requires] an apology

Bedürfnis <-ses, -se> *nt* ❶ (*Bedarf*) need, necessity; ■**jds ~se** sb's needs [*or* wants]; ***hast du noch irgendwelche ~se?*** is there anything else you need?; **die ~se des täglichen Lebens** everyday needs
❷ *kein pl* (*Verlangen*) desire, need; **das ~ haben, etw zu tun** to feel the need to do sth; **es ist jdm ein ~, etw zu tun** (*geh*) it is sb's need to do sth
▸ WENDUNGEN: **ein dringendes ~** (*euph*) a call of nature *usu hum*

Bedürfnisanstalt *f* **öffentliche ~** (*geh o veraltend*) public convenience *esp* BRIT *form* [*or* AM restroom]

Bedürfnisbefriedigung *f kein pl* fulfilment [*or* AM -ll-] of one's needs

Bedürfnislosigkeit <-> *f kein pl a.* REL modesty of one's needs, material abstinence

bedürftig *adj* ❶ (*materielle Hilfe benötigend*) needy *attr*, in need *pred*; ■**die B~en** the needy + *pl vb*, those in need + *pl vb*
❷ (*geh*) ■**jds/einer S. ~ sein** to be in [*or* have] need of sb/sth

Bedürftigkeit <-> *f kein pl* (*geh*) need, neediness

Beefsteak <-s, -s> ['bi:fste:k, -ʃte:k] *nt bes* NORDD steak; **deutsches ~** beefburger

beehren* **I.** *vt* (*geh*) ■**jdn/etw [mit etw] ~** to honour [*or* AM -or] sb/sth [with sth]; **jdn [mit einen Besuch] ~** to honour sb with a visit *a. iron*
II. *vr* (*geh*) ■**sich ~, etw zu tun** to have the honour [*or* AM -or] of doing sth

beeiden*, beeidigen *vt* ■**etw ~** to swear to sth; **eine beeidete Aussage** a sworn statement

Beeidigung <-, -en> *f* JUR (*Vereidigung*) administration of an oath; (*im Amt*) swearing in

beeilen* *vr* ■**sich [mit etw] ~** to hurry [up] [with sth]; ***beeil dich, wir müssen zum Zug!*** hurry up [*or fam* get a move on], we've got a train to catch!; ■**sich ~, etw zu tun** (*geh*) to hurry [*or* hasten] to do sth

Beeilung <-> *f kein pl* (*fam*) ■**~!** get a move on! *fam*, AM *usu fam* step on it!

beeindrucken* *vt* ■**jdn [mit etw] ~** to impress sb [with sth]; **sich [von etw] nicht ~ lassen** to not be impressed [by sth]

beeindruckend *adj* impressive; ***es war ein ~es Erlebnis*** it left a lasting impression

beeinflussbar[RR], **beeinflußbar** *adj* easily [*or* able to be] influenced *pred*; ***sie ist nur schwer ~***

she's not easily influenced [*or* swayed]

beeinflussen* *vt* ■**jdn/etw** ~ to influence sb/sth; **seine Entscheidung nicht durch etw ~ lassen** to not let his/her decision be swayed by sth; ■**durch** [*o* **von**] **etw beeinflusst sein** to be influenced by sth; **leicht/schwer zu ~ sein** to be easy/hard to influence

Beeinflussung *f* JUR influence, manipulation; ~ **von Zeugen** tampering with witnesses; **ungebührliche** ~ undue influence

beeinträchtigen* *vt* ■**jdn/etw** ~ to disturb sb/sth; **jdn in seiner persönlichen Entfaltung** ~ to interfere with [*or* restrict] sb's personal development; **jdn in seiner Freiheit** ~ to restrict sb's freedom; **jdn in seiner Kreativität** ~ to curb sb's creativity; **ein Verhältnis** ~ to damage a relationship; **jds Genuss** ~ to detract from sb's enjoyment; **das Reaktionsvermögen/die Leistungsfähigkeit** ~ to impair [*or* reduce] the [*or* one's] reactions/efficiency; ■**~d** adverse

Beeinträchtigung <-, -en> *f Freiheit* restriction; *Genuss* detracting (+*gen* from); *Kreativität* curbing; *Qualität* reduction (+*gen* in); *Reaktionsvermögen* impairing; *Verhältnis* damaging

beelenden* *vt* ■**jdn** ~ (*traurig stimmen*) to sadden sb; (*schockieren*) to upset sb

beeltern* *vt* JUR **ein Kind** ~ to place a child with alternative parents

Beelterung <-, -en> *f* JUR placing [a child] with alternative parents; **neue** ~ replacing a child's parents

Beelzebub <-s> *m s.* **Teufel**

beenden* *vt* ■**etw** ~ to end [*or* finish] sth; **eine Verhandlung** ~ to bring negotiations to an end; INFORM (*verlassen*) ■**etw** ~ to exit [*or* quit] sth; *s. a.* **Leben**

beendigen* *vt* (*geh*) *s.* **beenden**

Beendigung <-> *f kein pl* end, ending; (*Schluss*) conclusion; ***nach ~ des Studiums nahm sie eine Stelle an*** after completing her studies she accepted a job; ~ **des Arbeitsverhältnisses** termination of employment

Beendung <-, -en> *f* ending, completion; (*Ende*) end

beengen* *vt* ■**jdn** ~ to restrict sb; (*fig*) to stifle [*or* cramp] [*or* inhibit] sb; ***kleine Zimmer ~ mich irgendwie*** small rooms somehow make me feel confined; ***diese spießbürgerliche Umgebung beengte ihn*** he was stifled by these petit [*or* BRIT *a.* petty] bourgeois surroundings; **~de Kleidung** tight [*or* restrictive] clothing; **etw als ~d empfinden** to find sth confining; ■**jdn** ~ to make sb feel confined [*or* boxed-in]

beengt I. *adj* cramped, confined
II. *adv* in cramped conditions; **sich [von jdm/etw] ~ fühlen** (*fig*) to feel cramped [*or* stifled] [by sb/sth]

Beengtheit <-> *f kein pl* confinement, restriction; **in räumlicher ~ wohnen** to live in cramped conditions; **ein Gefühl** [*o* **den Eindruck**] **von ~ haben** to feel confined [*or* cramped], to have a feeling of confinement

beerben* *vt* ■**jdn** ~ to inherit sb's estate, to be heir to sb

Beerbung <-> *f kein pl* JUR inheriting, succession upon death

beerdigen* *vt* ■**jdn** ~ to bury sb

Beerdigung <-, -en> *f* funeral, burial

Beerdigungsfeier *f* funeral service **Beerdigungsinstitut** *nt* funeral parlour [*or* AM -or], undertaker's

Beere <-, -n> *f* berry; **~n tragen** to bear fruit; (*Wein~*) grape

Beerenauslese *f wine whose characteristic richness derives from noble rot induced by the use of overripe grapes* **Beerenfrucht** *f* (*geh*) berry **Beerenobst** *nt* soft fruit **Beerenstrauch** *m* berry-[*or* fruit-]bearing bush

Beet <-[e]s, -e> *nt* bed; (*Blumen~*) flowerbed; (*Gemüse~*) vegetable patch

befähigen* *vt* ■**jdn dazu ~, etw zu tun** to enable sb to do sth; **ein Tier zu Höchstleistungen** ~ to enable an animal to achieve record performances; **jdn zu kritischer Überlegung** ~ to equip sb to think critically

befähigt *adj* qualified; ■**für** [*o* **zu**] **etw ~ sein** to be capable of doing [*or* competent at] sth

Befähigung <-> *f kein pl* qualification[s]; ~ **und Engagement** ability and commitment; **als ~ zu etw gelten** to qualify sb to do [*or* become] [*or* be] sth

Befähigungsnachweis *m* JUR qualification certificate; **juristischer** ~ legal qualifications

befahl *pret von* **befehlen**

befahrbar *adj* passable; NAUT navigable; **nicht** ~ impassable; NAUT unnavigable

befahren* I. *vt irreg* ❶ (*auf etw fahren*) **eine Straße/einen Weg** ~ to drive along [*or* down] [*or* on] a road/a path; ***diese Straße wird stark/wenig*** ~ there is a lot of/not much traffic on this road; ***diese Straße darf nur in einer Richtung ~ werden*** this road is only open in one direction; ***der Pass darf im Winter nicht ~ werden*** the pass is closed in winter; **eine Strecke** [*o* **Route**] ~ to use a route; **alle sieben Meere** ~ to sail the seven seas
❷ BERGB **einen Schacht** ~ to go down [*or* use] a shaft; **eine Grube** ~ to work a mine
II. *adj* used; **kaum/stark** [*o* **viel**] ~ **sein** to be little/much [*or* heavily] used [*or* used a lot]; **eine viel** [*o* **stark**] **~e Kreuzung** a busy junction [*or* crossroads + *sing/pl vb*]; ***die Autobahn Stuttgart-München ist immer stark*** ~ there's always heavy traffic on the Stuttgart- Munich motorway

Befahren <-s> *nt kein pl* ■**das ~ einer S.** *gen* the use of sth; ***häufiges ~ durch Lastkraftwagen kann Straßen schwer beschädigen*** roads frequently used by heavy goods vehicles can be seriously damaged

Befall <-[e]s> *m kein pl* FORST, HORT infestation

befallen* *vt irreg* ❶ MED ■**jdn/etw** ~ to infect sb/sth; **von etw ~ werden** to be attacked [*or* infected] by sth
❷ FORST, HORT ■**etw** ~ to infest sth
❸ (*geh*) ■**jdn** ~ to overcome sb; **von Ekel/Hunger/Müdigkeit ~ werden** to feel disgusted/hungry/tired

befangen *adj* ❶ (*gehemmt*) inhibited, self-conscious
❷ JUR (*voreingenommen*) biased [*or* BRIT *a.* biassed], prejudiced; **sich für ~ erklären** to withdraw [from a case] [*or* AM *a.* to declare oneself disqualified] on the grounds of bias; **jdn als ~ ablehnen** to challenge [*or* AM *a.* disqualify] sb on grounds of bias
❸ (*geh*) ■**in etw** *dat* ~ **sein** to be set on sth; **in einem Irrtum ~ sein** to be labouring [*or* AM -oring] under a misapprehension *form;* **im Glauben ~ sein, dass ...** to be under the impression that ...

Befangenheit <-> *f kein pl* ❶ (*Gehemmtheit*) inhibition, self-consciousness
❷ JUR (*Voreingenommenheit*) bias, prejudice; **jdn wegen [Besorgnis der] ~ ablehnen** to challenge [*or* AM *a.* disqualify] sb on grounds of [suspected] bias

befassen* I. *vr* ❶ (*sich beschäftigen*) ■**sich mit etw** ~ to concern oneself with sth; **sich mit einer Angelegenheit** ~ to look into a matter; **sich mit einem Problem** ~ to tackle [*or* deal with] a problem
❷ (*sich widmen*) ■**sich mit jdm** ~ to spend time with [*or* give attention to] sb
II. *vt* (*geh*) *a.* JUR ■**jdn mit einer S.** ~ to bring [*or* refer] a matter to sb; **das Gericht mit einer S.** ~ to bring a case before the court

befehden* *vt* ❶ (*geh*) ■**jdn/etw** ~ to attack sb/sth
❷ HIST ■**jdn/etw** ~ to feud with sb/over sth; ■**sich [gegenseitig]** ~ to [carry on a] feud with each other

Befehl <-[e]s, -e> *m* ❶ (*Anweisung*) order; ~ ***vom Chef!*** boss's orders!; ~ ***ist*** ~ orders are orders; **einen ~ ausführen** to carry out [*or* execute] an order; ~ ***ausgeführt!*** MIL mission accomplished!; **einen ~ befolgen** to obey [*or* follow] an order [*or pl* orders]; **einen ~ erhalten** to receive an order; **einen ~ erlassen** to issue [*or* AM *a.* hand down] an order; **jdm einen ~ geben** [*o* **erteilen**], **etw zu tun** to order sb [*or* issue sb with an order] to do sth; **einen ~ geben, etw zu tun** to order [*or* issue an order] that sth be done; ***Sie haben mir hier überhaupt keine ~e zu geben!*** I won't take orders from you!; **den ~ haben, etw zu tun** to have orders [*or* to have been ordered] to do sth; **den ~ [über etw** *akk*] **haben** [*o* **führen**] to have [*or* be in] command [of sth]; **auf ~ handeln** to act under orders; **unter jds** *dat* **~ stehen** to be under sb's command; **den ~ übernehmen** to take [*or* assume] command; **einen ~ verweigern** to disobey an order; **auf ~** under orders, to order; **auf höheren ~** on orders from above; **auf jds** *akk* **~ [hin]** on sb's order; **~ von oben** orders from above; **zu ~** (*veraltend*) yes, sir, aye, aye, sir
❷ INFORM, MED command

befehlen <befahl, befohlen> I. *vt* ❶ (*den Befehl geben*) ■**jdm ~, etw zu tun** to order [*or* command] sb to do sth; ■**etw** ~ to order sth; ***von dir lasse ich mir nichts ~!*** I won't take orders from you!; ***was ~ Sie, Herr Hauptmann?*** what are your orders, Captain?
❷ (*beordern*) ■**jdn irgendwohin** ~ to order sb [to go] somewhere; ■**jdn zu jdm/etw** ~ to summon sb to sb/sth; ***Sie sind zum General befohlen worden!*** you've been summoned to the General!
❸ (*veraltet geh*) ■**[etw]** ~ to desire [sth]; ~ ***Sie sonst noch etwas, gnädige Frau?*** will there be anything else, Madam?; ***ganz wie Sie ~!*** just as you wish!
II. *vi* ❶ MIL ■**über jdn/etw** ~ to be in [*or* have] command of sb/sth
❷ (*Anordnungen erteilen*) ■**~, dass ...** to order [*or* give orders] that ...; **mit ~der Stimme** in a commanding voice

befehlend *adj* commanding, peremptory

befehlerisch *adj* imperious, peremptory

befehligen* *vt* MIL ■**jdn/etw** ~ to command sb/sth, to be in [*or* have] command of sb/sth

Befehlsausführung *f* INFORM instruction execution **Befehlsausführungszeit** *f* INFORM instruction execution time **Befehlscode** *m* INFORM command [*or* order] code **Befehlseingabe** *f* INFORM instruction input **Befehlseingabeformat** *nt* INFORM command prompt **Befehlsempfänger(in)** *m(f)* one who takes an order **Befehlsfolge** *f* INFORM command sequence **Befehlsform** *f* LING imperative **Befehlsformat** *nt* INFORM instruction format **befehlsgemäß** I. *adj* as ordered *pred,* in accordance with orders *pred* II. *adv* as ordered, in accordance with orders **Befehlsgewalt** *f* MIL command; **die ~ haben** to have [*or* be in] command; **jds ~ unterstehen** to be under sb's command **Befehlshaber(in)** <-s, -> *m(f)* MIL commander **Befehlskode** *m* INFORM command [*or* instruction] code **Befehlssatz** *m* LING imperative [sentence]; INFORM instruction set **Befehlssprache** *f* INFORM command [*or* control] language **Befehlssyntax** *f* INFORM instruction syntax **Befehlstaste** *f* INFORM command key **Befehlston** *m* peremptory tone **Befehlsverweigerung** *f* MIL refusal to obey orders [*or* an order] **Befehlsverzeichnis** *nt* INFORM instruction repertory **Befehlszeile** *f* INFORM command line

befeinden* *vt* (*geh*) ■**jdn/etw** ~ to attack sb/sth; *Land* to be hostile towards; ■**sich** ~ to be hostile towards each other

befestigen* *vt* ❶ (*anbringen*) ■**etw [an etw** *dat*] ~ to fasten [*or* attach] [*or* fix] sth [to sth]; **ein Boot an etw** ~ to tie up [*or* moor] a boat to sth
❷ BAU **eine Fahrbahn** [*o* **Straße**] ~ to make up [*or* AM pave] a road; **eine Böschung** ~ to stabilize an embankment; **einen Damm/Deich** ~ to reinforce a dam/dyke
❸ MIL ■**etw** ~ to fortify sth; **eine Grenze** ~ to strengthen a border

befestigt *adj inv* (*fest gemacht*) fixed; BAU *Fläche* paved; **eine [nicht] ~e Straße** a[n un]tarred road

Befestigung <-, *selten* -en> *f* ❶ (*das Anbringen*) fixing, fastening; ***der Gurt dient zur ~ der zwei***

Teile the strap serves to fasten the two parts [together]
❷ BAU stabilizing, making up BRIT, paving AM
❸ (*zu Verteidigungszwecken*) reinforcement
❹ MIL fortification
Befestigungsanlage *f* fortification[s] **Befestigungswerk** *nt* fortification
befeuchten* *vt* ■**etw [mit etw]** ~ to moisten sth [wth sth]; **Bügelwäsche** ~ to dampen washing before ironing
befeuern* *vt* ❶ (*beheizen*) ■**etw [mit etw]** ~ to fuel sth [by sth]
❷ MIL ■**jdn/etw** ~ to fire on [*or* shoot at] sb/sth
❸ NAUT, LUFT ■**etw** ~ to mark [*or* light] sth with beacons
❹ (*fam*) ■**jdn [mit etw]** ~ to pelt [*or* bombard] sb [with sth], to hurl sth at sb
Befeuerung <-, *selten* -en> *f* NAUT, LUFT [marking with] lights [*or* beacons]
Beffchen <-s, -> *nt* REL Geneva band
befiehlt *3. pers. sing pres von* **befehlen**
befinden* *irreg* **I.** *vr* ❶ (*sich aufhalten*) ■**sich irgendwo** ~ to be somewhere; ***unter den Geiseln ~ sich zwei Deutsche*** there are two Germans amongst the hostages; **sich im Ausland/im Urlaub** ~ to be abroad/on holiday [*or* AM vacation]
❷ (*in einem bestimmten Zustand sein*) **sich in bester/schlechter Laune** ~ to be in an excellent/a bad mood; **sich in guten Händen** ~ to be in good hands; **sich im Kriegszustand** ~ to be at war; *s. a.* **Irrtum**
❸ (*geh: sich fühlen*) ■**sich ...** ~ to feel ...; ***wie ~ Sie sich heute?*** how do you feel today?, how are you feeling today?
II. *vi* (*geh*) ■**über jdn/etw** ~ to decide [on] sth, to make a decision about sb/sth; ***darüber haben wir nicht zu*** ~ it is not for us to pass judgement on this
III. *vt* (*geh*) ❶ (*halten*) ■**etw für etw** ~ to consider [*or* deem] [*or* find] sth [to be] sth; **es für gut/nötig/schlecht ~, etw zu tun** to deem [*or* consider] it a good idea/necessary/not such a good idea to do sth; ■**jdn für etw** ~ to find sb sth; **jdn [für** [*o* **als**]] **schuldig/unschuldig** ~ to find sb guilty/not guilty; **etw [für** [*o* **als**]] **wahr/falsch** ~ to believe [*or* consider] sth to be true/false; **jdn für tauglich/nicht tauglich** ~ MIL to declare sb fit/unfit [for military service]
❷ (*äußern*) ■**etw** ~ to decide [*or* conclude] sth
Befinden <-s> *nt kein pl* ❶ (*Zustand*) [state of] health; *eines Kranken* condition; **seelisches** ~ mental state; ***er hat sich nach deinem ~ erkundigt*** he asked how you were
❷ (*geh*) opinion, view; **nach jds** ~ in sb's opinion [*or* view]; **etw nach eigenem ~ entscheiden** to use one's own judgement in deciding sth
befindlich *adj meist attr* (*geh*) ❶ (*sich an einer Stelle befindend*) situated, located; ***das Gericht beschloss alle noch auf den Konten ~en Gelder zu sperren*** all the funds still left in the accounts were blocked by order of the court; ***alle derzeit in Haft ~en politischen Gefangenen werden entlassen*** all political prisoners currently in detention will be released
❷ (*sich in einem Zustand befindend*) ***das in Kraft ~e Gesetz*** the law which is in force; ***das im Umlauf ~e Geld*** the money in circulation; ***die im Bau ~en Häuser*** those houses [which are] currently being built
Befindlichkeit <-, -en> *f* mental state
Befindlichkeitsstörung *f* mental aberration, nervous disorder
befingern* *vt* (*fam*) **etw** ~ to finger sth
beflaggen* *vt* ■**etw** ~ to [be]deck [*or* decorate] sth with flags; **ein Schiff** ~ to dress a ship
Beflaggung <-, -en> *f* ❶ (*das Beflaggen*) decoration with flags; NAUT *Schiffe* dressing with flags
❷ (*geh*) flags; **die ~ auf Halbmast setzen** to set [*or* lower] the flags at half-mast
beflecken* *vt* ❶ (*mit Flecken beschmutzen*) ■**etw [mit etw]** ~ to stain sth [with sth]; **etw mit Farbe** ~ to get paint [stains] on sth; ***wer hat das Tischtuch so mit Marmelade befleckt?*** who left jam stains on the tablecloth?
❷ (*geh*) ■**etw [durch etw]** ~ to stain sth [with/by sth]; **jds Ehre** ~ to slur [*or* cast a slur on] sb's honour [*or* AM -or]; **jds Ruf** ~ to tarnish [*or form* sully] sb's reputation
befleckt *adj* ❶ (*fleckig*) stained, dirty; ■**[mit etw] ~ sein** to be stained [with sth], to be covered with stains; **mit Blut** ~ blood-stained
❷ (*geh*) sullied, besmirched
befleißigen* *vr* (*geh*) ■**sich einer S.** *gen* ~ to strive for sth; **sich großer Höflichkeit/Zurückhaltung** ~ to make an effort to be very polite/excercise greater restraint [*or* to be more restrained]
befliegen* *vt irreg* LUFT **eine viel** [*o* **stark**] **beflogene Strecke** a heavily-used route; ***diese Strecke wird nicht mehr beflogen*** this route is not in operation any more
beflissen I. *adj* (*geh: bemüht*) keen, zealous; ■**~ sein[, etw zu tun]** to be keen [to do sth]
II. *adv* keenly, zealously
Beflissenheit <-> *f kein pl* keenness *no pl*, zeal *no pl*
beflügeln* *vt* (*geh*) ❶ (*anregen*) ■**jdn/etw** ~ to inspire sb/sth; ***das Lob hatte sie beflügelt*** the praise had spurred her on; **die Fantasie** ~ to fire the imagination; ■**jdn ~, etw zu tun** to inspire sb to do sth
❷ (*schneller werden lassen*) ■**etw beflügelt jdn** sth spurs sb on; ***Angst/Hoffnung beflügelte seine Schritte*** fear/hope spurred him on [*or* winged his steps]
befohlen *pp von* **befehlen**
befolgen* *vt* ■**etw** ~ to follow sth; **Befehle** ~ to follow [*or* obey] orders; **jds Rat** ~ to follow [*or* take] sb's advice; **grammatische Regeln** ~ to obey grammatical rules; **Vorschriften** ~ to obey [*or* observe] regulations
Befolgung <-> *f kein pl Befehl* following *no pl*, obeying *no pl*, compliance (+*gen* with); *Rat* following *no pl*, taking *no pl*
Beförderer(in) <-s, -> *m(f)* carrier
befördern* *vt* ❶ (*transportieren*) ■**jdn/etw** ~ to transport [*or* carry] sb/sth; **das Gepäck ~ lassen** to have one's baggage sent; ***die Teilnehmer wurden mit dem Bus zum Tagungsort befördert*** participants were taken by bus to the conference venue
❷ (*jds Dienststellung anheben*) ■**jdn [zu etw]** ~ to promote sb [to sth]
❸ (*iron fam*) **jdn vor die Tür** [*o* **ins Freie**] ~ to throw [*or fam* chuck] sb out; **jdn nach draußen** ~ to escort sb outside; *s. a.* **Jenseits**
❹ (*geh*) ■**etw** ~ to promote [*or* foster] sth; ■**jdn [in etw** *dat*] ~ to support sb [in sth]
Beförderung <-, -en> *f* ❶ (*Transport*) transport[ation], carriage; ~ **auf dem Luftweg** air transportation; ~ **auf dem Schienenweg/Seeweg** rail/sea transport, carriage by rail/sea
❷ (*dienstliches Aufrücken*) promotion (**zu** +*dat* to)
Beförderungsamt *nt eines Beamten* office responsible for promotion [of a civil servant] **Beförderungsart** *f* mode of transport **Beförderungsaufkommen** *nt* carryings *pl* **Beförderungsbedingungen** *pl* conditions *pl* of carriage **Beförderungsbestimmungen** *pl* HANDEL terms of carriage [*or* transport] **Beförderungsfälle** *pl* passenger carryings *pl* **Beförderungsgebühr** *f* carriage **Beförderungsgut** *nt* cargo **Beförderungshaftpflichtgesetz** *nt* Carrier's Liability Act BRIT **Beförderungshindernis** *nt* HANDEL circumstances preventing carriage **Beförderungskosten** *pl* transport costs; (*mit dem Zug*) railroad charges *pl* **Beförderungsleistung** *f* HANDEL volume of traffic, traffic performance **Beförderungsmenge** *f* transport[ation] amount **Beförderungsmittel** *nt* means of transport **Beförderungspflicht** *f* HANDEL, JUR obligation to carry **Beförderungsvertrag** *m* JUR, HANDEL contract of carriage, transport [*or* AM shipping] contract **Beförderungsweg** *m* HANDEL forwarding route **Beförderungszahlen** *pl* carryings *pl* **Beförderungszeit** *f* HANDEL period of transport
befrachten* *vt* ❶ (*beladen*) ■**etw [mit etw]** ~ to load sth [with sth]
❷ (*fig geh*) ■**etw mit etw** ~ to overload sth with sth; ■**mit etw befrachtet sein** to be laden with sth
Befrachter(in) *m(f)* HANDEL shipper
Befrachtung *f* loading
Befrachtungstarif *m* HANDEL charter rates *pl* **Befrachtungsvertrag** *m* JUR contract of affreightment
befragen* *vt* ❶ (*Fragen stellen*) ■**jdn [über jdn/etw/zu etw]** ~ to question sb [about sb/sth]; ■**jdn [zu etw]** ~ JUR to question [*or* examine] sb [about sth]
❷ (*konsultieren*) ■**etw [über jdn/etw]** ~ to consult sth [about sb/sth]; ■**jdn [in etw** *dat*/**um etw** *akk*] ~ to ask [*or* consult] sb [about sth]; **jdn nach seiner Meinung** ~ to ask sb for his/her opinion
Befrager(in) *m(f)* questioner
Befragte(r) *f(m) dekl wie adj* person questioned; **die Befragten** those questioned, the interviewees
Befragung <-, -en> *f* ❶ (*das Befragen*) questioning; JUR examination, questioning
❷ (*Konsultierung*) consultation; ***nach ~ des Orakels*** after consulting the oracle
❸ (*Umfrage*) survey, [opinion] poll
befreien* **I.** *vt* ❶ (*freilassen*) ■**jdn/ein Tier [aus** [*o* **von**] **etw]** ~ to free [*or* set free *sep*] [*or* release] sb/an animal [from sth]
❷ (*unabhängig machen*) ■**jdn/etw [von jdm/etw]** ~ to liberate sb/sth [from sb/sth]
❸ (*von etw Störendem frei machen*) ■**etw von etw** ~ to clear sth of [*or* remove sth from] sth; **seine Schuhe vom Dreck** ~ to remove the dirt from one's shoes
❹ (*erlösen*) ■**jdn von etw** ~ to free [*or* release] sb from sth; **jdn von Schmerzen** ~ to free [*or* rid] sb of pain; **jdn von seinem Leiden** ~ to release sb from their suffering
❺ (*freistellen*) ■**jdn von etw** ~ to excuse sb from sth; **jdn vom Wehrdienst** ~ to exempt sb from military service; **von Steuern befreit** tax-exempt
❻ (*jdm etw abnehmen*) ■**jdn von etw** ~ to relieve sb of sth
II. *vr* ❶ (*freikommen*) ■**sich [aus** [*o* **von**] **etw]** ~ to escape [from sth]
❷ (*etw abschütteln*) ■**sich [von etw]** ~ to free oneself [from sth], to rid oneself [of sth]
❸ (*etw überwinden*) ■**sich aus etw** ~ to get out of sth; **sich aus einer Abhängigkeit** ~ to free oneself from a dependency; **sich aus einer schwierigen Lage** ~ to extricate oneself from a difficult situation; ■**sich von etw** ~ to rid oneself of sth; **sich von Vorurteilen** ~ to rid oneself of prejudice
Befreier(in) <-s, -> *m(f)* liberator
befreit I. *adj* (*erleichtert*) relieved
II. *adv* with relief; ~ **aufatmen** to breathe [*or* heave] a sigh of relief
Befreiung <-, *selten* -en> *f* ❶ (*Freilassen*) release, freeing *no pl*; **die ~ der Geiseln** the release of the hostages
❷ (*Befreien aus der Unterdrückung*) liberation; **die ~ der Frau** women's liberation [*or* emancipation]
❸ (*Freistellung*) exemption (**von** +*dat* from); ***ich brauche eine ~ vom Sportunterricht*** I need to be excused from the sports lesson
❹ ((*körperliche*) *Erlösung*) release; **rasch ~ [von Schmerzen] verschaffen** to provide a rapid release [from pain]
❺ (*Erleichterung*) relief
Befreiungsanspruch *m* JUR right of exemption [*or* indemnity] **Befreiungsbewegung** *f* liberation movement **Befreiungsfront** *f* liberation front **Befreiungsgründe** *pl* JUR grounds for exemption **Befreiungskampf** *m* struggle for freedom [*or* liberation] **Befreiungsklausel** *f* JUR exemption clause **Befreiungskrieg** *m* war of liberation; **die ~e** HIST the Wars of Liberation **Befreiungsorganisation** *f* liberation organization **Befreiungsschlag** *m* ❶ SPORT clearance; (*beim Eishockey*) icing ❷ (*fig: erlösende Aktion*) unleashing, [act of] release **Befreiungstheologie** *f kein*

pl liberation theology **Befreiungsversuch** *m* ❶ (*Rettungsversuch*) rescue bid [*or* attempt] ❷ (*Ausbruchsversuch*) escape bid [*or* attempt] **Befreiungsvorbehalt** *m* JUR reservation of exemption **Befreiungsvorschriften** *pl* JUR exemption rules
befremden* I. *vt* ■**jdn** ~ to disconcert sb; ***ich war von ihrem Verhalten etwas befremdet*** I was somewhat disconcerted [*or* taken aback] by her behaviour, I found her behaviour somewhat disconcerting; ***diese Gefühlsausbrüche ~ mich doch sehr!*** I find these emotional outbursts very off-putting!
II. *vi* to be disconcerting
Befremden <-s> *nt kein pl* disconcertment, disquiet; **zu jds** *dat* ~ to sb's disconcertment [*or* alarm]; **sein ~ ausdrücken** to express one's disconcertment [*or* alarm]; ~ **erregen** to cause disconcertment; ***die Bilder erregten bei den Besuchern ~*** the visitors were disconcerted by the pictures
befremdend *adj* disconcerting
befremdlich *adj* (*geh*) *s.* **befremdend**
Befremdung *f* alienation
befreunden* *vr* ❶ (*sich anfreunden*) ■**sich mit jdm ~** to make [*or* become] friends with sb
❷ (*sich an etw gewöhnen*) ■**sich mit etw ~** to get used to [*or form* grow accustomed to] sth
befreundet *adj* ❶ (*freundlich gesinnt*) friendly; **ein ~er Staat** a friendly country; **das ~e Ausland** friendly [foreign] countries *pl*
❷ (*Freunde sein*) [**eng** [*o* **fest**]] **miteinander ~ sein** to be [close] friends; [**eng** [*o* **fest**]] **mit jdm ~ sein** to be [close [*or* very good]] friends with sb
befrieden* *vt* POL (*geh*) ■**etw** ~ to pacify [*or* bring peace to] sth; **ein Land** ~ to bring peace to a country
befriedet *adj* JUR pacified; **~er Bezirk** pacified area
befriedigen* I. *vt* ❶ (*zufrieden stellen*) ■**jdn/etw** ~ to satisfy sb/sth; **jds Ansprüche/Wünsche** ~ to fulfil [*or* AM fulfill] sb's requirements/wishes; **die Gläubiger** ~ to satisfy [*or* pay off] [*or* settle [up] with] the creditors; **seine Neugier** ~ to satisfy one's curiosity; **leicht/schwer zu ~ sein** to be easily/not easily satisfied, to be easy/hard to satisfy
❷ (*sexuelles Verlangen stillen*) ■**jdn** ~ to satisfy sb
❸ (*innerlich ausfüllen*) ■**jdn** ~ to satisfy sb; ***mein Beruf befriedigt mich nicht*** I'm not satisfied with my job, I'm not getting any job satisfaction
II. *vi* (*zufrieden stellend sein*) to be satisfactory; ***diese Lösung befriedigt nicht*** this is an unsatisfactory solution
III. *vr* (*sexuell*) ■**sich** [**selbst**] ~ to masturbate
befriedigend *adj* ❶ (*zufrieden stellend*) satisfactory; ■[**für jdn**] ~ **sein** to be satisfying [for sb]
❷ (*Schulnote*) satisfactory, adequate
befriedigt I. *adj* ❶ (*zufrieden gestellt*) satisfied
❷ (*sexuell befriedigt*) [sexually] satisfied
II. *adv* with satisfaction
Befriedigung <-> *f kein pl* ❶ (*Zufriedenstellung*) satisfaction; ***zur ~ deiner Neugier*** to satisfy your curiosity; **sexuelle** ~ sexual satisfaction
❷ (*Zufriedenheit*) satisfaction; **eine innere** ~ an inner sense of satisfaction; **jdm ~ bereiten** [*o* **gewähren**] to satisfy sb; ***die Arbeit bereitet mir einfach keine ~ mehr*** I'm just not getting any satisfaction from my job anymore; **zu jds ~ sein** to be to sb's satisfaction
❸ JUR *des Gläubigers* paying; **bevorzugte** ~ preferential payment
Befriedigungsrecht *nt* JUR right to [obtain] satisfaction
befristen* *vt* (*zeitlich begrenzen*) ■**etw** [**auf etw** *akk*/**bis zu etw** *dat*] ~ to limit [*or* restrict] sth [to sth]; **eine Stelle** ~ to limit the duration of a job
befristet *adj* restricted, limited; ÖKON, JUR *a.* fixed-term; **eine ~e Anlage** a fixed-term deposit; **eine ~e Aufenthaltsgenehmigung** *a residence permit valid for a restricted period of time;* **eine ~e Stelle** [*o* **Tätigkeit**] a fixed-term job; **ein ~er Vertrag** a contract of limited duration; **ein ~es Visum** a temporary visa; ■**auf etw** *akk*/**bis zu etw** *dat* ~ **sein** to be valid for/until sth; ÖKON, JUR to be limited [*or* restricted] [to sth]; ***seine Aufenthaltserlaubnis ist auf ein Jahr ~*** his residence permit is valid for one year
Befristung <-, -en> *f* restriction, limitation; (*Zeitbegrenzung*) time limit; ***heutzutage sind ~en von Arbeitsverhältnissen schon fast die Regel*** nowadays it's almost the norm for appointments to be for a restricted period of time
befruchten* *vt* ❶ (*Befruchtung erzielen*) ■**etw** ~ to fertilize sth; **eine Frau** ~ to impregnate a woman; **eine Blüte** ~ to pollinate a flower; **eine Eizelle** ~ to fertilize an egg; **künstlich** ~ to inseminate artificially
❷ (*fig: fördernd anregen*) ■**jdn/etw** ~ to stimulate [*or* inspire] sb/sth, to have a stimulating effect on sb/sth
Befruchtung <-, -en> *f* fertilization; *Blüte* pollination; **künstliche ~** *Mensch* in vitro fertilization, IVF; *Tier* artificial insemination, AI
befugen* *vt* (*geh*) ■**jdn dazu ~, etw zu tun** to authorize sb to do sth
Befugnis <-ses, -se> *f* (*geh*) authorization *no pl,* authority *no pl;* **zu etw keine ~ haben** to not be authorized to do sth; **seine ~se überschreiten** to overstep one's authority
Befugnisübertragung *f* JUR delegation of authority
befugt *adj* (*geh*) authorized; ■**B~e/nicht B~e** authorized/unauthorized persons; ■**zu etw ~ sein** to be authorized to do sth
befühlen* *vt* ■**etw** ~ to feel sth
befummeln* *vt* (*sl*) ■**jdn/etw** ~ to grope [*or* paw] sb/sth *fam*
Befund <-[e]s, -e> *m* MED result[s *pl*]; **negativer/positiver** ~ negative/positive result[s *pl*]; **ohne** ~ negative
befürchten* *vt* ■**etw** ~ to fear sth; **das Schlimmste** ~ to fear the worst; ■**~, dass ...** to be afraid that ...; **nichts zu ~ haben** to have nothing to fear [*or* to be afraid of]; **es ist** [*o* **steht**] **zu ~, dass ...** it is [to be] feared that ...; **wie befürchtet** as feared
Befürchtung <-, -en> *f meist pl* fear; ***seine ~en waren unbegründet*** his fears were unfounded; ***ich hatte schon große ~en!*** I was really afraid [*or* worried]!; ***ich hatte die schlimmsten ~en*** I feared the worst; **in jdm die ~ erwecken, dass ...** to arouse the fear in sb that ...; **die ~ haben** [*o geh* **hegen**], **dass ...** to fear [*or* be afraid] that ...
befürworten* *vt* ■**etw** ~ to be in favour [*or* AM -or] of [*or* support] [*or* approve of] sth; ■**es ~, dass/wenn ...** to be in favour [*or* approve] of ...
befürwortend I. *adj* supportive, favourable [*or* AM -orable]
II. *adv* favourably [*or* AM -orably]
Befürworter(**in**) <-s, -> *m(f)* supporter, advocate
Befürwortung <-, -en> *f* support, approval
begabt *adj* gifted, talented; ■**für etw ~/nicht ~ sein** to have/not have a gift [*or* talent] for sth; ***sie ist künstlerisch/musikalisch sehr ~*** she's very artistic/musical, she's artistically/musically gifted; ***er ist vielseitig ~*** he's an all-round talent; ■**mit etw ~ sein** (*bes iron geh*) to be blessed with sth
Begabte(**r**) *f(m) dekl wie adj* gifted [*or* talented] person
Begabtenförderung *f* SCH *educational grant for particularly gifted pupils and students*
Begabung <-, -en> *f* ❶ (*Talent*) talent, gift; **eine** [**besondere**] ~ **für etw haben** to have a [special] gift for sth; **eine ~ dafür haben, etw zu tun** (*a. iron*) to have a talent [*or* gift] for doing sth, to have a knack of doing sth *iron*
❷ (*begabter Mensch*) talented person; **eine künstlerische/musikalische ~ sein** to be a talented artist/musician
begaffen* *vt* (*pej fam*) ■**jdn/etw** ~ to gape [*or fam* goggle] [*or* BRIT *fam a.* gawp] at sb/sth
begangen *adj inv* ❶ (*betreten*) **ein viel ~er Weg** a much-used path [*or* route]
❷ (*gemacht*) **ein häufig ~er Fehler** a frequent[ly] made mistake
begann *pret von* **beginnen**
begatten* I. *vt* ZOOL ■**ein Weibchen** ~ to mate [*or* copulate] with a female
II. *vr* ■**sich** ~ to mate
Begazen <-s> [-z-] *nt kein pl* TYPO (*Buch*) gauzing
begebbar *adj* FIN negotiable; **~es Wertpapier** negotiable instrument
begeben* I. *vr irreg* (*geh*) ❶ (*gehen*) ■**sich irgendwohin** ~ to proceed [*or* make one's way] somewhere; **sich zu Bett** [*o* **zur Ruhe**] ~ to retire [to bed]; **sich nach Hause** [*o* **auf den Heimweg**] ~ to set off home
❷ (*beginnen*) ■**sich** *akk* **an etw** *akk* ~ to commence sth; **sich an die Arbeit** ~ to commence work
❸ (*sich einer S. aussetzen*) ■**sich** *akk* **in etw** *akk* ~ to expose oneself to sth; **sich in ärztliche Behandlung** ~ to undergo [*or* get] medical treatment
❹ *impers, meist im Imperfekt* (*geschehen*) ■**es begab sich etw** sth happened [*or* came to pass]
❺ (*auf etw verzichten*) ■**sich** *akk* **einer S.** *gen* ~ to renounce [*or* relinquish] sth; **sich der Möglichkeit ~, etw zu tun** to forego the opportunity to do sth
II. *vi* FIN *Wechsel* to issue, to float
Begebenheit <-, -en> *f* (*geh*) event, occurrence
Begebungsvertrag *m* JUR *transfer agreement for negotiable instruments*
begegnen* *vi sein* ❶ (*treffen*) ■**jdm** ~ to meet sb; ***ich bin ihm die Tage im Supermarkt begegnet*** I bumped [*or* ran] into [*or* met] him recently at the supermarket; **jds Blick** ~ to meet sb's gaze [*or* eye]; ■**sich** ~ to meet
❷ (*antreffen*) ■**etw** *dat* ~ to encounter [*or* come across] sth
❸ (*geh: entgegentreten*) *Person* to treat; *Sache* to meet, to face; *Vorschlag a.* to respond to; **jdm freundlich/höflich** ~ to treat sb in a friendly/polite manner; **jdm mit Herablassung/Spott** ~ to treat sb condescendingly [*or* with condescension]/scornfully [*or* with scorn]; **einer Gefahr mutig** ~ to face [a] danger courageously [*or* bravely]; **seinem Schicksal** ~ to confront [*or* meet] [*or* face] one's fate
❹ (*geh: widerfahren*) ■**jdm** ~ to happen to sb
Begegnung <-, -en> *f* ❶ (*Zusammenkunft*) meeting, encounter; **ein Ort internationaler/weltweiter** ~ an international/global meeting place
❷ SPORT encounter
❸ (*das Kennenlernen*) encounter (**mit** +*dat* with)
Begegnungsstätte *f* (*Örtlichkeit*) meeting place; (*feste Einrichtung*) community centre [*or* AM -er]
begehbar *adj inv Weg* passable on foot; BAU *Gebäude* accessable, walkable; ***dieser Weg ist im Winter nicht ~*** this path cannot be used in winter
begehen* *vt irreg* ■**etw** ~ ❶ (*verüben*) to commit [*or form* perpetrate] sth; **einen Fehler** [*o* **Irrtum**] ~ to make a mistake; **eine Dummheit/Unvorsichtigkeit/Taktlosigkeit** ~ to do sth foolish [*or* stupid]/careless [*or* rash]/tactless; **Selbstmord/eine Sünde/ein Verbrechen/einen Verrat** ~ to commit suicide/a sin/a crime/an act of betrayal; **eine strafbare Handlung** ~ to commit an offence
❷ (*betreten*) to walk across/along/into sth; ***im Winter ist der Weg oft nicht zu ~*** it's often impossible to use this path in winter; ***„B~ der Brücke auf eigene Gefahr"*** "Persons use this bridge at their own risk"; ***„Passanten werden vor dem B~ des Baugerüsts gewarnt"*** "Passers-by are warned against climbing [*or* warned not to climb] on the scaffolding"; **begehbarer Kleiderschrank** walk-in wardrobe
❸ (*geh: feiern*) to celebrate; **ein Fest** ~ to hold a celebration; **ein Jubiläum** ~ to celebrate an anniversary; **einen kirchlichen Festtag** ~ to celebrate [*or* observe] a religious holiday
begehren* *vt* (*geh*) ❶ (*nach jdm verlangen*) ■**jdn** ~ to desire sb; **jdn zur Frau** ~ (*veraltet*) to want sb as [*or* to be] [*or* to wish sb to be] one's wife
❷ (*zu besitzen wünschen*) ■**etw** ~ to covet sth; ***alles, was das Herz begehrt*** everything the heart desires [*or* could wish for]
❸ (*verlangen*) ■**etw** [**von jdm**] ~ to desire [*or* want] sth [from sb]; ■**etw zu tun** ~ (*veraltend*) to

B

desire to do sth

Begehren <-s, *selten* -> *nt* ❶ (*geh: Verlangen*) desire; ■**das/ein ~ nach jdm/etw** the/a desire for sb/sth; **auf jds ~ [hin]** at sb's request
❷ (*veraltet: Wunsch*) wish

begehrenswert *adj* desirable; ■**[für jdn] ~ sein** to be desirable [for sb]

begehrlich *adj* (*geh*) longing, covetous

Begehrlichkeit <-, -en> *f* (*geh*) desire, covetousness *no pl*

begehrt *adj* ❶ (*sehr umworben*) [much] sought-after; **eine ~e Frau/ein ~er Mann** a desirable woman/man; **ein ~er Junggeselle** an eligible bachelor; **ein ~er Posten** a sought-after [*or* desirable] job; **ein ~er Preis** a [much-]coveted prize
❷ (*beliebt, gefragt*) popular, much in demand; ■**als etw ~ sein** to be popular as sth

Begehung <-, -en> *f* ❶ JUR commission, perpetration
❷ (*Inspizieren*) inspection

Begehungsdelikt *nt* JUR offence by commission **Begehungsort** *m* JUR scene of the crime **Begehungsrecht** *nt* JUR right of way

begeistern* I. *vt* ❶ (*mit Begeisterung erfüllen*) ■**jdn ~** to fill [*or* fire] sb with enthusiasm; ***dein Verhalten begeistert mich nicht sonderlich!*** I am not particularly thrilled by your behaviour!; ***das Stück hat die Zuschauer begeistert*** the audience were enthralled by the play
❷ (*Interesse für etw entwickeln*) ■**jdn für etw ~** to fill sb with enthusiasm for sth; ***er konnte alle für seinen Plan ~*** he managed to win everybody [over] to his plan; ***sie ist für nichts zu ~*** you can't interest her in anything; ***für Fußball bin ich nicht zu begeistern*** I'm not too crazy about *fam* football
II. *vr* ■**sich für jdn/etw ~** to be [*or* get] [*or* feel] enthusiastic about sb/sth

begeistert I. *adj* (*hingerissen*) enthusiastic; ***sie ist eine ~e Opernliebhaberin*** she is an ardent [*or* a keen] opera fan; ■**[von etw] ~ sein** to be thrilled [*or* delighted] [by sth]
II. *adv* enthusiastically

Begeisterung <-> *f kein pl* enthusiasm (**über/für** +*akk* about/for); ***die Zuschauer klatschen vor ~*** the spectators applauded enthusiastically; **große/grenzenlose ~** great/boundless enthusiasm; ***es herrschte helle ~*** everyone was wildly enthusiastic; **~ auslösen** to arouse [*or* stir up] enthusiasm; **in ~ geraten** to become enthusiastic, to be filled [*or* fired [up]] with enthusiasm; **etw aus ~ tun** to do sth for the sheer fun of it [*or* because one really enjoys it]; **jdn in ~ versetzen** to arouse [*or* kindle] sb's enthusiasm; **mit ~** enthusiastically; ***er hat das Buch mit großer ~ gelesen*** he really enjoyed the book

begeisterungsfähig *adj* able to get enthusiastic [*or* show one's enthusiasm] *pred;* **ein ~es Publikum** an appreciative audience **Begeisterungsfähigkeit** *f* capacity for enthusiasm **Begeisterungssturm** *m* storm [*or* wave] of enthusiasm

Begierde <-, -n> *f* (*geh*) desire (**nach** +*dat* for); ***die ~ nach Macht*** the lust for power; **vor ~ brennen, etw zu tun** to be burning [*or* longing] to do sth; **voll ~** longingly, hungrily

begierig I. *adj* ❶ (*gespannt*) eager; ■**auf etw** *akk* **~ sein** to be eager for sth; ■**~ [darauf] sein, etw zu tun** to be eager [*or* keen] to do sth
❷ (*verlangend*) hungry, longing; ***~ mehr zu wissen, fragte und fragte er*** hungry to know more, he kept on asking; ***mit ~en Augen sah das Kind die Spielsachen an*** the child looked longingly at the toys
❸ (*sexuell verlangend*) lascivious, leering
II. *adv* ❶ (*gespannt*) eagerly
❷ (*verlangend*) hungrily, longingly
❸ (*sexuell verlangend*) hungrily, lasciviously

begießen* *vt irreg* ❶ (*Flüssigkeit über etw gießen*) ■**etw [mit etw] ~** to pour [sth] over sth; **die Blumen ~** to water the plants; **einen Braten mit Fett ~** to baste a roast
❷ (*fam*) ■**etw ~** to celebrate sth [with a drink]; ***das muss begossen werden!*** that calls for a drink!

Beginn <-[e]s> *m kein pl* start, beginning; **am [o bei] [o zu] ~** at the start [*or* beginning]

beginnen <begann, begonnen> I. *vi* ❶ (*anfangen*) ■**[mit etw] ~** to start [*or* begin] [sth]; ■**~, etw zu tun** to start [*or* begin] to do [*or* doing] sth
❷ (*eine Arbeit aufnehmen*) ■**als etw ~** to start out [*or* off] as sth
II. *vt* ❶ (*anfangen*) ■**etw [mit etw] ~** to start [*or* begin] sth [with sth]; **ein Gespräch ~** to strike up [*or* begin] a conversation; **einen Streit ~** to get into an argument
❷ (*geh: angehen*) ■**etw ~** to do sth; ***wir müssen die Angelegenheit ganz anders ~*** we'll have to tackle the matter differently

beginnend *adj attr* ❶ (*sich ankündigend*) incipient; **eine ~e Infektion** the beginnings of an infection
❷ (*einsetzend*) beginning, starting; **bei ~er Nacht/Dämmerung** as night/dusk was falling; **im ~en 20. Jahrhundert** in the early [*or* at the beginning of the] 20th century

beglaubigen* *vt* ❶ (*als richtig bestätigen*) ■**[jdm] etw ~** to authenticate [*or* attest] sth [for sb]; **eine Abschrift ~** to certify a copy; **die Echtheit [eines Gemäldes etc.] ~** to attest to [*or* verify] the authenticity [of a painting etc.]; **etw notariell ~** to attest sth by a notary, AM *a.* to notarize sth; ■**[sich** *dat*] **etw [von jdm] ~ lassen** to have sth authenticated [*or* certified] [by sb]; **eine beglaubigte Kopie [o Abschrift]** a certified [*or* true] [*or* AM *a.* an exemplified] copy
❷ POL ■**jdn als etw [bei etw] ~** to accredit sb as sth [to sth]

Beglaubigung <-, -en> *f* ❶ JUR certification, authentication, attestation
❷ POL *von Botschafter* accreditation, accrediting

Beglaubigungsbefugnis *f* JUR authority to attest **Beglaubigungsgebühr** *f* certification fee **Beglaubigungsschreiben** *nt* credentials *pl,* letter of credence **Beglaubigungsstempel** *m* certifying stamp **Beglaubigungsvermerk** *m* JUR certificate of acknowledgment, attestation clause **Beglaubigungszeuge, -zeugin** *m, f* JUR attesting witness

begleichen* *vt irreg* (*geh*) ■**etw ~** to pay sth; **eine Rechnung ~** to settle a bill; **seine Schulden ~** to pay [off] [*or* settle] one's debts

Begleichung <-, *selten* -en> *f* (*geh*) payment, settlement

Begleitbrief *m s.* **Begleitschreiben**

begleiten* *vt* ❶ (*mitgehen*) ■**jdn ~** (*a. fig*) to accompany sb; **jdn irgendwohin ~** to accompany [*or* come/go with] sb somewhere; **jdn nach Hause/zur Bushaltestelle ~** to accompany [*or form* escort] sb home/to the bus stop; **jdn zur Tür ~** to take [*or* show] [*or form* escort] sb to the door; ■**etw ~** to escort sth; ***unsere guten Wünsche ~ dich!*** our best wishes go with you!
❷ (*musikalisch unterstützen*) ■**jdn [auf einem Instrument] ~** to accompany sb [on an instrument]; **jdn auf dem [o am] Klavier begleiten** to accompany sb on the piano

Begleiter(in) <-s, -> *m(f)* ❶ (*begleitender Mensch*) companion; **ständiger ~/ständige ~in** (*euph*) constant companion, lover
❷ MUS accompanist

Begleiterkrankung *f* accompanying [*or* attendant] illness **Begleiterscheinung** *f* ❶ (*gemeinsam auftretendes Phänomen*) concomitant *form;* ***die ständigen Klimaschwankungen sind ~en der Erwärmung der Erdatmosphäre*** global warming goes hand in hand with continual variations in climate ❷ MED [accompanying] symptom **Begleitflugzeug** *nt* escort plane **Begleitinstrument** *nt* accompanying instrument **Begleitmannschaft** *f* escort [troup] **Begleitmusik** *f* ❶ (*Hintergrundmusik*) [musical] accompaniment, background music; (*im Film*) incidental music ❷ (*sl: begleitende Aktionen*) incidentals *pl,* incidental details; **~ zu etw sein** to be incidental to sth **Begleitpapier** *nt* accompanying document **Begleitpapiere** *pl* HANDEL accompanying documents **Begleitperson** *f* escort; ***Jugendliche unter 16 dürfen Kneipen nur mit einer erwachsenen ~ betreten*** young people under 16 may go into pubs only when accompanied by an adult **Begleitschein** *m* customs transfer certificate, bond note BRIT, waybill AM **Begleitschreiben** *nt* covering [*or* AM cover] letter [*or* BRIT *a.* note] **Begleitumstände** *pl* attendant circumstances *pl*

Begleitung <-, -en> *f* ❶ (*das Begleiten*) company; **in ~** in company, accompanied; ***kommst du allein oder in ~?*** are you coming on your own or with someone?; **in [jds** *gen*] **~** accompanied by sb; **ohne [jds** *gen*] **~** unaccompanied [by anybody]; ***er kam ohne ~*** he came alone [*or* on his own], he was unaccompanied; (*für eine Frau*) escort
❷ (*Begleiter(in)*) companion; **als ~ mitgehen** to accompany [*or* come/go with] sb
❸ (*Gefolge*) entourage, retinue
❹ MUS accompaniment; ***er bat sie um ~ auf dem Klavier*** he asked her to accompany him on the piano; **ohne ~ spielen** to play unaccompanied

beglücken* *vt* (*geh*) ❶ (*glücklich stimmen*) ■**jdn [mit/durch etw] ~** to make sb happy [with sth]; ***sie hatten uns gerade mit einem vierwöchigen Besuch beglückt*** (*iron fam*) they had just blessed us with a four-week visit [*or* stay] *iron*
❷ (*hum: sexuell befriedigen*) ■**jdn ~** to satisfy sb['s desire], to bestow favours [*or* AM -ors] on sb *hum fam*

beglückend *adj* (*glücklich stimmend*) cheering, gladdening; **ein ~es Erlebnis/Gefühl** a cheering experience/feeling

Beglücker <-s, -> *m* (*a. iron*) benefactor; ***er fühlt sich als ~ der Frauen*** he thinks he's God's gift to women

beglückt I. *adj* happy, pleased
II. *adv* happily

beglückwünschen* *vt* ■**jdn [zu etw] ~** to congratulate sb [on sth]; **sich ~ können** to be thankful [*or* grateful]; ***sie kann sich zu dieser Idee ~*** she can be proud of this idea; **lass dich ~!** congratulations!

begnadet* *adj* (*geh*) gifted, talented

begnadigen* *vt* ■**jdn ~** to pardon [*or* grant pardon to] sb; (*bei Todesurteil*) to reprieve sb; **zu lebenslänglicher Haft begnadigt werden** to have one's sentence commuted to life imprisonment

Begnadigung <-, -en> *f* reprieve, pardon; **um ~ bitten** to petition for a pardon

Begnadigungsgesuch *nt* JUR plea for [a] reprieve [*or* pardon]

begnügen* *vr* ❶ (*sich mit etw zufrieden geben*) ■**sich mit etw ~** to be content [*or* satisfied] with sth
❷ (*sich beschränken*) ■**sich damit ~, etw zu tun** to be content to do sth, to content oneself with doing sth; ***er begnügte sich mit ein paar kurzen Worten*** he restricted himself to a few short words

Begonie <-, -n> [-niə] *f* begonia

begonnen *pp von* **beginnen**

begraben* *vt irreg* ❶ (*beerdigen*) ■**jdn/ein Tier ~** to bury sb/an animal; *s. a.* **lebendig**
❷ (*verschütten*) ■**jdn/etw [unter etw** *dat*] **~** to bury sb/sth [under sth]
❸ (*aufgeben*) **die Hoffnung/einen Plan ~** to abandon [*or* give up] hope/a plan
❹ (*beenden*) ■**etw ~** to end sth; **einen Streit ~** to bury the hatchet [*or* one's differences]; ***die Sache ist ~ und vergessen*** the matter is dead and buried
► WENDUNGEN: **sich ~ lassen können** (*fam*) to be a lost cause; ***du kannst dich ~ lassen!*** you may as well give up!; **sich mit etw ~ lassen können** (*fam*) to have no chance with sth; ***mit dem Zeugnis kannst du dich ~ lassen*** you've got no chance with that report; **irgendwo nicht ~ sein mögen** (*fam*) ***in so einem Kaff möchte ich nicht ~ sein!*** I wouldn't live in that dump if you paid me!

Begräbnis <-ses, -se> *nt* burial, funeral

begradigen* *vt* BAU ■**etw ~** to straighten sth [out]

Begradigung <-, -en> *f* BAU straightening; **die ~**

von Flüssen the straightening of rivers

begreifbar *adj* conceivable, comprehensible; **leicht/schwer ~** easy/difficult to understand [*or* comprehend]

begreifen* *irreg* **I.** *vt* ❶ (*verstehen*) ■**etw ~** to understand sth; (*erfassen*) to comprehend sth; ***hast du es endlich begriffen?*** have you grasped it [*or fam* got the hang of it] at last?; **kaum zu ~ sein** to be incomprehensible; ***ich begreife nicht ganz, was du damit meinst*** I don't quite get what you're driving at; ***ich begreife nicht, wie man so dumm sein kann*** I don't understand how someone can be so stupid; ■**~, dass ...** to realize that ...; ***begreifst du denn nicht, dass das keinen Sinn hat?*** don't you realize [*or* can't you see] there's no sense in that?; ***er begriff langsam, dass sie ihn verlassen hatte*** he began to comprehend [*or* it began to sink in] that she had left him
❷ (*Verständnis haben*) ■**jdn/etw ~** to understand sb; **begreife das, wer will!** that's [*or* it's] beyond [*or* that beats] me!
❸ (*für etw halten*) ■**etw als etw ~** to regard [*or* see] [*or* view] sth as sth
II. *vi* (*verstehen*) to understand, to comprehend; ***begriffen?*** understood?, got it? *fam;* **langsam/schnell ~** to be slow/quick on the uptake
III. *vr* ❶ **sich selbst nicht ~ [können]** to be incomprehensible [to sb]; ***ich begreife mich selbst nicht, wie konnte ich das nur zulassen?*** it is incomprehensible to me how I could have allowed that
❷ (*sich auffassen*) ■**sich als etw ~** to consider [*or* see] oneself to be sth

begreiflich *adj* understandable; ■**jdm ~ sein/werden, warum/was ...** to be/become clear to sb why/what ...; ***es ist nicht ~, warum er das getan hat*** I don't understand why he did that; **sich jdm ~ machen** to make oneself clear to sb; **jdm etw ~ machen** to make sth clear to sb

begreiflicherweise *adv* understandably

begrenzen* *vt* ❶ *a.* BAU ■**etw ~** to mark [*or* form] the border [*or* boundary] of sth; ***ein Bach begrenzt den Garten von zwei Seiten*** a stream borders the garden [*or* marks the boundary of the garden] on two sides
❷ (*beschränken*) ■**etw [auf etw *akk*] ~** to limit [*or* restrict] sth [to sth]; **die Geschwindigkeit auf ... km/h ~** to oppose a speed limit [*or* restriction] of ... km/h, to restrict the speed limit to ... km/h
❸ (*in Grenzen halten*) ■**etw ~** to limit sth

begrenzt **I.** *adj* limited, restricted; **~e Aktion/Dauer** limited action/period; **in einem zeitlich ~en Rahmen** in a limited [*or* restricted] time frame; ***ich habe leider nur ~e Möglichkeiten, Ihnen zu helfen*** unfortunately there is only a limited amount I can do for you; ***mein Aufenthalt hier ist zeitlich nicht ~*** there is no time limit on my stay
II. *adv* with limits [*or* restrictions]; **nur ~ möglich sein** to be only partially possible; **nur ~en Einfluss auf etw *akk* nehmen können** to only have limited influence over sth; **sich nur begrenzt aufhalten können** to be only able to stay for a short time

Begrenztheit <-> *f kein pl* limitedness *no pl* (+*gen* of), limitations *pl* (+*gen* in)

Begrenzung <-, -en> *f* ❶ *a.* BAU (*Begrenzen*) limiting, restriction; (*Grenze*) boundary
❷ (*fig: das Beschränken*) restriction; **eine ~ des Einflusses/der Macht** a restriction of [the] influence/the power; **die Begrenzung der Höchstgeschwindigkeit** the speed limit
❸ BAU (*Grenze*) boundary

Begrenzungsfrist *f* time limit[ation]

Begriff <-[e]s, -e> *m* ❶ (*Terminus*) term; **ein ~ aus der Philosophie** a philosophical term; ***das ist ein dehnbarer ~*** (*lit*) that's a loose concept; (*fig*) that can mean what you want it to mean
❷ (*Vorstellung, Auffassung*) idea; **der ~ von Freiheit** the idea [*or* concept] [*or* notion] of freedom; **keinen ~ von etw haben** to have no idea about sth; **sich *dat* einen ~ von etw *dat* machen** to have an idea of sth, to imagine sth; **sich *dat* keinen ~ [von etw *dat*] machen** (*fam*) to not be able to imagine sth; **jdm ein/kein ~ sein** to mean sth/nothing [*or* not to mean anything] to sb; ***Marilyn Monroe ist jedem in der Filmwelt ein ~*** Marilyn Monroe is well-known in the film world; ***Harald Maier? ist mir kein ~*** Harald Maier? I've never heard of him; **für jds *akk* ~e** in sb's opinion; ***für meine ~e ist er unschuldig*** I believe he's innocent
❸ (*Inbegriff*) epitome *no pl;* ***dieser Markenname ist zu einem ~ für Qualität geworden*** this brand name has become the quintessence of quality
❹ (*Verständnis*) **schnell/schwer von ~ sein** (*fam*) to be quick/slow on the uptake
▶ WENDUNGEN: **im ~ sein** [*o geh* **stehen**], **etw zu tun** to be on the point of doing [*or* about to do] sth

begriffen *adj* (*geh*) ■**in etw *dat* ~ sein** to be in the process of [doing] sth; ***alle Gäste sind schon im Aufbruch ~*** everyone is [already] starting to leave

begrifflich *adj attr* conceptual; **sich um ~e Klarheit bemühen** to endeavour [*or* AM -or] to define things clearly

Begriffsbildung *f* formation of a concept [*or* concepts] **begriffsstutzig** *adj* slow on the uptake, slow-witted, dense *fam* **Begriffsstutzigkeit** <-> *f kein pl* slow-wittedness *no pl,* obtuseness *no pl* **Begriffsvermögen** *nt* comprehension *no pl,* understanding *no pl,* ability to understand; ***das geht einfach über mein ~*** that's beyond my grasp [*or* comprehension], that's above [*or* over] my head

begründen* *vt* ❶ (*Gründe angeben*) ■**etw [mit etw] ~** to give reasons for sth; **eine Ablehnung/Forderung ~** to justify a refusal/demand; **eine Behauptung/Klage/einen Verdacht ~** to substantiate a claim/complaint/suspicion; ***sein Verhalten ist einfach durch nichts zu ~*** his behaviour simply cannot be accounted for
❷ (*gründen*) ■**etw ~** to found [*or* establish] sth; **eine Firma ~** to found [*or* form] a company, to establish [*or* set up] a business; **einen Hausstand ~** to set up house

Begründer(in) *m(f)* founder

begründet *adj* ❶ (*fundiert*) well-founded; **eine ~e Aussicht auf Erfolg** a reasonable chance of success; **es besteht ~e Hoffnung, dass ...** there is reason to hope that ...; **in etw *dat* ~ liegen** [*o* **sein**] to be the result of sth
❷ JUR valid; ***eine Klage ist ~*** an action lies [*or* is] well-founded

Begründetheit <-> *f* JUR reasonable justification

Begründung <-, -en> *f* ❶ (*Angabe von Gründen*) reason, grounds *pl;* **eine ~ für etw angeben/finden/haben** to give/find/have a reason for sth; ■**als [o zur] ~ einer S.** *gen* as the reason for sth
❷ JUR grounds *pl,* reasons *pl,* [statement of] reasons [*or* grounds]; *von Klage* grounds of a charge BRIT, written pleadings *pl* AM; **~ für etwas sein** [*o* **geben**] to give grounds for, to substantiate
❸ (*geh*) establishment, foundation; **die ~ eines eigenen Hausstandes** setting up house on one's own

Begründungserfordernis *nt* JUR obligation to state reasons **Begründungsfrist** *f* JUR time for stating reasons **begründungspflichtig** *adj inv* JUR requiring substantiation *nach n* **Begründungszwang** *m* JUR (*bei Patent*) requirements to file supporting arguments

begrünen* **I.** *vt* ■**etw ~** to cover sth with greenery
II. *vr* ■**sich** *akk* **~** to become covered in greenery

Begrünung *f* ❶ (*das Begrünen*) planting with trees, grass etc.
❷ (*Pflanzen*) greenery

begrüßen* *vt* ❶ (*willkommen heißen*) ■**jdn [mit etw] ~** to greet [*or* welcome] sb [with sth]; ***ich begrüße Sie!*** welcome!; ■**jdn als etw** *akk* **~** to greet sb as sth; **jdn bei sich zu Hause ~ dürfen** (*geh*) to have the pleasure of welcoming sb into one's home *form;* ***wir würden uns freuen, Sie demnächst wieder bei uns ~ zu dürfen*** we would be delighted to have the pleasure of your company again soon; (*im Geschäft*) we would be delighted to be of service to you again soon; ***wir würden uns freuen, Sie bald wieder an Bord ~ zu dürfen*** we look forward to welcoming you on board again soon
❷ (*gutheißen*) ■**etw ~** to welcome sth; **einen Entschluss ~** to welcome a decision; **es ist zu ~, dass ...** it is to be welcomed [*or* a good thing] that ...
❸ SCHWEIZ (*ansprechen*) ■**jdn/etw [in etw *dat*] ~** to approach [*or* consult] sb/sth [on sth]

begrüßenswert *adj* welcome; **~e Nachrichten** welcome news + *sing vb;* ■**es ist ~, dass ...** it is to be welcomed that ..., ... is very welcome; ■**es wäre ~, wenn ...** it would be desirable if ..., it is desirable that ... *form*

Begrüßung <-, -en> *f* greeting, welcoming; **offizielle ~** official welcome; ***zur ~ erhielt jeder Gast ein Glas Sekt*** each guest was welcomed with a glass of sekt; **jdm zur ~ die Hand schütteln** to greet sb with a handshake

Begrüßungsansprache *f* speech of welcome, welcoming speech

begucken* *vt* (*fam*) ■**jdn/etw ~** to [have a] look at sb/sth

begünstigen* *vt* ❶ (*förderlich sein*) ■**etw ~** to favour [*or* AM -or] sth; **von etw begünstigt werden** to be helped [*or* furthered] by sth; **den Export ~** to increase [*or* boost] exports; **die Konjunktur ~** to improve [*or* boost] the economy; **das Wachstum ~** to encourage [*or* boost] growth *no def art*
❷ (*bevorzugen*) ■**jdn [bei etw/vor jdm] ~** to favour [*or* AM -or] sb [with sth/over [*or* more than] sb]
❸ (*bedenken*) ■**jdn [mit etw] ~** to benefit sb [with sth]; **durch ein Testament begünstigt sein** to benefit [*or* be a beneficiary] under a will; **jdn mit einer Schenkung [von 1000 DM] ~** to bestow sb with a gift [of 1,000 marks]
❹ JUR **einen Täter ~** to aid [and abet] a perpetrator [after the fact]

Begünstigte(r) *f(m) dekl wie adj* JUR beneficiary; **~ eines Vertrages** covenantee; **einen ~ einsetzen** to nominate a beneficiary

Begünstigtenklausel *f* JUR beneficiary clause

Begünstigung <-, -en> *f* ❶ (*Förderung*) *Pläne, Projekte* favouring [*or* AM -oring] *no pl,* furthering *no pl;* (*positive Beeinflussung*) encouragement; ***niedrige Zinsen sind eine ~ für ein stärkeres Wirtschaftswachstum*** low interest rates encourage strong economic growth
❷ (*das Bevorzugen*) preferential treatment
❸ JUR aiding [and abetting] *no pl* the perpetrator of an offence [*or* AM -se] [after the fact], acting *no pl* as an accessory to an offence [after the fact]; **~ im Amt** connivance; **jdn wegen ~ verurteilen** to sentence sb for acting as an accessory after the act

Begünstigungsklausel *f* JUR beneficiary clause

begutachten* *vt* ❶ (*fachlich prüfen*) ■**etw [auf etw *akk*] ~** to examine sth [for sth]; **etw auf sein Alter/seinen Wert ~** to examine sth to establish its age/value; **etw schriftlich ~** to produce a written report on sth; **etw ~ lassen** to get sth examined, to get expert advice about sth
❷ (*fam*) ■**jdn/etw ~** to have [*or* take] a look at sb/sth; ***lass dich mal ~!*** let's have a look at you!

Begutachtung <-, -en> *f* examination, assessment; *eines Gebäudes* survey; **sachverständige ~** expert opinion; **jdm etw zur ~ vorlegen** to submit sth for assessment

begütert *adj* (*geh*) affluent, wealthy

begütigend **I.** *adj* soothing, calming
II. *adv* soothingly

behaart *adj* hairy, hirsute; **ganz dicht [*o* stark]/schwach ~ sein** to be thickly/thinly covered with hair, to be very/not very hairy

Behaarung <-, -en> *f* hair

behäbig *adj* ❶ (*gemütlich, geruhsam*) placid, easy-going; (*langsam, schwerfällig*) ponderous
❷ (*dicklich*) portly, stolid, stout
❸ SCHWEIZ (*stattlich*) imposing
❹ (*fig*) **ein ~es Möbelstück** a solid piece of furniture

B

Behäbigkeit <-> *f kein pl* ❶ *(Geruhsamkeit)* placidity *no pl*
❷ *(Stattlichkeit)* substantiality, imposingness *no pl*

behaftet *adj* ■**mit etw ~ sein** to be marked with sth, to have sth; *(mit Makel)* to be flawed with sth; **mit Fehlern ~e Waren** seconds *pl;* **mit negativen Konnotationen ~ sein** to have negative connotations; **mit Misstrauen ~ sein** to be full of mistrust; **mit Problemen ~ sein** to be fraught with problems

behagen* *vi* ■**etw behagt jdm** sth pleases sb, sb likes sth; ■**etw behagt jdm nicht** sth does not please sb, sb does not like sth; ***es behagt ihm nicht, so früh aufzustehen*** he doesn't like [*or* enjoy] getting up so early; ***es behagt mir gar nicht, dass er so früh kommt*** I'm not pleased at all that he's coming so early

Behagen <-s> *nt kein pl* contentment, pleasure; **etw mit ~ genießen** to enjoy sth immensely; **etw mit ~ verspeisen** [*o* **essen**] to eat sth with [great] relish

behaglich I. *adj* ❶ *(gemütlich)* cosy BRIT, cozy AM; **es sich** *dat* **auf dem Sofa/vor dem Kamin ~ machen** to make oneself comfortable on the sofa/in front of the fire
❷ *(genussvoll)* contented; **ein ~es Schnurren** a contented purring
II. *adv* ❶ *(gemütlich)* cosily BRIT, cozily AM; **~ eingerichtet sein** to be comfortably [*or* BRIT cosily] [*or* AM cozily] furnished; **sich bei jdm ~ fühlen** to feel at home [*or* comfortable] in sb's house
❷ *(genussvoll)* contentedly

Behaglichkeit <-> *f kein pl* cosiness BRIT, coziness AM, comfortableness, sense of comfort

behalten* *vt irreg* ❶ *(in seinem Besitz lassen)* ■**etw ~** to keep sth; ***wozu willst du das alles ~!*** why hang on to all this!
❷ *(nicht preisgeben)* **etw für sich ~** to keep sth to oneself
❸ *(als Gast haben)* ■**jdn [bei sich] ~** to have sb stay on [with one]; ***ich hätte dich ja noch gerne länger [bei mir] ~*** I would have loved you to stay longer [with me]
❹ *(bewahren)* ■**etw ~** to maintain sth; **die Fassung ~** to maintain one's composure; **die Nerven** [*o* **die Ruhe**] **~** to keep one's nerve [*or* calm] [*or fam* one's cool]
❺ *(im Gedächtnis bewahren)* ■**etw ~** to remember sth; ***ich habe leider seinen Namen nicht ~*** sorry, I cannot remember his name; **etw im Kopf ~** to keep sth in one's head, to remember sth
❻ *(stetig bleiben)* ■**etw ~** to keep [*or* retain] sth; **seine Form ~** *(bei Menschen)* to keep in shape; *(bei Kleidungsstücken)* to keep [*or* retain] its shape; **seinen Namen/seine Staatsangehörigkeit ~** to keep [*or* retain] one's name/nationality
❼ *(dort lassen, wo es ist)* **die Hände in den Hosentaschen ~** to keep one's hands in one's pockets; **den Hut auf dem Kopf ~** to keep one's hat on; **nichts bei sich ~ können** to be unable to keep anything down
❽ *(zurückbehalten)* ■**etw von etw ~** to be left with sth from sth

Behälter <-s, -> *m* container, receptacle *form*

Behälterglas *nt kein pl* ÖKOL container glass

Behältnis <-ses, -se> *nt* container

behämmert *adj (sl) s.* **bekloppt**

behänd(e)[RR] I. *adj (geh)* deft, nimble, agile; ***für sein Alter ist er aber noch sehr ~*** he is still very nimble [*or* agile] for his age
II. *adv* deftly, nimbly, agilely

behandeln* *vt* ❶ *(medizinisch versorgen)* ■**jdn/etw ~** to treat [*or* attend to] sb/sth; ***wer ist Ihr ~der Arzt?*** who is the doctor treating you?
❷ *(damit umgehen)* ■**jdn/etw/ein Tier ~** to treat sb/an animal; **jdn gut ~** to treat sb well; **jdn schlecht ~** to treat sb badly, to mistreat sb; **jdn stiefmütterlich ~** to neglect sb; **jdn mit Fäusten und Fußtritten ~** to subject sb to kicks and punches; **jdn mit Nachsicht ~** to be lenient with sb; **jdn wie ein kleines Kind ~** to treat sb like a child; **etw vorsichtig ~** to handle sth with care
❸ *(mit einer Substanz bearbeiten)* ■**etw [mit etw] ~** to treat sth [with sth]; **chemisch behandelt** chemically treated
❹ *(abhandeln)* ■**etw ~** to deal with [*or* treat] sth; **einen Antrag/Punkt ~** to deal with an application/a point

behandelt *adj inv* treated; **chemisch ~** chemically treated

behändigen *vt* SCHWEIZ ■**etw ~** to get hold of sth

Behändigkeit[RR] <-> *f kein pl (geh)* deftness, nimbleness, agility

Behandlung <-, -en> *f* ❶ *(medizinische Versorgung)* [**bei jdm**] [**wegen etw** *gen*] **in ~ sein** to be treated [by sb] [*or* receive treatment [from sb]] [for sth]; ***bei wem sind Sie in ~?*** who is treating you?
❷ *(Umgang)* treatment; **eine gute/schlechte ~ erfahren** to be treated well/badly, to be mistreated; **eine unwürdige ~ erfahren** to receive shameful treatment
❸ *(das Bearbeiten mit einer Substanz)* treatment; **kosmetische ~** beauty treatment
❹ *(das Abhandeln)* treatment; **die ~ eines Antrags/eines Punktes** the handling of an application/a point

behandlungsbedürftig *adj* ■**etw ist ~** sth is in need of [*or* requires] treatment **Behandlungsfehler** *m* mistake [*or* error] in the [*or* during] treatment **Behandlungskosten** *pl* cost of treatment **Behandlungsmethode** *f* method of treatment, treatment method **Behandlungsplan** *m* plan of treatment, treatment plan **Behandlungsraum** *m*, **Behandlungszimmer** *nt* treatment room

Behang <-[e]s, Behänge> *m* ❶ *(Wand~)* hanging
❷ *(Baumschmuck)* decoration[s], ornaments *pl*
❸ *(Baumertrag)* crop
❹ JAGD lop ears *pl*

behangen *adj* ❶ *(beladen sein)* ■**mit etw ~ sein** to be laden with sth; **ein voll ~er Baum** a heavily laden tree; ***die Pflaumenbäume sind dieses Jahr überreich mit Früchten ~*** the plum trees are dripping with fruit this year
❷ *(pej)* ■[**mit etw**] **~ sein** to be festooned [with sth]; **mit Juwelen/Schmuck ~ sein** to be dripping with jewels/jewellery [*or* AM jewelry]

behängen* *vt* ❶ ■**etw mit etw ~** to hang [*or* decorate] sth with sth; **Wände mit Bildern ~** to hang walls with pictures; **Wände mit Teppichen ~** to decorate walls with [wall] hangings; **den Weihnachtsbaum** [**mit Kugeln/Lametta**] **~** to decorate the Christmas tree [with balls/tinsel]
❷ *(pej fam)* ■**jdn mit etw ~** to festoon sb [*or* deck sb out] with sth; ■**sich** [**mit etw**] **~** to festoon oneself [*or* deck oneself out] [with sth]; **eine Frau mit Schmuck/einen Offizier mit Orden ~** to festoon a woman with jewellery [*or* AM jewelry]/an officer with medals

beharren* *vi* ❶ *(darauf bestehen)* ■**auf** [*o* **bei**] **etw** *dat* [**hartnäckig**] **~** to insist [stubbornly] on sth; **auf seiner Meinung ~** to persist with one's opinion; ■**jds B~** [**auf etw** *dat*] sb's insistence [on sth]
❷ *(bleiben)* ■**in etw** *dat* **~** to remain in sth; **in der Tradition ~** to uphold tradtion; **an einem Ort ~** to remain in a place

beharrlich I. *adj* insistent; *(ausdauernd)* persistent; **~er Fleiß** dogged hard work [*or* effort]; ***du hättest ~er sein sollen*** you should have persevered [*or* been persistent]
II. *adv* persistently; **~ auf sein Recht pochen** to doggedly stand up for one's rights; **~ schweigen** to persist in remaining silent

Beharrlichkeit <-> *f kein pl* insistence, persistence

Beharrungstendenz *f* ÖKON tendency to inertia

Beharrungsvermögen *nt* ❶ *(Ausdauer)* steadfastness ❷ PHYS inertia

behauen *vt* ■**etw ~** to hew sth

behaupten* I. *vt* ❶ *(als unbewiesene Äußerung aufstellen)* ■**etw** [**von jdm/etw**] **~** to claim [*or* maintain] [*or* assert] sth [about sb/sth]; ***wer das [von ihr] behauptet, lügt!*** whoever says that [about her] is lying!; ■**~, dass ...** to claim that ...; ***ich behaupte ja nicht, dass ich immer Recht habe*** I don't claim to be right all the time, I'm not claiming that I am always right; ■**von jdm ~, dass ...** to say of sb that ...; ■**es wird** [**von jdm**] **behauptet, dass ...** it is said [*or* claimed] [of sb] that ...; **etw getrost ~ können** to be able to safely say sth
❷ *(aufrechterhalten)* ■**etw ~** to maintain sth; **seinen Vorsprung gegen jdn ~** [**können**] to [manage] to maintain one's lead over sb
II. *vr (sich durchsetzen)* ■**sich** [**gegen jdn/etw**] **~** to assert oneself [over sb/sth]; **sich gegen die Konkurrenz ~ können** to be able to survive against one's competitors; ***Agassi konnte sich gegen Sampras ~*** Agassi held his own against Sampras; BÖRSE *Aktie* to steady; **sich weiterhin ~** to hold its ground, to remain firm

Behauptung <-, -en> *f* ❶ *(unbewiesene Äußerung)* assertion, claim; **eine ~/~en aufstellen** to make an assertion/assertions
❷ *(Durchsetzen)* maintaining *no pl*, maintenance *no pl;* ***die ~ an der Tabellenspitze wird nicht leicht sein*** it will not be easy to stay at the top of the table

Behauptungslast *f* JUR burden of allegations

Behausung <-, -en> *f (hum geh)* accommodation, dwelling; ***dies ist meine bescheidene ~*** this is my humble abode *a. iron;* **weitab von jeder menschlichen ~** far away from any human habitation

Behaviorismus <-> [bihevi̯əˈrɪsmʊs] *m kein pl* PSYCH *(Verhaltensforschung)* behaviourism [*or* AM -iorism] *no pl*

behebbar *adj* JUR remediable, amendable; **~ durch Zustimmung** curable by assent

beheben* *vt irreg* ❶ *(beseitigen)* ■**etw ~** to remove sth; **einen Fehler/Mangel ~** to rectify a mistake/fault; **die Missstände ~** to remedy shortcomings; **einen Schaden/eine Funktionsstörung ~** to repair damage/a malfunction
❷ FIN ÖSTERR **Geld ~** to withdraw money

Behebung <-, -en> *f* ❶ *(Beseitigung)* removal; **die ~ eines Fehlers/Mangels** the rectification [*or* remedying] of a mistake/fault; **die ~ des Schadens/der Störung** the repair of the damage/fault
❷ FIN ÖSTERR *Geld* withdrawal

beheimatet *adj* ❶ *(ansässig)* ■[**irgendwo**] **~ sein** to be resident [somewhere]; ***wo bist du eigentlich ~?*** where do you actually come from?
❷ BOT, ZOOL native, indigenous; **in Kalifornien ~ sein** to be native [*or* indigenous] to [*or* a native of] California

beheizbar *adj* heatable; **eine ~e Heckscheibe/Windschutzscheibe** a heated rear window/windscreen; **etw ist mit Holz/Koks/etc. ~** sth can be heated with wood/coke/etc.

beheizen* *vt* ■**etw** [**mit etw**] **~** to heat sth [with sth]

Behelf <-[e]s, -e> *m* [temporary] replacement, makeshift, stop-gap

behelfen* *vr irreg* ❶ *(mit einem Ersatz auskommen)* **sich mit etw ~** [**müssen**] to [have to] make do [*or* manage] with sth
❷ *(zurechtkommen)* ■**sich ~** [**können**] to manage, to get by; **sich ohne etw ~** to manage [*or* get by] without sth

Behelfsausfahrt *f* temporary exit **behelfsmäßig** I. *adj* makeshift, temporary II. *adv* temporarily, in a makeshift fashion **Behelfsunterkunft** *f* makeshift dwelling

behelligen* *vt* ■**jdn** [**mit** [*o* **durch**] **etw**] **~** to pester [*or* bother] sb [with sth]; ***darf ich Sie noch einmal mit einer Frage ~*** may I trouble [*or* bother] you with one more question?

behend(e) *adj, adv s.* **behänd(e)**

Behendigkeit <-> *f kein pl s.* **Behändigkeit**

beherbergen* *vt* ■**jdn ~** to accommodate [*or* house] sb, to put up sb *sep* [somewhere]

Beherbergung <-> *f kein pl* accommodation

Beherbergungsgewerbe *nt* HANDEL hotel trade

Beherbergungsvertrag *m* JUR contract for accommodation

B

beherrschen* I. *vt* ❶ (*gut können*) ■**etw** ~ to have mastered [*or fam* got the hang of] sth; **sein Handwerk** ~ to be good at [*or* skilled in] one's trade; ***sie beherrscht ihr Handwerk*** she's good at what she does; **ein Instrument** ~ to play an instrument well, to have mastered an instrument; **die Spielregeln** ~ to know [*or* have learnt] the rules well; **eine Sprache** ~ to have good command of a language; **alle Tricks** ~ to know all the tricks; **etw gerade so** ~ to have just about mastered [*or fam* got the hang of] sth; **etw gut/perfekt** ~ to have mastered sth well/perfectly; **etw aus dem Effeff** ~ (*fam*) to know sth inside out
❷ (*als Herrscher regieren*) ■**jdn/etw** ~ to rule sb/sth
❸ (*handhaben*) ■**etw** ~ to control sth; **ein Fahrzeug** ~ to have control over a vehicle
❹ (*prägen, dominieren*) ■**etw** ~ to dominate sth; **ein ~der Eindruck/eine ~de Erscheinung** a dominant impression/figure
❺ (*zügeln*) ■**etw** ~ to control sth; **seine Emotionen/Gefühle/Leidenschaften** ~ to control one's emotions/feelings/passions
❻ (*unter dem Einfluss von etw stehen*) ■**von etw beherrscht werden** to be ruled by sth; **von seinen Gefühlen beherrscht werden** to be ruled [*or* governed] by one's emotions
II. *vr* (*sich bezähmen*) ■**sich** ~ to control oneself
▸ WENDUNGEN: **ich kann mich ~!** (*iron fam*) no way!, not likely!, I wouldn't dream of it!

beherrschend *adj* ruling

beherrscht I. *adj* [self-]controlled; ***er blieb gelassen und*** ~ he remained calm and composed
II. *adv* with self-control [*or* composure]

Beherrschtheit <-> *f kein pl s.* **Beherrschung 2.**

Beherrschung <-> *f kein pl* ❶ (*das Gutkönnen*) mastery
❷ (*Selbst~*) self-control; **die** [*o* **seine**] ~ **verlieren** to lose one's self-control
❸ (*das Kontrollieren*) control

Beherrschungsvertrag *m* JUR controlling agreement

beherzigen* *vt* ■**etw** ~ to take sth to heart; **einen Rat** ~ to heed [a piece of] advice

beherzt *adj* (*geh*) intrepid, courageous, spirited

Beherztheit *f* courage, spirit

behilflich *adj* ■**jdm** [**bei/mit etw**] ~ **sein** to help sb [with sth]; **jdm beim Einsteigen/Aussteigen ~ sein** to help sb [to] get on/off; ***darf ich dir damit ~ sein?*** may I give you a hand with that?; ***könntest du mir wohl mit 300 Mark ~ sein?*** could you help me out with 300 marks?

behindern* *vt* ❶ (*hinderlich sein*) ■**jdn** [**bei etw**] ~ to obstruct [*or* hinder] sb [in sth]; ■**etw** [**bei etw**] ~ to hinder sth [in sth]; **die Bewegungsfreiheit** ~ to impede one's movement[s]
❷ (*hemmen*) ■**etw** ~ to hamper sth; ***die erneuten Terroranschläge ~ den Friedensprozess*** the renewed terrorist attacks are threatening the peace process

behindert *adj* disabled; **geistig/körperlich** ~ mentally/physically handicapped

Behinderte(r) *f(m) dekl wie adj* disabled [*or* handicapped] person/man/woman; ■**die B~n** the handicapped [*or* disabled]; **eine Telefonzelle für körperlich** ~ a [tele]phone box [*or* AM booth] for the physically handicapped; **ein Parkplatz/eine Toilette für** ~ a parking place/toilet for the disabled; **geistig/körperlich** ~ mentally/physically handicapped person

Behindertenausweis *m* identity card for the disabled **behindertengerecht** I. *adj inv* suitable for the disabled II. *adv inv* ~ **ausgestattet sein** to be suitable for the disabled **Behindertenolympiade** *f* Paralympic Games, Paralympics *npl* **Behindertenparkplatz** *m* parking place for the disabled, disabled parking place; (*Parkgelände*) car park [*or* AM parking lot] for the disabled, disabled car park **Behindertenverband** *m* organization for the disabled [*or* handicapped] **Behinderten-WC** *nt* toilet for the disabled, disabled toilet **Behindertenwerkstatt** *f* handicapped [people's] workshop, BRIT *a.* sheltered workshop

Behinderung <-, -en> *f* ❶ (*das Behindern*) hindrance, obstruction; ***es muss mit*** [***erheblichen***] ***~en gerechnet werden*** [long] delays are to be expected
❷ (*körperliche Einschränkung*) handicap; **geistige/körperliche** ~ mental/physical handicap

Behinderungsverbot *nt* JUR ban on restraint **Behinderungswettbewerb** *m* FIN restraint of competition

Behörde <-, -n> *f* ❶ (*Dienststelle*) department; **mit Genehmigung der zuständigen** ~ with permission from [*or* the permission of] the appropriate authorities
❷ (*fam*) town council, local authorities; ***sie arbeitet bei der*** ~ she works for the council
❸ (*Amtsgebäude*) [government] [*or* [local] council] offices

Behördengang <-gänge> *m* trip to the authorities **behördenübergreifend** *adj* ADMIN embracing several authorities **Behördenweg** *m* POL official channels *pl* **Behördenwillkür** *f* official whim [*or* caprice]

behördlich I. *adj* official; **auf ~e Anordnung** by order of the authorities
II. *adv* officially; ~ **genehmigt** authorized by the authorities

behüten* *vt* ❶ (*schützend bewachen*) ■**jdn/etw** ~ to watch over [*or* guard] sb/sth
❷ (*bewahren*) ■**jdn vor etw** *dat* ~ to protect sb from sth; **jdn vor einem großen Fehler/vor Schlimmerem** ~ to save sb from a big mistake/a worse fate
▸ WENDUNGEN: [**Gott**] **behüt**[**e**]! God [*or* Heaven] forbid!

behütet I. *adj* protectively brought up; **eine ~e Kindheit** a sheltered childhood; **ein wohl ~es Mädchen** a well-cared-for girl; ***hier werden Ihre Kinder ~ und gut aufgehoben sein*** your children will be in safe hands here
II. *adv* ~ **aufwachsen** to have a sheltered upbringing

behutsam I. *adj* (*geh*) careful, gentle; ***~es Vorgehen ist angesagt*** it will be necessary to proceed with caution [*or* cautiously]; ■[**bei etw**] ~ **sein** to be careful [in sth/when doing sth]
II. *adv* (*geh*) carefully, gently; **jdm etw ~ beibringen** to break sth to sb [*or* tell sb sth] gently

Behutsamkeit <-> *f kein pl* (*geh*) care

bei *präp +dat* ❶ (*räumlich*) ■~ **jdm** (*in jds Wohn-/Lebensbereich*) with sb; ***am Wochenende sind sie entweder ~ ihm oder ~ ihr*** at the weekend they will either be at his place or at hers; ***dein Schlüssel müsste ~ dir in der Schreibtischschublade sein*** your key should be in your desk drawer; ***~ uns zu Hause wurde früher vor dem Essen immer gebetet*** we always used to say grace before a meal at our house; ***~ wem hast du die letzte Nacht verbracht?*** who did you spend last night with?; ***ich war die ganze Zeit ~ meinen Eltern*** I was at my parents' [house] the whole time; ***~ Familie Schmidt*** (*Briefanschrift*) c/o Schmidt
❷ (*räumlich*) ■~ **jdm** (*in jds Unternehmensbereich/Institution*) in; ***~ wem lassen Sie Ihre Anzüge schneidern?*** who makes your suits?, who is your tailor?; SCH from; ***sie hat ihr Handwerk ~ einem sehr erfahrenen Meister gelernt*** she learnt her trade from a very experienced master craftsman; ***~ diesem Professor hören die Studenten immer gerne Vorlesungen*** the students always enjoy this professor's lectures; ***~ wem nimmst du Klavierstunden?*** who do you have your piano lessons with?; (*in einem Geschäft*) at; **beim Bäcker/Friseur** at the baker's/hairdresser's; (*angestellt sein*) for; ***er ist*** [***Beamter***] ***~ der Bahn/Post/ beim Bund*** he works for the railways/post office/armed forces; ***er ist neuerdings auch Redakteur ~ uns*** he joined us as an editor recently too; ***seit wann bist du eigentlich ~ dieser Firma?*** how long have you been working for this company?; ***er ist ein hohes Tier ~ der Post*** he is a big shot [*or* fish] at the post office
❸ (*räumlich*) ■~ **jdm** (*in jds* [*künstlerischem*] *Werk*) in; ***das Zitat steht irgendwo ~ Goethe*** the quotation comes from somewhere in Goethe; ***~ wem hast du denn das gelesen?*** where did you read that?; ***das kannst du alles ~ Schopenhauer nachlesen*** you can look it all up in Schopenhauer
❹ (*räumlich: mit sich führen oder haben*) ■~ **sich** with; **etw ~ sich haben** to have sth with [*or* on] one; ***ich habe die Unterlagen leider nicht ~ mir*** I'm afraid I haven't got the papers with me; ***ich habe gerade kein Geld ~ mir*** I haven't any money on me at the moment; **jdn ~ sich haben** to have sb with one
❺ (*räumlich*) ■~ **etw** (*in der Nähe von*) near sth; ***Böblingen ist eine Stadt ~ Stuttgart*** Böblingen is a town near Stuttgart
❻ (*räumlich*) ■~ **etw** (*Berührung*) by; **jdn ~ der Hand nehmen** to take sb by the hand; ***er packte sie grob ~ den Haaren*** he grabbed her roughly by the hair
❼ (*~ einem Vorgehen*) ~ **einer Aufführung/Hochzeit/einem Gottesdienst** at a performance/wedding/church service; ***~ dem Zugunglück starben viele Menschen*** many people died in the train crash
❽ (*räumlich*) ■~ **etw** (*dazwischen, darunter*) among; ***die Unterlagen sind ~ den Akten*** the papers are amongst the files; ***~ den Demonstranten waren auch einige gewalttätige Chaoten*** there were also several violent hooligans among the demonstrators
❾ (*ungefähr*) around; ***der Preis liegt ~ etwa 1000 Mark*** the price is around [*or* about] 1000 marks
❿ (*Zeitspanne: während*) during; ***ich habe ~ dem ganzen Film geschlafen*** I slept through the whole film; ***~ der Vorführung darf nicht geraucht werden*** smoking is not permitted during the performance; ***unterbrechen Sie mich bitte nicht dauernd ~ meiner Rede!*** please stop interrupting my speech!; (*Zeitspanne: Zeitpunkt betreffend*) at; ~ **jds Abreise/Ankunft** on sb's departure/arrival; ***ich hoffe, du bist ~ meiner Abreise auch zugegen*** I hope you will be there when I leave [*or* on my departure]; ***sei bitte ~ meinem Eintreffen auf dem Bahnhof!*** please be waiting for me at the station when I arrive!; ***~ Beginn der Vorstellung wurde die Beleuchtung im Kino langsam dunkler*** as the film began the lights in the cinema gradually went dim
⓫ (*während einer Tätigkeit*) while; ***beim Lesen kann ich nicht gleichzeitig Radio hören*** I cannot read and listen to the radio at the same time; ***das ist mir beim Wäschebügeln eingefallen*** it occurred to me when [*or* as] [*or* while] I was ironing; ***störe mich bitte nicht ständig ~ der Arbeit!*** please stop disturbing me constantly when I'm working!
⓬ (*Begleitumstände*) by; ***wir aßen ~ Kerzenlicht*** we had dinner by candlelight; ***wir können das ja ~ einer Flasche Wein besprechen*** let's talk about it over a bottle of wine; ***~ Schnee ist Weihnachten immer am schönsten*** Christmas is always nicest when it snows; ***~ diesem Wetter setze ich keinen Fuß vor die Tür!*** I'm not setting foot outside the door in this weather!; ~ **dieser Hitze/Kälte** in such a heat/cold; ~ **Wind und Wetter** come rain or shine
⓭ (*im Falle von etw*) in case of; ***„bei Feuer Scheibe einschlagen"*** "in case of fire break glass"; ***~ 45° unter Null*** at 45° below zero; ***~ Nebel/Regen*** when it is foggy/raining, when there is fog/rain
⓮ (*wegen, mit*) with; ~ **deinen Fähigkeiten** with your talents [*or* skills]; ***~ der Sturheit, die er an den Tag legt, könnte man manchmal wirklich verzweifeln*** one could sometimes really despair at the stubbornness he shows; ***~ so viel Dummheit ist wirklich alle Liebesmüh vergebens*** all effort

is futile in the face of such stupidity
⑮ (*trotz*) ■ ~ **all/aller ...** in spite of all, despite all; ~ **alledem ...** for [*or* despite] all that ...
⑯ (*in Schwurformeln*) by; ~ **meiner Ehre** [up]on my honour; ***ich schwöre es,*** ~ ***meiner toten Mutter!*** I swear on my mother's grave!; ~ **Gott!** (*veraltend*) by God!; ***„ich schwöre*** ~ ***Gott, die Wahrheit zu sagen und nichts als die Wahrheit"*** "I swear to tell the truth, the whole truth and nothing but the truth, so help me God"
▶ WENDUNGEN: **nicht** [**ganz**] ~ **sich sein** (*fam*) to be not [quite] oneself

bei|behalten* *vt irreg* ① (*weiterhin behalten*) ■**etw** ~ to maintain sth, to keep sth up; **eine Angewohnheit** ~ to maintain a habit; **einen Brauch/eine Tradition** ~ to uphold a custom/tradition; **eine Meinung** ~ to stick to an opinion
② (*fortsetzen*) to keep to, to continue; **eine Diät** ~ to keep to a diet; **seine Geschwindigkeit** ~ to maintain one's speed; **eine Therapie** ~ to continue [with] a treatment

Beibehaltung <-> *f kein pl* ① (*das Beibehalten*) *Gewohnheit, Methode* maintenance, upkeep, upholding
② (*das Fortsetzen*) *Richtung* keeping to, continuance

bei|biegen *vt irreg* (*sl: beibringen*) ■**jdm** ~**, dass ...** to get it through to sb that ...; (*schonend beibringen*) to break it gently to sb that...; (*geduldig beibringen*) to get it patiently across to sb...

Beiblatt *nt* insert, supplement

Beiboot *nt* tender (*vessel attendant on others*)

bei|bringen *vt irreg* ① (*fam: eine schlechte Nachricht übermitteln*) ■**jdm etw** ~ to break sth to sb; ■**jdm** ~**, dass ...** to break it to sb that ...; **jdm etw schonend** ~ to break sth gently to sb
② (*fam: lehren*) ■**jdm/einem Tier etw** ~ to teach sb/an animal sth
③ (*zufügen*) ■**jdm etw** ~ to inflict sth on sb; **jdm eine Kopfverletzung/Niederlage/hohe Verluste** ~ to inflict a head injury/a defeat/heavy losses on sb
④ (*beschaffen*) ■**jdn/etw** ~ to produce sb/sth; **Beweise** ~ to produce [*or* provide] [*or* supply] proof; **das Geld** ~ to produce [*or form* furnish] the money; **die Unterlagen** ~ to produce [*or* supply] the documents; **einen Zeugen/eine Zeugin** ~ to produce a witness

Beibringungsfrist *f* JUR deadline for submission

Beichte <-, -n> *f* ① REL confession; ***die*** ~ ***wird dich erleichtern*** confession will be a relief for you; [**bei jdm**] **die** ~ **ablegen** (*geh*) to make one's confession [to sb]; **jdm die** ~ **abnehmen** to hear sb's confession; **zur** ~ **gehen** to go to confession; **eine** ~ **ablegen** (*hum: etw gestehen*) to make a confession
② (*hum: etw gestehen*) **eine** ~ **ablegen** to confess to sth

beichten I. *vt* ① REL ■[**jdm**] **etw** ~ to confess sth [to sb]
② (*hum fam: gestehen*) ■**jdm etw** ~ to confess sth to sb
II. *vi* REL to confess; ~ **gehen** to go to confession

Beichtgeheimnis *nt* seal of confession **Beichtstuhl** *m* confessional **Beichtvater** *m* (*veraltend*) father confessor *a. fig*

beidarmig I. *adj* ① SPORT double-[*or* two-]handed ② (*beide Arme betreffend*) of both arms *after n;* **eine ~e Amputation** an amputation of both arms II. *adv* ① SPORT with two [*or* both] hands ② (*beide Arme betreffend*) on both arms; ***er war*** ~ ***amputiert*** he had both arms amputated **beidbeinig** I. *adj* ① SPORT two-footed; **ein ~er Absprung** a two-footed take-off ② (*beide Beine betreffend*) of both legs; **eine ~e Amputation** an amputation of both legs II. *adv* ① SPORT with [*or* on] two [*or* both] feet ② (*beide Beine betreffend*) of both legs; ~ **amputieren** to amputate both legs

beide *pron* ① (*alle zwei*) both; ***sie hat*** ~ ***Kinder gleich lieb*** she loves both children equally; ~ **Mal[e]** both times
② (*sowohl du als auch du*) both; ***jetzt kommt mal*** ~ ***her zu Opa*** come here to Grandad both of you; ■**ihr** ~ the two of you; ***ihr*** ~ ***solltet euch wieder vertragen!*** you two really should make up again!; ■**euch** ~**n** both of you, you both; ***muss ich euch*** ~***n denn immer alles zweimal sagen?*** do I always have to tell you both everything twice?
③ (*ich und du*) ■**uns** ~**n** both of us; ■**wir** ~ the two of us
④ (*die zwei*) ■**die** [**...**] ~**n** both [of them], the two of them; ***die*** ~***n vertragen sich sehr gut*** they both [*or* the two of them] get on very well; **die ersten/letzten** ~**n ...** the first/last two ...; **einer/einen/eine/eins von** ~**n** one of the two; **keiner/keinen/keine/keins von** ~**n** neither of the two [*or* them]; **welcher/welchen/welche/welches von** ~**n** which of the two
⑤ (*sowohl dies als auch jenes*) ■~**s** both; ~***s ist möglich*** both are [*or* either [one] is] possible

beidemal *adv s.* **beide 1.**

beiderlei *adj attr, inv* both; ***was gab es zu trinken, Bier oder Wein? — es gab*** ~ ***Getränke, Bier und Wein*** what was there to drink, beer or wine? — there was both beer and wine; **Verwandte** ~ **Geschlechts** relatives of both sexes

beiderseitig *adj* on both sides; **ein ~es Abkommen** a bilateral agreement; **~es Vertrauen/~e Zufriedenheit** mutual trust/satisfaction; **sich im ~en Einverständnis trennen** to part in mutual agreement

beiderseits I. *adv* on both sides
II. *präp +gen* ■~ **einer S.** *gen* on both sides of sth; ~ **der Straße** on both sides of the street [*or* road]

beidfüßig I. *adj* ① SPORT two-footed; **ein ~er Absprung** a two-footed take-off ② (*beide Füße betreffend*) of both feet *after n;* **eine ~e Amputation** an amputation of both feet II. *adv* ① SPORT with two feet; ~ **abspringen** to take off with two feet ② (*beide Füße betreffend*) of both feet; ~ **amputieren** to amputate both feet **beidhändig** I. *adj* ① SPORT double-[*or* two-]handed ② (*beide Hände betreffend*) **eine ~e Amputation** an amputation of both hands; **ein ~er Griff** a double-[*or* two-]handed grip II. *adv* ① SPORT with two [*or* both] hands ② (*beide Hände betreffend*) ~ **amputiert** with both hands amputated

bei|drehen *vi* NAUT to heave to

beidseitig I. *adj* ① (*auf beiden Seiten vorhanden*) on both sides; **eine ~e Beschichtung** a coating on both sides, a double-sided coating; **~e Lähmung** bilateral paralysis *spec,* diplegia *spec* ② *s.* **beiderseitig** II. *adv* on both sides; ~ **gelähmt** paralyzed down both sides **beidseits** *präp +gen* SÜDD, SCHWEIZ *s.* **beiderseits II**

beieinander *adv* together; **jdn/etw** [**wieder**] ~ **haben** (*fam: einsammeln*) to have [got] sb/sth together [again]; ~ **liegen** to lie together; ~ **sitzen** to sit together; ~ **stehen** to stand together
▶ WENDUNGEN: **sie nicht** [**mehr**] **alle** [*o* **richtig**] ~ **haben** to have a screw loose *fig fam;* **gut/schlecht** ~ **sein** (*fam körperlich*) to be in good/bad [*or* poor] shape; (*geistig*) to be/not be all there *fam*

beieinander|haben *vt irreg* (*fam*) *s.* **beieinander 1** **beieinander|liegen** *vi irreg s.* **beieinander 1** **beieinander|sein** *vi irreg sein* (*fam*) *s.* **beieinander 2** **beieinander|sitzen** *vi irreg s.* **beieinander 1** **beieinander|stehen** *vi irreg s.* **beieinander 1**

Beifahrer(in) *m(f)* (*Passagier neben dem Fahrer*) front-seat passenger, passenger in the front seat; (*zusätzlicher Fahrer*) co-driver

Beifahrerairbag [-ɛːɐbɛk] *m* passenger airbag **Beifahrersitz** *m* [front] passenger seat

Beifall <-[e]s> *m kein pl* ① (*Applaus*) applause; ~ **heischend** (*geh*) looking for applause; ~ **klatschen** to applaud; ~ **klopfen** (*bei einer Vorlesung*) to applaud (*by knocking on a table etc. with one's fist*); **jdm/einer S.** ~ **spenden** (*geh*) to applaud sb/sth; ~ **auf offener Szene** applause during the performance [*or* scene]; **mit anhaltendem/brausendem** [*o* **donnerndem**] ~ **quittiert werden** to be met with prolonged/thunderous applause
② (*Zustimmung*) approval; ~ **heischend** (*geh*) looking for approval; **jdm einen** ~ **heischenden Blick zuwerfen** to cast an approval-seeking glance at sb; [**jds** *akk*] ~ **finden** to meet with [sb's] approval

beifallheischend *adj, adv s.* **Beifall 1, 2**

beifällig I. *adj* approving; **mit ~em Gemurmel quittiert werden** to be met with murmurs of approval
II. *adv* approvingly; ***er nickte*** ~ ***mit dem Kopf*** he nodded approvingly [*or* in approval]; ***dieser Vorschlag wurde*** ~ ***aufgenommen*** this suggestion was favourably received

Beifallsbekundung *f* demonstration [*or* show] of approval **Beifallsbezeigung** *f* (*geh*) *s.* **Beifallsbekundung** **Beifallsruf** *m* cheer, shout of approval **Beifallssturm** *m* storm of applause

Beifilm *m* supporting [*or* AM short subject] film

bei|fügen *vt* ① (*mitsenden*) [**einem Brief/Paket**] **etw** ~ to enclose sth [in a letter/parcel]
② (*hinzufügen*) ■[**etw**] ~ to add [sth]

Beifügung <-> *f kein pl* ① (*geh*) enclosure; **unter** ~ **einer S.** *gen* (*geh*) enclosing sth; ***unter*** ~ ***von 5 DM Rückporto senden wir Ihnen gerne den Prospekt zu*** the catalogue will be sent to you if you enclose 5 DM for return postage
② LING attribute

Beifuß <-es> *m kein pl* BOT mugwort

Beigabe <-, -n> *f* ① *sing* (*das Hinzufügen*) addition; ***ohne die*** ~ ***von Pfeffer und Salz schmeckt die Suppe recht fade*** the soup is pretty tasteless without salt and pepper; **unter** ~ **von etw** *dat* (*geh*) adding sth
② *sing o pl* (*Beilage*) side dish
③ *pl* ARCHÄOL burial gift [*or* object]

beige [beːʃ, ˈbeːʒə] *adj inv* beige

Beige[1] <-, - *o fam* -s> [beːʃ, ˈbeːʒə] *nt* beige

Beige[2] <-, -n> *f* SÜDD, ÖSTERR, SCHWEIZ pile; **zu einer** ~ **aufgeschichtet werden** to be stacked up in a pile

bei|geben *vt irreg* ① (*mitsenden*) ■[**etw** *dat*] **etw** ~ to enclose sth [with sth]
② (*hinzufügen*) ■**etw** *dat* **etw** ~ to add sth to sth; ***dem Teig müssen noch 4 Eier beigegeben werden*** 4 more eggs have to be added to the dough
③ (*geh*) ■**jdm/einer S. jdn** ~ to assign sb to sb/sth; *s. a.* **klein**

beigefarben *adj* beige[-coloured [*or* AM -ored]]

Beigeordnete(r) *f(m)* JUR councillor

Beigeschmack *m* ① (*zusätzlicher Geschmack*) [after]taste; **einen bitteren/seltsamen** ~ **haben** to have a bitter/strange taste; **einen** ~ **hinterlassen** to leave an aftertaste
② (*fig*) overtone[s]; ***das Wort hat einen leicht negativen*** ~ that word has slightly negative overtones

Beignet <-s, -s> [bɛnˈjeː] *m* KOCHK fritter; (*Krapfen*) doughnut BRIT, donut AM

Beiheft *nt* (*zusätzlich beigelegtes Heft*) supplement; SCH answer book

bei|heften *vt* ■[**etw** *dat*] **etw** ~ to attach sth [to sth]

Beihefter *m* TYPO bound-in insert

Beihilfe *f* ① (*finanzielle Unterstützung*) financial assistance, allowance; (*nicht rückzuerstattende Förderung*) grant; (*Subvention*) subsidy; ***Beamte bekommen 50%*** ~ ***zu allen Behandlungskosten*** civil servants receive a 50% contribution towards the cost of health care; **~n erhalten** to receive subsidies
② JUR aiding and abetting [before the fact]; ~ **zum Mord** to be [*or* act as] an accessory [to murder]

Beihilfeantrag *m* FIN application for aid **Beihilfeempfänger(in)** *m(f)* FIN benefit recipient **beihilfefähig** *adj* FIN entitled to an allowance [*or* a grant], subsidizable; **~e Investition** subsidizable investment **Beihilferegelungen** *pl* FIN grant system

Beijing <-s> [berˈdʒɪŋ] *nt s.* **Peking**

Beiklang *m* ① (*fig*) overtone[s]; ***das Wort hat einen leicht negativen*** ~ that word has slightly negative overtones
② MUS [disturbing] accompanying sound

bei|kommen *vi irreg sein* ① (*mit jdm fertig werden*) ▪jdm/einer S. *dat* ~ to sort out sb/sth *sep*
② DIAL (*endlich herbeikommen*) to come; ***beeil dich! mach, dass du beikommst!*** hurry up and get over here!
③ DIAL (*erreichen können*) ▪irgendwo ~ to reach somewhere; ***die Öffnung ist so eng, dass man mit der Zange nicht beikommt*** the opening is too narrow to reach with the pliers

Beikost *f* (*geh für Säuglinge*) dietary supplement; (*für Kranke, frisch Operierte*) supplementary diet

Beil <-[e]s, -e> *nt* ① (*Werkzeug*) [short-handled] axe, hatchet
② HIST (*Fall~*) blade [of a guillotine]; (*Richt~*) executioner's axe

bei|lackieren* *vt* AUTO ▪etw ~ to rework sth

bei|laden *vt irreg* ① JUR ▪jdn ~ to summon sb, to call in sb *sep*
② TRANSP ▪etw ~ to add sth to the cargo, *to load sth* [*onto a transport vehicle*] *along with the primary cargo*

Beiladung <-, -en> *f* ① JUR summons, calling in
② TRANSP extra [*or* additional] load, by-load

Beilage *f* ① (*beigelegte Speise*) side dish, *esp* AM side order
② (*das Beilegen*) enclosure (**zu** +*dat* in); **unter ~ von etw** with the enclosure of sth
③ (*Beiheft*) supplement, addition; (*beigelegtes Werbematerial*) insert; **eingeklebte ~** TYPO glued-in insert, tipped-in supplement
④ ÖSTERR (*Anlage*) enclosure; ***ich übersende Ihnen eine Probe als*** ~ I have enclosed a sample for you

Beilagscheibe *f* flat washer

beiläufig I. *adj* passing
II. *adv* ① (*nebenbei*) in passing; **einen Namen ~ erwähnen** to mention a name in passing
② ÖSTERR (*ungefähr*) about

Beiläufigkeit <-, -en> *f* ① (*Nebensächlichkeit*) triviality
② (*Gleichgültigkeit*) casualness

bei|legen *vt* ① (*dazulegen*) ▪etw *dat* etw ~ to insert sth in sth; **einem Brief einen Rückumschlag ~** to enclose an SAE [*or* AM SASE] in a letter
② (*beimessen*) ▪etw *dat* etw ~ to attribute [*or* ascribe] sth to sth; **einer Sache Bedeutung ~** [*o* **Gewicht**] to attach importance to sth
③ (*schlichten*) ▪etw ~ to settle sth; ***lass uns die Sache [gütlich] ~!*** let's settle the matter [amicably]
④ (*annehmen*) [**sich** *dat*] **einen Titel ~** to assume a title

Beilegung <-, -en> *f* ① JUR (*Schlichtung*) settlement
② *kein pl von Bedeutung, Gewicht, Wert* attaching
③ (*selten: Beilage*) insertion, enclosure
④ NAUT mooring

beileibe *adv* on no account; **etw ~ niemandem** [*o* **keiner Menschenseele**] **verraten** to tell sb sth on no [*or* not tell sth to a soul on any] account; ***achten Sie aber ~ darauf, ...*** make absolutely sure ...; **~ nicht!** certainly not, BRIT *hum fam a.* not on your nelly

Beileid *nt kein pl* condolence[s *pl*], sympathy; [**mein**] **herzliches ~** [you have] my heartfelt sympathy, my heart bleeds for you *iron;* **jdm** [**zu etw**] **sein ~ aussprechen** [*o* **ausdrücken**] to offer sb one's condolences [*or* express one's sympathy with sb] [on sth]

Beileidsbekundung *f* expression of sympathy **Beileidsbesuch** *m* visit of condolence; ***von ~en bitten wir abzusehen*** we request that you do not pay any visits of condolence *form;* [**jdm**] **einen ~ machen** [*o* **abstatten**] to pay [sb] a visit of condolence **Beileidsbezeugung** *f s.* **Beileidsbekundung** **Beileidsbrief** *m* letter of condolence **Beileidskarte** *f* condolence card **Beileidsschreiben** *nt* [letter of] condolence

bei|liegen *vi irreg* ▪etw *dat* ~ to be appended [*or* attached] to sth; (*einem Brief, Paket*) to be enclosed in sth

beiliegend *adj* enclosed; **~ finden Sie ...** (*geh*) please find enclosed ..., enclosed is/are ...

beim = **bei dem** ① (*Aufenthalt in jds Geschäftsräumen*) **~ Arzt/Bäcker/Friseur** at the doctor's/baker's/hairdresser's
② (*eine Tätigkeit ausführend*) **jdn ~ Arbeiten stören** to disturb sb working; **jdn ~ Stehlen ertappen** [*o* **erwischen**] to catch sb [in the act of] stealing

bei|mauern *vt* BAU ▪etw ~ to brick flush with sth

bei|mengen *vt* ▪[**etw** *dat*] **etw** ~ to add sth [to sth], to mix sth into sth; **Zucker ~** to add [*or sep* mix in] sugar

bei|messen *vt irreg* **etw** *dat* **Bedeutung** [*o* **Gewicht**]/**Wert ~** to attach importance/value to sth

bei|mischen *vt s.* **beimengen**

Beimischung *f* ① (*das Beimischen*) addition
② (*Zusatz*) admixture

Bein <-[e]s, -e> *nt* ① (*Körperteil*) leg; **jdm ein ~ amputieren** to amputate sb's leg; **die ~ ausstrecken/spreizen/übereinander schlagen** to stretch [out]/part/cross one's legs; **sich** *dat* **ein ~/das rechte ~ brechen** to break one's leg/one's right leg; **jdn/etw** [**wieder**] **auf die ~ bringen** to get sb back on his/sth back on its feet again; **das ~ heben** *Hund* to lift a leg; **jdm** [**wieder**] **auf die ~e helfen** to help sb back on [*or* onto] his feet; **wieder auf die ~e kommen** (*sich wieder aufrichten*) to get back on one's feet [again], to find one's legs; **schwach/unsicher auf den ~en sein** to be weak/unsteady on one's feet; **auf einem ~ stehen** to stand on one leg; **jdm ein ~ stellen** to trip up sb *sep;* **die ~e** [**lang**] **von sich strecken** to stretch out one's legs; **von einem ~ aufs andere treten** to shift from one foot to the other; **ein ~ verlieren** to lose a leg; **sich** *dat* **die ~e vertreten** to stretch one's legs
② (*Hosen~*) leg; **weite ~e** flares; **Jeans mit engen ~en** drainpipes *npl*
③ (*Knochen*) bone
▶ WENDUNGEN: **die ~e unter den Arm** [*o* **in die Hand**] **nehmen** (*fam*) to take to one's heels, to leg it *sl;* **sich** *dat* **die ~e in den Bauch stehen** (*fam*) to be standing until one is ready to drop *fam;* **mit beiden ~en auf dem Boden stehen** to have both feet on the ground; **mit einem ~ im Gefängnis stehen** to be running the risk of a jail sentence; **mit einem ~ im Grabe stehen** (*sterbenskrank sein*) to have one foot in the grave; (*einen lebensgefährlichen Beruf haben*) to defy death; **mit beiden ~en im Leben stehen** to have both feet [firmly] on the ground; **die ~e unter jds Tisch strecken** (*fam*) to have one's feet under sb's table; **jüngere ~e haben** (*fam*) to have [got] a younger pair of legs [on one] *hum;* **mit dem linken ~ zuerst aufgestanden sein** to have got out of bed on the wrong side; **sich** *dat* **die ~e** [**nach etw** *dat*] **abrennen** [*o* **ablaufen**] [*o* **wund laufen**] (*fam*) to run one's legs off [for sth]; **sich** *dat* [**bei etw** *dat*] **kein ~ ausreißen** (*fam*) to not bust a gut [over sth] *sl;* **~e bekommen** (*fam*) to go for a walk on its own *hum;* **jdn/sich** *dat* **etw ans ~ binden** to saddle sb/oneself with sth; **jdn auf die ~e bringen** [*o* **stellen**] (*Menschen zusammenbringen*) to bring people together *sep;* **jdm in die ~e fahren** to make sb shake all over, to go right through sb; **immer wieder auf die ~e fallen** (*fam*) to always land on one's feet; **jdn/etw am ~ haben** (*fam*) to have sb/sth round one's neck *fam;* **alles, was ~e hat, ...** (*fam*) everything on two legs ... *hum;* **sich** *dat* **kaum noch** [*o* **nur noch mit Mühe**]/**nicht mehr auf den ~en halten können** to be hardly able to stand on one's [own two] feet; **jdm** [**wieder**] **auf die ~e helfen** to help sb back on [*or* onto] his feet; **was die ~e hergeben** (*fam*) as fast as one's legs can carry one; **auf einem ~ kann man nicht stehen!** (*fig fam*) you can't stop at one!; **wieder auf die ~e kommen** (*wieder gesund werden*) to be up on one's feet again; (*sich wirtschaftlich wieder erholen*) to recover one's economic state; **jdm** [**tüchtig**] **~e machen** (*fam*) to give sb a [swift] kick in [*or* up] the arse [*or* AM ass] *sl;* ***verschwinde endlich, oder muss ich dir erst ~e machen?*** get lost, or do you need a kick up the arse? *hum sl;* **sich auf die ~e machen** (*fam*) to get a move on; **auf den ~en sein** (*in Bewegung sein*) to be on one's feet; (*auf sein*) to be up and about; ***ich bin nicht mehr so gut auf den ~en*** I'm not as young as I used to be *a. hum;* **wieder auf den ~en sein** to be on one's feet [*or* up and about] again; **auf eigenen ~en stehen** to be able to stand on one's own two feet; **auf schwachen ~en stehen** to have a shaky foundation, to be untenable; **etw auf die ~e stellen** to get sth going; **jdm ein ~ stellen** to trip up sb *sep*

beinah(e) *adv* almost, nearly

Beinahezusammenstoß <-es, -stöße> *m* near miss; *Flugzeuge a.* BRIT *a.* air miss

Beiname *m* epithet, byname, cognomen *form*

Beinamputation *f* ① (*Amputation eines Beines*) leg amputation; **Kriegsopfer mit ~en** war victims with amputated legs; [**an jdm**] **eine ~ vornehmen** to amputate sb's leg ② (*fam: Patient mit zu amputierendem Bein*) leg job *sl* **beinamputiert** *adj* with an amputated leg [*or* amputated legs]; **linksseitig/rechtsseitig ~ sein** to have had one's left/right leg amputated **Beinarbeit** *f kein pl* footwork **Beinbruch** *m* ① (*Bruch eines Beines*) fracture of the leg; ***das ist kein ~!*** (*fig fam*) it's not as bad as all that!; ***alles kein ~, es wird schon gehen*** don't worry your head about it, it'll be all right *fam*
② (*fam: Patient mit einem ~*) broken leg *fam*

beinern *adj* ① (*knöchern*) **der ~e Knochenmann/ein ~es Skelett** Death/a skeleton
② (*aus Knochen gefertigt*) bone *attr,* [made] of bone *pred*
③ (*elfen~*) ivory *attr,* [made] of ivory *pred*

Beinfleisch *nt* (*vom Rind*) [beef] shin **Beinfreiheit** *f* legroom

beinhalten* *vt* (*geh*) ▪etw ~ to contain sth; **etw auch ~** to include sth

beinhart SÜDD, ÖSTERR I. *adj* (*fam*) ruthless, rock-hard *fam;* **eine ~e Geschäftsfrau** a ruthless [*or fam* hard-nosed] businesswoman; **~e Bedingungen** ruthless terms
II. *adv* (*fam*) ruthlessly, mercilessly

Beinhaus *nt* charnel house **Beinprothese** *f* artificial leg, leg prosthesis *spec;* **jdm eine ~ anpassen** to fit sb with an artificial leg **Beinscheibe** *f* KOCHK (*vom Rind, Kalb*) shin slice **Beinschiene** *f* ① MED [leg] splint ② SPORT shin pad ③ HIST greave[s *pl*] **Beinstumpf** *m* [leg] stump **Beinwell** *m* BOT comfrey

bei|ordnen *vt* ▪jdm jdn ~ to assign sb to sb

Beiordnung *f* ① JUR assignment as counsel, appointment; **~ eines Rechtsanwalts** assignment of counsel to the assisted party
② LING coordination

Beipack <-[e]s> *m kein pl* additional consignment

Beipackzettel *m* instruction leaflet; (*Inhaltsverzeichnis*) list of contents

bei|pflichten *vi* ▪jdm/etw [**in etw** *dat*] ~ to agree with sb/sth [on sth]; ***dieser Ansicht muss man*** ~ one has to agree with this view

Beiprogramm *nt* supporting programme [*or* AM -am]

bei|putzen *vt* BAU ▪etw ~ to spot-plaster sth

Beirat <-[e]s, Beiräte> *m* HANDEL advisory council; **juristischer ~** legal adviser; **ständiger ~** permanent advisory council

Beiratssitzung *f* board [*or* council] meeting

Beiried <-[e]s> *nt* ÖSTERR rump steak, roast beef

beirren* *vt* ▪**sich** [**bei/durch etw**] [**nicht**] ~ **lassen** to [not] let oneself be put off [by sth]; ▪**sich** *akk* [**in etw** *dat*] [**nicht**] ~ **lassen** to [not] let oneself be swayed [in sth]; ▪jdn ~ to confuse [*or* disconcert] sb

beisammen *adv* ① (*zusammen*) together; **~ sein** to be [all] together; *s. a.* **beieinander**
② (*fam: geistig rege*) [**nicht**] **gut ~ sein** to [not] be with it *fam;* **einigermaßen** [*o* **leidlich**] **~ sein** to be more or less there *fam*

beisammen|haben *vt irreg (fam)* ■ **sie/etw [für etw]** ~ to have [got together] enough of them/sth [for sth]; **[genug] Geld/Leute** ~ to have [got together] enough money/people ▶ WENDUNGEN: **[sie] nicht alle** ~ *(fam)* to be [*or* have gone] soft in the head *fam* **beisammen|sein** *vi irreg sein s.* **beisammen Beisammensein** *nt* get-together

Beisatz *m* LING apposition; *(Beispiel des ~es)* appositive

Beischlaf *m* sexual intercourse [*or* relations *pl*] **(von/zwischen** *+dat* between); **den ~ vollziehen** to consummate the marriage; **außerehelicher ~** adultery

Beischreibung *f* JUR addition [*or* correction] of register entry

Beisein *nt* ■ **in jds ~,** ■ **im ~ von jdm** in sb's presence [*or* the presence of sb], before sb; ■ **ohne jds ~** [*o* **ohne ~ von jdm**] without sb['s *form*] being present

beiseite *adv* to one side; **~ gehen/treten** to step aside [*or* to the [*or* one] side]; **etw ~ lassen** to leave aside sth *sep,* to leave sth on one side; **etw ~ legen** *(etw weglegen)* to put aside sth *sep,* to put sth to one side; *(etw sparen)* to put [*or* set] aside sth *sep* ▶ WENDUNGEN: **etw ~ bringen** to misappropriate sth; **jdn ~ schaffen** to do away with sb; *s. a.* **Scherz, Spaß**

Beiseiteschaffen <-s> *nt kein pl* removing by stealth

Beis(e)l <-s, -n> *nt* ÖSTERR *(fam)* dive *pej fam,* BRIT *fam a.* boozer

bei|setzen *vt (geh)* ■ **jdn/etw [in etw** *dat*] ~ to inhume sb/sth [in sth] *form,* to inter sb [in sth] *form;* **eine Urne** ~ to install an urn [in its resting place]

Beisetzung <-, -en> *f (geh)* burial, interment *form,* funeral; *einer Urne* installing [in its resting place]

Beisitzer(in) <-s, -> *m(f)* ❶ JUR associate [*or spec a.* puisne] judge
❷ *(Kommissionsmitglied)* assessor

Beispiel <-[e]s, -e> *nt* example; **anschauliches ~** illustration; ■ **praktisches ~** demonstration; **jdm als ~ dienen** to be [*or* serve as] an example to sb; **[jdm] mit gutem ~ vorangehen** [*o* **jdm ein gutes ~ geben**] to set [sb] a good example; **sich** *dat* **an jdm/etw ein ~ nehmen** to take a leaf out of sb's book; **zum ~** for example [*or* instance]; **wie zum ~** such as

beispielhaft I. *adj* ❶ *(vorbildlich)* exemplary; ■ **[für jdn] ~ sein** to be an example [to sb]
❷ *(typisch)* typical **(für** *+akk* of)
II. *adv (vorbildlich)* **sich ~ benehmen/verhalten** to show exemplary behaviour [*or* AM -or]/to prove oneself exemplary

beispiellos *adj* ❶ *(unerhört)* outrageous
❷ *(ohne vorheriges Beispiel)* unprecedented, without parallel *pred* **(in** *+dat* in)

Beispielsatz *m* example [sentence]

beispielsweise *adv* for example [*or* instance]

bei|springen *vi irreg sein* ❶ *(aushelfen)* ■ **jdm [mit etw]** ~ to help out sb *sep* [with sth]
❷ *(zu Hilfe kommen)* ■ **jdm** ~ to rush to sb's aid [*or* assistance]

beißen <biss, gebissen> I. *vt* ■ **jdn [in etw** *akk*] ~ to bite sb['s sth] [*or* sb [in the sth]]; ■ **sich** ~ to bite each other [*or* one another]; ***er wird dich schon nicht ~!*** *(fig)* he won't bite you; ***das Brot ist so hart, dass man es kaum mehr ~ kann!*** this bread is so hard that you can hardly bite into it; **etwas/nichts zu ~ haben** *(fam)* to have something/nothing to eat, to get one's teeth around *hum fam*
II. *vi* ❶ *(mit den Zähnen fassen)* to bite; ■ **auf/in etw** *akk* ~ to bite into sth; **in einen Apfel** ~ to bite into [*or* take a bite out of] an apple; *(schnappen)* ■ **nach jdm/etw** ~ to bite [*or* snap] at sb/sth
❷ *(brennend sein)* ■ **[an/auf/in etw** *dat*] ~ to make sth sting, to sting; *Säure* to burn; **in den Augen** ~ to make one's eyes sting [*or* water]
❸ *(an~)* to rise to the bait; ***die Fische wollen heute nicht*** ~ the fish aren't biting today
▶ WENDUNGEN: **an etw** *dat* **zu ~ haben** to have sth to chew over
III. *vr* ❶ *(mit den Zähnen)* ■ **sich** *akk* **auf etw** *akk o dat* ~ to bite one's sth
❷ *(unverträglich sein)* ■ **sich [mit etw]** ~ to clash [with sth]

beißend *adj* ❶ *(scharf)* pungent, sharp; **~er Qualm** acrid smoke
❷ *(brennend)* burning
❸ *(ätzend)* caustic, cutting; **~e Kritik** scathing criticism

Beißerchen <-s, -> *pl (hum fam)* [little] teeth; *(künstliches Gebiss)* choppers *fam,* BRIT *a.* pearlies *hum*

Beißhemmung *f* BIOL attack inhibition **Beißring** *m* teething ring **Beißzange** *f* DIAL *s.* **Kneifzange**

Beistand *m* ❶ *kein pl (Unterstützung)* support; *(Hilfe)* assistance; *von Priester* attendance, presence; **ärztlicher ~** medical aid [*or* attendance]; **jdm seinen ~ leihen** *(geh)* to offer sb one's assistance; **jdm ~ leisten** to give sb one's [financial] support
❷ *(helfender Mensch)* assistant; **seelischer ~** sb who gives emotional support
❸ JUR legal adviser, counsel

Beistandschaft <-, -en> *f* JUR assistance, guardianship

Beistandskredit *m* FIN standby credit **Beistandsmechanismus** *nt* FIN standby arrangement, support mechanism **Beistandspakt** *m* mutual assistance pact [*or* treaty] **Beistandssystem** *nt* FIN support system **Beistandsvertrag** *m* treaty of mutual assistance

bei|stehen *vi irreg* ■ **jdm [gegen jdn/etw]** ~ to stand by sb [before sb/sth]; **jdm helfend/tatkräftig ~** to give sb assistance/one's active support; ■ **einander** [*o* **sich**] ~ to stand by each other

bei|stellen *vt* ÖSTERR ■ **[jdm] etw** ~ to provide [sb with] sth

Beistellmöbel *pl* occasional furniture *no pl* **Beistelltisch** *m* occasional [*or* side] table **Beistellwagen** *m* serving trolley

bei|steuern *vt* ■ **etw [zu etw]** ~ to contribute sth [to sth]; **seinen Teil** ~ to contribute one's share

bei|stimmen *vi s.* **zustimmen**

Beistrich *m bes* ÖSTERR comma

Beitel <-s, -> *m* [wood] chisel

Beitrag <-[e]s, -träge> *m* ❶ *(Mitglieds~)* fee, dues *npl; (Versicherungs~)* premium
❷ *(Artikel)* article, contribution
❸ *(Mitwirkung)* contribution; **einen ~ zu etw leisten** to make a contribution [*or* contribute] to sth
❹ SCHWEIZ *(Subvention)* subsidy

bei|tragen I. *vi irreg* ■ **zu etw** ~ to contribute to sth; ***der Vorschlag soll dazu ~, dass wir einen befriedigenden Kompromiss finden*** this proposal is to help us obtain a satisfactory compromise
II. *vt* ■ **etw zu etw** ~ to contribute sth to sth; **seinen Teil zur Rettung der Hungernden** ~ to do one's bit to help the starving

Beitragsangleichungsklausel *f* FIN *(bei Versicherung)* premium adjustment clause **Beitragsanpassung** *f* FIN premium adjustment **Beitragsanspruch** *m* FIN contributory claim **Beitragsaufkommen** *nt* FIN contributions *pl* received **Beitragsbefreiung** *f* FIN *(bei Versicherung)* waiver of premium **Beitragsbemessungsgrenze** *f income level up to which contributions are payable* **beitragsfrei** I. *adj* non[-]contributory; **~e Mitgliedschaft** free membership; **~e Versicherung** paid-up insurance II. *adv* **jdn ~ versichern** to insure sb on a non[-]contributory basis **Beitragsgruppe** *f* contribution class BRIT, insurance group AM **Beitragsklasse** *f* insurance group **Beitragsmarke** *f* stamp **Beitragspflicht** *f* FIN liability to pay contributions **beitragspflichtig** *adj inv* ÖKON *Arbeitnehmer* liable to pay contributions; *Einkommen* on which contributions are payable; *Rente* contributory **Beitragsrückerstattung** *f* premium [*or* contribution] refund; *(Beitragsrückvergütung)* no-claim[s] bonus BRIT, premium refund AM **Beitragssatz** *m* membership rate **Beitragsstaffelung** *f* FIN *(Versicherung)* grading of premiums **Beitragszahler(in)** *m(f)* fee-paying member, contributor **Beitragszahlung** *f* FIN payment of dues [*or* contributions]; **~en an die Sozialversicherung** contribution [in]to a scheme **Beitragszeit** *f* contribution period

beitreibbar *adj inv* FIN recoverable, collectible

Beitreibbarkeit <-> *f kein pl* FIN recoverability *kein pl*

bei|treiben *vt irreg* JUR ■ **etw** ~ to force [*or* enforce] [the] payment of sth; ***Ihre Schulden können [gerichtlich] beigetrieben werden*** payment of your debts may be enforced [by legal proceedings]

Beitreibung <-, -en> *f* JUR collection, recovery

Beitreibungskosten *pl* FIN collection expenses **Beitreibungsverfahren** *nt* JUR collection [*or* recovery] proceedings *pl*

bei|treten *vi irreg sein* ■ **etw** *dat* ~ ❶ *(Mitglied werden)* to join sth [as a member], to become a member of sth
❷ POL to enter into sth; **einer Föderation** ~ to accede to a federation

Beitritt *m* ❶ *(das Beitreten)* entry **(zu** *+dat* into); **seinen ~ [zu etw] erklären** to join sth
❷ POL *(Anschluss)* accession **(zu** *+dat* to)

Beitrittsakte *m (in der EU)* Act of Accession **Beitrittsantrag** *m* JUR application for membership [*or* entry] **Beitrittsausgleichsbetrag** *m (in der EU)* accession compensatory amount **Beitrittsbedingungen** *pl* conditions of membership [*or* accession] **Beitrittserklärung** *f* confirmation of membership **Beitrittsgebiet** *nt former East Germany which acceded to the Grundgesetz after Reunification* **Beitrittsgegner** *m (in der EU)* anti-marketeer **Beitrittsgesuch** *nt* application for membership **Beitrittskandidat** *m* POL, EU candidate for accession **Beitrittsklausel** *f* JUR accession clause **Beitrittsland** *nt zur EU* acceding country **Beitrittspflicht** *f* compulsory membership **Beitrittsurkunde** *f* JUR instrument of accession **Beitrittsverfahren** *nt* accession proceedings *pl* **Beitrittsverhandlungen** *pl* accession negotiations **Beitrittsvertrag** *m* JUR *(Völkerrecht)* treaty of accession **Beitrittsvoraussetzung** *f* membership qualification **Beitrittszwang** *m* compulsory membership

Beiwagen *m* sidecar

Beiwagenfahrer(in) *m(f)* sidecar passenger

Beiwerk *nt (geh)* embellishment[s *pl*]

bei|wohnen *vi (geh)* ❶ *(dabei sein)* ■ **etw** *dat* ~ to be present at [*or* attend] sth
❷ *(veraltet)* ■ **jdm** ~ to cohabit with sb *form,* to lie with sb *old*

Beiwohner(in) <-s, -> *m(f)* JUR *(Lebensgefährte)* cohabitee

Beiwohnung <-, -en> *f* JUR *(Zusammenleben)* cohabitation

Beiwort <-wörter> *nt* ❶ *(beschreibendes Wort)* epithet
❷ *(selten: Adjektiv)* adjective

Beiz <-, -en> *f* SÜDD, SCHWEIZ *(fam)* dive *pej fam,* BRIT *fam a.* boozer

Beize[1] <-, -n> *f* ❶ *(Beizmittel)* stain[ing agent]
❷ *(Marinade)* marinade
❸ *kein pl (das Beizen)* ■ **die ~ [einer S.** *gen*/**von etw** *dat*] staining [sth]
❹ *s.* **Beizjagd**

Beize[2] <-, -n> *f* DIAL pub BRIT, bar AM *fam*

beizeiten *adv* in good time; ***das hättest du mir aber ~ sagen müssen!*** you should have told me that earlier [*or* before]

beizen *vt* ❶ *(mit einem Beizmittel behandeln)* **etw [braun/schwarz]** ~ to stain sth [brown/black]
❷ *(marinieren)* ■ **etw** ~ to marinade sth

Beizjagd *f* ■ **die** ~ hawking

Beizmittel *nt* stain[ing agent]

Beizvogel *m* falcon, hawk

bejahen* *vt* ■ **etw** ~ ❶ *(mit Ja beantworten)* to answer sth in the affirmative
❷ *(gutheißen)* to approve [of] sth

bejahend I. *adj* affirmative; **eine ~e Antwort** an affirmative [*or* a positive] answer

II. *adv* affirmatively, in affirmation

bejahrt *adj (geh)* ❶ *(älter)* elderly, advanced in years *pred*
❷ *(hum: von Tier: alt)* aged *hum*

Bejahung <-, -en> *f* ❶ *(das Bejahen 1.)* affirmation; *(Antwort)* affirmative answer (+*gen* to)
❷ *(Gutheißung)* approval

bejammern* *vt* ▪**jdn** ~ to lament [*or liter* bewail] sb; ▪**etw** ~ to lament [*or liter* bemoan] sth

bejammernswert *adj* lamentable, pitiable, pitiful

bejubeln* *vt* ❶ *(jubelnd begrüßen)* ▪**jdn [als etw]** ~ to cheer sb, to acclaim sb as sth
❷ *(jubelnd feiern)* ▪**etw** ~ to cheer [*or* rejoice at] sth; ▪**bejubelt werden** to be met with cheering [*or* rejoicing]

bekakeln* *vt* DIAL ▪**etw** ~ to discuss [*or sep* talk over] sth; ▪**~, was/wann/wie** to discuss what/when/how

bekämpfen* *vt* ❶ *(gegen jdn/etw kämpfen)* ▪**jdn/etw** ~ to fight [against] sb/sth; ▪**sich [gegenseitig]** ~ to fight one another; *s. a.* **Messer**
❷ *(durch Maßnahmen eindämmen)* ▪**etw** ~ to combat sth
❸ *(auszurotten suchen)* ▪**etw** ~ to control sth

Bekämpfung <-, *selten* -en> *f* ❶ *(das Bekämpfen)* fighting (**von**/+*gen* against)
❷ *(versuchte Eindämmung)* ▪**die/eine ~ [einer S.** *gen*/**von etw** *dat*] combatting [sth]; ***zur ~ der Drogenkriminalität*** to combat drug-related crime
❸ *(versuchte Ausrottung)* controlling

Bekämpfungsmaßnahme *f* pesticide

bekannt *adj* ❶ *(allgemein gekannt)* well-known; **eine ~e Person** a famous [*or* well-known/better-known] person; **[jdm] etw ~ geben** to announce sth [to sb]; *(von der Presse)* to publish sth; ***ihre Verlobung geben ~ …*** the engagement is announced between …; **jdn ~ machen** *(berühmt)* to make sb famous; **etw ~ machen** *(öffentlich)* to make sth known to the public; **[jdm] etw ~ machen** to announce sth [to sb]; **etw der Öffentlichkeit ~ machen** to publicize sth; *(durch Fernsehen)* to broadcast sth; **[jdm] vertrauliche Information ~ machen** to disclose confidential information [to sb]; **für etw ~ sein** to be well-known [*or* famous] for sth; **~ werden** to become well-known [*or* famous]; ▪**[jdm] ~ werden** to leak out [to sb]
❷ *(nicht fremd, vertraut)* familiar; ***ist dir dieser Name ~?*** do you know [*or* are you familiar with] this name?; ***mir ist das/sie ~*** I know about that/I know her, she is known to me; **allgemein/durchaus ~ sein** to be common knowledge/a known fact; ***dir war nicht ~, dass …?*** you didn't know that …?; **jdn/sich [mit jdm] ~ machen** to introduce sb/oneself [to sb]; **jdn/sich mit etw ~ machen** to familiarize sb/oneself with sth; **mit jdm ~ sein** to be acquainted with sb; **jdm ~ sein** to be familiar to sb; ***sein Gesicht ist mir ~*** I've seen his face somewhere before; **jdm ~ vorkommen** to seem familiar to sb

Bekannte(r) *f(m) dekl wie adj* ❶ *(jdm bekannter Mensch)* acquaintance; **ein guter ~r** a friend; **einer von meinen ~n** an acquaintance of mine
❷ *(euph: Freund)* friend

Bekanntenkreis *m* circle of acquaintances

bekanntermaßen *adv (geh) s.* **bekanntlich**

Bekanntgabe *f* announcement; *(von der Presse)* publication

bekannt|geben *vt irreg s.* **bekannt 1**

bekanntgeworden *pp von* **bekanntwerden** *s.* **bekannt**

Bekanntheit <-> *f kein pl* fame; **Namen von geringerer ~** less famous names; **ich darf die ~ dieser Fakten voraussetzen** I may assume that these facts are known; **von großer/geringer ~ sein** to be well-/little-known

Bekanntheitsgrad *m* degree of fame; **sein ~ ist gering** he is little-known [*or* not very well-known]

bekanntlich *adv* as is [generally] known; ***das ist ~ nicht ihr richtiger Name*** as is [generally] known, that is not her real name; ***es gibt ~ auch andere Meinungen*** there are known to be other opinions

bekannt|machen *vt s.* **bekannt 1**

Bekanntmachung <-, -en> *f* ❶ *kein pl (das Bekanntmachen)* announcement; *(der Öffentlichkeit)* publicizing; *(durch Fernsehen)* broadcasting; *(von der Presse)* publication; **öffentliche ~** public announcement
❷ *(Anschlag etc)* announcement, notice

Bekanntmachungsgebühr *f* FIN publication fee **Bekanntmachungspflicht** *f* JUR disclosure duty

Bekanntschaft <-, -en> *f* ❶ *kein pl (das Bekanntsein)* acquaintance; ***unsere ~ geht auf die Schulzeit zurück*** we have been acquainted since our schooldays; **eine ~ machen** to make an acquaintance; **~en machen** to meet new people; **jds ~ machen** to make sb's acquaintance *a. iron;* **mit etw ~ machen** *(iron)* to get to know sth *iron*
❷ *(fam: Bekanntenkreis)* acquaintances *pl*

bekannt|werden *vi irreg sein s.* **bekannt 1**

Bekassine <-, -n> *f* ORN snipe

bekehren* I. *vt* ▪**jdn [zu etw]** ~ *(lit, fig)* to convert [*or* proselytize *liter*] sb [to sth]
II. *vr* ▪**sich [zu etw]** ~ *(lit, fig)* to be[come] converted [to sth]

Bekehrte(r) *f(m) dekl wie adj* convert, proselyte *liter*

Bekehrung <-, -en> *f* conversion, proselytism *liter*

bekennen* *irreg* I. *vt* ❶ *(eingestehen)* ▪**[jdm] etw** ~ to confess sth [to sb], to admit sth; **seine Schuld/seine Sünden/sein Verbrechen ~** to confess one's guilt/sins/crime
❷ *(öffentlich dafür einstehen)* ▪**etw** ~ to bear witness to sth
II. *vr* ❶ *(zu jdm/etw stehen)* ▪**sich zu jdm/etw ~** to declare one's support for sb/sth; **sich zu einem Glauben ~** to profess a faith; **sich zu einem Irrtum ~** to admit to a mistake; **sich zu einer Tat ~** to confess to a deed; **sich zu einer Überzeugung ~** to stand up for one's convictions
❷ *(sich als etw zeigen)* ▪**sich als etw ~** to confess [*or form* avow] oneself sth; ***immer mehr Menschen ~ sich als Homosexuelle*** more and more people are coming out [of the closet] *sl;* ▪**~d** confessing, professing; *s. a.* **befangen, Kirche, schuldig**

Bekenner(in) *m(f)* confessor; **Eduard der ~** Edward the Confessor

Bekenneranruf *m* call claiming responsibility **Bekennerbrief** *m*, **Bekennerschreiben** *nt* letter claiming responsibility

Bekennerin <-, -nen> *f fem form von* **Bekenner**

Bekenntnis *nt* ❶ *(Eingeständnis)* confession
❷ *(das Eintreten für etw)* ▪**das/ein/jds ~ zu etw** the/a/sb's [declaration of] belief [*or* declared belief] in sth
❸ REL *(Konfession)* [religious] denomination; ***welches ~ haben Sie?*** what denomination do you belong to?

Bekenntnisfreiheit *f s.* **Glaubensfreiheit bekenntnislos** *adj* without denomination *pred* **Bekenntnisschule** *f* denominational school

bekieken *vt* NORDD *(betrachten)* ▪**jdn/etw** ~ to [have a] look at sb/sth

beklagen* I. *vt* ▪**etw** ~ to lament [*or liter* bemoan] sth; ▪**zu ~ sein** ***bei dem Unglück waren 23 Tote zu ~*** the accident claimed 23 lives; ***Menschenleben waren nicht zu ~*** there were no casualties
II. *vr* ▪**sich [bei jdm] [über jdn/etw** [*o* **wegen einer S.** *gen*]] ~ to complain [*or* to make a complaint] [to sb] [about sb/sth]; ***man hat sich bei mir über Sie beklagt*** I have received a complaint about you; ***ich kann mich nicht ~*** I can't complain, I've no reason to complain

beklagenswert *adj* lamentable; **ein ~er Irrtum/ein ~es Versehen** an unfortunate [*or* regrettable] error/oversight *a. euph;* ▪**~ sein, dass** to be unfortunate [*or* regrettable] that

beklagenswürdig *adj (geh)* lamentable, deplorable

beklagt *adj* JUR **die ~e Partei** the defendant

Beklagte(r) *f(m) dekl wie adj* JUR defendant

beklatschen* *vt* ▪**jdn/etw** ~ to applaud sb/sth

beklauen* *vt (fam)* ▪**jdn/etw** ~ to rob sb/sth

bekleben* *vt* ▪**etw mit etw** ~ to stick sth on[to] sth; *(mit Leim)* to glue sth on[to] sth; **etw mit Plakaten/Etiketten ~** to stick posters/labels on[to] sth, to poster [over *sep*]/label sth; ***Verteilerkästen dürfen nicht beklebt werden*** affix no labels on[to] distribution boxes *form*

Beklebepapier *nt* TYPO cover paper

Beklebung <-> *f kein pl* TYPO covering

bekleckern* I. *vt (fam)* ▪**[jdm] etw [mit etw]** ~ to stain [sb's] sth [with sth]; ▪**[sich** *dat*] **etw** ~ to stain [one's] sth; ***sie hat sich über und über mit Spinat bekleckert!*** she's smeared spinach all over herself!
II. *vr (fam)* **sich [mit Brei/Soße]** ~ to spill porridge/sauce all down [*or* over] oneself

beklecksen *vt* ▪**etw [mit etw]** ~ to splatter sth [with sth]

bekleiden* *vt (geh)* ❶ *(innehaben)* ▪**etw** ~ to fill [*or* occupy] sth; **einen Rang ~** to hold a rank
❷ *(beziehen)* ▪**etw mit etw** ~ to line sth with sth; **Wände mit Tapeten ~** to wallpaper walls
❸ *(geh)* ▪**sich [mit etw]** ~ to dress [*or* clothe] oneself [in sth], to get dressed; **sich leicht ~** to put on [*or form* don] light clothing

bekleidet *adj* dressed, attired *form*, clad *liter;* ▪**mit etw ~ sein** to be dressed [*or liter* clad] in sth; **knapp** [*o* **notdürftig**]/**leicht [mit etw] ~** scantily [*or* skimpily]/lightly dressed [*or form* attired] [in sth]

Bekleidung *f* ❶ *(Kleidungsstück)* clothing *no pl, no indef art,* clothes *npl;* **ohne ~** without [any] clothes on
❷ *(geh: das Innehaben)* tenure; **~ eines Amtes** tenure of office

Bekleidungsindustrie *f* clothing [*or* garment] industry **Bekleidungsstück** *nt (geh) s.* **Kleidungsstück**

beklemmen *vt* ▪**jdn/etw** ~ to oppress sb/sth, to weigh upon sb/sth; ***die Stille beklemmte ihn*** he found the silence oppressive, the silence oppressed him; ***seine Zweifel beklemmten ihn*** his doubts weighed him down

beklemmend I. *adj* ❶ *(beengend)* claustrophobic, oppressive
❷ *(beängstigend)* oppressive; **ein ~er Gedanke** a depressing thought; **ein ~es Gefühl** an oppressive [*or* uneasy] feeling; **ein ~es Schweigen** an oppressive [*or* embarrassing] silence
II. *adv* oppressively; **~ wirken** to be [*or* seem] oppressive

Beklemmung <-, -en> *f* constriction; **~en bekommen/haben** to start to feel/to feel oppressed [*or* full of apprehension]

beklommen I. *adj* anxious, apprehensive; *(von Mensch a.)* uneasy
II. *adv* anxiously, apprehensively; **~ klingen** to sound anxious [*or* apprehensive]

Beklommenheit <-> *f kein pl* anxiety, apprehensiveness; *(von Mensch a.)* uneasiness

beklopfen* *vt* ▪**jdn/etw** ~ to tap sb/sth, to percuss sth *spec*

bekloppt *adj (sl) s.* **bescheuert**

beknackt *adj (sl) s.* **bescheuert**

beknien* *vt (fam)* ▪**jdn ~[, etw zu tun]** to beg [*or* implore] sb [to do sth]

bekochen* *vt* ▪**jdn** ~ to cook for sb

bekommen* *irreg* I. *vt haben* ❶ *(erhalten)* ▪**etw [von jdm]** ~ to receive sth [from sb]; ***ich habe das zum Geburtstag ~*** I received [*or* got] [*or* was given] this for my birthday; ***wir ~ demnächst Kabelfernsehen*** we're having cable TV installed in the near future; **etw in die Hände ~** *(fam)* to get hold of sth; **eine Ermäßigung ~** to qualify for a reduction; **Geld ~** to receive [*or* earn] money; ***hast du dein Geld schon ~?*** have you been paid yet?; ***sie bekommt 28 Mark die Stunde*** she earns 28 marks an hour; **die Genehmigung/die Mehrheit ~** to obtain permission/the majority; **ein Lob/einen Tadel ~** to be praised/reprimanded, to receive praise/a reprimand; **eine Massage/eine Spritze ~** to be given a massage/an injection; **eine Ohrfeige/einen Schlag ~** to get a clip on the ear/an electric shock; **einen Preis ~** to win a prize; **Prü-**

gel [*o* **Schläge**] ~ to get a thrashing [*or* AM *a.* licking]; **Tritte** ~ to get kicked [*or fam* a kicking]; **die Zeitung regelmäßig** ~ to have the newspaper delivered regularly; ***ich bekomme noch 4000 Mark von dir*** you still owe me 4000 marks; ***was ~ Sie dafür?*** how much is it?, how much do I owe you?; ***von der Schokolade kann sie einfach nicht genug ~!*** she just can't get enough of that chocolate!
② (*erreichen*) **den Bus/das Flugzeug/den Zug** ~ to catch the bus/plane/train; **die Maschine nach Honolulu** ~ to catch the flight to Honolulu
③ (*serviert erhalten*) ■**etw** ~ to be served with sth; ***ich bekomme ein Bier*** I'd like a beer; ***wer bekommt das Steak?*** who ordered [*or* whose is] the steak?; (*im Geschäft*) to buy sth; ***was ~ Sie?*** what would you like? [*or* what can I get you?]
④ (*verhängt erhalten*) **eine Gefängnisstrafe/Geldstrafe** ~ to get [*or* be given] a prison sentence/a fine; ***er bekam 3 Jahre Gefängnis*** he was sentenced to [*or* got] three years in prison
⑤ (*mit etw rechnen*) **Ärger/Schwierigkeiten** ~ to get into trouble/difficulties; ***wir ~ besseres Wetter*** the weather is improving
⑥ (*entwickeln*) [**es mit der**] **Angst** ~ to get [*or* become] afraid; **eine Erkältung** ~ to catch [*or* come down with] a cold; **eine Glatze/graue Haare** ~ to go bald [*or* AM *a.* to be balding]/to go grey [*or* AM gray]; **Heimweh** ~ to get homesick; **eine Krankheit** ~ to get [*or* develop] an illness; **Lust ~, etw zu tun** to feel like doing sth; **Zähne** ~ to teethe, to get [*or* cut] teeth; ***du hast wieder Farbe*** ~ you look much better; *s. a.* **Durst, Hunger**
⑦ *mit Infinitivkonstruktion* **etw zu essen/trinken** ~ to get sth to eat/drink; **etw zu hören/sehen** ~ to get to hear/see sth; ***der wird von mir etwas zu hören ~!*** (*fam*) I'll give him a piece of my mind! [*or fam* what-for!]; **etwas zu lachen** ~ to get something to laugh about; ***in einem Kaufhaus bekommt man alles zu kaufen*** you can buy anything in a department store
⑧ *mit pp oder adj siehe auch dort* **etw gemacht** ~ to get [*or* have] sth done; **etw bezahlt** ~ to get paid for sth; **seinen Wunsch erfüllt** ~ to have one's wish fulfilled; **etw geschenkt** ~ to be given sth [as a present]; ***von ihm bekommst du das Buch sicher geliehen*** he's sure to lend you that book
⑨ (*dazu bringen, etw zu tun*) **jdn dazu ~, etw zu tun/dass jd etw tut** to get sb to do sth; ***er ist einfach nicht ins Bett zu*** ~ he just won't go to bed, we just can't get him to bed; ***ich bekam es nicht über mich, ihr die Wahrheit zu sagen*** I couldn't bring myself to tell her the truth
⑩ (*finden*) ■**etw** ~ to find sth; ***er hat noch keine Arbeit*** ~ he hasn't found work yet; ***sie hat die Stelle ~, die in der ‚Zeit' ausgeschrieben war*** she got that job that was advertised in 'Zeit'
II. *vi* ① *sein* (*zuträglich sein*) **jdm** [**gut**]**/schlecht** [*o* **nicht**] ~ to do sb good/to not do sb any good; *Essen* to agree/to disagree [*or* to not agree] with sb
② (*bedient werden*) ~ ***Sie schon?*** are you being served? [*or* attended to]

bekömmlich *adj* ① (*leicht verdaulich*) [easily] digestible; **besser/leicht/schlecht** [*o* **schwer**] ~ **sein** to be easier to digest/easily digestible/difficult to digest
② (*wohltuend*) *Klima* beneficial

Bekömmlichkeit <-> *f kein pl* digestibility; **zur besseren** ~ for better digestibility; **zur besseren** ~ **fetten Essens** to better digest fatty food

beköstigen* *vt* ■**jdn** ~ to feed sb, to provide sb with their meals

Beköstigung *f* boarding; **mit** ~ including food

bekräftigen* *vt* ① (*bestätigen*) ■**etw** [**durch/mit etw**] ~ to confirm sth [by sth]; **etw noch einmal** ~ to reaffirm sth; **eine Aussage eidlich** ~ to swear to a statement; **eine Vereinbarung mit einem Handschlag** ~ to seal an agreement by shaking hands; ■**~, etw getan zu haben/machen zu wollen** to confirm [*or* affirm] that one has done/intends to do sth
② (*bestärken*) ■**jdn in etw** *dat* ~ to strengthen [*or* confirm] sb's sth; ■**etw** ~ to corroborate [*or* substantiate] sth; **jds Plan/Vorhaben** ~ to support sb's plans/intentions

Bekräftigung <-, -en> *f* ① (*Bestätigung*) confirmation
② (*Bestärkung*) **zur ~ eines Entschlusses** to strengthen a decision; **zur ~ eines Verdachts** to confirm a suspicion; **zur ~ einer Vermutung** to prove an assumption; **zur ~ eines Versprechens** in support of a promise

bekränzen* *vt* ① (*mit einem Kranz schmücken*) ■**jdn/etw** [**mit etw**] ~ to crown sb/sth with a [sth] wreath
② (*mit Girlanden schmücken*) ■**etw** [**mit etw**] ~ to adorn sth with [sth] garlands, to garland sth [with sth]

bekreuzigen* *vr* ■**sich** [**vor jdm/etw**] ~ to cross oneself [on seeing sb/sth]

bekriegen* *vt* ■**sich** [**gegenseitig**] ~ to be warring [with one another]; ■**jdn/etw** ~ to wage war on sb/sth

bekritteln *vt* ■**jdn/etw** ~ to find fault with sth/sb; *Argument* to pick holes in sth

bekritzeln* *vt* ■**etw** [**mit etw**] ~ to scribble [sth] on sth; (*schmieren*) to scrawl [sth] on sth

bekümmern* **I.** *vi impers* ■**es bekümmert jdn** it worries sb
II. *vr* ① (*geh o veraltend*) ■**sich** *akk* **über etw** *akk* ~ to worry about sth
② (*sich kümmern*) ■**sich um etw/jdn** ~ to look after sth/sb

bekümmert *adj* troubled, worried; (*erschüttert*) distressed; ■[**über jdn/etw**] ~ **sein** to be worried [about sb/sth]; (*erschüttert*) to be distressed [with sb/at sth]

bekunden* *vt* ■**etw** [**über etw** *akk*] ~ to show [*or* express] sth [about sth]; **Interesse** [**an etw** *akk*]**/Sympathie** [**für etw** *akk*] ~ to express interest [in sth]/a liking [for sth]

Bekundung <-, -en> *f* expression, demonstration

belächeln* *vt* ■**jdn/etw** ~ to smile at sb/sth; ■**belächelt werden** to be a target of ridicule

belachen* *vt* ■**jdn/etw** ~ to laugh at sb/sth; (*bespötteln*) to mock [*or* make fun of] sb/sth; ■**belacht werden** to cause laughter

Beladefrist *f* HANDEL loading time

beladen*[1] *irreg* **I.** *vt* ① (*mit Ladung versehen*) ■**etw** ~ to load [up *sep*] sth; **etw mit Gütern** ~ to load sth with goods, to load goods on[to] sth
② (*Last aufbürden*) ■**jdn/ein Tier** [**mit etw**] ~ to burden sb with sth, to load an animal [with sth]; ■**sich mit etw** ~ to load oneself [up] with sth
II. *vr* (*sich mit etw belasten*) ■**sich mit etw** ~ to burden oneself with sth

beladen*[2] *adj* ① (*mit einer Last versehen*) loaded; (*von Menschen a.*) laden; ■[**mit etw**] ~ **sein** to be loaded [with sth]; (*von Menschen a.*) to be laden [*or* loaded down] [with sth]
② (*belastet*) ■**mit etw ~ sein** to be burdened [*or* weighed down] with sth

Belag <-[e]s, Beläge> *m* ① (*aufgelegte Esswaren*) topping; *von Brot* spread
② (*Zahn~*) film, tartar *no art spec;* (*Zungen~*) fur
③ (*Schicht*) coating, layer
④ (*Brems~*) lining
⑤ (*Fußboden~*) covering; (*Straßen~*) surface

Belagerer <-s, -> *m* besieger

belagern* *vt* ■**etw** ~ to besiege [*or lit* lay siege to] sth; ■[**von jdm**] **belagert sein/werden** to be/come under siege [from sb]

belagert *pp von* **belagern**

Belagerung <-, -en> *f* (*lit, fig*) siege

Belagerungszustand *m* ■**der** ~ a state of siege; **den** ~ [**über eine Stadt**] **verhängen** to proclaim [*or* declare] [a town to be in] a state of siege

belämmert[RR] *adj* (*sl*) ① (*betreten*) sheepish, embarrassed
② (*scheußlich*) lousy; ***dieses ~e Wetter!*** the stupid [*or fam* lousy] [*or sl* shitty] weather!

Belang <-[e]s, -e> *m* ① *kein pl* (*Bedeutung, Wichtigkeit*) ■**nichts von** ~ nothing important; ■**ohne ~** [**für jdn/etw**] **sein** to be of no importance [*or* significance] [to sb/for [*or* to] sth], to be significant; ■[**für jdn**] **von ~ sein** to be of importance [to sb], to be significant; ■**etwas/nichts von** ~ something [*or* anything]/nothing important [*or* of importance]
② *pl* (*Interessen, Angelegenheiten*) interests, concerns; **jds ~e vertreten** [*o* **wahrnehmen**] to represent the interests of sb
③ *kein pl* (*geh: Hinsicht*) matter

belangbar *adj inv* JUR indictable, suable

belangen* *vt* ① JUR ■**jdn** [**wegen etw**] ~ to prosecute sb [for sth]; **jdn wegen Beleidigung/Verleumdung** ~ to sue sb for slander [*or* libel]; **jdn gerichtlich** ~ to take sb to court, to take legal steps against sb *form*
② (*betreffen*) ■**was jdn/etw belangt** as for sb/sth [*or* far as sb/sth is concerned]

belanglos *adj* (*unwichtig*) unimportant, trivial; (*nebensächlich*) irrelevant; ■**etwas B~es** something unimportant [*or* trivial]

Belanglosigkeit <-, -en> *f* ① *kein pl* (*belanglose Beschaffenheit*) unimportance, insignificance
② (*Unwichtigkeit*) triviality, trivia *no pl, no indef art*

Belarus <-> *nt* B[y]elorussia, Belarus

Belarusse, Belarussin <-n, -n> *m, f* Belarusian; *s. a.* **Deutsche(r)**

belarussisch *adj* Belarusian; *s. a.* **deutsch**

belassen* *vt irreg* ① (*es bei etw bewenden lassen*) ■**es bei etw** ~ to leave it at sth; ~ ***wir es dabei!*** let's leave it at that
② (*geh: bleiben lassen*) **jdn in seinem Amt/an seinem Platz** ~ to allow sb to remain in office/to keep his job
③ (*stehen lassen*) **etw an seinem Platz/auf einem Tisch** ~ to leave sth in its place/on a table
④ (*geh: behalten lassen*) ■**jdm/einer S. etw** ~ to allow sb/sth to retain sth
⑤ (*verhaftet sein lassen*) ■**jdn in etw** *dat* ~ to leave sb to his sth; **jdn in dem Glauben ~, dass …** to let sb go on believing that …

belastbar *adj* ① (*zu belasten*) loadable; ■**bis zu/mit etw ~ sein** to have [*or* bear] a maximum/minimum load of sth
② (*fig: beanspruchbar*) ***kein Mensch ist unbegrenzt*** ~ nobody can take work/abuse indefinitely; ***unter Stress ist ein Mitarbeiter weniger*** ~ stress reduces an employee's working capacity; ***durch Training wird das Gedächtnis ~er*** training makes the memory absorb more; ***die Nerven sind nur bis zu einem bestimmten Grad*** ~ the nerves can only take so much; ***der Körper/Kreislauf von Sportlern ist in hohem Maße*** ~ an athlete's body/circulation can take a lot of punishment; ***regelmäßiges Training macht Herz und Lunge ~er*** regular training strengthens the heart and lungs
③ ÖKOL (*mit Schadstoffen zu belasten*) able to withstand contamination
④ FIN (*zu überziehen*) ■[**mit bis zu etw**] ~ **sein** to have a maximum limit of sth, to have a limit [of up to sth]; ***wie hoch ist mein Konto ~?*** what is the limit on my account?, how much can I overdraw on my account?

Belastbarkeit <-, -en> *f* ① (*Fähigkeit, Lasten auszuhalten*) load-bearing capacity
② (*Beanspruchbarkeit*) ability to take [*or* handle] stress; *von Gedächtnis* capacity; *von Organen, Körper* maximum resilience
③ ÖKOL ***die ~ der Atmosphäre durch Schadstoffe ist schon überschritten*** the atmosphere has reached its saturation level for pollutants
④ FIN (*Besteuerbarkeit*) ability to pay taxes

belasten* **I.** *vt* ① (*mit Last beschweren*) ■**etw** [**mit etw**] ~ to load sth [with sth]; ***das darf nur mit bis zu 8 Personen/750 kg belastet werden*** its maximum load is 8 persons/750 kg
② (*anstrengen*) ■**jdn** [**mit etw**] ~ to load sb with sth, to burden sb [with sth]; **jdn mit der Verantwortung** ~ to burden sb with the responsibility
③ (*bedrücken*) ■**jdn/etw** ~ to burden sb/sth; **jdn** [*o* **jds Gewissen**] [**schwer**] ~ to weigh [heavily] on

one's mind; ■ ~d crippling

4 (*leistungsmäßig beanspruchen*) ■ **jdn/etw [durch/mit etw]** ~ to strain sb/sth [through/with sth], to put a strain on sb/sth; **jdn/etw zu sehr belasten** to overstrain sb/sth

5 JUR ■ **jdn [durch etw]** ~ to incriminate sb [by sth]; ■ **sich [selbst]** ~ to incriminate oneself

6 (*beschweren*) ■ **jdn/etw mit etw** ~ to burden sb/sth with sth

7 (*ökologisch beanspruchen*) ■ **etw [durch [***o* **mit] etw]** ~ to pollute sth [with sth]

8 (*debitieren*) **jdn mit den Kosten** ~ to charge the costs to sb; **ein Konto [mit DM 100]** ~ to debit [DM 100 from] an account; ***dafür werden wir Sie mit DM 200*** ~ we will charge you DM 200 for that

9 FIN (*steuerlich beanspruchen*) ■ **jdn [mit etw]** ~ to burden sb [with sth]; **jdn übermäßig hoch** ~ to overburden sb

10 FIN **etw mit einer Hypothek** ~ to mortgage sth; **etw mit Schulden** ~ to encumber sth [with debts] *form*

11 FIN (*finanziell in Anspruch nehmen*) ■ **jdn mit etw** ~ to order sb to pay sth

II. *vr* (*sich etw aufbürden*) **sich mit Arbeit/einer Aufgabe** ~ to take on work/a job *sep;* **sich mit unnützen Details** ~ to go into unnecessary details; **sich mit Sorgen/Verpflichtungen** ~ to burden oneself with worries/obligations; **sich mit der Verantwortung** ~ to take the responsibility [up]on oneself

belastend *adj* JUR incriminating, incriminatory; **~es Material** incriminating evidence

belastet *adj* burdened, weighed down; (*psychisch*) oppressed, troubled; FIN encumbered; ■ **[durch/mit etw]** ~ **werden** *Gewicht* to come under strain [from sth]

belästigen* *vt* ■ **jdn** ~ (*jdm lästig werden*) to bother sb; (*zudringlich werden*) to pester sb; ***würde es Sie ~, wenn ich rauche?*** do you mind if I smoke?; ■ ~d annoying

Belästigung <-, -en> *f* annoyance *no pl;* **etw als [eine]** ~ **empfinden** to find sth annoying [*or* a nuisance]

Belastung <-, -en> *f* 1 (*das Belasten*) loading

2 (*Gewicht*) weight, load; **die erhöhte** ~ **der Brücke** the increased weight [placed] on the bridge; **die maximale** ~ **der Brücke/des Aufzugs** the weight limit of the bridge/the maximum load for the lift [*or* AM elevator]

3 (*Anstrengung*) burden

4 (*Last*) burden

5 ÖKOL pollution *no pl, no indef art*

6 JUR incrimination

7 (*das Beschweren*) burden (**durch/mit** +*dat* of)

8 (*leistungsmäßige Beanspruchung*) strain (**für/von** +*dat* on)

9 FIN charge (+*gen* on)

10 FIN (*Beschwerung mit Hypothek*) mortgage; (*Hypothek*) mortgage

11 FIN (*Schulden a.*) encumbrance *form;* (*steuerliche Beanspruchung*) burden

Belastungsanzeige *f* FIN debit note [*or* AM memorandum] **Belastungs-EKG** *nt* MED excercise electrocardiogram [*or* ECG] **Belastungsfähigkeit** *f* degree of resilience **Belastungsgrenze** *f* limit; FIN limit of encumbrances **Belastungsmaterial** *nt* JUR incriminating evidence **Belastungsprobe** *f* 1 (*Erprobung der Belastbarkeit*) load[ing] test 2 (*Erprobung der Beanspruchbarkeit*) endurance test 3 (*Zerreißprobe*) tolerance test; **einer** ~ **ausgesetzt sein** to be put to the test **Belastungsvollmacht** *f* FIN [direct] debit mandate **Belastungszeuge, -zeugin** *m, f* JUR witness for the prosecution, Queen's [*or* AM State's] evidence

belaubt *adj* in leaf *pred*

Belaubung *f* 1 (*das Sichbelauben*) coming into leaf

2 (*Laubwerk*) foliage *no pl,* leaves *pl*

belauern* *vt* 1 (*lauernd beobachten*) ■ **ein Tier** ~ to observe an animal unseen

2 (*argwöhnisch beobachten*) ■ **jdn** ~ to watch sb secretly, to spy [up]on sb

belaufen* *vr irreg* ■ **sich** *akk* **auf etw** *akk* ~ to amount [*or* come] to sth; ***der Schaden belief sich auf Millionen*** the damage ran into millions

belauschen* *vt* ■ **jdn/etw/ein Tier** ~ to eavesdrop [*or* listen in] on sb/sth, to listen to the sounds of an animal

Belcanto, Belkanto <-s> *m kein pl* MUS bel canto

beleben* **I.** *vt* 1 (*anregen*) ■ **jdn/etw** ~ to stimulate sb/sth *sep*

2 (*erfrischen*) ■ **jdn** ~ to make sb feel better [*or* refreshed]; **jdn wieder** ~ to refresh sb

3 (*ankurbeln*) ■ **etw** ~ to stimulate sth

4 (*zum Leben erwecken*) ■ **jdn** ~ to resuscitate sb, to bring sb back to life; **ein Monstrum** ~ to bring a monster to life

5 (*lebendiger gestalten*) ■ **etw [neu]** ~ to put [new] life into sth; **eine Unterhaltung** ~ to liven up [*or* animate] a conversation

II. *vr* 1 (*sich mit Leben/Lebewesen füllen*) ■ **sich [mit etw]** ~ to come to life [with sth]

2 (*lebhafter werden*) ■ **sich** ~ to light up

3 (*stimuliert werden*) ■ **sich** ~ to become stimulated

III. *vi* 1 (*munter machen*) to pick one up

2 (*erfrischen*) to make one feel better

belebend *adj* 1 (*anregend*) invigorating

2 (*erfrischend*) refreshing

belebt *adj* 1 (*bevölkert*) busy

2 (*lebendig*) animate

Belebtheit <-> *f kein pl* bustle (+*gen* in)

Belebtschlammverfahren *nt* bioaeration

Belebung <-, -en> *f* 1 (*Anregung*) stimulation; ***er braucht morgens Kaffee zur*** ~ he needs coffee to wake up in the morning

2 (*Ankurbelung*) stimulation, encouragement; ~ **der Konjunktur** stimulation of business activity

Beleg <-[e]s, -e> *m* 1 (*Quittung*) receipt, voucher; ***schreiben Sie mir bitte einen ~?*** may I have a receipt?

2 (*Unterlage*) proof *no art, no pl*

3 (*Quellennachweis*) example, instance

Belegarzt, -ärztin *m, f general practitioner or other non-resident doctor charged with a number of patients in a hospital*

belegbar *adj* verifiable; ***ist es ~, dass/wann/wie/wo ...?*** can it be verified that/when/how/where ...?

Belegbett *nt hospital bed under the charge of a general practitioner or other non-resident doctor*

belegen *adj inv* JUR situated

belegen* *vt* 1 (*mit Belag versehen*) **ein Brot mit etw** ~ to spread sth on a slice of bread, to make a sandwich with sth; **ein Brot mit Butter** ~ to butter a slice of bread; **einen Tortenboden [mit etw]** ~ to fill a flan case [with sth]; **belegte Brote** open sandwiches

2 (*beweisen*) ■ **etw** ~ to verify sth; **eine Behauptung/einen Vorwurf** ~ to substantiate a claim/an accusation; **ein Zitat** ~ to give a reference for a quotation

3 (*auferlegen*) ■ **jdn mit etw** ~ to impose sth on sb

4 SCH ■ **etw** ~ to enrol [*or* AM enroll] [*or* put one's name down] for sth

5 (*okkupieren*) ■ **etw** ~ to occupy sth; ■ **etw mit jdm** ~ to accommodate sb in sth; ■ **belegt sein** to be occupied [*or* taken]; ***ist der Stuhl hier schon belegt?*** is this chair free?, is somebody sitting here?

6 (*innehaben*) **den vierten Platz** ~ to take fourth place, to come fourth; **einen höheren Rang** ~ to be ranked higher; **den zweiten Tabellenplatz** ~ to be second in the league table [*or* AM standings]; **die Tabellenspitze** ~ to be at the top of the league table [*or* AM standings]

7 MIL ■ **jdn/etw mit etw** ~ to bombard sb/sth with sth; **jdn/etw mit Artilleriefeuer/Bomben** ~ to bomb [*or* bombard] sb/sth; **etw mit einem Bombenteppich** ~ to blanket-bomb sth

8 (*beschimpfen*) **jdn mit einem Fluch** ~ to lay a curse on sb; **jdn mit Namen** ~ to call sb names; **jdn mit Schimpfwörtern** ~ to hurl insults at sb

Belegenheit <-> *f* JUR situs

Belegenheitsgerichtsstand *m* JUR forum rei sitae **Belegenheitsort** *m* JUR place of situs **Belegenheitsstatus** *m* JUR status of situs **Belegenheitsstatut** *nt* JUR statute of situs **Belegenheitszuständigkeit** *f* JUR competence for situs

Belegexemplar *nt* specimen copy

Belegschaft <-, -en> *f* (*Beschäftigte*) staff, personnel; (*aus Arbeitern*) workforce; **die ganze** ~ (*hum fam*) the whole mob [*or* gang] *fam*

Belegschaftsaktie [-aktsiə] *f* staff employee [*or* BRIT *fam a.* buckshee] share **Belegschaftsmitglied** *nt* member of staff, employee **Belegschaftsrabatt** *m* staff discount

Belegstation *f hospital ward under the charge of various non-resident doctors,* ≈ GP ward BRIT

belegt *adj* 1 (*mit Belag überzogen*) coated; **~e Zunge** furred [*or* coated] tongue

2 (*rau*) hoarse; **mit ~er Stimme sprechen** to speak with a husky [*or* hoarse] voice

Belegung *f* (*Nachweis*) verification

Belegungsrecht *nt* JUR right of occupation

belehrbar *adj* teachable

belehren* *vt* 1 (*informieren, aufklären*) ■ **jdn** ~ to inform sb; **jdn eines anderen** ~ to teach sb otherwise; **sich eines anderen** ~ **lassen** to learn [*or* be taught] otherwise

2 (*von Meinung abbringen*) ■ **jdn** ~ to convince sb that he is wrong; (*von einer falschen Ansicht abbringen*) to disabuse sb *form;* **sich von jdm** ~ **lassen** to listen to sb; ***er lässt sich nicht*** ~ he won't listen [*or* be told]

3 JUR (*ausführlich informieren*) ■ **jdn [über etw** *akk*] ~ to advise [*or* warn] sb [of sth]

belehrend **I.** *adj* didactic

II. *adv* didactically

Belehrung <-, -en> *f* 1 (*belehrender Rat*) explanation, lecture *fam;* ***deine ~en kannst du dir sparen!*** there's no need to lecture me *fam;* **danke [*o* vielen Dank] für die ~!** (*iron*) thanks for the tip *iron*

2 (*Verweis*) lesson

3 JUR caution

Belehrungspflicht *f* JUR duty to instruct

beleibt *adj* (*geh*) corpulent *form,* portly *a. hum*

Beleibtheit <-> *f kein pl* (*geh*) corpulence *form,* portliness *a. hum*

beleidigen* *vt* 1 (*schmähen*) ■ **jdn/etw [durch etw]** ~ to insult sb [with sth], to offend sb/sth [with sth]

2 (*empfindlich beeinträchtigen*) ■ **jdn** ~ to offend [*or* be offensive to] sb

beleidigend **I.** *adj* insulting, offensive

II. *adv* insultingly, offensively; **sich** ~ **ausdrücken** to use offensive language

beleidigt **I.** *adj* offended; **leicht** ~ **sein** to be quick to take offence [*or* AM -se], to be easily offended; **ein ~es Gesicht [*o* eine ~e Miene] aufsetzen [*o* machen]** to put on a hurt face/expression; ***bist du jetzt ~?*** have I offended you?; *s. a.* **Leberwurst**

II. *adv* in a huff *fam;* ~ **reagieren/schweigen** to get/go into a huff *fam*

Beleidigung <-, -en> *f* 1 (*das Beleidigen*) insult, offence [*or* AM -se] (+*gen* to); JUR defamation

2 (*Schmähung*) insult; **etw als [eine]** ~ **auffassen** to take sth as an insult, to take offence [*or* AM -se] at sth

3 (*Missachtung*) offence [*or* AM -se], affront (+*gen/***für** +*akk* to)

Beleidigungsklage *f* JUR action for libel

beleihen* *vt irreg* ■ **etw** ~ to lend money on sth; FIN to mortgage [*or* give [*or* raise] a mortgage on] sth; **Schulden** ~ to encumber debts *form;* ■ **[mit etw] beliehen sein** to be mortgaged [at sth]; ***wie hoch ist das Haus beliehen?*** how high is the mortgage on the house?

Beleihung *f* FIN lending; ~ **einer Versicherung** policy loan

Beleihungsgrenze *f* FIN lending limit, AM credit line **Beleihungsverbot** *nt* FIN lending ban

Beleimung <-> *f kein pl* TYPO glue application, gluing

belemmert *adj* (*sl*) *s.* **belämmert**

belesen *adj* well-read

Belesenheit <-> *f kein pl* wide reading; **ein hohes Maß an** ~ great familiarity with literature

beleuchten* *vt* ❶ (*durch Licht erhellen*) **eine Bühne/Straße** ~ to light a stage/road; **einen Garten/ein Haus** ~ to light up *sep* [*or* illuminate] a garden/house
❷ (*anstrahlen*) ■**etw** ~ to light up *sep* [*or* illuminate] sth
❸ (*geh: betrachten*) ■**etw** ~ to throw light on [*or* examine] sth

Beleuchter(in) <-s, -> *m(f)* lighting technician

Beleuchtung <-, *selten* -en> *f* ❶ (*das Beleuchten*) lighting
❷ (*künstliches Licht*) light; (*Lichter*) lights *pl;* **die ~ der Straßen** street lighting
❸ AUTO lights *pl*
❹ (*geh: das Betrachten*) examination, elucidation *form*

Beleuchtungsanlage *f* lighting equipment [*or* system] **Beleuchtungskörper** *m* (*geh*) lighting fixture [*or* appliance] **Beleuchtungstechnik** *f* lighting engineering

beleumdet *adj* (*geh*) **nicht gut** [*o* **schlecht**] [*o* **übel**] ~ **sein** to have a bad reputation; **ein übel ~es Hotel** a hotel with a bad reputation

Belgien <-s> *nt* Belgium; *s. a.* **Deutschland**

Belgier(in) <-s, -> *m(f)* Belgian; *s. a.* **Deutsche(r)**

belgisch *adj* Belgian; *s. a.* **deutsch**

Belgrad <-s> *nt* Belgrade

belichten* *vt* FOTO ■**etw** ~ to expose sth

Belichter <-s, -> *m* TYPO exposure device, output unit

Belichtung *f* FOTO exposure; **falsche** ~ incorrect exposure

Belichtungsautomatik *f* automatic exposure [control] **Belichtungsmesser** *m* light meter **Belichtungszeit** *f* exposure [time]

belieben* I. *vt* (*iron*) ■~, **etw zu tun** to like doing sth; ***du beliebst wohl zu scherzen*** you must be joking
II. *vi* (*geh*) **was/wie es jdm beliebt** as sb likes [*or* wishes]

Belieben <-s> *nt kein pl* **in jds** *dat* ~ **liegen** [*o* **stehen**] (*geh*) to be up to sb, to be left to sb's discretion; **etw in jds** *dat* ~ **stellen** to leave sth up to sb [*or* sb's discretion]; [**ganz**] **nach** ~ just as you/they etc. like, any way you/they etc. want [to], however you/they etc. please

beliebig I. *adj* any; [**irgend**]**eine/jede ~e Zahl** any number at all [*or* you like]; **nicht jede ~e Zahl** not every number; ■**etwas B~es** anything at all; ■**jeder B~e** anyone at all; ■**irgendein B~er** just anybody, *fam a.* any old Tom, Dick or Harry
II. *adv* ~ **häufig/lange/spät/viele** as often/long/late/many as you like; **etw ~ verändern** to change sth at will

Beliebigkeit <-, -en> *f* randomness, arbitrariness

beliebt *adj* ❶ (*geschätzt*) popular; ■[**bei jdm**] ~ **sein** to be popular [with sb]; **sich** [**bei jdm**] ~ **machen** to make oneself popular [*or pej* ingratiate oneself] [with sb]
❷ (*gerne besprochen*) popular, favourite [*or* AM -orite] *attr*

Beliebtheit <-> *f kein pl* popularity; **sich** [**bei jdm**] **großer/zunehmender ~ erfreuen** to enjoy great/increasing popularity [with sb]

beliefern* *vt* ■**jdn/etw** [**mit etw**] ~ to supply sb/sth [with sth]; ***diese Großhandelsfirma beliefert nur Restaurants*** this wholesale company only supplies [*or form* purveys for] restaurants

Belieferung *f* delivery; **die ~ einer Firma einstellen** to stop supplying a company

Belieferungrecht *nt* HANDEL right to supply **Belieferungspflicht** *f* HANDEL duty to supply **Belieferungsvertrag** *m* HANDEL contract of supply

Belize <-s> *nt* Belize; *s. a.* **Deutschland**

Belizer(in) <-s, -> *m(f)* Belizean; *s. a.* **Deutsche(r)**

belizisch *adj* Belizean; *s. a.* **deutsch**

Belladonna <-, -donnen> *f* ❶ (*Extrakt*) belladonna, atropin[e] *spec*
❷ BOT belladonna, deadly nightshade

bellen I. *vi* to bark
II. *vt* ■**etw** ~ to bark [out *sep*] sth

bellend *adj* **ein ~er Husten** a hacking cough; **eine ~e Stimme** a harsh [*or* barking] voice

Belletristik <-> *f kein pl* belles lettres *npl*

belletristisch *adj* **die ~e Abteilung** the department for fiction and poetry; **~e Literatur/Bücher** [books of] fiction and poetry

belobigen* *vt* ■**jdn** [**wegen etw**] ~ to commend [*or* praise] sb [for sth]

Belobigung <-, -en> *f* (*geh*) commendation *form,* praise *no indef art;* **jdm eine ~ aussprechen** to commend [*or* praise] sb

belohnen* *vt* ❶ (*als Lohn beschenken*) ■**jdn/etw** [**mit etw**] ~ to reward sb/sth [with sth]
❷ (*Lohn sein*) ■**jdn** [**für etw**] ~ to reward sb [for sth]; ***die Leistung der Schauspieler wurde vom Publikum mit begeistertem Beifall belohnt*** the actors received loud applause; ***dein Lächeln belohnt mich zur Genüge!*** your smile is reward enough

Belohnung <-, -en> *f* ❶ (*das Belohnen*) rewarding
❷ (*Lohn*) reward; **eine ~** [**für etw**] **aussetzen** to offer a reward [for sth]; **zur** [*o* **als**] ~ [**für etw**] as a reward [for sth]

belüften* *vt* ■**etw** ~ to ventilate [*or* air] sth

Belüftung *f* ■**die** ~ ❶ *kein pl* (*das Belüften*) ventilating, airing; ***die ~ der Kellerräume ist sehr schlecht*** the basement rooms are very badly ventilated
❷ ELEK ventilation *no indef art*

Belüftungsanlage *f* ventilation system **Belüftungsschacht** *m* ventilation shaft

Beluga <-, -s> *m s.* **Weißwal**

belügen* *irreg vt* ■**jdn** ~ to lie [*or* tell lies] [*or* tell a lie] to sb (+*gen* to); ■**sich** [**selbst**] ~ to deceive oneself

belustigen* I. *vt* ■**jdn** [**mit etw**] ~ to amuse sb [with sth]; ***was belustigt dich?*** what's amusing you? [*or* so funny?]; ■**~d** amusing
II. *vr* (*geh*) ■**sich über jdn/etw** ~ to make fun of sb/sth

belustigt I. *adj* amused; ■**über etw** *akk* ~ **sein** to be amused at [*or* by] sth
II. *adv* in amusement

Belustigung <-, -en> *f* (*geh*) amusement; **zu jds** ~ for sb's amusement [*or* the amusement of sb]

bemächtigen* *vr* (*geh*) ❶ (*in seine Gewalt bringen*) ■**sich jds/einer S.** ~ to take [*or* seize] hold of sb/sth
❷ (*überkommen*) ■**sich jds** ~ to come over sb

bemäkeln* *vt* ■**etw** [**an jdm/etw**] ~ to find fault with [sb's] sth/with sth [on/in sth]; **immer etwas an allem und jedem** ~ to always be picking holes in everything and everyone; ***was hast du an dem Essen zu ~?*** what don't you like about the food?

bemalen* I. *vt* ■**etw** [**mit etw**] ~ to paint [sth on] sth; **etw farbig** ~ to paint sth [in] different colours [*or* AM -ors]
II. *vr* (*pej fam: sich schminken*) **sich** ~ to paint oneself *fam;* ■**sich** *dat* **etw** ~ to paint one's sth; **sich** *dat* **das Gesicht** ~ to paint [*or pej* plaster] one's face

Bemalung <-, -en> *f* ❶ (*das Bemalen*) ■**die ~ einer S.** *gen*/**von etw** *dat* painting sth
❷ (*aufgetragene Farbe*) paint (+*gen* on)
❸ (*Kriegs~*) war paint

bemängeln* *vt* ■**etw** ~ to find fault with, to fault, to criticize; ***an der Qualität war nichts zu ~*** the quality could not be faulted; ■~, **dass ...** to complain that ...

Bemängelung <-, -en> *f* (*das Bemängeln*) fault-finding; (*Kritik*) criticism; (*Beschwerde*) complaint

bemannen* I. *vt* NAUT, RAUM ■**etw** [**mit jdm**] ~ to man sth [with sb]; **ein Schiff voll** ~ to take on the ship's full complement [of crew]; ■[**nicht**] **bemannt** [un]manned
II. *vr* (*hum fam*) ■**sich** ~ to get oneself a man

Bemannung <-, -en> *f* NAUT, RAUM ❶ (*das Bemannen*) ■**die ~** [**einer S.** *gen*/**von etw** *dat*] manning [sth]
❷ (*selten: Besatzung*) crew, complement [of crew] *form*

bemänteln* *vt* ■**etw** ~ to cover up sth *sep*

Bembel <-s, -> *m* DIAL pitcher

bemerkbar *adj* noticeable, perceptible; ***zwischen den beiden Bildern ist kein Unterschied ~*** I can't see any difference between the two pictures; ***dieser Geruch muss für jeden ~ gewesen sein*** everybody must have noticed this smell; **sich** [**bei jdm**] [**durch etw**] ~ **machen** to draw [sb's] attention to oneself [*or* to attract [sb's] attention] [by doing sth]; ***ich werde mich schon*** [***bei Ihnen***] ***~ machen, wenn ich Sie benötige*** I'll let you know when I need you; **sich** [**durch etw**] ~ **machen** to make itself felt [with sth]

bemerken* *vt* ❶ (*wahrnehmen*) ■**jdn/etw** ~ to notice sb/sth; ■~, **dass** to notice that; ■~, **wie jd etw tut** to see [*or* notice] sb do sth; ***sie bemerkte rechtzeitig/zu spät, dass ...*** she realized in time/too late that ...
❷ (*äußern*) **etwas/nichts** [**zu etw**] ~ to have sth/nothing to say [to sth]; ***dazu möchte ich noch folgendes ~*** to that I would like to add the following

bemerkenswert I. *adj* remarkable; ■**etwas/nichts B~es** sth/nothing remarkable
II. *adv* remarkably

Bemerkung <-, -en> *f* comment, remark; [**jdm gegenüber**] **eine ~/~en** [**über etw** *akk*] **machen** to remark [*or* comment] on sth [to sb], to make a remark [*or* comment]/remarks [*or* comments] [about sth] [to sb]; [**jdm gegenüber**] **eine ~** [**über jdn/etw**] **fallen lassen** to drop a remark [about sb/sth] [*or* comment on sb/sth] [to sb]

bemessen* *irreg* I. *vt* ■**jdm etw** [**nach etw**] ~ to determine [*or* calculate] sth for sb [according to sth]; **großzügig/knapp ~ sein** to be generous/not very generous; ***meine Zeit ist knapp ~*** my time is short [*or* limited]
II. *vr* (*geh*) ■**sich nach etw** ~ to be proportionate to sth

Bemessung *f* determination, calculation

Bemessungsfaktor *m* FIN assessment ratio **Bemessungsformel** *f* FIN (*für Steuern*) apportionment ratio **Bemessungsgrenze** *f* FIN upper limit of assessment **Bemessungsgrundlage** *f* FIN assessment basis, basis of assessment **Bemessungsverfahren** *nt* FIN assessment procedure **Bemessungszeitraum** *m* ÖKON basic [*or* assessment] period

bemitleiden* *vt* ■**jdn** ~ to pity sb, to feel pity [*or* sorry] for sb; ■**sich** [**selbst**] ~ to feel sorry for oneself; ***sie ist zu ~*** she is to be pitied

bemitleidenswert *adj* pitiable, pitiful

bemittelt *adj* (*geh*) well-to-do, well-off; **sehr/weniger ~ sein** to be very/less well-off [*or* well-to-do]; **genügend ~ sein** to have enough to get by on comfortably *a. iron*

bemogeln *vt* (*fam*) ■**jdn** ~ to cheat [*or* trick] [*or* BRIT *fam a.* diddle] sb

bemoost *adj* mossy, moss-grown *attr,* covered with moss *pred*

bemühen* I. *vr* ❶ (*sich Mühe geben*) ■**sich ~**[, **etw zu tun**] to try hard [to do sth], to endeavour [*or* AM -or] to do sth *form;* **sich vergebens** ~ to try in vain, to waste one's efforts; ***du musst dich mehr ~*** you must try harder; ~ ***Sie sich nicht*** don't bother yourself, don't put yourself out
❷ (*sich kümmern*) **sich um jdn** ~ to court sb['s favour [*or* AM -or]]; **sich um einen Patienten** ~ to look after [*or* attend to] a patient
❸ (*zu erlangen suchen*) **sich um gute Beziehungen/eine Stelle** ~ to try hard [*or* BRIT to endeavour [*or* AM -or]] to get good connections/a job *form;* **sich um jds Gunst/Vertrauen/Wohl** ~ to court sb's favour [*or* AM -or]/to try to win sb's trust/to take trouble over sb's well-being
❹ (*geh: gehen*) **sich zur Tür** ~ to go [*or form* pro-

ceed] to the door; **sich ins Nebenzimmer** ~ to go [*or form* proceed] [*or liter a. hum* repair] to the next room; ■**sich zu jdm** ~ to go/come to sb
II. *vt* (*geh*) ■**jdn** ~ to send for sb; **einen Anwalt** ~ to consult a lawyer

Bemühen <-s> *nt kein pl* (*geh*) efforts *pl*, endeavours [*or* AM -ors] *pl form* (**um** +*akk* for)

bemüht *adj* keen; ■**[darum]** ~ **sein, etw zu tun,** ■**um etw** ~ **sein** to try hard [*or form* endeavour] [*or* be at pains] to do sth

Bemühung <-, -en> *f* ❶ (*angestrengter Einsatz*) effort, endeavour [*or* AM -or] *form;* **trotz aller ~en** despite all efforts; ***danke für Ihre ~en*** thank you for your trouble
❷ *pl* services

bemüßigt *adj* **sich** ~ **fühlen, etw zu tun** [*o* **sehen**] (*meist iron geh*) to feel obliged [*or* called upon] to do sth

bemuttern* *vt* ■**jdn** ~ to mother sb

benachbart *adj* ❶ (*in der Nachbarschaft gelegen*) nearby; (*nebenan*) neighbouring [*or* AM -oring] *attr;* **die ~e Familie/das ~e Haus** the family/house next door; ■**jdm/einer S.** ~ **sein** to be close to sb/sth
❷ (*angrenzend*) neighbouring [*or* AM -oring], adjoining

benachrichtigen* *vt* ■**jdn [von etw]** ~ to inform sb [of sth]; (*amtlich*) to notify sb [of sth]

Benachrichtigung *f* notification; **ohne vorherige** ~ without notice [given]

Benachrichtigung <-, -en> *f* ❶ (*das Benachrichtigen*) notification (**von/über** +*akk* of/about); ***er bittet in diesem Fall um*** ~ he would like to be notified should this be the case
❷ (*schriftliche Nachricht*) [written] notification

Benachrichtigungsschreiben *nt* letter of notification

benachteiligen* *vt* ❶ (*schlechter behandeln*) ■**jdn** ~ to put sb at a disadvantage; (*wegen Rasse, Geschlecht, Glaube*) to discriminate against sb
❷ (*zum Nachteil gereichen*) ■**jdn [gegenüber jdm]** ~ to handicap sb [with respect to sb]

benachteiligt I. *adj* disadvantaged, deprived, discriminated, at a disadvantage *pred;* ■**wegen etw** ~ **sein** to be discriminated against because of/for sth
II. *adv* disadvantaged; **sich** ~ **fühlen** to feel at a loss

Benachteiligte(r) *f(m) dekl wie adj* victim; ■**der/die ~e sein** to be at a disadvantage

Benachteiligung <-, -en> *f* ❶ (*das Benachteiligen*) ■**die** ~ **einer Person** *gen/***von jdm** discriminating against sb
❷ (*benachteiligter Zustand*) discrimination

Benachteiligungsverbot *nt* JUR discrimination ban

benagen* *vt* ■**etw** ~ to gnaw [at] sth; *Hund a.* to chew [on] sth

benannt *adj inv* named; ■**nach jdm** ~ **sein** to be called after sb

Bendel <-s, -> *m s.* **Bändel**

benebeln* *vt* (*fam*) ■**jdn** ~ to befuddle sb; *Narkose, Sturz a.* to daze sb, to make sb feel dazed; *Dämpfe, Duft, Rauch a.* to make sb's head reel [*or* swim]; **ein ~der Duft/eine ~de Wirkung** a heady perfume/effect; ■**benebelt** (*fam*) befuddled; (*durch Alkohol a.*) tipsy *fam;* (*durch Schlag*) dazed

Benediktiner(in) <-s, -> *m(f)* Benedictine [friar/nun]

Benediktinerorden *m* Benedictine order, order of St Benedict

Benefiz <-es, -e> *nt* ❶ (*Wohltätigkeitsveranstaltung*) charity performance
❷ (*veraltet: Ehrenvorstellung*) benefit

Benefizkonzert *nt* charity concert **Benefizspiel** *nt* benefit [*or* charity] match **Benefizveranstaltung** *f* benefit event [*or* performance] **Benefizvorstellung** *f* charity [*or* benefit] performance

benehmen* *vr irreg* ■**sich** ~ to behave [oneself]; ***benimm dich!*** behave yourself!; ■**sich wie jd** ~ to behave like sb; ***der Junge benimmt sich wie sein Vater*** the boy takes after his father; **sich gut** ~ to behave well [*or* oneself]; ***der Kleine hat sich den ganzen Abend gut benommen*** the little one was well-behaved [*or* on his best behaviour] all evening; **sich schlecht** ~ to behave badly, to misbehave

Benehmen <-s> *nt kein pl* ❶ (*Manieren*) manners *npl;* **kein** ~ **haben** to have no manners, to be badmannered
❷ (*geh: Einvernehmen*) **sich mit jdm ins** ~ **setzen** to get in touch with [*or* contact] sb; **sich** *akk* **mit jdm über etw** *akk* **ins** ~ **setzen** to try to reach [*or* come to] an agreement with sb about sth; **im** ~ **mit jdm** with the consent of sb

beneiden* *vt* ■**jdn [um etw]** ~ to envy sb [sth]; ***er ist nicht zu*** ~ I don't envy him, he is not to be envied

beneidenswert I. *adj* enviable; ■**etwas/nichts B~es** sth/nothing to be envied
II. *adv* (*wunderbar*) amazingly

Beneluxländer, Beneluxstaaten *pl* Benelux countries

benennen* *vt irreg* ❶ (*mit Namen versehen*) ■**jdn/etw [nach jdm]** ~ to name sb/sth [after [*or* AM *a.* for] sb]; **etw neu** ~ to rename sth; **Gegenstände** ~ to denote [*or* give names to] objects
❷ (*namhaft machen*) ■**[jdm] jdn als etw** ~ to nominate sb as [sb's] sth; **jdn als Zeugen** ~ to call sb as a witness

Benennung <-, -en> *f* ❶ (*das Benennen*) ■**die** ~ **einer Person/S.** *gen* naming a person/thing
❷ (*das Namhaftmachen*) nomination; *von Zeugen* calling
❸ (*Bezeichnung*) name, designation *form*

benetzen* *vt* (*geh*) ■**etw [mit etw]** ~ to moisten sth [with sth]; ■**etw** ~ *mit Tau, Tränen* to cover sth

Bengale, Bengalin <-n, -n> *m, f* ❶ (*Einwohner Bengalens*) Bengali
❷ *s.* **Bangladescher**

Bengali *nt* Bengali; *s. a.* **Deutsch**

bengalisch *adj s.* **bangalisch**

Bengel <-s, -[s]> *m* ❶ (*frecher Junge*) rascal, brat *pej fam*
❷ (*niedlicher Junge*) **ein süßer [kleiner]** ~ a dear [*or* AM cute] little boy
► WENDUNGEN: **den** ~ **hoch werfen** SCHWEIZ (*hoch greifen*) to aim high

Benimm <-s> *m kein pl* (*fam*) manners *npl*

Benimmregel *f* [rule of] etiquette *no pl*

Benin <-s> *nt* Benin; *s. a.* **Deutschland**

Beniner(in) <-s, -> *m(f)* Beninese; *s. a.* **Deutsche(r)**

beninisch *adj* Beninese; *s. a.* **deutsch**

Benjamin <-s, -e> *m* (*fam*) ■**der** ~ the baby of the family

benommen *adj* dazed; **jdn** ~ **machen** to befuddle sb

Benommenheit <-> *f kein pl* daze[d state]; **ein Gefühl von** ~ a dazed feeling

benoten* *vt* ❶ (*mit Zensur versehen*) ■**etw** ~ to mark sth; ***ihr Aufsatz wurde mit „sehr gut" benotet*** her essay was given [*or fam* got] an A
❷ (*durch eine Zensur einstufen*) ■**jdn** ~ to assess sb

benötigen* *vt* ■**etw [von jdm]** ~ to need [*or form* require] sth [from sb]; **dringend** ~ to be in urgent need of sth

benötigt *adj* necessary

Benotung <-, -en> *f* ❶ (*das Benoten*) ■**die** ~ **[einer S.** *gen/***von etw** *dat*] marking [sth]
❷ (*Note*) mark[s *pl*]

benutzbar *adj* us[e]able; **eine nicht ~e Straße** an impassable road; **nur einmal/wieder voll/nicht mehr** ~ **sein** to be us[e]able only once/fully us[e]able again/no longer us[e]able

benutzen* *vt,* **benützen*** *vt* DIAL ❶ ■**etw [als etw]** ~ to use sth [as sth]; ■**das B~** the use; **nach dem B~** after use; ■**benutzt** used; **das benutzte Geschirr** the dirty dishes *pl*
❷ (*geh*) **den Aufzug/die Bahn/den Bus** ~ to take the lift [*or* AM elevator]/train/bus
❸ (*verwerten*) ■**etw** ~ to consult sth; **die benutzte Literatur** the literature consulted
❹ (*wahrnehmen*) ■**etw** ~ to seize [*or* avail oneself of] sth
❺ (*für seine Zwecke ausnutzen*) ■**jdn** ~ to take advantage of sb; **sich benutzt fühlen** to feel [that one has been] used

Benutzer(in) <-s, -> *m(f),* **Benützer(in)** <-s, -> *m(f)* DIAL ❶ (*benutzender Mensch*) borrower; (*mit Leihgebühr*) hirer BRIT, person renting AM; (*einer Bibliothek*) reader, borrower
❷ INFORM user

Benutzerebene *f* INFORM user [*or* system] interface **benutzerfreundlich** I. *adj* user-friendly II. *adv* with user-friendliness in mind, in a user-friendly manner **Benutzerfreundlichkeit** <-> *f kein pl* user-friendliness **Benutzerhandbuch** *nt* user manual [*or* handbook] **Benutzeridentifikation** *f* FIN, INFORM user ID **Benutzeridentifizierung** *f* FIN, INFORM user ID

Benutzerin, Benützerin <-, -nen> *f fem form von* **Benutzer**

Benutzerkennung *f* INFORM user name **Benutzername** *m* INFORM user name **Benutzeroberfläche** *f* INFORM user [*or* system] interface **benutzerorientiert** *adj* user-oriented **Benutzerprofil** *m* INFORM user profile **Benutzerschnittstelle** *f* user interface **Benutzersprache** *f* INFORM user language **benutzerunfreundlich** I. *adj* non-user-friendly, user-hostile *hum* II. *adv* ~ **angelegt sein** to have a non-user-friendly layout; **etw** ~ **gestalten** to give sth a non-user-friendly design

Benutzung *f,* **Benützung** *f* DIAL ❶ (*Gebrauch*) use; ■**die** ~ **[einer S.** *gen*] **als etw** the use [of sth] as sth; **nach der** ~ after use; **etw in** ~ **haben/nehmen** (*geh*) to be/start using sth; **jdm etw zur** ~ **überlassen** to put sth at sb's disposal; **die** ~ **einer S.** *gen/***von etw** *dat* **vermeiden** to avoid using sth
❷ (*das Fahren*) **die** ~ **des Busses/Zugs** taking the bus/train; ~ **öffentlicher Verkehrsmittel zum Nulltarif** fare-free transport
❸ (*Verwertung*) consultation

Benutzungsgebühr *f* hire [*or* AM rental] charge **Benutzungsordnung** *f* JUR regulation for the use of something **Benutzungsrecht** *nt* JUR right to use, user; **eigenes** ~ legitimate use **Benutzungszwang** *m für Warenzeichen* compulsory use

Benzin <-s, -e> *nt* ❶ (*Kraftstoff*) petrol BRIT, gas[oline] AM; ~ **sparendes Auto** economical car
❷ (*Lösungsmittel*) benzine

Benzinabsatz *m* petrol sales **benzinbetrieben** *adj* petrol-fuelled [*or* -driven] BRIT, gas[oline]-fueled AM; **~er Motor** petrol [*or* AM gas[oline]] engine **Benzineinspritzanlage** *f* fuel injector

Benziner <-s, -> *m* (*fam*) car which runs on petrol

Benzinfeuerzeug *nt* petrol lighter **Benzinfilter** *m* fuel filter, petrol filter **Benzingutschein** *m* petrol coupon **Benzinhahn** *m* fuel [*or* BRIT *a.* petrol] tap [*or* cock] **Benzinkanister** *m* petrol canister **Benzinmotor** *m* petrol engine, gasoline [*or fam* gas] engine AM **Benzin-Pkw** *m* petrol-driven car **Benzinpreis** *m* price of petrol **Benzinpumpe** *f* fuel pump **benzinsparend** *adj inv, attr s.* **Benzin 1** **Benzinstand** *m* fuel level, petrol level BRIT, gasoline level AM, gas level AM *fam* **Benzintank** *m* petrol tank **Benzinuhr** *f* AUTO fuel gauge [*or* AM gage] **Benzinverbrauch** *m* fuel consumption

Benzoesäure ['bɛntsoe-] *f* benzoic acid *no art*

Benzol <-s, -e> *nt* benzene; (*im Handel erhältlich*) BRIT *usu* benzol[e]

beobachtbar *adj* observable

beobachten* *vt* ❶ (*genau betrachten*) ■**jdn/etw** ~ to observe sb/sth; **jdn/etw genau** ~ to watch sb/sth closely; ■**jdn [bei etw]** ~ to watch sb [doing sth]; **gut beobachtet!** well spotted!
❷ (*observieren*) ■**[durch jdn [*o* von jdm]] beobachtet werden** to be kept under the surveillance [of sb]; ■**jdn [durch jdn]** ~ **lassen** to put sb under the surveillance [of sb]; **jdn durch die Polizei** ~ **lassen** to put sb under police surveillance; **sich [von jdm] beobachtet fühlen** to feel that one is being watched [by sb] [*or* that sb is watching one]; **sich [von jdm] auf Schritt und Tritt beobachtet**

fühlen to feel that one is being dogged by sb [*or* that sb is dogging one]
③ (*bemerken*) ■**etw an jdm/bei etw** ~ to notice sth in sb/about sth

Beobachter(in) <-s, -> *m(f)* observer; **ein guter** [*o* **scharfer**] ~ a keen observer

Beobachtung <-, -en> *f* ① (*das Beobachten*) observation
② (*Observierung*) surveillance
③ *meist pl* (*Ergebnis des Beobachtens*) observations *pl;* [**an jdm**] **die** ~ **machen, dass** to notice that

Beobachtungsgabe *f* talent for [*or* power of] observation; **eine gute/scharfe** ~ **haben** to have a very observant/keen eye **Beobachtungsposten** *m* ■**auf** ~ **sein** (*fam*) to be on the lookout **Beobachtungssatellit** *m* observation [*or fam* spy] satellite **Beobachtungsstation** *f* ① MED observation ward ② METEO weather [*or* meteorological] station ③ ASTRON observatory

beordern* *vt* ■**jdn zu jdm** ~ to send sb to sb; **jdn zu sich** ~ to send for [*or* summon] sb; ■**jdn irgendwohin** ~ to order [*or* instruct] sb to go somewhere

bepacken* *vt* ■**jdn/etw [mit etw]** ~ to load up sb/sth *sep* [with sth]; ■**sich [mit etw]** ~ to load oneself up [with sth]; ■**bepackt** loaded

bepflanzen* *vt* ■**etw [mit etw]** ~ to plant sth [with sth]; **Beete mit etw** ~ to plant sth in beds; ■**bepflanzt** planted

Bepflanzung *f* ① (*das Bepflanzen*) ■**die** ~ **einer S.** *gen*/**von etw** *dat* the planting of sth; ***die ~ von Beeten soll bei kühlem Wetter erfolgen*** flower beds should be planted in cool weather
② (*die Pflanzen*) plants *pl* (+*gen*/**von** +*dat* in)

bepinkeln* I. *vt* (*fam*) ■**etw** ~ to pee [*or fam* piddle] on sth; **einen Baum/eine Wand** ~ to pee [*or fam* piddle] against a tree/wall
II. *vr* (*fam*) ① (*sich nässen*) ■**sich** ~ to wet oneself, AM *a.* to pee one's pants *fam*
② (*mit Urin beschmutzen*) ■**sich** *dat* **etw** ~ to pee [*or fam* piddle] over one's sth

bepinseln* *vt* ① KOCHK ■**etw [mit etw]** ~ to brush sth with sth
② MED **jdm das Zahnfleisch** ~ to paint sb's gums
③ (*fam: mit Pinseln beschreiben*) ■**etw [mit etw]** ~ to paint sth [with sth], to daub sth with sth

Beplankung <-, -en> *f* BAU panelling BRIT, paneling AM, sheathing

bequatschen* *vt* (*fam*) ① (*bereden*) ■**etw [mit jdm]** ~ to talk over sth *sep* [with sb]
② (*überreden*) ■**jdn [dazu]** ~[**, etw zu tun**] to persuade sb [to do sth], to talk sb into doing sth; ***also gut, du hast mich bequatscht!*** all right, you've talked me into it!

bequem I. *adj* ① (*angenehm*) comfortable; **es sich** *dat* ~ **machen** to make oneself comfortable
② (*leicht zu bewältigen*) easy
③ (*leicht zu handhaben*) manageable, easy to operate
④ (*im Umgang angenehm*) easy-going
⑤ (*pej: träge*) idle, comfort-loving; **es** ~ **[mit jdm/etw] haben** to have an easy time of it [with sb/sth]
II. *adv* ① (*leicht*) easily
② (*angenehm*) comfortably

bequemen* *vr* (*geh*) ① (*sich zu etw verstehen*) ■**sich zu etw** ~, ■**sich [dazu]** ~, **etw zu tun** to bring oneself to do sth; (*herablassend*) to condescend [*or form* deign] to do sth *a. iron*
② (*sich begeben*) ■**sich zu jdm/etw** ~ to come/go to sb/sth

Bequemlichkeit <-, -en> *f* ① (*Behaglichkeit*) comfort
② (*Trägheit*) idleness, laziness; **aus [reiner]** ~ out of [sheer] laziness

berappen* *vt* (*fam*) ■**etw [für etw]** ~ to fork [*or* shell] out sth *sep* [for sth]

beraten*[1] *irreg* I. *vt* ① (*mit Rat bedenken*) ■**jdn [in etw** *dat*] ~ to advise sb [*or* give sb advice] [on sth]; **jdn finanziell/rechtlich** ~ to give sb financial/legal advice; ■**sich [von jdm]** ~ **lassen [, ob/wie]** to ask sb's advice [as to whether/on how]
② (*besprechen*) ■**etw** ~ to discuss sth; POL to debate sth
II. *vi* ■[**mit jdm über etw** *akk*] ~ to discuss sth with sb; ***sie ~ noch*** they're still discussing it
III. *vr* ■**sich [über jdn/etw]** ~ to discuss sb/sth; ***das Kabinett wird sich heute*** ~ the cabinet will be meeting today for talks; ■**sich mit jdm [über jdn/etw]** ~ to consult [with] sb [about sb/sth]

beraten*[2] *adj* advised; **finanziell/rechtlich gut** ~ **sein** to receive good financial/legal advice; **gut/schlecht** ~ **sein, etw zu tun** to be well-/ill-advised to do sth

beratend I. *adj* advisory, consultative
II. *adv* in an advisory [*or* a consultative] capacity; **jdm** ~ **zur Seite stehen** to act in an advisory capacity to sb

Berater(in) <-s, -> *m(f)* advisor; (*in politischen Sachen a.*) counsellor BRIT, counselor AM; (*Fach~*) consultant

Beratergruppe *f* advisory group **Beratertätigkeit** *f* advisory service[s *pl*] **Beratervertrag** *m* consultative contract; (*Stelle*) advisory post

beratschlagen* I. *vt* ■**etw** ~ to discuss sth; ■**[mit jdm]** ~, **was/wie** to discuss [with sb] what/how
II. *vi* (*sich beraten*) ■**[mit jdm] [über etw** *akk*] ~ to discuss sth [with sb]; ***wir ~ noch*** the matter is still under discussion [*or* we are still discussing it]

Beratung <-, -en> *f* ① (*das Beraten*) advice
② (*Besprechung*) discussion; POL debate
③ (*beratendes Gespräch*) consultation

Beratungsbefugnis *f* advisory powers **Beratungsdienst** *m* advice service **Beratungsgeheimnis** *nt* JUR the secrecy of judicial deliberations **Beratungsgesetz** *nt* ■**das** ~ *law prescribing dissuading advice for pregnant women wanting an abortion* **Beratungsgremium** *nt* advisory board **Beratungshilfe** *f* counselling [*or* AM -ling] **Beratungshilfegesetz** *nt* JUR legal advice and assistance Act **Beratungskosten** *pl* consultation fees **Beratungspflicht** *f* JUR legal duty to give advice **Beratungspraxis** *f* advisory practice **Beratungsstadium** *nt* reporting stage **Beratungsstelle** *f* advice [*or* advisory] centre [*or* AM -er] **Beratungsunternehmen** *nt* ÖKON consultancy [company]

berauben* *vt* ① (*durch Raub bestehlen*) ■**jdn/etw** ~ to rob sb/sth; ■**jdn einer S.** *gen* ~ to rob [*or hum* relieve] sb of sth
② (*geh: gewaltsam entziehen*) ■**jdn einer S.** *gen* ~ to deprive sb of sth
③ (*geh: nehmen*) ■**jdn einer S.** *gen* ~ to take sth from sb; ■**einer S.** *gen* **beraubt werden** to lose [*or* be deprived of] sth

berauschen* I. *vt* (*geh*) ■**jdn** ~ ① (*trunken machen*) to intoxicate sb; *Alkohol a.* to inebriate sb
② (*in Verzückung versetzen*) to intoxicate [*or liter* enrapture] sb; *Geschwindigkeit* to exhilarate sb
II. *vr* ■**sich** *akk* **an etw** *dat* ~ ① (*in Ekstase geraten*) to become intoxicated [*or liter* enraptured] by sth; **sich an Geschwindigkeit** ~ to become exhilarated by speed; **sich an Blut** ~ to get into a frenzy over blood
② (*geh: sich trunken machen*) to become intoxicated with sth

berauschend *adj* intoxicating; [***das war***] ***nicht*** [***sehr***] ~ (*iron*) [that] was just wonderful

berauscht *adj* intoxicated

Berber <-s, -> *m* (*fam*) Berber [carpet]

Berber(in) <-s, -> *m(f)* Berber

Berberitze <-, -n> *f* BOT berberis

Berberteppich *m* Berber [carpet]

berechenbar *adj* ① (*zu berechnen*) calculable, computable *form;* ***das ist nicht*** ~ that is incalculable [*or form* incomputable], that cannot be calculated
② (*einzuschätzen*) predictable

Berechenbarkeit <-> *f kein pl* ① (*berechenbare Beschaffenheit*) calculability, computability *form*
② (*Einschätzbarkeit*) predictability

berechnen* *vt* ① (*ausrechnen*) ■**etw** ~ to calculate [*or form* compute] sth; **Gebühren** ~ to determine fees; ~**, ob/wie/wie viel** to calculate whether/how/how much
② (*in Rechnung stellen*) ■**[jdm] etw** ~ to charge [sb] sth; ***das hat er mir mit DM 135 berechnet*** he charged me DM 135 for it
③ (*im Voraus abwägen*) ■**etw** ~ to calculate the effect of sth
④ (*vorsehen*) ■**etw für jdn/etw** ~ to intend sth for sb/sth; ■**für jdn/etw berechnet werden** to be intended [*or* meant] for sb/sth; ***alle Rezepte sind für 4 Personen berechnet*** all recipes are [calculated] for four persons

berechnend *adj* (*pej*) scheming *pej,* calculating

Berechnung *f* ① (*Ausrechnung*) calculation, computation *form; von Gebühr* determination; **etw durch** ~ **ermitteln** to calculate [*or form* compute] sth; **jds** ~ **nach** [*o* **nach jds** ~] according to sb's calculations; **nach meiner** ~ by my reckoning, according to my calculations
② (*das Berechnen*) charge; **gegen** ~ for a fee; **ohne** ~ without [any] charge
③ (*das Abwägen im Voraus*) calculated effect[s *pl*]
④ (*pej*) scheming *pej,* calculation; **aus** ~ in cold deliberation

Berechnungsgrundlage *f* basis for estimation **Berechnungsverordnung** *f* JUR computation ordinance concerning rent

berechtigen* I. *vt* ■**jdn zu etw** ~ ① (*bevollmächtigen*) to entitle sb to [do] sth; ■**jdn dazu** ~**, etw zu tun** to entitle [*or* empower] sb to do sth; ***was berechtigt Sie dazu, mich immer zu kontrollieren?*** what right do you have to always check up on me?; ■**[dazu] berechtigt sein, etw zu tun** to be entitled [*or* have the right] to do sth; **sich zu etw berechtigt fühlen** to feel justified in doing sth
② (*Anlass geben*) to give sb grounds for sth
II. *vi* ■**zu etw** ~ ① (*bevollmächtigen*) to entitle sb to [do] sth
② (*Anlass geben*) to give rise to sth

berechtigt *adj* justifiable; **ein ~er Anspruch** a legitimate [*or* rightful] claim; **ein ~er Einwand/eine ~e Forderung** a justifiable [*or* justified] objection/demand; **eine ~e Frage/Hoffnung** a legitimate question/hope; **ein ~er Vorwurf** a just accusation

Berechtigte(r) *f(m) dekl wie adj* JUR rightful claimant; (*aus Vertrag*) covenantee; (*aus Versicherung*) beneficiary; ~ **aus Grundpfandrecht** encumbrancer

berechtigterweise *adv* (*geh*) legitimately, with full justification

Berechtigung <-, *selten* -en> *f* ① (*Befugnis*) authority; ***Zutritt nur mit ~!*** authorized access only, for authorized persons only; **die/keine** ~ **haben, etw zu tun** to have the/no authorization [*or* to be/not be authorized] to do sth
② (*Rechtmäßigkeit*) justifiability

Berechtigungspapier *nt* JUR written authorization **Berechtigungsschein** *m* FIN subscription [*or* AM stock] warrant; (*für Versicherung*) benefit certificate **Berechtigungsurkunde** *f* JUR certificate of entitlement

bereden* I. *vt* ① (*besprechen*) ■**etw [mit jdm]** ~ to discuss [*or sep* talk over] sth [with sb]
② (*überreden*) ■**jdn zu etw** ~ to talk sb into [doing] sth; ■**jdn [dazu]** ~**, etw zu tun** to talk sb into doing [*or* persuade sb to do] sth
II. *vr* ■**sich** *akk* **[mit jdm] [über etw** *akk*] ~ to discuss [*or sep* talk over] sth [with sb]; ***wir ~ uns noch*** we are still discussing it

beredsam *adj* ① (*geh*) eloquent
② (*iron*) ***du bist ja ausgesprochen*** ~ you haven't exactly got the gift of the gab *iron fam;* ***nanu, heute so ~?*** what, cat got your tongue? *hum fam*

Beredsamkeit <-> *f kein pl* (*geh*) eloquence

beredt *adj* (*geh*) ① (*eloquent*) expressive, eloquent; **~es Schweigen** eloquent [*or* pregnant] silence; ***dein Schweigen/deine Miene ist ~ genug!*** your silence is answer enough/your face says it all
② (*geh*) *s.* **beredsam 1**

Beredtheit <-> *f kein pl* (*selten: Beredsamkeit*) eloquence

Bereich <-[e]s, -e> *m* ① (*Gebiet*) area; **im ~ des Möglichen liegen** to be within the realms [*or* bounds] of possibility
② (*Sach~*) field; **in jds** *akk* **~ fallen** to be within sb's field

bereichern* **I.** *vr* ■**sich** *akk* [**an etw** *dat*] ~ to grow rich [on sth], to make a lot of money [out of sth]
II. *vt* ① (*erweitern*) ■**etw** ~ to enlarge sth
② (*vertiefen*) ■**etw** ~ to enrich sth
③ (*innerlich reicher machen*) ■**etw bereichert jdn** sb gains [*or* learns] a lot from sth

Bereicherung <-, -en> *f* ① (*Erweiterung*) enrichment; *von Sammlung* enlargement; (*Gewinn*) gain, boon; **ungerechtfertigte** ~ JUR unjust[ified] enrichment
② (*innerer Gewinn*) ***das Gespräch mit Ihnen war mir eine*** ~ I gained [*or* learned] a lot from our conversation

Bereicherungsabsicht *f* JUR intent to enrich oneself **Bereicherungsanspruch** *m* JUR claim on account of unjust enrichment **Bereicherungsausgleich** *m* JUR compensation for enrichment **Bereicherungshaftung** *f* JUR liability for enrichment **Bereicherungsklage** *f* JUR actio sine causa **Bereicherungsrecht** *nt* JUR law of restitution **Bereicherungsvertrag** *m* JUR enrichment contract

bereifen *vt* **einen Wagen/ein Rad** [**neu**] ~ to put [new] tyres [*or* AM tires] on a car/a bike

Bereifung <-, -en> *f* AUTO set of tyres [*or* AM tires], tyres *pl* (+*gen* on); **eine neue** ~ a new set of tyres, new tyres

bereinigen* **I.** *vt* ■**etw** ~ to resolve [*or sep* clear up] sth; **ihre Meinungsverschiedenheit** ~ to settle their differences
II. *vr* ■**sich** ~ to resolve itself, to clear itself up

bereinigt *adj* FIN *Statistik* adjusted; **~er Wert** adjusted [*or* corrected] value

Bereinigung *f* ■**die** ~ **einer S.** *gen*/**von etw** *dat* resolving [*or sep* clearing up] sth; **die ~ ihrer Meinungsverschiedenheit** settling their differences; ~ **der Passiva** FIN rectification of debts

bereisen* *vt* ■**etw** ~ ① (*reisend durchqueren*) to travel around sth; **die Welt** ~ to travel the world
② ÖKON (*abfahren*) to travel [*or* cover] sth

bereit *adj meist pred* ① (*fertig*) ■[**für** [*o* **zu**] **etw**] ~ **sein** to be ready [for sth]; (*vorbereitet*) to be prepared for sth; **sich** [**für** [*o* **zu**] **etw**] ~ **halten** to be ready [*or* prepared] [for sth]; ***haltet euch für den Abmarsch ~!*** get ready to march; **sich ~ halten, etw zu tun** to be ready to do sth; **etw ~ haben** to have sth at the ready; **eine Antwort/Ausrede ~ haben** to have an answer/excuse ready [*or* a ready answer/excuse]
② (*willens*) ■**zu etw ~ sein** to be willing [*or* prepared] to do sth; **zum Nachgeben/zu Zugeständnissen ~ sein** to be prepared to yield/to make concessions; ■~ **sein, etw zu tun** to be willing [*or* prepared] to do sth; **sich ~ erklären, etw zu tun** to agree to do sth; **sich zu etw ~ finden** to be willing [*or* prepared] to do sth

bereiten* *vt* ① (*machen*) ■**jdm etw** ~ to cause sb sth; **einen freundlichen Empfang/eine Freude/eine Überraschung** ~ to give sb a warm welcome/pleasure/a surprise; **jdm Kopfschmerzen** ~ to give sb a headache
② (*geh: zu~*) ■[**jdm**] **etw** ~ to prepare sth [for sb]; **Medikamente/Essen/Kaffee** ~ to make up medicines/to prepare food, coffee *sep*
③ (*richten*) ■**etw** [**für jdn/etw**] ~ to prepare sth [for sb/sth]; **das Bett** ~ to make [up *sep*] the bed

bereit|halten *vt irreg* ① (*griffbereit haben*) ■**etw** [**für jdn/etw**] ~ to have sth ready [for sb/sth]; **Medikamente/Schusswaffen** ~ to keep medicines/firearms at the ready ② (*in petto haben*) ■**etw** [**für jdn**] ~ to have sth in store [for sb] **bereit|legen** *vt* ■**etw** [**für jdn/etw**] ~ to lay out sth *sep* ready [for sb/sth] **bereit|liegen** *vi irreg* ① (*abholbereit liegen*) ■[**für jdn/zu etw**] ~ to be ready [for sb/sth] ② (*griffbereit liegen*) ■[**für jdn**] ~ to be within reach [for sb] ③ NAUT ■[**zu etw**] ~ to be ready [for sth] **bereit|machen** *vt* ■**sich** [**für jdn/etw**] ~ to get [*or* make oneself] ready [for sb/sth]

bereits *adv* (*geh*) already; ~ **damals** even then; ***das habe ich Ihnen doch ~ erzählt*** I have told you that already, I have just told you that; ***ich ermahne Sie ~ zum zweiten Male*** I am warning you now for the second time

Bereitschaft <-, -en> *f* ① *kein pl* willingness; **seine ~ zu etw erklären, seine ~ erklären, etw zu tun** to express one's willingness to do sth
② *kein pl* (*Bereitschaftsdienst*) emergency service; ~ **haben** *Apotheke* to provide emergency [*or* after-hours] services; *Arzt, Feuerwehr* to be on call; (*im Krankenhaus*) to be on duty; *Beamter* to be on duty; *Polizei, Soldaten* to be on standby; **in ~ sein** *Arzt* to be on call; (*im Krankenhaus*) to be on duty; *Feuerwehr, Truppen* to be on standby
③ (*Einheit der Bereitschaftspolizei*) squad [of police]

Bereitschaftsarzt, -ärztin *m, f* doctor on duty **Bereitschaftsdienst** *m* emergency service; *von Apotheker a.* after-hours service **Bereitschaftsmodus** *m* standby [mode] **Bereitschaftspolizei** *f* riot [*or form* security alert] police **Bereitschaftszeichen** *nt* INFORM prompt character **Bereitschaftszustand** *m* standby

bereit|stehen *vi irreg* ■[**für jdn/etw**] ~ to be ready [for sb/sth]; *Truppen, Panzer* to stand by [for sb/sth]; ***20 Divisionen stehen bereit*** 20 divisions are standing by **bereit|stellen** *vt* ① (*zur Verfügung stellen*) ■**etw** [**für jdn/etw**] ~ to provide [sb/sth with] sth; ■**für jdn/etw bereitgestellt werden** to be provided for sb/sth ② (*vorbereitend hinstellen*) ■**etw** ~ to make sth ready ③ BAHN **einen zusätzlichen Zug** ~ to run an extra train, to make an extra train available ④ MIL ■**jdn/etw** ~ to put sb/sth on standby; **alle bereitgestellten Panzer** all tanks on standby **Bereitstellung** *f* ① (*das Bereitstellen*) provision ② BAHN availability, running ③ MIL **die ~ von Truppen/Panzern** putting soldiers/tanks on standby ④ FIN (*Versorgung*) ~ **von Kapital** supply of capital

bereitwillig **I.** *adj* ① (*gerne helfend*) willing; **ein ~er Verkäufer** an obliging salesman
② (*gerne gemacht*) **eine ~e Auskunft/ein ~es Angebot** information/an offer given willingly
II. *adv* readily, willingly

Bereitwilligkeit <-> *f kein pl* willingness; *von Verkaufspersonal* obligingness

bereuen* *vt* ■**etw** ~ to regret sth; **seine Missetaten/Sünden** ~ to repent of one's misdeeds/sins; ■~, **etw getan zu haben** to regret having done sth; ***das wirst du noch ~!*** you'll be sorry [for that]!

Berg <-[e]s, -e> *m* ① GEOG mountain; (*kleiner*) hill; **den ~ hinauf/hinunter** uphill/downhill; ~ **Heil!** good climbing to you!; **über ~ und Tal** up hill and down dale *dated*; **am ~ liegen** to lie at the foot of the hill [*or* mountain]; *s. a.* **Glaube**
② *pl* ■**die ~e** the hills; (*größer*) the mountains
③ (*große Menge*) ■**ein ~/~e von etw** a pile/piles of sth; **~e von Papier** mountains of paper; **einen ~ von Briefen erhalten** to receive a flood of letters
► WENDUNGEN: **wenn der ~ nicht zum Propheten kommt, muss der Prophet zum ~e kommen** (*prov*) if the mountain won't come to Mahomet, [then] Mahomet must go to the mountain *prov;* **über alle ~e sein** (*fam*) to be long gone [*or fam* miles away]; **jdm goldene ~e versprechen** to promise sb the moon; **mit etw hinterm ~ halten** to keep quiet about sth [*or* sth to oneself], to not let the cat out of the bag; **am ~ sein** SCHWEIZ to not have a clue, to be clueless *fam;* **über den ~ sein** (*fig*) to be out of the woods; **noch nicht über den ~ sein** to be not out of the woods [*or* out of danger] yet; ***die Patientin ist noch nicht über den ~*** the patient's state is still critical

bergab *adv* downhill; ***mit ihm/seinem Geschäft geht es ~*** (*fig*) he/his business is going downhill

Bergabhang *m* side of a mountain, mountainside **bergabwärts** *adv* (*geh*) *s.* **bergab** **Bergahorn** *m* sycamore [tree] **Bergakademie** *f* mining college, school of mining

Bergamotte <-, -n> *f* BOT bergamot [orange]

Bergamottöl *nt* essence of bergamot

Bergamt *nt* mining authority **bergan** *adv s.* **bergauf** **Bergarbeiter(in)** *m(f) s.* **Bergmann** **bergauf** *adv* uphill; **es geht wieder ~** (*fig*) things are looking up [*or* getting better]; ***es geht mit mir wieder ~*** health-wise things are looking up, my health is improving; ***es geht mit dem Geschäft wieder ~*** business is looking up **bergaufwärts** *adv* (*geh*) *s.* **bergauf** **Bergausrüstung** *f* climbing [*or* mountaineering] equipment **Bergbahn** *f* mountain railway; (*Seilbahn*) funicular railway **Bergbau** *m kein pl* ■**der** ~ mining **Bergbauindustrie** *f* mining industry **bergbaulich** *adj inv* mining; **~e Fläche** mining area [*or* site] **Bergbehörde** *f* mining inspectorate **Bergbesteigung** *f* mountain climb [*or* ascent] **Bergbewohner(in)** *m(f)* mountain dweller, highlander **Bergdorf** *nt* mountain village

Bergelohn *m* NAUT salvage [money] *no art*

bergen <barg, geborgen> *vt* ① (*retten*) ■**jdn/etw** [**aus etw**] ~ to save sb/sth, to rescue sb/sth [from sth]; **Giftstoffe/Tote** ~ to recover toxic material/the dead; **ein Schiff/eine Schiffsladung** ~ to salvage a ship/a ship's cargo; **tot geborgen werden** to be recovered dead
② (*in Sicherheit bringen*) ■**etw** [**aus etw**] ~ to remove sth [from sth]
③ (*geh: enthalten*) ■**etw** [**in sich** *dat*] ~ to hold sth
④ (*mit sich bringen*) ■[**in sich** *dat*] ~ to involve sth
⑤ (*geh: schützen*) ■**jdn** [**vor jdm/etw**] ~ to shelter sb [from sb/sth]
⑥ (*geh: verbergen*) ■**etw an** *dat*/**in etw** *dat* ~ to hide sth on/in sth; ***sie barg ihren Kopf an seiner Schulter*** she buried her face in his shoulder; *s. a.* **geborgen**

Bergenie <-, -n> *f* BOT saxifrage

Bergfahrrad *nt* mountain bike **Bergfahrt** *f* ① *mit einer Bergbahn* ascent ② NAUT *mit einem Flussschiff* passage upstream **Bergfink** *m* ORN brambling **Bergfried** <-[e]s, -e> *m* keep; HIST donjon **Bergführer(in)** *m(f)* mountain guide **Berggeist** *m* mountain troll **Berggipfel** *m* mountain top [*or* peak] **Berggorilla** *m* ZOOL (*Gorilla gorilla berengei*) mountain gorilla **Berggrat** *m* mountain ridge **Berghang** *m* mountain slope **berghoch** **I.** *adj* mountainous; **berghohe Müll-/Schutthaufen** mountains of rubble/rubbish [*or* AM garbage] **II.** *adv* ***der Müll türmte sich*** ~ mountains of rubbish were piled up; ***die Wellen türmten sich*** ~ the waves rose to mountainous heights **Berghütte** *f* mountain hut [*or* refuge]

bergig *adj* hilly; (*gebirgig*) mountainous

Bergingenieur(in) *m(f)* mining engineer

bergisch *adj inv* **das B~e Land** *hilly area to the East of Cologne*

Bergkamm *m* mountain crest **Bergkäse** *m* alpine cheese **Bergkette** *f* mountain range [*or* chain] **Bergkristall** *m* rock [*or* mountain] crystal *no art* **Bergkuppe** *f* mountain top **Bergland** *nt* hilly country [*or* region]; (*gebirgig*) mountainous country [*or* region] **Berglandschaft** *f* mountain landscape **Berglinse** *f* puy lentil **Bergluft** *f* mountain air **Bergmann** <-leute> *m* miner **Bergmassiv** *nt* massif **Bergnot** *f* **in ~ sein** [*o* **geraten**] to have [*or* get into] [serious] climbing difficulties **Bergplateau** *nt* mountain plateau **Bergpredigt** *f kein pl* REL ■**die** ~ the Sermon on the Mount **Bergrecht** *nt kein pl* JUR mining law **bergrechtlich** *adj inv* JUR mining *attr;* **B~e Gewerkschaft** mining company **Bergrücken** *m* mountain ridge [*or* crest] **Bergrutsch** *m* landslide, BRIT *a.* landslip **Bergsattel** *m* [mountain] saddle, col **Bergschuh** *m* climbing boot **Bergseil** *nt* climbing [*or* mountaineering] rope **Bergspitze** *f* mountain peak **Bergstation** *f* mountain rescue hut **Bergsteigefähigkeit** *f* AUTO hill-climbing ability **berg|steigen** *vi irreg sein o haben* to mountaineer, to go mountain climbing [*or* mountaineering]; ▪**[das] B~** mountaineering, mountain climbing **Bergsteigen** *nt* mountaineering **Bergsteiger(in)** *m(f)* mountain climber, mountaineer **Bergstraße** *f* ❶ (*Straße im Gebirge*) mountain road ❷ ▪**die ~** *area between Darmstadt and Heidelberg noted for its wines and fruit* **Bergsturz** *m* [heavy] landslide **Bergtour** *f* [mountain] climb

Berg-und-Tal-Bahn *f* roller coaster, BRIT *a.* big dipper, BRIT *a.* switchback **Berg-und-Tal-Fahrt** *f* roller coaster ride; ***das war die reinste ~*** (*fig*) it was like being on a roller coaster

Bergung <-, -en> *f* ❶ (*Rettung*) saving, rescuing; ***die ~ der Lawinenopfer gestaltete sich äußerst schwierig*** it was extremely difficult to rescue those caught by the avalanche; *einer Schiff[sladung]* salvaging
❷ (*das Bergen*) removing; *von Toten* recovering

Bergungsarbeiten *f* rescue work *no pl, no indef art;* (*von Schiffsladung*) salvage work *no pl, no indef art* **Bergungsdienst** *m* ❶ TRANSP recovery service ❷ NAUT salvage service **Bergungsfahrzeug** *nt* ❶ *für Flugzeug* crash tender ❷ *für Kfz* recovery [*or* rescue] vehicle, AM *a.* wrecker **Bergungshubschrauber** *m* recovery helicopter **Bergungsmannschaft** *f* rescue team; (*von Schiffsladung*) salvage team **Bergungsrecht** *nt inv* JUR right of salvage **Bergungsschiff** *nt* salvage tug **Bergungsschlepper** *f* NAUT salvage tug **Bergungstrupp** *m* rescue party **Bergungsverpflichtung** *f* JUR salvage bond **Bergungsvertrag** *m* JUR salvage contract

Bergvolk *nt* mountain race **Bergwacht** *f* mountain [*or* alpine] rescue service **Bergwand** *f* mountain face **Bergwanderung** *f* mountain hike [*or* trek], BRIT *a.* hill-walk **Bergwerk** *nt* mine; **im ~ arbeiten** to work down the mine *hum* **Bergwiese** *f* mountain pasture **Bergwind** *m* mountain wind

Beriberi <-> *f kein pl* MED beriberi

Bericht <-[e]s, -e> *m* report; (*Zeitungs~ a.*) article (*+gen* by); **amtlicher ~** official report, communiqué; **~ vom Tage** news report; **[jdm] [über etw** *akk*] **~ erstatten** (*geh*) to report [to sb] on sth [*or* to sb [on sth]], to give [sb] a report [on sth]

berichten* **I.** *vt* ▪**[jdm] etw ~** to tell sb [sth]; ***was gibt's denn zu ~?*** what have you to tell me?; ***es gibt einiges zu ~*** I/we have a number of things to tell you; **falsch/recht berichtet** SCHWEIZ wrong/right [*or* correct]; ***bin ich falsch/recht berichtet, wenn ich annehme ...?*** am I wrong/right [*or form* correct] in assuming ...?
II. *vi* ❶ ▪**[über etw** *akk*] **[für jdn] ~** to report on sth [for sb]; **ausführlicher ~** to give a more detailed report; ***es berichtet für Sie exklusiv ...*** reporting for you exclusively is ...; ***wie unser Korrespondent berichtet*** according to our correspondent; ***wie soeben berichtet wird, sind die Verhandlungen abgebrochen worden*** we are just receiving reports that negotiations have been broken off
❷ (*Bericht erstatten*) ▪**jdm über etw** *akk* **~** to tell sb about sth; ▪**[jdm] ~, dass ...** to tell [*or form* inform] sb that ...; ▪**[jdm] ~, wann/warum/wie ...** to tell sb when/why/how ...; ▪**[jdm] ~, wenn ...** to let sb know when ...; ***es wird berichtet, dass ...*** it's going the rounds that ...; ***von Zeugen wurde uns berichtet, wie/dass ...*** we have received accounts from witnesses on how ...
❸ SCHWEIZ (*erzählen*) to talk, to chat *fam;* ***es gibt viel zu ~*** there is [*or* we have] a lot to talk [*or fam* chat] about

Berichterstatter(in) <-s, -> *m(f)* reporter; (*Korrespondent*) correspondent **Berichterstattung** *f* (*Reportage*) ▪**die ~** reporting (**über** *+akk* on); (*Bericht*) report; **zur ~ zurückgerufen werden** to be called back to [give a] report

berichtigen* **I.** *vt* ❶ (*korrigieren*) ▪**jdn/etw ~** to correct sb/sth; ▪**sich ~** to correct oneself; **eine erste Fassung ~** to correct [*or form* emend] an initial version; ***~ Sie mich, wenn ich mich irre*** correct me if I'm wrong *a. iron;* **etw nach unten ~** FIN to round down sth
❷ JUR ▪**etw ~** to rectify sth
II. *vi* to correct sb/sth; ***„Irrtum," berichtigte sie*** "Wrong," she corrected [him/her etc.]; ▪**~d** corrective

Berichtigung <-, -en> *f* ❶ (*Korrektur*) correction
❷ JUR rectification
❸ (*schriftliche Korrekturarbeit*) corrections *pl*

Berichtigungsaktie *f* BÖRSE bonus share, BRIT scrip issue, AM stock dividend **Berichtigungsanspruch** *m* JUR claim for rectification **Berichtigungsfaktor** *m* FIN corrective factor **Berichtigungsklausel** *f* JUR rectification clause **Berichtigungsschein** *nt* JUR certificate of correction **Berichtigungsvermerk** *m* JUR rectification note

Berichtsjahr *nt* ÖKON year under review [*or* report] **Berichtsperiode** *f,* **Berichtszeitraum** *m* FIN audit period **Berichtspflicht** *f* JUR mandatory reporting **Berichtstermin** *m* JUR reporting date

beriechen* *irreg* **I.** *vt* ▪**jdn/etw ~** to sniff at [*or* smell] sb/sth; *Tier* to sniff at sb/sth
II. *vr* (*fam*) ▪**sich [gegenseitig] ~** to size each other up

berieseln* *vt* ❶ (*rieselnd bewässern*) ▪**etw ~** to spray sth [with water]; **etw dünn ~** to spray sth lightly [with water]
❷ (*fig fam*) ▪**von etw berieselt werden** to be exposed to a constant stream of sth; **sich von Musik ~ lassen** to have [a constant stream of] music playing in the background

Berieselung <-, -en> *f* ❶ (*das Berieseln*) spraying; ▪**die ~ einer S.** *gen*/**von etw** *dat* spraying sth
❷ (*fam*) ▪**die ~ durch** [*o* **mit**] **etw** the constant stream of sth; **die ~ der Kunden mit Musik/Werbung** exposing customers to a constant stream of music/ advertisements

Berieselungsanlage *f* sprinkler [system]; (*größer*) irrigation system

beringen* *vt* ▪**einen Vogel ~** to ring a bird; ▪**beringt** ringed; **mit Brillanten ~e Finger** fingers ringed with diamonds

Beringmeer *nt* Bering Sea

beritten *adj* mounted, on horseback *pred;* **~e Polizei** mounted police + *sing/pl vb*

Berkelium <-s> *nt kein pl* berkelium *no art*

Berlin <-s> *nt* Berlin

Berliner[1] <-s, -> *m* DIAL ▪**~ [Pfannkuchen]** doughnut BRIT, donut AM

Berliner[2] *adj attr* Berlin; *s. a.* **Pfannkuchen, Weiße**

Berliner(in) <-s, -> *m(f)* Berliner

berlinerisch *adj* Berlin *attr,* Berlinese

berlinern* *vi* (*fam*) to speak [in] [the] Berlin dialect

Bermudadreieck *nt kein pl* ▪**das ~** the Bermuda triangle

Bermudas[1] *pl* ▪**die ~** Bermuda *no art, + sing vb,* the Bermudas *+ pl vb;* **auf den ~** in Bermuda [*or* the Bermudas]

Bermudas[2], **Bermudashorts** [-ʃɔrts, -ʃɔːɐts] *pl* Bermudas, Bermuda shorts

Bern <-s> *nt* Bern[e]

Berner *adj attr* Berne[se]; *s. a.* **Oberland**

Berner(in) <-s, -> *m(f)* Bernese

Berner Oberland *nt* ▪**das ~** the Bernese Oberland

Bernhardiner <-s, -> *m* Saint Bernard [dog]

Bernhardinerhund *m* St Bernard [dog]

Bernitschke *f* BOT cranberry

Bernstein *m kein pl* amber, succinite *spec*

bernsteinfarben *adj* amber[-coloured [*or* AM -ored]] **Bernsteinkette** *f* amber necklace

Berserker <-s, -> *m* HIST berserker; (*Irrer*) madman; **arbeiten wie ein ~** to work like crazy [*or* fury] [*or* mad]; **toben wie ein ~** to go berserk; **zum ~ werden** to go [*or* be sent] berserk

bersten <barst, geborsten> *vi sein* (*geh*) ❶ (*auseinander platzen*) to explode; *Ballon* to burst; *Glas, Eis* to break, to crack; *Erde* to burst open, to break asunder *liter;* **zum B~ voll** (*fam*) full to bursting[-point] *fam*
❷ (*fig*) ▪**vor etw** *dat* **~** to burst with [*or* nearly die of] sth; **vor Wut ~** to be livid [*or* to tremble] with rage; **vor Lachen ~** to split one's sides laughing

Berstschutz *m* (*im Kernkraftwerk*) safety containment

berüchtigt *adj* ❶ (*in schlechtem Ruf stehend*) notorious, infamous; ▪**wegen etw ~ sein** to be notorious for sth
❷ (*gefürchtet*) feared, dreaded; ▪**wegen etw ~ sein** to be feared [*or* dreaded] because of sth

berückend *adj* captivating, enchanting; **eine ~e Schönheit** a ravishing beauty

berücksichtigen* *vt* ❶ (*beachten, einkalkulieren*) ▪**etw ~** to take sth into consideration [*or* account], to bear sth in mind; ▪**~, dass ...** to remember [*or* bear in mind] that ..., to take into consideration [*or* account] [the fact] that ...
❷ (*rücksichtsvoll anerkennen*) ▪**etw ~** to allow [*or* make allowances] for sth; ***wir müssen ~, dass er lange krank war*** we have to allow for his long illness
❸ (*positiv bedenken*) ▪**jdn/etw ~** to consider sb/sth; **jdn/etw testamentarisch ~** to remember sb/sth in one's will

Berücksichtigung <-> *f kein pl* consideration; **unter ~ einer S.** *gen* in consideration of [*or* with regard to] sth; **~ finden** to be considered

Beruf <-[e]s, -e> *m* occupation *form,* job; **ein akademischer ~** an academic profession; **ein freier ~** a profession; **ein handwerklicher ~** a trade; **ein gewerblicher ~** a commercial trade, business; ***sie ist Ärztin von ~*** she's a doctor; ***er ist Maurer von ~*** he's a bricklayer by trade; **einen ~ ausüben** to work; ***was sind Sie von ~?*** what do you do [for a living]?, what is your occupation? *form;* ***welchen ~ üben Sie aus?*** what's your profession [*or* occupation]?; **einen ~ ergreifen** to take up an occupation [*or* trade] [*or* profession]; ***welchen ~ willst du später mal ergreifen?*** what would you like to be when you grow up?; **im ~ stehen** to work; **seinen ~ verfehlt haben** to have missed one's vocation; **von ~s wegen** because of one's job

berufen[1] *adj* ❶ (*kompetent*) qualified, competent; *s. a.* **Mund, Seite**
❷ (*ausersehen*) ▪**zu etw ~ sein** to have a vocation [*or* calling] for sth [*or* to do sth]; ***er ist zu Großem ~*** he's meant for greater things; **sich ~ fühlen, etw zu tun** to feel called to do sth, to feel one has a vocation [*or* calling] [*or* mission] to do/be sth; **viele sind ~** REL many are called

berufen*[2] *irreg* **I.** *vt* ❶ (*ernennen*) ▪**jdn zu etw ~** to appoint sb to sth; **jdn auf einen Lehrstuhl ~** to offer sb a chair
❷ (*fam: heraufbeschwören*) **etw nicht ~ wollen** to hate to have to say sth, to not want to tempt fate; ***ich will es nicht ~, aber er schafft die Prüfung sicher nicht*** much as I hate to say it, he's not going to pass the exam; ***ich will das Unglück nicht ~*** I don't want to invite trouble
❸ (*veraltet: zusammenrufen, zu sich rufen*) ▪**etw ~** to convene [*or* summon] sth; ***das Parlament wurde ~*** Parliament was convoked [*or* summoned]; ▪**jdn zu sich ~** to call [*or* summon] sb to one; ***der Herr hat sie zu sich ~*** she has been called to her Maker
II. *vr* ▪**sich auf jdn/etw ~** to refer to sb/sth; ***der Korrespondent berief sich auf die Prawda*** the journalist quoted "Pravda" [in support]; ***sie berief sich auf ihre Unkenntnis*** she pleaded her ignorance
III. *vi* JUR ÖSTERR (*Berufung einlegen*) to [lodge an] appeal

beruflich **I.** *adj* professional, vocational; **~e Aussichten** career [*or* job] prospects; **~er Erfolg** success in one's career [*or* job]; **~er Werdegang** career; **~e Laufbahn** career; **~e Pflichten** professional duties [*or* tasks]; **~e Fortbildung** further training; **aus ~en Gründen verreist** [*o* **abwesend**] away on business
II. *adv* as far as work is concerned; **es geht ~ bergauf/bergab** things are going well/badly in one's job; **sich ~ weiterbilden** [*o* **fortbilden**] to undertake further training; **sich ~ verbessern/ver-**

schlechtern to improve/worsen one's professional situation; ~ **vorankommen** to progress in one's career; ~ **unterwegs sein** to be away on business; ~ **verhindert sein** to be detained by work; ***was macht sie ~?*** what does she do for a living?

Berufsanalyse *f* ÖKON job analysis [*or* breakdown] **Berufsarmee** *f* regular army **Berufsausbildung** *f* [professional] training; ~ **zum Handwerker** apprenticeship **Berufsausbildungsvertrag** *m* JUR indenture **Berufsaussichten** *pl* career prospects *pl* **Berufsausübung** *f kein pl* exercise of one's profession **Berufsausübungsfreiheit** *f* JUR freedom to exercise a profession **Berufsbeamte(r)** *f(m) dekl wie adj* civil servant **Berufsbeamtentum** *nt* civil service **berufsbedingt** *adj* occupational; ***bei einem Bäcker ist das frühe Aufstehen*** ~ for a baker getting up early is part of the job; ~**e Krankheit** occupational disease **Berufsberater(in)** *m(f)* careers advisor [*or* adviser] **Berufsberatung** *f* (*Beratungsstelle*) careers [*or* AM career] advisory service; (*das Beraten*) careers [*or* AM career] advice [*or* guidance] **Berufsbezeichnung** *f* [official] job title **berufsbezogen** I. *adj* vocational II. *adv* ~ **unterrichten** to teach vocationally [*or* practically] orientated [*or* AM oriented] **Berufsbild** *nt* job outline (*analysis of an occupation as a career*) **Berufsbildungsprojekt** *nt* job training scheme [*or* AM plan] **Berufsboxer** *m* professional boxer **Berufseignungsprüfung** *f* vocational aptitude test **berufserfahren** *adj* [professionally] experienced, with occupational [*or* work] experience **Berufserfahrung** *f* work [*or* professional] [*or* occupational] experience **Berufsethos** *nt* professional ethics *npl* **Berufsfachschule** *f* training college **Berufsfeuerwehr** *f* [professional] fire brigade [*or* AM department] **Berufsfreiheit** *f kein pl* occupational liberty, freedom to choose a career **berufsfremd** *adj* with no experience of [*or* AM in] a field [*or* a particular occupation]; ~***e Bewerber haben kaum eine Chance*** applicants who have no experience in this field have almost no chance; **eine ~e Tätigkeit** a job outside one's profession [*or* trade] **Berufsgeheimnis** *nt* (*Schweigepflicht*) professional confidentiality [*or* secrecy]; (*Geheimniskrämerei*) professional secret **Berufsgenossenschaft** *f* professional [*or* trade] association **Berufsgruppe** *f* occupational group **Berufshaftpflichtversicherung** *f* JUR, FIN professional [risk] indemnity insurance; (*für Anwälte*) Solicitors' Indemnity Fund BRIT **Berufshaftung** *f* JUR professional liability **Berufsheer** *nt* professional [*or* regular] army **Berufsjugendliche(r)** *f(m) dekl wie adj* (*iron fam*) wannabe teenager *pej fam* **Berufskleidung** *f* work[ing] clothes *npl* **Berufskrankheit** *f* occupational [*or* industrial] disease [*or* illness] **Berufsleben** *nt* working life; **im ~ stehen** to be working [*or form* in employment] **berufsmäßig** I. *adj* professional II. *adv* professionally; **etw ~ machen/betreiben** to do sth on a professional basis; ***er ist ~ sehr engagiert*** he's very taken up with his work **Berufsoffizier(in)** *m(f)* professional officer **Berufsorganisation** *f* JUR, ÖKON professional agency [*or* organization] **Berufspflicht** *f* professional obligation [*or* duty] **Berufspflichtverletzung** *f* professional misconduct [*or* negligence] **Berufspraxis** *f kein pl* professional practice **Berufsrecht** *nt kein pl* JUR, FIN employment law; **Berufs- und Standesrecht** vocational and professional law **Berufsrichter(in)** *m(f)* JUR professional judge **Berufsrisiko** *nt* occupational hazard **Berufsschaden** *m* JUR industrial injury **Berufsschule** *f* vocational school, technical college, college of further education **Berufsschüler(in)** *m(f)* student at vocational school [*or* a technical college] **Berufsschullehrer(in)** *m(f)* SCH vocational school teacher **Berufsschutz** *m* (*hist*) *former possibility for an unemployed person to refuse a job on the grounds of it not being compatible with his/her qualifications* **Berufssoldat(in)** *m(f)* professional [*or* regular] soldier **Berufsspieler(in)** *m(f)* ① SPORT professional player ② (*Glücksspieler*) professional gambler **Berufssportler(in)** *m(f)* professional [sportsman/sportswoman], pro *fam* **Berufsstand** *m* professional group; (*akademisch*) profession; (*handwerklich*) trade **berufstätig** *adj* employed, working; ■~ **sein** to have a job, to [be in] work; ***sie ist nicht mehr*** ~ she's left [*or* out of] work; ~**e Frau/Mutter/~er Mann** working woman/mother/man **Berufstätige(r)** *f(m) dekl wie adj* working person; ■**die ~n** those in employment, the working people **Berufstätigkeit** *f* occupation, [gainful] employment; ***bei ~ beider Ehepartner*** when both husband and wife are working [*or* in employment]; ***nach 20 Jahren ~ warf er alles hin*** after 20 years of working life, he gave it all up **berufsunfähig** *adj* disabled; **zu 10% ~ sein** to have an 10% occupational disability; **jdn ~ schreiben** to certify that sb is unable to practice his/her profession **Berufsunfähigkeit** *f* occupational incapacity [*or* disability], inability to practice one's profession **Berufsunfall** *m* occupational [*or* industrial] accident **Berufsverband** *m* professional [*or* trade] organization [*or* association] **Berufsverbot** *nt official debarment from one's occupation;* **jdm ~ erteilen** [*o* **auferlegen**] to ban sb from his/her occupation; ~ **haben** to be banned from one's occupation **Berufsverbrecher(in)** *m(f)* professional criminal **Berufsvereinigung** *f* HANDEL professional association, trade association **Berufsverkehr** *m* rush-hour traffic **Berufsvorbereitung** *f* vocational preparation **Berufsvorbereitungsjahr** *nt pre-training course of one year* **Berufswahl** *f kein pl* choice of career [*or* occupation] **Berufswechsel** *m* change of occupation **Berufszweig** *m* profession, professional branch [*or* field]

Berufung <-, -en> *f* ① JUR appeal; ***ich rate Ihnen zur*** ~ I advise you to appeal [*or* lodge [*or* file] an appeal]; ~ **in erster/zweiter Instanz** to appeal to a court of first/second instance; **in die ~ gehen** [*o* ~ **einlegen**] to lodge [*or* file] an appeal, to appeal; **die ~ zulassen/für unzulässig erklären** to give/refuse leave to appeal; **einer ~ stattgeben** to allow an appeal

② (*Angebot für ein Amt*) appointment, nomination; ■**die/eine ~ auf/in etw** *akk* the/an appointment as/to sth; **eine ~ auf einen Lehrstuhl erhalten** SCH to be offered a chair; **eine ~ in ein Amt erhalten** to be appointed to office *no art*

③ (*innerer Auftrag*) vocation; ■**jds ~ zu etw** *dat* sb's calling [*or* vocation] for sth; ***sie ist Lehrerin aus*** ~ she was called to be a teacher

④ (*das Sichbeziehen*) ■**die ~ auf jdn/etw** reference to sb/sth; **unter ~ auf jdn/etw** with reference to [*or* on the authority of] sb/sth

Berufungsabteilung *f* JUR appellate division **Berufungsanschlussschrift**[RR] *f* JUR notice of cross-appeal **Berufungsantrag** *m* JUR petition of appeal **Berufungsausschuss**[RR] *m* JUR appeal tribunal **Berufungsbegründung** *f* JUR grounds of appeal **Berufungsbeklagte(r)** *f(m) dekl wie adj* JUR respondent, appellee, party appealed **Berufungseinlegung** *f* JUR lodging of an appeal **berufungsfähig** *adj inv* JUR appealable; **nicht** ~ non-appealable **Berufungsfrist** *f* JUR time-limit for appealing **Berufungsführer(in)** *m(f)* JUR appellant **Berufungsgegner(in)** *m(f)* JUR appellee **Berufungsgericht** *nt* court of appeal **Berufungsgerichtsbarkeit** *f* JUR appellate jurisdiction **Berufungsgründe** *pl* JUR grounds for appeal **Berufungsinstanz** *f* court of appeal **Berufungsklage** *f* appeal **Berufungskläger(in)** *m(f)* JUR appellant **Berufungskommission** *f* review committee **Berufungsrecht** *nt kein pl* JUR right of appeal **Berufungsrichter(in)** *m(f)* JUR appellate [*or* appeal court] judge **Berufungssache** *f* JUR case on appeal **Berufungsschrift** *f* JUR petition for appeal **Berufungssumme** *f* JUR amount subject to appeal **Berufungsurkunde** *f* JUR letters patent **Berufungsurteil** *nt* JUR appeal judgement **Berufungsverfahren** *nt* JUR appellate procedure **Berufungsverhandlung** *f* JUR hearing of an appeal **Berufungsverzicht** *m* JUR waiver of the appeal **Berufungsweg** *m* JUR path of appeal

beruhen* *vi* ■**auf etw** *dat* ~ to be based [*or* founded] on sth; ***der Film beruht auf einer wahren Begebenheit*** the movie is based on a true story; ***die ganze Angelegenheit beruht auf einem Irrtum*** the whole affair is due to a mistake; **etw auf sich** *dat* ~ **lassen** to drop sth; ***ich will diese Angelegenheit auf sich ~ lassen*** I want to let the matter rest; ***du kannst das nicht auf sich ~ lassen*** you cannot let this pass [*or* go] unnoticed; *s. a.* **Gegenseitigkeit**

beruhigen* I. *vt* ① (*beschwichtigen*) ■**jdn** ~ to reassure [*or* comfort] sb; ***ihr herzlicher Empfang beruhigte ihn wieder*** their warm welcome set [*or* put] him at ease again; **jds Gewissen/Gedanken** ~ to ease sb's conscience/mind

② (*ruhig machen*) ■**jdn/etw** ~ to calm sb/sth [down], to pacify sb; **jdm die Nerven** ~ to soothe sb's nerves; **jds Schmerzen** ~ to ease [*or* relieve] [*or* alleviate] sb's pain; **den Verkehr** ~ to introduce traffic calming measures; ***dieses Getränk wird deinen Magen*** ~ this drink will settle your stomach

II. *vr* ① (*ruhig werden*) ■**sich** ~ to calm down, to relax, to chill out *sl; politische Lage* to stabilize; *Meer* to grow calm; ~ ***Sie sich!*** calm down!, take it easy!

② (*abflauen*) ■**sich** ~ *Unwetter, Nachfrage* to die down, to abate, to subside *form; Krise* to ease off

beruhigend I. *adj* ① (*ruhig machend*) reassuring; *Musik, Bad, Massage* soothing

② MED (*ruhig stellend*) sedative

II. *adv* reassuringly, soothingly; **eine ~ wirkende Spritze** an injection with a sedative effect

beruhigt I. *adj* relieved, reassured; ***dann bin ich ~!*** that's put my mind at rest!, that's a relief!

II. *adv* with an easy mind, without worrying

Beruhigung <-, -en> *f* ① (*das Beschwichtigen*) reassurance; ***ich hoffe, diese positive Auskunft dient Ihrer*** ~ I hope you are reassured by this positive news

② (*das Beruhigen*) soothing, calming; ***geben Sie der Patientin etwas zur*** ~ give the patient something to calm her; **ein Mittel zur** ~ a sedative; **zwangsweise** ~ MED enforced sedation; **zu jds** *dat* ~ to reassure sb, to set sb's mind at rest; ***ich kann Ihnen zu Ihrer ~ versichern, dass Ihr Kind unverletzt ist*** I can reassure you that your child is unharmed; ***sehr zu meiner*** ~ much to my relief

③ (*das Beruhigtsein*) calming [down]; ***bald nach Einnahme des Mittels trat ein Effekt der ~ ein*** soon after taking the medicine it began to have a soothing effect [on him/her]

Beruhigungsmittel *nt* sedative **Beruhigungspille** *f* sedative [pill], tranquillizer BRIT, tranquilizer AM **Beruhigungsspritze** *f* sedative [injection], tranquillizer BRIT, tranquilizer AM

berühmt *adj* famous, celebrated, noted; ■**für** [*o* **wegen**] **etw ~ sein** to be famous [*or* noted] [*or form* renowned] for sth

► WENDUNGEN: **nicht gerade** [**sehr**] ~ **sein** (*fam*) to be nothing to write home [*or* shout] about

berühmt-berüchtigt *adj inv* notorious, infamous

Berühmtheit <-, -en> *f* ① (*Ruf*) fame, eminence, renown *form;* ***die ~ von Shakespeare ist unbestritten*** Shakespeare's fame [*or* renown] is undeniable; ~ **erlangen** to rise to [*or* achieve] fame, to become famous, to achieve eminence *form;* **zu trauriger ~ gelangen** (*iron*) to achieve notoriety *iron*

② (*berühmter Mensch*) celebrity, well-known personality; ***sie ist eine*** ~ she's a star

Berühmung <-, -en> *f* JUR *eines Patents* marking and notification

berühren* I. *vt* ① (*Kontakt haben*) ■**jdn/etw** ~ to touch sb/sth; MATH to be at a tangent to; ***bitte nicht ~!*** please do not touch!; ***wo die Felder die Berge*** ~ where the fields border on [*or* meet] the mountains

❷ (*seelisch bewegen*) ■**jdn [in irgendeiner Weise]** ~ to touch [*or* move] [*or* affect] sb [in a certain way]; ***dieses Lob hat sie angenehm berührt*** the praise came as a pleasant surprise to her; ***das berührt mich überhaupt nicht!*** I couldn't care less!
❸ (*kurz erwähnen*) ■**etw** ~ to touch on [*or* allude to] sth; **ein Thema nicht** ~ to avoid [any] reference to a subject
❹ (*auf Reise streifen*) ■**etw** ~ to call at [*or* AM stop [off]] somewhere
II. *vr* ❶ (*Kontakt haben*) ■**sich** ~ to touch, to come into contact [with each other] [*or* [with one another]]
❷ (*übereinstimmen*) ■**sich** *akk* **[in etw** *dat*] ~ to meet, to converge; ***in einigen Punkten ~ wir uns*** we agree on a couple of points

berührt *adj* touched, moved, affected; ■**von etw [irgendwie]** ~ **sein** to be [somehow] touched [*or* moved] [*or* affected] by sth; ***ich bin angenehm ~!*** it has come as a pleasant surprise!; **peinlich** ~ **sein** to be deeply embarrassed; **schmerzlich/seltsam/unangenehm** ~ **sein** to be painfully/strangely/unpleasantly affected

Berührung <-, -en> *f* ❶ (*Kontakt*) contact, touch; **jdn mit etw in** ~ **bringen** to bring sb into contact with sth; ***diese Weltreise brachte uns mit fremden Kulturen in*** ~ on this world trip we encountered foreign cultures; **mit jdm/etw in** ~ **kommen** (*physisch*) to brush up against [*or* touch] sb/sth; (*in Kontakt kommen*) to come into contact with sb/sth; ~ **verboten!** do not touch!; **bei** ~ **[einer S.** *gen*] touching [sth]; ***bei ~ dieses Drahtes wird der Alarm ausgelöst*** touching the wire sets off the alarm; **bei der leisesten [*o* geringsten]** ~ at the slightest touch; ***„bei ~ Lebensgefahr!"*** "danger! do not touch!"
❷ (*Erwähnung*) reference, allusion; ***sie vermied jede ~ dieses Themas*** she avoided any reference [*or* allusion] to this subject

Berührungsangst *f meist pl* fear of contact **Berührungsbildschirm** *m* touchscreen **Berührungsfläche** *f* area of contact **Berührungspunkt** *m* ❶ (*Punkt der Übereinstimmung*) point of contact, area [*or* point] of agreement ❷ MATH tangential point

Beryllium <-s> *nt kein pl* CHEM beryllium

bes. *adv s.* **besonders** esp.

besabbern* **I.** *vt* (*fam*) ■**jdn/etw** ~ to slobber on sb/sth *fam*
II. *vr* (*fam*) ■**sich [mit etw]** ~ to dribble [sth]; ***er hat sich überall mit Haferbrei besabbert*** he's dribbled porridge all over the place [*or* himself]

besagen* *vt* ■**etw** ~ to mean [*or* say] [*or* imply] sth; ***das will noch nicht viel*** ~ that doesn't mean anything; **nicht ~, dass** to not mean [to say] that; ***das besagt nicht, dass sie auch tatsächlich kommt*** that doesn't mean [to say] she'll actually come; **es besagt, dass** it says [*or* means] that

besagt *adj attr* (*geh*) aforesaid, aforementioned *form;* **~er Herr Dietrich** the said [*or* aforesaid] Mr Dietrich

besaiten* *vt* **ein Instrument** ~ to string an instrument; **etw neu** ~ to restring sth; *s. a.* **zart**

besamen* *vt* ■**jdn/ein Tier [künstlich]** ~ to [artificially] inseminate sb/an animal; **eine Pflanze** ~ to pollinate a plant

besammeln* *vr* SCHWEIZ *s.* **versammeln**

Besammlung *f* SCHWEIZ *s.* **Versammlung**

Besamung <-, -en> *f* insemination, fertilization; **künstliche** ~ artificial insemination, AI

besänftigen* **I.** *vt* ■**jdn/etw** ~ to calm sb/sth [down], to soothe [*or* placate] sb/sth; **jds Zorn** ~ to calm sb down, to soothe sb's anger; **jdm das Gemüt** ~ to soothe sb's feelings; ***sie war nicht zu*** ~ she was inconsolable
II. *vr* ■**sich** ~ to calm [*or* BRIT quieten] down [*or* AM quiet], to cool down [*or* off]; *Sturm, Unwetter* to die down, to subside *form*

besänftigend *adj* calming, soothing

Besänftigung <-, -en> *f* calming, soothing

Besanmast *m* NAUT mizzenmast

besät *adj* ❶ (*bestreut*) ■**mit etw** ~ strewn [*or* dotted] with sth; (*bedeckt*) covered with sth; **mit Papier/Müll** ~ littered with paper/rubbish [*or* AM garbage]; **mit Sternen** ~ star-studded [*or* -spangled]
❷ (*iron: überladen*) cluttered, chock-a-block *fam*

Besatz <-es, Besätze> *m* ❶ (*Borte*) border, trimming
❷ JAGD (*Bestand*) stock

Besatzer <-s, -> *m* ❶ (*pej: Besatzungssoldat*) member of the occupying force
❷ (*Besatzungsmacht*) occupying forces *pl*

Besatzung <-, -en> *f* ❶ (*Mannschaft*) crew
❷ (*MIL*) occupation; (*Besatzungsarmee*) occupying army [*or* forces *pl*]
❸ MIL (*Verteidigungstruppe*) troops, garrison

Besatzungsarmee *f* occupying army **Besatzungsgebiet** *nt* occupied territory **Besatzungsheer** *nt* occupying army, army of occupation **Besatzungsmacht** *f* occupying power **Besatzungsmitglied** *nt* crew member **Besatzungsstreitkräfte** *pl* occupying forces *pl* **Besatzungstruppen** *pl* occupying troops *pl* **Besatzungszone** *f* occupation zone, zone of occupation

besaufen* *vr irreg* (*sl*) ■**sich [mit etw]** ~ to get sloshed [*or* plastered] [*or* BRIT *a.* legless] [*or* BRIT *sl a.* pissed] [on sth]

Besäufnis <-ses, -se> *nt* (*sl*) booze-up *fam,* piss-up BRIT *sl*

besäuselt *adj* (*fam*) tipsy *fam,* tiddly *fam,* woozy *fam,* merry

beschädigen* *vt* ■**etw** ~ to damage sth

beschädigt *adj inv* damaged; **leicht/schwer** ~ slightly/badly damaged

Beschädigung *f* damage *no pl;* ■**die** ~ **von etw** the damage [done] to sth; **[einige/schwere] ~en aufweisen** to be [slightly/badly] damaged

Beschädigungskampf *m* BIOL injurious [*or* damaging] fight

beschaffen*[1] **I.** *vt* ■**[jdm] jdn/etw** ~ to get [*or* *fam* get hold of] sb/sth [for sb], to obtain [*or* procure] sb/sth [for sb] *form;* ***eine Waffe ist nicht so ohne weiteres zu*** ~ a weapon is not so easy to come by
II. *vr* ■**sich** *dat* **etw** ~ to get [*or* *fam* get hold of] sth, to obtain sth *form;* ***du musst dir Arbeit/Geld*** ~ you've got to find [*or* get] yourself a job/some money

beschaffen[2] *adj* (*geh*) ■**irgendwie** ~ **sein** to be made in some way, to be in a certain condition [*or* state]; **hart/weich** ~ **[sein]** [to be] hard/soft; ***die Straße ist schlecht/gut*** ~ the road is in bad/good repair; ***mit dieser Angelegenheit ist es derzeit nicht gut*** ~ the situation doesn't look very good just now; ***wie ist es mit deiner Kondition ~?*** what about your physical fitness?

Beschaffenheit <-> *f kein pl* composition; *Zustand* state, nature; *Material* structure, quality; *Körper* constitution; *Psyche* make-up; ***die ~ des Stoffes war sehr seidig*** the material was very silky; ■**je nach** ~ **von etw** according to the nature [*or* quality] [*or* character] of sth

Beschaffung <-> *f kein pl* obtaining (**von** +*dat* of), procurement *form*

Beschaffungskosten *pl* FIN procurement costs **Beschaffungskriminalität** *f* drugs-related crime **Beschaffungsmarkt** *m* HANDEL buying market **Beschaffungsprostitution** *f* drugs-related prostitution **Beschaffungswesen** *nt* HANDEL procurement system; **öffentliches** ~ FIN public procurement

beschäftigen* **I.** *vr* ❶ (*sich Arbeit verschaffen*) ■**sich [mit etw]** ~ to occupy [*or* busy] oneself [with sth]; ***hast du genug, womit du dich ~ kannst?*** have you got enough to do [*or* to keep you busy]?
❷ (*sich befassen*) ■**sich mit jdm** ~ to pay attention to sb; ***du musst dich mehr mit den Kindern*** ~ you should spend more time with the children; ■**sich mit etw** ~ to take a close look at [*or* deal with] sth; ***mit dieser Sache habe ich mich ja noch gar nicht beschäftigt*** it's never occurred to me before; ***die Polizei wird sich mit dem Fall ~ müssen*** the police will have to deal with [*or* examine] the case; ***er hat sich schon immer mit Briefmarken beschäftigt*** he's always been into stamps
II. *vt* ❶ (*innerlich in Anspruch nehmen*) ■**jdn** ~ to be on sb's mind; **mit einer Frage/einem Problem beschäftigt sein** to be preoccupied with a question/problem
❷ (*anstellen*) ■**jdn [bei sich]** ~ to employ sb
❸ (*eine Tätigkeit geben*) ■**jdn [mit etw]** ~ to keep sb busy [*or* occupy sb] [with sth]

beschäftigt *adj* ❶ (*befasst*) busy, preoccupied; ■**[mit jdm/etw]** ~ **sein** to be busy [with sb/sth]; ***mit was bist du da gerade ~?*** what are you up to there? ❷ (*angestellt*) employed; ■**[als etw]** ~ **sein** to be employed [as sth]; ***wo bist du ~?*** where do you work? **Beschäftigte(r)** *f(m) dekl wie adj* employee; **abhängig** ~ employed persons *pl,* wage and salary earners *pl*

Beschäftigtenanteil *m* ÖKON employment level; ~ **der Bevölkerung** labour [*or* AM -or] force

Beschäftigung <-, -en> *f* ❶ (*Anstellung*) employment *no pl,* job; **eine feste** ~ regular employment [*or* work]; **eine** ~ **als...** work [*or* a job] as a...; **eine/keine** ~ **haben** to be employed/unemployed, to have/not have a job; **einer/keiner** ~ **nachgehen** (*geh*) to have employment/no employment *form;* **ohne** ~ **sein** to be unemployed [*or* without work]
❷ (*Tätigkeit*) activity, occupation; ***ich finde schon eine ~ für euch*** I'll find something for you to do
❸ (*Auseinandersetzung*) consideration (**mit** +*dat* of); **nach eingehender** ~ **mit etw** having given sth serious thought [*or* consideration]; **die** ~ **mit etw** thinking about sth; **die** ~ **mit der Literatur/der Natur** the study of literature/nature; ■**die** ~ **mit jdm** dealing with sb
❹ (*das Beschäftigen anderer*) occupation; ***die ~ der Kinder ist nicht immer leicht*** keeping the children occupied is not always easy

Beschäftigungsdauer *f* FIN period of employment **Beschäftigungsexpansion** *f* job expansion **Beschäftigungsförderungsgesetz** *nt* promotion of employment act **Beschäftigungsfreiheit** *f kein pl* JUR freedom to employ **beschäftigungsfreundlich** *adj* employment-oriented **Beschäftigungsgarantie** *f* ÖKON employment guarantee **Beschäftigungsgesellschaft** *f* employment society, Training Agency **Beschäftigungslage** *f* [situation on the] job market **beschäftigungslos** *adj* (*arbeitslos*) unemployed **Beschäftigungsmaßnahme** *f* ÖKON job-creation scheme **Beschäftigungsnachweis** *m* ÖKON employment record card **Beschäftigungsniveau** *nt* ÖKON employment level **Beschäftigungspflicht** *f* JUR employer's duty to give work **Beschäftigungsplan** *m* employment plan **Beschäftigungspolitik** *f* employment policy **Beschäftigungsprogramm** *nt* ≈ re-employment programme [*or* AM -am] **beschäftigungssichernd** *adj* ÖKON job-saving, safeguarding jobs *pred;* **~e Maßnahme/Politik** measure/policy to save jobs **Beschäftigungssicherung** *f* job security **Beschäftigungstherapeut(in)** *m(f)* occupational therapist **Beschäftigungstherapie** *f* occupational therapy **Beschäftigungsverbot** *nt* JUR prohibition of employment **Beschäftigungsverhältnis** *nt* ÖKON employment [relationship]; **geringfügiges** ~ part-time employment (*tax-free up to a certain limit*); **Arbeiter in einem abhängigen** ~ worker in paid employment

beschämen* *vt* ■**jdn** ~ to shame sb, to put sb to shame; ***es beschämt mich, zuzugeben ...*** I'm ashamed to admit ...

beschämend *adj* ❶ (*schändlich*) shameful, disgraceful
❷ (*demütigend*) humiliating; **ein ~es Gefühl** a feeling of shame

beschämt *adj* ashamed, abashed; (*verlegen*) shamefaced, red-faced; ■**über etw** ~ **sein** to be ashamed of sth; ■**von [*o* durch] etw** ~ **sein** to be embarrassed by sth

Beschämung <-, *selten* -en> *f* shame; **zu meiner**

~ to my shame [*or* disgrace] [*or* chagrin] *form*

beschạtten* *vt* ① (*überwachen*) ■**jdn** ~ [**lassen**] to [have sb] shadow[ed] sb, to follow [*or* trail] [*or fam* tail] sb
② (*geh: mit Schatten bedecken*) ■**etw** ~ to shade sth

Beschạtter(in) <-s, -> *m(f)* (*fam*) shadow, tail

Beschạttung <-, *selten* -en> *f* ① (*Überwachung*) shadowing; ***sie ordnete die ~ des Verdächtigen an*** she ordered that the suspect be shadowed
② (*das Schattenwerfen*) shade

Beschau <-> *f* examination, inspection; ~ **von Waren** physical inspection of goods; **zollamtliche ~** customs inspection

beschauen* *vt* ① (*prüfen*) ■**etw** ~ *Fleisch* to inspect sth
② DIAL (*betrachten*) ■**etw** ~ to look at sth

Beschauer(in) <-s, -> *m(f)* viewer

beschaulich **I.** *adj* peaceful, tranquil; ***ein ~es Leben führen*** to lead a contemplative [*or* meditative] life
II. *adv* peacefully, quietly; **sein Leben ~er gestalten** to lead a more meditative [*or* contemplative] life; ~ **arbeiten** to work leisurely

Beschaulichkeit <-> *f kein pl* peace, tranquillity; **ein Leben in ~** a tranquil life

Bescheid <-[e]s, -e> *m* news *no indef art, + sing vb,* information *no pl, no indef art;* ADMIN answer, reply; ~ **erhalten** to be informed [*or* notified]; **abschlägiger ~** negative reply, rejection; **jdm [über etw** *akk* [*o* **von etw** *dat*]] ~ **geben** to inform [*or* notify] sb [about sth]; **jdm [über etw** *akk*] ~ **sagen** to tell sb [*or* to let sb know] [about sth]; **jdm ordentlich ~ sagen, jdm gründlich ~ stoßen** (*fam*) to give sb a piece of one's mind [*or fam* a ticking-off]; **jdm brieflich/telefonisch/per Fax ~ geben** to inform sb [*or* let sb know] by post [*or* AM mail]/[tele]phone/fax; ***ich habe bis heute noch keinen ~*** I still haven't heard anything; **irgendwo ~ wissen** to know one's way around somewhere; **gut/besser ~ wissen** to be well-informed/better-informed; **[über etw** *akk* [*o* **in etw** *dat*]] ~ **wissen** to know [about sth]; *Geheimnis* to be in the know [*or* the picture]; ***ich weiß ~!*** I know all about it! [*or* what's going on]; ***frag' Kerstin — sie weiß ~*** ask Kerstin — she knows; **näher ~ wissen** to know more about sth

bescheiden[1] **I.** *adj* ① (*genügsam*) modest, self-effacing, unassuming; **ein ~es Leben führen** to lead a humble life, to live a modest existence
② (*einfach*) modest, unpretentious, plain; **aus ~en Verhältnissen kommen** to have a humble background [*or* humble origins]; **in ~en Verhältnissen leben** to live a simple life [*or* modestly]; **nur eine ~e Frage** just one small question
③ (*fam: gering*) modest, meagre [*or* AM -er]; **zu ~en Preisen** at moderate prices
④ (*euph fam: beschissen*) lousy *fam,* BRIT *a.* bloody-awful *sl;* ***seine Leistung war eher ~*** his performance was rather lousy
II. *adv* ① (*selbstgenügsam*) modestly, self-effacingly
② (*einfach*) modestly, unpretentiously, plainly
③ (*euph fam: beschissen*) ■**sich ~ fühlen** to feel bloody awful [*or* AM like crap] *sl;* ■**jdm geht es ~** sth isn't going very well for sb; ***mir geht's beruflich wirklich ~*** jobwise things aren't great

bescheiden*[2] *irreg* **I.** *vt* ① (*geh: entscheiden*) ■**etw** ~ to come to a decision about sth; **einen Antrag ~** to decide upon an application; **einen Antrag positiv/negativ ~** to accept/reject a proposal; **ein Gesuch positiv/negativ ~** to grant [*or* approve]/reject [*or* turn down] a request
② (*geh: zuteil werden lassen*) ■**jdm ist etw beschieden** sth falls to sb's lot [*or liter* is granted to sb]; ***es war ihr nicht beschieden, den Erfolg zu genießen*** it was not her lot to enjoy success; ***möge dir zeitlebens Glück und Zufriedenheit beschieden sein!*** may you enjoy happiness and contentment all your life!
③ (*geh: bestellen*) ■**jdn zu jdm/etw ~** to summon [*or* call] sb to sb/sth
II. *vr* (*geh*) ■**sich mit etw ~** to be content with sth

Bescheidenheit <-> *f kein pl* ① (*Genügsamkeit*) modesty, humility; **in aller ~** in all modesty; **bei aller ~** with all due modesty; **[nur] keine falsche ~!** no false modesty [now]!; **aus [reiner] ~** out of [pure] modesty
② (*Einfachheit*) modesty, plainness, unpretentiousness
③ (*Geringfügigkeit*) modesty, paucity *form*
▸ WENDUNGEN: ~ **ist eine Zier, doch weiter kommt man ohne ihr** (*hum liter*) modesty is a virtue but it won't get you far

bescheinen* *vt irreg* ■**jdn/etw** ~ to illuminate [*or* light up] [*or* shine on] sb/sth; **von der Sonne beschienen** sunlit; **vom Glück beschienen sein** to be a lucky fellow

bescheinigen* *vt* ■**jdm etw** ~ to certify sth for sb *form;* (*quittieren*) to provide sb with [*or* give sb] a receipt; **es wird hiermit bescheinigt, dass ...** this is to certify that; ■**[jdm] ~, dass ...** to confirm to sb in writing [*or* provide sb with written certification] that ...; ■**sich** *dat* **etw [von jdm] ~ lassen** to get a certificate [*or* written confirmation] for sth [from sb], to have sth certified [by sb] *form*

Bescheinigung <-, -en> *f* certification, written confirmation; **die ~ der Gesundheit [durch einen Arzt]** a [doctor's] certificate [*or* bill] of health; **die ~ der [gestrigen/heutigen] Anwesenheit** the confirmation of attendance [yesterday/today]; **die ~ des Gelderhalts/Warenerhalts** a receipt

bescheißen* *irreg* **I.** *vt* (*sl*) ■**jdn [um etw]** ~ to do [*or* diddle] sb [out of sth] *sl;* ■**jdn** ~ to rip sb off *sl,* to screw sb *fig vulg;* ***man hat mich beschissen!*** I've been ripped off!
II. *vi* (*sl*) ■**[bei etw]** ~ to cheat [at sth]; ***nimm dich vor ihm in Acht, er bescheißt gerne!*** watch out! he likes cheating!
III. *vr* (*vulg*) ■**sich** ~ to shit oneself *sl;* ■**sich** *dat* **etw** ~ to shit on sth *sl;* ***der Besoffene hatte sich die Hosen beschissen*** the drunk shat his trousers

beschenken* **I.** *vt* ■**jdn [mit etw]** ~ to give sb sth [as a present]; **reich beschenkt werden** to be showered with presents; ***für Ihre Hilfe würde ich Sie gerne mit einer Flasche Wein ~*** I would like to present you with a bottle of wine to thank you for you help
II. *vr* ■**sich [gegenseitig]** ~ to give each other presents, to present each other with sth *form*

Beschenkte(r) *f(m) dekl wie adj* presentee, donee

bescheren* **I.** *vt* ① (*zu Weihnachten beschenken*) ■**jdn** ~ to give sb a Christmas present; ■**beschert werden** to get one's Christmas presents; ■**jdn mit etw ~** to give sb sth [for Christmas]
② (*zuteil werden lassen*) ■**jdm etw** ~ to give sb sth [as a present], to grant sb sth, to bless sb with sth *liter;* ***freue dich, dass dich das Schicksal mit so einer lieben Frau beschert hat!*** be happy that fate has blessed you with such a wonderful wife!; ***nach langer Ehe wurde ihnen doch noch ein Kind vom Himmel beschert*** after many years of marriage heaven bestowed a child upon them *liter*
II. *vi* to give each other Christmas presents; ***ihr könnt reinkommen, es wird beschert!*** you can come in, the presents are waiting!

Bescherung <-, -en> *f* giving of Christmas presents; ***kommt, Kinder, die ~ fängt an!*** come on, children, it's time for the presents!
▸ WENDUNGEN: **die [ganze] ~** (*iron fam*) the [whole] lot [*or* mess]; **[das ist ja] eine schöne ~!** (*iron*) this is a pretty kettle of fish! *iron,* what a fine mess! *iron;* **da/jetzt haben wir die ~!** well, that's just great! [*or* terrific] *iron,* well, there you are! haven't I told you!

bescheuert **I.** *adj* (*fam*) ① (*blöd*) screwy *fam,* BRIT *a.* daft *fam;* ***dieser ~e Kerl*** that daft idiot; ***der ist etwas ~*** he's got a screw loose *fam;* ***red' nicht so etwas B~es!*** don't talk such claptrap [*or* codswallop]! *fam,* don't talk daft! *fam;* ***da hast du dir aber etwas B~es ausgedacht!*** what you've come up with there is a load of nonsense [*or* twaddle]! *fam*
② (*unangenehm*) stupid; ***so was B~es!*** how stupid!; ***mein ~es Auto wollte einfach nicht anspringen!*** my frigging car just wouldn't start!
II. *adv* (*fam*) in a stupid [*or* BRIT *a.* daft] way, stupidly; ***sie hat das Gedicht total ~ übersetzt*** she really screwed up the translation of this poem *sl;* ***du siehst total ~ aus*** you look really daft; ***wie kann man nur so ~ fragen!*** how can you ask such daft questions!; ■**sich so ~ anstellen** to be so stupid [*or* BRIT *a.* daft], to act like such an idiot; ■**wie ~** like crazy [*or* a mad thing] *fam*

beschichten* *vt* ■**etw [mit etw]** ~ to coat [*or* cover] sth [with sth]; **etw mit Farbe ~** to give sth a coat of paint; **etw mit Teer ~** to tar[mac] sth; **mit Kunststoff beschichtet** plastic-coated, laminated

Beschichtung *f* coating; BAU lining

beschicken* *vt* ■**etw [mit etw]** ~ ① (*mit Zusendung bedenken*) to supply sth [with sth]; **einen Markt/Abnehmer ~** to supply a market/customers; **eine Messe/Ausstellung ~** to exhibit at a fair, to send products to an exhibition; **eine Versammlung ~** to send representatives to an assembly
② TECH to supply [*or* fill] [*or* charge] sth [with sth]; ***diese Maschine wird mit Öl beschickt*** this machine is charged [*or* fuelled] with oil

beschießen* *vt irreg* ① (*mit Schüssen bedenken*) ■**jdn/etw [mit etw]** ~ to shoot at [*or* fire on [*or* at]] sb/sth [with sth]; **jdn/etw mit Granaten ~** to shell [*or* bombard] sb/sth with granades; **jdn/etw mit Jagdbomben ~** to fire on sb/sth with firebombers; **jdn/etw mit Kanonen ~** to fire at sb/sth with canons; **jdn/etw mit Maschinengewehren ~** to machine-gun sb/sth
② (*überhäufen*) ■**jdn mit etw** ~ to bombard sb with sth; ***er wurde mit Fragen beschossen*** he was bombarded [*or* besieged] with questions
③ PHYS ■**etw [mit etw]** ~ to bombard sth [with sth]

Beschießung <-, -en> *f* shooting; (*mit Jagdbomben/Kanonen*) firing; (*mit Granaten*) shelling, bombardment; PHYS bombardment

beschildern* *vt* ■**etw [mit etw]** ~ (*mit Schildchen versehen*) to label sth [with sth]; (*geh*) to put signs [*or* labels] on sth; (*mit Verkehrsschild versehen*) to signpost; **gut/schlecht ~ [sein]** [to be] well/badly signposted

Beschilderung <-, -en> *f* ① (*das Beschildern*) labelling BRIT, labeling AM; ADMIN (*geh*) signposting
② (*geh: Schildchen*) label; (*Verkehrsschild*) signpost

beschimpfen* **I.** *vt* ■**jdn [als/mit etw]** ~ to insult sb [as/with sth], to call sb names, to hurl abuse at sb; ***muss ich es mir gefallen lassen, so beschimpft zu werden?*** do I have to put up with these insults?; ***sie beschimpfte ihn in übelster Weise*** she called him dreadful names; **jdn auf's Übelste ~** to abuse sb in the worst possible manner
II. *vr* ■**sich [gegenseitig]** ~ to insult [*or* abuse] each other, to call each other names

Beschimpfung <-, -en> *f* ① (*das Beschimpfen*) abuse *no pl; Person* abuse (+*gen* of), swearing (+*gen* at)
② (*Schimpfwort*) insult

Beschiss[RR] <-es> *m kein pl,* **Beschiß** <-sses> *m kein pl* (*sl*) swindle, rip-off *sl;* ***was für ein*** [*o* ***so ein***] ***~!*** what a swizz! [*or* rip-off]

beschissen **I.** *adj* (*sl*) miserable, lousy *fam,* shitty *sl,* BRIT *a.* bloody-awful *sl*
II. *adv* (*sl*) in a lousy [*or* rotten] fashion *fam;* ***es geht ihr wirklich ~*** she's having a miserable [*or fam* lousy] time of it; ***wir werden hier ~ bezahlt*** the pay here is bloody-awful *sl;* ~ **behandelt werden/aussehen** to be treated/to look like a piece of shit [*or* dirt] *sl*

beschlafen* *vt irreg* ① (*fam: koitieren*) ■**jdn** ~ to sleep [*or* have sex] with sb; (*fam*) to screw sb *sl*
② (*nachdenken*) ■**etw** ~ to sleep on sth; *s. a.* **überschlafen**

Beschlag <-[e]s, Beschläge> *m* ① (*Metallstück*) fastening, [metal] fitting; *Koffer* lock; *Buch* clasp; *Tür, Fenster, Möbelstück* fitting, mounting, [ornamental] hinge
② (*Belag*) film; *Metall* tarnish; *Glasscheibe* steam,

condensation
▶ WENDUNGEN: **etw/jdn mit ~ belegen, etw/jdn in ~ nehmen** to monopolize [*or* seize] sth/sb; ***die Polizei nahm das Auto in ~*** the police impounded the car; ***wir sollten schon einmal unsere Plätze in ~ nehmen*** we had better secure our seats; **jd ist mit ~ belegt, jd wird in ~ genommen** sb is up to their eyeballs in it, sb's hands are full [with sth]

beschlagen*[1] *irreg* **I.** *vt haben* ❶ (*mit metallenem Zierrat versehen*) ■**etw [mit etw] ~** to fit sth [with sth]; **Schuhe ~** to put metal tips on shoes; **etw mit Ziernägeln ~** to stud sth
❷ (*behufen*) ■**[jdm] ein Pferd ~** to shoe [sb's] horse
II. *vi sein* to mist [*or* steam] up; ***der Spiegel im Bad ist ~*** the bathroom mirror is misted [*or* steamed] up; ***Silber beschlägt sehr schnell*** silver tarnishes very quickly

beschlagen[2] *adj* (*erfahren*) ■**in etw** *dat* **[gut/nicht] ~ sein** to be [well/badly] versed in sth, to be very experienced [*or* knowledgeable]/inexperienced in sth

Beschlagenheit <-> *f kein pl* thorough knowledge, sound grasp

Beschlagnahme <-, -n> *f* JUR (*gerichtlich*) attachment; (*behördlich*) seizure; (*entschädidungslos*) confiscation; MIL requisition

BeschlagnahmebeschlussRR *m* JUR attachment order **beschlagnahmefrei** *adj* JUR extempt from attachment and seizure

beschlagnahmen* *vt* ❶ (*konfiszieren*) ■**etw ~** to seize sth; ***Ihr Pass ist beschlagnahmt*** your passport has been confiscated; **ein Fahrzeug ~** to impound a vehicle; ■**beschlagnahmt** *Diebesgut* seized, confiscated
❷ (*fam: mit Beschlag belegen*) ■**jdn/etw ~** to commandeer [*or hum* hog] sb/sth
❸ (*zeitlich in Anspruch nehmen*) **[von etw] beschlagnahmt sein** to be taken up [with sth]

Beschlagnahmeverfügung *f* JUR confiscation order, distress warrant **Beschlagnahmevollmacht** *f* JUR confiscatory powers

Beschlagnahmung *f* JUR confiscation, impounding

beschleichen* *vt irreg* (*geh: überkommen*) ■**jdn ~** to come over sb, to creep [*or* steal] up on sb; ***mich beschleicht langsam der Verdacht, dass er sich mit unserem Geld abgesetzt hat*** I have a funny feeling he's run off with our money

beschleunigen* **I.** *vt* ■**etw ~** to accelerate [*or* speed up] [*or form* precipitate] sth, to hurry sth along; **das Tempo ~** to increase [*or* pick up] speed, to accelerate; **das Tempo einer Maschine/eines Vorganges ~** to speed up a machine/a process; **seine Schritte ~** to quicken one's pace
II. *vr* ■**sich ~** to accelerate, to speed up, to hasten *form*
III. *vi* to accelerate; **stark ~** to accelerate hard, to put one's foot down *fam*

Beschleunigung <-, -en> *f* ❶ AUTO (*Beschleunigungsvermögen*) acceleration *no pl;* ***bei der ~ lässt du bestimmt die meisten Wagen weit hinter dir!*** when you accelerate like that, I bet you leave most cars standing!
❷ (*das Beschleunigen*) acceleration *no pl*, speeding up *no pl;* **eine ~ der Gangart** a quickening [*or* an acceleration] of the pace
❸ (*Hast, Eile*) **etw mit großer ~ tun** to do sth with great speed [*or* haste]

Beschleunigungsvermögen *nt* AUTO *s.* **Beschleunigung Beschleunigungszeit** *f* TECH acceleration time

beschließen* *irreg* **I.** *vt* ❶ (*entscheiden über*) ■**etw ~** to decide sth; **ein Gesetz ~** to vote through a new bill, to pass a motion; ■**~, etw zu tun** to decide to do sth; (*nach reiflicher Überlegung*) to make up one's mind to do sth
❷ (*geh: beenden*) ■**etw ~** to conclude *form* [*or* close] sth, to wind sth up; ***ich möchte [meine Rede] mit einem Zitat ~*** I would like to conclude [my speech] with a quote
II. *vi* (*einen Beschluss fassen*) ■**über etw** *akk* **~** to decide on sth

beschlossen *adj* ❶ (*entschieden*) decided, agreed, settled; **das ist [eine] ~e Sache** the matter is settled, the subject is closed
❷ (*geh*) **etw liegt** [*o* **ist**] **in etw** *dat* **~** sth is contained within sth; ***in diesem gewichtigen Wort liegt viel Weisheit ~*** a great deal of wisdom is hidden in his weighty saying

BeschlussRR <-es, Beschlüsse> *m*, **Beschluß** <-sses, Beschlüsse> *m* decision, resolution *form;* (*Gerichts~*) order of court, [court] order; ***und wie lautet der ~?*** and what's the decision?; ***unser ~ ist unumstößlich*** our decision is final; ***der Stadtrat hat einen ~ gefasst*** the town council has passed a resolution; **zu einem ~ kommen** to reach [*or* come to] a decision [*or* an agreement]; **einen ~ fassen** to reach [*or* make] a decision; **auf jds** *akk* **~** on sb's authority; ***auf ~ des Parlaments/Präsidenten*** by order of parliament/the president **Beschlussabteilung**RR *f* JUR decision-making department **beschlussfähig**RR *adj* quorate BRIT *form;* ■**~ sein** to have a quorum **Beschlussfähigkeit**RR *f kein pl* quorum *form* **Beschlussfassung**RR *f* decision making; **einen Entwurf zur ~ vorlegen** to submit a draft resolution **Beschlusskammer**RR *f* JUR decision-making court **beschlussunfähig**RR *adj* inquorate *form;* ***die Versammlung ist ~!*** the meeting is not quorate! **Beschlussunfähigkeit**RR *f kein pl* lack [*or* absence] of a quorum **Beschlussvorlage**RR *f* draft resolution

beschmeißen* *vt irreg* (*fam*) *s.* **bewerfen**

beschmieren* **I.** *vt* ❶ (*bestreichen*) ■**etw [mit etw] ~** to spread sth on sth; **ein [Stück] Brot dick/dünn ~** to butter [a slice of] bread thickly/thinly; **eine Wunde ~** to put cream [*or* ointment] on a wound; **das Gesicht mit Creme ~** to put cream on one's face; **etw mit Fett ~** to grease sth
❷ (*besudeln*) ■**jdn/etw [mit etw] ~** to stain [*or* dirty] sth [*or* smear sb/sth] [with sth]; ***du bist da am Kinn ja ganz beschmiert*** you've got something smeared on your chin; **etw mit Gekritzel ~** to scribble [*or* scrawl] [all] over sth; **etw mit Farbe ~** to daub [over] sth
II. *vr* ■**sich [mit etw] ~** to make [*or* get] oneself dirty [*or form* soil oneself] [with sth]; ■**sich** *dat* **etw [mit etw** *dat*] **~** to get [*or* make] sth dirty [*or form* soil sth] [with sth]; ***ich habe mir mein Kleid komplett mit Soße beschmiert*** I've spilled gravy all over my dress

beschmutzen* **I.** *vt* ❶ (*schmutzig machen*) ■**jdn/etw ~** to dirty [*or form* soil] sb/sth, to make sb/sth dirty; (*mit Spritzern*) to [be]spatter sb/sth; ■**beschmutzt** dirty, soiled *form*, grubby *fam;* **beschmutzte Bettlaken/Handtücher** soiled sheets/towels
❷ (*in den Schmutz ziehen*) ■**etw ~** to blacken [*or* discredit] [*or* tarnish] sth, to drag sth through the mud *prov;* ***ich lasse mir meinen Ruf nicht so ~*** I won't let my reputation be dragged through the mud like that; *s. a.* **Nest**
II. *vr* ■**sich [mit etw] ~** to get [*or* make] oneself dirty [*or fam* grubby] [with sth]; ***wo hast du dich mit der Farbe so beschmutzt?*** where did you get paint all over you?; ■**sich** *dat* **etw [mit etw** *dat*] **~** to get sth dirty [with sth]

Beschmutzung <-, -en> *f* dirtying, soiling *form;* **vor ~ schützen** to protect from dirt

Beschneidelinie *f* TYPO cutting [*or* trimming] line

beschneiden* *vt irreg* ❶ (*zurechtschneiden*) ■**[jdm/einem Tier] etw ~** to cut [*or* trim] [sb's/an animal's] sth; (*stutzen*) to clip; ■**etw ~** HORT to prune sth; TYPO, VERLAG to cut sth; *Bild* to crop sth
❷ MED, REL ■**jdn ~** to circumcise sb
❸ (*beschränken*) ■**etw ~** to curtail [*or* curb] sth; **Wirtschaftshilfe ~** to cut [*or form* curtail] economic aid; **Einkommen ~** to cut [*or* reduce] income

Beschneidung <-, -en> *f* ❶ (*das Zurechtschneiden*) cutting, trimming; (*das Stutzen*) clipping; HORT pruning; ***im frühen Winter erfolgt die ~ der Obstbäume*** in early winter the fruit trees are pruned; TYPO, VERLAG cutting
❷ MED, REL circumcision
❸ (*das Beschränken*) curtailment; **~ der Wirtschaftshilfe** reduction [*or* curtailment] of [*or* cut[back] in] economic aid; **~ des Einkommens** cut in [*or* reduction of] income

beschneit *adj* snow-covered; **dick/frisch ~** thickly/newly covered with snow; **weiß ~** white with snow, snow-covered; ***die weiß ~en Berge*** the snow-capped mountains

Beschnitt <-[e]s> *m kein pl* TYPO trim [off], trimming

Beschnittabfall *m* shavings *pl*, shred

beschnitten *adj* ❶ TYPO (*geschnitten*) **~es Format** trimmed size
❷ MED, REL circumcised

Beschnittmarke *f* cutting [*or* trim] mark

beschnüffeln* **I.** *vt* ❶ (*Schnuppern von Tieren*) ■**jdn/etw ~** to sniff at sb/sth
❷ (*pej fam: bespitzeln*) ■**jdn ~** to check [*or* suss] sb out *fam*, to spy on sb; ■**eine Situation ~** to poke one's nose into sth *pej fam;* ***sie ließ ihren Mann von einem Detektiv ~*** she had her husband sussed out by a private detective
II. *vr* ■**sich [gegenseitig] ~** *Tiere* to have a sniff at [*or* sniff] each other; (*fig*) *Menschen* to size one another up

beschnuppern* **I.** *vt* ❶ (*Beriechen von Tieren*) ■**jdn/etw ~** to sniff sb/sth
❷ (*fam: prüfend kennen lernen*) ■**jdn ~** to size sb up, to take stock of sb
II. *vr* ❶ (*beschnüffeln*) ■**sich [gegenseitig] ~** *Tiere* to sniff each other
❷ (*fam: sich prüfend kennen lernen*) ■**sich ~** to size each other up, to take stock of each other

beschönigen* *vt* ■**etw ~** to gloss over [*or* cover up] [*or* whitewash] sth; **ein ~der Ausdruck, eine ~de Bezeichnung** a gloss-over, a cover-up, a whitewash, a euphemism

Beschönigung <-, -en> *f* gloss-over, cover-up, whitewash; ***berichten Sie über den Fall, aber bitte ohne ~en*** please tell us about the case but without glossing over any details

beschranken* *vt* ■**etw ~** to put up a [railway] gate [*or* barrier]; **ein beschrankter Bahnübergang** a railway crossing with gates

beschränken* **I.** *vt* ❶ (*begrenzen*) ■**etw [auf etw** *akk*] **~** to limit [*or* restrict] [*or* confine] sth [to sth]; **Ausgaben ~** to limit [*or* curtail] expenditure
❷ (*einschränken*) ■**jdn in etw** *dat* **~,** ■**jdm etw ~** to curtail [*or* limit] sb's sth; ***ihm wurde das Budget beschränkt*** his budget was partly obstructed
II. *vr* ❶ (*sich begnügen*) ■**sich** *akk* **[auf etw** *akk*] **~** to limit [*or* restrict] oneself [to sth]; ***für diesmal will ich mich noch darauf ~, Sie zu verwarnen*** this time I'll just give you a warning
❷ (*sich einschränken*) ■**sich** *akk* **auf etw** *akk* **~** to confine [*or* restrict] oneself [*or* to keep] to sth; **sich auf das Wesentliche ~** to keep to the essential points

beschränkt *adj* ❶ (*eingeschränkt, knapp*) restricted, limited; **finanziell/räumlich/zeitlich ~ sein** to have a limited amount of cash [*or* limited finances]/space/time; **~e Sicht** low visibility; **~e Haftung** limited liability; **Gesellschaft mit ~er Haftung** limited [liability] company BRIT, corporation AM; **~e Verhältnisse** narrow circumstances
❷ (*dumm*) limited, slow-[*or* dull-]witted; (*engstirnig*) narrow-minded

Beschränkung <-, -en> *f* restriction, limitation; **[jdm] die ~ einer S.** *gen* **auferlegen** to impose a restriction on [sb's] sth; ■**die/eine ~ auf etw** *akk* the/a restriction [*or* limitation] to sth; ***er bat sie um eine ~ auf die wesentlichen Punkte*** he asked her to keep to the main points; **jdm ~en auferlegen** to put [*or* impose] restrictions on sb

Beschränkungsrecht *nt* JUR restriction law

Beschränkungsverbot *nt* JUR ban on restrictions

beschreibbar *adj* **darstellen** describable; *voll schreiben* writable on

beschreiben* *vt irreg* ❶ (*darstellen*) ■**[jdm] jdn/etw ~** to describe sb/sth [to sb], to give [sb] a

description of sb/sth; ***du musst mir das nachher in allen Einzelheiten*** ~ you'll have to tell me all about it later; **kaum/nicht zu ~ sein** to be almost/absolutely indescribable; **[jdm] etw gar nicht ~ können** to not be able to describe sth [to sb]; ***ich kann dir nicht ~, wie erleichtert ich war*** I can't tell you how relieved I was
② (*voll schreiben*) ■**etw** [**ganz**] ~ to cover sth [*or* fill sth up] [completely] with writing
③ (*vollführen*) ■**etw** ~ to describe sth; **eine Bahn/einen Kreis** ~ to describe a path/a circle

Beschreibung *f* ① (*das Darstellen*) description, depiction, portrayal; ***das ist eine falsche ~ der Geschehnisse!*** that is a false representation of events!; ~ **eines Handlungsablaufs** narration, account; **eine kurze** ~ a sketch, an outline; ***das spottet jeder*** ~ it beggars description
② (*fam: Beipackzettel*) description; (*Gebrauchsanweisung*) instructions *pl,* instruction sheet

beschreiten* *vt irreg* (*geh*) ■**etw** ~ ① (*begehen*) to walk on sth; **einen Pfad** ~ to walk along a path
② (*einschlagen*) **einen Weg** ~ to follow [*or* pursue] a course; **einen neuen Weg** ~ to change tack [*or* direction], to apply different methods; *s. a.* **Rechtsweg**

Beschrieb <-s, -e> *m* SCHWEIZ (*Beschreibung*) description

beschriften* *vt* ■**etw** [**mit etw**] ~ (*mit Inschrift versehen*) to inscribe sth [with sth], to inscribe [sth] on sth; (*mit Aufschrift versehen*) to letter [*or* label] sth [with sth]; **ein Kuvert** [*o* **einen Umschlag**] ~ to address an envelope; **Etiketten** ~ to write labels; **ein Bild** ~ to give a caption to a photograph [*or* an illustration]; **einen Karton** [*o* **eine Kiste**] ~ to mark a box

Beschriftung <-, -en> *f* ① (*das Beschriften*) lettering, labelling BRIT, labeling AM, inscribing; *Kuvert* addressing; *Etiketten* writing
② (*Aufschrift*) inscription, lettering, label, caption; *Grabstein* inscription

beschuldigen* *vt* ■**jdn** [**einer S.** *gen*] ~ to accuse sb [of sth], to blame sb [for sth], to charge sb [with sth] *liter;* **jdn der Fahrlässigkeit** ~ to accuse sb of negligence; ■**jdn ~, etw getan zu haben** to accuse sb of doing sth

Beschuldigte(r) *f(m) dekl wie adj* accused; **der Anwalt/die Anwältin des/der ~n** the defendant's [*or* BRIT defence [*or* AM -se]] lawyer

Beschuldigung <-, -en> *f* accusation, allegation *form,* charge[s] *form;* ***wie lautet die ~?*** what are the charges?

beschummeln* I. *vt* (*fam*) ① (*betrügen*) ■**jdn** [**bei/mit etw**] ~ to trick [*or* cheat] sb [when doing sth/by sth]; ■**jdn um etw** ~ to do [*or* cheat] [*or fam* diddle] sb out of sth; **jdn finanziell** ~ to swindle sb, to rip sb off *sl*
② (*belügen*) ■**jdn** ~ to tell sb lies [*or* fibs] *fam,* to take sb for a ride *fam*
II. *vi* (*fam: betrügen*) ■[**bei etw**] ~ to cheat [at sth]

beschuppt *adj* scaled, scaly; **dick/dünn ~ sein** to be thick-scaled/thin-scaled; **kaum ~ sein** to have almost no scales

Beschuss[RR] <-es> *m kein pl,* **Beschuß** <-sses> *m kein pl* fire; (*durch Granaten, Raketen*) shelling; (*durch schwere Geschütze*) bombardment; **unter schwerem** ~ under heavy [*or* intense] fire; **unter ~ geraten/liegen** [*o* **stehen**] to come/be under fire; **jdn/etw unter ~ nehmen** (*a. fig*) to attack sb/sth; (*mit Maschinengewehren*) to fire at sb/sth; (*mit Granaten, Raketen*) to shell sb/sth

beschützen* *vt* ■**jdn** [**vor jdm/etw**] ~ to protect [*or* shelter] [*or* give shelter to] sb [from sb/sth], to defend sb [against sb/sth]; (*mit dem eigenen Körper*) to shield [*or* screen] sb [from sb/sth]; ***der Herr beschütze dich!*** may the Lord protect you!; ■**~d** protective; *s. a.* **Werkstatt**

Beschützer(in) <-s, -> *m(f)* protector, defender, guardian angel *iron*

beschwatzen* *vt* (*fam*) ① (*überreden*) ■**jdn** [**zu etw**] ~ to talk sb round [*or* into sth/doing sth]; ***lass dich ja nicht zum Kauf eines Autos*** ~ don't let yourself be talked into buying a car; (*schmeichelnd*) to wheedle [*or* coax] sb [into sth/doing sth]
② (*bereden*) ■**etw** ~ to chat [*or* BRIT *a.* have a chinwag] about sth [*or* BRIT *a.* natter] *sl*

beschwätzen* *vt* DIAL (*fam*) *s.* **beschwatzen**

Beschwer <-> *f kein pl* JUR grievance; **eigene** ~ personal grievance

Beschwerde <-, -n> *f* ① (*Beanstandung, Klage*) complaint; **Grund zur ~ haben** to have grounds for complaint [*or* reason to complain]
② JUR appeal; ~ **gegen jdn/etw führen** to submit [*or* make] a complaint about sb/sth; [**bei jdm**] ~ **einlegen** to file [*or* lodge] an appeal [with sb]; [**bei jdm**] **eine ~ einreichen** to lodge [*or* file] a complaint [with sb]
③ *pl* MED complaint *form;* **~n mit etw haben** to have problems with sth; ***haben Sie sonst noch ~n?*** is there anything else wrong?; **etw macht jdm ~n** sth hurts sb; ***mein Magen macht mir ~n*** my stomach is giving [*or* causing] me trouble

Beschwerdeantrag *m* JUR application for relief [in an appeal] **Beschwerdebegründung** *f* JUR ground for appeal **Beschwerdebegründungsfrist** *f* JUR period for filing an appeal **Beschwerdeberechtigte(r)** *f(m) dekl wie adj* JUR person entitled to appeal **Beschwerdebescheid** *m* JUR notice of appeal **Beschwerdebrief** *m* letter of complaint **Beschwerdebuch** *nt* complaints book **Beschwerdeeinlegung** *f* JUR lodging of an appeal **Beschwerdeentscheidung** *f* JUR determination of a complaint **beschwerdefähig** *adj inv* JUR appealable, subject to appeal **beschwerdefrei** *adj* MED healthy; ***bei Malaria kommt es regelmäßig zu ganz ~en Intervallen*** patients with malaria experience regular periods where the disease is not apparent **Beschwerdefrist** *f* JUR time for lodging an appeal **beschwerdeführend** *adj inv* JUR complaining **Beschwerdeführer(in)** *m(f)* (*geh*) person lodging a complaint; JUR complainant, appellant, plaintiff **Beschwerdegebühr** *f* JUR fee for appeal **Beschwerdegegenstand** *m* JUR cause of appeal, matter of complaint **Beschwerdegegner(in)** *m(f)* JUR appellee, respondent **Beschwerdegericht** *nt* JUR appeal court **Beschwerdegrund** *m* JUR reason for complaint **Beschwerdeinstanz** *f* JUR court of appeal **Beschwerdekammer** *f* JUR board of appeal; **Große** ~ Enlarged Board of Appeal **Beschwerderecht** *nt kein pl* JUR right of appeal **Beschwerdeschrift** *f* JUR petition for review **Beschwerdesenat** *m* JUR (*Patentamt*) Board of Appeal **Beschwerdestelle** *f* JUR complaints department **Beschwerdesumme** *f* FIN value of the issue on appeal **Beschwerdeverfahren** *nt* JUR appeal procedure

beschweren* I. *vr* ① (*sich beklagen*) ■**sich** [**bei jdm**] [**über jdn/etw**] ~ to complain [about sb/sth] [to sb]; ***ich kann mich nicht*** ~ I can't complain
② (*fig: sich belasten*) ■**sich** [**mit etw**] ~ to encumber oneself [with sth]
II. *vt* ① (*mit Gewicht versehen*) ■**jdn/etw** [**mit etw**] ~ *Briefe, Papiere* to weight sb/sth [down] [with sth]
② (*belasten*) ■**jdn** ~ to weigh [*or fam* get] sb down, to burden sb; ***komm, was beschwert dich denn so?*** come on, what's getting you down?

beschwerlich *adj* difficult, exhausting, arduous *form,* onerous *form;* **eine ~e Reise** an arduous/a fatiguing journey; ***das Laufen ist für ihn sehr*** ~ walking is hard for him [*or* a strain on him]

Beschwerlichkeit <-, -en> *f* ① *kein pl* difficulty, arduousness *form,* onerousness *form;* ***der Aufstieg zum Gipfel war von großer/ziemlicher*** ~ the climb to the summit was very/quite arduous
② *pl* (*Mühsal*) hardships, discomforts; **die ~ einer Zugreise** the inconveniences of a train journey

beschwichtigen* *vt* ■**jdn** [**mit etw**] ~ to calm sb [down] [*or* soothe [*or form* placate] sb] [with sth]; **jdm das Gewissen** ~ to soothe sb's conscience; **jds Zorn** ~ to calm [*or* soothe] [*or form* appease] sb's anger **beschwichtigend** I. *adj* soothing, calming
II. *adv* soothingly, calmly

Beschwichtigung <-, -en> *f* soothing, calming, placation *form; Gewissen* soothing; *Zorn* calming, appeasement *form*

Beschwichtigungsformel *f* words *pl* of reassurance; **zu ~n greifen** to use the rhetoric of appeasement **Beschwichtigungspolitik** *f* policy of appeasement

beschwindeln* *vt* (*fam*) ① (*belügen*) ■**jdn** ~ to tell sb fibs *fam,* to lead sb up the garden path *prov*
② (*betrügen*) ■**jdn** [**um etw**] ~ to con [*or* swindle] sb [out of sth]

beschwingen* *vt* ■**jdn** ~ to get sb going, to make sb brighten up, to animate sb *form;* ***die Musik beschwingte uns*** the music elated us

beschwingt I. *adj* lively; *Mensch a.* vivacious; **mit ~em Gang, ~en Schrittes** with a spring in one's step; **~e Musik** lively music; **~e Rhythmen** vibrant [*or* pulsating] rhythms
II. *adv* chirpily; **sich ~ fühlen** to feel elated [*or* exhilerated]; ***es war ein schöner Abend gewesen und er ging ~ nach Hause*** it was a wonderful evening and he went home in a happy frame of mind

beschwipsen *vt* (*fam*) ■**jdn** ~ to make sb tipsy *fam*

beschwipst *adj* (*fam*) tipsy *fam,* merry

beschwören* *vt irreg* ① (*beeiden*) ■**etw** ~ to swear [to] sth [*or* that sth is true]; ~ ***kann ich das nicht*** I wouldn't like to swear to it; **eine Aussage** ~ to make a statement under oath ② (*anflehen*) ■**jdn** ~ to beg [*or* implore] [*or form* beseech] sb
③ (*magisch hervorbringen*) ■**etw** ~ to conjure [*or* call] up sth; **Geister/Tote** ~ to raise ghosts/the dead; (*bezwingend*) to exorcize; **eine Schlange** ~ to charm a snake ④ (*geh: hervorrufen*) ■**etw** [**in jdm**] ~ to conjure up sth *sep* [in sb] **beschwörend** I. *adj* imploring, pleading, beseeching *form* II. *adv* imploringly, pleadingly, beseechingly *form*

Beschwörung <-, -en> *f* ① (*das Anflehen*) appeal, entreaty, supplication *form;* ***unsere ganzen ~en nützten nichts*** all our pleading was in vain
② (*das magische Hervorbringen*) conjuring-[*or* calling-]up, conjuration; (*Beschwörungsformel*) magic spell; **eine ~ aussprechen** to chant an incantation, to speak the magic words
③ (*das Hervorrufen*) conjuring-up; **eine ~ längst vergessener Erinnerungen** a conjuring-up of long-forgotten memories; **eine ~ der Vergangenheit/alter Zeiten** a reminder of the past/old times

beseelen* *vt* ① (*durchdringen*) ■**jdn/etw** ~ to animate [*or* fill] sb; **sich von neuem Mut beseelt fühlen** to feel filled with renewed courage; ***ein Lächeln beseelte ihr Antlitz*** (*liter*) a smile animated her face; **vom Geist der Aufklärung/Revolution beseelt** to be inspired by [*or* filled with] the spirit of the Enlightenment/Revolution; ■**beseelt von** [*o* **durch**] inspired by
② (*mit innerem Leben erfüllen*) ■**etw** ~ to breathe life into; [**der Glaube an**] **die beseelte Natur** [the belief that] everything in nature has a soul; ***der Schauspieler hat diese Figur wirklich neu beseelt*** the actor really breathed new life into this character; **eine beseelte Darbietung/ein beseelter Blick** a soulful performance/glance

besehen* *irreg* I. *vt* ■**jdn/etw** ~ to look at sb/sth, to have a look at sb/sth; **etw näher** ~ to inspect [*or* examine] sth closely
II. *vr* ① (*sich betrachten*) ■**sich** ~ to look at oneself; ***na, besiehst du dich wieder im Spiegel?*** are you admiring yourself in the mirror again?
② (*betrachten*) ■**sich** *dat* **etw** ~ to [have a] look at sth

beseitigen* *vt* ① (*entfernen*) ■**etw** ~ to dispose [*or* get rid] of sth; **Zweifel** ~ to dispell doubts; **ein Missverständnis** ~ to clear up a misunderstanding; **sich leicht ~ lassen** to be easily removed; **Schnee/ein Hindernis** ~ to clear away snow/an obstacle; **Streit** ~ to settle a dispute/an argument; **Fehler** ~ to eliminate mistakes; **Ungerechtigkeiten** ~ to abolish [*or* eliminate] injustice
② (*euph: umbringen*) ■**jdn** ~ to eliminate [*or fam*

do away with] sb, to wipe sb out *sl*
Beseitigung <-> *f kein pl* ❶ (*das Beseitigen*) disposal; *Farben/Spuren/Regime* removal; *Zweifel* dispelling; *Missverständnis* clearing-up
❷ (*euph: Liquidierung einer Person*) elimination
Beseitigungsanspruch *m* JUR right to the abatement of a nuisance **Beseitigungspflicht** *f* JUR duty to dispose of waste **Beseitigungsverfügung** *f* JUR condemnation order
Besen <-s, -> *m* ❶ (*Kehr~*) broom; (*kleiner*) brush; *Hexe* broomstick
❷ KOCHK whisk
❸ (*pej sl: kratzbürstige Frau*) old bag *pej*, old battleaxe *pej*
❹ SÜDD (*fam*) *Swabian vineyard's own public bar selling its wine, signalled by a broom hanging outside the door*
▸ WENDUNGEN: **etw mit eisernem ~ auskehren** to make a clean sweep of sth; **neue ~ kehren gut** (*prov*) a new broom sweeps clean *prov;* **ich fresse einen ~, wenn ...** (*fam*) I'll eat my hat if ...
Besenbinder(in) <-s, -> *m(f)* broom-maker **Besenginster** *m* BOT (*Sarothamnus scoparius*) common broom **Besenheide** *f* BOT [ling] heather **Besenkammer** *f* broom cupboard **besenrein** *adj* well-swept **Besenschrank** *m* broom cupboard **Besenstiel** *m* broomstick ▸ WENDUNGEN: **steif wie ein ~, als habe jd einen ~ verschluckt** as stiff as a post [*or* poker] *fam* **Besenwirt(in)** *m(f)* SÜDD (*fam*) owner of a "Besen" **Besenwirtschaft** *f* SÜDD (*fam*) *s.* **Besen 4.**
besessen *adj* ❶ REL possessed; ■[**von etw/vom Teufel**] **~ sein** to be possessed [by sth/by the devil]
❷ (*unter einem Zwang stehend*) ■[**von etw**] **~ sein** to be obsessed [with sth]; **wie ~** like mad *sl*
Besessene(r) *f(m) dekl wie adj* ❶ REL possessed person
❷ (*fanatischer Mensch*) fanatic; **wie ein ~r/eine ~** like one possessed [*or* a maniac]
Besessenheit <-> *f kein pl* ❶ REL possession
❷ (*Wahn*) obsession, fanaticism
besetzen* *vt* ❶ (*belegen*) ■**etw ~** to reserve sth; ***besetz schon mal zwei Plätze für uns*** keep two places for us; **Stühle/Plätze ~** to occupy [*or* take] chairs/seats; ***das Theater war bis auf den letzten Platz besetzt*** there was a full house at the theatre; **die Toilette ~** to occupy the toilet; **die Leitung ~** to engage the line BRIT, to keep the line busy AM
❷ (*okkupieren*) ■**etw ~** *a.* MIL to occupy sth; (*bemannen*) to man sth; **ein Haus ~** to take possession of [*or* squat in] a house; ***zehn Leute haben das leer stehende Gebäude besetzt*** ten people are squatting in the disused building
❸ (*ausfüllen*) ■**etw [mit jdm] ~** to fill sth [with sb]; **einen Posten ~** to fill a post; **eine Rolle ~** THEAT to cast sb in [*or* fill] a role
❹ JAGD **ein Gehege/einen Zoo mit Tieren ~** to fill [*or* stock] an enclosure/a zoo with animals
❺ (*dekorieren*) ■**etw mit etw ~** to trim sth with sth; ***sie hatte ihr Kostüm über und über mit Pailletten besetzt*** she had sequins all over her costume
Besetzer(in) <-s, -> *m(f)* occupier
besetzt *adj* ❶ (*vergeben*) taken, occupied; **voll/dicht ~** full, crowded, packed [out]; **ein schlecht ~es Theater** an empty theatre [*or* AM -er]; **ein gut/schlecht ~er Film** a well-cast/miscast movie
❷ (*belegt*) ■**~ sein** *Telefon, Toilette* to be occupied [*or* BRIT *a.* engaged] [*or* AM *a.* busy]; *Terminkalender, Termine* to be fully booked-up; ***die Sache ist negativ ~*** this carries negative connotations
❸ MIL occupied; (*bemannt*) manned; **etw ~ halten** to continue to occupy sth; (*bemannt*) to continue to man sth; **ein ~es Haus** a squat
Besetztzeichen *nt* engaged [*or* AM busy] tone
Besetzung <-, -en> *f* ❶ (*Vergeben einer Stelle*) appointment (**mit** +*dat* of); FILM, THEAT casting (**mit** +*dat* of)
❷ (*alle Mitwirkende*) *Film, Stück* cast; *Mannschaft* line-up, players *pl*, members [of a team] *pl*; **die zweite ~** THEAT understudy; SPORT substitute
❸ (*Okkupierung*) *Land, Gebiet* occupation; *Haus* squatting [in]; *Amt/Stelle* filling
Besetzungsleiter(in) *m(f)* casting director
Besicherung <-, -en> *f* JUR **dingliche ~** provision of real security
Besicht <-> *m kein pl* JUR inspection; **Kauf auf ~** purchase subject to inspection
Besichtigung <-, -en> *f* visiting; *Wohnung, Haus etc.* viewing; *Truppen* inspection, review; ***„heute keine ~!"*** "closed today!"; ***„~ en nur sonntags!"*** "viewing only on Sundays!"; **eine ~ der Sehenswürdigkeiten** a sightseeing tour, a tour of the sights; **die ~ einer Stadt** a tour of a town; **zur ~ freigegeben** open for public viewing **Besichtigungsvermerk** *m* JUR inspection note **Besichtigungszeiten** *pl* opening [*or* viewing] times; ***„~ von 9 – 11 Uhr"*** "open 9am to 11am"
besiedeln* *vt* ❶ (*bevölkern*) ■**etw ~** to settle [*or* populate] sth; (*kolonisieren*) to colonize sth; **mit Tieren besiedelt sein** to be populated with [*or* inhabited by] animals
❷ (*wachsen*) ■**etw ~** to grow on [*or* in] sth; **mit Pflanzen/Vegetation besiedelt sein** to be inhabited by plants/vegetation
besiedelt *adj* populated; **dicht** [*o* **stark**]/**dünn/schwach** [*o* **kaum**] **~** densely/thinly/sparsely populated; **nicht ~** unpopulated
Besied(e)lung <-, -en> *f* settlement; (*Kolonisierung*) colonization; *Ballungsraum, Landstrich, etc.* population; **dichte/dünne ~** dense/sparse population
Besiedlungsdichte *f* population [density]
besiegeln* *vt* ■**etw ~** to seal sth; **sein Schicksal ~** to seal one's fate; **etw schriftlich ~** to put sth in writing
besiegen* *vt* ❶ (*schlagen*) ■**jdn ~** to beat [*or* defeat] [*or liter* vanquish] sb; SPORT to outdo [*or* beat] sb; **ein Land ~** to conquer a country; **den Gegner mit List ~** to defeat one's opponent with cunning; ***sie haben die andere Mannschaft mit 3:2 besiegt*** they beat the other team 3:2; **sich [für] besiegt erklären** to admit defeat, to throw in the towel [*or* up the sponge] *fam*
❷ (*überwinden*) ■**etw ~** to overcome [*or* conquer] sth
Besiegte(r) *f(m) dekl wie adj* loser; ■**die Besiegten** the defeated [*or liter* vanquished]
besingen* *vt irreg* ❶ (*rühmen*) ■**jdn/etw ~** to sing about [*or* the praise of] sb/sth, to honour sb/sth in song
❷ MUS ■**etw [mit etw] ~** to record sth [with sth]
besinnen* *vr irreg* ❶ (*überlegen*) ■**sich ~** to think [for a moment], to consider, to reflect, to contemplate *liter;* **ohne sich zu ~** without hesitation [*or* stopping to think]; **sich anders ~** [*o* **sich eines anderen** [*o* **Besseren**] **~**] to reconsider [*or* think better of] sth, to change one's mind [about sth]; **sich [für einen Moment] ~** after [a moment's] consideration; ***da brauche ich mich nicht lange zu ~, das weiß ich auswendig!*** I don't need to think about that, I know it by heart!; **nach kurzem B~** after brief consideration
❷ (*an etw denken*) ■**sich [auf jdn/etw] ~** to think [about sb/sth], to consider [*or liter* contemplate] [sb/sth], to reflect [on sb/sth]; (*auf Vergangenes*) to remember, to recall; **wenn ich mich recht besinne** if I remember rightly [*or* correctly], if my memory serves me right
besinnlich *adj* thoughtful, pensive, reflective, contemplative; (*geruhsam*) leisurely; ***er verbrachte einige ~e Tage im Kloster*** he spent a few days of contemplation [*or* on retreat] in the monastery; **ein ~er Mensch** a thoughtful [*or* reflective] person; ***sie hatte ein ~es Wesen*** (*liter*) she was a reflective type, she was of a thoughtful turn of mind; **~ sein** to be thoughtful; **~er werden** to grow [more] thoughtful
Besinnung <-> *f kein pl* ❶ (*Bewusstsein*) consciousness; **die ~ verlieren** to faint, to pass out, to lose consciousness *fig* [*or* one's head [*or* marbles]]; **bei/ohne ~ sein** to be conscious/unconscious [*or fam* out cold]; **[wieder] zur ~ kommen** to come round [*or* to one's senses], to regain consciousness; **jdn [wieder] zur ~ bringen** to revive sb; (*fig*) to bring sb round [*or* to their senses]; ***ihr seid wohl nicht bei ~!*** you must be out of your mind!
❷ (*Reflexion*) thought, reflection, contemplation; **zur ~ kommen** to gather one's thoughts
Besinnungsaufsatz *m* discursive essay
besinnungslos *adj* ❶ (*ohnmächtig*) unconscious; ■**~ werden** to lose consciousness, to pass [*or fam* black] out
❷ (*blind*) insensate, pure; **~e Wut** blind rage; ***~e Angst lähmte ihre Glieder*** pure, unadulterated fear gripped her limbs; ■**[wie] ~ sein vor etw** to be blind [*or* beside oneself] with sth
Besinnungslosigkeit <-> *f kein pl* unconsciousness; ***die Patientin befindet sich seit Wochen im Zustand der ~*** the patient has been in a coma for weeks
Besitz <-es> *m kein pl* ❶ (*Eigentum*) property; *Vermögen* possession
❷ AGR land, estate; (*Landsitz, Gut*) estate
❸ (*das Besitzen*) possession; **in staatlichem/privatem ~** state-owned/privately-owned; **~ ergreifend** possessive; **jdm den ~ [einer S. *gen*] streitig machen** to challenge [*or* contest] sb's ownership [of sth]; **etw in ~ nehmen, von etw ~ ergreifen** (*geh*) to take possession [*or* hold] of sth; **in den ~ einer S. *gen* gelangen** [*o* **kommen**] to come into [*or* gain] possession of sth; **etw in ~ haben** (*geh*) to possess sth, to have sth in one's possession *form;* **jds *gen* [alleiniger] ~ sein** to be sb's [sole] property; **im ~ von etw sein** (*geh*) to be in possession of sth; ***ich bin im ~ Ihres Schreibens vom 17.4.*** I have received your letter of 17 April; **in jds *dat* ~ sein, sich *akk* in jds *dat* ~ befinden** to be in sb's possession [*or* hands]; **in jds *akk* ~ übergehen** [*o* **gelangen**] to pass into sb's possession [*or* hands]
Besitzabtretung *f* JUR assignment of property **Besitzanspruch** *m* claim to [right of] ownership; JUR [possessory] title; **einen ~ auf etw *akk* haben** to have a right to sth; **seine Besitzansprüche [auf etw *akk*] anmelden** [*o* **geltend machen**] to claim possession of sth **besitzanzeigend** *adj* LING **[ein] ~es Fürwort** [a] possessive pronoun **Besitzaufgabe** *f* JUR surrender [*or* relinquishment] of possession **Besitzdiener(in)** *m(f)* JUR possessor's agent
besitzen *vt* ■**etw ~** to possess [*or* own] [*or* have and to hold] sth; **etw rechtmäßig ~** to be the rightful owner of sth; **etw treuhänderisch ~** to hold sth as a trustee
besitzen* *vt irreg* ❶ (*Eigentümer sein*) ■**etw ~** to own [*or form* possess] [*or fam* have [got]] sth; **ein [großes] Vermögen ~** to be [very] wealthy
❷ (*haben, aufweisen*) ■**etw ~** to have [got] *fam* [*or form* possess] sth; **Frechheit ~** to be cheeky [*or* impertinent]; **die Frechheit ~, etw zu tun** to have the cheek [*or* impertinence] to do sth; **jds *gen* Fürsprache/Vertrauen/etc ~** to have sb's approval/confidence; **ein Recht/eine Möglichkeit ~, etw zu tun** to enjoy a right/the possibility to do sth
❸ (*mit etw ausgestattet sein*) to have [*or* be equipped with] [*or* boast] sth *hum*
❹ (*euph: beschlafen*) ■**jdn ~** to have sb
besitzend *adj* wealthy; **die [Angehörigen der] ~en Klassen** the propertied classes *form*
Besitzentziehung *f* JUR dispossession
Besitzer(in) <-s, -> *m(f)* owner; ■**der ~ einer S. *gen*** the owner of sth; **~ eines Geschäfts/Hotels/etc.** proprietor of a business/hotel/etc.; **~ einer Eintrittskarte/Aktie** holder of a ticket/shareholder; ***sie ist seit neuestem ~in einer Eigentumswohnung*** she has recently bought her own flat [*or* become a flat-owner]; **der rechtmäßige ~** the rightful owner; **den ~ wechseln** to change hands
besitzergreifend *adj s.* Besitz 3 **Besitzergreifung** *f* (*geh*) seizure; **~ durch den Staat** seizure of power by the state; *Macht, Kontrolle* seizure; (*unrechtmäßig*) usurpation; *Land* occupation

Besitzgesellschaft *f* FIN holding company **Besitzgier** *f* acquisitiveness, cupidity **Besitzklage** *f* JUR possessory action **Besitzkonstitut** *nt* JUR constructive possession **besitzlos** *adj* poor, penniless; **die [Angehörigen der] ~en Klassen** [*o* **Bevölkerungsschichten**] the dispossessed *form*, the have-nots; ***nach dem Konkurs ihrer Firma war sie völlig ~*** after her company went bankrupt she was left with nothing **Besitzmittler(in)** *m(f)* JUR bailor **Besitzmittlungsverhältnis** *nt* JUR bailment **Besitznachfolge** *f* JUR succession in title **Besitznachfolger(in)** *m(f)* JUR assignee, subsequent holder **Besitzrecht** *nt* JUR right of possession; **alleiniges ~** sole proprietorship; **~ erwerben** to gain possession **besitzrechtlich** *adj inv* JUR possessory **Besitzschutz** *m kein pl* JUR legal protection of possession **Besitzstand** *m standing as propertied members of society* **Besitzsteuer** *f* FIN property tax; **Besitz- und Verkehrssteuern** tax on property and transactions **Besitzstörer(in)** *m(f)* JUR trespasser **Besitzstörung** *f* JUR trespass; **nachbarliche ~** private nuisance **Besitzstörungsklage** *f* JUR action of trespass **Besitztitel** *m* JUR possessory title **Besitztum** <-s, -tümer> *nt* property *no pl,* possession; *Land* estate **Besitzübergang** *m* JUR change of possession **Besitzübernahme** *f kein pl* JUR entry into possession **Besitzübertragung** *f kein pl* JUR transfer of ownership **Besitzumschichtung** *f* JUR rearrangement of holdings

Besitzung <-, -en> *f* (*Land- und Grundbesitz*) property, estate

Besitzunternehmen *nt* FIN property company **Besitzurkunde** *f* JUR document of title **Besitzverhältnisse** *pl* [conditions of] ownership *no pl* **Besitzverschaffung** *f* JUR delivery of possession; **mittelbare ~** constructive delivery **Besitzvorenthaltung** *f* JUR ouster

besoffen *adj* (*sl*) ❶ (*betrunken*) sloshed *fam,* plastered *fam,* BRIT *a.* pissed *sl;* **ein ~er Mensch** a drunk [*or* drunkard]; **im ~en Zustand** drunk; **total ~** dead drunk

❷ (*von Sinnen*) cuckoo *sl,* BRIT *a.* potty *sl*

Besoffene(r) *f(m) dekl wie adj* (*sl*) drunk, drunkard

besohlen* *vt* ■**[jdm] die Schuhe/Stiefel/etc [neu] ~** to [re]sole sb's shoes/boots/etc

besolden* *vt* ADMIN ■**jdn ~** to pay sb; **jdn nach einem bestimmten Tarif/einer bestimmten Lohngruppe ~** to pay sb according to a particular scale/a particular salary grade

Besoldung <-, -en> *f* ADMIN pay, salary; **jds ~ erhöhen** to raise sb's salary, to give sb a rise [*or* raise] AM

Besoldungsgruppe *f* ADMIN [salary] grade **Besoldungsordnung** *f* ADMIN pay [*or* salary] regulations *pl*

besondere(r, s) *adj* ❶ (*ungewöhnlich*) special, unusual; (*eigentümlich*) peculiar; (*außergewöhnlich*) particular; ***zu meiner ~n Freude darf ich Ihnen heute unseren Gast vorstellen*** I am particularly pleased to introduce our guest to you today; **ganz ~** very special [*or* unusual]; **eine ~ Ehre** a great honour [*or* AM -or]; **ein ~r Umstand** an unusual [*or* exceptional] circumstance; **von ~r Schönheit/Anmut [sein]** [to be] of exceptional [*or* uncommon] beauty/grace

❷ (*speziell*) special, particular; **ein ~s Interesse an etw haben** to be keenly [*or* especially] interested in sth; **ein ~r Gast/eine ~ Behandlung** a special guest/treatment; **von ~r Bedeutung** of great significance; **ohne ~ Begeisterung** without any marked enthusiasm; **[einen] ~n Wert auf etw legen** to value sth highly, to attach great importance to sth

❸ (*zusätzlich, separat, gesondert*) special [kind of], separate, particular

Besondere(s) *nt dekl wie adj* ❶ (*besondere Eigenschaft*) special feature; ***was ist das ~ an ihm?*** what's so special [*or* remarkable] about him?; **etw/nichts ~s** sth/nothing special; ***haben Sie irgendetwas ~s entdeckt?*** have you discovered anything out of the ordinary?; **vom Allgemeinen zum ~n** from the general to the particular

❷ (*ein besonderer Mensch*) ■**etw/jd/nichts ~s** sth/somebody/nothing special; ***sie war nichts ~s*** she was nothing special

► WENDUNGEN: **im ~n** in particular, particularly, especially

Besonderheit <-, -en> *f* (*Merkmal*) characteristic, feature; (*Außergewöhnlichkeit*) special quality; (*Eigentümlichkeit*) peculiarity

besonders *adv* ❶ *intensivierend* (*außergewöhnlich*) particularly, especially, specially, exceptionally; **~ viel** a great deal, an awful lot *fam;* **nicht ~ klug/fröhlich** not particularly [*or* [e]specially] [*or* not so] bright/happy; **nicht ~ viel** not a great deal

❷ (*vor allem*) in particular, above all; ***~ sie war davon betroffen*** mainly she was affected

❸ (*speziell*) specially; **sich** *dat* **etw ~ anfertigen lassen** to have sth specially made; **~ verpackt** individually packed; ***das Problem muss später ~ behandelt werden*** that problem will have to be dealt with separately later; **nicht ~ sein** (*fam*) nothing out of the ordinary [*or* to write home about] *fig;* ***hat's geschmeckt? — na ja, das Essen war nicht ~*** did you enjoy the meal? — well, not particularly; **[jdm geht es** [*o* **jd fühlt sich**]] **nicht ~** (*fam*) [sb feels] not too good [*or* great] *fam*

besonnen I. *adj* sensible, calm, prudent; **~ bleiben** to keep [*or* stay] calm; ***sein ~es Verhalten rettete ihn*** his level-headed [*or* discreet] conduct saved him
II. *adv* sensibly, calmly, prudently; ***wir sollten sehr ~ vorgehen*** we should proceed with utmost caution [*or* discretion]

Besonnenheit <-> *f kein pl* common sense *no pl,* calmness *no pl,* prudence *no pl*

besorgen* *vt* ❶ (*kaufen*) ■**[jdm] etw ~** to buy [*or* get] [sb] sth; (*beschaffen*) to get [*or form* obtain] sth for sb [*or* sb sth], to procure sth for sb *form;* ■**sich** *dat* **etw ~** to get [oneself] sth, to obtain [*or form* procure] sth [for oneself]; **jdm einen Job/Partner ~** to fix sb [up] with a job/partner; **sich einen Job ~** to find oneself a job *fam*

❷ (*erledigen*) ■**etw ~** to see [*or* attend] to sth; **jds Angelegenheiten ~** to look after [*or* manage] sb's affairs; **den Haushalt ~** to run the household

► WENDUNGEN: **was du <u>heute</u> ~ kannst, verschiebe nicht auf morgen** (*prov*) do not postpone anything until tomorrow that could be done today; **es jdm ~** (*fam: jdn verprügeln*) to give sb a thrashing; (*es jdm heimzahlen*) to give sb what for; ***ich habe es ihm richtig besorgt*** I really let him have it; (*jdm die Meinung sagen*) to give sb a piece of one's mind; (*derb: jdn sexuell befriedigen*) to give it to sb *vulg*

Besorgnis <-ses, -se> *f* ❶ (*Sorge*) concern, worry, alarm; **~ erregend** worrying, alarming; ***der Zustand des Patienten ist weiterhin ~ erregend*** the patient's condition is continuing to cause concern; **jds** *akk* **~ erregen** to cause sb concern, to alarm sb; **in ~ geraten** to get alarmed [*or* worried]; **mit wachsender ~** with increasing concern [*or* anxiety]; ***kein Grund zur ~!*** no need to worry!

❷ (*Befürchtung*) misgivings *pl,* concerns *pl,* fears *pl;* **jdm seine ~se zerstreuen** to allay sb's misgivings [*or* concerns] [*or* fears]; **große ~** great [*or* considerable] concern; **ernste ~** grave concern; **~ erregen** to cause [*or* arouse] concern; **~ der Befangenheit** JUR fear of bias

besorgniserregend *adj s.* **Besorgnis 1**

besorgt *adj* ❶ (*voller Sorge*) worried, concerned; ■**[wegen/um etw] ~ sein** to be worried [*or* concerned] [about sth]; ***er war um seine Zukunft ~*** he was anxious about his future; **mit ~er Miene** with a troubled expression [on sb's face]; **ein ~es Gesicht machen** to look troubled [*or* worried]

❷ (*fürsorglich*) ■**um jdn/etw ~ sein** to be anxious about sb/sth, to be concerned [*or form* solicitous] about [*or* for] sb/sth; ***seine Eltern waren immer sehr ~ um ihn*** his parents were always worrying about him

Besorgtheit <-> *f kein pl* concern, anxiety, uneasiness; ■**jds ~ um jdn/etw** sb's concern about [*or* for] sb/sth

Besorgung <-, -en> *f* ❶ (*Einkauf*) shopping, errand[s], purchase[s] *form;* **[für jdn] eine ~/~en machen** [*o* **erledigen**] to do some shopping [*or* errands] [for sb], to make a purchase/some purchases [for sb] *form;* (*das Kaufen*) purchase *form*

❷ (*das Erledigen*) *Geschäfte, Aufgaben* management [*or* handling] [of affairs]

bespannen* *vt* ❶ (*überziehen*) ■**etw [mit etw] ~** to cover sth [with sth]; **etw mit Stoff/einer Plane ~** to cover sth with fabric/canvas; **Sitzmöbel ~** to re-cover [*or* re-upholster] furniture; **etwas mit Saiten ~** to string sth; **einen Schläger neu ~** to re-string a racket

❷ (*Zugtiere anspannen*) ■**etw [mit etw] ~** to harness [*or* put] sth [to sth]; **den Wagen ~** to harness up the cart; **mit Pferden bespannt** horse-drawn

Bespannung *f* ❶ *kein pl* (*das Bespannen mit Stoff*) covering; *Instrument, Schläger* stringing; *Wagen* harnessing

❷ (*der Überzug*) cover, covering; **Wand~** wall-coverings; (*Saiten*) strings *pl;* (*Zugtiere*) team [of oxen etc]

bespielbar *adj* ❶ TECH *Kassette* capable of being recorded on; ***diese Videokassette ist ~*** you can use this video cassette for recording

❷ SPORT *Platz* fit for playing on; ***der Platz ist nur mit Stollenschuhen ~*** only studded boots are to be used on the pitch

bespielen* *vt* ❶ TECH ■**etw [mit etw] ~** *Kassette, Tonband* to make a recording [of sth] [*or* to record [sth]] on sth; ***die MC ist mit klassischer Musik bespielt*** the tape has got classical music on it; **ein bespieltes Band** a [pre-]recorded tape

❷ SPORT ■**etw ~** *Platz* to play on sth; ***nach dem Regen kann der Platz noch nicht wieder bespielt werden*** after the rain the pitch is not yet ready for playing on

bespitzeln* *vt* ■**jdn ~** to spy on sb, to keep sb under surveillance

Bespitzelung <-, -en> *f* spying, surveillance; **die ~ einer Person** the surveillance of a person

besprechen* *irreg* **I.** *vt* ❶ (*erörtern*) ■**etw [mit jdm] ~** to discuss sth [*or* talk about sth [*or* sth over]] [with sb], to confer [with sb] about/on sth *form;* **wie besprochen** as agreed

❷ (*rezensieren*) ■**etw ~** to review sth; **[von der Kritik] negativ** [*o* **schlecht**]**/positiv besprochen werden** to receive [*or* get] good/bad reviews

❸ (*aufnehmen*) ■**etw [mit etw] ~** to make a recording [of sth] on sth; **besprochene Bänder** spoken [*or* voice] recordings

II. *vr* (*sich beraten*) ■**sich** *akk* **[über etw** *akk*] **~** to discuss [sth], to talk [*or form* confer] [about sth], to talk sth over; ■**sich** *akk* **mit jdm [über etw** *akk*] **~** to consult with sb [about sth], to discuss sth [*or* talk sth over] with sb

Besprechung <-, -en> *f* ❶ (*Konferenz*) meeting, conference; (*Unterredung*) discussion, talk; ***nach intensiven ~en kamen sie zu einer Einigung*** after intensive negotiations they reached an agreement

❷ (*Rezension*) review

Besprechungsexemplar *nt* review copy **Besprechungsgebühr** *f* JUR *lawyer's fee for out-of-court negotiations* **Besprechungszimmer** *nt* conference room; **ärztliches ~** consulting room

besprengen *vt* ■**jdn/etw [mit etw] ~** to sprinkle sb/sth [with sth]; **den Rasen ~** to water the lawn

bespritzen* *vt* ■**jdn [mit etw] ~** to splash [*or* spray] sb [with sth], to splash [sth over] sb; ■**sich [mit etw] ~** to splash [sth on] oneself; **jdn/etw mit Blut ~** to spatter sb/sth with blood; ■**[jdm/sich] etw ~** to splash [*or* spatter] [sb's/one's] sth; ***er hat den Pulli mit Farbe bespritzt*** he's splashed [*or* spattered] paint all over his sweater; **eine Pflanze mit Wasser ~** to spray a plant with water; ■**sich gegenseitig [mit etw] ~** to splash each other [with sth]; **sich [gegenseitig] mit dem Gartenschlauch ~** to hose oneself/each other down

besprühen* *vt* ■**jdn/etw [mit etw]** ~ to spray sb/sth [with sth]; ■**sich [mit etw]** ~ to spray oneself [with sth]; ■**[sich** *dat*] **etw [mit etw** *dat*] ~ to spray [one's] sth [with sth]

bespucken* *vt* ■**jdn/etw** ~ to spit at sb/sth

bespülen *vt* ■**etw** ~ *Wellen* to wash over sth

Bessarabien <-s> *nt* GEOG Bessarabia

besser I. *adj komp von* **gut** ❶ (*höher*) better; **~es Gehalt** higher wages, better pay; **~e Qualität** superior quality; ■**etwas B~es** sth better; **nichts B~es** nothing better; ***Sie finden nichts B~es!*** you won't find anything better!; ***es gibt auf dem Markt nichts B~es*** it's the best on the market; ■~ **sein** to be better; ***etw könnte ~ sein*** sth could be better, sth has room for improvement; **nicht ~ als ...** no better than ...; ■**[es ist]** ~, **[wenn]** ... it would be better if ...; ***~, man sieht uns nicht zusammen*** it would be better if nobody saw us together; ■**etw wird** ~ [*o* **mit etw** *dat* **wird es** ~] sth is getting better [*or* improving]

❷ (*sozial höher gestellt*) more respectable, better-off, genteel *iron*

❸ (*iron fam: kaum mehr als*) ■**etw ist ein ~er/~es/eine ~e ...** sth is just a bit better than ... [*or* a better sort of]; ***das nennen Sie anständige Wohnung? das ist doch allenfalls eine ~e Bruchbude!*** you call that a decent flat? it's just a slightly upmarket garden shed!

▶ WENDUNGEN: **jdn eines B~en belehren** to put sb right, to enlighten sb; ***ich lasse mich gerne eines B~en belehren*** I'm willing to admit I'm wrong; **sich eines B~en besinnen** to think better of sth; **B~es zu tun haben** to have other things to do [*or prov* fish to fry]; ***als ob ich nichts B~es zu tun hätte!*** as if I had nothing better to do!; *s. a.* **Wendung**

II. *adv komp von* **gut, wohl** ❶ (*nicht mehr schlecht*) **es geht jdm** ~ MED sb is [*or* feels] better; **es geht [einer S.** *dat*] ~ ÖKON sth is doing better; ***es geht der Landwirtschaft noch nicht ~*** the agricultural industry is still not doing well

❷ (*mehr als gut*) better; ~ **gestellt** better off; ~ **Gestellte** the better-off + *pl vb*; **jdn ~ stellen** to improve sb's [financial/social] position; ***sie wurde um 157 DM pro Monat ~ gestellt*** she is better off by 157 DM a month; ~ **verdienen** to earn more

❸ (*fam: lieber*) better; ***dem solltest du ~ aus dem Wege gehen!*** it would be better if you avoided him!, you would do better to keep out of his way!; ***lass ~ mich ran!*** let me have a go!; ***soll ich ihm von unserem Gespräch berichten? — nein, das lassen Sie ~ bleiben!*** shall I tell him about our conversation? — no, it would be better not to!

▶ WENDUNGEN: ~ **[gesagt]** (*richtiger*) rather, properly speaking *form;* **es ~ haben** to be [a lot] better off; **es [mit jdm] ~ haben** to be better off [with sb]; ~ **ist ~** [it's] best to be on the safe side [*or prov* better [to be] safe than sorry]; **es kommt noch ~** (*iron fam*) you haven't heard the half of it! *fam;* **jd täte ~ daran ...** sb would do better to ...; **jd will es [*o* alles] [immer] ~ wissen** sb [always] knows better; **um so ~!** (*fam*) all the better!

besser|gehen *vi impers, irreg sein s.* **besser II 1**

bessergestellt *adj s.* **besser II 2**

bessern I. *vr* ■**sich** ~ ❶ (*ein besseres Benehmen zeigen*) to improve, to do better, to turn over a new leaf *prov,* to mend one's ways

❷ (*besser werden*) to improve, to get better; ***sein [Gesundheits]zustand hat sich gebessert*** he has recovered

II. *vt* ■**jdn** ~ to reform sb, to change sb for the better; ■**etw** ~ to improve upon sth

besser|stellen *vt s.* **besser II 2**

Besserung <-> *f kein pl* MED improvement; **gute ~!** get well soon!; **auf dem Weg der ~ sein** to be on one's way to recovery; *Lage, Situation* an improvement [*or* a change for the better] [in a situation]; *Preis, Kurs* gain, advance; ***es soll nie wieder vorkommen, hiermit gelobe ich ~*** it won't happen again, from now on I'm a reformed character

Besserungsschein *m* FIN debtor warrant **Besserungsscheininhaber(in)** *m(f)* FIN bondholder

Besserungstendenzen *pl* signs of improvement

besser|verdienen* *vi s.* **besser II 1**

Besserverdienende(r) *f(m) dekl wie adj* JUR high earner

Besserwisser(in) <-s, -> *m(f)* (*pej*) know-all *pej,* know-it-all *pej,* wise guy *pej*

Besserwisserei <-> *f kein pl* (*pej*) know-all manner; ***verschone uns bitte mit deiner ständigen ~!*** please spare us this little Mr/Miss Know-it-all attitude of yours!

Besserwisserin <-, -nen> *f fem form von* **Besserwisser**

besserwisserisch I. *adj* (*pej*) know-all; **eine ~e Art** a know-it-all manner; ***sie legt immer so ein ~es Verhalten an den Tag*** she always behaves like a little Miss Know-it-all

II. *adv* (*pej*) like a know-all, in a know-all way

bestallen* *vt* (*geh: ernennen*) ■**jdn [zu etw]** ~ to appoint sb [to sth]; **jdn ins Amt ~** to install sb in office *form*

Bestallung <-, -en> *f* (*geh: Ernennung*) ■**jds** *gen* ~ **[zu etw** *dat*] sb's appointment to sth; (*in ein höheres Amt*) sb's installation [as sth] *form*

Bestallungsurkunde *f* certificate of appointment

Bestand <-[e]s, Bestände> *m* ❶ (*Fortdauer*) survival, continued existence, continuation, longevity *form;* ***der weitere ~ der Koalition hängt vom Ausgang der Verhandlungen ab*** whether the coalition will survive depends on the outcome of the negotiations; ÖSTERR (*Bestehensdauer*) founding; ***die Firma hat 30-jährigen ~*** the company has its 30th anniversary; **von ~ sein, ~ haben** to be long-lasting [*or* durable]

❷ (*vorhandene Menge*) ■**der/jds** *gen* ~ **[an etw** *dat*] the/sb's supply [*or* stock] [*or* store] [of sth]; *Vieh* [live] stock; *Kapital* assets *pl; Wertpapiere* holdings *pl;* FORST (*Waldstück*) stand *form; Bäume* stand [*or* population] [of trees]; ~ **aufnehmen** (*a. fig*) to take stock, to do stocktaking

bestanden *adj inv* ❶ (*erfolgreich absolviert*) passed; **nach glänzend ~em Examen** after brilliantly passing the exam; ***wir feiern die ~e Prüfungen*** we're celebrating passing our exams

❷ (*mit Pflanzen bewachsen*) covered with trees *pred,* tree-covered *attr;* **mit Bäumen ~e Straße** tree-lined street; **gut/schlecht ~es Gebiet** well/poorly-stocked area

❸ SCHWEIZ (*alt, bejahrt*) advanced in years *pred,* ageing BRIT, aging AM

Bestanderechnung *f* HANDEL stock assessment

beständig *adj* ❶ *attr* (*ständig*) continual, constant, persistent *pej,* relentless *pej*

❷ (*gleich bleibend*) consistent, dependable, steady; **~e Loyalität** unswerving loyalty; **~es Wetter** settled weather; **~es Tief** persistent depression

❸ (*widerstandsfähig*) ■~ **[gegen etw] sein** to be resistant [to sth]; **hitze~** heat-resistant, -proof

❹ (*dauerhaft*) long-lasting, lasting

Beständigkeit <-> *f kein pl* ❶ (*das Anhalten*) persistence; **die ~ des guten/schlechten Wetters** the continuation of the settled [*or* good]/bad weather [conditions]

❷ (*gleich bleibende Eigenschaft*) consistency, dependability, steadfastness; *Liebende* constancy

❸ (*Widerstandsfähigkeit*) resistance; ■~ **gegen etw** resistance to sth

Bestandsanierung *f* HANDEL reorganization of stocks

Bestandsaufnahme *f* ❶ ÖKON stocktaking, inventory; **[eine] ~ machen** to take stock, to do the stocktaking; (*in Gastronomie oder Haushalt*) to make an inventory; **geschlossen wegen ~** closed for stocktaking ❷ (*fig: Bilanz*) taking stock; ***wenn ich mir bei einer ~ überlege, was ich nach 10 Jahren erreicht habe ...*** when I take stock of what I've achieved in 10 years ...; **[eine] ~ machen** to weigh up sth [*or* sth up], to review sth **Bestandsfehlbetrag** *m* HANDEL inventory shortage **Bestandsgröße** *f* FIN size of stock **Bestandshaltung** *f* HANDEL inventory; **optimale ~** optimum inventory **Bestandskraft** *f* JUR legal validity **bestandskräftig** *adj* JUR legally valid **Bestandsmasse** *f* ÖKON point-in-time population **Bestandsplan** *m* BAU as-built plan **Bestandsschutz** *m* FIN (*Versicherung*) portfolio protection **Bestandsüberwachung** *f* HANDEL inventory observation **Bestandsveränderungen** *pl* HANDEL inventory changes **Bestandsverzeichnis** *nt* FIN inventory sheet **Bestandszahlen** *pl* HANDEL inventory [*or* stock] figures

Bestandteil *m* part, element; SCI component, constituent; **notwendiger [*o* elementarer] ~** essential [*or* integral] part; **sich in seine ~e auflösen** to fall apart, to disintegrate; **etw in seine ~e zerlegen** to take sth to pieces, to dismantle sth; (*etw auflösen*) to disintegrate [*or* break down] sth

bestärken* *vt* ■**jdn [in etw** *dat*] ~ to encourage sb['s sth], to support sb [in sth]; **jdn in seinem Wunsch/Vorhaben ~** to confirm [*or* strengthen] sb in their desire/intention; **jdn in einem Verdacht ~** to reinforce sb's suspicion

Bestärkung *f* ❶ (*Unterstützung*) support, encouragement; ~ **eines Vorsatzes** support [*or* strengthening] of an intention

❷ (*Erhärtung*) confirmation; ~ **eines Verdachts** confirmation of a suspicion

bestätigen* *vt* ❶ (*für zutreffend erklären*) ■**[jdm] etw ~** to confirm [sb's] sth; **eine Theorie ~** to confirm [*or* bear out] a theory; **ein Alibi ~** to corroborate an alibi; **die Richtigkeit einer S.** *gen* ~ to testify to sth's correctness, to verify sth; **ein Urteil ~** to uphold [*or* sustain] a sentence; ***das Parlament bestätigte den Vertrag*** the parliament ratified the treaty; ■**jdn [in etw** *dat*] ~ to support sb [in sth]; **jdn in seinem Verdacht/seiner Vermutung ~** to confirm sb's suspicion/speculation; ■**~d** in confirmation; **ein ~des Kopfnicken** a nod of confirmation; ***„hiermit [o hierdurch] wird bestätigt, dass ..."*** "we hereby confirm [*or* certify] that ..."

❷ (*quittieren*) ■**[jdm] etw ~** to certify sth [for sb]; **[jdm] den Empfang einer S.** *gen* ~ to acknowledge receipt of sth [for sb]; ADMIN to confirm sth [to sb]

❸ ADMIN ■**jdn in etw** *dat* ~ to confirm sb in sth; **jdn im Amt ~** to confirm sb in office; **jdn in einer Stellung ~** to confirm sb's appointment

Bestätigung <-, -en> *f* ❶ (*das Bestätigen*) confirmation; *Richtigkeit, Echtheit* verification; *Gesetz, Vertrag* ratification; ■**die/zur ~ einer S.** *gen* the/in confirmation of sth; **schriftliche ~** written confirmation; **[in] ~ der Beweise [*o* des Alibis]** [in] confirmation [*or* corroboration] of [the] evidence; ***dies sind Beweise zur ~ meines Verdachts*** this evidence proves my suspicions were right; **~/keine ~ finden** (*geh*) to be validated/to not be validated *form;* JUR to be upheld [*or* sustained]; ***er sucht doch bloß ~!*** he's merely trying to boost his ego!

❷ (*Quittierung*) ■**die/zur ~ einer S.** *gen* the/in confirmation of sth; ■**die/zur ~ des Empfangs [*o* Erhalts]** the/in acknowledgement of receipt

❸ (*bestätigendes Schriftstück*) written confirmation, certification, certificate

Bestätigungsschreiben *nt* FIN letter of acknowledg[e]ment [*or* confirmation] **Bestätigungsverfahren** *nt* FIN confirmation proceedings *pl* **Bestätigungsvermerk** *m* FIN (*auf der Bilanz*) audit certificate

bestatten* *vt* (*geh*) ■**jdn** ~ ❶ (*beerdigen*) to bury [*or form* inter] sb; ***sie wird in drei Tagen auf dem alten Friedhof bestattet*** in three days' time she will be laid to rest in the old cemetery; **irgendwo bestattet liegen** to lie [*or* be] buried somewhere

❷ (*verbrennen*) to cremate sb

Bestatter(in) <-s, -> *m(f)* (*geh: Beerdigungsunternehmer*) funeral director *form,* undertaker

Bestattung <-, -en> *f* (*geh*) *s.* **Beerdigung**

Bestattungsinstitut *nt,* **Bestattungsunternehmen** *nt* (*geh*) funeral parlour [*or* AM -or] [*or* directors'] **Bestattungsunternehmer(in)** *m(f)* (*geh*) *s.* **Bestatter**

bestäuben* *vt* ❶ KOCHK ■**etw [mit etw]** ~ to dust [*or* brush] sth [with sth]

❷ BOT ■**etw** ~ to pollinate sth
Bestäubung <-, -en> *f* BOT pollination
bestaunen* *vt* ■**jdn/etw** ~ to admire sb/sth; ***wir bestaunten ihr Geschick*** we marvelled at her skilfulness
bestbezahlt *adj attr* highest paid, best-paid
Beste(s) *m o f o nt* ■**der/die/das** ~ the best; **das** ~ **vom** ~**n** the very best; ***er ist der ~ von allen*** he's the pick of the bunch [*or* best of the lot]; ***sie wollen das ~ von allem*** they want the best of everything; ***in der Klasse war er immer der ~*** he always came first [*or* top] in class; ***Nachgeben ist nicht immer das ~*** giving in is not always best [*or* the best thing to do]; **das** ~ **wäre ...** it would be best if ...
▸ WENDUNGEN: **sein** ~**s geben** to give of one's best *form*, to do the best one can; [**jdm**] **etw zum** ~**n geben** ((*jdm*) *etw erzählen*) to oblige [sb] with sth; ***auf Partys pflegte sie immer lustige Anekdoten zum ~n zu geben*** at parties she always had a wealth of funny stories; **jdn zum** ~**n halten** (*jdn zum Narren halten*) to pull sb's leg *prov*, to make fun of sb; **wir wollen das** ~ **hoffen** let's hope for the best; **das** ~ **aus etw machen** to make the best of sth [*or* of a bad job]; **es steht** [**mit etw**] **nicht zum** ~**n** it doesn't look good [*or* very hopeful]; **sein** ~**s tun** to do one's best; **nur jds** *akk* ~**s wollen** to only want the best for sb [*or* have sb's interests at heart]; **zu jds** ~**n** in sb's [own] interests; ***glaube mir, es ist nur zu deinem B~n*** believe me, it's for your own good; **meine** ~**/mein** ~**r!** (*veraltet fam*) my dearest *old fam*, my dear *fam*
beste(r, s) I. *adj superl von* **gut** *attr* best; **von der** ~**n Qualität** of the highest quality; **die** ~ **Weite** the farthest [*or* furthest]; **aus** ~**r Familie** from a good family; **von** ~**r Abstammung** of good birth [*or form* stock]; **sich** ~**r Gesundheit erfreuen** to be in the best of health; **in** ~**r Laune** in an excellent mood [*or* the best of spirits]; **in** ~**r Gelassenheit** very [*or* extremely] composed; ***meine ~n Glückwünsche zur bestandenen Prüfung!*** congratulations on passing your exam!; ***mit den ~n Genesungswünschen*** with all best wishes for a speedy recovery; ***„mit den ~n Grüßen [Ihr] ..." (Briefformel)*** "Best wishes, [Yours] ..."; *s. a.* **Wille**
▸ WENDUNGEN: **aufs** [*o* **auf das**] ~ perfectly, very well; *s. a.* **Beste(r, s)**
II. *adv* ❶ ■**am** ~**n** + *verb* best; ***sie schloss in der Prüfung am ~n ab*** she finished top in the exam
❷ (*ratenswerterweise*) ■**am** ~**n ...** it would be best if ..., your best bet would be to ... *fam*
▸ WENDUNGEN: **das ist** [**auch** [*o* **doch**]] **am** ~**n so!** it's all for the best!; **es wäre am** ~**n, wenn ...** it would be best if ...; ***es wäre am ~n, wenn Sie jetzt gingen*** you had better go now
bestechen* *irreg* I. *vt* ❶ (*durch Zuwendungen beeinflussen*) ■**jdn** [**mit etw**] ~ to bribe sb [*or* buy sb off] [with sth]
❷ (*für sich einnehmen*) ■**jdn** [**durch etw**] ~ to win sb over [with sth]; **jdn durch Schönheit** ~ to entrance [*or* captivate] sb
II. *vi* (*Eindruck machen*) to be impressive [*or* irresistible]; ■**durch etw** ~ to win people over [*or* impress] with sth; **durch Schönheit** ~ to be entrancing [*or* captivating]; ***das Auto besticht durch seine Form*** the appeal of the car lies in its shape
bestechend I. *adj* captivating, irresistible, impressive; **ein** ~**es Angebot** a tempting offer; **ein** ~**er Gedanke** a fascinating thought [*or* idea]; **ein** ~**es Lächeln** a winning smile; **eine** ~**e Schönheit** an entrancing [*or* captivating] beauty; **ein** ~**er Geist** a brilliant mind; ■**etwas B~es** something irresistible; **etwas B~es haben** to have a certain irresistibility
II. *adv* winningly, impressively
bestechlich *adj* corrupt, open to bribery, venal *form*
Bestechlichkeit <-> *f kein pl* corruptibility, venality *form*
Bestechung <-, -en> *f* bribery, corruption; ***durch ~ eines Polizisten gelang dem Häftling die Flucht*** the prisoner managed to escape by bribing a policeman; **sich durch** ~ **von etw freikaufen** to bribe one's way out of sth; **aktive/passive** ~ JUR giving/accepting [*or* taking] bribes
Bestechungsgeld *nt meist pl* bribe **Bestechungsversuch** *m* attempt to bribe
Besteck <-[e]s, -e> *nt* ❶ (*Ess~*) cutlery *n sing;* ~ **bilden** to make up [*or* lay] a place setting; **die** ~**e auflegen** to lay the table; ***bringen Sie uns bitte noch ein ~*** please could you lay us another place [*or* bring us another set of cutlery]
❷ (*Instrumentensatz*) set of instruments, instruments; *Raucher* smoker's set; (*sl*) *Heroinsüchtige* needles *pl*
Besteckkasten *m* cutlery box, canteen *form* **Besteckkoffer** *m* cutlery case
bestehen* *irreg* I. *vt* ❶ (*erfolgreich abschließen*) ■**etw** [**mit etw**] ~ to pass sth [with sth]; ***sie bestand ihre Prüfung mit Auszeichnung*** she got a distinction in her exam, she passed her exam with distinction; **etw nicht** ~ to fail sth; **eine Probe** [*o* **Aufgabe**] ~ to stand the test [of sth]; **jdn** ~ **lassen** to let sb pass [an exam]; ***die Prüfer ließen ihn nicht ~*** the examiners failed him
❷ (*geh: durchstehen*) ■**etw** ~ to come through sth [in one piece], to survive sth; **einen Kampf** ~ to win a fight
❸ (*andauern*) **etw** ~ **lassen** to retain sth; **ein Gebäude** ~ **lassen** to leave a building standing; **getrennte Haushalte** ~ **lassen** to continue [living] with separate domestic arrangements [*or* households]; **eine Abmachung** ~ **lassen** to let an arrangement continue, to leave an arrangement as it is
II. *vi* ❶ (*existieren*) to be; **es** ~ **Zweifel** [**an etw**] there are doubts [about sth]; ***es besteht kein Zweifel*** there is no doubt; **es** ~ **gute Aussichten, dass ...** the prospects of ... are good; **es besteht die Gefahr, dass ...** there is a danger of [*or* that] ...; ***besteht noch Hoffnung?*** is there still a chance?; ***es besteht kaum noch Hoffnung, dass ...*** there is almost no chance of ...; ***es besteht der Verdacht, dass sie für eine andere Macht spioniert hat*** she is suspected of spying for another power; ***bei uns besteht der Brauch ....*** we have a tradition of ...; ~ **bleiben** (*weiterhin existieren*) to last; *Hoffnung* to remain; *Tradition* to prevail; *Wetter* to persist; (*weiterhin gelten*) *Versprechen, Wort* to hold good, to remain
❷ *mit Zeitangabe* to exist, to be in existence; ***das Unternehmen besteht jetzt schon 50 Jahre*** the company is 50 years old [*or* has been in existence for 50 years]
❸ (*sich zusammensetzen*) ■**aus etw** ~ to consist [*or* be composed] of [*or form* comprise] sth; *Material* to be made of
❹ (*beinhalten*) ■**in etw** *dat* ~ to consist in sth; **jds Aufgabe besteht darin, etw zu tun** sb's job consists in doing [*or* it's sb's job to do] sth; **jds Chance besteht darin, dass ...** sb's chance lies in ...; **das Problem besteht darin, dass ...** the problem is that ...; **die Schwierigkeit besteht in/darin, dass ...** the difficulty lies in ...; **der Unterschied besteht in/darin, dass ...** the difference lies in ...
❺ (*standhalten*) ■**vor jdm/etw** ~ to survive [*or* hold one's own [*or* stand one's ground] against] sb/sth; **vor jds** *dat* **kritischem Auge** ~ to survive sb's critical eye; **vor der Kritik** ~ to stand up to criticism [*or* a review]; ■**neben jdm/etw** ~ to compare [well] to [*or* with] sb/sth; ***ich kann nicht neben ihr ~*** I don't compare with her
❻ (*durchkommen*) ■[**in etw** *dat*] [**mit etw** *dat*] ~ to pass [sth] [with sth]; ***ich habe bestanden! — gratuliere!*** I've passed! — congratulations!
❼ (*insistieren*) ■**auf etw** *dat* ~ to insist that sth, to insist on sth; ***ich bestehe auf der Erfüllung Ihrer Verpflichtungen!*** I insist that you fulfil your obligations!; ■**darauf** ~**, dass ...** to insist that ...; ***wenn Sie darauf ~!*** if you insist!; **auf einer Meinung** ~ to stick to an opinion [*or* to one's guns] *prov*
Bestehen <-s> *nt kein pl* ❶ (*Vorhandensein*) ■**das** ~ **einer S.** *gen* the existence of sth; ***das 25-jährige ~ der Firma wurde gefeiert*** the company celebrated its 25th birthday; **seit** [**dem**] ~ **einer S.** *gen* since the establishment of sth; *Schule, Verein etc* founding; *Geschäftsverbindung* setting-up, establishment
❷ (*Beharren*) ■**jds** *gen* ~ **auf etw** *dat* sb's insistence on sth; ■**jds** ~ **darauf, dass ...** sb's insistence that ...
❸ (*das Durchkommen*) ■**das** ~ **einer S.** *gen Prüfung, Test* the passing of sth; *Probezeit* successful completion; *schwierige Situation* surviving, coming through; *Gefahren* overcoming
bestehen|bleiben *vi irreg sein s.* **bestehen II 1**
bestehend *adj* (*existierend*) existing, prevailing, present; (*geltend*) current; **noch** ~ extant
bestehen|lassen *vt irreg s.* **bestehen I 1, I 3**
bestehlen* *vt irreg* ■**jdn/etw** [**um etw**] ~ to steal [sth] from sb/sth, to rob sb/sth [of sth]; ***hilfe, man hat mich bestohlen!*** help, I've been robbed!
besteigen* *vt irreg* ❶ (*auf etw klettern*) ■**etw** ~ to climb [up onto] [*or form* ascend [to]] sth; **ein Gerüst/eine Leiter/einen Turm/einen Berg** ~ to climb [*or* go up] a scaffolding/ladder/tower/mountain; **die Kanzel** ~ to climb [*or* get] into the pulpit; **das Podest** ~ to get up onto the platform; **das Rednerpult** ~ to go up to the rostrum, to take the floor; **einen Thron** ~ to ascend a throne
❷ (*sich auf etw schwingen*) **ein Tier** ~ to mount an animal; **ein Fahrrad/Motorrad** ~ to get on[to] [*or* mount] a bike/motorcycle
❸ (*einsteigen in*) **einen Bus** ~ to get on a bus; **ein Taxi/Auto** ~ to get into [*or* in] a car/taxi; **ein Flugzeug** ~ to board [*or* get into] a plane; **ein Schiff** ~ to go on board [*or* aboard] a ship
❹ (*begatten*) ■**etw** ~ ZOOL to cover [*or* mount] [another animal]; ■**jdn** ~ (*sl*) to mount sb *sl*
Besteigung *f* ■**die** ~ **einer S.** *gen* the ascent of sth; ***die ~ des Berges erwies sich als schwierig*** climbing the mountain proved difficult; *Thron* accession [to the throne], ascent; *s. a.* **Thronbesteigung**
Bestellbuch *nt* HANDEL order book
bestellen* I. *vt* ❶ (*in Auftrag geben*) ■**etw** [**bei jdm**] ~ to order sth [from sb]; ■[**sich** *dat*] **etw** ~ to order [oneself] sth [*or* [for oneself]]; **etw bei einem Kellner** ~ to order [*or* ask for] sth from a waiter; **etw bei einem Geschäft** ~ to place an order for sth [with a shop]; **eine Zeitung** ~ to subscribe to a paper; *s. a.* **Aufgebot**
❷ (*reservieren*) ■[**jdm**] **etw** ~ to reserve [*or* book] sth [for sb]; ***die Gäste nahmen am bestellten Tisch im Restaurant Platz*** the guests sat down at the table they had reserved; ■[**sich** *dat*] **etw** ~ to book, to reserve
❸ (*ausrichten*) ■**jdm etw** ~ to tell sb sth, to give sb a message; ■**jdm** [**von jdm**] ~**, dass ...** to tell sb [from sb] that ...; [**jdm**] **Grüße** ~ to send [sb] one's regards; ***können Sie ihr etwas ~?*** may I leave a message for her?
❹ (*kommen lassen*) ■**jdn/etw** [**zu jdm/irgendwohin**] ~ to ask sb/sth [to come to sb/somewhere]; **einen Patienten** ~ to give a patient an appointment; **ein Taxi** ~ to call a taxi; **ein Mietwagen** ~ to order a rented car; ■[**bei** [*o* **zu**] **jdm/irgendwohin** *akk*] **bestellt sein** to have an appointment [with sb/at some place]
❺ ADMIN (*einsetzen*) ■**jdn** [**zu etw**] ~ to appoint [*or* nominate] sb [as sth]
❻ AGR (*bearbeiten*) ■**etw** [**mit etw**] ~ to cultivate sth [with sth], to work sth; **den Acker** ~ to plant [*or* till] the field [*or* soil]; **die Äcker** ~ to plough the fields
▸ WENDUNGEN: **wie bestellt und nicht abgeholt** (*hum fam: allein und ratlos*) standing around, making the place look untidy *hum fam*, looking like a lost sheep *hum fam;* **nichts/nicht viel/kaum etwas zu** ~ **haben** (*nichts/etc zu sagen/auszurichten haben*) to not have a [*or* much] say, to have not got a chance; ***gegen die andere Mannschaft hatten wir nichts zu ~*** we were no match for the other team; **um jdn/mit etw ist es ... bestellt** (*jd/etw*

befindet sich in einer ... Lage) sb/sth is in a ... way, things look ... for sb/sth; ***um meine Finanzen ist es derzeit schlecht bestellt*** my finances are in a bad way at the moment

II. *vi* (*Bestellung aufgeben*) ■[**bei jdm**] ~ to order [from sb]

Bestẹller(in) <-s, -> *m(f)* customer (*who has placed an order for sth*), buyer; *Zeitung* subscriber

Bestelliste *f s.* Bestellliste **Bestẹllkarte** *f* order form **Bestẹllliste**[RR] *f* list **Bestẹllnummer** *f* order number **Bestẹllpraxis** *f* MED *surgery where patients are seen only on appointment* **Bestẹllschein** *m* order form **Bestẹlltätigkeit** *f* HANDEL ordering activity

Bestẹllung <-, -en> *f* ① (*das Bestellen*) ■**die/eine ~ einer S.** *gen* [**bei jdm/aus etw** *dat*] the/an order for sth [from sb/sth]; ~ ***aus einem Katalog*** ordering from a catalogue; **eine ~ entgegennehmen/bearbeiten** to take/process an order; (*bestellte Ware*) order, ordered goods; **eine ~ machen** [*o* **aufgeben**] to order, to make [*or* place] an order; **auf ~ arbeiten** to work to order; **etw auf ~ machen** [*o* **anfertigen**] to make sth to order; **auf ~ gemacht** made to order

② (*Essensauswahl*) order; ***manche Gerichte gibt es nur auf ~*** some dishes have to be ordered in advance

③ TOURIST reservation, booking

④ (*Übermittlung*) delivery; ***er bat sie um ~ von Grüßen an seinen Bekannten*** he asked her to pass on his good wishes [*or* give his regards] to his friends

⑤ AGR cultivation

⑥ ADMIN nomination, appointment; ~ **eines Gutachters** appointment of an expert; ~ **eines Gutachtens** request for an expert opinion; ~ **zum Vormund** appointment as guardian

► WENDUNGEN: **auf ~** (*einfach so*) just like that; **wie auf ~** (*wie gerufen*) in the nick of time, coming in handy

Bestẹllzettel *m s.* **Bestellschein**

bẹsten *adv s.* **beste(r, s)**

bẹstenfạlls *adv* at best

bẹstens *adv* very well, excellently; **um etw ist es ~ bestellt** sth is looking very rosy [*or* doing extremely well]; ~ **vorsorgen** to take very careful precautions; ***für alle Eventualitäten ist ~ vorgesorgt*** we are ready for all eventualities; **etw ~ vorbereiten** to prepare sth extremely well [*or* BRIT *a.* very well indeed]; ***ich danke ~!*** thank you very much indeed!; **jdn ~ grüßen** to send sb one's best regards [*or* wishes]; ~ **kaufen/verkaufen** BÖRSE to buy/sell at best [*or* market]

Bẹstensauftrag *m* BÖRSE order at best

besteuerbar *adj inv* FIN taxable, liable for tax; **nicht ~** non-taxable, tax-exempt

Besteuerbarkeit *f kein pl* FIN taxability *no pl*

besteuern* *vt* FIN ■**etw ~** to tax sth, to levy a tax on sth; **etw nicht ~** to zero-rate sth; **etw zu hoch ~** to overtax sth

Besteuerung *f* FIN **direkte/indirekte ~** direct/indirect taxation; **einheitliche/gestaffelte ~** uniformity in taxation/graduated taxation; **hohe ~** heavy taxation; **der ~ unterliegen** to be subject to taxation

Besteuerungsart *f* FIN type of taxation

Besteuerungsart *f* FIN kind of taxation **Besteuerungsgrundlage** *f* FIN basis of taxation **Besteuerungsgrundsatz** *m* FIN principles *pl* of taxation **Besteuerungstatbestand** *m* FIN tax base **Besteuerungsverfahren** *nt* FIN tax proceedings *pl* **Besteuerungsvorschriften** *pl* FIN tax regulations **Besteuerungszeitraum** *m* FIN taxable period

Bẹstform *f bes* SPORT *s.* **Höchstform**

bestiạlisch I. *adj* atrocious, brutal; **~er Gestank** vile [*or* foul] [*or* appalling] smell; **~er Schmerz** excruciating [*or* intense] pain; **~e Hitze/Kälte** awful [*or* beastly] heat/cold

II. *adv* (*fam*) dreadfully; ~ **kalt** extremely [*or* beastly] cold; ~ **stinken** to stink to high heaven *fig;* ***was stinkt denn hier so ~?*** what's that dreadful smell round here?; ~ **wehtun** to hurt badly [*or sl* like hell]; ~ **zugerichtet** badly beaten up [*or* mauled]

Bestialität *f* bestiality

bestịcken* *vt* ■**etw** [**mit etw**] ~ to embroider [sth on] sth

Bẹstie <-, -n> ['bɛstiə] *f* ① (*reißendes Tier*) beast *form*

② (*grässlicher Mensch*) brute, beast, monster

bestịmmbar *adj* identifiable, recognizable; ***dieser Geruch ist schwer ~*** it's difficult to say [*or* determine] what this smell is

bestịmmen* I. *vt* ① (*festsetzen*) ■**etw ~** to decide on [*or form* determine] sth; **einen Preis ~** to fix [*or* set] a price; **Ort und Zeit ~** to fix [*or* appoint] a place and time; **eine Grenze/ein Limit ~** to set a limit; ***wir müssen genau ~, wo wir uns treffen*** we have to decide exactly where we'll meet; *Gesetzentwurf, Verordnung* to rule, to lay down; ***das Gesetz bestimmt es so*** it's the law; **das Gesetz bestimmt, dass ...** the law says that ...; (*entscheiden*) to decide sth

② (*prägen*) ■**etw ~** to set the tone for sth; ***sein ruhiges Auftreten bestimmte die folgende Diskussion*** his calm manner set the tone for [*or* of] the ensuing discussion; ***dichte Wälder ~ das Landschaftsbild*** thick forests characterize the scenery

③ (*beeinflussen*) ■**etw ~** to influence sth; **etw entscheidend ~** to determine [*or* control] sth; ***die Meinung anderer Leute bestimmte sein ganzes Handeln*** other people's opinions had a determining [*or* prevailing] influence on all of his actions; **sich nach etw bestimmen, durch etw bestimmt werden** to be governed [*or* determined] by sth

④ (*wissenschaftlich feststellen*) ■**etw ~** to categorize sth; **etw nach [seiner] Art ~** to establish the category of sth; **Pflanzen/Tiere ~** to classify plants/animals; **die Bedeutung/Etymologie/Herkunft von etw ~** to determine the significance/etymology/origin of sth; **einen Begriff ~** to define a term

⑤ (*vorsehen*) ■**jdn zu etw ~** to make sb sth, to name [*or* choose] sb as sth; **jdn durch Wahl zu etw ~** to vote sb in as sth; ■**etw für jdn ~** to intend [*or* earmark] sth for sb; **füreinander bestimmt** meant for each other; **etw ist für jdn bestimmt** sth is for sb; **zu Größerem bestimmt sein** to be destined for higher things; **vorherbestimmt sein** to be predestined

⑥ (*geh: bewegen*) ■**jdn zu etw ~** to induce [*or form* to prevail on] sb to do sth

II. *vi* ① (*befehlen*) to be in charge, to decide what happens, to lay down the law *pej*

② (*verfügen*) ■**über jdn/etw ~** to control sb/sth, to dispose of sth; **über seine Zeit ~** to organize one's time; (*jdn bedrängen*) to push sb around *fam;* **über jds Gelder ~** to have control over sb's finances

bestịmmend I. *adj* deciding, decisive, determining; **für jdn/etw ~ sein** to be a decisive [*or* crucial] factor for sb/in sth

II. *adv* decisively

bestịmmt I. *adj* ① (*nicht genau genannt*) certain; **aus ~en Gründen** for reasons which sb would rather not go into

② (*speziell, genau genannt*) particular; **eine ganz ~e Sache/ein ganz ~er Mensch** a particular thing/person; **ganz ~e Vorstellungen** very particular [*or* exact] ideas; **ein ~er Verdacht** a clear [*or* definite] suspicion; ■**etwas [ganz] B~es** something [in] particular, something special

③ (*festgesetzt*) fixed, specified, stated; (*klar, deutlich*) exact, clear; **ein ~er Tag/Termin/Ort** the appointed day/date/place; **eine ~e Ausdrucksweise** an articulate manner; **ein ~er Artikel** LING a definite article

④ (*entschieden*) determined, resolute, firm; ***ihr Auftreten war höflich, aber ~*** her manner was polite but firm

II. *adv* ① (*sicher*) definitely, for certain; **etw ganz ~ wissen** to know sth for certain, to be positive about sth; ***Sie sind ~ derjenige, der mir diesen Brief geschickt hat!*** you must be the person who sent me this letter!; ~ ***nicht*** never, certainly not; ***der ist ~ nicht hier*** I doubt that he's here; ***ich bin morgen ganz ~ mit von der Partie*** you can definitely count me in tomorrow; ***ich schreibe ~*** I will write, I promise; ***ich bin ~ nicht lange weg*** I won't be gone long, I promise

② (*entschieden*) determinedly, resolutely; ***sie ist eine sehr ~ auftretende Frau*** she has a very determined air about her

Bestịmmtheit <-> *f kein pl* determination, resolution, resoluteness; **die ~ von jds Auftreten** sb's determined [*or* the resoluteness of sb's] manner; **die ~ von jds Ton** the determination in sb's tone of voice; **die ~ von Angaben/Daten** the precision [*or* exactitude] of details/data; **in** [*o* **mit**] **aller ~** categorically, emphatically; **etw in aller ~ sagen/hören** to say/hear sth loud and clear; **etw in aller ~ ablehnen** to categorically refuse sth; **etw mit ~ sagen können** to be able to state sth definitely [*or* with certainty]; **etw mit ~ wissen** to know sth for certain, to be positive about sth; **auf jdn mit ~ rechnen** to count [*or* rely] on sb

Bestịmmung <-, -en> *f* ① (*Vorschrift*) regulation; **die klein gedruckten ~en** the small print; *Vertrag* term, stipulation *form; Gesetz, Testament* provision *form;* (*Schul~*) school rules [*or* regulations] *pl;* (*für die Abwicklung einer S.*) directions

② *kein pl* (*Zweck*) purpose; **ein Gebäude seiner ~ übergeben** to officially open [*or form* inaugurate] a building; ***im Priesteramt sah/fand er seine ~*** priesthood was his mission in life [*or* vocation]

③ (*Schicksal*) fate, destiny

④ (*das Bestimmen*) fixing, determining; *Preis, Grenze, Limit* fixing [*or* setting]; *Zeit, Ort* appointing [*or* fixing]; *Landesgrenze* establishment; *Alter, Herkunft* determination; *Begriff* definition; *Bäume, etc* classification; **adverbiale** [*o* **nähere**] ~ LING adverbial [phrase]

Bestịmmungsamt *nt* FIN designated office

Bestịmmungsbahnhof *m* station of destination **Bestịmmungsfaktor** *m* deciding factor **Bestịmmungsflughafen** *m* airport of destination **Bestịmmungshafen** *m* port of destination **Bestịmmungskauf** *m* FIN sale subject to buyer's specifications **Bestịmmungsland** *nt* country of destination **Bestịmmungsmitgliedsstaat** *m* FIN Member State of Destination **Bestịmmungsort** *m* destination **Bestịmmungswort** <-wörter> *nt* LING *first part of a word which defines the second part*

bestịrnt *adj* (*poet*) starry; **hell ~** starlit

Bẹstleistung *f* (*Höchstleistung*) best performance; **jds** *gen* **persönliche ~** sb's personal best [*or* record]; ***das ist europäische ~!*** that's a new European record! **bẹstmöglich** *adj* best possible; **das B~e tun** to do one's best [*or* the best one can]

Bẹstnoten *pl* top marks *pl*

Best.-Nr. *f* ÖKON *Abk von* **Bestellnummer**

bestrạfen* *vt* ■**jdn** [**mit etw**] ~ to punish sb [by/with sth]; **jdn streng ~** to punish sb severely; **jdn mit einer Geldstrafe ~** to fine sb; **jdn mit einer Gefängnisstrafe ~** to sentence sb; **einen Spieler** [**wegen eines Fouls**] ~ to penalize a player [for a foul]; ■**etw** [**mit etw**] ~ to punish sth [by/with sth]; **etw wird mit Gefängnis bestraft** sth is punishable by imprisonment *form*

Bestrạfung <-, -en> *f* punishment; *Spieler* penalization; (*mit Gefängnis*) sentencing; (*mit Gebühr*) fining; ***das Volk verlangte die ~ der Verantwortlichen*** the people demanded that those responsible be punished; **zur ~** as a punishment; **etw verdient ~** sth should be punished [*or* deserves punishment]

bestrạhlen* *vt* ① MED (*mit Strahlen behandeln*) ■**jdn/etw ~** to treat sb/sth with [*or* give sb/sth] radiotherapy; ***sie wird wegen ihres Rückenleidens dreimal die Woche bestrahlt*** she has radiotherapy for her back three times a week

② (*beleuchten*) ■**etw ~** to illuminate sth; ***sie bestrahlten das Gebäude mit Scheinwerfern***

they shone search-lights on the building
Bestrahlung *f* MED (*das Bestrahlen*) radiotherapy; (*Sitzung zwecks ~*) radiotherapy session
Bestrahlungslampe *f* ❶ MED, SCI radiation lamp ❷ (*UV-Lampe*) sun[-ray] lamp
Bestreben *nt* endeavour[s] [*or* AM -or[s]] *form;* ***es war immer mein ~ gewesen, euch gute Manieren beizubringen*** I have always tried to teach you good manners; **das ~ haben, etw zu tun** to make every effort [*or form* take pains] to do sth; **im ~/in jds** *dat* **~, etw zu tun** in the attempt to do sth, in his/her attempt [*or* efforts *pl*] [*or* endeavours *pl*] to do sth
bestrebt *adj* keen, eager; ■ **~ sein, etw zu tun** to be keen [*or* eager] to do sth, to make every effort [*or form a.* to endeavour [*or* AM -vor]] to do sth
Bestrebung <-, -en> *f meist pl* endeavour[s] [*or* AM -or[s]] *form,* attempt[s], effort[s]; **~en sind im Gange, etw zu tun** efforts are being made to do sth; ***dahin gehen auch meine ~en*** that's what I've been trying to do
bestreichen* *vt irreg* ■**etw mit etw ~** ❶ (*beschmieren*) to smear sth with [*or* put sth on] [*or form* apply sth to] sth; **etw mit Fett ~** to rub fat into sth; **etw mit Öl ~** to oil sth; **eine Scheibe Brot mit etw ~** to spread sth on a slice of bread; **eine Scheibe Brot mit Butter ~** to butter a slice of bread; **ein dick bestrichenes Brot** a thickly-spread slice
❷ (*einpinseln*) to coat sth with sth; **etw mit Farbe ~** to paint sth
bestreiken* *vt* ■**etw ~** to take strike action [*or* AM go on strike] against sth; ***dieser Betrieb wird bestreikt*** there is a strike in progress at this company
bestreitbar *adj* disputable, questionable, debatable; **nicht ~** indisputable, incontrovertible, undeniable
bestreiten* *vt irreg* ❶ (*leugnen*) ■**etw ~** to deny [*or form* refute] sth; **eine Behauptung ~** to reject [*or* contest] [*or* dispute] an assertion; **eine Tat ~** to deny having committed an offence; ■**~ etw zu tun/getan zu haben** to deny doing/having done sth; **etw vehement ~** to deny sth vehemently; **es lässt sich nicht ~, dass ...** it cannot be denied [*or* is undeniable] that ...
❷ (*finanzieren*) ■**etw ~** to finance [*or* pay for] sth; **die Kosten ~** to cover [*or* meet] [*or form* defray] the costs; **[aus/von etw] seinen Unterhalt ~** to provide for one's maintenance from sth, to earn [*or* make] a living by doing sth; ***wovon willst du denn den Unterhalt deiner Familie ~?*** how are you going to support your family [financially]?
❸ (*tragen, gestalten*) ■**etw ~** to run [*or* organize] sth; **ein Gespräch ~** to carry a conversation *fig* [*or* do all the talking]
❹ (*streitig machen*) ■**jdm etw ~** to challenge sb's sth; **jdm das Recht zu etw ~** to challenge sb's right to sth, to deny sb the right to do sth
bestreuen* *vt* ■**etw [mit etw] ~** to strew sth [with sth], to strew [*or* scatter] [sth on] sth; **etw mit Puderzucker ~** to dust sth with castor sugar; **etw mit Zucker ~** to sprinkle sugar on sth; **etw mit Kies ~** to gravel sth; ***„Achtung! nicht bestreute Eisglätte!"*** "Beware of icy surfaces!"
bestricken* *vt* (*geh*) to bewitch, to charm, to enchant; **~der Charme** irresistible charms
Bestseller <-s, -> ['bɛstzɛlɐ] *m* bestseller
Bestsellerautor(in) *m(f)* bestselling author
Bestsellererlös *m* proceeds *npl* of bestsellers
Bestsellerliste *f* bestseller list
bestsituiert *adj attr bes* ÖSTERR (*gut situiert*) well-situated [*or* -off]
bestücken* *vt* ❶ (*ausstatten*) ■**etw [mit etw] ~** to stock sth [with sth]; **mit etw gut bestückt sein** to have a good supply [*or* stock] of sth, to be armed with sth *hum;* **etw wieder [neu] ~** to restock sth
❷ MIL to equip; **einen Soldat mit Waffen ~** to arm a soldier; **gut bestückt** well-armed, armed to the teeth *fam*
bestürmen* *vt* ■**jdn [mit etw] ~** to bombard [*or* besiege] sb [with sth]
bestürzen* *vt* ■**jdn ~** to upset [*or* stun] [*or* dismay] sb, to fill sb with dismay
bestürzend I. *adj* disturbing, distressing; **~e Neuigkeiten** upsetting news
II. *adv* disturbingly, distressingly, alarmingly
bestürzt I. *adj* upset, stunned, dismayed; ■**[über etw** *akk*] **~ sein** to be dismayed [*or* disturbed] [*or* upset] [by sth]; **zutiefst ~** deeply dismayed, devastated; **jdn ~ anschauen** to look at sb with a stunned [*or* perplexed] expression on one's face, to look at sb stunned [*or* in consternation]
II. *adv* in a dismayed [*or* disturbed] manner [*or* way]; ***sie riss ~ die Augen auf, als sie entdeckte, dass ihr Geldbeutel gestohlen worden war*** her eyes widened in shock as she discovered that her purse had been stolen
Bestürzung <-> *f kein pl* dismay, consternation; **~ auslösen** to arouse [great] consternation; ***an seinem erschütterten Gesicht konnte sie seine ~ ablesen*** from the shattered expression on his face she could see that he was upset
Bestwert *m* ÖKON optimum
Bestzeit *f* best time
Besuch <-[e]s, -e> *m* ❶ (*das Besuchen*) visit; ■**~ einer S.** *gen Fest, Museum, Land* visit to sth; *Gottesdienst, Messe, Schule, Veranstaltung* attendance at sth; ■**~ bei jdm** visit to sb; ***nach dem ~ beim Arzt wusste sie, dass sie schwanger war*** after she had seen the doctor, she knew that she was pregnant; **~ [von jdm] haben** to have [*or* receive] a visit from sb *form;* ***ihr ~ war mir immer willkommen*** her visits [*or* visits from her] were always welcome to me; **jdm einen ~ machen** [*o geh* **abstatten**] to pay sb a visit, to pay a call on sb; (*kurz*) to call [*or* drop in] on sb; **[bei jdm] auf** [*o* **zu**] **~ sein** to be on a visit [to sb]; ***ihre Freunde haben einen Bauernhof, da ist sie oft auf ~*** her friends have a farm and she often goes to visit them there; ***ich bin hier nur zu ~*** I'm just visiting
❷ (*Besucher*) visitor[s]; (*eingeladen*) guest[s]; **hoher ~** important [*or* official] visitor[s] [*or* guest[s]]; **~ [von jdm] bekommen** [*o* **erhalten**] to have [*or* get] a visit [from sb]; **unerwarteter/regelmäßiger ~** an unexpected/regular guest [*or* visitor] [*or* visit]; ***es klingelt, bekommst du denn so spät noch ~?*** that's the doorbell, are you expecting anyone at this hour?
besuchen* *vt* ❶ (*als Besuch kommen*) ■**jdn ~** to visit [*or* call [in] on] [*or* drop in on] sb; ***er wird oft von Freunden besucht*** he often gets visits from friends; ***besuch mich bald mal wieder!*** come again soon!
❷ MED **einen Patienten ~** to make a house call on [*or* visit] sb; **einen Arzt ~** to see a doctor
❸ (*aufsuchen*) ■**etw ~** to go to sth; **ein Museum/eine Ausstellung ~** to visit [*or* go to] a museum/an exhibition; ***das Oktoberfest wird immer von vielen Menschen besucht*** the Oktoberfest is always well-attended; **eine Kneipe/einen Laden regelmäßig ~** to patronize [*or* frequent] a pub [*or* AM bar]/shop
❹ (*teilnehmen*) ■**etw ~** to go to [*or* attend] sth *form*
Besucher(in) <-s, -> *m(f)* ❶ (*jd, der jdn besucht*) visitor, guest, company *no pl;* ***ich habe gerade noch einen ~ da, rufst du später noch mal an?*** I've got company at the moment, could you call back later?
❷ (*jd, der etw besucht*) visitor; *Kino, Theater* cinema/theatre [*or* AM -er] goer, patron *form; Sportveranstaltung* spectator; **ein regelmäßiger ~** frequenter, habitué
❸ (*Teilnehmer*) participant; *Gottesdienst* churchgoer, member of the congregation
Besucherparkplatz *m* visitor's parking [lot]
Besucherritze *f* (*hum fam*) *crack between the two mattresses of twin beds where a child or visitor slept in earlier times* **Besucherzahl** *f* number of visitors; ■**die ~ bei** [*o* **von**] **etw** the number of visitors at/of sth
Besuchserlaubnis *f* ADMIN (*Genehmigung zum Besuch*) permission to visit; **~ bekommen/haben** to receive/have permission to visit [*or* a visitor's permit]; (*Genehmigung, Besuch empfangen zu dürfen*) to obtain/have permission [*or* be allowed] to receive visitors **Besuchsrecht** *nt* visiting rights *pl* **Besuchstag** *m* visiting day **Besuchszeit** *f* visiting time [*or* hours *pl*] **Besuchszimmer** *nt* visitors' room
besucht *adj* ■**gut/kaum** [*o* **schwach**] **~ sein** to be well-/poorly attended; ***dieses Museum ist meist gut ~*** this museum usually attracts a lot of visitors; ■**viel** [*o* **gern**] [*o* **häufig**] **~** much frequented, very popular
besudeln* *vt* (*geh*) ❶ (*mit Flüssigkeit beschmieren*) ■**etw [mit etw] ~** to besmear sth [with sth]; ■**sich [mit etw] ~** to soil oneself [with sth]; ■**[sich** *dat*] **etw [mit etw** *dat*] **~** to soil [*or* stain] sth [with sth]; **ein Kleidungsstück [mit etw] ~** to soil [*or* stain] a piece of clothing [with sth]; ***jetzt habe ich meine Bluse mit Kaffee besudelt*** now I've got coffee all over my blouse
❷ (*herabwürdigen*) ■**etw ~** to besmirch [*or* sully] sth
Beta <-[s], -s> *nt* beta
Betablocker <-s, -> *m* MED beta blocker
betagt *adj* (*geh*) aged, advanced in years *pred*
Beta-Karotin *nt* beta carotene
betakeln *vt* ❶ NAUT ■**etw ~** to rig sth
❷ ÖSTERR (*betrügen*) ■**jdn ~** to cheat sb, to swindle sb
Betakelung *f* rigging
betanken* *vt* ■**etw [mit etw] ~** to fill [*or* tank] up sth *sep* [with sth]; **ein Flugzeug ~** to refuel a plane
betasten* *vt* ■**jdn/etw ~** to feel [*or* touch] sb/sth; ***Kunden werden gebeten, die Ware nicht zu ~*** customers are requested not to touch the articles on display; ■**etw ~** MED to palpate sth
Betastrahlen *pl* NUKL beta rays **Betastrahlung** *f* NUKL beta radiation **Betateilchen** *nt* NUKL beta particle
betätigen* I. *vt* ■**etw ~** ❶ (*drücken*) to press sth; (*umlegen*) to operate sth; (*einschalten*) to activate sth; **die Bremse ~** to apply [*or* put on] the brake[s]
❷ (*geh: funktionieren lassen*) to activate sth
II. *vr* ■**sich ~** to busy oneself; ***du kannst gleich bleiben und dich hier ~!*** (*fam*) don't go away — there's enough for you to do here!; **sich künstlerisch ~** to do a little painting [on the side]; **sich politisch ~** to be politically active; **sich sportlich ~** to exercise
Betätigung <-, -en> *f* ❶ (*Aktivität*) activity; (*berufliche Tätigkeit*) work
❷ (*das Drücken*) pressing; *von Bremse* application; *von Knopf* pushing; (*das Umlegen o Ziehen*) operation; ***die fahrlässige ~ der Notbremse im fahrenden Zug ist unter Strafe gestellt*** pulling the emergency cord without good reason [*or* abuse of the emergency brake] in a moving train is a punishable offence; (*das Einschalten*) activation
Betätigungsfeld *nt* field [*or* sphere] of activity
Betätigungsfreiheit *f kein pl* FIN freedom of action
betatschen* *vt* (*pej fam*) ■**jdn/etw ~** to paw sb/sth *fam*
betäuben* *vt* ❶ (*narkotisieren*) ■**jdn/ein Tier [mit etw] ~** to anaesthetize [*or* AM anesthetize] sb/an animal [with sth]; ***die Entführer betäubten ihr Opfer*** the kidnappers drugged their victim; ***nachdem er sich den Kopf angestoßen hatte, wankte er wie betäubt umher*** after he had run into something hard with his head, he staggered around [as if] in a daze
❷ MED (*unempfindlich machen*) ■**[jdm] etw ~** to deaden sth [for sb]; **Schmerzen ~** to kill pain; ■**[wie] betäubt** [as if] paralyzed
❸ (*ruhig stellen*) ■**etw ~** to silence sth *fig;* **Emotionen ~** to suppress [one's] feelings; **das Gewissen ~** to ease one's conscience; **seinen Kummer mit Alkohol ~** to drown one's sorrows in drink
betäubend *adj* ❶ (*ohren~*) deafening

B

❷ (*benommen machend*) intoxicating
❸ (*narkotisierend*) narcotic

Betäubung <-, -en> *f* ❶ (*das Narkotisieren*) anaesthetization, anesthetization AM
❷ (*das Betäuben*) deadening; *von Schmerzen* easing, killing *fam;* ***nach dem Unfall musste er lange Zeit Schmerzmittel zur ~ der Schmerzen einnehmen*** for a long time after the accident he had to take painkillers to ease [*or* for] the pain
❸ MED (*Narkose*) anaesthetic BRIT, anesthetic AM; **örtliche** [*o* **lokale**] ~ local anaesthetic; ***diese Operation kann unter örtlicher ~ vorgenommen werden*** this operation can be done under local anaesthetic

Betäubungsmittel *nt* PHARM drug, narcotic [agent]

Betäubungsmittelgesetz *nt* JUR *law governing the use and traffic of drugs*

Betaversion *f* INFORM beta version

Betbruder *m* (*pej fam*) holy Joe *sl*, churchy type [of man]

Bete <-, *selten* -n> *f* **rote** ~ beetroot

beteilen* *vt* ÖSTERR (*beschenken*) ■**jdn** [**mit etw**] ~ to provide [for] sb [with sth]

beteiligen* I. *vt* ■**jdn** [**an etw** *dat*] ~ to give sb a share [in sth]; ***er beteiligte seinen Sohn mit 15% an seiner Firma*** he gave his son a 15% stake [*or* [financial] interest] in his company
II. *vr* ■**sich** [**mit etw** *dat*] [**an etw** *dat*] ~ to participate [*or* take part] [in sth] [with sth]; ***beteiligt sich dein Mann eigentlich auch an der Hausarbeit?*** does your husband help around the house? [*or* with the housework?]; **sich an einem Unternehmen ~** to have a stake [*or* [financial] interest] in a company

beteiligt *adj* ■**an etw** *dat* ~ **sein** ❶ (*mit dabei*) to be involved in sth
❷ FIN, ÖKON to hold a stake [*or* [financial] interest] in sth

Beteiligte(r) *f(m) dekl wie adj* person involved; ***das Rundschreiben richtete sich an alle ~n*** the circular was addressed to all the parties involved [*or* interested parties]

Beteiligtenvernehmung *f* JUR examination of the parties

Beteiligung <-, -en> *f* ❶ (*Teilnahme*) participation (**an** +*dat* in); ***der Oberbürgermeister wirbt für eine hohe ~ an den bevorstehenden Kommunalwahlen*** the mayor is encouraging everyone to vote in the municipal elections
❷ FIN, ÖKON (*Anteil*) stake (**an** +*dat* in), [financial] interest (**an** +*dat* in); (*das Beteiligen*) share (**an** +*dat* in); ~ **an einem Unternehmen** stake [*or* [financial] interest] in a company; **stille ~** silent partnership

Beteiligungserwerb *m* FIN acquisition of participations **Beteiligungsfähigkeit** *f* JUR capacity to participate in the proceedings **Beteiligungsfinanzierung** *f* BÖRSE investment financing **Beteiligungsgesellschaft** *f* FIN holding [*or* affiliated] company **Beteiligungsrecht** *nt* FIN equity **Beteiligungsunternehmen** *nt* FIN associate [*or* holding] company **Beteiligungsverhältnis** *nt* BÖRSE share

Betel <-s> *m kein pl* PHARM betel

Betelnuss[RR] *f* betel nut

beten I. *vi* to pray; ■**für jdn/etw** ~ to pray for sb/sth; ■**um etw** ~ to pray for sth; ■**zu jdm** ~ to pray to sb
II. *vt* ■**etw** ~ to recite [*or* say] sth; ***das Vaterunser*** ~ to recite [*or* say] the Lord's Prayer

Beter(in) <-s, -> *m(f)* [person at] prayer

beteuern* *vt* ■**jdm ~, dass** to protest to sb that; ***und wenn ich Ihnen aufrichtig beteuere, dass alles erfunden ist?*** and what if I honestly assure you that everything was made up?; **jdm seine Liebe** ~ to declare one's love to sb; **seine Unschuld** ~ to protest one's innocence

Beteuerung <-, -en> *f* protestation, declaration; ***unter ~en, nie mehr gegen die Vorschriften verstoßen zu wollen, verließen sie den Saal*** giving assurances that they would never disobey orders again, they left the hall

Bet(h)lehem *nt* Bethlehem

betiteln* *vt* ❶ (*anreden*) ■**jdn** [**als etw**] ~ to address sb [as sth]; ***er möchte gerne*** [***als***] ***Herr Professor betitelt werden*** he would like to be addressed as 'Professor'
❷ (*pej: beschimpfen*) ■**jdn** [**als** [*o* **mit**] **etw**] ~ to call sb [sth]
❸ (*mit Titel versehen*) ■**etw** [**mit etw**] ~ to [en]title sth [as sth]

Beton <-s, *selten* -s> [be'tɔŋ, be'tõ:, be'to:n] *m* concrete

Betonbau <-bauten> *m* ❶ (*Gebäude aus Beton*) concrete building ❷ *kein pl* (*Bauweise mit Beton*) concrete construction **Betonbrücke** *f* concrete bridge **Betonburg** *f* (*pej*) concrete monstrosity [*or* block] **Betondecke** *f* ❶ (*Gebäudedecke aus Beton*) concrete ceiling ❷ (*Straßendecke aus Beton*) concrete [road] surface

betonen* *vt* ❶ (*hervorheben*) ■**etw** ~ to accentuate sth; ***dieses Kleid betont ihre Figur*** this dress accentuates her figure; ■**etw** ~ to stress [*or* emphasize] sth; ■**~, dass** to stress [*or* emphasize] that
❷ LING (*akzentuieren*) ■**etw** ~ to stress sth

Betonfertigstein *m* BAU prefab[ricated] concrete brick **Betongüte** <-, -n> *f* BAU grade of concrete

betonieren* *vt* ■**etw** ~ to concrete sth; ■**betoniert** concrete

Betonklotz *m* ❶ (*Klotz aus Beton*) concrete block ❷ (*pej: grässlicher Betonbau*) concrete monstrosity **Betonkonstruktion** *f* concrete construction **Betonkopf** *m* (*pej*) hardliner **Betonmischer** <-s, -> *m*, **Betonmischmaschine** *f* concrete [*or* cement] mixer **Betonpfeiler** *m* concrete pillar **Betonplatte** *f* BAU concrete slab **Betonpolitik** *f* (*pej*) hardline politics **Betonrinne** *f* BAU concrete gully **Betonsilo** *m* (*pej fam*) concrete skyscraper, tall concrete monstrosity **Betonstahlmatte** *f* BAU reinforced concrete mat

betont I. *adj* emphatic; **~e Eleganz** pronounced [*or* studied] elegance; **~e Höflichkeit** studied politeness; **~e Kühle/Sachlichkeit** marked [*or* pointed] coolness/objectivity
II. *adv* markedly

Betonung <-, -en> *f* ❶ *kein pl* (*das Hervorheben*) accentuation; ***die ~ ihrer Unschuld hatte kaum Einfluss auf die öffentliche Meinung*** the protestation[s] of her innocence had little effect on the formation of public opinion
❷ LING stress
❸ (*Gewicht*) emphasis

Betonungszeichen *nt* LING stress mark

betören* *vt* ■**jdn** ~ to bewitch sb

betörend *adj* bewitching

Betörung <-, -en> *f* ❶ (*das Betören*) bewitchment
❷ (*etwas Hinreißendes*) sth bewitching; ***dieser Duft, eine wahre ~!*** this fragrance, simply bewitching!

Betpult *nt* prie-dieu, kneeling desk for prayer

betr. *adj, adv Abk von* **betreffen, betreffend, betreffs** re, ref.

Betr. *Abk von* **Betreff** re, ref.

Betracht <-[e]s> *m kein pl* **außer ~ bleiben** to be left out of consideration [*or* disregarded]; **in ~ kommen** to be considered, to come into consideration; **etw außer ~ lassen** to leave sth out of consideration, to disregard sth; **jdn/etw in ~ ziehen** to consider sb/sth

betrachten* *vt* ❶ (*anschauen*) ■[**sich** *dat*] **etw** ~ to look at sth; **bei näherem B~** on closer examination
❷ (*bedenken*) ■**etw** ~ to look at [*or* consider] sth; ■**sich** ~ to look at oneself; (*sich bedenken*) to reflect [up]on
❸ (*halten für*) ■**jdn/etw als jd/etw** ~ to regard [*or* consider] [*or* look upon] sb/sth as sb/sth; ■**sich als etw** ~ to regard [*or* consider] [*or* look upon] oneself as sth; ~ ***Sie sich als fristlos gekündigt!*** consider yourself sacked!

Betrachter(in) <-s, -> *m(f)* ❶ (*von Anblick*) observer, beholder *form;* ***der aufmerksame ~ wird zwischen Original und Fälschung kleine Unterschiede feststellen können*** the alert eye [*or* a good observer] will discover slight discrepancies between the original and the copy
❷ (*von Situation*) observer

beträchtlich I. *adj* (*sehr groß*) considerable; **~er Schaden** extensive [*or* great] damage; **um ein B~es** considerably
II. *adv* considerably

Betrachtung <-, -en> *f* ❶ (*das Anschauen*) contemplation; **bei näherer ~** on closer examination; **bei oberflächlicher ~** at [a] first glance
❷ (*Überlegung, Untersuchung*) consideration; **in ~en versunken** lost in thought [*or* contemplation]; **über jdn/etw ~en anstellen** to think about sb/sth more closely [*or* long and hard about sb/sth]; ***seine ~en zu diesem Thema sollten Sie unbedingt lesen*** you really ought to read his discourse on this matter

Betrachtungsweise *f* way of looking at things

Betrag <-[e]s, Beträge> *m* (*Geld~*) amount, sum; **~ dankend erhalten** [payment] received with thanks

betragen* *irreg* I. *vi* to be; ***die Rechnung beträgt DM 10*** the bill comes [*or* amounts] to DM 10; ***die Preisdifferenz beträgt 378 Mark*** the difference in price is [*or* comes to] DM 378
II. *vr* ■**sich irgendwie** ~ to behave in a certain manner

Betragen <-s> *nt kein pl* behaviour [*or* AM -or]; SCH conduct

betrauen* *vt* ■**jdn mit etw** ~ to entrust sb with sth; ■**jdn damit ~, etw zu tun** to entrust sb with [the task of] doing sth

betrauern* *vt* ■**jdn/etw** ~ to mourn [for [*or* over]] sb/sth

beträufeln* *vt* (*durch Tropfen befeuchten*) ■**etw** [**mit etw**] ~ to sprinkle sth [with sth]; ***man kann das Schnitzel mit Zitronensaft ~*** one can squeeze lemon juice on a schnitzel [*or* cutlet]; MED to put [*or* apply] drops [of sth] on sth

Betrauung <-> *f kein pl* entrustment; ■**jds ~ mit etw** the entrustment of [*or* entrusting] sb with sth

Betreff <-[e]s, -e> *m* (*geh: Bezug*) reference; ***Betreff: Ihr Schreiben vom 23.6.*** Re: your letter of June 23; **in diesem** [*o* **dem**] **~** in this regard [*or* respect]

betreffen* *vt irreg* ❶ (*angehen*) ■**jdn** ~ to concern sb; ■**etw** ~ to affect sth; ***seine Ausführungen ~ einen ganz wichtigen Punkt*** his observations touch upon a very important point; **was jd/das betrifft, ...** as far as sb/that is concerned, as regards sb/that; **„Betrifft: ...“** “Re: ...”; ***„Betrifft 1. Mahnung“*** “Re: first reminder”
❷ (*geh: widerfahren*) ■**jdn/etw** ~ to befall sb/sth
❸ (*geh: seelisch treffen*) ■**jdn ...** ~ to affect sb ...; ***seine Untreue betrifft mich sehr*** his unfaithfulness deeply saddens me

betreffend *adj attr* ❶ (*bewusst*) in question *pred;* ***haben Sie den ~en Artikel gelesen?*** have you read the article in question?; **die ~e Person** the person concerned [*or* in question]
❷ (*angehend*) ■**etw** ~ concerning [*or* regarding] sth

Betreffende(r) *f(m) dekl wie adj* person concerned [*or* in question]

betreffs *präp* (*geh*) ■**etw** ~ **einer S.** *gen* sth concerning [*or* regarding] sth; ***Ihre Anfrage ~ Möglichkeiten einer Zusammenarbeit können wir wie folgt beantworten ...*** our answer to your inquiry on the possibility of working together is as follows ...

Betreffzeile *f* reference line

betreiben* *vt irreg* ❶ (*vorantreiben*) ■**etw** [**irgendwie**] ~ to proceed with sth [in a certain manner]; **auf jds B~** *akk* [**hin**] (*geh*) at sb's instigation
❷ ÖKON (*ausüben*) ■**etw** ~ to carry on sth; **einen Laden/eine Firma** ~ to run [*or* operate] a firm
❸ (*sich beschäftigen mit*) ■**etw** ~ to do [*or* go in for] sth; ***er betreibt Sport*** he does sporting activities
❹ ADMIN (*in Gang halten*) ■**etw** ~ to operate, to run; ***Fernseher dürfen nur nach Entrichtung***

B

der Fernsehgebühren betrieben werden a television [set] may only be used after payment of the television licence

⑤ (*antreiben*) ▪**etw mit etw ~** to drive [*or* power] sth with sth/in a certain manner; ***das U-Boot wird atomar betrieben*** the submarine is nuclear-powered

Betreiben *nt* **auf jds ~ [hin]** at sb's instigation

Betreiber(in) <-s, -> *m(f)* (*Ausübender*) person who runs sth; ***alle ~ eines Gewerbes …*** all people who carry on a trade …; (*Firma, Träger*) operator

Betreibergesellschaft *f* HANDEL operating company

Betreiberkonsortium *nt* operating consortium

Betreiberpflicht *f* JUR duty of plant operators

Betreibung <-, -en> *f* ① (*das Vorantreiben*) pursuit, pursuance; *von Untersuchungen* carrying out

② ÖKON (*Unterhaltung*) running; ***die ~ des Restaurants war sehr lukrativ*** the way the restaurant was run led to lucrative profits

③ ADMIN (*Bedienung*) operation, running; ***die ~ eines Fernsehers ohne die Zahlung der Fernsehgebühren ist unzulässig*** it is illegal to watch television without a licence

④ SCHWEIZ (*Beitreibung*) collection

betreten*[1] *vt irreg* ▪**etw ~** ① (*hineingehen in*) to enter sth; (*auf etw treten*) to walk on sth; (*steigen auf*) to step onto sth; **das Spielfeld ~** to take the field; **die Bühne ~** to come/go on stage; **das Podium ~** to mount the podium

② (*das Begehen*) ▪**[das] B~ [einer S.** *gen*] walking [on sth]; ***„B~ [des Rasens] verboten!“*** “keep off [the grass]!”; (*das Hineingehen*) entering [sth]; **beim B~ eines Raumes** on entering a room; ***„B~ für Unbefugte verboten“*** “no entry to unauthorized persons”

③ (*in Angriff nehmen*) ▪**etw ~** to tackle sth; **Neuland ~** to break new ground; ***mit dem Großprojekt betritt er unsicheren Boden*** he was entering the unknown with his large-scale project

betreten*[2] **I.** *adj* embarrassed

II. *adv* embarrassedly; ***er schwieg ~*** he kept an embarrassed silence

Betretenheit <-> *f kein pl* embarrassment

betreuen* *vt* ① (*sich kümmern um*) ▪**jdn/etw ~** to look after [*or* take care of] sb/sth; **einen Garten ~** to maintain a garden

② (*verantwortlich sein für*) ▪**etw ~** to be responsible for [*or* in charge of] sth

Betreuer(in) <-s, -> *m(f)* person who looks after sb; JUR custodian of persons of full age; ***auf jeden ~ kamen im Seniorenheim 13 Bewohner*** there were 13 residents to every nurse in the old people's home; ***der medizinische ~ der Nationalelf*** the national team['s] doctor

Betreuung <-, -en> *f* ① (*das Betreuen*) looking after; *von Patienten* care; ***für die ~ von Patienten sollten Fachkräfte eingesetzt werden*** qualified personnel are necessary to look after the patients

② (*Betreuer*) nurse, carer

Betreuungseinrichtung *f* **~ für Kinder** child care facility

Betrieb <-[e]s, -e> *m* ① (*Industrie~*) [industrial] company, firm; ***ist Direktor Wengel schon im ~?*** is director Wengel already at work [*or* in the [*or* his] office]?; ***ich muss heute etwas länger im ~ bleiben*** I have to work late today

② (*die Belegschaft*) workforce

③ *kein pl* (*Betriebsamkeit*) activity; ***heute war nur wenig/herrschte großer ~ im Laden*** it was very quiet/busy in the shop today

④ (*Tätigkeit*) operation, running; ***die Straßenbahnen nehmen morgens um 5 Uhr ihren ~ auf*** the trams start running at 5 o'clock in the morning; (*Ablauf*) production process; ***steh hier nicht so rum, du störst den ganzen ~ im Büro!*** don't just stand around here, you're disrupting the smooth running of the office!; **etw in ~ nehmen** to put sth into operation; ***die Busse werden morgens um 5 Uhr in ~ genommen*** the buses are put into service at 5 am; ***die neue Produktionsstraße soll im Herbst in ~ genommen werden*** the new production line is expected to be put in to operation [*or* come on stream] in [the] autumn; **etw in/außer ~ setzen** to put into/out of operation [*or* service]; ***eine Maschine in/außer ~ setzen*** to start up/stop a machine; **außer ~ [sein]** [to be] out of order [*or* service]; (*abgestellt sein*) to be out of operation [*or* switched off]; **in ~ [sein]** to be in operation [*or* [switched] on]

betrieblich I. *adj attr* (*den Betrieb betreffend*) operational; ***das ist eine rein ~e Angelegenheit, die nur Firmenangehörige angeht*** that is purely an internal matter which only concerns employees of the company; (*vom Betrieb geleistet*) company; **betriebliche Altersversorgung/Leistungen** company pension plan/benefits

II. *adv* (*durch den Betrieb der Firma*) operationally; ***die Rationalisierungen sind ~ bedingt*** the rationalization is for operational reasons

Betriebsabrechnung *f* FIN [operating] cost and revenue statement **Betriebsabwicklung** *f* FIN operational procedure **Betriebsaltersversorgung** *f kein pl* ÖKON occupational pension scheme

betriebsam I. *adj* busy; ***er ist sehr ~, bei ihm muss alles immer gleich erledigt werden*** he is a very industrious person who has to do everything immediately

II. *adv* busily

Betriebsamkeit <-> *f kein pl* activity, busyness

Betriebsamt *nt* FIN operating department

Betriebsanalyse *f* operations review **Betriebsänderung** *f* FIN change in plant operations **Betriebsangehörige(r)** *f(m) dekl wie adj* employee **Betriebsangelegenheit** *f* FIN operating matter **Betriebsanlage** *f meist pl* plant, [operating] equipment *no pl* **Betriebsanleitung** *f* TECH operating instructions *pl* **Betriebsansiedlung** *f* FIN company location **Betriebsart** *f* TECH operating mode **Betriebsarzt, -ärztin** *m, f* company doctor **Betriebsaufgabe** *f* HANDEL closing-down [of a plant], termination of a business **Betriebsaufnahme** *f* HANDEL commencement of operation, putting on stream **Betriebsaufspaltung** *f* HANDEL operational split **Betriebsaufwand** *m kein pl* operating expenses *pl* **Betriebsausflug** *m* staff [*or* BRIT works] [*or* AM office] outing **Betriebsausgaben** *pl* FIN operating [*or* working] expenditures **Betriebsausnutzung** *f kein pl* plant utilization **Betriebsausstattung** *f* office furnishings *pl;* **Betriebs- und Geschäftsausstattung** office furniture and equipment *no pl,* factory and office equipment *no pl* **Betriebsbahnhof** *m* railway [*or* AM railroad] yard **betriebsbedingt** *adj* operational, operating; **~e Kündigung** lay-off **betriebsbereit I.** *adj* TECH ready for operation [*or* use], in running [*or* working] order; **in ~em Zustand** in running [*or* working] order **II.** *adv* ready for operation [*or* use] **Betriebsbereitschaft** *f* TECH ready status **betriebsblind** *adj having become blind to shortcomings in company processes* [*after many years of employment*] **Betriebsbremsanlage** *f* AUTO service braking system **Betriebsbudget** *nt* ÖKON operating budget **Betriebsdauer** *f kein pl* operating period **Betriebsdiebstahl** *m* JUR company theft **Betriebsebene** *f* operating level **betriebseigen** *adj inv* company *attr,* belonging to a/the company **Betriebseinbringung** *f* FIN (*Fusion*) inclusion of a plant **Betriebseinheit** *f* operating unit **Betriebseinnahmen** *pl* ÖKON operating receipts **Betriebseinrichtungen** *pl* TECH [operating] equipment *no pl,* operational [*or* plant] facilities **Betriebseinschränkung** *f* HANDEL cutting back of operations **Betriebseinstellung** *f* HANDEL [plant] closure **Betriebserfindung** *f* FIN employee [*or* service] invention **Betriebsergebnis** *nt* HANDEL operating [*or* trading] result **Betriebserkundungen** *pl* HANDEL investigation into operations **Betriebserlaubnis** *f* operating licence [*or* AM -se] **Betriebserträge** *pl* ÖKON operating [*or* company] earnings **Betriebserwerb** *m* HANDEL acquisition of a business enterprise **Betriebsfähigkeit** *f kein pl* ÖKON operating condition **Betriebsferien** *pl* [annual] works [*or* AM company] holidays *pl* **betriebsfertig** *adj* ÖKON (*betriebsbereit*) ready [for operation], in working order; **~e Abteilung/Fabrik** department/factory ready to go **Betriebsfest** *nt* office [*or* firm's] party **betriebsfremd** *adj* non-company **Betriebsfremde(r)** *f(m)* outsider **Betriebsfrieden** *m* HANDEL industrial peace **Betriebsführung** *f s.* **Betriebsleitung** **Betriebsführungsvertrag** *m* HANDEL business management agreement **Betriebsgebäude** *nt* company [*or* factory] building **Betriebsgefahr** *f* JUR operational hazard **Betriebsgeheimnis** *nt* trade [*or* business] secret **Betriebsgelände** *nt* company grounds *pl* **Betriebsgenehmigung** *f s.* Betriebserlaubnis **Betriebsgesellschaft** *f* HANDEL operating company **Betriebsgewinn** *m* ÖKON trading [*or* operating] profit **Betriebsgrundstück** *nt* HANDEL business property **Betriebshaftpflichtversicherung** *f* business liability insurance **Betriebshof** *m* company courtyard **betriebsintern** *adj s.* **betrieblich** **Betriebskapital** *nt* ÖKON working capital **Betriebskapitalkredit** *m* ÖKON loan on working capital **Betriebskindergarten** *m* crèche BRIT for employees' children, employee daycare center AM **Betriebsklima** *nt* working atmosphere **Betriebskollektivvertrag** *m* JUR company-wide agreement **Betriebskosten** *pl* operating costs; *von Kraftfahrzeug, Maschine* running costs **Betriebskrankenkasse** *f* company health insurance [*or* medical] scheme [*or* AM plan] **Betriebsleistung** *f* ÖKON operating efficiency **Betriebsleistungssteuern** *pl* FIN company output tax **Betriebsleiter(in)** *m(f)* [works [*or* AM company]] manager **Betriebsleitung** *f* ① (*das Leiten eines Betriebes*) management [of a works [*or* AM company]] ② (*Firmenleitung*) [works [*or* AM company]] management **Betriebsmaterial** *nt* ÖKON working stock **Betriebsmittel** *pl* ÖKON operating [*or* working] capital *no pl;* **finanzielle ~** operating [*or* working] funds **Betriebsnudel** *f* (*fam*) office comedian [*or* live wire] **Betriebsordnung** *f* ÖKON internal company regulations *pl* **Betriebsort** *m* HANDEL plant location **Betriebspacht** *f* FIN plant lease **Betriebspachtvertrag** *m* JUR company lease agreement **Betriebsplanung** *f* ÖKON operational planning **Betriebsprüfer(in)** *m(f)* ÖKON internal auditor **Betriebsprüfung** *f* FIN ≈ tax audit (*regular audit of a company and its accounts by the tax authorities*) **Betriebsprüfungsbilanz** *f* FIN tax audit balance sheet **Betriebsprüfungsrecht** *nt kein pl* FIN plant inspection right **Betriebsprüfungsstelle** *f* FIN tax audit office **Betriebsprüfungsverfahren** *nt* FIN tax auditing procedure

Betriebsrat *m* POL (*Gremium*) employee representative committee, BRIT *a.* works council

Betriebsrat, -rätin *m, f* POL (*Person*) employee representative, BRIT *a.* member of a [*or* the] works council

Betriebsratsmitglied *nt* member of the/a works committee, employees' council member **Betriebsratsvorsitzende(r)** *f(m)* works council chairperson [*or masc* chairman] [*or fem* chairwoman], chairperson of an [*or* the] employee representative committee [*or* BRIT *a.* works council] **Betriebsrente** *f* ÖKON occupational [*or* company] pension **Betriebsrisiko** *nt* HANDEL business risk; (*Industrie*) operational hazard **Betriebssatzung** *f* HANDEL shop-floor rules **Betriebsschließung** *f* shutdown, closure **Betriebsschluss**[RR] *m* end of business hours [*or* the working day]; ***um 17 Uhr ist in den meisten Fabriken ~*** the working day ends at 5pm in most factories, most factories shut down at 5pm; ***nach ~*** after work [*or* [working] hours] **betriebssicher** *adj* TECH reliable [in operation] **Betriebssicherheit** *f* TECH reliability, [operational] safety; (*in der Fabrik*) safety at work **Betriebsstandort** *m* ÖKON plant's location

Betriebsstätte *f* ÖKON business premises *pl* **Betriebsstättenbesteuerung** *f* FIN taxation of permanent establishments **Betriebssteuer** *f* FIN operating tax **Betriebsstilllegung**[RR] *f* closure, shutdown **Betriebsstörung** *f* TECH interruption of operation [*or* service], stoppage **Betriebssystem** *nt* INFORM operating system **Betriebstemperatur** *f* TECH operating temperature **Betriebsübergabe** *m* JUR, FIN transfer of an enterprise **Betriebsüberlassungsvertrag** *m* JUR business transfer contract **Betriebsübernahme** *f* HANDEL [plant] takeover **Betriebsübernehmer** *m* HANDEL plant acquiror **Betriebsüberschuss**[RR] *m* ÖKON operating surplus **Betriebsübertragung** *f* HANDEL plant transfer **Betriebsumstellung** *f* ÖKON shifting of a plant **Betriebsunfall** *m* ❶ (*Unfall*) ≈ industrial accident (*accident at or on the way to or from work*) ❷ (*hum sl: ungewollte Schwangerschaft*) accident *fam* **Betriebsunterbrechung** *f* HANDEL interruption of business **Betriebsuntersagung** *f* JUR ban on operations of a plant **Betriebsveräußerung** *f* FIN sale of a business **Betriebsvereinbarung** *f* ≈ shop agreement BRIT (*agreement between the works council and the employer concerning working conditions*), internal wage and salary agreement AM **Betriebsverfassung** *f* JUR company code of practice, BRIT *a.* works constitution **Betriebsverfassungsgesetz** *nt* Industrial Constitution of Law BRIT, Works Council Constitution [*or* AM Employees' Representation] Act **Betriebsverfassungsrecht** *nt kein pl* JUR industrial constitution law **Betriebsvergleich** *m* HANDEL interplant [*or* interfirm] comparison **Betriebsverlegung** *f* HANDEL relocation of an enterprise, movement of operations **Betriebsverlust** *m* ÖKON trading [*or* operating] loss **Betriebsvermögensvergleich** *m* FIN balance sheet comparison **Betriebsverpachtung** *f* FIN plant lease **Betriebsversammlung** *f* works [*or* AM company] meeting, (meeting of the workforce [chaired by the works council chairman])

Betriebswirt(in) *m(f)* ÖKON graduate in business management

Betriebswirtschaft *f* ÖKON business management

betriebswirtschaftlich I. *adj* business *attr*, economic; **~e Kenntnisse/Überlegung** business knowledge/consideration to business aspects
II. *adv* with respect to business management; **etw ~ betrachten/durchrechnen** to see sth from the business management point of view/to calculate sth based on the business currently being conducted

Betriebswirtschaftslehre *f kein pl* business management **Betriebswirtschaftsplan** *m* ÖKON business management plan **Betriebswohnung** *f* company flat **Betriebszeit** *f* INFORM operating time **Betriebszweck** *m* FIN objects of a company

betrinken* *vr irreg* ▪**sich [mit etw] ~** to get drunk [on sth]

betroffen I. *part s.* **betreffen**
II. *adj* ❶ (*bestürzt*) shocked; **~es Schweigen** stunned silence
❷ (*angehen*) ▪**[von etw] ~ sein** to be affected [*or* concerned] [by sth]
III. *adv* with dismay

Betroffene(r) *f(m) dekl wie adj* person affected

Betroffenheit <-> *f kein pl* shock; **in stummer ~** in stunned silence

betrüben* *vt* ▪**jdn [mit etw] ~** to sadden sb [with sth], to cause sb distress [with sth]; ***es betrübt mich …*** it saddens [*or* grieves] me …

betrüblich *adj* distressing; ***ich muss Ihnen leider eine ~e Mitteilung machen*** I'm afraid I have [some] bad news for you

betrüblicherweise *adv* unfortunately

Betrübnis <-, -se> *f* (*geh*) sorrow, sadness

betrübt *adj* sad; ▪**[über etw *akk*] ~ sein** to be sad [about sth]

Betrug <-[e]s, SCHWEIZ Betrüge> *m* fraud

betrügen* *irreg* I. *vt* ❶ (*vorsätzlich täuschen*) ▪**jdn ~** to cheat [*or* swindle] sb; ▪**jdn um etw ~** to cheat sb out of sth; ▪**betrogen** cheated, deceived; ***ich fühle mich betrogen!*** I feel betrayed!; **sich um etw betrogen sehen** to feel cheated [*or sl* done] out of sth; **sich *akk* in etw *dat* betrogen sehen** to be deceived in sth; ***ich sehe mich in meinem Vertrauen betrogen!*** I feel [that] my trust has been betrayed!
❷ (*durch Seitensprung hintergehen*) ▪**jdn [mit jdm] ~** to be unfaithful to [*or* cheat on] sb [with sb]
II. *vr* (*sich etw vormachen*) ▪**sich ~** to deceive [*or* delude] oneself

Betrüger(in) <-s, -> *m(f)* con man, swindler; ***du ~! diese Spielkarte hast du aus dem Ärmel gezogen!*** you cheat! you had that card up your sleeve!

Betrügerei <-, -en> *f* (*pej*) ❶ (*ständiges Betrügen*) swindling; ***seine ~en beim Kartenspielen wurden endlich nachgewiesen*** they finally managed to prove his cheating at cards
❷ (*ständige Seitensprünge*) cheating, unfaithfulness

Betrügerin <-, -nen> *f fem form von* **Betrüger**

betrügerisch *adj* (*pej*) deceitful; **in ~er Absicht** JUR with intent to defraud

Betrugsabsicht *f* JUR intent to fraud, fraudulent purpose; **in ~ handeln** to intend to defraud **Betrugsdelikt** *nt* JUR [tort of] fraud **Betrugsdezernat** *nt* JUR fraud squad **Betrugsfall** *nt* JUR fraud case **Betrugshandlung** *f* JUR fraudulent act **Betrugsklage** *f* JUR action for deceit **Betrugsstrafsache** *f* JUR fraud trial **Betrugsverfahren** *nt* JUR fraud trial **Betrugsversuch** *m* JUR attempted fraud

betrunken I. *adj* drunken *attr*, drunk *pred*
II. *adv* drunkenly

Betrunkene(r) *f(m) dekl wie adj* drunk, drunken person

Betrunkenheit *f* drunkenness

Betschwester *f* (*pej*) churchy type [of woman]

Bett <-[e]s, -en> *nt* ❶ (*Schlafstätte*) bed; (*Lagerstatt a.*) resting place; **~en bauen** MIL to make [the] beds; **jdn ins** [*o geh* **zu**] **~ bringen** to put sb to bed; **jdn ans ~ fesseln** (*geh*) to confine sb to bed; ***durch die schwere Operation war er wochenlang ans ~ gefesselt*** he was confined to bed for weeks as a result of the major operation; **ins ~ gehen** to go to bed; **mit jdm ins ~ gehen** [*o* **steigen**] (*euph*) to go to bed with sb *fig*; **jdn aus dem ~ holen** to get sb out of bed; **das ~ hüten müssen** (*geh*) to be confined to [*or* have to stay in] [one's] bed; **sich ins** [*o geh* **zu**] **~ legen** to go to [*or* retire] to bed; **im ~ liegen** to be in bed; ***er ist krank und liegt im ~*** he's ill and [laid up] in bed; **[jdm] das ~/die ~en machen** [*o geh* **bereiten**] to make sb's bed/the beds [up]; **ins ~ machen** to wet the bed; **jdn ins ~ packen** [*o* **stecken**] (*fam*) to pack sb off to bed *fam;* **ins ~ sinken** to fall into bed; **an jds** *dat* **~** at sb's bedside; **jdm etw ans ~ bringen/stellen** to bring sth to sb's bedside/to put sth by sb's bed; ***ich stelle dir die Lampe ans ~*** I'll put the lamp by the bed for you; **jdm Frühstück ans ~ bringen** to bring sb breakfast in bed; **im ~** in bed; **im ~ frühstücken** to have breakfast in bed
❷ (*Ober~*) duvet, quilt, eiderdown BRIT, comforter AM
❸ (*Fluss~*) [river] bed
► WENDUNGEN: **sich ins gemachte ~ legen** to have everything handed to one on a plate

Bettag *m* REL **Buß- und ~** day of prayer and repentance

Bettbank <-bänke> *f* ÖSTERR (*Bettsofa*) sofa bed, AM *a.* hide-a-bed **Bettbezug** *m* duvet [*or* quilt] [*or* BRIT *a.* eiderdown] cover **Bettcouch** *f s.* Bettsofa **Bettdecke** *f* blanket; (*Steppdecke*) duvet, quilt, eiderdown BRIT, comforter AM

Bettel <-s> *m* ► WENDUNGEN: **der ganze ~** DIAL the whole business; ***ich bin den ganzen ~ so satt!*** I'm sick of the whole business!; **[jdm] den [ganzen] ~ hinwerfen/jdm den [ganzen] ~ vor die Füße werfen** [*o* **schmeißen**] to throw in the [whole] business [with sb]/to throw the [whole] business back at sb

bettelarm *adj* destitute

Bettelei <-, -en> *f* (*pej*) begging

Bettelmönch *m* REL mendicant [*or* begging] friar

betteln *vi* ▪**[bei jdm] [um etw] ~** to beg [sb] [for sth]; (*um etw bitten*) to beg for sth; ***„B~ verboten"*** "no begging"

Bettelorden *m* REL mendicant [*or* begging] order **Bettelstab** *m* **jdn an den ~ bringen** to reduce sb to beggary; **an den ~ kommen** to be reduced to beggary

betten I. *vt* ❶ (*hinlegen*) ▪**jdn/etw irgendwie ~** to lay sb/sth down in some way; ***weich gebettet*** in a soft bed
❷ (*liter*) ▪**in etw *akk* gebettet sein** [*o* **liegen**] to be nestled in sth
II. *vr* ► WENDUNGEN: **sich weich ~** to make an easy life for oneself; ***durch seine reiche Heirat hat er sich wirklich weich gebettet!*** by marrying into money he has assured himself of a really easy life!; **wie man sich bettet, so liegt man** (*prov*) as you make your bed, so you must lie on it *prov*

Bettenburg *f* (*hum*) giant hotel

Bettfedern *pl* bed feathers *pl* **Bettflasche** *f* SÜDD, SCHWEIZ hot-water bottle **Bettgeflüster** *nt* pillow talk **Bettgeschichte** *f* ❶ (*sexuelles Verhältnis*) [love] affair ❷ MEDIA (*sl*) ≈ sex scandal (*gossip story on the sex lives of the rich and famous*) **Bettgestell** *nt* bedstead **Betthase** *m* (*fam*) sex kitten *sl,* sexpot *sl* **Betthimmel** *m* bed canopy **Betthupferl** <-s, -> *nt* ≈ bedtime treat (*sweets given to children before they go to bed*) **Bettkante** *f* edge of the bed ► WENDUNGEN: **den/die würde ich nicht von der ~ stoßen!** (*euph fam*) I wouldn't say 'no' to him/her! *sl* **Bettkasten** *m* bedding box [under a bed or sofa bed] **Bettlade** *f* SÜDD, ÖSTERR (*Bettgestell*) bedstead **bettlägerig** *adj* bedridden, confined to bed *pred* **Bettlägerigkeit** <-> *f kein pl* MED bed confinement **Bettlaken** *nt s.* Bettuch **Bettlektüre** *f* bedtime reading

Bettler(in) <-s, -> *m(f)* beggar; ***gegen diesen Krösus bin ich mit meinem bescheidenen Einkommen kaum mehr als eine ~in!*** on my modest income I'm little more than a pauper next to this moneybags!

Bettnässen <-s> *nt kein pl* bed-wetting **Bettnässer(in)** <-s, -> *m(f)* bed-wetter **Bettpfanne** *f* bedpan **Bettpfosten** *m* bedpost **Bettrand** *m s.* Bettkante **bettreif** *adj* (*fam*) ready for bed *pred* **Bettruhe** *f* bed rest **Bettschüssel** *f* bedpan **Bettschwere** *f* ► WENDUNGEN: **die nötige ~ bekommen/haben** (*fam*) to be ready for bed [*or sl* one's pit] **Bettsofa** *nt* sofa bed, AM *a.* hide-a-bed **Bettszene** *f* bedroom scene **Betttuch**[RR], **Bettuch** *nt* sheet **Bettvorlage** *f* bedside rug **Bettvorleger** *m* bedside rug **Bettwanze** *f* bedbug **Bettwäsche** *f* bedlinen **Bettzeug** *nt* bedding

betucht *adj* (*fam*) well off, well-to-do

betulich I. *adj* ❶ (*übertrieben besorgt*) fussing; ***deine ~e Art geht mir auf die Nerven!*** your fussing is getting on my nerves!
❷ (*gemächlich*) leisurely
II. *adv* in a leisurely [*or* an unhurried] manner

betupfen* *vt* ❶ (*tupfend berühren*) ▪**etw [mit etw] ~** to dab sth [with sth]; **eine Wunde ~** to swab a wound
❷ (*mit Tupfen versehen*) **einen Stoff ~** to print with spots; ***eine bunt betupfte Bluse*** a blouse with coloured [*or* AM -ored] spots

betuppen* *vt* DIAL (*fam*) ▪**jdn [um etw] ~** to con *fam* [*or sl* diddle] sb [out of sth]; ***die Verkäuferin muss mich betuppt haben, mir fehlen 1,45 DM!*** the salesgirl must have diddled me, I'm DM 1.45 short!

Beuge <-, -n> *f* ❶ ANAT bend; *von Arm a.* crook of the arm
❷ SPORT (*Rumpf~*) bend; **in die ~ gehen** to squat

Beugehaft *f* JUR coercive detention

Beugel <-s, -> *m* ÖSTERR (*Hörnchen*) croissant

Beugemuskel *m* flexor [muscle]

beugen I. *vt* ■**etw** ~ ① *(neigen)* to bend sth; **den Kopf** ~ to bow one's head
② LING *(konjugieren)* to conjugate sth; *(deklinieren)* to decline sth
II. *vr* ① *(sich neigen)* ■**sich** ~ to bend; **sich aus dem Fenster** ~ to lean out of the window; ***er saß über seine Manuskripte gebeugt*** he sat hunched over his manuscripts
② *(sich unterwerfen)* ■**sich [jdm/einer S.]** ~ to submit [*or* bow] [to sb/sth]; ***ich werde mich der Mehrheit*** ~ I will bow to the majority

Beugung <-, -en> *f* ① *(das Beugen)* bending
② PHYS *(Ablenkung)* diffraction
③ LING *von Adjektiv, Substantiv* declension; *von Verb* conjugation
④ JUR *des Gesetzes* perversion of justice

Beule <-, -n> *f* ① *(Delle)* dent
② *(Schwellung)* bump, swelling

beulen *vi (aus~)* ■**[an etw** *dat***]** ~ to go baggy [*or* to bag] [somewhere]; ***die Hose beult an den Knien*** the trousers are going baggy at the knees; ■**eingebeult** dented

Beulenpest *f* MED bubonic plague

beunruhigen* I. *vt* ■**jdn** ~ to worry [*or* concern] sb
II. *vr* ■**sich [über jdn/etw** [*o* **wegen jdm/etw**]] ~ to worry [about sb/sth]

beunruhigend *adj* disturbing, worrying

beunruhigt *adj* ■~ **[über etw** *akk* [*o* **wegen einer S.** *gen*]] **sein** to be concerned [about sth]

Beunruhigung <-, *selten* -en> *f* concern; **jdn mit** ~ **erfüllen** to give sb cause for concern, to cause sb disquiet

beurkunden* *vt* ■**etw** ~ to certify sth; ***man wollte den Vertrag vom Notar ~ lassen*** the contract was to be certified [*or* notarized] by a notary

Beurkundung <-, -en> *f* ① *(das Beurkunden)* certification
② *(Urkunde)* documentary evidence

Beurkundungsgesetz *nt* JUR certification act **Beurkundungspflicht** *f* JUR certification duty **Beurkundungsverfahren** *nt* JUR certification proceedings *pl* **Beurkundungsvermerk** *m* JUR attestation clause

beurlauben* *vt* ① *(Urlaub geben)* ■**jdn [für etw]** ~ to give [*or* grant] sb time off [from work] [*or* leave [of absence]] [for sth]; ***können Sie mich für eine Woche ~?*** can you give me [*or* I take] a week off?
② ADMIN *(suspendieren)* ■**jdn** ~ to suspend sb; ■**[von etw] beurlaubt sein** to be suspended [from sth]; ***Sie sind bis auf weiteres [vom Dienst] beurlaubt*** you are suspended [from duty [*or* office]] until further notice
③ SCH ■**sich ~ lassen** to go on [*or* take] a sabbatical; ■**beurlaubt sein** to be on [a] sabbatical

Beurlaubung <-, -en> *f* ■**jds** ~ **[von etw]** ① *(das Beurlauben)* sb's time off [*or* leave [of absence]] [from sth]
② ADMIN *(Suspendierung)* sb's suspension [from sth]
③ SCH *(Entpflichtung)* sb's sabbatical [from sth]
④ MIL *(fam: Urlaubsschein)* pass

beurteilen* *vt* ① *(einschätzen)* ■**jdn** ~ to judge sb; ***der Lehrer muss jeden Schüler ~*** the teacher has to assess every pupil
② *(abschätzen)* ■**etw** ~ to assess sth; *(kritisch einschätzen)* to review sth; **einen Kunst-/Wertgegenstand** ~ to appraise a piece of art/valuable

Beurteilung <-, -en> *f* ① *(das Beurteilen)* assessment
② *(Kritik)* review; *(Einschätzung)* appraisal
③ SCH *(schriftliches Urteil)* [school] report; ADMIN [progress] report
④ JUR judgment; *(Bewertung)* evaluation

Beurteilungsmaßstab *m von Mitarbeiter* criterion for assessment; *von Kunst-/Wertgegenstand* criterion for appraisal **Beurteilungsspielraum** *m* scope of attestation **Beurteilungsverfahren** *nt* assessment procedure **Beurteilungszeitraum** *m* rating period, period of appraisal

Beuschel <-s, -> *nt* KOCHK SÜDD, ÖSTERR dish made of heart and lung; *(Lunge)* lights *npl;* *(Innereien)* entrails *npl,* innards *npl fam;* ~ **vom Lamm** lamb pluck

Beute <-> *f kein pl* ① *(Jagd~)* prey; **ohne** ~ without a bag
② *(erbeutete Dinge)* haul, swag *sl;* **eine reiche/lohnende** ~ a big/worthwhile haul; **[fette/dicke/reiche]** ~ **machen** to make a [big] haul
③ *(geh: Opfer)* prey *fig,* victim *fig;* **eine leichte** ~ [an] easy prey

Beutefangverhalten *m* BIOL prey catching behaviour [*or* AM -or] **beutegierig** *adj* rapacious **Beutekunst** *f kein pl* artistic war booty **Beutekunstausstellung** *f* exhibition of artistic war booty

Beutel <-s, -> *m* ① *(Tasche)* bag; **Tabaks~** [tobacco] pouch
② *(fam: Geld~)* purse
③ ZOOL pouch
▸ WENDUNGEN: **tief in den ~ greifen müssen** to have to dig deep into one's pocket

Beutelmeise *f* ORN *(Remiz pendulinus)* penduline tit

beuteln *vt (fam)* ■**jdn** ~ to shake sb

Beutelratte *f* opossum **Beuteltier** *nt* marsupial

Beutestück *nt* spoils *npl,* booty **Beutezug** *m* raid

bevölkern* I. *vt* ■**etw** ~ ① *(beleben)* to fill [*or* throng] sth
② *(besiedeln)* to inhabit [*or* populate] sth
II. *vr* ■**sich mit ...** ~ to fill up with ...

bevölkert *adj* ① *(besiedelt)* populated; ***die Steppe ist nur wenig ~*** the steppes are only sparsely populated
② *(belebt)* full, thronged; ***die kaum ~en Straßen*** the almost empty streets

Bevölkerung <-, -en> *f* population

Bevölkerungsabnahme *f* decrease in population **Bevölkerungsdichte** *f* population density **Bevölkerungsdruck** *m kein pl* population pressure **Bevölkerungsentwicklung** <-> *f kein pl* population development **Bevölkerungsexplosion** *f* population explosion **Bevölkerungsgruppe** *f* section of the population **Bevölkerungspyramide** *f* population pyramid **Bevölkerungsrückgang** *m* decrease in population **Bevölkerungsschicht** *f* class [of society], social stratum **Bevölkerungsstatistik** *f* demography *no pl* **Bevölkerungsstruktur** *f* population structure **Bevölkerungsverschiebung** *f* population displacement [*or* shift] **Bevölkerungswachstum** *nt kein pl* population growth **Bevölkerungszahl** *f* population **Bevölkerungszunahme** *f* increase in population **Bevölkerungszuwachs** *m* increase in population, population growth

bevollmächtigen* *vt* ■**jdn [zu etw]** ~ [*o* **jdn ~[, etw zu tun]**] to authorize sb [to do sth]; ***er bevollmächtigte seine Frau, für ihn zu unterschreiben*** he authorized his wife to sign on his behalf

bevollmächtigt *adj* authorized, accredited

Bevollmächtigte(r) *f(m) dekl wie adj* authorized representative; POL plenipotentiary

Bevollmächtigung *f* JUR authorization, power of attorney

Bevollmächtigungsschreiben *nt* JUR letter of authorization

bevor *konj* ① *(solange)* ■~ **[nicht]** until; ■**nicht** ~ not until
② *(ehe)* before

bevormunden* *vt* ■**jdn** ~ to treat sb like a child; ***ich lasse mich nicht mehr ~, ich will selbst entscheiden!*** I won't be ordered about any more, I want to make up my own mind!

Bevormundung <-, -en> *f* being treated like a child

bevorraten* *vt (geh)* ■**etw** ~ to stockpile [*or* stock up *sep*] sth

bevorrechtigt *adj (privilegiert)* privileged

Bevorrechtigte(r) *f(m) dekl wie adj* JUR priority holder

bevorschussen* *vt* ■**jdn** ~ to grant sb an advance, to advance sb [some] money

bevor|stehen *vi irreg* ① *(zu erwarten haben)* ■**jdm/einer S.** ~ to await [*or* be in store for] sb/sth; ***der schwierigste Teil steht dir erst noch bevor!*** the most difficult part is yet [*or* still] to come!; ***uns steht ein harter Winter bevor*** a hard winter is in store for us, it's going to be a hard winter
② *(in Kürze eintreten)* ■**etw steht bevor** sth is approaching; ***der Sommer steht bevor*** summer will soon be here

bevorstehend *adj* approaching; **das ~e Fest/der ~e Geburtstag** the upcoming party/birthday; **~e Gefahr** impending danger; ***diese kühlen Herbsttage waren Vorboten des ~en Winters*** those cool autumn[al] days heralded the onset of winter

bevorzugen* *vt* ① *(begünstigen)* ■**jdn [vor jdm]** ~ to favour [*or* AM -or] sb [over sb]; ***keines unserer Kinder wird bevorzugt, alle werden gleich behandelt*** none of our children receive preferential treatment, they are all treated equally; ***hier wird niemand bevorzugt!*** there's no favouritism around here!
② *(den Vorzug geben)* ■**etw** ~ to prefer sth

bevorzugt I. *adj* ① *(privilegiert)* privileged
② *(beliebteste(r,s))* favourite BRIT, favorite AM
II. *adv* **etw ~ abfertigen/ausliefern** to give sth priority [in shipment]; **jdn ~ abfertigen** [*o* **bedienen**] [*o* **behandeln**] to give sb preferential treatment

Bevorzugung <-, -en> *f* ① *(das Bevorzugen)* ■**jds** ~ **[vor jdm]** preference of sb [over sb else]; ***die ~ einiger Schüler war nicht zu übersehen*** you couldn't help but notice that some of the pupils were favoured over others
② *(bevorzugte Behandlung)* ■**jds ~/die ~ einer S.** *gen* **[bei etw]** preferential treatment of sb/sth [in sth]

bewachen* *vt* ① *(beaufsichtigen)* ■**jdn/etw** ~ to guard sb/sth
② SPORT *(decken)* ■**jdn** ~ to guard sb; **einen [gegnerischen] Spieler** ~ to mark [*or* AM guard] an opponent

Bewacher(in) <-s, -> *m(f)* ① *(jd, der jdn bewacht)* guard
② SPORT *(Deckungsspieler)* marker BRIT, defender AM

bewachsen*[1] [-ks-] *vt irreg* ■**etw** ~ to grow over sth

bewachsen*[2] *adj* ■**mit etw** ~ overgrown with sth

bewacht *adj* guarded; **auf ~en Parkplätzen** in supervised car parks [*or* AM parking lots]

Bewachung <-, -en> *f* ① *(das Bewachen)* guarding; **unter [schwerer** [*o* **strenger**]] ~ under [close] guard
② *(Wachmannschaft)* guard

bewaffnen* *vt* ■**jdn/etw [mit etw]** ~ to arm sb/sth [with sth]; ■**sich [mit etw]** ~ to arm oneself [with sth]

bewaffnet *adj* armed; ■**mit etw** ~ armed with sth *pred;* **ausgezeichnet/schlecht/unzureichend** ~ well-/badly/insufficiently armed

Bewaffnete(r) *f(m) dekl wie adj* armed person

Bewaffnung <-, -en> *f* ① *kein pl (das Bewaffnen)* arming
② *(Gesamtheit der Waffen)* weapons *pl,* arms *npl*

bewahren* *vt* ① *(schützen)* ■**jdn vor jdm/etw** ~ to save [*or* protect] sb from sb/sth; **vor etw** *dat* **bewahrt bleiben** to be spared sth; ■**jdn davor ~, etw zu tun** to save sb from doing sth; **davor bewahrt bleiben, etw zu tun** to be spared having to do sth
② *(geh: aufheben)* ■**etw [für jdn]** ~ to keep sth [for sb]; ***bewahre bitte dieses Schmuckstück [für mich] in deinem Safe*** please keep [*or* look after] this piece of jewellery [for me] in your safe
③ *(erhalten, behalten)* ■**[sich** *dat***] etw** ~ to keep sth; **den guten Ruf** ~ to protect [*or* guard] one's good reputation; *s. a.* **Stillschweigen**
▸ WENDUNGEN: **das Gesicht** ~ to save face; **Gott bewahre!** *(fam)* [good] Lord [*or* heavens] no!

bewähren* *vr* ■**sich** ~ to prove itself [*or* its worth]; ***unsere Freundschaft hat sich bewährt*** our friendship has stood the test of time; ***im Dauertest***

hat sich das neue Auto glänzend bewährt the new car had excellent performance in the endurance test; ■**sich** *akk* [**als jd/in etw** *dat*] ~ to prove oneself [as sth/in sth]

bewahrheiten* *vr* ■**sich** ~ to come true

bewährt *adj* tried and tested, proven; ~**er Mitarbeiter/Kollege** reliable colleague

Bewahrung <-, -en> *f* (*geh*) ❶ (*Erhaltung*) protection; *von Geheimnis* keeping
❷ (*Auf~*) keeping; *er versprach ihm die sichere ~ der Dokumente* he promised the safekeeping of the documents

Bewährung <-, -en> *f* JUR ❶ (*im Strafvollzug*) probation; *er bekam 6 Monate Haft auf ~* he received a six months suspended sentence with probation; **eine Strafe zur ~ aussetzen** to suspend a sentence; **~ bekommen** to be put on probation; **mit/ohne** ~ with/without probation
❷ (*Bewährungsfrist*) period of probation, probation[ary] period

Bewährungsauflage *f* JUR condition of probation **Bewährungsfrist** *f* JUR period of probation, probation[ary] period **Bewährungshelfer(in)** *m(f)* JUR probation officer **Bewährungshilfe** *f* JUR probation service **Bewährungsprobe** *f* [acid] test ▶ WENDUNGEN: **eine/die ~ bestehen** to stand the test; **jdn/etw einer ~ unterziehen** to put sb/sth to the test **Bewährungsstrafe** *f* suspended sentence **Bewährungsurteil** *nt* JUR probation order **Bewährungszeit** *f* JUR probation period

bewaldet *adj* wooded; ■**dicht/dünn ~ sein** to be thickly/sparsely wooded

Bewaldung *f* ❶ (*Wald*) woodland
❷ (*Aufforsten*) afforestation

bewältigen* *vt* ■**etw** ~ ❶ (*meistern*) to cope with sth; **Schwierigkeiten ~** to overcome difficulties; *diese kurze Strecke kann ich zu Fuß ~* I'll be able to manage this short distance on foot
❷ (*verzehren*) to manage [to eat] sth
❸ (*verarbeiten*) to digest [*or sep* take in] sth; (*überwinden*) to get over sth; **die Vergangenheit ~** to come to terms with the past

Bewältigung <-, -en> *f* ❶ (*das Meistern*) coping with; *von Schwierigkeiten* overcoming; *einer Strecke* covering
❷ (*der Verzehr*) consumption
❸ (*Verarbeitung*) getting over; *der Vergangenheit* coming to terms with; *von Eindrücken* digesting, taking in

bewandert *adj* well-versed; ■[**in etw** *dat*/**auf einem Gebiet**] ~ **sein** to be well-versed [in sth/in a subject [*or* field]]; *was du alles weißt, du bist aber wirklich sehr ~!* the things you know! you really are very knowledgeable!

Bewandtnis *f* **mit jdm/etw hat es eine eigene** [*o* **besondere**] ~ (*geh*) sth has a particular reason [*or* explanation]; *das hat seine eigene ~* that's a long story; *das hat folgende ~* the reason [*or* explanation] is as follows; *mein Verhalten hat eine ganz andere ~* there is a quite different explanation for my behaviour; *es hat eine ganz bestimmte/besondere ~* there is a very good reason [*or* explanation] [for that]; *welche/was für eine ~ hat es damit?* what's the reason for [*or* behind] this?

bewässern* *vt* ■**etw** ~ AGR *Feld* to irrigate sth; HORT *Garten* to water sth

Bewässerung <-, -en> *f* ■**die ~ einer S.** *gen*
❶ AGR the irrigation of sth
❷ HORT the watering of sth

Bewässerungsanlage *f* AGR irrigation plant **Bewässerungsgraben** *m* AGR irrigation ditch **Bewässerungskanal** *m* AGR irrigation channel **Bewässerungssystem** *nt* AGR irrigation system

bewegen*[1] **I.** *vt* ❶ (*regen, rühren*) ■**etw** ~ to move sth; ■**etw von/zu etw** ~ (*transportieren*) to move sth from/to sth
❷ (*beschäftigen*) ■**jdn** ~ to concern sb; *dieser Gedanke bewegt mich schon längere Zeit* this [thought] has been on my mind for some time; (*innerlich aufwühlen*) to move sb
❸ (*bewirken*) ■**etwas/nichts/viel/wenig** ~ to achieve sth/nothing/a lot/little
II. *vr* ❶ (*sich fortbewegen*) ■**sich** ~ to move
❷ (*sich körperlich betätigen*) ■**sich** ~ to [take some] exercise
❸ ASTRON ■**sich** *akk* [**um etw** *akk*/**in Richtung auf etw** *akk*] ~ to move [round sth/towards [*or* in the direction of] sth]; *der Mond bewegt sich um die Erde* the moon moves [*or* revolves] round the earth
❹ (*variieren, schwanken*) ■**sich** ~ to range; *der Preis bewegt sich um 3000 Mark* the price is around [*or* in the range of] DM 3,000; *die Verluste ~ sich in den Millionen* the losses will run into the millions
❺ (*sich ändern*) ■**sich** ~ to change

bewegen*[2] <bewog, bewogen> *vt* (*veranlassen*) ■**jdn zu etw** ~ to move [*or* persuade] sb to do sth; ■**jdn dazu ~, etw zu tun** to move [*or* persuade] sb to do sth; **sich bewogen fühlen, etw zu tun** (*geh*) to feel as if one has [*or* feel prompted] [*or* feel obliged] to do sth; *ich fühlte mich bewogen, etwas zu sagen* I felt I had [*or* felt obliged] to say something

bewegend *adj* moving

Beweggrund *m* motive (+*gen* for)

beweglich *adj* ❶ (*zu bewegen*) movable; ~**e Glieder** supple joints
❷ (*manövrierfähig*) manoeuvrable BRIT, maneuvrable AM; (*mobil*) mobile
❸ (*geistig wendig*) agile-[*or* nimble-]minded
❹ (*verlegbar*) movable; *Ostern und Pfingsten sind ~e Feiertage* Easter and Whitsun are movable [religious] holidays

Beweglichkeit <-> *f kein pl* ❶ (*geistige Wendigkeit*) agility [*or* nimbleness] of the mind, mental agility
❷ (*bewegliche Beschaffenheit*) suppleness, flexibility
❸ (*Mobilität*) mobility

bewegt *adj* ❶ (*sich bewegend*) choppy
❷ (*lebhaft*) eventful
❸ (*innerlich gerührt*) ■[**von etw**] ~ **sein** to be moved [by sth]; **mit ~er Stimme** in an emotional voice [*or* a voice laden with emotion]

Bewegung <-, -en> *f* ❶ (*Hand~*) gesture, movement of the hand; (*körperliche Aktion*) movement, gesture; **eine/keine** [**falsche**] **~!** one/no false move/moves!; SCI, TECH motion; *von schwerem Gegenstand* moving; ASTROL, ASTRON *der Gestirne/Planete* movements *pl*
❷ (*körperliche Betätigung*) exercise; **jdn in ~ bringen** to get sb moving; **sich** *dat* **~ verschaffen** [*o* **machen**] to [take some] exercise
❸ (*Ergriffenheit*) emotion
❹ KUNST, POL (*ideologische/Kunst-/politische Richtung*) movement
❺ (*Dynamik, Änderung*) change; *eine Firma, der es an ~ fehlt, wird kaum überleben können* a company which can't move [*or* change] with the times is unlikely to survive; **jdn in ~ halten** to keep sb moving [*or fam* on the go]; **in ~ sein** *Mensch* to be on the move [*or fam* go]; *ich war heute den ganzen Tag in ~* I was on the go all day today; **in ~ geraten** POL to start to move; **in etw** *akk* **kommt ~** progress is being made; **sich in ~ setzen** to start moving; **etw in ~ setzen** [*o* **bringen**] to start sth moving, to get sth going [*or* started]

Bewegungsablauf *m* sequence of movements **Bewegungsarmut** *f* MED lack of [voluntary] movement, akinesia *spec* **Bewegungsbad** *nt* therapy pool; (*kleiner*) whirlpool [bath], Jacuzzi® **Bewegungsbilanz** *f* FIN [flow-of-]funds statement **Bewegungsenergie** *f* PHYS kinetic energy **bewegungsfähig** *adj* able to move, mobile **Bewegungsfreiheit** *f* freedom to move; *in diesen engen Sachen hat man keinerlei ~* there's hardly any room to move [*or* breathe] in these tight clothes; *eine Haftstrafe bedeutet eine Einschränkung der persönlichen ~* a custodial sentence represents a restriction of a person's freedom of movement **Bewegungsgröße** *f* PHYS impulse **bewegungslos I.** *adj* (*reglos*) motionless; (*unbewegt*) still **II.** *adv* motionless **Bewegungslosigkeit** <-> *f kein pl* motionlessness **Bewegungsmangel** *m kein pl* lack of exercise **Bewegungsmelder** *m* passive infrared detector [*or* PIR] alarm **Bewegungsprofil** *nt* movement profile **Bewegungstaste** *f* INFORM cursor **Bewegungstherapie** *f* MED therapeutic exercise **bewegungsunfähig I.** *adj* unable to move, immobile **II.** *adv* paralyzed

bewehrt *adj inv* equipped (**mit** +*dat* with)

Bewehrung *f* BAU reinforcement

beweihräuchern* *vt* ❶ REL (*Weihrauch zufächeln*) ■**etw** ~ to [in]cense sth
❷ (*pej: in den Himmel heben*) ■**jdn** ~ to praise sb to the skies [*or* high heavens]; ■**sich** [**selbst**] ~ to praise oneself to the skies

beweinen* *vt* ■**jdn/etw** ~ to weep over sb/sth

Beweis <-es, -e> *m* ❶ JUR (*Nachweis*) proof, evidence; *~e brauchen wir!* we need proof! [*or* evidence!]; *im Hintergrund wurden ~e gegen ihn gesammelt* evidence was secretly [being] gathered against him; ■**ein/der ~ für etw** *akk*/**einer S.** *gen* proof of sth; **den ~ für etw antreten** to attempt to prove sth; **den ~** [**für etw**] **erbringen** to provide conclusive proof [*or* evidence] [of sth]; **~ erheben** to hear [*or* take] evidence; **den ~ führen** to offer evidence
❷ (*Zeichen*) sign, indication; **als/zum ~** [**einer S.** *gen*] as a sign of [sth]

Beweisanforderung *f* JUR demand for evidence **Beweisangebot** *nt* JUR offer of proof [*or* evidence] **Beweisantrag** *m* JUR motion to hear [*or* take] evidence **Beweisantritt** *m* JUR submission of evidence; **Erweiterung des ~s** amplification of evidence **Beweisaufnahme** *f* JUR hearing [*or* taking] of evidence; **Abschluss der ~** closure of the preparatory inquiry; **die ~ anordnen/abschließen** to order/to complete the preparatory inquiry [*or* to close the case]; **in die ~ eintreten** to take evidence

beweisbar *adj* provable

Beweisbedürftigkeit *f* JUR necessity to be proved **Beweisbeschluss**[RR] *m* JUR order for evidence **Beweisdokument** *nt* JUR instrument of evidence **Beweiseinrede** *f* JUR demurrer to evidence

beweisen* *irreg* **I.** *vt* ❶ (*nachweisen*) ■[**jdm**] **etw** ~ to prove sth [to sb]; *der Angeklagte ist unschuldig, bis das Gegenteil bewiesen wird* the defendant [*or* accused] is innocent until proven guilty; **was zu ~ war** which was [the thing] to be proved, quod erat demonstrandum; **was** [**noch**] **zu ~ wäre** which remains to be proved
❷ (*erkennen lassen*) ■**etw** ~ to display [*or* show] sth; ■**~, dass/wie ...** to show that/how ...
II. *vr* (*sich zeigen*) ■**sich** ~ to show [itself]; *es beweist sich wieder einmal ...* this shows once again ... [*or* is further proof ...]

Beweiserhebung *f* JUR taking of evidence; **mündliche ~** parol evidence **beweisfähig** *adj inv* JUR capable [*or* susceptible] of proof **Beweisfragen** *pl* JUR questions relating to evidence **Beweisführer(in)** *m(f)* JUR party submitting evidence **Beweisführung** *f* JUR giving [of] evidence, presentation of one's case **Beweisgebühr** *f* JUR fee for evidentiary proceedings **Beweisgegenstand** *m* JUR point of evidence **Beweiskraft** *f kein pl* JUR evidential [*or* probative] value; ■**die ~ einer S.** *gen* the evidential [*or* probative] value of sth; **~/keine ~ haben/besitzen** to have [no] evidential [*or* probative] value **beweiskräftig** *adj* JUR of evidential [*or* probative] value *pred* **Beweislage** *f* [amount and type of] evidence **Beweislast** *f kein pl* JUR burden of proof **Beweislastfragen** *pl* JUR questions relating to evidence **Beweislastpflicht** *f* JUR burden [*or* onus] of adducing evidence **Beweislastumkehr** *f*, **Beweislastverschiebung** *f* JUR shift in the burden of proof **Beweismaterial** *nt* JUR [supporting] evidence; **~ beibringen/fälschen/unterschlagen** to furnish/to cook up/to suppress evidence **Beweismittel** *nt* JUR piece of evidence **Beweisnot** *f kein pl* JUR lack of evidence; **in ~ sein/kommen** to be unable to produce evidence **Beweispflicht** *f kein pl* JUR obligation to furnish evidence **beweispflichtig** *adj inv* JUR responsible for producing proof **Beweispflichtige(r)** *f(m) dekl wie adj* JUR party bearing the burden of proof **Beweisrecht** *nt kein pl* JUR law of evidence **beweisrechtlich** *adj inv* JUR evidentiary **Beweisregel** *f* JUR rule of evidence **Beweissicherung** *f* JUR conservation [*or* preservation] of evidence **Beweissicherungsverfahren** *nt* JUR proceedings for the preservation of evidence **Beweisstück** *nt* JUR exhibit **Beweistermin** *m* JUR *date arranged for the hearing of evidence* **Beweisthema** *nt* JUR points in issue **beweisunerheblich** *adj inv* JUR immaterial, irrelevant **Beweisurkunde** *f* JUR instrument of evidence **Beweisverbot** *nt* JUR inadmissibility of evidence **Beweisvereitelung** *f* JUR obstructing the obtaining of evidence **Beweisverfahren** *nt* JUR procedure ot taking evidence **Beweisvermutung** *f* JUR evidentiary presumption **Beweiswert** *m* JUR probative value **Beweiswürdigung** *f* JUR **freie ~** free evaluation of evidence

bewenden *vt impers* ■ **es bei** [*o* **mit**] **etw ~ lassen** to leave it at sth; ***für diesmal will ich es noch bei einer Verwarnung ~ lassen*** this time I'll leave it at a warning

Bewenden <-s> *nt kein pl* end; ***das hat damit sein ~*** that's the end of that [*or* the matter]; ***lass es jetzt damit sein ~ haben*** let that be an end to it, let the matter [*or* it] rest there

Bewerb <-[e]s, -e> *m* SPORT ÖSTERR (*Wettbewerb*) competition

bewerben* **I.** *vr irreg* ■ **sich** *akk* **[auf etw** *akk*] **~** to apply [for sth]; ***er hat sich auf die Stelle des Redakteurs beworben*** he applied for the position of editor; ■ **sich** [**bei jdm**] **als etw ~** to apply [to sb] [for a job] as sth
II. *vt* ■ **etw ~** to advertise sth

Bewerber(in) <-s, -> *m(f)* applicant, candidate

Bewerbung *f* ❶ (*Beantragung einer Einstellung*) application; ~ ***um ein politisches Amt*** candidature for [a] political office
❷ (*Bewerbungsschreiben nebst Unterlagen*) [letter of] application
❸ (*werbliche Maßnahmen*) advertising

BewerbungsausschussRR *m* application board **Bewerbungsbogen** *m* application form **Bewerbungsformular** *nt* application form **Bewerbungsgespräch** *nt* [job] interview **Bewerbungsschreiben** *nt* [letter of] application **Bewerbungsunterlagen** *pl* documents in support of an application **Bewerbungsverfahren** *nt* application procedure

bewerfen* *vt irreg* ❶ (*beschmeißen*) ■ **jdn/etw mit etw ~** to throw sth at sb/sth; ***als der Lehrer auf den Schulhof trat, wurde er mit Schneebällen beworfen*** the teacher was pelted with snowballs when he entered the schoolyard; ■ **sich** [**gegenseitig**] **mit etw ~** to throw sth at each other
❷ BAU (*werfend verputzen*) ■ **etw mit etw ~** to plaster [*or* render] sth with sth

bewerkstelligen* *vt* ■ **etw ~** ❶ (*pej fam: anstellen*) to do sth; ***was hast du denn da wieder bewerkstelligt?*** what have you [gone and] done this time?; ***so etwas konntest auch nur du ~!*** only you could do something like that!
❷ (*zuwege bringen*) to manage [to do] sth; ■ **es ~, dass jd etw tut** to [manage to] get sb to do sth

bewerten* *vt* ■ **jdn/etw** [**mit etw**] **~** to assess sb/sth [as sth]; ***der Aufsatz wurde mit befriedigend bewertet*** the essay was given the mark "satisfactory"; **ein Kunstobjekt ~** to value a work of art; ■ **jdn/etw nach etw ~** to judge sb/sth according to sth; **nach dem Einheitswert ~** to assess [*or* appraise] based on the standard value; **etw zu hoch/niedrig ~** to overvalue/undervalue sth

bewertet *adj inv, pred* FIN valued; ~ **mit Einstandskurs** valued at cost; **zu etw ~ sein** to be valued at sth; ~ **zu Anschaffungswerten** valued at cost value

Bewertung *f* assessment, evaluation; *von Besitz* valuation; SCH *einer Schülerarbeit* marking; **eine ~ von etw vornehmen** to value sth; ~ **eines Anspruchs** assessment of a claim; ~ **von Forderungen** valuation of claims

Bewertungsabschlag *m* FIN downward valuation adjustment **Bewertungsausschuss**RR *m* FIN assessment committee **Bewertungsfrage** *f* FIN evaluative problem **Bewertungsfreiheit** *f kein pl* FIN discretionary valuation **Bewertungsgesetz** *nt* JUR Valuation Law **Bewertungsgrundlage** *f* FIN valuation basis, basis of value **Bewertungsgrundsatz** *m* FIN valuation principle **Bewertungskriterien** *pl* valuation provisions, criteria for evaluation **Bewertungsmaßstab** *m* FIN standard of valuation, assessment [*or* valuation] criterion **Bewertungsmaßstab** *m* FIN valuation criterion **Bewertungsmethode** *f* FIN valuation method **Bewertungsobjekt** *nt* FIN object of valuation **Bewertungsrecht** *nt kein pl* FIN property valuation law **Bewertungsrichtlinien** *pl* FIN assessment principles **Bewertungsschlüssel** *m* FIN key of ratings **Bewertungsspielraum** *m* margin of assessment **Bewertungsstetigkeit** *f* FIN consistency of valuation **Bewertungsstichtag** *f* FIN valuation date **Bewertungsverfahren** *nt* FIN valuation method **Bewertungsvorbehalt** *f* FIN reservation of rating **Bewertungsvorschriften** *pl* FIN (*für Bilanz*) valuation rules; (*für Steuern*) assessment principles **Bewertungswahlrecht** *nt* FIN discretionary valuation

bewiesen *adj inv* JUR proven, proved; **unwiderlegbar ~** proved beyond doubt; **urkundlich ~** evidenced by documents

bewiesenermaßen *adv* demonstrably; ***sie ist ~ für diese ganzen Intrigen verantwortlich gewesen*** it has been proved that she is responsible for all these intrigues

bewilligen* *vt* ■ [**jdm**] **etw ~** to approve sth [for sb]; ***ihm wurde eine neue Redakteurin bewilligt*** he was allowed a new editor; FIN to grant [sb] sth; ***ein Stipendium ~*** to award a grant

bewilligt *adj inv* approved; **staatlich ~e Zuschüsse** state subsidies

Bewilligung <-, -en> *f* ❶ (*das Bewilligen*) approval; *von Mitteln, Kredit* granting; *von Stipendium* awarding
❷ (*schriftliche Genehmigung*) approval

Bewilligungsbescheid *m* JUR notification of approval **Bewilligungsinhaber(in)** *m(f)* JUR holder of an authorization **Bewilligungskriterium** *nt* approval criterion, criterion for approval

bewirken* *vt* ❶ (*verursachen*) ■ **etw ~** to cause sth; ***was nur seinen plötzlichen Sinneswandel bewirkt haben mag?*** what might have caused his sudden change of mind?; ***ihr Einlenken wurde durch starken Druck ihrer Lieferanten bewirkt*** she relented after intense pressure was exerted [on her] by her suppliers
❷ (*erreichen*) ■ [**bei jdm**] **etwas/nichts ~** to achieve sth/nothing [with sb]; ***mit Klagen bewirkst du bei ihm gar nichts mehr*** you won't get anywhere [at all] with him by complaining, complaints won't budge him in the slightest

bewirten* *vt* ■ **jdn** [**mit etw**] **~** to entertain sb [with sth]; ***mit was darf ich euch denn ~? Sekt, Filetspitzen, Räucherlachs?*** what can I offer you? champagne, fillet steak or smoked salmon?; ***in diesem Restaurant kehren wir oft ein, weil man dort immer gut bewirtet wird*** we often go to this restaurant as we always get a good meal there; ***kauf bitte reichlich ein, wir haben morgen 10 Personen zu ~!*** buy plenty as we've got ten people to cater [*or* cook] for tomorrow!

bewirtschaften* *vt* ❶ (*betreiben*) ■ **etw ~** to run sth; ***der Imbiss am See wird nur in der Saison bewirtschaftet*** the lakeside snack bar is only open in season
❷ AGR (*bestellen*) ■ **etw** [**als etw**] **~** to work sth [as sth]
❸ ÖKON, POL (*staatlich kontrollieren*) ■ **etw ~** to ration sth; **Devisen/Wohnraum ~** to control foreign currency/living space

Bewirtschaftung <-, -en> *f* ❶ (*das Betreiben*) running; ***die ~ der Skihütte war sehr aufwendig*** the costs of running the skiers' lodge were very high
❷ AGR (*die Bestellung*) farming, working; **die ~ der Felder** the cultivation of the fields
❸ ÖKON, POL (*staatliche Kontrolle*) rationing; **die ~ von Devisen/Wohnraum** the controlling of foreign currency/living space; ***aufgrund der Notlage sah sich die Regierung zur ~ der Lebensmittel gezwungen*** the state of emergency forced the government into rationing food supplies

Bewirtschaftungsrecht *nt kein pl* JUR operating right **Bewirtschaftungssystem** *nt* FIN rationing system **Bewirtschaftungsvertrag** *m* JUR management contract

Bewirtung <-, -en> *f* entertaining; ***kümmerst du dich bitte um die ~ unserer Gäste?*** will you see to our guests please?

Bewirtungskosten *pl* ÖKON entertainment expenses

bewog *imp von* **bewegen²**

bewogen *pp von* **bewegen²**

bewohnbar *adj* habitable; **etw ~ machen** to make sth habitable [*or* fit to live in]

bewohnen* *vt* ■ **etw ~** to live in sth; ***das Haus wird schon seit Jahren nicht mehr bewohnt*** the house has not been lived in [*or* occupied] for years; ***er bewohnt das ganze Haus allein*** he occupies the whole house himself; **eine Gegend/Insel/ein Land ~** to inhabit an area/island/country

Bewohner(in) <-s, -> *m(f)* ❶ (*Einwohner*) inhabitant; *von Haus, Zimmer* occupant
❷ (*Tier*) inhabitant; ***die Springmaus gehört zu den ~n der*** [***afrikanischen***] ***Wüste*** the jerboa is a native of the [African] desertlands; ***dieser Vogel ist ein ~ der Wälder*** this is a woodland bird

Bewohnerschaft <-, -en> *f* (*geh*) inhabitants *pl*, denizens *pl form;* **die ~ eines Mietshauses** the occupants of a block of flats

bewohnt *adj* inhabited; ***diese einsame Gegend ist kaum ~*** this lonely region is sparsely populated; ***ist das Haus überhaupt ~?*** is the house even occupied?

bewölken* *vr* ■ **sich ~** ❶ (*sich mit Wolken bedecken*) to cloud over, to become overcast
❷ LIT (*sich verfinstern*) to darken; ***seine Stirn bewölkte sich*** his face darkened

bewölkt *adj* METEO cloudy, overcast; ***heute wird es leicht ~ sein*** it will be partly cloudy today

Bewölkung <-, -en> *f* METEO cloud cover; ***„im Tagesverlauf wechselnde ~"*** "today will see variable amounts of cloud [cover]"

Bewölkungsauflockerung *f* METEO breaking up of [the] cloud cover **Bewölkungszunahme** *f kein pl* METEO increase in [the] [*or* increasing] cloud cover

Bewuchs *m kein pl* ÖKOL vegetation [*or* plant] cover

Bewund(e)rer, Bewund(r)erin <-s, -> *m, f* admirer

bewundern* *vt* ■ **jdn/etw** [**wegen einer S.**] **~** to admire sb/sth [for sth]; ■ **etw** [**an jdm**] **~** to admire sth [about sb]; ***was ich an dir bewundere ist …*** what I admire about you is …

bewundernd **I.** *adj* admiring
II. *adv* admiringly

bewundernswert *adj*, **bewundernswürdig** *adj* (*geh*) admirable; ■ [**an jdm/etw**] **~ sein** to be admirable [about sb/sth]; ***deine Gelassenheit ist*** [***an dir***] ***wirklich ~*** the really admirable thing [about you] is your calmness

bewundert *adj* admired

Bewunderung <-, *selten* -en> *f* admiration; ***meine ~!*** congratulations!

bewunderungswürdig *adj* admirable, worthy of admiration

Bewundrer *m s.* **Bewunderer**

bewusstRR, **bewußt** **I.** *adj* ❶ *attr* (*vorsätzlich*) wilful BRIT, willful AM
❷ *attr* (*überlegt*) considered; **~e Lebensführung** socially and environmentally aware lifestyle

❸ *attr* (*überzeugt*) committed
❹ PSYCH (*im Bewusstsein vorhanden*) ■**sich** *dat* **einer S.** *gen* **~ sein/werden** (*jdm ist/wird etw klar*) to be/become aware of sth; ***sie waren sich der Tragweite dieser Entscheidung nicht ~*** they did not realize the enormity [*or* far-reaching consequences] of this decision; ■**jdm ~ sein/werden** to be/become clear to sb
❺ *attr* (*bekannt, besagt*) in question *pred*
II. *adv* ❶ (*überlegt*) **~ leben** to live with great [social and environmental] awareness
❷ (*vorsätzlich*) deliberately
❸ (*klar*) **jdm etw ~ machen** to make sb realize sth; ***man kann ihr diesen Irrtum einfach nicht ~ machen*** it is impossible to make her aware of her mistake; **sich** *dat* **etw ~ machen** to realize sth; ***das muss man sich mal ~ machen!*** just imagine!

Bewusstheit[RR], **Bewußtheit** <-> *f kein pl*
❶ (*Vorsätzlichkeit*) wilfulness BRIT, willfulness AM
❷ (*Überlegtheit*) awareness

bewusstlos[RR], **bewußtlos** **I.** *adj* unconscious
II. *adv* unconsciously; **~ zusammenbrechen** to collapse unconscious [*or* in a faint]

Bewusstlose(r)[RR], **Bewußtlose(r)** *f(m) dekl wie adj* unconscious person

Bewusstlosigkeit[RR], **Bewußtlosigkeit** <-> *f kein pl* unconsciousness
► WENDUNGEN: **bis zur ~** (*fam*) ad nauseum

bewußt|machen *vt s.* **bewusst II 3**

Bewusstsein[RR] <-s>, **Bewußtsein** *nt kein pl*
❶ (*bewusster Zustand*) consciousness; **wieder zu ~ kommen, das ~ wiedererlangen** to regain consciousness; **das ~ verlieren** to lose consciousness; **bei [vollem] ~ sein** to be [fully] conscious; ***er wurde bei vollem ~ operiert*** he was operated on while fully conscious
❷ PHILOS, PSYCH, MED (*bewusste Wahrnehmung*) consciousness; **jdm etw ins ~ bringen [*o* rufen]** to remind sb of sth; **jdn/etw aus dem/ihrem/seinem ~ verdrängen** to banish sb/sth from one's/her/his mind
❸ (*bewusste Ansichten*) consciousness
❹ (*das Wissen um etw*) ■**das ~ einer S.** *gen* the awareness of sth; **jdm zu[m] ~ kommen** to become clear to sb; **etw mit [vollem] ~ tun** to do sth intentionally; **im ~ einer S.** *gen* in the knowledge of sth; ***das ~, dass er im Recht war, verlieh ihm Kraft*** the knowledge that he was in the right gave him strength

Bewusstseinsbildung[RR] *f* creation of awareness **bewusstseinserweiternd**[RR] *adj* PHARM, PSYCH mind-expanding; **~e Drogen** psychedelic [*or* hallucinogenic] [*or* consciousness-expanding] drugs **Bewusstseinserweiterung**[RR] *f* PSYCH expansion of the mind [*or* one's consciousness] **Bewusstseinsspaltung**[RR] *f* MED, PSYCH split[ting of the] consciousness, schizophrenia **Bewusstseinsstörung**[RR] *f* disturbance of consciousness, consciousness disorder; **kurzzeitige ~** blackout, blank; **traumhafte ~** dreamy state **Bewusstseinsveränderung**[RR] *f* change of awareness **Bewusstseinsverlust**[RR] *m* MED loss of consciousness, unconsciousness, blackout

bez. *adv s.* **beziehungsweise**

bezahlbar *adj* affordable; ***es ist zwar teuer, aber für die meisten doch noch ~*** although it is expensive, most people can still afford it

bezahlen* **I.** *vt* ❶ (*begleichen*) ■**[jdm] etw ~** to pay [sb] sth; ***wenn Sie mir 100 Mark ~, verrate ich alles!*** give me DM 100 and I'll tell you everything!; ***die Rechnung muss gleich bezahlt werden*** the bill must be settled immediately; ***ich bezahle den Wein!*** I'll pay for the wine!
❷ (*entlohnen*) ■**jdn [für etw] ~** to pay sb [for sth]
❸ (*euph: kaufen*) ■**jdm etw ~** to pay for [*or* buy] sth for sb; *s. a.* **Leben**
II. *vi* to pay; **[Herr Ober,] [bitte] ~!** waiter, the bill please!

Bezahlfernsehen *nt* pay TV

bezahlt *adj* paid; **~e Schulden** paid [-off] [*or* settled] debts; **etw ~ bekommen [*o fam* kriegen]** to be paid for sth; **ein Essen/Getränk/eine Hotelübernachtung ~ bekommen** to have a meal/drink/stay in a hotel paid for
► WENDUNGEN: **als ob jd es ~ bekäme** (*fam*) for all sb is worth; **sich [für jdn] ~ machen** to pay [*or* be worth the trouble] [for sb]

Bezahlung *f* ❶ (*das Bezahlen*) payment; *von Schulden a.* settlement, settling; *von Getränken, Speisen* paying for; ***denk bitte an die ~ der Miete!*** don't forget to pay the rent!
❷ (*Lohn, Gehalt*) pay; ***für den Auftrag hatte er $10.000 als ~ erhalten*** he received payment of $10,000 for the contract; **ohne/gegen ~** without payment/for payment

bezähmen* **I.** *vt* (*geh*) ■**etw ~** to keep sth under control; **den Durst/Hunger ~** to master [*or* bear] one's thirst/appetite; **die Neugierde ~** to restrain one's curiosity
II. *vr* ■**sich ~** to control [*or* restrain] oneself

bezaubern* **I.** *vt* ■**jdn ~** to enchant sb
II. *vi* to enchant

bezaubernd *adj* ❶ (*entzückend*) enchanting; ***das ist wirklich ein ~es Kaffeeservice!*** that is really a delightful [*or* charming] coffee set!; ***sie war eine Frau von ~er Schönheit*** she was a woman of captivating beauty
❷ (*iron*) ***das sind ja ~e Aussichten!*** what fine prospects!; ***wirklich ~!*** that's really great!, oh how wonderful!

bezecht *adj* (*fam*) drunk, BRIT *fam a.* tight

bezeichnen* **I.** *vt* ❶ (*benennen*) ■**jdn/etw [als jdn/etw] ~** to call sb/sth [sb/sth]; ***dein Verhalten kann man nur als ungehörig ~!*** your behaviour can only be described as impertinent!
❷ (*bedeuten*) ■**etw ~** to denote sth
❸ (*genau beschreiben*) ■**[jdm] etw ~** to describe sth [to sb]
❹ (*kennzeichnen*) ■**etw [durch/mit etw] ~** to mark sth [with sth]; LING, MUS to indicate sth [with sth]
II. *vr* (*sich benennen*) ■**sich als jd/etw ~** to call oneself sb/sth; ***sie bezeichnet sich als großzügig*** she describes herself as generous

bezeichnend *adj* (*charakteristisch*) characteristic, typical; ■**etw ist ~ für jdn/etw** sth is typical of sb/sth

bezeichnenderweise *adv* typically

Bezeichnung *f* ❶ (*Ausdruck*) term
❷ (*Kennzeichnung*) marking; (*Beschreibung*) description; ***die ~ auf der Verpackung ist wenig informativ*** the description on the packaging doesn't give much useful information

Bezeichnungsschutz *m* JUR protection of trade mark

bezeugen* *vt* ❶ JUR ■**etw ~** (*als Zeuge bestätigen*) to testify to sth; (*bestätigen*) to attest sth; ■**~, dass ...** to testify [*or* show] [*or* prove] that ...
❷ (*geh: nachweisen*) ■**jdm etw ~** to prove sth to sb

bezichtigen* *vt* ■**jdn [einer S.** *gen*] **~** to accuse sb [of sth]; ■**jdn ~, etw getan zu haben** to accuse sb of having done sth

beziehbar *adj* ❶ (*bezugsfertig*) ready for occupation [*or* to move into]
❷ ÖKON (*erhältlich*) obtainable

beziehen* *irreg* **I.** *vt* ❶ (*mit Bezug versehen*) ■**etw [mit etw] ~** to cover sth [with sth]; **die Bettwäsche neu ~** to change the bed[linen] [*or* sheets]; **etw neu ~** to re-cover sth; MUS (*bespannen*) to string
❷ (*in etw einziehen*) ■**etw ~** to move into sth
❸ *bes* MIL (*einnehmen*) ■**etw ~** to take up sth; **einen Standpunkt ~** to adopt a point of view
❹ ÖKON (*sich beschaffen*) ■**etw [von jdm] ~** to obtain [*or* get] sth [from sb]; **eine Zeitschrift ~** to take [*or* AM subscribe to] a magazine
❺ FIN (*erhalten*) ■**etw [von jdm/etw] ~** to receive [*or* draw] sth [from sb/sth]
❻ SCHWEIZ (*einziehen*) to collect
❼ (*fam: bekommen*) to get; ***du beziehst gleich eine Ohrfeige, wenn du nicht mit dem Blödsinn aufhörst!*** I'll box your ears in a minute if you don't stop messing around!
❽ (*in Beziehung setzen*) ■**etw auf jdn/etw ~** to apply sth to sb/sth; ***warum bezieht er [bloß] immer alles auf sich?*** why does he always [have to] take everything personally?
II. *vr* ❶ (*sich bedecken*) ■**sich ~** to cloud over, to become overcast; **mit Wolken bezogen** clouded over
❷ (*betreffen*) ■**sich auf jdn/etw ~** to refer to sb/sth
❸ (*sich berufen*) ■**sich auf jdn/etw ~** to refer to sb/sth

Bezieher(in) <-s, -> *m(f)* FIN drawer, recipient; MEDIA (*Abonnent*) subscriber; **~ von Waren** buyers [*or* purchasers] of goods

Beziehung <-, -en> *f* ❶ (*Verbindung*) ■**die/jds ~ zu etw** the/sb's relationship with sth; **zwischen etw und jdm/etw besteht eine/keine ~** there is a/no connection between sth and sb/sth; **etw zu etw in ~ setzen [*o* bringen]** to connect sth with sth; ***als Tagträumer ist es leicht die ~ zur Realität zu verlieren*** it's easy for a daydreamer to lose his [*or* her] grasp of reality
❷ *meist pl* (*fördernde Bekanntschaften*) connections *npl*; **~en haben** to have connections; **seine ~en spielen lassen** to pull [some] strings
❸ (*Verhältnis*) relationship; (*sexuell*) [sexual] relationship; ***ich habe zur heutigen Jugend keine ~*** I can't relate to the youth of today; **diplomatische ~en** diplomatic relations; **diplomatische ~en aufnehmen/abbrechen** to establish/break off diplomatic relations; ■**jds ~ zu/mit jdm** sb's relationship with sb; **intime [*o* sexuelle] ~en [zu jdm] haben [*o* unterhalten]** to have intimate relations [with sb]; **menschliche ~en** human relations; **keine ~ zu jdm/etw haben** to have no feeling for [*or* be unable to relate to] sb/sth
❹ (*Hinsicht*) respect; **in einer/keiner ~** in one/no respect [*or* way]; **in jeder ~** in every respect; **in mancher ~** in many respects
❺ (*Zusammenhang*) connection; **in einer/keiner ~ zueinander stehen** to have a/no connection with one another

Beziehungskiste *f* (*sl*) relationship

beziehungslos *adj* unconnected, unrelated

Beziehungslosigkeit <-> *f kein pl* unconnectedness, unrelatedness

beziehungsweise *konj* or rather

beziffern* **I.** *vt* (*in Zahlen ausdrücken*) ■**etw [mit etw** *dat*/**auf etw** *akk*] **~** to estimate sth [at sth]
II. *vr* (*sich belaufen*) ■**sich** *akk* **auf etw** *akk* **~** to come to sth; ***die Gesamtzahl der Demonstranten bezifferte sich auf über 500.000*** the number of demonstrators numbered more than 500,000

Bezifferung <-, -en> *f* ❶ (*das Beziffern*) estimate; ***zurzeit ist noch keine exakte ~ der entstandenen Verluste möglich*** at the moment it is difficult to put an exact figure on the losses incurred
❷ (*Gesamtheit erwähnter Zahlen*) numbering; ***bei der ~ der Seiten wurden einige Fehler gemacht*** there were some mistakes in the page numbering

Bezirk <-[e]s, -e> *m* ❶ (*Gebiet*) district
❷ ÖKON (*Vertretungsgebiet*) region
❸ ADMIN ÖSTERR, SCHWEIZ (*Verwaltungs~*) [administrative] district
❹ (*Fachbereich*) field, domain, sphere

bezirklich *adj inv* district

Bezirksamt *nt* district authority **Bezirksbeirat** *m* district council **Bezirksbürgermeister(in)** *m(f)* borough mayor **Bezirkschef(in)** *m(f)* district leader **Bezirksebene** *f* district [*or* regional] level **Bezirksgericht** *nt* JUR ÖSTERR, SCHWEIZ (*Amtsgericht*) ≈ county [*or* AM district] court **Bezirkshauptmann, -männin** *m, f* ÖSTERR *chief officer of an administrative district* **Bezirksjugendrichter(in)** *m(f)* JUR district juvenile court judge **Bezirksklasse** *f*, **Bezirksliga** *f* SPORT district [*or* local] league **Bezirksleiter(in)** *m(f)* district leader **Bezirksleitung** *f* district administration **Bezirksnotar(in)** *m(f)* JUR district notary **Bezirksregierung** *f* district authority **Bezirks-**

schule *f* SCHWEIZ district school **Bezirksspital** *nt bes* SCHWEIZ (*Kreiskrankenhaus*) district hospital **Bezirksstaatsanwalt, -anwältin** *m, f* JUR district attorney AM **Bezirksstadt** *f* ADMIN *s.* **Kreisstadt** **Bezirksvertretung** *f* local agency, regional office **Bezirksverwaltung** *f* district [*or* regional] administration [*or* authority] **Bezirksvorsitzende(r)** *f(m) dekl wie adj* chairperson [*or masc* chairman] [*or fem* chairwoman] of the district council **Bezirksvorsteher(in)** *m(f)* ADMIN head of district administration

bezirzen* *vt* (*fam*) ■**jdn** ~ to bewitch sb, to wrap sb round one's little finger

Bezogene(r) *f(m) dekl wie adj* FIN, ÖKON drawee

bezug *s.* **Bezug 8**

Bezug <-[e]s, Bezüge> *m* ❶ (*Kissen~*) pillowcase; (*Bett~*) duvet [*or* quilt] [*or* BRIT *a.* eiderdown] cover
❷ (*Bezugsstoff*) covering
❸ ÖKON (*das Beziehen*) buying, purchasing; *einer Publikation* subscription (+*gen* to)
❹ FIN (*das Erhalten*) drawing, receiving; ■**der ~ von etw** the drawing [*or* receiving] of sth; SCHWEIZ (*das Einziehen*) collection
❺ *pl* (*Einkünfte*) income *sing*, earnings *pl*
❻ (*Verbindung*) *s.* **Beziehung 1**
❼ SCHWEIZ (*das Beziehen*) moving in[to]
❽ (*geh: Berufung*) reference; ~ **auf etw** *akk* **nehmen** to refer to sth; ~ **nehmend auf etw** *akk* with reference to sth, referring to sth
❾ (*Hinsicht*) ■**in ~ auf etw** *akk* with regard to …; **in ~ darauf** regarding that; **mit** [*o* **unter**] ~ **auf** *akk* **…** (*geh*) with reference to …

Bezüger(in) <-s, -> *m(f)* SCHWEIZ (*Bezieher*) drawer, recipient; *von Waren* buyer, purchaser; *Zeitung* regular reader (+*gen* of), subscriber (+*gen* to)

bezüglich **I.** *präp* (*geh*) ■~ **einer S.** *gen* regarding [*or* with regard to] sth
II. *adj* LING relative; **das ~e Fürwort** the relative pronoun; ■**auf etw** *akk* ~ relating to sth

Bezugnahme <-, -n> *f* **unter ~ auf etw** *akk* (*geh*) with reference to sth

bezugnehmend *adv s.* **Bezug 8**

Bezugsaktie *f* BÖRSE new share [*or* AM stock] **Bezugsanweisung** *f* HANDEL delivery order **Bezugsbasis** *f* basis of comparison **Bezugsbedingung** *f* condition of purchase; *Zeitung* term[s] of subscription **bezugsberechtigt** *adj* ÖKON, ADMIN entitled [to receive [*or* draw] sth]; ■[**für** [*o* **zu**] **etw**] ~ **sein** to be entitled [to sth] **Bezugsberechtigte(r)** *f(m) dekl wie adj* ÖKON, ADMIN beneficiary **Bezugsbeschränkungen** *pl* FIN procurement restrictions **Bezugsbindung** *f* FIN procurement tying **Bezugsdauer** *f kein pl* HANDEL subscription period **bezugsfertig** *adj* ready to move into [*or* for occupation] **Bezugsgenehmigung** *f* FIN purchasing authorization **Bezugsgröße** *f* ❶ HANDEL reference value ❷ FIN unit of reference **Bezugsleinen** *nt* TYPO book [*or* covering] cloth **Bezugsmenge** *f* HANDEL reference quantity **Bezugsmöglichkeiten** *pl* FIN reference size **Bezugspapier** *nt* TYPO (*Buch*) covering paper **Bezugspatent** *nt* related patent **Bezugsperiode** *f* HANDEL subscription period **Bezugsperson** *f* PSYCH, SOZIOL ≈ role model (*a person on whom sb models their thinking and behaviour due to their personal relationship*) **Bezugspflicht** *f* HANDEL obligation to buy **Bezugsprämie** *f* BÖRSE call premium **Bezugspreis** *m* subscription price [*or* rate] **Bezugspunkt** *m* point of reference **Bezugsquelle** *f* source of supply **Bezugsrahmen** *m* frame [*or* terms] of reference **Bezugsrecht** *nt* BÖRSE ~ **auf Gratisaktien** option on bonus shares [*or* AM stock]; JUR subscription right **Bezugsrechtskurs** *m* BÖRSE subscription price **Bezugsschein** *m* ÖKON [ration] coupon **Bezugssperre** *f* FIN refusal to buy **Bezugsstoff** *m* cover material **Bezugsverpflichtung** *f* HANDEL procurement duty **Bezugsvertrag** *m* JUR supply [*or* purchase] contract **Bezugswert** *m* relative value **Bezugszeichen** *nt* reference mark **Bezugszeitraum** *m* HANDEL reference period

bezuschussen* *vt* FIN ■**jdn/etw** ~ to subsidize sb/sth

Bezuschussung *f* FIN subsidization

bezuschussungsfähig *adj inv* FIN eligible [for a grant]

bezwecken* *vt* ❶ (*bewirken*) ■**etw/nichts** [**bei jdm**] ~ to achieve sth/nothing [with sb]; ***Ermahnungen ~ [bei ihr] gar nichts mehr*** warnings don't have any effect [on her] any more
❷ (*beabsichtigen*) ■**etw** [**mit etw**] ~ to aim to achieve sth [with sth]; ■**etw** ~ to have sth as its object

bezweifeln* *vt* ■**etw** ~ to question sth; ■~, **dass** to doubt that, to question whether; ***ich will nicht einmal ~, dass …*** I don't doubt for a moment that …; ***es ist doch sehr zu ~, dass …*** it is highly questionable whether …

bezwingen* *irreg* **I.** *vt* ❶ (*besiegen*) ■**jdn** ~ to defeat sb; **einen Gegner** ~ to beat [*or* defeat] an opponent
❷ (*überwinden*) ■**etw** ~ to capture [*or* take] sth; **einen Anstieg/einen Pass** ~ to negotiate a climb/pass; **einen Berg** ~ to conquer a mountain
❸ (*bezähmen*) ■**etw** ~ to keep sth under control; **den Durst/Hunger/Schmerz** ~ to master [*or* bear] one's thirst/appetite/pain; **Emotionen** ~ to overcome emotions; **die Neugierde** ~ to restrain one's curiosity; **den Zorn** ~ to contain one's anger
II. *vr* ■**sich** ~ to restrain onseself; ***wenn ich Pralinen sehe, muss ich zugreifen, da kann ich mich einfach nicht ~!*** when I see chocolates, I have to have some, I simply can't help myself!

Bezwinger(in) <-s, -> *m(f)* conqueror, defeater

BfA <-> *f kein pl Abk von* **Bundesversicherungsanstalt für Angestellte** *Federal Insurance Office for Salaried Employees*

BGB <-> *nt kein pl Abk von* **Bürgerliches Gesetzbuch** the German civil code

BGB-Gesellschaft *f* JUR civil partnership

BGH <-s> *m Abk von* **Bundesgerichtshof**

BGS *m Abk von* **Bundesgrenzschutz** Federal Border Police

BH <-[s], -[s]> *m Abk von* **Büstenhalter** bra *fam*

Bhagwan <-s, -s> *m* (*Träger des hinduistischen Ehrentitels*) Bhagavat, Bhagavad; (*Leiter der Sekte*) Bhagavata

Bhagwananhänger(in) *m(f)* Bhagavata follower **Bhagwankommune** *f* Bhagavata commune **Bhagwankult** *m* Bhagavata cult

Bhf. *m Abk von* **Bahnhof** sta., stn.

Bhutan <-s> *nt* Bhutan; *s. a.* **Deutschland**

Bhutaner(in) <-s, -> *m(f)* Bhutanese; *s. a.* **Deutsche(r)**

bhutanisch *adj* Bhutanese; *s. a.* **deutsch**

bi *adj pred* (*sl*) bi *pred sl*

Biathlon <-s, -s> *nt* biathlon

bibbern *vi* (*fam*) ■[**vor etw** *dat*] ~ to tremble [*or* shake] [with sth]; (*vor Kälte*) to shiver; ■**um etw** ~ to fear for sth; **um sein Leben** ~ to fear for one's life

Bibel <-, -n> *f* Bible

bibelfest *adj* well-versed in the Bible *pred* **Bibelgesellschaft** *f* Bible society **Bibelspruch** *m* Biblical saying [*or* quotation] **Bibelstelle** *f* passage [*or* text] from the Bible **Bibelstunde** *f* Bible study **Bibeltext** *m* ❶ (*Text der Bibel*) text of the Bible ❷ *s.* **Bibelstelle** **Bibelvers** *m s.* **Bibelspruch**

Biber <-s, -> *m* ❶ ZOOL beaver
❷ (*Biberfell*) beaver fur [*or* skin]
❸ MODE (*weicher Baumwollflanell*) flannelette

Biberbau <-baue> *m* beaver['s] lodge **Biberbetttuch**[RR] *nt* flannelette sheet **Biberbettuch** *nt s.* **Biberbetttuch** **Biberburg** *f s.* **Biberbau**

Bibernell(e) <-, -n> *f kein pl* KOCHK burnet

Biberpelz *m* beaver fur **Biberschwanz** *m* ❶ (*Schwanz eines Bibers 1.*) beaver's tail ❷ BAU (*Dachziegel*) flat roof tile

Bibliografie[RR] <-, -n> [*pl* -'fiːən] *f* VERLAG bibliography

bibliografieren*[RR] *vt* LIT ❶ (*bibliografisch verzeichnen*) ■**etw** ~ to record sth in a bibliography, to catalogue [*or* AM -og]
❷ (*bibliografische Daten feststellen*) ■**etw** ~ to take the bibliographic details of sth

bibliografisch[RR] **I.** *adj* VERLAG bibliographic[al]
II. *adv* bibliographically; **Publikationen ~ erfassen** to record publications in a bibliography

Bibliographie <-, -n> [*pl* -'fiːən] *f* VERLAG *s.* **Bibliografie**

bibliographieren* *vt* LIT *s.* **bibliografieren**

bibliographisch *adj, adv* VERLAG *s.* **bibliografisch**

bibliophil **I.** *adj* ❶ (*schöne Bücher liebend*) bibliophilic
❷ VERLAG **~e Ausgabe** collector's edition
II. *adv* VERLAG ***das Buch war ~ ausgestattet*** the book was designed for collectors [*or* bibliophiles]

Bibliothek <-, -en> *f* ❶ (*Sammlung von Büchern*) library
❷ (*Gebäude einer Bücherei*) library; (*Raum mit einer Bibliothek 1.*) library

Bibliothekar(in) <-s, -e> *m(f)* librarian

bibliothekarisch *adj* as a librarian *pred*

Bibliotheksdatei *f* library file **Bibliothekskatalog** *m* library catalogue [*or* AM -og] **Bibliotheksverwaltung** *f* library management **Bibliothekswesen** <-s> *nt kein pl* librarianship **Bibliothekswissenschaft** *f* librarianship, library science

biblisch *adj* ❶ (*aus der Bibel*) biblical
❷ (*sehr hoch*) **ein ~es Alter erreichen** to reach a ripe old age

Bickbeere *f* NORDD (*Heidelbeere*) blueberry, BRIT *a.* bilberry

Bidet <-s, -s> [bi'deː] *nt* bidet

Bidon <-s, -s> [bi'dõː] *m o nt* SCHWEIZ (*Kanister*) can

bieder *adj* ❶ (*pej: einfältig*) conventional, conservative
❷ (*brav*) plain; **einen ~en Geschmack** conservative taste
❸ (*veraltend: rechtschaffen*) upright

Biederkeit <-> *f kein pl* (*pej*) conservatism, conventionality

Biedermann <-männer> *m* (*pej*) upright citizen

Biedermeier <-s> *nt kein pl* Biedermeier [period [*or* style]]; ***Spitzweg ist ein typischer Maler des ~*** Spitzweg was a typical painter of the Biedermeier period [*or* after the Biedermeier style]

biegen <bog, gebogen> **I.** *vt haben* ❶ ■**etw** ~ to bend sth; ■[**jdm**] **etw** ~ to bend [*or* flex] sth [to sb]; *s. a.* **gebogen**
❷ LING ÖSTERR (*flektieren*) to inflect
► WENDUNGEN: **auf B~ oder Brechen** (*fam*) by hook or by crook; **es geht auf B~ oder Brechen** (*fam*) it's all or nothing [*or* do or die]
II. *vi sein* (*abbiegen*) ■**jd/etw irgendwohin** ~ sb/sth turns somewhere; ***bei der Ampel biegst du links*** turn left at the lights; ***wenn ich nicht nach links gebogen wäre, hätte mich der Lkw voll erwischt!*** if I hadn't swerved to the left the lorry would have hit me full on!; ***sie ist mit dem Fahrrad zu schnell um die Kurve gebogen*** she took the corner too quickly on her bike; (*umbiegen*) to curve; ***Vorsicht, gleich biegt die Straße scharf nach links!*** careful, the road curves sharply to the left in a moment
III. *vr haben* ❶ (*sich krümmen*) ■**sich** ~ + *Richtungsangabe* to bend; ***das Auto ist gerade in eine Nebenstraße gebogen*** the car has just turned into a side street
❷ (*sich verziehen*) ■**sich** ~ to go out of shape; ***im Wind bogen sich die Bäume*** the trees swayed in the wind; ***die Tafel bog sich [fast] unter der Last der Speisen*** the table was [almost] groaning under the weight of the food

biegsam *adj* ❶ (*elastisch*) supple, lithe
❷ (*flexibel*) flexible; **~er Einband** limp binding [*or* book cover]
❸ (*leicht zu biegen*) ductile

Biegsamkeit <-> *f kein pl* ❶ (*Elastizität*) suppleness, litheness
❷ (*Flexibilität*) ductility

B

Biegung <-, -en> *f* ① *(Kurve)* bend; ***der Fluss wand sich in [schlangenförmigen] ~en durch das Tal*** the river flowed snake-like through the valley; **eine ~ machen** to turn; MED *(Krümmung)* curvature
② LING ÖSTERR *(Flexion)* inflection

Biene <-, -n> *f* ① *(Tier)* bee
② *(veraltend sl: nettes Mädchen)* bird *sl*

Bienenfleiß *m* [great] industriousness; ***sie machte sich mit ~ an die Arbeit*** she went about the work, busy as a beaver **Bienenfresser** *m* ORN bee-eater **Bienengift** *nt* PHARM bee poison **Bienenhaus** *nt* apiary **Bienenhonig** *m* bees' [*or* natural] honey **Bienenkönigin** *f* queen bee **Bienenkorb** *m* beehive **Bienenschwarm** *m* swarm of bees **Bienenstand** *m* group of beehives **Bienenstich** *m* ① *(Stich einer Biene)* bee sting ② *(Kuchen) flat cake with an almond and sugar coating and a custard or cream filling* **Bienenstock** *m* beehive **Bienentanz** *m* bee dancing **Bienenvolk** *nt* bee colony **Bienenwabe** *f* honeycomb **Bienenwachs** *nt* beeswax **Bienenzucht** *f* bee-keeping, apiculture **Bienenzüchter(in)** *m(f)* bee-keeper, apiarist *spec*

Biennale <-, -n> [biɛ'na:lə] *f* KUNST, FILM *biennial arts exhibition or show*

Bier <-[e]s, -e> *nt* beer; ***ein kleines/großes ~, bitte!*** a small/large beer, please!, a half [pint]/pint [of beer], please!; **~ vom Fass** draught beer; **dunkles/helles ~** dark/light beer, ale [*or* BRIT *a.* bitter]/lager
▸ WENDUNGEN: **das ist mein/dein ~** *(fam)* that's my/your business [*or* affair]; **das ist nicht mein/sein ~** *(fam)* that's nothing to do with me/him [*or* not my/his problem]

Bierausschank *m* pub BRIT, alehouse BRIT, bar AM **Bierbauch** *m (fam)* beer belly, potbelly, beer gut *fam* **Bierbrauer(in)** *m(f)* brewery; *(person)* brewer **Bierbrauerei** *f* brewery

Bierchen <-s, -> *nt (fam)* a [little] [glass of] beer; ***wollen wir ein ~ trinken gehen?*** shall we go for a quick one? [*or* BRIT *fam* swift half?]

Bierdeckel *m* beer mat **Bierdose** *f* beer can **Bierernst** *m (fam)* deadly seriousness

bierernst *adj inv (fam)* dead[ly] serious

Bieressig *m* malt vinegar **Bierfass^RR** *nt* beer barrel [*or* keg] **Bierfilz** *m* beer mat **Bierflasche** *f* beer bottle **Biergarten** *m* beer garden **Biergeruch** *m* smell of beer **Bierglas** *nt* beer glass **Bierhefe** *f* beer [*or* AM brewer's] yeast **Bierkasten** *m* crate of beer **Bierkeller** *m* ① *(Kellerwirtschaft)* bierkeller BRIT, beer-drinking establishment ② *(Lager für Bier)* beer cellar **Bierkneipe** *f* pub BRIT, bar AM **Bierkrug** *m (Krug für Bier: aus Glas)* tankard; *(aus Steingut)* stein **Bierlaune** *f (fam)* ▸ WENDUNGEN: **in einer ~, aus einer ~ heraus** in a high-spirited mood [after a few beers] **Bierleiche** *f (fam)* [sb who is dead] drunk [due to drinking beer] **Bierpression** *f* bar room pump **Bierschaum** *m* froth, head, foam **Bierschinken** *m* KOCHK ≈ ham sausage *(type of sausage containing large pieces of ham)* **Bierseidel** <-s, -> *nt* tankard, beer mug **Biersteuer** *f* FIN beer tax **Bierverleger** *m* FIN beer wholesaler, brewer's agent **Bierwürze** *f* wort **Bierzelt** *nt* beer tent

Biese <-, -n> *f* MODE *(Besatz)* piping; *(Fältchen)* tuck; ***Röcke mit ~n sind früher mal Mode gewesen*** pleated skirts used to be fashionable; *(Ziernaht)* decorative seam

Biest <-[e]s, -er> *nt (fam)* ① *(pej: lästiges Insekt)* [damn *fam*] bug; ***ach, diese Mücken! hat mich schon wieder so ein ~ gestochen!*** oh, these mosquitos! another one of the damn things has just bitten me! *fam*; *(bösartiges Tier)* creature; ***sei vorsichtig mit diesem Pferd, das ~ schlägt gerne aus!*** be careful with this horse, the brute likes to kick!
② *(pej: bösartiger Mensch)* beast; ***sie kann manchmal ein ~ sein*** sometimes she can be a [right] bitch
▸ WENDUNGEN: **ein süßes ~** a real temptress

biestig I. *adj (fam)* beastly *fam*, horrible *fam*
II. *adv* nastily

bieten <bot, geboten> **I.** *vt* ① *(anbieten)* ▪**[jdm] etw [für etw] ~** to offer [sb] sth [for sth]
② *(geben)* ▪**[jdm] etw ~** to give [sb] sth; **eine Gelegenheit/Möglichkeit ~** to offer [*or* give] an opportunity/possibility; **Gewähr ~** to provide guarantee; **Sicherheit/Schutz ~** to provide security/safety
③ *(aufweisen)* ▪**[jdm] etw ~** to have sth [for sb]; ***das Hochhaus bietet fünfzig Familien Wohnung*** the multi-storey building has [*or* provides] flats for fifty families; ***diese Häuser ~ betuchten Kunden viel Luxus*** these houses offer well-to-do buyers a lot of luxury; **Probleme/Schwierigkeiten ~** to present problems/difficulty
④ *(zeigen, darbieten)* ▪**[jdm] etw ~** to present [sb] with sth; **einen Film/ein Theaterstück ~** to show [*or* put on] a film/theatre [*or* AM -er] production; **eine Leistung ~** to give [*or* put on] a performance
⑤ *(anbieten)* ▪**[jdm] etw ~** to offer [sb] sth; ***die Leute wollen, dass ihnen Nervenkitzel, Spannung und Sensationen geboten werden*** people want [to be offered] thrills, spills and excitement; **[jdm] etwas/nichts zu ~ haben** to have sth/nothing to offer [to] [sb]
⑥ *(pej: zumuten)* ▪**jdm etw ~** to serve sth up to sb; ***was einem heutzutage an Kitsch geboten wird!*** the rubbish that's served up [*or* that we're expected to put up with] today!; ***so etwas ließe ich mir nicht ~!*** I wouldn't stand for [*or* put up with] it!
II. *vi* ① KARTEN *(ansagen)* to bid
② *(ein Angebot machen)* to [make a] bid
III. *vr* ① *(sich anbieten)* ▪**sich [jdm] ~** to present itself [to sb]
② *(sich darbieten)* ▪**sich jdm/einer S. ~** to present to sb/sth; ***was für ein grässlicher Anblick bot sich den Zuschauern!*** the spectators were confronted with a horrendous sight!
③ *(zumuten)* ▪**sich dat etw ~/nicht ~ lassen** to [not] stand for [*or* put up with] sth

Bieter(in) <-s, -> *m(f)* bidder

Bietungsabkommen *nt* JUR bidding agreement **Bietungsschluss^RR** *m* JUR tender date **Bietungsvollmacht** *f* JUR authorization to bid

Bigamie <-, -n> [*pl* -'mi:ən] *f* JUR bigamy

Bigamist(in) <-en, -en> *m(f)* JUR bigamist

bigamistisch *adj inv* bigamous

Big Bang <-s> ['bɪg'bæŋ] *m kein pl* ASTRON big bang, big-bang theory

bigott *adj (frömmelnd)* devout; *(scheinheilig)* hypocritical

Bigotterie <-, -n> *f* ① *kein pl (Scheinheiligkeit, Frömmelei)* bigotry, piousness
② *(selten: bigotte Handlungsweise oder Äußerung)* bigotry, pious behaviour [*or* AM -or]/remark

Biker(in) <-s, -> ['bajke] *m(f) (sl)* biker *fam*

Bikini <-s, -s> *m* bikini

Bikinizone *f* bikini area

Bilanz <-, -en> *f* ① ÖKON balance sheet; **eine ~ aufstellen** ÖKON to draw up a balance sheet; **~ machen** *(fam)* to check [out] one's finances *fam*
② *(Ergebnis)* end result; **[die] ~ [aus etw] ziehen** *(fig)* to take stock [of sth]

Bilanzabschluss^RR *m* FIN financial statement **Bilanzänderung** *f* FIN change to a balance **Bilanzansatz** *m* FIN [valuation [*or* recording] of a] balance sheet item **Bilanzaufbereitung** *f* FIN reshuffling of balance sheet items **Bilanzaufstellung** *f* FIN making up a balance sheet **Bilanzausgleichsposten** *m* FIN adjustment item **Bilanzausschuss^RR** *m* FIN financial audit committee **Bilanzauswertung** *f* FIN balance sheet evaluation **Bilanzauszug** *m* FIN condensed balance sheet **Bilanzbereinigung** *f* FIN balance sheet adjustment **Bilanzbericht** *m* FIN balance sheet record **Bilanzberichtigung** *f* FIN debit and credit memorandum **Bilanzberichtigungen** *pl* FIN corrections of the balance sheet **Bilanzbuchhalter(in)** *m(f)* ÖKON accountant **Bilanzbuchhaltung** *f* FIN auditing department **Bilanzdelikt** *nt* FIN accounting fraud **Bilanzergebnis** *nt* FIN profit/loss *(according to balance sheet)* **Bilanzfälschung** *f* FIN falsification of a balance sheet, window dressing *fam* **Bilanzfrisur** *f* FIN *(fam)* window dressing *fam* **Bilanzgewinn** *m* FIN distributable [*or* disposable] profit **Bilanzgliederung** *f* FIN balance sheet layout **Bilanzidentität** *f* FIN correspondence of closing and opening balance sheets

bilanziell *adj* FIN balance-sheet *attr*; **~e Vorsorge** *eines Unternehmens* provisions as shown on the balance sheet

bilanzieren* ÖKON **I.** *vi* ÖKON to balance; ***das Konto bilanziert mit DM 1000*** the balance of [*or* on] the account is DM 1000
II. *vt* ▪**etw ~** to balance sth; *(fig)* to assess sth, to sum up sth *sep*

Bilanzierung <-, -en> *f* FIN drawing up a balance sheet, balancing of accounts

Bilanzierungsfähigkeit *f kein pl* FIN item which can be included in the balance sheet **Bilanzierungsgesetzgebung** *f* JUR, FIN accounting legislation **Bilanzierungsgrundsätze** *pl* FIN accounting axioms **Bilanzierungspflicht** *f* JUR, FIN accounting duty **bilanzierungspflichtig** *adj inv* FIN, JUR to be shown in the balance sheet *pred* **Bilanzierungsrecht** *nt kein pl* JUR balance sheet law **Bilanzierungsregel** *f* FIN accountancy [*or* accounting] rule **Bilanzierungsrichtlinien** *pl* FIN accounting principles **Bilanzierungsverbot** *nt* FIN accounting ban **Bilanzierungsverstoß** *m* FIN accounting offence **Bilanzierungsvorbehalt** *m* FIN accounting reservation **Bilanzierungsvorschriften** *pl* FIN accounting rules, balance sheet regulations **Bilanzierungsvorteil** *m* FIN accounting advantage **Bilanzierungswahlrecht** *nt* FIN accounting election **Bilanzierungszweck** *m* FIN accounting objective

Bilanzklarheit *f* FIN principle of unambiguous presentation [of balance sheet items] **Bilanzkontinuität** *f* FIN continuity of a balance sheet **Bilanzkonto** *nt* FIN balance[-sheet] account **Bilanzkosmetik** *f* creative accounting, window dressing **Bilanznichtigkeit** *f* FIN accounting irrelevance **Bilanzposten** *m* FIN item on a balance sheet **Bilanzprüfer(in)** *m(f)* auditor **Bilanzprüfung** *f* FIN balance-sheet audit **Bilanzrecht** *nt kein pl* JUR balance sheet law **Bilanzrichtlinien** *pl* FIN accounting conventions; *(EU-Richtlinie)* Fourth Directive **Bilanzsaldo** *m* FIN [capital] balance **Bilanzsteuerrecht** *nt kein pl* JUR accounting tax law **Bilanzstichtag** *m* FIN balance-sheet date **Bilanzsumme** *f* ÖKON balance-sheet total **Bilanzüberschuss^RR** *m* FIN surplus of assets over liabilities **Bilanzverkürzung** *f* FIN balance-sheet contraction **Bilanzverlängerung** *f* FIN increase in total assets and liabilities **Bilanzverlust** *m* FIN net loss **Bilanzvermerk** *m* FIN note to the accounts **Bilanzverschleierung** *f* FIN window dressing *fam* **Bilanzvorlage** *f* FIN presentation of a balance sheet **Bilanzwahrheit** *f* FIN accuracy of balance sheet figures **Bilanzwert** *m* FIN balance-sheet value [*or* figure] **Bilanzwertfortführung** *f* FIN continuation of accounting figures **Bilanzzahlen** *f pl* FIN balance-sheet figures [*or* data + *sing/pl vb*]

bilateral *adj* bilateral

Bilch <-es, -e> *m* ZOOL dourmouse

Bild <-[e]s, -er> *nt* ① *(Fotografie)* photo[graph]; **ein ~ machen** [*o* **knipsen**] [*o* **schießen**] to take a photo[graph]; ***ich habe noch 8 ~er auf dem Film*** I've got eight photos [*or* exposures] left on the film
② KUNST *(Zeichnung)* drawing; *(Gemälde)* painting
③ TV, FILM picture
④ KARTEN **~erkarten** court [*or* picture] cards
⑤ *(Spiegel~)* reflection
⑥ *(Anblick, Ansicht)* scene; ***das ~ der Erde hat sich sehr verändert*** the appearance of the earth has changed greatly; ***vom Aussichtsturm bot sich ein herrliches ~*** there was an excellent view from the observation tower; ***diese riesigen Hochhäuser wären sicher keine Bereicherung für das ~ der Stadt*** these skyscrapers would hardly

improve the townscape; ***die hungernden Kinder boten ein ~ des Elends*** the starving children were a pathetic [*or* wretched] sight
❼ LIT (*Metapher*) metaphor, image
❽ (*Vorstellung*) picture; ***mit diesem Artikel rückte er sich ins ~*** he announced his arrival on the scene with this article; ***das in dem Werk gezeichnete ~ der Amerikaner ist sehr negativ*** the image of Americans in this work is very negative; ***von seiner zukünftigen Frau hat er schon ein genaues ~*** he already has a very good idea of what his future wife should be like
❾ THEAT (*Szene*) scene
▸ WENDUNGEN: **ein ~ für [die] Götter** (*fam*) a sight for sore eyes; **ein ~ des Jammers** (*geh*) a picture of misery; **das ist ein schwaches ~!** (*fam*) that is a [very] poor show; **etw im ~ festhalten** to capture sth on film/canvas; **ein ~ von einem Mann/einer Frau sein** to be a fine specimen of a man/woman [*or only for woman* a perfect picture of a woman]; **sich** *akk* **von jdm/etw ein ~ machen** to form an opinion about sb/sth; **sich** *dat* **von etw** *dat* **kein ~ machen** to have [absolutely] no idea of sth; ***du machst dir kein ~ davon, wie schwer das war!*** you have [absolutely] no idea [of] how difficult it was!; **jdn [über jdn/etw] ins ~ setzen** to put sb in the picture [about sb/sth]; **[über jdn/etw] im ~ sein** to be in the picture [about sb/sth]

Bildabtaster *m* INFORM scanner **Bildarchiv** *nt* MEDIA photo[graphic] archives *pl* **Bildatlas** *m* VERLAG pictorial atlas **Bildauflösung** *f* TV, INFORM, TYPO [image] resolution, picture definition **Bildausfall** *m* TV loss of picture [*or* vision] **Bildausschnitt** *m* TYPO image section, picture detail **Bildband** <-bände> *m* VERLAG book of pictures **Bildbearbeitung** *f* INFORM image processing **Bildbearbeitungsprogramm** *nt* INFORM image processing program **Bildbeilage** *f* colour [*or* AM -or] supplement **Bildbericht** *m* MEDIA photographic report **Bildbeschreibung** *f* SCH [detailed] description of a picture [*or* painting] **Bilddatei** *f* INFORM photo [*or* picture] file **Bilddiagonale** *f* ❶ TV screen diagonal ❷ KUNST, FOTO picture diagonal **Bilddokument** *nt* pictorial [*or* photographic] document **Bildelement** *nt* INFORM picture element, pixel

bilden I. *vt* ❶ (*hervorbringen*) ▪**etw ~** to form sth; ***ein Insektenstich kann eine Schwellung ~*** an insect bite can cause a swelling; ANAT ***Galle wird in der Gallenblase gebildet*** bile is formed in the gall bladder; BOT to grow sth; CHEM to produce sth
❷ LING (*formen*) ▪**etw ~** to form sth
❸ POL (*zusammenstellen*) ▪**etw ~** to form sth; **einen Ausschuss/ein Komitee ~** to set up a committee
❹ FIN (*ansammeln*) ▪**etw ~** to set up sth; **ein Vermögen ~** to build up a fortune
❺ (*darstellen*) ▪**etw ~** to make up sth; **eine Gefahr/ein Problem/eine Regel ~** to constitute a danger/problem/rule
❻ (*mit Bildung versehen*) ▪**jdn ~** to educate sb; ***die vielen Reisen haben ihn spürbar gebildet*** his many travels have noticeably broadened his mind
❼ KUNST (*formen*) ▪**etw [aus etw] ~** to make sth [from sth]; ***die Krüge hatte er aus Ton gebildet*** he had made the jugs out of clay
II. *vr* ❶ (*entstehen*) ▪**sich ~** to produce; CHEM to form; BOT to grow
❷ (*sich Bildung verschaffen*) ▪**sich [aus etw] ~** to educate oneself [from sth]
❸ (*sich formen*) ▪**sich** *dat* **etw [über jdn/etw] ~** to form sth [about sb/sth]; **eine Meinung ~** to form an opinion
III. *vi* to broaden the mind; *s. a.* **Kunst, Künstler**

bildend *adj* **die ~e Kunst** fine art[s]

Bilderausstellung *f* exhibition of paintings/photographs **Bilderbogen** *m* VERLAG pictorial broadsheet

Bilderbuch *nt* VERLAG picture book ▸ WENDUNGEN: **wie im ~** perfect; ***eine Landschaft wie im ~!*** a landscape [right out of a picture postcard]! **Bilderbuchkarriere** *f* dream [*or* brilliant] career **Bilderbuchlandung** *f* perfect [*or* textbook] landing **Bilderdruckpapier** *nt* TYPO illustration printing paper **Bilderfassung** *f* INFORM graphic data capture **Bildergalerie** *f* art gallery **Bildergeschichte** *f* picture story **Bilderhaken** *m* picture hook

Bilderkennung *f* picture recognition

Bilderrahmen *m* picture frame **Bilderrätsel** *nt* picture puzzle **Bilderschrift** *f* pictographic system of writing **Bilderstreit** *m* HIST iconographic controversy **Bildersturm** *m* HIST iconoclasm **Bilderstürmer** *m* HIST iconoclast

Bildfernsprecher *m* (*geh*) videophone **Bildfläche** *f* FILM, FOTO projection surface ▸ WENDUNGEN: **auf der ~ erscheinen** (*fam*) to appear on the scene; **von der ~ verschwinden** (*fam*) to disappear from the scene; ***besser, du verschwindest gleich von der ~*** you'd better make yourself scarce **Bildfolge** *f* ❶ FOTO sequence of shots [*or* pictures] ❷ FILM, TV sequence of shots **Bildfreistellung** *f* TYPO image cut-out **Bildfrequenz** *f* FILM, TV image frequency **Bildfunk** *m* picture [*or* facsimile] transmission **Bildgenauigkeit** *f* TV picture sharpness **Bildgestaltung** *f* layout; INFORM imaging

bildhaft I. *adj* vivid; **eine ~e Beschreibung** a graphic description
II. *adv* graphically, vividly; **etw ~ darstellen** to depict sth vividly; **sich etw ~ vorstellen** to picture sth vividly

Bildhauer(in) <-s, -> *m(f)* sculptor

Bildhauerei <-> *f kein pl* sculpture *no pl, no art*

Bildhauerin <-, -nen> *f fem form von* **Bildhauer**

Bildhauerkunst *f* (*geh*) sculpture *no pl, no art*

bildhübsch *adj* as pretty as a picture; ***sie ist ein ~es Mädchen*** she's a really pretty [*or* stunning] girl

Bildlauffeld *nt* INFORM scroll box **Bildlaufleiste** *f* INFORM scroll bar **Bildlaufpfeil** *m* INFORM scroll arrow

bildlich I. *adj* figurative, metaphorical; **ein ~er Ausdruck** a figure of speech
II. *adv* figuratively, metaphorically; **~ gesprochen** metaphorically speaking; **sich** *dat* **etw ~ vorstellen** to picture sth; ***stell dir das mal ~ vor!*** just try to picture it!

Bildlichkeit <-> *f kein pl* figurativeness *no pl*

Bildmanipulation *f* TYPO image manipulation

Bildmaterial *nt* [illustrative] pictures *pl*, pictorial [*or* visual] material *no pl;* SCH visual aids *pl* **Bildmischer(in)** *m(f)* TV vision mixer

Bildnis <-ses, -se> *nt* (*geh*) portrait

Bildplatte *f* video disc [*or* AM *a.* disk] **Bildplattenspieler** *m* video disc [*or* AM *a.* disk] player **Bildpunkt** *m* ❶ TYPO pixel, halftone dot; (*von Foto*) dot; (*von Monitor*) pixel ❷ MATH representative point **bildpunktorientiert** *adj* INFORM screen-oriented **Bildqualität** *f* TV, FILM picture [*or* image] quality; FOTO print quality **Bildraster** *m* TYPO halftone screen **Bildredakteur(in)** *m(f)* picture editor **Bildreportage** *f* photographic report; TV photographic documentary **Bildreporter(in)** *m(f)* photojournalist **Bildröhre** *f* TV picture tube, kinescope *spec* **Bildschärfe** *f* TV, FOTO definition *no pl, no indef art*

Bildschirm *m* INFORM [display] screen, monitor; **strahlungsarmer/monochromer ~** low-radiation/monochrome screen; **den ~ abladen/einfangen** to dump/capture the screen; **ganzer/entspiegelter ~** total/anti-reflect screen

Bildschirmabstrahlung *f* screen radiation **Bildschirmarbeit** *f* VDU work *no pl, no indef art* **Bildschirmarbeitsplatz** *m* workstation **Bildschirmauflösung** *f* screen resolution **Bildschirmausdruck** *m* screen capture **Bildschirmbrille** *f* antiglare glasses [*or* BRIT *form a.* spectacles] *pl* **Bildschirmdiagonale** *f* screen diagonal **Bildschirmende** *nt* screen end **Bildschirmfilter** *m* screen filter **Bildschirmflimmern** *nt* screen flickering **Bildschirmgerät** *nt* visual display unit **Bildschirmgröße** *f* screen size **Bildschirminhalt** *m* screen contents *pl*, contents *pl* of the screen **bildschirmkompatibel** *adj* INFORM television-compatible **Bildschirmmaske** *f* screen mask **Bildschirmrichtlinie** *f* EU guideline for work at a computer **Bildschirmschoner** *m* screen saver **Bildschirmseite** *f* screen page **Bildschirmstrahlung** *f* screen radiation **Bildschirmtext** *m* TELEK videotex, viewdata **Bildschirmtiefe** *f* screen depth **Bildschirmtreiber** *m* INFORM screen driver

bildschön *adj s.* **bildhübsch**

Bildspeicher *m* INFORM frame store **Bildstabilität** *f* image stability **Bildstelle** *f* picture and film archive **Bildstörung** *f* TV interference *no pl, no indef art* **Bildsuchlauf** *m* cue review **Bildtafel** *f* ❶ (*ausrollbare Leinwand*) projection screen ❷ (*ganzseitige Illustration*) full-page display; (*in einem Buch*) plate **Bildtelefon** *nt* videophone **Bildtext** *m* caption **Bildüberlappung** *f* TYPO image overlap [*or* overlay] **Bildüberschrift** *f* caption **Bildumkehrung** *f* TYPO image reversal

Bildung <-, -en> *f* ❶ *kein pl* (*Kenntnisse*) education *no pl;* **~/keine ~ haben** to be educated/uneducated; **höhere ~** higher education
❷ *kein pl* ANAT development *no pl*, forming *no pl*
❸ BOT forming *no pl*, development *no pl*, formation *no pl*
❹ LING forming *no pl;* ***Kleinkinder haben Schwierigkeiten mit der ~ von Sätzen*** small children have difficulty in forming sentences; (*Wort*) form
❺ *kein pl* (*Zusammenstellung*) formation *no pl; eines Fonds/Untersuchungsausschusses* setting up
❻ *kein pl* (*Erstellung*) forming *no pl*
❼ (*Gebilde*) formation

Bildungsabschluss[RR] *m* SCH [school [*or* educational]] qualifications *pl* **Bildungsangebot** *nt* educational opportunities *pl* **bildungsbeflissen** *adj* keen on self-improvement **Bildungsbericht** *m* education report **Bildungsbürger(in)** *m(f)* member of the educated classes **Bildungschancen** *pl* educational opportunities *pl* **Bildungsdefizit** *nt* deficit in education **Bildungseinrichtung** *f* (*geh*) educational establishment [*or* institution] **Bildungsforschung** *f* education research **Bildungsgang** <-gänge> *m* course [of study] **Bildungsgewebe** *nt* BOT meristem **Bildungsgrad** *m* level of education **Bildungsgut** *nt* facet of general education **Bildungshunger** *m* thirst for education **Bildungslücke** *f* gap in one's education **Bildungsminister(in)** *m(f)* Minister of Education BRIT, Education Secretary AM **Bildungsmisere** *f* dreadful state of education **Bildungsniveau** *nt* level [*or* standard] of education **Bildungspolitik** *f* education policy **bildungspolitisch** *adj inv* in terms of educational policy **Bildungsreform** *f* reform of the education system **Bildungsreise** *f* educational trip [*or* holiday] **Bildungssenator(in)** *m(f)* senator responsible for education **Bildungsservice** *m* MEDIA education service **bildungssprachlich** *adj* erudite **Bildungsstand** *m s.* Bildungsniveau **Bildungsstätte** *f* educational establishment, place [*or* seat] of learning *form* **Bildungssystem** *nt* education system **Bildungsurlaub** *m* educational holiday; ÖKON, JUR study leave *no pl* **Bildungsweg** *m* ▪**jds ~** the course of sb's education; **auf dem zweiten ~** through evening classes **Bildungswerk** *nt* educational institute **Bildungswesen** <-s> *nt kein pl* education system

Bildunterschrift *f s.* Bildtext **Bildverarbeitung** *f* TYPO, INFORM image [*or* picture] processing; **digitale ~** digital image processing **Bildvorlage** *f* TYPO picture copy **Bildwiederholfrequenz** *f* INFORM refresh rate **Bildwiederholung** *f* screen refresh **Bildwiederholungsspeicher** *m* INFORM refresh memory **Bildwörterbuch** *nt* illustrated [*or* pictorial] [*or* visual] dictionary **Bildzusammensetzung** *f* image composition **Bildzuschrift** *f* reply with a photograph enclosed

Bilge <-, -n> *f* NAUT bilge

Bilharziose <-, -n> *f* MED bilharziasis, schistosomiasis

bilingual *adj inv* bilingual
Billard <-s, -e *o* ÖSTERR -s> ['bɪljart] *nt* billiards + *sing vb;* [**mit jdm**] ~ **spielen** to play billiards [with sb]
Billardkugel *f* billiard ball **Billardstock** *m* billiard cue **Billardtisch** *m* billiard table
Billett <-[e]s, -s/-e> [bɪl'jɛ(t)] *nt* ① SCHWEIZ (*Fahrkarte*) ticket
② SCHWEIZ (*Eintrittskarte*) ticket, entrance [*or* AM admission] ticket
③ ÖSTERR (*Glückwunschkarte*) greetings [*or* AM greeting] card, note
Billetteur, Billetteuse <-s, -e> *m, f* ① SCHWEIZ (*Schaffner*) conductor *masc,* conductress *fem*
② ÖSTERR (*Platzanweiser*) usher *masc,* usherette *fem*
Billetteuse <-, -n> *f fem form von* **Billetteur**
Billiarde <-, -n> *f* thousand trillion
billig I. *adj* ① (*preisgünstig*) cheap, inexpensive; **ein ~er Preis** a low price; **ein ~er Kauf** a bargain, a good buy; **es jdm ~er machen** to reduce sth for sb; ***ich mache es Ihnen 20% ~er!*** I'll reduce it by 20% for you; **nicht ganz** [*o* **gerade**] ~ **sein** to be not exactly cheap; **etw für ~es Geld kaufen** to buy sth cheap
② (*pej: minderwertig*) cheap; ***verschone mich mit diesem ~en Kram!*** spare me this cheap junk!
③ (*pej: oberflächlich*) cheap, shabby; ***welche ~e Ausrede haben Sie diesmal?*** what feeble excuse have you got this time?; **ein ~er Trick** a cheap trick; **ein ~er Trost** cold comfort
④ (*veraltet: angemessen*) proper; **nach ~em Ermessen** as appears just [*or* fair], in one's fair judgement
II. *adv* cheaply; ~ **abzugeben** going cheap *fam;* ***„gut erhaltene Ledergarnitur ~ abzugeben"*** "leather suite in good condition at a knock-down price"; ~ **einkaufen** to shop cheaply
▶ WENDUNGEN: ~ **davonkommen** (*fam*) to get off lightly
Billiganbieter *m* supplier of cheap products
Billigarbeiter(in) *m(f)* ÖKON coolie *pej*
billigen *vt* ■**etw** ~ to approve of sth; ***die Pläne der Regierung wurden vom Parlament gebilligt*** the government's plans were approved by parliament; ■**~, dass jd etw tut** to approve of sb's doing sth; ***ich werde nicht ~, dass du dich weiter so ungebührlich verhältst!*** I cannot approve of your continuing to behave so improperly!
Billigflagge *f* NAUT (*pej fam*) flag of convenience (*i.e. Panama, Honduras, Liberia*) **Billigflug** *m* cheap flight
Billigkeit <-> *f kein pl* ① (*billiger Preis*) cheapness *no pl*
② (*pej: Oberflächlichkeit*) cheapness *no pl,* shabbiness *no pl;* ***diese Ausrede ist in ihrer ganzen ~ leicht zu durchschauen*** you can easily see through the whole feeble excuse
Billigkeitsanspruch *m* JUR equitable claim **Billigkeitsgründe** *pl* JUR reasons of equity [*or* fairness]; **aus ~n** for reasons of equity **Billigkeitshaftung** *f* JUR equitable liability **Billigkeitsrecht** *nt kein pl* JUR law of equity **billigkeitsrechtlich** *adj inv* JUR equitable
Billigkraft *f* ÖKON coolie *pej*
Billigland *nt country with cheap production and labour costs* **Billiglohnarbeit** *f* cheap labour [*or* AM -or] **Billiglohnland** *nt country with a low-wage economy* **Billigpension** *f* cheap guesthouse
Billigpreis *m* low price **Billigprodukt** *nt* cheap [*or* low-priced] product
Billigstauftrag *m* HANDEL market order
Billigung <-, *selten* -en> *f* approval; ■**die ~ einer S.** *gen* the approval of sth; ***Sie können mit der ~ der Pläne rechnen*** you can count on the plans being approved; **jds ~ finden** to meet with sb's approval
Billigware *f* ÖKON low-quality merchandise, cheap [*or* cut-price] goods *npl*
Billion <-, -en> *f* trillion
bim, bam! *interj* ding, dong!
Bimbam *m* ▶ WENDUNGEN: **ach du heiliger ~!** (*fam*) good grief! *fam*
Bimbes <-> *m kein pl* (*iron sl*) the ready [*or pl* readies] BRIT *sl,* mazuma AM *fam*
Bimetall *nt* TECH bimetallic strip
Bimmel <-, -n> *f* (*fam*) little bell
Bimmelbahn *f* HIST (*fam*) narrow-gauge railway [train] (*with a warning bell*)
bimmeln *vi* (*fam*) to ring
Bims <-es> *m* pumice
Bimsstein *m* ① GEOL pumice stone
② BAU breeze block
bin *1. pers. sing pres von* **sein**
binär *adj* binary
Binärcode *m* INFORM binary code **Binärdatei** *f* INFORM binary file **Binärdaten** *pl* binary data + *sing vb* **Binärsystem** *nt* INFORM binary number system
Binde <-, -n> *f* ① MED bandage; (*Schlinge*) sling; (*elastische* ~) [elastic] bandage; [**jdm**] **eine** [**elastische**] ~ **anlegen** to put an [elastic] bandage on sb [*or* bandage sb up]; **eine ~ um etw wickeln** to bandage sth up
② (*Monats~*) sanitary towel [*or* AM napkin]
③ (*Armband*) armband
▶ WENDUNGEN: **jdm fällt die/eine ~ von den Augen** (*geh o veraltend*) the penny drops; **jdm die ~ von den Augen nehmen/reißen** (*geh o veraltend*) to take/rip off sb's blindfold; **sich** *dat* **einen hinter die ~ gießen** [*o* **kippen**] (*fam*) to have a drink or two, to wet one's whistle *fam*
Bindeart *f* TYPO binding method, sort of binding
Bindedraht *m* BAU binding wire **Bindegewebe** *nt* ANAT connective tissue **Bindegewebsmassage** *f* massage of the connective tissue **Bindeglied** *nt* [connecting] link **Bindehaut** *f* ANAT conjunctiva **Bindehautentzündung** *f* MED conjunctivitis *no pl, no indef art* **Bindemittel** *nt* binder, binding agent; KOCHK *a.* thickener, thickening agent
binden <band, gebunden> **I.** *vt* ① (*durch Binden zusammenfügen*) ■**etw** [**zu etw**] ~ to bind [*or* tie] sth [to sth]; ***Fichtenzweige wurden zu Kränzen gebunden*** pine twigs were tied [*or* bound] [together] into wreaths; ~ ***Sie mir bitte einen Strauß roter Rosen!*** make up a bunch of red roses for me, please; ***bindest du mir bitte die Krawatte?*** can you do [up] my tie [for me], please?; ***kannst du mir bitte die Schürze hinten ~?*** can you tie my apron at the back for me, please?
② (*fesseln, befestigen*) ■**jdn/etw/ein Tier an etw** *akk* ~ to tie [up *sep*] sb/sth/an animal to sth; **jdn an Händen und Füßen** ~ to bind sb hand and foot; **jdm die Hände** ~ to tie sb's hands; ■[**sich** *dat*] **etw um etw** *akk* **binden** to tie sth round [one's] sth; ***sie band sich ein Tuch um den Kopf*** she tied a shawl round her head
③ (*festlegen*) ■**jdn** [**an jdn/etw**] ~ to bind sb [to sb/sth]; ***ein Vertrag bindet immer beide Seiten*** a contract is always binding on both parties; ***durch die Anstellung wurde sie an München gebunden*** as a result of her appointment she was tied to Munich; ***ihn band ein furchtbarer Eid*** he was bound by a terrible oath
④ (*emotional verbinden*) ■**jdn an etw** *akk* ~ to tie sb to sth; ***er hatte immer den Eindruck, dass ihn nichts an diese Stadt bindet*** he always had the impression that he had no ties with this town
⑤ (*festhalten*) ■**etw** [**mit/durch etw**] ~ to bind sth [with/by means of sth]; **Kapital** ~ to tie [*or* lock] up capital
⑥ CHEM ■**etw** ~ to bind sth
⑦ KOCHK to bind [*or* thicken] sth; **eine Soße** ~ to bind a sauce
⑧ VERLAG (*mit Einband versehen*) ■**etw** ~ to bind sth
⑨ MUS **Akkorde/Töne** ~ to slur chords/tones; **eine Note** ~ to tie a note; *s. a.* **gebunden**
▶ WENDUNGEN: **jdm sind die Hände gebunden** sb's hands are tied
II. *vi* to bind; ***dieser Klebstoff bindet gut*** this glue bonds well; *Soße* to bind
III. *vr* (*sich verpflichten*) ■**sich an jdn/etw** ~ to commit oneself to sb/sth; ***ich möchte mich momentan nicht*** ~ I don't want to tie myself down [*or* get involved] right now
bindend *adj* binding; ***ich benötige von Ihnen eine ~e Zusage*** I need a definite yes from you; ■~ [**für jdn**] **sein** to be binding [on sb]
Bindeprogramm *nt* INFORM linkage software
Binder <-s, -> *m* ① (*veraltend: Krawatte*) tie
② (*Bindemittel*) binder
③ INFORM (*Programm*) linker
④ BAU (*Fachwerk*) truss
Bindestrich *m* hyphen **Bindewort** *nt* LING conjunction
Bindfaden *m* string; ***ein Stück*** ~ a piece of string
▶ WENDUNGEN: **es regnet Bindfäden** (*fam*) it's raining cats and dogs *fam*
Bindung <-, -en> *f* ① (*Verbundenheit*) ■**jds ~ an jdn** [*o* **zu jdm**]/**an etw** *akk* sb's bond to sb/sth; ***sie hatte eine enge ~ an ihren Vater*** she had a close relationship with her father; ***er fühlte eine starke ~ an diese Frau*** he felt a strong bond towards this woman; ***die ~ an seine Geburtsstadt war groß*** the ties with his home town were strong; **flüchtige ~en eingehen** to enter into fleeting relationships
② (*Verpflichtung*) commitment; [**mit jdm**] **eine** [**neue**] ~ **eingehen** to establish [new] ties [with sb]; **eine ~ lösen/auflösen** to break off a relationship; **eine vertragliche ~ eingehen** to enter into a binding contract
③ SKI binding
④ MODE weave *no pl*
⑤ CHEM, NUKL bond
⑥ FIN tying up; ~ **von Geldmitteln** tying up funds
Bindungskraft *f,* **Bindungswirkung** *f* HANDEL *eines Angebots* conclusive effect
Bingelkraut *nt* BOT dog's mercury
binnen *präp +dat o gen* (*geh*) within; ~ **kurzem** shortly, soon
Binnenangleichung *f* HANDEL internal harmonization **Binnenbedarf** *m* ÖKON domestic demand **binnenbords** *adv inv* NAUT inboard **Binnendeich** *m* inner [*or* inland] dyke **binnendeutsch** *adj* used in Germany; **ein ~er Ausdruck** an expression used in Germany; **~e Dialekte** dialects spoken in Germany **Binnendock** *nt* inner dock **Binnenfischerei** *f* freshwater fishing *no pl, no indef art* **Binnenflotte** *f* inland waterways fleet **Binnenflüchtling** *m* POL internal refugee **Binnengewässer** *nt* inland water *no indef art* **Binnenhafen** *m* inland [*or* river] port **Binnenhandel** *m* domestic [*or* home] trade *no pl* **Binnenkonjunktur** *f* ÖKON domestic [economic] activity **Binnenkonnossement** *nt* ÖKON inland[-waterway] bill of lading **Binnenland** *nt* landlocked country **Binnenmarkt** *m* domestic [*or* home] market; **der** [**Europäische**] ~ the Single [European] Market **Binnenmarkt-Innenrecht** *nt* JUR internal EU law **Binnenmarktrecht** *nt* JUR Single Market Law **Binnenmarktrichtlinien** *pl* ÖKON Single Market guidelines **Binnenmeer** *nt* inland sea **Binnennachfrage** *f* ÖKON domestic [*or* internal] demand **Binnenschiffahrt** *f s.* **Binnenschifffahrt Binnenschiffer(in)** *m(f)* boatman on inland waters; ***er arbeitet als ~ auf einem Schleppkahn*** he works as a bargeman **Binnenschifffahrt**[RR] *f* inland navigation **Binnensee** *m* lake **Binnenverkehr** *m* inland traffic **Binnenwasserstraße** *f* inland waterway **Binnenwirtschaft** *f* ÖKON domestic [*or* internal] economy, BRIT home trade **binnenwirtschaftlich I.** *adj inv, attr* domestic *attr,* internal *attr* **II.** *adv* relating to the domestic economy; **etw ~ betrachten** to see sth in terms of the domestic economy; ~ **wichtig sein** to be important for the domestic economy **Binnenzölle** *pl* ÖKON internal duties
binokular *adj* binocular
Binom <-s, -e> *nt* MATH binomial
Binomialkoeffizient *m* MATH binomial coefficient
Binomialreihe *f* MATH binomial series + *sing vb*
Binomialverteilung *f* MATH binomial distribution
binomisch *adj* MATH binomial

Binse <-, -n> *f* BOT rush
▶ WENDUNGEN: **in die ~n gehen** (*fam*) *Vorhaben* to fall through; *Veranstaltung* to be a washout *fam; Unternehmen* to go down the drain *fam; Geld* to go up in smoke

Binsenwahrheit *f*, **Binsenweisheit** *f* truism

Bio <-> *f kein pl* SCH (*sl*) biology

bioaktiv *adj* biologically active; **~e Waschmittel** biological detergents **Biobauer, -bäuerin** *m, f* organic farmer **Biobrennstoff** *m* bio-fuel, biomass fuel **Biochemie** *f* biochemistry **Biochemiker(in)** *m(f)* biochemist **biochemisch** *adj inv* biochemical **Biochip** *nt* ELEK, ÖKOL biochip **Biodiesel(treibstoff)** *m* biodiesel **biodynamisch** *adj* organic **Bioethik** *f* bioethics + *sing vb* **Bio-Feed-back**^RR [-'fi:dbæk] *nt* INFORM, MED biofeedback

Biogas *nt* biogas **Biogasspeicher** *m* biogas reservoir **Biogasverwertung** *f* biogas utilization

Biogenese *f* biogenesis

biogenetisch *adj* biogenetic

Biograf(in)^RR <-en, -en> *m(f)* biographer

Biografie^RR <-, -n> [*pl* -'fi:ən] *f* ① (*Buch*) biography
② (*Lebenslauf*) life [history]

Biografin^RR <-, -nen> *f fem form von* **Biograf**

biografisch^RR *adj* biographical

Biograph(in) <-en, -en> *m(f) s.* **Biograf**

Biographie <-, -n> *f s.* **Biografie**

Biographin <-, -nen> *f fem form von* **Biograph** *s.* **Biograf**

biographisch *adj s.* **biografisch**

Bioindikator *m* biological [*or* ecological] indicator, indicator species + *sing vb* **Bioindustrie** *f* AGR, ÖKON organic products industry **Biokost** *f* organic food **Bioladen** *m* health-food shop [*or* AM *usu* store], wholefood shop BRIT, natural food store AM

Biologe, -login <-n, -n> *m, f* biologist

Biologie <-> *f kein pl* biology *no pl, no indef art*

Biologin <-, -nen> *f fem form von* **Biologe**

biologisch I. *adj* biological; (*natürlich*) natural; **die ~e Uhr tickt** one's biological clock is ticking [away]
II. *adv* biologically; ***immer mehr Bauern entscheiden sich, ~ anzubauen*** more and more farmers are deciding to cultivate their land naturally; **~ abbaubar** biodegradable

Biolumineszenz <-, -en> *f* BIOL bioluminescence

Biomasse *f* ÖKOL biomass; ***die absterbenden Lebewesen tragen zur Bildung von ~ bei*** dead organisms contribute to the formation of organic material **Biomechanik** *f kein pl* biomechanics + *sing vb* **Biomechanik** *f kein pl* biomechanics + *sing vb* **Biomechaniker(in)** *m(f)* biomechanic **Biomedizin** *f* biomedicine **Biomembran** *f* BIOL biological membrane

Biometrie <-> *f kein pl* biometry

Biometrik <-> *f kein pl* biometrics + *sing vb*

biometrisch *adj inv* biometric

Biomüll *m* organic waste **Bionahrungsmittel** *nt* organic food

Bionik <-> *f kein pl* bionics + *sing vb*

Biopatent *nt* biotechnology patent **Biopatentrichtlinie** *f* biotechnology patent guideline

Biophysik *f* biophysics + *sing vb*

Bioprodukt *nt* organic [*or* bio[logical]] product

Biopsie <-, -n> [*pl* -'psi:ən] *f* MED biopsy; ■**bei jdm eine ~ machen** to conduct a biopsy on sb

Biorhythmus *m* biorhythm

BIOS *nt* INFORM *Akr von* **Basic Input Output System** BIOS

Bio-Schmierstoff *m* biolubricant

Biosphäre *f kein pl* biosphere **Biosphärenreservat** *nt* biosphere reserve

Biotechnik *f* bioengineering *no pl*, biotechnics + *sing vb*

biotechnisch *adj inv* biotechnical, biotechnological

Biotechnologie <-, -n> *f* biotechnology *no pl, no art*

biotechnologisch *adj inv* biotechnological

Bioterror, Bioterrorismus *m* bioterrorism

Biotin <-s> *nt kein pl* biotin, vitamin H

Biotonne *f* bio-bin, biocontainer, biovat **Biotop** <-s, -e> *nt* ÖKOL biotope **Biotopvernetzung** *f* biotope integration **Biotreibstoff** *m* biofuel **Biowaffe** *f* bioweapon **Biowaschmittel** *nt* biological detergent **Biowissenschaften** *pl* ÖKOL life sciences *npl*

Biozid *nt* biocide

Biozönose <-, -n> *f* ÖKOL biocenose, biotic community

BIP *nt* ÖKON *Abk von* **Bruttoinlandsprodukt** GDP

bipolar *adj inv* (*geh*) bipolar

Birchermüsli^RR *nt*, **Birchermüesli**^RR *nt* SCHWEIZ *porridge-style muesli with condensed milk and grated apple*

birgt *3. pers. sing pres von* **bergen**

Birke <-, -n> *f* ① (*Baumart*) birch [tree]
② (*Birkenholz*) birch *no pl, no indef art*

Birkenreizker *m* woolly milk cap **Birkenspanner** *m* ZOOL peppered moth **Birkenwasser** *nt* hair lotion (*derived from birch sap*)

Birkhahn *m* blackcock **Birkhuhn** *nt* black grouse

Birma <-s> *nt s.* **Myanmar**

Birmane, Birmanin <-n, -n> *m, f* Burmese

Birmanisch *nt dekl wie adj* Burmese; *s. a.* **Deutsch**

Birnbaum *m* ① (*Baumart*) pear tree
② *kein pl* (*~holz*) pear-wood *no pl, no indef art*

Birne <-, -n> *f* ① (*Frucht des Birnbaums*) pear; (*Birnbaum*) pear tree
② ELEK (*veraltend*) [light] bulb
③ (*fam: Kopf*) nut *fam;* **eine weiche ~ haben** (*sl*) to be soft in the head *sl*

birnenförmig *adj* pear-shaped

bis I. *präp* +*akk* ① *zeitlich* till, until; ***ich zähle ~ drei*** I'll count [up] to three; (*nicht später als*) by; ■**von … ~ …** from … until…; ***von Montag ~ Samstag*** from Monday to Saturday; **~ morgen/später/Montag/nächste Woche** see you tomorrow/later/on Monday/next week; **~ bald/gleich** see you soon/in a little while [*or* a minute]; **~ dann!** until then!; **~ dahin/dann** by then; ***~ dahin bin ich alt und grau!*** I'll be old and grey by then!; ***~ dahin war alles gut gegangen*** until then everything had gone well; **~ einschließlich** up to and including; ***ich bin von heute an ~ einschließlich Mittwoch auf einer Tagung*** I'm at a meeting from today until the end of Wednesday [*or* until Wednesday inclusive]; **~ jetzt** up to now; ***~ jetzt ist noch alles ruhig*** so far everything is still quiet; ***irgendwelche Beschwerden? — nein, ~ jetzt jedenfalls noch nicht!*** any complaints? — no, nothing so far anyway; **~ später!** see you later!; **~ wann?** until when?; ***~ wann gilt der Fahrplan?*** when is the timetable valid till?, how long is the timetable valid?; ***~ wann weiß ich, ob Sie das Angebot annehmen?*** [by] when will I know, whether you're going to accept the offer?; ***~ wann bleibst du?*** how long are you staying [for]?
② *räumlich* as far as; ***der Zug geht nur ~ Wertheim*** the train's only going as far as Wertheim; ***er musterte ihn von oben ~ unten*** he looked him up and down; ***der Hof geht genau ~ dahinten hin*** the yard runs right through to the back; **~ dort/dorthin/dahin** to, up to; ***~ dort/dahin sind es nur 3 Kilometer*** it's only 3 kilometres there; ***siehst du die Sandbank? wir schwimmen ~ dahin/dorthin*** can you see the sandbank? we'll swim out to there; ***~ dahin kenne ich den Film*** I know the film up to this point; **~ hierher** up to this point; **~ hierher und nicht weiter** as far as here [*or* up to here] and no further; **~ wo/wohin …?** where … to?; ***bis wo/wohin können Sie mich mitnehmen?*** where can you take me to?, how far can you take me?; ***~ wo/wohin sind wir in der letzten Stunde gekommen?*** where did we get to [*or* how far did we get] in the last lesson?
③ (*erreichend*) up to; ***die Tagestemperaturen steigen ~ [zu] 30°C*** daytime temperatures rise to 30°C; ***sie war ~ zum 17. Lebensjahr im Internat*** she was at boarding school until she was 17; (*unterhalb*) under, up to; ***Kinder ~ sechs Jahren*** children under six [years of age] [*or* up to the age of six]
II. *adv* ① *zeitlich* till, until; ***~ gegen 8 Uhr*** until about 8 o' clock; ***~ in die frühen Morgenstunden*** until the early hours [of the morning]; ***~ spät in die Nacht*** long into the night; ***~ zu dieser Stunde habe ich davon nichts gewusst!*** I knew nothing about it until now; ***der Bau dürfte ~ zu Weihnachten fertig sein*** the construction work should be finished by Christmas; **~ anhin** SCHWEIZ (*bis jetzt*) up to now; **~ und mit** SCHWEIZ (*bis einschließlich*) up to and including
② *räumlich* into, to; ■**~ an/in/über/unter etw** *akk* right up to/into/over/up to sth; ***die Äste reichen ~ ans Haus*** the branches reach right up to the house; ***jetzt sind es nur noch zwei Stunden ~ nach Hause*** it's only another two hours until we get home
③ *bei Alters-, Maß-, Mengen-, Temperaturangaben* (*erreichend*) ■**~ zu …** up to; ***Jugendliche ~ zu 18 Jahren*** adolescents up to 18 [years of age]
④ (*mit Ausnahme von*) ■**~ auf jdn/etw,** ■SCHWEIZ **~ an jdn/etw** except [for] sb/sth
III. *konj* ① (*beiordnend*) to; ***400 ~ 500 Gramm Schinken*** 400 to 500 grams of ham; ***das Wetter morgen: bewölkt ~ bedeckt und strichweise leichter Regen*** the weather for tomorrow: cloudy or overcast with light rain in places
② *unterordnend: zeitlich* (*bevor*) by the time, till, until; ***~ es dunkel wird, möchte ich zu Hause sein*** I want to be home by the time it gets dark; ***ich warte noch, ~ es dunkel wird*** I'll wait until it gets dark; (*bevor nicht*) till, until; ***~ die Hausaufgaben gemacht sind, geht ihr nicht raus!*** you're not going out until your homework's done!

Bisam <-s, -e *o* -s> *m* ① MODE musquash *no pl*
② *no pl* (*Moschus*) musk *no pl*

Bisamratte *f* muskrat

Bischkek <-s> *nt* Bishkek

Bischof, Bischöfin <-s, Bischöfe> *m, f* bishop

bischöflich *adj* episcopal

Bischofsamt *nt* episcopate, bishopric **Bischofskonferenz** *f* REL conference of bishops **Bischofsmütze** *f* [bishop's] mitre [*or* AM -er] **Bischofssitz** *m* bishop's seat, cathedral city **Bischofsstab** *m* bishop's crook, crosier

Bisexualität *f* bisexuality

bisexuell *adj* bisexual

bisher *adv* until [*or* up to] now; ***~ habe ich noch nichts Gegenteiliges gehört*** I've not heard anything to the contrary so far; (*momentan*) currently

bisherig *adj attr* (*vorherig*) previous *attr;* (*momentan*) present, to date, up to now; **die ~e politische Entwicklung** current political developments; **nach unseren ~en Erkenntnissen** according to our current knowledge

Biskaya <-> *f* ■**die ~** [the Bay of] Biscay; *s. a.* **Golf**

Biskuit <-[e]s, -s *o* -e> [bɪs'kvi:t, bɪs'kui:t] *nt o m* KOCHK sponge

Biskuitgebäck *nt* sponge cake **Biskuitrolle** *f* Swiss [*or* AM jelly] roll **Biskuitteig** *m* sponge mixture

bislang *adv s.* **bisher**

Bismarckhering *m* Bismarck herring

Bison <-s, -e> *m* bison

biss^RR, **biß** *imp von* **beißen**

Biss^RR <-es, -e> *m*, **Biß** <-sses, -sse> *m* ① (*das Zubeißen*) bite
② (*Bisswunde*) bite; ***der ~ muss unbedingt genäht werden!*** the bite will have to have stitches
③ (*sl: engagierter Einsatz*) drive; **~ haben** (*sl*) to have drive

bisschen^RR, **bißchen** *pron indef* ① *in der Funktion eines adj* ■**ein ~ …** a bit of …, some …; ***kann ich noch ein ~ Milch haben?*** can I have another drop of [*or* a drop more] milk?; ***ich habe ein ~ Ärger im Büro gehabt!*** I've had a bit of bother at the office; ■**kein ~ …** not one [little] bit of …; ***du hast aber auch kein ~ Verständnis für meine schwierige Situation*** you haven't got a scrap of sympathy for the awkward situation I'm in; ***ich***

habe kein ~ Geld I'm penniless; ***ich habe im Moment kein ~ Zeit!*** I haven't got a minute to spare at the moment!; ■**das ~ …** the little bit of …; ***das ~ Geld, das ich habe, brauche ich selber*** I need what money I have myself; ***mit dem ~ Gehalt kann man in München keine großen Sprünge machen*** this salary won't get you far in Munich!
② *in der Funktion eines Adverbs* ■**ein ~ …** a bit [*or* little]; ***das war ein ~ dumm von ihr!*** that was a little stupid of her!; + *komp;* ***darf's ein ~ mehr Käse sein, die Dame?*** would Madam like a little more cheese?; ***ich würde an deiner Stelle ein ~ weniger arbeiten!*** if I were you, I'd work a little less; ■**kein ~ …** not the slightest bit …; ***es ist kein ~ teurer!*** it's not a bit more expensive!; ***sie war kein ~ schlechter als er*** she was no worse than him in the slightest
③ *in der Funktion eines Substantivs* ■**ein ~** a bit [*or* little]; ***wenn man nur so ein ~ verdient wie ich!*** when one earns as little as I do!; ***für so ein ~ wollen die 1000 Mark!*** they want 1,000 marks for a little bit like that!; ***von so einem ~ wirst du doch nicht satt*** a little portion like that won't fill you up; ***nimmst du Milch in den Kaffee? — ja, aber nur ein ~*** do you take milk with your coffee? — yes, but just a drop; ■**das ~** the little; ***drei Eier, zwei Semmeln, etwas Butter— und für das ~ wollen die 10 Mark?*** three eggs, two rolls and some butter — and they want ten marks for these few items!; **ein klein ~** (*fam*) a little bit

Bissen <-s, -> *m* morsel; ***kann ich einen ~ von deinem Brötchen haben?*** can I have a bite of your roll?; ***wenn du das Steak nicht ganz schaffst, kannst du mir gern einen ~ übrig lassen!*** if you can't quite manage the steak, you can leave me a mouthful; ***sie will keinen ~ anrühren*** she won't eat a thing; ***ich habe heute keinen ~ gegessen*** I haven't eaten a thing today; ***er brachte keinen ~ herunter*** he couldn't eat a thing
► WENDUNGEN: **ihm blieb der ~ im Hals stecken** his throat contracted with fear; **sich** *dat* **jeden ~ vom Munde absparen** to keep a tight rein on one's purse strings, to scrimp and scrape [*or* save]

bissig *adj* ① (*gerne zubeißend*) vicious; ***„[Vorsicht,] ~er Hund!"*** "beware of [the] dog!"; ***ist der Hund ~?*** does the dog bite?
② (*sarkastisch*) caustic, cutting; **eine ~e Kritik** a scathing [*or* waspish] review; **~e Kritik** biting [*or* scathing] criticism; ***sie hat eine sehr ~e Art*** she's very sarcastic; ***du brauchst nicht gleich ~ zu werden!*** there's no need to bite my head off!; ***sie hat äußerst ~ reagiert*** she reacted in an extremely caustic manner

Bissigkeit <-, -en> *f* ① *kein pl* (*bissige Veranlagung*) viciousness *no pl*
② *kein pl* (*Sarkasmus*) causticity *no pl*
③ (*bissige Bemerkung*) caustic remark

Bisswunde[RR] *f* bite

bist *2. pers. sing pres von* **sein**

Bistro <-s, -s> *nt* bistro

Bistrotisch *m* bistro table

Bistum <-s, -tümer> *nt* bishopric, diocese

bisweilen *adv* (*geh*) at times, now and then

Bit <-[s], -[s]> *nt* INFORM bit

Bit-Breite *f* INFORM bit size

Bittbrief *m* letter of request

bitte *interj* ① (*höflich auffordernd*) please; ***~, Sie wünschen?*** what can I do for you?; **~ schön[, was darf es sein]?** can I help you?; **~ nicht!** no, please!, please don't!; ***ja, ~?*** (*am Telefon*) hello?, yes?; ***bleiben Sie ~ am Apparat*** please hold the line; ***Herr Ober, die Rechnung ~!*** waiter! could I have the bill, please; ***hier entlang ~!*** this way, please!; ***~ nach Ihnen*** after you; ***~, nehmen Sie doch Platz!*** please take a seat; ***~[, treten Sie ein]!*** come in!; ***tun Sie [doch] ~ …*** won't you please …; ***[einen] Moment ~!*** one moment [please]!, wait a minute [please]!
② (*zustimmend*) ***ach ~, darf ich Sie mal was fragen? — ja ~*** oh! could I ask you something, please? — yes, by all means
③ (*Dank erwidernd*) ***herzlichen Dank für Ihre Mithilfe! — [aber] ~ sehr!*** many thanks for your help — please don't mention it!; ***danke für die Auskunft! — ~[, gern geschehen]*** thanks for the information — you're [very] welcome!; ***danke, dass du mir geholfen hast! — ~ [, gern geschehen]!*** thanks for helping me — not at all!; ***danke schön! — ~ schön, war mir ein Vergnügen!*** thank you! — don't mention it, my pleasure!; ***Entschuldigung! — ~!*** I'm sorry! — that's all right!
④ (*anbietend*) **~ schön** here you are
⑤ (*um Wiederholung bittend*) ***~? könnten Sie die Nummer noch einmal langsamer wiederholen?*** sorry, can you repeat the number more slowly?
⑥ (*drückt Erstaunen aus*) **wie ~?** I beg your pardon?; ***[wie] ~, habe ich Sie da recht verstanden?*** [I beg your] pardon! did I hear you right?
⑦ (*drückt aus, dass etw nicht unerwartet war*) ***na ~ schön, jetzt haben wir den Salat!*** there you are, we're in a fine mess now!; ***na ~!*** what did I tell you!; ***na ~, habe ich schon immer gewusst*** there you are, I knew it all along
⑧ (*sarkastisch*) all right, fair enough; ***ich brauche dein Geld nicht — ~, wie du willst!*** I don't need your money — fair enough, as you wish!
► WENDUNGEN: **~ ~ machen** (*kindersprache fam*) to say please nicely

Bitte <-, -n> *f* request (**um** *+akk* for); **eine ~ äußern** to make a request; **eine ~ [an jdn] haben** to have a favour [*or* AM -or] to ask [of sb]; ***ich hätte eine ~ an Sie*** if you could do me one favour; **mit einer ~ an jdn herantreten** to go to [*or* approach] sb with a request; **eine ~ an jdn richten** [*o* **sich mit einer ~ an jdn wenden**] to make [*or* put] a request to sb; **auf jds** *akk* **~ [hin]** at sb's request; ***ich habe eine große ~: …*** if I could ask [you to do] one thing: …, I have one request to make: …

bitten <bat, gebeten> **I.** *vt* ① (*Wunsch äußern*) ■**jdn [um etw] ~** to ask sb [for sth]; ***darf ich Sie um Rat ~?*** may I ask your advice?; ***könnte ich dich um einen Gefallen ~?*** could I ask you a favour?; ***die Passagiere werden gebeten sich anzuschnallen*** passengers are requested to fasten their seatbelts; ***ich bitte dich um alles in der Welt*** I beg [*or* implore] you; ■**jdn [darum] ~, etw zu tun** [*o* **dass er etw tut**] to ask sb to do sth; ***ich bitte dich darum, mit keinem Menschen darüber zu reden*** I would ask you not to talk to anybody about this
② (*einladen*) ■**jdn auf etw** *akk*/**zu etw** *dat* **~** to ask [*or* invite] sb for sth/to do sth; ***darf ich dich auf ein Glas Wein zu mir ~?*** may I ask you home for a glass of wine?; ***nach dem Tanz baten die Gastgeber [die Gäste] zum Abendessen*** after the dance the hosts invited the guests to have dinner; ***darf ich [euch] zu Tisch ~?*** may I ask you to come and sit down at the table?, dinner is served!; ***wenn ich euch jetzt in den Garten ~ dürfte!*** if I might ask you to go into the garden now
③ (*auffordern*) ■**jdn irgendwohin ~** to ask sb to go somewhere; ***der Chef bat den Mitarbeiter zu sich ins Büro*** the boss asked the employee to come [in]to his office; ***ich muss Sie ~ mitzukommen*** I must ask you to come with me; ***darf ich Sie ~?*** would you mind?; ***wenn ich Sie ~ darf!*** if you please!, if you wouldn't mind!
► WENDUNGEN: **sich nicht [lange] ~ lassen** to not have to be asked twice; ***er ließ sich nicht lange ~*** he didn't have to be asked twice; **sich gerne ~ lassen** to like to be asked; **[aber] ich bitte dich/Sie!** really!
II. *vi* ① (*eine Bitte aussprechen*) ■**um etw ~** to ask [*or* make a request] for sth, to request sth; **um Hilfe/Verständnis ~** to ask for help/understanding; **um Ruhe ~** to request [*or* ask for] silence; ***darf ich einen Augenblick um Aufmerksamkeit ~?*** may I have your attention for a moment, please?; **um jds Anwesenheit ~** to request sb's presence; ***darf ich [um den nächsten Tanz] ~?*** may I have the pleasure [of the next dance]?; ■**es wird gebeten, …** (*geh*) please …; ***Hinweis: „es wird gebeten, in der Schalterhalle nicht zu rauchen"*** notice: "please do not smoke in the booking hall"; (*dringend wünschen*) to beg for sth; **um Verzeihung ~** to beg for forgiveness; ***darum möchte ich doch sehr gebeten haben!*** (*emph geh*) I should hope so too!; ***ich bitte [sogar] darum*** (*geh*) I should be glad
② (*hereinbitten*) ■**jd lässt ~** sb will see sb; ***der Herr Professor lässt ~*** the professor will see you now; ***er möchte Sie gerne sprechen! — aber selbstverständlich, ich lasse ~!*** he would like to speak to you — but of course, would you ask him to come in!
③ (*emph: befehlend*) if you please!; **ich muss doch [sehr] ~!** well really!; ***also diese Manieren heutzutage! ich muss doch sehr ~!*** well really! people's manners today!
► WENDUNGEN: **~ und betteln** (*fam*) to beg and plead; **wenn ich ~ darf!** if you wouldn't mind!

Bitten <-s> *nt kein pl* pleading *no pl*; ***trotz seines [inständigen] ~s*** despite his [urgent] pleas; **jds ~ und Betteln** sb's begging and pleading; ***dein ~ und Betteln ist vergeblich, ich habe gesagt nein!*** it's no use your begging and pleading, I've said no!; **sich aufs ~ verlegen** to resort to pleading; **auf jds** *akk* **~ [hin]** at sb's request; **auf ~ von jdm** at the request of sb; ***auf ~ von uns allen*** at the request of us all

bittend **I.** *adj* pleading; ***ihre ~en Augen*** the beseeching look in her eyes
II. *adv* beseechingly

bitter **I.** *adj* ① (*herb*) bitter; **~e Schokolade** plain chocolate; ***brrr! diese ~e Medizin!*** yuk! this awful tasting medicine!
② (*schmerzlich*) bitter; **eine ~e Lehre** a hard lesson; **~es Leid erfahren** to experience abject sorrow; **~e Reue** deep [*or* keen] regret; **ein ~er Verlust** a painful loss; **die ~e Wahrheit** the painful truth; *s. a.* **Ernst**
③ (*verbittert*) bitter; ***die Bauern führten beim Abt ~e Klagen*** the farmers complained bitterly to the abbot
④ (*schwer*) bitter; ***es ist mein ~er Ernst*** I am deadly serious; **in ~er Not leben** to live in abject poverty; **jdn seinem ~en Schicksal überlassen** to leave sb to his sad fate; **~es Unrecht** grievous wrong [*or* injustice]; **sich ~e Vorwürfe machen** to reproach oneself bitterly
► WENDUNGEN: **bis zum ~en Ende** to the bitter end
II. *adv* bitterly; ***es war ~ kalt*** it was bitterly cold; ***das ist ~ wenig*** that's desperately little; **etw ~ bereuen** to regret sth bitterly; **etw ~ vermissen** to miss sth desperately; **für etw ~ bezahlen** to pay dearly for sth; ***das wird sich ~ rächen!*** you'll/we'll etc. pay dearly for that!; *s. a.* **nötig**

Bitter <-s, -> *m* KOCHK bitters + *sing vb*

bitterböse *adj* furious; **~ reagieren** to react furiously

Bittere(r) *m dekl wie adj s.* **Bitter**

bitterernst *adj* extremely serious; ***musst du denn immer so ~ sein?*** must you always be so deadly serious?; ■**jdm ist es mit etw ~** sb is deadly serious about sth; **etw ~ meinen/nehmen** to mean/take sth deadly seriously **bitterkalt** *adj attr* bitter, bitterly cold

Bitterkeit <-> *f kein pl* ① (*Verbitterung*) bitterness
② (*bitterer Geschmack*) bitterness

Bitter Lemon <-[s], -> ['bɪtɐ 'lɛmən] *nt* bitter lemon

bitterlich **I.** *adj* slightly [*or* somewhat] bitter
II. *adv* bitterly; **~ weinen/frieren** to cry bitterly/to be [*or* feel] dreadfully cold

Bitterling <-s, -e> *m* ZOOL bitterling

Bittermandel *f* bitter almond **Bittermandelöl** *nt* [bitter] almond oil, oil of bitter almonds

Bitternis <-, -se> *f* (*liter*) bitterness *no pl*

Bitterorange *f* bitter [*or* Seville] orange **Bittersalz** *nt* Epsom salts *pl* **Bitterstoff** *m* bitter principle **bittersüß** *adj* (*bitter und süß*) bittersweet; (*fig: schmerzlich und schön*) bittersweet

Bittgang <-gänge> *m* (*geh*) [supplicatory] request; **einen ~ zu jdm machen** to go cap in hand to sb *fig* **Bittgottesdienst** *m* REL rogation service **Bittschrift** *f* (*veraltend*) plead, petition **Bittsteller(in)** <-s, -> *m(f)* petitioner, supplicant *form*

Bitumen <-s, – *o* Bitumina> *nt* bitumen *no pl*

Bitumendachbahn *f* BAU asphaltic roof sheeting **Bitumendichtung** *f* bitumen jointing **Bitumendichtungshaut** *f* bitumen membrane **Bitumenheißklebemasse** *f* BAU hot asphaltic cement **Bitumenpappe** *f* BAU bituminous felt **Bitumenschweißbahn** *f* BAU bituminous welded asphalt

bivalent [-va-] *adj* bivalent

Biwak <-s, -s *o* -e> *nt* bivouac

biwakieren* *vi* to bivouac

BIZ *f Abk von* **Bank für internationalen Zahlungsausgleich** BIS, Bank for International Settlements

bizarr *adj* bizarre

Bizeps <-es, -e> *m* biceps

BKA <-> *nt kein pl Abk von* **Bundeskriminalamt**

Blabla <-s> *nt kein pl* (*pej fam*) waffle *pej*

bla bla (**bla**) *interj* (*pej fam*) blah blah blah *pej fam*

Blache <-, -n> *f* ÖSTERR, SCHWEIZ tarpaulin

Blackboxmethode ['blæk'bɔks-] *f kein pl* black box method

Black-out, **Blackout**RR <-s, -s> ['blɛkʔaut, 'blɛk'ʔaut, blɛk'ʔaut] *m* ① (*Gedächtnislücke*) lapse of memory
② (*Bewusstseinstrübung, -verlust*) blackout; ***in Prüfungssituationen kommt es manchmal zu einem ~*** during examinations one can sometimes have a mental block; ***das muss er im völligen ~ getan haben*** he must have done that in a complete fog
③ (*Stromausfall*) blackout

blaffen *vi* ① (*kläffen*) to yap
② (*pej: schimpfen*) to snap *fam*

Blag <-s, -en> *nt* DIAL (*pej*), **Blage** <-, -n> *f* DIAL (*pej*) brat *pej*

blähen **I.** *vt* ■**etw** ~ ① (*mit Luft füllen*) to fill [out] sth *sep*; ***der Zugwind bläht die Vorhänge*** the draught is making the curtains billow
② ANAT to distend sth; ■**gebläht** distended; ***das Ross blähte seine Nüstern*** the horse dilated [*or* flared] its nostrils
II. *vr* ■**sich** ~ (*sich mit Luft füllen*) to billow; ANAT to dilate; ***seine Nasenflügel blähten sich vor Zorn*** his nostrils dilated [*or* flared] with anger
III. *vi* (*blähend wirken*) to cause flatulence [*or* wind]

blähend *adj* flatulent; **bei jdm ~ wirken** to have a flatulent effect on sb

Blähung <-, -en> *f meist pl* flatulence *no pl, no indef art*, wind *no pl, no indef art*; **an ~en leiden** to suffer from flatulence; **~en haben** to have flatulence

blamabel *adj* (*geh*) shameful; ***eine blamable Lage*** an embarrassing situation

Blamage <-, -n> [bla'maːʒə] *f* (*geh*) disgrace *no pl*

blamieren* **I.** *vt* ■**jdn** ~ to disgrace sb; *s. a.* **Innung**
II. *vr* ■**sich** [**durch etw**] ~ to disgrace [*or* make a fool of] oneself [as a result of sth]

blanchieren* [blã'ʃiːrən] *vt* KOCHK ■**etw** ~ to blanch sth

Blanchierlöffel *m* KOCHK blanching spoon

Blank <-s, -s> [blæŋk] *nt* LING, INFORM blank [space], white space

blank **I.** *adj* ① (*glänzend, sauber*) shining, shiny
② (*abgescheuert*) shiny
③ (*rein*) pure, sheer; ***was du sagst, ist ~er Unsinn!*** what you're saying is utter nonsense!; (*total*) utter; ***in der Stadt herrschte das ~e Chaos*** utter chaos reigned in the town
④ (*nackt*) bare, naked; SÜDD, ÖSTERR (*ohne Mantel*) without a coat; ~ [**aus**]**gehen** to go [out] without a coat
⑤ (*veraltend: gezogen*) drawn; **mit ~em Schwert** with drawn sword; **~er Stahl** cold steel
⑥ (*bloß*) bare; **~e Erde/Wände/~es Holz** bare earth/walls/wood
⑦ (*poet: strahlend*) bright; ***als er die Goldmünze sah, bekam er ~e Augen*** his eyes shone when he saw the gold coin; ***es ist schon ~er Tag*** it's already broad daylight
⑧ *pred* (*fam*) ■~ **sein** to be broke *fam*; *s. a.* **Hans**
II. *adv* (*glänzend*) ~ **gewetzt** shiny; ~ **poliert** brightly polished

Blankett <-s, -e> *nt* KOCHK ragout, fricassée

Blankettausfüllungsbefugnis *f* JUR authorization to fill in a blank **Blankettfälschung** *f* JUR blank document forgery **Blankettmissbrauch**RR *m* JUR fraudulent use of documents signed in blank **Blankettvorschrift** *f* JUR outline provision

blankgewetzt *adj attr s.* **blank II**

blanko *adv* ① (*unbedruckt*) plain
② (*ohne Eintrag*) blank; ***man soll nie einen unterschriebenen Scheck ~ aus der Hand geben*** one should never hand out a blank signed cheque

Blankoakzept *nt* FIN blank acceptance **Blankoindossament** *nt* FIN blank endorsement [*or* BRIT transfer] **Blankokredit** *m* FIN open credit **Blankopolice** *f* FIN blank policy **Blankoscheck** *m* blank cheque [*or* AM check] **Blankovollmacht** *f* carte blanche **Blankowechsel** *m* FIN blank bill **Blankozession** *f* JUR transfer in blank

blankpoliert *adj attr s.* **blank II**

Blank-Taste *f* INFORM blank key

Blankvers *m* blank verse

Bläschen <-s, -> [-sçən] *nt* small blister

Blase <-, -n> *f* ① ANAT bladder; **eine schwache ~ haben** (*fam*) to have a weak bladder *fam*; **sich** *dat* **die ~ erkälten** [*o* **unterkühlen**] to get a chill on the bladder
② MED blister; **sich** *dat* **~n laufen** to get blisters on one's feet
③ (*Hohlraum*) bubble; **~n werfen** [*o* **ziehen**] to form bubbles; *Anstrich* to blister; *Tapete, heiße Masse* to bubble
④ (*Sprechblase*) speech bubble, balloon
⑤ (*fam: Clique*) gang *fam*

Blasebalg <-[e]s, -bälge> *m* bellows *npl*, pair of bellows

blasen <bläst, blies, geblasen> **I.** *vi* ① (*Luft ausstoßen*) to blow; ■**auf etw** *akk* ~ to blow on sth; **auf eine Brandwunde** ~ to blow on a burn
② MUS (*Töne erzeugen*) to play; ■**auf etw** *akk/***in etw** *dat* ~ to play sth; ***manche Leute können auf Kämmen*** ~ some people can play a comb; ***der Jäger blies in sein Horn*** the hunter sounded his horn
II. *vi impers* (*fam: es windet*) it's windy; ***draußen bläst es aber ganz schön*** it's really windy outside
III. *vt* ① (*durch Blasen kühlen*) ■**etw** ~ to blow on sth; **die heiße Suppe/den Kaffee** ~ to blow on one's hot soup/coffee [to cool it down]
② (*entfernen*) ■**etw** ~ to blow sth; ***er blies [sich] den Fussel vom Ärmel*** he blew the fluff off his sleeve
③ MUS ■**etw** ~ to play sth; ■**etw** [**auf etw**] ~ to play sth [on sth]; ***er nahm die Trompete zur Hand und blies [darauf] eine wunderschöne Melodie*** he picked up the trumpet and played a wonderful melody [on it]
④ (*derb: fellieren*) ■**jdn** ~, ■**jdm einen** ~ to give sb a blow job *fam!*

Blasenentzündung *f* inflammation of the bladder, cystitis *no pl, no indef art spec* **Blasenkatarr**RR *m* cystitis **Blasenkatheter** *m* urinary [*or* urethral] catheter **Blasenkrebs** *m* cancer of the bladder, bladder cancer **Blasenleiden** *nt* bladder complaint; **ein ~ haben** to have bladder trouble [*or* a bladder complaint] **Blasenschwäche** *f* bladder weakness, a weak bladder **Blasenspiegelung** *f* cystoscopy **Blasenstein** *m* bladder stone **Blasentang** *m* BOT bladder wrack [*or* kelp] **Blasentee** *m herbal tea to relieve bladder problems*

Bläser(in) <-s, -> *m(f)* MUS wind player; ■**die ~** the wind section

Bläserquartett *nt* MUS wind quartet

blasiert *adj* (*pej geh*) arrogant, blasé

Blasiertheit <-, -en> *f* (*pej geh*) arrogance, blasé attitude; (*Äußerung*) arrogant [*or* blasé] comment

blasig *adj* ① (*Blasen aufwerfend*) bubbly; ***der Teig wird ~*** the batter is getting light and airy
② MED blistered

Blasinstrument *nt* wind instrument **Blaskapelle** *f* brass band **Blasluft** *f* TYPO suction system **Blasmusik** *f* brass-band music **Blasorchester** *nt* MUS wind orchestra

Blasphemie <-, -n> [*pl* -'miːən] *f* (*geh*) blasphemy

blasphemisch *adj* (*geh*) blasphemous

Blasrohr *nt* blowpipe

blassRR, **blaß** *adj* ① (*bleich*) pale; ~ **aussehen** to look pale [*or* BRIT *fam* peaky] [*or* AM peaked] [*or liter* wan]; ~ **um die Nase sein** to be green [*or* pale] about the gills *hum*; ■[**vor etw** *dat*] ~ **werden** to go [*or* grow] [*or* turn] pale [with sth]; ~ **vor Neid werden** to go [*or* turn] green with envy; (*vor Schreck a.*) to pale, to blanch
② (*hell*) pale; **eine ~e Schrift** faint writing; ***er trug ein Hemd in einem ~en Grün*** he wore a pale-green shirt
③ (*geh: matt*) **ein ~es Licht/~er Mond** a pale [*or liter* wan] light/moon
④ (*schwach*) vague; **eine ~e Erinnerung/Hoffnung** a dim [*or* vague] memory/faint hope; *s. a.* **Schimmer**
⑤ (*ohne ausgeprägte Züge*) ~ **wirken** to seem colourless [*or* AM -orless] [*or* bland]

Blässe <-, -n> *f* ① (*blasse Beschaffenheit*) paleness *no pl*, pallor *no pl*
② (*Farblosigkeit*) colourlessness [*or* AM -orness] *no pl*

BlässgansRR *f* ORN white-fronted goose

blassgedrucktRR *adj inv* **~e Seite** TYPO imperfect ink coverage

BlässhuhnRR *nt* coot

blässlichRR, **bläßlich** *adj* palish, rather pale

bläst *3. pers. sing pres von* **blasen**

Blatt <-[e]s, Blätter> *nt* ① BOT leaf
② (*Papierseite*) sheet; **lose** [*o* **fliegende**] **Blätter** loose leaves [*or* sheets]; **vom ~ singen/spielen** MUS to sight-read
③ (*Seite*) page; KUNST print
④ (*Zeitung*) paper
⑤ (*von Werkzeugen*) blade
⑥ KARTEN hand; **ein/kein gutes ~** a good/not a good hand
⑦ JAGD, KOCHK shoulder
► WENDUNGEN: **kein ~ vor den Mund nehmen** to not mince one's words; **das steht auf einem anderen ~** that's a different matter; [**noch**] **ein unbeschriebenes ~ sein** (*unerfahren sein*) to be inexperienced; (*unbekannt sein*) to be an unknown quantity; **das ~ hat sich gewendet** things have changed

Blattader *f* leaf vein **Blattbildung** *f* leaf form[ation]

Blättchen <-s, -> *nt dim von* **Blatt 1, 2**

Blätterdach *nt eines Baumes* canopy

blätt(e)rig *adj* flaking; (*geschichtet*) laminate; ■~ **werden** to begin to flake [*or* start flaking]; ***der Teig ist ganz ~ geworden*** the pastry's gone all flaky

Blätterkohl *m s.* **Chinakohl**

Blättermagen *m* ZOOL omasum *spec*

blättern **I.** *vi* ① (*flüchtig lesen, umblättern*) ■[**in etw** *dat*] ~ to flick [*or* leaf] through sth
② (*abbröckeln*) to flake [off], to come off in flakes; ***die Farbe blättert schon von der Wand*** the paint is already flaking off the wall
II. *vt* ■[**jdm**] **etw auf etw** *akk* ~ to lay down sth one by one [for sb]; ***sie blätterte [mir] 20 Tausender auf den Tisch*** she counted out 20 thousand-mark notes on the table [for me]

Blätterpilz *m* BOT agaric

Blätterteig *m* flaky [*or* puff] pastry

Blätterteiggebäck *nt* puff pastries *pl* **Blätterteigpastete** *f* vol-au-vent

Blattfall <-s> *m kein pl* falling *no pl* of leaves, abscission *spec* **Blattfeder** *f* TECH leaf spring **Blattform** *f* BOT form of a leaf **blattförmig** *adj*

leaf-shaped **Blattgemüse** *nt* greens *npl;* ■**ein ~** a leaf vegetable **Blattgold** *nt* gold leaf *no pl, no indef art* **Blattgrün** *nt* chlorophyll *no pl, no indef art* **Blattlaus** *f* aphid **Blattnerv** *m* leaf nerve **Blattpflanze** *f* foliate plant

blättrig *adj s.* **blätterig**

Blattsalat *m* lettuce **Blattschuss**[RR] *m* JAGD shot into the chest **Blattspinat** *m* leaf spinach **Blattspreite** <-, -n> *f* BOT lamina, blade **Blattstiel** *m* BOT [leaf]stalk, petiole *spec* **Blattwerk** *nt kein pl* (*geh*) foliage *no pl* **Blattzeichen** *nt* TYPO bookmark **Blattzichorie** *f* leafy chicory

blau *adj* ❶ (*Farbe*) blue
❷ (*blutunterlaufen*) bruised; **ein ~er Fleck** a bruise; **schnell ~e Flecken bekommen** to bruise quickly; **ein ~es Auge** a black eye; (*vor Kälte o weil herzkrank*) blue
❸ *inv, nachgestellt* KOCHK rare, underdone, blue; **Forelle ~** blue trout, trout au bleu
❹ *meist pred* (*fam: betrunken*) drunk, plastered *fam,* BRIT *a.* tight *pred fam,* BRIT *a.* canned *pred fam,* BRIT *a.* pissed *pred fam!; s. a.* **Anton, blaumachen, Blut, Blume, Ferne, Montag, Planet**

Blau <-s, – *o fam* -s> *nt* blue

Blaualge *f* BOT blue-green alga **blauäugig** *adj* ❶ (*blaue Augen habend*) blue-eyed ❷ (*naiv*) naïve **Blauäugigkeit** <-> *f kein pl* naïvety *no pl* **Blaubeere** *f s.* **Heidelbeere** **blaublütig** *adj* blue-blooded

Blaue <-n> *nt kein pl* ■**das ~** the blue; **ins ~ spielen** to have a hint of blue
▸ WENDUNGEN: **das ~ vom Himmel [herunter]lügen** (*fam*) to lie one's head off *fam;* **jdm das ~ vom Himmel [herunter] versprechen** (*fam*) to promise sb the earth [*or* moon] *fam;* **ins ~ hinein** (*fam*) at random; **eine Fahrt ins ~** a mystery tour; ***lass uns einfach ins ~ fahren*** let's just set off and see where we get to [*or* end up]; ***wir setzen uns jetzt ins Auto und machen einfach eine Fahrt ins ~*** we'll jump in the car and just set off somewhere [*or* into the blue]

Blaue(r) *m dekl wie adj* (*sl*) hundred-mark note

Bläue <-> *f kein pl* blueness *no pl;* ***der Himmel war von strahlender ~*** the sky was a brilliant blue

Blauer Engel *m eco-label*

Blaufelchen *nt* whitefish **Blaufisch** *m* skipjack, striped tuna **Blaufuchs** *m* blue [*or* arctic] fox **blaugrau** *adj* blue-grey, bluish grey **blaugrün** *adj* blue-green, bluish green **Blauhai** *m* requiem shark **Blauhelm** *m* (*sl*) blue beret, UN soldier **Blauhelmmission** *f* POL UN mission **blaukariert** *adj* blue-checked, with blue checks, blue plaid **Blaukissen** *nt* BOT aubrietia, aubretia **blaukochen** *vt* KOCHK **einen Fisch ~** to cook a fish blue (*poach an unscaled fish in vinegar until it turns blue*) **Blaukraut** *nt* SÜDD, ÖSTERR red cabbage

bläulich *adj* bluey, bluish

Blaulicht *nt* flashing blue light; **mit ~** with a flashing blue light [*or* [its] blue light flashing]

Blaulichtlaser *m* TECH, PHYS blue [light] laser

Bläuling <-s, -e> *m* ZOOL blue

blau|machen I. *vi* (*fam: krankfeiern*) to go [*or* AM call in] sick; SCH to play truant [*or* AM hook[e]y], BRIT *a.* to bunk off *fam*
II. *vt* (*fam*) ■**einen Tag ~** to go [*or* AM call in] sick for a day

Blaumann <-männer> *m* (*fam*) blue overalls, boiler suit BRIT **Blaumeise** *f* blue tit **Blaupapier** *nt* carbon paper **Blaupause** *f* blueprint **blaurot** *adj* purple **Blausäure** *f* CHEM hydrocyanic acid **Blauschimmelkäse** *m* blue cheese **Blauschönung** *f* KOCHK blue fining, Moeslinger fining **blauschwarz** *adj* blue-black, bluish black **Blaustich** *m* FOTO blue cast **blaustichig** *adj* FOTO with a blue cast *after n* **Blaustift** *m* blue pencil **Blaustrumpf** *m* (*pej veraltet*) bluestocking *pej old* **Blausucht** *f* MED blueness, blue disease, cyanosis *spec* **Blautanne** *f* blue [*or* Colorado] spruce **Blauwal** *m* blue whale

Blazer <-s, -> ['ble:zɐ] *m* blazer

Blech <-[e]s, -e> *nt* ❶ *kein pl* (*Material*) sheet metal *no pl, no indef art*
❷ (*Blechstück*) metal plate
❸ (*Back~*) [baking] tray
❹ *kein pl* (*fam: Unsinn*) rubbish *no pl, no indef art,* crap *no pl, no indef art fam!,* tripe *no pl, no indef art fam;* **rede kein ~!** don't talk rubbish [*or* AM garbage] [*or fam!* crap]!
❺ *kein pl* (*pej fam: Orden etc.*) gongs *pl* BRIT *fam,* fruit salad AM *no pl, no indef art fam*
❻ (*im Orchester*) brass

Blechbläser(in) *m(f)* MUS brass player **Blechblasinstrument** *nt* MUS brass instrument **Blechbüchse** *f* tin [box] **Blechdose** *f* tin **Blechdruck** *m* TYPO tin printing, metal decorating

blechen I. *vt* (*fam*) ■**etw [für etw] ~** to fork [*or* shell] out sth [for sth] *fam*
II. *vi* (*fam*) to cough up *fam,* to fork [*or* shell] out *fam*

blechern I. *adj* ❶ *attr* (*aus Blech*) metal
❷ (*hohl klingend*) tinny; **eine ~e Stimme** a hollow voice
II. *adv* tinnily; **~ klingen** to sound tinny

Blechgeschirr *nt* [metal] kitchenware *no pl, no indef art* **Blechinstrument** *nt s.* **Blechblasinstrument** **Blechkanister** *m* metal can[ister] [*or* container] **Blechkiste** *f* (*pej fam*) [old] crate *sl* **Blechlawine** *f* (*pej fam*) solid line of vehicles, river of metal *fam* **Blechmusik** *f* brass band music **Blechnapf** *m* metal bowl; (*im Gefängnis*) prison eating utensils ▸ WENDUNGEN: **wer einmal aus dem ~ frisst ...** someone who has done time [*or* BRIT *a.* porridge] once ... **Blechschaden** *m* AUTO damage *no pl, no indef art* to the bodywork **Blechschere** *f* TECH plate shears *npl,* snips *npl* **Blechtrommel** *f* tin drum

blecken *vt* **die Zähne ~** to bare its teeth; ***der Hund bleckte die Zähne*** the dog bared its teeth

Blei <-[e]s, -e> *nt* ❶ *kein pl* (*Metall*) lead *no pl, no indef art;* **schwer wie ~** (*fig*) as heavy as lead; ***meine Augen/Arme sind so schwer wie ~*** my eyes/arms are like lead; **~ gießen** *to pour molten lead on cold water and tell someone's fortune from the shapes on New Year's Eve*
❷ (*Lot*) plumb [bob]
❸ *kein pl* (*Bleigeschoss*) lead shot *no pl;* ***ich habe noch genug ~ im Magazin, um euch alle umzulegen!*** I've still got enough lead in the magazine to finish you all off!
▸ WENDUNGEN: **jdm wie ~ in den Gliedern** [*o* **Knochen**] **liegen** to make sb's limbs feel like lead; **jdm wie ~ im Magen liegen** (*schwer verdaulich sein*) to lie heavily on sb's stomach; (*seelisch belastend sein*) to be preying on one's mind; ***Ölsardinen liegen mir immer stundenlang wie ~ im Magen*** sardines in oil lie heavily on my stomach for hours; ***die Sache liegt mir wie ~ im Magen*** the affair is preying on my mind

Bleiakku *m* lead accumulator [*or* storage battery] **Bleiband** *nt in Gardinen* weighted tape

Bleibe <-, -n> *f* place to stay; **eine/keine ~ haben** to have somewhere/nowhere to stay; ***wenn du noch keine [feste] ~ hast, kannst du gerne bei mir wohnen*** if you still have nowhere [definite] to stay, you're welcome to stay [*or fam* stop] with me

bleiben <blieb, geblieben> *vi sein* ❶ (*verweilen*) ■**[bei jdm/an einem Ort] ~** to stay [*or* remain] [with sb/in a place]; ***wo bleibst du so lange?*** what has been keeping you all this time?; ***wo sie nur so lange bleibt?*** wherever has she got to?; **~ *Sie doch noch! sagte er*** do stay! he said; ***der Kranke muss im Bett ~*** the patient must stay in bed; ***ich bleibe heute etwas länger im Büro*** I'll be a bit late back from the office today; ***ich bleibe noch zwei Jahre in der Schule*** I'll stay at school another two years, I've still got another two years at school; ■**an etw** *dat* **~** to remain at sth; **für** [*o* **unter**] **sich ~ mögen** [*o* **wollen**] to wish to be alone; ***wir möchten einen Moment für uns ~*** we should like to be alone for a moment; ***er ist ein Einzelgänger, der lieber für sich bleibt*** he's a loner who likes to be by himself; **~ *Sie bitte am Apparat!*** hold the line, please!; ***bleibt am Platz!*** stay in your seats [*or* sitting down]!
❷ (*nicht ... werden*) **unbeachtet ~** to go unnoticed; ***ihre Klagen blieben ungehört*** her complaints were not listened to [*or* fell on deaf ears]; ***mein Brief ist bis jetzt unbeantwortet geblieben*** so far I have received no reply to my letter; ***diese Ereignisse werden mir für immer unvergessen ~*** I shall never forget those events; (*weiterhin sein*) to continue to be, to remain; ***die Lage blieb weiterhin angespannt*** the situation remained tense; ***für die meisten Leute bleibt das Geheimarchiv weiter unzugänglich*** the secret archives continue to be inaccessible to most people; **wach ~** to stay [*or* keep] awake
❸ (*andauern*) to last, to persist; ***hoffentlich bleibt die Sonne noch eine Weile*** I do hope the sunshine lasts for a while yet; ***der Regen dürfte vorerst ~*** the rain should persist for the time being
❹ (*nicht gestrichen werden*) to remain; **„bleibt"** TYPO "please retain", "stet"; ***soll der Satz gestrichen werden oder ~?*** should the sentence be deleted or remain?
❺ *meist Vergangenheit* (*hinkommen*) ■**irgendwo ~** to get to, to happen to; ***wo ist meine Brieftasche geblieben?*** where has my wallet got to?, what has happened to my wallet?
❻ (*fam: unterkommen*) ■**irgendwo ~** to stay somewhere; ***wo sollen die Kinder jetzt ~*** where are the children going to stay now?; ***leider können wir sie nicht weiter beschäftigen, sie müssen sehen, wo sie ~*** unfortunately we can't keep them on, they'll have to look out [*or* find employment] for themselves; ***der neue Student hat immer noch kein Zimmer gefunden, wo er ~ kann*** the new student has still not found a place to stay [*or* any accommodation]
❼ (*verharren*) ■**bei etw ~** to adhere [*or fam* keep] [*or* stick] to sth; ***bleibt es bei unserer Abmachung?*** does our arrangement still stand?; ***ich bleibe lieber bei meiner alten Marke*** I prefer to stick to [*or* stay with] my old brand; ***ich bleibe bei Weißwein*** I'm sticking to [*or* with] white wine
❽ (*übrig ~*) ■**jdm bleibt etw[, dass/etw zu tun]** to remain [*or* be left] for sb [to do sth]; ***es bleibt wenigstens die Hoffnung, dass es besser werden könnte*** at least the hope remains that things could improve; ***eine Möglichkeit bleibt uns noch*** we still have one possibility left; ***was blieb ihm anderes, als nachzugeben?*** what else could he do but give in?; ***es blieb mir keine andere Wahl*** I was left with no other choice
❾ (*ver~*) ■**[jdm] ~, etw zu tun** to remain [for sb] to do sth; ***es bleibt abzuwarten, ob sich die Lage bessern wird*** it remains to be seen if the situation will improve; ***es bleibt doch zu hoffen, dass diese Maßnahmen bald greifen werden*** the hope remains that these measures will soon take effect; ***sicher werden die politischen Gefangenen bald freigelassen! – was sehr zu wünschen bleibt*** the political prisoners are sure to be released soon – which very much remains our hope; ***es bleibt natürlich Ihnen belassen, wie Sie sich entscheiden*** it's up to you, of course, how you decide
❿ (*euph: umkommen*) ■**irgendwo ~** to die somewhere; ***der Kapitän ist auf See geblieben*** the captain died at sea; ***viele Soldaten blieben im Feld/Krieg*** many soldiers fell *euph* in battle/were killed in action
▸ WENDUNGEN: **das bleibt unter uns** that's [just] between ourselves; **sieh zu, wo du bleibst!** you're on your own!

bleibend *adj* lasting, permanent

bleiben|lassen *vt irreg* (*fam*) *s.* **bleiben 11**

Bleibenzin *nt* AUTO leaded fuel

Bleiberecht *nt kein pl* POL right to stay **Bleibeschutz** *m* lead shield

bleich *adj* ❶ (*blass*) pale; ■**~ [vor etw** *dat*] **werden** to go [*or* turn] pale [with sth]; ***er wurde ~ vor Entsetzen/Schreck*** he paled [*or* went pale] [*or* turned pale] with terror/fright

② (*geh: fahl*) pale; **das ~e Licht des Mondes** the pale light of the moon
③ (*geh: schier*) sheer; **das ~e Grauen/Entsetzen** sheer horror/terror
Bleichcreme *f* whitening cream
bleichen <bleichte *o veraltet* blich, gebleicht>
I. *vt haben* (*aufhellen*) ■**etw** ~ to bleach sth
II. *vi sein* (*verblassen*) to become faded
Bleichgesicht *nt* ① (*fam*) pale face; ***du bist mir aber ein ~! warum musst du auch immer in der Stube hocken?*** you've really got a pale [*or* pasty] face, why must you always hang around indoors?
② (*Weiße(r)*) paleface **bleichgesichtig** *adj* (*fam*) pale-[*or* pasty-]faced **Bleichmittel** *nt* bleach *no pl*, bleaching agent **Bleichschnabel** *m* SÜDD, SCHWEIZ pale face **Bleichsellerie** *m* celery
bleiern I. *adj* ① *attr* (*aus Blei*) lead
② (*grau wie Blei*) leaden
③ (*schwer lastend*) heavy; ***eine ~e Müdigkeit*** an overwhelming tiredness
II. *adv* heavily; ***Müdigkeit legte sich ~ auf ihre Lider*** her eyelids were heavy [*or* like lead]
Bleierz *nt* lead ore **bleifrei** I. *adj* (*ohne Blei*) lead-free; **~es Benzin** unleaded [*or* lead-free] petrol [*or* AM gas[oline]] II. *adv* lead-free; ***ich fahre schon lange ~*** I've been using lead-free petrol for a long time now **Bleifuß** *m* ▶ WENDUNGEN: **mit ~ fahren** (*fam*) to drive with one's foot to the floor [*or* AM *a.* with the pedal to the metal] **Bleigießen** <-s> *nt kein pl old New Year's Eve custom of fortune-telling by pouring molten lead into cold water and reading the shapes created* **Bleiglanz** *m* (*Mineral*) galena, galenite **bleihaltig** *adj* containing lead; **~es Erz** lead-bearing [*or spec* plumbiferous] ore; ■**[zu] ~ sein** containing [too much] lead **Bleikristall** *nt* lead crystal *no pl, no indef art* **Bleikugel** *f* lead bullet **Bleimantel** *m* lead cladding [*or* casing] **Bleisatz** *m* TYPO hot-metal composition [*or* [type]setting] *no pl, no indef art*, hot type *no pl, no indef art* **bleischwer** *adj s.* **bleiern 3**
Bleistift *m* pencil
Bleistiftabsatz *m* stiletto heel **Bleistiftspitzer** *m* pencil sharpener **Bleistiftzeichnung** *f* pencil drawing
Bleivergiftung *f* lead poisoning *no pl, no indef art*
bleiverglast *adj* leaded **Bleiverglasung** *f* lead glazing *no pl, no indef art*
Bleiweiß *nt* white lead, ceruse
Blende <-, -n> *f* ① FILM, FOTO (*Öffnung*) aperture; (*Vorrichtung*) diaphragm; (*Einstellungsposition*) f-stop, aperture
② (*Lichtschutz*) blind, screen; ***um in der Sonne besser sehen zu können, hielt sie sich die Hand als ~ über die Augen*** in order to see more clearly she screened her eyes from the sun with her hand; *s. a.* **Sonnenblende**
③ ARCHIT blind window/arch etc.
④ MODE trim
blenden I. *vt* ① ((*vorübergehend*) *blind machen*) ■**jdn ~** to dazzle sb; **den Gegenverkehr ~** to dazzle oncoming traffic
② (*betören*) ■**jdn [mit etw] ~** to dazzle sb [with sth]; ***von ihrer Schönheit war er wie geblendet*** he was dazzled by her beauty
③ (*hinters Licht führen*) ■**jdn [durch etw] ~** to deceive [*or sep* take in] sb [with sth]
④ (*liter o veraltet: blind machen*) ■**jdn ~** to blind sb
II. *vi* ① (*zu grell sein*) to be dazzling [*or* too bright]; ***mach die Vorhänge zu, es blendet!*** close the curtains, the light's dazzling!; **~d weiß** dazzling white
② (*hinters Licht führen*) to deceive [*or sep fam* take in] people
III. *vi impers* to produce a lot of glare; ***wenn das Licht direkt auf den Bildschirm fällt, blendet das*** there's a lot of glare when the light falls directly onto the screen
Blendenautomatik *f* FOTO automatic aperture control
blendend I. *adj* brilliant; **~er Laune sein** to be in a sparkling mood
II. *adv* wonderfully; **sich ~ amüsieren** to have great [*or* wonderful] fun
blendendweiß *adj attr s.* **blenden II 1**
Blender(in) <-s, -> *m(f)* fraud, beguiler
blendfrei *adj* ① (*entspiegelt*) non-reflective
② (*nicht blendend III.*) non-dazzle
Blendmauerwerk *nt* BAU facing masonry **Blendrahmen** *m* BAU blind [*or* mounting] frame **Blendschutz** *m* anti-dazzle device **Blendschutzzaun** *m* anti-dazzle barrier
Blendung <-, -en> *f* ① (*das Geblendetwerden*) dazzling *no pl*
② (*liter o veraltet*) blinding
Blendwerk *nt kein pl* (*liter*) deception; ***ein ~ des Teufels*** the devil's trickery, a trap set by the devil
Blesse <-, -n> *f* (*weißer Fleck*) blaze
Blessur <-, -en> *f* (*geh*) wound; **aus etw mit einer leichten ~ kommen** (*fig*) to come out of sth more or less unscathed *fam*
bleu [blø:] *adj inv* MODE light-blue
blich (*veraltet*) *pret von* **bleichen**
Blick <-[e]s, -e> *m* ① (*das Blicken*) look; ***er warf einen [kurzen] ~ aus dem Fenster*** he glanced out of the window; **auf den ersten ~** at first sight; ***es war Liebe auf den ersten ~*** it was love at first sight; **auf den zweiten ~** on closer inspection; **jds ~ ausweichen** to avoid sb's gaze [*or* eye]; **jdn mit den [*o* seinen] ~en durchbohren** to look piercingly at sb; **jds ~ erwidern** to return sb's gaze; **den ~ auf jdn/etw heften** (*geh*) to fix one's eyes on sb/sth; **jdn mit den ~en messen** (*geh*) to look sb up and down, to size sb up; **jdm einen/keinen ~ schenken** (*geh*) to look at sb/not to give sb a second glance; **jdn mit einem ~ streifen** to glance fleetingly at sb; **einen ~ auf jdn/etw tun [*o* werfen]** to glance [briefly] at sb/sth; **jdn/etw mit den [*o* seinen] ~en verschlingen** to devour sb/sth with one's eyes; **~e miteinander wechseln [*o* tauschen]** to exchange glances; **jdn keines ~es würdigen** (*geh*) to not deign to look at sb; **alle ~e auf sich** *akk* **ziehen** to attract attention; **auf einen/mit einem ~** at a glance
② (*~richtung*) eyes *pl*, gaze *no pl*; ***ihr ~ fiel auf die Kirche*** the church caught her eye; **den ~ heben** to look up, to raise one's eyes; **den ~ senken** to look down, to lower one's eyes
③ (*Augenausdruck*) expression, look in one's eye; ***in ihrem ~ lag Ausweglosigkeit*** there was a look of hopelessness in her eyes; ***er warf einen prüfenden ~ auf die Antiquität*** he cast a critical eye over the antique; ***er musterte sie mit finsterem ~*** he looked at her darkly
④ (*Aus~*) view; ***ein Zimmer mit ~ auf den Strand*** a room overlooking [*or* with a view of] the beach; **sich** *dat* **jds ~en entziehen** (*geh*) to disappear from sb's line of sight; **den ~en entschwinden** to disappear from sight [*or* view]
⑤ (*Urteilskraft*) eye; **einen klaren ~ für etw haben** to see things clearly; **einen [guten] ~ für etw haben** to have an eye [*or* a good eye] for sth; **keinen ~ für etw haben** to have no eye for sth, to be a bad judge of sth; **seinen ~ für etw schärfen** to sharpen [*or* heighten] one's awareness of sth
▶ WENDUNGEN: **einen ~ hinter die Kulissen tun [*o* werfen]** to take a look behind the scenes; **den bösen ~ haben** to have the evil eye; **wenn ~e töten könnten!** (*fam*) if looks could kill!; **etw aus dem ~ verlieren** to lose sight of sth; **etw im ~ haben** to have an eye on sth; ***er hatte den Aufstieg fest im ~*** he had an eye firmly on promotion; ***wir müssen den Termin immer im ~ behalten*** we must always bear in mind [*or* keep an eye on] the deadline; **mit ~ auf** with regard to *form*
blickdicht *adj inv* opaque; **~e Strumpfhose** opaque tights *npl*
blicken I. *vi* ① (*schauen*) ■**[auf jdn/etw] ~** to look [*or* have a look] [at sb/sth]; ■**irgendwohin ~** to look somewhere; ***er blickte kurz aus dem Fenster*** he glanced [briefly] out of the window
② (*geh: aussehen*) to look; ***was blickst du so böse?*** why are you looking so angry?
③ (*hervorsehen*) ■**aus etw ~** to peep out of sth; *s. a.* **hervorblicken**
④ (*sich zeigen*) **sich ~ lassen** to put in an appearance; ***lass dich doch mal wieder [bei uns] ~*** why don't you come round [and see us] again sometime?; ***sie hat sich hier nicht wieder ~ lassen*** she hasn't shown up here again; **sich [bei jdm] nicht [mehr] ~ lassen** to not be seen [any more] [at sb's house]; ***sie lässt sich schon längere Zeit nicht mehr bei uns ~*** she hasn't been round to see us for ages; ***lass dich hier ja nicht mehr ~!*** don't show your face around here again!; *s. a.* **tief II**
II. *vt* (*sl*) ■**etw ~** (*verstehen*) to understand sth; ***gib's auf, er blickt das sowieso nicht!*** give up, he doesn't get it anyway! *fam*
Blickfang *m* eye-catcher **Blickfeld** *nt* field of view [*or* vision]; **in jds [*o* jdm ins] ~ geraten [*o* kommen]** to come into sb's field of view; **ins ~ [der Öffentlichkeit] rücken** to become the focus of [public] attention; **aus dem [*o* jds] ~ verschwinden** to disappear from view **Blickkontakt** *m* visual contact; **[mit jdm] ~ haben/aufnehmen** to have/make eye contact [with sb] **Blickpunkt** *m* ① (*Standpunkt*) point of view; **vom ... ~ aus [betrachtet [*o* gesehen]]** from ... point of view; ***vom juristischen ~ aus [betrachtet]*** from the legal point of view ② (*Fokus*) **im ~ [der Öffentlichkeit] stehen** to be the focus of [public] attention **Blickrichtung** *f* direction of sight; ***du musst weiter nach links schauen, das ist nicht die richtige ~!*** you must look more to the left, that's not the right direction!; **in jds ~** in sb's line of sight; ***die große Eiche steht genau in unserer ~*** the great oak is exactly in our line of sight; **in ~ [nach] Westen** facing [*or* looking] west **Blickwinkel** *m* ① (*Perspektive*) angle of vision, perspective ② (*Gesichtspunkt*) point of view
blind I. *adj* ① (*ohne Sehvermögen*) blind; ■**~ sein/werden** to be/go blind; ***sie ist auf einem Auge ~*** she's blind in one eye; ■**von etw** *dat*/**vor etw** *dat* **~ sein** to be blinded by sth; **~ geboren** blind from birth; *s. a.* **Fleck**
② (*unkritisch*) blind; ■**für [*o* in Bezug auf] etw** *akk* **~ sein** to be blind to sth; ***was ihn selbst betrifft, scheint er irgendwie ~ zu sein*** he seems to be blind somehow to factors which affect him
③ (*wahllos*) blind; **das ~e Schicksal** (*geh*) blind fate; **der ~e Zufall** pure [*or* sheer] chance
④ (*verblendet*) blind; ■**~ vor Eifersucht/Hass/Wut [sein]** [to be] blinded by jealousy/hatred/rage
⑤ (*trübe*) **~es Glas** clouded glass; **~es Metall** dull [*or* tarnished] metal; ***der antike Spiegel war teilweise etwas ~*** the antique mirror had a few black spots; *s. a.* **Fleck**
⑥ (*verdeckt*) concealed; **~e Naht** invisible seam; **~er Passagier** stowaway
⑦ (*vorgetäuscht*) false; **~er Bogen/~es Fenster** blind arch/window; *s. a.* **Alarm**
▶ WENDUNGEN: **bist du [so] ~?** (*fam*) are you blind?; **Mann, bist du ~!** (*sl*) God, you're thick! *sl*; **jdn ~ [für etw] machen** to blind sb [to sth]
II. *adv* ① (*wahllos*) blindly; ***er griff ~ ein Buch aus dem Regal heraus*** he took a book at random from the shelf
② (*unkritisch*) blindly
③ (*ohne Ausgang/Tür*) **~ enden [*o* sein]** to be a dead end; ***viele Gänge in der Pyramide enden ~*** many passages in the pyramid are dead ends
④ LUFT **~ fliegen** to fly blind [*or* on instruments]; **~ landen** to land blind
⑤ (*verdeckt*) ***der Mantel wird ~ geknöpft*** the coat has concealed buttons; **etw ~ backen** KOCHK to bake sth blind
blind|backen *vt s.* **blind II 5** **Blindband** <-bände> *m* dummy **Blindbewerbung** *f* speculative application **Blindboden** *m* BAU wooden subfloor
Blinddarm *m* appendix, caecum *spec* BRIT, cecum AM; (*Patient*) case of appendicitis
Blinddarmentzündung *f* MED appendicitis
Blinddarmfortsatz *m* ANAT appendix

Blinddarmoperation *f* MED appendix operation, appendectomy *spec*

Blind Date [blaɪnd'deɪt] *nt* blind date

Blinddruck *m* TYPO blind blocking [*or* embossing]

Blinde(r) *f(m)* *dekl wie adj* blind woman *fem*, blind man *masc*, blind person; ■**die ~n** the blind
▸ WENDUNGEN: **unter den ~n ist der Einäugige König** (*prov*) in the country of the blind the one-eyed man is king *prov;* **das sieht doch ein ~r [mit dem Krückstock** *veraltend*] (*fam*) anyone [*or* any fool] can see that!

Blindekuh *f kein art* blind man's buff *no art;* ~ **spielen** to play blind man's buff

Blindekuhspiel *nt* blind man's buff

Blindenhund *m* guide dog **Blindenschrift** *f* Braille *no art*

blindfliegen *vi irreg sein s.* **blind II 4 Blindflug** *m* ① LUFT blind flight; ***der Pilot musste im ~ manövrieren*** the pilot had to fly on instruments ② (*fig*) process of trial and error **Blindgänger** <-s, -> *m* MIL dud; ***ein ~ aus dem zweiten Weltkrieg*** an unexploded bomb from the Second World War **Blindgänger(in)** <-s, -> *m(f)* (*sl*) dead loss *fam* **blindgeboren** *adj s.* **blind I 1 Blindgeschwindigkeit** *f* blind speed **blindgläubig I.** *adj* credulous; ***die ~en Sektenmitglieder begingen Selbstmord*** driven by blind faith the members of the sect committed suicide; ***du glaubst einfach alles — bist du wirklich so ~?*** you simply believe everything — are you really so credulous? **II.** *adv* blindly; ***~ führten sie seine Befehle aus*** they blindly carried out his orders

Blindheit <-> *f kein pl* blindness *no pl*
▸ WENDUNGEN: **jdn mit ~ schlagen** (*liter*) to denude sb of common sense, to strike sb blind; **[wie] mit ~ geschlagen sein** to seem to have lost all judgement, to be [as if] struck blind

Blindlandung *f* LUFT blind [*or* instrument] landing

blindlings *adv* blindly

Blindmuster *nt* TYPO dummy, sample binding [*or* volume] **Blindprägung** *f* blind blocking [*or* embossing] **Blindschleiche** <-, -n> *f* slowworm, blindworm **Blindwühle** <-, -n> *f* ZOOL mole rat

blindwütig I. *adj* raging, in a blind fury *pred;* **ein ~er Angriff** a frenzied attack
II. *adv* in a blind fury

blinken I. *vi* ① (*funkeln*) to gleam, to sparkle
② (*Blinkzeichen geben*) ■**[mit etw]** ~ to flash [sth]; **mit der Lichthupe** ~ to flash one's [head]lights; (*zum Abbiegen*) to indicate
II. *vt* ■**etw** ~ to flash sth; ***das Schiff blinkte SOS*** the ship was flashing an SOS [signal] [*or* was signalling SOS]

Blinker <-s, -> *m* ① AUTO indicator, BRIT *fam a.* winker
② (*blinkender Metallköder*) spoon[bait]

Blinkerhebel *m* AUTO indicator switch **Blinkerrelais** *nt* AUTO indicator relay BRIT, lasher AM

Blinkfeuer *nt* NAUT flashing light **Blinklicht** *nt* ① TRANSP flashing light ② (*fam*) *s.* **Blinker 1 Blinkzeichen** *nt* flashing signal; ~ **geben** to flash a signal; ***der Fahrer gab mir ~*** [***mit der Lichthupe***] the driver flashed [his headlights at] me

blinzeln *vi* ① (*unfreiwillig zusammenkneifen*) to blink; (*geblendet*) to squint
② (*zwinkern*) to wink; *s. a.* **anblinzeln, zublinzeln**

Blitz <-es, -e> *m* ① (*Blitzstrahl*) flash of lightning, lightning *no pl, no indef art;* (*Blitzeinschlag*) lightning strike; **vom ~ getroffen/erschlagen werden** to be struck/killed by lightning; **der ~ schlägt in etw** *akk* **[ein]** lightning strikes sth
② (*das Aufblitzen*) flash
③ FOTO flash
④ *pl* (*liter: grelle Blicke*) glaring looks; ***ihre Augen schossen [wütende] ~e gegen ihn*** her eyes flashed [furiously] at him, she looked daggers at him
▸ WENDUNGEN: **wie ein ~ aus heiterem Himmel** like a bolt from the blue; **wie ein geölter ~** (*fam*) like greased lightning; **wie vom ~ getroffen** [*o* **gerührt**] thunderstruck; **wie ein ~ einschlagen** to come as a bombshell; **wie der ~** (*fam*) like [*or* as quick as] lightning

Blitzableiter <-s, -> *m* lightning conductor ▸ WENDUNGEN: **als ~** as a scapegoat **Blitzaktion** *f* lightning operation [*or* raid] **blitzartig I.** *adj* (*sehr schnell*) lightning *attr;* ***die Schlange machte eine ~e Bewegung*** the snake moved like lightning **II.** *adv* (*sehr schnell*) like lightning; ***er ist ~ verschwunden*** he disappeared as quick as [*or* in] a flash

blitz(e)blank *adj* (*fam*) as clean as a whistle *pred fam*, spick and span *pred fam*

blitzen I. *vi impers* ***es blitzte*** there was [a flash of] lightning; ***ich habe kaum ein Gewitter erlebt, bei dem es so oft geblitzt hat*** I've scarcely experienced a storm with so much lightning
II. *vi* ① (*strahlen*) to sparkle; *s. a.* **Sauberkeit**
② (*funkeln*) ■**[vor etw** *dat*] ~ to flash [with sth]; ***ihre Augen blitzten vor Zorn*** her eyes flashed with anger
③ FOTO (*fam*) to use [a] flash
III. *vt* ① FOTO (*fam*) ■**jdn/etw** ~ to take a flash photo of sb/sth
② (*fam: in Radarfalle*) ■**geblitzt werden** to be photographed [*or fam* zapped]

Blitzesschnelle *f* lightning speed *no pl, no indef art;* **in/mit ~** with lightning speed

Blitzgerät *nt* FOTO flash unit

blitzgescheit *adj* (*fam*) brilliant

Blitzgespräch *nt* priority [telephone] call (*with tenfold call charge*)

Blitzgiro *nt* FIN direct telex transfer system

Blitzhacker *m* vegetable chopper **Blitzkarriere** *f* rapid rise; **eine ~ machen** to enjoy a rapid rise, to be a highflier **Blitzkrieg** *m* MIL blitzkrieg

Blitzlicht *nt* FOTO flash[light]

Blitzlichtbirne *f* FOTO flashbulb **Blitzlichtgerät** *nt* flash [unit], flashgun **Blitzlichtgewitter** *nt* (*fam*) frenzy of flashing cameras **Blitzlichtwürfel** *m* flashcube

Blitzmerker(in) <-s, -> *m(f)* (*pej*) bright spark

blitzsauber *adj* (*fam*) sparkling clean
▸ WENDUNGEN: **ein ~es Mädel** SÜDD a great girl [*or* BRIT DIAL splendid lass]

Blitzschlag *m* lightning strike; ***ein ~ traf den Baum*** the tree was struck by lightning; **vom ~ getroffen werden** to be struck by lightning **blitzschnell** *adj s.* **blitzartig Blitzstrahl** *m* (*geh*) flash of lightning **Blitzumfrage** *f* quick [*or* lightning] poll **Blitzwürfel** *m* FOTO flashcube

Blizzard <-s, -s> ['blɪzɐt] *m* blizzard

Block¹ <-[e]s, Blöcke> *m* ① (*Form*) block; ■**ein ~ aus/von etw** a block of sth
② INFORM, TYPO block
③ (*Richt~*) [executioner's] block

Block² <-[e]s, Blöcke *o* -s> *m* ① (*Häuser~*) block; (*großes Mietshaus*) block [of flats] BRIT, apartment building AM
② (*Papierstapel*) book; **ein ~ Briefpapier** a pad of writing paper
③ (*Briefmarken~*) block
④ POL (*politischer Bund*) bloc; (*Fraktion*) faction

Blockabsatz *m* block [*or* Cuban] heel **Blockabstimmung** *f* block vote

Blockade <-, -n> *f* ① (*Wirtschafts~*) blockade; **die ~ brechen** to break [*or* run] the blockade; **über etw** *akk* **eine ~ verhängen** to impose a blockade on sth
② MED block
③ (*Denkhemmung*) mental block
④ TYPO (*Satz*) blacks *pl*, turned letter

Blockadepolitik *f* POL (*pej*) blocking policy

Blockbildung *f* POL formation of blocs [*or* factions] **Blockbuchstabe** *m* block [*or* capital] letter **Blockbuster** [-bʌstə] *m* ÖKON (*fam*) blockbuster

blocken I. *vt* ■**etw** ~ ① SPORT to block sth
② (*verhindern*) to block [*or* stall] sth
③ SÜDD (*bohnern*) to polish sth
II. *vt* ① SPORT to block
② SÜDD (*bohnern*) to polish
③ JAGD to perch, to block; *s. a.* **abblocken**

Blockende *nt* INFORM, TYPO end of block

Blockflöte *f* MUS recorder

blockfrei *adj* POL non-aligned **Blockfreiheit** *f* POL non-alignment **Blockhaus** *nt* log cabin **Blockheftung** <-> *f kein pl* TYPO block stitching **Blockheizkraftwerk** *nt* block-type thermal power station [*or esp* AM plant] **Blockhütte** *f* log cabin

Blockierbremse *f* safety brake

blockieren* I. *vt* ① (*unterbrechen*) ■**etw** ~ to block sth; **die Stromzufuhr** ~ to interrupt the electricity supply; **den Verkehr** ~ to stop the traffic
② AUTO ■**etw** ~ to lock sth; ***eine Gewaltbremsung kann die Räder ~*** sudden braking can lock the wheels
③ (*absperren*) ■**etw** ~ to block [*or* jam] sth; (*mit Blockade*) to blockade sth
④ POL ■**etw** ~ to block sth
II. *vi* AUTO to lock, to seize up, to jam; ***durch plötzlichen Ölverlust blockierte das Getriebe*** the gears locked as a result of a sudden loss of oil

Blocklänge *f* INFORM, TYPO block length **Blockleimen** <-> *nt kein pl* TYPO padding **Blockpartei** *f* HIST factional party **Blockprüfziffer** *f* INFORM block serial number checking **Blocksatz** *m* TYPO justification **Blockschokolade** *f kein pl* cooking chocolate *no pl* **Blockschrift** *f* block capitals [*or* letters] *pl* **Blockschutz** *m* INFORM block protection **Blockstelle** *f* BAHN block signal box **Blockstreifen** *f* (*Muster*) broad stripe **Blockstunde** *f* SCH double period **Blockunterricht** *m* SCH teaching by subject area *no pl, no indef art*, theme-work teaching *no pl, no indef art* **Blockwart** <-[e]s, -e> *m* HIST block [*or* local group] leader (*during the rule of the Nazis*)

blöd(e) I. *adj* (*fam*) ① (*veraltend: dumm*) silly, stupid; (*schwachsinnig*) feeble-minded
② (*unangenehm*) disagreeable; **eine ~e Situation** an awkward situation; ***so ein ~es Wetter!*** what terrible weather!; **ein ~es Gefühl** a funny feeling; **zu ~!** how annoying!; (*ekelhaft*) nasty; ***das ist ja vielleicht ein ~er Kerl!*** he really is a nasty piece of work!
II. *adv* (*fam*) idiotically, stupidly; ***was stehst du hier noch so ~ rum?*** why are you still standing around here like an idiot?; ***der guckt so ~!*** he's got such a stupid look on his face!; ***frag doch nicht so ~!*** don't ask such stupid questions!; ***er hat sich wirklich ~ angestellt*** he made such a stupid fuss; ***glotz doch nicht so ~!*** don't gawp at me like an idiot!; ***der hat vielleicht wieder ~ herumgelabert*** he's really been acting the fool again; **sich ~ anstellen** to be [*or* act] stupid

Blödelei <-, -en> *f* (*fam*) ① (*das Blödeln*) fooling, messing about [*or* around] *no pl, no indef art;* ***lass endlich diese ~!*** will you stop messing about!
② (*Albernheit*) silly prank

blödeln *vi* (*fam*) ■**[mit jdm]** ~ to tell [sb] silly jokes; *s. a.* **herumblödeln**

blöderweise *adv* (*fam*) stupidly

Blödhammel *m* (*derb*) bloody fool [*or* idiot] BRIT *fam!*, jerk AM *fam!*

Blödheit <-, -en> *f* ① (*Dummheit*) stupidity *no pl*
② (*blödes Verhalten*) foolishness *no pl*, silliness *no pl*
③ (*alberne Bemerkung*) stupid remark

Blödian <-[e]s, -e> *m*, **Blödmann** *m* (*fam*) fool, idiot

Blödsinn *m kein pl* (*pej fam*) ① (*Quatsch*) nonsense *no pl, no indef art*, rubbish *no pl, no indef art;* ***wer hat sich denn diesen ~ ausgedacht?*** what fool came up with this idea?; ***machen Sie keinen ~!*** don't mess about!
② (*Unfug*) silly tricks *pl*

blödsinnig *adj* (*pej fam*) idiotic, stupid; ***was für eine dumme Idee, so etwas B~es!*** what a silly idea, how stupid!

blöken *vi* to bleat

blond *adj* ① *Haar* blond[e]; (*hellgelb*) fair-haired; ***sind die Haare von Natur aus so ~?*** are you naturally so fair-haired?; ~ **gefärbt** dyed blond [*or* blonde]; ***sie hat ~ gefärbte Haare*** she has dyed blonde hair, her hair is dyed blonde; ~ **gelockt** blond[e] curly *attr;* ~ **gelockte Person** person with

blond[e] curly hair; ■ ~ **gelockt sein** to have curly fair hair
❷ (*fam*) light-coloured [*or* AM -ored]; ***mir würde ein schönes, ~es Bier jetzt gut schmecken!*** a nice lager would go down well now; ***~er Tabak*** blond tobacco
Blond <-s> *nt kein pl* blond, blonde
Blonde(r) *f(m) dekl wie adj* blonde, blond-haired man
blondgefärbt *adj attr s.* **blond 1** **blondgelockt** *adj attr s.* **blond 1**
blondieren* *vt* ❶ (*blond färben*) ■**etw** ~ to bleach sth; ***manche Frauen ~ ihre Haare/das Haar*** some women dye their hair blonde
❷ KOCHK to sautée lightly
Blondine <-, -n> *f* blonde
bloß I. *adj* ❶ (*unbedeckt*) bare; ■**mit ~m/~er/etc. …** with bare …; **mit ~en Füßen gehen** to walk barefoot; **mit ~em Oberkörper** stripped to the waist; **mit ~em Schwert** with sword drawn
❷ *attr* (*alleinig*) mere; **der ~e Neid** sheer envy; **die ~e Dummheit** sheer stupidity; (*allein schon*) very; ***schon der ~e Gedanke machte ihn rasend*** the very thought made him furious
II. *adv* (*nur*) only; ***was er ~ hat?*** whatever is the matter with him?; **nicht ~ …, sondern auch …** not only …, but also …; ***er ist nicht ~ wohlhabend, sondern sieht auch noch gut aus*** he's not only affluent, but he's good looking as well
III. *part* (*verstärkend*) ***lass mich ~ in Ruhe!*** just leave me in peace!; ***hör ~ auf mit diesem Gelaber!*** just stop prattling on, will you!
Blöße <-, -n> *f* ❶ (*geh*) bareness *no pl*; (*Nacktheit*) nakedness *no pl*; **in voller ~** completely naked
❷ SPORT opening; ***er nutzte jede ~ seines Gegners aus*** he made use of every opening his opponent presented; **sich** *dat* **eine/keine ~ geben** (*aus seiner Deckung herauskommen*) to drop/not drop one's guard; (*einen Schwachpunkt zeigen*) to show a/not show any weakness
► WENDUNGEN: **jdm eine ~ bieten** to reveal a weakness to sb; **sich** *dat* **eine/keine ~ geben** to show a/not show any weakness
bloß|legen *vt* ■**etw ~** ❶ (*ausgraben*) to uncover sth ❷ (*enthüllen*) to bring sth to light, to reveal sth **bloß|liegen** *vi irreg sein* to be exposed [*or* uncovered] **bloß|stellen** *vt* ❶ (*verraten*) ■**jdn ~** to expose [*or* unmask] sb ❷ (*blamieren*) ■**jdn ~** to show up sb *sep*; ■**sich ~** to make a fool of oneself, to show oneself up **bloß|strampeln** *vr* ■**sich ~** to kick off the covers *sep*
Blouson <-[s], -s> [bluˈzõː] *m o nt* bomber jacket
Blubberkopf *m* (*pej*) blubber head
blubbern *vi* (*fam*) to bubble
Blücher *m* ► WENDUNGEN: **wie ~ rangehen** (*fam*) to get stuck in *fam*
Blue Jeans, Bluejeans[RR] <-, -> [ˈbluːdʒiːns] *pl* [blue] jeans
Blues <-, -> [bluːs] *m* MUS blues + *sing vb*
Bluff <-[e]s, -s> [blʊf, blaf, blœf] *m* (*veraltet*) bluff
bluffen I. *vi* (*täuschen*) to bluff
II. *vt* (*jdn täuschen*) ■**jdn ~** to bluff sb
Bluffen <-s> [ˈblœfn̩] *nt kein pl* kidology *sl*
blühen I. *vi* ❶ (*Blüten haben*) to bloom, to flower; **zum B~ kommen** (*zu blühen beginnen*) to [come into] blossom
❷ (*florieren*) ■~ **[und gedeihen]** to flourish, to thrive
❸ (*fam*) ■**jdm ~** to be in store for sb; ***dann blüht dir aber was!*** then you'll be for it! *fam*; ***das kann mir irgendwann auch noch ~*** that may happen to me as well sometime
II. *vi impers* ■**es blüht** there are flowers; ***im Süden blüht es jetzt schon überall*** everything is in blossom in the south
blühend *adj* ❶ (*in Blüte sein*) blossoming
❷ (*strahlend*) glowing, radiant; ***sie sieht wirklich ~ aus*** she looks really radiant
❸ (*prosperierend*) flourishing, thriving
❹ (*fam*) excessive; **eine ~e Fantasie haben** to have a fertile [*or* vivid] imagination; **~er Unsinn sein** to be utter nonsense
Blühet <-s> *m kein pl* SCHWEIZ (*Blütezeit*) blossoming *no pl*
Blümchen <-s, -> *nt dim von* **Blume** little flower
Blümchensex *m* (*fam*) vanilla sex
Blume <-, -n> *f* ❶ (*blühende Pflanze*) flower; (*Topf~*) pot plant
❷ (*Duftnote*) bouquet
❸ (*Bierschaumkrone*) head
❹ KOCHK top rump
► WENDUNGEN: **die blaue ~** LIT the Blue Flower (*symbol of longing in poetry*); **jdm etw durch die ~ sagen** to say sth in a roundabout way to sb; **jdm etw durch die ~ zu verstehen geben** to drop a veiled hint to sb about sth; **danke** [*o* **vielen Dank**] **für die ~n** (*iron*) thank you very much, I'm sure! *iron*, thanks for nothing! *iron*
Blumenbank <-bänke> *f* flower stand **Blumenbeet** *nt* flowerbed **Blumendraht** *nt* florist's wire **Blumenerde** *f* HORT potting compost **Blumenfrau** *f* flower-woman **Blumengeschäft** *nt* florist's, flower shop **blumengeschmückt** *adj* adorned with flowers *pred* **Blumenkasten** *m* flower-box, window box **Blumenkohl** *m kein pl* cauliflower **Blumenkresse** *f* BOT, KOCHK nasturtium **Blumenladen** *m* flower shop, florist's **Blumenmädchen** *nt* flower-girl **Blumenmann** *m* [male] flower-seller **Blumenmeer** *nt* sea of flowers **Blumenmuster** *nt* floral pattern [*or* design] **Blumensprache** *f* language of flowers **Blumenständer** *m* flower stand [*or* rack] **Blumenstock** *m* [flowering] pot plant **Blumenstrauß** <-sträuße> *m* bouquet [*or* bunch] of flowers **Blumentopf** *m* ❶ (*Topf*) flowerpot ❷ (*Pflanze*) [flowering] pot plant ► WENDUNGEN: **mit etw keinen ~ gewinnen können** (*fam*) nothing to shout [*or fam* write home] about; ***mit dem Aufsatz kannst du keinen ~ gewinnen*** your essay's nothing to shout about **Blumenvase** *f* flower vase **Blumenzwiebel** *f* HORT bulb
blumig *adj* flowery; **~er Stil** ornate [*or* flowery] style; **~er Wein** wine with a flowery bouquet
Bluse <-, -n> *f* blouse
► WENDUNGEN: **pralle ~** (*sl*) big boobs [*or* tits] *sl*; **jdm in die ~ fassen** (*sl*) to grope sb's boobs [*or* tits] *sl*; **was in der ~ haben** (*sl*) to have big boobs [*or* tits] *sl*
Blust <-[e]s> *m o nt kein pl* SCHWEIZ (*Blüte*) blossom; (*Blütezeit*) blossoming *no pl*
Blut <-[e]s> *nt kein pl* ❶ (*Körperflüssigkeit*) blood *no pl, no indef art*; **~ bildend** haem[at]opoietic BRIT, hem[at]opoietic AM; **~ reinigend** blood-cleansing, depurative; **~ stillend** MED styptic, haemostatic BRIT, hemostatic AM; ***bei Nasenbluten wirkt ein Eisbeutel ~ stillend*** an ice pack has a styptic effect on nosebleeds; **jdm ~ abnehmen** to take a blood sample from sb; **in ~ schwimmen** to be swimming in blood; **es wurde viel ~ vergossen** there was a lot of bloodshed, much blood was shed *liter*; **es fließt ~** blood is being spilled
❷ (*Geblüt*) blood; (*Erbe a.*) inheritance
► WENDUNGEN: **jdm gefror** [*o* **stockte**] [*o* **gerann**] [*o* **erstarrte**] **das ~ in den Adern** sb's blood froze [in their veins] [*or* ran cold]; **jdm steigt** [*o* **schießt**] **das ~ in den Kopf** the blood rushes to sb's head; ***weil sie sich so schämte, schoss ihr das Blut in den Kopf/ins Gesicht*** her cheeks flushed with shame; **~ und Wasser schwitzen** (*fam*) to sweat blood [and tears] *fam*; **blaues ~ haben** to have blue blood; **böses ~ machen** [*o* **schaffen**] [*o* **geben**] to cause [*or* create] bad blood [*or* ill-feeling]; **frisches ~** new [*or* fresh] blood; ***die Firma braucht frisches ~*** the company needs new [*or* fresh] blood; **heißes** [*o* **feuriges**] **~ haben** to be hot-blooded; **kaltes ~ bewahren** to remain calm; **[nur] ruhig ~!** [just] calm down!, keep cool! *fam*; **[einem] ins ~ gehen** to get into one's blood [*or* one going]; **~ geleckt haben** to have developed a liking [*or* got a taste] for sth; **jdm im ~ liegen** to be in sb's blood; ***das Singen liegt ihm im ~*** singing is in his blood; **etw im ~ haben** to have sth in one's blood; **bis aufs ~** in the extreme; ***er hasste ihn bis aufs ~*** he absolutely loathed him; ***diese Ketzerei wurde von der Kirche bis aufs ~ bekämpft*** the church fought this heresy tooth and nail; ***sie peinigte ihn bis aufs ~*** she tormented him mercilessly; *s. a.* **Hand**
Blutader *f* ANAT vein **Blutalkohol** *m*, **Blutalkoholgehalt** *m* blood alcohol level **Blutalkoholspiegel** *m* blood alcohol level **Blutandrang** *m* MED congestion **blutarm** *adj* MED anaemic BRIT, anemic AM **Blutarmut** *f* MED anaemia BRIT, anemia AM **Blutbad** *nt* bloodbath; **[unter ihnen] ein ~ anrichten** to create carnage [amongst them] **Blutbahn** *f* bloodstream **Blutbank** <-banken> *f* blood bank **blutbefleckt** *adj* bloodstained **blutbeschmiert** *adj* smeared with blood *pred* **Blutbild** *nt* MED blood count **blutbildend** *adj s.* **Blut 1** **Blutbildung** *f* haem[at]opoiesis *spec*, blood formation **Blutblase** *f* blood blister **Blutbuche** *f* BOT copper beech
Blutdruck *m kein pl* blood pressure *no pl, no indef art*; **hoher/niedriger ~** high/low blood pressure
Blutdruckmesser <-s, -> *m* blood pressure gauge [*or* AM *a.* gage] **Blutdruckmessgerät**[RR] *nt* MED sphygmomanometer **blutdrucksenkend** *adj* MED, PHARM anti-hypertensive
Blüte <-, -n> *f* ❶ (*Pflanzenteil*) bloom, flower; *Baum* blossom; ***die ~n des Kirschbaumes sind rein weiß*** the blossom on the cherry tree is pure white; **sich zur vollen ~ entfalten** to blossom; **in [voller] ~ stehen** to be in [full] bloom; **~n treiben** to [be in] bloom [*or* flower]; *Baum* to [be in] blossom
❷ (*Blütezeit*) blooming *no pl*, blossoming *no pl*, flowering season; ***im Mai beginnt die ~ der Kirschbäume*** cherry trees start to blossom in May
❸ (*fam: falsche Banknote*) dud *fam*, forgery
❹ (*hoher Entwicklungsstand*) height, heyday *usu sing*; ***während der Zeit der größten ~ des Römischen Reiches*** at the height of the Roman Empire; ***in jeder Zivilisation gibt es eine Zeit der ~*** every civilization has its heyday; **seine ~ erreichen** [*o* **erleben**] to reach its peak; **in der ~ seiner/ihrer Jahre sein** [*o* **stehen**] to be in the prime of life; ***er steht in der ~ seiner Jahre*** he is in his prime; ***im 19. Jahrhundert entfaltete sich die Stadt zur vollen ~*** the town blossomed in the 19th century; ***Anfang des 20. Jahrhunderts stand die Kunst des Jugendstils gerade in voller ~*** Art Nouveau flourished at the beginning of the 20th century
► WENDUNGEN: **merkwürdige** [*o* **seltsame**] [*o* **wunderliche**] **~n treiben** to take on strange forms
Blutegel *m* ZOOL leech
bluten *vi* ■**[an etw** *dat*/**aus etw** *dat*] ~ to bleed [from sth]
► WENDUNGEN: **~ müssen/sollen** (*fam*) to have/ought to cough up [*or* fork out] *fam*
Blütenblatt *nt* BOT petal **Blütenhonig** *m* honey made from blossom **Blütenkelch** *m* BOT calyx **Blütenkelchblatt** *nt* sepal **Blütenknospe** *f* flower bud **Blütenkohl** *m s.* Blumenkohl **Blütenpflanze** *f* flowering plant **Blütenpollen** *m* flower pollen **Blütenstand** *m* BOT inflorescence *no pl* **Blütenstaub** *m* pollen *no pl, no indef art*
Blutentnahme *f* taking of a blood sample
blütenweiß *adj* sparkling white **Blütenzweig** *m* flowering twig
Bluter <-s, -> *m* MED haemophiliac BRIT, hemophiliac AM
Bluterguss[RR] <-es, -ergüsse> *m*, **Bluterguß** <-sses, -ergüsse> *m* bruise, haematoma *spec* BRIT, hematoma *spec* AM
Bluterin <-, -nen> *f fem form von* **Bluter**
Bluterkrankheit *f* MED haemophilia *no pl, no art* BRIT, hemophilia *no pl, no art* AM
Blutersatzmittel *nt* blood substitute
Blütezeit *f* ❶ (*Zeit des Blühens*) blossoming *no pl*, flowering season; ***gerade während der ~ leidet sie an Heuschnupfen*** it's precisely when the trees are in blossom that she suffers from hay fever
❷ (*Zeit hoher Blüte*) heyday; ***nach einer kurzen ~ begann der Niedergang dieser Zivilisation*** after

a brief period of glory the civilization began to decline
Blutfaktor *m* blood factor **Blutfarbstoff** *m* ANAT haemoglobin [*or* AM hemo-] *no pl, no indef art* **Blutfettwert** *m* plasma lipid concentration **Blutfleck** *m* bloodstain **Blutgefäß** *nt* blood vessel **Blutgefäßverstopfung** *f* blockage of a blood vessel **Blutgerinnsel** *nt* blood clot **Blutgerinnung** *f* clotting of the blood **blutgierig** *adj* (*geh*) bloodthirsty **Blutgruppe** *f* blood group [*or* type]; **jds ~ bestimmen** to determine sb's blood type **Blutgruppenbestimmung** *f* MED blood-typing **Bluthochdruck** *m* high blood pressure **Bluthund** *m* ❶ (*Jagdhund*) bloodhound ❷ (*pej: blutiger Unterdrücker*) bloody tyrant *pej* **Bluthusten** *m* coughing up of blood
blutig I. *adj* ❶ (*blutend*) bloody; (*blutbefleckt*) bloodstained
❷ KOCHK underdone, bloody; **sehr ~** rare
❸ (*mit Blutvergießen verbunden*) bloody
❹ (*fam: völlig*) absolute, bloody *fam!*; *s. a.* **Ernst**
II. *adv* bloodily; **sich die Füße ~ laufen** to walk till one's feet are red raw
blutjung *adj* very young
Blutkonserve [-və] *f* unit of stored blood **Blutkörperchen** *nt* blood corpuscle [*or* cell]; **rote/weiße ~** red/white [blood] corpuscles **Blutkrankheit** *f* blood disease **Blutkrebs** *m* MED leukaemia, leukemia AM **Blutkreislauf** *m* [blood] circulation *no pl, no indef art* **Blutlache** *f* pool of blood **blutleer** *adj* ❶ (*ohne Blut*) bloodless, drained of blood *pred*; ***ihr Gesicht war ~*** her face was deathly pale ❷ MED anaemic BRIT, anemic AM **Blutorange** *f* BOT blood orange **Blutplasma** *nt* blood plasma *no pl, no indef art* **Blutplättchen** <-s, -> *nt* blood platelet **Blutplättchenmangel** *m* thrombocytopenia **Blutpräparat** *nt* blood preparation **Blutprobe** *f* ❶ (*Entnahme*) blood sample ❷ (*Untersuchung*) blood test; **eine ~ bei jdm machen** to take a blood sample from sb [*or* a sample of sb's blood] **Blutrache** *f* blood vendetta **Blutrausch** *m* savage frenzy *no pl* **blutreinigend** *adj s.* **Blut 1** **blutrot** *adj* (*liter*) blood-red **blutrünstig** *adj* bloodthirsty **Blutsauger** *m* ZOOL bloodsucker **Blutsauger(in)** *m(f)* (*Ausbeuter*) extortioner, bloodsucker
Blutsbruder *m* blood brother **Blutsbrüderschaft** *f* blood brotherhood
Blutschande *f* incest **Blutschuld** *f* (*liter*) blood guilt; ***er lud [eine] ~ auf sich*** he had blood on his hands **Blutschwamm** *m* MED strawberry mark, angioma *spec* **Blutsenkung** *f* MED sedimentation of the blood; (*Test*) [erythrocyte] sedimentation test; **eine ~ machen** to test the sedimentation rate of the blood **Blutserum** *nt* MED blood serum *no pl, no indef art* **Blutspende** *f* unit of blood [from a donor] **Blutspenden** <-s> *nt kein pl* donation of blood *no pl* **Blutspender(in)** *m(f)* blood donor **Blutspucken** *nt* haemoptysis BRIT, hemoptysis AM **Blutspur** *f* trail of blood; **~en** traces of blood **blutstillend** *adj s.* **Blut 1**
Blutstropfen *m* drop of blood; **bis zum letzten ~** to the last drop of blood
Blutstuhl *m* MED blood in the faeces [*or* AM feces] **Blutsturz** *m* [external] haemorrhage [*or* AM hemorrhage]
blutsverwandt *adj* related by blood *pred* **Blutsverwandte(r)** *f(m) dekl wie adj* blood relation [*or* relative] **Blutsverwandtschaft** *f* blood relationship
blutt *adj* SÜDD, SCHWEIZ (*nackt*) bare
Bluttat *f* (*geh*) bloody deed; **eine ~ begehen** to commit a bloody deed
blütteln *vi* SCHWEIZ ■**[irgendwo] ~** to strip off [somewhere]
Bluttransfusion *f* blood transfusion **blutüberströmt** *adj* streaming with blood *pred* **Blutübertragung** *f s.* **Bluttransfusion**
Blutung <-, -en> *f* ❶ (*das Bluten*) bleeding *no pl, no indef art;* **innere ~en** internal bleeding [*or* BRIT haemorrhage] [*or* AM hemorrhage]
❷ [*monatliche*] ~ menstruation, period
Blutungsstörungen *pl* bleeding disorders *pl*
blutunterlaufen *adj* suffused with blood *pred;* **~e Augen** bloodshot eyes **Blutuntersuchung** *f* blood test **Blutvergießen** <-s> *nt kein pl* (*geh*) bloodshed *no pl, no indef art* **Blutvergiftung** *f* blood poisoning *no indef art* **Blutverlust** *m* loss of blood **blutverschmiert** *adj* covered [*or* caked] with blood *pred,* bloodstained **Blutwäsche** *f* MED haemodialysis [*or* AM hemo-] *spec* **Blutwurst** *f* black pudding BRIT, blood sausage AM **Blutzirkulation** *f s.* Blutkreislauf **Blutzoll** *m kein pl* (*geh*) death toll *no pl,* number of dead and injured *no pl,* fatalities *pl*
Blutzucker *m* MED ❶ (*Zuckeranteil*) blood sugar ❷ (*fam*) blood sugar test **Blutzuckerbestimmung** *f* determining the blood sugar level **Blutzuckermessgerät**[RR] *nt* blood sugar measuring device **Blutzuckerspiegel** *m* MED blood sugar level **Blutzuckerwert** *m* MED blood sugar count
Blutzufuhr *f* blood supply
BLZ <-> *f Abk von* **Bankleitzahl**
BMX-Rad *nt* BMX bike
BND <-s> *m kein pl Abk von* **Bundesnachrichtendienst**
Bö <-, -en> *f* gust, squall
Boa <-, -s> *f* ZOOL, MODE boa
Bob <-s, -s> *m* bob[sleigh] BRIT, bob[sled] AM
Bobbahn *f* bob[sleigh] run BRIT, bob[sled] run AM
Bobbybohne *f* bobby bean
Bobfahrer(in) *m(f)* SPORT bobber **Bob Run Skating**, **Bob-Run-Skating**[RR] ['bɒbrʌnskeɪtɪŋ] *nt* SPORT bob run skating (*skating down a bob run*)
Bobsport *m* bobsleighing BRIT, bobsledding AM
Bobtail <-s, -s> ['bɔbteɪl] *m* (*Hunderasse*) Old English sheepdog
Boccia <-> ['bɔtʃa] *nt o f kein pl* SPORT boccia (*Italian bowls*)
Bock[1] <-[e]s, Böcke> *m* ❶ ZOOL buck; (*Schafs~*) ram; (*Ziegen~*) billy-goat, he-goat
❷ (*fam*) stubbornness *no pl;* **einen ~ haben** (*fam*) to be awkward [*or* difficult], to play up *fam*
❸ AUTO ramp; *s. a.* **Sägebock**
❹ SPORT buck, [vaulting] horse
❺ (*Kutsch~*) box
► WENDUNGEN: **den ~ zum Gärtner machen** (*fam*) to be asking for trouble; **die Böcke von den Schafen scheiden** [*o* **trennen**] (*fam*) to separate the sheep from the goats; **alter ~** (*fam*) old goat *fam,* old git *sl;* **geiler ~** (*fam*) randy old goat *fam,* randy sod *sl;* **null ~ [auf etw** *akk*] **haben** (*sl*) to be not in the mood [for sth] [*or* in no mood for sth]; ***sie hat null ~ auf nichts*** she's just not in the mood for anything; **sturer ~** (*fam*) stubborn sod *sl;* **~ [auf etw** *akk*] **haben** (*sl*) to fancy [sth] *fam;* ***wenn du ~ hast, kannst du ja mitkommen*** if you fancy it, you can come with us; **~ haben, etw zu tun** (*sl*) to fancy doing sth *fam;* **keinen ~ [auf etw** *akk*] **haben** (*sl*) to not fancy [sth]; **keinen ~ haben, etw zu tun** (*sl*) to not fancy doing sth *fam;* **einen [kapitalen] ~ schießen** (*fam*) to drop a [real] clanger *fam,* to [really] boob *fam,* to make a [real] boob *fam;* **stinken wie ein ~** (*fam*) to really pong *fam,* to stink to high heaven *fam*
Bock[2] <-s, -> *nt s.* **Bockbier**
bockbeinig *adj* (*fam*) awkward, stubborn
Bockbier *nt* bock beer (*type of strong beer*)
bocken *vi* ❶ (*störrisch sein*) to refuse to move, to dig in one's heels *sep;* ***das Pferd bockte vor der Hürde*** the horse refused the fence
❷ (*fam: sich ruckartig bewegen*) to lurch along
❸ (*fam: trotzig sein*) to act [*or* play] up *fam*
bockig *adj* (*fam*) awkward, stubborn
Bockleiter *f* stepladder **Bockmist** *m* (*sl*) bullshit *sl;* **~ machen** [*o* **bauen**] to screw [*or* BRIT *a.* cock] up *sl*
Bocksbeutel *m* ❶ (*Flaschenform*) bocksbeutel *spec* ❷ (*Frankenwein*) bottle of Franconian wine
Bockshorn *nt* ► WENDUNGEN: **sich** *akk* **[von jdm] [nicht] ins ~ jagen lassen** (*fam*) to [not] be intimidated by sb; ***lass dich nicht von ihm ins ~ jagen!*** don't let him get at you! **Bockshornklee** *m* (*Gewürz*) fenugreek
Bockspringen *nt kein pl* SPORT vaulting *no pl, no art;* **~ spielen** to play leapfrog **Bocksprung** *m* ❶ (*Sprung über Menschen*) leapfrog ❷ SPORT vault
Bockwurst *f* KOCHK bockwurst
Boden <-s, Böden> *m* ❶ (*Erdreich, Acker*) soil; **magerer/fetter ~** barren [*or* poor]/fertile soil
❷ (*Erdoberfläche*) ground; ***der ~ bebte*** the ground shook; ***die Reisenden waren froh, wieder festen ~ zu betreten*** the passengers were glad to be [*or* stand] on firm ground [*or* terra firma] [again]
❸ *kein pl* (*Territorium*) land; ***auf britischem ~*** on British soil
❹ (*Fläche, auf der man sich bewegt*) ground; (*Fußboden*) floor; (*Teppichboden*) carpet; **zu ~ fallen** [*o geh* **sinken**] [*o geh* **gleiten**] to fall to the ground; **tot zu ~ fallen** to drop dead; **zu ~ gehen** *Boxer* to go down; **jdn [mit sich] zu ~ reißen** to drag sb to the ground; **jdn zu ~ rennen** to knock down sb *sep;* **beschämt/verlegen zu ~ schauen** to look down in shame/embarrassment; **jdn zu ~ schlagen** [*o geh* **strecken**] to knock [*or form* strike] down sb *sep,* to floor sb; **ohnmächtig zu ~ sinken** (*geh*) to fall unconscious to the ground
❺ (*Dachboden*) loft, attic; **auf dem ~** in the loft [*or* attic]; *s. a.* **Heuboden, Trockenboden**
❻ (*Grund*) bottom; *eines Gefäßes a.* base; **der ~ des Sees/Flusses** the bottom of the sea/river, the seabed/riverbed
❼ (*Tortenboden*) flan base
❽ (*Grundlage*) **jdm/einer S. den ~ bereiten** to pave the way for sb/sth; **sich auf schwankendem** [*o* **unsicherem**] **~ bewegen** to be on shaky ground [*or* out of one's depth]; **auf schwankendem ~ stehen** to be built on weak foundations; **auf dem ~ der Tatsachen bleiben/stehen** to stick to the facts/to be based on facts; **allen** [*o* **jeglichen**] **Spekulationen den ~ entziehen** to knock the bottom out of all speculation; **auf dem ~ des Gesetzes stehen** to be within [*or* to conform to] the constitution; **auf dem ~ der Wirklichkeit stehen** to deal only with [bald] facts
► WENDUNGEN: **jdm wird der ~ unter den Füßen zu heiß, jdm brennt der ~ unter den Füßen** things are getting too hot [*or* hotting up too much] for sb; **[wieder] festen** [*o* **sicheren**] **~ unter die Füße bekommen** (*nach einer Schiffsreise*) to be back on terra firma [*or* dry land]; (*nach einer Flugreise*) to be back on terra firma [*or* on the ground]; (*wieder Halt bekommen*) to find one's feet again; **festen** [*o* **sicheren**] **~ unter den Füßen haben** (*nach einer Schiffsreise*) to be back on terra firma [*or* dry land]; (*nach einer Flugreise*) to be back on terra firma [*or* the ground]; (*sich seiner Sache sicher sein*) to be sure of one's ground; **jdm schwankt der ~ unter den Füßen** the ground is rocking [*or* moving] [*or* shaking] under sb's feet; **den ~ unter den Füßen verlieren** (*die Existenzgrundlage verlieren*) to feel the ground fall from beneath one's feet; (*haltlos werden*) to have the bottom drop out of one's world; **jdm den ~ unter den Füßen wegziehen** to cut the ground from under sb's feet; **[wieder] auf festem ~ sein** (*eine sichere Grundlage haben*) to be secure [again]; *Unternehmen* to be back on its feet [again]; **auf fruchtbaren ~ fallen** to fall on fertile ground; **[einen] günstigen ~ für etw finden** to find fertile ground for sth; **total am ~ sein** to be [completely] shattered; **am ~ zerstört sein** (*fam*) to be devastated, to be all of a heap *fam;* **jdn unter den ~ bringen** SCHWEIZ to be the death of sb; **etw** *dat* **den ~ entziehen** (*geh*) to make sth unnecessary/irrelevant; **[jdm/etw gegenüber] an ~ gewinnen** (*einholen*) to gain ground [over sb/sth]; (*Fortschritte machen*) to make headway [*or* progress]; **[jdm/etw gegenüber] an ~ verlieren** to lose ground [to sb/sth]; **[jdm/etw gegenüber] [verlorenen] ~ gutmachen** [*o* **wettmachen**] to make up [lost] ground [*or* to catch up] [on sb/sth]; **etw [mit jdm] zu ~ reden** SCHWEIZ to chew over sth *sep* [with sb]; **aus dem ~ schießen** to sprout [*or* spring]

[*or* shoot] up; **etw aus dem ~ stampfen** to build sth overnight; **wie aus dem ~ gestampft** [*o* **gewachsen**] [*o* **geschossen**] **vor jdm stehen** to appear out of nowhere; **jd wäre am liebsten in den ~ versunken** sb wishes the ground would open up and swallow them; ***ich hätte vor Scham im ~ versinken können*** I was so ashamed that I wished the ground would [open and] swallow me up [*or* open up and swallow me]; **jd könnte jdn ungespitzt in den ~ rammen** sb could wring sb's neck [*or* strangle sb]; **durch alle Böden [hindurch]** SCHWEIZ at all costs

Bodenaushub <-[e]s> *m kein pl* AGR land [*or* soil] excavation **Bodenausschöpfung** *f kein pl* soil exhaustion **Bodenaustausch** *m* soil replacement **Bodenbelag** *m* floor covering; **ein ~ aus Holz/Marmor/Stein** a wood/marble/stone floor **Bodenbelastung** *f* ÖKOL pollution of the ground **Bodenbeschaffenheit** *f* ① AGR (*Art des Erdbodens*) [consistency of the] soil ② (*Art der Oberfläche*) condition of the ground **Bodenbewirtschaftung** *f* soil management **Bodendecker** <-s, -> *m* BOT close-growing plant **Bodeneinlauf** *m* BAU floor drain **Bodenerhaltung** *f kein pl s.* Bodenschutz **Bodenerhebung** *f* elevation; **eine leichte ~** a gentle elevation **Bodenerosion** *f* erosion of the earth's surface **Bodenertrag** *m* crop yield **Bodenfeuchtigkeit** *f* soil moisture, ground humidity **Bodenfreiheit** *f* AUTO ground clearance **Bodenfrost** *m* ground frost *no pl* **Bodenhaftung** *f* AUTO wheel grip, road adhesion *spec* **Bodenkammer** *f* attic **Bodenkontrolle** *f* RAUM ground control

Bodenkreditbank *f* FIN mortgage bank **Bodenkunde** *f kein pl* pedology

bodenlos I. *adj* ① (*fam: unerhört*) outrageous; **~er Leichtsinn** crass stupidity; ***das ist eine ~e Frechheit!*** that's absolutely outrageous!
② (*sehr tief*) bottomless; **ein ~er Abgrund** an abyss, a chasm; **ins B~e fallen** (*fig*) to plummet
II. *adv* extremely; **~ gemein/unverschämt** extremely nasty/insolent

Bodennebel *m* ground fog [*or* mist] **Bodennutzung** *f kein pl* land use **Bodenpersonal** *nt* LUFT ground crew **Bodenplatte** *f* BAU floor slab **Bodenprobe** *f* soil sample **Bodenrecht** *nt* JUR land law, BRIT jus soli; ■**~e** land rights **Bodenreform** *f* JUR agrarian [*or* land] reform **Bodenreformland** *nt* AGR *land which is included in the land reforms undertaken after reunification* **Bodensatz** *m* sediment; *von Kaffee* grounds *npl* **Bodenschätze** *pl* mineral resources *pl* **Bodenschiene** *f* BAU bottom rail **Bodenschutz** *m* soil conservation **Bodenschutzgesetz** *nt* soil conservation law **Bodenschwelle** *f* sill **Bodensee** *m* ■**der ~** Lake Constance **Bodensicht** *f* LUFT ground visibility **Bodenspekulation** *f* land speculation

bodenständig *adj* ① (*lange ansässig*) long-established
② (*unkompliziert*) uncomplicated

Bodenstation *f* RAUM ground station **Boden-Steward** *m* ground host **Boden-Stewardess**RR <-, -en> *f fem form von* Boden-Steward ground hostess **Bodenstreitkräfte** *pl* MIL ground forces *pl* **Bodentruppen** *pl* MIL ground troops *pl* **Bodenturnen** *nt kein pl* floor exercises *pl* **Bodenuntersuchung** *f* soil survey **Bodenvase** *f* floor vase **Bodenverdichtung** *f* GEOL soil compaction **Bodenverkehrsgenehmigung** *f* JUR authorization to transfer agricultural land **Bodenverschmutzung** *f* ground pollution **Bodenverseuchung** *f* ÖKOL land [*or* soil] contamination **Bodenversiegelung** *f* floor sealing **Bodenwelle** *f* bump **Bodenwert** *m* FIN soil [*or* land] value

Bodhisattva <-, -s> *m* REL (*im Buddhismus*) Bodhisattva

Body <-s, -s> ['bɔdi] *m* body BRIT, bodysuit AM

Body art <-> ['bɔdiaːt] *f kein pl* body art **Bodybuilding** <-s> [-bɪldɪŋ] *nt kein pl* bodybuilding *no pl;* **~ machen** to do bodybuilding [exercises *pl*]

Bodyguard <-s, -s> [-gaːd] *m* bodyguard

Bodysuit <-[s], -s> [-sjuːt] *m* body BRIT, AM *esp* bodysuit

Böe <-, -n> *f* gust [of wind]; *stärker, oft mit Regen* squall

bog *imp von* **biegen**

Bogen <-s, – *o* ÖSTERR, SCHWEIZ, SÜDD Bögen> *m*
① (*gekrümmte Linie*) curve; *eines großen Flusses a.* sweep; MATH arc; **in hohem ~** in a high arc; **einen ~ fahren** to execute a turn; **einen ~ machen** to curve [round]
② (*Blatt Papier*) sheet [of paper]
③ (*Schusswaffe*) bow; **Pfeil und ~** bow and arrow[s *pl*]; **ein Meister des ~s** a master archer; **den ~ spannen** to draw the bow
④ MUS bow
⑤ ARCHIT arch
⑥ (*Druck~*) sheet; (*gedruckt*) signature
▶ WENDUNGEN: **in hohem ~ hinausfliegen** (*fam*) to be turned out *fam;* ***nach dem Skandal flog er im hohen ~ aus der Firma*** he was thrown out on his ear [*or* chucked out] [*or* sent flying] after the scandal; **jdn in hohem ~ hinauswerfen** (*fam*) to throw sb out on their ear *fam;* **den ~ heraushaben** (*fam*) to have got the hang of it *fam;* **einen [großen] ~ um jdn/etw machen** to steer [well] clear of sb/sth; **den ~ überspannen** to overstep the mark, to go too far

Bogendruckmaschine *f* TYPO sheet-fed printing press **Bogeneinteilung** *f* TYPO sheet layout [*or* planning] **Bogenfalzmaschine** *f* TYPO sheet folder [*or* folding machine] **Bogenfenster** *nt* arched window **Bogenformat** *nt* sheet format [*or* size] **bogenförmig** *adj* arched; **~e Reißzähne** curved fangs **Bogengang** <-gänge> *m* ARCHIT archway **Bogenlampe** *f* arc lamp [*or* light] **Bogenmontage** *f* TYPO sheet assembly **Bogennorm** *f* TYPO sheet [*or* signature] title **Bogenoffset** <-s> *m kein pl* TYPO sheet-fed offset **Bogenschießen** *nt kein pl* SPORT archery *no pl* **Bogenschütze, -schützin** *m, f* SPORT archer; HIST *a.* bowman **Bogensehne** *f* MUS bowstring

Boheme <-> [bɔ'ɛːm, bo'hɛːm] *f kein pl* (*geh*) Bohemia *no pl liter*

Bohemien <-s, -s> [boe'mjɛ̃, bohe'mjɛ̃] *m* (*geh*) Bohemian

Bohle <-, -n> *f* [thick] plank, board

Böhme, Böhmin <-n, -n> *m, f* Bohemian

Böhmen <-s> *nt* Bohemia

Böhmerwald *m* Bohemian Forest

Böhmin <-, -nen> *f fem form von* **Böhme**

böhmisch *adj* Bohemian ▶ WENDUNGEN: **jdm ~ vorkommen** (*fam*) to seem odd to sb; *s. a.* **Dorf**

Bohne <-, -n> *f* bean; **dicke/grüne/rote/weiße/braune/schwarze ~n** broad/French [*or* runner]/kidney/haricot/brown/black beans; **blaue ~** purple runner bean; (*Kaffeebohne*) [coffee] bean; **blaue ~n** (*veraltet sl: Geschosse*) lead *no pl sl*
▶ WENDUNGEN: **~n in den Ohren haben** (*fam*) to be deaf *fam;* **nicht die ~!** (*fam*) not the slightest [*fam* little bit]; ***er versteht nicht die ~ von der Sache*** he doesn't have the slightest [*or* faintest] idea about this matter

Bohneneintopf *m* bean stew **Bohnenkaffee** *m* ① (*gemahlen*) real coffee ② (*ungemahlen*) unground coffee [beans *pl*] **Bohnenkraut** *nt kein pl* savory *no pl* **Bohnensalat** *m* bean salad **Bohnenschnitzler** *m* KOCHK bean slicing machine **Bohnenstange** *f* beanpole *a. hum* **Bohnenstroh** *nt* ▶ WENDUNGEN: **dumm wie ~** (*fam*) as thick as two [short] planks *hum fam* **Bohnensuppe** *f* bean soup

Bohner <-s, -> *m,* **Bohnerbesen** *m* floor polisher

Bohnermaschine *f* floor-polisher, floor-polishing machine

bohnern *vi, vt* ■**[etw] ~** to polish [sth]

Bohnerwachs [-vaks] *nt* floor polish [*or* wax]

bohren I. *vt* ① (*Öffnung in etw machen*) **ein Loch [in etw** *akk***] ~** to bore a hole [in sth]; (*mit Bohrmaschine*) to drill a hole [in sth]; **einen Brunnen ~** to sink a well
② (*mit dem Bohrer bearbeiten*) **Beton/Holz ~** to drill concrete/wood
③ (*hineinstoßen*) ■**etw in etw** *akk* **~** to sink sth into sth; ***er bohrte ihm das Messer in den Bauch*** he plunged the knife into his stomach; *s. a.* **Grund**
II. *vi* ① (*mit dem Bohrer arbeiten*) to drill
② (*stochern*) **[mit dem Finger] in der Nase ~** to pick one's nose; **mit dem Finger im Ohr ~** to poke one's finger in one's ear
③ *Zahnarzt* to drill
④ (*nach Bodenschätzen suchen*) ■**nach etw** *dat* **~** to drill for sth
⑤ (*fam: drängen*) ■**so lange ~, bis ...** to keep on asking [*or* keep on and on] until ...; ***sie bohrte so lange, bis ich ihr alles erzählte*** she kept on at me [*or* asking me] until I told her everything; ***er bohrte so lange, bis ihm seine Mutter ein Eis kaufte*** he kept pestering his mother until she bought him an ice cream
⑥ (*nagen*) ■**[in jdm] ~** to gnaw at sb
III. *vr* ■**sich** *akk* **in etw** *akk* **~** to bore its way into sth; *Bohrer* to drill its way into sth

bohrend *adj* gnawing; **ein ~er Blick** a piercing look; **~e Fragen** *pl* probing questions *pl*

Bohrer <-s, -> *m* ① (*fam: Schlagbohrmaschine*) drill
② (*Handbohrer*) gimlet, auger
③ (*Zahnbohrer*) [dentist's] drill

Bohrfeld *nt* drilling field **Bohrfutter** *nt* chuck **Bohrhammer** *m* hammer drill **Bohrinsel** *f* drilling rig; (*Öl a.*) oil rig **Bohrloch** *nt* ① (*das in das Gestein vorgetriebene Loch*) borehole ② (*gebohrtes Loch*) drill hole **Bohrmaschine** *f* drill[ing machine] **Bohrmuschel** *f* ZOOL (*Pholas*) rock borer, piddock **Bohrprobe** *f* core [sample] **Bohrturm** *m* derrick

Bohrung <-, -en> *f* ① (*das Bohren*) drilling, boring (**nach** +*dat* for)
② (*Bohrloch*) bore[hole]; **eine ~ niederbringen** to sink a borehole

Bohrwinde *f* brace

böig I. *adj* gusty; **~es Wetter** windy [*or fam* blowy] weather
II. *adv* **~ auffrischender Westwind** a freshening westerly

Boiler <-s, -> *m* hot-water tank; **den ~ anstellen** to turn on the water heater

Boje <-, -n> *f* buoy

Bolero <-s, -s> *m* ① MUS (*a. Tanz*) bolero
② (*Kleidungsstück*) bolero

Bol-Form *f* KOCHK pudding steamer

Bolivianer(in) <-s, -> *m(f)* Bolivian; *s. a.* **Deutsche(r)**

bolivianisch *adj* Bolivian; *s. a.* **deutsch**

Bolivien <-s> *nt* Bolivia; *s. a.* **Deutschland**

Bolivier(in) <-s, -> *m(f) s.* **Bolivianer**

bolivisch *adj s.* **bolivianisch**

Böller <-s, -> *m* ① MIL saluting gun
② (*fam: Feuerwerkskörper*) firework, banger BRIT, firecracker AM

bollern *vi* DIAL ***der Wagen bollerte über die Straße*** the cart rolled loudly down the street; ***er bollerte mit der Faust gegen die Tür*** he banged on the door with his fist

böllern *vi* to fire a saluting gun; ***an Silvester wird die ganze Nacht geböllert*** fireworks are let off right through the night on New Year's Eve

BöllerschussRR *m* gun salute; **20 Böllerschüsse** a twenty gun salute

Bollwerk *nt* (*geh*) bulwark

Bolschewik(in) <-en, -en *o* -i> *m(f) s.* **Bolschewist**

Bolschewismus <-> *m kein pl* ■**der ~** Bolshevism

Bolschewist(in) <-en, -en> *m(f)* Bolshevik, Bolshevist

bolschewistisch *adj* Bolshevist, Bolshevik *attr*

bolzen I. *vi* (*fam*) to kick about; **~ gehen** to go for a kick-about *fam*
II. *vt* (*fam*) **den Ball ins Tor/an den Pfosten ~** to

hammer [*or* slam] the ball home/against the post

Bolzen <-s, -> *m* ❶ TECH pin; (*mit Gewinde*) bolt ❷ (*Geschoss der Armbrust*) bolt, quarrel

Bolzenschneider *m* bolt cutter[s *pl*]

Bombardement <-s, -s> [bɔmbardəˈmãː] *nt* ❶ MIL bombardment ❷ (*geh*) deluge (**von** +*dat* of)

bombardieren* *vt* ❶ (*auf ein Ziel abwerfen*) ■**jdn/etw** ~ to bomb sb/sth; **etw mit Napalm** ~ to bomb sth with napalm, to napalm sth; **jdn/etw mit Granaten** ~ to shell sb/sth; ***die Stadt wurde heute Nacht ununterbrochen mit Granaten bombardiert*** the town was under continuous shelling [*or* was being shelled continuously] last night; ***die Demonstranten bombardierten die Polizei mit Eiern und Tomaten*** the demonstrators threw eggs and tomatoes at the police ❷ (*fam: überschütten*) ■**jdn mit etw** *dat* ~ to bombard sb with sth

Bombardierung <-, -en> *f* ❶ MIL bombing; ***Churchill gab den Befehl zur ~ Dresdens*** Churchill gave the command to bomb Dresden; (*mit Granaten*) bombardment ❷ (*fam*) bombardment

Bombast <-[e]s> *m kein pl* (*pej*) ❶ (*Schwulst*) bombast ❷ (*Pomp*) pomp

bombastisch *adj* (*pej*) ❶ (*schwülstig*) bombastic ❷ (*pompös*) pompous

Bombe <-, -n> *f* ❶ (*Spengkörper*) bomb; ■**die** ~ (*die A-Bombe*) the Bomb; **etw mit ~n belegen** to bomb sth; **wie eine ~ einschlagen** to come as a bombshell; **eine ~ legen** MIL to plant a bomb ❷ (*Geldbombe*) strongbox ❸ SPORT (*sl: harter Schuss*) cracker *fam*, scorcher *fam*

▸ WENDUNGEN: **die ~ platzen lassen** to drop a/the/one's bombshell

Bombenabwurf *m* bomb release, bombing **Bombenangriff** *m*, **Bombenanschlag** *m* bomb strike [*or* attack] **Bombenattentat** *nt* bomb attack **Bombendrohung** *f* bomb scare **Bombenerfolg** *m* (*fam*) smash hit *fam* **bombenfest** *adv* (*fam*) extremely securely **Bombengeschäft** *nt* (*fam*) roaring business; **ein ~ [mit etw** *dat*] **machen** to do a roaring business [with [*or fam* in] sth] **Bombenleger** *m* (*fam: Terrorist*) bomber **bombensicher** I. *adj* ❶ MIL bombproof; **~er Unterstand** bombproof shelter, dugout ❷ (*fam*) sure; **ein ~er Tipp** a dead cert *sl* II. *adv* **~ lagern/verbunkern** to place in a bombproof store/to store in a bombproof bunker **Bombensplitter** *m* shrapnel *no pl*, bomb splinter; ■**ein** ~ a piece of shrapnel **Bombenstimmung** *f kein pl* (*fam*) ■**in ~ sein** to be in a brilliant mood; ***auf der Party herrschte eine ~*** the place was jumping **Bombenteppich** *m* hail of bombs; **etw mit einem [dichten] ~ belegen** to blanket-bomb sth **Bombentrichter** *m* bomb crater

Bomber <-s, -> *m* (*fam*) bomber

Bomberjacke *f* bomber jacket

bombieren *vt* (*fachspr: biegen*) ■**etw** ~ to chase [*or* emboss] sth

bombig *adj* (*fam*) fantastic *fam*, terrific *fam*

Bommel <-s *o* -, - *o* -n> *m o f* DIAL (*Troddel*) tassle

Bon <-s, -s> [bɔŋ, bõː] *m* ❶ (*Kassenzettel*) receipt ❷ (*Gutschein*) voucher

bona fide bona fide, in good faith; **~ handeln** to act in good faith

Bona-fide-Angebot *nt* bona-fide offer **Bona-fide-Kaufgeschäft** *nt* JUR bona-fide sale **Bona-fide-Klausel** *f* JUR bona-fide clause

Bonbon <-s, -s> [bɔŋˈbɔŋ, bõˈbõː] *m o* ÖSTERR *nt* ❶ (*Süßigkeit*) sweet BRIT, candy AM ❷ (*etwas Besonderes*) treat

bonbonfarben, **bonbonfarbig** *adj* gaudy

Bonboniere[RR], **Bonbonniere** <-, -n> [bɔŋbɔˈnieːrə, bɔŋbɔˈniɛːrə] *f* box of chocolates, bonbonnière *dated*

Bonding <-s, -s> *nt* bonding

bongen *vt* (*fam*) ■**etw** ~ to ring sth up; ■[**ist**] **gebongt!** (*sl*) right you are! *fam*

Bongo <-, -s> *f*, **Bongotrommel** <-, -n> *f* bongo [drum]

Bonifikation *f* HANDEL (*Rabatt*) rebate, deduction

Bonität <-, -en> *f* financial standing, credit worthiness

Bonitätsauskunft *f* FIN account solicitation service **Bonitätsbestätigung** *f* FIN letter of comfort **Bonitätsbeurteilung** *f* FIN credit rating **Bonitätsbewertung** *f* FIN assessment of credit

Bonito <-s, -s> *m* KOCHK bonito

Bonmot <-s, -s> [bõˈmoː] *nt* (*geh*) bon mot

Bonn <-s> *nt* Bonn

Bonner *adj attr* Bonn

Bonner(in) <-s, -> *m(f)* inhabitant of Bonn

Bonsai[1] <-[s], -s> *m* BOT (*japanischer Zwergbaum*) bonsai

Bonsai[2] <-> *nt kein pl* (*die Kunst, Zwergbäume zu ziehen*) bonsai

Bonus <- *o* -ses, - *o* -se *o* Boni> *m* ❶ FIN bonus; ~ **bei Schadensfreiheit** no-claims bonus ❷ SCH, SPORT (*Punktvorteil*) bonus points *pl*; ■**ein** ~ a bonus point

Bonze <-n, -n> *m* ❶ (*pej*) bigwig *fam*, big shot *fam* ❷ REL bonze

Bonzokratie <-, -n> *f* (*pej*) oligarchy

Bookmark <-, -s> [ˈbʊkmaːk] *f o nt* INFORM bookmark

Boom <-s, -s> [buːm] *m* ❶ ÖKON boom ❷ (*Hausse*) bull movement [*or* market]; (*starke Nachfrage*) rise

boomen [ˈbuːmən] *vi* ÖKON to [be on the] boom

Boot <-[e]s, -e> *nt* boat, tub *fam*; (*Segel~*) yacht; (*Ruder~*) [rowing] boat; ~ **fahren** to go boating

▸ WENDUNGEN: **alle in einem** [*o* **im gleichen**] ~ **sitzen** (*fam*) to be all in the same boat *fam*

Bootdatei [ˈbuːt-] *f* INFORM boot file **Bootdiskette** [ˈbuːt-] *f* INFORM boot disk

Booten [ˈbuːtən] *nt* INFORM booting, bootloading

booten [ˈbuːtən] *vt* INFORM ■**etw** ~ to boot up *sep* sth

Bootlaufwerk *nt* INFORM boot drive

Bootmanager *m* INFORM boot manager

Bootsbauer(in) <-s, -> *m(f)* boatbuilder

Bootsektorvirus [buːt-] *nt* INFORM boot [sector] virus

Bootsfahrt *f* boat trip **Bootsflüchtling** *m* ■**~e** boat people **Bootshaus** *nt* boathouse **Bootslänge** *f* SPORT [boat's] length; ***sie gewannen mit einer ~*** [***Vorsprung***] they won by a length **Bootsmann** <-leute> *m* NAUT bo[']sun, boatswain; MIL petty officer **Bootssteg** *m* landing stage **Bootsverleih** *m* boat hire **Bootsverleiher(in)** *m(f)* boat hirer

Bor <-s> *nt kein pl* boron *no pl*

Borax <-[es]> *m kein pl* borax *no pl*

Bord[1] <-[e]s> *m* **an** ~ aboard, on board; **an ~ gehen/kommen** to board, to come/go aboard [*or* on board]; **über ~ gehen** to go overboard; **von ~ gehen** *Lotse* to leave the plane/ship; *Passagier a.* to disembark; **jdn/etw an ~ nehmen** to take sb/sth aboard [*or* on board]; **jdn/etw über ~ werfen** to throw sb/sth overboard, to jettison sth; **Mann über ~!** man overboard!; **frei an** ~ ÖKON free on board, f.o.b.

▸ WENDUNGEN: **etw über ~ werfen** to throw sth overboard [*or* to the [four] winds]

Bord[2] <-[e]s, -e> *nt* shelf

Bord[3] <-[e]s, -e> *nt* SCHWEIZ (*Rand*) ledge; (*Böschung*) embankment

Bord-Boden-Funkverkehr *m* air-to-ground communication **Bord-Boden-Verbindung** *f* air-to-ground link **Bordbuch** *nt* logbook **Bordcomputer** *m* RAUM, LUFT, NAUT onboard computer; AUTO trip computer, electronic navigator

bordeaux [bɔrˈdoː] *adj inv, pred* bordeaux

bordeigen *adj* onboard

Bordell <-s, -e> *nt* brothel

Bordellwirt(in) *m(f)* (*geh*) brothel-keeper

Bordellwirtin *f* (*geh*) *fem form von* **Bordellwirt** madam, bawd, brothel-keeper

Bordempfänger *m* airborne receiver **Bordfunk** *m* NAUT [ship's] radio; LUFT [aircraft] radio equipment **Bordfunker(in)** *m(f)* radio operator **Bordgerät** *nt* airborne equipment **Bordinstrumente** *pl* onboard instruments *pl* **Bordkarte** *f* boarding card [*or* pass]

Bordkonnossement *nt* HANDEL onboard [*or* shipped] bill of lading

Bordmechaniker(in) *m(f)* (*auf dem Schiff*) ship's mechanic; (*im Flugzeug*) aircraft mechanic **Bordpersonal** *nt kein pl* crew *no pl* **Bordradar** *m* airborne radar **Bordradarschirmbild** *nt* airborne radar display **Bordsender** *m* airborne transmitter

Bordstein *m* kerb BRIT, curb AM

▸ WENDUNGEN: **den ~ mitnehmen** (*fam*) to hit the kerb [*or* AM curb]

Bordsteinkante *f* kerb BRIT, curb AM

Bordüre <-, -n> *f* border

Bordverpflegung *f* LUFT [in-flight] catering **Bordwaffen** *pl* MIL aircraft armaments *pl* **Bordwand** *f* NAUT ship's side [*or* wall]; LUFT side of the aircraft; AUTO dropside BRIT, sideboard AM

boreal *adj inv* ❶ METEO boreal ❷ GEOG Boreal

borgen *vt* ❶ (*sich leihen*) ■[**sich** *dat*] **etw** [**von jdm**] ~ to borrow sth [from sb] ❷ (*leihen*) ■**jdm etw** ~ to lend [*or* loan] sb sth [*or* sth to sb]

Borke <-, -n> *f* ❶ BOT bark ❷ MED NORDD scab

Borkenkäfer *m* bark beetle **Borkenkrepp** *m* [*spec* tree bark] crepe

Borlotti-Bohne *f* borlotti bean

Born <-[e]s, -e> *m* ❶ (*liter: Quelle*) spring ❷ (*geh: Ursprung, Quelle*) fund, fountain, fount *liter*

Borneopfeffer *m* sarawak

borniert *adj* (*pej*) bigoted, narrow-minded

Borreliose <-, -n> *f* MED Lyme disease, borreliosis *spec*

Borretsch <-[e]s> *m kein pl* borage

Borsalbe *f* boric acid ointment

Börschkohl *m* DIAL *s.* **Wirsing**

Börse <-, -n> *f* ❶ (*Wertpapierhandel*) stock market; (*Gebäude*) stock exchange; **an die ~ gehen** to go public; **an der ~ [gehandelt]** [traded [*or* listed]] on the exchange; **an der ~ notiert werden** to be quoted on the stock exchange; **an der ~ spekulieren** to speculate on the stock exchange, to play the stock market, to dabble in stocks *fam* ❷ (*veraltend: Geldbörse*) purse; (*für Männer*) wallet

Börsenabrechnungstag *m* stock exchange settlement day **Börsenaussichten** *pl* stock market prospects **Börsenbeginn** *m kein pl* opening of the stock market; **bei** ~ at the start of trading, when the market opens/opened **Börsenbericht** *m* market [*or* stock exchange] report **Börsenbuch** *nt* stock market order book **Börseneinführung** *f* admission to official listing **Börseneröffnung** *f* opening of the stock market **börsenfähig** *adj* listed, marketable; **~es Wertpapier** listed paper **Börsenfähigkeit** *f kein pl* marketability **Börsenfieber** *nt* stock market fever **Börsengang** *m* stock market flotation, going public *no pl*; **den ~ vorbereiten** to prepare to go public **börsengängig** *adj* listed, marketable; **~e Waren** marketable goods **Börsengebäude** *nt* stock exchange building **Börsengeschäft** *nt* stock market transaction **Börsengesetz** *nt* JUR Stock Exchange Act, BRIT Financial Services Act, AM Securities Exchange Act **Börsenhandel** *m kein pl* stock exchange dealings *pl* **Börsenhändler(in)** *m(f)* stock market trader, jobber **Börsenindex** *m* stock exchange [price] index **Börsenjobber(in)** *m(f)* stockjobber **Börsenkapitalisierung** *f* market capitalization **Börsenklima** *nt* market climate [*or* sentiment], mood of the stock market **Börsenkonsortium** *nt* price ring, pool **Börsenkrach** *m* collapse of the stock market, [stock market] crash **Börsenkreise** *pl* financial [*or* stock exchange] circles **Börsenkurs**

m market price [*or* rate], stock exchange price [*or* quotation]; **letzter ~** final quotation **Börsenmakler(in)** *m(f)* stockbroker **Börsenmaklerkammer** *f* incorporated stockbroking society **Börsenmanöver** *nt* stock exchange manouevre [*or* AM maneuver], stockjobbery **Börsenneuling** *m* newcomer on the stock exchange **börsennotiert** *adj inv* FIN *Firma* listed [*or* quoted] [on the stock exchange] **Börsennotierung** *f* stock market listing, quotation; **letzte ~** last price **Börsenpflichtblatt** *nt authorized journal for obligatory stock market announcements* **Börsenplatz** *m* stock exchange, exchange centre [*or* AM -er] **Börsenpreis** *m* FIN stock market price, exchange quotation **Börsenpreisbildung** *f* stock market [*or* exchange] pricing **Börsenpublikum** *nt kein pl* visitors to the stock exchange **Börsenratgeber** *m* tip sheet **Börsenrecht** *nt kein pl* JUR law governing stock exchange transactions **börsenreif** *adj inv* BÖRSE ready for the market; **~es Unternehmen** company that is ready for a stock exchange listing **Börsenschluss**RR *m kein pl* close of the stock exchange, final hour of trading; **bei ~** at the close of trading, when the market closes/closed **Börsenschlusskurs**RR *m* prices at the close of the day's trading **Börsenspekulant(in)** *m(f)* speculator [on the stock market], BRIT *fam a.* stockjobber **Börsenspekulation** *f* speculation on the stock market [*or* exhange], BRIT *a.* stockjobbing *no pl, no art fam* **Börsenspiel** *nt* BÖRSE agiotage **Börsenstart** *m* BÖRSE stock market flotation [of an enterprise] **Börsentermingeschäft** *nt* FIN futures trading, forward exchange transaction **Börsentipp**RR *m* market [*or* stock] tip **Börsentransaktion** *f* market transaction **Börsenumsatz** *m* stock market turnover **Börsenumsatzsteuer** *f* stock transfer [*or* exchange] tax **Börsenumsatzvolumen** *nt* volume of stock transfers **Börsenverein** *m* **~ des deutschen Buchhandels** German book trade association **Börsenverkehr** *m kein pl* trade on the stock exchange **Börsenvertreter(in)** *m(f)* stock exchange representative [*or* agent] **Börsenvollmacht** *f* FIN power of attorney for the stock exchange **Börsenwert** *m* market value **Börsenzulassung** *f* FIN [stock exchange] listing, admission [of securities]

Börsianer(in) <-s, -> *m(f)* (*fam*) ❶ (*Börsenmakler*) broker
❷ (*Spekulant an der Börse*) speculator; **gewiefter ~** wolf *sl*

Borste <-, -n> *f* ❶ (*dickes Haar*) bristle, seta *spec*
❷ (*Bürstenhaar*) bristle
❸ *pl* (*hum fam: Kopf- o Barthaare*) bristles, bristly hair

Borstentier *nt* (*fam*) pig, porker *fam* **Borstenvieh** *nt* (*hum fam*) pigs *pl*, swine *pl*

borstig *adj* bristly, setaceous *spec*

Borte <-, -n> *f* border, edging, trimming

Borwasser *nt kein pl* boric acid solution

bös *adj s.* **böse**

bösartig *adj* ❶ (*tückisch*) malicious; **ein ~es Tier** a vicious animal
❷ MED (*maligne*) malignant; **eine ~e Krankheit** a pernicious disease

Bösartigkeit <-> *f kein pl* ❶ (*Tücke*) maliciousness; *eines Tiers* viciousness
❷ MED malignancy

Böschung <-, -en> *f* embankment; *eines Flusses, einer Straße a.* bank

Böschungsfläche *f* area of embankment

böse I. *adj* ❶ (*sittlich schlecht*) bad; (*stärker*) evil, wicked; **~ Absicht/~r Wille** malice; **etw mit ~r Absicht tun** to do sth with evil intent; ***das war keine ~ Absicht!*** no harm intended!; ***er wittert hinter jedem Vorfall eine ~ Absicht*** he suspects malice behind every incident; **die ~ Fee** the Wicked Fairy; **jdm B~s tun** to cause [*or* do] sb harm; ***er will dir doch nichts B~s*** he doesn't mean you any harm; ***pass auf, er will dir B~s!*** watch out, he's out to get your blood [*or fam* to get you]; ***er könnte niemandem B~s tun*** he could never hurt a fly
❷ *attr* (*unangenehm, übel*) bad; **~s Blut machen** [*o* **schaffen**] to cause bad blood; **ein ~s Ende nehmen** (*geh*) to end in disaster; **es wird ein ~s Erwachen geben** sb is going to have a rude awakening [*or* to have [*or* get] a nasty shock]; **~ Folgen** [*o* **Konsequenzen**] **haben** to have dire consequences; **eine ~ Geschichte** [*o* **Angelegenheit**] a nasty affair [*or* business]; **jdm einen ~n Streich spielen** to play a nasty [*or* mean] trick on sb; **ein ~r Traum** a bad dream; **eine ~ Überraschung erleben** to have an unpleasant [*or* a nasty] surprise; **~ Zeiten** bad [*or* hard] times; **ein ~r Zufall** a terrible coincidence; **nichts B~s ahnen** to not suspect anything is [*or* expect anything to be] wrong, to be unsuspecting; **nichts B~s daran** [*o* **dabei**] **finden, etw zu tun/wenn...** to not see any harm [*or* anything wrong] in doing sth/in it if ...; ***mir schwant B~s*** I don't like the look of this; ***er dachte an nichts B~s, als ...*** (*a. hum*) he was minding his own business when ... *a. hum*
❸ (*verärgert*) angry, cross; **ein ~s Gesicht/~r Gesichtsausdruck** a scowl; **ein ~s Gesicht/ einen ~n Gesichtsausdruck machen** to scowl, to glower; **~ sein/werden** to be/get [*or* become] angry [*or* cross]; (*stärker*) to be/get furious [*or fam* mad]; ***sie wird leicht ~*** she angers [*or* gets angry] easily; **auf jdn/mit jdm ~ sein, jdm ~ sein** to be angry [*or* cross] with sb; ***sei [mir] bitte nicht ~, aber ...*** please don't be cross [*or* angry] [with me], but ...; **zum B~n ausschlagen** (*geh*) to have bad [*or* negative] consequences; **im B~n auseinander gehen, sich** *akk* **im B~n trennen** to part on bad terms; **sich** *akk* **zum B~n wenden** to take an unpleasant [*or* a nasty] turn
❹ (*fam: unartig*) naughty, bad
❺ (*gefährlich, schlimm*) bad, nasty; **ein ~r Husten/Sturz** a bad [*or* nasty] cough/fall; **eine ~ Krankheit** a serious illness; **ein ~er Unfall** (*fam*) a terrible accident; (*fam: schmerzend, entzündet*) bad, sore; **ein ~r Finger** a sore finger
► WENDUNGEN: **den ~n Blick haben** to have the evil eye; **B~s im Schilde führen** to be up to no good
II. *adv* ❶ (*übel wollend*) evilly; **~ gucken/lächeln** to give an evil look/smile; ***das habe ich nicht ~ gemeint*** I meant no [*or* didn't mean any] harm, no harm intended
❷ (*fam: sehr*) badly; **sich** *akk* **~ irren** to make a serious mistake; **jdn ~ mitnehmen** to hit sb hard; **jdn ~ reinlegen** to drop sb in it *fam*
❸ (*schlimm, übel*) badly; ***er ist ~ gefallen*** he had a nasty fall; **~ ausgehen** to end in disaster, to turn out badly; ***das wird ~ ausgehen!*** that'll end in disaster! [*or* turn out badly!]; **~ dran sein** to be in a bad way; **~ [für jdn] aussehen** to look bad [for sb]; ***es sieht ~ aus für dich*** things're looking bad for you

Böse(r) *f(m) dekl wie adj* ❶ (*Bösewicht*) villain, baddy BRIT *fam*, bad guy AM
❷ (*geh: Teufel*) ■ **der ~** the Devil

Bösewicht <-[e]s, -er *o* -e> *m* ❶ (*hum fam: Wicht*) little devil *fam*
❷ (*veraltend o hum: Schurke*) villain

bösgläubig *adj* JUR in bad faith, mala fide

Bösgläubigkeit *f* JUR bad faith, mala fides

boshaft I. *adj* (*übel wollend*) malicious, nasty
II. *adv* **~ grinsen/lächeln** to give an evil grin/smile

Bosheit <-, -en> *f* malice *no pl*, nastiness *no pl*; (*Bemerkung*) nasty [*or* malicious] remark; **aus [lauter] ~** out of [pure] malice, for [purely] malicious reasons

Boskop <-s, -> *m* russet

Bosnien <-s> *nt* Bosnia; *s. a.* **Deutschland**

Bosnien-Herzegowina <-~s> *nt*, **Bosnien und Herzegowina** <-s> *nt* ÖSTERR Bosnia-Herzegovina

Bosnier(in) <-s, -> *m(f)* Bosnian; *s. a.* **Deutsche(r)**

bosnisch *adj* Bosnian

bosnisch-herzegowinisch *adj* Bosnian; *s. a.* **deutsch**

Boson <-s, Bosonen> *nt* PHYS boson

Bosporus <-> *m* Bosp[h]orus

BossRR <-es, -e> *m*, **Boß** <-sses, -sse> *m* (*fam*) boss *fam*

böswillig I. *adj* malicious, malevolent; JUR wilful BRIT, willful AM; **in ~er Absicht** with malicious intent [*or* AM *a.* prepense] [*or* AM *form a.* aforethought]; **~es Verlassen** wilful desertion
II. *adv* maliciously, malevolently; ***es geschah nicht ~!*** no harm intended!

Böswilligkeit <-> *f kein pl* malice *no pl*, malevolence *no pl*; **aus [lauter] ~** out of pure malice [*or* malevolence], for purely malicious [*or* malevolent] reasons

bot *imp von* **bieten**

Botanik <-> *f kein pl* botany *no pl*

Botaniker(in) <-s, -> *m(f)* botanist

botanisch *adj* botanical; **~er Garten** Botanical Gardens *pl*

botanisieren *vi* to botanize

Botanisiertrommel *f* [botanist's] specimen box

Bote, Botin <-n, -n> *m, f* ❶ (*Kurier*) courier; (*mit Nachricht*) messenger; (*Zeitungs~*) paperboy *masc*, papergirl *fem*; (*Laufbursche*) errand boy; *bes* SÜDD (*Post~*) postman
❷ (*geh: Anzeichen*) herald, harbinger *liter*

Botendienst *m* messenger service; **~e [für jdn] leisten** [*o* **verrichten**] to carry messages [for sb]

Botengang <-gänge> *m* errand; **einen ~ [für jdn] machen** [*o* **erledigen**] to run an errand [for sb]

Botenstoff *m* BIOL chemical messenger

Botin <-, -nen> *f fem form von* **Bote**

Botschaft[1] <-, -en> *f* ❶ (*Nachricht*) news *no pl*, *no indef art*; **freudige ~** good news, glad tidings *old or hum*; ***hast du schon die freudige ~ gehört?*** have you heard the good news yet?; ***ich habe eine freudige ~ für dich*** I've got [some] good [*or* happy] news for you; **eine ~ erhalten** to receive a message [*or* a piece of news]; **jdm eine ~ hinterlassen** to leave sb a message [*or* a message for sb]; (*offizielle Nachricht*) communication; **die Frohe ~** REL the Gospel
❷ (*ideologische Aussage*) message

Botschaft[2] <-, -en> *f* (*Gesandtschaft*) embassy; **eine ~ errichten** to create [*or* establish] an embassy; (*Gebäude*) embassy [building]

Botschafter(in) <-s, -> *m(f)* ambassador

Botschaftsflüchtling *m sb seeking political asylum in an embassy building*

Botsuana <-s> *nt* BRD, ÖSTERR, **Botswana** <-s> *nt* SCHWEIZ Botswana; *s. a.* **Deutschland**

Botsuaner(in) <-s, -> *m(f)* Botswanan; *s. a.* **Deutsche(r)**

botsuanisch *adj* BRD, ÖSTERR, **botswanisch** *adj* SCHWEIZ Botswanan; *s. a.* **deutsch**

Bott <-[e]s, -e> *nt* SCHWEIZ general meeting

Böttcher(in) <-s, -> *m(f)* cooper

Bottich <-[e]s, -e> *m* tub; (*für Wäsche*) washtub

Botulismus <-> *m kein pl* MED (*Lebensmittelvergiftung*) botulism

Bouclé[1] <-s, -s> [bu'kle:] *nt* (*Garn*) bouclé yarn

Bouclé[2] <-s, -s> [bu'kle:] *m* (*Gewebe*) bouclé [fabric]

Boudoir <-s, -s> [bu'doa:ɐ̯] *nt* (*veraltet geh*) boudoir *a. hum*

Bouillon <-, -s> [bʊl'jɔŋ, bʊl'jõ:] *f* [beef] bouillon; (*Restaurant*) consommé

Bouillonwürfel *m* bouillon [*or* stock] cube

Boule <-[s]> [bu:l] *nt kein pl* SPORT boules + *sing vb*

Boulevard <-s, -s> [bulə'va:ɐ̯] *m* boulevard

Boulevardblatt *nt* (*fam*) tabloid **Boulevardladen** [bulə'va:ɐ̯-] *m* MEDIA boulevard shop (*bookshop which includes space for a range of book club books*) **Boulevardpresse** *f* (*fam*) yellow [*or pej* gutter] press **Boulevardtheater** *nt* light theatre [*or* AM -er] **Boulevardzeitung** *f* tabloid

Bourgeois <-, -> [bʊr'ʒoa(s)] *m* (*geh*) bourgeois

Bourgeoisie <-, -n> [bʊrʒoa'zi:, 'zi:ən] *f* (*veraltend geh*) bourgeoisie

Boutique <-, -n> [bʊ'ti:k] *f* boutique

Bovist <-s, -e> *m* BOT puffball, bovista *spec*

Bowle <-, -n> ['bo:lə] *f* ❶ (*Getränk*) punch *no pl*; **eine ~ ansetzen** [*o* **machen**] to prepare [a/some] punch

❷ (*Schüssel*) punchbowl

Bowleglas *nt* punch glass

Bowling <-s, -s> ['bo:lɪŋ] *nt* [tenpin] bowling *no pl, no art;* **zum ~ gehen** to go bowling

Bowlingkugel *f* bowling ball

Box <-, -en> *f* ❶ (*Behälter*) box
❷ (*fam: Lautsprecher*) loudspeaker; (*Musikbox*) jukebox, juke *fam*
❸ (*abgeteilter Raum*) compartment; (*Stand im Stall*) box [stall]
❹ (*für Rennwagen*) pit

boxen I. *vi* to box; **um die Meisterschaft ~** to box for the championship; ***es wird um den Titel geboxt*** it's a title fight; ■**gegen jdn ~** to fight sb
II. *vt* ❶ (*schlagen*) ■**jdn ~** to punch sb
❷ SPORT (*sl: antreten gegen*) ■**jdn ~** to fight [against] sb
❸ (*hinein-/hinausmanövrieren*) ■**jdn/etw ~** to push [*or* force] sb/sth
III. *vr* ❶ (*fam: sich schlagen*) ■**sich** *akk* **mit jdm ~** to have a fist fight [*or* BRIT *fam a.* punch-up] with sb; ***hört auf, euch zu ~!*** stop fighting!
❷ (*fam: sich einen Weg bahnen*) **sich** *akk* **nach vorne/durchs Leben ~** to fight one's way forward/through life

Boxen <-s> *nt kein pl* boxing *no art*

Boxer(in) <-s, -> *m(f)* boxer

Boxeraufstand *m* HIST Boxer Rebellion **Boxermotor** *m* AUTO opposed cylinder [*or* flat] engine **Boxernase** *f* boxer's nose **Boxer-Shorts, Boxershorts** [-ʃo:ɐts, -ʃɔrts] *pl* boxer shorts *npl* **Boxhandschuh** *m* boxing glove **Boxkampf** *m* ❶ (*Einzelkampf*) bout, boxing match ❷ (*Boxen*) boxing *no art* **Boxpalette** *f im Zug* box pallet **Boxring** *m* [boxing] ring **Boxsport** *m* sport of boxing, boxing *no art* **Boxverein** *m* boxing club

Boy <-s, -s> [bɔɪ] *m* ❶ (*Liftboy*) bellboy, AM *a.* bellhop
❷ (*sl: junger Kerl*) boy, lad

Boygroup^RR ['bɔygru:p] *f* MUS boy group

Boykott <-[e]s, -e *o* -s> [bɔɪ'kɔt] *m* boycott

Boykottaufruf *m* demand for boycott

boykottieren* [bɔɪkɔ'ti:rən] *vt* ■**etw ~** to boycott sth

Boykottmaßnahme *f* measure to boycott sth **Boykottverbot** *nt* ban on boycotts

BPI TELEK *Abk von* **Bits pro Inch** bpi

BPP TELEK *Abk von* **Bits pro Pixel** BPP

BPS TELEK *Abk von* **Bits pro Sekunde** bps

brabbeln I. *vt* (*fam*) ■**etw ~** to mumble sth
II. *vi* (*fam*) to mumble; **ein ~der Säugling** a gurgling baby

brach *imp von* **brechen**

Brachfeld *nt* fallow field **Brachfläche** *f* fallow land

brachial *adj inv* ❶ MED brachial
❷ (*geh: roh*) **mit ~er Gewalt vorgehen** to use brute force

Brachialgewalt *f kein pl* brute force; **mit ~** with brute force [*hum* and ignorance]; **mit ~ vorgehen** to use brute force

Brachland *nt* fallow [land] **brach\|legen** *vt* **ein Feld ~** to leave a field fallow **brach\|liegen** *vi irreg* ❶ (*unbebaut sein*) to lie fallow ❷ (*ungenutzt sein*) to be left unexploited; **etw ~ lassen** to leave sth unexploited

Brachsen <-s, -> *m* ZOOL, KOCHK (*Abramis brama*) [common] bream

brachte *imp von* **bringen**

Brachvogel *m* curlew

brackig *adj* brackish

Brackwasser *nt* brackish water

Brahma <-s> *m kein pl* REL (*Hindugott*) Brahma

Brahman <-s> *nt kein pl* REL Brahman

Brahmane <-n, -n> *m* Brahman, Brahmin

brahmanisch *adj* Brahman *attr,* Brahmanic

Brailleschrift ['bra:jə-] *f* Braille

Braindrain^RR <-s> [breɪndreɪn] *m kein pl* brain drain *no pl*

Brainstorming <-s> ['breɪnstɔ:mɪŋ] *nt kein pl* brainstorming session

braisieren *vt* KOCHK to braise

BRAK *f Abk von* **Bundesrechtsanwaltskammer** ≈ German Law Society

BRAM *m Abk von* **Brennstoff aus Müll** RDF, refuse-derived fuel

Branche <-, -n> ['brã:ʃə] *f* ❶ (*Wirtschaftszweig*) line of business
❷ (*Tätigkeitsbereich*) field

Branchenadressbuch^RR *nt* classified [*or* trade] directory **branchenbedingt** *adj* ÖKON branch-conditioned **Branchenbeobachter(in)** *m(f)* ÖKON observer of an industry **Branchenbuch** *nt* (*Branchenverzeichnis*) classified [*or* trade] directory, ≈ Yellow Pages **Branchenerfahrung** *f* experience in the trade [*or* industry] **branchenfremd** *adj* inexperienced in [*or* foreign to] the trade [*or* industry] *pred* **Branchenführer** *m* market leader **Branchenindex** *m* ÖKON industry index **Branchenkartell** *nt* ÖKON industrial cartel **Branchenkenner(in)** *m(f)* ***er ist* [*ein*] *~*** he knows the trade [*or* industry] **Branchenkenntnis** *f* knowledge of the trade [*or* industry]; ■**~se** *pl* tricks *pl* of the trade **branchenkundig** *adj* well-versed in the trade [*or* industry] *pred* **Branchenmesse** *f* ÖKON industrial show **Branchenpartner** *m* trade partner **Branchenriese** *m* ÖKON (*fam*) industrial [*or* industry] giant **Branchensoftware** *f* INFORM business software **Branchenspanne** *f* ÖKON average industry margin **branchentypisch** *adj* typical of the trade [*or* industry] *pred* **branchenüblich** *adj* customary, usual in the trade [*or* industry] *pred* **Branchenüblichkeit** *f kein pl* FIN customary trade practices *pl* **branchenunüblich** *adj* not usual in the trade [*or* industry] *pred* **Branchenverzeichnis** *nt* classified [*or* trade] directory, yellow pages *pl* **branchenweit** *adv* ÖKON throughout the industry; ***diese Klagen sind ~ zu hören*** these grievances can be heard throughout the industry; ***es kam ~ zu Streiks*** they were soon striking in all industrial branches

Brand <-[e]s, Brände> *m* ❶ (*Feuer*) fire; **in ~ geraten** to catch fire, to burst into flames; **einen ~ legen** to start a fire; **einen ~ löschen** to extinguish [*or sep* put out] a fire; **etw in ~ stecken** to set sth alight; **ein Gebäude in ~ stecken** to set a building on fire, to set fire to a building
❷ ■**der ~** *von Keramik, Porzellan, Ziegel* firing
❸ (*fam: großer Durst*) raging thirst; **einen ~ haben** (*fam*) to be parched; **seinen ~ löschen** (*fam*) to cool one's raging thirst
❹ MED gangrene *no art, no pl*
❺ BOT blight, smut

Brandabschnitt *m* BAU fire section

brandaktuell *adj* (*fam*) highly topical; **ein ~es Buch** a book hot off the press; **eine ~e CD/Schallplatte** a very recent CD/record; **ein ~es Thema/eine ~e Frage** a red-hot subject/issue *fam*

Brandanschlag *m* arson attack **Brandbinde** *f* bandage for burns **Brandblase** *f* burn blister **Brandbombe** *f* incendiary bomb [*or* device] **Brandbrief** *m* urgent reminder

brandeilig *adj* (*fam*) extremely urgent

branden *vi* ■**an etw** *akk*/**gegen etw** *akk* **~** to break against sth

Brandenburg <-s> *nt* Brandenburg

Brandenburger(in) *m(f)* Brandenburger

brandenburgisch *adj inv* Brandenburg; **die B~en Konzerte** the Brandenburg Concertos

Brandente *f* ORN (*Tadorna tadorna*) shelduck **Brandfleck** *m* burn [mark] **Brandgefahr** *f* fire risk, danger of fire **Brandgeruch** *m* smell of burning **Brandherd** *m* source of the fire

brandig *adj* ❶ (*bei Feuer*) burnt *attr;* **~ riechen** to smell of burning
❷ BOT blighted, smutted
❸ MED gangrenous

Branding <-s, -s> ['brændɪŋ] *nt* [body] branding

Brandkatastrophe *f* conflagration, fire disaster **Brandklasse** *f* BAU fire rating **Brandleger(in)** <-s, -> *m(f) bes* ÖSTERR (*Brandstifter*) arsonist **Brandloch** *nt* burn[t] hole; **in etw** *akk* **ein ~ machen** to burn a hole in sth **brandmager** *adj* SCHWEIZ extremely thin, skinny *fam* **Brandmal** <-s, -e> *nt* (*geh*) brand **brandmarken** *vt* ❶ (*fig: anprangern*) ■**jdn/etw [als etw] ~** to brand sb/sth [as] sth, to denounce sb/sth [as sth] ❷ HIST (*mit Brandzeichen versehen*) ■**jdn [als etw] ~** to brand [*or* stigmatize] sb [as sth] **Brandmauer** *f* fire[proof] wall **Brandmeister(in)** *m(f)* head firefighter **brandneu** *adj* (*fam*) brand new **Brandopfer** *nt* ❶ (*Opfer eines Brandes*) victim of a/the fire ❷ REL burnt offering; (*Mensch*) burnt sacrifice **Brandrede** *f* inflammatory speech **Brandrodung** *f* slash-and-burn *no art* **Brandsalbe** *f* burn ointment, ointment for burns [*or* scalds] **Brandsatz** *m* CHEM incendiary mixture [*or* device] **Brandschaden** *m* fire damage *no pl*

brandschatzen *vt* ■**etw ~** to sack [*or* pillage] sth

Brandschutz *m kein pl* fire safety *no art, no pl,* protection against fire **Brandschutzmatte** *f* BAU fire protection mat **Brandsohle** *f* insole **Brandstelle** *f* ❶ (*Ort des Brandes*) fire ❷ (*verbrannte Stelle*) burnt patch

Brandstifter(in) *m(f)* arsonist

Brandstiftung *f* JUR arson; **fahrlässige/vorsätzliche ~** causing fire by negligence/wilful intent

Brandteig *m* KOCHK chou[x] pastry

Brandung <-, -en> *f* surf, breakers *pl*

Brandungserosion *f* coastal erosion (*caused by waves*)

Brandursache *f* cause of the fire **Brandverhütungsvorschriften** *pl* JUR fire regulations **Brandversicherung** *f* FIN fire insurance **Brandwache** *f* ❶ (*Überwachung der Brandstelle*) firewatch ❷ (*Posten an der Brandstelle*) firewatch team ❸ SCHWEIZ (*Feuerwehr*) fire brigade **Brandwunde** *f* burn

Brandy <-s, -s> ['brɛndi] *m* brandy

Brandzeichen *nt* brand

brannte *imp von* **brennen**

Branntwein *m* (*geh*) spirits *pl*

Branntweinessig *m* spirit vinegar **Branntweinsteuer** *f* tax on spirits

Brasilianer(in) <-s, -> *m(f)* Brazilian; *s. a.* **Deutsche(r)**

brasilianisch *adj* Brasilian; *s. a.* **deutsch**

Brasilien <-s> [-liən] *nt* Brazil; *s. a.* **Deutschland**

Brasilnuss^RR *f* BOT (*Berthollotia excelsa*) Brazil nut

Brasse <-, -n> *f* NAUT brace

Brassen <-, -> *m s.* **Brachsen**

Brät <-s> *nt kein pl* DIAL (*fachspr*) sausage meat

Bratapfel *m* baked apple **Bratbeutel** *m s.* **Backbeutel**

braten <brät, briet, gebraten> I. *vt* ■**etw ~** (*in der Pfanne garen*) to fry sth; ■[**sich** *dat*] **etw ~** to fry [oneself] sth; (*am Spieß garen*) to roast sth [on a spit]; **etw knusprig** [*o* **kross**] **~** to fry/roast sth until crisp
II. *vi* ❶ (*in der Pfanne garen*) to fry
❷ (*fam: schmoren*) [**in der Sonne**] **~, sich** *akk* **~ lassen** to roast [in the sun] *fam*

Braten <-s, -> *m* joint, roast [meat *no pl, no art*]; **kalter ~** cold meat
► WENDUNGEN: **ein fetter ~** (*fam*) a prize [*or* good] catch; **den ~ riechen** (*fam*) to smell a rat *fam*

Bratenfett *nt* dripping *no pl* **Bratengabel** *f* carving fork **Bratensaft** *m* meat juices [*or* AM drippings] *pl* **Bratensoße** *f* gravy **Bratenthermometer** *nt* meat thermometer **Bratenwender** <-s, -> *m* roasting jack, turnspit

Bräter <-s, -> *m* KOCHK roasting pan [*or* dish], roaster

Bratfett *nt* cooking fat **Bratfisch** *m* ❶ (*zum Braten bestimmter Fisch*) fish for frying ❷ (*gebratener Fisch*) fried fish **Brathähnchen** *nt,* **Brathendl** <-s, -[n]> *nt* SÜDD, ÖSTERR grilled chicken **Brathering** *m* fried herring **Brathuhn** *nt* roast chicken **Bratkartoffeln** *pl* fried potatoes *pl,* sauté potatoes *pl* **Bratkartoffelverhältnis** *nt* (*pej fam*) meal ticket *pej fam;* ***er hat ein ~ mit ihr*** she is his meal ticket **Bratpfanne** *f* frying pan **Bratröhre** *f* DIAL oven **Bratrost** *m* grill

Bratsche <-, -n> *f* viola

Bratschist(in) <-en, -en> *m(f)* violist, viola player

Bratspieß *m* spit **Bratwurst** *f* ❶ (*zum Braten bestimmte Wurst*) [frying] sausage, bratwurst ❷ (*gebratene Wurst*) [fried] sausage, bratwurst

Brauch <-[e]s, Bräuche> *m* custom, tradition; ***so will es der*** ~ that's the custom [*or* tradition]; **nach altem** ~ according to custom [*or* tradition]; [**bei jdm so**] ~ **sein** to be customary [*or* tradition[al]] [*or* the custom] [with sb]

brauchbar *adj* ❶ (*geeignet*) suitable; [**beschränkt/nicht**] ~ **sein** to be of [limited/no] use; ***mein Schirm ist zwar alt, aber noch ganz*** ~ my umbrella is old but it still serves its purpose [*or* it'll still do the trick]
❷ (*ordentlich*) useful; **ein ~er Plan** a viable plan; **ein ~er Mitarbeiter** a useful worker *fam*

Brauchbarkeitsminderung *f* HANDEL diminished [*or* impaired] usefulness

brauchen I. *vt* ❶ (*nötig haben*) ▪**jdn/etw** [**für/zu etw**] ~ to need sb/sth [for sth/to do sth]; ***wozu brauchst du das?*** what do you need that for?; ***ich kann dich jetzt nicht*** ~ (*fam*) I haven't got time for you right now
❷ (*an Zeit benötigen*) **Zeit/eine Stunde** [**für etw**] ~ to need time/an hour [for sth]; ***ich brauche bis zum Bahnhof etwa eine Stunde*** I need about an hour [*or* it takes me about an hour] to get to the station; ***alles braucht seine Zeit*** everything takes time, Rome wasn't built in a day *prov*
❸ DIAL (*fam: gebrauchen*) ▪**etw** ~ to need sth; ***kannst du die Dinge ~?*** can you find a use for these?; ***das könnte ich jetzt gut*** ~ I could do with that right now; ***ich kann diese Leute nicht ~!*** I don't need [*or* I can do without] these people!
❹ (*fam: verbrauchen*) ▪**etw** ~ to use sth
II. *aux vb* (*müssen*) ▪**etw** [*geh* **zu**] **tun** ~ to need to do sth; ▪**etw nicht** [**zu**] **tun** ~ to not need to do sth, to need not do sth; ***Astrid braucht nächste Woche nicht zu arbeiten*** Astrid doesn't need to work next week; ***du hättest doch nur etwas*** [***zu***] ***sagen*** ~ you need only have said something, you only needed to say something; ***der Rasen braucht noch nicht gemäht*** [***zu***] ***werden*** the lawn doesn't need mowing yet [*or* needn't be mown yet]
III. *vt impers* SÜDD, SCHWEIZ ▪**es braucht etw** sth is needed; ***es braucht noch ein bisschen Salz*** a little more salt is needed, you need a little bit more salt; ▪**es braucht jdn/etw, um etw zu tun** sb/sth is needed to do sth

Brauchtum <-[e]s, *selten* -tümer> *nt* customs *pl*, traditions *pl*; **ein altes** ~ a tradition

Brauchwasser *nt* (*fachspr*) industrial [*or* service] water

Braue <-, -n> *f* [eye]brow, supercilium *spec*; **zusammengewachsene ~n** eyebrows joined in the middle; *s. a.* **Augenbraue**

brauen *vt* ❶ **Bier** ~ to brew beer
❷ (*fam: zubereiten*) [**jdm/sich**] **einen Kaffee** ~ to make [sb/oneself] [a/some] coffee; **einen Zaubertrank** ~ to concoct a magic potion

Brauenbürstchen <-s, -> *nt* brow brush

Brauer(in) <-s, -> *m(f)* brewer

Brauerei <-, -en> *f* ❶ (*Braubetrieb*) brewery
❷ *kein pl* (*das Brauen*) ▪**die** ~ brewing *no pl*

Brauereiabwässer *pl* effluent from breweries

Brauerin <-, -nen> *f fem form von* **Brauer**

Brauhaus *nt* [privately-owned] brewery **Braumeister(in)** *m(f)* master brewer

braun I. *adj* ❶ (*Farbe*) brown; (*brünett*) brown, brunet[te]; (*von der Sonne*) [sun-]tanned; ▪~ **werden** to become brown [*or* [sun-]tanned]
❷ (*pej: nationalsozialistisch*) Nazist[ic], Nazi *attr;* ▪**die B~en** *pl* the Brownshirts *pl*
II. *adv* ~ **gebrannt** [sun-]tanned; **etw** ~ **färben/lackieren** to dye/paint sth brown

Braun <-s, -> *nt* brown [colour [*or* AM -or]]; ▪**in** ~ in brown

braunäugig *adj* brown-eyed **Braunbär** *m* brown bear

Bräune <-> *f kein pl* [sun]tan

bräunen I. *vt* ❶ (*braun werden lassen*) ▪**jdn/etw** ~ to tan sb/sth
❷ KOCHK ▪**etw** ~ to brown sth
II. *vi* ❶ (*braun werden*) ▪[**in der Sonne**] ~ to go brown [*or* tan] [in the sun]; (*von Sonne, UV-Strahlung*) to tan
❷ KOCHK to turn brown; ▪**etw ~ lassen** to brown sth
III. *vr* ▪**sich** *akk* ~ (*sich sonnen*) to get a tan; (*braun werden*) to go brown

Bräunen <-s> *nt kein pl* tanning; **künstliches** ~ indoor tanning; **natürliches** ~ outdoor tanning

braungebrannt *adj s.* **braun II** **braunhaarig** *adj* brown-haired; (*Frau*) brunet[te]

Braunkohle *f* brown coal, lignite **Braunkohlekraftwerk** *nt* brown coal fired power station **Braunkohlerevier** *nt* BERGB brown [*or* lignite] coal field **Braunkohlesanierung** *f* BERGB rehabilitation of brown coal fields **Braunkohleverstromung** *f* BERGB, ELEK brown coal conversion [into electricity]

bräunlich *adj* brownish

Braunreis *m s.* **Naturreis**

Braunschweig <-s> *nt* Brunswick

Bräunung <-, -en> *f* bronzing *no pl, no indef art;* **eine tiefe ~ der Haut** a deep [sun]tan

Bräunungsbeschleuniger *m* suntan accelerator **Bräunungscreme** [-kreːm] *f* tanning cream **Bräunungslotion** *f* tanning lotion **Bräunungsmittel** *nt* bronzer

Braunwurz <-> *f kein pl* BOT figwort

Braus *m s.* **Saus**

Brause <-, -n> *f* ❶ DIAL (*veraltend: Dusche*) shower; **sich** *akk* **unter die ~ stellen** to take [*or* have] a shower; (*Handbrause*) [hand] shower
❷ (*Aufsatz von Gießkannen*) spray [attachment], sprinkler
❸ (*veraltend fam: Limonade*) lemonade; (*Brausepulver*) sherbet powder

Brausekopf *m* hothead

brausen *vi* ❶ *haben* (*tosen*) to roar [*or* thunder]; (*von Wind, Sturm*) to howl; **~der Beifall** tumultuous [*or* thunderous] applause
❷ *sein* (*fam: rasen, rennen, schnell fahren*) to storm; (*von Wagen*) to race

Brausepulver [-fɐ, -vɐ] *nt* effervescent powder; (*für Kinder*) sherbet powder **Brausetablette** *f* effervescent tablet

Braut <-, Bräute> *f* ❶ (*bei Hochzeit*) bride; ~ **Christi** bride of Christ
❷ (*veraltend: Verlobte*) fiancée, betrothed *old;* ***sie ist seine*** ~ she is his fiancée, she is engaged [*or old* betrothed] to him
❸ (*veraltend sl: junge Frau, Freundin*) girl, BRIT *fam* a. bird

Brautente *f* wood duck **Brautführer** *m* bride's male attendant

Bräutigam <-s, -e> *m* ❶ (*bei Hochzeit*) [bride]groom
❷ (*veraltend: Verlobter*) fiancé, betrothed *old*

Brautjungfer *f* bridesmaid **Brautkleid** *nt* wedding dress **Brautkranz** *m* bridal wreath **Brautleute** *pl s.* Brautpaar **Brautmutter** *f* bride's mother **Brautpaar** *nt* ❶ (*bei Hochzeit*) bride and groom + *pl vb* ❷ (*veraltend: Verlobte*) engaged couple **Brautpreis** *m* bride price [*or* wealth] **Brautschau** *f* **auf ~ gehen, ~ halten** (*hum*) to go/be looking for a wife **Brautschleier** *m* bridal [*or* wedding] veil **Brautvater** *m* bride's father

brav I. *adj* ❶ (*folgsam*) well-behaved, good; ***sei schön ~!*** be a good boy/girl; ***komm her, sei ein ~er Hund!*** come here, there's a good dog!; ***bist du wieder nicht ~ gewesen?*** have you been bad again?; ~ [***gemacht***]! [there's a] good boy/girl!
❷ (*bieder*) plain
❸ (*rechtschaffen*) worthy, honest
II. *adv* ❶ (*folgsam*) ***geh ~ spielen!*** be a good boy/girl, and go and play, go and play, there's a good boy/girl
❷ (*rechtschaffen*) worthily

bravo [-vo] *interj* well done, bravo *dated*

Bravoruf *m* cheer

Bravour <-> [bra'vuːɐ] *f kein pl* (*geh*) ❶ (*Meisterschaft*) brilliance *no pl*, bravura *no pl liter;* ▪**mit** ~ (*meisterlich*) with style; **eine Prüfung mit ~ bestehen** to pass an examination with flying colours [*or* AM -ors]; (*mit Elan*) with spirit
❷ (*Kühnheit*) gallantry

Bravourleistung *f* (*geh*) brilliant performance

bravourös I. *adj* ❶ (*meisterhaft*) brilliant, bravura *attr liter*
❷ (*kühn*) undaunted
II. *adv* ❶ (*meisterhaft*) with brilliance
❷ (*kühn*) gallantly

Bravourstück *nt* (*geh*) ❶ (*Glanznummer*) brilliant feat
❷ MUS bravura

Bravur[RR] <-> *f kein pl* (*geh*) *s.* **Bravour**

bravurös[RR] *adj, adv s.* **bravourös**

BRD <-> *f Abk von* **Bundesrepublik Deutschland** FRG

Break <-s, -s> [breɪk] *m o nt* TENNIS break

Breakdance <-[s]> ['breɪkdɑns] *m kein pl* break-dance, break-dancing

Break-even-Point [breɪk'iːvənpɔɪnt] *m* ÖKON breakeven [point]

Breccie, Brekzie <-, -n> *f* GEOL breccia

Brechbohne *f* French [*or* string] bean **Brechdurchfall** *m* vomiting and diarrhoea [*or* AM diarrhea] *no art* **Brecheisen** *nt* crowbar

brechen <bricht, brach, gebrochen> I. *vt haben*
❶ (*zer~*) ▪**etw** ~ to break sth; *s. a.* **durchbrechen, zerbrechen**
❷ (*ab~*) ▪**etw von etw** *dat* ~ to break sth off sth; **Zweige von den Bäumen** ~ to break twigs off trees
❸ (*spaltend ab~*) **Schiefer/Stein/Marmor** ~ to cut slate/stone/marble; (*im Steinbruch*) to quarry slate/stone/marble
❹ (*nicht* (*mehr*) *einhalten*) **eine Abmachung/einen Vertrag** ~ to break [*or* violate] an agreement/a contract; **seinen Eid** ~ to violate one's oath; **sein Schweigen** ~ to break one's silence; **jdm die Treue** ~ to break trust with sb
❺ (*übertreffen*) **einen Rekord** ~ to break a record
❻ (*niederkämpfen*) ▪**etw** [**durch etw** *akk*] ~ to overcome sth [with sth]; ▪**jdn/etw** [**durch etw** *akk*] ~ to break sb/sth down [with sth]
❼ (*geh: pflücken*) ▪**etw** ~ to pick [*or liter* pluck] sth
❽ (*ablenken*) ▪**etw** ~ to refract sth; **einen Lichtstrahl** ~ to refract a ray of light; (*abprallen lassen*) to break the force of sth; ***die Brandung wurde von den Buhnen gebrochen*** the groynes broke the force of the surf
❾ (*verletzen*) **sich** *dat* **den Arm/einen Knochen** ~ to break one's arm/a bone; **jdm den Arm** ~ to break sb's arm
❿ (*er~*) ▪**etw** ~ to vomit sth
⓫ BAU ▪**etw** ~ *Kante* to chamfer sth
II. *vi* ❶ *sein* (*auseinander*) to break [apart]; **zum B~** [*o* **~d**] **voll sein** (*fam*) to be jam-packed *fam; s. a.* **Herz**
❷ *haben* (*Verbindung beenden*) ▪**mit jdm/etw** ~ to break with sb/sth; **eine Tradition** ~ to break with [*or* away from] a tradition
❸ (*sich erbrechen*) to be sick, to throw up
III. *vr haben* (*abgelenkt werden*) ▪**sich** *akk* [**an etw** *dat*] ~ to break [against sth]; PHYS to be refracted [at sth]; (*von Ruf, Schall*) to rebound [off sth]

Brecher <-s, -> *m* breaker; **große/schwere** ~ *pl* rollers *pl*

Brecherbse *f* sugar snap pea **Brechmittel** *nt* emetic [agent]; **das reinste ~** [**für jdn**] **sein** (*fam*) to make sb [want to] puke *sl* **Brechreiz** *m kein pl* nausea *no pl, no art* **Brechstange** *f* crowbar

Brechung <-, -en> *f* ❶ ▪**die** ~ (*von Wellen*) breaking; PHYS the diffraction; (*von Schall*) rebounding
❷ LING mutation *no art*

Bredouille <-, -n> [bre'dʊljə] *f* ► WENDUNGEN: **in die ~ geraten** [*o* **kommen**] to get into a scrape [*or* fix] [*or hum* pretty pickle] *fam;* **in der ~ sein** [*o* **sitzen**] to be in a scrape [*or* fix] [*or hum* pretty pickle] *fam*

B

Brei <-[e]s, -e> *m* ① (*dickflüssiges Nahrungsmittel*) mash *no pl,* pap *no pl*
② (*zähe Masse*) paste; ***die Lava ergoss sich als rot glühender ~ den Vulkanhang hinunter*** the red-hot lava flowed sluggishly down the side of the volcano; **jdn zu ~ schlagen** (*fam*) to beat sb to a pulp *fam;* **jdm ~ ums Maul schmieren** to soft-soap [*or* sweet-talk] sb *fam;* **um den [heißen] ~ herumreden** to beat about the bush *fam*
breiig *adj* pulpy, mushy; **eine ~e Konsistenz** a viscous [*or* thick] consistency; **~e Lava** viscous [*or* sluggish] lava; **eine ~e Masse** a paste
Breisgau *m* Breisgau
breit I. *adj* ① (*flächig ausgedehnt*) wide; **eine ~e Nase** a flattened nose; **~e Schultern haben** to have broad shoulders; **ein ~er Kerl** a hefty bloke [*or* AM guy]; **~e Buchstaben** TYPO expanded letters; **~e Schrift** TYPO padded [*or* sprawling] type; **etw ~[er] machen** to widen sth; **x cm ~ sein** to be x cm wide; ***ein 25 cm ~es Brett*** a 25-cm-wide plank, a plank 25 cm in width; *s. a.* **Bein**
② (*ausgedehnt*) wide; **ein ~es Publikum** a wide [*or* large] public; **die ~e Öffentlichkeit** the general public; **~e Zustimmung** wide[-ranging] approval
③ (*gedehnt*) broad; **ein ~es Lachen** a hearty laugh
④ (*stark ausgeprägt*) **ein ~er Dialekt** a broad dialect
⑤ DIAL (*sl: betrunken*) smashed *sl*
II. *adv* ① (*flach*) flat
② (*ausgedehnt*) **sich** *akk* **~ machen** to spread oneself [out] (**auf** +*dat* on); (*sich ausbreiten*) to spread; (*sich verbreiten*) to pervade; ***mach dich doch nicht so ~!*** don't take up so much room; ***ihr Exfreund hat sich in ihrer Wohnung ~ gemacht*** her ex treats her flat as if it were his; ***bei euch scheinen sich einige Vorurteile ~ gemacht zu haben*** you seem to have adopted some prejudices
③ (*umfangreich*) **~ gebaut** strongly [*or* sturdily] built; ***sie ist in den Hüften ~ gebaut*** she's broad in the beam *hum fam;* **sich** *akk* **~ hinsetzen** to plump down; ***setz dich doch nicht so ~ hin!*** don't take up so much room!
④ (*gedehnt*) broadly; ***er grinste ~ über das ganze Gesicht*** he grinned broadly [*or* from ear to ear]
⑤ (*ausgeprägt*) **~ sprechen** to speak in a broad dialect
Breitbahn *f* TYPO (*Papier*) short grain
Breitband <-bänder> *nt* ELEK, RADIO, TELEK broadband
Breitbandantibiotikum *nt* broad-spectrum antibiotic **Breitbandfilter** *m o nt* wide-range filter **Breitbandkabel** *nt* broadband cable **Breitbandnetz** *nt* broadband network
breitbeinig I. *adj* **in ~er Stellung** with one's legs apart; **ein ~er Gang** a rolling gait
II. *adv* with one's legs apart; **~ gehen** to walk with a rolling gait
Breitbildformat *nt* wide [picture] [*or* panorama] format
Breite <-, -n> *f* ① (*die breite Beschaffenheit*) width; **von x cm ~** x cm in width, with a width of x cm; **[jdm] etw in aller ~ erklären** to explain sth [to sb] in great detail; **in voller ~ vor jdm** (*fam*) right [*or fam* smack] in front of sb; **in die ~ gehen** (*fam*) to put on weight
② (*Ausgedehntheit*) wide range; **die ~ des Angebots** the wide range on offer
③ (*Gedehntheit*) breadth
④ (*von Dialekt, Aussprache*) broadness
⑤ (*Breitengrad*) latitude; ***in südlichere ~n fahren*** to travel to more southerly climes; ***die Insel liegt [auf] 34° nördlicher ~*** the island lies 34° north; **in unseren/diesen ~n** in our part/these parts of the world
breiten I. *vt* ① (*decken*) ■**etw über jdn/etw ~** to spread sth over sb/sth
② (*spreizen*) **etw ~** to spread sth; ***der Vogel breitete die Flügel*** the bird spread its wings
II. *vr* (*poet: sich decken*) ■**sich** *akk* **über etw** *akk* **~** to spread over sth; ***Dunkelheit breitete sich über die Stadt*** darkness spread over the town
Breitenarbeit *f* more general work; SPORT *training for a large number of up-and-coming players or teams* **Breitengrad** *m* [degree of] latitude **Breitenkreis** *m* line of latitude, parallel **Breitensport** *m* popular sport **Breitenwirkung** *f* widespread impact
breitkrempig *adj* broad-brimmed **breit|machen** *vr* (*fam*) *s.* **breit II 2** **breitrandig** *adj* wide-rimmed; **ein ~er Hut** a broad-brimmed hat; *s. a.* **breitkrempig** **breit|schlagen** *vt irreg* (*fam*) ■**jdn [zu etw** *dat*] **~** to talk sb round, to talk sb [round] into doing sth; ■**sich** *akk* **[von jdm] [zu etw** *dat*] **~ lassen** to let oneself be talked round [by sb] [into doing sth] **breitschult(e)rig** *adj* broad-shouldered *attr;* **~ sein** to have broad shoulders **Breitschwanz** *m kein pl* caracul, broadtail **Breitseite** *f* ① NAUT broadside; **eine ~ abgeben** to fire a broadside ② (*scharfe Attacke*) broadside; **eine ~ abkriegen** (*fam*) to catch a broadside ③ (*kürzere Seite*) short end **breitspurig** *adj* BAHN broad-gauge *attr* **breit|treten** *vt irreg* (*fam*) ■**etw ~** ① (*zu ausgiebig erörtern*) to go on about sth *fam,* to flog sth to death *sl* ② (*verbreiten*) to enlarge on sth **breit|walzen** *vt* (*fam*) *s.* **breittreten**
Breitwand *f* wide screen; **auf ~ zeigen** to show on a wide screen; **ein Film in ~** a film in wide-screen format **Breitwandfilm** *m* wide-screen film, film for the wide screen **Breitwandformat** *nt* wide screen format
Breitwegerich *m* BOT (*Plantago major*) great plantain
Bremen <-s> *nt* Bremen
Bremer(in) <-s, -> *m(f)* native of Bremen; (*Einwohner*) inhabitant of Bremen
Bremsanlage *f* braking system **Bremsassistent** *m* AUTO brake servo **Bremsbacke** *f* brake shoe **Bremsbelag** *m* brake lining; AUTO brake pad
Bremse[1] <-, -n> *f* ① (*Bremsvorrichtung*) brake; ***die ~n sprechen gut an*** the brakes respond well
② (*Pedal*) brake [pedal]; (*Bremshebel*) brake [lever]; **auf die ~ treten** [*o fam* **steigen**] [*o sl* **latschen**] to put on [*or* apply]/slam on *fam* the brakes
Bremse[2] <-, -n> *f* (*Stechfliege*) horsefly
bremsen I. *vi* ① (*die Bremse betätigen*) to brake, to put on [*or* apply] the brakes
② (*abbremsen*) to brake; **~d wirken** to act as a brake; (*von Wind*) to slow sb/sth down
③ (*hinauszögern*) to put on the brakes *fam*
④ (*fig: zurückstecken*) ■**mit etw** *dat* **~** to cut down on sth; **mit den Ausgaben ~ müssen** to have to curtail expenses
II. *vt* ① AUTO (*ab~*) ■**etw ~** to brake sth
② (*verzögern*) ■**etw ~** to slow down sth *sep,* to retard sth; (*dämpfen*) to curb sth
③ (*fam: zurückhalten*) ■**jdn ~** to check sb; ***sie ist nicht zu ~*** (*fam*) there's no holding [*or* stopping] her
III. *vr* ***ich kann/werd' mich ~!*** (*fam*) not likely! *a. iron,* not a chance! *a. iron*
Bremser(in) <-s, -> *m(f)* ① (*fig: Verhinderer*) damper; **sich als ~ betätigen** to have a dampening effect, to be a wet blanket *fam*
② HIST, BAHN brake[s]man; SPORT brake[s]man
Bremsfallschirm *m* brake parachute, drogue [parachute] **Bremsflüssigkeit** *f* brake fluid **Bremshebel** *m* brake lever **Bremsklappe** *f* LUFT air brake **Bremsklotz** *m* AUTO brake pad **Bremskraftverstärker** *m* AUTO power brake [unit], brake servo **Bremsleuchte** *f* AUTO brake [*or* BRIT *a.* stop] light [*or* lamp] **Bremslicht** *nt* stop light [*or* lamp] **Bremspedal** *nt* brake pedal **Bremspreis** *m* ÖKON curbing [*or* checking] price **Bremsrakete** *f* retrorocket **Bremsscheibe** *f* AUTO brake disc **Bremsschlauch** *m* AUTO brake hose **Bremsspur** *f* skid marks *pl*
Bremsung <-, -en> *f* braking *no art*
Bremsvorrichtung *f* (*geh*) brake mechanism [*or* gear *no pl*] **Bremsweg** *m* braking [*or* stopping] distance
brennbar *adj* combustible, [in]flammable
Brenndauer *f einer Glühbirne* life
Brennelemente *pl* NUKL fuel elements *pl*
brennen <brannte, gebrannt> I. *vi* ① (*in Flammen stehen*) to be on fire; **lichterloh ~** to be ablaze; **zu ~ anfangen** to start burning, to catch fire; ■**~d** burning
② (*angezündet sein*) to burn; *Streichholz* to strike [*or* light]; *Feuerzeug* to light
③ ELEK (*fam: an sein*) to be on; *Lampe a.* to be burning; ■**etw ~ lassen** to leave sth on
④ (*schmerzen*) to be sore; **auf der Haut/in den Augen ~** to burn [*or* sting] the skin/eyes
⑤ (*auf etw sinnen*) ■**auf etw** *akk* **~** to be bent on [*or* dying for] sth; ■**darauf ~, etw zu tun** to be dying to do sth
⑥ (*ungeduldig sein*) ■**vor etw** *dat* **~** to be burning [*or* bursting] with sth; **vor Neugier ~** to be bursting with curiosity
II. *vi impers* ***es brennt!*** fire! fire!; ***in der Fabrik brennt es*** there's a fire in the factory; ***wo brennt's denn?*** (*fig*) where's the fire?; (*fig fam*) what's the panic?
III. *vt* ① (*rösten*) ■**etw ~** to roast sth
② (*destillieren*) ■**etw ~** to distil [*or* AM -ll] sth; **etw schwarz** [*o* **illegal**] **~** to moonshine sth AM
③ (*härten*) ■**etw ~** to fire [*or* bake] sth
④ (*auf~*) ■**einem Tier etw auf die Haut ~** to brand an animal's hide with sth; ■**etw auf etw** *akk*/**in etw** *akk* **~** to burn sth into sth
⑤ INFORM ■**etw [auf etw] ~** to burn sth [into sth]
IV. *vr* ■**sich** *akk* **[an etw** *dat*] **~** to burn oneself [on sth]
brennend I. *adj* ① (*quälend*) scorching; **~er Durst** parching thirst
② (*sehr groß*) **~e Frage** urgent question; **~er Wunsch** fervent wish
II. *adv* (*fam: sehr*) incredibly; ***ich wüsste ~ gern …*** I would dearly like to know …
Brenner[1] <-s, -> *m* TECH burner
Brenner(in)[2] <-s, -> *m(f)* (*Beruf*) distiller
Brennerei <-, -en> *f* distillery
Brennerin <-, -nen> *f fem form von* **Brenner**
Brennessel *f s.* **Brennnessel** **Brennglas** *nt* burning glass **Brennholz** *nt* firewood *no pl* **Brennkammer** *f* LUFT combustion chamber **Brennmaterial** *nt* [heating] fuel **Brennnessel**[RR] *f* stinging nettle **Brennofen** *m* kiln **Brennpunkt** *m* ① PHYS focal point ② MATH focus ③ (*Zentrum*) focus, focal point; **in den ~ [der Aufmerksamkeit/des Interesses] rücken** to become the focus [*or* focal point] [of attention/interest]; **im ~ [des Interesses] stehen** to be the focus [of interest] **Brennraum** *m* AUTO combustion chamber **Brennschere** *f* curling tongs *npl* **brenn|schneiden** *vt irreg* BAU ■**etw ~** to flame-cut sth **Brennspiegel** *m* burning glass **Brennspiritus** *m* [mineralized *spec*] methylated spirit **Brennstab** *m* NUKL fuel rod
Brennstoff *m* fuel **Brennstoffkreislauf** *m* NUKL fuel cycle **Brennstoffzelle** *f* TECH, PHYS fuel cell **Brennstoffzellenauto** *nt* fuel cell car
Brennweite *f* PHYS focal length
brenzlig I. *adj* (*fam*) dicey *fam,* iffy *sl;* ***die Situation wird mir zu ~*** things are getting too hot for me
II. *adv* **~ riechen** to smell of burning
Bresche <-, -n> *f* breach; **in etw** *akk* **eine [große] ~ schlagen** [*o* **reißen**] (*fig*) to make a [great] breach in sth; **[für jdn] in die ~ springen** (*fig*) to step in [for sb]; **eine ~ in etw** *akk* **schlagen** [*o* **schießen**] to breach sth; **für jdn/etw eine ~ schlagen** to stand up for sb/sth
Breslau <-s> *nt* Wrocław
Bressehuhn *nt* KOCHK Bresse chicken
Bretagne <-> [bre'tanjə, brə'tanjə] *f* ■**die ~** Brittany
Bretone, Bretonin <-n, -n> *m, f* Breton; *s. a.* **Deutsche(r)**
Bretonisch *nt dekl wie adj* Breton; *s. a.* **Deutsch**
bretonisch *adj* Breton; *s. a.* **deutsch**
Bretonische <-n> *nt* ■**das ~** Breton, the Breton language; *s. a.* **Deutsche**
Brett <-[e]s, -er> *nt* ① (*Holzplatte*) [wooden]

board; (*Planke*) plank; **etw mit ~ern vernageln** to board sth up; (*Sprungbrett*) [diving-]board; (*Regalbrett*) shelf; **die ~er, die die Welt bedeuten** THEAT (*fig*) the stage; **auf den ~ern stehen** THEAT to be on the stage; **schwarzes ~** noticeboard
❷ (*Spielbrett*) [game]board
❸ *pl* (*Skier*) skis *pl;* **auf den ~ern stehen** [*o* **sein**] to be on skis; (*Boxring*) floor, canvas; **auf die ~er gehen** (*fig*) to hit the canvas *fam;* **jdn auf die ~er schicken** (*fig fam*) to floor sb
► WENDUNGEN: **ein ~ vorm Kopf haben** (*fam*) to be slow on the uptake *a. iron; s. a.* **Welt**

Brettchen <-s, -> *nt* [small] board

Bretterboden *m* board[ed] floor **Bretterbude** *f* booth

brettern *vi sein* (*fam*) to hammer *fam;* **die Straße entlang ~** to tear up the road *fam;* **mit 200 Sachen über die Autobahn ~** to be doing 125 mph along the motorway [*or* AM freeway]

Bretterwand *f* wooden wall **Bretterzaun** *m* wooden fence; (*an Baustellen*) hoarding

Brettspiel *nt* board game

Brevet <-s, -s> [bre'veː, bre'vɛ] *nt* SCHWEIZ brevet

brevetieren* *vt* SCHWEIZ ■**jdn ~** to brevet sb

Brevier <-s, -e> [bre'viːɐ] *nt* ❶ (*Leitfaden*) ■**ein ~ einer S.** *gen* a guide to sth
❷ REL breviary; **das ~ beten** to say one's breviary

Brezel <-, -n> *f* pretzel

bricht *3. pers. pres von* **brechen**

brickettieren *vt* ■**etw ~** KOCHK to briquet sth

Bridge <-> [brɪdʒ] *nt kein pl* bridge *no pl;* **eine Partie ~ spielen** to play a game of bridge

bridieren *vt* ■**etw ~** KOCHK to truss sth

Bridieren *nt kein pl* KOCHK trussing

Brief <-[e]s, -e> *m* ❶ (*Poststück*) letter; **etw als ~ schicken** to send sth [by] letter post [*or* AM at [the] letter rate]; **jdm ~ und Siegel [auf etw** *akk*] **geben** to give sb one's word [on sth]; **blauer ~** (*Kündigung*) letter of dismissal; SCH *school letter notifying parents that their child must repeat the year;* **ein offener ~** an open letter; **mit jdm ~e wechseln** to correspond with sb
❷ (*in der Bibel*) epistle
❸ ÖKON *s.* **Briefkurs**

Briefablage *f* letter [*or* in and out] tray **Briefbeschwerer** <-s, -> *m* paperweight **Briefblock** *m* writing [*or* letter] pad **Briefbogen** *m* [sheet of] writing [*or* letter] paper **Briefbombe** *f* letter bomb

Briefchen <-s, -> *nt* ❶ *dim von* **Brief** note
❷ (*flaches Päckchen*) packet; **ein ~ Streichhölzer** a book of matches

Briefdrucksache *f* printed material [sent in letter form] **Briefeinwurf** *m* (*geh*) letter box BRIT, mailbox AM; (*in Postamt*) postbox BRIT, mailbox AM **Brieffreund(in)** *m(f)* pen pal *fam,* BRIT *a.* penfriend **Brieffreundschaft** *f* correspondence [between pen pals [*or* BRIT *a.* penfriends]]; **eine ~ haben** to be penfriends **Briefgebühr** *f* letter rate **Briefgeheimnis** *nt* privacy [*or* secrecy] of correspondence **Briefgrundschuld** *f* JUR certificated land charge **Briefhypothek** *f* FIN certified mortgage

Briefing <-s, -s> *nt* MIL, ÖKON briefing

Briefkarte *f* correspondence card

Briefkasten *m* (*Hausbriefkasten*) letter box BRIT, mailbox AM; (*Postbriefkasten*) postbox BRIT, mailbox AM, BRIT *a.* pillar box; **elektronischer ~** INFORM electronic mailbox; **ein toter ~** a dead-letter box

Briefkastenadresse *f* accommodation address **Briefkastendomizil** *nt* SCHWEIZ seat of a letterbox company **Briefkastenfirma** *f* letter-box company

Briefkopf *m* letterhead **Briefkurs** *m* FIN selling rate [*or* price]

brieflich I. *adj* in writing *pred,* by letter *pred;* **in ~er Verbindung stehen** (*geh*) to be corresponding
II. *adv* in writing, by letter

Briefmarke *f* [postage] stamp

Briefmarkenalbum *nt* stamp album **Briefmarkenautomat** *m* stamp[-dispensing] machine **Briefmarkenbogen** *m* sheet of stamps **Briefmarkenkunde** *f* philately **Briefmarkensammler(in)** *m(f)* philatelist, stamp collector **Briefmarkensammlung** *f* stamp collection **Briefmarkenstempel** *m* post[age] mark **Briefmarkenzahnung** *f* [stamp's] perforations *pl*

Brieföffner *m* letter opener, paper knife **Briefpapier** *nt* letter [*or* writing] paper **Briefpartner(in)** *m(f)* penfriend, pen pal **Briefporto** *nt* letter rate **Briefpost** *f kein pl* letter post, AM first mail **Briefroman** *m* epistolary novel **Briefschreiber(in)** *m(f)* [letter] writer **Briefschulden** *pl* arrears *pl* of correspondence *form* **Brieftasche** *f* wallet, AM *a.* billfold **Brieftaube** *f* carrier [*or* homing] pigeon **Briefträger(in)** *m(f)* postman *masc,* postwoman *fem* **Briefumschlag** *m* envelope **Briefwaage** *f* letter scales; *pl* balance **Briefwahl** *f* postal vote BRIT, absent[ee] ballot [*or* voting] AM; **seine Stimme durch ~ abgeben** to vote by post [*or* AM mail] **Briefwahlantrag** *m* POL application for a postal vote [form] **Briefwähler(in)** *m(f)* postal [*or* AM absentee] voter

Briefwahlunterlagen *pl* POL postal vote forms

Briefwechsel *m* correspondence; **mit jdm in ~ stehen, einen ~ mit jdm führen** (*geh*) to be corresponding [*or* in correspondence] with sb **Briefwerbeaktion** *f* HANDEL mail[ing] shot **Briefwerbung** *f* direct mail [advertising] **Briefzusteller(in)** *m(f)* (*geh*) postman *masc,* postwoman *fem*

Bries <-es, -e> *nt* KOCHK sweetbreads *pl*

briet *imp von* **braten**

Brigade <-, -n> *f* MIL brigade

Brigadegeneral(in) *m(f)* brigadier **Brigadekommandeur** *m* brigadier, AM *a.* brigadier general

Brigg <-, -s> *f* NAUT brig

Brigitte® <-> *f German women's magazine*

Brikett <-s, -s *o selten* -e> *nt* briquette

Brikettzange *f* fire tongs *npl*

brillant [brɪl'jant] *adj* brilliant

Brillant <-en, -en> *m* brilliant, [cut] diamond

Brillantenschliff *m* brilliant cut

Brillantine <-, -n> *f* brilliantine

Brillantkollier *nt* diamond necklace **Brillantring** *m* diamond ring (*brilliant-cut*) **Brillantschmuck** *m kein pl* diamonds *pl*

Brillanz <-> [brɪl'jants] *f kein pl* ❶ (*meisterliche Art*) brilliance
❷ (*von Lautsprecher*) bounce, brilliancy
❸ (*Bildschärfe*) quality

Brille <-, -n> *f* ❶ (*Sehhilfe*) glasses *npl,* spectacles *npl,* specs *npl fam;* ■**eine ~** a pair of glasses [*or* spectacles] [*or fam* specs]; [**eine**] **~ tragen** to wear glasses; **etw durch eine rosa[rote] ~ sehen** (*fig*) to see sth through rose-coloured [*or* AM -ored] [*or* rose-tinted] glasses; **alles durch eine schwarze ~ sehen** (*fig*) to take a gloomy [*or* pessimistic] view [of things]; **etw durch seine [eigene] ~ sehen** [*o* **betrachten**] (*fig*) to take a subjective view of sth, to see sth as one wants to [see it]
❷ (*Toilettenbrille*) [toilet] seat

Brillenbär *m* ZOOL (*Tremarctos ornatus*) spectacled bear **Brillenetui** *nt* glasses [*or* spectacles] case **Brillengestell** *nt* spectacles frame **Brillenglas** *nt* lens **Brillenschlange** *f* ❶ ZOOL [spectacled] cobra ❷ (*pej fam*) sb wearing glasses, four-eyes *pej fam,* BRIT *a. pej fam* specky four-eyes **Brillenträger(in)** *m(f)* person wearing glasses [*or* spectacles] *pl;* ***sie ist ~ in*** she wears glasses

brillieren* [brɪl'jiːrən] *vi* (*geh*) ■[**mit etw** *dat*] **~** to scintillate [with sth] *liter*

Brimborium <-s> *nt kein pl* (*pej fam*) fuss, ado; **ein ~ [um etw** *akk*] **machen** to make a fuss [about *or* over] sth]

Brimsenkäse *m* ÖSTERR (*Schafskäse*) sheep's cheese

bringen <brachte, gebracht> *vt* ❶ (*tragen*) ■[**jdm**] **etw ~** to bring [sb] sth, to bring sth [to sb]; **den Müll nach draußen ~** to take [*or* bring] out the rubbish [*or* AM garbage]; **etw an sich** *akk* **~** (*fam*) to get sth; **etw hinter sich** *akk* **~** to get sth over and done with; **etw mit sich ~** to involve [*or* entail] sth; ***seine Unaufrichtigkeit brachte viele Probleme mit sich*** his dishonesty caused a lot of troubles; **es nicht über sich ~, etw zu tun** not to be able to bring oneself to do sth
❷ (*servieren*) ■**jdm etw ~** to bring sb sth; **sich** *dat* **etw ~ lassen** to have sth brought to one
❸ (*mitteilen*) ■**jdm eine Nachricht ~** to bring sb news
❹ (*befördern*) **jdn in die Klinik/zum Bahnhof/nach Hause ~** to take sb to the clinic/to the station/home; **die Kinder ins Bett ~** to put the children to bed
❺ (*begleiten*) ■**jdn nach Hause ~** to accompany sb home
❻ (*darbieten*) ■**etw ~** (*von Kino, Nachtlokal*) to show sth; (*von Artist, Tänzerin, Sportler*) to perform sth; *s. a.* **Opfer**
❼ (*senden*) ■**etw ~** to broadcast sth; TV to show [*or* broadcast] sth; ***das Fernsehen bringt nichts darüber*** there's nothing on television about it; ***um elf Uhr ~ wir Nachrichten*** the news will be at eleven o'clock
❽ (*aufführen*) ■**etw ~** to perform sth
❾ (*veröffentlichen*) ■**etw ~** to print [*or* publish] sth; ***die Zeitung brachte nichts/einen Artikel darüber*** there was nothing/an article in the paper about it; ***alle Zeitungen brachten es auf der ersten Seite*** all the papers had it on the front page
❿ (*bescheren*) ■**jdm etw ~** [**jdm**] **Glück/Unglück ~** to bring [sb] good/bad luck; ***so ein großer Rasen kann einem schon eine Menge Arbeit ~*** such a large lawn can mean a lot of work for one
⓫ (*versetzen*) **jdn in Bedrängnis ~** to get sb into trouble; **jdn ins Gefängnis ~** to put [*or* land] sb in prison; **jdn vor Gericht ~** to bring sb before the court; **jdn ins Grab ~** to be the death of sb; **jdn in Schwierigkeiten ~** to put [*or* get] sb into a difficult position; ***das bringt dich noch in Teufels Küche!*** you'll get into [*or* be in] a hell of a mess if you do that! *fam;* **jdn zur Verzweiflung/Weißglut ~** to make sb desperate/livid; **jdn zum Nervenzusammenbruch ~** to give sb a nervous breakdown
⓬ (*rauben*) ■**jdn um etw ~** to rob sb of sth; **jdn um den Verstand ~** to drive sb mad; ***das Baby bringt die Eltern um den Schlaf*** the baby is causing the parents sleepless nights
⓭ (*lenken*) **die Diskussion/das Gespräch auf jdn/etw ~** to bring the discussion/conversation round to sb/sth
⓮ (*ein~*) ■[**jdm**] **etw ~** to bring in sth [for sb]; ***das bringt nicht viel Geld*** that won't bring [us] in much money; (*er~*) to produce, to yield
⓯ (*fam: bekommen*) ***ob wir den Schrank noch weiter an die Wand ~?*** I wonder whether we can get the cupboard closer to the wall?; ***ich bringe die Füße einfach nicht in diese Stiefel!*** I simply can't get my feet in these boots!; ***alleine bringe ich die schwere Vase nicht von der Stelle*** I can't move this heavy vase alone; ***bringst du den Korken aus der Flasche?*** can you get the cork out of the bottle?
⓰ (*bewegen*) ■**jdn dazu ~, etw zu tun** [*o* **dass jd etw tut**] to get sb to do sth; ***er fährt nicht gerne in kalte Länder, du bringst ihn nie dazu mitzukommen*** he doesn't like going to cold countries, you'll never get him to come along!
⓱ *mit substantiviertem Verb* (*bewerkstelligen*) **jdn zum Laufen/Singen/Sprechen ~** to make sb run/sing/talk; **jdn zum Schweigen ~** to silence sb; **etw zum Brennen/Laufen ~** to get sth to burn/work; **etw zum Stehen ~** to bring sth to a stop; **jdn so weit** [*o* **dahin** [*o* **dazu**]] **bringen, dass ...** to force sb to ...; ***mit seinen ständigen Mäkeleien bringt er mich noch dahin, dass ich kündige*** his incessant carping will make me hand in my notice [one day]; ***du wirst es noch so weit ~, dass man dich rauswirft!*** you'll make them throw you out; **jdn außer sich** *akk* **~** to exasperate sb
⓲ (*fam: erreichen*) **es auf ein gutes Alter ~** to reach a ripe old age; ***der Motor brachte es auf 500.000 km*** the engine kept going for 500,000 km;

er brachte es in der Prüfung auf 70 Punkte he got 70 points in the exam; ***der Wagen bringt es auf 290 km/h*** this car can do 290 kph
⑲ (*erfolgreich werden*) **es zum Millionär/Firmenleiter** ~ to become a millionaire, to become [*or* make it to] company director; **es zum Präsidenten** ~ to become [*or* make] president; ■**es zu etwas/nichts** ~ to get somewhere/nowhere
⑳ (*fam: leisten*) ***für das Gehalt muss einer aber schon ganz schön was [an Leistung] ~!*** you really have to perform to get this salary!; ***wer hier zu wenig bringt, fliegt!*** if you're not up to form, you're out!; ***was bringt der Wagen denn so an PS?*** what's the top HP of this car?
㉑ (*sl: machen*) **einen Klops** ~ NORDD to put one's foot in it *fam;* **einen Hammer** ~ (*fam*) to drop a bombshell *fam;* ***das kannst du doch nicht ~!*** you can't [go and] do that!
㉒ (*sl: gut sein*) ***sie/es bringt's*** she's/it's got what it takes; ***meinst du, ich bring's?*** do you think I can do it?; ***das bringt er nicht*** he's not up to it; ***na, bringt dein Mann es noch [im Bett]?*** well, can your husband keep it up [in bed]? *fam;* ***der Motor bringt's nicht mehr!*** the engine's had it [*or* done for] *fam;* ***die alte Kiste wird es noch für 'ne Weile ~*** there's still some life left in the old crate *fam;* **das bringt nichts** (*fam*) it's pointless; **das bringt's nicht** (*fam*) that's useless

Bringschuld *f* ① JUR *obligation which the debtor has to perform at the creditor's place of business or residence*
② (*moralische Verpflichtung*) moral obligation

Briocheform [bri'ɔʃ-] *f* brioche tin

brisant *adj* ① (*geh*) explosive
② (*explosiv*) explosive, high-explosive *attr;* **~er Sprengstoff** high explosive

Brisanz <-, -en> *f* ① (*geh*) explosive nature
② (*Explosivität*) explosive power, brisance *spec*

Brise <-, -n> *f* breeze; **eine frische/leichte/steife** ~ a fresh/light/stiff breeze

Bristolkarton *m* Bristol [*or* ivory] board

Britannien <-s> [-niən] *nt* HIST Britannia; (*Großbritannien*) Britain; *s. a.* **Deutschland**

britannisch *adj* HIST Britannic

Brite, Britin <-n, -n> *m, f* Briton, Brit *fam;* ***wir sind ~n*** we're British; *s. a.* **Deutsche(r)**

britisch *adj* British, Brit *attr fam; s. a.* **deutsch**

bröckelig *adj* ① (*zerbröckelnd*) crumbling *attr;* ~ **werden** to [start to] crumble
② (*leicht bröckelnd*) crumbly

Bröckelkohl *m* DIAL *s.* **broccoli**

bröckeln *vi* ① *haben* (*in kleine Brocken zerfallen*) to crumble; *s. a.* **zerbröckeln**
② *sein* (*in kleinen Brocken abfallen*) ■**von/aus etw** *dat* ~ to crumble [away] from [*or* out of] sth

Brocken <-s, -> *m* ① (*Bruchstück*) chunk; **jdm ~** *pl* **an den Kopf werfen** (*fam: jdn beschimpfen*) to fling [*or* hurl] insults at sb; **ein harter** [*o* **dicker**] ~ [**für jdn**] **sein** (*fam*) to be a tough nut [for sb]; ***das ist ein harter*** ~ that's a toughie *fam*
② *pl* **ein paar ~ Russisch** a smattering of Russian; ***ich habe nur ein paar ~ vom Gespräch aufgeschnappt*** I only caught a few words of the conversation
③ (*fam: massiger Mensch*) hefty bloke [*or* AM guy] *fam;* ***das Baby ist ein ganz schöner*** ~ the baby is a right little dumpling *fam*

brockenweise *adv* bit by bit

brodeln *vi* ① (*aufwallen*) to bubble; (*von Lava a.*) to seethe
② (*liter: wallen*) to swirl

Brodem <-s, -> *m kein pl* (*liter*) noxious vapour [*or* AM -or]; (*aus dem Boden a.*) miasma *no pl, no indef art*

Broiler <-s, -> *m* fried chicken

Brokat <-[e]s, -e> *m* brocade

Broker(in) <-s, -> *m(f)* FIN broker

Brokerdienste *pl* BÖRSE broker services *pl* **Brokerfirma** *f* BÖRSE broking house **Brokergeschäft** *nt* BÖRSE brokerage

Brokkoli *pl* broccoli *no pl, no indef art*

Brokkoliröschen *pl* broccoli florets *pl*

Brom <-s> *nt kein pl* bromine *no pl*

Brombeere *f* ① (*Strauch*) blackberry [*or* bramble[berry]] bush
② (*Frucht*) blackberry, bramble[berry]

Brombeerstrauch *m s.* **Brombeere 1**

bronchial [-'çia:l] *adj* bronchial

Bronchialasthma *nt* bronchial asthma **Bronchialkarzinom** *nt* MED bronchial carcinoma **Bronchialkatarrh** *m* bronchial catarrh, bronchitis

Bronchie <-, -n> [-çiə, *pl* -çiən] *f meist pl* bronchial tube, bronchus *spec*

Bronchitis <-, Bronchitiden> [-çi-] *f* bronchitis *no art*

Bronchoskopie <-, -n> *f* MED bronchoscopy

Brontosaurus <-, Brontosaurier> *m* brontosaur[us]

Bronze <-, -n> ['brõ:sə] *f* ① (*Metall*) bronze
② (*Skulptur aus Bronze*) bronze

bronzefarben *adj* bronze-coloured

Bronzemedaille [-medaljə] *f* bronze medal

bronzen ['brõ:sn] *adj* ① (*aus Bronze 1.*) bronze *attr,* of bronze *pred*
② (*von ~er Farbe*) bronze[-coloured [*or* AM -ored]]

Bronzerelief *nt* KUNST bronze relief **Bronzezeit** *f* ■**die** ~ the Bronze Age

Brosche <-, -n> *f* brooch

broschiert *adj* paperback *attr*

Broschur <-, -en> *f* ① *kein pl* (*Broschieren*) cut flush [*or* paperback] binding
② TYPO (*nicht gebundene Druckschrift*) paperback, brochure; **Schweizer** ~ Swiss brochure

Broschüre <-, -n> *f* brochure

Broschureinband *m* TYPO cut flush binding

Broschüreninhalt *m* TYPO brochure body [*or* content]

Brösel <-s, -> *m* DIAL ① (*Krümel*) crumb
② *pl* breadcrumbs *pl*

brös(e)lig *adj* DIAL crumbly

bröseln *vi* DIAL ① (*bröckeln*) to crumble
② (*zerbröseln*) to make crumbs

Brot <-[e]s, -e> *nt* bread *no pl;* **alt[backen]es** ~ stale bread; **schwarzes** ~ black [*or* rye] bread; ***unser tägliches ~ gib uns heute!*** REL give us this day our daily bread; ***das ist unser täglich[es]*** ~ (*fig*) that's our stock-in-trade; (*Laib*) loaf [of bread]; (*Butterbrot*) slice of bread and butter; **ein ~ mit Honig/Käse** a slice of bread and honey/cheese; **belegtes** ~ open sandwich; **sich** *dat* **sein ~ [als etw] verdienen** to earn one's living [*or hum* daily bread] [as sth]; **ein hartes** [*o* **schweres**] ~ **sein** to be a hard way to earn a living; **wes ~ ich ess', des Lied ich sing'** (*prov*) never quarrel with your bread and butter, he who pays the piper calls the tune *prov; s. a.* **Mensch**

Brotaufstrich *m* [sandwich] spread **Brotbelag** *m* topping, sandwich filling **Brotbeutel** *m* haversack

Brötchen <-s, -> *nt* [bread] roll
► WENDUNGEN: **sich** *dat* **seine ~ verdienen** (*fam*) to earn one's living [*or hum* daily bread]; **kleine[re] ~ backen müssen** (*fam*) to have to set one's sights lower

Brötchengeber *m* (*hum fam*) provider *hum*

Broteinheit *f* MED carbohydrate unit **Broterwerb** *m* [way of earning one's] living **Brotfrucht** *f* BOT, KOCHK breadfruit **Brotfruchtbaum** *m* breadfruit [tree] **Brotkasten** *m* bread bin **Brotknörzel** *m* SÜDD [bread] crust **Brotkorb** *m* bread basket; **jdm den ~ höher hängen** (*fig fam*) to keep sb short BRIT, to put the squeeze on sb AM **Brotkrume** *f* breadcrumb **Brotkrümel** *m* breadcrumb **Brotkruste** *f s.* **Brotrinde brotlos** *adj* out of work *pred,* unemployed; **jdn ~ machen** to put sb out of work; *s. a.* **Kunst Brotmaschine** *f* bread slicer **Brotmesser** *nt* bread knife **Brotrinde** *f* [bread] crust **Brotröster** <-s, -> *m s.* **Toaster Brotschneidemaschine** *f* bread slicer **Brotschnitte** *f* slice of bread **Brotschrift** *f* body type, bread-and-butter face **Brotsuppe** *f* bread soup **Brotteig** *m* [bread] dough *no pl* **Brotteller** *m* side plate **Brotvermehrung** *f* **die wunderbare** ~ REL the feeding of the five thousand

Brotzeit *f* DIAL ① (*Pause*) tea break; ~ **machen** to have a tea break ② (*Essen*) snack, sandwiches *pl*

browsen ['braʊzən] *vi* INFORM (*im Internet suchen*) to browse

Browser <-s, -> ['braʊzə] *m* INET, INFORM browser

brr *interj* ① (*Befehl an Zugtiere*) whoa
② (*Ausruf bei Kälte*) brr

Bruch[1] <-[e]s, Brüche> *m* ① (*das Brechen*) ***die Kutsche blieb wegen des ~s einer Achse liegen*** the coach stopped because of a broken axle; (*in Damm, Staudamm*) breach
② (*das Brechen*) violation, infringement; ~ **eines Eides** violation of an [*or* breach of] oath; ~ **des Gesetzes** violation [*or* breach] of the law; ~ **eines Vertrags** infringement [*or* violation] of a contract, breach of contract; ~ **des Vertrauens** breach of trust
③ (*von Beziehung, Partnern*) rift; ***es kam zum ~ zwischen ihnen*** a rift developed between them; ~ **mit Tradition/der Vergangenheit** break with tradition/the past; **in die Brüche gehen** to break up, to go to pieces; ***unsere Freundschaft ging in die Brüche*** our friendship went to pot *fam*
④ MED (*Knochenbruch*) fracture; **ein komplizierter** ~ a compound fracture; (*Eingeweidebruch*) hernia, rupture; **ein eingeklemmter** ~ an incarcerated [*or* strangulated] hernia *spec;* **einen ~ haben** to have [got] a hernia, to have ruptured oneself; **sich** *dat* **einen ~ heben** to give oneself a hernia, to rupture oneself
⑤ MATH fraction
⑥ (*zerbrochene Ware*) breakage; **zu ~ gehen** to get broken
⑦ (*sl: Einbruch*) break-in; ***der Ganove wurde beim ~ gefasst*** the crook was caught breaking in; **einen ~ machen** (*sl*) to do a break-in, AM *a.* to bust a joint *sl*
⑧ TYPO (*Falz*) fold

Bruch[2] <-[e]s, Brüche> *m o nt* bog, marsh

Bruchband *m* MED truss, surgical belt **Bruchbude** *f* (*pej fam*) dump *pej fam,* hole *pej fam* **bruchfest** *adj inv* unbreakable **Bruchfläche** *f* surface of the break **Bruchhefe** *f* flocculating yeast

brüchig *adj* ① (*bröckelig*) friable; **~es Leder** cracked [*or* brittle] leather; **~e Nägel** brittle nails; **~er Papyrus/~es Pergament** brittle papyrus/parchment
② (*von Stimme: rau*) cracked, hoarse
③ (*ungefestigt*) fragile, shaky

Bruchlandung *f* crash-landing; **eine ~ machen** to crash-land, to make a crash-landing **Bruchpresse** *f* curd press **Bruchrechnen** *nt* fractions *pl* **Bruchrechnung** *f* MATH ① (*Aufgabe mit Brüchen*) sum with fractions ② *s.* **Bruchrechnen Bruchreis** *m* broken rice **Bruchschaden** *m* FIN breakage; **gegen Bruch- und Transportschäden versichert sein** to be insured against breakage and damage in transit **Bruchschadenversicherung** *f* FIN insurance against breakage **Bruchschokolade** *f* broken chocolate **bruchsicher** *adj inv* unbreakable **Bruchstelle** *f* break; (*von Knochen a.*) fracture **Bruchstrich** *m* MATH fraction line **Bruchstück** *nt* ① (*abgebrochenes Stück*) fragment ② (*von Lied, Rede etc: schriftlich*) fragment; (*mündlich*) snatch **bruchstückhaft I.** *adj* fragmentary **II.** *adv* in fragments; (*mündlich*) in snatches; ***ich kann mich nur noch ~ daran erinnern*** I can only remember parts of it **Bruchtee** *m* broken tea

Bruchteil *m* fraction; ***ein gebrauchtes Auto kostet nur einen ~ eines neuen*** a second-hand car is only a fraction of the cost of a new one; **im ~ eines Augenblicks/einer Sekunde** in the blink of an eye/in a split second **Bruchteilseigentum** *nt* JUR fractional ownership **Bruchteilseigentümer(in)** *m(f)* JUR owner of a fractional share **Bruchteilsgemeinschaft** *f* JUR community of part-owners

Bruchzahl *f* MATH fraction

Brücke <-, -n> *f* ① (*Bauwerk*) bridge; **jdm gol-**

dene ~n/eine goldene ~ bauen (*fig*) to smooth the way for sb; **alle ~n hinter sich** *dat* **abbrechen** (*fig*) to burn [all] one's bridges [*or* boats] behind one; **eine ~ über etw** *akk* **schlagen** (*liter*) to build [*or* lay] [*or* throw] a bridge across sth; **eine ~ [zwischen Völkern/Nationen] schlagen** (*fig*) to forge links [between peoples/nations]
❷ NAUT [captain's] bridge
❸ (*Zahnbrücke*) [dental] bridge
❹ (*Teppich*) rug, runner
❺ SPORT bridge

Brückenbau <-bauten> *m* ❶ *kein pl* (*die Errichtung einer Brücke*) bridge-building *no art* ❷ (*Brücke*) bridge **Brückenbogen** *m* arch [of a/the bridge] **Brückenechse** *f* ZOOL (*Sphenodon punctatus*) tuatara **Brückengebühr** *f* [bridge] toll **Brückengeländer** *nt* parapet **Brückenkopf** *m* MIL bridgehead; **einen ~ bilden** [*o* **errichten**] (*fig*) to form a bridgehead, to get a toehold **Brückenpfeiler** *m* [bridge] pier **Brückenrampe** *f* approach to a bridge **Brückenschlag** *m kein pl* bridging *no art; **das war der erste ~*** that forged the first link **Brückenspringen** *nt* bridge-jumping *no art* **Brückentag** *m extra day off to bridge single working day between a bank holiday and the weekend* **Brückenträger** *m* bridge girder **Brückenzufahrt** *f* approach to a bridge

Bruder <-s, Brüder> *m* ❶ (*Verwandter*) brother; ■**die Brüder Schmitz/Grimm** the Schmitz brothers/the Brothers Grimm; **der große ~** (*fig*) Big Brother; **unter Brüdern** (*fam*) between friends
❷ (*Mönch*) brother; **~ Cadfael** Brother Cadfael; (*Gemeindemitglieder*) ■**Brüder** brothers, brethren
❸ (*pej fam: Kerl*) bloke BRIT *fam*, guy AM *fam;* **ein warmer ~** (*pej*) a fairy [*or* queer] [*or* BRIT *a.* poof[ta]] *pej;* **ein zwielichtiger ~** a shady character [*or* customer]

Brüderchen <-s, -> *nt* ❶ (*kleiner Bruder*) little [*or* baby] brother
❷ (*veraltet: als Anrede*) friend

Bruderherz *nt* (*hum*) dear [*or* beloved] brother; ***na ~?*** well, dear brother [*or* brother dear?] **Bruderkrieg** *m* war between brothers, fratricidal war **Bruderkuss**[RR] *m* fraternal [*or* brotherly] kiss **Bruderland** *nt* brother [*or* sister] nation

Brüderlein <-s, -> *nt* (*liter*) *s.* **Brüderchen**

brüderlich I. *adj* fraternal, brotherly
II. *adv* like brothers; **~ teilen** to share and share alike

Brüderlichkeit <-> *f kein pl* fraternity, brotherliness

Bruderliebe *f* brotherly [*or* fraternal] love **Brudermord** *m* fratricide **Brudermörder(in)** *m(f)* fratricide **Bruderpartei** *f* brother party

Bruderschaft <-, -en> *f* REL fraternity, brotherhood

Brüderschaft <-, -en> *f* intimate [*or* close] friendship; **mit jdm ~ schließen** to make close friends with sb; **mit jdm ~ trinken** to agree to use the familiar "du" [over a drink]

Brudervolk *nt* sister people; ***unser ~ in Kuba*** our Cuban brothers [*or* cousins] *pl* **Bruderzwist** *m* fraternal feud [*or* strife]

Brügge <-s> *nt* Bruges

Brühe <-, -n> *f* ❶ (*Suppe*) [clear] soup, broth
❷ (*fam: Flüssigkeit*) **schmutzige ~** sludge, slop; (*Schweiß*) sweat
❸ (*pej fam: Getränk*) slop *pej*, swill *pej*

brühen *vt* (*auf~*) **[jdm/sich] einen Kaffee/Tee ~** to make coffee/tea [for sb/oneself], to make [sb/oneself] a coffee/tea

Brühkartoffeln *pl* DIAL bouillon potatoes *pl* **Brühsieb** *nt s.* **Küchensieb** **brühwarm** I. *adj* (*fam*) **~e Neuigkeiten** [*o* **Nachrichten**] *pl* hot news + *sing vb* II. *adv* (*fam: alsbald*) **etw ~ weitererzählen** to immediately start spreading sth around **Brühwürfel** *m* stock [*or* bouillon] cube **Brühwurst** *f* sausage for boiling

Brüllaffe *m* ❶ (*Tier*) howling [*or* howler] monkey
❷ (*pej fam: Schreihals*) loudmouth *pej fam*

brüllen I. *vi* ❶ (*schreien*) to roar, to bellow, to howl; (*weinen*) to bawl; ***brüll doch nicht so!*** don't shout like that!; **vor Lachen/Schmerzen/Wut ~** to roar [*or* bellow] [*or* howl] with laughter/pain/rage; ***du siehst ja zum B~ aus*** (*fam*) you don't half look a sight *fam*
❷ (*von Löwe*) to roar; (*von Stier*) to bellow; (*von Affe*) to howl
II. *vt* ■**jdm etw ins Ohr/Gesicht ~** to shout [*or* bellow] [*or* bawl] sth in sb's ear/face; ***Sie brauchen mir das nicht ins Ohr zu ~!*** you don't need to shout [it] in my ear!

Brummbär *m* (*fam*) ❶ (*kindersprache: Bär*) teddy bear ❷ (*brummiger Mann*) crosspatch *fam*, grouch *fam* **Brummbass**[RR] *m* (*fam*) deep [*or* rumbling] bass

brummeln I. *vi* (*fam*) to mumble
II. *vt* (*fam*) ■**etw ~** to mumble sth

brummen I. *vi* ❶ (*von Insekt, Klingel*) to buzz; (*von Bär*) to growl; (*von Wagen, Motor*) to drone; (*von Bass*) to rumble; (*von Kreisel*) to hum
❷ (*beim Singen*) to drone
❸ (*fam: in Haft sein*) to be doing time *fam;* **drei Jahre ~** to be doing three years *fam*
❹ (*murren*) to grumble
II. *vt* ■**etw ~** to mumble sth

Brummer <-s, -> *m* (*fam*) ❶ (*Insekt*) *Fliege* bluebottle; *Hummel* bumble-bee
❷ (*Lastwagen*) juggernaut

Brummi <-s, -s> *m* (*fam*) lorry BRIT, truck AM

brummig *adj* (*fam*) grouchy *fam;* **ein ~er Kerl** a grouch *fam*

Brummkreisel *m* (*fam*) humming top **Brummschädel** *m* (*fam*) headache; (*durch Alkohol a.*) hangover, thick head; **einen ~ haben** to be hung over, to have [got] a hangover

Brunch <-[e]s, -[e]s *o* -e> [brʌntʃ] *nt* brunch

brunchen [brʌntʃən] *vi* to brunch

Brunei Darussalam <-s> *nt*, **Brunei** <-s> *nt* ÖSTERR, SCHWEIZ Brunei; *s. a.* **Deutschland**

Bruneier(in) <-s, -> *m(f)* Bruneian; *s. a.* **Deutsche(r)**

bruneiisch *adj* Bruneian; *s. a.* **deutsch**

brünett *adj* brunet[te], dark[-haired]; ***sie ist ~*** she is [a] brunette

Brünette(r) *f dekl wie adj* brunet[te]

Brunft <-, Brünfte> *f* (*~zeit*) rutting season; **in der ~ sein** to be rutting, to be on [*or* AM in] heat

brunftig *adj* rutting

Brunftplatz *m* rutting ground **Brunftschrei** *m* rutting [*or* mating] call **Brunftzeit** *f* rut[ting season]

Brunnen <-s, -> *m* ❶ (*Wasserbrunnen*) well; **einen ~ bohren** to sink [*or* bore] a well; **artesischer ~** artesian well
❷ (*ummauertes Wasserbecken*) fountain, fount *liter*
► WENDUNGEN: **den ~ erst zudecken, wenn das Kind hineingefallen ist** (*prov*) to lock the stable door after the horse has bolted *prov*

Brunnenbauer(in) <-s, -> *m(f)* well-digger **Brunnenbecken** *nt* basin [of a fountain] **Brunnenfigur** *f* sculpture [*or* figure] on a fountain **Brunnenhaus** *nt* well house, pump room **Brunnenkresse** *f* watercress **Brunnenkur** *f* mineral water treatment *no indef art* **Brunnenschacht** *m* well shaft **Brunnenvergifter(in)** <-s, -> *m(f)* (*pej*) [political] muckraker *pej* **Brunnenvergiftung** *f* ❶ (*Wasservergiftung*) well poisoning ❷ (*pej*) [political] muckraking *pej* **Brunnenwasser** *nt* well water

Brünnlein <-s, -> *nt* (*poet*) *dim von* **Brunnen**

Brunst <-, Brünste> *f s.* **Brunft**

brünstig *adj* ❶ (*von männlichem Tier*) rutting; (*von weiblichem Tier*) on [*or* AM in] heat *pred*
❷ (*hum: sexuell begierig*) horny

Brunstschrei *m s.* **Brunftschrei** **Brunstzeit** *f s.* **Brunftzeit**

brüsk *adj* brusque

brüskieren* *vt* ■**jdn ~** to snub sb

Brüskierung <-, -en> *f* ❶ *kein pl* (*das Brüskieren*) snub
❷ (*barscher Akt*) rebuff

Brüssel <-s> *nt* Brussels

Brüsseler *adj* Brussels; **der ~ Bürgermeister** the Mayor of Brussels; **~ Spitzen** Brussels lace *no pl, no art*

Brüsseler(in) <-s, -> *m(f)* inhabitant of Brussels; ***sind Sie etwa ~?*** do you come from Brussels?

Brust <-, Brüste> *f* ❶ (*Brustkasten*) chest; **~ [he]raus!** chest out!; **es auf der ~ haben** (*fam*) to have chest trouble; **schwach auf der ~ sein** (*hum fam: eine schlechte Kondition haben*) to have a weak chest; (*an Geldmangel leiden*) to be a bit short *fam;* **sich** *dat* **an die ~ schlagen** (*fig*) to beat one's breast; **sich** *akk* **an jds ~ ausweinen** to cry on sb's shoulder; **~ an ~** face to face
❷ (*weibliche ~*) breast; **eine flache ~** a flat chest; **einem Kind die ~ geben, ein Kind an die ~ legen** to nurse [*or* breast-feed] a baby
❸ KOCHK breast; (*von Rind*) brisket
❹ SPORT (*sl*) breast-stroke
► WENDUNGEN: **einen zur ~ nehmen** to have a quick drink [*or fam* quickie]; **[sich** *dat*] **jdn zur ~ nehmen** (*fam*) to take sb to task; ***die werde ich mir zur ~ nehmen!*** just wait till I get my hands on her!; **sich** *akk* **[vor jdm] in die ~ werfen** to puff oneself up [in front of sb]

Brustbein *nt* ANAT breastbone, sternum **Brustbeutel** *m* money bag [worn round the neck] **Brustbild** *nt* KUNST head-and-shoulders [*or* half-length] portrait; FOTO head-and-shoulders [*or* half-length] photo **Brustdrüse** *f* mammary gland

brüsten *vr* ■**sich** *akk* **[mit etw** *dat*] **~** to boast [*or* brag] [about sth]; ***das ist nichts, womit Sie sich ~ könnten!*** that's nothing to boast about!

Brustentzündung *f* MED inflammation of the breast, mastitis *spec*

Brustfell *nt* ANAT pleura **Brustfellentzündung** *f* pleurisy, pleuritis **Brustflosse** *f* pectoral fin **Brustgegend** *f* thoracic region **Brusthöhe** *f* **in ~** chest-high **Brusthöhle** *f* chest cavity **Brustkasten** *m* (*fam*) chest **Brustknoten** *m* MED lump in the/a breast, breast lump **Brustkorb** *m* ANAT chest, thorax *spec* **Brustkrebs** *m* breast cancer, mastocarcinoma *spec* **Brustmuskel** *m* pectoral muscle **Brustoperation** *f* breast operation **Brustplastik** *f* MED plastic surgery for the breast **Brustprothese** *f* breast implant **Brustschmerz** *m* pain in the chest, chest pain[s] **Brustschwimmen** *nt* breast-stroke **Brustschwimmer(in)** *m(f)* breast-stroke swimmer **Bruststpitz(e)** *m*, **Brustkern** *m* KOCHK ÖSTERR (*vom Rind*) top flank **Bruststimme** *f* chest voice **Bruststück** *nt* KOCHK breast; (*von Rind*) brisket **Brusttasche** *f* breast pocket; **innere ~** inside [breast] pocket **Brustton** <-töne> *m* chest note; **im ~ der Überzeugung** in a tone of utter [*or* with the greatest] conviction **Brustumfang** *m* chest measurement; (*von Frau*) bust measurement; ***darf ich mal Ihren ~ nehmen?*** may I take your chest [*or* bust] measurement?

Brüstung <-, -en> *f* ❶ (*Balkonbrüstung etc*) parapet, balustrade
❷ (*Fensterbrüstung*) breast

Brüstungswand *f* BAU breast wall

Brustwarze *f* nipple **Brustwehr** *f* ❶ MIL breastwork ❷ HIST parapet **Brustweite** *f s.* **Brustumfang** **Brustwirbel** *m* thoracic [*or* dorsal] vertebra

Brut <-, -en> *f* ❶ *kein pl* (*das Brüten*) brooding *no pl*
❷ (*die Jungen*) brood; (*von Hühnern*) clutch; (*von Bienen*) nest
❸ *kein pl* (*pej: Gesindel*) mob *pej*, pack *pej*

brutal I. *adj* ❶ (*roh*) brutal; **ein ~er Kerl** a brute
❷ (*fam: besonders groß, stark*) bastard *attr sl;* **~e Kopfschmerzen haben** (*fam*) to have a throbbing [*or* BRIT *sl a.* bastard] headache; **ein ~er Fehler** a big mistake *a. iron;* **eine ~e Niederlage** a crushing defeat; **~e Ungerechtigkeit** gross injustice; ***das ist ja ~!*** what a bastard! *sl*
II. *adv* ❶ (*roh*) brutally
❷ (*ohne Rücksicht*) *sagen, zeigen* brutally; **jdm etw ganz ~ sagen** to be brutally [*or* cruelly] frank

with sb
❸ (*fam: sehr*) **das tut ~ weh** it hurts like hell [*or* buggery] *fam;* **~ wenig verdienen** to be earning peanuts *fam* [*or sl* chickenshit]; ***das war ~ knapp/gut!*** that was damned close/good! *fam;* **~ viel[e]** a hell of a lot *fam;* ***der weiß echt ~ wenig*** he knows damn all *fam,* he don't know shit *hum sl*
brutalisieren* *vt* ■**jdn ~** to brutalize sb
Brutalisierung <-> *f kein pl* brutalization
Brutalität <-, -en> *f* ❶ *kein pl* (*Rohheit*) brutality ❷ *kein pl* (*Schonungslosigkeit*) brutality, cruelty ❸ (*Gewalttat*) brutal act; ■**~en** brutalities, brutal acts
Brutapparat *m* incubator
brüten *vi* ❶ (*über den Eiern sitzen*) to brood; (*von Hühnern a.*) to sit
❷ (*lasten*) ■**[über etw *dat*] ~** to hang heavily [over sth]; **~d heiß** (*fam*) boiling [hot] *fam*
❸ (*grübeln*) ■**[über etw *dat*] ~** to brood [over sth]; *s. a.* **Hitze 1**
brütendheiß *adj attr s.* **brüten 2**
Brüter <-s, -> *m* NUKL [nuclear] breeder; **schneller ~** fast breeder
Bruthitze *f* (*fam*) stifling heat **Brutkasten** *m* MED incubator; ***hier ist es so heiß/hier herrscht eine Hitze wie in einem ~!*** (*fam*) it's like an oven in here **Brutknospe** *f* BOT bulbil **Brutkolonie** *f* ZOOL nesting colony **Brutpflege** *f* care of the brood; **~ betreiben** to care for the brood **Brutplatz** *m* breeding place; (*von Hühnern*) hatchery **Brutreaktor** *m* [nuclear] breeder **Brutstätte** *f* ❶ (*Nistplatz*) breeding ground (+*gen* for) ❷ (*geh: Herd*) breeding ground (+*gen* for), hotbed (+*gen* of) **Brutstoff** *m* NUKL high-temperature reactor's self-generated fuel
brutto *adv* [in the] gross; **3800 DM ~ verdienen** to have a gross income of 3800 DM; **~ 1450 Mark** 1450 marks gross
Bruttoaufschlag *m* ÖKON gross markup **Bruttobeitrag** *m* ÖKON gross contribution **Bruttoeinkommen** *nt* gross [*or* before-tax] income [*or npl* earnings] **Bruttoeinnahmen** *pl* ÖKON gross receipts **Bruttoergebnis** *nt* ÖKON gross operating result **Bruttofinanzierung** *f* ÖKON gross financing **Bruttogehalt** *nt* gross salary [*or* pay] **Bruttogewicht** *nt* gross weight **Bruttogewinn** *m* gross profit **Bruttoinlandsprodukt** *nt* gross domestic product, GDP **Bruttoladefähigkeit** *f* deadweight cargo **Bruttolohn** *m* gross wage [*or* pay] **Bruttomarge** *f* ÖKON gross margin **Bruttomonatseinkommen** *nt* gross monthly income **Bruttomonatsentgeld** *nt* gross monthly remuneration **Bruttonießbrauch** *m* JUR gross usufruct **Bruttopreis** *m* gross price **Bruttoproduktionswert** *m* ÖKON gross output value **Bruttoraumzahl** *f* gross tonnage **Bruttoregistertonne** *f* register [*or form* gross registered] ton **Bruttosatz** *m* ÖKON gross rate **Bruttosozialprodukt** *nt* gross national product, GNP **Bruttoumsatz** *m* ÖKON gross sales *pl* [*or* turnover] **Bruttoumsatzerlös** *m* ÖKON yields *pl* on gross sales **Bruttoverdienst** *m* ÖKON gross income **Bruttoverdienstspanne** *f* ÖKON gross merchandising margin **Bruttowert** *m* ÖKON gross value **Bruttowertschöpfung** *f* ÖKON gross product, gross value added **Bruttozuwachs** *m* gross increase
brutzeln I. *vi* (*braten*) ■**[in etw *dat*] ~** to sizzle [away] [in sth]
II. *vt* ■**[sich *dat*] etw ~** to fry [oneself] sth
BSE *f* MED *Abk von* **bovine spongiforme Enzephalopathie** BSE
BSP *nt Akr von* **Bruttosozialprodukt** GNP
Btx *Abk von* **Bildschirmtext** Vtx
Bub <-en, -en> *m* SÜDD, ÖSTERR, SCHWEIZ boy, lad, BRIT *a.* cock
Bubble-Jet-Drucker ['bʌblʤet-] *m* INFORM bubble-jet printer **Bubble-Jet-Karte** ['bʌblʤet-] *f* INFORM bubble board [*or* card]
Bube <-n, -n> *m* (*Spielkarte*) jack, knave
Bubenstreich *m* childish prank **Bubenstück** *nt* (*veraltend*) knavish trick *dated*
Büberei *f* (*veraltend*) knavish trick *dated*
Bubikopf *m* bob, bobbed hair *no pl, no indef art;* **sich *dat* einen ~ schneiden lassen** to have [*or* get] one's hair bobbed [*or* cut in a bob]
Buch <-[e]s, Bücher> *nt* ❶ (*Band*) book; **ein schlaues ~** (*fam*) a clever book; **über den Büchern sitzen** to pore [*or* sit] over one's books; **ein ~ mit sieben Siegeln** (*fig*) a closed book; **das Goldene ~ [der Stadt]** distinguished visitors' book; ***du bist für mich ein offenes ~*** I can read you like a book; ***du redest wie ein ~*** (*fam*) you never stop talking; **ein [richtiger] Gentleman, wie er im ~e steht** the very model of a gentleman
❷ *meist pl* ÖKON (*Geschäftsbuch*) books *pl,* accounts *pl;* **die Bücher fälschen** to cook the books *fam;* **[jdm] die Bücher führen** to keep sb's accounts [*or* books]; **über etw *akk* ~ führen** to keep a record of sth; **über die Bücher gehen** SCHWEIZ to balance the books; **[mit etw *dat*] [sehr] zu ~[e] schlagen** to make a [great] difference [with sth]; ***das schlägt mit 4500 DM zu ~e*** that gives you 4500 DM
❸ REL (*Schrift*) Book; **die Bücher Mose** the Pentateuch; **das erste/zweite/dritte/vierte/fünfte ~ Mose** Genesis/Exodus/Leviticus/Numbers/Deuteronomy; **das ~ der Bücher** (*geh*) the Book of Books
Buchabschluss^RR *m* FIN closing [*or* balancing] the books **Buchaushänger** *m* TYPO drop-[*or* hang-]out **Buchausstattung** *f* TYPO book design **Buchauszug** *m* FIN statement of account **Buchbesprechung** *f* book review **Buchbinden** <-s> *nt kein pl* bookbinding **Buchbinder(in)** <-s, -> *m(f)* bookbinder **Buchbinderei** <-, -en> *f* ❶ (*Betrieb eines Buchbinders*) bookbindery ❷ *kein pl* (*das Buchbinden*) ■**die ~** bookbinding *no pl* **Buchbindergaze** *f* bookbinding gauze **Buchbinderin** <-, -nen> *f fem form von* **Buchbinder** **Buchblock** <-blöcke> *m* inner book **Buchdecke** *f* TYPO book case **Buchdeckel** *m* book cover, cover board **Buchdruck** *m kein pl* letterpress printing *no art* **Buchdrucker(in)** *m(f)* [letterpress] printer **Buchdruckerei** *f* ❶ (*Betrieb eines Buchdruckers*) printing works *npl* ❷ *kein pl* (*das Buchdrucken*) ■**die ~** printing **Buchdruckerin** *f fem form von* **Buchdrucker** **Buchdruckerkunst** *f* art of printing
Buche <-, -n> *f* ❶ (*Baum*) beech [tree]
❷ (*Holz*) beech [wood]
Buchecker <-, -n> *f* beechnut
Bucheinsicht, Büchereinsicht *f* FIN inspection of books of account
buchen *vt* ❶ (*vorbestellen*) **etw [bei einem Reisebüro] ~** to book [*or* reserve] sth [at a travel agent]
❷ ÖKON (*ver~*) ■**etw [als etw *akk*] ~** to enter sth [as sth]
❸ (*registrieren*) ■**etw ~** to register sth
❹ (*fam: sich zurechnen*) ■**etw als Erfolg/Sieg ~** to mark [*or fam* chalk] up a success/victory [for oneself]
Buchenholz *nt* beech[wood]
Bücher *pl* FIN [account] books, books and records
Bücherbord <-e> *nt,* **Bücherbrett** *nt* bookshelf **Bücherbus** *m* mobile library, library van **Bücherdienst** *m* book service
Bücherei <-, -en> *f* [lending] library
Bücherfreund(in) *m(f)* book-lover, bibliophile **Büchernarr, -närrin** *m, f* book-fan, bookworm **Bücherregal** *nt* bookshelf; **im ~** on the bookshelf **Bücherschaft** *m* SCHWEIZ (*Bücherregal*) bookshelf; (*Bücherschrank*) bookcase **Bücherschrank** *m* bookcase **Büchersendung** *f* ❶ (*Paket mit Büchern*) consignment of books ❷ (*Versendungsart*) book post *no indef art* **Bücherverbrennung** *f* burning of books **Bücherwand** *f* wall of bookshelves **Bücherweisheit** *f* (*pej*) book-learning **Bücherwurm** *m* (*hum*) bookworm **Buchfadenheftmaschine** *f* book-sewing machine **Buchfertigungsstraße** *f* book flow line
Buchfink *m* chaffinch
Buchforderung *f* FIN account receivable, outstanding account **Buchform** *f* **in ~** in book form **Buchformat** *nt* book format [*or* size]
Buchführung *f* bookkeeping *no pl,* accounting *no pl;* **einfache/doppelte ~** single-/double-entry bookkeeping **Buchführungsmängel** *pl* FIN accounting deficiencies **Buchführungspflicht** *f* FIN bookkeeping duty **Buchführungsvorschriften** *pl* bookkeeping rules; **handelsrechtliche ~** commercial accounting standards
Buchgeld *nt* FIN bank deposit money, money in account **Buchgemeinschaft** *f* book club **Buchgewinn** *m* FIN book profit **Buchgrundschuld** *f* JUR registered land charge **Buchhalter(in)** *m(f)* bookkeeper, accountant **buchhalterisch** *adj* bookkeeping *attr* **Buchhalterseele** *f* (*pej*) pernickety [*or* fussy] git BRIT **Buchhaltung** *f* ❶ (*Rechnungsabteilung*) accounts [*or* bookkeeping] department ❷ *s.* **Buchführung** **Buchhaltungsbeleg** *m* FIN [bookkeeping] voucher **Buchhaltungsunterlagen** *pl* FIN accounts, bookkeeping records **Buchhandel** *m* book trade; **im ~ erhältlich** available [*or* on sale] in bookshops **Buchhändler(in)** *m(f)* bookseller **buchhändlerisch** I. *adj* bookseller's *attr;* **eine ~e Ausbildung haben** to be a trained bookseller II. *adv* **sich *akk* ~ betätigen/~ tätig sein** to be [*or* work as] a bookseller **Buchhandlung** *f* bookshop **Buchherstellung** *f* book production **Buchhülle** *f* dust cover [*or* jacket] **Buchhypothek** *f* FIN uncertificated mortgage **Buchklub** *m* book club **Buchladen** *m* bookshop
Büchlein <-s, -> *nt dim von* **Buch** little book, booklet
Buchmacher(in) *m(f)* bookmaker, bookie *fam*
Buchmalerei *f* ❶ *kein pl* (*Kunsthandwerk*) ■**die ~** [book] illumination ❷ (*einzelnes Bild*) illumination
Buchmarkt *m* book market
buchmäßig I. *adj* FIN book[keeping] *attr,* accounting *attr* II. *adv* FIN as shown by the books **Buchmesse** *f* book fair **Buchpreis** *m* ❶ (*Kaufpreis*) book price ❷ (*Auszeichnung*) book prize **Buchpreisbindung** *f* net book agreement **Buchprüfer(in)** *m(f)* auditor **Buchprüfung** *f* audit
Buchrücken *m* spine [of a book] **Buchrückenbeleimung** *f* book spine gluing **Buchrückenform** *f* book spine shape
Buchs <-es, -e> *m* BOT box [tree]
Buchsaldo *m* FIN balance
Buchsbaum ['bʊks-] *m* box[-tree]
Buchschulden *f pl* FIN accounts payable
Buchse <-, -n> ['bʊksə] *f* ❶ ELEK jack
❷ TECH bushing
Büchse <-, -n> ['bʏksə] *f* ❶ (*Dose*) tin BRIT, can AM; (*Konservenbüchse*) tin BRIT, can AM
❷ (*Sammelbüchse*) collecting-box
❸ (*Jagdgewehr*) rifle
Büchsenfleisch *nt* tinned [*or* AM canned] meat **Büchsengemüse** *nt* canned [*or* BRIT *a.* tinned] vegetables **Büchsenmacher(in)** *m(f)* gunsmith **Büchsenmilch** *f* evaporated milk *no pl* **Büchsenöffner** *m* can-opener, BRIT *a.* tin-opener
Buchstabe <-n[s], -n> *m* character, letter; **fetter ~** bold character [*or* letter]; **in großen ~n** in capitals, in upper case; **in kleinen ~n** in small letters, in lower case; **in ~n** in words; ***den Betrag bitte in ~n vermerken*** please write the amount out [in words]
▶ WENDUNGEN: **nach dem ~n des Gesetzes** according to the letter of the law; **sich *akk* auf seine vier ~n setzen** (*hum fam*) to sit oneself down; **dem ~n nach** to the letter
buchstabengetreu I. *adj* literal; ***er bestand auf der ~en Einhaltung der Vorschriften*** he insisted that the regulations be followed to the letter II. *adv* **etw ~ befolgen** to follow sth to the letter **Buchstabenkette** *f* INFORM alphabetic string **Buchstabenkombination** *f* combination of letters **Buchstabenrätsel** *nt* anagram puzzle **Buchstabenschloss**^RR *nt* combination lock [using letters] **Buchstabenschrift** *f* alphabetic script **Buchstabenumschaltung** *f* INFORM case change, shift key
buchstabieren* *vt* ■**etw ~** to spell sth
buchstäblich I. *adj* literal; ***bei ~er Auslegung***

des Gesetzes ergäbe sich ein ganz anderer Sinn if one were to interpret the law literally a completely different sense would be revealed
II. *adv* (*geradezu*) literally
Buchstütze *f* bookend
Bucht <-, -en> *f* ❶ (*im Meer*) bay; **die Deutsche** ~ the Heligoland [*or* AM Helgoland] Bight
❷ (*kleiner Koben*) pen
❸ (*Parkbucht*) parking bay
Buchtel <-, -n> *f meist pl* ÖSTERR *a yeast pastry filled with jam or sth similar*
buchtenreich *adj* with many bays *pred;* ***nach Süden hin wird die Küste*** ***~er*** to the south the coast has more bays
Buchtitel *m* ❶ (*Titel*) book title ❷ (*Buch*) title **Buchumschlag** *m* book cover [*or* jacket]
Buchung <-, -en> *f* ❶ (*Reservierung*) booking; ***denke bitte an die rechtzeitige ~ des Fluges!*** please remember to book the flight in time!
❷ FIN (*Verbuchung*) posting
Buchungsanzeige *f* FIN advice note **Buchungsbeleg** *m* bookkeeping voucher, accounting supporting record **Buchungscomputer** *m* reservation computer, computer for reservations **Buchungsfehler** *m* FIN bookkeeping error **Buchungskarte** *f* TELEK telephone card, *for the use of which one is billed later* **Buchungskontrolle** *f* FIN accounting control **Buchungstag** *m* FIN accounts day **buchungstechnisch** *adj* FIN bookkeeping *attr,* accounting *attr;* **aus ~en Gründen** for bookkeeping reasons **Buchungsvorgang** *m* FIN accountable event [*or* condition]
Buchweizen *m* buckwheat
Buchwert *m* FIN book value
Buchwertabfindung *f* FIN compensation at book value **Buchwertfortführung** *f* FIN continuation at book value **Buchwertklausel** *f* JUR book value clause **Buchwesen** *nt kein pl* book trade *no pl*
Buckel <-s, -> *m* ❶ (*fam: Rücken*) back; **einen [krummen] ~ machen** to arch one's back
❷ (*fam: kleine Bergkuppe*) hill
❸ (*fam*) hunchback, humpback
❹ (*kleine Wölbung*) bump
❺ HIST (*eines Schildes*) boss
► WENDUNGEN: **den ~ voll Schulden haben** (*fam*) to be up to one's neck in debt; **etw auf dem ~ haben** (*fam*) to have been through sth *fam;* ***noch mehr Arbeit kann ich nicht bewältigen, ich habe schon genug auf dem ~!*** I can't cope with any more work – I've done enough already!; ***das Auto hat schon einige Jahre auf dem*** ~ the car has been around for a good few years; **den ~ voll kriegen** (*fam*) to get a [good] hiding [*or* AM licking] *fam;* **rutsch mir [doch] den ~ runter!** (*fam*) get off my back! [*or* case!]
buck(e)lig *adj* (*fam*) ❶ (*mit einem Buckel 2.*) hunchbacked, humpbacked ❷ (*fam: uneben*) bumpy **Buck(e)lige(r)** *f(m) dekl wie adj* hunchback, humpback
buckeln *vi* ❶ (*einen Buckel machen*) ■**ein Tier buckelt** an animal arches its back
❷ (*pej: sich devot verhalten*) ■**[vor jdm]** ~ to crawl [to sb] *pej fam*
► WENDUNGEN: **nach oben ~ und nach unten treten** to crawl to the bigwigs and bully the underlings BRIT *pej fam,* to suck ass and kick ass AM *pej fam!*
Buckelpiste *f* [ski slope with] moguls, mogul field **Buckelrind** *nt* zebu **Buckelwal** *m* ZOOL (*Megaptera Novae-Angliae*) humpback whale
bücken *vr* ■**sich** *akk* **[nach etw** *dat*] ~ to bend down [to pick sth up]
Bückling <-s, -e> *m* ❶ (*Fisch*) smoked herring
❷ (*hum fam: Verbeugung*) bow; **[vor jdm] einen ~ machen** to bow before [*or* to] sb
Budapest <-s> *nt* Budapest
buddeln I. *vi* (*fam: graben*) ■**[irgendwo]** ~ to dig [up] [somewhere]
II. *vt* DIAL (*ausgraben*) ■**etw** ~ to dig sth [out]
Buddha <-s, -s> ['bʊda] *m* Buddha
Buddhismus <-> [bʊ'dɪsmʊs] *m kein pl* Buddhism *no pl*
Buddhist(in) <-en, -en> [bʊ'dɪst] *m(f)* Buddhist
buddhistisch *adj* Buddhist
Bude <-, -n> *f* ❶ (*Hütte aus Brettern*) [wooden] cabin [*or* hut]; (*Baubude*) [builder's] hut BRIT, trailer [on a construction site] AM; (*Kiosk*) kiosk
❷ (*fam: Studentenbude*) [student] digs *npl* [*or* AM pad]; (*Wohnung*) digs *npl* BRIT, pad AM; **[eine] sturmfreie ~ haben** (*fam*) to have the place to oneself, to be able to do as one pleases (*without interference or objection from parents or landlord/-lady*)
❸ (*fam: Etablissement etc*) shop *fam;* **die ~ dichtmachen** to shut up [*or* close] shop
► WENDUNGEN: **jdm fällt die ~ auf den Kopf** (*fam*) sb feels claustrophobic; **[jdm] die ~ auf den Kopf stellen** (*fam bei einer Feier*) to have a good old rave-up [in sb's house] BRIT *sl,* to trash sb's house AM *sl;* (*beim Durchsuchen*) to turn the house upside-down; **jdm die ~ einrennen** [*o* **einlaufen**] (*fam*) to buy everything in sight in sb's shop BRIT *fam,* to clear out sb's store AM *fam;* **jdm auf die ~ rücken** to drop in on sb [unannounced and unwanted]; *s. a.* **Leben**
Budget <-s, -s> [bʏ'dʒe:] *nt* ❶ (*Haushaltsplan*) budget
❷ (*fam: Finanzen*) budget
Budgetabweichung *f* budget variance **Budgetausschuss**[RR] *m* ÖKON budget commission [*or* committee] **Budgetbedarf** *m kein pl* ÖKON budgetary requirements **Budgetbegrenzung** *f* ÖKON bugetary limits *pl* **Budgetberatung** *f* budget discussion
budgetieren* *vt* ÖKON ■**etw** ~ to budget sth
budgetieren* *vt* ■**etw** ~ to draw up a budget for sth
Budgetierung *f* ÖKON budgeting
Budgetjahr *nt* ÖKON budget [*or* fiscal] year **Budgetkontrolle** *f* ÖKON budgetary control **Budgetkürzung** *f* ÖKON budget cut **Budgetmittel** *pl* ÖKON budgetary means **Budgetpolitik** *f* ÖKON policy on the budget **Budgetrecht** *nt* JUR *constitutional right of parliament to decide on the budget* **Budgetüberwachung** *f* ÖKON budgetary control
Büdnerrecht *nt* JUR small holders' right
Büfett <-[e]s, -e *o* -s> [bʏ'fe:] *nt* ❶ (*Anrichte*) sideboard, buffet, AM *usu* hutch
❷ (*Verkaufstisch*) counter
❸ (*Schanktisch*) bar
❹ (*Essen*) buffet; **kaltes** ~ cold buffet
❺ SCHWEIZ (*Bahnhofsrestaurant*) station restaurant [*or* buffet]
Büffel <-s, -> *m* buffalo
Büffelei <-, -en> *f* (*fam*) swotting [up] BRIT, cramming AM; ***das Pauken von Geschichtszahlen ist eine einzige*** ~ memorizing dates is one hard slog
Büffelherde *f* herd of buffalo **Büffelleder** *nt* buffalo leather
büffeln I. *vi* (*fam: pauken*) to swot BRIT, to cram AM; ***vor jeder Klassenarbeit muss wieder [schwer] gebüffelt werden*** we/you/they etc. have to swot [up] before every test; ***so spät am Abend bist du immer noch am B~? — ja, ich muss Formeln/Geschichtszahlen/Vokabeln pauken!*** you're still studying so late in the evening? — yes, I need to learn formulas/history dates/vocab
II. *vt* (*fam: pauken*) ■**etw** ~ to swot up on [*or* AM cram for] sth
Buffer <-s, -> ['bʌfəʳ] *m* INFORM buffer storage [*or* store]
Buffet, Büffet <-s, -s> [bʏ'fe:] *nt* ❶ ÖSTERR, SCHWEIZ (*Büfett*) buffet
❷ SCHWEIZ (*Bahnhofsgaststätte*) buffet, station restaurant
Buffo <-s, -s *o* Buffi> *m* buffo
Bug <-[e]s, Büge *o* -e> *m* ❶ NAUT bow; LUFT nose
❷ KOCHK (*Rind*) shoulder, blade; (*Schwein*) hand of pork
Bügel <-s, -> *m* ❶ (*Kleiderbügel*) coat hanger
❷ (*Griff einer Handtasche*) handle
❸ (*Griff einer Säge*) frame
❹ (*Einfassung*) edging
❺ (*Brillenbügel*) leg [of glasses]
❻ (*Steigbügel*) stirrup
❼ (*beim Schlepplift*) grip
❽ (*Abzugsbügel*) trigger guard
Bügelbrett *nt* ironing board **Bügeleisen** <-s, -> *nt* iron **Bügelfalte** *f* crease **bügelfrei** *adj* crease-free, easy-care **Bügelgriff** *m* AUTO bow-type door handle **Bügelmaschine** *f* ironing machine
bügeln I. *vt* ■**etw** ~ to iron sth
II. *vi* to iron; ■**[das] B~** [the] ironing
bügeltrocken *adj inv* iron-dry
Buggy <-s, -s> ['bagi] *m* (*faltbarer Kinderwagen*) pushchair BRIT, buggy BRIT, stroller AM
Bugrad *nt* nose wheel
Bugschaufelstück *nt* KOCHK (*vom Rind*) top shoulder
bugsieren* I. *vt* ❶ (*fam: mühselig bewegen*) ■**etw irgendwohin** ~ to shift sth somewhere
❷ (*fam: drängen*) ■**jdn irgendwohin** ~ to shove [*or* drag] [*or* propel] sb somewhere
❸ NAUT (*schleppen*) ■**etw irgendwohin** ~ to tow [*or* tug] sth somewhere
II. *vi* ❶ NAUT (*schleppen*) to tow
❷ (*fam: hantieren*) to manouevre BRIT, to maneuver AM
Bugspriet <-[e]s, -e> *nt* bowsprit **Bugstück** *nt* **dickes** ~ KOCHK prime shoulder **Bugwelle** *f* bow wave
buh *interj* boo
Buh <-s, -s> *nt* (*fam*) boo
buhen *vi* (*fam*) to boo
buhlen *vi* (*pej veraltet*) ■**um etw** *akk* ~ to court sth; **um Anerkennung** ~ to seek recognition; **um jds Gunst** ~ to court sb's favour [*or* AM -or]
Buhmann <-männer> *m* (*fam*) scapegoat, AM *sl a.* fall guy; **jdn zum ~ [für jdn/etw] machen** to make sb into a scapegoat [*or* AM *sl a.* fall guy] [for sb/sth]
Bühne <-, -n> *f* ❶ (*Spielfläche der Bühne 2.*) stage; **zur ~ gehen** to go on the stage; **auf der ~ stehen** to be on the stage; **von der ~ abtreten, von der ~ verschwinden** (*fam*) to leave [*or* disappear from] the scene; **hinter der** ~ behind the scenes
❷ (*Theater*) theatre [*or* AM -er]
❸ (*Tribüne*) stand
❹ (*Hebebühne*) hydraulic lift
❺ DIAL (*Dachboden*) attic, loft
► WENDUNGEN: **etw über die ~ bringen** (*fam*) to get sth over with; **über die ~ gehen** (*fam: abgewickelt werden*) to take place; (*aufgeführt werden*) to be staged [*or* performed]; ***das Stück ist schon über mehrere ~n gegangen*** the play has already been performed several times
Bühnenanweisung *f* stage direction **Bühnenarbeiter(in)** *m(f)* stagehand **Bühnen(aus)sprache** *f* ≈ received pronunciation (*standard pronunciation used in German theatre*) **Bühnenausstattung** *f* props *pl* **Bühnenbearbeitung** *f* stage adaptation **Bühnenbeleuchtung** *f* stage lighting **Bühnenbild** *nt* scenery **Bühnenbildner(in)** <-s, -> *m(f)* scene-painter **Bühnendarsteller(in)** *m(f)* performer **Bühneneffekt** *m* stage effect **Bühnenerfahrung** *f* stage experience **bühnenreif** *adj* ❶ THEAT fit for the stage ❷ (*iron: theatralisch*) dramatic **Bühnensprache** *f* standard pronunciation **Bühnenstück** *nt* [stage] play **bühnenwirksam** THEAT I. *adj* dramatically effective II. *adv* in a dramatically effective manner; ***das Schauspiel kann durchaus ~ umgestaltet werden*** the play can definitely be made dramatically effective
Buhruf *m* [cry of] boo **Buhrufer(in)** <-s, -> *m(f)* person who cries boo
buk (*veraltet*) *imp von* **backen**
Bukarest <-s> *nt* Bucharest
Bukett <-s, -s *o* -e> *nt* ❶ (*geh: Strauß*) bouquet
❷ (*Duft*) *Wein* bouquet
Buklee[RR] *nt s.* **Bouclé**[1], **Bouclé**[2]
bukolisch *adj* (*geh*) idyllic
Bulette <-, -n> *f* DIAL KOCHK meat ball
► WENDUNGEN: **ran an die ~n!** (*fam*) let's get down

B

to it! *fam*

Bulgare, Bulgarin <-n, -n> *m, f* Bulgarian; *s. a.* **Deutsche(r)**

Bulgarien <-s> [-riən] *nt* Bulgaria; *s. a.* **Deutschland**

Bulgarin <-, -nen> *f fem form von* **Bulgare**

bulgarisch *adj* Bulgarian; *s. a.* **deutsch 1, 2**

Bulgarisch *nt dekl wie adj* Bulgarian; *s. a.* **Deutsch**

Bulgarische <-n> *nt* ■**das** ~ Bulgarian, the Bulgarian language; *s. a.* **Deutsche**

Bulimie <-> *f kein pl* bulimia [nervosa] *no pl*

bulimisch *adj inv* bulimic

Bulkladung *f* bulk cargo

Bullauge *nt* porthole **Bulldogge** *f* bulldog **Bulldozer** <-s, -> ['bʊldo:zɐ] *m* bulldozer

Bulle¹ <-n, -n> *m* ❶ (*männliches Tier*) bull
❷ (*sl: Polizist*) cop[per] *fam;* ■**die ~n** *pl* the [Old] Bill + *sing/pl vb* BRIT *sl,* the cops *pl* AM *sl*
❸ (*fam: starker Mann*) hulk

Bulle² <-, -n> *f* REL bull; HIST bulla; **die Goldene ~** the Golden Bull

Bullenhitze *f kein pl* (*fam*) stifling heat *no pl*

bullenstark *adj* beefy, as strong as an ox *pred*

Bullerei *f* (*pej*) cops *pl sl*

Bulletin <-s, -s> [bʏl'tɛ̃:] *nt* bulletin

bullig *adj* (*fam*) ❶ (*massig*) hulking
❷ (*drückend*) stifling; ***hier ist es ~ heiß*** it's stiflingly hot here

Bullterrier *m* bull terrier

bum *interj* bang; **es macht ~** there is a [*or* it goes] bang

Bumerang <-s, -s *o* -e> *m* ❶ (*Wurfholz*) boomerang
❷ (*Eigentor*) own goal BRIT, goal scored against your own team AM; **sich für jdn als ein ~ erweisen** [*o* **auf jdn wie ein ~ zurückfallen**] to boomerang [*or* backfire] on sb

Bumerangeffekt *m* boomerang effect

Bummel <-s, -> *m* stroll; **einen ~ machen** to go for a stroll

Bummelant(in) <-en, -en> *m(f)* (*pej fam*) slowcoach BRIT *fam,* slowpoke AM *fam*

Bummelei <-> *f kein pl* (*pej fam*) dilly-dallying *fam*

bumm(e)lig *adj* (*fam*) slow

bummeln *vi* ❶ *sein* (*spazieren gehen*) ■**[irgendwo]** ~ to stroll [somewhere]; **~ gehen** to go for a stroll
❷ *haben* (*fam: trödeln*) to dilly-dally *fam*

Bummelstreik *m* go-slow **Bummelzug** *m* (*fam*) local [passenger] [*or* non-express] train

Bummler(in) <-s, -> *m(f)* ❶ (*Spaziergänger*) person out on a stroll
❷ (*fam: Trödler*) slowcoach BRIT *fam,* slowpoke AM *fam*

bums *interj* bang; **~ machen** to go bang; ***auf dieser viel befahrenen Straße macht es öfter mal ~*** on this busy street you often hear crashes

Bumsbomber *m* (*pej derb*) *aeroplane which flies to a sex tourist resort*

bumsen I. *vi impers haben* (*fam*) ❶ (*dumpf krachen*) ■**es bumst** there is a bang; ***was bumst da so?*** what's that banging?; ***hörst du es nicht ~?*** can't you hear that/the banging?; AUTO (*aufprallen*) there is a crash; ***jede Woche bumst es an dieser Kreuzung mehrmals*** there are several crashes at this crossroads every week
❷ (*gleich gibt's eine Ohrfeige!*) ■**es bumst!** you'll get what for [*or* AM you're going to get it] in a minute!
II. *vi* ❶ *sein* (*prallen, stoßen*) ■**[mit etw *dat*] auf/gegen etw *akk* ~** to bang [one's sth] against/into sth
❷ *haben* (*derb: koitieren*) ■**[mit jdm] ~** to screw *fam!* [*or vulg* fuck] sb, BRIT *a.* to have it off [with sb]; ■**[das] B~** screwing, BRIT *a.* having it off
III. *vt haben* (*derb: beschlafen*) ■**jdn ~** to screw *fam!* [*or vulg* fuck] sb; ***was habe ich sie gebumst!*** I gave her a good screwing!; ■**[von jdm] gebumst werden** to be screwed *fam!* [*or vulg* fucked] [by sb]

Bumslokal *nt* (*pej fam*) dive *fam* **Bumsmusik** *f* (*pej fam*) oompah oompah *fam*

BUND *m Akr von* **Bund für Umwelt und Naturschutz** environment and nature protection agency

Bund¹ <-[e]s, Bünde> *m* ❶ (*Vereinigung, Gemeinschaft*) association; **mit jdm im ~e stehen** [*o* **sein**] to be in cahoots with sb *fam*
❷ (*Verband*) ■**~ der ...** *gen* association of ...
❸ (*die Bundesrepublik Deutschland*) ■**der ~** the Federal Republic of Germany; **~ und Länder** the Federation and the Länder; SCHWEIZ (*Eidgenossenschaft*) confederation
❹ (*Konföderation*) confederation
❺ (*fam: Bundeswehr*) ■**der ~** the [German] army; **beim ~ sein** to be doing one's military service
❻ (*Einfassung*) waistband
❼ (*Querleiste*) fret
▶ WENDUNGEN: **den ~ der Ehe eingehen** (*geh*), **den ~ fürs Leben schließen** (*geh*) to enter into wedlock *dated form*

Bund² <-[e]s, -e> *nt* bundle; KOCHK bunch

Bündchen <-s, -> *nt* (*Abschluss am Ärmel*) cuff; (*Abschluss am Halsausschnitt*) neckband

Bündel <-s, -> *nt* ❶ (*Packen*) bundle, sheaf
❷ (*eine Menge*) bunch *fam;* **ein ~ von Fragen** a set [*or* cluster] of questions
❸ (*fam: ein Wickelkind*) little bundle *fam*
▶ WENDUNGEN: **sein ~ schnüren** [*o* **packen**] (*hum fam*) to pack one's bags; **jeder hat sein ~ zu tragen** we all have our cross to bear

bündeln *vt* ❶ (*zusammenschnüren*) ■**etw ~** to tie sth in[to] bundles; **Karotten/Radieschen etc. ~** to tie carrots/radishes etc. in[to] bunches
❷ ORN (*konzentrieren*) to concentrate sth

Bündelpatent *nt* batch patent

bündelweise *adv* by the bundle [*or* bunch]

Bundesamt *nt* federal office **Bundesangestelltentarif** *m* salary scale for government employees [*or* civil servants] **Bundesanleihe** *f* federal loan **Bundesanstalt** *f* federal institute; **~ für Arbeit** Federal Employment Office **Bundesanwalt, -anwältin** *m, f* JUR federal attorney **Bundesanwaltschaft** *f* JUR Federal Public Prosecutor's Office **Bundesanzeiger** *m* BRD Federal Gazette **Bundesarbeitsgericht** *nt kein pl* JUR Federal Labour [*or* AM -or] Court (*highest labour court in Germany*) **Bundesarbeitsminister(in)** *m(f)* German minister of labour [*or* labour minister] **Bundesarchiv** *nt* federal archives *pl* **Bundesaufsichtsamt** *nt* FIN Federal Supervisory Office; **~ für das Kreditwesen** Federal Banking Supervisory Office; **~ für das Versicherungswesen** Federal Supervisory Office for Insurance Companies **Bundesauftragsverwaltung** *f* JUR Länder administration on behalf of the Federation **Bundesausbildungsförderungsgesetz** *nt federal law concerning the promotion of education and training* **Bundesausgaben** *pl* ÖKON federal expenditure *no pl* **Bundesaußenminister(in)** *m(f)* German minister of foreign affairs [*or* foreign minister] **Bundesautobahn** *f* federal motorway [*or* AM highway] **Bundesbahn** *f* **die [Deutsche] ~** German Federal Railway, ≈ British Rail BRIT, ≈ Amtrak AM **Bundesbahndirektion** *f* Regional Railway [*or* AM Railroad] **Bundesbank** *f kein pl* Federal Bank of Germany **Bundesbeamtenrecht** *nt* JUR law governing the German federal civil service **Bundesbeauftragte(r)** *f(m)* JUR federal commissioner; **~ für Ausländerfragen** Federal Commissioner for Foreign Nationals **Bundesbehörde** *f* JUR federal authority [*or* agency]; **Oberste ~** Supreme Federal Authority **Bundesbürger(in)** *m(f)* German citizen **Bundesdatenschutzgesetz** *nt* JUR Federal Data Protection Act

bundesdeutsch *adj* German, of the Federal Republic of Germany *pred*

Bundesdeutsche(r) *f(m) dekl wie adj* German

Bundesdisziplinargericht *nt* JUR supreme federal disciplinary court **Bundesdisziplinarordnung** *f* JUR federal disciplinary rules **Bundesdurchschnitt** *m kein pl* ■**im ~** on average in Germany **Bundesebene** *f* federal level; **auf ~** at [*or* on a] federal level

bundeseigen *adj* JUR federally owned

Bundesfinanzhof *m* JUR Federal Fiscal Court **Bundesfinanzminister(in)** *m(f)* German minister of finance [*or* finance minister] **Bundesfinanzministerium** *nt* German ministry of finance [*or* finance ministry] **Bundesfinanzverwaltung** *f* JUR federal revenue administration **Bundesgebiet** *nt* BRD federal [*or* German] territory **Bundesgenosse, -genossin** *m, f* ally **Bundesgericht** *nt* JUR federal court **Bundesgerichtshof** *m* JUR Federal Supreme Court of Justice **Bundesgeschäftsführer(in)** *m(f)* federal manager

Bundesgesetz *nt* federal law **Bundesgesetzblatt** *nt* JUR Federal Law Gazette **Bundesgesetzgebung** *f* JUR federal legislation; **ausschließliche/konkurrierende ~** exclusive/concurrent legislative power of the Federal Parliament

Bundesgesundheitsamt *nt* German Department of Public Health **Bundesgesundheitsminister(in)** *m(f)* German minister of health [*or* health minister] **Bundesgrenzschutz** *m* BRD German Border Police **Bundeshauptstadt** *f* federal capital **Bundeshaus** *nt* ❶ BRD Bundestag building ❷ SCHWEIZ federal parliament [building] **Bundeshaushalt** *m* ÖKON federal budget **Bundeshaushaltsgesetz** *nt* JUR Federal Budget Act **Bundeshaushaltsordnung** *f* JUR Federal Budget Code **Bundesheer** *nt* ÖSTERR Austrian Armed Forces **Bundes-Immissionsschutzgesetz** *nt* JUR Federal Pollution Control Act **Bundesinnenminister(in)** *m(f)* German [*or* Federal] Minister of the Interior

Bundesinnenministerium *nt* German ministry of the interior [*or* interior ministry] **Bundeskabinett** *nt* BRD German [*or* Federal] Cabinet **Bundeskanzler(in)** *m(f)* BRD German [*or* Federal] Chancellor; ÖSTERR Austrian [*or* Federal] Chancellor; SCHWEIZ Head of the Federal Chancellery **Bundeskanzleramt** *nt* POL Federal Chancellor's Office (*responsible for planning, control and coordination of the Bundeskanzler's functions and duties*) **Bundeskanzlerin** *f fem form von* **Bundeskanzler**

Bundeskartellamt *nt* Federal Cartel Office **Bundeskartellamt** *nt kein pl* Federal Cartel Office **Bundeskriminalamt** *nt* Federal Criminal Police Office (*central organization for combatting and investigating crime*)

Bundeslade *f* REL Ark of the Covenant

Bundesland *nt* federal state; (*nur BRD*) Land; **die alten/neuen Bundesländer** former West/East Germany

Bundesliga *f kein pl* German football [*or* AM soccer] league **Bundesligaklub** *m* club in the German football league [*or* division] **Bundesligaspiel** *nt* German football league game **Bundesligaverein** *m* club in the German football league **Bundesligist** <-en, -en> *m* team in the German football [*or* AM soccer] league

Bundesminister(in) *m(f)* BRD, ÖSTERR federal minister [of Germany/Austria] **Bundesministerium** *nt* BRD, ÖSTERR federal ministry **Bundesmittel** *pl* JUR federal funds **Bundesnachrichtendienst** *m* BRD Federal Intelligence Service [of Germany] **Bundesnaturschutzgesetz** *nt* JUR Federal Nature Protection Act **Bundesnotarordnung** *f* JUR national rules and regulations for German notaries **Bundesoberbehörde** *f* JUR federal superior authority **Bundesobligationen** *pl* ÖKON federal obligations **Bundesorgane** *pl* JUR constitutional organs of the Federal Government **Bundesparteitag** *m* federal party conference **Bundespatentgericht** *nt* JUR Federal Patent Court **Bundespersonalausschuss**[RR] *m* JUR Federal Civil Service Commission **Bundespflegesatzverordnung** *f* BRD *German ordinance setting the rate* [*payable by medical insurance companies*] *for patient care* **Bundespost** *f kein pl* Federal Post Office (*German Postal Service*) **Bundespräsident(in)** *m(f)* BRD, ÖSTERR President [*or* Head of State] of the Federal Republic of Germany/Austria; SCHWEIZ President of the Confederation **Bundesprüfstelle** *f* JUR federal review board; **~ für jugendgefährdende**

Schriften Federal Review Board for Publications Harmful to Young Persons **Bundesrat** *m* ① BRD, ÖSTERR Bundesrat (*Upper House of Parliament*) ② *kein pl* SCHWEIZ Federal Council (*executive body*) **Bundesrat, -rätin** *m, f* ÖSTERR Member of the Bundesrat/Upper House of Parliament; SCHWEIZ Member of the Federal Council **Bundesrechnungshof** *m kein pl* Federal Audit Office (*responsible for examining the income and expenditure of the government*) **Bundesrecht** *nt kein pl* JUR federal law **Bundesrechtsanwaltskammer** *f* JUR German Federal Lawyers' Association **Bundesrechtsanwaltsordnung** *f* JUR Rules and Regulations for the German Bar **Bundesregierung** *f* federal government

Bundesrepublik *f* federal republic; **die ~ Deutschland** the Federal Republic of Germany **bundesrepublikanisch** *adj* German **Bundesrichter(in)** *m(f)* JUR federal judge (*judge at one of the Federal German supreme courts*)

Bundesschatzbrief *m* federal treasury bill

Bundessortenamt *nt* FIN Federal Office for Plant Varieties **Bundessozialgericht** *nt* JUR Federal Court for Social Security (*Federal German supreme court for social security matters*) **Bundessozialhilfegesetz** *nt* JUR Federal Social Assistance Act **Bundesstaat** *m* ① (*Staatenbund*) confederation ② (*Gliedstaat*) federal state; ***im ~ Kalifornien*** in the state of California **Bundesstatistikgesetz** *nt* JUR Federal Statistics Act **Bundesstraße** *f* BRD, ÖSTERR ≈ A road BRIT, ≈ interstate [highway] AM

Bundestag *m kein pl* BRD Bundestag (*Lower House of Parliament*) **Bundestagsabgeordnete(r)** *f(m) dekl wie adj* Member of the Bundestag, German member of parliament **Bundestagsdebatte** *f* Bundestag debate **Bundestagsfraktion** *f* parliamentary group [*or* party] in the Bundestag **Bundestagsmitglied** *nt* Member of the Bundestag, German member of parliament **Bundestagspräsident(in)** *m(f)* President of the Bundestag **Bundestagswahl** *f* Bundestag election **Bundestagswahlkampf** *m* electoral campaign for the Bundestag

Bundestrainer(in) *m(f)* BRD [German] national coach **Bundesumweltminister(in)** *m(f)* German minister of the environment [*or* environment minister] **Bundesumweltministerium** *nt* German ministry of the environment [*or* environment ministry] **Bundesverband** *m* [con]federation **Bundesverdienstkreuz** *nt* BRD Order of Merit of the Federal Republic of Germany, ≈ OBE BRIT **Bundesvereinigung** *f* [con]federation **Bundesverfassung** *f kein pl* federal constitution **Bundesverfassungsgericht** *nt* JUR Federal Constitutional Court **Bundesverkehrsminister(in)** *m(f)* German minister of transport [*or* transport minister] **Bundesverkehrsministerium** *nt* German ministry of transport [*or* Transport Ministry] **Bundesversammlung** *f* POL ① BRD Federal Assembly ② SCHWEIZ Parliament **Bundesversicherungsanstalt** *f* **~ für Angestellte** Federal Insurance Office for Salaried Employees **Bundesverteidigungsminister(in)** *m(f)* German minister of defence [*or* defence minister] **Bundesverteidigungsministerium** *nt* German ministry of defence [*or* defence ministry] **Bundesverwaltung** *f* JUR federal administration **Bundesverwaltungsgericht** *nt* JUR Federal Administrative Court **Bundesvorsitzende(r)** *f(m) dekl wie adj* federal chairwoman *fem*, federal chairman *masc* **Bundesvorstand** *m* federal board **Bundeswahlgesetz** *nt* JUR Federal Electoral Act **Bundeswahlleiter(in)** *m(f)* JUR federal returning officer **Bundeswaldgesetz** *nt* JUR Federal Forestry Act **Bundeswehr** *f* Federal [*or* German] Armed Forces **Bundeswehrsoldat, -soldatin** *m, f* member of the German armed forces **Bundeswehrverwaltung** *f* JUR Federal Armed Forces Administration

bundesweit I. *adj* throughout [the whole of] [*or* all over] Germany *pred;* ***nach der Katastrophe erfolgte ein ~er Spendenaufruf*** after the catastrophe there was an appeal for donations throughout [the whole of] Germany

II. *adv* throughout [the whole of] [*or* all over] Germany

Bundeswirtschaftsminister(in) *m(f)* Federal minister of economics [*or* economics minister] **Bundeswirtschaftsministerium** *nt* Federal ministry of economics [*or* economics ministry] **Bundeszentralregister** *nt* JUR Federal Central Register; **Auszug aus dem ~** extract from the Federal Central Register; **Eintragung im ~** entry in the Federal Central Register

Bundfalte *f* pleat **Bundfaltenhose** *f* trousers [*or* AM *a.* pants] *pl* with a pleated front **Bundfalz** *m* TYPO back fold **Bundhose** *f* breeches *npl*, knickerbockers *pl* BRIT, knickers *npl* AM

bündig *adj* ① (*bestimmt*) concise; ***danke, das war ~, ich gehe!*** thanks, you've made yourself clear – I'm off!; *s. a.* **kurz**

② (*schlüssig*) conclusive

③ (*in gleicher Ebene*) level

Bündigkeit <-> *f kein pl* conciseness *no pl*

Bündnis <-ses, -se> *nt* alliance; **~ 90** Bündnis 90 (*political party comprising members of the citizens' movements of former East Germany*)

Bündnisblock <-blöcke> *m* group of allied countries *pl* **Bündnisfreiheit** *f* POL non-alignment **Bündnisgrüne** *pl* Green party alliance **Bündnispartner** *m* POL, ÖKON alliance partner, ally **Bündnispolitik** *f* alliance politics + *sing/pl vb*, alliance policy **Bündnissystem** *nt* system of alliance **Bündnistreue** *f* loyalty to a/the alliance

Bundsteg *m* TYPO (*Zwischenschlag*) gutter

Bundweite *f* waist size

Bungalow <-s, -s> ['bʊŋgalo:] *m* bungalow

Bungeejumping <-s> ['bandʒidʒampɪŋ] *nt kein pl* bungee jumping *no pl*

Bungee-Seil, Bungeeseil[RR] *nt* bungee [cord [*or* rope]]

Bunker <-s, -> *m* ① (*Schutzraum*) bunker; (*Luftschutzbunker*) air-raid shelter

② (*beim Golf*) bunker

③ (*sl: Gefängnis*) slammer

bunkern *vt* ■**etw ~** ① (*in Bunkern lagern*) to store sth; **Kohle ~** to bunker coal

② NAUT (*Brennstoff an Bord nehmen*) to bunker fuel

③ (*sl: verstecken*) to stash [away] sth *fam*

④ (*pej: horten*) ■**etw ~** to hoard sth

Bunsenbrenner <-s, -> *m* Bunsen burner

bunt I. *adj* ① (*farbig*) colourful BRIT, colorful AM

② (*ungeordnet*) muddled; (*vielfältig*) varied

II. *adv* ① (*farbig*) colourfully BRIT, colorfully AM; **~ bemalt** colourful[ly painted]; **~ gestreift** with colourful [*or* coloured] stripes *pl;* ***ein ~ gestreiftes Hemd*** a colourfully-striped shirt; **~ kariert** with a coloured check [pattern]

② (*ungeordnet*) in a muddle; **~ gemischt** (*abwechslungsreich*) diverse; (*vielfältig*) varied

► WENDUNGEN: **es zu ~ treiben** (*fam*) to go too far; **jdm wird es zu ~** (*fam*) sb has had enough

Buntaufbau *m* TYPO chromatic composition **buntbemalt** *adj attr s.* **bunt II 1** **Buntfarbendruck** *m* colour [*or* AM -or] printing **buntgemischt** *adj attr s.* **bunt II 2** **buntgestreift** *adj s.* **bunt II 1**

Buntheit <-> *f kein pl* colourfulness *no pl* BRIT, colorfulness *no pl* AM; ***sie liebt Kleider von auffallender ~*** she loves strikingly colourful clothes

buntkariert *adj s.* **bunt II 1** **Buntmetall** *nt* nonferrous heavy metal **Buntpapier** *nt* coloured [gummed] paper **Buntsandstein** *m* ① BAU red sandstone ② GEOL Bunter **Buntspecht** *m* great spotted woodpecker **Buntstift** *m* coloured pencil **Buntwäsche** *f* colour wash, coloureds *pl*

Bürde <-, -n> *f* (*geh*) ① (*Last*) load; ***die Zweige bogen sich unter der ~ des Schnees*** the branches bent under the weight of the snow

② (*Beschwernis*) burden

Bure, Burin <-n, -n> *m, f* Boer

Burg <-, -en> *f* ① (*aus Stein*) castle

② (*Sandburg*) sand[-]castle

③ (*Biberbau*) lodge

Burganlage *f* castle buildings *pl* [*or* complex]

Bürge, Bürgin <-n, -n> *m, f* guarantor; **jdm ~ für etw** *akk* **sein** to be sb's guarantee for sth; **[jdm] einen ~n stellen** [*o* **bringen** *fam*] to provide [sb] with a guarantor

bürgen *vi* ① (*einstehen für*) ■**[jdm] für etw** *akk* **~** to act as guarantor [for sb] for sth; ■**für jdn ~** to act as sb's guarantor

② (*garantieren*) ■**für etw** *akk* **~** to guarantee sth

Burgenland *nt* Burgenland

Bürger(in) <-s, -> *m(f)* citizen

Bürgerbegehren *nt* BRD public petition for a referendum **Bürgerbeteiligung** *f* public participation [*or* involvement] **Bürgerbewegung** *f* citizens' movement **Bürgerentscheid** *m* [local] referendum **bürgerfern** *adj* non-citizen-friendly, not in touch with the people *pred*, aloof **Bürgerhaus** *nt* ① (*Gemeindehaus*) municipal hall ② (*Haus eines Bürgers*) town house ③ (*veraltend: bürgerliche Familie*) bourgeois family *pej*

Bürgerin <-, -nen> *f fem form von* **Bürger**

Bürgerinitiative *f* citizens' group **Bürgerkomitee** *nt* citizens' committee **Bürgerkrieg** *m* civil war **bürgerkriegsähnlich** *adj* similar to civil war *pred*, as in civil war *pred* **Bürgerkriegsflüchtling** *m* civil war refugee

bürgerlich *adj* ① *attr* (*den Staatsbürger betreffend*) civil; **~e Pflicht** civic duty

② (*dem Bürgerstand angehörend*) bourgeois *pej*

Bürgerliche(r) *f(m) dekl wie adj* commoner

bürgerlich-rechtlich *adj inv, attr* JUR civil-law *attr*

Bürgermeister(in) *m(f)* mayor; ***der regierende ~ von Hamburg*** the governing Mayor of Hamburg

Bürgermeisterstück *nt* KOCHK top rump, thick flank

bürgernah *adj* citizen-friendly, in touch with the people *pred* **Bürgernähe** *f kein pl* citizen-friendliness *no pl* **Bürgerpflicht** *f* civic duty **Bürgerrecht** *nt meist pl* civil right **Bürgerrechtler(in)** <-s, -> *m(f)* civil rights activist **Bürgerrechtsbewegung** *f* civil rights *pl* movement **Bürgerrechtsgesuch** *nt* SCHWEIZ (*Einbürgerungsgesuch*) application for naturalization

Bürgerschaft <-, -en> *f* POL ① (*die Bürger*) citizenry

② (*Bürgervertretung*) ≈ city-state parliament (*in the Länder of Bremen and Hamburg*)

Bürgerschaftsabgeordnete(r) *f(m) dekl wie adj* member of the city parliament **Bürgerschaftsfraktion** *f* parliamentary group [in the city parliament] **Bürgerschaftswahl** *f* elections to the city-state parliament

Bürgerschreck *m a person who frightens or provokes other people by behaving in a consciously unconventional manner* **Bürgersprechstunde** *f* surgery, advice session **Bürgersteig** <-[e]s, -e> *m* pavement BRIT, sidewalk AM

Bürgertum <-s> *nt kein pl* bourgeoisie + *sing/pl vb*

Bürgerversammlung *f* citizen's meeting

Burgfestspiele *pl open-air theatre festival that takes place within the grounds of a castle* **Burgfriede(n)** *m* truce; ■**einen ~ schließen** to call a truce **Burggraben** *m* [castle] moat **Burgherr(in)** *m(f)* lord of a/the castle

Bürgin <-, -nen> *f fem form von* **Bürge**

Burgruine *f* castle ruin

Bürgschaft <-, -en> *f* JUR ① (*gegenüber Gläubigern*) guaranty; **~ [für jdn/etw] leisten** ((*für jdn/etw*) *bürgen*) to act as a guarantor [for sb/sth]; **die ~ für jdn übernehmen** to act as sb's guarantor

② (*Haftungssumme*) security

Bürgschaftsbestellung *f* JUR granting of a security **Bürgschaftserklärung** *f* FIN declaration of guarantee **bürgschaftsfähig** *adj inv* JUR bailable **Bürgschaftsgeber(in)** *m(f)* JUR surety **Bürgschaftsklausel** *f* JUR guarantee clause **Bürgschaftskredit** *m* FIN guaranteed [*or* secured] credit **Bürgschaftsnehmer(in)** *m(f)* FIN guarantee, guaranteed creditor **Bürgschaftsprovision** *f* FIN guarantee commission **Bürgschaftsrisiko**

nt JUR guarantee risk **Bürgschaftssumme** *f* FIN amount of guarantee, BRIT caution money **Bürgschaftsübernahme** *f kein pl* FIN giving bail **Bürgschaftsurkunde** *f* JUR, FIN security bond **Bürgschaftsverhältnis** *nt* FIN principal and surety **Bürgschaftsverpflichtungen** *pl* FIN guarantees **Bürgschaftsvertrag** *m* JUR contract of guarantee [*or* suretyship]

Burgund <-[s]> *nt* Burgundy

Burgunder <-s, -> *m* (*Wein aus Burgund*) burgundy

Burgunder(in) <-s, -> *m(f)* ■**ein ~/eine ~in sein** to come from Burgundy

Burgunderkelch *m* Burgundy glass **Burgunderpfanne** *f* KOCHK *heavy metal casserole for meat fondue* **Burgundertrüffel** *m* Burgundy truffle

burgundisch *adj* Burgundy

Burgverlies *nt* castle dungeon

Burin <-, -nen> *f fem form von* **Bure**

Burkina Faso <-s> *nt* Burkina Faso; *s. a.* **Deutschland**

Burkiner(in) <-s, -> *m(f)* Burkinan; *s. a.* **Deutsche(r)**

burkinisch *adj* Burkinabe, Burkinan; *s. a.* **deutsch**

burlesk *adj* burlesque

Burleske <-, -n> *f* MUS burlesque

Burma <-s> *nt s.* **Myanmar**

Burnout <-s, -s> ['bœrnaut] *m* burnout

Burnus <- *o* -ses, -se> *m* burnous[e] BRIT, burnoose AM

Büro <-s, -s> *nt* office

Büroangestellte(r) *f(m) dekl wie adj* office worker **Büroanwendung** *f* INFORM office-based application **Büroarbeit** *f* office work **Büroausstattung** *f* ÖKON (*Inventar*) office equipment *no pl* **Büroautomation** *f* office automation **Bürobedarf** *m* office supplies *pl* **Bürocomputer** *m* INFORM desktop computer **Büroeinrichtung** *f* ÖKON office equipment *no pl* **Bürofläche** *f* office space [*or pl* premises] **Bürogebäude** *nt* ÖKON office building **Bürohaus** *nt* office block **Bürohengst** *m* (*pej fam*) pen pusher *pej* **Büroinventur** *f* office inventory **Bürokaufmann, -kauffrau** *m, f* office adminstrator [with commercial training] **Büroklammer** *f* paper clip **Bürokommunikation** *f* office communication **Bürokommunikationssystem** *nt* office communications system **Bürokomplex** *m* ÖKON office block **Bürokraft** *f* office worker

Bürokrat(in) <-en, -en> *m(f)* (*pej*) bureaucrat *pej*

Bürokratie <-, -n> [*pl* -'tiːən] *f* bureaucracy

Bürokratin <-, -nen> *f fem form von* **Bürokrat**

bürokratisch I. *adj* ❶ *inv, attr* (*verwaltungsmäßig, der Bürokratie gemäß*) bureaucratic
❷ (*pej*) bureaucratic, involving a lot of red tape
II. *adv inv* bureaucratically, using a lot of red tape

Bürokratismus <-> *m kein pl* (*pej*) bureaucracy

Büromaschine *f* piece of office equipment **Büromaterial** *nt* stationery and office supplies **Büropersonal** *nt kein pl* ÖKON office [*or* clerical] staff + *sing/pl vb* **Büroräume** *pl* ÖKON office space [*or* accomodation] **Büroschluss**^RR *m* end of office hours **Bürostuhl** *m* office chair **Bürostunden** *pl* office hours *pl* **Büroturm** *m* office block **Bürovorsteher(in)** *m(f)* ÖKON head clerk **Bürozeit** *f* ÖKON office hours *pl;* **außerhalb der ~en** out of [office] hours

Bürschchen <-s, -> *nt dim von* **Bursche** (*pej: junger Bursche*) [young] fellow; **mein ~!** my boy!

Bursche <-n, -n> *m* ❶ (*Halbwüchsiger*) adolescent; ***warte nur, mein ~, ich werde dich erwischen!*** just you wait young man – I'll catch you!
❷ (*fam: Kerl*) so-and-so BRIT *fam,* character AM
❸ (*fam: Exemplar*) specimen

Burschenschaft <-, -en> *f* SCH ≈ fraternity (*student's duelling association with colours*)

Burschenschaft(l)er <-s, -> *m* SCH member of a fraternity

burschikos I. *adj* (*salopp*) casual; (*Mensch*) laid-back; **~es Mächen** tomboy; **~e Ausdrucksweise** slangy [*or* casual] way of talking
II. *adv* casually; **sich** *akk* **~ benehmen** to behave in a laid-back manner; **sich** *akk* **~ ausdrücken** to express oneself using slang

Bürste <-, -n> *f* brush

bürsten *vt* ❶ (*mit einer Bürste reinigen*) ■**etw ~** to brush sth
❷ (*abbürsten*) ■**etw von etw** *dat* **~** to brush sth off [of AM *a.*] sth

Bürsten(haar)schnitt *m* crew cut **Bürstenmacher(in)** *m(f)* brush maker **Bürstenmassage** [-masaːʒə] *f* brush massage **Bürstenschnitt** *m* crew cut

Burunder(in) <-s, -> *m(f)* Burundian; *s. a.* **Deutsche(r)**

Burundi <-s> *nt* Burundi; *s. a.* **Deutschland**

Burundier(in) *m(f) s.* **Burunder**

burundisch *adj* Burundi; *s. a.* **deutsch**

Bürzel <-s, -> *m* ORN tail; KOCHK parson's nose

Bus <-ses, -se> *m* AUTO bus; (*Reisebus*) coach, AM *usu* bus; INFORM bus

Busarchitektur *f* INFORM bus topology

Busbahnhof *m* bus station

Busch <-[e]s, Büsche> *m* ❶ (*Strauch*) shrub, bush
❷ (*Buschwald*) bush
❸ (*Strauß*) bunch; (*selten: Büschel*) tuft
► WENDUNGEN: **mit etw** *dat* **hinter dem ~ halten** (*fam*) to keep sth to oneself; **im ~ sein** (*fam*) ■**da ist etw im ~** sth is up; **bei jdm auf den ~ klopfen** (*fam*) to sound sb out; **sich** *akk* **[seitwärts] in die Büsche schlagen** (*fam*) to sneak away

Buschbohne *f* dwarf [*or* AM bush] bean

Büschel <-s, -> *nt* tuft

büschelweise *adv* in tufts; ***der Flachs wurde ~ zum Trocknen ausgelegt*** the flax was laid out in bundles to dry

Buschenschenke *f* ÖSTERR (*Straußwirtschaft*) *temporary bar in which new local wines are sold*

Buschfeuer *nt* bush fire

buschig I. *adj* bushy
II. *adv* ■**~ wachsen** to spread

Buschmann <-männer *o* -leute> *m* Bushman **Buschmannfrau** *f* Bushman woman **Buschmesser** *nt* machete **Buschwerk** *nt kein pl* thicket **Buschwindröschen** [-røːsçən] *nt* wood anemone

Buselektronik *f* INFORM bus electronics + *sing vb*

Busen <-s, -> *m* ❶ (*weibliche Brust*) bust
❷ (*Oberteil eines Kleides*) top
❸ (*geh: Innerstes*) breast *liter*

Busenfreund(in) *m(f)* ❶ (*enger Freund*) buddy *fam,* best friend
❷ (*iron: Intimfeind*) bosom friend *iron,* mortal enemy

Busfahrer(in) *m(f)* bus driver **Bushaltestelle** *f* bus stop **Bushäusle** *nt* SÜDD (*fam*) bus shelter **Businessclass** *f* business class **Businessgrafik** *f* INFORM *für Diagramme* business graphics + *sing vb* **Businessplan** *m* ÖKON business plan **Business-TV** ['bɪzbɪs-] *nt* business TV **Buslänge** *f* INFORM bus length **Buslinie** *f* bus route

Bussard <-s, -e> *m* buzzard

Buße <-, -n> *f* ❶ *kein pl* (*Reue*) repentance; (*Bußauflage*) penance *no pl;* **~ tun** to do penance; **jdn zu einer ~ verurteilen** to sentence sb to penance; **zur ~** as a penance; *s. a.* **Sakrament**
❷ JUR (*Schadenersatz*) damages *npl*
❸ SCHWEIZ (*Geldbuße*) fine

büßen I. *vt* ❶ (*bezahlen*) ■**etw [mit etw** *dat*] **~** to pay for sth [with sth]; **das wirst [*o* sollst] du mir ~!** I'll make you pay for that!
❷ SCHWEIZ (*mit einer Geldbuße belegen*) ■**jdn ~** to fine sb
II. *vi* (*leiden*) ■**[für etw** *akk*] **~** to suffer [because of sth]; ***dafür wird er mir ~!*** I'll make him suffer [*or* I'm going to get him back] for that!

Büßer(in) <-s, -> *m(f)* penitent

Büßergewand *nt* REL penitential garment
► WENDUNGEN: **keineswegs im ~** without the slightest trace of remorse

Büßerin <-, -nen> *f fem form von* **Büßer**

Busse(r)l <-s, -[n]> *nt* SÜDD, ÖSTERR (*fam: Kuss*) kiss

busse(r)ln *vi, vt* SÜDD, ÖSTERR (*fam: küssen*) ■**jdn ~** to kiss sb; ■**~** to kiss

bußfertig *adj* penitent **Bußgang** *m* ► WENDUNGEN: **einen ~ [zu jdm] antreten** (*geh*) to beg [sb's] forgiveness *no pl* **Bußgebet** *nt* penitential prayer

Bußgeld *nt* (*Geldbuße*) fine, BRIT *a.* penalty (*imposed for traffic and tax offences*)

Bußgeldbescheid *m* notice of a fine, BRIT *a.* penalty notice **Bußgeldbestimmungen, Bußgeldvorschriften** *pl* JUR fine regulations **Bußgeldkatalog** *m* JUR schedule of penalties **Bußgeldsache** *f* JUR summary offence **Bußgeldstelle** *f* [traffic] fine payment office **Bußgeldtatbestand** *m* JUR fine offence **Bußgeldverfahren** *m* JUR monetary fine proceedings *pl* **Bußgeldverhängung** *f* fining

Bussi *nt* SÜDD, ÖSTERR (*Kuss*) kiss

Bußpredigt *f* penitential sermon

Busspur *f* bus lane

Bußtag *m* day of repentance; **Buß- und Bettag** day of prayer and repentance (*on the Wednesday before Advent*)

Bussystem *nt* INFORM bus system **Bustaktfrequenz** *f* INFORM bus frequency rate

Büste <-, -n> *f* ❶ (*Skulptur von Kopf und Schultern*) bust
❷ (*euph: Busen 1*) bust
❸ (*Schneiderpuppe*) tailor's dummy

Büstenhalter *m* bra[ssiere]

Büstier <-s, -s> [bys'tj̯eː] *nt* bustier

Bustreiber *m* INFORM bus driver

Busverbindung *f* bus service

Butan <-s, -e> *nt* butane

Butangas *nt* butane gas

Butike <-, -n> *f* boutique

Butt <-[e]s, -e> *m* butt

Bütt <-, -en> *f* DIAL *a barrel-like platform from which speeches are given at carnivals;* **in die ~ steigen** to take the floor [at a carnival]

Butte <-, -n> *f* ❶ (*Tragebehälter*) hod
❷ *s.* **Bütte**

Bütte <-, -n> *f* DIAL tub

Büttel <-s, -> *m* (*pej veraltet*) ❶ (*Handlanger*) servant
❷ (*Gerichtsbote*) bailiff

Bütteldienst *m* (*pej*) servant's job; ***für solche ~e bin ich mir zu schade!*** that kind of job's beneath me!

Bütten <-s> *nt,* **Büttenpapier** *nt kein pl* handmade paper

Büttenkarton *m* handmade board

Büttenrand *m* deckle edge

Büttenrede *f* DIAL humorous speech (*made from the barrel-like platform at a carnival*)

Butter <-> *f kein pl* butter *no pl;* **braune ~** nut butter; **gute ~** quality butter
► WENDUNGEN: **jdm nicht die ~ auf dem Brot gönnen** (*fam*) to begrudge sb everything; **sich** *dat* **[von jdm] nicht die ~ vom Brot nehmen lassen** (*fam*) to stand up for oneself [against sb]; **wie ~ in der Sonne dahinschmelzen** to evaporate *fig;* **weich wie ~** as soft as can be; ***nach außen zeigt er Härte, aber innerlich ist er weich wie ~*** he looks tough on the outside but he's a real softie at heart; **alles [ist] in ~** (*fam*) everything is hunky-dory

Butterberg *m* [EU] butter mountain **Butterblume** *f* buttercup **Butterbohne** *f* butter bean **Butterbrot** *nt* slice of buttered bread ► WENDUNGEN: **jdm etw aufs ~ schmieren** (*fam*) to rub sth in; ***das schmiere ich dem aber aufs ~!*** I won't let him forget that!; **für ein ~** (*fam*) for a song [*or* AM peanuts *pl*]; ***da arbeitest du ja für ein ~!*** you're working for peanuts there! **Butterbrotpapier** *nt* greaseproof paper **Buttercreme** *f* butter cream **Buttercremetorte** *f* butter cream gateau [*or* AM cake] **Butterdose** *f* butter-dish **Butterfahrt** *f* (*fam*) boat trip to buy duty-free goods, duty-free cruise **Butterfass**^RR *nt* butter churn

Butterfly <-s, -> *m,* **Butterflystil** *m s.* **Schmetterlingsstil**
Butterflymesser ['bʌtəflaɪ] *nt* (*Waffe*) butterfly knife
Butterfrucht *f* (*selten*) avocado **Butterglasur** *f* butter icing **Butterkeks** *m* butter biscuit [*or* AM cookie], BRIT *a.* Rich Tea® *biscuit* **Butterkohl** *m s.* Schnittkohl **Buttermilch** *f* buttermilk
buttern I. *vt* ❶ (*mit Butter bestreichen*) ■**etw** ~ to butter sth
❷ (*fam: investieren*) ■**etw in etw** *akk* ~ to plough [*or* AM plow] sth into sth
II. *vi* (*Butter herstellen*) to produce butter
Butternuss[RR] *f* American white walnut **Butternusskürbis**[RR] *m* butternut squash **Butterpilz** *m* boletus lutens **Butterroller** *m* butter curler **Buttersalat** *nt* BOT, KOCHK young green lettuce **Buttersauciere** *f* butter boat **Buttersäure** *f* CHEM butyric acid **Butterschmalz** *nt* clarified butter **butterweich I.** *adj* really soft **II.** *adv* softly
Büttner(in) <-s, -> *m(f)* DIAL (*Böttcher*) cooper
Button <-s, -s> ['batən] *m* badge
Button-down-Kragen <-s, -> ['bʌtndaʊn-] *m* button-down collar
Butzenglas *nt* BAU bull's eye glass **Butzenscheibe** *f* bullion point sheet
BVerfG *nt Abk von* **Bundesverfassungsgericht** Federal Constitutional Court
b.w. *Abk von* **bitte wenden** PTO
B-Waffe *f* biological weapon
BWL *f Abk von* **Betriebswirtschaftslehre**
Bypass <-es, Bypässe> ['baipas] *m* bypass
Bypassoperation *f* bypass operation
Byte <-s, -s> [bait] *nt* byte
byzantinisch *adj* Byzantine
Byzanz <-> *nt* Byzantium
bzgl. *präp +gen Abk von* **bezüglich**
bzw. *adv Abk von* **beziehungsweise**

C

C, c <-, – *o fam* -s, -s> *nt* ❶ (*Buchstabe*) C, c; ~ **wie Cäsar** C for [*or* AM as in] Charlie; *s. a.* **A 1**
❷ MUS C, c; **das hohe** ~ top [*or* high] c; *s. a.* **A 2**
C *Abk von* **Celsius** C
CA INFORM *Abk von* **computer aided** CA
ca. *Abk von* **circa** approx., ca.
Cabrio <-s, -s> *nt s.* **Kabrio**
Cabriolet <-[s], -s> *nt s.* **Kabriolett**
Cache <-, -s> [kæʃ] *m* INFORM cache
Cache-Speicher [kæʃ-] *m* INFORM cache memory
CAD <-s, -s> *nt Abk von* **computer-aided design** CAD
CAD/CAM *nt* INFORM *Akr von* **computer-aided design and manufacturing** CAD/CAM
Caddie <-s, -> ['kɛdi] *m* ❶ (*Mensch*) caddie, caddy
❷ (*Wagen*) caddie [*or* caddy] car
Cadmium <-s> *nt kein pl* cadmium *no pl*
CAEU *f Abk von* **Council for Arab Economic Unity** CAEU
Café <-s, -s> *nt* café
Café complet <- -, -s -s> [kafekõ'plɛ] *m* SCHWEIZ *white coffee, roll and jam*
Cafeteria <-, -s> *f* cafeteria
Cafetiere [kafe'ti̯e:rə] *f* cafetiere
cal *f kurz für* **kalorie** cal.
Calcium <-s> *nt kein pl s.* **Kalzium**
Caldera <-, Calderen> *f* GEOL caldera
Californium <-s> *nt kein pl* californium *no pl*
Call <-s, -s> [kɔ:l] *m o nt* BÖRSE call
Callboy ['kɔ:lbɔɪ] *m male version of a call girl* **Callcenter** ['kɔ:lsɛntɐ] *nt* TELEK call centre **Callcenteragent** *m* TELEK call centre adviser
Callgeld *nt* BÖRSE call money **Callgirl** <-s, -s> [-gœrl] *nt* call girl
Call-Option <-, -s> ['kɔ:lɔpʃn̩] *f* BÖRSE call option
Call-Rendite *f* BÖRSE returns *pl* on call
CAM TECH *Abk von* **computer-aided manufacturing** CAM
Camarguepferd [ka'marg-] *nt* horse reared in the Camargue
Camcorder <-s, -> ['kamkɔrdɐ] *m* camcorder
Camembert <-s, -s> ['kaməmbɛ:ɐ̯] *m* Camembert [cheese]
Camionneur <-s, -e> ['kami̯õnøɐ̯] *m* SCHWEIZ (*Spediteur*) haulage contractor, haulier BRIT, hauler AM
Camp <-s, -s> [kɛmp] *nt* MIL ❶ (*Lager*) camp
❷ (*Gefangenenlager*) prison camp
campen ['kɛmpn] *vi* ■[**irgendwo**] ~ to camp [*or* go camping] [somewhere]
Camper(in) <-s, -> ['kɛmpɐ] *m(f)* camper
campieren* *vi* ❶ *s.* **kampieren**
❷ ÖSTERR, SCHWEIZ (*campen*) to camp, to go camping
Camping <-s> ['kɛmpɪŋ] *nt kein pl* camping
Campingartikel *m* piece of camping equipment **Campingausrüstung** *f* camping equipment **Campingbus** *m* camper **Campingführer** *m* camping guide **Campingplatz** *m* campsite, camping [*or* AM camp] ground **Campingzubehör** *nt* camping equipment *no pl*
Campus <-, -> *m* campus
Canasta <-s> *nt kein pl* KARTEN [game of] canasta
Canberra <-s> *nt* Canberra
Cancan <-s, -s> [kã'kã:] *m* cancan
cand. *Abk von* **candidatus** final year student, BRIT *a.* graduand
Canellino *f* KOCHK canellino bean
Cannabis <-> *m kein pl* cannabis *no pl*
Cannelloni *pl* cannelloni *npl*
Cañon <-s, -s> ['kanjɔn] *m* canyon
Canossa <-[s]> *nt s.* **Kanossa**
Canyoning ['kænjənɪŋ] *nt* SPORT canyoning *no pl, no indef art*
CAP *f Abk von* **Gemeinsame Agrarpolitik** CAP, Common Agricultural Policy
Cape <-s, -s> [ke:p] *nt* cape
Cappuccino <-[s], -[s]> [kapʊ'tʃi:no] *m* cappuccino
Capriccio <-s, -s> [ka'prɪtʃo] *nt* MUS capriccio, caprice
Caps-Lock-Modus [kæps'lɒk-] *m* caps lock mode **Caps-Lock-Taste** [kæps'lɒk-] *f* caps lock key
Caravan <-s, -s> ['ka(:)ravan] *m* caravan
Caravanspiegel ['ka:ravan-] *m* AUTO trail-view mirror
Carepaket ['kɛə-] *nt* care package
Cargosprinter <-s, -> *m* BAHN *high-speed freight train*
Caritas <-> *f,* **Deutscher Caritasverband** *German charitable organization*
Carnaroli *m kein pl* KOCHK carnaroli rice *no pl*
Carolina *m kein pl* KOCHK Carolina rice *no pl*
Carport <-s, -s> ['ka:pɔ:t] *m* carport
Car-Sharing, Carsharing <-s> ['kɑ:ʃɛərɪŋ] *nt kein pl* car sharing
Carte blanche <- -, -s -s> [kartə'blã:ʃ] *f* (*geh*) carte blanche
Cartoon <-s, -s> [kar'tu:n] *m* cartoon
Cartoonist(in) <-en, -en> *m(f)* cartoonist
Carving ['ka:ɐ̯vɪŋ] *nt* SKI carving **Carving-Ski** *m* carving ski
Casanova <-s, -s> *m* Casanova
Cäsar[1] <-s> ['tsɛ:zar] *m* Caesar
Cäsar[2] <-saren, -saren> *m* emperor
Cäsarenwahn(sinn) *m* megalomania
Cascading [kæs'keɪdɪŋ] *nt* SPORT cascading
Cash <-s> [kæʃ] *nt kein pl* FIN (*fam*) cash
cash [kæʃ] *adv* cash
Cashewnuss[RR] ['kɛʃu-] *f* cashew nut
Cashflow[RR] <-s, -s> ['kæʃfloʊ] *m* cash flow
Cashflow-Steuer *f* FIN cash flow tax
Cashgeschäft *nt* FIN cash transaction
Cash-Management-System, Cashmanagementsystem ['kæʃmænɪdʒmənt] *nt* cash management system
Cäsium <-s> ['tsɛ-] *nt kein pl* caesium BRIT *no pl,* cesium AM *no pl*
Cassette <-, -n> *f s.* **Kassette**
casten ['kɑ:stn̩] *vt* FILM ■**jdn** ~ to cast sb
Casting <-s, -s> ['kɑ:stɪŋ] *nt* FILM, THEAT casting [session] **Casting-Agentur** *f* FILM casting agency
CASTOR *m Akr von* **cask for storage and transport of radioactive material** CASTOR
Catch-as-catch-can <-> ['kætʃəz'kætʃkæn] *nt kein pl* catch-as-catch-can *no pl,* all-in wrestling *no pl*
catchen ['kɛtʃn̩] *vi* ■**gegen jdn** ~ to wrestle catch-as-catch-can against sb
Catcher(in) <-s, -> ['kɛtʃɐ] *m(f)* catch-as-catch-can [*or* all-in] wrestler
Catering <-[s]> ['kɛɪtərɪŋ] *nt kein pl* catering *no pl*
Cateringservice *m* catering service
Catsuit <-s, -s> ['kɛtsju:t] *m* catsuit
Cayennepfeffer [ka'jɛn-] *m* cayenne pepper
CB-Funk *m* CB radio
CB-Funker(in) [tse:'be:-] *m(f)* CB user [*or* fan]
cbm *m Abk von* **Kubikmeter** m^3
cc INET (*Kopie an*) *Abk von* **carbon copy** cc
CCD *nt* INFORM (*ladungsgekoppeltes Gerät*) *Abk von* **charge coupled device** CCD
ccm *m Abk von* **Kubikzentimeter** cm^3, cc
CD <-, -s> *f Abk von* **Compact Disc** CD
CD-Brenner *m* CD rewriter [*or* burner] **CD-I** *nt* INFORM *Abk von* **compact disc-interactive** CD-I **CD-Laufwerk** *nt* CD drive **CD-Player** <-s, -> [-ple:ə] *m* CD player **CD-R** *f Abk von* **CD-Recordable** CD-R **CD-Recordable** <-, -s> [-rɪ'kɔ:dəbl̩] *f* (*einmal beschreibbare CD*) CD-Recordable, recordable CD **CD-ReWritable** <-, -s> [-rɪ'raɪtəbl̩] *f* CD-ReWritable, rewritable CD **CD-ROM** <-, -s> [tse:de:'rɔm] *f* CD-ROM; ■**auf CD-ROM** on CD-ROM **CD-ROM-Brenner** *m* CD-ROM burner **CD-ROM-Laufwerk** *nt* CD-ROM drive [*or* player] **CD-Spieler** *m s.* **CD-Player** **CD-Ständer** *m* CD rack
CDU <-> *f Abk von* **Christlich-Demokratische Union** CDU
CD-Video *nt* video disc **CD-Videogerät** *nt* video disc player **CD-Wechsler** *m* CD selector
CE *pl Abk von* **Consumer Electronics** CE
Cefalosporin <-s, -e> *nt* PHARM cephalosporin
Celebessee [tse'le:bɛs] *f* Celebes Sea
Celebrity-Center [sə'lebrəti,sentə] *nt von Scientology* celebrity center
Celli [tʃ-] *pl von* **Cello** cellos *pl*
Cellist(in) <-en, -en> [tʃɛ'lɪst] *m(f)* cellist
Cello <-s, -s *o* Celli> ['tʃɛlo] *nt* cello
Cellophan® <-s> [tsɛlo'fa:n] *nt kein pl* cellophane
Cellophanieren <-s> *nt kein pl* TYPO film [*or* acetate] laminating
cellophaniert *adj inv* ~**er Karton** film-laminated board
Cellulite <-> *f kein pl* cellulite
Celsius ['tsɛl-] *no art, inv* Celsius
Celsiusskala *f* celsius scale
Cembalo <-s, -s *o* Cembali> ['tʃɛmbalo] *nt* cembalo
Centronics-Schnittstelle [tʃ-] *f* INFORM centronics interface
Cepheiden [ts-] *pl* ASTRON Cepheids *pl,* Cepheid variables *pl*
CERN <-s> *m kein pl Akr von* **Conseil Européen pour la Recherche Nucléaire** CERN
Cervelatwurst [sɛrva'la:t-] *f* cervelat [sausage]
Ces, ces <-, -> [tsɛs] *nt* MUS C flat
Cessio legis [ts-] *nt* JUR assignment by operation of law
Ceylon ['tsailɔn] *nt früher für* **Sri Lanka** Ceylon
cf. *Abk von* **confer** cf.
Cha-Cha-Cha <-[s], -s> ['tʃa'tʃa'tʃa] *m* cha-cha[-cha]
Chagrinleder [ʃa'grɛ̃-] *nt* shagreen
Chalkolithikum <-s> *nt kein pl* (*Kupferzeit*) chalcolithic period
Chamäleon <-s, -s> [ka-] *nt* chameleon; **ein** ~ **sein** (*pej*) to be [like] a chameleon
Champagner <-s, -> [ʃam'panjə] *m* champagne

Champagnerschere *f* champagne tongs *npl*

Champignon <-s, -s> ['ʃampɪnjɔŋ] *m* [common] mushroom

Champion <-s, -s> ['tʃɛmpi̯ən] *m* (*Spitzensportler*) champion; (*Spitzenmannschaft*) champions *pl*

Champions League <-> ['tʃɛmpi̯əns 'li:g] *f kein pl* FBALL Champions League; **in der ~ spielen** to play in the Champions League

Chance <-, -n> ['ʃã:sə] *f* ❶ (*Möglichkeit*) chance; **eine/keine ~ ungenutzt lassen** to [not] pass up an opportunity; **jdm eine ~ geben** to give sb a chance; **jdm eine letzte ~ geben** to give sb one last chance; **[gegen jdn] keine ~ haben** to have no chance [against sb]; **die ~n** *pl* **stehen gut/schlecht** there's a good chance/there's little chance; **wie stehen die ~n?** (*fam*) what are the odds?
❷ *pl* (*Aussichten*) prospects *pl*; **[bei jdm] ~n haben** (*fam: Aussicht auf Erfolg haben*) to have a chance [with sb]; (*beim Arbeitgeber etc.*) to have prospects [with an employer, etc.]

Chancengleichheit *f* JUR equality of opportunity **Chancenkapital** *nt* FIN venture capital

chancenlos *adj* no chance; **~ gegen jdn/etw sein** to not stand a chance against sb/sth

changieren* [ʃã'ʒi:rən] *vi* to shimmer

Channel-Hopping, **Channelhopping** <-s> [tʃænl-] *nt kein pl* TV channel hopping

Chanson <-s, -s> [ʃã'sõ:] *nt* chanson

Chanson(n)ette <-, -n> [ʃãsɔ'nɛt] *f* chanteuse

Chansonsänger(in) *m(f)* singer of chansons, chansonnier

Chanukka <-> [x-] *f kein pl* REL (*das jüdische Lichterfest*) Chanukah, Hanuka, Hanukkah, Hanukka, Feast of Dedication [*or* of Lights]

Chaos <-> ['ka-] *nt kein pl* chaos *no pl*; **irgendwo herrscht [ein einziges] ~** there is [complete [*or* absolute]] chaos somewhere

Chaostheorie *f* MATH chaos theory

Chaot(in) <-en, -en> [ka-] *m(f)* (*pej*) ❶ (*Radikale(r)*) anarchist
❷ (*sl: verworrener Mensch*) chaotic [*or* muddle-headed] person

chaotisch [ka-] **I.** *adj* chaotic; **~ aussehen/klingen** to look/sound chaotic
II. *adv* chaotically

Chapeau claque, **Chapeau Claque**[RR] <- -, -x -s> [ʃapo'klak] *m* operahat

Charakter <-s, -tere> [ka-] *m* ❶ (*Wesen*) character; **~ haben** to have strength of character; **den ~ prägen [*o* formen]** to form [*or* BRIT mould] [*or* AM mold] the character; **jd von ~** sb with strength of character
❷ (*Eigenart*) character; *eines Gesprächs, einer Warnung* nature *no indef art*
❸ (*liter*) character

Charakteranlage *f* characteristic **Charakterdarsteller(in)** *m(f)* character actor **Charaktereigenschaft** *f* characteristic **Charakterfehler** *m* character defect **charakterfest** *adj* with strength of character *pred*; **~ sein** to have strength of character **Charakterfestigkeit** *f* strength of character

charakterisieren* *vt* ■**etw ~** to characterize sth; ■**jdn/etw [als etw** *akk*] ~ to characterize sth/sb [as sth]

Charakterisierung <-, -en> *f* characterization

Charakteristik <-, -en> *f* ❶ (*treffende Schilderung*) characterization
❷ TECH (*typische Eigenschaft*) feature

Charakteristikum <-s, -ristika> *nt* (*geh*) characteristic

charakteristisch *adj* characteristic, typical; ■**~ [für jdn/etw] sein** to be characteristic [*or* typical] [of sb/sth]

charakteristischerweise *adv* characteristically

Charakterkopf *m* face with striking [*or* distinctive] features; **einen ~ haben** to have striking features, to have an expressive face

charakterlich **I.** *adj* of sb's character *pred*; **~es Merkmal** characteristic; **~e Qualitäten** personal qualities; **~e Stärke** strength of character
II. *adv* in character, as far as sb's character is concerned *pred*; **jdn ~ stark/negativ prägen** to have a strong/negative effect on sb's character

charakterlos **I.** *adj* despicable **II.** *adv* despicably **Charakterlosigkeit** <-, -en> *f* ❶ (*Niedertracht*) despicableness *no pl* ❷ (*schändliche Tat*) despicable act; ***es ist einfach eine ~ von ihr*** it is simply despicable of her **Charaktermerkmal** *nt s.* **Charaktereigenschaft**

Charakterologie <-> *f kein pl* characterology *no pl*

charakterologisch *adj* characterological

Charakterrolle *f* character part **Charakterschauspieler(in)** *m(f)* character actor **Charakterschwäche** *f* weakness of character **Charakterschwein** *nt* (*fam*) bad lot **Charakterstärke** *f* strength of character **Charakterstudie** *f* character study **charaktervoll** **I.** *adj* ❶ (*anständig*) decent ❷ (*ausgeprägt*) pronounced **II.** *adv* decently **Charakterzug** *m* characteristic

Charge <-, -n> ['ʃarʒə] *f* ❶ (*Dienstgrad*) rank; **die höheren/unteren ~n** the upper/lower ranks
❷ (*Nebenrolle*) supporting role
❸ PHARM batch

Charisma <-s, Charismen *o* Charismata> ['ça:rɪsma] *nt* (*geh*) charisma

Charismatiker(in) <-s, -> *m(f)* charismatic person

charismatisch *adj* charismatic

Charleston <-, -s> ['tʃarlstn̩] *m* Charleston

Charm <-s, -s> [tʃɑ:m] *nt* PHYS (*Eigenschaft eines Quark*) charm

charmant [ʃar'mant] **I.** *adj* charming
II. *adv* charmingly

Charme <-s> [ʃarm] *m kein pl* charm; **~ haben** to have charm

Charmeur(in) <-s, -e> [ʃar'mø:ɐ̯] *m(f)* charmer

Charta <-, -s> ['karta] *f* charter; **Magna ~** Magna Carta [*or* Charta]

Chart-Analyst [tʃart'ænəlɪst] *m* FIN chart analyst

Charter <-s, -s> ['tʃartɐ] *m* charter

Charterer *m* ÖKON charterer

Charterflug ['tʃartɐ-] *m* charter flight **Charter(flug)gesellschaft** *f* charter company **Charterflugzeug** *nt* charter plane **Chartermaschine** *f* charter [aeroplane [*or esp* AM airplane]]

chartern ['tʃartɐn] *vt* ❶ (*mieten*) ■**etw ~** to charter sth
❷ (*fam: anheuern*) ■**[sich** *dat*] **jdn ~** to hire sb

Charterpartie *f* ÖKON chartering party **Chartervertrag** *m* JUR (*Schifffahrt*) contract of affreightment

Charts [tʃa:ts] *pl* charts *pl*

Chassis <-, -> [ʃa'si:] *nt* chassis

Chasuble <-s, -s> [ʃa'zybl̩] *nt* MODE chasuble

Chat <-s, -s> [tʃæt] *m* INET chat

Chateaubriand <-[s], -s> [ʃatobri'ã:] *nt* KOCHK chateaubriand

Chatforum *nt* (*sl*) chat forum

Chatmodus *m* chat mode

Chatroom <-s, -s> ['tʃætru:m] *m* INET chat room

chatten ['tʃætən] *vi* INET (*fam*) ■**[mit jdm] ~** to chat [with sb]

Chauffeur(in) <-s, -e> [ʃɔ'fø:ɐ̯] *m(f)* (*Fahrer*) driver; (*persönlicher Fahrer*) chauffeur

Chauffeuse <-, -n> [ʃɔfø:zə] *f* SCHWEIZ *fem form von* **Chauffeur** female professional driver

chauffieren* [ʃɔ'fi:rən] **I.** *vt* (*geh o veraltend*) ■**jdn [irgendwohin/zu jdm] ~** to drive sb [somewhere/to sb]
II. *vi* (*geh o veraltend*) to drive

Chaussee <-, -n> [ʃɔ'se:] *f* (*in Straßennamen*) Avenue; (*veraltend*) country road

Chauvi <-s, -s> ['ʃo:vi] *m* (*sl*) [male] chauvinist [pig] *pej*

Chauvinismus <-> [ʃo-] *m kein pl* ❶ POL (*pej*) chauvinism *no pl pej*
❷ (*männlicher ~*) [male] chauvinism *no pl pej*

Chauvinist(in) <-en, -en> [ʃo-] *m(f)* ❶ POL (*pej*) chauvinist *pej*
❷ (*Chauvi*) [male] chauvinist [pig] *pej*

chauvinistisch [ʃo-] **I.** *adj* (*pej*) ❶ POL chauvinistic
❷ (*männlich ~*) chauvinistic *pej*
II. *adv* (*pej*) chauvinistically *pej*

Chayote <-, -n> [tʃa'jo:tə] *f* BOT, KOCHK chayote, vegetable pear

checken ['tʃɛkn̩] *vt* ❶ (*überprüfen*) ■**etw ~** to check sth; ■**~, ob** to check whether
❷ (*sl: begreifen*) ■**etw ~** to get sth *fam*
❸ SPORT (*anrempeln*) ■**jdn ~** to check sb

Checkliste *f* checklist **Checkpoint** <-s, -s> *m* checkpoint **Check-up** <-s, -s> ['tʃɛkap] *m* checkup

Chef(in) <-s, -s> [ʃɛf] *m(f)* head; (*Leiter einer Firma*) manager, boss *fam*; **~ des Stabes** MIL chief of staff

Chefarzt, -ärztin *m, f* head doctor **Chefetage** *f* management floor **Chefideologe, -login** *m, f* chief ideologist [*or* ideologue]

Chefin <-, -nen> *f* ❶ *fem form von* **Chef**
❷ (*fam: Frau des Chefs*) boss' wife *fam*

Chefingenieur(in) *m(f)* chief engineer **Chefkoch, -köchin** *m, f* chief [*or* head] cook **Chefredakteur(in)** *m(f)* editor-in-chief **Chefredaktion** *f* ❶ (*Aufgabe*) chief editorship ❷ (*Büro*) editor-in-chief's office **Chefsache** *f pl selten* (*fam*) matter for the boss [to take care of], management matter; **etw zur ~ machen** to make sth a matter for the management; ***erklären Sie den Fall zur ~!*** that's a matter for the boss! **Chefsekretär(in)** *m(f)* manager's secretary **Chefunterhändler(in)** *m(f)* POL head [*or* chief] negotiator **Chefzimmer** *nt* executive's [*or* AM boss's] office

chem. *Abk von* **chemisch**

Chemie <-> [çe'mi:] *f kein pl* ❶ (*Wissenschaft*) chemistry
❷ ÖKON (*Branche*) chemical industry
❸ (*fam: chemische Zusatzstoffe*) chemicals *pl fam*

Chemiearbeiter(in) *m(f)* chemical worker **Chemiefaser** *f* (*Kunstfaser*) man-made fibre [*or* AM -er] **Chemieingenieur(in)** *m(f)* chemical engineer **Chemiekonzern** *nt* chemical manufacturer [*or* company] **Chemielaborant(in)** *m(f)* laboratory chemist **Chemielehrer(in)** *m(f)* chemistry teacher **Chemiemüll** *m kein pl* chemical waste **Chemieunfall** *nt* chemical accident **Chemieunterricht** *m* chemistry lesson **Chemiewaffen** *pl* chemical weapons *pl* **chemiewaffenfrei** *adj* free of chemical weapons *pred*

Chemikalie <-, -n> [çemi-] *f meist pl* chemical

Chemiker(in) <-s, -> ['çe:mikɐ] *m(f)* chemist

chemisch ['çe:mɪʃ] **I.** *adj* chemical
II. *adv* chemically; **etw ~ reinigen** to dry-clean sth

Chemotechnik [çemo-] *f kein pl* chemical engineering *no pl* **Chemotechniker(in)** *m(f)* chemical engineer **Chemotherapeutikum** <-s, -ka> *nt* chemotherapeutical remedy **chemotherapeutisch** *adj* chemotherapeutic **Chemotherapie** *f* chemotherapy

Cherimoya <-, -[s]> [tʃ-] *f* BOT cherimoya

Cherokee <-[s], -[s]> [tʃɛrə'ki:] *m* (*Indianer*) Cherokee

Cherub <-s, -im *o* -inen> ['çe:rʊp] *m* cherub

Chiasmus <-, -men> ['ç-] *m* LING chiasmus

chic [ʃɪk] *adj s.* **schick**

Chick <-s, -s> [tʃɪk] *m* (*pej*) chick

Chicorée <-s> ['ʃikore] *m kein pl* chicory

Chiemsee *m* Chiemsee

Chiffon <-s, -s> ['ʃɪfõ] *m* chiffon

Chiffre <-, -n> ['ʃɪfrə] *f* ❶ (*Kennziffer*) box number
❷ (*Zeichen*) cipher

Chiffreanzeige *f* box number advertisement

Chiffretelefon *nt* scrambler telephone

chiffrieren* [ʃɪ'fri:rən] *vt* ■**etw ~** to [en]code sth; ■**chiffriert** [en]coded

Chiffriermaschine *f* cipher machine, coder **Chiffrierschlüssel** *m* cryptographic [*or* cipher] key **Chiffrierverfahren** *nt* INFORM cryptographic process, encoding

Chihuahua <-s, -s> [tʃi'u̯au̯a] *m* (*Hunderasse*)

Chihuahua
Chile <-s> ['tʃi:le] *nt* Chile; *s. a.* **Deutschland**
Chilekrabbe *f* ZOOL langostino
Chilene, Chilenin <-n, -n> *m, f* Chilean; *s. a.* **Deutsche(r)**
chilenisch *adj* Chilean; *s. a.* **deutsch**
Chili <-s> ['tʃi:li] *m kein pl* ① (*Pfefferschote*) chilli BRIT, chili AM
② (*Pfeffersoße*) chilli sauce
Chilischote *f* chilli, hot pepper
Chilisoße *f* chil[l]i sauce
Chill-Out, Chillout <-s> [tʃɪlaut] *nt* (*sl*) chill-out
Chimäre <-, -n> [ç-] *f* ① BIOL (*Knorpelfisch*) chimera
② (*geh: Trugbild*) illusion
China <-s> ['çi:na] *nt* China; *s. a.* **Deutschland**
Chinakohl *m* Chinese cabbage **Chinapfeffer** *m* anise pepper **Chinarestaurant** *nt* Chinese restaurant **Chinasalat** *m* Chinese leaf [*or* cabbage] **Chinawurzel** *f* chinaroot
Chinchilla¹ <-, -s> [tʃɪn'tʃɪla] *f* chinchilla
Chinchilla² <-s, -s> [tʃɪn'tʃɪla] *nt* chinchilla
Chinese, Chinesin <-n, -n> [çi-] *m, f* Chinese [person]; *s. a.* **Deutsche(r)**
chinesisch *adj* Chinese
▸ WENDUNGEN: ~ **für jdn sein** (*fam*) to be double Dutch to sb; *s. a.* **deutsch**
Chinesisch *nt dekl wie adj* Chinese; *s. a.* **Deutsch**
Chinesische <-n> *nt* ■**das** ~ Chinese; *s. a.* **Deutsche**
Chinin <-s> [çi'ni:n] *nt kein pl* quinine *no pl*
Chinolon <-s, -e> *nt* PHARM quinolone
Chip <-s, -s> [tʃɪp] *m* ① INFORM [micro]chip
② (*Jeton*) chip
③ (*Kartoffelscheiben*) ■~**s** *pl* crisps *pl* BRIT, chips *pl* AM
Chipkarte *f* smart card **Chipkontakt** *m* INFORM chip contact
Chippendale <-[s]> ['(t)ʃɪpəndeɪl] *nt kein pl* (*Möbelstil*) Chippendale style
Chipsatz *m* INFORM chip set
Chi-Quadrat [çi:-] *nt* (*Wahrscheinlichkeitsverteilung*) chi-square[d] distribution
Chiropraktik [çiro-] *f kein pl* chiropractic *no pl*
Chiropraktiker(in) *m(f)* chiropractor
Chirurg(in) <-en, -en> *m(f)* surgeon
Chirurgie <-, -n> [çirʊr'gi:] *f* ① *kein pl* (*Fachgebiet*) surgery
② (*chirurgische Abteilung*) surgery ward
Chirurgin <-, -nen> *f fem form von* **Chirurg**
chirurgisch I. *adj* surgical; ■**die ~e Abteilung** the surgery ward
II. *adv* surgically; ~ **tätig sein** to practise [*or* AM -ce] surgery
Chisinau <-s> [kiʃi'nəu] *nt* Chişinău
Chitin <-s> [çi'ti:n] *nt kein pl* chitin *no pl*
Chlor <-s> [klo:ɐ̯] *nt kein pl* chlorine
Chlorakne *f* chloracne *no pl*
Chloramphenicol <-s, -e> *nt* PHARM chloramphenicol
chloren *vt* ■**etw** ~ to chlorinate sth
chlorfrei *adj inv* chlorine-free **Chlorgas** *nt* chlorine [gas] **chlorhaltig** *adj* containing chlorine, chlorinated
Chlorid <-s, -e> *f* CHEM chloride
chlorieren* *vt* ■**etw** ~ to chlorinate sth; *s. a.* **Kohlenwasserstoff**
chlorig *adj* chlorous
Chlorit <-s, -e> *nt* CHEM chlorite
Chloroform <-s> *nt kein pl* chloroform *no pl*
chloroformieren* *vt* ■**jdn** ~ to chloroform sb
Chlorophyll <-s> *nt kein pl* chlorophyll *no pl*
Chloroplast <-en, -en> *meist pl m* BIOL chloroplast
Chlorwasserstoff *m* hydrogen chloride
Choke <-s, -s> [tʃoʊk] *m* choke
Chokerkette [tʃo:kə-] *f* choker
Cholera <-> ['ko:lera] *f kein pl* cholera *no pl*
Choleraepidemie *f* cholera epidemic
Choleriker(in) <-s, -> [ko-] *m(f)* choleric person
cholerisch *adj* choleric
Cholesterin <-s> [çolɛste'ri:n] *nt kein pl* cholesterol *no pl*
Cholesterinspiegel *m* cholesterol level
Chondrit <-s, -e> *m* (*Steinmeteorit*) chondrite
Chor¹ <-[e]s, Chöre> [ko:ɐ̯] *m* ① (*Gruppe von Sängern*) choir
② MUS chorus; **im** ~ in chorus
Chor² <-[e]s, -e *o* Chöre> *m* ARCHIT ① (*Altarraum*) choir
② (*Chorempore*) choir gallery
Choral <-s, Choräle> [ko-] *m* chorale
Chordatier *nt* ZOOL chordate
Choreograf(in)^RR <-en, -en> *m(f)* choreographer
Choreografie^RR <-, -n> [ko-] *f* choreography
Choreografin^RR <-, -nen> *f fem form von* **Choreograf**
choreografisch^RR *adj* choreographic
Choreograph(in) <-en, -en> *m(f) s.* **Choreograf**
Choreographie <-, -n> *f s.* **Choreografie**
Choreographin <-, -nen> *f fem form von* **Choreograf**
choreographisch *adj s.* **choreografisch**
Chorgesang *m* choral singing *no pl*
Chorgestühl *nt* choir stalls *pl*
Chorknabe *m* choirboy **Chorleiter(in)** *m(f)* choirmaster **Chorsänger(in)** *m(f)* chorister
Chose <-, -n> ['ʃo:zə] *f* (*fam*) ① (*Angelegenheit*) thing *fam*, affair, matter
② (*Zeug*) stuff *fam;* ■**die** [**ganze**] ~ the whole lot *fam*
Chr. *Abk von* **Christus, Christi** Christ
Christ(in) <-en, -en> [krɪst] *m(f)* Christian
Christbaum *m* DIAL (*Weihnachtsbaum*) Christmas tree **Christbaumschmuck** *m kein pl* DIAL Christmas tree decorations *pl* **Christdemokrat(in)** *m(f)* Christian Democrat **christdemokratisch** *adj* Christian democratic
Christenheit <-> *f kein pl* Christendom *no pl*
Christenpflicht *f* Christian duty
Christentum <-s> *nt kein pl* Christianity *no pl*
Christenverfolgung *f* persecution of [the] Christians
Christfest *nt* DIAL (*Weihnachtsfest*) Christmas
Christi *gen von* **Christus**
christianisieren* *vt* ■**jdn/etw** ~ to convert sb/sth to Christianity, to christianize sb/sth
Christianisierung <-, -en> *f* christianization, conversion to Christianity
Christin <-, -nen> *f fem form von* **Christ**
Christkind *nt* ① (*Jesus*) infant [*or* baby] Jesus, Christ child
② (*weihnachtliche Gestalt*) Father Christmas BRIT, Santa Claus AM; **ans ~ glauben** to believe in Father Christmas
③ *bes* SÜDD, ÖSTERR (*Weihnachtsgeschenk*) Christmas present
christlich I. *adj* Christian; **C~-Demokratische Union** [*o* **CDU**] Christian Democratic Union, CDU; **C~-Soziale Union** [*o* **CSU**] Christian Social Union; **C~er Verein Junger Männer** Young Men's Christian Association
II. *adv* in a Christian manner; *s. a.* **Seefahrt, Verein**
Christmesse *f*, **Christmette** *f* REL Christmas mass
Christnacht *f* Christmas Eve, the night before Christmas
Christoph *m* Christopher **Christrose** *f* Christmas rose **Christstollen** *m cake made of yeast dough, raisins, candied citrus fruits and often marzipan that is traditionally eaten at Christmas*
Christus <Christi, *dat* – *o geh* Christo, *akk* – *o geh* Christum> ['krɪstʊs] *m* Christ; (*Christusfigur*) figure of Christ; **nach ~, nach Christi Geburt** AD; **vor ~, vor Christi Geburt** BC; **Christi Himmelfahrt** Ascension
Chrom <-s> [kro:m] *nt kein pl* chrome *no pl*
Chromatik <-> [kro-] *f kein pl* ① MUS chromaticism
② ORN chromatics + *sing vb*
chromatisch *adj* MUS, ORN chromatic
Chromatografie^RR <-> *f kein pl s.* **Chromatographie**
Chromatographie <-> *f kein pl* CHEM chromatography
chromblitzend *adj* gleaming [*or* shiny] with chrome
Chromoduplexkarton *m* TYPO chromo duplex board **Chromoersatzkarton** *m* TYPO imitation chromo board **Chromokarton** *m* TYPO chromo board
Chromosom <-s, -en> [kro-] *nt* chromosome
Chromosomensatz *m* chromosome number
Chromstahl *m* chrome [*or* chromium] steel
Chronic <-s> *nt kein pl* (*Droge*) chronic AM *fam*
Chronik <-, -en> ['kro:nɪk] *f* chronicle
chronisch ['kro:nɪʃ] *adj* ① MED chronic
② (*fam: dauernd*) chronic; ■**etw ist bei jdm** ~ sb has [a] chronic [case of] sth; **ein ~ kranker Mensch** a chronically ill person; ■~ **sein/werden** to be/become chronic
Chronist(in) <-en, -en> *m(f)* chronicler
Chronobiologie *f* chronobiology **Chronofotografie**^RR *f* FILM chronophotography **Chronograf**^RR *m s.* **Chronograph** **Chronograph** *m* chronograph **Chronologie** <-> [kro-] *f kein pl* ① (*geh: zeitliche Abfolge*) sequence ② (*Zeitrechnung*) chronology **chronologisch** I. *adj* chronological II. *adv* chronologically, in chronological order **Chronometer** <-s, -> [krono-] *nt* chronometer
Chrysalide <-, -n> *f* ZOOL (*Schmetterlingspuppe*) chrysalis, chrysalid
Chrysantheme <-, -n> [kryzan'te:mə] *f* chrysanthemum
Chur *nt* Chur
Chuzpe <-> ['xʊtspə] *f kein pl* (*pej fam*) gall
CI [si:aɪ] *f Abk von* **Corporate Identity** Corporate Identity
CIA <-> *f o m Abk von* **Central Intelligence Agency** CIA
c.i.c. *f* JUR *Abk von* **culpa in contrahendo** c.i.c.
Cicero¹ <-s> ['tsitsero] *m* HIST Cicero
Cicero² <-> *f o m kein pl* TYPO cicero
Cicerone <-[s], -s *o geh* Ciceroni> *m* (*veraltend*)
① (*Fremdenführer*) tourist guide
② (*Reiseführer*) guide[book]
Cidre <-s> ['si:drə] *m kein pl* French cider
Cie. SCHWEIZ *Abk von* **Kompanie**
cif *Abk von* **cost, insurance, freight** c.i.f.
CIM *m* INFORM *Abk von* **computer integrated manufacture** CIM
Cineast(in) <-en, -en> [sine-] *m(f)* (*geh*) cinéaste, cineast[e]
cineastisch *adj* cinematic
circa *adv s.* **zirka**
Circe <-, -n> ['tsɪrtsə] *f* ① HIST Circe
② (*geh: verführerische Frau*) Circe *form*, temptress
Cis, cis <-, -> [tsɪs] *nt* C sharp
ciselieren [tsɪ-] *vt* KOCHK ■**etw** ~ to score [*or* gash] sth
City <-, -s> ['sɪti] *f* city [centre] BRIT, city center AM, downtown AM
Citybike ['sɪtibaɪk] *nt* citybike
Citytrip <-s, -s> ['sɪtitrɪp] *m* (*Städtereise*) city break
cl *m Abk von* **Zentiliter** cl
Clan <-s, -s> [kla:n] *m* ① (*Stamm*) clan
② (*pej: Clique*) clique *pej*
Claqueur <-s, -e> [kla'kø:ɐ̯] *m* (*pej geh*) claqueur BRIT, [a member of a] studio audience AM
clausula rebus sic stantibus *f* JUR contract of affreightment
Clavicembalo <-s, -s *o* -cembali> [klavi'tʃɛmbalo] *nt* clavicembalo
clean [kli:n] *adj pred* (*sl*) ■~ **sein** to be clean
Clearing ['klɪə:rɪŋ] *nt* FIN clearing
Clearingabkommen *nt* FIN clearing agreement **Clearingbank** *f* FIN clearing bank **Clearingspitzen** *pl* FIN peak clearing rates **Clearingstelle** *f* FIN clearing house **Clearingteilnehmer(in)** *m(f)* FIN clearing member

C

clever ['klɛvɐ] **I.** *adj* (*fam*) ❶ (*aufgeweckt*) smart, bright
❷ (*pej: raffiniert*) cunning
II. *adv* (*fam*) ❶ (*geschickt*) artfully
❷ (*pej*) cunningly
Cleverness[RR], **Cleverneß** <-> *f kein pl* ❶ (*Aufgewecktheit*) brightness *no pl*
❷ (*pej: Raffinesse*) cunningness *no pl*
Clinch <-[e]s> [klɪntʃ] *m kein pl* clinch; (*fig a.*) dispute; **[mit jdm] in den ~ gehen** to get into a clinch [with sb]; (*fig a.*) to start a dispute [with sb]; **sich** *akk* **aus dem ~ lösen** to free oneself from [*or* get out of] the clinch; **[mit jdm] im ~ sein** [*o* **liegen**] (*fig*) to be in dispute [with sb]
Clip <-s, -s> [klɪp] *m* ❶ (*Klemme*) clip
❷ (*Haarklemme*) hair slide [*or* clip], barrette AM
❸ (*Ohrschmuck*) clip-on [earring]
❹ (*Videoclip*) video
Clips <-, -e> *m s.* **Clip 3**
Clique <-, -n> ['klɪkə] *f* ❶ (*Freundeskreis*) circle of friends
❷ (*pej*) clique *pej*
Cliquen(un)wesen *nt* (*pej*) cliquism *pej* **Cliquenwirtschaft** *f* (*pej fam*) cliquism *pej*
Clochard <-s, -s> [klɔ'ʃaːɐ] *m* tramp, AM *fam a.* bum
Clou <-s, -s> [kluː] *m* ❶ (*Glanzpunkt*) highlight
❷ (*Kernpunkt*) crux
❸ (*Pointe*) punch line
Clown(in) <-s, -s> [klaun] *m(f)* clown
▶ WENDUNGEN: **sich** *akk/***jdn zum ~ machen** to make a fool of oneself/sb; **den ~ spielen** to play the clown
Club <-s, -s> *m s.* **Klub**
Clubber(in) <-s, -> ['klʌbŋ] *m(f)* [night]clubber
Clubsteak [klʌb-] *nt* club steak
cm *Abk von* **Zentimeter** cm
Co. *Abk von* **Kompagnon, Kompanie** Co.
Coach <-[s], -s> [koutʃ] *m* coach
Coca <-[s], -s> *nt* <-, -s> *f* (*fam*) Coke® *fam*
Cockerspaniel *m* cocker spaniel
Cockpit <-s, -s> ['kɔkpɪt] *nt* LUFT, AUTO cockpit
Cocktail <-s, -s> ['kɔkteːl] *m* ❶ (*Getränk*) cocktail
❷ (*Party*) cocktail party
❸ (*Mischung*) wild mixture
Cocktailbar *f* cocktail bar **Cocktailkleid** *nt* cocktail dress **Cocktailparty** *f* cocktail party
Coco-Bohne *f* broad bean
Cocooning <-s> [kə'kuːnɪŋ] *nt* cocooning
Code *m* INFORM code; **maschinenlesbare ~s** machine-readable codes
Code <-s, -s> *m s.* **Kode**
Codecracker <-s, -> *m* code crack[er] **Code-Größe** *f* code size **Codepage** <-, -s> *f* code sheet
Codex <-es *o* -, -e *o* Codices> *m s.* **Kodex**
Code-Zeichen *nt* code character
codieren* *vt* ❶ INFORM, TECH ■ **etw ~** to code sth
❷ LING *s.* **kodieren**
Coeur-Dekolletee[RR] [køːɐdekɔl'teː] *nt* sweetheart neckline
Cognac® <-s, -s> ['kɔnjak] *m* cognac
Coiffeuse <-, -n> [koa'føzə] *f* SCHWEIZ *fem form von* **Coiffeur** hairdresser, [hair] stylist
Coitus <-, -> *m* (*geh*) coitus *form*, coition *spec; s. a.* **Koitus**
Cola <-[s], -s> *nt* <-, -s> *f* (*fam*) Coke® *fam*
Colchicin <-s> [kɔlçi'tsiːn] *nt kein pl s.* **Kolchizin**
Coldcreme[RR] ['kould-] *f* cold creme
Collage <-, -n> [kɔ'laːʒə] *f* KUNST, MUS collage
Collagen <-s> *nt s.* **Kollagen**
College <-[s], -s> ['kɔlɪdʒ] *nt* college
Collegemappe *f* briefcase (*without a handle*)
Collegering *m* class ring
Collider <-s, -> [kə'laɪdə] *m* PHYS collider
Collie <-s, -s> *m* (*Hunderasse*) collie
Collier <-s, -s> *nt s.* **Kollier**
Coloniakübel *m* ÖSTERR (*große Mülltonne*) dustbin BRIT, garbage [*or* trash] can AM
Colorfilm *m* colour [*or* AM -or] film

Colt® <-s, -s> *m* Colt; **zum ~ greifen** to go for one's gun
Combo <-, -s> *f* combo
Come-back[RR], **Comeback** <-[s], -s> [kam'bɛk] *nt* comeback; **ein/sein ~ feiern** to enjoy a comeback; **jdm gelingt ein ~** sb makes a successful comeback
COMECON, **Comecon** <-> *m o nt kurz für* **Council for Mutual Economic Assistance** COMECON
Comer See *m* Lake Como
Comic <-s, -s> ['kɔmɪk] *m meist pl* comic
Coming-out <-[s], -s> [kamɪŋ'ʔaut] *nt* coming-out
Community <-, -ties> [kə'mjuːnəti] *f* INET community
Compactdisc[RR] <-, -s> [kɔm'pɛkt-] *f* compact disc
Compiler <-s, -> [kɔm'pailɐ] *m* INFORM compiler
Compilersprache *f* INFORM compiler language
Computer <-s, -> [kɔm'pjuːtɐ] *m* computer; **den ~ programmieren** to program the computer; **[etw] auf ~ umstellen** to computerize [sth]; **mobiler** [*o* **tragbarer**] **~** portable computer
Computeranalyse *f* computer analysis **Computeranimation** *f* INFORM computer animation **Computerarbeitsplatz** *m* computerized workstation **Computerbetrug** *m* JUR computer-related fraud **Computerbörse** *f* ÖKON computerized stock market [*or* exchange] **Computerdatei** *f* INFORM [computer] file **Computerdiagnose** *f* computer diagnosis **Computerdiagnostik** *f* computer diagnosis **Computerentwurfsdaten** *pl* INFORM computer design data + *sing/pl vb* **computererzeugt** *adj inv* computer-generated; **~es Modell** computer-generated model **Computerfehler** *m* INFORM computer error **Computerfreak** <-s, -s> *m* computer freak **computergesteuert** **I.** *adj* computer-controlled **II.** *adv* under computer control; ***die Montage erfolgt ~*** the assembly is controlled by computer **computergestützt** *adj* computer-aided [*or* -assisted] **Computergrafik**[RR] *f* computer graphics *npl*
Computerhacker <-s, -> *m* computer hacker
computerisieren* *vt* ■ **etw ~** to computerize sth
Computerisierung <-> *f kein pl* computerization
Computerkasse *f* computerized [cash] till **Computerkriminalität** *f* computer crime **Computerladen** *m* computer shop [*or* AM store] **Computerlaie** *m* computer layperson [*or* novice] **computerlesbar** *adj* computer-[*or* machine-]readable **Computerlinguist(in)** *m(f)* computer linguist **Computerlinguistik** *f* computer linguistics + *sing vb* **Computermanipulation** *f* JUR falsification of documents **Computernetz(werk)** *nt* computer network **Computerprogramm** *nt* INFORM [computer] programme [*or* AM -am] **Computerregister** *nt* INFORM [computer] register **Computersabotage** *f* JUR computer sabotage **Computersimulation** *f* computer simulation **Computerspiel** *nt* computer game **Computerspionage** *f kein pl* INFORM computer espionage **Computersprache** *f* INFORM programming [*or* computer] language **Computerstrahlung** *f kein pl* computer emissions *pl*, EMF radiation **Computersucht** *f kein pl* PSYCH computer addiction, addiction to computers **Computersystem** *nt* computer system
Computer-Telephony-Integration[RR], **Computer Telephony Integration** *f* TELEK computer telephony integration
Computerterminal *nt* INFORM [computer] terminal
Computertisch *m* computer table
Computertomogramm *nt* computer-aided tomogram **Computertomograph** *m* computerized tomography [*or* CT] scanner **Computertomographie** *f* computerized tomography, CT **computerunterstützt** *adj* computer-aided [*or* -assisted] **Computerverbindung** *f* computer link **Computervirus** *m* computer virus **Computerwesen** *nt* ❶ (*computererzeugtes Wesen*) computer[-generated] being [*or* creature] ❷ *kein pl* (*selten: Computerwissenschaft, -wirtschaft*) world of computers, computer industry **Computerwissenschaft** *f* computer science **Computerwürmer** *pl* computer viruses *pl* that clog up memory by copying **Computerzeitschrift** *f* computer magazine
Comtesse <-, -n> [kõ'tɛs] *f* countess
COM-Verfahren *nt* INFORM COM process
Conceptart[RR] <-> ['kɔnsɛptaːt] *f kein pl* KUNST conceptual art
condictio JUR action; **~ sine causa** claim for causeless enrichment; **~ indebiti** *action for the recovery of money or property handed over by mistake*
conditio sine qua non JUR absolute condition precedent
Conférencier <-s, -s> [kõferã'si̯eː] *m* compère
Confiserie <-, -n> *f* SCHWEIZ (*Konditorei*) *s.* **Konfiserie**
Connections [kɔ'nɛkʃəns] *pl* connections *pl*
constitutum possessorium *nt* JUR contract of affreightment
Consultant <-s, -s> [kən'sʌltənt] *m* FIN (*Unternehmensberater*) consultant
Consulting [kən'sʌltɪŋ] *nt* consulting
Consultingfirma [kən'sʌltɪŋ-] *f* consulting firm
Consumermesse [kən'sjuːmə-] *f* consumer [trade] fair
Container <-s, -> [kɔn'teːnɐ] *m* ❶ (*Behälter*) container
❷ (*Müll~*) skip BRIT, dumpster AM
❸ (*Wohn~*) Portakabin®
Containerbahnhof *m* container depot **Containerdorf** *nt* village of prefab huts **Containerschiff** *nt* container ship **Containerterminal** *m o nt* container terminal **Containerverkehr** *m* container traffic
Containment <-s, -s> *nt* containment shell
Contenance <-> [kõtə'nãːs] *f kein pl* (*geh*) composure *no pl*
Contergan® <-s> *nt* thalidomide
Conterganikind *nt* (*fam*) thalidomide child
contra legem *adv inv* JUR contrary to the wording of the law
Contrefilet ['kõntrə-] *nt* KOCHK (*vom Rind*) rump
Controller(in) <-s, -> *m(f)* controller
Controlling <-s> [kən'troulɪŋ] *nt kein pl* controlling *no pl*, controllership *no pl* BRIT
Controlling-Abteilung *f* ÖKON controlling department
Convenience Food <- -> [kən'viːnjənsfuːd] *nt kein pl* convenience food
Cookie <-s, -s> ['kʊkɪ] *nt* INET cookie
Cookinseln <-> [kʊk-] *pl* ■ **die ~** the Cook Islands *pl; s. a.* **Falklandinseln**
cool [kuːl] *adj* (*sl*) ❶ (*gefasst*) calm and collected
❷ (*sehr zusagend*) cool *fam*
Copilot(in) *m(f)* co-pilot
Coprozessor <-s, -oren> *m* INFORM coprocessor; **arithmetischer ~** arithmetic coprocessor **Coprozessorkarte** *f* INFORM coprocessor board
Copyright <-s, -s> ['kɔpirait] *nt* copyright
Copyrightvermerk *m* copyright imprint
Copyshop ['kɔpiʃɔp] *m* copyshop
coram publico *adv* (*geh*) coram populo *form*, publicly
Cord <-s> *m kein pl* cord[uroy]
Cordhose *f* cords *npl*, corduroy trousers [*or* AM pants] *npl*
Cordon bleu <- -, -s -s> [kɔrdõ'blø] *nt veal cutlet filled with boiled ham and cheese and covered in breadcrumbs*
Corner <-s, -> ['kɔːnə] *m* ÖSTERR, SCHWEIZ (*Eckball*) corner
Cornflakes®[RR] ['koːnfleɪks] *pl* cornflakes *pl*
Cornichon <-s, -s> [kɔrni'ʃõː] *nt* pickled gherkin, AM *a.* cornichon
Corporate Banking <-s> ['kɔːpərət 'bænkɪŋ] *nt kein pl* FIN corporate banking **Corporate Fashion**[RR] <-> ['kɔːpərɪt'fɛʃn] *f kein pl* MODE corporate fashion **Corporate Identity** <- -, – -s>

['kɔːpərɪtaɪ'dɛntətɪ] *f* Corporate Identity
Corps <-, -> [koːɐ̯] *nt s.* **Korps**
Corpus <-, Corpora> *nt s.* **Korpus²**
Corpus Delicti[RR] <- -, Corpora -> *nt* ① JUR (*Tatwerkzeug*) [material] evidence [of a crime]; **das ~ vorlegen** to present the evidence
② (*hum: Beweisstück*) evidence
Cortison <-s> *nt kein pl s.* **Kortison**
cos *kurz für* **Kosinus**
Costa Rica <-s> *nt* Costa Rica; *s. a.* **Deutschland**
Costa-Ricaner(in) <-s, -> *m(f)* Costa Rican; *s. a.* **Deutsche(r)**
costa-ricanisch *adj* Costa Rican; *s. a.* **deutsch**
Côte d'Ivoire <-s> [kotdi'vwaːr] *nt* Ivory Coast, Côte d'Ivoire; *s. a.* **Deutschland**
Couch <-, -es *o* -en> [kau̯tʃ] *f o* SÜDD *m* couch, sofa, settee
Couchdecke *f* throw **Couchgarnitur** *f* three-piece suite, AM *a.* couch set **Couchpotato** <-, -es> ['kau̯tʃpə'teɪtoʊ] *f* (*pej sl*) couch potato *esp* AM *sl* **Couchtisch** *m* coffee table
Couleur <-, -s> [ku'løːɐ̯] *f* ① (*geh: Anschauung*) persuasion; ■**einer bestimmten ~** of a certain hue
② SCH colours [*or* AM -ors] *pl;* **~ tragen** to wear one's colours
Count-down[RR], **Countdown** <-s, -s> ['kau̯nt'dau̯n] *m o nt* (*a. fig*) countdown
Coup <-s, -s> [kuː] *m* coup; **einen ~ [gegen jdn/etw] landen** to score a coup [against sb/sth]
Coupé <-s, -s> [ku'peː] *nt* ① (*Sportlimousine*) coupé
② ÖSTERR (*Zugabteil*) compartment
Coupon <-s, -s> [ku'põː] *m* ① (*abtrennbarer Zettel*) coupon
② (*Zinscoupon*) [interest] coupon
Courage <-> [ku'raːʒə] *f kein pl* (*geh*) courage *no pl*
couragiert I. *adj* (*geh*) bold
II. *adv* boldly, courageously
Courtage <-, -n> [kʊr'taːʒə] *f* brokerage *no pl*
Courtagerechnung *f* BÖRSE brokerage statement [*or* account]
Cousin <-s, -s> [ku'zɛ̃ː] *m,* **Cousine** <-, -n> [ku'ziːnə] *f* cousin
Cover <-s, -s> ['kavɐ] *nt* ① (*Titelseite*) [front] cover
② (*Plattenhülle*) [record] sleeve
Covergirl [-gøːɐ̯l] *nt* cover girl
covern ['kaven] *vt* MUS ■**etw ~** *Song, Musiktitel* to remix sth
Cowboy <-s, -s> ['kau̯bɔy] *m* cowboy
CPU *f* INFORM *Abk von* **Central Processing Unit** CPU
CPU-Bridge [tʃeːpeː'uːbrɪdʒ] *f* INFORM CPU bridge
Crabnebel ['kræb-] *m* ASTRON (*Rest einer Supernova*) Crab Nebula
Crack¹ <-s, -s> [krɛk] *m* (*ausgezeichneter Spieler*) ace
Crack² <-s> *nt kein pl* (*Rauschgift*) crack *no pl*
Cracker <-s, -[s]> *m* cracker
Crashkurs[RR] ['krɛʃ-] *m* crash course
Crawler <-s, -> ['krɔːɐ̯] *m* INET (*Indexprogramm*) crawler
Credo <-s, -s> *nt s.* **Kredo**
Creme <-, -s> [kreːm, krɛːm] *f* ① (*Salbe*) cream
② (*Sahnespeise*) mousse
Crème <-, -s> [krɛːm] *f* cream; **~ fraîche** crème fraîche; **die ~ de la ~** (*geh*) the crème de la crème
cremefarben *adj* cream **Creme-Rouge** <-> ['krɛmruːʃ] *nt* cream rouge **Cremespülung** *f* cream rinse **Cremetorte** *f* cream cake
cremig I. *adj* creamy
II. *adv* ■**etw ~ rühren/schlagen** to stir/beat sth till creamy, to cream sth
Crêpe <-s, -e *o* -s> *m s.* **Krepp¹**
Crêpe de Chine <- - -, -s - -> [krɛpdə'ʃin] *m* crêpe-de-chine
Crescendo <-s, -s *o* Crescendi> [krɛ'ʃɛndo] *nt* crescendo
Creuzfeld-Jakob-Krankheit *f* MED Creutzfeldt-Jakob disease, CJD
Crew <-, -s> [kruː] *f* ① (*Besatzung*) crew
② (*Arbeitsgruppe*) team
Crispsalat *m* crisp lettuce
Croissant <-s, -s> [kroa'sãː] *nt* croissant
Cromagnonmensch [kroman'jõ-] *m* Cro-Magnon man
Cromargan® <-s> *nt kein pl* stainless steel [made of chrome-nickel] *no pl*
Cross-Promotion <-> ['krɔsprəmoʊʃən] *f kein pl* cross-promotion
Croupier <-s, -s> [kru'pi̯eː] *m* croupier
CRT *m* INFORM *Abk von* **cathode ray tube** CRT
CRT-Bildschirm *m* INFORM CRT screen
Crux <-> *f kein pl* (*geh*) ① (*Schwierigkeit*) crux; **die ~ bei der Sache** the crux of the matter
② (*Last*) burden; ■**mit jdm ist es eine ~,** ■**mit jdm hat man seine ~** sb is a burden [to sb]
C-Schlüssel *m* C clef
CSU <-> *f Abk von* **Christlich-Soziale Union** CSU
c.t. SCH *Abk von* **cum tempore** fifteen minutes later [than the given time]; ***die Vorlesung beginnt um 9 Uhr*** ~ the lecture starts at 9:15 a.m.
CTI *f* INFORM *Abk von* **Computer Telefony Integration** CTI
culpa in contrahendo *f* JUR (*Verschulden bei Vertragsabschluss*) culpa in contrahendo, negligence in contracting
cum grano salis *adv* (*geh*) with a pinch [*or* grain] of salt
cum laude *adv* with distinction
cum tempore *adv* fifteen minutes later [than the given time]
Cunnilingus <-, -lingi> *m* (*geh*) cunnilingus *form*
Cup <-s, -s> [kap] *m* ① (*Siegespokal*) cup
② (*Pokalwettbewerb*) cup [competition]
③ MODE cup
Cupido <-s> *m* Cupid
Curare <-> *nt kein pl* BIOL curare *no pl*
Curie <-, -> *nt* curie
Curium <-s> *nt kein pl* curium *no pl*
Curling <-s> ['kəːlɪŋ] *nt kein pl* SPORT curling
Curlingstein *m* SPORT curling stone
Curriculum <-s, Curricula> *nt* (*geh*) syllabus, curriculum
Curry <-s, -s> ['kœri] *m o nt* curry
Currywurst *f a sausage served with curry-flavoured ketchup and curry powder*
Cursor <-s, -[s]> ['kəːsə] *m* INFORM cursor
Cursorblock *m* INFORM cursor [control] pad **Cursorsteuerung** *f* INFORM cursor [control] key **Cursortaste** *f* INFORM arrow key
Cut <-s, -s> [kœt] *m* morning coat
Cutaway <-s, -s> ['kœtəve] *m* cutaway, cutaway coat
Cuticula *f s.* **Kutikula**
cutten ['katn̩] *vi, vt* ■[**etw**] ~ to cut [*or* edit] [sth]
Cutter(in) <-s, -> *m(f)* cutter, editor
CVJM <-s> *m kein pl Abk von* **Christlicher Verein Junger Männer** YMCA
CVP *f* SCHWEIZ *Abk von* **Christlichdemokratische Volkspartei** Christian-Democratic People's Party
C-Waffe *f* chemical weapon
Cw-Wert *m* AUTO Cd value
Cyanobakterium <-s, -ien> *nt* BOT cyanobacterium
Cyber- ['sajbɐ-] *in Komposita* cyber-
Cyberbekanntschaft *f* cyber aquaintance **Cybercafé** *nt* cyber café **Cybercash** <-s> ['sajbɐkæʃ] *nt* INET cyber cash *no pl* **Cybercoins** ['sajbɐkɔɪnz] *pl* cybercoins *pl* **Cyberpunk** <-[s], -s> [-paŋk] *m* (*Mailboxkommunikation*) cyberpunk **Cybersex** <-> *m kein pl* cybersex *no pl* **Cyberspace** <-, -s> [-speɪs] *m kein pl* cyberspace *no pl*
Cytoplasma [tsy-] *nt kein pl* BIOL cytoplasm *no pl*
Cytoskelett [tsy-] *nt* BIOL cytoskeleton

D

D, d <-, – *o fam* -s, -s> *nt* ① (*Buchstabe*) D, d; **~ wie Dora** D for David BRIT, D as in Dog AM; *s. a.* **A 1**
② MUS D, d; *s. a.* **A 2**
d.Ä. *Abk von* **der Ältere** Sr.
da I. *adv* ① (*örtlich: dort*) there; ***Athen? ~ möchte ich auch einmal hin!*** Athens? I'd like to go there too!; ***die Straße ~ ist es*** it's the street over there; ***~ bist du ja!*** there you are!; **~ drüben/hinten/vorne** over there; **~ draußen/drinnen** out/in there; (*hier*) here; **der/die/das ... ~** this/that ... [over here/there]; ***geben Sie mir bitte ein halbes Pfund von dem ~!*** I'd like half a pound of this/that [here/there] please!; **~ und dort** here and there; **~, wo ...** where; ***sie macht am liebsten ~ Urlaub, wo es warm ist*** she prefers to go on holiday in warm places; ***~, wo sie ist, will auch ich sein!*** wherever she is I want to be too!; ***ach, ~ ...!*** oh, there...!; ***ach, ~ bist du!*** oh, there you are!; ***ach, ~ lag/stand das!*** oh, that's where it was!; *s. a.* **sein 2**
② (*zeitlich: dann*) then; ***vor vielen, vielen Jahren, ~ lebte ein König*** (*liter*) many, many years ago there lived a king; (*nun*) now
③ (*daraufhin*) and [then]
④ (*fam: in diesem Fall*) in such a case (*usually not translated*); ***die Sache ist todernst, und ~ lachst du noch?*** the matter is dead[ly] serious and you're still laughing?
II. *interj* here!; **[he,] Sie ~!** [hey,] you there!
III. *konj* ① *kausal* (*weil*) as, since
② *temporal* (*geh*) when; *s. a.* **jetzt, nun**
DAAD *nt* SCH *Akr von* **Deutscher Akademischer Austauschdienst** *independant organization of institutions of higher education that arranges international exchanges for students*
dabehalten* *vt irreg* ■**jdn ~** to keep sb here/there
dabei *adv* ① (*örtlich: mitgegeben*) with [it/them]; ***ein kleines Häuschen mit einem Garten ~*** a little house with a garden; ***die Rechnung war nicht ~*** the bill was not enclosed; ***ist der Salat bei dem Gericht ~?*** does the meal come with a salad?, is there a salad with the meal?; **direkt/nahe ~** right next/near to it
② (*zeitlich: währenddessen*) at the same time, while doing so; ***Arbeit am Computer? aber ~ muss man doch immer so viel tippen!*** working on the computer? but that involves so much typing!; (*dadurch*) as a result
③ (*außerdem*) on top of it all, to boot BRIT, besides AM; ***sie ist schön und ~ auch noch klug*** she is beautiful and clever to boot
④ (*während einer Verrichtung*) while doing it; ***er wollte helfen und wurde ~ selbst verletzt*** he wanted to help and in doing so got hurt himself; ***wir haben ihn ~ ertappt, wie er über den Zaun stieg*** we caught him [while he was] climbing over the fence; ***die ~ entstehenden Kosten sind sehr hoch*** the resulting costs are very high; **das Dumme/Schöne ~ ist, ...** the stupid/good thing about it is ...; **interessant/wichtig ~ ist, ...** the interesting/important thing about it is ...
⑤ *einräumend* (*doch*) even though
⑥ (*damit verbunden*) through it/them; ***das Geschäft ist riskant, ~ kann man aber reich werden*** it's a risky business but it can make you rich; ***nimm meine Bemerkung nicht so ernst, ich habe mir nichts ~ gedacht*** don't take my remark so seriously – I didn't mean anything by it; ***was hast du dir denn ~ gedacht?*** what were you thinking of?; **nichts ~ finden[, etw zu tun/wenn jd etw tut]** to not see the harm in [doing/sb doing] sth; **es ist nichts ~[, wenn man/jd etw tut]** there is no harm in [one/sb doing] sth; **da ist [doch] nichts ~** (*das ist doch nicht schwierig*) there's nothing to it; (*das ist nicht schlimm*) there's no harm in it; **was ist schon ~** what does it matter
⑦ (*wie gesagt*) *s.* **belassen, bleiben, lassen**
dabeibleiben *vi irreg sein* (*Tätigkeit fortsetzen*)

D

■**bei jdm** ~ to stay with sb; ■**bei etw** *dat* ~ to carry on [*or* stick] with sth; *s. a.* **dabei 7** **dabei|haben** *vt irreg, Zusammenschreibung nur bei infin und pp* ■**etw** ~ to have sth on oneself; ■**jdn** ~ to have sb with oneself; ***sie wollten ihn nicht* ~ *haben*** they didn't want [to have] him around **dabei|sein** *vi irreg sein s.* **dabei 1, 2, 6** **dabei|sitzen** *vi irreg* ■**[bei etw]** **[mit]** ~ to be there [for sth]; **bei einer Konferenz** ~ to sit in on a conference **dabei|stehen** *vi irreg* ■**[bei etw]** **[mit]** ~ to be there; (*untätig a.*) to stand there; **dicht** ~ to be/stand close by

da|bleiben *vi irreg sein* to stay [on]; ***halt, bleib da!*** stop where you are!, wait!; ***bleiben Sie noch einen Moment da*** wait just one [*or* a] moment; ■**dageblieben!** [just] stay right there!

da capo *adv* ❶ (*Zugabe*) ■~! encore!
❷ MUS da capo

Dach <-[e]s, Dächer> *nt* ❶ (*Gebäudeteil, Schutz~*) roof; **ein steiles** ~ a steep [*or spec* high-pitched] roof; **ein** ~ **mit Schiefer decken** to slate a roof; **[mit jdm] unter einem** ~ **wohnen** [*o* **leben**] to live under the same roof [as sb]; **unterm** ~ in an/the attic; **unterm** ~ **wohnen** to live in an attic room/flat [*or* AM *a.* apartment]; (*im obersten Stock*) to live [right] on the top floor; **[k]ein** ~ **über dem Kopf haben** (*fam*) to [not] have a roof over one's head; **jdm das** ~ **überm Kopf anzünden** (*fam*) to burn down sb's house, to raze sb's house to the ground; ■**das** ~ **der Welt** the Roof of the World
❷ (*Auto~*) roof; (*aus Stoff*) top
▶ WENDUNGEN: **unter** ~ **und Fach sein** to be all wrapped up [*or fam* in the bag]; *Vertrag a.* to be signed and sealed; *Ernte* to be safely in; **etw unter** ~ **und Fach bringen/haben** to get/have got [*or* AM gotten] sth all wrapped up; ***wir haben den Vertrag unter* ~ *und Fach gebracht*** we've got the contract signed and sealed; **[von jdm] eins aufs** ~ **bekommen** [*o* **kriegen**] (*fam: geohrfeigt werden*) to get a clout round [*or* AM slap upside] the head [from sb] *fam;* (*getadelt werden*) to be given a talking-to [by sb], to get it in the neck [from sb] *fam;* **jdm eins aufs** ~ **geben** (*fam: jdm eine Ohrfeige geben*) to give sb a clout [*or* AM slap]/to clout [*or* AM slap] sb round [*or* AM upside] the head *fam;* (*jdn tadeln*) to give sb a good talking to *fam* [*or* BRIT *fam!* a bollocking] [*or* AM a reprimand]; **jdm aufs** ~ **steigen** (*fam*) to jump down sb's throat *fam;* **unter dem** ~ **einer S.** *gen* in the broader context of sth

Dachabschluss^RR *m* BAU (*bei Flachdach*) gravel stop **Dachabschlussprofil**^RR *nt* BAU end profile **Dachantenne** *f* roof [*or* outside] aerial [*or* AM *a.* antenna] **Dachaufbauten** *pl* BAU roof superstructures *pl* **Dachbahn** *f* BAU roof sheeting **Dachbalken** *m* roof joist [*or* beam] **Dachboden** *m* attic, loft; **auf dem** ~ in the attic [*or* loft] **Dachbodenklappleiter** *f* foldaway ladder **Dachdecker(in)** <-s, -> *m(f)* roofer; (*mit Ziegeln*) tiler
▶ WENDUNGEN: **das kannst du halten wie ein** ~ (*fam*) whatever/whenever/however you like
Dachdeckung *f* BAU roofing, roof finishing **Dachdichtungsbahn** *f* BAU moisture-proof roofing sheet **Dachfenster** *nt* skylight **Dachfirst** *m* BAU [roof] ridge **Dachgarten** *m* ❶ (*Garten auf einem Flachdach*) roof garden ❷ DIAL *s.* **Dachterrasse** **Dachgepäckträger** *m* roof rack **Dachgeschoss**^RR *nt* attic storey [*or* AM story]; (*oberster Stock*) top floor [*or* storey] **Dachgesellschaft** *f* holding [*or* parent] company **Dachgesims** *nt* BAU roof cornice **Dachgleiche(nfeier)** <-, -n> *f* ÖSTERR *s.* **Richtfest** **Dachhaut** *f* BAU roof skin [*or* deck] **Dachkammer** *f* attic room **Dachkännel** <-s, -> *m* SCHWEIZ *s.* **Dachrinne** **Dachlast** *f* AUTO roof load **Dachlatte** *f* roof [*or* tile] batten **Dachlawine** *f* ***sein Auto ist von einer* ~ *verschüttet worden*** his car was buried by snow that fell from the roof **Dachluke** *f* skylight **Dachneigung** *f* BAU roof pitch **Dachorganisation** *f* holding [*or* parent] organization **Dachpappe** *f* roofing felt **Dachpfanne** *f* pantile **Dachreling** *f* AUTO roof rails *pl* **Dachrinne** *f* gutter

Dachs <-es, -e> *m* ❶ (*Tier*) badger
❷ (*fig: Person*) **[so] ein frecher** ~**!** (*fam*) cheeky beggar! *fam;* **ein junger** ~ a young whippersnapper [*or* pup] *hum*

Dachsbau <-baue> *m* [badger's] sett

Dachschaden *m* damage to the roof *no pl* ▶ WENDUNGEN: **einen** ~ **haben** (*fam*) to have a screw loose *hum fam* **Dachschräge** *f* slant [*or* slope] of a/the roof

Dächsin *f fem form von* **Dachs** [female [*or* she-]] badger

Dachsparren *m* rafter **Dachständer** *m* AUTO roof rack **Dachstein** *m* Dachstein Mountains **Dachstube** *f* DIAL *s.* **Dachkammer** **Dachstuhl** *m* roof truss

dachte *imp von* **denken**

Dachterrasse *f* roof terrace **Dachträger** *m* roof rack **Dachtraufe** *f* BAU eave **Dachverband** *m* umbrella organization **Dachwohnung** *f* attic flat [*or* AM *a.* apartment] **Dachziegel** *m* [roofing] tile; ~ **legen** to lay tiles **Dachzimmer** *nt s.* **Dachkammer**

Dackel <-s, -> *m* ❶ (*Hund*) dachshund, sausage dog *fam*
❷ DIAL (*fam: Blödmann*) clot *fam,* ninny *dated fam;* ***ich* ~*!*** silly me!

Dadaismus <-> *m kein pl* ■**[der]** ~ Dadaism

Dadaist(in) <-en, -en> *m(f)* Dadaist; ■**die** ~**en** the Dadaists, the Dada group + *sing/pl vb*

dadurch *adv* ❶ *örtlich* through [it/them]; (*emph*) through there
❷ *kausal* (*aus diesem Grund*) so, thus *form;* ***du kannst versuchen, etwas zu tun, aber* ~ *wird es nicht besser*** you can try doing something, but it won't make it better; (*auf diese Weise*) in this way
❸ (*deswegen*) ■~**, dass ...** because ...; ~***, dass er es getan hat, hat er ...*** by doing that he has ..., because he did that, he has ...; ~***, dass das Haus isoliert ist, ist es viel wärmer*** the house is much warmer because it's insulated [*or* for being insulated]; ~***, dass er den zweiten Satz gewonnen hat, sind seine Chancen wieder gestiegen*** his chances improved again with him [*or form* his] winning the second set

DA-Fuge *f* BAU permanent elastic joint

dafür **I.** *adv* ❶ (*für das*) for it/this/that; **ein Beispiel** ~ an example; ***wir haben kein Geld* ~** we've no money for it; ***ich hätte* ~ *nicht so viel ausgegeben*** I would never have spent so much on it; ***warum ist er böse? er hat doch keinen Grund* ~** why's he angry? he has no reason to be [*or* there's no reason for it]; ***es ist ein Beweis* ~*, dass ...*** it's proof that ...; ***ich bin nicht* ~ *verantwortlich, was mein Bruder macht*** I'm not responsible for my brother's doings [*or* for what my brother does]; ~ ***bin ich ja da/Lehrer*** that's what I'm here for [*or* why I'm here]/that's why I'm a teacher; ***ich bezahle Sie nicht* ~*, dass Sie nur rumstehen!*** I'm not paying you just to stand around; ***er ist* ~ *bestraft worden, dass er frech zum Lehrer war*** he was punished for being cheeky to the teacher; *s. a.* **Grund**
❷ (*als Gegenleistung*) in return; ***ich repariere dir* ~ *deine Türklingel*** in return, I'll fix your doorbell; ***wenn du mir das verrätst, helfe ich dir* ~ *bei den Hausaufgaben*** if you tell me, I'll help you with your homework [in return]
❸ (*andererseits*) ***in Mathematik ist er schlecht,* ~ *kann er gut Fußball spielen*** he's bad at maths, but he makes up for it at football; ***zwar bin ich darüber nicht informiert,* ~ *weiß ich aber, wer Ihnen weiterhelfen kann*** although I haven't been informed, I do know who can help you further; ***er ist zwar nicht kräftig,* ~ *aber intelligent*** he may not be strong, but he's intelligent for all that
❹ (*im Hinblick darauf*) ■~**, dass ...** seeing [*or* considering] [that] ...; ~***, dass sie einen Abschluss hat, ist sie aber nicht besonders clever*** seeing [*or* considering] [that] she's got a degree, she's not particularly clever, she's not particularly clever, seeing [*or* considering] [that] she's got a degree
❺ (*für einen solchen*) ***er ist zwar kein Professor, aber er geht* ~ *durch*** although he isn't a professor, he can pass off as [being] one; ***sie ist keine wirkliche Wahrsagerin, aber im Dorf gilt sie* ~** she isn't a real fortune teller, but the village consider her to be one; ***es ist zwar kein Silber, man könnte es aber auf den ersten Blick* ~ *halten*** although it's not silver, it could be taken for it at first glance
❻ *in Verbindung mit vb etc siehe auch dort* ***ich kann mich nicht* ~ *begeistern*** I can't get enthusiastic about it; ***er kann sich nicht* ~ *interessieren*** he is not interested [in it/that]; ***ich werde* ~ *sorgen, dass ...*** I'll make sure that ...; **etw** ~ **können** ***ich kann doch nichts* ~*!*** I can't help it!
II. *adj pred* ■~ **sein** to be for it/that [*or* in favour [*or* AM -or] [of it/that]]; ***wer ist* ~ *und wer dagegen?*** who's for it [*or* in favour] and who against?; ***nur wenig Leute sind* ~*, dass die Todesstrafe wieder eingeführt wird*** only a few people are for [*or* in favour of] bringing back the death penalty; ***ich bin [ganz]* ~*, dass wir/Sie es machen*** I'm [all] for [*or* in favour of] doing/your doing that; ***er will wieder nach Italien – ich bin nicht* ~** he wants to go to Italy again – I don't think he should; *s. a.* **stimmen**

dafür|halten *vi irreg* (*geh*) ■~**, dass ...** to be of the opinion [*or form* to opine] that ... **Dafürhalten** *nt kein pl* (*geh*) ■**nach jds** ~ in sb's opinion; ***nach meinem* ~*, ...*** if it was up to me [*or* in my opinion], ... **dafür|können** *vt irreg* ***er kann nichts dafür*** it's not his fault, he can't help it; ***er kann doch nichts dafür, wenn/dass es regnet*** he can't help it raining, it's not his fault [that] it's raining; ***kann ich [vielleicht] etwas dafür, wenn/dass ...?*** do you think it's my fault that ...?; ***keiner kann etwas dafür, dass ...*** it's nobody's fault that ... **dafür|stehen** *vi irreg* SÜDD, ÖSTERR (*sich lohnen*) to be worth it [*or* worthwhile]

DAG <-> *f* ■**die** ~ *Abk von* **Deutsche Angestelltengewerkschaft** *s.* **Angestelltengewerkschaft**

dagegen **I.** *adv* ❶ (*gegen etw*) against it; ***es stand ein Baum im Weg und der Wagen prallte* ~** there was a tree in the way and the car crashed into it; ***die Tür war verschlossen, also pochte er* ~** the door was locked, so he hammered on it; ***mach das Licht an, und halte das Dia* ~** switch on the light and hold the slide up to [*or* against] it
❷ (*als Einwand, Ablehnung*) against it/that; ~ ***müsst ihr was tun*** you must do something about it; ***auch wenn Sie es nicht waren, die Beweise sprechen* ~** even if it wasn't you, the evidence speaks against you; **etwas/nichts** ~ **haben** to object/to not object; ***haben Sie was* ~*, wenn ich rauche?*** do you mind if I smoke?, would you mind [*or* object] if I smoked?; ***ich habe sehr viel* ~*, wenn du über Nacht wegbleiben würdest!*** I strongly object to you staying out all night; ***was hat er* ~*, dass wir früher anfangen?*** what's he got against us starting earlier?, why does he object to us starting earlier?; ***ich habe/hätte nichts* ~ *[einzuwenden]*** that's fine [*or fam* okay] by me; ***ich hätte nichts* ~*, wenn er nicht käme*** I wouldn't mind at all if he didn't come
❸ (*als Gegenmaßnahme*) ***das ist gut/hilft* ~** it's good for it; ***ich habe Halsschmerzen, haben Sie ein Mittel* ~*?*** my throat hurts, do you have anything for it?; ~ ***lässt sich nichts machen*** nothing can be done about it; ***es regnet herein, aber ich kann nichts* ~ *machen*** the rain comes in, but I can't do anything to stop it [*or* anything about it]
❹ (*verglichen damit*) compared with it/that/them, in comparison; ***die Stürme letztes Jahr waren furchtbar,* ~ *sind die jetzigen nicht so schlimm*** the gales last year were terrible, compared with them [*or* those], these aren't so bad [*or* these aren't so bad in comparison]
❺ (*als Ersatz, Gegenwert*) for it/that/them; ***„er wird es bestimmt machen" – „ich setze DM 500* ~*!"*** "he's sure to do it" – "I'll bet DM 500 he won't!"
II. *adv pred* against; ■~ **sein** to be against it [*or*

opposed [to it]]; ***34 waren dafür und 12*** ~ 34 were in favour and 12 against; ***ich bin ~, dass er Vorsitzender wird*** I am against [*or* opposed to] him [*or form* his] becoming chairman; **etw ~ halten** (*vergleichen*) to compare it/them with sth; ***um das Original von der Fälschung zu unterscheiden, muss man es ~ halten*** in order to tell apart the original and the forgery, you have to compare them; **etw ~ lehnen** to lean sth against it; **~ stimmen** to vote against

III. *konj* ***er sprach fließend Französisch, ~ konnte er kein Deutsch*** he spoke French fluently, but [on the other hand] he could not speak any German; ***er ist mit der Arbeit schon fertig, sie ~ hat erst die Hälfte geschafft*** he's already finished the work, whereas she has only just finished half of it

dagegen|halten *vt irreg* ① (*vergleichen*) *s.* **dagegen II** ② (*einwenden*) ***ich habe nichts dagegenzuhalten*** I have no objection[s] [to it]; ■ **~, dass ...** to put forward the objection that ... **dagegen|lehnen** *vt s.* **dagegen II** **dagegen|setzen** *vt* ***ich kann nichts*** ~ I have no objection[s]; ***das einzige, was ich ~ könnte, wäre ...*** the only objection I could put forward would be...

dagegen|sprechen *vi irreg* to be against it; ***es spricht nichts dagegen*** there's no reason not to; ***was spricht dagegen, dass wir das so machen?*** what is there against us [*or form* our] doing it that way?; ***spricht etwas dagegen, dass wir es so machen?*** is there a reason for us not to do it?

dagegen|stellen *vr* ■ **sich** *akk* ~ to oppose it/this **dagegen|stemmen** *vr* ■ **sich** ~ ① (*lit*) to put one's shoulder to [*or* lean into] it ② (*fig*) to oppose it/this **dagegen|stimmen** *vi s.* **dagegen II**

da|haben *vt irreg, Zusammenschreibung nur bei infin und pp* ① ■ **etw** ~ (*vorrätig haben*) to have sth in stock; (*zur Hand haben*) to have sth; (*betont*) to have sth here/there

② (*zu Besuch haben*) ■ **jdn** ~ to have sb come to visit; (*unerwünscht a.*) to have sb here/there

daheim *adv* SÜDD, ÖSTERR, SCHWEIZ (*zu Hause*) at home; (*nach Präposition*) home; ***ich bin für niemanden*** ~ I'm not at home to anybody; ***wo bist du ~?*** where's your home?; **[in Augsburg] ~ sein** to be at home [in Augsburg]; ■ **bei jdm ~** back home [where sb comes from]; **sich** *akk* **bei jdm ~ treffen** to meet at sb's home [*or* place]

Daheim <-s> *nt kein pl* SÜDD, ÖSTERR, SCHWEIZ home

daheimgeblieben I. *pp von* **daheim bleiben** II. *adj inv* ■ **die D~en** those who stayed at home

Daheimgebliebene(r) *f(m) dekl wie adj* ■ **die/alle ~n** those/all those at home

daher I. *adv* ① (*von dort*) from there; ***~ haben wir nichts zu befürchten*** we have nothing to fear from that quarter; ■ **von ~** from there; ■ **~ sein** to be [*or* come] from here/there

② (*aus diesem Grunde*) ■ **[von] ~ ...** that's why ...; **[von] ~ *hat er das*** that's where he got it from; **[von] ~ *weißt du es also!*** so that's how [*or* why] you know that; ~ **kommt es, dass ...** that is [the reason] why ...; **das/etw kommt ~, dass ...** that is because .../the cause of sth is that ...

③ DIAL (*hierher*) here/there

II. *konj* (*deshalb*) [and] that's why

daher|bringen *vt irreg* ÖSTERR ■ **etw** ~ to bring along sth *sep* **dahergelaufen** *adj* **ein ~er Hund** (*Kreuzung*) an indefinable breed *hum;* **ein ~er Kerl** (*pej*) some guy who comes/came along; **ein ~er Schnösel** (*pej*) a jumped-up busybody *fam;* **jede/jeder D~e/jeder ~e Kerl** (*pej*) any [old] Tom, Dick or Harry [*or* guy who [just] comes/came along]

daher|kommen *vi irreg sein* ① (*herankommen*) to come along ② (*fam: sich zeigen*) to go around; ***wie kommst du denn daher!*** just look at you!, you look as though you've been dragged backwards through a bush! ③ (*auftreten*) to come along; **arrogant ~** to put on airs **daher|reden** I. *vi* to talk away; ***red doch nicht so [dumm] daher!*** don't talk such rubbish! II. *vt* ■ **etw ~** to say sth without thinking; ***was du alles daherredest!*** the things you come out with!; ***das war nur so dahergeredet!*** that was just empty talk!

daherum *adv* around [*or* BRIT *a.* round] there

dahin I. *adv* ① (*an diesen Ort*) there; ***kommst du mit ~?*** are you coming too?; ***~ gehe ich nie wieder*** I'm never going there again; **~ und dorthin blicken** to look here and there; **Schläge ~ und dorthin verteilen** to strike about one; ***ist es noch weit bis ~?*** is it still a long way [to go]?, is there still far to go?; ***bis ~ müssen Sie noch eine Stunde zu Fuß laufen*** it'll take an hour to walk there; ***wie komme ich [hier] [am besten] ~?*** how do I [best] get there [from here]?

② (*in dem Sinne, in die Richtung*) ***er äußerte sich ~ gehend, dass ...*** he said something to the effect that ...; **eine ~ gehende Aussage** a statement to that effect; ***wir sind ~ gehend verblieben, dass ...*** we agreed that ...; ***er hat den Bericht ~ [gehend] interpretiert, dass ...*** he has interpreted the report as saying that ...; ***wir haben uns ~ gehend geeinigt/abgesprochen, dass ...*** we have agreed that ...; ***alle meine Hoffnungen/Bemühungen gehen ~, dass ich dieses Ziel bald erreiche*** all my hopes/efforts are directed towards [my] reaching this goal soon

③ (*soweit*) **es [noch] ~ bringen, dass ...** to carry matters to such a point that ...; ***du bringst es noch ~, dass ich mich vergesse!*** you'll soon make me forget myself!; ***es ist ~ gekommen, dass ...*** things have got to the stage where ...; ***ich sehe es schon ~ kommen, dass wir es noch bereuen*** I can see us regretting that; ***es kommt noch ~, dass ich dir eine scheuere!*** I'll give you one in a minute!; *s. a.* **stehen**

④ (*zeitlich*) ■ **bis ~** until then; ***bis ~ haben Sie es bestimmt fertig*** you're bound to have finished it by then

II. *adj pred* (*geh: kaputt*) ■ **~ sein** to be lost; (*zerbrochen*) to be broken/smashed [beyond repair]

dahinab *adv s.* **dorthinab** **dahinauf** *adv s.* **dorthinauf** **dahinaus** *adv s.* **dorthinaus**

dahin|dämmern *vi sein o haben* to lie/sit there in a stupor; (*dösen*) to doze

dahinein *adv s.* **dorthinein**

dahin|fallen *vi irreg sein* SCHWEIZ (*geh*) *s.* **entfallen**

dahin|fliegen *vi irreg sein* ① (*geh: sich pfeilschnell bewegen*) to fly along; **vor den Augen ~** to fly past [one's eyes]; (*eilends vergehen*) to fly past [*or* by] ② (*liter: wegfliegen*) to fly off **dahin|geben** *vt irreg* (*liter*) ■ **etw ~** to give away sth *sep;* **das Leben für etw ~** to sacrifice [*or* give] one's life for sth **Dahingegangene(r)** *f(m) dekl wie adj* (*liter*) ■ **der/die ~** the departed

dahingegen *adv* (*geh*) on the other hand, however

dahin|gehen *vi irreg sein* (*geh*) ① (*vergehen*) to pass, to go by ② (*einhergehen*) ■ **[an/auf etw** *dat*] ~ to go/walk along [sth] ③ (*euph: sterben*) to pass away [*or* on] **dahingehend** *adv s.* **dahin I 3** **dahingestellt** *adj* ■ **~ sein/bleiben** to be/remain an open question; ■ **es ~ sein lassen[, ob .../solange ... nicht ...]** to leave it open [whether/until ...] **dahin|raffen** *vt* (*liter*) ■ **jdn ~** to carry off sb *sep* **dahin|sagen** *vt* ■ **etw [nur so] ~** to say sth without [really] thinking; ***das war nur so dahingesagt*** that was just empty talk **dahin|scheiden** *vi irreg sein* (*geh*) *s.* **dahingehen 3**

dahin|schleppen *vr* ■ **sich ~** ① (*sich vorwärts schleppen*) to drag oneself along [*or* on] ② (*schleppend vorangehen*) to drag on [and on *fam*]

dahin|schwinden *vi irreg sein* (*geh*) ① (*weniger werden*) *Geld, Kräfte, Vorräte* to dwindle [away]; *Gefühle* to dwindle; *Interesse a.* to fade ② (*vergehen*) to pass by **dahin|siechen** *vi* (*geh*) to waste away **dahin|stehen** *vi irreg* ■ **[noch] ~** ***das steht noch dahin*** that remains to be seen

dahin|stellen *vt* (*fam: an einen bestimmten Ort stellen*) ■ **etw ~** to put sth there

dahinten *adv* over there; (*hinter dem Angesprochenen/Sprecher*) back there; **ganz ~** right over [*or fam* way back/over] there

dahinter *adv* ① (*hinter dem/der*) behind it/that/them etc.; ***was sich wohl ~ verbirgt?*** I wonder what's behind that?

② (*anschließend*) beyond

③ (*fig*) ***es ist nichts*** ~ there's nothing behind [*or* to] it; ***es ist da was*** ~ there's more to it/him/her etc. than meets the eye; **~ kommen[, was/wie/warum ...]** to find out [what/how/why ...]; (*begreifen*) to figure it out, to get it *fam,* to figure out what/how/why ...; **~ stecken** (*zugrunde liegen*) to be behind it; ***was steckt ~?*** what's behind it [all]?; ***es steckt gar nichts*** ~ there's nothing at all behind it; ***wer steckt ~?*** who's behind it?; **~ stehen** (*zugrunde liegen*) to underlie it/them etc.; (*unterstützen*) to be behind it/that; (*befürworten a.*) to back it/that; ***du musst bei allem, was du tust, ~ stehen*** you must stand up for everything you do

④ (*fig: mit Nachdruck*) **sich ~ klemmen [*o* knien]** to buckle down, BRIT *a.* to get [*or* pull] one's finger out *fam;* (*körperlich a.*) to put one's back into it; ■ **sich ~ klemmen, dass jd etw tut [*o* knien]** to buckle down into getting sb to do sth

dahinterher *adj* (*fam*) ■ **~ sein** to see to it; (*jdm auf die Finger schauen*) to breathe down sb's/one's neck *pej;* ■ **~ sein, dass ...** to see to it that ...

dahinter|klemmen, dahinter|knien *vr* (*fam*) *s.* **dahinter 4** **dahinter|kommen** *vi irreg sein* (*fam*) *s.* **dahinter 3** **dahinter|stecken** *vi* (*fam*) *s.* **dahinter 3** **dahinter|stehen** *vi irreg s.* **dahinter 3**

dahinunter *adv s.* **dorthinunter**

dahin|vegetieren* [-ve-] *vi sein* to vegetate, to veg out *fam*

Dahlie <-, -n> ['da:liə] *f* dahlia

DAK *f Abk von* **Deutsche Angestelltenkrankenkasse** *health insurance company for private-sector employees in Germany*

Dakapo <-s, -s> *nt* encore

Daktylo <-, -s> *f* SCHWEIZ typist, stenographer *dated*

da|lassen *vt irreg* ① (*verweilen lassen*) ■ **jdn ~** to leave sb here/there ② (*überlassen*) ■ **jdm etw ~** to leave sb sth **da|liegen** *vi irreg* ① (*hingestreckt liegen*) to lie there ② (*hingelegt sein*) to lie there; (*da sein*) to be there ③ (*geh: sich erstrecken*) to spread out

dalli *adv* (*fam*) **[nun] mach mal ~!** get a move on!, be quick about it!; **..., aber ~!** ..., and be quick about it! [*or fam* make it snappy]; ***hau ab, aber ~!*** get lost, go on, quick!; **~, ~!** on the double *fam,* BRIT *fam a.* look smart!

Dalmatien <-s> *nt* Dalmatia

Dalmatiner *m* ① BIOL dalmation

② KOCHK dalmation dessert wine

damalig *adj attr* at that [*or* the] time *pred;* **das ~e Rome** Rome at that time; **die ~en Sitten** the customs of those days; **der ~e Bürgermeister** the then mayor, the mayor at that time

damals *adv* then, at that time; ■ **seit ~** since then; ■ **von ~** of that time

Damaskus <-> *nt* Damascus

Damast <-[e]s, -e> *m* damask

damasten *adj attr* (*geh*) damask

Dämchen <-s, -> *nt dim von* **Dame 1** little lady *a. hum;* **ein richtiges ~** a proper little madam *hum*

Dame <-, -n> *f* ① (*geh*) lady; ***guten Abend, die ~n!*** good evening, ladies!; ■ **meine ~!** madam *form;* **eine vornehme ~** a lady, a gentlewoman *form;* **die ~ des Hauses** the lady [*or dated* mistress] of the house; **meine [sehr verehrten** *geh*] **~n und Herren!** ladies and gentlemen!; **die ~ jds Herzens** sb's sweetheart; **eine ~ von Welt** a mondaine *liter;* **jds alte ~** (*fam*) sb's [*or* the] old lady *fam;* **eine ältere ~** an old [*or euph* elderly] lady; **ganz ~ [sein]** [to be] the perfect [*or* quite a] [*or* every inch a] lady; **die große ~ spielen** to play the fine lady; **junge ~** young lady; **„~n"** "Ladies"; ***wo ist hier für ~n?*** where's the lady's room? *euph*

② (*Begleiterin*) lady; (*auf einen Herrn bezogen*) partner; (*auf eine Party*) [lady] companion

③ SPORT woman, lady; **die Schwimmmeisterschaft der ~n** the women's [*or* ladies'] swimming championships

④ (*~spiel*) draughts + *sing vb* BRIT, checkers + *sing*

vb AM; (*Doppelstein*) king; ~ **spielen** to play draughts
❺ (*bei Schach*) queen; **die** ~ **nehmen** to take the queen
❻ KARTEN queen

Damebrett *nt* draught[s]board

Damenbart *m* facial hair *no pl, no art* **Damenbegleitung** *f* female company, company of a lady; ~ ***erwünscht*** please bring a lady; **in** ~ in the company of a lady **Damenbekanntschaft** *f* lady friend, female acquaintance *a. euph;* **~en haben** to enjoy the company of ladies *euph;* **eine** ~ **machen** to make the acquaintance of a lady/young lady **Damenbesuch** *m* lady visitor[s]; ~ **haben** to have a lady visitor **Damenbinde** *f* sanitary towel [*or* AM napkin] **Damendoppel** *nt* SPORT ■**das** ~ the women's [*or* ladies'] doubles + *sing vb* **Dameneinzel** *nt* SPORT ■**das** ~ the women's [*or* ladies'] singles + *sing vb* **Damenfahrrad** *nt* lady's bicycle [*or* bike] **Damenfriseur** *m* ladies' hairdresser **Damenfußball** *nt* women's football **Damengesellschaft** *f* ladies' gathering

damenhaft I. *adj* ladylike *a. pej;* **eine ~e Bluse** a blouse fit for a lady
II. *adv* like a lady

Damenkränzchen *nt* ladies' social [*or* AM klatsch] **Damenmannschaft** *f* ladies' team **Damenmode** *f* ladies' fashion[s] **Damenoberbekleidung** *f kein pl* ladies' wear **Damenparfüm** <-s, -s> *nt* women's fragrance **Damenrad** *nt* lady's bicycle **Damensattel** *m* sidesaddle; **im** ~ **reiten** to ride sidesaddle **Damenschneider** *m* dressmaker **Damensitz** *m* **im** ~ [**reiten**] [to ride] sidesaddle **Damenslip** *m* bikini briefs *pl* **Damenstrumpf** *m* stocking **Damentoilette** *f* ladies, ladies' toilet[s *pl*] [*or* AM [rest]room] **Damenunterwäsche** *f* ladies' [*or* women's] underwear **Damenwahl** *f* ladies' choice **Damenwäsche** *f kein pl* lingerie, ladies' underwear

Damespiel *nt* ■[**das**] ~ [a game of] draughts BRIT + *sing vb* **Damestein** *m* king

Damhirsch *m* fallow deer; (*männliches Tier*) fallow buck

damisch SÜDD, ÖSTERR I. *adj* (*fam*) ❶ (*dämlich*) stupid, daft BRIT *fam,* dozy BRIT *fam,* dumb AM *fam*
❷ *pred* (*schwindelig*) dizzy, giddy; ***mir wird*** ~ [***im Kopf***] my head's spinning
II. *adv* (*fam: sehr*) terribly *fam;* ***das tut*** ~ ***weh!*** it hurts like hell! *fam*

damit I. *adv* ❶ (*mit diesem Gegenstand*) with it/that; ***was soll ich*** ~? what am I supposed [*or* meant] to do with that?; ***was will er*** ~? what does he want that for? [*or* with that?]; ***sie hatte zwei Koffer und stand*** ~ ***am Bahnhof*** she had two cases and was standing there with them in the station; ***sie hat Ärger mit der Waschmaschine — ~ habe ich auch Probleme!*** she has trouble with her washing machine — I've got problems with mine too
❷ (*mit dieser Angelegenheit*) ***meint er mich*** ~? does he mean me?, is he talking to me?; ***weißt du, was sie*** ~ ***meint?*** do you know what she means by that?; ***haben Sie darüber nachgedacht? und was ist nun*** ~? have you thought about it? so what do you say?; ~ ***sieht es heute schlecht aus*** today is a bad day for it; ***er konnte mir nicht sagen, was es*** ~ ***auf sich hat*** he couldn't tell me what it was all about; ***ist Ihre Frage*** ~ ***beantwortet?*** has that answered your question?; ***musst du immer wieder*** ~ ***ankommen?*** must you keep on about it?; ***ich habe nichts*** ~ ***zu tun*** I have nothing to do with it; ***hör auf*** ~! pack it in!, lay off! *fam;* ~ ***hat es noch Zeit*** there's no hurry for that
❸ *bei Verben* ***was willst du*** ~ ***sagen?*** what's that supposed [*or* meant] to mean?; ~ ***will ich nicht sagen, dass ...*** I don't mean to say that ...; ***sind Sie*** ~ ***einverstanden?*** do you agree to that?; ~ ***hatte ich nicht gerechnet*** I hadn't reckoned on [*or* with] that; ***er hatte nicht*** ~ ***gerechnet, dass sie mitkommen würden*** he hadn't reckoned on them [*or form* their] coming; ***sie fangen schon*** ~ ***an, das Haus abzureißen*** they're already starting to pull down the house; ~ ***fing alles an*** everything started with that
❹ (*bei Befehlen*) with it; ***weg*** ~! away [*or* off] with it!; ***her*** ~! give it to me! [*or fam* here!]; ***genug*** [*o* ***Schluss***] ~! that's enough [of that]!
❺ (*somit*) with that, thereupon *form*
II. *konj* so that; ~ ***sie ihn nicht verriet, ...*** so that she wouldn't betray him ..., lest she betrayed him ... *liter*

dämlich I. *adj* (*pej fam*) ❶ (*dumm*) stupid, dumb *fam*
❷ (*ungeschickt*) annoying
II. *adv* (*pej fam*) ~ **fragen** to ask stupid [*or* AM *fam a.* dumb] questions/a stupid question; ***guck nicht so*** ~! don't give me that stupid look! *fam;* **jdm** ~ **kommen** to act the idiot [with sb]; **sich** ~ **anstellen** to be awkward

Dämlichkeit <-, -en> *f* (*pej fam*) ❶ *kein pl* (*dummes Verhalten*) stupidity
❷ (*dumme Bemerkung*) stupid [*or* AM *fam a.* dumb] remark

Damm <-[e]s, Dämme> *m* ❶ (*Stau~*) dam; (*Deich*) dyke; (*Erdwall*) bank, wall
❷ (*fig*) barrier (**gegen** +*akk* to/against); ***wenn wir das kleinste bisschen nachgeben, werden alle Dämme brechen*** if we give way at all, the floodgates will open wide
❸ MED perineum *spec*
► WENDUNGEN: **wieder auf dem** ~ **sein** to be up on one's legs [*or fam* out and about] again; **nicht** [**ganz**] **auf dem** ~ **sein** to not feel up to the mark, to be out of sorts

Dammbruch *m* breach in a/the dam [*or* dyke]

dämmen *vt* ■**etw** ~ to insulate sth; **Schall** ~ to absorb sound

dämm(e)rig *adj* ❶ (*gering leuchtend*) dim, faint
❷ (*dämmernd*) ■~ **sein/werden** to be/get dark

Dämmerlicht *nt* half-light, gloom

dämmern I. *vi* ❶ (*geh*) *Tag, Morgen* to dawn, to break *liter; Abend* to approach; *s. a.* **heraufdämmern**
❷ (*fig fam: begreifen*) ■**jdm** ~ to [gradually] dawn on sb; ***eine Ahnung dämmerte mir*** a suspicion arose [with]in me
❸ (*im Dämmerzustand sein*) ■**vor sich hin**~ to vegetate; (*dösen*) to doze
II. *vi impers* ■**es dämmert** (*morgens*) dawn is breaking; (*abends*) dusk is falling; [***na,***] ***dämmert es*** [***dir***] ***jetzt?*** (*fig fam*) now is it dawning on you?

Dämmerschlaf *m* stupor; ■**im** ~ in a stupor **Dämmerstündchen** *nt* (*fam*) dusk; **ein** ~ **machen** to watch the sun go down

Dämmerung <-, -en> *f* twilight; (*Abend~*) dusk; (*Morgen~*) dawn; ■**in der** [*o* **bei**] ~ at dawn/dusk; *s. a.* **Einbruch**

Dämmerzustand *m* ❶ (*Halbschlaf*) semi[un]consciousness; ■**im** ~ in a stupor; ■**im** ~ **sein** to be semiconscious
❷ MED (*Bewusstseinstrübung*) twilight [*or* dream] state *spec*

Dämmplatte *f* BAU softboard, insulation board

dämmrig *adj s.* **dämmerig**

Dammriss[RR] *m* MED rupture of the perineum *spec,* perineal tear *spec* **Dammschnitt** *m* MED episiotomy *spec*

Dämmstoff *m* insulating material, insulant *spec* **Dämmstreifen** *m* BAU insulation strip

Dämmung <-, -en> *f* insulation; *von Schall* absorption

Damnationslegat *nt* JUR civil-law legacy

Damnum <-s> *nt* FIN (*Darlehensabgeld*) loan discount [*or* premium]

Damoklesschwert *nt* (*geh*) sword of Damocles; **wie ein** ~ **über jdm/über jds Haupt hängen/schweben** to hang over sb/sb's head like a sword of Damocles

Dämon <-s, Dämonen> *m* ❶ (*böser Geist*) demon; **ein böser** ~ an evil spirit, a demon; **von einem** [**bösen**] ~ **besessen** possessed [by an evil spirit]
❷ (*unheimlicher Antrieb*) **der** ~ **der Ausschweifung/Lust etc.** the demon of dissipation/lust etc.

dämonisch I. *adj* ❶ (*unheimlich*) demonic
❷ (*teuflisch*) evil, demoniac[al] *form*
II. *adv* demonically; ~ **lächelnd** with a demonic grin

Dampf <-[e]s, Dämpfe> *m* ❶ (*Wasser~*) steam *no pl;* (*unter dem Siedepunkt*) water vapour [*or* AM -or]; **unter** ~ **sein** [*o* **stehen**] to be under steam, to have its steam up; ~ **draufhaben** (*a. fig*) to be going at full steam; ~ **ablassen** (*a. fig*) to let off steam
❷ *pl* (*Ausdünstungen*) fumes *pl,* vapours [*or* AM -ors] *pl*
► WENDUNGEN: ~ **in den Fäusten haben** to pack quite a punch; ~ **aufsetzen,** ~ **dahinter machen** SCHWEIZ to get a move on; **jdm** ~ **machen** (*fam*) to make sb get a move on *fam;* ~ **hinter einer S.** *akk* **machen** SCHWEIZ to hurry on with sth

Dampfaufsatz *m* KOCHK pan attachment for steaming

Dampfbad *nt* ❶ (*Schwitzbad in dampfhaltiger Luft*) steam bath ❷ (*Raum*) hot room

Dampfbügeleisen *nt* steam iron

Dampfdruck *m* steam pressure

dampfdruck|garen *vt* ■**etw** ~ to pressure-cook sth **Dampfdruckgaren** *nt* pressure cooking **Dampfdruckkochtopf** *m* pressure cooker

Dämpfeinsatz *m* KOCHK pan inset for steaming

dampfen *vi* ❶ *haben* (*Dampf abgeben*) to steam; *Kopftoch a.* to give off steam; **ein ~des Bad/Essen** a steaming-hot bath/meal; *Pferd* to be in a lather
❷ *sein* (*sich unter Dampf fortbewegen*) to steam; *Zug a.* to puff

dämpfen *vt* ■**etw** ~ ❶ (*mit Dampf kochen*) to steam sth
❷ (*mit Dampf glätten*) to press sth with a steam iron
❸ (*akustisch abschwächen*) to muffle [*or* deaden] [*or* dampen] sth; **seine Stimme** ~ to lower one's voice; ■**gedämpft** muffled, deadened, dampened; (*abgedunkelt*) muted, subdued
❹ (*mindern*) to cushion [*or* absorb] sth
❺ (*mäßigen*) to dampen sth; **seine Wut** ~ to curb one's anger; ■**jdn** [**in etw** *dat*] ~ to subdue sb['s sth]; ■**gedämpft** subdued; **die Konjunktur** ~ to restrain the boom; **eine Krise** ~ to ease a crisis

dampfentsaften *vt* KOCHK to juice using steam

Dampfer <-s, -> *m* steamer, steamship, steamboat
► WENDUNGEN: **auf dem falschen** ~ **sein** [*o* **sitzen**], **sich auf dem falschen** ~ **befinden** (*fig fam*) to have got [*or* AM gotten] the wrong idea [*or* hold of the wrong end of the stick], to be barking up the wrong tree

Dämpfer <-s, -> *m* ❶ MUS mute; *von Klavier* damper
❷ TECH damper
► WENDUNGEN: **jdm einen** ~ **aufsetzen** to dampen sb's spirits; **einer S.** *dat* **einen** ~ **aufsetzen** to put a damper [*or* throw cold water] on [sb's] sth

Dampferlinie *f* steamship line

Dampfheizung *f* steam heating

dampfig *adj* steamy; **eine ~e Wiese** a meadow shrouded in mist *liter*

Dampfkessel *m* [steam] boiler **Dampfkochtopf** *m* pressure cooker **Dampfkraft** *f kein pl* steam power; **mit** ~ **angetrieben** steam-driven, driven by steam *pred* **Dampfkraftwerk** *nt* steam[-driven] power station **Dampflok(omotive)** *f* steam engine [*or* locomotive] **Dampfmaschine** *f* steam engine **Dampfnudel** *f* KOCHK SÜDD *sweet or savoury yeast dumpling* **Dampfnudelpfanne** *f pan for cooking steamed yeast dumplings* **Dampfschiff** *nt s.* Dampfer **Dampfschiffahrt**, **Dampfschifffahrt**[RR] *f kein pl* steam navigation **Dampfsperre** *f* BAU vapour barrier

Dämpftopf *m* KOCHK steamer

Dampfturbine *f* steam turbine

Dämpfung <-, -en> *f* ❶ TECH damping; *Schall, Trittschall, Geräusch a.* deadening
❷ ÖKON *Konjunktur, Preisauftrieb* curbing; ~ **des Preisauftriebs** curbing the rise in prices

③ (*fig*) *Freude/Leidenschaft, Begeisterung* tempering; *Wut* calming

Dampfventil *nt* steam valve **Dampfwalze** *f* steamroller **Dampfwolke** *f* cloud of steam

Damwild *nt* fallow deer

Dan <-, -> *m* SPORT (*beim Judo*) dan

danach *adv* ① *zeitlich* after it/that, after *fam;* (*nachher a.*) afterwards; ***ich habe einen Whisky getrunken, ~ fühlte ich mich schon besser*** I had a whisky and after that [*or* afterwards] I felt better, I had a whisky and felt better after that [*or* afterwards] [*or fam* after]; ***ich las das Buch zu Ende, erst ~ konnte ich einschlafen*** only when I had finished reading the book could I get to sleep; ***ein paar Minuten ~ war er schon wieder da*** a few minutes later he was back
② *örtlich* behind [her/him/it/them etc.]; ***als Erster ging der Engländer durchs Ziel und gleich ~ der Russe*** the Englishman finished first, immediately followed by the Russian, and the Russian immediately after him
③ (*in bestimmte Richtung*) towards it/them; **~ greifen** to [make a] grab at it; **~ schlagen** to strike at it; ***hinter ihm war etwas, aber er hat sich nicht ~ umgesehen*** there was something behind him, but he didn't look round to see what it was
④ (*dementsprechend*) accordingly; (*laut dem*) according to that; ***wir haben hier einen Bericht, ~ war die Stimmung damals ganz anders*** we have a report here, according to which the atmosphere at the time was quite different
⑤ (*fam: zumute*) ■**jdm ist ~/nicht ~** sb feels/doesn't feel like it; ***manchmal ist mir so ~, da könnte ich alles hinschmeißen*** sometimes I feel like chucking it all in *fam; s. a.* **zumute**
⑥ *in Verbindung mit subst, vb etc siehe auch dort* ***sie sehnte sich ~*** she longed for it/that; ***es geht nicht ~, was wir gerne hätten*** it doesn't work the way we would like it to
⑦ (*fam: so*) ***er hat den Aufsatz in zehn Minuten geschrieben — ~ ist er*** he wrote the essay in ten minutes — it looks like it too; ***nur Frauen sollen sich bewerben! — natürlich, die Bedingungen sind auch ~*** only women are allowed to apply — of course, the conditions make that clear; ***wir sollten besser einen Schirm mitnehmen — du hast recht, das Wetter ist auch ~*** we had better take an umbrella — you're right, it does look as if it's going to rain; ***die Sitzung wurde vorzeitig beendet, die Stimmung der Anwesenden war auch ~*** the session was concluded early, a move welcomed by those present

Danaergeschenk *nt* (*geh*) Greek gift *liter*

Dancefloor <-s, -> ['dɑːnsflɔː] *m* (*fam*) dance floor

Dandy <-s, -s> ['dɛndi] *m* (*pej*) dandy, fop, peacock *dated or pej*

Däne, Dänin <-n, -n> *m, f* Dane

daneben *adv* ① (*neben jdm/etw*) next to her/him/it/that etc.; **links/rechts ~** (*neben Gegenstand*) to the left/right of it/them; (*neben Mensch*) to [*or* on] her/his etc. left/right; ***ich stand direkt ~, als der Unfall passierte*** the accident happened right next to me; ***wir wohnen [im Haus] ~*** we live [in the house] next door; ***~!*** missed!
② (*verglichen damit*) compared with her/him/it/that etc., in comparison
③ (*außerdem*) besides that, in addition [to that]
④ (*unangemessen*) **~ sein** to be inappropriate

daneben|benehmen* *vr irreg* (*fam*) ■**sich ~** to make an exhibition of oneself **daneben|gehen** *vi irreg sein* ① (*das Ziel verfehlen*) to miss; *Pfeil, Schuss a.* to miss its/their mark [*or* target] ② (*fam: scheitern*) to go wrong **danebengeraten** *adj* (*fam*) *Person* gone [to the] bad [*or fam* to the dogs]; *Ding* gone wrong **daneben|greifen** *vi irreg* ① (*an etw vorbeigreifen*) to miss [it], to grab at empty air; (*auf Musikinstrumenten*) to play a wrong note/some wrong notes ② (*fam: falsch liegen*) ■**jd greift [mit etw] daneben** sb['s sth] is way out *fam* [*or* AM *fam* off] [*or* wide of the mark] **daneben|halten** *vt* (*fam*) *irreg* ■**jdn/etw ~** to compare sb/sth; ***die diesjährigen Ergebnisse sind gut, wenn man die vom letztem Jahr danebenhält*** this year's results are positive compared to last year's **daneben|hauen** *vi irreg* ① (*an etw vorbeihauen*) ■**jd haut [mit etw] daneben** sb misses [the [*or* one's] mark], sb's sth misses the [*or* its] mark ② (*fam*) *s.* **danebengreifen 2 daneben|liegen** *vi irreg* (*fam*) ■**jd liegt [mit etw] daneben** sb['s sth] is way out *fam* [*or* AM *fam* off] [*or* wide of the mark] **daneben|schießen** *vi irreg* ① (*das Ziel verfehlen*) to miss [the target [*or* mark]] ② (*absichtlich vorbeischießen*) to shoot to miss **daneben|treffen** *vi irreg* ■**jd trifft [mit etw] daneben** ① (*vorbeitreffen*) sb misses [the [*or* one's] mark], sb's sth misses the [*or* its] mark ② (*mit Antwort*) sb['s sth] is way out *fam* [*or* AM *fam* off] [*or* wide of the mark]

Dänemark <-s> *nt* Denmark

danieder|liegen *vi irreg* SÜDD, ÖSTERR, SCHWEIZ (*geh*) ① (*krank sein*) to be laid low
② ÖKON *Handel, Wirtschaft* to be depressed

Dänin *f s.* **Däne**

dänisch *adj* Danish; **die ~e Hauptstadt/~en Küsten** the capital/coasts of Denmark; **die ~e Sprache** Danish

Dänisch *nt dekl wie adj* Danish; ■**das ~e** Danish; **auf ~** in Danish

dank *präp +dat o gen* (*a. iron*) thanks to *a. iron*

Dank <-[e]s> *m kein pl* ① (*Anerkennung für Geleistetes*) ■**jds ~** sign of sb's gratitude
② (*Dankbarkeit*) gratitude, thankfulness; **der ~ des Vaterlandes ist dir gewiss** (*hum*) you'll get a medal for that *hum;* **mit bestem ~ zurück!** returned with thanks!; **besten/herzlichen/schönen/tausend/vielen ~** thank you very much, many thanks *form,* thanks a lot *fam;* ***das war ein schlechter ~*** that is/was poor thanks; ***hab/haben Sie ~!*** (*geh*) thank you!; (*für Hilfe a.*) I'm much obliged to you *form;* **etw mit ~ annehmen** to accept sth with thanks; **jdm für etw ~ sagen** (*geh*) to express one's thanks to [*or* thank] sb for sth; REL to give thanks to sb for sth; **jdm ~ schulden, jdm zu ~ verpflichtet sein** (*geh*) to owe sb a debt of gratitude; **jdm ~ für etw wissen** (*geh*) to be indebted to sb for sth; **jdm ~ dafür wissen, dass ...** to be indebted to sb that ...; **als ~ für etw** in grateful recognition of sth; **zum ~ [dafür]** (*iron*) as a way of saying thank you; **[das ist] der [ganze] ~ dafür!** that is/was all the thanks one gets/got!

Dankadresse *f* (*geh*) official letter of thanks

dankbar I. *adj* ① (*dankend*) grateful; (*erleichert*) thankful; ■**jdm ~ [für etw] sein** to be grateful to sb [for sth]; **sich [jdm gegenüber] ~ erweisen** [*o* **zeigen**] to show one's gratitude [to sb]
② (*lohnend*) rewarding, profitable
③ (*anspruchslos*) appreciative; **ein ~er Stoff** a hard-wearing material; **eine ~e Pflanze** a plant which doesn't need much attention
④ (*verbunden*) obliged; ***ich wäre dir/Ihnen ~, wenn ...*** I would be obliged [*or* grateful] [*or* I would appreciate it] if you ...
II. *adv* gratefully; (*erleichtert*) thankfully

Dankbarkeit <-> *f kein pl* gratitude; (*Erleichterung*) thankfulness; **jdm seine ~ [für etw] erweisen** [*o* **zeigen**] to express one's thanks to sb [for sth]

danke *interj* thank you, thanks, BRIT *fam a.* ta; (*nicht nötig*) no thank you [*or fam* thanks]; ***wie geht's? — ~, ich kann nicht klagen*** how's it going? — [I] can't complain; ***kann ich helfen? — ~, ich glaube, ich komme allein zurecht*** can I help? — thanks [all the same], but I think I can manage; **jdm für etw ~ sagen** (*geh*) to say thank you [to sb]; **~ schön/sehr** thank you [*or fam* thanks] very much; **~ vielmals** (*iron*) thanks a million *fam;* **~ ja, ja, ~** yes[,] please, yes[,] thank you; **~ nein, nein, ~** no[,] thank you [*or* thanks]; *s. a.* **Nachfrage**

danken I. *vi* ■**[jdm] [für etw] ~** to express ones thanks [to sb] [*or* thank sb] [for sth]; ■**[ich] danke** yes please; (*nicht nötig*) no thank you [*or* thanks]; **jdm mit einem Blumenstrauß ~** to express one's thanks with a bunch of flowers; ***ich danke dir dafür, dass du an mich gedacht hast*** thank you for thinking of me; **jdm ~ lassen** to send sb one's thanks; ***bestellen Sie bitte Ihrer Frau, ich lasse herzlich ~!*** please give your wife my thanks; ***na, ich danke [bestens]!*** (*iron*) well, thank you very much! *iron;* (*stärker*) not on your life! [*or* BRIT *hum a.* nelly], no[t a] chance!; ■**man dankt** (*fam*) thanks a million *iron* [*or fam* for nothing]; **nichts zu ~** don't mention it, not at all, you're welcome
II. *vt* ① (*lohnen*) ■**jdm etw ~** to repay sb for sth; ***man wird es dir nicht ~/zu ~ wissen*** you won't be thanked for it/it won't be appreciated; ***sie werden es mir später einmal ~, dass ich es getan habe*** they'll thank me for doing it one day; ***man hat es mir schlecht gedankt, dass ich es getan habe*** I got small [*or* didn't get a lot of] thanks for doing it; ***wie kann ich Ihnen das jemals ~?*** how can I ever thank you?
② (*geh: verdanken*) ■**jdm/etw ~, dass ...** to owe it to sb/sth that ...; ***nur dem rechtzeitigen Erscheinen der Feuerwehr ist es zu ~, dass ...*** it was only thanks to the prompt turnout of the fire brigade that ...

dankend *adv* with thanks; **~ erhalten** received with thanks

dankenswert *adj* commendable; **seine ~e Hilfe** his kind help

dankenswerterweise *adv* kindly; (*mit Erleichterung*) thankfully

dankerfüllt *adj* (*geh*) grateful, filled with [*or* full of] gratitude *pred;* (*erleichtert*) thankful

Dankeschön <-s> *nt kein pl* ① (*ein Wort als Dank*) thank you; **ein herzliches ~** a heartfelt [*or* big] thank you; **[jdm] ein herzliches ~ sagen** to express heartfelt thanks to sb
② (*Geste des Dankes*) thank you, token of one's gratitude

Dankesworte *pl* (*geh*) words of thanks; *von Redner* vote of thanks

Dankgottesdienst *m* thanksgiving service, service of thanksgiving **Danksagung** *f* note of thanks **Dankschreiben** *nt* letter of thanks

dann *adv* ① (*danach*) then; ***sie sprang zuerst ins Wasser, ~ sprangen die anderen*** she jumped first of all into the water, [and] then the others; ***wenn das gemacht ist, ~ kannst du gehen*** when that's done, you can go; ***noch eine Woche, ~ ist Weihnachten*** another week till [*or* until] [*or* and [then] it's] Christmas; ■**~ und wann** now and then; *s. a.* **bis**[2]
② (*zu dem Zeitpunkt*) ■**immer ~, wenn ...** always when ...
③ (*unter diesen Umständen*) then; ■**wenn ..., ~ ...** if ..., [then] ...; **etw nur ~ tun, wenn ...** to do sth only when ...; ***ich habe keine Lust mehr — ~ hör doch auf!*** I'm not in the mood any more — well stop then!; ***also ~ bis morgen*** right then, see you tomorrow, see you tomorrow then; ***~ eben nicht*** [well,] in that case [there's no more to be said]; ***~ erst recht nicht!*** in that case no way! [*or* not a chance!] *fam;* ■**selbst ~** even then; ***ja, selbst ~*** yes, even then; ***nein, selbst ~ nicht*** no, not even then; *s. a.* **erst, ja, wenn**
④ (*sonst*) ***wenn dir auch dieser Vorschlag nicht zusagt, was/welcher ~?*** if you can't agree to this proposal, what can you agree to?; ***wenn man nicht einmal in Schottland echten Whiskey bekommt, wo ~?*** if you can't get real whisky in Scotland, where can you expect to find it?; ***wenn er seine Gedichte selbst nicht versteht, wer ~?*** if he can't understand his own poems, who else can [understand them]?; ***und falls das so nicht klappt, wie ~?*** and if it doesn't work, what then?
⑤ (*außerdem*) ■**... und ~ auch noch ...** on top of that, to boot; ***... und ~ will er auch noch sein Teil haben*** and, on top of that, he wants his share, and he wants his share to boot; ***strohdumm und ~ auch noch frech*** as thick as they come and cheeky into the bargain [*or* to boot]

D

dannen *adv* ■**von** ~ (*veraltet*) thence *dated form*
dannzumal *adv* SCHWEIZ (*geh*) then
Danzig *nt* Gdansk
daran *adv* ① (*räumlich*) on it/that; ***halt deine Hand ~!*** put your hand against [*or* on] it; **etw ~ kleben/befestigen** to stick/fasten sth to it; **etw ~ lehnen/stellen** to lean/place it against sth; ~ **riechen** to smell it; ~ **stehen** to stand next to it; **nahe** [*o* **dicht**] ~ right up against it, [right] up close to it; ~ **vorbei** past it
② (*zeitlich*) ***erst fand ein Vortrag statt, ~ schloss sich eine Diskussion*** [***an***] first there was a lecture, which was followed by a discussion [*or* and after that a discussion]; **im Anschluss ~** [*o* ~ **anschließend**] following that/this; ***im Anschluss ~ gibt es einen Imbiss*** it/that/this will be followed by a snack
③ *in Verbindung mit subst, adj, vb siehe auch dort* **kein Interesse ~** no interest in it/that; **ein Mangel ~** a lack of it; **arm/reich ~** lacking/rich in it; ***kein Wort ist wahr ~!*** there isn't a word of truth in it, not a word of it is true; ~ **sein** to be working on it; ***es ändert sich nichts ~*** it won't change, nothing will change; ~ **arbeiten/ersticken** to work/choke on it/that; **sich ~ beteiligen/~ interessiert sein** to take part/be interested in it/that; ***denk ~!*** bear it/that in mind; ***denk ~ dass du deine Schwester anrufen musst*** don't forget [you have] to ring your sister; **sich ~ erinnern/~ zweifeln** to remember/doubt it/that; ~ **kauen** to chew [on] it; ~ ***sieht man, dass …*** there you [can] see that …; ~ **sitzen** to sit over it; ~ **sterben** to die of it
④ **das Dumme/Gute/Schöne ~ ist, dass …** the stupid/good/nice thing about it is that …; *s. a.* **nahe, tun**
daran|geben *vt irreg* (*geh*) ■**etw** [**für jdn**] ~ to sacrifice sth [for sb] **daran|gehen** *vi irreg sein* to set about it; ■~, **etw zu tun** to set about doing sth **daran|machen** *vr* (*fam*) ■**sich** ~ to set about [*or* get down to] it; ■**sich ~, etw zu tun** to get down to/set about doing sth **daran|setzen** I. *vt* **alles ~, etw zu tun** to spare no effort [*or* do one's utmost] to do sth; ***sie setzte einiges daran, ihn doch noch umzustimmen*** she took [*or* was at] pains to persuade him II. *vr* ■**sich** ~ to set about it **daran|wenden** *vt* (*geh*) to exert; ***er hat viel Energie darangewandt, sein Ziel zu erreichen*** he spared no effort in reaching his goal
darauf *adv* ① (*räumlich*) on it/that/them etc.; ~ **folgend** following; **der ~ folgende Wagen** the car behind; **etw ~ legen** to lay [*or* put] sth on top; ~ **schlagen** to hit it; ~ **losfahren/schießen/zielen** to drive/shoot/aim at it/them; ~ **losschwimmen** to swim towards it; **sich ~ beziehen/~ zurückführen** to refer/lead back to it/that/this
② (*zeitlich*) after that; ***zuerst kam der Wagen des Premiers, ~ folgten Polizisten*** the prime minister's car came first, followed by policemen; ***die Tage, die ~ folgten*** the days which followed; (*danach*) afterwards, after *fam;* **bald** [*o* **kurz**] ~ shortly afterwards [*or fam* after]; **am Abend ~** the next evening; **im Jahr ~** [in] the following year, a year later; **tags** [*o* **am Tag**] ~ the next [*or* following] day; ~ **folgend** following, ensuing *form;* **die ~ folgende Frage** the next question; **der ~ folgende Tag** the following [*or* next] day
③ (*infolgedessen*) because of that, consequently, whereupon *form;* ***er hat gestohlen und wurde ~ von der Schule verwiesen*** he was caught stealing, whereupon he was expelled from the school
④ (*auf das*) ~ **antworten/reagieren** to reply/react to it; **etw ~ sagen** to say sth to it/this/that; **ein Gedicht ~ schreiben** to write a poem about it; ~ ***steht die Todesstrafe*** that is punishable by death; ~ ***wollen wir trinken!*** let's drink to it/that!
⑤ *in Verbindung mit subst, adj, vb siehe auch dort* **einen Anspruch ~ erheben** to claim it; ***Hand ~!*** let's shake on it; **ein Recht ~** a right to it; ***wir müssen ~ Rücksicht nehmen/~ Rücksicht nehmen, dass …*** we must take that into consideration/take into consideration that …; ***Sie haben mein Wort ~!*** you have my word [on it]; ~ **bestehen** to insist [on it]; ~ **bestehen/hoffen/wetten, dass …** to insist/hope/bet [that] …; **sich ~ freuen** to look forward to it; ~ **reinfallen** to fall for it; **stolz ~ sein** to be proud of it/that; **sich ~ verlassen** to rely on her/him/you etc.; **sich ~ vorbereiten** to prepare for it; ***sagen Sie es, ich warte ~!*** say it, I'm waiting!; **nur ~ aus sein, etw zu tun** to be only interested in doing sth; ~ ***wolltest du hinaus!*** [so] that's what you were getting at!; ***wir kamen auch ~ zu sprechen*** we talked about that too; ***ein merkwürdiges Thema, wie kamen wir ~?*** a strange subject, how did we arrive at it?; ***ich weiß noch nicht, aber ich komme schon ~!*** I don't know yet, but I'll soon find out
darauffolgend *adj attr s.* **darauf 1, 2**
daraufhin¹ *adv* ① (*infolgedessen*) as a result [of this/that]
② (*nachher*) after that
daraufhin² *adv* (*im Hinblick darauf*) with regard to this/that; ***der Wagen wurde auch ~ untersucht, ob ein Unfall vorgelegen hatte*** the car was also inspected for signs of a past accident
daraus *adv* ① (*aus Gefäß o Raum*) out of it/that/them; **etw ~ entfernen** to remove sth from it
② (*aus diesem Material*) from [*or* out of] it/that/them; ~ ***wird Wein gemacht*** wine is made from it/that
③ *in Verbindung mit subst, vb siehe auch dort* **sich ~ ergeben** to result; ~ ***ergibt sich/folgt, dass …*** the result of which is that …; ***wie Sie ~ ersehen, …*** as you can see [from this] …; ***was ist ~ geworden?*** what's become of it?
► WENDUNGEN: ~ **wird nichts!** that's [perfectly] out of the question!
darben *vi* (*geh*) to live in [*or* suffer] want *form*
dar|bieten *irreg* I. *vt* (*geh*) ① (*vorführen*) ■[**jdm**] **etw** ~ to perform sth [before sb]; (*vortragen*) to present sth [to sb]; **ein Gedicht ~** to recite a poem
② (*anbieten*) ■**jdm etw** ~ to offer sb sth; (*servieren*) to serve sb sth; **eine Gabe/die Hand ~** to offer [*or form* proffer] a gift/one's hand
II. *vr* ■**sich jdm** ~ to present itself [to sb], to be faced with sth; *Gelegenheit, Möglichkeit* to offer itself to sb
Darbietung <-, -en> *f* ① (*Vorführung*) performance; (*das Dargebotene*) act
② *kein pl* (*geh: das Anbieten*) serving
dar|bringen *vt irreg* (*geh*) ① (*zuteil werden lassen*) **jdm** [**seine**] **Glückwünsche ~** to offer [sb] one's best wishes; **jdm eine Ovation ~** to give sb an ovation; **jdm ein Ständchen ~** to serenade sb
② (*bringen*) ■[**jdm**] **ein Opfer ~** to offer [up *sep*] a sacrifice [to sb]; **jdn einem Gott zum Opfer ~** to sacrifice sb to a god, to offer [up *sep*] sb as a sacrifice to a god
darein *adv* (*geh*) ① (*in das hinein*) in there; (*in vorher Erwähntes*) in/into it/them, therein *form*
② (*veraltend: in diesen Umstand*) to it/that; ***sie mussten sich ~ fügen*** they had to accept [*or* bow to] that
darein|finden *vr irreg* (*geh*) to come to terms with [*or* learn to accept] it; (*resigniert a.*) to become resigned [*or* reconciled] to it; ■**sich ~, etw zu tun** to come to terms with [*or* learn to accept] doing sth **darein|fügen** *vr* (*geh*) to resign oneself [to sth] **darein|reden** *vi* (*unterbrechen*) to interrupt; (*sich einmischen*) to interfere, to meddle **darein|setzen** *vt* (*geh*) to put into [*or* devote to] it; **seine ganze Energie ~, etw zu tun** to put all one's energy into [*or* devote all one's energy to] doing sth
Daressalam <-s> *nt* Dar es Salaam
darin *adv* ① (*in dem/der*) in there; (*in vorher Erwähntem*) in it/them; ***was steht ~ [geschrieben]?*** what does it say?
② (*in dem Punkt*) in that respect; ~ **übereinstimmen/~ übereinstimmen, dass…** to agree [in that respect]/to agree that …; ~ ***liegt ein Widerspruch*** there's a contradiction in that; ~ **ganz groß/perfekt sein** (*fam*) to be very good/perfect at it/that; ~ **ein Talent sein** (*fam*) to be born for it *fam*
dar|legen *vt* ■[**jdm**] **etw** ~ to explain sth [to sb]; [**jdm**] **seine Ansichten/einen Plan/eine Theorie ~** to explain [*or form* expound] one's views/a plan/a theory [to sb]; **etw ausführlich ~** to explain sth in detail, to elaborate on sth; **etw kurz ~** to give a brief explanation of sth
Darlegung <-, -en> *f* explanation
Darlegungslast *f* JUR onus of presentation **Darlegungspflicht** *f* JUR obligation to present the case to the court
Darleh(e)n <-s, -> *nt* loan; **abgeschriebenes/befristetes/eingefrorenes ~** amortized/term/frozen loan; **jederzeit kündbares/unkündbares ~** call loan/irredeemable loan; **kurzfristiges/langfristiges ~** short-term/long-term loan; **ungesichertes ~** unsecured loan; **zinsfreies ~** [interest-]free [*or* soft] loan; **als ~** on [*or* as a] loan; ~ **mit einer Laufzeit von …** loan with a term [*or* life] of …; **ein ~ über/[in Höhe] von DM 100.000** a loan [to the amount] of [*or* amounting to] DM 100,000; **ein ~ beantragen** to apply for a loan; [**jdm**] **ein ~ gewähren** to grant [sb] a loan; [**jdm**] **ein ~ über DM 50.000 gewähren** to grant [sb] a loan of [*or* to loan [sb]] [*or* AM *a.* to loan out [sb]] DM 50,000; **ein ~ sichern** to secure a loan
Darlehensantrag *m* FIN application for a loan **Darlehensbetrag** *m* FIN principal **Darlehensfonds** *m* FIN loan funds *pl* **Darlehensforderung** *f* FIN claim in respect of a loan **Darlehensgeber(in)** *m(f)* lender, loaner **Darlehensgeschäft** *nt* FIN lending [*or* loan] business **Darlehenshypothek** *f* FIN loan mortgage **Darlehensnehmer(in)** *m(f)* borrower, receiver [of a/the loan], loanee *spec* **Darlehensschuld** *f* FIN loan debt, borrowings *pl* **Darlehenssumme** *f* ■**die ~** the amount of a/the loan; ■**eine ~** a loan **Darlehensverlauf** *m* FIN loan scheme **Darlehensversprechen** *nt* FIN promise to grant a loan **Darlehensvertrag** *m* JUR loan undertaking **Darlehenszinsen** *pl* JUR loan interest
Darling <-s, -s> *m* ■**jds ~** sb's darling [*or fam* heartthrob]
Darm <-[e]s, Därme> *m* ① (*Verdauungstrakt*) bowels *npl*, intestine[s *npl*], gut[s *npl*] *fam;* **bei jdm auf den ~ schlagen** to give sb stomach trouble
② (*Wursthülle aus Darm*) [sausage] skin [*or* case]; **Wurst in echtem/künstlichem ~** sausage in real/synthetic skin; (*für Saiten, Schlägerbespannung*) [cat]gut
Darmausgang *m* anus, anal orifice *form;* **ein künstlicher ~** an artificial [*or spec* a preternatural] anus **Darmblutung** *f* intestinal bleeding **Darmbruch** *m* enterocele *spec* **Darmentleerung** *f* bowel movement, defecation *form,* evacuation of the bowels *form* **Darmerkrankung** *f* intestinal disease **Darmflora** *f* intestinal flora *spec* **Darmgrippe** *f* gastric [*or* intestinal] flu [*or form* influenza] **Darminfektion** *f* intestinal [*or* bowel] infection **Darmkrebs** *m* intestinal [*or* bowel] cancer, cancer of the intestine [*or* bowel] **Darmparasit** *m* BIOL intestinal parasite **Darmsaite** *f* [cat]gut string **Darmspülung** *f* irrigation of the bowels *form,* intestinal lavage *spec* **Darmtätigkeit** *f* ■**die ~** peristalsis *spec;* **die ~ fördern/regulieren** to stimulate/regulate the movement of the bowels **Darmträgheit** *f* underactivity of the intestines; (*Verstopfung*) constipation **Darmverschlingung** *f* twisting of the intestine [*or* bowels], volvulus *spec* **Darmverschluss**RR *m* intestinal obstruction, obstruction of the bowels [*or* intestine], ileus *spec*
darnieder|liegen *vi irreg* ① (*geh: krank im Bett liegen*) ■[**mit etw**] ~ to be laid up [with sth], to be down with sth
② (*sich in einem schlechten Zustand befinden*) to stagnate, to languish
darob *adv* (*veraltet*) ***er war ~ erstaunt/sehr verärgert*** he was very surprised by that/very annoyed at that; ***sie wurde ~ sehr bewundert*** she was much admired for that [*or* on that account]
Darre <-, -n> *f* ① (*Vorrichtung zum Darren*) oast

❷ (*Trockengestell*) drying frame
dar|reichen *vt* (*geh*) *s.* **darbieten 2**
darren *vt* ■**etw** ~ to dry [*or* oast-dry] sth
darstellbar *adj* ❶ (*zu berichten*) ***das ist nicht in wenigen Worten*** ~ this cannot be described in a few words; **kaum/leicht** ~ hard/easy to describe [*or* express] [*or* portray]
❷ (*wiederzugeben*) ***diese Kurven sind grafisch*** ~ these curves can be represented in graphic form; ***sämtliche Schritte sind auf dem Bildschirm*** ~ all steps can be shown [*or form* depicted] on [the] screen
dar|stellen I. *vt* ❶ (*wiedergeben*) ■**jdn/etw** ~ to portray [*or form* depict] sb/sth; **etw blau/rot** ~ to depict sth in blue/red *form;* ***was sollen diese Zeichen*** ~? what do these symbols mean? [*or* stand for?]
❷ THEAT ■**jdn** ~ to portray [*or* play the part of] sb; ■**etw** ~ to portray sth; (*interpretieren*) to interpret sth; **eine Rolle** ~ to play a role
❸ (*beschreiben*) ■**etw** ~ to describe [*or sep form* set forth] sth; **etw ausführlich/kurz** [*o* **knapp**] ~ to give a detailed/brief description of sth
❹ (*bedeuten*) ■**etw** ~ to represent [*or form* constitute] sth; **etwas** ~ to be impressive; *Mensch a.* to cut a fine figure; **nichts** ~ to be a nobody; **nichts im Leben** ~ to be nothing in life
II. *vr* ❶ (*zeigen*) ■**sich** [**jdm**] ~ to appear [to sb]; ***die Sache stellt sich als sehr schwierig dar*** the matter appears [to be] very difficult
❷ (*ausgeben als*) ■**sich als jd** ~ to show oneself to be sth
Darsteller(in) <-s, -> *m(f)* actor; ■~**in** actress; **die** ~**in der Lady Macbeth** the actress playing Lady Macbeth
darstellerisch I. *adj attr* acting; ***diese Rolle erfordert*** ~***es Talent*** this role demands a talented actor; ***seine*** ~***e Leistung war ausgezeichnet*** his performance was outstanding
II. *adv* ***das Stück wies*** ~ ***einige Schwächen auf*** the acting in the play showed some weakness
Darstellung <-, -en> *f* ❶ *kein pl* (*das Wiedergeben im Bild*) portrayal, depiction; **die** ~ **von Perspektiven/mathematischen Modellen** the depiction of perspectives/mathematical models
❷ *kein pl* THEAT (*das Gestalten*) performance; **die** ~ **eines Charakters/einer Rolle** the interpretation of a character/role
❸ (*das Schildern*) representation *no pl;* (*Bericht*) account
❹ (*Bild*) depiction
Darstellungsbildschirm *m* TYPO preview terminal **Darstellungsfläche** *f* display space **Darstellungsform** *f* THEAT form of expression **Darstellungsformat** *nt* display format **Darstellungsgröße** *f* display attribute **Darstellungsmittel** *nt* means of representation, technique [of representation] **Darstellungsmöglichkeit** *f* ❶ *auf einem Bildschirm* possibility of displaying, ability to display ❷ (*Umsetzungsmöglichkeit*) *im Roman, auf der Bühne* possibility of portraying, ability to portray **Darstellungsqualität** *f* display quality **Darstellungswahlrecht** *nt* FIN (*zur Bilanzierung*) accounting option **Darstellungsweise** *f* way of expression
Darts <-> [da:ts] *nt kein pl* darts + *sing vb*
Dartscheibe *f* dartboard
dar|tun *vt irreg* (*geh*) *s.* **darlegen**
darüber *adv* ❶ (*räumlich*) over it/that/them; (*direkt auf etw*) on top [of it/that]; (*oberhalb von etw*) above [it/that/them]; (*über etw hinweg*) over [it/that/them]; ***mein Mantel hängt dort, hänge deinen einfach*** ~ my coat's over there, just put yours on top; **mit der Hand** ~ **fahren** to run one's hand over it/that; **mit einem Tuch** ~ **fahren** to wipe over it/that with a cloth; ~ **liegen** (*bedecken*) to lie over it; ~ **stehen** (*a. fig*) to be above it [all]
❷ (*hinsichtlich einer Sache*) about it/that/them; **sich** ~ **beklagen/streiten, dass ...** to complain/argue about ...; **sich** ~ **wundern, was ...** to be surprised at what ...; ~ **brüten/sitzen/wachen** to brood/sit/watch over it/that/them; ~ ***spricht man nicht!*** one doesn't [*or* you don't] talk about such things!; ~ **hinweggehen/hinwegsehen** to pass over [*or* ignore] it; ~ **Stillschweigen bewahren** to maintain silence on [*or* keep silent about] it; ~ ***besteht kein Zweifel*** there is no doubt about it
❸ (*währenddessen*) in the meantime; (*dabei und deswegen*) in the process
❹ (*über diese Grenze hinaus*) above [*or* over] [that]; ***10 Stunden oder*** ~ 10 hours and/or longer [*or* more]; ***die Teilnehmer waren alle 50 oder*** ~ the participants were all 50 or above [*or* older]
❺ (*höher*) **mit dem Angebot/Preis** ~ **liegen** to have made a higher offer/to have offered a higher price
❻ (*anfangen*) **sich** ~ **machen** to get to work on [*or* BRIT *fam* get stuck into] [*or* AM *fam* get going on] it
▶ WENDUNGEN: ~ **hinaus** [*o* **hinweg**] **sein** to have got [*or* AM gotten] over it/that; **jdm** ~ **hinweghelfen** to help sb get over it/that; ~ **hinaus** over and above [that], higher
darüber|fahren *vi irreg sein s.* **darüber 1**
darüber hinaus *adv s.* **darüber** in addition [to that/this]; (*obendrein*) what is more **darüber|liegen** *vi irreg s.* **darüber 1, 5** **darüber|machen** *vr* (*fam*) *s.* **darüber 6** **darüber|stehen** *vi irreg s.* **darüber 1**
darum *adv* ❶ (*deshalb*) that's why; ~? because of that?, really?; ~! (*fam*) [just] because! *fam;* **ach** ~! oh, that's why!, oh, I see!; **eben** ~ for that very reason, that's exactly why; ~, **weil ...** because ...
❷ *in Verbindung mit subst, vb siehe auch dort* ~ **bitten** to ask for it/that/them; **jdn** ~ **bitten/sich** ~ **bemühen, etw zu tun** to ask sb to try [hard] to do sth; ***es geht uns*** ~, ***es richtig zu tun*** we are trying do it right; ***es geht nicht*** ~, ***wer zuerst kommt*** it's not a question of who comes first; ~ ***geht es ja gerade!*** that's just it! [*or* the point!]; ~ ***geht es nicht!*** that's not [*or* beside] the point!; ***wir kommen nicht*** ~ ***herum*** there's no avoiding it/that, it can't be helped; ~ **herumreden** to beat around the bush; **sich** ~ **streiten** to argue over it/that
❸ (*räumlich: um diesen Ort, Gegenstand herum*) ■~ [**herum**] around it, BRIT *a.* round it; *s. a.* **drum**
darunter *adv* ❶ (*räumlich*) under it/that, underneath [it/that]; (*unterhalb von etw*) below [it/that]; ~ **gehen** (*fam*) to go underneath; ~ **hervorgucken/-springen/-sprudeln** to look/jump/gush out [from underneath]; **etw** ~ **setzen** to put sth to it; **seine Unterschrift** [*o geh* **Paraphe**] ~ **setzen** to put one's signature to it/that, to sign
❷ (*unterhalb diese(r) Grenze*) lower; ***Schulkinder im Alter von 12 Jahren und*** ~ schoolchildren of 12 years and younger; ***keine Mark*** ~ not a mark less; ~ **gehen** to go lower; *Temperatur* to fall [below it/that]; ~ **liegen** to be less; **mit dem Angebot/Preis** ~ **liegen** to make a lower offer/to offer a lower price
❸ (*dazwischen*) among[st] them; **etw** ~ **mischen** to mix in; **sich** ~ **mischen** to mingle in [with sb]; **etw** ~ **rühren** KOCHK to stir in sth *sep;* **etw** ~ **schlagen** KOCHK to fold in sth *sep;* **etw** ~ **ziehen** KOCHK to fold in sth *sep*
❹ *in Verbindung mit subst, vb siehe auch dort* (*unter dieser Angelegenheit*) ~ **leiden** to suffer under it/that; ***was verstehst du*** ~? what do you understand by it/that?; ~ ***kann ich mir nichts/nicht viel vorstellen*** it doesn't mean anything/very much to me
❺ (*dazu*) ~ **fallen** to fall [*or* come] under it/that
▶ WENDUNGEN: **es nicht** ~ **machen** [*o* **tun**] (*fam*) to not do it for less
darunter|fallen *vi irreg sein s.* **darunter 5**
darunter|gehen *vi irreg sein s.* **darunter 1, 2**
darunter|liegen *vi irreg haben s.* **darunter 2**
darunter|mischen *vr, vt s.* **darunter 3**
darunter|rühren *vt s.* **darunter 3** **darunter|schlagen** *vt s.* **darunter 3** **darunter|setzen** *vt s.* **darunter 1** **darunter|ziehen** *vt s.* **darunter 3**
Darwinfink *m* BIOL Darwin's finch
das *art, pron* the; *s. a.* **der**
DASA *f Akr von* **Daimler-Benz Aerospace AG** DASA
da|sein *vi irreg sein s.* **da 1, 2, 5**
Dasein <-s> *nt kein pl* ❶ (*das menschliche Leben*) life, existence; **ein jämmerliches** ~ **fristen/führen** to eke out a miserable existence/to lead a miserable life; **jdm das** ~ **erleichtern** to make sb's life easier
❷ (*geh: Existenz*) existence
❸ (*Anwesenheit*) presence; *s. a.* **Kampf**
Daseinsberechtigung *f* right to exist *no pl;* **eine** ~ **haben** to justify one's existence; *von Menschen a.* right to live *no pl* **Daseinsfreude** *f* (*geh*) zest for life, joie de vivre **Daseinsfürsorge** *f* FIN earning one's keep **Daseinskampf** *m* (*geh*) *s.* **Existenzkampf** **Daseinsvorsorge** *f* FIN providing for one's life
daselbst *adv* (*veraltet*) in that [*or old* said] place; ***geboren 1698 zu Paris, gestorben 1745*** ~ born 1698 in Paris, died there 1745
da|sitzen *vi irreg* ❶ (*an einer Stelle sitzen*) to sit there; **noch/nicht mehr/schon** ~ to be still/no longer/already sitting there; **gelangweilt/müde/traurig/zitternd** ~ to sit there bored/tiredly/sadly/shivering
❷ (*fam: zurechtkommen müssen*) to be left on one's tod BRIT *fam* [*or* AM own]; **ohne Geld/Hilfe** ~ to be left without [any] money/help
dasjenige *pron dem s.* **derjenige**
dass[RR], **daß** *konj* ❶ *mit Subjektsatz* that; ~ ***wir einmal alle sterben müssen, ist nun mal gewiss*** [the fact] that we all have to die is certain *liter,* it is certain [that] we all have to die, we all have to die one day
❷ *mit Objektsatz* [that]; ***ich habe gehört,*** ~ ***du Vater geworden bist*** I've heard [that] you've become a father; **nicht verstehen,** ~ **...** to not understand how ...; ***entschuldigen Sie bitte,*** ~ ***ich mich so verspätet habe*** please excuse my [*or* me] arriving so late
❸ *mit Attributivsatz* [that]; **gesetzt den Fall,** ~ **...** assuming [that] ...; **vorausgesetzt,** ~ **...** providing [that] ...; **die Tatsache,** ~ **...** the fact that ...; [**nur**] **unter der Bedingung,** ~ **...** on [the] condition that ...; **ungeachtet dessen,** ~ **...** regardless of the fact that ..
❹ *mit Kausalsatz* that; ***ich war böse,*** ~ **...** I was angry that ...; ***sie freut sich darüber,*** ~ **...** she is pleased [that] ...; **das kommt daher** [*o* **davon**]/**das liegt daran,** ~ **...** that's because ...; **dadurch,** ~ **...** because ...
❺ *mit Konsekutivsatz* that; ***sie fuhr so schnell,*** ~ ***sie die rote Ampel übersah*** she drove so fast [that] she failed to see the red light
❻ *als Einleitung eines Instrumentalsatzes* ***er verbringt seine Freizeit damit,*** ~ ***er Telefonkarten sammelt*** he spends his free time collecting phonecards
❼ *mit Wunschsatz* (*geh*) if only, would that *liter;* ~ ***du nur Recht hast!*** if only you were right!
❽ (*in Warnungen*) ***sieh/seht zu,*** ~ ***...!*** see that ...; (*nachdrücklicher*) see to it [that] ...
❾ (*in Ausrufen des Bedauerns*) that; ~ ***es ausgerechnet mir passieren sollte!*** that it should happen to me of all people!; *s. a.* **als, auf, außer, ohne, so, [an]statt, kaum**
dasselbe, dasselbige *pron dem s.* **derselbe**
Dasselfliege *f* ZOOL bot fly
da|stehen *vi irreg* ❶ (*untätig an einer Stelle stehen*) to stand there; **nur so/einfach** ~ to be just/simply standing there; **dumm/wie ein begossener Pudel** ~ to stand there stupidly/sheepishly [*or* with a stupid/sheepish expression [on one's face]]; **konsterniert/verblüfft/verwundert** ~ to stand there scandalized/stunned/astonished; **wie der Ochs vorm Berg** ~ to be at a [dead] loss
❷ (*erscheinen*) **ohne Geld** [*o* **Mittel**] ~ to be left penniless [*or* with nothing]; **mit leeren Händen** ~ to stand there [*or* be left] empty-handed; **als Dumm-**

kopf/Lügner ~ to be left looking like an idiot/a liar; **allein** ~ to be left [all *fam*] alone [in the world]; **besser/anders/gut/schlecht** ~ to be in a better/different/good/bad position; **einzig** ~ to be unique [*or* in a class of its own]
► WENDUNGEN: **na, wie stehe ich jetzt da?** (*selbst lobend*) well, wasn't I just wonderful?; (*Vorwurf*) what a fool I must look now!

DAT *nt* INFORM *Akr von* **digital audio tape** DAT; **~-Streamer** DAT streamer

Data Mining <-s> ['deɪtəmaɪnɪŋ] *nt kein pl* data mining **Data Warehousing** <-[s]> ['deɪtə,weəhaʊzɪŋ] *nt kein pl s.* **Data Mining** data warehousing

Date <-s, -s> [deɪt] *nt* (*sl*) date

Datei <-, -en> *f* INFORM [data] file; **angehängte** ~ attachment; **gesicherte** ~ backup; **permanente/temporäre** ~ permanent/temporary file; **eine** ~ **aufrufen/abspeichern/anlegen/löschen** to call [up]/save/create/delete a [data] file

Dateiabfrage *f* INFORM file inquiry **Dateiattribut** *nt* INFORM file attribute **Dateiaufbereitung** *f* INFORM file editor

Dateienverwaltung *f kein pl* file manager

Dateiformat *nt* INFORM file format **Dateigröße** *f* INFORM file size **Dateikatalog** *m* INFORM catalog[ue] file **Dateikomprimierung** *f* INFORM file compression **Dateiliste** *f* INFORM file list **Dateimanager** *m* INFORM file manager **Dateiname** *m* INFORM file name **Dateioperation** *f* INFORM file operation **Dateioptimierer** *m* INFORM file optimizer **Dateischutz** *m* INFORM file protection **Dateisystem** *nt* INFORM file system; **hierarchisches** ~ hierarchical file system **Dateitabelle** *f* INFORM file table **Dateitransfer** *m* INFORM file transfer **Dateiunterverzeichnis** *nt* INFORM subdirectory **Dateiverwaltung** *f* INFORM file management system **Dateiverzeichnis** *nt* INFORM directory **Dateiverzeichnisstruktur** *f* INFORM directory structure **Dateivolumen** *nt* INFORM file size

Daten[1] *pl von* **Datum**

Daten[2] *pl* data; ~ **zur Person** particulars *npl;* **technische** ~ specifications, specs *fam;* ~ **erfassen/verarbeiten** to collect [*or* capture]/process data

Datenabgleich *m* INFORM comparison of data **Datenabruf** *m* data retrieval **Datenanzug** *m* data suit **Datenaufbereitung** *f kein pl* data editing **Datenaufzeichnung** *f* data recording **Datenausgabe** *f* data output **Datenausgabesteuerung** *f* data output control **Datenaustausch** *m* data exchange, DX **Datenaustauschformat** *nt* data exchange format **Datenauswertung** *f* data analysis **Datenautobahn** *f* information highway **Datenbank** <-banken> *f* database; **Archiv der** ~ database file **Datenbankabfrage** *f* database enquiry **Datenbankadministrator** *m* database administrator, DBA **Datenbankbeauftragte(r)** *f(m) dekl wie adj* database consultant **Datenbankbenutzer(in)** *m(f)* database user **Datenbankbetriebssystem** *nt* database operational, operating system **Datenbankmodell** *nt* database model; **hierarchisches/relationales** ~ hierarchical/relational database model **Datenbankprogramm** *nt* database manager **Datenbankprogrammierer(in)** *m(f)* database [*or* applications] programmer **Datenbanksystem** *nt* database management system, DBMS **Datenbankverwaltung** *f* database management, DBM **Datenbankverwaltungssystem** *nt* database administrator, DBA **Datenbasis** *f* database **Datenbearbeitung** *f* data processing **Datenbereitstellung** *f* data supply **Datenbestand** *m* data stock **Datenbibliothek** *f* library of data **Datenbit** *nt* data bit **Datenbus** *m* data bus **Datendurchlauf** *m* throughput **Dateneingabe** *f* data entry **Dateneingabesteuerung** *f* data input control **Datenerfassung** *f* ■**die** ~ data collection [*or* capture] **Datenerhalt** *m* receival of data **Datenexport** *m* data export **Datenfernleitung** *f* remote data line **Datenfernübertragung** *f* remote data transmission, data telecommunication **Datenfernverarbeitung** *f kein pl* teleprocessing **Datenfluss**[RR] *m kein pl* information [*or* data] flow **Datenflut** *f* flood of data **Datenformat** *nt* data format **Datenfunkgerät** *nt* police radio unit **Datengeheimnis** *nt* JUR data secrecy **Datenhandschuh** *m* data glove **Datenhighway** <-s, -s> *m* INET data highway **Datenimport** *m* data import **Dateninfobahn** *f* information highway **Datenintegrität** *f* data integrity **Datenkarte** *f* data card **Datenklau** <-s> *m kein pl* JUR, INFORM, INET (*fam*) data theft **Datenkommunikation** *f* data communication **Datenkommunikationsschnittstelle** *f* data communications interface **Datenkompatibilität** *f* data compatibility **Datenkompression** *f* data compression **Datenleitung** *f* dataline **Datenmanagement** *m* data management **Datenmenge** *f* data volume **Datenmissbrauch**[RR] *m* data abuse, misuse of data **Datennetz** *nt* ❶ (*Netzwerk*) data [*or* information] network ❷ (*Datenfernübertragungsnetz*) data transmission network **Datenorganisation** *f* data preparation **Datenpaket** *nt* data packet **Datenpflege** *f* data update **Datenquelle** *f* data source **Datenrettung** *f* rescue dump **Datensatz** *m* data record **Datenschrott** *m* corrupt data, [electronic] garbage AM **Datenschutz** *m* JUR data [privacy] protection **Datenschutz(aufsichts)behörde** *f* JUR data protection authority **Datenschutzbeauftragte(r)** *f(m) dekl wie adj* controller for data protection; (*Bundes~*) Federal Commissioner for Data Protection **Datenschützer(in)** *m(f)* (*fam*) data watchdog *fam* **Datenschutzgesetz** *nt* JUR Data Protection Act **datenschutzrechtlich** *adj* **aus ~en Gründen** for reasons of data protection **Datensicherheit** *f* data security **Datensicherung** *f* [data] backup; ~ **[auf Diskette] machen** to backup [data] [to floppy disk] **Datensichtgerät** *nt* [visual] display unit, VDU **Datenspeicher** *m* data storage (*large quantity of data*), data register (*temporary storage before processing*) **Datenspeicherschicht** *f* data storage layer **Datenspeicherung** *f* data storing **Datenstrom** *m* data streaming **Datenstruktur** *f* data format **Datenterminal** *nt* data [communication] terminal **Datenträger** *m* data medium [*or* carrier] **Datentransfer** *m* data transmission **Datentransport** *m* data transport **Datentypist(in)** *m(f)* keyboarder **Datenübermittlung** *f kein pl s.* **Datenfernübertragung Datenübertragung** *f* data transmission **Datenübertragungsrate** *f* data transfer rate **Datenübertragungszeit** *f* data transfer time **Datenverarbeitung** *f* data processing *no pl, no art;* **elektronische** ~ [*o* **EDV**] electronic data processing, EDP **Datenverarbeitungsanlage** *f* data processing [*or* DP] equipment **Datenverbund** *m* data network **Datenverkehr** *m kein pl* data traffic [*or* communication] **Datenverlust** *m* data loss; **unerklärlicher** ~ line gremlin **Datenverschlüsselung** *f* data encryption **Datenverwaltung** *f* data management **Datenverwaltungssystem** *nt* database manager **Datenzentrale** *f,* **Datenzentrum** *nt* data centre [*or* AM -er] **Datenzwischenspeicher** *m* buffer

datieren* I. *vt* ❶ (*mit Datum versehen*) ■**etw** ~ to date sth; ***auf den Wievielten war der Brief datiert?*** when was the letter dated?, what was the date on the letter?; **etw falsch** ~ to date sth incorrectly, to misdate sth *form;* **etw zurück/im Voraus** ~ to postdate/predate sth
❷ (*zeitlich einordnen*) ■**etw [auf einen bestimmten Zeitraum]** ~ to date sth [back to a certain period]
II. *vi* ❶ (*stammen, bestehen*) ■**aus einem bestimmten Zeitraum** ~ [*o* **seit einem bestimmten Zeitraum/-punkt** ~] to date from [*or* back to] a certain period
❷ (*mit Datum versehen sein*) ***dieser Brief datiert vom 12. Februar*** this letter is dated 12th Febuary

Datierung <-, -en> *f* dating; **absolute** ~ absolute dating

Datierungshilfe *f* GEOL dating aid

Dativ <-s, -e> *m* LING dative [case]; **im** ~ **stehen** to be in the dative [case]; **den** ~ **regieren** to govern [*or* take] the dative [case]

Dativobjekt *nt* LING indirect [*or* dative] object

dato *adv* (*geh*) **bis** ~ to date

Datowechsel *m* JUR after-date bill

Datscha, Datsche <-, Datschen> *f* da[t]cha

Dattel <-, -n> *f* date

Dattelpalme *f* date [palm]

Datum <-s, Daten> *nt* date; ~ **des Poststempels** date as postmark; **älteren ~s** ***ein Wagen älteren ~s*** an older model of a car; ***ein Wörterbuch älteren ~s*** an older edition of a dictionary; **das gestrige/heutige/morgige** ~ yesterday's/today's/tomorrow's date; **neueren ~s** ***eine Ausgabe neueren ~s*** a more recent issue; ***das Auto ist erst neueren ~s*** the car is still [pretty *fam*] new; **sich im** ~ **irren** to get the date wrong; ***was für ein/welches ~ haben wir heute?*** what's the date today?; ***ein Brief ohne ~*** an undated letter; ***der Brief trägt das ~ vom 7. Mai/von letztem Sonntag*** the letter is dated 7 May/last Sunday, the letter bears the date 7 May/of Sunday last *form*

Datumsänderung *f* date change **Datumsanzeige** *f* date display **Datumsgrenze** *f* [international] date line **Datumsstempel** *m* ❶ (*Gerät zum Stempeln eines Datums*) dater ❷ (*eingestempeltes Datum*) date stamp

Daube *f* ❶ (*Seitenbrett eines Fasses*) stave ❷ (*Zielwürfel beim Eisschießen*) tee (*larger version of an ice-hockey puck*)

Dauer <-> *f kein pl* duration (+*gen* of); *von Aufenthalt* length; **von langer/kurzer** ~ **sein** to last long [*or* a long time]/to not last long [*or* a long time]; **von begrenzter** ~ **sein** to be of limited duration; **keine** ~ **haben** to not live long, to be short-lived; **von** ~ **sein** to be long-lasting [*or* long-lived]; ***die Wetterbesserung wird für die nächsten Tage von ~ sein*** the improvement in the weather will remain constant for the next few days; **nicht von** ~ **sein** to be short-lived; **auf** ~ permanently; **auf die** ~ in the long run [*or* term]; ***diesen Lärm kann auf die ~ keiner ertragen*** nobody can stand this noise for any length of time; ***das kann auf die ~ nicht so weitergehen!*** it can't go on like that forever!; **für die** ~ **von** for the duration of; ***für die ~ Ihres Aufenthaltes bei uns*** for [the duration [*or* length] of] your stay with us

Dauerarbeitslose(r) *f(m) dekl wie adj* long-term unemployed person; ■**die ~n** the long-term unemployed **Dauerarbeitslosigkeit** *f kein pl* long-term unemployment **Dauerarbeitsplatz** *m* permanent job **Dauerauftrag** *m* standing order; **per** ~ by [*or* with a] standing order; **einer Bank einen** ~ **erteilen** to place a standing order at a bank **Dauerausweis** *m* season [*or* AM commutation] ticket **Dauerbehandlung** *f* MED long-term therapy, prolonged treatment **Dauerbelieferungsvertrag** *m* HANDEL permanent supply contract **Dauerbeschäftigung** *f* ÖKON permanent employment *no pl* **Dauerbetrieb** *m kein pl* continuous operation **Dauerbrenner** *m* (*fam*) ❶ (*Ofen*) slow-burning stove ❷ (*dauerhaft Interessantes*) long runner *fam;* ***dieses Thema wird noch zum ~*** this topic will be the talk of the town for a long time to come *fam* ❸ (*langer Kuss*) long, impassioned kiss, BRIT *sl a.* snog **Dauerdelikt** *nt* JUR continuing offence **Dauereinrichtung** *f* ❶ (*ständige Institution*) permanent institution ❷ (*ständige Übung*) **zu einer** ~ **werden** to become [a] regular practice **dauerelastisch** *adj inv* BAU permanently elastic **Daueremission** *f* BÖRSE constant issue **Daueremittent** *m* FIN constant issuer **Dauererfolg** *f* continuous success **Dauerfeuer** *nt* MIL sustained [*or* continuous] fire **Dauerflug** *m* endurance flight **Dauergast** *m* regular client (**in** +*dat* of), permanent fixture *hum* (**in** +*dat* at); (*im Hotel*) permanent guest [*or* resident]; **sich [bei jdm] als** ~ **einrichten** (*iron fam*) to grace sb's house with one's permanent presence *iron;* ***er ist in diesem Lokal ~*** he's one of the regulars **Dauergeschwindigkeit** *f* cruising speed **dauerhaft** **I.** *adj* ❶ (*haltbar, strapazierfähig*) durable, resistant ❷ (*beständig*) lasting; ***das darf kein ~er Zustand werden*** that shouldn't be allowed to become permanent **II.** *adv* permanently; **sich ~ einigen** to come to a lasting [*or* permanent] agreement; **~ schädigen/geschädigt werden** to inflict/suffer permanent damage **Dauerhaftigkeit** <-> *f kein pl* ❶ (*Haltbarkeit, Strapazierfähigkeit*) durability ❷ (*Beständigkeit*) permanence; *von Wetter* constancy; ***der Versailler Frieden war nicht von großer ~*** the treaties of Versailles did not last **Dauerkarte** *f* season ticket; **im Besitz einer ~ sein** to have [*or* be in hold of] a season ticket **Dauerkarteninhaber(in)** *m(f)* season ticket holder **Dauerkunde** *m* standing [*or* regular] customer **Dauerlauf** *m* [endurance] run, jog; **einen ~ machen** to go for a run [*or* jog]; **im ~** at a run [*or* jog], at a running [*or* jogging] pace **Dauerlutscher** *m* lollipop, BRIT *fam a.* lolly

dauern[1] *vi* ❶ (*währen, anhalten*) to last; **eine Stunde/einen Tag/lang/länger ~** to last an hour/a day/a long time/longer; ***dieser Krach dauert jetzt schon den ganzen Tag*** this racket has been going on all [*or* the whole] day now; ***der Film dauert 3 Stunden*** the film is 3 hours long ❷ (*Zeit erfordern*) to take; **lange/zu lange ~** to take long [*or* a long time]/to take too long; **nicht mehr lange ~** to not take much longer; ***das dauert wieder, bis er endlich fertig ist!*** he always takes such a long time to get ready; ***warum dauert das bei dir immer so lange?*** why does it always take you so long?, why do you always take so long?; ***vier Stunden? das dauert mir zu lange*** four hours? that's too long for me; ***es dauert alles seine Zeit*** everything takes its time, Rome wasn't built in a day *prov;* **das dauert und dauert!** (*fam*) it's taking ages [and ages] [*or* years] [*or* forever] *fam* ❸ (*geh: dauerhaft sein, Bestand haben*) to last, to endure *liter*

dauern[2] *vt* (*veraltend geh*) ❶ (*reuen*) ■**jdn [sehr] ~** to be a cause of [deep] regret for sb; ■**es dauert mich [sehr], dass ...** I regret [deeply] that ...; ***jeder Pfennig dauert mich*** every penny hurts ❷ (*Mitleid wecken bei*) ■**jdn ~** (*veraltend*) to arouse [*or* awaken] pity in sb; ***der zerlumpte Bettler dauerte sie sehr*** they took pity on [*or* pitied] the ragged beggar

dauernd **I.** *adj* (*ständig*) constant, unceasing; (*anhaltend*) lasting; **eine ~e Freundschaft** a lasting [*or* long-lived] friendship; **~er Wohnsitz** permanent [*or* fixed] address
II. *adv* ❶ (*ständig*) constantly; ***mit diesen Neuen hat man ~ Ärger!*** these newcomers are always causing trouble!
❷ (*immer wieder*) always; **etw ~ tun** to keep [on] doing sth

Dauernutzungsrecht *nt* JUR registered perpetual lease **Dauerobst** *nt* fruit that keeps well **Dauerparker(in)** *m(f)* (*Langzeitparker*) long-term [*or* all-day] parker; ***„Parkplatz [nur] für ~"*** "long-term carpark"; (*regelmäßiger, befugter Parker*) permit parker **Dauerpflegschaft** *f* JUR permanent curatorship **Dauerproduktion** *f* ÖKON long-term production **Dauerprüfungsfahrt** *f* endurance test **Dauerrechtsverhältnis** *nt* JUR permanent contract **Dauerredner(in)** *m(f)* (*pej*) windbag *pej fam* **Dauerregen** *m* continuous rain **Dauerschaden** *m* MED long-term damage **Dauerschleife** *f* TECH continuous [*or* endless] playback **Dauerschulden** *pl* FIN permanent [*or* long-term] debts **Dauerschuldverhältnis** *nt* FIN continuous obligation **Dauerschuldverschreibung** *f* FIN perpetual debenture **Dauerschuldzinsen** *pl* FIN interest on permanent debt **Dauerspeicher** *m* INFORM non-volatile memory **Dauerstellung** *f* (*feste Anstellung*) permanent post; **in ~ [beschäftigt]** in permanent employment **Dauerstraftat** *f* JUR continuing offence **Dauerstress**RR *m* continuous stress **Dauerthema** *nt* permanent topic **Dauerton** *m* continuous [*or* sustained] tone **Dauerverfügung** *f* JUR permanent injunction **Dauervertrag** *m* JUR continuing agreement **Dauerware** *f* KOCHK foods *pl* with long shelf life **Dauerwelle** *f* perm[anent wave *form*]; **sich** *dat* **eine ~ machen lassen** to have one's hair permed; **jdm eine ~ machen/legen** to perm[anent-wave *form*] sb's hair **Dauerwirkung** *f* long-lasting effect **Dauerwohnrecht** *nt* JUR permanent right of residence **Dauerwurst** *f salami-style sausage* **Dauerzustand** *m* (*anhaltender Zustand*) permanent state of affairs; **zum ~ werden** to become a permanent state of affairs; **[bei jdm] ein ~ sein/zum ~ werden** to be/become a habit [of sb's] *iron;* ***ich hoffe, das wird bei dir nicht zum ~!*** I hope that this isn't getting to become a habit of yours!

Däumchen <-s, -> *nt dim von* Daumen (*kindersprache*) [little] thumb
▶ WENDUNGEN: **~ drehen** (*fam*) to twiddle one's fingers [*or* thumbs]

Daumen <-s, -> *m* thumb, pollex *spec;* **am ~ lutschen** to suck one's thumb
▶ WENDUNGEN: **jdm die ~ drücken** [*o* **halten**] to keep one's fingers crossed [for sb]; **den ~ auf etw** *akk* **halten** [*o* **auf etw** *dat* **haben**] (*fam*) to keep [*or* have] a tight hold on sth; **den ~ in den Wind halten** (*fam: per Anhalter reisen*) to stick one's thumb out *fam;* **etw über den ~ peilen** to estimate sth by rule of thumb

Daumenabdruck *m* thumbprint **daumenbreit** *adj* as wide as a [*or* one's] thumb *pred,* ≈ inch-wide *attr* **Daumenlutscher(in)** *m(f)* (*pej*) thumb-sucker **Daumennagel** *m* thumbnail **Daumenprobe** *f* TYPO thumb test **Daumenregister** *nt* thumb-index **Daumenschraube** *f* HIST thumbscrew; **jdm die ~n anlegen** (*fig*) to put the thumbscrews on sb; **die ~n anlegen** (*fig*) to put on [*or* tighten] the thumbscrews

Däumling <-s, -e> *m* ❶ (*Schutzkappe für den Daumen*) [thumb] cap [*or* ring]; (*Fingerhut*) thimble ❷ (*winzige Märchengestalt*) ■**der ~** Tom Thumb

Daune <-, -n> *f* down *no pl;* **weich wie ~n** [as] soft as down

Daunendecke *f* duvet, quilt **Daunenjacke** *f* quilted jacket **Daunensteppdecke** *f* continental quilt, duvet **daunenweich** *adj* downy *attr,* [as] soft as down *pred*

Daus *m* **ei der ~!** (*veraltend*) well I'll be damned! [*or* BRIT *dated a.* blowed!]

David(s)stern *m* Star of David

DaviscupRR <-[s]> ['de:viskap] *m,* **Davispokal**RR *m* (*Tennispokal*) ■**der ~** the Davis Cup

davon *adv* ❶ (*von diesem Ort/dieser Person* (*entfernt*)) away; (*von dieser Stelle weg*) from there; **etw ~ lösen/trennen** to loosen/separate sth from it/that; **~ abgehen/loskommen** to come off it/that; **jdn ~ heilen** to heal sb of it/that; **rechts/links ~ abgehen** [*o* **abzweigen**] to branch off to the right/left [of it]; ***du bist zu weit ~ entfernt, um es deutlich zu sehen*** you're too far away to see it clearly; **links/rechts ~** to the left/right of it/that/them; ***er will erwachsen sein? er ist noch weit ~ entfernt!*** he thinks he's grown up? he's got far [*or* a long way] [*or fam* a hell of a way] to go yet! ❷ *in Verbindung mit subst, vb siehe auch dort* (*von diesem Umstand als Ausgangspunkt*) from it/that; **etw ~ ableiten** to derive sth from it/that; **~ absehen, etw zu tun** to refrain from doing sth; **~ ausgehen, dass ...** to presume that ...; **sich ~ erholen** to recover from it/that; **etwas/nichts ~ haben** to have sth/nothing of it; ***sie unterscheiden sich ~ nur in diesem kleinen Detail*** they differ from that only in this small detail; ***das Gegenteil ~*** the opposite of it/that; ***was hast du denn ~, dass du so schuftest? nichts!*** what do you get out of working so hard? nothing!; ***soll sie doch das Geld behalten, ich hab nichts ~!*** let her keep the money, it's no use to me!; ***das hast du nun ~, jetzt ist er böse!*** now you've [gone and] done it, now he's angry!; ***das kommt ~!*** you've/he's etc. only got yourself/himself etc. to blame! ❸ (*durch diesen Umstand* (*verursacht*)) as a consequence [*or* result]; ***es hängt ~ ab, ob/dass ...*** it depends on whether ...; ***man wird ~ müde, wenn man zuviel Bier trinkt*** drinking too much beer makes you tired; ***es ist nur eine Prellung, ~ stirbst du nicht!*** it's only a bruise, it won't kill you! *hum* ❹ (*mittels dieser Sache als Grundlage*) **sich ~ ernähren** to subsist on it/that; **~ leben** to live on it/that *liter,* to live off it/that *fig* ❺ ((*als Anteil*) *aus dieser Menge*) [some] of it/that/them; ((*als Anteil*) *aus diesem Behälter*) from it/that; **~ essen/trinken** to eat/drink [some] of it/that; **die Hälfte/ein Teil/ein Pfund ~** half/a part/a pound of it/that/them; **das Doppelte/Dreifache ~** twice/three times as much; ***die Milch ist schlecht, ich hoffe, du hast nicht ~ getrunken*** the milk is sour, I hope you didn't drink any [of it]; ***es ist genügend Eis da, nimm nur ~!*** there's enough ice-cream, please take [*or* have] some; ***ist das Stück Wurst so recht, oder möchten Sie mehr ~?*** will this piece of sausage be enough, or would you like [some] more [of it]?; ***wieviel Äpfel dürfen es sein? — 6 Stück ~, bitte!*** how many apples would you like? — six, please! ❻ *in Verbindung mit vb siehe auch dort* (*über diese Angelegenheit*) **~ hören/sprechen/wissen** to hear/speak/know of it/that/them; ***was hältst du ~?*** what do you think of it/that/them?; ***ich verstehe gar nichts ~*** I don't understand any of it/that, it/that doesn't mean anything to me; *Fachgebiet* I know nothing about it; ***~ weiß ich nichts*** I don't know anything about [*or hum* plead ignorance of] that; ***genug ~!*** enough [of this/that]!; ***kein Wort mehr ~!*** not another word!

davon|eilen *vi sein* (*geh*) to hurry [*or liter* hasten] away **davon|fahren** *vi irreg sein* ❶ (*geh: wegfahren, sich entfernen*) **in einem Auto ~** to drive off in a car; **auf einem Fahrrad ~** to ride off on a bicycle ❷ (*fahrend hinter sich lassen, abhängen*) ■**jdm ~** to draw ahead of sb, to leave sb behind **davon|fetzen** *vi sein* (*fam: rasen*) to tear off **davon|fliegen** *vi irreg sein* (*geh*) ■**[jdm] ~** to fly away [from sb]; *Vögel a.* to fly off [*or liter* take to flight] [before sb] **davon|gehen** *vi irreg sein* (*geh*) to go [away], to depart *form* **davon|jagen** **I.** *vt haben* (*vertreiben, verscheuchen*) ■**jdn ~** to drive sb away [*or* off]; **Kinder/Katzen/Vögel ~** to chase away [*or* off] children/cats/birds **II.** *vi sein* ❶ (*stürmisch davoneilen*) to flee, to take flight *liter* ❷ (*schnell wegfahren, wegfliegen*) to roar off [*or* away] **davon|kommen** *vi irreg sein* **mit dem Leben ~** to escape with one's life; **mit einem blauen Auge/einem Schock ~** to come away with no more than a black eye/a shock; **glimpflich/mit einer Geldstrafe ~** to get off lightly/with a fine; **ungeschoren/[mit] heil[er Haut]/knapp ~** to get away scot-free/intact/by the skin of one's teeth *fam* **davon|lassen** *vi irreg haben s.* **Finger** **davon|laufen** *vi irreg sein* ❶ (*weglaufen*) ■**jdm ~** to run off [*or* away] from sb ❷ (*laufend hinter sich lassen, abhängen*) ■**jdm ~** to run ahead of sb; ***lauf mir nicht davon!*** don't run so fast! ❸ (*fam: überraschend verlassen*) ■**jdm ~** to run out on sb *fam,* to desert sb ❹ (*außer Kontrolle geraten*) ■**jdm/einer Sache ~** to run away from sb/to outpace sth ▶ WENDUNGEN: **zum D~ sein** (*fam*) [to be enough] to drive one mad [*or fam* mental]; ***das stinkt hier ja zum D~!*** it stinks here to high heaven! *fam* **davon|machen** **I.** *vr* (*sich unauffällig entfernen*) ■**sich ~** to slip away; ***los, macht euch davon, hier habt ihr nichts mehr zu suchen!*** be off with you, you won't find anything here! **II.** *vi* (*fam: abhauen, fliehen*) to scarper *fam* **davon|schleichen** *irreg* **I.** *vi sein* (*leise und langsam weggehen*) to creep [*or* slink] away **II.** *vr haben* ■**sich ~** (*sich leise und heimlich entfernen*) to steal away, to go tiptoeing off *hum* **davon|sein** *vi irreg* (*fam*) *s.* **auf** **davon|stehlen** *vr irreg* (*geh*) *s.* **davonschleichen** **davon|tragen** *vt irreg* ❶ (*weg-/fortbringen*) ■**jdn/etw ~** to take sb/sth

D

away ❷ (*geh: erringen, bekommen*) **den Preis** ~ to carry off [*or* win] the prize; **Ruhm** ~ to achieve [*or* win] glory; **einen Sieg** ~ to score [*or* win] a victory ❸ (*geh: erleiden*) **Prellungen/Verletzungen/Knochenbrüche** ~ to suffer bruising/injury/broken bones **davon|ziehen** *vi irreg sein* ❶ (*geh: weggehen*) to move on; *Prozession* to move off ❷ SPORT (*fam: einen Vorsprung gewinnen*) ■[**jdm**] ~ to move ahead [of sb], to pull away [from sb]; (*Punktdifferenz erhöhen*) to increase the lead

davor *adv*, **davor** *adv* (*emph*) ❶ (*vor einer Sache/einem Ort/etc.*) in front [of it/that/them], before [it/that/them] *form; mit vorerwähntem Bezugsobjekt* in front of [*or form* before] [it/that/them/etc.]; ~ ***musst du links abbiegen*** you have to make a left turn before it; ~ **liegen** to lie in front of [*or form* before] it/that/etc.; ~ **stehen** to be in front of [*or form* before] it/that/etc.; *Mensch a.* to stand in front of [*or form* before] it/that/etc.
❷ (*vor eine Sache/einen Ort/etc.*) in front of [it/that/them etc.]; ***sie stand direkt*** ~ she stood directly in front of it
❸ (*zeitlich vorher*) before [it/that/them/etc.]
❹ *mit Verben* (*in Hinblick auf*) ***ich ekel mich*** ~ I'm disgusted by it; ***er hat Angst*** ~ he's afraid of it/that; ***er hatte mich*** ~ ***gewarnt*** he warned me about that

davor|liegen *vi irreg s.* **davor 1**
davor|sein *vi irreg sein s.* **davor 1, 4**
davor|stehen *vi irreg s.* **davor 1**
davor|stellen *vt s.* **davor 2**
D/A-Wandler *m* INFORM digital to analog converter, DAC
DAX <-> *m kein pl Akr von* **Deutscher Aktienindex** DAX, German share index
DAX *m* BÖRSE *Akr von* **Deutscher Aktienindex** DAX
Daybag <-, -s> ['deɪbæg] *f* daybag
dazu *adv*, **dazu** *adv* (*emph*) ❶ (*zu dem gehörend*) with it
❷ (*außerdem*) at the same time, into [*or* AM in] the bargain, to boot; *s. a.* **noch**
❸ (*zu diesem Ergebnis*) to it/that; ***wie konnte es nur*** ~ ***kommen?*** how could that happen?; ***wie ist er*** ~ ***gekommen?*** how did he come by it?; ***wie komme ich*** ~**?** (*fam*) why on earth should I?; ~ ***reicht das Geld nicht*** we/I haven't enough money for that; **im Gegensatz** ~ contrary to this; **im Vergleich** ~ in comparison to that; *s. a.* **führen, Weg**
❹ (*zu der Sache*) ***ich würde dir*** ~ ***raten*** I would advise you to do that; ***ich bin noch nicht*** ~ ***gekommen*** I haven't got round to it/to doing it yet
❺ (*dafür*) for it/that/this; ***ich bin*** ~ ***nicht bereit*** I'm not prepared to do that; ***er war*** ~ ***nicht in der Lage*** he wasn't in a position to do so; ***es gehört viel Mut*** ~ that takes a lot of courage; ~ ***ist es da*** that's what it's there for; ~ ***habe ich keine Lust*** I don't feel like it; ~ ***habe ich schon Zeit*** I do have time for that; **die Erlaubnis/die Mittel/das Recht** ~ the permission/the means/the right to do it; **kein Recht** ~ **haben, etw zu tun** to have no right to do sth
❻ (*darüber*) about it/that/this; ***er hat sich noch nicht*** ~ ***geäußert*** he hasn't commented on it yet; ***was meinst du*** ~**?** what do you think about it/that?; ***das ist meine Meinung*** ~ that's my opinion of it
❼ NORDD (*fam*) ***da habe ich keine Zeit zu*** I haven't the time [for it/that]; ***da komme ich heute nicht mehr zu*** I won't be able to get round to it today

dazu|gehören* *vi* ❶ (*zu der Sache gehören*) to belong [to it/etc.]
❷ (*im Preis eingeschlossen sein*) to be included [in it]
❸ (*nicht wegzudenken sein*) be a part of it
dazugehörig *adj attr* to go with it/them *pred*, which [*or* that] goes/go with it/them *pred;* **die ~en Schlüssel** the keys fitting [*or* belonging to] it/them
dazu|gesellen* *vr* ■**sich** ~ to join them/her/him/you/us/etc.

dazu|kommen *vi irreg sein* ❶ (*hinzukommen*) to arrive; (*zufällig*) to happen to arrive, to arrive on the scene *fam*, to turn up *fam*
❷ (*hinzugefügt werden*) to be added; ***kommt noch etwas dazu?*** is there [*or* will there be] anything else?
dazu|legen **I.** *vt* ■[**jdm/sich**] **etw** ~ to add sth [to it]; **jdm noch ein Stück Fleisch/Kuchen/etc.** ~ to give sb another piece of meat/cake/etc.; **sich** *dat* **noch ein Stück** ~ to take another piece
II. *vr* ■**sich** ~ to lie down next to [*or* with] sb
dazu|lernen *vt* ■**etw** ~ to learn sth; **einiges** ~ to learn a few [new] things; **etwas** ~ to learn something new; ***man kann immer etwas*** ~ there's always something [new] to learn; ***schon wieder was dazugelernt!*** you learn something [new] every day!
dazumal *adv* (*veraltend*) in those days; *s. a.* **Anno**
dazu|rechnen *vt* ■**etw** ~ ❶ (*hinzurechnen*) to add on sth
❷ (*in Betracht ziehen*) to consider sth, to take sth into consideration
dazu|setzen **I.** *vt* ❶ (*zu jdm setzen*) ***kann ich mich*** ~**?** do you mind if I join you?
❷ (*dazuschreiben*) ■**etw** ~ to add sth; **seinen Namen** ~ to add [*or form* append] one's name
II. *vr* ■**sich** [**zu jdm**] ~ to sit down [at sb's table]
dazu|tun *vt irreg* (*fam*) ■**etw** ~ ❶ (*hinzufügen*) to add sth
❷ (*zusätzlich schenken*) to add [*or* contribute] sth; **noch etw** ~ to add [*or* contribute] another sth
Dazutun <-> *nt kein pl* ■**ohne jds** ~ without sb's intervention [*or* help]
dazwischen *adv* ❶ (*räumlich: zwischen zwei Dingen*) between them, [in] between; (*darunter*) among[st] them
❷ (*zeitlich*) in between
dazwischen|fahren *vi irreg sein* ❶ (*eingreifen*) to intervene, to step in [and sort things out]
❷ (*unterbrechen*) to interrupt, to break in; *nicht Angesprochene a.* to butt in *fam;* ■**jdm** ~ to interrupt sb; *nicht Angesprochene a.* to butt in on sb *fam*
dazwischen|funken *vi* (*fam*) ■[**jdm**] ~ to mess sth up [for sb] *sep fam;* (*seinen Senf dazugeben*) to put [*or* stick] one's oar in *pej fam;* (*unaufgefordert in einem Gespräch*) to butt in [on sb] *fam*
dazwischen|kommen *vi irreg sein* ❶ (*zwischen etw geraten*) ■**mit etw** ~ to get sth caught [in sth]
❷ (*als Unterbrechung eintreten*) ***wenn nichts dazwischenkommt!*** if all goes well! [*or* to plan]; ***leider ist*** [***mir***] ***etwas dazwischengekommen*** I'm afraid something has come [*or fam* cropped] up
dazwischen|reden *vi* ■[**jdm**] ~ to interrupt [sb]; *nicht Angesprochene a.* to butt in [on sb]; ■**das D~** interruptions *pl*
dazwischen|rufen *vi, vt irreg* ■[**etw**] ~ to interrupt [sth] loudly [with sth], to yell out [sth] *sep*, to shout [out] interruptions; ■**das D~** [noisy] interruptions *pl*
dazwischen|schlagen *vi irreg* ■[**mit etw**] ~ to wade in [with sth]
dazwischen|stehen *vi irreg* ❶ (*zwischen zweien stehen*) to be between them; *Mensch a.* to stand between them
❷ (*unentschieden sein*) to be [in] between; [**politisch**] ~ to sit on the fence [politically]; **mit seiner Meinung** ~ to be noncommittal
❸ (*geh: trennend sein*) to be in the way
dazwischen|treten *vi irreg sein* ❶ (*schlichtend eingreifen*) to intervene; ■**das/jds D~** the/sb's intervention
❷ (*geh: störend auftreten*) to get in the way; *störender Mensch, Exfreund, etc.* to come between [two people/etc.]
DB <-> *f Abk von* **Deutsche Bundesbahn** ≈ BR BRIT, ≈ Amtrak AM
DBAG *f Abk von* **Deutsche Börse AG** German Stock Exchange
DCC <-> *f Abk von* **Digital Compact Cassette** DCC
DDR <-> *f* HIST *Abk von* **Deutsche Demokratische Republik:** ■**die** ~ East Germany, the GDR, the German Democratic Republic *form;* **die ehemalige** ~ [the] former East Germany
DDR-Bürger(in) *m(f)* HIST East German [citizen], citizen of the German Democratic Republic *form*
DDT <-> *nt Abk von* **Dichlordiphenyltrichloräthan** DDT
Deal <-s, -s> [di:l] *m* (*sl*) deal; [**mit jdm**] **einen** ~ **machen** to make [*or* do] a deal [with sb]
dealen ['di:lən] *vi* (*sl*) ■[**mit etw**] ~ to deal sth *sl*, to push sth *fam*
Dealer(in) <-s, -> ['di:lɐ] *m(f)* (*fam*) dealer *sl*, pusher *fam*
Debakel <-s, -> *nt* (*geh*) debacle *form*, fiasco; (*Niederlage a.*) whitewash BRIT, shutout AM
Debatte <-, -n> *f* ❶ (*Streitgespräch*) debate; (*schwächer*) discussion; **sich auf** [**k**]**eine** ~ [**über etw** *akk*] **einlassen** to [not] enter into a discussion [about sth]; **zur** ~ **stehen** to be under [*or* up for] discussion; ***das steht hier nicht zur*** ~ that's not the issue here, that's beside the point; **etw zur** ~ **stellen** to put sth up [*or form* forward] for discussion; **etw in die** ~ **werfen** to throw sth into the discussion
❷ (*Erörterung*) debate (+*gen* on)
debattieren* **I.** *vt* ■**etw** ~ to debate sth; (*schwächer*) to discuss sth
II. *vi* ■[**mit jdm**] [**über etw** *akk*] ~ to discuss [sth] [with sb]
Debet <-s, -s> *nt* FIN debit column [*or* side]; **mit DM 10.000 im** ~ **stehen** to have run up a debt [*or* debts] of DM 10.000
Debetseite *f* FIN debit side
debil *adj* MED feeble-minded
Debilität <-> *f kein pl* MED feeble-mindedness *no pl*
debitieren* *vt* FIN ■**jdn/etw** ~ to debit sb/sth
Debitor, Debitorin <-s, Debitoren> *m, f meist pl* FIN debtor
Debitorenbuch *nt* sales ledger [*or* [day]book] **Debitorenziehung** *f* FIN bill drawn on a debtor
Debitverfahren *nt* FIN direct debit
Debugger <-s, -s> [di:'bʌgɐ] *m* INFORM debugger
Debüt <-s, -s> [de'by:] *nt* debut; [**mit etw**] **sein** ~ **geben** to [make one's] debut [with sth]
Debütalbum *nt* debut album
Debütant(in) <-en, -en> *m(f)* ❶ (*Anfänger*) novice, debutante *fem*
❷ (*gesellschaftlicher Neuling*) ■**Debütantin** debutante, deb *fam*
debütieren* *vi* ❶ (*erstmals auftreten*) ■**als jd** ~ to [make one's] debut as sb
❷ (*geh: erstmals in Erscheinung treten*) ■**mit etw** ~ to [make one's] debut with sth
Debütroman *m* debut [*or* first] novel
Dechant(in) <-en, -en> [dɛ'çant, 'dɛçant] *m(f)* REL dean
dechiffrieren* [deʃɪ'fri:rən] *vt* ■**etw** ~ to decipher sth, to decode sth
Dechiffrierung <-, -en> *f* decoding, deciphering
Deck <-[e]s, -s> *nt* ❶ (*Abschluss des Schiffsrumpfs*) deck; **Aufbauten auf dem** ~ superstructure *no pl, no indef art*
❷ (*Schiffsebene*) deck; **an** ~ **gehen** to go on deck; **an/unter** ~ on/below deck
❸ (*Parkdeck*) level, storey
Deckadresse *f* accommodation address BRIT, mail drop AM **Deckanstrich** *m* BAU finish [*or* top] coat **Deckaufbauten** *pl* superstructure *no pl, no indef art* **Deckbett** *nt* ❶ (*Bettdecke*) feather quilt, eiderdown ❷ SCHWEIZ bedding *no indef art* **Deckblatt** *nt* ❶ BOT bract *spec* ❷ (*von Zigarre*) wrapper ❸ KARTEN top card
Deckchen <-s, -> *nt dim von* **Decke** ❶ (*kleines Stoffstück*) small cloth
❷ (*Tisch~, bes aus Spitze*) doily
Decke <-, -n> *f* ❶ (*Zimmerdecke*) ceiling
❷ (*Tischdecke*) tablecloth
❸ (*Wolldecke*) blanket; (*Bettdecke*) cover, duvet BRIT
❹ (*Belag*) surface, surfacing *spec*
❺ (*Reifendecke*) outer tyre [*or* cover] [*or* casing]

▶ WENDUNGEN: **jdm fällt die ~ auf den Kopf** (*fam*) sb feels really cooped in [*or* up] [*or* shut in]; **an die ~ gehen** (*fam*) to blow one's top, to hit [*or* go through] the roof; **[vor Freude] an die ~ springen** (*fam*) to jump for joy; **mit jdm unter einer ~ stecken** to be in league [*or fam* cahoots] with sb, to be hand in glove with sb; **sich nach der ~ strecken** to cut one's coat according to one's cloth

Deckel <-s, -> *m* ① (*Verschluss*) lid; (*aus Folie*) top; *von Glas, Schachtel a.* top; *einer Uhr* cover ② (*Buchdeckel*) cover
▶ WENDUNGEN: **jdm eins auf den ~ geben** (*fam*) to give sb a clip round the earhole; **[von jdm] eins auf den ~ kriegen** (*fam: geschlagen werden*) to get a crack [*or* clout] on the head [from sb]; (*gerügt werden*) to be given a bollocking *fam!* [*or fam* a good talking-to] [off sb]

Deckeltasche *f* pocket with flap

decken I. *vt* ① (*breiten*) ■**etw über jdn/etw ~** to cover sb/sth with sth, to spread sth over sth ② (*bedecken*) ■**etw ~** to cover sth; *s. a.* **gedeckt** ③ (*eindecken*) **ein Dach mit Schiefer/Ziegeln ~** to roof a building with slate/tiles, to slate/tile a roof; **ein Dach mit Kupfer ~** to line a roof with copper; **ein Dach mit Reet/Stroh ~** to thatch a roof [with reeds/straw]; **ein Haus [mit etw] ~** to roof a house [with sth] ④ (*zurechtmachen*) **den Tisch ~** to set [*or* lay] the table; **den Tisch für zwei ~** to set [*or* lay] the table for two; **es ist gedeckt!** dinner/lunch etc. is ready! [*or form* being served] ⑤ (*verheimlichen*) ■**jdn ~** to cover up for sb; ■**etw ~** to cover up sth *sep* ⑥ (*abschirmen*) ■**jdn ~** to cover sb, to give sb cover; (*mit dem eigenen Körper*) to shield sb; **einen Spieler ~** to mark [*or* AM cover] an oppponent ⑦ ÖKON (*befriedigen*) **die Nachfrage ~** to meet [*or* satisfy] the demand; *s. a.* **Bedarf** ⑧ FIN (*absichern*) ■**etw ~** to cover sth; **Kosten ~** to cover [*or* meet] [*or form* defray] costs; **einen Wechsel ~** to meet [*or* honour] a bill of exchange; ***der Scheck war nicht gedeckt*** the cheque wasn't covered, the cheque bounced *fam* ⑨ (*wieder ausgleichen*) ■**etw ~** to make good sth, to offset sth ⑩ (*begatten*) **ein Tier ~** to cover [*or form* service] an animal; **eine Stute ~** to serve a mare
II. *vi* ① (*überdecken*) to cover; ***diese Farbe deckt besser*** this paint gives a better cover [*or* covering], this paint has a better body *spec;* ■**[gut] ~d** opaque; *s. a.* **gedeckt** ② SPORT to mark [*or* AM cover] one's opponent
III. *vr* ■**sich ~** ① (*übereinstimmen*) to coincide (**in** +*dat* in); *Aussagen* to correspond, to agree; *Meinungen* to coincide; *Geschmäcker* to match; *Zahlen* to tally; **sich ~de Dreiecke** MATH congruent triangles *spec* ② (*sich schützen*) to cover oneself (**gegen** +*akk* against)

Deckenbalken *m* BAU joist **Deckenbeleuchtung** *f* ceiling [*or* overhead] lights *pl* **Deckenblende** *f* BAU valance

deckend *adj inv* (*Farbe, Papier*) opaque

Deckenfeld *nt* BAU ceiling section **Deckenfertigung** *f* TYPO (*Buch*) casemaking **Deckenfluter** *m* ceiling floodlight **Deckengemälde** *nt* ceiling painting **Deckengewölbe** *nt* ARCHIT vaulting *no indef art* **Deckenlampe** *f* ceiling light **Deckenmalerei** *f* ceiling fresco

Decker <-s, -> *m* TYPO mask, overlay

Deckertransparent *nt* TYPO overlaid tracing

Deckfähigkeit *f* (*Farbe*) coverage properties *pl,* opaqueness **Deckfarbe** *f* opaque colour [*or* AM *a.* -or], body-colour [*or* AM *a.* -or] **Deckflügel** *m* ZOOL wing-case, elytron *spec* **Deckhaar** *nt kein pl* ZOOL outer coat **Deckhengst** *m* stud[-horse], [breeding] stallion **Decklack** *m* AUTO ① (*Material*) finishing enamel ② (*Schicht*) top coat **Deckmantel** *m* (*fig*) mask, blind, mantle *liter;* ■**unter dem ~ einer S.** *gen* under the guise [*or* cloak] of sth **Deckname** *m* assumed name, code name, alias; **unter dem ~n „Rudi" auftreten** to go under the alias of "Rudi" **Deckoffizier** *m* HIST [naval] warrant officer

Deckung <-, -en> *f* ① (*Feuerschutz*) cover ② FBALL marking BRIT, covering AM ③ (*schützende Haltung*) guard; **seine ~ vernachlässigen** to drop [*or* lower] one's guard ④ (*Schutz*) cover; **volle ~!** take cover!; **~ suchen** [*o* **in ~ gehen**] to take cover; **jdm ~ geben** to give sb cover, to cover sb ⑤ (*Protektion*) backing *no pl* ⑥ ÖKON covering, meeting; *von Kosten a.* defrayment *form; von Nachfrage* meeting, satisfaction; **zur ~ der Nachfrage** to meet [*or* satisfy] the demand ⑦ (*finanzielle Absicherung*) cover; *von Darlehen* security; ***der Scheck ist ohne ~*** the cheque is not covered; **ein Wechsel ohne ~** an unsecured bill, a bill without cover; (*Ausgleich*) offset *no indef art* (+*gen* for); **zur ~ einer S.** *gen* to offset [*or* make good] sth; **zur ~ der Schäden** to meet the cost of the damage ⑧ (*Übereinstimmung*) **etw zur ~ bringen** to make sth coincide; *Zahlen* to be made to tally

Deckungsauflage *f* break-even quantity (*number of sold publications needed to cover the printing costs*) **Deckungsbeitrag** *m* HANDEL variable gross margin **deckungsfähig** *adj inv* FIN eligible to serve as cover; **nicht ~** ineligible to serve as cover **Deckungsgeschäft** *nt* BÖRSE hedging transaction, hedge **deckungsgleich** *adj* ① MATH congruent *spec* ② (*übereinstimmend*) concurring, concurrent; **~e Zeugenaussagen** agreeing [*or form* concordant] testimonies; ■**~ sein** to coincide **Deckungsgleichheit** *f* ① MATH congruence *spec* ② (*Übereinstimmung*) **die ~ der Zeugenaussagen** the agreement between testimonies; **wegen der ~ der Ansichten/Aussagen** because of the degree to which these views coincide/these statements agree **Deckungskapital** *nt* covering funds *npl* **Deckungskauf** *m* HANDEL covering purchase; BÖRSE [short] covering **Deckungsklausel** *f* JUR, FIN cover clause **Deckungslücke** *f* JUR insurance loophole, gap in provision **Deckungsrücklage** *f* FIN unearned premium reserve **Deckungsrückstellung** *f* FIN cover[ing] reserves *pl* **Deckungsschutz** *m* JUR insurance protection; **vorläufiger ~** provisional cover **Deckungsstock** *m* FIN guarantee stock; (*Versicherung*) unearned premium reserve **Deckungssumme** *f* JUR amount insured **Deckungsverhältnis** *nt* FIN reserve [*or* cover] ratio **Deckungsverkauf** *m* BÖRSE hedging sale **Deckungsvorsorge** *f* JUR provisions *pl* for sufficient cover **Deckungszusage** *f* FIN (*Versicherung*) cover note; **vorläufige ~** provisional cover

Deckweiß *nt* opaque white **Deckwort** <-wörter> *nt* code word

Decoder <-s, -> [de'ko:dɐ] *m* decoder

decodieren* *vt* ■**etw ~** to decode sth

Decodierer <-s, -> *m* INFORM decoder

Décolleté <-s, -s> [dekɔl'te:] *nt s.* **Dekolletee**

Decrescendo <-s, -s *o* Decrescendi> [dekrɛ-'ʃɛndo] *nt* MUS diminuendo, decrescendo

Dedikationsexemplar *nt* presentation copy [containing a dedication]

Deduktion <-, -en> *f* deduction

deduktiv *adj* deductive

deduzieren* *vt* ■**etw ~** to deduce sth

Deern <-, -s> *f* NORDD (*fam*) lass[ie] BRIT DIAL

Deeskalation [de:?ɛs-] *f* MIL de-escalation

deeskalieren* *vi, vt* MIL to de-escalate

deeskalierend *adv* (*beschwichtigend, beruhigend*) calmingly; ***Frauen wirken in Reibereien meist ~*** women tend to have a pacificatory effect amidst friction

de facto *adv* de facto

De-facto Abwertung *f* ÖKON de facto devaluation

De-facto-Anerkennung *f* JUR de facto recognition

Defätismus <-> *m kein pl* (*geh*) ■**[der] ~** defeatism *a. pej*

Defätist(in) <-en, -en> *m(f)* (*geh*) defeatist *a. pej*

defätistisch *adj* (*geh*) defeatist *a. pej*

defekt *adj* faulty, defective *form*

Defekt <-[e]s, -e> *m* ① (*Funktionsstörung*) fault, defect; **einen ~ haben** to be faulty [*or* defective] ② (*Missbildung*) defect; **ein geistiger/angeborener ~** mental deficiency/a congenital defect; **einen geistigen ~ haben** to be mentally deficient, to suffer from mental deficiency

Defektursache *f* cause of a/the defect [*or* fault]

defensiv I. *adj* ① (*auf Abwehr bedacht*) defensive ② (*auf Sicherheit bedacht*) safety-conscious; **eine ~e Fahrweise** non-aggressive [*or* defensive] driving
II. *adv* defensively; **~ spielen** to adopt a defensive line of play

Defensive <-, -n> [-və] *f kein pl* ① (*Verteidigung*) defence [*or* AM -se]; **für die ~** for defence [purposes]; **sich in die ~ begeben** [*o* **in die ~ gehen**] to go on the defensive; **in der ~ bleiben** to remain on the defensive; **jd in die ~ drängen** to force sb on[to] the defensive ② SPORT defensive [line of play]; **aus der ~ zum Angriff übergehen** to switch [*or* change] from the defensive to the offensive, to go over to the offensive

Defensivkrieg *m* defensive war, defensive warfare *no art* **Defensivspiel** *nt* defensive game **Defensivwaffe** *f* defensive weapon

defilieren* *vi sein o haben* MIL ■**[vor jdm/etw] ~** to march [past sb/sth], to parade [before sb/sth]

definierbar *adj* definable; ■**nicht ~ [sein]** [to be] indefinable [*or* AM undefinable]; **leicht ~ [sein]** [to be] easy to define *pred;* **schwer ~ [sein]** [to be] difficult to define *pred;* (*subtil a.*) [to be] elusive

definieren* *vt* ① (*genau erklären*) ■**[jdm] etw ~** to define sth [for sb]; **[jdm] etw kurz ~** to give [sb] a brief definition of sth ② (*beschreiben*) ■**etw ~** to define [*or* describe] sth; **nicht zu ~ sein** to defy [*or* evade] definition [*or* description]; **schwer zu ~ sein** to be difficult to define [*or* describe]; (*subtil a.*) to be elusive ③ INFORM (*bestimmen*) ■**etw ~** to define sth; **etw neu ~** to redefine sth

definiert I. *pp von* **definieren**
II. *adj inv* defined; **eine klar ~e Aufgabe** a clearly defined task

Definition <-, -en> *f* definition; **[jdm] eine ~ von etw geben** to give [sb] a definition of sth, to define sth [for sb]

definitiv I. *adj* (*genau*) definite; (*endgültig a.*) definitive
II. *adv* (*genau*) definitely; (*endgültig a.*) definitively

Defizit <-s, -e> *nt* ① (*Fehlbetrag*) deficit; **~ des öffentlichen Sektors** public-sector deficit; **~ durch Steuersenkung** deficit without spending; **ein ~ abdecken/ausgleichen** to cover/make good a deficit; **[mit etw] ein ~ machen** to make a loss [with sth] ② (*Mangel*) ■**ein ~ an etw** *dat* a lack of sth; **ein ~ an etw** *dat* **haben** to suffer from a lack of sth

defizitär I. *adj* ① (*mit Defizit belastet*) in [the] deficit *pred* ② (*zu Defiziten führend*) **eine ~e Haushaltspolitik führen** to follow an economic policy that can only lead to deficit; **die ~e Entwicklung [der Organisation/Firma/etc.]** the trend [in the organization/firm/etc.] to run to a deficit
II. *adv* **sich ~ entwickeln** to develop a deficit

Defizitfinanzierung *f* ÖKON deficit financing **Defizithaushalt** *m* ÖKON adverse budget **Defizitländer** *pl* ÖKON deficit countries *pl* **Defizitware** *f* ÖKON deficit product **Defizitwirtschaft** *f kein pl* ÖKON deficit financing

Deflation <-, -en> *f* ÖKON deflation

deflationär *adj* ÖKON deflationary

deflationistisch *adj* deflationary

Deflationsrate *f* ÖKON rate of deflation **Deflationstendenzen** *pl* deflationary tendencies [*or* trends] *pl*

Defloration <-, -en> *f* (*fachspr liter: Entjungferung*) defloration *liter*

deflorieren* *vt* (*fachspr liter: entjungfern*) ■**jdn ~** to deflower sb *liter*

Deformation <-, -en> *f* ① (*Verunstaltung*)

deformation; (*Missbildung*) deformity; (*Entstellung*) disfigurement
❷ (*Verformung*) deformation; (*Verzerrung*) distortion
deformieren* *vt* ■**etw** ~ ❶ (*verunstalten*) to deform sth; (*entstellen*) to disfigure sth; ■**deformiert** deformed, disfigured; **eine deformierte Nase** a misshapen nose
❷ (*verformen*) to deform sth; (*verzerren*) to distort sth
Deformierung <-, -en> *f* ❶ (*Verunstaltung*) deformity; (*Entstellung*) disfigurement
❷ (*Verformung*) deformation; (*Verzerrung*) distortion
Defragmentierprogramm *nt* INFORM defragmentation utility
Defroster <-s, -> *m* de-icer
Defrosterdüse *f* AUTO defroster nozzle
deftig **I.** *adj* ❶ (*herzhaft*) good and solid *pred;* **~e Mahlzeit** substantial [*or* [good] solid] meal; **ein ~er Eintopf** a hearty stew
❷ (*anständig, gehörig*) **eine ~e Ohrfeige** a good whack round the ear *fam;* **eine ~e Tracht Prügel** a mother of a beating *fam,* a good hiding
❸ (*urwüchsig*) earthy; **ein ~er Witz** a coarse [*or* crude] joke
II. *adv* ~ **danebenhauen** (*fam*) to drop a clanger BRIT *fam;* **sich ~ ins Zeug legen** (*fam*) to really get going *fam;* ~ **reinhauen** [*o* **zulangen**] (*fam*) to really get stuck in *fam*
Deftigkeit <-, -en> *f* ❶ *kein pl* (*Herzhaftigkeit*) solidness, substantialness; *von Eintopf a.* thickness; *von Wurst* solidness
❷ (*Derbheit*) earthiness; *Witz* crudeness, coarseness
Degen <-s, -> *m* ❶ SPORT ((*Sport-*)*Waffe*) epée; HIST rapier, sword; **den ~ ziehen** to draw one's sword [*or* rapier]; **mit bloßem** [*o* **nacktem**] ~ with one's sword drawn [*or* rapier]; **jdn auf ~ fordern** HIST to challenge sb to a duel (*with rapiers*)
❷ (*Degenfechten*) [epée] fencing
Degeneration <-, -en> *f* ❶ (*geh*) degeneration
❷ MED, BIOL degeneration; **eine/die ~ von Zellen** cellular degeneration
Degenerationserscheinung *f* sign of degeneration
degenerieren* *vi* to degenerate
degeneriert *adj* degenerate
Degenfechten *nt* ■**das** ~ epée fencing
degorgieren [-ˈʒiː-] *vt* ■**etw** ~ KOCHK to disgorge sth
degradieren* *vt* ■**jdn [zu etw]** ~ ❶ MIL to demote sb [to sth]; (*mit Entlassung*) to cashier sb; **jdn zum einfachen Soldaten** ~ to demote sb to the ranks
❷ (*pej geh*) to degrade sb, to reduce sb to [the level of] sth
Degradierung <-, -en> *f* ■**jds** ~ **[zu etw]** ❶ MIL sb's demotion [to sth]
❷ (*geh*) sb's degradation [to sth]
Degression <-, -en> *f* POL degression
Degressionsregelung *f* POL degression rule (*whereby political parties receive a state subsidy of 1,30 DM per vote for the first 5 million votes and 1 DM thereafter*)
degressiv *adj* ÖKON degressive; **~e Abschreibung** degressive depreciation
Degustation <-, -en> *f bes* SCHWEIZ (*geh*) tasting session
degustieren* *vt bes* SCHWEIZ (*geh*) ■**etw** ~ to taste sth
dehnbar *adj* ❶ (*flexibel*) elastic; **~er Stoff** elastic [*or* stretch] [*or fam* stretchy] material
❷ (*interpretierbar*) flexible, open to interpretation *pred*
Dehnbarkeit <-> *f kein pl* ❶ (*Flexibilität*) elasticity; *von Stoff a.* stretchiness *fam*
❷ (*Interpretierbarkeit*) flexibility
dehnen **I.** *vt* ■**etw** ~ ❶ (*ausweiten*) to stretch sth
❷ MED to dilate [*or* stretch] sth
❸ (*gedehnt aussprechen*) to lengthen sth; (*schleppend*) to drawl sth; *s. a.* **gedehnt**
II. *vr* ■**sich** ~ ❶ (*sich ausdehnen*) to stretch
❷ (*sich strecken*) to stretch
Dehnung <-, -en> *f* ❶ (*das Dehnen*) stretching
❷ MED dilation
❸ (*Laut- o Silben~*) lengthening; (*schleppend*) drawling
Dehnungsfuge *f* BAU expansion joint
Dehydradation <-, -en> *f* dehydration
dehydratisieren* *vt* ■**etw** ~ to dehydrate sth
dehydrieren* *vt* CHEM ■**etw** ~ to dehydrogenate [*or* dehydrogenize] sth *spec;* (*zur Gewinnung von Sauerstoff*) to dehydrate sth
Dehydrierung <-, -en> *f* CHEM dehydrogenation *spec,* dehydrogenization *spec;* (*zur Gewinnung von Sauerstoff*) dehydration
Deibel <-s, -> *m* NORDD (*fam*) *s.* **Teufel**
Deich <-[e]s, -e> *m* dyke, dike; **einen ~ durchbrechen** to breach a dyke [*or* dike]
Deichrecht *nt* JUR dike law **Deichschleuse** *f* floodgate, sluice [gate]
Deichsel <-, -n> [-ks-] *f* shaft; (*Doppeldeichsel*) shafts *pl;* **Ochsen an die ~n spannen** to yoke oxen into [*or* between] the shafts
Deichselbruch *m* broken shafts *pl*
deichseln *vt* (*fam*) ■**etw** ~ to wangle sth *fam;* ■**es [so] ~, dass ...** to so wangle it that ... *fam*
Deichverband *m association of owners of dyked land*
dein **I.** *pron poss* ❶ *adjektivisch* your; ***herzliche Grüße, ~e Anita*** with best wishes, yours/love Anita
❷ *substantivisch* (*veraltend*) yours, thine *old;* ***behalte, was ~ ist*** keep what is yours [*or old* thin]
II. *pron pers gen von* **du** (*veraltet poet*) of thee; ***ich werde ewig ~er gedenken*** I shall remember thee forever *dated*
Deindustrialisierung <-> *f kein pl* ÖKON deindustrialization
deine(r, s) *pron poss, substantivisch* ❶ (*der/die/das dir Gehörende*) yours
❷ (*geh*) ■**der/die** ~ [*o* **D~**] yours; ***stets und immer der*** ~ yours ever
❸ (*Angehörige*) ■**die ~n** [*o* **D~n**] your family + *sing/pl vb* [*or* people], your folks; **du und die ~n** [*o* **D~n**] you and yours
❹ (*das in deiner Macht stehende*) ■**das** ~ [*o* **D~**] what is yours; ***tu du das*** ~ you do your bit; ***kümmere du dich um das*** ~ you mind your own affairs [*or* what is yours]
deiner *pron pers gen von* **du** (*geh*) ***wir werden uns ~ erinnern*** we will remember you
deinerseits *adv* ❶ (*auf deiner Seite*) for your part
❷ (*von dir aus*) on your part
deinesgleichen *pron inv* ❶ (*pej*) the likes of you *pej,* your sort + *pl vb pej;* ■**du und** ~ you and your sort *pej*
❷ (*geh*) ***an Schönheit ist keine*** ~ in beauty there is none to equal you *liter*
deinethalben *adv* (*veraltend*), **deinetwegen** *adv* (*wegen dir*) because of you, on your account, on account of you; (*dir zuliebe*) for your sake **deinetwillen** *adv* ■**um** ~ for your sake; (*als Erwiderung auf Bitte*) seeing that it's you *hum*
deinige *pron poss, substantivisch* (*veraltend geh*) ❶ (*der/die/das dir Gehörende*) ■**der/die/das** ~ [*o* **D~**] yours, thine *old*
❷ (*deine Angehörigen*) ■**die ~n** [*o* **D~n**] your family + *sing/pl vb* [*or* people] [*or* kin *dated*]
❸ ■**das ~e** [*o* **D~e**] (*das dir Zukommende*) ***tu du das ~e*** you do your bit
deins *pron poss* yours
Deinstallation <-, -en> *f* INFORM deinstalling
Deinstallationsfunktion *f* INFORM deinstalling function
deinstallieren *vt* INFORM ■**etw** ~ to deinstall sth
Deismus <-> *m kein pl* PHILOS ■**der** ~ deism
deistisch *adj* deistic
Déjà-vu-Erlebnis [deʒaˈvyː-] *nt* PSYCH déjà vu
de jure *adv* JUR de jure, by right, legally
De-jure-Anerkennung *f* JUR de jure [*or* legal] recognition
Deka <-[s], -> *nt* ÖSTERR *s.* **Dekagramm**
Dekade <-, -n> *f* decade
dekadent *adj* decadent
Dekadenz <-> *f kein pl* decadence
Dekaeder <-s, -> *m* decahedron
Dekagramm *nt* ÖSTERR ten gram[me]s *pl,* decagram[me] *spec*
Dekalog <-[e]s> *m* REL **der** ~ the Ten Commandments, the Decalogue *spec*
Dekan(in) <-s, -e> *m(f)* SCH dean
Dekanat <-[e]s, -e> *nt* ❶ (*Amtszeit eines Dekans*) deanship
❷ SCH (*Amtssitz*) office of a/the dean; REL deanery
Dekanin <-, -nen> *f fem form von* **Dekan**
Dekartellisierung <-> *f kein pl* ÖKON decartelization
Dekartellisierungsgesetz *nt* JUR decartelization act **Dekartellisierungsrecht** *nt* JUR decartelization law
Deklamation <-, -en> *f* ❶ (*geh: Vortrag*) recitation
❷ (*pej: Leerformel*) [empty] rhetoric *no pl*
deklamatorisch *adj* ❶ *inv* (*ausdrucksvoll im Vortrag*) rhetorical
❷ (*übertrieben im Ausdruck*) rhetorical, declamatory
❸ MUS declamatory
deklamieren* (*geh*) **I.** *vt* ■**etw** ~ to recite sth
II. *vi* to recite; **gut ~ können** to be good at reciting
Deklaration <-, -en> *f* ❶ (*geh*) declaration
❷ (*Zollerklärung*) declaration
deklarieren* *vt* ■**etw** ~ ❶ (*geh*) to declare sth
❷ (*angeben*) to declare sth; ***haben Sie etwas zu ~?*** do you have anything to declare?; **seine Einkünfte** ~ to file one's income-tax return
deklariert **I.** *pp von* **deklarieren**
II. *adj inv* declared; ■**als etw** ~ declared to be sth
Deklarierung <-, -en> *f* declaration
deklassieren* *vt* ❶ (*als drittklassig erscheinen lassen*) ■**jdn/etw** ~ to downgrade sb/sth
❷ SPORT ■**jdn** ~ to outclass sb; (*vernichtend schlagen a.*) to humiliate sb
Deklassierung <-, -en> *f* SPORT outclassing; (*durch vernichtenden Schlag a.*) humiliation
Deklination <-, -en> *f* ❶ LING declension
❷ PHYS [magnetic] declination *spec*
deklinierbar *adj* LING declinable; **nicht** ~ indeclinable
deklinieren* *vt* LING ■**etw** ~ to decline sth; ■**das D~** the declinations *pl*
dekodieren* *vt s.* **decodieren**
Dekodierung <-, -en> *f* INFORM decoding
Dekolletee[RR], **Dekolleté** <-s, -s> [dekɔlˈteː] *nt* ❶ (*Körperpartie*) cleavage
❷ MODE low-cut [*or* decolleté] neckline, decolletage; **ein Kleid mit einem gewagten/tiefen** ~ a daringly/very low-cut [*or* decolleté] dress
Dekolleteecreme[RR] *f* neckline cream
dekolletiert [dekɔlˈtiːɐt] *adj* low-cut, decolleté; **gewagt/tief** ~ daringly/very low-cut [*or* decolleté]
Dekompression *f* decompression
Dekompressionskammer *f* decompression chamber
dekomprimieren *vt* INFORM ■**etw** ~ to decompress sth
Dekomprimierung <-, -en> *f* INFORM decompression
Dekontamination *f* decontamination, decon *spec sl*
dekontaminieren* *vt* ■**jdn/etw** ~ to decontaminate sb/sth
Dekonzentration <-, -en> *f,* **Dekonzentrierung** <-, -en> *f* JUR deconcentration
Dekor <-s, -s *o* -e> *m o nt* ❶ (*Muster*) pattern
❷ THEAT, FILM decor, scenery
Dekorateur(in) <-s, -e> [dekoraˈtøːɐ̯] *m(f)* (*Innenraum~*) interior designer; (*Schaufenster~*) window dresser; (*für Theater- o Filmkulissen*) set designer
Dekoration <-, -en> *f* ❶ *kein pl* (*das Ausschmücken*) decoration *no pl, no indef art*
❷ (*Auslage*) [window] display

3 (*Ausschmückung*) decoration[s *pl*]
4 (*Bühnenbild*) decor, scenery

dekorativ I. *adj* decorative; **rein** ~ purely ornamental
II. *adv* decoratively

dekorieren* *vt* 1 (*ausgestalten*) ■**etw [mit etw]** ~ to decorate sth [with sth]; (*mit Girlanden a.*) to drape sth [with sth]; **ein Schaufenster** ~ to dress a shop window
2 (*auszeichnen*) ■**jdn [mit etw]** ~ to decorate sb [with sth], to award sb [sth]; **vielfach dekoriert** highly decorated

Dekoriermesser *nt* KOCHK decorating knife **Dekorierzucker** *m* decorating sugar

Dekostoff *m* furnishing fabric; (*für Vorhänge a.*) drapery

Dekret <-[e]s, -e> *nt* decree *form;* **ein** ~ **erlassen** to issue [*or form* pass] a decree

dekretieren *vt* (*geh*) ■**etw** ~ to decree sth

Dekubitusbett *nt* ripple bed

dekuvrieren* (*geh*) I. *vt* ■**jdn/etw [als etw]** ~ to expose sb/sth [as sth], to uncover sth [as sth]
II. *vr* ■**sich als etw** ~ to reveal oneself as sth

Deleatur <-, -> *nt,* **Deleaturzeichen** <-s, -> *nt* TYPO deletion [mark]

Delegation <-, -en> *f* delegation; **eine aus 25 Mitgliedern bestehende** ~ a body of 25 delegates

Delegationsbefugnis *f* ADMIN power of delegation **Delegationschef(in)** *m(f)* head of a/the delegation **Delegationsleiter(in)** *m(f)* head of [the] delegation **Delegationspsychologe, -login** *m, f psychotherapist who is designated as a psychologist for the purposes of medical insurance*

delegieren* *vt* ■**etw [an jdn]** ~ to delegate sth [to sb]

Delegierte(r) *f(m) dekl wie adj* delegate

Deletion <-, -en> *f* BIOL deletion

Delfin[RR] <-s, -e> *m s.* **Delphin**

Delfter *adj attr* Delft; **[das]** ~ **Porzellan** Delft, delftware

delikat *adj* 1 (*wohlschmeckend*) delicious, exquisite
2 (*geh: behutsam*) discreet, tactful
3 (*geh: heikel*) delicate, sensitive
4 (*geh: empfindlich*) delicate, sensitive

Delikatesse <-, -n> *f* 1 (*Leckerbissen*) delicacy, tasty morsel *a. fig*
2 (*geh: Besonderheit*) exquisite example (**für** +*akk* of)
3 *kein pl* (*geh: Feinfühligkeit*) delicacy, sensitivity, tact

Delikatessengeschäft *nt* delicatessen, deli *fam*

Delikt <-[e]s, -e> *nt* JUR 1 (*Vergehen*) offence [*or* AM -se], tort *spec,* delict *esp* AM *spec;* **ein geringfügiges** ~ a petty offence
2 (*Straftat*) crime, penal offence [*or* AM -se]; **ein schweres** ~ a serious crime

Delikthaftung *f* JUR liability in tort **Deliktrecht** *nt kein pl* JUR law of torts **deliktsfähig** *adj* JUR capable of tortious liability **Deliktsfähigkeit** <-> *f kein pl* JUR capacity for tortious liability **Deliktstatus** *m* JUR tort status **Deliktstatut** *nt* JUR torts act **Delikttäter(in)** *m(f)* JUR tortfeasor

Delinquent(in) <-en, -en> *m(f)* (*geh*) offender; **jugendliche ~en** juvenile delinquents

Delirien *pl von* **Delirium** deliriums [*or* deliria] *pl*

delirieren* *vi* MED (*geh*) to be delirious [*or* in a state of delirium]

Delirium <-s, -rien> *nt* delirium; **ins** ~ **verfallen** to become delirious; (*Alkoholpsychose a.*) alcoholic delirium *form;* ~ **tremens** MED delirium tremens *form,* the DTs *pl fam;* (*physische Symptome*) the shakes *pl fam;* **im** ~ **sein** (*stark betrunken*) to be paralytic *fam;* (*im Wahn*) to be delirious [*or* in a state of delirium]

Delkredere <-, -> *nt* 1 HANDEL del credere [guarantee]
2 JUR provision for contingent losses, surety; **ein** ~ **anbieten** to offer guarantee; **ein** ~ **übernehmen** to stand surety

Delkredereagent(in) *m(f)* HANDEL del credere agent **Delkrederefonds** *f* FIN contingent fund **Delkrederehaftung** *f* JUR del credere liability **Delkredereprovision** *f* HANDEL *des Handelsvertreters* del credere commission **Delkredererisiko** *nt* HANDEL collection risk **Delkrederevertrag** *m* JUR del credere agreement **Delkrederewertberichtigung** *f* JUR write-down of uncollectible receivables

Delle <-, -n> *f* dent; **jdm eine** ~ **hineinfahren** to make a dent in sb's car

delogieren* [delo'ʒi:rən] *vt* ÖSTERR ■**jd** ~ to evict [*or sep* turn out] sb

Delphin[1] <-s, -e> *m* dolphin

Delphin[2] <-s> *nt,* **Delphinschwimmen** <-s> *nt kein pl* butterfly [stroke]; **500 Meter** ~ the 500-metre butterfly

Delta <-s, -s *o* Delten> *nt* delta

deltaförmig *adj* delta-shaped, deltoid, delt[a]ic

Deltagleiter <-s, -> *m* hang-glider; **mit einem** ~ **fliegen** to hang-glide, to go hang-gliding **Deltamündung** *f* delta estuary **Deltastrahlen** *pl* delta rays

De-Luxe-Ausführung [də'lyks-] *f* de luxe version; ■**in** ~ in the de luxe version

dem I. *pron dat von* **der, das** 1 *siehe auch Verben* to the; *mit Präposition* the
2 **ist es an** ~**?** is it the case?; **es ist [nicht] an** ~ that's [not] the case [*or* how it is]; **wenn** ~ **so ist** if that's the way it is [*or* the case]; **wie** ~ **auch sei** be that as it may
II. *pron dem dat von* **der, das** 1 *attr* (*diesem*) to that
2 *mit Präposition* (*emph: diesem*) that; **hinter** ~ **Baum** behind that tree
3 *substantivisch* (*jenem Mann*) him, to him; (*unter mehreren*) that one
III. *pron rel dat von* **der, das** *siehe auch Verben* ■**der,** ~ **...** the one/man/etc. that/[to etc.] which/who/[to etc.] whom ...

Demagoge, -gogin <-n, -n> *m, f* (*pej*) demagogue [*or* AM *a.* -og] *pej*

Demagogie <-, -n> [*pl* -'gi:ən] *f* (*pej*) demagog[uer]y, demagoguism

Demagogin <-, -nen> *f fem form von* **Demagoge**

demagogisch (*pej*) I. *adj* demagogic, rabble-rousing *pej*
II. *adv* **die Tatsachen** ~ **verzerren** to twist the facts to [suit] [one's] demagogic ends

Demarche <-, -n> [de'marʃ] *f* POL diplomatic representation, démarche *spec;* **eine** ~ **unternehmen** to lodge a diplomatic protest

Demarkation <-, -en> *f* (*geh*) demarcation

Demarkationsabkommen *nt* demarcation agreement **Demarkationsabrede** *f* JUR demarcation agreement **Demarkationslinie** *f* POL, MIL demarcation line, line of demarcation **Demarkationsvertrag** *m* JUR demarcation contract

demaskieren* (*geh*) I. *vt* ■**jdn [als etw]** ~ to expose [*or* unmask] sb [as sth]
II. *vr* ■**sich [als etw]** ~ to reveal [*or* show] oneself [to be sth]

Dementi <-s, -s> *nt* [official] denial, disclaimer *form*

dementieren* I. *vt* ■**etw** ~ to deny [*or form* disclaim] sth
II. *vi* to deny [*or form* disclaim] it; ■~ **lassen** to issue a denial [*or* disclaimer]

Dementierung <-, -en> *f* denial, denying

Dementimaschinerie *f* POL *party machine producing continual denials*

dementsprechend I. *adj* appropriate; **eine ~e Bemerkung** a remark to that effect; **ein ~es Gehalt** a commensurate salary *form;* **ein ~es Verhalten** fitting conduct *no pl, no indef art*
II. *adv* correspondingly; (*demnach*) accordingly; **sich** ~ **äußern** to utter words to that effect; ~ **bezahlt werden** to be paid commensurately *form*

Demenz <-, -en> *f* MED dementia

Demerarazucker *m* demerara sugar

Demeter (Verband)® *m* AGR, KOCHK *soil association promoting produce cultivated using organic methods*

demgegenüber *adv* in contrast **demgemäß** *adj s.* **dementsprechend**

demilitarisieren* *vt* ■**etw** ~ to demilitarize sth; **eine demilitarisierte Zone** a demilitarized zone

Demilitarisierung <-, -en> *f* demilitarization

Demission <-, -en> *f* POL resignation; **jdn zur** ~ **zwingen** to force sb to resign

demissionieren* *vi* POL SCHWEIZ to resign; *Minister a.* to resign from the cabinet

demnach *adv* therefore, hence *form* **demnächst** *adv* soon, shortly, before long; **„~ *im Kino/in diesem Kino*“** “coming soon to a cinema near you/coming soon”

Demo <-, -s> *f* (*fam*) demo *fam; s. a.* **Demonstration**

demobilisieren* *vt* ■**jdn/etw** ~ to demobilize [*or fam* demob] sb/sth

Demografie[RR] <-, -en> *f s.* **Demographie**

demografisch[RR] *adj s.* **demographisch**

Demographie <-, -en> *f* 1 (*Zusammensetzung der Bevölkerung*) demography
2 *kein pl* (*Fachbereich*) ■**[die]** ~ demography

demographisch *adj* demographic

Demokrat(in) <-en, -en> *m(f)* 1 POL democrat; **ein überzeugter** ~ a staunch democrat
2 (*Mitglied der Demokratischen Partei*) Democrat

Demokratie <-, -n> *f* democracy

Demokratiebewegung *f* democracy movement **Demokratieprinzip** *nt* JUR principle of democracy **Demokratieverständnis** *nt* understanding [*or* concept] of democracy

Demokratin <-, -nen> *f fem form von* **Demokrat**

demokratisch I. *adj* 1 POL democratic; **eine ~e Staatsform** a democratic state, a democracy
2 (*die Partei betreffend*) Democratic; **Freie D~e Partei** [*o* **FDP**] *centre German political party supporting liberal views;* **ein ~er Abgeordneter** a Democrat[ic representative]
II. *adv* democratically

Demokratische Volksrepublik Korea *f* BRD, ÖSTERR *s.* **Nordkorea**

Demokratische Volksrepublik Laos *f* BRD, ÖSTERR *s.* **Laos**

demokratisieren* *vt* ■**etw** ~ 1 (*zur Demokratie umwandeln*) to democratize sth, to make sth [more] democratic
2 (*nach demokratischen Prinzipien gestalten*) to democratize sth, to organize sth along [more] democratic lines

Demokratisierung <-, -en> *f* ■**die** ~ 1 (*Umwandlung zur Demokratie*) democratization, the democratic process
2 (*demokratische Gestaltung*) democratization

Demokratisierungsprozess[RR] *m* democratization process

demolieren* *vt* ■**etw** ~ to wreck [*or sep* smash up] [*or fam* trash] sth; *Rowdy a.* to vandalize sth; **[völlig] demoliert sein** to be [completely] wrecked; *Auto a.* to be a [complete] wreck [*or* BRIT write-off]

Demonstrant(in) <-en, -en> *m(f)* demonstrator

Demonstration <-, -en> *f* 1 POL demonstration, demo *fam* (**für/gegen** +*akk* in support of/against)
2 (*geh: Bekundung*) demonstration; **eine** ~ **der Macht** a show of force
3 (*geh: Veranschaulichung*) presentation, demonstration

Demonstrationsaufruf *m* call for a demonstration **Demonstrationsmaterial** *nt* presentation aids *pl* **Demonstrationsrecht** *nt kein pl* ■**das** ~ the right to demonstrate [*or* hold demonstrations] **Demonstrationsverbot** *nt* ban on democracy **Demonstrationszug** *m* demonstration, [protest] march

demonstrativ I. *adj* demonstrative; **~er Beifall** acclamatory applause *form;* **das ~e Fehlen/ein ~er Protest** the pointed absence/a pointed protest
II. *adv* demonstratively; **jdm/etw** ~ **Beifall spenden** to give sb/sth acclamatory applause *form;*

D

den Saal ~ verlassen to pointedly leave the room, to walk out

Demonstrativpronomen *nt* LING demonstrative pronoun

demonstrieren* **I.** *vi* ■**[für/gegen jdn/etw]** ~ to demonstrate [*or* hold a demonstration/demonstrations] [in support of/against sb/sth]; **eine ~de Menge** a crowd of demonstrators; **~de Studenten** student demonstrators
II. *vt* (*geh*) ■**etw** ~ to demonstrate [*or* give a demonstration of] sth

Demontage <-, -n> [demɔn'taːʒə] *f* ❶ (*das Demontieren*) dismantling *no pl*
❷ (*geh: Abbau*) dismantling

demontierbar *adj inv* AUTO removable

demontieren* *vt* ❶ (*abmontieren*) ■**etw** ~ to dismantle [*or sep* take apart] sth; *Maschine* to dismantle, to take apart *sep*, to break up *sep; Reifen* to take off *sep*
❷ (*geh: abbauen*) ■**etw/jdn** ~ to dismantle sth/sb['s statue]

Demoralisation <-, *selten* -en> *f* demoralization

demoralisieren* *vt* ■**jdn** ~ ❶ (*entmutigen*) to demoralize sb
❷ (*geh*) to corrupt [*or form* deprave] sb

Demoskop(in) <-en -en> *m(f)* [opinion] pollster

Demoskopie <-, -n> *f* ❶ (*Meinungsumfrage*) public opinion survey [*or* poll]
❷ *kein pl* (*Meinungsforschung*) ■**die** ~ [public] opinion research

Demoskopin <-, -nen> *f fem form von* **Demoskop**

demoskopisch *adj* [public] opinion research *attr;* **eine ~e Erhebung** a public opinion survey [*or* poll]; **die ~en Voraussagen** the predictions in the opinion polls

demotiviert *adj* PSYCH demotivated, not motivated

demoulieren *vt* ■**etw** ~ KOCHK to unmould sth, to turn out *sep* sth

Demoversion *f* INFORM demonstration release

Demoware *f* INFORM demonstration program

demselben *pron dat von* **derselbe, dasselbe** *siehe auch Verben* the same [one]; (*Person*) the same [person]

Demut <-> *f kein pl* humility *no pl* (**gegenüber** *+dat* before); ■**in** ~ with humility

demütig I. *adj* humble; **ein ~er Mensch** a humble person; (*in der Kirche a.*) a supplicant *liter*
II. *adv* humbly

demütigen I. *vt* ■**jdn** ~ to humiliate sb
II. *vr* ■**sich [vor jdm]** ~ to humiliate [*or form* abase] oneself [before sb]; (*den Stolz überwinden*) to humble oneself [before sb]

demütigend *adj* humiliating

Demütigung <-, -en> *f* humiliation *no pl, no indef art;* **jdm eine ~ zufügen** (*geh*) to humiliate sb

Demutshaltung *f* BIOL submission posture

demzufolge I. *konj* (*laut dem*) according to which; (*aufgrund dessen*) owing to which
II. *adv* therefore, so, consequently, hence *form*

den I. *pron* ❶ *akk von* **der** *siehe auch Verben* the
❷ *dat pl von* **der, die, das** *siehe auch Verben* the
II. *pron dem akk von* **der** *attr, siehe auch Verben* (*jenen Gegenstand/Mensch*) ~ **da [drüben]** that one [over] there; (*Mann a.*) him [*or* the man] [over] there; ~ **da hinten/vorne** the one behind/in front
III. *pron rel akk von* **der** *siehe auch Verben* (*Gegenstände*) that, which; (*Mensch*) that, who[m *form*]

denaturieren* *vt* CHEM ■**etw** ~ to denature sth *spec*

Denaturierung <-, -en> *f* BIOL, CHEM denaturization *spec*

Dendrit <-en, -en> *m* ❶ MED dendrite *spec*, dendron *spec*
❷ GEOL dendrite

denen I. *pron dem dat pl von* **der, die, das** *siehe auch Verben* to them; *mit Präposition* them
II. *pron rel dat pl von* **der, die, das** *siehe auch Verben* to whom; (*von Sachen*) to which, that, which

dengeln *vt* ■**etw** ~ to sharpen [*or* hone] sth (*by hammering*)

Den Haag <-s> *m* The Hague

Denim <-s, -s> *m o nt* denim

Denkansatz *m* starting point [for thought] **Denkanstoß** *m* sth to get one thinking [*or* make one think]; **etw als ~ betrachten** to consider sth worth thinking about; **jdm einen ~/Denkanstöße geben** [*o* **vermitteln**] to give sb food for thought [*or* something to think about] **Denkaufgabe** *f* problem; (*Rätsel a.*) [brain-]teaser; **eine schwierige** ~ a real poser *fam*

denkbar I. *adj* conceivable, imaginable; **es ist [nicht] ~, dass ...** it's [in]conceivable that ...; **es ist durchaus ~, dass ...** it's very possible [*or* likely] that ...
II. *adv* extremely, rather; **das ~ beste/schlechteste Wetter** the best/worst weather imaginable, the best/worst possible weather

Denke <-> *f* (*sl*) way of thinking, mindset, mentality *a. pej*

denken <dachte, gedacht> **I.** *vi* ❶ (*überlegen*) to think; ***wo ~ Sie hin!*** whatever are you thinking of?; **ich denke, also bin ich** I think, therefore I am; **hin und her** ~ (*unschlüssig*) to go over and over sth in one's mind; (*angestrengt*) to rack one's brains; **langsam/schnell** ~ to be a slow/quick thinker; **laut** ~ to think aloud [*or* out loud]; **jdm zu ~ geben** to give sb food for thought [*or* something to think about]; ***das gab mir zu*** ~ that made me think
❷ (*meinen*) to think, to reckon *fam;* ***was denkst du?*** what do you say [*or* think] [*or fam* reckon]?; ***ich denke nicht*** I don't think so [*or fam* reckon]; ***ich denke schon*** I think [*or fam* reckon] so; ***an wieviel hatten Sie denn gedacht?*** how much were you thinking of?; **bei sich ~ [, dass...]** to think to oneself [that...]
❸ (*urteilen*) ■**[über jdn/etw** [*o* **von jdm/etw**]**]** ~ to think [about/of sb/sth]; **wie ~ Sie darüber?** what's your view [of it] [*or* opinion [of [*or* on] it]]?, what do you think [of [*or* about] it]?; **anders über etw ~** to hold a different view of sth, to think differently about sth; ***ich denke genauso darüber*** that's exactly what I think, I think exactly the same; **gut/schlecht/das Beste/das Schlechteste über jdn** [*o* **von jdm**] ~ to think well/ill/the best/the worst of sb; ***denk nicht immer so negativ!*** don't be so negative about everything!
❹ (*eingestellt sein*) **edel/engstirnig/kleinlich/liberal** ~ to be noble-/narrow-/petty-/liberal-minded
❺ (*sich vorstellen*) ■**an jdn/etw** ~ to think of sb/sth; ***die viele Arbeit, ich darf gar nicht daran*** ~ all that work, it doesn't bear thinking about; ■**daran ~, was ...** to think of what ...
❻ (*sich erinnern*) to think; ***solange ich ~ kann*** [for] as long as I can remember; ■**an jdn/etw** ~ to think of sb/sth; ***denk an die Telefonrechnung!*** remember [*or* don't forget] [to pay] the telephone bill!; ***die wird noch an mich ~!*** she won't forget me in a hurry!; ***wenn ich so an früher denke*** when I think [*or* cast my mind] back; ■**daran ~, was ...** to think of what ...; ***ich denke mit Entsetzen daran, was damals war*** I shudder to think what it was like then
❼ (*beachten*) ■**an etw** ~ to bear in mind sth, to think of sth
❽ (*beabsichtigen*) ■**an etw** *akk* ~ to think of [*or* consider] [*or* contemplate] sth; ***daran ist gar nicht zu ~*** that's [quite] out of the question; ***ich denke [gar] nicht daran!*** [I'll be] damned if I will!, not on your life! *fam*, no way [José *hum*]! *fam;* ■**daran ~, etw zu tun** to think of [*or* consider] [*or* contemplate] doing sth; ***ich denke [gar] nicht daran, es zu tun*** I don't have the least intention of doing that/it; (*nicht im Traum*) I wouldn't dream of doing that
❾ (*im Sinn haben*) ■**[nur] an jdn/etw/sich** *akk* ~ to [only] think of sb/sth/oneself, to only have sb/sth/oneself in mind; **nur an seinen Vorteil** ~ to always look out for number one
II. *vt* ❶ (*überlegen*) ■**etw** ~ to think [*or* conceive] of sth; ***was denkst du jetzt?*** what are you thinking [of]?; (*nachgrüblerisch a.*) a penny for your thoughts?; ***es ist kaum zu*** ~ it's hard to imagine; ***das wage ich kaum zu*** ~ I dare think [about it]; ***das habe ich [mir] schon lange gedacht*** I've suspected as much for quite some time
❷ (*annehmen, glauben*) to think; ***wer hätte das [von ihr] gedacht!*** who'd have thought [*or* believed] it [of her]?; ***was sollen bloß die Leute ~!*** what will people think!; ***ich habe das ja gleich gedacht!*** I [just] knew it!; ***da weiß man nicht, was man ~ soll*** what is one supposed to make of it?; ***denkste!*** (*fam*) that's what you think!; **Gutes/Schlechtes/das Beste/das Schlechteste von jdm** ~ to think well/ill/the best/the worst of sb
❸ (*bestimmen*) ■**für jdn/etw gedacht sein** to be meant [*or* intended] for sb/sth; ***so war das [aber] nicht gedacht*** that wasn't what I/he/she etc. had in mind
❹ (*sich vorstellen*) ■**sich** *dat* **etw** ~ to imagine sth; ***das kann ich mir ~[, dass ...]*** I can imagine [that ...]; ***den Käse musst du dir ~!*** (*hum fam*) cheese would go down well with that, but we'll have to do without; ***ich habe mir das so gedacht: ...*** this is what I had in mind: ...; ***das habe ich mir gleich gedacht!*** I thought as much [from the start]!; ***dachte ich mir's doch!*** I [just] knew it!, I thought as much!; ***das hast du dir [so] gedacht!*** that's what you think!; ***wie denkst du dir das [eigentlich]?*** what's the big idea?; *s. a.* **Teil**
❺ (*beabsichtigen*) ■**sich** *dat* **etw bei etw** ~ to mean sth by sth; ***ich habe mir nichts Böses dabei gedacht[, als ...]*** I meant no harm [when ...]; ***sie denkt sich nichts dabei*** she doesn't think anything of it

Denken <-s> *nt kein pl* ❶ (*das Überlegen*) thinking *no pl*
❷ (*Denkweise*) [way of] thinking, reasoning, thought, train of thought
❸ (*Gedanken*) thoughts *pl;* **positives** ~ positive thinking
❹ (*Denkvermögen*) understanding; **zu klarem ~ kommen** to start thinking clearly

Denker(in) <-s, -> *m(f)* thinker; (*Philosoph a.*) philosopher; *s. a.* **Volk**

Denkerfalte *f meist pl* (*hum*) furrow on one's brow; **die Stirn in ~n ziehen** to furrow one's brow [thinking]

Denkerin <-, -nen> *f fem form von* **Denker**

Denkerstirn *f* (*hum*) lofty brow *liter*

Denkfabrik *f* think tank **denkfaul** *adj* [mentally] lazy, too lazy to think *pred a. hum;* ***sei nicht so ~!*** use your brain! *fam* **Denkfaulheit** *f* [mental] laziness **Denkfehler** *m* error in one's/the logic, flaw in one's/the reasoning, fallacy *spec;* **einen ~ begehen** [*o* **machen**] to make an error in one's logic, to commit a fallacy *spec* **Denkfigur** *f* (*geh*) conceived idea **Denkgesetz** *nt* JUR rule of logic **Denkhilfe** *f* clue, hint; **jdm eine ~ geben** to give sb a clue; **jdm einen Hinweis** [*o* **Tip**] **als ~ geben** to give sb a clue; (*Gedächtnisstütze*) reminder

Denkmal <-s, Denkmäler *o liter* -e> *nt* ❶ (*Monument*) monument (+*gen*/**für** +*akk* to), memorial; (*Statue*) statue; **jdm ein ~ errichten** [*o* **setzen**] to erect [*or sep* put up] a memorial/statue to sb, to erect a memorial in sb's honour [*or* AM -or] [*or* in honour of sb]; **einer S.** *dat* **ein ~ errichten** [*o* **setzen**] (*fig*) to erect a monument to sth; **sich** *dat* **[selbst] [mit etw** *dat*] **ein ~ errichten** [*o* **setzen**] (*fig*) to leave a memorial [to oneself] [with [*or* in the form of] sth]
❷ (*Zeugnis*) monument (+*gen* to)

denkmalgeschützt *adj inv* ARCHIT under a preservation order BRIT, listed for preservation AM **Denkmalschützer(in)** *m(f)* [architectural] conservationist **Denkmal(s)pflege** *f* preservation of [historical] monuments **Denkmal(s)pfleger(in)** *m(f)* curator of monuments **Denkmal(s)schutz** *m* protection of historical monuments; **unter ~ stehen** to be listed, BRIT *a.* to be under a preservation order; *Gebäude a.* to be a listed [*or* AM landmarked] building; **etw unter ~ stellen** to classify

sth as a[n] historical monument
Denkmodell *nt* hypothesis; (*Vorstufe zur Realisierung*) working hypothesis **Denkpause** *f* pause for thought; (*bei Verhandlungen etc. a.*) break; (*länger*) adjournment; **eine ~ einlegen** to have [*or* take] a break to think things over, to adjourn for further thought *form* **Denkprozess**[RR] *m* thought process **Denkschema** *nt* thought pattern **Denkschrift** *f* memorandum *form* **Denksport** *m* mental exercise [*or hum* acrobatics + *sing vb*] **Denksportaufgabe** *f s.* **Denkaufgabe**
denkste *interj s.* **denken II 2**
Denkübung *f* mental exercise *no pl, no indef art* **Denkvermögen** *nt kein pl* intellectual capacity *no art,* capacity for thought **Denkweise** *f* way of thinking, mindset, mentality *a. pej;* ***was ist denn das für eine ~!*** what kind of attitude is that? **denkwürdig** *adj* memorable, notable, noteworthy *form;* **ein ~er Tag** a memorable [*or* red-letter] day **Denkwürdigkeit** *f* memorability, notability, noteworthiness *form* **Denkzettel** *m* (*fam*) [unpleasant] warning; **jdm einen ~ geben** [*o* **verpassen**] to give sb a warning [he/she/etc. won't forget in a hurry *fam*]; ***das soll dir ein ~ sein!*** let that be a warning to you!
denn I. *konj* ① (*weil*) because, for *liter;* **~ sonst** otherwise
② (*jedoch*) ■**es sei ~,** [**dass**] ... unless ...
③ (*geh: als*) than; **kräftiger/schöner/etc. ~ je** stronger/more beautiful/etc. than ever
II. *adv* NORDD (*fam: dann*) then; ***... und so passierte es ~ auch ...*** and so it happened
III. *part* ① *gewöhnlich nicht übersetzt* (*eigentlich*) ***hast du ~ immer noch nicht genug?*** have you still not had enough?; ***wie geht's ~ so?*** how are you [*or* things [then]]?, how's it going [then]?; ***wo bleibt sie ~?*** where's she got to?; ***was soll das ~?*** what's all this [then]?; ■**wann/was/wer/wie/wieso/wo/etc. ~?** when/what/who/how/why/where/etc.?; (*ungläubig, trotzig*) when/what/who/how/why/where then?; ***wieso ~?*** why?, how come? [*or* so]; ***wieso ~ nicht?*** why not?; (*trotzig*) why not then?
② *verstärkend* (*sonst*) ■**was/wen/wo/wohin ~ sonst?** what/who[m *form*]/where/where else?; (*ungläubig, trotzig a.*) what/who[m *form*]/where/where else then?
dennoch *adv* still, nevertheless *form,* nonetheless *form;* **~ *hat sie es versucht*** yet [*or* but] she still tried, she tried nonetheless [*or* nevertheless] *form;* **und ~, ...** [and] yet ...
denselben I. *pron akk von* **derselbe** the same [one]; *auf männliche Personen bezogen a.* the same man/boy/etc.
II. *pron dat von* **dieselben** the same [ones] + *pl vb; auf männliche Personen bezogen a.* the same men/boys/etc.
III. *pron dem akk von* **derselbe** the same ...
IV. *pron dem dat von* **dieselben** the same ...
dental *adj* ① LING dental *spec;* (*im Englischen a.*) alveolar *spec*
② MED dental
Dental <-s, -e> *m* LING dental [consonant] *spec;* (*im Englischen a.*) alveolar [consonant] *spec*
Dentalhygieniker(in) *m(f)* [dental [*or* oral]] hygienist **Dentallabor** *nt* dental laboratory
Denunziant(in) <-en, -en> *m(f)* (*pej*) informer *pej,* stool pigeon *sl*
Denunziantentum <-s> *nt kein pl* (*pej*) ■**das ~** informing *a. pej;* (*Denunzianten*) informers *pl pej*
Denunziation <-, -en> *f* (*pej*) ① (*das Anschwärzen*) informing *no pl a. pej*
② (*denunzierende Anzeige*) denunciation
denunzieren* *vt* ① (*pej: anzeigen*) ■**jdn** [**bei jdm**] [**als etw** *akk*] ~ to denounce sb [as sth] [to sb], to inform on [*or* against] sb
② (*geh: brandmarken*) ■**etw als etw** *akk* ~ to condemn [*or* denounce] sth as [being] sth
Deo <-s, -s> *nt* (*fam*) deodorant
Deodorant <-s, -s *o* -e> *nt* deodorant
deodorierend I. *adj* deodorizing, deodorant *attr*
II. *adv* **~ wirken** to have a deodorizing [*or* deodorant] effect
Deoroller *m* roll-on [deodorant] **Deospray** *nt o m* deodorant spray **Deostift** *m* deodorant stick
Departement <-s, -s> [departəˈmãː] *nt* (*in Frankreich*) département *spec;* (*in der Schweiz*) department; (*Bundesverwaltung*) ministry
Dependance <-, -n> [depãˈdãːs] *f* ① (*Nebengebäude*) annexe BRIT, annex AM
② (*geh: Zweigstelle*) branch
Depesche <-, -n> *f* (*veraltet*) telegram BRIT, wire AM
deplaciert [-ˈsiːɐt] *adj,* **deplaziert** *adj s.* **deplatziert**
Deplasmolyse <-, -n> *f* BIOL flaccidity
deplatziert[RR] *adj* misplaced; **sich** [**vollkommen**] **~ fühlen** to feel [completely] out of place
Depolarisation <-, -en> *f* SCI depolarization
depolarisieren *vt* ■**etw ~** depolarize sth
Deponie <-, -n> [*pl* -ˈniːən] *f* dump, disposal site
deponieren* *vt* ① (*hinterlegen*) ■**etw** [**bei jdm/in etw** *dat*] ~ to deposit sth [with sb/in sth]
② (*hinstellen*) **etw auf/vor etw** *dat* ~ to deposit [*or sep* put down] sth on/in front of sth
Deportation <-, -en> *f* deportation
Deportgeschäft *nt* BÖRSE backwardation business
deportieren* *vt* ■**jdn ~** to deport sb
Deportierte(r) *f(m) dekl wie adj* deportee
Deportkurs *m* BÖRSE backwardation rate
Depositar *m* JUR depositary
Depositen *pl* FIN deposits *pl;* **kurzfristige ~** deposits at short notice
Depositeneinlagen *pl* ÖKON consigned [*or* trust] money, deposit **Depositengeschäft** *nt* FIN deposit business **Depositenkasse** *f* FIN [urban [*or* city]] branch **Depositenkonten** *pl* FIN deposit accounts *pl* **Depositenquittung** *f* FIN deposit receipt **Depositenschein** *m* FIN deposit certificate
Depot <-s, -s> [deˈpoː] *nt* ① (*Lager*) depot, depository
② (*Stahlkammer*) [bank's] strongroom
③ (*Sammelstelle für öffentliche Verkehrsmittel*) [bus/tram] depot
④ (*Bodensatz*) deposit, dregs *npl*
⑤ SCHWEIZ (*Flaschenpfand*) deposit
Depotabrede *f* FIN portfolio agreement **Depotbesitz** *m* FIN securities portfolio **Depotbuch** *nt* FIN securities [*or* security deposit] ledger **Depotgeschäft** *nt* FIN deposit banking, custodian business **Depotgesetz** *nt* JUR Securities Deposit Act **Depotstimmrecht** *nt* FIN proxy vote **Depotverpfändung** *f* FIN pledging of deposited securities **Depotvertrag** *m* FIN safe-custody contract **Depotverzeichnis** *nt* FIN memorandum of deposits, AM deposit list **Depotwechsel** *m* FIN deposited [*or* collateral] bill
Depp <-en *o* -s, -e[n]> *m* SÜDD, ÖSTERR, SCHWEIZ (*fam*) twit *fam*
deppert SÜDD, ÖSTERR I. *adj* (*fam*) stupid; **ein ~er Kerl** a dopey [*or* stupid] guy, a dope
II. *adv* (*fam*) stupidly; **sich ~ anstellen** to be stupid [*or* dopey]
Depression <-, -en> *f* ① (*seelische Gedrücktheit*) depression *no pl, no indef art;* ■**~en** fits of depression
② FIN, POL, ÖKON depression, slackness of business
depressiv I. *adj* depressive; (*deprimiert*) depressed
II. *adv* **~ gestimmt/veranlagt sein** to be depressed/be prone to depression
deprimieren* *vt* ■**jdn ~** to depress sb; **jdn richtig ~** to really get sb down
deprimierend *adj* depressing; **~e Aussichten** black [*or* depressing] prospects
deprimiert *adj* depressed; ***sei nicht so ~!*** don't look so down!; **in ~er Stimmung sein** to be depressed [*or* in low spirits]
Deputat <-[e]s, -e> *nt* SCH teaching load
Deputation <-, -en> *f* (*veraltet*) deputation + *sing/pl vb*
deputieren *vt* ■**jdn ~** to depute sb
Deputierte(r) *f(m) dekl wie adj* deputy
der[1] I. *art def, maskulin, nom sing* ① (*auf eine Person, ein männliches Tier bezogen*) the; ***~ Nachbar/Freund*** the neighbour/friend; ***~ Eber/Hengst*** the boar/stallion
② (*allgemein auf ein Tier, eine Sache bezogen*) the; ***~ Hund/Wellensittich*** the dog/budgerigar; ***~ Käse/Salat*** the cheese/salad; ***~ Tisch/Schlüssel*** the table/key; ***~ Mai*** [the month of] May
③ (*bei verallgemeinernden Aussagen*) ***~ Franzose isst gern gut*** the French like to eat well
④ (*fam: in Verbindung mit Eigennamen*) ***~ Papa hat's mir erzählt*** dad told me; ***~ Andreas lässt dich grüßen*** Andreas send his love
II. *art def, feminin, gen sing von* **die**[1], **I** ① (*auf eine Person, ein weibliches Tier bezogen*) ***die Hände ~ Frau/Freundin*** the woman's/friend's hands; ***das Fell ~ Kuh/Bärin*** the cow's/bear's fur
② (*allgemein auf ein Tier, eine Sache bezogen*) ***die Augen ~ Maus*** the eyes of the mouse; ***die Augen ~ Katze*** the cat's eyes; ***die Form ~ Tasse*** the cup's shape; ***die Form ~ Schüssel*** the shape of the bowl; ***eine Frage ~ Ethik*** a question of ethics
③ (*bei verallgemeinernden Aussagen*) ***die Trinkfestigkeit ~ Engländerin*** the ability of the Englishwoman to hold her drink
④ (*fam: in Verbindung mit Eigennamen*) ***die Eltern/Schuhe ~ Barbara*** Barbara's parents/shoes
III. *art def, feminin, dat sing von* **die**[1], **I.** ① ***mit/von ~ Nachbarin sprechen*** to speak with/about the neighbour; ***an ~ Tür klopfen*** to knock at the door; ***an ~ Decke hängen*** to hang from the ceiling; ***sie folgte ~ Frau/Menge*** she followed the woman/crowd; ***er gab ~ Großmutter den Brief*** he gave his grandmother the letter, he gave the letter to his grandmother
② (*fam: in Verbindung mit Eigennamen*) ***ich werde es ~ Anette sagen*** I'll tell Anette
IV. *art def, gen pl von* **die**[1], **II.** des; ***die Wohnung ~ Eltern*** my/his/her etc parents' flat; ***das Ende ~ Ferien*** the end of the holidays
der[2] I. *pron dem, maskulin, nom sing* ① (*auf eine Person, ein männliches Tier bezogen*) that; ***~ Mann/Junge*** [***da***] that man/boy [there]; ***~ Hengst*** [***da***] that stallion [there]; ***~ weiß das doch nicht!*** *he* doesn't know that!; ***~ Angeber!*** that show-off!; ***~ mit den roten Haaren*** the man [*or* one] with the red hair, that red-haired man; ***dein Freund, ~ war nicht da*** (*fam*) your boyfriend, he wasn't there; ***~ und joggen?*** him, jogging?; ***~ hier/da*** this/that man [*or* one], he; ***~, den ich meine*** the man [*or* one] I mean, so-and-so
② (*allgemein auf ein Tier, eine Sache bezogen*) that; ***~ Hund/Wellensittich*** [***da***] that dog/budgerigar [there]; ***~ Pullover/Tisch*** [***da***] ***gefällt mir*** I like that sweater/table [there]; ***~ Baum*** [***da***] that tree [there]; ***beißt ~?*** does he bite?
II. *pron rel, maskulin, nom sing* who, that; ***der Mann, ~ es eilig hatte*** the man who was [*or* that] in a hurry; ***ein Film, ~ gut ankommt*** a much-acclaimed film; ***der Kandidat, ~ gewählt wurde*** the candidate who was chosen; ***ein Roman, ~ von Millionen gelesen wurde*** a novel [that has been] read by millions
III. *pron dem, feminin, gen sing von* **die**[2], **I.** ① (*auf eine Person, ein weibliches Tier bezogen*) ***die Hände ~ Frau*** [***da***] that woman's hands; ***das Fell ~ Kuh*** [***da***] that cow's fur
② (*allgemein auf ein Tier, eine Sache bezogen*) ***die Augen ~ Katze*** [***da***] that cat's eyes; ***die Form ~ Tasse*** [***da***] the shape of that cup [over there]
IV. *pron dem, feminin, dat sing von* **die**[2], **I.:** ***das Fahrrad gehört ~ Frau*** [***da***] the bike belongs to that woman [over] there; ***man muss ~ Frau*** [***da***] ***die Eintrittskarte vorzeigen*** you have to show that woman [over] there the tickets; ***mit ~ Freundin verstehe ich mich gut*** I get on well with that friend; ***glaub ~ bloß nicht!*** don't believe her [of all people]!
V. *pron dem, gen pl von* **die**[1] **II.:** ***das Verhalten ~ Leute*** [***da***] the behaviour of those people [over]

D

there; ***die Farbe ~ Blüten** [**da**]* the colour of those flowers [over] there

VI. *pron dem o rel, maskulin, nom sing* ~ ***dafür verantwortlich ist*** the man who [*or form* he who] is responsible for that; ~ ***mir das erzählt hat, hat gelogen*** the man who told me that lied

VII. *pron rel, feminin, dat sing von* **die²**, **III.**: ***die Kollegin, ~ ich den Brief geben soll*** the colleague to whom I was supposed to give the letter; ***die Freundin, mit ~ ich mich gut verstehe*** the friend who I get on with so well, the friend with whom I get on so well; ***die Katze, ~ er zu fressen gibt*** the cat which he feeds; ***die Hitze, unter ~ sie leiden*** the heat they're suffering from

derart *adv* ❶ *vor vb* ■**etw ~ tun, dass ...** to do sth so much [*or* to such an extent] that ...; **sich ~ benehmen, dass ...** to behave so badly that ...; ~ ***vorbereitet trat sie zuversichtlich die Prüfung an*** thus prepared[,] she confidently began the exam ❷ *vor adj* ~ **ekelhaft/heiß/etc. sein, dass ...** to be so disgusting/hot/etc. that ...; ***sie ist eine ~ unzuverlässige Frau, dass ...*** she is such an unreliable woman that ...

derartig I. *adj* such; **eine ~e Frechheit** such impertinence; **bei ~en Versuchen** in such experiments [*or* experiments of that kind]; ■[**etwas**] **D~es** something/things like that [*or* of the kind]; [***etwas***] ***D~es habe ich noch nie gesehen*** I've never seen anything like it [*or* the like]

II. *adv* such; **eine ~ hohe Summe, dass ...** such a high sum [that ...]; **ein ~ schönes Wetter**[**, dass/wie ...**] such beautiful weather [that/as ...]

derb I. *adj* ❶ (*grob*) coarse, rough; **~e Manieren** rough [*or pej* uncouth] manners; **~e Ausdrucksweise/Sprache** earthy [*or pej* crude] choice of words/language; **~er Witz** earthy [*or pej* crude] joke ❷ (*fest*) strong; **~es Material** tough [*or* strong] material; **~e Schuhe** stout [*or* strong] shoes ❸ (*einfach und kräftig*) coarse

II. *adv* ❶ (*heftig*) roughly; **jdn ~ anfahren** to snap at sb, to bite sb's head off *fam;* **jdn ~ anfassen** to handle sb roughly, to manhandle sb; **jdn ~ behandeln** to treat sb roughly, to give sb rough treatment ❷ (*grob*) crudely; **sich ~ ausdrücken** to be crude; ***um es ~ auszudrücken...*** to put it crudely,...

Derbheit <-, -en> *f* ❶ *kein pl* (*Grobheit*) coarseness, roughness; *von Manieren a.* uncouthness *pej; von Witz* earthiness *no pl,* crudeness *no pl pej; von Ausdrucksweise, Sprache a.* roughness *no pl,* earthiness *no pl*

❷ *kein pl* (*feste Beschaffenheit*) strength, toughness *no pl; von Schuhen a.* stoutness *no pl*

❸ (*grobe Äußerung*) ***dass er sich in ihrer Gegenwart solche ~en leistet, ist ja allerhand*** I'm shocked that he uses such crude language in her presence

Derby <-s, -s> ['dɛrbi] *nt* derby (*horse race for three-year-olds*)

deregulieren* *vt* POL, ÖKON ■**etw ~** *Markt, Arbeitsverhältnisse* to deregulate sth

Deregulierung *f* deregulation

dereinst *adv* (*geh*) one [*or* some] day

Dereliktion <-, -en> *f* JUR (*Eigentumsaufgabe*) dereliction

derelinquieren *vt* JUR to abandon movable goods

deren I. *pron dem gen pl von* **der, die, das** their; ~ **Hintermänner** the men behind them

II. *pron rel* ❶ *gen sing von* **die** whose; *auf Gegenstand bezogen a.* of which

❷ *gen pl von rel pron* **der, die, das** *auf Personen bezogen* whose; *auf Sachen bezogen a.* of which

derenthalben *adv* (*veraltet*), **derentwegen** *adv* on whose account [*or form* account [*or* because] of whom]; *auf Sachen bezogen* because [*or* on account] of which **derentwillen** *adv* ■**um ~** *auf Person bezogen* for whose sake [*or form* the sake of whom]; *auf Sachen bezogen* for the sake of which

derer *pron gen pl von dem pron* **der, die, das**

❶ (*derjenigen*) ■**~, die ...** of those who ...

❷ (*geh: der Herren und Frauen*) ■**das Geschlecht ~ von Werringen** the von Werringen family

dergestalt *adv* (*geh*) thus *form;* ■**etw ~ tun, dass ...** to do sth so much [*or* to such an extent] that ...

dergleichen *pron dem, inv* ❶ *adjektivisch* such, like that *pred,* of that kind *pred*

❷ *substantivisch* that sort of thing; **nichts ~** nothing like it [*or* of that kind]; ~ ***ist mir noch nicht passiert*** I've never seen the like; ***ich will nichts ~ hören!*** I don't want to hear any of it; ■**und ~** [**mehr**] and suchlike

Derivat <-[e]s, -e> [-'va:t] *nt* CHEM, LING derivative

derivativ *adj* JUR derivative

Derivativ <-s, -e> *nt* LING derivative

derjenige, diejenige, dasjenige <*gen* desjenigen, derjenigen, desjenigen, *pl* derjenigen; *dat* demjenigen, derjenigen, demjenigen, *pl* denjenigen; *akk* denjenigen, diejenige, dasjenige, *pl* diejenigen> *pron dem* ❶ *substantivisch* (*nominativ*) ■**~, der/den .../diejenige, die ...** *auf Personen bezogen* the one [*or* he/she] who [*or* that]/who[m *form*] [*or* that] ...; *auf Sachen bezogen* the one that [*or* which] ...; ■**diejenigen/denjenigen, die ...** *auf Personen bezogen* the ones [*or* they] who [*or* that]/who[m *form*] [*or* that] ...; *auf Gegenstände bezogen* the ones which [*or* that] ...; ***ist das derjenige, welcher .../diejenige, welche ...?*** (*fam*) is[n't] that the one who ...?; ***ach, ~, welcher!*** oh, him!; ***etwa diejenige, welche?*** you mean her?

❷ *adjektivisch* (*geh*) that; ***derjenige Mann, der ...*** that man who ...

derlei *pron inv* such, that kind of, like that *pred;* ~ ***Worte sollte man für sich behalten*** such words should be kept to oneself

Dermabrasion <-> *f* (*Hautabschürfung*) dermabrasion

dermaßen *adv* **eine ~ lächerliche Frage** such a ridiculous question; **~ schön, dass ...** so beautiful that ...; **jdn ~ unter Druck setzen, dass ...** to put sb under so much pressure that ...; **jdn ~ misshandeln, dass ...** to abuse sb so badly that ...

Dermatologe, -login <-n, -n> *m, f* dermatologist

Dermatologie <-> *f kein pl* ■**die ~** dermatology

Dermatologin <-, -nen> *f fem form von* **Dermatologe**

dermatologisch *adj* ~ **getestet** dermatologically tested

Derogation <-, -en> *f* JUR (*teilweise Aufhebung eines Gesetzes*) derogation, part-repeal of a statute

derogieren* *vt* JUR ■**etw ~** to derogate sth, to repeal parts of a statute

derselbe, dieselbe, dasselbe <*gen* desselben, derselben, desselben, *pl* derselben; *dat* demselben, derselben, demselben, *pl* denselben; *akk* denselben, dieselbe, dasselbe, *pl* dieselben> *pron dem* ❶ (*ebender, ebendie, ebendas*) ■**~ +** *substantiv* the same + *noun*

❷ *substantivisch* (*fam*) the same; **ein und ~** one and the same; ***nicht schon wieder dasselbe!*** not this [stuff *fam*] again!; ***sie fallen immer auf dasselbe rein*** they're always falling for the same things; ***immer dieselben kriegen den Ärger*** it's always the same people who get into trouble; ***noch mal dasselbe, bitte!*** (*fam*) [the] same again please!; **es sind immer dieselben, die ...** it's always the same ones [*or* people] who [*or* that] ...

derweil(**en**) I. *adv* meanwhile, in the meantime

II. *konj* (*veraltend*) while, whilst

Derwisch <-es, -e> *m* dervish

Derwischbund *m* HIST, REL dervish group

derzeit *adv* SÜDD, ÖSTERR at present [*or* the moment]

derzeitig *adj attr* present; (*aktuell a.*) current

DES *m Abk von* **Data Encryption Standard** DES

des¹ *pron def gen von* **der, das** *siehe auch Substantive* **das Aussehen ~ Kindes/Mannes** the child's/man's appearance; **ein Zeichen ~ Unbehagens** a sign of uneasiness; **das ständige Krähen ~ Hahnes** the constant crowing of the cock [*or* cock's constant crowing]

des² <-> *nt,* **Des** <-> *nt kein pl* MUS ■**das ~** D flat

Desaster <-s, -> *nt* disaster, calamity; **mit einem ~ enden** to end in disaster [*or* calamity]

desaströs *adj* (*geh*) disastrous, catastrophic

desensibilisieren* *vt* MED ■**jdn** [**gegen etw**] **~** to desensitize sb [against sth]

Deserteur(**in**) <-s, -e> [dezɛr'tø:ɐ] *m(f)* MIL deserter

desertieren* *vi sein o selten haben* MIL ■[**von etw**] **~** to desert [sth]; ■**zu jdm ~** to desert [*or* go over] to sb

Desertifikation <-, -en> *f* GEOL desertification

Desertion <-, -en> *f* MIL desertion

desgleichen *adv* likewise, also; ***er ist Mitglied dieser Kirche, seine Verwandten ~*** he's a member of this church, as are his family

deshalb *adv* ❶ (*daher*) therefore

❷ (*aus dem Grunde*) because of it; ~ ***frage ich ja*** that's why I'm asking; ***also ~!***, ~ ***also!*** so that's why! [*or* the reason!]; ***ich bin ~ hergekommen, weil ich dich sprechen wollte*** what I came here for was to speak to you, the reason I came here was that I wanted to speak to you

Design <-s, -s> [di'zain] *nt* design; MODE *a.* cut

designen* *vt* ■**etw ~** to design sth

Designer(**in**) <-s, -> *m(f)* designer

Designerdroge *f* designer drug

Designerin <-, -nen> *f fem form von* **Designer**

Designermöbel *nt meist pl* designer furniture *no pl* **Designermode** *f kein pl* designer fashion

designiert *adj attr* designated

desillusionieren* [dɛsʔɪluzio'ni:rən, dezɪlu-] *vt* ■**jdn ~** to disillusion sb

Desillusionierung <-, -en> *f* disillusion[ment]

Desinfektion <-, -en> [dɛsʔɪn-, dezɪn-] *f* disinfection

Desinfektionsmittel *nt* disinfectant; (*für Wunden a.*) antiseptic **Desinfektionsspray** *nt* disinfectant spray

desinfizieren* *vt* ■**etw ~** to disinfect sth; **Instrumente ~** to sterilize instruments

Desinfizierung <-, -en> *f s.* **Desinfektion**

Desinformation *f* disinformation *no pl, no indef art*

Desinformationskampagne *f* disinformation campaign, campaign of disinformation

Desintegration *f* (*geh*) disintegration

Desinteresse *nt* lack of interest, indifference; ■**jds ~** [**an jdm/etw**] sb's lack of interest [for sb/in sth] [*or* indifference [towards sb/sth]]; **sein ~ an etw** *dat* **bekunden** [*o* **zeigen**] to demonstrate one's indifference to [*or* lack of interest in] sth; **auf ~ stoßen** to meet with indifference

desinteressiert *adj* uninterested, indifferent; **ein ~es Gesicht** a bored face; ■**an jdm/etw ~ sein** to be uninterested in [*or* indifferent to] sb/sth

Desinvestment *nt* disinvestment

Desktopcomputer *m* desktop computer

Desktop-Publishing[RR] <-> ['dɛsktɔp-pablɪʃɪŋ], **Desktoppublishing**[RR] *nt kein pl* ■[**das**] ~ desktop publishing, DTP

desodorieren* *vt* ■**jdn/etw ~** to deodorize sb/sth

desolat *adj* (*geh*) ❶ (*trostlos*) bleak

❷ (*verzweifelt*) wretched, desperate

desorientiert [dɛsʔɔriɛn'ti:rt, dezɔ-] *adj inv* disorientated

Desorientierung [dɛsʔɔ-, dezɔ-] *f* ❶ (*Verwirrung*) disorientation, confusion

❷ (*Störung der Orientierungsfähigkeit*) disorientation

Desoxyribonukleinsäure [dɛsʔɔksyribonukle'i:n-, dezɔksy-] *f* ■**die ~** deoxyribonucleic acid *spec,* DNA *spec*

despektierlich *adj* (*geh*) disrespectful; (*stärker*) contemptuous

Desperado <-s, -s> *m* (*geh*) desperado

Despot(**in**) <-en, -en> *m(f)* despot, tyrant

despotisch I. *adj* despotic, tyrannical

II. *adv* despotically, tyrannically; **sich ~ aufführen** to domineer

desselben *pron gen von* **derselbe, dasselbe**

dessen I. *pron dem gen von* **der², das** his/its; ~ **ungeachtet** (*geh*) nevertheless *form,* nonetheless

form, notwithstanding this *form*
II. *pron rel gen von* **der²**, **das** whose; (*von Sachen a.*) of which

dessentwillen *adv* **um ~** for whose sake [*or form* the sake of whom]

dessenungeachtet *adv* (*geh*) *s.* **dessen I**

Dessert <-s, -s> [dɛˈseːɐ, dɛˈsɛːɐ] *nt* dessert; ***was gibt es zum ~?*** what's for dessert? [*or* BRIT *a.* pudding] [*or* BRIT *fam a.* afters]

Dessertteller *m* dessert plate

Dessin <-s, -s> [dɛˈsɛ̃ː] *nt* MODE pattern, design; *von Vorhängen a.* print

Dessous <-, -> [dɛˈsuː, *pl* dɛˈsuːs] *nt meist pl* undergarment, underwear *no pl, no art*

destabilisieren *vt* ■**etw ~** to destabilize sth

Destabilisierung <-, -en> *f* (*geh*) destabilization

Destillat <-[e]s, -e> *nt* CHEM distillation, distillate *spec*

Destillation <-, -en> *f* ❶ (*Brennen*) distillation
❷ CHEM distillation

destillieren* *vt* CHEM ■**etw ~** to distil [*or* AM -ll] sth

Destillierkolben *m* CHEM distilling [*or* distillation] flask [*or* retort] **Destilliersäule** *f* CHEM fractionating column

desto *konj* **~ besser** all the better; **~ eher** the earlier; **~ schlimmer!** so much the worse!; *s. a.* **je**

destruktiv *adj* destructive

deswegen *adv s.* **deshalb**

Deszendent <-en, -en> *m* ASTROL descendant; JUR descendant

Detail <-s, -s> [deˈtai, deˈtaːj] *nt* detail; ■**die ~s** the details [*or* particulars]; **im ~** in detail; ***die Schwierigkeiten liegen im ~*** it's the details that are most difficult; **in allen ~s** in the greatest detail; **etw in allen ~s berichten** to report sth in full detail, to give a fully detailed account of sth; **ins ~ gehen** to go into detail[s]; (*sich daranmachen*) to get down to details

Detailfrage *f* question of detail **detailgenau** *adj* down to the last detail

Detailhandel *m* HANDEL retail trade **Detailkenntnisse** *pl* detailed knowledge *no pl, no indef art*

detaillieren* *vt* HANDEL ■**etw ~** to sell sth by retail, to retail sth

detaillieren* *vt* ■**[jdm] etw ~** to give [sb] full details [*or* particulars] of [*or* to specify] sth; **[jdm] etw genauer** [*o* **näher**] **~** to give [sb] more [*or* fuller] details of sth, to specify sth more precisely, to expand [up]on sth

detailliert [detaˈjiːɐt] **I.** *adj* detailed; **~e Angaben** details, particulars; **nicht ~ genug sein** to be lacking in detail
II. *adv* in detail; **etw ~ beschreiben** to describe sth in detail, to give a detailed description of sth; **etw ~ erklären** to explain sth in detail, to expound sth *form*

Detailliertheit <-> *f kein pl* detail; **in aller ~** in the greatest detail; **etw in aller ~ berichten** to report sth in full detail

Detaillist(in) <-en, -en> [detaˈjɪst] *m(f)* SCHWEIZ *s.* **Einzelhändler**

Detailplanung *f* detailed planning

Detailzwischenhändler(in) *m(f)* HANDEL retail middleman

Detektei <-, -en> *f* [private] detective agency, firm of [private] investigators; **„~ *Schlupps & Partner*"** "Schlupps & Partners, Private Investigators"

Detektiv(in) <-s, -e> *m(f)* ❶ (*Privat~*) private investigator [*or* detective] [*or fam* eye], AM *a.* gumshoe *fam*
❷ (*Zivilfahnder*) plain-clothes policeman

Detektivbüro *nt s.* **Detektei** **Detektivfilm** *m* detective film

Detektivin <-, -nen> *f fem form von* **Detektiv**

detektivisch I. *adj* **~e Kleinarbeit** detailed detection work; **~er Scharfsinn** a detective's keen perception
II. *adv* like a detective

Detektivroman *m* detective novel; (*bes. mit Mörder*) whodun[n]it *fam*

Detektor <-s, -oren> *m* TECH, PHYS detector

Determinante <-, -n> *f* (*geh*) determinant

determinieren* *vt* (*geh*) ■**etw ~** to determine sth; **etw [im Voraus] ~** to [pre]determine sth *form*

Determinismus <-> *m kein pl* PHILOS ■**der ~** determinism

deterministisch *adj* PHILOS deterministic *spec*

Detonation <-, -en> *f* explosion; (*nur hörbar vernommen a.*) blast; **die ~ der Bombe** the bomb blast; **etw zur ~ bringen** to detonate sth

detonieren* *vi sein* to explode, to detonate

Detritus <-> *m kein pl* BIOL detritus *no pl*

Detritusfresser *m* BIOL deposit feeder

Deubel <-s, -> *m* DIAL *s.* **Teufel**

deucht (*veraltet*) *3. pers. sing von* **dünken**

Deus ex Machina^RR^ <- - -, Dei - -> *m* (*geh*) deus ex machina *liter*

Deut *m* (*bisschen, das Geringste*) *meist in Verbindung mit Verneinung* **keinen** [*o* **nicht einen**] **~ wert sein** to be not worth tuppence [*or* AM diddly] *fam;* **um keinen ~ [besser]** not one bit [*or form* whit] [*or fam* a jot] [better]; ***daran ist kein ~ wahr*** there's not a grain of truth in it; ***sie versteht nicht einen ~ davon*** she doesn't know the first thing about it

deutbar *adj* interpretable; **kaum/nicht ~ [sein]** [to be] difficult/impossible to interpret *pred;* ***es ist nicht anders [als so] ~*** it cannot be explained in any other way

deuteln *vi* (*geh*) ■**an etw** *dat* **~** to quibble over sth *pej;* ***daran gibt es nichts zu ~!*** there are no ifs and buts about it!

deuten I. *vt* ■**[jdm] etw ~** to interpret sth [for sb]; **die Zukunft/jdm die Zukunft ~** to read the/sb's future; **etw falsch ~** to misinterpret sth; ■**sich** *dat* **etw [von jdm] ~ lassen** to have sth interpreted [by sb]; **sich** *dat* **die Zukunft [von jdm] ~ lassen** to have one's future read [by sb], to get sb to read one's future
II. *vi* ❶ (*zeigen*) ■**[mit etw] auf jdn/etw ~** to point [sth] at sb/sth; **mit dem [Zeige]finger auf jdn/etw ~** to point [one's finger] at sb/sth
❷ (*hinweisen*) ■**auf jdn/etw ~** to point to sb/sth; ***alles deutet auf Frost*** everything points to frost, all the signs are that there's going to be frost; **alles deutet darauf [hin], dass ...** all the indications are that ..., everything indicates that ..., there is every indication that ...

Deuterium <-s> *nt kein pl* CHEM deuterium

deutlich I. *adj* ❶ (*klar*) clear; **[un]~e Schrift** [il]legible writing; **~e Umrisse** distinct [*or* clear] [*or* sharp] outlines; **[jdm] ~ werden** to become clear [to sb]
❷ (*eindeutig*) clear; ***das war ~!*** that was clear [*or* plain] enough!; **~ werden** to make oneself clear [*or* plain], to use words of one syllable *a. iron;* ***muss ich ~er werden?*** have I not made myself clear [enough]?; ***ich hoffe, ich muss nicht ~er werden!*** I hope I won't have to spell it out
II. *adv* ❶ (*klar*) clearly, plainly; **etw ~ fühlen** to distinctly feel sth; **~ sprechen** to speak clearly [*or* distinctly]; **etw ~ zeichnen** to draw sth in sharp detail/contrast
❷ (*eindeutig*) clearly, plainly; **sich ~ ausdrücken** to make oneself clear [*or* plain]; **~ fühlen, dass ...** to have the distinct feeling that ...

Deutlichkeit <-, -en> *f* ❶ *kein pl* (*Klarheit*) clarity; *von Schrift* legibility; *von Zeichnung* sharp contrast [*or* detail]; **in** [*o* **mit**] **aller ~** in all clarity [*or* its/their detail]
❷ (*Eindeutigkeit*) plainness; **[jdm] etw in** [*o* **mit**] **aller ~ sagen** [*o* **zu verstehen geben**] to make sth perfectly clear [*or* plain] [to sb]; **jdm in** [*o* **mit**] **aller ~ zu verstehen geben, dass ...** to make it perfectly clear [*or* plain] to sb that ...

deutsch *adj* ❶ (*Deutschland betreffend*) German; **~er Abstammung sein** to be of German origin; **~e Gründlichkeit** German [*or* Teutonic] thoroughness [*or* efficiency]; **die ~e Sprache** German, the German language; **die ~e Staatsbürgerschaft besitzen** [*o* **haben**] to have German citizenship, to be a German citizen; **das ~e Volk** the Germans, the German people[s *pl*]; **die ~e Wiedervereinigung** the reunification of Germany, German Reunification; **~ denken** to have a [very] German way of thinking; **typisch ~ sein** to be typically German
❷ LING German; **die ~e Schweiz** German-speaking Switzerland; **~ sprechen** to speak [in] German; **~ sprechen können** to [be able to] speak German; **etw ~ aussprechen** to pronounce sth with a German accent, to give sth a German pronunciation
► WENDUNGEN: **mit jdm ~ reden** [*o* **sprechen**] (*fam*) to be blunt with sb, to speak bluntly with sb

Deutsch *nt dekl wie adj* ❶ LING German; ***können Sie ~?*** do you speak/understand German?; **~ lernen/sprechen** to learn/speak German; ***er spricht akzentfrei ~*** he speaks German without an accent; ***sie spricht fließend ~*** she speaks German fluently, her German is fluent; ***er spricht ein sehr gepflegtes ~*** his German is very refined; **~ verstehen/kein ~ verstehen** to understand/not understand [a word of [*or* any]] German; **~ sprechend** German-speaking, who speak/speaks German; **auf ~** in German; **sich auf ~ unterhalten** to speak [*or* converse] in German; **etw auf ~ sagen/aussprechen** to say/pronounce sth in German; **in ~ abgefasst sein** (*geh*) to be written in German; **etw in ~ schreiben** to write sth in German; **zu ~** in German
❷ (*Fach*) German; **~ unterrichten** [*o* **geben**] to teach German
► WENDUNGEN: **auf gut ~ [gesagt]** (*fam*) in plain English; **nicht mehr ~** [*o* **kein ~ mehr**] **verstehen** (*fam*) to not understand plain English

Deutsche <-n> *nt* ■**das ~** German, the German language; **etw ins ~/aus dem** [*o* **vom**] **~n ins Englische übersetzen** to translate sth into German/from [the] German into English; **die Aussprache des ~n** German pronunciation, the pronunciation of German words

Deutsche(r) *f(m) dekl wie adj* German; ***er hat eine ~ geheiratet*** he married a German [woman]; ■**die ~n** the Germans; **~ sein** to be [a] German, to be from Germany; **[schon] ein halber ~r sein** to be German by formation

Deutsche Demokratische Republik *f* POL (*hist*) German Democratic Republic

Deutschenfeind(in) *m(f)* anti-German; (*krankhaft a.*) Germanophobe *form;* (*im Krieg*) enemy of the Germans [*or* Germany] **Deutschenfreund(in)** *m(f)* pro-German, Germanophile *form,* German-lover *a. pej;* (*im Krieg*) friend of the German people

deutsch-englisch *adj* ❶ POL Anglo-German ❷ LING German-English, English-German **Deutschenhass**^RR^ *m* Germanophobia *form,* hatred of Germany [*or* the Germans] **Deutschenhasser(in)** <-s, -> *m(f)* German-hater, Germanophobe *form*

Deutscher Aktienindex® *m* German share index

deutschfeindlich *adj* anti-German, Germanophobic *form* **Deutschfeindlichkeit** *f* hostility to Germany, Germanophobia *form* **deutsch-französisch** *adj* ❶ POL Franco-German ❷ LING German-French, French-German **deutschfreundlich** *adj* pro-German, Germanophile *form,* German-loving *attr a. pej* **Deutschfreundlichkeit** *f* love of Germany, Germanophilia *form*

Deutschland <-s> *nt* Germany; **aus ~ kommen** to come from Germany; **in ~ leben** to live in Germany

Deutschlandfrage *f* HIST ■**die ~** the German question **Deutschlandlied** *nt* ■**das ~** the German national anthem **Deutschlandpolitik** *f* (*innerdeutsche Politik*) [German] home affairs [*or* AM domestic policy]; (*gegenüber Deutschland*) policy on [*or* towards] Germany **deutschlandpolitisch** *adj inv* related to intra-German affairs **deutschlandweit** *adj inv, attr* throughout Germany *pred* **Deutschlehrer(in)** *m(f)* German teacher **deutschnational** *adj* HIST German National; ■**~ sein** to be a German National **Deutschordensritter** *m* HIST Teutonic Knight

deutsch-russisch *adj* ❶ POL Russo-German ❷ LING Russian-German, German-Russian

Deutschschweiz *f* ■**die** ~ German-speaking Switzerland **Deutschschweizer(in)** *m(f)* German Swiss; ■**die** ~ the German Swiss + *pl vb* **deutschschweizerisch** *adj* German-Swiss

deutsch-spanisch *adj* German-Spanish, Spanish-German **deutschsprachig** *adj* ❶ (*Deutsch sprechend*) German-speaking *attr;* ■~ **sein** to speak German ❷ (*in deutscher Sprache*) German[-language] *attr;* ~**e Literatur** German literature; ~**er Unterricht** lessons given in German; ■~ **sein** to be in German; *Unterricht a.* to be given in German **deutschsprachlich** *adj* German *attr;* **der ~e Unterricht** German, the German lesson **deutschsprechend** *adj attr s.* **Deutsch deutschstämmig** *adj* of German origin [*or* stock] *pred* **Deutschstämmige(r)** *f(m) dekl wie adj* ethnic German

Deutschtum <-s> *nt kein pl* Germanness; (*Kultur*) German culture

Deutung <-, -en> *f* ❶ (*das Deuten*) interpretation; (*Erläuterung*) explanation; *von Horoskop, Zukunft* reading
❷ (*Interpretation*) interpretation; *von Text a.* exegesis *spec;* **eine falsche** ~ a misinterpretation

Deutungshoheit *f kein pl* SOZIOL (*geh*) sovereignty of interpretation **Deutungsversuch** *m* attempt at an interpretation; **einen ~ machen** [*o geh* **unternehmen**] to attempt an interpretation

Devaluation <-, -en> *f,* **Devalvation** <-, -en> *f* ÖKON devaluation

Devise <-, -n> [-'vi:-] *f* ❶ (*Motto*) maxim, motto; ■**nach der ~...** according to the motto...; ***nach der ~: der Zweck heiligt die Mittel*** as the saying goes: the end justifies the means
❷ *pl* FIN currency; **blockierte/freie ~n** frozen [*or* blocked]/floating foreign exchange; **harte ~n** hard currency; **zahlbar in ~** payable in currency; **~n bringend** exchange-earning, producing foreign exchange *pred;* **~n bringender Bereich/~n bringende Branche** field/branch producing foreign exchange

Devisenanlage *f* FIN foreign exchange investments *pl* **Devisenausgaben** *pl* FIN foreign exchange spending **Devisenbedarf** *m* need for foreign currency **Devisenbeschaffer** *m* hard currency agent **Devisenbeschränkungen** *pl* foreign exchange [*or* currency-control] [*or* exchange-control] restrictions *pl* **Devisenbestimmungen** *pl* foreign exchange control regulations *pl* **Devisenbewirtschaftung** *f* FIN control of foreign exchange, currency restrictions *pl* **Devisenbewirtschaftungsmaßnahmen** *pl* FIN measures to control the foreign exchange **Devisenbilanz** *f* FIN foreign exchange balance **Devisenbörse** *f* FIN foreign exchange market **devisenbringend** *adj s.* **Devisen Devisenbringer** <-s, -> *m* (*fam*) foreign-exchange earner, earner of foreign exchange [*or* currency] **Devisenclearing** *nt* FIN foreign exchange clearing **Devisendefizit** *nt* FIN foreign exchange deficit **Devisenerwirtschaftung** *f* FIN returns *pl* on foreign exchange **Devisengegenwert** *m* FIN foreign exchange value **Devisengeschäft** *nt* ■**das** ~ foreign exchange dealing **Devisengesetz** *nt* JUR foreign exchange act **Devisengesetzgebung** *f* JUR foreign exchange legislation **devisengünstig** *adj inv* FIN promoting foreign exchange *pred* **Devisenhandel** *m* ■**der** ~ foreign currency [*or* exchange] dealings *npl,* sale and purchase of currencies *form* **Devisenhändler(in)** *m(f)* FIN cambist, dealer in foreign exchange **Devisenkassakurs** *m* FIN spot exchange rate **Devisenkassamarkt** *m* FIN spot exchange market **Devisenkaufoption** *f* FIN foreign exchange option **Devisenknappheit** *f* shortage of foreign exchange **Devisenkonto** *nt* FIN foreign currency account **Devisenkontrakt** *m* JUR foreign exchange deal **Devisenkontrolle** *f* FIN exchange control **Devisenkurs** *m* [foreign] exchange rate, rate of exchange **Devisenkurszettel** *m* FIN list of foreign exchange **Devisenmakler(in)** *m(f)* FIN foreign exchange broker **Devisenmarkt** *m* foreign exchange market **Devisenmarktkurs** *m* FIN middle rate **Devisenmittel** *pl* FIN foreign exchange currency **Devisenrechnung** *f* FIN exchange calculation **Devisenrecht** *nt kein pl* JUR currency law **Devisenregelung** *f* FIN currency regulation[s] **Devisenreglementierung** *f* FIN regulating foreign exchange **Devisenrentabilität** *f kein pl* FIN profitability of foreign exchange **Devisenreserve** *f* foreign exchange [*or* currency] reserves *pl* **Devisenreserven** *pl* foreign exchange reserves **Devisenschieber(in)** *m(f)* FIN (*pej*) currency [*or* foreign exchange] profiteer *pej* **Devisenschmuggel** *m kein pl* currency smuggling *no pl* **devisenschwach** *adj inv* FIN lacking currency reserves *pred;* ~**es Land** deficit [*or* soft-currency] nation **Devisenspekulation** *f* foreign exchange [*or* currency] speculation **Devisensperre** *f* FIN exchange embargo **devisenstark** *adj* hard-currency *attr spec* **Devisenterminhandel** *m* FIN forward exchange rating **Devisenterminkontrakte** *pl* FIN currency futures **Devisenterminkurs** *m* FIN forward exchange market **Devisentransfer** *m* FIN foreign exchange transfer **Devisenumrechnungsfaktor** *m* FIN currency conversion factor **Devisenverbindlichkeiten** *pl* FIN currency liabilities **Devisenvergehen** *nt* breach [*or* violation] of exchange control regulations **Devisenwert** *m* FIN foreign exchange asset **Devisenzuteilung** *f* FIN currency allowance, allocation of foreign exchange

devot [-'vo:t] *adj* (*pej geh*) obsequious *pej form*

Devotionalien [devotsio'na:liən] *pl* REL devotional objects [*or* articles]

Dextrose <-> *f kein pl* CHEM dextrose *spec,* dextroglucose *spec*

Dezember <-s, -> *m* December; *s. a.* **Februar**

dezent I. *adj* ❶ (*unaufdringlich*) discreet; ~**e Farbe** subdued [*or* discreet] colour [*or* AM -or]; ~**e Kleidung** modest [*or* discreet] wear
❷ (*zurückhaltend*) discreet
II. *adv* ❶ (*unaufdringlich*) discreetly; **sich ~ kleiden** to dress modestly [*or* discreetly]
❷ (*zurückhaltend*) discreetly

dezentral I. *adj* decentralized
II. *adv* **etw ~ entsorgen** to send sth to a decentralized disposal system; **etw ~ versorgen** to supply sth from decentralized outlets; **etw ~ verwalten** to govern sth in a decentralized system

dezentralisieren* *vt* ■**etw** ~ to decentralize sth

Dezentralisierung <-, -en> *f* decentralization; ■**die ~ einer S.** *gen* the decentralization of sth

Dezernat <-[e]s, -e> *nt* department

Dezernent(in) <-en, -en> *m(f)* department head

Dezibel <-s, -> *nt* PHYS decibel

dezidiert I. *adj bes* ÖSTERR (*geh*) determined, firm
II. *adv bes* ÖSTERR (*geh*) firmly, with determination

Dezigramm *nt* decigram[me] **Deziliter** *m o nt* decilitre [*or* AM -er] *spec*

dezimal *adj* decimal

Dezimalbruch *m* decimal [fraction] **Dezimalrechnung** *f kein pl* MATH decimals *pl* **Dezimalstelle** *f* decimal place; **auf 5 ~n genau** correct to 5 decimal places **Dezimalsystem** *nt* ■**das** ~ the decimal system **Dezimalzahl** *f* decimal number; (*zwischen 0 und 1 a.*) decimal fraction

Dezime <-, -n> *f* MUS tenth

Dezimeter *m o nt* decimetre [*or* AM -er] *spec*

dezimieren* *vt* ■**etw** ~ to decimate sth

Dezimierung <-, -en> *f* decimation (+*gen* of), the decimation of sth

DFB *m Abk von* **Deutscher Fußball-Bund** German Football Association

DFÜ <-> *f kein pl Abk von* **Datenfernübertragung**

DFÜ-Einrichtung *f* telecommunication facilities *pl*

DGB <-s> *m Abk von* **Deutscher Gewerkschaftsbund**: ■**der** ~ the Federation of German Trade Unions

dgl. *pron Abk von* **dergleichen, desgleichen** the like

d. Gr. *Abk von* **der Große**

d. h. *Abk von* **das heißt** i.e.

Dhaka <-s> *nt* Dhaka, Dacca

Dia <-s, -s> *nt* slide, [positive *form*] transparency, diapositive *spec*

Diabetes <-> *m kein pl* MED diabetes [mellitus *spec*]

Diabetiker(in) <-s, -> *m(f)* MED diabetic

diabetisch MED I. *adj* diabetic; **ein ~er Mensch** a diabetic
II. *adv* ~ **bedingt [sein]** [to be] caused by diabetes *pred*

Diabetrachter *m* TYPO slide viewer

diabolisch (*geh*) I. *adj* ❶ (*boshaft*) evil, malicious
❷ (*teuflisch*) diabolical, diabolic, fiendish
II. *adv* ❶ (*boshaft*) evilly, maliciously
❷ (*teuflisch*) diabolically, fiendishly

diachron(isch) [-'kro:-] *adj* LING diachronic

Diadem <-s, -e> *nt* diadem; (*für Frau a.*) tiara

Diadochen *pl* ■**die** ~ ❶ HIST the Diadochi *spec*
❷ (*fig geh*) rivals in a power struggle

Diadochenkämpfe *pl* (*geh*) power struggle

Diagnose <-, -n> *f* diagnosis; **eine ~ stellen** to make a diagnosis

Diagnosezentrum *nt* diagnostic centre [*or* AM -er]

Diagnostik <-> *f kein pl* MED ■**die** ~ diagnostics + *sing vb spec;* **die ~ von Tumoren** the diagnosis of tumours [*or* AM -ors]

diagnostisch *adj* MED diagnostic

diagnostizieren* *vt* ■**etw [bei jdm]** ~ to diagnose sth [in sb]

diagonal *adj* diagonal; **eine ~e Gerade** a diagonal [line]

Diagonale <-, -n> *f* diagonal [line]

Diagonalreifen *m* AUTO cross ply tire **Diagonalschritt** *m* SPORT (*beim Langlauf*) diagonal walking

Diagramm <-s, -e> *nt* graph, chart, diagram

Diakon(in) <-s *o* -en, -e[n]> *m(f)* REL deacon

Diakonat <-[e]s, -e> *nt* REL diaconate

Diakonie <-> *f kein pl* REL **die** ~ social welfare work

Diakonin <-, -nen> *f fem form von* **Diakon**

diakonisch *adj inv, attr* welfare and social

Diakonisse <-, -n> *f,* **Diakonissin** <-, -nen> *f* REL deaconess

diakritisch *adj* diacritic; **ein ~es Zeichen** a diacritical mark

Dialekt <-[e]s, -e> *m* dialect

dialektal *adj* dialectal

Dialektausdruck *m* dialect expression

Dialektik <-> *f kein pl* dialectic, dialectics + *sing vb*

dialektisch *adj* ❶ PHILOS dialectical
❷ LING *s.* **dialektal**

Dialog <-[e]s, -e> *m* (*geh*) dialogue [*or* AM -og]; **interessanter** ~ interesting discussion; **in einen ~ [über etw] eintreten** to discuss [sth], to enter into discussion [about sth]; **mit jdm einen ~ führen** to have a discussion with sb

Dialogbereitschaft *f kein pl* openness to dialogue **Dialogbetrieb** *m* INFORM dialogue, interactive [*or* conversational] mode; **im** ~ online **Dialogfähigkeit** *f kein pl* openness to dialogue

Dialyse <-, -n> *f* dialysis

Diamant <-en, -en> *f* diamond; **geschliffene/ungeschliffene ~en** cut/uncut diamonds

diamanten *adj attr* ❶ (*wie Diamanten funkelnd*) like diamonds; **in/mit ~em Glanz funkeln** to sparkle like diamonds
❷ (*mit Diamanten besetzt*) diamond, set with diamonds

Diamantring *m* diamond ring **Diamantschleifer(in)** *m(f)* diamond cutter **Diamantschliff** *m* diamond cutting **Diamantstaub** *m* diamond dust

diametral I. *adj* (*geh*) diametrical
II. *adv* (*geh*) diametrically; ~ **entgegengesetzt sein** to be diametrically opposed [*or* opposite]

Diaphragma <-s, -s> *nt* diaphragm, Dutch cap BRIT

Diapositiv *nt* slide **Diaprojektor** *m* slide projector **Diarahmen** *m* slide frame

Diarrhö <-, -en>, **Diarrhöe** <-, -n> [dia'rø:, -'rø:ən] *f* diarrhoea *no pl, no art* BRIT, diarrhea *no pl, no art* AM
Diaspora <-> [di'aspora] *f kein pl* ❶ REL Diaspora ❷ (*fig*) backwater, back of beyond BRIT
Diastole <-, -n> [di'astole, dia'sto:lə] *f* diastole
diastolisch *adj* diastolic
diät *adv s.* **Diät**
Diät <-, -en> *f* diet; **eine fettarme ~** a diet low in fat, a low-fat diet; **eine salzlose ~** a salt-free diet; **eine strenge ~** a strict diet; **~ halten** to keep to a diet; **~ kochen** to cook according to a diet; **~ leben** to keep to a diet; **auf ~ sein** (*fam*) to be on a diet, to diet; **mit einer ~ anfangen** to go on a diet; **nach einer ~ leben** to keep to a diet; **jdn auf ~ setzen** (*fam*) to put sb on a diet
Diätassistent(in) *m(f) sb trained to advise in and oversee the setting-up of diet programmes in hospitals and clinics* **Diätbier** *nt* lite [*or* BRIT *a.* diet] beer
Diäten *pl* POL [sessional] expenses *pl*
Diätenerhöhung *f* increase in [parliamentary] allowances
Diätetik <-, -en> *f* diatetics + *sing vb*
diätetisch *adj* dietetic
Diätfahrplan *m* (*fam*) diet, diet plan, regime[n] **Diätkost** *f* diet food **Diätkur** *f* dietary cure **Diätmargarine** *f* dietary margarine (*high in polyunsaturates*)
diatonisch *adj* diatonic; **die ~e Tonleiter** the diatonic scale
Diätwaage *f* food scale
Diavortrag *nt* slide show
DIB¹ *f Abk von* **Deutsche Industrievereinigung Biotechnologie** German Biotech Industry Association
DIB² *nt* INFORM *Akr von* **dual-independent bus** DIB
DIB-Architektur *f* DIB architecture
dich I. *pron pers akk von* **du** you
II. *pron refl* yourself
dicht I. *adj* ❶ (*eng beieinander befindlich*) dense, thick; **~es Laub** dense foliage; **~es Haar** thick hair; **~es Gefieder** dense [*or* thick] layer of feathers; **ein ~es Gedränge/eine ~e Menschenmenge** a dense crowd [*or liter* throng]
❷ (*undurchdringlich*) thick, dense; **~er Verkehr** heavy traffic; **im ~en Verkehr festsitzen** to be stuck in a traffic jam
❸ (*undurchlässig: vor Wasser*) waterproof, watertight; ***die Fenster sind wieder ~*** the windows are sealed again now; **~e Leitung** watertight pipe; **~e Rollläden/Vorhänge** thick blinds/curtains; **~er Stoff** thickly [*or* densely] woven material, material with a close weave; **nicht mehr ~ sein** to leak
► WENDUNGEN: **nicht ganz ~ sein** (*pej sl*) to be off one's head [*or* BRIT *fam* one's trolley], to be out of one's mind, to be out to lunch *sl*
II. *adv* ❶ (*örtlich*) closely; **~ auffahren** to tailgate, to drive too closely to the next car; **~ gedrängt** ***wir standen ~ gedrängt in der S-Bahn*** we stood squeezed together in the S-Bahn; **~ gefolgt von etw** to be followed closely by; ***er gewann, ~ gefolgt von ...*** he won, closely followed by ...; **~ übersät** thickly strewn; **~ hinter jdm** just [*or* close] behind sb; **~ hinter jdm sein** to be hard [*or* hot] on sb's heels; **~ neben jdm** close beside [*or* just next to] sb; **~ über etw hängen** to hang thickly over sth; **~ vor jdm** just in front of sb; **~ an** close [*or* near] to; **~ unter** close [*or* near] to, just under; **~ beieinander/hintereinander** close together; **~ [an ~] stehen** to be [*or* stand] close together, to be packed together like sardines [in a tin]
❷ (*zeitlich*) **~ bevorstehen** to be coming up soon; ***Weihnachten steht ~ bevor*** it's not long till Christmas, Christmas is just around the corner; **an etw ~ dran sein** to be close to sth
❸ (*sehr stark*) densely; **~ behaart sein** to have a lot of hair, to be hirsute *liter;* **auf der Brust ~ behaart sein** to have a very hairy chest; ***in seiner Jugend war er noch ~er behaart*** he had a good head of hair in his youth; **~ belaubte Bäume** trees covered in dense foliage; **~ besiedelt** [*o* **bevölkert**] densely populated; **~ bewaldet** thickly wooded, densely forested; **~ mit Efeu bewachsen sein** to be covered with ivy; **~ bewölkt** very cloudy; **~ mit Rosen bepflanzt sein** to be full of roses
❹ (*fest*) **~ schließen** to close properly; **Gardinen ~ zuziehen** to close the curtains properly, to draw the curtains to; **~ verhängt** thickly draped; **~ gewebt** closely woven
dichtauf *adv* **~ folgen** to follow close behind
dichtbehaart *adj attr s.* **dicht II 3** **dichtbelaubt** *adj attr s.* **dicht II 3** **dichtbesiedelt** *adj, **dichtbevölkert** adj attr s.* **dicht II 3** **dichtbewölkt** *adj attr s.* **dicht II 3**
Dichte <-, -n> *f* ❶ *kein pl* density; **~ des Gedränges** dense crowd; **~ des Nebels** dense [*or* thick] fog
❷ PHYS density; **spezifische ~** specific gravity
Dichtegradient *m* SCI density gradient **Dichtegradientenzentrifugation** *f* SCI density gradient centrifugation
dichten¹ I. *vt* ■**etw [auf jdn/etw] ~** to write [*or form* compose] poetry [to sb/sth]; ***ich habe ein paar Verse zu deinem Geburtstag gedichtet*** I've written a few verses for your birthday
II. *vi* to write poetry
dichten² *vt* (*dicht machen*) ■**etw [gegen etw] ~** to seal sth [against sth]; **Fugen ~** to grout cracks
Dichter(in) <-s, -> *m(f)* poet
dichterisch I. *adj* poetic[al]; *s. a.* **Freiheit**
II. *adv* ❶ (*was die Dichtkunst betrifft*) poetically; **~ begabt sein** to have a flair [*or* talent] for writing [poetry]
❷ (*in Art eines Gedichtes*) in poetry [*or* a poem], poetically; **etw ~ darstellen/wiedergeben** to present sth in the form of a poem
Dichterlesung *f* reading (*by a poet from his own work*) **Dichterwort** <-worte> *nt* lines of a poem, piece of poetry
dichtgedrängt *adj attr s.* **dicht II 1**
dicht|halten *vi irreg* ❶ (*sl: den Mund halten*) to keep quiet [*or fam* one's mouth shut]; (*bei Verhör*) not to give away any information; **nicht ~** to spill the beans, to let the cat out of the bag ❷ (*dicht bleiben*) to not leak; (*Schuhe*) to be waterproof; **nicht ~** to begin to leak
Dichtkunst *f* poetic art, poetry
dicht|machen *vi, vt* (*fam*) ■**[etw] ~** ❶ (*schließen*) to close [*or* shut] [sth]
❷ (*den Betrieb einstellen*) to close [*or* shut] [sth] [down]
Dichtung¹ <-, -en> *f* ❶ *kein pl* (*Dichtkunst*) poetry; **die ~ der Renaissance** Renaissance poetry
❷ (*episches Gedicht*) epic poem; **~ und Wahrheit** fact and fiction
Dichtung² <-, -en> *f* seal, sealing; (*Dichtring*) washer; (*von Ventildeckel*) gasket; (*von Zylinderkopf*) head gasket
Dichtungsbahn *f* BAU sealing felt **Dichtungsmasse** *f* sealing compound; **Fugen mit ~ verschmieren** to smear grout in the cracks **Dichtungsmittel** *nt* sealant, sealing material **Dichtungsprofil** *nt* AUTO draught excluder BRIT, weatherstrip AM **Dichtungsring** *m,* **Dichtungsscheibe** *f* washer **Dichtungsschnur** *f* BAU sealing chord
dick I. *adj* ❶ (*einen großem Umfang aufweisend*) fat, stout BRIT, corpulent *form;* **~e Backen** chubby cheeks; **ein ~er Baum/Stamm** a thick tree/[tree] trunk; **ein ~es Buch/ein ~er Band** a thick book/volume; **eine ~e Zigarre** (*fam*) a fat [*or* big] cigar *fam;* **eine ~e Brieftasche** (*fam*) a fat wallet *fam;* **ein ~es Bündel Banknoten** (*fam*) a fat [*or* thick] [*or* big] bundle of bank notes; (*groß, schwer*) big, enormous; **eine ~e Limousine** a big limousine
❷ (*fam: beträchtlich*) big fat *fam;* **eine ~e Belohnung** a big fat reward; **etw macht [jdn] ~** sth makes [sb] fat, sth is fattening; **[von etw] ~ werden** to put on weight [from sth], to get fat [from sth] *fam; s. a.* **Berta**
❸ *nach Maßangaben* (*stark*) **5 Meter ~** 5 metres thick; **eine 7 Kilometer ~e Schicht** a 7 kilometres thick layer [*or* a layer 7 kilometres thick]
❹ (*fam: schwer*) big; **ein ~er Tadel/Verweis** a severe [*or* sharp] reprimand; **ein ~es Lob [für etw] bekommen** to be praised highly [*or* to the high heavens] [for sth]
❺ (*geschwollen*) swollen; **~e Beule** big lump
❻ (*zähflüssig*) thick, viscous; **eine ~e Soße** a thick sauce
❼ (*fam: dicht*) thick
❽ (*dicht*) thick; **sich ins ~e Gewühl stürzen** to elbow one's way into the thick of the crowd
❾ (*fam: herzlich*) close
► WENDUNGEN: **mit jdm durch ~ und dünn gehen** to go through thick and thin with sb
II. *adv* ❶ (*warm*) warmly; **sich ~ anziehen** to dress warmly
❷ (*fett*) heavily
❸ (*reichlich*) thickly; **etw zu ~ auftragen** to lay sth on with a trowel
❹ (*fam: sehr*) very; **jdm etw ~ ankreiden** to pay sb back [*or* to get sb] for sth; **mit jdm ~ im Geschäft sein** to be well in with sb; **mit jdm ~[e] befreundet sein** (*fam*) to be as thick as thieves with sb
► WENDUNGEN: **es ~[e] haben** (*sl: reich sein*) to be loaded *fam;* **es nicht so ~[e] haben** (*fam*) to be not that loaded *fam;* **jdn/etw ~[e] haben** (*fam*) to be sick of [*or* fed up with] [*or* fed up to the back teeth with] sb/sth; **die Faxen ~e haben** to be fed up with sth; **es kommt immer gleich ganz ~[e]** (*fam*) it never rains but it pours *prov;* **sich ~ machen** (*fam*) to spread oneself out; **~ auftragen** (*pej fam*) to lay it on thick [*or* with a trowel] *fam*
dickbauchig *adj* pot-bellied; **~er Krug** big jug
dickbäuchig *adj* pot-bellied; ■**~ sein** to have a big belly *fam* [*or* stomach] **Dickdarm** *m* colon
dicke *adv* (*fam*) *s.* **dick II 5**
Dicke <-, -n> *f* ❶ (*Stärke*) thickness; **eine ~ von rund 3 Metern** a thickness of about 3 metres [*or* AM -ers]
❷ (*dicke Beschaffenheit*) size, stoutness BRIT, corpulence, obesity *form*
Dicke(r) *f(m) dekl wie adj* (*fam*) fatso *fam,* fatty *fam*
Dickerchen <-s, -> *nt* (*fam*) *s.* **Dicke(r)**
dickfellig *adj* (*pej fam*) thick-skinned *pej,* insensitive; ■**~ sein** to be thick-skinned *pej,* to be insensitive, to have a hide like a rhinoceros BRIT *pej* **Dickfelligkeit** <-> *f kein pl* (*pej fam*) insensitivity **dickflüssig** *adj* thick; **~es Öl** viscous oil **Dickhäuter** <-s, -> *m* (*hum fam*) ❶ (*Tier*) pachyderm ❷ (*fig*) **ein ~ sein** to have a thick skin
Dickicht <-[e]s, -e> *nt* ❶ (*dichtes Gebüsch*) thicket, brushwood
❷ (*unübersichtliches Konglomerat*) maze, labyrinth
Dickkopf *m* (*fam*) ❶ (*dickköpfiger Mensch*) stubborn [*or* obstinate] [*or* pigheaded] fool; **ein kleiner ~ sein** to be stubborn
❷ (*Starrsinn*) stubbornness, obstinacy, pigheadedness; **seinen ~ bekommen** [*o* **seinen ~ aufsetzen**] to dig one's heels in; **einen ~ haben** to be stubborn [*or* obstinate] [*or* pig-headed], to be as stubborn as a mule; **seinen ~ durchsetzen** to have one's way
dickköpfig *adj* stubborn, obstinate, pig-headed
dickleibig *adj* (*geh*) ❶ (*korpulent*) stout BRIT, corpulent, obese *form*
❷ (*gewichtig*) heavy, bulky
Dickleibigkeit <-> *f kein pl* (*geh*) corpulence, obesity *form,* stoutness BRIT
dicklich *adj* ❶ (*etwas dick*) plump, chubby, podgy BRIT *fam,* pudgy AM *fam;* **~es Kind** chubby child
❷ (*dickflüssig*) thick; SCI viscous; ■**~ werden** to get/become thick
dicklippig *adj* thick-lipped
Dickmadam <-, -s *o* -en> *f* (*pej*) fat lady **Dickmilch** *f* curds *pl* **Dickmittel** *nt* thickening agent **Dickschädel** *m* (*fam*) *s.* **Dickkopf** **dickschalig** *adj* with a thick skin; ■**~ sein** to have a thick skin **dickwandig** *adj* thick-walled; ■**~ sein** to be thick-walled, to have thick walls **Dickwanst** *m*

(*pej fam*) fatso *pej fam*, fatty *pej fam*, butterball AM *usu pej fam*
Dictyosom <-s, -en> [dɪkty'so:m] *m* BIOL dictyosome
Didaktik <-, -en> *f* teaching methodology, didactics + *sing vb form*
didaktisch I. *adj* didactic *form*
II. *adv* didactically *form*
die *art, pron* the; *s. a.* **der**
Dieb(in) <-[e]s, -e> *m(f)* (*Räuber*) thief; (*Bankräuber*) bank robber; (*Einbrecher*) burglar; **zum ~ werden** to become a thief, to take to stealing; **als ~ verurteilt werden** to be convicted as a thief; **sich wie ein ~ davonmachen** to creep away like a thief in the night; **haltet den ~!** "stop thief!"; *s. a.* **Gelegenheit**
► WENDUNGEN: **die kleinen ~e hängt man, die großen lässt man laufen** (*prov*) little thieves are hanged but great ones escape *prov old*
Dieberei <-, -en> *f* (*pej fam*) [constant] thieving; **kleine ~** petty theft, pilfering
Diebesbande *f* (*pej*) gang [*or* band] of thieves **Diebesfalle** *f* JUR thieves' snare **Diebesgesindel** *nt* thieving rabble; *s. a.* Diebespack **Diebesgut** *nt kein pl* stolen goods *npl* **Diebesnest** *nt* (*veraltend*) thieves' hideout [*or* den], nest of thieves BRIT **Diebespack** *nt kein pl* (*pej*) pack of thieves *pej*
Diebin <-, -nen> *f fem form von* **Dieb**
diebisch I. *adj* ❶ (*stehlend*) thieving
❷ (*fam: heimlich*) malicious, fiendish, diabolic; **mit ~er Freude** with fiendish joy
II. *adv* (*schadenfroh*) maliciously, fiendishly; **sich ~ [über etw** *akk*] **freuen** to take a mischievous pleasure in sth
Diebstahl <-[e]s, -stähle> *m* theft, robbery; **geistiger ~** plagiarism; **schwerer ~** aggravated robbery; **einen ~ begehen** to commit a robbery [*or* theft]
Diebstahlsdelikt *nt* larceny offence, case of theft **Diebstahlsicherung** *f* AUTO anti-theft device **Diebstahlsvorsatz** *m* JUR intent to commit theft **Diebstahlversicherung** *f* insurance against theft
diejenige *pron dem s.* **derjenige**
Diele <-, -n> *f* ❶ (*Vorraum*) hall
❷ NORDD *central living room*
❸ (*Fußbodenbrett*) floorboard
Dielektrizitätskonstante *f* PHYS dielectric constant, relative permittivity
Dielenschrank *m* [hall] cupboard
dienen *vi* ❶ (*nützlich sein*) ■**einer S.** *dat* ~ to be [important] for sth; **jds Interessen** ~ to serve sb's interests; **jds Sicherheit** ~ for sb's safety; **zum Verständnis einer S.** ~ to help in understanding sth; **einem guten Zweck** ~ to be for a good cause
❷ (*behilflich sein*) **jdm mit etw ~ können** to help sb with sth; ***womit kann ich Ihnen ~?*** how can I help you?; ***damit können wir im Moment leider nicht ~*** I'm afraid we can't help you there; ■**jdm ist mit etw gedient** sth is of use to sb; **jd ist mit etw nicht/kaum gedient** sth is of no/little use to sb, sth doesn't help sb/help sb much; ***wäre Ihnen vielleicht hiermit gedient?*** is this perhaps what you're looking for?
❸ (*verwendet werden*) ■**[jdm] als etw** ~ to serve [sb] as sth; ***lassen Sie es sich als Warnung*** ~ let this be [*or* serve as] a warning to you
❹ (*herbeiführen*) ■**zu etw** ~ to make for [*or* be conducive to] sth; **der allgemeinen Erheiterung** ~ to serve to amuse everyone; **einem Zweck** ~ to serve a purpose
❺ (*Militärdienst leisten*) ■**[bei etw/unter jdm]** ~ to do military service [in sth/under sb]; *s. a.* **gedient**
❻ (*veraltet: Knecht sein*) ■**jdm [als jd]** ~ to serve sb [as sb]
❼ (*angestellt sein*) ■**bei jdm/etw** ~ to be in service to sb/sth
Diener <-s, -> *m* (*fam*) bow; **[vor jdm] einen ~ machen** to make a bow [to sb], to bow [to sb]
Diener(in) <-s, -> *m(f)* servant; ~ **Gottes** servant of God; **Ihr [treu] ergebener** ~ (*veraltet*) your [humble] servant *old*
dienern *vi* (*pej*) ■**[vor jdm]** ~ to bow and scrape [to sb] *pej*
Dienerschaft <-, -en> *f* [domestic] servants *pl*
dienlich *adj* useful, helpful; ■**jdm/einer S. ~ sein** to be useful [*or* of use] to sb/sth; ***das kann dir kaum ~ sein*** this can't be of much use for you; ***kann ich Ihnen noch mit irgendetwas ~ sein?*** can I do anything else for you?
Dienst <-[e]s, -e> *m* ❶ *kein pl* (*berufliche Tätigkeit*) work; **~ haben** to be at work; ***wie lange hast du heute ~?*** how long do you have to work today?; **beim ~** at work; **im ~** at work; **außer ~** retired; **nach [dem] ~** after work; **vor dem ~** before work; **zum ~ gehen/kommen** to go/come to work; **zum ~ müssen** to have to go to work
❷ *kein pl* (*Arbeitszeit*) **während/nach dem ~** during/outside working hours; **jdn vom ~ befreien** to give [*or* grant] sb [paid] leave [*or* time off]; **jdn vom ~ beurlauben [*o* suspendieren]** to suspend sb [from work]
❸ (*für jdn arbeiten*) **~ bei jdm als etw tun** to work for sb as sth, to be employed by sb as sth; **jdn in [seinen] ~ [*o* in seine ~e] nehmen** (*veraltet*) to take sb into service; **bei jdm in ~[en] [*o* in jds ~[en]] sein [*o* stehen]** (*veraltet*) to be in service to sb; **in jds ~[e] treten** to enter sb's service
❹ *kein pl* (*Amt*) **diplomatischer [*o* auswärtiger] ~** diplomatic service; **der mittlere/gehobene/höhere ~** *the clerical/higher/senior sections of the civil service;* **öffentlicher ~** civil service; **jdn vom ~ suspendieren** to suspend sb from duty; **außer ~** retired
❺ *kein pl* MIL service; **den ~ quittieren** to leave the army; **aus dem ~ ausscheiden** to leave the service[s]; **aus dem aktiven ~ ausscheiden** to leave active service; **außer ~** retired; **im ~** on duty; **nicht im ~** off duty; **der Chef/der Unteroffizier vom ~** duty editor/NCO in charge
❻ *kein pl* (*Bereitschaftsdienst*) on call [*or* standby]; **~ haben** to be on call [*or* standby]; **der ~ [*o* tuende] habende Arzt/Offizier** the doctor/officer on duty
❼ (*unterstützende Tätigkeit*) services *npl;* ***danke für deine ~e!*** thanks for your help!; **jdm einen [guten] ~ erweisen [*o* tun]** to do sb a good turn, to render sb a valuable service *form;* **jdm einen schlechten ~ erweisen** to do sb a bad turn, to do sb a disservice *form;* **jdm gute ~e leisten** to stand sb in good stead; **jdm zu [*o* zu jds] ~en stehen** to be at sb's service [*or* disposal]; **was steht zu ~en?** (*veraltend*) how may I be of service? *old;* **sich in den ~ einer S.** *gen* **stellen** to devote oneself to the service [*or* cause] of sth, to embrace a cause; **im ~[e] einer S. stehen** to be at the service of sth; **sich im ~[e] einer S. aufopfern** to sacrifice oneself in the service of sth; **etw in ~ stellen** to put sth into service; **ein Schiff in ~ stellen** to put a ship into commission; **seinen ~ versagen** to fail; ***seine Stimme versagte ihren ~*** his voice failed
❽ (*Service*) service; **einen ~ leisten** to perform [*or form* render] a service; **~ am Kunden** service to the customer
► WENDUNGEN: **~ ist ~, und Schnaps ist Schnaps** (*prov*) don't mix work and leisure
Dienstabteil *nt* staff compartment
Dienstag *m* Tuesday; ***wir haben heute ~*** it's Tuesday today; ***treffen wir uns ~?*** shall we get together on Tuesday?; **in der Nacht [von Montag] auf [*o* zu] ~** on Monday night, in the early hours of Tuesday morning; **~ in acht Tagen** a week on Tuesday, Tuesday week BRIT; **~ vor acht Tagen** a week last [*or* BRIT *a.* [ago] on] Tuesday, Tuesday before last; **diesen [*o* an diesem] ~** this Tuesday; **eines ~s** one Tuesday; **den ganzen ~ über** all day Tuesday; **jeden ~** every Tuesday; **letzten [*o* vorigen] ~** last Tuesday; **seit letzten [*o* letztem] ~** since last Tuesday; **[am] nächsten ~** next Tuesday; **ab nächsten [*o* nächstem] ~** from next Tuesday [on]; **am ~** on Tuesday; **[am] ~ früh** early Tuesday [morning]; **an ~en** on Tuesdays; **an einem ~** one [*or* on a] Tuesday; **am ~, den 4. März** (*Datumsangabe: geschrieben*) on Tuesday 4th March [*or* AM March 4]; (*gesprochen*) on Tuesday the 4th of March [*or* AM March 4th]
Dienstagabend[RR] *m* Tuesday evening **dienstagabends**[RR] *adv* [on] Tuesday evenings **Dienstagmittag**[RR] *m* [around] noon on Tuesday **dienstagmittags**[RR] *adv* [around] noon on Tuesdays **Dienstagmorgen**[RR] *m* Tuesday morning **dienstagmorgens**[RR] *adv* [on] Tuesday mornings **Dienstagnachmittag**[RR] *m* Tuesday afternoon **dienstagnachmittags**[RR] *adv* [on] Tuesday afternoons **Dienstagnacht**[RR] *f* Tuesday night **dienstagnachts**[RR] *adv* [on] Tuesday nights
dienstags *adv* [on] Tuesdays; **~ abends/nachmittags/vormittags** [on] Tuesday evenings/afternoons/mornings
Dienstagvormittag[RR] *m* Tuesday morning **dienstagvormittags**[RR] *adv* [on] Tuesday mornings
Dienstalter *nt* length of service **Dienstälteste(r)** *f(m) dekl wie adj person who has been in service the longest* **Dienstantritt** *m* **bei/nach/vor ~** as/after/before work begins [*or* starts]; (*Antreten eines Amtes*) taking up [of] office *form* [*or* a position] **Dienstanweisung** *f* [civil] service regulations **Dienstauffassung** *f* attitude to work; **nach jds ~** according to sb's attitude to work [*or* how sb views work] **Dienstaufsicht** *f* supervisory authority; **die ~ über etw** *akk* **haben** to be the supervisory authority for sth **Dienstaufsichtsbeschwerde** *f* JUR disciplinary [*or* formal] complaint **Dienstaufsichtsverfahren** *nt* JUR disciplinary proceedings *pl* **Dienstaufwandsentschädigung** *f* ÖKON office allowance **Dienstausweis** *m* ADMIN official identity card
dienstbar *adj* **sich** *dat/***einer S. jdn/etw ~ machen** to make use of sb/sth, to utilize sb/sth; ***durch eine Prämie machte er sich die Belegschaft ~*** he guaranteed his workers' loyalty by paying them a bonus; *s. a.* **Geist**
Dienstbarkeit <-, -en> *f* JUR easement
dienstbeflissen *adj* diligent, assiduous **dienstbereit** *adj* ❶ (*im Bereitschaftsdienst*) on call; **~er Arzt** doctor on call ❷ (*veraltend*) ready to be of service; ***ich bin gerne ~*** I'm glad to be of service **Dienstbereitschaft** *f* ❶ (*Abrufbereitschaft*) standby duty; **~ haben** to be on call; ***welche Apotheke hat dieses Wochenende ~?*** which is the emergency pharmacy this weekend?, which pharmacy is open after hours this weekend? ❷ (*Bereitschaft zur Hilfe*) willingness to help, helpfulness **Dienstbezüge** *pl* earnings *npl*, salary **Dienstbote, -botin** *m, f* (*veraltend*) [domestic] servant; **die ~n** the domestic staff **Dienstboteneingang** *m* (*veraltend*) tradesmen's [*or* servants'] entrance **Dienstbotin** *f fem form von* **Dienstbote** **Diensteid** *m* oath of service, official oath ► WENDUNGEN: **etw auf seinen ~ nehmen** to swear sth, to take an oath on sth **Diensteifer** *m* diligence, assiduousness **diensteifrig** *adj s.* **dienstbeflissen** **Diensteinkommen** *nt* FIN salary **Dienstenthebung** *f* JUR suspension from office; **vorläufige ~** temporary suspension from office **Diensterfindung** *f* employee [*or* service] invention **dienstfrei** *adj* free; **~er Tag** day off; **~ bekommen [*o* haben]** to get [*or* have] time off; **~ nehmen** to take time off **Dienstgebrauch** *m* official use; **nur für den ~** for official use only **Dienstgeheimnis** *nt* ❶ (*dienstliche Angelegenheit*) official secret; **~se ausplaudern** to disclose secret information ❷ *kein pl* (*Schweigepflicht*) official secrecy *no pl;* **Verletzung des ~es** breach of confidence; **das ~ verletzten** to cause a breach of confidence **Dienstgespräch** *nt* business call [*or* talks]; ADMIN official call [*or* talks] **Dienstgrad** *m* ❶ (*Rangstufe*) grade; MIL rank ❷ (*Mensch, Militär*) officer; **höherer ~** higher rank; **unterer ~** lower rank **Dienstgradabzeichen** *nt* insignia, badge of rank **diensthabend** *adj attr s.* **Dienst 6** **Diensthabende(r)** *f(m) dekl wie adj* **der ~** MIL the officer on duty **Dienstherr(in)** *m(f)* ❶ (*Arbeitgeber*) employer ❷ (*vorgesetzte Dienstbehörde*) superior authority **Dienstjahr** *nt meist pl* year of

service **Dienstjubiläum** *nt* anniversary [of employment]; **20-jähriges** ~ anniversary of 20 years' service **Dienstkleidung** *f* working clothes; **in** ~ in uniform **Dienstleister** *m* service provider **Dienstleistung** *f* ① *meist pl* ÖKON services *pl;* **industrielle ~en** industrial services ② (*Gefälligkeit*) favour [*or* AM -or] **Dienstleistungsabend** *m* (*hist*) late night shopping (*formerly Thursday nights when stores were open until 8.30 p.m.*) **Dienstleistungsabkommen** *nt* JUR service agreement **Dienstleistungsangebot** *nt* ÖKON range of services **Dienstleistungsbereich** *m* ÖKON service sector **Dienstleistungsberuf** *m* job [*or* career] in the service industries **Dienstleistungsbetrieb** *m* services business [*or* enterprise] **Dienstleistungsbilanz** *f* ÖKON balance of invisible trade **Dienstleistungsbündel** *nt* HANDEL service package **Dienstleistungserbringer** *m* HANDEL provider of services **Dienstleistungsfreiheit** *f kein pl* HANDEL freedom to provide services **Dienstleistungsgesellschaft** *f* ÖKON service economy **Dienstleistungsgewerbe** *nt,* **Dienstleistungsindustrie** *f* service industries *pl,* service industries sector **Dienstleistungsgewerkschaft** *f* ÖKON **vereinte** ~ combined trade union for the service industry **Dienstleistungskonzern** *m* service group **Dienstleistungsmarke** *f* JUR service badge [*or* mark] **Dienstleistungsmonopol** *nt* JUR service monopoly **Dienstleistungssektor** *m* service sector **Dienstleistungsunternehmen** *nt* service company **Dienstleistungsverkehr** *m kein pl* HANDEL service transactions *pl* **Dienstleistungsvertrag** *m* ÖKON service [*or* employment] contract **Dienstleistungszentrum** *nt* service centre [*or* AM -er] **Dienstleistungszone** *f* service zone [*or* sector] **dienstlich** I. *adj* official; **~er Befehl/~es Schreiben/~e Zwecke** official order [*or* command]/letter/purposes; ~ **werden** (*fam*) to get official [*or* formal] *fam* II. *adv* officially, on business; ~ **unterwegs sein** to be away on business; ~ **[irgendwo] zu tun haben** to have business to attend to [somewhere]; **jdn** ~ **sprechen** to speak to sb about a business matter **Dienstmädchen** *nt* (*veraltend*) maid, servant *old* **Dienstmann** <-männer *o* -leute> *m* (*veraltend*) porter **Dienstmütze** *f* cap **Dienstpersonal** *nt kein pl* service personnel **Dienstpflicht** *f* ① (*Bürgerpflicht*) civic duty ② (*Pflicht im Dienstverhältnis*) [official] duty; **seine ~en verletzen** to not carry out one's work properly **Dienstplan** *m* [work] schedule, duty roster **Dienstprogramm** *nt* INFORM utility [programme] **Dienstrang** *m s.* **Dienstgrad** **Dienstreise** *f* business trip; ADMIN official trip; **auf** ~ **gehen** [*o* **sich** *akk* **auf** ~ **begeben**] to go on a business trip; ADMIN to go on an official trip **Dienstsache** *f* ÖKON official business **Dienstschluss**[RR] *m* closing time; ***wir haben jetzt ~!*** it's closing time!; **nach/vor** ~ after/before closing time **Dienstsiegel** *nt* official seal **Dienststelle** *f* office, department; ***ich werde mich bei einer höheren ~ über Sie beschweren!*** I shall complain about you to a higher authority! **Dienststempel** *m* official stamp **Dienststrafgericht** *nt* JUR disciplinary tribunal **Dienststrafverfahren** *nt* JUR disciplinary proceedings *pl* **Dienststunden** *pl* office hours *npl* **diensttauglich** *adj* fit [for service], medically fit, able-bodied; **voll** [*o* **uneingeschränkt**] ~ **sein** to be completely fit [for service]; **beschränkt** [*o* **eingeschränkt**] ~ **sein** to be not completely fit [for service] **diensttuend** *adj s.* **Dienst 6** **dienstunfähig** *adj* unfit for work/service **Dienstunfall** *m* occupational [*or* industrial] accident **dienstuntauglich** *adj* unfit for military service **Dienstvereinbarung** *f* JUR service agreement **Dienstvergehen** *nt* JUR disciplinary offence, neglect of duty **Dienstverhältnis** *nt* contract of employment; **ein** ~ **beenden** to terminate a contract of employment **Dienstverhinderung** *f* inability to carry out one's duties **dienstverpflichten*** *vt* ■**jdn** ~ to conscript sb; ■**dienstverpflichtet werden** to be conscripted **Dienstverpflichtete(r)** *f(m) dekl wie adj* party obliged to render a service **Dienstversäumnis** *nt* dereliction of duty **Dienstverschaffungsvertrag** *m* JUR contract for the procurement of services **Dienstvertrag** *m* service contract **Dienstvertragsklausel** *f* JUR service contract clause **Dienstvertragsrecht** *nt* JUR service contract law **Dienstvilla** *f* POL house used for official purposes **Dienstvorgesetzte(r)** *f(m) dekl wie adj* superior **Dienstvorschrift** *f* service regulations [*or* rules] *pl* **Dienstwagen** *m* ① ADMIN official car; ÖKON company car ② BAHN staff compartment **Dienstweg** *m* official channels *pl;* **auf dem** ~ through official channels; **den** ~ **einhalten** to go through the official [*or* proper] channels **dienstwidrig** I. *adj* irregular, contrary to regulations *pred;* **~es Verhalten/~e Anordnung** irregularity/irregular order II. *adv* contrary to regulations; **sich** *akk* ~ **verhalten** to go against the regulations **Dienstwohnung** *f* company flat [*or* AM apartment]; ADMIN government flat [*or* AM apartment] **Dienstzeit** *f* ① ADMIN length of service; **30-jährige** ~ 30 years of service; **nach Ende der** ~ after leaving the [civil] service; **während jds** ~ during sb's time in the [civil] service ② (*Arbeitszeit*) working hours *pl* **Dienstzeugnis** *nt* testimonial, reference

dies *pron dem, inv* ① (*das hier*) this; ~ **[hier] alles** all this
② (*das da*) that [one]; ***~es Benehmen gefällt mir ganz und gar nicht!*** I don't like that kind of behaviour at all!; ~ **[da] alles** all that; ~ **und das** this and that
③ *pl* (*diese hier*) these; ~ ***sind mein Bruder und meine Schwester!*** this is my brother and my sister!
④ *pl* (*diese da*) those

diesbezüglich I. *adj* (*geh*) relating to [*or* concerning] this, in connection with this; ***ich lehne jede Aussage ~ ab!*** I refuse to make any statement about this matter!; **~e Recherchen** [*o* **Ermittlungen**] investigation[s] into this [matter]
II. *adv* in this connection, with respect to this *form;* ***können Sie uns ~ nähere Angaben machen?*** could you give us more details about this?

diese(r, s) *pron dem* ① *substantivisch* (*der/die/das hier*) this one
② *substantivisch* (*der/die/das dort*) that one; ***kennst du ~n*** **[*Witz*]**? do you know [*or* have you heard] this one?; ***ich fragte einen Polizisten — ~r sagte mir…*** I asked a policeman and he told me…
③ *substantivisch, pl* (*die hier*) these [ones]; ■~ **[hier]** these [ones] [here]
④ *substantivisch, pl* (*die dort*) those [ones]; ■~ **[da]** those [ones] there
⑤ *attr, sing* (*der/die/das hier*) this; **bis Ende ~r Woche** by the end of the [*or* this] week; **[nur] ~s eine Mal** [just] this once
⑥ *attr, pl* (*die hier*) these; ~ **Frauen/Männer** these women/these men
⑦ *attr, sing* (*der/die/das dort*) that; ~ **und jenes** this and that; **~r verdammte Kerl** that wretched man; ~ **Birgit!** that Birgit!
⑧ *attr, pl* (*die dort*) those; *s. a.* **Nacht, Tag**

Diesel[1] <-s> *nt kein pl* (*fam*) diesel

Diesel[2] <-s, -> *m* ① (*Wagen mit Dieselmotor*) car run on diesel BRIT, diesel *fam;* **einen** ~ **fahren** to drive a [car which runs on] diesel
② (*Motor*) *s.* **Dieselmotor**

Dieselantrieb *m* **mit** ~ diesel-powered

dieselbe *pron,* **dieselbige** *pron dem* (*veraltend*) *s.* **derselbe**

Dieselkraftstoff *m kein pl* diesel fuel **Diesellok(omotive)** *f* diesel locomotive **Dieselmotor** *m* diesel engine, diesel *fam* **Dieselöl** *nt s.* **Diesel 1**

dieser *pron,* **dieses** *pron dem s.* **diese(r, s)**

diesig *adj* misty; **leicht** ~ hazy

diesjährig *adj attr* this year's **diesmal** *adv* this time; **für** ~ this once **diesseitig** *adj* ① (*auf dieser Seite gelegen*) on this side; **am ~en Ufer** on the near bank ② (*geh: irdisch*) worldly, earthly

diesseits *präp* ■~ **einer S.** *gen* this side of sth

Diesseits <-> *nt kein pl* ■**das** ~ earthly [*or* worldly] existence, this life; **im** ~ here on earth

Dietrich <-s, -e> *m* picklock

dieweil I. *adv* (*veraltend*) meanwhile, in the meantime
II. *konj* ① (*veraltend: während*) while
② (*veraltet: all~*) because

diffamieren* *vt* ■**jdn/etw** [**als jdn/etw**] ~ to blacken sb's/sth's name/reputation [as sb/sth], to malign [*or* vilify] sb; ■**jdn/etw** ~ to drag sb's/sth's name [*or* reputation] through the mud

diffamierend *adj* injurious, defamatory; (*mündlich a.*) slanderous; (*schriftlich a.*) libellous, libelous AM; **sich über jdn ~ äußern** to speak [*or* write] about sb in injurious terms

Diffamierung <-, -en> *f* ① (*das Diffamieren*) defamation, vilification
② (*Verleumdung*) aspersion, slur, lies *pl,* calumny *form;* (*mündliche a.*) slander; (*schriftliche a.*) libel

Differential <-s, -e> *nt s.* **Differenzial**

Differentialsperre *f* AUTO *s.* **Differenzialsperre**

Differentiation <-, -en> *f s.* **Differenziation**

Differenz <-, -en> *f* ① (*Unterschied*) difference
② *meist pl* (*Meinungsverschiedenheit*) difference of opinion, disagreement

Differenzbetrag *m* difference; **für den ~ aufkommen** to pay the difference **Differenzgeschäft** *nt* BÖRSE margin business, gambling in futures

Differenzial[RR] <-s, -e> *nt* ① MATH differential
② AUTO (*Getriebe*) differential [gear]

Differenzialgetriebe[RR] *nt* differential [gear] **Differenzialgleichung**[RR] *f* MATH differential equation **Differenzialkalkül**[RR] *m* MATH differential calculus **Differenzialrechnung**[RR] *f* differential calculus **Differenzialsperre**[RR] *f* AUTO differential lock **Differenzial- und Integralrechnung**[RR] *f* MATH calculus

Differenziation[RR] <-, -en> *f* GEOL differentiation

differenzieren* I. *vt* (*geh: modifizieren*) ■**etw** ~ to adjust [*or* modify] sth
II. *vi* (*geh: Unterschiede machen*) ■**[bei etw]** ~ to discriminate [*or* differentiate] [in doing sth]; **zwischen Dingen** ~ to discriminate [*or* make a distinction] [*or* distinguish] between things
III. *vr* (*sich vielfältig entwickeln*) ■**sich** ~ to differentiate

differenziert I. *adj* (*geh: fein unterscheidend*) discriminating, differentiating
II. *adv* (*geh*) **etw ~ beurteilen** to differentiate in making judgements; **etw ~ sehen** to see sth [more] discriminately; **die Dinge ~er sehen** to be more discriminating

Differenzierung <-, -en> *f* ① (*geh: Unterscheidung*) distinction, differentiation
② MATH differentiation

Differenztheorie *f* JUR balance theory **Differenzzahlung** *f* FIN marginal payment

differieren* *vi* (*geh: sich unterscheiden*) ■~ **[in etw** *dat***]** to differ [in sth]; ■**um etw** ~ to differ by sth

diffizil *adj* (*geh*) ① (*schwierig*) difficult, awkward, demanding
② (*kompliziert*) complicated; **ein ~er Mensch** a difficult [*or* BRIT *a.* contrary] [*or form* intractable] person; **ein ~es Problem** a tricky [*or* BRIT *fam* knotty] problem

Diffraktion <-, -en> *f* PHYS diffraction

diffus I. *adj* ① (*zerstreut*) diffuse[d]
② (*verschwommen*) diffuse, vague
II. *adv* (*unklar*) diffusely; **sich ~ ausdrücken** to express oneself vaguely [*or* diffusely]

digital I. *adj* digital
II. *adv* digitally; **etw ~ darstellen** to represent sth digitally, to digitize sth

Digital-Analog-Wandler *m* INFORM digital-to-analogue converter

Digitalarmbanduhr *f* digital watch **Digitalfernsehen** *nt* digital TV

digitalisierbar *adj* digitizable

D

digitalisieren* *vt* ■**etw** ~ to represent sth digitally, to digitize sth; ■**digitalisiert** digitized
Digitalisiertablett *nt* INFORM digitizing tablet
Digitalisierung <-, -en> *f* digitilization
Digitalisierungsprogramm *nt* INFORM digitizing software
Digitalkamera *f* FOTO, FILM, INFORM digital camera **Digital-Oral-Wandler** *m* INFORM digital-to-speech converter **Digitalrechner** *m* (*veraltend*) digital calculator **Digitaluhr** *f* ① INFORM digital clock ② TECH digital watch **Digitalzeitalter** *nt* digital age
Diglossie <-, -n> *f* LING diglossia
Dikdik <-, -s> *nt* ZOOL dik-dik
Diktat <-[e]s, -e> *nt* ① (*in der Schule*) dictation; **ein ~ schreiben** to do [*or* write] a dictation
② (*Text für Stenotypistin*) dictation; **ein ~ aufnehmen** to take a dictation; **ein ~ auf Band sprechen** to dictate onto a tape; ***Fr. Schulze bitte zum ~!*** Ms Schulze, please take a letter!; **nach ~ verreist** *on official communications indicating that the signatory is no longer available*
③ (*geh: Gebot*) dictate[s] *form*; **sich dem ~ [von jdm/etw] fügen** to follow the dictates [of sb/sth]; **~ der Vernunft** dictated by logic
④ POL despotism; **dem ~ der Sieger ausgeliefert sein** to be at the mercy of the winner's bidding
Diktator, -torin <-s, -toren> *m, f* despot *form*
diktatorisch I. *adj* dictatorial; **mit ~en Vollmachten** with the authority of a dictator
II. *adv* like a dictator
Diktatur <-, -en> *f* ① (*pej*) dictatorship
② **die ~ des Proletariats** the dictatorship of the proletariat
diktieren* *vt* ■**[jdm] etw ~** ① (*durch Diktat ansagen*) to dictate sth [to sb]
② (*pej: oktroyieren*) to dictate sth [to sb], to impose sth [on sb]
Diktiergerät *nt* Dictaphone®
Diktion <-, -en> *f* (*geh*) diction, mode of expression
dilatorisch *adj inv* JUR dilatory
Dildo <-s, -s> *m* dildo *fam*
Dilemma <-s, -s *o* -ta> *nt* (*geh*) dilemma; **sich in einem ~ befinden** [*o* **in einem ~ stecken**] to be [*or* find oneself] in a dilemma, to be on the horns of a dilemma; **in ein ~ geraten** to run into a dilemma; **vor einem ~ stehen** to be faced with a dilemma
Dilettant(in) <-en, -en> *m(f)* ① (*pej: Stümper*) dilettante *pej*, bungler *fam*; **du ~!** you've bungled it! *fam*
② (*geh: Amateur*) amateur
dilettantisch I. *adj* (*pej*) dilettante, dilettantish *pej*, amateurish *fam*; **eine ~e Arbeit** a botched [*or* bungled] job *fam*
II. *adv* (*pej*) amateurishly; **~ arbeiten** to make a real mess of sth, to do a sloppy job
Dilettantismus <-> *m kein pl* dilettantism, amateurism
Dill <-s, -e> *m* dill
Dimension <-, -en> *f* ① (*Ausdehnung*) dimension
② *pl* (*Ausmaße*) ■**~en** dimensions *pl*; **von gewaltigen ~en** of enormous proportions; **bestimmte ~en annehmen** to take on [*or* assume] particular dimensions; **epische ~en annehmen** to assume epic dimensions [*or* proportions]; **ungeahnte ~en annehmen** to take on unimagined dimensions
Diminutivform *f* diminutive
dimmen *vt* ■**etw ~** *Licht* to dim sth
Dimmer <-s, -> *m* dimmer [switch]
DIN ~ A 4 hoch A 4 portrait [*or* up[right]]; **~ A 4 quer** A 4 broadside [*or* landscape] [*or* oblong]
DIN® <-> *f kein pl* ① (*Angabe*) *Akr von* **Deutsche Industrie-Norm(en)** DIN
② (*Organisation*) *Akr von* **Deutsches Institut für Normung** German Institute for Standardization
Dinar <-s, -e> *m* dinar
Diner <-s, -s> [di'ne:] *nt* (*geh*) dinner, dinner party; ***er lud seine Gäste zu einem ~ ein*** he invited his guests to a banquet
DIN-Format *nt* DIN format [*or* size]
Ding <-[e]s, -e *o fam* -er> *nt* ① (*Gegenstand*) thing, object; **persönliche ~e** personal effects [*or* items]; **die ~e beim [rechten] Namen nennen** to call a thing by its proper name, to call a spade a spade
② (*Mädchen*) **ein junges ~/junge ~er** (*fam*) a young thing/young things
③ (*fam: Zeug*) ■**~er** *pl* things *pl*, stuff; ***was sind denn das für ~er?*** what's that?; **krumme ~er** (*fam*) funny business *fam*; **krumme ~er machen** [*o* **drehen**] (*fam*) to do sth dodgy *fam*; **ein [krummes] ~ drehen** (*sl*) to do a job *sl*
④ (*Angelegenheit*) matters *pl*, things *pl*; **~e des täglichen Lebens** routine [*or* everyday] matters; ***in diesen ~en bin ich eigen!*** I'm very particular in these matters!; **ein ~ der Unmöglichkeit sein** (*fam*) to be out of the question; **vor allen ~en** above all; ***es geht nicht mit rechten ~en zu*** there's sth fishy [*or* funny] about sth; **unverrichteter ~e** without carrying out one's intention, without doing what one wanted to, without success; ***er musste unverrichteter ~e wieder gehen*** he had to leave without achieving what he'd wanted to; **der ~e, die da kommen [sollen], harren** wait and see [what happens/what fate brings]; **das ist [ja] ein ~!** (*fam*) that's a bit thick BRIT [*or fam* much]!; **sich** *dat* **ein ~ leisten** (*fam*) to do a silly [*or fam* stupid] thing; **so wie die ~e liegen** as things stand [at the moment]; **wie ich die ~e sehe** as I see it; **über den ~en stehen** to be above it all [*or* detached] [*or* self-contained]; **guter ~e sein** to be in a good mood [*or* in good spirits], to be hopeful; **jdm ein ~ verpassen** (*sl*) to let sb have it *fam*, to give sb what for BRIT *fam*; **in ~en der/des ...** in ... matters, where ... is concerned; ***in ~en des Geschmacks*** in matters of taste; **ein tolles ~** (*fam*) something fantastic/amazing
⑤ (*sl: Spezialität*) ***das ist nicht so ganz mein ~*** that's not really my thing *fam*
⑥ PHILOS matter, entity, the thing in itself
► WENDUNGEN: **gut ~ will Weile haben** (*prov*) slow and steady wins the race, a thing done well cannot be done quickly; **aller guten ~e sind drei** all good things come in threes
Dingelchen <-s, -> *nt* (*fam*) knick-knack, bric-a-brac
dingen <dang *o* dingte, gedungen> *vt* ① (*veraltend: anheuern*) ■**jdn ~** to hire sb
② (*pej geh*) **einen Mörder ~** to hire a killer
Dingens <-, -> *nt* DIAL (*fam*) *s.* **Dings¹**
dingfest *adj* behind bars; **jdn ~ machen** to put sb behind bars
Dingi <-s, -s> ['dɪŋgi] *nt* dinghy
dinglich *adj* JUR in rem; **~es Recht** property right, right in rem
Dingo <-s, -s> *m* ZOOL dingo
Dings¹ <-> *nt kein pl* (*fam*) thing, whatchamacallit, whatsit BRIT, thingamabob BRIT, thingamajig
Dings² <-> *m o f kein pl* (*fam*) thingamabob; **Herr ~** Mr What's-his-name [*or* -face], Mr What-d'you-call-him; **Frau ~** Ms [*or* Mrs] What's-her-name [*or* -face], Ms [*or* Mrs] What-d'you-call-her; **die ~ Familie** the What's-their-name family, the What-d'you-call-them family
Dingsbums <-> *nt kein pl* (*fam*) *s.* **Dings¹**
Dingsda¹ <-> *nt kein pl s.* **Dings¹**
Dingsda² <-> *m o f kein pl s.* **Dings²**
dinieren* *vi* (*geh*) to dine *form*; ■**[bei/mit jdm] ~** to dine [at sb's/with sb]; **bei jdm zum D~ eingeladen sein** to have been invited to dine at sb's
Dinkel <-s> *m kein pl* spelt
DIN-Norm *f meist pl* DIN Standards *pl*
DINO *f* INET *Akr von* **Deutsche Internet Organisation** German Internet Organization
Dinosaurier [-riɐ] *m* dinosaur
Diode <-, -n> *f* diode
diophantisch *adj inv* MATH **~e Gleichung** diophantine equation
Dioptrie <-, -n> [*pl* -'tri:ən] *f* dioptre [*or* AM -er]
Dioxid <-s, -e> *nt* dioxide
Dioxin <-s, -e> *nt* dioxin
dioxinhaltig *adj inv* containing dioxins
Dioxyd <-s, -e> *nt* CHEM dioxide
diözesan *adj inv* diocesan
Diözese <-, -n> *f* diocese
Diphtherie <-, -n> [dɪfte'ri:, *pl* -'ri:ən] *f* diphtheria
Diphthong <-s, -e> [dɪf'tɔŋ] *m* diphthong
Dipl. *Abk von* **Diplom**
Dipl.-Ing. *Abk von* **Diplomingenieur**
Dipl.-Kfm. *Abk von* **Diplomkaufmann**
diploid *adj* BIOL diploid
Diplom <-s, -e> *nt* ① (*Hochschulzeugnis*) degree; (*Zeugnis*) certificate, diploma; **ein ~ [in etw** *dat***] machen** *Hochschulstudium* to get a degree [in sth]; *Ausbildung* to get a diploma [*or* certificate] [in sth]
② (*Ehrenurkunde*) diploma, certificate
Diplomarbeit *f* thesis [for a degree]
Diplomat(in) <-en, -en> *m(f)* ① (*Person im auswärtigen Dienst*) diplomat
② (*geschickter Taktierer*) diplomat, diplomatist *form*
Diplomatenkoffer *m* briefcase **Diplomatenlaufbahn** *f* diplomatic career, career as a diplomat
Diplomatie <-> *f kein pl* diplomacy
Diplomatin <-, -nen> *f fem form von* **Diplomat**
diplomatisch I. *adj* ① (*die Diplomatie betreffend*) diplomatic; **~e Beziehungen abbrechen/aufnehmen** to break off/establish diplomatic relations
② (*geh: taktisch geschickt*) diplomatic; **~es Vorgehen** diplomacy
II. *adv* diplomatically; **~ vorgehen** to proceed diplomatically, to act with diplomacy; **einen Staat ~ anerkennen** to give a country official recognition
Diplombibliothekar(in) *m(f)* qualified librarian
Diplombiologe, -biologin *m, f* graduate [*or* qualified] biologist
diplomieren* *vi* SCHWEIZ ■**in etw** *dat* **~** (*ein Diplom machen*) to take a diploma in sth; (*ein Hochschulexamen machen*) to take a degree in sth; ***sie diplomierte an der Universität Bern*** her degree was awarded by the University of Bern
diplomiert *adj* qualified; (*mit Hochschulabschluss*) graduate
Diplomierte(r) *f(m) dekl wie adj* graduate
Diplomingenieur(in) *m(f)* graduate [*or* qualified] engineer; ***er ist ~*** he has a degree in engineering
Diplomkauffrau *f fem form von* **Diplomkaufmann** [female] business school graduate **Diplomkaufmann** *m* [male] business school graduate **Diplomprüfung** *f* final exam[ination]s *pl*, finals *pl fam* **Diplomübersetzer(in)** *m(f)* graduate [*or* qualified] translator
Diplont <-s, -en> *m* BIOL diplont
DIR *nt* INFORM *Abk von* **directory** DIR
dir *pron* ① *pers dat von* **du** you; ***ich hoffe, es geht ~ wieder besser?*** I hope you feel better; *nach Präpositionen*; **hinter/neben/über/unter/vor ~** behind/next to/above/under/in front of you
② *refl dat von* **sich** you
Directmailing <-s> [dɪ'rɛkt'meɪlɪŋ] *nt kein pl* direct mailing
direkt I. *adj* ① (*durchgehende Verbindung*) direct; **eine ~e Flugverbindung/Zugverbindung** a direct flight/through train; ***Sie haben ~en Anschluss nach Paris*** you have a direct connection to Paris
② (*unmittelbar*) direct, immediate; **in ~er Verbindung mit jdm stehen** to be in direct contact with sb; **in ~er Verbindung zu etw stehen** to have directly to do with sth; ***er ging ~ nach Hause*** he went straight home [*or* home immediately]; **ein ~er Hinweis auf etw** a direct reference to sth
③ (*unverblümt*) direct, straightforward, blunt *pej*
④ (*Übertragung*) live; **eine ~e Übertragung** a live broadcast; *s. a.* **Rede**
II. *adv* ① (*geradezu*) almost; ***das war ja ~ lustig*** that was actually funny for a change; ***die Bemerkung war ja ~ unverschämt*** the comment was really impertinent
② (*ausgesprochen*) exactly; **etw nicht ~ verneinen** to not really deny sth; **etw ~ zugeben** to admit sth outright; ***das war ja ~ genial!*** that was

just amazing!
③ (*unverblümt*) directly, plainly, bluntly *pej; **bitte sei etwas ~er!*** don't beat about the bush!
④ (*mit Ortsangabe*) direct[ly], straight; ~ **von A nach B fliegen** to fly direct from A to B; ***diese Straße geht ~ zum Bahnhof*** this road goes straight to the station
⑤ (*übertragen*) live; ~ **übertragen** to broadcast live
⑥ (*unverzüglich*) immediately, directly, right away

Direktabbuchung *f* HANDEL direct debiting **Direktabnehmer** *m* HANDEL direct taker **Direktabsatz** *m* HANDEL direct marketing **Direktabschluss**RR *m* FIN direct contract **Direktanspruch** *m* FIN direct claim **Direktausfuhr** *f kein pl* ÖKON direct export **Direktbank** *f* direct bank **Direktbelieferung** *f* HANDEL direct supply **Direktbelieferungsvorbehalt** *m* HANDEL reservation concerning direct supply **Direktbesteuerung** *f* FIN direct taxation **Direkterfassung** *f* INFORM direct data entry, DDE **Direktflug** *m* direct flight **Direktgeschäft** *nt* HANDEL direct business **Direkthandel** *m kein pl* HANDEL direct commerce **Direktinvestition** *f* FIN direct investment

Direktion <-, -en> *f* ① (*Leitung*) management; **die ~ der Schule** the head of the school
② (*Direktoren, Vorstand*) board of directors
③ (*fam: Büro des Direktors*) manager's [*or* director's] office
④ SCHWEIZ (*Ressort*) department

Direktionsrecht *nt* JUR executive prerogative, right to issue instructions

Direktive <-n, -n> [-'tiːvə] *f* (*geh*) directive *form*, instructions *pl*; **eine ~ ausgeben** to issue a directive *form*

Direktkandidat(in) *m(f)* POL direct[ly elected] candidate **Direktleitung** *f* **eine ~ zu jdm haben** to have a direct line to sb **Direktlieferung** *f* HANDEL drop [*or* direct] shipment **Direktmandat** *nt* ≈ direct mandate (*i.e. voted for directly by the electorate and not through party quotas as is possible in German parliamentary voting system*)

Direktor, -torin <-s, -toren> *m, f* ① SCH *einer Schule* principal, head BRIT, headmaster *masc* BRIT, headmistress *fem* BRIT
② UNIV *einer Universität* principal, rector BRIT, president AM
③ (*Leiter eines Unternehmens*) manager; **der kaufmännische/leitende ~** the business/managing director; (*Mitglied der Leitung*) director; **der ~ der Konzernabteilung/Forschungsabteilung** the head of department/the research department
④ (*Leiter einer öffentlichen Einrichtung*) head, director; **der ~ des Museums** the museum director; **der ~ der Haftanstalt** the prison director [*or* AM warden]

Direktorat <-[e]s, -e> *nt* SCH ① (*geh: Amt*) headship BRIT, position of principal [*or* BRIT *a.* head]; **jdm das ~ übertragen** to appoint sb as principal
② (*Amtszeit*) principalship, BRIT *a.* headship
③ (*Diensträume*) principal's [*or* BRIT *a.* head's] office

Direktorin <-, -nen> *f fem form von* **Direktor**

Direktorium <-s, -rien> *nt* ① ÖKON board of directors, managing [*or* executive] board
② HIST Directoire, French Directorate

Direktrasterung *f* TYPO direct half-tone separation

Direktrice <-, -n> [-'triːsə] *f manager in the clothing industry who is a qualified tailor and who designs clothes*

Direktübertragung *f* live broadcast **Direktverbindung** *f* direct train [*or* flight]; **eine ~ von A nach B haben** to have a direct train from A to B [*or* a non-stop flight from A to B] **Direktverkauf** *m* HANDEL direct selling **Direktversicherer** *m* FIN direct insurer **Direktvertrieb** *m* direct marketing **Direktwahl** *f* direct election **Direktwerbung** *f kein pl* HANDEL direct advertising **Direktzugriff** *m kein pl* INFORM direct memory access, DMA **Direktzugriffsspeicher** *m* random access memory, RAM, direct access storage device, DASD

Dirigent(in) <-en, -en> *m(f)* conductor

Dirigentenstab *m* conductor's baton

Dirigentin <-, -nen> *f fem form von* **Dirigent**

dirigieren* I. *vt* ① MUS **etw/ein Orchester ~** to conduct sth/an orchestra
② (*einweisen*) ■**jdn/etw ~** to direct sb/sth
③ (*leiten*) ■**jdn/etw ~** to lead [*or* steer] sb/sth; **Touristen durch etw ~** to conduct tourists through sth; **die Unternehmenspolitik ~** to steer [*or* control] company policy
II. *vi* MUS to conduct

Dirigismus <-> *m kein pl* state-controlled [*or* planned] economy, dirigisme *form*

dirigistisch *adj* ÖKON dirigiste

Dirndl <-s, -> *nt* ① *s.* **Dirndlkleid**
② SÜDD, ÖSTERR (*Mädchen*) lass BRIT DIAL, gal AM

Dirndlkleid *nt* dirndl

Dirne <-, -n> *f* (*geh*) prostitute, call girl

Dirnenmilieu *nt* prostitution scene

dis <-, -> *nt*, **Dis** <-, -> *nt* D sharp

Disagio <-s, -s> [dɪs'ʔaːdʒo] *nt* discount

Disagiobetrag *m* FIN discount

Disagiogewinn *m* FIN profit resulting from discount purchase price

Disco <-, -s> *f* (*fam*) *s.* **Disko**

Discount- [dɪs'kaunt] *in Komposita* discount

Discountbroker(in) [dɪs'kaunt-] *m(f)* discount broker **Discountgeschäft** *nt* ÖKON (*Laden*) discount shop [*or* AM store] **Discountladen** [dɪs'kaunt-] *m* discount shop

Disharmonie *f* disharmony, discord; ~ **zwischen Freunden** discord among friends; ~ **in einer Familie** family discord, domestic strife

disharmonisch *adj* disharmonious, dissonant, discordant

disjunkt *adj inv* MATH disjunct

Diskant <-s, -e> *m* descant, treble; **eine ~blockflöte** a descant recorder; **eine ~flöte** a treble flute

Disken *pl s.* **Diskus** discuses [*or* disci] *pl*

Diskette <-, -n> *f* diskette, floppy [disk]; **eine ~ in das Laufwerk legen** to put a diskette into the driver

Diskettenaufkleber *m* diskette label **Diskettenbox** *f* diskette storage box **Diskettenetikett** *nt* diskette label, floppy disk label **Diskettenhülle** *f* floppy disk jacket, protective envelope **Diskettenlaufwerk** *nt* disk drive **Diskettenversandhülle** *f* diskette mailer

Diskjockey ['dɪskdʒɔke, -dʒɔki] *m* disc jockey

Disko <-, -s> *f* (*fam*) disco

DiskografieRR <-, -ien> *f s.* **Diskographie**

Diskographie <-, -ien> *f* discography

Diskont <-s, -e> *m* ① (*Rabatt*) discount
② *s.* **Diskontsatz**

Diskontabrechnung *f* FIN discount note **diskontfähig** *adj* FIN discountable **Diskontgeschäft** *nt* JUR discount business

diskontieren* *vt* FIN ■**etw ~** to discount sth; **einen Wechsel ~** to discount a bill of exchange

Diskontierung <-, -en> *f* FIN discounting

Diskontprovision *f* FIN discount commission **Diskontsatz** *m* bank rate **Diskontsenkung** *f* ÖKON fall [*or* reduction] in the discount rate **Diskontspesen** *pl* FIN discount charges **Diskontumsatz** *m* FIN discount turnover **Diskontverbindlichkeiten** *pl* FIN discounts, bills discounted **Diskontwechsel** *m* FIN discounts *pl* **Diskontwert** *m* FIN discounted value

Diskothek <-, -en> *f* disco, discotheque BRIT

diskreditieren* *vt* (*geh*) ■**jdn/etw ~** to discredit sb/sth; ■**diskreditiert** discredited

Diskrepanz <-, -en> *f* (*geh*) discrepancy; **eine Zeit~** a time lag

diskret I. *adj* ① (*vertraulich*) confidential; **in einer ~en Angelegenheit** on a confidential matter; **etwas D~es** something confidential
② (*unauffällig*) discreet; **ein ~er Mensch** a discreet [*or* tactful] person; **eine ~ Farbe** an unobtrusive [*or* quiet] colour [*or* AM -or]
II. *adv* ~ **behandeln** to treat confidentially; **sich ~ verhalten** to behave discreetly

Diskretion <-> *f kein pl* (*geh*) discretion; **[in einer S.] äußerste [*o* strengste] ~ wahren** to exercise [*or* show] complete discretion [in a matter]; ~ **[ist] Ehrensache** you can count on my/our discretion

diskriminieren* *vt* (*geh*) ① (*benachteiligen*) ■**jdn ~** to discriminate against sb
② (*herabwürdigen*) ■**jdn ~** to belittle sb; ■**etw ~** to disparage sth

diskriminierend *adj* ① (*benachteiligend*) discriminatory; **~e Behandlung** discrimination
② (*herabwürdigend*) discriminatory, disparaging

Diskriminierung <-, -en> *f* ① (*Benachteiligung*) discrimination; ~ **der Frau/des Mannes** sex[ual] discrimination, discrimination against women/men; ~ **anderer Rassen** racial discrimination; ~ **von Minderheiten** discrimination against minorities
② (*pej: Herabwürdigung*) disparagement, insult

Diskriminierungsverbot *nt* JUR discrimination ban

Diskurs <-es, -e> *m* (*geh*) discourse *form*; **mit jdm einen ~ haben [*o* führen]** to have a discussion with sb, to discuss [sth] with sb

Diskus <-, -se *o* Disken> *m* discus

Diskussion <-, -en> *f* ① (*Meinungsaustausch*) discussion, debate; (*Streitgespräch*) lively debate; (*emotionales Streitgespräch*) argument, fight, row BRIT; **zur ~ stehen** to be discussed; **etw zur ~ stellen** to put sth up for discussion; **keine ~[en]!** no arguments!
② (*öffentliche Auseinandersetzung*) discussion, debate

Diskussionsbeitrag *m* contribution to a discussion **Diskussionsforum** <-s, -foren> *nt* discussion forum, forum for discussion **Diskussionsrunde** *f* discussion[s] **Diskussionsteilnehmer(in)** *m(f)* participant in a discussion; *in Fernseh-/Rundfunksendung* panel member BRIT; **die ~ bei einer Debatte** the speakers in a debate **Diskussionsveranstaltung** *f* discussion

Diskuswerfen <-s> *nt kein pl* discus throwing

Diskuswerfer(in) *m(f)* discus thrower

diskutabel *adj* (*geh*) worth considering [*or* thinking about], interesting; **nicht ~** out of the question; **etw für ~ halten** to consider sth worth discussing, to regard sth as worthy of discussion *form*

diskutieren* I. *vt* ■**etw ~** to discuss sth; **etw abschließend ~** to discuss sth conclusively; **etw ausgiebig ~** to discuss sth at length; **etw erschöpfend ~** to have exhaustive discussions about sth; **etw zu Ende ~** to finish discussing sth
II. *vi* ■**[über etw *akk*] ~** to discuss sth, to have a discussion about sth; ***was gibt's denn da noch zu ~?*** what else is there [*or* what's left] to discuss?

Dismembration *f* JUR dismemberment

Dispache <-, -en> [dɪs'paʃə] *f* ÖKON average adjustment

Dispacheur <-s, -e> [dɪspa'ʃøːɐ̯] *m*, **Dispatcher** <-s, -e> [dɪs'pɛtʃɐ] *m* ÖKON average adjuster

disparat *adj* (*geh*) disparate

Dispatcherdienst *m* ÖKON dispatch[ing] services *pl* **Dispatchersystem** *nt* ÖKON dispatch system

Dispens <-es, -e> *f* JUR dispensation, exemption

dispensieren* *vt* (*geh*) ■**jdn von etw ~** to excuse sb from sth

Dispersion <-, -en> *f* dispersion

Dispersionsfarbe *f* emulsion paint **Dispersionskleber** *m* dipersion glue, water-based adhesive **Dispersionslack** *m* dispersion coating [*or* varnish]

Display <-s, -s> [dɪs'pleɪ] *nt* display

Dispokredit *m* (*fam*) *s.* **Dispositionskredit**

Disponent(in) <-en, -en> *m(f)* ÖKON managing clerk

disponibel *adj* ÖKON available, disposable; ***die Ware ist ~*** the product is available

disponieren* *vi* (*geh*) ① (*verfügen*) ■**[frei] über etw *akk* ~** to dispose [at will] of sth; **über ein Bankkonto ~** to have access to a bank account; **über Geld ~** to have money at one's disposal, to spend money; **über seine Zeit ~** to dispose of one's time, to arrange one's time as one likes
② (*planen*) to organize oneself; ■**über etw ~** to arrange sth

Disposition <-, -en> *f* disposal; ~ **über etw** *akk* **haben** (*geh*) to have sth at one's disposal; **jdn/etw zu seiner ~ haben** to have sb/sth at one's disposal; **zur ~ stehen** to be available; (*in Frage gestellt werden*) to be a matter of debate; ***diese Arbeitsstellen stehen zur ~*** employees are needed for these jobs; **jdm zur ~ stehen** to be at sb's disposal; **etw zur ~ stellen** to put sth at sb's disposal; **sein Amt/eine Stelle zur ~ stellen** to stand down from one's position [as ...]; **seine ~en treffen** to make one's arrangements, to plan

Dispositionsbefugnis *f* HANDEL managerial powers **Dispositionsfreiheit** *f* HANDEL authority **Dispositionsgrundsatz** *m* JUR principle of party disposition **Dispositionskredit** *m* overdraft facility **Dispositionsmaxime** *f* JUR principle [*or* dictum] of party disposition **Dispositionsrecht** *nt kein pl* HANDEL managerial right

Disput <-[e]s, -e> *m* (*geh*) dispute; **einen ~ [über etw** *akk*] **führen** to have a dispute [about [*or* over] sth]

disputieren* *vi* (*geh*) ■**[mit jdm] [über etw** *akk*] ~ to dispute [with sb] [about [*or* over] sth]; **endlos ~** to have a lengthy [*or* never-ending] dispute; **hitzig ~** to have a heated argument; **über ein Angebot ~** to discuss an offer; **über eine Streitfrage ~** to dispute an issue

Disqualifikation <-, -en> *f* disqualification; ■~ **wegen einer S.** *gen* disqualification on account of sth; ~ ***wegen Missachtung der Regeln*** disqualified for disregarding the rules

disqualifizieren* *vt* ❶ SPORT ■**jdn/etw ~ [wegen etw]** to disqualify sb/sth [for doing sth]; ***der Läufer wurde wegen Verlassens der Bahn disqualifiziert*** the runner was disqualified for running outside his lane
❷ (*geh*) ■**jdn/etw für etw ~** to disqualify sb/sth for sth, to rule out sb/sth *sep* as sth

Disqualifizierung <-, -en> *f s.* **Disqualifikation**

dissen *vi* (*sl*) to diss *sl*

Dissens <-es, -e> *m* JUR lack of agreement, AM dissent; **offener/versteckter ~** open/latent lack of agreement

Dissertation <-, -en> *f* dissertation, thesis

Dissident(in) <-en, -en> *m(f)* ❶ (*Andersdenkende(r)*) dissident
❷ REL dissenter

Dissimilation <-, -en> *f* ❶ LING dissimilation
❷ BIOL dissimilation, catabolism

dissonant *adj inv* ❶ MUS dissonant
❷ (*geh: unstimmig, unschön*) dissonant

Dissonanz <-, -en> *f s.* **Disharmonie**

Distanz <-, -en> *f* ❶ (*Entfernung*) distance; **eine große ~** a good [*or* great] distance
❷ SPORT distance
❸ *kein pl* (*Zurückhaltung*) distance, reserve; **mit einer gewissen ~** with a certain amount of reserve; **~ halten** [*o* **wahren**] (*geh*) to keep a [*or* one's] distance
❹ (*geh: Abstand*) detachment, distance; **aus der ~ betrachtet** with the benefit of hindsight; **[zu jdm/etw] auf ~ gehen** to distance [*or* dissociate] oneself [from sb/sth]

Distanzdelikt *nt* JUR offence committed under a different jurisdiction **Distanzgeschäft** *nt* HANDEL non-local business

distanzieren* *vr* ■**sich von jdm/etw ~** to distance oneself from sb/sth; ***ich distanziere mich ausdrücklich davon*** I want nothing to do with this

distanziert I. *adj* (*geh: zurückhaltend*) reserved, distant, aloof
II. *adv* distantly, aloofly; **sich ~ verhalten** to be reserved [*or* distant] [*or* aloof]

Distanzierung <-, -en> *f* distancing

Distanzscheck *m* JUR out-of-town cheque **Distanzwechsel** *m* FIN out-of-town bill

Distel <-, -n> *f* thistle

Distelfalter *m* ZOOL painted lady **Distelfink** *m* goldfinch **Distelöl** *nt* safflower oil

distinguiert [dɪstɪŋ'giːɐt] I. *adj* (*geh*) distinguished
II. *adv* (*geh*) in a distinguished way [*or* fashion]

Distributionalismus <-> *m kein pl* PHILOS distributionalism

Distributionskosten *pl* HANDEL distribution costs

Distrikt <-[e]s, -e> *m* district

Disziplin <-, -en> *f* ❶ *kein pl* (*Zucht*) discipline; **eiserne ~** iron discipline; **[strikte] ~ halten** to maintain [strict] discipline
❷ (*Sportart*) discipline, event
❸ (*Teilbereich*) discipline, branch

Disziplinargericht *nt* JUR disciplinary court **Disziplinargewalt** *f* JUR disciplinary authority **disziplinarisch** I. *adj* disciplinary; **~e Maßnahmen ergreifen** to take disciplinary measures II. *adv* ❶ (*wegen Verstoß gegen Dienstvorschriften*) **gegen jdn ~ vorgehen** to take disciplinary action against sb ❷ (*besonders hart*) **jdn ~ bestrafen** to discipline sb **Disziplinarmaßnahmen** *pl* JUR disciplinary action; **~ ergreifen** to take disciplinary action **Disziplinarrecht** *nt* JUR disciplinary law **Disziplinarstrafe** *f* disciplinary action; **gegen jdn eine ~ verhängen** to take disciplinary action against sb **Disziplinarverfahren** *nt* disciplinary hearing **Disziplinarvorgesetzte(r)** *f(m)* JUR disciplinary superior of a public servant **Disziplinarvorschrift** *f* JUR disciplinary code

disziplinieren* *vt* (*geh*) ■**jdn/sich ~** to discipline sb/oneself

diszipliniert I. *adj* (*geh*) disciplined
II. *adv* (*geh*) in a disciplined fashion [*or* way]

Diszipliniertheit <-> *f kein pl* (*geh*) discipline

Disziplinierung <-, -en> *f* disciplining

disziplinlos I. *adj* undisciplined, disorderly, unruly BRIT
II. *adv* in an undisciplined [*or* a disorderly] [*or* BRIT *a.* an unruly] fashion [*or* way]; **sich ~ verhalten** to behave in an undisciplined [*or* unruly] [*or* a disorderly] fashion

Disziplinlosigkeit <-, -en> *f* ❶ (*undiszipliniertes Verhalten*) disorderliness, unruliness BRIT
❷ (*undisziplinierte Handlung*) indiscipline, lack of discipline, disorderly conduct

dito *adv* ditto *fam;* ***ich soll dir von Angelika schöne Grüße bestellen! — ihr ~!*** Angelika asked me to give you her love! — please give her mine back!; ***danke für das Gespräch! — ~!*** thanks for the call! — thank you too!

Diuretikum <-s, Diuretika> *nt* MED diuretic

Diva <-, -s *o* Diven> ['diːva, 'diːvən] *f* ≈ prima donna (*actress or singer whose theatrical airs and graces make her a subject of discussion*)

Divergenz <-, -en> *f* ❶ (*geh: Abweichung*) divergence
❷ MATH divergence
❸ PHYS divergence

Divergenzrevision *f* JUR appeal on points of law due to conflicting precedents

divergieren* [-vɛr-] *vi* to diverge; ■**~d** divergent; ■**von etw ~** to diverge from sth; ***ihre Sicht der Dinge divergiert stark von der meinen*** her way of looking at things is very different from [*or* to] mine

divers *adj attr* diverse; **~e Fragen/Möglichkeiten/Ursachen** several [*or* various] questions/possibilities/reasons

Diverses *pl* ❶ (*Verschiedenes*) several [*or* various] things; ***ich muss noch ~ einkaufen*** I've still got to buy a few things
❷ (*auf Tagesordnung*) miscellaneous

Diversifikation <-, -en> *f* diversification

diversifizieren *vt* ÖKON ■**etw ~** to diversify sth

Diversion *f* JUR diversion

Dividend <-en, -en> [-vi-] *m* MATH dividend

Dividende <-, -n> [-vi-] *f* dividend

Dividendenaktie *f* FIN participating share **Dividendenanspruch** *m* FIN dividend claim; **~ haben** to qualify for dividend **Dividendenausschüttung** *f* payment of a dividend [*or* dividends] **dividendenberechtigt** *adj inv* FIN entitled to a dividend **Dividendenerklärung** *f* FIN declaration of a dividend **Dividendenfähigkeit** *f* ability to pay a dividend **Dividendenkoupon** *m* FIN dividend warrant **Dividendenkürzung** *f* FIN dividend cut **Dividendenpapiere** *pl* FIN equity securities, dividend-bearing shares **Dividendenrendite** *f* FIN dividend yield **Dividendenschein** *m* FIN dividend coupon **Dividendenstripping** <-[s], -[s]> *nt* FIN dividend stripping **Dividendenvorschlag** *m* recommended dividend **Dividendenwerte** *pl* FIN dividend-bearing securities

dividieren* *vi, vt* ■**[etw] [durch etw] ~** to divide [sth] [by [*or* AM in] sth]

Divis <-es, -e> [di'viːs] *nt* hyphen

Division <-, -en> [-vi-] *f* division

Divisionär(in) <-s, -e> *m(f)* SCHWEIZ (*Befehlshaber einer Division*) divisional commander

Divisionsstab *m* [staff] officers of a division

Divisor <-s, -en> [-'viː-] *m* divisor

DIVX *m Abk von* **Digital Video Express** DIVX

Diwan <-s, -e> *m* (*veraltend*) divan

DJ <-s, -s> ['diːdʒeɪ] *m* (*fam*) DJ, deejay

d.J. ❶ *Abk von* **dieses Jahres** of this year
❷ *Abk von* **der Jüngere** the younger

DJH <-[s]> *nt Abk von* **Deutsches Jugendherbergswerk** ≈ YHA BRIT

Djibouti <-s> *nt* SCHWEIZ *s.* **Dschibuti**

djiboutisch *adj* SCHWEIZ *s.* **dschibutisch**

DKP <-> *f Abk von* **Deutsche Kommunistische Partei** *German communist party*

dl *m Abk von* **Deziliter** dl

DLP *nt o f Abk von* **digital light processing** DLP

DLR *nt Abk von* **Deutsches Forschungszentrum für Luft- und Raumfahrt** German Research Centre for Air and Space Travel

DLRG *f* SPORT *Abk von* **Deutsche Lebens-Rettungs-Gesellschaft** ≈ RNLI BRIT

DM <-, -> *kein art Abk von* **Deutsche Mark** Deutschmark, German mark

d.M. *Abk von* **dieses Monats** of this month

D-Mark <-, -> *f* D-mark

DMD *nt Abk von* **Digital Mirror Device** DMD

DMD-Projektor *m* TV DMD projector

DNA <-, -s> *f Abk von* **Desoxyribonukleinsäure** DNA

DNA-Identitätsfeststellung *f* JUR establishment of identity through DNA testing

D-Netz *nt network for mobile telephones throughout Europe*

DNS <-> *f Abk von* **Desoxyribonukleinsäure** DNA

DNS-Abschnitt *m* BIOL DNA section [*or* sequence] [*or* fragment] **DNS-Analyse** *f* DNA analysis **DNS-Chip** *nt* DNA chip **DNS-Diagnosechip** *nt* DNA diagnostic chip **DNS-Doppelhelix** *f* DNA double helix **DNS-Impfstoff** *m* DNA vaccine **DNS-Profil** *nt* DNA profile

Döbel <-s, -> *m* ZOOL, KOCHK chub

Dobermann <-s, -männer> *m* ZOOL Dobermann [pinscher]

doch I. *konj* (*jedoch*) but, however
II. *adv* (*emph*) ❶ (*dennoch*) even so; ***zum Glück ist aber ~ nichts passiert*** fortunately, nothing happened
❷ (*einräumend*) ***ich wollte es ja nicht glauben, aber du hattest ~ Recht*** I didn't want to believe it but you were right
❸ (*Widerspruch ausdrückend*) ***er hat das nicht gesagt — ~, ich weiß genau, dass er das gesagt hat*** he didn't say that — yes, he did, I know he did; ***du gehst jetzt ins Bett — nein! — ~!*** go to bed now — no! — yes!
❹ (*ja*) yes; ***hast du keine Lust, mit in die Spielbank zu kommen? — ~, schon, aber leider nicht genug Geld*** wouldn't you like to come with me to the casino? — yes, I would, but I haven't got enough money; ***hat es dir nicht gefallen? — ~[, ~]!*** didn't you enjoy it? — yes, I did!; ***darf ich bei Ihnen rauchen? — ~, warum nicht?*** may I smoke here? — yes, sure [*or* certainly]
III. *part* ❶ (*Nachdruck verleihend*) ***es war ~ nicht so wie du dachtest*** it turned out not to be the way you thought it was; ***du weißt ja ~ immer alles besser!*** you always know better!; ***das war ~ gar***

nicht schlimm, oder? it wasn't so bad, was it?; ***jetzt komm ~ endlich*** come on!; ***kommen Sie ~ bitte morgen wieder*** please could you come back tomorrow; ***seid ~ endlich still*** for goodness' sake, be quiet!; ***sei ~ nicht immer so geizig*** don't be so stingy; ***sie will dir kündigen! — soll sie ~, das macht mir auch nichts aus*** she's going to sack you! — let her, I don't care; ***du weißt ~, wie es ist*** you know how it is; ***wäre es ~ schon endlich Sommer!*** if only the summer would come; ***wenn er ~ nur endlich mal den Mund halten würde!*** if only he would shut up!; ***setzen Sie sich ~!*** won't you sit down!; ***nehmen Sie sich ~ bitte!*** do help yourself!; *s. a.* **nicht, wenn**

❷ (*Unmut ausdrückend*) ***es wäre ~ schön, wenn du mir endlich mal die Wahrheit sagen würdest*** it would be nice if you'd [finally] tell me the truth; ***das ist ~ gar nicht wahr*** that's not true!; ***das ist ~ wirklich eine Frechheit!*** what a cheek!; ***du hast ihr ~ nicht etwa von unserem Geheimnis erzählt?*** you haven't told her our secret?, you haven't gone and told her our secret? *fam; s. a.* **also, ja, nein**

❸ (*noch*) ***wie war ~ [gleich] Ihr Name?*** sorry, what did you say your name was?, what was your name again?; ***das ist Ihnen aber ~ bekannt gewesen, oder?*** but you knew that, didn't you?; *s. a.* **Höhe, Letzte(s)**

Docht <-[e]s, -e> *m* wick

Dock <-s, -s *o* -e> *nt* dock

Dockarbeiter *m* dockworker, docker, AM *a.* longshoreman

Docker(in) <-s, -> *m(f)* docker

dockingfähig *adj inv* INFORM dockable

Docking station <-, -s> [-'steɪʃn] *f* INFORM docking station [*or* unit]

Doge <-n, -n> ['doːʒə] *m* (*hist*) doge

Dogge <-, -n> *f* mastiff

Dogma <-s, -men> *nt* ❶ REL dogma, doctrine, article of faith

❷ (*geh*) dogma *pej,* doctrine *pej;* **etw zum ~ erheben** [*o* **machen**] to make a dogma [*or* doctrine] out of sth

dogmatisch *adj* (*pej geh*) dogmatic *pej*

Dogmatismus <-> *m kein pl* (*pej*) dogmatism

Dogmen *pl von* **Dogma** dogmas [*or* dogmata] *pl*

Dohle <-, -n> *f* jackdaw

Doktor, -torin <-s, -toren> *m, f* ❶ (*Arzt*) doctor; ***ich hätte gerne [den] Herrn ~ gesprochen*** I'd like to speak to the doctor, please; ***guten Tag, Frau/Herr ~*** good afternoon, Doctor; **den ~ aufsuchen** to go to [*or* visit] the doctor

❷ (*Träger eines Doktortitels*) doctor; ***er ist ~ der Physik*** he's got a PhD in physics; **den ~ haben** to have a PhD [*or* Ph.D.] [*or form* Doctor of Philosophy]; **den** [*o* **seinen**] **~ machen** to do one's doctorate

Doktorand(in) <-en, -en> *m(f)* doctoral candidate, doctorand

Doktorarbeit *f* doctorate, doctoral dissertation **Doktordiplom** *nt* doctor's diploma [*or* certificate] **Doktorexamen** *nt s.* **Doktorprüfung Doktorgrad** *m* doctorate; **den ~ erwerben** to earn a doctorate, to be awarded a PhD [*or* Ph.D.]; **jdm den ~ verleihen** to award sb a PhD [*or* Ph.D.], to confer a PhD [*or* Ph.D.] on sb *form* **Doktorhut** *m* doctoral cap; **den ~ erwerben** (*geh*) to be awarded a doctorate

Doktorin <-, -nen> *f fem form von* **Doktor**

Doktormutter *f fem form von* **Doktorvater** [female] supervisor [of a doctoral candidate] **Doktorprüfung** *f* doctorate examination **Doktorspiele** *pl* (*hum fam: Sexspiele*) sex games *pl* **Doktortitel** *m* doctorate; **den ~ führen** to be a Doctor of ..., to have a PhD [*or* Ph.D.]; **jdm den ~ verleihen** to award sb a doctorate, to confer a doctorate on sb **Doktorvater, -mutter** *m, f* supervisor [of a doctoral candidate] **Doktorwürde** *f* (*veraltend*) *s.* **Doktortitel**

Doktrin <-, -en> *f* doctrine, dogma *pej;* **die katholische ~** the Catholic doctrine [*or* faith]

doktrinär *adj* (*pej geh*) doctrinaire *pej form;* **~e Ansichten vertreten** to apply doctrinaire principles

Dokument <-[e]s, -e> *nt* ❶ (*amtliches Schriftstück*) papers *pl,* document

❷ (*geh: Zeugnis*) proof, record

❸ INFORM (*Textdatei*) document

Dokumentar(in) <-s, -e> *m(f)* documentalist

Dokumentaraufnahme *f* documentary record **Dokumentarfilm** *m* documentary film **Dokumentarfilmer(in)** *m(f)* documentary [film] maker

Dokumentarin <-, -nen> *f fem form von* **Dokumentar**

dokumentarisch I. *adj* documentary

II. *adv* (*mit Dokumenten*) by providing documentary evidence; **etw ~ beweisen** to prove sth by providing documentary evidence

Dokumentation <-, -en> *f* ❶ (*Sammlung von Nachweisen*) documentation

❷ (*Beschreibung*) documents *pl,* documentation

❸ (*geh: Zeugnis*) proof

Dokumentationsbestand *m* documentation inventory **Dokumentationsfernsehen** *nt* documentary TV **Dokumentationszentrum** *nt* documentation centre [*or* AM -er]

Dokumentenakkreditiv *nt* FIN documentary letter of credit **dokumentenecht** *adj* indelible **Dokumenteninkasso** *nt* FIN collection of bills **Dokumentenmanagement** *m kein pl* document management **Dokumentenmappe** *f* document folder, portfolio

Dokumentformat *nt* INFORM document format **Dokumentgröße** *f* INFORM document size

dokumentieren* I. *vt* ❶ (*durch Dokumente belegen*) ■**etw ~** to document sth

❷ (*fig: zeigen*) ■**etw ~** to reveal [*or* demonstrate] sth

II. *vr* (*zum Ausdruck kommen*) ■**etw dokumentiert sich in etw** *dat* sth reveals itself [*or* is revealed] [*or* is shown] in sth

Dokumentvorlage *f* INFORM document template

Dolby® <-s> *nt kein pl* TECH Dolby®

Dolce Vita[RR] <-> ['dɔltʃə'viːta] *nt o f kein pl* dolce vita, good life

Dolch <-[e]s, -e> *m* dagger *old,* knife; **einen ~ ziehen** to draw a dagger *old,* to pull a knife

Dolchstoß *m* ❶ (*Stoß mit dem Dolch*) stab wound; **jdm einen ~ versetzen** to stab sb

❷ (*hinterhältiger Anschlag*) stab in the back; **jdm einen ~ versetzen** to stab sb in the back

Dolchstoßlegende *f* (*hist*) ■**die ~** *widespread theory in Germany at the end of WWI that Germany lost the war not through military conquest but through treason*

Dolde <-, -n> *f* umbel

Doldenblütler <-s, -> *m* BOT umbellifer

Doldentraube *f* BOT corymb

doll I. *adj* (*fam*) ❶ (*schlimm*) dreadful *fam,* awful *fam,* terrible *fam*

❷ (*großartig*) fantastic *fam,* terrific *fam,* great *sl*

❸ (*unerhört*) outrageous; ***das ist ja ~!*** that's a bit much!, that's going a little overboard!; ***das wird ja immer ~er!*** it gets better and better! *iron;* ***das ist ja schon ein ~es Ding!*** that's incredible!; ■**das D~ste** the best [of it] *iron;* ***das D~ste kommt erst noch!*** the best is [yet] to come! *iron*

II. *adv* DIAL (*sl*) like hell [*or* BRIT mad] *fam;* **sich über etw ~ freuen** to be delighted about sth; **sich ~ stoßen/wehtun** to knock/hurt oneself badly; ***es stürmt immer ~er*** the storm's getting worse and worse

Dollar <-[s], -s> *m* dollar; **der kanadische ~** the Canadian dollar

Dollaraufkommen *nt* FIN returns *pl* on dollar transactions **Dollarguthaben** *nt* FIN dollar balance **Dollarkurs** *m* dollar exchange rate **Dollarland** *nt,* **Dollarraum** *m* ÖKON dollar area; **Handel mit dem ~** commerce with the dollar area **Dollarreserven** *pl* FIN dollar reserves *pl* **Dollarverknappung** *f* ÖKON dollar shortage; **künstliche ~** artificially induced shortage of dollars **Dollarzeichen** *nt* dollar sign

Dolle <-, -n> *f* rowlock

Dolmen <-s, -> *m* ARCHÄOL dolmen

dolmetschen I. *vi* to interpret, to act as interpreter

II. *vt* ■**etw ~** to interpret sth

Dolmetscher(in) <-s, -> *m(f)* interpreter

Dolmetscherinstitut *nt,* **Dolmetscherschule** *f* school for interpreters

Dolomit <-s, -e> *m* ❶ (*Stein*) dolomite

❷ GEOL dolomite, magnesian limestone BRIT

Dolomiten *pl* ■**die ~** the Dolomites

dolos *adj* JUR dolose, malicious

Dolus <-> *m* JUR (*Vorsatz*) intent; (*Arglist*) malice; **~ eventualis** contingent intent

Dom <-[e]s, -e> *m* ❶ (*große Kirche*) cathedral

❷ ARCHIT dome, cupola

Domain <-, -s> [də'meɪn] *f* INET domain

Domäne <-, -n> *f* ❶ (*Staatsgut*) state property

❷ (*geh: Spezialgebiet*) domain, area

Domänenname *m* INFORM domain name

Domestikation <-, -en> *f* BIOL domestication

Domestizierung *f* domestication

Domherr *m s.* **Domkapitular**

Domina <-, -s> *f prostitute that carries out sadistic sexual acts against a masochist*

dominant *adj* dominant, assertive; **ein ~er Mensch** an assertive [*or usu pej* domineering] person; **ein ~es Merkmal** a dominant feature [*or* characteristic]

Dominante <-, -n> *f* ❶ MUS dominant

❷ (*vorherrschendes Merkmal*) dominant

Dominanz <-, -en> *f* ❶ (*geh: dominantes Wesen*) assertiveness, dominance *usu pej*

❷ BIOL dominance

Dominica <-s> *nt* Dominica; *s. a.* **Sylt**

dominieren* I. *vi* ❶ (*geh: vorherrschen*) to dominate, to be in control

❷ (*geh: überwiegen*) ■[**in etw** *dat*] **~** to prevail [*or* predominate] [*or* dominate] [in sth], to be dominant [*or* predominate] [in sth]

II. *vt* (*geh: beherrschen*) ■**jdn/etw ~** to dominate sb/sth, to be dominant over sb/sth

dominierend *adj* dominating *usu pej,* predominating, prevailing, dominant

Dominikaner(in) <-s, -> *m(f)* ❶ REL member of the Dominican order

❷ GEOG, POL Dominican; *s. a.* **Deutsche(r)**

Dominikanermönch *m* Dominican friar

dominikanisch *adj* Dominican; *s. a.* **deutsch**

Dominikanische Republik *f* Dominican Republic; **in der Dominikanischen Republik** in the Dominican Republic; **in die ~ fahren** to go [*or* travel] to the Dominican Republic; **in der Dominikanischen Republik leben** to live in the Dominican Republic; *s. a.* **Sylt**

Domino[1] <-s, -s> *m* domino

Domino[2] <-s, -s> *nt* dominoes + *sing vb;* **~ spielen** to have a game of [*or* to play] dominoes

Dominospiel *nt s.* **Domino**[2] **Dominostein** *m* ❶ (*Spiel*) domino ❷ (*Weihnachtsgebäck*) *cube-shaped sweet made of Lebkuchen, filled with marzipan and jam and covered with chocolate*

Domizil <-s, -e> *nt* (*geh*) ❶ (*Wohnung*) residence, domicile *form,* abode *hum*

❷ (*Sitz*) residence

domizilieren* I. *vt* FIN ■**etw ~** to make sth payable, to domicile sth; **einen Wechsel ~** to domicile a bill of exchange

II. *vi* (*geh o hum: wohnen*) to domicile *form*

Domizilprinzip *nt* FIN domicile principle

Domizilwechsel *m* FIN domiciled bill

Domkapitel *nt* chapter [of a cathedral] **Domkapitular** <-s, -e> *m* canon **Dompfaff** <-en *o* -s, -en> *m* bullfinch

Dompteur(in) <-s, -e> [dɔmp'tøːɐ] *m(f),* **Dompteuse** <-, -n> [dɔmp'tøːzə] *f* animal trainer

Donator, -torin <-s, -toren> *m, f* SCHWEIZ (*Schenker*) donator

Donau <-> *f* ■**die ~** the Danube

Donaulachs *m* Danube salmon **Donaumonarchie** *f kein pl former Austro-Hungarian monarchy*

Döner <-[s], -> *m*, **Dönerkebab** <-[s], -s> *m* [doner] kebab

Don Juan <-[s], -[s]> [dɔn ˈxu̯an] *m* Don Juan

Donjuanismus [dɔnxu̯aˈnɪsmʊs] *m kein pl* Don Juan syndrome

Donner <-s, *selten* -> *m* thunder
▸ WENDUNGEN: **wie vom ~ gerührt sein** (*fam*) to be thunderstruck [*or* dumbfounded] [*or fam* flabbergasted]

Donnerbalken *m* MIL (*hum sl*) thunderbox BRIT *sl*, [portable] outhouse AM **Donnerbüchse** *f* ≈ blunderbuss **Donnergott** *m* Thor, god of thunder **Donnergrollen** *nt kein pl* (*geh*) roll [*or* rumble] [*or* peal] of thunder **Donnerkeil** *m* thunderbolt

donnern I. *vi impers haben* to thunder; ***hörst du, wie es donnert?*** can you hear the thunder?
II. *vi* ❶ *haben* (*poltern*) ■**[mit etw** *dat*] **an etw** *akk*/**gegen etw** ~ to bang *fam* [*or* hammer] [*or* pound] on/at sth [with sth]
❷ *sein* (*krachend prallen*) ■**[mit etw** *dat*] **gegen/in etw** *akk* ~ to crash into sth [with sth]; **genau** [*o* **direkt**] [*o* **voll**] **gegen/in etw** ~ to crash straight [*or* right] into sth; ■**auf/gegen etw** *akk* ~ to crash onto/against sth; ***der Fußball donnerte genau gegen die Schaufensterscheibe*** the football slammed into the shop window
❸ *sein* (*sich polternd bewegen*) to thunder; ■**an jdm vorbei~** to thunder past sb; ***ein schwerer Laster donnerte heran*** a heavy lorry came thundering by
III. *vt haben* (*schleudern*) ■**etw** ~ to hurl [*or* slam] [*or fam* fling] sth
▸ WENDUNGEN: **jdm eine ~** (*sl*) to clout [*or* wallop] sb BRIT *fam*, to plaster sb AM *fam*

donnernd *adj* thundering

Donnerrollen *nt kein pl s.* **Donnergrollen Donnerschlag** *m* ❶ METEO clap of thunder ❷ (*Ausdruck des Erstaunens*) ■**~!** (*veraltend fam*) I'll be blowed! *dated*, blow me down! *dated* ▸ WENDUNGEN: **jdn wie ein ~ treffen** to hit sb out of the blue, to leave sb thunderstruck [*or* struck dumb [with astonishment/shock]]; **einen ~ loslassen** to unleash a thunderbolt

Donnerstag *m* Thursday; *s. a.* **Dienstag**

Donnerstagabend[RR] *m* Thursday evening; *s. a.* **Dienstag donnerstagabends**[RR] *adv* [on] Thursday evenings **Donnerstagmittag**[RR] *m* [around] noon on Thursday; *s. a.* **Dienstag donnerstagmittags**[RR] *adv* [around] noon on Thursdays **Donnerstagmorgen**[RR] *m* Thursday morning; *s. a.* **Dienstag donnerstagmorgens**[RR] *adv* [on] Thursday mornings **Donnerstagnachmittag**[RR] *m* Thursday afternoon; *s. a.* **Dienstag donnerstagnachmittags**[RR] *adv* [on] Thursday afternoons **Donnerstagnacht**[RR] *f* Thursday night; *s. a.* **Dienstag donnerstagnachts**[RR] *adv* [on] Thursday nights

donnerstags *adv* [on] Thursdays; **~ abends/nachmittags/vormittags** [on] Thursday evenings/afternoons/mornings

Donnerstagvormittag[RR] *m* Thursday morning; *s. a.* **Dienstag donnerstagvormittags**[RR] *adv* [on] Thursday mornings

Donnerwetter *nt* ❶ (*veraltend: Gewitter*) thunderstorm
❷ (*fam: Schelte*) unholy row BRIT *fam*, an awful bawling out AM; **ein ~ über sich ergehen lassen** to be bawled out AM, to get a dressing down BRIT, to be hauled over the coals BRIT
❸ (*fam: alle Achtung!*) I'll be damned! *fam*, gosh! BRIT *fam*
❹ (*in Ausrufen*) [**zum**] **~!** (*fam*) damn it! *fam*, bloody hell! BRIT *sl*

doof <doofer *o* döfer, doofste *o* döfste> *adj* (*fam*) ❶ (*blöd*) stupid, silly, brainless
❷ (*verflixt*) stupid, damn, bloody BRIT *sl*, fucking *vulg*; ■**jdm ist etw zu ~** sb finds sth stupid [*or* ridiculous]; ***das Ganze wird mir langsam zu ~*** I'm beginning to find the whole business ridiculous; **zu ~ [aber auch]!** oh no!, what a pain ! *sl*, what a nuisance BRIT *fam*

Doofheit <-, -en> *f* (*fam*) stupidity, brainlessness, silliness BRIT, foolishness

Doofi <-[s], -s> *m* (*fam*) dummy, twit, num[b]skull, BRIT silly nit; **Klein ~** ≈ Simple Simon

Doofkopp <-s, -köppe> *m* (*sl*), **Doofmann** <-s, -männer> *m* (*sl*) twit, fool

Dope <-s, -s> [doːp] *nt* (*sl*) pot *sl*, hash *fam*

dopen [ˈdɔpn̩] *vt* ■**jdn/etw ~** to dope sb/sth; ■[**sich**] ~ to dope [oneself]

Doping <-s, -s> [ˈdɔpɪŋ] *nt illicit use of drugs before sporting events*

Dopingkontrolle *f*, **Dopingtest** *m* drugs test

Dopingverdacht *m* SPORT ***bei der Tennisspielerin besteht ~*** the tennis player is suspected of having taken drugs

Doppel <-s, -> *nt* ❶ (*Duplikat*) ■**das/ein ~ einer S.** *gen* [**zu etw** *dat*] the/a duplicate [*or* copy] [of sth]
❷ SPORT (*Spiel mit 4 Spielern*) doubles; (*Mannschaft von 2 Spielern*) doubles team; **gemischtes ~** mixed doubles

Doppelabtretung *f* JUR double assignment **Doppeladler** *m two-headed eagle on a coat of arms or coin* **Doppelagent(in)** *m(f)* double agent **Doppelband** *m* ❶ (*doppelter Umfang*) double volume ❷ (*zwei Bände*) set of two volumes **Doppelbegabung** *f* PSYCH, MUS double talent **Doppelbelastung** *f* double [*or* BRIT twofold] burden [*or* pressure] [*or* load] **Doppelbelichtung** *f* FILM double exposure **Doppelbeschluss**[RR] *m* MIL twin-track decision **Doppelbesteuerung** *f* double taxation **Doppelbesteuerungsabkommen** *nt* FIN double taxation agreement [*or* treaty] **Doppelbett** *nt* double bed **Doppelbild** *nt* TYPO ghost image **Doppelbindung** *f* CHEM double bond **Doppelbock** *nt o m very strong German beer* **Doppelboden** *m* ARCHIT false bottom **Doppelbuchstabe** *m* double letter **Doppeldecker** <-s, -> *m* ❶ (*Flugzeug*) biplane ❷ (*fam: Omnibus*) double-decker [bus] ❸ (*fam: Butterbrot*) double-decker [sandwich] BRIT **doppeldeutig** *adj* ambiguous, equivocal **Doppeldeutigkeit** <-, -en> *f* ambiguity, equivocation, equivocalness **Doppelfehler** *m* double fault **Doppelfenster** *nt* double glazing **Doppelgänger(in)** <-s, -> *m(f)* double, lookalike; ■**jds ~** sb's double [*or* look-alike]; **einen ~ haben** to have a double [*or* a look-alike] **Doppelgesellschaft** *f* FIN syndicate **Doppelgeviert** *nt* TYPO (*Satz*) two-em quad **Doppelgleis** *nt* double track **doppelgleisig** *adj* ❶ (*auf 2 Gleisen befahrbar*) double-tracked ❷ (*zwei Vorgehensweisen verfolgen*) ~ **fahren** to have two tactics **Doppelhaus** *nt* two semi-detached houses *pl* BRIT, duplex house AM **Doppelhaushälfte** *f* semi-detached house BRIT, duplex AM **Doppelhaushalt** *m* ÖKON two-family household **Doppelhelix** *f* BIOL double helix **Doppelkabine** *f* NAUT double-berth cabin **Doppelkinn** *nt* double chin; **ein ~ bekommen** [*o* **kriegen**]/**haben** (*fam*) to get/have a double chin **Doppelklick** *m* INFORM *Maus* double click **doppelklicken** *vi* to double-click **Doppelkonsonant** *m* double consonant **Doppelkopf** *m kein pl card game with 4 players and two packs of 24 cards* **Doppelkorn** *m schnapps made out of grain, with 38% alcohol instead of the usual 32%* **Doppellaut** *m* ❶ (*Diphthong*) diphthong ❷ *s.* **Doppelkonsonant, Doppelvokal Doppelleben** *nt* double life; **ein ~ führen** to lead a double life **Doppelmoral** *f* double standards *pl* **Doppelmord** *m* double murder; **einen ~ begehen** [*o* **verüben**] (*geh*) to commit a double murder *form* **Doppelname** *m* (*Nachname*) double-barrelled [*or* AM hyphenated] [sur]name; (*Vorname*) double first [*or* BRIT *a.* Christian] name **Doppelpack** *m* twin-pack **Doppelpass**[RR] *m kein pl* POL dual citizenship **Doppelpatentierung** *f* double patenting **Doppelpunkt** *m* colon **Doppelraffinade** *f* KOCHK [doubly-]refined sugar **Doppelrolle** *f* double role; **eine ~ spielen** to play a double role [*or* two roles] **Doppelrumpf** *m* twin fuselage **Doppelrumpfflugzeug** *nt* twin-boom aircraft **Doppelsanktion** *f* double sanction **doppelschalig** *adj inv* BAU *Wand* double-shell **Doppelschicht** *f* ÖKON (*in der Industrie*) double shift **Doppelschutz** *m* simultaneous protection **Doppelseite** *f* TYPO centre [*or* AM -er] spread **doppelseitig** *adj* ❶ (*beide Hälften betreffend*) double; **eine ~e Lungenentzündung haben** to have double pneumonia; **~e Lähmung** diplegia ❷ (*beide Seiten betreffend*) double-paged; (*in der Zeitschriftenmitte*) centrefold BRIT, centerfold AM **Doppelsinn** *m* double meaning, ambiguity, equivocation **doppelsinnig** *adj s.* **doppeldeutig Doppelsonde** *f* RAUM double probe **Doppelspiel** *nt* (*pej*) double-dealing *pej*; **mit jdm ein ~ treiben** to double-cross sb; (*jdn sexuell betrügen*) to two-time sb **Doppelspitze** *f* POL double [party] leadership **Doppelspitze** *f* POL dual [party] leadership **Doppelstaater** *m* JUR person of dual nationality **Doppelstecker** *m* twin socket **Doppelsternsystem** *nt* ASTRON double-star system **Doppelstockautotransportwagen** *m* BAHN double-deck car wagon [*or* BRIT *a.* waggon] **Doppelstockbus** *m* double-decker **doppelstöckig** *adj* ❶ ARCHIT two-storeyed ❷ (*mit 2 Etagen versehen*) **~es Bett** bunk beds; **~er Bus** double-decker bus ❸ KOCHK (*fam*) double **Doppelstockschub** *m* SKI *shove with both ski sticks at the same time* **doppelstrahlig** *adj inv Flugzeug* twin-jet **Doppelstück** *nt* KOCHK (*vom Lamm*) [lamb] double **Doppelstunde** *f* double lesson [*or* period]

doppelt I. *adj* ❶ (*zweite*) second; **ein ~es Gehalt** a second [*or* BRIT double] income; **eine ~e Staatsangehörigkeit haben** to have dual nationality
❷ (*zweifach*) double, twice; **der ~e Preis** double [*or* twice] the price; **aus ~em Grunde** for two reasons; **einem ~en Zweck dienen** to serve a dual purpose; **etw ~ haben** to have sth double [*or* two of sth]; **~ so viel [von etw/einer S.** *gen*] (*fig*) twice as much/many [sth]; *s. a.* **Ausfertigung, Hinsicht, Boden, Moral, Verneinung**
❸ (*verdoppelt*) doubled; **mit ~em Einsatz arbeiten** to double one's efforts
II. *adv* ❶ *direkt vor adj* (*zweimal*) twice; **~ so groß/klein sein wie etw** to be twice as big/small as sth; **~ so viel bezahlen** to pay double [*or* twice] the price, to pay twice as much
❷ (*zweifach*) twice; **~ sehen** to see double; **~ versichert sein** to have two insurance policies; **~ und dreifach** doubly [and more]; ***dem habe ich's aber heimgezahlt, und zwar ~ und dreifach!*** I really gave it to him, with knobs on! *sl*
❸ (*um so mehr*) doubly; **sich ~ in Acht nehmen/vorsichtig sein** to be doubly careful; **sich ~ entschuldigen** to apologize twice
▸ WENDUNGEN: **~ gemoppelt sein** (*fam*) to be the same thing [said twice]; **~ gemoppelt hält besser!** (*fam*) better [to be] safe than sorry *prov*

Doppelte(r) *m dekl wie adj* (*fam*) ***einen ~n, bitte!*** a double, please!

Doppelte(s) *nt dekl wie adj* ■**das ~** double, twice; ***ich will mindestens das ~*** I want at least double [*or* twice] that [amount]; **das ~ wiegen** to weigh twice as much; **auf das ~ ansteigen** to double

Doppeltür *f* double door[s] **Doppelverdiener(in)** *m(f)* ❶ (*Person mit zwei Einkünften*) double wage earner ❷ *pl* (*Paar mit zwei Gehältern*) two-income [*or* double-income] couple **Doppelversicherung** *f* JUR double insurance **Doppelvertretung** *f* double representation **Doppelvokal** *m* diphthong **Doppelzentner** *m* ≈ 2 hundred weights BRIT (*100 kilos*) **Doppelzimmer** *nt* double [room]; ***ein ~ bitte!*** a double room, please!

doppelzüngig I. *adj* (*pej*) devious, two-faced, double-dealing
II. *adv* (*pej*) **~ reden** to speak with a forked tongue *fam*, to be two-faced

Doppelzüngigkeit <-, -en> *f kein pl* (*pej*) double-dealing, two-facedness, deviousness

Doppelzuständigkeit *f* JUR double competence [*or* jurisdiction]

Doppik <-> *f* FIN double-entry bookkeeping

Dopplereffekt *m* Doppler effect
Dorade <-, -n> *f* ZOOL, KOCHK gilthead
Dorado <-s, -s> *nt s.* **Eldorado**
Dorf <-[e]s, Dörfer> *nt* ❶ (*kleine Ortschaft*) village BRIT, AM *usu* [small] town
❷ (*die Dorfbewohner*) village BRIT, AM *usu* town, the villagers BRIT, AM *usu* the town inhabitants; **das Olympische ~** the Olympic village; **das Leben auf dem ~** country [*or* BRIT *a.* village] life; **auf dem ~** in the country; **vom ~** from the country; ***sie ist offenbar vom ~*** she's obviously a country girl *fam*
► WENDUNGEN: **für jdn böhmische Dörfer sein** to be all Greek [*or* BRIT double Dutch] to sb; **Potemkinsche Dörfer** (*geh*) a façade, a sham
Dorfälteste(r) *f(m) dekl wie adj* ❶ (*Älteste(r) eines Dorfes*) ≈ oldest person in a village ❷ (*veraltend: Vorsteher eines Dorfes*) village elder[s] **Dorfbewohner(in)** *m(f)* villager, village inhabitant
Dörfchen <-s, -> *nt dim von* **Dorf** hamlet
Dorfjugend *f* village [*or* AM country] youth, young hicks *pej*, young people of the village [*or* AM in the country] **Dorfkrug** *m* NORDD (*Gaststätte in einem Dorf*) village pub BRIT, local bar AM
dörflich *adj* rural, rustic *liter*; **eine ~e Landschaft** rural scenery, a rural landscape; **eine ~e Umgebung** a rural [*or* country] area; ■**~ sein** to be rural
Dorfplatz *m* town square, village square BRIT **Dorfschaft** <-, -en> *f* SCHWEIZ village BRIT, [small] town AM **Dorfschöne**, **Dorfschönheit** *f* (*euph, a. iron*) rustic beauty *euph* **Dorfschule** *f* village school **Dorfschulze** <-n, -n> *m* (*veraltet*) village elder **Dorftestament** *nt* JUR last will executed before a village mayor **Dorftrottel** *m* (*fam*) local [*or* village] idiot
dorisch *adj* ❶ (*Kunst der Dorer betreffend*) Doric, Dorian
❷ (*Musik*) Dorian; **die ~e Tonart** the Dorian mode
Dorn[1] <-[e]s, -en> *m* thorn; **ohne ~en** without thorns, thornless
► WENDUNGEN: **jdm ein ~ im Auge sein** to be a thorn in sb's side, to be a pain in the neck [*or* BRIT *vulg* arse] [*or* AM *vulg* ass]
Dorn[2] <-[e], -e> *m* ❶ (*Metallstift*) [hinged] spike
❷ (*Werkzeug*) awl
Dornbusch *m* thorn bush
Dornengestrüpp *nt* bramble[s], briar **Dornenhecke** *f* thorn hedge, hedge of thorns **Dornenkrone** *f* crown of thorns
Dornfortsatz *m* BIOL, MED neural spine
Dorngrasmücke *f* ORN whitethroat **Dornhai** *m* ZOOL, KOCHK spiny dogfish
dornig *adj* ❶ (*viele Dornen aufweisend*) thorny; **~es Gestrüpp** brambles *pl*
❷ (*geh: schwierig*) thorny
Dornröschen <-> [-'rø:sçən] *nt kein pl* Sleeping Beauty
Dornröschenschlaf *f* ≈ sleepy way of life BRIT; **aus seinem ~ erwachen** [*o* **aufwachen**] to wake up, to be shaken out of a sleepy way of life; (*aufwachen aus der Lethargie*) to become aware of sth, to wake up and smell the coffee AM; **in einen ~ versinken** to fall into a deep sleep; **wieder in einen ~ versinken** to return to a sleepy way of life; (*lethargisch werden*) to fall into a stupor
Dornstrauchsavanne *f* thornbush savanna[h]
Dorothee *f* Dorothy
Dörrapparat *m* KOCHK dessicating machine
Dörrbohne *f* KOCHK dried broad bean
dorren *vi sein* (*geh*) to dry [up]
dörren I. *vt haben* ■**etw ~** to dry [out] sth *sep*
II. *vi sein* to dry out, to wither
Dörrfisch *m* dried fish **Dörrfleisch** *nt* DIAL dried meat, [smoked] bacon **Dörrobst** *nt* dried fruit **Dörrpflaume** *f* prune
Dorsch <-[e]s, -e> *m* cod
Dorschen *m* BOT, KOCHK swede
dort *adv hinweisend* there; ***schau mal ~!*** look at that!; ***hast du meine Brille gesehen? — ja, sie liegt ~*** have you seen my glasses? — yes, they're over there; **jdn ~ behalten** to keep sb there; **~ bleiben** to stay there; **~ drüben** over there; **nach ~** there; **von ~** from there; **von ~ aus** from there; *s. a.* **da I 1**
dort|behalten* *vt irreg s.* **dort dort|bleiben** *vi irreg sein s.* **dort dorther** *adv* from there **dorthin** *adv* there; ***können Sie mir sagen, wie ich ~ komme?*** can you tell me how to get there?; **bis ~** as far as there, up to there; ***wie weit ist es bis ~?*** how far is it to there? **dorthinab** *adv s.* **dorthinunter dorthinauf** *adv* up there **dorthinaus** *adv* (*dahinaus*) there, that way, in that direction ► WENDUNGEN: **bis ~** (*fam*) really, dreadfully, awfully; ***das ärgert mich bis ~!*** that makes me furious!, that drives me up the wall!, that really gets on my nerves! **dorthinein** *adv* over there **dorthinunter** *adv* down there
dortig *adj attr* local; **die ~en Verhältnisse kennen** to know the local situation [*or* the situation there]; **für ~e Verhältnisse** for the local circumstances
Dortmund <-s> *nt* Dortmund
DOS *nt* INFORM *Akr von* **disk operating system** DOS
DOS-Betriebssystem *nt* INFORM DOS operating system
Döschen <-s, -> ['dø:sçən] *nt dim von* **Dose** little tin [*or* box] [*or* can]
Dose <-, -n> *f* ❶ (*Büchse*) box; (*Blech~*) tin BRIT, can AM; **in ~n** in tins
❷ (*Steck~*) socket; (*Verteiler~*) distribution [*or* AM junction] box
Dosen *pl von* **Dosis**
dösen *vi* (*fam*) ■**[vor sich hin] ~** to doze [away], to drowse
Dosenbier *nt kein pl* canned beer **Dosenlocher** *m* KOCHK can punch **Dosenmilch** *f* tinned [*or* evaporated] [*or* condensed] milk **Dosenmusik** *f* (*hum fam*) muzak®, canned [*or* piped] music *pej*; (*im Gegensatz zu Livemusik*) recorded music **Dosennahrung** *f* tinned food **Dosenöffner** *m* tin opener **Dosensuppe** *f* canned soup
dosierbar *adj* measurable; **eine genau ~e Menge von etw** an exact dose of sth
dosieren* *vt* ❶ (*abmessen*) ■**etw ~** to measure out sth *sep*; **Arzneimittel ~** to measure out medicine [in doses]; **etw sparsam ~** to be sparing with sth
❷ (*zumessen*) ■**etw ~** to measure [*or* hand] out sth, to hand out in measured doses
Dosierspender *m* dispenser
Dosierung <-, -en> *f* dose, dosage
dösig *adj* (*fam*) ❶ (*blöd*) dozy; ***stell dich nicht so ~ an*** don't be so dozy
❷ (*dösend*) sleepy, dozy, drowsy
Dosimeter <-s, -> *nt* dosimeter, dosemeter BRIT
Dosis <-, Dosen> *f* dose, dosage; **in kleinen Dosen** in small doses
Döskopp <-s, -köppe> *m* NORDD (*fam*) dozy nit BRIT *fam*, dope
Dossier <-s, -s> [dɔ'sie:] *nt* file, dossier
Dotation <-, -en> *f* (*geh: Schenkung*) present; (*für Wohltätigkeitszwecke*) donation; (*ein regelmäßiges Einkommen erzeugend*) endowment
Dotcom <-, -s> ['dɒtkɒm] *f* ÖKON, INET (*sl*) dotcom, dot com
Dotcom-Unternehmen *nt* INET (*sl*) dotcom [business [*or* company]] *sl*
dotieren* *vt* ❶ (*honorieren*) **eine Stelle [mit etw] ~** to remunerate a position [with sth]; ■**dotiert** salaried
❷ (*ausstatten*) **mit ... DM dotiert sein** to be worth ... DM; ***der erste Preis war mit 25000 DM dotiert*** the first prize was 25,000 marks
dotiert I. *pp von* **dotieren**
II. *adj inv* paid; **eine hoch ~e Stellung** a highly-paid [*or* well-paid] job
Dotter <-s, -> *m o nt* yolk
Dotterblume *f s.* **Sumpfdotterblume**
doubeln ['du:bln] I. *vt* ■**jdn ~** to double for sb; **sich von jdm ~ lassen** to let sb double one; ***Schauspieler lassen sich oft von Stuntmen ~*** actors often let stuntsmen double for them; ■**etw [für jdn] ~** to play sth [for sb]; ***ein Stuntman hat die Szene für ihn gedoubelt*** a stuntman played the scene for him
II. *vi* to work as a double
Double <-s, -s> ['du:bl] *nt* ❶ FILM double, stand-in
❷ (*Doppelgänger*) double, doppelganger
doublieren [du'bli:rən] *vt* KOCHK ■**etw ~** to double sth; **Gebäckstücke ~** to place pastries on top of each other
Douglasfichte *f*, **Douglastanne** ['duglas-] *f* Douglas fir
Dow-Jones-Index ['daʊ'dʒo:nz-] *m* Dow Jones [Index]
Down <-s, -s> [daʊn] *nt* NUKL (*Elementarladung*) down
down [daʊn] *adj pred* (*sl*) down, miserable; **~ sein/sich ~ fühlen** to feel down [*or* low] [*or* miserable]
Downhill-Mountainbiking ['daʊnhil'maʊntinbaɪkɪŋ] *nt* downhill mountain biking
Download <-s, -s> ['daʊnloʊd] *m* INET download
downloaden *vt* INFORM ■**etw [auf/von etw] ~** to download sth [to/from sth]
Downloader <-s, -> *m* INFORM downloader
Downstreamgeschäft ['daʊnstri:m-] *nt* ÖKON downstream business
Downsyndrom *nt* MED Down's syndrome
Dozent(in) <-en, -en> *m(f)* ❶ (*Universität*) lecturer
❷ (*Lehrer an einer Volkshochschule*) teacher, instructor; ■**~ für etw sein** to be a teacher of sth
Dozentur <-, -en> *f* (*geh*) lectureship
dozieren* *vi* ❶ (*an der Universität*) to lecture, to deliver a lecture [*or* lectures]; ■**über etw** *akk* **~** to lecture about sth, to deliver a lecture on
❷ (*geh: belehren*) to lecture, to preach *pej*; ■**~d** lecturing; **in ~dem Ton** in a lecturing tone of voice
dpa <-> *f Abk von* **Deutsche Presse-Agentur** *leading German press agency*
DPG *f Abk von* **Deutsche Postgewerkschaft** German Postal Workers' Union
dpi TYPO *Abk von* **dots per inch** dpi
dpt *Abk von* **Dioptrie**
Dr. *Abk von* **Doktor** Dr
Drache <-n, -n> *m s.* **Drachen**
Drachen <-s, -> *m* ❶ (*Spielzeug*) kite; **einen ~ steigen lassen** to fly a kite
❷ (*Fluggerät*) hang-glider
❸ (*fam: zänkisches Weib*) dragon *fam*
Drachenfliegen *nt* hang-gliding **Drachenflieger(in)** *m(f)* hang-glider **Drachenkopf** *m* ZOOL, KOCHK scorpion fish
Drachme <-, -n> *f* drachma
Dragee, Dragée <-s, -s> [dra'ʒe:] *nt* ❶ PHARM dragée *form*, sugar-coated pill
❷ KOCHK sugar-coated sweet BRIT
Dragoner <-s, -> *m* ❶ (*Angehöriger einer leichten Reitertruppe*) dragoon
❷ (*derbe Frau*) battleaxe [*or* AM -ax] *fam*, dragon *fam*
Draht <-[e]s, Drähte> *m* wire; (*sehr dünn*) filament; (*Telefon~*) telephone cable
► WENDUNGEN: **zu jdm einen guten ~ haben** to be on good terms with sb; **der heiße ~** the hot line; **[schwer] auf ~ sein** (*fam*) to be on the ball *fam* [*or* on one's toes]
Drahtbespannung *f* wire grille **Drahtbürste** *f* wire brush **Drahtesel** *nt* (*fam*) bike **Drahtgeflecht** *nt* wire mesh **Drahtgitter** *nt* wire grating **Drahtglas** *nt* BAU wire glass **Drahtheftung** *f* TYPO wire-stitching
drahtig *adj* wiry
drahtlos *adj* wireless, cordless; **~es Telefon** mobile [tele]phone BRIT, mobile BRIT, cellular [tele]phone AM, cellphone AM
Drahtschere *f* wire cutters *npl*
Drahtseil *nt* wire cable; *s. a.* **Nerv**
Drahtseilakt *m* (*geh*) high wire act **Drahtseilbahn** *f* cable railway [*or* car], gondola AM
Drahtverhau *m* wire entanglement **Drahtzaun** *m* wire fence **Drahtzieher(in)** <-s, -> *m(f)* sb pulling the strings

D

Drainage <-, -n> [drɛ'naːʒə] *f s.* **Dränage**

drainieren* [drɛ'niːrən] *vt s.* **dränieren**

Draisine <-, -n> [drɛ'ziːnə] *f* HIST ❶ BAHN rail trolley
❷ *(zweirädriges Fahrzeug)* draisine, dandy-horse *hist*

drakonisch I. *adj (unbarmherzig hart)* Draconian, harsh; **~e Strafe** Draconian measure [as punishment]; **~e Strenge** harshness
II. *adv* harshly

drall *adj* well-rounded, shapely; **ein ~es Mädchen** a shapely girl, a buxom lass BRIT

Drall <-[e]s, -e> *m* ❶ *(Rotation)* spin, twist; **einen ~ nach links/rechts haben** to have a spin to the left/right
❷ *(bei Gewehr)* rifling, groove

Dralon® <-[s]> *nt kein pl* Dralon® *esp* BRIT

DRAM *nt* INFORM *Akr von* **dynamic RAM** D-RAM

Drama <-s, -men> *nt* ❶ *(Bühnenspiel)* drama, play
❷ *(erschütterndes Ereignis)* drama, tragedy; ***es ist ein ~, dass...*** it is a disaster that...; **ein ~ aus etw machen** to make a drama out of sth [*or* mountain out of a molehill]

Dramatik <-> *f kein pl* ❶ *(fig: große Spannung)* drama; ***die letzten Minuten des Matches waren von großer ~*** the last minutes of the match were very dramatic [*or* full of drama]
❷ LIT *(dramatische Dichtkunst)* drama

Dramatiker(in) <-s, -> *m(f)* playwright, dramatist

dramatisch I. *adj* dramatic, drama-laden *form;* ***mach's nicht so ~!*** don't be so theatrical!
II. *adv* dramatically

dramatisieren* *vt* ■**etw ~** ❶ LIT *Stoff, Roman* to dramatize sth
❷ *(fig: übertreiben)* to express [*or* react to] sth in a dramatic way

Dramatisierung <-, -en> *f* dramatization; ***das ist doch wirklich kein Anlass zur ~!*** there is really no call for dramatization!

Dramaturg(in) <-en, -en> *m(f)* dramatic advisor, dramaturg

Dramaturgie <-, -en> [*pl* -'giːən] *f* ❶ *(Lehre des Dramas)* dramaturgy
❷ *(Bearbeitung eines Dramas)* dramatization
❸ *(Abteilung)* dramaturgy dept

Dramaturgin <-, -nen> *f fem form von* **Dramaturg**

dramaturgisch *adj* dramaturgic[al] *form;* **~e Gestaltung** dramatization

Dramen *pl s.* **Drama** dramas *pl*

dran *adv (fam)* ❶ *(daran)* **[zu] früh/spät ~ sein** to be [too] early/late; **gut ~ sein** to be well off [*or* AM sitting pretty] [*or* in a privileged position]; ***sie ist besser ~ als er*** she's better off than he is; **schlecht ~ sein** *(gesundheitlich)* to be off colour [*or* AM -or] [*or* BRIT poorly], to not be very well; *(schlechte Möglichkeiten haben)* to be in a bad position, to have a hard time [of it]
❷ *(an der Reihe sein)* ■**~ sein** to have a turn; ***jetzt bist du ~!*** now it's your turn!; ***wer ist als Nächster ~?*** whose turn is it next?, who's next?; ***ich war [zuerst] ~*** it's my turn [first]; **[bei jdm] ~ sein *heute ist Latein ~*** we've got Latin today
❸ *(fam: an den Kragen gehen)* ■**~ sein** to be for it *fam;* ***wenn ich ihr das nachweisen kann, dann ist sie ~!*** if I can prove it, then she'll really get it!; *(sterben müssen)* to be next
❹ *(vorhanden sein)* **nichts ~ sein an jdm** to be [very] thin [*or* nothing but skin and bones]; *(ohne Reize)* to be not very appealing, to not have much appeal; ■**etw ~ sein an jdm** to have sth [special]; ***was ist an ihm ~?*** what's so special about him?; **etw ~ sein an etw** to be sth to sth; ***an dieser Wachtel ist ja kaum was ~!*** there's hardly any meat to this quail!
❺ *(zutreffen)* ■**etw ~ sein an etw** *dat* to be sth in it; ***ob an diesem Gerücht doch etwas ~ sein könnte?*** could there be anything in this rumour?; **nichts ~ sein an etw** *dat* to be nothing in sth; *s. a.* **daran**

Dränage <-, -n> [drɛ'naːʒə] *f* ❶ *(Entwässerungsleitung)* drainage [pipes]
❷ *(System von Entwässerungsgräben)* drainage [ditches]

dran|bleiben *vi irreg sein (fam)* ❶ *(dicht an jdm bleiben)* ■**an jdm ~** to keep [*or* stay] [*or* stick] close to sb
❷ *(am Telefon bleiben)* to hold the line BRIT, to hold AM

drang *imp von* **dringen**

Drang <-[e]s, Dränge> *m* ❶ *(innerer Antrieb)* longing, desire; ■**jds ~, etw zu tun** sb's urge [*or* itch] [*or* longing] to do sth; **ein ~ nach Bewegung** an urge to do some [physical] exercise; **~ nach Wissen** thirst for knowledge; **~ nach Freiheit** longing [*or liter* yearning] for freedom; **ein starker ~** a strong desire [*or* urge], a great longing; **einen ~ haben[, etw zu tun]** to feel an urge [to do sth], to have a desire [to do sth]
❷ *(Harn~)* urgent need [*or* urge] to go to the toilet; **einem ~ nachgeben** to answer a call of nature
❸ *(geh: Druck)* ■**der ~ einer S.** *gen* the pressure of sth; **der ~ der Umstände** the force of circumstances

dran|gehen *vi irreg sein (fam)* ❶ *(sich zu schaffen machen)* ■**[an etw** *akk*] **~** to touch [sth]
❷ *s.* **darangehen**

Drängelei <-, -en> *f (pej fam)* ❶ *(lästiges Drängeln)* pushing [and shoving], jostling
❷ *(lästiges Drängen)* nagging, pestering; ***hör auf mit dieser ~!*** stop pestering me!

drängeln I. *vi (fam)* to push [*or* shove]; ***drängle nicht!*** don't push!, stop pushing!
II. *vi, vt (fam)* ■**[jdn] ~** to pester [*or* badger] [sb]; ■**jdn ~** to give sb a hard time *fam;* ***ich lasse mich von ihm nicht ~*** I will not be pestered [*or* badgered] by him; ■**das D~** pestering, nagging; **ständiges D~** constant pestering
III. *vr (fam)* ❶ *(sich drängen) s.* **sich drängen III 1**
❷ *(sich bemühen)* ■**sich [darum] ~, etw zu tun** to push oneself forward to do sth, to be keen to do sth

drängen I. *vi* ❶ *(schiebend drücken)* to push [*or* shove] [*or* jostle]; **durch die Menge ~** to force [*or* elbow] [*or* BRIT shoulder] one's way through the crowd; **in die S-Bahn ~** to force [*or* elbow] [*or* BRIT shoulder] one's way into the train; **nach vorne ~** to push to the front, to force [*or* elbow] [*or* BRIT shoulder] one's way to the front [*or* forwards]; **zum Ausgang/zur Kasse ~** to force [*or* elbow] [*or* BRIT shoulder] one's way to the exit/the till [*or* BRIT cash desk] [*or* AM cash register]
❷ *(fordern)* ■**auf etw ~** to insist on [*or form* press for] sth; **auf eine baldige Entscheidung ~** to ask for a speedy decision; ■**bei jdm auf etw** *akk* **~** to press sb to do sth; ■**zu etw ~** to want to do sth; ***warum drängst du so zur Eile?*** why are you in such a hurry?; ■**darauf ~, dass jd etw tut/dass etw getan wird** to insist that sb does sth/that sth gets done
❸ *(pressieren)* to be short [time]; **die Zeit drängt** time is running out [*or* short]; ***es drängt nicht*** there's no hurry
II. *vt* ❶ *(schiebend drücken)* ■**jdn ~** to push [*or* shove] [*or* thrust] sb; **jdn zur Seite ~** to push [*or* shove] [*or* thrust] sb aside
❷ *(auffordern)* ■**jdn [zu etw] ~** to pressurize [*or* AM pressure] sb [into sth], to twist sb's arm *fam;* ■**jdn ~, etw zu tun** to pressurize sb into doing sth, to apply pressure to [*or* put pressure on] sb to do sth
❸ *(treiben)* ■**jdn [zu etw] ~** to force sb [to sth]; ***was drängt dich denn so?*** what's the hurry [*or* rush]?; ■**jdn ~, etw zu tun** to compel [*or* oblige] sb to do sth, to twist sb's arm to do sth *fam;* **sich [von jdm] gedrängt fühlen** to feel pressurized [*or* AM pressured] by sb, to feel sb is trying to pressurize [*or* AM pressure] one
III. *vr* ❶ *(sich drängeln)* ■**sich ~** to crowd [*or* press]; ***vor den Theaterkassen drängten sich die Leute nach Karten*** a throng of people in front of the box office were trying to get tickets; ■**sich irgendwohin ~** to force one's way somewhere; **sich durch die Menschenmassen ~** to force [*or* elbow] [*or* BRIT shoulder] one's way through the crowd; **sich in den Bus/in die S-Bahn ~** to crowd [*or fam* pile] into the bus/train; **sich nach vorne ~** to press forwards
❷ *(sich häufen)* ■**sich ~** to pile [*or* mount] up
❸ *(unbedingt wollen)* ■**sich nach etw ~** to put [*or* push] oneself forward for sth

Drängen <-s> *nt kein pl* pleading, begging, beseeching *form;* **auf jds ~ [hin]** because of sb's pleading [*or* begging]; *(Nörgelei)* pestering *fam;* ***schließlich gab er ihrem ~ nach*** he finally gave in to her

drängend *adj* ❶ *(dringend)* urgent, pressing
❷ *(dringlich)* insistent, urgent, compelling, forceful; **mit ~er Stimme** to speak in an insistent tone

Drangsal <-, -e> *f (geh)* suffering

drangsalieren* *vt (plagen)* ■**jdn [mit etw] ~** to plague [*or* harass] sb [with sth]

dran|halten *irreg* **I.** *vt (fam: an etw halten)* ■**etw [an etw** *akk*] **~** hold sth up [to sth]
II. *vr (fam: sich ranhalten)* ■**sich ~** to keep at it [*or* sth], to not let up, to persevere

dran|hängen I. *vt (fam)* ❶ *(an etw hängen)* ■**etw [an etw** *akk*] **~** to hang sth [on sth]
❷ *(mehr aufwenden)* ■**[bei etw] etw ~** to add on sth [to sth]; ***wir wurden nicht rechtzeitig fertig und mussten noch zwei Stunden ~*** we didn't finish in time and had to put in another two hours
II. *vi irreg (fam: an etw hängen)* ■**[an etw** *dat*] **~** to hang [on sth]; ***es hing ein Zettel dran*** a tag was attached
III. *vr (fam: verfolgen)* ■**sich [an jdn] ~** to follow [sb], to stick close [to sb]

dränieren* *vt* ■**etw ~** to drain sth

dran|kommen *vi irreg sein (fam)* ❶ *(an die Reihe kommen)* to be sb's turn; ***Sie kommen noch nicht dran*** it's not your turn yet; ***warte bis du drankommst*** wait your turn
❷ *(aufgerufen werden)* ■**[bei/mit etw] ~** to be asked [sth]; ***bei der Lehrerin komme ich nie dran*** this teacher never asks me anything
❸ DIAL *(erreichen können)* ■**[an etw** *akk*] **~** to reach [*or* get at] [sth]; ***versuche mal, ob du drankommst*** see if you can reach it

dran|kriegen *vt (fam)* ❶ *(zu etw veranlassen)* ■**jdn ~** to get sb to do sth, to make sb do sth; **jdn zur Arbeit ~** to get sb working
❷ *(reinlegen)* ■**jdn ~** to fool sb, to take sb in

dran|lassen *vt irreg (fam)* ❶ *(an etw belassen)* ■**etw [an etw** *dat*] **~** to leave sth [on sth]
❷ *s.* **ranlassen**

dran|machen I. *vr (fam: mit etw beginnen)* ■**sich [an etw** *akk*] **~** to get started [*or* cracking] with sth [*or* going]
II. *vt (fam: befestigen)* ■**etw [an etw** *akk*] **~** to fix sth [to sth]; **einen Aufkleber/Etikett an etw ~** to stick a sticker/a label on sth; **eine Steckdose ~** to put in [*or* install] a socket

dran|nehmen *vt irreg (fam)* ■**jdn ~** ❶ *(zur Mitarbeit auffordern)* to ask sb
❷ *(zur Behandlung nehmen)* to take sb; ***können Sie mich nicht vorher ~?*** can't you take me first?

Dränplatte *f* BAU drain tile

dran|setzen I. *vt (fam)* ❶ *(anfügen)* ■**etw [an etw** *akk*] **~** to add sth [on] [to sth]; **ein Stück/Teil an etw** *akk* **~** to add a piece/part [on] [to sth]
❷ *(einsetzen)* ■**etw ~** to put [one's] sth into; ***seine ganze Kraft/sein gesamtes Vermögen ~, um sein Ziel zu erreichen*** to put all one's effort/fortune into reaching one's goal; ***wir müssen alles ~!*** we must do everything [*or* make every effort]!
❸ *(beschäftigen)* ■**jdn ~** to put sb onto the job [*or* it]
II. *vr (fam)* ❶ *(sich nahe an etw setzen)* ■**sich [an jdn/etw] ~** to sit [down] [next to sb/sth]
❷ *s.* **dranmachen I**

dran|wagen *vr (fam)* ■**sich [an jdn/etw] ~** to dare approach [*or fam* touch] sb

drapieren* *vt* ❶ *(aufwendig falten)* ■**etw [um etw] ~** to drape sth [around sth]; **Stoffe ~** to drape

fabrics
② (*schmücken*) ■**etw [mit etw]** ~ to drape sth [with sth]
Drapierung <-, -en> *f* ① (*das Drapieren*) *Vorhang* draping
② (*Verzierung durch Stoff*) drape, drapery
drastisch I. *adj* ① (*einschneidend*) drastic
② (*eindeutig*) blunt
II. *adv* ① (*einschneidend*) drastically
② (*deutlich*) bluntly; ~ **demonstrieren/zeigen** to demonstrate/show clearly
drauf *adv* (*fam*) on it [*or* them]; ***zu dritt warfen sie sich auf ihn ~, um ihn zu verprügeln*** three of them launched themselves upon him in order to beat him up
► WENDUNGEN: **etw ~ haben** (*fam: mit etw fahren*) to do [*or* be doing] sth; ***der Sportwagen hatte bestimmt 250 Sachen/Kilometer ~!*** the sports car must have been doing at least 250!; ***zuviel ~ haben*** to be driving too fast; (*etw beherrschen*) to be well up on sth; ***Mathe hat er ~*** he's brilliant at maths; ~ **und dran sein, etw zu tun** to be on the verge [*or* point] of doing sth; **immer feste ~!** let him have it!, give him what for! BRIT, show him who's boss AM; **gut/komisch/schlecht ~ sein** (*fam*) to feel good/strange/bad; *s. a.* **draufhaben**
drauf|bekommen* *vt irreg* (*fam*) ■**etw [auf etw** *akk***]** ~ to fit sth on [to sth]
► WENDUNGEN: **eins ~** to get [*or* be given] a smack BRIT, to get it AM; (*geschimpft werden*) to get it in the neck BRIT *fam*, to get it AM
Draufgabe *f* ÖSTERR encore
Draufgänger(in) <-s, -> *m(f)* go-getter *fam*
draufgängerisch *adj* go-getting *fam*
drauf|gehen *vi irreg sein* (*sl*) ① (*sterben*) ■**[bei/in etw]** ~ to kick the bucket [during [*or* in] sth] *sl*; **im Krieg** ~ to fall [*or* be lost] in [the] war ② (*verbraucht werden*) ■**[bei etw]** ~ to be spent [on sth] ③ (*kaputtgehen*) ■**[bei etw]** ~ to get [*or* be] broken [at sth]; ***ein paar Gläser gehen bei solchen Veranstaltungen immer drauf*** a few glasses always get [*or* are always] broken at functions like these
drauf|haben *vt irreg* (*fam*) ① (*Kenntnisse haben*) ■**etwas/nichts/viel** ~ to know sth/nothing/a lot; ***sie hat zwar nicht soviel drauf, dafür ist sie ein herzensguter Mensch*** she may not be all that bright [*or fam* have that much up top], but she's a good-hearted soul ② (*von sich geben*) ■**etw** ~ to come out with sth; **dumme Sprüche** ~ to make [*or* BRIT *a.* come out with] stupid remarks; **Witze** ~ to tell jokes; ***sie hat immer einen flotten Spruch drauf*** she's always ready with a smart remark [*or* full of smart remarks] **drauf|halten** *irreg* I. *vt* (*fam*) ■**etw [auf etw** *akk***]** ~ to hold sth [on sth]
II. *vi* (*fam*) ■**[mit etw] [auf jdn/etw]** ~ to aim [at sb/sth] [with sth] **drauf|hauen** *vi irreg* (*fam*) ■**[auf jdn/etw]** ~ to hit [sb/sth]; **jdm eins** ~ to hit sb, to fetch sb a blow *dated fam* **drauf|kommen** *vi irreg sein* (*fam*) ① (*herausbekommen*) to get it *fam*, to figure it out *fam* ② (*sich erinnern*) to remember [*or* recall] **drauf|kriegen** *vt* (*fam*) *s.* **draufbekommen** **drauf|lassen** *vt irreg* (*fam*) ■**etw [auf etw** *dat***]** ~ to leave sth on [sth] **drauf|legen** *vt* (*fam*) ① (*zusätzlich geben*) ■**etw** ~ to fork out sth more *fam*; ***wenn Sie noch 5000 ~, können Sie das Auto haben!*** for another 5,000 the car is yours! ② (*auf etw legen*) ■**etw [auf etw** *akk***]** ~ to put sth on [sth]
drauflos *adv* [**nur**] **immer feste** [*o* **munter**] **~!** (*drauf*) keep it up!; (*voran*) [just] keep at it!; ***wir schaffen das schon, nur immer munter ~*** we'll manage [it], as long as we [just] keep at it!
drauflos|arbeiten *vi* (*fam*) to get straight down to work **drauflos|fahren** *vi* (*fam*) to start driving **drauflos|gehen** *vi irreg sein* (*fam: ohne Ziel*) to set off **drauflos|reden** *vi* (*fam*) to start talking **drauflos|schießen** *vi* (*fam*) to open fire blindly **drauflos|schlagen** *vi irreg* (*fam*) ■**[auf jdn/etw]** ~ to hit out [*or fam* let fly] [at sb/sth]
drauf|machen *vt* (*fam*) ■**etw [auf etw** *akk***]** ~ to put sth on [sth]; ***den Deckel wieder auf die Flasche ~*** to put the lid back on the bottle ► WENDUNGEN: **einen** ~ (*sl*) to paint the town red *fam*
drauf|sein *vi irreg sein* (*fam*) *s.* **drauf 2**
drauf|setzen *vt* (*fam*) ■**jdn/etw [auf ein Tier/etw** *akk***]** ~ to put [*or* place] sb/sth on [an animal/sth]; ■**sich [auf ein Tier/etw** *akk***]** ~ to sit [on an animal/sth] ► WENDUNGEN: **[noch] eins** ~ (*sl: hinzufügen*) to add sth more [*or* else], to cap it all off
Draufsicht *f* (*fachspr*) top view **drauf|stehen** *vi irreg* (*fam*) ① (*auf etw stehen*) ■**auf etw** *dat* ~ to stand on sth ② (*gedruckt/geschrieben stehen*) ■**auf etw** *dat* ~ to be on sth; ***ich kann nicht lesen, was da auf dem Etikett draufsteht*** I can't read what's [*or* what it says] on the label
drauf|stoßen *irreg* I. *vi sein* (*fam*) to come to it; ***zum Bahnhof? — geradeaus, dann links, dann stoßen Sie genau drauf*** the station? — straight ahead, then left and you can't miss it [*or* it's right [there] in front of you] II. *vt haben* (*fam*) ■**jdn** ~ to point it out to sb **drauf|zahlen** *vi* (*fam*) (*draufiegen*) ■**etw [auf etw** *akk***]** ~ to add sth [to sth]; ***der Teppich gehört Ihnen, wenn Sie noch zwei Hunderter ~*** the carpet is yours if you up [*or* improve] your offer by a couple of hundred ► WENDUNGEN: ~ **müssen** (*eine Einbuße erleiden*) to make a loss; (*seelisch betroffen sein*) to suffer [the most]
draus *adv* (*fam*) *s.* **daraus**
draus|bringen *vt irreg* ÖSTERR, SCHWEIZ, SÜDD ■**jdn** ~ to distract sb, make sb lose their track [of thought]
draus|kommen *vi irreg sein* ÖSTERR, SCHWEIZ, SÜDD to become distracted, to lose one's track [of thought]
draußen *adv* ① (*im Freien*) outside; ~ **bleiben** to wait [*or* stay] outside; **nach** ~ outside; **von** ~ from outside; ***da ist doch jemand ~ am Fenster/vor der Tür*** there's sb [outside] at the window/door ② (*weit entfernt*) out there; ***ich wohne [weit] ~ auf dem Lande*** I live [way] out in the country; ***das Lokal liegt noch weiter ~*** the pub is even further away; ~ ***auf dem Meer*** out at sea
Dreadlocks ['drɛd-] *pl* dreadlocks *pl*
drechseln [-ks-] I. *vt* ■**etw** ~ to turn sth
II. *vi* to turn
Drechsler(in) <-s, -> [-ks-] *m(f)* turner
Drechslerbank <-bänke> *f* lathe
Drechslerei <-, -en> [-ks-] *f* turner's workshop
Drechslerin <-, -nen> *f fem form von* **Drechsler**
Dreck <-[e]s> *m kein pl* ① (*Erde*) dirt; ***die Wege sind vom Regen aufgeweicht, du bleibst bestimmt im ~ stecken*** the roads have been softened by the rain, you'll most probably get stuck in the mud; (*Schmutz*) mess, dirt, muck BRIT *fam*; ~ **machen** to make a mess; **vor ~ starren** to be covered in dirt [*or* muck]
② (*Schund*) rubbish BRIT, trash AM
► WENDUNGEN: ~ **am Stecken haben** (*fam*) to have a skeleton in the cupboard [*or* AM *usu* closet]; **frech wie ~** (*fam*) a real cheeky monkey BRIT, a lippy little devil AM; **aus dem gröbsten ~ heraus sein** (*fam*) to be over the worst; **der letzte ~ sein** (*sl*) to be the lowest of the low; **jdn wie den letzten ~ behandeln** (*fam*) to treat sb like dirt; **jdn einen [feuchten] ~ angehen** (*fam*) to be none of sb's [damned] business; **sich einen ~ um jdn/etw kümmern** [*o* **scheren**] (*fam*) to not give a damn about sb/sth; **seinen ~ alleine machen** (*fam*) to do one's own dirty work; **im ~ sitzen** [*o* **stecken**] (*fam*) to be in a mess [*or* BRIT *a.* the mire]; **jdn/etw in [*o* durch] den ~ ziehen** (*fam*) to drag sb's name/sth through the mud; **mit jedem ~** (*fam*) with every little thing; **einen ~** (*sl*) fuck all *sl*, naff [*or* sod] all BRIT; **einen ~ verstehen/wert sein/wissen** to not understand/be worth/know a damn thing *fam!* [*or* BRIT sod [*or* naff] all]
Dreckarbeit *f* (*fam*) dirty work; (*pej a.*) menial work **Dreckfinger** *pl* (*fam*) dirty fingers [*or esp* AM hands] *pl* **Dreckfink** *m* ① (*fam: Kind*) mucky pup BRIT *fam*, grubby urchin AM ② (*fam: unmoralischer Mensch*) dirty [*or* filthy] beggar *sl*
dreckig I. *adj* ① (*schmutzig*) dirty; **sich [an etw** *dat***] ~ machen** to make oneself dirty [*or* dirty oneself] [on sth]
② (*fam: gemein*) dirty; **~es Schwein** filthy swine; **~er Verbrecher/Verräter** low-down criminal/traitor
③ (*fam: abstoßend*) dirty
II. *adv* (*fam*) nastily
► WENDUNGEN: **jdm geht es ~** (*fam*) sb feels bad [*or* terrible]; (*finanziell schlecht dastehen*) sb is badly off; (*Übles bevorstehen*) sb is [in] for it *fam*; ***wenn er erwischt wird, geht es ihm ~!*** if he's caught he'll be [in] for it!
Dreckloch *nt* (*pej sl*) hovel, dump *fam* **Drecknest** *nt* (*pej sl*) hole, dump *fam* **Dreckpfoten** *pl* (*sl*) dirty fingers *pl*, grubby paws *pl* **Drecksack** *m* (*pej*) bastard
Drecksarbeit *f* (*fam*) *s.* **Dreckarbeit**
Drecksau *m* (*pej sl*) filthy swine *pej sl* **Dreckschleuder** *f* (*pej*) ① (*verleumderische Person*) slanderer ② (*Umweltverschmutzer*) industrial polluter **Dreckschwein** *nt* (*fam*) *s.* **Drecksau**
Dreckskerl *m* (*fam*) *s.* **Drecksack**
Dreckspatz *m* (*fam Kind*) mucky [*or* messy] pup BRIT *fam*; (*pej Erwachsener*) filthy beggar
Dreckswetter *nt* (*pej fam*) foul [*or* BRIT *a.* filthy] weather
Dreh <-s, -s *o* -e> *m* ① FILM, TV shooting *no pl*; **mitten im ~** in the middle of shooting
② (*fam*) trick
► WENDUNGEN: **den [richtigen] ~ heraushaben** (*fam*) to get the knack [*or fam* hang] of it; **[so] um den ~** (*fam*) about then [*or* that]; ***wir treffen uns morgen Abend um acht, jedenfalls [so] um den ~*** we're meeting at round about eight tomorrow evening
Dreharbeit *f meist pl* FILM shooting *no pl*
Drehbackofen *m* revolving tray oven, reel oven
Drehbank <-bänke> *f* TECH lathe
drehbar I. *adj* revolving; **~er Sessel/Stuhl** swivel chair
II. *adv* revolving; ~ **gelagert** pivoted
Drehbewegung *f* rotation, rotary motion; **eine ~ machen** to turn [*or* rotate] **Drehbleistift** *m* propelling [*or* AM mechanical] pencil **Drehbrücke** *f* TECH swing bridge **Drehbuch** *nt* FILM screenplay **Drehbuchautor(in)** *m(f)* FILM screenplay writer **Drehbühne** *f* THEAT revolving stage
drehen I. *vt* ① (*herumdrehen*) ■**etw** ~ to turn sth
② (*verdrehen*) ■**etw** ~ to turn [*or* move] sth; **den Kopf ~** to turn [*or* move] one's head
③ (*durch Rollen zubereiten*) ■**[sich** *dat***] etw** ~ to roll sth [for oneself]
④ FILM (*aufnehmen*) ■**etw** ~ to shoot sth
⑤ (*stellen*) ■**etw** ~ to turn sth; ***dreh bitte das Radio etwas lauter/leiser*** can you turn the radio up/down a bit, please
⑥ (*sl: hinkriegen*) ■**etw** ~ to manage sth; ***keine Sorge, ich werde es schon irgendwie ~, dass wir unbeschadet aus dieser Affäre herauskommen*** don't worry, I'll make sure somehow that we get out of this affair unscathed; *s. a.* **Ding**
► WENDUNGEN: **wie man es auch dreht und wendet** however [*or* no matter how] you look at it, whichever way
II. *vi* ① FILM (*Aufnahmen machen*) to shoot
② (*stellen*) ■**an etw** *dat* ~ to turn sth; ***wer hat an der Heizung gedreht?*** who's been fiddling with the heating?
③ (*wenden*) to turn round
④ (*umspringen*) ■**[auf etw** *akk***]** ~ to change [*or* shift]
► WENDUNGEN: **daran ist nichts zu ~ und zu deuteln** there are no two ways about it
III. *vr* ① (*rotieren*) to rotate [*or* revolve]; ■**sich [um etw]** ~ to turn [about sth]; ***die Erde dreht sich um die Sonne*** the earth turns about [*or* goes round] the sun; ***das Auto geriet bei Glatteis ins Schleudern und drehte sich mehrmals*** the car skidded on the ice and spun [round] several times; *s. a.* **Kreis**
② (*sich um~*) ■**sich** ~ to turn; **sich zur Seite/auf den Bauch/nach rechts** ~ to turn to the side/on to one's stomach/to the right
③ (*betreffen*) ■**sich um etw** ~ to be about sth; ***das***

Gespräch dreht sich um Sport the conversation revolves around sport; ■**sich darum ~, dass** the point is that; ■**sich um jdn/etw ~** to be about [*or* concern] sb/sth

▶ WENDUNGEN: **sich ~ und wenden** to try and get out of it; **alles dreht sich um jdn** everything revolves around sb, sb is always the centre [*or* AM -er] of attention; **jdm dreht sich alles** sb's head is spinning [*or* BRIT *a.* swimming]; *s. a.* **Tanz**

Dreher(in) <-s, -> *m(f)* lathe operator

Dreherlaubnis *f kein pl* FILM permission to film [*or* shoot]; **eine ~ erhalten** to be granted permission to film [*or* shoot] **Drehflügel** *m* BAU turn sash, casement **drehfreudig** *adj* AUTO free-revving, willing to rev *pred,* revving willingly *pred* **Drehgenehmigung** <-, -en> *f* FILM permission to film [*or* shoot]; **eine ~ erhalten** to be granted permission to film [*or* shoot] **Drehkartei** *f* rotary file **Drehkippfenster** *nt* BAU turn-and-tilt window **Drehkran** *m* TECH rotary [*or* BRIT slewing] [*or* AM sluing] crane **Drehkreuz** *nt* turnstile **Drehleiter** *f* turntable ladder **Drehmoment** *nt* AUTO, PHYS torque **Drehmomentwandler** *m* AUTO torque converter, TC **Drehorgel** *f* MUS barrel organ **Drehort** *m* FILM location **Drehpause** *f* FILM break in shooting **Drehrestaurant** *nt* revolving restaurant **Drehriegelverschluss**[RR] *m* BAU hasp lock **Drehschalter** *m* ELEK rotary switch **Drehschaltgriff** *m* rotary switch **Drehscheibe** *f* ① (*fig: Angelpunkt, Zentrum*) hub ② (*runde, sich drehende Vorrichtung*) revolving disc ③ (*Töpferscheibe*) potter's wheel **Drehspieß** *m* spit **Drehstangenschloss**[RR] *nt* BAU cremone bolt lock **Drehstrom** *m* ELEK three-phase current **Drehstromgenerator** *m* AUTO alternator, ALT **Drehstuhl** *m* swivel chair **Drehtag** *m* day of shooting **Drehtür** *f* BAU revolving door **Dreh- und Angelpunkt** *m* key [*or* central] issue

Drehung <-, -en> *f* revolution; ***eine Pirouette besteht aus einer Vielzahl rascher ~en um die eigene Achse*** you perform a pirouette by spinning round quickly a number of times; **eine ~ machen** to turn

Drehwurm *m* ▶ WENDUNGEN: **einen** [*o* **den**] **~ haben** [*o* **kriegen**] (*fam*) to feel giddy

Drehzahl *f* AUTO, PHYS [number of] revolutions [*or* revs]

Drehzahlbereich *m* AUTO rev [*or* [engine] speed] range; **hoher/niedriger ~** high revs [*or* [engine] speed] **Drehzahlmesser** *m* AUTO rev[olution] counter

drei *adj* three; ***sie arbeitet für ~*** she works for [*or* does the work of] three; **~ viertel** three quarters; **~ viertel ...** quarter to ... BRIT, quarter before ... AM; ***es ist ~ viertel vier*** it's quarter to four [*or* 3:45]; *s. a.* **acht**[1]

▶ WENDUNGEN: **aussehen, als könne man nicht bis ~ zählen** to look pretty empty-headed; **ehe man bis ~ zählen konnte** in the twinkling [*or* blink] of an eye, before you could say Jack Robinson [*or* AM lickety-split] *dated*

Drei <-, -en> *f* ① (*Zahl*) three
② KARTEN three; *s. a.* **Acht**[1] **4**
③ (*auf Würfel*) **eine ~ würfeln** to roll a three
④ (*Zeugnisnote*) C, satisfactory; ***er hat in Deutsch eine*** ~ he got a C in German
⑤ (*Verkehrslinie*) ■**die ~** the [number] three

Dreiachteltakt *m* MUS three-eight time **dreibändig** *adj inv* LIT in three volumes *pred,* three-volume *attr* **Dreibettzimmer** *nt* three-bed room **Dreibruchfalz** *m* TYPO three-directional fold **Dreibruch-Fensterfalz** *m* TYPO three-directional gatefold **Dreibruch-Kreuzfalz** *m* TYPO three-directional right-angle fold

Drei-D-Abbildung *f* three-dimensional picture **Drei-D-Darstellung** *f* three-dimensional display **dreidimensional** *adj* three-dimensional

Dreieck *nt* MATH triangle

▶ WENDUNGEN: **im ~ springen** (*fam*) to go off the deep end [*or* berserk] [*or* ballistic] *fam*

dreieckig, 3-eckig[RR] *adj* triangular

Dreiecksgeschäft *nt* ÖKON triangular transaction **Dreieckshandel** *m* triangular transaction **Dreieckstuch** *nt* ① MODE triangular shawl ② MED triangular bandage **Dreiecksverhältnis** *nt* love [*or* BRIT *a.* eternal] triangle, ménage à trois; **ein ~ haben** to be [involved] in an eternal triangle

dreieinhalb *adj* ① (*3,5*) three and a half ② (*fam*) three and a half grand *no pl sl,* three and a half thou *fam sl; s. a.* **achteinhalb**

dreieinig *adj s.* **dreifaltig**

Dreieinigkeit <-> *f kein pl s.* **Dreifaltigkeit**

Dreier <-s, -> *m* ① (*fam: drei Richtige im Lotto*) three winning numbers [in the lottery] ② SCH (*fam*) [a] satisfactory [mark [*or* AM grade]]

▶ WENDUNGEN: **ein flotter ~** (*sl*) a threesome *fam,* three-in-a-bed sex BRIT *sl*

Dreierkonferenz *f* TELEK three-way conference

dreierlei *adj inv, attr* three [different]; *s. a.* **achterlei**

Dreierpack *m* pack of three **Dreierreihe** *f* row of three; ***die Ehrenkompanie war in ~ angetreten*** the guard of honour fell in three abreast

dreifach, 3fach I. *adj* threefold; **in ~er Ausführung** in triplet, three copies of; **die ~e Menge** three times [*or* BRIT *a.* treble] the amount
II. *adv* threefold, three times over

Dreifache, 3fache *nt dekl wie adj* three times [*or* BRIT *a.* treble] the amount; *s. a.* **Achtfache**

Dreifachstecker *m* three-way adapter

dreifaltig *adj* REL triune

Dreifaltigkeit <-> *f kein pl* REL Trinity; **die Heilige ~** the Holy Trinity

Dreifarbendruck *m* TYPO ① *kein pl* (*Verfahren*) three-colour [*or* AM -or] printing ② (*Bild*) three-colour print **Dreifelderwirtschaft** *f kein pl* AGR crop rotation [with three crops] **Dreifingerregel** *f* PHYS *direction of electromagnetic force, current and field* **Dreifuß** *m* ① (*Schemel*) three-legged stool ② (*Untergestell*) trivet, tripod **Dreiganggetriebe** *nt* three-speed gears *pl* **Dreigangschaltung** *f* three-speed; **ein Fahrrad mit ~** a three-speed [bicycle] **Dreigespann** *nt* ① (*Troika*) troika, three-horse carriage ② (*fam*) threesome; ***dieser Verlag wird von einem ~ aus Vater und zwei Söhnen geleitet*** this publishing house is run by a father and his two sons **Dreigestirn** *nt* (*poet*) triple star **Dreigroschenheft(chen)** *nt* (*pej*) a Mills and Boone BRIT, a Harlequin romance novel AM **Dreigroschenoper** *f* (*pej*) threepenny opera

dreihundert *adj* three hundred; *s. a.* **hundert**

dreihundertjährig *adj* three-hundred-year-old *attr;* **das ~e Bestehen von etw feiern** to celebrate the tercentenary [*or* tercentennial] of sth

Dreijahresfrist *f* FIN three-year period

dreijährig, 3-jährig[RR] *adj* ① (*Alter*) three-year-old *attr,* three years old *pred; s. a.* **achtjährig 1** ② (*Zeitspanne*) three-year *attr; s. a.* **achtjährig 2**

Dreijährige(r), 3-Jährige(r)[RR] *f(m) dekl wie adj* three-year-old

Dreikampf *m* SPORT three-event [athletics] competition (*100-metre sprint, long jump and shot put*) **Dreikäsehoch** <-s, -[s]> *m* (*pej*) tiny tot, squirt **Dreiklang** *m* MUS triad **Dreikönige** *pl* REL Epiphany *no pl* **Dreikönigsfest** *nt* REL [feast of] Epiphany **Dreikönigstag** *m* REL Epiphany, Twelfth Night **dreiköpfig** *adj inv* three-headed; *s. a.* **achtköpfig** **Dreikorb** *m* REL (*Sammlung von Texten im Buddhismus*) Tripitaka **Dreiländereck** *nt* GEOG *region where three countries meet*

Drei-Liter-Auto *nt* three-litre [*or* AM -er] car (*extremely economical small car: 3 litres/100 km*)

Dreimächtepakt *m* HIST (*1940*) Axis pact (*pact between Germany, Italy and Japan*)

dreimal, 3-mal[RR] *adv* three times, thrice *dated; s. a.* **achtmal**

▶ WENDUNGEN: **~ darfst du raten!** (*fam*) I'll give you three guesses; **jdm alles erst ~ sagen müssen** (*fam*) to always have to repeat everything to sb, to always have to tell sb twice

dreimalig, 3-malig *adj* three times over; *s. a.* **achtmalig**

Dreimaster <-s, -> *m* NAUT three-master **Dreimeilenzone** *f* JUR three-mile limit; **außerhalb/innerhalb der ~** outside/inside the three-mile limit **Dreimesserautomat** *m* TYPO automatic three-knife trimmer **Dreimeterbrett** *nt* three-metre [*or* AM -er] board **Dreiminutenei** *nt* KOCHK soft-boiled egg

dreimonatig *adj inv* three-monthly; *s. a.* **achtmonatig**

Dreimonatsgeld *nt* FIN three months [*or* ninety day] loan

drein *adv* (*fam*) *s.* **darein**

drein|blicken *vi* look **drein|fügen** *vr* ■**sich ~** to accept [*or* fit in with] it **drein|reden** *vi* DIAL ■**jdm** [**bei etw**] **~** ① (*dazwischenreden*) to interrupt sb [during/in sth] ② (*sich einmischen*) to interfere in sb's else's business **drein|schauen** *vi s.* **dreinblicken** **drein|schlagen** *vi irreg* DIAL to restore order using [*or* by] force

Drei-Pass-Verfahren *nt* INFORM three pass scanner

Dreiphasenstrom *m* three-phase current

Dreipunkt(sicherheits)gurt *m* AUTO lap and shoulder [*or* AM diagonal] seatbelt **Dreirad** *nt* (*fam*) tricycle **dreiräd(e)rig** *adj* three-wheeled **Dreisatz** *m kein pl* MATH rule [*or* proportion] of three **Dreisatzrechnung** *f* MATH rule of three [calculation]

Dreiseitenbeschnitt *m* TYPO three-sided trimming **Dreispeichenlenkrad** *nt* AUTO three-spoke steering wheel **Dreispitz** <-es, -e> *m* HIST tricorn[e], three-cornered hat **Dreisprung** *m* SPORT *kein pl* triple jump **dreispurig** *adj inv* three-lane *attr,* having [*or* with] three lanes *pred*

dreißig *adj* ① (*Zahl*) thirty; *s. a.* **achtzig 1** ② (*fam: Stundenkilometer*) thirty [kilometres [*or* AM -meters] an hour]; *s. a.* **achtzig 2**

Dreißig <-, -en> *f* thirty

dreißiger *adj,* **30er** *adj attr, inv* **die ~ Jahre** the thirties [*or* '30s] *pl; s. a.* **achtziger**

Dreißiger[1] <-s, -> *m* ■**ein ~** a '30s vintage

Dreißiger[2] <-, -> *f* thirty-pfennig stamp

Dreißiger[3] *pl* **in den ~n/Mitte der ~ sein** to be in one's thirties/mid-thirties; *s. a.* **Achtziger**[3]

Dreißiger(in) <-s, -> *m(f)* (*Mensch in den Dreißigern*) thirty-year-old [man/woman]

Dreißigerjahre *pl* ■**die ~** the thirties [*or* '30s]

dreißigjährig, 30-jährig[RR] *adj attr* ① (*Alter*) thirty-year-old *attr,* thirty years old *pred* ② (*Zeitspanne*) thirty-year *attr*

Dreißigjährige(r), 30-Jährige(r)[RR] *f(m) dekl wie adj* thirty-year-old

Dreißigpfennigmarke *f,* **30-Pfennig-Marke** *f* 30-pfennig stamp

dreißigste(r, s) *adj* thirtieth; *s. a.* **achte(r, s)**

dreist *adj* (*pej*) brazen *pej;* **~e Anspielung/Behauptung/Weise** barefaced [*or* shameless] allusion/claim/way; ■**~ sein/werden** to be/become bold [*or pej* brazen]

dreistellig, 3-stellig[RR] *adj inv* three-figure *attr*

Dreistigkeit <-, -en> *f* ① *kein pl* (*dreiste Art*) brazenness, shamelessness, barefacedness; **die ~ besitzen** [*o* **haben**]**, etw zu tun** to have the audacity [*or* nerve] [*or* BRIT cheek] to do sth ② (*dreiste Handlung*) brazen act

dreistöckig, 3-stöckig[RR] *adj inv* three-storey *attr* [*or* AM -story], with three storeys

dreistufig *adj* ① *Leiter, Treppe* with [*or* having] three steps ② *Abschnitt* three-stage *attr* **dreistündig, 3-stündig**[RR] *adj* three-hour *attr; s. a.* **achtstündig** **Dreitagebart** *m* designer stubble **dreitägig, 3-tägig**[RR] *adj* three-day *attr* **Drei-Tasten-Maus** *f* INFORM three-buttoned mouse **dreitausend** *adj* ① (*Zahl*) three thousand; *s. a.* **tausend 1** ② (*fam: 3000 DM*) three grand *no pl,* three thou *no pl sl,* three G's [*or* K's] AM *sl* **Dreitausender** *m* mountain over 3,000 metres [*or* AM meters] **dreiteilig, 3-teilig**[RR] *adj* FILM three-part; *Besteck* three-piece **Dreitürer** <-s, -> *m* AUTO (*fam*) three-door car [*or* model] **dreitürig** *adj* AUTO three-door *attr,* with three doors *pred*

dreiviertel *adj, adv inv s.* **drei 1, viertel**

Dreiviertel *nt* **in einem ~ …** in three-quarters …; ***in einem ~ der Zeit*** in three-quarters [of] the time; ***ich könnte Ihnen das zu einem ~ der Summe anbieten*** I could offer you that at three-quarters [of] the price

Dreiviertelarm *m* three-quarter sleeve **Dreiviertelärmel** *m* MODE three-quarter [length] sleeve **dreiviertellang** *adj* MODE three-quarter [length] **Dreiviertelliterflasche** *f* three-quarter-litre [*or* AM -er] bottle **Dreiviertelmehrheit** *f* three-quarter[s] majority **Dreiviertelstunde** *f* three-quarters of an hour, AM *usu* 45 minutes **Dreivierteltakt** *m* MUS three-four [*or* AM three-quarter] time

Dreiwegekatalysator *m* AUTO three-way catalytic converter [*or* catalyst]

dreiwöchig *adj inv, attr* ❶ (*3 Wochen dauernd*) three-week
❷ (*3 Wochen alt*) three-week-old; *s. a.* **achtwöchig**

Dreizack <-s, -e> *m* trident **Dreizehenmöwe** *f* ORN kittiwake

dreizehn *adj* thirteen; ~ **Uhr** 1pm, 1300hrs *written,* thirteen hundred hours *spoken; s. a.* **acht**[1]
► WENDUNGEN: **jetzt schlägt's aber ~** (*fam*) enough is enough

dreizehnjährig *adj inv, attr* thirteen-year-old; *s. a.* **achtjährig**

dreizehnte(r, s) *adj* thirteenth; *s. a.* **achte(r, s)**

Dreizehntel *nt a.* MATH thirteenth; *s. a.* **Achtel**

Dreizimmerwohnung *f* three-room flat [*or* AM appartment]

Drell <-s, -e> *m* NORDD (*Drillich*) drill

Drempelwand *f* BAU jamb wall

Dres. *pl Abk von* **doctores** Drs *pl* (*PhDs*)

Dresche <-> *f kein pl* (*fam*) thrashing, AM licking; ~ **bekommen** [*o* **kriegen**] to get a thrashing

dreschen <drischt, drosch, gedroschen> **I.** *vt*
❶ AGR ■**etw ~** to thresh sth; *s. a.* **Phrase**
❷ (*fam: prügeln*) ■**jdn ~** to thrash sb; **jd grün und blau ~** to beat sb black and blue; **jdm eine ~** (*fam*) to land sb one BRIT; ■**sich ~** to fight [one another]
II. *vi* ❶ AGR to thresh
❷ (*fam: schlagen*) to hit out
❸ (*fam: treten*) to kick out

Drescher(in) <-s, -> *m(f)* thresher

Dreschflegel *m* AGR flail **Dreschmaschine** *f* AGR threshing machine

Dresden <-s> *nt* GEOG Dresden

Dress[RR] <-es, -e> *m o* ÖSTERR *f,* **Dreß** <-sses, -sse> *m* SPORT [sports] kit; (*Fußball*) kit, BRIT *a.* strip

Dressierbeutel *m s.* **Spritzbeutel**

dressieren* *vt* ❶ (*abrichten*) ■**ein Tier [für etw] ~** to train an animal [to do sth]; ■**ein Tier [darauf] ~, etw zu tun** to train an animal to do sth; *s. a.* **Mann 1**
❷ (*pej: disziplinierend zwingen*) ■**jdn ~** to drill sb
❸ KOCHK (*mit Spritzbeutel auftragen*) ■**etw ~** to pipe sth
❹ KOCHK (*bratfertig binden*) **einen Vogel/Braten ~** to truss a bird/roast

Dressing <-s, -s> *nt* KOCHK ❶ (*Salatsoße*) dressing
❷ (*Kräuter- oder Gewürzmischung*) marinade

Dressman <-s, -men> ['drɛsmən] *m* MODE male model

Dressur <-, -en> *f* ❶ (*das Dressieren*) training
❷ (*eingeübte Fertigkeit*) trick
❸ (*pej: das Abrichten*) disciplining, conditioning

Dressurreiten *nt* SPORT dressage

dribbeln *vi* SPORT to dribble

Dribbling <-s, -s> *nt* SPORT dribbling, dribble; **zu einem ~ ansetzen** to start dribbling, BRIT *a.* to set off on a dribble

driften *vi sein* (*a. fig*) to drift *a. fig*

Drill <-[e]s> *m kein pl* drill

Drillbohrer *m* drill

drillen *vt* ■**jdn ~** to drill sb; ■**jdn auf etw akk ~** to drill sb in sth [*or* sth into sb]; ■**auf etw akk gedrillt sein** (*fam*) to be drilled in sth

Drillich <-s, -e> *m* MODE drill

Drillichanzug *m* MODE dungarees *npl* **Drillichzeug** *nt kein pl* MODE dungarees *npl,* overalls *npl*

Drilling <-s, -e> *m* ❶ (*Geschwister*) triplet; ■**~e** [a set of] triplets; **~e bekommen** to have triplets
❷ JAGD triple-barrelled [*or* AM -eled] shotgun

Drillschraubenzieher *m* spiral screwdriver

drin *adv* (*fam*) ❶ (*darin*) in it; ***im Krug ist noch etwas ~*** there's still something left in the jug; *s. a.* **darin 1**
❷ (*drinnen*) inside; ***ich bin hier ~*** I'm in here; ***du bleibst ~, du warst unartig!*** you're staying indoors [*or* inside], you've been naughty!
► WENDUNGEN: **in etw** *dat* **~ sein** to get into sth; **etw ist [bei jdm] ~** (*fam*) sth is possible [from sb]; ***so viel ist bei mir nicht ~!*** I can't afford [to pay] that much!; **bei jdm ist alles ~** anything is possible with sb; **für jdn ist noch alles ~** anything is still possible for sb

dringen <drang, gedrungen> *vi* ❶ *sein* (*stoßen*) ■**durch/in etw** *akk* **~** to penetrate sth; **durch die Bewölkung/den Nebel/in den Nachthimmel ~** to pierce the cloud/fog/the night sky
❷ *sein* (*durch etw vorwärts kommen*) ■**durch etw ~** to force one's/it's way through sth
❸ *sein* (*vor~*) ■**an etw** *akk***/zu jdm ~** to get through to [*or* reach] sth/sb; ***an die Öffentlichkeit ~*** to leak to the public
❹ *haben* (*auf etw bestehen*) ■**auf etw** *akk* **~** to insist on sth; **auf mehr Gehalt ~** to demand more pay [*or* a higher salary]; ■**darauf ~, etw zu tun/dass etw getan wird** to insist on sth being done/that sth be done
❺ *sein* (*bestürmen*) ■**[mit etw] in jdn ~** to press sb [with sth]; **mit Bitten/Fragen in jdn ~** to bombard sb with requests/questions

dringend **I.** *adj* ❶ (*schnell erforderlich*) urgent, pressing; **etw ~ machen** (*fam*) to make sth a priority; **ein ~er Fall/eine ~e Operation** MED an emergency
❷ (*nachdrücklich, zwingend*) strong; **~er Aufruf/~e Bitte** urgent call/request; **~e Gründe** compelling reasons; **~e Warnung** dire warning
II. *adv* ❶ (*schnellstens*) urgently
❷ (*nachdrücklich*) strongly
❸ (*unbedingt*) absolutely; ***ich muss dich ~ sehen*** I really need to [*or* must] see you

dringlich *adj s.* **dringend 1**

Dringlichkeit <-> *f kein pl* urgency

Dringlichkeitsanfrage *f* POL emergency question **Dringlichkeitsantrag** *m* POL emergency motion **Dringlichkeitsvermerk** *m* urgent note

drinhängen *vi irreg* (*fam*) *s.* **drinstecken 3, 4**

Drink <-s, -s> *m* drink; **jdm einen ~ machen** [*o* **mixen**] to make [*or* mix] [*or* AM *a.* fix] sb a drink

drinnen *adv* (*in einem Raum*) inside; **dort** [*o* **da**]**/hier ~** in there/here; (*im Haus*) indoors, inside; ***ich gehe jetzt nach ~*** I'm going indoors [*or* inside] now; **von ~** from [the] inside

drin|sein *vi irreg* (*fam*) *s.* **drin 3** **drin|sitzen** *vi irreg* SÜDD, ÖSTERR (*fam*) to be in [a bit of] a jam, to be in a real [*or* right] [*or* proper] pickle BRIT, to be up the creek AM **drin|stecken** *vi* (*fam*) ■**in etw** *dat* **~** ❶ (*sich in etw befinden*) to be in sth ❷ (*investiert sein*) to go into sth; ***man merkt, dass da viel Arbeit/Liebe drinsteckt*** you can see that a lot of work/love has gone [*or* been put] into that ❸ (*direkt mit etw befasst sein*) to be involved in sth; *s. a.* **Ohr** ❹ (*verwickelt sein*) to be involved [*or* mixed up] in sth **drin|stehen** *vi* ❶ (*in etw stehen*) to be in it; ■**in etw** *dat* **~** to be in sth ❷ (*verzeichnet sein*) ■**in etw** *dat* **~** to be in sth; ***es stand also in dieser Zeitung drin?*** it was in this paper, was it?

drisch *imper sing von* **dreschen**

dritt *adv* ■**zu ~ sein** to be three together; ***wir waren zu ~*** there were three of us

drittälteste(r, s) *adj* third oldest; **~er Nachkomme** third eldest [*or* oldest] descendant

Drittanspruch *m* JUR third-party claim **Drittaufwand** *m* FIN third-party expenditure **Drittbegünstigte(r)** *f(m) dekl wie adj* JUR third-party beneficiary **Drittbegünstigung** *f* JUR third-party preference

dritte(r, s) *adj* ❶ (*nach dem zweiten kommend*) third; **die ~ Klasse** primary three BRIT, third grade AM; *s. a.* **achte(r, s) 1**
❷ (*Datum*) third, 3rd; *s. a.* **achte(r, s) 2**

Dritte(r) *f(m) dekl wie adj* ❶ (*dritte Person*) third; (*Unbeteiligter*) third party; **der ~ im Bunde sein** to make up a trio [*or* threesome]; *s. a.* **Achte(r) 1**
❷ (*bei Datumsangaben*) ■**der ~** [*o* *geschrieben* **der 3.**] the third *spoken,* the 3rd *written; s. a.* **Achte(r) 2**
❸ (*Namenszusatz*) **Ludwig der ~** *gesprochen* Louis the Third; **Ludwig III.** *geschrieben* Louis III
❹ SCH **die D~** (*fam*) primary three BRIT, third grade AM
► WENDUNGEN: **der lachende ~** [the] tertius gaudens *rare* (*a third party that benefits from a dispute between two others*); **wenn zwei sich streiten, freut sich der ~** (*prov*) when two people quarrel, a third rejoices *prov*

drittel *adj* third

Drittel <-s, -> *nt o* SCHWEIZ *m* third; *s. a.* **Achtel**

Drittelbeteiligung *f* FIN one-third interest

dritteln *vt* ■**etw ~** to divide [*or* split] sth three ways [*or* into three parts]

drittens *adv* thirdly

Dritte-Welt-Laden *m* Third World import store (*shop which sells products from the Third World countries to support them*) **Dritte-Welt-Land** *nt* Third World country

Drittgläubigeranspruch *m* FIN third-party creditor claim

drittgrößte(r, s) *adj* third-largest [*or* biggest]

Dritthaftung *f* FIN third-party liability **dritthöchste(r, s)** *adj* third-highest **drittklassig** *adj* (*pej*) third-rate *pej* **Drittklässler(in)**, **Drittkläßler(in)**[RR] <-s, -> *m(f)* SCH (*fam*) primary three [*or* P3] pupil BRIT, third-grader AM **Drittländer** *pl* third [*or* non-member] countries *pl* **Drittlandsgebiet** *nt* HANDEL third country [territory] **drittletzte(r, s)** *adj* ■**der/die/das ~** the third [from] last **Drittmittel** *pl* third party funds *pl;* **etw aus ~n finanzieren** to fund sth from [*or* with] third party resources **Drittschaden** *m* JUR third-party damage **Drittschadensliquidation** *f* FIN third-party damage refund **Drittschuldner(in)** *m(f)* JUR third-party debtor **Drittschuldnerprozess** *m* JUR litigation involving a third-party debtor **Drittstaaten** *pl* third [*or* non-member] countries *pl* **Drittverwahrer** *m* FIN third-party depositary **Drittverwahrung** *f* FIN third-party custody **Drittwiderspruch** *m* JUR third-party opposition **Drittwiderspruchsklage** *f* JUR third-party counterclaim proceedings *pl* **Drittwirkung** *f* JUR effect on third party

Drive-in <-s, -s> ['draɪfɪn] *nt* drive-in [restaurant]

DRK <-> *nt Abk von* **Deutsches Rotes Kreuz** German Red Cross

droben *adv* (*geh*) up there; **dort ~** up there

Droge <-, -n> *f* PHARM ❶ (*Rauschgift*) drug *a. fig;* ***für einen Arbeitswütigen ist die Arbeit eine ~*** work is like a drug for a workaholic; **~n nehmen** to take [*or sl* do] drugs; **unter ~n stehen** to be on drugs
❷ (*Arzneistoff*) drug

dröge *adj* NORDD ❶ (*trocken*) dry
❷ (*langweilig*) boring

Drögeler(in) <-s, -> *m(f)* SCHWEIZ drug addict

drogenabhängig *adj* addicted to drugs *pred;* ■**~ sein** to be a drug addict; **jdn ~ machen** to get sb addicted to drugs; **Crack/ein Dealer hat ihn ~ gemacht** crack/a dealer got him addicted to [*or* hooked on] drugs [*or* turned him into a drug addict]

Drogenabhängige(r) *f(m) dekl wie adj* drug addict **Drogenabhängigkeit** *f* drug addiction **Drogenbekämpfung** *f kein pl* war on [*or* BRIT *a.* fight against] drugs **Drogenberatungsstelle** *f* drug-advice centre [*or* AM -er] **Drogenboss**[RR], **Drogenboß** *m* drug baron, drugs boss **Drogendealer(in)** *m(f)* drug dealer **Drogengeschäft** *nt* drug dealing; **das ~** the drug business **Drogenhandel** *m* drug trafficking [*or* trade] **Drogenhändler(in)** *m(f)* drug dealer **Drogenhilfe** *f* drug advice **Drogenkonsum** *m* drug-taking

Drogenkonsument(in) *m(f)* drug consumer [*or* AM user] **Drogenmafia** *f* drug mafia **Drogenmissbrauch**[RR] *f kein pl* drug abuse **Drogenpolitik** *f kein pl* drug policy, policy on drugs **Drogenproblem** *nt* drug[-related] problem **Drogenstrich** *m* drug-related prostitution **Drogensucht** *f s.* **Drogenabhängigkeit** **drogensüchtig** *adj s.* **drogenabhängig** **Drogensüchtige(r)** *f(m) dekl wie adj s.* **Drogenabhängige(r)** **Drogenszene** *f* drug scene **drogentherapeutisch** *adj inv, attr* drug therapy *attr* **Drogentod** *m* death from an overdose [of drugs] **drogentot** *adj inv* dead from a drug overdose **Drogentote(r)** *f(m) dekl wie adj sb who died of drug abuse*

Drogerie <-, -n> [-'riːən] *f* chemist's [shop] BRIT, drug store AM

Drogist(in) <-en, -en> *m(f)* chemist

Drohbrief *m* threatening letter

drohen I. *vi* ❶ (*physisch und moralisch be~*) ■[jdm] mit etw ~ to threaten [sb] with sth; ***die Arbeiter drohten mit Streik*** the union threatened to strike; ■[jdm] ~, etw zu tun to threaten to do sth [to sb]
❷ (*unangenehmerweise bevorstehen*) ■[jdm] ~ to threaten [sb]; ***es droht ein Gewitter*** a storm is threatening [*or* about to break]; ***ein neuer Konflikt/Krieg droht*** there is the threat of renewed conflict/war; **jdm droht etw** sb is threatened by [*or* in danger of] sth; ***dir droht Gefahr/der Tod*** you're in danger/mortal danger [*or* danger of being killed]; **etw** *dat* **droht** [etw] sth threatens [sth]; ***vielen schönen Altbauten droht der Abriss*** a number of beautiful old buildings are under threat of being demolished
II. *aux vb* ■~, etw zu tun to be in danger of doing sth; ***die Zeitbombe drohte jeden Moment zu explodieren*** the time bomb was threatening to explode at any moment

drohend I. *adj* ❶ (*einschüchternd*) threatening, menacing
❷ (*bevorstehend*) impending, imminent
II. *adv* threateningly

Drohgebärde *f* ❶ (*drohende Gebärde*) threatening gesture
❷ (*drohende Aktion*) threatening move

Drohne <-, -n> *f* ❶ (*männliche Biene*) drone
❷ (*pej: Schmarotzer*) parasite, sponger

dröhnen *vi* ❶ (*dumpf klingen*) to roar; *Donner* to roll, to rumble; *Lautsprecher, Musik, Stimme* to boom
❷ (*dumpf widerhallen*) **jdm dröhnt der Kopf** [*o* **Schädel**]/**dröhnen die Ohren** sb's head is/ears are ringing
❸ (*dumpf vibrieren*) to reverberate

dröhnend *adj* reverberating; **~er Applaus** resounding [*or* echoing] applause; **~er Lärm** droning noise; **~es Gelächter** raucous laughter; **~e Stimme** booming voice

Drohung <-, -en> *f* threat; **eine leere/keine leere ~** an/no empty threat; **eine offene ~** an explicit [*or* overt] threat; **eine versteckte ~** a veiled [*or* an implicit] threat

drollig *adj* ❶ (*belustigend*) funny, amusing [*or* comical]
❷ (*niedlich*) sweet *esp* BRIT, cute *esp* AM
► WENDUNGEN: **werd nicht ~!** don't get funny

Dromedar <-s, -e> *nt* ZOOL dromedary

Drops <-, – *o* -e> *m o nt* fruit drop; **saure ~** acid drops

drosch *imp von* **dreschen**

Droschke <-, -n> *f* (*veraltend*) ❶ (*Pferde~*) hackney cab [*or* carriage], coach
❷ (*veraltend: Taxi*) [taxi-]cab

Drosophila <-, -s> *f* ZOOL drosophila

Drossel <-, -n> *f* ORN thrush

Drosselklappe *f* AUTO throttle valve

drosseln *vt* ❶ (*kleiner stellen*) ■etw ~ to decrease sth; **die Heizung ~** to turn the heating [*or* AM heater] down
❷ (*verringern*) ■etw [auf/um etw *akk*] ~ *Einfuhr, Produktion, Tempo* to reduce sth [to sth/by sth]

Dross(e)lung[RR], **Droßlung** <-, -en> *f* reduction, cutback; ***eine ~ der Importe*** a reduction [*or* cutback] in imports

Drosselventil *nt* throttle valve

drüben *adv* over there; **da ~** over there; **nach ~** over there; **von ~** from over there

drüber *adv* (*fam*) across [*or* over] [there]; ***ich muss da ~*** I must get across [*or* over] [that]; **~ hüpfen/springen** to hop/jump over [it]

drüber|hüpfen *vi* (*fam*) *s.* **drüber** **drüber|springen** *vi* (*fam*) *s.* **drüber**

Druck[1] <-[e]s, Drücke> *m* ❶ PHYS pressure; **unter ~ stehen** to be under pressure
❷ *kein pl* (*Zwang*) pressure; **~ bekommen** (*fam*) to be put under pressure; **in ~ sein, unter ~ stehen** to be pressed for time; **~ [hinter etw *akk*] machen** (*fam*) to put some pressure [*or* bring some pressure to bear] on [sth]; **jdn unter ~ setzen** [*o* **~ auf jdn ausüben**] to put [*or* exert] pressure on sb, to pressurize sb
❸ (*drückendes Gefühl*) pressure; ***ich habe so einen ~ im Kopf*** I have such a feeling of pressure in my head
❹ (*das Drücken*) pressure; ***die Raketen werden durch einen ~ auf jenen Knopf dort gestartet*** the missiles are released by pressing this button; **~ auf etw *akk* ausüben** (*geh*) to put [*or* exert] pressure on sth
❺ (*sl: Rauschgiftspritze*) fix *sl*
► WENDUNGEN: **~ erzeugt Gegendruck** pressure creates resistance

Druck[2] <-[e]s, -e> *m* ❶ TYPO (*das Drucken*) printing; ***Satz und ~ von F. Schmidtmann & Söhne*** [type-]setting and printing by F. Schmidtmann & Sons; **in ~ gehen** to go into print [*or* to press]; **etw in ~ geben** to send sth to print [*or* press]; **im ~ sein** to be in print
❷ TYPO (*Druckwerk*) printed work, publication; (*Kunst~*) [art] print
❸ TYPO (*Art des Drucks*) print
❹ MODE (*bedruckter Stoff*) print

Druckabfall *m* PHYS pressure drop, fall [*or* drop] in pressure **Druckanstieg** *m* PHYS rise [*or* increase] in pressure **Druckanzug** *m* pressure suit **Druckauflage** *f* TYPO print [*or* production] run **Druckauftrag** *m* INFORM printing task; **Druckaufträge gruppieren** group printing **Druckausgleich** *m* PHYS pressure balance **Druckausübung** *f* exertion of pressure **Druckbehälter** *m* TECH pressure tank **Druckbereich** *m* INFORM print area **Druckbestäubungspuder** *nt* TYPO anti-set-off [*or* spray] powder **Druckbleistift** *m* propelling [*or* AM mechanical] pencil

Druckbogen *m* printed sheet **Druckbreite** *f* TYPO image [*or* printing] width **Druckbuchstabe** *m* printed letter; **in ~n** in block capitals; ***„das Blatt bitte in ~n ausfüllen“*** “please fill out the form in block capitals”

Drückeberger <-s, -> *m* (*pej fam*) shirker *pej*

Drückebergerei <-> *f kein pl* (*pej fam*) shirking *pej*

druckempfindlich *adj* sensitive to pressure *pred;* **eine ~e Frucht** a fruit that is easily bruised

Drücken <-s> *nt kein pl* SPORT (*Gewichtheben*) press

drucken I. *vt* ❶ (*vervielfältigen*) ■[jdm] etw ~ to print sth [for sb]
❷ (*auf~*) ■etw auf etw *dat* ~ to print sth on sth; *s. a.* **gedruckt**
II. *vi* TYPO to print

drücken, drucken DIAL I. *vt* ❶ (*pressen*) ■etw ~ to press sth; **einen Knopf ~** to push [*or* BRIT *a.* press] a button; ■etw aus etw ~ to squeeze sth from sth; **Saft aus Früchten ~** to squeeze juice from fruit
❷ (*umarmen*) ■jdn [an etw *akk*] ~ to hug sb, to press sb [to sth]; ***ich will dich an meine Brust ~*** I want to hug you [*or* press you to my breast]; *s. a.* **Daumen, Hand**
❸ (*schieben*) ■jdn ~ to push sb; ■etw ~ to push sth; ***er drückte den Hut in die Stirn*** he pulled his hat down over his forehead [*or* brow]
❹ (*ein Druckgefühl auslösen*) ■jdn ~ to be too tight for sb; ***die Schuhe ~ mich*** the shoes are pinching my feet; ***das fette Essen drückte ihn*** the fatty food lay heavily on his stomach BRIT; ***der Rucksack/Sack drückte ihn*** the backpack [*or* BRIT *a.* rucksack]/sack weighed him down
❺ (*herabsetzen*) ■etw ~ to lower sth [*or* bring sth down]
❻ (*be~*) ■jdn ~ to weigh heavily on sb
II. *vi* ❶ (*Druck hervorrufen*) to pinch; ***der Rucksack drückt auf den Schultern*** the rucksack is weighing heavily on my shoulders; **im Magen ~** to lay heavily on one's stomach BRIT; *s. a.* **Blase**
❷ (*pressen*) ■[auf etw *akk*] ~ to press [sth]; **auf einen Knopf ~** to push [*or* BRIT *a.* press] a button; **„bitte ~“** “push”; ■an etw *dat* ~ to squeeze sth
❸ METEO (*schwül sein*) to be oppressive
❹ (*bedrückend sein*) to weigh heavily
❺ (*negativ beeinträchtigen*) ■auf etw *akk* ~ to dampen sth
❻ (*Druck auf den Darm ausüben*) to push
❼ (*sl: Rauschgift spritzen*) to shoot up *sl*
III. *vr* ❶ (*sich quetschen*) ■sich ~ + *Ortsangabe* to squeeze; **sich an die Wand ~** to squeeze up against the wall; **sich in einen Hausgang ~** to huddle in a doorway; **sich aus einem Zimmer ~** to slip out of a room
❷ (*fam: sich einer S. entziehen*) ■sich [vor etw *dat*] ~ to shirk [*or* dodge] [sth]; ■sich [um etw *akk*] ~ to shirk [*or* get out of] [*or* avoid] [doing sth]

drückend *adj* ❶ (*lastend*) heavy; **~e Armut** grinding [*or* extreme] poverty *esp* AM; **~e Sorgen** serious [*or* grave] concerns; **~e Stimmung** oppressive atmosphere
❷ METEO oppressive

Drucker <-s, -> *m* INFORM printer

Drucker(in) <-s, -> *m(f)* printer

Drücker <-s, -> *m* ❶ ELEK [push-]button
❷ (*Abzug*) trigger
❸ TECH (*Klinke*) handle; (*am Türschloss*) latch
► WENDUNGEN: **auf den letzten ~** (*fam*) at the last minute; **am ~ sein** [*o* **sitzen**] (*fam*) to be in charge

Drücker(in) <-s, -> *m(f)* (*fam*) door-to-door salesman for [*or* BRIT *a.* hawker of] newspaper/magazine subscriptions

Druckeranschluss[RR] *m* INFORM printer connector **Druckerausgabe** *f* INFORM hard copy

Druckerei <-, -en> *f* printing house [*or* BRIT *a.* works], printer's, AM printery

Drückerfisch *m* ZOOL triggerfish **Drückergarnitur** *f* BAU door handle

Druckerin <-, -nen> *f fem form von* **Drucker**

Drückerin <-, -nen> *f fem form von* **Drücker**

Druckerkabel *nt* INFORM printer cable

Drückerkolonne *f* (*fam*) group of newspaper/magazine subscription salespeople [*or* BRIT *a.* hawkers]

Druckerlaubnis *f* MEDIA permission to print, imprimatur

Druckerport *m* INFORM printer port

Druckerpresse *f* printing press

Druckerschnittstelle *f* INFORM printerfacing **Druckerschwärze** *f* TYPO printer's [*or* printing] ink **Druckertreiber** *m* INFORM printer driver

Druckerzeugnis *nt* TYPO printing product **Druckfahne** *f* galley proof BRIT, galley AM **Druckfarbe** *f* printing colour [*or* AM -or] **Druckfehler** *m* MEDIA misprint, typographical [*or* printer's] error **druckfertig** *adj inv* TYPO ready to print [*or* for press] *pred* **Druckformat** *nt* INFORM, TYPO printing format **Druckformmontage** *f* TYPO forme [*or* AM form] assembly **druckfrei** *adj inv* TYPO **~er Rand** image-free margin **druckfrisch** *adj* MEDIA hot off the press *pred* **Druckfunktion** *f* INFORM printing function

druck|garen *vt* ■etw ~ KOCHK to pressure-cook sth **Druckgarer** *m,* **Druckkochtopf** *m* pressure cooker **Druckgefühl** *nt* feeling of pressure **Druckindustrie** *f* printing industry **Druckkabine** *f* LUFT, RAUM pressurized cabin **Druckkalkulation** *f* TYPO printing estimating **Druckknopf** *m*

MODE press stud BRIT, stud fastener AM **Druckknopfverschluss**RR *m* press-stud fastener **Druckkorrektur** *f* TYPO machine [*or* press] proof **Druckkosten** *pl* MEDIA printing costs *pl* **Drucklegung** <-, -en> *f* ❶ VERLAG printing ❷ TYPO printing, press date
Druckluft *f kein pl* PHYS compressed air **Druckluftbohrer** *m* pneumatic drill **Druckluftbremse** *f* AUTO air brake
Druckmaschine *f* printing press **Druckmesser** *m* TECH pressure gauge **Druckmittel** *nt* means of bringing pressure to bear; **jdn/etw als ~ benutzen** [*o* **einsetzen**] to use sb/sth as a means of exerting pressure **Druckperforation** *f* TYPO in-line [*or* rule] perforation **Druckplatte** *f* printing plate **Druckpresse** *f s.* **Druckmaschine Druckprobe** *f* TYPO printing specimen, sample print **Druckpumpe** *f* pressure pump **Druckqualität** *f* INFORM, TYPO printer quality **Druckregler** *m* pressure regulator **druckreif** *adj* MEDIA ready for publication [*or* press] *pred* **Drucksache** *f* printed matter; **als ~ schicken** [*o* **versenden**] to send at printed matter rate [*or* as printed matter] **Druckschrift** *f* ❶ TYPO print type[s]; **in ~ ausfüllen/schreiben** to print ❷ (*geheftetes Druckerzeugnis*) pamphlet
drucksen *vi* (*fam*) to be indecisive, to hum and haw BRIT
Druckstelle *f* mark [where pressure has been applied]; ***sie suchte sich nur Pfirsiche ohne ~n aus*** she chose only the peaches without bruises **Drucktaste** *f* INFORM print-screen key **Drucktype** *f* type **druckunempfindlich** *adj* insensitive to pressure *pred* **Druckverarbeitung** *f* TYPO finishing, paper converting **Druckverband** *m* MED pressure bandage **Druckverbot** *nt* JUR prohibition to print **Druckverfahren** *nt* printing process **Druckvermerk** *m* TYPO imprint **Druckvorlage** *f* INFORM, TYPO printing template **Druckwasserreaktor** *m* TECH pressurized water reactor **Druckweiterverarbeitung** *f* TYPO post-press processing **Druckwelle** *f* PHYS shock wave **Druckwerk** *nt* MEDIA printed work, publication **Druckwiedergabe** *f* TYPO printed reproduction **Druckzone** *f* TYPO contact aera, printing zone
Drudenfuß *m* HIST pentagram
druff *adv* DIAL (*fam*) *s.* **drauf**
Druide <-n, -n> *m* REL, HIST druid
drum *adv* (*fam*) that's why; **... ~ *frage ich ja!*** ... that's why I'm asking!
▶ WENDUNGEN: **das D~ und Dran** the whole works, everything to do with sth; **alles/das** [**ganze**] **D~ und Dran** all the details [*or* no beating about the bush]; **mit allem D~ und Dran** with all the trimmings; **~ rum** [*o* **herum**] all [a]round; **sei's ~!** be that as it may; *s. a.* **darum**
Drumherum <-s> *nt kein pl* (*fam*) ■**das** [**ganze**] ~ all the trappings
Drummer(in) <-s, -> ['dramɐ] *m(f)* MUS drummer
drunten *adv* DIAL (*da unten*) down there
drunter *adv* ❶ (*fam: unter einem Gegenstand*) underneath
❷ (*fam: unter einem Begriff*) ***da kann ich mir nichts ~ vorstellen*** that means nothing to me, I can't make head [n]or tail of it
▶ WENDUNGEN: **das D~ und Drüber** the confusion; **alles geht ~ und drüber** everything is at sixes and sevens [*or* in confusion], I'm [he's/she's/etc.] all at sea; *s. a.* **darunter**
Druse, Drusin <-n, -n> *m, f* Druse, Druze
Drüse <-, -n> *f* ANAT gland; **etw mit den ~n haben** (*fam*) to have sth wrong with one's glands [*or* gland trouble]
Drüsenzelle *f* BIOL glandular cell
DSB <-s> *m Abk von* **Deutscher Sportbund** *German umbrella organization for sports*
Dschibuti <-s> *nt* GEOG ❶ (*Republik in Ostafrika*) Djibouti, Jibouti, Jibuti
❷ (*Hauptstadt*) Djibouti, Jibouti, Jibuti
Dschibutier(in) <-s, -> *m(f)* Djiboutian; *s. a.* **Deutsche(r)**
dschibutisch *adj* BRD, ÖSTERR Djiboutian; *s. a.* **deutsch**
Dschihad <-s> *m* REL (*heiliger Krieg*) jihad, jehad
Dschingis Khan <-s> *m* HIST Genghis [*or* Jinghis] Khan
Dschungel <-s, -> *m* GEOG jungle
▶ WENDUNGEN: **der ~ der Großstadt** (*geh*) the city jungle BRIT; **der ~ der Paragraphen** (*geh*) the maze of legal bureaucracy
Dschunke <-, -n> *f* NAUT junk
DSR *nt Abk von* **Digitales Satellitenradio** DSR
dto. *adv Abk von* **dito** do.
DTP <-> *nt* INFORM *Abk von* **Desktoppublishing** DTP
DTP-Software *f* INFORM DTP software **DTP-System** *nt* INFORM DTP system
dt(sch). *adj Abk von* **deutsch** G
Dtzd. *Abk von* **Dutzend** doz.
du <*gen* **deiner**, *dat* **dir**, *akk* **dich**> *pron pers* ❶ *2. pers. sing* you; ***he, ~ da!*** hey, you there!; ***~, kann ich dich mal was fragen?*** listen, can I ask you something?; ***~, der ~ es erlebt hast*** you, who have experienced it; ***~ bist es*** it's you; ***bist ~ das, Peter?*** is it you Peter?; ***mach ~ das doch gefälligst selber!*** do it yourself!; ***~, kannst ~ mir mal helfen?*** hey, can you help me?; ***~, ich muss jetzt aber gehen!*** look [*or* listen], I have to go now!; ■**... und ~?** what about you?; ■**~ ...!** you ...!; **~ *Idiot!*** you idiot!; **mit jdm per ~ sein** to use the "du" form [*or* familiar form of address] with sb; **~** [**zu jdm**] **sagen** to use the "du" form [*or* familiar form of address] with sb; **~, ~!** (*fam*) watch it
❷ (*poet*) thou; ***sei mir gegrüßt, ~ meine Heimat/mein Vaterland!*** greetings, thou, my homeland/fatherland!
❸ (*man*) you; ***ob ~ willst oder nicht, ...*** whether you want to or not [*or* like it or not], ...
Du <-[s], -[s]> *nt* you, "du" (*familiar form of address*); **jdm das ~ anbieten** to suggest that sb use the familiar form of address [*or* uses the "du" form]
dual *adj* dual
Dualbandgerät *nt* TELEK dual-channel machine
Dualismus <-> *m kein pl* PHILOS dualism
Dualmode <-[s], -s> ['dʒu̯əlmoʊd] *m* TELEK dual mode
Dualmode-Handy *nt* dual-mode mobile [phone]
Dualrate <-, -s> ['dju:əlreɪt] *f* TELEK dual rate **Dualrate-Gerät** *nt* dual-rate machine **Dualsystem** *nt* MATH binary system **Dual-Use Güter** ['dju:əl'ju:s-] *pl* dual-use goods *npl* **Dualzahl** *f* binary number
Dübel <-s, -> *m* BAU dowel, plug
dübeln *vt* ■**etw** [**an etw** *akk*] ~ to fix [*or* attach] sth [to sth] using plugs [*or* dowels]
dubios *adj* (*geh*) dubious
Dubiosa *pl* FIN (*zweifelhafte Forderungen*) bad [*or* doubtful] debts
Dublee <-s, -s> *nt* rolled gold
Dublette <-, -n> *f* ❶ (*doppeltes Exemplar*) duplicate
❷ (*Edelsteinimitat*) doublet
Dublieren <-s> *nt kein pl* TYPO ghosting, slur
Dublin <-s> ['dablɪn] *nt* GEOG Dublin
ducken I. *vr* ❶ (*sich rasch bücken*) ■**sich** [**vor etw** *dat*] ~ to duck [sth]; **den Kopf ~** to duck [*or* lower] one's head; ***das Kind duckte sich ängstlich in eine Ecke*** the child cowered in a corner
❷ (*den Kopf einziehen*) ■**sich** ~ to stoop
❸ (*pej: sich unterwürfig zeigen*) ■**sich** ~ to humble oneself
II. *vt* ❶ (*einziehen*) ■**etw** ~ to duck sth; **den Kopf ~** to duck [*or* lower] one's head
❷ (*unterdrücken*) ■**jdn** ~ to oppress sb
III. *vi* (*pej*) to submit
Duckmäuser(in) <-s, -> *m(f)* (*pej*) yes-man
duckmäuserisch I. *adj* (*pej*) grovelling [*or* AM -l-], obsequious *form*
II. *adv* (*pej*) grovellingly [*or* AM -l-], obsequiously *form*
Dudelei <-, -en> *f* (*pej*) racket *fam; von Flöte* tootling; *von Lautsprecher* blare
dudeln I. *vi* (*pej fam*) to drone [on]; *Drehorgel* to grind away; *Flöte* to tootle; *Lautsprecher* to blare
II. *vt* (*pej fam*) ■**etw** ~ to drone [sth] on and on; ***die Lautsprecher dudelten immer wieder die gleichen Lieder*** the loudspeakers blared out the same songs over and over again; (*auf der Flöte spielen*) to tootle sth [on the flute]
Dudelsack *m* MUS bagpipes *pl*
Dudelsackspieler(in) *m(f)* MUS bagpipe-player, [bag]piper
Duell <-s, -e> *nt* duel; **ein ~** [**mit jdm**] **austragen** to fight a duel [with sb]; **jdn zum ~** [**heraus**]**fordern** to challenge sb to a duel
Duellant(in) <-en, -en> [duɛ'lant] *m(f)* duellist, duelist AM
duellieren* [duɛ'li:rən] *vr* ■**sich** ~ to [fight a] duel; ■**sich** [**mit jdm**] ~ to [fight a] duel [with sb]
Duett <-[e]s, -e> *nt* MUS duet; [**etw**] **im ~ singen** to sing [sth] as a duet
Duffinbohne *f* KOCHK lima bean
Dufflecoat <-s, -s> ['dʌflkoʊt] *m* MODE duffel [*or* duffle] coat
Duft <-[e]s, Düfte> *m* [pleasant] smell; *einer Blume* fragrance, scent, perfume; *von Parfüm* scent; *von Essen, Kaffee* aroma, smell; *von Gewürzen* aroma, fragrance
dufte *adj* DIAL (*sl: hervorragend*) great *fam*, smashing BRIT *fam;* ***guck mal, die Frau da, ist die nicht ~?*** look at her, isn't she a cracker? *fam;* ***das finde ich ~*** [I think] that's great [*or* smashing] *fam*
duften I. *vi* ■[**nach etw**] **duften** to smell [of sth]; ***hm, wie gut du duftest*** mmm, you smell nice
II. *vi impers* ■**es duftet** [**nach etw**] it smells [*or* there is a smell] [of sth]
duftend *adj attr* fragrant
duftig *adj* MODE gossamer
Duftmarke *f* JAGD scent mark **Duftmischung** *f* potpourri **Duftnote** *f* ❶ (*Duft von besonderer Prägung*) [a particular type of] scent [*or* fragrance]; **eine schwere/etwas herbe/süßliche ~** a strong/slightly acrid/sweet scent [*or* fragrance] ❷ (*pej: Ausdünstung*) smell, odour [*or* AM -or] **Duftreis** *m* basmati rice **Duftsensation** *f* fragrant sensation **Duftstoff** *m* ❶ CHEM aromatic substance ❷ BIOL scent, odour [*or* AM -or] **Duftstreifen** *m* fragrance strip **Duftwasser** *nt* (*hum*) perfume, scent, BRIT toilet water **Duftwolke** *f* cloud of perfume
Duisburg <-s> ['dy:s-] *nt* Duisburg
Dukaten <-s, -> *m* HIST ducat
Dukatengold *nt* fine [*or* ducat] gold **Dukatenscheißer** *m* ▶ WENDUNGEN: **einen ~ haben** (*sl*) to be [absolutely] loaded [*or* stinking rich] *fam;* **ein ~ sein** (*sl*) to be made of money [*or fam* loaded]
dulden I. *vi* (*geh*) to suffer; **klaglos/widerspruchslos ~** to suffer in silence
II. *vt* ❶ (*zulassen*) ■**etw** ~ to tolerate sth
❷ (*tolerieren*) ■**jdn** ~ to tolerate sb; ***ich will dich für ein paar Tage ~*** I'll put up with [*or* tolerate] you for a few days
❸ (*geh: er~*) ■**etw** ~ to endure sth
Dulder(in) <-s, -> *m(f)* (*geh*) silent sufferer
Duldermiene *f* (*iron*) martyred expression; **eine ~ aufsetzen** to put on a martyred expression [*or* an air of silent suffering]; **mit ~** with a martyred expression [*or* an air of silent suffering]
duldsam *adj* ■**~** [**jdm/etw gegenüber**] **sein** to be tolerant [of [*or* towards] sb/sth]
Duldsamkeit <-> *f kein pl* tolerance *no pl*
Duldung <-, *selten* -en> *f* toleration; **mit** [*o* **unter**] [**stillschweigender/offizieller**] **~** with [tacit/official] permission
Duldungsbescheid *m* JUR sufferance note **Duldungspflicht** *f* JUR obligation to tolerate **Duldungsprokura** *f* JUR agency by estoppel **Duldungstitel** *m* JUR *judgement, deed or court settlement requiring sb to tolerate sth* **Duldungsvollmacht** *f* JUR authority by estoppel
Duma <-> *f kein pl* (*russische Parlament*) ■**die ~** the Duma
DumdumgeschossRR *nt* dumdum [bullet]

dumm <dümmer, dümmste> I. *adj* ❶ (*geistig beschränkt*) stupid, thick, dense
❷ (*unklug, unvernünftig*) foolish; ***wirklich kein ~er Vorschlag*** that's not a bad idea at all; ■**es wäre ~, etw zu tun** it would be foolish to do sth; ■**so ~ sein, etw zu tun** stupid enough to do sth; ■**etwas D~es** something foolish; ***so etwas D~es!*** how foolish!; *s. a.* **Gesicht**
❸ (*albern*) silly; ■**jdm zu ~ sein/werden** to be/become too much for sb; ***diese Warterei wird mir jetzt zu ~, ich gehe!*** I've had enough of waiting around [*or* I've been waiting around long enough], I'm going [*or* off]!
❹ (*ärgerlich, unangenehm*) *Gefühl* nasty; *Geschichte, Sache* unpleasant; **zu ~** (*fam*) ***es ist zu ~, dass er nicht kommen kann*** [it's] too bad that he can't come; ***zu ~, jetzt habe ich mein Geld vergessen!*** [oh] how stupid [of me], I've forgotten my money; [***es ist***] **~** [***, dass***] it's a pity [that]
II. *adv* stupidly; ***frag nicht so ~*** don't ask such stupid questions
▸ WENDUNGEN: **~ und dämlich** (*fam*) **sich ~ und dämlich reden** to talk until one is blue in the face; **sich ~ und dämlich suchen** to search high and low; **sich ~ und dämlich verdienen** to earn a fortune; **jdm ~ kommen** (*fam*) to be insolent [*or* BRIT *a.* cheeky] to sb; **~ dastehen** to look [*or* to be left looking] stupid, to not lift a little finger to help; **sich ~ stellen** to act stupid; **jdn für ~ verkaufen** (*fam*) to take sb for a ride
Dummchen <-s, -> *nt* (*fam*) *s.* **Dummerchen**
dummdreist *adj* impudent
Dumme(r) *f(m)* *dekl wie adj* (*fam*) idiot, fool *esp* BRIT, goof AM; ***der muss einer von den ganz ~n sein*** he must be a right [*or* prize] idiot BRIT; ***dann kannst du aber kein ganz ~r sein*** you can't be that [*or* completely] stupid; **einen ~n finden** to find some idiot [*or* BRIT a mug] *fam;* **der ~ sein** to be left holding the baby [*or* BRIT carrying the can] *fig,* take responsibility for a mistake
▸ WENDUNGEN: **die ~n sterben nicht aus, die ~n werden nicht alle** there's one born every minute
Dummejungenstreich *m* (*fam*) foolish [*or* silly] childish prank
Dummenfang *m kein pl* (*pej*) attempt to dupe gullible people; **auf ~ ausgehen** [*o* **sein**] to attempt to dupe gullible people
Dummerchen <-s, -> *nt* (*fam*) silly little boy *masc* [*or fem* girl], silly billy BRIT
dummerweise *adv* ❶ (*leider*) unfortunately
❷ (*unklugerweise*) stupidly, foolishly
Dummheit <-, -en> *f* ❶ *kein pl* (*geringe Intelligenz*) stupidity; **mit ~ geschlagen sein** to be stupid
❷ *kein pl* (*unkluges Verhalten*) foolishness *no pl;* ***so eine ~*** [***von dir***]! such foolishness [on your part]!, you acted like a real goof there!
❸ (*unkluge Handlung*) foolish [*or* stupid] action; ***das war eine große ~ von dir*** that was foolish of you; **eine ~ machen** [*o* **begehen**] to do sth foolish [*or* stupid]; **~en machen** to do sth foolish [*or* stupid]; ***mach bloß keine ~en!*** don't do anything foolish [*or* stupid]!
▸ WENDUNGEN: **~ und Stolz wachsen auf einem Holz** (*prov*) arrogance and stupidity go hand in hand *prov*
Dummkopf *m* (*pej fam: Trottel*) idiot, *esp* BRIT fool, goof[ball] AM; ***sei kein ~!*** don't be [such] an idiot
dümmlich I. *adj* simple-minded; **ein ~es Grinsen** a foolish grin
II. *adv* simple-mindedly; ***sie grinste nur ~*** she just grinned foolishly [*or* like the village idiot], she gave a goofy grin
Dummschwätzer(in) *m(f)* (*pej*) blither
Dummy <-, -s> ['dami] *m* AUTO [crash-test] dummy
dümpeln *vi* NAUT to roll [gently]
dumpf I. *adj* ❶ (*hohl klingend*) dull; **~es Geräusch/~er Ton** muffled noise/sound
❷ (*unbestimmt*) vague; **~e Ahnung** sneaking [*or* vague] suspicion; **~e Erinnerung** vague [*or* hazy] recollection; **~es Gefühl** sneaking feeling; **~er Schmerz** dull pain
❸ (*stumpfsinnig*) dulled, lifeless
❹ (*feucht-muffig*) musty; **~e Atmosphäre/Luft** oppressive atmosphere/air
II. *adv* ❶ (*hohl*) ***die Lautsprecher klingen ~*** the loudspeakers sound muffled; ***als sie gegen das leere Fass klopfte, klang es ~*** when she tapped the empty barrel, it sounded hollow
❷ (*stumpfsinnig*) dully, lifelessly
Dumpfbacke *f* (*pej*) bonehead **Dumpfheit** *f kein pl* ❶ (*von Geräusch*) muffledness ❷ (*von Luft*) stuffiness ❸ (*von Geschmack, Geruch*) mustiness ❹ (*von Mensch(en)*) torpor, apathy; (*Benommenheit*) numbness
dumpfig *adj* musty
Dumping <-s> ['dʌmpɪŋ] *nt* ÖKON dumping; **~ betreiben** to dump, to practice dumping
Dumpingabwehr *f* ÖKON anti-dumping measure[s] **Dumpingbekämpfungszoll** *m* FIN anti-dumping tariff **Dumpingpreis** ['dampɪŋ-] *m* ÖKON dumping price; **zu ~en** at dumping prices **Dumpingverbot** *nt* JUR ban on dumping **Dumpingverfahren** *nt* JUR dumping proceedings *pl* **Dumpingwaren** *pl* HANDEL dumped goods
Düne <-, -n> *f* dune
Dünenbefestigung *f* dune fixation **Dünenbepflanzung** *f* dune plants **Dünengras** *nt* beach [*or* marram] grass **Dünensand** *m* dune [*or* drift] sand
Dung <-[e]s> *m kein pl* dung *no pl,* manure *no pl*
Düngemittel *nt* CHEM fertilizer
düngen I. *vt* ■**etw** [**mit etw**] **~** to fertilize sth [with sth]
II. *vi* ❶ (*mit Dünger versehen*) ■[**mit etw**] **~** to fertilize [with sth]
❷ (*düngende Wirkung haben*) to fertilize; **gut/schlecht ~** to be a good/poor fertilizer
Dünger <-s, -> *m* fertilizer, manure *no pl*
Düngung <-, -en> *f* fertilizing, fertilization
dunkel I. *adj* ❶ (*ohne Licht*) dark; ■**~ sein/werden** to be/get dark
❷ (*düster in der Farbe*) dark; **dunkles Brot** brown bread; ***ein Dunkles, bitte!*** ≈ a dark beer, please!, ≈ a [pint/half of] bitter, please! BRIT
❸ (*tief*) deep
❹ (*unklar*) vague
❺ (*pej: zwielichtig*) shady; **ein dunkles Kapitel der Geschichte** a dark chapter in history
▸ WENDUNGEN: **jdn im D~n lassen** to leave sb in the dark; **noch im D~n liegen** to remain to be seen; **im D~n ist gut munkeln** (*prov*) the dark is good for lovers; **im D~n tappen** to be groping around [*or* about] in the dark; **im D~n** in the dark
II. *adv* darkly
Dunkel <-s> *nt kein pl* (*geh*) ❶ (*Dunkelheit*) darkness; **das ~ der Nacht** (*liter*) the darkness of the night *liter*
❷ (*Undurchschaubarkeit*) mystery
▸ WENDUNGEN: **im ~ der Vorzeit** in the mists of time [*or* dim and distant past]; **in ~ gehüllt sein** to be shrouded in mystery
Dünkel <-s> *m kein pl* (*pej*) arrogance
dunkelblau *adj* dark blue **dunkelblond** I. *adj* light brown II. *adv* light brown; **etw ~ färben** to dye sth [a] light brown [colour [*or* AM -or]] **dunkelbraun** *adj* dark brown **dunkelgrau** *adj* dark grey [*or* AM gray] **dunkelgrün** *adj* dark green **dunkelhaarig** *adj* dark-haired
dünkelhaft *adj* (*pej*) conceited
dunkelhäutig *adj* dark-skinned
Dunkelheit <-> *f kein pl* darkness *no pl;* ***die ~ bricht herein*** (*geh*) darkness is descending, night is falling; **bei einbrechender ~** at nightfall; *s. a.* **Einbruch, Schutz**
Dunkelkammer *f* FOTO darkroom **Dunkelmann** *m* (*pej*) shady character
dunkeln I. *vi* ❶ *haben impers* (*geh: Abend werden*) to grow dark
❷ *sein* (*nach~*) to become darker, to darken
II. *vt haben* (*selten: künstlich nach~*) ■**etw ~** to darken sth
Dunkelreaktion *f* BIOL dark reaction **dunkelrot** *adj* dark red; ***sie wurde ~ vor Scham*** she went dark red [*or* blushed deeply] with shame **Dunkelziffer** *f* number of unreported cases
dünken <dünkte, gedünkt> I. *vi, vt impers* (*veraltend*) ■**jdn** [*o* **jdm**] **dünkt etw** sth seems to sb; **das dünkt mich** [*o* **mir**] **...** this seems to me ...; ■**jdm dünkt, dass ...** it seems to sb that ...; ***mir dünkt, dass ...*** methinks that ... *old*
II. *vr* ■**sich etw ~** to think [*or* imagine] oneself sth, to regard oneself as sth
Dünkirchen <-s> *nt* GEOG Dunkirk
dünn I. *adj* ❶ (*eine geringe Stärke aufweisend*) thin; **~es Buch** slim volume; **eine ~e Schneedecke** light covering of snow
❷ (*nicht konzentriert*) weak; **~es Bier** weak [*or* watery] beer; **~er Brei/~e Suppe** thin [*or* watery] pulp/soup
❸ MODE (*fein*) light; **~er Schleier/~e Strümpfe** fine veil/tights
❹ (*spärlich*) thin; ***sein Haarwuchs ist schon ~ geworden*** he's [already] gone a bit thin on top; ***das Land ist ~ besiedelt*** the countryside is sparsely populated
▸ WENDUNGEN: **sich ~ machen** (*sl*) to breathe in; ***he, mach dich mal ~, wir wollen mit dem Schrank da vorbei!*** hey, breathe in, we want to get past [you] with this cupboard!; ***wenn du dich ein bisschen ~ machst, passen wir auch noch auf die Bank*** if you squeeze up a bit, we'll [be able to] fit on the bench too
II. *adv* sparsely; **~ besiedelt** [*o* **bevölkert**] sparsely populated; **~ gesät** thinly scattered; (*fig*) thin on the ground, few and far between; *s. a.* **dick, dünnmachen**
dünnbesiedelt *adj attr,* **dünnbevölkert** *adj attr s.* **dünn II** **Dünnbettverfahren** *nt* BAU thin-set application **Dünnbrettbohrer** *m* (*pej sl*) ❶ (*Drückeberger*) slacker; ***er ist ein richtiger ~*** he always chooses the path of least resistance ❷ (*unintelligenter Mensch*) idiot, fool *esp* BRIT **Dünndarm** *m* ANAT small intestine **Dünndruckausgabe** *f* MEDIA India paper edition **Dünndruckpapier** *nt* India [*or* airmail] paper, onion skin
dünne|machen *vr* (*fam*) ■**sich ~** to beat it [*or* BRIT *a.* scarper] *fam*
dünnflüssig *adj* runny; **~er Brei/~e Suppe** thin [*or* watery] pulp/soup; **~er Teig** liquid [*or* runny] dough **dünngesät** *adj s.* **dünn II** **dünnhäutig** *adj* ❶ (*mit dünner Haut versehen*) thin-skinned ❷ (*zart besaitet*) sensitive
dünn|machen *vr* (*sl: abhauen*) ■**sich ~** to make oneself scarce *fam*
Dünnpfiff <-[e]s> *m kein pl* (*fam*) the runs *npl fam* **Dünnsäure** *f* CHEM dilute acid **Dünnsäureverklappung** *f* dumping of dilute acids **dünnschalig** *adj* thin-skinned; **~e Nuss/~es Ei** thin-shelled nut/egg **Dünnschichtchromatographie** *f* BIOL thin-layer chromatography **Dünnschiss**[RR], **Dünnschiß** *m* (*sl*) the runs *npl fam,* the shits *npl fam!* **dünnwandig** *adj* thin-walled; **aus ~em Glas** made from thin[-walled] glass; **ein ~es Haus** a house with thin walls; ■**~ sein** to have thin walls
Dunst <-[e]s, Dünste> *m* ❶ (*leichter Nebel*) mist, haze; (*durch Abgase*) fumes *npl*
❷ (*Dampf*) steam
❸ (*Geruch*) smell; (*Ausdünstung*) odour [*or* AM -or]
▸ WENDUNGEN: **keinen blassen ~ von etw haben** (*fam*) to not have the slightest [*or* faintest] [*or* BRIT *fam a.* foggiest] idea [*or* clue] about sth; **jdm blauen ~ vormachen** (*fam*) to pull the wool over sb's eyes [*or* BRIT throw dust in sb's eyes]
Dunstabzugshaube *f* TECH extractor hood
dünsten *vt* KOCHK ■**etw ~** to steam sth; **Fleisch ~** to braise meat; **Früchte ~** to stew fruit
Dünster *m* KOCHK steamer
Dunstglocke *f* pall [*or* AM blanket] of smog
dunstig *adj* ❶ METEO misty, hazy
❷ (*viele Ausdünstungen aufweisend*) stuffy; ***in dieser ~en Kneipe sah man kaum die Hand vor den Augen*** you could hardly see your hand in front

of your face in that smoky pub
Dunstkreis *m* (*geh*) ■**jds** ~ sb's entourage **Dunstobst** *nt* stewed fruit **Dunstschleier** *m* [thin] layer of mist [*or* haze] **Dunstwolke** *f* cloud of smog; (*in einem Raum*) fug BRIT *fam*
Dünung <-, -en> *f* NAUT swell
Duo <-s, -s> *nt* ① (*Paar*) pair, duo; ***Bonnie und Clyde waren ein berüchtigtes*** ~ Bonnie and Clyde were an infamous [*or* a notorious] couple; **ein feines** [*o* **sauberes**] ~ (*iron*) a fine pair *iron*
② MUS duet; *s. a.* **Duett**
Duodezimalsystem *nt kein pl* duodecimal system
düpieren* *vt* (*geh*) ■**jdn** ~ to dupe sb; ■**der/die Düpierte** the dupe
Duplikat <-[e]s, -e> *nt* duplicate
Dur <-, -> *nt* MUS major; **in** ~ in a major key; ***die Symphonie ist in G-*** ~ the symphony is in G major
durch I. *präp* +*akk* ① (*räumlich hindurch*) ■~ **etw** through sth; ~ **den Fluss waten** to wade across the river; **direkt/quer** ~ **etw** right through [the middle of] sth; **mitten** ~ **etw** through the middle of sth
② (*sich hindurch bewegend*) ■~ **etw** through sth; ***auf seinen Reisen reiste er*** ~ ***das ganze Land*** on his travels he went all over the country; *s. a.* **Kopf, kreuz**
③ (*per*) by sth/through sb; ***Sie werden von mir*** ~ ***meinen Anwalt hören!*** you will be hearing from [me through] my lawyer!; ~ ***die landesweite Fahndung konnten die Täter ausfindig gemacht werden*** thanks to a nationwide search the culprits were tracked down; ***er ist*** ~ ***das Fernsehen bekannt geworden*** he became famous through television; ~ ***Gottes Güte wurden sie gerettet*** they were saved by the grace of God; **jdm etw** ~ **die Post schicken** to send sth to sb by post [*or* AM mail] [*or* post sth to sb]; **etw** ~ **Beziehungen/Freunde bekommen** to get sth through connections/friends
④ (*vermittels*) ■~ **etw** by sth, by [means of] sth; **Tod** ~ **Ertrinken/eine Giftinjektion/den Strang** death by drowning/lethal injection/hanging; ~ [**einen**] **Zufall** by chance; ***Tausende wurden*** ~ ***das Erdbeben obdachlos*** [***gemacht***] thousands were made homeless by the earthquake
⑤ (*zeitlich hindurch*) ■~ **etw** throughout sth; ***sich*** ~***s Leben schlagen*** to struggle through life; ***sie haben die ganze Nacht*** ~ ***gefeiert*** they partied through[out] the night; ***der Prozess ging*** ~ ***drei Instanzen*** the case lasted for [*or* took] three hearings; ***damit kommen wir nicht*** ~ ***den Winter*** we won't last [*or* get through] the winter with that
⑥ MATH (*dividiert*) ***27*** ~ ***3 macht 9*** 27 divided by 3 is 9
II. *adv* ① (*fam: vorbei*) ■**es ist etw** ~ *Uhrzeit* it's past [*or* BRIT *a.* gone] sth; ***es ist schon 12 Uhr*** ~ it's already past [*or* BRIT *a.* gone] 12 [o'clock]; ~ **sein** to have already left [*or* passed through]; ***der Zug ist vor zwei Minuten*** ~ the train went two minutes ago; ***Biberach? da sind wir schon lange*** ~***!*** Biberach? we passed that a long time ago!
② (*fertig*) **durch** [*o* **mit**] **etw** ~ **sein** (*durchgelesen haben*) to have finished [with] sth, to be through with sth; ~ **sein** (*gar*) to be done; (*reif*) to be ripe; *Käse* to be mature
③ (*kaputt*) ~ **sein** (*durchgescheuert*) to be worn out; (*durchgetrennt*) to be through
► WENDUNGEN: **jdm** ~ **und** ~ **gehen** to go right through sb; ***dieser Anblick ging mir*** ~ ***und*** ~ this sight chilled me through and through; ~ **und** ~ through and through; **jdn/etw** ~ **und** ~ **kennen** to know sb/sth like the back of one's hand [*or* through and through]; ~ **sein** (*fam: genehmigt sein*) to have gone [*or* got] [*or* come] through; *Antrag a.* to have been approved; ~ **und** ~ **überzeugt sein** to be completely [*or* totally] convinced; (*ganz und gar*) through and through; ***er ist*** ~ ***und*** ~ ***verlogen*** he is an out and out liar; ~ **und** ~ **nass** soaked, wet through BRIT
durch|ackern I. *vt* (*fam*) ■**etw** ~ to plough [*or* AM plow] through sth
II. *vr* (*fam*) ■**sich** [**durch etw**] ~ to plough [*or* AM plow] one's way [through sth]
durch|arbeiten I. *vt* ■**etw** ~ ① (*sich mit etw beschäftigen*) to go [*or* work] through sth
② (*durchkneten*) to knead [*or* work] sth thoroughly
II. *vi* to work through
III. *vr* ■**sich durch etw** ~ ① (*durch Erledigung bearbeiten*) to work one's way through sth
② (*durchschlagen*) to fight one's way through sth
durch|atmen *vi* to breathe deeply, take deep breaths
► WENDUNGEN: [**wieder**] ~ **können** to be able to breathe freely [*or* relax] [again]
durchaus, durchaus *adv* ① (*unbedingt*) definitely; ***hat er sich anständig benommen? — ja*** ~ did he behave himself [properly]? — yes, perfectly [*or* absolutely]; ***da beharrt sie*** ~ ***auf ihrer Meinung*** she is sticking absolutely [*or* resolutely] to her opinion; ***wenn Sie es*** ~ ***wünschen …*** if you [really [*or* absolutely]] insist …
② (*wirklich*) quite; ~ **möglich** quite [*or* perfectly] possible; ~ **richtig** quite [*or* absolutely] right; ~ **verständlich** completely [*or* totally] understandable; ***du hast*** ~ ***Recht!*** you're quite [*or* absolutely] right!; ***das ließe sich*** ~ ***machen*** that sounds feasible [*or* possible], I'm sure we could swing that [somehow] *sl*; ***ich bin ja*** ~ ***Ihrer Meinung, aber …*** I quite [*or* entirely] agree with you but …; ***man muss*** ~ ***annehmen, dass …*** it's highly likely [*or* we can assume] that …
③ (*völlig*) thoroughly; ~ **ernst** deadly serious; ~ **gelungen** highly successful; ~ **unerfreulich** thoroughly [*or* downright] unpleasant; ~ **zufrieden** completely [*or* perfectly] [*or* thoroughly] satisfied
④ (*keineswegs*) ■~ **nicht** by no means; ~ **nicht** [**so**] **einfach/klug/schlecht** by no means [as] simple/clever/bad; ***er wollte seinen Irrtum*** ~ ***nicht einsehen*** he absolutely refused to [*or* there was no way he would] admit his mistake; ***wir konnten sie*** ~ ***nicht vom Gegenteil überzeugen*** we were completely unable to [*or* there was no way we could] convince her otherwise; ***wenn er das*** ~ ***nicht tun will …*** if he absolutely refuses to do it … [*or* there is no possibility of him doing it …]
⑤ (*sicherlich*) ■~ **kein …** by no means; ~ ***kein schlechtes Angebot*** not a bad offer [at all]; ***sie ist*** ~ ***kein schlechter Mensch*** she is by no means a bad person [*or* far from being a bad person]; ***das ist*** ~ ***kein Witz*** that is no joking matter [*or* certainly no joke]
durch|beißen *irreg* I. *vt* ■**etw** ~ to bite through sth
II. *vr* (*fam*) ■**sich** [**durch etw**] ~ to struggle one's way through [sth]
durch|bekommen* *vt irreg* (*fam*) ① (*durchtrennen*) ■**etw** ~ to cut through sth
② *s.* **durchbringen**
durch|biegen *irreg* I. *vt* ■**etw** ~ to bend sth; **den Rücken** ~ to arch one's back
II. *vr* ■**sich** ~ to sag
durch|blasen *irreg* I. *vt* ■**etw** ~ to clear sth by blowing [through it]
II. *vi* to blows through sth
durch|blättern, durchblättern* *vt* ■**etw** ~ to leaf [*or* flick] through sth; INFORM to scroll sth; **etw nach oben/unten** ~ to scroll sth up/down
Durchblick *m* ① (*Ausblick*) ■**der/ein** ~ **auf etw** *akk* the/a view of sth; **ein malerischer/schöner** ~ a picturesque/beautiful view
② (*fam*) overall view; **den** ~ [**bei etw**] **haben** (*fam*) to know what's going on [in sth]; ***ich habe den*** [***nötigen/völligen***] ~ I know [just/exactly] what's going on; **den** ~ [**bei etw**] **verlieren** to lose track of what's going on [in sth]; **sich** *dat* **einen** ~ [**bei etw** *dat*] **verschaffen** to get an idea of what's going on [in sth]
durch|blicken *vi* ① (*hindurchsehen*) ■[**durch etw**] ~ to look through [sth]
② (*geh: zum Vorschein kommen*) to show [*or* peep through]
③ (*fam: den Überblick haben*) to know what's going on, to make head or tail of it BRIT
④ (*andeuten*) **etw** ~ **lassen** to hint at [*or* intimate] sth; ~ **lassen, dass** to intimate that
durchbluten*[1] *vt* ANAT ■**etw** ~ to supply sth with blood; ■**durchblutet** supplied with blood; **mangelhaft/ungenügend durchblutet** with poor circulation
durch|bluten[2] *vi* to soak through; ***der Verband blutet durch*** the blood is soaking through the bandage
Durchblutung *f* ANAT circulation, supply [*or* flow] of blood
durchblutungsfördernd *adj inv* ■**etw ist** ~ sth stimulates the circulation **Durchblutungsstörung** *f* MED circulatory problem, disturbance in blood supply [*or* flow]
durchbohren*[1] *vt* ■**jdn/etw** [**mit etw**] ~ to run sb through/to pierce sth [with sth]; (*ganz durchdringen*) to go through sb/sth; *s. a.* **Blick**
► WENDUNGEN: **jdn ansehen, als wollte man ihn/sie** ~ to look angrily at sb, to look daggers at sb BRIT
durch|bohren[2] I. *vt* ■**etw durch etw** ~ to drill sth through sth; ***er bohrte ein kleines Loch durch die Wand durch*** he drilled a small hole right through the wall
II. *vr* ■**sich durch etw** ~ to go through sth; ***die Borkenkäfer bohren sich durch die Rinde von Bäumen durch*** bark beetles chew [their way] through the bark of trees
durchbohrend *adj* ~**e Blicke** piercing [*or* penetrating] looks
durch|boxen I. *vt* (*fam*) ■**etw** [**bei jdm**] ~ to push [*or* force] sth through [with sb]
II. *vr* (*fam*) ① (*sich boxend durchdrängen*) ■**sich** [**irgendwohin**] ~ to fight one's way through [to somewhere]
② (*sich durchschlagen*) ■**sich** ~ to fight *fig;* **sich nach oben/an die Spitze** ~ to fight one's way up/to the top
durch|braten *irreg* I. *vt haben* ■**etw** ~ to cook sth until it is well done [*or* thoroughly]; ■**durchgebraten** well-done
II. *vi sein* KOCHK to cook until [sth is] well done
durch|brausen *vi sein* ■[**durch etw**] ~ to speed [*or* tear] through [sth]; ***das Auto brauste*** [***durch die Sperre***] ***durch*** the car sped [*or* tore] through [the barrier]
durch|brechen[1] *irreg* I. *vt haben* ① (*in zwei Teile brechen*) ■**etw** ~ to break sth in two
② KOCHK **Fleisch/Gemüse** ~ to mince [*or* AM chop] meat/vegetables
II. *vi sein* ① (*entzweibrechen*) ■[**unter etw** *dat*] ~ to break in two [under sth]; **unter dem Gewicht** ~ to break in two under the weight [of sth]
② (*einbrechen*) ■[**bei etw**] ~ to fall through [while doing sth]
③ (*hervorkommen*) ■[**durch etw**] ~ to appear [through sth]; *Zähne* to come through; *Sonne* to break through [the clouds]
④ (*sich zeigen*) to reveal [*or* show] itself
⑤ MED to burst [*or* rupture]
durchbrechen*[2] *vt irreg* ① (*gewaltsam durch etw dringen*) ■**etw** [**mit etw**] ~ to crash through sth [with sth]
② (*überwinden*) ■**etw** ~ to break through sth; **die Schallmauer** ~ to break the sound barrier
Durchbrechung *f* breaking through *no pl;* ~ **der Schallmauer** breaking [of] the sound barrier
durch|brennen *vi irreg* ① *haben* (*weiterbrennen*) to stay alight [*or* keep burning]
② *sein* ELEK to burn out; ***die Sicherung ist durchgebrannt*** the fuse has blown
③ *sein* (*fam*) ■[**jdm**] ~ to run away [from sb]; ■[**jdm**] ~ to run off [from sb] [*or* leave [sb]]; ***der arme Kerl, seine Frau ist ihm mit einem anderen Mann durchgebrannt!*** poor fellow, his wife has run off with [*or* has left him for] another man!
durch|bringen *vt irreg* ① (*durchsetzen*) ■**etw** [**bei jdm**] ~ to push sth through [with sb]; **einen Änderungsantrag im Parlament** ~ to have an amendment ratified in parliament; ***sie hat beim***

Chef ihre Gehaltserhöhung durchgebracht she managed to get the boss to approve her pay rise; ▪**jdn** ~ to get sb elected

❷ (*für Unterhalt sorgen*) ▪**jdn** ~ to support [*or* provide for] sb; ▪**sich** ~ to get by; **sich mehr schlecht als recht** [*o* **kümmerlich**] [*o* **mühsam**] ~ to scrape by

❸ (*ausgeben*) ▪**etw** [**für etw**] ~ to get through [*or fam* blow] sth [on sth]

durchbrochen *adj* MODE open-work *attr;* ~**e Schuhe/Stickerei/Spitzen/Strümpfe** open-work shoes/embroidery/lace/stockings

Durchbruch *m* ❶ (*entscheidender Erfolg*) ▪**der/jds** ~ [**zu etw**] the/sb's breakthrough [into sth]; **zum** ~ **kommen** *Idee, Sache* to be gaining acceptance; *Charaktereigenschaft, Naturell, Natur* to come to the fore BRIT [*or* reveal itself [for what it is]]; **jdm/einer S. zum** ~ **verhelfen** to help sb/sth on the road to success

❷ MIL breakthrough

❸ (*das Hindurchkommen*) appearance; *Zahn* coming through *no pl*

❹ MED rupture, bursting

❺ (*durchgebrochene Öffnung*) opening

durch|checken *vt* ❶ (*fam*) ▪**jdn** ~ to screen sb; **sich** ~ **lassen** to have a checkup; ▪**etw** ~ to check through sth

❷ LUFT (*registrieren*) ▪**etw** ~ to check sth in

durchdacht *adj* thought-out; **eine gut** ~**e Idee** a well thought-out idea; ▪**etwas D**~**es** sth thought-out

durch|denken, durchdenken* *vt irreg* ▪**etw** ~ *irreg* to think sth through [*or* over]

durchdesignt [-di'zaint] *adj* MODE (*sl: gestylt*) styled

durch|diskutieren* *vt* ▪**etw** [**mit jdm**] ~ to discuss sth thoroughly [*or* talk sth through] [with sb]

durch|drängeln *vr* (*fam*) ▪**sich** [**durch etw**] ~ to push [*or* force] one's way through [sth]; **sich nach vorn** ~ to push one's way [through] to the front [*or* push through to the front]

durch|drängen *vr* ▪**sich** [**durch etw**] ~ to push [*or* force] one's way through [sth]

Durchdrehen <-s> *nt kein pl der Räder* tire spinning

durch|drehen I. *vi* ❶ AUTO to spin

❷ (*fam*) to crack up *fam,* lose it *sl;* **durchgedreht sein** to have cracked up *fam* [*or sl* lost it]

II. *vt* KOCHK ▪**etw** ~ to mince sth; **Fleisch** ~ to mince [*or* AM grind] meat, to put meat through the mincer [*or* AM grinder]; **Obst/Gemüse** ~ to purée fruit/vegetables, to put fruit/vegetables through the blender

durch|dringen¹ *vi irreg sein* ❶ (*durch etw dringen*) ▪[**durch etw**] ~ to come through [sth]

❷ (*vordringen*) ▪[**bis zu jdm**] ~ to carry through [as far as sb]; ***ihre Stimmen drangen durch die dünne Wand bis zu den Nachbarn durch*** their voices carried through the thin wall as far as the[ir] neighbours [*or* reached the neighbours through the thin wall]

❸ (*erreichen*) ▪**zu jdm** ~ to get as far as sb; ***der Präsident ist zu gut abgeschirmt, zu ihm kann kein Attentäter*** ~ the president is too well protected for any [potential] assassin to get close to him

❹ (*sich durchsetzen*) ▪[**bei jdm/in etw** *dat*] **mit etw** *dat* ~ to get sth accepted [by sb/sth]

durchdringen*² *vt irreg* ❶ (*durch etw dringen*) ▪**etw** ~ to penetrate sth

❷ (*geh*) ▪**jdn** ~ to pervade sb

durchdringend *adj* piercing; ~**er Blick/**~**es Geräusch/**~**e Stimme** piercing [*or* penetrating] gaze/noise/voice; ~**er Geruch** pungent [*or* penetrating] smell; ~**er Gestank** penetrating stench; ~**e Kälte/**~**er Wind** biting cold/wind; ~**er Schmerz** excruciating pain

Durchdringung <-> *f kein pl* ❶ (*Eindringen*) penetration

❷ (*Sättigung*) saturation

❸ (*Erfassung*) grasp, understanding

durch|drücken *vt* ❶ ▪**etw** ~ (*erzwingen*) to push [*or* force] sth through; ▪[**es**] [**bei jdm**] ~, **dass** to get [it] accepted [by sb] that; ***wie hast du es denn [beim Chef durchgedrückt, dass du eine Gehaltserhöhung bekommst?*** how did you manage to get a pay rise [out of the boss]?

❷ (*straffen*) to straighten sth

durchdrungen *adj pred* ▪**von etw** ~ **sein** to be imbued [*or* filled] with sth

durch|dürfen *vi irreg* (*fam*) to be allowed through; ***„entschuldigen Sie, darf ich mal durch?"*** "excuse me, can I get through [*or* past]?"

durcheinander I. *adj pred* (*fam*) ▪~ **sein** ❶ (*nicht ordentlich*) to be in a mess [*or* BRIT *a.* muddle]; (*völlig unaufgeräumt*) to be very untidy [*or* in a complete mess]

❷ (*fam: verwirrt*) to be confused [*or* in a state of confusion]

II. *adv* ❶ (*in Unordnung*) **etw** ~ **bringen** to get sth in a mess [*or esp* BRIT muddle]; (*verwechseln*) to mix [*or esp* BRIT muddle] up sth *sep,* to get sth mixed [*or esp* BRIT muddled] up; ~ **geraten** [*o* **kommen**] to get mixed [*or esp* BRIT muddled] up; ~ **liegen** to be all over the place; [**jdm**] **etw** ~ **werfen** to get sth [of sb's] in a mess [*or esp* BRIT muddle]; **etw** ~ **wirbeln** to scatter sth in all directions

❷ (*verwirrt*) **jdn/etw** [**mit etw**] ~ **bringen** [*o* **werfen**] to confuse sb/sth [with sth]; ~ **geraten** [*o* **kommen**] to get confused; **jdn/etw** ~ **wirbeln** (*fam: in Unruhe versetzen*) to shake sb/sth up

❸ (*wahllos*) **etw** ~ **essen/trinken** to eat/drink sth indiscriminately; ~ **laufen** to be a mess; (*planlos rumrennen*) to run around all over the place; ***es lief alles total*** ~ the whole affair was total chaos; ~ **reden** to all talk at once [*or* the same time]; ~ **schreien** to all shout at once [*or* the same time]; **alles** ~ **trinken** to mix one's drinks

Durcheinander <-s> *nt kein pl* ❶ (*Unordnung*) mess, BRIT *esp* muddle

❷ (*Wirrwarr*) confusion

durcheinander|bringen *vt irreg s.* **durcheinander II 1, II 2 durcheinander|geraten*** *vi irreg sein s.* **durcheinander II 1, II 2 durcheinander|kommen** *vi irreg sein* (*fam*) *s.* **durcheinander II 1, II 2 durcheinander|laufen** *vi s.* **durcheinander II 3 durcheinander|liegen** *vi irreg sein o haben s.* **durcheinander II 1 durcheinander|reden** *vi s.* **durcheinander II 3 durcheinander|schreien** *vi irreg s.* **durcheinander II 3 durcheinander|werfen** *vt irreg* (*fam*) *s.* **durcheinander II 1, II 2 durcheinander|wirbeln** *vt s.* **durcheinander II 1, II 2**

durch|exerzieren* *vt* ▪**etw** [**mit jdm**] ~ ❶ (*wiederholend üben*) to practise [*or* AM -ice] [*or* go through] sth [with sb]

❷ (*durchspielen*) to rehearse [*or* go through] sth [with sb]

durch|fahren¹ *vi irreg sein* ❶ (*zwischen etw fahren*) ▪**zwischen etw** *dat* ~ to go [*or* drive] between [*or* through] sth

❷ (*fahrend durchbrechen*) ▪**durch etw** ~ to crash through sth

❸ (*nicht anhalten*) ▪[**bei etw**] ~ to travel straight through; ***das Auto fuhr bei Rot durch*** the car drove [straight] through the red light [*or* ran the red light]; **die Nacht** ~ to drive through the night

❹ (*unterqueren*) ▪**unter etw** *dat* ~ to travel [*or* pass] under sth; ***das hohe Fahrzeug kann unter dieser Brücke nicht*** ~ this high vehicle can't drive under the bridge

durchfahren*² *vt irreg* ▪**jdn** ~ ❶ (*plötzlich bewusst werden*) to flash through sb's mind

❷ (*von Empfindung ergriffen werden*) to go through sb

Durchfahrt *f* ❶ (*Öffnung zum Durchfahren*) entrance

❷ (*das Durchfahren*) thoroughfare; ***für Lkws ist hier keine*** ~ there's no access [*or* thoroughfare] for trucks here!; ~ **bitte freihalten** please do not obstruct [*or* keep clear]; ~ **verboten** no thoroughfare; **auf der** ~ **sein** to be passing through

Durchfahrtsrecht *nt* JUR right of way **Durchfahrtsstraße** *f* TRANSP through road **Durchfahrtsverkehr** *m* traffic in transit

Durchfall *m* ❶ MED diarrhoea BRIT, diarrhea AM; ~ **haben** [*o* **an** ~ **leiden**] to have [an attack of] diarrhoea

❷ (*fam*) fail, failure

durch|fallen *vi irreg sein* ❶ (*durch etw stürzen*) ▪[**durch etw**] ~ to fall through [sth]

❷ (*fam*) ▪**bei** [*o* **in**] **etw** *dat* ~ to fail sth; **bei** [*o* **in**] **einer Prüfung** ~ to fail an exam

❸ (*einen Misserfolg haben*) ▪[**bei jdm/etw**] ~ to [be a] failure [*or esp* BRIT flop] [with sb/sth]

durch|faulen *vi sein* to rot through

durch|fechten *vt irreg* ▪**etw** ~ to fight [*or* see] sth through [to the end]

durch|feiern¹ *vi* (*fam*) to celebrate [*or* party] non-stop; ***wir haben die ganze Woche durchgefeiert*** the whole week was just one big party; **die Nacht** ~ to celebrate [*or* party] all night [long] [*or* through the night]

durchfeiern*² *vt* ▪**etw** ~ to celebrate sth without a break; **eine durchfeierte Nacht** a night of celebrations

durch|feilen *vt* ▪**etw** ~ to file through sth

durchfeuchten* *vt* ▪**etw** ~ to soak sth; ▪**von etw durchfeuchtet sein** to be soaked [through] with sth; **durchfeuchtete Wände** damp-ridden walls

durch|finden *vi, vr irreg* ▪[**sich**] [**durch etw** *akk*/**in etw** *dat*] ~ to find one's way [through sth/in sth]; ***durch dieses/bei diesem Durcheinander finde ich langsam nicht mehr durch*** I'm finding it increasingly hard to keep track in this chaos

durch|fliegen¹ *vi irreg sein* ❶ LUFT to fly non-stop [*or* direct]

❷ (*fam: nicht schaffen*) ▪**durch etw** *akk* ~ *Prüfung* to fail [*or* flunk] sth; ▪**in etw** *dat* ~ *Examen* to fail [*or* flunk] sth

durchfliegen*² *vt irreg* ▪**etw** ~ to fly through sth

durch|fließen¹ *vi irreg sein* to flow through

durchfließen*² *vt irreg* ▪**etw** ~ to flow through sth

Durchflug *m* LUFT ▪**der** ~ **durch etw** flying over *no pl* sth; **auf dem** ~ in transit

Durchfluss[RR] *m,* **Durchfluß** *m* ❶ (*fließende Menge*) flow

❷ (*das Durchfließen*) flow

❸ (*Öffnung zum Durchfließen*) opening, outlet

durchfluten* *vt* (*geh*) ❶ (*ganz erhellen*) ▪**etw** ~ to flood sth

❷ (*durchströmen*) ▪**jdn** ~ to flow through [*or* pervade] sb

durchforschen* *vt* ❶ (*durchstreifen*) ▪**etw** ~ to explore sth

❷ (*durchsuchen*) ▪**etw** [**nach etw**] ~ to search through sth [for sth]

durchforsten* *vt* (*fam*) ▪**etw** [**nach etw** *dat*] ~ to sift through sth [for sth]

durch|fragen *vr* ▪[**sich** *akk* **durch etw/zu jdm/zu etw**] ~ to find one's way [through sth/to sb/to sth] by asking

durch|fressen *irreg* **I.** *vr* ❶ (*korrodieren*) ▪**sich** [**durch etw**] ~ to corrode [*or* eat through] [sth]

❷ (*sich durch etw nagen*) ▪**sich** [**durch etw**] ~ *Tier* to eat [its way] through [sth]

❸ (*pej fam: essend schmarotzen*) ▪**sich** [**bei jdm**] ~ to live on sb's hospitality, to eat sb out of house and home

II. *vt* ▪**etw frisst durch etw durch** sth eats through sth; ***die Motten haben ein Loch durch das Gewebe gefressen*** the moths have eaten a hole through the fabric; *Rost, Säure, etc.* sth corrodes through sth

Durchfuhr *f* transit

durchführbar *adj* feasible, workable, practicable

Durchfuhrbeschränkung *f* restriction on transit

durch|führen I. *vt* ❶ (*abhalten*) ▪**etw** ~ to carry out sth; **eine Untersuchung** ~ to carry out [*or* conduct] an examination; **ein Experiment** ~ to carry out [*or* conduct] [*or* perform] an experiment; **eine Haussuchung** ~ to search a house, to conduct [*or* do] a house search BRIT; **eine Messung** ~ to take a measurement; **eine Sammlung** ~ to take up collecting sth

❷ (*verwirklichen*) ■**etw** ~ to carry out sth

❸ (*hindurchführen*) ■**jdn [durch etw]** ~ to guide sb round [sth] [*or* show sb [a]round]

❹ (*durchleiten*) ■**etw durch/unter etw** *dat* ~ to pass [*or* run] sth through sth/under sth; ***eine neue Autobahn soll quer durch das Gebirge durchgeführt werden*** a new motorway is to be built straight through the mountains; ***die Gasleitung/das Kanalrohr/das Stromkabel wurde unter der Straße durchgeführt*** the gas pipe/sewage pipe/power cable was laid under the street

II. *vi* ■**durch etw** ~ to pass [*or* run] through sth

Durchfuhrerlaubnis *f* transit permit **Durchfuhrfreiheit** *f kein pl* HANDEL freedom of transit **Durchfuhrhandel** *m* HANDEL transit trade **Durchfuhrrecht** *nt* JUR right of passage

Durchführung *f* ❶ (*Verwirklichung*) carrying out *no pl*; **etw zur ~ bringen** (*geh*) to carry out sth; **ein Gesetz zur ~ bringen** to apply [*or* enforce] a law; **zur ~ kommen** [*o* **gelangen**] (*geh*) to come into force

❷ (*Abhaltung*) carrying out *no pl; Erhebung, Untersuchung a.* conducting *no pl; Experiment* performing; *Messungen* taking

Durchführungsabkommen *nt* JUR implementing agreement [*or* convention] **Durchführungsbefugnis** *f* JUR implementing power[s] **Durchführungsbestimmungen** *pl* JUR implementing regulations **Durchführungsverordnung** *f* JUR implementing order **Durchführungsvorschrift** *f* JUR implementation rule

Durchfuhrverbot *nt* HANDEL prohibition of transit

durch|füttern *vt* (*fam*) ■**jdn** ~ to support sb; ■**sich von jdm ~ lassen** to live off sb

Durchgabe *f* ❶ (*das Durchgeben*) passing on *no pl; Telegramm* phoning in [*or* through] *no pl*

❷ (*Nachricht*) announcement; *Telefon* message; *Lottozahlen* reading

Durchgang *m* ❶ (*Passage*) path[way]

❷ (*das Durchgehen*) entry; **kein ~!, ~ nicht gestattet!** no thoroughfare [*or* right of way]!; (*an Türen*) no entry!, do not proceed beyond this point!

❸ POL (*Phase*) round

durchgängig **I.** *adj* general, universal; **~e Besonderheit** constant exceptional [*or* unusual] feature

II. *adv* universally, generally; ***diese Eigenart des Satzbaus ist in ihren Gedichten ~ feststellbar*** this characteristic syntax is evident [*or* to be found] throughout [all of] her poetry

Durchgangsbahnhof *m* through station **Durchgangsfracht** *f* HANDEL transit cargo [*or* freight] **Durchgangsfrachtbrief** *m* HANDEL through bill of lading **Durchgangsgebühr** *f* HANDEL transit charges [*or* costs] *pl* **Durchgangskonnossement** *nt* HANDEL through bill of lading **Durchgangslager** *nt* transit camp **Durchgangsmaß** *nt* BAU clear opening **Durchgangsprüfer** *m* continuity tester **Durchgangsstraße** *f* TRANSP through road, thoroughfare **Durchgangsverkehr** *m* TRANSP ❶ (*durchgehender Ortsverkehr*) through traffic ❷ (*Transitverkehr*) transit traffic

durchgearbeitet *adj* spent working *pred;* ***nach zwei ~en Nächten/Wochenenden*** after two [whole] nights/weekends spent working, after working through two [whole] nights/weekends

durch|geben *vt irreg* RADIO, TV ■**[jdm] etw** ~ to pass sth on [to sb]; **die Lottozahlen** ~ to read the lottery numbers; **eine Meldung** ~ to make an announcement; **die Wetteraussichten** ~ to give the weather forecast; ***Telegramme werden telefonisch durchgegeben*** telegraphs are [usually] phoned in; ***lass dir telefonisch die Wetteraussichten ~!*** ring up and get the weather report; ■**jdm ~, dass** to tell sb that

durchgefroren *adj* frozen stiff *pred*

durch|gehen *irreg* **I.** *vi sein* ❶ (*gehen*) ■**[durch etw** *akk*] ~ to go through [sth]; ***„bitte ~!"*** (*Aufruf eines Busfahrers*) "pass [*or* move] right down [to the back of the bus] please!"

❷ (*fam: durchpassen*) ■**[durch/zwischen etw** *akk*/**unter etw** *dat*] ~ to fit [*or fam* go] [through sth/between sth/under sth]

❸ LUFT, BAHN (*ohne Unterbrechung verlaufen*) to go non-stop [*or* BRIT direct]

❹ (*fam: ohne Unterbrechung andauern*) to last

❺ (*durchdringen*) ■**durch jdn/etw** ~ to penetrate sth, to go through sb/sth

❻ (*angenommen werden*) to go through; *Antrag* to be carried [*or* passed]; *Gesetz* to be passed

❼ (*fam: weglaufen*) ■**[mit jdm/etw]** ~ to bolt [with sb/sth]; ■**[jdm] mit jdm/etw** ~ to run off [from sb] with sb/sth, to leave sb for sb [else]; ***seine Frau war ihm mit einem jüngeren Mann einfach durchgegangen*** his wife simply upped and left him for a younger man

❽ (*außer Kontrolle geraten*) ■**mit jdm** ~ to get the better of sb

❾ (*gehalten werden*) ■**für etw** ~ to be taken [*or* AM pass] for sth; ***du könntest für 30 ~*** you could be taken [*or* pass] for 30

▶ WENDUNGEN: **[jdm] etw ~ lassen** to let sb get away with sth; ***diese Fehler können wir Ihnen auf Dauer nicht ~ lassen, Herr Lang!*** we can't tolerate [*or* overlook] these mistakes forever, Mr Lang!; ***für dieses eine Mal will ich Ihnen das noch mal ~ lassen!*** I'll let it pass [*or* overlook it] [just] this once!

II. *vt sein o haben* ■**etw [mit jdm]** ~ to go through sth [with sb]

durchgehend **I.** *adj* ❶ (*nicht unterbrochen*) continuous; ***manche Kaufhäuser haben ~e Öffnungszeiten von 9 bis 18 Uhr 30*** some stores stay [*or* remain] open from 9am till 6:30pm

❷ BAHN through, direct, non-stop

II. *adv* all the time; ***die Bereitschaftspolizei hat ~ Dienst*** the riot police are on call [a]round-the-clock [*or* 24 hours a day]; **~ geöffnet** open right through

durchgeistigt *adj* (*geh*) intellectual

durchgeknallt *adj* (*sl*) ■**~ sein** to have gone crazy [*or fam* cracked up] [*or sl* lost it]; ***jetzt ist sie völlig ~!*** she's gone completely crazy [*or sl* completely lost it] now! **durchgeknöpft** *adj inv* button-through

durch|gießen *vt irreg* ■**etw** ~ to pour through sth *sep;* ■**etw durch etw** ~ to pour sth through sth

durch|graben *irreg* **I.** *vt* ■**etw durch etw** ~ to dig sth through sth; **einen Tunnel durch etw** ~ to dig a tunnel through sth

II. *vr* ■**sich** ~ to dig through *sep* one's way; ■**sich durch etw** *akk*/**unter etw** *dat* ~ to dig one's way [*or* a tunnel] through/under sth

durch|greifen *vi irreg* ❶ (*wirksam vorgehen*) to take drastic [*or* decisive] action; **hart** ~ to crack down [hard]

❷ (*hindurchfassen*) ■**[durch etw]** ~ to reach through [sth]

durchgreifend **I.** *adj* drastic

II. *adv* drastically, radically

Durchgriff *m* FIN enforcement of liability

Durchgriffserinnerung *f* JUR exception to a ruling **Durchgriffswirkung** *f* FIN direct enforcement

durch|gucken *vi* (*fam*) *s.* **durchblicken 1, 2**

durch|haben *vt irreg* (*fam*) ■**etw** ~ ❶ (*durchgelesen haben*) to be through [*or* have finished] [reading] sth

❷ (*durchgearbeitet haben*) to have finished [*or* got through] sth

❸ (*durchtrennt haben*) to have got through sth

durch|hacken *vt* ■**etw** ~ to chop [*or* hack] through sth

durch|halten *irreg* **I.** *vt* ■**etw** ~ ❶ (*ertragen*) to stand sth

❷ (*weiterhin durchführen*) to keep sth going

❸ (*beibehalten*) to keep up sth *sep;* **das Tempo** ~ to be able to stand [*or* BRIT last] the pace

❹ (*aushalten*) to [with]stand sth

II. *vi* ❶ (*standhalten*) to hold out, to stick it out *fam*

❷ (*funktionieren*) *Maschine* to last

Durchhalteparole *f* appeal to stand firm **Durchhaltevermögen** *nt* stamina, staying power; **~ haben** to have stamina [*or* staying power]

durch|hängen *vi irreg sein o haben* ❶ (*nach unten hängen*) ■**[nach unten]** ~ to sag

❷ (*fam: erschlafft sein*) to be drained

❸ (*fam: deprimiert sein*) to be down [*or* on a downer] *fam;* ***lass dich nicht so ~*** don't mope about like this

Durchhänger <-s, -> *m* **einen [totalen] ~ haben** (*fam*) to be on a [real] downer *fam*

durch|hauen *irreg* **I.** *vt* ❶ (*spalten*) ■**etw [mit etw]** ~ to chop [*or* hack] sth in two [with sth], to split sth [in two] [with sth]

❷ (*fam: verprügeln*) ■**jdn** ~ to give sb a good [*or fam* one hell of a] hiding [*or* thrashing]

II. *vr* ■**sich [durch etw]** ~ to get by [through sth]

durch|hecheln *vt* (*pej fam*) ■**etw** ~ to gossip about sth; ***intime Details von Prominenten werden in den Klatschspalten immer durchgehechelt*** intimate details of prominent people are always picked over in the gossip columns

durch|heizen **I.** *vi* ❶ (*gründlich heizen*) to heat thoroughly

❷ (*kontinuierlich heizen*) to heat continuously [*or* day and night]

II. *vt* ■**etw** ~ ❶ (*gründlich heizen*) to heat [up *sep*] sth thoroughly

❷ (*kontinuierlich heizen*) to heat sth continuously [*or* day and night]

durch|helfen *irreg* **I.** *vi* ❶ (*durch etw helfen*) ■**jdm [durch etw]** ~ to help sb through [sth]

❷ (*heraushelfen*) ■**jdm** ~ to help sb through; ■**jdm durch etw** ~ to help sb through [*or* out of] sth; **jdm durch eine schwierige Lage** ~ to help sb through [*or* out of] a difficult situation

II. *vr* ■**sich** ~ to get by [*or* along], to manage

durch|hören *vt* ❶ (*heraushören*) ■**[bei jdm] etw** ~ to detect [*or* sense] sth [in sb]

❷ (*durch etw hören*) ■**etw [durch etw]** ~ to hear sth [through sth]

durch|ixen *vt* (*fam*) ■**etw** ~ to cross [*or* AM x] out sth *sep*

durch|kämmen[1] *vt* ■**etw** ~ to comb through sth *sep;* **sich/jdm die Haare** ~ to give one's/sb's hair a good comb[ing]

durchkämmen*[2] *vt* ■**etw [nach jdm]** ~ to comb sth [for sb]

durch|kämpfen **I.** *vt* ■**etw** ~ to force [*or* push] through sth *sep*

II. *vr* ❶ (*mühselig durchackern*) ■**sich** ~ to battle [*or* fight] one's way through; ■**sich durch etw** ~ to battle [*or* fight] one's way through sth

❷ (*sich durchringen*) ■**sich zu etw** ~ to bring oneself to do sth; **sich zu einem Entschluss** ~ to bring oneself to make [*or* force oneself to [make]] a decision

III. *vi* to fight continuously

durch|kauen *vt* ❶ (*gründlich kauen*) ■**etw** ~ to chew sth thoroughly

❷ (*fam: erschöpfend besprechen*) ■**etw [mit jdm]** ~ to discuss sth thoroughly [*or fam* have sth out] [with sb]

durch|klettern *vi sein* ■**[durch etw]** ~ to climb through [sth]

durch|klingen *vi irreg sein o haben Gemütszustand* to come across; **~ lassen, dass ...** to intimate [*or* create the impression] that ...

durch|kneten *vt* ❶ (*gründlich kneten*) ■**etw** ~ to knead sth thoroughly

❷ (*kräftig massieren*) ■**jdn/etw** ~ to give sb/sth a thorough massage

durch|kommen *vi irreg sein* ❶ (*durchfahren*) ■**[durch etw]** ~ to come through [*or* past] [sth]; ***nach 300 Metern kommen Sie durch einen Tunnel durch*** after 300 metres you go through a tunnel

❷ (*vorbei dürfen*) to come past [*or* through]

❸ (*durchdringen*) ■**[durch etw]** ~ *Regen, Sonne* to come through [sth]

❹ (*sichtbar werden*) ■**[durch etw]** ~ to show through [sth]; *Sonne* to come out [from behind sth]

⑤ (*in Erscheinung treten*) ■[**bei jdm**] ~ *Charakterzug* to become noticeable [*or* show through] [in sb]; ■**in jdm** ~ to come [*or* show] through in sb
⑥ (*Erfolg haben*) ■[**bei jdm**] **mit etw** ~ to get away with sth [with sb]; ***mit so einem Trick kommen Sie bei ihm nicht durch*** you won't get away with a dodge like that with him
⑦ (*gelangen*) ■[**mit etw**] ~ to get through [*sep* sth]; ■[**mit etw**] **durch etw** ~ to get [sth] through sth; ***ich komme mit meiner Hand nicht durch das Loch durch*** I can't get my hand through the hole; ■**kein D~ für jdn sein** to be no way through for sb
⑧ (*Prüfung bestehen*) ■[**bei jdm/in etw** *dat*] ~ to get through [sb's exam/sth], to pass [sb's exam/sth]
⑨ (*überleben*) to pull [*or* come] through, to survive; **nach einer Operation** ~ to survive an operation, to pull through
⑩ (*durchgesagt werden*) ■[**in etw** *dat*] ~ to be announced [on sth]

durch|können *vi irreg* (*fam*) ■[**durch etw**] ~ to be able to get through [sth]

durchkreuzen*[1] *vt* ■**etw** ~ ① (*vereiteln*) to foil [*or* frustrate] [*or* thwart] sth
② (*durchqueren*) to cross sth

durch|kreuzen[2] *vt* ■**jdn/etw** ~ to cross out sb/sth *sep;* **jdn aus der Liste** ~ to cross sb['s name] off the list

durch|kriechen *vi irreg sein* ■[**durch etw**] ~ to crawl [*or* creep] through [sth]; ■[**unter etw** *dat*] ~ to crawl [*or* creep] under[neath] [sth]

durch|kriegen *vt* (*fam*) *s.* **durchbekommen**

Durchlademöglichkeit *f* AUTO long-cargo channel

durch|laden *irreg* **I.** *vt* ■**etw** ~ to charge [*or* prime] sth
II. *vi* to charge, to prime

durch|langen (*fam*) **I.** *vi* to reach through, to put through *sep* one's hand; ■**durch etw** ~ to reach [*or* put one's hand] through sth
II. *vt* (*durchreichen*) ■[**jdm**] **etw** ~ to pass through *sep* sth [to sb]

DurchlassRR <-es, Durchlässe> *m*, **Durchlaß** <-sses, Durchlässe> *m* ① (*Durchgang*) passage[way]; (*Eingang*) way through [*or* in]
② (*Zugang*) access *no pl, no art;* **jdm/sich** ~ **verschaffen** to obtain permission for sb/oneself to pass, to gain admittance for sb/oneself; *mit Ausweis* to gain sb/oneself admittance; **sich** *dat* **mit Gewalt** ~ **verschaffen** to force one's way through [*or* in] *sep*

durch|lassen *vt irreg* ① (*vorbei lassen*) ■**jdn/etw** [**durch etw**] ~ to let [*or* allow] sb/sth through [sth]; ***er ließ jeden durch die Absperrung durch*** he let everybody through the barrier
② (*durchdringen lassen*) ■**etw** ~ to let through sth *sep*
③ (*fam: durchgehen lassen*) ■**jdm etw** ~ to let sb get away with sth

durchlässig *adj* ① (*porös*) porous, permeable (**für** +*akk* to)
② (*offen*) ■~ **sein** *Grenze* to be open
③ (*Veränderungen zulassend*) **etw** ~ **gestalten** *System* to make sth interchangeable

Durchlässigkeit <-> *f kein pl* ① (*Porosität*) porosity *no pl*, permeability *no pl* (**für** +*akk* to)
② (*Offenheit*) ■**seine** ~ one's open nature [*or* openness]

Durchlaucht <-, -en> *f* ■**Seine/Ihre/Euer** ~ His [Serene]/Your Highness

Durchlauf *m* ① INFORM run
② SKI heat

durch|laufen[1] *irreg* **I.** *vi sein* ① (*durcheilen*) ■[**durch etw**] ~ to run through [sth]
② (*durchrinnen*) ■[**durch etw**] ~ to run through [sth]
③ (*im Lauf passieren*) ■[**bei jdm**] ~ to pass by [*or* run past] [sb]; ■**durch etw** ~ to run through sth; (*passieren a.*) to pass through sth
II. *vt haben* ■**etw** ~ to go through sth, to wear through sth *sep;* ■**durchgelaufen** worn [through]

durchlaufen*[2] *vt irreg* ① (*im Lauf durchqueren*) ■**etw** ~ to run through sth
② (*zurücklegen*) ■**etw** ~ to cover [*or* run] sth; ***sie durchlief die 100 Meter als Beste*** she was the fastest over the 100 metres
③ (*absolvieren*) ■**etw** ~ to go through sth; ■**das D~ einer S.** *gen*/**von etw** *dat* the completion of sth, completing sth; ***das D~ einer 2-jährigen Schulung*** completing a two-year training course
④ (*erfassen*) ■**jdn** ~ to run through sb; ***es durchlief mich siedend heiß*** I suddenly felt hot all over

durchlaufend *adj* continuous

Durchlauferhitzer <-s, -> *m* flow heater, continuous-flow water heater *form* **Durchlaufkonto** *nt* interim account **Durchlaufzeit** *f* HANDEL time from receipt of order till dispatch

durch|lavieren* *vr* (*fam*) ■**sich** [**durch etw** *akk*/**in etw** *dat*] ~ to steer a course [*or* to manoeuvre [*or* AM maneuver] one's way] through sth

durchleben* *vt* ■**etw** ~ ① (*bis zu Ende erleben*) to go through sth
② (*durchmachen*) to experience sth; **schwere Zeiten** ~ to go [*or* live] through hard times

durchleiden* *vt irreg* ■**etw** ~ to endure [*or* suffer] sth

durch|leiten *vt* ■**etw** [**durch etw**] ~ to direct [*or* transmit] sth through [sth]

Durchleitung <-, -en> *f* PHYS, ELEK through [*or* onwards] transmission

Durchleitungsgebühr *f für Energiedurchleitung* through-[*or* onwards-]transmission charge **Durchleitungspflicht** *f kein pl* ELEK *bei Energieversorgung* obligation to provide through [*or* onwards] transmission

durch|lesen *vt irreg* ■[**sich** *dat*] **etw** ~ to read through sth *sep;* [**sich** *dat*] **ein Manuskript auf Fehler hin** ~ to read through *sep* a manuscript for errors, to proofread a manuscript

durchleuchten*[1] *vt* ① (*röntgen*) ■**jdn** [**auf etw** *akk* **hin**] ~ to X-ray sb [for sth]; **eine Lunge auf Krebs** ~ to X-ray a lung for cancer; ■**jdm etw** ~ to X-ray sb's sth; ■**sich** [**von jdm**] ~ **lassen** to be [*or* get] X-rayed [by sb]; ■**sich** *dat* **etw** ~ **lassen** to have [*or* get] one's sth X-rayed; ■**das D~** [**von etw**] X-raying [sth], an/the X-ray examination [of sth]
② (*fam: kritisch betrachten*) ■**jdn/etw** ~ to investigate sb/sth, to probe into sb's records/sth

durch|leuchten[2] *vi* ■[**durch etw**] ~ to shine through [sth]

Durchleuchtung <-, -en> *f* ① (*das Röntgen*) X-ray [examination]
② (*Untersuchung*) investigation (+*gen* into); *von Bewerbern* vetting

durch|liegen *irreg* **I.** *vt* ■**etw** ~ to wear out *sep* sth [by lying on it]; ■**durchgelegen** worn out; **ein durchgelegenes Bett** a bed sagging in the middle
II. *vr* ■**sich** ~ to develop [*or* get] bedsores; **ein durchgelegener Rücken** a back covered with [*or* in] bedsores; **einen durchgelegenen Rücken haben** to have bedsores on one's back

durchlöchern* *vt* ■**jdn/etw** [**mit etw**] ~ to riddle sb/sth [with sth]; ■**durchlöchert** full of holes

durch|lotsen *vt* (*fam*) ■**jdn** [**durch/bis zu etw**] ~ to guide sb [through/to sth]; (*als Reiseführer*) to give sb a guided tour [through/to [*or* finishing at] sth]

durch|lüften **I.** *vt* ■**etw** ~ to air sth thoroughly; **einen Raum** ~ to air out a room
II. *vi* to air thoroughly

durch|machen **I.** *vt* ■**etw** ~ ① (*erleiden*) to go through sth; **eine Krankheit** ~ to have an illness; **harte Zeiten** ~ to go through hard times
② (*durchlaufen*) to undergo [*or* go through] sth; **eine Ausbildung** ~ to go through [*or* undergo] training
II. *vi* (*fam*) ① (*durchfeiern*) **bis zum anderen Morgen/die ganze Nacht** ~ to make a night of it, to have an all-night party
② (*durcharbeiten*) to work right through

Durchmarsch *m* ① (*lit*) ■**jds** ~ [**durch etw**] sb's march through [sth]; **auf dem** ~ while [*or* when] marching through; **auf dem** ~ **sein** to be marching through
② (*fam: Sieg*) landslide [victory]
③ (*sl: Durchfall*) the runs *npl fam;* ~ **haben** (*sl*) to have the runs *fam*

durch|marschieren* *vi sein* ■[**durch etw**] ~ to march through [sth]

durchmessen* *vt irreg* (*geh*) ■**etw** ~ to cross [*or* stride across] sth; **ein Zimmer mehrmals** ~ to pace a room

Durchmesser <-s, -> *m* diameter; **im** ~ in diameter

durch|mischen[1] *vt* ■**etw** ~ to mix sth thoroughly

durchmischen*[2] *vt* ■**etw mit etw** ~ to mix sth with sth

durch|mogeln (*fam*) **I.** *vr* ■**sich** ~ to wangle [*or* AM finagle] one's way through *fam;* ■**sich durch etw** ~ to wangle one's way through sth *fam;* **sich an der Grenze** ~ to smuggle oneself across [*or* over] the border
II. *vt* ■**jdn/etw** ~ to smuggle through sb/sth *sep;* ■**jdn/etw durch etw** ~ to smuggle sb/sth through sth; **Zigaretten durch die Grenzkontrolle** ~ to smuggle cigarettes over the border

durch|müssen *vi irreg* (*fam*) ① (*durchgehen müssen*) ■[**durch etw**] ~ to have to get [*or* go] through [sth]; ***machen Sie bitte Platz, ich muss hier durch!*** make way please, I have to get through here
② (*durchmachen müssen*) ■**durch etw** ~ to have to go through sth; **durch schwere Zeiten** ~ to have to go through hard times

Durchmusterung <-, -en> *f* ① *von Waren, Vorräten* thorough check, scrutinization
② PHYS *von Sternen mit Infrarot* close examination

durch|nagen *vt* ■**etw** ~ to gnaw through sth *sep*

durchnässen* *vt* ■**jdn/etw** ~ to drench [*or* soak] sb/sth

durchnässtRR, **durchnäßt** *adj inv* soaked; **bis auf die Haut** ~ soaked to the skin

durch|nehmen *vt irreg* ■**etw** [**in etw** *dat*] ~ to do sth [in sth]; ***wir nehmen in Latein demnächst Cäsar durch*** we'll be doing Caesar soon in Latin

durch|numerieren* *vt* ■**etw** [**von 1 bis 20**] ~ to number sth consecutively [from 1 to 20]

durch|organisieren* *vt* ■**etw** ~ to organize sth thoroughly [*or* down to the last detail]; ■**durchorganisiert** thoroughly organized, well-planned

durch|passieren *vt* ■**etw** ~ KOCHK to strain sth [through a sieve]

durch|pauken *vt* (*fam*) ① (*gründlich durchnehmen*) ■**etw** ~ to swot up on sth BRIT *fam;* (*übereilt*) to cram for sth
② (*durchsetzen*) ■**jdn/etw** ~ to push [*or* force] through sb/sth *sep;* **ein neues Konzept** ~ to push [*or* force] through a new concept
③ (*heraushelfen*) ■**jdn** ~ to get sb off

durch|pausen *vt* ■**etw** ~ to trace sth

durch|peitschen *vt* ① (*auspeitschen*) ■**jdn** ~ to flog sb
② (*schnell durchbringen*) ■**etw** ~ to railroad [*or* AM push] through sth *sep;* **die** [*o* **seine**] **eigenen Interessen** ~ to push through *sep* one's own interests

durchpflügen* *vt* ■**etw** ~ ① (*gründlich pflügen*) to plough [*or* AM plow] sth thoroughly
② (*durch etw pflügen*) to plough through sth
③ (*geh: genau prüfen*) to scour [through *sep*] sth

durch|plumpsen *vi sein* (*fam*) *s.* **durchfallen 2**

durch|probieren* *vt* ■**etw** ~ to try sth in turn [*or* one after the other]; **alle Möglichkeiten** ~ to go through all the possibilities

durch|prügeln *vt* ■**jdn** ~ to give sb a good thrashing, to beat sb [to a pulp *fam*]

durch|pusten *vt* (*fam*) *s.* **durchblasen**

durchqueren* *vt* ■**etw** ~ to cross [*or form* traverse] sth; **einen Wald** ~ to pass through a wood

durch|quetschen (*fam*) **I.** *vr* ■**sich** [**durch etw**] ~ to squeeze [a [*or* one's] way] through [sth]
II. *vt* ■**etw** ~ to squeeze [*or* press] through sth *sep;* ■**etw durch etw** ~ to squeeze [*or* press] sth through sth

durch|rasen *vi sein* (*fam*) ■[**durch etw**] ~ to race [*or* tear] through [sth]

durch|rasseln *vi sein* (*sl*) *s.* **durchfallen 2**

durch|rechnen *vt* ■**etw** ~ to calculate sth [carefully]; (*überprüfen*) to check sth thoroughly

durch|regnen *vi impers* ❶ (*Regen durchlassen*) ■**[durch etw]** ~ to rain through [sth] ❷ (*ununterbrochen regnen*) to rain continuously

Durchreiche <-, -n> *f* [serving] hatch, pass-through AM

durch|reichen *vt* ■**etw** ~ to hand [*or* pass] through sth *sep;* ■**etw durch etw** ~ to hand [*or* pass] sth through sth; ■**jdm etw [durch etw]** ~ to hand [*or* pass] sb sth [*or* sth to sb] [through sth], to hand [*or* pass] through sth to sb *sep*

Durchreise *f* journey through; **auf der** ~ on the way through, while [*or* when] passing through; **auf der ~ sein** to be passing through

durch|reisen[1] *vi sein* ■**[durch etw]** ~ to pass [*or* travel] through [sth]; **bis Berlin** ~ to be travelling [*or* AM -eling] through to Berlin

durchreisen*[2] *vt* ■**etw** ~ to travel across [*or* through] sth; **die ganze Welt** ~ to travel all over the world

Durchreisende(r) *f(m) dekl wie adj* traveller [*or* AM traveler] [passing through], transient AM; ~ ***nach Bangkok*** through passengers to Bangkok; ■**ein ~r/eine ~ sein** to be travelling [*or* passing] through

Durchreisevisum *nt* transit visa

durch|reißen *irreg* **I.** *vt haben* ■**etw [mitten/in der Mitte]** ~ to tear sth in two [*or* in half] [*or* down the middle]
II. *vi sein* ■**[mitten/in der Mitte]** ~ to tear [in half [*or* two]]; *Seil* to snap [*or* break] [in two]

durch|rieseln[1] *vi sein* ■**[durch etw]** ~ to trickle through [sth]; ■**etw zwischen etw** *dat* ~ **lassen** to let sth trickle through sth

durchrieseln*[2] *vt* (*geh*) ■**jdn** ~ to run through sb

durch|ringen *vr irreg* ■**sich zu etw** ~ to finally manage to do sth; **sich zu einer Entscheidung** ~ to force oneself to [make] a decision; ■**sich dazu ~, etw zu tun** to bring [*or* force] oneself to do sth

durch|rosten *vi sein* to rust through

Durchrostung <-, -en> *f* AUTO corrosion perforation

durch|rufen *vi irreg* (*fam*) to call, BRIT *a.* to ring [up]; (*kurz Bescheid sagen*) to give sb a ring [*or* AM *usu* call]

durch|rühren *vt* ■**etw** ~ to stir sth well; (*durchmischen*) to mix sth thoroughly; **etw gut** ~ to give sth a good stir

durch|rutschen *vi sein* ❶ (*durchgleiten*) ■**[durch etw]** ~ to slip through [sth] ❷ (*fam*) **durch eine Prüfung** ~ to scrape through an exam[ination]

durch|rütteln *vt* ■**jdn** ~ ❶ (*gründlich rütteln*) to shake sb violently ❷ (*hin und her schaukeln*) to shake sb about

durchs (*fam*) = **durch das** *s.* **durch**

durch|sacken *vi sein* LUFT to lose height suddenly

Durchsage *f* message; (*Radioansage*) announcement; **eine ~ machen** to give an announcement; (*Telefonauskunft*) recorded message

durch|sagen *vt* ❶ (*übermitteln*) ■**etw** ~ to announce sth; **die Ergebnisse** ~ to give [*or* announce] the results ❷ (*mündlich weitergeben*) ■**etw [nach vorne]** ~ to pass on *sep* sth [to the front]

durch|sägen *vt* ■**etw** ~ to saw through sth *sep*

durch|saufen *irreg* (*sl*) **I.** *vi* to booze continuously *fam,* to be on a bender *fam* [*or fam!* the piss]; **die ganze Nacht** ~ to booze all night *fam,* to piss away the night *sep fam!*
II. *vr* ■**sich [bei jdm]** ~ to booze [at sb's expense] BRIT *fam,* to ponce [*or* AM mooch] drinks [off sb] *pej sl*

durch|sausen *vi sein* (*fam*) *s.* **durchfallen 2**

durchschaubar *adj* ❶ (*durchsichtig*) clear, transparent ❷ (*zu durchschauen*) obvious, transparent; **leicht** ~ easy to see through; **schwer** ~ enigmatic, inscrutable; **schwer ~ sein** to be an enigma

durchschauen*[1] *vt* ❶ (*erkennen*) ■**etw** ~ to see through sth ❷ (*jds Absichten erkennen*) ■**jdn** ~ to see through sb; ■**leicht/schwer zu ~ sein** to be easy/difficult to see through; **du bist durchschaut!** I know what you're up to!, you've been rumbled! BRIT *fam*

durch|schauen[2] *vt s.* **durchsehen**

durch|scheinen *vi irreg* ❶ (*durch etw scheinen*) ■~ *Licht, Sonne* to shine through ❷ (*sichtbar sein*) ■~ *Farbe, Muster* to show [through]; ■**[unter etw** *dat*] ~ to show through [under [*or* beneath] sth]

durchscheinend *adj* **~es Papier** translucent paper

durch|scheuern **I.** *vt* ❶ (*verschleißen*) ■**etw** ~ to wear through sth *sep;* ***die Jacke war an den Ärmeln durchgescheuert*** the jacket was worn [through] at the elbows ❷ (*wund scheuern*) ■**[sich** *dat*] **etw** ~ to chafe [one's] sth
II. *vr* (*verschleißen*) ■**sich [an etw** *dat*] ~ to wear through [at sth]

durch|schieben *vt irreg* ■**etw** ~ to push through sth *sep;* ■**etw durch etw/unter etw** *dat* ~ to push sth through/under sth; ■**jdm etw** ~ to push sth through to sb

durch|schießen[1] *vi irreg* ■**durch etw** ~ to shoot through sth

durchschießen*[2] *vt irreg* ❶ (*mit Kugeln durchbohren*) ■**[jdm] etw** ~ to shoot sb through sth; ***ihm wurde die Schulter durchschossen*** he was shot through the shoulder ❷ (*plötzlich einfallen*) ■**jdn** ~ to flash through sb's mind ❸ TYPO ■**etw** ~ to space [*or* set] out sth *sep*

durch|schimmern *vi* ■**[durch etw]** ~ to shimmer [*or* shine] through [sth]; *Farbe* to show through [sth]

durch|schlafen *vi irreg* to sleep through [it]; (*ausschlafen*) to get [*or* have] a good night's sleep

Durchschlag *m* ❶ (*Kopie*) copy ❷ (*Sieb*) colander, cullender; (*für Nudeln*) strainer

Durchschlagen <-s> *nt kein pl* TYPO (*Farbe*) show-[*or* strike]through

durch|schlagen[1] *irreg* **I.** *vt haben* ❶ (*durchbrechen*) ■**etw** ~ to chop sth in two, to split sth [in two]; **eine Wand** ~ to knock a hole [*or* an opening] through a wall ❷ (*durchtreiben*) ■**etw** ~ to knock through sth *sep;* ■**etw durch etw** ~ to knock sth through sth; **einen Nagel durch etw** ~ to knock a nail through sth
II. *vi* ❶ *sein* (*durchkommen*) ■**[bei/in jdm]** ~ to show through [in sb]; ***in ihm schlägt der Lehrer durch*** you can see the teacher in him ❷ *sein* (*durchdringen*) ■**[durch etw]** ~ to come [*or* go] through [sth]; *Geschoss a.* to pierce sth ❸ *haben* (*fam: abführen*) ■**[bei jdm]** ~ to go [*or* run] straight through [sb] *fam* ❹ *sein* (*sich auswirken*) ■**[auf etw** *akk*] ~ to have an effect [*or* make one's/its mark [felt]] [on sth]
III. *vr haben* ❶ (*Dasein fristen*) ■**sich** ~ to struggle along; **sich allein/irgendwie** ~ to struggle on alone/to get by somehow; **sich nur mit Mühe** ~ to only get by with difficulty ❷ (*ans Ziel gelangen*) ■**sich** ~ to make one's way through; (*durchkämpfen*) to fight through *sep* one's way; ■**sich durch etw** ~ to make/fight one's way through sth; **sich mit Müh und Not durch sein Leben** ~ to make one's way through life with great difficulty

durchschlagen*[2] *vt irreg* ❶ (*durchtrennen*) ■**etw [mit etw]** ~ to chop through sth [with sth] ❷ (*durchdringen*) ■**etw** ~ to penetrate [*or* pierce] sth; ***die Kugel durchschlug das Fenster*** the bullet smashed through the window

durchschlagend *adj* ❶ (*überwältigend*) sweeping; **ein ~er Erfolg** a huge [*or* resounding] [*or* tremendous] success; **eine ~e Wirkung haben** to be extremely effective ❷ (*überzeugend*) convincing; **ein ~es Argument** a convincing [*or* persuasive] argument; **ein ~er Beweis** conclusive evidence

Durchschlagpapier *nt* ❶ (*für Kopien*) copy paper ❷ (*Kohlepapier*) carbon paper

Durchschlagskraft *f* ❶ (*Wucht*) penetration ❷ (*fig*) effectiveness; **ohne ~ sein** to be ineffective

durchschlagskräftig *adj* decisive; **~e Beweise** conclusive evidence

durch|schlängeln *vr* ■**sich [zu jdm/etw]** ~ *Mensch* to thread one's way through [to sb/sth]; **sich durch ein Tal** ~ *Fluss* to meander [*or* wind its way] through a valley

durch|schleppen *vt* ❶ (*durchhelfen*) ■**jdn [mit]** ~ to carry along *sep* sb [with one]; (*aktiv*) to help along sb *sep* ❷ (*unterhalten*) ■**jdn [mit]** ~ to support sb

durch|schleusen *vt* (*fam*) ■**jdn** ~ to smuggle through sb *sep;* ■**jdn durch etw** ~ to smuggle sb through sth; **jdn durch eine Ausstellung** ~ to hurry [*or* rush] sb through an exhibition

Durchschlupf <-[e]s, -schlüpfe> *m* way through [*or* in]; (*Spalte a.*) gap; (*Loch a.*) hole

durch|schlüpfen *vi sein* ❶ (*durch etw schlüpfen*) ■**[durch etw]** ~ to slip through [sth]; ■**unter etw** *dat* ~ to slip [through] under sth ❷ (*sich durchmogeln*) ■**[durch etw]** ~ to slip through [sth]; **durch die Polizeikontrollen** ~ to slip through the fingers of the police, to give the police the slip *fam*

durch|schmecken **I.** *vt* ■**etw** ~ to taste sth
II. *vi* to come through

durch|schmuggeln *vt* ■**etw** ~ to smuggle through sth *sep;* ■**etw durch etw** ~ to smuggle sth through sth

durch|schneiden[1] *vt irreg* ■**etw [in der Mitte]** ~ to cut sth through [*or* down the middle], to cut sth in half [*or* two]

durchschneiden*[2] *vt irreg* ■**etw** ~ ❶ (*entzweischneiden*) to cut through sth *sep,* to cut sth in two ❷ (*durchziehen*) to cut through [*or* intersect] sth; (*willkürlich a.*) to criss-cross sth ❸ (*geh: durchpflügen*) to plough [*or* AM plow] [*or* slice] through sth ❹ (*geh: laut durchdringen*) to pierce sth

Durchschnitt *m* average; MATH *a.* [arithmetic *spec*] mean; **guter ~ sein** [*o* **zum guten ~ gehören**] to be a good average; **~ sein** to be average; **im** ~ on average; **über/unter dem ~ liegen** to be above/below average

durchschnittlich **I.** *adj* ❶ (*Mittelwert betreffend*) average *attr,* mean *attr;* ■**~ sein** to be a mean [*or* an average] value ❷ (*mittelmäßig*) ordinary; **~e Verhältnisse** modest circumstances
II. *adv* ❶ (*im Schnitt*) on average; **~ verdienen** to earn an average wage ❷ (*mäßig*) moderately; **~ intelligent** of average intelligence

Durchschnittsalter *nt* average age **Durchschnittsbewertung** *f* FIN inventory valuation at average prices **Durchschnittsbürger(in)** *m(f)* average citizen; ■**der** ~ the average citizen, Joe Bloggs BRIT *fam,* Joe Blow AM *fam* **Durchschnittseinkommen** *nt* average income **Durchschnittsgeschwindigkeit** *f* average speed, mean velocity *spec* **Durchschnittsgesicht** *nt* ordinary [*or* nondescript] face **Durchschnittsgröße** *f* medium size **Durchschnittskosten** *pl* FIN average costs **Durchschnittskurs** *m* BÖRSE market average **Durchschnittsmensch** *m* average person; ■**der** ~ the average person, Joe Bloggs [*or* AM Blow] *fam* **Durchschnittsnotierung** *f* BÖRSE average quotation **Durchschnittspreis** *m* average price **Durchschnittsproduktivität** *f* ÖKON average productivity **Durchschnittsqualität** *f* standard quality **Durchschnittssatzbesteuerung** *f* FIN average rate method of tax computation **Durchschnittsschüler(in)** *m(f)* average pupil **Durchschnittssteuersatz** *m* FIN average rate of tax **Durchschnittstemperatur** *f* average [*or* mean] temperature **Durchschnittsumsatz** *m* FIN average turnover [*or* sales] *pl* **Dụrchschnittsverbrauch** *m* average consumption **Dụrchschnittsware** *f* standard [quality] article **Dụrchschnittswert** *m* average [*or* mean] value

durchschnụ̈ffeln*, dụrch|schnüffeln *vt* (*pej fam*) ■**etw** ~ to nose through sth BRIT *fam;* **jds Zimmer** ~ to nose [*or* poke] around [in] sb's room *fam*

Dụrchschreibeblock *m* duplicating pad

dụrch|schreiben *vi irreg* to print through

Dụrchschreibepapier *nt* self-copying [*or* carbon] paper

durchschreiten* *vt irreg* (*geh*) ■**etw** ~ to stride through sth; **ein Feld** ~ to stride across a field; (*bemessen*) to pace across a field

Dụrchschrift *f* [carbon] copy

Dụrchschuss^RR *m* ❶ (*durchgehender Schuss*) ***es war ein glatter*** ~ the shot had passed clean [*or* right] through
❷ TYPO (*Zwischenraum*) leading *spec*

dụrch|schütteln *vt* ❶ (*anhaltend schütteln*) ■**etw** ~ to shake sth thoroughly; **etw kurz** ~ to give sth a shake
❷ (*kräftig rütteln*) ■**jdn** ~ to give sb a good shaking, to shake sb till her/his teeth rattle *fam*
❸ (*durchrütteln*) ■[**in etw** *dat*] **durchgeschüttelt werden** to be shaken about [all over the place *fam*] [in sth]

durchschweifen* *vt* (*poet*) ■**etw** ~ to roam [*or* wander] through sth

dụrch|schwenken *vt* ■**etw** ~ KOCHK to toss in butter

dụrch|schwimmen¹ *vi irreg sein* ❶ (*hindurchschwimmen*) ■**unter/zwischen etw** *dat* ~ to swim [through] under/between sth; (*hindurchgetragen werden*) to float [through] under/between sth
❷ (*ohne Pause schwimmen*) to swim without stopping

durchschwịmmen*² *vt irreg* ■**etw** ~ to swim sth; **den Ärmelkanal** ~ to swim the Channel; **einen See** ~ to swim [across] a lake

durchschwịtzen*, dụrch|schwitzen *vt* ■**etw** ~ to soak sth in sweat; ■**durchgeschwitzt** sweaty, soaked in sweat

dụrch|segeln *vi sein* ❶ (*lit*) ■**unter/zwischen etw** *dat* ~ to sail [through] between/under sth
❷ (*fam*) *s.* **durchfallen 2**

dụrch|sehen *irreg* **I.** *vt* ■**etw** ~ to go over [*or sep* look through] [*or sep* check through] sth; **einen Text auf Druckfehler** ~ to look over a text for printing errors, to proofread a text
II. *vi* ❶ (*hin~*) ■[**durch etw**] ~ to look through [sth]; ***sieh mal hier durch!*** take [*or* have] a look through this/these; ■**zwischen etw** *dat* ~ to look out from between sth; **zwischen den Fingern** ~ to peep [out] [from] between one's fingers
❷ (*fam: durchblicken*) to grasp [*or fam* get] it; ***ich sehe da nicht mehr durch!*** I can't make any sense of it any more!

dụrch|seihen *vt* ■**etw** [**durch etw**] ~ to strain sth [through sth]

dụrch|sein *vi irreg sein* (*fam*) *s.* **durch II 1, II 2, II 3, II 4**

dụrchsetzbar *adj inv* JUR enforceable

Dụrchsetzbarkeit *f kein pl* JUR enforceability

dụrch|setzen¹ **I.** *vt* ❶ (*erzwingen*) ■**etw** ~ to get [*or* push] through sth *sep;* **Maßnahmen** ~ to impose measures; **Reformen** ~ to carry out [*or* effect] reforms; **seinen Willen** [**gegen jdn**] ~ to get one's own way [with sb], to impose one's will [on sb]; **seine Ziele** ~ to achieve [*or* accomplish] one's goals
❷ (*bewilligt bekommen*) ■**etw** [**bei jdm**] ~ to get sth through [sb], to get sb to agree to sth; **etw bei der Mehrzahl** ~ to get sth past the majority, to elbow through sth *sep;* ■[**es**] [**bei jdm**] ~, **dass etw getan wird** to get sb to agree to [do] sth; ***er konnte ~, dass seine Ansprüche anerkannt wurden*** he was able to get his claims recognized
II. *vr* ❶ (*sich Geltung verschaffen*) ■**sich** [**bei jdm/gegen jdn**] ~ to assert oneself [with/against sb]; ■**sich mit etw** ~ to be successful with sth; ***sie hat sich mit ihren verrückten Ideen nicht ~ können*** her crazy ideas didn't meet with much success
❷ (*Gültigkeit erreichen*) ■**sich** ~ to be accepted, to gain acceptance; *Trend* to catch on

durchsẹtzen*² *vt* ■**etw mit etw** ~ to infiltrate sth with sth; ■**mit** [*o* **von**] **jdm durchsetzt sein** to be infiltrated by [*or* with] sb

Dụrchsetzung <-> *f kein pl* implementation; ■**die** ~ [**einer S.** *gen*/**von etw** *dat*] the implementation [of sth], implementing [*or sep* putting through] sth; **eine gerichtliche** ~ a legal enforcement

Dụrchsetzungsvermögen <-s> *nt kein pl* assertiveness

durchseuchen* *vt* **ein Gebiet** ~ to heavily [*or* thoroughly] contaminate an area; **völlig durchseucht sein** to be heavily contaminated

Durchseuchung <-> *f kein pl* spread *no pl* of infection

Dụrchsicht *f* examination, inspection; **zur** ~ for inspection [*or* examination]; ***hier ist die Post zur*** ~ here's the post to look through

dụrchsichtig *adj* ❶ (*transparent*) transparent
❷ (*offensichtlich*) obvious, apparent

Dụrchsichtigkeit <-> *f kein pl* transparency

dụrch|sickern *vi sein* ❶ (*lit*) ■[**durch etw**] ~ to seep [*or* trickle] through [sth]; ■**etw** ~ **lassen** to let sth seep [*or* trickle] through; *Behälter* to leak [sth]
❷ (*allmählich bekannt werden*) ■[**zu jdm/in etw** *akk*] ~ to leak out [to sb/sth]; **Informationen** ~ **lassen** to leak information; ■~, **dass ...** to get out that ...

dụrch|sieben¹ *vt* ❶ (*lit*) ■**etw** ~ to sieve [*or* sift] sth
❷ (*ausmustern*) ■**jdn** ~ to sift through sb; (*genau überprüfen*) to screen sb

durchsieben*² *vt* (*fam*) ■**jdn/etw** [**mit etw**] ~ to riddle sb/sth [with sth]

dụrch|spielen *vt* ❶ **ein Musik-/Theaterstück** ~ to play/act through *sep* a piece/play once
❷ (*durchdenken*) ■**etw** ~ to go [*or* run] through [*or* over] sth

dụrch|sprechen *vt irreg* ■**etw** [**mit jdm**] ~ to discuss sth thoroughly [*or fam* have sth out] [with sb]

dụrch|spülen *vt* ■**etw** ~ to rinse [out *sep*] sth thoroughly; ■[**sich/jdm**] **etw** ~ to rinse [out *sep*] one's/sb's sth thoroughly

dụrch|starten *vi* ❶ LUFT to [pull up and] go round again
❷ AUTO to rev up

dụrch|stechen¹ *vt irreg* ■**etw** ~ to stick through sth *sep;* ■**etw durch etw** ~ to stick sth through sth

durchstẹchen*² *vt irreg* ■**etw** [**mit etw**] ~ to pierce sth [with sth]; **sich** *dat* **die Ohrläppchen** ~ **lassen** to have [*or* get] one's ears pierced

dụrch|stecken *vt* ■**etw** ~ to stick [*or* put] through sth *sep;* ■**etw durch etw** ~ to stick [*or* put] sth through sth

dụrch|stehen *vt irreg* ■**etw** ~ ❶ (*ertragen*) to get through sth; **Qualen** ~ to endure great pains; **Schwierigkeiten** ~ to cope with difficulties
❷ (*standhalten*) to [with]stand sth; **das Tempo** ~ to stand the pace, to hold out

dụrch|steigen *vi irreg sein* ❶ (*durch etw steigen*) ■[**durch etw**] ~ to climb through [sth]
❷ (*fam: verstehen*) to get it *fam;* ■**bei etw** ~ to get sth *fam;* ***da soll mal einer ~!*** just let someone try and understand that lot!

dụrch|stellen I. *vt* ■**jdn/etw** ~ to put through sb/sth *sep;* **ein Gespräch** ~ to put a call through; ***ein Augenblick bitte, ich stelle Sie durch*** one moment please, I'll just put you through
II. *vi* ***soll ich ~?*** shall I put the call through?

Dụrchstieg <-[e]s, -e> *m* opening; (*Durchgang*) passage[way]

durchstöbern*, dụrch|stöbern *vt* ■**etw** [**nach etw**] ~ to rummage [*or* root] through sth [for sth]

Dụrchstoß *m* breakthrough

durchstọßen*¹ *vt irreg* ❶ (*durchbohren*) ■**jdn/etw** ~ to stab sb/sth; (*spitzer Gegenstand*) to go through sb/sth; (*Pfahl a.*) to impale sb/sth; ■**jdn/etw mit etw** ~ to stab sb/sth with sth; **jdn/ein Tier mit seiner Lanze/seinem Schwert** ~ to run sb/an animal through, to impale sb/an animal on one's lance/sword
❷ (*durchbrechen*) ■**etw** ~ to penetrate [*or* break through] sth; **die feindlichen Linien** ~ to break [*or* breach] the enemy lines

dụrch|stoßen² *irreg* **I.** *vi sein* ❶ (*durchdringen*) ■[**bis zu etw**] ~ to penetrate [as far as sth]
❷ (*vorstoßen*) ■[**bis zu etw/durch etw/zu etw**] ~ to advance [as far as/through/to sth]
II. *vt haben* ■**etw** ~ to drive through sth *sep;* ■**etw durch etw** ~ to drive sth through sth; **einen Pfahl durch etw** ~ to drive a stake through sth

dụrch|streichen *vt irreg* ■**etw** ~ to cross out [*or* through] sth *sep,* to delete sth

durchstreifen* *vt* (*geh*) ■**etw** ~ to roam [*or* wander] through sth; **die Welt** ~ to rove the world

dụrch|strömen¹ *vi sein* ■[**durch etw/zu etw**] ~ to stream through [sth/to sth]

durchströmen*² *vt* (*geh*) ❶ (*durchfließen*) ■**etw** ~ to flow [*or* run] through sth
❷ (*durchdringen*) ■**jdn** ~ to flow [*or* run] through sb; **von neuer Hoffnung durchströmt** imbued with new hope *form*

dụrch|stylen *vt* (*sl*) ■**jdn/etw** ~ to give style to sb/sth; ■**durchgestylt** fully [*or* completely] styled

durchsuchen* *vt* ■**jdn** [**nach etw**] ~ to search sb [for sth], to frisk sb; ■**jdn nach Drogen/Waffen** ~ to search sb for drugs/weapons; ■**etw** [**nach jdm/etw**] ~ to search sth [for sb/sth]

Durchsuchung <-, -en> *f* search

Durchsuchungsbefehl *m* search warrant

dụrch|tanzen¹ *vi* to dance continuously; **die ganze Nacht** ~ to dance all night [long]

durchtạnzen*² *vt* ■**etw** ~ to spend sth dancing; **eine durchtanzte Nacht** a night of dancing

dụrch|trainieren* [-treniːrən, -trɛ-] *vt* ■**etw** ~ to get sth into peak condition; ■[**gut**] **durchtrainiert** well-conditioned; ***er hat einen gut durchtrainierten Körper*** his body is in peak condition

durchtrainiert *adj* thoroughly fit

durchtrạ̈nken* *vt* ■**etw** ~ to soak sth [completely], to saturate sth; ■**etw mit etw** ~ to soak sth in sth; **ein Tuch mit Wasser** ~ to soak a cloth in water

dụrch|trennen, durchtrẹnnen* *vt* ■**etw** ~ to cut [through *sep*] sth, to cut sth in two, to sever sth

dụrch|treten *irreg* **I.** *vt haben* ■**etw** ~ ❶ (*fest betätigen*) **die Bremse** ~ to step on the brakes; **das Gaspedal** ~ to step on the accelerator, to hit the gas AM *fam*
❷ (*abnutzen*) to wear through sth *sep*
II. *vi sein* ❶ (*geh: durchgehen*) to go [*or* walk] through; ***bitte treten Sie*** [***hier***] ***durch, meine Herrschaften!*** ladies and gentlemen, please step this way!
❷ (*durchsickern*) ■[**durch etw**] ~ to come [*or* seep] through [sth]

durchtrieben *adj* (*pej*) cunning, crafty, sly

Durchtriebenheit <-> *f kein pl* (*pej*) cunningness *no pl,* craftiness *no pl,* slyness *no pl*

dụrch|tropfen *vi sein* ■[**durch etw**] ~ to drip through [sth]

durchwạchen* *vt* ■**etw** ~ to stay awake through sth; **viele Nächte an jds Bett** ~ to spend many nights awake at sb's bedside

dụrch|wachsen¹ *vi irreg sein* ■[**durch etw**] ~ to grow through [sth]

durchwạchsen² *adj* ❶ **~er Speck** streaky bacon BRIT
❷ *pred* (*hum fam: mittelmäßig*) so-so *fam;* ***wie war das Wetter? — ~!*** what was the weather like? — mixed!; ***die Stimmung im Büro ist zur Zeit*** ~ the atmosphere at work is not always good

Dụrchwahl *f* ❶ (*fam: ~nummer*) extension number
❷ (*das Durchwählen*) direct dialling [*or* AM -ling] *no pl, no art*

dụrch|wählen I. *vi* to dial direct; **nach London** ~ to dial London direct

II. *vt* ■**etw** ~ to dial sth direct
Durchwahlnummer *f* extension number
durch|wandern¹ *vi sein* ■[**bis zu etw**] ~ to continue [*or* carry on] hiking [as far as sth]; ■**durch etw** ~ to hike through sth
durchwandern*² *vt* ■**etw** ~ to hike [*or* walk] through sth; **die ganze/halbe Welt** ~ to wander [*or* walk] round/half way round the world
durch|waschen *vt irreg* (*fam*) ■**etw** ~ to give sth a thorough wash
durch|waten¹ *vi sein* ■[**durch etw**] ~ to wade through [sth]
durchwaten*² *vt* ■**etw** ~ to wade across sth
durchweben* *vt irreg* ① (*lit*) ■**etw mit etw** ~ to interweave sth with sth
② (*fig geh*) ■**mit** [*o* **von**] **etw durchwoben sein** to be interspersed with sth
durchweg *adv,* **durchwegs** *adv* ÖSTERR without exception; ~ **allen Anforderungen entsprechen** to meet [*or* match] all of the requirements
durchwehen* *vt* (*geh*) ■**etw** ~ to blow through sth
durch|weichen¹ *vi sein* to get drenched [*or* soaked]; ■**durchgeweicht sein** to be sodden BRIT
durchweichen² *vt* (*geh*) ■**etw** ~ to drench [*or* soak] sth
durch|wetzen *vt* ■**durchgewetzt** worn [through]; **ein durchgewetzter Kragen** a frayed collar
durch|winden *vr irreg* ① (*lit*) ■**sich durch etw** ~ to meander [*or* wind one's way] through sth; ■**sich zwischen etw** *dat* ~ to thread [*or* worm] one's way between sth
② (*fig*) ■**sich** [**durch etw**] ~ to find one's way through [sth]
durchwirken* *vt* (*geh*) *s.* **durchweben**
durch|wollen *vi* (*fam*) ■[**durch etw**] ~ to want to come/go [*or* get] through [sth]; ■**zwischen/unter etw** *dat* ~ to want to get [*or* go] between/under sth
durch|wühlen¹ I. *vt* ■**etw** [**nach etw**] ~ to rummage through [*or* about in] sth [in search of sth]; **ein Haus** ~ to ransack a house
II. *vr* ① (*sich durcharbeiten*) ■**sich** [**durch etw**] ~ to plough [*or* AM plow] through [sth]
② (*durch Wühlen gelangen*) ■**sich** [**durch etw**] ~ to burrow through [sth]; ■**sich unter etw** *dat* ~ to burrow [through] under sth
durchwühlen*² *vt* ■**etw** [**nach etw**] ~ ① (*durchstöbern*) to comb sth [for sth]
② (*aufwühlen*) to churn [*or* dig] up sth [in search of sth] *sep*
durch|wurschteln, durch|wursteln *vr* (*sl*) ■**sich irgendwie** ~ to muddle through somehow BRIT
durch|zählen *vi, vt* ■[**etw**] ~ to count out [*or* up] sth *sep;* ■[**jdn**] ~ to count sb
durchzechen* *vt* (*fam*) ■**etw** ~ to drink [*or fam* booze] through sth; (*weiter trinken*) to carry on drinking [*or fam* boozing] through sth; **die ganze Nacht** ~ to drink all night [long], to piss away BRIT the night *sep fam!*; **eine durchzechte Nacht** a night of drinking, a night on the drink [*or* BRIT *fam!* piss]
durch|ziehen¹ *irreg* I. *vt haben* ① (*hin~*) ■**etw** ~ to pull [*or* draw] through sth *sep;* ■**etw durch etw** ~ to pull [*or* draw] sth through sth
② (*fam: vollenden*) ■**etw** ~ to see sth through; ■**durchgezogen werden** to be brought to a conclusion
③ (*sl: rauchen*) ■**etw** ~ to smoke sth
II. *vi sein* ① ■[**durch etw**] ~ to come/go [*or* pass] through [sth]; *Truppe a.* to march through [sth]
② KOCHK **gebratenes Fleisch** ~ **lassen** to place fried meat in a preheated oven, in order to re-soak escaped juices
III. *vr haben* ■**sich durch etw** ~ to occur throughout sth
durchziehen*² *vt irreg* ■**etw** ~ ① (*durchqueren*) to go [*or* pass] [*or* travel] through sth; **ganze Erdteile** ~ to travel across entire continents
② (*konsequent verwendet werden*) to run through sth
③ (*durch etw verlaufen*) to criss-cross sth
durchzucken* *vt* ① (*geh: zuckend durchleuchten*) ■**etw** ~ to flash across sth
② (*plötzlich ins Bewusstsein kommen*) ■**jdn** ~ to flash through sb's mind
Durchzug *m* ① *kein pl* (*Luftzug*) draught BRIT, draft AM; ~ **machen** to create a through draught
② *von Truppen* march through
▶ WENDUNGEN: **auf** ~ **schalten** (*fam*) to let sth go in one ear and out the other *fam*
durchzugsstark *adj* ~**er Motor** powerful engine
dürfen I. *modal vb* <darf, durfte, dürfen> ① (*Erlaubnis haben*) ■**etw** [**nicht**] **tun** ~ to [not] be allowed to do sth; ***darf man hier parken?*** are you allowed [*or* is it permitted] to park here?; ***hier darf man nicht rauchen*** smoking is not allowed [*or* permitted] here
② *verneint* (*nicht sollen*) ■**etw nicht tun** ~ to ought not [to] do sth *form;* ***wir ~ den Zug nicht verpassen*** we mustn't [*or form* ought not [to]] miss the train; ***das darf nicht wieder vorkommen*** this mustn't happen again
③ *verneint* (*nicht müssen*) ■**etw nicht tun** ~ to not have to do sth; ***du darfst ihm das nicht übel nehmen*** you mustn't hold that against him; ***man darf sich nicht wundern, wenn …*** it shouldn't come as a surprise when [*or* if] …
④ *fragend* ■**darf/dürfte/dürften …?** may/might …?; ***darf/dürfte ich wohl wissen, warum …?*** may/might I know why …?; ***darf ich mir noch ein Stück Fleisch nehmen?*** may [*or* can] I help myself to another piece of meat?; ***dürfte ich wohl noch ein Stück Kuchen haben?*** I wonder if I might [*or* could] have another piece of cake?
⑤ (*Veranlassung haben*) ***ich darf wohl sagen, dass …*** I think I can say that …; ***du darfst mir das ruhig glauben*** you can [*or* may] take it from me
⑥ *im Konjunktiv* (*sollen*) ■**das/es dürfte …** that/it should [*or* ought to] …; ***es dürfte eigentlich genügen, wenn ich dir sage, dass…*** suffice it to say that …; ***es klingelt, das dürfte Ulrike sein*** there's a ring at the door, that must be Ulrike; ***es dürfte wohl das Beste sein, wenn …*** it would probably be best when [*or* if] …
▶ WENDUNGEN: **was darf es sein?** what would you like?; **es darf nicht sein, dass …** it's not on that … *fam*
II. *vi* <darf, durfte, gedurft> ***darf ich?*** may I?; ***darf ich nach draußen?*** may I go outside?; ***sie hat nicht gedurft*** she wasn't allowed to
III. *vt* <darf, durfte, gedurft> ■**etw** ~ to be allowed to do sth; ***darfst du das?*** are you allowed to?
dürftig I. *adj* ① (*kärglich*) paltrey *a. pej,* meagre [*or* AM -er]; ~**e Unterkunft** poor accommodation
② (*pej: schwach*) poor; **eine** ~**e Ausrede** a feeble excuse; ~**e Kenntnisse** scanty knowledge
③ (*spärlich*) sparse
II. *adv* scantily; ~ **ausfallen** to be a poor outcome
Dürftigkeit <-> *f kein pl* meagreness *no pl* BRIT, meagerness *no pl* AM
Dürftigkeitseinrede *f* JUR plea of insufficient assets in an estate
dürr *adj* ① (*trocken*) dry; ~**es Laub** withered leaves
② (*a. fig: unfruchtbar*) barren; ~**e Jahre** arid [*or* lean] years
③ (*mager*) [painfully] thin, skinny *fam;* (*durch Krankheit*) gaunt
④ (*knapp*) meagre [*or* AM -er]; ***die ~en Jahre*** (*fig*) the lean years
Dürre <-, -n> *f* drought *no pl*
Dürrejahr *nt* year of drought **Dürrekatastrophe** *f* catastrophic [*or* disastrous] drought **Dürreperiode** *f* [period of] drought; (*fig*) barren period
Durst <-[e]s> *m kein pl* thirst *no pl;* ■~ **haben** to be thirsty; **jd bekommt** [*o fam* **kriegt**] [**von etw**] ~ sb gets thirsty [*or* a thirst] [from sth], sth makes sb thirsty; ~ **auf etw** *akk* **haben** to feel like drinking sth; ***ich hätte ~ auf ein kühles Bier*** I could do with a chilled beer; **seinen** [*o* **den**] ~ [**mit etw**] **löschen** [*o* **stillen**] to quench [*or* BRIT slake] one's thirst [with sth]; ***das macht*** ~ that makes you thirsty [*or* gives you a thirst]; **einen** [*o* **ein Glas**] **über den** ~ **trinken** (*fam*) to have one too many
dursten *vi* (*geh*) to be thirsty; ~ **müssen** to have to go thirsty
dürsten (*geh*) I. *vt impers* ① (*Durst haben*) ■**jdn dürstet** [**es**] sb is thirsty, sb thirsts *liter*
② (*inständig verlangen*) ■**es dürstet jdn nach etw** sb thirsts for sth
II. *vi* ■**nach etw** ~ to be thirsty for sth; ■**jds D~ nach etw** sb's thirst for sth
Durstgefühl *nt* feeling of thirst
durstig *adj* thirsty; ■~ **sein** to be thirsty; [**jdn**] ~ **machen** to make sb thirsty; ■**jd wird** [**von etw**] ~ sb gets thirsty [*or* a thirst] [from sth], sth makes sb thirsty; ***von salzigen Speisen wird man*** ~ salty food makes you thirsty
durstlöschend *adj inv* thirst-quenching **durststillend** *adj* thirst-quenching **Durststrecke** *f* lean period **Durststreik** *m* refusal of [*or* to take] liquid; **sich im** ~ **befinden** to refuse to take liquid
Durumweizen *m* durum wheat
Duschanbe <-s> [duʃam'bɛ] *nt* Dushanbe
Dusche <-, -n> *f* ① (*Apparatur*) shower
② (*das Duschen*) shower; **eine heiße/kalte** ~ a hot/cold shower; **wie eine kalte** ~ **sein** [*o* **auf jdn**] **wirken**] to pour cold water on sb; ***ihr plötzliches Nein wirkte auf ihn wie eine kalte*** ~ her sudden no brought him down to earth; **unter die** ~ **gehen, eine** ~ **nehmen** to have [*or* take] a shower; **unter der** ~ **sein** [*o* **stehen**] to be in the shower, to be taking [*or* having] a shower
duschen I. *vi* to shower; **sich kalt/warm** ~ to have [*or* take] a cold/hot shower
II. *vr* ■**sich** ~ to have [*or* take] a shower
III. *vt* ■**jdn** ~ to give sb a shower
Duschgel *nt* shower gel
Duschhaube *f* shower cap **Duschkabine** *f* shower cubicle [*or* cabin] **Duschraum** *m* shower room, showers *pl* **Duschvorhang** *m* shower curtain **Duschvorlage** *f* shower mat **Duschwanne** *f* shower tray [*or* pan] **Duschzelle** *f* BAU shower stall
Düse <-, -n> *f* ① TECH nozzle
② LUFT jet
Dusel <-s> *m kein pl* (*fam*) ① (*unverdientes Glück*) ~ **haben** to be lucky; [**reiner**] ~ **sein** to be [pure] good fortune [*or* [sheer] luck]; ***es war reiner ~, dass …*** it was sheer luck that …; ***so ein ~!*** that was lucky!, what luck!
② SÜDD, SCHWEIZ ■**im** ~ (*benommen*) in a daze; (*schläfrig*) drowsy/drowsily; (*angetrunken*) tipsy; ***das hat er mir im ~ erzählt*** he told me that after he had had a few
dus(e)lig *adj* (*fam*) ■~ **sein/werden** (*schläfrig*) to be/get [*or* become] drowsy; (*angetrunken*) to be/get [*or* become] tipsy; ***mir wird*** ~ I'm feeling dizzy, to become dizzy
duseln *vi* (*fam*) to doze
düsen *vi sein* (*fam: fliegen*) to jet; (*fahren*) to race; (*schnell gehen*) to dash; **nach Rom/zu einer Sitzung** ~ to jet/race/dash off to Rome/a meeting
Düsenantrieb *m* jet propulsion *no pl, no art;* **mit** ~ with jet propulsion; **ein Flugzeug mit** ~ a jet[-propelled] aircraft **Düsenflugzeug** *nt* jet [aircraft] **Düsenjäger** *m* jet fighter **Düsentriebwerk** *nt* jet engine
Dussel <-s, -> *m* (*fam*) twit *fam,* prat BRIT *fam,* dork AM *fam*
Düsseldorf <-s> *nt* Düsseldorf
dusselig, dussligᴿᴿ, dußlig (*fam*) I. *adj* daft *fam,* stupid
II. *adv* ① (*dämlich*) stupidly; **sich** ~ **anstellen** to act stupidly [*or fam* stupid]
② (*enorm viel*) **sich** ~ **arbeiten** to work oneself silly; **sich** ~ **verdienen** to earn a fantastic amount, to rake it in *fam; s. a.* **dumm**
Dusseligkeit <-, -en> *f,* **Dussligkeitᴿᴿ, Dußligkeit** <-, -en> *f* (*fam*) stupidity *no pl*
düster *adj* ① (*finster*) dark, gloomy; **ein** ~**er Himmel** a gloomy [*or* an overcast] [*or* BRIT a heavy] sky;

~es Wetter dismal [*or* gloomy] weather
❷ (*bedrückend*) gloomy, melancholy; **~e Gestalten** melancholy figures; **eine ~e Ahnung** a foreboding; **~e Prognosen** gloomy predictions; **ein ~es Szenario** a gloomy scenario
❸ (*schwermütig*) black, gloomy, melancholy; **eine ~e Miene** a gloomy [*or* melancholy] face; **~e Gedanken** black thoughts; **eine ~e Stimmung** a black [*or* melancholy] mood
Düsterkeit <-> *f kein pl* ❶ (*Dunkelheit*) darkness, gloominess; **von ~ erfüllt** gloomy; ***der Himmel war von großer ~*** the sky appeared really gloomy
❷ (*Schwermütigkeit*) gloominess; **Gedanken voller ~** gloomy thoughts
Dutt <-[e]s, -s *o* -e> *m* DIAL (*Haarknoten*) bun
Duty-free-Shop, Dutyfreeshop[RR] <-s, -s> ['dju:ti'fri:ʃɔp] *m* duty-free shop
Dutzend <-s, -e> *nt* ❶ (*zwölf Stück*) dozen; **ein ~ [*o* d~] Mal** a dozen times; **zu einem ~ verpackt** packed in dozens; **ein halbes ~** half a dozen; **ein rundes ~** a full [*or* BRIT round] dozen; **im ~** (*fam*) by the dozen; ***die Eier sind im ~ billiger*** the eggs are cheaper by the dozen
❷ *pl* (*fam: jede Menge*) dozens; ***kaum sagt jemand was von Freibier, kommen gleich ~e*** as soon as somebody mentions free beer dozens turn up; **zu ~en** in [their] dozens
dutzend(e)mal *adv* (*fam*) dozens of times
dutzendfach I. *adj* dozens of
II. *adv* dozens of times
Dutzendgesicht *nt* (*pej*) ordinary [*or* run-of-the-mill] face **Dutzendware** *f* (*pej*) mass-produced [*or* mass-market] item
dutzendweise *adv* by the dozen, in dozens
duzen *vt* ■**jdn ~** to address sb as [*or* with] "Du", ≈ to be on Christian [*or* first] name terms with sb; ■**sich [von jdm] ~ lassen** to allow sb to be on familiar [*or* first name] terms with one; ■**sich ~** to be on familiar [*or* first name] terms with each other
Duzfreund(in) *m(f)* close [*or* good] friend; **alte ~e** old friends
DV <-> *f Abk von* **Datenverarbeitung** DP
DVD *f Abk von* **digital videodisc** DVD
DVD-Laufwerk *nt* INFORM DVD drive **DVD-PCRW** *nt* INFORM *Abk von* **DVD phase change rewritable disk** DVD-PCRW **DVD-Player** <-s, -> [-pleɪɐ] *m* DVD player **DVD-RAM** *nt* INFORM *Abk von* **DVD random access memory** DVD-RAM **DVD-ROM** *f* INFORM *Abk von* **DVD read only memory drive** DVD-ROM **DVD-ROM-Laufwerk** *nt* INFORM DVD-ROM drive
Dynamik <-> *f kein pl* ❶ PHYS dynamics + *sing vb*
❷ (*fig*) dynamism *no pl;* ***die ~ dieser Entwicklung war nicht mehr zu bremsen*** this development was too dynamic to be slowed down
dynamisch I. *adj* ❶ (*schwungvoll*) dynamic
❷ (*vorwärts drängend*) dynamic
❸ (*regelmäßig angepasst*) index-linked
II. *adv* dynamically
dynamisieren* *vt* (*geh*) ■**etw ~** to index-link sth
Dynamisierung <-, -en> *f* (*geh*) index-linking *no pl;* ***das neue Gesetz erfordert die ~ der Renten*** the new act requires pensions to be index-linked
Dynamit <-s> *nt kein pl* ❶ (*lit*) dynamite
❷ (*fig*) dynamite; ***da steckt ~ drin!*** it's dynamite!
Dynamo <-s, -s> *m* dynamo
Dynamomaschine *f* dynamo **Dynamometer** *nt* dynamometer
Dynastie <-, -n> [*pl* -'sti:ən] *f* dynasty
Dysmenorrhö <-, -en> *f* MED (*schmerzhafte Monatsblutung*) dysmenorrhoea BRIT, dysmenorrhea AM
Dysprosium <-s> *nt kein pl* CHEM dysprosium *no pl*
D-Zug *m* (*veraltend*) express, fast train; ***lauf doch nicht so schnell, ich bin doch kein ~!*** (*hum fam*) not so fast, I can't run as fast as I used to!
D-Zug-Tempo *nt* ▶ WENDUNGEN: **im ~** (*fam*) like [*or* as quick as] a shot

E

E, e <-, – *o fam* -s, -s> *nt* ❶ (*Buchstabe*) E, e; **~ wie Emil** E for Edward BRIT, E as in Easy AM; *s. a.* **A 1**
❷ MUS ■**das ~** [the note] E; *s. a.* **A 2**
EAN *f Abk von* **europäische Artikelnummerierung** EAN
Eau de Cologne <- - -> ['o:dəko'lɔnjə] *nt kein pl* eau de cologne *no pl,* cologne *no pl*
Ebbe <-, -n> *f* ebb [*or* low] tide; (*Wasserstand*) low water; **~ und Flut** the tides *pl;* **~ sein** to be low tide; **bei ~** at low tide, when the tide goes out/has gone out; **mit der ~** with the ebb tide; **mit der ~ auslaufen** to leave on the ebb tide
▶ WENDUNGEN: **bei jdm herrscht [*o* ist] ~** (*fam*) sb's finances are at a low ebb; ***in meinem Portmonee ist ~*** my finances are at a low ebb
ebd. *adv Abk von* **ebenda** ib., ibid.
eben[1] I. *adj* ❶ (*flach*) even, flat
❷ (*glatt*) level
II. *adv* evenly
eben[2] I. *adv* ❶ *zeitlich* just; ***der Zug ist ~ erst abgefahren*** the train has only just left; ***~ war sie noch hier*** she was here just a moment ago; ***was meintest du ~?*** what did you say just now?
❷ (*nun einmal*) just, simply; ***das ist ~ so*** that's [just] the way it is [*or* things are]
❸ (*gerade noch*) just [about]; ***das wird [so] ~ noch reichen*** that'll just about be enough
❹ (*kurz*) **mal ~ [*o* ~ mal]** for a minute [*or* second]; ***komm mal ~ mit!*** come with me a second; ***entschuldigen Sie mich mal ~*** excuse me for a minute
II. *part* ❶ (*genau das*) exactly, precisely; ***das ist es ja ~*** that's precisely [*or* exactly] it; ***war es das, was du meintest? — nein, das ~ nicht*** was that what you meant? — no, not exactly [that]; ***~ das wollte ich sagen*** that's precisely [*or* exactly] what I wanted to say; **[na] ~!** exactly
❷ (*Abschwächung von Verneinung*) ***das ist nicht ~ billig*** it's not exactly cheap
Ebenbild *nt* image; ■**jds ~ sb's image; jds [genaues] ~ sein** to be the [very [*or* spitting]] image of sb
ebenbürtig *adj* equal; ■**jdm [an etw *dat*] ~ sein** to be sb's equal [in sth]; **einander [nicht] ~ sein** [un]evenly matched
Ebenbürtigkeit <-> *f kein pl* equality *no pl*
ebenda *adv* ❶ (*genau dort*) exactly there; ***Bad Tölz? ja, ~ ist sie*** Bad Tölz? yes, that's exactly where she is
❷ (*bei Zitat*) ibidem; (*geschrieben a.*) ibid[.]
ebendahin *adv* ***~ fahre ich ja*** that's exactly where I'm going **ebendarum** *adv* for that very reason; ***~ frage ich ja!*** that is exactly why I'm asking **ebender** *pron,* **ebendie** *pron,* **ebendas** *pron* he/she/it; ***ist das deine Traumfrau? ebendie ist es*** is that the woman of your dreams? yes, she's the one **ebendeshalb** *adv,* **ebendeswegen** *adv s.* **ebendarum ebendiese(r, s)** *pron* (*geh*) he/she/it; ***der Mann da vorne? — du sagst es, ~r!*** that man up front there? — you've said it, the very one!
Ebene <-, -n> *f* ❶ (*Tief~*) plain; (*Hoch~*) plateau
❷ MATH, PHYS plane; **schiefe ~** inclined plane
❸ (*Schicht*) level; **sich [nicht] auf jds ~ begeben** (*geh*) to [not] come down to sb's level; **auf wissenschaftlicher ~** at the scientific level
ebenerdig *adj* ■**~ sein** to be at ground level [*or* level with the ground]; **eine ~e Wohnung** a residence at ground level; **ein ~er Hauseingang** an entrance level with the ground [*or* at ground level]
ebenfalls *adv* also, as well, likewise, too; ***ich hätte es ~ getan*** I would have done it too [*or* as well], I would also have done it; ***ich ~!*** me too!; ***danke, ~!*** thanks, [and] the same to you
Ebenholz *nt* ebony; **schwarz wie ~** as black as ebony
ebenjene(r, s) *pron* (*geh*) *substantivisch* he/she/it; ***war er der Täter? — ja, ~r war es!*** was he the culprit? — yes, he was the very one!; *adjektivisch;* ***~ Frau heiratete er*** that's the very woman he married
Ebenmaß *nt kein pl* (*geh*) evenness *no pl,* regularity; *von Gesichtszügen* regularity *no pl; des Körpers* perfect proportions *pl*
ebenmäßig I. *adj* regular, symmetrical, well-proportioned, evenly proportioned; **von ~em Wuchs** of even proportions; **~e Zähne** evenly proportioned teeth
II. *adv* proportionately, symmetrically
ebenso *adv* ❶ (*genauso*) just as; ***ich habe eine ~ schöne Wohnung*** I have just as nice a flat; **~ gern** just as well/much; ***meinen Vater mag ich ~ gern wie meine Mutter*** I like my father just as much as my mother; **~ gut** [just] as well; ***ich kann ~ gut darauf verzichten*** I can just as well go without it; **~ lang[e]** just as long; **~ oft** just as frequently [*or* often]; **~ sehr** just as much; ***ich habe dich ~ sehr lieb wie du mich*** I'm just as much fond of you as you are of me; **~ viel** just as much; **~ wenig** ***das ist ~ wenig angebracht*** this is just as inappropriate
❷ (*auch*) also, likewise, as well; ***die Geschäfte sind geschlossen, ~ alle Kinos*** the shops are closed, as are all the cinemas; ***diese Waschmaschine ist ~ zu teuer*** that washing machine is too expensive as well
ebensogern *adv s.* **ebenso 1 ebensogut** *adv s.* **ebenso 1 ebensolang(e)** *adv s.* **ebenso 1 ebensooft** [-zoʔɔft] *adv s.* **ebenso 1 ebensosehr** *adv s.* **ebenso 1 ebensoviel** *adv s.* **ebenso 1 ebensowenig** *adv s.* **ebenso 1**
Eber <-s, -> *m* boar
Eberesche *f* BOT mountain ash [*or* rowan]
ebnen *vt* (*eben machen*) ■**etw ~** to level sth [*or sep* level off sth], to make sth level
▶ WENDUNGEN: **jdm/einer S. den Weg ~** to smooth [*or* pave] the way for sb/sth
Ebola-Virus *nt* MED Ebola virus
EBU <-> *f kein pl Akr von* **European Broadcasting Union** EBU
E-Business <-> ['i:'bɪznɪs] *f kein pl* INET e-business
EC <-s, -s> *m* ❶ *Abk von* **Eurocity** Eurocity train
❷ *Abk von* **Euroscheck** eurocheque
E-Cash <-> [i:'kæʃ] *nt kein pl* e-cash, electronic cash
echauffieren* [eʃɔ'fi:rən] *vr* (*geh*) ■**sich [über jdn/etw] ~** to get worked up [*or form* to excite oneself] [about sb/sth]
Echo <-s, -s> *nt* ❶ (*Effekt*) echo
❷ (*Reaktion*) response (**auf** +*akk* to); **ein [großes] ~ finden** to meet with a [big] response
❸ (*Nachbeter*) echoer; **von jdm das ~ [*o* jds ~] sein** to echo sb's words
Echolot *nt* sonar, echo sounder
Echse <-, -n> ['ɛksə] *f* saurian *spec;* (*Eid~*) lizard
echt I. *adj* ❶ (*nicht künstlich*) real; (*nicht gefälscht*) genuine; **eine ~e Blondine** a natural blonde
❷ (*aufrichtig*) *Freundschaft, Schmerz* sincere
❸ (*typisch*) typical
❹ (*beständig*) **~e Farben** fast colours [*or* AM -ors]
❺ (*wirklich*) real; *s. a.* **Bruch**
II. *adv* ❶ (*typisch*) typically
❷ (*rein*) pure; ***das Armband ist ~ Platin!*** the bracelet is pure platinum!
❸ (*fam: wirklich*) really
Echtfarbendarstellung *f* true colour [*or* AM -or] display
Echtheit <-> *f kein pl* ❶ (*das Echtsein*) authenticity, genuineness
❷ (*Aufrichtigkeit*) sincerity
❸ TYPO (*Farbe*) ■**~en** *pl* fastness properties *pl*
Echtheitsbeweis *m* JUR proof of authenticity **Echtheitsbürgschaft** *f* JUR warranty of genuineness **Echtheitsprüfung** *f* test of genuineness, authenticity test **Echtheitszeugnis** *nt* certificate of authenticity
Echtzeit *f* INFORM real time **Echtzeitspiel** *nt* INFORM real-time game
Eck <-[e]s, -e> *nt* ❶ SÜDD, ÖSTERR (*Ecke*) corner
❷ SPORT corner [of the goal]; **das kurze/lange ~** the near/far corner [of the goal]

► WENDUNGEN: **über** ~ diagonally

EC-Karte *f Abk von* **Euroscheckkarte** Eurocheque card

Eckball *m* SPORT corner; **einen ~ geben/schießen** to award [*or* give]/take a corner; **einen ~ verwandeln** to score from a corner **Eckbank** *f* corner bench **Eckdaten** *pl s.* **Eckwert**

Ecke <-, -n> *f* ❶ (*spitze Kante*) corner; *eines Kragens* point; **sich an der ~ eines Tisches stoßen** to knock oneself on the edge of a table; **~n und Kanten** (*fig*) rough edges
❷ (*Straßen~*) corner; ***gleich um die ~*** just round [*or* AM around] the corner
❸ (*Zimmer~*) corner; **jdn in die ~ stellen** to make sb stand in the corner; ***ab in die ~!*** go and stand in the corner!
❹ (*Käse~*) wedge
❺ (*fam: Gegend*) area; ***wir kommen aus der gleichen ~*** we come from the same corner of the world
❻ (*fam: Entfernung*) distance, stretch; ***bis dahin ist es noch eine ganz schöne ~*** it's still a fair old distance away; **mit jdm um/über sieben ~n verwandt sein** (*fam*) to be distantly related to sb
❼ SPORT corner; **eine kurze/lange ~** a short/long corner; **die neutrale ~** the neutral corner
► WENDUNGEN: **jdn um die ~ bringen** (*fam*) to do sb in *fam;* **jdn in die ~ drängen** to push sb aside; **an allen ~n und Enden** (*fam*) everywhere; **eine ganze ~** (*fam*) quite a bit; **mit ~n und Kanten** with a mind of one's own

Ecker <-, -n> *f* BOT beechnut

Eckfenster *nt* corner window **Eckhaus** *nt* corner house, house on [*or* at] the corner

eckig *adj* ❶ (*nicht rund*) square; (*verwinkelt*) angular; **ein ~es Gesicht** an angular face; *s. a.* **Klammer**
❷ (*ungelenk*) jerky; **mit ~en Bewegungen gehen** to walk jerkily [*or* with a jerk]
❸ KOCHK rough

Eckkneipe *f* corner pub [*or* AM bar], pub on the corner **Ecklohn** *m* standard [*or* basic] rate of pay **Eckpfeiler** *m* ❶ (*lit*) corner pillar ❷ (*fig*) cornerstone **Eckpfosten** *m* corner post **Eckpunkt** *m* corner **Eckregal** *nt* corner shelf [*or* shelving] **Eckrohrzange** *f* rib joint pliers *npl* **Eckschrank** *m* corner cupboard **Eckschutzleiste** *f* BAU corner bead **Eckschutzschiene** *f* BAU corner guard **Eckstein** *m* ❶ (*lit*) cornerstone ❷ (*fig*) *s.* **Eckpfeiler 2 Eckstoß** *m s.* **Eckball Eckstunde** *f* first/last lesson [*or* AM class] of the day **Ecktisch** *m* corner table **Eckwert** *m meist pl* benchmark figure; (*fig*) basis **Eckwurf** *m* SPORT corner throw **Eckzahn** *m* eyetooth, canine [tooth]; (*Hauer*) fang **Eckzins** *m* FIN bank base rate

E-Commerce <-> ['i:'kɒmɜ:s] *m kein pl* INET e-commerce **E-Commerce-Karte** *f* e-commerce card

Economyclass, Economy-Klasse [ɪ'kɔnəmiklɑ:s] *f* LUFT economy class

ECOSOC <-> *m kein pl Akr von* **UN Economic and Social Council** ECOSOC

ecru [e'kry:] *adj pred s.* **ekrü** raw, undyed, ecru

Ecstasy <-, -s> *f* ecstasy, E *fam*

Ecu <-[s], -[s]> [e'ky:] *m,* **ECU** <-, -> *m* (*hist*) *Akr von* **European currency unit** ECU

Ecuador <-s> *nt* Ecuador; *s. a.* **Deutschland**

Ecuadorianer(in) <-s, -> *m(f)* Ecuadorean; *s. a.* **Deutsche(r)**

ecuadorianisch *adj* Ecuadorean; *s. a.* **deutsch**

ed. *Abk von* **edited** ed.

Edamer <-s, -> *m* Edam [cheese] *no pl, no art*

Edda <-> *f kein pl* LITER Edda

edel I. *adj* ❶ (*großherzig*) generous
❷ (*hochwertig*) fine, high-grade
❸ (*aristokratisch*) noble
❹ *attr* (*veraltend: vornehm*) noble; **von edler Abkunft sein** to be of noble origin
II. *adv* nobly; **~ geformte Züge** aristocratic features

Edelboutique, Edelbutike *f* high-class [*or fam* classy] boutique **Edelfaser** *f* high-grade fibre [*or* AM -er] **Edelfrau** *f* noblewoman **Edelgas** *nt* inert [*or* rare] [*or* noble] gas **Edelholz** *nt* high-grade [*or* precious] wood *no pl* **Edelkastanie** *f* sweet [*or* Spanish] chestnut **Edelkitsch** *m* (*iron*) ostentatious rubbish [*or* kitsch] **Edelklasse** *f* ■**die ~** the crème de la crème **Edelmann** <-leute> *m* nobleman **Edelmetall** *nt* precious metal **Edelmut** *m kein pl* (*geh*) magnanimity *no pl form,* noble-mindedness *no pl* **edelmütig I.** *adj* (*geh*) magnanimous *form,* noble-minded **II.** *adv* magnanimously *form* **Edelpilzkäse** *m* blue [vein] cheese **Edelrose** *f* prize rose **Edelschnulze** *f* (*iron*) sentimental ballad, pretentious sob stuff *no pl, no indef art* BRIT *pej* **Edelstahl** *m* stainless [*or* high-grade] steel **Edelstein** *m* precious stone **Edeltanne** *f* silver fir

Edelweiß <-[es], -e> *nt* BOT edelweiss

Eden <-s> *nt kein pl* (*geh*) Eden *no pl;* **ein blühendes ~** a flowering paradise; *s. a.* **Garten**

edieren* *vt* ■**etw ~** to publish sth

Edikt <-[e]s, -e> *nt* edict

Edinburg <-s> *nt* Edinburgh

editieren* *vt* INFORM (*Daten aufbereiten*) ■**etw ~** to edit sth

Edition <-, -en> *f* ❶ (*das Herausgeben*) publication; (*die Ausgabe*) edition
❷ (*Verlag*) publishing house

Editor, -torin <-s, -toren> *m, f* ❶ (*geh*) publisher
❷ INFORM [text] editor

Editorial <-s, -s> [edito'ria:l, ɛdi'tɔ:rɪəl] *nt* editorial

Editorin <-, -nen> *f fem form von* **Editor**

editorisch *adj* publishing *attr*

EDO-RAM *nt* INFORM *Akr von* **enhanced data out random access memory** EDO-RAM

Edutainment <-s> [ɛdju'teɪnmənt] *nt kein pl* edutainment

EDV <-> *f* INFORM *Abk von* **elektronische Datenverarbeitung** EDP

EDV-Anlage [e:de:'fau-] *f* computer system, EDP equipment **EDV-Branche** *f* computing business **EDV-Fachmann, -Fachfrau** *m, f* computer specialist **EDV-Freak** <-s, -s> *m* INFORM computer addict **EDV-gestützt** *adj* EDP-assisted [*or* -aided] **EDV-System** *nt* INFORM electronic information processing system

EEF *m* EU *Abk von* **Europäischer Entwicklungsfonds** EDF, European Development Fund

EEG <-s, -s> *nt* MED *Abk von* **Elektroenzephalogramm** EEG

EEPROM INFORM *Abk von* **electrically erasable programmable read-only memory** EEPROM

Efeu <-s> *m kein pl* ivy *no pl, no indef art*

Effeff <-> *nt kein pl* ► WENDUNGEN: **aus dem ~** (*fam*) inside out *fam;* **etw aus dem ~ beherrschen/kennen** to know sth backwards [*or* inside out]

Effekt <-[e]s, -e> *m* ❶ (*Wirkung*) effect; ***der ~ war gleich Null*** it had no effect whatsoever; **im ~** in the end
❷ (*Erscheinung*) effect; ■**~e** effects, FX *sl;* (*in Film*) special effects [*or sl* FX]

Effekten *pl* securities *pl,* stocks and shares *pl*

Effektenabteilung *f* FIN securities department [*or* division] **Effektenbörse** *f* stock exchange **Effektenhandel** *m* stock trading *no art* **Effektenhaus** *nt* FIN securities trading house

Effekthascherei <-, -en> *f* (*fam*) cheap showmanship *no pl, no indef art*

effektiv I. *adj* ❶ (*wirksam*) effective
❷ *attr* (*tatsächlich*) actual *attr*
II. *adv* ❶ (*wirksam*) effectively; **sich als ~ erweisen** [*o* **herausstellen**] to prove [*or* turn out to be] effective
❷ (*tatsächlich*) actually; **DM 5.000 ~ verdienen** to gross DM 5,000

Effektivgeschäft *nt* BÖRSE spot transaction

Effektivität <-> [-vi-] *f kein pl* effectiveness *no pl*

Effektivitätsprinzip *nt* JUR principle of de facto effectiveness

Effektivleistung *f* effective power **Effektivlohn** *m* ÖKON actual [*or* real] wage **Effektivpreis** *m* HANDEL cash price **Effektivverdienst** *m* actual earnings *pl* **Effektivzins** *m* FIN annualized percentage rate

effektvoll *adj* effective

Effiliermesser *nt* thinning razor **Effilierschere** *f* thinning scissors *npl*

effizient (*geh*) **I.** *adj* efficient
II. *adv* efficiently

Effizienz <-, -en> *f* (*geh*) efficiency

Effusion <-, -en> *f* effusion

EFR *m* INFORM *Abk von* **Enhanced-Fullrate-Codec** EFR

EFRE *m Abk von* **Europäischer Fonds für regionale Entwicklung** EFRD, European Fund for Regional Development

EFTA <-> *f kein pl Akr von* **European Free Trade Association** EFTA *no pl*

EFWZ *m Abk von* **Europäischer Fonds für Währungszusammenarbeit** EFCC, European Currency Cooperation Fund

EG <-> *f* ❶ (*hist*) *Abk von* **Europäische Gemeinschaft** EC
❷ ÖKON *Abk von* **eingetragene Genossenschaft** registered cooperative society

egal (*fam*) **I.** *adj* ❶ (*gleichgültig*) ■**jdm ~ sein** to be all the same to sb; ***das ist mir ~*** I don't mind; (*unhöflicher*) I couldn't care less; ***es ist mir ~, ob/dass …*** I don't care [*or* it makes no difference to me] whether/that …; ***es kann dir doch nicht ~ sein!*** how can you not care?, it can't be a matter of indifference to you
❷ (*gleich aussehend*) identical; ■**~ sein** to be identical [*or* the same]
► WENDUNGEN: **~, was/wie/wo/warum …** no matter what/how/where/why …
II. *adv* ❶ DIAL (*gleich*) identically; **~ groß/lang** identical in size/length
❷ DIAL (*ständig*) constantly; ***in unserem Urlaub hat es ~ geregnet*** it rained continuously during our holiday

egalisieren *vt* **Gemüse/Obst ~** KOCHK to cut vegetables/fruit into equal-sized pieces

EG-Beitrittsvertrag *m* JUR EC membership agreement

Egel <-s, -> *m* leech

Egge <-, -n> *f* harrow

eggen I. *vt* ■**etw ~** to harrow sth
II. *vi* to do harrowing

EGKS *f Abk von* **Europäische Gemeinschaft für Kohle und Stahl** EDSC, European Coal and Steel Community

Ego <-s, -s> *nt* (*pej*) ego *a. pej*

Egoismus <-, -ismen> *m* ego[t]ism *pej*

Egoist(in) <-en, -en> *m(f)* ego[t]ist *pej*

egoistisch I. *adj* ego[t]istical *pej*
II. *adv* ego[t]istically *pej*

Egomane, Egomanin <-n, -n> *m, f* egomaniac

Egomanie <-> *f* egomania *no pl, no art*

Egomanin <-, -nen> *f fem form von* **Egomane**

Egotrip <-s, -s> *m* ego trip *pej;* **auf dem ~ sein** (*fam*) to be on an ego trip *pej*

Egozentriker(in) <-s, -> *m(f)* (*geh*) egocentric

egozentrisch *adj* (*geh*) egocentric

eh[1] *interj* (*sl*) ❶ (*Anrede*) hey; ***~, du da!*** hey [*or* BRIT *fam* oy], you there!
❷ (*was?*) eh?

eh[2] **I.** *adv bes* ÖSTERR, SÜDD (*sowieso*) anyway; ***ich habe ~ keine Lust!*** I don't feel like it anyway!
► WENDUNGEN: **seit ~ und je** since time immemorial, for donkey's years BRIT *fam,* since the year dot BRIT *dated fam;* **wie ~ und je** as always
II. *konj* (*ehe*) before

ehe *konj* before; ■**~ … nicht** until …; ***~ es nicht aufhört zu regnen, setze ich keinen Fuß vor die Tür!*** I'm not stepping outside until it stops raining!

Ehe <-, -n> *f* marriage; **~ ohne Trauschein** common law marriage; **offene ~** modern marriage; **wilde ~** (*veraltend*) living together; **in wilder ~ leben** to be living together; **die ~ brechen** to commit adultery; **[mit jdm] die ~ eingehen** to marry [sb], to get married [to sb]; **[mit jdm] eine ~ führen** to be married [to sb]; **eine unglückliche ~ führen**

to have an unhappy marriage; **die ~ schließen** to get married, to marry; **mit jdm die ~ schließen** (*geh*) to enter into marriage with sb *form;* **jdm die ~ versprechen** to promise to marry sb; **aus der/erster ~** from a/one's first marriage

eheähnlich *adj* similar to marriage; **[mit jdm] in einer ~en Gemeinschaft leben** to cohabit [with sb] *form* **Eheaufhebungsklage** *f* JUR petition to dissolve a marriage **Eheberater(in)** *m(f)* marriage guidance counsellor, AM *a.* marriage counselor **Eheberatung** *f* ❶ (*das Beraten*) marriage guidance [*or* AM counseling] ❷ (*Beratungsstelle*) marriage guidance council BRIT **Ehebett** *nt* double [*or form* matrimonial] bed **ehebrechen** *vi nur infin* to commit adultery **Ehebrecher(in)** <-s, -> *m(f)* adulterer *masc,* adulteress *fem* **ehebrecherisch** *adj* adulterous **Ehebruch** *m* adultery; **~ begehen** to commit adultery

ehedem *adv* formerly, in former times; ■**von ~** (*geh*) of [*or* in] former times; ■**wie ~** (*geh*) as in former times

Ehefähigkeit *f* JUR capacity to marry **Ehefähigkeitszeugnis** *nt* JUR certificate of no impediment **Ehefrau** *f fem form von* Ehemann wife **Ehegatte** *m* (*geh*) ❶ *s.* **Ehemann** ❷ *pl* (*Ehepartner*) ■**die ~n** [married] partners *pl* **Ehegattenbesteuerung** *f* FIN taxation of spouses [*or* husband and wife] **Ehegattensplitting** *nt* separate taxation for man and wife **Ehegattenzuschlag** *m* JUR premium for married couples **Ehegattin** *f* (*geh*) *fem form von* Ehegatte **Ehegesetz** *nt* JUR matrimonial law **Eheglück** *nt* married [*or hum* domestic] bliss **Ehegüterrecht** *nt* JUR matrimonial property regime **Eheherstellungsklage** *f* JUR petition for restitution of conjugal rights **Ehehindernis** *nt* impediment to marriage **Ehekrach** *m* (*fam*) marital row [*or* AM fight] **Ehekrise** *f* marriage crisis **Ehekrüppel** *m* (*fam*) casualty of married life *hum fam;* (*Pantoffelheld*) henpecked husband **Eheleben** *nt kein pl* married life **Eheleute** *pl* (*geh*) married couple + *sing/pl vb*

ehelich I. *adj* marital; **ein ~es Kind** a legitimate child
II. *adv* legitimately; **~ geborene Kinder** legitimate children, children born in wedlock *old*

ehelichen *vt* (*hum*) ■**jdn ~** to wed sb *liter*

Ehelichkeitsanfechtung *f* JUR denial of legitimacy

ehelos *adv* single, unmarried

Ehelosigkeit <-> *f kein pl* unmarried state *no pl;* (*Zölibat*) celibacy *no pl, no art*

ehemalig *adj attr* former; **jds E~er/E~e** (*hum fam*) sb's ex *fam;* ■**die E~en** SCH the former pupils

ehemals *adv* (*geh*) formerly, previously

Ehemann <-männer> *m* husband

Ehename *m* married name **Ehenichtigkeit** *f* JUR nullity of marriage **Ehenichtigkeitsantrag** *m* JUR nullity suit **Ehenichtigkeitserklärung** *f* JUR annulment of marriage **Ehenichtigkeitsgrund** *m* JUR diriment impediment **Ehenichtigkeitsklage** *f* JUR petition for nullity of marriage **Ehenichtigkeitsurteil** *nt* JUR decree of nullity; **endgültiges/vorläufiges ~** decree absolute/nisi

Ehepaar *nt* [married] couple + *sing/pl vb;* ***das ~ Peisert*** Mr and Mrs Peisert + *pl vb* **Ehepartner(in)** *m(f)* husband *masc,* wife *fem,* spouse *form*

eher *adv* ❶ (*früher*) earlier, sooner; **je ~, desto besser** the sooner the better; **~ …, als …** earlier [*or* sooner] than …
❷ (*wahrscheinlicher*) more likely
❸ (*mehr*) more; ***das lässt sich schon ~ hören!*** that sounds more like it!
❹ (*lieber*) rather, sooner; ***soll ich ~ am Abend hingehen?*** would it be better if I went in the evening?; **~ …, als …** rather [*or* sooner] … than …

E-Herd *m kurz für* **Elektroherd**

Eherecht *nt kein pl* marriage law **Ehering** *m* wedding ring

ehern *adj* (*geh*) ❶ (*lit*) metal
❷ (*fig*) iron; **~ bleiben** to remain firm; **ein ~es Gesetz** an unshak[e]able law; **ein ~er Wille** an iron will

Ehescheidung *f* divorce

Ehescheidungsgesetz *nt* JUR Matrimonial Causes Act BRIT **Ehescheidungsklage** *f* JUR divorce petition; **eine ~ einleiten** to institute divorce proceedings **Ehescheidungsrecht** *nt kein pl* JUR divorce law

Eheschließung *f* (*geh*) marriage ceremony, wedding

ehest *adv* ÖSTERR (*baldigst*) as soon as possible

Ehestand *m kein pl* (*geh*) marriage *no pl, no art,* matrimony *no pl, no art form;* **in den ~ treten** to enter into matrimony *form*

eheste(r, s) I. *adj attr* earliest; **bei ~r Gelegenheit** at the earliest opportunity
II. *adv* ■**am ~n** ❶ (*am wahrscheinlichsten*) [the] most likely; ***das scheint am ~n möglich*** that seems [the] most likely
❷ (*zuerst*) the first; ***sie ist am ~n da gewesen*** she was the first here

ehestens *adv* ❶ (*frühestens*) at the earliest
❷ ÖSTERR (*baldigst*) *s.* **ehest**

Eheverkündigung *f* SCHWEIZ (*Aufgebot*) announcement of marriage **Ehevermittlung** *f* ❶ *kein pl* (*Gewerbe*) arrangement of marriages, matchmaking *no pl, no art;* **in der ~ tätig sein** to arrange marriages ❷ (*Büro*) marriage bureau BRIT **Ehevermittlungsinstitut** *nt* marriage bureau BRIT **Eheversprechen** *nt* promise of marriage **Ehevertrag** *m* marriage contract **Eheweib** *nt* (*hum fam*) wife, old woman [*or* AM lady] *fam;* ■**mein ~** the wife, the missus BRIT *fam,* the old woman *fam* [*or* AM *fam* old lady]

Ehrabschneider(in) <-s, -> *m(f)* (*pej geh*) slanderer, calumniator *form*

ehrbar *adj* respectable

Ehrbegriff *m kein pl* sense of honour [*or* AM -or]

Ehre <-, -n> *f* ❶ *kein pl* (*Ansehen*) honour [*or* AM -or] *no pl;* **ein Fleck auf seiner ~** a stain on one's honour; **jdm zur ~ gereichen** (*geh*) to bring sb honour [*or* honour to sb]; **jdn in seiner ~ kränken** to wound sb's honour; **~/keine ~ im Leib** respect/not a shred of respect
❷ (*Anerkennung*) honour [*or* AM -or]; **zu jds ~n/zu ~n einer S.** *gen* in honour of sb/sth; **eine große ~** a great honour; **jdm eine ~/große [*o* besondere] ~ sein** (*geh*) to be an honour/a great honour for sb; **mit militärischen ~n** with military honours; **sich *dat* etw als ~ anrechnen** to consider sth an honour; **jdm die letzte ~ erweisen** (*geh*) to pay sb one's last respects [*or* one's last respects to sb]; **sich *dat* die ~ geben, etw zu tun** (*geh*) to have the honour of doing sth; **etw in ~n halten** to cherish [*or* treasure] sth; **zu ~n kommen** to come back into favour [*or* AM -or]; **jdm ~/wenig ~ machen** to do sb credit/to not do sb any credit; ***was verschafft mir die ~?*** (*geh o iron*) to what do I owe the honour? *form or iron;* **jdm wird die ~ zuteil, etw zu tun** sb is given the honour of doing sth
► WENDUNGEN: **in ~n ergraut sein** (*geh*) to have reached a venerable old age; **~, wem ~ gebührt** (*prov*) honour where honour is due *prov;* **auf ~ und Gewissen** on my/his etc. honour; **~ sei Gott in der Höhe** glory to God in the highest; **habe die ~!** SÜDD, ÖSTERR (*ich grüße Sie!*) [I'm] pleased to meet you; **mit wem habe ich die ~?** (*geh o iron*) with whom do I have the honour [of speaking]? *form or iron;* **… in allen ~n, aber …** I don't doubt …, but …; **jdn bei seiner ~ packen** to appeal to sb's sense of honour; **[das ist] zu viel der ~!** you do me too great an honour! *a. hum; s. a.* **Mann**

ehren *vt* ❶ (*würdigen*) ■**jdn [durch [*o* mit] etw] ~** to honour [*or* AM -or] sb [with sth]
❷ (*Ehre machen*) ■**jdn ~** to make sb feel honoured [*or* AM -ored]; ***dieser Besuch ehrt uns sehr*** we are very much honoured by this visit; *s. a.* **geehrt, Vater**

Ehrenamt *nt* honorary office [*or* post] **ehrenamtlich** I. *adj* honorary; **~e Tätigkeiten** voluntary work II. *adv* in an honorary capacity, on a voluntary basis **Ehrenannahme** *f* FIN (*bei Wechsel*) acceptance for honour [*or* supra protest] **Ehrenbürger(in)** *m(f)* freeman, honorary citizen; **jdn zum ~ der Stadt ernennen** to give sb the freedom of [*or* AM key to] the city **Ehrenbürgerrecht** *nt* freedom; **jdm das ~ verleihen** to award [*or* give] sb the freedom of the town **Ehrendoktor, -doktorin** *m, f* ❶ (*Titel*) honorary doctor ❷ (*Inhaber*) honorary doctor; ■**~ sein** to be an honorary doctor **Ehrendoktorwürde** *f* honorary doctorate; **jdm die ~ verleihen** to make sb an honorary doctor, to give sb an honorary doctorate **Ehreneintritt** *m* FIN (*bei Wechsel*) act of honour **Ehrenerklärung** *f* ❶ JUR formal apology ❷ (*Vertrauensausspruch*) declaration of confidence **Ehrenformation** *f* MIL guard of honour **Ehrengast** *m* guest of honour **Ehrengericht** *nt* JUR professional tribunal

ehrenhaft I. *adj* honourable [*or* AM -orable]
II. *adv* honourably [*or* AM -orably]

Ehrenhaftigkeit <-> *f kein pl* honourableness [*or* AM -orableness] *no pl*

ehrenhalber *adv* ❶ (*als Ehrung*) as an honour [*or* AM -or]; **einen Titel ~ verleihen** to award an honorary title; **jdn ~ zum Vorsitzenden ernennen** to appoint sb honorary chairman
❷ (*ohne Bezahlung*) on a voluntary basis

Ehrenlegion *f* legion of honour **Ehrenloge** *f* VIP [*or* BRIT royal] box **Ehrenmal** *nt* [war] memorial **Ehrenmann** *m* man of honour **Ehrenmitglied** *nt* honorary member **Ehrenplatz** *m* ❶ (*bevorzugter Sitz*) place [*or* seat] of honour ❷ (*besonderer Platz*) special place **Ehrenpreis** *nt* BOT speedwell BRIT, veronica BRIT, consolation prize AM **Ehrenrechte** *pl* **bürgerliche ~** civil rights **Ehrenrettung** *f* retrieval of one's honour; **zu jds ~** in sb's defence [*or* AM defense]; ***zu seiner ~ sei gesagt, dass …*** let it be said in his defence that …; **zu jds ~ dienen** to serve to clear sb's name **Ehrenrunde** *f* ❶ SPORT lap of honour; **eine ~ drehen** to run a lap of honour ❷ SCH (*fam: Wiederholung einer Klasse*) resitting [*or* AM repeating] a year **Ehrensache** *f* matter of honour; **~!** (*fam*) you can count on me! **Ehrensalve** [-və] *f* salute **Ehrensold** *m* JUR honorary pension **Ehrentag** *m* (*geh*) special day **Ehrentor** *m* consolation goal **Ehrentribüne** *f* VIP stand [*or* rostrum] **Ehrenurkunde** *f* certificate of honour **ehrenvoll** *adj* ❶ (*ehrend*) honourable; **es als ~ betrachten, etw zu tun** to consider it an honour to do sth ❷ MIL **ein ~er Friede[n]** an honourable peace **Ehrenvorsitz** *m kein pl* POL, SOZIOL honorary chairmanship **Ehrenvorsitzende(r)** *f(m) dekl wie adj* honorary chair[person], honorary chairman *masc* [*or fem* chairwoman] **Ehrenwache** *f* guard of honour; **[an etw *dat*] die ~ halten** to keep vigil [at sth] **ehrenwert** *adj* (*geh*) *s.* **ehrbar** **Ehrenwort** <-worte> *nt* word of honour; **sein ~ brechen/halten** to break/keep one's word; **[jdm] sein ~ geben** to give [sb] one's word [of honour]; **~?** (*fam*) promise? *fam,* cross your heart [and hope to die]? *hum fam;* **[großes] ~!** (*fam*) scout's honour! *hum fam;* **mein ~!** you have my word! **Ehrenzahler(in)** *m(f)* FIN (*bei Wechsel*) payer for honour **Ehrenzahlung** *f* FIN (*bei Wechsel*) payment for honour

ehrerbietig I. *adj* (*geh*) respectful, deferential
II. *adv* (*geh*) respectfully, deferentially

Ehrerbietung <-, -en> *f* (*geh*) respect, deference

Ehrfurcht *f kein pl* respect; (*fromme Scheu*) reverence; ■**jds ~ vor jdm/etw** sb's respect [*or* reverence] for sb/sth; **vor jdm/etw ~ haben** to have [great] respect for sb/sth, to revere sb; **~ gebietend** awe-inspiring; **eine ~ gebietende Geste/Stimme** an imperious gesture/voice

ehrfurchtgebietend *adj s.* **Ehrfurcht**

ehrfürchtig, ehrfurchtsvoll I. *adj* reverent
II. *adv* reverentially

Ehrgefühl *nt kein pl* sense of honour [*or* AM -or]

Ehrgeiz *m kein pl* ambition; **krankhafter ~** morbid ambition; **keinen ~ haben** to have no [*or* be lacking in] ambition; ***er ist ein Mann von sehr großem ~*** he is a man of boundless [*or* unbridled] ambition; **seinen ~ dareinsetzen, etw zu tun** to make it one's [sole] ambition to do sth

ehrgeizig *adj* ambitious

ehrlich I. *adj* honest; **~e Absichten** honorable intentions; **~e Besorgnis/Zuneigung** genuine concern/affection; **es ~ mit jdm meinen** to have good intentions towards [*or* mean well by] sb; ***ich hatte die ~e Absicht zu kommen*** I really did mean [*or* intend] to come; ***der ~e Finder wird einen Finderlohn erhalten*** anybody finding and returning it will receive a reward

► WENDUNGEN: **~ währt am längsten** (*prov*) honesty is the best policy *prov*

II. *adv* ❶ (*legal, vorschriftsmäßig*) fairly; **~ spielen** to play fair; **~ verdientes Geld** honestly earned money

❷ (*fam: wirklich*) honestly

► WENDUNGEN: **~ gesagt ...** [*o* **um ~ zu sein ...**] to be [quite] honest ...; [**also**] **~!** honestly!, really!

ehrlicherweise *adv* in all honesty

Ehrlichkeit *f kein pl* ❶ (*Aufrichtigkeit*) sincerity, genuineness; ***sie zweifelte an der ~ seiner Absichten*** she doubted that his intentions were honourable

❷ (*Zuverlässigkeit*) honesty

ehrlos I. *adj* dishonourable [*or* AM -orable]

II. *adv* dishonourably [*or* AM -orably]

Ehrlosigkeit <-> *f kein pl* dishonourableness [*or* AM -orableness]

Ehrung <-, -en> *f* ❶ (*Anerkennung*) recognition; ***die ~ der Sieger*** the presentation of medals to the winners, the presentation ceremony

❷ (*Beweis der Wertschätzung*) honour [*or* AM -or]; **mit ~en überhäuft werden** to be loaded with honours

Ehrwürden <*bei Voranstellung* -[s] *o bei Nachstellung* -> *m kein pl, ohne art* REL (*veraltend*) Reverend; **Euer/Eure ~** Reverend Father/Mother

ehrwürdig *adj* ❶ (*achtenswert*) venerable; **ein ~es Alter erreichen** to reach a grand [*or* ripe] old age

❷ REL (*verehrungswürdig*) reverend; **die ~e Mutter** [**Oberin**] the Reverend Mother [Superior]

Ehrwürdigkeit *f* venerability, venerableness

ei *interj* ❶ (*oha!*) well[, well]!, oho!

❷ (*brav!*) there, there; ***~, ~, so, jetzt tut es gar nicht mehr weh!*** there, there [*or* there now], now it's stopped hurting!; **bei einem Tier/jdm ~** [**~**] **machen** (*kindersprache*) to stroke an animal/sb, to pet an animal

Ei <-[e]s, -er> *nt* ❶ (*Vogel~, Schlangen~*) egg; **faules ~** rotten egg; **ein hartes/hart gekochtes ~** a hard-boiled egg; **ein weiches/weich gekochtes ~** a soft-boiled egg; **aus dem ~ kriechen** to hatch [out]; **ein ~ legen** to lay an egg; **pochierte** [*o* **verlorene**] **~er** poached eggs; **russische ~er** egg mayonnaise, eggs Russian style; **~er legend** egg-laying, oviparous *spec*

❷ (*Eizelle*) ovum

❸ *pl* (*sl: Hoden*) balls *pl sl*; **jdm einen Tritt in die ~er geben** [*o* **versetzen**] to kick sb [*or* give sb a kick] in the balls *sl*

❹ *pl* (*sl: Mark*) marks, ≈ quid *no pl* BRIT *fam*, ≈ bucks *pl* AM *fam*; ***das kostet dich 500 ~er!*** that'll cost you 500 quid!

► WENDUNGEN: **das ~ will klüger sein als die Henne!** [don't] try and teach your grandmother to suck eggs!; **das ist das ~ des Kolumbus** that's just the thing; **das ist ein dickes ~!** (*fam*) that's a bit much!; **ach, du dickes ~!** (*fam*) damn [it]!; **jdn wie ein rohes ~ behandeln** to handle sb with kid gloves; **das sind doch noch ungelegte ~er, kümmere dich nicht um ungelegte ~er** we'll cross that bridge when we come to it; **wie auf ~ern gehen** (*fam: ungeschickt gehen*) to teeter around BRIT; (*vorsichtig, ängstlich gehen*) to walk carefully [*or* BRIT gingerly]; **sich** [*o* **einander**] **gleichen wie ein ~ dem anderen** to be as [a]like as two peas in a pod; **wie aus dem ~ gepellt** (*fam*) [to be] dressed up to the nines [*or* BRIT as smart as a guardsman]; **jdm die ~er polieren** (*sl*) to beat up sb *sep fam*, to give sb a good hiding *fam*

EIB *f Abk von* **Europäische Investitionsbank** EIB, European Investment Bank

Eibe <-, -n> *f* BOT yew [tree]

Eibisch <-[e]s, -e> *m* BOT marsh mallow

Eichamt *nt* ADMIN Office of Weights and Measures BRIT, Bureau of Standards AM

Eichblattsalat *m* KOCHK oak leaf lettuce

Eiche <-, -n> *f* ❶ (*Baumart*) oak [tree]

❷ *kein pl* (*Eichenholz*) oak

Eichel <-, -n> *f* ❶ BOT (*Frucht der Eiche*) acorn

❷ ANAT glans

❸ *pl* KARTEN ≈ clubs *pl* (*suit on old German playing cards equivalent to clubs*)

Eichelentzündung *f* MED inflammation of the glans [*or* balanus]

Eichelhäher *m* ORN jay

eichen¹ *adj* oak, oaken *dated*

eichen² *vt* ❶ (*einstellen*) ■**etw ~** to gauge sth; **ein Instrument/Messgerät/eine Waage ~** to calibrate an instrument/a gauge/scales; **Gewichte/Maße ~** to adjust [*or* gauge] weights/measures

❷ (*fam*) ■**auf etw** *akk* **geeicht sein** to be well up on sth *fam*; ***darauf ist er geeicht!*** that's [right] up his street!

Eich(en)baum *m* (*veraltend geh*) oak tree **Eichenblatt** *nt* oak leaf **Eichenholz** *nt* oak[wood] **Eichenlaub** *nt* ❶ BOT (*Laub der Eiche*) oak leaves *pl* ❷ MIL (*Auszeichnung*) oak-leaf garland, the Oak Leaves *pl* **Eichenwald** *m* oak wood [*or* forest]

Eichgewicht *nt* standard weight

Eichhörnchen *nt*, **Eichkätzchen** *nt* DIAL squirrel

Eichmaß *nt* standard measure **Eichrecht** *nt* JUR law on weights and measurements **Eichstrich** *m* line showing the correct [*or* standard] measure

Eichung <-, -en> *f* ADMIN gauging; *von Instrumenten, Messgeräten* calibration; *von Gewichten, Maßen* adjusting, gauging

Eid <-[e]s, -e> *m* oath; **ein feierlicher/heiliger ~** a solemn oath; **an ~es statt** JUR in lieu [*or* instead] of [an] oath; **an ~es statt erklären** [*o* **versichern**] to declare solemnly [*or* in lieu of [an] oath]; **eine Erklärung an ~es statt** an affirmation in lieu of [an] oath; ***ich erkläre an ~es statt, dass ...*** I do solemnly declare that ...; **einen falschen ~ schwören** to perjure oneself [*or* commit perjury]; **einen ~ ablegen** [*o* **leisten**] [*o* **schwören**] to swear [*or* take] an oath; **einen ~ auf jdn/etw leisten** to swear [*or* take] an oath of allegiance to sb/sth; **jdm einen ~ abnehmen** to administer an oath to sb [*or* swear sb in]; **etw auf seinen ~ nehmen** to swear to sth; **jeden ~ schwören, dass ...** to swear on one's mother's grave that ...; **darauf kann ich einen ~ schwören** I would swear [an oath] to it; **es steht ~ gegen ~** it's one person's word against another's; **unter ~** [**stehen**] [to be] under [*or* BRIT on] oath

Eidbruch *m* breach of [one's [*or* an]] oath, perjury; **einen ~ begehen** to break one's [*or* an] oath, to commit perjury

eidbrüchig *adj* oath-breaking; ■**~ werden** to break one's [*or* an] oath

Eidechse [-ɛksə] *f* lizard

Eidechsenhaut *f* lizard skin

Eiderente *f* eider [duck]

Eidesbelehrung *f* JUR caution concerning an oath **Eidesdelikt** *f* JUR offence of false swearing **eidesfähig** *adj* JUR eligible for swearing an oath **Eidesfähigkeit** *f kein pl* JUR eligibility for swearing an oath **Eidesformel** *f* JUR standard form of oath, wording [*or* form] of the oath; **jdm die ~ vorsprechen/nachsprechen** to say the oath for sb to repeat/repeat the oath to sb **eidesgleich** *adj* JUR solemn **Eidesleistende(r)** *f(m) dekl wie adj* JUR oathmaker, AM affiant **Eidesleistung** *f* JUR swearing of an oath; **nach ~** after an oath has been taken **Eidesmündigkeit** *f* JUR legal age to take an oath **Eidespflicht** *f* JUR legal duty to swear the oath **eidesstattlich** JUR I. *adj* in lieu of [an] oath; **~e Erklärung** [*o* **Versicherung**] affirmation in lieu of [an] oath, solemn affirmation II. *adv* **etw ~ erklären** to declare sth under oath **Eidesunfähigkeit** *f* JUR incapacity of taking an oath **Eidesverletzung** *f* JUR violation of an oath

Eidgenosse, -genossin *m, f* Swiss [citizen] **Eidgenossenschaft** *f* **Schweizerische ~** the Swiss Confederation **eidgenössisch** *adj* Swiss

eidlich I. *adj* [made] under [*or* BRIT on] oath *pred*, sworn *attr*; **~ Erklärung** statement under oath, sworn statement

II. *adv* under [*or* BRIT on] oath; **~ gebunden** [*o* **verpflichtet**] **sein** to be bound by [an] oath

Eidotter *m o nt* egg yolk

Eierapfel *m* KOCHK aubergine BRIT, egg plant AM **Eierbecher** *m* egg cup **Eierbrikett** *nt* ovoid [of coal] **Eierflip** <-s, -s> *m* egg-nog **Eierhandgranate** *f* hand grenade, pineapple *sl*, Mills bomb *hist* **Eierkocher** *m* egg cooker **Eierkohle** *f* egg[-shaped] coal **Eierkopf** *m* (*meist pej sl*) egghead *pej fam* **Eierköpfer** *m* KOCHK egg cutter **Eierkorb** *m* egg basket **Eierkuchen** *m* pancake **Eierlikör** *m* egg liqueur, advocaat **Eierlöffel** *m* egg spoon

eiern *vi* (*fam*) to wobble

Eierpfanne *m* KOCHK omelette pan **Eierpfannkuchen** *m* pancake **Eierprodukt** *nt* KOCHK egg product **Eiersalat** *m* egg salad **Eierschale** *f* eggshell **Eierschneider** <-s, -> *m* egg slicer **Eierschwamm** <-s, -schwämme> *m* ÖSTERR, **Eierschwammerl** <-s, -> *nt* ÖSTERR (*fam: Pfifferling*) chanterelle **Eierspeise** *f* egg dish **Eierstock** *m* ANAT ovary **Eierstockentzündung** *f* MED ovaritis, oophoritis **Eiertanz** *m* (*fam*) treading carefully *fig*; [**um etw**] **einen** [**regelrechten**] **~ aufführen** to tread [very] carefully [in sth] **Eierteigwaren** *pl* egg noodles *pl*, egg-based pasta + *sing vb* **Eierteiler** *m* egg slicer **Eieruhr** *f* egg timer **Eierwärmer** *m* egg cosy

Eifel <-> *f* ■**die ~** the Eifel

Eifer <-s> *m kein pl* enthusiasm; **mit ~** enthusiastically [*or* with enthusiasm]; **im ~** in one's excitement

► WENDUNGEN: **im ~ des Gefechts** (*fam*) in the heat of the moment; **blinder ~ schadet nur** (*prov*) more haste, less speed *prov*

Eiferer <-s, -> *m* zealot

Eiferin <-, -nen> *f fem form von* **Eiferer** zealot

eifern *vi* (*geh*) ❶ (*wettern*) ■**gegen etw ~** to rail [*or* BRIT inveigh] against sth

❷ (*veraltend: streben*) ■**nach etw ~** to strive for sth

Eifersucht *f kein pl* jealousy; ■**jds ~ auf jdn** sb's jealousy of sb; **aus ~** out of jealousy

Eifersüchtelei <-, -en> *f* (*pej*) petty jealousy

eifersüchtig *adj* jealous; ■**~** [**auf jdn/etw**] **sein** to be jealous [of sb/sth]; **jdn ~ machen** to make sb jealous

Eifersuchtsszene *f* scene [caused by jealousy], jealous scene

► WENDUNGEN: **jdm eine ~ machen** to make a scene [in a fit of jealousy]

Eiffelturm *m kein pl* ■**der ~** the Eiffel Tower

eiförmig *adj* egg-shaped, oval, ovoid

eifrig I. *adj* enthusiastic, keen; **ein ~er Leser/Sammler** an avid reader/collector; **~e Suche** assiduous [*or* industrious] searching

II. *adv* eagerly; **sich ~ bemühen/beteiligen/an die Arbeit machen** to try hard/take part/set about one's work enthusiastically; **~ lernen/üben** to learn/practise assiduously [*or* industriously]

Eigelb <-s, -e *o bei Zahlenangabe* -> *nt* egg yolk; ***man nimmt 6 ~ ...*** take 6 egg yolks [*or* the yolks of 6 eggs] ...

eigen *adj* ❶ (*jdm gehörig*) own; **seine ~e Meinung/Wohnung haben** to have one's own opinion/flat [*or* an opinion/a flat of one's own]; **etw sein E~ nennen** (*geh*) to own sth

❷ (*separat*) separate; **mit ~em Eingang** with a separate entrance

❸ (*typisch, kennzeichnend*) ■[**etw ist**] **jdm ~** [sth is] characteristic of sb; ***mit dem ihr ~en Optimismus ...*** with her characteristic optimism [*or* the

E

optimism which is characteristic of her] ...; **sich** *dat* **etw zu E~ machen** to make sth a habit [*or* a habit of sth]
❹ (*eigenartig*) peculiar; ***er ist ein ganz ~er Mensch*** he's a rather peculiar chap; *s. a.* **Ding**[1]
❺ (*penibel*) ▪**jd ist in etw** *dat* ~ sb is particular in sth; ***darin** [o **was das angeht,**] **bin ich** [**sehr**]* ~ I am [very] particular about that; *s. a.* **Bericht, Hand, Rechnung, Sache**

Eigenart *f* ❶ (*besonderer Wesenszug*) characteristic
❷ (*Flair*) individuality

eigenartig I. *adj* peculiar, strange; **das ist aber ~!** that's strange [*or* odd] [*or* unusual]!
II. *adv* peculiarly, strangely; ~ **aussehen** to look strange [*or* peculiar]

Eigenbau *m kein pl* (*selbst* [*an*]*gebaut*) **etw im ~ züchten** to grow sth oneself [*or* to grow one's own sth]; **Gemüse im** ~ home-grown vegetables; **Bier Marke** ~ home brew; **Wein Marke** ~ home-made wine; **ein Fahrrad Marke** ~ a home-made bicycle; *s. a.* **Marke** **Eigenbedarf** *m* ❶ (*der eigene Bedarf*) [one's own] personal needs; **zum** [*o* **für den**] ~ for one's [own] personal use ❷ JUR ***jdm/eine Wohnung wegen ~s kündigen*** to give sb notice because one needs a flat for oneself; ~ **geltend machen** to declare [*or* state] that one needs a flat [*or* AM apartment]/house for oneself **Eigenbedarfsklage** *f* JUR action for self-possession **Eigenbedarfskündigung** *f* JUR notice on the grounds of self-possession **Eigenbericht** *m* report from a newspaper's own correspondent [*or* journalist] **Eigenbesitz** *m kein pl* JUR proprietary possession [*or* ownership] **Eigenbesitzer(in)** *m(f)* JUR proprietary possessor **Eigenbetrieb** *m* JUR, FIN owner-operated enterprise **Eigenbewegung** *f* ASTRON *von Sternen* proper motion **Eigenblut** *nt* MED one's own blood

Eigenbrötler(in) <-s, -> *m(f)* loner, lone wolf

eigenbrötlerisch *adj* reclusive; **~e Besonderheiten/Verhaltensweisen** eccentricities

Eigendynamik *f* momentum of its/their own; **eine ~ entfalten** [*o* **entwickeln**] to gather [a] momentum of its/their own **eigenerwirtschaftet** *adj* **~e Mittel** FIN internally generated funds **Eigenerzeugung** *nt* ÖKON domestic production **Eigenfinanzierung** *f* FIN, ÖKON self-financing **Eigengebrauch** *m* JUR own [*or* personal] use; **unrechtmäßiger** ~ conversion **Eigengeschäft** *nt* FIN transaction on own account **Eigengesellschaft** *f* ÖKON proprietary company **eigengesetzlich** *adj* (*Dynamik*) autonomous, according to its own laws **Eigengewicht** *nt eines Fahrrades, Lkws* unladen [*or* service] weight; *von Waren* net weight **Eigengut** *nt* FIN fee simple, freehold **Eigenhaftung** *f* JUR owner's liability **Eigenhandel** *m kein pl* HANDEL private trade; FIN trading on [*or* for] own account **eigenhändig I.** *adj* personal; **ein ~er Brief** a handwritten letter; **ein ~es Testament** a holographic will; **eine ~e Widmung** a personally inscribed dedication **II.** *adv* personally; ***die Bäume habe ich ~ gepflanzt*** I planted the trees myself [*or* personally planted the trees] **Eigenhändler(in)** *m(f)* FIN trader on own account **Eigenhändlervertrag** *m* FIN exclusive dealer contract **Eigenheim** *nt* home of one's own; **die Besitzer von ~en** homeowners

Eigenheit <-, -en> *f s.* **Eigenart**

Eigeninitiative *f* (*jds eigene Initiative*) initiative of one's own; **auf** [*o* **in**] ~ on one's own initiative

Eigeninteresse *nt* self-interest, own interest

Eigenkapital *nt* FIN (*einer Person*) one's own capital; (*einer Firma*) equity capital **Eigenkapitalbedarf** *m* FIN required equity **Eigenkapitalbeschaffung** *f* FIN raising equity capital **Eigenkapitalbildung** *f* FIN equity capital formation **Eigenkapitalersatzfinanzierung** *f* FIN equity-substitute finance **Eigenkapitalkonten** *pl* FIN proprietary accounts **Eigenkapitalminderung** *f* FIN decrease in equity

Eigenkreation *f* one's own creation **Eigenleben** *nt kein pl* (*Privatleben*) private life; (*selbstständige Existenz*) independent existence **Eigenleistung** *f* (*eigene kreative Leistung*) one's own work; (*eigene Arbeit*) one's own work; (*selbst finanzierte Arbeiten, Reparaturen*) one's own payment [*or* [personal] contribution] **Eigenlenkverhalten** *nt* AUTO self-steering effect **Eigenliebe** *f* PSYCH ❶ (*Liebe zu sich selbst*) self-love ❷ (*Eitelkeit, Egoismus*) love of one's self, amour propre **Eigenlob** *nt* self-praise, self-importance; ~ **stinkt!** (*fam*) don't blow your own trumpet! *prov* **Eigenmacht** *f kein pl* JUR self-given authority **eigenmächtig I.** *adj* high-handed **II.** *adv* high-handedly **Eigenmächtigkeit** <-, -en> *f* ❶ *kein pl* (*Selbstherrlichkeit*) high-handedness ❷ (*eigenmächtige Handlung*) unauthorized act[ion] **Eigenmittel** *pl* FIN (*geh*) [one's] own resources; **aus ~n** from [*or* out of] one's own resources **Eigenmittelbeteiligung** *f* FIN stake in capital resources **Eigenmittelfinanzierung** *f* FIN financing one's own resources **Eigenname** *m* LING proper noun [*or* name] **Eigennutz** <-es> *m kein pl* self-interest; **aus** ~ out of self-interest; **ohne** [**jeden**] ~ without [any] self-interest [*or* any thought for oneself] **eigennützig I.** *adj* selfish **II.** *adv* selfishly **Eigenproduktion** *f* **aus** ~ home-produced; (*Obst, Gemüse*) home-grown

eigens *adv* ❶ (*extra*) [e]specially
❷ (*ausschließlich*) solely; ***das ist ~ für dich*** this is just [*or* [e]specially] for you

Eigenschaft <-, -en> *f* ❶ (*Charakteristik*) quality; **gute/schlechte ~en** good/bad qualities; **zugesicherte** ~ JUR warranted quality
❷ CHEM, PHYS *etc.* (*Merkmal*) property
❸ (*Funktion*) capacity; **in jds ~ als ...** in sb's capacity as ...; ***ich bin in amtlicher ~ hier*** I am here in an official capacity

Eigenschaftswort <-wörter> *nt* LING adjective

Eigenschaftszusicherung *f* JUR, HANDEL warranty of assured quality **Eigensinn** *m kein pl* stubbornness, obstinacy; **aus** ~ out of stubbornness [*or* obstinacy] **eigensinnig I.** *adj* stubborn, obstinate **II.** *adv* stubbornly, obstinately **eigenstaatlich** *adj* sovereign **Eigenstaatlichkeit** *f* sovereignty **eigenständig I.** *adj* independent **II.** *adv* independently **Eigenständigkeit** <-> *f kein pl* independence

eigentlich I. *adj* ❶ (*wirklich, tatsächlich*) real; **der ~e Wert** the real [*or* true] value; **jds ~es Wesen** sb's true nature
❷ (*ursprünglich*) original; **im ~en Sinne des Wortes** in the original meaning of the word; *s. a.* **Sinn**
II. *adv* ❶ (*normalerweise*) really; ***das müsstest du doch ~ wissen!*** you really ought to [*or* should] know that!; ***da hast du ~ recht*** you may be right there; ~ ***schon*** theoretically [yes]
❷ (*wirklich*) actually; ***ich bin ~ nicht müde*** I'm not actually tired
III. *part* (*überhaupt*) anyway; ***was fällt dir ~ ein!*** what [on earth] do you think you're doing!; ***was wollen Sie ~ hier?*** what do you [actually] [*or* [exactly] do you] want here?; ***wie reden Sie ~ mit mir!*** how dare you talk to me like that!; ***was ist ~ mit dir los?*** what [on earth] is wrong [*or fam* up] with you?; ***wie alt bist du ~?*** [exactly [*or* just]] how old are you?

Eigentor *nt* SPORT own goal
▶ WENDUNGEN: **ein ~ schießen** to shoot oneself in the foot

Eigentum <-s> *nt* ❶ (*Gegenstand*) property; ▪**jds ~** sb's property; ***wessen ~ ist diese Villa?*** who owns this villa?; ▪**das ~ an einer S.** *dat* the ownership of sth; ***das ~ an einem Konzern*** the assets of a company; **bewegliches** ~ chattels, movables; **geistiges/gewerbliches/kommerzielles** ~ intellectual/industrial/commercial property; **gemeinschaftliches** ~ joint ownership; **öffentliches** ~ public property [*or* assets]; ~ **an etw** *dat* **erwerben** to acquire ownership of sth; ~ **verletzen** to trespass upon [*or* infringe] sb's property; **in jds ~ vollstrecken** to distrain upon sb's property
❷ (*Recht*) title, ownership

Eigentümer(in) <-s, -> *m(f)* owner

Eigentümer-Besitzer-Verhältnis *nt* JUR owner-possessor relationship **Eigentümergebrauch** *m* JUR proprietary use **Eigentümergemeinschaft** *f* JUR joint owners *pl* [*or* ownership] **Eigentümergrundschuld** *f* JUR owner's [land] charge **Eigentümerhypothek** *f* FIN owner's mortgage

eigentümlich I. *adj* ❶ (*merkwürdig*) strange, odd, peculiar; ▪**jdm ist/wird** ~ sb has/gets a strange [*or* odd] feeling
❷ (*geh: typisch*) ▪**jdm/einer S.** ~ characteristic of [*or* peculiar to] sb/sth; ***mit der ihm ~en Sorgfalt*** with characteristic care
❸ (*übel*) ▪**jdm ist/wird** ~ sb feels strange [*or* odd]
II. *adv* strangely, oddly, peculiarly; ~ **aussehen** to look odd [*or* strange] [*or* peculiar]

Eigentümlichkeit <-, -en> *f* ❶ (*Besonderheit*) characteristic
❷ (*Eigenheit*) peculiarity
❸ *kein pl* (*Merkwürdigkeit*) peculiarity, strangeness

Eigentumsableitung *f* JUR **gültige** ~ good root of title; **urkundliche** ~ root of title **Eigentumsanteil** *m* ownership interest **Eigentumsbeeinträchtigung** *f* JUR *eines Grundstücks* trespass **Eigentumsbeschränkung** *f* JUR restriction on title **Eigentumsbildung** *f kein pl* POL creation [*or* formation] of ownership **Eigentumsdelikt** *nt* JUR property offence [*or* AM -se] **Eigentumserwerb** *m* JUR acquisition of property **Eigentumsfeststellungsklage** *f* JUR title suit **Eigentumsfeststellungsverfahren** *nt* JUR title proceedings *pl* **Eigentumsfolge** *f* JUR devolution of title **Eigentumsförderung** *f* POL promotion of [private] ownership **Eigentumsgarantie** *f* JUR property guarantee **Eigentumsherausgabeanspruch** *m* JUR claim for possession based on ownership **Eigentumsklage** *f* JUR property [*or* ownership] suit **Eigentumsnachweis** *m* JUR proof of ownership, evidence of title **Eigentumsordnung** *f*, **Eigentumsregelung** *f* JUR property regime **Eigentumsrecht** *nt* JUR property right, right of ownership; ▪**jds ~ an jdm/etw** sb's right of ownership of sb/sth; **dingliches/fehlerhaftes/verbrieftes** ~ absolute/bad/chartered title **Eigentumsschutz** *m kein pl* JUR [legal] protection of ownership **Eigentumsstörung** *f* JUR infringement of property rights; (*von Grundbesitz*) [land] trespass **Eigentumsstreuung** *f* disposal of ownership **Eigentumsübergang** *m* JUR passing [*or* devolution] of ownership; ~ **von Todes wegen** transfer by death **Eigentumsübertragung** *f* JUR transfer of ownership **Eigentumsverhältnis** *nt* JUR distribution of property, [pattern of] ownership **Eigentumsverletzung** *f* JUR trespass, violation of property rights **Eigentumsverlust** *m* JUR loss of property **Eigentumsvermutung** *f* JUR presumption of property **Eigentumsvorbehalt** *m* JUR reservation of ownership [*or* title] [*or* proprietary rights]; **erweiterter** ~ extended reservation of proprietary rights; ~ **machen** to reserve one's proprietary rights **Eigentumsvorbehaltskauf** *m* JUR conditional sale **Eigentumsvorbehaltsklausel** *f* JUR retention of title clause **Eigentumsvorbehaltsregister** *nt* JUR retention of title register **Eigentumswechsel** *m* JUR change of ownership **Eigentumswohnung** *f* JUR owner-occupied [*or* freehold] flat [*or* AM apartment], condominium AM

eigenverantwortlich I. *adj* with sole responsibility *pred;* **eine ~e Tätigkeit** a responsible job **II.** *adv* on one's own authority **Eigenverantwortlichkeit**, **Eigenverantwortung** *f* own responsibility, self-reliance **Eigenverantwortung** *f kein pl* self-responsibility, personal responsibility; ▪**in ~** on one's own authority **Eigenverbrauch** *m kein pl* HANDEL personal [*or* private] consumption **Eigenwechsel** *m* FIN promissory note

eigenwillig *adj* ❶ (*eigensinnig*) stubborn, obstinate
❷ (*unkonventionell*) unconventional, original

Eigenwilligkeit <-> *f kein pl* ❶ (*Eigensinn*) stub-

bornness, obstinacy
② (*unkonventionelle Art*) unconventionality, originality
eignen *vr* ■ **sich für** [*o* **zu**] **etw** ~ to be suitable for [*or* suited to] sth; ■ **etw eignet sich als** [*o* **zu**] **etw** sth can be of use [*or* could be used] as sth; ***dieses Buch eignet sich** [**sehr gut**] **zum Verschenken*** this book would make a [very] good [*or* suitable] present
Eigner(in) <-s, -> *m(f)* (*geh*) owner
Eignung <-, -en> *f* ■ **jds** ~ **für** [*o* **zu**] **etw** sb's suitability for sth; ***er besitzt die** ~ **zum Übersetzer*** he would make a good translator; ■ **die** ~ **einer S.** *gen* **für etw** the suitability of sth for sth
Eignungsanforderung *f* FIN required qualifications *pl* **Eignungsklausel** *f* JUR eligibility clause **Eignungsprüfung** *f*, **Eignungstest** *m* aptitude test
Eiklar <-s, -> *nt* SÜDD, ÖSTERR egg white
Eiland <-[e]s, -e> *nt* (*liter*) island, isle BRIT *liter*
Eilbote, -botin *m, f* express messenger; **per** [*o* **durch**] **~n** by express delivery, express **Eilbrief** *m* express letter; **als** ~ express, by express [delivery]
Eile <-> *f kein pl* haste; ***warum die** ~**?*** why such haste?, what's the hurry?; **~/keine** ~ **haben** to be in a/no hurry; **etw hat** ~ sth is urgent; **mit etw** ~ **haben** sth is [extremely] urgent; **in** ~ **sein** to be in a hurry; **jdn zur** ~ **mahnen/treiben** to hurry sb up [*or* urge sb to hurry [up]]; **in der/aller/jds** ~ in the hurry [*or* sb's haste]/in [the] great haste/in sb's haste; **in großer** ~ in great haste [*or* a great hurry]; **nur keine** ~**!** there's no rush!
Eileiter <-s, -> *m* ANAT Fallopian tube
Eileiterentzündung *f* MED salpingitis **Eileiterschwangerschaft** *f* MED ectopic [*or* tubal] pregnancy **Eileiterunterbindung** *f* MED salpingectomy
eilen I. *vi* ① *sein* (*schnell gehen*) ■ **irgendwohin** ~ to hurry somewhere; *s. a.* **Hilfe, Weile**
② *haben* (*dringlich sein*) ■ **etw eilt** sth is urgent; **eilt!** urgent!
II. *vi impers haben* ■ **es eilt** [**mit etw**] (*es hat Eile*) it's urgent, sth is urgent; ***eilt es?*** is it urgent?; ■ **es eilt jdm** sb is in a hurry
eilends *adv* at once, immediately, staight away
eilfertig I. *adj* (*geh*) assiduous, zealous
II. *adv* assiduously, zealously
Eilfertigkeit *f kein pl* (*geh*) assiduousness, zealousness
Eilgut *nt kein pl* express [*or* fast] freight *no pl*
eilig I. *adj* ① (*schnell, rasch*) hurried; ***nur nicht so** ~**!*** don't be in such a hurry [*or* rush]!
② (*dringend*) urgent; **in ~en Geschäften** on urgent business; **es** [**mit etw**] ~ **haben** to be in a hurry [*or* rush] [with sth]; **jd hat nichts E~eres zu tun, als ...** (*iron*) sb has nothing better to do than ... *iron*
II. *adv* quickly; **sehr** ~ **verschwinden** to beat a hasty retreat
eiligst *adv* at once, immediately, straight away
Eilmarsch *m* fast march **Eilpäckchen** *nt* express parcel **Eilsendung** *f* express delivery, express mail [*or* BRIT post] *no pl* **Eiltempo** *nt* **im** ~ (*fam*) as quickly as possible **Eilverfahren** *nt* JUR accelerated proceedings *pl* **Eilzug** *m* BAHN ≈ fast stopping train **Eilzuständigkeit** *f* JUR competence for urgent matters **Eilzustellung** *f* express delivery
Eimer <-s, -> *m* bucket, pail; (*Milch~*) pail; (*Müll~*) [rubbish] bin BRIT, garbage can AM
► WENDUNGEN: **es gießt wie mit** [*o* **aus**] **~n** (*fam*) it's raining cats and dogs *fam*, it's bucketing down BRIT *fam*; **etw ist im** ~ (*sl*) sth is bust [*or* AM kaput *fam*]
eimerweise *adv* by the bucketful, in bucketfuls
ein[1] *adv* (*eingeschaltet*) on; ***E~/Aus*** on/off
ein[2], **eine, ein** I. *adj* one; ~ ***Pfennig ist heutzutage nicht mehr viel Geld*** one [*or* a] pfennig isn't worth very much [*or* doesn't go very far] nowadays; ***es ist genau** ~ **Uhr*** it's one [o'clock] on the dot [*or* exactly one [o'clock]]
► WENDUNGEN: ~ **für allemal** once and for all; **jds E~ und Alles** to be sb's all and everything BRIT, to mean everything to sb; ***meine Liebste, mein E~ und Alles!*** my love, my all and everything [*or* you mean everything to me]!; ~ **und derselbe/dieselbe/dasselbe** one and the same; *s. a.* **eins**
II. *art indef* ① (*einzeln*) a/an; ~ ***Europäer/Hotel/Umschlag*** a European/a hotel/an envelope; ~ ***Mann/~e Frau*** a man/woman; ***was bist du doch für** ~ **Dummkopf!*** what an idiot!; ***das ist** ~ **interessanter Vorschlag*** that's an interesting suggestion; ***die Tochter ~es Pfarrers*** the daughter of a priest, a priest's daughter; ***~e Hitze ist das hier!*** it's very hot [*or* sweltering] [in] here!; ***was für** ~ **Lärm!*** what a noise!
② (*jeder*) a/an; ***~e Wüste ist immer trocken*** a desert is [*or* deserts are] always dry
einachsig [-aksɪç] *adj* TECH single-axle, two-wheel
Einakter <-s, -> *m* THEAT one-act play
einander *pron* each other, one another; ***die Aussagen widersprechen** ~ [**nicht**]* the statements are [not] mutually contradictory
ein|arbeiten I. *vr* ■ **sich** [**in etw** *akk*] ~ to get used to [sth], to familiarize oneself [with sth]
II. *vt* ① (*praktisch vertraut machen*) ■ **jdn** [**in etw** *akk*] ~ to train sb [for sth], to familiarize sb [with sth]
② (*einfügen*) ■ **etw** [**in etw** *akk*] ~ to add sth in[to sth]; **eine Ergänzung/ein Zitat** [**in etw**] ~ to incorporate an amendment/quotation [into sth]
③ ÖSTERR (*nachholen, vorarbeiten*) ■ **etw** ~ *Zeitverlust* to make up [for] sth
Einarbeitungszeit *f* training period
einarmig *adj* one-armed; *s. a.* **Bandit**
ein|äschern *vt* ① (*kremieren*) ■ **jdn** ~ to cremate sb
② (*durch Feuer vernichten*) ■ **etw** ~ to burn sth to the ground, to burn down sth *sep*, to reduce sth to ashes
Einäscherung <-, -en> *f* cremation
ein|atmen I. *vt* ■ **etw** ~ to breathe in sth *sep*, to inhale sth
II. *vi* to breathe in, to inhale
Einaufgabesystem *nt* INFORM single tasking system
einäugig *adj* one-eyed; ■ **der/die E~e** the one-eyed man/woman
Einbahnstraße *f* one-way street
ein|balsamieren* *vt* ① ■ **jdn** ~ to embalm sb
② (*hum fam: einreiben*) ■ **sich** [**mit etw**] ~ to apply [sth] liberally; **sich mit Duftwasser** ~ to splash on the toilet water [*or* AM cologne]
► WENDUNGEN: **sich** ~ **lassen können** (*fam*) to be a dead loss
Einbalsamierung <-, -en> *f* embalming, embalmment
Einband <-bände> *m* [book] cover; **flexibler** ~ flexible binding [*or* cover]
einbändig *adj* VERLAG one-volume *attr*, in one volume *pred*
Einbandstoff *m* TYPO binding cloth
Einbau <-bauten> *m* ① *kein pl* (*das Einbauen*) fitting *no pl*; **einer Batterie, eines Getriebes, Motors** installation *no pl*
② *meist pl* (*eingebautes Teil*) fitting *usu pl*
ein|bauen *vt* ① ■ **etw** [**in etw** *akk*] ~ to build sth in[to sth], to fit sth [in sth]; **eine Batterie** ~ to install [*or* BRIT fit] a battery; **ein Getriebe/einen Motor** ~ to install a transmission/engine; ■ **eingebaut** built-in
② (*fam: einfügen*) ■ **etw** [**in etw** *akk*] ~ to incorporate sth [into sth]
Einbauherd *m* built-in oven **Einbauküche** *f* fitted kitchen
Einbaum *m* dugout [canoe]
Einbaumotor *m* built-in [*or* inboard] motor, built-in engine; (*Austauschmotor*) replacement engine **Einbauplatz** *m* INFORM slot **Einbauschrank** *m* fitted cupboard, built-in cupboard; (*im Schlafzimmer*) built-in wardrobe
ein|behalten* *vt irreg* ■ **etw** ~ *Abgaben, Steuern etc.* to withhold sth
Einbehaltung <-, -en> *f* withholding
einbeinig *adj* one-legged
Einbenutzersystem *nt* INFORM single user system
ein|berufen* *vt irreg* ① (*zusammentreten lassen*) ■ **etw** ~ to convene [*or* call] sth
② MIL ■ **jdn** ~ to conscript [*or sep* call up] sb
Einberufene(r) *f(m) dekl wie adj* MIL conscript
Einberufung *f* ① (*das Einberufen*) convention, calling
② MIL call-up papers *pl* BRIT, draft card AM
Einberufungsbefehl *m* MIL call-up papers BRIT *pl*, draft card AM **Einberufungsbescheid** *m* MIL call-up papers *pl* BRIT, draft card AM
ein|betonieren* *vt* ■ **jdn/etw** [**in etw** *akk*] ~ to concrete sb/sth in[to sth], to embed sb/sth in concrete
ein|betten *vt* ■ **etw in etw** *akk* ~ to embed sth in sth
Einbettzimmer *nt* single room
ein|beulen I. *vt* ■ [**jdm**] **etw** ~ to dent sth [of sb's], to make [*or* put] a dent in sb's sth; **ein eingebeulter Hut** a battered hat
II. *vr* ■ **sich** ~ to become dented
ein|beziehen* *vt irreg* ■ **jdn** [**in etw** *akk*] [**mit**] ~ to include sb [in sth]; **jdn in eine Aufführung/Diskussion** ~ to involve sb in a performance/discussion; ■ **etw** [**in etw** *akk*] [**mit**] ~ to include sth [in sth]
Einbeziehung <-> *f kein pl* inclusion; **stillschweigende** ~ JUR tacit inclusion; **unter** ~ **von etw** including sth
ein|biegen *vi irreg sein* ■ [**in etw** *akk*] ~ to turn [off] [into sth]; ***er bog** [**nach links**] **in eine Fußgängerpassage ein*** he turned [left] into a pedestrian precinct; ■ **in etw** *akk*/**nach ...** ~ to turn into sth/to bend to ...; ***diese Straße biegt in die Hauptstraße ein*** this street joins [up] [*or* links up] with the main road
ein|bilden *vr* ① (*fälschlicherweise glauben*) ■ **sich** *dat* **etw** ~ to imagine [*or* think] sth; ***was hast du dir eigentlich eingebildet!*** what were you thinking [of]!; ■ **sich** *dat* ~**, dass ...** to imagine [*or* think] that ...; ***du hast dir doch nicht etwa im Ernst eingebildet, dass ...*** did you [*or* you didn't] really think that ...; *s. a.* **steif, Schwachheit**
② (*fantasieren*) ■ **sich** *dat* **etw** ~ to imagine sth
③ (*stolz sein*) ■ **sich** *dat* **etw auf etw** *akk* ~ to be proud of sth; ***darauf brauchst du dir nichts einzubilden*** that's nothing to write home [*or* BRIT to crow] about
► WENDUNGEN: **du bildest dir wohl viel ein!** you think a lot of yourself!, you fancy yourself a bit! BRIT *fam*; **was bildest du dir eigentlich ein?** (*fam*) what's got into your head?, what are you thinking [of]?
Einbildung *f* ① *kein pl* (*Fantasie*) imagination; ***das ist** [**bloße** [*o* **reine**]] ~**!*** it's all in the mind!
② *kein pl* (*Arroganz*) conceitedness
► WENDUNGEN: ~ **ist auch eine Bildung!** (*fam*) what arrogance!; **du leidest wohl an** ~**!** (*hum fam*) you must be joking!
Einbildungskraft *f kein pl* [powers of] imagination
ein|bimsen *vt* (*fam*) ■ **jdm etw** ~ to drum sth into sb
ein|binden *vt irreg* ① VERLAG ■ **etw** [**in etw** *akk*] ~ to bind sth [in sth]; **etw neu** ~ to rebind sth
② (*einbeziehen*) ■ **jdn/etw** [**in etw** *akk*] ~ to integrate sb/sth [into sth]
Einbindung *f kein pl* integration
ein|blasen *vt irreg* (*fam*) ■ **jdm etw** ~ to put sth into sb's head; **jdm Blödheiten** ~ to fill sb's head with nonsense
ein|bläuenRR *vt* (*fam*) ■ **jdm etw** ~ ① (*einschärfen*) to drum [*or* hammer] sth into sb['s head]
② (*einprügeln*) to beat sth into sb
ein|blenden I. *vt* FILM, TV, RADIO to insert; **Geräusche/Musik** ~ to dub in sounds/music; **eine Durchsage** [**in etw**] ~ to interrupt [sth] with an announcement
II. *vr* TV, RADIO ■ **sich** [**in etw** *akk*] ~ (*sich einschalten*) to interrupt [sth]; (*sich dazuschalten*) to go over to [*or* link up with] [sth]

E

Einblendung *f* FILM, TV, RADIO ❶ (*das Einblenden*) *von Verkehrsdurchsagen, von Werbung* insertion
❷ (*eingeblendeter Teil*) insert

ein|bleuen *vt* (*fam*) *s.* **einbläuen**

Einblick *m* insight; ■~ **in etw** *akk* insight into sth; **etw eröffnet jdm [...]** ~**e** sth provides sb with a/an [...] insight; **jdm** ~ **in etw** *akk* **gewähren** to allow sb to look at sth; (*fig*) to allow sb to gain an insight into sth; ~ **in etw** *akk* **gewinnen** to gain an insight into sth; ~ **in etw** *akk* **haben** to be able to see into sth; (*informiert sein*) to have an insight into sth; ~ **in etw** *akk* **nehmen** (*geh*) to look at sth

ein|brechen *irreg* **I.** *vi* ❶ *sein o haben* (*Einbruch verüben*) ■**[bei jdm/in etw** *akk o dat*] ~ to break in[to sb's home/sth]; ***beim Juwelier ist eingebrochen worden*** the jeweller's has been broken into, there has been a break-in at the jeweller's; ***bei mir ist eingebrochen worden, man hat bei mir eingebrochen*** I've had a break-in, my house [*or* flat] has been broken into
❷ *sein* (*plötzlich beginnen*) *Dämmerung, Dunkelheit, Nacht* to fall
❸ *sein* (*eindringen*) ■[**in etw** *akk*] ~ *Wasser* to break through [into sth]
❹ *sein* (*nach unten durchbrechen*) ■[**auf etw** *dat*] ~ to fall through [sth]
❺ *sein* (*einstürzen*) to fall [*or* cave] in
❻ *sein* (*Misserfolg haben*) to come a cropper BRIT *sl,* to suffer a setback AM
II. *vt haben* ■**etw** ~ to break down sth *sep*

Einbrecher(in) <-s, -> *m(f)* burglar

Einbrenne *f* KOCHK roux

ein|brennen *irreg* **I.** *vt* ■**etw** [**in etw** *akk*] ~
❶ KOCHK to bind sth in a roux; **Mehl** ~ to brown flour; **eine Soße** ~ to make a roux
❷ (*mit einem Mal versehen*) ■**jdm/etw etw** ~ to brand sth into sb/sth; **einem Tier ein Zeichen** ~ to brand an animal
❸ INFORM (*Daten prägen*) to burn in sth *sep,* to burn sth into sth
II. *vr* (*sich einprägen*) **sich** [**in jds Gedächtnis**] ~ to engrave [*or* etch] itself in sb's memory [*or* on sb's mind]

Einbrennlackierung *f* BAU baked enamel finish

ein|bringen *irreg* **I.** *vt* ❶ (*eintragen*) ■[**jdm**] **etw** ~ to bring [sb] sth; **Zinsen** ~ to earn [*or* yield] interest
❷ (*einfließen lassen*) ■**etw** [**in etw** *akk*] ~ to bring sth in[to sth], to bring sth to bear in sth; **Kapital in ein Unternehmen** ~ to contribute capital to a company; **seine Erfahrung** ~ to bring one's experience to bear in sth
❸ AGR (*hineinbringen*) ■**etw** ~ *Ernte* to bring [*or* gather] in sth
❹ POL (*vorschlagen*) ■**etw** [**in etw** *dat*] ~ to introduce [*or* propose] sth [in sth]; **einen Antrag** ~ to table a motion
❺ (*aufholen, wettmachen*) **Zeit** [**wieder**] ~ to catch [*or* make] up [on] time
II. *vr* ■**sich** ~ to contribute

Einbringung <-> *f* FIN (*Einzahlung*) investment; JUR (*Beitragen*) contribution; ~ **der Arbeitskraft** contribution of labour; ~ **von Eigenkapital/Sachwerten** contribution to equity/in kind; ~ **in eine Gesellschaft** transfer to a company

Einbringungsaktie *f* FIN share (*in exchange for property transfer*) **Einbringungsbilanz** *f* FIN bringing-in balance sheet **Einbringungswert** *m* FIN bringing-in value

ein|brocken *vt* (*fam*) ■**jdm etw** ~ to land sb in it [*or* BRIT the soup] *fam;* ■**sich** *dat* **etw** ~ to land oneself in it [*or* BRIT the soup] *fam;* ***das hast du dir selber eingebrockt!*** you've only yourself to thank for that!, you brought that on yourself!

ein|bröseln *vt* KOCHK *s.* **panieren**

Einbruch *m* ❶ JUR (*das Einbrechen*) break-in; ■**der/ein** ~ **in etw** *akk* the/a break-in somewhere; **ein** ~ **in die Bank** a break-in at the bank; **einen** ~ [**in etw** *akk*] **begehen** [*o* **verüben**] to break in [somewhere]
❷ (*das Eindringen*) penetration; **ein** ~ **von Kaltluft** an influx of cold air
❸ (*Einsturz*) *Mauer etc.* collapse, caving in
❹ BÖRSE, ÖKON slump, sharp fall [*or* drop]
❺ (*plötzlicher Beginn*) onset; **bei** ~ **der Dunkelheit** [*o* **Nacht**] [at] nightfall; **vor** ~ **der Dunkelheit** [*o* **Nacht**] before nightfall

Einbruchfalz *m* TYPO one-directional fold

Einbruch(s)diebstahl *m* JUR burglary, breaking and entering; **einen** ~ **begehen** [*o* **verüben**] to commit [a] burglary **einbruch(s)sicher** *adj* burglar-proof **Einbruch(s)werkzeug** *nt* house-breaking tool/tools

ein|buchten *vt* (*sl*) ■**jdn** ~ to put sb away *fam,* to lock [*or* BRIT *sl* bang] sb up

Einbuchtung <-, -en> *f* ❶ (*Delle*) dent
❷ (*Aussparung*) indentation
❸ (*Bucht*) bay, inlet

ein|buddeln *vt* (*fam*) ■**jdn/etw** ~ to bury sb/sth; ■**sich** ~ to dig oneself in

ein|bunkern *vr* (*fig fam*) ■**sich** ~ to cut oneself off from one's surroundings

ein|bürgern **I.** *vt* ❶ ADMIN (*eine Staatsangehörigkeit verleihen*) ■**jdn** ~ to naturalize sb
❷ (*heimisch werden*) ■**eingebürgert werden** to become established
II. *vr* ❶ (*übernommen werden*) ■**sich** ~ to become established
❷ (*zur Regel werden*) ■**es hat sich** [**bei jdm/irgendwo**] **so eingebürgert** it has become a habit [*or* the practice] [*or* custom] [with sb/somewhere]

Einbürgerung <-, -en> *f* ❶ ADMIN (*das Einbürgern*) naturalization
❷ BOT *einer Pflanze, eines Tieres* naturalization
❸ (*das Üblichmachen*) establishment; **die** ~ **einer Sitte** the adoption of a custom

Einbürgerungsurkunde *f* JUR certificate of naturalization

Einbuße *f* loss; [**mit etw**] ~**n erleiden** to suffer [*or* sustain] [*or* incur] losses [on sth]; **etw tut jdm/einer S.** [**schwere**] ~ (*geh*) sth causes sb/sth to lose sth; ***der Skandal hat seinem Ansehen schwere ~ getan*** he lost a lot of respect because of the scandal

ein|büßen **I.** *vt* ■**etw** ~ to lose sth
II. *vi* ■**an etw** *dat* ~ to lose sth; **nichts an Zuverlässigkeit** ~ to lose none of its reliability

ein|checken [-tʃɛkn] **I.** *vi* to check in; ■**in etw** *dat* ~ to check into sth
II. *vt* ■**etw/jdn** ~ to check in sth/sb *sep*

ein|cremen *vt* ■[**jdm**] **etw** ~ to put cream on [sb's] sth; ■**sich** *dat* **etw** *akk* ~ to put cream on sth; ■**sich** [**mit etw** *dat*] ~ to put cream on [oneself]

ein|dämmen *vt* ■**etw** ~ to dam sth, to contain sth; **die Ausbreitung einer Krankheit/eines Virus** ~ to check [*or* stem] the spread of a disease/virus; **Inflation** ~ to curb [*or* control] inflation

Eindämmung *f* (*Verhinderung*) checking, stemming; (*das Eindämmen*) containment; **die** ~ **der Inflation** curbing [*or* controlling] inflation

Eindämmungspolitik *f* policy of containment

ein|decken **I.** *vr* ■**sich** [**mit etw**] ~ to stock up [on sth]; **sich mit Holz/Kohle** ~ to lay [*or* get] in stocks [*or* supplies] of wood/coal
II. *vt* ❶ BAU ■**etw** [**mit etw**] ~ to cover sth [with sth]; **ein mit Stroh eingedecktes Dach** a thatched roof
❷ (*fam: überhäufen*) ■**jdn mit etw** ~ to swamp sb with sth; ■**mit etw eingedeckt sein** to be inundated [*or* BRIT snowed under] with sth

Eindecker <-s, -> *m* LUFT monoplane

ein|deichen *vt* BAU ■**etw** ~ to dike [*or* dyke] sth; **einen Fluss** ~ to embank [*or* dike] [*or* BRIT dyke] a river

ein|dellen *vt* (*fam*) ■[**jdm**] **etw** ~ *Auto, Hut* to dent sth [of sb's], to make a dent in sth [of sb's]

eindeutig **I.** *adj* ❶ (*unmissverständlich*) unambiguous, unequivocal; **die** ~**e Absicht** the clear [*or* definite] intention
❷ (*unzweifelhaft*) clear; ~**er Beweis** clear [*or* definite] proof; **eine** ~**e Niederlage** a resounding defeat; **ein** ~**er Sieg** a clear [*or* resounding] victory; **ein** ~**er Umstand** an incontestable [*or* indisputable] fact
II. *adv* ❶ (*unmissverständlich*) unambiguously; ***ich hoffe, ich habe mich ~ ausgedrückt!*** I hope I have made myself clear[ly understood]!
❷ (*klar*) clearly; ***das stimmt aber ganz ~ nicht!*** that's clearly [*or* obviously] not true [at all]!

Eindeutigkeit <-> *f kein pl* ❶ (*Unmissverständlichkeit*) unambiguity, unequivocalness
❷ (*Unzweifelhaftigkeit*) clarity; **die** ~ **der Beweise** the clarity [*or* definiteness] of the proof

Eindeutigkeitssatz *m* MATH uniqueness theorem

ein|deutschen *vt* ❶ (*dem Deutschen anpassen*) ■**etw** ~ to Germanize sth; ■**eingedeutscht** Germanized; ***Frisör ist eingedeutscht für Friseur*** Frisör is the Germanized version of Friseur
❷ (*deutsch machen*) ■**jdn/etw** ~ to Germanize sb/sth

ein|dicken **I.** *vt haben* KOCHK ■**etw** ~ to thicken sth
II. *vi sein* to thicken

eindimensional *adj* ❶ MATH one-dimensional, unidimensional
❷ (*eingleisig*) one-dimensional

ein|dosen *vt* ■**etw** ~ to tin [*or* AM can] sth

ein|dösen *vi sein* (*fam*) to doze [*or* drop] [*or fam* nod] off

ein|drängen *vi sein* ❶ (*bedrängen*) ■**auf jdn** ~ to crowd around sb *fig*
❷ (*sich aufdrängen*) to crowd in on sb *fig*

ein|drecken **I.** *vi sein* (*fam*) to get dirty
II. *vr* (*fam*) ■**sich** ~ to get [oneself] dirty

ein|drehen *vt* ■**etw** [**in etw** *akk*] ~ to screw sth in[to sth]; **jdm/sich die Haare** ~ to put sb's/one's hair in curlers [*or* rollers]

ein|dreschen *vi irreg* (*fam*) ■**auf jdn** ~ to lay into sb *fam*

ein|dringen *vi irreg sein* ❶ (*einbrechen*) ■**in etw** *akk* ~ to force one's way [*or* an entry] into sth
❷ (*vordringen*) ■**in etw** *akk* ~ to force one's way into sth; MIL to penetrate [into] sth
❸ (*hineindringen, hineinsickern*) ■**in etw** *akk* ~ to penetrate [into] sth; ***Grundwasser drang in den Tunnel ein*** groundwater got [*or* seeped] into the tunnel
❹ (*sich kundig machen*) ■**in etw** *akk* ~ to get to know sth
❺ (*sich verbreiten*) ■**in etw** *akk* ~ to find its/their way into sth
❻ (*bestürmen*) ■[**mit etw**] **auf jdn** ~ to besiege sb [with sth]

eindringlich **I.** *adj* (*nachdrücklich*) forceful, powerful; **eine** ~**e Schilderung** a vivid account
II. *adv* strongly

Eindringlichkeit *f* forcefulness; **eine Schilderung von großer** ~ a very vivid account [*or* an account of great vividness]

Eindringling <-s, -e> *m* intruder; (*in Gesellschaft etc*) interloper

Eindruck <-drücke> *m* ❶ (*Vorstellung*) impression; **den** ~ **erwecken, als** [*o* **dass**] **...** to give the impression that ...; **sich des** ~**s nicht erwehren können, dass ...** (*geh*) to have the strong impression that ...; [**von jdm/etw**] **einen** ~**/den** ~ **gewinnen, dass ...** to gain an/the impression [from sb/sth] that ...; **den** ~ **haben, dass ...** to have the impression that ...; **ich habe nicht den/diesen** ~ I don't have that impression; [**auf jdn**] **einen ...** ~ **machen** to give the impression of being ... [to sb]; ***sie machte einen nervösen ~*** she gave the impression of being [*or* she seemed] nervous; [**auf jdn**] **den** ~ **eines ... machen** to give the impression of being a ... [to sb]; [...] ~ **auf jdn machen** to make a/an [...] impression on sb; **einen großen** ~ **auf jdn machen** to make a great [*or* big] impression on sb; [**bei jdm**] ~ **machen wollen** [*o fam* **schinden**] to be out to impress [sb]; **Eindrücke sammeln** to gain impressions; **unter dem** ~ **von etw stehen** to be under the effect of [*or* affected by] sth; **seinen** ~ **auf jdn nicht verfehlen** to have [*or* achieve] the desired effect on sb; **jdm einen** ~ [**von etw**] **vermitteln** to give sb an idea [about sth]
❷ (*selten: eingedrückte Spur*) impression, imprint

ein|drücken **I.** *vt* ❶ (*nach innen drücken*) ■**etw** ~

to push in sth *sep;* **das Auto/den Kotflügel** ~ to dent the car/[car] wing [*or* AM fender]; **den Damm** ~ to break through the dam; **die Fenster** ~ to break [*or* shatter] the windows; **die Mauer/Tür** ~ to break down the wall/door
❷ (*verletzen*) ■**jdm etw** ~ to crush sb's sth; **jdm den Brustkorb/Schädel** ~ to crush sb's chest/skull [*or* head]; **jdm die Nase** ~ to flatten sb's nose
II. *vr* (*einen Abdruck hinterlassen*) ■**sich in etw** *akk* ~ to make an impression [*or* imprint] in sth

eindrücklich *adj* SCHWEIZ (*eindrucksvoll*) impressive

eindrucksvoll I. *adj* impressive; **ein ~er Appell** a stirring appeal
II. *adv* impressively

eine(r, s) *pron indef* ❶ (*jemand*) someone, somebody; ***es hat geklingelt, ist da ~r?*** the doorbell rang, is there someone [*or* somebody] [*or* anybody]?; ***~s von den Kindern*** one of the children; ■**der/die/das** ~ [the] one; ***das ~ Buch habe ich schon gelesen*** I've already read one of the books [*or* the one book]; ***die ~n sagen das eine, die anderen gerade das Gegenteil*** one lot [*or* some] say one thing, the other lot say [*or* [the] others [say]] exactly the opposite; *s. a.* **andere(r, s)**
❷ (*fam: man*) one; ***und das soll noch ~r glauben?*** and I'm/we're expected to swallow [*or* believe] that?
❸ (*ein Punkt*) ■**~s** [*o* **eins**] one thing; ***~s gefällt mir nicht an ihm*** [there's] one thing I don't like about him; ***~s muss klar sein*** let's make one thing clear; ***~s sag ich dir*** I'll tell you one thing; ***halt, noch eins[, ehe ich's vergesse]*** and there's one more [*or* other] thing [before I forget]; *s. a.* **hinauslaufen**
► WENDUNGEN: **du bist mir [...] ~(r)!** (*fam*) you're a/an [...] one! BRIT; ***du bist mir aber/ja/vielleicht ~r!*** you're a right one!; **das ist ~r!** he's quite a man [*or* one]!; **~r für alle, alle für ~n** (*prov*) all for one and one for all *prov*

ein|ebnen *vt* ■**etw** ~ to level [*or* flatten] sth [off]

Einehe *f* monogamy *no pl, no art*

eineiig *adj* BIOL identical; **~e Zwillinge** identical twins

eineinhalb *adj* one and a half; *s. a.* **achteinhalb**

eineinhalbmal *adv* one and a half times; ~ **schneller** one and a half times faster; ~ **so viel** one and a half times as much

Einelternfamilie [-liə] *f* one-parent [*or* single-parent] family

einen *vt* (*geh*) ■**etw** ~ to unite sth

Einender <-s, -> *m* JAGD one-pointer

ein|engen *vt* ❶ (*beschränken*) ■**jdn in etw** *dat* ~ to restrict [*or* cramp] sb in sth
❷ (*drücken*) ■**jdn** ~ to restrict sb's movement[s]
❸ (*begrenzen*) ■**etw [auf etw** *akk*] ~ to restrict [*or sep* narrow down] sth [to sth]

Einengung <-, -en> *f* ❶ (*Bedrängung*) cramping [of sb's style] *hum fam*
❷ (*Beschränkung*) restriction, limitation

einer *pron s.* **eine**

Einer <-s, -> *m* ❶ MATH unit
❷ SPORT (*einsitziges Ruderboot*) single scull

einerlei *adj pred* (*egal*) ■**jdm** ~ **sein** to be all the same to sb; ***das ist mir ganz*** ~ it's all the same [*or* doesn't matter] to me, it makes no difference to me, I don't mind; ■**~, ob ...** it doesn't [*or* no] matter whether ...

Einerlei <-s> *nt kein pl* monotony; ***das ~ des [grauen] Alltags*** the monotony of daily [*or* everyday] life [*or* the daily grind]

einerseits *adv* ~ **... andererseits ...** on the one hand ..., on the other hand ...

eines *pron s.* **eine**

einesteils *adv* ~ **... ander[e]nteils** on the one hand ..., on the other hand ...

einfach I. *adj* ❶ (*leicht*) easy, simple; ***das hat einen ~en Grund*** there's a simple reason [*or* an easy explanation] for that; **es sich** *dat* **[mit etw** *dat*] **zu ~ machen** to make it too easy for oneself [with sth]
❷ (*unkompliziert*) straightforward, uncomplicated; ***warum ~, wenn's auch umständlich geht?*** (*iron*) why do things the easy way [when you can make them [*or* it] difficult]?
❸ (*gewöhnlich*) simple; **~es Essen** plain [*or* simple] food; **ein ~es Hemd/eine ~e Hose** a plain shirt/plain trousers; **ein ~er Mensch** a simple [*or* an ordinary] person
❹ (*nur einmal gemacht*) single; **eine ~e Fahrkarte** a one-way [*or* BRIT single] ticket; ***einmal ~ nach Regensburg*** a single [ticket] to Regensburg; **~er Fahrpreis** single fare [*or* ticket]; **in ~er Ausfertigung** a single copy [of sth]; **~e Buchführung** single-entry bookkeeping; **~er Faden** plain [*or* simple] stitch; **ein ~er Knoten** a simple knot
II. *adv* ❶ (*leicht*) simply, easily; ***es ist nicht ~ zu verstehen*** it's not easy [*or* simple] to understand
❷ (*schlicht*) simply, plainly
❸ (*einmal*) once; ~ **zusammenfalten** to fold once
III. *part* ❶ (*emph: geradezu*) simply, just; ~ **herrlich/lächerlich** simply [*or* just] wonderful/laughable
❷ (*ohne weiteres*) simply, just; ***he, du kannst doch nicht ~ weggehen!*** hey, you can't just [*or* simply] leave [like that]!
❸ *mit Verneinung* (*zur Verstärkung*) simply, just; ***ich kann es ~ nicht verstehen*** I just [*or* simply] can't understand it

Einfachfenster *nt* BAU single-glazed window **Einfachheit** <-> *f kein pl* ❶ (*Unkompliziertheit*) straightforwardness ❷ (*Schlichtheit*) plainness, simplicity ► WENDUNGEN: **der ~ halber** for the sake of simplicity [*or* simplicity's sake] **Einfachnutzen** *m* TYPO one-up

ein|fädeln I. *vt* ❶ (*in etw fädeln*) ■**etw [in etw** *akk*] ~ to thread sth [through sth]; **eine Nadel** ~ to thread a needle; **einen Film** ~ to wind on a film; **ein Tonband** ~ to spool on a tape
❷ (*fam: anbahnen*) ■**etw** ~ to engineer sth *fig*
II. *vi* SKI to become entangled in a gate
III. *vr* AUTO ■**sich [in etw** *akk*] ~ to filter [*or* merge] in[to sth]

ein|fahren *irreg* **I.** *vi sein* ❶ (*hineinfahren*) ■**[in etw** *akk*] ~ to come [*or* pull] in[to sth]; **auf einem Gleis** ~ to arrive at [*or* come into] a platform; **in einen Hafen** ~ to sail into a harbour [*or* AM -or]
❷ BERGB (*hinunterfahren*) to go down; **in eine Grube/einen Schacht** ~ to go down a pit/shaft
II. *vt haben* ■**etw** ~ ❶ (*kaputtfahren*) to [drive into and] knock down sth *sep*
❷ (*einziehen*) *Antenne, Objektiv etc.* to retract sth
❸ (*einbringen*) to make sth; **einen Gewinn/Verlust** ~ to make a profit/loss
❹ AGR (*einbringen*) to bring in sth; **das Heu/Korn** ~ to bring in [*or* harvest] the corn/hay

Einfahrt *f kein pl* ❶ (*das Einfahren*) entry; **die ~ in den Hafen** sailing [*or* coming] into the harbour; **bei der ~ in die Zielgerade** entering the final straight; **die ~ eines Zuges** the arrival of a train
❷ (*Zufahrt*) entrance; ~ **freihalten!** [please] keep [entrance] clear!

Einfall *m* ❶ (*Idee*) idea; **auf den ~ kommen, etw zu tun** to have [*or* get] the idea of doing sth
❷ MIL (*das Eindringen*) ■**~ in etw** *akk* invasion of sth
❸ (*das Eindringen*) incidence; ***der ~ der Sonnenstrahlen*** the way the sun's rays fall

ein|fallen *vi irreg sein* ❶ (*in den Sinn kommen*) ■**etw fällt jdm ein** sb thinks of sth; **sich** *dat* **etwas ~ lassen** to think of sth; ***was fällt Ihnen ein!*** what do you think you're doing!
❷ (*in Erinnerung kommen*) ■**etw fällt jdm ein** sb remembers sth; ***der Name will mir einfach nicht ~!*** the name just won't come to me!
❸ (*einstürzen*) to collapse [*or* cave in]
❹ (*eindringen*) ■**nach/in etw** *akk* ~ to invade; **in die feindlichen Reihen** ~ to penetrate enemy lines
❺ (*hereinströmen*) ■**[in etw** *akk*] ~ to come in[to sth]
❻ (*einsetzen*) ■**[in etw** *akk*] ~ *Chor, Instrument, Singstimmen* to join in [sth]; (*dazwischenreden*) to interrupt [sth] [*or* break in [on sth]]
❼ (*einsinken*) to become sunken [*or* hollow]

einfallslos I. *adj* unimaginative **II.** *adv* unimaginatively **Einfallslosigkeit** <-> *f kein pl* unimaginativeness, lack of imagination **einfallsreich I.** *adj* imaginative **II.** *adv* imaginatively **Einfallsreichtum** *m kein pl* imaginativeness **Einfallswinkel** *m* angle of incidence

Einfalt <-> *f kein pl* (*arglose Naivität*) naivety
► WENDUNGEN: **[o/du] heilige ~!** what stunning naivety!, how naive can you be!

einfältig I. *adj* naive
II. *adv* naively; ***tu doch nicht so*** ~ don't act so naively

Einfaltspinsel *m* (*pej fam*) simpleton

Einfamilienhaus [-liən-] *nt* single family house, detached [family] house BRIT

ein|fangen *irreg* **I.** *vt* ❶ (*wieder fangen*) ■**jdn/ein Tier [wieder]** ~ to [re]capture sb/an animal
❷ (*wiedergeben*) ■**etw [in etw** *dat*] ~ to capture sth [in sth] *fig*
II. *vr* (*fam*) ■**sich** *dat* **etw** *akk* ~ to catch sth; **eine Erkältung** ~ to catch a cold; **eine Grippe** ~ to come down with [the] flu

ein|färben *vt* ❶ (*neu färben*) ■**etw [...]** ~ *Haare, Stoff* to dye sth [...]
❷ TYPO (*mit Druckfarbe versehen*) ■**etw [mit etw]** ~ to ink sth [with sth]

einfarbig *adj* monochrome, all one colour [*or* AM -or], in [*or* of] one colour [*or* AM -or] *pred*

ein|fassen *vt* ■**etw [mit etw]** ~ ❶ (*umgeben*) to border [*or* edge] sth [with sth]; **einen Garten mit einer Hecke/einem Zaun** ~ to enclose [*or* surround] a garden with a hedge/fence
❷ (*umsäumen*) to hem sth [with sth]
❸ (*fassen*) to set sth [in sth]
❹ TYPO ■**etw** ~ *Rand* to border [*or* box] sth

Einfass- und Fälzelmaschine[RR] *f* TYPO bordering and backlining machine

Einfassung *f* ❶ (*das Einfassen*) enclosure, enclosing
❷ (*Umgrenzung*) border, edging

ein|federn *vt* **ein Auto** ~ to tilt a car (*by compression of the suspension, as when swerving vigorously*)

ein|fetten *vt* ❶ (*mit Fett bestreichen*) ■**etw** ~ to grease sth; (*Leder mit Fett behandeln*) to dubbin sth
❷ (*eincremen*) ■**jdn** ~ to put [*or* rub] cream on sb, to cream sb BRIT; ■**sich** ~ apply [a] cream; ■**sich** *dat* **etw** *akk* ~ to rub [*or* apply] cream onto sth

ein|finden *vr irreg* (*geh*) ■**sich [irgendwo]** ~ to arrive [somewhere]

ein|flechten *vt irreg* ❶ (*einfließen lassen*) ■**etw [in etw** *akk*] ~ to work sth in[to sth] *sep;* ■**~, dass ...** to add that ...
❷ (*hineinflechten*) ■**etw [in etw** *akk*] ~ to plait [*or* braid] sth in[to sth]; **ein Muster [in etw]** ~ to weave a pattern in[to sth]

ein|fliegen *irreg* **I.** *vt haben* ❶ ■**jdn/etw [in etw** *akk*] ~ to fly sb/sth in[to sth]; ***die Militärtransporter flogen Munition/Nachschub ein*** the military transport planes flew [*or* airlifted] munitions/reinforcements in
❷ ■**etw** ~ to make sth; **einen Gewinn/Verlust** ~ to make a profit/loss
II. *vi sein* to fly in

ein|fließen *vi irreg sein* ❶ (*als Zuschuss gewährt werden*) ■**[in etw** *akk*] ~ to pour in[to sth]; ~ **lassen, dass ...** to let slip that ...
❷ METEO (*hineinströmen*) ■**in etw** *akk/***nach etw** *dat* ~ to move [*or* come] into sth

ein|flößen *vt* ❶ (*langsam eingeben*) ■**jdm etw** ~ to give sb sth; **einem Kranken Essen** ~ to feed the patient; **jdm etw mit Gewalt** ~ to force-feed sb [with] sth
❷ (*erwecken*) ■**jdm etw** ~ to instill sth in sb; **jdm Angst/Vertrauen** ~ to instill [*or* inspire] fear/confidence in sb; **jdm Ehrfurcht** ~ to instill respect in sb, to command sb's respect

Einflugschneise *f* LUFT approach path

Einfluss[RR] <-es, Einflüsse> *m*, **Einfluß** <-sses,

E

Einflüsse> *m* ❶ (*Einwirkung*) ■**jds ~ [auf jdn]** sb's influence [on sb]; ■**der ~ einer S.** *gen* the influence of sth; **auf etw/jdn ~ haben** to have an influence on sth/sb; **~ auf etw/jdn ausüben** to exert an influence on sth/sb; **auf etw** *akk* **~ nehmen** to influence sth; **unter jds ~ geraten** to fall under sb's influence; **unter dem ~ von jdm/etw stehen** to be under sb's influence [*or* the influence of sb/sth]; **unter dem ~ von jdm/etw** under the influence of sb/sth
❷ (*Beziehungen*) influence, pull *fig*, sway; **seinen ~ geltend machen** to use one's influence [*or* pull] [*or* sway]; **[...] ~ besitzen** [*o* **haben**] to have [...] influence [*or* pull] [*or* sway]

Einflussbereich^RR^ *m* ❶ POL sphere of influence ❷ METEO ***Frankreich liegt im ~ eines atlantischen Tiefs*** an Atlantic depression is affecting the weather over France **einflusslos**^RR^ *adj* uninfluential, without [*or* lacking in] influence *pred* **Einflussnahme**^RR^ <-, *selten* -n> *f* (*geh*) ■**jds ~ [auf etw** *akk*] sb's exertion of influence [on sth] **einflussreich**^RR^ *adj* influential **Einflusszone**^RR^ *f* radius, zone of influence

ein|flüstern *vt* (*pej*) ■**jdm etw ~** (*suggerieren*) to put sth into sb's head; (*flüsternd vorsagen*) to whisper sth to sb

Einflüsterung <-, -en> *f* (*pej*) suggestion

ein|fordern *vt* (*geh*) ■**etw [von jdm] ~** to demand payment of [*or sep* call in] sth [from sb]; **von jdm ein Versprechen ~, etw zu tun** to keep sb to their promise to do sth

einförmig I. *adj* monotonous; **~e Landschaft/Umgebung** uniform landscape/surroundings
II. *adv* monotonously

Einförmigkeit <-, -en> *f* monotony; **die ~ der Landschaft/Umgebung** the uniformity of the landscape/surroundings

ein|frieden *vt* (*geh*) ■**etw [mit etw] ~** to enclose [*or* surround] sth [with sth]

Einfriedung <-, -en> *f* (*geh*) ❶ (*das Einfrieden*) enclosure, enclosing
❷ (*die Umzäunung*) means of enclosure

ein|frieren *irreg* I. *vi sein* ❶ (*zufrieren*) to freeze up
❷ (*von Eis eingeschlossen werden*) ■**in etw** *dat* **~** to freeze into sth [*or* become ice-bound in sth]
II. *vt haben* ■**etw ~** ❶ (*konservieren*) to [deep-]freeze sth
❷ (*suspendieren*) to suspend sth; **diplomatische Beziehungen ~** to break off [*or* suspend] diplomatic relations; **ein Projekt/die Planung ~** to shelve a project/the plans
❸ ÖKON (*festlegen*) to freeze sth

Einfrierung <-, -en> *f* ❶ (*Suspendierung*) suspension; *diplomatische Beziehungen* breaking off, suspension; *Projekt* shelving
❷ ÖKON (*die Festlegung*) freezing

Einfügemarke *f* INFORM cursor

ein|fügen I. *vt* ❶ (*einpassen*) ■**etw [in etw** *akk*] **~** to fit sth [in[to]] sth [*or* insert sth [in sth]]
❷ (*einfließen lassen*) ■**etw [in etw** *akk*] **~** to add sth [to sth]; ***lassen Sie mich gleich an dieser Stelle ~, ...*** let me just say at this point ...; ***darf ich an dieser Stelle kurz ~, dass ...*** can I just quickly point out that ...
II. *vr* ❶ (*sich anpassen*) ■**sich [in etw** *akk*] **~** to adapt [oneself] [to sth]
❷ (*hineinpassen*) ■**sich [in etw** *akk*] **~** to fit in [with sth]

Einfügetaste *f* INFORM insert key

Einfügung *nt* JUR insertion, embodiment

ein|fühlen *vr* ■**sich in jdn ~** to empathize with sb; ■**sich in etw** *akk* **~** to get into the spirit of sth; **sich in einen Gedankengang ~** to understand [*or* follow] a train of thought

einfühlsam I. *adj* sensitive; **~e Worte** understanding [*or* sympathetic] words; **ein ~er Mensch** an empathetic person
II. *adv* sensitively

Einfühlungsvermögen *nt* empathy

Einfuhr <-, -en> *f* ❶ (*das Importieren*) import, importing, importation
❷ (*das Eingeführte*) import

einführbar *adj* ÖKON importable

Einfuhrbedarf *m* ÖKON import requirements *pl* **Einfuhrbereiche** *pl* ÖKON import areas **Einfuhrbeschränkung** *f* import restriction, restriction on imports **Einfuhrbestimmungen** *pl* ÖKON import regulations *pl* **Einfuhrbewilligungsverfahren** *nt* JUR import licensing procedure *pl*

ein|führen I. *vt* ❶ ÖKON (*importieren*) ■**etw ~** to import sth
❷ (*bekannt machen*) ■**etw [irgendwo] ~** to introduce sth [somewhere]; **einen Artikel/eine Firma [auf dem Markt] ~** to establish a product/company [on the market]
❸ (*in Gebrauch nehmen, verordnen*) ■**etw [in etw** *dat*] **~** to introduce sth [in sth]
❹ (*vertraut machen*) ■**jdn [in etw** *akk*] **~** to introduce sb [to sth] [*or* initiate sb [into sth]]
❺ (*hineinschieben*) ■**etw [in etw** *akk*] **~** to insert [*or* introduce] sth [into sth]
II. *vr* ■**sich [...] ~** to make a [...] start; ***sie hat sich gut eingeführt*** she's made a good start
III. *vi* ■**in etw** *akk* **~** to serve as an introduction [*or* insight] into sth; ■**~d** introductory; **~de Worte** introductory words, words of introduction

Einfuhrerschwerung *f* ÖKON import difficulties *pl* **Einfuhrfreiheit** *f kein pl* ÖKON freedom to import **Einfuhrfreiliste** *f* ÖKON free list **Einfuhrgenehmigung** *f* import licence [*or* AM -se] [*or* permit] **Einfuhrgüter** *pl* import goods *npl*, imported articles *pl*, imports *pl* **Einfuhrhafen** *m* port of entry **Einfuhrkartell** *nt* ÖKON import cartel **Einfuhrkontingent** *nt* ÖKON import quota **Einfuhrkontingentierung** *f* ÖKON fixing of import quotas **Einfuhrland** *nt* ÖKON importing country **Einfuhrlizenz** *f* ÖKON import licence **Einfuhrmonopol** *nt* HANDEL import monopoly **Einfuhrrechte** *pl* HANDEL import rights; **ausschließliche ~** exclusive import rights **Einfuhrregelungen** *pl* HANDEL import rules; **gemeinsame ~** (*in der EU*) common import regime **Einfuhrsparten** *pl* ÖKON import categories **Einfuhrsperre** *f* ÖKON ban on imports, embargo **Einfuhrumsatzsteuer** *f* FIN turnover tax on imports, import sales tax

Einführung *f* ❶ (*das Einführen*) introduction; ■**jds ~ [in etw** *akk*] sb's introduction [to sth] [*or* initiation [into sth]]; **~ in ein Amt** installation in an office
❷ (*Einleitung*) introduction; **Worte zur ~** words of introduction, introductory words

Einführungsgesetz *nt* JUR introductory act **Einführungskurs** *m* introductory course **Einführungslehrgang** *m* introductory course **Einführungspatent** *nt* introductory patent **Einführungspreis** *m* introductory price **Einführungsseminar** *nt* introductory seminar

Einfuhrverbot *nt* ban [*or* embargo] on imports **Einfuhrzoll** *m* ÖKON import duty

ein|füllen *vt* ■**etw [in etw** *akk*] **~** to pour [*or* put] sth in[to sth]

Einfüllöffnung *f* filler opening [*or* inlet] **Einfüllstutzen** *m* AUTO filler neck [*or* pipe]

Eingabe <-, -en> *f* ❶ ADMIN (*Petition*) ■**~ [an jdn]** petition [to sb]; **eine ~ [an jdn] machen** to file a petition [with sb] [*or* present a petition [to sb]]
❷ *kein pl* (*das Verabreichen*) *Arznei* administration
❸ *kein pl* INFORM *Daten, Informationen* input, entry; **zeilenweise ~** line input

Eingabeaufforderung *f* INFORM prompt character, [system] prompt **Eingabedaten** *pl* INFORM input data *usu + sing vb* **Eingabeeinheit** *f* INFORM input unit **Eingabegerät** *nt* INFORM input device **Eingabemedium** *nt* INFORM (*Eingabedatenträger*) input device [*or* medium] **Eingabemodus** *m* INFORM entry mode **Eingabetaste** *f* INFORM enter [*or* return] key

Eingang <-gänge> *m* ❶ (*Tür, Tor, Zugang*) entrance; *eines Waldes* opening; **„kein ~!“** "no entry!"; **jdm/sich ~ in etw** *akk* **verschaffen** to gain sb[/oneself] entry to sth; **in etw** *akk* **~ finden** (*geh*) to find its way into sth
❷ *pl* (*eingetroffene Sendungen*) incoming mail [*or* BRIT post] *sing*
❸ *kein pl* (*Erhalt*) receipt; **beim ~** on receipt
❹ *kein pl* (*Beginn*) start; ***gleich zu ~ möchte ich sagen ...*** I would like to start by saying [*or* say from the very outset] ...
❺ INFORM (*Dateneingabe*) **~ für Audio und Video** audio and video entry [*or* input]

eingängig I. *adj* ❶ (*einprägsam*) catchy
❷ (*verständlich*) comprehensible; **eine ~e Erklärung** a clear [*or* comprehensible] explanation
II. *adv* clearly

eingangs I. *adv* at the start [*or* beginning]
II. *präp +gen* at the start [*or* beginning] of

Eingangsabgabe *f* FIN import duty **Eingangsbestätigung** *f* ADMIN acknowledgement [*or* confirmation] of receipt **Eingangsbilanz** *f* FIN balance of receipts **Eingangsdatum** *nt* date of receipt **Eingangsformel** *f* JUR preamble **Eingangsfracht** *f* carriage inward, freight in[ward] **Eingangshafen** *m* port of entry **Eingangshalle** *f* entrance hall; *eines Hotels* lobby, foyer **Eingangskapitel** *nt* first chapter **Eingangskontrolle** *f* HANDEL incoming examination **Eingangsprüfung** *f* HANDEL receiving inspection **Eingangsstempel** *m* date stamp **Eingangssteuersatz** *m* basic tax rate **Eingangstür** *f* [entrance] door; *eines Hauses, einer Wohnung* front door **Eingangsvermerk** *m* notice of receipt

eingebaut I. *pp von* **einbauen**
II. *adj Radio, Möbel* built-in

ein|geben *irreg vt* ❶ (*verabreichen*) ■**jdm etw ~** to give sb sth [*or* administer sth to sb]
❷ INFORM (*übertragen*) ■**etw [in etw** *akk*] **~** to input sth [into sth], to enter sth [into sth]; **Daten in einen Computer ~** to enter [*or* input] data into a computer; **etw erneut ~** to enter sth again
❸ (*geh: inspirieren*) ■**jdm etw ~** to put sth into sb's head; **von Gott eingegeben** inspired by God

eingebildet *adj* ❶ (*pej: hochmütig*) conceited; ■**auf etw** *akk* **~ sein** to be conceited about sth
❷ (*imaginär*) imaginary; **eine ~e Schwangerschaft** a false pregnancy

eingeboren[1] *adj* native

eingeboren[2] *adj* REL **Gottes ~er Sohn** the only begotten Son of God

Eingeborene(r) *f(m) dekl wie adj* native

Eingeborenensprache *f* native language

Eingebung <-, -en> *f* (*Inspiration*) inspiration; ***einer plötzlichen ~ folgend*** acting on a sudden impulse
► WENDUNGEN: **göttliche ~** divine inspiration

eingedenk *adj pred* (*geh*) (*in Anbetracht*) ■**~ einer S.** *gen* bearing in mind [*or* remembering] sth; **~ *dessen, was vorgefallen war ...*** bearing in mind what had happened ...
► WENDUNGEN: **einer S.** *gen* **~ sein/bleiben** (*etw im Gedächtnis behalten*) to be mindful of sth [*or* bear sth in mind]

eingefahren *adj* well-worn

eingefallen *adj* hollow, sunken; **ein ~es Gesicht** a gaunt face

eingefleischt *adj attr* ❶ (*überzeugt*) confirmed; **ein ~er Junggeselle** a confirmed bachelor; **einer ~er Kommunist** a dyed-in-the-wool communist BRIT; **ein ~er Optimist** an incurable optimist
❷ (*zur zweiten Natur geworden*) deep-rooted, ingrained

eingefuchst *adj* DIAL *Student* initiated

eingegossen I. *pp von* **eingießen**
II. *adj* cast en bloc

ein|gehen *irreg* I. *vi sein* ❶ (*Aufnahme finden*) ■**in etw** *akk* **~** to find its/their way into sth; **in die Annalen/Geschichte ~** to go down in the annals/in history
❷ (*ankommen*) ■**[irgendwo/bei jdm] ~** to be received [somewhere/by sb] [*or* arrive [somewhere]]; ***sämtliche Bestellungen, die bei uns ~, werden sofort bearbeitet*** all orders which we receive [*or* are received by us] are processed immediately; ***soeben geht bei mir eine wichtige Meldung ein***

I am just receiving an important report, an important report is just coming in to me; ■ **~d** incoming

❸ FIN (*gutgeschrieben werden*) ■ **[auf etw** *dat*] ~ to be received [in sth]; ***die Miete für diesen Monat ist auf meinem Konto immer noch nicht eingegangen*** this month's rent has still not been paid into [*or* received in] my account yet

❹ ([*ab*]*sterben*) to die [off]; ■ **[an etw** *dat*] ~ to die [of [*or* from] sth]; ***das ist so schwül hier drinnen, ich geh noch ein!*** the closeness in here is killing me!; ***in dieser langweiligen Umgebung würde ich*** ~ I would die of boredom in this environment

❺ (*fam: sich wirtschaftlich nicht halten*) to fold [*or fam* go bust]

❻ (*aufgenommen werden*) ■ **jdm** ~ to be grasped by sb; ***diese Argumente gehen einem leicht ein*** these arguments can be easily absorbed [*or* grasped]; ***das Lob ging ihr offenbar ein*** the praise obviously had the right [*or* desired] effect on her; ***ihm will es nicht*** ~ he can't grasp [*or* fails to grasp] it; ***es will mir einfach nicht ~, wieso*** I just can't see why

❼ (*einlaufen*) to shrink; ***die Sofabezüge sind mir bei der Wäsche eingegangen*** the sofa covers shrank in the wash

❽ (*sich beschäftigen mit*) ■ **auf jdn/etw** ~ to deal with [*or* go into] sth, to pay some attention to sb; ***du gehst überhaupt nicht auf deine Kinder ein*** you don't pay your kids any attention; ***auf diesen Punkt gehe ich zum Schluss noch näher ein*** I would like to deal with [*or* go into] this point in more detail at the end

❾ (*zustimmen*) ■ **auf etw** *akk* ~ to agree to sth; (*sich einlassen*) to accept sth; *s. a.* **Frieden, Ruhe**

II. *vt sein* ❶ (*sich einlassen*) ■ **etw** ~ to enter into sth; **ein Risiko** ~ to take a risk; **eine Wette** ~ to make a bet; ***ich gehe jede Wette ein, dass er wieder zu spät kommt*** I'll bet [you] anything [you like] that he'll arrive late again

❷ JUR (*abschließen*) ■ **[mit jdm] etw** ~ to enter into sth [with sb]; **einen Vergleich** ~ to reach a settlement

eingehend I. *adj* detailed; **ein ~er Bericht** a detailed [*or* an exhaustive] report; **eine ~e Erörterung** a lengthy discussion; **eine ~e Prüfung** an exhaustive [*or* extensive] [*or* a thorough] test; **~e Studien** detailed [*or* in-depth] [*or* thorough] studies; **~e Untersuchungen** comprehensive surveys

II. *adv* in detail; ~ **besprechen/diskutieren/erörtern** to discuss at length; ~ **studieren** to study thoroughly

Eingehungsbetrug *m* JUR fraudulent representation to obtain a contract

eingekeilt *adj* hemmed [*or* wedged] in; ***das Auto ist ~ worden*** the car has been boxed in

Eingemachte(s) *nt dekl wie adj* KOCHK (*eingemachtes Obst*) preserved fruit

▶ WENDUNGEN: **ans ~ gehen** to draw on one's reserves; **es geht ans ~** (*fam*) the crunch has come

ein|gemeinden* *vt* ADMIN ■ **etw [nach/in etw** *akk*] ~ to incorporate sth [into sth]

Eingemeindung <-, -en> *f* ADMIN incorporation

eingenommen *adj pred* ❶ (*positiv beeindruckt*) ■ **von jdm/etw ~ sein** to be taken with sb/sth

❷ (*voreingenommen*) ■ **gegen jdn/etw ~ sein** to be biased [*or* prejudiced] against sb/sth

❸ (*überzeugt*) ■ **von sich** *dat* **[selbst]/von etw** *dat* **~ sein** to think a lot of oneself/sth

❹ (*eingebildet*) ■ **von sich ~ sein** to be conceited

eingerostet *adj* ❶ (*fest sitzend*) rusted up

❷ (*fam: steif*) stiff

❸ (*hum: aus der Übung gekommen*) rusty

eingeschlechtig *adj* BOT unisexual

eingeschnappt *adj* (*pej fam*) cross; ■ **~ sein** to be miffed, to be in a huff BRIT *fam*

eingeschneit *adj* snowed in

eingeschränkt *adj* limited; ■ **[in etw** *dat*] **~ sein** to be limited [*or* restricted] [in sth]

eingeschrieben I. *adj* (*eingetragen*) registered; **~es Mitglied sein** to be enrolled [*or* registered] as a member; **eine ~e Sendung** registered mail

II. *adv* ~ **schicken** [*o* **versenden**] to send as [*or* by] registered post [*or* AM mail]

eingeschworen *adj* ❶ (*einander durch Schwur verpflichtet*) **~er Freund/Gegner** sworn friend/enemy

❷ (*fest zusammenhaltend*) close-knit

❸ (*festgelegt*) ■ **auf etw** *akk* **~ sein** to swear by sth

eingesessen *adj* old[*or* long]-established

eingesetzt *adj* **~e Tasche** inset pocket

Eingesottene(s) *nt dekl wie adj* ÖSTERR (*Eingemachte*[*s*]) preserved fruit

eingespannt *adj pred* ■ **[sehr] ~ sein** to be [very] busy

eingespielt *adj* operating well together; **ein ~es Ehepaar/Team** a [married] couple/team which work[s] well together; **eine ~e Mannschaft** a team that plays well together; ■ **aufeinander ~ sein** to be used to one another

eingestandenermaßen *adv* (*geh: wie zugegeben wird*) admittedly

Eingeständnis *nt* admission, confession

ein|gestehen* *irreg* **I.** *vt* ■ **[jdm] etw** ~ to admit sth [to sb]; **die Schuld/das Versagen** ~ to admit [*or* confess] one's guilt/failure

II. *vr* ■ **sich** *dat* **~, dass ...** to admit to oneself that ...; **sich** *dat* **etw nicht ~ wollen** to be unable to accept sth; **sich** *dat* **nicht ~ wollen, dass ...** to refuse to accept [*or* admit] that ...

eingestellt *adj* ❶ (*orientiert, gesinnt*) **fortschrittlich/ökologisch** ~ progressively/environmentally minded; **jd ist kommunistisch/religiös** ~ sb is a Communist [*or* has Communist leanings]/religious [*or* religiously minded]; ■ **jd ist gegen jdn** ~ sb is set against sb

❷ ■ **auf etw** *akk* **~ sein** (*vorbereitet*) to be prepared for sth; (*ausgerichtet, interessiert*) to only be interested in [*or* only have time for] sth; (*spezialisiert, festgelegt*) to specialize in sth; ***ich war nur auf drei Personen*** ~ I was only expecting three people

eingetragen *adj Mitglied, Verein, Warenzeichen* registered; **amtlich/handelsgerichtlich** ~ registered, AM incorporated; **gerichtlich** ~ registered with the court; **nicht** ~ unregistered, AM unincorporated

Eingeweide <-s, -> *nt meist pl* ANAT entrails *npl*, innards *npl*; ***dieser Schnaps brennt einem ja richtig in den ~n!*** this schnapps certainly takes your breath away!

eingeweiht *adj* ❶ (*nach Fertigstellung feierlich übergeben*) christened, officially opened

❷ (*informiert*) initiated; **über etw ~ sein** to know all about sth

Eingeweihte(r) *f(m) dekl wie adj* ❶ (*Adept*) initiate

❷ (*Experte*) ***diese Theorien sind wohl nur etwas für ein paar/wenige*** ~ these theories can probably only be understood by a select [*or* chosen] few

ein|gewöhnen* *vr* ■ **sich [in etw** *akk*] ~ to settle in[to sth]

Eingewöhnung <-> *f kein pl* settling in

Eingewöhnungszeit *f* settling-in period

eingezogen *adj* **~e Marginalie** TYPO cut-in marginal notes *pl*

ein|gießen *vt irreg* ■ **[jdm] etw [in etw** *akk*] ~ to pour [sb] sth [into sth]; ***darf ich Ihnen noch Kaffee ~?*** can I pour you some more coffee?; ■ **sich** *dat* **[etw]** ~ to pour [oneself] sth

ein|gipsen *vt* ❶ MED (*mit Gips bestreichen*) ■ **[jdm] etw** ~ to put [*or* set] [sb's] sth in plaster

❷ BAU (*in Gips betten*) ■ **etw [in etw** *akk*] ~ to fix sth in[to sth] with plaster [*or* plaster sth in[to sth]]

eingleisig I. *adj* single-track

II. *adv* ❶ (*auf einem Gleis*) single-track

❷ (*in einer Richtung*) narrow-mindedly

ein|gliedern I. *vt* ❶ (*integrieren*) ■ **jdn [wieder] [in etw** *akk*] ~ to [re]integrate sb [into sth]

❷ ADMIN, POL (*einbeziehen*) ■ **etw [in etw** *akk*] ~ to incorporate sth [into sth]

II. *vr* ■ **sich [in etw** *akk*] ~ to integrate oneself [into sth]

Eingliederung *f* ❶ (*Integration*) integration

❷ ADMIN, POL (*Einbeziehung*) incorporation

Eingliederungsgeld *nt* integration money BRIT

Eingliederungshilfe *f* integration aid BRIT

ein|graben *irreg* **I.** *vt* ❶ (*vergraben*) ■ **jdn/etw [in etw** *akk*] ~ to bury sb/sth [in sth]; **einen Pfahl [in etw]** ~ to sink a post [*or* stake] [into sth]

❷ (*geh: einmeißeln*) ■ **etw [in etw** *akk*] ~ to carve sth [in sth]

II. *vr* ❶ MIL (*sich verschanzen*) ■ **sich** ~ to dig [oneself] in

❷ (*durch Erosion eindringen*) ■ **sich [in etw** *akk*] ~ to carve a channel [in sth]

❸ (*sich einprägen*) ■ **sich** ~ to engrave itself; **sich in jds Gedächtnis** ~ to engrave itself on sb's memory

❹ (*eindringen*) ■ **sich in etw** *akk* ~ to dig into sth

ein|gravieren* [-viː-] *vt* ■ **etw [in etw** *akk*] ~ to engrave sth [on sth]

Eingreifen <-> *nt kein pl* intervention, interference; ~ **einer Behörde/des Staates** official/state [*or* government] intervention; **gerichtliches** ~ judicial intervention

ein|greifen *vi irreg* ❶ (*einschreiten*) to intervene

❷ (*sich einschalten*) ■ **[in etw** *akk*] ~ to intervene [in sth]

❸ (*beschneiden*) ■ **in etw** *akk* ~ to intrude [up]on sth; **in jmds Rechte** ~ to infringe sb's rights

❹ TECH (*sich hineinschieben*) ■ **in etw** *akk* ~ to mesh with sth

Eingreifkriterien *pl* ÖKON, POL intervention criteria

Eingreiftruppe *f* strike [*or* intervention] force

ein|grenzen *vt* ■ **etw [auf etw** *akk*] ~ to limit [*or sep* narrow down] sth [to sth]

Eingriff *m* ❶ JUR (*Einschreiten*) intervention, interference; **mittelbarer/unmittelbarer** ~ indirect/direct intervention; **enteignender** ~ expropriatory intervention; **enteignungsgleicher** ~ inverse condemnation; ■ **ein ~ in etw** [an] intervention in sth; **restriktiver** ~ government interference

❷ JUR (*Übergriff*) [rights] encroachment; ■ **ein ~ in jds ...** an intrusion [up]on sb's ...; **ein ~ in jds Rechte** an infringement of sb's rights; **enteignungsgleicher** ~ inverse condemnation

❸ MED (*Operation*) operation; **sich einem medizinischen ~ unterziehen** to have [*or* undergo] an operation

Eingriffsbefugnis *f*, **Eingriffsermächtigung** *f* JUR power to intervene **Eingriffsklausel** *f* JUR intervention clause **Eingriffsrechte** *pl* JUR powers of intervention **Eingriffsverwaltung** *f* JUR executive administration

ein|gruppieren* *vt* ■ **jdn [in etw** *akk*] ~ to group sb [in sth]

Eingruppierung *f* grouping, classification

ein|haken I. *vt* ■ **etw [in etw** *akk*] ~ to hook sth in[to sth]

II. *vi* (*fam*) ■ **[bei/an etw** *dat*] ~ to butt in [on sth] *fam*

III. *vr* ■ **sich [bei jdm]** ~ to link arms [with sb]; **eingehakt gehen** to walk arm in arm

Einhalt *m kein pl* **jdm/einer S. ~ gebieten** (*geh*) to put a stop to sb/sth

ein|halten *irreg* **I.** *vt* ■ **etw** ~ ❶ (*beachten*) to keep sth; **eine Diät/einen Vertrag** ~ to keep to a diet/treaty; **die Spielregeln/Vorschriften** ~ to obey [*or* observe] the rules; **einen Termin** ~ to keep an appointment/a deadline; **Verpflichtungen** ~ to meet commitments

❷ (*beibehalten*) to maintain

II. *vi* (*geh*) ■ **[mit etw]** ~ to stop [doing sth]

Einhaltung <-, -en> *f* ❶ (*das Beachten*) keeping; *von Spielregeln, Vorschriften* obeying, observing; **die ~ von Verpflichtungen** meeting commitments

❷ (*Beibehaltung*) maintaining

ein|hämmern I. *vt* ■ **jdm etw** ~ to hammer [*or* drum] sth into sb['s head]; ■ **sich** *dat* **~, dass ...** to hammer [*or* drum] into oneself that ...

II. *vi* ❶ (*einschlagen*) ■ **[mit etw** *dat*] **auf etw** *akk* ~ to hammer on sth [with sth]; ■ **auf jdn** ~ to pound sb

❷ (*dröhnend einwirken*) to pound [in] sb's ears

ein|handeln I. *vt* ■**etw gegen** [*o* **für**] **etw** ~ to barter [*or* trade] sth for sth
II. *vr* ■**sich** *dat* **etw** [**für etw** *akk*] ~ (*fam*) to get sth [for sth]; **sich eine Krankheit** ~ to catch a disease

einhändig I. *adj* one-handed
II. *adv* with one hand

ein|händigen *vt* (*geh*) ■**jdm etw** ~ to hand over sth *sep* to sb

Einhandrohrzange *f* pipe wrench

Einhängeleiter *f* hook ladder **Einhängemaschine** *f* TYPO casing-in machine

ein|hängen I. *vt* ❶ (*einsetzen*) ■**etw** [**in etw** *akk*] ~ to hang sth [on sth]; **ein Fenster** ~ to fit a window
❷ (*auflegen*) **den Hörer** ~ to hang up [the receiver] [*or* replace the receiver]
II. *vi* TELEK to hang up
III. *vr* ■**sich** [**bei jdm**] ~ to link arms [with sb]

ein|hauchen *vt* (*geh*) ■**jdm etw** ~ to breathe sth into sb

ein|hauen *irreg* I. *vt* ❶ (*einschlagen*) ■**etw** ~ to smash in sth *sep*; **eine Tür** ~ to knock down a door
❷ (*einmeißeln*) ■**etw** [**in etw** *akk*] ~ to carve sth [in sth]
II. *vi* ■**auf jdn/etw** ~ to lay into sb [*or* go at sth]

ein|heften *vt* ❶ (*einordnen, Ablegen*) ■**etw** [**in etw** *akk*] ~ to file sth [in sth]
❷ (*einnähen*) ■**etw** ~ to tack in sth *sep*

einheimisch *adj* ❶ (*ortsansässig*) local; **die ~e Bevölkerung** the local residents [*or* population]; (*in dem Land, der Gegend ansässig*) native, indigenous
❷ (*aus dem Lande stammend*) local
❸ BOT, ZOOL (*natürlich vorkommend*) native, indigenous

Einheimische(r) *f(m) dekl wie adj* (*Ortsansässige[r]*) local; (*Inländer*) native [citizen]

ein|heimsen *vt* (*fam: erlangen*) ■**etw** ~ to collect sth; **einen Auftrag** ~ to win [*or* clinch] an order; [**einen**] **Erfolg** ~ to score a success; [**ein**] **Gewinn** ~ to rake in profits

Einheirat *f* ■**jds** ~ **in etw** *akk* sb's marriage into sth

ein|heiraten *vi* ■**in etw** *akk* ~ to marry into sth

Einheit <-, -en> *f* ❶ (*Gesamtheit*) unity; **eine geschlossene** ~ an integrated whole
❷ (*Einigkeit*) unity; **die deutsche** ~ German reunification
❸ MIL (*militärische Formation*) unit
❹ PHARM (*Teilmenge*) unit
❺ (*Telefon~*) unit
❻ TECH unit; **einsteckbare** ~ plug-in unit
❼ JUR (*Einheitlichkeit*) unity; ~ **der Rechtsordnung** unity of the legal system; [**untrennbare**] **rechtliche** ~ separate legal unit

Einheitenanzeige *f* display of units used

einheitlich I. *adj* ❶ (*gleich*) uniform, standard; **in ~er Kleidung** dressed the same [*or* alike]; **die E~e Europäische Akte** the Single European Act
❷ (*in sich geschlossen*) integrated; **eine ~e Front** a united front
II. *adv* the same; ~ **gekleidet** dressed the same [*or* alike]; ~ **gestaltet** designed along the same lines; ~ **handeln** [*o* **vorgehen**] to act in a similar way

Einheitlichkeit <-> *f kein pl* ❶ (*Gleichheit*) uniformity
❷ (*Geschlossenheit*) unity; *von Design, Gestaltung* standardization, homogeneity; ~ **der Erfindung** FIN unity of invention

Einheitsbedingung *f* JUR standard condition **Einheitsbewertung** *f* JUR standard evaluation **Einheitsfrachtsatz** *m* HANDEL standard freight rate **Einheitsgebühr** *f* standard [*or* fixed] charge **Einheitskleidung** *f* uniform **Einheitsliste** *f* POL single [*or* unified] list [of candidates] **Einheitsmaß** *nt* TECH unit measure **Einheitsmatrix** *f* unit matrix **Einheitsnotierung** *f* BÖRSE single quotation **Einheitspartei** *f* unity party **Einheitspreis** *m* standard [*or* uniform] price **Einheitsprivatrecht** *nt* JUR harmonized private law **Einheitsrecht** *nt* JUR harmonized law **Einheitssatz** *m* ÖKON flat rate **Einheitsschule** *f* comprehensive [school] BRIT **Einheitssteuer** *f* FIN unit [*or* specific] tax **Einheitssteuersatz** *m* FIN unit [*or* specific] tax rate **Einheitsstrafe** *f* JUR consolidated single penalty **Einheitstarif** *m* standard [*or* uniform] tariff, flat rate **Einheitsverpackung** *f* HANDEL standard packaging **Einheitsvertrag** *m* JUR standard form contract **Einheitswährung** *f* single currency **Einheitsware** *f* HANDEL standard article **Einheitswert** *m* FIN assessed [*or* rateable] value

ein|heizen *vi* ❶ (*gründlich heizen*) to turn the heater on, to put the heating on BRIT; **tüchtig** ~ to turn the heating [*or* AM heater] right up
❷ (*fam: die Meinung sagen*) ■**jdm** ~ to haul sb over the coals [*or* AM rake]; (*zu schaffen machen*) to cause sb a lot of trouble

Einheizer(in) *m(f)* heater

einhellig I. *adj* unanimous
II. *adv* unanimously

Einhelligkeit <-> *f kein pl* unanimity

einher *adv* ÖSTERR (*herein*) in

einher|gehen *vi irreg sein* (*geh*) ■**mit etw** ~ to be accompanied by sth

ein|holen I. *vt* ❶ (*einziehen*) ■**etw** ~ to pull in sth *sep*; **eine Fahne/ein Segel** ~ to lower [*or sep* take down] a flag/sail
❷ (*anfordern*) ■**etw** ~ to ask for [*or* seek] sth; **eine Baugenehmigung** ~ to apply for planning permission [*or* AM a building permit]
❸ (*erreichen, nachholen*) ■**jdn/etw** ~ to catch up with sb/sth
❹ (*wettmachen*) ■**etw** [**wieder**] ~ to make up sth [again]
II. *vi, vt* DIAL (*einkaufen*) ■[**etw**] ~ to go shopping [for sth]

Einholung <-, -en> *f* ❶ (*das Herunterziehen*) lowering, taking down; **die ~ der Flagge** the lowering of the flag
❷ (*das Anfordern*) seeking, asking for; **die ~ einer Genehmigung** obtaining permission

Einhorn *nt* unicorn

ein|hüllen *vt* (*geh*) ■**jdn/etw** [**in etw** *akk*] ~ to wrap [up] sb/sth [in sth]; ■**sich** [**in etw** *akk*] ~ to wrap oneself up [in sth]

einhundert *adj* (*geh*) one hundred; *s. a.* **hundert**

einhundertjährig *adj* one hundred-year-old *attr*; **das ~e Bestehen von etw feiern** to celebrate the centenary [*or* centennial] of sth

einig *adj* ❶ (*geeint*) united
❷ *pred* (*einer Meinung*) ■**sich** *dat* [**über etw** *akk*] ~ **sein/werden** to be in/reach agreement [on sth]; ■**sich** *dat* [**darüber** [*o* **darin**]] ~ **sein, dass ...** to be in agreement [*or* agreed] that ...; **mit jdm** [**in etw** *dat*] ~ **gehen** to agree [*or* be agreed] with sb [on sth]

einige(r, s) *pron indef* ❶ *sing, adjektivisch* (*ziemlich*) some; **aus ~r Entfernung** [from] some distance away; **nach ~r Zeit** after some time [*or* a [little] while]; ***das wird ~s Geld kosten*** that will cost quite a [*or* a fair] bit of money; (*etwas*) a little; ***mit ~m guten Willen*** with a little goodwill
❷ *sing, substantivisch* (*viel*) ■**~s** quite a lot; ***ich könnte dir ~s über ihn erzählen*** I could tell you a thing or two about him; ***das wird aber ~s kosten!*** that will cost a pretty penny!; ***dazu gehört schon ~s an Mut*** that takes some [*or* more than a little] courage
❸ *pl, adjektivisch* (*mehrere*) several; ***mit Ausnahme ~r weniger*** with a few exceptions; **~ Mal** several times; **an ~n Stellen** in some places; **in ~n Tagen** in a few days; **vor ~n Tagen** a few days ago, the other day
❹ *pl, substantivisch* (*Menschen*) some; ***~ von euch*** some of you; ***er hat es ~n erzählt*** he has told some of them; (*Dinge*) some; [**nur**] **~ davon** [only [*or* just]] a few of them; **~ wenige** a few

ein|igeln *vr* ■**sich** ~ ❶ (*sich zusammenrollen*) to curl up into a ball
❷ (*sich zurückziehen*) to shut oneself away
❸ MIL *Einheit, Truppen* to take up a position of all-round defence [*or* AM -se]

einigemal *adv s.* **einige(r,s) 3**

einigen I. *vt* (*einen*) ■**etw** ~ to unite sth
II. *vr* (*sich einig werden*) ■**sich** *akk* [**auf/über etw** *akk*] ~ to agree [*or* reach [an] agreement] [on sth]; ■**sich** [**dahingehend**] **~, dass ...** to agree that ...

einigermaßen I. *adv* ❶ (*ziemlich*) fairly; **mit etw ~ zufrieden sein** to be reasonably happy with sth; ***darin kenne ich mich ~ aus*** I know my way around this subject to some extent [*or* degree]
❷ (*leidlich*) all right, OK *fam*, okay *fam*; ***wie geht's dir? — ~*** how are you? — all right [*or* okay] [*or* not [too] bad]; ***er hat die Prüfung so ~ geschafft*** he did reasonably well [*or* all right] in the exam
II. *adj pred* (*fam: leidlich*) all right, OK *fam*, okay *fam*; ***dein Zeugnis ist immerhin ~*** your report is at least not too bad

einiges *pron s.* **einige**

einig|gehen *vi irreg sein s.* **einig 2**

Einigkeit <-> *f kein pl* ❶ (*Eintracht*) unity
❷ (*Übereinstimmung*) agreement; **es herrscht ~ darüber, dass ...** there is agreement that ...
► WENDUNGEN: ~ **macht stark** (*prov*) unity is strength *prov*, strength through unity *prov*

Einigung <-, -en> *f* ❶ POL (*das Einigen*) unification
❷ (*Übereinstimmung*) agreement; (*Regelung*) settlement; **außergerichtliche** ~ JUR out-of-court settlement; **gütliche** ~ amicable settlement; JUR settlement out of court; [**eine**] ~ [**über etw** *akk*] **erzielen** to reach [an] agreement [*or* settlement] [on sth]

einigungsbedingt *adj* associated with [*or* due to] unification **Einigungsmangel** *m* JUR lack of agreement **Einigungsprozess**[RR] *m* unification process **Einigungsstelle** *f* JUR (*zur Schlichtung*) conciliation board **Einigungsverfahren** *nt* JUR conciliation proceedings *pl* **Einigungsvertrag** *m* POL unification treaty

ein|impfen *vt* ■**jdm etw** ~ to drum sth into sb; ■**jdm ~, dass ...** to drum into sb that ...

ein|jagen *vt* **jdm Angst/Furcht/Schrecken** ~ to scare/frighten/terrify sb

einjährig, 1-jährig[RR] *adj* ❶ (*Alter*) one-year-old *attr*, one year old *pred*; *s. a.* **achtjährig 1**
❷ BOT (*ein Jahr alt werdend*) annual
❸ (*Zeitspanne*) one-year *attr*, [of] one [*or* a] year *pred*; *s. a.* **achtjährig 2**

Einjährige(r), 1-Jährige(r) [RR] *f(m) dekl wie adj* one-year-old

ein|kalkulieren* *vt* ❶ (*mit einbeziehen*) ■**etw** [**mit**] ~ to take sth into account; ■[**mit**] **~, dass ...** to take into account that ..., to allow for the fact that ...
❷ (*mit einrechnen*) ■**etw** [**mit**] ~ to take sth into account, to include sth

Einkammersystem *nt* POL unicameral system

ein|kapseln I. *vt* PHARM ■**etw** ~ to encapsulate sth [*or* enclose sth in a capsule]
II. *vr* MED ■**sich** [**in etw** *dat*] ~ *krankes Gewebe* to encyst itself [in sth]

ein|kassieren* *vt* ■**etw** [**bei/von jdm**] ~ ❶ (*kassieren*) to collect sth [from sb]
❷ (*fam: wegnehmen*) to confiscate sth [from sb]; ***he, wer hat meinen neuen Füller einkassiert?*** hey, who's pinched [*or* nicked] my new pen? *fam*

Einkauf *m* ❶ (*das Einkaufen*) shopping (**von** +*dat* of); ***ich muss noch einige Einkäufe erledigen*** I've still got a few [more] things to buy [*or* some [more] shopping to do]; **Einkäufe machen** [*o* *geh* **tätigen**] to do one's [*or* go] shopping
❷ (*eingekaufter Artikel*) purchase; ***ein günstiger ~!*** a good buy!; ***ich stelle gleich die Einkäufe in der Küche ab*** I'll take the shopping straight into the kitchen
❸ *kein pl* ADMIN (*Abteilung*) purchasing [*or* BRIT buying] [department]

ein|kaufen I. *vt* (*käuflich erwerben*) ■**etw** ~ to buy sth; **etw billig/günstiger/teuer** ~ to buy sth cheaply/at a more favourable price/at an expensive price [*or* to pay little/less/a lot for sth]
II. *vi* ■[**bei jdm/in etw** *dat*] ~ to shop [at sb's/sth]; ~ **gehen** to go shopping
III. *vr* (*einen Anteil erwerben*) ■**sich in etw** *akk* ~

to buy [one's way] into sth **Einkäufer(in)** *m(f)* buyer, purchaser **Einkaufsbedingungen** *pl* HANDEL conditions of purchase **Einkaufsbuch** *nt* purchase ledger **Einkaufsbummel** *m* shopping trip [*or* expedition] **Einkaufsgemeinschaft** *f* HANDEL buying group, purchasing combine **Einkaufsgenossenschaft** *f* ÖKON wholesale [*or* purchasing] cooperative **Einkaufsgutschein** *m* shopping voucher **Einkaufskartell** *nt* ÖKON purchasing cartel **Einkaufskommission** *f* JUR buying commission **Einkaufsleiter(in)** *m(f)* chief buyer [*or* purchaser] **Einkaufsmeile** *f* ÖKON shopping mile **Einkaufsmöglichkeit** *f* shopping facilities BRIT **Einkaufsnetz** *nt* string bag **Einkaufspassage** *f* shopping arcade BRIT **Einkaufspreis** *m* purchase price; **zum ~** at cost [*or* price] **Einkaufsprofil** *nt* ÖKON shopping profile **Einkaufsquelle** *f* **eine gute ~ für etw** a good place to buy sth **Einkaufsselbstkosten** *pl* FIN cost price for purchases **Einkaufsstraße** *f* shopping [*or* pedestrian] precinct [*or* AM district] **Einkaufstasche** *f* shopping bag **Einkaufswagen** *m* [shopping] trolley [*or* AM cart] **Einkaufszeile** *f* row of shops [*or* AM *usu* stores]; (*Haupteinkaufsstraße*) high [*or* AM main] street **Einkaufszentrum** *nt* [out-of-town] shopping centre [*or* AM -er] [*or* mall] **Einkaufszettel** *m* shopping list

Einkehr <-> *f kein pl* (*geh*) reflection; **innere ~** contemplation [of oneself]; **jdn zur ~ bringen** to make sb reflect; **~ halten** to search one's soul [*or* heart]

ein|kehren *vi sein* ❶ (*veraltend: besuchen*) ■**[irgendwo/in etw** *dat*] ~ to stop off [somewhere/at sth]
❷ (*geh: sich einstellen*) ■**[bei jdm] [wieder]** ~ to reign [again] [at sb's]; ***hoffentlich kehrt bald [wieder] Ruhe ein*** hopefully peace will reign [again] soon; (*kommen*) to set in; ***der Herbst kehrt [wieder] ein*** autumn is setting in [again]

ein|keilen *vt s.* **eingekeilt**

einkeimblättrig *adj* BOT monocotyledonous

ein|kellern *vt* ■**etw** ~ to store sth in the/a cellar

ein|kerben *vt* ■**etw [in etw** *akk*] ~ to cut [*or* carve] sth in[to sth]

Einkerbung *f* cutting, carving

ein|kerkern *vt* (*geh*) ■**jdn** ~ to incarcerate sb

ein|kesseln *vt* MIL ■**jd kesselt jdn/etw ein** sb surrounds [*or* encircles] sb/sth

Einkesselung <-, -en> *f* MIL encirclement, surrounding

einklagbar *adj* JUR actionable, AM suable, legally recoverable; **ein ~er Anspruch** a cause of action; **eine ~e Forderung** an actionable [*or* enforceable] claim; **selbstständig ~** actionable per se; **nicht ~** non-actionable

Einklagbarkeit <-> *f kein pl* JUR enforceability *no pl*, AM suability *no pl*

ein|klagen *vt* JUR ■**etw** ~ to sue for sth, to bring an action for [the recovery of] sth; **DM 100** ~ to sue [sb] for DM 100; **einen Anspruch** ~ to sue for a debt, to prosecute a claim

Einklagung <-, -en> *f* JUR action at law; **~ der Vertragserfüllung** action for performance of contract

ein|klammern *vt* ■**etw** ~ to bracket sth, to put brackets around sth, to put sth in brackets

Einklang *m* (*geh*) harmony; **etw [mit etw/miteinander] in ~ bringen** (*etw in Übereinstimmung bringen*) to harmonize sth [with sth/with each other]; **in [*o* im] ~ mit etw stehen** to be in accord with sth; **im ~ mit jdm/etw** in harmony with sb/sth

ein|kleben *vt* ■**etw [in etw** *akk*] ~ to stick sth in[to sth]

ein|kleiden *vt* ❶ (*mit Kleidung ausstatten*) ■**jdn/sich [neu]** ~ to fit [*or* BRIT kit] out sb/oneself [with a [new] set of clothes]
❷ (*geh: fassen*) ■**etw in etw** *akk* ~ to couch sth in sth

Einkleidung *f* fitting [*or* BRIT kitting] out [with a [new] set of clothes]

ein|klemmen *vt* ❶ (*quetschen*) ■**jdm etw** ~ *Daumen etc.* to catch sb's sth; ■**[sich** *dat*] **etw** ~ to catch [one's] sth; ***die Fahrerin war hinter dem Steuer eingeklemmt*** the driver was pinned behind the [steering] wheel
❷ (*festdrücken*) ■**etw [in etw** *akk*] ~ to clamp sth [in sth]; *s. a.* **Bruch, Schwanz**

ein|klicken *vr* INET (*fam*) ■**sich in etw** *akk* ~ *Webseite* to click in *fam*

ein|klinken I. *vt* ❶ (*mit der Klinke schließen*) ■**etw** ~ to latch sth
❷ (*einrasten lassen*) ■**etw [in etw** *akk*] ~ *Sicherheitsgurt, Verschluss* to hook sth in[to sth]
II. *vi* to latch
III. *vr* ■**sich in etw** *akk* ~ to work one's way into sth; INFORM to access sth

ein|knicken I. *vt haben* ❶ (*umbiegen, umknicken*) ■**etw [an etw** *dat*] ~ to crease sth [at [*or* along] sth]
❷ (*fast zerbrechen*) ■**etw** ~ to snap sth
II. *vi sein* ❶ (*umknicken*) to buckle, to give way; ***er knickte ständig in den Knien ein*** his knees were constantly buckling [*or* giving way]; (*sich einwinkeln*) to turn; ***mein Knöchel/Fuß knickt dauernd ein*** I'm always going over on [*or* turning] my ankle
❷ (*einen Knick bekommen*) ■**[an etw** *dat*] ~ to crease [along sth]; **an der Ecke** ~ to crease [at] the corner
❸ (*nachgeben, umfallen*) to give way

einknöpfbar *adj* MODE button-in

ein|knöpfen *vt* ■**etw [in etw** *akk*] ~ to button sth in[to sth]

ein|knüppeln *vi* ■**[mit etw] auf jdn** ~ to beat [*or* club] [*or* cudgel] sb [with sth]

ein|kochen I. *vt haben* KOCHK ■**etw** ~ to preserve sth
II. *vi sein* KOCHK to thicken

Einkochtopf *m* preserving pan

ein|kommen *vi irreg sein* (*geh*) ■**[bei jdm] um etw** ~ to apply [to sb] for sth

Einkommen <-s, -> *nt* income *no pl;* **~ aus selbständiger Tätigkeit** income arising from any employment of profit; **~ vor Abzug der Steuern** pretax income; **beitragspflichtiges/nicht erarbeitetes ~** income liable to subscription/unearned income; **festes/steuerpflichtiges ~** regular/taxable income; **permanentes/persönliches ~** permanent/personal income

Einkommensbeihilfe *f* FIN income support [*or* AM supplement] **Einkommenseinbuße** *f* loss of income [*or* earnings] **Einkommensentwicklung** *f* ÖKON growth of income **Einkommensermittlung** *f* ÖKON income determination **Einkommensgefälle** *nt* disparity of income **Einkommensgrenze** *f* FIN income limit **Einkommensgruppe** *f* income bracket **Einkommensquelle** *f* ÖKON source of income **Einkommensrealisierung** *f* ÖKON disposal of income **Einkommensrückgang** *m* ÖKON decline in [*or* of] income **Einkommensschichtung** *f* ÖKON income stratification **einkommensschwach** *adj* FIN low-income *attr* **einkommensstark** *adj* FIN high-income *attr* **Einkommensstufe** *f* ÖKON income bracket

Einkommensteuer *f* income tax

Einkommensteueranteil *m* FIN income tax component **Einkommensteuerbehörde** *f* FIN Inland Revenue Department BRIT, Internal Revenue Service AM **Einkommensteuerbescheid** *m* income tax assessment **Einkommensteuererklärung** *f* income tax return [*or* declaration] **Einkommensteuergruppe** *f* ÖKON income [tax] bracket **Einkommensteuerpflicht** *f* FIN liability for income tax; **beschränkte ~** non-resident's income tax liability **einkommensteuerpflichtig** *adj* FIN liable to [pay] income tax **Einkommensteuersatz** *m* ÖKON income tax rate

Einkommensverbesserung *f* increased income **Einkommensverhältnisse** *pl* income levels *pl* **Einkommensverteilung** *f* ÖKON *kein pl* distribution of income **Einkommensverwendung** *f* ÖKON application of income **Einkommenszuschlag** *m* ÖKON income allowance

Einkorn <-[e]s> *nt kein pl* AGR single corn [wheat]

ein|kreisen *vt* ❶ (*einkringeln*) ■**etw** ~ to circle sth, to put a circle round sth
❷ (*umschließen*) ■**jdn/ein Tier** ~ to surround sb/an animal
❸ (*eingrenzen*) ■**etw** ~ to circumscribe sth *form*

Einkreisung <-, -en> *f* surrounding, encirclement; *einer Frage, eines Problems* circumscription *form*

ein|kriegen *vr meist verneint* (*fam*) **sich nicht [mehr] ~ [können]** to not be able to contain oneself [any more]; ***krieg dich wieder ein!*** get a grip on yourself!

ein|kringeln *vt* ■**etw** ~ to circle sth, to put a circle round sth

Einkünfte *pl* ÖKON income *no pl*, earnings; **außerordentliche/feste ~** extraordinary/fixed income; **lohnsteuerpflichtige/steuerfreie ~** income liable to PAYE tax BRIT/tax-exempt income; **steuerlich begünstigte ~** preference income; **unerwartete ~** windfall profits; **~ aus selbstständiger/nicht selbstständiger Arbeit** self-employment/wage [*or* earned] income; **~ aus Vermietung und Verpachtung** rental income; **~ aus dem Personenverkehr** passenger revenues *pl*

Einkünfteerzielung *f* FIN earning

Einkunftsart *f* FIN type of income **Einkunftsquelle** *f* FIN source of income **Einkunftstabelle** *f* FIN income schedule

ein|kuppeln *vi* to engage the clutch

ein|laden[1] *irreg* I. *vt* ❶ (*zum Besuch auffordern*) ■**jdn [zu etw** *dat*/**in etw** *akk*] ~ to invite sb [to sth]; ***ich bin zu meinem Cousin in die USA eingeladen*** my cousin [who lives] in the USA has invited me to stay with him; ***wir sind morgen eingeladen*** we've been invited out tomorrow
❷ (*kostenlos teilnehmen lassen*) ■**jdn zu** [*o* DIAL **auf**] **etw** *akk*/**in etw** *akk* ~ to invite sb for/[out] to sth; **jdn zum Essen ~** to take sb out to [*or* invite sb [out] for] dinner; **jdn ins Theater ~** to invite [*or* take] sb to the theatre [*or* AM -er]; ***ich lade dich ein*** it's my treat [*or* on me]; ***darf ich Sie zu einem Wein ~?*** can I get you a glass of wine?; ■**eingeladen sein** to be invited [*or* asked] out; ***du bist eingeladen*** this is on me [*or* my treat]
II. *vi* (*geh*) ■**etw lädt zu etw ein** sth invites [*or* tempts] one to do sth

ein|laden[2] *vt irreg* (*in etw laden*) ■**etw [in etw** *akk*] ~ to load sth in[to sth]

einladend I. *adj* ❶ (*auffordernd*) inviting *attr*
❷ (*appetitlich*) appetizing
II. *adv* invitingly

Einladung *f* ❶ (*Aufforderung zum Besuch*) invitation; **einer ~ Folge leisten** (*geh*) to accept an invitation
❷ (*Einladungsschreiben*) [letter of] invitation

Einladungskarte *f* invitation [card] **Einladungsschreiben** *nt* [letter of] invitation

Einlage <-, -n> *f* ❶ *meist pl* (*eingezahltes Geld*) deposit; **~n in eine Gesellschaft** share of a company; **~n mit Kündigungsfrist** deposits at short notice; **verzinsliche ~n** interest-bearing deposits
❷ FIN investment
❸ (*Schuh~*) insole
❹ KUNST inlay, inlaid work; ***Elfenbein mit ~n aus Silber*** ivory inlaid with silver
❺ THEAT interlude
❻ KOCHK *solid ingredients* [*such as noodles, egg, vegetables etc.*] *added to soup*
❼ (*Beilage*) enclosure; **etw als ~ in einen Brief legen** to enclose sth in a letter
❽ (*provisorische Zahnfüllung*) temporary filling

Einlageminderung *f* FIN reduction of deposits

Einlagenbank *f* FIN deposits bank **Einlagengeschäft** *nt* FIN deposit banking **Einlagensätze** *pl* FIN deposit rates **Einlagensicherung** *f* FIN protection [*or* securing] of deposits, deposit insurance scheme **Einlagentermingeschäfte** *pl* FIN deposit futures *pl* **Einlagenvolumen** *nt* FIN total deposits *pl* **Einlagenzertifikat** *nt* FIN certificate of deposit, CD **Einlagenzufluss[RR]** *m* FIN inflow of deposits

ein|lagern *vt* ■**etw** ~ to store sth, to put down a store of sth BRIT; ■**eingelagert** stored

Einlagerung <-, -en> *f* ① *(das Einlagern) Kartoffeln* storing, storage
② CHEM, GEOL deposit
③ HANDEL storage, warehousing; ~ **unter Zollverschluss** bonding

Einlagerungsgebühren *pl* FIN storage [*or* warehouse] charges **Einlagerungswechsel** *m* FIN storage [*or* warehouse] bill

ein|langen *vi sein* ÖSTERR *(eintreffen)* to arrive

Einlass[RR] <-es, Einlässe> *m*, **Einlaß** <-sses, Einlässe> *m* ① *kein pl (Zutritt)* admission; *(zu einem privaten Ort)* admittance; **jdm ~ verweigern** to refuse sb admission [*or* admittance]; ~ **[in etw** *akk*] **begehren** to seek admission [to sth]; ~ **finden** to be allowed in [*or* admitted], to gain admission; **auf ~ warten** to want to be let in; **jdm ~ [in etw** *akk*] **gewähren** to allow [*or* let] sb in[to sth], to admit sb [to sth]; **sich** *dat* ~ **[in etw** *akk*] **verschaffen** to gain admission [to sth]; *(mit Gewalt)* to force one's way in[to sth]
② TECH inlet

ein|lassen *irreg* **I.** *vt* ① *(eintreten lassen)* ■**jdn** ~ to let sb in, to admit sb
② *(einströmen lassen)* ■**etw** ~ to let sth in
③ *(einlaufen lassen)* ■**etw in etw** *akk* ~ to run sth into sth; **jdm ein Bad** [*o* **das Badewasser**] ~ to run sb a bath, to run [*or dated* draw] sb's bath *form;* ■**sich** *dat* **etw** ~ *Bad* to run [oneself] sth
④ *(einfügen)* ■**etw [in etw** *akk*] ~ to set sth [in sth]; **einen Edelstein in etw** ~ to set [*or* mount] a stone in sth
II. *vr* ① *(auf etw eingehen)* ■**sich** *akk* **auf etw** *akk* ~ to get involved in sth; **sich** *akk* **auf ein Abenteuer** ~ to embark on an adventure; **sich auf ein Gespräch/eine Diskussion** ~ to get involved in [*or* enter into] a conversation/discussion; **sich** *akk* **auf einen Kompromiss** ~ to accept a compromise
② *(bes pej: Kontakt aufnehmen)* ■**sich** *akk* **mit jdm** ~ to get involved [*or* mixed up] with sb
③ JUR ■**sich** *akk* [**zu etw** *dat*] ~ to make a statement about sth

Einlassgrund[RR] *m* BAU deep solvent primer

Einlassung <-, -en> *f* JUR statement, testimony; ~ **zur Hauptsache** plea to the merits of the plaintiff's claim

Einlassungsfrist *f* JUR period for filing a defence

Einlassventil[RR] *nt* AUTO intake valve

Einlauf *m* ① MED enema; **jdm einen ~ machen** to give sb an enema
② *kein pl* SPORT run-in, finish; ***beim ~ in die Zielgerade*** entering the home [*or* finishing] straight

Einlaufblech *nt* BAU eaves flashing

ein|laufen *irreg* **I.** *vi sein* ① *(schrumpfen)* to shrink; ■**eingelaufen** shrunk[en]
② *(hineinströmen)* to run; ***das Badewasser läuft schon ein*** the bathwater's running; [**jdm**] **ein Bad** [*o* **das Badewasser**] ~ **lassen** to run [*or form* draw] [sb] a bath
③ *(eintreffen)* ■[**bei jdm**] ~ *Bewerbungen, Spenden* to be received [by sb], to arrive [*or* come in]
④ SPORT to run in; ■**auf/in etw** *akk* ~ to enter towards sth/into sth; **in die Zielgerade** ~ to enter [*or* come into] the finishing [*or* home] straight; **als Erster** ~ to finish [*or* come in] first
⑤ *(einfahren)* ■[**in etw** *akk*] ~ to enter [sth], to arrive; ***das Schiff läuft in den Hafen ein*** the ship is sailing [*or* putting] into harbour
II. *vt haben (durch Tragen anpassen)* ■**etw** ~ to wear sth in; ■**eingelaufen** worn-in

ein|läuten *vt* ① *(durch Läuten anzeigen)* ■**etw** ~ to ring sth in
② SPORT ■**etw** ~ to sound the bell for sth

ein|leben *vr* ■**sich [bei jdm/in etw** *akk o dat*] ~ to settle in [with sb/in sth], to feel at home [with sb/in sth] *fam*

Einlegearbeit *f* ① *(Möbelstück mit Intarsien)* furniture with marquetry [*or* inlaid work] ② *(Intarsie)* inlay, inlaid work *no pl,* marquetry *no pl* **Einlegeboden** *m* removable shelf

ein|legen *vt* ① *(hineintun)* ■**etw [in etw** *akk*] ~ to put sth in [sth], to lay [*or form* place] sth in sth; **eine Kassette/eine CD** ~ to put on a cassette/a CD; **einen Film [in etw]** ~ to put a film in [sth], to insert a film [in sth]; **einen Film in die Kamera** ~ to put [*or* load] a film into the camera, to load the camera [with a film]; ■**eingelegt** inserted *form*
② AUTO to engage *form;* **den zweiten Gang** ~ to engage second gear, to change [*or* put it] into second [gear]; ■**eingelegt** engaged *form*
③ KOCHK ■**etw [in etw** *akk o dat*] ~ to pickle sth [in sth]; **eingelegte Heringe/Gurken** pickled herrings/gherkins
④ *(zwischendurch machen)* **eine Pause** ~ to have [*or* take] a break [*or fam* breather]; **eine Mittagspause** ~ to have [*or* take] a lunch break; **ein Schläfchen** ~ to have forty winks
⑤ *(einreichen)* **ein Veto** ~ to exercise [*or* use] a veto; **einen Protest [bei jdm]** ~ to lodge [*or* make] a protest [with sb]; **einen Vorbehalt** ~ to add a proviso; JUR to file sth; **etw bei einem Gericht** ~ to file sth at a court; **Berufung** ~ to [lodge an] appeal; ■**eingelegt** filed
⑥ FIN *(einzahlen)* ■**etw [in etw** *akk*] ~ to deposit sth [in sth], to invest sth [in sth]
⑦ *(intarsieren)* ■**etw** ~ to inlay sth; ■**eingelegt** inlaid

Einleger(in) <-s, -> *m(f)* FIN depositor

Einlegesohle *f* inner sole, insole

Einlegung <-, -en> *f* ① FIN *(von Geld)* deposit
② JUR lodging, filing; ~ **eines Rechtsmittels** lodging of an appeal

ein|leiten *vt* ① *(in die Wege leiten)* ■**etw [gegen jdn]** ~ to introduce sth [against sb]; **Schritte [gegen jdn]** ~ to take steps [against sb]; JUR to initiate [*or* institute] sth [against sb]; **einen Prozess [gegen jdn]** ~ to start proceedings [against sb]; ■**eingeleitet** initiated, instituted
② MED *(künstlich auslösen)* ■**etw** ~ to induce sth
③ *(eröffnen)* ■**etw [mit etw]** ~ to open [*or* begin] [*or form* commence] sth [with sth]
④ *(beginnen lassen)* ■**etw** ~ to usher sth in, to introduce sth
⑤ *(einleitend kommentieren)* ■**etw** ~ *Buch, Werk* to preface sth
⑥ *(hineinfließen lassen)* ■**etw in etw** *akk* ~ to empty sth into sth; ***Abwässer in einen Fluss*** ~ to discharge effluent into a river

einleitend **I.** *adj* introductory, opening
II. *adv* as an introduction [*or* opening]; ***wie ich ~ bereits bemerkte, ...*** as I have already said in my introduction, ...

Einleitung *f* ① JUR *(Einleiten)* introduction; ~ **eines gerichtlichen Verfahrens** [*o* **gerichtlicher Schritte**]/**Strafverfahrens** institution of legal proceedings/of a prosecution; **die ~ eines Konkursverfahrens beantragen** to file a petition in bankruptcy; **die ~ einer Untersuchung** the opening of an inquiry [*or* investigation]
② *(Vorwort)* introduction, preface
③ ÖKOL ■**die ~ von etw [in etw** *akk*] the discharge [*or* emptying] of sth [into sth]

Einleitungsformel *f einer Urkunde* caption, preamble

ein|lenken *vi* ① *(nachgeben)* ■[**in etw** *dat*] ~ to give way [*or* in] [in sth], to make concessions [in sth], to capitulate *form,* to yield [in sth] *liter;* ■**das E~** giving way [*or* in], concession-making, capitulation *form,* yielding *liter;* **jdn zum E~ bringen** to persuade sb to give way [*or* make concessions]
② *(in eine andere Richtung fahren)* ■[**in etw**] ~ *Straße* to turn [*or* go] [into sth]

ein|lesen *irreg* **I.** *vt* INFORM ■**etw [in etw** *akk*] ~ *Daten, Informationen* to read sth in[to sth]
II. *vr (durch Lesen vertraut werden)* ■**sich** *akk* **in etw** *akk* ~ to familiarize oneself with sth; **sich in ein Buch** ~ to get into a book

ein|leuchten *vi* ■[**jdm**] ~ to be clear [*or* logical] [to sb], to make sense [to sb]; ***das leuchtet mir ein*** I can see [*or* understand] that; ■**es leuchtet [jdm] ein, dass ...** it makes sense [to sb] that ...; ***es will mir einfach nicht ~, dass ...*** I just don't understand why ...

einleuchtend **I.** *adj* clear, logical, evident; **ein ~es Argument** a persuasive [*or* convincing] argument; **eine ~e Erklärung** a plausible explanation
II. *adv* clearly, logically

ein|liefern *vt* ① *(stationär aufnehmen lassen)* ■**jdn [in etw** *akk*] ~ *ins Gefängnis, Krankenhaus* to admit sb [to sth]; ■**eingeliefert** admitted
② JUR **jdn in eine Haftanstalt** ~ to send [*or form* commit] sb to prison; ■**eingeliefert** imprisoned
③ *(aufgeben)* ■**etw [bei etw]** ~ to hand sth in [at sth]

Einlieferung *f* ① MED admission
② JUR committal [to prison], internment
③ *(von Sendungen) Brief, Paket etc.* handing-in

Einlieferungsschein *m* certificate of posting BRIT, postal receipt AM

ein|lochen *vt* ① *(sl: inhaftieren)* ■**jdn [wegen etw]** ~ to lock sb up [*or* away] [for sth] *fam,* to put sb away [*or* behind bars] [for sth] *fam*
② SPORT *Golf* to hole [out] BRIT; *Billard, Snooker* to pot

ein|loggen **I.** *vi* ■[**sich**] **[in etw** *akk*] ~ *System* to log in [*or* on] [to sth]
II. *vr* ■**sich [in etw** *akk*] ~ to log in [*or* on] [to] sth; **sich ins Internet** ~ to log in to the internet

einlösbar *adj* redeemable; **ein ~er Gutschein** a [redeemable] coupon [*or* voucher]; ■**etw ist [gegen etw]** ~ sth can be exchanged [for sth]; **etw ist gegen Geld** ~ sth can be cashed in

ein|lösen *vt* ① *(vergüten)* ■**etw** ~ to honour [*or* AM -or] sth, to meet sth; **einen Scheck** ~ to honour a cheque BRIT, to honor [*or* cash] a check AM
② *(auslösen)* ■**etw [bei jdm]** ~ to redeem sth [from sb]; **ein Pfand** ~ to redeem a pledge
③ *(wahr machen)* ■**etw** ~ to honour [*or* AM -or] sth; **ein Versprechen** ~ to keep a promise

Einlösung *f* ① *(das Vergüten)* payment; **einen Schuldschein/Scheck zur ~ vorlegen** to present a promissory note/cheque for payment
② *(Auslösung)* redemption; **die ~ eines Schmuckstücks** the redemption of a piece of jewellery
③ *(das Wahrmachen)* ■**die ~ von etw** the honouring [*or* AM -oring] of sth, the keeping of sth; ***muss ich dich erst an die ~ deines Wortes erinnern?*** do I have to remind you what you promised [*or* of your promise]?

Einlösungsfrist *f* FIN time of redemption **Einlösungskurs** *m* FIN redemption rate **Einlösungspflicht** *f* FIN obligation to convert **Einlösungsrecht** *nt* FIN right of redemption **Einlösungstermin** *m* FIN redemption date

ein|lullen *vt* ① *(schläfrig machen)* ■**jdn** ~ to lull sb to sleep; ■**~d** *als adj verwendet* lullaby-like; *als adv verwendet* like a lullaby
② *(willfährig machen)* ■**jdn [mit etw]** ~ to lull sb into a false sense of security [with sth]

ein|machen **I.** *vt* ■**etw** ~ to preserve sth; **Obst** ~ to can [*or* BRIT bottle] fruit; **Kompott/Marmelade** ~ to make fruit compôte [*or* marmalade]/jam; **etw in Essig** ~ to pickle sth; ■**eingemacht** preserved, bottled
II. *vi* to bottle up, to make jam, to preserve [sth]

Einmachglas *nt* [preserving] jar **Einmachring** *m* [rubber] seal **Einmachzucker** *m* preserving sugar

einmal[1], **1-mal[RR]** *adv* ① *(ein Mal)* once; *s. a.* **achtmal**
② *(ein einziges Mal)* once; ~ **am Tag/in der Woche/im Monat** once a day/week/month; ***wenn du auch nur ~*** [*o* ***ein Mal***] ***auf mich hören würdest*** if you would only listen to me, just once; ***das gibt's nur ~*** *(fam)* it's [really] unique, it's a one-off; ~ ***Hamburg und zurück, bitte*** one return to Hamburg, please; ~ ***Tee und zwei Kaffee, bitte!*** one tea and two coffees, please!; **auf ~** all at once, suddenly, all of a sudden; *(an einem Stück)* all at once; ~ **mehr** once again; ~ [*o* **ein Mal**] **und nie wieder** once and once only [*or* and never again]

❸ (*mal*) first; ~ ***sagst du dies und dann wieder das*** first you say one thing and then another; *s. a.* **noch, schon**
❹ (*irgendwann, früher*) once, once upon a time *hum;* ***sie waren ~ glücklich*** they used to be happy [once]; **es war** ~ once upon a time; **das war ~!** that's over!, that's a thing of the past!
❺ (*irgendwann, später*) sometime, one of these days *fam;* ***du wirst ~ an meine Worte denken!*** you'll remember my words one day!; ***es kommt ~ der Tag, an dem …*** the day will come when …; ***ich will ~ Pilot werden*** I want to be a pilot [some day]
▸ WENDUNGEN: ~ **ist keinmal** (*prov*) just once doesn't count
einmal² *part* ❶ (*eben*) ***so liegen die Dinge nun ~*** that's the way things are; ***alle ~ herhören!*** listen, everyone!; ***sag ~, ist das wahr?*** tell me, is it true?; ***sei doch ~ so lieb und reiche mir die Kaffeekanne!*** could you just pass me the pot of coffee?; ***komm doch ~ her!*** come here a minute!; ***kannst du ~ halten?*** can you hold onto this for a minute?; ***kannst du mir ~ bitte den Zucker geben?*** could you please pass me the sugar?; *s. a.* **nun**
❷ (*einschränkend*) **nicht** ~ not even; ***er hat sich nicht ~ bedankt*** he didn't even say thank you; **wieder** ~ [once] again
Einmalaufwendungen *pl* one-off expenditure *no pl* **Einmalbesteck** *nt* disposable cutlery, plastic knives, forks and spoons
Einmaleins <-> *nt kein pl* ❶ ■**das** ~ [multiplication] tables *pl;* ***er kann bereits das ~*** he already knows his tables; **das kleine/große** ~ the tables from one to ten/eleven to twenty, the one to ten/eleven to twenty times tables
❷ (*die Grundzüge*) basics *pl*
❸ (*Routinearbeit*) ***das tägliche ~ eines Anwalts*** a lawyer's routine [*or* bread-and-butter] work
Einmalgeschirr *nt* disposable crockery, paper/plastic plates etc. **Einmalhandschuh** *m* disposable glove **Einmalhandtuch** *nt* disposable towel
einmalig I. *adj* ❶ (*nicht wiederkehrend*) unique, unparalleled, unequalled; **ein ~es Angebot** a unique [*or* an exclusive] offer; **eine ~e Chance** [*o* **Gelegenheit**] **haben** to have a unique opportunity [*or* a once-in-a-lifetime chance]
❷ (*nur einmal getätigt*) once only, single; **eine ~e Zahlung** a one-off payment, payment of a lump sum; **eine ~e Anschaffung** a one-off [*or* non-recurring] purchase; *s. a.* **achtmalig**
❸ (*fam: ausgezeichnet*) unique, second to none, unsurpassed *form;* **eine ~e Leistung** an outstanding achievement; ■**etwas E~es** something unique
❹ (*fam: göttlich, köstlich*) terrific *fam,* fantastic *fam,* far-out *sl;* ***der Kerl ist ~!*** the lad is quite a character [*or* really something]!
II. *adv* (*besonders*) really; ~ **gut** exceptional; ***dieses Gericht schmeckt ~ gut*** this dish tastes out of this world *fam;* ~ **schön** of singular beauty *liter,* uniquely beautiful *form,* really fantastic [*or* superb] *fam*
Einmaligkeit <-> *f kein pl* uniqueness
Einmallinse *f* disposable lens **Einmalspritze** *f* disposable syringe **Einmalwindel** *f* disposable nappy [*or* AM diaper] **Einmalzahlung** *f* one-off payment
Einmannbetrieb *m* ❶ (*Einzelunternehmen*) one-man business [*or* company] [*or fam* show] ❷ TRANSP one-man operation **Einmannbus** *m* one-man bus, bus with a one-man crew **Einmanngesellschaft** *f* HANDEL one-man company [*or* AM corporation] **Einmannkapelle** *f* one-man band
Einmarkstück *nt* one-mark coin [*or* piece]
Einmarsch *m* ❶ (*das Einmarschieren*) invasion; ■**jds ~ in etw** *akk* sb's invasion of sth
❷ (*Einzug*) entrance; ■**jds ~ [in etw** *akk*] sb's entrance [into sth]
ein|marschieren* *vi sein* ❶ (*in etw marschieren*) ■[**in etw** *akk*] ~ to invade [sth]
❷ (*einziehen*) ■**in etw** *akk* ~ to march into sth; ■**~d** marching

ein|massieren* *vt* ■**etw** ~ to rub sth in; ■[**jdm**] **etw in etw** *akk* ~ to rub sth into [sb's] sth; **Kurspülung in das Haar** ~ to work [*or* massage] conditioner into the hair; **Massageöl in die Haut** ~ to massage oil into the skin
ein|mauern *vt* ❶ (*einlassen*) ■**etw** [**in etw** *akk*] **mit** ~ to build [*or* embed] [*or* fix] sth [into sth]
❷ (*ummauern*) ■**jdn/etw** [**in etw** *akk*] ~ to wall sb/sth up [in sth], to immure sb/sth [in sth] *form*
Ein-Megabit-Chip *m* INFORM one-megabit chip
ein|meißeln *vt* ■**etw** [**in etw** *akk*] ~ to carve sth [into sth] [with a chisel]; ■**eingemeißelt** carved, chiselled BRIT, chiseled AM
ein|mengen *vr* (*einmischen*) ■**sich** [**in etw**] ~ to interfere [with sth]
Einmeterbrett *nt* one-metre [*or* AM -er] [diving] board
ein|mieten *vr* ■**sich** [**bei jdm/in etw** *dat*] ~ to move into accommodation [with sb/in sth]; **sich bei einer Familie** ~ to lodge with a family, to find lodgings [*or esp* BRIT *fam* digs] with a family
ein|mischen *vr* (*eingreifen*) ■**sich** [**bei etw** *dat*/**in etw** *akk*] ~ to interfere [in sth]; ***misch dich ja nicht ein!*** don't interfere [*or fam* meddle] [*or fam* poke your nose in [where it's not wanted]]!; (*um zu schlichten*) to intervene [in sth]
Einmischung *f* (*das Eingreifen*) ■**jds ~ in etw** *akk* sb's interference [*or fam* meddling] in sth; (*um zu schlichten*) sb's intervention in sth
einmonatig *adj attr* ❶ (*einen Monat dauernd*) one-month *attr,* lasting one month *pred;* **eine ~e Unterbrechung** a break [*or* an interval] of one month; **~e Dauer** one month's duration
❷ (*einen Monat alt*) one-month-old *attr,* one month old *pred*
einmonatlich I. *adj* monthly
II. *adv* monthly, once a month
ein|montieren* *vt* ■**etw** ~ to install [*or* AM *a.* instal] sth; ■**etw in etw** *akk* ~ to put sth into sth, to mount sth in sth; ■**etw** [**in etw** *akk*] **wieder** ~ to replace sth [in sth]
einmotorig *adj Flugzeug* single-engined
ein|motten *vt* ❶ MIL ■**etw** ~ to mothball [*or* BRIT cocoon] sth; ■**eingemottet** mothballed, cocooned BRIT
❷ (*einlagern*) ■**etw** ~ to put sth in mothballs
ein|mumme(l)n *vt* (*fam: einhüllen*) ■**jdn** [**in etw** *akk*] ~ to wrap sb up [warm] [in sth]; ■**eingemummt** wrapped up, muffled; ■**sich** ~ to wrap up [warm]; **sich ganz dick** [*o* **gut**] [*o* **warm**] ~ to wrap up warmly [*or* well]
ein|münden *vi sein* ❶ (*auf etw führen*) ■**in etw** *akk* ~ to lead into sth, to join sth, to intersect with sth; ■**~d** ***achten Sie bitte auf die von rechts ~de Straße!*** please watch out for the road joining from the right!
❷ (*in etw münden*) ■**in etw** *akk* ~ to empty [*or* discharge] [*or* flow] into sth
Einmündung *f* ❶ (*Einfahrt*) entry, road leading up to a junction; **die ~ in die Autobahn** the sliproad to the motorway BRIT, the entrance to the highway AM
❷ (*Mündung*) *Fluss* confluence
einmütig I. *adj* unanimous
II. *adv* unanimously, with one voice *liter;* ~ **zusammenstehen** to stand united
Einmütigkeit <-> *f kein pl* unanimity, solidarity
ein|nähen *vt* MODE ❶ (*in etw nähen*) ■**etw** [**in etw** *akk*] ~ to sew sth [into sth]; ■**eingenäht** sewn in
❷ (*enger machen*) ■**etw** ~ to take sth in
Einnahme <-, -n> *f* ❶ *meist pl* FIN earnings; *bei einem Geschäft* takings *npl* BRIT; *bei einem Konzern* receipts *pl; bei einem Individuum* income *no pl; bei dem Staat* revenue[s]; **~n und Ausgaben** income and expenditure; **außerordentliche** ~ extraordinary income
❷ *kein pl* (*geh: das Einnehmen*) *Arzneimittel, Mahlzeiten* taking
❸ (*Eroberung*) taking, capture
Einnahmeausfall *m* ÖKON loss of income **Einnahmeerwartung** *f* ÖKON expected income
Einnahmen *pl* income *no pl;* ~ **und Ausgaben** income and expenditure
Einnahmequelle *f* source of income; *des Staates* source of revenue; [**sich** *dat*] **zusätzliche ~n erschließen** to find additional sources of income
Einnahmerückgang *m* ÖKON decline [*or* shortfall] in revenue; FIN drop in revenue **Einnahmeüberschuss**[RR] *m* JUR, FIN surplus revenue
ein|nehmen *vt irreg* ❶ ÖKON ■**etw** ~ *Geld* to take sth; *Steuern* to collect sth; ■**eingenommen** collected
❷ (*zu sich nehmen*) ■**etw** ~ to take sth; **die Antibabypille** ~ to be on the pill; **eine Mahlzeit** ~ to have a meal
❸ (*geh: besetzen*) ■**etw** ~ to take sth; ***bitte, nehmen Sie Ihre Plätze ein*** please take your seats [*or form* be seated]
❹ (*vertreten*) **einen Standpunkt** ~ to hold an opinion [*or* a view]; ■**jd nimmt den Standpunkt ein, dass …** sb takes the view that …; **eine Haltung** ~ to assume an attitude
❺ (*innehaben*) ■**etw** ~ to hold [*or* occupy] sth; **die Stelle des Chefs** ~ to take over the position of boss
❻ SPORT ■**etw** ~ to hold sth; ***Platz 5 in der Tabelle*** ~ to be lying fifth in the table
❼ (*erobern*) ■**etw** ~ to take [*or* capture] sth; ■**eingenommen** taken, captured
❽ (*beeinflussen*) **jdn für sich** *akk* ~ to win favour [*or* AM -or] with sb, to charm sb; **jdn gegen sich/jdn/etw** ~ to turn sb against oneself/sb/sth
❾ (*als Raum beanspruchen, ausfüllen*) to take up; **viel Platz** ~ to take up a lot of space
❿ NAUT (*veraltend: laden*) to load
einnehmend *adj* charming, engaging; **~er Charme** engaging charm; **~es Lächeln** winning [*or* engaging] smile; ***er war ein Mensch von ~em Wesen*** he was a person with charming [*or* engaging] manners [*or* with winning ways]; ***ihre Art war nicht sehr ~*** she was rather unprepossessing; ■**etwas E~es** something charming [*or* engaging]
Einnehmer(in) <-s, -> *m(f)* ÖKON receiver
ein|nicken *vi sein* (*fam*) to doze [*or* drop] [*or* nod] off *fam*
ein|nisten *vr* ❶ (*sich niederlassen*) ■**sich bei jdm** ~ to ensconce oneself [*or* to settle in] [with sb]
❷ (*sich festsetzen*) ■**sich** [**bei jdm**] ~ *Ungeziefer* to nest [*or* build a nest] [in sb's home]
❸ (*einwachsen*) ■**sich** ~ *Eizelle, Parasiten* to lodge
Einöde *f* waste, wasteland; **eine menschenleere** ~ a deserted wasteland; ***er lebt in der ~ des schottischen Hochlands*** he lives in the wilds of the Scottish Highlands
Einödhof *m* isolated [*or* secluded] [*or* out-of-the-way] farm
ein|ölen *vt* (*mit Öl bestreichen*) ■**etw** [**mit etw** *dat*] ~ to oil [*or* lubricate] [*or* grease] sth [with sth]; ■**jdn** ~ to put [*or* rub] oil on sb; ■**eingeölt** oiled, lubricated; ■**sich** *akk* ~ to put [*or* rub] oil on oneself, to rub oneself with oil; **sich mit Sonnenschutz** ~ to put suntan oil on [oneself], to rub suntan oil in[to one's skin]
ein|ordnen I. *vt* ❶ (*einsortieren*) ■**etw** [**in etw** *akk*] ~ to put sth [in sth] in order, to organize sth [in sth]; **etw alphabetisch** ~ to file sth alphabetically
❷ (*klassifizieren*) ■**jdn/etw** [**unter etw** *dat*] ~ to classify sb/sth [under sth], to categorize sb/sth [under sth], to pigeonhole sb/sth, to put sb/sth under a certain heading *fam;* **ein Kunstwerk zeitlich** ~ to date a work of art
II. *vr* ❶ (*sich einfügen*) ■**sich** [**in etw** *akk*] ~ to fit in[to sth], to integrate [into sth]
❷ (*Fahrspur wechseln*) ■**sich links/rechts** ~ to get into the left-/right-hand lane, to move [over] [*or* get] into the correct lane; ***bitte ~*** get in lane
ein|packen I. *vt* ❶ (*verpacken*) ■**etw** [**in etw** *akk*] ~ to wrap sth [in sth]; (*um zu verschicken*) to pack sth [*or* parcel sth up] [in sth]; (*um zu verkaufen*) to package sth; ■**etw ~ lassen** to have sth wrapped; ■**eingepackt** wrapped, packed, parcelled up, packaged
❷ (*einstecken*) ■[**jdm**] **etw** ~ to pack sth [for sb], to put sth in [for sb]; ■[**sich** *dat*] **etw** ~ to pack sth, to

put sth in; ■**eingepackt** packed
❸ (*fam: einmummeln*) ■**jdn** [**in etw** *akk*] ~ to wrap sb up [in sth]; ■**sich** [**in etw** *akk*] ~ to wrap [oneself] up [in sth]; **sich in warme Kleidung** ~ to wrap [oneself] up warm
▶ WENDUNGEN: **sich** [**mit etw**] ~ **lassen können** (*sl*) to pack up and go home [after/because of/with sth] *fig fam*, to pack it [all] in [*or* forget it] *fam*
II. *vi* (*Koffer etc. füllen*) to pack [one's things] [up]
▶ WENDUNGEN: ~ **können** (*sl*) to pack up and go home *fig fam*, to have had it *fam*

ein|parken I. *vi* ■[**irgendwie**] ~ to park [somehow]; **richtig** ~ to park correctly [*or* properly]; **rückwärts** ~ to back [*or* reverse] into a parking space BRIT; **vorwärts** ~ to pull into a parking space; ■**das E**~ parking
II. *vt* ■**etw** ~ to park sth; **etw rückwärts** ~ to back [*or* reverse] into a parking space BRIT; **etw vorwärts** ~ to pull into a parking space; ■**es lässt sich** [**irgendwie**] ~ it's … to park; ***dieser Wagen lässt sich schlecht*** ~ this car's difficult to park

Einparteienregierung *f* one-party government **Einparteienstaat** *m* one-party state **Einparteiensystem** *nt* one-party system

ein|passen I. *vt* ■**etw** [**in etw** *akk*] ~ to fit sth [into sth]
II. *vr* ■**sich** [**in etw** *akk*] ~ to integrate [into sth], to adjust [oneself] [to sth]

Ein-Pass-Scanner *m* INFORM single pass scanner **Ein-Pass-Verfahren** *nt* INFORM single pass method

ein|pauken *vt* (*fam*) ■**sich etw** ~ to cram [*or* BRIT *fam* bone up on] sth; ■**jdm etw** ~ (*veraltend*) to drum sth into sb's head

ein|pendeln *vr* ■**sich** [**auf etw** *akk*] ~ to level off, to even out [at sth]; **sich auf ein bestimmtes Niveau** ~ to find a certain level, to even out at a certain level

ein|pennen *vi sein* (*sl*) to drop [*or* doze] [*or* nod] off *fam*

Einpersonengesellschaft *f* HANDEL single-member company **Einpersonen-GmbH** *f* HANDEL sole trader private limited company **Einpersonenhaushalt** *m* (*geh*) one-person [*or* single-person] household **Einpersonenstück** *nt* one-person show

Einpfennigstück *nt* one-pfennig coin [*or* piece]

ein|pferchen *vt* to cram in; **Tiere** [**in etw** *akk*] ~ to pen animals [in [sth]]; **Menschen** [**in etw** *akk*] ~ to coop people up [together] [in sth]; ■**eingepfercht** crammed in, penned [in], cooped up; **eingepfercht stehen/sitzen** to stand/sit packed together like sardines [in a can]

ein|pflanzen *vt* ❶ (*in etw pflanzen*) ■**etw** [**in etw** *dat*] ~ to plant sth [in sth]; **etw wieder** ~ to replant sth; ■**eingepflanzt** planted
❷ MED ■[**jdm**] **etw** ~ to implant sth [in sb]

einpflegen *vt* **Daten in etw** ~ to add data to sth, to update sth with [new] data

Einphasenstrom *m* single-phase current

einphasig *adj* ELEK single-phase

ein|pinseln *vt* ❶ MED ■[**jdm**] **etw** [**mit etw** *dat*] ~ to swab [sb's] sth [with sth]
❷ KOCHK ■**etw** [**mit etw** *dat*] ~ to brush sth [with sth]

ein|planen *vt* ❶ (*einbeziehen*) to plan, to schedule; ■**etw** [**mit**] ~ to take sth into consideration, to allow for sth
❷ (*im Voraus planen*) ■**etw** [**mit**] ~ to plan sth [in advance]

ein|pökeln *vt* KOCHK (*zur Konservierung einsalzen*) ■**etw** ~ *Fleisch* to salt sth

ein|prägen I. *vr* ❶ (*sich etw einschärfen*) ■**sich** *dat* **etw** ~ to remember [*or* make a mental note of] sth, to fix sth in your memory; ***sich die Formeln gut*** ~ to really learn [*or* memorize] the formulae
❷ (*im Gedächtnis haften*) ■**sich jdm** ~ *Bilder, Eindrücke, Worte* to be imprinted on sb's memory, to be engraved in sb's mind; ***die Worte haben sich mir unauslöschlich eingeprägt*** the words made an indelible impression on me, I'll remember those words till the end of my days
II. *vt* ❶ (*einschärfen*) ■**jdm etw** ~ to drum [*or* get] sth into sb's head *fam*, to drive sth home [to sb], to impress sth on sb; ■**jdm ~, etw zu tun** to urge sb to do sth
❷ (*in etw prägen*) ■**etw** [**in etw** *akk*] ~ *Inschrift, Muster* to imprint sth [on sth]; **etw in Metall** ~ to engrave sth on metal

einprägsam *adj* easy to remember *pred*; **~e Melodie** catchy melody [*or* tune]

ein|programmieren* *vt* INFORM ■**etw** ~ *Daten* to progam sth in; ■**einprogrammiert** programmed

ein|prügeln I. *vt* (*fam*) ■**jdm etw** ~ to beat [*or* knock] sth into sb *fam*
II. *vi* (*fam: immer wieder prügeln*) ■[**mit etw** *dat*] **auf jdn** ~ to beat up sb *sep* [with sth]

ein|pudern *vt* ■**sich** *dat* **etw** ~ to powder sth; **sich die Nase** ~ to powder one's nose; ■[**jdm**] **etw** ~ to powder [sb's] sth; **dem Baby den Po** ~ to powder the baby's bottom; ■**eingepudert** powdered

ein|quartieren* I. *vt* ❶ (*unterbringen*) ■**jdn** [**bei jdm**] ~ to put sb up [*or* house sb] [*or* find accommodation for sb] [with sb [*or* at sb's]]
❷ MIL ■**jdn irgendwo** ~ to billet sb somewhere
II. *vr* ■**sich bei jdm** ~ to move in with sb

Einrad *nt* unicycle

ein|rahmen *vt* ❶ (*in Rahmen fassen*) ■[**jdm**] **etw** ~ to frame sth [for sb]; **ein Foto** ~ **lassen** to have a photo framed; ■**eingerahmt** framed
❷ (*fam: links und rechts begleiten*) ■**jdn** ~ to flank sb
▶ WENDUNGEN: **das kannst du dir** ~ **lassen!** (*fam*) you can hang that in the toilet! BRIT *fam*

ein|rammen *vt* ■**etw** [**in etw** *akk*] ~ to ram [*or* drive] sth in[to sth] [*or* home]

ein|rasten *vi sein* to click home [*or* into place], to engage *form*

ein|räumen *vt* ❶ (*in etw räumen*) ■**etw** [**in etw** *akk*] ~ to put sth away [in sth], to clear sth away [into sth]; **die Möbel** [**wieder**] ~ to move the furniture [back] in[to the room]; ■**das E**~ putting away
❷ (*füllen*) ■**etw** ~ to fill sth; ***der Schrank ist eingeräumt*** the cupboard is full [up]
❸ (*mit Möbeln füllen*) ■[**jdm**] **etw** ~ to arrange sth [for sb]; ***bei einem Umzug räumen einem die Packer das Haus gleich wieder ein*** when you move, the packers set up everything again in the new house for you
❹ (*zugestehen*) ■[**jdm gegenüber**] **etw** ~ to concede [*or* acknowledge] sth [to sb]; ■[**jdm gegenüber**] **~, dass …** to admit [*or* ackowledge] [*or* concede] [to sb] that …
❺ (*gewähren*) ■**jdm etw** ~ *Frist, Kredit* to give [*or* grant] sb sth
❻ (*zugestehen*) ■**jdm etw** ~ *Freiheiten, Rechte etc.* to allow [*or* grant] sb sth

Einräumung <-, -en> *f* ❶ *kein pl* JUR (*Gewähren*) *eines Rechts* granting; ~ **von Gewährleistungsrechten/von Nutzungsrechten** granting of warranty rights/licences; **die ~ eines Zahlungsziels verweigern** to refuse credit
❷ (*Zugeständnis*) admission, concession; **~en machen** to make allowances

ein|rechnen *vt* ❶ (*mit einbeziehen*) ■**jdn** [**mit**] ~ to include sb, to count sb; ***dich mit eingerechnet sind wir 9 Personen*** counting [*or* including] you, there'll be 9 of us; ■**etw** [**mit**] ~ to allow for [*or* include] sth; ***ich habe die Getränke noch nicht mit eingerechnet*** I haven't allowed for the drinks yet
❷ (*als inklusiv rechnen*) ■**etw** [**mit**] ~ to include sth; ***Steuer und Bedienung sind bereits mit eingerechnet*** tax and service included

Einrede <-, -n> *f* JUR (*Einspruch*) objection, plea, AM exception; **aufschiebende** [*o* **dilatorische**] ~ dilatory plea; **peremptorische** ~ peremptory plea; **prozessbehindernde** ~ legal objection to an action; ~ **der Rechtskraft** plea of res judicata; ~ **der Verjährung** plea that a/the claim is statute-barred

ein|reden I. *vt* (*durch Reden glauben machen*) ■**jdm etw** ~ to talk [*or* persuade] sb into thinking sth; ***wer hat dir denn diesen Unsinn eingeredet?*** who told you that nonsense?; ■**jdm ~, dass …** to talk sb into thinking that …; ***rede mir nicht immer ein, dass nur deine Meinung richtig sei!*** don't try and tell me that your opinion is the only right one!
II. *vi* (*bedrängen*) ■**auf jdn** ~ to talk to sb in an insistent tone of voice, to keep on at sb *fam*
III. *vr* (*sich etw immer wieder sagen*) ■**sich** *dat* **etw** ~ to talk [*or* persuade] oneself into thinking sth; ***rede dir doch so was nicht ein!*** put that idea out of your head!; ■**sich ~, dass …** to talk [*or* persuade] oneself into thinking that …

ein|regnen *vr impers* ■**es hat sich eingeregnet** the rain has set in

Einreibemittel *nt* embrocation, liniment, [medicinal] ointment, BRIT *a.* rub

ein|reiben *vt irreg* ❶ (*in etw reiben*) ■[**jdm**] **etw irgendwo/irgendwohin** ~ to rub sth in[to] somewhere [for sb] [*or* into [sb's] somewhere]; ***reibst du mir die Salbe hier am Rücken ein?*** could you rub this cream into my back for me?
❷ (*einmassieren*) ■**jdn/sich** [**mit etw** *dat*] ~ to massage sb/oneself [with sth]; **jdn mit Sonnenöl** ~ to put suntan oil on sb; **sich mit Salbe** ~ to rub cream in[to oneself]; **sich mit Sonnenschutzöl** ~ to put on suntan oil; ■**sich** *dat* **etw mit etw** *dat* ~ to put sth on sth, to rub sth into sth

Einreibung <-, -en> *f* (*Lotion, Salbe, Öl*) rubbing in, application by rubbing; (*Behandlung*) embrocation treatment

ein|reichen *vt* ❶ (*übersenden*) ■**etw** [**bei jdm**] ~ to submit [*or* present] sth [to sb], to send in sth *sep* [to sb]; **etw schriftlich** ~ to submit [*or* present] sth in writing; **etw persönlich** ~ to hand in sth *sep*; JUR to submit sth; ■**eingereicht** submitted
❷ (*darum bitten*) ■**etw** ~ to submit sth; **seine Kündigung** ~ to hand in [*or* tender] one's resignation; **eine Pensionierung/Versetzung** ~ to submit [*or* present] a request for retirement/a transfer

Einreichung <-, *selten* -en> *f* ❶ (*das Einreichen*) *Gesuch, Unterlagen* submission, presentation; JUR submission; ~ **der Klage** filing of the action; ~ **von Schriftsätzen** delivery of pleadings; ~ **einer Strafanzeige** bringing a criminal charge against sb
❷ (*die Beantragung*) submission, presentation; **die ~ seines Rücktritts** to hand in [*or* offer] one's resignation

ein|reihen I. *vt* (*zuordnen*) ■**jdn/etw irgendwie/unter etw** *akk* ~ to classify [*or fam* put] sb/sth somehow/under sth
II. *vr* (*sich einfügen*) ■**sich in etw** *akk* ~ to join [*or* get into] sth; **sich in eine Schlange** ~ to join a queue, to get into line

Einreiher <-s, -> *m* a single-breasted jacket

einreihig *adj* in a single row; (*Jackett*) single-breasted

Einreise *f* (*das Einreisen*) entry [into a country]; **jdm die ~ verweigern** to refuse sb entry; ***ihm wurde die ~ nach Deutschland verweigert*** he was refused entry into [*or* not allowed to enter] Germany; ■**jds ~ nach etw** *dat*/**in etw** *akk* sb's entry into sth

Einreisebestimmungen *pl* entry requirements **Einreisebewilligung** *f* entry approval **Einreiseerlaubnis** *f* entry permit; **eine/keine ~ haben** to have/not have an entry permit **Einreisegenehmigung** *f* entry permit

ein|reisen *vi sein* (*geh*) ■[**nach etw** *dat*/**in etw** *akk*] ~ to enter [somewhere]; **in ein Land** ~ to enter a country

Einreiseverbot *nt* refusal of entry; ~ **haben** to have received a refusal of entry, to have been refused entry **Einreisevisum** *nt* [entry] visa

ein|reißen *irreg* I. *vi sein* ❶ (*einen Riss bekommen*) to tear; *Haut* to crack; ■**eingerissen** torn; **eingerissene Haut** cracked skin
❷ (*fam: zur Gewohnheit werden*) to become a habit; **etw ~ lassen** to make a habit of sth, to let sth become a habit; ***wir wollen das hier gar nicht***

erst ~ lassen! we don't want that kind of behaviour here!
II. *vt haben* ❶ *(niederreißen)* ▪**etw** ~ to tear [*or* pull] sth down, to demolish sth
❷ *(mit Riss versehen)* ▪**etw** ~ to tear sth
III. *vr haben* ▪**sich** *dat* **etw** [**an etw** *dat*] ~ to tear the skin of sth [on sth]; **die Haut an dem Finger** ~ to cut [the skin on] one's finger

ein|reiten *irreg* I. *vt haben* ▪**ein Pferd** ~ to break in a horse
II. *vi sein* (*in etw reiten*) ▪[**in etw** *akk*] ~ to ride in[to sth]

ein|renken I. *vt* ❶ MED (*wieder ins Gelenk drehen*) ▪[**jdm**] **etw** ~ to set [*or spec* reduce] sth [for sb]; ***der Arzt hat ihm die Schulter*** [***wieder***] ***eingerenkt*** the doctor [re]set his shoulder
❷ (*fam: bereinigen*) ▪**etw** [**wieder**] ~ to straighten sth out [again], to iron sth out *fig,* to put things right [again], to sort sth out, to get sth sorted *sl*
II. *vr* (*fam: ins Lot kommen*) ▪**sich wieder** ~ to sort itself out, to straighten itself out; ***das renkt sich schon wieder ein*** it'll be all right

ein|rennen *irreg* I. *vr* (*fam: sich anstoßen*) ▪**sich** *dat* **etw** [**an etw** *dat*] ~ to knock [*or fam* bash] sth [on sth]; **sich den Kopf/die Stirn an etw** ~ to crack [*or* knock] one's head/forehead on sth
II. *vt* (*veraltend fam: einstoßen*) ▪**etw** ~ to break down sth *sep; s. a.* **Tür**

ein|richten I. *vt* ❶ (*möblieren*) ▪[**jdm**] **etw** [**irgendwie**] ~ to furnish sth [somehow] [for sb]; ***die Wohnung war schon fertig eingerichtet*** the flat was already furnished; **etw anders** ~ to furnish sth differently; **etw neu** ~ to refurnish [*or* refit] sth; **eine Apotheke/eine Praxis/ein Labor** ~ to fit out *sep* [*or* equip] a pharmacy/surgery/laboratory; ▪**irgendwie eingerichtet sein** to be furnished in a certain style, to have some kind of furniture; **antik eingerichtet sein** to have antique furniture; ▪**irgendwie eingerichtet** somehow furnished; **ein gut eingerichtetes Büro** a well-appointed office *form*
❷ (*ausstatten*) ▪[**jdm**] **etw** ~ to install sth [for sb]; **ein Spielzimmer/Arbeitszimmer** ~ to fit out [*or* furnish] a playroom/workroom
❸ (*gründen*) ▪**etw** ~ to set up *sep* [*or* establish] [*or* open] sth; **einen Lehrstuhl** ~ to establish [*or* found] a chair; ▪[**neu**] **eingerichtet** [newly] set-up [*or* established] [*or* opened]; ▪**einzurichtend** to be set up [*or* established] [*or* opened]
❹ FIN ▪[**jdm**] **etw** [**bei jdm**] ~ to open sth [for sb] [with sb]; **ein Konto bei einer Bank** ~ to open an account at a bank
❺ TECH, INFORM (*einstellen*) ▪**etw** ~ to set up *sep* [*or* adjust] sth
❻ TRANSP ▪**etw** ~ to open [*or* establish] [*or* start] sth
❼ (*arrangieren*) ▪**es ~, dass ...** arrange [*or* fix] it so that ...; **es lässt sich** ~ that can be arranged [*or* BRIT fixed [up]]; ***wenn es sich irgendwie ~ lässt, dann komme ich*** if it can be arranged, I'll come
❽ (*bearbeiten*) *Musikstück* to arrange; *Theaterstück, Text* to adapt
❾ MED ▪[**jdm**] **etw** ~ to set sth [for sb]; **einen gebrochenen Arm** ~ to set a broken arm
❿ (*vorbereitet sein*) ▪**auf etw** *akk* **eingerichtet sein** to be prepared [*or* geared up] for sth; ***darauf war ich nicht eingerichtet*** I wasn't prepared for that
II. *vr* ❶ (*sich möblieren*) ▪**sich** [**irgendwie**] ~ to furnish sth [somehow]; ***ich richte mich völlig neu ein*** I'm completely refurnishing my home
❷ (*sich einbauen*) ▪**sich** *dat* **etw** ~ to install sth; ***er richtet sich eine kleine Atelierwohnung ein*** he's putting in a small studio flat
❸ (*sich der Lage anpassen*) ▪**sich** ~ to adapt [to a situation], to get accustomed to a situation
❹ (*sich einstellen*) ▪**sich auf etw** *akk* ~ to be prepared for sth; **sich auf eine lange Wartezeit** ~ to be ready [*or* prepared] for a long wait

Einrichtezeit *f* set-up time

Einrichtung <-, -en> *f* ❶ (*Wohnungs~*) [fittings and] furnishings *npl;* (*Ausstattung*) fittings *npl*
❷ (*das Möblieren*) furnishing; **die ~ eines Hauses** the furnishing of a house; (*das Ausstatten*) fitting-out, equipping; ***die komplette ~ eines Labors*** the fitting-out of a complete laboratory
❸ (*das Installieren*) installation
❹ ADMIN (*Eröffnung*) opening; *eines Lehrstuhles* establishment, foundation
❺ FIN opening; **die ~ eines Kontos** to open an account
❻ TRANSP opening, establishment
❼ (*Institution*) organization, agency
❽ *Musikstück* arrangement; *Theaterstück, Text* adaptation

Einrichtungsgegenstand *m Wohnung* furnishings *npl,* fittings *npl; Labor, Apotheke, Praxis* piece of equipment **Einrichtungshaus** *nt* furniture shop [*or* store] **Einrichtungskosten** *pl* FIN installation costs; (*Gründungskosten*) initial capital expenditure

ein|riesen *vt* TYPO ▪**etw** ~ *Papier* to pack sth in reams

ein|ritzen *vt* ▪**etw** [**in etw** *akk*] ~ to carve [*or* scratch] sth [in sth]; ***seinen Namen*** [***in einen Baum***] ~ to scratch one's name [on a tree]

ein|rollen I. *vr haben* ▪**sich** *akk* ~ to curl [*or* roll] up; ▪**eingerollt** curled [*or* rolled] up; ▪**sich** [**auf etw** *dat*] ~ to snuggle [*or* curl] up [on sth]
II. *vi sein* (*einfahren*) to pull in; ***der Zug rollt gerade ein*** the train is just approaching

ein|rosten *vi sein* ❶ (*rostig werden*) to rust [*or* go rusty]; ▪**eingerostet** rusty
❷ (*ungelenkig werden*) to get stiff, to stiffen up; ▪**etw ~ lassen** to let sth get stiff [*or* stiffen up], to allow sth to get stiff [*or* to stiffen up]; ▪**eingerostet** stiff

ein|rücken I. *vi sein* ❶ MIL ▪[**in etw** *akk*] ~ to march [into sth], to enter [sth]; ***Panzer rückten in die Hauptstadt ein*** tanks moved into [*or* entered] the capital; ▪**etw ~ lassen** *Truppen* to send sth
❷ (*zurückkehren*) ▪[**wieder**] [**in etw** *akk*] ~ to move [back] [to [*or* into] somewhere]; ***die Feuerwehr rückte wieder ein*** the fire brigade returned to base
❸ (*eingezogen werden*) ▪[**zu etw** *dat*] ~ to join up [to sth], to enlist [in sth]; **zum Militär** ~ to join the services [*or* BRIT forces] [*or* AM armed forces]
II. *vt haben* ❶ (*vom Rand entfernen*) ▪**etw** ~ to indent sth; **eine Zeile** ~ to indent a line
❷ VERLAG ▪[**jdm**] **etw** ~ to print sth [for sb], to put sth in [for sb]; ***rücken Sie mir die Anzeige noch mal ein?*** could you put the advert in again for me?

Einrückung <-, -en> *f* TYPO, INFORM indent

ein|rühren *vt* ▪**etw** [**in etw** *akk*] ~ to stir [*or* mix] sth [in[to sth]], to mix sth [with sth]; KOCHK *a.* to add sth [to sth]; **etw mit einem Quirl** ~ to whisk [*or* beat] sth in[to sth]; ▪**eingerührt** stirred in, mixed in

Einrumpfboot *nt* monohull

ein|rüsten *vt* ▪**etw** ~ *Gebäude* to put up scaffolding around sth *sep*

eins I. *adj* one; *s. a.* **acht**[1]
► WENDUNGEN: ~ **A** (*fam*) first class [*or* rate], first-class *attr,* first-rate *attr;* ~ ***A Ware*** first-class goods; ~, **zwei, drei** (*fam*) hey presto *fam,* in no time at all, as quick as a flash; ***halt mal fest und ~, zwei, drei habe ich den Dorn entfernt*** keep still and before you can say "ouch!" I'll have the thorn out; **es kommt ~ zum anderen** it's [just] one thing after another; **das kommt** [*o* **läuft**] **auf ~ hinaus** (*fam*) it doesn't make any difference, it all amounts to the same thing
II. *adj pred* ❶ (*eine Ganzheit*) [all] one
❷ (*egal*) ▪**etw ist jdm** ~ sth is all one to sb, sth makes no difference to sb
❸ (*einig*) ▪~ **mit jdm/sich/etw sein** to be [at] one with sb/oneself/sth; **sich ~ mit jdm wissen/fühlen** to know/feel that one is in agreement with sb
► WENDUNGEN: **das ist alles** ~ (*fam*) it doesn't matter, it's all the same [thing]

Eins <-, -en> *f* ❶ (*Zahl*) one
❷ (*auf Würfel*) **lauter ~en würfeln** to throw nothing but ones
❸ (*Verkehrslinie*) ▪**die** ~ the [number] one
❹ (*Zeugnisnote*) ▪**eine ~ bekommen** to get [an] A, to get [an] excellent [*or* an excellent mark]

ein|sacken[1] *vt* (*fam*) ❶ (*an sich bringen*) ▪**etw** ~ to bag [*or* pocket] sth; **eine Menge Geld** ~ to rake in *sep* a lot of money
❷ (*einheimsen*) ▪**etw** ~ to walk off with sth, to pocket [*or* claim] sth

ein|sacken[2] *vi sein* ▪[**in etw** *akk*] ~ to subside [into sth]

ein|salben *vt* (*mit Salbe bestreichen/mit Öl salben*) ▪**jdn** [**mit etw**] ~ to rub sb [with sth]; ▪[**jdm**] **etw** [**mit etw** *dat*] ~ to put [sth] on [sb's] sth; ***kannst du mir die Füße ~?*** could you put some ointment on my feet?; ▪**sich** *akk* ~ to rub ointment on [oneself]; ▪**sich** *dat* **etw** ~ to put ointment on one's sth

ein|salzen *vt* ▪**etw** ~ to salt sth; ▪**eingesalzt** salted

einsam I. *adj* ❶ (*verlassen*) lonely, lonesome AM; **ein ~es Leben** a solitary life; ~ **und verlassen** lonely and forlorn; **ein ~es Gefühl** a feeling of loneliness; ▪~ **sein** to be lonely; **es wird ~ um jdn** sb's becoming isolated *fig,* people are distancing themselves from sb *fig*
❷ (*allein getroffen*) **einen ~en Entschluss fassen** [*o* **treffen**] to make a decision on one's own [*or* without consultation]
❸ (*vereinzelt*) single, lone, solitary
❹ (*abgelegen*) isolated, remote; ***siehst du dort das ~e Haus?*** you see that house standing alone?
❺ (*menschenleer*) deserted, lonely, desolate *pej;* **eine ~e Insel** a desert island
❻ (*fam: absolut*) absolute, outright; ***es war ~e Spitze!*** it was absolutely fantastic!; ***sie ist ~e Klasse*** she's in a class of her own
II. *adv* (*abgelegen*) ~ **leben** to live a solitary life; ~ **liegen** to be situated in a remote [*or* isolated] place; ***dieser Gasthof liegt doch etwas*** ~ this pub is right off the beaten track [*or* very remote]

Einsamkeit <-, *selten* -en> *f* ❶ (*Verlassenheit*) loneliness; ***er mag die*** ~ he likes solitude; **die ~ des Alters** the loneliness of old age; **in jds** ~ in sb's loneliness
❷ (*Abgeschiedenheit*) remoteness, solitariness, isolation

ein|sammeln *vt* ❶ (*sich aushändigen lassen*) ▪**etw** ~ to collect [in *sep*] sth; **die Schulhefte** ~ to collect [in/up] the exercise books
❷ (*aufsammeln*) ▪**etw** ~ to pick [*or* collect] [*or* gather] up sth *sep*

ein|sanden *vt* BAU ▪**etw** ~ to embed sth in sand

ein|sargen *vt* ▪**jdn** ~ to put [*or* place] sb in a coffin
► WENDUNGEN: **jd kann sich mit etw ~ lassen** (*sl*) sb can just as well give up [the ghost] with sth

Einsatz <-es, Einsätze> *m* ❶ (*eingesetzte Leistung*) effort; ~ **zeigen** to show commitment; **unter ~ aller seiner Kräfte** with a superhuman effort, using [*or* by summoning up] all his strength; ***unter ~ ihres Lebens*** by putting her own life at risk
❷ *beim Glücksspiel* bet, stake; ***bitte Ihre Einsätze!*** please make [*or* place] your bets!
❸ FIN (*Kapital~*) deposit
❹ (*Verwendung*) use; MIL employment; ***der ~ des Ersatztorwarts war erforderlich*** a replacement [goalie] had to be brought on; **zum ~ kommen** to be used [*or* employed] [*or* deployed]; ***Spezialeinheiten der Polizei kamen zum*** ~ special police units were deployed [*or* brought into action]; ▪**der ~ von jdm/etw** *beim Militär* the deployment [*or* use] of sb/sth; ***unter massiertem ~ von Artillerie*** through massive use of artillery
❺ (*Aktion*) assignment, mission; **im ~ sein** to be on duty; ***die Feuerwehrleute waren rund um die Uhr im*** ~ the fire brigade worked [*or* were in action] round the clock; (*Aktion militärischer Art*) operation, campaign; **im ~ sein** to be in action; ***ich war damals auch in Vietnam im*** ~ I was also [in action] [*or* on active service] in Vietnam, I too saw action in Vietnam

E

⑥ (*das musikalische Einsetzen*) entry; ***der ~ der Trompeten war verspätet*** the trumpets came in too late; **den ~ geben** to cue [*or* bring] sth in
⑦ (*eingesetztes Teil*) inset; **Schubladen~** tray; **der Tisch~** the table extension leaf
⑧ (*eingelassenes Stück*) insert, inserted part

Einsatz-Ausstoß-Analyse *f* FIN input-output analysis

Einsatzbefehl *m* order to go into action; MIL *a.* combat order; ***ohne ~ darf die Polizei nicht eingreifen*** without the order the police may not intervene; **den ~ geben** to give the order [to go into action] **einsatzbereit** *adj* ready for use *pred,* on standby *pred;* **jederzeit** [*o* **ständig**] **~** always on standby; *Menschen* ready for action [*or* duty] *pred;* MIL ready for combat *pred,* combat-ready *attr,* operational **Einsatzbereitschaft** *f* (*Bereitschaft*) willingness; ***ihre ~ bei diesem Projekt ist bewundernswürdig*** her willingness to work for this project is admirable; (*zur Aktion*) readiness for action; **die ~ der Truppen** the troops' readiness for action; ***die ~ der Maschinen sollte überprüft werden*** the machines' readiness for use should be checked; **in ~ sein** [*o* **sich in ~ befinden**] to be on standby; ***die Feuerwehr muss sich in ständiger ~ befinden*** the fire brigade must be on constant standby **einsatzfähig** *adj* ① SPORT able to play *pred;* **die ~en Spieler** the players still able to play [*or* the remaining fit players] ② (*im Einsatz verwendungsfähig*) serviceable, in working order *pred* ③ *Mensch* fit for action *pred* **Einsatzfreude** *f* enthusiasm; **~ erkennen lassen** to show enthusiasm; **es ist ~ zu erkennen** enthusiasm can be seen; **~ vermissen lassen** to lack enthusiasm; **es ist ~ zu vermissen** enthusiasm is lacking **Einsatzkommando** *nt* task force; **mobiles ~** mobile task force **Einsatzleiter(in)** *m(f)* officer in charge [of operations] **Einsatzmengen** *pl* input *no pl* **Einsatzvorbereitung** *f* preparations *pl* for deployment **Einsatzwagen** *m* (*speziell/zusätzlich eingesetzter Wagen*) special/extra carriage, special/extra [*or* relief] tram/bus; *Polizeifahrzeug* squad car **Einsatzzentrale** *f* centre [*or* AM -er] of operations

ein|saugen *vt* ■**etw [in etw** *akk*] **~** to inhale sth, to breathe in sth *sep,* to draw [*or* suck] sth into sth

Einscannen <-s> *nt kein pl* INFORM scanning

ein|scannen [-skɛnən] *vt* INFORM ■**etw ~** to scan sth; **eine Zeichnung ~** to scan an image

ein|schalten I. *vt* ① (*in Betrieb setzen*) ■**etw ~** to switch [*or* turn] on *sep* sth; **den Computer ~** to turn the computer on; **den Fernseher ~** to put [*or* switch] [*or* turn] on *sep* the TV; **den ersten Gang ~** to engage first gear *form,* to put the car in first gear; **den Motor ~** to start the engine
② (*hinzuziehen*) ■**jdn [in etw** *akk*] **~** to call in sb *sep,* to call sb into sth; ***du solltest besser einen Anwalt ~*** you'd better get a lawyer
③ (*einfügen*) **eine Pause ~** to take a break
II. *vr* ① RADIO, TV ■**sich [in etw** *akk*] **~** to tune in[to sth]; ***es wird sich auch der österreichische Rundfunk ~*** Austrian Radio will also be tuning in [*or* taking the broadcast]
② (*sich einmischen*) ■**sich [in etw** *akk*] **~** to intervene [in sth]; ***sie schaltet sich gern in Diskussionen ein*** she likes to join in discussions

Einschaltquote *f* [audience] ratings *npl*

Einschaltung *f* ① (*das Einschalten*) turning [*or* switching] on; ***die ~ der Alarmanlage erfolgt automatisch*** the alarm is switched on [*or* goes off] automatically
② (*Hinzuziehung*) calling in; **die ~ eines Anwalts** to call in a lawyer
③ (*Eingreifung*) *von Organisationen, Personen* intervention, calling in

ein|schärfen I. *vt* (*zu etw ermahnen*) ■**jdm etw ~** to impress on [*or* upon] sb the importance of sth, to stress to sb the importance of sth, to drum sth into sb's head *fam;* ***ich hatte dir doch absolutes Stillschweigen eingeschärft!*** I told you how important absolute confidentiality is!; ■**jdm ~, etw zu tun** to urge [*or* tell] [*or form* exhort] sb to do sth; ***wie oft muss ich dir noch ~, nicht immer so geschwätzig zu sein!*** how often do I have to tell you not to be so talkative!
II. *vr* ■**sich** *dat* **etw ~** to remember sth, to engrave sth on one's memory *form;* ***diese Regel musst du dir unbedingt ~*** you must make a point of remembering this rule

ein|schätzen *vt* ■**jdn irgendwie ~** to judge sb [*or* assess sb's character] somehow, to consider sb to be something, to think sb is something; ■**etw irgendwie ~** to appraise [*or* assess] [*or* evaluate] sth somehow; ***Sie haben ihn richtig eingeschätzt*** your opinion of him was right; ***du solltest sie nicht falsch ~*** don't misjudge her; **jdn/etw zu hoch ~** to overrate sb/sth; **jdn/etw zu niedrig ~** to underrate sb/sth; **jdn zur Steuer ~** to assess sb for tax [purposes]

Einschätzung *f* appraisal, assessment, evaluation, opinion, view; *einer Person* opinion, appraisal [*or* assessment] of character; **zu einer bestimmten ~ [einer S.** *gen*] **kommen** to come to [*or* form] a particular opinion [about sth]; **nach jds ~** in sb's opinion [*or* view], as far as sb's concerned; ***nach allgemeiner ~ ...*** the popular opinion is that ...

ein|schenken *vt* (*geh: eingießen*) ■**jdm etw ~** to give sb sth, to pour sb sth, to pour sth for sb, to help sb to sth *form;* ***schenkst du mir bitte noch etwas Kaffee ein?*** could you give me some more coffee?; ***darf ich Ihnen etwas Tee ~*** can I help you to some tea? *form;* ■**sich** *dat* **~ lassen** to let one's glass/cup be filled/refilled; *s. a.* **Wein**

ein|schicken *vt* ■**etw [an jdn/etw] ~** to send sth in [to sb/sth]

ein|schieben *vt irreg* ① (*in etw schieben*) ■**etw [in etw** *akk*] **~** to insert sth [into sth], to push sth in[to sth]; **ein Backblech/einen Grillrost in den Backofen ~** to put a baking tray/a grilling rack in the oven, to slide a baking tray/a grilling rack into the oven
② TRANSP ■**etw ~** to run [*or sep* put on] sth
③ (*zwischendurch drannehmen*) ■**jdn ~** to fit [*or* slip] [*or* squeeze] sb in
④ (*zwischendurch einfügen*) ■**etw ~** to fit sth in; **eine Pause** [*o* **Unterbrechung**] **~** to have [*or* take] a break

Einschienenbahn *f* monorail, single-track railway

ein|schießen *irreg* **I.** *vt haben* ① (*zerschießen*) ■**etw [mit etw** *dat*] **~** to shoot sth to pieces [with sth]; **eine Tür mit einem Revolver ~** to shoot down a door *sep;* **die Schaufensterscheibe mit dem Ball ~** to kick the football through the shop window
② (*durch Schießen funktionssicher machen*) ■**etw ~** *Gewehr, Pistole etc.* to test sth
③ (*zwischendurch einheften*) ■**etw ~** to insert sth
II. *vr haben* ① (*durch Schießen treffsicher werden*) ■**sich** *akk* **~** to practise [*or* AM -ce]; ■**sich** *akk* **auf jdn/etw ~** to get [*or* find] the range of sb/sth
② (*sich jdn als Ziel wählen*) ■**sich** *akk* **auf jdn/etw ~** to get/have sb/sth in one's sights; ***die Presse hatte sich auf den korrupten Politiker eingeschossen*** the press had the corrupt politician in their sights
III. *vi* ① *haben* (*ins Tor schießen*) ■**zu etw** *dat* **~** to make the score sth, to bring the score to sth; ***er schoss zum 3:0 ein*** he made the score 3:0
② *sein* MED ■**[in etw** *akk*] **~** to flow into sth
③ *sein* (*hineinströmen*) ■**in etw** *akk* **~** to pour [*or* shoot] into sth

ein|schiffen I. *vt* ■**jdn/etw ~** to take sb/sth on board
II. *vr* (*an Bord gehen*) ■**sich [in/nach etw** *dat*] **~** to embark [in/for sth]; **sich nach einem Ort ~** to go on board a ship bound for a place

Einschiffung *f* (*von Personen*) boarding; (*von Waren*) loading

Einschiffungshafen *m* HANDEL port of embarkation

ein|schirren *vt* ■**etw ~** to harness [*or* put the harness on] sth

einschl. *präp Abk von* **einschließlich** inc[l].

ein|schlafen *vi irreg sein* ① (*in Schlaf fallen*) ■**[bei** [*o* **über**] **etw** *dat*] **~** to fall asleep [during [*or* over] sth]; **schlecht** [*o* **schwer**] **~ können** to have trouble getting off to sleep [*or* falling asleep]; ***ich kann nicht ~*** I can't sleep; ***schlaf nicht ein!*** (*fam*) wake up! *fam;* ■**das E~** falling asleep; ***die Tropfen sind vor dem E~ zu nehmen*** the drops are to be taken before going to sleep
② (*euph: sterben*) to pass away
③ (*taub werden*) to go to sleep, to be[come] numb; ***autsch, mir ist das Bein eingeschlafen!*** ow, my leg's gone to sleep [*or* I've got pins and needles in my leg]!
④ (*nachlassen*) to die a [natural] death, to peter out; ***wir wollen unsere Freundschaft nicht ~ lassen*** we don't want to let our friendship peter out [*or* tail off]

ein|schläfern *vt* ① (*jds Schlaf herbeiführen*) ■**jdn ~** to lull sb to sleep; **ein Kind ~** to get a child off to sleep
② (*schläfrig machen*) ■**jdn ~** to send sb to sleep, to have a soporific effect on sb
③ MED (*narkotisieren*) ■**jdn ~** to put sb to sleep, to knock sb out *fam*
④ (*euph:* [*schmerzlos*] *töten*) ■**ein Tier ~** to put an animal to sleep *euph;* ■**ein Tier ~ lassen** to have an animal put to sleep [*or* put down]

einschläfernd *adj* ① MED **ein ~es Mittel** a sleeping pill, a sleep-inducing drug
② (*langweilig*) ■**~ sein** to have a soporific effect; ■**es ist ~, etw zu tun** doing sth has a soporific effect

Einschlafstörungen *pl* MED problems *pl* with falling asleep

Einschlag *m* ① METEO *eines Blitzes* striking
② MIL shot; *einer Granate* burst of shellfire
③ (*Schussloch*) hole; *einer Kugel* bullet hole; ***dieser Trichter ist der ~ einer Granate*** this crater is where a shell struck
④ (*Anteil*) strain; ***diese Sprache hat einen arabischen ~*** this language contains elements of Arabic
⑤ (*Drehung der Vorderräder*) lock

ein|schlagen *irreg* **I.** *vt haben* ① (*in etw schlagen*) ■**etw ~** to hammer [*or* drive] [*or* knock] in sth *sep*
② (*durch Schläge öffnen*) ■**[jdm] etw ~** to smash [sb's] sth in; **ein Tor/eine Tür ~** to break [*or* beat] down *sep* a gate/door, to smash a gate/door in; ■**eingeschlagen** smashed-in; **ein eingeschlagenes Fenster** a smashed-in window, a window which has been smashed in
③ (*zerschmettern*) ■**jdm etw ~** to break sb's sth, to smash sb's sth [in]; **jdm die Nase ~** to smash sb's nose, to plaster sb's nose across [*or* over] their face *fam;* **jdm die Zähne ~** to knock sb's teeth in [*or* out]; ■**eingeschlagen** broken, smashed
④ (*einwickeln*) ■**etw [in etw** *akk*] **~** to wrap sth [in sth], to do sth up [in sth]; **eingeschlagene Klappe** (*Buchumschlag*) folded-in flap, tipped-in card
⑤ (*wählen*) ■**etw ~** to take sth; **eine Laufbahn ~** to choose a career; **eine bestimmte Richtung ~** to go in [*or* take] a particular direction; **einen Weg ~** to choose [*or* follow] a way [*or* path]; ■**eingeschlagen** chosen; ***das Schiff änderte den eingeschlagenen Kurs*** the ship changed course
⑥ AUTO ■**etw ~** to turn sth; ■**eingeschlagen** turned
⑦ MODE to take in/up
⑧ HORT to heel in
II. *vi* ① *sein o haben* METEO ■**[in etw** *akk*] **~** *Blitz* to strike [sth]
② *sein* MIL to fall; ■**[in etw** *akk*] **~** to strike [sth]; ***rings um die Soldaten schlugen Granaten ein*** shells fell all round the soldiers
③ *sein o haben* (*eine durchschlagende Wirkung haben*) to have an impact; ***die Nachricht hat eingeschlagen wie eine Bombe!*** the news has caused a sensation [*or* an uproar]!
④ *haben* (*einprügeln*) ■**auf jdn ~** to hit sb; ■**auf etw ~** to pound [on] sth [with one's fists]
⑤ *haben* (*einen Handschlag geben*) to shake [hands] on it; ***lass uns ~, die Wette gilt*** you're on: shake hands, let's bet on it

❻ *haben (Anklang finden)* to catch on, to be well received

einschlägig **I.** *adj (entsprechend)* relevant, respective, pertinent; **~e Literatur** relevant literature

II. *adv* JUR in this connection; **~ vorbestraft** previously convicted

ein|schleichen *vr irreg* ❶ *(in etw schleichen)* ■**sich** *akk* **[in etw** *akk*] ~ to creep [*or* slip] [*or* sneak] in[to sth], to steal in[to sth] *form*

❷ *(unbemerkt auftreten)* ■**sich** *akk* **[in etw** *akk*] ~ to creep in[to sth]; **der Verdacht schleicht sich ein, dass ...** one has a sneaking suspicion that ...

ein|schleifen *vt irreg* SCH ■**etw** ~ to drill sth; **eine schlechte Gewohnheit ~ lassen** to let a bad habit become established

ein|schleppen *vt* ■**etw [in etw** *akk***/nach etw]** ~ *Krankheiten, Ungeziefer* to bring sth in[to sth]

ein|schleusen *vt* ❶ *(heimlich hineinbringen)* ■**jdn [in etw** *akk***/nach etw]** ~ *Agenten, Spione* to smuggle sb in[to sth], to infiltrate sb into sth

❷ *(illegal hineinbringen)* ■**jdn/etw [in etw** *akk***/nach etw]** ~ *Falschgeld, Personen* to smuggle sb/sth in[to sth]

ein|schließen *vt irreg* ❶ *(in einen Raum schließen)* ■**jdn [in etw** *akk o dat*] ~ to shut [*or* lock] sb up [*or* in] [*or* [up] in sth]; ■**sich irgendwo ~ lassen** to let oneself be [*or* to allow oneself to be] shut [*or* locked] in somewhere

❷ *(wegschließen)* ■**etw [in etw** *akk*] ~ to lock sth up [*or* away] [in sth]; ■**eingeschlossen** locked away [*or* up]

❸ *(einbegreifen)* ■**jdn [in etw** *akk*] ~ to include sb [in sth]; ■**[in etw** *dat*] **eingeschlossen sein** to be included [in sth]; ***die Bedienung ist im Preis eingeschlossen*** service is included in the price

❹ *(einkesseln)* ■**jdn/etw** ~ to surround [*or* encircle] sb/sth

einschließlich **I.** *präp +gen (inklusive)* ■**~ einer S.** *gen* inclusive of [*or* including] sth

II. *adv (inbegriffen)* inclusive, including; ***vom 5. Januar bis ~ 2. Februar geschlossen*** closed from 5th January until 2nd February inclusive

ein|schlummern *vi sein (geh)* ❶ *(einschlafen)* to doze [*or* drop] off

❷ *(euph: sterben)* to pass away; **friedlich ~** to pass away peacefully

Einschluss[RR] <-es, -schlüsse> *m*, **Einschluß** <-sses, -schlüsse> *m* inclusion; **mit [***o* **unter] ~ von etw** *(geh)* including sth

ein|schmeicheln *vr (sich durch Schmeicheln beliebt machen)* ■**sich** *akk* **[bei jdm]** ~ to ingratiate oneself [with sb], to curry favour [*or* AM -or] [with sb], to butter sb up *fam*

einschmeichelnd *adj* fawning, ingratiating, obsequious; **eine ~e Stimme** a mellifluous [*or* seductive] voice; **mit einer ~en Stimme** in dulcet [*or pej* honeyed] tones

ein|schmeißen *vt irreg (fam: einwerfen)* ■**[jdm] etw** ~ *Fenster* to smash [sb's] sth in *fam;* ■**eingeschmissen** smashed in

ein|schmelzen *vt irreg (wieder schmelzen)* ■**etw [zu etw** *dat*] ~ *Metall* to melt sth down [into sth]; ■**eingeschmolzen** melted down; ■**das E~** melting down

ein|schmieren *vt* ❶ *(einölen)* ■**etw** ~ to lubricate [*or* grease] sth

❷ *(einreiben)* ■**etw [mit etw** *dat*] ~ to rub sth [with sth]; *mit Öl* to oil sth; **etw mit Salbe ~** to rub cream into sth, to put cream on sth

❸ *(beschmieren)* ■**sich [mit etw** *dat*] ~ to smear [*or* cover] oneself with sth; ***wo habt ihr euch denn wieder so eingeschmiert?*** where did you get [yourselves] so mucky?; ■**sich** *dat* **etw** ~ to get [*or* make] one's sth mucky/greasy, to get covered in muck/grease

ein|schmuggeln *vt* ❶ *(einschleusen)* ■**jdn [in etw** *akk*] ~ to smuggle sb in[to sth]; **Agenten in ein Land ~** to infiltrate a country with spies, to infiltrate spies into a country; ■**sich [irgendwo/in etw** *akk*] ~ to smuggle oneself in [somewhere/to sth]

❷ *(heimlich hineinschaffen)* ■**etw [in etw** *akk*] ~ *Drogen, Zigaretten etc.* to smuggle sth in[to sth]

ein|schnappen *vi sein* ❶ *(ins Schloss fallen)* to click to [*or* shut]

❷ *(fam: beleidigt sein)* to get in a huff [*or* huffy] *fam,* to get het up *fam,* to be offended; ■**eingeschnappt** in a huff *pred fam,* offended

ein|schneiden *irreg* **I.** *vt* ❶ *(einen Schnitt in etw machen)* ■**etw** ~ *Papier, Stoff etc.* to snip sth, to make a cut [*or* an incision] in sth, to slash sth

❷ *(in etw schneiden)* ■**etw [in etw** *akk*] ~ to carve [*or* cut] [*or* engrave] sth [in[to] sth]

❸ *(klein schneiden und hineintun)* ■**etw in etw** *akk* ~ to chop sth and put it in sth [*or* add it to sth]; ***in den Kohl werden noch Apfelstücke eingeschnitten*** pieces of apple are chopped into the cabbage

❹ ■**in etw** *akk* **eingeschnitten sein** to be cut into sth; ■**eingeschnitten** cut; **ein tief eingeschnittener Hohlweg** a deep cutting [*or* defile]

II. *vi (schmerzhaft eindringen)* ■**[in etw** *akk*] ~ to cut in[to sth]; ***die Ausgaben schneiden tief in unsere Finanzen ein*** expenses are cutting deeply into [*or* making deep holes in] our finances

einschneidend *adj* **von ~er Bedeutung** of great [*or* utmost] importance; **eine ~e Veränderung** a drastic [*or* marked] [*or* radical] change; **eine ~e Wirkung** a far-reaching [*or* dramatic] [*or* profound] effect

ein|schneien *vi sein* ■**[in etw** *akk*] **eingeschneit werden** to get snowed in [somewhere]; ***in dem Schneesturm wurden viele Fahrzeuge eingeschneit*** many vehicles were snowed in by the blizzard

Einschnitt *m* ❶ MED incision; **einen ~ [in etw** *akk*] **machen** to make an incision [in sth]

❷ *(eingeschnittene Stelle)* cut; **einen ~ [in etw** *akk*] **machen** to cut [into sth]

❸ *(Zäsur)* watershed, turning-point

ein|schnüren **I.** *vt (einengen)* ■**jdn** ~ to constrict sb; ■**jdm etw** ~ to constrict sb's sth; **jdm den Hals ~** to choke [*or* strangle] sb; ***der Gürtel schnürte ihr die Taille ein*** the belt pulled in her waist tightly

II. *vr (tief eindringen)* ■**sich [in etw** *akk*] ~ to bite [*or* cut] in[to sth]

ein|schränken **I.** *vt* ❶ *(reduzieren)* ■**etw** ~ to cut [back on] sth, to reduce sth; **Ausgaben ~** to curtail spending; ■**eingeschränkt** reduced; **in eingeschränkten Verhältnissen leben** to live in reduced circumstances

❷ *(beschränken)* ■**etw** ~ to curb [*or* limit] [*or* restrict] sth, to impose a restriction on sth, to put a check on sth; ■**jdn in etw** *dat* ~ to curb [*or* limit] [*or* restrict] sb's sth, to impose a restriction on sb's sth, to put a check on sb's sth; **in seiner Bewegungsfreiheit eingeschränkt sein** to have limited freedom of movement

II. *vr* ■**sich [in etw** *dat*] ~ to cut back [*or* down] [on sth]; **sich im Konsum von etw** *dat* ~ to reduce one's consumption of sth *form;* **sich in den Ausgaben ~** to curtail one's spending

einschränkend **I.** *adj (beschränkend)* restrictive; **ein ~er Satz** a qualifying sentence

II. *adv* ***ich muss aber ~ bemerken/sagen, dass ...*** I have to qualify that and say that ... [*or* by saying that ...]

Einschränkung <-, -en> *f* ❶ *(Beschränkung)* limit, restriction; **ohne ~en** without restrictions; *(Beschränkung der Rechte)* restriction; **eine ~/~en machen** to impose a restriction/restrictions; **mit ~[en]** with restriction/restrictions

❷ *(Vorbehalt)* reservation; ***mit ~en musste ich gestehen, dass ...*** with certain reservations, I had to admit that ...; **ohne ~[en]** without reservation[s], unreservedly

❸ *(das Reduzieren)* reduction

ein|schrauben *vt* ■**etw** ~ to screw sth in

Einschreib(e)brief *m* registered letter; **als ~** as registered post BRIT, as a registered letter **Einschreib(e)gebühr** *f* registration fee

ein|schreiben *irreg* **I.** *vt* ■**etw** ~ to register sth; ■**eingeschrieben** registered

II. *vr* ❶ *(sich eintragen)* ■**sich** *akk* **[in/für etw** *akk*] ~ to put one's name down [*or* BRIT enrol] [*or* AM enroll] [in sth/for sth]; **sich in eine Liste ~** to put one's name on a list; **sich für ein Kurs bei einem Verein ~** to register [*or* put one's name down] for a course at an organization; **sich bei einem Verein ~** to enrol [*or* AM -ll] in a club

❷ SCH *(sich immatrikulieren)* ■**sich** *akk* **[für etw** *akk*] ~ to register [*or* BRIT enrol] [*or* AM enroll] [for sth]; **sich bei einer Universität ~** to register at a university; **sich für ein Fach/einen Studiengang ~** to put one's name down [*or* BRIT enrol] [*or* AM enroll] for a subject/course

Einschreiben *nt (eingeschriebene Sendung)* registered post [*or* AM letter]; **~ mit Rückschein** *registered letter with reply to show receipt;* **etw als [***o* **per] ~ schicken** to send sth by registered post; ***den Brief hier will ich per ~ schicken*** I want to send this as a registered letter

Einschreib(e)sendung *f* registered post [*or* AM mail]

Einschreibung *f* SCH registration, enrolment BRIT, enrollment AM

ein|schreien *vi irreg* ■**auf jdn** ~ to scream [*or* yell] [one's head off] at sb

ein|schreiten *vi irreg sein* ■**[gegen jdn/etw]** ~ to do sth [about sb/sth], to take steps [against sb/sth]; **energisch gegen etw ~** to crack down on sth; ***die Polizei schritt mit Wasserwerfern und Tränengas gegen die Rowdies ein*** the police used water canons and tear gas against the vandals

Einschreiten <-s> *nt kein pl* action; *(um etw zu verhindern)* intervention

ein|schrumpeln *vi sein (fam)* to shrivel [up]; ***ab 40 schrumpelt die Haut ein*** at 40 the skin begins to wrinkle; ■**eingeschrumpelt** shrivelled [up] BRIT, shriveled [up] AM

ein|schrumpfen *vi sein* ❶ *(schrumpfen)* to shrivel [up]; ■**eingeschrumpft** shrivelled [up]

❷ *(weniger werden)* to shrink; ***unsere Vorräte sind eingeschrumpft*** our supplies have shrunk

Einschub *m* insertion

ein|schüchtern *vt* ■**jdn [durch [***o* **mit] etw]** ~ to intimidate [*or* scare] [*or* frighten] sb [with sth/by doing sth]; **jdn mit Gewalt ~** to menace [*or* bully] sb

Einschüchterung <-, -en> *f* intimidation, browbeating

Einschüchterungsversuch *m* attempt to intimidate [*or* at intimidation]

ein|schulen *vt* to send to school, to enrol [*or* AM enroll] at [primary] school; ■**eingeschult werden** to be sent to [*or* enrolled at] school

Einschulung *f* enrolment [*or* AM enrollment] at [primary] school; ***die ~ erfolgt meist mit 6 Jahren*** most children start school at 6

Einschuss[RR] <-es, Einschüsse> *m*, **Einschuß** <-sses, Einschüsse> *m (Schussloch)* bullet hole; *(Einschussstelle)* entry point of a bullet

Einschussloch[RR] *nt* bullet hole **Einschussstelle**[RR] *f* bullet hole, wound at point of entry

ein|schütten *vt* ■**[jdm] etw [in etw** *akk*] ~ to pour [sb] sth [into sth]; ■**sich** *dat* **etw** ~ to pour oneself sth

ein|schweißen *vt* ❶ *(versiegeln)* ■**etw [in etw** *akk*] ~ *Nahrungsmittel, Bücher etc.* to seal sth [in sth]; ■**eingeschweißt** sealed

❷ TECH *(durch Schweißen einfügen)* ■**etw irgendwo** ~ to weld sth [on[to]] somewhere

Einschweißfolie [-liə] *f* plastic [wrapping]

ein|schwören *vt irreg* ❶ *(verpflichten)* ■**jdn auf etw** *akk* ~ to bind sb to [do] sth; **jdn auf Geheimhaltung ~** to swear sb to secrecy; **jdn auf die Parteilinie ~** to persuade [*or* oblige] sb to take [*or* toe] the party line; ■**jdn** ~ JUR to swear sb in

❷ *(festgelegt sein)* ■**auf etw** *akk* **eingeschworen sein** to be a [confirmed] stalwart [*or* supporter] of sth; ***er ist auf Porsche eingeschworen*** he's a Porsche fan

ein|segnen *vt* REL ❶ *(konfirmieren)* ■**jdn** ~ to con-

E

firm sb
❷ (*weihen*) ■**etw** ~ to bless sth

Einsegnung *f* REL ❶ (*Konfirmation*) confirmation
❷ (*die Weihe*) blessing

einsehbar *adj Gelände, Raum* visible

ein|sehen *vt irreg* ❶ (*begreifen*) ■**etw** ~ to see [*or* understand] sth; ***das sehe ich nicht ein*** I don't see why [*or* accept that]; ■**~, dass …** to realize that …, to see [*or* understand] that …; ***du solltest langsam ~, dass …*** it's time you realized [*or* saw] [*or* understood] that …
❷ (*geh: prüfen*) ■**etw** ~ to examine [*or* inspect] sth, to have a look at sth
❸ (*in etw hineinsehen*) ■**etw** ~ to look into sth [from outside]; ***unser Garten kann von den Nachbarn nicht eingesehen werden*** our garden is not overlooked, you cannot be overlooked in our garden

Einsehen <-> *nt kein pl* understanding; ***haben Sie doch ein ~!*** please understand!; ***so haben Sie doch ein ~!*** please be reasonable [*or fam* have a heart]!; [**mit/für etw**] [**k**]**ein ~ haben** to show [no] understanding [*or* consideration] [for sth]; ***dieser starrköpfige Kerl will einfach kein ~ haben*** the stubborn fool just doesn't want to understand

ein|seifen *vt* ❶ (*mit Seife einreiben*) ■**jdn** ~ to soap sb, to lather sb with soap; ■**sich** ~ to soap oneself, to lather oneself with soap; ■**jdm etw** ~ to soap sb's sth, to lather sb's sth with soap; **jdm den Kopf** ~ to shampoo sb's hair; **jdm** [**das Gesicht**] **mit Schnee** ~ to rub snow into sb's face [*or* sb's face with snow]; ■**sich von jdm ~ lassen** to have sb soap one [*or* lather one with soap]; ■**sich** *dat* **etw** ~ to soap one's sth; **sich gründlich den ganzen Korper** ~ to soap oneself thoroughly
❷ (*fam: hintergehen*) ■**jdn** ~ to take sb for a ride *fig*; ***der Verkäufer hat dich eingeseift*** the salesman ripped you off *fam*

einseitig **I.** *adj* ❶ (*nur eine von zwei Personen betreffend*) one-sided; ■**etwas E~es** something one-sided; JUR, POL one-sided, unilateral; **~e Erklärungen** declarations made by one party
❷ MED one-sided; **eine ~e Lähmung** paralysis of one side of the body
❸ (*beschränkt*) one-sided; **eine ~e Ernährung** an unbalanced diet
❹ (*voreingenommen*) bias[s]ed BRIT, biased AM, one-sided; ■**~** [**in etw** *dat*] **sein** to be biased [in sth]
II. *adv* ❶ (*auf einer Seite*) on one side; ***die Folie ist ~ bedruckt*** the transparency is printed on one side
❷ (*beschränkt*) in a one-sided way; **jdn ~ ausbilden** to educate [*or* train] sb in a one-sided fashion; **sich ~ ernähren** to have an unbalanced diet
❸ (*parteiisch*) from a one-sided point of view, one-sidedly; **~ informiert sein** to have heard only one side of the argument

Einseitigkeit <-, *selten* -en> *f* ❶ (*Voreingenommenheit*) one-sidedness, bias
❷ (*Beschränktheit*) one-sidedness; *Ernährung* imbalance

ein|senden *vt irreg* ■**etw** [**an jdn/etw**] ~ to send sth [in] [to sb/sth]

Einsender(in) *m(f)* sender

Einsendeschluss[RR] *m* closing date [for entries]; **irgendwann ist** ~ the closing date is sometime

Einsendung *f* ❶ *kein pl* (*das Einsenden*) submission
❷ (*Zuschrift*) reply, answer

Einser <-s, -> *m* SCH (*fam*) grade one

einsetzbar *adj* applicable, usable

Einsetzen <-s> *nt kein pl* ❶ (*Hinzufügen*) insertion; **~ einer Klausel** JUR insertion of a clause
❷ (*Ernennen*) nomination, appointment; **~ eines Begünstigten** nomination of a beneficiary; **~ der Geschworenen/eines Geschworenengerichts** panellation/array of a jury; **testamentarisches ~** appointment by will

ein|setzen **I.** *vt* ❶ (*hineinschreiben*) ■**etw** [**in etw** *akk*] ~ to write sth in [sth], to insert sth [in sth]
❷ (*einfügen*) ■[**jdm**] **etw** [**in etw** *akk*] ~ to insert sth [in sth], to put sth in [sth]; ***für die zu Bruch gegangene Scheibe setzte ihnen der Glaser gleich eine neue ein*** the glazier replaced the broken pane for them
❸ (*einnähen*) ■[**jdm**] **etw** [**in etw** *akk*] ~ to sew sth in[to sth] [for sb]; **einen Ärmel** ~ to set in a sleeve; ■**sich** *dat* [**von jdm**] **etw** [**in etw** *akk*] **~ lassen** to have sth sewn in[to sth] [by sb], to have sb sew sth in[to sth]
❹ (*ins Leben rufen*) ■**etw** ~ to establish sth, to set sth up
❺ (*ernennen*) ■**jdn** [**als etw**] ~ to appoint [*or* BRIT install] [*or* AM instal] sb [as sth]; ***im Testament war sie als Alleinerbin eingesetzt worden*** in the will she was named [*or* appointed] as the sole inheritor
❻ (*zum Einsatz bringen*) ■**jdn/etw** [**gegen jdn**] ~ to use sb/sth [*or* bring sb/sth in] [against sb]; ***dank der eingesetzten Helfer gelang es, den Katastrophenopfern schneller zu helfen*** thanks to the helpers who had been brought in, the victims of the catastrophe could be helped more quickly; **Schlagstöcke/Gummigeschosse/Gas** ~ to use truncheons/rubber bullets/gas; SPORT *Ersatzspieler* to bring on sb *sep*, to use sb
❼ (*zusätzlich fahren lassen*) ■**etw** ~ to put sth on, to run sth; ■**eingesetzt** put on *pred*, run *pred*
❽ (*aufbieten*) ■**etw** ~ to use [*or* employ] sth; **das Leben** [**für etw** *akk*] ~ to put one's life at risk [*or* be ready to die] [for sth]
❾ KARTEN (*benutzen*) ■**etw** ~ to use [*or* employ] sth; (*aufwenden*) to use sth up; (*wetten*) to bet sth, to wager
II. *vi* ❶ (*anheben*) to start [up], to begin, to commence; ***die Ebbe setzt oft ganz unmerklich ein*** the tide often starts to ebb quite imperceptibly; **die ~de Ebbe/Flut** the turning ebb tide/flood tide
❷ MED to begin; ■**etw setzt bei jdm ein** sb gets sth; ***gegen Abend hat bei ihm heftiges Fieber eingesetzt*** towards evening he was running a very high temperature; ***die Leichenstarre hat bereits eingesetzt*** rigor mortis has already set in; ***in einem tropischen Klima setzt bei Leichen die Verwesung oft schon nach zwei Tagen ein*** in tropical climates bodies often begin to decay after only two days
❸ MUS to begin to play, to start [up]
III. *vr* ❶ (*sich engagieren*) ■**sich** ~ to make an effort, to exert oneself, to work hard; **sich besonders** ~ to make a special effort, to work particularly hard; **sich voll** ~ to make a wholehearted effort [*or* every effort], to work wholeheartedly; ***Sie sollten sich intensiver ~*** you should make a bigger effort [*or* work harder]
❷ (*sich verwenden für*) ■**sich für jdn/etw** ~ to be active on sb's/sth's behalf, to stand up for [*or* support] sb/sth; ■**sich bei jdm für jdn/etw** ~ to intercede with sb on sb's/sth's behalf; ***ich werde mich bei Direktor Wengel für dich ~*** I'll have a word with Mr Wengel, the director, on your behalf; ■**sich dafür ~, dass …** to speak out for [*or* in favour of] sth; ***sie hat sich immer öffentlich dafür eingesetzt, dass dieses Gesetz abgeschafft würde*** she has always spoken out in favour of getting rid of this law; ***er versprach, sich dafür einzusetzen, dass die Haftbedingungen erleichtert würden*** he promised to do what he could to make sure prison conditions were improved; ***kannst du dich nicht bei ihm dafür einsetzen, dass er mir den Betrag noch etwas stundet?*** can't you have a word with him so that he gives me time to pay?

Einsetzung <-, -en> *f* (*geh: Ernennung*) appointment, instal[l]ment BRIT, installment AM; ■**jds ~ in etw** *akk* sb's appointment to [*or* BRIT instal[l]ment in] [*or* AM installment in] sth

Einsicht *f* ❶ (*Erkenntnis*) insight; **jdn zur ~ bringen** to make sb see sense [*or* reason], to persuade sb; **zur ~ kommen** [*o* **gelangen**] to be reasonable, to see sense [*or* reason], to listen to reason; ***komm doch endlich zur ~!*** come on, be reasonable!; **zu der ~ kommen, dass …** to see [*or* realize] that …
❷ (*prüfende Durchsicht*) ■**~** [**in etw** *akk*] inspection [*or* examination] [of sth]; **jdm ~ in die Akten gewähren/verwehren** to grant/refuse sb access to the files; **~ in etw** *akk* **nehmen** to have access to [*or* inspect] sth; **~ in etw** *akk* **verlangen** to demand access to sth; **zur ~** for inspection [*or* examination]
❸ (*Einblick*) view; ***der Zaun verwehrte Passanten die ~ in den Garten*** the fence stopped passers-by looking into the garden

einsichtig *adj* ❶ (*verständlich*) reasonable, understandable; **ein ~er Grund** a valid reason; ■**etw ist ~** sth is understandable; ***es müsste*** [***Ihnen***] ***~ sein, dass …*** you must see that …; ■**es ist nicht ~, warum …** it is difficult [*or* not easy] to see why …
❷ (*vernünftig*) reasonable; ■**~ sein** to be reasonable; ■**so ~ sein, etw zu tun** to be reasonable enough to do sth

Einsichtnahme <-, -n> *f* (*geh: Einsicht 2.*) ■**die/jds ~ in etw** *akk Akten* the/sb's inspection [*or* examination] of sth

Einsichtsfähigkeit *f* JUR *capacity to understand the wrongfulness of an act* **Einsichtsrecht** *nt* JUR **Einsichts- und Prüfungsrecht** right of inspection

ein|sickern *vi* (*Flüssigkeit*) to seep in

Einsiedler(in) *m(f)* hermit, recluse

einsiedlerisch **I.** *adj* solitary, hermit-like, reclusive **II.** *adv* like a hermit [*or* hermits], solitarily

Einsiedlerkrebs *m* ZOOL hermit crab

einsilbig *adj* ❶ LING monosyllabic; **ein ~es Wort** a monosyllable, a monosyllabic word
❷ (*wenig redselig*) monosyllabic, taciturn, quiet; ***er ist ein sehr ~er Mensch*** he's a man of few words
❸ (*knapp und wenig aussagekräftig*) monosyllabic; **~e Antwort geben** to answer in monosyllables; ■**etw ist zu ~** sth is too brief

Einsilbigkeit <-> *f kein pl Wort* monosyllabism; *Mensch* taciturnity, uncommunicativeness; *Reim* masculinity

ein|sinken *vi irreg sein* (*in etw sinken*) ■[**in etw** *akk o dat*] ~ *Morast, Schnee etc.* to sink in[to sth]

ein|sitzen *vi irreg* (*geh*) to serve a [prison] sentence *form*, to be imprisoned *form*

ein|sortieren* *vt* (*in etw sortieren*) ■**etw** [**in etw** *akk*] ~ to sort sth [out] [into sth]

ein|spannen *vt* ❶ (*heranziehen*) ■**jdn** [**für etw** *akk*] ~ to rope sb in [for sth]; ***manche Leute verstehen es, andere für sich einzuspannen*** some people know how to get others to work for them [*or* to rope others in]; **sich für jdn/etw ~ lassen** to let oneself be roped in for sb/sth
❷ (*in etw spannen*) ■**etw** ~ to insert sth; *in einen Schraubstock* to clamp [*or* fix] sth
❸ (*ins Geschirr spannen*) ■**Tiere** ~ to harness animals; ■**eingespannt** harnessed
❹ (*viel zu tun haben*) ■**sehr eingespannt sein** to be very busy

Einspänner <-s, -> *m* ❶ (*einspännige Kutsche*) one-horse carriage
❷ KOCHK ÖSTERR *black coffee with whipped cream*

einspännig *adj* one-horse, harnessed with one horse *pred*; ■**etw ist ~** sth is with [*or* pulled by] one horse; **~ fahren** to drive out in a carriage with one horse, to drive a one-horse carriage

ein|sparen *vt* ❶ (*ersparen*) ■**etw** ~ to save sth
❷ (*kürzen*) ■**etw** ~ to save [*or* cut down] on sth, to economize on sth

Einsparpotenzial[RR] *nt* saving potential

Einsparung <-, -en> *f* ❶ (*das Einsparen*) saving, economizing; **die ~ von Rohstoffen/Strom** to save raw materials/electricity
❷ (*Kürzung*) cutting down/out, economizing, saving

Einsparungseffekt *m* FIN savings effect

ein|speichern *vt* ■**etw** [**in etw** *akk*] ~ to store sth [in sth]; **Daten in einen Computer** ~ to feed [*or* input] data into a computer

ein|speisen *vt* ❶ (*einleiten*) ■**etw** [**in etw** *akk*] ~ to feed sth in[to sth]
❷ (*einspeichern*) ■**etw** [**in etw** *akk*] ~ to store sth [in sth]

Einspeisung <-, -en> *f* ELEK, INFORM feeding [in]

ein|sperren *vt* ❶ *(in etw sperren)* ▪**jdn/ein Tier [in etw** *akk*] ~ to lock [*or* shut] sb/an animal up [in sth] [*or* in [sth]]; ▪**eingesperrt sein** to be locked in [*or* up], to be shut in
❷ *(inhaftieren)* ▪**jdn** ~ to lock sb up, to put sb behind bars; ***er gehört eingesperrt*** he belongs behind bars
ein|spielen I. *vr* ❶ *(einstellen)* ▪**sich** ~ *Methode, Regelung* to get into full swing, to get going [properly], to get into one's stride
❷ *(sich aneinander gewöhnen)* ▪**sich aufeinander** ~ to get used to each other
❸ SPORT *(sich warm spielen)* ▪**sich** ~ to warm up
II. *vt* ❶ FILM ▪**etw** ~ to bring in sth; **die Aufwendungen/Produktionskosten** ~ to cover the expenses/production costs
❷ RADIO, TV ▪**etw** ~ *Wetter, Interview etc.* to start [*or* begin] sth; ▪**sich** *dat* **etw** ~ **lassen** to play sth
❸ INFORM **Daten [in etw** *akk*] ~ to load data [into sth]
Einsprache *f* JUR SCHWEIZ *(Einspruch)* objection
einsprachig *adj* monolingual
ein|sprechen *vi irreg* ▪**auf jdn** ~ to speak to sb persuasively
Einsprechende(r) *f(m) dekl wie adj* JUR opponent; **unzulässig** ~ unauthorized opponent
ein|sprengen *vt* ▪**etw [mit etw** *dat*] ~ to sprinkle sth [with sth]; ▪**jdn mit etw** *dat* ~ to sprinkle sb with sth
ein|springen *vi irreg sein (fam)* ❶ *(vertreten)* ▪**[irgendwo/für jdn]** ~ to stand in [*or* help out] [*or* step into the breach] [somewhere/for sb]
❷ *(aushelfen)* ▪**[mit etw** *dat*] ~ to help out [with sth]
Einspritzanlage *f* fuel injection [system] **Einspritzdüse** *f* injection nozzle
ein|spritzen *vt* ❶ MED ▪**jdm etw** ~ to inject sb with sth; ▪**sich** *dat* **etw** ~ to inject oneself with sth
❷ AUTO ▪**etw** ~ to inject sth
Einspritzer <-s, -> *m (fam)* car with fuel injection [*or* a fuel injection system], fuel-injected car *fam*
Einspritzmotor *m* AUTO fuel injection [*or* fuel-injected] engine **Einspritzpumpe** *f* [fuel] injection pump, injector **Einspritzventil** *nt* AUTO injector **Einspritzverfahren** *nt* AUTO fuel injection
Einspruch *m* ❶ *(Protest)* objection
❷ JUR *(Einwand)* objection; ~*!* objection!; **[gegen etw** *akk*] ~ **erheben** to lodge [*or* make] [*or* raise] an objection [against sth]; ***[ich erhebe] ~, Euer Ehren!*** objection, Your Honour!; **einem ~ stattgeben** to uphold [*or* allow] an objection; ***dem ~ wird stattgegeben!*** objection sustained!; **einen ~ nicht gelten lassen** to overrule an objection; ~ ***abgelehnt!*** objection overruled!
❸ JUR *(Berufung)* appeal; **[gegen etw** *akk*] ~ **einlegen** *gegen Entscheidung, Urteil* to appeal [*or* lodge an appeal] [against sth]; **einen ~ verwerfen** to reject [*or* disallow] an appeal
Einspruchsabteilung *f des Patentamtes* opposition division **Einspruchsbegründung** *f (bei Patentverletzung)* grounds for opposition **Einspruchseinlegung** *f* JUR filing of the objection; *(Patentrecht)* notice of opposition **Einspruchsentscheid** *m (Patentrecht)* decision on an opposition **Einspruchserhebende(r)** *f(m) dekl wie adj* JUR objector **Einspruchserhebung** *f* JUR appeal **Einspruchserklärung** *f* JUR notice of opposition **Einspruchserwiderung** *f* JUR counterstatement in opposition proceedings; *(Patentrecht)* rejoinder to an opposition **Einspruchsfrist** *f* JUR period for objection; *(Patentrecht)* opposition period **Einspruchspartei** *f* JUR *(Patentrecht)* party in opposition **Einspruchsrecht** *nt* JUR right of appeal [*or* of veto] [*or* to object] **Einspruchsverfahren** *nt* JUR *(Patentrecht)* opposition proceedings *pl*
ein|sprühen *vt* ▪**etw** ~ to spray sth; **die Wäsche** ~ *to damp washing prior to ironing it*
einspurig I. *adj* ❶ TRANSP one-lane
❷ *(pej: eingleisig)* one-track; **~es Denken** one-track mind
II. *adv* ❶ TRANSP ***die Straße ist nur ~ befahrbar*** only one lane of the road is open
❷ *(pej: eingleisig)* in a narrow-minded way; ***er denkt so*** ~ he's so blinkered
einst *adv* ❶ *(früher)* once
❷ *(geh: in Zukunft)* one [*or* some] day
ein|stampfen *vt* MEDIA ▪**etw** ~ to pulp sth
Einstand *m* ❶ *bes* SÜDD, ÖSTERR *(Arbeitsanfang)* start of a new job; ***wir müssen noch deinen ~ feiern*** we must celebrate your new job; **seinen ~ geben** to celebrate getting [*or* starting] a new job
❷ TENNIS deuce
Einstandspreis *m* HANDEL cost price
ein|stechen I. *vi irreg* ❶ *(mit einer Stichwaffe)* ▪**[mit etw** *dat*] **auf jdn** ~ to stab sb [repeatedly] [with sth]
❷ *(in etw hineinstechen)* ▪**[mit etw** *dat*] **in etw** *akk* ~ *Nadel* to insert [*or* stick] sth into sth; **mit der Gabel in die Kartoffeln** ~ to prick the potatoes [with a fork]
❸ *(durch Stechen etw hervorbringen)* ▪**[mit etw** *dat*] **in etw** *akk* ~ to pierce [*or* make a hole in] sth [with sth]
❹ KARTEN to [play a] trump
II. *vt irreg* ▪**etw in etw** *akk* ~ to stick [*or* insert] sth into sth; **die Nadel in die Vene** ~ to insert the needle into the vein; ▪**etw [mit etw** *dat*] ~ KOCHK to prick sth [with sth]; **den Teig mehrmals mit einer Gabel** ~ to prick the dough several times with a fork
Einsteckbeilage *f* TYPO loose insert
ein|stecken *vt* ❶ *(in die Tasche stecken)* ▪**etw** ~ to put sth in one's pocket; ***er hat das Geld einfach eingesteckt!*** he's just pocketed the money!; ***hast du deinen Pass eingesteckt?*** have you got your passport?; ***stecken Sie Ihren Revolver mal wieder ein!*** put your revolver away!
❷ *(einwerfen)* ▪**etw** ~ to post [*or* mail] sth
❸ *(fam: hinnehmen)* ▪**etw** ~ to put up with [*or* swallow] [*or* take] sth
❹ *(verkraften)* ▪**etw** ~ to take sth
❺ ELEK ▪**etw** ~ to plug in sth *sep*
Einsteckkarte *f* smart card **Einsteckklappe** *f* TYPO flap **Einsteckmodul** *nt* TECH plug-in module **Einsteckschlitz** *m* TYPO flap slot **Einsteckschloss**[RR] *nt* BAU mortise lock **Einstecktuch** *nt* pocket handkerchief
ein|stehen *vi irreg sein* ❶ *(sich verbürgen)* ▪**für jdn/etw** ~ to vouch for sb/sth; ***ich stehe [voll] für ihn ein, er wird Sie schon nicht enttäuschen*** I can guarantee that he won't disappoint you; ▪**[jdm] dafür ~, dass ...** to promise [*or* guarantee] [sb] that ...; ▪**dafür ~, dass ...** to vouch for the fact that ...
❷ *(aufkommen)* ▪**für etw** *akk* ~ to take responsibility for sth; **für Schulden** ~ to assume liability for debts
Einsteigekarte *f* boarding card [*or* AM pass]
Einsteigen <-s> *nt kein pl in das Flugzeug* boarding
ein|steigen *vi irreg sein* ❶ *(besteigen)* ▪**[in etw** *akk*] ~ to get on [sth]; **in ein Auto/Taxi** ~ to get in[to] a car/taxi; **in einen Zug** ~ to get on [*or form* board] a train; ***das E~ in den Zug*** getting onto the train; ~*!* all aboard!
❷ *(fam: hineinklettern)* ▪**[in etw** *akk*] ~ to climb [*or* get] in[to sth]
❸ ÖKON ▪**in etw** *akk* ~ to buy into [*or* take a stake in] sth
❹ *(sich engagieren)* ▪**in etw** *akk* ~ to go into sth; **in eine Bewegung** ~ to get [*or* become] involved in a movement
Einsteinium <-s> *nt kein pl* einsteinium
einstellbar *adj* adjustable; ▪**auf jdn/etw** ~ adjustable [to sb/sth]
ein|stellen I. *vt* ❶ *(anstellen)* ▪**jdn [als etw]** ~ to employ [*or* take on] sb [as sth]; **Arbeitskräfte** ~ to take on employees; ***sie wurde als Redaktionsassistentin eingestellt*** she was given a job as [an] editorial assistant
❷ *(beenden)* ▪**etw** ~ to stop [*or* break off] sth; **eine Suche** ~ to call off [*or* abandon] a search; **eine Planung/ein Projekt** ~ to shelve a plan/project; ***die Firma hat die Arbeit eingestellt*** the company has closed
❸ MIL ▪**etw** ~ to stop sth; **Feindseligkeiten** ~ to suspend hostilities; **das Feuer** ~ to cease fire; **Kampfhandlungen** ~ to cease hostilities [*or* fighting]
❹ JUR ▪**etw** ~ to abandon sth
❺ FOTO, ORN ▪**etw [auf etw** *akk*] ~ to adjust [*or* set] sth [to sth]; **etw auf eine Entfernung** ~ to focus sth
❻ ELEK ▪**etw [auf etw** *akk*] ~ to set sth [at sth] [*or* adjust sth [to sth]]
❼ TV, RADIO ▪**[jdm] etw [auf etw** *akk*] ~ to tune [sb's] sth [to sth]; ***der Videorekorder ist auf Aufnahme eingestellt*** the video recorder is programmed to record
❽ AUTO ▪**[jdm] etw** ~ to adjust [sb's] sth; **die Zündung** ~ to set [*or* adjust] the [ignition] timing; ▪**sich** *dat* **etw ~ lassen** to have sth adjusted
❾ TECH ▪**[jdm] etw [irgendwie]** ~ to adjust [sb's] sth [somehow]; **etw in der Höhe** ~ to adjust the height of sth; **die Lehnenneigung** ~ to adjust the angle of a rest
❿ *(hineinstellen)* ▪**etw [in etw** *akk*] ~ to put sth away [in sth]; ***in den Carport können zwei Autos eingestellt werden*** the carport can accommodate two cars; **ein Buch ins Regal** ~ to put a book away [on the shelf]
⓫ SPORT *(egalisieren)* ▪**etw** ~ to equal sth; **den Rekord** ~ to equal the record
II. *vr* ❶ *(auftreten)* ▪**sich** ~ *Bedenken* to begin; MED *Fieber, Symptome, Übelkeit etc.* to develop, to begin; ***Symptome haben sich eingestellt*** symptoms have appeared [*or* developed]
❷ *(sich anpassen)* ▪**sich auf jdn/etw** ~ to adapt to sb/sth; ▪**sich auf etw** ~ to adjust to sth
❸ *(sich vorbereiten)* ▪**sich auf etw** *akk* ~ to prepare oneself for sth
❹ *(geh: sich einfinden)* ▪**sich** ~ to arrive, to present oneself *form; s. a.* **eingestellt**
III. *vi (beschäftigen)* to take on [*or* hire] people, we have vacancies for bricklayers
einstellig *adj* single-digit *attr*
Einstellknopf *m* control knob; ▪**die Einstellknöpfe** the controls [*or* control knobs] **Einstellplatz** *m* ❶ *(Platz zum Unterstellen)* carport
❷ *(Stellplatz)* parking space **Einstellrad** *nt* adjusting [*or* focussing] ring **Einstellschraube** *f* AUTO setting [*or* adjustment] screw
Einstellung *f* ❶ *(Anstellung)* taking on, employment; ***die ~ zusätzlicher Mitarbeiter*** taking on [*or* employing] extra staff; ***bei ihrer ~*** when she started the job
❷ *(Beendigung)* stopping, termination *form;* ~ **einer Suche** abandoning [*or* abandonment] of a search
❸ JUR *(Aussetzung)* stay; *(Aussetzen)* suspension; *(Aufgabe)* abandonment; ~ **eines Rechtsanspruchs** abandonment of a claim; ~ **der Geschäftstätigkeit** suspension of business; ~ **des Verfahrens** stay of proceedings; *(Strafprozess)* nolle prosequi; **einstweilige** ~ provisional stay of the proceedings
❹ FOTO adjustment
❺ ELEK setting
❻ AUTO adjustment; ~ **der Zündung** setting the timing
❼ TECH *(Regulierung)* adjustment
❽ TV, RADIO tuning; ***die ~ des Videorekorders*** to programme the video recorder
❾ FILM shot, take
❿ *(Gesinnung, Haltung)* attitude; **die richtige ~ mitbringen** to have the right attitude; ***das ist nicht die richtige ~!*** that's not the right attitude!; **eine ganz andere ~ haben** to think [*or* see it] differently; **politische/religiöse ~en** political/religous opinions [*or* views]; **eine kritische** ~ a critical stance; **kritische ~en** critical views; **keine ~ zu etw haben** to hold no opinion about sth
Einstellungsbedingung *f* condition of employment *usu pl,* requirement for employment *usu pl*
Einstellungsbescheid *m* JUR stoppage order

E

Einstellungsgespräch *nt* interview **Einstellungspraktiken** *pl* ÖKON employment practices **Einstellungsstopp**[RR] *m* freeze on recruitment, stop to new appointments; **einen ~ verhängen** to impose a freeze on recruitment; **einen ~ für Lehrer anordnen** to order a stop to the appointment of new teachers **Einstellungstermin** *m* starting date **Einstellungstest** *m test to be passed as a condition of employment* **Einstellungsverfügung** *f* JUR writ of supersedeas [*or* AM of prohibition]

Einstich *m* ① (*das Einstechen*) insertion
② (*Einstichstelle*) puncture, prick

Einstieg <-[e]s, -e> *m* ① *kein pl* (*das Einsteigen*) getting in; ■**jds ~ in etw** *akk* sb's getting in[to] [*or form* entry into/to] sth; **jds ~ in einen Bus/Zug** sb's getting on[to] [*or form* entering] a bus/train; **~ nur mit Fahrausweis** all passengers are required to have a ticket; ***„hier kein ~!"*** "no entry!", "exit only!"; ***„~ nur vorn!"*** "entry only at the front!"
② (*Tür zum Einsteigen*) *Bahn* door; *Bus a.* entrance; *Panzer* hatch
③ (*Zugang*) ■**jds ~ in etw** *akk* sb's getting to grips with [*or fam* getting into] sth; ***ich habe bisher noch keinen ~ in diese schwierige Materie gefunden*** til now I've found no way of approaching [*or* getting to grips with] this difficult material
④ (*Aufnahme*) start; **der ~ in einen Markt** the penetration of a market; ***der ~ in die Kernenergie*** to adopt [*or* start] a nuclear energy programme
⑤ (*an einer Bergwand o.Ä.*) ■**jds ~ in etw** *akk* sb's assault on sth

Einstiegluke *f* BAU access hatch **Einstiegsdroge** *f* soft drug (*which can supposedly lead on to harder drugs*)

einstig *adj attr* former *attr*

ein|stimmen I. *vi* ■**[in etw** *akk*] ~ to join in [sth]; **in ein Lied** ~ to join in the singing; **in eine Klage** [*o* **Beschwerde**] ~ to join in [*or* add one's voice to] a protest [*or* a complaint]
II. *vt* (*innerlich einstellen*) ■**jdn auf etw** *akk* ~ to get sb in the right mood [*or* in the right frame of mind] [*or fam* psyched up] for sth

einstimmig[1] I. *adj* MUS **ein ~es Lied** a song for one voice
II. *adv* MUS in unison, with one voice; **~ singen** to sing in unison

einstimmig[2] I. *adj* unanimous
II. *adv* unanimously; **etw ~ beschließen** to come to a unanimous decision on sth

Einstimmigkeit <-> *f kein pl* unanimity; **~ erzielen** to achieve unanimity, to come to a unanimous agreement

Einstimmigkeitsregel *f* ÖKON unanimity rule

Einstimmung *f kein pl* **zur ~ auf etw** *akk* to get in the right frame of mind [*or* the right mood] for sth; ***er sprach einige Worte zur ~ auf den Filmabend*** he said a few words as an introduction to the film evening

einstmals *adv* (*geh*) *s.* **einst**

einstöckig *adj* single-storey *attr* [*or* AM -story], one-storey *attr*

ein|stöpseln *vt* ELEK (*fam*) ■**etw** ~ to plug sth in; ***wo kann ich den Stecker hier ~?*** where's the socket?

ein|stoßen *vt irreg* (*stoßend eindrücken*) ■**etw** ~ to break sth down; **ein Fenster** ~ to smash a window; **jdm die Zähne** ~ to knock in sb's teeth [unintentionally] *sep;* **den Kopf** ~ to bang one's head

Einstrahlung <-, -en> *f* METEO irradiation

ein|streichen *vt irreg* ① (*fam: einheimsen*) ■**etw** ~ to pocket sth *fam;* ***in dem Geschäft streicht er Unsummen ein*** in that business he's raking it in [*or* BRIT he's coining it [in]] *fam*
② (*bestreichen*) ■**etw [mit etw** *dat*] ~ to paint [*or* coat] sth [with sth]; **Brot mit Butter** ~ to butter [*or* spread butter on] a piece of bread

ein|streuen *vt* ① (*einflechten*) ■**etw [in etw** *akk*] ~ to work sth in[to sth]; **Zitate in ein Vortrag** ~ to sprinkle a lecture with quotations; **geschickt eingestreute Bemerkungen** shrewdly placed remarks
② (*ganz bestreuen*) ■**etw [mit etw** *dat*] ~ to scatter [*or* strew] sth [with sth]; **die Rasenfläche mit Dünger** ~ to scatter [*or* strew] fertilizer on the lawn

Einstrippen <-s> *nt kein pl* TYPO (*von Text*) stripping-in

ein|strömen *vi sein* ① METEO (*in etw strömen*) ■**[nach etw]** ~ to stream [*or* surge] [*or* pour] in[to sth]
② (*rasch hineinfließen*) ■**[in etw** *akk*] ~ to pour [*or* flood] in[to sth]

ein|studieren* *vt* ■**etw** ~ to rehearse [*or* BRIT practise] [*or* AM practice] sth; **etw vor dem Spiegel** ~ to rehearse sth in front of the mirror; ■**einstudiert** rehearsed

ein|stufen *vt* ① (*eingruppieren*) ■**jdn [in etw** *akk*] ~ to grade sb [in sth]; ■**jdn in etw** *akk* ~ to put sb in sth; **jdn in eine bestimmte Steuerklasse** ~ to assess sb as being in a particular tax bracket; **jdn in eine Gehaltsgruppe** ~ to give sb a [salary] grade
② (*zuordnen*) ■**etw in etw** *akk* ~ to categorize [*or* grade] sth as sth

Einstufung <-, -en> *f* categorization, classification; **jd's ~ in eine bestimmte Gehaltsklasse** sb's assessment as a particular salary grade

einstündig, 1-stündig[RR] *adj* one-hour *attr,* lasting one hour *pred; s. a.* **achtstündig**

ein|stürmen *vi sein* ① (*bestürmen*) ■**[mit etw** *dat*] **auf jdn** ~ to bombard [*or* besiege] sb [with sth]; **mit Fragen/Bitten auf jdn** ~ to bombard [*or* besiege] sb with questions/requests
② (*eindringen*) ■**auf jdn** ~ to overwhelm sb; ***nach dem Urlaub stürmten eine Vielzahl von Verpflichtungen auf ihn ein*** after the holiday he was swamped [*or* inundated] with engagements

Einsturz *m* ① (*das Einstürzen*) collapse; *Decke a.* caving-in, falling-in; *Mauer* falling-down, falling-in
② **etw zum ~ bringen** to cause sth to collapse [*or* the collapse of sth]

ein|stürzen *vi sein* ① (*zusammenbrechen*) to collapse; *Decke a.* cave in, fall down
② (*heftig eindringen*) ■**auf jdn** ~ to overwhelm [*or* swamp] [*or* crowd in on] sb
③ **etw zum E~ bringen** to cause sth to collapse

Einsturzgefahr *f kein pl* danger of collapse; ***„Vorsicht ~!"*** "building unsafe!"; **es besteht ~** sth is threatening to [*or* is in danger of] collapse; **wegen ~** because sth is threatening to [*or* is in danger of] collapse

einstweilen *adv* ① (*vorläufig*) for the time being; **jdn ~ auf freien Fuß setzen** to release sb temporarily
② (*in der Zwischenzeit*) in the meantime, meanwhile

einstweilig *adj attr* temporary; **eine ~e Anordnung** [*o* **Verfügung**] a temporary [*or* interim] order/injunction

ein|suggerieren* *vt* (*fam*) ■**jdm etw** ~ to suggest sth to sb, to persuade sb of sth; ■**jdm ~, dass ...** to suggest to [*or* persuade] sb that ...

Ein-Tages-Engagement *nt* BÖRSE intra-day position

eintägig, 1-tägig[RR] *adj* one-day *attr,* lasting one day *pred*

Eintagsfliege *f* ① ZOOL mayfly
② (*von kurzer Dauer*) nine days' wonder; ***sein Erfolg war nur eine ~*** his success was just a flash in the pan

ein|tätowieren* *vt* ■**[jdm] etw** ~ to tattoo sth [on sb]; ■**sich** *dat* **etw ~ lassen** to have a tattoo of sth; ***er ließ sich seine Initialen ~*** he had a tattoo of his initials; ■**eintätowiert** tattooed

ein|tauchen I. *vt haben* ■**jdn [in etw** *akk*] ~ to immerse sb [in sth]; ■**etw [in etw** *akk*] ~ to dip sth in [sth]; *Lebensmittel* to dip [*or fam* dunk] sth [in sth]
II. *vi sein* ■**[in etw** *akk*] ~ to dive [*or* plunge] in[to sth], to dive [*or* submerge]

Eintausch *m* exchange; ***Hinweis: „~ von Gutscheinen"*** sign: "vouchers exchanged here"; **im ~ gegen etw** *akk* in exchange [*or* return] for sth

ein|tauschen *vt* ① (*tauschen*) ■**etw [gegen/für etw]** ~ to exchange sth [for sth]; **ein Gebrauchtwagen gegen einen neuen** ~ to trade in a second-hand car for a new one
② (*umtauschen*) ■**etw [gegen etw]** ~ to [ex]change sth [for sth]

eintausend *adj* one thousand; *s. a.* **tausend 1**

Eintausender <-s, -> *m* mountain over 1,000 metres [*or* AM -ers]

ein|teilen I. *vt* ① (*unterteilen*) ■**etw in etw** *akk* ~ to divide sth up into sth; ***ich habe die Pastete in sechs Stücke eingeteilt*** I've divided [*or* cut] the pie [up] into six pieces
② (*sinnvoll aufteilen*) ■**[sich** *dat*] **etw** ~ *Geld, Vorräte, Zeit* to be careful with sth; ■**etw** ~ to plan sth [out]; ***die Vorräte müssen so eingeteilt werden, dass sie uns zwei Wochen reichen*** we'll have to organize [*or* divide up] the supplies so that they last two weeks; **das Geld** ~ to budget, to manage [*or* organize] one's money [*or* finances]; **die Zeit/den Urlaub** ~ to arrange one's time/holiday; **die Zeit gut** ~ to make good use of one's time, to use one's time well; **sich die Zeit** ~ to plan [*or* organize] [*or* arrange] one's time; **sich die Arbeit** ~ to arrange [*or* organize] one's work
③ (*für etw verpflichten*) ■**jdn zu etw** *dat* ~ to assign sb to sth
II. *vi* (*fam: haushalten*) to budget

Einteiler <-s, -> *m* (*Badeanzug*) one-piece [swimsuit]

einteilig, 1-teilig[RR] *adj* one-piece *attr*

Einteilung *f* ① (*Aufteilung*) management, planning, organization; ***bei besserer ~ deiner Zeit hättest du sicher mehr Freizeit*** if you organized your time better, you would have more free time
② (*Verpflichtung*) ■**jds ~ zu etw** *dat* sb's assignment to sth

ein|tippen *vt* ■**etw [in etw** *akk*] ~ to key [*or* type] sth in[to sth]

eintönig I. *adj* monotonous; **~e Arbeit** monotonous [*or* tedious] work; **~es Leben** humdrum [*or* dull] [*or* monotonous] life
II. *adv* monotonously; **~ klingen** to sound monotonous; **~ vortragen** to read in a monotone

Eintönigkeit <-> *f kein pl* monotony; **die ~ einer bestimmten Arbeit** the monotony [*or* sameness] [*or* tedium] of a particular job; **die ~ einer bestimmten Art Leben** the monotony [*or* dullness] [*or* dreariness] of a particular way of life

Eintopf *m,* **Eintopfgericht** *nt* stew

Eintracht <-> *f kein pl* ① (*harmonisches Einvernehmen*) harmony, peace, concord *form;* **in [Frieden und] ~ zusammenleben** to live together in [peace and] harmony
② SPORT (*part of the name of a sports club*) ≈ United

einträchtig I. *adj* harmonious, peaceful; **ein ~es Zusammenleben** a harmonious [*or* peaceful] life together
II. *adv* harmoniously, peacefully

Eintrag <-[e]s, Einträge> *m* ① *kein pl* (*Vermerk*) note, entry *form;* **~ ins Logbuch** entry in the logbook
② (*im Wörterbuch, Nachschlagewerk*) entry
③ ADMIN registration, record; **~ ins Handelsregister** record in the register of companies

ein|tragen *vt irreg* ① (*einschreiben*) ■**jdn [in etw** *akk*] ~ to enter [*or* record] sb's name [in sth], to put sb's name down [in sth], to enter sb [in sth]; ■**sich** *akk* **[in etw** *akk*] ~ to write one's name [in sth]
② (*amtlich registrieren*) ■**jdn/etw in etw** *akk* ~ to register sb/sth in sth; **ins Handelsregister** ~ to record in the register of companies [*or* commercial register]; ■**sich ~ lassen** to register
③ (*einzeichnen*) ■**etw [auf etw** *dat*] ~ to note [*or* record] sth [on sth], to write sth in [on sth]
④ (*geh: einbringen*) ■**jdm etw** ~ to bring [*or* earn] [*or* win] sb sth; ***sein Verhalten hat ihm allseits Achtung eingetragen*** his behaviour earned respect on all sides

einträglich *adj* profitable, lucrative, remunerative; **eine ~e Arbeit** a well-paid job

Eintragung *f* JUR *(form)* entry, registration; ~ **ins Handelsregister** entry into the commercial register, registration of the business name; ~ **in das Vereinsregister** entry in the Register of Associations; **amtliche** ~ registration; **beschleunigte** ~ [**eines Warenzeichens**] urgent registration [of a trademark] by summary proceedings; **handelsgerichtliche** ~ registration [*or* AM incorporation]

Eintragungsbescheinigung *f* JUR certificate of registration **Eintragungsbewilligung** *f* JUR grant of consent for entry in the register **Eintragungsbuch** *nt* register **eintragungsfähig** *adj* JUR registrable, recordable **Eintragungsgebühr** *f* FIN registration [*or* AM incorporation] fee **Eintragungshindernis** *nt* JUR bar to registration **Eintragungsnummer** *f* registration number **eintragungspflichtig** *adj* JUR *in Grundbuch, Register* subject to [*or* requiring] registration **Eintragungsverfahren** *nt* JUR registration procedure

eintrainiert *adj (einstudiert)* practised, rehearsed

ein|träufeln *vt* **jdm Tropfen in etw** *akk* ~ to put drops in sb's sth, to administer drops to sb's sth *form*

ein|treffen *vi irreg sein* ① *(ankommen)* ■[**irgendwo/bei jdm**] ~ to arrive [somewhere/at sb's]; **mit Verspätung** ~ to arrive late; **frisch eingetroffen** just arrived [*or* in]
② *(in Erfüllung gehen)* to come true, to be fulfilled; ***die Katastrophe traf doch nicht ein*** the catastrophe didn't happen after all

eintreibbar *adj* FIN recoverable, collectible; **nicht** ~ non-collectible

Eintreibbarkeit *f kein pl* FIN recoverability *no pl*

ein|treiben *vt irreg* ■**etw** [**bei/von jdm**] ~ to collect sth [from sb]; **Schulden** ~ to collect [*or* recover] debts; **die Unkosten** ~ to recover the costs

Eintreibung <-, -en> *f* collection; ~ **einer Schuld** collection [*or* recovery] of a debt

ein|treten *irreg* **I.** *vi* ① *sein (betreten)* ■[**in etw** *akk*] ~ to go in [*or* enter] [sth]; ***bitte treten Sie ein!*** please step this way!; ***wir treten in ein neues Zeitalter ein*** we are entering a new era; ■**beim E~** on [*or* when] [*or* while] going in [*or* entering]
② *sein (beitreten)* ■[**in etw** *akk*] ~ to join [sth]
③ *sein (Mitarbeiter werden)* to start somewhere; ■**bei jdm/in etw** *akk o dat* ~ to start working for sb/somewhere; **bei einem Arbeitgeber** ~ to start working for sb; **bei einer Firma** ~ to join [*or* start working at] a company
④ *sein (aufnehmen)* ■**in etw** *akk* ~ **in Diskussionen/Verhandlungen** ~ to enter into discussions/negotiations; **in Gespräche** ~ to hold talks
⑤ *sein (sich ereignen)* to occur, to ensue; ***eine Katastrophe ist eingetreten*** a catastrophe has happened; ***es ist noch keine Besserung seines Zustandes eingetreten*** his condition has not improved; **sollte der Fall ~, dass ...** if it should happen that ...; **der Fall kann ~, dass ...** it may happen that ...; ***dieser Fall ist noch nie eingetreten*** that has never happened; ■**das E~** the occurrence
⑥ *sein (auftreten)* to set in; ***das Tauwetter ist eingetreten*** the thaw has set in; ***dann trat urplötzlich Stille ein*** then there was a sudden silence [*or* silence fell]
⑦ *sein* RAUM ■**in etw** *akk* ~ to enter [*or* move into] sth; ■**beim E~** on [*or* when] [*or* while] entering
⑧ *sein (sich einsetzen)* ■**für jdn/etw** ~ to stand [*or fam* stick] up for sb/sth, to champion sb/sth *form*
⑨ *haben (jdn/etw wiederholt treten)* ■**auf jdn/ein Tier** ~ to kick sb/an animal [repeatedly]
II. *vt haben* ① *(durch Treten zerstören)* ■**etw** ~ to kick sth in
② *(sich durch Treten eindrücken)* ■**sich** *dat* **etw** ~ to get sth in one's foot; ***ich habe mir einen Glassplitter eingetreten*** I've trodden on a splinter of glass

Eintreten <-s> *nt kein pl* standing [*or fam* sticking] up (**für** +*akk* for), championing *form* (**für** +*akk* of)

Eintretende(r) *f(m) dekl wie adj* HANDEL incoming partner [*or* party]

ein|trichtern *vt (fam)* ■**jdm etw** ~ to drum sth into sb *fam;* ***du brauchst mir das nicht immer wieder einzutrichtern*** you don't need to keep on at me

Eintritt *m* ① *(geh: das Betreten)* ■**jds** ~ **in etw** *akk* sb's entrance into sth *form;* ~ **verboten** no admission
② *(Beitritt)* accession; ■**jds** ~ **in etw** *akk* sb's joining sth; ***wann hat er sich denn zum ~ in die Partei entschlossen?*** so when did he decide to join the party?
③ *(Eintrittsgeld)* entrance fee, admission; ~ **frei** admission free
④ *(Einlass)* ■**jds** ~ [**zu etw** *dat***/in etw** *akk*] sb's admission [to sth]; ■**der** ~ [**zu etw** *dat***/in etw** *akk*] admission [to sth]
⑤ *(Beginn)* onset; **bei/vor** ~ **der Dunkelheit** when/before darkness falls [*or* nightfall]; **nach** ~ **der Dunkelheit** after dark, after darkness has fallen; **der** ~ **des Todes** *(geh)* death
⑥ *(Erfüllen)* fulfilment [*or* AM -fill-]; ~ **einer Bedingung** fulfilment of a condition

Eintrittsgeld *nt* entrance [*or* admission] [fee [*or* charge]] **Eintrittskarte** *f* [admission [*or* entrance]] ticket **Eintrittsklausel** *f* JUR accession clause **Eintrittspreis** *m* admission [*or* entrance] [fee [*or* charge]] **Eintrittsrecht** *nt* JUR right of access; **befristetes** ~ option

ein|trocknen *vi sein Farbe, Blut* to dry; *Wasser* to dry up; *Obst* to dry out [*or* shrivel up]; ■**eingetrocknet** dried, dried-up

ein|trüben *vr impers* ■**sich** ~ to cloud over, to become overcast

Eintrübung *f* cloud, cloudy spell

ein|trudeln *vi sein (fam)* to roll [*or* show] [*or* turn] up *fam,* to drift [*or* wander] in *fam*

ein|tunken *vt* DIAL *(eintauchen)* ■**etw** [**in etw** *akk*] ~ to dunk sth [in sth] *fam,* to dip sth in sth; **einen Pinsel in Farbe** ~ to dip a [paint]brush in paint

ein|üben *vt* ■**etw** ~ to practise [*or* AM -ce] sth; **eine Rolle/ein Stück** ~ to rehearse a role/play; **gut eingeübt** well-rehearsed, well-studied

ein|verleiben* **I.** *vt* ① *(eingliedern)* ■**etw einer S.** *dat* ~ *Gebiet, Land* to incorporate sth into sth, to annex sth
② *(hinzufügen)* ■**etw einer S.** *dat* ~ to incorporate sth into sth, to feed sth with sth *fam*
II. *vr* ① POL *(annektieren)* ■**sich** *dat* **etw** ~ to annex sth; ÖKON to incorporate sth
② *(hum fam: verzehren)* ■**sich** *dat* **etw** ~ to put sth away, to guzzle sth *hum fam;* ***ich habe mir soeben den ganzen Kuchen einverleibt*** I've just hoovered the whole cake up *hum fam*

Einverleibung <-, -en> *f* POL annexation; ÖKON incorporation, takeover

Einvernahme <-, -n> *f* JUR *bes* ÖSTERR, SCHWEIZ *(Vernehmung)* examination; *(durch die Polizei)* questioning; *(aggressive Vernehmung)* interrogation

ein|vernehmen* *vt irreg* JUR *bes* ÖSTERR, SCHWEIZ *(vernehmen)* to examine; ***die Polizei hat den Zeugen einvernommen*** the police questioned the witness; *(aggressiv vernehmen)* to interrogate

Einvernehmen <-s> *nt kein pl* agreement; JUR *a.* [good] understanding; ***bestand nicht immer ~ darüber, dass ...?*** didn't we have an understanding that ...?; **in gegenseitigem** [*o* **beiderseitigem**] ~ by mutual agreement; **in gutem** [*o* **bestem**] ~ [**mit jdm**] **stehen** to be on good [*or* the best] terms [with sb]; **im** ~ **mit jdm** in agreement with sb; **ein stillschweigendes** ~ a tacit agreement [*or* understanding]

Einvernehmenserklärung *f* JUR declaration of understanding

einvernehmlich **I.** *adj (geh)* mutual, joint; **zu einer ~en Regelung gelangen** to come to an agreed ruling
II. *adv (geh)* by [*or* in] mutual agreement

einverstanden *adj pred* ■[**mit jdm/etw**] ~ **sein** to be in agreement [with sb/sth], to agree [with sb/sth]; ■[**damit**] ~ **sein, dass ...** to be in agreement that ..., to agree that; **sich** *akk* **mit etw** *dat* ~ **erklären** to agree with sth; ~! agreed!, OK! *fam*

Einverständnis *nt* ① *(Zustimmung)* approval, consent; **ohne jds** ~ without sb's consent; **sein** ~ [**mit etw** *dat*] **erklären** to voice one's approval [of sth], to give one's approval [*or* consent]; **mit Ihrem** ~ with your approval; **im** ~ **mit jdm** with sb's approval; **in** ~ **mit jdm handeln** to act with sb's approval [*or* consent]
② *(Übereinstimmung)* agreement; **völliges** ~ complete [*or* full] agreement; **mit Ihrem** ~ with your agreement; ***findet dieser Vorschlag auch Ihr ~?*** are you in agreement with this proposal?; **stillschweigendes** ~ tacit agreement; **in gegenseitigem** [*o* **beiderseitigem**] ~ by mutual agreement; **sein** ~ **mit etw** *dat* **erklären** to express one's agreement with sth; **im** ~ **mit jdm** in agreement with sb; ***zwischen uns herrscht*** ~ there is agreement between us *form,* we are in agreement

Einverständniserklärung *f* declaration of consent

Einwaage *f kein pl* ÖKON ① *(Reingewicht)* weight of the contents
② *(Gewichtsverlust)* loss of weight

ein|wachsen¹ [-ks-] *vt* ■**etw** ~ to wax sth

ein|wachsen² [-ks-] *vi irreg sein* ■[**jdm**] ~ to grow in; **eingewachsene Zehennägel** ingrowing [*or esp* AM ingrown] toenails

Einwand <-[e]s, Einwände> *m* objection; **einen** ~ [**gegen etw** *akk*] **haben** to object [*or* to have an objection] [to sth]; ***haben Sie einen ~?*** have you got any objections?; **einen** ~ [**gegen etw** *akk*] **machen** [*o* **vorbringen**] to make [*or* lodge] an objection [to sth]; **einen** ~ [**gegen etw** *akk*] **erheben** to raise an objection [to sth]; JUR to demur

Einwanderer, -wand[r]erin *m, f* immigrant

ein|wandern *vi sein* ① *(immigrieren)* ■[**nach/in etw** *akk*] ~ to immigrate [to/into sth]
② *(einziehen)* ■[**nach/in etw** *akk*] ~ to migrate [to/into sth]

Einwanderung <-, -en> *f* ■**jds** ~ **nach/in etw** *akk* sb's immigration to/into sth

Einwanderungsbehörde *f* immigration authorities *usu pl* **Einwanderungsgesetz** *nt* immigration laws *usu pl* **Einwanderungsland** *nt country which attracts a large number of immigrants;* ***die USA werden heute noch als begehrtes ~ betrachtet*** the USA is still seen today as a popular country to emigrate [*or* immigrate] to **Einwanderungspolitik** *f kein pl* POL immigration policy **Einwanderungsvisum** *nt* immigration visa

einwandfrei **I.** *adj* ① *(tadellos)* flawless, perfect; *Obst* perfect, without a blemish; *Fleisch a.* [perfectly] fresh; **~e Qualität** excellent [*or* superior] quality; **in einem ~en Zustand** in perfect condition; **~es Benehmen** impeccable [*or* model] behaviour [*or* AM -or]; **ein ~er Leumund** an excellent [*or* impeccable] character [*or* reputation]
② *(unzweifelhaft)* indisputable, irrefutable, undeniable, incontrovertible; **eine ~e Beweisführung** a conclusive [*or* compelling] argumentation [*or* line of argument]
II. *adv* ① *(tadellos)* flawlessly, perfectly; **sich** ~ **verhalten** to behave impeccably
② *(unzweifelhaft)* indisputably, irrefutably, undeniably; ~ **beweisen** to prove conclusively [*or* beyond a shadow of a doubt]; ~ **nachweisen** to provide conclusive [*or* indisputable] [*or* irrefutable] evidence; ~ **feststehen** to be absolutely certain; ■**es steht** ~ **fest, dass ...** it is an indisputable [*or* irrefutable] [*or* undeniable] fact that ...; ~ **erfunden** [*o* **erlogen**] **sein** to be a downright [*or* complete] lie; ~ **Betrug sein** to be [a] complete [*or* a clear case of] fraud, to be a complete swindle

einwärts *adv* inwards, in

Einwärtsschielen *nt* cross-eye, BRIT *a.* convergent squint

ein|wässern *vt* KOCHK *s.* **wässern**

ein|weben *vt irreg* ■**etw** [**in etw** *akk*] ~ to weave [*or* work] sth in[to sth]; ■**eingewebt** woven-in *attr,* worked-in *attr*

ein|wechseln [-ks-] *vt* ① FIN ■[**jdm**] **etw** [**in** [*o*

gegen] etw *akk*] ~ to change sth [for sb] [into sth]
❷ SPORT ▪jdn [für jdn] ~ to bring on sb [for sb] *sep*
ein|wecken *vt* DIAL ▪**etw** ~ to bottle [*or* preserve] sth; ▪**eingeweckt** bottled
Einweckglas *nt* KOCHK preserving [*or* AM canning] jar
Einwegerzeugnis *nt* throwaway [*or* disposable] [*or* BRIT *a.* one-way] product **Einwegflasche** *f* non-returnable bottle **Einweggeschirr** *nt* disposable tableware **Einwegrasierer** *m* disposable razor **Einwegspritze** *f* disposable needle [*or* syringe] **Einwegverpackung** *f* disposable packaging
ein|weichen *vt* ▪**etw [in etw** *dat*] ~ to soak sth [in sth]; ▪**eingeweicht** soaked
ein|weihen *vt* ❶ (*offiziell eröffnen*) ▪**etw** ~ to open sth [officially], to inaugurate sth *form*
❷ (*vertraut machen*) ▪**jdn [in etw** *akk*] ~ to initiate sb [into sth]; **jdn in ein Geheimnis** ~ to tell sb about [*or* let sb in on] a secret, to divulge a secret to sb; **jdn in einen Plan** ~ to outline [*or* unveil] [*or* present] a plan to sb
Einweihung <-, -en> *f* ❶ (*das Eröffnen*) [official] opening, inauguration
❷ (*das Vertrautmachen*) initiation
Einweihungsfeier *f* official opening, inauguration
ein|weisen *vt irreg* ❶ MED ▪**jdn [in etw** *akk*] ~ to send sb [to sth]; **jdn ins Krankenhaus** ~ to send sb to hospital; ***der Patient wurde gestern eingewiesen*** the patient was admitted yesterday; **jdn in eine psychiatrische Klinik** ~ to commit sb to a mental hospital
❷ (*unterweisen*) ▪**jdn [in etw** *akk*] ~ to brief sb [about sth], to show sb [what sth entails]; ***Ihre Kollegin wird Sie in Ihre neue Tätigkeit*** ~ your colleague will show you what your new job entails
❸ AUTO ▪**jdn [in etw** *akk*] ~ to direct [*or* guide] sb [into sth]; ▪**sich in etw** *akk* ~ **lassen** to have sb direct [*or* guide] one into sth; ***in enge Parklücken sollte man sich besser*** ~ ***lassen*** it's better to be guided into tight parking spaces
Einweisung *f* ❶ MED ▪**jds** ~ **in etw** *akk* sb's admission to sth; ~ **in eine psychiatrische Klinik** committal to a mental hospital
❷ (*Unterweisung*) ▪**jds** ~ [**in etw** *akk*] sb's briefing [*or* instruction] [about sth]
❸ AUTO ▪**jds** ~/**die** ~ **einer S.** [**in etw** *akk*] sb's/the direction [*or* directing] [*or* guiding] of sth [into sth]; **die** ~ **in eine Parklücke** to be guided into a tight parking space
ein|wenden *vt irreg* ▪**etw** [**gegen jdn/etw**] ~ to object [*or* make [*or* raise] an objection] [to sb/sth]; ▪[**dagegen**] ~, **dass ...** to point out [*or* add] that ...; **etwas [gegen jdn/etw] einzuwenden haben** to have an objection [to sb/sth]; ***du hast aber auch immer etwas einzuwenden!*** you're always raising some objection or other!; **nichts [gegen jdn/etw] einzuwenden haben** to have no objection [to sb/sth]; ***ich habe nichts [dagegen] einzuwenden*** I have no objection, I don't object, I have nothing against it; **dagegen lässt sich** ~, **dass ...** an objection could be made that ..., one could object that ...; **dagegen lässt sich einiges** ~ there are a number of things to be said against it/that; **dagegen lässt sich nichts** ~ there can be no objection to it/that
Einwendung *f* ❶ (*Einwand*) objection (**gegen** +*akk* to); **keine ~en machen** to have no objections, to not object
❷ JUR objection; **rechtsvernichtende** ~ plea in bar; **~en [gegen etw** *akk*] **machen** to lodge an objection [to sth], to demur [to [*or* at] sth]
Einwendungsdurchgriff *m* JUR right to put up a/one's defence
ein|werfen *irreg* **I.** *vt* ❶ *eine Sendung* ▪**etw [in etw** *akk*] ~ *Brief* to post [*or* AM mail] sth
❷ (*durch Wurf zerschlagen*) ▪[**jdm**] **etw [mit etw** *dat*] ~ to break [sb's] sth [with sth]; **eine Fensterscheibe** ~ to smash a window
❸ SPORT ▪**etw** ~ to throw sth in
❹ (*etw zwischendurch bemerken*) ▪**etw** ~ to throw sth in; **eine Bemerkung** ~ to throw in a comment [*or* remark], to interject *form*
II. *vi* ❶ SPORT to throw in
❷ (*zwischendurch bemerken*) ▪~, **dass ...** to throw in [*or* interject] that ...
ein|wickeln *vt* ❶ (*in etw wickeln*) ▪**etw [in etw** *akk*] ~ to wrap [up] sth in sth
❷ (*einhüllen*) ▪**jdn [in etw** *akk*] ~ to wrap sb up [in sth]; ***wickle das Kind in diese Decke ein*** wrap the child [up] in this blanket; ▪**sich [in etw** *akk*] ~ to wrap oneself up [in sth]; ***wickle dich schön warm ein!*** wrap yourself up warmly!
❸ (*fam: überlisten*) ▪**jdn [durch etw** *akk*] ~ to fool sb [with sth]; (*fam*) to take sb in; **jdn durch Schmeicheleien** ~ to butter up to sb; ▪**sich [von jdm/etw]** ~ **lassen** to be fooled [*or* taken in] [by sb/sth]
Einwickelpapier *nt* wrapping paper
ein|willigen *vi* ▪[**in etw** *akk*] ~ to consent [*or* agree] [to sth]
Einwilligung <-, -en> *f* (*Zustimmung*) consent, agreement; ***ohne meine*** ~ without my consent; ▪**jds** ~ **in etw** *akk* sb's consent [*or* agreement] to sth; **seine** ~ [**zu etw** *dat*] **geben** to give one's blessing [*or* consent] [to sth]
ein|wintern *vi* SCHWEIZ (*Winter werden*) to become winter
ein|wirken I. *vi* ❶ (*beeinflussen*) ▪**auf jdn/etw** ~ to have an effect [*or* influence] on sb/sth; **etw auf sich** *akk* ~ **lassen** to let sth soak in; ***er ließ das Kunstwerk auf sich*** ~ he soaked the work in
❷ PHYS, CHEM (*Wirkung entfalten*) ▪**auf etw** *akk* ~ to react to sth; **etw** ~ **lassen** to let sth work in; ***du musst die Creme auftragen und*** ~ ***lassen*** apply the cream and let it be absorbed
II. *vt* (*fachspr: einweben*) ▪**etw in etw** *akk* ~ **ein Muster in einen Stoff** ~ to work a pattern into a cloth
Einwirkung *f* ▪**jds** ~ **auf jdn** sb's influence on sb; **unter [der]** ~ **von etw** *dat*/**einer S.** *gen* under the influence of sth; ***unter [der]*** ~ ***von Drogen*** under the influence of drugs; ***sie stand unter [der]*** ~ ***eines Schocks*** she was suffering from [the effects of] shock; ***nach*** ~ ***der Salbe*** when the ointment has worked in
Einwirkungsfaktor *m* influential factor **Einwirkungsmöglichkeit** *f* (*Möglichkeit der Einwirkung*) influence; ***ich sah da keinerlei ~en meinerseits*** I had no influence on [*or* no say in] the matter, I didn't think there was anything I could do about it; **eine ~/~en haben** to bring influence to bear on sth
einwöchig *adj* one-week *attr,* lasting one week *pred*
Einwohner(in) <-s, -> *m(f)* inhabitant
Einwohnerkontrolle *f* SCHWEIZ *s.* **Einwohnermeldeamt** **Einwohnermeldeamt** *nt* ADMIN *residents' registration office* **Einwohnerrat** *m* ADMIN SCHWEIZ ❶ (*Gemeindeparlament in einigen Kantonen*) *regional parliament in large cantons*
❷ (*Mitglied des Gemeindeparlaments*) *member of the regional parliament*
Einwohnerschaft <-, -en> *meist pl f* (*geh*) population *no pl,* inhabitants
Einwohnerschwund *m* falling [*or* declining] number of inhabitants; *eines Landes* declining population; **ein starker** ~ a sharp [*or* drastic] drop in the number of inhabitants **Einwohnerzahl** *f* population, number of inhabitants
Einwurf *m* ❶ (*geh: das Hineinstecken*) *Münzen* insertion; *Briefe, Pakete* posting; ***denke bitte an den*** ~ ***des Briefes*** don't forget to post the letter; ~ **2 Mark** insert 2 marks [into the slot]; ~ **hier** [*o* **hier** ~] insert here
❷ SPORT throw-in; **falscher** ~ foul throw
❸ (*Zwischenbemerkung*) interjection
❹ (*schlitzartige Öffnung*) slit
ein|wurzeln *vi sein* FORST, HORT to take root
Einzahl *f* LING singular
ein|zahlen *vt* FIN ▪**etw [auf etw** *akk*] ~ to pay sth [into sth]; ***die Spenden können auf ein Konto eingezahlt werden*** donations can be paid into an account
Einzahler(in) <-s, -> *m(f)* FIN depositor
Einzahlung *f* FIN (*das Einzahlen*) payment, deposit
Einzahlungsaufforderung *f* BÖRSE call letter; HANDEL request for payment **Einzahlungsbeleg** *m* FIN credit slip **Einzahlungsformular** *nt* FIN paying-in slip BRIT, deposit slip AM **Einzahlungsfrist** *f* FIN deadline for payment; BÖRSE subscription payment period **Einzahlungspflicht** *f* BÖRSE obligation to pay subscription **Einzahlungsschalter** *m* FIN paying-in [*or* AM deposit] counter **Einzahlungsschein** *m* ❶ FIN stub, counterfoil *esp* BRIT ❷ SCHWEIZ *s.* **Zahlkarte**
ein|zäunen *vt* ▪**etw** ~ to fence sth in; ▪**eingezäunt** fenced in
Einzäunung <-, -en> *f* ❶ (*Zaun*) fence
❷ (*das Einzäunen*) fencing
ein|zeichnen *vt* ▪**etw [auf etw** *dat*] ~ to draw [*or* mark] sth in [on sth]; ▪**eingezeichnet sein** to be drawn [*or* marked] in; ***ist der Ort auf der Karte eingezeichnet?*** is the place marked on the map?
Einzel <-s, -> *nt* TENNIS singles + *sing vb*; ***sie gewann das*** ~ ***gegen die Weltranglistendritte*** she won her singles against the world's number three; **im** ~ at singles
Einzelabrede *f* HANDEL special arrangement **Einzelabschreibung** *f* FIN individual depreciation **Einzelabteil** *nt* BAHN single compartment **Einzelaktionär(in)** *m(f)* single shareholder [*or* AM stockholder] **Einzelangebot** *nt* **im** ~ available singly **Einzelanmelder(in)** *m(f)* FIN (*Patent*) single [*or* individual] applicant **Einzelarbeitsvertrag** *m* JUR individual employment contract **Einzelaufstellung** *f* detailed statement **Einzelausgabe** *f* MEDIA separate edition, special edition **Einzelausgebot** *nt* JUR invitation of separate bids **Einzelband** *m* single volume **Einzelbefugnis** *f* JUR individual authority **Einzelbett** *nt* single bed **Einzelbilanz** *f* FIN individual balance sheet **Einzelblatt** *nt* single sheet **Einzelblatteinzug** *m* TYPO cut-sheet feed, single sheet feed **Einzelblattzuführung** *f* TYPO *s.* **Einzelblatteinzug** **Einzelerfinder(in)** *m(f)* sole inventor **Einzelermächtigung** *f* JUR individual authorization **Einzelfahrschein** *m* single ticket BRIT, one-way ticket AM
Einzelfall *m* individual case; ***das Gericht muss jeden*** ~ ***prüfen*** the court must look at each case individually; **im** ~ in each case; **kein** ~ **sein** to be no exception, to not be an isolated case; ***damit bist du kein*** ~ you're not the only one **Einzelfallentscheidung** *f* JUR decision in an individual case **Einzelfallprüfung** *f* JUR individual case [study]; (*Asylrecht*) examination of each individual case **Einzelfrage** *f meist pl* detailed question **Einzelfundament** *nt* BAU footing **Einzelgänger(in)** <-s, -> *m(f)* (*Mensch, Tier*) loner, lone wolf **Einzelgeschäftsführung** *f* HANDEL individual conduct of business **Einzelgewerkschaft** *f* ÖKON single [trade] union **Einzelhaft** *f* JUR solitary confinement; **jdn in** ~ **halten** to keep sb in solitary confinement
Einzelhandel *m* ÖKON retail trade; ***das ist der Preis für den*** ~ that is the retail price; **im** ~ retail; ***diese Artikel sind nur im*** ~ ***erhältlich*** these items are only available retail; ***im*** ~ ***kostet die Uhr 4500 DM*** the watch retails at 4,500 marks
Einzelhandelsgeschäft *nt* ÖKON retail outlet [*or* shop] **Einzelhandelskaufmann, -kauffrau** *m, f* trained retail salesman *masc,* trained retail saleswoman *fem* **Einzelhandelspreis** *m* ÖKON retail price **Einzelhandelsspanne** *f* HANDEL retail profit margin **Einzelhandelsumsatz** *m* HANDEL retail sales *pl* **Einzelhandelsverband** *m* retail[ers'] association
Einzelhändler(in) *m(f)* ÖKON retailer, retail trader
Einzelhaus <-es, -häuser> *nt* detached house
Einzelheit <-, -en> *f* detail; ***ich kann nicht jede*** ~ ***behalten*** I can't remember all the details; ***in der Dunkelheit kann man keine ~en sehen*** in the dark you cannot see anything in detail; **auf ~en eingehen** to go into detail[s]; **in allen ~en**

beschreiben [*o* **schildern**] to describe in [great] detail; **bis in die kleinsten ~en** right down to the last detail; **sich in ~en verlieren** to get bogged down in detail

Einzelkabine *f* ❶ NAUT single cabin ❷ (*Umkleidekabine*) [individual] cubicle **Einzelkalkulation** *f* FIN unit calculation **Einzelkampf** *m* SPORT individual competition; MIL single combat **Einzelkaufmann** *m* HANDEL owner-manager, sole trader **Einzelkind** *nt* only child **Einzelkörperschaft** *f* JUR corporation sole **Einzelleistung** *f* individual performance

Einzeller <-s, -> *m* BIOL single-celled [*or* unicellular] organism

einzellig *adj* BIOL single-cell[ed], unicellular

einzeln I. *adj* ❶ (*für sich allein*) separate, individual; ***~e Teile des Geschirrs können nachgekauft werden*** individual pieces of this crockery can be purchased at a later date; ***ein ~er Mensch könnte alle Aufgaben erledigen*** one person alone could not do all the work

❷ (*detailed*) ■**E~es** some; ***an E~es erinnere ich mich noch gut*** I can remember some things very well; **im E~en** in detail; ***im E~ kann ich darauf nicht eingehen*** I can't go into anymore detail

❸ (*individuell*) individual; ■**der/die E~e** the individual; **als E~er** as an individual; **ein E~er/eine E~e** an individual, a single person; ***was kann ein E~er schon dagegen ausrichten?*** what can one person do on his own?; **jede(r, s) E~e** each individual; ***ich erwarte von jedem E~en von Ihnen, dass er seine Pflicht tut*** I expect [each and] every one of you to do your duty

❹ (*allein stehend*) single, solitary; ***im Feld stand eine ~e Eiche*** a solitary oak tree stood in the field; ***die ganzen Felder gehören zu dem ~en Gehöft dort*** all the fields belong to that one farm

❺ *pl* (*einige wenige*) some, a few, a handful; ***erst waren es nur ~e Arbeiter*** at the beginning there were only a few workers

❻ *pl* METEO scattered; **~e Schauer** scattered showers

II. *adv* (*separat*) separately; ***wir kamen ~*** we came separately; **etw ~ aufführen** to list sth separately; ***bitte ~ eintreten!*** please come in one at a time

Einzelperson *f* (*geh*) single person **Einzelprokura** *f* JUR sole power of attorney **Einzelradaufhängung** *f* AUTO independent suspension **Einzelrechner** *m* INFORM stand-alone [terminal] **Einzelrechnerbetriebssystem** *nt* single-user [operating] system, stand-alone system **Einzelrechtsnachfolge** *f* JUR singular succession **Einzelreisende(r)** *f(m) dekl wie adj* individual passenger **Einzelrichter(in)** *m(f)* JUR single judge **Einzelstatut** *nt* JUR individual statute **Einzelstrafe** *f* JUR individual sentence **Einzelstück** *nt* unique object [*or* piece], individual item; ***~e verkaufen wir nicht*** we do not sell these items singly **Einzeltäter(in)** *m(f)* JUR lone operator **Einzelteil** *nt* (*einzelnes Teil*) separate [*or* individual] part; ***ein Puzzle besteht aus vielen ~en*** a jigsaw puzzle has many separate parts; *Ersatzteil* spare [*or* replacement] part; **etw in seine ~e zerlegen** to take sth to pieces **Einzelteilfertigung** *f kein pl* manufacture of single parts **Einzeltherapie** *f* individual therapy **Einzelunternehmen** *nt* ÖKON single enterprise, sole proprietorship **Einzelvertretungsbefugnis** *f* JUR individual power of representation **Einzelwert** *m* individual value **Einzelzelle** *f* JUR, BIOL single cell **Einzelzimmer** *nt* MED, TOURIST single room **Einzelzuständigkeit** *f* JUR individual responsibility **Einzelzwangsvollstreckung** *f* JUR individual enforcement [*or* execution]

ein|zementieren* *vt* BAU ■**etw [in etw** *akk*] ~ to cement sth [into sth]; **etw in die Wand ~** to set sth into the wall; ***der Safe ist einzementiert*** the safe is built [*or* set] into the concrete

einziehbar *adj* recoverable, collectable; **~e Schulden/Steuern** recoverable debts/taxes

ein|ziehen *irreg* I. *vt haben* ❶ FIN (*kassieren*) ■**etw** ~ *Beiträge, Gelder* to collect sth

❷ ADMIN (*aus dem Verkehr ziehen*) ■**etw** ~ to withdraw sth, to call sth in; ***die alten Banknoten wurden eingezogen*** the old banknotes were withdrawn from circulation

❸ ADMIN (*beschlagnahmen*) ■**etw** ~ to take sth away; **Vermögen ~** to confiscate property; **einen Führerschein ~** to take away a driving licence

❹ MIL (*einberufen*) **jdn [zum Militär]** ~ to conscript [*or* call up] [*or* AM draft] sb [into the army]

❺ (*nach innen ziehen*) ■**etw** ~ to take sth in; ***der Kopierer zieht die Blätter einzeln ein*** the photocopier takes in the sheets one by one

❻ ZOOL (*zurückziehen*) ■**etw** ~ to draw in [*or* retract] sth

❼ (*in die Gegenrichtung bewegen*) ■**etw** ~ to draw [*or* pull] in sth; **die Schulter ~** to hunch one's shoulder; **den Kopf ~** to duck one's head; ***der Hund zog den Schwanz ein*** the dog put its tail between its legs; ***mit eingezogenem Schwanz*** (*fig*) with his/her/its tail between his/her/its legs

❽ AUTO, NAUT (*einfahren*) ■**etw** ~ *Antenne, Periskop* to retract sth

❾ (*beziehen*) ■**etw [in etw** *akk*] ~ to thread sth [in sth]; (*hineinstecken*) to put sth [into sth]; **ein Kissen in einen Bezug ~** to put a pillow in a pillowcase

❿ BAU **eine Wand ~** to put in a wall

⓫ (*einsaugen*) ■**etw** ~ to draw [*or* suck] up sth; **Luft ~** to breathe in

II. *vi sein* ❶ (*in etw ziehen*) ■**[bei jdm/in etw** *akk*] ~ to move in [with sb/into sth]; ***wer ist im dritten Stock eingezogen?*** who has moved in on the third floor?

❷ POL ■**in etw** *akk* ~ to take office in sth; ***er wurde gewählt und zog ins Parlament ein*** he was elected and took his seat in parliament

❸ SPORT (*einmarschieren*) ■**in etw** *akk* ~ to march [*or* parade] into sth; ***die einzelnen Mannschaften zogen in das Olympiastadion ein*** the individual teams marched [*or* paraded] into the Olympic stadium; MIL to march into sth

❹ (*einkehren*) ■**[bei jdm]** ~ to come [to sb]; ***nach dem Krieg zogen wieder Ruhe und Ordnung im Land ein*** after the war law and order returned to the country

❺ (*eindringen*) ■**[in etw** *akk*] ~ to soak [into sth]

Einziehung *f* ❶ (*Beschlagnahme*) confiscation, seizure

❷ (*Anfordern*) *Gelder, Steuern* collection; *Gebühren a.* recovery; (*aus dem Verkehr*) withdrawal; **~ einer Forderung** collection of a claim; (*Schulden*) recovery of a debt

❸ MIL conscription, call-up, drafting AM; *Fahrzeug* requisitioning

Einziehungsbenachrichtigung *f* FIN advice of collection **Einziehungsbeschluss**[RR] *m*, **Einziehungsverfügung** *f* FIN sequestration order **Einziehungsverfahren** *nt* JUR judicial forfeiture proceedings

einzig I. *adj* ❶ *attr* only, sole; ***wir haben nur eine ~e Möglichkeit*** there is only one thing we can do, we have only one chance; **jds ~es Kind** sb's only child

❷ (*alleinige*) ■**der/die E~e** the only one; ***du bist der E~e, dem ich vertraue*** you are the only one I trust; ***das ist das E~e, was zählt*** that is the only thing that counts; ***er hat als E~er das Ziel erreicht*** he was the only one to reach the finish; ***das ~ Gute wäre, das Auto zu verkaufen*** the best thing to do would be to sell the car; ***kein ~er Gast blieb nach dem Essen*** not one solitary guest stayed behind after the meal; ***nur noch ein ~er Apfel ist übrig geblieben*** there is still one solitary apple left

❸ (*fam: unglaublich*) ■**ein ~er/eine ~e/ein ~es ...** a complete/ an absolute ...; ***seine Wohnung ist eine ~e Sauerei*** his flat is an absolute [*or* BRIT *fam!* bloody] disgrace; ***12 Stunden täglich am Monitor, das ist eine ~e Quälerei*** 12 hours a day at the computer is sheer murder; ***die Situation ist ein ~er Schlamassel*** the situation is a right [*or* an absolute] mess

❹ *pred* (*einzigartig*) ■**~ sein** to be unique

II. *adv* (*ausschließlich*) only, solely; ***das hat er ~ dir zu verdanken*** he owes that entirely to you; **die ~ mögliche Lösung** the only possible solution; **~ und allein** solely; ***es liegt ~ und allein an Ihnen*** it is entirely up to you

einzigartig I. *adj* unique; ***das Bild war ~ schön*** the painting was astoundingly beautiful

II. *adv* astoundingly

Einzigartigkeit <-> *f kein pl* uniqueness

Einzimmerwohnung *f* one-room flat [*or* AM apartment]

einzonen *vt* ■**etw** ~ ADMIN SCHWEIZ to divide into zones [*or* areas]

ein|zuckern *vt* ■**etw** ~ to sugar sth

Einzug <-[e]s, Einzüge> *m* ❶ (*das Einziehen*) ■**der/jds ~ [in etw** *akk*] the/sb's move [into sth]; **der ~ in ein Haus/eine Wohnung etc.** the/sb's move into a house/flat BRIT [*or* AM apartment]

❷ POL ***bei dieser Wahl gelang der Partei der ~ ins Parlament*** at this election the party won seats in Parliament

❸ (*der Beginn*) **seinen ~ halten** to arrive; ***der Winter hat ~ gehalten*** winter arrived

❹ MIL (*Einmarsch*) entry

❺ FIN (*das Kassieren*) collection

❻ TYPO indentation; **hängender ~** hanging indent

Einzüger *m* SCHWEIZ debt collector

Einzugsbereich *m* catchment area **Einzugsermächtigung** *f* FIN direct debit authorization **Einzugsgebiet** *nt* HANDEL *s.* **Einzugsbereich** **Einzugsgeschäft** *nt* FIN collection business **Einzugsverfahren** *nt* FIN direct debit[ing] **Einzugsverkehr** *m* ÖKON collecting business

ein|zwängen I. *vt* ❶ (*beengen*) ■**jdn** ~ to constrain [*or* constrict] sb

❷ (*in etw zwängen*) ■**etw [in etw** *akk*] ~ to jam [*or* squeeze] [*or* wedge] sth [into sth]

❸ (*hineinzwingen*) ■**jdn [in etw** *akk*] ~ to squeeze sb [into sth]; **jdn in ein Korsett ~** to squeeze sb into a corset

II. *vr* (*sich hineinzwängen*) ■**sich in etw** *akk* ~ to squeeze oneself into sth; **sich [in etw** *dat*] **eingezwängt fühlen** to feel constricted [in sth]

Einzylindermotor *m* TECH one-[*or* single-]cylinder engine

Eis <-es> *nt kein pl* ❶ (*gefrorenes Wasser*) ice; **zu ~ gefrieren** to freeze [*or* turn] to ice

❷ (*Eisdecke*) ice; **aufs ~ gehen** to go onto the ice; **~ laufen** to ice-skate

❸ KOCHK (*Eiswürfel*) ice [cube]; ***eine Cola mit ~, bitte!*** a coke with ice, please; ***einen Whisky mit ~, bitte!*** a whisky on the rocks, please; (*Nachtisch*) ice [cream]; **~ am Stiel** KOCHK ice[d] lolly BRIT, Popsicle® AM

▶ WENDUNGEN: **das ~ brechen** to break the ice; **jdn aufs ~ führen** to take sb for a ride *fam*, to lead sb up the garden path; **etw auf ~ legen** (*fam*) to put something on ice; **auf ~ liegen** to be on hold

Eisbahn *f* SPORT ice rink **Eisbär** *m* ZOOL polar bear **Eisbecher** *m* KOCHK ❶ (*Pappbecher*) [ice-cream] tub; (*Metallschale*) sundae dish ❷ (*Eiscreme*) sundae **Eisbein** *nt* KOCHK knuckle of pork **Eisberg** *m* GEOG iceberg; *s. a.* **Spitze** **Eisbeutel** *m* ice pack **Eisblock** *m* block of ice **Eisblume** *f meist pl* (*an Fensterscheiben*) frost pattern [*or* work] *no pl*, BRIT *a.* ice-ferns *pl* **Eisbombe** *f* KOCHK bombe glacée **Eisbrecher** *m* NAUT icebreaker **Eiscafé** *nt* ❶ (*Eisdiele*) ice cream parlour [*or* AM -or] ❷ *s.* **Eiskaffee** **Eischnee** *m* KOCHK beaten egg white **Eiscreme** [-kre:m], **Eiskrem** *f* KOCHK ice cream **Eisdecke** *f* sheet of ice **Eisdiele** *f* ice cream parlour [*or* AM -or]

Eisen <-s, -> *nt* ❶ *kein pl* CHEM, BERGB iron; ***der Zaun ist aus ~*** the fence is made of iron

❷ TECH (*Eisenbeschlag*) iron fitting

❸ (*beim Golf*) iron

▶ WENDUNGEN: **noch ein/mehrere ~ im Feuer haben** (*fam*) to have another/more than one iron in the fire; **zum alten ~ gehören** [*o* **zählen**] (*fam*) to be on the scrap heap *fam;* **ein heißes ~** a hot potato; **ein heißes ~ anfassen** to take the bull by the horns; **man muss das ~ schmieden, solange es heiß ist** (*prov*) one must strike while the iron is hot *prov*

Eisenbahn *f* ① (*Zug*) train
② (*Spielzeug~*) train set
▶ WENDUNGEN: **es ist [aller]höchste ~** (*fam*) it is high time, there is no more time to waste

Eisenbahnabteil *nt* [train] compartment **Eisenbahnaktie** *pl* rails *pl*, railway shares *pl* [*or* stocks] *pl* **Eisenbahnanschluss**RR *m* rail connection **Eisenbahnarbeiter(in)** *m(f)* railway worker, BRIT *a.* railwayman **Eisenbahnbau** *m* railway construction [*or* engineering], AM *a.* railroading **Eisenbahnbeamte(r)** *f(m) dekl wie adj* railway official **Eisenbahnbedienstete(r)** *f(m)* railway employee **Eisenbahnbenutzer(in)** *m(f)* railway user **Eisenbahnbetrieb** *m* railway operation **Eisenbahnbrücke** *f* railway bridge **Eisenbahndirektion** *f* railway management [*or* head office] **Eisenbahner(in)** <-s, -> *m(f)* (*fam*) railway employee, railroader AM **Eisenbahnergewerkschaft** *f* railway[men's] union BRIT, railroad brotherhood AM **Eisenbahnfähre** *f* train ferry **Eisenbahnfahrkarte** *f* railway [*or* train] ticket **Eisenbahnfernstrecke** *f* railway trunk line

Eisenbahnfracht *f* railway freight, rail carriage, railage **Eisenbahnfrachtbrief** *m* HANDEL rail[way] [*or* AM railroad] bill, waybill **Eisenbahnfrachtgeschäft** *nt* rail transport **Eisenbahngelände** *nt* railway property **Eisenbahngesellschaft** *f* railway company **Eisenbahngesetz** *nt* JUR Railways Act **Eisenbahngleis** *nt* railway track **Eisenbahngüterverkehr** *m* rail freight [*or* railway goods] traffic **Eisenbahnkesselwagen** *m* railroad tank car **Eisenbahnknotenpunkt** *m* railway junction

Eisenbähnler *m* SCHWEIZ (*fam*) *s.* **Eisenbahner**

Eisenbahnlinie *f* rail road, railway line **Eisenbahnnetz** *nt* rail[way] network [*or* BRIT *a.* system] **Eisenbahnoberbau** *f* roadbed, BRIT *a.* permanent way **Eisenbahnschaffner(in)** *m(f)* railway guard [*or* conductor], ticket inspector **Eisenbahnschiene** *f* [railway] rail **Eisenbahnschotter** *m* track ballast **Eisenbahnschranke** *f* [level-crossing] barrier [*or* gate] **Eisenbahnschwelle** *f* sleeper BRIT, tie AM **Eisenbahnstation** *f* railway station **Eisenbahnstrecke** *f* railway line, track section, AM *a.* track **Eisenbahntankwagen** *m* railroad tank car **Eisenbahntarif** *m* railway rates *pl*; (*für Güter*) railway tariff; (*für Personen*) railway fares *pl* **Eisenbahntechnik** *f* railway engineering **Eisenbahntransport** *f* rail transport, carriage by rail **Eisenbahntunnel** *m* railway tunnel **Eisenbahnüberführung** *f für Kfz* railway overpass; *für Fußgänger* footbridge, overbridge BRIT, overpass AM **Eisenbahnübergang** *f* railway [*or* BRIT level] [*or* AM grade] crossing **Eisenbahnunglück** *nt* railway disaster [*or* accident], train disaster [*or* crash] **Eisenbahnunterbau** *m* roadbed, railway substructure **Eisenbahnunterführung** *f* railway underpass, BRIT *a.* subway **Eisenbahnunternehmer** *m* railway contractor **Eisenbahnverbindung** *f* rail link [*or* connection] **Eisenbahnverkehr** *m* rail[way] traffic, rail transport [*or* service] **Eisenbahnversand** *m* trail transport **Eisenbahnverwaltung** *f* railway management **Eisenbahnwagen** *m* (*Personen~*) railway carriage BRIT, railroad [*or* passenger] car AM; (*Güter~*) goods [*or* railway] wagon BRIT, railroad [*or* freight] car AM **Eisenbahnwaggon** *m* railway car [*or* BRIT *a.* carriage]; (*für Personen*) railway coach; (*für Güter*) goods wagon, freight car **Eisenbahnzug** *m* [railway] train

Eisenbedarf *m* iron requirement **Eisenbeschlag** *m* iron band **eisenbeschlagen** *adj* with iron fittings; **~e Stiefel** steel-capped [*or* AM -toed] boots **Eisenblech** *nt* sheet iron **Eisendraht** *m* steel wire **Eisenerz** *nt* CHEM, BERGB iron ore **Eisengehalt** *m* CHEM iron content **Eisengießerei** *f* TECH iron foundry **Eisengitter** *nt* iron bars *pl*, iron grating [*or* BRIT *a.* railings] *pl* **eisenhaltig** *adj*, **eisenhältig** *adj* ÖSTERR CHEM iron-bearing, ferruginous *form*; ■~ **sein** to contain iron

Eisenhut *m* ① HIST iron helmet
② BOT **blauer ~** monk's hood, aconite

Eisenhüttenwerk *nt* ironworks + *sing/pl vb*, iron foundry **Eisenindustrie** *f* ÖKON *s.* **Eisen- und Stahlindustrie** **Eisenkraut** *nt* BOT verbena **Eisenmangel** *m* MED iron deficiency **Eisenoxid** *nt* CHEM ferric oxide **Eisenpräparat** *nt* PHARM iron tablets **Eisenrahmenkonstruktion** *f* BAU steel frame construction **Eisenspäne** *pl* iron filings **Eisenstange** *f* iron bar

Eisentablette *f* iron tablet **Eisenträger** *m* BAU iron girder **Eisen- und Stahlindustrie** *f* ÖKON iron and steel industry **Eisenverbindung** *f* CHEM iron compound **Eisenwaren** *pl* ÖKON ironmongery *no pl, no art* BRIT, hardware *no pl, no art* **Eisenwarenhändler(in)** *m(f)* ÖKON ironmonger BRIT, hardware dealer AM **Eisenwarenhandlung** *f* ÖKON ironmonger's [shop] BRIT, hardware store AM

Eisenzeit *f kein pl* HIST Iron Age

eisern I. *adj* ① *attr* CHEM iron
② (*unnachgiebig*) iron, resolute; **~e Energie** unflagging [*or* indefatigable] energy; **~e Ruhe** unshakeable patience; ■~ **sein** [*o* **bleiben**] to be/remain resolute; ***und wenn du noch so bettelst, da bin/bleibe ich ~!*** however much you beg, I will not change my mind; **mit ~em Besen auskehren** (*fig*) to make a clean sweep
③ (*fest*) firm
④ *attr* (*für Notfälle*) iron; **jds ~e Reserve** sb's nest egg
▶ WENDUNGEN: **aber ~!** (*fam*) of course [*or* absolutely]
II. *adv* resolutely; ***sie hat sich ~ an den Plan gehalten*** she stuck firmly [*or* steadfastly] to the plan

Eiseskälte *f* (*geh*) icy cold

Eisfläche *f* [surface of the] ice **eisfrei** *adj* METEO, GEOG free of ice; **~ bleiben** to remain ice-free **Eisgang** *m* ice drift **eisgekühlt** *adj* KOCHK ice-cold; ***ist das Bier ~?*** is that beer really cold [*or* out of the fridge]? **Eisglätte** *f* black ice **Eisheiligen** *pl* ■**die [drei] ~n** *days in May with supposedly an increased risk of frost — in N. Germany 11–13th, in S. Germany 12–15th* **Eishockey** *nt* SPORT ice hockey

eisig I. *adj* ① (*bitterkalt*) icy; **ein ~er Wind** an icy [*or* bitter] wind
② (*abweisend*) icy; **ein ~es Schweigen** a frosty [*or* chilly] silence; **eine ~e Ablehnung** cold rejection
③ (*jäh*) chilling; ***ein ~er Schreck durchfuhr sie*** a cold shiver ran through her
④ (*frostig*) icy, cold; **ein ~es Lächeln** a frosty smile
II. *adv* coolly

Eiskaffee *m* KOCHK ① (*selten*) iced coffee ② (*Kaffee mit Vanilleeis und Schagsahne*) *chilled coffee with vanilla ice cream and whipped cream* **eiskalt** I. *adj* ① (*bitter kalt*) ice-cold; ***du hast ja ~e Füße*** your feet are ice-cold [*or fam* like blocks of ice]
② (*kalt und berechnend*) cold and calculating, cold-blooded; ***dieser ~e Mörder*** this cold-blooded murderer ③ (*dreist*) cool; **eine ~e Abfuhr bekommen** to be snubbed [*or* rebuffed] by sb II. *adv* (*kalt und berechnend*) coolly; **jdn ~ anblicken** to look coolly at sb; ***sie macht das ~*** she does it without turning a hair **Eiskappe** *f* GEOL ice cap **Eiskasten** *m* ÖSTERR refrigerator **Eisklettern** *nt* SPORT ice climbing **Eiskratzer** *m* AUTO ice scratch **Eiskristall** *nt* ice crystal **Eiskübel** *m* ice bucket **Eiskunstlauf** *m* SPORT figure-skating **Eiskunstläufer(in)** *m(f)* SPORT figure-skater **eislaufen** *vi s.* **Eis 2** **Eislaufen** <-s> *nt kein pl* ice skating **Eisläufer(in)** *m(f)* ice-skater **Eismaschine** *f* KOCHK ice cream machine **Eismeer** *nt* GEOG polar sea; **Nördliches/Südliches ~** Arctic/Antarctic Ocean **Eismühle** *f* ice crusher **Eisnebel** *m* METEO freezing fog **Eispickel** *m* SPORT ice axe [*or* pick]

Eisprung *m* MED ovulation

Eisregen *m* METEO sleet **Eisrevue** *f* SPORT ice show **Eissalat** *m* iceberg lettuce **Eissalon** *m* DIAL (*veraltend*) *s.* **Eisdiele** **Eisschicht** *f*, **Eisschichte** *f* ÖSTERR layer of ice **Eisschießen** *nt* SPORT curling **Eisschnellauf** *m* SPORT *s.* Eisschnelllauf **Eisschnellaufbahn** *f s.* Eisschnelllaufbahn **Eisschnelläufer(in)** *m(f)* SPORT *s.* Eisschnellläufer **Eisschnelllauf**RR *m* SPORT speed skating **Eisschnelllaufbahn**RR *f* speed skating circuit **Eisschnellläufer(in)**RR *m(f)* SPORT speed skater **Eisscholle** *f* ice floe **Eisschrank** *m* (*veraltend*) *s.* **Kühlschrank** **Eisspeedway** [-spi:dweɪ] *nt* (*Sportdisziplin*) speedway ice racing; (*Bahn*) ice speedway **Eisspeedwayfahrer(in)** [-spi:dweɪ-] *m(f)* speedway ice racer **Eissport** *m* ice sports *pl* **Eisstadion** *nt* SPORT ice rink **Eisstoß** *m* ÖSTERR (*Eisstau*) *blockage in river caused by ice floes* **Eissturmvogel** *m* ORN northern fulmar **Eistorte** *f* KOCHK ice cream cake **Eisverkäufer(in)** *m(f)* ice cream man **Eisvogel** *m* ORN kingfisher; ZOOL (*Schmetterling*) white admiral **Eiswaffel** *f* ice cream wafer; (*Eistüte*) wafer cone **Eiswasser** *nt* icy water; ***ein Glas ~*** a glass of ice-cold water **Eiswein** *m* KOCHK *wine made from grapes hardened by frost* **Eiswürfel** *m* ice cube; ***nehmen Sie ~ in die Cola?*** do you have ice in your coke? **Eiswürfelschale** *f* ice-cube tray **Eiszapfen** *m* METEO icicle **Eiszeit** *f* ① GEOL Ice Age, glacial epoch *form* ② POL cold war **eiszeitlich** *adj* GEOL Ice Age, of the Ice Age

eitel *adj* ① (*pej: selbstgefällig*) vain; (*eingebildet*) conceited; *s. a.* **Freude, Pfau**
② (*veraltend geh*) vain; ***seine Hoffnungen erwiesen sich als ~*** his hopes proved to be all in vain

Eitelkeit <-, -en> *f* (*pej*) vanity

Eiter <-s> *m kein pl* MED pus *no pl, no indef art*

Eiterbeule *f* ① MED boil ② (*fig: Übelstand*) canker *fig* **Eiterbildung** *f* MED pyosis **Eiterbläschen** *nt* MED pustule **Eitererreger** *m* MED pyogenic organism **Eiterherd** *m* MED suppurative focus

eit(e)rig *adj* MED *Ausfluss* purulent; *Geschwür, Pickel, Wunde* festering, suppurating; ■~ **sein** to fester, to suppurate; (*mit Eiter getränkt*) pus-covered

eitern *vi* MED to fester, to discharge pus, to suppurate

Eiterpickel *m* MED pimple [with pus]

eitrig *adj s.* **eiterig**

Eiweiß *nt* ① CHEM protein
② KOCHK [egg] white, white of an egg; **~ schaumig** [*o* **steif**] [*o* **zu Schnee**] **schlagen** to beat the egg white until it is stiff

eiweißarm I. *adj* low in protein; **~e Kost** a low-protein diet II. *adv* (*mit zu wenig Protein*) low in protein; ***Sie ernähren sich zu ~*** you are not getting enough protein **eiweißhaltig** *adj* containing protein **eiweißreich** *adj* rich in protein *pred*

Eizelle *f* BIOL ovum, egg cell AM *fam*

Ejakulat <-[e]s, -e> *nt* MED ejaculate, ejaculated semen

Ejakulation <-, -en> *f* BIOL ejaculation; **zur ~ kommen** to ejaculate, to climax

Ejakulationsstörung *f* MED ejaculation disorder [*or* trouble]

ejakulieren* *vi* BIOL to ejaculate

Ekel[1] <-s> *m kein pl* disgust, revulsion; ***der ~ würgte ihn*** he was overcome by nausea [*or* felt nauseous]; **~ erregend** nauseating, revolting, disgusting; **vor jdm/etw einen ~ haben** [*o* **empfinden**] to loathe sb/sth; **vor ~** in disgust [*or* revulsion]; ***sie musste sich vor ~ übergeben*** she was so nauseated that she vomited

Ekel[2] <-s, -> *nt* (*fam*) revolting person

ekelerregend *adj s.* **Ekel**[1]

ekelhaft I. *adj* ① (*widerlich*) disgusting, revolting; ***ich habe so einen ~en Geschmack im Mund*** I have got a nasty [*or* vile] taste in my mouth; ***so etwas E~es wie diese Würmer*** such revolting things like these worms
② (*fam: unangenehm*) nasty; ***sei nicht so ~ zu ihr*** don't be so nasty to her
II. *adv* ① (*widerlich*) disgusting; ***der Käse riecht ~*** the cheese smells awful
② (*fam: unangenehm*) horribly

ek(e)lig <-er, -ste> *adj s.* **ekelhaft 1**
ekeln I. *vt* ■**jdn** ~ to disgust [*or* revolt] [*or* nauseate] sb
II. *vt impers* ■**es ekelt jdn [vor jdm/etw]** sb/sth disgusts sb; ***es ekelt mich vor diesem Anblick*** the sight of it disgusts me
III. *vr* ■**sich [vor jdm/etw]** ~ to find sth/sb disgusting [*or* revolting] [*or* nauseating]; ***sie ekelte sich vor seinen Frettchen*** she found his ferrets revolting
Ekelpaket *nt* (*pej*) mean bastard
EKG <-s, -s> *nt* MED *Abk von* **Elektrokardiogramm** ECG; **[sich** *dat*] **ein ~ machen lassen** to have an ECG; **jdm ein ~ machen** to do an ECG for sb
Eklat <-s, -s> [e'kla:] *m* (*geh*) sensation; **einen ~ verursachen** to cause a stir [*or* sensation]; ***es kam zu einem ~*** a dispute broke out
eklatant <-er, -este> *adj* (*geh*) **ein ~es Beispiel** a striking example; **ein ~er Fall** a spectacular [*or* sensational] case; **ein ~er Fehler** a glaring error
Eklektizismus <-> *m kein pl* KUNST, PHILOS eclecticism
Eklipse <-, -n> *f* ASTRON eclipse
ekrü *adj pred* ❶ (*ungebleicht*) raw, undyed
❷ (*gelblich weiß*) ecru
Ekstase <-, -n> *f* ecstasy; **[über etw** *dat*] **in ~ geraten** to go into ecstasies [over sth]; **jdn zur ~ treiben** to drive sb to the limits; (*jdn zum Orgasmus bringen*) to drive sb wild; **jdn in ~ versetzen** to send sb into ecstasies
ekstatisch *adj* (*geh*) ecstatic
Ekuador <-s> *nt kein pl s.* **Ecuador**
Ekuadorianer(in) <-s, -> *m(f) s.* **Ecuadorianer**
ekuadorianisch *adj s.* **ecuadorianisch**
Ekzem <-s, -e> *nt* MED eczema
Elaborat <-[e]s, -e> *nt* (*pej geh*) concoction
Elan <-s> *m kein pl* élan, zest, vigour [*or* AM -or]; **mit ~** with élan [*or* vigour]; **etw mit viel ~ tun** to do sth vigorously
Elast <-[e]s, -e> *meist pl m o nt* SCHWEIZ elastic
elastisch I. *adj* ❶ (*flexibel*) elastic, flexible; *Federkern, Karosserieaufhängung, Lattenrost* springy; *Stoff, Binde* stretchy
❷ (*spannkräftig*) *Gelenk, Muskel, Mensch* supple; *Gang* springy; ***im Alter ist man nicht mehr so ~*** when you are old you are no longer supple
II. *adv* supply; ***der Bügel schnellte ~ zurück*** the safety catch sprang back easily
Elastizität <-, -en> *meist sing f* ❶ (*elastische Beschaffenheit*) elasticity; *Lattenrost, Federkern* springiness
❷ (*Spannkraft*) *Muskel, Mensch, Leder* suppleness; *Gang* springiness
Elba <-s> *nt* Elba
Elbe <-> *f* GEOG river Elbe
Elbsandsteingebirge *nt* Elbsandsteingebirge
Elch <-[e]s, -e> *m* ZOOL elk
Elchtest *m kein pl* AUTO moose accident test
Eldorado <-s, -s> *nt* eldorado; ***Las Vegas gilt als das ~ der Spieler*** Las Vegas is known as the gambler's paradise [*or* eldorado]
Electronic Banking <-> [elɛk'trɔnɪk'bɛŋkɪŋ] *nt kein pl* electronic banking **Electronic Cash** [ɪlɛk'trɔnɪk 'kæʃ] *nt* electronic cash **Electronic Publishing** [ɪlɛk'trɔnɪk 'pʌblɪʃɪŋ] *nt* electronic publishing
Elefant <-en, -en> *m* ZOOL elephant
▸ WENDUNGEN: **wie ein ~ im Porzellanladen** (*fam*) like a bull in a china shop
Elefantenbaby [-be:bi] *nt* ❶ ZOOL baby elephant
❷ (*pej fam*) baby; ***er hat die Körpergröße eines Mannes, aber er ist das reinste ~*** he is the size of a man but he is still only a baby **Elefantenbulle** *m* ZOOL bull elephant **Elefantenhochzeit** *f* ÖKON (*fam*) mega [*or* giant] merger, juggernaut marriage *fam* **Elefantenkuh** *f* ZOOL cow elephant **Elefantenrüssel** *m* ZOOL elephant's trunk
elegant I. *adj* ❶ (*vornehm*) elegant; **die ~e Welt** (*veraltet*) high society
❷ (*gewandt*) elegant; **die Probleme auf ~e Weise lösen** to find an elegant solution to the problems
II. *adv* ❶ MODE elegantly
❷ (*geschickt*) nimbly; ***er zog sich ~ aus der Affäre*** he deftly extricated himself from the incident
Eleganz <-> *f kein pl* ❶ (*geschmackvolle Beschaffenheit*) elegance
❷ (*Gewandtheit*) deftness
Elegie <-, -ien> [*pl* -'gi:ən] *f* LIT elegy
elegisch *adj* ❶ LIT elegiac
❷ (*fig*) elegiac; *Stimmung* melancholy
Elektorat <-[e]s, -e> *nt* HIST (*Kurfürstenwürde, Kurwürde*) rank of elector, electoral prince
elektrifizieren* *vt* BAHN ■**etw** ~ to electrify sth
elektrifiziert *adj* **~e Eisenbahn** electric railway [*or* AM railroad]
Elektrifizierung <-, -en> *f* BAHN electrification
Elektrik <-, -en> *f* ❶ (*elektrische Ausstattung*) electrical system
❷ (*Elektrotechnik*) electrics
Elektriker(in) <-s, -> *m(f)* electrician; **~ sein** to be an electrician
elektrisch I. *adj* ❶ (*durch Strom bewirkt*) electric; **~e Entladung/~es Feld/~er Widerstand** electrical discharge/field/resistance; **~er Schlag/Strom** electric shock/current
❷ (*mit Strom betrieben*) electrical; **~e Geräte** electrical appliances
❸ (*Strom führend*) **~e Leitung/~es Kabel** electric wire/cable
II. *adv* (*mit elektrischem Strom*) electric; ***er rasiert sich lieber ~ als nass*** he prefers an electric razor to having a wet shave; **~ betrieben** powered by electricity; **das geht alles ~** it's all automatic; **~ geladen** electrified; *s. a.* **Stuhl, Strom**
elektrisieren* **I.** *vt* ❶ (*fig*) to electrify
❷ (*aufladen*) to charge with electricity
❸ MED ■**jdn** ~ to treat sb with electricity
II. *vr* (*einen elektrischen Schlag bekommen*) ■**sich [an etw** *dat*] ~ to give oneself an electric shock [on sth]; **wie elektrisiert** [as if he had been] electrified
Elektrizität <-> *f kein pl* electricity; **statische ~** static electricity
Elektrizitätsgesellschaft *f* ÖKON electric power company **Elektrizitätsversorgung** *f* ELEK [electric] power supply **Elektrizitätswerk** *nt* ❶ ELEK (*Anlage*) [electric] power station ❷ *s.* **Elektrizitätsgesellschaft**
Elektroakupunktur *f* electro-acupuncture **elektroakustisch** *adj* TECH acoustoelectronic, electroacoustic **Elektroantrieb** *m* AUTO electric drive **Elektroartikel** *m* ÖKON electrical appliance **Elektroauto** *nt* electric car **Elektrobus** *m* electric bus **Elektrochemie** *f* CHEM electrochemistry **elektrochemisch** *adj* CHEM electrochemical
Elektrode <-, -n> *f* electrode
Elektrodynamik *f* PHYS electrodynamics + *sing vb* **Elektroenzephalogramm** *nt* MED electroencephalogram, EEG **Elektrofahrzeug** *nt* AUTO electric vehicle **Elektrofilter** *m* electrostatic filter **Elektrogerät** *nt* TECH electrical appliance **Elektrogeschäft** *nt* electrical [*or* AM store] shop **Elektrogroßhandel** *m* electrical wholesale **Elektroherd** *m* ELEK electric cooker **Elektroindustrie** *f* ÖKON electrical industry **Elektroingenieur(in)** *m(f)* electrical engineer **Elektroinstallateur(in)** *m(f)* electrician **Elektrokardiogramm** *nt* MED electrocardiogram, ECG **Elektrokarren** *m* AUTO small electric truck **Elektrokinetik** *f* PHYS electrokinetics + *sing vb* **Elektrolok** *f* electric locomotive
Elektrolyse <-, -n> *f* electrolysis
Elektrolyt <-en, -en> *m* CHEM, MED electrolyte
Elektrolytgetränk *nt* electrolytic drink
elektrolytisch *adj* electrolytic
Elektromagnet *m* electromagnet **elektromagnetisch I.** *adj* electromagnetic **II.** *adv* electromagnetically **Elektromagnetismus** *m* PHYS electromagnetism **Elektrometallurgie** *f kein pl* TECH electrometallurgy **Elektrometer** *nt* ELEK electrometer **Elektromobil** *nt* electric car **Elektromotor** *m* electric motor
Elektron <-s, -tronen> ['e:lɛktrɔn, e'lɛktrɔn, elɛk'tro:n] *nt* NUKL electron
Elektronenbeschleuniger <-s, -> *m* NUKL electron accelerator **Elektronenblitz** *m* TECH electronic flash **Elektronenblitzgerät** *nt* (*veraltend*) *s.* Elektronenblitz **Elektronenhülle** *f* NUKL electron shell [*or* cloud] **Elektronenmikroskop** *nt* SCI electron microscope **Elektronenrechner** *m* electronic computer **Elektronenröhre** *f* electron tube **Elektronenstrahl** *m* PHYS electron [*or* cathode] ray **Elektronentransport** *m* BIOL eletron transport **Elektronenvolt** *nt* NUKL electronvolt **Elektronenwolke** *f* PHYS electron cloud
Elektronik <-, -en> *f* ❶ *kein pl* electronics + *sing vb*
❷ (*elektronische Teile*) electronics *pl*
Elektronikabhängigkeit *f kein pl* dependency on electronics; **~ der Medizin** electronic dependency in medicine **Elektronikindustrie** *f* electronics industry **Elektronikmulti** <-s,-s> *m* ÖKON electronics multinational [*or* giant] **Elektronikschrott** *m* ÖKOL electronic scrap [*or* junk]
elektronisch I. *adj* electronic
II. *adv* electronically
Elektronneutrino *nt* NUKL electron neutrino
Elektrophorese <-> *f kein pl* PHYS electrophoresis *no pl*, cataphoresis *no pl* **Elektrorasierer** *m* electric razor [*or* BRIT shaver] **Elektroschock** *m* MED electroshock **Elektroschockbehandlung** *f* MED electric shock [*or* electroshock] treatment **elektroschwach** *adj* PHYS **~e Wechselwirkung** electroweak interaction **Elektroschweißen** <-s> *nt kein pl* arc welding **Elektroskop** <-s, -e> *nt* PHYS electroscope **Elektrosmog** *m* ÖKOL electrosmog **Elektrostatik** *f* PHYS electrostatics + *sing vb* **elektrostatisch** PHYS **I.** *adj* electrostatic **II.** *adv* electrostatically **Elektrotechnik** *f* electrical engineering **Elektrotechniker(in)** *m(f)* ❶ (*mit Hochschulabschluss*) electrical engineer ❷ (*Elektriker*) electrician **elektrotechnisch** *adj* ELEK electrical, electrotechnical *rare* **Elektrotherapie** *f* MED electrotherapy
Element <-[e]s, -e> *nt* ❶ BAU, CHEM element
❷ (*geh: Komponente*) element
❸ *pl* (*geh: Naturgewalten*) ■**die ~e** the elements; **die tobenden ~e** the raging elements; **das nasse ~** (*geh*) water; **[ganz] in seinem ~ sein** (*fig*) to be in one's element
❹ (*pej: Person*) **kriminelle/subversive ~e** criminal/subversive elements
elementar *adj* ❶ (*wesentlich*) elementary
❷ (*urwüchsig*) elemental; **~er Hass/~e Leidenschaft** violent [*or* strong] hate/passion
Elementarbegriff *m* elementary concept **Elementargewalt** *f* (*geh*) elemental force **Elementarkenntnisse** *pl* elementary knowledge *no pl* **Elementarschule** *f* (*Grundschule*) primary school BRIT, elementary school BRIT *dated or* AM **Elementarteilchen** *nt* NUKL elementary particle
Elementbau <-s> *m kein pl* SCHWEIZ *s.* **Fertigbau**
Elementbeziehung *f* MATH element-set relation
elementfremd *adj* MATH disjunct
Elenantilope *f* ZOOL (*Taurotragus oryx*) eland
elend I. *adj* ❶ (*beklagenswert*) wretched, miserable; **ein ~es Leben führen** to lead a miserable life
❷ (*krank*) awful, wretched; **sich ~ fühlen** to feel wretched [*or* awful] [*or* miserable]; **~ aussehen** to look awful; **es geht jdm ~ [*o* jdm ist ~ [zumute]]** ***mir wird ganz ~, wenn ich daran denke*** I feel ill when I think about it, just thinking about it makes me feel sick
❸ (*erbärmlich*) dreadful, awful; **sich in einer ~en Verfassung befinden** to be in a dreadful state; ***in dieser ~en Hütte sollen wir leben?*** are we supposed to live in this dump?
❹ (*pej: gemein*) miserable, mean; ***du ~es Schwein!*** you miserable scumbag! *fam!*
❺ (*fam: sehr groß, schlecht*) awful [*or* dreadful]; ***ich habe selten so ein ~es Wetter erlebt!*** I have rarely seen such awful weather

E

II. *adv* (*fam*) awfully, dreadfully; ~ **heiß/kalt** awfully [*or* dreadfully] hot/cold

Elend <-[e]s> *nt kein pl* (*Not*) misery [*or* distress]; ***es gibt ja so viel ~ auf dieser Welt*** there is so much misery in the world; **ins ~ geraten** to become destitute, to fall into poverty, *form* to be reduced to penury; **im [bitteren/schrecklichen] ~ leben** to live in [abject] poverty [*or* squalor] [*or* misery]; **jdn/sich selbst ins ~ stürzen** to plunge sb/oneself into misery [*or* poverty]; *s. a.* **Bild**

▶ WENDUNGEN: **das heulende ~** (*fam*) the blues *pl;* ***da kann man das heulende ~ kriegen*** it's enough to make you scream; **ein ~ sein, dass ...** (*fam*) to be heartbreaking that ...; ***es ist einfach ein ~ mit ihm*** he makes you want to scream [*or* he is hopeless]

elendig *adj* DIAL *s.* **elend**

elendiglich *adv* (*geh*) wretchedly; ~ **zugrunde gehen** to come to a dismal [*or* miserable] [*or* wretched] end

Elendsquartier *nt* (*pej*) slum [dwelling] [*or* squalid dwelling] **Elendsviertel** *nt* slums *pl,* slum area

Eleve, Elevin <-n, -n> *m, f* ❶ (*veraltend geh*) student

❷ (*Schauspiel-, Ballettschüler*) drama/ballet student

❸ AGR, FORST farming/forestry trainee

elf *adj* eleven; *s. a.* **acht** [1]

Elf[1] <-, -en> *f* ❶ (*Zahl*) eleven

❷ (*Verkehrslinie*) ■**die ~** the [number] eleven

❸ FBALL team [*or* eleven]

Elf[2] <-en, -en> *m,* **Elfe** <-, -n> *f* LIT elf

Elfenbein *nt* ivory **elfenbeine(r)n** *adj* ivory [*or* made of ivory]; *s. a.* **Turm elfenbeinfarben** *adj* ivory-coloured [*or* AM -ored] **Elfenbeinküste** *f* Ivory Coast; **die Republik ~** the Ivory Coast, Republic of the Ivory Coast [*or* Côte d'Ivoire] **Elfenbeinturm** *m* (*geh*) ivory tower *fig*

Elfer <-s, -> *m* FBALL (*fam*) penalty [kick]

elfmal, 11-mal[RR] *adv* eleven times

Elfmeter *m* FBALL penalty [kick]; **einen ~ schießen** to take a penalty; **einen ~ verschießen** to miss a penalty; **einen ~ verwandeln** to score from a penalty

Elfmetermarke *f* FBALL penalty spot **Elfmeterpunkt** *m* FBALL penalty spot **Elfmeterschießen** *nt* FBALL penalty; **durch ~ entscheiden** to decide a game on penalties [*or* in a penalty shoot-out]

elfte(r, s) *adj* ❶ (*nach dem Zehnten kommend*) eleventh; **die ~ Klasse** fifth year (*secondary school*), fifth form; *s. a.* **achte(r, s) 1**

❷ (*bei Datumsangabe*) eleventh, 11th; *s. a.* **achte(r, s) 2**

Elfte(r) *f(m) dekl wie adj* ❶ eleventh; *s. a.* **Achte(r) 1**

❷ (*bei Datumsangabe*) ■**der ~** [*o geschrieben* **der 11.**] the eleventh *spoken,* the 11th *written; s. a.* **Achte(r) 2**

❸ SCH **die E~** (*fam*) fifth year (*secondary school*), fifth form

eliminieren* *vt* ❶ (*liquidieren*) ■**jdn ~** to eliminate sb [*or fam* to get rid of sb]

❷ (*beseitigen*) ■**etw ~** to eliminate sth; **Unklarheiten ~** to sort [*or* smooth] out uncertainties

Eliminierung <-, -en> *f* ❶ (*Liquidierung*) *von Feinden, Konkurrenten* elimination

❷ (*Beseitigung*) *Fehler* elimination, eradication; *Unklarheiten* smoothing [*or* sorting] out; ***sorgen Sie für die ~ dieser Probleme*** sort these problems out, get these problems sorted out

Elisabeth *f* Elizabeth

elisabethanisch *adj* Elizabethan

elitär I. *adj* ❶ (*eine Elite betreffend*) elitist

❷ (*pej: arrogant*) elitist

II. *adv* (*im Sinne der eigenen Elite*) in an elitist way

Elite <-, -n> *f* elite

Elitedenken *nt kein pl* elitism **Eliteeinheit** *f* MIL elite troops *pl;* ***die Marines sind eine ~*** the marines are an elite unit **Elitetruppe** *f* MIL crack [*or* elite] troops *pl*

Elixier <-s, -e> *nt* elixir

ellbögeln *vi* SCHWEIZ (*sich rücksichtslos durchsetzen*) to be ruthless

Ellbogen <-s, -> *m* ❶ ANAT elbow; ***er bahnte sich seinen Weg mit den ~ durch die Menge*** he elbowed his way through the crowd ❷ **die/seine ~ gebrauchen** to be ruthless; **keine ~ haben** to be soft-hearted **Ellbogenfreiheit** *f* elbow room; ***als Angestellte hatte sie wenig ~*** as an employee she had little room to manoeuvre **Ellbogengesellschaft** *f* dog-eat-dog society **Ellbogenmensch** *m* ruthless [*or fam* pushy] person **Ellbogenschützer** *m* elbow-pad, elbow protector

Elle <-, -n> *f* ❶ ANAT ulna

❷ (*Maßstock*) yardstick

❸ HIST (*altes Längenmaß*) cubit

▶ WENDUNGEN: **alles mit der gleichen** [*o* **mit gleicher**] **~ messen** to measure everything by the same yardstick

Ellenbogen <-bogen> *m s.* **Ellbogen Ellenbogenfreiheit** *f kein pl s.* **Ellbogenfreiheit Ellenbogengesellschaft** *f s.* **Ellbogengesellschaft Ellenbogenmensch** *m s.* **Ellbogenmensch Ellenbogenschützer** *m s.* **Ellbogenschützer**

ellenlang *adj* (*fam: überaus lang*) incredibly long; **eine ~e Liste** a list a mile long [*or* as long as my arm]; ***dieser Roman ist ~*** this novel is interminable [*or* lengthy]; **ein ~er Kerl/Mensch** an incredibly tall bloke/person

Ellipse <-, -n> *f* MATH ellipse; LING ellipsis

elliptisch *adj* ❶ MATH elliptic[al]; **~e Funktion** elliptic function; **~e Galaxie** ASTRON elliptical galaxy

❷ LING (*unvollständig*) *Satz* elliptic[al]

E-Lok <-, -s> *f s.* **elektrische Lokomotive** electric locomotive [*or* engine]

eloquent I. *adj* (*geh*) eloquent

II. *adv* (*geh*) eloquently

Eloquenz <-> *f kein pl* (*geh*) eloquence

El Salvador <-s> *nt* El Salvador; *s. a.* **Deutschland**

Elsass[RR] <- *o* -es> *nt,* **Elsaß** <- *o* -sses> *nt* GEOG ■**das ~** Alsace

Elsässer(in) <-s, -> *m(f)* GEOG Alsatian, inhabitant of Alsace

elsässisch *adj* ❶ GEOG Alsatian

❷ LING Alsatian

Elsass-Lothringen[RR] *nt* GEOG Alsace-Lorraine

Elster <-, -n> *f* ORN magpie; **eine diebische ~ sein** to be a thief; **geschwätzig wie eine ~ sein** to chatter like a magpie, to be a chatterbox; **wie eine ~ stehlen** to have sticky fingers *fam*

elterlich *adj* parental

Eltern *pl* parents *pl*

▶ WENDUNGEN: **nicht von schlechten ~ sein** (*fam*) to be quite a good one *fam;* ***dieser Wein ist nicht von schlechten ~*** (*fam*) this wine is a bit of alright [*or* quite a good one] *fam*

Elternabend *m* SCH parents' evening BRIT, parent-teacher conference AM **Elternbeirat** *m* SCH parent's council BRIT, parent-teacher association AM **Elterngeneration** *f* BIOL parental generation, P generation **Elternhaus** *nt* ❶ (*Familie*) family; ***er kommt*** [*o* ***stammt***] ***aus gutem ~*** he comes from a good home ❷ (*Haus*) [parental] home **Elternliebe** *f* parental love **elternlos** I. *adj* orphaned, parentless II. *adv* as an orphan **Elternrecht** *nt* JUR parental right

Elternschaft <-> *f kein pl* (*geh*) parents *pl*

Elternsprechstunde *f* SCH consultation hour [for parents] **Elternsprechtag** *m* SCH parents' evening **Elternteil** *m* parent **Elternurlaub** *m paid leave given to a new mother or father*

E-Mail <-, -s> *f* INFORM e-mail, email

Email <-s, -s> [e'mai, e'ma:j] *nt* enamel

E-Mail-Account <-s, -s> *nt* INFORM e-mail account **E-Mail-Adresse** *f* INFORM e-mail address **E-Mail-Benutzer(in)** *m(f)* e-mail user **E-Mail-Kommunikation** *f* communication by e-mail

Emaillack *m* enamel paint

Emaille <-, -n> [e'maljə, e'mai, e'ma:j] *f s.* **Email**

emaillieren* [ema'ji:rən, emal'ji:rən] *vt* ■**etw ~** to enamel sth

E-Mail-Programm *nt* e-mail program **E-Mail-Software** *f* e-mail software

Emanze <-, -n> *f* (*fam*) women's libber

Emanzipation <-, -en> *f* ❶ (*Gleichstellung der Frau*) emancipation

❷ (*Befreiung aus Abhängigkeit*) liberation

Emanzipationsbewegung *f* emancipation movement

emanzipatorisch *adj* (*geh*) emancipatory

emanzipieren* *vr* ■**sich [von etw** *dat*] **~** to emancipate oneself [from sth]; ***es wird Zeit, dass sich nun auch die Männer ~*** it's time men became emancipated

emanzipiert *adj* SOZIOL ❶ (*Gleichberechtigung anstrebend*) emancipated

❷ (*pej veraltet: unweiblich*) butch

Embargo <-s, -s> *nt* embargo; **ein ~ [über ein Land] verhängen** to impose [*or* place] an embargo [on a country]; **ein ~ aufheben/nicht beachten** to lift/to defy an embargo

Emblem <-[e]s, -e> [ɛm'ble:m, ã'ble:m] *nt* ❶ (*Zeichen*) emblem

❷ (*Sinnbild*) symbol

Embolie <-, -n> [*pl* -'li:ən] *f* MED embolism

Embryo <-s, -s *o* -bryonen> *m o* ÖSTERR *nt* embryo

Embryologie <-> *f kein pl* embryology *no pl, no indef art*

embryonal *adj* ❶ MED, BIOL embryonic; (*unterentwickelt*) embryonic

❷ (*in Ansätzen*) embryonic

Embryonalentwicklung *f kein pl* BIOL, ZOOL embryonic development **Embryonenforschung** *f kein pl* BIOL, MED embryo research **Embryonentransfer** *m* BIOL, MED embryo transfer

Embryosplitting <-s, -s> *nt* BIOL, MED embryo splitting

emeritieren* *vt* ■**jdn ~** to confer emeritus status on sb; ***er ist emeritierter Professor*** he is a professor emeritus [*or* an emeritus professor]

E-Meter *nt Abk von* **Elektrometer** electrometer

Emigrant(in) <-en, -en> *m(f)* ❶ (*Auswanderer*) emigrant

❷ (*politischer Flüchtling*) emigré

Emigration <-, -en> *f* ❶ (*das Emigrieren*) emigration; **in die ~ gehen** to emigrate; **in die innere ~ gehen** (*geh*) *to withdraw from current political or religious life in order to express one's opposition*

❷ *kein pl* (*die Emigranten*) emigrant community

emigrieren* *vi sein* to emigrate

eminent I. *adj* (*geh*) eminent; **von ~er Bedeutung sein** to be of great significance; **von ~er Wichtigkeit sein** to be of paramount [*or* the utmost] importance; **ein ~er Unterschied** a considerable difference

II. *adv* extremely

Eminenz <-, -en> *f* REL **Seine/Eure ~** His/Your Eminence

▶ WENDUNGEN: **graue ~** éminence grise, grey eminence

Emir <-s, -e> *m* emir

Emirat <-[e]s, -e> *nt* emirate; **die Vereinigten Arabischen ~e** the United Arab Emirates, U.A.E.

Emission <-, -en> *f* ❶ (*von Abgasen*) emission; ***Filteranlagen können die ~ von*** CO_2 ***verringern*** filters reduce CO_2 emissions

❷ FIN (*Wertpapier*) security; **die ~ von Wertpapieren** the issue [*or* issuing] of securities

Emissionär *m* FIN issuer

Emissionsanzeige *f* BÖRSE tombstone advertising **Emissionsbank** *f* FIN issuing bank **Emissionsgeschäft** *nt* FIN issuing [*or* underwriting] business **Emissionskosten** *pl* FIN cost of issue **Emissionskredit** *m* FIN *credit granted by issuing bank to issuer* **Emissionskurs** *m* FIN initial offering [*or* issue] price **Emissionsmarkt** *m* FIN new issue market **Emissionsmodalitäten** *pl* FIN terms of an issue **Emissionsmonopol** *nt* FIN monopoly on issues **Emissionspause** *f* FIN pause before a new issue **Emissionsprämie** *f* FIN issue premium **Emissionsquelle** *f* ÖKOL source of the/an emission **Emissionsrecht** *nt* ❶ FIN right of issue

❷ ÖKOL waste emission right **Emissionsreserve** *f* FIN potential stock **Emissionsvermeidung** *f* avoidance of emissions **Emissionswert** *m* FIN declared value **Emissionszertifikat** *nt* ÖKOL waste emissions certificate
Emittent *m* FIN issuer
emittieren *vt* ■**etw** ~ ❶ FIN (*Wertpapiere ausgeben*) to issue sth
❷ ÖKOL (*ausstoßen*) to emit sth
❸ PHYS to emit sth
Emmentaler <-s, -> *m* Emment[h]al[er] [cheese]
Emmer <-s> *m kein pl* AGR Emmer
Emotion <-, -en> *f* emotion
emotional I. *adj* emotional; ■~ **sein** to be emotional; **eine ~e Reaktion** an emotive reaction
II. *adv* emotionally
emotionalisieren* *vt* (*geh*) ■**etw** ~ *Diskussion, Thema* to emotionalize sth
emotionell *adj s.* **emotional**
emotionsgeladen *adj* emotionally charged
emotionslos *adj* emotionless, unemotional
Empfang <-[e]s, Empfänge> *m* ❶ TV, RADIO reception; **ein Sprechfunkgerät auf ~ schalten** to switch a radiotelephone to 'receive'
❷ (*das Entgegennehmen*) receipt; **zahlbar nach** [*o* **bei**] ~ payable on receipt; **etw in ~ nehmen** to take receipt [*or* delivery] of sth, to receive sth
❸ (*Hotelrezeption*) reception [desk]
❹ (*Begrüßung*) reception; **einen ~ geben** [*o* **veranstalten**] to give [*or* hold] a reception; **jdn in ~ nehmen** to greet [*or esp form* receive] sb
empfangen <empfing, empfangen> *vt* ❶ (*auffangen*) ■**etw** ~ to receive sth; ■**etw lässt sich** ~ sth can be received; ***das 4. Programm lässt sich nicht gut*** ~ Channel 4 is difficult to receive
❷ (*begrüßen*) ■**jdn** ~ to welcome [*or* greet] [*or form* receive] sb; ■**jdn mit etw** *dat* ~ to receive sb with sth; ***sie empfingen den Sprecher mit lauten Buhrufen*** they greeted the speaker with loud boos
❸ (*geh: schwanger werden*) **ein Kind** ~ to conceive a child
Empfänger(in) <-s, -> *m(f)* ❶ (*Adressat*) addressee, consignee; ~ **unbekannt** not known at this address; ~ **verzogen** gone away; **Fracht zahlt** ~ HANDEL charges forward
❷ FIN payee
❸ MED recipient
Empfängerabschnitt *m* FIN receipt slip **Empfängerland** *nt* HANDEL receiving country
empfänglich *adj* ❶ (*zugänglich*) ■**für etw** *akk* ~ **sein** to be receptive to sth
❷ (*beeinflussbar, anfällig*) ■**für etw** *akk* ~ **sein** to be susceptible to sth
Empfangnahme <-> *f kein pl* receipt
Empfängnis <-> *f pl selten* conception; **die Unbefleckte** [*o* **Mariä**] [*o* **Mariens**] ~ the Immaculate Conception
empfängnisverhütend I. *adj* contraceptive
II. *adv* ~ **wirken** to have a contraceptive effect, to act as a contraceptive **Empfängnisverhütung** *f* contraception **Empfängnisverhütungsmittel** *nt* contraceptive
Empfangsbekenntnis *nt* JUR acknowledgement of receipt **empfangsberechtigt** *adj* authorized to receive sth **Empfangsberechtigte(r)** *f(m)* *dekl wie adj* authorized recipient; ***diese Lieferung darf nur an ~ ausgehändigt werden*** this delivery can only be handed over to an authorized person
Empfangsbereich *m* reception area **Empfangsbescheinigung** *f*, **Empfangsbestätigung** *f* HANDEL [confirmation [*or* acknowledgment] of] receipt **Empfangsbevollmächtigte(r)** *f(m)* *dekl wie adj* JUR receiving agent, person authorized to take delivery **Empfangsbote** *m* JUR receiving agent **Empfangschef(in)** *m(f)* head receptionist **Empfangsdame** *f* receptionist **Empfangsermächtigung** *f* JUR authorization to receive **Empfangsgerät** *nt* RADIO, TV receiver **Empfangskonnossement** *nt* HANDEL received-for-shipment bill of lading **Empfangsschüssel** *f* TV satellite dish **Empfangsspediteur(in)** *m(f)* receiving agent **Empfangsstation** *f* ❶ (*Bestimmungsort*) destination ❷ RADIO, TV receiving station **Empfangsvermerk** *m* HANDEL receipt note **Empfangszimmer** *nt* reception room
empfehlen <empfahl, empfohlen> I. *vt* ❶ (*vorschlagen*) ■[**jdm**] **etw** ~ to recommend sth to sb; ■**zu ~ sein** to be recommended; ***dieses Hotel ist zu*** ~ this hotel is [to be] recommended; ■**jdm jdn** [**als etw**] ~ to recommend sb to sb [as sth]; ***ich empfehle Ihnen diese junge Dame*** [***als neue Mitarbeiterin***] I recommend this young lady to you [as a colleague]; ■~, **etw zu tun** to recommend [*or* advise] doing sth; ■**jdm ~, etw zu tun** to recommend [*or* advise] sb to do sth; ***ich ~ Ihnen, sofort zum Arzt zu gehen*** I recommend [*or* advise] you to go to the doctor at once
❷ (*veraltend geh: anvertrauen*) ■**jdn jdm/einer S.** ~ to entrust sb to sb/sth; ***er empfahl seine Kinder der Obhut seines Bruders*** he entrusted his children to the care of his brother
► WENDUNGEN: ~ **Sie mich/uns ...!** (*geh*) give my regards [*or form* convey my respects] to ...!; ***bitte ~ Sie mich Ihrer Frau Gemahlin!*** please give my regards to your wife
II. *vr impers* ■**es empfiehlt sich, etw zu tun** it is advisable to do sth; ***es empfiehlt sich immer, einen Experten hinzuzuziehen*** it is always a good idea to bring in an expert
III. *vr* ❶ (*sich anempfehlen*) ■**sich** [**jdm**] **als etw** ~ to recommend oneself [to sb] as sth; ***er empfahl sich uns als Experte für Autoreparaturen*** he offered us his services as an expert in car repairs
❷ (*geh*) ■**sich** ~ to take one's leave
empfehlenswert *adj* ❶ (*wert, empfohlen zu werden*) recommendable, to be recommended *pred;* ***das ist ein sehr ~es Hotel*** that is a highly recommendable hotel; ***die Ausstellung is wirklich*** ~ the exhibition is really to be recommended
❷ (*ratsam*) ■**es ist ~, etw zu tun** it is advisable to do sth; ***es ist ~, einen Schutzhelm zu tragen*** it is a good idea to wear a protective helmet
Empfehlung <-, -en> *f* ❶ (*Vorschlag*) recommendation
❷ (*Referenz*) reference, testimonial; **auf ~ von jdm** [*o* **auf jds ~**] on the recommendation of sb [*or* on sb's recommendation]
❸ (*geh*) **mit den besten ~en** with best regards; **meine/unsere ~ an jdn** my/our [best] regards to sb
Empfehlungsschreiben *nt* letter of recommendation, testimonial **Empfehlungsverbot** *nt* JUR prohibition to issue recommendations
empfiehl *imper sing von* **empfehlen**
empfinden <empfand, empfunden> *vt* ❶ (*fühlen*) ■**etw** [**bei etw** *dat*] ~ to feel [*or* experience] sth [when doing/seeing sth etc]; **Abscheu/Furcht vor etw** ~ to loathe/fear sth; **Freude an etw** ~ to derive pleasure from sth; **große Freude** ~ to be filled with happiness; **Liebe/Hass für jdn** ~ to feel love/hate for sb, to love/hate sb; **viel für jdn** ~ to like sb a great deal, to be very fond of sb
❷ (*auffassen*) ■**jdn/etw als etw** ~ to feel sb/sth to be sth, to find sb/sth sth; ***ich empfinde das als Beleidigung*** I feel that to be insulting, I find that insulting; ***sie empfanden ihn als Störenfried*** they felt him to be [*or* thought of him as] a troublemaker; ***wie empfindest du das?*** how do you feel about it?
Empfinden <-s> *nt kein pl* feeling; **meinem ~ nach** [*o* **für mein ~**] to my mind
empfindlich *adj* **~e Haut** delicate [*or* sensitive] skin
empfindungslos *adj* ❶ (*taub*) numb, without sensation *pred*
❷ (*gefühllos*) unfeeling [*or* insensitive]
Empfindungslosigkeit <-> *f kein pl* ❶ (*körperliche Gefühllosigkeit*) *der Glieder* numbness ❷ (*Gefühlskälte*) insensitivity **Empfindungsvermögen** *nt* (*geh*) ❶ (*Gefühl*) faculty of sensation, sensory perception ❷ (*fig*) sensitivity
empfohlen I. *pp von* **empfehlen**
II. *adj* **sehr** [*o* **besonders**] ~ highly recommended
Emphase <-, -n> *f* (*geh*) emphasis
emphatisch I. *adj* (*geh*) emphatic; ***er hielt eine ~e Rede*** he made a vigorous speech
II. *adv* (*geh*) emphatically; ***sie brachte es sehr ~ zum Ausdruck*** she expressed it very vigorously
Empire[1] <-[s]> [ã'pi:r] *nt kein pl* ❶ HIST the French Napoleonic Empire
❷ KUNST *Stilepoche* Empire [style]
Empire[2] <-[s]> ['ɛmpaɪə] *nt kein pl* (*das britische Weltreich*) [British] Empire
Empirie <-> *f kein pl* (*geh*) ❶ (*Methode*) empirical method
❷ (*Erfahrungswissen*) empirical knowledge
empirisch I. *adj* (*geh*) empirical
II. *adv* (*geh*) empirically
Empirismus <-> *m kein pl* PHILOS empiricism
empor *adv* (*geh*) upwards, up; ***zu den Sternen*** ~ up to the stars
empor|arbeiten *vr* (*geh*) ■**sich** [**zu etw** *dat*] ~ to work one's way up [to become sth]; ***er hat sich zum Millionär emporgearbeitet*** he worked his way up to become a millionaire **empor|blicken** *vi* ■[**zu jdm/etw**] ~ to look up [at sb/sth]
Empore <-, -n> *f* ARCHIT gallery
empören* I. *vt* ■**jdn** ~ to outrage [*or* insense] sb, to fill sb with indignation
II. *vr* ❶ (*sich entrüsten*) ■**sich** [**über jdn/etw**] ~ to be outraged about [*or* by] sb/sth, to be insensed by sb/sth, to be filled with indignation by sb/sth; ***sie empörte sich über sein Benehmen*** his behaviour outraged her
❷ (*veraltet: rebellieren*) ■**sich** [**gegen jdn/etw**] ~ to rebel against sb/sth
empörend *adj* outrageous, scandalous
empor|heben *vt irreg* (*geh*) ■**jdn/etw zu jdm/etw** ~ to raise sb/sth to sb/sth, to lift sb/sth up to sb/sth **empor|kommen** *vi irreg sein* (*geh*) ❶ (*vorankommen*) ■[**in etw** *dat*] ~ to get on [*or* rise] in sth; ***wer*** [***im Beruf***] ***~ will, muss mehr leisten als andere*** if you want to get on in your profession you have to do more than the others
❷ (*an die Oberfläche kommen*) to rise [up]
Emporkömmling <-s, -e> *m* (*pej*) upstart, parvenu
empor|lodern *vi sein* (*geh*) to blaze up **empor|ragen** *vi sein o haben* (*geh*) ■[**über etw** *akk*] ~ to tower above sth **empor|schwingen** *vr irreg* (*geh*) ■**sich** ~ to swing upwards [*or liter* aloft] *fig;* ■**sich zu etw** ~ to achieve sth; ***sie schwang sich zum Chefsessel empor*** she rose right up to take over the boss's chair **empor|steigen** *irreg* I. *vi sein* (*geh*) to rise; ***Zweifel stiegen in ihm empor*** doubts rose in his mind; (*aufsteigen*) to rise [up]; ***der Rauch stieg in die Luft empor*** the smoke rose up into the air II. *vt sein* (*geh*) ■**etw** ~ to climb [up] sth
empört I. *adj* outraged, scandalized; ■[**über jdn/etw**] ~ **sein** to be scandalized by sb/sth, to be highly indignant about sb/sth; **mit ~er Stimme** in a tone of outrage
II. *adv* indignantly
Empörung <-, -en> *f* ❶ *kein pl* (*Entrüstung*) ■~ **über jdn/etw** outrage [*or* indignation] about sb/sth; [**über etw** *akk*] **in ~ geraten** to become indignant about sth; **vor ~ zittern** to tremble with indignation
❷ (*liter: Rebellion*) ■**jds ~ gegen jdn/etw** sb's rebellion [*or* uprising] against sb/sth
empor|ziehen *vt irreg* (*geh*) ■**jdn/etw** ~ to draw [*or* pull] sb/sth up
emsig I. *adj* busy, industrious; **~e Ameisen** hard-working ants; **~er Fleiß** diligence
II. *adv* industriously; ***überall wird ~ gebaut*** they are busy building everywhere
Emsigkeit <-> *f kein pl* industriousness, industry; **unermüdliche ~** untiring zeal
Emu <-s, -s> *m* ORN emu
Emulation <-> *f kein pl* INFORM emulation
Emulgator <-s, -en> *m* CHEM emulsifier, emulsify-

ing agent

emulgieren* *vt* CHEM ■**etw [in etw** *dat*] ~ to emulsify sth [in sth]

emulieren *vt* INFORM ■**etw** ~ to emulate sth

Emulsion <-, -en> *f* CHEM emulsion

E-Musik ['e:-] *f* (*ernste Musik*) serious music

Enantiomer <-s, -e> *nt* CHEM enantiomer

en bloc [ã'blɔk] *adv* en bloc

Endabnehmer *m* end customer [*or* purchaser], ultimate buyer **Endabrechnung** *f* final account [*or* invoice] **Endausscheidung** *f* final qualification round **Endbahnhof** *m* terminus **endbehandeln*** *vt* BAU ■**etw** ~ to finish-treat sth **Endbenutzer(in)** *m(f)* end user **Endbestand** *m* final [*or* closing] inventory **Endbetrag** *m* final amount [*or* sum] **Endbilanz** *f* closing [*or* final] balance **Enddarm** *m* ANAT rectum

Ende <-s, -n> *nt* ❶ (*Schluss*) end; ~ **August/des Monats/~ 2001** the end of August/the month/2001; ***sie kommt*** ~ ***August*** she's coming at the end of August; ***sie ist*** ~ ***1948 geboren*** she was born at the end of 1948; **das ~ des Jahrhunderts** the end [*or* close] of the century; **das ~ eines Projekts** the conclusion of a project; **~ 20 sein** to be in one's late 20s; **ein böses ~ nehmen** to come to a bad end; **kein rühmliches ~ finden** [*o* **nehmen**] to come to an unfortunate end; **ein unrühmliches** [*o* **böses**] ~ **finden** to come to a bad [*or fam* sticky] end; **bei** [*o* **mit**] **etw** *dat* **kein ~ finden** (*fam*) to not stop doing sth; **das ~ nahen fühlen** to feel the end approaching; **dem ~ zu gehen** to draw to a close; **ein ~ einer S. ist noch nicht abzusehen** there's no end in sight to sth; **damit muss es jetzt ein ~ haben** this must stop now; **einer S. ein ~ machen** [*o* **bereiten**] to put an end to sth; **ein ~ nehmen** (*fam*) to come to an end; ***das nimmt gar kein*** ~ there's no end to it; **am** ~ (*fam*) finally, at [*or* in] the end; **am ~ sein** (*fam*) to be at the end of one's tether; **mit etw** *dat* **am ~ sein** to run out of sth; ***er war bei dieser Frage mit seinem Wissen am*** ~ this question baffled him; ***ich bin mit meiner Weisheit am*** ~ I've run out of ideas; **ohne** ~ without end, endless; **Fehler ohne** ~ any number of mistakes; **Qualen ohne** ~ suffering without end, endless suffering; **sich ohne ~ freuen** to be terribly pleased, to be delighted; **zu** ~ finished, over; **etw zu ~ bringen** [*o* **führen**] to complete sth; **etw zu einem guten ~ bringen** [*o* **führen**] to complete sth successfully; **etw zu ~ lesen** to finish reading sth; **zu ~ sein** to be finished; **es geht [mit jdm] zu** ~ sb is nearing the end; **etw geht zu** ~ sth is nearly finished; **alles geht mal zu** ~ [*o* **alles hat mal ein** ~] nothing lasts forever, all things must come to an end; (*angenehme Sachen*) all good things must come to an end [some time]
❷ FILM, LIT (*Ausgang*) ending
❸ (*räumliches Ende*) end; ***das Telefon befindet sich am ~ des Zuges*** the telephone is at the end [*or* rear] of the train; **ans** ~ at the end; ***er setzte sich ganz ans ~ des Tisches*** he sat down at the far end of the table
❹ (*Stückchen*) **ein ~ Brot** a crust of bread
❺ (*Strecke*) way; ***von hier bis zum See ist es ein ganzes*** ~ it's quite a way from here to the lake; ***wir haben noch ein schönes ~ Weges vor uns*** we have a considerable way [*or* a pretty long way] to go yet
❻ JAGD (*Geweih~*) point, tine *spec*; ***das Geweih dieses Hirsches hat zwölf ~n*** this stag's antlers have twelve points
▶ WENDUNGEN: **das ~ der <u>Fahnenstange</u>** (*fam*) as far as one can go, the limit; **das ~ vom <u>Lied</u>** (*fam*) the outcome [*or* upshot]; **lieber ein ~ mit <u>Schrecken</u> als ein Schrecken ohne** ~ (*prov*) it's better to end with a short, sharp shock than to prolong the agony; **am ~ der <u>Welt</u>** (*fam*) at the back of beyond, in the middle of nowhere; **das ~ der <u>Welt</u> ist nahe!** the end of the world is nigh!; **das <u>dicke</u>** ~ (*fam*) the worst; ~ **<u>gut</u>, alles gut** (*prov*) all's well that ends well; **<u>letzten</u> ~es** when all is said and done, in the last analysis

Endeffekt *m* ■**der ~ einer S.** *gen* the final result [*or* outcome] of sth; **im** ~ (*fam*) in the final analysis, in the end

Endemie <-, -n> *f* MED endemic disease

endemisch *adj* MED, BIOL endemic

Endemit <-s, -en> *m* BIOL endemic species

endemitisch *adj* MED endemic

enden *vi* ❶ *haben* (*nicht mehr weiterführen*) stop, end; ***die Straße endete nach 40 Kilometern*** after 40 kilometres the road came to an end; ***der Rock endet knapp oberhalb des Knies*** the skirt ends just above the knee
❷ *haben* (*auslaufen*) expire, run out, end; ***die Frist endet morgen*** tomorrow is the deadline
❸ *haben* (*nicht mehr weiterfahren*) end, stop; ***dieser Zug endet hier!*** this train terminates here!
❹ *haben* LING (*ausgehen*) ■**auf** [*o* **mit**] **etw** *akk* ~ to end with sth; ***das Wort endet auf ein „o"*** the word ends with an "o"
❺ *sein* (*fam: landen*) end [up]
❻ *haben* (*zu etw führen*) ■**in etw** *dat*/**irgendwo** ~ to end up in sth/somewhere; ***das wird böse ~!*** that will end in tears [*or* disaster]!; **jd wird schlimm** ~ sb will come to a bad end, sb will come to no good; **nicht ~ wollend** endless; ***es endete damit, dass sie sich verprügelten*** they ended up fighting, in the end they came to blows; **wie soll/wird es mit jdm noch mal ~?** what will happen to sb?, whatever will come of sb

Endergebnis *nt* final result; **im** ~ in the final analysis

endergonisch *adj* MED endergonic

en détail [ã de'taj] *adv* HANDEL retail

En-détail-Handel *m kein pl* HANDEL retail trade

Endetaste *f* INFORM end key

Endgehalt *nt* final salary **Endgerät** *nt* TECH terminal **Endgeschwindigkeit** *f* ❶ TECH terminal velocity ❷ (*erreichbare Höchstgeschwindigkeit*) top speed **endgültig** I. *adj* final; **eine ~e Antwort** a definitive answer; **ein ~er Beweis** conclusive evidence; ■**etwas/nichts E~es** something/nothing definite II. *adv* finally; ~ **entscheiden** to decide once and for all; **sich ~ trennen** to separate for good; ~ **aus** [*o* **vorbei**] **sein** to be over [and done with] **Endgültigkeit** <-> *f kein pl* finality; **die ~ einer Entscheidung** the conclusiveness of a decision **Endhaltestelle** *f* final stop [*or* terminus] **Endhandlung** *f* BIOL consummatory action

Endivie <-, -n> [-viə] *f* endive

Endiviensalat *m* endive

Endkampf *m* ❶ SPORT final ❷ MIL final battle **Endlager** *nt* ÖKOL permanent disposal [*or* storage] site **end|lagern** *vt* ÖKOL ■**etw [irgendwo]** ~ to permanently store sth [somewhere] **Endlagerung** *f* permanent disposal [*or* storage]

endlich I. *adv* ❶ (*nunmehr*) at last; ~ ***kommt der Bus!*** there's the bus at last!; ***lass mich ~ in Ruhe!*** can't you leave me in peace!; ***hör ~ auf!*** will you stop that!; ***komm doch ~!*** come on!, get a move on!
❷ (*schließlich*) finally; **na ~!** (*fam*) at [long] last!
II. *adj* ASTRON, MATH, PHILOS finite

endlos I. *adj* ❶ (*lange dauernd*) endless, interminable
❷ (*unbegrenzt*) infinite, endless
II. *adv* interminably; ~ **lange** interminably long; ***ich musste ~ lange warten*** I had to wait ages

endlos|falzen *vt* TYPO ■**etw** ~ to fan-fold sth **Endlosformular** *nt* INFORM continuous form **Endlosformulardruck** *m* TYPO continuous forms printing **Endlosigkeit** <-> *f kein pl* endlessness, infinity **Endlospapier** *nt* INFORM continuous paper **Endlosperlenkette** *f* rope **Endlostext** *m* TYPO unjustified [*or* endless] text

Endlösung *f* HIST ■**die** ~ the Final Solution (*extermination of European Jews by the Nazis*) **Endmoräne** *f* GEOL terminal moraine

Endocytose <-, -n> *f* BIOL endocytosis

endogen *adj* endogenous

Endokarp <-[e]s, -e> *nt* BOT endocarp

endokrin *adj* MED endocrine, endocrinal

endoplasmatisch *adj* BIOL, MED endoplasmic; **~es Retikulum** endoplasmatic reticulum

Endorphin <-s, -e> *nt meist pl* endorphin

Endoskop <-s, -e> *nt* MED endoscope

Endoskopie <-, -n> *f* MED endoscopy

Endosperm <-s, -e> *nt* BOT endosperm

Endotoxin *nt* BIOL, MED endotoxin

Endphase *f* final stage; **sich in der/seiner ~ befinden** to be in its final stage[s]; **in die/seine ~ eintreten** to enter its final stage[s] **Endpreis** *m* final price **Endprodukt** *nt* end [*or* final] product **Endpunkt** *m* ❶ (*äußerster Punkt*) end; **der ~ einer Rundfahrt** the last stop of a tour ❷ (*Endhaltestelle*) terminus; **der ~ einer Eisenbahnlinie** the end of a railway line **Endreim** *m* end rhyme **Endresultat** *nt* final result **Endrunde** *f* SPORT **die ~ einer Fußballmeisterschaft** the finals of a football championship; **die ~ eines Boxkampfes** the final round of a boxing match; **die ~ eines Autorennens** the final lap of a motor race **Endsaldo** *m* FIN closing balance **Endsieg** *m* final [*or* ultimate] victory **Endsilbe** *f* final syllable **Endspiel** *nt* SPORT final; **das ~ erreichen** [*o* **ins ~ kommen**] to reach [*or* get into] the final; SCHACH endgame **Endspurt** *m* SPORT final spurt, finish; **zum ~ ansetzen** to start the final spurt **Endstadium** *nt* final stage; MED terminal stage; **Krebs im** ~ the final stages of cancer **Endstand** *m* SPORT final result [*or* score] **Endstation** *f* ❶ TRANSP terminus ❷ (*letztliche Bestimmung*) the end of the line; ***für ihn heißt es: ~ Krankenhaus!*** he's going to end up in hospital! **Endsumme** *f* [sum] total **Endtermin** *m* HANDEL deadline

Endung <-, -en> *f* ending

Enduro <-, -s> *f* SPORT endurance

Enduro-Rennen *nt* SPORT (*Motorradsport*) endurance race

Endurteil *nt* final verdict [*or* judgement]; **eine Entscheidung dem ~ vorbehalten** to reserve the decision for the final judgment **Endverbraucher(in)** *m(f)* consumer, end-user **Endverbraucherpreis** *m* fixed retail price **Endverkaufspreis** *m* HANDEL final sales price **Endvermögen** *nt* FIN (*bei Konkurs*) ultimate net worth **Endvierziger(in)** *dekl wie adj m(f)* man/woman in his/her late forties **Endzeile** *f* TYPO (*Satz*) break **Endzeit** *f* REL last days of the world **endzeitlich** *adj attr* REL apocalyptic **Endzeitstimmung** *f* apocalyptic mood **Endziel** *nt* ❶ (*einer Reise*) destination ❷ (*Zweck*) ultimate goal [*or* aim] [*or* objective] **Endziffer** *f* final number **Endzustand** *m* final state; **im** ~ in its final state **Endzweck** *m* ultimate aim [*or* purpose] [*or* object]

Energie <-, -n> [*pl* -'gi:ən] *f* ❶ PHYS energy; ~ **sparend** energy-saving; **kinetische** ~ kinetic energy; **potenzielle** ~ potential energy
❷ (*Tatkraft*) energy, vigour [*or* AM -or], vitality; **viel ~ haben** to be full of energy; **wenig ~ haben** to lack energy; **etw mit aller** [*o* **ganzer**] **~ tun** to throw all one's energy into doing sth

Energieaufwand *m kein pl* expenditure of energy **energieaufwändig**[RR], **energieaufwendig** *adj* using a lot of energy *pred*; **~e Herstellungsmethode/Produktion** manufacturing method/production which uses a lot of energy; **etw ~/zu ~ produzieren** to produce sth using a lot/using too much energy **Energieausbeute** *f* energy yield **Energiebedarf** *m* energy requirement[s *pl*] **energiebewusst**[RR] I. *adj* energy-conscious; **~es Verhalten** energy-conscious [*or* energy-aware] behaviour [*or* AM -or] II. *adv* ~ **bauen/kochen** to build/cook saving energy **Energiebilanz** *f* overview of energy consumption **Energiebinnenmarkt** *m* internal [*or* domestic] market for energy, single market for energy **Energiecharta** *f* energy charter **Energiedurchleitung** *f* through-transmission of energy **Energieeffizienz** *f* energy efficiency **Energieeinsparung** *f* saving of energy **Energieerzeugung** *f* power generation, generation of energy **Energiegewinnung** *f kein pl* generation of energy **Energiehaftungsrecht** *nt* JUR energy liability law **Energiehaushalt** *m* ANAT energy balance **Energieintensität** *f* energy intensity **energieintensiv** *adj* energy-intensive *attr;* ~**e Herstellungsmethode/Produktion** energy-intensive manufacturing method/production **Energiekartellrecht** *nt* JUR energy cartel law **Energiekrise** *f* energy crisis **Energielieferant** *m* energy supplier **Energielieferungsvertrag** *m* JUR energy supply contract **Energiemarkt** *m* ÖKON energy market **Energieministerium** *nt* Ministry [*or* AM Department] of Energy **Energieniveau** *nt* energy level **Energieordnung** *f* ÖKON energy regime **Energiepolitik** *f* energy policy **energiepolitisch** *adj* related to energy policy *pred* **Energiequelle** *f* energy source, source of energy; **regenerative ~n** regenerative energy sources **Energierecht** *nt* JUR energy law **Energiesektor** *m* energy sector **Energiesparen** *nt* energy saving, saving of energy **energiesparend** *adj* ÖKOL *s.* **Energie 1** **Energiesparlampe** *f* low-energy [*or* energy-saving] [electric] bulb **Energiesparmaßnahme** *f* energy-saving measure **Energiesparpotenzial**[RR] *nt* energy-saving potential **Energiesparprogramm** *nt* energy-saving programme [*or* AM -am] **Energiesteuer** *f* energy tax **Energieträger** *m* energy source **Energieumwandlung** *f* energy conversion **Energieverbrauch** *m* energy consumption **Energievergeudung** *f* wasting of energy **Energieverschwendung** *f kein pl* energy waste **Energieversorger** *m* energy supplier **Energieversorgung** *f* supply of energy, energy supply **Energieversorgungsunternehmen** *nt* energy supplying company, public utility

Energievorkommen *nt* energy source **Energievorräte** *pl* energy supplies *pl* **Energiewirtschaft** *f* energy industry [*or* sector] **Energiewirtschaftgesetz** *nt* JUR Energy Industry Act **Energiewirtschaftsrecht** *nt* JUR energy industry law **Energiezufuhr** *f kein pl* energy supply

energisch I. *adj* ① (*Tatkraft ausdrückend*) energetic; **ein ~er Griff** a vigorous [*or* firm] grip; **ein ~er Mensch** a vigorous person
② (*entschlossen*) firm; ■**jd ist** ~ sb is firm; **~e Maßnahmen** vigorous [*or* firm] measures; **~e Proteste** strong protests; **~e Worte** forceful words; ■**jd wird** ~ sb puts his/her foot down
II. *adv* vigorously; **etw ~ betonen** to stress sth vigorously; **etw ~ dementieren** to hotly [*or* vigorously] deny sth; **~ durchgreifen** to take firm [*or* vigorous] action

Energy-Drink ['enədʒi-] *m* energy drink

Enfant terrible <-, – *o* -s, -s> [ɑ̃fɑ̃tɛ'ribl] *nt* (*geh*) enfant terrible

ẹng I. *adj* ① (*schmal*) narrow
② (*knapp sitzend*) tight [*or* close-fitting]; ■**etw ist [jdm] zu** ~ sth is too tight for sb
③ (*beengt*) cramped; ■**bei jdm ist es sehr** ~ sb's home/room is very cramped
④ (*beschränkt*) narrow, restricted
⑤ (*wenig Zwischenraum habend*) close together *pred*
⑥ (*intim*) close
⑦ (*eingeschränkt*) limited, restricted; **im ~eren Sinn** in the stricter sense; **in die ~ere Wahl kommen** to get on to the short-list, to be short-listed; ***die Hochzeit fand in ~em Familienkreis statt*** the wedding was attended by close relatives only
► WENDUNGEN: **es wird ~ [für jdn]** (*fam*) sb faces problems
II. *adv* ① (*knapp*) closely; **~ anliegen** [*o* **sitzen**] to fit closely; **ein ~ anliegendes Kleid** a close-fitting dress; **eine ~ anliegende Hose** very tight trousers; **[jdm] etw ~er machen** *Kleidungsstück* to take sth in [for sb]
② (*dicht*) densely; **~ bedruckt** closely printed, densely printed; **~ beschrieben** closely written; **~ nebeneinander** right next to each other; **~ nebeneinander/beisammen/zusammen stehen** to stand close to each other
③ (*intim*) closely; **~ befreundet sein** to be close friends
④ (*akribisch*) narrowly; **etwas zu ~ sehen** to take too narrow a view of sth; ***du siehst das zu ~*** there's more to it than that

Ẹngadin <-s> *nt* Engadine

Engagement <-s, -s> [ɑ̃gaʒə'mɑ̃:] *nt* ① (*Eintreten*) commitment (**für** +*akk* to)
② THEAT (*Anstellung*) engagement

engagieren* [ɑ̃ga'ʒi:rən] I. *vt* ■**jdn [für etw/als jdn]** ~ to engage sb [for sth/as sb]; ***sie engagierte einen Privatdetektiv für die Aufgabe*** she engaged a private detective for the task; ***wir engagierten ihn als Leibwächter*** we took him on as a bodyguard
II. *vr* ■**sich [für jdn/etw]** ~ to be [*or* become] committed [to sb/sth], to commit oneself [to sth]; **sich in der Öffentlichkeit für etw** ~ to speak out [in public] in favour [*or* AM -or] of sth; ■**sich dafür ~, dass …** to support an idea that …

engagiert [ɑ̃ga'ʒi:ɐt] *adj* (*geh*) **politisch/sozial ~** politically/socially committed; **christlich ~ sein** to be a committed Christian; **politisch ~ sein** to be [heavily] involved in politics; **ökologisch ~ sein** to be involved in ecological matters

ẹnganliegend *adj attr s.* **eng II 1** **ẹngbedruckt** *adj attr s.* **eng II 2** **ẹngbefreundet** *adj attr s.* **eng II 3** **ẹngbeschrieben** *adj attr s.* **eng II 2**

Ẹnge <-, -n> *f* ① *kein pl* (*schmale Beschaffenheit*) narrowness
② *kein pl* (*Beschränktheit: räumlich*) crampedness, confinement; **in großer räumlicher ~** in very cramped conditions; (*geistig*) narrowness; (*zeitlich*) closeness; **aufgrund der ~ eines Termins** because a deadline is so close; **jdn in die ~ treiben** to drive sb into a corner

Ẹngel <-s, -> *m* angel; **ein gefallener ~** a fallen angel; **ein guter** [*o* **rettender**] **~** a rescuing angel; **ein ~ sein** (*fam*) to be an angel; **nicht gerade ein ~ sein** (*fam*) to be no angel
► WENDUNGEN: **ich hörte die ~ im Himmel singen** (*fam*) it hurt like mad [*or* hell] *fam*

Ẹngelmacher(in) *m(f)* (*euph fam*) backstreet abortionist

Ẹngel(s)geduld *f* **eine [wahre] ~ haben** [*o* **zeigen**] to have [*or* display] the patience of Job [*or* a saint] **Ẹngel(s)zungen** *pl* **[wie] mit ~ reden** to use all one's powers of persuasion

Ẹngelwurz *f* [root] angelica

Ẹngerling <-s, -e> *m* ZOOL cockchafer grub

ẹngherzig *adj* (*pej*) ■**[in etw *dat*] ~ sein** to be petty [about sth]

Ẹngherzigkeit <-> *f kein pl* (*pej*) pettiness

engl. *adj Abk von* **englisch** Eng.

Ẹngland <-s> *nt* ① (*Teil Großbritanniens*) England
② (*falsch für Großbritannien*) Great Britain; *s. a.* **Deutschland**

Ẹngländer <-s, -> *m* TECH adjustable spanner, monkey wrench

Ẹngländer(in) <-s, -> *m(f)* Englishman *masc,* Englishwoman *fem;* **~ sein** to be English; ■**die ~** the English; *s. a.* **Deutsche(r)**

ẹnglisch *adj* ① (*England betreffend*) English; *s. a.* **deutsch 1**
② LING English; *s. a.* **deutsch 2**
③ KOCHK (*Garstufe*) underdone; **sehr ~** bloody
④ TYPO **~e Anführungszeichen** inverted commas

Ẹnglisch *nt dekl wie adj* ① LING English; *s. a.* **Deutsch 1**
② (*Fach*) English; *s. a.* **Deutsch 2**

Ẹnglische <-n> *nt* ■**das ~** English; *s. a.* **Deutsche**

ẹnglischsprachig *adj* English-speaking

ẹnglischsprechend *adj s.* **Englisch 1**

ẹngmaschig *adj* close-meshed

Ẹngpass[RR] *m* ① GEOG [narrow] pass, defile
② (*Fahrbahnverengung*) bottleneck
③ (*Verknappung*) bottleneck; ***es besteht bei dieser Ware derzeit ein ~*** these goods are at present in short supply

Ẹngpassfaktor[RR] *m* ÖKON bottleneck factor **Ẹngpassmaterial**[RR] *nt* material in short supply

en gros [ɑ̃'gro] *adv* ÖKON wholesale

Engrosabnehmer(in) *m(f)* HANDEL wholesale buyer [*or* customer]

ẹngstirnig I. *adj* (*pej*) ■**jd ist ~** sb is narrow-minded [*or* insular]; ■**es ist ~, etw zu tun** it is narrow-minded to do sth
II. *adv* (*pej*) narrow-mindedly; **~ denken/handeln** to think/act in a narrow-minded way [*or* fashion]

Ẹngstirnigkeit <-> *f kein pl* narrow-mindedness

Enhanced Mode [ɪn'hɑ:nstməʊd] *m* INFORM enhanced mode

Enjambement <-s, -s> [ɑ̃ʒɑ̃bə'mɑ̃:] *nt* enjambement

Ẹnkel(in)[1] <-s, -> *m(f)* ① (*Kind des Kindes*) grandchild
② (*später Nachfahr*) descendant; **politischer ~** political heir

Ẹnkel[2] <-s, -> *m* DIAL (*Fußknöchel*) ankle

Ẹnkelkind *nt* grandchild **Ẹnkelsohn** *m* (*geh*) grandson **Ẹnkeltochter** *f* (*geh*) *fem form von* **Enkelsohn** granddaughter

Enklave <-, -n> [-və] *f* enclave

en masse [ɑ̃ 'mas] *adv* (*fam*) en masse

enorm I. *adj* ① (*groß*) enormous; **~e Anstrengung/Belastung** immense [*or* massive] effort/strain; **~e Geschwindigkeit/Hitze/Kälte** tremendous speed/heat/cold; **eine ~e Summe** a vast sum
② *pred* (*fam: herrlich, toll*) fantastic
II. *adv* (*fam*) tremendously; **~ viel/viele** a tremendous amount/number, an enormous amount/number

en passant [ɑ̃pa'sɑ̃:] *adv* en passant, in passing

Enquete <-, -n> [ɑ̃'ke:tə, ɑ̃'kɛ:tə] *f* ① (*Umfrage*) survey
② ÖSTERR (*geh: Arbeitstagung*) symposium

Enquetekommission [ɑ̃'kɛ:t(ə)-] *f* POL commission of enquiry, select [*or* BRIT inquest] committee

Ensemble <-s, -s> [ɑ̃'sɑ̃bl] *nt* ensemble

entarten* *vi sein* ■**[zu etw *dat*] ~** to degenerate [into sth]; *s. a.* **Kunst**

Entartung <-, -en> *f* degeneration

entäußern* *vr* (*geh*) ■**sich einer S.** *gen* ~ to relinquish [*or* divest oneself of] sth

ẹntbarten *vt* KOCHK **Schaltiere ~** to debeard shellfish

entbehren* I. *vt* ① (*ohne auskommen*) ■**jdn/etw ~ können** to be able to do [*or* manage] without sb/sth, to be able to spare sb/sth
② (*geh: vermissen*) ■**jdn/etw ~** to miss sb/sth
③ (*überflüssig sein*) ■**zu ~ sein** to not be necessary; ***er ist wirklich nicht zu ~*** I really can't do without him
II. *vi* (*geh*) ① (*Not leiden*) to go without
② (*ohne etw sein*) ■**etw entbehrt einer S.** *gen* sth is lacking sth; ***die Darstellung entbehrt jedes Reizes*** the performance is lacking any charm

entbehrlich *adj* dispensable, unnecessary

Entbehrung <-, -en> *f meist pl* deprivation, privation; **~en auf sich** *akk* **nehmen** to make sacrifices

entbehrungsreich *adj* (*geh*) **~e Jahre** years of privation

entbieten* *vt irreg* (*geh*) ■**[jdm] etw ~** to offer [sb] sth; **jdm seine Grüße ~** to present one's compliments to sb

entbinden* *irreg* I. *vt* ① MED ■**jdn [von einem Kind] ~** to deliver sb, to deliver sb's baby [*or* child]; ■**[von einem Kind] entbunden werden** to give birth to a baby [*or* child]
② JUR (*dispensieren*) ■**jdn [von etw] ~** to release sb [from sth], to discharge sb [of sth]; ***er wurde von seinem Amt entbunden*** he was relieved of his duties; **jdn von einer Pflicht entbinden** to discharge sb of his/her duty
II. *vi* give birth

Entbindung *f* ① MED delivery, birth; ***sie wurde zur ~ ins Krankenhaus eingeliefert*** she went to hospital to have the baby
② (*Befreiung*) ■**~ von etw** release from sth; ***er bat um ~ von seinem Versprechen*** he asked to be released from his promise

Entbindungsklinik *f* maternity clinic

entblättern* *vr* ❶ (*die Blätter abwerfen*) to shed its leaves
❷ (*hum fam: sich ausziehen*) ■**sich [vor jdm] entblättern** to strip [off] [in front of sb]

entblöden* *vr* ■**sich** *akk* **nicht ~, etw zu tun** (*pej geh*) to have the effrontery [*or* audacity] to do sth

entblößen* *vt* (*geh*) ■**etw ~** to expose sth; **einen Arm ~** to uncover an arm; **den Kopf ~** to bare one's head; **die Gedanken ~** to reveal one's thoughts; ■**sich** *akk* ~ to take one's clothes off; ■**sich** *akk* **vor jdm ~** (*geh*) to expose oneself to sb

entblößt I. *adj* (*geh*) bare, exposed; **mit ~er Brust/~em Kopf** with bared breast/bared head
II. *adv* (*geh*) **~ umhergehen** to walk around with no clothes on

entbrennen* *vi irreg sein* (*geh*) ❶ (*ausbrechen*) to break out; *Streit* to flare up; *Diskussion* to ensue
❷ (*Leidenschaft empfinden*) ■**für jdn ~** (*geh*) to fall passionately in love with sb
❸ ■**vor etw** *dat* ~ (*geh*) to be inflamed with sth

entbürokratisieren* *vt* ■**etw/jdn ~** to free sth/sb of bureaucracy

Entbürokratisierung <-> *f kein pl* cutting red tape

Entchen <-s, -> *nt* ZOOL *dim von* **Ente** duckling

entdecken* I. *vt* ❶ (*zum ersten Mal finden*) ■**etw ~** to discover sth
❷ (*ausfindig machen*) ■**jdn/etw ~** to find sb/sth; **einen Fehler ~** to spot a mistake
❸ (*veraltend: offenbaren*) ■**jdm etw ~** to reveal sth to sb
II. *vr* (*geh o veraltend*) ■**sich** *akk* **jdm ~** to reveal oneself to sb

Entdecker(in) <-s, -> *m(f)* discoverer; **der berühmte ~ Captain Cook** the famous explorer Captain Cook

Entdeckung *f* discovery; ***er zeigte uns seine neueste ~*** he showed us his latest find

Entdeckungsreise *f* voyage of discovery; ***sie machten eine ~ ins Landesinnere*** they went on an expedition into the interior [of the country]; **auf ~ gehen** (*hum fam*) to go exploring

Ente <-, -n> *f* ❶ ORN duck
❷ (*fam: Zeitungs~*) spoof, canard
❸ AUTO (*fam: Citroen 2 CV*) "deux-chevaux"
► WENDUNGEN: **lahme ~** (*fam*) slowcoach

entehren* *vt* ■**jdn/etw ~** to dishonour [*or* AM -or] sb/sth; ■**~d** degrading; **eine ~de Anschuldigung** a defamatory accusation

Entehrung <-, -en> *f* dishonouring BRIT, dishonoring AM

enteignen* *vt* JUR ■**jdn ~** to dispossess sb, to seize sb's possessions; ■**etw ~** to expropriate sth

enteignend *adj* JUR expropriatory

enteignet I. *pp von* **enteignen**
II. *adj Grundstück* expropriated

Enteignung <-, -en> *f* JUR ■**~ von jdm** dispossession of sb; ■**~ von etw** expropriation [*or* seizure] of sth, BRIT compulsory purchase of sth; **de-facto ~** de facto expropriation; **direkte/indirekte ~** direct/indirect expropriation; **drohende/entschädigungslose ~** threat of expropriation/expropriation without compensation

Enteignungsbefugnis *f* JUR *staatlich* eminent domain **Enteignungsbeschluss**[RR] *m* JUR expropriation [*or* compulsory purchase] order **Enteignungsentschädigung** *f* FIN compensation for expropriation, AM condemnation award **Enteignungsgesetz** *nt* JUR Compulsory Purchase Act BRIT **enteignungsgleich** *adj* JUR expropriatory, equivalent to expropriation **Enteignungsrecht** *nt* JUR *des Staates* eminent domain **Enteignungsschutz** *m* JUR protection against expropriation **Enteignungsverbot** *nt* JUR ban on expropriation **Enteignungsverfahren** *nt* JUR expropriation proceedings **Enteignungsverfügung** *f* JUR compulsory purchase order

enteilen* *vi sein* (*geh*) hurry [*or* hasten] away

enteisen* *vt* ■**etw ~** to de-ice sth; **eine Gefriertruhe ~** to defrost a freezer

Enteisung <-, -en> *f* de-icing

Entenbraten *m* roast duck **Entenei** *nt* duck's egg **Entengrütze** *f* BOT duckweed **Entenküken** *nt* duckling

Entente <-, -n> [ã'tãtə] *f* entente

Entenvögel *pl* KOCHK, ZOOL (*fachspr*) fowl, wildfowl

enterben* *vt* ■**jdn ~** to disinherit sb

Enterbung <-, -en> *f* JUR disinheritance

Enterhaken *m* HIST, NAUT grappling iron [*or* hook]

Enterich <-s, -e> *m* ORN drake

entern I. *vt haben* board; **ein Schiff ~** to board a ship [with violence]
II. *vi sein* board; **den Befehl zum E~ geben** to give the order to board

Entertainer(in) <-s, -> [ɛntɐ'teːnɐ] *m(f)* entertainer

Entertaste *f* INFORM enter key

entfachen* *vt* (*geh*) ❶ (*zum Brennen bringen*) ■**etw ~** to kindle [*or* light] sth; **ein Feuer ~** to kindle a fire; **einen Brand ~** to start a fire
❷ (*entfesseln*) ■**etw ~** to provoke [*or* start] sth; **eine Leidenschaft ~** to arouse a passion

entfahren* *vi irreg sein* ■**etw entfährt jdm** sth slips out, sth escapes sb's lips; ***das Wort ist ihm nur so ~*** the word just escaped his lips, he just used the word inadvertently

entfallen* *vi irreg sein* ❶ (*dem Gedächtnis entschwinden*) ■**jdm ~** to escape sb, to slip sb's mind, to forget sth; ***der Name ist mir gerade ~*** the name escapes me, the name has slipped my mind
❷ (*wegfallen*) to be dropped; ***dieser Punkt der Tagesordnung entfällt*** this point has been dropped from the agenda
❸ (*als Anteil zustehen*) ■**auf jdn ~** to be allotted to sb; ***auf jeden entfallen DM 50*** each person will receive/pay 50 marks; ***auf diese Partei ~ 5 Sitze*** this party receives 5 seats
❹ (*geh: herunterfallen*) ■**jdm ~** to slip [*or* fall] from sb's hand[s]

entfalten* I. *vt* ❶ (*auseinander falten*) ■**etw ~** *Landkarte, Brief* to unfold [*or* open [out]] sth
❷ (*beginnen, entwickeln*) ■**etw [zu etw** *dat*] **~** to develop sth [into sth]
❸ (*darlegen*) ■**etw [vor jdm] ~** to set sth forth, to expound sth
❹ (*zur Geltung bringen*) ■**etw ~** to display sth
II. *vr* ❶ (*sich öffnen*) ■**sich [zu etw** *dat*] **~** *Blüte, Fallschirm* to open [into sth]
❷ (*zur Geltung bringen*) ■**sich ~** to develop
❸ (*sich voll entwickeln*) ■**sich ~** to develop to the full

Entfaltung <-, -en> *f* ❶ (*das Entfalten*) unfolding; **~ einer Blüte** opening of a flower
❷ (*Entwicklung*) development; **Recht auf freie ~ der Persönlichkeit** JUR right to the free development of one's personality; **etw zur ~ bringen** to help [sb] develop sth; **zur ~ kommen** [*o* **gelangen**] to develop
❸ (*Darstellung*) presentation
❹ (*Demonstration*) display

entfärben* I. *vt* ■**etw ~** to remove the colour [*or* AM -or] from sth, to take the colour [*or* AM -or] out of sth
II. *vr* ■**sich ~** to lose its colour [*or* AM -or], to fade

Entfärber <-s, -> *m* dye remover

Entfärbungsmittel *nt s.* **Entfärber**

entfernen* I. *vt* ❶ (*beseitigen*) ■**etw [aus/von etw] ~** to remove sth [from sth]
❷ MED (*herausoperieren*) ■**[jdm] etw ~** to take out sb's sth; **jdm den Blinddarm ~** to take out [*or* remove] sb's appendix
❸ ADMIN (*geh*) ■**jdn aus** [*o* **von**] **etw** *dat* ~ to remove sb from sth; **jdn aus der Schule ~** to expel sb [from school]
❹ (*weit abbringen*) ■**jdn von etw** *dat* ~ to take sb away from sth; ***das entfernt uns vom Thema*** that takes us off the subject
II. *vr* ❶ (*weggehen*) ■**sich [von/aus etw] ~** to go away [from sth], to leave [sth]; **sich vom Weg ~** to go off the path
❷ (*nicht bei etw bleiben*) ■**sich von etw ~** to depart from sth

entfernt I. *adj* ❶ (*weitläufig*) distant; **ein ~er Verwandter** a distant relative
❷ (*gering, leise*) slight, vague; **eine ~e Ähnlichkeit** a slight similarity; **eine ~e Ahnung** a vague idea; **ein ~er Verdacht** a remote suspicion
❸ (*abgelegen*) remote; **ein ~er Teil eines Landes** a remote part of a country; ■**von jdm ~ sein** to be [far] away from sb; **[...] ~ [von etw] liegen** [*o* **sein**] to be [...] away [*or* [away] from sth]; ***7 Kilometer von hier*** ~ 7 kilometres [away] from here; **zu weit ~** too far [away]
II. *adv* vaguely; ***sie erinnert mich ~ an meine Tante*** she vaguely reminds me of my aunt; **nicht im E~esten** not in the least [*or* slightest]; **nicht ~ so ...** nothing like as ... BRIT; **weit davon ~ sein, etw zu tun** to not have the slightest intention of doing sth; *s. a.* **verwandt**

Entfernung <-, -en> *f* ❶ (*Distanz*) distance; **auf eine bestimmte ~** from a certain distance; **auf eine ~ von 30 Metern** [*o* **auf 30 Meter ~**] from a distance of 30 metres [*or* AM -ers]; **aus der ~** from a distance; **aus kurzer/einiger ~** from a short/considerable distance; **in beträchtlicher ~** at some [considerable] distance; **in einer ~ von 1 000 Metern** at a distance [*or* range] of 1,000 metres [*or* AM -ers], 1,000 metres [*or* AM -ers] away
❷ ADMIN (*geh: Ausschluss*) **~ aus/von der Schule** expulsion [from school]; **~ aus dem Amt** removal from office
❸ JUR removal, expulsion; **~ des Angeklagten aus der Hauptverhandlung** removal of the defendant from the trial proceedings
❹ MIL **unerlaubte ~ [von der Truppe]** absence without leave, AWOL

Entfernungsmesser <-s, -> *m* rangefinder

entfesseln* *vt* (*auslösen*) ■**etw ~** to unleash sth

entfesselt *adj* unleashed; **~e Elemente** raging elements; **~e Leidenschaft** unbridled passion

entfetten* *vt* ■**etw ~** KOCHK to remove the grease from sth

Entfettungskur *f* (*fam*) weight-reducing diet

entflammbar *adj* ❶ (*leicht zu entflammen*) inflammable
❷ (*fig fam*) easily roused

entflammen* I. *vt haben* ❶ (*anzünden, in Flammen setzen*) ■**etw ~** to light sth; **ein Streichholz ~** to light [*or* strike] a match
❷ (*entfachen*) ■**etw ~** *Leidenschaft* to [a]rouse sth
❸ (*geh: begeistern*) ■**jdn für etw ~** to arouse sb's enthusiasm for sth
❹ (*verliebt machen*) ■**jdn [für jdn] ~** to enrapture sb
II. *vr haben* ❶ (*sich entzünden*) ■**sich** *akk* **[an etw** *dat*] ~ ***das Gasgemisch hat sich entflammt*** the gas mixture burst into flames
❷ (*sich begeistern*) ■**sich** *akk* **für etw** *akk* **~** ***sie entflammte sich für seine Idee*** she was filled with enthusiasm for his idea
III. *vi sein* (*geh: plötzlich entstehen*) ***ein Kampf um die Macht ist entflammt*** a struggle for power has broken out

entflechten* *vt irreg* ■**etw ~** to decartelize sth; **ein Kartell ~** to break up a cartel; **Interessen ~** to disentangle interests; **Verkehr ~** to ease the traffic flow

Entflechtung <-, -en> *f* decartelization, demerger; *eines Kartells* break[ing] up of a cartel

Entflechtungsanordnung *f* JUR *von Kartellen* divesting order **Entflechtungsbehörde** *f* JUR decartelization agency **Entflechtungsgesetz** *nt* JUR demerger act **Entflechtungsverhandlungen** *pl* JUR disengagement negotiations

entfliegen* *vi irreg sein* (*geh*) ■**ein Vogel entfliegt [jdm/aus etw]** a bird flies away [from sb/sth]; **ein entflogener Papagei** an escaped parrot

entfliehen* *vi irreg sein* ❶ (*geh: fliehen*) ■**[aus etw** *dat*] **~** [*o* **einer S.** *dat* **~**] to escape [*or* flee] from sth
❷ (*vergehen*) *Jugend, Zeit etc.* to fly by; ***die Zeit entflieht so rasch*** time flies by so fast

entfremden* I. *vt* ■**etw entfremdet sie einander** sth estranges them [from each other]; ***die lange Trennung hat sie [einander] entfremdet*** the long separation has estranged them [from each other]; ■**etw seinem Zweck** *dat* ~ to use sth for a different purpose; (*falscher Zweck*) to use sth for the wrong purpose
II. *vr* ■**sich jdm** ~ to become estranged from sb; ***er hat sich seiner Frau ganz entfremdet*** he has become estranged from his wife, he and his wife have grown apart
entfremdet I. *pp von* **entfremden**
II. *adj* alienated
Entfremdung <-, -en> *f* estrangement, alienation
entfrosten* *vt* AUTO ■**etw** ~ to defrost sth
Entfroster <-s, -> *m* defroster
entführen* *vt* ❶ (*mit Gewalt fortschaffen*) ■**jdn** ~ to abduct [*or* kidnap] sb; **ein Fahrzeug/Flugzeug** ~ to hijack a car/plane
❷ (*fam: wegnehmen*) ■**jdm jdn/etw** ~ to steal sth/sb from sb, to make off with sb's sth/sb; ***darf ich Ihnen eben mal Ihre Kollegin ~?*** can I just steal your colleague for a moment?
Entführer(in) *m(f)* kidnapper, abductor; *Fahrzeug/Flugzeug* hijacker
entführt I. *pp von* **entführen**
II. *adj Person* abducted, kidnapped; *Fahrzeug, Flugzeug* hijacked
Entführung *f* kidnapping, abduction; *Fahrzeug/Flugzeug* hijacking
entgegen I. *adv* (*geh*) ■**einer S.** *dat* ~ towards sth; **neuen Abenteuern/Ufern** ~ on to new adventures/shores
II. *präp +dat* against; ~ ***meiner Bitte*** contrary to my request; ~ **allen Erwartungen** against [*or* contrary to] all expectations
entgegen|arbeiten *vt* ■**einer S.** *dat* ~ to oppose sth, to work against sth **entgegen|bringen** *vt irreg* (*bezeigen*) ■**jdm etw** ~ to show sth for sb, to display sth towards [*or* for] sb; **jdm Vertrauen** ~ to put one's trust in so; **einer Idee/einem Vorschlag Interesse** ~ to show [*or* display] interest in an idea/a suggestion; **jdm viel Liebe/Verständnis** ~ to show [*or* display] much love/understanding for [*or* towards] sb **entgegen|eilen** *vi sein* (*geh*) ■**jdm** ~ to rush [*or* hurry] to meet sb; ■**jdm entgegengeeilt kommen** to rush [*or* hurry] to meet sb; ■**einer S.** *dat* ~ to rush towards sth **entgegen|fahren** *vi irreg sein* ■**jdm** ~ to go [*or* come] to meet sb; **jdm mit dem Auto/Fahrrad** ~ to go [*or* come] to meet sb by car/bicycle; ■**jdm entgegengefahren kommen** to drive [*or* go] to meet sb **entgegen|fiebern*** *vi* ■**einer S.** *dat* ~ to feverishly look forward to sth **entgegen|gehen** *vi irreg sein* ■**jdm** ~ to go to meet sb; **dem Ende/seiner Vollendung** ~ to near [*or* approach] an end/completion; ■**jdm entgegengegangen kommen** to walk [*or* come] to meet sb; **seinem Untergang** ~ to go to one's death; **dem sicheren Tod** ~ to face certain death **entgegengesetzt** I. *adj* ❶ (*gegenüberliegend, umgekehrt*) opposite; **am ~en Ende des Tisches** at the opposite end of the table; **in der ~en Richtung** in the opposite direction ❷ (*einander widersprechend*) opposing, conflicting; **~e Auffassungen/Interessen/Meinungen** conflicting views/interests/opinions, opposed *pred* II. *adv* ~ **denken/handeln** to think/do the exact opposite; ~ **reagieren** to react in exactly the opposite way **entgegen|halten** *vt irreg* ❶ (*in eine bestimmte Richtung halten*) ■**jdm/einer S. etw** ~ to hold out sth towards sb/sth; ***er hielt ihr die Hand entgegen*** he held out his hand to her ❷ (*einwenden*) **jdm/einer S. eine Einwand** ~ to express an objection to sb/sth; **einem Vorschlag einen anderen** ~ to counter one suggestion with another; ■**jdm ~, dass ....** to object to sb that … **entgegen|hoppeln** *vi* ■**jdm/etw** ~ *Kaninchen* to hop towards sth/sb **entgegen|kommen** *vi irreg sein* ❶ (*in jds Richtung kommen*) ■**jdm** ~ to come to meet sb ❷ (*entgegenfahren*) ■**jdm** ~ to drive towards sb; **der uns ~de Wagen** the car coming in the opposite direction ❸ (*Zugeständnisse machen*) ■**jdm/einer S.** ~ to accommodate sb/sth; **jds Bitte/Wunsch** ~ to comply with sb's request/wish, to accede to sb's request/wish; **jdm auf halbem Wege** ~ to meet sb halfway ❹ (*entsprechen*) ■**jdm/einer S.** ~ to fit in with sb/sth; ***das kommt unseren Plänen entgegen*** that fits in with our plans **Entgegenkommen** <-s, -> *nt* ❶ (*gefällige Haltung*) co-operation, willingness to cooperate ❷ (*Zugeständnis*) concession; ***er ist zu einem gewissen ~ bereit*** he is willing to make certain concessions **entgegenkommend** *adj* obliging, accommodating **entgegenkommenderweise** *adv* obligingly **entgegen|laufen** *vi irreg sein* ❶ (*in jds Richtung laufen*) ■**jdm** ~ to run to meet sb; ■**jdm entgegengelaufen kommen** to run towards sb ❷ (*im Gegensatz stehen*) ■**einer S.** *dat* ~ to run contrary [*or* counter] to sth **Entgegennahme** <-, -n> *f* (*geh*) receipt; ~ ***eines Schmiergelds*** acceptance of a bribe **Entgegennahmepflicht** *f* HANDEL obligation to accept, duty to take delivery **entgegen|nehmen** *vt irreg* ■**etw [von jdm/für jdn]** ~ *Lieferung* to receive sth [from sb/for sb] **entgegen|schlagen** *vi irreg sein* ■**jdm** ~ to confront [*or* meet] sb; ***die Flammen schlugen ihnen entgegen*** the flames leapt to meet them; ***ihm schlug eine Welle der Begeisterung entgegen*** he was met by a wave of enthusiasm **entgegen|sehen** *vi irreg* ❶ (*geh: erwarten*) ■**einer S.** *dat* ~ to await sth; ***ich sehe Ihrer Antwort entgegen*** I look forward to receiving your reply, I await your reply; ***er sieht der Entscheidung mit Skepsis entgegen*** he doesn't expect much from the decision ❷ (*in jds Richtung sehen*) ■**jdm/etw** ~ to watch sb; ***er sah dem ankommenden Schiff entgegen*** he watched the ship approaching **entgegen|setzen** I. *vt* ■**einer S.** *dat* **etw** ~ to oppose sth with sth; **Anklagen etw** ~ to reply to accusations; **einer Forderung etw** ~ to counter a claim; **einer S. Alternativen** ~ to put forward alternatives to sth; **einer S. Widerstand** ~ to resist sth, to offer resistance to sth II. *vr* ■**sich einer S.** *dat* ~ to resist [*or* oppose] sth **entgegen|stehen** *vi irreg* ■**einer S.** *dat* ~ to stand in the way of sth; **dem steht nichts entgegen** there's no obstacle to that, there's nothing against that **entgegen|stellen** *vr* ■**sich jdm/einer S.** ~ to resist [*or* oppose] sb/sth **entgegen|strecken** *vt* ■**jdm etw** ~ to hold sth out to[wards] sb **entgegen|treten** *vi irreg sein* ❶ (*in den Weg treten*) ■**jdm** ~ to walk up to sb; **einem Feind/Gegner** ~ to go into action against an enemy/opponent ❷ (*sich zur Wehr setzen*) ■**einer S.** *dat* ~ to counter **entgegen|wirken** *vi* ■**einer S.** *dat* ~ to oppose [*or* counteract] sth
entgegnen* *vt* ■**[jdm] etw [auf etw** *akk*] ~ to reply sth [to sb/sth]; **auf eine Anschuldigung/Vorwurf** ~ to respond to an accusation/criticism; **jdm ärgerlich** ~ to retort to sb; ***sie entgegnete [ihm] nichts*** she didn't respond [to him]; ***er wusste darauf nichts zu*** ~ he didn't know what to reply
Entgegnung <-, -en> *f* reply; **eine offizielle** ~ an official response
entgehen* *vi irreg sein* ❶ (*entkommen*) ■**jdm** ~ to escape [*or form* elude] sb
❷ (*entrinnen*) ■**einer S.** *dat* ~ to escape [*or* avoid] sth; **dem Tod** ~ to escape death
❸ (*nicht bemerkt werden*) ■**etw entgeht jdm** [*o* **es entgeht jdm etw**] sth escapes sb['s notice], sb fails to notice sth; ***mir ist kein einziges Wort entgangen*** I haven't missed a single word; ■**es entgeht jdm nicht, dass …** it hasn't escaped sb's notice that …; ***dir entgeht aber auch gar nichts!*** you really don't miss a trick, do you?
❹ (*versäumen*) ■**sich** *dat* **etw** ~ **lassen** to miss sth; ***schade, dass du dir dieses Konzert hast ~ lassen müssen*** [it's a] pity that you had to miss this concert
entgeistert I. *adj* dumbfounded, thunderstruck, flabbergasted *fam*
II. *adv* in amazement [*or* astonishment]
Entgelt <-[e]s, -e> *nt* ❶ (*Bezahlung*) payment, remuneration *form;* **als** [*o* **zum**] ~ (*Anerkennung*) as a reward; (*Entschädigung*) as compensation [*or* recompense]
❷ (*Gebühr*) **gegen** ~ for a fee; **ohne** ~ for nothing
Entgeltaufkommen *nt* FIN amount of compensation
entgelten* *vt irreg* (*geh*) ❶ (*vergüten*) ■**jdm etw** ~ to recompense sb for sth
❷ (*büßen*) ■**etw** ~ to pay [*or form* atone] for sth
entgeltlich *adj* FIN for a consideration; HANDEL against payment; ~ **oder unentgeltlich** gratuitously or for a consideration
entgiften* *vt* ■**etw** ~ ❶ ÖKOL (*von Giften befreien*) to decontaminate sth
❷ MED to detoxicate [*or* detoxify] sth; **Blut** ~ to purify blood
Entgiftung <-, -en> *f* ❶ ÖKOL (*das Entgiften*) decontamination
❷ MED (*Befreiung von Stoffwechselgiften*) detoxication, detoxification, detox *fam*
Entgiftungsanlage *f* decontamination plant **Entgiftungsmittel** *nt* ❶ ÖKOL decontamination agent
❷ MED detoxi[fi]cation agent
entgleisen* *vi sein* ❶ (*aus den Gleisen springen*) to be derailed; **etw zum E~ bringen** [*o* **etw ~ lassen**] to derail sth
❷ (*geh: ausfallend werden*) to make a gaffe [*or* faux pas], to drop a clanger BRIT *fam*
Entgleisung <-, -en> *f* ❶ (*das Entgleisen*) derailment
❷ (*Taktlosigkeit*) gaffe, faux pas, clanger BRIT *fam*
entgleisungssicher *adj* non-derailable; **~er Zug** non-derailable train
entgleiten* *vi irreg sein* ❶ (*geh: aus den Händen gleiten*) ■**etw entgleitet jdm** sb loses his/her grip on sth, sth slips out of [*or* from] sb's grip [*or* grasp]
❷ (*verloren gehen*) ■**jdm** ~ to slip away from sb
entgräten* *vt* ■**etw** ~ to fillet [*or* bone] sth
enthaaren* *vt* ■**etw** ~ to remove unwanted hair from sth, to depilate sth; ***ich habe mir gestern die Beine enthaart*** I shaved/waxed my legs yesterday
Enthaarung <-, -en> *f* the removal of unwanted hair, depilation
Enthaarungscreme *f* depilatory cream **Enthaarungsmittel** *nt* hair remover, depilator **Enthaarungswachs** *nt* depilatory wax
Enthaftung <-, -en> *f* JUR disclaimer of liability
Enthalpie <-, -n> *f* CHEM enthalpy
enthalten* *irreg* I. *vt* ■**etw** ~ ❶ (*in sich haben*) to contain sth
❷ (*umfassen*) to include sth; ■**in etw** *dat* **[mit]** ~ **sein** to be included in [with] sth
II. *vr* ❶ POL (*nicht abstimmen*) ■**sich** *akk* ~ to abstain; *s. a.* **Stimme**
❷ (*geh: verzichten*) ■**sich** *akk* **einer S.** *gen* ~ to refrain from sth; **sich des Alkohols/Rauchens/etc** ~ to abstain from alcohol/smoking/etc; **sich [nicht]** ~ **können, etw zu tun** [not] to be able to refrain from doing sth
enthaltsam I. *adj* [self-]restrained; (*genügsam*) abstinent, abstemious; (*keusch*) chaste, abstinent
II. *adv* in an abstinent manner; **völlig** ~ **leben** to live a completely abstinent life
Enthaltsamkeit <-> *f kein pl* abstinence, abstention, abstemiousness; (*sexuelle Abstinenz*) abstinence, chastity
Enthaltung *f* POL abstention
enthärten* *vt* ■**etw** ~ to soften sth
Enthärter <-s, -> *m* softener
enthaupten* *vt* ■**jdn** ~ (*durch Scharfrichter*) to behead [*or* guillotine] [*or* execute] sb; (*durch Unfall*) to decapitate sb
Enthauptung <-, -en> *f* (*durch Scharfrichter*) beheading, execution; (*durch Unfall*) decapitation
enthäuten* *vt* ■**etw** ~ ❶ KOCHK (*von der Haut befreien*) to skin sth
❷ JAGD (*abhäuten*) to skin sth
entheben* *vt irreg* ■**jdn einer S.** *gen* ~ ❶ (*suspendieren*) to relieve sb of sth
❷ (*geh: entbinden*) to release sb from sth
enthemmen* I. *vt* (*von Hemmungen befreien*)

■**jdn** ~ to make sb lose [*or* to free sb from] their inhibitions; ■~**d** disinhibitory, disinhibiting
II. *vi* (*enthemmend wirken*) to have a disinhibitory [*or* disinhibiting] effect
enthemmend *adj* disinhibiting, making one lose one's inhibitions
enthemmt I. *adj* ❶ (*von Hemmungen befreit*) disinhibited; ■~ **sein** to have lost one's inhibitions
❷ TECH (*von einer Blockierung befreit*) uninhibited
II. *adv* (*von Hemmungen befreit*) uninhibitedly
Enthemmung *f kein pl* loss of inhibitions
enthüllen* I. *vt* ■[**jdm**] **etw** ~ ❶ (*aufdecken*) to reveal sth [to sb]
❷ (*von einer Bedeckung befreien*) to unveil [*or* reveal] sth [to sb]
II. *vr* (*sich erweisen*) ■**sich jdm** ~ to reveal oneself to sb; ***endlich hat sich mir sein wahrer Charakter enthüllt*** his true character was finally revealed to me
Enthüllung <-, -en> *f* ❶ (*die Aufdeckung*) disclosure; *von Skandal, Lüge* revelation, exposure *no pl, no indef art*
❷ (*das Enthüllen*) *von Denkmal, Gesicht* unveiling, revealing
Enthüllungsjournalismus <-> *f kein pl* investigative journalism
Enthusiasmus <-> *m kein pl* enthusiasm; **jds** ~ *akk* **bremsen** [*o* **dämpfen**] [*o* **zügeln**] to dampen sb's enthusiasm
Enthusiast(in) <-en, -en> *m(f)* enthusiast
enthusiastisch I. *adj* enthusiastic
II. *adv* enthusiastically
entjungfern* *vt* ■**jdn** ~ to deflower sb
Entjungferung <-, -en> *f* defloration
entkalken* *vt* ■**etw** ~ to decalcify sth
entkeimen* *vt* ■**etw** ~ to sterilize sth
entkernen* *vt* ■**etw** ~ ❶ (*von Kernen befreien*) to stone sth; **einen Apfel** ~ to core an apple; **Trauben** ~ to remove the pips from grapes
❷ ARCHIT to remove the core of sth
entkernt I. *pp von* **entkernen**
II. *adj* denucleated; ~**e Eizelle** denucleated egg cell
entkleiden* *vt* (*geh*) ■**jdn** ~ to undress sb; ■**sich** ~ to get undressed, to undress [oneself]
entknoten* *vt* ■**etw** ~ to untie [*or* undo] sth
entkoffeiniert *adj* decaffeinated
entkolonialisieren* *vt* to decolonialize
Entkolonialisierung *f* decolonialization
entkommen* *vi irreg sein* ■[**jdm/aus etw** *dat*/ **irgendwohin**] ~ to escape [from sb/sth/to somewhere]; ***sie konnte über die Grenze*** ~ she was able to escape across the border; ■**jdm** ~ to escape from sb; ***der Hirsch entkam den Jägern*** the deer escaped [from] the hunters
Entkommen <-> *nt kein pl* escape; **es gibt** [**für jdn**] **kein** ~ **aus** [*o* **von**] **etw** there is no escape [for sb] from sth
entkomprimieren *vt* INFORM ■**etw** ~ to decompress sth
Entkomprimierung <-, -en> *f* INFORM decompression
entkoppeln* *vt* ■**etw** ~ to decouple sth
Entkopplung <-, -en> *f* decoupling
entkorken* *vt* ■**etw** ~ to uncork sth
entkräften* *vt* ❶ (*kraftlos machen*) ■**jdn** ~ (*durch Anstrengung*) to weaken sb; (*durch Krankheit*) to debilitate sb *form*
❷ (*widerlegen*) ■**etw** ~ to refute [*or* invalidate] sth
Entkräftung <-, -en> *f* ❶ (*Erschöpfung*) weakening, debilitation *form*, exhaustion
❷ (*fig: Widerlegung*) refutation, invalidation
entkrampfen* I. *vt* ■**etw** ~ ❶ (*lockern*) to relax sth
❷ (*entspannen*) to ease sth; **in entkrampfter Atmosphäre** in a relaxed atmosphere
II. *vr* ■**sich** ~ ❶ MED (*sich lockern*) to relax
❷ (*sich entspannen*) *Krise, Situation* to ease
Entkrampfung <-, -en> *f* ❶ (*Lockerung*) relaxation
❷ (*Entspannung*) easing
entkriminalisieren* *vt* ■**etw** ~ to decriminalize sth
Entlad <-[e]s> *m kein pl* SCHWEIZ (*Ausladen*) unloading
entladen* *irreg* **I.** *vt* ■**etw** ~ ❶ (*Ladung herausnehmen*) to unload sth
❷ ELEK (*Ladung entnehmen*) to drain sth
❸ (*Munition entfernen*) to unload sth
II. *vr* ❶ (*zum Ausbruch kommen*) ■**sich** [**über jdm/etw**] ~ *Gewitter, Sturm* to break [over sb/sth]
❷ ELEK (*Ladung abgeben*) ■**sich** ~ *Akku, Batterie* to run down
❸ (*fig: plötzlich ausbrechen*) ■**sich** [**über jdm**] ~ *Begeisterung, Zorn etc.* to be vented [on sb]
Entladung *f* ❶ (*das Entladen*) unloading
❷ ELEK discharge
Entladungshafen *m* port of discharge
entlang I. *präp* (*längs*) ■~ **einer S.** *gen* along sth; ■**etw** ~ along sth; **den Fluss** ~ along the river
II. *adv* ■**an etw** *dat* ~ along; ***sie wanderten am Fluss*** ~ they wandered along the river; **hier** ~ this/ that way
entlang|fahren *vt irreg sein* ❶ (*eine Länge abfahren*) **eine Straße/einen Weg etc.** ~ to drive along a road/a path etc.; **an einem Fluss/einem Wald etc.** ~ to drive along a river/[the edge of] a wood etc. ❷ (*eine Linie nachziehen*) ■[**an**] **etw** [**mit dem Finger**] ~ to trace [*or* go along] sth [with one's finger] **entlang|gehen** *irreg* **I.** *vt sein* (*zu Fuß folgen*) ■**etw** ~ to go [*or* walk] along sth **II.** *vi sein* ■**an etw** *dat* ~ ❶ (*parallel zu etw gehen*) to go [*or* walk] along the side of sth ❷ (*parallel zu etw verlaufen*) to run alongside sth
entlarven* *vt* (*enttarnen*) ■**jdn/etw** [**als etw**] ~ *Dieb, Spion* to expose [*or* unmask] sb/sth [as sth]; ***das verlockende Angebot wurde als Falle entlarvt*** the tempting offer was revealed to be a trap; ■**sich** ~ to reveal one's true character [*or* BRIT colours] [*or* AM colors]; ■**sich** [**selbst**] **als etw** ~ to show oneself to be sth; ***sie entlarvte sich als Lügnerin*** she showed herself to be a liar
Entlarvung <-, -en> *f* (*Enttarnung, Aufdeckung*) exposure, unmasking; ■**jds** ~ **als etw** sb's exposure as sth
entlassen* *vt irreg* ❶ (*kündigen*) ■**jdn** ~ (*Stellen abbauen*) to make sb redundant; (*gehen lassen*) to dismiss
❷ (*geh: gehen lassen*) ■**jdn** ~ to dismiss sb; MED, MIL to discharge sb; SCH to expel sb; ***die Schüler wurden ins Berufsleben*** ~ the pupils left school to start working life
❸ (*geh: entbinden*) ■**jdn aus etw** *dat* ~ to release sb from sth
Entlassung *f* (*von der Arbeit*) dismissal, discharge; (*aus der Haft*) release; **bedingte/bedingungslose** ~ conditional/absolute discharge; **fristlose** [*o* **sofortige**] ~ instant dismissal, dismissal without notice; **grundlose** ~ dismissal without cause; **widerrechtliche** [*o* **unrechtmäßige**] ~ wrongful dismissal; **seine** ~ **einreichen** to tender one's resignation
Entlassungsabfindung *f*, **Entlassungsausgleich** *m*, **Entlassungsentschädigung** *f* ÖKON severance [*or* dismissal] pay **Entlassungsgesuch** *nt* [letter of] resignation **Entlassungsgrund** *m* ÖKON grounds *pl* for dismissal [*or* discharge] **Entlassungsverbot** *nt* JUR ban on dismissal **Entlassungsverfahren** *nt* JUR discharge proceedings *pl* **Entlassungsverfügung** *f* JUR release order **Entlassungszeugnis** *nt* SCH *last report before leaving school*
entlasten* *vt* ❶ JUR (*vom Verdacht befreien*) ■**jdn** [**von etw** *dat*] ~ to exonerate sb [from sth], to clear sb [of sth]
❷ (*von einer Belastung befreien*) ■**jdn** ~ to lighten sb's load, to relieve sb; **den Vorstand** ~ to discharge the board
❸ FIN (*ausgleichen*) ■**etw** ~ to settle sth; **ein Konto** ~ to credit an account
❹ (*Geschäftsführung genehmigen*) ■**jdn** ~ to approve sb's activities [*or* actions]
Entlastung <-, -en> *f* ❶ JUR (*Verdachtsbefreiung*) exoneration; **zu jds** ~ in sb's defence [*or* AM -se]
❷ (*das Entlasten*) relief; **zu jds** ~ in order to lighten sb's load
❸ (*Genehmigung der Geschäftsführung*) approval
❹ FIN grant of discharge; (*von Schulden*) acquittance; ~ **des Vorstands/des Geschäftsführers** discharge of the board of managers/chief executive
Entlastungsantrag *m* JUR petition of discharge **Entlastungsbeweis** *m* JUR exculpatory [*or* exonerating] evidence **Entlastungsmaterial** *nt* JUR evidence for the defence [*or* AM -se] **Entlastungsstraße** *f* bypass **Entlastungszeuge, -zeugin** *m, f* JUR defence [*or* AM -se] witness, witness for the defence [*or* AM -se] **Entlastungszug** *m* relief train
entlauben* I. *vt* (*von den Blättern befreien*) ■**etw** ~ to strip sth of leaves, to defoliate sth *spec*
II. *vr* (*das Laub verlieren*) ■**sich** ~ to shed its leaves; ■**entlaubt** stripped of leaves; **entlaubte Äste** bare branches
entlaufen*[1] *vi irreg sein* (*weglaufen*) ■**jdm** ~ to run away from sb; ***„Hund entlaufen, 50 DM Belohnung"*** "missing dog, 50 marks reward"
entlaufen[2] *adj* (*entflohen*) escaped; (*weggelaufen*) on the run
entlausen *vt* ■**jdn/sich** ~ to delouse sb/oneself
entledigen* *vr* ❶ (*euph: umbringen*) ■**sich jds** ~ to dispose of sb
❷ (*geh: ablegen*) ■**sich einer S.** *gen* ~ to put sth down; *Kleidungsstück* to remove sth; ***wo kann ich mich hier meiner Tasche ~?*** where can I leave my bag here?
❸ (*loswerden*) ■**sich einer S.** *gen* ~ to carry out [*or* discharge] sth
entleeren* *vt* ■**etw** ~ ❶ (*vom Inhalt befreien*) to empty sth
❷ PHYSIOL (*leer machen*) to evacuate sth
Entleerung *f* ❶ (*das Entleeren*) emptying
❷ PHYSIOL (*das Entleeren*) evacuation
entlegen *adj* ❶ (*abgelegen*) remote
❷ (*eigenartig*) *Idee, Vorschlag* odd
entlehnen* *vt* LING ■**etw aus etw** *dat* ~ to borrow sth from sth
Entlehnung <-, -en> *f* LING ❶ (*das Entlehnen*) borrowing
❷ (*Lehnwort*) loan word
entleiben* *vr* (*geh*) ■**sich** *akk* ~ to commit suicide; ***die Grünen haben sich auf politischer Bühne entleibt*** the Greens have committed political suicide
entleihen* *vt irreg* ■**etw** [**von jdm/aus etw**] ~ to borrow sth [from sb/sth]
Entleiher(in) <-s, -> *m(f)* (*geh*) borrower
Entleihung <-, -en> *f* borrowing
Entlein <-s, -> *nt* duckling
entloben* *vr* ■**sich** ~ to break off one's engagement
Entlobung <-, -en> *f* breaking off of one's engagement
entlocken* *vt* ❶ (*herausholen*) ■**jdm etw** ~ to elicit sth from sb; **jdm ein Geheimnis** ~ to coax a secret out of sb; **jdm Geld** ~ to worm money out of sb
❷ (*hum: zu etw veranlassen*) ■**einer S.** *dat* **etw** ~ to entice sth out of sth; ***versuch mal, ob du dem Spielautomaten nicht noch ein paar Märker ~ kannst!*** see if you can squeeze a few more quid out of the fruit machine
entlohnen* *vt* ❶ (*bezahlen*) ■**jdn** [**für etw** *akk*] ~ to pay sb [for sth]
❷ (*entgelten*) to reward sb [for sth]
entlöhnen* *vt* SCHWEIZ (*entlohnen*) to pay
Entlohnung <-, -en> *f* FIN (*form*) payment, remuneration *form*, AM compensation
Entlöhnung <-, -en> *f* SCHWEIZ (*Entlohnung*) payment
entlüften* *vt* ❶ (*verbrauchte Luft herauslassen*) ■**etw** ~ to ventilate sth
❷ (*Luftblasen entfernen*) ■**etw** ~ to bleed sth
Entlüftung <-, -en> *f* TECH ❶ (*Ventilation*) ventilation
❷ (*Entfernung von Luftblasen*) bleeding

Entlüftungshaube *f* BAU vent hood **Entlüftungskanal** *m* BAU ventilation duct
entmachten* *vt* ■**jdn/etw** ~ to deprive sb/sth of power, to disempower sb/sth
Entmachtung <-, -en> *f* deprivation of power, disempowerment
entmannen* *vt* (*geh: kastrieren*) ■**jdn** ~ to castrate [*or* emasculate] sb
entmenscht *adj* bestial, inhuman
entmilitarisieren* *vt* ■**etw** ~ to demilitarize sth
Entmilitarisierung *f* demilitarization
Entmonopolisierung *f* ÖKON demonopolization
entmündigen* *vt* JUR ■**jdn** [**wegen etw** *gen*] ~ to declare sb legally incapable [on account of sth]; ■**jdn** ~ **lassen** to have sb declared legally incapable
Entmündigte(r) *f(m) dekl wie adj* JUR person deprived of legal capacity
Entmündigung <-, -en> *f* ❶ JUR (*Entzug des Selbstbestimmungsrechts*) ■**jds** ~ [**wegen etw**] sb's legal incapacitation [on account of sth]
❷ (*Bevormundung*) deprivation of the right of decision-making
entmutigen* *vt* ■**jdn** ~ to discourage sb; ■**sich** ~ **lassen** to be discouraged
Entmutigung <-, -en> *f* discouragement
Entnahme <-, -n> *f* ❶ FIN (*geh: das Abheben*) withdrawal
❷ MED *von Blut* extraction; *von Gewebe* removal
Entnahmeliste *f* picking list **Entnahmerecht** *nt* JUR drawing right
Entnazifizierung <-> *f kein pl* denazification
entnehmen* *vt irreg* ❶ (*herausnehmen*) ■[**einer S.** *dat*] **etw** ~ to take sth [from sth]
❷ FIN (*abheben*) ■**etw** [**aus etw** *dat*] ~ to withdraw sth [from sth]
❸ MED (*abnehmen*) ■**jdm etw** ~ to extract sth from sb; **jdm eine Gewebeprobe** ~ to remove a tissue sample from sb
❹ (*fig: aus etw schließen*) ■**etw aus etw** *dat* ~ to infer *form* [*or* gather] sth from sth; ■**aus etw** ~, **dass ...** to gather from sth that ...
entnerven* *vt* (*pej*) ■**jdn** ~ (*der Nerven berauben*) to be nerve-[w]racking for sb; (*der Kraft berauben*) to enervate sb
entnervend *adj* (*der Nerven beraubend*) nerve-[w]racking; (*der Kraft beraubend*) enervating
entnervt I. *adj* (*der Nerven beraubt*) nerve-[w]racked; (*der Kraft beraubt*) enervated
II. *adv* out of nervous exhaustion
entölen *vt* ■**etw** ~ to remove the fat from sth; **entölter Kakao** fat-reduced cocoa
Entomologie <-> *f kein pl* (*Insektenkunde*) entomology
entpuppen* *vr* (*sich enthüllen*) ■**sich** [**als etw**] ~ to turn out to be sth
entrahmen* *vt* ■**etw** ~ to skim sth
entrahmt *adj* (*Milch*) skimmed
enträtseln* *vt* ■**etw** ~ ❶ (*ein Geheimnis lösen*) to unravel [*or* solve] sth
❷ (*einen Sinn herausfinden*) to work out sth *sep*
❸ (*eine Schrift entschlüsseln*) to decipher sth
entrechten* *vt* ■**jdn** ~ to deprive sb of their rights
Entrechtete(r) *f(m) dekl wie adj, meist pl* person deprived of their rights
Entrechtung <-, -en> *f* deprivation of rights
entreißen* *vt irreg* ❶ (*wegreißen*) ■**jdm etw** ~ to snatch sth [away] from sb
❷ (*geh: retten*) ■**jdn einer S.** *dat* ~ to rescue sb from sth; ***in letzter Minute wurde er dem Tode entrissen*** at the last moment he was snatched from the jaws of death
entrichten* *vt* (*form: zahlen*) pay; **Beiträge an die Sozialversicherung** ~ to pay contributions into the scheme; **eine Gebühr** ~ to pay a fee; **Zoll auf etw** ~ to pay duty on sth
Entrichtung *f* JUR (*geh*) payment
entringen* *vt irreg* (*geh*) ■**jdm etw** ~ to wrest sth from sb *liter*
Entrinnen *nt* **es gab kein** ~ **mehr** there was no escape
entrinnen* *vi irreg sein* (*geh: entkommen*) ■**jdm/einer S.** ~ to escape from sb/sth; **es gibt** [**für jdn**] **kein E~** [**vor etw** *dat*] there's no escape [for sb] [from sth]
entrollen* I. *vt haben* ■**etw** ~ to unroll sth; **eine Fahne** ~ to unfurl a flag
II. *vr haben* (*geh: sich zeigen*) ■**sich** ~ to unfold, to reveal [itself]
Entropie <-, -n> *f* PHYS entropy
entrosten* *vt* ■**etw** ~ to remove the rust from sth, to derust sth
entrücken* *vt* (*geh*) ■**jdn einer S.** *dat* ~ to carry sb away from sth, to transport sb away from sth; **der Realität ganz entrückt sein** to be totally removed from reality, to be on another planet *fam*
entrückt *adj* (*geh*) enraptured, transported
entrümpeln* *vt* ■**etw** ~ ❶ (*von Gerümpel befreien*) to clear sth out *sep*
❷ (*fig: von Unnützem befreien, revidieren*) to tidy sth up *sep*, to overhaul sth
Entrümp(e)lung <-, -en> *f* (*das Entrümpeln*) clearing out
entrüsten* I. *vt* (*empören*) ■**jdn** ~ to make sb indignant, to fill sb with indignation; (*stärker*) to outrage sb
II. *vr* (*sich empören*) ■**sich über jdn/etw** ~ to be indignant about [*or* at] sb/sth; (*stärker*) to be outraged by sb/sth
entrüstet I. *adj* indignant (**über** +*akk* about/at)
II. *adv* indignantly
Entrüstung *f* indignation; ■**jds** ~ **über jdn/etw** sb's indignation about [*or* at] sb/sth; **voller** ~ indignantly; ***er stand voller ~ auf*** he stood up filled with indignation; *s. a.* **Sturm**
entsaften* *vt* KOCHK ■**etw** ~ ❶ (*auspressen*) to extract the juice from sth
❷ (*auskochen*) to boil sth
Entsafter <-s, -> *m* juicer, BRIT *a.* juice extractor
entsagen* *vi* (*geh*) ■**einer S.** *dat* ~ to renounce [*or form* forgo] sth; ***dem Weine kann ich nicht*** ~ I cannot forgo wine
Entsagung <-, -en> *f* (*geh*) renunciation *form*; **voller** ~ full of self-denial
entsagungsvoll *adj* (*geh*) ❶ (*Irdischem entsagend*) full of self-denial
❷ (*Verzicht ausdrückend*) full of resignation
entsalzen* *vt* ■**etw** ~ to desalinate sth
Entsalzung <-, -en> *f* desalination
entschädigen* *vt* ❶ (*Schadensersatz leisten*) ■**jdn** [**für etw** *akk*] ~ to compensate sb [for sth]; ■**etw** [**durch etw/mit etw**] ~ to compensate for sth [with sth]
❷ (*ein lohnender Ausgleich sein*) ■**jdn** [**für etw** *akk*] ~ to make up to sb [for sth]
entschädigt *adj* FIN compensated, indemnified; **nicht** ~ unrecompensed
Entschädigung <-, -en> *f* (*das Entschädigen*) compensation *no pl, no indef art*, indemnification; **angemessene** ~ just compensation; ~ **für Verdienstausfall** compensation for loss of earnings; **jdm eine** ~ **zahlen** to pay sb compensation; (*Leistung*) [compensation] payment [*or* settlement]
Entschädigungsangebot *nt* JUR offer of compensation **Entschädigungsanspruch** *m* claim for compensation **entschädigungsberechtigt** *adj* JUR entitled to compensation **Entschädigungsberechtigte(r)** *f(m)* JUR indemnitee **Entschädigungsbetrag** *m* FIN indemnity, amount of compensation **Entschädigungsfonds** *m* compensation fund **Entschädigungsforderung** *f* claim for compensation **Entschädigungsgesetz** *nt* JUR indemnification act **Entschädigungsklage** *f* JUR action for compensation **Entschädigungsleistung** *f* compensation payment [*or* settlement] **Entschädigungspflichtige(r)** *f(m) dekl wie adj* JUR party liable to pay compensation **Entschädigungsprämie** *f* FIN indemnification premium **Entschädigungssumme** *f* [amount of] compensation **Entschädigungsträger(in)** *m(f)* JUR indemnifying party **Entschädigungsverfahren** *nt* JUR compensation proceedings *pl* **Entschädigungszahlung** *f* JUR compensatory payment **Entschädigungszeitraum** *m* FIN compensation period
entschärfen* *vt* ■**etw** ~ ❶ (*den Zünder entfernen*) to defuse sth
❷ (*weniger kritisch machen*) to defuse sth; (*weniger anstößig machen*) to tone sth down *sep*
Entscheid <-[e]s, -e> *m* (*geh*) *s.* **Entscheidung**
entscheiden* *irreg* I. *vt* ❶ (*beschließen*) ■~, **dass/ob/was/wann/wie ...** to decide that/whether/what/when/how ...; (*gerichtlich*) to rule that/whether/what/when/how ...
❷ (*endgültig klären*) ■**etw** ~ to settle sth; ■**etw** [**für jdn** [*o* **zugunsten einer Person**]] ~ to settle sth [in sb's favour [*or* AM -or]]; ■**entschieden sein** to be decided; ***noch ist nichts endgültig entschieden*** nothing has been finally decided yet
❸ (*gewinnen*) ■**etw für sich** *akk* ~ to win sth; ***die Mannschaft konnte drei Spiele für sich*** ~ the team secured victory in three games
II. *vi* (*beschließen*) to decide; ***hier entscheide ich!*** I make the decisions here!; ■**für/gegen jdn/etw** ~ to decide in favour [*or* AM -or] /against sb/sth; (*gerichtlich*) to rule in favour [*or* AM -or] /against sb/sth; ■**über etw** *akk* ~ to decide on sth
III. *vr* ❶ (*eine Entscheidung treffen*) ■**sich** ~ to decide, to reach [*or* come to] a decision; ■**sich** [**dazu**] ~, **etw zu tun** to decide to do sth; ***ich habe mich dazu entschieden, das Angebot anzunehmen*** I have decided to accept the offer; ■**sich für/gegen jdn/etw** ~ to decide in favour [*or* AM -or] /against sb/sth
❷ (*sich herausstellen*) ■**sich** ~, **ob/wann/wer/wie/wie viel ...** to be decided whether/when/who/how/how much ...; ***es hat sich noch nicht entschieden, wer die Stelle bekommen wird*** it hasn't been decided who will get the job
entscheidend I. *adj* ❶ (*ausschlaggebend*) decisive; ■**für jdn/etw** ~ **sein** to be crucial for sb/sth
❷ (*gewichtig*) big, crucial
II. *adv* (*in entschiedenem Maße*) decisively
Entscheidung *f* ❶ (*Beschluss*) decision; ~ **am grünen Tisch** armchair decision; **es geht um die** ~, **ob/wer/wie ...** the decision will be whether/who/how ...; **zu einer** ~ **kommen** [*o* **gelangen**] to reach [*or* come to] [*or* arrive at] a decision; **die/eine** ~ **liegt bei jdm** it is for sb to decide; ***die ~ liegt beim Chef*** it's up to the boss to decide; **vor einer** ~ **stehen** to be confronted with a decision; **jdn vor eine** ~ **stellen** to leave a decision to sb; **eine** ~ **treffen** to make [*or* take] a decision
❷ JUR decision; (*gerichtlich*) ruling; (*richterlich*) judgment; (*Votum der Geschworenen*) verdict; ***die ~ fiel zugunsten der Angeklagten aus*** the verdict was in favour of the accused; **außergerichtliche** ~ out-of-court decision; **rechtskräftige** ~ irreversible ruling; **eine** ~ **anfechten** to contest a decision; **eine** ~ **in der Berufungsinstanz aufheben/bestätigen** to squash a sentence/to uphold a decision on appeal; **eine** ~ **fällen** to render judgment; **einen Fall zur weiteren** ~ **zurückweisen** to remit a case for further prosecution; **bis zu einer weiteren** ~ pending a further decision
❸ SPORT (*Ausgang eines Spiels*) result; **um die** ~ **spielen** to play the deciding match [*or* BRIT decider]
Entscheidungbegründung *f* JUR legal findings of the court **Entscheidungsbefugnis** *f* decision-making powers *npl*; **die** ~ **haben** to have the power to make decisions **Entscheidungsbehörde** *f* decision-making authority **Entscheidungsbereich** *m* decision area, scope of decision **Entscheidungsebene** *f* decision-making level **Entscheidungserheblichkeit** *f* JUR relevance to the issues of the case **Entscheidungsfindung** *f* decision-making **Entscheidungsfreiheit** *f kein pl* discretion, freedom of decision-making **entscheidungsfreudig** *adj* willing to make a decision **Entscheidungsgewalt** *f* JUR power of decision, jurisdiction **Entscheidungsgrund** *m* JUR ratio decidendi, reason for the decision **Entscheidungskompetenz** *f* decision-making powers *pl* **Entscheidungskriterium** *nt* decision factor,

criterion **Entscheidungsprozess**RR *m* JUR decision-making process **Entscheidungsrecht** *nt s.* **Entscheidungskompetenz entscheidungsreif** *adj* ready for the decision process *pred;* **~e Projekte** projects ready for the decision process **Entscheidungsschlacht** *f* ❶ MIL decisive battle ❷ (*Kraftprobe*) showdown *fam* **Entscheidungsspiel** *nt* decider BRIT, deciding match **Entscheidungsspielraum** *m* scope for making a decision **Entscheidungsträger(in)** *m(f)* decision-maker **Entscheidungsverfügung** *f* JUR decision, award **Entscheidungsvorbehalt** *m* JUR reservation with regard to decisions **Entscheidungszuständigkeit** *f* JUR decision-making competence

entschieden I. *pp von* **entscheiden**
II. *adj* ❶ (*entschlossen*) determined, resolute; **ein ~er Befürworter** a staunch supporter; **ein ~er Gegner** a resolute opponent
❷ (*eindeutig*) definite
III. *adv* ❶ (*entschlossen*) firmly, resolutely; ***den Vorschlag lehne ich ganz ~ ab*** I categorically reject the proposal
❷ (*eindeutig*) definitely; ***diesmal bist du ~ zu weit gegangen*** this time you've definitely gone too far

Entschiedenheit <-, -en> *f* determination, resolution; **mit [aller] ~** in the strongest possible way; **etw mit [aller] ~ ablehnen** to refuse sth flatly; **mit ~ dementieren** to deny categorically

entschlacken* I. *vt* MED (*von Schlacken befreien*) ■**etw ~** to purify [*or* cleanse] sth
II. *vi* MED (*entschlackend wirken*) to have a purifying [*or* cleansing] effect

Entschlackung <-, -en> *f* MED purification, cleansing

Entschlackungskur *f* detox treatment

entschlafen* *vi irreg sein* (*euph geh: sterben*) to pass away [*or* over] [*or* on] *euph*

Entschlafene(r) *f(m) dekl wie adj* (*euph geh: gestorbene Person*) ■**der/die ~/die ~n** the deceased, the departed

entschleiern* *vt* (*geh*) ■**etw ~** to uncover [*or* reveal] sth

entschließen* *vr irreg* (*sich entscheiden*) ■**sich [für etw/zu etw] ~** to decide [on sth]; ■**sich [dazu] ~, etw zu tun** to decide to do sth; **sich zu nichts ~ können** to be unable to make up one's mind; ***ich kann mich so auf die Schnelle zu nichts ~!*** I can't make up my mind about anything so quickly!

Entschließung *f* (*geh: Entschluss*) decision; **zu einer ~ gelangen** (*geh*) to come to [*or* reach] a decision; **eine ~ einbringen** POL to propose a resolution; **eine ~ annehmen** POL to pass a resolution

Entschließungsantrag *m* resolution proposal

entschlossen I. *pp von* **entschließen**
II. *adj* (*zielbewusst*) determined, resolute, determined [*or* resolute] measures; **fest ~** absolutely determined; **kurz ~ sein** to decide without hesitating [*or* a moment's hesitation]; **etw kurz ~ tun** [to decide] to do sth straight away [*or* on the spur of the moment]; ***sie ist immer kurz ~*** she always decides without a single hesitation; **wild ~** (*fam*) fiercely determined, with fierce determination; **zu allem ~** determined to do anything
III. *adv* resolutely, with determination

Entschlossenheit <-> *f kein pl* determination, resolution; **mit wilder ~** (*fam*) with fierce determination

entschlummern* *vi sein* ❶ (*euph geh: sterben*) to go to sleep *euph*
❷ (*veraltend geh*) to fall asleep

entschlüpfen* *vi sein* ❶ (*entkommen*) ■**[jdm] ~** to escape [from sb]
❷ (*fig: entfahren*) ■**etw entschlüpft jdm** *Bemerkung, Worte* sb lets sth slip

EntschlussRR <-es, Entschlüsse> *m*, **Entschluß** <-sses, Entschlüsse> *m* decision, resolution; **aus eigenem ~ handeln** to act on one's own initiative; **jds fester ~ sein, etw [nicht] zu tun** to be sb's firm intention [not] to do sth; **ein löblicher/weiser ~** a commendable/wise decision; **seinen ~ ändern** to change one's mind; **einen ~ fassen** to make [*or* take] a decision; **zu einem ~ kommen [*o* gelangen]** to reach [*or* come to] a decision; **zu keinem ~ kommen [*o* gelangen]** to be unable to come to a decision

entschlüsseln* *vt* ■**etw ~** to decode [*or* decipher] sth

Entschlüsselung <-, -en> *f* deciphering, decoding

Entschlüsselungsgerät *nt* TV decoder, set-top box

EntschlussfähigkeitRR *f* decision-making capability **entschlussfreudig**RR *adj* decisive **Entschlussfreudigkeit**RR <-> *f kein pl* decisiveness **Entschlusskraft**RR *f kein pl* decisiveness; **~ besitzen [*o* haben]** to be decisive; **es fehlt [*o* mangelt] jdm an [genügend] ~** sb is not decisive [enough] **entschlusslos**RR I. *adj* indecisive
II. *adv* indecisively

entschoten *vt* ■**etw ~** KOCHK to pod sth

entschuldbar *adj* excusable, pardonable

entschuldigen* I. *vi* (*als Höflichkeitsformel*) ***~ Sie, können Sie mir sagen, wie ich zum Bahnhof komme?*** excuse me, could you tell me how to get to the station?; ***~ Sie bitte, was sagten Sie da gerade?*** sorry, what were you just saying there?
II. *vr* ❶ (*um Verzeihung bitten*) ■**sich [bei jdm] [für etw** *akk*/**wegen etw** *dat*] **~** to apologize [to sb] [for sth], to say sorry [to sb] [for sth]; ***ich muss mich bei Ihnen wegen meines Zuspätkommens ~*** I'm terribly sorry I'm so late
❷ (*eine Abwesenheit begründen*) ■**sich [bei jdm] ~** to ask [sb] to be excused; ***ich möchte mich für die nächste Schulstunde ~*** may I be excused from the next lesson?; ■**sich [bei/von jdm] ~ lassen** to send one's apologies [*or* BRIT excuses], to [ask sb to] convey one's apologies [*or* BRIT excuses]
III. *vt* ❶ (*als verzeihlich begründen*) ■**etw mit etw** *dat* **~** to use sth as an excuse for sth; ***Ihr Verhalten ist durch nichts zu ~!*** nothing can excuse your behaviour!
❷ (*eine Abwesenheit begründen*) ■**jdn/etw [bei jdm] ~** to ask [sb] to excuse sb/sth; ***ich möchte meine Tochter für morgen ~*** I'd like to ask if my daughter can be excused tomorrow; ■**jdn ~** to excuse sb; ***ich bitte mich zu ~*** please excuse me
❸ (*als verständlich erscheinen lassen*) ■**etw ~** to excuse sth; ***das kann Ihr Zuspätkommen nicht ~!*** that is no excuse for your late arrival!; (*einen Regelverstoß hinnehmen*) to excuse [*or* forgive] sth; ***bitte ~ Sie die Störung*** please excuse [*or* forgive] the interruption

entschuldigend *adj* apologetic

Entschuldigung <-, -en> *f* ❶ (*Bitte um Verzeihung*) apology; **[jdn] [wegen etw** *dat*] **um ~ bitten** to apologize [to sb] [for sth]; ***ich bitte um ~, aber ...?*** excuse me, ...; **um ~ bitten, dass/weil ...** to apologize for being .../because ...; ***ich bitte vielmals um ~, dass ich mich verspätet habe!*** I do apologize for being late!
❷ (*Begründung, Rechtfertigung*) **als [*o* zur] ~ für etw** *akk* as an excuse for sth; **zu jds ~** in sb's defence [*or* AM -se]; ***was haben Sie zu Ihrer ~ zu sagen?*** what have you got to say in your defence?
❸ (*als Höflichkeitsformel*) **~!** sorry!; ***o, ~, ich habe Sie angerempelt!*** oh! sorry for bumping into you!; **~, ...?** excuse me, ...?
❹ SCH (*Schreiben*) note, letter of excuse *form;* **jdm eine ~ schreiben** to write sb a note; **ohne ~** without an excuse

Entschuldigungsbrief *m* letter of apology

Entschuldung <-, -en> *f* FIN disencumbrance, debt clearance [*or* relief]

entschweben* *vi sein* (*hum geh*) to float away *hum*

entschwefeln* *vt* ■**etw ~** to desulphurize sth

Entschwefelung <-, -en> *f* desulphurization

Entschwefelungsanlage *f* desulphurization plant

entschwinden* *vi irreg sein* (*geh*) ❶ (*verschwinden*) to disappear [*or* vanish]
❷ (*rasch vergehen*) to pass quickly

entseelt I. *adj* (*geh*) lifeless, dead
II. *adv* (*geh*) lifelessly

Entseelte(r) *f(m) dekl wie adj* (*geh*) ■**der/die ~/die ~n** the deceased, the departed

entsenden* *vt irreg o reg* ❶ (*abordnen*) ■**jdn in etw** *akk* [*o* **zu etw** *dat*] **~** to send sb to sth
❷ (*schicken*) ■**jdn [zu jdm] ~** to send [*or form* dispatch] sb [to sb]

Entsendung *f* ❶ POL (*von Abgeordneten*) dispatch
❷ (*das Wegschicken*) sending, dispatch *form*

entsetzen* I. *vt* (*in Grauen versetzen*) ■**jdn ~** to horrify sb
II. *vr* (*die Fassung verlieren*) ■**sich [über jdn/etw] ~** to be horrified [at sb/sth]

Entsetzen <-s> *nt kein pl* (*Erschrecken*) horror, dismay; **voller ~** filled with horror [*or* dismay], horror-struck [*or* -stricken]; **mit ~** horrified, dismayed; **[bleich/kreideweiß/versteinert] vor ~** [pale/as white as a sheet/petrified] with horror; **zu jds [großen [*o* größten]] ~** to sb's [great] horror [*or* dismay]

Entsetzensschrei *m* cry of horror

entsetzlich I. *adj* ❶ (*schrecklich*) horrible, awful, dreadful, terrible; ***wie ~!*** how dreadful [*or* terrible] [*or* awful]!
❷ (*fam: sehr stark*) awful, terrible; ***ich habe einen ~en Durst!*** I am terribly thirsty!
II. *adv* ❶ (*in furchtbarer Weise*) awfully, terribly; **~ aussehen** to look awful [*or* terrible]
❷ *intensivierend* (*fam*) awfully, terribly; ***diese Bluse ist ~ bunt*** this blouse is awfully garish

entsetzt I. *adj* horrified; ■**~ [über jdn/etw] sein** to be horrified [*or* appalled] [at [*or* by] sb/sth]
II. *adv* (*großes Entsetzen zeigend*) in a horrified manner; ***sie schrie ~ auf*** she let out a horrified scream

entseuchen* *vt* ÖKOL ■**etw ~** to decontaminate [*or* disinfect] sth

entsichern* *vt* ■**etw ~** to release the safety catch on sth; **eine entsicherte Pistole** a pistol with the safety catch off

Entsiegelung *f* JUR taking off the seal[s]

entsinnen* *vr irreg* (*geh*) ■**sich [einer S.** *gen*/**jds** [*o* **an jdn/etw**]] **~** to remember [sth/sb]; **wenn ich mich recht entsinne** if I remember correctly, if my memory serves me right

entsorgen* *vt* ÖKOL ■**etw ~** ❶ (*wegschaffen*) to dispose of sth
❷ (*von Abfallstoffen befreien*) ■**eine Industrieanlage/eine Stadt ~** to dispose of an industrial site's/a town's waste [*or* refuse and sewage]

Entsorger *m* waste remover

Entsorgung <-, -en> *f* (*das Entsorgen*) waste disposal; **die ~ von Schmutzwasser** the disposal of waste water

Entsorgungsbetrieb *m* waste disposal plant **Entsorgungsleistung** *f* ÖKON waste disposal service **Entsorgungspark** *m* waste disposal site **Entsorgungspflicht** *f* ÖKOL disposal requirement **Entsorgungsproblematik** *f* problems *pl* of waste disposal **Entsorgungsstelle** *f* [waste] disposal [*or* recycling] point **Entsorgungsunternehmen** *nt* ÖKON waste disposal company **Entsorgungsverfahren** *nt* ÖKOL disposal method **Entsorgungsvertrag** *m* JUR disposal agreement **Entsorgungswirtschaft** *f kein pl* ÖKOL waste management, refuse disposal industry

entspannen* I. *vr* ■**sich ~** ❶ (*relaxen*) to relax, to unwind
❷ (*sich glätten*) to relax, to release, to untighten; ***ihre Gesichtszüge entspannten sich*** her features relaxed
❸ POL *a.* (*sich beruhigen*) to ease
II. *vt* ■**etw ~** ❶ (*lockern*) to relax sth
❷ (*die kritische Spannung beseitigen*) to ease sth; ***das Friedensangebot entspannte die Lage*** the peace offer eased the situation

entspannt I. *pp von* **entspannen**
II. *adj* relaxed; *Atmosphäre a.* easy-going; *politische Lage* calm

Entspannung *f* ❶ (*innerliche Ruhe*) relaxation; **zur ~** for relaxation; ***nach der Arbeit sehe ich zur ~ etwas fern*** I watch a bit of television to unwind [*or esp* AM *fam* chill out] after work
❷ POL (*Abbau von Spannungen*) easing of [*or* reduction in] tension
Entspannungsmethode *f* relaxation method **Entspannungsmittel** *nt* means + *sing vb* of relaxation, relaxation medium **entspannungsorientiert** *adj* FIN geared to ease the financial situation *pred;* **~e Geldpolitik** monetary policy geared to ease the financial situation **Entspannungspolitik** *f* policy of détente **Entspannungstechnik** *f* relaxation technique **Entspannungstherapie** *f* relaxation therapy **Entspannungsübung** *f meist pl* relaxation exercise
Entspiegelung *f* anti-reflection
entspinnen* *vr irreg* (*sich ergeben*) ■**sich** [**aus etw** *dat*] ~ to develop [*or* arise] [from sth]
entsprechen* *vi irreg* ■**einer S.** *dat* ~ ❶ (*übereinstimmen*) to correspond to [*or* tally with] sth; ***der Artikel in der Zeitung entsprach nicht ganz den Tatsachen*** the article in the newspaper wasn't quite in accordance with the facts
❷ (*genügen*) to fulfil [*or* AM *usu* -ll] [*or* meet] [*or* answer] sth; ***die wenigsten der Bewerber entsprachen den Anforderungen*** very few of the applicants fulfilled the requirements
❸ (*geh: nachkommen*) to comply with sth; ***der geäußerten Bitte können wir nicht ~*** we cannot comply with the request made
entsprechend I. *adj* ❶ (*angemessen*) appropriate, corresponding; *s. a.* **Umstand**
❷ (*zuständig*) relevant
II. *präp* +*dat* in accordance with, according to, corresponding to; **den Bestimmungen ~** in accordance with regulations
Entsprechung <-, -en> *f* correspondence, equivalence
entspringen* *vi irreg sein* ■**einer S.** *dat* ~ ❶ GEOG (*seine Quelle haben*) to rise from sth
❷ (*seinen Ursprung haben*) to arise [*or* spring] from sth
entstammen* *vi sein* ■**einer S.** *dat* ~ ❶ (*aus etw stammen*) to come [*or* stem] from sth; **einer wohlhabenden Familie ~** to come from an affluent family
❷ (*aus einer bestimmten Zeit stammen*) to originate from sth; (*abgeleitet sein*) to be derived from sth; ***die Skulptur entstammt der viktorianischen Epoche*** the sculpture originates from the Victorian era
entstanden I. *pp von* **entstehen**
II. *adj* **~e Unkosten** costs incurred
entstauben* *vt* ■**etw ~** to remove the dust from sth, to dust sth
entstehen* *vi irreg sein* ■[**aus etw/durch etw**] ~
❶ (*zu existieren beginnen*) to come into being [from sth], to be created [from sth]; ***aus diesem kleinen Pflänzchen wird ein großer Baum ~*** a great tree will grow from this sapling; ***das Haus war in nur 8 Monaten entstanden*** the house was built in only eight months; **im E~ begriffen sein** (*geh*) to be in the process of development [*or* emerging]
❷ (*verursacht werden*) to arise [*or* result] [from sth]; ***beträchtliche Unruhe entstand unter der Bevölkerung*** considerable unrest arose amongst the people
❸ CHEM (*sich bilden*) to be produced [from/through/via sth]
❹ (*sich ergeben*) to arise [*or* result] [from sth]; ***~ mir irgendwelche Verpflichtungen?*** am I committing myself to anything?
Entstehung <-, -en> *f* ❶ (*das Werden*) creation; *des Lebens* origin; *eines Gebäudes* construction, building
❷ (*Verursachung*) creation, cause; ***die Nachrichten sorgten für die ~ von Unruhe*** the news created unrest
❸ CHEM (*Bildung*) formation
Entstehungsgeschichte *f* genesis, history of the origins of sth **Entstehungsort** *m* place of origin
entsteigen* *vi irreg sein* (*geh*) ■**einer S.** *dat* ~
❶ (*aussteigen*) to alight from sth *form;* **dem Bad/Wasser ~** to emerge from the bath/water *form*
❷ (*aufsteigen*) *Dampf, Rauch* to rise from sth
entsteinen* *vt* ■**etw ~** to stone sth
Entsteiner *m* pitting machine
entstellen* *vt* ■**etw ~** ❶ (*verunstalten*) to disfigure sth; **jds Gesicht ~** to disfigure sb's face; *s. a.* **Unkenntlichkeit**
❷ (*verzerren*) to contort [*or* distort] sth; ***der Schmerz entstellte ihre Züge*** her features were contorted with pain
❸ (*verzerrt wiedergeben*) **etw entstellt wiedergeben** to distort [*or* misrepresent] sth
entstellend *adj* (*Narbe*) disfiguring
Entstellung *f* ❶ (*entstellende Narbe*) disfigurement
❷ (*Verzerrung*) *der Tatsachen, Wahrheit* distortion
entsticken *vt* CHEM ■**etw ~** to denitrify [*or* denitrate] sth
Entstickung <-, -en> *f* CHEM denitrification, denitration
entstören* *vt* ■**etw ~** ❶ TELEK (*von Störungen befreien*) to eliminate interference in sth, to free sth from interference
❷ ELEK (*von Interferenzen befreien*) to fit a suppressor to sth; **entstörte [Elektro]geräte** [electrical] appliances fitted with a suppressor
Entstörung *f* ❶ TELEK (*das Entstören*) fault clearance, freeing from interference
❷ ELEK fitting of a suppressor
Entstörungsstelle *f s.* **Störungsstelle**
Entstrickung *f* JUR release from attachment
entströmen* *vi sein* (*geh*) ■**einer S.** *dat* ~ to pour [*or* gush] out of sth; *Gas, Luft* to escape [*or form* issue] from sth
enttabuisieren* *vt* (*geh*) ■**etw ~** to free sth from taboos
enttarnen* *vt* ■**jdn [als etw] ~** to expose sb [as sth]
enttäuschen* I. *vt* ❶ (*Erwartungen nicht erfüllen*) ■**jdn ~** to disappoint sb
❷ (*nicht entsprechen*) **jds Hoffnungen ~** to dash sb's hopes; **jds Vertrauen ~** to betray sb's trust
II. *vi* (*enttäuschend sein*) to be disappointing; ***die Mannschaft hat sehr enttäuscht*** the team was very disappointing
enttäuschend *adj* disappointing
enttäuscht I. *adj* disappointed (**über** +*akk*/**von** +*dat* in/with); **~ aussehen** to look disappointed
II. *adv* disappointedly, full of disappointment
Enttäuschung *f* disappointment; **eine große ~** a big disappointment; **jdm eine ~ bereiten** to disappoint sb; **zu jds ~** to sb's disappointment; ***zu ihrer großen ~ erhielt sie die Stelle nicht*** to her great disappointment she didn't get the job
entthronen* *vt* (*geh*) ■**jdn ~** to dethrone sb
entvölkern* I. *vt* (*menschenleer machen*) ■**etw ~** to depopulate sth; ***durch die Epidemie wurden ganze Gebiete entvölkert*** whole areas became depopulated as a result of the epidemic; (*hum*) to clear sth of people; ***der strömende Regen hatte die Innenstadt praktisch entvölkert*** pouring rain had practically cleared the town centre of people
II. *vr* (*hum: menschenleer werden*) ■**sich ~** to become deserted
Entvölkerung <-> *f kein pl* depopulation
entwachsen* [-ks-] *vi irreg sein* (*geh*) ■**einer S.** *dat* ~ to grow out of sth, to outgrow sth; *s. a.* **Kinderschuh**
entwaffnen* *vt* ■**jdn ~** ❶ (*die Waffen abnehmen*) to disarm sb
❷ (*fig: mild stimmen*) to disarm sb
entwaffnend I. *adj* disarming
II. *adv* disarmingly
Entwaffnung <-, -en> *f* disarming; (*eines Landes*) disarmament
Entwaldung <-, -en> *f* GEOL deforestation
entwarnen* *vi* to give [*or* sound] the all-clear
Entwarnung *f* all-clear; **~ geben** to give [*or* sound] the all-clear
entwässern* *vt* ■**etw ~** ❶ AGR (*trockenlegen*) to drain sth
❷ BAU (*leer pumpen*) to drain [*or* pump out] sth
❸ MED (*von Wasseransammlung befreien*) to dehydrate sth
Entwässerung <-, -en> *f* ❶ (*Entwässern*) drainage
❷ (*Kanalisation*) drainage [system]
❸ *kein pl* TYPO dehydration, dewatering
Entwässerungsgraben *m* drainage ditch **Entwässerungsmittel** *nt* (*für Körpergewebe*) dehydrating agent **Entwässerungssystem** *nt* drainage system
entweder *konj* **~ … oder …** either … or …; **~ oder!** yes or no!; ***entscheide dich jetzt endlich — ~ oder!*** will you finally make a decision one way or the other!
Entweder-oder[RR] <-, -> *nt* alternative; ***du hast keine Wahl, es gibt kein ~!*** you have no choice, there are no two ways about it!
entweichen* *vi irreg sein* ❶ (*sich verflüchtigen*) ■[**aus** [*o* **durch**] **etw**] ~ to leak [*or* escape] [from sth]; ***entweicht da Gas aus der Leitung?*** is gas escaping from the pipe there?
❷ (*geh: fliehen*) ■[**aus etw**] ~ to escape [*or* run away] [from sth]
entweihen* *vt* ■**etw ~** to desecrate [*or* profane] sth
Entweihung *f* desecration
entwenden* *vt* (*geh*) ❶ (*stehlen*) ■[**jdm**] **etw ~** to purloin sth [from sb] *form*
❷ (*hum: an sich nehmen*) ■**jdm etw ~** to purloin sth from sb *hum form,* to steal [*or* BRIT *fam* nick] sth from sb
entwerfen* *vt irreg* ❶ (*zeichnerisch gestalten*) to sketch; ❷ (*designen*) ■[**jdm**] **etw ~** to design sth [for sb]
❷ (*designen*) ■**etw ~** to design sth
❸ (*im Entwurf erstellen*) ■**etw ~** to draft [*or* draw up] sth
entwerten* *vt* ■**etw ~** ❶ (*ungültig machen*) to cancel [*or* invalidate] sth; **Banknoten ~** to demonetize banknotes
❷ (*weniger wert machen*) **Preise ~** to devalue prices
❸ (*fig: im Wert mindern*) **ein Argument ~** to undermine an argument
Entwerter <-s, -> *m* ticket-cancelling machine
Entwertung *f* ❶ (*das Entwerten*) cancellation, invalidation; (*Wertminderung*) devaluation
❷ (*fig: Wertminderung*) undermining
entwickeln* I. *vt* ■**etw ~** ❶ (*erfinden*) to develop sth
❷ (*entwerfen*) to develop sth; **einen Plan ~** to develop [*or* devise] a plan
❸ FOTO **einen Film ~** to develop a film
❹ CHEM (*entstehen lassen*) to produce sth
II. *vr* ❶ (*zur Entfaltung kommen*) ■**sich** [**zu etw**] ~ to develop [into sth]; ***Ihre Tochter hat sich zu einer bemerkenswerten jungen Dame entwickelt*** your daughter has turned out to be a remarkable young lady
❷ (*pej fam: sich entpuppen*) ■**sich ~** to turn out [*or* show [oneself]] to be
❸ (*vorankommen*) ■**sich** [**irgendwie**] ~ to progress [*or* evolve] [in a certain manner]; ***na, wie entwickelt sich euer Projekt?*** well, how is your project coming along?
❹ POL (*zivilisatorisch fortschreiten*) ■**sich** [**zu etw**] ~ to develop [into sth]
❺ CHEM (*entstehen*) ■**sich ~** to be produced
Entwickler <-s, -> *m* FOTO developer
Entwicklung <-, -en> *f* ❶ (*das Entwickeln*) development; [**noch**] **in der ~ sein** [*o* **sich befinden**] to be [still] in the development stage; **in der ~** in one's [*or* during] adolescence
❷ (*das Entwerfen*) *eines Plans, einer Theorie* evolution, development
❸ FOTO development, processing
❹ (*das Vorankommen*) progress, progression; ***die ~ der Verhandlungen wird positiv beurteilt*** the negotiations are judged to be progressing positively

❺ ÖKON, POL (*Fortschritt*) development; **die ~ eines Landes** the development of a country

❻ CHEM (*Entstehung*) production, generation; **die ~ entzündlicher Flüssigkeiten** the production of inflammable liquids

❼ ÖKON, POL trend; **eine rückläufige ~ der Arbeitslosenzahlen** a falling trend in unemployment figures

Entwicklungsabschnitt *m* phase [*or* stage] of sb's career **Entwicklungsdienst** *m* development aid service, ≈ Voluntary Service Overseas BRIT **entwicklungsfähig** *adj* capable of development **Entwicklungsgeschichte** *f* BIOL evolution **entwicklungsgeschichtlich** *adj* evolutionary **Entwicklungshelfer(in)** *m(f)* development aid worker, ≈ VSO worker BRIT **Entwicklungshilfe** *f* ❶ POL (*Unterstützung unterentwickelter Länder*) development aid ❷ FIN (*finanzielle Zuwendungen an Staaten*) foreign aid **Entwicklungsjahre** *pl* adolescence *no pl, no indef art;* **in den ~n sein** [*o* **sich in den ~n befinden**] to be in adolescence [*or* the teenage years] **Entwicklungskosten** *pl* ÖKON development cost[s] **Entwicklungsland** *nt* developing country **Entwicklungsmaßnahme** *f* development measure **Entwicklungsphysiologie** *f* developmental physiology **Entwicklungsplanung** *f* development planning **Entwicklungspolitik** *f* development policy **entwicklungspolitisch** *adj* related to development policy **Entwicklungsprognose** *f* ÖKON economic forecast **Entwicklungsprogramm** *nt* development programme [*or* AM -am]; **das ~ der Vereinten Nationen** United Nations Development Programme **Entwicklungsrückstand** *m* MED delayed development, underdevelopment **entwicklungsschwach** *adj* ÖKON suffering from underdevelopment *pred;* **~e Region** region suffering from underdevelopment **Entwicklungsstadium** *nt* development stage **Entwicklungsstand** *m* stage of development **Entwicklungsstufe** *f* stage of development **Entwicklungstempo** *nt* pace of development **Entwicklungsverfahren** *nt* method of development **Entwicklungsvorhaben** *nt* JUR development project **Entwicklungszeit** *f* ❶ (*Entwicklungsjahre*) adolescent years ❷ FOTO developing time

entwinden* *irreg* **I.** *vt* (*geh: aus jds Griff winden*) ■**jdm etw ~** to wrest sth from sb *liter*

II. *vr* (*geh: sich herauswinden*) ■**sich jdm/einer S.** *dat* ~ to free oneself from sb/from sth

entwirren* *vt* ■**etw ~** ❶ (*auflösen*) to disentangle [*or* unravel] sth

❷ (*klar machen*) to sort sth out *sep*

entwischen* *vi sein* ■[**jdm/aus etw** *dat*] ~ to escape [from sb/sth]

entwöhnen* *vt* ❶ ■**jdn ~** to wean sb; **einen Säugling ~** to wean an infant

❷ (*nicht mehr gewöhnt sein*) ■[**einer S.** *dat*] **entwöhnt sein** to be weaned off [*or* from] sth, to lose the habit [of doing sth]; ***er war jeglicher Ordnung völlig entwöhnt*** he had grown unaccustomed to any kind of order

Entwöhnung <-> *f kein pl* ❶ *bei Sucht* weaning, curing

❷ *eines Babys* weaning

Entwöhnungskur *f* anti-addiction course [of treatment]

entwürdigen* *vt* ■**jdn ~** to degrade sb

entwürdigend I. *adj* degrading

II. *adv* degradingly

Entwürdigung *f* degradation

Entwurf *m* ❶ (*Skizze*) sketch

❷ (*Design*) design

❸ (*schriftliche Planung*) draft; **im ~** in the planning stage; ***das neue Gesetz ist im ~*** the new act is being drafted

❹ INFORM (*Entwicklung*) **computerunterstützter ~** computer aided design, CAD; **computerunterstützter ~ und Fertigung** computer aided design and manufacturing, CAD/CAM

entwurzeln* *vt* ❶ (*aus dem Boden reißen*) ■**etw** ~ to uproot sth

❷ (*heimatlos machen*) ■**jdn ~** to uproot sb

Entwurzelte(r) *f(m) dekl wie adj* displaced person

Entwurzelung <-, -en> *f* ❶ (*das Entwurzeln*) uprooting

❷ (*das Entwurzeltsein*) rootlessness

entzaubern* *vt* ❶ (*den romantischen Glanz nehmen*) ■**jdn/etw ~** to deprive sb/sth of their/its mystique; ***ihre romantischen Vorstellungen wurden durch die harte Realität entzaubert*** her romantic notions were shattered by harsh reality

❷ (*geh: von einem Bann befreien*) ■**jdn ~** to free sb from a spell, to break the spell on sb

entzerren* *vt* ■**etw ~** ❶ (*zeitlich auseinander ziehen*) to stagger sth

❷ TRANSP (*nicht überlappen lassen*) to regulate the flow of sth; **die Verkehrsströme ~** to regulate the flow of traffic

❸ TECH (*verständlicher machen*) to rectify sth

Entzerrung *f* ❶ (*zeitliche Auseinanderziehung*) staggering

❷ TRANSP regulation of traffic

❸ TECH (*Verständlichmachung*) rectification

entziehen* *irreg* **I.** *vt* ❶ ADMIN (*aberkennen*) ■**jdm etw ~** to withdraw *form* [*or* take away] sth from sb; **jdm den Führerschein ~** to revoke sb's driving licence [*or* AM driver's license]

❷ (*nicht länger geben*) ■**jdm etw ~** to withdraw sth from sb; *s. a.* **Wort**

❸ (*fern halten*) ■**jdn einer S.** *dat* ~ to remove sb from sth

❹ (*wegziehen*) ■**jdm etw ~** to remove sth from sb; ***sie entzog ihm ihren Arm*** she removed her arm from him

❺ AGR, FORST (*aus etw entnehmen*) ■**einer S.** *dat* **etw ~** to remove sth from sth; ***dieses Getreide entzieht dem Boden viele Nährstoffe*** this grain removes a lot of nutrients from the soil

❻ CHEM (*extrahieren*) ■**einer S.** *dat* **etw ~** to extract sth from sth

II. *vr* ❶ (*sich losmachen*) ■**sich jdm/einer S. ~** to evade sb/sth; ***sie wollte ihn streicheln, doch er entzog sich ihr*** she wanted to caress him, but he resisted her

❷ (*nicht berühren*) ■**sich einer S.** *dat* ~ to be beyond sth; ***das entzieht sich meiner Kenntnis*** that's beyond my knowledge

Entziehung *f* ❶ JUR (*Aberkennung*) withdrawal, revocation; **~ des Besitzes** dispossession; **~ einer Konzession/der Fahrerlaubnis** withdrawal of a licence/of the driving licence; **~ der Staatsangehörigkeit** expatriation

❷ (*Entzug*) withdrawal

❸ MED (*Entziehungskur*) withdrawal treatment, cure for an addiction; **eine ~ machen** to undergo withdrawal treatment

Entziehungsanstalt *f* drug rehabilitation centre [*or* AM -er] **Entziehungskur** *f* cure for an addiction; **eine ~ machen** to undergo a cure for an addiction

entzifferbar *adj* decipherable; **nicht ~** indecipherable

entziffern* *vt* ■**etw ~** ❶ (*mühsam lesen*) to decipher sth

❷ (*entschlüsseln*) to decipher [*or* decode] sth

Entzifferung <-, -en> *f* ❶ (*das Entziffern*) deciphering

❷ (*das Entschlüsseln*) deciphering, decoding

entzücken* *vt* (*begeistern*) ■**jdn ~** to delight sb; ***ich muss sagen, das entzückt mich*** I must say, I find that delightful; ■[**von jdm/etw** [*o* **über jdn/etw**]] **entzückt sein** to be delighted [by [*or* at] sb/sth]; [**von etw**] **wenig entzückt sein** (*iron*) not to be very pleased [about sth] *iron*

Entzücken <-s> *nt kein pl* (*Begeisterung*) delight; [**über etw** *akk*] **in ~ geraten** to go into raptures [over sth]; **zu jds** [**größten**] **~** to sb's great delight [*or* joy]

entzückend *adj* delightful; **das ist ja ~!** (*iron*) that's charming!

Entzug <-[e]s> *m kein pl* ❶ ADMIN (*das Entziehen*) withdrawal, revocation

❷ MED (*das Entziehen*) withdrawal; (*Entziehungskur*) withdrawal treatment, cure for an addiction; **kalter ~** (*sl*) cold turkey *sl;* **auf ~ sein** (*sl*) to go [through] cold turkey *sl*

Entzugserscheinung *f* withdrawal symptom *usu pl* **Entzugsschmerzen** *pl* withdrawal pains *pl* **Entzugssymptom** *nt* (*selten*) withdrawal symptom

entzündbar *adj* inflammable; **leicht ~** highly inflammable

entzünden* **I.** *vt* ■**etw ~** ❶ MED (*infizieren*) to inflame sth

❷ (*geh: anzünden*) to light sth

II. *vr* ❶ MED (*sich infizieren*) ■**sich ~** to become inflamed

❷ (*in Brand geraten*) ■**sich ~** to catch fire

❸ (*fig: aufflackern*) ■**sich an etw** *dat* ~ to be sparked off by sth; *Begeisterung* to be kindled by sth

entzündet *adj* MED inflamed; (*Augen a.*) sore

entzündlich *adj* ❶ MED (*infektiös*) inflammatory; (*sich leicht entzündend*) inflammatory; ***die Mandeln sind leicht ~*** the tonsils become easily inflamed

❷ (*entzündbar*) inflammable

Entzündung *f* MED inflammation

entzündungshemmend *adj* MED anti-inflammatory **Entzündungsherd** *m* MED focus of inflammation **Entzündungsprozess**[RR] *m* MED inflammation [process]

entzwei *adj pred* in two [pieces], in half; (*zersprungen*) broken; (*zerrissen*) torn

entzweibrechen *irreg* **I.** *vi sein* (*zerbrechen*) to break into pieces

II. *vt haben* (*zerbrechen*) ■**etw ~** to break sth into pieces, to break sth in two [*or* half]

entzweien* **I.** *vt* (*auseinander bringen*) ■**jdn ~** to divide people, to set people against each other; ***sie entzweiten sich wegen einer Frau*** they fell out [with each other] over a woman

II. *vr* (*sich überwerfen*) ■**sich mit jdm ~** to fall out with sb

entzweigehen *vi irreg sein* to break [in two [*or* half]]

Entzweiung <-, -en> *f* ❶ (*Bruch*) split, break

❷ (*Streit*) quarrel

Environment <-s, -s> [ɛnˈvaɪərənmənt] *nt* KUNST environment

en vogue [ãˈvoːk] *adj pred* (*geh*) in vogue [*or* fashion]

Enzephalitis <-, -tiden> *f* MED encephalitis

Enzephalogramm <-gramme> *nt* MED encephalogram

Enzian <-s, -e> *m* ❶ BOT gentian

❷ KOCHK (*Schnaps*) *spirit distilled from the roots of gentian*

Enzyklika <-, Enzykliken> *f* REL encyclical

Enzyklopädie <-, -n> [*pl* -ˈdiːən] *f* encyclopaedia, encyclopedia *esp* AM

enzyklopädisch I. *adj* encyclopaedic, encyclopedic *esp* AM

II. *adv* encyclopaedically, encyclopedically *esp* AM

Enzym <-s, -e> *nt* enzyme

Enzymaktivität *f* BIOL enzyme activity **Enzymregulation** *f* BIOL enzyme regulation

Epakte <-, -n> *f* ASTRON (*Mondphase*) epact

Epen *pl von* **Epos**

EPG *m Abk von* **elektronischer Programmführer** EPG

Epidemie <-, -n> [*pl* -ˈmiːən] *f* MED epidemic

Epidemiologe, -login <-n, -n> *m, f* MED epidemiologist

Epidemiologie <-> *f kein pl* MED epidemiology

Epidemiologin <-, -nen> *f* MED *fem form von* **Epidemiologe**

epidemiologisch *adj* MED epidemiological

epidemisch *adj* MED epidemic; (*fig: seuchenartig*) epidemic; **sich** *akk* **~ verbreiten** to spread like an epidemic

epidermal *adj* MED epidermal

Epidermis <-, -men> *f* BIOL epidermis

Epigenese <-, -n> *f* BIOL epigenesis
Epigone <-n, -n> *m* epigone *liter,* imitator
Epigramm <-gramme> *nt* ① LIT epigram
② KOCHK (*Bruststück vom Lamm*) [lamb] epigramme [*or* AM -am]
Epik <-> *f kein pl* epic poetry
Epikureer(in) <-s, -> *m(f)* ① (*geh: Genussmensch*) epicurean *form*
② PHILOS Epicurean
Epilation <-, -en> *f* MED epilation
Epilepsie <-, -n> [*pl* -'psi:ən] *f* epilepsy
Epileptiker(in) <-s, -> *m(f)* epileptic
epileptisch I. *adj* epileptic
II. *adv* inclined to have epileptic fits, to have a tendency towards epileptic fits
epilieren *vi haben* (*Körperhaare entfernen*) ■**sich etw** ~ to epilate one's sth
Epiliergerät *nt* depilator
Epilog <-s, -e> *m* epilogue
Epiphanias <-> *nt* REL (*Dreikönigsfest*) Epiphany
Epiphyse <-, -n> *f* MED epiphysis
Epiphyt <-en, -en> *m* BOT epiphyte
Epirogenese <-, -n> *f* GEOL ep(e)irogeny, epeirogenesis
episch *adj* ① (*das Epos betreffend*) epic
② (*geh: endlos ausschmückend*) of epic proportions; ~ **werden** to take on epic proportions; *s. a.* **Breite**
Episkopat <-[e]s, -e> *m o nt* REL ① *kein pl* (*Amt des Bischofs*) episcopate
② (*Gesamtheit der Bischöfe*) episcopate, episcopacy
Episode <-, -n> *f* episode
episodenhaft *adj* (*kurzzeitig*) short-lived; **~e Erscheinung** brief appearance
Epistel <-, -n> *f* REL Epistle; **apostolische ~n** apostolic Epistles
Epistemologie <-> *f kein pl* PHILOS (*Theorie des Wissens*) epistemology
Epitaph <-s, -e> *nt* (*geh*) ① (*Gedenktafel*) memorial plaque
② (*Grabinschrift*) epitaph
Epizentrum *nt* epicentre [*or* AM -er]
epochal *adj s.* **epochemachend**
Epoche <-, -n> *f* epoch; ~ **machen** to be epoch-making; ~ **machend** epoch-making
epochemachend *adj s.* **Epoche**
Epos <-, Epen> *nt* epic
EPR *m Abk von* **Europäischer Druckwasserreaktor** EPR
EPROM INFORM ① *Abk von* **electrically programmable read-only memory** EPROM
② *Abk von* **erasable programmable read-only memory** EPROM
Epstein-Barr-Virus *nt* Epstein-Barr [*or* EB] virus
Equipe <-, -n> *f* team
er <*gen* seiner, *dat* ihm, *akk* ihn> *pron pers* ① (*männliche Person bezeichnend*) he; ***sie ist ein Jahr jünger als*** ~ she is a year younger than him; ***nicht möglich,*** ~ ***ist es wirklich!*** unbelievable, it really is him!; ***wer hat das gemacht? — ~!*** who did that? — he did!; ***ich war's doch gar nicht,*** ~ ***da war's!*** it certainly wasn't me, it was him there!; ***wenn ich*** ~ ***wäre, …*** if I were him …
② (*Sache bezeichnend*) it; ***kauf dir doch auch einen Computer,*** ~ ***ist ein nützliches Hilfsmittel*** do buy yourself a computer, it's a useful aid
③ (*Tier bezeichnend*) it; (*bei männlichen Tieren*) he; ***das ist mein Rabe,*** ~ ***heißt Fridolin*** that's my raven, he's called Fridolin; **ein E~ und eine Sie** (*hum fam*) a he and a she *hum fam*
ER <-s> *nt kein pl Abk von* **endoplasmatisches Retikulum** ER *no pl*
erachten* *vt* (*geh*) ■**es als etw** ~ to consider [*or form* deem] it to be sth; ***ich habe es als meine Pflicht erachtet, dir das mitzuteilen*** I deemed it [to be] my duty to inform you about that
Erachten <-s> *nt kein pl* **meines ~s** [*o* **nach meinem** ~] in my opinion
erahnen* *vt* (*geh: ahnen*) ■**etw** ~ to guess [*or* imagine] sth; ■**etw** ~ **lassen** to give an idea of sth; ***der Marmorblock lässt die Proportionen des späteren Kunstwerks*** ~ the marble block gives an idea of the size of the eventual work of art; ■**sich** ~ **lassen** to be sensed
erarbeiten* *vt* ① (*durch Arbeit erwerben*) ■[**sich** *dat*] **etw** ~ to work for sth
② (*erstellen*) ■**etw** ~ to work out sth; **einen Plan** ~ to work out a plan
Erarbeitung <-, -en> *f meist sing* preparation, drawing up
Erbadel *m* hereditary nobility **Erbanfall** *m* JUR inheritance, hereditary succession **Erbanfallsteuer** *f* FIN inheritance tax **Erbanlage** *f meist pl* hereditary factor [*or* characteristic] *usu pl* **Erbanspruch** *m* JUR claim to an inheritance **Erbanteil** *m* FIN share in an estate, portion **erbanteilsberechtigt** *adj* JUR ■~ **sein** to have an interest in an estate **Erbanteilssteuer** *f* FIN legacy duty **Erbanteilsveräußerung** *f* FIN disposal of an inheritance **Erbantritt** *m* JUR succession to an estate, assumption of succession
erbarmen* I. *vt* (*Leid tun*) ■**jdn** ~ to arouse sb's pity, to move sb to pity; ■**es erbarmt mich, wenn …** I feel pity when[ever] …
II. *vr* ① (*Mitleid haben*) ■**sich jds/einer S.** *gen* ~ to take pity on sb/sth; ***Herr, erbarme dich unser*** Lord, have mercy upon us
② (*hum fam: sich annehmen*) ■**sich** [**einer S.** *gen*] ~ to take care of [sth] *hum fam;* ***ein Stück Kuchen ist noch übrig, wer erbarmt sich und isst es?*** there's a piece of cake left over, who's going to take care of it?
Erbarmen <-s> *nt kein pl* pity, compassion; ■~ **mit jdm/etw** [**haben**] [to have] pity for sb/[to show] compassion for sth; **kein** ~ [**mit jdm**] **kennen** [*o* **haben**] to show [sb] no mercy; **aus** ~ out of pity; **voller** ~ full of pity; **ohne** ~ pitiless, merciless; ***dieser Killer tötet ohne das geringste*** ~ this murderer kills without showing the slightest [sign of] pity; **zum E~** (*fam*) pitiful, pathetic; ***Mund zu, du singst ja zum ~!*** keep your mouth shut, your singing is pitiful!; ~! mercy!
erbarmenswert *adj* (*geh*) pitiful, wretched
erbärmlich I. *adj* (*pej*) ① (*fam: gemein*) miserable, mean; ***du ~es Schwein!*** you miserable swine!; ***ich hätte nie gedacht, dass einer so*** ~ ***sein kann*** I would never have thought that anyone could be so mean
② (*furchtbar*) terrible; **~e Angst haben** to be terribly afraid
③ (*jämmerlich*) miserable, wretched; **sich in einem ~en Zustand befinden** to be in a wretched condition; [**in etw** *dat*] ~ **aussehen** (*fam*) to look terrible [in sth]
II. *adv* (*pej*) ① (*gemein*) wretchedly, abominably; ***er hat sich*** ~ ***verhalten!*** he behaved abominably!
② (*fam: furchtbar*) terribly; ***draußen ist es*** ~ ***kalt!*** it's terribly cold outside; ***die Wunde tut*** ~ ***weh!*** the wound hurts terribly!
Erbärmlichkeit <-> *f kein pl* ① (*Gemeinheit*) meanness, wretchedness
② (*Jämmerlichkeit*) awfulness, wretchedness
erbarmungslos I. *adj* pitiless, merciless
II. *adv* pitilessly, mercilessly, without mercy
erbarmungsvoll I. *adj* compassionate, full of pity
II. *adv* compassionately
erbauen* I. *vt* ① (*errichten*) ■**etw** ~ to build sth
② (*seelisch bereichern*) ■**jdn** ~ to uplift sb
③ (*fam: begeistert sein*) ■[**von etw** [*o* **über etw**]] **erbaut sein** to be enthusiastic [about sth]; ■[**von etw** [*o* **über etw**]] **nicht** [**besonders**] **erbaut sein** not to be [particularly] pleased [about sth] [*or* delighted [by sth]]
II. *vr* (*sich innerlich erfreuen*) ■**sich an etw** *dat* ~ to be uplifted by sth
Erbauer(in) <-s, -> *m(f)* architect
erbaulich *adj* (*geh*) edifying *form;* **nicht gerade** [*o* **sehr**] ~ (*iron*) not exactly [*or* very] encouraging *iron*
Erbauseinandersetzung *f* JUR partition of an inheritance **Erbauseinandersetzungsklage** *f* JUR petition to distribute an estate **Erbausgleich** *m* JUR settlement of claims on the estate **Erbausschlagung** *f* JUR repudiation of an inheritance **Erbausschließung** *f* JUR exclusion from an inheritance
erbaut I. *pp und 3. pers. sing von* **erbauen**
II. *adj* edified
► WENDUNGEN: **von** [*o* **über**] **etw nicht gerade** ~ **sein** (*fam*) to not be particularly thrilled by [*or* about] sth
Erbauung <-, -en> *f* ① (*Errichtung*) building
② (*seelische Bereicherung*) edification; **zur** ~ for one's edification
Erbbaugrundbuch *nt* JUR land register for building leases **Erbbaurecht** *nt* JUR building lease [in perpetuity], AM mixed estate **Erbbauzins** *m* JUR ground rent **erbberechtigt** *adj* entitled to the/an inheritance, entitled to inherit **Erbberechtigte(r)** *f(m) dekl wie adj* JUR person entitled to inherit, beneficiary; **nächster** ~ first heir **Erbberechtigung** *f* JUR right to inheritance **Erbbiologie** *f* genetics + *sing vb, no art* **erbbiologisch** *adj* genetic; **ein ~es Gutachten** a genetic test report
Erbe <-s> *nt kein pl* ① (*Erbschaft*) inheritance *no pl;* **das** ~ **ausschlagen** to turn down [*or form* waive] an inheritance
② (*fig: Hinterlassenschaft*) legacy
Erbe, Erbin <-n, -n> *m, f* JUR heir *masc,* heiress *fem;* **alleiniger** ~ the sole heir; **direkter** ~ direct heir; **gesetzlicher** ~ rightful heir; **die lachenden ~n** (*hum*) the joyful heirs; **leiblicher** ~ blood-related heir; **pflichtteilsberechtigter** ~ heir entitled to a compulsory portion; **jdn/ein Tier als ~n einsetzen** to appoint sb/an animal as heir
erbeben* *vi sein* (*geh*) ① (*beben*) to shake, to tremble, to shudder
② (*zittern*) ■[**vor etw** *dat*] ~ to shake [*or* tremble] [with sth]; ***ihre Stimme erbebte vor Wut*** her voice was shaking with anger
Erbeinsetzung *f* JUR appointment of an heir
erben I. *vt* ① (*als Erbe erhalten*) ■**etw** [**von jdm**] ~ to inherit sth [from sb]
② (*fam: geschenkt bekommen*) ■**etw** [**bei/von jdm**] ~ to be given sth [by sb]
③ (*als Erbanlage bekommen*) ■**etw von jdm** ~ to inherit sth from sb
II. *vi* (*Erbe sein*) to receive an inheritance; ***die müssen im Lotto gewonnen oder geerbt haben!*** they must have either won the lottery or have been left some money!
Erbengemeinschaft *f* community of joint heirs **Erbenhaftung** *f* JUR liability of an heir **Erbenlosigkeit** *f* JUR default of heirs **Erbenmehrheit** *f* JUR plurality of heirs
Erbersatzanspruch *m* JUR substituted inheritance right **Erbersatzsteuer** *f* FIN surrogate estate duty **Erberschleichung** *f* JUR legacy-hunting
erbetteln* *vt* (*durch Bitten erhalten*) ■[**sich** *dat*] **etw** ~ to obtain [*or* get] sth by begging; ***sie ließen nicht nach, bis sie sich von ihren Eltern den Kinobesuch erbettelt hatten*** they didn't give up until they had wheedled their parents into taking them to the cinema; **sich eine Mahlzeit** ~ to beg for a meal
erbeuten* *vt* ■**etw** ~ ① (*als Beute erhalten*) to get away with sth
② (*als Kriegsbeute bekommen*) to capture [*or* take] sth
③ (*als Beute fangen*) to carry off sth *sep*
Erbfaktor *m* hereditary factor [*or* gene] **Erbfall** *m* JUR succession, devolution of an inheritance **Erbfehler** *m* hereditary defect **Erbfeind(in)** *m(f)* arch-enemy **Erbfolge** *f* JUR [line of] succession; **gesetzliche** ~ intestate succession; **vorweggenommene** ~ advance settlement of rights of succession; **die** ~ **aufheben** to dock the entail; **jdn von der** ~ **ausschließen** to bar sb from succession **Erbgut** *nt kein pl* genotype, genetic make-up **Erbgutschäden** *pl* genetic abnormality **erbgutschädigend** *adj* genetically harmful
erbieten* *vr irreg* (*geh*) ■**sich ~, etw zu tun** to offer [*or* volunteer] to do sth
Erbin <-, -nen> *f fem form von* **Erbe** heiress

E

Erbinformation *f* genetic information
erbitten* *vt irreg* (*geh*) ■**etw** [**von jdm**] ~ to ask for [*or form* request] sth [from sb]
erbittern* *vt* ■**jdn** ~ to enrage [*or* incense] sb
erbittert I. *adj* bitter; ~**en Widerstand leisten** to put up a bitter resistance; ~**e Gegner** bitter opponents
II. *adv* bitterly; ***sie wehrten sich ~ bis zu ihrem Untergang*** they fought to the bitter end
Erbitterung <-> *f kein pl* ① (*entschlossene Wut*) bitterness
② (*selten: Heftigkeit*) fierceness
Erbium <-s> *nt kein pl* CHEM erbium
Erbkrankheit *f* hereditary disease
erblassen* *vi sein* (*erbleichen*) ■[**vor etw** *dat*] ~ to go [*or* turn] pale [with sth]; ***sie erblasste vor Schreck*** she turned pale with fright; ■**jdn ~ lassen** to make sb go [*or* turn] pale; *s. a.* **Neid**
Erblasser(in) <-s, -> *m(f)* JUR testator **Erblast** *f* (*fig: Hinterlassenschaft*) legacy; ***der radioaktive Müll ist eine gefährliche*** ~ radioactive waste is a dangerous legacy
erbleichen* *vi sein* (*geh*) ■[**vor etw** *dat*] ~ to go [*or* turn] pale [with sth]; ***er erbleichte vor Zorn*** he turned pale with anger
erblich I. *adj* hereditary; **eine ~e Krankheit** a hereditary disease
II. *adv* by inheritance; ~ **weitergeben** to pass on as a hereditary condition; ***Krampfadern sind ~ bedingt*** varicose veins are inherited; ~ **belastet** MED having a hereditary disease; ~ [**vor**]**belastet sein** (*hum*) to run in the family
erblicken* *vt* (*geh*) ① (*plötzlich sehen*) ■**jdn/etw** ~ to see [*or* catch sight of] [*or* spot] sb/sth
② (*fig: erkennen*) ■**in jdm/einer S. etw** ~ to see sb/sth as sth
erblinden* *vi sein* ■[**von etw/durch etw**] ~ to go blind [as a result of sth]
Erblindete(r) *f(m) dekl wie adj* blind person
Erblindung <-, -en> *f* loss of sight; **die ~ auf einem Auge** the loss of sight in one eye; **zur ~/zu einer bestimmten ~ führen** to lead to blindness/to a certain type of blindness
erblühen* *vi sein* (*geh*) to bloom [*or* blossom]; ***der Kirschbaum war voll erblüht*** the cherry tree was in full blossom
Erbmasse *f* genotype, genetic make-up **Erbnachlasssteuer**[RR] *f* FIN estate duty **Erbonkel** *m* (*hum fam*) rich uncle *hum fam*
erbosen* I. *vt* (*geh: wütend machen*) ■**jdn** ~ to anger [*or* infuriate] sb; ■**erbost** [**über jdn/etw**] **sein** to be furious [*or* infuriated] [with sb/about sth]
II. *vr* (*geh: wütend werden*) ■**sich über jdn/etw** ~ to become furious [*or* infuriated] with sb/about sth
erbost *adj* furious, infuriated
Erbpacht *f* hereditary lease **Erbpachtrecht** *nt* JUR right of inheritable tenancy
erbrechen[1] *irreg* I. *vt* (*ausspucken*) ■**etw** ~ to bring up sth *sep;* **etw bis zum E~ tun** (*pej fam*) to do sth ad nauseam; ***ich habe mir deine ewigen Klagen bis zum E~ mit anhören müssen!*** I'm absolutely sick of listening to your constant moaning; **etw ist zum E~** (*fam*) sth is disgusting [*or* revolting]
II. *vi* (*den Mageninhalt erbrechen*) to throw up *sl*
III. *vr* (*sich übergeben*) ■**sich** ~ to be sick; ***ich muss mich ~!*** I'm going to be sick!
erbrechen*[2] *irreg vt* (*geh o veraltet*) ■**etw** ~ to break open sth *sep;* **ein Türschloss** ~ to force a lock
Erbrecht *nt* law of inheritance
erbringen* *vt* ■**etw** ~ *irreg* ① (*aufbringen*) to raise sth; **eine hohe Leistung** ~ to perform well
② FIN (*als Erlös erzielen*) to raise sth
③ (*als Resultat zeitigen*) to produce [*or* yield] sth
④ JUR (*beibringen*) to produce sth
Erbringung <-> *f* performance; ~ **von Dienstleistungen** performance of services
Erbrochene(s) *nt dekl wie adj* vomit
Erbschaft <-, -en> *f* inheritance; **eine ~ machen** to come into an inheritance
Erbschaftsannahme *f* JUR acceptance of an inheritance **Erbschaftsanspruch** *m* JUR claim to an inheritance **Erbschaftsanteil** *m* share in the inheritance; **gleicher** ~ coparceny **Erbschaftsausschlagung** *f* JUR renunciation of inheritance, disclaimer [of an estate] **Erbschaftsgegenstände** *pl* items of property in the estate; **bewegliche/unbewegliche** ~ corporeal/incorporeal hereditaments **Erbschaftsklage** *f* JUR inheritance suit **Erbschaft(s)steuer** *f* estate [*or* death] duty [*or* duties], death tax AM **Erbschaftssteuerveranlagung** *f* FIN assessment for inheritance tax [*or* estate duty] **Erbschaftsübergang** *m* JUR devolution of an estate **Erbschaftsverfahren** *nt* JUR probate proceedings *pl* **Erbschaftsverwalter(in)** *m(f)* JUR executor
Erbschein *m* JUR grant of probate, certificate of inheritance; **jdm einen ~ ausstellen** to grant probate of will, to issue sb with a certificate of inheritance **Erbscheinerteilung** *f* JUR granting of probate **Erbschleicher(in)** <-s, -> *m(f)* (*pej*) legacy-hunter *pej* **Erbschleicherei** *f* legacy-hunting
Erbse <-, -n> *f* pea; **gelbe** ~ yellow pea
erbsengroß *adj* pea-size, the size of a pea **Erbsensuppe** *f* pea soup **Erbsenzähler(in)** *m(f)* (*pej sl*) pedant
Erbstück *nt* heirloom **Erbsünde** *f* REL original sin
Erbtante *f* (*hum fam*) rich aunt *hum fam* **Erbteil** *nt* ① JUR (*Anteil an einer Erbschaft*) share of an inheritance ② MED, PSYCH (*Veranlagung*) inherited trait [*or* characteristics] **Erbteilsübertragung** *f* JUR conveyance of an estate **Erbvermögen** *nt* JUR estate **Erbvertrag** *m* JUR contract of inheritance **Erbverzicht** *m* JUR relinquishment of an inheritance, disclaimer [of an estate]
Erdachse [-ks-] *f* earth's axis
erdacht *adj* invented, made-up
Erdaltertum *nt* GEOL Palaeozoic [*or* AM Paleozoic] [era] **Erdanziehung** *f kein pl* gravitational pull of the earth **Erdapfel** *m* SÜDD, ÖSTERR (*Kartoffel*) potato **Erdarbeiten** *pl* excavation work **Erdarbeiter(in)** *m(f) im Bahn- und Straßenbau* navvy BRIT, ditchdigger AM **Erdatmosphäre** *f* earth's atmosphere
erdauern *vt* SCHWEIZ ■**etw** ~ ① (*gründlich prüfen*) to consider [*or* examine] sth thoroughly
② (*durch Warten verdienen*) to have one's patience rewarded by sth
Erdaushub *m* BAU excavation **Erdbahn** *f* Earth's orbit **Erdbahnkreuzer** *m* ASTRON asteroid that crosses the orbit of the Earth **Erdball** *m* (*geh*) *s.* **Erdkugel**
Erdbeben *nt* earthquake
Erdbebenherd *m* seismic focus centre [*or* AM -er] **erdbebensicher** *adj* earthquake-proof
Erdbebenvorhersage *f* earthquake forecast **Erdbebenwarte** *f* seismological station
Erdbeere *f* ① (*Pflanze und Frucht*) strawberry
② (*Erdbeereis*) strawberry ice cream
erdbeerfarben *adj* strawberry-coloured [*or* AM -ored] **Erdbeersirup** *m* strawberry syrup
Erdbeschleunigung *f* acceleration of free fall [*or* gravity] **Erdbestattung** *f* burial, interment **Erdbevölkerung** *f* population of the earth, earth's population **Erdbewegung** *f* motion of the earth in its orbit **Erdbewohner(in)** *m(f)* inhabitant of the earth **Erdboden** *m* ground; **etw dem ~ gleichmachen** to raze sth to the ground; **als hätte ihn/sie der ~ verschluckt** as if the earth had swallowed him/her up
Erde <-, -n> *f* ① *kein pl* (*Welt*) earth; **der Planet ~** the planet Earth; **auf der ganzen** ~ in the whole world; **auf der ganzen ~ bekannt** known throughout the world
② (*Erdreich*) earth, soil; **in fremder/heimatlicher ~ ruhen** (*geh*) to be buried in foreign/one's native soil *form*
③ (*Grund, Boden*) ground; **auf der** ~ on the ground; **zu ebener** ~ at street level; [**mit etw** *dat*] **unter die ~ gehen** BAU to build sth below ground; **etw aus der ~ stampfen** (*fam*) to produce sth out of thin air *fam;* ***die neuen Wohnblocks wurden in einem Jahr buchstäblich aus der ~ gestampft*** the new blocks of flats were literally thrown up in a year
④ (*Art des Bodens*) soil; **feuchte/fruchtbare** ~ damp/fertile soil
⑤ ELEK (*Erdung*) earth
⑥ CHEM earth; **seltene ~n** rare earths
► WENDUNGEN: **jdn unter die ~ bringen** to be the death of sb
erden *vt* ELEK ■**etw** ~ to earth sth
Erdenbürger(in) *m(f)* mortal; **ein neuer** ~ (*hum*) a new member of the human race *hum*
erdenken* *vt irreg* ■**etw** ~ to devise [*or* think up] sth
erdenklich *adj attr* (*nur denkbar*) conceivable, imaginable; [**jdm**] **alles ~ Gute/Schlechte/Böse** [**wünschen**] [to wish sb] all the very best/every conceivable misfortune/ill; **alles E~e tun** to do everything conceivable [*or* imaginable]
Erderkundung *f* reconnaisance of the Earth [from space] **erdfarben** *adj* earth-coloured [*or* AM -ored] **Erdferkel** *nt* ZOOL aardvark **Erdfunkstelle** *f* ground radio station **Erdgas** *nt* natural gas
Erdgasgewinnung *f* gas production **Erdgasleitung** *f* [natural] gas pipeline **Erdgasversorgung** *f kein pl* gas supply **Erdgeist** *m* earth spirit **Erdgeruch** *m* earthy smell **Erdgeschichte** *f kein pl* geological history, history of the earth **erdgeschichtlich** I. *adj attr* geological II. *adv* geologically **Erdgeschoss**[RR] *nt* ground [*or* AM first] floor; **im** ~ on the ground [*or* AM first] floor **Erdhaufen** *m* mound of earth
erdichten* *vt* (*geh*) ■**etw** ~ to fabricate sth, to make sth up *sep;* **das E~ von Geschichten** the fabrication of stories
erdig I. *adj* ① (*nach Erde riechend/schmeckend*) earthy
② (*mit Erde beschmutzt*) muddy
II. *adv* earthily; ~ **schmecken** to have an earthy taste
Erdinnere(s) *nt dekl wie adj* interior [*or* bowels] of the earth *npl*
Erdkabel *nt* underground cable **Erdkarte** *f* map of the earth **Erdkern** *m* earth's core **Erdklumpen** *m* clod of earth **Erdkreis** *m* [entire] world, globe **Erdkröte** *f* ZOOL common toad **Erdkruste** *f* earth's crust **Erdkugel** *f* globe, world
Erdkunde *f* geography
erdkundlich *adj* geographical
Erdmagnetismus *m* geomagnetism, terrestrial magnetism **Erdmännchen** *nt* ZOOL meerkat **Erdmantel** *m* mantle **Erdmittelalter** *nt* GEOL Mesozoic [era] **Erdmittelpunkt** *m* centre of the earth **erdnah** I. *adj* close to the Earth *pred* II. *adv* close to the Earth; ~ **stationierter Satellit** satellite in low earth orbit
Erdnuss[RR] *f* (*Pflanze und Frucht*) peanut
Erdnussbutter[RR] *f* peanut butter **Erdnussöl**[RR] *nt* peanut oil
Erdoberfläche *f* earth's surface, surface of the earth
Erdöl *nt* oil, petroleum; ~ **exportierende Länder** oil-exporting countries
erdolchen* *vt* (*geh*) ■**jdn** ~ to stab sb [to death]
Erdölembargo *nt* oil embargo **erdölexportierend** *adj attr s.* **Erdöl** **Erdölgebiet** *nt* oil field **Erdölgewinnung** *f* oil production **Erdölindustrie** *f* oil industry **Erdölleitung** *f* oil pipeline **Erdölraffinerie** *f* oil refinery **Erdölverarbeitung** *f* processing of crude oil **Erdölvorkommen** *nt* oil deposit **Erdölzone** *f* oil belt
Erdreich *nt* earth, soil
erdreisten* *vr* ■**sich** ~ to take liberties; ***was erdreistest du dich?*** how dare you!; ■**sich ~, etw zu tun** to have the audacity to do sth
Erdrinde *f s.* **Erdkruste**
erdröhnen* *vi sein* ① (*dröhnend widerhallen*) ■[**von etw** *dat*] ~ to resound [with sth]; ***die ganze Disko erdröhnte von dem Lärm*** the whole disco

resounded with the noise
❷ (*dröhnen*) *Lautsprecher* to boom; *Wand, Decke* to resound
erdrosseln* *vt* ■**jdn** ~ to strangle [*or* throttle] sb
Erdrosselte(r) *f(m) dekl wie adj* strangled person
Erdrosselungssteuer *f* FIN prohibition tax
erdrücken* *vt* ❶ (*zu Tode drücken*) ■**jdn/ein Tier** ~ to crush sb/an animal to death
❷ (*fam: Eigenständigkeit nehmen*) ■**jdn** [**mit etw** *dat*] ~ to stifle sb [with sth]; ***merkst du nicht, dass du dein Kind mit deiner Liebe fast erdrückst?*** can't you see that you're almost stifling the child with love
❸ (*sehr stark belasten*) ■**jdn** ~ to overwhelm sb; ***die Schulden drohten ihn zu*** ~ he's up to his ears in debts
erdrückend *adj* overwhelming; **~e Beweise** overwhelming evidence
Erdrutsch *m* (*fig a.: überwältigender Wahlsieg*) landslide **erdrutschartig** *adj* landslide; **ein ~er Wahlsieg** a landslide election victory **Erdrutschsieg** *m* landslide victory
Erdsatellit *m* earth satellite **Erdschatten** *m* shadow of the earth **Erdschicht** *f* ❶ (*eine Schicht Erde*) layer of earth ❷ GEOL stratum **Erdscholle** *f* clod [of earth] **Erdspalte** *f* crevice **Erdspross**RR *m* BOT underground shoot **Erdstation** *f* ground station **Erdstoß** *m* seismic shock **Erdstrahlen** *pl* lines *pl* of energy **Erdstrom** *m* PHYS earth current **Erdteil** *m* continent **Erdtrabant** *m* satellite of the Earth, moon
erdulden* *vt* ■**etw** [**von jdm**] ~ *Kränkungen, Leid* to endure [*or* suffer] sth [from sb]
Erdumdrehung *f* rotation [*or* revolution] of the earth **Erdumfang** *m* circumference of the earth **Erdumkreisung** *f* orbit around the earth **Erdumlauf** *m* revolution of the earth **Erdumlaufbahn** *f* [earth] orbit **Erdumsegelung** *f* sailing round the world, circumnavigation of the earth
Erdung <-, -en> *f* ELEK ❶ (*das Erden*) earthing [*or* AM grounding]
❷ (*Strom leitende Verbindung*) earth
Erdwall *m* earth embankment **Erdwärme** *f* geothermal heat **Erdzeitalter** *nt* geological era
ereifern* *vr* ■**sich** [**über etw** *akk*] ~ to get excited [*or* worked up] [about [*or* over] sth]
ereignen* *vr* ■**sich** ~ to occur [*or* happen]
Ereignis <-ses, -se> *nt* event, occurrence, incident; (*etw Besonderes*) occasion; **der Gang der ~se** the course of events; **das ~ des Jahrhunderts** the event of the century; **bedeutendes/historisches** ~ important/historical incident; **ein freudiges** ~ a happy event; **unabwendbares** ~ unavoidable accident, inevitable event
ereignislos I. *adj* uneventful
II. *adv* uneventfully
Ereignisprogramm *nt* programme [*or* AM -am] of events
ereignisreich *adj* eventful, a life full of incident
ereilen* *vt* (*geh*) ■**jdn ereilt etw** sth overtakes sb *form*; ***plötzlich ereilte ihn der Tod*** he was suddenly overtaken by death
Erektion <-, -en> *f* erection; **eine ~ haben** to have an erection
Erektionsstörung *f* erectile dysfunction
Eremit(in) <-en, -en> *m(f)* hermit
erfahren1 *irreg* **I.** *vt* ❶ (*zu hören bekommen*) ■**etw** [**von jdm**] [**über jdn/etw**] ~ *Nachricht, Neuigkeit etc.* to hear [*or* find out] sth [from sb] [about sb/sth]; ■**etw** ~ to learn of sth; ***darf man Ihre Absichten ~?*** might we enquire as to your intentions?
❷ (*geh: erleben*) ■**etw** ~ to experience sth; ***in seinem Leben hat er viel Liebe*** ~ he experienced a lot of love in his life
❸ (*geh: mit sich geschehen lassen*) ■**etw** ~ to undergo sth
II. *vi* (*Kenntnis erhalten*) ■**von etw** *dat*/**über etw** *akk* ~ to learn of [*or* about] sth
erfahren2 *adj* (*versiert*) experienced; ■[**in etw** *dat*/**auf einem Gebiet**] ~ **sein** to be experienced [in sth/in a field]
Erfahrenheit <-> *f kein pl* (*geh*) experience
Erfahrung <-, -en> *f* ❶ (*prägendes Erlebnis*) experience; ***ich bin wieder um eine ~ reicher!*** I'm the wiser for it!; ■**jds ~en mit jdm/etw** sb's experience of sb/sth; **die/diese ~ machen**[**, dass ...**] to have the/that experience [of ...]; **die ~ machen, dass ...** to find that ...; [**seine**] **~en machen** [*o* **sammeln**] to gain experience [for oneself]; **nach meiner ~** in my experience
❷ (*Übung*) experience; **jahrelange ~** years of experience; **aus ~ sprechen** to speak from experience; **mit** [**entsprechender**] **~** with [the appropriate] experience
❸ (*Kenntnis*) **etw in ~ bringen** to learn [*or sep* find out] sth
▸ WENDUNGEN: **durch ~ wird man klug** (*prov*) one learns by experience
Erfahrungsaustausch *m* exchange of experiences **Erfahrungsbericht** *m* report of one's experiences **erfahrungsgemäß** *adv* in sb's experience; ~ ***ist ...*** experience shows ... **Erfahrungswert** *m meist pl* empirical value
erfassbarRR, **erfaßbar** *adj* ❶ (*begreifbar*) conceivable
❷ (*zu ermittelnd*) ascertainable, detectable
erfassen* *vt* ❶ (*mitreißen*) ■**etw/jdn** ~ *Auto, Strömung* to catch sth/sb
❷ (*befallen*) ■**jdn** ~ to seize sb; ***sie wurde von Furcht erfasst*** she was seized by fear; ***eine tiefe Traurigkeit erfasste ihn*** he was overcome with great sadness
❸ (*begreifen*) ■**etw** ~ to understand [*or* grasp] sth; ***genau, du hast's erfasst!*** exactly, you've got it!
❹ ADMIN (*registrieren*) ■**etw** ~ to record sth; **etw statistisch** ~ to record sth statistically
❺ INFORM (*eingeben*) ■**etw** ~ to capture sth; **etw erneut** ~ to recapture sth; *Daten, Text* to enter sth
Erfassung <-, -en> *f* ❶ ADMIN (*Registrierung*) recording
❷ INFORM (*das Erfassen*) *Daten, Text* entry
Erfassungsbereich *m* scope
erfinden* *vt irreg* ■**etw** ~ ❶ (*neu hervorbringen*) to invent sth
❷ (*erdichten*) to invent [*or sep* make up] sth; **frei erfunden sein** to be completely fictitious
Erfinder(in) *m(f)* inventor
Erfindereigenschaft *f* inventorship, inventive skill **Erfindergeist** *m kein pl* inventive genius
Erfinderin <-, -nen> *f fem form von* **Erfinder**
erfinderisch *adj* inventive; *s. a.* **Not**
Erfindernennung *f* identification of the inventor **Erfindernennungsprinzip** *nt* first-to-invent system **Erfinderschein** *m* inventor's certificate **Erfinderschutz** *m* JUR protection of inventors **Erfindervergütungssystem** *nt* FIN inventor award system
Erfindung <-, -en> *f* ❶ *kein pl* (*das Erfinden*) invention; **eine ~ machen** to invent sth
❷ (*etwas Erfundenes*) invention; **Recht an der ~** right to exploit the invention; **eine sensationelle ~** a sensational invention; **eine ~ zum Patent anmelden** to file a patent application for an invention; **eine ~ patentieren lassen** to take out a patent for an invention
❸ (*Erdichtung, Lüge*) fabrication, fiction; ***das Ganze ist doch reine ~!*** the whole lot is pure fiction!
Erfindungsgabe *f* inventiveness **Erfindungsgedanke** *m* inventive idea **Erfindungsgegenstand** *m* subject matter of the invention **Erfindungshöhe** *f* JUR (*Patentrecht*) level of invention, inventive level; **Einspruch wegen mangelnder ~** allegation of obviousness **Erfindungspatent** *nt* patent for an invention **Erfindungsreichtum** *m* ingenuity, invention, inventiveness **Erfindungswert** *m* JUR invention value
erflehen* *vt* (*geh*) ■**etw** [**von jdm**] ~ to beg [*or liter* beseech] [sb] for sth
Erfliegen <-s> *nt kein pl* ~ **eines Leitstrahls** bracketing
Erfolg <-[e]s, -e> *m* ❶ (*positives Ergebnis*) success; ~ **versprechend** promising; **äußerst ~ versprechend sein** to be extremely promising; **wenig ~ versprechend sein** to promise little; **etw ist ein voller** [*o* **durchschlagender**] ~ sth is a complete success; **etw als ~ buchen** [*o* **verbuchen**] to chalk sth up as a success; ~ [**mit etw** *dat*] **haben** to be successful [with sth]; ~ **bei jdm haben** to have success [*or* be successful] with sb; **mit ~** successfully; **viel ~!** good luck!; **keinen ~** [**mit etw/bei jdm**] **haben** to have no success [*or* be unsuccessful] [with sth/sb]; **ohne ~** without success, unsuccessfully
❷ (*Folge*) result, outcome; **mit dem ~, dass ...** with the result that ...
erfolgen* *vi sein* (*geh*) to occur, to take place; ***bisher ist auf meine Anfrage keine Antwort erfolgt*** so far there has been no reply to my enquiry
erfolglos *adj* ❶ (*ohne Erfolg*) unsuccessful, without success
❷ (*vergeblich*) futile; **unsere ~en Bestrebungen** our futile efforts
Erfolglosigkeit <-> *f kein pl* ❶ (*mangelnder Erfolg*) lack of success
❷ (*Vergeblichkeit*) futility; ***sie sah die ~ ihrer Bestrebungen*** she saw the futility of her efforts; [**etw ist**] **zur ~ verdammt** [sth is] condemned to failure
erfolgreich *adj* successful
Erfolgsanteilsystem *nt* FIN bonus [*or* profit-sharing] system **Erfolgsaussichten** *pl* prospects *pl* of success **Erfolgsautor(in)** *m(f)* successful [*or* best-selling] author **Erfolgsbilanz** *f* success record
Erfolgsdelikt *nt* JUR objective crime
Erfolgsdenken <-s> *nt kein pl* positive thinking **Erfolgserlebnis** *nt* PSYCH sense of achievement; **ein ~ haben** to have a sense of achievement; **etw ist ein ~** sth is an achievement **Erfolgsgeheimnis** *nt* secret of [*or* to] success **Erfolgsgeschichte** *f* success story **Erfolgshaftung** *f* JUR strict liability **Erfolgshonorar** *nt* contingent fee **Erfolgskontrolle** *f* ÖKON performance review; FIN cost-revenue control **Erfolgsmeldung** *f* news of success *no pl, no indef art* **Erfolgsmensch** *m* successful person **Erfolgsort** *m* JUR place of performance **Erfolgsrezept** *nt* (*fam*) recipe for success
erfolgversprechend *adj s.* **Erfolg 1**
erforderlich *adj* ❶ (*notwendig*) necessary; ■**es ist ~, dass ...** it is necessary that ...; **etw ~ machen** to make sth necessary; **alles E~e veranlassen** to do everything necessary [*or* required]
❷ (*bereitzustellend*) necessary; **die ~en Mittel** the necessary resources
erfordern* *vt* ■**etw** ~ to require sth
Erfordernis *f* JUR requirement; **gesetzliche/zwingende ~se** legal formalities/binding requirements; **technische ~se** technical requirements; **den ~sen entsprechen** to conform to [*or* satisfy] the requirements; **allen ~sen genügen** to meet all requirements
erforschen* *vt* ■**etw** ~ ❶ (*durchstreifen und untersuchen*) to explore sth
❷ (*prüfen*) to investigate sth; **sein Gewissen ~** to examine one's conscience
Erforschung *f* ❶ (*das Erforschen*) exploration
❷ (*das Prüfen*) investigation
erfragen* *vt* ■**etw** [**von jdm**] ~ to ask [sb] about sth, to enquire [about] sth [from [*or form* of] sb]; **den Weg ~** to ask the way; **Einzelheiten ~** to obtain [*or form* ascertain] details
erfreuen* **I.** *vt* (*freudig stimmen*) ■**jdn** ~ to please [*or* delight] sb
II. *vr* ❶ (*Freude haben*) ■**sich an etw** *dat* ~ to enjoy [*or* take pleasure in] sth
❷ (*geh: genießen*) ■**sich einer S.** *gen* ~ to enjoy sth, to take pleasure in sth
erfreulich I. *adj Anblick* pleasant; *Nachricht* welcome; ***das ist wirklich ~!*** that's really nice!; ■**es ist/wäre ~, dass/falls/wenn ...** it is/would be nice [*or* good] that/if ...; **etw ist alles andere als ~**

E

sth is not welcome news by any means; **wie ~!** how nice!
II. *adv* happily; ***an meinem Vortrag hat sie ~ wenig kritisiert*** fortunately enough for me she didn't criticize my paper too much
erfreulicherweise *adv* happily
erfreut I. *adj* pleased, delighted (**über** *+akk* about); **ein ~er Blick** a pleased look; **sehr ~!** (*geh*) pleased to meet you!, delighted! *form*
II. *adv* delightedly
erfrieren* *vi irreg sein* ❶ (*durch Frost eingehen*) to be killed by frost
❷ (*durch Frost absterben*) *Gliedmassen* to get frostbitten; ■**erfroren** frozen
❸ (*an Kälte sterben*) *Person/Tier* to freeze to death, to die of exposure
Erfrierung <-, -en> *f meist pl* frostbite; *s. a.* **Tod**
erfrischen* I. *vt* ■**jdn ~** ❶ (*abkühlen*) to refresh sb
❷ (*beleben*) to refresh sb
II. *vi* (*abkühlen*) to be refreshing
III. *vr* (*sich abkühlen*) ■**sich ~** to refresh oneself
erfrischend *adj* refreshing
Erfrischung <-, -en> *f* ❶ (*Abkühlung, Belebung*) refreshment *no pl*
❷ KOCHK (*erfrischendes Getränk*) refreshment; **zur ~** as refreshments; ***zur ~ wurde eisgekühlter Tee gereicht*** iced tea was served as a refreshment
Erfrischungscreme *f* toning cream **Erfrischungsgetränk** *nt* refreshment **Erfrischungsraum** *m* snack bar, refreshment room **Erfrischungsstand** *m* refreshment stand [*or* BRIT *a.* stall] **Erfrischungstuch** *nt* tissue wipe
erfüllen* I. *vt* ❶ (*ausführen*) ■**etw ~** to fulfil [*or* AM *usu* -ll] [*or* carry out] sth; ***welche Funktion erfüllt sie im Betrieb?*** what is her function in the company?; ***mein altes Auto erfüllt seinen Zweck*** my old car serves its purpose
❷ (*durchdringen*) ■**jdn ~** to come over sb; ***von Ekel erfüllt wandte sie sich ab*** filled with disgust she turned away
❸ (*anfüllen*) ■**etw ~** to fill sth; ***das Giftgas erfüllte das ganze Gebäude*** the poisonous gas filled the whole building
II. *vr* (*sich bewahrheiten*) ■**sich ~** to be fulfilled, to come true; ***möge sich dein Wunsch ~!*** may your wish come true!
Erfüllung *f* ❶ JUR (*die Ausführung*) realization; *von Amtspflichten* execution; *eines Vertrages* fulfilment [*or* AM -fill-], [contract] performance; **vergleichsweise ~** accord and satisfaction; **~ einer Bedingung** fulfilment of a condition; **~ Zug um Zug** contemporaneous performance; **etw bis zur ~ einer Vertragsbedingung hinterlegen** to place sth in escrow; **in ~ einer S.** *gen* (*geh*) in the performance of sth
❷ (*innere Befriedigung*) fulfilment BRIT [*or* AM -fill-]; **etw geht in ~** sth is fulfilled [*or* comes true]
❸ (*Wahrwerden*) *von Traum* fulfilment BRIT [*or* AM -fill-]
Erfüllungsanspruch *m* JUR claim to performance **Erfüllungsbetrug** *m* JUR fraud in the performance **Erfüllungsbürgschaft** *f* JUR performance warranty **Erfüllungsgegenstand** *m* JUR object of performance **Erfüllungsgehilfe, -gehilfin** *m, f* JUR accomplice, vicarious agent; **sich zum ~n einer Person/einer S. machen** (*pej geh*) to become the instrument [*or* henchman] of a person/agent for sth *pej form* **Erfüllungsgeschäft** *nt* JUR transaction in fulfilment of an obligation **Erfüllungshaftung** *f* JUR liability for performance **erfüllungshalber** *adv* JUR on account of performance **Erfüllungsinteresse** *nt* JUR positive interest **Erfüllungsklage** *f* JUR action of assumpsit **Erfüllungsmangel** *m* JUR failure of performance **Erfüllungsort** *m* JUR place of performance **Erfüllungstermin** *m* JUR compliance date **Erfüllungsverweigerung** *f* JUR repudiation [of a contract] **Erfüllungszeitpunkt** *m* JUR time [*or* date] of performance
erfunden I. *pp von* **erfinden**
II. *adj* fictitious, made up; **frei ~** completely fictitious
Erg <-s, -> *nt* PHYS erg
ergänzen* *vt* ❶ (*auffüllen*) ■**etw [um etw** *akk*] **~** to replenish sth [with sth], to fill in sth *sep;* (*vollenden*) to complete sth
❷ (*vervollständigen, bereichern*) ■**etw durch etw** *akk* **~** to replenish sth with sth; **eine Sammlung durch etw ~** to complete a collection with sth
❸ (*erweitern*) ■**etw um etw** *akk* **~** to complete sth with sth
❹ (*ausgleichen*) ■**sie ~ sich** [*o* **einander**] they complement each other [*or* one another]
❺ INFORM (*anfügen*) ■**etw [an etw** *akk*] **~** to append sth [to sth]
ergänzend I. *adj* additional; **ein ~er Satz** an additional sentence; **eine ~e Bermerkung** a further comment
II. *adv* additionally
ergänzt I. *pp und 1., 2. pers. sing von* **ergänzen**
II. *adj* expanded; *Ausgabe, Liste* supplemented
Ergänzung <-, -en> *f* ❶ (*das Auffüllen*) replenishment
❷ (*Bereicherung, Vervollständigung*) replenishment; *einer Sammlung* completion; **zur ~ einer S.** *gen* for the completion of sth
❸ (*das Ergänzen, Hinzufügen*) supplementing
❹ (*Zusatz*) addition
❺ LING (*Objekt*) complement
❻ INFORM appendix
Ergänzungsabgabe *f* ❶ FIN, POL supplementary tax ❷ JUR special levy **Ergänzungsanspruch** *m* JUR notice of performance **Ergänzungsband** <-bände> *m* supplementary volume **Ergänzungsbescheid** *m* JUR supplementary ruling **Ergänzungsbilanz** *f* FIN supplementary statement **Ergänzungshaushalt** *m* ÖKON supplementary budget **Ergänzungsrichter(in)** *m(f)* JUR substitute judge **Ergänzungsschöffe, -schöffin** *m, f* JUR substitute lay judge **Ergänzungsstatut** *nt* JUR by-law, bye-law **Ergänzungssteuer** *f* FIN additional tax **Ergänzungsurteil** *nt* JUR supplementary judgement **Ergänzungsvertrag** *m* JUR complemental agreement **Ergänzungsvorlage** *f* JUR amending bill **Ergänzungszuweisung** *f* JUR additional grant
ergattern* *vt* (*fam*) ■**etw ~** to get hold of sth *fam*
ergaunern* *vt* (*fam*) ■**[sich** *dat*] **etw ~** to obtain sth by underhand [*or* dishonest] means, to scrounge sth *fam*
ergeben*[1] *irreg* I. *vt* ❶ MATH (*ausmachen*) ■**etw [für jdn] ~** to amount [*or* come] to sth [for sb]
❷ (*als Resultat haben*) ■**etw ergibt etw** sth produces sth; ***die Nachforschungen haben bisher nichts ~*** the investigations have produced nothing so far; ■**~, dass ...** to reveal that ...
II. *vr* ❶ MIL (*kapitulieren*) ■**sich [jdm] ~** to surrender [to sb]
❷ (*sich fügen*) ■**sich in etw** *akk* **~** to submit to sth; **sich in sein Schicksal ~** to resign oneself to one's fate
❸ (*sich hingeben*) ■**sich einer S.** *dat* **~** to take to sth; **sich dem Glücksspiel ~** to take to gambling; **einer S.** *dat* **~ sein** to be addicted to sth
❹ (*daraus folgen*) ■**sich aus etw** *dat* **~** to result [*or* arise] from sth
III. *vr impers* (*sich herausstellen*) ■**es ergibt sich, dass ...** it transpires [*or* turns out] that ...
ergeben[2] *adj* ❶ (*demütig*) humble
❷ (*treu*) devoted; **Ihr/Ihre [sehr] ~er/~e ...** (*veraltend*) your [most] obedient servant *dated*
Ergebenheit <-> *f kein pl* ❶ (*Demut*) humility
❷ (*Treue*) devotion
Ergebnis <-ses, -se> *nt* (*Ausgang, Resultat*) result, outcome; **zu einem/keinem ~ führen** to produce a result/lead nowhere; ***die Verhandlungen führten bisher zu keinem ~*** negotiations have been inconclusive so far; **zu dem ~ führen, dass ...** to result in ...; **zu einem/keinem ~ kommen** to reach/fail to reach a conclusion; **im ~** ultimately, in the final analysis; **ohne ~** without result [*or* unsuccessful]; SPORT result
Ergebnisermittlung *f* determination of results **Ergebnisfußball** *m* SPORT kill-the-clock football [*or* AM soccer] **ergebnislos** I. *adj* unsuccessful, without result; **~ bleiben** to come to nothing II. *adv* without result **Ergebnisrechnung** *f* ÖKON profit and loss accounting; (*Bilanz*) profit and loss statement **Ergebnisverbesserung** *f* FIN profit [*or* performance] improvement **Ergebnisverschlecherung** *f* FIN deterioration of profits [*or* performance]
ergehen* *irreg* I. *vi sein* ❶ (*geh: abgesandt werden*) ■**[an jdn] ~** to be sent [to sb]
❷ (*offiziell erlassen*) ■**etw ~ lassen** to issue sth
❸ (*geduldig hinnehmen*) **etw über sich** *akk* **~ lassen** to endure sth
II. *vi impers sein* (*widerfahren*) ■**es ergeht jdm in einer bestimmten Weise** sb gets on in a certain way; ***und wie ist es euch im Urlaub so ergangen?*** how did you fare on your holidays?; ***wehe, du verrätst etwas, dann wird es dir schlecht ~!*** woe betide you if you reveal anything, you'll be for it then!
III. *vr haben* ❶ (*sich auslassen*) ■**sich in etw** *dat* **[gegen jdn/etw] ~** to pour forth sth [against sb/sth]; ***er erging sich in Schmähungen*** he poured forth a tirade of abuse
❷ (*geh: spazieren gehen*) ■**sich irgendwo ~** to go for a walk [*or* stroll] somewhere
ergiebig *adj* ❶ (*sparsam im Verbrauch*) economical
❷ (*nützlich*) productive, fruitful
Ergiebigkeit <-> *f kein pl* (*Sparsamkeit im Verbrauch*) economicalness; ***dank neuer Inhaltsstoffe konnte die ~ unseres Shampoos weiter gesteigert werden*** thanks to new ingredients our shampoo goes even further
ergießen *irreg* I. *vt* (*geh: verströmen*) ■**etw ~** to pour forth sth *liter;* ■**etw über etw ~** to pour sth over sth
II. *vr* (*in großer Menge fließen*) ■**sich ~** to pour [out]; ■**sich in etw ~** to pour forth [*or* out] in sth; ***der Nil ergießt sich ins Mittelmeer*** the Nile flows into the Mediterranean; ■**sich über jdn/etw ~** to pour down on sb/sth; ***ein Schwall von Schimpfwörtern ergoss sich über ihn*** (*fig*) he was subjected to a torrent of abuse
erglänzen* *vi sein* (*geh*) to gleam [*or* shine]
erglühen* *vi sein* (*geh*) ■**[vor etw** *dat*] **~** to flush [with sth]; ***sie erglühte feuerrot vor Freude*** she went bright red with joy
ergo *konj* ergo, therefore
Ergometer <-s, -> *nt* MED ergometer **Ergonomie** <-> *f kein pl* ergonomics + *sing vb* **ergonomisch** I. *adj* ergonomic II. *adv* ergonomically **Ergotherapeut(in)** <-en, -en> *m(f) specialist for the rehabilitation of the physically disabled* **Ergotherapeut(in)** *m(f)* ergotherapist **Ergotherapie** *f* ergotherapy
ergötzen* I. *vt* (*geh: vergnügen*) ■**jdn ~** to amuse sb; **zu jds E~** [*o* **zum E~**] to sb's amusement [*or* delight]
II. *vr* (*sich vergnügen*) ■**sich [an etw** *dat*] **~** to take delight [in sth], to derive pleasure [from sth]
ergrauen* *vi sein* (*grauhaarig werden*) to turn [*or* go] grey
ergreifen* *vt irreg* ❶ (*fassen*) ■**etw ~** to grab [*or* seize] sth
❷ (*dingfest machen*) ■**jdn ~** to apprehend sb
❸ (*übergreifen*) ■**etw ~** *Feuer* to engulf sth
❹ (*fig: wahrnehmen*) ■**etw ~** to seize sth
❺ (*in die Wege leiten*) ■**etw ~** to take sth; ***es müssen dringend Maßnahmen ergriffen werden*** measures must urgently be taken!; *s. a.* **Beruf, Macht**
❻ (*gefühlsmäßig bewegen*) ■**jdn ~** to seize sb; (*Angst*) to grip sb
ergreifend *adj* moving, touching
Ergreifung <-, -en> *f* ❶ (*Festnahme*) capture
❷ (*Übernahme*) seizure
ergriffen *adj* moved, touched
Ergriffenheit <-> *f kein pl* emotion

ergründen* *vt* ■**etw** ~ to discover [*or* unearth] [*or form* ascertain] sth; (*verstehen*) to fathom sth [out]

ErgussRR <-es, Ergüsse> *m*, **Erguß** <-sses, Ergüsse> *m* ① (*Ejakulation*) ejaculation; **vorzeitiger** ~ premature ejaculation; **einen ~ haben** to have an ejaculation
② MED bruise

erhaben *adj* ① (*feierlich stimmend*) *Gedanken* lofty; *Anblick* awe-inspiring; *Augenblick* solemn; *Schönheit* sublime
② (*würdevoll*) illustrious
③ TYPO (*die Fläche überragend*) embossed
④ (*über etw stehend*) ■**über etw** *akk* **~ sein** to be above [*or* beyond] sth; **über jede Kritik/jeden Vorwurf ~ sein** to be above [*or* beyond] criticism/reproach

Erhabenheit <-> *f kein pl* grandeur; *eines Augenblicks* solemnity; *von Schönheit* sublimity

Erhalt <-[e]s> *m kein pl* (*geh*) ① (*das Bekommen*) receipt; **zahlbar bei ~** payable on receipt; **den ~ von etw** *dat* **bestätigen** (*geh*) to confirm receipt of sth; **nach/vor ~ einer S.** *gen* on/before receipt of sth
② (*das Aufrechterhalten*) maintenance; **der ~ der Macht** the maintenance of power

erhalten* *irreg* **I.** *vt* ① (*bekommen*) ■**etw [von jdm] ~** to receive sth [from sb]; *Antwort, Brief, Geschenk* receive; *Befehl* to be issued with [*or* receive]; **den Auftrag ~, etw zu tun** to be given [*or* assigned] the task of doing sth; **eine Nachricht ~** to receive [*or* get] a message; **einen Orden ~** to be decorated
② (*erteilt bekommen*) ■**etw [für etw** *akk*] ~ to receive sth [for sth]; **ein Lob/eine Rüge/eine Strafe [für etw** *akk*] ~ to be praised/reprimanded/punished [for sth]; **einen neuen Namen ~** to be given a new name [*or* renamed]; ***er erhielt 3 Jahre Gefängnis*** he got [*or* was sentenced to] 3 years in prison; ■**etw [von jdm] ~** *Aufenthaltsgenehmigung, Erlaubnis* to be granted sth [by sb]
③ (*eine Vorstellung gewinnen*) **einen Eindruck [von jdm/etw] ~** to gain an impression [of sb/sth]
④ (*bewahren*) ■**etw ~** to maintain sth; *Vitamine/Wirkstoffe* to retain; **[durch etw] ~ bleiben** to be preserved [by sth]; ■**[sich** *dat*] **etw ~** to keep sth; ***ich sehe, du hast dir deinen Optimismus ~*** I see you're still an optimist
⑤ BAU (*bewahren*) ■**etw ~** to preserve sth; ■**etw ist ~** sth is preserved; **gut ~ sein** (*hum fam*) to be well-preserved *hum fam;* **[durch etw** *akk*] **~ bleiben** to remain preserved [by means of sth]; **jdm ~ bleiben** to be with sb; (*iron*) to be with sb, to not lose sb
⑥ (*ausgestattet werden*) **eine andere [*o* neue] Fassung ~** to be adapted [*or* reworked]
II. *vr* ① (*sich halten*) ■**sich irgendwie ~** to keep [oneself] in a certain way; **sich gesund ~** to keep [oneself] healthy
② (*bewahrt bleiben*) ■**sich ~** to remain preserved

erhältlich *adj* obtainable; ■**irgendwo/bei jdm ~ sein** to be obtainable/from sb somewhere; ***wissen Sie, bei welcher Firma dieser Artikel ~ ist?*** do you know which company stocks this article?; ***„jetzt ~!“*** "out now!" BRIT, "now available!" AM

Erhaltung *f kein pl* ① (*das Erhalten*) preservation, maintenance
② (*Aufrecht~*) maintenance
③ (*Versorgung*) support; ***sein Lohn reichte nicht aus für die ~ der Großfamilie*** his wage was not enough to support his large family

Erhaltungsaufwand *m*, **Erhaltungsaufwendungen** *pl* FIN maintenance costs [*or* expenditures] *pl* **Erhaltungsinvestition** *f* ÖKON maintenance investment **Erhaltungsmaßnahme** *f* conservation measure **Erhaltungspflicht** *f* JUR preservation duty

erhängen* **I.** *vt* ■**jdn ~** to hang sb; **… durch E~** … by hanging
II. *vr* ■**sich ~** to hang oneself

erhärten* **I.** *vt* ■**etw ~** to support [*or* strengthen] sth
II. *vr* ■**sich ~** to be reinforced

Erhärtung <-, -en> *f* ① (*Bekräftigung*) support; **die ~ eines Verdachts** the confirmation of sb's suspicions
② (*das Erhärten*) *Beton* hardening

erhaschen* *vt* (*geh*) ① (*ergreifen*) ■**etw ~** to grab
② (*wahrnehmen*) ■**etw ~** to catch sth

erheben* *irreg* **I.** *vt* ① (*hochheben*) ■**etw ~** to raise sth; **ein Messer [gegen jdn] ~** to pull a knife [on sb]; **eine Schusswaffe [gegen jdn] erheben** to draw a gun [on sb]
② (*hochrecken*) **den Arm/die Hand/die Faust [zum Gruß] ~** to raise an arm/a hand/a fist [in greeting]
③ (*einfordern*) ■**etw [auf etw** *akk*/**von jdm] ~** to levy sth [on sth/sb]
④ (*sammeln*) ■**etw ~** to collect sth, to gather sth
⑤ (*machen*) ■**etw zu etw** *dat* **~** to render sth sth; **etw zu einem Prinzip ~** to make sth into a principle
⑥ (*zum Ausdruck bringen*) **ein Geschrei/Gejammere ~** to kick up [*or* to make] a fuss/to start whing[e]ing BRIT; *Protest* voice; *Einspruch* raise
II. *vr* ① (*aufstehen*) ■**sich [von etw** *dat*] **~** to get up [from sth]
② (*sich auflehnen*) ■**sich [gegen jdn/etw] ~** to rise up [against sb/sth]
③ (*aufragen*) ■**sich [über etw** *dat*] **~** to rise up [above sth]
④ (*geh: sich erhöhen*) ■**sich über jdn ~** to believe oneself above sb; ***Luzifer hatte sich über Gott erhoben*** Satan raised himself above God
⑤ (*entstehen, aufkommen*) ■**sich ~** to start; *Brise* to come up; *Wind* to pick up; *Sturm* to blow up, to arise; ***ein großes Geschrei/eine Wehklage erhob sich*** a cry/wail arose; ***es erhebt sich aber immer noch die Frage, …*** the question still remains …

erhebend *adj* (*geh*) uplifting

erheblich **I.** *adj* ① (*beträchtlich*) considerable; *Nachteil, Vorteil* great, major; *Stau* huge; *Störung, Verspätung* major; *Verletzung* serious
② (*relevant*) relevant
II. *adv* ① (*beträchtlich*) considerably; ***bei dem Unfall wurde das Auto ~ beschädigt*** the accident caused considerable damage to the car
② (*deutlich*) considerably

Erhebung¹ *f* ① (*Aufstand*) uprising; **eine bewaffnete ~** an armed revolt
② (*das Erheben*) *von Abgaben, Steuern etc.* levying
③ (*amtliche Ermittlung*) collection, gathering; **eine ~ [über etw** *akk*] **machen [*o* anstellen] [*o* durchführen]** to collect [*or* gather] statistics [about sth], to carry out a survey [on sth]

Erhebung² *f* (*Boden~*) elevation

Erhebungsform *f* FIN mode of collection **Erhebungsverfahren** *nt* FIN taxation system, collection method; **~ für Zölle und Belastungen** method of levying duties and charges

erheitern* **I.** *vt* (*belustigen*) ■**jdn ~** to amuse sb
II. *vr* (*heiter werden*) ■**sich ~** to light up; (*Wetter*) to brighten up

erheiternd *adj* entertaining, amusing

Erheiterung <-, *selten* -en> *f* amusement; **zu jds ~** for sb's amusement

erhellen* **I.** *vt* ■**etw ~** ① (*hell machen*) to light up sth
② (*klären*) to throw light on sth
II. *vr* ■**sich ~** to clear

Erhellung <-, *selten* -en> *f* explanation, insight; **die ~ der Gründe einer S.** *gen* the explanation of/insight into the reasons for sth

erhitzen* **I.** *vt* ① (*heiß machen*) ■**etw [auf etw** *akk*] **~** to heat sth [to sth]
② (*zum Schwitzen bringen*) ■**jdn ~** to make sb sweat; ■**erhitzt** sweaty; ■**[von etw** *dat*] **erhitzt sein** to be sweaty [from sth]
II. *vr* (*sich erregen*) ■**sich [an etw** *dat*] **~** to get excited [about sth]

Erhitzung <-, *selten* -en> *f* ① (*das Erhitzen*) heating
② (*Erregung*) excitement

erhoffen* *vt* ■**[sich** *dat*] **etw [von jdm/etw] ~** to hope for sth [from sb/sth]

erhöhen* **I.** *vt* ① (*höher machen, aufstocken*) ■**etw [um etw** *akk*] **~** to raise sth [by sth]; ***die Mauern wurden um zwei Meter erhöht*** the walls were raised by two metres
② (*anheben*) ■**etw [auf etw** *akk*/**um etw** *akk*] **~** to increase sth [to sth/by sth]
③ (*verstärken*) ■**etw ~** to heighten sth
④ MUS ■**etw ~** to sharpen sth
II. *vr* ① (*steigen*) ■**sich [auf etw** *akk*/**um etw** *akk*] **~** to increase [to sth/by sth]
② (*sich verstärken*) ■**sich ~** to increase

erhöht *adj* ① (*verstärkt*) high; *Ausscheidung* increased; *Herzschlag, Puls* rapid
② (*gesteigert*) increased

Erhöhung <-, -en> *f* ① (*Steigerung*) increase; ***die ~ der Mehrwertsteuer*** the increase of the VAT
② (*Anhebung*) raising; ***die ~ des Zaunes wurde von den Nachbarn missbilligt*** the neighbours objected to the fence being raised higher
③ (*Verstärkung*) heightening, increase

Erhöhungszeichen *nt* MUS sharp sign

erholen* *vr* ① (*wieder zu Kräften kommen*) ■**sich [von etw** *dat*] **~** to recover [from sth]
② (*ausspannen*) ■**sich [von etw** *dat*] **~** to take a break [from sth]; ***nach dem Urlaub sah sie erholt aus*** after the holiday she looked relaxed
③ BÖRSE ■**sich ~** to rally
④ HORT ■**sich ~** to recover

erholsam *adj* relaxing

Erholung <-> *f kein pl* ① (*das Schöpfen neuer Kräfte*) relaxation; ***gute ~!*** have a good holiday!; **zur ~ da sein** to be for relaxation; **zur ~ irgendwo sein/hinfahren** to be/go somewhere to relax; **jdm etw zur ~ verschreiben** to prescribe sb sth for stress [*or* relaxing]
② BÖRSE rallying

Erholungsaufenthalt *m* break **erholungsbedürftig** *adj* in need of relaxation *pred* **Erholungsfläche** *f* recreation area **Erholungsgebiet** *nt* recreation area **Erholungsheim** *nt* rest [*or* convalescent] home **Erholungskur** *f* [relaxation] cure; **eine ~ machen** to take a relaxation cure **Erholungsort** *m* [holiday [*or* AM vacation]] resort **Erholungspause** *f* break; **eine ~ machen [*o* einlegen]** to take a break **Erholungsurlaub** *m* holiday BRIT, vacation AM **Erholungswert** *m kein pl* recreational value

erhören* *vt* (*geh*) ① (*nachkommen*) *Bitte* grant; *Flehen, Gebete* answer
② (*sich hingeben*) ■**jdn ~** to give oneself to sb

erigieren* *vi* to become erect

erigiert *adj* erect

Erika <-, Eriken> *f* heather

erinnerlich *adj pred* (*geh*) ■**etw ist jdm ~** somebody remembers sth; ***soviel mir ~ ist*** as far as I can remember, if [my] memory serves me right *form*

erinnern* **I.** *vt* ① (*zu denken veranlassen*) ■**jdn an etw** *akk* **~** to remind sb about sth; ■**jdn daran ~, etw zu tun** to remind sb to do sth
② (*denken lassen*) ■**jdn an jdn/etw ~** to remind sb of sb/sth
II. *vr* (*sich entsinnen*) ■**sich an jdn/etw ~** to remember sb/sth; ***wenn ich mich recht erinnere, …*** if I remember correctly …, if [my] memory serves me correctly *form;* ***soweit ich mich ~ kann*** as far as I can remember
III. *vi* ① (*in Erinnerung bringen*) ■**an jdn ~** to be reminiscent of sb *form;* ■**an etw ~** to call sth to mind, to be reminiscent of sth *form*
② (*ins Gedächtnis rufen*) ■**daran ~, dass …** to point out that …

Erinnerung <-, -en> *f* ① (*Gedächtnis*) memory; **jds ~ nachhelfen** to jog sb's memory; **sich [bei jdm] [mit etw** *dat*] **in ~ bringen** to remind [sb] of oneself [with sth]; **jdn/etw in bestimmter ~ haben [*o* behalten]** to have certain memories of sth; ***behalte mich in guter ~*** remember the good times; **zur ~ an etw** *akk* in memory of sth; **eine/**

E

keine ~ an jdn/etw haben to have memories/no memory of sb/sth
❷ *pl* (*Eindrücke von Erlebnissen*) memories *pl;* **~en austauschen** to talk about old times
❸ *pl* (*Memoiren*) memoirs *npl*
❹ (*geh: Mahnung*) reminder
Erinnerungslücke *f* gap in one's memory **Erinnerungsstück** *nt* memento **Erinnerungsvermögen** *nt kein pl* memory
Eritrea <-s> *nt* Eritrea; *s. a.* **Deutschland**
Eritreer(in) <-s, -> *m(f)* Eritrean; *s. a.* **Deutsche(r)**
eritreisch *adj* Eritrean; *s. a.* **deutsch**
Eriwan <-s> *nt* Yerivan, Erivan
erkalten* *vi sein* ❶ (*kalt werden*) to become cold
❷ (*abkühlen*) to cool [down]
❸ (*geh: nachlassen*) to wane
erkälten* I. *vr* (*eine Erkältung bekommen*) ■**sich ~** to catch a cold
II. *vt* (*unterkühlen*) ■**sich** *dat* **etw ~** to catch a chill in one's sth
erkältet I. *adj* with a cold *pred;* ■**[irgendwie] ~ sein** to have a [...] cold
II. *adv* as if [*or* like] one has a cold *pred;* ***du hörst dich ziemlich ~ an*** you sound as if [*or* like] you've got quite a bad cold
Erkältung <-, -en> *f* cold; **eine ~ bekommen** [*o* **kriegen**] to catch a cold; **eine ~ haben** to have a cold; **sich** *dat* **eine ~ zuziehen** (*geh*) to catch a cold
Erkältungskrankheit *f* cold
erkämpfen* *vt* (*erringen*) ■**[jdm] etw ~** to obtain sth [for sb] [with some effort]; ■**[sich** *dat*] **etw ~** to obtain sth [with some effort], to fight tooth and nail for sth; ■**etw [für jdn/etw] ~** to win sth [for sb/sth] [by fighting/trying hard]; ■**irgendwie erkämpft ...** won; ***es war ein hart erkämpfter zweiter Platz*** it was a hard-won second place
erkaufen* *vt* ❶ (*durch Bezahlung erhalten*) ■**etw ~** to buy sth
❷ (*durch Opfer erlangen*) ■**etw [irgendwie] ~** to pay for sth [somehow]; ***die Stellung hat sie teuer [genug] erkauft*** she paid dearly for the post
erkennbar *adj* ❶ (*sichtbar*) discernible
❷ (*wahrnehmbar*) ■**für jdn/etw ~ sein** to be perceptible to sb/sth; ■**an etw** *dat* **~ sein, dass ...** to be perceptible from sth that ...; ***an seiner Gereiztheit ist ~, dass irgendetwas Unangenehmes vorgefallen sein muss*** you can tell from his touchiness that something unpleasant must have happened
erkennen* *irreg* I. *vt* ❶ (*wahrnehmen*) ■**jdn/etw ~** to discern sb/sth; ***er ist der Täter, ich habe ihn gleich erkannt!*** he's the culprit, I recognized him straight away; **etw ~ lassen** to show sth; **jdm zu ~ geben, dass ...** to make it clear to sb that ...
❷ (*identifizieren*) ■**jdn/etw [an etw** *dat*] **~** to recognize sb/sth [by sth]; **sich [jdm] [als jd] zu ~ geben** to reveal one's identity [to sb], to reveal [to sb] that one is sb; ***er gab sich als ihr Vater zu ~*** he revealed that he was her father; ■**sich [selbst] ~** to understand oneself
❸ (*einsehen*) ■**etw ~** to recognize sth; **einen Fehler/Irrtum ~** to realize one's mistake; ■**etw [als etw] ~** to recognize [*or* realize] sth [as being sth]
❹ (*feststellen*) ■**etw ~** to detect sth; ■**sich durch etw ~ lassen** to be detectable using sth
► WENDUNGEN: **du bist erkannt!** I know what you're up to!
II. *vi* ❶ (*wahrnehmen*) ■**~, ob/um was/wen ...** to see whether/what/who...
❷ (*einsehen*) ■**~, dass/wie ...** to realize that/how ...; **~ lassen, dass ...** to show that ...
❸ JUR (*durch Urteil verhängen*) ■**auf etw** *akk* **~** to pronounce sth; ***der Richter erkannte auf Freispruch*** the judge pronounced an acquittal
❹ SPORT ■**auf etw** *akk* **~** to award sth; ***der Schiedsrichter erkannte auf Freistoß*** the referee awarded a free kick
erkenntlich *adj* appreciative, grateful; ■**sich [jdm] [für etw] ~ zeigen** to show [sb] one's appreciation [*or* gratitude] for sth
Erkenntlichkeit <-, -en> *f kein pl* token of appreciation [*or* gratitude]
Erkenntnis *f* ❶ (*Einsicht*) insight; **eine gesicherte ~** a certain insight; **zu der/einer ~ kommen** [*o* **gelangen**] to realize sth; ***bist du schon zu einer ~ gelangt?*** have you managed to gain some insight?; **zu der ~ kommen** [*o* **gelangen**], **dass ...** to realize that ...
❷ PHILOS, PSYCH (*das Erkennen*) understanding
Erkenntnisstand *m kein pl* (*geh*) status of the investigation **Erkenntnisverfahren** *nt* JUR contentious proceedings
Erkennung <-> *f kein pl* recognition
Erkennungsdienst *m* police identification [*or* AM records] department **erkennungsdienstlich** I. *adj* belonging [*or* related] to the police identification [*or* AM records] department *pred;* **~e Arbeit** identification work II. *adv* by the police identification [*or* AM records] department *pred* **Erkennungsmarke** *f* identification [*or* ID] tag *fam* **Erkennungsmelodie** *f* signature tune **Erkennungsrate** *f* INFORM recognition rate **Erkennungszeichen** *nt* identification mark
Erker <-s, -> *m* oriel
Erkerfenster *nt* oriel window, bay window **Erkerzimmer** *nt* oriel, room with a bay window
erklärbar *adj* explicable
erklären* I. *vt* ❶ (*erläutern*) ■**[jdm] etw [an etw** *dat*] **~** to explain sth [to sb] [using sth]; ■**jdm ~, dass/wieso ...** to explain to sb that/why ...
❷ (*interpretieren*) ■**[jdm] etw ~** to interpret sth [to sb]
❸ (*klar machen*) ■**etw ~** to explain sth
❹ (*bekannt geben*) ■**etw ~** to announce sth; ***ich erkläre hiermit mein Einverständnis*** I hereby give my consent; ■**etw für etw** *akk* **~** to declare sth sth; ***die Ausstellung wurde von der Königin für eröffnet erklärt*** the queen declared the exhibition open
❺ JUR **etw für [null und] nichtig ~** to declare sth null and void; **etw eidlich ~** to state sth under oath; **etw eidesstattlich ~** to make a solemn declaration on [*or* about] sth; **etw für rechtsgültig/ungültig ~** to validate/invalidate [*or* repeal] sth
❻ (*offiziell bezeichnen*) ■**jdn für etw** *akk* **~** to pronounce sb sth; **jdn für vermisst ~** to declare sb missing; ■**etw für etw** *akk* **~** to declare sth sth
II. *vr* ❶ (*sich deuten*) ■**sich** *dat* **etw ~** to understand sth; ***wie ~ Sie sich, dass ...*** how do you explain that ...
❷ (*sich aufklären*) ■**sich ~** to become clear
❸ (*sich bezeichnen*) ■**sich irgendwie ~** to declare oneself sth
erklärend I. *adj* explanatory
II. *adv* as an explanation; ***ich muss ~ bemerken, dass ...*** I should explain that ...
erklärlich *adj* explainable, understandable; ■**etw ist jdm ~** sb can explain sth, sb can understand sth
erklärt *adj attr* declared
Erklärung *f* ❶ (*Darlegung der Zusammenhänge*) explanation; ***sie bemühte sich um eine ~*** she attempted to explain; **es gibt für etw eine/keine ~** there is an/no explanation for sth; **es gibt für alles eine ~** there is an explanation for everything; **eine/keine ~ für etw haben** to be able/not be able to explain sth; **für alles eine ~ haben** to be able to explain everything
❷ (*Mitteilung*) statement; **eine ~ [zu etw** *dat*] **abgeben** (*geh*) to make a statement [about sth]
❸ JUR (*unter Eid*) deposition; **dem Eid gleichgestellte ~** solemn affirmation equivalent to an oath; **eidliche/gesetzliche ~** deposition on oath/statutory declaration; **eidesstattliche ~** [*o* **~ an Eides statt**] affidavit
Erklärungsbote *m* JUR communicating messenger **Erklärungsfrist** *f* JUR deadline for reply **Erklärungspflicht** *f* JUR obligation to plead
erklettern *vt* **einen Berg/Felsen/eine Mauer ~** to scale a mountain/rock/wall; **einen Gipfel ~** to climb to [*or* reach] the summit
erklimmen* *vt irreg* (*geh*) ■**etw ~** ❶ (*ersteigen*) to climb sth, to ascend sth *form*
❷ (*erreichen*) to reach sth
erklingen* *vi irreg sein* (*geh*) to sound
erkranken* *vi* ❶ (*krank werden*) ■**[an etw** *dat*] **~** to be taken ill [with sth]; ***sie ist plötzlich an Krebs erkrankt*** she suddenly contracted cancer; ***die Stadt hat viele an Aids erkrankte Einwohner*** the town has many inhabitants with Aids
❷ HORT (*befallen werden*) ■**an etw** *dat* **~** to be diseased [with sth]
Erkrankung <-, -en> *f* ❶ (*Krankheitsfall*) illness
❷ FORST, HORT (*Befall*) disease
erkühnen* *vr* (*geh*) ■**sich ~, etw zu tun** to dare to do sth; ***was ~ Sie sich!*** how dare you!
erkunden* *vt* ■**etw ~** ❶ (*auskundschaften*) to scout out sth *sep*
❷ (*in Erfahrung bringen*) to discover sth
erkundigen* *vr* ■**sich [bei jdm] [nach jdm/etw] ~** to ask [sb] [about sb/sth]; ***du musst dich vorher ~*** you have to find out beforehand; ■**sich [bei jdm] über jdn/etw ~** to make enquiries [*or* AM inquiries] [of sb] about sb/sth
Erkundigung <-, -en> *f* enquiry BRIT, inquiry AM; **[bei jdm] ~en [über jdn/etw] einholen** [*o* **einziehen**] (*geh*) to make enquiries [*or* AM inquiries] [of sb] [about sb/sth]
Erkundung <-, -en> *f* MIL reconnaissance, scouting
erküren* <erkor, erkoren> *vt* ■**jdn zu etw** *dat* **~** ❶ (*veraltend geh: auswählen*) to choose sb to be sth
❷ (*hum: machen*) to make sb sth
Erlagschein *m* ÖSTERR (*Zahlkarte*) postal money order
erlahmen* *vi sein* ❶ (*kraftlos werden*) to tire; *Kräfte* ebb [away]
❷ (*nachlassen*) to wane
erlangen* *vt* (*geh*) ■**etw ~** to obtain sth; **jds Freistellung ~** to secure sb's release
Erlass[RR] <-es, -e *o* ÖSTERR Erlässe> *m*, **Erlaß** <-sses, -sse *o* ÖSTERR Erlässe> *m* ❶ JUR (*Verfügung*) decree, AM mandate, remission; **~ eines Urteils** rendering a judgment; **~ eines Gesetzes** promulgation of a law; **~ einer Verfügung** issue of a writ; **~ einer einstweiligen Verfügung** grant of an injunction
❷ JUR (*Erlassung*) remission, release
erlassen* *vt irreg* ❶ (*verfügen*) ■**etw ~** to issue sth
❷ (*von etw befreien*) ■**jdm etw ~** to remit sb's sth
Erlassjahr[RR] *nt* **~ 2000** (*Schuldenerlass der Dritten Welt*) Jubilee 2000
Erlassung <-, -en> *f* JUR waiving, remitting
Erlassvertrag[RR] *m* JUR release agreement
erlauben* I. *vt* ❶ (*gestatten*) ■**jdm etw ~** to allow [*or* permit] sb to do sth; ***du erlaubst deinem Kind zu viel*** you let your child get away with too much; ■**jdm ~, etw zu tun** to allow [*or* permit] sb to do sth; ■**etw ist [nicht] erlaubt** sth is [not] allowed [*or* permitted]; ■**es ist [nicht] erlaubt, etw irgendwo zu tun** it is [not] permissible to do sth somewhere; ■**etw ist jdm erlaubt** sb is allowed [*or* permitted] sth; **~ Sie/erlaubst du, dass ich etw tue?** would you allow [*or* permit] me to do sth?; ***~ Sie, dass ich mich vorstelle*** allow me to introduce myself; ***~ Sie?, Sie ~ doch?*** (*geh*) may I/we etc.?
❷ (*geh: zulassen*) ■**[jdm] etw ~** to allow [*or* permit] [sb] sth; ***~ deine Finanzen noch ein Abendessen zu zweit?*** are you sure you have enough money for a dinner for two?; ■**es jdm ~, etw zu tun** to permit sb to do sth; ***ich komme, soweit es meine Zeit erlaubt*** if I have enough time, I'll come
► WENDUNGEN: **~ Sie mal!** what do you think you're doing?
II. *vr* ❶ (*sich gönnen*) ■**sich** *dat* **etw ~** to allow oneself sth
❷ (*geh: wagen*) ■**sich** *dat* **etw ~** to venture to do sth *form;* ***wenn ich mir die folgende Bemerkung ~ darf*** if I might venture to make the following comment
❸ (*sich herausnehmen*) ■**sich** *dat* **~, etw zu tun** to take the liberty of doing sth; ***was die Jugend sich heutzutage alles erlaubt!*** the things that young people get up to nowadays!; ***was ~ Sie sich [eigentlich]!*** what do you think you're doing!

Erlaubnis <-, *selten* -se> *f* ❶ (*Genehmigung*) permission; [**jdn**] **um ~ bitten** [*o* **fragen**] to ask [sb's] permission; **jdm die ~ geben** [*o* **erteilen**] [**zu etw/etw zu tun**] (*geh*) to give [*or* grant] sb permission [to do sth]; **jds/die ~ haben, etw zu tun** to have [sb's] permission to do sth; **mit jds ~** with sb's permission; **mit Ihrer** [**freundlichen/gütigen**] **~** (*geh*) if you don't mind; **ohne jds ~** without sb's permission
❷ (*genehmigendes Schriftstück*) permit

Erlaubnisantrag *m* JUR application for permission **Erlaubniskartell** *nt* ÖKON authorized cartel **Erlaubnispflicht** *f* JUR statutory permission **Erlaubnisschein** *m* JUR permit **Erlaubnisscheininhaber(in)** *m(f)* JUR permit holder **Erlaubnisvorbehalt** *m* JUR reservation with regard to granting permission

erlaubt I. *pp und 1. pers. sing von* **erlauben**
II. *adj* allowed, permitted

erlaucht *adj* (*illuster*) illustrious

erläutern* *vt* ■[**jdm**] **etw ~** to explain sth [to sb]

erläuternd I. *adj* explanatory
II. *adv* as an explanation; ***... zuerst will ich aber folgende Dinge ~ bemerken ...*** but first I want to explain the following points

Erläuterung <-, -en> *f* explanation; [**jdm**] **~en** [**zu etw** *dat*] **geben** to give [sb] explanations [of sth], to explain [sth] [to sb]; **nähere ~en geben** to give detailed explanations; **ohne ~** without explanation; **zur ~** by way of explanation; ***zur ~ meiner Idee habe ich einige Materialien zusammengestellt*** in order to better illustrate my point I've put together some physical examples

Erle <-, -n> *f* ❶ (*Baum*) alder [tree]
❷ *kein pl* (*Holz*) alder; **aus** [*o* **in**] **~** made from alder *pred*

erleben* *vt* ❶ (*im Leben mitmachen*) ■**etw ~** to live to see sth; ***dass ich das*** [***noch***] ***~ muss!*** couldn't I have been spared that?!
❷ (*erfahren*) ■**etw ~** to experience sth; **wunderschöne Tage/einen wunderschönen Urlaub irgendwo ~** to have a wonderful time/holiday somewhere; ***was hast du denn alles in Dänemark erlebt?*** what did you do/see in Denmark?; ***unser Land hat schon bessere Zeiten erlebt*** our country has seen better times; [**mal**] **etw ~ wollen** to want to do sth exciting [for once]; ***wenn Sie hier was ~ wollen, müssen Sie in die Stadt fahren*** if you're looking for some excitement here, you have to go into town
❸ (*pej: durchmachen*) ■**etw ~** to go through sth; **eine** [**große**] **Enttäuschung ~** to be [bitterly [*or* sorely]] disappointed; **einen Misserfolg ~** to experience failure; **eine Niederlage ~** to suffer defeat
❹ (*mit ansehen*) ■**es ~, dass/wie ...** to see that/how ...
❺ (*kennen lernen*) ■**jdn ~** to get to know sb; *Musiker, Redner* to hear sb; *Schauspieler* to see an actor; ■**jdn irgendwie ~** to see somebody a certain way; ***so wütend habe ich ihn noch nie erlebt*** I've never seen him so furious
► WENDUNGEN: **hat man so** [**et**]**was schon** [**mal**] **erlebt!** (*fam*) well, I'll be damned! *sl*, well, I never! BRIT *fam*; **der/die kann was ~!** (*fam*) he/she'll get what for! BRIT *fam*, he/she'll really get it AM *fam*; **das möchte ich ~!** (*fam*) that'll be the day! *fam*; **das muss man erlebt haben!** you have to see it [to believe it]!

Erlebnis <-ses, -se> *nt* ❶ (*Geschehen*) experience
❷ ([*beeindruckende*] *Erfahrung*) experience

Erlebnisaufsatz *m* essay (*with the aim of practising clearly relating personal experiences*) **Erlebnisbereich** *m* zone of experience (*in the Millennium Dome*) **Erlebnispark** *m* TOURIST amusement park **Erlebniswelt** *f* PSYCH **die ~ eines Kindes** the world of a child

erledigen* I. *vt* ❶ (*ausführen*) ■**etw ~** to carry out sth; **Besorgungen ~** to do some [*or* the] shopping; **Formalitäten ~** to complete formalities; **wird erledigt!** (*fam*) I'll/we'll etc. get on [*or* BRIT on to] it [right away]!; ■**erledigt** done; ***die erledigte Post kommt in die Ablage*** the post which has been dealt with goes in the tray; **zu ~** to be done
❷ (*fam: erschöpfen*) ■**jdn ~** to tire sb out, to wear sb out
❸ (*sl: umbringen*) ■**jdn ~** to do away with sb, to bump sb off
❹ (*sl: k.o. schlagen*) ■**jdn mit etw** *dat* **~** to knock sb out with sth
II. *vr* ■**etw erledigt sich** [**von selbst**] sth sorts itself out [on its own]

erledigt *adj pred* ❶ (*fam: erschöpft*) shattered *fam*, worn out
❷ (*sl: am Ende*) ■**erledigt sein** to have had it *fam*
❸ (*abgehakt*) ■**jd ist** [**für jdn**] **~** to be history [as far as sb is concerned]; ■**etw ist** [**für jdn**] **erledigt** something is over and done with [as far as sb is concerned]; (*schon vergessen*) sth is forgotten [*or* dead and buried] [as far as sb is concerned]

Erledigung <-, -en> *f* ❶ (*Ausführung*) execution, carrying out, conducting, dealing with; **die ~ der Korrespondenz** dealing with the correspondence; **in ~ einer S.** *gen* (*geh*) further to sth *form*; ***in ~ Ihrer Anfrage vom 17. Mai ...*** further to your inquiry dated 17th May ...
❷ (*Besorgung*) purchase; ***ich habe noch ein paar ~en zu machen*** I still have to buy a few things
❸ JUR arrangement, settlement; **gütliche ~** amicable arrangement

Erledigungsgebühr *f* JUR fee for out-of-court settlement

erlegen* *vt* ❶ (*zur Strecke bringen*) ■**ein Tier ~** to bag an animal *spec*, to kill an animal; ■**erlegt** bagged *spec*, killed
❷ ÖSTERR (*bezahlen*) ■**etw ~** to pay sth

erleichtern* I. *vt* ❶ (*ertragbarer machen*) ■[**jdm**] **etw ~** to make sth easier [for sb], to make sth more bearable [for sb]; *s. a.* **Gewissen, Herz**
❷ (*innerlich beruhigen*) ■**jdn ~** to be of relief to sb; ***es hat mich sehr erleichtert zu erfahren, dass ...*** I was greatly relieved to hear that ...
❸ (*fam: beklauen*) ■**jdn um etw** *akk* **~** to relieve sb of sth *hum*
❹ (*hum fam: erbitten*) ■**jdn um etw** *akk* **~** to borrow sth from sb
II. *vr* (*euph geh*) ■**sich ~** to relieve oneself

erleichtert I. *adj* relieved; ***er stieß einen ~en Seufzer aus*** he gave a sigh of relief
II. *adv* in a relieved manner; **~ aufatmen** to breathe a sigh of relief

Erleichterung <-, -en> *f* ❶ (*Linderung*) relief; **jdm ~ verschaffen** to bring/give sb relief
❷ *kein pl* (*Beruhigung*) relief; **mit** [*o* **voller**] **~** with [great] relief; **zu jds ~** to sb's relief
❸ (*Vereinfachung*) simplification; ***zur ~ der Aufgabe gebe ich euch einige Tipps*** to simplify the task I'll give you a few hints

erleiden* *vt irreg* ■**etw ~** ❶ (*hinnehmen müssen*) to suffer [*or* put up with] sth; *s. a.* **Schiffbruch**
❷ (*geh: erdulden*) to suffer [*or* endure] sth

erlernbar *adj* learnable; ■[**irgendwie**] **~ sein** to be learnable [in a certain way]; ***diese Tricks sind ohne weiteres ~*** you can [easily] learn these tricks; ***im Kindesalter sind fremde Sprachen leichter ~*** children can learn to speak a foreign language more easily than adults

erlernen* *vt* ■**etw ~** to learn sth

erlesen *adj* exquisite

erleuchten* *vt* ❶ (*erhellen*) ■**etw ~** to light [up] sth, to illuminate sth *form*; ■**erleuchtet** lit, illuminated *form*
❷ (*inspirieren*) ■**jdn ~** to inspire sb; ■**erleuchtet** inspired

Erleuchtung <-, -en> *f* (*Inspiration*) inspiration; **eine ~ haben** to have an inspiration

erliegen* *vi irreg sein* ❶ (*verfallen*) ■**einer S.** *dat* **~** to fall prey to sth
❷ (*geh: zum Opfer fallen*) ■**einer S.** *dat* **~** to fall victim to sth
► WENDUNGEN: **etw zum E~ bringen** to bring sth to a standstill; ***der Generalstreik hatte die Wirtschaft zum E~ gebracht*** the general strike had brought the economy to its knees; **zum E~ kommen** to come to a standstill

erlischt *3. pers. pres von* **erlöschen**

Erlös *m* FIN proceeds *npl*, returns *pl*; **~ aus Kapitalvermögen** returns *pl* on capital assets; **~ des Geschäftes** proceeds *pl* from business; **~ eines Patents** royalties *pl* on a patent; **~e aus Veräußerungen** sales returns

Erlösabführungsverpflichtung *f* JUR obligation to transfer proceeds **Erlösanspruch** *m* JUR claim to proceeds **Erlösbindung** *f* JUR tying up proceeds

Erlöschen <-s> *nt kein pl* JUR expiry BRIT, expiration AM; *einer Firma* extinction; *eines Patents* [patent] expiry, lapse; *einer Schuld* extinguishment; **~ der Ansprüche** expiration of claims; **~ der Zollschuld** extinction of customs debt; **bei ~** on expiry

erlöschen <erlischt, erlosch, erloschen> *vi sein* ❶ (*zu brennen aufhören*) to stop burning, to go out; ***dieser Vulkan ist vor 100 Jahren erloschen*** the volcano became dormant 100 years ago
❷ (*vergehen*) to fizzle out
❸ (*seine Gültigkeit verlieren*) to expire; *Ansprüche* become invalid; *s. a.* **Geschlecht 2**

erlösen* *vt* ❶ (*befreien*) ■**jdn** [**aus/von etw**] **~** to release sb [from sth]
❷ REL ■**jdn** [**aus/von etw**] **~** to redeem sb [from sth]
❸ (*einnehmen*) ■**etw** [**aus etw**] **~** to make [*or* earn] sth [from sth]

erlösend I. *adj* relieving
II. *adv* (*befreiend*) in a liberating manner *pred*, in a relieving manner *pred*

Erlöser(in) <-s, -> *m(f)* ■**der ~** the Redeemer

Erlösung *f* ❶ (*Erleichterung*) relief
❷ REL redemption

ermächtigen* *vt* ■**jdn** [**zu etw** *dat*] **~** to authorize sb [to do sth], to empower sb [to do sth]; ■**jdn dazu ~, etw zu tun** to authorize sb to do sth, to empower sb to do sth; ■**zu etw ermächtigt sein** to be authorized to do sth, to be empowered to do sth

Ermächtigung <-, -en> *f* authorization, empowerment; **~ zum Erlass von Rechtsverordnungen** delegated powers to issue legal regulations

Ermächtigungsgesetz *nt* JUR, POL enabling act; ■**~e** enabling legislation **Ermächtigungsrecht** *nt* JUR empowering law **Ermächtigungsverfahren** *nt* JUR empowering procedure

ermahnen* *vt* ❶ (*warnend mahnen*) ■**jdn ~** to warn sb; ***sei doch artig, muss ich dich denn immer ~?*** be a good child, why do I have to scold you constantly?; ■**jdn ~, etw zu tun** to tell sb to do sth
❷ (*anhalten*) ■**jdn zu etw** *dat* **~** to admonish sb to do sth

Ermahnung *f* warning

ermangeln *vi* (*geh*) ■**einer S./etw ~** to lack sth

Ermang(e)lung <-> *f kein pl* **in ~ eines Besseren** in the absence of a better alternative; **in ~ einer S.** *gen* (*geh*) in the absence of sth *form*

ermannen* *vr* ■**sich ~** to pull oneself together; ■**sich zu etw** *dat* **~** to summon up [the] courage to do sth

ermäßigen* I. *vt* ■[**jdm**] **etw** [**auf etw** *akk*/**um etw** *akk*] **~** to reduce sth [to sth/by sth] [for sb]; ■**ermäßigt** reduced; **~er Steuersatz** rate of relief
II. *vr* ■**sich** [**auf etw** *akk*/**um etw** *akk*] **~** to be reduced [to sth/by sth]; ***bei Kindern unter 12 Jahren ermäßigt sich der Eintritt*** there is a reduction for children under the age of 12

ermäßigt I. *pp und 1. pers. sing von* **ermäßigen**
II. *adj* reduced; **~e Eintrittskarte** reduced-price ticket

Ermäßigung <-, -en> *f* reduction; **~ haben** to be entitled to a reduction

ermatten* I. *vt haben* (*geh*) ■**jdn ~** to exhaust sb, to wear sb out; ■[**von etw** *dat*] **ermattet sein** to be exhausted [*or* worn out] [by sth]
II. *vi sein* (*geh*) to tire; ***die Bewegungen des Schwimmers ermatteten*** the swimmer's movements slowed down

ermattet *adj* (*geh*) exhausted

E

ermessen* *vt irreg* ■**etw** ~ to comprehend sth
Ermessen <-s> *nt kein pl* discretion; **nach jds** ~ in sb's estimation; **nach freiem** [*o* **eigenem**] ~ at one's [own] discretion; **nach menschlichem** ~ as far as one can tell; **in jds** ~ **liegen** [*o* **stehen**] to be at [*or* left to] sb's discretion; ***es steht in Ihrem eigenen ~, ob Sie bleiben oder gehen wollen*** it's up to you whether you stay or go; **etw in jds** ~ **stellen** to leave sth to sb's discretion; ***die Entscheidung stelle ich ganz in Ihr*** ~ I leave the decision completely up to you [*or* at your discretion]
Ermessensentscheidung *f* FIN discretionary decision, AM decision ex aequo et bono **Ermessensfehler** *m* JUR abuse of discretion **Ermessensfrage** *f* matter of discretion **Ermessensfreiheit** *f kein pl* JUR discretionary powers *pl;* **eingeschränkte** ~ bounded discretion; **die** ~ **missbrauchen** to abuse one's discretionary powers **Ermessensgebrauch** *m* JUR exercise of discretion **ermessensmäßig** *adj* JUR discretionary **Ermessensmissbrauch**[RR] *m* JUR abuse of discretion **Ermessensrecht** *nt* JUR discretionary powers *pl* **Ermessensspielraum** *m* powers *pl* of discretion, discretionary powers *pl* **Ermessensüberschreitung** *f* JUR exceeding one's scope of discretion
ermitteln* I. *vt* ■**etw** ~ ❶ (*herausfinden*) to find out sth *sep,* to establish sth; ■**jdn** ~ to establish sb's identity; ***der Täter konnte durch die Polizei ermittelt werden*** the police were able to establish the culprit's identity
❷ (*errechnen*) to determine [*or* calculate] sth; ■**jdn** ~ to decide on sb; *den Gewinner* decide [on]
II. *vi* (*eine Untersuchung durchführen*) ■[**gegen jdn**] [**wegen etw** *dat*] ~ to investigate [sb] [for sth]
Ermittler(in) <-s, -> *m(f)* investigator; **verdeckter** ~ (*geh*) plain-clothes investigator
Ermittlung <-, -en> *f* ❶ *kein pl* (*das Ausfindigmachen*) determining
❷ (*Untersuchung*) investigation; ~**en durchführen** [*o* **anstellen**] to carry out [*or* to conduct] investigations
Ermittlungsarbeit *f* FIN detection **Ermittlungsausschuss**[RR] *m* committee of enquiry **Ermittlungsbeamte(r)** *f(m) dekl wie adj* investigator, investigating official **Ermittlungsbehörde** *f* investigating authority **Ermittlungsergebnis** *nt* JUR result of the investigations **Ermittlungsgrundsatz** *m* JUR principle of ex-officio enquiries **Ermittlungskommission** *f* committee of enquiry **Ermittlungsrichter(in)** *m(f)* leader of a judicial inquiry, examining magistrate BRIT **Ermittlungsschritt** *m* JUR step of inquiry **Ermittlungsverfahren** *nt* preliminary proceedings; **ein** ~ **gegen jdn einleiten** to institute preliminary [*or* initiate] proceedings against sb **Ermittlungszeitraum** *m* investigating period
ermöglichen* *vt* ■**jdm etw** ~ to enable sb to do sth; ***sie hat jahrelang gespart, um ihrem Sohn das Studium zu*** ~ she saved for years so that her son could go to university; ■**es jdm** ~**, etw zu tun** to enable sb to do sth; ■**es** ~**, etw zu tun** (*geh*) to make it possible for sth to be done; ***können Sie es ~, um 9 Uhr an unserem Stand auf der Buchmesse zu sein?*** can you be at our stand at the book fair at 9 o'clock?
ermorden* *vt* ■**jdn** ~ to murder sb
Ermordete(r) *f(m) dekl wie adj* victim of murder, murder victim
Ermordung <-, -en> *f* murder
ermüden* I. *vt haben* ■**jdn** ~ to tire sb [out]
II. *vi sein* ❶ (*müde werden*) to become tired
❷ (*Spannung verlieren*) to wear, to fatigue
ermüdend *adj* tiring
Ermüdung <-, *selten* -en> *f* ❶ (*das Ermüden*) tiredness, fatigue; **vor** ~ from tiredness
❷ TECH (*Verlust der Spannung*) wearing, fatigue
Ermüdungserscheinung *f* sign of fatigue *form* [*or* tiredness]
ermuntern* *vt* ❶ (*ermutigen*) ■**jdn** [**zu etw**] ~ to encourage sb [to do sth]; ***dieser Erfolg ermunterte ihn zu weiteren Versuchen*** this success encouraged him to make further attempts
❷ (*beleben*) ■**jdn** ~ to perk sb up; **sich ermuntert fühlen** to feel perked up
Ermunterung <-, -en> *f* encouragement; **zu jds** ~ to encourage sb
ermutigen* *vt* ■**jdn** [**zu etw**] ~ to encourage sb [to do sth]; ***dieser Erfolg ermutigte sie zur Weiterarbeit an dem Projekt*** this success encouraged her to continue working on the project
ermutigend I. *adj* encouraging
II. *adv* encouragingly
Ermutigung <-, -en> *f* encouragement; ***dieser unerwartete Erfolg war eine ~ für alle*** this unexpected success gave everybody renewed hope
ernähren* I. *vt* ❶ (*mit Nahrung versorgen*) ■**jdn/ein Tier** ~ to feed sb/an animal; ***sie ernährt ihre Kinder rein vegetarisch*** she gives her children vegetarian food only
❷ (*unterhalten*) ■**jdn** ~ to provide for sb, to support sb; ***die Schriftstellerei allein kann keinen*** ~ writing on its own doesn't bring in enough to live on
II. *vr* ❶ (*sich speisen*) ■**sich von etw** ~ to eat sth, to feed on sth, to live on sth; ■**sich irgendwie** ~ to eat in a certain manner; ***du musst dich vitaminreicher ~!*** you need more vitamins in your diet!
❷ (*sich unterhalten*) ■**sich** [**von etw**] ~ to support oneself [by doing/on sth]; ***sie muss sich von Gelegenheitsjobs*** ~ she has to support herself by doing odd jobs
Ernährer(in) <-s, -> *m(f)* provider, breadwinner
Ernährung <-> *f kein pl* ❶ (*das Ernähren*) feeding
❷ (*Nahrung*) diet; **falsche/richtige** ~ incorrect/correct diet; **pflanzliche** ~ plant-based diet
❸ (*Unterhalt*) support; ***von einem so dürftigen Gehalt ist die ~ einer Familie nicht möglich*** it's impossible to support a family on such a meagre salary
Ernährungsforschung *f* nutritional research **Ernährungsgewohnheiten** *pl* eating habits *npl,* nutritional habits *npl* **Ernährungsgüter** *pl* foodstuffs *pl* **Ernährungslehre** *f* nutritional science, dietetics *spec* **Ernährungsstörung** *f* eating disorder **Ernährungsweise** *f* diet; **eine gesunde** ~ a healthy diet **Ernährungswissenschaft** *f* nutritional science, dietetics *spec* **Ernährungswissenschaftler(in)** *m(f)* dietitian [*or* dietician], nutritionist, nutritional scientist
ernennen* *vt irreg* ■**jdn** [**zu etw**] ~ to appoint sb [as sth]
Ernennung *f* appointment (**zu** +*dat* as); ~ **eines Stellvertreters** nomination of a deputy; ***mit seiner ~ zum Parteivorsitzenden hatte keiner gerechnet*** nobody had counted on his being appointed head of the party
Ernennungsschreiben *nt* letter of appointment **Ernennungsurkunde** *f* certificate of appointment
erneuerbar *adj* ❶ (*sich erneuern lassend*) renewable, replaceable
❷ (*regenerativ*) renewable; ~**e Energien** renewable energy [sources]
Erneuerer, **Erneuerin** <-s, -> *m, f* modernizer, revivalist; ~ **einer Institution/Organisation** modernizer of an institution/organization
erneuern* *vt* ❶ (*auswechseln*) ■**etw** ~ to change sth, to replace sth
❷ (*renovieren*) to renovate; *Fenster/Leitungen* repair; ■**etw** ~ **lassen** to have sth renovated [*or* repaired]
❸ (*verlängern*) ■**etw** ~ to renew sth
❹ (*restaurieren*) ■**etw** ~ to restore sth
erneuert I. *pp und 1. pers. sing von* **erneuern**
II. *adj* renewed; **rundum** ~ completely renewed
Erneuerung *f* ❶ (*das Auswechseln*) changing
❷ (*Renovierung*) renovation; ~ **der Heizung/Leitungen** repair to the heating system/pipes
❸ (*Verlängerung*) *Pass, Vertrag etc.* renewal
❹ (*Restaurierung*) *Gebäude* restoration
❺ (*Wandel*) rejuvenation; ***in diesem Urlaub erlebte sie eine regelrechte*** ~ she was completely rejuvenated as a result of that holiday
erneuerungsfähig *adj* renewable **Erneuerungsprogramm** *nt* renovation programme [*or* AM -am], programme of renovation **Erneuerungsschein** *m* FIN renewal certificate [*or* coupon]
erneut I. *adj attr* repeated
II. *adv* again
erniedrigen* *vt* ❶ (*demütigen*) ■**jdn/sich** ~ to degrade sb/oneself, to demean sb/oneself
❷ MUS ■**etw** ~ to give sth a flatter tone, to play sth less sharp
Erniedrigung <-, -en> *f* ❶ (*Demütigung*) degradation, humiliation, abasement
❷ MUS flattening
Erniedrigungszeichen *nt* MUS flat sign
ernst *adj* ❶ (*gravierend*) serious; **es steht** ~ **um jdn** sb is seriousy ill; ***diesmal ist es etwas E~es*** it's serious this time; **nichts E~es** (*keine ernste Erkrankung*) nothing serious; (*keine ernsthafte Beziehung*) not serious
❷ (*Ernst zeigend*) serious; ~ **bleiben** to keep a straight face
❸ (*aufrichtig, wahr*) genuine, sincere, true; ***ich bin der ~en Ansicht/Überzeugung, dass ...*** I genuinely [*or* sincerely] [*or* truly] believe/am genuinely convinced that ...; ~ **gemeint** serious, genuine; ***„bitte nur ~ gemeinte Zuschriften!"*** "genuine replies only please!"; **es** ~ **meinen** [**mit jdm/etw**] to be serious [about sb/sth]; **jdn/etw** ~ **nehmen** to take sb/sth seriously
❹ (*bedeutungsvoll*) solemn
Ernst <-[e]s> *m kein pl* ❶ (*ernster Wille, aufrichtige Meinung*) seriousness; ■**etw ist jds** ~ sb is serious about sth; ***ist das dein ~?*** are you serious [about it/that]?, do you mean it/that [seriously]?; **das kann doch nicht dein/Ihr** ~ **sein!** you can't be serious!, you must be joking!; **allen** ~**es** in all seriousness; **feierlicher** ~ dead seriousness; **jds voller** [*o* **völliger**] ~ **sein** sb is completely serious about sth; **etw ist** ~ sth is serious; **jdm ist es** ~ **mit etw** sb is serious about sth; **im** ~ seriously; ***das kannst du doch nicht im ~ glauben!*** you can't seriously believe that!
❷ (*Ernsthaftigkeit*) seriousness; ■**jds** ~**/der** ~ **einer S.** sb's seriousness/the seriousness of sth; **mit** ~ **bei der Sache sein** to take sth seriously
❸ (*Bedrohlichkeit*) seriousness, gravity; ■**der** ~ **einer S.** *gen* the seriousness [*or* gravity] of sth; **der** ~ **des Lebens** the serious part of life; ~ **mit etw machen** to be serious about sth
Ernstfall *m* emergency; **den** ~ **proben** to practise [*or* AM *a.*-ice] for an emergency; **im** ~ in an emergency, in case of emergency **ernstgemeint** *adj attr s.* **ernst 3**
ernsthaft I. *adj* ❶ (*gravierend*) serious
❷ (*aufrichtig*) genuine, sincere
II. *adv* ❶ (*wirklich*) seriously
❷ (*gravierend*) seriously; ***im Urlaub erkrankte er*** ~ he became seriously ill while on holiday
❸ (*eindringlich*) urgently
Ernsthaftigkeit <-> *f kein pl* seriousness
Ernstkampf *m* BIOL *s.* **Beschädigungskampf**
ernstlich I. *adj attr* serious; **die** ~**e Absicht haben, etw zu tun** to seriously intend to do sth
II. *adv s.* **ernsthaft II**
Ernte <-, -n> *f* AGR, HORT ❶ (*Ertrag*) harvest; **die** ~ **einbringen** (*geh*) to bring in the harvest
❷ (*das Ernten*) harvest
Ernte(dank)fest *nt* harvest festival, AM *a.* Thanksgiving **Erntedanktag** *m* harvest festival [day] **Ernteertrag** *m* AGR, ÖKON crop, yield **Erntefläche** *f* AGR, ÖKON area for harvesting
ernten *vt* ❶ (*einbringen*) ■**etw** ~ to harvest sth; **Äpfel** ~ to pick [*or* harvest] apples
❷ (*erzielen*) ■**etw** ~ to earn sth; **Anerkennung** ~ to gain [*or* receive] recognition; **Applaus** ~ to win [*or* get] applause; **die Früchte seiner Arbeit** ~ to reap the fruits of one's labour [*or* AM -or]; **Lob/Spott** ~ to earn praise/scorn; **Undank** ~ to get little thanks
Ernteschäden *pl* crop damage *no pl*
ernüchtern* *vt* ■**jdn** ~ ❶ (*wieder nüchtern*

machen) to sober up sb *sep*
② (*in die Realität zurückholen*) to bring sb back to reality [*or* back [*or* [back] down] to earth]; ■ **~d** sobering; ■ **~d [für jdn] sein** to be sobering [for sb]

Ernüchterung <-, -en> *f* disillusionment; ***auf den Erfolg folgte schnell die ~*** he/she etc. experienced disillusionment shortly after success

Eroberer, Erob(r)erin <-s, -> *m, f* conqueror

erobern* *vt* ① (*mit Waffengewalt besetzen*) ■ **etw** ~ to conquer sth
② (*durch Bemühung erlangen*) ■ **etw** ~ to win sth [with some effort]
③ (*für sich einnehmen*) ■ **jdn/etw** ~ to win sb/sth over

Eroberung <-, -en> *f* ① (*das Erobern*) conquest
② (*erobertes Gebiet*) conquered territory
③ (*fam: eroberte Person*) conquest *hum;* **eine ~ machen** to make a conquest

Eroberungskrieg *m* war of conquest

eröffnen* **I.** *vt* ① (*zugänglich machen*) ■ **etw** ~ to open sth
② (*in die Wege leiten*) ■ **etw** ~ to open sth, to institute sth; *s. a.* **Testament**
③ (*beginnen*) ■ **etw** ~ to open sth; **etw für eröffnet erklären** (*geh*) to declare sth open *form*
④ (*hum: mitteilen*) ■ **jdm etw** ~ to reveal sth to sb *hum,* to tell sb sth
⑤ (*bieten*) ■ **jdm etw** ~ to open up sth to sb
⑥ (*beginnen*) ■ **etw** ~ to commence sth; **das Feuer [auf jdn] eröffnen** to open fire [on sb]
II. *vr* (*sich bieten*) ■ **sich jdm [durch etw** *akk*] ~ to open up to sb [through sth]
III. *vi* FIN ■ **irgendwie** ~ to be a certain way at the start of trading; ■ **mit etw** *dat* ~ to open at sth

eröffnet I. *pp und 1. pers. sing von* **eröffnen**
II. *adj* open[ed]; **etw für ~ erklären** to declare sth open

Eröffnung *f* ① (*das Eröffnen*) opening; ***bei der ~ der Galerie herrschte großer Andrang*** many people came to the opening of the gallery
② JUR (*Einleiten*) opening, institution; **~ der Gesamtvollstreckung/des Konkursverfahrens** commencement of enforcement proceedings/bankruptcy proceedings; **~ des Hauptverfahrens** committal for trial
③ (*Beginn*) opening; **bei ~ der Börse** at the opening of the stock exchange
④ (*Beginn*) commencing; **die ~ des Feuers** the opening of fire
⑤ (*geh: Mitteilung*) revelation; **jdm eine ~ machen** to reveal sth to sb

Eröffnungsansprache *f* opening address, opening speech **Eröffnungsantrag** *m* JUR petition to institute proceedings **Eröffnungsbeschluss**[RR] *m* JUR committal for trial; (*bei Konkurs*) bankruptcy order, AM adjudication in bankruptcy; **jdm einen gerichtlichen ~ zustellen** to serve a process on sb **Eröffnungsbestand** *m* FIN opening stock **Eröffnungsbetrag** *m* FIN opening value **Eröffnungsbilanz** *f* FIN opening balance [sheet] **Eröffnungsbuchung** *f* FIN opening entry **Eröffnungsgebot** *nt* FIN opening bid **Eröffnungskurs** *m* BÖRSE opening price **Eröffnungsperiode** *f* MED first stage of labour [*or* AM -or] **Eröffnungssitzung** *f* FIN opening session **Eröffnungstermin** *m* HANDEL ~ **für Angebote** opening day for offers

erogen *adj* erogenous

erörtern* *vt* ■ **etw** ~ to discuss sth [in detail], to examine sth

Erörterung <-, -en> *f* discussion, examination; **rechtliche ~** legal discussion

Eros <-> *m* Eros

Eros-Center <-s, -> *nt* (*euph*) brothel

Erosion <-, -en> *f* erosion

Erosionsschutz *m* protection against erosion, erosion control [*or* prevention]

Erotik <-> *f kein pl* eroticism

Erotika *pl* erotica

Erotikblatt *nt* erotica magazine **Erotikkanal** *m* TV erotica channel

erotisch *adj* ① (*die Erotik betreffend*) erotic
② (*sexuell erregend*) erotic

Erpel <-s, -> *m* drake

erpicht *adj* ■ **auf etw** *akk* **~ sein** to be after sth; ■ **[nicht] darauf ~ sein, etw zu tun** to [not] be interested in doing sth

erpressen* *vt* ① (*durch Drohung nötigen*) ■ **jdn** ~ to blackmail sb
② (*abpressen*) ■ **etw [von jdm]** ~ to extort sth [from sb]

Erpresser(in) <-s, -> *m(f)* blackmailer, extortioner [*or* extortionist]

Erpresserbrief *m* blackmail letter

erpresserisch I. *adj* (*Mensch*) blackmailing, extortive; **~es Verhalten** [*o* **Vorgehen**] blackmail
II. *adv* in an extortive manner

Erpressung <-, -en> *f* blackmail; (*unter Anwendung der Gewalt*) extortion; **~ im Amt** JUR extortion by public officials; **räuberische ~** JUR extortionary robbery, larceny by extortion

Erpressungsversuch *m* attempted blackmail *no pl,* attempted extortion

erproben* *vt* ■ **etw** ~ to test sth; ■ **etw [an jdm/an einem Tier]** ~ to test sth [on sb/on an animal]

erprobt *adj* ① (*erfahren*) experienced
② (*zuverlässig*) reliable

Erprobung <-, -en> *f* testing, test, trial

erquicken* *vt* (*geh*) ■ **jdn** ~ to refresh sb; **sich erquickt fühlen** to feel refreshed

erquickend *adj* (*geh*) refreshing

erquicklich *adj* (*iron geh*) joyous *iron liter*

Erquickung <-, -en> *f* (*geh*) refreshment; **zur ~/zu jds ~** for refreshment/to refresh sb

Errata *pl* errata *npl*

erraten* *vt irreg* ■ **etw** ~ to guess sth, to work sth out [by guessing]; ***das war nicht schwer zu ~!*** it wasn't difficult to work that out!; ***du hast's ~!*** (*fam*) you guessed [*or* AM *fam* got] it!

errechnen* *vt* ■ **etw** ~ to calculate sth

erregbar *adj* ① (*leicht aufzuregen*) excitable
② (*sexuell zu erregen*) ■ **[irgendwie] ~ sein** to be able to be aroused [in a certain way]

Erregbarkeit <-> *f kein pl* excitability

erregen* **I.** *vt* ① (*aufregen*) ■ **jdn** ~ to irritate sb, to annoy sb
② (*sexuell anregen*) ■ **jdn** ~ to arouse sb
③ (*hervorrufen*) ■ **etw** ~ to engender sth *form,* to cause
II. *vr* ■ **sich über jdn/etw** ~ to get annoyed about sb/sth

Erreger <-s, -> *m* (*Krankheits~*) pathogen, causative organism

erregt I. *adj* ① (*aufgeregt geführt*) heated
② (*aufgeregt*) irritated, annoyed
II. *adv* in an irritated [*or* annoyed] manner

Erregung *f* ① (*erregter Zustand*) irritation, annoyance; **in ~ geraten** to become irritated, to get annoyed; **jdn in ~ versetzen** to irritate sb, to annoy sb; **vor ~** with anger
② (*sexuell erregter Zustand*) arousal; ***bereits ihr Anblick versetzte ihn in ~*** the sight of her alone was enough to arouse him
③ *kein pl* (*Erzeugung*) engendering, causing; **~ öffentlichen Ärgernisses** public indecency

erreichbar *adj* ① (*telefonisch zu erreichen*) ■ **[für jdn] ~ sein** to be able to be reached [*or* contacted] [by sb]
② (*zu erreichen*) ■ **[irgendwie] ~ sein** to be reachable [in a certain way]; ***die Hütte ist zu Fuß nicht ~*** the hut cannot be reached on foot

Erreichbarkeit <-> *f kein pl* accessibility, reachability; *telefonisch* contactability

erreichen* *vt* ① (*rechtzeitig hinkommen*) ■ **etw** ~ to catch sth
② (*hingelangen*) ■ **etw** ~ to get to sth
③ (*antreffen*) ■ **jdn** ~ to reach sb, to contact sb, to get hold of sb *fam;* ***Ihr Brief/Ihre Nachricht hat mich nicht rechtzeitig erreicht*** your letter/message didn't reach me on time, I didn't receive your letter/message on time
④ (*eintreffen*) ■ **etw** ~ to reach sth; ***wir werden Paris in einer halben Stunde ~*** in half an hour we will arrive in Paris
⑤ (*erzielen*) ■ **etw** ~ to reach sth; ***ich weiß immer noch nicht, was du ~ willst*** I still don't know what you want to achieve
⑥ (*einholen*) ■ **jdn** ~ to catch sb up BRIT, to catch up with sb
⑦ (*bewirken*) ■ **etw [bei jdm]** ~ to get somewhere [with sb]; ***hast du beim Chef etwas ~ können?*** did you manage to get anywhere with the boss?
⑧ (*an etw reichen*) ■ **etw [mit etw** *dat*] ~ to reach sth [with sth]

Erreichung <-> *f kein pl* (*geh*) ① (*das Erreichen*) reaching
② (*das Erleben*) reaching; ***bei ~ des 60. Lebensjahres*** on one's 60th birthday/when one turns 60/at 60

erretten* *vt* (*geh*) ① (*befreien*) ■ **jdn [aus etw** *dat*] ~ to rescue sb [from sth], to deliver sb [from sth] *form*
② (*retten*) ■ **jdn vor etw** *dat* ~ to save sb from sth

Erretter(in) *m(f)* (*geh*) deliverer *form*

Errettung *f kein pl* (*geh*) ■ **jds ~ [aus etw** *dat*] sb's rescue [*or* deliverance] [from sth] *form*

errichten* *vt* ■ **etw** ~ ① (*aufstellen*) to erect sth *form,* to put sth up *sep*
② (*erbauen*) to erect sth *form,* to construct sth; ■ **etw ~ lassen** to have sth erected
③ (*begründen*) to found sth, to set up sth *sep*

Errichtung *f* ① (*Aufstellung*) *Barrikade, Gerüst, Podium* erection *form,* putting up
② (*Erbauung*) *Denkmal, Gebäude* erection *form,* construction
③ (*Begründung*) *Gesellschaft, Stiftung* foundation, setting up

Errichtungskosten *pl* ÖKON costs of construction

erringen* *vt irreg* ■ **etw** ~ to win sth [with a struggle]

error in persona JUR *offender's mistake about the identity of his victim*

erröten* *vi sein* ■ **[vor etw** *dat*] ~ to blush [with sth]; **jdn zum E~ bringen** to make sb blush

Errungenschaft <-, -en> *f* ① (*bedeutender Erfolg*) achievement; **geistige ~** JUR intellectual achievement
② (*hum fam: Anschaffung*) acquisition, investment *fam*

Ersatz <-es> *m kein pl* ① (*ersetzender Mensch*) substitute; (*ersetzender Gegenstand*) replacement; **als ~ für jdn** as a substitute for sb; **als ~ [für etw** *akk*] as a replacement [for sth]
② (*Entschädigung*) compensation; **~ für etw** *akk* **leisten** to pay compensation for sth

Ersatzanspruch *m* JUR right to [recover] damages; **Ersatzansprüche geltend machen** to assert a claim for damages [*or* a compensation claim] **Ersatzaussonderung** *f* JUR substitutional segregation **Ersatzbedarf** *m* surrogate need **Ersatzbefriedigung** *f* vicarious satisfaction **Ersatzbeschaffung** *f kein pl* ÖKON replacement **Ersatzbrille** *f* spare pair of glasses **Ersatzdienst** *m non-military service for conscientious objectors* **Ersatzdroge** *f* ① MED (*Ersatzrauschmittel*) substitute drug ② (*fam*) substitute **Ersatzerbe, -erbin** *m, f* JUR substitute heir [*or fem* heiress] **Ersatzerzeugnis** *nt* ÖKON substitute **ersatzfähig** *adj* ÖKON substitutable **Ersatzfahrzeug** *nt* AUTO replacement vehicle **Ersatzforderung** *f* JUR claim for compensation, damage claim **Ersatzfreiheitsstrafe** *f* JUR imprisonment in default of payment of fine **Ersatzgeld** *nt* JUR token money **ersatzgeschwächt** *adj* SPORT *Mannschaft* weakened by substitute players *pred* **Ersatzinsulin** *nt kein pl* surrogate insulin **Ersatzinvestition** *f* ÖKON replacement investment **Ersatzkasse** *f* substitute health insurance scheme **Ersatzland** *nt* JUR lieu land[s] **Ersatzlieferung** *f* ÖKON replacement, substitute delivery; **kostenlose ~** replacement free of charge **Ersatzlieferungsanspruch** *m* JUR claim to substitute delivery **ersatzlos** *adj* without replacement; **etw ~ streichen** to cancel sth **Ersatzlösung** *f* alternative solution **Ersatz-**

E

mann <-männer *o* -leute> *m* ① (*Vertreter*) substitute ② *s.* Ersatzspieler **Ersatzmine** *f* refill **Ersatzmittel** *nt* substitute **Ersatzpflicht** *f* JUR liability to pay damages; **die ~ ausschließen** to preclude liability for damages **ersatzpflichtig** *adj* JUR liable to pay damages **Ersatzpräparat** *nt* surrogate preparation **Ersatzrauschmittel** *nt* drug surrogate **Ersatzrecht** *nt kein pl* JUR substitute law **Ersatzreifen** *m* spare wheel **Ersatzrevision** *f* JUR writ of error in lieu of appeal **Ersatzschlüssel** *m* spare key **Ersatzspieler(in)** *m(f)* substitute **Ersatzteil** *nt* spare [*or* replacement] part **Ersatzteillager** *nt* spare parts storeroom [*or* warehouse], BRIT *a.* [spares] store **Ersatzteilliste** *f* AUTO parts list **Ersatztorwart(in)** *m(f)* substitute goalkeeper **Ersatzurkunde** *f* JUR substitute document **Ersatzvermächtnis** *nt* FIN substitutional legacy **Ersatzvornahme** *f* JUR substitute performance **Ersatzwaren** *pl* ÖKON equivalent [*or* substitute] goods **ersatzweise** *adv* as a replacement [*or* an alternative] **Ersatzzustellung** *f* ÖKON substituted service

ersaufen* *vi irreg sein* (*sl*) to drown

ersäufen* *vt* ① (*ertränken*) ■**jdn/ein Tier ~** to drown sb/an animal
② (*fam: betäuben*) ■**etw in etw** *dat* **~** to drown sth in sth

erschaffen *vt irreg* (*geh*) ■**jdn/etw ~** to create sb/sth

Erschaffung *f* creation

erschallen *vi sein* (*geh*) to sound; ***aus dem Saal erschallten fröhliche Stimmen/erschallte fröhliches Lachen*** joyful voices/laughter could be heard coming from the hall

erschaudern* *vi sein* (*geh*) ■**[vor etw** *dat*] **~** to shudder [with sth]

erschauern* *vi sein* (*geh*) ■**[vor etw** *dat*] **~** to shiver [with sth]; ■**einen ~ lassen** to make one shiver

erscheinen* *vi irreg sein* ① (*auftreten*) to appear; ***du sollst sofort beim Chef ~!*** the boss wants to see you straight away!; ***sie war des Öfteren unpünktlich erschienen*** she had often arrived late
② (*sichtbar werden*) to be able to be seen; ***am sechsten Tag erschien endlich Land am Horizont*** on the sixth day we/they etc. finally sighted land
③ (*veröffentlicht werden*) to come out
④ (*sich verkörpern*) ■**jdm ~** to appear to sb; ***manchmal ~ einem im Traum die seltsamsten Dinge*** one sometimes sees the strangest things in dreams
⑤ (*scheinen*) ■**jdm irgendwie ~** to seem a certain way to sb; ***diese Hypothese erscheint mir recht weit hergeholt*** this hypothesis seems quite farfetched to me; ■**jdm wie etw ~** to seem like sth to sb

Erscheinen <-s> *nt kein pl* ① *a.* JUR (*das Auftreten*) appearance; ***sie dankte den Gästen für ihr ~*** she thanked the guests for coming; ***um rechtzeitiges ~ wird gebeten!*** please be punctual!; **persönliches ~ der Parteien** personal appearance of the parties; **~ vor Gericht** appearance in court; **Anordnung persönlichen ~s vor Gericht** judicial order to appear in court; **~ von Zeugen** attendance of witnesses
② (*die Verkörperung*) appearance
③ (*die Veröffentlichung*) publication

Erscheinung <-, -en> *f* ① (*Phänomen*) phenomenon
② (*Persönlichkeit*) ■**eine bestimmte ~** a certain figure
③ (*Vision*) vision; **eine ~ haben** to have a vision
▸ WENDUNGEN: **in ~ treten** to appear

Erscheinungsbild *nt* appearance **Erscheinungsform** *f* manifestation **Erscheinungsjahr** *nt* year of publication **Erscheinungsort** *m* place of publication

erschießen* *irreg vt* ■**jdn ~** to shoot sb dead; ■**sich ~** to shoot oneself [dead]; *s. a.* **Tod**

Erschießung <-, -en> *f* shooting; **standrechtliche ~** shooting by order of a court martial

Erschießungskommando *nt* firing squad

erschlaffen* *vi sein* ① (*schlaff werden*) to become limp; ■**etw ~ lassen** to let sth go limp [*or* relax]
② (*die Straffheit verlieren*) to become loose
③ (*welk werden*) to wither, to become withered

Erschlaffung <-> *f* becoming limp [*or* slack], limpness, slackness

erschlagen*[1] *vt* ■**jdn ~** *irreg* ① (*totschlagen*) to beat sb to death
② (*durch Darauffallen töten*) to fall [down] and kill sb [in the process]; ***die Säule fiel um und erschlug ihn*** the pillar fell down and killed him
③ (*überwältigen*) to overwhelm sb
▸ WENDUNGEN: **du kannst mich ~, aber ...** (*fam*) you can do what you want to me but ...

erschlagen[2] *adj* (*fam*) ■**~ sein** to be dead beat *sl,* BRIT *sl a.* to be knackered

erschleichen* *vr irreg* ■**sich** *dat* **etw ~** to fiddle sth; ***es gelang ihr, sich seine Gunst/sein Vertrauen zu ~*** she managed to gain his favour/trust by tricking him

Erschleichen <-s> *nt kein pl* JUR subreption, obtaining under false pretences; **~ von Beihilfen** subreption of support; **~ einer Erbschaft** subreption of a legacy

erschließbar *adj* (*Märkte*) capable of being opened up

erschließen* *irreg* **I.** *vt* ① (*mit Installationen versehen*) ■**etw ~** to develop sth; ■**erschlossen** developed
② (*nutzbar machen*) ■**[jdm] etw ~** to exploit sth [for sb]
II. *vr* ■**sich** *dat* **jdm ~** to reveal oneself to sb, to be revealed to sb

Erschließung *f* ① BAU, ÖKON, ADMIN (*das Zugänglichmachen*) opening up; *eines Gebiets* development
② GEOL, ÖKON (*das Nutzbarmachen*) tapping
③ LING (*Schlußregel*) inference

Erschließungskosten *pl* FIN development costs *pl* **Erschließungsvertrag** *m* FIN development contract **Erschließungswert** *m* FIN development value

erschöpfbar *adj* (*Reserven*) finite

erschöpfen* **I.** *vt* ① (*ermüden*) ■**jdn ~** to exhaust sb
② (*aufbrauchen*) ■**etw ~** to exhaust sth; ■**erschöpft sein** to be exhausted
II. *vr* ① (*zu Ende gehen*) ■**sich ~** to run out; ***das Interesse der Bevölkerung erschöpfte sich schnell*** the people quickly lost interest
② (*etw umfassen*) ■**sich in etw** *dat* **~** to consist only of sth; ■**sich darin ~, dass jd etw tut** to only go as far as sb doing sth; ***meine Möglichkeiten ~ sich darin, dass ich versuchen kann, für Sie zu intervenieren*** the only thing I can do is try to intervene on your behalf

erschöpfend **I.** *adj* ■**~ sein** ① (*zur Erschöpfung führend*) exhausting
② (*ausführlich*) exhaustive
II. *adv* exhaustively

erschöpft **I.** *pp und 1. pers. sing von* **erschöpfen**
II. *adj* exhausted; **völlig** [*o* **restlos**] [*o* **zu Tode**] **~** completely [*or* absolutely] exhausted [*or* BRIT *fam a.* knackered]

Erschöpfung <-, *selten* -en> *f* ① (*völlige Ermüdung*) exhaustion; **bis zur [völligen] ~ arbeiten** to work until one is [completely] exhausted [*or* ready to drop] *fam;* **vor ~** with exhaustion
② (*das Aufbrauchen*) *Mittel, Vorräte* running out, exhaustion
③ JUR (*Ausschöpfen*) exhaustion; **~ des Patentrechts/der Rechtsmittel** exhaustion of patent rights/legal remedies

Erschöpfungseinrede *f* JUR plea of depletion of the estate **Erschöpfungszustand** *m* **sich in einem ~ befinden** to be in a state of exhaustion; **an Erschöpfungszuständen leiden** to suffer from exhaustion

erschossen *adj* (*fam*) bushed *fam,* BRIT *fam a.* knackered; ■**[völlig] ~ sein** to be [completely] bushed [*or* BRIT *sl a.* knackered]

Erschossene(r) *f(m) dekl wie adj* victim of shooting

erschrecken **I.** *vt* <erschreckte, erschreckt> *haben* ① (*in Schrecken versetzen*) ■**jdn ~** to give sb a fright
② (*bestürzen*) ■**jdn ~** to alarm sb, to shock sb
II. *vi* <erschrickt, erschreckte *o* erschrak, erschreckt *o* erschrocken> *sein* ■**[vor jdm/etw] ~** to get a fright [from sb/sth]; **~** ***Sie nicht, ich bin's nur!*** don't get a fright, it's only me!
III. *vr* <erschrickt, erschreckte, erschreckt *o* erschrocken> *haben* (*fam: einen Schrecken bekommen*) ■**sich [über etw** *akk*] **~** to be shocked [by sth]

Erschrecken *nt kein pl* fear, terror

erschreckend **I.** *adj* alarming; ■**~ sein** to be alarming
II. *adv* ① (*schrecklich*) terrible
② (*fam: unglaublich*) incredibly

erschrickt *3. pers. pres von* **erschrecken**

erschrocken **I.** *pp von* **erschrecken II, III**
II. *adj* alarmed, shocked; ■**~ sein** to be alarmed
III. *adv* with a start *pred*

erschüttern* *vt* ① (*zum Beben bringen*) ■**etw ~** to shake sth
② (*in Frage stellen*) ■**etw ~** to shake sth; *Ansehen* damage; *Glaubwürdigkeit* undermine
③ (*tief bewegen*) ■**jdn ~** to shake sb, to distress sb; **jdn kann nichts mehr ~** nothing can shake [*or* distress] sb anymore; **sich durch nichts ~ lassen** to let nothing shake [*or* distress] oneself

erschütternd *adj* distressing

erschüttert *adj* shaken, distressed; ■**[über etw** *akk*] **erschüttert sein** to be shaken [*or* distressed] [by sth]

Erschütterung <-, -en> *f* ① (*erschütternde Bewegung*) shake
② (*Destabilisierung*) destabilization *no pl;* ***dieses skandalöse Urteil bewirkte eine ~ der gesamten Rechtsprechung*** this scandalous judgement has given the whole justice system a shake-up
③ (*das Erschüttern*) *Vertrauen* shaking
④ (*seelische Ergriffenheit*) distress; ***ihre ~ war ihr deutlich anzumerken*** it was easy to see that she was in distress

erschweren* *vt* ■**[jdm] etw ~** to make sth more difficult [for sb]; ***das Problem erschwerte ihm die Aufgabe*** the problem complicated the task for him

erschwerend **I.** *adj* complicating
II. *adv* ■**sich ~ auswirken** to make things difficult; **~ *kommt noch hinzu ...*** to make matters [*or* things] worse...

Erschwernis <-, -se> *f* (*geh*) [additional] difficulty

Erschwerniszulage *f* JUR extra pay for difficult working conditions

Erschwerung <-, -en> *f* ■**die ~ einer S.** *gen* the hindrance to sth

erschwindeln* *vt* ■**[sich** *dat*] **etw von jdm ~** to con sth [for oneself] out of sb

erschwinglich *adj* affordable; ■**~ sein** to be affordable

ersehen* *vt irreg* (*geh*) ■**etw aus etw** *dat* **~** to see sth from sth; ***alles weitere können Sie aus meinem Lebenslauf ~*** you'll find additional information in my CV; ■**aus etw** *dat* **~, dass ...** to see from sth that ...

ersehnen* *vt* (*geh*) ■**etw ~** to long for sth, to yearn for sth; ■**ersehnt** longed for, yearned for

ersetzbar *adj* replaceable; ■**~ sein** to be replaceable

ersetzen* *vt* ① (*austauschen*) ■**etw [durch etw] ~** to replace sth [with sth]
② (*vertreten*) ■**[jdm] jdn/etw ~** to replace [sb's] sb/sth; ***er ersetzt dem Kind den Vater*** he's a replacement father to the child
③ (*erstatten*) ■**jdm etw ~** to reimburse sb for sth

ersetzend *adj* JUR substitute

Ersetzung <-, -en> *f* JUR (*Ersatz*) replacement, substitution; **dingliche ~** physical substitution

Ersetzungsbefugnis *f* JUR right to offer alternative performance
ersichtlich *adj* apparent; ■**aus etw** *dat* ~ **sein, dass …** to be apparent [*or* clear] from sth that …
ersinnen* *vt irreg* (*geh*) ■**etw** ~ to concoct sth; *Plan* devise
ersitzen* *vt irreg* JUR ■**etw** ~ to acquire sth by adverse possession
Ersitzung <-, -en> *f* JUR adverse possession, [acquisitive] prescription
Ersitzungsrecht *nt* JUR title by prescription; **~e geltend machen** to prescribe
erspähen* *vt* ■**jdn/etw** [**unter etw** *dat*] ~ to spot sb/sth [among sth]
ersparen* *vt* ❶ ■**jdm etw** ~ to spare sb sth; ***ich kann Ihnen die Wartezeit leider nicht ~*** I'm afraid you'll have to wait; **jdm bleibt etw/nichts erspart** sb is spared sth/not spared anything; ***schon wieder dieser Ärger, mir bleibt aber auch nichts erspart!*** not this again! the things I have to put up with!; ■**sich** *dat* **etw** ~ to save oneself sth; ***den Ärger hättest du dir ~ können*** you could have spared yourself this trouble
❷ (*durch Sparen erwerben*) ■[**sich** *dat*] **etw** ~ to save up [to buy] sth
Ersparnis <-, -se *o* ÖSTERR -ses, -se> *f o* ÖSTERR *nt* ❶ *kein pl* (*Einsparung*) ■**die/eine ~ an etw** *dat* the/a saving in [*or* of] [*or* on] sth
❷ *meist pl* (*erspartes Geld*) savings *npl*
Ersparte(s) *nt dekl wie adj* savings *npl*
ersprießlich *adj* (*geh*) useful, helpful; *Zusammenarbeit* successful; ■**irgendwie ~ sein** to be useful [*or* helpful] in some way
erst I. *adv* ❶ (*zuerst*) [at] first; ***~ sagst du ja, dann wieder nein!*** first you say yes, then you say no again!; ***~ schien noch die Sonne, aber dann fing es bald an zu regnen*** at first it was sunny but it soon started to rain; ***mach ~ [ein]mal die Arbeit fertig*** finish your work first; ***wenn du das ~ einmal hinter dir hast*** once you've got that over with
❷ (*nicht früher als*) only; ***wecken Sie mich bitte ~ um 8 Uhr!*** please don't wake me until 8 o'clock!; ***er hat mich ~ darauf aufmerksam gemacht, als es schon zu spät war*** he didn't draw my attention to it until it was too late; ***ich brauche die Rechnung ~ in 5 Wochen zu bezahlen*** I don't need to pay the bill for another 5 weeks; **~ gestern/heute/morgen** only yesterday/today/tomorrow; ***der nächste Zug fährt ~ morgen*** the next train doesn't leave until tomorrow; **~ jetzt** only now; **eben/gerade ~** [only] just; **~ vor kurzem** only recently, only just; **~ als …** only when …; **~ wenn** only if; **~ …, wenn** only … if
❸ (*bloß*) only
II. *part* (*verstärkend*) ***an deiner Stelle würde ich ~ gar nicht anfangen*** if I was in your shoes I wouldn't even start; ***wenn wir zu Hause sind, dann kannst du ~ was erleben!*** when we get home you'll be in real trouble!
► WENDUNGEN: **~ recht** all the more; **jetzt ~ recht/recht nicht!** ***jetzt zeigst du es ihr ~ recht!*** now you can really show her!; ***tu, was man dir sagt! — nein, jetzt ~ recht nicht!*** do what you're told! no, now I definitely won't do it!; *s. a.* **gar**
Erstanmeldedatum *nt* JUR (*Patentrecht*) original filing date **Erstanmelder(in)** *m(f)* JUR *eines Patents* first applicant **Erstanmeldung** *f* JUR *eines Patents* original application [*or* filing]
erstarken* *vi sein* (*geh*) ❶ (*stärker werden*) to gain strength
❷ (*intensiver werden*) to become stronger; (*von Hoffnung/Zuversicht*) to increase
erstarren* *vi sein* ❶ (*fest werden*) to harden, to solidify; ***bei 0 °C erstarrt Wasser zu Eis*** at 0 °C water freezes and becomes ice
❷ (*wie gefroren sein*) to freeze; ***Dracula bot einen Anblick, der jedem das Blut in den Adern ~ ließ*** the sight of Dracula made everybody's blood freeze [in their veins]
❸ (*vor Kälte steif werden*) to freeze
❹ (*starr werden*) ■[**vor etw** *dat*] ~ to freeze [with sth]
Erstarrung <-> *f kein pl* ❶ (*Starrwerden*) solidification; *Blut* congealing, congelation
❷ (*Starrsein, Starrheit*) numbness, stiffness
erstatten* *vt* ❶ (*ersetzen*) ■[**jdm**] **etw** ~ to reimburse [sb] for sth
❷ (*geh: mitteilen*) **Anzeige ~** to report a crime; **Anzeige gegen jdn ~** to report sb; **jdm Bericht/Meldung** [**über etw** *akk*] ~ to report to sb/notify sb [about sth]
Erstattung <-, -en> *f von Auslagen, Unkosten* reimbursement
Erstattungsanspruch *m* JUR claim for reimbursement **Erstattungsbeschluss**[RR] *m* JUR restitution order **Erstattungsbetrag** *m* HANDEL refund, amount refunded **erstattungsfähig** *adj* JUR refundable, recoverable, repayable; **~er Betrag/~e Ausgaben** recoverable sum/expenses; **nicht ~** non-refundable **Erstattungsgesetz** *nt* JUR Recovery of Public Funds Act **erstattungspflichtig** *adj* JUR reimbursable
erstaufführen *vt nur infin, pp* to première; ■**erstaufgeführt** premièred **Erstaufführung** *f* première **Erstauflage** *f* first print[-run] **Erstauftrag** *m* ÖKON initial [*or* first] order
erstaunen* **I.** *vt haben* ■**jdn** ~ to amaze sb; ***dieses Angebot erstaunt mich*** I find this offer amazing
II. *vi sein* ■**über etw** *akk* ~ to be amazed by sth
Erstaunen *nt* amazement; **voller ~** full of amazement; **jdn in ~ versetzen** to amaze sb; **zu jds ~** to sb's amazement
erstaunlich I. *adj* amazing, astonishing; ■**~ sein, dass/was/wie …** to be amazing that/what/how …; ■**E~es** something amazing, amazing things *pl*
II. *adv* amazingly, astonishingly
erstaunlicherweise *adv* astonishingly [*or* amazingly] [enough]
erstaunt I. *adj* amazed; ***du machst so ein ~es Gesicht*** you look so amazed; ■[**über jdn/etw**] **~ sein** to be amazed [by sb/sth]
II. *adv* in amazement
Erstausfertigung *f* original **Erstausgabe** *f* ❶ (*erste Veröffentlichung*) first edition ❷ (*Buch*) first edition **Erstausgabepreis** *m* BÖRSE issue price **Erstberechtigung** *f* JUR first title **erstbeste(r, s)** *adj attr* first; ■**der/die/das E~** the first one sees [*or* comes across], the next best **Erstbesteigung** *f* first ascent **Erstdelinquent** *m* first offender
erste(r, s) *adj* ❶ (*an erster Stelle kommend*) first; ***die ~n fünf/die fünf ~n Bäume*** the first five trees; **das E~, was …** the first thing that …; **die ~ Klasse** [*o fam* **die E~**] primary one BRIT, first grade AM; *s. a.* **achte(r, s) 1**
❷ (*Datum*) first, 1st; *s. a.* **achte(r, s) 2**
❸ (*führend*) leading, number one, top; ***das ~ Haus am Platz*** (*Hotel*) the best [*or* finest] hotel in town; (*Laden*) the top [*or* best] store in town; *s. a.* **Klasse, Wahl**
► WENDUNGEN: **der/die/das ~ beste** the first one sees [*or* comes across], the next best; ***bei der ersten besten Gelegenheit*** at the first opportunity that comes along [*or* presents itself]; **fürs E~** to begin with, for the time being, for starters *fam;* **zum E~n, zum Zweiten, zum Dritten** going once, going twice, sold
Erste(r) *f(m) dekl wie adj* ❶ first; *s. a.* **Achte(r) 1**
❷ (*bei Datumsangabe*) ■**der ~** [*o geschrieben* **der 1.**] the first *spoken*, the 1st *written; s. a.* **Achte(r) 2**
❸ (*Namenszusatz*) **Ludwig der ~** *geschrieben* Louis the First; **Ludwig I.** *geschrieben* Louis I
❹ (*beste*) the best, the leader; ***in Mathematik war sie die ~ in der Klasse*** she was top of the class in maths; ***der Porsche ist wieder ~r geworden*** the Porsche won again
► WENDUNGEN: **~ unter Gleichen** first among equals
erstechen* *vt irreg* ■**jdn** [**mit etw** *dat*] ~ to stab sb to death [with sth]
erstehen* *irreg* **I.** *vt haben* (*fam*) ■**etw** ~ to pick up sth *sep*
II. *vi sein* ❶ (*geh: neu entstehen*) to be rebuilt
❷ (*geh: erwachsen*) ■**jdm** [**aus etw** *dat*] ~ to arise for sb [from sth]; ***daraus würden Ihnen nur Unannehmlichkeiten ~*** it would only cause you difficulties
Erste-Hilfe-Kasten *m* first-aid box **Erste-Hilfe-Kurs** *m* first-aid course **Erste-Hilfe-Leistung** *f* first aid *no pl*
ersteigen* *vt irreg* ■**etw** ~ to climb sth; ***die höchsten Stufen des Ruhmes ~*** to rise to the dizzy heights of fame
ersteigern *vt* ■**etw** ~ to buy sth [at an auction]
Ersteigung *f Berg* climbing
Ersteingabe *f* first entry **Ersteinsatz** *m* first use, first deployment
Erste-Klasse-Abteil *nt* first class compartment **Erste-Klasse-Wagen** *m* first class carriage
erstellen* *vt* ❶ (*geh: errichten*) ■**etw** [**in etw** *dat*] ~ to build sth [in sth]
❷ (*anfertigen*) ■[**jdm**] **etw** ~ to draw up, to write, to produce; ■**sich** *dat* **etw** [**von jdm**] **~ lassen** to have sth drawn up/written/produced [by sb]
❸ TECH, INFORM ■**etw** ~ to create [*or* construct] sth
Erstellung <-, -en> *f* ❶ (*geh: Errichtung*) *Gebäude, Wohnungen* building
❷ (*Anfertigung*) drawing up, writing, production; **die ~ eines genauen Konzeptes** to draw up an exact plan
erstemal *adv s.* **Mal**
erstenmal *adv s.* **Mal**
erstens *adv* firstly
erstere(r, s) *adj* ■**der/die/das E~** the former; ***fliegen Sie mit der Maschine um 9:00 oder um 14:00? — mit E~r*** are you taking the plane at 9 AM or 2 PM? — the one at 9 [*or* the former]
erstgebärend *adj* primigravida *spec* **Erstgebärende** *f dekl wie adj* first-time mother, primipara *spec* **erstgeboren** *adj attr* first-born; ■**der/die E~e** the first-born [child] **erstgenannt** *adj attr* first, first mentioned **Ersthypothek** *f* FIN first [*or* senior] mortgage
ersticken* **I.** *vt haben* ❶ (*durch Erstickung töten*) ■**jdn** ~ to suffocate sb
❷ (*erlöschen lassen*) ■**etw** ~ to extinguish sth
❸ (*dämpfen*) ■**etw** ~ to deaden sth
❹ (*unterdrücken*) ■**etw** ~ to crush sth
II. *vi sein* ❶ (*durch Erstickung sterben*) ■**an etw** *dat* ~ to choke to death on sth, to be suffocated by sth; ***das Kind ist an einer Fischgräte erstickt*** the child choked to death on a fish bone; **zum E~** (*fam*) suffocating *fam*, stifling
❷ (*erlöschen*) to go out
❸ (*übermäßig viel haben*) ■**in etw** *dat* ~ to drown in sth; ***Deutschlands Städte ~ im Verkehr*** Germany's towns are overflowing with traffic
Ersticken *nt kein pl* choking, suffocating
erstickt *adj* stifled; ***sie sprach mit halb von Tränen ~er Stimme*** she could hardly speak through all her tears
Erstickte(r) *f(m) dekl wie adj* victim of suffocation [*or* choking]
Erstickung <-> *f kein pl* ❶ (*von Lebewesen*) suffocation *no pl* [*or* choking]
❷ (*von Feuer*) suffocation; ***die ~ der Flammen gelang ihnen nur mit Mühe*** they were able to put out the flames only with difficulty
Erstickungsanfall *m* choking fit
Erstinstallation *f* INFORM new installation, setting up **erstinstanzlich** *adj* of first instance *pred* **erstklassig I.** *adj* first-class **II.** *adv* first class, excellently **Erstklässler(in)**, **Erstkläßler** <-s, -> *m* SÜDD, SCHWEIZ, **Erstklasser(in)**[RR] <-s, -> *m(f)* ÖSTERR primary one pupil BRIT, first grader AM **Erstkommunikant(in)** *m(f)* REL first communicant **Erstkommunion** *f* first communion **Erstkonsument(in)** *m(f) von Drogen* first-time user **Erstkontakt** *m* ÖKON initial approach [*or* contact] **Erstkunde, kundin** *m, f* HANDEL first customer **Erstlagerung** *f* initial storage
Erstling <-s, -e> *m* ❶ (*erstes Werk*) first work
❷ (*erstgeborenes Kind*) first[-born *dated*] child

E

Erstlingsschühchen <-s, -> *nt* bootees *pl* **Erstlingswerk** *nt* first book [*or* work]

erstmalig I. *adj* first
II. *adv* (*geh*) *s.* **erstmals**

erstmals *adv* for the first time

Erstochene(r) *f(m) dekl wie adj* victim of fatal stabbing

erstrahlen* *vi sein* (*geh*) ■**[in etw** *dat*] ~ to be aglow [with sth]

erstrangig *adj* ❶ (*sehr wichtig*) major
❷ (*erstklassig*) first-class, first-rate

erstreben* *vt* (*geh*) ■**etw** ~ to strive for sth

erstrebenswert *adj* worth striving for *pred;* ■**[für jdn]** ~ **sein** to be worth striving for [in sb's opinion]; ■**es ist ~, etw zu sein** it is worth striving for to be sth; ■**etwas E~es** something worth striving for

erstrecken* I. *vr* ❶ (*sich ausdehnen*) ■**sich [in etw** *akk*/**über etw** *akk*] ~ to extend [in sth/over sth]
❷ (*betreffen*) ■**sich auf etw** *akk* ~ to include sth
II. *vt* SCHWEIZ (*verlängern*) ■**etw** ~ to extend sth

erstreiten* *vt irreg* ■**etw** ~ to fight to get sth

Erstschlag *m* first strike **Erstschlagoption** *f* MIL first-strike option; *s. a.* **Abschreckungsszenario** **Erststimme** *f* first vote (*given for a candidate in the voter's constituency in the first round of the Bundestag elections*) **Ersttagsbrief** *m* first-day cover

Ersttäter(in) *m(f)* first offender

erstunken *adj* ► WENDUNGEN: **das ist ~ und erlogen** (*fam*) that's a pack of lies, that's the biggest lie I've ever heard BRIT

erstürmen* *vt* ❶ MIL (*durch einen Sturmangriff einnehmen*) ■**etw** ~ to storm sth
❷ (*fig o selten: ein Ziel erreichen*) ■**etw** ~ to conquer sth

Erstvermietung *f kein pl* first-time letting **Erstveröffentlichung** *f* first publication **Erstveröffentlichungsrecht** *nt* first publication rights *pl* **Erstwähler(in)** *m(f)* first-time voter **Erstzulassung** *f* AUTO initial registration

ersuchen* *vt* (*geh*) ❶ (*auffordern*) ■**jdn um etw** *akk* ~ to request sth from sb; ■**jdn [darum] ~, etw zu tun** to request sb to do sth
❷ (*bitten*) ■**[jdn** [*o* **bei jdm**]] **um etw** *akk* ~ to request sth [from sb]

Ersuchen <-s, -> *nt* JUR (*geh*) request; **förmliches** ~ requisition; **richterliches** ~ letters rogatory; **ein ~ an jdn richten** [*o* **stellen**] to file a request with sb, to submit a request to sb; **auf ~ der/des ...** at the request of the ...

ertappen* I. *vt* ■**jdn [bei etw** *dat*] ~ to catch sb [doing sth]; *s. a.* **in flagranti, Tat**
II. *vr* ■**sich bei etw** *dat* ~ to catch oneself doing sth

erteilen* *vt* (*geh*) ■**[jdm] etw** ~ to give [sb] sth

Erteilung <-, -en> *f* JUR (*Übertragen*) grant; (*Ausstellen*) issue; ~ **eines Auftrags** placing of an order; ~ **einer Auskunft** provision of information; **Ersuchen auf ~ eines Patents** petition for the grant of a patent; ~ **der Handlungsvollmacht** conferring power of attorney

Erteilungsantrag *m* (*für Patent*) request for a grant **Erteilungsbeschluss**[RR] *m* (*für Patent*) decision of grant **Erteilungsgebühr** *f* (*für Patent*) patent fee **Erteilungsverfahren** *nt* (*Patentrecht*) granting procedure

ertönen* *vi sein* (*geh*) ❶ (*zu hören sein*) to sound; ***vom Nachbarhaus her ertönte laute Musik*** loud music was coming from the neighbouring house; ■**etw ~ lassen** to let sth sound
❷ (*widerhallen*) ■**von etw** *dat* ~ to resound with sth

Ertrag <-[e]s, Erträge> *m* ❶ (*Ernte*) yield; ~ **bringen** [*o* **abwerfen**] to bring yields
❷ *meist pl* revenue; ~ **bringen** [*o* **abwerfen**] to bring in revenue

ertragen* *vt irreg* ■**etw** ~ to bear sth; **nicht zu ~ sein** to be unbearable

ertragfähig *adj* ❶ AGR *Boden* fertile, productive
❷ FIN *Geldanlage* [potentially] profitable

Ertragfähigkeit <-> *f kein pl* ❶ AGR fertility, productivity
❷ FIN [potential] profitability, earning potential [*or* capacity]

erträglich *adj* bearable; ■**[irgendwie]** ~ **sein** to be bearable [in a certain way]; **schwer ~ sein** to find it difficult to cope with sth

ertraglos *adj* FIN unprofitable; **~es Geschäft** unprofitable transaction **ertragreich** *adv* productive; *Land* fertile

Ertragsanteil *m* FIN share of earnings **Ertragsausschüttung** *f* dividend distribution **Ertragsaussichten** *pl* FIN prospects for making a profit **Ertragsbesteuerung** *f* FIN taxation of earnings **Ertragsbilanz** *f* FIN net earning power **Ertragseinbruch** *m* FIN sharp drop in earnings **Ertragsentwicklung** *f* FIN trend of earnings, development of profits **Ertragserwartungen** *pl* FIN earnings [*or* profit] expectations **ertragsfähig** *adj* FIN productive, profitable; **~e Geldanlage** profitable investment of money **Ertragsgrenze** *f* FIN profit margin **Ertragskraft** *f* FIN earning power, profitability **Ertragslage** *f* FIN profitability, profit situation **Ertragsleistung** *f* FIN earnings performance **Ertragsminderung** *f* ÖKON decrease in profits **Ertragsniveau** *nt* FIN profit situation **Ertragsrückgang** *m* ÖKON drop in earnings **ertragsschwach** *adj* FIN low-yield *attr,* weak in earning power **Ertragsspanne** *f* margin of return **ertragsstark** *adj* FIN high-yield *attr,* highly profitable **Ertragssteigerung** *f* profits increase **Ertragssteuer** *f* FIN profits tax, tax on profits **ertragssteuerbegünstigt** *adj* FIN income tax-privileged **Ertragsteuerbilanz** *f* FIN earnings-tax balance sheet

Ertragswert *m* FIN capitalized earning power [*or* value of potential revenue] **Ertragswertansatz** *m* FIN income value appraisal method **Ertragswertverfahren** *nt* FIN gross rental method **Ertragszinsen** *pl* FIN interest *kein pl* received

ertränken I. *vt* ❶ (*ersäufen*) ■**jdn/ein Tier** ~ to drown sb/an animal
❷ (*betäuben*) ■**etw [in etw** *dat*] ~ to drown sth [in sth]
II. *vr* ■**sich** ~ to drown oneself

erträumen* *vt* ■**[sich** *dat*] **jdn/etw** ~ to dream about [*or* of] sb/sth

ertrinken* *vi irreg sein* ■**[in etw** *dat*] ~ to drown [in sth]

Ertrinken <-s> *nt kein pl* drowning

ertrotzen* *vt* (*geh*) ■**[sich** *dat*] **etw** ~ to obtain by forceful means

Ertrunkene(r) *f(m) dekl wie adj* victim of drowning

ertüchtigen* I. *vt* (*geh*) ■**jdn** ~ to strengthen sb
II. *vr* ■**sich** ~ to strengthen oneself

Ertüchtigung <-, -en> *f* strengthening; **körperliche** ~ physical strengthening

erübrigen* I. *vr* ■**sich** ~ to be superfluous; ■**es erübrigt sich, etw zu tun** it is not necessary to do sth
II. *vt* (*aufbringen*) **etw ~ können** *Geld, Zeit* to spare sth

eruieren* *vt* (*geh*) ❶ (*in Erfahrung bringen*) ■**etw** ~ to find out sth *sep;* ■**[bei jdm] ~, wann/wer ...** to find out [from sb] when/who ...
❷ ÖSTERR, SCHWEIZ (*ausfindig machen*) ■**jdn** ~ to find sb

Eruption <-, -en> *f* eruption

Eruptivgestein *nt* GEOL eruptive [*or* extrusive] [*or* igneous] rock

Erwachen *nt kein pl* (*geh*) awakening

erwachen* *vi sein* ❶ (*geh: aufwachen*) ■**[aus etw** *dat*] ~ to wake up [from sth]; **aus der Narkose** ~ to come round from the anaesthetic [*or* AM *esp* anesthetic]; **aus einer Ohnmacht** ~ to come to; ■**von etw** *dat* ~ to be woken by sth
❷ (*sich regen*) ■**in jdn** ~ *Gefühle* to awaken in sb
► WENDUNGEN: **ein böses E~** a rude awakening

erwachsen*[1] [-ks-] *vi irreg sein* (*geh*) ■**jdm** ~ to arise for sb; ■**etw erwächst jdm aus etw** sth causes sth for sb; **jdm ~ Kosten [aus etw** *dat*] sb incurs costs [as a result of sth]

erwachsen[2] [-ks-] *adj* adult, grown-up

Erwachsene(r) *f(m) dekl wie adj* adult, grown-up

Erwachsenenbildung [-ks-] *f* adult education **Erwachsenentaufe** *f* adult christening

erwägen* *vt irreg* ❶ (*in Betracht ziehen*) consider
❷ (*überlegen*) ■**etw** ~ to consider sth; ■**~, etw zu tun** to consider doing sth

Erwägung <-, -en> *f* consideration; **etw in ~ ziehen** to give sth one's consideration, to consider sth; **in ~ ziehen, etw zu tun** to consider doing sth; **aus bestimmten ~en [heraus]** for certain reasons

erwähnen* *vt* ■**jdn/etw** ~ to mention sb/sth; ■**[jdm gegenüber] ~, dass ...** to mention [to sb] that ...

erwähnenswert *adj* worth mentioning *pred,* noteworthy; ***ich hielt es nicht für*** ~ I didn't think it worth mentioning

Erwähnung <-, -en> *f* mentioning; ~ **finden** (*geh*) to be mentioned

erwärmen* I. *vt* ❶ (*warm machen*) ■**etw** ~ to warm sth [up]
❷ (*begeistern*) ■**jdn für etw** *akk* ~ to arouse [*or* kindle] enthusiasm in sb for sth
II. *vr* ❶ (*warm werden*) ■**sich [auf etw** *akk*] ~ to warm up [to sth]
❷ (*sich begeistern*) ■**sich für jdn/etw** ~ to work up enthusiasm for sb/sth

Erwärmung <-, -en> *f* warming, heating up

erwarten* I. *vt* ❶ (*entgegensehen*) ■**jdn/etw** ~ to expect sb/sth
❷ (*dem Eintritt von etw entgegensehen*) ■**etw** ~ to wait for [*or form* to await] sth
❸ (*voraussetzen*) ■**etw von jdm** ~ to expect sth from sb; ■**von jdm ~, dass ...** to expect sb to do sth; **von jdm zu ~ sein** to be expected from sb; ***von ihr ist bestimmt keine Hilfe zu*** ~ she definitely won't [want to] help
❹ (*mit etw rechnen*) ■**etw erwartet einen** sth awaits one; **zu ~ sein** [*o geh* **stehen**], **dass ...** to be expected that ...; **etw war zu** ~ sth was to be expected; **wider E~** contrary to [all] expectation[s]
❺ (*bekommen*) ■**etw [von jdm]** ~ to expect [sb's] sth; ***sie erwartet ein Baby von ihm*** she's expecting his baby
II. *vr* (*sich versprechen*) ■**sich** *dat* **etw von jdm/etw** ~ to expect sth from [*or* of] sb/sth

Erwartung <-, -en> *f* ❶ *kein pl* (*Ungeduld*) anticipation; **in gespannter** ~ in eager anticipation
❷ *pl* (*Hoffnung*) expectations *pl;* **jds ~en gerecht werden** to live up to sb's expectations; **seine ~en zu hoch spannen** to raise one's hopes too high; **voller** ~ full of expectation; **zu bestimmten ~en berechtigen** to give grounds for certain expectations; **hinter jds ~en zurückbleiben** to not come up to sb's expectations; **den ~en entsprechen** to fulfil [*or* AM *usu* fulfill] the expectations; **jds ~en enttäuschen** to not come [*or* AM live] up to sb's expectations; **große ~en an etw** *akk* **knüpfen** to place high hopes on sth; **alle ~en übertreffen** to exceed all expectations, to go beyond all expectations
❸ (*Entgegensehen*) ■**in ~ einer S.** *gen* (*geh*) in anticipation of sth

Erwartungsdruck <-[e]s> *m kein pl* **unter ~ stehen** to be under pressure to perform **erwartungsgemäß** *adv* as expected **Erwartungshaltung** *f* expectation **Erwartungshorizont** *m* level of expectations **erwartungsvoll** I. *adj* expectant, full of expectation *pred;* ***ich fürchte, du bist zu*** ~ I fear you're expecting too much II. *adv* expectantly **Erwartungswert** *m* ÖKON expectation [value]

erwecken* *vt* ❶ (*hervorrufen*) ■**etw** ~ to arouse sth; **den Eindruck ~, ...** to give the impression ..., to create the impression ...; **Zweifel** ~ to raise doubts
❷ (*geh: aufwecken*) ■**jdn [aus etw** *dat*] ~ to wake sb [from sth]

erwehren* *vr* (*geh*) ■**sich jds/einer S.** ~ to fight off sb/sth *sep;* **sich einer S.** *gen* **nicht/kaum ~ können** to not/hardly be able to hold back sth; **sich**

eines Eindrucks/einer Vorstellung nicht ~ können to not be able to help thinking sth
erweichen* *vt* ❶ (*umstimmen*) ■**jdn** ~ to make sb change their mind; **sich** ~ **lassen** to let oneself be persuaded
❷ KOCHK (*weich machen*) ■**etw** ~ to soften sth
erweisen* *irreg* **I.** *vt* ❶ (*nachweisen*) ■**etw** ~ to prove sth; ■**~, dass ...** to prove that ...; ■**erwiesen** proved
❷ (*zeigen*) ■**etw wird ~, dass/ob ...** sth will show that/whether ...
❸ (*geh: entgegenbringen*) ■**[jdm] etw** ~ to express sth [to sb]; **jdm einen Dienst/Gefallen tun** to do somebody a service/favour [*or* AM -or]
II. *vr* ❶ (*sich herausstellen*) ■**sich [als etw]** ~ to prove oneself [sth]; ***dieser Mitarbeiter hat sich als zuverlässig erwiesen*** this employee has proved himself reliable; ■**es erweist sich, dass ...** it is evident that ...
❷ (*sich zeigen*) ■**sich [gegen jdn [*o* jdm gegenüber]] als etw** ~ to be sth [to sb]; ***sie sollte sich eigentlich dankbar [gegen ihn/ihm gegenüber]*** ~ she should really be grateful [to him]
erweiterbar *adj* expandable; INFORM *a.* extensible
erweitern* **I.** *vt* ❶ (*verbreitern*) ■**etw [auf etw** *akk*/**um etw** *akk*] ~ to widen sth [to sth/by sth]
❷ (*vergrößern*) ■**etw [auf etw** *akk*/**um etw** *akk*] ~ to expand [*or* enhance] sth [to sth/by sth]
❸ (*weiter machen*) ■**etw [um etw** *akk*] ~ to widen sth [by sth]; ■**sich** *dat* **etw** ~ **lassen** to have sth widened
❹ (*umfangreicher machen*) ■**etw [auf etw** *akk*/**um etw** *akk*] ~ to increase [*or* expand] [by sth/to sth]
II. *vr* ❶ (*sich verbreitern*) ■**sich [auf etw** *akk*/**um etw** *akk*] ~ to widen [to sth/by sth]
❷ MED, ANAT ■**sich** ~ to dilate
erweitert I. *pp und 1. pers. sing von* **erweitern**
II. *adj* extended; **ein krankhaft ~es Herz** a dangerously distended heart; **~e Poren** dilated pores; **ein Wort im ~en Sinne verwenden** to use a word in a broad [*or* extended] sense
Erweiterung <-, -en> *f* ❶ (*Verbreiterung*) *Anlagen, Fahrbahn* widening
❷ (*Vergrößerung*) expansion, enhancement, extension
❸ (*Ausweitung*) increase
❹ MED, ANAT dilation
Erweiterungsbau *m* extension **Erweiterungsbus** *m* INFORM expansion bus **erweiterungsfähig** *adj* expandable **Erweiterungsinvestition** *f* FIN capital expenditure on extension **Erweiterungskarte** *f* INFORM expansion card **Erweiterungsspeicher** *m* INFORM extension memory **Erweiterungsspeichermanager** *m* INFORM extended memory manager **Erweiterungsverbot** *nt* JUR extension ban
Erwerb <-[e]s, -e> *m* ❶ *kein pl* (*geh: Kauf*) ■**der** ~ **einer S.** *gen* acquisition of sth *form,* purchase of sth; **gutgläubiger** ~ bona fide purchase, acquisition in good faith
❷ (*berufliche Tätigkeit*) ■**jds** ~ sb's occupation; **einem/keinem ~ nachgehen** (*geh*) to have an/no occupation
erwerben* *vt irreg* ❶ (*kaufen*) ■**etw [für etw** *akk*] ~ to acquire sth [for sth], to purchase sth [for sth]
❷ (*an sich bringen*) ■**etw [durch etw** *akk*] ~ to acquire sth [through sth]; **einen Titel** ~ to receive a title
❸ (*gewinnen*) ■**[sich** *dat*] **etw** ~ to earn sth; **jds Vertrauen** ~ to win sb's trust
Erwerber(in) *m(f)* JUR (*Käufer*) purchaser; (*durch Übertragung*) transferee; (*von Grundbesitz*) grantee
Erwerbermodell *nt an investment plan in which sb purchases property and pays a reduced amount of tax through amortization*
Erwerbsarbeit *f* gainful employment, waged work
Erwerbsbeschränkung *f* ÖKON partial disablement; ■**~en** occupational restrictions **Erwerbsbevölkerung** *f* working population **erwerbsfähig** *adj* (*geh*) fit for gainful employment *form pred,* able to participate in gainful employment *form pred,* fit for work *pred,* able to work *pred* **Erwerbsfähigkeit** *f kein pl* ÖKON ability [*or* capacity] to work; **eingeschränkte/verminderte** ~ restricted earning power/partial disability **Erwerbsgenossenschaft** *f* JUR **Erwerbs- und Wirtschaftsgenossenschaft** commercial cooperative **Erwerbsgeschäft** *nt* ÖKON commercial undertaking **Erwerbsgesellschaft** *f* HANDEL acquisitive society, [firm] purchase association **Erwerbsgrundlage** *f* ÖKON means *pl* of livelihood **Erwerbsleben** *nt* working life; **im ~ stehen** to lead a working life **erwerbslos** *adj* (*geh*) unemployed **Erwerbslose(r)** *f(m) dekl wie adj* unemployed person **Erwerbslosigkeit** *f kein pl* ÖKON unemployment **Erwerbsminderungsrente** *f* ÖKON, POL limited incapacity benefit **Erwerbsmöglichkeiten** *pl* ÖKON job opportunities **Erwerbspersonen** *pl* ÖKON gainfully employed **Erwerbssteuer** *f* FIN profit tax, earned income tax **erwerbstätig** *adj* working, gainfully employed; **die ~e Bevölkerung** the working population **Erwerbstätige(r)** *f(m) dekl wie adj* ÖKON gainfully employed [person], BRIT *a.* person in work; **selbstständig** ~ self-employed [person] **Erwerbstätigkeit** *f kein pl* ÖKON gainful employment, remunerative occupation; **selbstständige** ~ self-employment **erwerbsunfähig** *adj* (*geh*) unfit for gainful employment *form pred,* unable to participate in gainful employment *form pred,* unfit for work *pred,* unable to work *pred;* **jdn ~ machen** to render sb unfit for work [*or* unable to work] **Erwerbsunfähigkeit** <-> *f kein pl* ÖKON inability to work, total disability; ~ **oder Minderung der Erwerbsfähigkeit** total disability or reduced earning capacity **Erwerbsunfähigkeitsklausel** *f* JUR disability clause **Erwerbsunfähigkeitsrente** *f* FIN invalidity pension BRIT, disability [pension [*or* pay]] AM **Erwerbszweig** *m* line of business
Erwerbung *f* ❶ (*Kauf*) acquisition, purchase
❷ (*erworbener Gegenstand*) acquisition
erwidern* *vt* ❶ (*antworten*) ■**[jdm] etw [auf etw** *akk*] ~ to give [sb] a reply [to sth]; ■**[auf etw** *akk*] ~ to reply [to sth]; ***... erwiderte sie frech ...*** she replied cheekily; ***was haben Sie zu diesen Vorwürfen zu ~?*** what do you have to say in response to these accusations?; ■**[auf etw** *akk*] **~, dass ...** to reply [to sth] by saying [that] ...; ***auf meine Frage erwiderte sie ...*** she replied to my question by saying ...
❷ (*zurückgeben*) ■**etw** ~ to return sth; *s. a.* **Feuer**
Erwiderung <-, -en> *f* ❶ (*Antwort*) reply
❷ (*das Erwidern*) returning; **die ~ jds Liebe** returning of sb's love
❸ JUR (*Duplik*) *des Beklagten* rejoinder; *des Klägers* replication
Erwiderungsrecht *nt* JUR right of reply
erwiesenermaßen *adv* as has been proved
erwirken* *vt* (*geh*) ■**etw [gegen jdn]** ~ to obtain sth [against sb]
erwirtschaften* *vt* ■**etw** ~ to make
erwischen* *vt* (*fam*) ❶ (*ertappen*) ■**jdn [bei etw** *dat*] ~ to catch sb [doing sth]
❷ (*ergreifen, erreichen*) ■**jdn/etw** ~ to catch sb/sth; ***hast du den Bus noch erwischt?*** did you manage to catch the bus?
❸ (*treffen*) ■**jdn [an etw** *dat*] ~ to hit sb['s sth]
► WENDUNGEN: **jdn hat's erwischt** (*sl: total verliebt sein*) sb has got it bad; (*plötzlich erkrankt sein*) sb has really come down with it *fam;* (*unerwartet umgekommen sein*) sb has snuffed it *fam*
erworben *adj* acquired
erwünscht *adj* ❶ (*gewünscht*) desired
❷ (*willkommen*) welcome, desirable; **eine ~e Gelegenheit** a welcome opportunity; ***Ihre Anwesenheit ist zwar kein Muss, aber durchaus ~*** your presence is not compulsory though definitely desirable; ***Sie sind hier nicht ~!*** you are not welcome here!; ***Rauchen nicht ~!*** smoking not permitted!
erwürgen* *vt* ■**jdn** ~ to strangle sb
Erwürgte(r) *f(m) dekl wie adj* victim of strangling
Erythromycin <-s> [-tsi:n] *nt* MED erythromycin
Erythrozyt <-s, -en> *m* BIOL, MED erythrocyte
Erz <-es, -e> *nt* ore
Erzader *f* vein of ore
erzählen* **I.** *vt* ❶ (*anschaulich berichten*) explain
❷ (*sagen*) tell, relate; ■**[jdm] etw** ~ to tell [sb sth]; **[jdm] seine Erlebnisse** ~ to tell [sb] about one's experiences; ■**[jdm] ~, was/wie/wer ...** to tell [sb] what/how/who ...; ***was erzählst du da?*** what are you saying?; **es wird erzählt, dass ...** they say that ..., there is a rumour [*or* AM -or] that ...
► WENDUNGEN: **das kannst du anderen ~!** (*fam*), **das kannst du sonst wem [*o* einem anderen] ~** (*fam*) you can tell that to the marines!, tell me another! BRIT; **mir kannst du viel ~** (*fam*) say what you like!; **dem/der werd ich was ~!** (*fam*) I'll give him/her a piece of my mind!; **wem ~ Sie/erzählst du das!** (*fam*) you're telling me!
II. *vi* to tell a story/stories
Erzähler(in) *m(f)* ❶ (*jd, der erzählt*) storyteller
❷ (*Schriftsteller*) storyteller, author; (*Romanperson*) narrator
erzählerisch *adj* narrative
Erzählung *f* ❶ (*Geschichte*) story
❷ *kein pl* (*das Erzählen*) telling; ***darf ich jetzt in meiner ~ fortfahren?*** may I continue telling my joke/story now?
Erzbergwerk *nt* ore mine
Erzbischof, -bischöfin *m, f* archbishop **erzbischöflich** *adj attr* archiepiscopal **Erzbistum** *nt* archbishopric **Erzdiakon, -diakonisse** *m, f* archdeacon *masc,* archdeaconess *fem* **Erzdiözese** *f* archdiocese **Erzengel** *m* archangel
erzeugen* *vt* ■**etw** ~ ❶ *bes* ÖSTERR (*produzieren*) to produce sth
❷ CHEM, ELEK, PHYS to generate sth
❸ (*hervorrufen*) to create sth; **Ärger** ~ to cause trouble; ■**etw bei jdm** ~ to result in sb's sth; **Langeweile bei jdm** ~ to result in sb's becoming bored
Erzeuger(in) <-s, -> *m(f)* ❶ *bes* ÖSTERR (*geh: Produzent*) producer
❷ (*hum fam: Vater*) father
Erzeugergemeinschaft *f* ÖKON producers' [*or* manufacturers'] association [*or* cooperative] **Erzeugerland** *nt* ÖKON country of origin **Erzeugermarkt** *m* ÖKON producers' market **Erzeugermindestpreis** *m* ÖKON minimum producer price **Erzeugermitgliedstaat** *m* POL *der EU* producer member state **Erzeugerpreis** *m* ÖKON manufacturer's price **Erzeugerrisiko** *nt* ÖKON producer's risk
Erzeugnis *nt* HANDEL product; ~ **mit Warenzeichen** trademark[ed] product; **branchenfremdes/branchentypisches** ~ nonengineering/nontextile/etc./engineering/textile/etc. product; **einheimisches** ~ domestic product; **handelsübliches** ~ commercially available product
Erzeugnisselbstkosten *pl* FIN manufacturer's direct [prime] costs **Erzeugnissortiment** *nt* HANDEL product range **Erzeugnisvorkalkulation** *f* FIN product cost accounting
Erzeugung <-, -en> *f* ❶ *kein pl* CHEM, ELEK, PHYS generation
❷ (*Produktion*) production
Erzeugungsdefizit *nt* FIN production deficit
Erzeugungsquote *f* ÖKON production quota
Erzfeind(in) *m(f)* arch-enemy **Erzgauner** *m* (*pej*) out-and-out rogue
Erzgebirge *nt* Erzgebirge
Erzgewinnung *f* ore mining
Erzherzog(in) *m(f)* archduke *masc,* archduchess *fem*
erziehbar *adj* educable; ■**irgendwie ~ sein** to be educable in a certain way; ***Kinder sind nicht immer leicht ~*** bringing children up isn't always easy
erziehen* *vt irreg* ❶ (*aufziehen*) ■**jdn** ~ to bring up sb *sep;* ***meinen Mann werde ich schon noch ~!*** (*hum*) I'll get my husband trained, don't you

E

worry!; **gut/schlecht erzogen sein** to be well/ badly brought-up
❷ (*anleiten*) ■**jdn zu etw** *dat* ~ to teach sb to be sth; ***ihre Eltern hatten sie zur Pünktlichkeit erzogen*** her parents had taught her to be punctual

Erzieher(in) <-s, -> *m(f)* educator, teacher

erzieherisch *adj* educative

Erziehung *f kein pl* ❶ (*das Erziehen*) education *no pl,* teaching; ■**jds ~ zu jdm/etw** teaching sb to be sb/sth
❷ (*Aufzucht*) upbringing
❸ (*anerzogene Manieren*) manners *npl;* ***wo ist deine gute ~ geblieben?*** where are your manners?; **keine ~ haben** [*o* **jdm fehlt die ~**] to not be brought up properly, to not have any manners

Erziehungsaufgabe *f* job [*or* task] of educating [*or* bringing up] **Erziehungsbeihilfe** *f* education grant; *für Lehrlinge* training allowance BRIT **Erziehungsbeistand** *m* JUR educational supervisor **erziehungsberechtigt** *adj* acting as legal guardian *pred* **Erziehungsberechtigte(r)** *f(m) dekl wie adj* legal guardian, parent or legal guardian; ***Unterschrift des/der ~n*** signature of parent or legal guardian **Erziehungsgeld** *nt* child benefit (*paid for at least 6 months after the child's birth to compensate the parent who takes time off work to look after the child*) **Erziehungsgewalt** *nt* JUR parental authority **Erziehungsheim** *nt* community home **Erziehungsjahr** *nt year taken off work after the birth of a child to look after the child* **Erziehungsmaßregel** *f* JUR disciplinary measure[s *pl*] for juvenile delinquents **Erziehungsmethode** *f* method of education **Erziehungsrecht** *nt* JUR right of care and custody **Erziehungsurlaub** *m* maternity [*or* paternity] leave (*a period of up to three years taken by either the father or mother after the birth*) **Erziehungswesen** *nt kein pl* education system **Erziehungswissenschaft** *f kein pl* education, educational studies *npl* **Erziehungswissenschaftler(in)** *m(f)* educationalist BRIT, educational theorist AM; (*Pädagoge*) educator

erzielen* *vt* ❶ (*erreichen*) ■**etw ~** to reach sth, to achieve sth; ***es konnte bisher noch keine Einigung erzielt werden*** no agreement has been reached yet; **einen Erfolg ~** to achieve success; ***sie erzielte den ersten Preis*** she won the first prize
❷ SPORT ■**etw [gegen jdn] ~** to score sth [against sth]; **eine Bestzeit/einen Rekord ~** to establish a personal best/record

Erzielung *f* making, realization; **~ eines Gewinns** profitmaking

erzittern* *vi sein* (*geh*) ❶ (*zu zittern beginnen*) ■[**vor etw** *dat*] ~ to start trembling [with sth]
❷ (*erbeben*) to shake; ■**etw ~ lassen** to make sth shake

Erzkonkurrent(in) *m(f)* (*pej*) arch-rival **erzkonservativ** *adj* ultra-conservative **Erzlager** *nt* ore deposit **Erzpriester(in)** *m(f)* archpriest *masc,* archpriestess *fem* **erzreaktionär** *adj* POL, SOZIOL (*pej*) ultrareactionary **Erzrivale, -rivalin** *m, f* (*pej*) arch-rival **Erzschurke, -schurkin** *m, f* (*pej*) arch-villain

erzürnen* (*geh*) **I.** *vt* ■**jdn ~** to anger sb; **jdn sehr ~** to anger sb greatly, to incense sb
II. *vr* ■**sich über jdn/etw ~** to get [*or* become] angry at sb/about [*or* at] sth

Erzverbrecher(in) *m(f)* (*pej*) arch-villain *masc,* arch-villainess *fem*

Erzvorkommen *nt* ore deposit

erzwingbar *adj* JUR *gerichtlich* enforceable

erzwingen* *vt irreg* ■**etw [von jdm] ~** [*o* **[jds] etw ~**] to get [*or* obtain] sth [from sb] by force, to force sth from [*or* out of] sb; **jds Einverständnis ~** to make sb [*or* force sb to] agree, to make sb see reason; **eine Entscheidung ~** to force an issue; **jds Zuneigung ~** to force sb's affections; **ein Geständnis/eine Unterschrift [von jdm] ~** to make sb confess/sign, to force sb to confess/sign; **[von jdm] ein Zugeständnis ~** to wring [*or liter* wrest] a concession [from sb]

Erzwingung <-> *f* JUR enforcement

Erzwingungsgeld *nt* FIN contempt fine **Erzwingungshaft** *f* JUR arrest to enforce a court order **Erzwingungsstrafe** *f* JUR punishment to enforce a court order

erzwungen I. *pp von* **erzwingen**
II. *adj* forced; **~es Geständnis** a confession made under duress

es <*gen* **seiner**, *dat* **ihm**, *akk* **es**> *pron pers, unbestimmt* ❶ (*das, diese: auf Dinge bezogen*) it; ***wo ist mein Buch? — ~ liegt auf dem Tisch*** where's my book? — it's [lying] on the table; ■**~ ist jd/etw** it's sb/sth; ***wer ist da? — ich bin ~*** who's there? — it's me [*or dated form* it is I]; ***ich höre jemanden klopfen, ~ sind die Kinder*** I hear somebody knocking, it's the children
❷ *auf vorangehenden Satzinhalt bezogen* it; ***alle fanden das Urteil ungerecht, aber niemand sagte ~*** everyone found the verdict unjust, but nobody said so; ***kommt er auch? — ich hoffe ~*** is he coming too? — I hope so
❸ *rein formales Subjekt* **jdm gefällt ~, etw zu tun** sb likes doing sth; ***~ gefällt mir*** I like it; ***~ friert mich*** I am cold; ***~ freut mich, dass ...*** I am glad [*or* pleased] that ...; ***~ interessiert mich, warum du das getan hast*** I'm interested to know why you did that; ***~ scheint ihr egal zu sein*** she doesn't seem to care; ***~ ist kalt/7 Uhr/28° Celsius*** it's cold/7 o'clock/28° celsius; ***~ ist zu dumm, aber ...*** it's too bad, but ...; ***~ ist schade, dass ...*** it's a pity [*or* shame] that ...
❹ *rein formales Objekt* ***er hat ~ gut*** he's got it made; ***wir haben ~ schon längst kommen sehen*** we saw it coming for a long time; ***sie hat ~ an der Blase*** she has bladder trouble
❺ *Subjekt bei unpersönlichen Ausdrücken* ***~ klopft*** there's a knock [*or* there's somebody knocking] [*or* somebody's knocking] at the door; ***hat ~ geklingelt?*** did somebody ring?; ***~ regnet*** it's raining; ***~ wurde getanzt*** there was dancing; ***~ wird immer noch nicht genug getan*** there's still not enough being done
❻ *Einleitewort mit folgendem Subjekt* ***~ geschah ein Unglück*** there was an accident; ***~ geschieht manchmal ein Wunder*** a miracle happens sometimes; ***~ kamen alle*** everybody came; ***~ waren Tausende*** there were thousands

Es <-, -> *nt* MUS E flat

ESA <-> *f kein pl Abk von* **European Space Agency** ESA

Escapetaste *f* INFORM *s.* **ESC-Taste**

Esche <-, -n> *f* ❶ (*Baumart*) ash [tree]
❷ (*Holz*) ash; **ein Tisch in ~** an ash table

Eschenholz *nt* ash

ESC-Taste *f* INFORM escape key

Escudo <-[s], -[s]> *m* escudo

Esel(in) <-s, -> *m(f)* ❶ (*Tier*) donkey, ass *old,* she-ass *fem old,* jenny [ass] *fem old*
❷ *nur masc* (*fam: Dummkopf*) idiot; ***ich ~!*** I'm an idiot!, silly [old] me! *a. hum;* **[du] alter ~!** [you] idiot!

Eselsbrücke *f* (*fam*) aide-mémoire, mnemonic; (*gereimt*) jingle; **jdm/sich eine ~ bauen** to give sb a hint [*or* clue]/to use a mnemonic device **Eselsohr** *nt* dog-ear, turned-down corner; ***das Buch hat ja lauter ~en!*** the book has dog-eared pages all over the place!

ESF *m* EU *Abk von* **Europäischer Sozialfonds** ESF, European Social Fund

Eskalation <-, -en> *f* escalation

eskalieren* **I.** *vi* ■[**zu etw** *dat*] ~ to escalate [into sth]; ***der Wortwechsel eskalierte schnell zum Streit*** the exchange of words quickly escalated into an argument
II. *vt* ■**etw ~** to escalate sth

Eskapade <-, -n> *f* ❶ (*geh: mutwillige Unternehmung*) escapade
❷ (*Dressursprung beim Pferd*) caprice

Eskimo, -frau <-s, -s> *m, f* Eskimo; ■**die ~s** the Eskimo[s]

Eskimofrau *f fem form von* **Eskimo** [female] Eskimo, Eskimo woman

eskomptieren* *vt* HANDEL ■**etw ~** to discount sth

Eskorte <-, -n> *f* escort

eskortieren* *vt* ■**jdn ~** to escort sb; ■**etw ~** to convoy [*or* escort] sth

ESO *f kein pl Abk von* **Europäische Südsternwarte** ESO

Esoterik <-> *f kein pl* ■**die ~** esotericism

esoterisch *adj* esoteric

ESP *nt* AUTO *Abk von* **elektronisches Stabilitätsprogramm/Stabilisierungsprogramm** ESP

Espadrille <-, -s> [-'dri:j] *f* espadrille

Espe <-, -n> *f* aspen, trembling poplar

Espenlaub *nt* aspen leaves *pl;* **zittern wie ~** to be shaking like a leaf

Esperanto <-s> *nt kein pl* Esperanto

Espresso <-[s], -s *o* Espressi> *m* espresso

Espressomaschine *f* espresso [machine]

Esprit <-s> [ɛs'pri:] *m kein pl* (*geh*) wit; **eine Frau/ein Mann von ~** a [woman/man of] wit, a spirited woman/man

Essay <-s, -s> ['ɛse, ɛ'se:] *m o nt* essay

essbar[RR], **eßbar** *adj* edible; **nicht ~** inedible; ■**etwas E~es** something to eat

Essbesteck[RR] *nt* cutlery set **Ess-Brech-Sucht**[RR] *f kein pl* bulimia; **an ~ leiden** to suffer from bulimia

Essen <-s> *nt* Essen

essen <isst, aß, gegessen> **I.** *vt* (*Nahrung zu sich nehmen*) ■**etw ~** to eat sth; ***Sie gern Äpfel?*** do you like apples?; ***ich esse am liebsten Schokoladeneis*** I like chocolate ice cream most [*or* best] of all; **etw zum Nachtisch ~** to have sth for dessert
► WENDUNGEN: **gegessen sein** (*fam*) to be dead and buried
II. *vi* to eat; (*dinieren*) to dine *form;* ■**von etw** *dat* ~ to eat some of sth, to eat of sth *old;* (*probieren*) to try sth, to have some of sth; **in der Kantine/einem Restaurant ~** to eat in the canteen/a restaurant, to take one's meals/a meal in the canteen/a restaurant; **von einem Teller ~** to eat off a plate; **griechisch/italienisch ~** to have a Greek/an Italian meal; ***lass uns chinesisch ~*** let's have a Chinese *fam;* **gutbürgerlich ~** to eat good plain food; **kalt/warm ~** to have a cold/hot meal; **~ gehen** (*zum E~ gehen*) to go to eat; ***ich geh jetzt erst mal ~*** (*fam*) I'm just going for something to eat now; (*im Lokal speisen*) to eat [*or form* dine] out; **[gerade] beim E~ sein** to be in the middle of eating [*or* a meal]; ***in diesem Restaurant kann man gut ~*** this restaurant does good food; ***ich habe noch nirgends so schlecht gegessen*** nowhere have I had such a poor meal; ***ich bin ~*** (*fam*) I've gone to eat; ***iss mal tüchtig!*** tuck in! *fam,* get stuck in! *fam;* ***~ kommen!*** come and eat!

Essen <-s, -> *nt* ❶ (*zubereitete Mahlzeit, Speise*) meal, repast *form;* (*Arbeits~*) working lunch/dinner; (*Fest~*) dinner; (*offizielles Dinner*) banquet, formal [*or* official] dinner; **~ auf Rädern** meals on wheels; **zum ~ bleiben** to stay for [*or* BRIT to] lunch/dinner, to stay for a meal; **das ~ auf den Tisch bringen** to serve up [lunch/dinner] *sep;* **jdn zum ~ einladen** to invite sb to [*or* for] lunch/dinner, to invite sb for a meal; **~ fassen** MIL to draw rations; (*fam*) to come and get one's meal; **ein ~ [für jdn] geben** to give [*or* throw] a banquet [for sb]; **das ~ kochen** [*o fam* **machen**] to cook [*or fam* get] the meal; **zum ~ kommen** to come and eat
❷ (*Nahrung*) food *no pl, no indef art;* **fettes ~** fatty food

Essen(s)ausgabe *f* ❶ (*Schalter*) serving counter
❷ *kein pl* (*Verteilung einer Mahlzeit*) serving of meals; ***die ~ ist morgens um 7*** meals are served every morning at 7 **Essen(s)marke** *f* meal voucher [*or* AM ticket] **Essenszeit** *f* mealtime

Essentialismus <-> *m kein pl s.* **Essenzialismus**

essentiell *adj, adv s.* **essenziell**

Essenz <-, -en> *f* KOCHK, CHEM essence

Essenzialismus[RR] <-> *m kein pl* PHILOS essentialism

essenziell[RR] **I.** *adj* ❶ (*geh: wesentlich*) essential;

von ~er Bedeutung sein to be of vital importance
2 BIOL, CHEM, MED essential
II. *adv* PHILOS essentially
Esser(in) <-s, -> *m(f)* mouth to feed; **ein guter/ schlechter ~/eine gute/ schlechte ~in sein** to be a big [*or* BRIT great]/poor eater; ***auf einen ~ mehr kommt es auch nicht an*** one more person won't make any difference
EssgeschirrRR *nt* (*Service*) dinner service; MIL (*Besteck*) mess tin [*or* AM kit] **Essgewohnheiten**RR *pl* eating habits *pl*
Essig <-s, -e> *m* (*saure Flüssigkeit*) vinegar, acetum *spec*
► WENDUNGEN: **mit etw** *dat* **ist es ~** (*fam*) it's all up with sth *fam;* ***damit ist es nun ~*** it's all off; ***mit dem neuen Auto ist es ~*** we/they etc. can forget the new car
Essigessenz *f* vinegar concentrate [*or* essence] **Essiggurke** *f* [pickled] gherkin **essigsauer** *adj* CHEM acetic; **essigsaure Tonerde** [basic] aluminium acetate **Essigsäure** *f* acetic [*or spec* ethanoic] acid
EsskastanieRR [-kasta:niə] *f* sweet chestnut, marron **Esskultur**RR *f kein pl* gastronomic culture **Esslöffel**RR *m* 1 (*Essbesteck*) dessert spoon; (*zum Suppe essen*) soup spoon 2 (*Maßeinheit beim Kochen*) tablespoon; ***man nehme einen ~ Zucker*** take a tablespoon of sugar **esslöffelweise**RR *adv* by the spoonful **Essstäbchen**RR *nt meist pl* chopstick **Essstörung**RR *f meist pl* eating disorder **Esssucht**RR *f kein pl* compulsive eating **Esstisch**RR *m* dining table **Esswaren**RR *pl* food *no pl, no indef art,* provisions **Esszimmer**RR *nt* dining room
Establishment <-s, -s> [ɪs'tɛblɪʃmənt] *nt* ■ **das ~** the Establishment
Este, Estin <-n, -n> *m, f* Estonian; *s. a.* **Deutsche(r)**
Ester <-s, -> *m* CHEM ester
Estland <-s> *nt* Estonia; *s. a.* **Deutschland**
estnisch *adj* Estonian; *s. a.* **deutsch**
Estragon <-s> *m kein pl* tarragon
Estragonessig *m* tarragon vinegar **Estragonöl** *nt* tarragon oil
Estremadura *f* Estremadura
Estrich <-s, -e> *m* 1 (*Fußbodenbelag*) concrete floor
2 SCHWEIZ (*Dachboden*) attic, loft
Eszett <-, -> *nt* eszett, [the letter] ß
etablieren* (*geh*) I. *vt* ■ **etw ~** to establish sth
II. *vr* 1 (*einen festen Platz gewinnen*) ■ **sich [fest] ~** to become [firmly] established, to establish oneself
2 (*sich niederlassen*) ■ **sich ~** to settle down
3 (*ein Geschäft gründen*) ■ **sich als etw ~** to set oneself up as sth
etabliert *adj* (*geh*) established; **die ~e Oberschicht** the ruling class
Etablissement <-s, -s> [etablɪsə'mã:] *nt* (*geh*)
1 (*Lokal*) establishment
2 (*euph: Bordell*) house of pleasure *euph,* bordello *liter*
Etage <-, -n> [e'ta:ʒə] *f* floor; **auf [*o* in] der 5. ~** on the 5th floor BRIT, on the 6th floor AM
Etagenbett [e'ta:ʒən-] *nt* bunk bed **Etagenheizung** *f* single-storey heating system **Etagenwohnung** *f* flat BRIT, apartment AM, *occupying a whole floor*
et al. *Abk von* **et alii** et al.
Etappe <-, -n> *f* 1 (*Abschnitt*) phase; **in ~n arbeiten** to work in stages
2 (*Teilstrecke*) leg, stage
3 MIL communications zone
Etappensieg *m* SPORT stage-win; (*fig*) partial victory **Etappensieger(in)** *m(f)* SPORT stage-winner
Etat <-s, -s> [e'ta:] *m* POL budget; **einen ~ aufstellen** to prepare [*or sep* draw up] a budget; **den ~ kürzen** to trim the budget
Etatentwurf *m* budgetary estimates *pl* **Etatjahr** *nt* ÖKON financial year **etatmäßig** *adj* ÖKON budgetary; **~e Ausgaben** budget spending **Etatüberschuss**RR *m* ÖKON budget surplus
etc. [ɛt'tse:tera] *Abk von* **et cetera** etc.

etepetete *adj pred* (*fam*) finicky *fam,* pernickety *fam*
Eternit® <-s> *m* asbestos cement
Ethik <-> *f kein pl* 1 (*Wissenschaft*) ethics + *sing vb*
2 (*moralische Haltung*) ethics *npl*
3 (*bestimmte Werte*) ethic; **christliche ~** Christian ethic
Ethikunterricht *m kein pl* SCH (*Unterricht*) ethics teaching, teaching of ethics; (*Stunden*) ethics lessons [*or* classes] *pl*
ethisch *adj* ethical
ethnisch *adj* ethnic
EthnografieRR <-, -n> *f s.* **Ethnographie**
Ethnographie <-, -n> [*pl* -'fi:ən] *f* ethnography
Ethnologe, -login <-n, -n> *m, f* ethnologist
Ethnologie <-, -n> [*pl* -'gi:ən] *f kein pl* ethnology *no pl*
Ethnologin *f fem form von* **Ethnologe**
Ethogramm <-s, -e> *nt* BIOL ethogram
Ethologie <-> *f kein pl* ethology *no pl*
Ethos <-> ['e:tɔs] *nt kein pl* (*geh*) ethos; **berufliches ~** professional ethics *npl*
Etikett <-[e]s, -e> *nt* 1 (*Preisschild*) price tag
2 (*Aufnäher*) label
3 (*Aufkleber*) external label
Etikette <-, -n> *f* (*geh*) etiquette; **gegen die ~ verstoßen** to offend against etiquette
Etikettenschwindel *m* 1 (*Etiketten vertauschen*) fraudulent exchange of labels
2 (*fig: Augenwischerei*) conmanship; ***was dieser Politiker redet ist reinster ~*** this politician is purely juggling with names
etikettieren* *vt* ■ **etw ~** to label sth; *Preis* to price-tag sth
Etikettierung <-, -en> *f* HANDEL labelling
etliche(r, s) *pron indef* 1 *adjektivisch, sing/pl* quite a lot of; **~ Mal** (*geh*) several [*or* quite a few] times
2 *substantivisch, pl* quite a few
3 *substantivisch, sing* ■ **~s** quite a lot; **um ~s älter/größer als jdn** quite a lot older/bigger than sb
etlichemal *adv* (*geh*) *s.* **etliche(r, s) 1**
Etrusker(in) <-s, -> *m(f)* Etruscan [*or* Etrurian]
etruskisch *adj* Etruscan [*or* Etrurian]
Etruskisch <-en> *nt* LING ■ **~/ das ~e** Etruscan [*or* Etrurian]
Etüde <-, -n> *f* MUS étude
Etui <-s, -s> [ɛt'vi:, e'tyi:] *nt* case; (*verziert a.*) etui **Etuikleid** *nt* MODE box [*or* sheath] dress **Etuirock** *m* sheath skirt
etwa I. *adv* 1 (*ungefähr, annähernd*) about; **in ~** more or less; **so ~ [*o* ~ so]** roughly [*or* more or less] like this; ***so ~ könnte es passiert sein*** it could have happened roughly like this
2 (*zum Beispiel*) for instance; ***wie ~ mein Bruder*** like my brother for instance
II. *part* 1 (*womöglich*) ***ist das ~ alles, was Sie haben?*** are you trying to tell me [*or* do you mean to say] that's all you've got?; ***soll das ~ heißen, dass …?*** is that supposed to mean [that] …?; ***willst du ~ schon gehen?*** [surely] you don't want to go already!; ***das haben Sie wohl nicht mit Absicht gesagt, oder ~ doch?*** you didn't say that on purpose — or did you?; ***bleibst du nun hier oder kommst du ~ doch mit?*** do you want to stay here, or are you coming after all?
2 (*Verstärkung der Verneinung*) ***ist das ~ nicht wahr?*** do you mean to say it's not true?
etwaig *adj attr* any
Etwapreis *m* HANDEL approximate price
etwas *pron indef* 1 *substantivisch* (*eine unbestimmte Sache*) something; ***hast du nicht eben auch ~ gehört?*** didn't you hear something then as well?; ***hast du ~?*** are you feeling all right?; ***merken Sie ~?*** do you notice anything?; **~ sein** to be something; ***das ist doch schon mal ~!*** that's something [*or* not bad] for a start! *fam;* ***das will ~ heißen*** that's saying something; ***sein Wort gilt ~ beim Chef*** his word counts for something with the boss;

~ miteinander haben to have something going for each other
2 *adjektivisch* (*nicht näher bestimmt*) something; **~ anderes** something else; **~ Dummes/Neues** something stupid/new; ***dass ich das vergessen konnte, so ~ Dummes!*** I'm an idiot for forgetting that; ***~ Schöneres habe ich noch nie gesehen*** I have never seen anything more beautiful; (*ein bisschen*) a bit; **[noch] ~ Geld/Kaffee** some [more] money/coffee; ***nimm dir ~ von dem Kuchen*** have a bit of cake
3 *adverbial* (*ein wenig*) a little, somewhat; ***du könntest dich ruhig ~ anstrengen*** you might make a bit of an effort; ***kannst du dich nicht ~ beeilen?*** can't you hurry up a little?; ***sie scheint ~ sauer zu sein*** she seems to be somewhat [*or* a little] annoyed; ***~ seltsam ist das schon, oder?*** that's a little strange, don't you think?
Etwas <-> *nt kein pl* **ein hartes/spitzes/… ~** something hard/sharp/…; **das gewisse ~** that certain something [*or liter* je ne sais quoi]; **ein winziges ~** a tiny little thing
Etymologie <-, -n> [*pl* -'gi:ən] *f* 1 *kein pl* (*Wissenschaft*) ■ **die ~** etymology *no pl*
2 (*Herkunft*) etymology *no pl;* ***die ~ dieses Wortes ist unklar*** the etymology of this word is unclear
etymologisch *adj* etymological
EU *f Abk von* **Europäische Union** EU
EU-Behörde *f* EU authority **EU-Beitritt** *m* joining of the EU **EU-Bürger(in)** *m(f)* EU citizen, citizen of the EU **EU-Bürgerschaft** *f* EU citizenship
euch I. *pron pers akk, dat von* **ihr** you; ***wie ist das bei ~ in Frankreich mit den Ferien?*** what are your holidays like in France?; **ein Freund/eine Freundin von ~** a friend of yours
II. *pron refl* ***beeilt ~!*** hurry [up]!; ***macht ~ fertig!*** get [*fam* yourselves] ready!; ***wascht ~!*** get [*fam* yourselves] washed!; ***putzt ~ die Zähne!*** brush your teeth!
Eucharistie <-> *f kein pl* REL Eucharist *no pl, no indef art*
EU-einheitlich *adj* EU-standard
euer I. *pron poss* your; ***es ist ~/eu[e]re/~[e]s*** it's yours; ***viele Grüße, ~ Martin!*** best wishes, [yours,] Martin; **E~ [*o* Eu[e]re] Eminenz/Gnaden/Majestät** your Eminence/Grace/Majesty
II. *pron pers gen von* **ihr** (*geh*) ***wir werden ~ gedenken*** we will think of you
euere(r, s) *pron poss s.* **eure(r, s)**
EU-Führerschein *m* EU driving licence [*or* AM driver's license]
Eugenik <-> *f kein pl* MED eugenics + *sing vb*
eugenisch *adj* MED eugenic
EuGH *m Abk von* **Europäischer Gerichtshof** European Court of Justice
EU-Gipfel *m* EU summit
Eukalyptus <-, -lypten> *m* 1 (*Baum*) eucalyptus [tree]
2 (*Öl*) eucalyptus [oil]
Eukalyptusbonbon [-bɔŋbɔŋ, -bõbõ:] *m o nt* eucalyptus lozenge **Eukalyptushonig** *m* eucalyptus honey
EU-Kartellrecht *nt* JUR EU cartel law
Eukaryont <-en, -en> *m meist pl* BIOL eukaryote
euklidisch *adj* MATH **~e Geometrie** Euclidean geometry
EU-Kommissar(in) *m(f)* EU commissioner **EU-Kommission** *f* EU Commission **EU-Land** *nt* EU country
Eule <-, -n> *f* 1 (*Vogel*) owl
2 (*pej: Frau*) **alte ~** old crow [*or pej* crone]
► WENDUNGEN: **~n nach Athen tragen** (*prov*) to carry coals to Newcastle BRIT *prov*
Eulenspiegel *m* joker; ***unser Sohn ist ein richtiger ~*** our son is a right little rascal; **Till ~** Till Eulenspiegel *liter* **Eulenspiegelei** <-, -en> *f* caper, trick
EU-Ministerrat *m* EU Council of Ministers **EU-Mitgliedsland** *nt* EU member state **EU-Norm** *f*

EU standard

Eunuch <-en, -en> *m* eunuch

Euphemismus <-, -mismen> *m* euphemism

euphemistisch *adj* euphemistic

Euphorie <-, -n> [*pl* -'riːən] *f* euphoria

euphorisch *adj* euphoric

euphorisierend *adj* MED euphorigenic, euphoriant, euphoretic

Euratom <-> *f Akr von* **Europäische Atomgemeinschaft** Euratom

eure(r, s) *pron poss* (*geh*) ■**[der/die/das] E~** yours; **[stets** [*o* **immer**]] **der/die E~** yours [ever]; ***Onkel August, immer der E~*** yours ever, Uncle August; ***tut ihr das E~*** you do your bit; ***kümmert ihr euch um das Eu[e]re!*** you attend to your own business

EU-Recht *nt* JUR EU law

Eureka <-> *f Akr von* **European Research Coordination Agency** Eureka

eurerseits *adv* (*soweit es euch angeht*) for your part; (*von eurer Seite aus*) on your part

euresgleichen *pron* (*pej*) your like [*or pej* sort]

euretwegen *adv* (*wegen euch*) because of you, on your account; (*euch zuliebe*) for your sake[s]

euretwillen *adv* for your sake

Eurhythmie <-> *f kein pl* eurhythmics + *sing vb*

EU-Richtlinie *f* EU directive

eurige *pron* (*geh*) yours

Euro <-[s], -[s]> *m* euro

Euroanleihe *f*, **Eurobond** *m* Eurobond **Eurocheque** *m s.* Euroscheck **Eurocity**, **Eurocityzug**[RR] [-sɪti-] *m* Eurocity train (*connecting major European cities*) **Euro-Devisen** *pl* FIN Eurocurrencies **Eurodollar** *m* Eurodollar **Eurogeldhändler(in)** *m(f)* FIN Eurocurrency dealer **Eurogeldmarkt** *m* FIN Eurocurrency market **Euro-II-Norm** *f* Euro II standard (*exhaust emission standard*) **Eurokapitalmarkt** *m* FIN Eurocapital market **Eurokorps** <-> *nt kein pl* MIL Eurocorps + *sing/pl vb*

Eurokrat(in) <-en, -en> *m(f)* Eurocrat

Eurokredit *m* FIN Eurocredit **Euroland** *nt* ÖKON EU country

Europa <-s> *nt* Europe

Europaabgeordnete(r) *f(m) dekl wie adj* Member of the European Parliament, MEP **Europacup** [-kap] *m s.* **Europapokal**

Europäer(in) <-s, -> *m(f)* European

Europafan *m* Europhile **Europafrage** *f* European question **Europagegner(in)** *m(f)* Europhobe

europäisch *adj* European; **E~e Atomgemeinschaft** [*o* **EURATOM**] European Atomic Energy Community, EURATOM; **E~e Kommission** European Commission; **E~e Einheitswährung** single European currency, euro; **E~er Entwicklungsfonds** European Development Fund; **E~er Fonds für Währungszusammenarbeit** European Monetary Co-operation Fund; **E~er Fonds für währungspolitische Zusammenarbeit** European Monetary Cooperation Fund, EMCF; **E~e Freihandelszone** European Free Trade Area; **E~e Freihandelsgemeinschaft** European Free Trade Association, EFTA; **E~e Gemeinschaft** [*o* **EG**] European Community, EC; **E~e Gemeinschaft für Kohle und Stahl** European Coal and Steel Community; **E~er Gerichtshof** European Court of Justice; **E~er Gewerkschaftsbund** European Trade Union Confederation; **E~e Kommission** European Commission; **E~e Marktordnung** European market regulations *pl;* **E~e Menschenrechtskommission** European Commission for Human Rights; **E~e Organisation für wirtschaftliche Zusammenarbeit** Organization for European Economic Cooperation; **E~es Parlament** European Parliament; **E~er Rat** European Council; **E~e Rechnungseinheit** European Unit of Account; **E~er Sozialfonds** European Social Fund; **E~e Union** European Union, EU; **E~e Verteidigungsgemeinschaft** European Defence [*or* AM -se] Council; **E~es Währungsabkommen** European Monetary Agreement; **E~e Währungseinheit** European Currency Unit, ECU; **E~er Währungsfonds** European Monetary Fund, EMF; **E~es Währungssystem** [*o* **EWS**] European Monetary System, EMS; **E~e Währungsunion** [*o* **EWU**] European Monetary Union, EMU; **E~er Wechselkursverbund** Currency Snake; **E~e Weltraumbehörde** European Space Agency; **E~e Wirtschaftsgemeinschaft** [*o* **EWG**] European Economic Community, EEC, [European] Common Market; **E~er Wirtschaftsrat** European Economic Council; **E~er Wirtschaftsraum** [*o* **EWR**] European Economic Area, EEA; **E~e Zentralbank** [*o* **EZB**] European Central Bank, ECB; **E~e Zollunion** European Customs Union

Europäische Investitionsbank *f* JUR European Investment Bank **Europäische Union** *f* European Union **Europäische Währungsunion** *f* European Monetary Union **Europäische Zentralbank** *f* JUR European Central Bank

europäisieren* *vt* ■**etw/jdn ~** to Europeanize sth/sb

Europaliga *f* European League **Europameister(in)** *m(f)* (*als Einzelner*) European champion; (*als Team, Land*) European champions *pl* **Europameisterschaft** *f* European championship **Europaminister(in)** *m(f)* minister for European affairs **Europaparlament** *nt* ■**das ~** the European Parliament **Europapass**[RR] *m* European passport **Europapokal** *m* European cup **Europapolitik** *f* European policy, policy on Europe **Europapolitiker(in)** *m(f)* Euro MP BRIT **Europarat** *m kein pl* Council of Europe *no pl, no indef art* **Europarecht** *nt kein pl* JUR European law **Europaskala** *f* TYPO European colour [*or* AM -or] scale, Euroscale **Europastraße** *f main European arterial route* **Europavertrag**, **EU-Vertrag** *m* JUR Treaty of Rome **Europawahl** *f* European elections *pl* **europaweit** *adj* Europe-wide, pan-European, throughout Europe *pred*

Europium <-s> *nt kein pl* europium

Europol *f* Europol **Euroscheck** *m* Eurocheque **Euroscheckkarte** *f* Eurocheque card **Eurosignal** *nt* TELEK European call signal **Euroskeptiker(in)** *m(f)* Eurosceptic **Euro-Stoxx** <-> *m kein pl* (*Aktienindex*) Euro-Stoxx **Eurotunnel** *m* Channel tunnel **Eurovision** [-vi-] *f* Eurovision **Eurovisionssendung** [-vi-] *f* Eurovision broadcast [*or* BRIT programme] [*or* AM program] **Eurowährung** *f* European currency **Eurowährungsmarkt** *m* ÖKON Eurocurrency market

eurozentrisch *adj* SOZIOL, POL, PHILOS Eurocentric

EU-Staat *m* EU country

Euter <-s, -> *nt o m* udder

Euthanasie <-> *f kein pl* euthanasia *no pl, no art,* mercy killing *fam*

eutroph *adj* ÖKOL eutrophic

Eutrophierung <-, -en> *f* ÖKOL eutrophication

EU-Wettbewerbsrecht *nt kein pl* JUR EU competition law

ev. *adj Abk von* **evangelisch**

e.V., E.V. *m Abk von* **eingetragener Verein** registered association

Eva <-s> ['eːfa, 'eːva] *f* ❶ (*Frauenname*) Eve ❷ (*hum fam: Frau*) **eine richtige kleine ~** a proper little madam BRIT *hum*

Evakostüm *nt s.* **Evaskostüm**

evakuieren* [-va-] *vt* ❶ (*an sicheren Ort bringen*) ■**jdn/etw ~** to evacuate sb/remove sth (**aus** +*dat* from, **in/auf** +*akk* to); **jdn aufs Land ~** to evacuate sb to the country ❷ (*auslagern*) ■**etw ~** to remove sth (**in** +*akk* to)

Evakuierte(r) *f(m) dekl wie adj* evacuee

Evakuierung <-, -en> [-va-] *f* evacuation

evangelisch [evaŋ'geːlɪʃ] *adj* Protestant; ■**~ sein** to be a Protestant

evangelisch-lutherisch *adj* Lutheran-Protestant

Evangelisierung <-> *f kein pl* evangelizing

Evangelist <-en, -en> [evaŋge'lɪst] *m* evangelist

Evangelium <-s, -lien> [evaŋ'geːliʊm, -liən] *nt* Gospel; (*fig*) gospel

Evaporation <-, -en> *f* evaporation

Eva(s)kostüm *nt* **im ~** (*hum*) in her birthday suit *hum,* in the altogether BRIT *hum*

Event <-s, -s> [ɪ'vɛnt] *m* event

Eventbereich [ɪ'vɛnt-] *m* events area; (*Präsentationsräume*) presentation rooms *pl;* (*Partyräume*) party rooms *pl*

Eventualantrag *m* POL secondary motion **Eventualaufrechnung** *f* JUR cautionary setting-off **Eventualbudget** *nt s.* **Eventualhaushalt Eventualfall** [-vɛn-] *m* eventuality, contingency; **für den ~ gerüstet sein** to be ready for the eventuality [*or* contingency]; **im ~** in the eventuality **Eventualhaushalt** *m* FIN, POL emergency [*or* contingency] budget

Eventualität <-, -en> [-vɛn-] *f* eventuality, contingency; **für alle ~en gerüstet sein** to be ready for all eventualities

Eventualmaxime *f* JUR alternative pleading **Eventualverbindlichkeit** *f*, **Eventualverpflichtung** *f* FIN contingent [*or* secondary] liability, contingency **Eventualvertrag** *m* JUR aleatory contract

eventuell [-vɛn-] **I.** *adj attr* possible; ***bei ~en Rückfragen wenden Sie sich bitte an die Direktion*** if you have any queries please contact the management

II. *adv* possibly, perhaps; ***ich komme ~ etwas später*** I might [possibly] come a little later; ***könntest du mir ~ 500 Mark leihen?*** could you lend me 500 marks, by any chance?

Evergreen <-s, -s> ['ɛvɐgriːn] *m* evergreen

evident [-vi-] *adj* (*geh*) obvious, patent *attr form;* ■**~ sein, dass ...** to be obvious that ...

Eviktion <-, -en> *f* JUR eviction

ev.-luth. *adj Abk von* **evangelisch-lutherisch**

Evolution <-, -en> [-vo-] *f* evolution

Evolutionsfaktor *m* BIOL evolution factor **Evolutionstheorie** *f* BIOL theory of evolution; **darwinsche ~** Darwinian theory [of evolution], Darwinism

EVP *m* HANDEL *Abk von* **Endverbraucherpreis** fixed retail price

evtl. *adj, adv Abk von* **eventuell**

EVU *nt Abk von* **Energieversorgungsunternehmen** energy supply company

E-Werk *nt s.* **Elektrizitätswerk**

EWG <-> *f Abk von* **Europäische Wirtschaftsgemeinschaft** EEC

EWI *nt Abk von* **Europäisches Währungsinstitut** EMI, European Monetary Institute

ewig I. *adj* ❶ (*immer während*) eternal; **~es Eis/~er Schnee** perpetual ice/snow; **das ~e Leben** eternal [*or* everlasting] life; **~e Liebe** undying love ❷ (*pej fam: ständig*) **~es Gejammer** never-ending [*or* non-stop] moaning and groaning

II. *adv* ❶ (*dauernd*) eternally; (*seit jeher*) always; **[schon] ~ bestehen** to have always existed; (*für immer*) for ever, forever; **jdm ~ dankbar sein** to be eternally grateful to sb; **schwören, jdn ~ zu lieben** to swear one's undying love to sb; **auf ~** for ever ❷ (*fam: ständig*) always; ***in der Kantine gibt es ~ denselben Fraß*** (*fam*) the cantine always dishes up the same [old] grub *fam* ❸ (*fam: lange Zeitspanne*) for ages; ***den habe ich schon ~ nicht mehr gesehen*** I haven't seen him in [*or* for] ages *fam;* ***das dauert [ja] ~!*** it's taking ages [and ages]! *fam*

► WENDUNGEN: **drum prüfe, wer sich ~ bindet** (*prov*) marry in haste, repent at leisure *prov*

Ewiggestrige(r) *f(m) dekl wie adj* (*pej*) stick-in-the-mud *pej*

Ewigkeit <-, -en> *f* eternity *no pl, no def art,* everlastingness *no pl, no def art;* **eine [halbe] ~ dauern** (*hum fam*) to last an age [*or* an eternity]; **in die ~ eingehen** (*geh*) to pass into eternity *liter,* to enter into eternal life *liter;* **bis in alle ~** (*für alle Zeit*) for ever [*or liter* all eternity]; (*wer weiß wie lange*) for ever [and ever]; ***soll ich vielleicht bis in alle ~ warten?*** am I supposed to wait for ever?; **seit ~en** [*o* **einer ~**] (*fam*) for ages *fam*

Ewigkeitsgarantie *f kein pl* POL *des Grundgesetzes* guarantee in perpetuity

EWS <-> *nt kein pl Abk von* **Europäisches Währungssystem** EMS

EWU <-> *f Abk von* **Europäische Währungsunion** EMU

Ex <-> *m o f* ex *fam*

ex *adv* ① *(vorüber)* ■ **mit etw** *dat* **ist es ~** it's [all] over with sth; ■ **~ sein** *(fam)* to be done for *fam*
② *(auf einmal)* **etw** [**auf**] **~ trinken** to down sth in one; [***aber***] [***trink***] ***~!*** bottoms up!, down the hatch! *fam*
► WENDUNGEN: **~ und hopp** *(fam)* here today, gone tomorrow

exakt I. *adj* exact; ***das ist ~, was ich gemeint habe*** that's precisely [*or* exactly] what I meant
II. *adv* exactly; **~ arbeiten** to be accurate [*or* exact] in one's work

Exaktheit <-> *f kein pl* exactness *no pl,* precision *no pl*

exaltiert *adj (geh)* effusive *form*

Examen <-s, – *o* Examina> *nt* final exam[ination]s *pl,* finals *npl;* **mündliches ~** oral exam[ination]; **schriftliches ~** [written] exam[ination]; **das** [*o* **sein**] **~ bestehen** to pass one's finals; **das** [*o* **sein**] **~ mit Auszeichnung bestehen** to pass one's finals with distinction; **das** [*o* **sein**] **~ mit Eins bestehen** [*o* **machen**] ≈ to get a First [*or* AM an A]; **durch das ~ fallen** to fail [in] one's finals; **~ machen** to do [*or* take] one's finals

Examensangst *f* pre-exam anxiety; **unter ~ leiden** to suffer from pre-exam anxiety **Examensarbeit** *f prior written work as part of an examination* **Examenskandidat(in)** *m(f)* examinee, [examination] candidate

examinieren* *vt (geh)* ① *(prüfen)* ■ **jdn** [**in etw** *dat*] **~** to examine sb [in sth]; **jdn über ein Thema ~** to examine sb in a subject; **eine examinierte Krankenschwester** a qualified nurse
② *(ausforschen)* **jdn** [**streng**] **~** to grill sb *fam,* to question sb closely

Ex-Dividende *f* BÖRSE ex dividend

Exegese <-, -n> *f (geh)* exegesis

exekutieren* *vt (geh)* ■ **jdn ~** to execute sb; **jdn durch Erhängen ~** to hang sb; **jdn durch Erschießen ~** to execute sb by firing squad

Exekution <-, -en> *f (geh)* execution; **eine ~ vollziehen** to carry out an execution; **~ durch Erschießen** execution by firing squad

Exekutionskommando *nt (geh)* firing [*or* execution] squad

Exekutive <-n, -n> [-ˈtiːvə] *f* JUR executive authority [*or* power]

Exempel <-s, -> *nt* ① *(geh: Beispiel)* [warning] example; **an jdm/mit etw ein ~ statuieren** to make an example of sb/use sth as a warning
② *(veraltet: Übungsaufgabe)* [mathematical] problem

Exemplar <-s, -e> *nt* ① *(einzelnes Stück)* specimen; **ein besonders schönes/gut erhaltenes/seltenes ~** a particularly lovely/well-preserved/rare specimen; ***Marc ist ein merkwürdiges ~*** Marc is a funny character
② *(Ausgabe) Buch, Heft* copy; *Zeitung* issue, number

exemplarisch I. *adj* ① *(beispielhaft)* exemplary, model *attr*
② *(typisch)* ■ **~ für jdn/etw sein** to be typical [*or* characteristic] of sb/sth
II. *adv* as an example; **jdn ~ bestrafen** to punish sb as an example [to others]

Exemption <-, -en> *f* JUR *(Freistellung)* exemption

Exequaturverfahren *nt* JUR *(Völkerrecht)* exequatur procedure

exerzieren* MIL I. *vi* to drill
II. *vt (geh)* ■ **etw ~** to practise [*or* AM -ice] sth

Exerzierplatz *m* MIL parade ground

Exerzitien [-t͡siən] *pl* REL spiritual exercise[s *pl*]

Exfrau *f fem form von* **Exmann** ex[-wife] **Exfreund** *m* ex[-boyfriend] **Exfreundin** *f fem form von* **Exfreund** ex[-girlfriend]

Exhibitionismus <-> *m kein pl* exhibitionism *no pl*

Exhibitionist(in) <-en, -en> *m(f)* exhibitionist, flasher *pej sl*

exhumieren* *vt (geh)* ■ **jdn ~** to exhume [*or form* disinter] sb

Exhumierung <-, -en> *f (geh)* exhumation *form,* disinterment *form*

Exil <-s, -e> *nt* exile; **ins ~ gehen** to go into exile; **ins amerikanische ~ gehen** to be exiled to America; [**in Amerika**] **im ~ leben** to live in exile [in America]

Exilliteratur *f* literature written in exile **Exilregierung** *f* government in exile

existent *adj (geh)* existent

Existentialismus <-> *m kein pl s.* **Existenzialismus**

Existentialist(in) <-en, -en> *m(f) s.* **Existenzialist**

existentialistisch *adj s.* **existenzialistisch**

existentiell *adj (geh) s.* **existenziell**

Existenz <-, -en> *f* ① *kein pl (das Vorhandensein)* existence *no pl;* ■ **die ~ von jdm/etw** [*o* **jds ~/die ~ einer S.**] *gen* the existence of sb/sth
② *(Lebensgrundlage, Auskommen)* livelihood; **eine gesicherte ~** a secure livelihood
③ *(Dasein, Leben)* life; **eine gescheiterte** [*o fam* **verkrachte**] **~** a failure [in life]; **sich eine neue ~ aufbauen** to create a new life for oneself; **eine kärgliche ~ fristen** to eke out a meagre [*or* AM -er] existence

Existenzangst *f (geh)* angst, fear for one's existence **Existenzberechtigung** *f kein pl* right to exist **Existenzgründer(in)** *m(f)* ÖKON founder of a new business, person starting up a new business **Existenzgrundlage** *f* basis of one's livelihood **Existenzgründung** *f* setting up of self-employed business activities **Existenzgründungsberatung** *f* ÖKON [business] start-up advice **Existenzgründungsbörse** *f* ÖKON *forum for forging and promoting relations between established and start-up businesses* **Existenzgründungsseminar** *nt* ÖKON *workshop for those wishing to set up on their own in business*

ExistenzialismusRR <-> *m kein pl* existentialism *no pl*

Existenzialist(in)RR <-en, -en> *m(f)* existentialist

existenzialistischRR *adj* existential[ist]

existenziellRR *adj (geh)* existential; **von ~er Bedeutung/Wichtigkeit** of vital significance/importance

Existenzkampf *m* struggle for survival **Existenzminimum** *nt* subsistence level, bread line BRIT **Existenzsatz** *m* MATH existence theorem

existieren* *vi* ① *(vorhanden sein)* to exist, to be in existence
② *(sein Auskommen haben)* ■ [**von etw** *dat*] **~** to live [on sth], to keep alive [on sth] *iron*

Exitus <-> *m kein pl* MED *(fachspr)* death, exitus *spec*

Exklave <-, -n> [-və] *f* POL exclave

exklusiv *adj* exclusive, select

Exklusivbericht *m* exclusive [report [*or* story]] **Exklusivbindung** *f* ÖKON exclusive dealing

exklusive [-və] I. *präp +gen* ÖKON exclusive of, excluding
II. *adv (geh)* exclusively

Exklusivhandel *m* ÖKON exclusive dealership

Exklusivität <-> [-vi-] *f kein pl (geh)* exclusiveness, selectness

Exklusivrecht *nt* exclusive rights *pl,* exclusivity *no pl,* sole right **Exklusivvereinbarung** *f* JUR exclusive [*or* sole contractor] agreement **Exklusivverkaufsrecht** *nt* HANDEL dealer franchise **Exklusivvermarktung** *f* HANDEL exclusive dealing **Exklusivvertrag** *m* JUR exclusive agreement, tying [*or* full requirements] contract

Exkommunikation *f* REL excommunication

exkommunizieren* *vt* REL ■ **jdn ~** to excommunicate sb

Exkrement <-[e]s, -e> *nt meist pl (geh)* excrement *no pl,* excreta *npl form*

Exkulpation *f* JUR exculpation

Exkurs *m* digression, excursus

Exkursion <-, -en> *f (geh)* study trip BRIT; SCH field trip

Exlibris <-, -> *nt* ex libris, bookplate

Exmann *m* ex[-husband]

Exmatrikulation <-, -en> *f removal of sb's name from the university register*

exmatrikulieren* I. *vt* ■ **jdn ~** to take sb off the university register
II. *vr* ■ **sich ~** to have one's name taken off the university register

Ex-nunc-Wirkung *f* ÖKON ex-nunc effect

Exocytose <-, -n> *f* BIOL exocytosis

Exodus <-, -se> *m (geh)* exodus

ex officio JUR ex officio

exogen *adj* MED, BOT, GEOL exogenous

Exon <-s, -s> *nt* BIOL exon

exorbitant *adj (geh)* exorbitant

Exorzist(in) <-en, -en> *m(f)* exorcist

Exot(in) <-en, -en> *m(f)* ① *(aus fernem Land: Mensch)* exotic foreigner; *(Pflanze oder Tier)* exotic [plant/animal]
② *(fam: Rarität, ausgefallenes Exemplar)* rarity; *(Person)* eccentric; **wie ein ~ wirken** *(euph)* to look like something from outer space *hum,* to look out of place
③ *pl (Wertpapiere)* exotics *npl*

exotisch *adj* ① *(aus fernem Land)* exotic
② *(fam: ausgefallen)* unusual, bizarre

Expander <-s, -> *m* chest expander

expandieren* *vi* to expand

Expansion <-, -en> *f* expansion

Expansionsperiode *f* ÖKON period of expansion **Expansionsplan** *m* ÖKON expansion plan **Expansionspolitik** *f kein pl* expansionism, expansionist policies *pl* **Expansionsrate** *f* ÖKON rate of expansion **Expansionsschwäche** *f* low growth [rates] **Expansionsspeicher** *m* INFORM expanded memory **Expansionsstrategie** *f* ÖKON strategy of expansion; **forsche ~** energetic expansion strategy **Expansionstempo** *nt* ÖKON pace of expansion

expansiv *adj* expanding; *(weit reichend)* far-reaching; **~e Einflüsse** far-reaching influence

Expedition <-, -en> *f* ① *(Forschungsreise)* expedition
② *(Versandabteilung)* forwarding department

Experiment <-[e]s, -e> *nt* experiment; **ein ~/~e machen** to carry out [*or* do] an experiment/experiments

experimentell I. *adj* experimental
II. *adv* by [way of] experiment; **etw ~ nachweisen** to prove sth by [way of] experiment

experimentieren* *vi* ■ [**an/mit etw** *dat*] **~** to experiment [on/with sth]

experimentierfreudig *adj* keen to experiment

Experte, Expertin <-n, -n> *m, f* expert

Expertenanhörung *f* specialist hearing **Expertenauffassung** *f* expert opinion; **nach ~** according to the opinion of experts **Expertenausschuss**RR *m,* **Expertengruppe** *f* panel of experts **Expertenbefragung** *f* consultation with experts **Experteneinschätzung** *f* estimates *pl* by experts **Expertengruppe** *f* panel of experts **Expertengutachten** *nt* expert's report **Expertenhearing** *nt* specialist hearing **Expertenrat** *m* brains trust, think tank **Expertenstab** *m* professional staff **Expertensystem** *nt* INFORM expert system **Expertentreffen** *nt* meeting of experts

Expertin <-, -nen> *f fem form von* **Experte**

Expertise <-, -n> *f* expert's report

explizit *adj (geh)* explicit

explodieren* *vi sein* to explode *a. fig,* to detonate; **die Kosten/Preise ~** *(fig)* costs/prices are rocketing

Explorer <-s, -> [ɛkˈsplɔːrəʳ] *m* INFORM explorer

Explosion <-, -en> *f* detonation, explosion *a. fig;* **etw zur ~ bringen** to detonate [*or* explode] sth

explosionsartig *adv* explosively **Explosionsgefahr** *f* danger of explosion

explosiv *adj* explosive

E

Explosiv <-s, -e> *m*, **Explosivlaut** *m* LING plosive
Explosivstoff *m* explosive
Exponat <-[e]s, -e> *nt* exhibit
Exponent <-en, -en> *m* MATH exponent
Exponent(in) <-en, -en> *m(f)* exponent, advocate
Exponentialfunktion *f* MATH exponential function
exponieren *vt* ❶ (*geh: aussetzen*) ■**jdn** [**einer S.** *dat*] ~ to expose sb [to sth]
❷ (*voranstellen*) ■**etw** ~ to introduce sth
Export <-[e]s, -e> *m* ❶ *kein pl* (*Ausfuhr*) export
❷ (*ausgeführte Ware*) exports *npl*
❸ INFORM (*Übertragung von Daten*) export
Exportabteilung *f* export department **Exportakkreditiv** *nt* FIN export letter of credit **Exportartikel** *m* exported article [*or* item]; *pl* exports **Exportausführung** *f* export model [*or* version] **Exportbeihilfe** *f* export subsidy **Exporterstattung** *f* ÖKON export restitution
Exporteur(in) <-s, -e> [ɛkspɔrˈtøːɐ] *m(f)* exporter
Exportfilter *m* INFORM export filter **Exportfinanzierung** *f* FIN export financing **Exportfirma** *f* exporter, export house **Exportförderung** *f* ÖKON export promotion **Exportförderungskredit** *m* FIN export promotion credit **exportfreudig** *adj* export-minded **Exportgemeinschaft** *f* ÖKON export association **Exportgenehmigung** *f* export permit [*or* BRIT licence] [*or* AM license] **Exportgeschäft** *nt* export business **Exporthafen** *m* port of exportation **Exporthandel** *m* export trade [*or* business]
exportieren* *vt* ❶ (*ausführen*) ■**etw** ~ to export sth; **Arbeitslosigkeit in ein Land** ~ to bring unemployment to a country; **Baumwolle/Bananen/Kaffee in ein Land** ~ to export cotton/bananas/coffee to a country
❷ INFORM (*überspielen*) ■**etw** ~ to export sth
exportintensiv *adj* ÖKON *Wirtschaftszweig, Branche* exporting *attr* **Exportkartell** *nt* ÖKON export cartel **Exportkauffrau** *f fem form von* **Exportkaufmann** exporter, export trader **Exportkaufmann, -kauffrau** *m, f* exporter, export merchant **Exportkontingent** *nt* ÖKON export quota **Exportkredit** *m* FIN export credit **Exportkreditversicherung** *f* export credit guarantee **Exportkundendienst** *m* ÖKON services *pl* for export customers **exportlastig** *adj* ÖKON topheavy in exports *pred*; ~**er Wirtschaftszweig/~e Branche** sector of the economy/line of business in which exports predominate **Exportlizenz** *f* JUR export licence **Exportnation** *f* exporting nation [*or* country] **exportorientiert** I. *adj* ÖKON export-oriented; ~**er Wirtschaftszweig/~e Branche** exporting industry/line II. *adv* ÖKON geared [*or* directed] to exports; ~ **vorgehen/produzieren** to proceed with a view to exports/to run production geared to exports **Exportpreisliste** *f* HANDEL price index of exports **Exportquote** *f* ÖKON export quota **Exportregelung** *f* ÖKON control of exports **Exportrentabilität** *f kein pl* FIN export profitability **Exportschlager** *m* (*fam*) export hit **Exportsendung** *f* HANDEL export consignment **Exportsperre** *f* ÖKON export ban, embargo on exports **Exporttratte** *f* HANDEL export draft **Exportüberhang** *m* ÖKON export surplus **Exportüberschuss**^RR^ *m* export surplus **Exportverbot** *nt* export ban, prohibition of [*or* ban on] exports **Exportvertrag** *m* export contract **Exportware** *f* ❶ (*eine bestimmte Ware*) export commodity [*or* article] [*or* item] ❷ *kein pl* (*alle für den Export bestimmten Waren*) exports *pl*
Exposé <-s, -s> *nt s.* **Exposee**
Exposee^RR^ <-s, -s> *nt* memo[randum]
Exposition <-, -en> *f* exposition
Express^RR^ <-es> *m kein pl*, **Expreß** <-sses> *m kein pl* ❶ (*Eilzug*) express [train]
❷ (*schnell*) **etw per ~ senden** [*o* **schicken**] to send sth [by] express [delivery]
Expressgut^RR^ *nt* express goods *npl* [*or* parcels] *pl*; **etw als ~ versenden** [*o* **verschicken**] to send sth [by] express [delivery]
Expressgutabfertigung^RR^ *f* express goods office **Expressgutdienst**^RR^ *m* express freight service **Expressgutverkehr** *m* HANDEL express delivery service
Expressionismus <-> *m kein pl* expressionism *no pl, no indef art*
Expressionist(in) <-en, -en> *m(f)* expressionist
expressionistisch *adj* expressionist[ic]
Expressionsvektor *m* BIOL expression vector
expressis verbis [-ˈvɛr-] *adv* (*geh*) explicitly, expressly
expressiv *adj* (*geh*) expressive
Expresszug^RR^ *m* express train
exquisit (*geh*) I. *adj* exquisite, choice *attr*
II. *adv* exquisitely; ~ **essen** [*o geh* **speisen**] to have an exquisite [*or* choice] meal
Extension <-, -en> *f* (*geh*) extension
extensiv *adj* (*geh*) extensive
extern *adj* external; **ein ~er Schüler/eine ~e Schülerin** a day boy/girl BRIT, a non-residential pupil
Externe(r) *f(m) dekl wie adj* SCH day boy/girl BRIT, non-residential pupil
Externspeicher *m* INFORM external memory
exterritorial *adj* JUR ex[tra]territorial
Exterritorialität <-> *f kein pl* POL, JUR exterritoriality *no pl*, extraterritoriality *no pl*
extra *adv* ❶ (*besonders*) extra, [e]specially
❷ (*zusätzlich*) extra, to boot; ***ich gebe Ihnen noch ein Exemplar*** ~ I'll give you an extra copy [*or* a copy to boot]
❸ (*eigens*) just, [e]specially; ***du brauchst mich nicht ~ anzurufen, wenn du ankommst*** you don't need to call me just to say you've arrived
❹ (*fam: absichtlich*) on purpose, deliberately; **etw ~ machen** to do sth on purpose
❺ (*gesondert*) separately; **etw ~ berechnen** to charge sth separately; **etw ~ legen** to put sth in a separate place
Extra <-s, -s> *nt* extra; *car* optional extra
Extraausgabe *f* ❶ MEDIA (*Sonderausgabe*) special edition ❷ FIN (*Zusatzkosten*) sundry expenses *npl* **Extraausstattung** *f* extras *pl* **Extrablatt** *nt* special supplement **Extrafahrt** *f* SCHWEIZ (*Sonderfahrt*) special excursion **extrafein** *adj* superfine; (*fam*) really nice *fam*
extragalaktisch *adj* ASTRON extragalactic; ~**e Radioquellen** extragalactic radio sources
extrahieren* *vt* ❶ MED (*entfernen*) ■**etw** ~ to extract sth
❷ CHEM, PHARM ■**etw** [**aus etw** *dat*] ~ to extract sth [from sth]
❸ (*aus einem Text herausarbeiten*) ■**etw** [**aus etw** *dat*] ~ to extract sth [from sth]
extrakorporal *adj* MED extracorporeal
Extrakt <-[e]s, -e> *m o nt* extract
Extranet <-s, -s> *nt* INFORM extranet
extrauterin *adj* MED extrauterine
extravagant [-va-] I. *adj* extravagant; ~**e Kleidung** extravagant [*or* flamboyant] clothes
II. *adv* extravagantly; ~ **angezogen** flamboyantly dressed
Extravaganz <-, -en> [-va-] *f* extravagance; *von Kleidung a.* flamboyance
extravertiert [-vɛr-] *adj* extrovert[ed]
Extrawurst *f* ❶ (*fam: Sonderwunsch*) **jdm eine ~ braten** to make an exception for sb; **immer eine ~** [**gebraten haben**] **wollen** to always want special treatment
❷ ÖSTERR (*Lyoner*) pork [*or* veal] sausage
extrazellulär *adj* BIOL extracellular
Extrazug *f* SCHWEIZ (*Sonderzug*) special train
extrem I. *adj* extreme; ~**e Anforderungen** excessive demands; **eine ~e Belastung für jdn darstellen** to be an excessive burden on sb
II. *adv* (*sehr*) extremely; ~ **links/rechts** POL ultraleft/right; ~ **sinken/sich ~ verschlechtern** to drop/deteriorate drastically; ~ **steigen/sich ~ verbessern** to rise/improve considerably
Extrem <-s, -e> *nt* extreme; **von einem ~ ins andere fallen** to go from one extreme to another [*or* the other]
Extremfall *m* extreme [case]; **im ~** in the extreme case
Extremismus <-, *selten* -men> *m* extremism *no pl, no indef art*
Extremist(in) <-en, -en> *m(f)* extremist
extremistisch *adj* extremist
Extremitäten *pl* extremities *npl*
Extremsport *m* extreme sport, X-sport **Extremsportart** *f* adventure sport **Extremtourismus** *m* extreme sports tourism **Extremwert** *m* extreme [value], extremum
Ex-und-Hopp <-s> *nt kein pl* (*fam*) **die ~-Mentalität** the mentality of the throwaway society
Ex-und-Hopp-Verpackung *f* (*fam*) throwaway [*or* disposable] packaging
exzellent (*geh*) I. *adj* excellent, superior *form*
II. *adv* excellently; **sich ~ fühlen** to feel on top form; ~ **speisen** to eat very well; ~ **schmecken** to taste delicious [*or* divine]
Exzellenz <-, -en> *f* Excellency; **Seine/Euer** [*o* **Eu[e]re**] ~ His/Your Excellency; ***ganz wie Euer ~ wünschen!*** as Your Excellency wishes!
exzentrisch *adj* (*geh*) eccentric
exzerpieren* *vt* (*geh*) ■**etw** [**aus etw** *dat*] ~ to extract [*or* select] sth [from sth]; *Textstelle* to excerpt [*or* extract] sth [from sth]
Exzerpt <-[e]s, -e> *nt* (*geh*) excerpt
Exzess^RR^ <-es, -e> *m meist pl*, **Exzeß** <-sses, -sse> *m meist pl* ❶ (*Ausschweifung*) excess, extremes *pl*; **etw bis zum ~ treiben** to take sth to extremes
❷ (*Ausschreitung*) excess, violence *no pl*
exzessiv *adj* (*geh*) excessive
Eyeliner <-s, -> [ˈaɪlaɪnɐ] *m* eyeliner
EZB *f* FIN *Abk von* **Europäische Zentralbank** ECB, European Central Bank
EZU *f Abk von* **Europäische Zahlungsunion** EPU, European Payments Union

F

F, f <-, – *o fam* -s, -s> *nt* ❶ (*Buchstabe*) F, f; ~ **wie Friedrich** F for Frederick BRIT, F as in Fox AM; *s. a.* **A 1**
❷ MUS [the note] F; *s. a.* **A 2**
Fa. *Abk von* **Firma** Co.
Fabel <-, -n> *f* ❶ LIT fable
❷ (*fam*) tale, story
fabelhaft I. *adj* marvellous, AM marvelous, fabulous; ***das ist ja ~!*** (*fam*) that's marvellous
II. *adv* marvellously
fabeln I. *vt* ■**etw** ~ to fabricate [*or sep* make up] sth
II. *vi* ■[**von etw** *dat*] ~ to fantasize [about sth]
Fabeltier *nt*, **Fabelwesen** *nt* mythical creature
Fabrik <-, -en> *f* factory; **in die ~ gehen** (*fam*) to work in a factory
Fabrikabfälle *pl* industrial waste *no pl* **Fabrikabsatz** *m* HANDEL direct sale to the public **Fabrikangestellte(r)** *f(m) dekl wie adj* ÖKON factory worker **Fabrikanlage** *f* [manufacturing] plant
Fabrikant(in) <-en, -en> *m(f)* ❶ (*Fabrikbesitzer*) industrialist, factory owner
❷ (*Hersteller*) manufacturer, maker
Fabrikarbeit *f* factory work **Fabrikarbeiter(in)** *m(f)* industrial [*or* factory] worker
Fabrikat <-[e]s, -e> *nt* ❶ (*Marke*) make; *bes. von Autos* marque
❷ (*Produkt*) product; (*Modell*) model
Fabrikation <-, -en> *f* production, manufacture
Fabrikationsbetrieb *f* production plant **Fabrikationsfehler** *m* manufacturing defect [*or* fault] **Fabrikationsnummer** *f* HANDEL serial number **Fabrikbesitzer(in)** *m(f)* industrialist, factory owner [*or* proprietor] **Fabrikdirektor(in)** *m(f)* plant manager **Fabrikerzeugnis** *nt* manufac-

tured article, product **fabrikfertig** *adj* BAU factory-assembled **Fabrikgebäude** *nt* factory [building] **Fabrikgelände** *nt* factory site [*or pl* premises] **Fabrikhalle** *f* factory building; **in der** ~ in the workshop **fabrikmäßig** *adj* mass-; **ein** ~ **hergestelltes Auto** a mass-produced car **fabrikneu** *adj* brand-new **Fabrikschiff** *nt* factory ship **Fabrikschornstein** *m* [factory] smokestack, factory chimney **Fabrikverkauf** *m* factory outlet **Fabrikware** *f* manufactured [*or* machine-made] goods *pl; **das ist reine*** ~ it's all machine-made

fabrizieren *vt* (*fam*) ■**etw** ~ ❶ (*anfertigen*) to manufacture sth
❷ (*anstellen*) **Blödsinn** ~ to do sth silly; ***was hast du denn da fabriziert?*** what have you [gone and] done now?, what have you managed to do now?

fabulieren *vi* (*geh: erzählen*) to spin a yarn [*or* yarns]

Facelifting <-s, -s> ['feɪslɪftɪŋ] *nt* (*fig*) facelift

Facette <-, -n> [fa'sɛtə] *f* facet

Facettenauge [fa'sɛtn-] *nt* compound eye

facettieren* *vt* (*geh*) ■**etw** ~ dissect [*or* scrutinize] sth

Fach <-[e]s, Fächer> *nt* ❶ (*Unterteilung*) *Tasche, Brieftasche, Portmonee* pocket; *Schrank, Regal* shelf; (*Ablegefach*) pigeonhole; *Automat* drawer
❷ (*Wissens-, Sachgebiet*) subject; **vom** ~ **sein** to be a specialist; **sein** ~ **verstehen** to understand one's subject, to know one's stuff [*or* BRIT onions] *fam; **das ist nicht mein ~/ ich bin nicht vom*** ~ that's not my line

Fachabteilung *f* technical department **Facharbeiter(in)** *m(f)* skilled worker **Facharbeiterbrief** *m* certificate of proficiency **Facharzt, -ärztin** *m, f* specialist, [medical] consultant (**für** +*akk* in) **fachärztlich** I. *adj* specialist *attr;* **ein** ~**es Gutachten** a specialist's report; **ein** ~**es Attest** a [medical] certificate from a specialist; **eine** ~**e Untersuchung** an examination by a specialist II. *adv* **sich** ~ **behandeln/untersuchen lassen** to be examined/treated by a specialist **Fachaufsicht** *f* specialist [*or* expert] supervision **Fachaufsichtsbehörde** *f* ÖKON industry regulator **Fachausdruck** *m* technical [*or* specialist] term; **juristischer/medizinischer** ~ legal/medical term **Fachausschuss**^RR^ *m* panel [*or* committee] of experts **Fachberater(in)** *m(f)* [technical] consultant **Fachberatung** *f* expert advice **Fachbereich** *m* ❶ (*Sachgebiet*) [specialist] field ❷ (*Fakultät*) faculty **Fachbereichsleiter(in)** *m(f)* head of section **Fachbesucher(in)** *m(f)* HANDEL *auf Messe* specialist visitor **fachbezogen** *adj* specialized **Fachbibliothek** *f* specialist library **Fachblatt** *nt* ❶ (*Zeitschrift*) specialist journal ❷ (*Industriezweig*) trade ❸ *Ärzte, Rechtsanwälte usw.* professional **Fachbuch** *nt* reference book; (*Lehrbuch*) textbook; **ein juristisches/medizinisches** ~ a specialist book on law/medicine **Fachbuchhandlung** *f* specialist bookshop; ~ **für Medizin/Naturwissenschaften** bookshop specializing in medicine/the natural sciences

fächeln (*geh*) I. *vt* ■**etw** ~ to fan sth; **sich/jdm den Kopf/die Stirn** ~ to fan one's/sb's head/forehead
II. *vi* to fan; **sich/jdm [mit Fächern/Palmwedeln]** ~ to fan oneself/sb [with fans/palm leaves]

Fächer <-s, -> *m* fan; **ein zusammenklappbarer** ~ a folding fan

Fächerpalme *f* fan palm

fächerübergreifend *adj* interdisciplinary

Fachfrau *f fem form von* Fachmann **fachfremd** I. *adj* ~**e Aufgaben** tasks outside the/one's field; ~**e Mitarbeiter** untrained staff, staff with no background in the field; ~**en Unterricht erteilen** to give lessons in a subject other than one's own II. *adv* **jdn** ~ **beschäftigen/einsetzen** to employ sb in a field not his/her own; ~ **unterrichten** to give lessons in a subject other than one's own **Fachgebiet** *nt s.* Fachbereich 1 **Fachgebietsleiter(in)** *m(f)* HANDEL line manager **fachgebunden** *adj* related [to the/one's field *pred*]; **ein** ~**es Studium** course of study related to a specialist field **fachgerecht** I. *adj* expert, professional II. *adv* expertly, professionally; **etw** ~ **ausführen** to make a professional [*or* an expert] job of sth **Fachgeschäft** *nt* specialist shop, stockist **Fachgruppe** *f* team of specialists **Fachhandel** *m* specialist shop [*or* trade] **Fachhändler(in)** *m(f)* specialist supplier **Fachhochschule** *f* ≈ technical college of higher education **Fachidiot(in)** *m(f)* (*pej*) nerd, blinkered specialist BRIT (*a specialist who is not interested in anything outside his/her field*) **Fachjargon** *m* jargon, lingo *fam* **Fachkenntnisse** *pl* specialized knowledge **Fachkraft** *f* qualified employee **Fachkreise** *pl* specialist circles *pl,* experts *pl;* **medizinische** ~ medical experts; **in [maßgeblichen/wissenschaftlichen]** ~**n** among [leading/scientific] experts **fachkundig** I. *adj* informed; ■~ **sein** to be an expert II. *adv* **jdn** ~ **beraten** to give sb informed [*or* specialist] advice **fachkundlich** *adj* specialist *attr;* ~**en Unterricht geben** to teach specialized subjects **Fachlehrer(in)** *m(f)* specialist [subject] teacher **Fachlehrgang** *m* technical course **Fachleiter(in)** *m(f) Gymnasium* course supervisor; *Studienseminare* head of department, department head AM **Fachleute** *pl* experts *pl*

fachlich I. *adj* ❶ (*fachbezogen*) specialist
❷ (*kompetent*) informed; **ein** ~**er Rat** informed advice
II. *adv* professionally; ~ **qualifizierte Mitarbeiter** staff [members] who are qualified in their field; ~ **auf dem Laufenden bleiben** to keep up to date in one's field; **sich** ~ **qualifizieren** to gain qualifications in one's/the field

Fachliteratur *f* specialist [*or* specialized] literature; **die** ~ **durcharbeiten** to work through the relevant specialist literature **Fachmann, -frau** <-leute *o selten* -männer> *m, f* expert, specialist **fachmännisch** I. *adj* expert; ~**e Ausführung** expert workmanship II. *adv* professionally; **jdn** ~ **beraten** to give sb expert advice; **etw** ~ **betrachten** to appraise sth with an expert's eye **Fachmesse** *f* trade [*or* AM show] fair **Fachorgan** *nt* MEDIA trade paper **Fachplanung** *nt* JUR sector planning **Fachpresse** *f* specialist publications *pl* **Fachprüfung** *f* professional [*or* qualifying] examination **Fachrichtung** *f* subject area **Fachschaft** <-, -en> *f* students *pl* of a/the department **Fachschule** *f* technical college **Fachschulreife** *f leaving certificate awarded to students at a vocational training school*

Fachsimpelei *f* (*fam*) shoptalk *no pl*

fachsimpeln *vi* (*fam*) ■**[mit jdm]** ~ to talk shop [with sb]

fachspezifisch I. *adj* subject-specific II. *adv* ~ **arbeiten** to work as a specialist; **jdn** ~ **ausbilden** to train sb in the field; **sich** ~ **weiterbilden** to gain further qualifications in one's/the field **Fachsprache** *f* technical jargon; **die mathematische** ~ the jargon of mathematics **fachsprachlich** *adj* technical, in [*or* with regard to] technical language **Fachstudium** *nt* specialized studies *npl* **Fachtagung** *f* specialist conference, trade convention **Fachtext** *m* technical [*or* specialist] text **fachübergreifend** *adj* interdisciplinary; ~**er Unterricht** interdisciplinary lessons [*or* classes] **Fachverband** *m* ❶ (*Industrieverband*) trade association ❷ (*Berufsverband*) professional association **Fachvokabular** *nt* technical [*or* specialist] vocabulary **Fachwelt** *f kein pl* ❶ (*Berufsexperten*) profession, [professional] experts *pl* ❷ (*Industrieexperten*) trade, [trade] experts *pl*

Fachwerk *nt kein pl* half-timbering; **in** ~ **ausgeführt sein** to be half-timbered

Fachwerkhaus *nt* half-timbered house

Fachwissen *nt* specialized knowledge [of one's/the subject] **Fachwort** *nt* technical [*or* specialist] word [*or* term] **Fachwörterbuch** *nt* specialist [*or* AM technical] dictionary; **ein medizinisches** ~ a dictionary of medical terms **Fachzeitschrift** *f* specialist journal; **eine medizinische** ~ a medical journal; (*für bestimmte Berufe*) trade journal

Fackel <-, -n> *f* torch

fackeln *vi* (*fam*) to dither [about], to faff about [*or* BRIT around] *fam*

Fackelschein *m* torchlight; **im** ~ by torchlight

Fackelzug *m* torchlight procession

Factoring <-s> ['fɛktərɪŋ, 'fɛktorɪŋ] *nt kein pl* FIN factoring; **echtes/verdecktes** ~ non-recourse/non-notification factoring

Factoring-Vertrag *m* FIN factoring contract

Factory-Outlet^RR^, **Factoryoutlet**^RR^ <-s, -s> ['fæktərɪ'aʊtlət] *nt* factory outlet

fad *adj* SÜDD, ÖSTERR insipid, tasteless

Fädchen <-s, -> *nt dim von* **Faden** [small] thread

fade *adj* ❶ (*nach nichts schmeckend*) ~**es Essen** bland [*or* tasteless] food; ~**r Geschmack** insipid taste
❷ (*langweilig*) dull, colourless BRIT, colorless AM

fädeln *vt* ■**etw durch/auf etw** *akk* ~ to thread sth through/onto sth; **einen Faden in eine Nadel** ~ to thread a needle

Faden <-s, Fäden> *m* ❶ (*Woll-, Zwirn-*) thread; *Marionette* string; **dünner/dicker** ~ fine/coarse thread
❷ MED stitch, suture *spec;* **die Fäden ziehen** to remove [*or sep* take out] the stitches [*or spec* sutures]
❸ (*von Raupe, Spinne*) thread, filament; *s. a.* **Leben**
❹ (*geh: einzelnes Haar*) strand
▶ WENDUNGEN: **alle Fäden [fest] in der Hand halten/behalten** to hold/hold on to the reins; **alle Fäden laufen in jds Hand zusammen** sb pulls all the strings; **keinen trockenen** ~ **am Leib haben** to be soaked to the skin; **keinen guten** ~ **an jdm/etw lassen** (*fam*) to tear sb/sth to pieces [*or* shreds], to rip into sb/sth; **der rote** ~ the central [*or* recurrent] theme; **den** ~ **verlieren** to lose the thread

Fadenheftung <-, -en> *f* TYPO sewing, thread-stitching **Fadenkreuz** *nt* cross hairs *pl;* **jdn mit dem** ~ **anvisieren** to focus one's cross hairs on sb; **ins** ~ **geraten** (*fig*) to come under fire *fig;* **jdn/etw im** ~ **haben** (*fig*) to have sb/sth in one's sights **Fadennudeln** *pl* vermicelli + *sing/pl vb*

fadenscheinig *adj* ❶ (*pej: nicht glaubhaft*) poor, full of holes *pred;* **eine** ~**e Ausrede** a poor [*or* lame] excuse
❷ (*abgetragen*) threadbare

Fadenschneider *m* KOCHK canelle knife **Fadenwurm** *m* threadworm, nematode *spec* **Fadenzähler** *m* TYPO linen tester, magnifier

Fadheit <-> *f kein pl* (*pej: Fadesein*) insipidness; (*fig*) dullness, banality

Fagott <-[e]s, -e> *nt* bassoon

Fagottbläser(in) *m(f)* bassoonist

Fagottist(in) <-en, -en> *m(f)* bassoonist

fähig *adj* able, competent; ■**[nicht]** ~ **sein, etw zu tun** [not] to be able to do sth; (*imstande*) capable; ■**zu etw [nicht]** ~ **sein** to be [in]capable of sth; **zu allem** ~ **sein** to be capable of anything

Fähigkeit <-, -en> *f* ability *no pl;* **schauspielerische** ~**en** acting talent [*or* ability] *no pl;* **die** ~ **haben, etw zu tun** to be capable of doing sth; **bei deinen** ~**en ...** with your talents ...

fahl *adj* (*geh*) pale, wan *liter*

Fähnchen <-s, -> *nt* ❶ *dim von* **Fahne** [little] flag
❷ (*Wimpel*) pennant
❸ (*pej fam: Kleid*) flimsy dress
▶ WENDUNGEN: **sein** ~ **nach dem Wind hängen** to swim with the tide BRIT, to howl with the wolves BRIT, to go with the flow AM

fahnden *vi* ■**nach jdm/etw** ~ to search [*or* hunt] for sb/sth

Fahnder(in) <-s, -> *m(f)* investigator

Fahndung <-, -en> *f* search (**nach** +*dat* for), hunt (**nach** +*dat* for); **eine** ~ **nach jdm einleiten** to conduct a search for sb, to put out an APB on sb AM; **jd ist zur** ~ **ausgeschrieben** a warrant for sb' arrest has been issued

Fahndungscomputer *m* police computer

Fahndungsdruck *m kein pl* police efforts *pl* [*or* pressure] (*to apprehend suspected criminals*)

F

Fahndungserfolg *m* police success (*in apprehending suspected criminals*) **Fahndungsfoto** *nt* photo of a wanted person, mug-shot *sl* **Fahndungsliste** *f* wanted [persons] list; **auf der ~ stehen** to be on the wanted [persons] list

Fahne <-, -n> *f* ❶ (*Banner, National~*) flag, standard; MIL *a.* colours [*or* AM -ors] *npl*
❷ (*fig fam: Alkoholgeruch*) smell of alcohol; (*von Bier a.*) beery breath *no indef art;* **eine ~ haben** to smell of alcohol [*or* BRIT the bottle]
❸ TYPO galley [proof]; **~n lesen** to proofread
► WENDUNGEN: **mit fliegenden ~n zu jdm [über]wechseln** [*o* **wehenden**] to go over to sb quite openly; **etw auf seine ~ schreiben** to take up the cause of sth

Fahnenabzug *m* TYPO galley [proof] **Fahneneid** *m* MIL oath of allegiance; **den ~ schwören** to take the oath [of allegiance] **Fahnenflucht** *f kein pl* MIL desertion; **~ begehen** to desert, to be a deserter **fahnenflüchtig** *adj* MIL **ein ~er Soldat** a deserter; **~ sein** to be a deserter; **~ werden** to desert **Fahnenflüchtige(r)** *f(m) dekl wie adj* MIL deserter **Fahnenhalter** *m* (*Halterung*) flag holder **Fahnenkorrektur** *f* TYPO proof **Fahnenmast** *m* flagpole, [flag]staff **Fahnenstange** *f* [flag]staff; *s. a.* **Ende Fahnenträger(in)** *m(f)* standard-bearer, colour-bearer [*or* AM color-]

Fähnlein <-s, -> *nt* ❶ (*selten*) *dim von* **Fahne** [little] flag
❷ MIL, HIST troop

Fähnrich <-s, -e> *m* MIL sergeant; **~ zur See** petty officer

Fahrausweis *m* ❶ (*geh: Fahrkarte*) ticket; ***„Kontrolle, die ~e bitte!"*** "tickets please!" ❷ SCHWEIZ (*Führerschein*) driving licence [*or* AM -se] **Fahrbahn** *f* road; **von der ~ abkommen** to leave the road **Fahrbahnbenutzer(in)** *m(f)* road user **Fahrbahnverengung** *f* lane closure

fahrbar *adj* mobile, on castors *pred;* **ein ~er Büroschrank** an office cabinet on castors; *s. a.* **Untersatz**

Fahrbereich *m* driving [*or* cruising] range, action radius **fahrbereit** *adj* in running order *pred;* **in einem ~en Zustand sein** to be in good running condition [*or* order] **Fahrbereitschaft** *f* motor pool

Fährbetrieb *m* ferryboat [*or* ferry] service **Fährboot** *nt* ferryboat

Fahrdamm *m* road[way], carriageway BRIT, pavement AM

Fährdampfer *m* steam ferry

Fahrdienst *m* ❶ (*der Dienst*) [train] crew duty
❷ (*die Diensttuenden*) crew on duty

Fährdienst *m* ferryboat [*or* ferry] service

Fahrdienstleiter(in) *m(f)* BAHN train controller **Fahrdynamik** *m kein pl* AUTO drivability, driving characteristics *pl*

Fähre <-, -n> *f* ferry; **fliegende ~** flying bridge

Fahreigenschaften *pl* roadability, road performance, driving properties *pl*

fahren <fährt, fuhr, gefahren>

I. INTRANSITIVES VERB II. TRANSITIVES VERB
III. REFLEXIVES VERB

I. INTRANSITIVES VERB

❶ *sein* (*sich fortbewegen: als Fahrgast*) to go; **mit dem Bus/der Straßenbahn/dem Taxi/dem Zug ~** to go by bus/tram/taxi/train; **erster/zweiter Klasse ~** to travel [*or* go] first/second class; (*als Fahrer*) to drive; **zur Arbeit ~** to drive to work; (*mit dem Fahrrad*) to cycle to work; **mit dem Auto ~** to drive, to go by car; **mit dem [Fahr]rad/Motorrad fahren** to cycle/motorcycle, to go by bike/motorcycle; **links/rechts ~** to drive on the left/right; **gegen einen Baum/eine Wand ~** to drive [*or* go] into a tree/wall; ***wie fährt man von hier am besten zum Bahnhof?*** what's the best way to the station from here?; ***wer fährt?*** who's driving?; ***~ Sie nach Heidelberg/zum Flughafen?*** are you going to Heidelberg/to the airport?; ***~ wir oder laufen wir?*** shall we go by car/bus etc or walk?; ***wie lange fährt man von hier nach München?*** how long does it take to get to Munich from here?; (*auf Karussell, Achterbahn*) ***ich will nochmal ~!*** I want to have another ride!; ***fahr doch bitte langsamer!*** please slow down!; ***sie fährt gut*** she's a good driver; ***ich fahre lieber auf der Autobahn*** I prefer to drive on the motorway; ***mein Auto fährt nicht*** my car won't go; ***heutzutage ~ alle Bahnen elektrisch*** all railways are electrified these days; ***die Rolltreppe fährt bis in den obersten Stock*** the escalator goes up to the top floor; *s. a.* **Anhalter, Aufzug**[1], **Himmel, Hölle, Teufel**
❷ *sein* (*losfahren*) to go, to leave; ***wir ~ in 5 Minuten*** we'll be going [*or* leaving] in 5 minutes; ***wann fährst du morgen früh?*** when are you leaving tomorrow morning?
❸ *sein* (*verkehren*) to run; ***wann fährt der nächste Zug nach Berlin?*** when is the next train to Berlin?; ***der nächste Bus fährt [erst] in 20 Minuten*** the next bus [only] leaves in twenty minutes; ***die Bahn fährt alle 20 Minuten*** the train runs [*or* goes] every 20 minutes; ***von Lübeck nach Travemünde ~ täglich drei Busse*** there are three busses a day from Lübeck to Travemünde; ***diese Fähre fährt zwischen Ostende und Dover*** this ferry runs between Ostend and Dover; ***auf der Strecke Berlin-Bremen fährt ein ICE*** a high speed train runs between Berlin and Bremen; ***dieser Bus fährt nur bis Hegelplatz*** this bus only goes as far as Hegelplatz; ***der Intercity 501 fährt heute nur bis Köln*** the intercity 501 will only run as far as Cologne today
❹ *sein* (*reisen*) **in [den] Urlaub ~** to go on holiday; **ins Wochenende ~** to leave for the weekend; (*tatsächlich wegfahren*) to go away for the weekend; ***fährst du mit dem Auto nach Italien?*** are you taking the car to Italy?, are you going to Italy by car?; ***fahrt ihr nächstes Jahr wieder nach Norwegen?*** are you going to Norway again next year?
❺ *sein* (*bestimmtes Fahrverhalten haben*) ***dieser Wagen fährt sehr schnell*** this car can go very fast, this car is a real goer *fam;* ***das Auto hier fährt sehr ruhig*** this car is a very quiet runner
❻ *sein* (*blitzschnell bewegen*) **aus dem Bett ~** to leap out of bed; **in die Höhe ~** to jump up with a start; **jdm an die Kehle fahren** *Hund* to leap at sb's throat; **in die Kleider ~** to dress hastily; **aus dem Schlaf ~** to wake with a start; ***blitzartig fuhr es ihm durch den Kopf, dass ...*** the thought suddenly flashed through his mind that ...; ***diese Idee fuhr mir durch den Kopf, als ich die Bilder sah*** that idea came to me when I saw the pictures; ***der Schreck fuhr ihr durch alle Glieder*** the shock made her tremble all over; ***was ist denn in dich gefahren?*** what's got into you?; ***es fuhr mir in den Rücken*** suddenly I felt a stabbing pain in my back; ***der Blitz fuhr in den Baum*** the lightning struck the tree; *s. a.* **Mund, Haut**
❼ *sein o haben* (*streichen, wischen*) **sich** *dat* **mit der Hand über die Stirn ~** to pass one's hand over one's brow; ***sie fuhr mit dem Tuch über den Tisch*** she ran the cloth over the table; ***sie fuhr sich mit der Hand durchs Haar*** she run her fingers through her hair
❽ *sein* (*zurechtkommen*) **[mit etw** *dat*] **gut/schlecht ~** to do well/badly [with sth]; ***mit dieser Methode sind wir immer gut gefahren*** this method has always worked well for us; **mit jdm gut ~** to get on all right with sb, to fare well with sb; **mit jdm schlecht ~** to not fare [*or* get on] very well with sb; ***mit ihr sind wir ganz schlecht gefahren*** she was a total loser

II. TRANSITIVES VERB

❶ *haben* (*lenken*) ■**etw ~** to drive sth; **ein Auto ~** to drive a car; **ein Fahrrad/Motorrad ~** to ride a bicycle/motorbike; ***wer von Ihnen hat das Auto gefahren?*** who drove?; ***sie fährt einen roten Jaguar*** she drives a red jaguar
❷ *sein* (*sich mit etw fortbewegen*) ■**etw ~** to drive sth; **Auto ~** to drive [a car]; **Bus ~** to ride on a bus; **Fahrrad/Motorrad ~** to ride a bicycle/motorbike; **Schlitten ~** to go tobogganing; **Schlittschuh fahren** to skate; **Ski ~** to ski; **Zug ~** to go on a train; *s. a.* **Achterbahn, Rolltreppe, Aufzug**
❸ *haben* (*verwenden*) ■**etw ~** *Kraftstoff* to use sth; ***ich fahre nur Diesel*** I only use diesel; ***fährst du noch immer Sommerreifen?*** are you still using [*or* driving on] normal tyres
❹ *haben* (*befördern, mitnehmen*) ■**jdn ~** to take [*or* drive] sb; **jdn ins Krankenhaus ~** to take sb to hospital; ***ich fahre noch schnell die Kinder in die Schule*** I'll just take the kids to school; ***ich fahr' dich nach Hause*** I'll take [*or* drive] you home, I'll give you a lift home; ■**etw ~** *Sand, Mist, Waren* to take [*or* transport] sth
❺ *sein* (*eine Strecke zurücklegen*) **Autobahn ~** to drive on a motorway BRIT [*or* AM freeway]; **eine Umleitung ~** to follow a diversion; **einen Umweg ~** to make a detour; ***der 84er fährt jetzt eine andere Strecke*** the 84 takes a different route now; ***diese Strecke darf man nur mit Schneeketten ~*** you need snow chains to drive on this route
❻ *sein* (*mit bestimmter Geschwindigkeit*) **90 km/h ~** to be doing 90 km/h; ***hier darf man nur 30 km/h ~*** the speed limit here is 30 km/h; ***dieser Wagen hier fährt 240 km/h*** this car will do 240 km/h; ***was/wie viel fährt der Wagen denn Spitze?*** what's the car's top speed?
❼ *sein o haben* SPORT **ein Rennen ~** to take part in a race; **die beste Zeit ~** to do [*or* clock] the best time; ***mit nur 4 Stunden fuhr er Bestzeit*** his time of only four hours was the best; ***die Rennfahrerin fuhr einen neuen Weltrekord*** the racing driver set a new world record; ***die Wagen ~ jetzt die achte Runde*** the cars are now on the eighth lap
❽ *haben* TECH ■**etw ~** to operate sth; **einen Hochofen ~** to control a blast furnace
❾ *haben* (*fachspr sl: ablaufen lassen*) **ein Angebot/Sortiment nach oben/unten ~** to increase/reduce an offer/a product range; **die Produktion mit 50 % ~** to run production at 50 %; **die Produktion nach oben/unten ~** to step up/cut down production; **ein neues Programm ~** to start [*or* launch] a new programme [*or* AM -gram]
❿ *haben* (*sl: arbeiten*) **eine Sonderschicht in der Fabrik ~** to put on an extra shift at the factory; **Überstunden ~** to do overtime
⓫ *haben* RADIO ■**etw ~** to broadcast sth
⓬ *haben* (*kaputt machen*) **eine Beule in etw** *akk* **~** to dent sth; *s. a.* **Bruch, Schrott, schrottreif**
► WENDUNGEN: **einen harten Kurs ~** to take a hard line; **einen ~ lassen** (*fam*) to let [one] off *fam*

III. REFLEXIVES VERB

haben ■**sich ~** ***dieser Wagen/dieses Fahrrad fährt sich gut*** [*o* ***mit diesem Wagen/Fahrrad fährt es sich gut***] it's nice to drive this car/to ride this bicycle; ***die Straße fährt sich gut*** the road is good to drive on; ***bei solch einem Wetter fährt es sich herrlich*** it's wonderful to drive in that kind of weather; ***mit einer Servolenkung fährt es sich viel leichter*** it's much easier to drive with power steering

fahrend *adj* itinerant, wandering, peripatetic *form;* **ein ~es Volk** a wandering people + *pl vb*

Fahrenheit *kein art* Fahrenheit

fahren|lassen* *vt irreg s.* **fahren II 7**

Fahrensmann <-leute *o* -männer> *m* DIAL sailor; **ein alter ~** an old salt [*or* BRIT *fam* tar]

Fahrer(in) <-s, -> *m(f)* ❶ (*Auto~*) driver, motorist; (*Motorrad~*) motorbike rider, motorcyclist, biker *fam;* (*Renn~*) racing driver; (*Radrenn~*) racing cyclist
❷ (*Chauffeur*) driver, chauffeur *masc,* chauffeuse *fem*

Fahrerei <-, -en> *f* (*pej*) driving [about]; (*Fahren langer Strecken*) long hours of driving

Fahrerflucht *f* hit-and-run offence [*or* AM -se]; ~

begehen to fail to stop after being involved in an accident, to be a hit-and-run driver; **wegen ~ verurteilt werden** to be convicted on a hit-and-run charge **fahrerflüchtig** *adj* absconding, hit-and-run **Fahrerhaus** *nt* [driver's] cab[in] **Fahrerlager** *nt* SPORT racer's quarters *npl*

Fahrerlaubnis *f* (*geh*) driving licence BRIT, driver's license AM

Fahrersitz *m* driver's seat

Fahrgast *m* passenger

fahrgastarm *adj* (*geh*) not busy *pred;* **~e Zeiten** off-peak hours [*or* times] **Fahrgastaufkommen** *nt* (*geh*) number of passengers **Fahrgastkapazität** *f* passenger capacity **Fahrgastschiff** *nt* passenger ship [*or* vessel], liner **Fahrgastzahlen** *pl* (*geh*) number of passengers **Fahrgastzelle** *f* AUTO occupant cell *spec,* passenger compartment *spec*

Fährgeld *nt* ferry dues *pl,* ferriage

Fahrgeld *nt* fare; ***„bitte das ~ passend bereithalten"*** "please tender the exact fare" *form,* "please have the exact fare ready" **Fahrgeldeinnahmen** *pl* fare receipts *pl* **Fahrgelegenheit** *f* lift **Fahrgemeinschaft** *f* **eine ~ bilden** to share a car to work, to car pool AM **Fahrgeräusch** *nt eines Zugs* rail noise **Fahrgeschwindigkeit** *f* speed; *Auto a.* driving [*or* running] speed **Fahrgestell** *nt s.* Fahrwerk **Fahrgestellnummer** *f* AUTO vehicle identification number, VIN

Fährhaus *nt* ferry house

fahrig *adj* jumpy, jittery *fam;* **~e Bewegungen** nervous movements; (*unkonzentriert*) distracted

Fahrkarte *f* ticket (**nach** +*dat* to); **eine ~ erster/zweiter Klasse** a first-/second-class ticket

Fahrkartenausgabe *f s.* Fahrkartenschalter **Fahrkartenautomat** *m* ticket machine **Fahrkartenblock** *m* book of tickets **Fahrkartenheft** *nt* book of tickets **Fahrkartenkontrolle** *f* ticket control [*or* inspection] **Fahrkartenkontrolleur(in)** *m(f)* ticket inspector; (*an der Sperre*) ticket collector **Fahrkartenschalter** *m* ticket office **Fahrkartenzange** *f* ticket punch

Fahrkilometer *m* kilometre [*or* AM -er] of driving distance, mileage covered **Fahrkomfort** *m* [driving] comfort **Fahrkosten** *pl* fare, travel expenses *pl* **Fahrkunst** *f* art of driving; (*eines Fahrers*) driving skill

fahrlässig I. *adj* negligent; **~e Körperverletzung** negligent bodily injury; **~e Tötung** negligent homicide, involuntary manslaughter; **grob ~** grossly negligent, reckless

II. *adv* negligently; **~ handeln** to act with negligence

Fahrlässigkeit <-, -en> *f* JUR negligence *no pl;* **bewusste ~** conscious negligence; **grobe** [*o* **schwere**] **~** recklessness, gross negligence; **leichte ~** ordinary negligence; **schuldhafte/strafbare ~** culpable/criminal negligence

Fahrlässigkeitsdelikt *nt* JUR act [*or* tort] of negligence **Fahrlässigkeitsgrad** *m* JUR degree of negligence **Fahrlässigkeitstat** *f* JUR act of negligence

Fahrlehrer(in) *m(f)* driving instructor **Fahrleistung** *f* ① *eines Autos* road performance *no pl* ② *von Kraftstoff* economy

Fährmann <-männer *o* -leute> *m* ferryman

Fahrmotor *m* traction motor

Fahrnis <-, -se> *f* JUR personal property

Fahrpedal *nt* accelerator [pedal], AM *a.* gas pedal **Fahrpersonal** *nt* train [*or* bus] crew **Fahrplan** *m* ① (*Ankunfts-/Abfahrtstabelle*) timetable, schedule AM ② (*fam: Programm*) plans *pl* **Fahrplanauszug** *m* train timetable **Fahrplanjahr** *nt* TRANSP yearly timetable **fahrplanmäßig** I. *adj* scheduled; **bei ~er Abfahrt/Ankunft des Zuges** if the train departs/arrives on time [*or* schedule] II. *adv* as scheduled; (*rechtzeitig a.*) on time [*or* schedule] **Fahrplansystem** *nt* TRANSP network timetable **Fahrplanverzeichnis** *nt* list of timetables **Fahrpraxis** *f kein pl* driving experience *no pl* **Fahrpreis** *m* fare; **~ für eine einfache Fahrt** single fare **Fahrpreisermäßigung** *f* fare reduction **Fahrpreiszone** *f* fare stage [*or* AM zone] **Fahrprüfung** *f* driving test

Fahrrad *nt* [bi]cycle, bike *fam;* [**mit dem**] **~ fahren** to ride a bicycle [*or fam* bike], to cycle

Fahrradfahrer(in) *m(f)* cyclist, bicyclist *form* **Fahrradhändler(in)** *m(f)* ① (*Geschäftsmann/-frau*) bicycle dealer ② (*Laden*) bicycle shop [*or* AM *usu* store] **Fahrradhelm** *m* [bi]cycle helmet **Fahrradkette** *f* bicycle [*or fam* bike] chain **Fahrradklingel** *f* [bicycle] bell **Fahrradkurier(in)** *m(f)* bicycle courier **Fahrradpumpe** *f* bicycle [*or* AM tire] pump **Fahrradständer** *m* [bi]cycle [*or fam* bike] stand, kick stand AM **Fahrradweg** *m* [bi]cycle [*or fam* bike] path, cycleway

Fahrrichtung *f* SCHWEIZ (*Fahrtrichtung*) direction of travel **Fahrrinne** *f* shipping [*or* navigable] channel, fairway **Fahrschein** *m* ticket; ***„Kontrolle, ~e bitte!"*** "tickets please!" **Fahrscheinautomat** *m* ticket machine **Fahrscheinentwerter** *m* ticket stamping machine

Fährschiff *nt s.* **Fähre**

Fahrschule *f* ① (*Firma eines Fahrlehrers*) driving school; **in die** [*o* **zur**] **~ gehen** to take driving lessons ② (*Fahrunterricht*) driving lessons *pl;* ***ich habe heute ~*** I have a driving lesson today **Fahrschüler(in)** *m(f)* ① (*Schüler einer Fahrschule*) learner [*or* AM student] driver ② SCH *pupil who commutes to school* **Fahrsicherheit** *f kein pl* safe driving, road safety; (*eines Autos*) roadworthiness **Fahrsimulator** *m* ride simulator **Fahrspur** *f* [traffic] lane **Fahrstil** *m* style of driving **Fahrstraße** *f* [paved] road; (*eines Zugs*) [running] line **Fahrstrecke** *f* ① (*Distanz*) distance to be covered ② (*Schienenverlauf*) *eines Zugs* route ③ (*Reiseweg*) route **Fahrstuhl** *m* lift BRIT, elevator AM **Fahrstuhlführer(in)** *m(f)* lift-boy [*or fem* -girl] BRIT, lift-man [*or fem* -woman] BRIT, elevator operator AM, elevator boy [*or fem* girl] AM, elevator man [*or fem* woman] AM **Fahrstuhlschacht** *m* lift [*or* AM elevator] shaft **Fahrstunde** *f* driving lesson; **eine ~/~n nehmen** to take a driving lesson/driving lessons

Fahrt <-, -en> *f* ① (*das Fahren*) journey; ***„während der ~ nicht hinauslehnen"*** "do not lean out of the window while the train is in motion"; **freie ~** BAHN "go" signal, green light; AUTO clear run; (*fig*) green light, go-ahead

② NAUT (*Fahrgeschwindigkeit*) speed; **halbe/volle/wenig ~ machen** to sail at half/full/reduced speed; **volle/halbe ~ voraus!** full/half speed ahead!; **~ aufnehmen** to pick up speed; **~ machen** to make headway; **mit voller ~** AUTO, BAHN at full [*or* top] speed

③ (*Reise*) journey; ***gute ~!*** bon voyage!, [have a] safe journey!; **eine einfache ~** a single [*or* AM one-way] [ticket [*or* fare]]; ***was kostet eine ~/eine einfache ~ nach Stuttgart?*** how much is it/a single [ticket] to Stuttgart?, what is the fare/the single fare to Stuttgart?; **eine ~/~en machen** to go on a trip/trips; **eine ~ ins Blaue** a mystery tour

④ (*Kamera~*) tracking shot

► WENDUNGEN: **jdn in ~ bringen** (*fam*) to get sb riled [up] *fam,* to wind sb up *fam;* **in ~ kommen** [*o* **geraten**]/**sein** (*fam: wütend werden/sein*) to get/be riled [up] *fam;* (*in Schwung kommen*) to get/have got going

fährt *3. pers. pres von* **fahren**

Fahrtantritt *m* (*geh*) start of a/the journey **fahrtauglich** *adj* fit [*or* able] to drive *pred* **Fahrtauglichkeit** *f* fitness [*or* ability] to drive **Fahrtausweis** *m* ticket **Fahrtdauer** *f* journey time, duration of the journey; **eine ~ von drei Stunden** a three-hour journey, a journey of three hours

Fährte <-, -n> *f* trail, tracks *pl,* spoor *spec;* **jdn auf die richtige ~ bringen** (*fig*) to put sb on the right track *fig;* **jdn auf eine falsche ~ locken** (*fig*) to throw sb off the scent *fig;* **auf der falschen ~ sein** (*fig*) to be on the wrong track *fig,* to be barking up the wrong tree *fig fam;* **auf der richtigen ~ sein** (*fig*) to be on the right track *fig;* **eine ~ verfolgen** (*a. fig*) to follow a trail *a. fig*

Fahrtechnik *f* driving technique

Fahrtenbuch *nt* driver's log; (*Tagebuch*) diary of a trip **Fahrtenmesser** *nt* sheath knife **Fahrtenschreiber** *m* tachometer, *esp* BRIT tachograph

Fahrtest *m* AUTO road test

Fahrtkosten *pl* travelling [*or* AM traveling] expenses *npl* **Fahrtmesser** *m im Flugzeug* airspeed indicator; (*beim Schiff*) speedometer **Fahrtrichtung** *f* direction of travel; **ein Sitz in ~** a forward facing seat; **die Züge in ~ Norden/Süden** the northbound/southbound trains; ***die Autobahn ist in ~ Norden gesperrt*** the northbound carriageway [*or* section] of the motorway is closed; **entgegen der/in ~ sitzen** *Bus* to sit facing backwards/the front; *Zug* to sit with one's back to the engine/facing the engine **Fahrtrichtungsänderung** *f* change of direction **Fahrtrichtungsanzeiger** *m* AUTO (*Blinker*) direction indicator, trafficator BRIT, turn [signal] light AM **Fahrtstunde** *f* hour's travel; ***bis Berlin müssen Sie von hier aus mit drei ~n rechnen*** you should allow three hours for the journey from here to Berlin

fahrtüchtig *adj* **~er Wagen** roadworthy car; **~er Mensch** person who is fit [*or* able] to drive

Fahrtüchtigkeit *f Wagen* roadworthiness; *Mensch* fitness [*or* ability] to drive

Fahrtunterbrechung *f* stop, break **Fahr(t)wind** *m* headwind

Fahrunterricht *m* driving instruction [*or pl* lessons] **fahruntüchtig** *adj* **~er Mensch** person who is unfit [*or* unable] to drive; **~es Fahrzeug** unroadworthy vehicle **Fahruntüchtigkeit** *f* JUR unfit state to drive **Fahrverbot** *nt* driving ban; **befristetes ~** suspension of one's driving licence [*or* AM driver's license]; [**gegen jdn**] **ein** [**dreijähriges**] **~ verhängen** to ban [*or* disqualify] sb from driving [for three years] **Fahrverhalten** *nt kein pl* ① AUTO, TRANSP *eines Fahrers* driving behaviour [*or* AM -or] ② *eines Fahrzeugs* road behaviour [*or* AM -or], vehicle dynamics *pl* **Fahrwasser** *nt* NAUT *s.* **Fahrrinne** ► WENDUNGEN: **in ein ganz anderes ~ geraten** to get on[to] a completely different tack; **in gefährliches ~ geraten** to get on to dangerous ground, to tread on thin ice; **in politisches ~ geraten** to get involved in politics; **in jds ~** *dat* **schwimmen** [*o* **segeln**] to follow in sb's wake **Fahrweg** *m* roadway **Fahrweise** *f* ■**jds ~** sb's driving, the way sb drives **Fahrwerk** *nt* ① LUFT landing gear *no pl,* undercarriage; **das ~ ausfahren/einfahren** to let down *sep*/retract the landing gear [*or* undercarriage] ② AUTO chassis **Fahrwiderstand** *m* ① (*Luftwiderstand*) wind resistance ② (*Straßenreibung*) road resistance **Fahrzeit** *f s.* **Fahrtdauer**

Fahrzeug <-s, -e> *nt* vehicle

Fahrzeugbau *m kein pl* ① (*Industrie*) automobile [*or* automotive] industry ② (*Tätigkeit*) car manufacturing **Fahrzeugbrief** *m* registration document **Fahrzeughalter(in)** *m(f)* vehicle owner **Fahrzeugindustrie** *f* AUTO automobile [*or* car] industry **Fahrzeugkolonne** *f* column [*or* line] of vehicles **Fahrzeuglenker(in)** *m(f)* SCHWEIZ (*Fahrer*) driver of a/the vehicle **Fahrzeugmotor** *m* car [*or* automotive] engine **Fahrzeugnummer** *f* vehicle identification number, VIN **Fahrzeugpapiere** *pl* registration papers *npl* **Fahrzeugpark** *m* (*geh*) [vehicle] fleet **Fahrzeugschein** *m* AUTO registration document BRIT [*or* AM card] **Fahrzeugschlange** *f* column [*or* line] of vehicles **Fahrzeugsegment** *nt* vehicle section **Fahrzeugverkehr** *m* vehicular [*or* wheeled] traffic **Fahrzeugzubehör** *m* car accessories *pl* **Fahrzeugzubehörteil** *nt* car accessory **Fahrzeugzulassung** *f* AUTO ① (*Schein*) road licence ② *kein pl* (*Zulassen*) vehicle registration

Faible <-s, -s> ['fɛ:bl] *nt* (*geh*) liking, foible *liter;* ■**jds ~ für jdn/etw** sb's liking [*or liter* foible] for sb/sth; **ein ~ für jdn/etw haben** to be partial to sb/sth

fair [fɛ:ɐ] *adj* fair; ■[**jdm gegenüber**] **~ sein** to be fair [to sb]; ***das ist nicht ~!*** that's not fair!

F

Fairness[RR], **Fairneß** <-> ['fɛːɐnɛs] *f kein pl* fairness *no pl;* ■**aus ~ [jdm gegenüber]** in fairness [to sb]

fair-trial-Grundsatz [feəˈtraɪəl-] *m* JUR fair trial principle

Fairway <-s, -s> ['feəweɪ] *nt* GOLF fairway *spec*

Fäkalien [-liən] *pl* faeces BRIT, feces AM

Fakir <-s, -e> *m* fakir

Faksimile <-s, -s> *nt* facsimile

Faksimileausgabe *f* facsimile edition **Faksimilestempel** *m* JUR signature stamp

Fakten *pl* facts *pl; s. a.* **Faktum**

faktisch I. *adj* ❶ *attr* real, effective
❷ JUR actual, de facto
II. *adv* basically, effectively, practically

Faktor <-s, -toren> *m* factor; **ein wesentlicher ~** an essential factor

Faktorenmatrix *f* ÖKON production-factor matrix

Faktorgeschäft *nt* ÖKON factoring business

Faktorisierung <-, -en> *f* MATH factorization

Faktorkosten *pl* ÖKON factor costs **Faktorproportionentheorem** *nt* MATH factor proportion theorem

Faktotum <-s, -s *o* Faktoten> *nt* ❶ (*Arbeitskraft*) factotum *a. hum*
❷ (*fam: älterer Mensch*) funny old bird *fam*

Faktum <-s, Fakten> *nt* (*geh*) [proven] fact

fakturieren* *vt* ÖKON ■**etw ~** to invoice [*or* bill] sth

Fakultas <-, Fakultäten> *f* (*geh: Lehrbefähigung*) ■**~ [in etw** *dat*] qualification to teach [sth]; **die ~ für etw** *akk* **haben** to be qualified to teach sth

Fakultät <-, -en> *f* (*zusammengehörende Wissenschaftsgebiete*) faculty; **medizinische ~** faculty of medicine
► WENDUNGEN: **von der anderen ~ sein** (*hum: von anderer Weltanschauung sein*) to be from the other camp *iron;* (*homosexuell*) to be queer *pej,* to be one of them *pej*

fakultativ *adj* (*geh*) optional

Falange <-> [fa'laŋge] *f kein pl* HIST (*Staatspartei Spaniens*) Falange

Falbe <-n, -n> *m* BIOL dun [horse]

Falbkatze *f* ZOOL African wild cat

Falke <-n, -n> *m* falcon, hawk

Falklandinseln *pl* ■**die ~** the Falklands *pl,* the Falkland Islands *pl;* **auf den ~** on the Falklands; **auf die ~ fahren** to go to the Falklands; **auf den ~ leben** to live on the Falklands; **von den ~ stammen** to come from the Falklands

Falkner(in) <-s, -> *m(f)* falconer

Fall[1] <-[e]s, Fälle> *m* ❶ *kein pl* (*das Hinunterfallen*) fall; **der freie ~** free fall; **im freien ~** in free fall
❷ (*Sturz*) fall; **jdn zu ~ bringen** (*geh*) to make sb fall, to trip up sb *sep;* **zu ~ kommen** (*geh*) to fall; **sich bei einem ~ verletzen** to fall and injure oneself, to injure oneself [when] falling
❸ (*Untergang*) downfall; *Festung* fall; **Aufstieg und ~** rise and fall; **etw zu ~ bringen** to bring down sth *sep;* **ein Gesetz zu ~ bringen** to defeat a bill; **jds Pläne zu ~ bringen** to thwart sb's plans; **eine Regierung zu ~ bringen** to bring down [*or* overthrow] a government

Fall[2] <-[e]s, Fälle> *m* ❶ (*Umstand, Angelegenheit*) case, circumstance, instance; **ein hoffnungsloser/schwieriger ~ sein** to be a hopeless/difficult case; **klarer ~!** (*fam*) you bet! *fam;* **sollte der ~ eintreten, dass ...** if the case should arise that ...; **[nicht] der ~ sein** [not] to be the case; ***sollte es der ~ sein, dass ...*** if it's true that ...; **auf alle Fälle** in any case; (*unbedingt*) at all events; **auf jeden [*o* in jedem] ~** always; **auf keinen [*o* in keinem] ~** never, under no circumstances; **für alle Fälle** just in case; **für den ~ einer Notlage** in case of emergency [*or pl* emergencies]; **für den ~ meines/seines Todes** in case I die/he dies; **für den ~, dass jd etw tut** in case sb does sth; **gesetzt den ~, dass ...** assuming [*or* supposing] [that]...; **im äußersten ~[e]** at the worst; **im günstigsten/schlimmsten [*o* ungünstigsten] ~[e]** at best/worst; **im ~e eines ~es** if it comes [down] to it; **in diesem/dem ~** in this/that case; **in so einem ~** in a case like that; **von ~ zu ~** from case to case, as the case may be
❷ JUR (*Rechtssache*) case; **schwebender ~** pending case, lis pendens; **vorliegender ~** case at issue; **einen ~ übernehmen** to take on a case; **einen ~ verhandeln** to hear [*or* try] a case; **seinen ~ vortragen** to plead one's case
❸ MED case
❹ LING (*Kasus*) case; **der erste/zweite ~** the nominative/genitive case
► WENDUNGEN: **[nicht] jds ~ sein** (*fam*) [not] to be to sb's liking, [not] to be sb's cup of tea *fam*

Fallbeil *nt* guillotine; **jdn durch das ~ hinrichten** to guillotine sb

Fallbeispiel *nt* example [for a particular case]

Falle <-, -n> *f* ❶ (*Fangmechanismus*) trap; **~n legen [*o* stellen]** to lay [*or* set] traps *a. fig;* **eine ~ aufstellen** to set a trap *a. fig;* **jdm in die ~ gehen [*o* in jds ~ geraten] [*o* gehen]** to fall [*or* walk] into sb's trap *a. fig,* to get caught in sb's trap *a. fig;* **jdn in eine ~ locken** to lure sb into a trap *a. fig;* **in der ~ sitzen** to be trapped *a. fig;* **jdm eine ~ stellen** to set a trap for sb *a. fig;* **in eine ~ tappen** (*a. fig*) to blunder into a trap *a. fig*
❷ (*sl: Bett*) bed, pit BRIT *sl;* ***ab in die ~!*** off to bed!; **in die ~ gehen** to turn in, to hit the sack *fam;* **in der ~ liegen [*o* sein]** to be [lying] in bed [*or* BRIT *sl* one's pit]

fallen <fällt, fiel, gefallen> *vi sein* ❶ (*herunterfallen*) *Person* to fall; ***Achtung, auf dem nassen Boden kann man leicht ~!*** be careful, it's easy to slip on the wet floor; *Gegenstand* to drop; **jdn/etw ~ lassen** (*nicht mehr halten können*) to let go of sb/sth, to drop sth; (*versehentlich verlieren*) to drop sth; ***Sie haben Ihren Geldbeutel ~ gelassen*** you've dropped your purse; **sich aufs Bett/auf einen Stuhl ~ lassen** to flop onto the bed/flop down onto a chair
❷ (*niederkommen, -gehen*) *Beil* to fall; *Klappe, Vorhang* to drop; (*Hammer*) to come down
❸ (*stolpern*) ■**über etw** *akk* **~** to trip over [*or* on] sth
❹ (*fam: nicht bestehen*) ■**durch etw** *akk* **~** to fail [*or* AM *fam* flunk] sth; **jdn durch eine Prüfung ~ lassen** to fail sb in an exam
❺ (*sinken*) *Barometer, Preise* to fall; *Temperatur* to drop [*or* fall]; *Fieber, Wasserstand* to go down, to subside
❻ (*im Krieg ums Leben kommen*) to fall, to be killed
❼ (*erobert werden*) to fall; ***nach langem Kampf fiel die Stadt schließlich*** after a prolonged fight the town finally fell
❽ (*treffen*) ■**auf jdn ~** to fall [*or form* light] on sb; ***der Verdacht fiel auf den Gärtner*** the suspicion fell on the gardener; ***die Wahl der Chefin fiel auf den ersten Bewerber*** the boss chose the first applicant
❾ (*durchdringen*) ■**auf/durch/in etw** *akk* **~** [*Sonnen*]*strahlen* to shine on[to]/through/into sth
❿ (*stattfinden, sich ereignen*) ■**auf etw** *akk* **~** to fall on sth; ***der 1. April fällt dieses Jahr auf einen Montag*** April 1st falls on a Monday this year
⓫ (*jdm zukommen, übergehen auf*) ■**an jdn ~** to be annexed by sb; ***nach dem Krieg fielen viele Teile Ostdeutschlands an Polen*** after the war many parts of East Germany were annexed by Poland; (*nach Verhandlungen*) to go to sb, to devolve on sb *form;* ***nach seinem Tod fiel die Versicherungssumme an die Bank*** after his death the insurance money went to the bank
⓬ (*einbezogen werden*) ■**in etw** *akk* **~** to be channelled into sth; ***sein Privatvermögen fällt nicht in das gemeinschaftliche Vermögen*** his private means are not channelled into the collective property
⓭ (*ergehen*) to be reached; *Urteil, Beschluss a.* to be passed
⓮ SPORT to be scored; ***das zweite Tor fiel fünf Minuten vor Spielende*** the second goal was scored five minutes before the end
⓯ (*abgegeben werden*) *Schuss* to be fired; ***sie hörten, wie die Schüsse fielen*** they heard the shots being fired
⓰ (*verlauten*) to be spoken [*or* uttered]; ***sein Name fiel während der Sitzung mehrere Male*** his name was mentioned several times during the meeting; ***bei dem Treffen seiner geschiedenen Eltern fiel kein einziges böses Wort*** when his divorced parents met, not a single harsh word was said; **etw ~ lassen** (*äußern*) to let drop sth *sep;* **eine Bemerkung ~ lassen** to drop a remark
⓱ (*aufgeben*) **jdn/etw ~ lassen** to abandon [*or* drop] sb/sth

fällen *vt* ■**etw ~** ❶ (*umhauen*) to fell sth
❷ (*entscheiden*) to reach [*or* come to] sth; **ein Urteil ~** to reach [*or* pass] a verdict; *s. a.* **Lot**[1] **4**

fallenlassen* *vt irreg s.* **fallen 16, 17** **Fallenschloss**[RR] *nt* BAU latch lock **Fallensteller(in)** *m(f)* trapper

Fallfrist *f* JUR set period **Fallgeschwindigkeit** *f* speed [*or* rate] of fall **Fallgesetz** *nt* PHYS law of falling bodies **Fallgrube** *f* pit[fall]

fällig *adj* ❶ (*anstehend*) due *usu pred;* FIN *a.* payable; ***die Zahlungen sind am 23.~*** the payments are due on 23rd *form;* **~e Beträge/Zahlungen** *pl* amounts/payments due; **längst ~** long overdue
❷ (*fam: dran sein, geliefert sein*) ■**~ sein** to be [in] for it *fam*

Fälligkeit <-, -en> *f* JUR maturity, settlement [*or* due] date; **~ der Annahme** acceptance due date; **Zahlung vor Eintritt der ~** payment before due date; **bei/nach ~ zahlen** to pay by/after the settlement date; **vor ~ zahlen** to pay in advance

Fälligkeitsanspruch *m* JUR maturity claim **Fälligkeitsklausel** *f* FIN accelerating [*or* acceleration] clause **Fälligkeitssteuern** *pl* FIN taxes payable by operation of law **Fälligkeitstag** *m,* **Fälligkeitstermin** *m* FIN due date, date of maturity **Fälligkeitszinsen** *pl* FIN interest after due date

Falliment <-s, -e> *nt* JUR (*veraltet*) bankruptcy

Fallobst *nt kein pl* windfall

Fall-out[RR], **Fallout** <-s, -s> ['fɔːlʔaʊt] *m* fall[-]out

Fallreep <-s, -s> *nt* NAUT rope ladder

Fallrohr *nt* BAU downspout

falls *konj* if; **~ möglich/nötig** if possible/necessary

Fallschirm *m* parachute, chute *fam;* **mit dem ~ abspringen** to parachute, to make a parachute jump; **etw mit dem ~ abwerfen** to drop sth by parachute

Fallschirmabsprung *m* parachute jump **Fallschirmjäger(in)** *m(f)* paratrooper; ■**die ~** the paratroop[er]s **Fallschirmspringen** *nt* parachuting **Fallschirmspringer(in)** *m(f)* parachutist **Fallsicherung** *f* SPORT security rope **Fallstrick** *m* trap, snare; **jdm ~e legen** to set a trap [*or* snare] for sb, to ensnare sb **Fallstudie** *f* case study

fällt *3. pers. pres von* **fallen**

Falltritt *m* SPORT *im Rugby* punt **Falltür** *f* trapdoor

Fällung <-, -en> *f* ❶ (*Fällen von Bäumen*) felling
❷ CHEM (*Ausfällen*) precipitation

Fallwind *m* fall [*or spec* katabatic] wind

Falsa Demonstratio JUR false description

falsch I. *adj* ❶ (*verkehrt*) wrong; **einen ~en Ton anschlagen** to hit a wrong note; **~e Vorstellung** wrong idea, misconception; **bei jdm an den F~en/die F~e geraten** to pick the wrong person in sb; **mit seiner Meinung ~ liegen** (*fam*) to bark up the wrong tree with one's opinion; **[mit etw** *dat*] **[bei jdm] ~ liegen** (*fam*) to be wrong [about sb/in sth]; ***Sie sind hier falsch*** (*Ort*) you are in the wrong place; (*am Telefon*) you have the wrong number; ***wie man's macht, ist es ~!*** (*fam*) [regardless of] whatever I/you etc. do, it's [bound to be] wrong!
❷ (*unzutreffend*) false; **eine ~e Anschuldigung** a false accusation; **einen ~en Namen angeben** to give a false name
❸ (*unecht, nachgemacht*) fake, imitation *attr;* **~er Schmuck** fake [*or* paste] jewellery [*or* AM jewelry]; (*gefälscht*) forged, fake; **~es Geld** counterfeit money; **~e Würfel** loaded dice
❹ (*pej: hinterhältig*) two-faced; **ein ~er Hund/eine ~e Schlange** a snake in the grass, two-faced git

[*or* AM scumbag]; *s. a.* **Spiel**
⑤ (*unaufrichtig, unangebracht*) false; **~es Pathos** (*geh*) false pathos, bathos; **~er Scham** false shame
II. *adv* wrongly, etw ~ *aussprechen/schreiben/verstehen,* to pronounce/spell/understand sth wrongly, to mispronounce/misspell/misunderstand sth; **jdn ~ informieren** to misinform sb, to give sb wrong information; **alles ~ machen** to do everything wrong; **~ singen** to sing out of tune; **~ spielen** to cheat

Falschaussage *f* JUR **eine** [**uneidliche**] **~** false testimony; **uneidliche ~** unsworn false testimony **Falschbeurkundung** *f* JUR making false entry, false certification **Falschbezeichnung** *f* HANDEL *von Waren* misbranding of goods **Falschbuchung** *f* false [*or* fraudulent] entry **Falschdarstellung** *f* JUR misrepresentation; **fahrlässige/unwissentliche/wissentliche ~** negligent/innocent/fraudulent misrepresentation **Falscheid** *m* JUR false oath

fälschen *vt* ■**etw ~** to forge [*or* fake] sth; **gefälschte Papiere** forged [*or* fake] papers; ÖKON to falsify sth; **die Bücher ~** to falsify [*or* BRIT *fam* cook] the books; **Geld ~** to counterfeit money

Fälscher(in) <-s, -> *m(f)* forger; *Geld* counterfeiter

Falschfahrer(in) *m(f) person driving on the wrong side of the road* **Falschgeld** *nt kein pl* counterfeit [*or* forged] money *no pl* **Falschgeldherstellung** *f kein pl* counterfeiting

Falschheit <-> *f kein pl* falseness, falsity; (*pej*) *Charakter* falseness, deceitfulness

falschlaufend *adj* **~es Material** TYPO (*Papier*) cross-grained material

fälschlich **I.** *adj* ① (*irrtümlich*) mistaken, erroneous
② (*unzutreffend*) false
II. *adv s.* **fälschlicherweise**

fälschlicherweise *adv* ① (*irrtümlicherweise*) mistakenly, erroneously
② (*zu Unrecht*) wrongly

Falschlieferung *f* HANDEL misdelivery **Falschmeldung** *f* false report **Falschmünzer(in)** <-s, -> *m(f)* counterfeiter, forger **Falschmünzerei** <-> *f kein pl* counterfeiting *no pl,* forgery **Falschparker(in)** *m(f)* parking offender **falsch|spielen** *vi s.* **falsch II** **Falschspieler(in)** *m(f)* cheat; (*professioneller ~*) [card]sharp[er] BRIT, card shark AM

Fälschung <-, -en> *f* ① *kein pl* (*das Fälschen*) counterfeiting, forgery; ***die ~ von Banknoten ist verboten*** the counterfeiting of banknotes is forbidden
② (*gefälschte Sache*) forgery, fake

fälschungssicher *adj* forgery-proof

Falsett <-[e]s, -e> *nt* falsetto; **~ singen** to sing falsetto

Falsifikat <-[e]s, -e> *nt* (*geh*) forgery, fake

Falsifikation <-, -en> *f* JUR (*geh*) falsification

Falsifizierbarkeit *f* PHILOS falsification

falsifizieren* *vt* JUR (*geh*) ■**etw ~** to counterfeit [*or* falsify] sth

Falsus Procurator JUR attorney-in-fact without proper authority

Faltblatt *nt* leaflet **Faltboot** *nt* collapsible boat

Fältchen <-s, -> *nt* fine wrinkle [*or* line]; **~ um die Augen** crow's feet

Faltdach *nt* (*Verdeck*) convertible top, soft top; (*textiles Schiebedach*) sun roof top

Falte <-, -n> *f* ① (*in Kleidung: Knitter~, Bügel~*) crease; (*Rock~*) pleat; **~n bekommen** to get [*or* become] creased; **etw in ~n legen** to pleat sth
② (*in Stoff, Vorhang*) fold; **~n werfen** to fall in folds, to drape
③ (*Linie in der Haut*) wrinkle; **die Stirn in ~n legen** [*o* **ziehen**] to furrow [*or* BRIT knit] one's brows; **kaum/viele ~n haben** to have scarcely any/many wrinkles; **tiefe ~n** deep lines [*or* furrows]; **~n bekommen** to get wrinkles

falten *vt* ① (*zusammen~*) ■**etw ~** to fold sth; **die Hände ~** to fold one's hands
② (*in Falten legen*) **die Stirn ~** to furrow [*or* BRIT knit] one's brow

faltenfrei *adj* skintight, clinging; **~ sitzen** to fit tightly [*or* snugly] **Faltengebirge** *nt* GEOL fold mountains *pl* **faltenlos** *adj* unlined; **~e Haut** unlined [*or* smooth] skin **faltenreich** *adj* ① *Stirn* wrinkled ② *Gewand* with many pleats **Faltenrock** *m* pleated skirt **Faltentiefe** *f* wrinkle depth **Faltenunterspritzung** *f* subinjection of wrinkles **Faltenwurf** *m* MODE fall of the folds

Falter <-s, -> *m* (*Tag~*) butterfly; (*Nacht~*) moth

faltig *adj* ① (*zerknittert*) creased, crumpled
② (*das Gesicht voller Falten*) wrinkled

Faltkarton [-kartɔŋ, -kartõ:, -karto:n] *m* collapsible [*or* folding] box **Faltprospekt** *m* fold-out brochure **Faltschachtel** *f* folding box

Falz <-es, -e> *m* ① TYPO (*Buchdeckel*) joint; (*Papier*) fold
② TECH join, [lock] seam

Falzbogen *m* TYPO folded section [*or* sheet]

falzen *vt* BAU ■**etw ~** to fold [*or* rebate] sth

Falzkleben <-s> *nt kein pl* TYPO fold gluing

Fam. *Abk von* **Familie**

familiär **I.** *adj* ① (*die Familie betreffend*) family *attr;* **aus ~en Gründen** for family reasons
② (*zwanglos*) familiar; **in ~er Atmosphäre** in an informal atmosphere
II. *adv* **mit jdm ~ verkehren** to be on close [*or* familiar] terms with sb

Familie <-, -n> [-liə] *f* family; **aus guter ~ sein** to come from [*or* to be of] a good family, to be of good stock *form;* **eine kinderreiche ~** a large family, a family with many children; **eine vierköpfige ~** a family of four; **in**[**nerhalb**] **der ~ bleiben** to stay in the family; **zur ~ gehören** to be one of the family; **eine ~ gründen** (*geh*) to start a family; **~ haben** (*fam*) to have a family; **das liegt in der ~** it runs in the family; ***das kommt in den besten ~n vor*** (*fam*) it can happen in the best of families; ***„~ Lang"*** "The Lang Family", "Mr and Mrs Lang and family"

Familienähnlichkeit *f* family resemblance **Familienalbum** *nt* family album **Familienangehörige(r)** *f(m) dekl wie adj* relative **Familienanschluss**[RR] *m kein pl* **eine Unterkunft mit ~** *accommodation with a family where one is treated as a member of the family* **Familienanzeige** *f* personal announcement **Familienausweis** *m* family pass **Familienberatung** *f* family counselling **Familienberatungsstelle** *f* family counselling office **Familienbesitz** *m* family property; **in ~ sein** [*o* **sich in ~ befinden**] to be owned by the family **Familienbesteuerung** *f* FIN family taxation **Familienbetrieb** *m* family concern [*or* business] **Familienbuch** *nt* genealogical register **Familiendiebstahl** *m* JUR larceny from members of the family **Familienfeier** *f* family party [*or* BRIT *fam* do] **Familienfest** *nt* family celebration **Familienform** *f* type of family **Familienfragen** *pl* family issues *pl* **Familiengericht** *nt* JUR family court **Familiengesellschaft** *f* ÖKON family-owned company [*or* AM corporation], family partnership **Familienglück** *nt* domestic bliss **Familien-GmbH** *f* ÖKON family-owned Ltd **Familiengrab** *nt* family grave [*or* AM plot] **Familiengruft** *f* family vault **Familienhandelsgesellschaft** *f* ÖKON family-owned trading company **Familienheimgesetz** *nt* JUR law on family accommodation **Familienhilfe** *f* family assistance (*afforded by health insurance*) **Familienkapitalgesellschaft** *f* ÖKON family-owned limited company **Familienkreis** *m* family circle; ***die Beerdigung fand im engsten ~ statt*** only the immediate family were present at the funeral **Familienleben** *nt kein pl* family [*or* domestic] life *no pl* **Familienminister(in)** *m(f)* minister for family affairs BRIT **Familienministerium** *nt* Ministry for Family Affairs BRIT **Familienmitglied** *nt* member of the family; **ein neues ~ bekommen/bekommen haben** to be getting/to have had a new addition to the family **Familiennachzug** *m* joining one's family **Familienname** *m* surname, last name **Familienoberhaupt** *nt* head of the family, pater familias *masc form* **Familienpackung** *f* family[-size] pack **Familienplanung** *f* family planning *no art* **Familienpolitik** *kein pl f* family policy **Familienrecht** *nt* JUR family law **Familienrechtsänderungsgesetz** *nt* JUR Family Law Alteration Act **Familienrichter(in)** *m(f)* JUR family court judge **Familienroman** *m* [family] saga **Familienschmuck** *m* family jewels *pl* **Familienseelsorge** *f* family pastoral care **Familienserie** *f* family series **Familiensitz** *m* family estate [*or* seat] **Familienstand** *m* marital status **Familienstück** *nt* family heirloom **Familientragödie** *f* family tragedy **Familienunternehmen** *nt* family[-owned] business [*or* enterprise] **Familienunterstützung** *f s.* **Familienzulage** **Familienvater** *m* father [of a/the family] **Familienverhältnisse** *pl* family background *no pl;* **aus geordneten/zerrütteten ~n kommen** to come from a well-ordered background/broken home **Familienvertrag** *m* JUR family contract **Familienvorstand** *m* (*geh*) *s.* **Familienoberhaupt** **Familienwappen** *nt* family coat of arms, family arms *npl* BRIT **Familienzulage** *f* family allowance **Familienzusammenführung** *f* organized family reunion **Familienzusatzdarlehen** *nt* JUR additional loan for a family **Familienzuschlag** *m* JUR additional family allowance **Familienzuwachs** *m* addition to the family; **~ erwarten/bekommen** [*o fam* **kriegen**]/**bekommen haben** to be expecting/getting/have had an addition to the family

famos *adj* (*veraltend fam*) capital *dated fam;* **ein ~er Mensch** a brick *dated fam*

Famulus <-, Famuli> *m* MED (*veraltend geh*) *medical student doing practical work in a clinic*

Fan <-s, -s> [fɛn] *m* fan; (*Fußball~ a.*) supporter

Fanal <-s, -e> *nt* (*geh*) signal; **mit etw** *dat* **ein ~ setzen** to send a signal by doing sth

Fanatiker(in) <-s, -> *m(f)* fanatic; **ein politischer ~** an extremist; **ein religiöser ~** a religious fanatic, a [religious] zealot

fanatisch **I.** *adj* fanatical; **ein ~er Anhänger** a fanatical [*or pej* rabid] supporter
II. *adv* fanatically

fanatisiert *adj* fanaticized

Fanatismus <-> *m kein pl* fanaticism

Fanclub ['fɛnklʊb] *m s.* **Fanklub**

Fanfare <-, -n> *f* ① (*Trompete*) ceremonial trumpet, fanfare
② (*Trompetensignal aus Dreiklangtönen*) fanfare; **eine ~ schmettern** to play a fanfare
③ (*Musikstück*) fanfare
④ (*zusätzliche Hupe im Auto*) multi-tone horn

Fang[1] <-[e]s, Fänge> *m* ① *kein pl* (*das Fangen*) catching, trapping; **zum ~ auslaufen** to go fishing
② *kein pl* (*Beute*) catch; *Fisch* haul
▶ WENDUNGEN: [**mit jdm/etw**] **einen guten ~ machen** to make a good catch [with sb/sth]

Fang[2] <-[e]s, Fänge> *m meist pl* (*Kralle*) talon; (*Reißzahn*) fang
▶ WENDUNGEN: **jd in seinen Fängen haben** (*fam*) to have sb in one's clutches

Fangarm *m* tentacle

Fangemeinde *f* fan club, supporters *pl*

fangen <fängt, fing, gefangen> **I.** *vt* ① (*festnehmen*) ■**jdn ~** to catch [*or* apprehend] sb; **einen Dieb ~** to catch a thief
② (*erjagen*) ■**etw ~** to catch sth
③ (*erhaschen*) ■**etw ~** to catch sth
II. *vi* ① (*erhaschen*) to catch
② (*Spiel*) **F~ spielen** to play catch
III. *vr* ① (*ver~*) ■**sich in etw** *dat* **~** to be caught in sth
② (*das Gleichgewicht wiedererlangen*) ■**sich ~** to catch oneself; (*seelisch*) to pull oneself together [again]

Fangflotte *f* fishing fleet **Fangfrage** *f* trick [*or* BRIT catch] question; [**jdm**] **eine ~ stellen** to ask [sb] a trick question **fangfrisch** *adj* **~e Fische** fresh fish **Fanggründe** *pl* fishing grounds *npl* **Fangheuschrecke** *f* ZOOL mantis **Fangleine** *f* NAUT hawser

Fanglomerat <-[e]s, -e> *nt* GEOL fanglomerate

Fangnetz *nt* [fishing] net **Fangquote** *f* [fishing] quota **Fangschaltung** *f* interception circuit **Fangschiff** *nt* fishing boat **Fangschuss**RR *m* finishing shot, coup de grâce

fängt *3. pers. pres von* **fangen**

Fangvorrichtung *f* ① (*Fangschaltung*) intercepting device ② (*Einrichtung in Aufzügen*) gripping device, safety catch **Fangzahn** *m* fang

Fanklub ['fɛn-] *m* fan club **Fanpost** *f* fan mail

FantasieRR1 <-, -n> [*pl* -'ziːən] *f* ① *kein pl* (*Einbildungsvermögen*) imagination *no pl;* **eine lebhafte** [*o* **blühende**]/**krankhafte**/**schmutzige** ~ **haben** to have a wild imagination/sick/filthy mind [*or* filthy imagination]
② *meist pl* (*Fantasterei*) fantasy

Fantasie2 <-, -n> [*pl* -'ziːən] *f* MUS fantasia

fantasiebegabtRR *adj* (*geh*) *s.* fantasievoll **Fantasiegebilde**RR *nt* fantastic form **fantasielos**RR *adj* unimaginative; ■~ **sein** to be unimaginative, to be lacking in imagination **Fantasielosigkeit**RR <-> *f kein pl* unimaginativeness *no pl,* lack of imagination *no pl* **Fantasiepreis**RR *nt* (*fam*) outrageous[ly high] price **Fantasiereise**RR *f* fantasy trip [*or* journey]

fantasierenRR* I. *vi* ① (*fabulieren*) ■[**von jdm/etw**] ~ to fantasize [about sb/sth]
② MED to be delirious
II. *vt* ■**etw** ~ to imagine sth, to dream sth up

fantasievollRR *adj* [highly] imaginative

Fantast(in)RR <-en, -en> *m(f)* dreamer

FantastereiRR <-, -en> *f* (*geh*) fantasy

FantastinRR <-, -nen> *f fem form von* **Fantast**

fantastischRR I. *adj* ① (*fam: toll*) fantastic
② (*fam: sagenhaft*) fantastic
③ *attr* (*unglaublich*) incredible
④ (*geh*) unreal
II. *adv* ① (*fam: toll, sagenhaft*) wonderfully, fantastically
② (*unglaublich*) incredibly; ***das klingt*** ~ that sounds incredible

Fantasyroman *m* fantasy novel

Fanzine <-s, -s> ['fɛnziːn] *nt* fanzine

FAO *f Abk von* **Food and Agriculture Organization [of the UN]** FAO

FAQ *f* INET *Abk von* **Frequently Asked Questions** FAQ

Farad <-[s], -> *nt* PHYS farad

Farbabfall *m* TYPO gradual ink fade, ink fading **Farbabstimmung** *f* TYPO colour matching **Farbabzug** *m* FOTO colour print **Farbaufnahme** *f* colour photo[graph] **Farbaufsichtsbild** *nt* TYPO colour reflection original, colour print **Farbauftrag** *m* TYPO ink application, inking **Farbauswahl** *f* colour option **Farbauszüge** *pl* TYPO (*Repro*) colour separation *no pl,* separation films *pl* **Farbband** <-bänder> *nt* typewriter ribbon **Farbbandkassette** *f* typewriter ribbon cassette **Farbbeutel** *m* paint bomb **Farbbildschirm** *m* colour screen **Farbbrillanz** *f* FOTO brilliant colours **Farbdarstellung** *f* colour display **Farbdisplay** *nt* colour display **Farbdruck** *m* (*Druckverfahren*) colour printing; (*Bild*) colour print **Farbdrucker** *m* colour printer

Farbe <-, -n> *f* ① (*Farbton*) colour [*or* AM -or]; **in** ~ in colour [*or* AM -or]; **sanfte ~n** soft hues
② (*Anstreichmittel*) paint; (*Färbemittel*) colour [*or* AM -or], dye
③ *pl* (*optisches Symbol*) colours [*or* AM -ors]
④ KARTEN suit; ~ **bedienen** to follow suit
▶ WENDUNGEN: **etw in den schwärzesten ~n malen** [*o* **schildern**] to paint a black [*or* gloomy] picture of sth; ~ **bekennen** to come clean, to put one's cards on the table; ~ **bekommen** to get a [sun]tan

farbecht *adj* colourfast **Farbechtheit** *f* colour fastness

Färbemittel *nt* dye

färben I. *vt* ① (*andersfarbig machen*) ■**etw** ~ to dye sth; **sich** *dat* **die Haare blond** ~ to bleach one's hair blond; **sich** *dat* **die Haare schwarz** ~ to dye one's hair black
② (*etw eine bestimmte Note geben*) **etw humoristisch/politisch/rassistisch** ~ to give sth humorous/political/racist overtones; ■**politisch/rassistisch gefärbt sein** to have political/racist overtones
II. *vi* (*ab~*) to run
III. *vr* ■**sich** ~ to change colour [*or* AM -or]; *Himmel* to turn colour [*or* AM -or]; ***die Blätter ~ sich gelb*** the leaves are turning yellow

farbenblind *adj* colour blind **Farbenblindheit** *f* BIOL colour blindness **Farbendruck** *m* multi-colour printing **farbenfreudig** *adj* ① (*bunt*) colourful ② (*kräftige Farben bevorzugend*) loving bright colours **farbenfroh** *adj* colourful **Farbenkasten** *m* paintbox **Farbenlehre** *f* theory of colour **Farbenmischen** <-s> *nt kein pl* TYPO blending of colours, ink mixing **Farbenpalette** *f* ① KUNST palette ② (*Farbauswahl*) colour range **Farbenpasser** <-s, -> *m* TYPO colour register **Farbenpracht** *f* (*geh*) blaze of colour **farbenprächtig** *adj* (*geh*) *s.* farbenfroh **Farbenreichtum** *m* wealth of colours **Farbenspiel** *nt* play of colours

Färber(in) <-s, -> *m(f)* dyer

Färberei <-, -en> *f* dye-works

Farbfächer *m* TYPO specimen book of coloured ink **Farbfernsehen** *nt* colour television [*or* TV] **Farbfernseher** *m* (*fam*) colour television [set] [*or fam* TV] **Farbfernsehgerät** *nt* colour television [*or* TV] set **Farbfilm** *m* colour film **Farbfilter** *m* SCI colour filter **Farbfolge** *f* TYPO colour [*or* ink] sequence **Farbfoto** *nt* colour photograph **Farbfotografie** *f* colour photography **Farbgraphikadapter** *m* INFORM colour graphics adapter, CGA **Farbhaftung** *f* BAU adhesion of paint

farbig I. *adj* ① (*bunt*) coloured, colourful; (*für Farbabbildungen*) colour; **eine ~e Postkarte** a colour postcard; **ein ~es Passbild** a colour passport photo
② (*anschaulich*) colourful
③ *attr* (*Hautfarbe betreffend*) coloured; **die ~e Bevölkerung** coloured people
II. *adv* ① (*bunt*) in colour
② (*anschaulich*) colourfully

färbig *adj* ÖSTERR *s.* **farbig 1**

Farbige(r) *f(m) dekl wie adj* coloured person, non-white

Farbkasten *m* paint box **Farbkissen** *nt* inkpad **Farbkopierer** *m* colour copier **Farbkorrektur** *f* TYPO (*Druck*) inking correction; (*Repro*) colour [*or* AM -or] editing [*or* retouche] **Farbladung** *f* NUKL colour [*or* AM -or] charge **Farblaserdrucker** *m* colour laser printer

farblich I. *adj* colour
II. *adv* in colour; ***sie stimmte die Vorhänge ~ auf die Tapete ab*** she matched the colours of the curtains and the carpet

farblos *adj* ① (*ohne Farbe*) colourless; **ein ~er Lippenstift** a clear lipstick
② (*unauffällig, langweilig*) dull; **eine ~ Frau** a drab woman

Farbmonitor *m* colour monitor **Farbnorm** *f* TYPO colour standard **Farbnuance** *f* colour shade **Farbpalette** *f* gamut of colours **Farbprägefolie** *f* TYPO colour stamping foil **Farbroller** *m* paint roller **Farbsättigung** *f* colour saturation **Farbscanner** *m* INFORM colour scanner **Farbskala** *f* colour range **Farbstift** *m* coloured pen [*or* pencil] **Farbstoff** *m* ① (*Färbemittel*) dye; (*in Nahrungsmitteln*) artificial colouring ② (*Pigment*) pigment **Farbtabelle** *f* INFORM colour display **Farbtiefe** *f* colour depth **Farbtintenstrahldrucker** *m* colour ink-jet printer **Farbton** *m* shade **Farbtonregister** *nt* BAU colour chart **Farbtönung** *f* hue, shade, tint **Farbtrennung** *f* TYPO (*Repro*) colour separation **Farbtupfer** *m* splash of colour

Färbung <-, -en> *f* ① *kein pl* (*das Färben*) colouring
② (*Tönung*) shade; (*von Blättern*) hue
③ (*Einschlag*) bias, slant *fig*

Farbwert *m* chromatic [*or* colour] [*or* AM -or] value **Farbwertkorrektur** *f* TYPO colour value correction

Farce <-, -n> ['farsə] *f* ① (*Lustspiel*) farce
② (*lächerliche Karikatur*) farce; **eine einzige ~ sein** it's just a farce!
③ KOCHK stuffing, filling

farcieren *vt* KOCHK ■**etw** ~ to stuff [*or* fill] sth

Farinzucker *m s.* **Rohrzucker**

Farm <-, -en> *f* ① (*Bauernhof*) farm
② (*Zuchtbetrieb*) farm

Farmer(in) <-s, -> *m(f)* farmer

Farmhaus *nt* farmhouse

Farn <-[e]s, -e> *m,* **Farnkraut** *nt* fern

Farnpflanze *f* BOT fern

Färse <-, -n> *f* heifer

Fasan <-s, -e[n]> *m* pheasant

Fasanerie <-, -n> *f* ① (*Gehege*) pheasant run
② (*Gebäude*) pheasant house

faschieren* *vt* ÖSTERR (*durch den Wolf drehen*) ■**etw** ~ to mince [*or* AM grind] sth

Faschierte(s) *nt dekl wie adj* ÖSTERR (*Hackfleisch*) mince, minced [*or* AM ground] meat

Fasching <-s, -e *o* -s> *m* SÜDD (*Fastnacht*) carnival

Faschingsdienstag *m* Shrove Tuesday **Faschingskrapfen** *m* jam [*or* AM jelly] doughnut

Faschismus <-> *m kein pl* fascism

Faschist(in) <-en, -en> *m(f)* fascist

faschistisch *adj* POL, HIST ① (*den Faschismus betreffend*) fascist
② (*pej: vom Faschismus geprägt*) fascist

faschistoid *adj* POL (*pej*) fascistic *pej*

Faselbohne *f s.* **Helmbohne**

Faselei <-, -en> *f* (*pej fam*) drivel *pej fam*

faseln I. *vi* (*pej fam*) to babble *pej fam;* ***hör auf zu ~!*** stop babbling on!
II. *vt* (*pej fam*) ■**etw** ~ to spout on about sth *pej fam;* ***was faselt er da ständig?*** what's he going on about?

fasen *vt* BAU ■**etw** ~ to chamfer sth

Faser <-, -n> *f* ① (*synthetisch erzeugter Faden*) fibre [*or* AM -er]
② (*Gewebezelle*) fibre [*or* AM -er]

fas(e)rig *adj* fibrous

fasern *vi* to fray

Faserrichtung *f* (*Papier*) grain [direction] **Faserrohstoff** *m* (*Papier*) fibre [*or* AM -er] raw material **Faserschreiber** *m* felt-tip [pen] **Faserstift** *m* felt-tip [pen] **Faserstoffbleichung** *f* (*Papier*) pulp bleaching

Fasnacht *f kein pl s.* **Fastnacht**

fasrig *adj s.* **faserig**

FassRR <-es, Fässer> *nt,* **Faß** <-sses, Fässer> *nt* (*Gefäß*) barrel, vat, cask; **etw in Fässer füllen** to barrel sth, to put sth into barrels; **vom** ~ on draught [*or* AM draft], on tap; **Bier vom** ~ draught [*or* AM draft] beer; **Wein vom** ~ wine from the wood
▶ WENDUNGEN: **ein ~ ohne Boden** a bottomless pit; **das schlägt dem ~ den Boden aus!** that really is the limit!; **das ~ zum Überlaufen bringen** to be the final [*or* last] straw, the straw that broke the camel's back

Fassade <-, -n> *f* ① (*Vorderfront eines Gebäudes*) façade, front
② (*äußerer Schein*) façade, front; **nur ~ sein** to be just [a] show

fassbarRR *adj,* **faßbar** *adj* ① (*konkret*) concrete, tangible
② (*verständlich*) comprehensible

FassbierRR *nt* draught [*or* AM draft] beer

FässchenRR <-s, -> *nt dim von* **Fass** cask, keg

fassen I. *vt* ① (*ergreifen*) ■**etw** ~ to grasp sth; **jds Hand** ~ to take sb's hand; ■**jdn an/bei etw** *dat* ~ to seize sb by sth; **jdn am Arm** ~ to seize sb's arm [*or* sb by the arm]; **jdn bei der Hand** ~ to take sb by the hand; ■**etw an etw** *dat* ~ to take hold of sth by sth
② (*festnehmen*) ■**jdn** ~ to apprehend [*or* seize] [*or* catch] sb; ***die Täter konnten bisher nicht gefasst werden*** so far the culprits have not been apprehended
③ (*zu etw gelangen*) ■**etw** ~ to take sth; **einen**

Entschluss ~ to make a decision; **einen Vorsatz** ~ to make [*or* come to] a resolution; **keinen klaren Gedanken ~ können** not able to think clearly
❹ (*begreifen*) ■**etw** ~ to comprehend sth; ***er konnte sein Glück kaum fassen*** he could scarcely believe his luck; ***ich fasse es einfach nicht!*** I just don't believe it!; **es nicht ~ können[, dass …]** not to be able to understand [*or* believe] [that …]; **[das ist] nicht zu ~!** it's incredible [*or* unbelievable!]
❺ (*etw enthalten*) ■**etw** ~ to contain sth; ***wie viel Liter Öl fasst der Tank?*** how many litres of oil does the tank hold?
❻ (*ein~*) ■**etw [in etw** *akk*] ~ to mount [*or* set] sth [in sth]; *s. a.* **Wort**
II. *vi* ❶ (*greifen*) to grip, to grasp; *Zahnrad, Schraube* to bite; ***die Reifen fassen nicht in dem tiefen Schnee*** the tyres won't grip in the deep snow
❷ (*berühren*) ■**an etw** *akk*/**in etw** *akk* ~ to touch sth/to feel inside sth; ***sie fasste in das Loch*** she felt inside the hole
❸ (*schnappen*) *von Hund* to bite; ***fass!*** get [*or* grab] [him/her]!
III. *vr* ■**sich** ~ to pull oneself together; **sich kaum mehr ~ können** to scarcely be able to contain oneself

fässerweise *adv* by the barrel[ful] [*or* gallon]

FassetteRR <-, -n> *f s.* **Facette**

fasslichRR *adj,* **faßlich** *adj* (*begreifbar*) comprehensible

Fasson <-, -s> [fa'sõ:] *f* (*normale Form*) shape; **aus der ~ geraten** (*fam*) to let oneself go *fam*
► WENDUNGEN: **jeder soll nach seiner [*o* auf seine] ~ selig werden** (*prov*) each must live as he sees fit

Fassreif(en)RR *m* [barrel] hoop

Fassung <-, -en> *f* ❶ (*Rahmen*) mounting, setting
❷ (*Brillengestell*) frame; **eine Brille mit einer goldenen ~** a pair of glasses with gold frames
❸ ELEK socket
❹ (*Bearbeitung*) version
❺ *kein pl* (*Selbstbeherrschung*) composure; **die ~ bewahren** to maintain one's composure, to keep one's cool *sl;* **jdn aus der ~ bringen** to unsettle [*or* disconcert] [*or* throw] sb; **außer ~ geraten** to lose one's composure [*or* self-control], to become rattled *fam;* **etw mit ~ tragen** to bear [*or* take] sth calmly; ***trag es mit*** ~ don't let it get to you; **die ~ verlieren** to lose one's self-control, to lose one's cool *sl*

Fassungskraft *f kein pl* comprehension, understanding **fassungslos I.** *adj* staggered, stunned **II.** *adv* in bewilderment; **~ zusehen, wie …** to watch in shocked amazement as … **Fassungslosigkeit** <-> *f kein pl* complete bewilderment

Fassungsvermögen *nt* capacity

FassweinRR *m* wine from the wood

fassweiseRR *adv* by the barrel[ful]

fast *adv* almost, nearly; ***ich konnte ~ nichts sehen*** I almost couldn't see anything; **~ *nie*** hardly ever

fasten *vi* to fast

Fastenkur *f* diet; **eine ~ machen** to go on a diet **Fastenspeise** *f* KOCHK, REL fasting [*or* Lenten] food **Fastenzeit** *f* REL Lent, period of fasting

Fast FoodRR, **Fastfood**RR <-> ['fa:stfu:d] *nt kein pl* fast food

Fastfoodkette ['fa:stfu:d-] *f* chain of fast food restaurants

Fastnacht *f kein pl* DIAL carnival

Fastnachtsdienstag *m* Shrove Tuesday **Fastnachtskrapfen** *m* jam [*or* AM jelly] doughnut **Fastnachtszeit** *f* carnival season

Fasttag *m* day of fasting; **einen ~ einlegen** to go on a day of fasting; **einen ~ machen** to fast for a day

Faszination <-> *f kein pl* fascination; **[eine] ~ auf jdn ausüben** to fascinate sb

faszinieren* **I.** *vt* ■**jdn** ~ to fascinate sb; ***was fasziniert dich so an ihm?*** why do you find him so fascinating?; ***er war von ihrem Lächeln fasziniert*** he was captivated by her smile
II. *vi* to fascinate

faszinierend *adj* fascinating

fatal *adj* (*geh*) ❶ (*verhängnisvoll*) fatal; **sich ~ [auf etw** *akk*] **auswirken** to have fatal repercussions; **~e Folgen haben** to have fatal repercussions
❷ (*peinlich*) embarrassing, awkward; **ein ~es Gefühl** an awkward feeling; **in eine ~e Lage geraten** to be in an awkward position

Fatalismus <-> *m kein pl* (*geh*) fatalism

Fatalist(in) <-en, -en> *m(f)* fatalist

fatalistisch *adj* (*geh*) fatalistic

Fata Morgana <- -, – Morganen *o* -s> *f* ❶ (*Luftspiegelung*) mirage
❷ (*Wahnvorstellung*) fata morgana, hallucination

Fatzke <-n *o* -s, -n> *m* (*pej fam*) pompous twit

fauchen *vi* ❶ (*Tierlaut*) to hiss
❷ (*wütend zischen*) to spit

faul *adj* ❶ (*nicht fleißig*) idle, lazy; **~er Sack** (*pej*) lazy slob
❷ (*verfault*) rotten [*or* bad]; (*verrottet*) decayed, rotten; **~e Blätter** dead leaves; (*faulig*) foul
❸ (*pej fam: nicht einwandfrei*) feeble; **ein ~er Kompromiss** a shabby compromise; **ein ~er Kredit** a bad credit; **ein ~er Kunde** a shady customer; ■**an etw** *dat* **ist etw** ~ sth is fishy about sth; ***an diesem Angebot ist irgendwas*** ~ there's something fishy about this offer
❹ (*ohne zu zögern*) **nicht** ~ not slow
► WENDUNGEN: **etw ist ~ im Staate Dänemark** (*prov*) there's something rotten in the State of Denmark

Faulbaum *m* BOT black alder, alder buckthorn

Fäule <-> *f kein pl* (*geh: Fäulnis*) rot; (*Zahn~*) decay

faulen *vi sein o haben* to rot; *carcass* to decay; *Wasser* to stagnate; *Gemüse, Obst* to rot

faulenzen *vi* to laze about [*or* around] BRIT, to loaf around [*or* BRIT about] *pej sl;* ■**das F~** lazing about

Faulenzer(in) <-s, -> *m(f)* (*pej*) layabout BRIT *pej fam,* lazybones *fam,* loafer *pej sl,* idler

Faulenzerei <-, *selten* -en> *f* (*pej*) idleness

Faulgas *nt* sludge [*or* fermentation] gas

Faulheit <-> *f kein pl* idleness, laziness; **vor ~ stinken** (*pej fam*) to be bone idle BRIT *pej fam*

faulig *adj* rotten; **ein ~er Geruch** a foul smell; **ein ~er Geschmack** a foul taste; **~es Wasser** stagnant water; **~ riechen/schmecken** to smell/taste foul

Fäulnis <-> *f kein pl* decay, rot; ***man muss das Holz gegen ~ schützen*** the wood must be protected from rotting; **im Zustand der** ~ in a state of decay

FäulnisprozessRR *m* decomposition, rotting

Faulpelz *m* (*pej fam*) layabout BRIT *pej fam,* loafer *pej sl,* lazybones **Faulschlamm** *m* sludge **Faultier** *nt* ❶ (*Tier*) sloth ❷ (*fam*) *s.* **Faulpelz**

Faun <-[e]s, -e> *m* faun

Fauna <-, Faunen> *f* fauna

Faust <-, Fäuste> *f* (*geballte Hand*) fist; **die [Hand zur] ~ ballen** to clench one's fist
► WENDUNGEN: **wie die ~ aufs Auge passen** (*nicht passen*) to clash horribly; (*perfekt passen*) to be a perfect match; (*passend sein*) to be [very] convenient; **jds ~ im Nacken spüren** to have sb breathing down your neck; **die ~/Fäuste in der Tasche ballen** to hold [*or* choke] back [*or* bottle up] one's anger; **mit der ~ auf den Tisch schlagen** to bang [*or* thump] the table with one's fist; **auf eigene** ~ off one's own bat BRIT, on one's own initiative [*or* under our own steam]; **mit eiserner** ~ with an iron fist [*or* hand]

Faustball *m kein pl* fistball (*team game in which the ball is hit over a cord with the fist or forearm*)

Fäustchen <-s, -> *nt dim von* **Faust** little fist
► WENDUNGEN: **sich** *dat* **ins ~ lachen** (*fam*) to laugh up one's sleeve *fam*

faustdick *adj* (*fam*) ❶ (*dick wie eine Faust*) *s.* **faustgroß**
❷ (*fam: unerhört*) whopping; ***das ist eine ~e Lüge!*** that's a real whopper!, that's a whopping lie!
► WENDUNGEN: **~ auftragen** (*fam*) to lay it on thick *fam;* **es ~ hinter den Ohren haben** to be crafty, to be a sly dog

Fäustel <-s, -> *m* mallet

Faustfeuerwaffe *f* handgun **faustgroß** *adj* the size of [*or* as big as] a fist **Fausthandschuh** *m* mitten **Faustkeil** *m* hand-axe

Fäustling <-s, -e> *m s.* **Fausthandschuh**

Faustpfand *nt* security **Faustpfandrecht** *nt* JUR law of pledge **Faustrecht** *nt kein pl* law of the jungle **Faustregel** *f* rule of thumb **Faustschlag** *m* blow, punch

Fautfracht *f* HANDEL dead freight

Fauvismus <-> [fo'vɪsmʊs] *m kein pl* KUNST Fauvism

Fauxpas <-, -> [fo'pa] *m* (*geh*) faux pas, gaffe; **einen ~ begehen** to make a gaffe, to make [*or* commit] a faux pas

Fave <-, -n> *f* KOCHK young broad bean

favorisieren* [-vo-] *vt* (*geh*) ■**jdn** ~ to favour [*or* AM -or] sb

Favorit(in) <-en, -en> [-vo-] *m(f)* ❶ (*Liebling*) favourite [*or* AM -orite]
❷ SPORT favourite [*or* AM -orite]

Fax <-, -e> *nt* ❶ (*Schriftstück*) fax
❷ (*Gerät*) fax [machine]; ***schick mir den Vertrag per ~ zu*** send me the contract by fax

faxen I. *vi* ■**[jdm]** ~ to fax [sb], to send a fax to sb
II. *vt* ■**etw** ~ to fax sth; ■**etw an jdn [*o* jdm etw]** ~ to fax sth to sb [*or* sb sth], to send a fax to sb

Faxen *pl* ❶ (*Unsinn, Albereien*) clowning around; ***lass die ~!*** stop clowning around!; **nichts als [dumme] ~ im Kopf haben** to still fool around; **~ machen** (*sl: Schwierigkeiten machen*) to give sb trouble
❷ (*fam: Grimassen*) grimaces *pl;* ***lass die ~!*** stop pulling [*or* making] faces!; **~ machen** to make [*or* BRIT pull] faces
► WENDUNGEN: **die ~ dick[e] haben** (*fam*) to have had it up to here *sl*

Faxgerät *nt* fax machine **Faxkarte** *f* INFORM fax card [*or* board] **Faxmodem** *nt* INFORM fax modem **Faxpost** *f kein pl* TELEK fax, facsimile **Faxrolle** *f* fax roll

Fayence <-, -n> [fa'jã:s] *f* faïence

FAZ *f Abk von* **Frankfurter Allgemeine Zeitung** *broadsheet daily newspaper*

Fazit <-s, -s *o* -e> *nt* result, upshot, summary, conclusion *fam;* **das ~ aus etw** *dat* **ziehen** to sum up sth *sep;* (*Bilanz ziehen*) to take stock of sth

FC *m Abk von* **Fußballclub** FC, Football Club

FCKW <-s, -s> *m Abk von* **Fluorchlorkohlenwasserstoff** CFC

FCKW-frei *adj* CFC-free

FDP <-> *f Abk von* **Freie Demokratische Partei** FDP

Feature <-s, -s> ['fi:tʃɐ] *nt* feature programme [*or* AM -am]

Feber <-s, -> *m* ÖSTERR (*Februar*) February

Februar <-[s], *selten* -e> *m* February; **Anfang/Ende ~** at the beginning/end of February; **Mitte ~** in the middle of February, mid-February; **~ sein** to be February; **~ haben** to be February; ***jetzt haben wir [o ist es] schon ~ und ich habe noch immer nichts geschafft*** it's February already and I still haven't achieved anything; **im ~** in February; **im Laufe des ~s [*o* des Monats ~]** during the course of February, in February; **im Monat ~** in [the month of] February; **in den ~ fallen/legen** to be in February/to schedule for February; **etw auf den ~ verlegen** to move sth to February; **diesen [*o* in diesem] ~** this February; **jeden ~** every February; **bis in den ~ [hinein]** until [well] into February; **den ganzen ~ über** for the whole of [*or* throughout] February; **am 14. ~** (*Datumsangabe: geschrieben*) on [the] 14th February [*or* February 14th] BRIT, on February 14 AM; (*gesprochen*) on the 14th of February [*or* AM February the 14th]; ***am Freitag, dem [o den] 14. Februar*** on Friday, February [the] 14th; ***Dorothee hat am 12. ~ Geburtstag*** Dorothee's birthday is on February 12th; **auf den 14. ~ fallen/legen** to fall on/to schedule for February 14th; ***Hamburg, den 14. ~ 2000*** Hamburg, 14th February 2000 BRIT, Hamburg, February 14, 2000 *esp* AM

fechten <fechtet *o* ficht, focht, gefochten> *vi*

① SPORT ■[**mit etw** *dat*] ~ to fence [with sth]; ■**gegen jdn** ~ to fence against sb
② (*geh: kämpfen*) ■[**für jdn/etw/unter jdm**] ~ to fight [for sb/sth/under sb]

Fechten <-s> *nt kein pl* fencing
Fechter(in) <-s, -> *m(f)* fencer
Fechtmeister(in) *m(f)* fencing master **Fechtsaal** *m* fencing hall **Fechtsport** *m* fencing
Feder <-, -n> *f* ① (*Teil des Gefieders*) feather; (*lange Hut~*) long feathers, plume; **leicht wie eine** ~ as light as a feather
② (*Schreib~*) nib, quill; **eine spitze ~ führen** to wield a sharp pen; **zur ~ greifen** to put pen to paper; **aus jds ~ stammen** to come from sb's pen
③ (*elastisches Metallteil*) spring
④ (*Bett*) **noch in den ~n liegen** (*fam*) to still be in bed; ***raus aus den ~n!*** (*fam*) rise and shine! *fam*
► WENDUNGEN: **sich mit fremden ~n schmücken** to take the credit for sb else's efforts; **~n lassen müssen** (*fam*) not to escape unscathed
Federball *m* ① *kein pl* (*Spiel*) badminton; ~ **spielen** to play badminton ② (*leichter Gummiball*) shuttlecock **Federballschläger** *m* badminton racket **Federbein** *nt* TECH, AUTO suspension strut **Federbett** *nt* continental quilt BRIT, duvet BRIT, comforter AM **Federboa** *f* feather boa **Federbusch** *m* ① (*Federn auf Vogelkopf*) crest ② (*Federn auf Kopfbedeckung*) plume **Federdecke** *f s.* Federbett **Federflügel** *m* spring wing **Federfuchser(in)** <-s, -> *m(f)* (*pej*) petty pen pusher *pej* **federführend** *adj* in charge; ■[**bei etw/für etw**] ~ **sein** to be in charge [of sth]; HANDEL to act as central coordinator [of sth] **Federführung** *f* overall control; HANDEL central coordination; **unter der ~ von jdm/etw ...** under the overall control of sb/sth ... **Federgewicht** *nt* SPORT ① *kein pl* (*niedrige Körpergewichtsklasse*) featherweight ② (*Sportler*) *s.* Federgewichtler **Federgewichtler(in)** <-s, -> *m(f)* SPORT featherweight **Federhalter** *m* fountain pen, pen holder **Federkernmatratze** *f* interior sprung mattress, innerspring mattress AM **Federkiel** *m* ① (*Teil einer Feder*) quill ② (*Schreibgerät*) quill **Federkissen** *nt* feather pillow **federleicht** *adj* as light as a feather *pred* **Federlesen** *nt* **ohne langes** ~ without further ado; **ohne viel ~s** without much ceremony; **nicht viel ~s mit jdm/etw machen** to waste no time on sb/sth **Federmäppchen** <-s, -> *nt* pencil case
federn I. *vi* ① (*nachgeben*) to give slightly, to be springy
② SPORT to flex; [**in den Knien**] ~ to bend [at the knees]
II. *vt* ■**etw** ~ to fit sth with suspension
federnd *adj* flexible, springy; **einen jugendlich-~en Gang haben** to have a youthful spring in one's step
Federring *m* spring washer **Federstahl** *m* spring steel **Federstrich** *m* stroke of the pen; **mit einem** ~ with a single stroke of the pen
Federung <-, -en> *f* springing; (*für Auto a.*) suspension
Federvieh *nt* (*fam*) poultry
Federweiße(r) *m dekl wie adj* new wine
Federwild *nt* feathered game **Federzeichnung** *f* pen-and-ink drawing
Fee <-, -n> [-eːən] *f* fairy; **die gute/böse** ~ the good/bad fairy
Feed-back[RR], **Feedback** <-s, -s> [ˈfiːdbɛk] *nt* feedback *no indef art, no pl*; **jdm** [**ein**] ~ **geben** to give sb feedback
Feeling <-s> [ˈfiːlɪŋ] *nt kein pl* ① (*Gefühl*) feeling
② (*Gefühl für etw*) feel; **ein ~ für etw** *akk* **haben** to have a feel for sth; **ein ~ für etw** *akk* **entwickeln** to develop a feel for sth
feenhaft *adj* fairylike
Fegefeuer *nt* ■**das** ~ purgatory **Fegeleiste** *f* BAU molding
fegen I. *vt haben* ① (*kehren*) ■**etw** ~ to sweep sth; ■**etw von etw** *dat* ~ to sweep sth off sth
② (*fortschieben*) ■**etw** ~ to sweep sth away
③ SCHWEIZ (*feucht wischen*) ■**etw irgendwohin** ~ to wipe sth [with a damp cloth]
II. *vi* ① *haben* (*ausfegen*) to sweep up
② *haben* SCHWEIZ (*feucht wischen*) to wipe
③ *sein* (*fam: schnell fahren*) to sweep, to tear; ***er kam um die Ecke gefegt*** he came tearing round the corner
④ (*stark wehen*) to sweep; ***der Sturm fegte durch das Geäst*** the storm swept through the boughs of the trees
Fehde <-, -n> *f* ① (*Konflikt*) feud; **eine ~ mit jdm austragen** [*o* **fechten**] (*geh*) to carry on a feud with sb; **mit jdm in ~ liegen** (*geh*) to be feuding with sb
② HIST (*privater Krieg im Mittelalter*) feud
Fehdehandschuh *m* gauntlet; **jdm den ~ hinwerfen** (*fig geh*) to throw down the gauntlet to sb *fig*; **den ~ aufheben** [*o* **nehmen**] (*fig geh*) to pick up the gauntlet *fig*
fehl *adj* ~ **am Platz**[**e**] [**sein**] [to be] out of place
Fehl *m* **ohne ~** [**und Tadel**] (*geh*) to be immaculate; **ein Mensch ohne ~ und Tadel** a person without blemish or blame
Fehlalarm *m* false alarm **Fehlanpassung** *f* maladjustment **Fehlanzeige** *f* (*fam*) dead loss *fam*; ■**~!** wrong! **fehlbar** *adj* fallible **Fehlberechnung** *f* miscalculation **Fehlbesetzung** *f* wrong appointment; **eine ~ machen** [*o* **vornehmen**] to make a wrong appointment; (*bei Schauspielern*) miscasting; ***als Hamlet ist er eine totale ~*** he was totally miscast in the role as Hamlet **Fehlbestand** *m* HANDEL deficiency, shortage **Fehlbetrag** *m* ① FIN (*fehlender Betrag*) shortfall ② ÖKON (*Defizit*) deficit **Fehlbildung** *f* malformation, abnormality **Fehlbildungssyndrom** *nt* MED malformation [*or* deformity] syndrome **Fehlbogen** *m* TYPO imperfect [*or* spoil] sheet **Fehldatierung** *f* incorrect dating **Fehldiagnose** *f* wrong [*or* false] diagnosis **Fehldisposition** *f* misplanning **Fehldruck** *m* TYPO misprint, imperfect impression **Fehleinschätzung** *f* misjudgement, false estimation
fehlen I. *vi* ① (*nicht vorhanden sein*) ■**etw fehlt** [**jdm**] sth is missing [for sb]; ***mir ~ noch einige Münzen*** I'm still missing a few coins; ***wie immer, das Zitat deiner Mutter, das durfte ja nicht ~!*** (*iron*) you couldn't leave that out, you had to quote your mother!
② (*abhanden gekommen sein*) ■**jdm fehlt etw** sb is missing sth; ***mir ~ 100 Mark*** I'm missing 100 marks; ***sie stellte fest, dass einige Bücher fehlten*** she discovered that some books were missing
③ (*abwesend sein*) ■[**in etw** *dat*] ~ to be missing [from sth]; **entschuldigt/unentschuldigt ~** *bes* MIL authorized/unauthorized absence; (*in Schule*) to be absent with/without an excuse
④ (*schmerzlich vermissen*) ■**jd fehlt jdm** sb misses sb; ***du fehlst mir*** I miss you
⑤ (*an etw leiden*) ***ich glaube, mir fehlt etwas*** I think there is something wrong with me; ***wenn ich nur wüsste, was mir fehlt*** if I only knew what was wrong with me; ***nein, mir fehlt wirklich nichts*** no, there is nothing the matter with me; ***fehlt Ihnen etwas?*** is there anything wrong with you?
II. *vi impers* ① (*abhanden gekommen sein*) to be missing; ***es ~ 500 Mark aus der Kassette*** 500 marks are missing from the cashbox
② (*mangeln*) ■**jdm fehlt es an etw** *dat* sb is lacking sth; ***jetzt fehlt es sogar an Brot*** there's even a lack of bread now; ***das Haus müsste mal wieder gestrichen werden, aber es fehlt eben an Geld*** the house should be repainted, but we just don't have enough money; **jdm fehlt an** [**gar**] **nichts** (*geh*) sb wants for nothing; ***während unserer Reise fehlte es uns an nichts*** during our journey we wanted for nothing
► WENDUNGEN: **es fehlte nicht viel, und ... ...** almost ...; ***es hat nicht viel gefehlt, und du hättest die Kaffeekanne umgestoßen!*** you almost knocked the coffee pot over; **weit gefehlt!** way off the mark!, far from it!; **wo fehlt es** [*o* **'s**]**?** what's the matter?, what's wrong? *fam*
Fehlen <-s> *nt kein pl* lack; ~ **der zugesicherten Eigenschaft** JUR lack of promised quality
Fehlentscheidung *f* wrong decision **Fehlentwicklung** *f* mistake, wrong turn
Fehler <-s, -> *m* ① (*Irrtum*) error, mistake; **einen ~ auffangen** to trap an error; **einen ~ beheben** to remove a mistake; **einen ~ machen** [*o* **begehen**] to make a mistake; **jds ~ sein** to be sb's fault; **jdm ist ein ~ unterlaufen** sb has made a mistake
② SCH error, mistake
③ JUR *a.* (*Mangel*) defect; **einen ~ haben** to have a defect, to be defect
④ (*schlechte Eigenschaft*) fault; **jeder hat** [**seine**] ~ everyone has [their] faults; **den ~** [**an sich** *dat*] **haben, etw zu tun** to have the fault of doing sth; ***du hast den ~, dass du immer mehr verlangst*** the trouble with you is, you're always asking for more
⑤ SPORT fault; **auf ~ erkennen** [*o* **entscheiden**] to indicate a foul
⑥ INFORM bug
Fehleranalyse *f* INFORM error analysis **fehleranfällig** *adj* prone to errors *pred*; ***das ist ein sehr ~es Computerprogramm*** this computer program is prone to errors **Fehleranzeige** *f* INFORM error message **Fehlerbehandlungsroutine** *f* INFORM error handling routine **Fehlerbehebung** *f* TECH error correction [*or* management] **Fehlerbeseitigung** *f kein pl von Mäkeln* elimination of errors; *von Betriebsstörungen* troubleshooting **Fehlerdiagnose** *f* TECH error diagnosis **Fehlereingrenzung** *f* localization of an error **Fehlererkennung** *f* INFORM error detection; ~ **und -behebung** error detection and correction, EDAC **Fehlererkennungsprogramm** *nt* INFORM error-detecting [*or* diagnostic] program **fehlerfrei** *adj s.* fehlerlos **Fehlergrenze** *f* margin of error
fehlerhaft *adj* ① (*mangelhaft*) poor, imperfect, substandard; (*bei Waren*) defective; **~es Exemplar** TYPO defective [*or* imperfect] copy ② (*falsch*) incorrect **Fehlerhaftigkeit** <-> *f kein pl* JUR faultiness, defective condition **Fehlerhäufigkeit** *f* INFORM error rate **Fehlerkontrolle** *f* INFORM error check **Fehlerkorrektur** *f* INFORM error correction **Fehlerkorrekturmodus** *m* INFORM error correction mode, ECM **fehlerlos** *adj* faultless, perfect **Fehlermeldung** *f* INFORM error message **Fehlerquelle** *f* source [*or* cause] of error **Fehlerquote** *f* error rate **Fehlerrate** *f* INFORM error rate **Fehlersuche** *f* INFORM troubleshooting; INFORM debugging **Fehlersuchprogramm** *nt* INFORM debugger **Fehlertoleranz** *f* INFORM error tolerance **Fehlerursache** *f* INFORM error cause **Fehlerwahrscheinlichkeit** *f kein pl* error probability
Fehlfabrikat *nt* HANDEL defective product **Fehlfarbe** *f* ① KARTEN missing suit ② (*Zigarre*) *cigar with a discoloured wrapper* **Fehlfunktion** *f* defective function **Fehlgeburt** *f* miscarriage; **eine ~ haben** [*o* **erleiden**] to have a miscarriage **fehl|gehen** *vi irreg sein* (*geh*) ① (*sich irren*) to be mistaken, to err; ■**in etw ~** to be mistaken [*or* wrong] about sth; **fehl in der Annahme gehen, dass ...** to be mistaken [*or* wrong] in assuming that ... ② (*sich verlaufen*) to go wrong ③ (*das Ziel verfehlen*) to go wide, to miss **Fehlgewicht** *nt kein pl* HANDEL underweight **Fehlgriff** *m* mistake; **einen ~ tun** to make a mistake **Fehlinformation** *f* incorrect [*or* false] information *no indef art, no pl* **Fehlinterpretation** *f* misinterpretation **Fehlinvestition** *f* bad investment **Fehlkalkulation** *f* miscalculation; **eine schwerwiegende ~** a grave miscalculation **Fehlkonstruktion** *f* (*pej*) flawed product; **eine totale ~ sein** to be extremely badly designed **Fehlleistung** *f* mistake, slip; **freudsche ~** Freudian slip **fehlleiten** *vt* to misdirect **Fehlleitung** *f* misdirection, misrouting **Fehlmenge** *f* HANDEL deficit, shortage **Fehlpass**[RR] *m* SPORT bad pass **Fehlplanung** *f* bad planning **Fehlprodukt** *nt* HANDEL defective product **Fehlrippe** *f* KOCHK rib **Fehlschaltung** *f* faulty circuit **Fehlschlag** *m* failure **fehl|schlagen** *vi irreg sein* to fail; ***alle Bemühungen, den Streik zu***

verhindern, schlugen fehl all efforts to avert the strike came to nothing **Fehlschluss**RR *m* wrong [*or* false] conclusion **Fehlspekulation** *f* bad [*or* unlucky] speculation [*or* misplaced] **Fehlstart** *m* ① LUFT faulty launch ② SPORT false start **Fehltritt** *m* (*geh*) ① (*Fauxpas*) lapse, slip ② (*Ehebruch*) indiscretion **Fehlurteil** *nt* ① JUR miscarriage of justice ② (*falsche Beurteilung*) misjudgement; **ein ~ fällen** to form [*or* come to] [*or* make] an incorrect judgement **Fehlverhalten** *nt* ① (*falsches Verhalten*) inappropriate behaviour [*or* AM -or] ② PSYCH, SOZIOL aberrant [*or* abnormal] behaviour [*or* AM -or] **Fehlzündung** *f* misfiring; **~ haben** to misfire

Feier <-, -n> *f* ① (*festliche Veranstaltung*) celebration, party; **zur ~ einer S.** *gen* to celebrate sth ② (*würdiges Begehen*) ceremony; **zur ~ des Tages** in honour [*or* AM -or] of the occasion

Feierabend *m* ① (*Arbeitsschluss*) end of work, closing time *fam*; ***hoffentlich ist bald*** ~ I hope it's time to go home soon; ***so, für mich ist jetzt*** ~ OK, (it's) time for me to go!, OK, I think I'll call it a day!; ■~! that's it for today!; **~ haben** to be time for sb to finish work; **~ machen** to finish work for the day; **nach ~** after work ② (*Zeit nach Arbeitsschluss*) evening; ***schönen Feierabend!*** have a nice evening! ▸ WENDUNGEN: **jetzt ist [damit] aber ~!** (*fam*) that's enough! *fam* **Feierabendhaus** *nt* old people's home, residential home for the elderly

feierlich I. *adj* ① (*erhebend*) ceremonial, formal; **ein ~er Akt** a ceremonial act; **ein ~er Anlass** a formal occasion ② (*nachdrücklich*) solemn; **~e Beteuerungen** solemn declaration; **ein ~er Schwur** a solemn oath ▸ WENDUNGEN: **nicht mehr ~ sein** (*fam*) to go beyond a joke, to be no longer funny *fam*
II. *adv* ① (*würdig*) formally; **etw ~ begehen** to celebrate sth ② (*nachdrücklich*) solemnly

Feierlichkeit <-, -en> *f* ① *kein pl* (*würdevolle Beschaffenheit*) solemnity, festiveness ② *meist pl* (*Feier*) celebrations, festivities

feiern I. *vt* ① (*festlich begehen*) ■**etw ~** to celebrate sth; **seinen Geburtstag ~** to celebrate one's birthday; **eine Party ~** to have a party; *s. a.* **Abschied, Wiedersehen** ② (*umjubeln*) ■**jdn ~** to acclaim sb
II. *vi* to celebrate, to have a party

Feierschicht *f* (*ausgefallene Schicht*) cancelled [*or* AM canceled] shift; **eine ~ fahren** [*o* **einlegen**] to miss [*or* cancel] a shift **Feierstunde** *f* ceremony

Feiertag *m* holiday; **gesetzlicher ~** bank holiday; **kirchlicher ~** church festival

feiertags *adv* on holidays **Feiertagszulage** *f* ÖKON holiday pay

feig(e) I. *adj* cowardly; ***los, sei nicht ~!*** come on, don't be a coward!; **~r Hund** (*pej*) cowardly dog
II. *adv* cowardly

Feige <-, -n> *f* ① (*Baum*) fig tree ② (*Frucht*) fig

Feigenbaum *m* fig tree **Feigenblatt** *nt* ① (*Blatt des Feigenbaums*) fig leaf ② (*dürftige Tarnung*) front; **etw als ~ benutzen** to use sth as a front [to hide sth] **Feigenkaktus** *m* BOT prickly pear, opuntia

Feigheit <-, -en> *f kein pl* cowardice; **~ vor dem Feind** cowardice in the face of the enemy

Feigling <-s, -e> *m* (*pej*) coward *pej*

feil *adj pred* (*veraltend o pej geh: käuflich*) [up] for sale, can be bought *pred;* (*verkäuflich*) saleable; **etw ist jdm für eine bestimmte Summe ~** sth can be had for a [certain] price

feil|bieten *vt irreg* (*geh*) ■**etw ~** to offer sth for sale

Feilblock *m* sanding block

Feile <-, -n> *f* file

feilen I. *vt* ■**etw ~** to file sth; **seine Fingernägel ~** to file one's nails
II. *vi* ■**an etw** *dat* **~** ① (*mit einer Feile bearbeiten*) to file sth ② (*verbessern, vervollkommnen*) to polish, to make improvements, to improve; ***ich muss noch etwas an meinem Referat*** ~ I have to polish up my oral presentation

Feilhalten *nt* HANDEL (*geh*) *von Ware* offering for sale

feilschen *vi* (*pej*) ■**[mit jdm] [um etw** *akk*] ~ to haggle [with sb] [over sth]

Feilstaub *m* fine filings *pl*

fein I. *adj* ① (*nicht grob*) fine; (*zart*) delicate; **~es Haar** fine hair ② (*vornehm*) distinguished; **~e Dame/~er Herr** a distinguished lady/gentleman; **~er Pinkel** (*pej fam*) a person who gives himself airs BRIT; **sich** *dat* **für etw** *akk* **zu ~ sein** sth is beneath one; **sich ~ machen** to get dressed up, to do oneself up *fam* ③ (*von hoher Qualität*) exquisite, excellent, choice; **das F~ste vom F~en** the best [of the best], the creme de la creme; **vom F~sten** of the highest quality; (*rein*) pure; **aus ~em Gold/Silber** made out of pure gold/silver ④ (*fam: anständig*) decent; (*iron*) fine *iron;* ***du bist mir ja ein ~er Freund!*** you're a fine friend! *iron* ⑤ (*scharf, ~sinnig*) keen, acute, sensitive; **ein ~es Gehör haben** to have an acute sense of hearing; **eine ~e Nase haben** to have a very keen [*or* acute] sense of smell ⑥ (*dezent*) delicate; **~er Humor** delicate sense of humour [*or* AM -or]; **~e Ironie** subtle irony ⑦ (*fam: erfreulich*) fine, super, perfect, great; **~!** great!; **~, dass ...** it's great that ... ▸ WENDUNGEN: **~ heraus** [*o* **raus**] **sein** (*fam*) to be in a nice position; *s. a.* **säuberlich**
II. *adv* ① *vor adj, adv* (*kindersprache: hübsch*) nice and ..., just *childspeak;* ***seid ~ artig!*** just be good now! ② (*genau*) fine, precise; **~ säuberlich** accurate ③ (*zart, klein*) finely; **~ gemahlen** fine-ground, finely ground ④ (*elegant*) **~ angezogen sein** to be dressed up; **sich ~ machen** to dress up

Feinabstimmung *f* TECH fine tuning **Feinanteil** *m* KOCHK fines *npl* **Feinarbeit** *f* precision work **Feinauflösung** *f kein pl* fine resolution **Feinauszeichnung** *f* HANDEL additional classification **Feinbäckerei** *f* patisserie, cake [*or* pastry] shop **Feinchemikalie** *f* fine chemical

Feind(in) <-[e]s, -e> *m(f)* ① (*Gegner*) enemy, foe; **jdn zum ~ haben** to have sb as an enemy; **sich** *dat* **jdn zum ~ machen** to make an enemy of sb; **sich** *dat* **~e schaffen** to make enemies ② (*Opponent*) opponent; ■**ein ~ einer S.** *gen* an opponent of sth ▸ WENDUNGEN: **viel ~ viel Ehr** the greater the opposition, the greater the prestige; **liebet eure ~e** REL love thine enemies; **ran an den ~!** (*fam*) up and at them! *fam*

Feindbild *nt* concept of an/the enemy

Feindesland *nt* (*geh*) enemy territory

feindlich I. *adj* ① (*gegnerisch*) enemy *attr;* *Stellung* enemy position ② (*feindselig*) hostile; **eine ~e Haltung gegenüber jdm/etw einnehmen** to be hostile towards [*or* to] sb/sth; **jdm/einer S. ~ gegenüberstehen** to be hostile to sb/sth
II. *adv* **jdm/etw gegenüber ~ eingestellt sein** to have a hostile attitude towards [*or* to] sb/sth

Feindschaft <-, -en> *f kein pl* animosity, hostility; **mit jdm in ~ leben** to be at daggers drawn with sb *fam*

feindselig I. *adj* hostile
II. *adv* hostilely; **sich ~ verhalten** to behave in a hostile manner

Feindseligkeit <-, -en> *f* ① *kein pl* (*feindselige Haltung*) hostility ② *pl* (*Kampfhandlungen*) hostilities *npl*

Feineinstellung *f* fine tuning **feinfühlend** *adj* sensitive, delicate **feinfühlig** *adj* sensitive **Feingefühl** *nt kein pl* sensitivity, delicacy, tact; **etw mit viel ~ behandeln** to handle sth with a great deal of tact; **etw verlangt viel ~** this requires [*or* demands] a great deal of tact **Feingehalt** *m* fineness **feingemahlen** *adj attr s.* **fein II 3** **feinglied(e)rig** *adj* delicate, slender; **von ~er Gestalt sein** to have a slender figure **Feingold** *nt* pure gold

Feinheit <-, -en> *f* ① (*Feinkörnigkeit*) fineness; (*Zartheit*) delicacy; (*von Stoff*) superior quality ② (*Scharfsinnigkeit*) acuteness, keenness ③ (*Dezentheit*) subtle ④ *pl* (*Nuancen*) subtleties, nuances *pl;* ***das sind eben die gewissen ~en, die man beachten muss*** it's the little things that make the difference

feinkörnig *adj* ① (*aus kleinen Teilen*) fine-grained; **~er Sand** fine sand ② FOTO fine-grain **Feinkost** *f* delicacies **Feinkostgeschäft** *nt* delicatessen **fein|machen** *vr s.* **fein II 4** **feinmaschig** I. *adj* fine; *Netz* with a fine mesh, fine-meshed; ***ein ~er Pullover*** a finely knitted sweater, sweater made of a fine knit II. *adv* finely knitted **Feinmechanik** *f* precision engineering **Feinmechaniker(in)** *m(f)* precision engineer **feinmotorisch** *adj* ANAT finemotor *attr spec*

Feinputz *m* BAU finish plaster **Feinschmecker(in)** <-s, -> *m(f)* gourmet **Feinsilber** *nt* pure silver **feinsinnig** *adj* (*geh*) sensitive **Feinsteuerung** *f* TECH ① (*Gerät*) fine control system ② (*Steuern*) fine control **Feinstrumpfhose** *f* fine-mesh tights *npl* **Feinunze** *f* (*31,10 g*) troy ounce **Feinwäsche** *f* delicates *npl* **Feinwaschmittel** *nt* mild detergent

feist *adj* fat

feixen *vi* (*fam*) to smirk

Felchen <-s, -> *m* whitefish

Feld <-[e]s, -er> *nt* ① (*offenes Gelände, unbebautes Land*) field; **freies** [*o* **offenes**] [*o* **weites**] **~** open country; **auf freiem ~** in the open country; *s. a.* **Wald** ② (*Acker*) field; **das ~/die ~er bestellen** to cultivate [*or* till] the land ③ (*abgeteilte Fläche*) section, field; **die ~er in einem Formular ausfüllen** to fill out all the fields in a form; (*auf Spielbrett*) square; (*Hintergrund*) background; INFORM field ④ (*Spiel~*) field ⑤ (*Öl~*) oilfield ⑥ *kein pl* (*Schlacht~*) [battle]field; **im ~** in battle ⑦ (*Bereich*) area, field; **ein weites ~ sein** to be a broad subject ⑧ SPORT (*Gruppe*) field; **das ~ anführen** to lead the field ⑨ PHYS field; **ein elektromagnetisches ~** an electromagnetic field ⑩ INFORM (*Datenfeld*) array; **dynamisches ~** dynamic array ▸ WENDUNGEN: **das ~ behaupten** to stand one's ground; **etw ins ~ führen** (*geh*) to put sth forward; **das ~ räumen** (*weggehen*) to quit the field, to leave; (*seine Stellung aufgeben*) to give up, to quit; **jdn aus dem ~ schlagen** to get rid of sb; **jdm/einer S. das ~ überlassen** to leave the field open to a thing/sb; **gegen jdn/etw zu ~e ziehen** (*geh*) to campaign against sb/sth

Feldahorn *m* common maple **Feldarbeit** *f* work in the fields **Feldbahn** *f* narrow-gauge railway **Feldbett** *nt* camp bed **Feldblume** *f* wild flower **Feldflasche** *f* canteen, water bottle **Feldflur** *f* *agricultural land of a community* **Feldforschung** *f* field research; **~ betreiben** to carry out field research **Feldfrüchte** *pl* arable products *pl* **Feldgeistliche(r)** *f(m) dekl wie adj* (*veraltet: Militärpfarrer*) army chaplain **Feldgraswirtschaft** *f kein pl* AGR ley farming **Feldgrille** *f* ZOOL field cricket **Feldhase** *m* ZOOL hare **Feldherr(in)** *m(f)* MIL, HIST general, strategist **Feldhockey** *nt* hockey BRIT, field hockey AM **Feldhuhn** *nt* partridge **Feldjäger(in)** *m(f)* ① *pl* (*Truppe*) military police + *sing/pl vb* ② (*Truppenangehöriger*) military policeman **Feldküche** *f* MIL field kitchen **Feldlager** *nt* HIST (*Heerlager*) encampment, camp **Feldlazarett** *nt* MIL field hospital **Feldlerche** *f* ORN skylark **Feldmarschall(in)** *m(f)* field marshall [*or* AM marshal] **Feldmaus** *f* field mouse **Feldmesser** *nt* (*veraltet*) [land] surveyor **Feldpost** *f* MIL [*or* AM armed] forces' postal service **Feldsalat** *m* lamb's

F

lettuce **Feldspat** *m* feldspar **Feldstärke** *f* field strength **Feldstecher** <-s, -> *m* binoculars *npl;* (*beim Militär a.*) field glasses *npl* **Feldstudie** *f* field study **Feldtheorie** *f* PHYS, PSYCH, LING field theory **Feldthymian** *m* wild thyme **Feldversuch** *m* field trial

Feldwebel(in) <-s, -> *m(f)* sergeant-major

Feldweg *m* field path, country lane **Feldzug** *m* ① MIL campaign ② ((*Werbe-*)*Kampagne*) campaign

Felge <-, -n> *f* rim

Felgenbremse *f* rim brake **Felgengröße** *f* AUTO rim size

Fell <-[e]s, -e> *nt* (*Tierhaut*) fur; (*abgezogener Tierpelz*) hide; **einem Tier das ~ abziehen** to skin an animal

▶ WENDUNGEN: **jdm das ~ über die Ohren ziehen** (*fam*) to take sb to the cleaners; **ein dickes ~ haben** (*fam*) to be thick-skinned, to have a thick skin; **sich** *dat* **ein dickes ~ anschaffen** (*fam*) to grow a thick skin; **jdm das ~ gerben** [*o* **versohlen**] (*fam*) to give sb a good hiding [*or* spanking] *sl;* **jdn** [*o* **jdm**] **juckt das ~** (*fam*) sb's asking for it [*or* a good hiding]; **jdm schwimmen alle** [*o* **die**] **~e weg** (*fam*) [all] one's hopes are dashed

Fellache, Fellachin <-n, -n> *m, f* fellah

Fellatio <-> *f kein pl* fellatio *no pl*

Fels <-en, -en> *m* ① (*geh*) *s.* **Felsen** cliff ② (*Gestein*) rock; *s. a.* **Brandung**

Felsblock <-blöcke> *m* boulder **Felsbrocken** *m* lump of rock

Felsen <-s, -> *m* cliff

Felsenbeere *f* juneberry **felsenfest I.** *adj* firm, rock solid, steadfast, solid as a rock **II.** *adv* firmly, steadfastly; **~ von etw** *dat* **überzeugt sein** to be firmly convinced of sth **Felsengebirge** *nt* rocky mountain range **Felsenhahn** *m* ORN cock-of-the-rock **Fels(en)riff** *nt* rocky reef **Fels(en)schlucht** *f* rocky gorge [*or* ravine] **Felsentaube** *f* ORN rock dove **Felsenwand** *f* rock face

Felsgestein *nt* rock

felsig *adj* rocky

Felsmalerei *f* rock painting **Felsmassiv** *nt* rock massif **Felsspalte** *f* cleft [*or* crevice] in the rock **Felsvorsprung** *m* ledge **Felswand** *f* rock face

Feme <-, -n> *f* (*mittelalterliches Gericht*) vehme

Fem(e)gericht *nt* (*mittelalterliches Gericht*) vehmic court (*a court in mediaeval West Phalia famous for executing those accused immediately after finding them guilty*) **Fememord** *m* murder committed under the vehmic system, sectarian killing

Feminat <-[e]s, -e> *nt* female committee

feminin *adj* ① LING feminine ② (*geh: fraulich*) feminine ③ (*pej: weibisch*) effeminate *pej*

Femininum <-s, Feminina> *nt* LING feminine noun

Feminismus <-> *m kein pl* feminism

Feminist(in) <-en, -en> *m(f)* feminist

Feministin <-, -nen> *f fem form von* **Feminist** feminist

feministisch *adj* feminist

Fenchel <-s> *m kein pl* BOT fennel

Fenchelöl *nt* fennel oil **Fenchelsamen** *m* fennel seed

Fennek <-s, -s> *m* ZOOL fennec

Fenster <-s, -> *nt* ① (*zum Hinausschauen*) window ② INFORM window; **aktives ~** active window

▶ WENDUNGEN: **weg vom ~ sein** (*fam*) to be out of the running; *s. a.* **Geld**

Fensterbank <-bänke> *f* window-sill **Fensterbrett** *nt* window-sill **Fensterbriefumschlag** *m* window envelope **Fensterbrüstung** *f* BAU breast **Fensterfalz** *m* TYPO [double] gatefold **Fensterflügel** *m* casement **Fensterfront** *f* glass façade **Fenstergitter** *nt* BAU window bars *pl* **Fensterglas** *nt* window glass, window pane **Fensterheber** <-s, -> *m* window regulator [*or* lift] **Fensterkitt** *m* window putty **Fensterkreuz** *nt* mullion and transom **Fensterkurbel** *f* window crank [handle], *window handle for winding car windows* **Fensterladen** *m* [window] shutter **Fensterleder** *nt* shammy (leather), chamois (leather)

fensterln *vi* SÜDD, ÖSTERR to climb in one's lover's window

fensterlos *adj* windowless

Fensternische *f* [window] niche **Fensterplatz** *m* window seat **Fensterputzer(in)** <-s, -> *m(f)* window cleaner [*or* washer] **Fensterrahmen** *m* window frame **Fensterrede** *f* SOZIOL, POL (*pej fam*) soapbox speech **Fensterscheibe** *f* window pane **Fenstersims** *m o nt* window ledge **Fensterstock** *m* ÖSTERR (*Fensterrahmen*) window frame **Fenstersturz** *m* ① ARCHIT [window] lintel ② (*Sturz aus einem Fenster*) fall from a window

▶ WENDUNGEN: **der Prager ~** HIST the Defenestration of Prague **Fenstertechnik** *f* INFORM windowing

Ferien [-riən] *pl* ① (*Schulferien*) [school] holidays *pl* BRIT, [school] summer vacation AM; **die großen ~** the summer holidays BRIT; **~ haben** to be on holiday [*or* AM vacation] ② (*Urlaub*) holidays *pl*, vacation AM; ***habt ihr schon irgendwelche Pläne für die ~?*** have you made any plans for the holidays [*or* your vacation] ?; **in die ~ fahren** to go on holiday [*or* AM vacation]; **~ machen** to have [*or* take] a holiday, to go on vacation

Feriendorf *nt* holiday resort BRIT, resort [complex] AM **Feriengast** *m* holiday-maker **Ferienhaus** *nt* holiday home, cottage **Ferienheim** *nt* holiday [*or* AM vacation] home **Ferienkurs** *m* vacation course BRIT, summer school AM **Ferienlager** *nt* [children's] holiday camp; **in ein ~ gehen** [*o* **an einem ~ teilnehmen**] to join a summer [*or* BRIT *a.* holiday] camp **Ferienort** *m* holiday resort **Ferienreise** *f* holiday BRIT, vacation AM **Feriensache** *f* JUR vacation business **Ferientag** *m* holiday, day off work; ***morgen ist der letzte ~*** tomorrow is the last day of the holidays **Ferienwohnung** *f* holiday flat BRIT, vacation apartment AM **Ferienzeit** *f* holiday period [*or* season]

Ferkel <-s, -> *nt* ① (*junges Schwein*) piglet ② (*pej fam: unsauberer Mensch*) pig, mucky pup BRIT *fam* ③ (*pej fam: obszöner Mensch*) filthy pig *pej fam*

Ferkelei <-, -en> *f* (*pej fam*) ① (*Unsauberkeit*) mess; (*unordentliches Benehmen*) filthy behaviour [*or* AM -or] ② (*obszöner Witz*) dirty joke

ferkeln *vi* ① (*Ferkel werfen*) to litter ② (*Dreck machen*) to make a mess ③ (*pej fam: sich unanständig benehmen*) to be acting like a pig, to be dirty [*or* disgusting] [*or* filthy]

Fermate <-, -n> *f* MUS pause

Ferment <-s, -e> *nt* (*veraltend*) enzyme

Fermium <-s> *nt kein pl* CHEM fermium

fern I. *adj* ① (*räumlich entfernt*) faraway, far off, distant; *Länder* distant lands; **von ~ beobachtet** to observe from afar [*or* a distance]; **von ~ betrachtet** viewed from a distance; **jdn von jdm/etw ~ halten** to keep sb away from sb/sth; **sich von jdm/etw ~ halten** to keep away from sb/sth; ***halte dich lieber von mir fern, ich habe eine Erkältung!*** you better not come too close, I've got a bad cold ② (*zeitlich entfernt*) distant; **in nicht allzu ~er Zeit** in the not too distant future ③ (*außer Frage*) **etw liegt jdm ~** sth is far from sb's mind; **jdm liegt es ~, etw zu tun** to be far from sb's thoughts; **jdm nicht ~ liegen** to not be far from one's thoughts ④ (*distanziert*) **jdm/einer S. ~ stehen** (*geh*) to have no contact with sb/a thing

▶ WENDUNGEN: **das sei ~ von mir!** by no means!, far be it from me!

II. *präp* + *dat* far [away] from; **~ einem Menschen/einer S.** far [away] from a person/thing; *s. a.* **Heimat**

Fernabfrage *f* remote access [*or* call-in] **Fernamt** *nt* telephone exchange **Fernbahn** *f* mainline service, long-distance train **Fernbedienung** *f* remote control **Fernbefund** *m* MED remote diagnosis, diagnosis from a distance **Fernbeziehung** *f* SOZIOL long-distance relationship **fern|bleiben** *vi irreg sein* (*geh*) ■[**jdm/einer S.**] **~** to stay away [from sb/sth] **Fernbleiben** *nt kein pl* absence; **sein ~** ***von dem Vortrag wurde nicht bemerkt*** nobody noticed his non-attendance of the lecture **Fernblick** *m* vista, distant view, panorama

ferne *adv* (*poet, geh*) *s.* **fern**

Ferne <-, *selten* -n> *f* ① (*Entfernung*) distance; **aus der ~** from a distance; **in der ~** in the distance ② (*geh: ferne Länder*) distant lands [*or* distant climes] *form;* **in die ~ ziehen** to seek out distant climes [*or* far-off shores]; **aus der ~** from abroad; **in der ~** abroad ③ (*längst vergangen*) [**schon**] **in weiter ~ liegen** it already happened such a long time ago ④ (*in ferner Zukunft*) [**noch**] **in weiter ~ liegen** there is still a long way to go

Fernempfang *m* RADIO, TV long-distance reception

ferner I. *adj* ① *komp von* **fern** more distant ② (*künftig, weiter*) in [the] future; **in der ~en Zukunft** in the long-term, in the distant future

▶ WENDUNGEN: **unter ~ liefen** (*fam*) to be amongst the also rans BRIT, to be a runner-up AM

II. *adv* in the future; ■**... auch ~ etw tun werden** to continue to do sth in the future; ***ich werde auch ~ zu meinem Versprechen stehen*** I shall continue to keep my promise

III. *konj* furthermore, in addition; **~** ***möchte ich daran Sie erinnern, dass ...*** furthermore I would like to remind you that ...

fernerhin I. *adv* (*veraltend geh*) *s.* **ferner II**

II. *konj* (*veraltend geh*) *s.* **ferner III**

Fernfahrer(in) *m(f)* long-distance lorry [*or* AM truck] driver **Fernfahrt** *f* long-distance trip; *mit Zug, LKW* long-distance journey; *mit Auto, Motorrad* long-distance drive; *mit Schiff* cruise **Fernflug** *m* long-distance flight **Ferngas** *nt* gas from the national grid BRIT **ferngelenkt** *adj* remote-controlled, radio-controlled **Ferngespräch** *nt* long-distance call **ferngesteuert** *adj* remote-controlled, radio-controlled **Fernglas** *nt* [pair of] binoculars **fern|gucken** *vi* (*fam: fernsehen*) to watch TV [*or* BRIT *fam a.* telly] **fern|halten** *irreg vr, vt s.* **fern I 1** **Fernheizung** *f* district heating **Fernkopie** *f s.* **Telefax** **fern|kopieren** *vt* (*faxen*) ■**etw ~** to fax [*or* send sth by] sth **Fernkopierer** *m* (*Faxgerät*) fax machine **Fernkurs** *m* correspondence course **Fernlaster** *m* (*fam*) long-distance lorry [*or* AM truck] **Fernlastverkehr** *m* long-distance commercial haulage **Fernlastwagen** *m* long-distance lorry BRIT, long haul truck AM **Fernlastzug** *m* long-distance road train **Fernleihe** <-, -> *f kein pl* SCH (*Leihverkehr zwischen Bibliotheken*) inter-library loan **Fernleitung** *f* TELEK long-distance line, BRIT *a.* trunk line **Fernleitungsnetz** *nt* TELEK long-distance network **fern|lenken** *vt* ■**etw ~** to operate sth by remote control **Fernlenkung** *f* remote control; **eine Rakete mit ~** a remote-controlled rocket **Fernlicht** *nt* full beam BRIT, high beams AM; **mit ~ fahren** to drive on full beam BRIT, to drive with your high beams on AM; [**das**] **~ an haben** to be on full beam BRIT, to have your high beams on AM

fern|liegen *vi irreg s.* **fern I 3**

Fernmeldeamt *nt* telephone exchange **Fernmeldedienst** *m* telecommunications service **Fernmeldegeheimnis** *nt* confidentiality [*or* secrecy] of telecommunications; **das ~ verletzen/wahren** to infringe/maintain the confidentiality of telecommunications **Fernmeldegesellschaft** *f* telecommunications company **Fernmeldesatellit** *m* communications satellite **Fernmeldetechnik** *f kein pl* telecommunications engineering **Fernmeldetruppe** *f* signals [*or* AM signal] corps **Fernmeldeturm** *m* telecommunications tower [*or* mast] **Fernmeldewesen** *nt kein pl* telecommunications + *sing vb*

fernmündlich I. *adj* (*geh*) by telephone

II. *adv* (*geh*) by telephone; ***wir haben uns ~ für den 18. verabredet*** we set a date on the [tele]phone to meet on the 18th

Fernost *kein art* **aus/in/nach ~** from/in/to the Far East

fernöstlich *adj* Far Eastern

Fernrohr *nt* telescope **Fernruf** *m* (*geh*) telephone number; ***Fernruf: 555–129*** Telephone: 555 129 **Fernschnellzug** *m* long-distance express [train] **Fernschreiben** *nt* telex [message] **Fernschreiber** *m* telex [machine] **Fernschreibnetz** *nt* telex network **fernschriftlich** *adj* by telex

Fernsehansager(in) *m(f)* television announcer **Fernsehanstalt** *f* broadcasting company **Fernsehantenne** *f* television aerial **Fernsehapparat** *m* (*geh*) *s.* Fernseher **Fernsehaufnahme** *f* television recording **Fernsehbeitrag** *m* (*Bericht*) TV comment **Fernsehbild** *nt kein pl* television picture; **ein gutes/schlechtes ~** a good/poor picture

fern|sehen *vi irreg* to watch television; **stundenlang ~** to watch television for hours on end

Fernsehen <-s> *nt kein pl* ① (*die Technik der Bildübertragung*) television

② (*die Sendeanstalten, das Programm*) television; ***das ~ bringt nur Wiederholungen*** they're only showing repeats [*or* reruns] on the TV; **beim ~ arbeiten** [*o* **sein**] to work [*or* be] in television; **~ gucken** (*fam*) to watch the boob tube AM; **im ~ kommen** to be on television; ***was kommt heute im ~?*** what's on telly [*or* TV] today?; **etw im ~ sehen** to see sth on television

③ (*fam: Fernsehapparat*) **~ haben** to have television

Fernseher <-s, -> *m* (*fam*) television [set]; **vor dem ~ hocken** [*o* **sitzen**] to sit in front of the television

Fernsehfilm *m* television [*or* TV] movie **Fernsehfritze** *m* guy on the t.v., t.v. bloke BRIT **Fernsehgebühr** *f* television licence [*or* AM -se] fee **Fernsehgerät** *nt* (*geh*) television set **Fernsehgesellschaft** *f* television company **Fernsehhaushalt** *m* ① (*Haushalt mit Fernseher*) household with TV ② *kein pl* ÖKON (*selten*) TV budget **Fernsehinterview** *nt* television interview **Fernsehjournalist(in)** *m(f)* television reporter **Fernsehkamera** *f* television camera **Fernsehkanal** *m* television channel **Fernsehkommissar** *m detective or policeman in a TV series* **Fernsehmagazin** *nt* [television] magazine programme [*or* AM -am] **Fernsehnachrichten** *pl* television news + *sing vb* **Fernsehnetz** *nt* television network **Fernsehprediger(in)** *m(f)* televangelist AM **Fernsehpreis** *m* ① (*Auszeichnung*) television prize ② (*Preis eines Fernsehgerätes*) price of a TV **Fernsehprogramm** *nt* ① (*Programm im Fernsehen*) television programme [*or* AM -am] ② (*Kanal*) [television] channel **Fernsehprojektor** *m* television projector **Fernsehrechte** *pl* JUR television rights **Fernsehsatellit** *m* television satellite **Fernsehsender** *m* television station **Fernsehsendung** *f* television programme [*or* AM -am] **Fernsehserie** *f* television series **Fernsehsperrfrist** *f* delay before a cinema film can be shown on TV **Fernsehspiel** *nt* television play, made-for-TV movie **Fernsehstudio** *nt* television studio **Fernsehteam** *nt* television team **Fernsehtechnik** *f* TV technology **Fernsehtechniker(in)** *m(f)* TV engineer **Fernsehteilnehmer(in)** *m(f)* (*form*) television viewer **Fernsehtruhe** *f* TV television cabinet **Fernsehturm** *m* television tower **Fernsehübertragung** *f* television broadcast **Fernsehüberwachungsanlage** *f* CCTV, closed circuit TV **Fernsehwerbung** *f* TV commercials *pl* **Fernsehzeitschrift** *f* television [*or* TV] guide **Fernsehzuschauer(in)** *m(f)* viewer

Fernsicht *f* view; **gute/keine/schlechte ~ haben** to have a good/no/poor [*or* bad] view; **bei guter ~** by good visibility

Fernsprechamt *nt* (*form*) telephone office [*or* exchange] **Fernsprechanlage** *f* (*geh*) telephone **Fernsprechansagedienst** *f* telephone information [*or* announcement] service **Fernsprechanschluss**[RR] *m* (*geh*) telephone connection **Fernsprechapparat** *m* (*form: Telefonapparat*) telephone **Fernsprechauftragsdienst** *m* automatic telephone answering service **Fernsprechauskunft** *f* TELEK (*form*) directory enquiries [*or* AM assistance] *pl* **Fernsprecher** *m* ADMIN telephone **Fernsprechgebühr** *f* (*geh*) telephone charges *pl* **Fernsprechgeheimnis** *nt* right to telephone privacy, BRIT *a.* secrecy of the telephone **Fernsprechnetz** *nt* telephone network **Fernsprechteilnehmer(in)** *m(f)* (*form*) telephone customer [*or* subscriber]; (*Besitzer eines Telefons*) telephone owner **Fernsprechverkehr** *m kein pl* TELEK telephone service **Fernsprechwesen** *nt* telephony **Fernsprechzelle** *f* (*form*) telephone booth [*or* BRIT *a.* box] **Fernsprechzentrale** *f* telephone switchboard

fern|stehen *vi irreg s.* **fern I 4**

fern|steuern *vt* ■**etw ~** to operate sth by remote control; *s. a.* **ferngesteuert** **Fernsteuerung** *f* ① (*das Fernsteuern*) remote control ② (*Gerät*) remote-control system; **~ haben** to be remote-controlled; **ein Fernseher mit ~** a TV with a remote control **Fernstraße** *f* arterial road, highway, motorway BRIT, freeway AM, interstate AM; ***auf den Autobahnen und ~n liegen keine Störungen vor*** there are no delays on any motorways or major roads **Fernstrecke** *f* railway [*or* AM railroad] trunk line **Fernstudium** *nt* correspondence course **Ferntransport** *m* long-distance [*or* long-haul] transport **Fernüberwachung** *f* remote monitoring **Fernuniversität** *f* Open University **Fernverbindung** *f* long-distance traffic, AM *a.* long hauls *pl* **Fernverkehr** *m* long-distance traffic **Fernverkehrsflugzeug** *nt* long-range aircraft **Fernverkehrsomnibus** *m* long-distance coach [*or* bus], cross-country bus **Fernverkehrsstraße** *f* arterial [*or* trunk] [*or* main] road, motorway BRIT, freeway AM **Fernwärmeversorgung** *f* district heating, supply of long-distance thermal energy **Fernweh** <-[e]s> *nt kein pl* (*geh*) wanderlust **Fernwirkung** *f* (*zeitlich*) long-term effect; PHYS long-distance effect **Fernziel** *nt* long-term objective **Fernzug** *m* long-distance [express] train

Ferromagnetismus *m* PHYS ferromagnetism

Ferse <-, -n> *f* (*Teil des Fußes*) heel

► WENDUNGEN: **sich jdm an die ~n hängen** to stick close to sb; **sich an jds ~n heften** to stick hard on [*or* to dog] sb's heels; **jdm [dicht] auf den ~n sein** [*o* **bleiben**] to be [hot] on sb's tail

Fersenbein *nt* calcaneum, heel bone **Fersengeld** *nt* ► WENDUNGEN: **~ geben** (*fam*) to take to one's heels *fam* **Fersenriemen** *m* ankle-strap

fertig I. *adj* ① (*abgeschlossen, vollendet*) finished; ***das Essen ist in ein paar Minuten ~*** the food will be done [*or* ready] in a few minutes; **etw ~ haben** to have finished sth; ***haben Sie die Briefe schon ~?*** have you finished the letters yet?; **etw ~ kaufen** to buy a finished product; **~ montierte Seite** TYPO fully assembled sheet; **mit etw** *dat* **~ sein** to be finished with sth; **mit etw** *dat* **~ werden** to finish sth

② (*bereit*) ready; ***ich bin schon lange ~!*** I've been ready for ages!; ***ich bin ~, wir können gehen*** I'm ready, let's go

③ (*ausgebildet*) trained; **Lehrer** qualified

④ (*fam: erschöpft*) exhausted, shattered BRIT *fam*, knackered BRIT *sl*, dog-tired; (*verblüfft*) amazed, gobsmacked BRIT, shocked by surprise BRIT *fam*

⑤ (*fam: Beziehung beendet*) ■**mit jdm ~ sein** to be through [*or* finished] with sb

⑥ (*fam: in der Hand haben, verarbeiten können*) **mit jdm/etw ~ werden** to cope with sb/sth

⑦ (*fam: basta*) **~!** that's that [*or* the end of it]!

II. *adv* ① (*zu Ende*) **etw ~ bekommen** [*o* **bringen**] [*o fam* **kriegen**] (*vollenden*) to complete [*or* finish] sth; **etw ~ machen** [*o* **tun**] to finish sth; ***lass mich wenigstens noch in Ruhe ~ frühstücken!*** let me at least finish breakfast in peace; **etw ~ stellen** to finish [*or* complete] sth; **~ gestellt** completed

② (*tatsächlich ausführen*) **etw ~ bekommen** [*o* **bringen**] [*o fam* **kriegen**] to carry out sth; (*etw schaffen*) to be capable of sth; **es ~ bekommen** [*o* **bringen**], **etw zu tun** to manage to do sth; ***der bringt es ~ und verlangt auch noch Geld dafür!*** and he even has the cheek [*or* audacity] to ask for money

③ (*bereit*) [**jdm**] **etw ~ machen** to have sth ready [for sb]; **etw rechtzeitig ~ machen** to finish sth [*or* have sth ready] on time; **sich** [**für etw** *akk*] **~ machen** to get ready [for sth]

④ (*fam: kaputt*) **etw macht jdn ~** (*zermürben*) sth wears out sb *sep*; **jdn ~ machen** (*schikanieren*) to wear sb down *sep*; (*sl: zusammenschlagen*) to beat up sb *sep*

► WENDUNGEN: **auf die Plätze, ~, los!** on your marks, get set, go!, ready, steady, go!

Fertigbau <-bauten> *m* ① *kein pl* (*Bauweise*) prefabricated construction ② (*Gebäude*) prefab **Fertigbauweise** *f kein pl* prefabricated building **Fertigbearbeitung** *f* finish[ing] **fertig|bekommen*** *vt irreg* (*fam*) *s.* **fertig II 1, II 2** **Fertigbeschnitt** *m* TYPO final trim [*or* cut] **Fertigbeton** *m* ready-mixed concrete **fertig|bringen** *vt irreg s.* **fertig II 1, II 2**

fertigen *vt* (*geh*) ■**etw ~** to manufacture sth; **etw ~ lassen** to have sth manufactured

Fertigerzeugnis *nt* HANDEL finished product **Fertigfabrikat** *nt* finished product **Fertigfußboden** *m* BAU finished floor **Fertiggericht** *nt* instant meal, ready-to-eat meal **Fertighaus** *nt* prefabricated house, prefab *fam*

Fertigkeit <-, -en> *f* ① *kein pl* (*Geschicklichkeit*) skill

② *pl* (*Fähigkeiten*) competence, skills; ***dafür braucht man besondere ~en*** this requires special skills

fertig|kriegen *vt* (*fam*) *s.* **fertig II 1, II 2**

fertig|machen *vt s.* **fertig II 3, II 4**

Fertigmontage *f* TECH final assembly **Fertigmörtel** *m* BAU ready mix mortar **Fertigprodukt** *nt* finished product **fertig|stellen** *vt s.* **fertig II 1**

Fertigstellung *f* completion

Fertigstellungsgarantie *f* HANDEL completion guarantee **Fertigstellungspflicht** *f* JUR duty to complete **Fertigstellungsphase** *f eines Projekts* completion stage [*or* phase] **Fertigstellungstermin** *m* HANDEL completion date

Fertigteil *nt* prefabricated component [*or* part]

Fertigung <-, -en> *f* manufacture

Fertigungsabschnitt *m* production stage **Fertigungsanlagen** *pl* production plant *no pl* **Fertigungsberuf** *m* ÖKON production job **Fertigungsbetrieb** *m* production plant, factory **Fertigungskosten** *pl* production costs *pl* **Fertigungsmaß** *nt* BAU construction measurements *pl* **Fertigungsmuster** *nt* production pattern **Fertigungsserie** *f* line, run **Fertigungsstandort** *m* production [*or* manufacturing] site **Fertigungsstraße** *f* production line **Fertigungsteil** *nt* production part **Fertigungsverfahren** *nt* manufacturing [*or* production] process

Fertigware *f* HANDEL finished product

Fes <-, -> *nt* MUS F flat

fesch *adj* ① SÜDD, ÖSTERR (*fam: flott*) smart; **ein ~er Kerl** a smart-looking fellow

② ÖSTERR (*fam: nett*) **sei ~!** be a sport!

Fessel <-, -n> *f* ① (*Schnur*) bond, fetter; (*Kette*) shackles *npl*; **eiserne ~n** iron shackles; **jdm ~n anlegen** *aus Schnur* to tie sb up; **jdn in ~n legen** [*o liter* **schlagen**] to put sb in chains *fig*; **seine ~n sprengen** to throw off one's chains *fig*

② ANAT (*geh: von Mensch*) ankle; (*von Huftier*) pastern

Fesselballon [-balɔŋ, -balo:n, -balõ:] *m* captive balloon

fesseln *vt* ① (*Fesseln anlegen*) ■**jdn** [**mit etw** *dat*] **~** to bind [*or* tie [up *sep*]] sb [with sth]; ■**jdn an etw** *akk* **~** to bind [*or* tie] sb to sth; ■**jdn an etw** *dat* **~** to bind [*or* tie [up *sep*]] sb with sth, to shackle, to hand-

F

cuff; ***er wurde mit gefesselten Händen vorgeführt*** he was brought in with his hands tied
❷ (*geh: binden*) ▪**jdn an sich** *akk* ~ to tie sb to oneself
❸ (*faszinieren*) ▪**etw fesselt jdn [an jdm/etw]** sb is captivated [by sb/sth]; (*in Bann halten*) to captivate

fesselnd *adj* captivating, spellbinding

fest I. *adj* ❶ (*hart, stabil*) strong, tough; *Schuhe* sturdy
❷ (*nicht flüssig*) solid; *Nahrung* solid; (*erstarrt*) solidified
❸ (*sicher, entschlossen*) firm; *Absicht* firm; *Zusage* definite; ***wir treffen uns also morgen, ist das ~?*** we'll meet tomorrow then, is that definite?; *s. a.* **Stimme**
❹ (*kräftig*) firm; **ein ~er Händedruck** a sturdy handshake
❺ (*nicht locker*) tight; *s. a.* **Schlaf**
❻ (*konstant, ständig*) permanent; **eine ~e Anstellung** a permanent job; **~e Mitarbeiter** permanent employee *no pl;* (*~gesetzt*) fixed; **~e Kosten** fixed costs; (*eng, dauerhaft*) lasting; *Freund, Freundin* steady; *s. a.* **Redewendung**
II. *adv* ❶ (*kräftig*) firmly; **~ an-/zupacken** to firmly grasp; **jdn ~ an sich drücken** to give someone a big hug
❷ (*nicht locker*) tightly; **etw ~ anziehen** to screw in sth tightly; **etw ~ treten** to tread [*or* trample] sth down *sep;* **sich ~ treten** to become trodden down; ***geht nicht quer durch das Beet! die Erde tritt sich sonst fest!*** don't walk across the flower-bed, otherwise the earth will get trodden down!; **etw ~ ziehen** (*zusammenziehen*) to tighten sth; (*fest drehen*) to tighten; **etw ~ zurren** to lash sth down [*or* together]; ***du musst den Sicherheitsgurt ~ zurren*** you must tighten your seat-belt; *s. a.* **verankern**
❸ (*mit Nachdruck*) definitely; **~ an etw** *akk* **gebunden sein** to be firmly tied to sth; **jdm etw ~ versprechen** to make sb a firm promise; **etw ~ zusagen** to promise firmly; *s. a.* **entschlossen, schlafen**
❹ (*dauernd*) permanently; **Geld ~ anlegen** to invest in a fixed term deposit; **~ angestellt** permanently employed; **~ angestellt sein** to have a permanent job
❺ (*präzise*) **~ umrissen** clearly defined
▸ WENDUNGEN: **das tritt sich ~!** (*hum sl*) don't worry, you'll get used to it!

Fest <-[e]s, -e> *nt* ❶ (*Feier*) celebration; **ein ~ geben** to have [*or* throw] a party
❷ (*kirchlicher Feiertag*) feast, festival; **bewegliches/unbewegliches ~** movable/immovable feast; **frohes ~!** Happy [*or* Merry] Christmas/Happy Easter, etc.; **ein kirchliches ~** a religious festival [*or* feast]
▸ WENDUNGEN: **man soll die ~e feiern, wie sie fallen** (*prov*) one should make hay while the sun shines *prov*

Festakt *m* ceremony

Festangebot *nt* HANDEL firm [*or* binding] offer

festangestellt *adj s.* **fest II 4** **Festangestellte(r)** *f(m) dekl wie adj* permanent employee

Festansprache *f s.* **Festrede**

Festanstellung *f* steady employment **Festauftrag** *m* HANDEL firm [*or* standing] order

fest|beißen *vr irreg* ❶ (*sich verbeißen*) ▪**sich [an jdm/etw]** ~ to get a firm grip [on sb/sth] with one's teeth ❷ (*nicht weiterkommen*) ▪**sich [an etw** *dat*] ~ to get stuck [on sth]

Festbeleuchtung *f* ❶ (*festliche Beleuchtung*) festive lighting [*or* lights]
❷ (*hum fam: zu helle Beleuchtung*) bright lights

Festbetrag *m* HANDEL fixed sum **Festbewertung** *f* FIN permanent evaluation, stating of an item at a fixed value over time **Festbezüge** *pl* ÖKON emoluments **fest|binden** *vt irreg* ▪**jdn/etw/ein Tier [an etw** *dat*] ~ to tie [*or* fasten] sb/sth/an animal [to sth] **fest|bleiben** *vi irreg sein* to stand one's ground

feste *adv* (*fam*) like mad; **immer ~ drauf!** let him/them, etc. have it!

Feste <-, -n> *f* (*veraltet*) *s.* **Festung**

Festessen *nt* banquet

fest|fahren I. *vr irreg* ▪**sich [in etw** *dat*] ~ to get stuck [in sth]; ▪**sich [an etw** *dat*] ~ to get stuck [on sth] II. *vi irreg* to get stuck; ***das Auto ist im Schlamm festgefahren*** the car got stuck in the mud **fest|frieren** *vi irreg sein* ▪**[an etw** *dat*] ~ to freeze [solid] [to sth] **festgaren** *vt* ▪**etw** ~ to boil sth until firm **festgefahren** I. *pp von* **festfahren** stuck, bogged down II. *adj* ❶ *Verhandlungen* in [a] deadlock, deadlocked ❷ *Situation* in an impasse ❸ *Ansichten* set, intransigent, hard-line

Festgelage *nt* (*geh*) banquet, feast

Festgeld *nt* FIN fixed-term deposit

Festgeldanlagen *pl* FIN fixed-term [*or* time] deposit investments **Festgeldkonto** *nt* ÖKON, FIN term account, time deposit account **festgenommen** I. *pp von* **festnehmen** II. *adj* arrested, detained **Festgeschäft** *nt* HANDEL, BÖRSE firm deal [*or* bargain] **festgesetzt** *adj* **~er Termin** fixed date **festgewurzelt** *adj* **er stand wie ~ da** he stood rooted to the spot **fest|haken** I. *vt* (*mit einem Haken befestigen*) ▪**etw [an etw** *dat*] ~ to hook sth [to sth] II. *vr* (*hängen bleiben*) ▪**sich an/in etw** *dat* ~ to get caught on/in sth

Festhalle *f* [festival] hall

fest|halten *irreg* I. *vt* ❶ (*fest ergreifen*) ▪**jdn [an etw** *dat*] ~ to grab [*or* seize] sb [by sth]; ***er hielt sie am Ärmel fest*** he grabbed her by the sleeve
❷ (*gefangen halten*) ▪**jdn** ~ to detain [*or* hold] sb
❸ (*konstatieren*) ▪**~, dass ...** to record the fact that ...; ▪**etw** ~ to record [*or* make a note of] sth; ***diesen Punkt sollten wir unbedingt ~*** we should certainly make a note of this point
II. *vi* ▪**an etw** *dat* ~ to adhere [*or* stick] to sth; **hartnäckig an etw ~** to stubbornly cling to sth
III. *vr* ▪**sich [an jdm/etw]** ~ to hold on [to sb/sth]

festigen I. *vt* ▪**etw** ~ to strengthen sth; *Freundschaft* to establish; *Stellung* secure; *s. a.* **gefestigt**
II. *vr* (*sich stabilisieren*) ▪**sich** ~ to become more firmly established

Festiger <-s, -> *m* setting lotion

Festigkeit <-> *f kein pl* ❶ (*Stabilität*) strength
❷ (*Unnachgiebigkeit, Entschlossenheit*) resoluteness, steadfastness; **mit ~ auftreten** to appear resolute
❸ (*Standhaftigkeit*) firmness; **die ~ von jds Glauben** sb's firm belief

Festigung <-, -en> *f* consolidation

Festival <-s, -s> ['fɛstivəl, 'fɛstival] *nt* festival

fest|klammern I. *vt* (*mit Klammern befestigen*) ▪**etw [an etw** *dat*] ~ to clip sth [to sth] II. *vr* (*nicht mehr loslassen*) ▪**sich [an jdm/etw]** ~ to cling [*or* hang on] [to sb/sth] **fest|kleben** I. *vt haben* (*durch Kleben befestigen*) ▪**etw** ~ to stick sth [on]; **festgeklebt sein** to be stuck on [*or* to] II. *vi sein* (*klebend haften*) ▪**[an etw** *dat*] ~ to stick [to sth] **Festkörper** *m* PHYS solid **Festkosten** *pl* ÖKON overhead expenses **fest|krallen** *vr* ▪**sich [an jdm/etw]** ~ to cling [on] [to sb/sth]; ***die Katze krallte sich an ihrem Pullover fest*** the cat dug its claws into her pullover

Festland *nt kein pl* ❶ (*Kontinent etc.*) continent, mainland; ***nach Wochen auf See tauchte endlich das ~ auf*** after weeks at sea land was finally sighted
❷ (*feste Erdoberfläche*) dry land

Festland(s)sockel *m* continental shelf

fest|legen I. *vt* ❶ (*bestimmen*) ▪**etw** ~ to determine [*or* establish] [*or* define] sth; ▪**~, dass ...** to stipulate that ...; ***die Rechte der Bürger sind im Bürgerlichen Gesetzbuch festgelegt*** the rights of every citizen are laid down in the Civil Code
❷ FIN (*unkündbar anlegen*) *Geld* to tie up *sep*
❸ (*bindend verpflichten*) ▪**jdn [auf etw** *akk*] ~ to tie sb down [to sth]; ***er will sich nicht ~ lassen*** he does not want to commit himself to anything
II. *vr* (*sich verpflichten*) ▪**sich [auf etw** *akk*] ~ to commit oneself [to sth]

Festlegung <-, -en> *f* determining, establishing, fixing, laying down; ***er war zuständig für die ~ der Tagesordnung*** he was responsible for creating [*or* defining] the agenda

festlich I. *adj* ❶ (*feierlich*) festive
❷ (*glanzvoll*) magnificent, splendid; *Beleuchtung* festive
II. *adv* festively; **etw ~ begehen** (*geh*) to celebrate sth; **~ gekleidet sein** to be dressed up

Festlichkeit <-, -en> *f* celebration, festivity, festive atmosphere

fest|liegen *vi irreg* ❶ (*festgesetzt sein*) to be determined [*or* established]; ***die Termine liegen jetzt fest*** the schedules have now been fixed
❷ (*nicht weiterkönnen*) to be stranded [*or* stuck]
❸ FIN (*fest angelegt sein*) to be tied up

festliegend *adj* locked, tied up; **~e Gelder** tied-up funds; **~es Kapital** frozen capital **fest|machen** I. *vt* ❶ (*befestigen*) ▪**etw [an etw** *dat*] ~ to fasten [*or* secure] sth [to sth] ❷ (*vereinbaren*) ▪**etw** ~ to arrange sth; **ein Geschäft ~** to close a deal ❸ (*ableiten, herleiten*) ▪**etw an etw** *dat* ~ to link sth to sth II. *vi* NAUT (*anlegen*) ▪**[an etw** *dat*] ~ to tie up [to sth], to moor

Festmahl *nt* (*geh*) feast, banquet

Festmeter *m o nt* AGR cubic metre [*or* AM -er]

fest|nageln *vt* ❶ (*mit Nägeln befestigen*) ▪**etw [an etw** *dat*] ~ to nail sth [to sth] ❷ (*fam: festlegen*) ▪**jdn [auf etw** *akk*] ~ to nail [*or* pin] sb down [to sth]

Festnahme <-, -n> *f* arrest, apprehension; **~ auf frischer Tat** apprehension in the very act; **vorläufige ~** provisional [*or* temporary] detention, summary arrest

fest|nehmen *vt irreg* **jdn** ~ to take sb into custody; **jdn vorläufig ~** to take sb into [temporary] custody, to detain sb provisionally [*or* temporarily]; ***Sie sind [vorläufig] festgenommen*** I'm arresting you

Festnetz *nt* TELEK ground[-based] [*or* terrestrial] network **Festnetzbetreiber** *m* TELEK terrestrial network operator

Festplatte *f* INFORM hard disk; **etw auf ~ sichern** to back-up sth on disk **Festplattengeschwindigkeit** *f* INFORM hard disk velocity **Festplattenkapazität** *f* INFORM hard disk capacity **Festplattenkomprimierungsprogramm** *nt* INFORM hard disk compression program **Festplattenlaufwerk** *nt* INFORM hard disk drive

Festplatz *m* fairground

Festpreis *m* HANDEL fixed price

Festpreisabrede *f* HANDEL fixed-price agreement **Festpreisgarantie** *f* HANDEL, JUR fixed-price guarantee **Festpreiskartell** *nt* ÖKON fixed-price cartel **Festpreisvereinbarung** *f* HANDEL fixed-price agreement [*or* arrangement] **Festpreisvertrag** *m* JUR fixed-price contract

Festpunkt *m* fixed point

Festrede *f* official speech; **die ~ halten** to give a formal address **Festredner(in)** *m(f)* official speaker **Festsaal** *m* banquet hall

fest|saugen *vr* ▪**sich an jdm/etw** ~ to cling to [sb/sth], to attach to sb/sth firmly **fest|schnallen** I. *vt* ▪**jdn/etw** ~ to strap [*or* buckle] in sb/sth *sep;* *Kleinkind* to strap up sb/sth *sep* BRIT II. *vr* ▪**sich** ~ to fasten one's seat belt, AM *a.* to buckle up; **schnallen Sie sich bitte fest!** fasten your seat belt, please! **fest|schrauben** *vt* ▪**etw** ~ to screw on sth tightly *sep* **fest|schreiben** *vt irreg* ▪**etw** ~ to establish sth; ***das Abkommen schreibt den genauen Verlauf der Grenze zwischen den beiden Ländern fest*** the treaty defines the exact borders between the two countries **Festschreibung** *f* establishment

Festschrift *f* commemorative publication

fest|setzen I. *vt* (*bestimmen*) ▪**etw** ~ to determine [*or* define] sth
II. *vr* (*fest anhaften*) ▪**sich** ~ to collect, to settle; ***in den Ritzen hat sich Dreck festgesetzt*** dirt has collected in the cracks

Festsetzung <-, -en> *f* determination, fixing

Festsetzungsfrist *f* FIN assessment period

fest|sitzen *vi irreg* ❶ (*sich nicht bewegen lassen*)

to be stuck; ***die Halterung muss richtig*** ~ the bracket must be secure
② (*festkleben*) to be stuck on
③ (*stecken geblieben sein*) to be stuck
Festspeicher *m* INFORM read only memory, ROM
Festspiel *nt* ① (*einzelnes Stück*) festival production ② ■~e (*Festival*) festival **Festspielhaus** *nt* festival theatre [*or* AM -er]
fest|stecken I. *vt* ■**etw** ~ to pin sth; **sich** *dat* **die Haare** ~ to pin up one's hair **II.** *vi sein s.* **festsitzen 3** **fest|stehen** *vi irreg* ① (*festgelegt sein*) to be certain [*or* fixed]; ***steht das genaue Datum schon fest?*** has the exact date been fixed already? ② (*sich entschlossen haben*) to be firm; ***mein Entschluss steht fest*** my decision is firm [*or* final] ③ (*sicher sein*) ■~, **dass ...** to be certain that ...; ***eines steht jedenfalls fest — ...*** one thing is for certain [*or* sure] ... **feststehend** *adj attr* established, fixed
feststellbar *adj* ① (*herauszufinden*) ■~ **sein** to be ascertainable ② (*arretierbar*) lockable **Feststellbremse** *f* AUTO parking brake **fest|stellen** *vt* ① (*ermitteln*) ■**jdn/etw** ~ to identify sb/sth; **jds Personalien** ~ to ascertain sb's personal data; **den Täter** ~ to identify the guilty party ② (*bemerken*) ■**etw** ~ to detect sth ③ (*diagnostizieren*) ■[**bei jdm**] **etw** ~ to diagnose sb with sth; ***haben Sie irgendetwas Ungewöhnliches festgestellt?*** did you notice anything unusual?; ■~, **dass ...** to see that ...; ***zu meinem Erstaunen muss ich ~, dass ...*** I am astounded to see that ... ④ (*arretieren*) ■**etw** ~ to lock sth **Feststeller** *f* BAU door stop, stay roller **Feststellriegel** *m* BAU fixing bolt **Feststelltaste** *f* INFORM caps [*or* shift] lock
Feststellung *f* ① (*Bemerkung*) remark; ***erlauben Sie mir die ~, dass ..*** allow me to comment that ...
② JUR (*Ermittlung*) ascertainment, establishment
③ (*Wahrnehmung, Beobachtung*) observation; **~en machen** to make observations; **die ~ machen, dass ...** (*geh*) to see that ..., to notice that ...
④ (*Ergebnis*) **zu der ~ kommen** [*o* **gelangen**], **dass ...** to come to the conclusion that ...
⑤ JUR *des Gerichts* finding, declaration; **~ eines Zeugen** identification of a witness; **~ eines Rechts/Rechtsanspruchs** proof of a right/of title; **gerichtliche/rechtliche ~** court/legal finding[s]; **rechtskräftige ~** non-appealable declaratory judgment
Feststellungsanspruch *m* JUR entitlement to a declaratory judgment **Feststellungsbescheid** *m* FIN [tax] notice of assessment **Feststellungsbeschluss**[RR] *m* JUR declaratory decision **Feststellungsfrist** *f* FIN declaratory deadline **Feststellungsinteresse** *nt* JUR interest to seek a declaratory judgment **Feststellungsklage** *f* JUR declaratory action; **negative/positive ~** negative/positive declaratory action **Feststellungsurteil** *nt* JUR declaratory judgment **Feststellungsverfahren** *nt* JUR declaratory proceedings *pl* **Feststellungsverjährung** *f* JUR limitation of prescription **Feststellungswirkung** *f* JUR declaratory effect; **~ ausländischer Urteile** declaratory effect of foreign judgments
Feststimmung *f* festive atmosphere; **in ~ sein** to be in a festive mood **Festtafel** *f* (*geh*) banquet table *form* **Festtag** *m* ① (*Ehrentag*) special day ② (*Feiertag*) holiday; ***wir sind die ~e über verreist*** we're away for the holiday period; **frohe ~e!** (*Ostern*) Happy Easter; (*Weihnachten*) Merry [*or* Happy] Christmas **festtags** *adv* on holidays **Festtagsstimmung** *f s.* **Feststimmung**
fest|treten *vr, vt irreg s.* **fest II 2, II 6**
festumrissen *adj attr s.* **fest II 5**
Festung <-, -en> *f* fortress
festverzinslich *adj* FIN fixed-interest *attr,* at a fixed rate of interest *pred;* **~e Wertpapiere** fixed-interest securities **Festwährung** *f* FIN fixed currency **Festwert** *m* fixed value **Festwertspeicher** *m* INFORM read only memory, ROM
Festwiese *f s.* **Festplatz Festwoche** *f* festival [week] **Festzelt** *nt* marquee
fest|ziehen *vt irreg s.* **fest II 2**
Festzins *m* fixed interest
Festzug *m* procession, parade
fest|zurren *vt s.* **fest II 2**
Fete <-, -n> ['fe:tə, 'fɛ:tə] *f* party; **eine ~ machen** [*o* **feiern**] to have [*or* throw] a party
Fetisch <-[e]s, -e> *m* fetish
Fetischismus <-> *m kein pl* fetishism *no def art*
Fetischist(in) <-en, -en> *m(f)* fetishist
fett *adj* ① (*~haltig*) fatty; *Essen, Speisen* fatty
② (*pej: dick*) fat
③ TYPO bold; **~ gedruckt** in bold [type] *pred;* **~e Schrift** bold face; *Überschrift* printed in bold
④ (*üppig*) fertile, rich; *Ackerboden* fertile; **Beute** (*fam*) rich; **die ~en Jahre** the fat years; *Weide* rich
⑤ (*von Auto*) rich; ***wow, ist das ein fetter Wagen!*** wow, what a car!
Fett <-[e]s, -e> *nt* ① (*~gewebe*) fat; **~ ansetzen** *Mensch* to gain weight; *Tier* to put on fat
② (*zum Schmieren*) grease; **pflanzliches/tierisches ~** vegetable/animal fat; **etw in schwimmendem ~ backen** to deep-fry sth
▶ WENDUNGEN: **sein ~ abbekommen** [*o* **abkriegen**] (*fam*) to get one's come-uppance *fam;* **sein ~** [**weg**]**haben** (*fam*) to get what is coming to you *fam*
Fettansatz *m* layers of fat; **zu ~ neigen** to tend to put on weight [easily] **fettarm I.** *adj* low-fat **II.** *adv* low-fat; **~ essen** to eat low-fat foods **Fettauge** *nt* fatty globule **Fettbacke** *f* (*pej*) fat slob **Fettbauch** *m* (*pej fam*) ① (*fetter Bauch*) paunch ② (*fetter Mann*) fatso *pej fam* **Fettcreme** *f* skin cream with oil **Fettdruck** *m* bold [type] **Fettembolie** *f* MED fat embolism
fetten I. *vt* (*ein~*) to grease
II. *vi* (*Fett absondern*) to become greasy
Fettfilm *m* greasy film **Fettfleck(en)** *m* grease mark [*or* spot], smudge **Fettgebackenes** *nt* choux pastries *pl* **fettgedruckt** *adj attr s.* **fett 3**
Fettgehalt *m* fat content **Fettgewebe** *nt* fatty tissue **Fettgriebe** *f* crackling **fetthaltig** *adj* fatty **Fetthenne** *f* BOT stonecrop
fettig *adj* greasy
Fettkiller *m* PHARM (*fam: mittel zur Reduzierung des Gewichts*) slimming product [*or* aid] **Fettkloß** *m* (*pej*) fatso *pej fam,* fatty *pej fam* **Fettklumpen** *m* lump of fat **Fettkraut** *nt* BOT butterwort **Fettleber** *f* fatty liver **fettleibig** *adj* (*geh*) corpulent *form,* obese **Fettleibigkeit** *f* (*geh*) corpulence *form,* obesity **fettlöslich** *adj* fat-soluble; **~e Vitamine** fat-soluble vitamins **Fettnäpfchen** *nt*
▶ WENDUNGEN: [**bei jdm**] **ins ~ treten** (*fam*) to put one's foot in it [with sb] **Fettpfännchen** *nt* butter pan **Fettpolster** *nt* (*fam*) cushion of fat **Fettpresse** *f* grease gun **fettreich I.** *adj* rich **II.** *adv* richly; **~ essen** to eat foods with a very high fat content **Fettsack** *m* (*sl*) fat slob *pej fam!,* fatso *pej fam!;* ***he, ~!*** hey, fatso! **Fettsalbe** *f* fat-based ointment **Fettsäure** *f* fatty acid **Fettschicht** *f* layer of fat **Fettschwein** *nt* porker **Fettstoffwechsel** *m* lipid metabolism **Fettsucht** *f kein pl* obesity **fetttriefend** *adj* dripping with fat **Fettwanst** *m* (*pej*) fatso *pej fam*
Fetus <-[ses], Feten *o* -se *o* Föten> *m* foetus, fetus AM
fetzen I. *vt haben* ① (*reißen*) ■**etw** [**von etw**] [**irgendwohin**] ~ to rip [*or* tear] sth [off sth] [and put it somewhere else]
② (*fam: prügeln*) ■**sich** ~ to tear apart; ***hört auf, euch zu ~!*** stop tearing each other apart!
II. *vi haben* (*sl: mitreißen*) ■**das fetzt** this is mind-blowing
Fetzen <-s, -> *m* ① ((*abgerissenes*) *Stück*) scrap, shred; *Haut* patch, piece; **Papier/Stoff** scrap, piece; **etw in ~ reißen** to tear sth to pieces [*or* shreds]
② (*zusammenhangsloser Ausschnitt*) snatches *pl* BRIT, fragments AM; ***ab und zu drang ein ~ des Gesprächs an sein Ohr*** now and again he heard snatches [*or* bits and pieces] of the conversation
③ (*sl: billiges Kleid*) rag
▶ WENDUNGEN: **... dass die ~ fliegen** (*fam*) ... like mad; ***die beiden haben sich gestritten, dass die ~ flogen*** the two of them had a row and the sparks flew
fetzig *adj* (*sl: mitreißend*) fantastic; *Musik* hot; (*schick, flott*) trendy; *Typ* cool
feucht *adj* ① (*leicht nass*) damp; *Hände, Stirn* clammy, sweaty; ***ihre Augen wurden*** ~ her eyes were misty [*or* moist]
② (*humid*) humid; *Klima, Luft* humid
③ (*nicht angetrocknet*) ■**noch ~ sein** to still be wet [*or* damp]; ***Achtung, die Farbe ist noch ~!*** Attention, wet paint!
Feuchtbiotop *f* damp biotope **Feuchtboden** *m* damp ground **Feuchtdehnung** *f* TYPO moisture [*or* wet] expansion **feuchtfröhlich I.** *adj* (*hum fam*) merry **II.** *adv* (*hum fam*) merrily; **~ feiern** to have a booze up BRIT, to go out drinking AM **Feuchtgebiet** *nt* marshland **feuchtheiß** *adj* hot and humid
Feuchtigkeit <-> *f kein pl* ① (*leichte Nässe*) dampness
② (*Wassergehalt*) moisture, humidity; **die ~ der Luft** humidity [in the air]
Feuchtigkeitsaufnahme *f* TYPO (*von Papier*) moisture pick-up **feuchtigkeitsbeständig** *adj* TECH *Isolierung, Verpackung, Material* moisture-resistant **Feuchtigkeitscreme** [-kre:m] *f* moisturizing cream **feuchtigkeitsempfindlich** *adj* hygroscopic, moisture-sensitive **Feuchtigkeitsemulsion** *f* moisturizing emulsion **Feuchtigkeitsfaktor** *m* **natürlicher ~** natural moisturizing factor **feuchtigkeitsfest** *adj* moisture-proof **Feuchtigkeitsgehalt** *m* moisture content; **der ~ der Luft** the humidity in the air **Feuchtigkeitslotion** *f* moisturizing lotion **Feuchtigkeitspflege** *f* moisturizing care **feuchtigkeitsregulierend** *adj Creme* moisture-regulating **feuchtigkeitssicher** *adj* TECH *Isolierung, Verpackung, Material* moisture-proofed, protected from moisture *pred* **feuchtigkeitsspeichernd** *adj Creme* moisture-retaining **feuchtigkeitsspendend** *adj Creme* moisturizing **Feuchtigkeitsverlust** *m* moisture loss
feuchtkalt *adj* damp and cold **feuchtwarm** *adj* warm and humid **Feuchtwasser** *nt* TYPO damping [*or* fountain] water **Feuchtwasserkasten** *m* TYPO damping water fountain
feudal *adj* ① HIST feudal
② (*fam: prächtig*) magnificent; *Essen* sumptuous; *Wohnung* plush, exclusive, luxurious
Feudalherr *m* feudal lord
Feudalherrschaft *f* feudalism
Feudalismus <-> *m kein pl s.* **Feudalherrschaft**
Feudel <-s, -> *m* NORDD floorcloth
feudeln *vt* NORDD ■**etw** ~ *Boden* to wipe sth
Feuer <-s, -> *nt* ① (*Flamme*) fire; **bengalisches ~** Bengal light (*a thick sparkler with a wooden stem that burns with a green or red light*); **das olympische ~** the Olympic flame; **~ speien** to spit fire; GEOL *Vulkan* to spew out fire; LIT *Drachen* to breathe fire; **~ speiend** GEOL *Vulkan* spewing fire *pred;* LIT *Drachen* fire-breathing *attr;* **~ machen** to make a fire; **am ~** by the fire
② (*für Zigarette*) **jdm ~ geben** to give sb a light; **~ haben** to have a light; ***Entschuldigung, haben Sie mal ~?*** excuse me please, have you got a light?
③ (*Kochstelle, Herd*) **etw auf offenem ~ kochen** to cook sth on an open fire; **etw vom ~ nehmen** to take sth off the heat; **etw aufs ~ stellen** to put sth on to cook
④ (*Brand*) fire; **~!** fire!; **~ fangen** to catch [on] fire; **~ [an etw** *akk*] **legen** to set alight [*or* fire] [to sth] [*or* to set sth on fire]
⑤ MIL (*Beschuss*) fire; **jdn unter ~ nehmen** to open fire on sb/sth; **~ frei!** open fire!; **das ~ einstellen** to cease fire; ***„~ einstellen!“*** "cease fire!"; **das ~ eröffnen** to open fire; **~ geben** to open fire; ***„[gebt] ~!“*** "fire!"
⑥ (*Schwung*) ardour [*or* AM -or]; **jugendliches ~** youthful vigour [*or* AM -or]
⑦ (*geh: Glanz*) *Augen* sparkle

F

► WENDUNGEN: ~ **und Flamme** [**für jdn/etw**] **sein** (*fam*) to be enthusiastic [about sb/sth]; **jdm ~ unter dem Hintern** *fam* [*o* **Arsch** *sl*] **machen** to put a rocket under sb *fam;* **wie ~ und Wasser sein** to be as different as night and day, to be as different as chalk and cheese BRIT; **wie ~ brennen** to sting like mad, to burn; [**bei jdm**] **~ fangen** to be smitten [by sb]; **für jdn durchs ~ gehen** to go through hell and high water for sb; **mit dem ~ spielen** to play with fire; **jdn/etw unter ~ nehmen** (*fam*) to blast [*or* BRIT *fam* slate] sb/sth

Feueralarm *m* fire alarm; ~ **geben** to give out the fire alarm **Feueranzünder** *m* firelighter, AM *usu* fire starter **Feuerball** *m* fireball **Feuerbefehl** *m* MIL order to fire; **den ~ geben** to give the order to fire **feuerbeständig** *adj* fireproof [*or* -resistant] **Feuerbestattung** *f* cremation **Feuerbohne** *f* scarlet runner bean **Feuereifer** *m* zeal[ousness]; **mit** [**wahrem**] **~** with [true] zest **Feuereinstellung** *f* MIL cease-fire **feuerfest** *adj* fireproof; **~es Geschirr** ovenproof [*or* heat-resistant] dishes **Feuergasse** *f* fire lane [*or* break] **Feuergefahr** *f* fire hazard; ***bei ~ benutzen Sie den Notausgang*** please use the emergency exit in the event of fire **feuergefährlich** *adj* [highly] [in]flammable [*or* combustible]; **~e Ladung** inflammable cargo **Feuergefecht** *nt* MIL gun fight **Feuerglocke** *f* (*veraltet*) fire bell **Feuerhaken** *m* poker **feuerhemmend** *adj* BAU fire-retardant **Feuerholz** *nt kein pl* firewood *no pl* **Feuerland** *nt* Tierra del Fuego **Feuerleiter** *f* ① (*Fluchtweg*) fire escape ② (*auf einem Feuerwehrauto*) [fire engine's] ladder **Feuerlöscher** *m* fire extinguisher **Feuerlöschfahrzeug** *nt* fire-fighting vehicle, fire engine; (*beim Flugzeug*) fire tender **Feuermal** *nt* MED *a red or blue-red mark* **Feuermelder** <-s, -> *m* fire alarm

feuern I. *vi* ■[**auf jdn/etw**] ~ to fire [at sb/sth]

II. *vt* (*fam*) ① (*werfen*) ■**etw irgendwohin** ~ to fling [*or* sling] sth [somewhere] *fam*

② (*fam: entlassen*) ■**jdn** ~ to fire [*or* sack] sb; ■**gefeuert werden** to be fired, to get the sack

Feuerpatsche *f* fire-beater **Feuerpause** *f* MIL cease-fire **Feuerprobe** *f* acid test; **die/eine ~ bestehen** to pass the acid test **Feuerqualle** *f* stinging jellyfish **feuerrot** *adj* ① (*Farbe*) fiery red, scarlet; **~es Haar** flaming [red] hair ② (*sich schämen*) ■~ **werden** to turn crimson [*or* scarlet] **Feuersalamander** *m* [European] fire salamander **Feuersäule** *f* pillar of fire

Feuersbrunst *f* (*geh*) conflagration

Feuerschaden *m s.* **Brandschaden Feuerschein** *m* glow of [a/the] fire **Feuerschiff** *nt* lightship **Feuerschlucker(in)** <-s, -> *m(f)* fire-eater **Feuerschutzbestimmungen** *pl* JUR fire prevention regulations **Feuerschutzsteuer** *f* FIN fire protection tax

Feuersgefahr *f s.* **Feuergefahr**

feuersicher *adj* ① (*widerstandsfähig gegen Feuer*) fireproof ② (*geschützt vor Feuer*) safe from fire *pred* **feuerspeiend** *adj attr s.* **Feuer 1 Feuerspritze** *f* fire hose **Feuerstein** *m* ① (*Zündstein*) flint ② GEOL flint, chert *spec* **Feuerstelle** *f* fireplace; (*draußen*) campfire site **Feuersturm** *m kein pl* MIL (*fam*) firestorm **Feuertaufe** *f kein pl* MIL (*fig a.*) baptism of fire **Feuertod** *m* ■**der** ~ [death at] the stake; **den ~ sterben** to be burned at the stake **Feuertreppe** *f* BAU fire escape **Feuertür** *f* fire door

Feuerung <-, -en> *f* ① *kein pl* (*Brennstoff*) fuel

② (*Heizung*) heating system, heater AM

Feuerversicherung *f* fire insurance **feuerverzinkt** *adj* galvanized **Feuerwache** *f* fire station **Feuerwaffe** *f* firearm **Feuerwasser** *nt* (*fam*) firewater *hum fam*

Feuerwehr <-, -en> *f* ① (*zur Feuerbekämpfung*) fire brigade + *sing/pl vb;* **die freiwillige ~** the voluntary fire brigade + *sing/pl vb*

② (*Nothelfer*) rescue; ***jetzt kann ich wieder ~ spielen*** now I'm supposed to come to the rescue again

► WENDUNGEN: **wie die ~ fahren** (*fam*) to drive like the clappers BRIT *fam*

Feuerwehrauto *nt* fire engine **Feuerwehrleiter** *f* fire ladder **Feuerwehrleute** *pl von* Feuerwehrmann fire-fighters, firemen **Feuerwehrmann, -frau** <-leute *o* -männer> *m, f* fire-fighter, fireman **Feuerwehrschlauch** *m* fire hose **Feuerwehrübung** *f* firefighting exercise

Feuerwerk *nt* fireworks *npl* [display]; **ein ~ veranstalten** to have [*or* BRIT let off] [*or* AM set off] a fireworks display **Feuerwerker(in)** <-s, -> *m(f)* firework-maker **Feuerwerkskörper** *m* firework **Feuerzange** *f* fire tongs *npl* **Feuerzangenbowle** *f a hot red wine punch with a sugar cone soaked in rum lit above it* **Feuerzeug** *nt* [cigar/cigarette/pipe] lighter **Feuerzeugbenzin** *nt* lighter fuel **Feuerzeuggas** *nt* lighter gas

Feuilleton <-s, -s> [fœjəˈtõ:, ˈfœjətõ] *nt* (*Zeitungsteil*) culture [*or* feature] section [*or pl* pages]

Feuilletonist(in) <-en, -en> [fœjətõˈnɪst] *m(f)* feature writer

feurig *adj* ① (*temperamentvoll*) fiery

② (*veraltend: glühend*) glowing

Fez <-[es], -[e]> *m* fez

ff. *Abk von* **folgende Seiten:** [***auf*** ***Seite 200*** ~ from page 200, pages [*or* pp[.]] 200 ff[.]

FH *f Akr von* **Fachhochschule**

Fiaker <-s, -> *m* ÖSTERR ① (*Kutsche*) [BRIT hackney] cab

② (*Kutscher*) cab driver, cabby *fam*

Fiasko <-s, -s> *nt* (*fam*) fiasco; [**mit etw** *dat*] **ein ~ erleben** to end [up] in a fiasco [over sth]

Fibel[1] <-, -n> *f* (*Lesebuch*) primer; (*Leitfaden*) introduction; **„~ für Gartenfreunde"** "Introduction to Gardening"

Fibel[2] <-, -n> *f* ARCHÄOL fibula

Fiber <-, -n> *f* ① (*Faser*) fibre [*or* AM -er]

② *kein pl* (*Kunstfaser*) [synthetic] fibre [*or* AM -er]

► WENDUNGEN: **mit jeder ~ ihres/seines Herzens** (*geh*) with every fibre [*or* AM -er] of her/his heart

Fiberglasgewebe *nt* BAU fiber-glass fabric

FIBOR *m* FIN (*deutscher Referenzzinssatz*) *Akr von* **Frankfurt interbank offered rate** FIBOR

Fibrin <-s> *nt kein pl* MED fibrin *spec*

Fibrom <-s, -e> *nt* MED fibroma *spec*

Fibrose <-, -n> *f* MED fibrosis

ficel(l)ieren *vt* KOCHK ■**etw** ~ to secure sth with kitchen string

Fiche <-s> [fi:ʃ] *m o nt* [micro]fiche

ficht *3. pers. pres von* **fechten**

Fichte <-, -n> *f* spruce

fichten *adj* spruce[wood]

Fichtenholz *nt* spruce[wood] **Fichtenkreuzschnabel** *m* ORN red crossbill, common crossbill **Fichtennadelextrakt** *m* pine essence **Fichtenzapfen** *m* spruce cone

Fick <-s, -s> *m* (*vulg*) fuck *vulg*

ficken (*vulg*) **I.** *vi* ■[**mit jdm**] ~ to fuck [sb] *vulg;* ■**das F~** fucking *vulg*

II. *vt* ■**jdn** ~ to fuck sb *vulg;* ■**gefickt werden** to get [*or* be] fucked *vulg;* ■**sich ~ lassen** to [let oneself] get fucked *vulg*

fick(e)rig DIAL **I.** *adj* fidgety

II. *adv* in a fluster [*or* flutter]

Fideikommiss[RR] *nt* JUR entail, entailed estate; **einen ~ auflösen** to break an entail; **etw als ~ besitzen** to hold sth in trust

fidel *adj* (*fam*) merry, jolly *a. hum*

Fidibus <- *o* -ses, - *o* -se> *m* spill

Fidschi <-s> *nt* Fiji; *s. a.* **Sylt**

Fidschianer(in) <-s, -> *m(f)* Fijian; *s. a.* **Deutsche(r)**

fidschianisch *adj* Fijian; *s. a.* **deutsch**

Fidschiinseln *pl* Fiji Islands *pl*

fiduziarisch *adj* JUR fiduciary; **~es Geschäft** fiduciary transaction

Fieber <-s, -> *nt* ① (*erhöhte Temperatur*) fever; **~ haben** to have a temperature, to be feverish [*or* running a fever [*or* temperature]]; [**jdm**] **das ~ messen** to measure [*or* take] sb's temperature

② (*geh: Besessenheit*) fever

Fieberanfall *m* bout [*or* attack] of fever, pyrexia *spec* **Fieberfantasien**[RR] *pl* fevered dreams *pl,* feverish wanderings [*or* ravings] *npl* **fieberfrei** *adj* free of [*or* from] fever *pred,* apyretic *spec;* ■~ **sein** to not have a fever **Fieberfrost** *m* feverish chill [*or* shivering *no art, no pl*], ague *spec*

fieberhaft I. *adj* ① (*hektisch*) feverish, febrile *liter*

② (*fiebrig*) feverish, febrile *form*

II. *adv* feverishly

fieb(e)rig *adj* ① (*krank*) feverish, febrile *form;* ***du siehst so ~ aus*** you look as though you might have a temperature

② (*aufgeregt*) feverish

fieberkrank *adj* feverish **Fieberkurve** *f* temperature curve **Fiebermesser** *m s.* **Fieberthermometer Fiebermittel** *nt* anti[-]fever drug, antipyretic [drug [*or* agent]] *spec*

fiebern *vi* ① (*Fieber haben*) to have a temperature [*or* fever]

② (*aufgeregt sein*) **vor Erregung/Ungeduld ~** to be in a fever of excitement/impatience

③ (*geh: sehnsüchtig verlangen*) ■**nach etw** *dat* ~ to long feverishly for sth

Fieberphantasien *pl s.* **Fieberfantasien fiebersenkend** *adj* fever-reducing, antipyretic *spec;* **~es Medikament** medicine to reduce [*or sep* bring down] fever, antipyretic [drug [*or* agent]] *spec* **Fieberthermometer** *nt* [clinical] thermometer

fiebrig *adj s.* **fieberig**

Fiedel <-, -n> *f* (*veraltet*) fiddle *fam*

fiedeln *vi, vt* (*hum, pej*) ■[**etw**] ~ to fiddle *fam,* to play [sth] on the fiddle *fam*

Fiederblatt *nt* BOT compound leaf

fiepen *vi* ① (*kläglich tönen*) to whimper; *Vogel* to cheep

② *Pieper* to b[l]eep

fies *adj* (*pej fam*) ① (*abstoßend*) horrible, horrid *fam,* nasty; (*gemein*) mean, nasty; ***sei nicht so ~!*** don't be so mean [*or fam* horrid]

② (*ekelhaft*) horrible, disgusting

Fiesling <-s, -e> *m* (*fam*) [mean] bastard *fam!*

Fifa, FIFA <-> *f kurz für* **Fédération Internationale de Football Association** Fifa

FIFO-Verfahren *nt* ÖKON FIFO [*or* first-in, first-out] method

fifty-fifty [ˈfɪftɪˈfɪftɪ] *adv* (*fam*) fifty-fifty; **~** [**mit jdm**] **machen** to go fifty-fifty [with sb]; **~ stehen** to be fifty-fifty; ***es steht ~*** it is [*or* the chances are] fifty-fifty

Figaro <-s, -s> *m* (*hum: Friseur*) hairdresser

fighten [ˈfaitn̩] *vi* to fight

Figur <-, -en> *f* ① (*Bildwerk*) figure

② (*Karikatur*) figure

③ (*Gestalt*) figure, physique; **auf seine ~ achten** to watch one's figure; (*sl: Typ*) character *fam*

④ FILM, LIT (*Charakter*) character

⑤ SPORT figure

► WENDUNGEN: **eine gute/schlechte/jämmerliche ~ abgeben** [*o* **machen**] to cut a good/bad/sorry figure

figurativ I. *adj* figurative

II. *adv* figuratively

figurbetont *adj* figure-hugging

Figürchen <-s, -> *nt dim von* **Figur** figure; **ein reizendes ~** a nice little figure

figürlich *adj* ① (*figurbezogen*) regarding the/his/her figure

② (*übertragen*) figurative

Fiktion <-, -en> *f* ① (*geh: Erfundenes*) fiction

② JUR fiction; **~ des Kennens** imputed knowledge; **gesetzliche/juristische ~** legal fiction/fiction of jurisprudence

Fiktionstheorie *f* JUR legal fiction theory

fiktiv *adj* (*geh*) fictitious

Fiktivkaufmann, -kauffrau *m, f* HANDEL fictitious merchant

File <-s, -s> [faɪl] *nt* INET file

Filet <-s, -s> [fiˈle:] *nt* fillet; **falsches ~** clod, shoulder

Filetbraten *m* fillet roast **Filetsteak** [fiˈle:ste:k, -ʃte:k] *nt* fillet steak

Filettiermesser *nt* filleting knife

File-Virus [faɪl-] *nt* INFORM file virus

Filia <-, -s> *f* (*hum*) *fem form von* **Filius**

Filialabteilung *f* ÖKON branch office **Filialbank** *f* ÖKON branch bank

Filiale <-, -n> *f* branch

Filialgeneration *f* BIOL (*in der Genetik Nachkommen aus der Kreuzung reinerbiger Eltern*) F1 generation **Filialgeschäft** *nt* ÖKON (*Niederlassung*) branch; *einer Kette* chain store **Filialleiter(in)** *m(f)* branch manager **Filialnetz** *nt* branch network **Filialprokura** *f* JUR branch signing power

filieren *vt* KOCHK ■**etw** ~ to fillet sth

Filiermesser *nt s.* **Filetiermesser**

Filigran <-s, -e> *nt* filigree

filigran *adj* filigree *attr*

Filigranarbeit *f* filigree work *no pl*, piece of filigree work

Filipino, Filipina <-s, -s> *m, f* Filipino; *s. a.* **Deutsche(r)**

Filius <-, -se> *m* (*hum*) offspring *hum*, son

Film <-[e]s, -e> *m* ① (*Spiel~*) film, motion picture, movie AM; **in einen ~ gehen** to go and see [*or* to go to] a film; ***im Fernsehen läuft ein guter*** ~ there's a good film on television

② FOTO film; **einen ~ entwickeln lassen** to get [*or* have] a film developed

③ (*~branche*) film industry; **beim ~ arbeiten** [*o* **sein**] to work in the film industry [*or* in films]; **zum ~ gehen** to go into films

④ (*dünne Schicht*) film; ***ein Fett-/Öl-/Staub~*** a film of grease/oil/dust

► WENDUNGEN: **bei jdm reißt der ~** (*fam: sich nicht erinnern*) sb has a mental blackout; (*ausflippen*) something snaps [in sb] *fam*

Filmarchiv *nt* film archives *pl* **Filmatelier** *nt* film studio **Filmaufnahme** *f* film recording, recording on film **Filmautor(in)** *m(f)* screenwriter **Filmdecker** *m* TYPO film overlay **Filmdiva** *f* screen goddess [*or* diva]

Filmemacher(in) *m(f)* (*sl*) film-maker

Filmempfindlichkeit *f* FOTO film speed

filmen I. *vt* ■**jdn/etw** ~ to film sb/sth

II. *vi* to film; ■**das F~** filming

Filmer(in) *m(f)* film-maker

Filmfest *nt* film festival **Filmfestival** *nt* film festival **Filmfestspiele** *nt pl* film festival *nsing* **Filmförderung** *f kein pl* film promotion **Filmgeschäft** *nt kein pl* film business **Filmgeschichte** *f* ① (*Handlung eines Films*) plot ② *kein pl* (*Geschichte der Filmkunst*) history of cinema[tography] **Filmheld(in)** *m(f)* screen [*or* AM movie] hero **Filmindustrie** *f* film industry

filmisch I. *adj* cinematic

II. *adv* from a cinematic point of view; **~ ausgezeichnet** superb from a cinematic point of view

Filmkamera *f* film [*or* AM movie] camera **Filmkante** *f* TYPO film edge **Filmkarriere** *f* career as an actor/actress **Filmkassette** *f* film cassette **Filmkleber** *m* TYPO film glue **Filmkommentar** *m* voice-over **Filmkontaktraster** *m* TYPO (*Repro*) film contact screen **Filmkorn** *nt* film grain **Filmkritik** *f* film review **Filmkritiker(in)** *m(f)* film critic **Filmkunst** *f kein pl* cinematic art **filmlos** *adj* **~e Plattenkopie** TYPO computer to plate, filmless platemaking **Filmmaterial** *nt* film [coverage] *no pl* **Filmmontage** *f* film assembly [*or* paste-up] **Filmmuseum** *nt* film museum, museum of cinema[tography] **Filmmusik** *f* film music, soundtrack **Filmpaket** *nt* film package **Filmpreis** *m* film award **Filmproduktion** *f* film production **Filmproduzent(in)** *m(f)* film [*or* AM movie] producer **Filmprojektor** *m* film projector **Filmprüfstelle** *f* film censorship office **Filmrechte** *nt pl* film rights *npl* **Filmregisseur(in)** *m(f)* film [*or* AM movie] director **Filmreportage** *f* film report

Filmriss^RR *m* (*sl*) mental blackout; ■**einen ~ haben** to have a mental blackout **Filmrolle** *f* ① (*Part*) [film] part [*or* role], part [*or* role] in a/the film ② (*Spule*) roll [*or* spool] of film **Filmschaffende(r)** *f(m) dekl wie adj* film-maker **Filmschauspieler(in)** *m(f)* film [*or* AM movie] actor *masc* [*or fem* actress] **Filmsequenz** *f* sequence **Filmspule** *f* film reel **Filmstanze** *f* film punch **Filmstar** *m* film [*or* AM movie] star **Filmstudio** *nt* film [*or* AM movie] studio **Filmtag** *m* film festival **Filmteam** *nt* crew **Filmtheater** *nt* (*geh*) cinema, movie theater AM **Filmtransport** *m* film wind on **Film- und Fernsehindustrie** *f* entertainment industry **Filmverarbeitung** *f* film handling [*or* processing] **Filmverleih** *m* film distributors *pl* **Filmvorführer(in)** *m(f)* projectionist **Filmvorführgerät** *nt* (*geh*) projector **Filmvorführung** *f* film showing **Filmvorschau** *f* [film] preview **Filmvorstellung** *f* film show **Filmwirtschaft** *f kein pl* film business [*or* industry] **Filmzensur** *f* film censorship

Filofax® <-, -e> ['faɪləʊfæks] *nt* filofax®, personal organizer

Filou <-s, -s> [fi'lu:] *m* (*fam*) devil *fam*

Filovirus *nt* MED filovirus

Filter <-s, -> *nt o m* ① TECH filter

② (*Kaffee-/Tee~*) filter

③ (*Zigaretten~*) filter

Filteranlage *f* filter **Filtereinsatz** *m* filter element, filter pad; AUTO strainer screen **Filterkaffee** *m* filter [*or* AM drip] coffee **Filtermundstück** *nt* filtertip

filtern *vt* ■**etw** ~ to filter sth

Filterpapier *nt* filter paper **Filtertüte** *f* filter bag **Filterzigarette** *f* filter[-tipped] cigarette

Filtrat <-[e]s, -e> *nt* filtrate

Filtration <-, -en> *f* filtration

filtrieren* *vt* ■**etw** ~ to filter sth

Filz <-es, -e> *m* ① (*Stoff*) felt

② (*verwobene Masse*) felt

③ (*fam: Bierdeckel*) beermat BRIT, coaster AM

④ POL (*pej*) spoils system

filzen I. *vi* to felt, to go felty

II. *vt* (*fam: durchsuchen*) ■**jdn/etw** ~ to search sb/sth, to frisk sb; ■**etw nach etw** *dat* ~ to go through sth for sth

Filzhut *m* trilby, felt hat

filzig *adj* felty, feltlike

Filzlaus *f* crab [*or* pubic] louse

Filzokratie <-, -n> *f* POL web of patronage and nepotism, spoils system AM

Filzpantoffel *m* carpet slipper **Filzschreiber** *m s.* Filzstift **Filzseite** *f* (*Papier*) felt side **Filzstift** *m* felt-tip [pen], BRIT *a.* fibre-tip [pen]

Fimmel <-s, -> *m* (*fam*) mania, obsession; **einen ~ haben** to have a screw loose *hum fam*, to be crazy [*or esp* BRIT mad] *fam*; **den ~ haben, etw zu tun** to have a thing about doing sth *fam*

final *adj* (*geh*) final

Finale <-s, -s *o* -> *nt* ① (*Endkampf*) final

② MUS finale

Finalsatz *m* LING final clause

Financier <-s, -s> [finan'tsie:] *m* (*geh*) *s.* **Finanzier**

Finanz <-> *f kein pl* ÖKON ① (*Finanzwesen*) financial world

② (*Fachleute*) financial people

Finanzabkommen *nt* FIN financing agreement **Finanzabteilung** *f* FIN finance department **Finanzamt** *nt* tax [and revenue] office; ■**das ~** the Inland Revenue BRIT, Internal Revenue Service AM **Finanzanlagen** *pl* FIN investments **Finanzausgleich** *m redistribution of revenue between the government, Länder and local authorities*, ≈ revenue sharing AM **Finanzausschuss^RR** *m* FIN finance committee **Finanzausstattung** *f* FIN funding **Finanzautonomie** *f* FIN financial autonomy **Finanzbeamte(r), -beamtin** *m, f* tax official **Finanzbedarf** *m* financial requirements [*or* needs] *pl* **Finanzbehörde** *f* tax authority **Finanzberater(in)** *m(f) s.* **Steuerberater** **Finanzbericht** *m* FIN financial report **Finanzbuchhaltung** *f* accounts [*or* AM accounting] department **Finanzchef(in)** *m(f)* FIN director [*or* head] of finance **Finanzdienstleister** *m* financial service provider **Finanzdienstleistung** *f* FIN financial service

Finanzen *pl* ① (*Einkünfte*) finances *npl*

② (*Geldmittel*) ■**jds ~** sb's means *npl*; **jds ~ übersteigen** to be beyond sb's means

Finanzerträge *pl* FIN financial income **Finanzexperte, -expertin** *m, f* financial expert, expert in financial management **Finanzgebaren** *nt kein pl* FIN management of finances **Finanzgenie** *nt* financial genius [*or* wizard]; ■**ein ~ sein** to be a financial genius [*or* wizard], to have a genius for finance **Finanzgericht** *nt* tax [*or form* fiscal] court **Finanzgerichtsbarkeit** *f* JUR fiscal jurisdiction **Finanzgerichtsordnung** *f* JUR code of procedure for fiscal courts **Finanzgeschäft** *nt meist pl s.* Geldgeschäft **Finanzgesetz** *nt* JUR Finance Act **Finanzgruppe** *f* financial syndicate **Finanzhaushalt** *m* FIN financial budget **Finanzhilfe** *f* financial assistance [*or* support], financing aid **Finanzhoheit** *f* financial sovereignty *form* **Finanzholding-Gesellschaft** *f* JUR financial holding company

finanziell I. *adj* financial; **~e Schwierigkeiten** financial difficulties; **~e Unterstützung** financial aid; **~e Verhältnisse** financial situation; **~e Zusicherungen machen** to promise financial support

II. *adv* FIN financially; **~ gesund/leistungsfähig** financially sound/able; **~ schlecht gestellt sein** to be in a weak financial position; **jdn ~ unterstützen** to back sb financially

Finanzier <-s, -s> [finan'tsie:] *m* (*geh*) financier

finanzierbar *adj* FIN, ÖKON suitable for funding, fundable, able to be financed

finanzieren* *vt* ■**etw** ~ ① (*bezahlen*) to finance sth; (*sich leisten können*) to be able to afford sth; **frei finanziert** privately financed

② (*durch Kredit*) to pay sth with credit; ■**finanziert sein** to be bought on credit

Finanzierung <-, -en> *f* ■**die ~** [**einer S.** *gen* [*o* **von etw** *dat*]] financing [sth]; ***für die ~ eines Eigenheimes braucht man erhebliche Fremdmittel*** considerable outside means are necessary to finance buying a house

Finanzierungsabwicklung *f* funding **Finanzierungsaufwand** *m kein pl* FIN financial expenditure **Finanzierungsbank** *f* FIN issuing [*or* financing] house **Finanzierungsbeitrag** *m* JUR financial contribution **Finanzierungsdefizit** *nt* FIN financing deficit **Finanzierungsform** *f* FIN method of financing **Finanzierungsfunktion** *f* FIN finance function **Finanzierungsgeschäft** *nt* FIN ① (*Leistung*) financing transaction ② (*Institut*) financing business **Finanzierungsgesellschaft** *f*, **Finanzierungsinstitut** *nt* FIN finance company **Finanzierungsinstrument** *nt* FIN financing instrument [*or* vehicle] **Finanzierungsleasing** *f* FIN finance leasing **Finanzierungsleasingvertrag** *m* FIN finance leasing contract **Finanzierungsmittel** *pl* FIN funds **Finanzierungsmöglichkeit** *f* FIN source of finance **Finanzierungspaket** *nt* FIN financial package **Finanzierungsplan** *m* financing scheme [*or* AM plan] **Finanzierungsquelle** *f* FIN ① (*Institut*) financing source ② (*Ressource*) source of finance **Finanzierungssaldo** *m* ÖKON financing balance **Finanzierungsvereinbarung** *f* FIN financing [*or* funding] agreement

Finanzinstitut *nt* FIN financial institution **Finanzinstrumente** *pl* financial instruments *pl* **Finanzjahr** *nt* financial [*or spec* fiscal] year **Finanzkalkül** *nt* FIN financial calculations **Finanzkonsortium** *nt* FIN finance syndicate **Finanzkontrolle** *f* FIN budgetary control **finanzkräftig** *adj* financially strong; **sehr ~** financially very strong **Finanzkreislauf** *m* monetary [*or* financial] circulation **Finanzkrise** *f* financial crisis **Finanzlage** *f* financial situation **Finanzlast** *f* FIN financial burden **Finanzmakler(in)** *m(f)* FIN finance broker **Finanzmanager(in)** *m(f)* FIN manager of finances

Finanzmarkt *m* FIN financial market **Finanzmarktförderung** *f* boost to the finance [*or* money] market **Finanzminister(in)** *m(f)* finance minister, chancellor of the exchequer BRIT, secretary of the treasury AM **Finanzministerium** *nt* tax and finance ministry, treasury BRIT, Department of the Treasury AM **Finanzmittel** *pl* financial resources *pl*, funds *pl* **Finanzmonopol** *nt* FIN fiscal [*or* financial] monopoly **Finanznot** *f* financial straits *npl* [*or pl* difficulties] **Finanzplan** *m* JUR finance plan **Finanzplanung** *f* financial planning [*or* forecasting], fiscal planning **Finanzplanungsrat** *m* JUR Financial Planning Council **Finanzplatz** *m* FIN financial centre [*or* AM -er]; **internationaler ~** centre for international finance **Finanzpolitik** *f kein pl* ① (*Teil der Politik*) financial [*or* fiscal] policy [*or* policies] ② (*Wissenschaft*) politics + *sing vb* of finance **finanzpolitisch I.** *adj* FIN financial [*or* fiscal] policy; **~e Maßnahmen** fiscal measures **II.** *adv* FIN **~ *gesehen, ist diese Reform richtig*** this reform is in line with fiscal policy; **unter ~en Gesichtspunkten** from a financial point of view; **mit ~en Kriterien** with the criteria of financial policy; **ein ~ falscher Kurs** a course contrary to financial policy; **etw ~ betrachten** to consider sth from a financial point of view **Finanzprodukt** *nt* financial product **Finanzprognose** *f* FIN financial forecasting **Finanzprüfung** *f* FIN financial review **Finanzrecht** *nt* JUR fiscal [*or* financial] law **Finanzressort** *nt* finance department **finanzschwach** *adj* financially weak; **sehr ~** financially very weak **Finanzsenator(in)** *m(f)* senator responsible for financial issues **Finanzspritze** *f* cash infusion [*or* injection], injection of fresh funds [*or* capital]; ***die Firma könnte eine ~ vertragen*** the business could do with a shot in the arm *fam* **finanzstark** *adj s.* **finanzkräftig** **finanztechnisch** *adj* FIN financial; **aus ~en Gründen** for financial reasons **Finanztermingeschäft** *nt* financial future **Finanztermingeschäft** *nt* JUR financial futures **Finanztransfer** *m* FIN transfer of finance **Finanzübersicht** *f* FIN financial statement **Finanzverfassung** *f* FIN financial system **Finanzverfassungsrecht** *nt* FIN financial constitution law **Finanzverhältnisse** *pl* FIN financial conditions **Finanzverwalter(in)** *m(f)* FIN treasurer **Finanzverwaltung** *f* FIN fiscal [*or* financial] administration, tax and revenue authorities *pl*, Board of Inland Revenue BRIT, Finance Department AM **Finanzverwaltungsrecht** *nt* FIN fiscal administrative law **Finanzvorstand** *m* financial manager [*or* executive] **Finanzwelt** *f* FIN financial community **Finanzwesen** *nt kein pl* financial system **Finanzwirtschaft** *f kein pl* public finance **finanzwirtschaftlich** *adj* FIN financial; **~e Kennzahlen** financial ratios **Finanzwissenschaft** *f* FIN public finance **Finanzzusammenbruch** *m* financial collapse

Findelkind *nt* (*veraltet*) foundling

finden <fand, gefunden> **I.** *vt* ① (*entdecken*) ■**jdn/etw ~** to find sb/sth; ***es muss doch [irgendwo] zu ~ sein!*** it has to be [found] somewhere!; ***ich finde das [richtige] Wort nicht*** I can't find [*or* think of] the [right] word
② (*heraus~*) ■**etw ~** to find sth; **einen Anlass/Grund/Vorwand [für etw *akk*] ~** to find an occasion/reason/excuse [for sth]
③ (*feststellen*) ■**etw ~** to find sth; **eine Ursache ~** to find a cause; ■**etw an jdm ~** to see sth in sb; ***in letzter Zeit finde ich unerklärliche Veränderungen an ihm*** I see inexplicable changes in him recently
④ (*vor~*) ■**jdn/etw ~** to find sb/sth; **jdn müde/bewusstlos/tot ~** to find sb tired/unconscious/dead; ***sie fanden ihre Wohnung durchwühlt*** they found their appartment turned upside down
⑤ *in Verbindung mit subst siehe auch dort* (*erhalten*) ■**etw [bei jdm] ~** to find sth [with sb]; ***bei ihrem Vater fand sie immer Verständnis*** she always found understanding with her father; **[großen/reißenden] Absatz ~** to sell [well/like hot cakes]; **Berücksichtigung ~** to be taken into consideration; **Unterstützung ~** to receive [*or* win] [*or* get] support; **Zustimmung [bei jdm] ~** to meet with approval [from sb] [*or* sb's approval]; ***dieser Vorschlag fand bei den Delegierten breite Zustimmung*** this suggestion met widespread support from the delegates
⑥ (*aufbringen*) ■**etw ~** to find sth; **den Mut/die Kraft ~, etw zu tun** to find the courage/strength to do sth
⑦ (*einschätzen, empfinden*) **jdn blöd/nett/angenehm ~** to think [that] sb is stupid/nice/pleasant; ***wie findest du das?*** what do you think [of that]?; **etw gut/unmöglich/billig ~** to think sth is [*or* to find sth] good/impossible/cheap; ***ich finde es nicht richtig, dass Frauen weniger verdienen*** I don't think it's right that women earn less; ***ich finde, die Ferien sind zu kurz*** I find that the holidays are too short; **es kalt/warm ~** to find it cold/warm; ***ich finde das Wetter gar nicht mal so übel*** I find the weather is not too bad, I don't think the weather is all that bad; ***ich fände es dumm, jetzt nachzugeben*** I think it would be silly to give up now; ***findest du es richtig, dich so zu verhalten?*** do you think it's right for you to behave like this?; ***das ist teuer, finde ich*** that's expensive, I think
▶ WENDUNGEN: **nichts an etw *dat* ~** to not think much of sth; **nichts dabei ~, etw zu tun** to think nothing of doing sth
II. *vi* ① (*den Weg ~*) ■**zu jdm/etw ~** to find one's way to sb/sth; **zu sich selbst ~** to find oneself, to sort oneself out
② (*meinen*) to think; ■**~, [dass] ...** to think that ...; ***ich fände es besser, wenn ...*** I think it would be better when [*or* if] ...; ~ ***Sie?*** [do] you think so?
III. *vr* ■**sich ~** ① (*wieder auftauchen*) to turn up; ***es wird sich wieder ~*** it will turn up again
② (*zu verzeichnen sein*) to be found; ***es fand sich niemand, der es tun wollte*** there was nobody to be found who wanted to do it, nobody was willing to do it
③ (*in Ordnung kommen*) to sort itself out; ***es wird sich schon alles ~*** it will all sort itself out [in time]

Finder(in) <-s, -> *m(f)* finder; **der ehrliche ~** the honest finder

Finderlohn *m* reward for the finder

Fin de Siècle^RR <-> [fɛ̃dˈsjɛkl] *nt kein pl* fin de siècle *no pl*; **die Kunst/Literatur des ~** fin de siècle art/literature

findig *adj* resourceful

Findigkeit <-> *f kein pl* resourcefulness

Findling <-s, -e> *m* GEOL erratic [boulder] *spec*

Finesse <-, -n> *f* (*geh*) ① *pl* (*Kunstgriffe*) finesse *nsing*
② *pl* (*Ausstattungsdetails*) refinement *nsing*; **mit allen ~n** with every refinement
③ *kein pl* (*Schlauheit*) finesse *no pl*

Finger <-s, -> *m* finger, digit[us] *spec*; **der kleine ~** the [*or* one's] little finger, the [*or* one's] pinkie AM *fam*; [***nimm/lass die***] ***~ weg!*** [get/take your] hands off!; ***~ weg davon!*** hands off [it]!; **den ~ am Abzug haben** to hold the trigger; **jdm mit dem ~ drohen** to wag one's finger at sb; **jdm was [*o* eins] auf die ~ geben** to rap sb's [*or* sb across [*or* on] the] knuckles, to give sb a rap across [*or* on] the knuckles; **[sich *dat*] den ~ in den Hals stecken** to stick one's finger down one's throat; **den ~ heben** to lift one's finger; **jdm auf die ~ klopfen** (*fig fam*) to give sb a rap across [*or* on] the knuckles, to rap sb's knuckles; **mit den ~n knipsen [*o* schnippen] [*o* schnackeln]** (*fam*) to snap one's fingers; **mit dem ~ auf jdn/etw zeigen** to point [one's [*or* a] finger] at sb/sth; **mit [den] ~n auf jdn zeigen** (*fig*) to point [one's finger] at sb
▶ WENDUNGEN: **ich hätte es mir/du hättest es dir etc. an den fünf [*o* zehn] ~n abzählen können!** (*fam*) a five-year-old could have worked that out! *fam*; **etw in die ~ bekommen [*o fam* kriegen]** to get one's fingers on sth; **jdn in die ~ bekommen [*o fam* kriegen]** to get one's hands on sb, to get a hold of sb; **der elfte ~** (*hum*) one's third leg *hum fam*; **jdm in [*o* zwischen] die ~ geraten** to fall into sb's hands; **einen [*o* zehn] an jedem ~ haben** (*hum fam*) to have a woman/man for every day of the week; **überall seine ~ im Spiel [*o sl* drin] haben** (*pej*) to have a finger in every pie *fam*; **wenn man ihm den kleinen ~ gibt, [dann] nimmt er [gleich] die ganze Hand** (*prov*) give him an inch and he'll take a mile; **jdn [*o* jdm] juckt [*o* zuckt] es in den ~n[, etw zu tun]** (*fam*) sb is dying [*or fam* itching] to do sth; **keinen ~ krumm machen** (*fam*) to not lift a finger; **lange ~ machen** (*hum fam*) to be light-[*or* nimble-]fingered; **die ~ von jdm/etw lassen** (*fam*) to keep away from sb/sth; **sich *dat* die [*o* alle] ~ nach etw lecken** (*fam*) to kill for sth; **für jdn keinen ~ rühren** to not lift a finger for sb; **sich *dat* etw aus den ~n saugen** (*fam*) to conjure up sth *sep*; **sich *dat* nicht die ~ schmutzig machen** to not get one's hands dirty; **jdm [scharf] auf die ~ sehen** (*fam*) to keep a watchful eye [*or* an eye] on sb; **etw mit spitzen ~n anfassen** to pick up sth with two fingers; **sich *dat* bei [*o* an] etw *dat* die ~ verbrennen** (*fam*) to get one's fingers burnt over sth; **jdn um den [kleinen] ~ wickeln** (*fam*) to wrap sb [a]round one's little finger; **sich *dat* die ~ wund schreiben** to write one's fingers to the bone

Fingerabdruck *m* fingerprint; **jds [*o* von jdm die] Fingerabdrücke nehmen** to fingerprint sb, to take sb's fingerprints; **genetischer ~** genetic fingerprint, GWB **Fingerbowle** *f* finger basin **Fingerbreit** <-, -> *m* finger['s]breadth ▶ WENDUNGEN: **keinen ~** not an [*or* one] inch **fingerdick I.** *adj* as thick as a finger *pred* **II.** *adv* fingerthick **Fingerfarbe** *f* finger paint **fingerfertig** *adj* nimble-[*or* quick-]fingered, dexterous **Fingerfertigkeit** *f* dexterity **Fingergelenk** *nt* finger joint; (*Knöchel*) knuckle **Fingerglied** *nt* phalanx [of a/the finger] *spec* **Fingerhakeln** *nt* finger-wrestling **Fingerhandschuh** *m* glove **Fingerhut** *m* ① (*fürs Nähen*) thimble; **ein ~ [voll]** a thimbleful ② BOT foxglove **Fingerknöchel** *m* knuckle **Fingerknochen** *m* finger bone, phalanx *spec* **Fingerkraut** *nt* BOT cinquefoil **Fingerkuppe** *f* fingertip

Fingerling <-s, -e> *m* fingerstall

fingern I. *vi* ■**an/mit etw *dat* ~** to fiddle with sth; ■**in etw *dat* [nach etw *dat*] ~** to fumble around in sth [for sth]
II. *vt* ① (*hervorholen*) ■**etw aus etw *dat* ~** to fish sth out of sth
② (*fam: tricksen*) ■**etw ~** to fiddle sth *fam*

Fingernagel *m* fingernail; **an den Fingernägeln kauen** to bite [*or* chew] one's nails **Fingernagelprobe** *f* TYPO fingernail test **Fingerspitze** *f* fingertip ▶ WENDUNGEN: **das muss man in den ~n haben** you have to have a feel for it; **jdm juckt [*o* kribbelt] es in den ~n, etw zu tun** sb is itching to do sth *fam* **Fingerspitzengefühl** *nt kein pl* fine feeling *no pl*, instinctive feel *no pl*, tact [and sensitivity] *no pl*; ***das fordert sehr viel ~*** that demands a lot of tact; **~/kein ~ haben** to be tactful/tactless **Fingerübung** *f* MUS finger exercise; (*Etüde*) étude **Fingerzeig** <-s, -e> *m* hint, pointer; **von jdm einen ~ bekommen [*o* erhalten]** to get [*or* receive] a hint from sb; **jdm einen ~ geben** to give sb a hint; **etw als [einen] ~ [Gottes/des Schicksals] empfinden** to regard sth [meant] as a sign [from God/of fate]

fingieren* [fɪŋˈgiːrən] *vt* ■**etw ~** to fake [*or* fabricate] sth; ■**fingiert** bogus, fictitious

Finish <-s, -s> [ˈfɪnɪʃ] *nt* ① (*Politur*) finish
② SPORT finish

Fink <-en, -en> *m* finch

Finne <-, -n> *f* ① ZOOL (*Stadium des Bandwurms*) bladder worm, cysticercus *spec*
② MED (*Mitesser*) pimple
③ (*Flosse*) fin

Finne, Finnin <-n, -n> *m, f* Finn, Finnish man/woman/boy/girl; ■**~ sein** to be Finnish

finnisch *adj* Finnish; **auf ~** in Finnish; *s. a.* **Meerbusen**

Finnisch *nt dekl wie adj* Finnish; ■**das ~e** Finnish, the Finnish language; **auf ~** in Finnish; **ins ~e/aus dem ~en übersetzen** to translate into/from Finnish [*or* the Finnish language]
Finnland <-s> *nt* Finland
Finnwal *m* finback, rorqual
finster *adj* ❶ (*düster*) dark; **im F~en** in the dark
❷ (*mürrisch*) grim; **~ entschlossen sein** to be grimly determined
❸ (*schrecklich*) dark; **das ~e Mittelalter** the Dark Ages *npl*
❹ (*unheimlich*) sinister, shady
▶ WENDUNGEN: **~ [für jdn] aussehen** to look bleak [for sb]
Finsterling <-s, -e> *m* (*pej*) sinister character
Finsternis <-, -se> *f* ❶ *kein pl* (*Dunkelheit*) darkness *no pl*
❷ (*Sonnen~*) eclipse; **partielle/totale ~** partial/total eclipse
Finte <-, -n> *f* subterfuge, trick
Firewall <-, -s> ['faɪəwɔːl] *f* INET firewall
Firlefanz <-es> *m kein pl* (*fam*) ❶ (*Krempel*) trumpery
❷ (*Quatsch*) nonsense *no art, no pl*
firm *adj pred* ■**in etw** *dat* **~ sein** to have a sound knowledge of sth
Firma <-, Firmen> *f* ❶ (*Unternehmen*) company, firm, business; **erloschene ~** dissolved firm
❷ (*Handelsname*) company name
Firmament <-s> *nt kein pl* (*poet*) ■**das ~** the firmament *liter,* the heavens *npl*
firmen *vt* ■**jdn ~** to confirm sb
Firmen *pl von* **Firma**
Firmenänderung *f* HANDEL change of a firm's name **Firmenangaben** *pl* company particulars *npl* **Firmenanmeldung** *f* HANDEL company registration **Firmenansehen** *nt kein pl* goodwill *no pl, no indef art,* company reputation **Firmenausschließlichkeit** *f kein pl* JUR exclusive right to a company's [*or* firm's] name **Firmenchef(in)** [-ʃɛf] *m(f)* head of a/the company [*or* firm] [*or* business] **firmeneigen** *adj* company *attr;* ■**~ sein** to belong to the company **Firmeneindruck** *m* company name imprint **Firmeneinsatz** *m* ❶ (*Einsatz einer Firma*) use of a company ❷ (*Einsatz von Geräten in einer Firma*) deployment in a/the company **Firmeneintragung** *f* JUR company registration **Firmenerwerb** *m* HANDEL acquisition of a company **Firmenfortführung** *f* HANDEL continued existence [of a firm] **Firmengründer(in)** *m(f)* company founder **Firmengründung** *f* formation [*or* establishment] of a/the business [*or* company] **Firmengruppe** *f* group of firms [*or* companies] **Firmeninhaber(in)** *m(f)* owner [*or* proprietor] of a/the company **Firmenkonzept** *nt* corporate concept **Firmenkopf** *m* business [*or* company] letterhead **Firmenleiter** *m s.* **Geschäftsleiter** **Firmenleitung** *f* company management [*or* direction] **Firmenlogo** *nt* company [*or* business] logo **Firmenmantel** *m* shell company **Firmenname** *m* company name **Firmennetzwerk** *nt* network of companies **Firmenpleite** *f* ÖKON business failure **Firmenrechner** *m* INFORM company computer system **Firmenrechte** *pl* JUR trade rights **Firmenregister** *nt* HANDEL company register **Firmenschild** *nt* company [*or* firm] [*or* business] plaque **Firmenschutz** *m kein pl* JUR legal protection of trade [*or* firm] names **Firmensiegel** *nt* common [*or* company's] seal **Firmensignet** [-zɪn'jeː] *nt* company logo **Firmensitz** *m* company seat, company headquarters AM **Firmensprecher(in)** *m(f)* company spokesperson [*or masc* spokesman] [*or fem* spokeswoman] **Firmenstempel** *m* company stamp **Firmenübernahme** *f* ÖKON company takeover **Firmenverbindlichkeiten** *pl* company liabilities *pl* **Firmenverletzung** *f* JUR violation of the rights of a firm's name **Firmenvermögen** *nt* FIN company assets *pl* **Firmenvorstand** *m* ADMIN board of directors **Firmenwagen** *m* company car **Firmenwert** *m kein pl* goodwill *no pl, no indef art* **Firmenzeichen** *nt* company logo, trademark **Firmenzugehörigkeit** *f* length [*or* period] of employment; ***in seiner 12-jährigen ~ ...*** during [*or* in] his twelve years with the firm ... **Firmenzusammenschluss**[RR] *m* company merger **Firmenzusatz** *m* HANDEL addition to a company's name; **täuschender/unterscheidender ~** deceptive [*or* misleading]/distinguishing addition to a company's name
firmieren* *vi* ■**als** [*o* **mit**] **XYZ ~** to trade under the name of XYZ
Firmling <-s, -e> *m* candidate for confirmation
Firmung <-, -en> *f* comfirmation
Firmware *f* INFORM firmware
Firn <-[e]s, -e> *m* firn *spec*, névé *spec*
Firnis <-ses, -se> *m* [oil-]varnish
firnissen *vt* ■**etw ~** to varnish [*or* BRIT oil] sth
First <-[e]s, -e> *m* roof ridge, crest of a/the roof
Firstbalken *m* BAU ridge pole **Firstziegel** *m* ridge tile
Fis <-, -> *nt* MUS F sharp
Fisch <-[e]s, -e> *m* ❶ (*Tier*) fish; **~ verarbeitend** fish-processing *attr*
❷ *kein pl* ASTROL Pisces, no art, no pl; **[ein] ~ sein** to be [a] Pisces
▶ WENDUNGEN: **weder ~ noch Fleisch sein** (*fam*) to be neither fish nor fowl, to be in fine fettle BRIT; **ein großer** [*o* **dicker**] **~** a big fish; **ein kleiner ~** one of the small fry; **das sind kleine ~e** that's child's play; **ein [kalter] ~ sein** to be a cold fish; **stumm wie ein ~ sein** [*o* **bleiben**] to be as silent as a post; **munter wie ein ~ im Wasser sein** to be as happy as a pig in mud *fam*
Fischadler <-s, -> *m* osprey **fischarm** *adj* low in fish *pred* **Fischauge** *nt* ❶ (*Auge*) fish eye ❷ FOTO fish-eye lens **Fischbein** *nt kein pl* whalebone *no pl* **Fischbestand** *m* fish population; (*kommerziell*) fish stock[s *pl*] **Fischbesteck** *nt* fish knife and fork **Fischblase** *f* air [*or* swim] bladder **Fischdampfer** *m* trawler
fischen I. *vi* to fish; ■**das F~** fishing
II. *vt* ❶ (*fangen*) ■**etw ~** to catch sth
❷ (*herausnehmen*) ■**etw [aus/von etw** *dat*] **~** to fish sth out of/from sth
Fischer(in) <-s, -> *m(f)* fisher, fisherman *masc,* fisherwoman *fem*
Fischerboot *nt* fishing boat **Fischerdorf** *nt* fishing village
Fischerei <-> *f kein pl* fishing *no art, no pl*
Fischereiamt *nt* fishing office **Fischereibetrieb** *m* fishery, fish farm **Fischereierlaubnis** *f* fishing permit [*or* license] **Fischereihafen** *m* fishing port **Fischereipachtvertrag** *m* JUR fishing lease **Fischereistreit** *m* POL fishing dispute **Fischereiwesen** *nt* fishing *no art, no pl* **Fischereizone** *f* POL fishing zone
Fischernetz *nt* fishing net
Fischfang *m kein pl* fishing *no art, no pl;* **zum ~ auslaufen** to set off for the fishing grounds; **auf ~ gehen** to go fishing; **vom ~ leben** to live from [*or* by] fishing **Fischfangflotte** *f* fishing fleet **Fischfanggebiet** *nt* fishing grounds *npl* **Fischfilet** [-fileː] *nt* fillet of fish **Fischfutter** *nt* fish food **Fischgeruch** *m* fishy smell, smell of fish **Fischgeschäft** *nt* fish shop BRIT, fishmongers' [shop] BRIT, fish dealer [*or* store] AM **Fischgräte** *f* fish bone **Fischgrätenmuster** *nt* herringbone [pattern] **Fischgrund** *m meist pl* NAUT fishery **Fischgründe** *pl* fisheries *npl,* fishing grounds *npl* **Fischhandel** *m kein pl* HANDEL fish trade **Fischhändler(in)** *m(f)* ÖKON fishmonger BRIT, fish dealer AM; *wholesaler* fish merchant **Fischheber** *m* fish lifter **Fischkessel** *m* fish steamer **Fischkonserve** *f* canned [*or* BRIT *a.* tinned] fish **Fischkutter** *m* fishing cutter **Fischlaich** *m* fish spawn, fish roe **Fischmarkt** *m* fish market **Fischmehl** *nt* fish meal **Fischmesser** *nt* fish knife **Fischnetz** *nt* fishing net **Fischotter** *m* otter **Fischpfanne** *f* fish frying pan **fischreich** *adj* **~e Gewässer** rich fishing grounds **Fischreichtum** *m kein pl* abundance of fish **Fischreiher** *m* grey heron **Fischreuse** *f* weir basket, fish trap **Fischrogen** *m* fish [*or spec* hard] roe **Fischschuppe** *f* [fish] scale **Fischschwarm** *m* shoal of fish **Fischstäbchen** *nt* fish-finger BRIT, fish stick AM **Fischsterben** *nt* dying [*or* death] of fish; (*als Statistik*) fish mortality *no indef art, no pl spec* **Fischsud** *m* fish stock **Fischsuppe** *f* fish soup **Fischteich** *m* fish pond **fischverarbeitend** *adj attr s.* **Fisch 1** **Fischvergiftung** *f* fish poisoning **Fischwilderei** *f* JUR fish poaching **Fischwirtschaft** *f kein pl* ÖKON fishing industry **Fischzucht** *f* fish-farming **Fischzug** *m* raid; **einen [guten] ~ machen** to make a [good] foray
Fisimatenten *pl* (*fam*) ❶ (*Umstände*) fuss *nsing;* **~ machen** to make [*or* create] [*or fam* kick up] a fuss, to mess about; ***mach keine ~!*** don't make [*or fam* kick up] [such] a fuss!
❷ (*Albernheiten*) nonsense *nsing*
fiskalisch *adj* FIN fiscal, financial; **~er Anreiz** financial incentive
Fiskaljahr *nt* FIN fiscal year **Fiskalpolitik** *f* FIN fiscal policy
Fiskus <-, -se *o* Fisken> *m* ■**der ~** the treasury, BRIT exchequer
Fisole <-, -n> *f* ÖSTERR (*grüne Bohne*) French [*or* green] beans *pl*
Fissur <-, -en> *f* crack
Fistel <-, -n> *f* MED fistula *spec*
Fistelstimme *f* piping voice, falsetto [voice]
fit *adj pred* fit; **sich ~ halten/machen** to keep/get fit
Fitis <-, -se> *m* ORN willow warbler
Fitness[RR], **Fitneß** <-> *f kein pl* ❶ (*Leistungsfähigkeit*) fitness *no art, no pl*
❷ BIOL fitness *no pl,* adaptive value
Fitnesscenter[RR] [-sɛntɐ] *nt* health [*or* fitness] centre [*or* AM -er] **Fitnessraum**[RR] *m* fitness room **Fitnessstudio**[RR] *m s.* **Fitnesscenter** **Fitnesstraining**[RR] *nt* fitness training
Fittich <-[e]s, -e> *m* (*liter*) wing
▶ WENDUNGEN: **jdn unter die** [*o* **seine**] **~e nehmen** (*hum*) to take sb under one's wing
Fitzel *m o nt,* **Fitzelchen** <-s, -> *nt* DIAL (*Stückchen*) little bit
fix I. *adj* ❶ (*feststehend*) fixed
❷ (*fam: flink*) quick, nippy BRIT *fam;* **~ sein** to be quick [*or* BRIT *fam* nippy]; **~ gehen** to not take long [doing [*or* to do] sth]; **~ machen** to hurry up; ***mach aber ~!*** hurry up!, don't take your time about it!
▶ WENDUNGEN: **~ und fertig sein** (*erschöpft*) to be exhausted [*or fam* shattered] [*or* BRIT *sl a.* knackered]; (*am Ende*) to be at the end of one's tether; **jdn ~ und fertig machen** (*fam: zusammenschreien*) to do in sb *sep fam;* (*erschöpfen*) to wear [*or* BRIT *fam* fag] out sb *sep;* **~ und foxi sein** (*sl*) to be worn out [*or* BRIT *fam* shattered]; *s. a.* **Idee**
II. *adv* quickly
Fixa *pl von* **Fixum**
Fixbelastung *f* FIN fixed burden
fixen *vi* (*sl*) to fix *sl* [*or* to shoot] *sl*
Fixer(in) <-s, -> *m(f)* ❶ (*sl: Drogenabhängiger*) fixer BRIT *sl,* junkie AM
❷ BÖRSE (*Spekulant*) short seller
Fixerbesteck *nt* fixing tools *pl* BRIT *sl* **Fixerstube** *f* fixers' club (*informal name for a clean, [state-]controlled environment where addicts can inject themselves*)
Fixgeschäft *nt* HANDEL, BÖRSE firm deal [*or* bargain] (*transaction for delivery by a fixed date*), time bargain
Fixierbad *nt* FOTO fixer
fixieren* *vt* ❶ (*anstarren*) ■**jdn/etw ~** to fix one's eyes [*or* one's gaze] on sb/sth, to stare [at sb/sth]
❷ PSYCH (*auf jdn/etw völlig ausgerichtet sein*) ■**auf jdn/etw fixiert sein** to be fixated on sb/sth; ■**darauf fixiert sein, etw zu tun** to be fixated with doing sth
❸ FOTO ■**etw ~** to fix sth
❹ (*geh: festlegen*) ■**etw ~** to fix sth
❺ (*schriftlich niederlegen*) ■**etw ~** to record sth; ***ich habe die Besprechung auf Montag fixiert*** I've fixed the appointment for Monday

❻ SCHWEIZ (*befestigen*) ▪**etw** ~ to fix sth

Fixiermittel *nt* FOTO fixative **Fixierspray** *nt o m* holding spray

Fixierung <-, -en> *f* ❶ (*Festlegung*) specification, specifying, recording, setting out *sep*

❷ PSYCH (*Ausrichtung*) fixation; ▪**jds ~ auf jdn/etw** sb's fixation on sb/sth

Fixigkeit <-> *f kein pl* (*fam*) speed

Fixing <-s, -s> *nt* fixing *no art, no pl*

Fixkauf *m* ❶ HANDEL fixed-date purchase ❷ BÖRSE time bargain **Fixkosten** *pl* fixed costs *pl* **Fixpreis** *m* fixed [*or* set] price **Fixpreissystem** *nt* fixed price system **Fixpunkt** *m* fixed point **Fixstern** *m* fixed star

Fixum <-s, Fixa> *nt* basic salary; (*Zuschuss*) fixed allowance

Fjord <-[e]s, -e> *m* fjord, fiord

FKK *kein art Abk von* **Freikörperkultur**

FKK-Anhänger(in) *m(f)* naturist, nudist; ~ **sein** to be a naturist [*or* nudist] **FKK-Strand** *m* nudist beach

flach *adj* ❶ (*eben, platt*) flat; (*nicht hoch*) low; (*nicht steil*) gentle; ~ **[zu etw** *dat*] **abfallen** to slope down gently [into [*or* towards] sth]; **sich ~ hinlegen** to lie [down] flat; ~ **liegen** [*o* **schlafen**] to sleep without a pillow

❷ (*nicht tief*) shallow; ~ **atmen** to take shallow breaths

❸ (*oberflächlich*) shallow

❹ TYPO **~e Gradation** soft gradation; **~es Negativ** soft negative

Flachbandkabel *nt* INFORM flat cable **Flachbau** *m* low building **Flachbettdruckmaschine** *f* TYPO flat-bed printing press **Flachbett-Offsetandruckmaschine** *f* TYPO flat-bed offset proofpress **Flachbettplotter** *m* INFORM flatbed plotter **Flachbettscanner** *m* INFORM flatbed scanner **Flachbettstanzen** <-s> *nt kein pl* TYPO flat-bed die-cutting **Flachbildschirm** *m* flat screen **flachbrüstig** *adj* flat-chested **Flachdach** *nt* flat roof; (*Terrasse*) terrace **Flachdraht** *m* flat wire **Flachdruck** *m* TYPO ❶ *kein pl* (*Verfahren*) planography *no pl spec* ❷ (*Produkt*) planograph *spec*

Fläche <-, -n> *f* ❶ (*flache Außenseite*) surface; (*Würfel~*) face; **versteckte** ~ INFORM hidden surface

❷ (*Gebiet*) expanse; (*mit Maßangaben*) area

Flacheisen *nt* ❶ (*flaches Metall*) flat bar, flat *spec*

❷ (*Werkzeug*) flat-bladed chisel

Flächenausdehnung *f* surface area **Flächenbeanspruchung** *f* (*form*) land use **Flächenbrand** *m* wildfire; **sich zu einem ~ ausweiten** to spread to a large-scale fire; (*fig*) to spread like wildfire **flächendeckend** *adj* covering the needs *pred*; ***in unterentwickelten Ländern ist keine ~e medizinische Versorgung gewährleistet*** there is no sufficient coverage of medical supplies in undeveloped countries **Flächendeckung** *f* TYPO area coverage, dot area **Flächendeckungsgrad** *m* TYPO dot percentage, percent dot area **Flächendruck** *m* TYPO area [*or* large-image] printing **Flächenertrag** *m* ÖKON yield per unit of area **Flächengewicht** *nt* (*Papier*) grammage **flächengleich** *adj* equal in area *pred* **Flächeninhalt** *m* [surface] area **Flächenland** *nt large-area land with a low population density* **Flächenmaß** *nt* [unit of] square measure **Flächennutzung** *f* land use, land utilization **Flächennutzungsgesetz** *nt* JUR Town and Country Planning Act BRIT, Zoning Law AM **Flächennutzungsplan** *m* land utilization [*or* development] plan; (*in einer Stadt*) local [*or* AM zoning] plan **Flächenpreis** *m* FIN land price **Flächenrecycling** *nt* ÖKOL land recycling **Flächenstaat** *m* state **Flächenstilllegungsprogramm**RR *nt* area reduction programme [*or* AM -am] **Flächentarifvertrag** *m* JUR local union agreement **flächenvariabel** *adj* **flächenvariabler Tiefdruck** TYPO halftone gravure [process]

flach|fallen *vi sep irreg sein* (*fam*) to not come off *fam*

Flachglas *nt* sheet glass *no pl*

Flachhang *m* gentle slope

Flachheit <-> *f kein pl* flatness *no pl*, planeness *no pl spec*

flächig *adj* ❶ (*breit*) flat

❷ (*ausgedehnt*) extensive

Flachkopfschraube *f* TECH (*Blechschraube*) pan head screw AM *spec*; (*Senkschraube*) countersunk bolt/screw *spec* **Flachküste** *f* flat coast **Flachland** *nt* lowland, plain **flach|legen** (*fam*) **I.** *vt* ▪**jdn** ~ to knock out sb *sep*, to floor sb BRIT **II.** *vr* ▪**sich** ~ (*sich hinlegen*) to lie down; (*flach hinfallen*) to fall flat [on one's face] **flach|liegen** *vi irreg* (*fam*) to be laid up [in bed] **Flachmann** *m* (*fam*) hipflask **Flachmeißel** *m* flat [*or spec* cold] chisel **Flachrücken** *m* (*Buch*) flat spine, square back

Flachs <-es> *m kein pl* ❶ (*Pflanze*) flax *no art, no pl*

❷ (*fam: Witzelei*) kidding *no art, no pl fam*, joke; ~ **machen** to kid around *fam*; **[jetzt mal ganz] ohne** ~ joking aside

flachsblond *adj* flax-coloured [*or* AM -ored], flaxen *liter*

Flachschlitzschraubendreher *m* [slotted] screwdriver **Flachschlitzschraubenzieher** *m* slotted[-head] screwdriver, plain slot [*or* AM flat tip] screwdriver

Flachse <-, -n> *f* SÜDD, ÖSTERR tendon

flachsen [-ks-] *vi* (*fam*) to kid around *fam*; ▪**[mit jdm]** ~ to kid sb on *fam*

Flachsinn *m kein pl* shallowness *no pl* **Flachstahl** *m* BAU flat steel **Flachwagen** *m* flat wagon [*or* BRIT *a.* waggon]; (*eines Zugs*) flat car **Flachzange** *f* flat[-nosed] pliers *npl*

flackern *vi* to flicker

Fladen <-s, -> *m* ❶ KOCHK round flat dough-cake

❷ (*fam: breiige Masse*) flat blob; (*Kuh~*) cowpat

Fladenbrot *nt* round flat loaf [of bread], ≈ Turkish bread, no art, no pl

Flageolettbohne *f* flageolet bean

Flagge <-, -n> *f* flag; **die englische/französische ~ führen** to fly the English/French flag [*or* BRIT colours] [*or* AM colors]; **die ~ streichen** to strike the flag

► WENDUNGEN: ~ **zeigen** to nail one's colours [*or* AM -ors] to the mast

flaggen *vi* to fly a flag/flags

Flaggenalphabet *nt* semaphore *no art, no pl*

Flaggenmast *m* flagpole, flagstaff

FlaggenmissbrauchRR *m* JUR misuse of flag **Flaggensignal** *nt* flag signal; **ein ~ geben** to give a flag signal

Flaggschiff *nt* flagship

flagrant *adj* (*geh*) flagrant; *s. a.* **in flagranti**

Flair <-s> [flɛːɐ] *nt o selten m kein pl* (*geh*) aura

Flak <-, – *o* -s> *f kurz für* **Flugabwehrkanone**

❶ (*Kanone*) anti-aircraft [*or hist* ack-ack] gun

❷ (*Einheit*) anti-aircraft [*or hist* ack-ack] unit

Flakhelfer(in) *m(f)* HIST anti-aircraft auxiliary

Flakon <-s, -s> [fla'kõː] *nt o m* (*geh*) [small] bottle, flacon *spec*

flambieren* *vt* ▪**etw** ~ to flambé[e] sth

Flambierpfanne *f* flaming [*or* flambéing] pan

Flame, Flamin *o* **Flämin** <-n, -n> *m, f* Fleming, Flemish man/woman/boy/girl

Flämin <-, -nen> *f fem form von* **Flame**

Flamingo <-s, -s> [fla'mɪŋgo] *m* flamingo

flämisch *adj* Flemish; **auf** ~ in Flemish

Flämisch *nt dekl wie adj* Flemish; ▪**das ~e** Flemish; **auf** ~ in Flemish, the Flemish language

Flamme <-, -n> *f* ❶ (*Feuer*) flame; **in ~n aufgehen** to go up in flames; **mit ruhiger/flackernder ~ brennen** to burn with a steady/flickering flame; **etw auf großer/kleiner ~ kochen** to cook sth on a high/low heat; **in [hellen] ~n stehen** to be ablaze/in flames

❷ (*veraltend fam: Geliebte*) flame *dated*

flammend *adj* (*lit*) flaming

Flammenmeer *nt* (*geh*) sea of flames [*or* fire] **Flammenschutz** *m* flame prevention **Flammentod** *m* (*geh*) ▪**der** ~ death by burning; **den ~ erleiden** to be burned [*or* burnt] to death; (*auf dem Scheiterhaufen*) to be burned [*or* burnt] at the stake **Flammenwerfer** <-s, -> *m* flamethrower

Flandern <-s> *nt* Flanders + *sing vb*

flandrisch *adj* Flemish

Flanell <-s, -e> *m* flannel

flanieren* *vi sein o haben* to stroll; (*bummeln*) to go for a stroll; ***sie flanierten an den Schaufenstern entlang*** they went window-shopping

Flanke <-, -n> *f* ❶ ANAT flank

❷ AUTO (*selten*) side

❸ FBALL cross

❹ MIL *einer Stellung* flank; **eine offene** ~ an open flank

flanken *vi* FBALL to centre [*or* AM -er]

Flankenschutz *m* MIL protection on the flank; **jdm ~ geben** to give sb added support

flankieren* *vt* ❶ (*begleiten*) ▪**jdn** ~ to flank [*or* accompany] sb

❷ (*seitlich begrenzen*) ▪**etw** ~ to flank sth

❸ (*ergänzen*) ▪**etw [mit etw** *dat*] ~ to support sth [with sth]

Flansch <-[e]s, -e> *m* TECH flange

Flappe <-, -n> *f* DIAL pout; **eine ~ ziehen** to pout, to look petulant

flapsig (*fam*) **I.** *adj* cheeky BRIT; **eine ~e Bemerkung** an offhand [*or* a flippant] remark

II. *adv* cheekily BRIT

Fläschchen <-s, -> *nt dim von* **Flasche** [small] bottle

Fläschchenständer *m* bottle storage rack

Flasche <-, -n> *f* ❶ (*Behälter*) bottle; **etw in ~n füllen** to bottle sth, to fill sth into bottles; **einem Kind die ~ geben** to bottle-feed a child, to give [*or* feed] a child its bottle; **aus der ~ trinken** to drink straight from [*or* out of] the bottle; **Bier/Wein auf ~n ziehen** to bottle beer/wine

❷ (*fam: Versager*) dead loss BRIT *fam*, loser AM *fam*; (*einfältiger Mensch*) pillock BRIT *pej fam*, dork AM *pej fam*

► WENDUNGEN: **zur ~ greifen** to take to [*or fam* hit] the bottle

Flaschenbier *nt* bottled beer **Flaschenbürste** *f* bottle-brush **Flaschengärung** *f* fermentation in the bottle, secondary fermentation *spec* **Flaschengestell** *nt* bottle rack **flaschengrün** *adj* bottle-green **Flaschenhals** *m* ❶ (*Teil einer Flasche*) bottleneck, neck [of a/the bottle] ❷ (*fig*) bottleneck **Flaschenkind** *nt* bottle-fed baby **Flaschenkürbis** *m* bottle gourd, calabash **Flaschenmilch** *f* bottled milk, milk [sold] in bottles **Flaschennahrung** *f* baby milk, formula AM **Flaschenöffner** *m* bottle-opener **Flaschenpfand** *m* deposit [*or* refund] on a/the bottle **Flaschenpost** *f* message in a bottle **Flaschenregal** *nt* wine rack **Flaschentomate** *f* plum tomato **Flaschenverschluss**RR *m* bottle top **flaschenweise** *adv* by the bottle **Flaschenzug** *m* TECH block and tackle [*or* pulley]

Flaschner(in) <-s, -> *m(f)* SÜDD, SCHWEIZ (*Klempner*) plumber

Flashback <-s, -s> ['flæʃbæk] *nt o m* FILM flashback

Flash-Speicher *m* INFORM flash memory

Flatter *f* **die ~ machen** (*sl*) to beat it *fam*

Flatterbinse *f* BOT soft rush

flatterhaft *adj* (*pej*) fickle *pej*

Flatterhaftigkeit <-> *f kein pl* (*pej*) fickleness *no pl pej*

Flattermann <-männer> *m* (*hum fam*) chicken

Flattermarke *f* TYPO collating mark

flattern *vi* ❶ *haben* (*mit den Flügeln schlagen*) to flap [*or* flutter] [its wings]

❷ *haben* (*vom Wind bewegt*) ▪**[im Winde]** ~ to flutter [*or* flap] [in the wind]; *lange Haare* to stream [in the wind]

❸ *sein* (*durch die Luft getragen*) ▪**irgendwohin** ~ to fly [*or* float] [*or* be blown] somewhere

❹ *sein* (*fam: zugestellt werden*) ▪**jdm [irgendwohin]** ~ to land [*or* turn up] [*or* arrive] somewhere; ***heute flatterte eine Rechnung ins Haus*** a bill landed on the mat today

❺ *haben* AUTO (*hin und her schlagen*) to wobble, to

shimmy AM
Flattersatz *m* unjustified text [*or* print] *no art, no pl*
flau *adj* ❶ (*leicht unwohl*) queasy; **jdm ist ~ [im Magen]** sb feels queasy; ***mir wurde ganz ~ im Magen*** I started to feel queasy
❷ (*träge*) slack; ***heute war das Geschäft sehr ~*** business was very slack today
❸ TYPO **~es Original** faint [*or* low-contrast] original
Flauheit <-> *f kein pl* ❶ (*Geschmacksarmut*) insipidness, insipidity
❷ (*Übelkeit*) queasiness
❸ ÖKON (*Marktbewegung*) slackness
Flaum <-[e]s> *m kein pl* down *no art, no pl*
Flaumfeder *f* down feather
flaumig *adj* downy
Flausch <-[e]s, -e> *m* fleece *no pl*
flauschig *adj* fleecy, soft
Flausen *pl* (*fam*) ❶ (*Unsinn*) nonsense *nsing;* (*Illusionen*) fancy [*or* crazy] ideas *pl;* **~ im Kopf haben** to have crazy ideas; **jdm die ~ austreiben** to get sb to return to reality, to knock some sense into sb *fam*
❷ (*Ausflüchte*) excuses *pl;* ***verschone mich mit deinen ~!*** save [*or* spare me] your excuses!
Flaute <-, -n> *f* ❶ (*Windstille*) calm *no pl;* ■ **~n** calm periods *pl*
❷ (*mangelnde Nachfrage*) lull, period of slackness [*or* reduced activity]
fläzen *vr* (*fam*) ■ **sich [auf/in etw** *akk*] ~ to sprawl [oneself *fam*] [on/in sth] *a. pej*
Flechse <-, -n> *f* (*Sehne*) tendon
Flechte <-, -n> *f* ❶ BOT lichen
❷ MED lichen *no pl;* (*Herpes*) herpes *no pl;* (*Ekzem*) eczema *no pl*
❸ (*geh*) plait, *esp* AM braid
flechten <flocht, geflochten> *vt* ■ **etw ~** to plait [*or esp* AM braid] sth; **sich/jdm die Haare [zu Zöpfen [*o* in Zöpfe]] ~** to plait [*or esp* AM braid] one's/sb's hair; **einen Korb/Kranz/eine Matte ~** to weave [*or* make] a basket/wreath/mat; ■ **etw zu etw** *dat* ~ to plait [*or* weave] sth into sth; **Blumen zu einem Kranz ~** to weave flowers into a garland; ■ **geflochten** woven
Flechtwerk *nt kein pl* wickerwork *no art, no pl*
Fleck <-[e]s, -e *o* -en> *m* ❶ (*Schmutz~*) stain; **~en machen** to stain
❷ (*dunkle Stelle*) mark; (*auf Stirn vom Pferd*) blaze; **ein blauer ~** a bruise; **~en haben** to be bruised; *Apfel a.* to be blemished
❸ (*Stelle*) spot, place; **sich nicht vom ~ rühren** to not move [*or fam* budge] [an inch]; ***rühr dich nicht vom ~, ich bin sofort wieder da!*** stay where you are, I'll be right back!
► WENDUNGEN: **einen ~ auf der [weißen] Weste haben** to have blotted one's copybook BRIT; **der blinde ~** the blind spot; **[mit etw** *dat*] **nicht vom ~ kommen** to not get any further [with sth]; **vom ~ weg** on the spot; *s. a.* **Herz**
Fleckchen <-s, -> *nt* ❶ *dim von* **Fleck** mark, stain
❷ (*Gegend*) **ein schönes [*o* herrliches] ~ Erde** a nice [*or* lovely] little spot
Flecken <-s, -> *m* ❶ (*veraltet: Markt~*) small town
❷ *s.* **Fleck 1, 2**
Fleck(en)entferner *m* stain-remover **Fleckenfalter** *m* ZOOL fritillary **fleckenlos** *adj* spotless
Fleckentferner <-s, -> *m* stain remover
Fleckenwasser *nt* stain remover
Fleckerlteppich *m* SÜDD, ÖSTERR rag rug
Fleckfieber *nt* typhus [fever], fleckfieber *spec*
fleckig *adj* ❶ (*befleckt*) marked, stained
❷ (*voller dunkler Stellen*) blemished; **~e Haut** blotchy skin
Flecktyphus *m* MED typhus fever
fleddern *vt* ❶ (*pej fam: durchwühlen*) ■ **etw ~** to rummage through sth; ■ **jdn/etw ~** to harm sb/sth
❷ **eine Leiche ~** to rob a dead body
Fledermaus *f* ❶ (*Tier*) bat
❷ KOCHK ÖSTERR (*Fleischstück*) round steak
Fledermausärmel *m* batwing sleeve
Fleece <-> *nt kein pl* fleece
Fleet <-[e]s, -e> *nt* NORDD canal
Flegel <-s, -> *m* (*pej: Lümmel*) lout *fam,* yob[bo] BRIT *fam;* (*ungezogenes Kind*) brat *pej fam*
Flegelalter *nt* adolescence *no indef art, no pl;* ■ **im ~ sein** to be [an] adolescent [*or* in one's adolescence]
Flegelei <-, -en> *f* (*pej*) uncouthness *no art, no pl,* uncouth [*or fam* loutish] behaviour [*or* AM -or] *no pl*
flegelhaft *adj* (*pej*) uncouth, loutish *fam*
Flegeljahre *pl* awkward age
flegeln *vr* (*fam*) ■ **sich [auf/in etw** *akk*] ~ to sprawl [oneself *fam*] on [*or* [all] over] sth *a. pej*
flehen *vi* (*geh*) ■ **[bei jdm] [um etw** *akk*] ~ to beg [sb] [for sth]
Flehen *nt* (*geh*) plea, entreaty
flehentlich I. *adj* (*geh*) pleading, imploring
II. *adv* pleadingly; **jdn ~ bitten, etw zu tun** to implore [*or* entreat] sb to do sth
Fleisch <-[e]s> *nt kein pl* ❶ (*Nahrungsmittel*) meat *no art, no pl;* **~ fressend** carnivorous, meat-eating *attr;* **~ fressende Pflanze** carnivorous plant, carnivore
❷ (*Gewebe, Muskel~*) flesh *no indef art, no pl*
❸ (*Frucht~*) flesh *no indef art, no pl*
❹ TYPO (*Satz*) *Schrift* beard
► WENDUNGEN: **jds eigen[es] ~ und Blut** (*geh*) sb's own flesh and blood; **jdm in ~ und Blut übergehen** to become sb's second nature; **sich** *akk o dat* **[mit etw** *dat*] **ins eigene ~ schneiden** to cut off one's nose to spite one's face, to harm one's own interests; **vom ~[e] fallen** to lose a lot of weight
fleischarm *adj* low-meat *attr,* containing little meat *pred,* with a low meat content *pred;* **[sehr] ~ essen** to eat [very] little meat **Fleischbeschau** *f* ❶ ADMIN meat inspection ❷ (*hum fam*) cattle market *hum, pej,* meat market *hum, pej* **Fleischbeschauer(in)** <-s, -> *m(f)* meat inspector **Fleischblutmagen** *m* blood sausage **Fleischbratling** *m* rissole, burger **Fleischbrühe** *f* ❶ (*Bouillon*) bouillon, beef stock ❷ (*Fond*) meat stock **Fleischbrühwürfel** *m* stock [*or* AM bouillon] cube **Fleischdauerware** *f kein pl* preserved meats *pl* **Fleischdünnung** *f* flank **Fleischeinwaage** *f* meat content
Fleischer(in) <-s, -> *m(f)* butcher
Fleischerbeil *nt* [meat] cleaver
Fleischerei <-, -en> *f* butcher's [shop BRIT]
Fleischerin <-, -nen> *f fem form von* **Fleischer**
Fleischermesser *nt* butcher's knife
Fleischesser(in) *m(f)* meat eater **Fleischextrakt** *m* meat extract **fleischfarben** *adj* flesh-coloured [*or* AM -ored] **Fleischfarce** *f* meat filling **Fleischfondue** *nt* meat fondue **fleischfressend** *adj s.* Fleisch 1 **Fleischfresser** <-s, -> *m* carnivore, meat-eater **Fleischgabel** *f* meat fork **Fleischgelee** *nt* meat jelly **Fleischglace** *nt s.* Jus **Fleischhauer(in)** <-s, -> *m(f)* ÖSTERR (*Fleischer*) butcher's [shop BRIT] **Fleischhauerei** <-, -en> *f* ÖSTERR (*Fleischerei*) butcher's [shop BRIT]
Fleischhygienegesetz *nt* JUR meat hygiene law
fleischig *adj* fleshy
Fleischjus *m s.* **Jus Fleischkäse** *m* meatloaf
Fleischklopfer <-s, -> *m* steak hammer
Fleischkloß *m* ❶ KOCHK meatball ❷ (*fam: fetter Mensch*) mountain of flesh **Fleischklößchen** *nt* [small] meatball **Fleischknepp** *m* meat ball (*flavoured with herbs*) **Fleischkraut** *nt* BOT winter chicory
fleischlich *adj attr* ❶ (*von Fleisch*) consisting of/containing meat *pred;* **~e Genüsse** meat delicacies
❷ (*liter: sexuell*) carnal, of the flesh *pred;* **~e Begierden** carnal desires, desires of the flesh
fleischlos I. *adj* vegetarian, meatless
II. *adv* **~ kochen** to cook vegetarian
Fleischnockerl *pl* SÜDD meat balls (*poached in pigs' stomach*) **Fleischpastete** *f* meat vol-au-vent [*or* BRIT pasty] **Fleischsaft** *m* meat juices *pl* **Fleischsalat** *m a salad of diced sausage or ham, gherkins and mayonnaise* **Fleischspieß** *m* (*Stab*) meat skewer; (*Gericht*) skewered meat, meat on a skewer [*or* stick], shish kebab **Fleischstück(chen)** *nt* piece of meat **Fleischtee** *m* beeftea, Bovril® **Fleischthermometer** *nt* meat thermometer **Fleischtomate** *f* beef[steak] tomato **Fleischtopf** *m* meat pan **Fleischvergiftung** *f* food poisoning (*from meat*), meat poisoning BRIT **Fleischvogel** *m* SCHWEIZ (*Roulade*) beef olive **Fleischwaren** *pl* meat produce *nsing* [*or pl* products] **Fleischwolf** *m* mincer BRIT, grinder AM; **etw durch den ~ drehen** to mince [*or* AM grind] sth
► WENDUNGEN: **jdn durch den ~ drehen** (*fam*) to put sb through the mill **Fleischwunde** *f* flesh wound **Fleischwurst** *f* ≈ pork sausage
Fleiß <-[e]s> *m kein pl* hard work *no art, no pl,* diligence *no art, no pl,* industriousness *no art, no pl,* application *no art, no pl form*
► WENDUNGEN: **mit ~** SÜDD on purpose; **ohne ~ kein Preis** (*prov*) success doesn't come easily; SPORT no pain, no gain!
Fleißarbeit *f* laborious task; **eine [reine] ~** (*pej*) a grind BRIT *fam*
fleißig I. *adj* ❶ (*hart arbeitend*) industrious, hard-working
❷ (*Fleiß zeigend*) diligent, painstaking; **eine ~e Leistung** a painstaking effort
❸ (*fam: eifrig*) keen
II. *adv* ❶ (*arbeitsam*) diligently, industriously
❷ (*fam: unverdrossen*) assiduously
flektieren* **I.** *vt* LING ■ **etw ~** (*deklinieren*) to decline sth; (*konjugieren*) to conjugate sth *spec*
II. *vi* to inflect; ■ **schwach/stark ~** to be [conjugated as] a weak/strong verb
flennen *vi* (*pej fam*) to blubber *pej,* to blub BRIT *pej fam*
Flensburg <-s> *nt N.German town, location of traffic offenders' index*
fletschen *vt* **die Zähne ~** to show [*or* bare] one's/its teeth
fleucht (*veraltet poet*) *3. pers. sing von* **fliegen** *s.* **kreucht**
Fleurop® <-> ['flɔɪrɔp, 'flø:rɔp, -'rɔp] *f kein pl* Interflora® *no art, no pl*
flexibel *adj* ❶ (*anpassungsfähig*) flexible
❷ (*nicht fest*) flexible
❸ (*elastisch*) pliable
flexibilisieren *vt* ■ **etw ~** to adapt sth [to sth]; **die Arbeitszeit ~** to introduce flexible working hours
Flexibilisierung <-, -en> *f* **die ~ der Altersgrenze/Arbeitszeit/Ladenschlusszeiten** the transition to a flexible age limit/to flexible opening/working hours
Flexibilität <-> *f kein pl* ❶ (*Anpassungsfähigkeit*) flexibility *no art, no pl*
❷ (*Elastizität*) pliability *no art, no pl*
Flexion <-, -en> *f* (*Deklinieren*) inflection; (*Konjugieren*) conjugation *spec*
Flexionsendung *f* inflectional ending [*or* suffix]
Flexodruck *m* TYPO flexo[graphic] printing, flexography
flicht *imper sing und 3. pers. sing pres von* **flechten**
Flickarbeit *f* mending
flicken *vt* ■ **etw [mit etw** *dat*] ~ to mend sth [with sth]; **einen Fahrradschlauch ~** to patch [up *sep*] a bicycle tube; *s. a.* **Zeug**
Flicken <-s, -> *m* patch
Flickenteppich *m* rag rug
Flickschuster(in) *m(f)* (*pej fam*) bungler, bungling idiot *pej* **Flickwerk** *nt kein pl* (*pej*) **ein ~ sein** to have been carried out piecemeal **Flickwort** *nt* (*Füllwort*) filler **Flickzeug** *nt kein pl* ❶ (*für Fahrräder*) [puncture] repair kit [*or* outfit] ❷ (*Nähzeug*) sewing kit
Flieder <-s, -> *m* lilac
Fliederbusch *m* lilac **fliederfarben** *adj* lilac
Fliege <-, -n> *f* ❶ (*Insekt*) fly
❷ MODE bow tie [*or* dickie [*or* dick[e]y] bow] BRIT *fam*
► WENDUNGEN: **zwei ~n mit einer Klappe schlagen** (*fam*) to kill two birds with one stone; **jdn stört die ~ an der Wand** sb is irritated by every little thing; **wie die ~n umfallen** to go down like ninepins BRIT, to drop [off] like flies; **die [*o sl* 'ne] ~ machen** to beat [*or* leg] it *fam;* ***he, mach die ~!*** get lost!, piss off! BRIT *fam!;* **wie die ~n sterben** to fall

[*or* drop [off]] like flies

fliegen <flog, geflogen> **I.** *vi sein* ① (*mit Flügeln*) to fly
② (*im Flugzeug*) ■ **[irgendwohin]** ~ to fly [somewhere]; ***wann fliegt die nächste Maschine*** [***nach Paris***]? when is the next flight [to Paris]?
③ (*sl: hinausgeworfen werden*) ■ **[aus etw** *dat*] ~ to get kicked [*or fam* chucked] out [of sth]; **aus einer Firma** ~ to get [*or* be given] the sack [*or fam* the boot]
④ (*fam: schnell fallen*) ■ **jdm aus/von etw** *dat* ~ to fall out of/off sb's sth
⑤ (*fam: fallen*) to fall; **von der Leiter** ~ to fall off a ladder
⑥ (*wehen*) to fly
⑦ (*eilen*) to fly
⑧ (*geworfen werden*) to fly, to be flung; ***die Schneebälle flogen wild hin und her*** snowballs were flying about all over the place
▸ WENDUNGEN: **auf jdn/etw** ~ (*fam*) to go for sb/sth *fam;* **ich kann doch nicht** ~**!** (*fam*) I can't fly [*or fam* haven't got wings], you know!
II. *vt* ① *sein o haben* (*steuern*) ■ **etw** ~ to fly sth
② *haben* (*befördern*) ■ **jdn/etw irgendwohin** ~ to fly sb/sth somewhere
③ *sein o haben* (*zurücklegen*) ■ **etw** ~ to fly sth; ***wir sind heute eine weite Strecke geflogen*** we flew a long way today

fliegend *adj* ① *attr* mobile; **die ~e Pommesbude** the chippie van BRIT *fam*, the roach coach AM; *s. a.* **Fisch, Personal, Start, Untertasse**
② TYPO **~er Vorsatz** fly-leaf, inner endpaper; **~er Rollenwechsel** flying reelchange

Fliegendreck *m* fly spot/spots, fly droppings *npl* **Fliegenfänger** *m* flypaper **Fliegenfenster** *nt* [window with a] fly screen **Fliegengewicht** *nt* ① *kein pl* (*Gewichtsklasse*) flyweight *no indef art, no pl* ② (*Sportler*) flyweight **Fliegengewichtler(in)** <-s, -> *m(f)* flyweight **Fliegengitter** *nt* flyscreen BRIT, screen AM **Fliegenklatsche** *f* fly swatter, BRIT *a.* fly swat **Fliegenpatsche** *f* [fly] swatter, BRIT *a.* swat **Fliegenpilz** *m* fly agaric *no indef art, no pl spec* **Fliegenschutzgitter** *nt* BAU insect screen

Flieger¹ <-s, -> *m* (*sl*) plane, bird *sl*

Flieger(in)² <-s, -> *m(f)* ① (*Pilot*) pilot, airman *masc*, airwoman *fem*
② (*Dienstgrad*) aircraftman BRIT, airman basic AM
③ (*fam: Luftwaffe*) ■ **die** ~ the air force + *sing/pl vb*

Fliegeralarm *m* air-raid warning **Fliegerangriff** *m* air raid

Fliegerei <-> *f kein pl* flying *no art, no pl*

Fliegerhorst *m* military airfield [*or* BRIT *a.* aerodrome]

fliegerisch *adj attr* aeronautical

Fliegerstaffel *f* MIL (*Einheit der Luftwaffe*) air force squadron

fliehen <floh, geflohen> **I.** *vi sein* ① (*entkommen*) to escape, to flee; **aus dem Gefängnis** ~ to escape from prison
② (*davoneilen*) to flee; **vor der Polizei/einem Sturm** ~ to flee from the police/before a storm
II. *vt haben* (*liter*) ■ **etw** ~ to shun sth, to flee [*or* get away] from sth; **jds Gegenwart/Nähe** ~ to avoid sb

fliehend *adj* receding; **ein ~es Kinn** a receding chin; **eine ~e Stirn** a sloping forehead

Fliehkraft *f kein pl* centrifugal force **Fliehkraftregler** *m* TECH centrifugal control

Fliese <-, -n> *f* tile; **etw mit ~n auslegen** to tile sth; **~n legen** to lay tiles

fliesen *vt* ■ **etw** ~ to tile sth; ■ **gefliest** tiled

Fliesenboden *m* tiled floor **Fliesen(fuß)boden** *m* tiled floor **Fliesenleger(in)** <-s, -> *m(f)* tiler **Fliesenspiegel** *m* BAU tiled section

Fließband <-bänder> *nt* assembly [*or* production] line; (*Förderband*) conveyer [belt]; **am** ~ **arbeiten** [*o fam* **stehen**] to work on a/the production line

Fließbandarbeit *f* work on a production [*or* assembly] line **Fließbandfertigung** *f* belt production, assembly line production

fließen <floss, geflossen> *vi sein* ① (*strömen*) to flow; ***es fließt kein Wasser aus dem Hahn*** there's no water coming from the tap; (*sich dahinbewegen*) to flow, to move; **alles fließt** PHILOS all is in a state of flux; METEO (*einströmen*) to move
② (*eingehen*) ***aus China ~ die Informationen immer spärlicher*** the flow of information from China is getting minimal

fließend I. *adj* ① (*flüssig*) fluent; **eine ~e Rede** a fluent speech; **ein ~es Französisch sprechen** to speak fluent French [*or* French fluently]
② (*übergangslos*) fluid
II. *adv* ① (*bei Wasser*) ~ **warmes und kaltes Wasser** running hot and cold water
② (*ohne zu stocken*) fluently; ~ **Französisch sprechen** to speak fluent French [*or* French fluently]

Fließfertigung *f* ① (*Anlage*) continuous production line ② (*Verfahren*) assembly line production **Fließheck** *nt* AUTO fastback **Fließkommaprozessor** *m* INFORM floating point unit [*or* processor] **Fließpapier** *nt* (*Löschpapier*) blotting paper **Fließsatz** *m* TYPO classified ad matter, composition of classified ads **Fließzement** *m* BAU cement slurry

flimmerfrei *adj* flicker-free **Flimmerkiste** *f* (*fam*) TV, telly BRIT *fam;* ■ **die** ~ the box BRIT *fam*, boob tube AM *fam*

flimmern *vi* ① (*unruhig leuchten*) to flicker
② (*flirren*) to shimmer; *s. a.* **Auge**

flink *adj* quick, nippy BRIT *fam;* **eine ~e Zunge/ein ~es Mundwerk haben** to have a quick [*or* BRIT ready] tongue/mouth

Flinte <-, -n> *f* ① (*Schrot~*) shotgun
② (*veraltet: Gewehr*) gun
▸ WENDUNGEN: **die** ~ **ins Korn werfen** (*fam*) to throw in the towel; **jdn/etw vor die** ~ **bekommen** (*fam*) to get hold of sb/sth

Flintenweib *nt* (*a. pej*) gunwoman

Flipchart <-, -s> ['flɪptʃa:t] *f* flipchart

Flipper <-s, -> *m* pinball machine

Flipperautomat *m* pinball machine

flippern *vi* to play pinball

flippig *adj* (*fam*) hip *fam*

flirren *vi* to whirr [*or esp* AM whir]; **~de Luft/Hitze** shimmering air/heat

Flirt <-s, -s> [flœrt, flø:ɐt] *m* flirt[ation]

flirten ['flœrtn, 'flø:ɐtn] *vi* ■ **[mit jdm]** ~ to flirt [with sb]

Flittchen <-s, -> *nt* (*pej fam*) slut *pej*, hussy *a. hum*

Flitter <-s, -> *m* ① (*Pailletten*) sequins *pl*
② *kein pl* (*pej: Tand*) trash *no art, no pl pej fam*, trumpery *no pl*

Flittergold *nt* gold foil **Flitterwochen** *pl* honeymoon *nsing;* **in die** ~ **fahren** to go on [one's] honeymoon; **in den** ~ **sein** to be on [one's] honeymoon; **die** ~ **in Paris verbringen** to [spend one's] honeymoon in Paris

Flitz(e)bogen *m* (*fam*) bow and arrow[s *pl*]
▸ WENDUNGEN: **gespannt wie ein** ~ **sein** to be dying with suspense

flitzen *vi sein* ① (*sich schnell bewegen*) ■ **[irgendwohin]** ~ to dash [*or fam* whizz [*or esp* AM whiz]] [somewhere]
② (*fam: abhauen*) to run off, to leg it *fam*
③ (*fam: nackt laufen*) to streak

Flitzer <-s, -> *m* (*fam*) snappy [*or* AM sharp] little sportscar *fam*

floaten ['flo:tn] *vi* ÖKON to float

Floater <-s, -> ['floutə] *m* floater

Floating <-> ['flo:tɪŋ] *nt kein pl* ■ **das** ~ **[einer S.** *gen* [*o* **von etw** *dat*]] floating [sth]

Flöckchen <-s, -> *nt* ① *dim von* **Flocke** flake
② **ein** ~ **Butter** a knob [*or* AM hunk] of butter

Flocke <-, -n> *f* ① (*Schnee~*) snowflake
② (*Staub~*) ball of fluff

Flockenblume *f* BOT knapweed

flockig *adj* fluffy

Floh <-[e]s, Flöhe> *m* ① (*Tier*) flea; **Flöhe haben/knacken** to have/squash fleas
② *pl* (*sl: Geld*) dough *nsing dated fam*, bread *nsing fam*, dosh BRIT *sl*
▸ WENDUNGEN: **jdm einen** ~ **ins Ohr setzen** (*fam*) to put an idea into sb's head; **die Flöhe husten hören** to imagine things

Flohkraut *nt* BOT pennyroyal **Flohkrebs** *m* ZOOL sand hopper **Flohmarkt** *m* flea market, jumble [*or* AM rummage] sale **Flohzirkus** *m* flea circus

Flokati <-s, -s> *m* (*griechischer Teppich*) flokati

Flom(en) <-s> *m kein pl* DIAL (*Schweineschmalz*) lard *no art, no pl*

Flooding <-[s], -s> ['flʌdɪŋ] *nt* INFORM flooding

Flop <-s, -s> *m* (*fam*) flop *fam;* **mit etw** *dat* **einen** ~ **landen** to suffer [*or* land] a flop with sth *fam*

floppen *vi* ÖKON (*fam*) *Projekt, Film, CD* to flop *fam*

Floppy Disk[RR], **Floppydisk**[RR] *f* INFORM floppy disk

Flor <-s, -e *o selten* Flöre> *m* ① (*dünnes Gewebe*) gauze
② (*Teppich-/Samt~*) pile

Flora <-, Floren> *f* flora *npl spec*

Florenreich *nt* BOT floral region

Florentiner <-s, -> *m* ① (*Gebäck*) Florentine
② MODE (*Strohhut*) picture hat

Florenz <-> *nt kein pl* Florence

Florett <-[e]s, -e> *nt* foil; (*Sport*) foil-fencing

Florettfechten *nt* foil-fencing

Florfliege *f* ZOOL lacewing

florieren* *vi* to flourish; ■ **~d** flourishing

Florist(in) <-en, -en> *m(f)* florist

Floskel <-, -n> *f* set phrase; (*klischeehaft*) cliché; ***eine höfliche/abgedroschene*** ~ a polite but meaningless phrase, a hackneyed phrase *pej*

Floß <-es, Flöße> *nt* raft

Flosse <-, -n> *f* ① (*Fisch~*) fin
② (*Schwimm~*) flipper
③ (*sl: Hand*) paw *hum fam*, mitt *pej fam*

Flösselhecht *m* ZOOL bichir

flößen *vt* ① ■ **etw** ~ to raft sth
② (*ein~*) **jdm die Suppe/Medizin in den Mund** ~ to give sb his/her soup/medicine

Flößer(in) <-s, -> *m(f)* raftsman *masc*, raftswoman *fem*

Flöte <-, -n> *f* ① (*Musikinstrument*) pipe; (*Quer~*) flute; (*Block~*) recorder; (*Pan~*) panpipes *npl;* ~ **spielen** [*o* **blasen**] to play the pipe/flute/recorder/panpipes
② (*Kelchglas*) flute [glass] *spec*

flöten I. *vi* ① (*Flöte spielen*) to play the flute
② (*trillern*) to whistle
③ (*hum fam: süß sprechen*) to warble, to flute
▸ WENDUNGEN: **etw geht jdm** ~ sb loses sth
II. *vt* ■ **etw** ~ ① (*mit der Flöte*) to play sth on the flute
② (*pfeifen*) to whistle sth

Flötenbläser(in) *m(f)* piper; (*Quer~*) flautist, flutist; (*Block~*) recorder player

flöten|gehen *vi irreg sein* (*sl*) *s.* **flöten I 4**

Flötenkessel *m* whistling kettle **Flötenspiel** *nt* piece for the pipe/flute/recorder/panpipes **Flötenspieler(in)** *m(f)* piper; (*Quer~*) flute player, flautist *form;* (*Block~*) recorder player **Flötenton** *m* sound of a/the flute/of flutes; **jdm die Flötentöne beibringen** (*fam*) to tell [*or* teach] sb what's what *fam*

Flötist(in) <-en, -en> *m(f)* flautist *form*

flott I. *adj* ① (*zügig*) quick, nippy BRIT *fam;* **eine ~e Fahrt** a fast drive; **ein ~es Tempo** [a] high speed; **eine ~e Bedienung** quick [*or* speedy] service; ***aber ein bisschen ~!*** (*fam*) make it snappy! *fam*
② (*schwungvoll*) lively
③ (*schick*) smart, chic
④ (*verschwenderisch*) fast-living; **ein ~es Leben führen** to live life in the fast lane
⑤ *pred* (*manövrierfähig*) in working order *pred;* **ein Auto wieder ~machen** (*fam*) to get a car back on the road
⑥ (*flüssig*) racy
⑦ KOCHK **~e Lotte** mouli-légumes, food mill; *s. a.* **Otto, Heinrich**
II. *adv* ① (*zügig*) fast; (*hurtig a.*) quickly
② (*schick*) smartly, chic

flott|bekommen* *vt irreg* ■ **etw** ~ to get sth working; **ein Schiff** ~ to float off *sep* a ship; **ein Auto** ~ to get a car on the road
Flotte <-, -n> *f* NAUT, LUFT fleet
Flottenabkommen *nt* naval treaty **Flottenstützpunkt** *m* naval base **Flottenverband** *m* naval unit
Flottille <-, -n> [flɔˈtɪlə] *f* ❶ MIL flotilla
❷ NAUT fleet
flott|kriegen *vt* (*fam*) *s.* **flottbekommen**
flott|machen *vt* ■ **etw** ~ to get sth back in working order; **ein Schiff [wieder]** ~ to [re]float a ship; **eine Auto** ~ to get a car back on the road; **eine Firma [wieder]** ~ to get a company [back] on its feet
flottweg *adv* (*fam*) non-stop
Flöz <-es, -e> *nt* BERGB seam
Fluch <-[e]s, Flüche> *m* ❶ (*Schimpfwort*) curse, oath *dated*
❷ (*Verwünschung*) curse
► WENDUNGEN: **das [eben] ist der ~ der bösen Tat** (*prov*) evil begets evil *prov*
fluchbeladen *adj* (*geh*) cursed
fluchen *vi* ❶ (*schimpfen*) ■ **[auf/über jdn/etw]** ~ to curse [*or* swear] at sb/sth
❷ (*geh: verwünschen*) ■ **jdn/etw** ~ to curse sb/sth
Flucht[1] <-, -en> *f* escape; **jdm glückt die ~** sb escapes [successfully]; **die ~ vor der Realität/Verantwortung** an escape from reality/responsibility; ■ **die ~ in etw** *akk* refuge in sth; **die ~ in den Selbstbetrug** a resort to self-defiance; **die ~ ergreifen** (*geh*) to take flight, to flee; **auf der ~ erschossen werden** to be shot trying to escape [*or* on the run]; **auf der ~ sein** [*o* **sich auf der ~ befinden**] to be on the run; **jdn in die ~ schlagen** to put sb to flight, to chase away sb *sep;* **jdm zur ~ verhelfen** to help sb [to] escape; **auf der ~ vor jdm sein** to be fleeing [*or* on the run] from sb; **in kopfloser/wilder ~** in a stampede; **die ~ nach Ägypten** REL the flight to Egypt; **die ~ nach vorn antreten** to take the bull by the horns
Flucht[2] <-, -en> *f* ❶ (*~linie*) alignment; (*Häuser~*) row
❷ (*geh: Zimmer~*) suite
fluchtartig I. *adj* hasty, hurried II. *adv* hastily, hurriedly, in a hurry **Fluchtauto** *nt* getaway car *fam,* escape vehicle
flüchten I. *vi sein* to flee, to get away; (*aus der Gefangenschaft, einer Gefahr*) to escape
II. *vr haben* ❶ (*Schutz suchen*) ■ **sich [vor etw** *dat*] **irgendwohin** ~ to seek refuge [from sth] somewhere; **sich vor einem Unwetter in eine Scheune** ~ to [seek] shelter from a storm in a barn
❷ ■ **sich in etw** *akk* ~ to take refuge in sth; **sich in Ausreden** ~ to resort to excuses
Fluchtfahrzeug *nt* getaway car *fam,* escape vehicle **Fluchtgefahr** *f* JUR danger of absconding; **bei jdm besteht ~** sb is always trying [*or* attempting] to escape **Fluchtgelder** *pl* FIN flight [*or* runaway] capital *no pl* **fluchtgerecht** *adj* BAU truly aligned **Fluchthelfer(in)** *m(f)* accomplice in an/the escape **Fluchthilfe** *f* escape aid
flüchtig I. *adj* ❶ (*geflüchtet*) fugitive *attr;* ■ ~ **sein** to be a fugitive [*or* on the run] [*or* at large]
❷ (*kurz*) fleeting, brief; **ein ~er Blick** a fleeting glance, a glimpse; **ein ~er Kuss/Gruß** a brief [*or* passing] [*or* perfunctory] kiss/hello
❸ (*oberflächlich*) cursory, sketchy; **eine ~e Arbeit** a hurried piece of work; **eine ~e Bekanntschaft** a passing acquaintance
❹ (*schnell verdunstend*) volatile
II. *adv* ❶ (*kurz*) briefly, perfunctorily
❷ (*oberflächlich*) cursorily; ~ **arbeiten** to work hastily; **etw ~ erwähnen** to mention sth in passing; **jdn ~ kennen** to have met sb briefly; **etw ~ lesen** to skim through sth *sep*
Flüchtige(r) *f(m) dekl wie adj* fugitive; JUR absconder
Flüchtigkeit[1] <-> *f kein pl* ❶ (*Kürze*) briefness *no pl,* brevity *no pl*
❷ (*Oberflächlichkeit*) cursoriness *no pl,* sketchiness *no pl;* **mit ~ arbeiten** to work hastily [*or* with hastiness]
❸ CHEM volatility *no pl*
Flüchtigkeit[2] <-, -en> *f* (*Unachtsamkeit*) carelessness *no pl;* ■ **~en** careless mistakes *pl*
Flüchtigkeitsfehler *m* careless mistake; **einen ~ machen** to make a careless mistake, to slip up
Fluchtkapital *nt* FIN flight [*or* runaway] capital *no pl*
Flüchtling <-s, -> *m* refugee
Flüchtlingsausweis *m* refugee's identity card **Flüchtlingscamp** <-s, -s> *nt* refugee camp **Flüchtlingsheim** *nt* refugee hostel **Flüchtlingshilfswerk** *nt* refugee relief organization **Flüchtlingslager** *nt* refugee camp **Flüchtlingsstrom** *m* flood of refugees
Fluchtpunkt *m* vanishing point
Fluchtverdacht *m* JUR suspicion of absconding **Fluchtversuch** *m* attempted [*or* attempt to] escape, escape attempt [*or* bid] **Fluchtweg** *m* escape route; (*fig*) means of escape + *sing vb*
fluffig *adj* (*fam*) fluffy
Flug <-[e]s, Flüge> *m* ❶ (*durch die Luft*) flight
❷ (*mit einem Flugzeug*) flight; ***ich hoffe, ihr hattet einen angenehmen ~?*** I hope you had a good flight; **einen ~ [nach ...] buchen** to book a flight [to ...]; **einen ~ stornieren** to cancel a booking; **der ~ zum Mond/Mars/zu den Sternen** a/the journey to the moon/to Mars/to the stars
► WENDUNGEN: **wie im ~[e]** in a flash *fam*
Flugabkommen *nt* air agreement **Flugabstand** *m* spacing between aircraft **Flugabwehr** *f* air defence [*or* AM -se] **Flugabwehrkanone** *f* anti-aircraft [*or hist* ack-ack] gun **Flugabwehrkörper** *m* air defence missile **Flugabwehrrakete** *f* anti-aircraft missile
Flugangst *f* fear of flying **Flugasche** *f* flue ash **Flugaufkommen** *nt kein pl* air traffic **Flugbahn** *f* flight path; (*Kreisbahn*) orbit; *einer Kugel/Rakete* trajectory **flugbegeistert** *adj* air-minded **Flugbegleiter(in)** *m(f)* steward *masc,* stewardess *fem,* air-hostess *fem* **Flugbegleitpersonal** *nt* flight attendant **Flugbenzin** *nt* aviation fuel **Flugberatung** *f* briefing, flight information **Flugbereich** *m* flying [*or* maximum] range **flugbereit** *adj* ready to take off [*or* for take-off] **Flugbereitschaft** *f* LUFT preparation of plane[s] for take-off **Flugbetrieb** *m kein pl* air traffic *no pl* **Flugbewegung** *f* aircraft movement **Flugblatt** *nt* leaflet, flyer, handbill **Flugboot** *nt* flying boat **Flugbuch** *nt* logbook; (*des Piloten*) air log; (*über Flugablauf*) flight log **Flug(daten)schreiber** *m* flight recorder **Flugdauer** *f* duration of a/the flight, flying time **Flugdeck** *nt* flight deck **Flugdienst** *m* air[line] service, flying duty **Flugdrache** *m* ZOOL flying dragon **Flugdrachen** *m* hang-glider **Flugechse** *f* pterodactyl **Flugeigenschaft** *f* flight characteristic
Flügel <-s, -> *m* ❶ (*zum Fliegen*) wing; **mit den ~n schlagen** to flap its wings; (*größer a.*) to beat its wings; (*Hubschrauber~*) rotor, blade
❷ TECH sail *spec,* vane *spec;* **Ventilator~** blade
❸ (*seitlicher Trakt*) wing, side; *eines Altars* side-piece; *eines Fensters* casement
❹ ANAT (*Lungen~*) lung
❺ ARCHIT (*seitlicher Teil*) wing
❻ MIL (*seitlicher Truppenteil*) wing; SPORT (*Flanke*) wing
❼ POL (*extreme Gruppierung*) wing
❽ (*Konzert~*) grand piano, grand *fam;* **auf dem ~ spielen** to play the piano; **am ~: ...** at the piano: ...
► WENDUNGEN: **jdm die ~ beschneiden** [*o* **stutzen**] to clip sb's wings; **die ~ hängen lassen** (*fam*) to lose heart; **jdm ~ verleihen** (*geh*) to lend sb wings
Flügelaltar *m* winged altar **Flügelbohne** *f* goa bean **Flügelerbse** *f* asparagus pea **Flügelfenster** *nt* casement window **Flügelhemd** *nt* vest with short, wide sleeves **Flügelhorn** *nt* flugelhorn **Flügelkämpfe** *pl* factional disputes *pl* **flügellahm** *adj* injured at the wing(s) **Flügelmann** <-männer *o* -leute> *m* ❶ FBALL wing forward ❷ MIL flank man ❸ POL person on the wing of a party **Flügelmutter** <-muttern> *f* butterfly nut **Flügelschlag** *m* beat of its wings **Flügelschraube** *f* wing bolt; (*Mutter*) wing nut **Flügelspannweite** *f* wing-spread [*or* -span] **Flügelspitze** *f* wing tip **Flügeltür** *f* double door, French door **Flügelturbine** *f* propeller-type turbine
Flugentfernung *f* air distance, distance to be flown **Flugerprobungsstadium** *nt* flight-testing stage **flugfähig** *adj* airworthy **Flugfeld** *nt* airfield **Flugfernmeldedienst** *m* aeronautical telecommunication service **Flugfernmeldestelle** *f* aeronautical telecommunication station **Flugfrosch** *m* flying frog **Flugfunkleitstelle** *f* air-ground control radio station **Flugfunkverkehr** *m* air-ground communication **Fluggast** *m* passenger **Fluggastaufkommen** *nt* passenger figures *pl* **Fluggastkapazität** *f* passenger capacity **Fluggastkilometer** *m* passenger kilometre [*or* AM -er] **Fluggastraum** *m* passenger cabin
flügge *adj pred* fledged; ■ **[noch nicht] ~ sein** (*fig fam*) to be [not yet] ready to leave the nest
Fluggelände *nt* flying terrain [*or* ground] **Fluggepäck** *nt* luggage **Fluggerät** *nt* flying machine **Fluggerätemarkt** *m* aircraft market **Fluggeschwindigkeit** *f* (*von Flugzeug*) flying speed; (*von Rakete, Geschoss*) velocity; (*von Vögeln*) speed of flight **Fluggesellschaft** *f* airline **Fluggewicht** *nt* take-off weight
Flughafen *m* airport; **auf dem ~ landen** to land at the airport **Flughafenbetreiber** *m* airport operator **Flughafenhotel** *nt* airtel **Flughafen-Vorfeld** *nt* apron **Flughalle** *f* hangar **Flughöhe** *f* altitude; ***„unsere ~ beträgt derzeit 32.000 Fuß"*** "we are currently flying at an altitude of 32,000 feet" **Flughörnchen** *nt* ZOOL flying squirrel **Flughund** *m* flying fox **Flugkapitän(in)** *m(f)* captain **Flugkarte** *f* ❶ (*Ticket*) flight ticket ❷ (*Landkarte*) aeronautical map **Flugkatastrophe** *f* air disaster **Flugkilometer** *m* air kilometre [*or* AM -er] **flugklar** *adj* ready for take-off **Flugkörper** *m* projectile **Flugkorridor** *m* air lane **Flugkraft** *f* power of flight **Fluglage** *f* flying attitude **Fluglärm** *m* aircraft noise **Fluglärmmessung** *f* aircraft noise measurement **Fluglehrer(in)** *m(f)* flying instructor **Flugleistung** *f* flying performance **Flugleiter(in)** *m(f)* air-traffic controller **Flugleitsystem** *nt* flight control system **Flugleitung** *f* flight [*or* air-traffic] control **Fluglinie** *f* ❶ (*Strecke*) air route; **festgelegte ~** air corridor ❷ (*Fluggesellschaft*) airline **Fluglotse, -lotsin** *m, f* flight controller, air traffic controller **Flugmechanik** *f* aeromechanics + *sing vb* **Flugmeile** *f* passenger mile **Flugmeilen** *pl* passenger mileage **Flugmeldedienst** *m* aircraft reporting service **Flugmotor** *m* aircraft engine, aero-engine **Flugmotorenhersteller** *m* aircraft [*or* aero] engine maker
Flugmuskel *m* ZOOL pectoralis
Flugnavigation *f* air navigation **Flugnavigationseinrichtungen** *pl* air navigation facilities *pl* **Flugnavigationshilfe** *f* aid to air navigation **Flugnetz** *nt* network of air routes **Flugnummer** *f* flight number **Flugobjekt** *nt* **unbekanntes ~** unidentified flying object, UFO **Flugpassagier(in)** *m(f)* air passenger **Flugpersonal** *nt* aircrew **Flugplan** *m* flight plan **Flugplatz** *m* airfield **Flugpraxis** *f* ❶ (*Training*) flying practice ❷ (*Erfahrung*) flying experience **Flugpreis** *m* [air] fare **Flugraum** *m* air space **Flugrechte** *pl* air rights *pl* **Flugregler** *m* automatic pilot, autopilot **Flugreise** *f* flight, air journey [*or* travel]; **eine ~ machen** to travel by air **Flugreisende(r)** *f(m) dekl wie adj* air passenger, person travelling by air [*or* plane] **Flugrichtung** *f* ❶ (*Richtung*) direction of flight ❷ (*Kurs*) heading **Flugrost** *m* AUTO flash rust **Flugroute** *f* air corridor
flugs *adv* (*veraltend*) at once, immediately
Flugsand *m* shifting sand
Flugsaurier *m* ARCHÄOL pterosaur
Flugschalter *m* flight desk **Flugschein** *m* ❶ (*Pilotenschein*) pilot's licence [*or* AM -se] ❷ (*Ticket*) [plane] ticket **Flugschneise** *f* air corridor [*or*

F

lane], flight lane **Flugschreiber** *m* flight recorder, black box *fam*

Flugschrift *f* leaflet, flyer, flier

Flugschule *f* flying school **Flugschüler(in)** *m(f)* pupil pilot **Flugsicherheit** *f kein pl* air safety, aviation security **Flugsicherung** *f* flight control, air traffic control **Flugsicherungsdienst** *m* air traffic control [service] **Flugsicherungsradaranlage** *f* air traffic control radar system **Flugsicht** *f* flight visibility **Flugsimulator** *m* flight simulator **Flugsteig** <-s, -e> *m* gate **Flugstraße** *f* air corridor **Flugstrecke** *f* ❶ (*Distanz*) flight [*or* air] route, flying distance ❷ (*Etappe*) leg ❸ (*Route*) route **Flugstunde** *f* ❶ (*Flugzeit von einer Stunde*) hour's flight; **drei ~n entfernt sein** to be three hours away by air ❷ (*Unterricht*) flying lesson; [**bei jdm**] **~n nehmen** to take flying lessons [with sb] **Flugsystem** *nt* aircraft **Flugtagebuch** *nt* logbook; (*des Piloten*) air log; (*über Flugablauf*) flight log **flugtauglich** *adj* fit to fly *pred* **Flugtauglichkeit** *f* ❶ *von Personen* fitness for flying ❷ *des Flugzeugs* airworthiness **Flugtaxi** *nt* air taxi, taxiplane **Flugtechnik** *f* ❶ (*Fertigkeit*) flying technique ❷ (*Technik*) **angewandte ~** aircraft engineering **Flugtechniker(in)** *m(f)* aeronautical engineer **flugtechnisch** *adj* aeronautical **Flugticket** *nt* [plane] ticket **flugtüchtig** *adj* airworthy **Flugtüchtigkeit** *f* airworthiness **Flugüberwachung** *f* air-traffic control; (*an Bord*) flight supervision **Flugunfall** *m* flying accident **Flugunfallentschädigung** *f* air accident compensation **Flugunterbrechung** *f* break in flight **Flugverbindung** *f* [flight [*or* air]] connection **Flugverbotszone** *f area with a flying ban*

Flugverkehr *m* air traffic **Flugverkehrsdienst** *m* air traffic service **Flugverkehrsdienststelle** *f* air traffic services unit **Flugverkehrsleitdienst** *m* air traffic control service **Flugverkehrsleiter(in)** *m(f)* air traffic controller **Flugverkehrsleitstelle** *f* air traffic control unit **Flugverkehrslinie** *f* airway, airline

Flugversuch *m* ❶ (*bei Vögeln*) attempt to fly ❷ (*beim Flugzeug*) flight experiment **Flugwaffe** *f* SCHWEIZ (*Luftwaffe*) Swiss Air Force **Flugweg** *m* air route, flight path **Flugwegschreiber** *m* flight recorder **Flugwesen** *nt kein pl* ❶ (*Luftfahrt*) flying, aviation ❷ (*Wissenschaft*) aeronautics + *sing vb* **Flugwetter** *nt* flying weather **Flugwetterdienst** *m* aviation weather service **Flugwetterwarte** *f* aeronautical meteorological office **Flugwiderstand** *m* air [*or* aviation] drag **Flugwild** *nt kein pl* feathered game **Flugzeit** *f* flight time **Flugzettel** *m* ÖSTERR leaflet

Flugzeug <-[e]s, -e> *nt* [aero]plane BRIT, [air]plane AM; **einmotoriges/zweimotoriges/dreimotoriges ~** single/twin/three engine[d] [aero]plane; **im ~** in an/the aeroplane; **mit dem ~** by [aero]plane

Flugzeugabsturz *m* plane [*or* BRIT air] crash **Flugzeugantennenfehler** *m* aeroplane effect **Flugzeugbau** *m kein pl* aircraft construction **Flugzeugbauer(in)** *m(f)* ❶ (*Firma*) aircraft manufacturer ❷ (*Person*) aircraft engineer [*or* builder] **Flugzeugbesatzung** *f* flight [*or* air] crew **Flugzeugdüngung** *f* airplane fertilizing **Flugzeugentführer(in)** *m(f)* [aircraft] hijacker, skyjacker **Flugzeugentführung** *f* [aircraft] hijacking **Flugzeugerkennung** *f* aircraft recognition and identification **Flugzeugfabrik** *f* aircraft factory, aircraft construction works *pl* **Flugzeugführer(in)** *m(f)* [aircraft] pilot **Flugzeughalle** *f* hangar **Flugzeugindustrie** *f* aircraft industry **Flugzeugkanzel** *f* cockpit **Flugzeugkaskoversicherung** *f* aircraft hull insurance **Flugzeugkatastrophe** *f* air disaster **Flugzeugkonstrukteur(in)** *m(f)* aircraft designer **Flugzeugladung** *f* aircraft cargo **Flugzeuglärmbekämpfung** *f* aircraft noise abatement **Flugzeugmechaniker(in)** *m(f) im Flugzeug* aircraft mechanic; *am Boden* ground mechanic **Flugzeugmodell** *nt* model aircraft [*or* plane] **Flugzeugmotor** *m* aero-engine, aircraft engine **Flugzeugträger** *m* aircraft carrier **Flugzeugtreibstoff** *m* aircraft fuel **Flugzeugtyp** *m* model of aircraft **Flugzeugunglück** *nt* plane [*or* BRIT air] crash **Flugzeugwart** *m* aircraft mechanic **Flugzeugwrack** *nt* aircraft wreckage *no pl*

Flugziel *nt* [flight] destination **Flugzustand** *m* flying condition

Fluidum <-s, Fluida> *nt Stadt, Ort* atmosphere; *Person* aura

Fluktuation <-, -en> *f* (*geh*) fluctuation; **die ~ der Mitarbeiter** the turnover of staff

Fluktuationsarbeitslosigkeit *f kein pl* ÖKON frictional unemployment **Fluktuationskosten** *pl* FIN fluctuation costs

Fluktuieren *nt* fluctuation

fluktuieren* *vi* (*geh*) to fluctuate; ***die Zahl der Beschäftigten fluktuiert sehr stark*** there is a very high turnover of employees

Flunder <-, -n> *f* (*Fisch*) flounder

► WENDUNGEN: **platt wie eine ~ sein** (*fam*) to be [completely] flabbergasted *fam*

Flunkerei <-, -en> *f* (*fam*) ❶ *kein pl* (*das Flunkern*) fibbing *fam*

❷ (*kleine Lüge*) fib *fam*

flunkern *vi* (*fam*) to fib *fam*

Flunsch <-[e]s, -e> *m* (*fam*) pout; **einen ~ ziehen/machen** to pout

Fluor <-s> *nt kein pl* fluorine

Fluorchlorkohlenwasserstoff [kloːɐ] *m* chlorofluorocarbon, CFC

Fluoreszenz <-> *f kein pl* fluorescence

fluoreszieren* *vi* to fluoresce

fluoreszierend *adj* fluorescent

Fluorgel *nt* fluoric gel

Fluorid <-[e]s, -e> *nt* fluoride

Fluorkohlenwasserstoff *m* fluorocarbon **Fluorlack** *m* fluoric varnish **Fluortablette** *f* fluoric tablet

Flur[1] <-[e]s, -e> *m* corridor; (*Hausflur*) entrance hall

Flur[2] <-, -en> *f* ❶ (*im Bebauungsplan festgelegtes Gebiet*) plot

❷ (*geh: freies Land*) open fields *pl;* **durch Feld, Wald und ~ schweifen** to roam the open countryside

► WENDUNGEN: **allein auf weiter ~ sein** to be [all] on one's tod BRIT, fam; **mit etw** *dat* **allein auf weiter ~ stehen** to be all on one's own with sth

Flurbereinigung *f* land consolidation, reallocation of agricultural land **Flurbuch** *nt* cadastral survey register **Flurhüter** *m s.* **Feldhüter** **Flurname** *m* plot name **Flurschaden** *m* damage to [fields and] crops

Fluse <-, -n> *f* TYPO piece of fluff

flusenfrei *adj* **~es Schneiden** TYPO fluff-free cutting

Fluss[RR] <-es, Flüsse> *m,* **Fluß** <-sses, Flüsse> *m* ❶ (*Wasserlauf*) river; **den ~ aufwärts/abwärts fahren** to travel upriver/downriver [*or* upstream/downstream]; **jdn/etw über den ~ setzen** to ferry sb/sth across the river; **am ~** next to the river

❷ (*kontinuierlicher Verlauf*) flow; **Verkehrs~** flow of traffic; **sich im ~ befinden** to be in a state of flux; **etw** [**wieder**] **in ~ bringen** to get sth going [again]; [**wieder**] **in ~ kommen, geraten** to get going [again]; [**noch**] **im ~ sein** (*sich verändern*) to be [still] in a state of flux; (*im Gange sein*) to be in progress

flussab(wärts)[RR] *adv* downriver, downstream **Flussarm[RR]** *m* arm [*or* branch] of a river **flussaufwärts[RR]** *adv* upriver, upstream **Flussbarsch[RR]** *m* ZOOL common [*or* river] perch **Flussbecken[RR]** *nt* river basin **Flussbegradigung[RR]** *f* river straightening [*or* channelization] **Flussbett[RR]** *nt* riverbed **Flussbiegung[RR]** *f* bend in a/the river

Flüsschen[RR] <-s, -> *nt dim von* **Fluss** ❶ stream

Flussdampfer[RR] *m* steamboat, steamer **Flussdelta[RR]** *nt* delta **Flussdiagramm[RR]** *nt* flow chart, flow diagram **Flussebene[RR]** *f* flood plain **Flussfisch[RR]** *m* freshwater fish **Flussgabelung[RR]** *f* bifurcation **Flusshafen[RR]** *m* river [*or* close] port **Flusshecht[RR]** *m* ZOOL northern pike

flüssig I. *adj* ❶ (*nicht fest*) liquid; **~es Glas** molten glass; **~er Stahl** molten steel; **etw ~ machen** to melt sth; **~ werden** to melt

❷ (*fließend*) flowing; **ein ~er Stil** a flowing [*or* fluid] style; **~er Verkehr** moving traffic

❸ FIN (*fam*) liquid; [**nicht**] **~ sein** [not] to have a lot of money

II. *adv* flowingly; **~ lesen** to read effortlessly; **etw ~ machen** (*fam*) to mobilize sth; **~ sprechen** to speak fluently; **~ Französisch sprechen** to speak fluent French

Flüssigei *nt* egg mixture **Flüssigerdgas** *nt* liquid natural gas **Flüssiggas** *nt* liquid gas

Flüssigkeit <-, -en> *f* ❶ (*flüssiger Stoff*) liquid, fluid

❷ *kein pl* (*fließende Beschaffenheit*) liquidity, liquidness; *Rede, Sprache* fluency

Flüssigkeitsbremse *f* hydraulic brake **Flüssigkeitsersatz** *m* substitute for fluids **Flüssigkeitsmaß** *nt* fluid [*or* liquid] measure **Flüssigkeitsmenge** *f* amount of fluid [*or* liquid] **Flüssigkeitsthermometer** *nt* liquid thermometer **Flüssigkleber** *m* liquid adhesive **Flüssigkristall** *m* liquid crystal **Flüssigkristallanzeige** *f* liquid crystal display, LCD **Flüssigkristallbildschirm** *m* liquid crystal display, LCD **Flüssigkristallbrille** *f* LCD-goggles *npl*

flüssig|machen *vt* (*fam*) *s.* **flüssig II**

Flüssig-Make-up *nt* liquid make-up **Flüssigseife** *f* liquid soap **Flüssigwaschmittel** *nt* liquid detergent

Flusskraftwerk[RR] *nt* power station by a river **Flusskrebs[RR]** *m* crayfish **Flusslandschaft[RR]** *f* ❶ (*Gebiet*) riverside [area] ❷ (*Bild*) riverside scene **Flusslauf[RR]** *m* course of a river **Flussmündung[RR]** *f* river mouth **Flussnetz[RR]** *nt* river system, network of rivers **Flussneunauge[RR]** *nt* ZOOL lamprey **Flussniederung[RR]** *f* fluvial plain **Flusspferd[RR]** *nt* hippopotamus **Flussregulierung[RR]** *f* river control **Flusssand[RR]** *m* river-sand **Flussschiff[RR]** *nt* river boat **Flussschifffahrt[RR]**, **Flußschiffahrt** *f* river navigation, shipping traffic **Flussseeschwalbe[RR]** *f* ORN common tern **Flussspat[RR]** *m* fluorite, fluorspar **Flussübergang[RR]** *m* ❶ (*Überquerung*) river crossing ❷ (*Furt*) ford **Flussufer[RR]** *nt* river bank

flüstern I. *vi* to whisper; **miteinander ~** to whisper to one another; **sich ~d unterhalten** to talk in whispers [to one another]; (*fig poet*)

II. *vt* ❶ (*sehr leise sprechen*) ■**etw ~** to whisper sth

❷ (*munkeln, sich erzählen*) ■**man flüstert** [*o* **es wird geflüstert**], **dass ...** it is whispered that ..., rumour [*or* AM -or] [*or* word] has it that ...

► WENDUNGEN: **das kann ich dir ~!** (*fam: darauf kannst du dich verlassen*) that's a promise!; (*na und ob!*) you bet!; **jdm** [**et**]**was flüstern** (*fam*) to give sb a good talking-to; ***dem werde ich was ~!*** I'll give him a piece of my mind!

Flüsterpropaganda *f* underground propaganda **Flüsterstimme** *f* whispered voice; **mit** [**leiser**] **~** in a [soft] whisper **Flüsterton** *m* whisper; **im ~** in whispers **Flüstertüte** *f* (*hum fam*) megaphone

Flut <-, -en> *f* ❶ (*angestiegener Wasserstand*) high tide; (*ansteigender Wasserstand*) incoming tide; **die ~ geht zurück** the tide is going out; **es ist** [*o* **herrscht**] **~** the tide's in; **die ~ kommt** [*o* **steigt**] the tide is coming in; **bei ~** at high tide; *s. a.* **Ebbe**

❷ *meist pl* (*geh: Wassermassen*) torrent; **sich in die** [**kühlen**] **~en stürzen** (*hum geh*) to jump in the water

❸ (*große Menge*) ■**eine ~ von etw** *dat* a flood of sth

fluten I. *vi sein* (*geh*) **über die Dämme/in den Keller ~** to flood the banks/cellar

II. *vt haben* ■**etw ~** to flood sth

Flutkatastrophe *f* flood disaster **Flutlicht** *nt kein pl* floodlight **Flutlichtanlage** *f* floodlights *pl;* **die ~ anschalten** to turn on the floodlights

flutschen I. *vi sein* (*fam: rutschen*) ■**[aus der Hand/ins Wasser]** ~ to slip [out of one's hand/into the water]
II. *vi impers sein o haben* (*fam*) to go smoothly
Flutwelle *f* tidal wave
fluvial *adj* GEOL fluvial
Fly-and-driveRR, **fly and drive** [flaɪən'draɪv] *nt* fly-and-drive [holiday]
Flyer <-s, -> ['flajɐ] *m* flyer
fob HANDEL *Abk von* **free on board** f.o.b.; ~ **Hamburg** f.o.b. Hamburg
fob-Kalkulation *f* HANDEL f.o.b. calculations *pl* **fob-Klausel** *f* HANDEL f.o.b. clause **fob-Lieferung** *f* HANDEL f.o.b. delivery **fob-Preis** *m* HANDEL f.o.b. price
Fock <-, -en> *f* NAUT foresail
Fockmast *m* foremast **Focksegel** *nt* NAUT foresail
föderal *adj s.* **föderativ** federal
Föderalismus <-> *m kein pl* federalism *no pl*
föderalistisch *adj* federalist
Föderation <-, -en> *f* federation
föderativ *adj* federative, federal
fohlen *vi* to foal
Fohlen <-s, -> *nt* foal; (*männlich a.*) colt; (*weiblich a.*) filly
Föhn <-[e]s, -e> *m* ❶ (*Wind*) föhn [*or* foehn]; **bei** ~ during a föhn wind
❷ (*Haartrockner*) hair-dryer [*or* drier]
föhnenRR *vt* **[jdm/sich] die Haare** ~ to dry [sb's/one's] hair with a hair drier [*or* dryer], to blow-dry [sb's/one's] hair
FöhnfestigerRR *m* setting [*or* styling] lotion [*or* AM gel] **Föhnfrisur**RR *f* blow-dry style
föhnig *adj* ■**es ist** ~ there is a föhn [*or* foehn]
Föhre <-, -n> *f* DIAL pine tree
Fokus <-, -se> *m* focus
Folge <-, -n> *f* ❶ (*Auswirkung*) consequence; **für die ~n aufkommen** to suffer [*or* take] the consequences; **ohne ~n bleiben** to have no [negative] consequences; **nicht ohne ~n bleiben** not to be without consequences, to have repercussions; **etw zur ~ haben** to result in sth; **an den ~n einer S.** *gen* **sterben, den ~n einer S.** *gen* **erliegen** (*geh*) to die as a result of sth; **böse/unangenehme ~n nach sich ziehen** to have nasty/unpleasant consequences; **als ~ von etw** *dat* as a consequence/result of sth
❷ (*Abfolge*) series; *von Bildern, Tönen a.* sequence; **in rascher ~** in quick succession
❸ (*Teil einer TV-/Radio-Serie*) episode; **ein Spielfilm in drei ~n** a film in three parts
❹ (*geh: einer Aufforderung nachkommen*) **einer S.** *dat* ~ **leisten** to comply with sth; **einer Einladung ~ leisten** to accept an invitation; **einer Vorladung ~ leisten** to answer a summons
❺ (*im Weiteren*) **in der** [*o* **für die**] ~ subsequently
Folgeauftrag *m* HANDEL follow-up order **Folgebedarf** *m kein pl* ÖKON following demand **Folgebescheid** *m* FIN follow-up notice **Folgeerscheinung** *f* consequence **Folgegeschäft** *nt* FIN follow-up deal [*or* transaction] **Folgeinvestition** *f meist pl* FIN follow-up investment **Folgekosten** *pl* FIN follow-up [*or* resulting] costs *pl* **Folgelasten** *pl* resulting [*or* consequential] costs **Folgeminute** *f* TELEK ensuing [*or* following] minute **Folgemission** *f* MIL follow-up mission
folgen *vi* ❶ *sein* (*nachgehen/-fahren*) ■**jdm/etw** ~ to follow sb/sth; ~ ***Sie mir unauffällig!*** follow me quietly
❷ *sein* (*als Nächstes kommen*) ■**[auf etw/jdn]** ~ to follow [sth/sb]; ***es folgt die Ziehung der Lottozahlen*** the lottery draw will follow; ■**auf etw** *akk* ~ to come after sth; **wie folgt** as follows; ***wir werden wie folgt vorgehen*** we will proceed as follows
❸ *haben* (*gehorchen*) ■**[jdm]** ~ to be obedient [to sb]; **einer Anordnung/einem Befehl** ~ to follow [*or* obey] an order
❹ *sein* (*verstehen*) ■**jdm** ~ to follow sb; **jdm/einer S. ~ können** to be able to follow sb/sth
❺ *sein* (*sich richten nach*) ■**einer S.** *dat* ~ to follow sth; **jds Kurs/einer Politik** ~ to follow sb's line/pursue a policy; **einem Vorschlag** ~ to act on a suggestion
❻ *sein* (*hervorgehen*) ■**es folgt, dass ...** it follows that; ■**aus etw folgt, dass ...** the consequences of sth are that...
Folgenbeseitigung *f* (*form*) elimination of consequential effects **Folgenbeseitigungsanspruch** *m* JUR claim to remedial action
folgend *adj* following; ***weitere Angaben entnehmen Sie bitte den ~en Erklärungen*** for further information please refer to the following explanations; ■**F~es** the following; ■**im F~en** in the following [speech/text]
folgendermaßen *adv* as follows **folgenderweise** *adv* as follows, like this
folgenlos *adj pred* without consequence; ~ **bleiben** not to have any consequences [*or* repercussions]; **nicht ~ bleiben** to have consequences [*or* repercussions] **folgenreich** *adj* momentous; **eine ~e Entscheidung** a momentous decision **folgenschwer** *adj* serious; **eine ~e Entscheidung treffen** to make a momentous decision
Folgeprämie *f* ÖKON renewal premium **Folgeprodukt** *nt* follow-up product **Folgeprovision** *f* FIN (*bei Versicherung*) instalment [*or* AM -ll-] commission **Folgerecht** *nt* JUR droit de suite **folgerichtig** *adj* logical **Folgerichtigkeit** *f* logical consistency; (*einer Handlung*) consistency
folgern I. *vt* ■**etw [aus etw** *dat*] ~ to conclude sth [from sth]; ■**[aus etw** *dat*] ~, **dass ...** to conclude [from sth] that ...
II. *vi* to draw a conclusion [*or* conclusions]; **vorschnell** ~ to jump to conclusions
Folgerung <-, -en> *f* conclusion; **eine ~ aus etw** *dat* **ziehen** to draw a conclusion from sth
Folgesachen *pl* JUR ancillary proceedings **Folgesatz** *m* consecutive clause **Folgeschaden** *m* JUR consequential damage [*or* loss] **Folgeschreiben** *nt* ADMIN follow-up letter **Folgevertrag** *m* JUR follow-up contract **folgewidrig** *adj* (*geh*) illogical; *Verhalten* inconsistent **Folgezeit** *f* (*Zukunft*) future; (*darauf folgende Zeit*) following period; **für die ~** for the future; **in der ~** (*in der Zukunft*) in [the] future; (*in der darauf folgenden Zeit*) afterwards
folglich *adv* therefore, consequently
folgsam *adj* obedient
Folgsamkeit <-> *f kein pl* obedience *no pl*
Foliant <-en, -en> *m* tome
Folie <-, -n> ['fo:liə] *f* ❶ (*Plastikfolie*) [plastic] film; (*Metallfolie*) foil; **Kartoffeln/Fisch in der ~** potatoes/fish baked in foil
❷ (*Projektorfolie*) [projector] slide
❸ (*geh: geistiger Hintergrund*) backdrop
Folienbeschichtung *f* foil coating **Folienkaschierung** *f* film [*or* foil] laminating **Folienprägung** *f* foil stamping **Folienschweißgerät** [liən] *nt* sealing device **Folientastatur** *f* INFORM touch pad
Folio <-s, -s *o* **Folien**> [*pl* -liən] *nt* folio
Folklore <-> *f kein pl* folklore; (*folkloristische Tänze, Lieder etc.*) folk dance/songs etc.
folkloristisch *adj* folkloristic [*or* folklorist]
Folksänger(in) ['fo:k] *m(f)* folk singer **Folksong** *m* folk song
Follikel <-s, -> *m* follicle
Follikelsprung *m* ovulation
Folsäure *f kein pl* folic acid, folacin
Folter <-, -n> *f* torture; **die reinste ~ sein** (*fig*) to be sheer torture *fig;* **[bei jdm] die ~ anwenden** to use torture [on sb]
► WENDUNGEN: **jdn auf die ~ spannen** to keep sb on tenterhooks
Folterbank <-bänke> *f* rack
Folterer, Folterin <-s, -> *m, f* torturer
Folterinstrument *nt* instrument of torture **Folterkammer** *f* torture chamber **Folterkeller** *m* torture chamber [in a cellar] **Folterknecht** *m* torturer **Foltermethode** *f* method of torture
foltern I. *vt* ■**jdn** ~ to torture sb
II. *vi* to use torture
Folteropfer *nt* victim of torture
Folterung <-, -en> *f* ❶ *kein pl* (*das Foltern*) torture *no pl*
❷ (*das Gefoltertwerden*) torture *no pl*
Folterwerkzeug *nt* instrument of torture
Fon *nt* (*fam*) *kurz für* **Telefon** phone
FonRR <-s, -s *o nach Zahlenangabe* -> *nt s.* **Phon**
Fön®, **Föhn**RR <-[e]s, -e> *m* hair-dryer [*or* drier]
Fond <-s, -s> [fõ:] *m* ❶ (*Hintergrund*) background
❷ (*Untergrund bei Stoffen*) base, background
❸ (*Fleischsaft*) meat juice
❹ AUTO (*geh*) rear compartment
Fonds <-, -> [fõ:] *m* ❶ FIN (*Geldreserve für bestimmten Zweck*) fund; (*Kapital*) funds *pl*
❷ (*geh: geistiger Grundstock*) wealth; **ein ~ an Erfahrung** a wealth of experience
Fondsertrag *m* FIN income of a fund **Fondsgesellschaft** *f* FIN investment company **Fondsmanager(in)** *m(f)* ÖKON, BÖRSE fund manager **Fondstyp** [fõ-] *m* FIN type of fund
Fondue <-s, -s> [fõ'dy:] *nt* fondue
FonemRR <-s, -e> *nt s.* **Phonem**
fönen *vt s.* **föhnen**
FonetikRR <-> *f s.* **Phonetik**
fonetischRR *adj s.* **phonetisch**
Fönlotion *f* blow-drying lotion
FonologieRR <-> *f s.* **Phonologie**
fonologischRR *adj s.* **phonologisch**
Fonotypist(in)RR <-en, -en> *m(f) s.* **Phonotypist**
FonotypistinRR <-, -nen> *f fem form von* **Phototypistin**
Font <-s, -s> *m* INFORM fount, font AM
Fontäne <-, -n> *f* fountain
Fontanelle <-, -n> *f* fontanel[le]
foppen *vt* (*fam*) ■**jdn [mit etw** *dat*] ~ to pull sb's leg [about sth] *fam*
Fora *pl von* **Forum**
Force majeure <- -> [fɔrsma'ʒœ:r] *f* JUR (*höhere Gewalt*) force majeure
forcieren* [-'si:-] *vt* (*geh*) ■**etw** ~ to push ahead with sth; **den Export/die Produktion** ~ to boost exports/production
forciert [-'si:-] *adj* (*geh*) forced
Förde <-, -n> *f* firth
Förderanlage *f* conveyor **Förderband** <-bänder> *nt* conveyor belt
Förderer, Förderin <-s, -> *m, f* sponsor
förderfähig *adj* FIN subsidizable
Fördergebiet *nt* POL development area **Fördergelder** *pl* ADMIN development funds **Förderklasse** *f* SCH special class **Förderkorb** *m* hoisting cage **Förderkosten** *pl* development costs *pl;* BERGB hauling [*or* winning] costs *pl* **Förderkreis** *m* sponsors' association, support group **Förderkurs** *m* SCH remedial course; (*für Schüler*) special classes *pl* **Förderland** *nt* (*im Bergbau*) coal producing country; (*für Ölförderung*) oil producing country **Förderleistung** *f* BERGB ❶ (*Ertrag*) yield ❷ (*Kapazität*) *einer Transportanlage* carrying capacity
❸ (*Produktion*) production
förderlich *adj* useful; ■**einer S.** *dat* ~ **sein** to be useful [*or* good] for sth
Fördermaschine *f* hoist **Fördermenge** *f* BERGB output **Fördermittel** *pl* means of conveyance, promotional funds *pl*
fordern I. *vt* ❶ (*verlangen*) ■**etw [von jdm]** ~ to demand sth [from sb]
❷ (*erfordern*) ■**etw [von jdm]** ~ to require sth [of [*or* from] sb]
❸ (*kosten*) ■**etw** ~ to claim sth; ***der Flugzeugabsturz forderte 123 Menschenleben*** the [aero]plane crash claimed 123 lives
❹ (*Leistung abverlangen*) ■**jdn/ein Tier** ~ to make demands on sb/an animal
❺ (*herausfordern*) ■**jdn [zu etw** *dat*] ~ to challenge sb [to sth]; **jdn zum Duell/Kampf** ~ to challenge sb to a duel/fight
II. *vi* (*verlangen*) to make demands; ■**[von jdm]** ~, **dass ...** to demand [of sb] that ...; **mit allem Nach-**

druck ~, dass ... to insist that ...

fördern *vt* ① (*unterstützen*) ■**etw ~** to support sth; **den Handel ~** to promote trade; **jds Karriere/Talent ~** to further sb's career/talent; ■**jdn ~** *Gönner, Förderer* to sponsor sb; *Eltern, Verwandte* to support sb
② (*förderlich sein*) ■**etw ~** to help sth along; MED to stimulate; **den Stoffwechsel/die Verdauung ~** to aid the metabolism/digestion
③ (*steigern*) ■**etw ~** to promote sth; **die Konjunktur/den Umsatz ~** to boost the economy/turnover
④ (*aus der Tiefe abbauen*) ■**etw ~** to mine for sth; **Erdöl ~** to drill for oil

fordernd I. *adj* overbearing, domineering *fam*
II. *adv* in a domineering [*or* an overbearing] manner *pred*

Förderniveau *nt* BERGB production level **Förderpreis** *m* promotion prize **Förderprogramm** *nt* ÖKON development [*or* promotion] programme [*or* AM -am] **Förderschacht** *m* winding shaft **Förderseil** *nt* winding cable [*or* rope] **Förderstufe** *f* transition stage (*from junior to senior school*) **Förderturm** *m* winding tower

Forderung <-, -en> *f* ① (*nachdrücklicher Wunsch*) demand; **jds ~ erfüllen** to meet sb's demands; **einer ~ nachkommen** to act as requested; **eine ~/~en nach etw** *dat* **erheben** to demand sth; **~en [an jdn] haben** to demand sth [of sb]; **~en [an jdn/etw] stellen** to make demands [on sb/sth]
② ÖKON, JUR (*Anspruch*) claim, debt [claim [*or* due]]; **ausstehende ~en** active debts; **unpfändbare ~** ungarnishable third-party debts; **eine ~ anmelden/abtreten** to file/to assign a claim; **eine ~ einklagen** [*o* **eintreiben**] to sue for a debt; **~en [an jdn] haben** to have claims against sb; **eine ~ regulieren/zurückweisen** to settle/to repudiate a claim
③ (*Erfordernis*) requirement
④ (*hist: Herausforderung zum Duell*) challenge to a duel

Förderung <-, -en> *f* ① (*Unterstützung*) promotion, support
② (*das Fördern*) promotion
③ MED (*Anregung*) stimulation
④ BERGB mining; **die ~ von Erdöl** drilling for oil

Forderungsabtretung *f* JUR assignment of a claim [*or* debt] **forderungsberechtigt** *adj* entitled to assert a claim **Forderungsberechtigte(r)** *f(m)* *dekl wie adj* JUR rightful claimant **Forderungseinziehung** *f*, **Forderungseinzug** *m* FIN debt collection, collection of accounts receivables **Forderungsenteignung** *f* JUR entry of a claim **Forderungserlass**[RR] *m* JUR relinquishment of a claim

Förderungsgebiet *nt* POL development area

Forderungsgläubiger(in) *m(f)* FIN garnisher, creditor **Forderungskatalog** *m* catalogue [*or* AM -og] of demands [*or* requirements] **Forderungskauf** *m* JUR purchase of accounts receivable

Förderungsmaßnahmen *pl* assistance, supportive measures *pl* **Förderungsmittel** *pl* aid *no pl*, funds for financial support

Forderungspfandrecht *nt* JUR right of attachment **Forderungspfändung** *f* JUR attachment of debts, equitable garnishment; **eine ~ durchführen** to garnish

Förderungsprogramm *nt* aid [*or* financial support] programme [*or* AM -am]

Forderungssurrogat *nt* JUR substitute claim **Forderungsübergang** *m* JUR subrogation, assignment of a claim; **gesetzlicher ~** legal subrogation **Forderungsübertragung** *f* JUR assignment [*or* transfer] of a claim **Forderungsverletzung** *f* JUR breach of an obligation; **positive ~** breach of an obligation other than by delay or impossibility **Forderungsverzicht** *m* JUR remission [*or* waiver] of a claim **Forderungsverzichtsklausel** *f* JUR waiver clause

förderungswürdig *adj* worthy of aid [*or* financial support]

Förderunterricht *m kein pl* special tuition **Förderverein** *m* aid [*or* support] association **Förderwagen** *m* BERGB mine car, tram

Forelle <-, -n> *f* trout

Forellenbarsch *m* black bass, moss bass AM **Forellenteich** *m* trout pond **Forellenzucht** *f* trout farming

Foren *pl von* **Forum**

forensisch *adj* forensic

forfaitieren* [fɔrfɛ'tiːrən] *vt* HANDEL ■**etw ~** to forfait sth

Forfaitierung <-, -en> [fɔrfɛ'tiːrʊŋ] *f* HANDEL forfaiting, non-recourse financing

Forfaitiervertrag *m* JUR forfaiting agreement

Forke <-, -n> *f* NORDD pitch fork

Form <-, -en> *f* ① (*äußere Gestalt*) shape; **etw in ~ bringen** to knock sth into shape; **eine bizarre/eigenwillige ~ haben** to have a bizarre/unconventional shape; **seine ~ verlieren** [*o* **aus der ~ geraten**] to lose shape
② *pl* (*Rundungen*) curves *pl*
③ (*Kunst~*) form
④ (*Substanz, Ausmaße*) **~ annehmen** to take shape; **allmählich/langsam ~ annehmen** to be slowly/gradually taking shape; **in ~ einer S.** *gen*, **in ~ von etw** *dat* in the form of sth
⑤ (*Art und Weise*) form; ***welche ~ der Zusammenarbeit schlagen Sie vor?*** what form of co-operation do you suggest?; **in mündlicher/schriftlicher ~** verbally/in writing
⑥ *pl* (*Manieren*) manners
⑦ (*fixierte Verhaltensweise*) conventions *pl;* **in aller ~** formally; **sich in aller ~ entschuldigen** to apologize formally, to make a formal apology; **um der ~ zu genügen** for form's sake, as a matter of form; **die ~ wahren** (*geh*) to remain polite; **der ~ wegen** [*o* **halber**] for form's sake, as a matter of form
⑧ (*Kondition*) form, shape *fam;* **in ~ bleiben/kommen** to stay in form/get into form, to stay in shape/get into shape *fam;* **[nicht] in ~ sein** to be out of shape *fam;* **in guter/schlechter ~** in good/bad shape *fam;* ***ich bin heute nicht gut in ~*** I'm not really on form today
⑨ (*Gussform*) mould, mold AM
⑩ (*Förmlichkeit*) form; **in der vom Gesetz vorgeschriebenen ~** in the manner specified by law; **~ der Geltendmachung/der Klage** form of claim/suit

formal I. *adj* ① (*die Gestaltung betreffend*) formal; **der ~e Aufbau eines Gedichts** the formal structure of a poem
② (*Formsache betreffend*) technical; ***der Antrag wurde aus rein ~en Gründen abgelehnt*** the application was refused for purely technical reasons
II. *adv* ① (*der äußeren Gestaltung nach*) formally
② (*nach den Vorschriften*) formally, technically

Formalbeleidigung *f* JUR verbal insult

Formaldehyd <-s> *m kein pl* formaldehyde *no pl*

Formaleinwand *nt* JUR technical traverse, special exception **Formalerfordernisse** *pl* JUR formal requirements

Formalie <-, -n> [-liə] *f meist pl* formality

Formalismus[1] <-> *m kein pl* (*Überbetonung der Form*) formalism *no pl*

Formalismus[2] <-, -men> *m* (*Formalität*) formality

Formalität <-, -en> *f* ① (*Formsache*) formality; ***der Rest ist eine reine ~*** the rest is a pure formality
② JUR (*Vorschrift*) formality, form; **gerichtliche/gesetzliche ~en** forms of court/legal formalities; **die/alle ~en erledigen** to complete [*or* go through] the/all the formalities; **ohne ~en** summarily

formaljuristisch I. *adj* legalistic, technical
II. *adv* by the letter of the law

Formalprüfung *f* JUR examination as to formal requirements

Format <-[e]s, -e> *nt* ① (*Größenverhältnis*) format; **im ~ DIN A 4** in A 4 format
② (*Bedeutung*) distinction; **ein Komponist/eine Komponistin von ~** a composer of distinction
③ (*Niveau*) quality; **ein Politiker/eine Politikerin von ~** a politician of stature; **internationales ~** international standing; **[kein] ~ haben** to have [no] class

Formatbogen *m* TYPO trimmed sheet **Formatbuch** *nt* TYPO dummy, sample binding [*or* volume]

formatieren* *vt* INFORM ■**etw ~** to format sth; **eine Diskette/eine Festplatte/einen Text ~** to format a disc/a hard disc/a text

Formatierung <-, -en> *f* INFORM formatting

Formatierungsprogramm *nt* INFORM formatter

Formation <-, -en> *f* ① (*Gruppierung*) formation; **geschlossene ~** close formation; **in gestaffelter ~** in staggered formation
② GEOL formation

Formationsspringen *nt* SPORT formation sky-diving

Formatpapier *nt* TYPO paper cut to size, sheet paper

formbar *adj* malleable

Formbarkeit <-> *f kein pl* (*a. fig*) malleability

formbeständig *adj* dimensionally stable **Formblatt** *nt* HANDEL form, blank **Formbügel** *m* shaped [clothes] hanger

Formel <-, -n> *f* ① (*Kürzel*) formula
② (*Wortlaut*) wording
③ (*kurz gefasster Ausdruck*) set phrase; **etw auf eine einfache ~ bringen** to reduce sth to a simple formula

Formel-1-Pilot(in) *m(f)* Formula One driver **Formel-1-Rennen** *nt* Formula One racing **Formel-1-Wagen** *m* Formula One racing car

formelhaft I. *adj* stereotyped
II. *adv* in a stereotyped manner; **~ klingen** to sound stereotyped

Formelkram *m kein pl* (*pej fam*) stupid formulae [*or* formulas] *pl pej*

formell I. *adj* ① (*offiziell*) official; **eine ~e Stellungnahme** an official statement
② (*förmlich*) formal
II. *adv* ① (*offiziell*) officially; **zu etw** *dat* **~ Stellung nehmen** to comment officially on sth
② *s.* **formal 2**

Formelsammlung *f* MATH formulary **Formelsatz** *nt* TYPO composition of scientific formulae, maths setting

formen I. *vt* ① (*modellieren*) ■**etw [aus etw** *dat***] ~** to mould [*or* AM mold] sth [from sth]; **hübsch/wohl geformt** beautifully/well formed
② (*bilden*) ■**etw ~** to form sth; **Sätze ~** to form sentences
③ (*prägen*) ■**jdn/etw ~** to mould [*or* AM mold] sb/sth
II. *vr* ■**sich ~** to form

Formenlehre *f* ① LING morphology ② MUS musical form **formenreich** *adj* with a great variety of forms **Formenreichtum** *m* variety of forms **Formensinn** *m* sense of form

Formentera *nt* Formentera; *s. a.* **Sylt**

Former(in) <-s, -> *m(f)* TECH moulder, molder AM

Formerei <-, -en> *f* TECH moulding [*or* AM molding] shop

Formerfordernis *nt* JUR formal requirement, requisite of form **Formfehler** *m* ① (*Verstoß gegen formale Vorschriften*) irregularity; JUR formal defect ② (*Verstoß gegen Etikette*) breach of etiquette, faux pas **Formfreiheit** *f kein pl* JUR freedom of form **Formgebung** *f* design **formgerecht** *adj* JUR in due form; **form- und fristgerecht** in due form and time **Formhandelsgesellschaft** *f* HANDEL pro-forma trading company

formieren* **I.** *vr* ① (*sich ordnen*) ■**sich [zu etw** *dat***] ~** to form up [into sth]
② (*sich bilden/zusammentun*) ■**sich ~** to form
II. *vt* ■**etw ~** to form sth; **eine Mannschaft ~** SPORT to position the players of a team

Formierung <-, -en> *f* formation

Formkaufmann *m* JUR merchant by legal form **Formkrise** *f* SPORT loss of form, slump AM

förmlich I. *adj* ① (*offiziell*) official, formal; **~e**

Bitte/Entschuldigung an official/a formal request/ apology
❷ (*steif, unpersönlich*) formal
II. *adv* ❶ (*steif, unpersönlich*) formally
❷ (*geradezu*) really

Förmlichkeit <-, -en> *f* ❶ *kein pl* (*förmliche Art*) formality
❷ *meist pl* (*gesellschaftliche Umgangsformen*) formality *usu pl*

formlos *adj* ❶ (*gestaltlos*) formless; (*nur die äußere Gestalt betreffend*) shapeless
❷ (*zwanglos*) informal; **~e Begrüßung/Zeremonie** informal greeting/ceremony; ***schicken Sie uns einfach einen ~en Antrag*** just simply send us an informal application

Formlosigkeit <-> *f kein pl* ❶ (*Gestaltlosigkeit*) formlessness; (*nur der äußeren Gestalt*) shapelessness
❷ (*Zwanglosigkeit*) informality

Formmangel *m* JUR insufficiency of [*or* deficiency in] form **Formsache** *f* formality; **eine [reine] ~ sein** to be a [mere] formality **formschön** *adj* well-shaped, well-designed **Formschwäche** *f* ■ **eine ~ haben** to be in [*or* on] poor form **formstabil** *adj* AUTO stiff **Formtief** *nt* low; **sich in einem ~ befinden** (*geh*), **ein ~ haben** to experience a low

Formular <-s, -e> *nt* form

Formulararbeitsvertrag *m* JUR model form of employment contract **Formulardruck** *m* business forms [*or* stationary] printing **Formularsteuerung** *f* form feed **Formularvertrag** *m* JUR standard[-form] contract

formulieren* I. *vt* ■ **etw ~** to formulate sth; ***... wenn ich es mal so ~ darf ...*** if I might put it like that
II. *vi* to express oneself

Formulierung <-, -en> *f* ❶ *kein pl* (*das Formulieren*) wording; ***kannst du mir mal bei der ~ dieses Briefes helfen?*** can you help me with the wording of this letter?
❷ (*textlicher Ausdruck*) formulation, phraseology; ***welche ~ würden Sie hier wählen?*** what phraseology would you choose here?

Formung <-, -en> *f kein pl* shaping; **~ des Charakters/der Persönlichkeit** moulding [*or* AM molding] [*or* shaping] of the character/personality

formvollendet I. *adj* perfect[ly shaped] II. *adv* perfectly **Formvorschriften** *pl* JUR formal requirements **formwidrig** I. *adj* JUR *Verhalten, Vorgehen, Praktik* irregular, contrary to form *pred* II. *adv* incorrectly; **einen Vertrag ~ abfassen** to commit irregularities in preparing a contract; **sich ~ verhalten** to commit irregularities

forsch I. *adj* bold
II. *adv* boldly, in a bold manner; **~ daherreden** to waffle confidently; **~ klingen** to sound bold

forschen *vi* ❶ (*Forschung betreiben*) to research, to conduct [*or* carry out] research
❷ (*suchen*) ■ **nach jdm/etw ~** to search for sb/sth; (*versuchen herauszufinden*) to investigate sb/sth

forschend I. *adj* inquiring
II. *adv* inquiringly

Forscher(in) <-s, -> *m(f)* ❶ (*Wissenschaftler*) researcher
❷ (*Forschungsreisender*) explorer

Forscherdrang *m* urge to research **Forscherteam** *nt* research team, team of researchers

Forschheit <-> *f kein pl* boldness *no pl*

Forschung <-, -en> *f* ❶ *kein pl* (*die forschende Wissenschaft*) scientific research; **die moderne ~** modern research
❷ (*Untersuchung*) research; **~ und Lehre** research and teaching; **~en betreiben** to conduct [*or* carry out] research

Forschungsabteilung *f* research and development department, R & D department **Forschungsanstalt** *f* research institution **Forschungsarbeit** *f* ❶ (*Tätigkeit*) research [work] ❷ (*Veröffentlichung*) research paper **Forschungsauftrag** *m* research assignment **Forschungsbereich** *m s.* Forschungsgebiet **Forschungsbericht** *m* research report **Forschungsbudget** *nt* FIN research budget **Forschungseinrichtung** *f* research facility [*or* institution] **Forschungsergebnis** *nt* result of the research; **nach neuesten ~sen** according to the latest research **Forschungsfonds** *m* FIN research fund; **betrieblicher ~** internal research fund **Forschungsgebiet** *nt* area of research **Forschungsgemeinschaft** *f* research council [*or* group] **Forschungsgruppe** *f* research group **Forschungsinstitut** *nt* research institute **Forschungsinvestitionen** *pl* FIN investments in research **Forschungskooperation** *f* cooperation on research **Forschungslabor** *nt* research laboratory **Forschungslaboratorium** *nt* research laboratory **Forschungsmethode** *f* research method **Forschungsminister(in)** *m(f)* Minister for Research BRIT, Research Secretary AM **Forschungsministerium** *nt* Ministry of Research and Development BRIT **Forschungsmittel** *pl* means for research **Forschungsmodul** *nt* research module **Forschungsökonomie** *f* ÖKON research funds management **Forschungsplattform** *f* RAUM research platform **Forschungsprogramm** *nt* research programme [*or* AM -am] **Forschungsprojekt** *nt* research project **Forschungsrakete** *f* research rocket **Forschungsreaktor** *m* research [*or* test] reactor **Forschungsreise** *f* expedition **Forschungsreisende(r)** *f(m) dekl wie adj* explorer **Forschungsrichtung** *f* branch of research **Forschungssatellit** *m* research satellite **Forschungsschiff** *nt* research vessel **Forschungssektor** *m* research sector **Forschungssemester** *nt* sabbatical term, sabbatical *fam* **Forschungsstation** *f* research station **Forschungsstätte** *f* research establishment **Forschungsstelle** *f* research post **Forschungsstipendium** *nt* research grant **Forschungsurlaub** *m* sabbatical leave **Forschungsvorhaben** *nt* research project **Forschungszentrum** *nt* research centre [*or* AM -er] **Forschungszweck** *m* purpose of the research **Forschungszweig** *m* branch of research

Forst <-[e]s, -e[n]> *m* [commercial] forest

Forstamt *nt* forestry office, forestry service AM **Forstamtschef(in)** *m(f)* head of a/the local forestry office; ***der Murrhardter ~*** head of the Murrhardt Forestry Office **Forstarbeiter(in)** *m(f)* forest labourer **Forstaufseher(in)** *m(f)* forest attendant **Forstbeamte(r), -beamtin** *m, f* forestry official **Forstbewirtschaftung** *f* forestry *no pl, no indef art*

Förster(in) <-s, -> *m(f)* forester, forest warden

Försterei <-, -en> *f* forest warden's [*or* AM forest ranger's] lodge

Forstfrevel *m* JUR *offence against the forest laws* **Forsthaus** *nt* forester's house **Forstrecht** *nt kein pl* forest law **Forstrevier** *nt* forestry district **Forstschaden** *m* forest damage **Forstschädling** *m* forest pest **Forstverwaltung** *f* forest management **Forstwesen** *nt kein pl* forestry *no pl* **Forstwiderstand** *m* JUR obstruction of a forestry officer **Forstwirt(in)** *m(f)* forester **Forstwirtschaft** *f kein pl* forestry *no pl,* silviculture *no pl* **Forstwissenschaft** *f* forestry *no pl,* forest science **Forstwissenschaftler(in)** *m(f)* forestry scientist

Forsythie <-, -n> [fɔrˈzyːt͡si̯ə] *f* Forsythia

fort *adv* ❶ (*weg*) ***nur ~ von hier!*** (*geh*) let's get away!; (*verreist*) away; ***er wird noch eine Woche ~ sein*** he will be away for another week; ■ **~ sein** DIAL (*nicht zu Hause*) to be gone
❷ (*weiter*) **und so ~** and so on; **in einem ~** constantly; ***gestern hat mein Telefon in einem ~ geklingelt*** my telephone rang non-stop yesterday

Fort <-s, -s> [foːɐ̯] *nt* fort

fortan *adv* (*geh*) from now on, henceforth *form*

fort|begeben* *vr irreg* (*geh*) ■ **sich [von irgendwo] ~** to depart [from somewhere] *form,* to leave [somewhere] **Fortbestand** *m kein pl* continued existence *no pl,* survival *no pl* **fort|bestehen*** *vi irreg* (*weiterhin bestehen*) to survive; (*andauern*) to continue **Fortbestehen** <-s> *nt kein pl* ÖKON continuance, continuation; **~ des Erfüllungsanspruchs/des Zahlungsanspruchs** continuation of the claim to performance/for payment **fort|bewegen*** I. *vt* ■ **etw ~** to move sth, to convey sth II. *vr* ■ **sich ~** to move **Fortbewegung** *f kein pl* movement, locomotion **Fortbewegungsmittel** *nt* means of locomotion

fort|bilden *vt* ■ **sich ~** to take [*or* go on] [further] education courses, to take [*or* go on] [further] training courses; ■ **jdn ~** to provide sb with further education, to provide sb with further training

Fortbildung *f* further education; **berufliche ~** advanced vocational training; **betriebliche ~** inhouse training

Fortbildungskonzept *nt* further education programme **Fortbildungskurs** *m* further education course; (*beruflich*) training course **Fortbildungskurs(us)** *m* [further] training course **Fortbildungslehrgang** *m* [re]training course **Fortbildungsseminar** *nt* further vocational training course

fort|bleiben *vi irreg sein* ■ **[von irgendwo] ~** to stay away [from sth [*or* somewhere]], to stay out [of sth] **Fortbleiben** <-s> *nt kein pl* absence

fort|bringen *vt irreg* ■ **jdn/etw ~** ❶ (*wegbringen*) to take away sb/sth *sep;* (*zur Reparatur*) to take in sth *sep;* **einen Brief/ein Paket ~** to post [*or esp* AM mail] a letter/a parcel ❷ (*bewegen*) to move sb/sth **Fortdauer** *f* continuation, continuance **fort|dauern** *vi* to continue **fortdauernd** I. *adj* continuous II. *adv* continuously, constantly **Fortdruck** *m* TYPO final [*or* production] run, production printing **Fortdruckbogen** *m* TYPO production sheet **fortdruckgerecht** *adj* TYPO **~er Andruck** production-true print proof

forte *adv* ❶ MUS forte
❷ PHARM extra

fort|entwickeln* I. *vt* ■ **etw ~** to develop sth [further] II. *vr* ■ **sich ~** to develop [further] **Fortentwicklung** *f kein pl* development **fort|fahren** I. *vi* ❶ *sein* (*wegfahren*) to go [*or* drive] [away/off]; ***diesmal fahren wir im Urlaub nicht fort*** we're not going away on holiday this time ❷ *sein o haben* (*weiterreden*) to continue ❸ *sein o haben* (*weitermachen*) ■ **~, etw zu tun** [*o* **mit etw** *dat* **~**] to continue to do [*or* doing] sth, to keep [on] doing sth II. *vt haben* ■ **jdn/etw ~** to drive sb/sth away **Fortfall** *m* (*Wegfall*) discontinuation, ending **fort|fallen** *vi irreg sein* ■ **etw fällt [für jdn] fort** sth does not apply [to sb] **fort|fliegen** *vi sein* to fly away **fort|führen** *vt* ❶ (*fortsetzen*) ■ **etw ~** to continue sth; **fortgeführter Anschaffungspreis** FIN unchanged purchase price ❷ (*wegführen*) ■ **jdn ~** to lead sb away **Fortführung** *f* continuation **Fortführungsinvestition** *f* going concern investment **Fortgang** *m kein pl* ❶ (*weiterer Verlauf*) continuation *no pl;* ***der ~ der Verhandlungen ist noch völlig offen*** it cannot yet be estimated how the negotiations will continue [*or* progress]; **seinen ~ nehmen** (*geh*) to progress ❷ (*Weggang*) departure **fort|geben** *vt irreg s.* **weggeben fort|gehen** *vi sein* to leave, to go away **fort|gelten** *vi* JUR to continue to be valid **Fortgeltung** *f* JUR continued validity **fortgeschritten** *adj* advanced; **im ~en Alter** at an advanced age; *s. a.* **Stunde Fortgeschrittene(r)** *f(m) dekl wie adj* advanced student **Fortgeschrittenenkurs(us)** *m* advanced course **fortgesetzt** *adj* constant **fort|jagen** I. *vt haben* ■ **jdn/ein Tier ~** to chase sb/an animal away II. *vi sein* to scarper BRIT *sl,* run away **fort|kommen** *vi sein* ❶ (*fam: wegkommen*) ■ **[aus/von etw** *dat*] **~** to get out of/away from sth; ***mach, dass du fortkommst!*** (*fam*) get lost! *fam* ❷ (*abhanden kommen*) to go missing, to get lost ❸ (*beruflich vorankommen*) to get on **Fortkommen** *nt* progress, career [*or* professional] advancement; **jdn an jds ~ hindern** to hinder sb's career [*or* professional] advancement **fort|können**

F

vi irreg to be able to go, to be able to leave; ***du kannst jetzt nicht fort, draußen gießt es in Strömen!*** you can't leave now, it's pouring down outside **fort|lassen** *vt irreg* ❶ (*weggehen lassen*) ■**jdn** ~ to let sb go ❷ (*weg-/auslassen*) ■**etw** ~ to leave sth out, to omit sth **fort|laufen** *vi irreg sein* to run away; **von zu Hause** ~ to run away from home; ■**jdm** ~ to go missing; ***uns ist unsere Katze fortgelaufen*** our cat has gone missing; (*verlassen*) to leave sb; ***ihm ist seine Frau fortgelaufen*** his wife has left him **fortlaufend** **I.** *adj* (*ständig wiederholt*) continual; (*ohne Unterbrechung*) continuous **II.** *adv* (*ständig*) constantly; (*in Serie*) consecutively **fort|leben** *vi* (*liter*) to live on; ■**in jdm/etw** ~ to live on in sb/sth **fort|loben** *vt* ■**jdn** ~ to get rid of sb by praising them **fort|müssen** *vi irreg* ❶ (*weggehen müssen*) to have to go [*or* leave] ❷ (*weggebracht werden müssen*) to have to go **fort|nehmen** *vt irreg* ■[**jdm**] **etw** ~ to take sth away [from sb]

fort|pflanzen *vr* ■**sich** ~ ❶ (*sich vermehren*) to reproduce
❷ (*sich verbreiten*) to spread

Fortpflanzung *f kein pl* reproduction *no pl*

fortpflanzungsfähig *adj* able to reproduce *pred*, capable of reproduction *pred*; **im ~en Alter sein** to be at an age where reproduction is possible **Fortpflanzungsfähigkeit** *f* capacity of reproduction, ability to reproduce, reproductiveness **Fortpflanzungsgeschwindigkeit** *f* PHYS velocity of propagation **Fortpflanzungsmedizin** *f* reproductive medicine **Fortpflanzungsorgan** *nt* (*geh*) reproductive organ **Fortpflanzungstechnologie** *f* reproductive technology **fortpflanzungsunfähig** *adj* incapable of reproduction *pred*; **~e Männer/Frauen** men who cannot have children/women who cannot conceive

fort|räumen *vt* ■**etw** ~ to clear away sth *sep* **fort|reißen** *vt irreg* ■**jdn/etw mit sich** *dat* ~ to sweep away sb/sth *sep*; **sich von seinen Gefühlen ~ lassen** to allow oneself to get swept away by one's emotions **fort|rennen** *vi irreg sein* (*fam*) to run away **Fortsatz** *m* ANAT process **fort|schaffen** *vt* ■**jdn/etw** ~ to get rid of sb/sth **fort|scheren** *vr* (*veraltet fam*) ■**sich** [**von irgendwo**] ~ to clear off [from somewhere]; ***scher dich fort von hier!*** get lost! **fort|schicken** *vt* ■**jdn/etw** ~ to send sb/sth away **fort|schreiben** *vt irreg* ■**etw** ~ ❶ (*fortlaufend ergänzen*) to update sth ❷ (*weiterführen*) to continue sth **Fortschreibung** *f* ❶ (*das Ergänzen*) updating ❷ (*Weiterführung*) continuation **fort|schreiten** *vi irreg sein* to progress **fortschreitend** *adj* progressive

Fortschritt *m* ❶ (*Schritt nach vorn*) step forward; [**gute**] **~e machen** to make progress *no pl*
❷ (*Verbesserung*) improvement

fortschrittlich **I.** *adj* progressive
II. *adv* progressively; **eine ~ eingestellte Person** a person with a progressive attitude, a forward-thinking person

Fortschrittlichkeit <-> *f kein pl* progressiveness

fortschrittsfeindlich *adj* anti-progressive, opposed to progress *pred* **Fortschrittsglaube** *m* belief in progress **fortschrittsgläubig** *adj* having belief in progress *pred*

fort|setzen **I.** *vt* ■**etw** ~ to continue [*or sep* carry on] sth
II. *vr* (*zeitlich, räumlich*) ■**sich** ~ to continue, to carry on

Fortsetzung <-, -en> *f* ❶ *kein pl* (*das Fortsetzen*) continuation; ***die Zeugen wurden zur ~ der Gerichtsverhandlung in den Saal gerufen*** the witnesses were summoned to the courtroom for the continuation of the proceedings; ~ **der mündlichen Verhandlung** JUR resumption of the hearing ❷ (*darauf folgender Teil*) **die ~ eines Buches/Films** the sequel to [*or* of] a book/film; **eine ~ einer Fernsehserie/eines Hörspiels** an episode of a television series/radio play; **„~ folgt"** "to be continued"; **ein Roman in drei ~en** a novel in three parts

Fortsetzungsbeschluss[RR] *m* ÖKON decision to continue proceedings **Fortsetzungsgeschichte** *f* serial **Fortsetzungsklausel** *f* JUR **automatische ~** automatic renewal clause **Fortsetzungsreihe** *f* series **Fortsetzungsroman** *m* serialized novel **Fortsetzungsserie** *f* series

fort|stehlen *vr irreg* ■**sich** ~ to steal away; ***sie stahl sich leise fort*** she slipped away quietly **fort|tragen** *vt irreg* ■**jdn/etw** ~ to carry away sb/sth *sep* **fort|treiben** *irreg* **I.** *vt haben* ❶ (*verjagen*) ■**jdn/ein Tier** ~ to chase sb/an animal away ❷ (*an einen anderen Ort treiben*) ■**jdn/etw** ~ to sweep sb/sth away; ***der Sturm hat das Boot fortgetrieben*** the storm swept the boat away **II.** *vi sein* to drift away

Fortuna <-> *f kein pl* Fortune

Fortüne <-> *f kein pl* (*geh*) [good] fortune [*or* luck]; **~ haben** to be lucky; **keine ~ haben** to be unlucky, to be out of luck

fortwährend **I.** *adj attr* constant
II. *adv* constantly; ***bitte unterbrich mich nicht ~*** please don't keep interrupting me

fort|werfen *vt irreg* ■**etw** ~ to throw away sth *sep* **fort|wirken** *vi* to continue to have an effect **fort|wollen** *vi* ■[**aus/von etw** *dat*] ~ to want to leave [sth], to want to go [away from somewhere] **fort|ziehen** *irreg* **I.** *vt haben* ■**jdn/etw** ~ to pull sb/sth away **II.** *vi sein* to move [away]

Forum <-s, Foren *o* Fora> *nt* ❶ (*Personenkreis*) audience; **vor einem ~ sprechen** to speak in front of an audience
❷ *pl* (*öffentliche Diskussion*) public discussion
❸ (*Ort für öffentliche Diskussion*) forum
❹ (*Platz in altrömischen Stätten*) forum; **das ~ Romanum** the Forum

Forumsdiskussion *f* forum discussion **Forumsgespräch** *nt* public discussion

fossil *adj attr* fossil

Fossil <-s, -ien> [*pl* -liən] *nt* ❶ (*Versteinerung*) fossil
❷ (*überalterte Person*) dinosaur

Föten *pl von* **Fötus**

Foto <-s, -s> *nt* photograph, photo *fam*; **ein ~ [von jdm/etw] machen** to take a photo [of sb/sth]

Fotoalbum *nt* photo album **Fotoamateur(in)** *m(f)* amateur photographer **Fotoapparat** *m* camera **Fotoarchiv** *nt* photo archives **Fotoartikel** *m* item of photographic equipment **Fotoatelier** *nt* photographic studio **Fotoausstellung** *f* exhibition of photography **Fotobiologie**[RR] *f s.* **Photobiologie** **Foto-CD** *f* photo CD **Fotochemie**[RR] *f s.* **Photochemie** **fotochemisch**[RR] *adj s.* **photochemisch** **Fotodesign** *nt* photo design **Fotoecke** *f* mounts *pl* **Fotoeffekt**[RR] *m* PHYS *s.* **Photoeffekt** **Fotoelektrizität** *f* photoelectricity **Fotoelement**[RR] *nt s.* **Photoelement** **Fotofinish** [fɪnɪʃ] *nt* photo finish

fotogen *adj* photogenic

Fotograf(in) <-en, -en> *m(f)* photographer

Fotografie <-, -n> [*pl* -'fi:ən] *f* ❶ *kein pl* (*Verfahren*) photography *no pl*
❷ (*Bild*) photograph

fotografieren* **I.** *vt* ■**jdn/etw** ~ to take a photograph/photographs of sb/sth; **sich [von jdm] ~ lassen** to have one's photograph taken [by sb]
II. *vi* to take photographs

fotografisch **I.** *adj* photographic; **~e Effekte/Tricks** photographic effects/trick photography
II. *adv* photographically; **etw ~ abbilden** [*o* **darstellen**] to illustrate sth with photographs

Fotohalbleiterschicht *f* TYPO photo semi-conductor coating **Fotoindustrie** *f* photographic industry **Fotokopie** *f* photocopy **fotokopieren*** *vt* (*geh*) ■**etw** ~ to photocopy sth **Fotokopierer** *m* (*fam*) photocopier, copier *fam* **Fotokopiergerät** *nt* photocopier **Fotolabor** *nt* photographic [processing] laboratory **Fotomaterial** *nt* photographic material **fotomechanisch** *adj* photomechanical **Fotomodell** *nt* photographic model **Fotomontage** *f* photo montage

Foton[RR] <-s, -tonen> *nt s.* **Photon** **Fotopapier** *nt* photographic paper **Fotoreportage** *f* photo report **Fotoreporter(in)** *m(f)* press photographer **Fotosafari** *f* photographic safari **Fotosatz** *m* INFORM filmsetting, phototypesetting **Fotosatzschrift** *f* photocomposition typeface, phototypesetting font **Fotosetzmaschine** *f* TYPO phototypesetting machine, phototypesetter **Foto-Shooting** <-s, -s> [-'ʃu:tɪŋ] *nt* (*Fototermin*) photo call [*or* shoot] **Fotosphäre**[RR] *f* ASTRON *s.* **Photosphäre** **Fotosynthese** *f* photosynthesis **Fototermin** *m* photo session

Fotothek <-, -en> *f* photographic library **Fotovoltaik**[RR] <-> *f s.* **Photovoltaik**

Fotozeitschrift *f* photographic magazine

Fotozelle[RR] *f s.* **Photozelle**

Fötus <-[ses], Föten *o* -se> *m* foetus BRIT, fetus AM

Fotze <-, -n> *f* (*vulg*) cunt *vulg*

Foul <-s, -s> [faul] *nt* foul; **ein ~ begehen** to commit a foul

Foulelfmeter ['faul-] *m* penalty

foulen ['faulən] **I.** *vt* ■**jdn** ~ to foul sb
II. *vi* to foul

Foulspiel [faul-] *nt* SPORT foul play

Foxtrott <-s, -e *o* -s> *m* foxtrot

Foyer <-s, -s> [foa'je:] *nt* foyer

FPÖ *f* ÖSTERR *Abk von* **Freiheitliche Partei Österreichs** Austrian Freedom Party

Fr. *Abk von* **Frau** Mrs, Ms (*feminist address*)

Fracht <-, -en> *f* ❶ (*Ladung*) cargo, freight; (*giftig, gefährlich*) load
❷ (*Beförderungspreis*) carriage, freight[age]; **~ bezahlt Empfänger** freight forward; **~ vorausbezahlt** carriage paid

Frachtabschluss[RR] *m* freight fixing **Frachtanspruch** *m* freight claim **Frachtaufseher(in)** *m(f)* cargo superintendent **Frachtausschuss**[RR] *m* freight bureau **Frachtbeförderung** *f* carriage of goods **Frachtbrief** *m* HANDEL bill of freight, consignment note **Frachtbuch** *nt* cargo book **Frachtbuchung** *f* freight booking **Frachtdampfer** *m* cargo boat [*or* vessel] **Frachtempfänger** *m* HANDEL consignee

Frachtenausgleich *m* ÖKON equalization of freight rates **Frachtenbahnhof** *m* ÖSTERR (*Güterbahnhof*) goods depot

Frachter <-s, -> *m* cargo boat [*or* ship], freighter

Frachtflug *m* cargo flight **Frachtflugzeug** *nt* cargo plane, air freighter **frachtfrei** **I.** *adj* HANDEL *Lieferung, Zustellung* carriage [pre]paid **II.** *adv* carriage [pre]paid [*or* free]; **etw ~ liefern** (*ohne Frachtkosten*) to deliver sth carriage free **Frachtführer(in)** *m(f)* HANDEL carrier, [vehicle] haulage contractor **Frachtgarantie** *f* HANDEL freight guarantee **Frachtgebühr** *f* HANDEL freight [*or* carriage] [charge] **Frachtgeld** *nt* carriage **Frachtgeschäft** *nt* HANDEL carriage [*or* freight] business **Frachtgewerbe** *nt* carrying trade **Frachtgut** *nt* freight **Frachtkahn** *m* barge **Frachtkonsortium** *nt* cargo syndicate **Frachtkosten** *pl* HANDEL freight charges, freightage, carriage; **Fracht- und Löschungskosten** freight and landing charges; **durchgehende/volle ~** through freight/full cargo; **etw in ~ nehmen** to freight sth **Frachtliste** *f* cargo list, tally **Frachtlohn** *m* cartage **Frachtluftfahrt** *f* air freight [*or* cargo] transport

Frachtmakler(in) *m(f)* freight broker **Frachtmaklergebühr** *f* freight brokerage **Frachtmaklergeschäft** *nt* freight broking **Frachtnachnahme** *f* HANDEL carriage forward **Frachtraum** *m* *Schiff* cargo hold; *Flugzeug* cargo compartment **Frachtraumzuteilung** *f* space allocation **Frachtrecht** *nt* JUR carriage of goods law **Frachtschiff** *nt* cargo boat; (*groß*) cargo ship, freighter; **~ für Bulkladung** bulk carrier **Frachtschifffahrt**[RR], **Frachtschiffahrt** *f* freight shipping **Frachtspediteur** *m* cargo agent **Frachtstück** *nt* piece of freight **Frachttarif** *m* freight rate **Frachttonne** *f* cargo ton **Frachttransportunternehmen** *nt* freight company [*or* forwarder], cargo shipper **Frachtverkehr** *m* goods traffic **Frachtvermerk** *m* freight clause **Frachtver-**

sender *m* HANDEL consignor; (*auf See*) shipper **Frachtversicherer** *m* cargo underwriter **Frachtversicherung** *f* ÖKON freight [*or* cargo] insurance **Frachtversicherungspolice** *f* cargo policy **Frachtvertrag** *m* HANDEL freight contract, contract of carriage **Frachtzuschlag** *m* HANDEL primage, excess freight

Frack <-[e]s, Fräcke *o* -s> *m* tails *npl;* **einen ~ tragen** to wear tails; **im ~** in tails

Fracksausen <-s> *nt* **~ haben/bekommen** (*fam*) to be/become scared stiff **Frackzwang** *nt kein pl* obligation to wear tails; ***es herrscht* ~** tails must be worn

Frage <-, -n> *f* ❶ (*zu beantwortende Äußerung*) question; **das ist die [große] ~!** that's the [sixty-four thousand dollar] question; **gute ~!** [that's a] [very] good question!; **eine ~ zu etw** *dat* **haben** to have a question about [*or* concerning] sth; **eine ~/~n [an jdn] haben** to have a question/questions [for sb]; **mit einer ~/mit ~n kommen** to come with a question/questions; **jdm eine ~ stellen** [*o* **eine ~ an jdn stellen**] [*o geh* **richten**] to ask sb a question, to put a question to sb
❷ (*Problem*) question, problem, issue; **das ist eine ~ des Anstandes/des Geldes/der Zeit** this is a question of decency/money/time; **keine ~** no problem; **ohne ~** without doubt; **etw steht** [*o* **ist**] **außer ~ [für jdn]** there is no question [*or* doubt] about sth [as far as sb is concerned]; **die großen ~en unserer Zeit** the great issues of our time; **eine strittige ~** a contentious issue; **ungelöste ~en** unsolved issues; **~en aufwerfen** to prompt [*or* raise] questions
❸ (*Betracht*) **[für jdn/etw] in ~ kommen** to be worthy of consideration [for sb/sth]; ***für diese schwierige Aufgabe kommt nur eine Spezialistin/ein Spezialist in* ~** only an expert can be considered for this difficult task; **[für jdn/etw] nicht in ~ kommen** to be out of the question [for sb/sth]; **[*das*] *kommt nicht in* ~!** that's [completely] out of the question!; **es steht** [*o* **ist**] **außer ~, dass ...** there is no question [*or* doubt] that ...
► WENDUNGEN: **auf eine dumme ~ gibt es [immer] eine dumme Antwort** (*prov*) ask a silly question[, get a silly answer]

Fragebogen *m* questionnaire **Fragebogenaktion** *f* poll [using questionnaires], survey **Fragefürwort** *nt* LING interrogative pronoun

fragen I. *vi* ❶ (*eine Frage stellen*) to ask; ***da fragst du mich zu viel*** (*fam*) you've got me there *fam;* ***da müssen Sie woanders* ~** you'll have to ask someone else; ***man wird ja wohl noch* ~ *dürfen*** (*fam*) I was only asking; **ohne [lange] zu ~** without asking [a lot of] questions; **ohne nach etw** *dat* **zu ~** without bothering about the consequences of sth
❷ (*sich erkundigen*) ■**nach jdm ~** to ask for sb; ***hat während meiner Abwesenheit irgendwer nach mir gefragt?*** did anyone ask for me while I was away?; ■**nach etw** *dat* **~** to enquire [*or* ask] about sth; **nach der Uhrzeit ~** to ask the time; **nach dem Weg ~** to ask for directions; **nach jds Gesundheit ~** to enquire [*or* ask] about [*or* BRIT *a.* after] sb's health; ***dürfte ich Sie wohl nach Ihrem Alter/Beruf ~?*** may I enquire how old you are/what you do for a living?; ■**nicht nach etw** *dat* **~** to not be bothered about sth
II. *vr* ■**sich ~, ob/wann/wie ...** to wonder whether/when/how ...; ■**es fragt sich, ob ...** it is doubtful whether ...
III. *vt* ■**[jdn] etwas ~** to ask [sb] sth; ■**jdn ~, ob/wann/...** to ask sb whether/when ...

Fragepronomen *nt* interrogative pronoun **Fragerecht** *nt* JUR right to interrogate

Fragerei <-, -en> *f* (*pej*) questions *pl;* ***deine ~ geht mir auf die Nerven!*** your stupid questions get on my nerves!

Fragesatz *m* LING interrogative clause **Fragesteller(in)** <-s, -> *m(f)* questioner **Fragestellung** *f* ❶ (*Formulierung*) formulation of a question ❷ (*Problem*) problem **Fragestunde** *f* question time **Fragewort** *nt* LING interrogative particle **Fragezeichen** *nt* question mark; **ein ~ setzen** to write [*or* put] a question mark; **ein [dickes/großes] ~ hinter etw** *akk* **setzen** (*fig*) to call sth into question; **etw ist mit einem [dicken/großen] ~ versehen** (*fig*) a [big] question mark hangs over sth *fig*

fragil *adj* (*geh*) fragile

Fragilität <-> *f kein pl* (*geh*) fragility

fraglich *adj* ❶ (*fragwürdig*) **eine ~e Angelegenheit** a suspect matter
❷ (*unsicher*) doubtful; ***es ist* ~*, ob sie überhaupt noch kommen wird*** it's doubtful [*or* I doubt] whether she's going to come at all
❸ *attr* (*betreffend*) in question *pred;* **zur ~en Zeit** at the time in question

fraglos *adv* unquestionably, undoubtedly

Fragment <-[e]s, -e> *nt* fragment

fragmentarisch I. *adj* fragmentary
II. *adv* in fragments

fragwürdig *adj* (*pej*) dubious, shady *fam*

Fragwürdigkeit <-, -en> *f* (*pej*) dubiousness, dubious nature

fraktal *adj* MATH fractal; **~e Geometrie** fractal geometry

Fraktion <-, -en> *f* ❶ POL parliamentary party [*or* BRIT *a.* group], congressional faction AM
❷ (*Sondergruppe*) faction *pej*

Fraktionsausschuss[RR] *m* parliamentary party committee **Fraktionsbeschluss**[RR] *m* resolution adopted by a parliamentary party **Fraktionsbildung** *f* formation of a parliamentary party **Fraktionschef(in)** *m(f) s.* **Fraktionsvorsitzende(r)** **Fraktionsführer(in)** *m(f) s.* **Fraktionsvorsitzende(r)** **Fraktionsgeschäftsführer(in)** *m(f)* secretary of a/the parliamentary party **fraktionslos** *adj* POL independent **Fraktionsmitglied** *nt* member of a parliamentary party **Fraktionsordnung** *f* parliamentary party rules **Fraktionssitzung** *f* parliamentary party meeting **Fraktionssprecher(in)** *m(f)* parliamentary party [*or* group] spokesperson [*or fem* spokeswoman] [*or masc* spokesman] **Fraktionsstärke** *f* ❶ (*Größe in Mitgliederzahlen*) party membership ❷ (*zur Parteibildung benötigte Mitgliederzahl*) *numerical strength required to form a parliamentary party* **Fraktionsstatus** *m* parliamentary party status **fraktionsübergreifend** *adj* all-party; **~e parlamentarische Initiative** all-party parliamentary initiative **Fraktionsversammlung** *f s.* **Fraktionssitzung** **Fraktionsvorsitzende(r)** *f(m) dekl wie adj* chairman [*or* leader] of a parliamentary party [*or* caucus] **Fraktionsvorstand** *m* parliamentary party [*or* group] executive **Fraktionszwang** *m* three-line whip BRIT (*obligation to vote according to parliamentary party policy*); **Abstimmung ohne ~** free vote

Fraktur <-, -en> *f* ❶ TYPO Gothic type
❷ MED fracture
► WENDUNGEN: **mit jdm ~ reden** (*fam*) to talk straight to sb

Franc <-, -s *o bei Zahlenangabe* -> [frã:] *m* franc

Franchise <-, -n> ['frɛntʃaɪz] *f* franchise

Franchisebasis *f* ÖKON **etw auf ~ vergeben** to franchise sth **Franchisegeber(in)** *m(f)* HANDEL franchiser, franchisor **Franchisegebühr** *f* HANDEL franchise fee **Franchisegeschäft** *nt* HANDEL franchising **Franchisekonzept** *nt* ÖKON franchising concept **Franchisemakler(in)** *m(f)* FIN franchise broker **Franchisenehmer(in)** *m(f)* ÖKON franchisee **Franchiseprodukt** *nt* ÖKON franchised product **Franchisevertrag** *m* FIN franchise [*or* franchising] agreement

Franchising <-s> ['frɛntʃaɪzɪŋ] *nt kein pl* franchising

Francium <-s> *nt kein pl* francium *no pl*

frank *adv* frank; **~ und frei antworten** to give a frank answer

Franken <-s, -> *m* franc

Frankfurt <-s> *nt* Frankfurt

Frankfurter <-, -> *f* Frankfurter [sausage]

Frankfurter-Kranz-Form *f* savarin tin

frankieren* *vt* ■**etw ~** to stamp sth; (*mit Frankiermaschine*) to frank sth; ***könnten Sie mir bitte diesen Brief* ~*?*** could you frank this letter for me?; ***„bitte mit 1 DM* ~*"*** "please put a one mark stamp on this"

Frankiermaschine *f* franking machine

Frankierung <-, -en> *f* ❶ (*das Frankieren*) franking
❷ (*Porto*) postage

Fränkin <-, -nen> *f fem form von* **Franke**

fränkisch *adj* Franconian, Frankish *hist;* **die F~e Alb** *scenic hilly area in Franconia;* **die F~e Schweiz** *natural park in Franconia*

franko *adv* ÖKON prepaid; **~ Fracht und Zoll** carriage and duty prepaid

Frankobrief *m* free-paid letter

Frankokanadier(in) [-diɐ] *m(f)* French-Canadian

frankokanadisch *adj* French-Canadian **frankophil** *adj* (*geh*) Francophile **Frankophilie** <-> *f kein pl* (*geh*) francophilia **frankophon** *adj* (*geh*) francophone

Frankopreis *m* charge prepaid by sender **Frankovermerk** *m* note of prepayment

Frankreich <-s> *nt* France; *s. a.* **Deutschland**

Franse <-, -n> *f* fringe

fransen *vi* to fray

fransig *adj* frayed

Franz *m* Francis

Franzbranntwein *m* alcoholic liniment BRIT, rubbing alcohol AM

Franziskaner(in) <-s, -> *m(f)* Franciscan

Franziskanerorden *m* Franciscan Order

Franzose[1] <-n, -n> *m* adjustable spanner

Franzose, Französin[2] <-n, -n> *m, f* Frenchman *masc,* Frenchwoman *fem;* **~ sein** to be French [*or* from France]; ■**die ~n** the French; *s. a.* **Deutsche(r)**

Franzosenkrankheit *f* (*veraltet*) French pox *old*

französisch *adj* ❶ (*Frankreich betreffend*) French; **~es Bett** double bed; *s. a.* **deutsch 1, Revolution**
❷ LING French; **die f~e Schweiz** French Switzerland; *s. a.* **deutsch 2**
❸ (*sl: Oralsex betreffend*) **~er Verkehr** Frenching *sl,* oral sex; **es jdm ~ machen** *Mann* to give sb a blow job *vulg sl; Frau* to go down on sb *vulg sl*
► WENDUNGEN: **sich ~ empfehlen** [*o* **verabschieden**] to leave without saying goodbye

Französisch *nt dekl wie adj* ❶ LING French; *s. a.* **Deutsch 1**
❷ (*Fach*) French; *s. a.* **Deutsch 2**
► WENDUNGEN: **sich auf ~ empfehlen** [*o* **verabschieden**] to leave without saying goodbye

französischsprachig *adj* French-speaking

frappant *adj* (*geh*) frappant *form,* striking; **eine ~e Wendung nehmen** to take a surprising turn

Frappee[RR], **Frappé** <-s, -s> [fʀa'pe] *nt* SCHWEIZ milk shake

frappieren* *vt* ❶ (*geh: überraschen*) ■**jdn ~** to amaze sb; (*stärker*) to stun sb
❷ KOCHK to cool sth rapidly with crushed ice

frappierend *adj* ❶ (*verblüffend*) amazing...
❷ *s.* **frappant**

Fräse <-, -n> *f* TECH mortising machine

fräsen *vt* ■**etw ~** to mill sth; **Holz ~** to sink wood

Fräser <-s, -> *m* milling cutter

Fräser(in) <-s, -> *m(f)* milling worker

Fräsmaschine *f s.* **Fräse** **Fräsrand** *m* TYPO routing edge

Fraß <-es, *selten* -e> *m* ❶ (*pej fam: schlechtes Essen*) muck *fam;* **einem Tier jdn/etw zum ~ vorwerfen** to feed sb/sth to an animal
❷ (*Schaden durch Insekten*) damage by insects

fraternisieren* *vi* (*geh*) ■**mit jdm ~** to fraternize with sb

Fraternisierung <-> *f kein pl* (*geh*) fraternization

Fratz <-es, -e *o* ÖSTERR -en, -en> *m* ❶ (*fam: niedliches Kind*) little sweetie [*or* cutie]
❷ *bes* ÖSTERR, SÜDD (*pej: lästiges Kind*) little brat

Fratze <-, -n> *f* ❶ (*ekelhaft hässliches Gesicht*) grotesque face
❷ (*pej sl: Typ*) [ugly] mug *pej sl*
❸ (*Grimasse*) grimace; **[jdm] eine ~ schneiden** to pull a face [at sb]

frau *pron* one (*feminist alternative to the German masculine form man*); ***das sollte man/~ nicht so ernst nehmen*** it should not be taken so seriously

Frau <-, -en> *f* ① (*weiblicher Mensch*) woman; ***sie ist die ~ meines Lebens*** she's the woman of my dreams; **selbst ist die ~!** self-reliance is the thing!; **eine ~ schneller Entschlüsse/der Tat** a woman who is quick to decide/act; **junge ~!** young lady!; **Unsere Liebe ~** REL our Lady; **eine verheiratete ~** a married woman; **eine ~ von Format** a woman of stature; **eine ~ mit Grundsätzen** a woman with principles, a principled woman; **die ~ von heute** today's woman; **eine ~ von Welt** a woman of the world; **jdn zur ~ machen** (*fig*) to take sb's virginity; **zur ~ werden** to become a woman
② (*Ehefrau*) wife; ***darf ich vorstellen — meine ~!*** may I introduce my wife; **jds [ehemalige/zukünftige] ~** sb's [ex- [*or* former]/future] wife; **jdn zur ~ haben** to be married to sb; **jdn zur ~ nehmen** to take sb for one's wife; ***willst du meine ~ werden?*** will you be my wife?
③ (*Anrede*) Mrs, Ms (*feminist version of Mrs*); **~ Doktor** Doctor; **Ihre ~ Gemahlin** (*geh*) your lady wife BRIT *form;* **Ihre ~ Mutter** (*geh*) your mother; **gnädige ~** (*geh*) my dear lady *form;* **die gnädige ~** (*veraltend*) the lady of the house *dated*

Frauchen <-s, -> *nt* (*fam*) *dim von* **Frau** ① (*fam: Kosename*) wifie *fam*
② (*Haustierbesitzerin*) mistress; ***komm zu ~!*** come to your mistress

fraudulös *adj* JUR fraudulent

Frauenanteil *m* proportion of women **Frauenarbeit** *f* women's work; **schlecht bezahlte ~** poorly paid jobs for women **Frauenarzt, -ärztin** *m, f* gynaecologist BRIT, gynecologist AM **Frauenbeauftragte(r)** *f(m) dekl wie adj* women's representative (*official responsible for woman's affairs*) **Frauenberatungsstelle** *f* women's advice centre [*or* AM -er] **Frauenberuf** *m* female profession **frauenbewegt** *adj* feminist **Frauenbewegung** *f kein pl* women's movement *no pl* **Frauenchor** *m* female voice choir **Frauencollege** *nt* (*in USA*) women's college **Frauenemanzipation** *f* women's [*or* female] emancipation **Frauenerwerbsquote** *f* ÖKON proportion of women in employment, gender balance **Frauenfeind** *m* woman hater, misogynist **frauenfeindlich** *adj* anti-women, misogynist[ic] **Frauenförderung** *f* promotion of women **Frauenforschung** *f kein pl* research into women's issues **Frauenfrage** *f* women's issue, question of women's rights **Frauenfunk** *m* radio programmes [*or* AM programs] for women **Frauengefängnis** *nt* women's prison **Frauengeschichten** *pl* affairs **Frauengruppe** *f* women's group

Frauenhaar *nt* ① (*Haar von Frauen*) woman's hair
② (*Moos*) **Goldenes ~** haircap moss, golden maidenhair **Frauenhand** *f* (*geh*) **von [zarter] ~** by the [delicate] hand of a woman **Frauenhandel** *m* [illegal] trafficking of women **Frauenhasser** *m s.* Frauenfeind **Frauenhaus** *nt* women's refuge **Frauenheilkunde** *f* gynaecology BRIT, gynecology AM **Frauenheld** *m* ladies' man **Frauenkenner** *m* connoisseur of women **Frauenkleidung** *f* women's [*or* ladies'] clothing **Frauenklinik** *f* gynaecological [*or* AM gynecological] clinic **Frauenkloster** *nt* convent **Frauenkrankheit** *f* female disease, gynaecological disorder **Frauenleiden** *nt s.* Frauenkrankheit **Frauenminister(in)** *m(f)* Minister for Women; BRIT Secretary for Women's Affairs AM **Frauenministerium** *nt* Ministry for Women's Affairs BRIT **Frauenmörder** *m* murderer of women **Frauenorden** *m* REL women's order **Frauenpolitik** *f kein pl* feminist politics *pl,* policy on women's issues **frauenpolitisch** *adj* pertaining [*or* relating] to women's issues *pred;* (*feministisch*) feminist **Frauenprojekt** *nt* women's project **Frauenquote** *f* proportion of women (*working in a certain sector*) **Frauenrechtler(in)** <-s, -> *m(f)* women's rights' activist **Frauenschuh** *m kein pl* lady's slipper **Frauenstimme** *f* ① (*Stimme einer Frau*) female voice
② (*weibliche Wählerstimme*) woman's vote **Frauentag** *m* women's festival **Frauentaxi** *nt* women's taxi (*driven by female taxi drivers for women only*) **Frauenüberschuss**RR *m* surplus of women **Frauenuniversität** *f* women's university **Frauenverband** *m* women's association **Frauenverein** *m s.* Frauenverband **Frauenwahlrecht** *nt* women's suffrage **Frauenzeitschrift** *f* women's magazine **Frauenzentrum** *nt* woman's centre [*or* AM -er] **Frauenzimmer** *nt* ① (*veraltet: weibliche Person*) woman
② (*pej: Frau*) bird

Fräulein <-s, - *o* -s> *nt* (*fam*) ① (*veraltend: unverheiratete weibliche Person*) young [unmarried] woman; **ein altes [*o* älteres] ~** an old maid [*or pej* spinster]
② (*veraltend: Anrede*) Miss; **mein hochverehrtes ~** my dear Miss; **Ihr ~ Tochter** your daughter; **das ~ Braut** the [young] bride; *s. a.* **Frau**
③ (*veraltend: Verkäuferin*) assistant; (*Kellnerin*) waitress; **~!** excuse me!, Miss!; **~, *bitte zahlen!*** excuse me, I'd/we'd/etc. like to pay, please; **das ~ vom Amt** the girl on the switchboard

fraulich *adj* womanly

Fraulichkeit <-> *f kein pl* womanliness

frdl. *adj Abk von* **freundlich: mit ~ Grüßen** best wishes

Freak <-s, -s> [fri:k] *m* (*fam*) freak

freakig ['fri:kɪç] *adj* (*ausgeflippt*) freaky

frech **I.** *adj* ① (*dreist*) cheeky BRIT, fresh AM; ***werd bloß nicht ~!*** don't get cheeky [*or* fresh]!; **eine ~e Lüge** a barefaced lie; *s. a.* **Oskar**
② (*kess*) daring; **eine ~e Frisur** a peppy hairstyle
II. *adv* ① (*dreist*) cheekily BRIT, freshly AM; **jdn ~ anlügen** to tell sb a barefaced lie/barefaced lies; **jdm ~ kommen** to be cheeky [*or* AM fresh] to sb
② (*kess*) daringly; **~ angezogen sein** to be provocatively dressed; **~ frisiert sein** to have a peppy hairstyle

Frechdachs *m* (*fam*) cheeky [little] monkey BRIT *fam,* cheeky chops + *sing vb* BRIT *fam*

Frechheit <-, -en> *f* ① *kein pl* (*Dreistigkeit*) impudence, cheekiness BRIT; (*Unverfrorenheit*) barefacedness; **die ~ haben [*o* besitzen], etw zu tun** to have the nerve [*or* BRIT cheek] to do sth, to be cheeky enough to do sth BRIT
② (*freche Äußerung*) cheeky remark BRIT; (*freche Handlung*) insolent [*or* BRIT *a.* cheeky] behaviour [*or* AM -or]; **sich einige ~en erlauben** to be a bit cheeky BRIT [*or* AM fresh]

freeclimbenRR, **free-climben** [fri:'klaɪmən] *vi* SPORT to free-climb

Free-Flyer [fri:'flaɪə] *m* SPORT freeflyer

Free-Flying *nt* freeflying (*type of skydiving where the parachute is opened very late in the descent*)

Freesie <-, -n> [-ziə] *f* freesia

Freeware <-, -s> ['fri:weəʳ] *f* INFORM freeware

Fregatte <-, -n> *f* frigate

Fregattenkapitän *m* MIL (*Marineoffizier*) commander

frei **I.** *adj* ① (*nicht gefangen, unabhängig*) free; **~er Autor** freelance writer; **~e Kirche** free church; **ein ~er Mann/eine ~e Frau** a free man/woman; **[Recht auf] ~e Meinungsäußerung** [right to] freedom of speech; **ein ~er Mensch** a free person; **~er Mitarbeiter/~e Mitarbeiterin** freelance[r]; **aus ~em Willen [*o* ~en Stücken]** of one's own free will; ***es war sein ~er Wille auszuwandern*** he emigrated of his own free will; **~ und ungebunden** footloose and fancy-free; **sich von etw *dat* ~ machen** to free oneself from sth
② (*freier Tag*) free; ***nächsten Donnerstag ist ~, da ist Feiertag*** we've got next Thursday off – it's a holiday; **drei Tage/eine Woche ~ haben** to have three days/a week off; **drei Tage/eine Woche ~ machen, [sich *dat*] drei Tage/eine Woche ~ nehmen** to take three days/a week off; ***er hat sich ~ genommen, da seine Tochter krank ist*** he's taken [some] time off because his daughter is ill
③ (*verfügbar*) available; ***es sind noch Mittel ~ für kulturelle Veranstaltungen*** there are still funds available for cultural events; **sich [für jdn/etw] ~ machen** to make oneself available [for sb/sth]; ■**~ [für jdn] sein** to be free [to see/speak to sb]
④ (*nicht besetzt/belegt*) free; **eine ~e Stelle/Toilette** a vacant position/toilet; **ein ~es Zimmer** a vacant room; ***ist dieser Platz noch ~?*** is this seat [already] taken?; ***haben Sie noch ein Zimmer ~?*** do you still have a room available?; **einen Platz ~ lassen** to keep a seat free; **einen Platz ~ machen** to vacate a seat *form*
⑤ (*kostenlos*) free; ***der Eintritt ist ~*** entrance is free; **„Eintritt ~"** "admission free"; **„Lieferung ~ Haus"** free home delivery
⑥ (*ohne etw*) ■**~ von etw *dat* sein** to be free of sth; **~ von Konservierungsstoffen** free from preservatives; **~ von Schuld** blameless
⑦ (*ohne Hilfsmittel*) off-the-cuff; **~e Rede/~er Vortrag** impromptu speech/lecture
⑧ (*auslassen*) **eine Zeile ~ lassen** to leave a line free
⑨ (*offen*) open; **~es Gelände** open country
⑩ (*ungezwungen*) free and easy; ***ihre Auffassungen sind mir doch etwas zu ~*** her views are a little too liberal for me; ***ich bin so ~*** (*geh*) if I may; ***ich bin so ~ und nehme mir noch ein Stück*** I'll have another piece if I may
⑪ (*unbekleidet*) bare; **sich ~ machen** to get undressed; ***machen Sie bitte Ihren Arm ~*** please roll up your sleeve; ***machen Sie bitte ihren Bauch ~*** please uncover your stomach
⑫ (*ungefähr*) **~ nach …** roughly quoting…
II. *adv* ① (*unbeeinträchtigt*) freely; ***der Baum sollte jetzt ~ gestellt werden*** a space should be cleared around the tree now; ***das Haus steht ganz ~*** the house stands completely on its own; ***die Mörderin läuft immer noch ~ herum!*** the murderess is still on the loose!; **~ atmen** to breathe easy
② (*uneingeschränkt*) casually; **sich ~ bewegen können** to be able to move in an uninhibited manner
③ (*nach eigenem Belieben*) **~ erfunden** to be completely made up
④ (*ohne Hilfsmittel*) **~ sprechen** to speak off-the-cuff; **~ in der Luft schweben** to hover unsupported in the air
⑤ (*nicht gefangen*) **~ laufend** *Tiere* free-range; **~ lebend** living in the wild

Freibad *nt* outdoor swimming pool, lido **freibekommen*** *vt irreg* ① (*fam: nicht arbeiten müssen*) **einen Tag/eine Woche [von jdm] ~** to be given a day/a week off [by sb] ② (*befreien*) ■**jdn ~ bekommen** to have sb released **Freiberufler(in)** <-s, -> *m(f)* freelance[r] **freiberuflich** **I.** *adj* freelance **II.** *adv* freelance **Freibetrag** *m* ÖKON, FIN [tax] allowance **Freibeuter(in)** <-s, -> *m(f)* buccaneer **Freibeuterei** <-> *f kein pl* piracy **Freibeweis** *m* JUR moral evidence **Freibier** *nt* free beer

freibleibend HANDEL **I.** *adj* subject to change; **~es Angebot** conditional offer **II.** *adv* without engagement; **etw ~ anbieten** to offer sth without engagement **Freibrief** *m* (*Urkunde*) charter ▶ WENDUNGEN: **jdm einen ~ für etw *akk* ausstellen** to give sb carte blanche to do sth; **etw als einen ~ für etw *dat* betrachten [*o* ansehen]** to see sth as carte blanche to do sth; **kein ~ für jdn sein** to not give sb carte blanche

Freiburg <-s> *nt* ① (*in Deutschland*) Freiburg
② (*in der Schweiz*) Fribourg

Freidemokrat(in) *m(f)* Free Democrat, member of the Free Democratic Party

Freidenker(in) *m(f)* freethinker

Freie(r) *f(m) dekl wie adj* freeman

Freie(s) *nt dekl wie adj* **jdn ins ~ befördern** to throw sb out; **im ~n** in the open air; ***bei schönem Wetter findet die Party im ~ statt*** the party takes place outdoors when the weather is fine; **ins ~** outside

freien (*veraltet*) **I.** *vt* ■**jdn ~** to marry sb
II. *vi* ■**um jdn ~** to court [*or dated* woo] sb; *s. a.*

jung

Freier <-s, -> *m* ❶ (*euph: Kunde einer Hure*) punter BRIT, John AM ❷ (*veraltet: Bewerber*) suitor

Freiersfüße *pl* ▶ WENDUNGEN: **auf ~n wandeln** [*o* **gehen**] (*hum*) to be on the lookout for a wife

Freiexemplar *nt* free copy **Freifahrkarte** *f* free ticket **Freifahrschein** *m s.* Freifahrkarte **Freifahrt** *f* (*kostenlose Fahrt*) free trip [*or* journey]; **eine ~ haben** to travel free **freifinanziert** *adj* privately-financed **Freifläche** *f* ❶ (*offene Fläche*) open space ❷ (*unbebaute Fläche*) unbuilt land **Freifrau** *f fem form von* **Freiherr** baroness

Freigabe *f* release; FIN unblocking, unfreezing; **~ des Wechselkurses** floating of the exchange rate; ***die ~ der Preise*** the lifting of price controls

Freigabeanspruch *m* JUR release claim **Freigabeantrag** *m* JUR (*bei Pfand*) replevin **Freigabefiktion** *f* JUR fictitious release **Freigabeklausel** *f* JUR release clause **Freigabeverfügung** *f* FIN (*bei Pfand*) replevy, replevin **Freigabeversprechen** *nt* HANDEL release undertaking

Freigang *m* day-release from imprisonment (*the prisoner may go out to work during the day but has to return for the night*)

Freigänger(in) <-s, -> *m(f)* prisoner on day-release (*allowed to go out to work during the day but obliged to return at night*)

frei|geben *irreg* **I.** *vt* ❶ (*nicht mehr zurückhalten*) ■**etw ~** to unblock [*or* unfreeze] sth; **Wechselkurs[e] ~** to float the exchange rate[s]; (*zur Verfügung stellen*) to make accessible; ***die Straße wurde wieder freigegeben*** the street was opened up again

❷ (*Urlaub geben*) ■**jdm einen Tag/eine Woche etc. ~** to give sb a day/a week etc. off

❸ JUR, FIN (*herausgeben*) **ein Pfand ~** to replevy [*or* replevin] a security

❹ INFORM (*Sperre aufheben*) ■**etw ~** to release [*or* deallocate] sth

II. *vi* ■**jdm ~** to give sb time off

freigebig *adj* generous

Freigebigkeit <-> *f kein pl* generosity

Freigehege *nt* open-air enclosure **Freigeist** *m s.* Freidenker **Freigelassene(r)** *f(m) dekl wie adj* released person; (*aus der Sklaverei*) freedman, freedwoman **Freigepäck** *nt* luggage allowance **Freigrenze** *f* exemption limit **Freigut** *nt* duty-free goods **frei|haben** *vi irreg* to have time off, to be off; ***ich habe heute frei*** I've got the day off today **Freihafen** *m* free port [area] **Freihafengebiet** *nt* free port area **Freihafenlager** *nt* free port warehouse **frei|halten** *vt irreg* ❶ (*nicht versperren*) ■**etw ~** to keep sth clear; ***„Einfahrt ~"*** "do not obstruct the entrance", " private entrance — no parking" ❷ (*reservieren*) **[jdm/für jdn] einen Platz ~** to save [*or* reserve] [sb] a seat, to save [*or* reserve] a seat [for sb] ❸ (*jds Zeche begleichen*) ■**jdn ~** to pay for sb; **sich ~ lassen** to have one's bill paid; **sich von jdm ~ lassen** to let sb pay for one **Freihandel** *m* free trade **Freihandelsabkommen** *nt* free trade agreement **Freihandelszone** *f* free trade area; **die Europäische ~** European Free Trade Area

freihändig **I.** *adj* ❶ (*ohne Hände*) with no hands *pred*

❷ (*ohne Hilfsmittel*) freehand; **~es Zeichnen** to draw freehand; **~es Schießen** offhand shooting

II. *adv* ❶ (*ohne Hände*) without the use of one's hands; **~ Rad fahren** to cycle with no hands

❷ (*ohne Hilfsmittel*) freehand; **~ zeichnen** to draw freehand; **~ schießen** to shoot offhand

freihändiger *adj* HANDEL by private contract; **~er Verkauf** FIN direct offering [*or* sale]

Frei-Haus-Lieferung *f* HANDEL carriage-free delivery

Freiheit <-, -en> *f* ❶ *kein pl* (*das Nichtgefangensein*) freedom *no pl*, liberty *no pl form*; **~, Gleichheit, Brüderlichkeit** liberty, equality, fraternity; **jdm/einem Tier die ~ schenken** to free sb/an animal; **in ~ lebende Tiere** animals living in the wild; **in ~ sein** to have escaped

❷ (*Vorrecht*) liberty, privilege; **sich** *dat* **~en erlauben** to take liberties; **besondere ~en genießen** to enjoy certain liberties; **sich** *dat* **die ~ nehmen** [*o* **herausnehmen**], **etw zu tun** to take the liberty of doing sth *form*

❸ (*nach eigenem Willen handeln können*) freedom *no pl*; **dichterische ~** poetic licence [*or* AM -se]; **sich in seiner persönlichen ~ eingeschränkt fühlen** to feel one's personal freedom is restricted; **alle ~en haben** to be free to do as one pleases; **die ~ haben** [*o geh* **genießen**], **etw zu tun** to be at liberty to do sth *form*

❹ (*Recht*) liberty, freedom; **wirtschaftliche ~** economic freedom; **~ des Wettbewerbs** ÖKON free competition; **~ des Zahlungsverkehrs** FIN freedom of financial transaction

freiheitlich *adj* liberal; *s. a.* **Grundordnung**

Freiheitsberaubung *f* false imprisonment, unlawful detention **Freiheitsdrang** *m* urge to be free, urge for freedom **Freiheitsentzug** *m* imprisonment **Freiheitskampf** *m* struggle for freedom **Freiheitskämpfer(in)** *m(f)* freedom fighter **Freiheitskrieg** *m* HIST war of independence [*or* liberation]; ■**die ~e** the Wars of Liberation **Freiheitsliebe** *f* love of freedom **freiheitsliebend** *adj* freedom-loving **Freiheitsraum** *m* sphere of freedom [*or* liberty] **Freiheitsrecht** *nt* JUR civil rights and liberties **Freiheitsschutz** *m* JUR *kein pl* guarantee of freedom **Freiheitsstatue** *f* ■**die [amerikanische] ~** the [American] Statue of Liberty **Freiheitsstrafe** *f* JUR prison sentence, imprisonment; **Aussetzung der ~ zur Bewährung** suspension of sentence on probation; **kurzfristige ~** short term of imprisonment; **lebenslange ~** life sentence; **zeitige ~** determinate sentence **Freiheitsverbürgung** *f* JUR security for freedom to ... **Freiheitsvermutung** *f* JUR assumption of freedom

freiheraus *adv* frankly **Freiherr** *m* baron **freiherrlich** *adj attr* baronial **Freikarte** *f* (*kostenlose Eintrittskarte*) free ticket **frei|kaufen** *vt* ❶ (*loskaufen*) ■**jdn ~** to pay for sb's release; **eine Geisel ~** to pay for the release of a hostage; ■**sich ~** to buy one's freedom ❷ (*entledigen*) ■**sich von etw** *dat* **~** to buy one's way out of sth **Freikirche** *f* free church **Freiklettern** *nt* cliff hanging **frei|kommen** *vi irreg sein* ■**[aus etw** *dat*] **~** to be freed [from sth], to be released [from sth] **Freikörperkultur** *f kein pl* nudism *no pl* **Freikorps** *nt* volunteer corps

Freiland *nt* open land; **auf/im/ins ~** outdoors, in the open

Freilandgemüse *nt* vegetables grown outdoors **Freilandhuhn** *nt* free-range hen **Freilandkultur** *f* cultivation of outdoor crops **Freilandmuseum** *nt* open-air museum **Freilandpflanze** *f* plant grown outdoors **Freilandversuch** *m* AGR, SCI field trial

frei|lassen *vt irreg* ❶ (*befreien*) ■**jdn/ein Tier ~** to free [*or* release] sb/an animal ❷ JUR (*aus der Haft entlassen*) ■**jdn ~** to release sb; **jdn bedingt ~** to release sb conditionally **Freilassung** <-, -en> *f* release **Freilauf** *m Fahrrad* free-wheeling mechanism; *Maschinen* free-running mechanism **freilaufend** *adj s.* **frei II 5** **freilebend** *adj s.* **frei II 5** **frei|legen** *vt* ■**etw ~** *Grundmauern* to uncover [*or* unearth] sth; **ein Organ ~** to expose organ **Freilegung** <-, -en> *f Grundmauern* uncovering, unearthing; *Organ* exposing **Freileitung** *f* overhead line

freilich *adv* ❶ (*allerdings*) though, however; ***bei dem Preis kannst du ~ keine Spitzenqualität erwarten*** at that price, though, you can't really expect to get top quality

❷ *bes* SÜDD (*natürlich*) **[ja] ~!** [but] of course

Freilichtbühne *f* open-air theatre [*or* AM -er] **Freilicht-Disco, Freilicht-Disko** *f* open-air disco **Freilichtkino** *nt* open-air cinema **Freilichtmuseum** *nt* open-air exhibition **Freilichtspiele** *pl* open-air theatre *no pl* **Freilichttheater** *nt s.* **Freilichtbühne**

Freilos *nt* free draw

Freiluftbehandlung *f* MED fresh air [and exercise] therapy **Freiluftkonzert** *nt* open-air concert **Freiluftschach** *nt* outdoor chess **frei|machen** **I.** *vt* ■**etw ~** to stamp sth; (*without stamping*) to frank sth **II.** *vi* (*fam*) to take time off **III.** *vr* (*fam*) ■**sich** *akk* **~** to take time off; ***kannst du dich morgen für ein paar Stunden ~?*** can you take a couple of hours off tomorrow?

Freimaurer *m* Freemason

Freimaurerei <-> *f kein pl* Freemasonry *no pl*

freimaurerisch *adj* Masonic

Freimaurerloge *f* Masonic lodge

Freimut *m kein pl* frankness; **mit allem ~** in all frankness

freimütig *adj* frank

Freimütigkeit <-> *f kein pl* frankness

Freiplastik *f* outdoors sculpture **Freiplatz** *m* ❶ (*kostenloser Platz*) free seat ❷ (*Stipendium*) scholarship **frei|pressen** *vt* ■**jdn ~** to secure sb's release by menaces **Freiraum** *m* freedom; **mehr ~ brauchen** to need more freedom; **jdm viel ~ geben** to give sb a lot of freedom; **jdm den ~ nehmen** to invade sb's personal space **freireligiös** *adj* non-denominational **freischaffend** *adj attr* freelance **Freischaffende(r)** *f(m) dekl wie adj* freelance[r] **Freischärler(in)** <-s, -> *m(f)* guerilla **frei|schaufeln** *vt* ■**etw ~** to shovel sth free **frei|schieben** *vt* KOCHK **Brot ~** *to bake bread loaves freely spaced out to form dark crusts along the sides* **frei|schießen** *vt irreg* ■**jdn ~** to free sb in a shootout **frei|schwimmen** *vr irreg* ■**sich ~** to get one's swimming certificate (*certificate for which one must swim for 15 minutes*) **Freischwimmer(in)** *m(f)* ❶ (*jd mit einem ~*) person who has his/her swimming certificate (*swimming certificate for which one must swim for 15 minutes*) ❷ (*fam: Bescheinigung*) *swimming certificate for which one must swim for 15 minutes;* **den ~ haben** to have one's swimming certificate; **den ~ machen** to do the test for the swimming certificate **Freischwimmerzeugnis** *nt* swimming certificate **frei|setzen** *vt* ❶ (*entfesseln*) ■**[bei jdm] etw ~** to release sth [in sb] ❷ CHEM ■**etw ~** to release sth ❸ (*euph: entlassen*) ■**jdn ~** to make sb redundant, to have to let sb go *euph* **Freisetzung** <-, -en> *f* ❶ (*Entfesselung*) release ❷ CHEM release ❸ (*euph: Entlassung*) redundancy **freisinnig** *adj* (*veraltet*) liberal **Freisprecheinrichtung** *f* TELEK hands-free kit [*or* equipment] **frei|sprechen** *vt irreg* ❶ JUR ■**jdn ~** to acquit sb; ***sie wurde im Urteil in allen Punkten der Anklage freigesprochen*** she was acquitted on all accounts ❷ (*lossprechen*) ■**jdn von etw** *dat* **~** to clear sb of sth ❸ (*zum Gesellen etc. erklären*) ■**jdn ~** to present sb with his/her skilled trades certificate etc. **Freisprechmikrofon**[RR] *nt*, **Freisprechmikrophon** *nt* TECH wireless headset **Freispruch** *m* JUR acquittal; **~ aus Mangel an Beweisen** discharge; **~ wegen erwiesener Unschuld** honourable acquittal; **~ beantragen** to apply for an acquittal; **auf ~ plädieren** to plead for an acquittal **Freistaat** *m* (*veraltend*) free state; **der ~ Bayern** the Free State of Bavaria **Freistatt** *f*, **Freistätte** *f* (*geh*) sanctuary **frei|stehen** *vi irreg* ❶ (*überlassen sein*) ■**jdm steht es frei, etw zu tun** sb is free to do sth; ***wenn du gehen willst, bitte, das steht dir völlig frei*** if you want to go that's completely up to you ❷ (*leer stehen*) to be [*or* stand] empty **frei|stellen** *vt* ❶ (*selbst entscheiden lassen*) ■**jdm etw ~** to leave sth up to sb ❷ (*euph: entlassen*) ■**jdn ~** to make sb redundant ❸ (*befreien*) ■**jdn [von etw** *dat*] **~** to exempt [*or* release] [*or* excuse] sb [from sth]; ■**jdn für etw** *akk* **~** to release sb [for sth]; **jdn vom Wehrdienst ~** to exempt sb from military service ❹ TYPO ■**etw ~** to cut [*or* mask] out *sep* [*or* isolate] sth **Freisteller** <-s, -> *m* TYPO mask, overlay

Freistellung *f* ❶ (*das Ausnehmen*) exemption; **~ vom Wehrdienst** exemption from military service; **~ von Haftung** indemnity against liability ❷ (*Freigeben*) release, exemption; **~ abge-**

F

stimmter Verhaltensweisen exemption of collusive behaviour; *von Mitteln, Arbeitern* release; *von Arbeitskräften* lay-offs *pl*, BRIT *a.* redundancies *pl;* **jds ~ erbitten** request sb's release
Freistellungsanspruch *m* JUR right of indemnity **Freistellungsbescheid** *m* FIN notice of non-liability for tax **Freistellungserklärung** *f* FIN declaration of exemption **Freistellungsklausel** *f* FIN exemption clause **Freistellungsregelung** *f* FIN exemption [*or* release] regime **Freistellungsschein** *m* FIN exemption note **Freistellungsverpflichtung** *f* FIN indemnity obligation **Freistellungsvoraussetzung** *f* FIN exemption requirement **Freistellungszeitraum** *m* FIN exemption period
Freistempel *m* postmark **Freistil** *m kein pl* SPORT ① (*Freistilschwimmen*) freestyle ② (*Freistilringen*) freestyle, all-in wrestling **Freistilringen** *nt* freestyle wrestling **Freistilschwimmen** *nt* freestyle [swimming] **Freistoß** *m* free kick; **einen ~ verhängen, auf ~ entscheiden** to award a free kick; **einen ~ verwandeln** to put a free kick away; **direkter/indirekter ~** direct/indirect free kick **Freistück** *nt s.* **Freiexemplar Freistunde** *f* SCH free period; **eine ~/~n haben** to have a free period/free periods
Freitag <- [e]s, -e> *m* Friday; *s. a.* **Dienstag**
Freitagabend[RR] *m* Friday evening; *s. a.* **Dienstag freitagabends**[RR] *adv* [on] Friday evenings
freitägig *adj* on Friday
freitäglich *adj* [regular] Friday *attr*
Freitagmittag[RR] *m* [around] noon on Friday; *s. a.* **Dienstag freitagmittags**[RR] *adv* [around] noon on Fridays **Freitagmorgen**[RR] *m* Friday morning; *s. a.* **Dienstag freitagmorgens**[RR] *adv* [on] Friday mornings **Freitagnachmittag**[RR] *m* Friday afternoon; *s. a.* **Dienstag freitagnachmittags**[RR] *adv* [on] Friday afternoons **Freitagnacht**[RR] *f* Friday night; *s. a.* **Dienstag freitagnachts**[RR] *adv* [on] Friday nights
freitags *adv* [on] Fridays; **~ abends/nachts/vormittags** on Friday evenings/nights/mornings
Freitagvormittag[RR] *m* Friday morning; *s. a.* **Dienstag freitagvormittags**[RR] *adv* [on] Friday mornings
Freitod *m* (*euph*) suicide; **den ~ wählen** to commit suicide **Freitodhilfe** *f* assisted suicide **freitragend** *adj* self-supporting **Freitreppe** *f* flight of stairs **Freiübung** *f* SPORT exercise; **~en machen** to exercise **Freiumschlag** *m* stamped addressed envelope **Freiverkehr** *m kein pl* BÖRSE (*geregelt*) over-the-counter market; (*ungeregelt*) unofficial dealing [*or* trading] **Freiverkehrsbescheinigung** *f* free circulation certificate **Freiverkehrshändler(in)** *m(f)* BÖRSE dealer in unlisted securities
freiweg *adv* (*fam*) cooly
Freiwild *nt* fair game
freiwillig I. *adj* voluntary; **~er Helfer** voluntary helper; **~e Versicherung** voluntary insurance; *s. a.* **Feuerwehr**
II. *adv* voluntarily; **etw ~ tun** to do sth voluntarily; **sich ~ versichern** to take out voluntary insurance
Freiwillige(r) *f(m) dekl wie adj a.* MIL volunteer; **~e vor!** volunteers one pace forwards!
Freiwilligenagentur *f* voluntary agency
Freiwilligkeit <-> *f kein pl* voluntary nature
Freiwurf *m* free throw **Freizeichen** *nt* ringing tone **Freizeichnung** *f* JUR non-liability **Freizeichnungsklausel** *f* JUR [guarantee] non-warranty clause **Freizeichnungsverbot** *nt* JUR non-warranty ban
Freizeit *f* ① (*arbeitsfreie Zeit*) free time, leisure [time]
② (*Zusammenkommen einer Gruppe*) weekend/holiday course; **auf eine ~ gehen** to attend a weekend/holiday course; **eine ~ veranstalten** to organize a weekend/holiday course
Freizeitaktivitäten *pl* leisure time activities *pl* **Freizeitanzug** *m s.* **Freizeitkleidung Freizeitausgleich** *m* time off in lieu **Freizeitbekleidung** *f* casual clothes *npl* **Freizeitbeschäftigung** *f s.* **Freizeitgestaltung Freizeitblock** *m bei Ganztagsarbeit in Teilzeitstelle* block of free time [*or* time off] **Freizeitboom** *m* leisure boom **Freizeiteinrichtung** *f* leisure [*or* recreational] facility; (*Freizeitzentrum*) leisure centre, recreation center AM **Freizeitgesellschaft** *f* leisure society **Freizeitgestaltung** *f* free-time activities, leisure activities **Freizeithemd** *nt* casual shirt **Freizeitindustrie** *f* leisure industry **Freizeitkleidung** *f* leisure wear **freizeitpädagogisch** *adj* recreationally instructive **Freizeitpark** *m* amusement park **Freizeitwert** *m* value in terms of leisure
Freizone *f* ÖKON free zone
freizügig *adj* ① (*großzügig*) liberal, generous
② (*moralisch liberal*) liberal, tolerant, permissive; (*offenherzig*) revealing *a. hum;* **~er Ausschnitt** a revealing[ly low] [*or* daring] neckline
③ (*frei in der Wahl des Wohnsitzes*) free to move [*or* roam]
Freizügigkeit <-> *f kein pl* ① (*großzügige Beschaffenheit*) liberalness, generosity
② (*moralisch lockere Einstellung*) liberalness, permissiveness
③ (*Freiheit in der Wahl des Wohnortes*) freedom of movement
fremd *adj* ① (*anderen gehörig*) somebody else's; ***ich schlafe nicht gern in ~en Betten*** I don't like sleeping in strange beds; **~es Eigentum** somebody else's property, property of another *form; s. a.* **Hilfe, Ohr**
② (*fremdländisch*) *Gegend, Länder, Sitten* foreign; *bes* ADMIN alien
③ (*unbekannt*) strange, unfamiliar, alien; ***ich bin hier ~*** I'm not from round here [*or* these parts]
fremdartig *adj* (*ungewöhnlich*) strange, outlandish; (*exotisch*) exotic
Fremdartigkeit <-> *f kein pl* (*Ungewöhnlichkeit*) strangeness, outlandishness; (*exotische Art*) exoticism
Fremdaufwendungen *pl* FIN extraneous expenses **Fremdbeeinflussung** *f* external [*or* outside] influence **Fremdbeleg** *m* FIN external voucher **Fremdbestäubung** *f* cross-pollination [*or* -fertilization] **fremdbestimmt I.** *adj* nonautonomous, directed by others; *Land* heteronomous **II.** *adv* **~ handeln** to act under orders; ***sein Handeln war ~*** he acted under orders **Fremdbezug** *m* HANDEL external purchase; **~ von Handelsware** purchase of goods from outside suppliers
Fremde <-> *f kein pl* (*geh*) ■**die ~** foreign [*or* distant] parts *npl;* **in die ~ gehen** to go abroad; **in der ~ sein** to be abroad [*or* BRIT in foreign parts]
Fremde(r) *f(m) dekl wie adj* stranger; (*Ausländer*) foreigner
Fremdeinwirkung *f* outside [*or* external] influence **Fremdeiweiß** *nt* foreign protein
fremde(l)n *vi* to be shy [*or* frightened] of strangers
fremden *vi* SCHWEIZ (*fremdeln*) to be scared of strangers
fremdenfeindlich *adj* hostile to strangers *pred,* xenophobic; **ein ~er Anschlag** a racist [*or* racially-provoked] attack **Fremdenfeindlichkeit** *f* hostility to strangers, xenophobia **Fremdenführer(in)** *m(f)* [tourist] guide **Fremdenhass**[RR] *m* xenophobia **Fremdenlegion** *f kein pl* ■**die ~** the [French] Foreign Legion; **zur ~ gehen** to join the Foreign Legion **Fremdenlegionär** *m* Foreign Legionnaire **Fremdenrecht** *nt* JUR aliens law
Fremdentsorger *m* (*Entsorgungsfirma*) waste disposal firm
Fremdenverkehr *m* ■**[der] ~** tourism *no indef art, no pl,* [the] tourist trade **Fremdenverkehrsamt** *nt* tourist office **Fremdenverkehrsbüro** *nt* tourist office **Fremdenverkehrsgewerbe** *nt* tourist trade **Fremdenverkehrssteuer** *f* FIN tourist tax **Fremdenverkehrsverein** *m* tourist association **Fremdenverkehrszentrum** *nt* tourist centre **Fremdenzimmer** *nt* ① *s.* **Gästezimmer** ② (*veraltend: Zimmer in Pension*) room; **„~"** "vacancies"
fremdlfinanzieren* *vt* FIN ■**etw ~** to borrow sth **Fremdfinanzierung** *f* outside [*or spec* debt] financing **Fremdfirma** *f* outside company **fremdlgehen** *vi irreg sein* (*fam*) to be unfaithful, to two-time sb *fam* **Fremdgeld** *nt* FIN trust fund **Fremdgen** *nt* BIOL (*Gen, welches einem anderen Organismus übertragen worden ist*) heterologous gene **Fremdhaftung** *f* JUR third-party liability
Fremdheit <-, *selten* -en> *f* strangeness, foreignness
Fremdherrschaft *f kein pl* foreign rule [*or* domination] **Fremdinvestition** *f* FIN external investment **Fremdkapital** *nt* outside [*or* borrowed] capital **Fremdkörper** *m* ① MED foreign body; **einen ~ im Auge haben** to have a foreign body in one's eye ② (*fig: jd der sich nicht dazugehörig fühlt*) alien element; **sich als [*o* wie ein] ~ fühlen** to feel out of place **fremdländisch** *adj* foreign, exotic
Fremdling <-s, -e> *m* (*veraltend geh*) stranger
Fremdmittel *pl* FIN outside [*or* borrowed] funds **Fremdnutzer** *m* INFORM host user **Fremdrente** *f für Aussiedler* foreign pension **Fremdsprache** *f* foreign language; **~n studieren/unterrichten** to study/teach [modern] languages **Fremdsprachenkorrespondent(in)** *m(f)* bilingual [*or* multilingual] secretary **Fremdsprachensatz** *m* TYPO composition of foreign language work **Fremdsprachenunterricht** *m* language teaching; **~ geben [*o geh* erteilen]** to give language classes **fremdsprachig** *adj* foreign-language *attr;* **~e Literatur** foreign literature; **~e Texte** foreign-language texts **fremdsprachlich** *adj* foreign-language *attr;* **~er Unterricht** teaching in a foreign language **Fremdvergleich** *m* FIN dealing at arm's-length rule **Fremdvermutung** *f* FIN non-property presumption **Fremdverschulden** *nt* third-party responsibility **fremdverschuldet** *adj* caused by another person
Fremdwährung *f* FIN foreign currency **Fremdwährungskonto** *nt* FIN foreign exchange account **Fremdwährungsschuld** *f* FIN foreign currency debt **Fremdwährungsverbindlichkeiten** *pl* FIN foreign currency liabilities **Fremdwort** *nt* borrowed [*or* foreign] word, borrowing; ***Höflichkeit ist für dich wohl ein ~!*** politeness isn't part of your vocabulary!, I see you never went to charm school! *iron* **Fremdwörterbuch** *nt* dictionary of borrowed [*or* foreign] words
frenetisch I. *adj* frenetic, frenzied; **~er Beifall** wild applause
II. *adv* frenetically; **jdn/etw ~ beklatschen** to applaud sb/sth wildly, to give sb/sth wild applause
frequentieren* *vt* (*geh*) ■**etw [häufig] ~** *Kneipe, Lokal, etc* to [often] frequent sth [*or* patronize]
Frequenz *f* ① (*Häufigkeit*) frequency
② PHYS frequency
③ (*Zahl des Puls- o Herzschlags*) [pulse] rate
④ (*Verkehrsstärke*) volume of traffic
Frequenzmodulation *f* RADIO frequency modulation, FM **Frequenzverteilung** *f* allotment of frequencies **Frequenzzuteilung** *f* assignment of frequencies **Frequenzzuweisung** *f* allocation of frequencies
Fresko <-s, Fresken> *nt* fresco
Freskomalerei *f* fresco wall-painting
Fressalien *pl* (*fam*) grub *no indef art, no pl fam,* nosh *no indef art, no pl fam*
Fresse <-, -n> *f* (*derb*) ① (*Mund*) gob BRIT *sl,* trap *sl,* cakehole BRIT *sl*
② (*Gesicht*) mug *fam,* phiz[og] BRIT *sl*
► WENDUNGEN: **eine große ~ haben** to shoot one's mouth off *sl,* to be a loudmouth *fam;* **die ~ halten** to shut one's gob BRIT *sl* [*or sl* face] [*or sl* mouth]; ***halt die ~!*** shut your face!; **jdm eins [*o* was] in die ~ hauen, jdm die ~ polieren** to smash sb's face in *fam;* **ach du meine ~!** Jesus [*or hum sl* Jesus H.] Christ!
fressen <fraß, gefressen> **I.** *vi* ① (*Nahrung verzehren*) ■**[aus/von etw *dat*] ~** *Tiere* to eat [*or* feed]

[out of/from sth]
② (*pej derb: in sich hineinschlingen*) [**gierig**] ~ to guzzle *fam*, to scoff *fam*; **für drei** ~ to eat enough for a whole army *fam*
③ (*fig: langsam zerstören*) ■[**an etw** *dat*] ~ to eat away at sth [*or* into], to attack sth
④ (*fig geh: an jdm nagen*) ■**in jdm** ~ to eat [*or* gnaw] at sb
II. *vt* ■**etw** ~ ① (*Nahrung verzehren*) *Tiere* to eat sth; (*sich ernähren von*) to feed on sth; **etw leer** ~ to lick sth clean; **etw zu** ~ **bekommen** [*o* **kriegen**] (*pej fam: bei Menschen*) to get [*or* be given] sth to eat
② (*pej derb: in sich hineinschlingen*) to scoff [*or* guzzle] sth *fam*
③ (*fig: verbrauchen*) to gobble up sth *sep fam*; **Benzin/Öl** ~ to gobble up *sep* [*or* guzzle] petrol/oil *fam*; [**viel**] **Geld** ~ *Anschaffungen, Vorhaben* sth is swallowing [up *sep*] [a lot of] money
► WENDUNGEN: **jdn zum F~ gern haben** (*fam*) sb is good enough to eat *fam*; **jdn/etw gefressen haben** (*fam*) to have had one's fill with sb/sth, to have had just about as much as one can take of sb/sth; **endlich hat sie/er... es gefressen!** (*fam*) she/he... got there [*or* it] at last!, at last the penny's dropped! BRIT; **jdn ansehen, als ob man ihn/sie ~ will** (*fam*) to look daggers at sb BRIT, to give sb a murderous look; **ich werd' dich schon nicht gleich** ~ (*fam*) I'm not going to eat you *fam*
III. *vr* ① (*fig: sich vorarbeiten*) ■**sich in/durch etw** *akk* ~ to work into/through sth
② (*fig: langsam zerstören*) ■**sich durch etw** *akk* ~ to eat through sth
③ (*Nahrung aufnehmen*) **sich satt** [*o* **voll**] ~ to eat one's fill, to gorge oneself; (*Menschen a.*) to stuff oneself

Fressen <-s> *nt kein pl* ① (*Tierfutter*) food
② (*pej sl: Fraß*) muck *fam*, yuk BRIT *fam*; (*Festessen*) blowout *fam*, nosh-up BRIT *fam*
► WENDUNGEN: **ein gefundenes ~ für jdn sein** (*fam*) to be handed to sb on a plate

Fresser(in) <-s, -> *m(f)* (*fig sl*) glutton, greedyguts BRIT, bottomless pit AM *fam*; **ein unnützer** ~ an idle mouth to feed

Fresserei <-, -en> *f* (*pej sl*) guzzling *fam*, gluttony

Fressgier[RR] *f* (*pej*) greediness, gluttony **Fresskorb**[RR] *m* (*fam*) food hamper [*or* AM basket]; (*für Picknick*) [picnic] basket [*or* BRIT hamper] **Fressnapf**[RR] *m* [feeding] bowl **Fresspaket**[RR] *nt* (*fam*) food parcel **Fresssack**[RR] *m* (*fam o pej*) hog *fam*, greedyguts BRIT *fam* **Fresssucht**[RR] *f* gluttony; **an ~ leiden** to suffer from a craving for food, to be a compulsive eater

fresst[RR], **freßt** *imper pl von* **fressen**

Fresswerkzeuge[RR] *pl* mouthparts **Fresszelle**[RR] *f* MED phagocyte

Frettchen <-s, -> *nt* ferret

Freude <-, -n> *f* ① *kein pl* (*freudige Gemütsverfassung*) pleasure, joy, delight; ***was für eine ~, dich wiederzusehen!*** what a pleasure to see you again!; ***es ist mir eine ~, Ihnen behilflich sein zu können*** it gives me [great [*or* real]] pleasure to be of help [to you]; **nur** [*o* **bloß**] **die halbe ~ sein** to be only half the pleasure; **seine helle ~ an etw** *dat* **haben** to get sheer pleasure out of sth; ***sie hatte ihre helle ~ daran*** she got sheer pleasure out of it; **keine reine ~ sein, etw zu tun, aber ...** to be not exactly a pleasure to do sth, but ... *a. iron*; **eine wahre** [*o* **die reinste**] **~ sein, etw zu tun** it is a real joy [*or* pleasure] to do sth; **~ an etw** *dat* **haben** to derive pleasure from sth; **~ am Leben haben** to enjoy life; **keine ~ am Leben haben** to get no joy out of life; **da kommt ~ auf** it's a joy to see [*or* behold]; **jdm eine** [**große**] **~ machen** [*o geh* **bereiten**] to make sb [very] happy, to be a [great] joy to sb; **etw macht jdm ~** sb enjoys [doing] sth; ***das macht mir keine ~*** I don't enjoy it at all; **von ~ erfüllt werden** to be filled with pleasure [*or* joy] [*or* delight]; ■**jds ~ an etw** *dat* the joy [*or* pleasure] sb gets from sth; **aus ~ an der Sache** (*fam*) for the love of it; ■**jds ~ über etw** *akk* sb's joy [*or* delight] at sth; **vor ~** with joy [*or* delight]; **vor ~ in die Luft springen können** to want to jump for joy; **vor ~ weinen** to weep for [*or* with] joy; **zu unserer großen ~** to our great delight; ***zu meiner [aller]größten ~ kann ich Ihnen mitteilen ...*** it gives me the greatest of pleasure to be able to inform you ...
② *pl* (*Vergnügungen*) **die ~n des Ehelebens/der Liebe** the pleasures [*or* joys] of married life/of love; **die kleinen ~n** [**des Lebens**] the little pleasures [in life]; **mit ~n** with pleasure; **herrlich und in ~n leben** to live a life of ease [*or* in the lap of luxury]; **etw herrlich und in ~n genießen** to enjoy sth to the full
► WENDUNGEN: **Freud und Leid mit jdm teilen** to share one's joys and sorrows with sb; **in Freud und Leid zueinander halten** to stand by each other through thick and thin

Freudenbotschaft *f* (*geh*) good news *no pl, no indef art*, glad tidings *npl liter* **Freudenfest** *nt* [joyful] celebration **Freudenfeuer** *nt* bonfire **Freudengeschrei** *nt* cries of joy, cheering *no indef art, no pl*; **ein ~ erheben** (*geh*) to give a cheer **Freudenhaus** *nt* (*euph veraltend*) brothel **Freudenmädchen** *nt* (*euph veraltend*) prositute, lady of the night *dated* **Freudenschrei** *m* joyful cry, cry of joy; **in ~e ausbrechen** to start cheering [for joy] **Freudensprung** *m* joyful leap; **Freudensprünge/einen ~ machen** to jump for joy **Freudentag** *m* happy [*or* joyful *liter*] day, red-letter day BRIT **Freudentanz** *m* dance of joy; **Freudentänze/einen ~ aufführen** [*o* **vollführen**] to dance with joy; **wilde Freudentänze aufführen** [*o* **vollführen**] to dance with wild abandon **Freudentaumel** *m* ecstasy [of joy], raptures *npl* [*or* euphoria]; **in einen** [**wahren**] **~ verfallen** to become [absolutely] euphoric, to go into raptures [*or* transports of delight] **Freudentränen** *pl* tears of joy; **~ weinen** [*o* **vergießen**] to cry for joy, to shed tears of joy

freudestrahlend **I.** *adj nicht pred* beaming [with delight], radiant
II. *adv* joyfully, with great joy

freudig **I.** *adj* ① (*voller Freude*) joyful, happy; **in ~er Erwartung** looking forward to sth with great pleasure, in joyful expectation *form*; **ein ~es Gefühl** a delightful feeling
② (*erfreulich*) pleasant, joyful *liter*; **eine ~e Entwicklung** a happy [*or* pleasing] development; *s. a.* **Ereignis**
II. *adv* with joy [*or* delight]; **~ erregt** excited; **~ überrascht** pleasantly surprised

freudlos *adj* (*pej*) cheerless, joyless, bleak

Freudlosigkeit *f kein pl* cheerlessness, joylessness

freuen **I.** *vr* ① (*voller Freude sein*) ■**sich** [**über etw** *akk*] ~ to be glad [*or* pleased] [about sth]; **sich über ein Geschenk ~** to be pleased with a present; **sich sehr** [**über etw** *akk*] ~ to be delighted [with sth]; ■**sich für jdn ~** to be pleased [*or* glad] for sb[’s sake]; ■**sich mit jdm ~** to share sb's happiness; **sich ~, etw tun zu dürfen/können** to be pleased to be able to do sth
② (*freudig erwarten*) ■**sich auf jdn ~** to look forward to seeing sb; ■**sich auf etw** *akk* **~** to look forward to [doing] sth
► WENDUNGEN: **sich zu früh ~** to get one's hopes up too soon; ***freu dich nicht zu früh!*** don't get your hopes up too soon!, don't count your chickens before they're hatched! *fig*
II. *vt* ① (*erfreuen*) ■**jdn ~** to please sb, to be a cause of pleasure to sb *form*
② *impers* ■**es freut mich, dass ...** I'm pleased [*or* glad] that ...; ***es freut mich, dir helfen zu können*** I'm pleased to be able to help you; ***[das] freut mich für dich*** I'm pleased [*or* happy] for you, that's great; **freut mich** [**, Ihre Bekanntschaft zu machen**] [I'm] pleased to meet you

Freund(in) <-[e]s, -e> *m(f)* ① (*Kamerad*) friend; ***ist das ein ~ von dir?*** is that a friend of yours?; ***du bist mir ja ein schöner ~*** (*iron fam*) a fine friend you are *iron*; ***mein lieber ~!*** (*iron*) my dear fellow! *iron dated*; ***sie sind alte ~e*** they're old friends; **~ und Feind** friend and foe; **jdn zum ~ gewinnen** to gain sb's friendship [*or* sb as a friend]; **mit jdm gut ~ sein** to be good friends with sb; **unter ~en** (*fam*) among friends
② (*intimer Bekannter*) boyfriend; (*intime Bekannte*) girlfriend; **jdn zum ~ haben** to be [going out] with sb
③ (*fig: Anhänger*) lover; **ein ~ der Natur** a nature-lover, a lover of nature; **kein ~ von etw** *dat* **sein** to not be one for sth; **kein ~ von vielen Worten sein** to not be one for talking much, to be a man/woman of few words

Freundchen <-s, -> *nt* (*fam*) my [fine] friend *iron*, sonny [Jim] BRIT *iron*; **~!** watch it, pal! [*or* BRIT mate] *fam*

freundeidgenössisch *adj* SCHWEIZ (*geh*) ≈ [politically] reconciliatory (*what is deemed proper for friends – Freunde – and politically responsible citizens – Eidgenossen – to promote unity between the disparate Swiss cantons*)

Freundeskreis *m* circle of friends; **im engsten ~** with one's closest friends

Freund-Feind-Denken *nt* attitude of "if you're not for us, you're against us"

freundlich **I.** *adj* ① (*liebenswürdig*) kind; ■**~** [**zu jdm**] **sein** to be kind [to sb], to be good to sb; ***das ist sehr ~ von Ihnen*** that's very kind [*or* good] of you; ***würden Sie so ~ sein, mir zu helfen?*** would you be so kind [*or* good] as to help me?; *s. a.* **Gruß**
② (*hell, heiter*) pleasant; **ein ~er Himmel** a beckoning sky; **~es Wetter** pleasant [*or* fine] weather; ***bitte recht ~!*** smile please!, say cheese! *fam*; (*ansprechend*) cheerful; **ein ~es Ambiente** a friendly [*or* congenial] atmosphere; **~e Farben** cheerful colours [*or* AM -ors]
③ (*wohlwollend*) friendly; **eine ~e Einstellung gegenüber etw/jdm haben** to have a friendly [*or* an obliging] attitude towards sb/sth
II. *adv* in a friendly way, kindly; **jdn ~ behandeln** to treat sb in a friendly [*or* kindly] way, to be friendly to[wards *form*] [*or* kind to] sb

freundlicherweise *adv* kindly; ***er trug uns ~ die Koffer*** he was kind enough to carry our cases [for us]

Freundlichkeit <-, -en> *f* ① *kein pl* (*liebenswürdige Art*) friendliness *no pl, no indef art*
② (*liebenswürdige Handlung*) kindness; ***danke für die ~!*** thank you for your kindness!; ***würden Sie [wohl] die ~ haben, das zu tun?*** would you be kind [*or* good] enough to do that? *form*, would you be so kind [*or* good] as to do that? *form*
③ *meist pl* (*freundliche Bemerkung*) kind word [*or* remark]

Freundschaft <-, -en> *f kein pl* friendship; ***da hört die ~ auf!*** (*fam*) friendship doesn't extend that far!; **auf gute ~ trinken** to drink to a lasting friendship; ***[prost,] auf gute ~!*** [cheers,] here's to good friends [*or* a lasting friendship]!; **jdm die** [*o* **seine**] **~ anbieten** to offer sb one's friendship; **jdm die ~ kündigen** to break off [*or liter* sever] one's friendship with sb; **eine ~ pflegen** to cultivate a friendship; [**mit jdm**] **~ schließen** to make [*or* become] friends [with sb], to form a friendship [with sb]; **in aller ~** in all friendliness

freundschaftlich **I.** *adj* friendly; **~e Gefühle** feelings of friendship
II. *adv* **jdm ~ auf die Schulter klopfen** to give sb a friendly slap on the back; **jdm ~ gesinnt sein** to be well-disposed towards sb; **mit jdm ~ verbunden sein** to be close friends with sb; **mit jdm ~ verkehren** to be on friendly terms with sb

Freundschaftsbande *pl* (*geh*) ties [*or* bonds] of friendship **Freundschaftsbesuch** *m* POL goodwill visit **Freundschaftsdienst** *m* favour [*or* AM -or] [*or* good turn] to a friend; **jdm einen ~ erweisen** to do sb a favour [*or* AM -or] [*or* good turn] **Freundschaftspreis** *m* [special] price for a friend; ***ich mache dir einen ~*** seeing as we're friends, I'll let you have it for a special price **Freundschaftsspiel** *nt* friendly match [*or* game], friendly *fam* **Freundschaftsvertrag** *m* POL treaty of friendship

Frevel <-s, -> *m* (*geh*) ❶ (*Verstoß gegen menschliche Ordnung*) heinous crime, outrage; **einen ~ begehen** to commit a heinous crime [*or* an outrage]
❷ REL sacrilege, desecration; **einen ~ begehen** to commit an outrage

frevelhaft *adj* (*geh: schändlich*) flagrant, outrageous; **~er Leichtsinn** wanton carelessness; **eine ~e Tat** an outrageous [*or* a disgraceful] deed; **~e Verschwendung** wanton extravagance

Frevelhaftigkeit <-> *f kein pl* (*geh*) ❶ (*schändliche Handlung*) outrageousness, wantonness *liter*
❷ REL sinfulness *no pl, no indef art*

freveln *vi* (*geh*) ■[**gegen jdn/etw**] ~ ❶ (*eine schändliche Tat begehen*) to commit a crime [*or* an outrage] [against sb/sth]
❷ REL to sin [against sb/sth]

Freveltat *f* (*geh*) ❶ (*schändliche Tat*) outrage, wicked deed; **~en/eine ~ begehen** to commit outrages/an outrage
❷ REL sacrilege; **~en/eine ~ begehen** to commit [a] sacrilege

Frevler(in) <-s, -> *m(f)* REL (*geh*) sinner

frevlerisch *adj* (*veraltend*) *s.* **frevelhaft**

Friede <-ns, -n> *m* (*veraltend*) peace; **~ seiner/ihrer Asche** God rest his/her soul; **~ sei mit euch!** peace be with [*or old* unto] you!
▶ WENDUNGEN: **~, Freude, Eierkuchen** (*hum*) and everybody was happy *hum*

Frieden <-s, -> *m* ❶ (*Gegenteil von Krieg*) peace; **dauerhafter ~** lasting [*or* enduring] peace; **sozialer ~** social harmony; [**mit jdm**] **~ schließen** to make peace [with sb]; **im ~** in peacetime, in time[s] of peace, **in ~ leben,** to live in peace
❷ (*Friedensschluss*) peace treaty; **den ~ diktieren** to dictate the peace terms; **über den ~ verhandeln** to hold peace negotiations; **der Westfälische ~** HIST the Peace of Westphalia
❸ (*Harmonie*) peace, tranquillity; **in ~ und Freundschaft** [*o* **Eintracht**] **leben** to live in peace and harmony; **der häusliche ~** domestic harmony; **seinen ~ mit jdm machen** (*geh*) to make one's peace with sb; **~ [zwischen jdm] stiften** to bring about peace [between sb], to reconcile sb
❹ (*Ruhe*) peace [and quiet], peace of mind; **um des lieben ~s willen** (*fam*) for the sake of peace and quiet; **seinen ~ finden** to be at peace; **jdn in ~ lassen** to leave sb in peace; ***lasst mich mit eurem Klatsch in ~!*** spare me your gossip!; [**er/sie**] **ruhe in ~!** [may he/she] rest in peace, RIP, requiescat in pace *form;* ***ich traue dem ~ nicht*** (*fam*) there's something fishy going on *fam,* I smell a rat *fam*

Friedensabkommen *nt* peace agreement **Friedensaktivist(in)** *m(f)* peace campaigner, peacenik *sl* **Friedensbedingungen** *pl* peace terms; **~ aushandeln** to negotiate [the] terms of peace **Friedensbereitschaft** *f* readiness for [*or* openness to] peace **Friedensbewegung** *f* peace movement **Friedensbruch** *m* POL violation of the peace **Friedensbüro** *nt* **Internationales ~** International Peace Bureau **Friedensdiktat** *nt* dictated peace, peace dictate **Friedensfahne** *f* white flag **Friedensforscher(in)** *m(f)* peace researcher **Friedensforschung** *f* peace studies + *sing vb* **Friedensforschungsinstitut** *nt* peace studies institute **Friedensgespräch** *nt meist pl* peace talks *pl* **Friedensgespräche** *pl* POL peace talks *pl* **Friedensgrenze** *f* (*ehem. DDR*) *frontier serving as guarantee of peace, esp. Oder-Neisse-Linie* **Friedensinitiative** *f* peace initiative **Friedenskonferenz** *f* peace conference **Friedenskuss**[RR] *m* REL kiss of peace, pax **Friedensliebe** *f* love of peace **Friedensmarsch** *m* peace march **Friedensmission** *f* peace mission **Friedensnobelpreis** *m* Nobel peace prize **Friedensordnung** *f* keeping of the peace **Friedenspfeife** *f* peace pipe, pipe of peace; **mit jdm/miteinander die ~ rauchen** (*hum fam*) to make [one's] peace with sb, to bury the hatchet **Friedenspflicht** *f* ÖKON *obligation of the parties involved in a collective agreement to keep industrial peace;* **die ~ verletzen** to violate the obligation to keep industrial peace **Friedensplan** *m* peace plan **Friedenspolitik** *f* policy of peace; **eine aktive ~ verfolgen** [*o* **betreiben**] to pro-actively pursue a policy of peace **Friedenspreis** *m* peace prize **Friedensprozess**[RR] *m* peace process **Friedensrichter(in)** *m(f)* ❶ (*Einzelrichter in USA, Großbritannien*) justice of the peace, JP ❷ SCHWEIZ (*Laienrichter*) lay justice **Friedensschluss**[RR] *m* peace agreement [*or* treaty] **Friedenssicherung** *f* keeping of the peace **Friedensstärke** *f* MIL peacetime strength **frieden(s)stiftend** *adj* peacemaking **Friedensstifter(in)** *m(f)* peacemaker **Friedenstaube** *f* dove of peace **Friedenstruppen** *pl* peacekeeping force[s *npl*] **Friedensverhandlungen** *pl* POL peace negotiations [*or* talks] *pl* **Friedensverrat** *m kein pl* JUR treasonably endangering the pacific status **Friedensvertrag** *m* peace treaty; [**mit jdm**] **einen ~ schließen** to sign a peace treaty [with sb] **Friedensvorschlag** *m* peace proposal, proposal for peace **Friedenswille** *m* desire [*or* wish] for peace **Friedenszeit** *f* period of peace; **in ~en** in peacetime, in times of peace

friedfertig *adj* peaceable, peace-loving

Friedfertigkeit *f kein pl* peaceableness

Friedhof *m* graveyard; (*in Städten*) cemetery; **auf den ~ gehen** to go to [*or* visit] the graveyard [*or* cemetery]; **auf dem ~ [liegen]** [to be buried] in the graveyard [*or* cemetery]

Friedhofskapelle *f* cemetery chapel **Friedhofsruhe** *f* (*liter*) peace of the graveyard [*or* cemetery]; (*fig*) deathly quiet [*or* silence]

friedlich I. *adj* ❶ (*gewaltlos*) *Lösung* peaceful; **die ~e Nutzung von Kernenergie** the utilization of nuclear energy for peaceful purposes
❷ (*friedfertig*) peaceable, peace-loving; ***er ist eigentlich ein ganz ~er Mensch*** he's really a very amiable person; *Tier* placid, docile; ***sei doch ~!*** take it easy!, calm down!; ***wirst du wohl ~ sein!*** will you give it a rest!; *s. a.* **Weg**
❸ (*friedvoll, ruhig*) peaceful; **eine ~e Gegend** a peaceful area
II. *adv* ❶ (*gewaltlos*) peacefully; **~ demonstrieren** to demonstrate peacefully; **einen Konflikt ~ lösen** to settle a conflict amicably
❷ (*friedvoll, in Ruhe*) **~ sterben** [*o euph* **einschlafen**] to die in peace [*or* peacefully]

friedliebend *adj* peace-loving

Friedrich <-s> *m* Frederick; **~ der Große** Frederick the Great; **seinen ~ Wilhelm unter etw** *akk* **setzen** (*fam*) to put one's signature to [*or* AM *sl* one's John Hancock at the bottom of] sth

frieren <fror, gefroren> I. *vi* ❶ *haben* (*sich kalt fühlen*) ■**jd friert** [*o* **jdn friert es**] sb is cold; ■**jd friert** [*o* **jdn friert es**] **an etw** *dat* sb's sth is cold; ***mach das Fenster zu, mich friert es am ganzen Körper!*** shut the window, I'm cold all over! [*or* through and through]
❷ *sein* (*gefrieren*) to freeze
II. *vi haben impers* ■**es friert** it's freezing; ***heute Nacht hat es gefroren*** it was below zero [*or* freezing] last night

Fries <-es, -e> *m* ARCHIT frieze

Friesland *nt* Friesland

frigid(e) *adj* frigid

Frigidität <-> *f kein pl* frigidity

Frikadelle <-, -n> *f* KOCHK rissole BRIT, meatball AM

Frikassee <-s, -s> *nt* fricassee

Frikativ <-s, -e> *m,* **Frikativlaut** *m* LING fricative, spirant

Friktion <-, -en> *f* (*a. fig geh*) friction *no pl*

Frisbee® <-, -s> *nt,* **Frisbee-Scheibe** ['frɪzbi:-] *f* frisbee

frisch I. *adj* ❶ (*noch nicht alt*) fresh; **~e Brötchen** fresh[ly baked] rolls; **~es Obst** fresh[-picked] fruit; **~ bedruckt** TYPO freshly printed, hot off the press
❷ (*neu, rein*) *Handtuch, Wäsche* fresh, clean; **ein ~es Blatt Papier** a new [*or* blank] sheet [of paper]; **sich ~ machen** to freshen up
❸ (*noch nicht getrocknet*) *Farbe* wet
❹ (*gesund*) *Hautfarbe* fresh, healthy; **~ und munter sein** (*fam*) to be [as] fresh as a daisy
❺ (*unverbraucht*) *Luft* fresh; **mit ~en Kräften** with fresh [*or* renewed] strength [*or* vigour] [*or* AM -or]
❻ (*gerade erst entstanden*) *Fleck, Wunde* fresh; ***die Erinnerung ist noch ~*** the memory is still fresh in my mind
❼ (*kühl*) *Brise, Wind* fresh, cool; *s. a.* **Luft**
II. *adv* ❶ (*gerade erst, neu*) freshly; **die Betten ~ beziehen** to change the beds, to make the beds with fresh sheets; **~ gebacken** freshly-baked; **eine ~ gebackene Ehefrau** (*fig*) a newly married wife; **ein ~ gebackener Lehrer/Rechtsanwalt** (*fig*) a teacher/lawyer straight [*or* fresh] from university; **~ gefallener Schnee** freshly [*or* newly] fallen snow; **~ geschlachtet** freshly slaughtered; *Geflügel* freshly killed; **~ gestrichen** newly painted; ***„~ gestrichen!“*** "wet paint"; **~ gewaschene Hände** clean hands; **ein ~ gewaschenes Hemd** a clean [*or* freshly washed [*or* laundered]] shirt; **Bier ~ vom Fass** beer on tap, beer [straight] from the barrel
❷ (*immer weiter*) ***immer ~ drauflos!*** keep at it!, don't hold back!
▶ WENDUNGEN: **~ gewagt ist halb gewonnen** (*prov*) a good start is half the battle *prov; s. a.* **Erinnerung**

Frische <-> *f kein pl* ❶ (*frische Beschaffenheit*) *Backwaren, Obst, etc* freshness
❷ (*Feuchtigkeit*) *von Farbe* wetness
❸ (*Kühle*) *der Luft, des Waldes, etc* freshness, coolness
❹ (*Sauberkeit, gutes Gefühl*) freshness, cleanness; **ein Gefühl von ~** a feeling of freshness, a fresh feeling
❺ (*volle körperliche und geistige Fitness*) health, vigour [*or* AM -or]; **in alter ~** (*fam*) as always; **in geistiger/körperlicher ~** with perfect mental clarity/in perfect physical health; **in voller körperlicher und geistiger ~** in perfect physical and mental health

Frischei *nt* fresh [*or* newly laid] [*or* new-laid] egg **Frischfisch** *m* fresh fish **Frischfleisch** *nt* fresh meat **frischgebacken** *adj s.* **frisch II 1** **Frischgemüse** *nt* fresh vegetables *pl* **Frischhaltebeutel** *m* airtight bag **Frischhaltebox** *f* airtight box **Frischhaltedose** *f* airtight container **Frischhaltefolie** *f* cling film **Frischhaltepackung** *f* airtight pack; **in einer ~** vacuum-packed **Frischkäse** *m* cream cheese

Frischling <-s, -e> *m* JAGD young wild boar (*of less than one year*)

Frischluft *f* fresh air **Frischmilch** *f* fresh milk **Frischwarenmarkt** *m* HANDEL fresh market **Frischwasser** *nt* fresh [*or* drinking] water

frischweg *adv* straight out [*or* off] *fam*

Frischwurst *f unsmoked, undried sausage* **Frischzelle** *f* MED live cell **Frischzellentherapie** *f* MED embryonal fresh cell therapy, Niehans' therapy *spec*

Friseur <-s, -e> [fri'zø:ɐ] *m* (*Friseursalon*) hairdresser's; (*Herrensalon*) barber's; **zum ~ gehen** to go to the hairdresser's/barber's

Friseur(in) <-s, -e> [fri'zø:ɐ] *m(f),* **Friseuse** <-, -n> [fri'zø:zə] *f* (*Haarschneider*) hairdresser; (*Herrenfriseur*) barber

Friseursalon [fri'zø:ezalõ:, -zalɔŋ] *m* hairdresser's, hairdressing salon

Friseuse <-, -n> [fri'zø:zə] *f fem form von* **Friseur**

frisieren* *vt* ❶ (*formend kämmen*) ■**jdn/sich ~** to do sb's/one's hair; [**jdm**] **das Haar** [*o* **die Haare**] [*o* **den Kopf**] **~** to do sb's hair; **elegant frisiert sein** to have an elegant hairstyle [*or* hairdo] *fam;* ***sie ist stets gut frisiert*** her hair is always beautifully done
❷ (*fig fam: fälschen*) ■**etw ~** to fiddle sth; **einen Bericht/den Beweis ~** to doctor a report/the evidence *fam;* **die Bilanzen ~** to cook the books *fam*
❸ AUTO **ein Auto/Mofa ~** to soup up a car/moped *sep;* **den Motor ~** to hot up [*or* AM soup up] an engine *sep*

Frisierkommode *f* dressing table **Frisiermantel** *m* [hairdressing] cape **Frisiersalon** *m* hair stylist['s]; (*für Damen*) hairdresser's, hairdressing salon BRIT, beauty salon [*or* parlor] AM; (*für Herren*)

barber's [shop] **Frisierspiegel** *m* dressing [table] mirror
Frisör <-s, -e> *m*, **Frisöse** <-, -n> *f fem form von* **Friseur**
frissRR, **friß** *imper sing von* **fressen**
Frist <-, -en> *f* ❶ (*festgelegte Zeitspanne*) period [of time], time [limit]; ~ **zur Klageerhebung/zur Klageerwiderung** time for commencement of action/for defence; **festgesetzte** ~ fixed time; **gesetzliche** ~ statutory period; **nach/vor Ablauf der gesetzlich festgelegten** ~ on/prior to expiry of the statutory period of time; **gerichtliche** ~ period of time for the taking of any procedural step; **innerhalb kürzester** ~ (*geh*) without delay; **innerhalb einer** ~ **von zwei Wochen/Monaten** within [a period of] two weeks/months *form;* **eine** ~ **einhalten** to pay within the stipulated period; **eine** ~ **verstreichen lassen** to not pay within the stipulated period
❷ (*Aufschub*) respite, period of grace; (*bei Zahlung*) extension; **jdm eine letzte** ~ **einräumen** to grant sb a final extension
Fristablauf *m* deadline, expiration of [a period of] time **Fristbeginn** *m* beginning of [a period of] time, dies a quo **Fristberechnung** *f* calculation of the time allowed **Fristbestimmung** *f* setting a deadline **Fristeinhaltung** *f* meeting the deadline, compliance with a period of time **Fristeinlagen** *pl* FIN term shares [*or* deposits]
fristen *vt* **sein Dasein** [*o* **Leben**] ~ to eke out an existence [*or* a living]; **ein kümmerliches Dasein** ~ to eke out a miserable existence, to scrape a living
Fristende *nt* time limit, termination of a period
Fristenkalender *m* JUR timetable **Fristenlösung** *f*, **Fristenregelung** *f* JUR *law permitting an abortion within the first three months of pregnancy*
fristgemäß, fristgerecht I. *adj* in due course, on the due date; (*innerhalb vorgegebener Frist*) within the stipulated period *pred;* (*pünktlich*) punctual; **~e Entlassung** instant dismissal; **nicht ~e Lieferungen** late deliveries; **frist- und formgerecht** in due course and time
II. *adv* in due course, on the due date; (*innerhalb vorgegebener Frist*) within the stipulated period; (*pünktlich*) punctually, on time; **etw** ~ **bearbeiten** to process sth to meet [*or* for] the deadline [*or* on time] **Fristklausel** *f* JUR deadline clause **fristlos I.** *adj* instant, without notice *pred;* **~e Kündigung** instant dismissal **II.** *adv* at a minute's warning, without notice; **jdn** ~ **entlassen** [*o* **jdm** ~ **kündigen**] to fire sb on the spot; ***Sie sind ~ entlassen!*** you're fired! **Fristsetzung** *f* JUR appointment of a date, fixing of a time limit; **gerichtliche** ~ peremptory order of time **Fristverlängerung** *f* extension **Fristversäumnis** *nt*, **Fristversäumung** *f* default [in respect of time], failure to observe the time limit **Fristwahrung** *f* JUR compliance with the time-limit, observance of the deadline **Fristwechsel** *m* FIN time bill
Frisur <-, -en> *f* hairstyle, hairdo *fam*
Friteuse <-, -n> [fri'tøːzə] *f s.* **Fritteuse**
fritieren* *vt s.* **frittieren**
Fritten *pl* (*fam*) chips BRIT, fries AM *fam*
Frittenbude *f* (*fam*) chippie BRIT *fam*
FritteuseRR <-, -n> [fri'tøːzə] *f* deep [*or* BRIT *a.* deep-fat] fryer
frittieren*RR *vt* **etw** ~ to [deep-]fry sth
FrittierpaletteRR *f* frying pallet
FrittüreRR <-, -n> *f* ❶ (*Fritteuse*) deep-fat fryer
❷ (*heißes Fett*) fat
❸ (*im Fett Gebackenes*) fried food
Fritüre <-, -n> *f s.* **Frittüre**
frivol [fri'voːl] *adj* ❶ (*anzüglich*) suggestive, lewd, risqué
❷ (*leichtfertig*) irresponsible, frivolous; **in ~er Weise** irresponsibly, frivolously
Frivolität <-, -en> [-vo-] *f* ❶ *kein pl* (*anzügliches Verhalten*) lewdness, suggestiveness
❷ *kein pl* (*anzügliche Bemerkung*) suggestive remark
❸ (*Bedenkenlosigkeit*) irresponsibility, frivolousness

Frl. *nt Abk von* **Fräulein** (*veraltend*) Miss
froh *adj* ❶ (*erfreut*) happy; ■~ [**über etw** *akk* [*o* SÜDD, ÖSTERR, SCHWEIZ **um etw** *akk*]] **sein** to be pleased [with/about sth]; ■~ [**darüber**] **sein, dass ...** to be pleased [*or* glad] that ...; ~ **gelaunt** [*o geh* **gestimmt**] cheerful, joyful *liter*
❷ (*erfreulich*) pleasing, joyful *liter;* **die F~e Botschaft** the Gospel; **eine ~e Nachricht** good [*or* pleasing] [*or liter* joyful] news
❸ (*glücklich*) ***~e Feiertage!*** have a pleasant [*or* nice] holiday!; ***~e Ostern!*** Happy Easter!; ***~e Weihnachten!*** Merry [*or* Happy] Christmas!
Frohbotschaft *f* (*veraltend*) ■**die** ~ the Gospel
frohgelaunt *adj s.* **froh 1** **frohgestimmt** *adj* (*geh*) *s.* **froh 1**
fröhlich I. *adj* ❶ (*von heiterem Gemüt*) cheerful, merry; **ein ~er Mensch** a cheerful [*or* happy] person
❷ (*vergnügt*) merry; *Lieder, Musik* cheerful, jolly *dated;* **~es Treiben** merry-making *liter,* merriment, gaiety *dated*
❸ (*glücklich*) *s.* **froh 3**
II. *adv* (*fam*) merrily, cheerfully
Fröhlichkeit <-> *f kein pl* cheerfulness, happiness
frohlocken* *vi* (*geh*) ■[**über etw** *akk*] ~ ❶ (*Schadenfreude empfinden*) to gloat [over sth]
❷ (*jubeln*) to rejoice [over [*or* at] sth] *liter*
Frohnatur *f* (*geh*) ❶ (*fröhliche Wesensart*) cheerful [*or* happy-go-lucky] [*or liter* blithe] nature
❷ (*fröhlicher Mensch*) cheerful [*or* happy] soul
Frohsinn *m kein pl s.* **Frohnatur 1**
fromm <frömmer *o* -er, frömmste *o* -ste> *adj* ❶ (*gottesfürchtig*) religious, practising [*or* AM -icing], devout; **ein ~er Katholik** a devout Catholic
❷ (*religiös*) religious; *s. a.* **Betrug, Lüge, Wunsch**
Frömmelei <-, -en> *f* (*pej*) false piety, pietism *pej*
frömmeln *vi* (*pej*) to affect piety, to act piously
Frömmigkeit <-> *f kein pl* devoutness, piety
Frömmler(in) *m(f)* (*pej*) sanctimonious hypocrite
Fron <-, -en> *f* ❶ (*geh*) drudge[ry]
❷ *s.* **Frondienst 2**
Fronarbeit *f* ❶ SCHWEIZ unpaid voluntary work
❷ *s.* **Frondienst 2**
Fronde <-, -n> ['frõːndə] *f* (*politische Opposition*) faction
Frondienst *m* ❶ *s.* **Fronarbeit 1**
❷ HIST soccage *no pl, feudal tenure of lands by service fixed and determinate in quality*
fronen *vi* (*geh*) to toil, to drudge
frönen *vi* (*geh*) ■**einer S.** *dat* ~ to indulge in sth; **seiner [eigenen] Eitelkeit** ~ to indulge one's [own] vanity
Fronleichnam <-[e]s> *m kein pl, meist ohne art* [the Feast of] Corpus Christi
Fronleichnamsfest *nt* ■**das** ~ the Feast of Corpus Christi **Fronleichnamsprozession** *f* Corpus Christi procession
Front <-, -en> *f* ❶ (*Vorderseite*) *Gebäude* face, front, frontage; **die hintere** [*o* **rückwärtige**] ~ the back [*or* rear]
❷ MIL front; **auf breiter** ~ along a wide front; **die gegnerische** ~ the opposing front; **in vorderster** ~ **stehen** to be in the front line; **jdn/etw an die** ~ **schicken** to send sb/sth to the front [lines]
❸ (*politische Opposition*) front; **eine geschlossene** ~ **bilden** to put up a united front; [**geschlossen**] ~ **gegen jdn/etw machen** to make a [united] stand against sb/sth
❹ METEO (*Wetterlage*) front
❺ SPORT (*Führung*) **in** ~ **liegen/gehen** to be in/go into [*or* take] the lead
► WENDUNGEN: **klare ~en schaffen** to clarify the/one's position; **die ~en verhärten sich** [the] attitudes are hardening; **eine [geschlossene]** ~ **bilden** to form a [continuous] front
Frontabschnitt *m* MIL section of the front
frontal I. *adj attr* frontal; **ein ~er Zusammenstoß** a head-on collision
II. *adv* frontally; ~ **zusammenstoßen** to collide head-on; **jdn** ~ **angreifen** to make a frontal attack on sb; **etw** ~ **darstellen** to depict sth from the front

Frontalangriff *m* frontal attack **Frontalaufprall** *m* AUTO front-end impact **Frontalunterricht** *m* SCH didactic teaching, chalk and talk *fam* **Frontalzusammenstoß** *m* head-on collision
Frontantrieb *m* AUTO front-wheel drive, FWD *spec;* **mit** ~ with front-wheel drive **Frontbericht** *m* report from the front **Fronthaube** *f* AUTO bonnet BRIT, hood AM
Frontispiz <-es, -e> *nt* ARCHIT, TYPO frontispiece
Frontmotor *m* front[-mounted] engine **Frontpassagier(in)** *m(f)* front[-seat] passenger **Frontscheibe** *f* AUTO windscreen BRIT, windshield AM **Frontsitz** *m* AUTO front seat; (*geschrieben a.*) f/seat **Frontsoldat(in)** *m(f)* front-line soldier **Frontspoiler** *m* AUTO front spoiler **Fronturlaub** *m* leave [of absence] [*or spec* furlough] from the front **Frontwand** *f* frontage **Frontwechsel** *m* (*fig*) about-turn, volte-face *liter*
Frosch <-[e]s, Frösche> *m* ❶ ZOOL frog
❷ (*Feuerwerkskörper*) [fire]cracker, jumping jack
► WENDUNGEN: **einen** ~ **im Hals haben** (*fam*) to have a frog in one's throat; **sei kein** ~! (*fam*) be a sport!, don't be a spoilsport! [*or fam* party-pooper]
Froschauge *nt* ❶ (*Auge des Frosches*) frog's eye; (*fig: Glupschaugen*) pop-eye ❷ AUTO frogeye *fam,* bugeye AM **Froschbiss**RR *m* BOT frogbit **Froschkönig** *m* Frog Prince **Froschlaich** *m* frogspawn **Froschmann** *m* (*Taucher*) frogman **Froschperspektive** *f* worm's-eye view; **etw aus der** ~ **betrachten** to have a worm's-eye view of sth; **etw aus der** ~ **fotografieren** to photograph sth from a worm's-eye view **Froschschenkel** *m* frog's leg
Frost <-[e]s, Fröste> *m* frost; ***es herrscht strenger*** ~ there's a heavy [*or* hard] frost; **bei eisigem** ~ in heavy frost; ~ **abbekommen** to get [*or* become] frostbitten; ~ **vertragen können** to be able to stand [the] frost
Frostbeule *f* chilblain **Frostboden** *m* frozen ground; (*ständig*) permafrost
fröst(e)lig *adj* (*fam*) chilly; **sie ist ein ~er Mensch** she's a chilly soul, she feels the cold
frösteln I. *vi* ■[**vor Kälte**] ~ to shiver [with cold]
II. *vt impers* ■**jdn fröstelt es** sb is shivering; **jdn fröstelt es vor Angst** sb is trembling with fear; **jdn fröstelt es vor Entsetzen** sb is shuddering with horror
Froster *nt* freezer compartment
frostfrei I. *adj* frost-free, free of [*or* from] frost; ***die Nacht war*** ~ there was no frost overnight **II.** *adv* **Fundamente** ~ **gründen** to sink foundations to a frost-free depth; **Pflanzen** ~ **halten** to keep plants protected against [*or* from] [the] frost **Frostgefahr** *f* danger of frost; **bei** ~ with frost expected
frostig *adj* (*a. fig geh*) frosty, chilly; **ein ~er Wind** an icy [*or liter* a chill] wind
Frostigkeit <-> *f kein pl* (*a. fig geh*) frostiness, chilliness; (*von Wind*) iciness
frostklar *adj* clear and frosty **Frostsalbe** *f* frost ointment **Frostschaden** *m* frost damage **Frostschutzmittel** *nt* AUTO antifreeze **Frostwetter** *nt* frost[y weather]
Frottee <-s, -s> *nt o m* (*Stoffart*) terry towelling [*or* AM cloth]
Frotteehandtuch *m* terry [*or* AM terry-cloth] towel **Frotteekleid** *nt* towelling [*or* AM toweling] dress **Frotteewindel** *f* terry nappy
frottieren* *vt* ■**jdn/sich** [**mit etw** *dat*] ~ to rub down *sep* sb/oneself [with sth]; (*massieren*) to massage sb [with sth]; ■**etw** [**mit etw** *dat*] ~ to rub sth [with sth]; (*massieren*) to massage sth [with sth]
Frottierhandtuch *nt* terry towel
Frotzelei <-, -en> *f* (*fam*) ❶ *kein pl* (*anzügliches Necken*) [constant] ribbing [*or* teasing]
❷ (*anzügliche Bemerkung*) sniggering [*or* barbed] remark
frotzeln *vi* (*fam*) ■[**über jdn/etw**] ~ to tease [*or* rib] [sb/sth], to make fun of sb/sth
Frucht <-, Früchte> *f* ❶ (*Teil von Pflanze*) fruit; ■**Früchte** (*Obst*) fruit *no pl, no indef art;* **kandierte Früchte** candied fruit *no pl, no indef art;* SÜDD, SCHWEIZ (*Getreide*) crops *pl;* **die** ~ ***steht gut***

F

the crops are looking good; **Früchte tragen** to bear [*or* yield] fruit *no pl*
❷ (*fig geh: Ergebnis*) fruit, product; **Früchte tragen** to bear fruit
▸ Wendungen: **verbotene Früchte** forbidden fruit[s *pl*]

Fruchtansatz *m* BOT fruit buds *pl*

fruchtbar *adj* ❶ (*vermehrungsfähig*) fertile, prolific ❷ (*ertragreich*) fertile, fecund *form* ❸ (*künstlerisch produktiv*) prolific, voluminous *form* ❹ (*fig: nutzbringend*) fruitful, productive; **eine ~e Aussprache** a fruitful discussion; **etw für jdn/etw ~ machen** to use sth for the benefit of sb/sth

Fruchtbarkeit <-> *f kein pl* ❶ (*Vermehrungsfähigkeit*) fertility ❷ (*Ertragreichtum*) fertility, fecundity *form* **Fruchtbarkeitsziffer** *f* ÖKON fertility index

Fruchtbecher *m* ❶ BOT cup[ule] ❷ (*Eisbecher mit Früchten*) fruit sundae **Fruchtblatt** *nt* BOT (*Bestandteil des Fruchtknotens*) carpel

Früchtchen <-s, -> *nt* (*fam*) good-for-nothing; ***du bist mir ja ein sauberes*** ~ (*iron*) you're a [right] one BRIT

Früchtebecher *m s.* **Fruchtbecher 2 Früchtebrot** *nt* fruit loaf

fruchten *vi meist negiert* ■**[bei jdm]** ~ to be of use [to sb]; **nichts/wenig** ~ to be of no/little use [*or* avail]

Früchtetee *m* fruit tea **Früchteziehung** *f* FIN (*bei Zahlungsverzug*) reaping the benefits

Fruchtfleisch *nt* [fruit] pulp [*or* flesh] **Fruchtfliege** *f* fruit fly **Fruchtfolge** *f* AGR rotation of crops **Fruchtgummi** *nt* (*Bonbon*) fruit gum

fruchtig *adj* fruity; ~ **schmecken** to taste fruity

Fruchtjoghurt *m o nt* fruit yogurt **Fruchtkapsel** *f* BOT capsule **Fruchtknoten** *m* BOT ovary **fruchtlos** *adj* (*fig*) fruitless **Fruchtlosigkeit** *f kein pl* fruitlessness **Fruchtmark** *nt* [concentrated] [fruit] pulp **Fruchtnektar** *m fruit drink with 50% fruit juice* **Fruchtpresse** *f* fruit press **Fruchtsaft** *m* fruit juice **Fruchtsäure** *f* fruit acid **Fruchtstand** *m* BOT multiple fruit, syncarp *spec* **Fruchtwasser** *nt* MED amniotic fluid, the waters *pl* **Fruchtwasserspiegelung** *f* MED amniocentesis **Fruchtwasseruntersuchung** *f* MED amniocentesis *spec* **Fruchtwechsel** *m* AGR crop rotation, succession of crops **Fruchtzucker** *m* fructose

frugal I. *adj* (*geh*) frugal
II. *adv* frugally

früh I. *adj* ❶ (*nicht spät*) early; ~ **am** [*o* **am ~en**] **Morgen** early in the morning; **in ~er/~[e]ster Kindheit** in one's early childhood/very early in one's childhood
❷ (*vorzeitig*) early; **ein ~er Tod** an early [*or* untimely] death
❸ (*am Anfang stehend*) *Person* young; **der ~e Goethe** the young Goethe; *Werke* early; **ein ~er Picasso** an early Picasso; **ein Werk des ~en Mozart** an early work by Mozart, a work by the young Mozart
II. *adv* early; **Montag** ~ Monday morning; ~ **genug** in good time; ***daran wirst du dich noch ~ genug gewöhnen müssen*** there's no two ways about it. you'll just have to get used to it; **etw nicht ~ genug tun** to not do sth soon enough; **sich zu ~ freuen, zu ~ jubeln** to crow too soon; ***freu' dich bloß nicht zu ~!*** don't count your chickens before they're hatched *prov;* **von ~ bis spät** from morning till night, from dawn till dusk; *s. a.* **heute, morgen**

Früh <-> *f kein pl* SÜDD, ÖSTERR [early] morning; **in der ~** [early] in the morning

Frühantike *f* early classical period **frühauf** *adv* **von ~** from early childhood, from childhood on **Frühaufsteher(in)** <-s, -> *m(f)* early riser [*or hum* bird] **Frühbeet** *nt* cold frame

Frühchen *nt* premature baby

frühchristlich *adj* early Christian **Frühdiagnose** *f* early diagnosis **Frühdienst** *m* early duty; (*in der Fabrik*) morning [*or* early] shift; ~ **haben** to be on early duty; (*in der Fabrik*) to do [*or* have] [*or* be on] the morning shift

Frühe <-> *f kein pl* **in aller ~, gleich in der ~** at the crack of dawn, at the break of day; SÜDD, ÖSTERR **in der ~** early in the morning; **um sieben in der ~** at seven in the morning

früher I. *adj* ❶ (*vergangen*) earlier; **in ~en Jahren** [*o* **Zeiten**] in the past, in former times
❷ (*ehemalig*) former, previous; **~e Adresse** previous [*or* last] address, ***~e Freundin,*** ex[-girlfriend]
II. *adv* ❶ (*eher*) earlier; ~ ***als 6 Uhr kann ich nicht kommen*** I can't come before [*or* earlier than] 6 o'clock; ~ ***geht's nicht*** it can't be done [*or* I/he/she etc. can't make it] any earlier; ~ **oder später** sooner or later
❷ (*ehemals*) ***ich habe ihn ~ [mal] gekannt*** I used to know him; ~ ***hast du so etwas nie gemacht*** you never used to do that kind of thing [before]; ~ ***war das alles anders*** things were different in the old days; **Bekannte von ~** old acquaintances; **Erinnerungen an ~** memories of times gone by [*or* of bygone days *liter*]; **genau wie ~, als ...** exactly as it/he etc. used to [be/do] as ...; **von ~** from former times [*or* days]; ***ich kenne sie von ~*** I've known her for some time

Früherkennung *f* MED early diagnosis [*or* recognition]

frühestens *adv* at the earliest; ~ **in drei Wochen** in three weeks at the soonest [*or* earliest]

frühestmöglich *adj attr* earliest possible

Frühgeburt *f* ❶ (*zu frühe Geburt*) premature birth; **eine ~ haben** to give birth prematurely ❷ (*zu früh geborenes Kind*) premature baby; **eine ~ sein** to be premature [*or* born prematurely] **Frühgemüse** *nt* early vegetables *pl* **Frühgeschichte** *f* ❶ *kein pl* (*Zeitabschnitt der Geschichte*) early [*or* ancient] history ❷ (*frühe Phase*) early stages *pl* **Frühgotik** *f* early Gothic period **Frühherbst** *m* early autumn [*or* AM fall] **frühherbstlich** *adj* early autumn [*or* AM fall] *attr;* **~e Stimmung** an atmosphere of early autumn **frühindustriell** *adj* ÖKON early industrial

Frühjahr *nt* spring; **im späten/zeitigen ~** in [the] late/early spring

Frühjahrskollektion *f* MODE spring collection **Frühjahrsmüdigkeit** *f* springtime lethargy **Frühjahrsputz** *m* spring-clean[ing]; **[den] ~ machen** to do the spring-cleaning

Frühkapitalismus *m* early capitalism **Frühkartoffel** *f* new [*or* early] potato **frühkindlich** *adj* **~e Entwicklung/Sexualität** development/sexuality in early childhood; **~e Erlebnisse/Traumen** experiences/traumas from early childhood **Frühkultur** *f* early culture

Frühling <-s, -e> *m* spring[time]; ***es wird ~*** spring is coming; **im ~** in [the] spring[time]; **seinen zweiten ~ erleben** (*hum*) to go through one's second adolescence

Frühlingsanfang *m* first day of spring; **bei/nach ~** on/after the first day of spring; **vor ~** before [the] spring **Frühlingsgefühl** *nt meist pl* (*Gefühl der Gelöstheit*) spring feeling ▸ Wendungen: ~ **haben** [*o* **bekommen**] (*hum fam*) to be [*or* get] frisky *fam* **frühlingshaft** *adj* springlike **Frühlingsrolle** *f* KOCHK spring [*or* AM egg] roll **Frühlingssuppe** *f* spring vegetables soup **Frühlingszeit** *f kein pl* (*geh*) spring[time], springtide *liter*

Frühmensch *m* SCI early man **frühmorgens** *adv* early in the morning **Frühnebel** *m* early morning mist [*or* fog] **Frühobst** *f* early fruit **Frühpension** *f* early retirement; ~ **nehmen, in ~ gehen** to take early retirement **Frühpensionierung** *f* early retirement **frühreif** *adj* precocious; (*körperlich*) [sexually] mature [at an early age *pred*]; **~es Früchtchen** (*pej*) a precocious little thing *pej;* (*Mädchen*) a proper little madam BRIT *pej* **Frühreife** *f* (*frühe Entwicklung*) early maturity; (*geistig*) precocity, precociousness **Frührentner(in)** *m(f) person who has retired early;* ***er ist ~*** he has retired early **Frühromantik** *f* early Romanticism **Frühschicht** *f* early [*or* morning] shift; ~ **haben** to do [*or* have] [*or* be on] the morning shift **Frühschoppen** *m* morning pint BRIT, eye-opener AM *fam* **Frühsommer** *m* early summer; **im ~** in [the] early summer **frühsommerlich** *adj* early summer *attr;* ***draußen ist es schon so richtig schön*** ~ there's already a real feel of early summer in the air **Frühsport** *m* [early] morning workout [*or* exercise]; ~ **treiben** [*o* **machen**] to have a[n early] morning workout, to get some [early] morning exercise **Frühstadium** *nt* early stage; **im ~** in the early stages *pl* **Frühstart** *m* SPORT false start; ~ **begehen** [*o* **machen**] to jump the gun

Frühstück <-s, -e> *nt* breakfast; ***um 8 Uhr gibt's ~*** breakfast is at 8 o'clock; **zum ~** for breakfast; ***die ganze Familie saß beim ~*** the whole family were having breakfast; ***der Preis versteht sich inklusive ~*** the price includes breakfast; **zweites ~** midmorning snack, elevenses *npl* BRIT *fam;* **das zweite ~ einnehmen** to have [one's] elevenses BRIT *fam*

frühstücken I. *vi* to have [one's] breakfast, to breakfast *form;* ***sie ~ immer um 8 Uhr*** they always have breakfast at 8 o'clock
II. *vt* ■**etw ~** to have sth for breakfast, to breakfast on sth *form*

Frühstücksbrett *nt* wooden board, *on which breakfast is eaten* **Frühstücksbrot** *nt* sandwich, *for one's morning snack* **Frühstücksbüfett** *nt* breakfast buffet **Frühstücksfernsehen** *nt* breakfast television [*or* TV] **Frühstücksfleisch** *nt* luncheon [*or* AM lunch] meat **Frühstückspause** *f* morning [*or* coffee] break; ~ **machen** to have a morning [*or* coffee] break **Frühstückszimmer** *nt* breakfast room

Frühverrentung *f* early retirement **Frühwarnsystem** *nt* early warning system **Frühwerk** *nt kein pl eines Künstlers* early work **Frühzeit** *f* early days; **die ~ einer Kultur** the early period of a culture; **die ~ des Christentums** early Christian times; **die ~ menschlicher Zivilisation** the early days of human civilization **frühzeitig** I. *adj* early; *Tod* early, untimely II. *adv* ❶ (*früh genug*) in good time; **möglichst ~** as soon as possible ❷ (*vorzeitig*) prematurely

Frust <-[e]s> *m kein pl* (*fam*) frustration *no indef art, no pl;* **einen ~ haben/bekommen** [*o fam* **kriegen**] to be/become [*or* get] frustrated

frusten *vt* (*fam*) ■**jdn frustet es** sth is frustrating sb; ***das hat mich total gefrustet*** I found that very frustrating

Frustration <-, -en> *f* frustration

frustrieren* *vt* (*fam*) ■**jdn frustriert etw** sth is frustrating sb; ■**~d** frustrating

frustrierend *adj* frustrating

frustriert I. *pp und 3. pers. sing von* **frustrieren**
II. *adj* frustrated; **sich ~ fühlen** to feel frustrated

frz. *adj Abk von* **französisch** Fr., French

F-Schlüssel ['ɛf-] *m* MUS F [*or* bass] clef

FTP *nt* INET *Abk von* **File Transfer Protocol** FTP

Fuchs, Füchsin <-es, Füchse> *m, f* ❶ (*Tier*) fox; (*weibliches Tier*) vixen
❷ (*Fuchspelz*) fox [fur]
❸ (*Pferd*) chestnut; (*mit hellerem Schwanz und hellerer Mähne*) sorrel
❹ (*fam: schlauer Mensch*) cunning [old] devil [*or* fox] *fam;* **ein alter** [*o* **schlauer**] ~ (*fam*) a cunning [old] devil [*or* fox] *fam,* a sly one
▸ Wendungen: **wo sich Hase und ~ gute Nacht sagen** [*o* **wo sich die Füchse gute Nacht sagen**] (*hum*) at the back of beyond BRIT, out in the sticks [*or* AM boondocks] *fam*

Fuchsbau *m* [fox's] earth

fuchsen [-ks-] *vt* (*fam*) ■**jdn fuchst etw** sth is riling sb *fam,* to piss off sb *sep sl*

Fuchsie <-, -n> ['fʊksiə] *f* fuchsia

Füchsin [-ks-] *f fem form von* **Fuchs** vixen

Fuchsjagd *f* fox-hunt[ing]; **auf die ~ gehen** to go fox-hunting **Fuchspelz** *m* fox [fur] **fuchsrot** *adj* (*Haare*) ginger, auburn; (*Fell*) red, red-brown, reddish-brown; (*Pferd*) chestnut **Fuchsschwanz** *m* ❶ (*Schwanz des Fuchses*) [fox's] tail [*or* brush] BRIT ❷ (*Säge*) [straight back] handsaw **Fuchsschwanzgras** *nt* BOT foxtail

fuchsteufelswild *adj* (*fam*) mad as hell *fam,* hopping mad *fam;* **jdn ~ machen** to make sb mad

[as hell] *fam,* to piss off sb *sl*
Fuchtel <-, -n> *f* SÜDD, ÖSTERR (*fam*) shrew *pej;* **unter jds ~ stehen** to be [well] under sb's control
fuchteln *vi* (*fam*) ■**mit etw** *dat* ~ to wave sth about [wildly] *fam;* (*drohend*) to brandish sth; [**mit den Händen**] ~ to wave one's hands about [wildly] *fam*
fuchtig *adj* (*fam*) [hopping] mad *fam,* pissed off *sl*
Fuder <-s, -> *nt* ❶ (*Wagenladung*) cartload; **ein ~ Heu** a [cart]load of hay
❷ (*Hohlmaß für Wein*) tun [of wine]
fuderweise *adv* (*hum fam*) by the cartload; ~ **belegte Brote vertilgen** to polish off tons of sandwiches *fam*
Fuerteventura *nt* Fuerteventura; *s. a.* **Sylt**
Füessli <-, -s> *nt* SCHWEIZ (*Schweinefuß*) pig's trotter
fuffzig (*fam*) *s.* **fünfzig**
Fuffziger <-s, -> *m* DIAL fifty-pfennig piece; **ein falscher ~ sein** (*pej sl*) to be a real crook *fam,* to be [as] bent as they come BRIT *sl*
Fug *m* **mit ~ und Recht** (*geh*) with complete justification
Fuge[1] <-, -n> *f* join, gap; **aus den ~n geraten** (*fig*) *Menschheit* to go awry *liter; Welt* to be out of joint; **in allen ~n krachen** to creak at the joints [*or* in every joint]
Fuge[2] <-, -n> *f* MUS fugue
fügen I. *vt* ❶ (*geh: anfügen*) ■**etw an etw** *akk* ~ to add sth to sth; ■**etw auf etw** *akk* ~ to lay sth on sth; **Wort an Wort** ~ to string words together, to cast a sentence
❷ (*geh: bewirken*) ■**etw fügt etw** sth ordains sth; ***der Zufall fügte es, dass wir uns wiedersahen*** coincidence had it that we met [*or* saw each other] again
II. *vr* ❶ (*sich unterordnen*) to toe the line; ■**sich jdm/einer S.** ~ to bow to sb/sth; **sich den Anordnungen** ~ to obey instructions
❷ (*geh: akzeptieren*) ■**sich in etw** *akk* ~ to submit to [*or* accept] sth
❸ ((*hinein*)*passen*) ■**sich in etw** *akk* ~ to fit into sth
❹ *impers* (*geh: geschehen*) ■**es fügt sich** it so happened; ***sei getrost, es wird sich schon alles ~*** never fear, it'll all work out in the end
Fugenband *nt* BAU joint tape **Fugenfüller** *m* BAU caulking **Fugenkelle** *f* joint filler **fugenlos I.** *adj* smooth **II.** *adv* without gaps [*or* BRIT joins]/a gap [*or* BRIT a join]
fügsam *adj* (*geh*) obedient; *Kind a.* tractable *form*
Fügsamkeit <-> *f kein pl* obedience, docility
Fügung <-, -en> *f* ❶ (*Bestimmung*) stroke of fate; **eine ~ Gottes/des Schicksals** an act of divine providence/of fate; **eine göttliche ~** divine providence *no indef art, no pl;* **eine glückliche ~** a stroke of luck [*or* good fortune]
❷ LING (*Wortgruppe*) construction
fühlbar *adj* (*merklich*) perceptible, noticeable, marked
fühlen I. *vt* ❶ (*körperlich spüren, wahrnehmen*) ■**etw** ~ to feel sth
❷ (*seelisch empfinden*) to feel sth; **Achtung/Verachtung für jdn** ~ to feel respect/contempt for sb; **Erbarmen/Mitleid mit jdm** ~ to feel pity/sympathy for sb; ■**~, dass ...** to feel [that] ...
❸ ■**etw** ~ to feel sth; **jds Puls** ~ to take sb's pulse
II. *vi* ■**nach etw** *dat* ~ to feel for sth
III. *vr* ■**sich [in einer bestimmten Art]** ~ to feel [in a particular way] ❶ (*das Empfinden haben*) ***wie ~ Sie sich?*** how are you feeling [*or* do you feel]?; **sich besser/benachteiligt/schuldig/unwohl/verantwortlich** ~ to feel better/disadvantaged/guilty/unwell/responsible
❷ (*sich einschätzen*) ■**sich als jd** ~ to regard [*or* consider] oneself as sb; ***wie ~ Sie sich jetzt als Direktorin?*** how do you feel now [that] you're director? *fam*
❸ (*stolz sein*) ■**sich [wunder wie** [*o* **was**]] ~ to think the world of oneself *fam*
Fühler <-s, -> *m* ❶ (*Tastorgan*) antenna, feeler; (*von Schnecke*) horn; **die ~ ausstrecken/einziehen** to put out [*or* extend]/retract its horns [*or* AM feelers]
❷ (*Messfühler*) sensor, probe
▶ WENDUNGEN: **seine** [*o* **die**] ~ [**nach etw** *dat*] **ausstrecken** (*fam*) to put out [one's] feelers [towards sth]
Fühlung <-, -en> *f* contact; **mit jdm in ~ bleiben/stehen** to stay [*or* remain]/be in touch [*or* contact] with sb; **mit jdm ~ aufnehmen** to contact sb, to get in touch with sb
Fühlungnahme <-, -n> *f* [an initial] contact
Fuhre <-, -n> *f* ❶ (*Wagenladung*) [cart]load; **zwei ~n Stroh** two [cart]loads of straw
❷ (*Taxifahrt*) fare
führen I. *vt* ❶ (*geleiten*) ■**jdn [durch/über etw** *akk*] ~ to take sb [through/across sth]; (*vorangehen*) to lead sb [through/across sth]; **eine alte Dame über die Straße** ~ to help an old lady across [*or* over] the road; **jdn durch ein Museum/Schloss** ~ to show sb round a museum/castle; ■**jdn zu jdm** ~ to take sb to sb; ***was führt Sie zu mir?*** (*geh*) what brings you to me? *form*
❷ (*leiten*) ■**etw** ~ *Betrieb, Geschäft* to run sth; *Armee* to command; *Expedition, Gruppe* to lead, to head
❸ (*in bestimmte Richtung lenken*) ■**jdn auf etw** *akk* ~ to lead sb to sth; ***der Hinweis führte die Polizei auf die Spur des Diebes*** the tip put the police on the trail of the thief; ***das führt uns auf das Thema ...*** that brings [*or* leads] us on[to] the subject ...; **jdn auf Abwege** ~ to lead sb astray
❹ (*registriert haben*) **jdn/etw in einem Verzeichnis/auf einer Liste** ~ to have a record of sb/sth in a register/on a list; ***wir ~ keinen Schmidt in unserer Kartei*** we have no [record of a] Schmidt on our files
❺ (*heranbringen, handhaben*) **einen Bogen [über die Saiten]** ~ to wield a bow [across the strings]; **die Kamera [an etw** *akk*] ~ to guide the camera [towards sth]; (*durch Teleobjektiv*) to zoom in [on sth]; **die Kamera ruhig** ~ to operate the camera with a steady hand; **etw zum Mund[e]** ~ to raise sth to one's mouth; **einen Pinsel [über etw** *akk*] ~ to wield a brush [over sth]
❻ (*entlangführen*) ■**etw durch etw** *akk*/**über etw** *akk* ~ to lay sth through sth/across [*or* over] sth; ***er führte das Satellitenkabel durch die Wand*** he laid [*or* fed] the satellite cable through the wall
❼ (*geh: steuern*) **ein Kraftfahrzeug/einen Zug** ~ to drive a motor vehicle/a train
❽ (*geh: einen Titel o. Namen tragen*) ■**etw** ~ to bear sth; ***verheiratete Frauen ~ oft ihren Mädchennamen weiter*** married women often retain [*or* still go by] their maiden name; **einen Titel** ~ to bear [*or* hold] a title
❾ (*geh: haben*) **Gepäck bei** [*o* **mit**] **sich** *dat* ~ to be carrying luggage; **seine Papiere/eine Schusswaffe bei** [*o* **mit**] **sich** ~ to carry one's papers/a firearm on one's person, to carry around *sep* one's papers/a firearm
❿ (*im Angebot haben*) ■**etw** ~ to stock [*or spec* carry] sth
II. *vi* ❶ (*in Führung liegen*) **mit drei Punkten/einer halben Runde** ~ to have a lead of [*or* to be in the lead by] three points/half a lap
❷ (*verlaufen*) *Weg, etc* to lead, to go; ***wohin führt dieser Weg?*** where does this path lead [*or* go] to?; ***die Brücke führt über den Rhein*** the bridge crosses [over] [*or* spans] the Rhine; ■**durch etw** *akk*/**über etw** *akk* ~ *Straße, Weg* to lead [*or* go] through/over sth; *Kabel, Pipeline* to run through/over sth; *Spuren* to lead through/across sth
❸ (*als Ergebnis haben*) ■**zu etw** *dat* ~ to lead to sth, to result in sth; ■**dazu ~, dass ...** that will lead to ... + *gerund;* ***das führte zu dem Ergebnis, dass er entlassen wurde*** this led to [*or* resulted in] his [*or* him] being dismissed; [***all***] ***das führt*** [***doch***] ***zu nichts*** (*fam*) that will [all] come to nothing [*or* get you/us etc. nowhere]
III. *vr* (*geh: sich benehmen*) ■**sich** ~ to conduct oneself *form;* **sich gut/schlecht** ~ to conduct oneself well/badly [*or* to misbehave]
führend *adj* leading *attr;* ***diese Firma ist im Stahlbau ~*** this is one of the leading companies in steel construction; **eine ~e Persönlichkeit/Rolle** a prominent [*or* leading] personality/role; **der ~e Wissenschaftler auf diesem Gebiet** the most prominent scientist in this field
Führer <-s, -> *m* guide[book]; **ein ~ durch Deutschland** a guide to Germany
Führer(in) <-s, -> *m(f)* ❶ (*Leiter*) leader; (*Oberhaupt einer Bewegung etc.*) head [honcho AM *fam*]; ■**der ~** HIST (*Hitler*) the Führer [*or* Fuehrer]
❷ (*Fremdenführer, Bergführer*) guide
❸ (*geh: Lenker*) driver; (*von Kran*) operator
Führerausweis *m* SCHWEIZ (*Führerschein*) driving licence BRIT, driver's license AM **Führerflucht** *m* SCHWEIZ (*Fahrerflucht*) a hit-and-run [accident] **Führerhaus** *nt* AUTO [driver's] cab; (*von Kran*) cabin **führerlos I.** *adj* ❶ (*ohne Führung*) leaderless, without a leader *pred* ❷ (*geh: ohne Lenkenden*) driverless, without a driver *pred;* (*auf Schiff*) with no one at the helm **II.** *adv* without a driver; (*auf Schiff*) with no one at the helm **Führerschein** *m* driving licence BRIT, driver's license AM; **jdm den ~ entziehen** to take away [*or form* withdraw] sb's driving licence, to disqualify sb from driving; **den** [*o* **seinen/ihren**] ~ **machen** (*das Fahren lernen*) to learn to drive; (*die Fahrprüfung ablegen*) to take one's driving test **Führerscheinentzug** *m* driving ban, disqualification from driving **Führerscheinprüfung** *f* driving test **Führerscheinrecht** *nt kein pl* JUR driving licence [*or* AM -se] law **Führerstand** *m* BAHN [driver's] cab
Fuhrgeld *nt* carriage, cartage **Fuhrgeschäft** *nt* carriage **Fuhrmann** <-leute> *m* ❶ (*Lenkender*) carter; (*Kutscher*) coachman ❷ ASTRON ■**der ~** the Charioteer, Auriga **Fuhrpark** *m* fleet [of vehicles]
Führung <-, -en> *f* ❶ *kein pl* (*Leitung*) leadership; MIL command; **innere ~** MIL morale; **unter jds ~** under sb's leadership of, led [*or* headed] by sb; MIL under command of sb, commanded by sb
❷ *kein pl* (*die Direktion*) management, directors *pl;* MIL commanding officers *pl*
❸ (*Besichtigung*) guided tour (**durch** +*akk* of)
❹ *kein pl* (*Vorsprung*) lead; (*in einer Liga o. Tabelle*) leading position; **seine ~ ausbauen** to increase one's lead; (*in einer Liga o. Tabelle*) to strengthen [*or* consolidate] one's leading position; **in ~ gehen** [*o* **die ~ übernehmen**] to go into [*or* take] the lead; **in ~ liegen** to be in the lead [*or* the leading position]
❺ *kein pl* (*Betragen*) conduct; **bei** [*o* **wegen**] **guter ~** on/for good conduct; **wegen guter ~ vorzeitig entlassen werden** to get a couple of years'/a few months' etc. remission for good conduct
❻ *kein pl* (*geh: Lenkung*) ***der Führerschein berechtigt zur ~ eines Kraftfahrzeuges der angegebenen Klasse*** to be licensed to drive a motor vehicle of a given class
❼ TECH (*Schiene*) guide
❽ *kein pl* (*das fortlaufende Eintragen*) **die ~ der Akten/Bücher** keeping the files/books
❾ *kein pl* (*das Tragen eines Namens o. Titels*) use; ***die ~ des Doktortitels ist erst nach Erhalt der Urkunde erlaubt*** only after the awarding of the certificate is one permitted to have the title of doctor
Führungsanspruch *m* claim to leadership **Führungsaufgabe** *f* executive duty [*or* function] **Führungsaufsicht** *f* JUR supervision of conduct; *bei Bewährungsstrafe* probationary supervision **Führungsbereich** *m* ÖKON management sector **Führungsebene** *f* top level [management] **Führungseigenschaften** *pl* managerial qualities
Führungselite *f* POL leadership [*or* governing] elite; **die albanische ~** the elite leaders *pl* of Albania **Führungsetage** *f* management level **Führungsgeschick** *nt* leadership skill **Führungsgremium** *nt* controlling [*or* governing]

body **Führungskraft** *f kein pl* leadership, executive [officer] **Führungskrise** *f* crisis of leadership **Führungsmacht** *f* leading power **Führungsmannschaft** *f* ADMIN management team **Führungsoffizier** *m* supervising [*or* controlling] officer **Führungsposition** *f* ADMIN managerial [*or* leadership] position **Führungsqualitäten** *pl* leadership qualities *pl* **Führungsrolle** *f* leading role; **[in etw** *dat*] **eine ~ spielen** to play a leading role [in sth] **Führungsschicht** *f* the ruling classes *pl* **Führungsschiene** *f* (*an Maschinen*) guide rail **Führungsschwäche** *f* weak leadership **Führungsspitze** *f* higher echelons *pl;* (*von Unternehmen*) top[-level] management **Führungsstab** *m* MIL operations staff + *sing/pl vb* **Führungsstärke** *f* strong leadership **Führungsstil** *m* style of leadership; (*in einer Firma*) management style **Führungsstruktur** *f* ÖKON management [and control] structure **Führungswechsel** *m* change of leadership; (*in einer Firma*) change of management **Führungszeugnis** *nt* good-conduct certificate; **polizeiliches ~** clearance certificate BRIT

Fuhrunternehmen *nt* haulage business BRIT, hauliers *pl* BRIT, trucking company AM **Fuhrunternehmer(in)** *m(f)* haulage contractor BRIT, haulier BRIT, trucking company AM, trucker AM **Fuhrwerk** *nt* wag[g]on; (*mit Pferden*) horse and cart; (*mit Ochsen*) oxcart **fuhrwerken** *vi* (*fam: ungestüm hantieren*) ■**[mit etw** *dat*] ~ to wave sth about

Fülle <-> *f kein pl* ❶ (*Körperfülle*) corpulence *form,* portliness *hum*
❷ (*Intensität*) richness, ful[l]ness BRIT, fullness AM; (*Volumen*) *Haar* volume
❸ (*Menge*) wealth, abundance; ■**eine ~ von etw** *dat* a whole host of sth; **in [Hülle und] ~** in abundance

füllen I. *vt* ❶ (*voll machen*) ■**etw [mit etw** *dat*] ~ to fill sth [with sth]; **halb gefüllt** half-full
❷ KOCHK (*eine Speise mit Füllung versehen*) ■**etw [mit etw** *dat*] ~ to stuff sth [with sth]
❸ (*einfüllen*) ■**etw in etw** *akk* ~ to put sth into sth, to fill sth with sth; **etw in Flaschen** ~ to bottle sth; **etw in Säcke** ~ to put sth into sacks, to sack sth
❹ (*Platz in Anspruch nehmen*) ■**etw** ~ to fill sth; ***meine Bücher ~ ganze drei Regale*** my books take up the whole of three shelves
II. *vr* ■**sich [mit etw** *dat*] ~ to fill [up] [with sth]; **sich [mit Menschen]** ~ to fill [up] [with people]

Füllen <-s, -> *nt* (*veraltend*) *s.* **Fohlen**

Füller <-s, -> *m* fountain pen; (*mit Tintenpatrone*) cartridge pen; AUTO primer surfacer, filler

Füllfederhalter *m s.* **Füller**

Füllgewicht *nt* ❶ ÖKON net weight ❷ (*Fassungsvermögen einer Waschmaschine*) maximum load, capacity **Füllhorn** *nt* cornucopia

füllig *adj* ❶ (*von Mensch: rundlich*) plump, corpulent *form,* portly *hum;* **ein ~er Busen/eine ~e Figur** an ample [*or* a generous] bosom/figure
❷ (*voluminös*) **eine ~e Frisur** a bouffant hairstyle

Füllmaterial *nt* ❶ (*allgemein*) filling; (*für Kissen*) stuffing ❷ TYPO spacing material **Füllmenge** *f* quantity when filled **Fullrate-Übertragung** ['fʊlreɪt-] *f* TELEK fullrate transmission

Füllsel *nt* filler *no indef art, no pl,* padding *no indef art, no pl*

Füllung <-, -en> *f* ❶ KOCHK (*Masse in einer Speise*) stuffing
❷ (*ausfüllende Masse*) *von Matrazen, Federbetten* stuffing; (*von Kissen a.*) filling
❸ (*Türfüllung*) panel
❹ (*Zahnfüllung*) filling

Füllwort <-wörter> *nt* filler [word], expletive *spec*

fulminant *adj* (*geh*) brilliant

Fummel <-s, -> *m* (*sl*) cheap frock, rag *pej*

Fummelei <-, -en> *f* (*fam*) fumbling, fiddling

fummeln *vi* (*fam*) ❶ (*hantieren*) ■**[an/mit etw** *dat*] ~ to fumble [around], to fiddle [about BRIT] [*or* fumble [around]] with sth
❷ (*Petting betreiben*) to pet, to grope *fam*

Fun <-s> [fʌn] *m* fun

Fund <-[e]s, -e> *m* ❶ *kein pl* (*geh: das Entdecken*) discovery
❷ (*das Gefundene*) find; **einen ~ machen** (*geh*) to make a find

Fundament <-[e]s, -e> *nt* ❶ (*tragfähiger Untergrund*) foundation[s *npl*]
❷ (*fig: geistige Grundlage*) basis, foundation[s *npl*]; **das ~ für etw** *akk* **sein** to form a basis for sth; **das ~ zu etw** *dat* **legen, das ~ für etw** *akk* **schaffen** to lay the foundations for sth

fundamental I. *adj* fundamental
II. *adv* fundamentally; **sich ~ irren** to make a fundamental error; **sich ~ unterscheiden** to make a fundamental decision

Fundamentalismus <-> *m kein pl* fundamentalism *no indef art, no pl*

Fundamentalist(in) <-en, -en> *m(f)* fundamentalist

fundamentalistisch *adj* fundamentalist

Fundamentbeton *m* BAU foundation concrete

fundamentieren* *vi* to lay the foundations

Fundamentplatte *f* BAU foundation slab

Fundbüro *nt* lost property office BRIT, lost-and-found office AM **Fundeigentum** *nt* JUR title by discovery **Fundgrube** *f* treasure trove

Fundi <-s, -s> *m* POL fundamentalist, hard-liner, *of the Green Party*

fundieren *vt* ■**etw** ~ ❶ (*finanziell sichern*) to strengthen sth financially
❷ (*untermauern*) to underpin sth; **eine Politik** ~ to back up a policy
❸ (*geh: festigen*) to sustain sth

fundiert *adj* sound; **gut ~** well founded; **schlecht ~** unsound; **~e Staatsanleihe** FIN funds *pl,* BRIT Consols *pl*

fündig *adj* ~ **werden** to discover what one is looking for

Fundort *m* ■**der ~ von etw** *dat* [the place] where sth is/was found **Fundsache** *f* found object; (*in Fundbüro*) piece [*or* item] of lost property; ■**~n** lost property *no pl, no indef art* **Fundstätte** *f* (*geh*) *s.* **Fundort Fundstück** *nt* find **Fundunterschlagung** *f* JUR larceny by finder

Fundus <-, -> *m* ❶ (*geistiger Grundstock*) fund *a. fig;* **einen reichen ~ an Erfahrungen haben** to have a wealth of experience
❷ THEAT basic [*or* general] equipment

fünf *adj* five; *s. a.* **acht**[1]
► WENDUNGEN: **es ist ~ [Minuten] vor zwölf** it's almost too late, it's high time; **[alle] ~[e] gerade sein lassen** (*fam: etw nicht so genau nehmen*) to turn a blind eye, to look the other way

Fünf <-, -en> *f* ❶ (*Zahl*) five
❷ (*Karten*) five; *s. a.* **Acht**[1] **4**
❸ (*Verkehrslinie*) ■**die ~** the [number] five
❹ (*Zeugnisnote*) "unsatisfactory" (*the lowest examination grade in the German school system*), ≈ F BRIT

fünfbändig *adj* five-volume *attr,* of five volumes *pred* **Fünfeck** *nt* pentagon **fünfeckig** *adj* pentagonal, five-cornered **fünfeinhalb** *adj* ❶ (*Bruchzahl*) five and a half; *s. a.* **anderthalb** ❷ (*fam: Kurzform für: 5500 DM*) five and a half thousand [*or* grand] [*or* K] [*or* AM G's] *fam*

Fünfer <-s, -> *m* (*fam*) ❶ SCH (*Note: mangelhaft*) "unsatisfactory", ≈ "E" BRIT
❷ (*Lottogewinn*) [score of] 5 correct
❸ (*Fünfpfennigstück*) five-pfenning piece

fünferlei *adj attr* five [different]; *s. a.* **achterlei**

Fünferpack *m* pack of five, five-pack

fünffach, 5fach I. *adj* fivefold; **die ~e Menge/Summe** five times the amount/sum
II. *adv* fivefold, five times; **~ ausgefertigt** issued in five copies [*or form* quintuplicate]

Fünffache, 5fache *nt dekl wie adj* ■**das ~** five times as much [*or* that amount]; *s. a.* **Achtfache**

Fünffüßer <-s, -> *m* ZOOL pentapedal **fünffüßig** *adj* (*liter: Versmaß*) pentametrical; **~er Jambus** iambic pentameter **Fünfganggetriebe** *nt* five-speed gearbox [*or* transmission] **Fünfgang-Schaltung** *f* TECH [vehicle] gearbox with five gears **fünfhundert** *adj* five hundred; *s. a.* **hundert**

fünfhundertjährig *adj* five hundred-year-old *attr*

fünfjährig, 3-jährig[RR] *adj* ❶ (*Alter*) five-year-old *attr,* five years old *pred; s. a.* **achtjährig 1**
❷ (*Zeitspanne*) five-year *attr; s. a.* **achtjährig 2**

Fünfjährige(r), 5-Jährige(r)[RR] *f(m) dekl wie adj* five-year-old **Fünfkampf** *m* pentathlon; **Moderner ~** modern pentathlon **fünfköpfig** *adj* five-person *attr; s. a.* **achtköpfig**

Fünfling <-s, -e> *m* quin[tuplet]

fünfmal, 5-mal[RR] *adv* five times; *s. a.* **achtmal fünfmalig** *adj* fifth; *s. a.* **achtmalig Fünfmarkschein** *m* five-mark note **Fünfmarkstück** *nt* five-mark piece **Fünfmeterbrett** *nt* five-metre [*or* AM -er] [diving] board **Fünfprozenthürde** *f* POL five-percent hurdle **Fünfprozentklausel** *f* POL five-percent rule [*or* clause] **fünfseitig** *adj* five-sided, pentagonal; (*von Brief*) five-page *attr,* of five pages *pred* **fünfspaltig** *adj* five-column *attr,* [extending] over five columns *pred* **fünfstellig** *adj* five-digit *attr;* **ein ~es Einkommen** a five-figure income **fünfstöckig** *adj* five-storey *attr* [*or* AM -story], with five storeys **fünfstündig, 5-stündig**[RR] *adj* five-hour *attr; s. a.* **achtstündig fünfstündlich** *adj* every five hours *pred*

fünft *adv* **zu ~ sein** to be a party of five

fünftägig, 5-tägig[RR] *adj* five-day *attr* **fünftausend** *adj* ❶ (*Zahl*) five thousand; *s. a.* **tausend 1**
❷ (*fam: 5000 DM*) five grand *no pl,* five thou *no pl sl,* five G's [*or* K's] *no pl* AM *sl* **Fünftausender** *m* five-thousand-metre [*or* AM -er] peak [*or* mountain]

fünfte(r, s) *adj* ❶ (*nach dem vierten kommend*) fifth; **die ~ Klasse** [*o fam* **die ~**] primary, elementary AM; *s. a.* **achte(r, s) 1**
❷ (*Datum*) fifth, 5th; *s. a.* **achte(r, s) 2**

Fünfte(r) *f(m) dekl wie adj* ❶ (*Person*) fifth; *s. a.* **Achte(r) 1**
❷ (*bei Datumsangabe*) ■**der ~/am ~en** [*o geschrieben* **der 5./am 5.**] the/on the fifth *spoken,* the 5th *written; s. a.* **Achte(r) 2**
❸ (*Namenszusatz*) **Ludwig der ~** *gesprochen* Louis the Fifth; **Ludwig V.** *geschrieben* Louis V

fünfteilig *adj* five-part [*or* -piece] *attr;* **~ sein** to be in five parts, to consist of five pieces

fünftel *adj* fifth

Fünftel <-s, -> *nt o* SCHWEIZ *m* fifth; *s. a.* **Achtel**

fünftens *adv* fifth[ly], in [the] fifth place

fünftürig *adj* five-door; **ein ~es Auto** a five-door car *attr;* **~ sein** to have five doors **Fünfuhrtee** *m* [afternoon] tea **Fünfunddreißigstundenwoche, 35-Stunden-Woche** *f* thirty-five-hour week **fünfwertig** *adj* CHEM pentavalent **fünfwöchig** *adj* five-week; **von ~er Dauer sein** to take [*or* last] five weeks **fünfzehn** *adj* fifteen; **~ Uhr** 3pm, 1500hrs *written,* fifteen hundred hours *spoken; s. a.* **acht**[1] **fünfzehnte(r, s)** *adj* fifteenth; *s. a.* **achte(r, s) Fünfzeiler** *m* LITER five-line poem/stanza, pentastich *spec* **fünfzeilig** *adj* LITER five-line *attr,* of five lines *pred*

fünfzig *adj* ❶ (*Zahl*) fifty; *s. a.* **achtzig 1**
❷ (*Stundenkilometer*) thirty [kilometres [*or* AM -meters] an hour]; *s. a.* **achtzig 2**

Fünfzig <-, -en> *f* fifty

fünfziger, 50er *adj attr, inv* ■**die ~ Jahre** [*o* **die 50er-Jahre**] the fifties

Fünfziger[1] <-s, -> *m* ❶ (*fam: Fünfzigpfennigstück*) fifty-pfennig piece
❷ (*Wein aus dem Jahrgang -50*) fifties vintage

Fünfziger[2] <-, -> *f* (*fam: Fünfzigpfennigbriefmarke*) fifty-pfennig stamp

Fünfziger(in)[3] <-s, -> *m(f)* person in their fifties, fifty-year-old

Fünfzigerjahre *pl* ■**die ~** the fifties [*or* '50s] **fünfzigjährig, 50-jährig**[RR] *adj attr* ❶ (*Alter*) fifty-year-old *attr,* fifty years old *pred*
❷ (*Zeitspanne*) **~er Frieden** fifty years of peace; **nach ~er Besatzung** after a/the fifty-year occupation **Fünfzigjährige(r), 50-Jährige(r)**[RR] *f(m) dekl wie adj* fifty-year-old **Fünfzigmarkschein** *m* fifty-mark note **Fünfzigpfennigstück** *nt* fifty-pfennig piece

fünfzigste(r, s) *adj* fiftieth; *s. a.* **achte(r, s)**

fungibel *adj* HANDEL fungible, marketable; **fungible Waren** fungibles, fungible goods; **fungible Wertpapiere** marketable securities
fungieren* [fʊŋ'gi:rən] *vi* ■**etw fungiert als etw** sth functions as sth; **als Dach** ~ to serve [*or* make do] as a roof; **als Mittelsmann** ~ to function as a middleman
Fungizid <-s, -e> [fʊŋgi'tsi:t, 'tsi:də] *nt* fungicide
Funk <-s> *m kein pl* radio; **etw über ~ durchgeben** to announce sth on the radio
Funkamateur(in) [-amatø:ɐ] *m(f)* radio ham, amateur radio enthusiast **Funkausstellung** *f* radio and television exhibition
Fünkchen <-s, -> *nt* ❶ *dim von* **Funke** [tiny] spark ❷ (*geringes Maß*) **es besteht ein/kein ~ Hoffnung** there's a glimmer of hope; **es besteht kein ~ Hoffnung** there's not a scrap of hope; **ein/kein ~ Wahrheit** a grain/not a shred of truth
Funke <-ns, -n> *m,* **Funken** <-s, -> *m* ❶ (*glimmendes Teilchen*) spark *a. fig;* **~n sprühen** to emit [*or sep* send out] sparks, to spark; **~n sprühend** emitting sparks *pred,* sparking; **der zündende ~** (*fig*) the vital [*or* igniting] spark
❷ (*geringes Maß*) scrap; **ein ~ [von] Anstand** a scrap of decency; **ein ~ Hoffnung** a gleam [*or* glimmer] [*or* ray] of hope; **ein/kein ~ Wahrheit** a grain/not a shred of truth
▶ WENDUNGEN: **etw [so] tun, dass die ~n fliegen** (*fam*) to work like mad [*or* crazy] *fam;* **der ~ springt [zwischen zwei Menschen/den beiden] über** (*fam*) something clicked [between two people/the two] *fam*
funkeln *vi* to sparkle; *Sterne a.* to twinkle; *Edelsteine* to glitter, to flash; *Gold* to glitter, to gleam; **vor Freude ~** *Augen* to gleam [*or* sparkle] with joy; **vor Zorn ~** to glitter [*or* flash] with anger
funkelnagelneu *adj* (*fam*) brand-new, spanking-new
funken I. *vt* ■**etw ~** to radio sth; **SOS ~** to send out *sep* [*or* radio] an SOS
II. *vi* ❶ (*senden*) to radio; **um Hilfe ~** to radio for help
❷ (*Funken sprühen*) to emit [*or sep* send out] sparks, to spark
❸ (*fam: richtig funktionieren*) to work; ***das Radio funkt wieder*** the radio's going again
❹ (*sich verlieben*) to click; ***zwischen den beiden hat's gefunkt*** there's a special chemistry between those two, those two have really clicked
III. *vi impers* (*fam*) ❶ (*Prügel geben*) to be in for it; ***noch eine Bemerkung und es funkt!*** another remark and you'll be in for it
❷ (*verstehen*) to click; ***endlich hat es bei ihm gefunkt!*** it finally clicked [with him] *fam*
Funken <-s, -> *m s.* **Funke**
Funkenflug *m* flying sparks *pl* **funkensprühend** *adj s.* **Funke 1**
funkentstört *adj* with noise suppression *pred*
Funker(in) <-s, -> *m(f)* radio operator
Funkfeuer *nt* radio beacon **Funkgerät** *nt* ❶ (*Sende- und Empfangsgerät*) RT unit ❷ (*Sprechfunkgerät*) radio set, walkie-talkie **funkgesteuert** *adj* ELEK, TECH radio-controlled **Funkhaus** *nt* studios *pl,* broadcasting centre [*or* AM -er] **Funkkolleg** *nt* educational [*or* BRIT ≈ Open University] radio broadcasts **Funkkontakt** *m* radio contact **Funknavigation** *f* radio navigation **Funknetz** *nt* radio network **Funkpeilung** *f* [radio] direction finding **Funksignal** *nt* radio signal **Funksprechgerät** *nt* walkie-talkie **Funksprechverkehr** *m* radiotelephony **Funkspruch** *m* radio message **Funkstation** *f* radio station **Funkstille** *f* radio silence; **bei jdm herrscht ~** (*fig*) sb is [completely] incommunicado; ***und dann herrschte ~*** (*fig*) and then there was silence **Funkstreife** *f* [police] radio patrol **Funkstreifenwagen** *m* (*veraltend*) [police] radio patrol [*or* squad] car **Funktaxi** *nt* radio taxi [*or* cab] **Funktechnik** *f* radio technology **Funktelefon** *nt* cordless [tele]phone
Funktion <-, -en> *f* ❶ *kein pl* (*Zweck, Aufgabe*) function; **eine bestimmte ~ haben** to have a particular function
❷ (*Stellung, Amt*) position; **in ~ treten** *Gremium etc.* to come into operation; *Person* to begin [*or* take up] work; **in jds ~ als etw** in sb's capacity as sth
❸ MATH function
❹ (*Benützbarkeit*) function; **außer/in ~ sein** not to be working [*or* to be out of order] [*or* functioning]/to be working; *Stromkreis* not to be/to be switched on [*or* activated]; **etw außer/in/wieder in ~ setzen** *Stromkreis* to deactivate [*or sep* switch off]/activate [*or sep* switch on]/reactivate sth
funktional *adj s.* **funktionell**
Funktionalismus <-> *m kein pl* PHILOS functionalism
Funktionalität <-, -en> *f* practicality
Funktionär(in) <-s, -e> *m(f)* functionary *form,* official; **ein hoher ~** a high-ranking official; **die [politischen] ~e** the [political] machine
funktionell *adj* ❶ MED functional; **~e Gruppe** CHEM functional group; **eine ~e Störung** a dysfunction *spec*
❷ (*funktionsgerecht*) practical, functional
Funktionenlehre *f* JUR doctrine of functions
funktionieren* *vi* ❶ (*betrieben werden, aufgebaut sein*) to work; ***wie funktioniert dieses Gerät?*** how does this device work?; *Maschine a.* to operate, to function
❷ (*reibungslos ablaufen, intakt sein*) to work out; *Organisation* to run smoothly
❸ (*fam: gehorchen*) to obey [without question]
❹ (*fam: möglich sein*) ***wie soll denn das ~?*** how [on earth] is that going to work?
Funktionsbild *nt* job profile **Funktionserweiterung** *f* expansion of functions **funktionsfähig** *adj* in working order *pred; Anlage* operative; *Maschinen, Schusswaffen* in working order; **voll ~** fully operative, in full working order **funktionsgerecht** *adj* functional **Funktionsnachfolge** *f* JUR succession in governmental functions **Funktionspalette** *f* INFORM palette of functions **Funktionsstörung** *f* MED functional disorder, dysfunction *spec* **Funktionstaste** *f* INFORM function key; **frei belegbare ~** programmable function key **funktionstüchtig** *adj s.* **funktionsfähig Funktionsweise** *f* functioning *no pl;* **die ~ des Gehirns** the functioning of the brain
Funkturm *m* radio tower **Funkuhr** *f* radio clock **Funkverbindung** *f* radio contact; **mit jdm/etw in ~ stehen** [*o* **sein**] to have [*or* be in] radio contact with sb/sth **Funkverkehr** *m* radio communication [*or* traffic] *no art* **Funkwagen** *m* radio car
Funzel <-, -n> *f* (*pej fam*) dim light
für *präp +akk* ❶ (*Nutz, Zweck o Bestimmung betreffend*) ■**~ jdn/etw** for sb/sth; ***kann ich sonst noch etwas ~ Sie tun?*** will there be anything else?; ***sind Sie ~ den Gemeinsamen Markt?*** do you support the Common Market?; ***~ was ist denn dieses Werkzeug?*** DIAL what's this tool [used] for?; ***~ was soll es gut sein?*** DIAL what good is that? *fam;* **~ ganz** SCHWEIZ (*für immer*) for good; **~ sich [allein]** for oneself; **~ sich bleiben** to remain by oneself
❷ (*als jd, in der Funktion als*) for; ***~ ihr Alter ist sie noch erstaunlich rüstig*** she's still surprisingly sprightly for her age; **~ jdn** (*jds Ansicht nach*) in sb's opinion, for sb
❸ MED (*gegen*) for; **gut ~ Migräne** good for migraine
❹ (*zugunsten*) for, in favour [*or* AM -or] of; ***was Sie da sagen, hat manches ~ sich*** there's something in what you're saying; **~ jdn stimmen** to vote for sb
❺ (*zahlend, in Austausch mit*) for; ***er hat es ~ 45 Mark bekommen*** he got it for 45 marks
❻ (*statt*) for, in place of, instead of
❼ (*als etw*) ***ich halte sie ~ intelligent*** I think she is intelligent
❽ *in Kombination mit „was"* ***was ~ ein Blödsinn!*** what nonsense!; ***was ~ ein Pilz ist das?*** what kind [*or* sort] of mushroom is that?
▶ WENDUNGEN: **~ einmal** SCHWEIZ (*ausnahmsweise*) for once; (*einstweilen*) for the time being
Für <-> *nt* **das ~ und Wider [einer S.** *gen*] the pros and cons [of sth], the reasons for and against [sth]
Furan <-s, -e> *nt* CHEM fur[fur]an
Fürbitte *f* REL *a.* intercession, plea; **[bei jdm] für jdn ~ einlegen** to intercede [*or* plead] [with sb] for [*or* on behalf of] sb
Furche <-, -n> *f* ❶ (*Ackerfurche*) furrow; **~n ziehen** to plough [*or* AM plow] furrows
❷ (*Wagenspur*) rut
❸ (*Gesichtsfalte*) furrow
furchen *vt* (*geh*) ■**etw ~** ❶ (*in Falten legen*) *Stirn* to furrow sth
❷ (*mit Furchen versehen*) to furrow sth
Furcht <-> *f kein pl* fear; **jdm sitzt die ~ im Nacken** sb's frightened out of his/her wits; **~ [vor jdm/etw] haben** [*o geh* **empfinden**] to be afraid of sb/sth, to fear sb/sth; ***hab' keine ~!*** don't be afraid!, fear not! *hum;* ***sei ohne ~!*** (*geh*) do not fear! *form,* fear not! *hum;* **~ einflößend** [*o* **erregend**] terrifying; **jdn in ~ versetzen** to frighten sb; **jdm ~ einflößen** to strike fear into sb *form;* **vor ~ zittern** to tremble with fear; **aus ~ vor jdm/etw** for fear of sb/sth
furchtbar I. *adj* terrible, dreadful; **einen ~en Durst/Hunger haben** to be parched/famished *form* [*or fam* terribly thirsty/hungry]; **~ aussehen** to look awful [*or* dreadful]
II. *adv* ❶ (*äußerst*) terribly; **~ kalt/unangenehm** terribly cold/unpleasant
❷ (*schrecklich*) terribly, horribly; **~ durstig/hungrig sein** to be terribly thirsty/hungry
furchteinflößend *adj s.* **Furcht**
fürchten I. *vt* ❶ (*sich ängstigen*) ■**jdn/etw ~** to fear [*or* be afraid of] sb/sth; ■**gefürchtet sein** to be feared; **jdn das F~ lehren** to teach sb the meaning of fear
❷ (*befürchten*) ■**etw ~** to fear sth; ■**~, dass ...** to fear that ...; ■**zum F~** (*furchtbar*) frightful; **zum F~ aussehen** to look frightful [*or fam* a fright]; ***das ist ja zum F~*** that's really frightful
II. *vr* ■**sich [vor jdm/etw] ~** to be afraid [of sb/sth]; **sich im Dunkeln ~** to be afraid of the dark; ***fürchtet euch nicht!*** don't be afraid!, fear not! *old*
III. *vi* ■**um jdn/etw ~** (*geh*) to fear for sb/sth *form*
fürchterlich *adj s.* **furchtbar**
furchterregend *adj s.* **Furcht**
furchtlos I. *adj* fearless, dauntless *liter;* (*von Mensch a.*) intrepid
II. *adv* **~ kämpfen/einer S.** *dat* **~ standhalten** to fight/withstand sth fearlessly [*or* without fear]
Furchtlosigkeit <-> *f kein pl* fearlessness
furchtsam *adj* (*geh*) timorous *liter,* fearful
Furchtsamkeit <-, *selten* -en> *f* (*geh*) timorousness *liter,* fearfulness
fürderhin *adv* (*veraltet*) in [the] future, hereafter *form*
füreinander *adv* for each other [*or form* one another]; **~ einspringen** to help each other [*or* one another] out
Furie <-, -n> ['fu:riə] *f* ❶ (*pej: wütende Frau*) hellcat, termagant *pej*
❷ (*mythisches Wesen*) fury; **... wie von ~n gejagt** [*o* **gehetzt**] ... as if the devil himself were after him/her etc.; ***sie gingen wie ~n aufeinander los*** they went for each other['s throats] like [wild]cats
furios <-er, -este> *adj* ❶ (*hitzig*) *Mensch* hotheaded
❷ (*mitreißend*) *Vorstellung* rousing, passionate
Furnier <-s, -e> *nt* veneer
furnieren* *vt* ■**etw ~** to veneer sth; **mit Walnussholz furniert** with [a] walnut veneer
Furore ▶ WENDUNGEN: **~ machen** [*o* **für ~ sorgen**] (*fam*) to cause a sensation
Fürsorge *f kein pl* ❶ (*Betreuung*) care
❷ (*fam: Sozialamt*) welfare services *npl,* welfare *no art fam*
❸ (*fam: Sozialhilfe*) social security *no art,* welfare AM; **von der ~ leben** to live on benefits
Fürsorgeamt *nt* SCHWEIZ (*Sozialamt*) welfare services *npl* **Fürsorgepflicht** *f* JUR duty in respect of care and supervision; **~ des Arbeitgebers/Dienst-**

F

herrn employer's duty of care (*employer's obligation to provide welfare services*) **Fürsorgeprinzip** *nt* JUR welfare principle
Fürsorger(in) <-s, -> *m(f)* (*veraltet*) *s.* **Sozialarbeiter**
fürsorglich I. *adj* considerate (**zu** +*dat* towards); (*von Mensch a.*) solicitous *form* (**zu** +*dat* of) II. *adv* with [solicitous *form*] care
Fürsorglichkeit <-> *f kein pl* care; (*von Mensch a.*) solicitude *form*
Fürsprache *f* recommendation; **[bei jdm] ~ für jdn einlegen** to recommend sb [to sb], to put in a word for sb [with sb] *fam;* **auf jds ~** on sb's recommendation **Fürsprech** <-s, -e> *m* SCHWEIZ (*Rechtsanwalt*) lawyer, solicitor BRIT, attorney AM **Fürsprecher(in)** *m(f)* ❶ (*Interessenvertreter*) advocate ❷ JUR SCHWEIZ (*Anwalt*) barrister BRIT, attorney AM
Fürst(in) <-en, -en> *m(f)* ❶ (*Adliger*) prince; **~ Bismarck** Prince Bismarck; **wie ein ~/die ~en leben** to live like a lord [*or* king]/lords [*or* kings] ❷ (*Herrscher*) ruler; **der ~ der Finsternis** [*o* **dieser Welt**] (*euph geh: Satan*) the Prince of Darkness *liter;* **geistlicher ~** prince bishop
Fürstengeschlecht *nt,* **Fürstenhaus** *nt* house [*or* dynasty] of princes
Fürstentum *nt* principality; **das ~ Monaco** the principality of Monaco
Fürstin <-, -nen> *f fem form von* **Fürst** (*Adlige*) princess; (*Herrscherin*) ruler
fürstlich I. *adj* ❶ (*den Fürsten betreffend*) princely; **eine ~e Kutsche/ein ~es Schloss** a prince's coach/castle; **eure ~e Durchlaucht/Gnaden** Your Highness ❷ (*fig: prächtig*) lavish; *Gehalt, Trinkgeld* lavish, handsome *form* II. *adv* (*prächtig*) lavishly; **jdn ~ bewirten** to entertain sb lavishly [*or* [right] royally]; **~ leben/speisen** to live/eat like lords [*or* kings]/a lord [*or* king]
Furt <-, -en> *f* ford
furtum usus JUR larceny for temporary use
Furunkel <-s, -> *nt o m* MED boil, furuncle *spec*
fürwahr *adv* (*veraltet*) forsooth *old liter,* in truth
Fürwort <-wörter> *nt* LING pronoun; *s. a.* **Pronomen**
Furz <-[e]s, Fürze> *m* (*derb*) fart *fam!;* **einen ~ lassen** to [let off a] fart *fam!*
furzen *vi* (*derb*) to fart *fam!*
Fusel <-s, -> *m* (*pej*) rotgut *sl,* bad liquor, hooch AM *fam*
Fusion <-, -en> *f* ❶ ÖKON merger, amalgamation ❷ PHYS fusion
fusionieren* *vi* ÖKON ■**[zu etw** *dat*] **~** to merge [*or* amalgamate] [into sth]; ■**mit etw** *dat* **~** to merge [*or* amalgamate] with sth
Fusionierung <-, -en> *f* ÖKON merger, consolidation
Fusionsbilanz *f* FIN merger [*or* consolidated] balance sheet **Fusionskontrolle** *f* JUR, ÖKON merger control; **europäische/präventive ~** European/pre-emptive merger control **Fusionskontrollorgan** *nt* JUR, ÖKON merger control body **Fusionsreaktor** *m* PHYS fusion reactor **Fusionsrichtlinien** *pl* ÖKON merger guidelines [*or* directives] **Fusionsverbot** *nt* ÖKON merger ban **Fusionsvereinbarung** *f* JUR, ÖKON merger accord **Fusionsvertrag** *m* JUR, FIN consolidation [*or* merger] agreement **Fusionswelle** *f* wave of mergers
Fuß <-es, Füße> *m* ❶ (*Körperteil*) foot; **gut/schlecht zu ~ sein** to be steady/not so steady on one's feet; *Wanderer* to be a good/poor walker; **trockenen ~es** without getting one's feet wet; **etw ist zu ~ zu erreichen** sth is within walking distance; **an den Füßen** [*o* **die Füße**] **frieren** SÜDD to freeze one's feet off; **zu ~ gehen/kommen** to walk, to go/come on foot; **den ~ auf festen Boden/die Erde/den Mond setzen** to set foot on solid ground/the earth/the moon; **den ~ in** [*o* **zwischen**] **die Tür stellen** to put [*or* get] one's foot in the door; **über seine [eigenen] Füße stolpern** to trip [*or* fall] over one's own feet; **jdm auf die Füße treten** to stand on sb's feet; (*fig: jdn beleidigen*) to step on sb's toes; **so schnell/weit ihn die** [*o* **seine/ihre**] **Füße trugen** as fast/far as his/her legs could carry him; **bei ~!** (*Befehl für Hunde*) heel! ❷ SÜDD, ÖSTERR (*Bein*) leg ❸ (*Sockel*) base; (*vom Schrank, Berg*) foot; (*Stuhl-, Tischbein*) [chair/table] leg ❹ LITER (*Versfuß*) [metrical] foot ❺ (*Teil eines Strumpfes*) foot ❻ *kein pl* (*Längenmaß*) foot, sie ist sechs ~ *groß,* she's six feet [*or* foot] tall; **ein sechs ~ großer Mann** a six-foot man, a six-footer *fam* ❼ KOCHK (*Schwein*) trotter; (*Lamm*) foot ▸ WENDUNGEN: **mit einem ~ im Grabe stehen** to have one foot in the grave; **die Füße unter jds Tisch strecken** to have one's feet under sb's table; **keinen ~ vor die Tür setzen** to not set foot outside; **auf eigenen Füßen stehen** to stand on one's own two feet; **wie eingeschlafene Füße schmecken** (*sl*) to taste of nothing; **jdn auf dem falschen ~ erwischen** to catch sb unprepared; **sich auf freiem ~[e] befinden** to be free; *Ausbrecher* to be at large; **jdn [wieder] auf freien ~ setzen** to release sb, to set sb at liberty; **auf großem ~[e] leben** to live the high life; **mit jdm auf gutem ~ stehen** to be on good terms with sb; **kalte Füße bekommen** to get cold feet; **auf schwachen** [*o* **tönernen**] [*o* **wackligen**] **Füßen stehen** to rest on shaky foundations; **stehenden ~es** (*geh*) forthwith *form;* **sich** *dat* **die Füße wund laufen** (*fam*) to run one's legs off *fam;* **jdm zu Füßen fallen** [*o* **sinken**] to go down on one's knees to [*or* before] sb; **[immer wieder] auf die Füße fallen** to fall one's feet [again]; **[festen] ~ fassen** to gain a [firm] foothold; **jdm/einer S. auf dem ~e folgen** to follow sb/sth closely; (*fig*) to follow hard on sb/sth *fig;* **sich auf die Füße getreten fühlen** to feel offended; **jdm zu Füßen liegen** to lie at sb's feet; **jdm auf die Füße treten** (*fam*) to step [*or* tread] on sb's toes; **jdn/etw mit Füßen treten** (*fig*) to trample all over sb, to treat sb/sth with contempt; **sich** *dat* **die Füße vertreten** to stretch one's legs; **sich jdm zu Füßen werfen** to throw oneself at sb's feet, to prostrate oneself before sb
Fußabdruck <-abdrücke> *m* footprint **Fußabstreifer** <-s, -> *m,* **Fußabtreter** <-s, -> *m* foot scraper [*or* grating]; (*Matte*) doormat **Fußamputation** *f* MED foot amputation **Fußangel** *f* mantrap **Fußbad** *nt* ❶ (*das Baden der Füße*) footbath; **ein ~ nehmen** to take a footbath, to wash one's feet ❷ (*Wasser zum Baden der Füße*) footbath ❸ (*hum fam: verschütteter Tee o. Kaffee*) tea/coffee spilt in the saucer
Fußball *m* ❶ *kein pl* (*Spiel*) football BRIT, soccer AM; **~ spielen** to play football ❷ (*Ball*) football BRIT, soccer ball AM
Fußballer(in) <-s, -> *m(f)* (*fam*) footballer
Fußballfan *m* football fan **Fußballklub** *m* football club **Fußballmannschaft** *f* football team **Fußballmeisterschaft** *f* football league championship **Fußballplatz** *m* football pitch BRIT, soccer field AM **Fußballprofi** *m* professional footballer **Fußballrowdy** *m* football hooligan **Fußballspiel** *nt* football match **Fußballspieler(in)** *m(f)* football player **Fußballstadion** *nt* football stadium **Fußballtoto** *m o nt* the [football] pools *npl;* **~ spielen** to play the pools **Fußballübertragung** *f* TV football coverage **Fußballübertragungsrechte** *pl* TV football broadcasting rights *pl* **Fußballverband** *m* football association **Fußballverein** *m* football club **Fußballweltmeisterschaft** *f* football world championship
Fußbank <-bänke> *f* footrest **Fußbeschnitt** *m* TYPO tail trim[ming] **Fußboden** *m* floor **Fußbodenbelag** *m* floor covering **Fußbodenheizung** *f* [under]floor heating **Fußbreit** <-> *m kein pl* ❶ (*Breite des Fußes*) width of a foot, foot ❷ (*fig: bisschen*) inch *fig;* **keinen ~ weichen** to not budge an inch **Fußbremse** *f* footbrake
fusselig *adj* fluffy *attr,* full of fluff *pred;* **ein ~er Stoff** a fluffy material; *s. a.* **Mund**
fusseln *vi* to get fuzzy; (*von Wolle a.*) to pill *spec*
fußen *vi* ■**auf etw** *dat* **~** to rest [*or* be based] on sth
Fußende *nt* foot [of a/the bed] **Fußfesseln** *pl* shackles
Fußgänger(in) <-s, -> *m(f)* pedestrian
Fußgängerampel *f* pedestrian [*or* BRIT pelican] crossing **Fußgängerbrücke** *f* footbridge, pedestrian bridge **Fußgängerstreifen** *m* SCHWEIZ, **Fußgängerüberweg** *m* pedestrian crossing **Fußgängerübergang** *m* ❶ (*Überweg*) pedestrian crossing BRIT, crosswalk AM ❷ (*Überführung*) pedestrian bridge **Fußgängerzone** *f* pedestrian precinct
Fußgelenk *nt* ankle **Fußhebel** *m* TECH [foot] pedal **fußhoch** I. *adj* ankle-deep II. *adv* ankle-deep **fußkalt** *adj* **~ sein** *Boden* to be cold on one's/the feet; *Wohnung* to have a cold floor **Fußkettchen** <-s, -> *nt* anklet **Fußlappen** *m* footcloth **fußläufig** *adj* (*zu Fuß*) on foot **Fußleiste** *f* skirting [board] BRIT, baseboard AM
fusslig[RR], **fußlig** *adj s.* **fusselig**
Fußmarsch *m* ❶ MIL march ❷ (*anstrengender Marsch*) long hike **Fußmatte** *f* doormat **Fußnagel** *m* toenail **Fußnagelschere** *f* foot nail [*or* toenail] scissors *npl* **Fußnote** *f* LITER footnote **Fußpfad** *m* footpath **Fußpflege** *f* care of one's/the feet; (*professionell*) pedicure **Fußpfleger(in)** *m(f)* chiropodist **Fußpilz** *m kein pl* athlete's foot **Fußpuder** *m* foot powder **Fußreflexzonenmassage** *f* reflexology massage **Fußschalter** *m* foot[-operated] switch **Fußschaltung** *f* foot gear-change control **Fußschweiß** *m* foot sweat; **an ~ leiden** to suffer from sweaty feet **Fußsohle** *f* sole [of a/the foot] **Fußspitze** *f* toes *pl;* ***passen die Schuhe? — nein, ich stoße mit der ~ an*** do the shoes fit? no, my toes are pressing at the end **Fußspur** *f meist pl* footprints *pl* **Fußstapfen** <-s, -> *m* footprint; **in jds ~ treten** (*fig*) to follow in sb's footsteps *fig* **Fußstütze** *f* ❶ (*Stütze beim Sitzen*) footrest ❷ (*in Schuhen*) arch support **Fußtritt** *m* kick; **einen ~ bekommen** [*o fam* **kriegen**] to get kicked [*or* a kick]; **jdm einen ~ geben** [*o geh* **versetzen**] to give sb a kick, to kick sb **Fußvolk** *nt kein pl* ❶ MIL (*veraltet*) infantry, foot soldiers *pl* ❷ (*pej: bedeutungslose Masse*) ■**das ~** the rank and file **Fußweg** *m* ❶ (*Pfad*) footpath ❷ (*beanspruchte Zeit zu Fuß*) ***es sind nur 15 Minuten ~*** it's only 15 minutes [*or* a 15-minute] walk **Fußzeile** *f* INFORM footer, footing
Futon <-s, -s> *m* futon
Futonbett *nt* futon bed **Futongestell** *nt* futon frame
futsch *adj pred* bust *fam;* **~ sein** to have had it *fam; verspieltes Geld a.* to be blown *fam*
Futter¹ <-s, -> *nt* ((*tierische*) *Nahrung*) [animal] feed; **dem Hund/der Katze ~ geben** to feed the dog/cat; *von Pferd, Vieh a.* fodder ▸ WENDUNGEN: **gut im ~ sein** [*o* **stehen**] to be well-fed [*or* -fattened]
Futter² <-s> *nt kein pl* ❶ (*Innenstoff, Auskleidung*) lining ❷ BAU (*Fenster~*) casement; (*Tür~*) jamb ❸ (*Spannfutter*) chuck
Futteral <-s, -e> *nt* case
Futtergetreide *nt* fodder [*or* forage] cereal **Futterkrippe** *f* (*Futterbehälter*) manger ▸ WENDUNGEN: **an der ~ sitzen** (*fam*) to have got it easy **Futtermais** *m* forage maize [*or* AM corn]
Füttern <-s> *nt kein pl* (*mit der Flasche*) *Baby* bottle feeding
futtern I. *vi* (*hum fam*) to stuff oneself *fam* II. *vt* (*hum fam*) ■**etw ~** to scoff sth
füttern¹ *vt* ■**jdn [mit etw** *dat*] **~** to feed sb [with [*or* on] sth]; ■**ein Tier [mit etw** *dat*] **~** [*o* **einem Tier etw ~**] to feed an animal on sth, to give an animal sth [to eat]; ***„F~ verboten"*** "do not feed the animals"; **Hafer/Klee ~** to feed an animal with [*or* on] oats/clover
füttern² *vt* (*mit einem Stofffutter versehen*) ■**etw**

[**mit etw** *dat*] ~ to line sth [with sth]; **etw neu** ~ to re[-]line sth
Futternapf *m* [feeding] bowl **Futterneid** *m* ❶ ZOOL envy of another animal's food ❷ PSYCH jealousy; ~ **haben** (*fig*) to be jealous **Futterpflanze** *f* fodder crop, forage plant [*or* crop] **Futterrohr** *nt* BAU sleeve pipe **Futterrübe** *f* fodder beet, mangold **Futtersack** *m* nosebag **Futterstoff** *m* lining [material] **Futtertrog** *m* feeding trough
Fütterung <-, -en> *f* feeding
Futur <-s, -e> *nt* LING future [tense]
Futurebörse ['fju:tʃə-] *f* futures market
Futures ['fju:tʃəz] *pl* FIN futures *pl*
Futures-Markt ['fju:tʃəʳz-] *m* BÖRSE futures market
futurisch *adj* LING future *attr*
Futurismus <-> *m kein pl* KUNST futurism
futuristisch *adj* futurist[ic]
Futurologe, Futurologin <-n, -n> *m, f* futurologist
Futurologie <-> *f kein pl* futurology *no pl*
Fuzzi <-s, -s> *m* (*pej*) stupid little idiot
Fuzzy Logic[RR], **Fuzzylogic**[RR] <-> ['fʌzɪlɒdʒɪk] *nt kein pl* INFORM fuzzy logic

G

G, g <-, – *o fam* -s, -s> *nt* ❶ (*Buchstabe*) G, g; ~ **wie Gustav** G for [*or* AM as in] George; *s. a.* **A 1**
❷ MUS G, g; *s. a.* **A 2**
g *Abk von* **Gramm** g, gram, BRIT *a.* gramme
G-8 *f* ÖKON, POL (*Gemeinschaft führender Industrienationen*) G-8, Group of Eight; ~**-Gipfel** G-8 summit; ~**-Treffen** meeting of the G-8 members
Gabardine <-s> ['gabardi:n] *m kein pl* gabardine, gaberdine
Gabe <-, -n> *f* ❶ (*geh: Geschenk*) gift, present; REL offering; **eine milde** ~ alms *pl*, a small donation *hum*
❷ (*Begabung*) gift; **die** ~ **haben, etw zu tun** to have a [natural] gift of doing sth
❸ *kein pl* MED (*das Verabreichen*) administering *no indef art, no pl*
❹ SCHWEIZ (*Preis, Gewinn*) prize
Gabel <-, -n> *f* ❶ (*Essens~*) fork
❷ (*Heu~, Mist~*) pitchfork
❸ (*~deichsel*) shafts *pl;* (*Rad~*) fork
❹ TELEK cradle, rest; ***du hast den Hörer nicht richtig auf die ~ gelegt*** you haven't replaced the receiver properly
❺ JAGD spire
Gabelbissen *m* ❶ (*Heringsfilet*) rollmops ❷ (*Appetithappen*) canapé **Gabelfrühstück** *nt* mid-morning snack, elevenses + *sing/pl vb* BRIT *fam*
gabeln *vr* ■**sich** ~ to fork; ***hier gabelt sich der Weg*** the path [*or* road] forks here
Gabelringschlüssel *m* combination spanner [*or* AM wrench] **Gabelschlüssel** *m* open end spanner [*or* AM wrench] **Gabelstapler** <-s, -> *m* fork-lift truck
Gabelung <-, -en> *f* fork
Gabentisch *m table for laying out presents*
Gabun <-s> *nt* Gabun, Gabon; *s. a.* **Deutschland**
Gabuner(in) <-s, -> *m(f)* Gabonese; *s. a.* **Deutsche(r)**
gabunisch *adj* Gabonese; *s. a.* **deutsch**
gackern *vi* ❶ *Huhn* to cluck
❷ (*fig fam*) to cackle *fig*
Gadolinium <-s> *nt kein pl* CHEM gadolinium *no pl, no art*
gaffen *vi* (*pej*) ■[**nach jdm/etw**] ~ (*fam*) to gape [*or* BRIT *pej fam* gawp] [at sb/sth], to stare [at sb/sth]; ***was gaffst du so?*** what are you gawping [*or* gaping] at!
Gaffer(in) <-s, -> *m(f)* (*pej*) gaper, gawper BRIT *pej*
Gag <-s, -s> [gɛk] *m* (*fam*) joke, gag; ~**s über jdn/etw machen** to do gags about sb/sth; (*Spaß*) stunt, gag
gaga *adj pred, inv* (*pej fam*) gaga *pej fam*
Gage <-, -n> ['ga:ʒə] *f bes* THEAT fee
gähnen *vi* ❶ (*Müdigkeit, Langeweile*) yawn; ■**ein G~** a yawn; **das G~ unterdrücken** to stop oneself [from] yawning, to stifle a yawn; **zum G~** [**langweilig**] **sein** to be one big yawn
❷ (*geh: sich auftun*) to yawn; **ein ~des Loch** a gaping hole
GAL <-> *f kein pl Abk von* **Grün-Alternative-Liste** *electoral pact of green and alternative parties*
Gala <-, -s> *f* ❶ *kein pl* formal [*or* festive] dress *no pl;* **sich in** ~ **werfen** [*o fam* **schmeißen**] to get all dressed up [to the nines] *fam*, to put on one's Sunday best *fam*
❷ *s.* **Galavorstellung**
Galaabend *m* gala evening **Galaanzug** *m kein pl* ❶ (*festliche Kleidung*) formal [*or* evening] dress ❷ MIL ceremonial dress **Galadiner** [dine:] *nt* formal dinner **Galaempfang** *m* formal reception
galaktisch *adj* ASTRON galactic; **~e Scheibe** galactic plane
galant *adj* (*veraltend*) ❶ (*betont höflich gegenüber Damen*) chivalrous *dated*
❷ (*amourös*) amorous; **ein ~es Abenteuer** an amorous adventure
Galapagosfink *m s.* **Darwinfink**
Galapagosinseln *pl* GEOG ■**die** ~ the Galápagos Islands *pl*
Galauniform *f* ceremonial [*or* full dress] uniform **Galavorstellung** *f* THEAT gala performance
Galaxie <-, -n> *f* ASTRON galaxy
Galaxienhaufen *m* ASTRON galactic cluster
Galaxis <-s, Galaxien> *f* ASTRON ❶ (*Galaxie*) galaxy
❷ *kein pl* (*Milchstraße*) ■**die** ~ the Galaxy, the Milky Way System
Galeere <-, -n> *f* galley
Galeerensklave, -sklavin *m, f* galley slave **Galeerensträfling** *m* galley slave
Galeone <-, -n> *f* HIST galleon
Galerie <-, -n> ['ri:ən] *f* ❶ ARCHIT gallery
❷ (*Gemälde~*) art gallery; (*Kunsthandlung*) art dealer's
❸ (*a. hum: Menge, Reihe*) collection; ***meine Oma besitzt eine ganze ~ hässlicher Vasen*** my granny has quite a collection of ugly vases
❹ (*Geschäftspassage*) arcade
❺ ÖSTERR, SCHWEIZ (*Tunnel mit fensterartigen Öffnungen*) gallery
Galerist(in) <-en, -en> *m(f)* proprietor of an art dealer's [shop], proprietor of a gallery
Galgen <-s, -> *m* ❶ (*zum Erhängen*) gallows + *sing vb*, gibbet; **jdn an den ~ bringen** to send sb to the gallows; **jdn am ~ hinrichten** to hang sb [from the gallows]
❷ FILM (*galgenähnliche Vorrichtung, an der etwas aufgehängt werden kann*) boom
Galgenfrist *f* (*fam*) stay of execution, reprieve; **eine ~ erhalten** to receive a stay of execution; **jdm eine ~** [*o geh* **einräumen**] **geben** to grant sb a reprieve [*or* stay of execution] **Galgenhumor** *m* gallows humour [*or* AM -or] **Galgenvogel** *m* (*pej veraltend*) gallows bird *old*, rogue *dated*
Galicien *nt* Galicia
Galicier(in) *m(f)* Galician
galicisch *adj* Galician
Galicisch *nt dekl wie adj* Galician; *s. a.* **Deutsch**
Galicische <-n> *nt* ■**das** ~ Galician, the Galician language; *s. a.* **Deutsche**
Galiläa <-s> *nt kein pl* Galilee
Galionsfigur *f* (*a. fig*) figurehead *a. fig*
Gälisch *nt dekl wie adj* Gaelic; *s. a.* **Deutsch**
gälisch *adj* ❶ (*keltisch*) Gaelic; *s. a.* **deutsch 1**
❷ LING Gaelic; *s. a.* **deutsch 2**
Gälische <-n> *nt* ■**das** ~ Gaelic, the Gaelic language; *s. a.* **Deutsche**
Galizier <-e, -s> *m*, **Galizierkrebs** *m* freshwater crayfish
Gallapfel *m* oak gall, oak apple, gallnut
Galle <-, -n> *f* ❶ (*~nblase*) gall-bladder
❷ (*Eichen~*) *s.* **Gallapfel**
❸ (*Gallenflüssigkeit*) bile, gall; **bitter wie** ~ as bitter as gall [*or old* wormwood]
► WENDUNGEN: **jdm kommt die ~ hoch** sb's blood begins to boil; **jdm läuft die ~ über** sb is seething [*or* livid]; ~ **verspritzen** to pour out one's venom
galle(n)bitter *adj* (*äußerst bitter*) as bitter as gall, extremely bitter, caustic; **~er Humor** a caustic sense of humour [*or* AM -or] **Gallenblase** *f* gall bladder **Gallengang** *m* bile duct **Gallengrieß** *m* small gallstones *pl* **Gallenkolik** *f* biliary colic **Gallenleiden** *nt* gall bladder complaint **Gallensäure** *f* bile acid; BOT gallic acid **Gallenstein** *m* gallstone
Gallert <-[e]s, -e> ['galɐt, ga'lɛrt] *nt*, **Gallerte** <-, -n> *f* jelly
gallertartig [ga'lɛrt] *adj* gelatinous
Gallien <-s> [liən] *nt* HIST Gaul
Gallier(in) <-s, -> [liɐ] *m(f)* HIST Gaul
gallig *adj* caustic; **eine ~e Bemerkung** a caustic remark; **~er Humor** a caustic sense of humour [*or* AM -or]
gallisch *adj* Gallic; *s. a.* **deutsch**
Gallium <-s> *nt kein pl* CHEM gallium *no pl*
Gallone <-, -n> *f* gallon
Gallwespe *f* ZOOL gall wasp
Galopp <-s, -s *o* -e> *m* ❶ (*Pferdegangart*) gallop; **in gestrecktem** ~ at full gallop; **in ~ fallen** to break into a gallop; **im** ~ (*a. fig*) at a gallop, at top [*or* full] speed *fig;* ***sie erledigte die Einkäufe im ~*** she did the shopping at top speed; **langsamer** ~ canter
❷ (*Tanz*) galop
galoppieren* *vi sein o haben* to gallop; **~de Inflation** galloping inflation
Galvanisation <-, -en> *f* MED galvanization
galvanisch ['va:] *adj* galvanic
Galvaniseur(in) <-s, -e> *m(f)* electroplater, galvanizer
galvanisieren* [va] *vt* ■**etw** ~ to electroplate sth, to galvanize sth
Galvanometer *nt* TECH galvanometer
Gamasche <-, -n> *f* (*veraltet*) gaiter *dated;* **kurze** ~ spat; **Wickel~** puttee
Gambe <-, -n> *f* MUS viola da gamba
Gambia <-s> *nt* the Gambia; *s. a.* **Deutschland**
Gambier(in) <-s, -> *m(f)* Gambian; *s. a.* **Deutsche(r)**
gambisch *adj* Gambian; *s. a.* **deutsch**
Gameboy® <-s, -s> ['geɪmbɔɪ] *m* Gameboy®
Gameport <-s, -s> ['geɪm-] *nt* INFORM game port
Gamma <-[s], -s> *nt* gamma
Gammastrahlen *pl* PHYS, MED gamma rays *pl* **Gammastrahlung** *f* PHYS gamma radiation
gammelig *adj* (*pej fam*) ❶ (*ungenießbar*) bad, rotten; **ein ~es Stück Käse** a piece of stale cheese
❷ (*unordentlich*) scruffy; **ein ~es Auto** an old banger *fam;* **~e Kleidung** scruffy [*or* grotty] clothes BRIT; ~ **herumlaufen** to walk around looking scruffy
gammeln *vi* ❶ (*ungenießbar werden*) to go off, to spoil
❷ (*fam: herumhängen*) to laze [*or fam* loaf] [*or sl* bum] around
Gammler(in) <-s, -> *m(f)* (*veraltend fam*) layabout *fam*, loafer *fam*
Gams <-, -[en]> *f* JAGD SÜDD, ÖSTERR (*Gämse*) chamois
Gamsbart, Gämsbart[RR] *m* JAGD, MODE *tuft of chamois hair worn as a hat decoration* **Gamsbock, Gämsbock**[RR] *m* chamois buck
Gämse[RR] <-, -n> *f* chamois
Gamsleder, Gämsleder[RR] *nt* chamois leather
GAN *nt* INFORM *Akr von* **global area network** GAN
gang *adj* ~ **und gäbe sein** to be customary, to be the norm
Gang[1] <-[e]s, Gänge> *m* ❶ *kein pl* (*~art*) walk, gait, way of walking; ***ich erkenne ihn schon am ~*** I recognize him from the way he walks; ***sie beschleunigte ihren ~*** she quickened [*or* speeded up] her pace; ***er verlangsamte seinen ~*** he slowed down; **aufrechter** ~ upright carriage; **einen federnden ~ haben** to have a spring in one's step; **einen hinkenden ~ haben** to walk with a limp;

einen schnellen ~ haben to walk quickly; einen unsicheren ~ haben to be unsteady on one's feet
② (*Weg*) walk; *sein erster ~ war der zum Frühstückstisch* the first thing he did was to go to the breakfast table; *ich traf sie auf dem ~ zum Arzt* I bumped into [*or* met] her on the way to the doctor's; (*Besorgung*) errand; einen ~ machen [*o* tun] to go on an errand; *ich muss heute in der Stadt einige Gänge erledigen* I must do [*or* go on] a few errands in town today; *machst du für mich einen ~ zur Bank?* could you go to the bank for me?; einen schweren ~ tun to do sth difficult
③ *kein pl* TECH (*Bewegung*) action, operation; den Motor in ~ halten to keep the engine running; *ihre Uhr hat einen gleichmäßigen ~* her clock operates smoothly; etw in ~ bringen [*o* setzen] to start [up *sep*] sth, to get sth going, to get sth off the ground [*or* running] *a. fig;* den Motor wieder in ~ bringen to get the engine going again; in ~ kommen to get off the ground; *die Vorbereitungen sind endlich in ~ gekommen* the preparations are finally underway; *mit diesem Schalter wird die Anlage in ~ gesetzt* this switch starts up the plant
④ (*Ablauf*) course; der ~ der Ereignisse the course of events; *er verfolgte den ~ der Geschäfte* he followed the company's developments; seinen gewohnten [*o* alten] ~ gehen to run its usual course; *alles geht wieder seinen gewohnten ~* everything is proceeding as normal; im ~[e] [*o* in ~] sein to be underway; *Handlung* [*einer Erzählung/eines Filmes etc.*] development [of a narration's/film's etc. plot]
⑤ (*~ in einer Speisenfolge*) course
⑥ AUTO gear; (*Fahrrad*) a. speed; einen ~ einlegen to engage a gear; *vorsichtig den ersten ~ einlegen!* carefully engage first gear!; *hast du den zweiten ~ drin?* (*fam*) are you in second gear?; den ~ herausnehmen to engage neutral, to put the car into neutral; in den 2. ~ schalten to change into 2nd gear; einen ~ zulegen (*fig*) to get a move on *fig*
⑦ (*eingefriedeter Weg*) passageway; *rings um das Atrium führte ein überdachter ~* there was a covered walkway all around the atrium; (*Korridor*) corridor; *bitte warten Sie draußen auf dem ~* please wait outside in the corridor; *Theater, Flugzeug, Kirche, Laden, Stadion* aisle; (*Säulen~*) colonnade, passage; (*Bergwerk~*) tunnel, gallery
⑧ (*Erz~*) vein
⑨ ANAT duct; (*Gehör~*) meatus
► WENDUNGEN: den ~ nach Canossa antreten to eat humble pie *fam;* in die Gänge kommen (*fam*) to get going; *er braucht 6 Tassen Kaffee, um morgens in die Gänge zu kommen* he needs 6 cups of coffee to get going in the morning; in [vollem] ~ sein to be in full swing; im ~[e] sein gegen jdn to act against sb's interests; *es ist etwas im ~e* something's up *fam*

Gang² <-, -s> [gɛŋ] *f* gang

Gangart *f* ① (*Art des Gehens*) gait, walk, way of walking; (*bei Pferden*) gait, pace; *er hat eine etwas schleppende ~* he drags his feet when he walks; in eine andere ~ fallen to change pace; eine harte ~ anschlagen (*fig*) to take a tough stance [*or* line] *fig;* eine schnellere ~ anschlagen to quicken one's pace, to walk faster
② SPORT (*Verhaltensweise*) action

gangbar *adj* ① (*begehbar*) passable
② (*fig*) practicable; etw für einen ~en Weg halten to view sth as a practicable plan of action; eine ~e Lösung a practicable solution

Gängelband <-[e]s, *selten* -bänder> *nt* jdn am ~ führen/haben/halten (*pej*) to keep sb tied to one's apron strings *pej*

Gängelei <-, -en> *f* (*pej*) ≈ nagging *pej*

gängeln *vt* (*pej*) ■jdn ~ to treat sb like a child *pej*

Ganggestein *nt* GEOL gangue [*or* gang] rock

gängig *adj* ① (*üblich*) common; ein ~er Brauch a common custom
② (*gut verkäuflich*) in demand, popular; die ~ste Ausführung the bestselling model
③ (*im Umlauf befindlich*) current; die ~e Währung the currency in circulation, the accepted currency; (*im Ausland*) the local currency

Ganglien [-liən] *pl* ANAT ganglia *pl*

Ganglion <-s, -lien> *nt* MED ganglion

Gangschaltung *f* gears *pl*

Gangster <-s, -> ['gɛŋstɐ] *m* (*pej*) gangster *pej*

Gangsterbande *f* gang [*or* band] of criminals **Gangsterboss**^RR ['gɛŋstɐ-] *m* gangland boss **Gangstermethoden** *pl* (*pej*) gangster methods *pl pej*

Gangway <-, -s> ['gɛŋveː] *f* gangway

Ganove <-n, -n> [və] *m* ① (*pej fam: Verbrecher*) crook *pej fam*
② (*hum fam: listiger Kerl*) sly old devil *hum fam*

Ganovenehre *f* honour [*or* AM -or] among[st] thieves **Ganovensprache** *f* thieves' argot *no pl*

Gans <-, Gänse> *f* ① (*Tier*) goose; (*Gänsebraten*) roast goose
② (*Schimpfwort*) blöde [*o* dumme] ~ (*pej fam*) silly goose *pej fam*

Gänsbraten *m* ÖSTERR (*Gänsebraten*) roast goose

Gänschen <-s, -> ['gɛnsçən] *nt dim von* Gans gosling

Gänseblümchen *nt* daisy **Gänsebraten** *m* roast goose **Gänsebräter** *m oval roasting tin for roasting goose* **Gänsebrust** *f* goose breast **Gänseconfit** *nt* goose confit **Gänsefeder** *f* goose feather [*or* quill] **Gänsefuß** *m* BOT goosefoot **Gänsefüßchen** *pl* (*fam*) inverted commas *pl*, quotation marks *pl*, quotes *pl fam* **Gänsegeier** *m* griffon vulture **Gänsehaut** *f kein pl* goose-pimples *pl*, goose flesh *no pl*, *esp* AM goose bumps *pl;* eine ~ bekommen [*o fam* kriegen] to go all goose-pimply, to get goose-pimples [*or esp* AM bumps] **Gänsekeule** *f* leg of goose **Gänsekiel** *m* goose-quill **Gänseklein** <-s> *nt kein pl* goose giblets *pl* **Gänseleber** *f* goose liver **Gänseleberpastete** *f* pâté de foie gras **Gänsemarsch** *m kein pl* single file; im ~ in single file

Gänserich <-s, -e> *m* gander

Gänsesäger *m* ORN goosander, common merganser **Gänseschmalz** *nt* goose dripping **Gänsewein** *m kein pl* (*hum veraltend: Wasser*) Adam's ale *hum dated*

Ganter <-s, -> *m* NORDD (*Gänserich*) gander

ganz I. *adj* ① (*vollständig*) all, entire, whole; die ~e Arbeit all the work; die ~e Wahrheit the whole truth; die ~e Zeit all the time, the whole time; *es regnet schon den ~en Tag* it's been raining all day; *man hat mir die ~en 500 Mark geklaut!* someone has pinched my entire 500 marks!; *ist das Ihre ~e Auswahl an CDs?* are those all the CDs you've got?; ~ *Berlin schaute zu, als das letzte Stück Mauer entfernt wurde* the whole of [*or* all] Berlin looked on as the last piece of the wall was removed; *diese Verordnung gilt in ~ Bayern* this regulation applies to the whole of [*or* throughout] Bavaria; *wir fuhren durch ~ Italien* we travelled all over Italy; *der ~e Schrott wanderte in den Müll* all that rubbish ended up on the scrap heap; *das ~e Theater wegen einer Frau* all that fuss over a woman; *s. a.* Ganze(s)
② (*unbestimmtes Zahlwort*) eine ~e Drehung a complete turn; eine ~e Menge quite a lot; eine ~e Note a semibreve; ~e Zahl whole number, integer
③ (*fam: unbeschädigt*) intact; *hoffentlich sind unsere guten Gläser noch ~* I hope our good glasses are still in one piece; etw wieder ~ machen to mend sth; wieder ~ sein to be mended; *das Auto ist wieder ~* the car has been repaired
④ (*fam: nicht mehr als*) no more than; *sie verdient ~e 3200 DM im Monat* she earns all of 3,200 marks a month
II. *adv* ① (*sehr, wirklich*) really; *das war ~ lieb von dir* that was really kind of you; etwas ~ Dummes something really stupid; *das hast du ja ~ toll hinbekommen!* (*iron*) you've made a really good job of that! *iron; der Kuchen ist dir ~ wunderbar gelungen* you've made a really good job of this cake; ~ besonders especially, particularly; *das war ~ besonders ungeschickt von dir* that was particularly careless of you!; *ist das auch ~ bestimmt die Wahrheit?* are you sure you're telling the whole truth?
② (*ziemlich*) quite; *ich verdiene eigentlich ein ~ gutes Gehalt* I earn quite a good salary really; *der Vorschlag ist ~ interessant* the proposal is quite interesting
③ (*vollkommen*) completely; *das Kind war ~ mit Schlamm bedeckt* the child was completely covered in mud; *du bist ~ nass* you're all wet; *er ist ~ der Vater* he is just like his father; ~ gewiss definitely; ~ und gar completely, utterly; *das ist ~ und gar etwas anderes* that is something completely different; ~ und gar nicht not at all, not in the least; etw ~ oder gar nicht machen to do sth properly or not at all; etw ~ lesen to read sth from cover to cover; *ich habe die Zeitschrift noch nicht ~ gelesen* I haven't finished reading the magazine yet; ~ Recht haben to be quite [*or* absolutely] right; ~ allein sein to be all alone; ~ *gleich, was passiert, ich bleibe bei dir* no matter what happens, I stay with you; *das ist mir ~ gleich* it's all the same to me; *ich muss diesen Wagen haben, ~ gleich, was er kostet!* I must have this car, no matter what it costs; ~ wie Sie wünschen/meinen just as you wish/think best
④ KOCHK ~ durch well-done
⑤ (*extreme räumliche Position ausdrückend*) ~ hinten/vorne right at the back/front; *s. a.* gleich

Ganzaufnahme *f* full-length photograph **Ganzbildschirm** *m* INFORM total screen

Ganze(s) *nt dekl wie adj* ① (*alles zusammen*) whole; etw als ~ sehen to see sth as a whole; *was macht das ~?* how much is that all together?; im ~n on the whole, all in all; *das Essen war im ~n gut* on the whole the meal was good
② (*die ganze Angelegenheit*) the whole business; *das ~ hängt mir zum Halse heraus* I've had it up to here with everything!; *das ist nichts ~s und nichts Halbes* that's neither one thing nor the other
► WENDUNGEN: aufs ~ gehen (*fam*) to go for broke; es geht [für jdn] ums ~ everything is at stake [for sb]; im Großen und G~en on the whole; im großen ~n all in all; das ~ halt! MIL company halt!

Gänze <-> *f kein pl* (*geh*) entirety; in seiner/ihrer ~ in its entirety; zur ~ completely, entirely

Ganzfabrikat *nt* finished product

ganzflächig *adj* all over

Ganzheit <-, *selten* -en> *f* (*Einheit*) unity; (*Vollständigkeit*) entirety; in seiner/ihrer ~ in its entirety; *man muss das Ökosystem in seiner ~ betrachten* you have to look at the ecosystem as a whole

ganzheitlich I. *adj* integral *attr;* eine ~e Betrachtungsweise an integral way of viewing things
II. *adv* all in all; etw ~ betrachten to look at sth in its entirety

Ganzheitskosmetik *f* integral cosmetics *pl* **Ganzheitsmedizin** *f kein pl* holistic medicine *no pl* **Ganzheitsmethode** *f kein pl* SCH "look and say" method **Ganzjahresreifen** *m* AUTO all-season tire **ganzjährig** *adj* all [the] year round **Ganzkörperbestrahlung** *f* whole [*or* total] body irradiation **Ganzlederband** *m* leather binding **Ganzleinen** *nt* pure linen **Ganzleinenband** *m* cloth binding

gänzlich I. *adj* (*selten*) complete, total
II. *adv* completely, totally; jdm/einer S. ~ zustimmen to unreservedly agree with sb/to sth

Ganzseitenbelichtung *f* TYPO full-page exposure [*or* output] **Ganzseitenübertragung** *f* TYPO full-page transmission **Ganzseitenumbruch** *m* TYPO full-page make-up **ganzseitig** *adj* full-page **ganztägig** I. *adj* all-day; ~e Betreuung round-the-clock supervision; eine ~e Stelle a full-time job II. *adv* all day; *das Schwimmbad ist ~ geöffnet* the swimming pool is open all day **Ganztagsschule** *f* full-time day school **Ganzton** *m* MUS whole tone

GAP *f Abk von* Gemeinsame Agrarpolitik CAP,

Common Agricultural Policy

gar¹ *adj* ❶ KOCHK done, cooked; **etw ~ kochen** to cook [*or* boil] sth [until done]; **etw auf kleiner Flamme ~ kochen** to simmer sth until it's done; **~ sein/werden** to be done [*or* cooked]; **etw ~ schwenken** to sautée sth; **etw ~ ziehen** to poach sth
❷ (*bei Leder*) dressed, tanned

gar² *adv* ❶ (*überhaupt*) at all, whatsoever; **~ keine[r]** no one at all [*or* whatsoever]; ***~ keiner hat die Tat beobachtet*** no one whatsoever saw the crime; **~ keinen/keine/keines** none at all [*or* whatsoever]; ***hattest du denn ~ keine Angst?*** weren't you frightened at all?; **~ nicht** not at all; ***er hat sich ~ nicht gefreut*** he wasn't at all pleased; ***wir kommen ~ nicht voran*** we're not making any progress whatsoever; **~ nichts** nothing at all [*or* whatsoever]; ***du hast noch ~ nichts [dazu] gesagt*** you still haven't said anything at all [about it]; **~ nie** never ever; **~ niemand** not a soul, nobody [*or* no one] at all [*or* whatsoever]; **~ mancher** (*liter*) many a person; **~ manchmal** many a time; *s. a.* **ganz**
❷ SÜDD, ÖSTERR, SCHWEIZ (*sehr*) really; ***es war ~ so kalt*** it really was so cold; **ein ~ feinfühliger Mensch** a very sensitive person
❸ (*geh: etwa*) perhaps, by any chance; ***bin ich dir mit meiner Bemerkung ~ zu nahe getreten?*** did my remark offend you by any chance?; ***hast du eine Wohnung oder ~ ein eigenes Haus?*** do you have a flat or even your own house?
❹ (*emph: erst*) even worse, even more so, to say nothing of; ***die Suppe schmeckte schon nicht und ~ das Hauptgericht!*** the soup didn't taste nice and the main course was even worse; ***sie ist schon hässlich genug, aber ~ ihr Mann!*** she's ugly enough, to say nothing of her husband!

Garage <-, -n> [ga'ra:ʒə] *f* garage

Garagengewerbe *nt* AUTO garage trade; **Tankstellen- und ~** petrol [*or* AM gas[oline]] station and garage trade

Garagist(in) <-en, -en> ['garaʒɪst] *m(f)* SCHWEIZ garage owner

Garant(in) <-en, -en> *m(f)* guarantor

Garantenpflicht *f* JUR guarantor's obligation

Garantie <-, -n> ['ti:ən] *f* ❶ ÖKON guarantee, warranty; **jdm ~ auf** [*o* **für**] **etw** *akk* **geben** to guarantee sth for sb; **~ haben** to be guaranteed; ***unsere Elektrogeräte haben ein Jahr ~*** our electrical appliances are guaranteed for a year [*or* have a year's guarantee]; **die ~ läuft ab** the guarantee expires [*or* runs out]; **auf ~** under guarantee
❷ (*Sicherheit*) guarantee; **für etw** *akk* **~ übernehmen** to give a guarantee for sth; **unter ~** (*fam: ganz bestimmt*) absolutely certain

Garantieabkommen *nt* JUR covenant of warranty, guarantee agreement **Garantiebetrag** *m* FIN amount guaranteed **Garantieempfänger(in)** *m(f)* JUR guarantee, warrantee **Garantieerklärung** *f* JUR warranty, guarantee bond **Garantiefonds** [-fõ:] *m* FIN guarantee **Garantiefrist** *f* HANDEL warranty [*or* guarantee] period **Garantiehaftung** *f* JUR liability under a guarantee **Garantiekapital** *nt* FIN capital plus reserves **Garantieklausel** *f* JUR warranty clause **Garantiekonsortium** *nt* FIN underwriting syndicate **Garantiepflicht** *f* JUR, FIN guarantee, warranty; **einer ~ nachkommen** to implement a guarantee

garantieren* I. *vt* (*zusichern*) ■**[jdm] etw ~** to guarantee [sb] sth; ■**jdm ~, dass** to guarantee sb that
II. *vi* (*für etw stehen*) ■**für etw** *akk* **~** to guarantee sth; **für die Qualität ~** to guarantee good quality

garantiert *adv* (*fam*) for sure; ***er hat den Termin ~ vergessen*** I bet he has forgotten the appointment *fam*

Garantieschein *m* guarantee [*or* warranty] [certificate] **Garantievereinbarung** *f* JUR indemnity contract **Garantieverletzung** *f* JUR breach of warranty **Garantieverpflichtung** *f* JUR guarantee obligation [*or* commitment]; **eine ~ eingehen** to enter into a surety bond **Garantievertrag** *m* JUR contract of indemnity [*or* guarantee] **Garantiewartung** *f* HANDEL maintenance under a warranty **Garantiewechsel** *m* FIN security bill **Garantiezusage** *f* HANDEL guarantee; **Garantie- und Gewährleistungszusage** warranty assurance

Garantin <-, -nen> *f fem form von* **Garant**

Garaus *m* ► WENDUNGEN: **jdm den ~ machen** (*fam*) to do sb in *fam*, to bump sb off *fam;* **einer S.** *dat* **den ~ machen** to put an end to [*or* stop] sth

Garbe <-, -n> *f* ❶ (*Getreidebündel*) sheaf
❷ MIL **eine ~ abgeben** to fire a short burst

Gardasee *m* Lake Garda

Garde <-, -n> *f* guard; **die königliche ~** the household troops; **bei der ~** in the Guards; **noch von der alten ~ sein** (*fig*) to be one of the old guard *fig*

Gardemaß *nt kein pl eligible height to join the Guards* ► WENDUNGEN: **~ haben** (*fam*) to be as tall as a tree *fam* **Gardeoffizier** *m* Guards officer **Garderegiment** *nt* Guards regiment

Garderobe <-, -n> *f* ❶ (*Kleiderablage*) hall-stand; (*Aufbewahrungsraum*) cloakroom
❷ *kein pl* (*geh: Kleidung*) wardrobe
❸ THEAT (*Ankleideraum*) dressing-room

Garderobenfrau <-, -frauen> *f fem form von* Garderobenmann **Garderobenhaken** *m* coat hook **Garderobenmann, -frau** <-s, -männer> *m, f* cloakroom attendant **Garderobenmarke** *f* cloakroom disc [*or* number] **Garderobenschrank** *m* hall cupboard **Garderobenständer** *m* hat-stand

Garderobier <-s, -s> [gardəro'bie:] *m* THEAT dresser

Garderobiere <-, -n> [gardəro'bie:rə] *f* ❶ THEAT dresser
❷ (*veraltend*) *s.* **Garderobenfrau**

Gardine <-, -n> *f* net curtain
► WENDUNGEN: **hinter schwedischen ~n** (*hum fam*) behind bars *fam*

Gardinenleiste *f* curtain rail **Gardinenpredigt** *f* (*hum fam*) telling-off *fam;* **jdm eine ~ halten** to give sb a telling-off [*or* dressing down] **Gardinenstange** *f* curtain rod

Gardist <-en, -en> *m* MIL guardsman

garen I. *vt* ■**etw ~** to cook sth
II. *vi* to cook; **auf kleiner Flamme ~** to simmer

gären *vi sein o haben* ❶ (*sich in Gärung befinden*) to ferment
❷ (*fig*) to seethe; **etw gärt in jdm** sth is making sb seethe; ***die Wut hatte schon lange in ihm gegärt*** he had been seething with fury a long time

Garette <-, -n> *f* SCHWEIZ wheelbarrow

Garflüssigkeit *f* cooking liquids *pl* **Garfolie** *f* baking foil **gar|kochen** *vt s.* **gar¹ 1**

Garn <-[e]s, -e> *nt* ❶ (*Faden*) thread
❷ NAUT yarn; **ein ~ spinnen** to spin a yarn *fig*
► WENDUNGEN: **jdm ins ~ gehen** to fall [*or* walk] into sb's trap; **jdn ins ~ locken** to lure sb into a trap

Garnele <-, -n> *f* prawn

garni *s.* **Hotel garni**

garnieren* *vt* ■**etw [mit etw** *dat*] **~** ❶ KOCHK (*verzieren*) to garnish sth [with sth]
❷ (*fig: aufbessern*) to embellish sth with sth

Garnierkamm *m* decorating scraper **Garniermesser** *nt* citrus zester **Garniertülle** *f* piping bag

Garnierung <-, -en> *f* ❶ *kein pl* (*das Garnieren*) garnishing
❷ (*Material zur ~*) garnish

Garnison <-, -en> *f* garrison; **in ~ liegen** [*o* **sein**]/**legen** to be garrisoned

Garnison(s)stadt *f* garrison town

Garnitur <-, -en> *f* ❶ (*Satz*) set; **eine ~ Unterwäsche** a set of underwear; **eine Couch~** a three-piece suite
❷ (*fam: Klasse, Kategorie*) representative; **die erste ~** the pick of the bunch *fig;* **erste/zweite ~ sein** to be first-rate/second-rate

Garnknäuel *m o nt* ball of thread [*or* yarn] **Garnrolle** *f* cotton reel, spool of cotton

Garotte, Garrotte <-, -n> *f* garrotte

gar|schwenken *vt s.* **gar¹ 1**

garstig *adj* (*veraltend*) ❶ (*ungezogen*) bad; **ein ~es Kind** a naughty child
❷ (*abscheulich*) horrible, nasty; **ein ~er Wind** a biting wind

Garten <-s, Gärten> *m* garden; **botanischer/zoologischer ~** botanical/zoological gardens; **im ~ arbeiten** to work in the garden, to do some gardening; **der ~ Eden** the Garden of Eden

Gartenanlage *f* gardens *pl*, park **Gartenarbeit** *f* gardening *no pl* **Gartenarchitekt(in)** *m(f)* landscape gardener [*or* architect] **Gartenbau** *m kein pl* horticulture *no pl* **Gartenblume** *f* garden [*or* cultivated] flower **Gartenerbse** *f* garden pea **Gartenfest** *nt* garden party **Gartengemüse** *nt* garden vegetable **Gartengerät** *nt* gardening implement [*or* tool] **Gartengestaltung** *f* landscaping, garden design **Gartenhag** <-häge> *m* SCHWEIZ (*Garteneinfriedung*) garden hedge [*or* fence] **Gartenhaus** *nt* ❶ (*kleines Haus im Garten*) summer house; (*Geräteschuppen*) [garden] shed
❷ (*fam: Hinterhaus mit Garten*) building at the back [*or* rear] **Gartenhecke** *f* garden hedge **Gartenkräuter** *pl* pot-herbs **Gartenkresse** *f* garden cress **Gartenlaube** *f* ❶ (*Geräteschuppen*) [garden] shed; (*kleines Haus im Garten*) summer house ❷ (*Pergola*) arbour [*or* AM -or], bower **Gartenlokal** *nt* open-air restaurant, beer garden **Gartenmesser** *nt* garden knife **Gartenmöbel** *pl* garden furniture **Gartenrotschwanz** *m* ORN redstart **Gartensalat** *m* round lettuce **Gartenschau** *f* horticultural [*or* gardening] show **Gartenschere** *f* garden [*or* pruning] shears *npl*, secateurs *npl* BRIT **Gartenschlauch** *m* garden hose **Gartensitzplatz** *m* SCHWEIZ (*Terrasse*) patio **Gartenstadt** *f* garden city BRIT **Gartentor** *nt* garden gate **Gartenzaun** *m* ❶ HORT (*den Garten abgrenzender Zaun*) garden [*or* picket] fence; **eine Unterhaltung über den ~ haben** to have a conversation across the garden fence ❷ SPORT (*Hindernis beim Pferdesprung*) picket fence ❸ INFORM hash [sign] **Gartenzwerg** *m* ❶ HORT garden gnome ❷ (*pej: Kleinwüchsiger*) little squirt *pej*

Gärtner(in) <-s, -> *m(f)* ❶ (*Berufs~*) horticulturist
❷ (*Freizeit~*) gardener; *s. a.* **Bock¹**

Gärtnerei <-, -en> *f* ❶ (*Gartenfachbetrieb für Setzlinge*) nursery; (*für Obst, Gemüse, Schnittblumen*) market garden
❷ *kein pl* (*fam: Gartenarbeit*) gardening

gärtnerisch I. *adj attr* gardening; **eine ~e Ausbildung** horticultural training; **~e Gestaltung** landscaping; **~e Pflege** upkeep of the garden
II. *adv* in terms of gardening

gärtnern *vi* (*fam*) to do [a bit of] gardening

Gärung <-, -en> *f* fermentation; **in ~ sein** (*a. fig*) to be fermenting, to be in turmoil *fig;* **in ~ übergehen** to start to ferment

gar|ziehen *vt s.* **gar¹ 1**

Gas <-es, -e> *nt* ❶ (*luftförmiger Stoff*) gas; **mit ~ kochen** to have gas [for cooking]; **jdn mit ~ vergiften** to gas sb
❷ (*fam: ~pedal*) accelerator; **~ geben** to accelerate; ***gib' ~!*** put your foot down! *fam;* **[das] ~ wegnehmen** to take one's foot off the accelerator, to decelerate

Gasalarm *m* warning of a gas attack **Gasangriff** *m* gas attack **Gasanzünder** *m* gas lighter **Gasauto** *nt* gas-powered car **Gasbehälter** *m* gasometer, gasholder **Gasbeleuchtung** *f* ❶ (*Licht*) gas light ❷ (*Beleuchten*) gas lighting **Gasbeton** *m* BAU aerated [*or* porous] concrete **gasbetrieben** *adj* gas-powered **Gasbrenner** *m* gas burner **Gasdruckstoßdämpfer** *m* AUTO gas shock [absorber] **Gasentwicklung** *f* generation of gas **Gaserzeugung** *f* gas production **Gasfeuerzeug** *nt* gas lighter **Gasflamme** *f* gas flame **Gasflasche** *f* gas canister, cylinder **gasförmig** *adj* gaseous **Gasgeruch** *m* smell of gas **Gashahn** *m* gas tap; **den ~ aufdrehen** (*euph*) to stick one's head in the [gas] oven *euph* **Gashebel** *m* accelerator [pedal] BRIT, gas pedal AM **Gasheizung** *f* gas heater; (*ganzes System*) gas heating **Gasherd** *m* gas

G

cooker **Gashülle** *f* atmosphere **Gaskammer** *f* HIST gas chamber **Gaskocher** *m* camping stove **Gaskrieg** *m* gas warfare **Gaslampe** *f* gas lamp **Gaslaterne** *f* gas [street] lamp **Gasleitung** *f* gas pipe; (*Hauptrohr*) gas main **Gaslicht** *nt* gaslight **Gas-Luft-Gemisch** *nt* gas-air [*or* air-fuel] mixture **Gasmann** *m* (*fam*) gasman *fam* **Gasmaske** *f* gas mask **Gasmotor** *m* gas engine **Gasofen** *m* (*Heizungsofen*) gas-fired furnace; (*Backofen*) gas oven; (*Herd*) gas cooker [*or* stove]

Gasolin <-s> *nt kein pl* petroleum ether

Gasometer <-s, -> *m* (*veraltend*) gasometer

Gaspedal *nt* accelerator [pedal] **Gaspedalsperre** *f* AUTO accelerator interlock

Gaspeldorn *m* BOT gorse bush

Gaspistole *f* tear gas gun **Gasplanet** *m* gas[eous] planet **Gasrohr** *nt* gas pipe; (*Hauptleitung*) gas main

Gässchen[RR], **Gäßchen** <-s, -> *nt dim von* **Gasse** small alley

Gasse <-, -n> *f* ❶ (*schmale Straße*) alley [*or* alleyway]
❷ (*Durchgang*) way through; **eine ~ bilden** to clear a path [*or* make way]; SPORT line-out; **sich** *dat* **eine ~ bahnen** to force one's way through
❸ (*die Bewohner einer ~*) street
❹ ÖSTERR (*Straße*) street; **auf der ~** on the street; **über die ~** to take away

Gassenhauer *m* (*Lied*) popular song; (*einfach*) ditty; (*Musik*) popular tune **Gassenjunge** *m* (*pej*) street urchin

Gassi [**mit einem Hund**] **~ gehen** (*fam*) to take a dog for a walk [*or* BRIT *a. fam* walkies]

Gast <-es, Gäste> *m* ❶ (*eingeladene Person*) guest; **ein willkommener** [*o* **gern gesehener**] **~ sein** to be a welcome guest; **geladener ~** invited guest; **ungeladener ~** uninvited guest, gatecrasher *fam*; ***betrachten Sie sich als mein ~!*** this one's on me! *fam*; **jdn zu ~ haben** (*geh*) to have sb staying [*or* BRIT round]; **bei jdm zu ~ sein** (*geh*) to be sb's guest[s]; **jdn zu ~[e] laden** [*o* **bitten**] (*geh*) to request the pleasure of sb's company *form*; (*~star*) special guest; **Ehren~** guest of honour [*or* AM -or]; **ein seltener ~** a rare visitor
❷ (*Besucher einer fremden Umgebung*) **~ in einer Stadt/einem Land sein** to be a visitor to a city/country
❸ (*Besucher eines Lokals, Hotels*) customer; ***wir bitten alle Gäste, ihre Zimmer bis spätestens 12 Uhr zu räumen*** all guests are kindly requested to vacate their rooms by midday; **einen ~ bedienen** to serve a customer

Gastarbeiter(in) *m(f)* guest worker **Gastdozent(in)** *m(f)* guest [*or* visiting] lecturer

Gästebuch *nt* guest book, visitors' book *esp* BRIT **Gästehandtuch** *nt* towel [reserved] for guests **Gästehaus** *nt* guesthouse **Gästeseife** *f* soap [reserved] for guests **Gästetoilette** *f* toilet [reserved] for guests **Gästezimmer** *nt* guestroom, spare room

gastfrei *adj* (*gastfreundlich*) hospitable **gastfreundlich** *adj* hospitable **Gastfreundschaft** *f* hospitality; ***danke für deine ~!*** thanks for your hospitality [*or* having me] **Gastgeber(in)** <-s, -> *m(f)* host *masc*, hostess *fem* **Gastgeschenk** *nt* present for one's host **Gasthaus** *nt* inn **Gasthof** *m* inn **Gasthörer(in)** *m(f)* SCH observer, auditor AM

gastieren* *vi* to make a guest appearance

Gastkonzert *nt* guest concert **Gastland** *nt* host country

gastlich (*geh*) I. *adj* hospitable; **ein ~es Haus** a welcoming place
II. *adv* hospitably; **jdn ~ empfangen** [*o* **aufnehmen**] to welcome sb into one's home

Gastmannschaft *f* visiting team, visitors *pl*

Gastod *m* death as a result of gas poisoning

Gastprofessor(in) *m(f)* visiting professor **Gastprofessur** *f* SCH guest professorship **Gastrecht** *nt kein pl* right to hospitality; **~ genießen** to be accorded the right to hospitality; **das ~ missbrauchen** to abuse sb's right to hospitality

Gastritis <-, Gastritiden> *f* gastritis

Gastrolle *f* THEAT guest part [*or* role]; **eine ~ geben** [*o* **spielen**] to make a guest appearance

Gastronom(in) <-en, -en> *m(f)* restaurateur, restaurant proprietor

Gastronomie <-,-n> [ˈmiːən] *f* ❶ (*geh: Gaststättengewerbe*) catering trade
❷ (*geh: Kochkunst*) gastronomy

Gastronomieunternehmen *nt* gastronomical business [*or* firm]

gastronomisch *adj* gastronomic

Gastspiel *nt* ❶ THEAT guest performance; **auf ~reise sein** to be on tour; **ein ~ geben** to give a guest performance; (*fig fam: nur kurz angestellt sein*) to be with a company for a brief period ❷ SPORT (*Auswärtsspiel*) away game [*or* match] **Gaststätte** *f* restaurant **Gaststättenerlaubnis** *f* JUR licence to operate a bar [*or* restaurant] [*or* inn] **Gaststättengesetz** *nt* JUR Licensing Act BRIT **Gaststättengewerbe** *nt* restaurant business, catering trade **Gaststättenrecht** *nt* JUR catering law **Gaststube** *f Bar* lounge; *Restaurant* restaurant

Gasturbine *f* gas turbine

Gastvorlesung *f* SCH guest lecture **Gastwirt(in)** *m(f)* (*Besitzer*) restaurant owner, proprietor; (*Pächter*) restaurant manager; (*Kneipe* landlord *masc*, landlady *fem* **Gastwirtschaft** *f s.* **Gaststätte** **Gastzugang** *m* INFORM guest access

Gasuhr *f* (*fam*) *s.* **Gaszähler** **Gasverbrauch** *m* gas consumption **Gasvergiftung** *f* gas poisoning **Gasversorgung** *f* gas supply **Gaswerk** *nt* gasworks + *sing vb* **Gaswolke** *f* gas cloud **Gaszähler** *m* gas meter

GATT <-> *nt kein pl* ÖKON (*allgemeines Zoll- und Handelsabkommen*) *Akr von* **General Agreement on Tariffs and Trade** GATT

Gatte, Gattin <-n, -n> *m, f* (*geh*) spouse *form*

Gatter <-s, -> *nt* ❶ (*Holztor*) gate
❷ (*Holzzaun*) fence
❸ (*Rost*) grating, grid
❹ JAGD [game] preserve

Gattin <-, -nen> *f* (*geh*) *fem form von* **Gatte** wife

GATT-Liberalisierung *f* ÖKON GATT decontrol **GATT-Raum** *m* ÖKON GATT area

Gattung <-, -en> *f* ❶ BIOL genus
❷ KUNST, LIT category, genre

Gattungsbegriff *m* generic concept **Gattungskauf** *m* purchase by description **Gattungsname** *m* ❶ (*Name einer Gattung*) generic name ❷ LING appellative **Gattungsschenkung** *f* generic donation **Gattungsschuld** *f* FIN obligation in kind **Gattungsvermächtnis** *nt* JUR general legacy

GATT-Vereinbarungen *pl* ÖKON GATT agreements

Gau <-[e]s, -e> *m o nt* HIST ❶ (*Bezirk*) district (*administrative district during the Nazi period*)
❷ (*Siedlungsbereich eines germanischen Stammes*) region, area (*a tribal district in Germanic times*)

GAU <-s, -s> *m Akr von* **größter anzunehmender Unfall** MCA

Gaube <-, -n> *f* BAU dormer

Gaubenfenster *nt* BAU dormer window

Gauchheil *m* BOT pimpernel

Gaucho <-[s], -s> [ˈgaʊtʃo] *m* gaucho

Gaudi <-> *f o nt kein pl* SÜDD, ÖSTERR (*fam: Spaß*) fun; ***das war eine ~!*** that was such good fun!; **sich** *dat* **eine ~ aus etw** *dat* **machen** to get a kick out of doing sth *fam*

Gaukler(in) <-s, -> *m(f)* ❶ (*veraltet: Artist, Akrobat, Erzähler*) travelling [*or* AM traveling] entertainer [*or* performer]
❷ ORN bateleur eagle

Gaul <-[e]s, Gäule> *m* (*pej: minderwertiges Pferd*) nag *pej*, hack *pej*; **Acker~** workhorse
▶ WENDUNGEN: **einem geschenkten ~ sieht** [*o* **schaut**] **man nicht ins Maul** (*prov*) never look a gift-horse in the mouth *prov*; *s. a.* **Schwanz**

Gauleiter(in) <-s, -> *m(f)* HIST *head of an administrative district during the Nazi period*

Gaullismus <-> [goˈlɪsmʊs] *m kein pl* Gaullism *no pl*

Gaullist(in) <-en, -en> [goˈlɪst] *m(f)* Gaullist

Gaumen <-s, -> *m* ANAT palate; **harter/weicher ~** hard/soft palate; **einen feinen ~ haben** to have a discerning palate, to enjoy good food; **etw für den** [*o* **seinen**] **verwöhnten ~** a delicacy for the gourmet [*or* connoisseur]

Gaumenfreude *f* (*geh*) culinary delight **Gaumenkitzel** *m* (*fam*) treat for the taste buds *fam* **Gaumenlaut** *m* LING palatal [sound] **Gaumensegel** *nt* soft palate **Gaumenzäpfchen** *nt* uvula

Gauner(in) <-s, -> *m(f)* (*pej*) ❶ (*Betrüger*) crook *pej*, rogue *pej*, scoundrel *pej*
❷ (*Schelm*) rogue, picaro *liter*
❸ (*fam: gerissener Kerl*) crafty customer

Gaunerei <-, -en> *f* (*pej*) cheating *no pl pej*, swindling *no pl pej*

Gaunersprache *f* thieves' argot

Gaupe <-, -n> *f s.* **Gaube**

Gautama <-> *m* REL (*Buddha*) Gautama

Gazastreifen [ˈgaːza] *m* Gaza Strip

Gaze <-, -n> [ˈgaːzə] *f* gauze

Gazelle <-, -n> *f* gazelle; **flink wie eine ~** as lightfooted as a gazelle

Gazette <-, -n> *f* (*veraltet: Zeitung*) gazette

Gbyte <-s, -s> *nt Abk von* **Gigabyte** Gb

GDI *nt* INFORM *Abk von* **grafik device interface** GDI

GDI-Drucker *m* INFORM GDI printer

Geächtete(r) <-n, -n> *f(m) dekl wie adj* (*a. fig*) outlaw, outcast *a. fig*

geädert *adj* ANAT, BOT veined

geartet *adj* ❶ (*veranlagt*) disposed, natured; **gut ~e Kinder** good-natured children
❷ (*beschaffen*) constituted; ***dieser Fall ist anders ~*** the nature of this problem is different

Geäst <-[e]s> *nt kein pl* boughs *pl*, branches *pl*

geb. *Abk von* **geboren** née

Gebäck <-[e]s, -e> *nt pl selten* (*Plätzchen*) biscuits *pl*; (*Teilchen*) pastries *pl*; (*kleine Kuchen*) cakes *pl*

Gebäckzange *f* pastry tongs *npl*

Gebälk <-[e]s, -e> *nt pl selten* (*Balkenwerk*) timberwork *no pl*, beams *pl*
▶ WENDUNGEN: **es knistert im ~** (*fam*) there's trouble brewing [*or* afoot]

geballt I. *adj* ❶ (*konzentriert*) concentrated; *s. a.* **Ladung**
❷ (*zur Faust gemacht*) **~e Fäuste** clenched fists
II. *adv* in concentration; ***solche Probleme treten immer ~ auf*** these kinds of problems never occur singly

gebannt *adj* (*gespannt*) fascinated, spellbound; **mit ~em Interesse** with fascination; **vor Schreck ~** rigid with fear; **wie ~** as if spellbound

Gebärde <-, -n> *f* gesture, gesticulation; **eine drohende/beschwichtigende ~ machen** to make a threatening/soothing [*or* calming] gesture

gebärden* *vr haben* ■**sich ~** to behave

Gebärdensprache *f* LING sign language

Gebaren <-s> *nt kein pl* behaviour [*or* AM -or]; ***du legst ein sonderbares ~ an den Tag*** you are behaving strangely today; **geschäftliches ~** businesslike conduct; **ein weltmännisches ~ haben** to conduct oneself [*or* behave] like a man of the world

gebären <gebiert, gebar, geboren> I. *vt* ❶ (*zur Welt bringen*) ■**geboren werden** to be born; ***das Kind wurde einen Monat zu früh geboren*** the child was born four weeks premature; ■**[jdm] ein Kind ~** (*veraltend*) to bear [sb] a child *dated*
❷ (*eine natürliche Begabung haben*) ■**zu etw geboren sein** to be born to sth; ***er ist zum Schauspieler geboren*** he is a born actor; *s. a.* **geboren II**
II. *vi* (*ein Kind zur Welt bringen*) to give birth; ■**eine/die G~de** a woman/the one giving birth, a/the woman in labour [*or* AM -or]

gebärfähig *adj* capable of child-bearing; **im ~en Alter sein** to be of childbearing age

Gebärmutter <-mütter> *f* ANAT uterus, womb

Gebärmutterhals *m* cervix, neck of the uterus [*or* womb] **Gebärmutterkrebs** *m* cancer of the womb [*or* uterus], uterine cancer **Gebärmuttermund** *m* mouth of the uterus **Gebärmutter-**

schleimhaut *f* uterine mucous membrane
gebauchpinselt *adj* (*hum fam*) flattered; **sich ~ fühlen** to feel flattered
Gebäude <-s, -> *nt* ❶ (*Bauwerk*) building
❷ (*Gefüge*) structure; **ein ~ von Lügen** a web [*or* BRIT tissue] of lies; **ein ~ von fantastischen Ideen und Wahnvorstellungen** a mental edifice [*or* construct] of fantastic ideas and delusions
Gebäudebestand *m* housing stock, stock of buildings **Gebäudebewirtschaftung** *f kein pl* housing [*or* property] management **Gebäudeeigentum** *nt* [housing] property **Gebäudeeigentümer(in)** *m(f)* property owner **Gebäudeertragswert** *m* JUR annual value of buildings **Gebäudekomplex** *m* building complex **Gebäudereinigung** *f* ❶ (*das Reinigen*) industrial cleaning ❷ (*Betrieb*) cleaning contractors *pl* **Gebäudesanierung** *f* building renovation *no indef art, no pl* **Gebäudeteil** *m* part of a building **Gebäudeübereignung** *m* JUR conveyance [*or* transfer] of property **Gebäudeveräußerung** *f* FIN sale of property **Gebäudeversicherung** *f* building insurance **Gebäudewert** *m* FIN property value **Gebäudewertermittlung** *f* FIN determination of the property value **Gebäudezustand** *m* condition [*or* state] of a building
Gebäulichkeiten *pl* SÜDD, SCHWEIZ (*Gebäude*) buildings
gebaut *adj* built; ■**gut/stark ~ sein** to be well-built; **so wie jd ~ ist** (*hum fam*) sb like you/him/her
gebefreudig *adj* generous
Gebein <-[e]s, -e> *nt* ❶ (*Skelett*) skeleton
❷ (*Knochen*) ■**~e** *pl* bones *pl,* mortal remains *pl form; eines Heiligen* relics *pl*
► WENDUNGEN: **der Schreck fuhr ihm ins** [*o* **durchs**] **~** (*veraltet*) his body shook with fear
gebeizt *adj Holz* stained
Gebell(e) <-s> *nt kein pl* (*pej fam*) incessant barking, bellowing

geben <gibt, gab, gegeben>

I. TRANSITIVES VERB **II.** INTRANSITIVES VERB
III. UNPERSÖNLICHES TRANSITIVES VERB
IV. REFLEXIVES VERB

I. TRANSITIVES VERB

❶ (*reichen*) ■**jdm etw ~** to give sb sth, to give sth to sb; ***gibst du mir bitte mal das Brot?*** could you give [*or* hand] me the bread, please? [*or* pass]; ***ich würde alles darum ~, ihn noch einmal zu sehen*** I would give anything to see him again; (*beim Kartenspiel*) to deal; ***du hast mir 3 Joker gegeben*** you've dealt me 3 jokers; ***wer gibt jetzt?*** whose turn is it to deal?
❷ (*schenken*) to give [as a present]
❸ (*mitteilen*) **jdm die** [*o* **seine**] **Telefonnummer ~** to give sb one's telephone number; ■**sich** *dat* **etw** [**von jdm**] **~ lassen** to ask [sb] for sth; ***er ließ sich die Speisekarte ~*** he asked for the menu
❹ ÖKON (*verkaufen*) ■**jdm etw ~** to get sb sth; (*bezahlen*) ■[**jdm**] **etw für etw** *akk* **~** to give [sb] sth for sth; **was darf ich Ihnen ~?** what can I get you?; ***darf ich Ihnen sonst noch was ~?*** can I get you anything else?; **~ *Sie mir bitte fünf Brötchen*** I'd like five bread rolls please; ***ich gebe Ihnen 500 Mark für das Bild*** I'll give you [*or* let you have] 500 Marks for the picture; **Preisnachlass/Skonto ~** to give a reduction/cash discount
❺ (*spenden*) ■**etw gibt jdm etw** sth gives [sb] sth; **Schutz/Schatten ~** to give [*or* provide] protection/shade
❻ (*verleihen*) **einen Preis ~** to award a prize; **Titel/Namen ~** to give a title/name; ***diese erfreuliche Nachricht gab ihr neue Zuversicht*** this welcome piece of news gave her new confidence; ***der Gedanke an eine Rettung gab uns immer wieder Kraft*** the thought of being rescued always gave us strength
❼ TELEK (*telefonisch verbinden*) ■**jdm jdn ~** to put sb through to sb; **~ *Sie mir bitte Frau Schmidt*** can I speak to Mrs Smith, please
❽ (*stellen*) ■**jdm etw ~** to give [*or* set] sb sth; **eine Aufgabe/ein Problem/ein Thema ~** to set a task/problem/topic
❾ (*abhalten*) ■**etw ~** to give sth; ***der Minister wird eine Pressekonferenz ~*** the minister will give [*or* hold] a press conference
❿ (*bieten, gewähren, zukommen lassen*) ■**jd gibt** [**jdm**] **etw** sb gives [*or* allows] [sb] sth; **jdm einen Namen ~** to name a person; **jdm ein Interview ~** to grant sb an interview; **jdm eine Verwarnung ~** to give sb a warning; SPORT to book sb; ***der Schiedsrichter gab dem Spieler eine Verwarnung wegen Foulspiels*** the referee booked the player for a foul; **einen Freistoß ~** FBALL to award a free-kick; *s. a.* **Bescheid, Nachricht**
⓫ (*aufführen*) **ein Theaterstück ~** to put on a play
⓬ (*feiern*) **ein Fest ~** to give a party
⓭ DIAL (*abgeben, vorübergehend weggehen*) ■**etw/jdn irgendwohin ~** *akk* to send sth/sb somewhere; **sein Auto in** [**die**] **Reparatur ~** to have one's car repaired; **sein Kind in ein Internat ~** to send one's child to boarding school; ***dürfen wir während unseres Urlaubs unsere Katze zu euch ~?*** can you take our cat while we're away?
⓮ KOCHK (*fam: tun*) ■**etw in/an etw** *akk* **~,** ■**etw zu etw** *dat* **~** to add sth to sth; **Wein in die Soße ~** to add wine to the sauce
⓯ (*ergeben*) ■**etw ~** to produce sth; ***sieben mal sieben gibt neunundvierzig*** seven times seven equals forty-nine, seven sevens are forty-nine; ***Rotwein gibt Flecken*** red wine stains [*or* leaves stains]; **keinen Sinn ~** that makes no sense; ***ein Wort gab das andere*** one word led to another
⓰ (*erteilen*) ■**etw ~** to teach sth; **Nachhilfestunden ~** to give private tuition; **Unterricht ~** to teach; **jdm etw zu tun ~** to give sb sth to do
⓱ (*äußern*) ■**etw von sich** *dat* **~** to utter sth; ***er gab wenig Worte von sich*** he said very little
⓲ (*euph fam: sich erbrechen*) ■**etw** [**wieder**] **von sich** *dat* **~** to throw up [sth], to bring up sth *sep* [again] *euph*
► WENDUNGEN: **jdm etw zu tun ~** to give sb sth to do; ***das wird ihm für die nächsten Monate zu tun geben!*** that'll keep him busy for the next few months!; ***das sollte der Firmenleitung zu denken ~*** that should give the company management something to think about!; **jdm ist etw nicht gegeben** sth is not given to sb; ***nicht allen ist es gegeben, einem solchen Ereignis beizuwohnen*** not everybody gets the opportunity to be present at such an event; ***es war ihm nicht gegeben, seine Heimatstadt wiederzusehen*** he was not destined to see his home town again; **nichts auf etw** *akk* **~** to think nothing of sth; **viel/nicht viel auf etw** *akk* **~** to set great/not much store by sth; ***ich gebe nicht viel auf die Gerüchte*** I don't pay much attention to rumours; **es jdm ~** (*fam*) to let sb have it *fam;* **gib's ihm!** let him have it!

II. INTRANSITIVES VERB

❶ KARTEN (*austeilen*) to deal; ***jetzt hast du genug gemischt, gib endlich!*** you've shuffled enough now, just deal them!
❷ SPORT (*Aufschlag haben*) to serve; ***du gibst!*** it's your serve

III. UNPERSÖNLICHES TRANSITIVES VERB

❶ (*gereicht werden*) ■**es gibt etw** there is sth; ***hoffentlich gibt es bald was zu essen!*** I hope there's something to eat soon!; ***was gibt es zum Frühstück?*** what's for breakfast?; ***freitags gibt es bei uns immer Fisch*** we always have fish on Fridays
❷ (*eintreten*) ■**es gibt etw** there is sth; ***heute gibt es noch Regen*** it'll rain today; ***hat es sonst noch etwas gegeben, als ich weg war?*** has anything else happened while I was away; ***was wird das noch geben?*** where will it all lead to?; ***gleich gibt es was*** (*fam*) there's going to be trouble
❸ (*existieren, passieren*) ■**etw/jdn gibt es** there's sth/sb; ***das gibt es nicht!*** (*fam*) no way!, nothing doing!, forget it!; ***das gibt es nicht, dass du einfach meinen Wagen nimmst*** there's no way that you're taking [*or* using] my car; ***ein Bär mit zwei Köpfen? das gibt es nicht!*** a bear with two heads? there's no such thing!; ***das gibt es doch nicht!*** (*fam*) that's unbelievable; ***so was gibt es bei uns nicht!*** that's not on [as far as we're concerned]!; **was gibt es?** (*fam*) what's the matter, what's up *fam;* ***was es nicht alles gibt!*** (*fam*) well, I'll be damned! *fam,* stone me! *sl,* stone the crows BRIT *sl*
► WENDUNGEN: **da gibt es nichts!** (*fam*) there are no two ways about it; ***seine Lieder sind einmalig, da gibt es nichts!*** there's no doubt about it, his songs are unique

IV. REFLEXIVES VERB

❶ (*nachlassen*) ■**etw gibt sich** sth eases [off] [*or* lets up]; **das gibt sich** it will sort itself out; ***die Kopfschmerzen werden sich ~*** your headache will go off; ***diese Aufsässigkeit wird sich bald von ganz alleine ~*** this rebelliousness will soon die down of its own accord; (*sich erledigen*) to sort itself out; ***manches gibt sich von selbst wieder*** some things sort themselves out; ***das wird sich schon ~*** it will all work out [for the best]
❷ (*sich benehmen, aufführen*) ■**sich als etw ~** to behave in a certain way; ***sie gab sich sehr überrascht*** she acted very surprised; ***nach außen gab er sich heiter*** outwardly he behaved cheerfully; ***sie gibt sich, wie sie ist*** she doesn't try to be anything she isn't; **sich von der besten Seite ~** to show one's best side
❸ (*sich finden, ergeben*) ■**etw gibt sich** sth arises; ***es wird sich schon noch eine Gelegenheit ~*** there's sure to be another opportunity

Gebenedeite <-n> *f kein pl* REL ■**die ~** the Blessed Virgin
Geber(in) <-s, -> *m(f)* ❶ KARTEN dealer
❷ TELEK transmitter
Geberland *nt* ÖKON donor country **Geberlaune** *f kein pl* generous mood; **in ~ sein** to be in a generous mood [*or* feeling generous]
Gebet <-[e]s, -e> *nt* (*religiöses Ritual*) prayer; **ein ~ sprechen** to say a prayer; **sein ~ sprechen** [*o* **verrichten**] to say one's prayers; **zum ~** in prayer; **den Kopf zum ~ neigen** to lower one's head in prayer; **das ~ des Herrn** (*geh*) the Lord's Prayer
► WENDUNGEN: **jdn ins ~ nehmen** (*fam*) to give sb a good talking to, to take sb to task
Gebetbuch *nt* ❶ (*Büchlein mit Gebeten*) prayer book
❷ (*hum fam: Spielkarten*) pack of [playing] cards
► WENDUNGEN: **das falsche ~ haben** to belong to the wrong denomination
Gebetsmühle *f* prayer wheel
gebetsmühlenhaft I. *adj* (*pej fam*) constant, continual
II. *adv* (*pej fam*) constantly, continually
Gebetsteppich *m* prayer mat [*or* rug]
gebeugt I. *adj* bowed, stooping; **ein ~er Kopf** a bowed head; **~e Schultern** rounded shoulders
II. *adv* in a stooping posture; **~ sitzen** to sit hunched up
gebiert *3. pers. pres von* **gebären**
Gebiet <-[e]s, -e> *nt* ❶ (*Fläche*) area; (*Region*) a. region; (*Staats~*) territory
❷ (*Fach*) field; ***auf dem ~ der Kernphysik ist er Spezialist*** he's a specialist in the field of nuclear physics
gebieten* *irreg* (*geh*) **I.** *vt* ❶ (*befehlen*) ■[**jdm**] **etw ~** to command [*or* order] [sb] to do sth; **Einhalt ~** to put an end to [*or* stop] sth
❷ (*verlangen, erfordern*) ■**etw ~** to demand sth; **der Anstand/die Situation gebietet es** decency/the situation demands it; ***es ist Vorsicht geboten*** care must be taken
II. *vi* ❶ (*herrschen*) ■**über jdn/etw ~** to have control over sb/sth *liter,* to have dominion over sb/sth
❷ (*verfügen*) ■**über etw** *akk* **~** to have sth at one's

G

disposal; **über Geldmittel** ~ to have financial resources at one's disposal; **über Wissen** ~ to have knowledge at one's command

Gebieter(in) <-s, -> *m(f)* (*veraltet geh*) lord *form*, master *form; s. a.* **Herr**

gebieterisch (*geh*) **I.** *adj* domineering, peremptory **II.** *adv* domineeringly, in a domineering manner

Gebietsabgrenzung *f* demarcation, zoning **Gebietsansässige(r)** *f(m) dekl wie adj* ADMIN [local] resident **Gebietsanspruch** *m* territorial claim; **einen ~/Gebietsansprüche haben** [*o* **erheben**] [*o* **geltend machen**] to make a territorial claim/ territorial claims **Gebietsaufteilung** *f* zoning **Gebietsentwicklungsplan** *m* JUR subregional development plan **Gebietsfremde(r)** *f(m) dekl wie adj* non-resident [person] **Gebietshoheit** *f kein pl* JUR territorial jurisdiction [*or* sovereignty]; ~ **besitzen** to have territorial jurisdiction **Gebietskartell** *nt* ÖKON regional cartel **Gebietskörperschaft** *f* JUR local [*or* regional] authority; **~en** central, regional or local authorities **Gebietsleiter(in)** *m(f)* ADMIN area manager **Gebietsreform** *f* local government restructuring **Gebietsschutz** *m kein pl* territory protection **Gebietsschutzabkommen** *nt*, **Gebietsschutzabrede** *f* JUR district boundaries agreement **Gebietsverantwortliche(r)** *f(m) dekl wie adj* area manager

gebietsweise *adv* locally, in places; ~ ***kann es auf einigen Strecken zu Glatteisbildung kommen*** icy roads could develop in some places

gebig *adj* SCHWEIZ 1 (*praktisch*) practical 2 (*prima*) terrific

Gebilde <-s, -> *nt* 1 (*Ding*) thing, object 2 (*Form*) shape; (*Struktur*) structure 3 (*Muster*) pattern 4 (*Schöpfung*) creation 5 (*Staats~*) entity 6 JUR entity; **nicht rechtsfähiges** ~ non-legal entity; **parafiskalisches** ~ auxiliary fiscal agent

gebildet *adj* educated, learned, erudite *form;* **ein ~er Mensch** a refined [*or* cultured] person; **vielseitig ~ sein** to have a broad education; **ein ~es Benehmen** to be well bred

Gebildete(r) *f(m) dekl wie adj* educated person

Gebimmel <-s,> *nt kein pl* (*pej fam*) [continual] ringing

Gebinde <-s, -> *nt* (*geh*) bunch; **ein ~ aus Blumen und Zweigen** an arrangement of flowers and twigs; **ein großes ~ Möhren** a large bunch of carrots; (*Blumenkranz*) wreath; (*Getreide~*) sheaf

Gebirge <-s, -> *nt* mountains *pl*, mountain range

gebirgig *adj* mountainous

Gebirgsbach *m* mountain stream **Gebirgsbahn** *f* mountain railway **Gebirgsbewohner(in)** *m(f)* mountain dweller **Gebirgsbildung** *f* mountain formation **Gebirgsdorf** *nt* mountain village **Gebirgsjäger(in)** *m(f)* MIL 1 (*einzelner Soldat*) mountain soldier 2 *pl* (*Einheit des Heeres*) mountain troops *npl* **Gebirgskamm** *m* mountain ridge [*or* crest] **Gebirgskette** *f* mountain chain [*or* range] **Gebirgslandschaft** *f* mountainous region **Gebirgsmassiv** *nt* massif **Gebirgsrücken** *m* mountain ridge **Gebirgsstraße** *f* mountain road **Gebirgszug** *m* mountain range

Gebiss[RR] <-es, -e> *nt*, **Gebiß** <-sses, -sse> *nt* 1 (*Zähne*) [set of] teeth; **ein gesundes/kräftiges ~ haben** to have healthy/strong teeth 2 (*Zahnprothese*) dentures *npl;* **künstliches** [*o fam* **falsches**] ~ false teeth *pl* 3 (*Mundstück am Pferdezaum*) bit

Gebissabdruck[RR] <-abdrücke> *m* dental impression

Gebläse <-s, -> *nt* blower, fan

Geblödel <-s> *nt kein pl* (*pej fam*) twaddle *pej*, baloney; *von Komikern* patter

geblümt *adj*, **geblumt** *adj* ÖSTERR 1 (*mit Blumenmuster*) flowered, floral; **eine ~e Tischdecke** a tablecloth with a floral pattern; **~es Kleid** dress with a floral design 2 (*fig: kunstvoll, blumenreich*) flowery; **ein ~er Stil** a flowery style

Geblüt <-[e]s> *nt kein pl* 1 (*Abstammung*) descent, lineage; **von edlem ~** of noble blood *form* 2 (*Veranlagung*) **etw liegt jdm im ~** sth is in sb's blood

gebogen I. *pp von* **biegen** **II.** *adj* bent; **ein ~es Kinn** a pointed chin, **eine ~e Nase**, a hooked [*or* Roman] nose

geboren I. *pp von* **gebären** **II.** *adj* 1 (*gebürtig*) by birth; **ein ~er Prinz sein** to be a prince by birth, to be born a prince 2 (*eine natürliche Begabung haben*) **der ~e Koch sein** to be a born cook

geborgen I. *pp von* **bergen** **II.** *adj* safe, secure; **sich ~ fühlen** [*o geh* **wissen**] to feel safe; **bei jdm ~ sein** to be safe and sound with sb

Geborgenheit <-> *f kein pl* security; **häusliche ~** secure place

Gebot <-[e]s, -e> *nt* 1 (*Regel, Vorschrift*) regulation, rule; **ein ~ missachten/befolgen** to break [*or* disregard]/obey [*or* observe] a rule 2 REL (*moralische Regel o Gesetz*) commandment; **die zehn ~e** the ten commandments; **göttliches ~** divine law; **~ der Menschheit/Vernunft** law of humanity/reason; **das ~ der Nächstenliebe** the commandment to love one's neighbour [*or* AM -or] 3 (*geh: Erfordernis*) requirement; **das ~ der Stunde** the dictates of the moment; **ein ~ der Vernunft** the dictates of reason 4 ÖKON, HANDEL (*Angebot*) bid; ***gibt es ein höheres ~?*** does anyone bid more? 5 (*Gesetz*) law; (*Verordnung*) decree ▶ WENDUNGEN: **jdm zu ~[e] stehen** to be at sb's disposal

geboten I. 1 *pp von* **gebieten** 2 *pp von* **bieten** **II.** *adj* (*geh: notwendig*) necessary; (*angebracht*) advisable; **dringend ~** imperative; **bei aller ~en Achtung** with all due respect

Gebotsschild <-[e]s, -er> *nt* mandatory sign

Gebr. *Abk von* **Gebrüder** Bros.

Gebrabbel <-s> *nt kein pl* (*pej fam*) jabbering *pej fam*

gebrannt I. *pp von* **brennen** **II.** *adj* burned, burnt; **~e Mandeln** roasted almonds; *s. a.* **Kalk, Kind**

Gebratene(s) *nt dekl wie adj* fried food

Gebräu <-[e]s, -e> *nt* (*pej*) brew, concoction *pej*

Gebrauch <-[e]s, Gebräuche> *m* 1 *kein pl* (*Verwendung*) use; (*Anwendung*) application; **zum äußerlichen/innerlichen ~** to be applied externally/to be taken internally; **falscher ~** improper use, misuse; **sparsam im ~** economical; **etw in** [*o* **im**] **~ haben** to use sth; **von etw** *dat* **~ machen** to make use of sth; **etw in ~ nehmen** (*geh*) to start using sth; **vor ~ schütteln** shake well before use; **in** [*o* **im**] **~ sein** to be used; *Auto* to be running; **in ~ kommen** to become fashionable; **außer/aus dem ~ kommen** to fall into disuse, to become outdated; **nach ~** after use; LING usage 2 *usu pl* (*Brauch, Gepflogenheit*) custom; **Sitten und Gebräuche** manners and customs

gebrauchen* *vt* 1 (*verwenden*) ■**etw ~** to use sth; **ein gebrauchtes Auto** a used [*or* second-hand] car; **nicht mehr zu ~ sein** to be no longer [of] any use, to be useless; ***das kann ich gut ~*** I can really use that, I can make good use of that; **zu nichts zu ~ sein** to be no use at all; **sich zu etw** *dat* **~ lassen** to let oneself be used for sth 2 (*fam: benötigen, brauchen*) ■**etw/jd könnte etw ~** sth/sb could need sth; ***dein Wagen könnte eine Wäsche ~*** your car could do with a wash again

gebräuchlich *adj* 1 (*allgemein üblich*) customary, usual, common; (*in Gebrauch*) in use; LING in general use; ***„okay" ist ein sehr ~er Ausdruck*** "okay" is a very common expression 2 (*herkömmlich*) conventional

Gebrauchsabnahme *f* HANDEL acceptance test, inspection and approval **Gebrauchsabnahmebescheinigung** *f* HANDEL acceptance certificate **Gebrauchsanleitung** *f* directions [*or* instructions] [for use] **Gebrauchsanweisung** *f* operating instructions **Gebrauchsartikel** *m* basic consumer item **Gebrauchsdiebstahl** *m* JUR stealing for temporary use **Gebrauchseigenschaften** *pl* useful properties **gebrauchsfertig** *adj* ready for use **Gebrauchsgegenstand** *m* basic commodity **Gebrauchsgrafik** *f* advertising [*or* commercial] art **Gebrauchsliteratur** *f literature published for a particular purpose* **Gebrauchslizenz** *f* JUR licence [*or* AM -se] for use

Gebrauchsmuster *nt* JUR utility model; **eingetragenes ~** registered pattern **Gebrauchsmustergesetz** *nt* JUR Designs Act BRIT, Protection of Inventions Act AM **Gebrauchsmusterhilfsanmeldung** *f* JUR auxiliary utility model registration **Gebrauchsmusterrolle** *f* JUR register of utility models **Gebrauchsmusterschutz** *m* JUR protection of utility patents **Gebrauchsmusterstelle** *f* JUR utility model department **Gebrauchsmusterzertifikat** *nt* JUR utility certificate

Gebrauchsrecht *nt* JUR right of user **Gebrauchsregelung** *f* utilization arrangement **Gebrauchsüberlassung** *f* JUR loan [*or* transfer] of use **Gebrauchsüberlassungsvertrag** *m* JUR loan contract **Gebrauchswert** *m kein pl* utility value, value in use; HANDEL practical value **Gebrauchswert-Kostenanalyse** *f* HANDEL value-costs analysis **Gebrauchswertminderung** *f* FIN depreciation in utility value

gebraucht *adj* second-hand

Gebrauchtteil *nt* AUTO secondhand part **Gebrauchtwagen** *m* second-hand [*or* used] car **Gebrauchtwagenhändler(in)** *m(f)* AUTO used-car dealer **Gebrauchtwarenhandel** *m kein pl* HANDEL business in secondhand goods

gebrechen* *vi irreg haben* (*geh*) ■**jdm gebricht es an etw** *dat* sb is lacking sth; **jdm gebricht es an Geld/Mut** sb lacks money/courage

Gebrechen <-s, -> *nt* (*geh*) affliction; **ein körperliches/geistiges ~ haben** to have a physical/mental affliction

gebrechlich *adj* frail, infirm

Gebrechlichkeit <-> *f kein pl* frailty, infirmity

gebrochen I. *pp von* **brechen**: **~e Schrift** TYPO black letter **II.** *adj* 1 (*völlig entmutigt*) broken, crushed; **ein ~er Mann** a broken man; **ein ~es Herz** (*fig*) a broken heart *fig* 2 (*sehr fehlerhaft*) broken; **in ~em Englisch** in broken English 3 MATH **~e Zahl** fraction **III.** *adv* imperfectly; ***sie sprach nur ~ Deutsch*** she only spoke broken German

Gebrüder *pl* (*veraltet*) brothers; **die ~ Grimm** the Brothers Grimm

Gebrüll <-[e]s> *nt kein pl* bellowing; *Esel* braying; *Löwe* roaring; (*pej*) *Kind* bawling; *Mensch* screaming; ***auf ihn mit ~!*** (*fam*) go get him! *fam*

Gebrumm(e) <-[e]s> *nt kein pl* (*fam*) humming; *Flugzeug* droning

gebückt I. *pp von* **bücken** **II.** *adj* bowed, stooped; **einen ~en Gang haben** to walk with a stoop **III.** *adv* with bad posture

gebügelt I. *pp von* **bügeln** **II.** *adj* (*sl: baff*) gobsmacked BRIT *fam*, speechless; *s. a.* **geschniegelt**

Gebühr <-, -en> *f* charge; (*Honorar, Beitrag*) fee; *für eine Vermittlung* commission; *für eine Postsendung* postage; (**~** (*be*)*zahlt Empfänger*) postage to be paid by addressee; **amtliche/symbolische ~** official/nominal fee; **fällige ~** fee due; **ermäßigte ~** reduced charges/fee; **eine ~ berechnen** to charge a fee; **eine ~ bezahlen** [*o* **entrichten**] to pay a charge/fee; **~en einziehen** to collect a fee; **eine ~ erheben** to levy [*or* make] a charge; **nach ~** appropriately, suitably; **über ~** excessively, unduly

gebühren* (*geh*) **I.** *vi* (*zukommen, zustehen*) ■**jdm/etw gebührt etw** sb/sth deserves [*or* is due] sth; ***ihm gebührt unsere Anerkennung*** he deserves our recognition

II. *vr* ■ **sich** [**für jdn**] ~ to be fitting [*or* proper] [for sb]; **wie es sich gebührt** as is fitting [*or* proper]

Gebührenansage *f* TELEK "advise duration and charge" call **Gebührenanzeiger** *m* call-charge indicator **Gebührenaufkommen** *nt* FIN fee [*or* brokerage] income

gebührend I. *adj* (*zustehend*) due, owed; (*angemessen*) appropriate, fitting, suitable; **etw in ~er Weise würdigen** to show suitable appreciation of sth

II. *adv* (*angemessen*) appropriately, fittingly, suitably

Gebühreneinheit *f* TELEK [tariff] unit **Gebührenerhöhung** *f* increase in charges [*or* fees] **Gebührenerlass**RR *m* remission of charges [*or* fees] **Gebührenermäßigung** *f* reduction of charges [*or* fees] **gebührenfrei** *adj, adv* free of charge; **~er Anruf** freephone, AM toll-free call **Gebührenfreiheit** *f* JUR exemption from charges **Gebührenkalkulation** *f* ÖKON calculation of charges **Gebührenmarke** *f* revenue stamp **Gebührenordnung** *f* scale [*or* schedule] of charges [*or* fees], tariff, fee scale; **verbindliche ~** fixed scale of charges **gebührenpflichtig** I. *adj* subject [*or* liable] to a charge; **~e Verwarnung** fine; **~e Straße** toll road II. *adv* **jdn ~ verwarnen** to fine sb **Gebührenpolitik** *f kein pl* HANDEL fee policy **Gebührenrückerstattung** *f* refund of charges **Gebührenstreitwert** *m* JUR litigation fee value **Gebührentabelle** *f* JUR scale of fees **Gebührenüberhebung** *f* JUR excessive rates **Gebührenumsatz** *m* ÖKON total fees received **Gebührenvereinbarung** *f* ÖKON fee arrangement **Gebührenverzeichnis** *nt* JUR fee schedule **Gebührenvorschuss**RR *m* JUR retaining fee **Gebührenzähler** *m* TELEK meter

gebunden I. *pp von* **binden**

II. *adj* fixed, set; **~es Buch** hardcover, BRIT *a.* hardback; **~e Preise** controlled prices; **durch Verpflichtungen ~ sein** to be tied down by duties; **anderweitig ~ sein** to be otherwise engaged; **vertraglich ~ sein** to be bound by contract; **zeitlich ~ sein** to be restricted as regards time

Geburt <-, -en> *f* ❶ (*Entbindung*) birth; **bei der ~** at the birth; **von ~ an** from birth

❷ (*Abstammung*) birth; **von ~ Deutscher sein** to be German by birth; **von niedriger/hoher ~ sein** to be of low/noble birth; **die Gnade der späten ~** *to be lucky not to have been born at a certain time in history, e.g. World War Two*

▶ WENDUNGEN: **das war eine <u>schwere</u> ~!** (*fam*) that took some doing! *fam*

Geburtenanstieg *m* rise in the birth rate; **schlagartiger ~** baby boom **Geburtenbeschränkung** *f* population control **Geburtenbuch** *nt* JUR register of births **Geburtenkontrolle** *f kein pl* birth control **Geburtenrate** *f* birth rate; **die ~ steigt** the birth rate is up; **die ~ fällt** the birth rate is falling **Geburtenregelung** *f kein pl* birth control **Geburtenrückgang** *m* decline [*or* drop] in the birth rate **geburtenschwach** *adj* with a low birth rate; **ein ~er Jahrgang** a year in which there is a low birth rate **geburtenstark** *adj* with a high birth rate **Geburtenüberschuss**RR *m* excess of births over deaths **Geburtenzahl** *f* birth rate **Geburtenziffer** *f* birth rate **Geburtenzuwachs** *f* birth increase

gebürtig *adj* by birth; ***er ist ~er Londoner*** he was born in London, he is a native Londoner; **aus Berlin ~ sein** to have been born in Berlin

Geburtsanzeige *f* birth announcement **Geburtsdatum** *nt* date of birth **Geburtseinleitung** *f* birth induction **Geburtsfehler** *m* congenital defect **Geburtshaus** *nt* birthplace; ***das ~ von Beethoven steht in Bonn*** the house where Beethoven was born is in Bonn **Geburtshelfer(in)** *m(f)* obstetrician **Geburtshelferkröte** *f* ZOOL midwife toad **Geburtshilfe** *f kein pl* obstetrics; **~ leisten** to assist at a birth **Geburtsjahr** *nt* year of birth **Geburtsland** *nt* country of origin **Geburtsort** *m* birthplace, place of birth **Geburtsrate** *f* birth rate **Geburtsrecht** *nt* JUR ■ **das ~** *right of a child born in Germany to claim German nationality irrespective of the parents' nationality* **Geburtsstadt** *f* hometown, native city [*or* town] **Geburtsstation** *f* obstetrics ward **Geburtsstunde** *f* time of birth

Geburtstag *m* birthday; (*Geburtsdatum*) date of birth; **herzlichen Glückwunsch zum ~** happy birthday to you; [**seinen/jds**] **~ feiern** to celebrate one's/sb's birthday; **ein runder ~** *the number of years to be celebrated ends in a zero;* **jdm zum/zu jds ~ gratulieren** to wish sb many happy returns [*or* a happy birthday]; **~ haben** to be one's birthday; ***wann hast du ~?*** when is your birthday?; **jdm etw zum ~ schenken** to give sb a present for his/her birthday

Geburtstagsfeier *f* birthday celebration *form* [*or* party] **Geburtstagsgeschenk** *nt* birthday present **Geburtstagskarte** *f* birthday card **Geburtstagskind** *nt* (*hum*) birthday boy/girl **Geburtstagskuchen** *m* birthday cake **Geburtstagsparty** *f* birthday party **Geburtstagstorte** *f* birthday cake

Geburtstermin *m* due date; **den ~ errechnen** [*o* **bestimmen**] to calculate the date of birth **Geburtsurkunde** *f* birth certificate **Geburtsvorbereitung** *f* ante-natal preparation **Geburtswehen** *pl* labour [*or* AM -or] pains *pl* **Geburtszange** *f* MED obstetric[al] forceps *npl*

Gebüsch <-[e]s, -e> *nt* bushes *pl;* (*Unterholz*) undergrowth

Geck <-en, -en> *m* (*pej*) dandy *pej old,* fop *pej old,* toff BRIT *pej sl*

Gecko <-s, -s> *m* gecko

Gedächtnis <-ses, -se> *nt* ❶ (*Informationsspeicherung im Gehirn*) memory; **ein gutes/schlechtes ~** [**für etw** *akk*] **haben** to have a good/poor memory [for sth]; **ein kurzes ~ haben** (*fam*) to have a short memory; **sein ~ anstrengen** to make a real effort to remember sth; **etw im ~ behalten** [*o geh* **bewahren**] to remember sth; **jds ~ entfallen** to slip one's mind; **ein ~ wie ein Sieb haben** (*fam*) to have a memory like a sieve *fam;* **etw aus dem ~ hersagen** to recite [*or* quote] sth from memory; **wenn mich mein ~ nicht täuscht** [*o* **trügt**] if my memory serves me right; **sein ~ verlieren** to lose one's memory; **jdn/etw aus dem ~ verlieren** to erase sb/sth from one's memory; **jdm/sich etw ins ~ zurückrufen** to remind sb of sth/to recall sth

❷ (*Andenken, Gedenken*) memory, remembrance; **zum ~ der Toten** in memory [*or* remembrance] of the dead

Gedächtnishilfe *f* aide-mémoire, mnemonic; **jdm eine ~ geben** to jog sb's memory; **als ~** as a reminder **Gedächtnislücke** *f* gap in one's memory; **eine ~ haben** to not remember anything; MED localized amnesia **Gedächtnisprotokoll** *nt* minutes taken from memory **Gedächtnisschwund** *m* amnesia, loss of memory; **an ~ leiden** (*fam*) to suffer from amnesia, to suffer a loss of memory **Gedächtnisstütze** *f* memory aid **Gedächtnistraining** *nt kein pl* memory training **Gedächtnisverlust** *m kein pl* loss of memory

gedämpft I. *pp von* **dämpfen**

II. *adj* ❶ *Geräusch* muffled, muted, low; **~er Aufprall** softened impact; **~er Schall/~e Stimme** muffled echo/voice; **mit ~er Stimme** in a low voice

❷ *Farben, Licht, Stimmung* muted, subdued

❸ TECH *Schwingung* damped

❹ ÖKON **~er Bedarf** checked demand

Gedanke <-ns, -n> *m* ❶ (*das Gedachte, Überlegung*) thought; **der bloße ~ an jdn/etw** the mere thought of sb/sth; **in ~n vertieft** [*o* **versunken**] [*o geh* **verloren**] deep [*or* sunk] [*or* lost] in thought; **sich mit einem ~n vertraut machen** to get used to an idea; **jdn auf andere ~n bringen** to take sb's mind off sth; **jdn auf einen ~n bringen** to put an idea into sb's head; **einen ~n fassen** to form an idea; ***ich kann keinen vernünftigen ~n fassen*** I just can't think properly; **den ~n fassen, etw zu tun** to form [*or* have] the idea of doing sth; **jds ~n lesen** to read sb's thoughts; **sich** *dat* **über etw** *akk* **~n machen** to be worried about sth; ***mach dir darüber keine ~n*** don't worry [about it]; **sich** *dat* **so seine ~n machen** (*fam*) to begin to wonder; **jdn aus seinen ~n reißen** to interrupt sb's thoughts; **in ~n bei jdm/etw sein** to be in sb's thoughts/to have one's mind on sth; ***in ~n bin ich stets bei dir*** my thoughts are with you; **ganz in ~n sein** to be lost in thought; **mit seinen ~en woanders sein** to have one's mind on sth else; ***wo hast du nur deine ~n?*** whatever are you thinking about?; **etw ganz in ~n tun** to do sth while lost in thought [*or* while one's thoughts are far away]; ***kein ~*** [***daran***]! certainly not!, no way!, out of the question!

❷ (*Einfall, Plan*) idea, plan; **einen ~n in die Tat umsetzen** to put a plan [*or* an idea] into action; **jdm kommt ein ~** the thought occurs to sb, sb has [*or* hits upon] an idea; ***mir kommt da gerade ein ~!*** I've just had an idea!; **der rettende ~** the idea that saves the day; ***plötzlich kam mir der rettende ~*** suddenly I came up with an idea to save the day; **auf einen ~n kommen** to have an idea; **auf dumme ~n kommen** (*fam*) to get up to mischief *fam;* **mit dem Gedanken spielen, etw zu tun** [*o geh* **sich mit dem ~ tragen, etw zu tun**] to toy with the idea of doing sth

❸ (*Begriff*) concept; ***der europäische ~ ist die Idee von einem vereinten Europa*** the European idea is the concept of a united Europe

Gedankenassoziation *f* association of ideas **Gedankenaustausch** *m* exchange of ideas **Gedankenblitz** *m* (*hum fam*) brain wave *fam;* **einen ~ haben** to have a brain wave **Gedankenfreiheit** *f kein pl* freedom of thought *no pl* **Gedankengang** *m* thought process, train of thought; **einem ~ folgen** to follow a train of thought **Gedankengebäude** *nt* (*geh*) edifice of ideas; *einer Philosophie* concepts *pl* **Gedankengut** *nt kein pl* philosophy; **christliches ~** Christian thinking; **braunes ~** (*fig*) National socialist ideas **Gedankenkette** *f* chain of thought **Gedankenklarheit** *f* clarity of thought **gedankenlos** I. *adj* (*unüberlegt*) unconsidered, thoughtless II. *adv* thoughtlessly **Gedankenlosigkeit** <-, -en> *f* ❶ *kein pl* (*Unüberlegtheit*) lack of thought *no pl;* (*Zerstreutheit*) absent-mindedness *no pl* ❷ (*unüberlegte Äußerung*) thoughtlessness *no pl* **Gedankenschritt** *m* logical step **Gedankensprung** *m* jump from one idea to another, mental leap; **einen ~/Gedankensprünge machen** to jump from one idea to another **Gedankenstrich** *m* dash **Gedankenübertragung** *f* telepathy *no indef art,* thought transference **gedankenverloren** (*geh*) I. *adj* lost in thought II. *adv* lost in thought; ***sie rührte ~ ihren Kaffee um*** she stirred her coffee, completely lost in thought **gedankenvoll** I. *adj attr* pensive II. *adv* pensively **Gedankenwelt** *f* thought *no pl;* **jds eigene ~** a world of one's own

gedanklich *adj* intellectual; **eine ~e Anstrengung** a mental effort; **die ~e Klarheit** the clarity of thought; **in keinem ~en Zusammenhang stehen** to be disjointed [*or* incoherent]

Gedärm <-[e]s, -e> *nt,* **Gedärme** *pl* intestines *pl,* bowels *pl,* entrails *pl old liter;* **es im ~ haben** to have bowel troubles; ***da drehen sich einem ja die ~e um!*** it's enough to make your stomach turn!

Gedeck <-[e]s, -e> *nt* ❶ (*Tisch~*) cover, place; **die ~e abräumen** to clear the table; **ein ~ auflegen** to lay [*or* set] a place; **eine Tafel mit vier ~en** a table laid for four

❷ (*Menü*) set menu; **das ~ bestellen** to order the set menu

❸ (*obligates Getränk*) drink with a cover charge

gedeckt I. *pp von* **decken**

II. *adj* ❶ (*matt*) muted; **~e Farben** muted colours [*or* AM -ors]

❷ FIN secured, covered; **~er Kredit** collateral credit

Gedeih ▶ WENDUNGEN: **auf ~ und <u>Verderb</u>** for better or [for] worse; ***ich bin der Bank auf ~ und Verderb ausgeliefert*** I am completely at the mercy of the bank

gedeihen <gedieh, gediehen> *vi sein* ① (*sich gut entwickeln*) to flourish, to thrive
② (*vorankommen*) to make headway [*or* progress]

Gedeihen <-s> *nt kein pl* (*geh*) ① (*gute Entwicklung*) flourishing, thriving
② (*Gelingen*) success; **jdm gutes ~ wünschen** to wish sb every success

gedeihlich *adj* (*geh*) successful; (*vorteilhaft*) advantageous, beneficial

Gedenkausgabe *f* commemorative edition **Gedenkausstellung** *f* commemorative exhibition

gedenken* *vi irreg* ① (*geh: ehrend zurückdenken*) ■**jds/einer S.** *gen* ~ to remember [*or* commemorate] sb/sth; (*lobend erwähnen*) to mention sb/sth in glowing terms
② (*beabsichtigen*) ■**~, etw zu tun** to intend [*or* propose] to do sth; ***was gedenkst du, jetzt zu tun?*** what are you going to do now?

Gedenken <-s> *nt kein pl* memory, remembrance; **in ~** in memory [*or* remembrance]; **zum** [*o* **im**] **~ an jdn/etw** in memory [*or* remembrance] of sb/sth; **jdn/etw in gutem ~ behalten** to treasure the memory of sb/sth

Gedenkfeier *f* commemorative ceremony **Gedenkgottesdienst** *m* commemorative [*or* memorial] service **Gedenkmarke** *f* commemorative stamp **Gedenkminute** *f* minute's silence **Gedenkmünze** *f* commemorative coin **Gedenkrede** *f* commemorative speech **Gedenkstätte** *f* memorial **Gedenkstein** *m* commemorative [*or* memorial] stone **Gedenkstunde** *f* hour of commemoration **Gedenktafel** *f* commemorative plaque **Gedenktag** *m* day of remembrance **Gedenkveranstaltung** *f* memorial [*or* commemorative] event

Gedicht <-[e]s, -e> *nt* poem; **ein ~ aufsagen** [*o geh* **vortragen**] to recite a poem; [**jdm**] **ein ~ schreiben** to write [sb] a poem; **~e schreiben** to write poetry; **ein ~ sein** (*fig fam*) to be sheer poetry *fig*

Gedichtband <-bände> *m* volume of poems **Gedichtform** *f* poetic form; **in ~** in verse **Gedichtinterpretation** *f* interpretation of verse [*or* the/a poem] **Gedichtsammlung** *f* (*eines Dichters*) collection of poems; (*verschiedener Dichter*) anthology of poetry [*or* verse]

gediegen *adj* ① (*rein*) pure; **~es Gold** pure gold
② (*solide gearbeitet*) solidly constructed, high quality
③ (*geschmackvoll*) tasteful
④ (*gründlich, gut*) sound; **~e Kenntnisse haben** to have sound knowledge
⑤ (*gut und verlässlich*) **ein ~er Mensch** an upright person
⑥ (*fam: lustig*) funny; (*wunderlich*) strange

Gediegenheit <-> *f kein pl* ① (*Solidität*) sound construction
② (*Gründlichkeit*) thoroughness

gedient I. *pp von* **dienen**
II. *adj* having completed one's military service; **ein ~er Soldat** a former soldier

Gedöns <-es> *nt kein pl* NORDD (*fam*) ① (*Krempel*) stuff, things; **lauter ~ kaufen** to buy a load of knick-knacks
② (*Aufheben*) **viel ~** [**um etw** *akk*] **machen** to make a lot of fuss [about sth]; ***was soll das ganze ~?*** what's all the fuss about?

gedoubelt [gəˈdu:blt] *adj* **~e Szene** stunt

Gedränge <-s> *nt kein pl* ① (*drängende Menschenmenge*) crowd, crush; ***es herrscht ein ~*** there is a crowd; **im ~ untertauchen** [*o* **verschwinden**] to disappear into the crowd
② (*das Drängen*) jostling; SPORT bunching; ***ein offenes ~*** an open scrum[mage]
► WENDUNGEN: [**mit etw** *dat*] **ins ~ geraten** [*o* **kommen**] to get into [*or* a fix] difficulties [with sth]

Gedrängel <-s> *nt kein pl* (*fam*) crush

gedrängt I. *adj* ① (*kurz*) brief, concise, short
② (*voll*) packed
II. *adv* ① (*kurz*) briefly, concisely
② (*voll*) packed; **~ voll sein** to be packed full [*or fam* jam-packed]

Gedröhn(e) <-[e]s> *nt kein pl* (*fam*) droning; *Musik, Kanonen* booming

gedruckt *adj* (*als Druckwerk*) printed; **wie ~** as if printed
► WENDUNGEN: **lügen wie ~** to lie one's head off *fam*

gedrückt *adj* weak, dejected, depressed; **~er Markt** BÖRSE depressed market; **~er Stimmung sein** to be in low spirits [*or* depressed]

Gedrücktheit <-> *f kein pl* dejection, depression

gedrungen I. *pp von* **dringen**
II. *adj* stocky, sturdy; **von ~em Wuchs** of stocky build

Gedrungenheit <-> *f kein pl* stockiness, sturdiness

geduckt I. *adj* crouching; **mit ~em Kopf** with his/her head bowed
II. *adv* crouching

Gedudel <-s> *nt kein pl* (*pej fam*) [incessant] tootling

Geduld <-> *f kein pl* (*Ausdauer*) patience; **eine engelhafte ~ haben** to have the patience of a saint; **eine große ~ haben** to have great patience; **jds ~ ist erschöpft** sb has lost patience; **sich in ~ fassen** [*o* **üben**] (*geh*) to have patience *form;* ***Sie müssen sich etwas in ~ üben*** you must be patient for a while; ***hab' ~!*** be patient!; **mit jdm/etw ~ haben** to be patient with sb/sth; **keine ~** [**zu etw** *dat*] **haben** to have no patience [with sth]; **jdm fehlt die ~** sb's patience is wearing thin; **jdm reißt die ~** (*fam*) sb runs out of patience; **gleich reißt mir die ~** you're trying my patience; **~ üben** [*o* **lernen**] (*geh*) to learn to be patient *form;* **die ~ verlieren** to lose one's patience; **sich mit ~ wappnen** (*geh*) to summon up one's patience; **~!** be patient!
► WENDUNGEN: **mit ~ und Spucke fängt man eine Mucke** (*prov*) patience and snare catch many a hare *rare*

gedulden* *vr* ■**sich ~** to be patient

geduldig *adj* patient; **~ wie ein Lamm** meek as a lamb

Geduldsfaden *m* ► WENDUNGEN: **jdm reißt der ~** (*fam*) sb is at the end of his/her tether **Geduldsprobe** *f* test of one's patience **Geduldsspiel** *nt* puzzle

gedunsen *adj* bloated

geehrt *adj* honoured [*or* AM -ored]; ***sehr ~e Damen, sehr ~e Herren!*** ladies and gentlemen!; (*Anrede in Briefen*) dear; ***sehr ~e Damen und Herren!*** Dear Sir or Madam

geeignet *adj* (*passend*) suitable; ***jetzt ist nicht der ~e Augenblick, darüber zu sprechen*** it's not the right time to talk about it; ■**für etw** *akk*/**zu etw** *dat* **~ sein** to be suited to sth

Geest <-, -en> *f*, **Geestland** *nt sandy uplands on the German North Sea coast*

Gefahr <-, -en> *f* ① (*Bedrohung*) danger; **die ~en des Straßenverkehrs/Dschungels** the dangers [*or* perils] [*or* hazards] of the traffic/jungle; **eine ~ abwenden** to avert danger; **sich ~en** [*o* **einer ~**] **aussetzen** to expose oneself to danger; **jdn in ~ bringen** to endanger sb; **eine ~ darstellen** to constitute [*or* pose] a threat; **außer ~ sein** to be out of danger; **in ~ sein** [*o geh* **schweben**] to be in danger; **bei ~** in case of emergency; (*Risiko*) threat, risk; **sich in ~ begeben** to put oneself at risk; **es besteht die ~ einer S.** *gen* there is a risk of sth; **~ laufen, etw zu tun** to run the risk of doing sth; **auf die ~ hin, etw zu tun** at the risk of doing sth; ***ich werde es tun, auch auf die ~ hin, zu scheitern*** I'll do it even at the risk of failing
② JUR risk, hazard, peril; **auf ~ des Absenders/Eigentümers** at consignor's [*or* sender's]/owner's risk; **~ im Verzug** increased danger in any delay; **dringende ~** imminent danger; **gegenwärtige ~** present danger; **gemeine ~** common danger; **auf eigene ~** at one's own risk
► WENDUNGEN: **wer sich in ~ begibt, kommt darin um** (*prov*) if you play with fire you get burnt *prov*

gefährden* *vt* ■**sich/jdn/etw ~** to endanger oneself/sb/sth [*or* to jeopardize onself/sb/sth]; **jds Leben ~** to endanger sb's life; **den Erfolg einer S.** *gen* **~** to jeopardize [*or* threaten] the success of sth

gefährdet *adj* endangered; **eine ~e Tierart** an endangered species [of animal]

Gefährdung <-, -en> *f* danger, threat, endangering

Gefährdungsdelikt *nt* JUR strict liability tort **Gefährdungshaftung** *f* JUR strict [*or* absolute] liability [*or* risk]

Gefahrenabwehr *f* protection against threats [to public safety] **Gefahrenerhöhung** *f* FIN (*Versicherung*) increase of risk, extended risk **Gefahrengebiet** *nt* danger zone **Gefahrengemeinschaft** *f* JUR community of risks **Gefahrenherd** *m* source of danger, danger area **Gefahrenklausel** *f* JUR (*Versicherung*) perils clause **Gefahrenmoment** *nt* potential danger **Gefahrenquelle** *f* source of danger **Gefahrenstelle** *f* danger spot **Gefahrenübertragung** *f* JUR passing of a risk **Gefahrenzone** *f* danger area [*or* zone] **Gefahrenzulage** *f* danger money BRIT, hazardous duty pay AM

Gefahrgut *nt* hazardous [*or* dangerous] material **Gefahrguttransport** *m* dangerous goods transport **Gefahrgutunfall** *m* accident involving hazardous goods

gefährlich I. *adj* dangerous; **für jdn/etw ~ sein** to be dangerous for sb/sth; **jdm ~ werden** (*eine Gefahr darstellen*) to be a threat to sb; (*fam: erotisch anziehend sein*) to fall for sb; **sich im ~en Alter befinden** (*a. fig, hum*) to be at a dangerous age *fig;* (*risikoreich*) risky; **ein ~er Plan** a risky plan
II. *adv* dangerously; **~ aussehen** to look dangerous; **~ leben** to live dangerously

Gefährlichkeit <-> *f kein pl* danger, riskiness *no pl*

gefahrlos *adj* safe, harmless

Gefährt <-[e]s, -e> *nt* (*geh*) vehicle, wagon, carriage *old*

Gefährte, Gefährtin <-n, -n> *m, f* (*geh*) companion; **jds ~ sein** to be sb's companion; **ein treuer ~** a faithful companion; (*Lebens~*) partner [in life]; (*Spiel~*) playmate; **einen neuen ~n finden** to find a new friend

Gefahrtragung *f* JUR risk taking **Gefahrtragungsregeln** *pl* JUR risk taking rules **Gefahrübergang** *m* JUR passing of a risk **Gefahrübernahme** *f* JUR acceptance of the risk, assumption of risk; **gemeinschaftliche ~** pooling of risks **gefahrvoll** *adj* (*geh*) dangerous, fraught with danger

gefaket [gefeɪkt] *adj* (*sl*) fake

Gefälle <-s, -> *nt* ① (*Neigungsgrad*) gradient; **ein starkes ~** a steep gradient; *Land* slope; *Fluss* drop
② (*fig: Unterschied*) difference; **geistiges ~** difference in intellect; **soziales ~** difference in social class

Gefällebeton *m* BAU sloping concrete **Gefälleestrich** *m* BAU sloping topping

gefallen <gefiel, gefallen> **I.** *vi* ■**jdm ~** to please sb; ***gefällt dir mein Kleid?*** do you like my dress?; ■**durch etw** *akk* **~** to be popular as a result of sth; ■**etw könnte jdm ~** sb could fancy sth; ***so ein Sportwagen könnte mir auch ~*** I could fancy a sportscar like that; **du gefällst mir gar nicht** (*fig fam*) you don't look well; ***die Sache gefällt mir nicht*** (*fam*) I don't like the look of that; ***das gefällt mir schon besser!*** (*fam*) that's more like it! *fam;* **der Wunsch zu ~** the desire to please
II. *vr* ① (*etw hinnehmen*) ■**sich** *dat* **etw ~ lassen** (*fam*) to put up with sth; (*etw akzeptabel finden*) to be happy with sth; ***das lasse ich mir ~*** there's nothing I like better, that'll do nicely, that's just the ticket
② (*sich mögen*) ■**sich** *dat* [**in etw** *dat*] **~** to fancy oneself [in sth]
③ (*sich hervortun*) ■**sich** *dat* **in etw** *dat* **~** to like to play the part of sth; ***er gefällt sich in der Rolle des Märtyrers*** he likes to play the martyr

Gefallen[1] <-s, -> *m* favour [*or* AM -or]; **jdn um einen ~ bitten** to ask sb for a favour, to ask a favour of sb; **jdm einen ~ tun** [*o geh* **erweisen**] to do sb a favour

Gefallen[2] <-s> *nt kein pl* (*geh*) pleasure; **an etw**

dat ~ **finden** [*o* **haben**] to enjoy sth/doing sth, to derive pleasure from sth/doing sth *form;* **allgemein** ~ **finden** to go down well; **an jdm/aneinander** ~ **finden** [*o* **haben**] to become fond of sb/each other; **jdm/etw zu** ~ **tun** to do sth to please sb; **nach** ~ arbitrarily

Gefallene(r) *f(m) dekl wie adj* soldier killed in action

Gefallenendenkmal *nt* war memorial

gefällig *adj* ❶ (*hilfsbereit*) helpful, obliging; ■**jdm** ~ **sein** to help [*or form* oblige] sb; **sich jdm** ~ **zeigen** [*o geh* **erweisen**] to show oneself willing to help [*or form* oblige]
❷ (*ansprechend*) pleasant, pleasing; ~**e Kleidung** smart clothes; **ein** ~**es Äußeres** a pleasant appearance
❸ (*gewünscht*) ***Zigarette*** ~**?** would you care for a cigarette? *form;* **wenn's** ~ **ist** (*iron*) if you don't mind *iron;* ***wir würden jetzt gerne gehen, wenn's*** ~ ***ist*** we would like to go now if you don't mind

Gefälligkeit <-, -en> *f* ❶ (*Gefallen*) favour [*or* AM -or]; **jdm eine** ~ **erweisen** to do sb a favour
❷ *kein pl* (*Hilfbereitschaft*) helpfulness; **aus** ~ out of the kindness of one's heart

Gefälligkeitsakzept *nt* JUR accommodation acceptance **Gefälligkeitsflagge** *f* courtesy gesture **Gefälligkeitsvereinbarung** *f* JUR accommodation **Gefälligkeitsverhältnis** *nt* JUR courtesy-relationship **Gefälligkeitswechsel** *m* FIN accommodation bill

gefälligst *adv* (*euph, pej fam*) kindly *euph;* ***sei*** ~ ***still!*** kindly be quiet!; ***würden Sie mich*** ~ ***ausreden lassen!*** would you kindly let me finish [speaking]!

Gefällstrecke *f* incline

gefälscht I. *pp von* **fälschen**
II. *adj* forged, counterfeit; *Pass, Papiere* forged, false

gefälzelt *adj* TYPO *Buch* back-stripped, spine-lined

gefalzt *adj* folded; ~**e Seiten** TYPO folded edge *no pl*

gefälzt *adj* BAU rebated

gefangen I. *pp von* **fangen**
II. *adj* ❶ (*in Gefangenschaft*) **jdn** ~ **halten** to hold sb captive [*or* prisoner]; **ein Tier** ~ **halten** to keep an animal in captivity; **jdn** ~ **nehmen** MIL to take sb prisoner, to capture sb; JUR (*verhaften*) to arrest sb
❷ (*beeindruckt*) **jdn** ~ **halten** [*o* **nehmen**] to captivate sb; ***ihre Bücher nehmen mich ganz*** ~ I find her books captivating [*or* riveting]

Gefangene(r) *f(m) dekl wie adj* captive; (*im Gefängnis*) prisoner; (*im Krieg*) prisoner of war; ~ **machen** to take prisoners; **keine** ~**n machen** (*euph, a. fig*) to take no prisoners [alive] *euph, a. fig*

Gefangenenarbeit *f kein pl* prison work, work in prison **Gefangenenaustausch** *m* exchange of prisoners **Gefangenenbefreiung** *f* JUR aiding and abetting a gaolbreak [*or* AM jailbreak] **Gefangenenlager** *nt* prisoner camp **Gefangenentransportwagen** *m* prisoner van, patrol wagon

gefangen|halten *vt irreg s.* **gefangen 1, 2 Gefangennahme** <-, -n> *f* ❶ MIL (*das Gefangennehmen*) capture ❷ JUR (*Verhaftung*) arrest **gefangen|nehmen** *vt irreg s.* **gefangen 1, 2**

Gefangenschaft <-, *selten* -en> *f* ❶ MIL (*Kriegs~*) captivity; **in** ~ **geraten** [*o* **kommen**] to be taken prisoner; **in** ~ **sein** to be held in captivity; **aus der** ~ **zurückkehren** [*o* **heimkehren**] to return home from captivity
❷ (*im Käfig*) captivity; **in** ~ **gehalten werden** to be kept in captivity

Gefängnis <-ses, -se> *nt* ❶ (*Haftanstalt*) prison, jail, gaol BRIT; **im** ~ **sein** [*o fam* **sitzen**] to be in prison, to be inside *sl;* **jdn ins** ~ **bringen** to have sb sent to prison, to get sb sent down *fam;* **ins** ~ **kommen** to be sent to prison, to go down *sl;* **aus dem** ~ **ausbrechen** to break out of prison
❷ *kein pl* (*Haftstrafe*) imprisonment *no pl;* **zwei Jahre** ~ **bekommen** to get two years imprisonment [*or* in prison]; **auf etw** *akk* **steht** ~ sth is punishable by imprisonment; ***auf Mord steht lebenslänglich*** ~ murder carries a life sentence; **jdn zu zwei Jahren** ~ **verurteilen** to sentence sb to two years imprisonment [*or* in prison]

Gefängnisaufseher(in) *m(f)* prison officer [*or* warder] BRIT, jailer *old,* corrections officer AM **Gefängnisdirektor(in)** *m(f)* prison governor BRIT, warden AM **Gefängnishof** *m* prison yard **Gefängnisinsasse, -insassin** *m, f* inmate **Gefängnismauer** *f* prison wall **Gefängnisrevolte** *f* prison riot **Gefängnisseelsorge** *f* pastoral care in prison **Gefängnisstrafe** *f* prison sentence; **eine** ~ **verbüßen** [*o fam* **absitzen**] to spend time in prison, to do time [*or* BRIT *fam* porridge]; **jdn zu einer** ~ **verurteilen** to give sb a prison sentence **Gefängniswärter(in)** *m(f) s.* **Gefängnisaufseher Gefängniszelle** *f* prison cell

Gefasel <-s> *nt kein pl* (*pej fam*) drivel *pej,* twaddle *pej*

Gefäß <-es, -e> *nt* ❶ (*kleinerer Behälter*) container, receptacle *form;* **etw in ein** ~ **füllen** to fill a container with sth
❷ (*Ader*) vessel

Gefäßchirurg(in) *m(f)* vascular surgeon **gefäßerweiternd** MED, PHARM I. *adj* vasodilatory II. *adv* vasodilatory **Gefäßerweiterung** *f* vasodilation **Gefäßinnenhaut** *f* internal membrane of a vessel **Gefäßkrankheit** *f* vascular disease **Gefäßoperation** *f* vascular operation **Gefäßpflanze** *f* BOT vascular plant **gefäßschädigend** *adj* causing vascular damage **Gefäßsystem** *nt* vascular system

gefasst^RR^, **gefaßt** I. *adj* ❶ (*beherrscht*) composed, calm; **einen** ~**en Eindruck machen** to appear calm and collected
❷ (*eingestellt*) ■**auf etw** *akk* ~ **sein** to be prepared for sth; **sich auf etw** *akk* ~ **machen** to prepare oneself for sth; **sich darauf** ~ **machen, dass** to be prepared [*or* ready] for sth; **sich auf etwas** *akk* ~ **machen können** (*fam*) to be in for it *fam*
II. *adv* calmly, with composure

Gefasstheit^RR^, **Gefaßtheit** <-> *f kein pl* composure, calmness

gefäßverengend MED I. *adj* vasoconstrictive II. *adv* ~ **wirken** to have a vasoconstrictive effect **Gefäßverengung** *f* vascular constriction **Gefäßverkalkung** *f* vascular hardening [*or* sclerosis], arteriosclerosis **Gefäßverletzung** *f* vascular injury **Gefäßverschluss**^RR^ *m* embolism **Gefäßverstopfung** *f* embolism **Gefäßwand** *f* vascular wall

Gefecht <-[e]s, -e> *nt* (*a. fig*) battle; MIL engagement, encounter; **in schwere** ~**e verwickelt werden** to be engaged in fierce fighting; **etw ins** ~ **führen** (*geh*) to bring sth into the argument [*or* equation]; **jdm ein** ~ **liefern** to engage sb in battle, to do battle with sb; **jdn außer** ~ **setzen** to put sb out of action; *s. a.* **Eifer, Hitze**

Gefechtsausbildung *f* MIL combat training **gefechtsbereit** *adj* ready for action [*or* battle]; **etw** ~ **machen** to get sth ready for action **gefechtsklar** *adj* NAUT cleared for action; **ein Schiff** ~ **machen** to clear a ship for action **Gefechtskopf** *m* MIL warhead **Gefechtspause** *f* MIL lull [*or* break] in [the] fighting **Gefechtsstand** *m* MIL command post

gefeiert *adj* celebrated

gefeit *adj* ■**gegen etw** *akk* ~ **sein** to be immune to sth

gefestigt *adj* ❶ (*etabliert*) ~**e Traditionen** established traditions
❷ (*sittlich stark*) staunch, steadfast

Gefiedel <-s> *nt kein pl* (*pej fam*) fiddling *fam,* scraping, sawing *pej*

Gefieder <-s, -> *nt* plumage *no indef art, no pl,* feathers *pl*

gefiedert *adj* ❶ BOT pinnate
❷ (*geh*) feathered; **unsere** ~**en Freunde** our feathered friends

Gefilde <-s, -> *nt* (*geh*) scenery; **heimatliche** ~ (*hum*) home pastures

gefinkelt *adj* ÖSTERR (*schlau*) cunning, crafty, sly

Geflecht <-[e]s, -e> *nt* ❶ (*Flechtwerk*) wickerwork
❷ (*Gewirr*) tangle

gefleckt *adj* spotted; **ein** ~**es Gefieder** speckled plumage; **eine** ~**e Haut** blotchy skin

Geflimmer <-s> *nt kein pl* ❶ FILM, TV flickering
❷ (*flimmernde Luft*) shimmering

geflissentlich *adv* (*geh*) deliberately

Geflügel <-s> *nt kein pl* ❶ ORN poultry *no indef art, no pl,* fowl *no pl*
❷ KOCHK poultry *no indef art, no pl*

Geflügelbrühe *f* chicken/turkey etc. broth **Geflügelcremesuppe** *f* cream of chicken/turkey etc. soup **Geflügelfleisch** *nt* poultry [meat] **Geflügelhaltung** *f* poultry farming **Geflügelhändler(in)** *m(f)* poulterer, poultry dealer **Geflügelhandlung** *f* poulterer's **Geflügelklein** *nt* giblets *npl* **Geflügelleber** *f* chicken/turkey etc. liver **Geflügelpresse** *f* poultry press **Geflügelsalat** *m* chicken/turkey etc. salad **Geflügelschere** *f* poultry shears *npl*

geflügelt *adj* winged; *s. a.* **Wort**

Geflügelzucht *f* poultry farm[ing]

Geflunker <-s> *nt kein pl* (*pej fam*) fibbing *fam*

Geflüster <-s> *nt kein pl* whispering

Gefolge <-s, -> *nt* retinue, entourage; **etw im** ~ **haben** to lead to [*or* result in] sth; **im** ~ **einer S.** *gen* (*geh*) in the wake of sth

Gefolgschaft <-, -en> *f* ❶ (*Anhängerschaft*) followers *pl,* following *no pl*
❷ HIST retinue, entourage
❸ *kein pl* (*veraltend: Treue*) loyalty, allegiance (**gegenüber** +*dat* to); **jdm** ~ **leisten** to obey sb; **jdm die** ~ **verweigern** to refuse to obey sb

Gefolgsmann, -frau <-[e]s, -leute> *m, f* follower

Gefrage <-s> *nt kein pl* (*pej*) questions *pl*

gefragt *adj* in demand *pred;* **nicht** ~ **sein** ***du bist jetzt nicht*** ~ I'm not asking you

gefräßig *adj* ❶ (*fressgierig*) voracious
❷ (*pej: unersättlich*) greedy, gluttonous

Gefräßigkeit <-> *f kein pl* ❶ (*Fressgier*) voracity, voraciousness
❷ (*pej: Unersättlichkeit*) gluttony

Gefreite(r) *f(m) dekl wie adj* ❶ MIL *sb holding the second lowest rank in the armed forces,* ≈ lance corporal BRIT, private AM
❷ NAUT able seaman
❸ LUFT leading aircraftman BRIT, airman first class AM

Gefrieranlage *f* freezing plant **Gefrierbeutel** *m* freezer bag

gefrieren* *vi irreg sein* to freeze; *s. a.* **Blut**

Gefrierfach *nt* freezer compartment **Gefrierfleisch** *nt* frozen meat **Gefriergemüse** *nt* frozen vegetables *pl* **gefriergetrocknet** *adj* freeze-dried **Gefrierladung** *f* frozen cargo **Gefrierpunkt** *m* freezing point; **über dem** ~ above freezing [*or* BRIT zero]; **um den** ~ around freezing [*or* BRIT zero]; **unter dem/den** ~ below freezing [*or* BRIT zero] **Gefrierschrank** *m* upright freezer **gefriertrocknen** *vt* ■**etw** ~ to freeze-dry sth **Gefriertrocknung** *f* freeze-drying **Gefriertruhe** *f* chest freezer

Gefuchtel <-s> *nt kein pl* (*pej*) gesticulating

Gefüge <-s, -> *nt* (*geh*) structure; ***das wirtschaftliche und soziale*** ~ ***eines Staates*** a country's economic and social fabric

gefügig *adj* submissive, compliant; [**sich** *dat*] **jdn** ~ **machen** to make sb submit [*or* bend] to one's will

Gefügigkeit <-> *f kein pl* submissiveness, compliance

Gefühl <-[e]s, -e> *nt* ❶ (*Sinneswahrnehmung*) feeling
❷ (*seelische Empfindung, Instinkt*) feeling; ■**ein** ~ **einer S.** *gen* a feeling [*or* sense] of sth; **das [...]** ~ **haben, dass/als ob** to have the [...] feeling that/as though; **das** ~ **nicht loswerden, dass** to not get rid of the feeling that; ***ich werde das*** ~ ***nicht los, dass*** I cannot help feeling that; **mit** ~ with feeling [*or* sensitivity], carefully; **mit gemischten** ~**en** with mixed feelings; **mit widerstrebenden** ~**en** with

[some] reluctance; **jds ~e erwidern** to reciprocate sb's feelings, to return sb's affections; **jds ~e verletzen** to hurt sb's feelings; **~[e] in jdn/etw investieren** (*fam*) to become emotionally involved with sb/sth; **etw im ~ haben** to feel sth instinctively; ***mein ~ täuscht mich nie*** my instinct is never wrong

❸ (*Sinn*) sense; **ein ~ für etw** *akk* **[haben]** [to have] a feeling for [*or* sense of] sth; **ein ~ für Zahlen/Kunst/Musik** a feeling for figures/art/music; **ein ~ für Gerechtigkeit** a sense of justice; ***Tiere haben ein ~ dafür, wer sie mag*** animals can sense who likes them

▶ Wendungen: **das ist ein ~ wie Weihnachten** (*hum fam*) it feels [just] like Christmas; **seinen ~en keinen Zwang antun** (*fam*) to not hide one's feelings; **das höchste der ~e** (*fam*) the maximum, the final offer

gefühllos I. *adj* ❶ (*ohne Sinneswahrnehmung*) numb

❷ (*herzlos*) insensitive, callous

II. *adv* insensitively, callously

Gefühllosigkeit <-, -en> *f* ❶ (*Herzlosigkeit*) insensitivity, callousness

❷ (*physischer Zustand*) numbness

Gefühlsanwandlung *f* rush of emotion **Gefühlsausbruch** *m* outburst of emotion, emotional outburst **gefühlsbetont** *adj* emotional **Gefühlsduselei** <-, -en> *f* (*pej fam*) mawkishness, overweening sentimentality **gefühlsecht** *adj* ultrasensitive; **eine Packung Kondome „London ~"** a pack of "London ultrasensitive" condoms **Gefühlshaushalt** *m* emotional balance [*or* equilibrium] **gefühlskalt** *adj* ❶ (*frigide*) frigid ❷ (*eiskalt*) cold, unfeeling **Gefühlskälte** *f* ❶ (*Frigidität*) frigidity ❷ (*Gefühllosigkeit*) coldness, unfeelingness **Gefühlsleben** *nt kein pl* emotional life; **das ~ abstumpfen** to numb one's emotions **gefühlsmäßig** *adv* instinctively, by instinct **Gefühlsmensch** *m* person guided [*or* ruled] by emotion, emotionalist **Gefühlsregung** *f* [stirring of] emotion **Gefühlssache** *f* matter of feel [*or* instinct]; ***das ist reine ~*** you have to have a feel for it

gefühlvoll I. *adj* (*empfindsam*) sensitive

II. *adv* expressively, with feeling

gefüllt *adj* ❶ (*mit einer Füllung versehen*) stuffed; **~e Paprikaschoten/Tomaten** stuffed peppers/tomatoes; **~e Kekse** biscuits with a filling; **[mit Kirschgeist, Weinbrand etc.] ~e Pralinen** liqueur chocolates

❷ (*voll*) full; **eine gut ~e Brieftasche** a well-stuffed wallet

Gefummel <-s> *nt kein pl* (*fam*) ❶ (*lästiges Hantieren*) fiddling, fumbling

❷ (*sexuelle Berührung*) fumbling, groping *fam*, pawing *fam*

gefüttert *adj* lined

Gegacker <-s> *nt kein pl* cackling

gegeben I. *pp von* **geben**

II. *adj* ❶ (*geeignet*) right; *s. a.* **Zeit**

❷ (*vorhanden*) given; **die ~en Tatsachen** the facts at hand; **unter den ~en Umständen** under [*or* in] these circumstances; **in diesem ~en Fall** in this case; **unter Berücksichtigung der ~en Lage** in view of [*or* given] the situation; **etw als ~ voraussetzen** to take sth for granted; *s. a.* **Anlass**

❸ (*das Nächstliegende*) ■**das G~e sein** to be the right thing

gegebenenfalls *adv* if necessary [*or* need be], should the need [*or* occasion] arise; ***vielen Dank für Ihr Angebot, wir kommen ~ wieder darauf zurück*** thank you for your offer, we may possibly come back to you on it [*or* we will get back to you if applicable]

Gegebenheit <-, -en> *f meist pl* (*die Realitäten*) fact; **die wirtschaftlichen/sozialen ~en** the economic/social conditions; **die politischen ~en** the political reality

gegelt *adj* MODE *Haare, Frisur* gelled

gegen I. *präp +akk* ❶ (*wider*) against; ***ich brauche etwas ~ meine Erkältung*** I need sth for my cold

❷ SPORT ■**X ~ Y** X versus [*or* against] Y

❸ (*ablehnend*) ■**~ jdn/etw sein** to be against [*or* opposed to] sb/sth

❹ (*entgegen*) contrary to; **~ alle Vernunft** against all reason

❺ JUR versus

❻ (*an*) against; **der Regen klatscht ~ die Fenster** the rain beats against the windows; **~ die Wand stoßen** to run into the wall; **~ die Tür schlagen** to hammer on the door

❼ (*gegenüber*) towards, to

❽ (*für*) for; **~ Kaution/Quittung** against a deposit/receipt

❾ (*verglichen mit*) compared with [*or* to], in comparison with

❿ (*zum ... zu*) towards; **~ Morgen/Mittag/Abend** towards morning/afternoon/evening

II. *adv* about, around; ***er kommt ~ drei Uhr an*** he's arriving around three o'clock

Gegenangebot *nt* counteroffer; **jdm ein ~ machen** to make sb a counteroffer **Gegenangriff** *m* counterattack **Gegenansicht** *f* opposite [*or* different] opinion **Gegenanspruch** *m* JUR counterclaim; **einen ~ geltend machen** to make a counterclaim **Gegenantrag** *m* ❶ (*im Parlament*) countermotion ❷ JUR counterclaim **Gegenanzeige** *f* MED contraindication **Gegenargument** *nt* counterargument **Gegenbehauptung** *f* counterclaim; **eine ~ machen [*o* aufstellen]** to make [*or* bring] [*or* enter] a counterclaim **Gegenbeispiel** *nt* counterexample; **[jdm] ein ~ bringen** to provide [sb with] an example to the contrary **Gegenberufung** *f* JUR cross-appeal; **~ einlegen** to cross-appeal **Gegenbesuch** *m* return visit; **jdm einen ~ machen** to return sb's visit **Gegenbewegung** *f* countermovement **Gegenbeweis** *m* counterevidence; **[jdm] den ~ [zu etw *dat*] erbringen [*o* antreten]** to put forward counterevidence, to furnish [sb] with [*or* to offer sb] evidence to the contrary **Gegenbuchung** *f* FIN cross [*or* contra] entry **Gegenbürgschaft** *f* JUR countersecurity

Gegend <-, -en> *f* ❶ (*geographisches Gebiet*) region, area

❷ (*Wohngegend*) area, neighbourhood Brit, neighborhood Am, district; **die ~ unsicher machen** (*fam*) to be on the loose [in the area], to paint the town red *fam*

❸ (*fam: Richtung*) direction

❹ (*Nähe*) area; **in der Münchner ~ [*o* ~ von München]** in the Munich area; **in der ~ um etw** *akk* (*sl*) in the region of sth, approximately; ***in der ~ um Ostern/um den 15.*** around about Easter/the 15th

❺ ANAT region

❻ (*Gebiet um jdn herum*) **in der ~ herumbrüllen** to yell one's head off; **durch die ~ laufen/fahren** (*fam*) to stroll about/drive around; **in die ~** (*fam*) anywhere; ***heb das Papier auf, das kannst du nicht einfach so in die ~ werfen*** pick that paper up, you can't just throw it anywhere

Gegendarstellung *f* ❶ MEDIA reply; ***nach dem Pressegesetz sind wir verpflichtet, eine ~ abzudrucken*** according to press law we are obliged to print a reply ❷ (*gegensätzliche Darstellung*) account [of sth] from an opposing point of view; **eine ~ machen** to dispute [sth] **Gegendarstellungsrecht** *nt* JUR right of counter-statement **Gegendemonstration** *f* counterdemonstration **Gegendienst** *m* favour [*or* Am -or] in return; **jdm einen ~ erweisen** to do sb a favour [*or* Am -or] in return **Gegendruck** *m* TECH counterpressure; (*fig*) resistance **Gegendruckzylinder** *m* TYPO impression cylinder

gegeneinander *adv* ❶ (*eine(r, s) gegen den anderen*) against each other [*or* one another]; **etwas ~ haben** (*fam*) to have sth against each other; ***habt ihr 'was ~?*** have you got something against each other?; **~ prallen** to collide; **~ stehen** to conflict; **~ stehende Aussagen** conflicting statements; **~ stoßen** to knock against one another, to collide

❷ (*für den anderen*) for each other [*or* one another]

❸ (*nebeneinander*) **etw ~ halten** to hold up side by side [*or* together]

Gegeneinander <-s> *nt kein pl* conflict

gegeneinander|halten *vt irreg s.* **gegeneinander 3** **gegeneinanderlaufend** *adj* **~e Walzen** counter-rotation rollers **gegeneinander|prallen** *vi sein s.* **gegeneinander 1** **gegeneinander|stehen** *vi irreg s.* **gegeneinander 1** **gegeneinander|stoßen** *vi irreg sein s.* **gegeneinander 1**

Gegeneinladung *f* return invitation **Gegeneinrede** *f* JUR counter-plea **Gegenerklärung** *f* JUR reply, counter statement [*or* declaration] **Gegenerwiderung** *f* JUR rejoinder; **~ des Beklagten** rejoinder from the applicant **Gegenfahrbahn** *f* oncoming carriageway Brit; (*Fahrspur*) oncoming lane **Gegenfeuer** *nt* FORST backfire **Gegenfinanzierung** *f* FIN counter-finance, reverse financing [*or* funding] **Gegenforderung** *f* JUR *des Beklagten* counterdemand, counterclaim, set-off; **eine ~ erheben** to file a counterclaim, to counterclaim sth; **~en stellen** to counterclaim **Gegenfrage** *f* counterquestion, question in return; **etw mit einer ~ beantworten** to answer a question with a[nother] question **Gegengebot** *nt* HANDEL counteroffer, counterbid **Gegengerade** *f* SPORT back straight, backstretch Am **Gegengeschäft** *nt* FIN return business, offsetting transaction; HANDEL buy-back deal, counterdeal **Gegengewalt** *f* counterviolence; **Gewalt mit ~ beantworten** to meet force with force [*or* violence with violence] **Gegengewicht** *nt* counterweight, counterbalance **Gegengift** *nt* antidote; **ein/kein ~ gegen etw** *akk* **sein** to be an/no antidote to sth **Gegengutachten** *nt* JUR counteropinion, opposing [*or* counter] opinion **gegen|halten** *vi irreg* ■**[mit etw *dat*] ~** to counter [with sth] **Gegenkampagne** *f* rival campaign **Gegenkandidat(in)** *m(f)* rival candidate; **jdn als ~en/~in [zu jdm] aufstellen** to put sb up [*or* nominate sb] as a rival candidate [to [*or* against] sb] **Gegenklage** *f* JUR countercharge **Gegenkläger(in)** *m(f)* JUR counterclaimer **Gegenkönig(in)** *m(f)* HIST rival claimant to the throne **Gegenkonto** *nt* FIN contra account **Gegenkultur** *f* counterculture **Gegenkurs** *m* opposite [*or* reciprocal] course; **einen ~ steuern** to take an opposing course of action

gegenläufig *adj* ❶ TECH opposed, contra-rotating

❷ (*entgegengesetzt*) **eine ~e Entwicklung/Tendenz** an opposite [*or* reverse] development/trend

Gegenleistung *f* (*Dienstleistung*) service in return; (*Bezahlung*) payment in return, consideration; **erbrachte ~** service rendered in return; **eine/keine ~ erwarten** to expect something/nothing in return; **als ~ für etw** *akk* in return for sth **gegen|lenken** *vi* to countersteer, to steer into a skid **gegen|lesen** *vt irreg* to check through; **ein Manuskript ~** to check [through] a manuscript **Gegenlicht** *nt* light shining towards the viewer; **bei ~** against the light; **ein Foto bei ~ aufnehmen** to take a backlit [*or* contre-jour] photo[graph] **Gegenlichtaufnahme** *f* ❶ (*die Aufnahme*) contre-jour photograph ❷ (*das Aufnehmen*) taking a picture against the light **Gegenliebe** *f kein pl* **mit etw** *dat* **[bei jdm] keine/wenig ~ finden** to find no/little favour [*or* Am -or] [with sb] for sth; **[bei jdm] auf keine/wenig ~ stoßen** to meet with no/little approval [from sb] **Gegenmaßnahme** *f* countermeasure **Gegenmehr** <-s> *nt* SCHWEIZ votes against; **ohne ~** unanimously **Gegenmeinung** *f* opposite opinion **Gegenmittel** *nt* (*gegen Gift*) antidote; (*gegen Krankheit*) remedy; ■**ein ~ gegen etw** *akk* an antidote for [*or* to] [*or* a remedy for] sth **Gegenoffensive** *f s.* **Gegenangriff** **Gegenpapst** *m* HIST antipope **Gegenpartei** *f* other [*or* opposing] side; SPORT opposing team **Gegenpol** *m* opposite pole; ■**jds ~** sb's opposite; ■**der ~ zu jdm** the opposite of sb **Gegenprobe** *f* ❶ (*Überprüfung*) crosscheck; **die ~ zu etw** *dat* **machen** to carry out a crosscheck on sth, to crosscheck sth

② (*bei Abstimmung*) recount using the opposite motion **Gegenreaktion** *f* counter-reaction **Gegenrechnung** *f* contra account; [**jdm**] **die/eine ~** [**für etw** *akk*] **aufmachen** [*o* **aufstellen**] to present the other side of the account [to sb] [*or* offset that against]; **etw durch ~ ausgleichen** FIN to counterbalance sth **Gegenrede** *f* ① (*Widerrede*) contradiction; (*Einspruch*) objection ② (*geh: Erwiderung*) rejoinder, reply **Gegenreform** *f* counterreform **Gegenreformation** *f* HIST Counter-Reformation **Gegenregierung** *f* rival government **Gegenrichtung** *f* opposite direction **Gegensaldo** *m* FIN counterbalance

Gegensatz *m* ① (*Gegenteil*) opposite; **einen** [**krassen**] **~ zu etw** *dat* **bilden** to contrast [starkly] with sth, to be in stark contrast to sth; **im scharfen** [*o* **schroffen**] **~ zu etw** *dat* **stehen** to conflict sharply with sth, to be in sharp conflict with sth; **der** [**genaue**] **~ zu jdm sein** to be the [exact] opposite of sb; **im ~ zu jdm/etw** in contrast to [*or* unlike] sb/sth ② *pl* differences; **unüberbrückbare Gegensätze** irreconcilable differences
► WENDUNGEN: **Gegensätze ziehen sich an** (*prov*) opposites attract

gegensätzlich I. *adj* conflicting, differing; **den ~en Standpunkt vertreten** to represent the opposite point of view; **~e Menschen/Temperamente** different people/temperaments
II. *adv* differently

Gegensätzlichkeit <-, -en> *f* difference[s]; **bei aller ~** in spite of all [the] differences

Gegenschlag *m* retaliation; **zum ~ ausholen** to prepare to retaliate **Gegenseite** *f* ① (*gegenüberliegende Seite*) other [*or* opposite] side ② (*gegnerische Partei*) other [*or* opposing] side

gegenseitig I. *adj* mutual; **in ~er Abhängigkeit stehen** to be mutually dependent; *s. a.* **Einvernehmen**
II. *adv* mutually; **sich ~ beschuldigen/helfen/unterstützen** to accuse/help/support each other [*or* one another]

Gegenseitigkeit <-> *f kein pl* mutuality; **auf ~ beruhen** to be mutual; **ein Abkommen/Vertrag auf ~** a reciprocal agreement/treaty

Gegenseitigkeitsabkommen *nt* JUR reciprocity agreement **Gegenseitigkeitsgeschäft** *nt* HANDEL reciprocal deal, [barter] transaction **Gegenseitigkeitsgesellschaft** *f* HANDEL mutual company [*or* association] **Gegenseitigkeitsprinzip** *nt* reciprocity [*or* mutuality] principle **Gegenseitigkeitsvertrag** *m* JUR reciprocity contract [*or* treaty]

Gegensinn <-[e]s> *m kein pl* **im ~** in the opposite direction **Gegenspieler(in)** *m(f)* opposite number **Gegenspionage** *f* counterespionage **Gegensprechanlage** *f* two-way intercom, duplex system

Gegenstand <-[e]s, Gegenstände> *m* ① (*Ding*) object; **Gegenstände des täglichen Bedarfs** objects [*or* articles] of everyday use; **vererbliche Gegenstände** JUR corporeal hereditaments
② *a.* JUR (*Thema*) subject; **~ der Klage** substance of the action; **~ eines Vertrags** subject-matter of a contract
③ (*Objekt*) **der ~ einer S.** *gen* the object of sth; **~ der Kritik** target of criticism; **sich zum ~ des Gespötts machen** (*geh*) to make oneself an object of ridicule [*or* a laughing stock]

gegenständlich KUNST I. *adj* representational
II. *adv* representationally

Gegenstandpunkt *m* opposite point of view

gegenstandslos *adj* ① (*unbegründet*) unfounded, groundless ② (*hinfällig*) invalid; ***bitte betrachten Sie dieses Schreiben als ~, falls …*** please disregard this notice if … **Gegenstandswert** *m* JUR amount involved

gegen|steuern *vi s.* **gegenlenken Gegenstimme** *f* ① (*bei einer Abstimmung*) vote against; ***der Antrag wurde mit 323 Stimmen bei 142 ~n/ohne ~ angenommen*** the motion was carried by 323 votes to 142/unanimously ② (*kritische Meinungsäußerung*) dissenting voice **Gegenstoß** *m* counterattack; **einen ~ führen** to counterattack **Gegenströmung** *f* countercurrent, crosscurrent; (*entgegengesetzte Opposition*) current of opposition **Gegenstück** *nt* companion piece, counterpart; **jds ~ sein** to be sb's opposite **Gegenteil** *nt* opposite; [**mit etw** *dat*] **das** [**genaue** [*o* **genau das**]] **~ bewirken** to achieve the [exact] opposite [*or* [exactly] the opposite] effect [by sth]; **im ~!** on the contrary!; **ganz im ~!** quite the reverse [*or* opposite]!; **ins ~ umschlagen** to change completely; **sich in sein ~ verkehren** to change to the opposite, to twist right round **gegenteilig** I. *adj* opposite; **etwas/nichts G~es** anything/nothing to the contrary II. *adv* to the contrary; **sich ~ entscheiden** to come to a different decision **Gegentor** *nt* SPORT goal for the other side; **ein ~ hinnehmen müssen** to concede a goal **Gegentreffer** *m* goal against; **einen ~ erzielen** to score; **einen ~ hinnehmen** [*o fam* **einstecken**] **müssen** to concede a goal **Gegentreuhänder(in)** *m(f)* JUR joint trustee, cotrustee

gegenüber I. *präp +dat* ① (*örtlich*) **jdm/einer S. ~** opposite sb/sth; ***er saß ihr genau/schräg ~*** he sat directly opposite [*or* facing] her/diagonally across from her
② (*in Bezug auf*) **jdm/einer S. ~** towards sb/sth; ***er ist allem Neuen ~ wenig aufgeschlossen*** he is not very open-minded about anything new
③ (*vor …*) **jdm ~** in front of sb
④ (*im Vergleich zu*) **jdm ~** in comparison with [*or* compared to] sb; **jdm ~ im Vorteil sein** to have an advantage over sb
II. *adv* opposite; **die Leute von ~** the people [from] opposite [*or* from across the road [*or* way]]

Gegenüber <-s, -> *nt* **jds ~** ① (*Mensch*) person opposite
② (*Terrain*) land opposite; ***wir haben einen freien Ausblick und kein ~*** we have an open view with no buildings opposite

gegenüber|liegen *irreg* I. *vi* **jdm/einer S. ~** to be opposite [*or* face] sb/sth II. *vr* **sich** *dat* **~** to face each other [*or* one another] **gegenüberliegend** *adj attr* opposite; **das ~e Gebäude** the building opposite **gegenüber|sehen** *vr irreg* **sich jdm/einer S. ~** to be faced with sb/sth; **sich einer Herausforderung/Aufgabe ~** to be confronted with a challenge/task **gegenüber|sitzen** *vi irreg* **jdm/sich ~** to sit opposite [*or* facing] sb/each other [*or* one another] **gegenüber|stehen** *irreg* I. *vi* ① (*zugewandt stehen*) **jdm ~** to stand opposite [*or* facing] sb; **sich** *dat* **~** to stand opposite [*or* facing] each other [*or* one another] ② (*eingestellt sein*) **jdm/einer S.** […] **~** to have a […] attitude towards sth II. *vr* ① (*konfrontiert sein*) **sich** *dat* **als etw ~** to face [*or* confront] each other [*or* one another] as sth ② (*widerstreiten*) **sich** *dat* **~** to be in opposition to each other [*or* one another] **gegenüber|stellen** *vt* ① (*konfrontieren*) **jdm jdn ~** to confront sb with sb ② (*vergleichen*) **einer S.** *dat* **etw ~** to compare sth with sth **Gegenüberstellung** *f* ① (*Konfrontation*) confrontation ② (*Vergleich*) comparison **gegenüber|treten** *vi irreg sein* **jdm ~** to face sb

Gegenunterschrift *f* countersignature **Gegenverkehr** *m* oncoming traffic **Gegenverpflichtung** *f* JUR mutual promise, counterobligation **Gegenversprechen** *nt* JUR counterpromise **Gegenvormund** *m* JUR supervisory guardian **Gegenvorschlag** *m* counterproposal; **einen ~ haben/machen** to have/make a counterproposal **Gegenvorstellung** *f* JUR remonstration, remonstrance

Gegenwart <-> *f kein pl* ① (*jetziger Augenblick*) present; [**ganz**] **in der ~ leben** to live in [*or* for] the present [*or* for the day]
② (*heutiges Zeitalter*) present [time [*or* day]]; **unsere ~** the present day, this day and age; **die Literatur/Kunst/Musik der ~** contemporary literature/art/music
③ LING present [tense]
④ (*Anwesenheit*) presence; **in ~ der/des …** in the presence of the …; **in jds ~** in sb's presence, in the presence of sb

gegenwärtig I. *adj* ① *attr* (*derzeitig*) present, current
② (*heutig*) present[-day]; **zur ~en Stunde** at the present time; **der ~e Tag** this day
③ (*geh: erinnerlich*) **etw ist jdm ~** to remember [*or* recall] sth; ***die Adresse ist mir im Augenblick nicht ~*** I cannot remember [*or* recall] the address at the moment
④ (*präsent*) **irgendwo/in etw** *dat* **~ sein** to be ever-present somewhere/in sth; ***in diesen steinernen Zeugen ist die ruhmreiche Vergangenheit der Stadt stets ~*** these stones bear constant witness to the town's glorious past
II. *adv* at present, currently

gegenwartsbezogen *adj* relevant to the present day; **ein ~er Mensch** a person whose life revolves around the present **Gegenwartsform** *f* LING present tense **gegenwartsnah** I. *adj* (*geh*) relevant to the present day, topical II. *adv* in a way that is relevant to the present [day], topically **Gegenwartssprache** *f* present-day language; **die deutsche ~** modern German

Gegenwechsel *m* FIN cross bill **Gegenwehr** *f* resistance; [**keine**] **~ leisten** to put up [no] resistance **Gegenwert** *m* equivalent; **im ~ von etw** *dat* to the value of sth; **~ eines Schecks/Wechsels** countervalue of a cheque/bill; ***Dollar im ~ von 1000 DM*** 1000 marks' worth of dollars **gegenwertig** *adj* FIN equivalent; **~er Marktpreis/Marktwert** equivalent market price/value **Gegenwind** *m* headwind; ***sie hatten starken ~*** they had a strong headwind against them, there was a strong headwind **gegen|zeichnen** *vt* **etw ~** to countersign sth **Gegenzeichnung** *f* JUR countersignature **Gegenzeuge, -zeugin** *m, f* ① JUR counter witness, witness for the other side ② (*Zeuge für gegenteilige Meinung*) sb who can witness to the contrary **Gegenzug** *m* ① (*Reaktion*) counter[move]; **im ~** [**zu etw** *dat*] as a counter[move] [to sth] ② (*entgegenkommender Zug*) oncoming train; (*gleicher Zug in Gegenrichtung*) corresponding train in the opposite direction

gegliedert I. *pp von* **gliedern**
II. *adj* [sub]divided, structured ① (*eingeteilt*) divided; **in einzelne Abschnitte ~** divided into individual sections
② GEOG **eine reich ~e Küste** a heavily indented coast[line]
③ (*unterteilt*) subdivided; **hierarchisch ~** classified according to a hierarchical system, organized in graded ranks

geglückt I. *pp von* **glücken**
II. *adj* successful

Gegner(in) <-s, -> *m(f)* ① (*Feind*) enemy; **ein ~/eine ~in einer S.** *gen* an opponent of sth
② (*Gegenspieler*) opponent, adversary, rival
③ JUR adversary, opponent
④ SPORT opponent, opposing team

gegnerisch *adj attr* ① MIL (*feindlich*) opposing, enemy *attr;* **die ~e Übermacht** the enemy's superior numbers
② JUR opposing, of the opposition [*or* opposing party]
③ SPORT opposing; **das ~e Tor** the opponent's goal

Gegnerschaft <-, -en> *f* ① (*feindliche Einstellung*) opposition
② *kein pl* (*die Gegner*) opponents; **die ~ einer S.** *gen* the opponents of sth

gegr. *adj Abk von* **gegründet** est.

Gegröle <-s> *nt kein pl* (*pej fam*) raucous bawling

Gehabe <-s> *nt kein pl* (*pej fam: Getue*) fuss; (*Gebaren*) affectation

gehackt *adj* KOCHK chopped

Gehackte(s) *nt dekl wie adj* mince[d meat] BRIT, ground[meat] AM; **~s vom Schwein/Rind** minced [*or* AM ground] pork/beef

Gehalt[1] <-[e]s, Gehälter> *nt o* ÖSTERR *m* salary, pay *no indef art, no pl;* **festes ~** fixed [*or* stated] salary; **ein ~ beziehen** to draw [*or* receive] a salary

Gehalt[2] <-[e]s, -e> *m* ① (*Anteil*) content; **der ~**

an etw *dat* the … content; ***der ~ an Kohlendioxid*** the carbon dioxide content
② (*gedanklicher Inhalt*) content, meaning

gehalten I. *pp von* **halten**
II. *adj* (*geh*) ■**~ sein, etw zu tun** to be required [*or* obliged] to do sth

gehaltlos *adj* ① (*nährstoffarm*) non-nutritious
② (*oberflächlich*) insubstantial, lacking in substance, shallow, superficial

Gehaltsabrechnung *f* salary statement, pay slip **Gehaltsabzug** *m* salary deduction **Gehaltsanspruch** *m meist pl* salary [*or* pay] claim; **Gehaltsansprüche [an jdn] haben** to have salary outstanding [against sb]; **Gehaltsansprüche geltend machen** to negotiate a salary claim **Gehaltsaufbesserung** *f* pay [*or* salary] review **Gehaltsbescheinigung** *f* salary declaration **Gehaltsempfänger(in)** *m(f)* salaried employee, salary earner **Gehaltserhöhung** *f* salary increase, rise in salary, pay rise; **jährliche/regelmäßige ~en** annual/regular increments **Gehaltsforderung** *f* salary [*or* pay] claim **Gehaltsfortzahlung** *f* continued payment of salary (*during illness*) **Gehaltsgruppe** *f* salary bracket **Gehaltshöhe** *f* size of salary; **leistungsbedingte ~** performance-related pay **Gehaltskonto** *nt* account into which a salary is paid **Gehaltskürzung** *f* salary cut, cut in salary **Gehaltsnachzahlung** *f* deferred payment of salary **Gehaltspfändung** *f* JUR attachment [*or* garnishment] of a salary **Gehaltsrevision** *f* salary [*or* pay] review **Gehaltsscheck** *m* pay cheque **Gehaltsstufe** *f* salary bracket **Gehaltstabelle** *f* salary scale **Gehaltsverhandlungen** *pl* salary negotiations *pl* **Gehaltsvorrückung** *f* ÖSTERR (*Gehaltserhöhung*) salary increase, rise in salary **Gehaltsvorschuss**[RR] *m* advance on salary **Gehaltsvorstellung** *f* salary expectation **Gehaltswunsch** *m* salary requirement **Gehaltszahlung** *f* salary payment **Gehaltszulage** *f* salary bonus

gehaltvoll *adj* ① (*nahrhaft*) nutritious, nourishing
② (*gedankliche Tiefe aufweisend*) thought-provoking, stimulating

Gehämmer <-s> *nt kein pl* (*pej*) hammering

gehandikapt [gəˈhɛndikɛpt] *adj* handicapped; ■**durch etw** *akk* **~ sein** to be handicapped by sth

Gehänge <-s, -> *nt* drop earring, ear pendant

Gehängte(r) *f(m) dekl wie adj* hanged man/woman

Gehänsel <-s> *nt kein pl* (*fam*) [constant] teasing

geharnischt *adj* ① (*fig*) strong, sharply-[*or* strongly-]worded; *s. a.* **Abfuhr**
② HIST (*gepanzert*) armour [*or* AM -or] -clad; **~e Ritter** knights in armour

gehässig I. *adj* spiteful
II. *adv* spitefully

Gehässigkeit <-, -en> *f* ① *kein pl* (*Boshaftigkeit*) spite[fulness]
② (*gehässige Bemerkung*) spiteful remark

gehäuft I. *adj* ① (*hoch gefüllt*) heaped
② (*wiederholt*) frequent, repeated
II. *adv* in large numbers

Gehäuse <-s, -> *nt* ① (*Schale*) casing; *Kamera a.* body; *Lautsprecher-* cabinet
② (*Schneckengehäuse*) shell
③ (*Kerngehäuse*) core
④ INFORM case, casing; **flaches/normales/hochstehendes ~** slim-line/desk-top/tower computer

gehbehindert *adj* with a mobility handicap; **leicht/stark ~ sein** to have a slight/severe mobility handicap

Gehege <-s, -> *nt* ① (*im Zoo*) enclosure
② (*Wildgehege*) preserve
► WENDUNGEN: **jdm ins ~ kommen** (*fam*) to get in sb's way [*or fam* under sb's feet]

geheiligt *adj* sacred

geheim I. *adj* ① (*verborgen*) secret; **im G~en** in secret, secretly
② (*nicht allen bekannt*) secret; **„Streng ~"** "Top secret"
③ (*nicht geäußert*) secret; **meine ~sten Gedanken/Wünsche** my most secret [*or* innermost] thoughts/desires
II. *adv* secretly; **~ abstimmen** to vote by secret ballot; **etw [vor jdm] ~ halten** to keep sth secret [from sb]; **~ gehalten** classified; **~ tun** (*fam*) to be secretive

Geheimabkommen *nt* secret agreement **Geheimagent(in)** *m(f)* secret agent **Geheimbund** *m* secret society **Geheimdienst** *m* secret service BRIT, intelligence service AM **Geheimdienstchef(in)** *m(f)* secret service chief **Geheimdienstler(in)** <-s, -> *m(f)* (*fam*) secret [*or* AM intelligence] service man/woman, spook *fam;* ■**die ~** the secret service BRIT, the intelligence services AM **geheimdienstlich** *adj* secret service *attr* **Geheimfach** *nt* secret compartment **Geheimgang** *m* secret passage **geheim|halten** *vt irreg s.* **geheim II Geheimhaltung** *f* secrecy; **~ von Erfindungen** secrecy of inventions; **zur ~ verpflichtet werden** to be sworn to secrecy **geheimhaltungsbedürftig** *adj* JUR liable to secrecy **Geheimhaltungspflicht** *f* JUR duty of secrecy **Geheimklausel** *f* JUR secret clause **Geheimkonto** *nt* secret bank account

Geheimnis <-ses, -se> *nt* ① (*Wissen*) secret; **ein/jds ~ bleiben** to remain a/sb's secret; **vor jdm keine ~se haben** to have no secrets from sb; **aus etw** *dat* **ein/kein ~ machen** to make a [big]/no secret of sth; **ein offenes ~** an open secret
② (*Rätsel*) ■**das ~ einer S.** *gen* the secret of sth; **das ~ des Lebens** the mystery of life; **das ganze ~ sein** (*fam*) to be all there is to it; **jdn in die ~se von etw** *dat* **einweihen** to initiate [*or* let] sb into the secrets of sth

Geheimniskrämer(in) <-s, -> *m(f)* (*fam*) *s.* Geheimnistuer **Geheimniskrämerei** *f* (*pej fam*) cloak and daggers *pej,* secretiveness **Geheimnisträger(in)** *m(f)* POL person cleared for classified information **Geheimnistuer(in)** <-s, -> *m(f)* (*fam*) mystery-monger **Geheimnistuerei** <-, -en> [tuːəˈrai] *f* (*fam*) secretiveness, secrecy **geheimnisumwittert** *adj* (*geh*) shrouded in mystery **Geheimnisverrat** *m* divulgence of official secrets **geheimnisvoll I.** *adj* mysterious
II. *adv* mysteriously; **~ tun** to act mysteriously [*or* be mysterious]

Geheimnummer *f* ① TELEK ex-directory number ② FIN secret [account] number ③ (*geheime Kombination*) secret combination **Geheimpatent** *nt* secret patent **Geheimpolizei** *f* secret police **Geheimpolizist(in)** *m(f)* member of the secret police **Geheimrat, -rätin** *m, f* HIST privy councillor [*or* AM councilor] **Geheimratsecken** *pl* (*hum fam*) receding hairline; ***er hat ~*** he's receding [*or* going bald at the temples] **Geheimrezept** *nt* secret recipe **Geheimsache** *f* JUR security matter; (*Informationen*) classified information; (*Daten*) restricted [*or* classified] data **Geheimschrift** *f* code, secret writing *no indef art, no pl* **Geheimschutz** *m kein pl* JUR classification; **unter ~ gestellte Informationen** classified information **Geheimsender** *m* secret transmitter **Geheimstellung** *f* JUR imposition of secrecy **Geheimtinte** *f* invisible ink **Geheimtipp**[RR] *m* inside tip **geheim|tun** *vi irreg s.* **geheim II Geheimtür** *f* secret door **Geheimverfahren** *nt* JUR secret process **Geheimwaffe** *f* secret weapon **Geheimwettbewerb** *m* ÖKON secret competition **Geheimzahl** *f* FIN secret number [*or* code], PIN number **Geheimziffer** *f* secret number

Geheiß <-es> *nt kein pl* (*geh*) behest *form,* command; **auf jds ~** at sb's behest [*or* bidding]

gehemmt I. *adj* inhibited
II. *adv* **sich ~ benehmen** to be inhibited, to act self-consciously; **~ sprechen** to speak with inhibitions

gehen <ging, gegangen>

I. INTRANSITIVES VERB
II. UNPERSÖNLICHES INTRANSITIVES VERB
III. TRANSITIVES VERB **IV.** REFLEXIVES VERB

I. INTRANSITIVES VERB

sein ① (*sich fortbewegen*) ■**[irgendwohin] ~** to go [somewhere]; (*zu Fuß*) to walk [somewhere]; **geh schon!** go on!; **~ wir!** let's go!; **~ *wir oder fahren wir mit dem Auto?*** shall we walk or drive?; ***ich gehe raus, frische Luft schnappen*** I'm going out for some fresh air; ***gehst du heute in die Stadt/auf die Post/zur Bank?*** are you going to town/to the post office/to the bank today?; ***wann geht er nach Paris/ins Ausland?*** when is he going to Paris/abroad?; **in Urlaub ~** to go on holiday [*or* AM vacation]; **auf die andere Straßenseite ~** to cross over to the other side of the street; ***ich gehe eben mal schnell auf den Dachboden*** I'm just going up to the loft quickly; **[im Zimmer] auf und ab ~** to walk up and down [*or* pace] [the room]; ■**in/an etw** *akk* **~** to go into/to sth; **ans Telefon ~** to answer the telephone; ■**über etw** *akk* **~** to go over [*or* cross] sth; ■**zu jdm/etw ~** to go to sb/sth; ***wie lange geht man bis zur Haltestelle/zur Post?*** how far is it to the bus stop/post office?; ***kannst du für mich noch zum Metzger/Bäcker ~?*** can/could you go to the butcher['s]/baker['s] for me?; *s. a.* **Stelzen, Stock, weit**
② (*besuchen*) ■**zu jdm ~** to go and visit [*or* see] sb; ■**in etw** *akk* **~** to go to sth; **ins Theater/in die Kirche/Messe/Schule ~** to go to the theatre/to church/mass/school; ■**zu etw** *dat* **~** to go to sth; **zu einem Vortrag/zu einer Messe/zur Schule ~** to go to a lecture/to a [trade] fair/to school; ■**an etw** *akk* **~** to go to sth; **an die Uni ~** to go to university; ■**auf etw** *akk* **~** to go to sth; **aufs Gymnasium/auf einen Lehrgang ~** to go to [a] grammar school/on a course; ■**etw tun ~** to go to do sth; **schwimmen/tanzen/einkaufen/schlafen ~** to go swimming/dancing/shopping/to bed
③ (*tätig werden*) ■**in etw** *akk* **~** to go into [*or* enter] sth; **in die Industrie/Politik/Computerbranche ~** to go into industry/politics/computers; **in die Partei/Gewerkschaft ~** to join the party/union; ■**zu etw** *dat* **~** to join sth; **zum Film/Radio/Theater/zur Oper ~** to go into films/radio/on the stage/become an opera singer; ■**an etw** *akk* **~** to join sth; **ans Gymnasium/an die Uni ~** to join the grammar school/university [as a teacher/lecturer]
④ (*weggehen*) to go; (*abfahren a.*) to leave; ***ich muss jetzt ~*** I have to be off [*or* must go]; ***wann geht der Zug nach Hamburg?*** when does the train to Hamburg leave?; ***heute geht leider keine Fähre mehr*** there are no more ferries today, I'm afraid; **jdn ~ lassen** (*davongehen lassen*) to let sb go; **von uns gegangen sein** (*euph: gestorben sein*) to have departed from us *euph; s. a.* **Licht, Weg**
⑤ (*blicken*) ■**auf etw** *akk*/**nach etw** *akk* **~** to look onto/towards sth; ***die Fenster ~ auf das Meer/den Strand*** the windows look [out] onto the sea/beach; ***der Balkon ging nach Süden/auf einen Parkplatz*** the balcony faced south/overlooked a car park
⑥ (*führen*) ■**irgendwohin ~** to go somewhere; ***die Brücke geht über den Fluss*** the bridge crosses the river; ***ist das die Straße, die nach Oberstdorf geht?*** is that the road [*or* way] to Oberstdorf?; ***wohin geht dieser Weg/Geheimgang?*** where does this path/secret passage go [*or* lead [to]]?; ***die Tür geht direkt auf unseren Parkplatz*** the door leads [*or* opens] directly onto our parking space; ■**von ... bis/über etw** *akk* **~** to go from … to/via somewhere; ***die nach Biberach ~de Reise*** the trip to Biberach; ***dieser Rundweg geht über die Höhen des Schwarzwaldes*** this circular walk takes in the highest points [*or* peaks] of the Black Forest
⑦ (*ausscheiden*) ■**[zu jdm] ~** to leave [for sb], to go [to sb]; ***er ist zu Klett gegangen*** he left to go to Klett; **gegangen werden** (*hum fam*) to be given the push [*or fam* the sack]
⑧ (*funktionieren*) to work; ***meine Uhr geht nicht mehr*** my watch has stopped
⑨ (*sich bewegen*) to move; ***ich hörte, wie die Tür ging*** I heard the door [go]; ***diese Schublade geht schwer*** this drawer is stiff; ***vielleicht geht das Schloss wieder, wenn man es ölt*** perhaps the lock will work again if you oil it

10 (gelingen) ■[irgendwie] ~ to go [somehow]; *wie ist die Prüfung gegangen?* how was the exam [*or* did the exam go]?; *zur Zeit geht alles drunter und drüber* things are a bit chaotic right now; *versuch's einfach, es geht ganz leicht* just try it, it's really easy; *kannst du mir bitte erklären, wie das Spiel geht?* can you please explain the rules of the game to me?; *wie soll das denn bloß ~?* just how is that supposed to work?
11 ÖKON (laufen) to go; *das Geschäft geht vor Weihnachten immer gut* business is always good before Christmas; *wie ~ die Geschäfte?* how's business?; *der Export geht nur noch schleppend* exports are sluggish; (*sich verkaufen*) to sell; *diese teuren Zigarren ~ gut/nicht gut* these expensive cigars sell/don't sell well; *diese Pralinen ~ bei uns so schnell weg, wie sie reinkommen* we sell these chocolates as soon as they come in
12 (verlaufen) ■[irgendwie] vor sich ~ to go on [*or* happen] [in a certain way]; *erkläre mir mal, wie das vor sich ~ soll* now just tell me how that's going to happen [*or* how it's going to work]; *das kann auf verschiedene Arten vor sich ~* it can procede in a variety of ways; *kannst du mir mal erklären, wie das vor sich geht, wenn man die deutsche Staatsbürgerschaft annehmen will?* can you explain the procedure for taking up German citizenship to me?; *was geht hier vor sich?* (*fam*) what's going on here?
13 (hineinpassen) ■in etw *akk*/durch etw *akk* ~ to go into/through sth; *es ~ über 450 Besucher in das neue Theater* the new theatre holds over 450 people; *wie viele Leute ~ in deinen Wagen?* how many people [can] fit in[to] your car?; *s. a.* **Kopf**
14 (dauern) to go on; ■eine bestimmte Zeit ~ to last a certain time; *dieser Film geht drei Stunden* this film goes on for [*or* lasts] three hours; *der Film geht schon über eine Stunde* the film has been on for over an hour already [*or* started over an hour ago]
15 (reichen) to go; ■[jdm] bis zu etw *dat* ~ to reach [sb's] sth; *das Wasser geht einem bis zur Hüfte* the water comes up to one's hips; *der Rock geht ihr bis zum Knie* the skirt goes down to her knee; ■in etw *akk* ~ to run into sth; in die Hunderte [*o* hunderte]/Tausende [*o* tausende] ~ to run into [the] hundreds/thousands
16 KOCHK *Teig* to rise
17 (sich kleiden) ■in etw *dat* ~ to wear sth; (*verkleidet sein*) ■als etw ~ to go as sth; (*gekleidet sein*) ■mit/ohne etw ~ to go with/without sth; *bei dem Nieselregen würde ich nicht ohne Schirm ~* I wouldn't go out in this drizzle without an umbrella; *sie geht auch im Winter nur mit einer dunklen Brille* she wears dark glasses even in winter; *ich gehe besser nicht in Jeans dorthin* I'd better not go there in jeans
18 (ertönen) to ring
19 (möglich sein) ■[bei jdm] ~ to be all right [*or fam* OK] [with sb]; *haben Sie am nächsten Mittwoch Zeit? — nein, das geht [bei mir] nicht* are you free next Wednesday? — no, that's no good [for me] [*or* I can't manage that]; *das geht doch nicht!* that's not on!; *ich muss mal telefonieren – geht das?* I have to make a phonecall – would that be alright?; nichts geht mehr (*beim Roulette*) no more bets; (*hoffnungslos sein*) there's nothing more to be done
20 (lauten) to go; *weißt du noch, wie das Lied ging?* can you remember how the song went [*or* the words of the song]?; *wie geht nochmal der Spruch?* what's that saying again?, how does the saying go?
21 (anfassen) ■an etw *akk* ~ to touch sth; *um ihre Schulden zu bezahlen, musste sie an ihr Erspartes ~* she had to raid her savings to pay off her debts; *wer ist dieses Mal an meinen Computer gegangen?* who's been messing around with my computer this time?
22 (zufallen) ■an jdn ~ to go to sb; *das Erbe/der Punkt ging an sie* the inheritance/point went to her; *der Vorsitz ging turnusmäßig an H. Lantermann* H. Lantermann became chairman in rotation
23 (beeinträchtigen) ■[jdm] an etw *akk* ~ to damage [sb's] sth; *das geht [mir] ganz schön an die Nerven* that really gets on my nerves; *das geht an die Kraft [o Substanz]* that takes it out of you
24 (fam: angreifen) ■auf etw *akk* ~ to attack sth; *das Rauchen geht auf die Lunge* smoking affects the lungs; *das Klettern geht ganz schön auf die Pumpe* climbing really puts a strain on the old ticker
25 (gerichtet sein) ■an jdn ~ to be addressed to sb; ■gegen jdn/etw ~ to be directed against sb/sth; *das geht nicht gegen Sie, aber die Vorschriften!* this isn't aimed at you, it's just the rules!; *das geht gegen meine Prinzipien/Überzeugung* that is [*or* goes] against my principles/convictions
26 (fam: liiert sein) ■mit jdm ~ to go out with sb
27 (urteilen) ■nach etw *dat* ~ to go by sth; *der Richter ging in seinem Urteil nach der bisherigen Unbescholtenheit des Angeklagten* on passing sentence the judge took into account the defendant's lack of previous convictions; *nach dem, was er sagt, kann man nicht ~* you can't go by what he says
28 (überschreiten) zu weit ~ to go too far, to overstep the line; *das geht zu weit!* that's just too much!
29 (übersteigen) über jds Geduld ~ to exhaust sb's patience; über jds Kräfte/Möglichkeiten ~ to be too much for [*or* beyond] sb; *das geht einfach über meine finanziellen Möglichkeiten* I just don't have the finances for that
30 (hum: werden zu) unter die Politiker/Künstler/Säufer ~ to join the ranks of politicians/artists/alcoholics
31 (fam: akzeptabel sein) to be OK; *er geht gerade noch, aber seine Frau ist furchtbar* he's just about OK [*or* tolerable] but his wife is awful; *wie ist das Hotel? — es geht [so]* how's the hotel? — it's ok; *ist das zu klein? — nein, das geht [so]* is it too small? — no, it's ok like this
32 (Altersangabe) ■auf die ... ~ + *Zahl* to be approaching ...; *er geht auf die dreißig* he's approaching [*or* coming up for] thirty
▶ WENDUNGEN: wo jd geht und steht (*fam*) wherever [*or* no matter where] sb goes [*or* is]; in sich *akk* ~ to turn one's gaze inward, to take stock of oneself; *Mensch, geh in dich!* for heaven's sake, think again!; ~ Sie [mir] mit ... (*fam*) spare [me] ...; ~ *Sie [mir] doch mit Ihren Ausreden!* spare me your excuses, please!; jdm über alles ~ to mean more to sb than anything else; *das Kind geht mir über alles!* that child means the whole world to me!; es geht nichts über jdn/etw nothing beats sb/sth, there's nothing better than [*or* to beat] [*or* like] sb/sth; [ach] geh, ...! (*fam*) [oh] come on, ...!; *ach geh, das kann doch nicht dein Ernst sein!* oh come on, you can't be serious!; *geh, so was kannst du sonst wem erzählen!* go and tell that to the marines!; geh! SÜDD, ÖSTERR get away!; *geh, was du nicht sagst!* go on, you're kidding!; *s. a.* **Konto**

II. UNPERSÖNLICHES INTRANSITIVES VERB

sein 1 + *adv* (sich befinden) ■jdm geht es ... sb feels ...; *wie geht es Ihnen? — danke, mir geht es gut/ausgezeichnet!* how are you? — thank you, I am well/I'm feeling marvellous!; *mir ist es schon mal besser gegangen!* I have felt better!; *nach der Spritze ging es ihr gleich wieder besser* she soon felt better again after the injection; wie geht's denn [so]? (*fam*) how are things?, how's it going?
2 + *adv* (verlaufen) ■irgendwie ~ to go somehow; *wie war denn die Prüfung? — ach, es ging ganz gut* how was the exam? — oh, it went quite well; *es ging wie geschmiert* it went like clockwork
3 (sich handeln um) ■[bei etw *dat*] um etw *akk* ~ to be about sth; *um was geht's denn?* what's it about then?; *worum geht's denn?* what's it all about then?; *in dem Gespräch ging es um die zugesagte Gehaltserhöhung* the conversation was about the promised increase in salary; *worum geht es in diesem Film?* what is this film about?; *hierbei geht es um meinen guten Ruf* my reputation is at stake [*or* on the line] here; *hierbei geht es um Millionen* we're talking millions here *fam*, there are millions involved here; *wenn es um mein Glück geht, lasse ich mir von niemandem dreinreden* when it comes to my happiness I don't let anyone tell me what to do; *es geht hier um eine wichtige Entscheidung* there is an important decision to be made here; *wenn es nur um ein paar Minuten geht, warten wir* we'll wait if it's just a question [*or* matter] of a few minutes
4 (wichtig sein) ■jdm geht es um etw *akk* sth matters to sb; *worum geht es dir eigentlich?* what are you trying to say?; *es geht mir nur ums Geld/um die Wahrheit* I'm only interested in the money/truth; *es geht mir ums Prinzip* it's a matter [*or* question] of principle; *s. a.* **Leben**
5 (ergehen) ■jdm geht es irgendwie to be somehow with sb; *mir ist es ähnlich/genauso/nicht anders gegangen* it was the same [*or* like that]/just the same [*or* just like that]/no different with me, I felt the same/just the same/no different; *warum soll es dir etwa besser ~ als mir?* why should you have it better than me?; *lass es dir/lasst es euch gut ~!* look after [*or* take care of] yourself!
6 (sich machen lassen) to be all right; *geht es, dass ihr uns zu Weihnachten besuchen kommt?* will it be possible for you to visit us at Christmas?; *das wird kaum ~, wir sind über Weihnachten verreist* that won't be possible [*or* work], we're away for Christmas; *ich werde arbeiten, solange es geht* I shall go on [*or* continue] working as long as possible; *geht es, oder soll ich dir tragen helfen?* can you manage, or shall I help you carry it/them; es geht einfach nicht mehr it won't do any more
7 (führen) ■nach/in etw *akk* ~ to go [*or* lead] somewhere; *erst fahren Sie über drei Ampeln, dann geht es rechts ab* go past three traffic lights then turn right; *wohin geht's eigentlich im Urlaub?* just where are you off to on holiday?; *auf, Leute, es geht wieder nach Hause* come on people, it's time to go home; *das nächste Mal geht's in die Berge/an die See* we're off to [*or* heading for] the mountains/coast next time; *im Sommer geht es immer in den Süden* we always go [*or* head] south for the summer; *gleich geht's ins Wochenende* soon it'll be the weekend; *wo geht's hier zum Flughafen?* how do I get to the airport from here?; *wo geht es hier raus?* where is the exit?; *s. a.* **geradeaus**
8 (nach jds Kopf ~) ■nach jdm ~ to go by sb; wenn es nach mir ginge if it were up to me; *es kann nicht immer alles nach dir ~* you can't always have things your own way
▶ WENDUNGEN: aber sonst geht's dir gut? (*iron*) but you're OK otherwise?, are you feeling all right?, are you quite right in the head?; auf geht's! let's go!, come on!; es geht das Gerücht/die Sage, dass ... rumour/legend has it that ...; geht's noch!? SCHWEIZ (*iron*) are you crazy?!

III. TRANSITIVES VERB

sein ■etw ~ to walk sth; *Sie haben aber noch drei Stunden/17 Kilometer zu ~!* you've still got another three hours/17 kilometres to go!; *ich gehe immer diesen Weg/diese Straße* I always walk this way/take this road

IV. REFLEXIVES VERB

haben 1 *impers* *es geht sich schlecht hier* it's hard going [*or* hard to walk] here; *in diesen Schuhen geht es sich bequem* these shoes are very comfortable for walking [*or* to walk in]
2 (sich nicht beherrschen) sich ~ lassen to lose control of oneself [*or* one's self-control]; (*nachlässig sein*) to let oneself go

Gehen <-s> *nt kein pl* 1 (Zu-Fuß-~) walking

❷ (*das Weggehen*) going, leaving; ***schon im ~, wandte sie sich noch einmal um*** she turned round once more as she left; **sein frühes/vorzeitiges** ~ his early departure
❸ SPORT race walking
Gehenkte(r) *f(m) dekl wie adj s.* **Gehängte(r)**
gehenlassen* *vr, vt irreg s.* **gehen I 4, IV 2**
Geher(in) <-s, -> *m(f)* SPORT walker
gehetzt *adj* harassed
geheuer *adj* [**jdm**] **nicht** [**ganz**] ~ **sein** to seem [a bit] suspicious [to sb]; **jdm ist nicht ganz** ~ [**bei etw** *dat*] sb feels a little uneasy [about sth]; **irgendwo ist es jdm nicht** [**ganz**] ~ somewhere gives sb the creeps *fam;* **irgendwo ist es nicht** ~ somewhere is eerie [*or* spooky]
Geheul(e) <-[e]s> *nt kein pl* (*pej*) howling
Gehilfe, Gehilfin <-n, -n> *m, f* assistant, helper; **kaufmännischer** ~ (*geh*) commercial assistant
Gehilfenbrief *m* commercial assistant diploma **Gehilfenprüfung** *f* commercial assistant examination
Gehilfenschaft <-> *f kein pl* JUR SCHWEIZ (*Beihilfe*) aiding and abetting
Gehilfin <-, -nen> *f fem form von* **Gehilfe**
Gehirn <-[e]s, -e> *nt* brain
► WENDUNGEN: **kein** ~ **im Kopf haben** (*fam*) to have no sense; **sein** ~ **anstrengen** (*fam*) to use [*or* rack] [*or esp* AM wrack] one's brains
Gehirnakrobatik *f* (*fam*) mental acrobatics *pl* **gehirnamputiert** *adj* (*hum*) ■~ **sein** to be off one's head BRIT *fam* [*or* out of one's mind] **Gehirnblutung** *f* brain [*or* cerebral] haemorrhage [*or* AM hemorrhage] **Gehirnchirurgie** *f* brain surgery **Gehirndurchblutungsstörung** *f* MED disturbance of the cerebral blood supply **Gehirnerschütterung** *f* concussion **Gehirnflüssigkeit** *f* cerebral fluid **Gehirnhaut** *f* meninges *npl* **Gehirnhautentzündung** *f* meningitis **Gehirnprellung** *f* MED contusion of the brain **Gehirnschlag** *m* MED stroke; **einen** ~ **bekommen** [*o geh* **erleiden**] to have [*or form* suffer] a stroke **Gehirnsubstanz** *f* ANAT brain matter **Gehirntumor** *m* brain tumor **Gehirnwäsche** *f* brainwashing *no indef art, no pl;* **eine** ~ **mitmachen** to undergo brainwashing, to be brainwashed; **jdn einer** ~ **unterziehen** to brainwash sb **Gehirnzelle** *f* brain cell
gehoben I. *pp von* **heben**
II. *adj* ❶ LING elevated, refined; **sich** ~ **ausdrücken** to use elevated language
❷ (*anspruchsvoll*) sophisticated, refined
❸ (*höher*) senior
❹ (*froh*) festive; **in** ~**er Stimmung sein** to be in a festive mood [*or* high spirits]
Gehöft, Gehöft <-[e]s, -e> *nt* farm[stead]
Gehölz <-es, -e> *nt* (*geh*) copse, wood
Gehör <-[e]s, *selten* -e> *nt* ❶ (*das Hören*) hearing; **oder täuscht mich mein** ~**?** or do my ears deceive me?; **das** ~ **verlieren** to go deaf; [**jdn**] **um** ~ **bitten** to ask [sb] for attention [*or* a hearing]; [**mit etw** *dat*] [**bei jdm**] ~**/kein** ~ **finden** to gain/not to gain a hearing [with sb] [for sth], to meet with [*or* get] a/no response [from sb] [to sth]; **ein gutes/schlechtes** ~ **haben** to have a good/bad hearing; **jdm zu** ~ **kommen** to come to sb's ears [*or* attention]; **jdm/einer S.** ~**/kein** ~ **schenken** to listen/not to listen to sb/sth, to lend/not to lend an ear to sb/sth; **sich** *dat* [**bei jdm**] [**mit etw** *dat*] ~ **verschaffen** to make oneself heard [to sb] [with sth]; **nach dem** ~ **singen/spielen** to sing/play by ear
❷ MUS **absolutes** ~ absolute [*or fam* perfect] pitch
❸ MUS, THEAT (*geh: Vortrag*) **etw zu** ~ **bringen** to bring sth to the stage, to perform sth
❹ JUR **rechtliches** ~ full hearing, due process of law; **Anspruch auf rechtliches** ~ right to be heard, right to due process of law
gehorchen* *vi* ❶ (*gefügig sein*) ■[**jdm/einer S.**] ~ to obey [sb/sth]; **aufs Wort** ~ to obey sb's every word
❷ (*reagieren*) ■**jdm** ~ to respond to sb
gehören* I. *vi* ❶ (*jds Eigentum sein*) ■**jdm** ~ to belong to sb, to be sb's; ***ihm ~ mehrere Häuser*** he owns several houses
❷ (*jdm zugewandt sein*) ■**jdm/einer S.** ~ to belong to sb/sth; ***ihre ganze Liebe gehört ihrem Sohn*** she gives all her love to her son; ***mein Herz gehört einem anderen*** my heart belongs to another *poet*
❸ (*den richtigen Platz haben*) ■**irgendwohin** ~ to belong somewhere; ***die Kinder ~ ins Bett*** the children should be in bed; ***wohin ~ die Hemden?*** where do the shirts go?
❹ (*angebracht sein*) ■**irgendwohin** ~ to be relevant somewhere; ***dieser Vorschlag gehört nicht zum Thema/ hierher*** this suggestion is not to [*or* off] the point/is not relevant here
❺ (*Mitglied sein*) ■**zu jdm/einer S.** ~ to belong to sb/sth; **zur Familie** ~ to be one of the family; ***~ sie wirklich alle zu unserer Verwandtschaft?*** are they really all relatives [*or* relations] of ours [*or* related to us]?
❻ (*Teil sein von*) ■**zu etw** *dat* ~ to be part of sth; ***es gehört zu meiner Arbeit/ meinen Pflichten*** it is part of my job/one of my duties; ***gehört zu der Hose denn kein Gürtel?*** shouldn't there be a belt with these trousers?; ***zu einem grauen Mantel gehört entweder ein grauer oder ein schwarzer Hut*** with a grey coat one should wear a grey or black hat, a grey or black hat goes with a grey coat
❼ (*Voraussetzung, nötig sein*) ■**zu etw** *dat* ~ to be called for with sth; ***zu dieser Arbeit gehört viel Konzentration*** this work calls for [*or* requires] a lot of concentration; **es gehört viel Mut dazu, ...** it takes a lot of courage to ...; **dazu gehört nicht viel** that doesn't take much, that's no big deal *fam;* **dazu gehört** [**schon**] **einiges** [*o* **etwas**] that takes something [*or* some doing]; **dazu gehört** [**schon etwas**] **mehr** there's [a bit] more to it than that!
❽ DIAL (*muss ... werden*) ■**...** ~ to deserve ...; ***er meint, dass sie ganz einfach wieder zurückgeschickt*** ~ he thinks they ought simply to be sent back again
II. *vr* ■**sich** ~ to be fitting [*or* proper] [*or* right]; ***das gehört sich auch so*** that's as it should be; **wie es sich gehört** as is right and proper, as one should; **sich** [**einfach/eben**] **nicht** ~ to be [simply/just] not good manners; ***das gehört sich einfach nicht*** that's [*or* it's] just [*or* simply] not done
Gehörfehler *m* ■**ein** ~ defective hearing, a hearing defect **Gehörgang** *m* ANAT auditory canal
gehörig I. *adj* ❶ *attr* (*fam: beträchtlich*) good *attr;* **eine** ~**e Achtung vor jdm haben** to have a healthy respect for sb; **jdm einen** ~**en Schrecken einjagen** to give sb a good [*or* BRIT *fam* right] fright; **jdm eine** ~**e Tracht Prügel verpassen** to give sb a good [*or* sound] thrashing
❷ *attr* (*entsprechend*) proper
❸ (*geh: gehörend*) ■**zu etw** *akk* ~ belonging to sth; **nicht zur Sache** ~ **sein** not to be relevant, to be irrelevant; **alle nicht zum Thema** ~**en Vorschläge** all suggestions not relevant to the topic
II. *adv* (*fam*) good and proper *fam,* well and truly; **jdn** ~ **ausschimpfen** to tell sb off good and proper, to tell sb well and truly off; ***du hast dich ~ getäuscht*** you are very much mistaken
gehörlos *adj* (*geh*) deaf **Gehörlose(r)** *f(m) dekl wie adj* (*geh*) deaf person
Gehörlosigkeit <-> *f kein pl* (*geh*) deafness **Gehörnerv** *m* auditory nerve
gehörnt *adj* ❶ (*mit Geweih*) horned, antlered
❷ (*veraltend: betrogen*) cuckolded; **ein** ~**er Ehemann** a cuckold
gehorsam I. *adj* obedient; ■[**jdm**] ~ **sein** to be obedient [to sb]
II. *adv* obediently; ***melde ~st, Befehl ausgeführt*** respectfully report, order carried out
Gehorsam <-s> *m kein pl* obedience; **sich** *dat* ~ **verschaffen** to gain [*or* win] obedience; **jdm den** ~ **verweigern** to refuse to obey sb
Gehorsamspflicht *f* JUR duty to obey
Gehörschaden *m* hearing defect **Gehörschutz** *m* ear protection, ear protectors *pl* **Gehörsinn** *m kein pl* sense of hearing
gehren *vt* BAU ■**etw** ~ to miter sth
Gehrock *m* MODE frock coat
Gehrung <-, -en> *f* TECH ❶ (*das Gehren*) mitring [*or* AM -ering]
❷ (*Eckfuge*) mitre [*or* AM -er] [joint]
Gehrungsanschlag *m* mitre [*or* AM -er] gauge **Gehrungsnaht** *f* BAU mitered joint
Gehschlitz *m* MODE *von Rock, Kleid* back-slit **Gehsteig** *m s.* **Bürgersteig**
Gehtnichtmehr *nt kein pl* **bis zum** ~ ad nauseam; ***ich habe ihr das bis zum ~ erklärt*** I've explained it to her till I was blue in the face
Gehtraining *nt training for being able to walk again*
Gehupe <-s> *nt kein pl* (*pej*) honking, BRIT *a.* hooting
gehupft *pp von* **hupfen**
► WENDUNGEN: **etw ist** ~ **wie gesprungen** it makes no difference [*or* odds] at all
Gehweg *m* ❶ *s.* **Bürgersteig**
❷ (*Fußweg*) walk
Geier <-s, -> *m* vulture
► WENDUNGEN: **weiß der** ~**!** (*sl*) God [*or* Christ] knows! *sl*
Geifer <-s> *m kein pl* slaver, slobber *esp* AM
geifern *vi* ❶ (*sabbern*) to slaver, to slobber *esp* AM
❷ (*pej: Gehässigkeiten ausstoßen*) ■[**gegen jdn/etw**] ~ to rail [against sb/sth], to rant [*or* rave] [at sb/sth], to revile [*or form* vilify] [sb/sth]
Geige <-, -n> *f* violin, fiddle *fam;* ~ **spielen** to play the violin; **etw auf der** ~ **spielen** to play sth on the violin; **die zweite** ~ **spielen** to play second violin
► WENDUNGEN: **die erste** ~ **spielen** to call the tune; **die zweite** ~ **spielen** to play second fiddle
geigen I. *vi* to play the violin, to [play the] fiddle *fam*
II. *vt* ■**etw** ~ to play sth on the violin [*or fam* fiddle]
Geigenbauer(in) <-s, -> *m(f)* violin-maker **Geigenbogen** *m* violin bow **Geigenkasten** *m* violin case
Geiger(in) <-s, -> *m(f)* violinist; **erster** ~ first violin
Geigerzähler *m* Geiger counter
geil I. *adj* ❶ (*lüstern*) lecherous; ■~ **auf jdn sein** to lust after sb, to have the hots for sb; **jdn** ~ **machen** to make sb horny [*or* BRIT randy] *fam*
❷ (*sl: toll*) wicked *sl,* outstanding *sl*
❸ DIAL (*veraltet: üppig wuchernd*) *Pflanzen* rank, luxuriant
II. *adv* ❶ (*lüstern*) lecherously
❷ (*sl*) wicked *sl*
Geilheit <-, -en> *f* lecherousness, lechery
Geisel <-, -n> *f* hostage; **jdn als** ~ **nehmen** to take sb hostage; [**jdm**] ~**n/jdn als** ~ **stellen** to provide [sb with] hostages/sb as a hostage
Geiseldrama *nt* hostage drama [*or* crisis] **Geiselgangster** *m* [terrorist] hostage-taker **Geiselhaft** *f* captivity [as a hostage] **Geiselnahme** <-, -n> *f* hostage-taking **Geiselnehmer(in)** <-s, -> *m(f)* hostage-taker
Geisha <-, -s> ['ge:ʃa, 'gaiʃa] *f* geisha
Geiß <-, -en> *f* ❶ SÜDD, ÖSTERR, SCHWEIZ [nanny-]goat
❷ JAGD [roedeer, chamois or ibex] doe
Geißblatt *nt* honeysuckle, woodbine **Geißbock** *m* SÜDD, ÖSTERR, SCHWEIZ (*Ziegenbock*) billy goat
Geißel <-, -n> *f* ❶ (*Peitsche*) scourge, whip
❷ (*geh: Plage*) scourge
❸ BIOL flagellum
geißeln *vt* ❶ (*mit der Geißel schlagen*) ■**jdn/sich** ~ to scourge [*or* flagellate] sb/oneself
❷ (*anprangern*) ■**etw** ~ to castigate sth
Geißeltierchen *nt* BIOL flagellate
Geiß(e)lung <-, -en> *f* ❶ (*das Geißeln*) scourging, flagellation
❷ (*Anprangerung*) castigation
Geist <-[e]s, -er> *m* ❶ *kein pl* (*Vernunft*) mind; **der menschliche** ~ [*o* **der** ~ **des Menschen**] the human mind; ***die Rede zeugte nicht von großem ~*** the speech was no testament to a great mind
❷ *kein pl* (*Esprit*) wit; ***er sprühte vor ~*** he was as witty as could be; **ein Mann von** ~ a witty man; ~ **versprühen** to scintillate; ~ **haben** to have esprit

❸ (*Denker*) mind, intellect; **kleine ~er** (*pej*) small-minded people, people of limited intellect
❹ *kein pl* (*Wesen, Sinn, Gesinnung*) spirit; **in kameradschaftlichem ~** in a spirit of camaraderie [*or* comradeship]; ***in diesem Büro herrscht ein kollegialer ~*** there's a spirit of cooperation in this office; **wes ~es Kind jd ist** (*geh*) the kind of person sb is; **der ~ der Zeit** the spirit of the times, age
❺ (*körperloses Wesen*) spirit, ghost; **der ~ der Finsternis** (*geh*) the Prince of Darkness; **der ~ Gottes** the Spirit of God; **der gute ~ des Hauses** (*geh*) the moving [*or* guiding] spirit of the household; **der böse ~** (*geh*) the Evil One; **dienstbarer ~** ministering angel; **gute/böse ~er** good/evil spirits; **der Heilige ~** the Holy Ghost [*or* Spirit]
► WENDUNGEN: **der ~ ist willig, aber das Fleisch ist schwach** (*prov*) the spirit is willing, but the flesh is weak; **von allen guten ~ern verlassen sein** (*fam*) to have taken leave of one's senses; **ein unruhiger ~** (*fam*) a restive spirit, a restless creature; **verwandte ~er** kindred spirits; **jdm auf den ~ gehen** (*fam*) to get on sb's nerves; **seinen** [*o* **den**] **~ aufgeben** (*fig fam*) to give up the ghost *a. fig fam;* **seinen ~ aushauchen** (*euph geh*) to breathe one's last; **da** [*o* **hier**] **scheiden sich die ~er** opinions differ here; **etw im ~e vor sich** *dat* **sehen** to see sth in one's mind's eye, to picture sth; **ich bin** [*o geh* **weile**] **im ~e bei euch** I am with you in spirit

Geisterbahn *f* ghost train **Geisterbeschwörer(in)** *m(f)* ❶ (*Herbeirufer*) necromancer ❷ (*Austreiber*) exorcist **Geisterbilder** *pl* TV ghosts, ghost images **Geisterfahrer(in)** *m(f)* (*fam*) *sb driving down a road* [*often a motorway*] *in the wrong direction* **Geisterglaube** *m* belief in the supernatural

geisterhaft I. *adj* ghostly
II. *adv* eerily

Geisterhand *f* ► WENDUNGEN: **wie von** [*o* **durch**] **~** as if by magic

geistern *vi sein* ❶ (*herumgehen*) ■**durch etw** *akk* **~** to wander through sth like a ghost; ***was geisterst du denn im Dunkeln durchs Haus?*** what are you doing wandering about [*or* round] the house in the dark like a ghost?
❷ (*spuken*) ■**durch etw** *akk* **~** to haunt sth; ***es geistert immer noch durch die Köpfe*** it still haunts people's minds

Geisterseher(in) *m(f)* seer, visionary **Geisterstadt** *f* ghost town **Geisterstimme** *f* ghostly voice **Geisterstunde** *f* witching hour

geistesabwesend I. *adj* absent-minded II. *adv* absent-mindedly **Geistesabwesenheit** *f* absent-mindedness **Geistesblitz** *m* (*fam*) brainwave *fam,* brainstorm AM *fam,* flash of inspiration **Geistesgegenwart** *f* presence of mind **geistesgegenwärtig** I. *adj* quick-witted II. *adv* with great presence of mind **Geistesgeschichte** *f kein pl* intellectual history **geistesgestört** *adj* mentally disturbed [*or* deranged]; [**wohl**] **~ sein** (*fam*) to be not quite right in the head *fam* **Geistesgestörte(r)** *f(m) dekl wie adj* mentally disturbed person **Geistesgröße** *f(m)* ❶ *kein pl* (*überragende Fähigkeit*) greatness of mind, intellectual genius ❷ (*Genie*) genius, great mind **Geisteshaltung** *f* attitude [of mind] **geisteskrank** *adj* mentally ill; ■**~ sein** to be mentally ill; [**wohl**] **~ sein** (*fam*) to be crazy [*or fam* mad] **Geisteskranke(r)** *f(m) dekl wie adj* mentally ill person, mental patient; **wie ein ~r/eine ~** (*fam*) like a madman/madwoman *fam* **Geisteskrankheit** *f* mental illness **Geistesleben** *nt* intellectual life **Geistesstörung** *m* mental disorder **geistesverwandt** *adj* spiritually akin; **~ sein** to be kindred spirits **Geistesverwirrung** *f* mental aberration **Geisteswissenschaft** *f* arts [subject], humanities *pl* **Geisteswissenschaften** *pl* arts, humanities **Geisteswissenschaftler(in)** *m(f)* ❶ (*Wissenschaftler*) arts [*or* humanities] scholar ❷ (*Student*) arts [*or* humanities] student **geisteswissenschaftlich** *adj* arts **Geisteszustand** *m* mental condition, state of mind; **jdn auf seinen ~ untersuchen** to examine sb's mental state; ***du solltest dich*** [***mal***] ***auf deinen ~ untersuchen lassen!*** (*fam*) you need your head looking at! *fam!*

Geistheiler(in) *m(f)* spiritual healer

geistig I. *adj* ❶ (*verstandesmäßig*) intellectual, mental; **~es Eigentum** JUR intellectual property
❷ (*nicht leiblich, spirituell*) spiritual
II. *adv* ❶ (*verstandesmäßig*) intellectually, mentally; **~ anspruchslos/anspruchsvoll** intellectually undemanding/demanding, low-brow/high-brow *fam*
❷ MED mentally; **~ auf der Höhe sein** to be mentally [fighting] fit; **~ behindert/zurückgeblieben** mentally handicapped/retarded, with learning difficulties

geistig-moralisch *adj* spiritual and moral

geistlich I. *adj* ❶ (*religiös*) religious
❷ (*kirchlich*) ecclesiastical; **~es Amt** religious office; **der ~e Stand** the clergy; **~er Beistand** spiritual support
II. *adv* spiritually

Geistliche(r) *f(m) dekl wie adj* clergyman *masc,* minister, priest, woman priest *fem*

Geistlichkeit <-> *f kein pl* clergy

geistlos *adj* ❶ (*dumm*) stupid, witless
❷ (*einfallslos*) inane

Geistlosigkeit <-, -en> *f* ❶ *kein pl* (*geistlose Art*) inanity
❷ (*geistlose Äußerung*) inanity, stupid remark

geistreich *adj* ❶ (*intellektuell anspruchsvoll*) intellectually stimulating ❷ (*voller Esprit*) *Mensch* witty ❸ (*iron: dumm*) bright *iron;* ***das war sehr ~*** [***von dir***]! that was very bright [of you]! **geisttötend** *adj* (*pej fam*) soul-destroying **geistvoll** *adj* ❶ (*scharfsinnig*) astute, sagacious ❷ (*intellektuell anspruchsvoll*) intellectual[ly stimulating]

Geiz <-es> *m kein pl* meanness BRIT, miserliness

geizen *vi* ❶ (*knauserig sein*) ■**mit etw** *dat* **~** to be mean [*or* BRIT stingy] with sth
❷ (*zurückhaltend sein*) ■**mit etw** *dat* **~** to be sparing with sth

Geizhals *m* (*pej*) miser, skinflint *fam*

geizig *adj* mean BRIT, stingy *fam,* tight-fisted *fam,* miserly, cheap AM

Geizkragen *m* (*fam*) *s.* **Geizhals**

Gejammer <-s> *nt kein pl* (*pej fam*) yammering, fam

Gejohle <-s> *nt kein pl* (*pej*) howling; **unter lautem ~** with loud howls

Gekeife <-s> *nt kein pl* (*pej*) nagging, scolding

gekennzeichnet I. *pp von* **kennzeichnen**
II. *adj Stelle* marked, labelled

Gekicher <-s> *nt kein pl* (*pej fam*) giggling, tittering

Gekläffe <-s> *nt kein pl* (*pej*) yapping

Geklapper <-s> *nt kein pl* (*pej fam*) clatter[ing]

gekleidet *adj* (*geh*) dressed; **eine weiß ~e Dame** a lady dressed in white; ■**... ~ sein** to be ... dressed

Geklimper <-s> *nt kein pl* (*pej fam*) ❶ (*auf dem Klavier*) plonking *fam*
❷ (*mit Saiteninstrument*) twanging, twanking *fam*

Geklingel <-s> *nt kein pl* (*pej*) ringing

Geklirr(e) <-[e]s> *nt kein pl* clinking

geklont *adj* cloned

Geknatter <-s> *nt kein pl* (*pej*) racket *fam*

geknickt *adj* (*fam*) glum, dejected

Geknister <-s> *nt kein pl* ❶ (*Papier*) rustling
❷ (*Feuer*) crackling

gekocht I. *pp von* **kochen**
II. *adj* boiled, cooked
► WENDUNGEN: **es wird nichts so heiß gegessen, wie** [**es**] **gekocht wird** (*prov*) things are never as bad as they seem [*or* first appear]

gekonnt I. *pp von* **können**
II. *adj* masterly, accomplished; **ein ~er Schuss** an excellent shot

Gekrächz(e) <-es> *nt kein pl* ❶ (*eines Vogels*) cawing
❷ (*eines Menschen*) croaking

Gekrakel <-s> *nt kein pl* (*pej fam*) ❶ (*krakelige Schrift*) scrawl, scribble
❷ (*lästiges Krakeln*) scrawling, scribbling

Gekreuzigte(r) *f(m) dekl wie adj* (*gekreuzigter Mensch*) crucified person; [**Jesus**] **der ~** [Jesus] the Crucified

Gekritzel <-s> *nt kein pl* (*pej*) ❶ (*Gekritzeltes*) scribble, scrawl
❷ (*lästiges Kritzeln*) scribbling, scrawling

Gekröse <-s, -> *nt* ANAT mesentery

gekünstelt I. *adj* (*pej*) artificial; **~es Lächeln** forced smile; **~e Sprache/~es Benehmen** affected language/behaviour [*or* AM -or]
II. *adv* (*pej*) artificially, affectedly

gekürzt *pp von* **kürzen**: **~e Ausgabe** abridged version

Gel <-s, -e> *nt* gel

Gelaber(e) <-s> *nt kein pl* (*pej fam: andauerndes Reden*) blabbering, rabbiting BRIT *fam;* ***Schluss jetzt mit dem ~*** stop blabbering [*or* BRIT rabbiting [on]]; (*dummes Gerede*) babbling [*or* babble], blather[ing], prattling [*or* prattle]

Gelächter <-s, -> *nt* laughter; **in ~ ausbrechen** to burst into laughter [*or* out laughing]; **jdn dem** [*o geh* **jds**] **~ preisgeben** to make sb a/the laughing stock

gelackmeiert *adj* (*fam*) ■**~** [*o* **der/die G~e**] **sein** to be the one who has been conned [*or* duped] [*or* had] *fam*

geladen I. *pp von* **laden**[1], **laden**[2]
II. *adj* (*fam*) ■**~ sein** [**auf jdn**] to be furious [*or* livid] [with sb]

Gelage <-s, -> *nt* blowout *fam,* binge *fam*

gelagert I. *pp von* **lagern**
II. *adj* **in so ~en Fällen** in such cases; ***der Fall ist etwas anders ~*** the case is somewhat different

gelähmt I. *pp von* **lähmen**
II. *adj* paralyzed; **ganzseitig ~** totally paralyzed [*or* hemiplegic]; **halbseitig ~** partially paralyzed [*or* hemiplegic], paralyzed on one side [of the body]; **spastisch ~ sein** to suffer from spastic paralysis

Gelähmte(r) *f(m) dekl wie adj* person who is paralysed, paralytic

Gelände <-s, -> *nt* ❶ (*Land*) ground, terrain; **das ~ fällt sanft/steil ab/steigt sanft/steil an** the ground falls [away]/rises gently/steeply; **bebautes/unbebautes ~** built-up/undeveloped land; **freies** [*o* **offenes**] **~** open terrain [*or* country]
❷ (*bestimmtes Stück Land*) site; **das ~ erkunden** to check out the area [*or* lie of the land]

Geländeabschnitt *m* grounds section **Geländeaufnahme** *f* land survey **Geländefahrt** *f* cross-country [*or* off-road] drive **Geländefahrzeug** *nt* all-terrain vehicle, ATV, off-road vehicle **Geländegang** *m* AUTO crawler gear **geländegängig** *adj* suitable for off-road driving **Geländegängigkeit** *f* AUTO off-road ability **Geländelauf** *m* cross-country run

Geländer <-s, -> *nt* railing[s]; (*Treppengeländer*) banister[s]

Geländereifen *m* cross-country [*or* all-terrain] tyre [*or* AM tire] **Geländerennen** *nt* cross-country run; (*Wettbewerb*) cross-country race **Geländeritt** *m* cross-country riding

Geländerpfosten *m* BAU baluster

Geländestreifen *m* strip of land **Geländeübung** *f* MIL field exercise **Geländewagen** *m* all-terrain vehicle, ATV, off-road vehicle

gelangen* *vi sein* ❶ (*hinkommen*) ■**irgendwohin ~** to reach somewhere; **ans Ziel/an den Bestimmungsort ~** to reach one's destination; **in die falschen Hände ~** to fall into the wrong hands
❷ (*erwerben*) ■**zu etw** *dat* **~** to achieve [*or* acquire] sth; **zu hohem Ansehen ~** to attain high standing; **zu hohen Ehren/zu Ruhm und Reichtum ~** to gain great honour [*or* AM -or] /fame and fortune
❸ (*geh: getan werden*) ■**zu etw** *dat* **~** to come to sth; **zum Abschluss ~** to come to an end [*or* reach a conclusion]; **zum Einsatz ~** to be deployed; **zur Aufführung/Ausführung ~** to be performed/carried out
❹ SCHWEIZ ■[**mit etw** *dat*] **an jdn ~** to turn to [*or* consult] sb [about sth]

gelangweilt I. *adj* bored
II. *adv* ~ **dasitzen** to sit there bored; ***er gähnte*** ~ he gave a bored yawn, he yawned with boredom
gelassen I. *pp von* **lassen**
II. *adj* calm, composed
III. *adv* calmly, with composure
Gelassenheit <-> *f kein pl* calmness, composure
Gelatine <-> [ʒela'ti:nə] *f kein pl* gelatin[e]
geläufig *adj* common, familiar; ***dieser Ausdruck ist mir leider nicht*** ~ I'm afraid I'm not familiar with this expression
gelaunt *adj pred* ■... ~ **sein** to be in a ... mood
Geläut(e) <-[e]s> *nt kein pl* pealing, chiming
gelb *adj* yellow; ***die Blätter werden*** ~ the leaves are turning yellow; *s. a.* **Post, Seite**
Gelb <-s, - *o* -s> *nt* ❶ *(gelbe Farbe)* yellow; **ein schreiendes/grelles** ~ a loud/garish yellow ❷ *(bei Verkehrsampel)* amber; ***die Ampel stand auf*** ~ the lights were amber
Gelbauszug *m* TYPO yellow separation **gelbbraun** *adj* yellowish brown
Gelbe(s) *nt dekl wie adj* ► WENDUNGEN: **nicht das** ~ **vom Ei sein** *(fam)* to be nothing to write home about, to not be exactly the bee's knees BRIT *fam*
Gelber Fluss[RR] *m s.* **Huang-he**
Gelbfieber *nt* yellow fever **Gelbfilter** *m* FOTO yellow filter **gelbgrün** *adj* yellowish-green
gelblich *adj* yellowish, yellowy; **eine ~e Gesichtsfarbe** a sallow complexion
Gelbpflaume *f* hog plum **gelbstichig** *adj* ■~ **werden** to go [rather] yellow **Gelbsucht** *f kein pl* jaundice, icterus **gelbsüchtig** *adj* jaundiced; ■~ **sein** to have jaundice **Gelbwurz(el)** *f kein pl* turmeric
Geld <-[e]s, -er> *nt* ❶ *kein pl (Zahlungsmittel)* money; ***für*** ~ ***ist alles zu haben*** anything can be bought with money; **gegen bares** ~ for cash; ***das ist bares ~!*** that's worth hard cash!; **falsches** [*o* **gefälschtes**] ~ counterfeit money; **großes/kleines** ~ notes *pl*/change; ***das ist doch hinausgeworfenes ~!*** that is a waste of money [*or fam* money down the drain]!; ~ **wie Heu haben** *(fam)* to have money to burn [*or fam* stacks of money]; **das große** ~ **verdienen** to earn big money *fam;* **schnelles** ~ *(fam)* easy money *fam;* **etw für teures** ~ **kaufen** to pay a lot [of money] for sth; **nicht mit** ~ **zu bezahlen sein** *(fam)* to be priceless; **ins** ~ **gehen** [*o* **laufen**] *(fam)* to cost a pretty penny *fam;* **nicht für** ~ **zu haben sein** *(fam)* not to be had for money, not to be bought; **hinterm ~/hinter jds ~ her sein** *(fam)* to be a money-grabber/after sb's money; **nicht mit** ~ **umgehen können** not to be able to handle money, to be hopeless with money *fam;* [**mit etw** *dat*] ~ **machen** *(fam)* to make money [from sth]; **etw zu** ~ **machen** *(fam)* to turn sth into money [*or* cash], to cash on sth; ~ **aufnehmen** to raise money; **um** ~ **spielen** to play for money ❷ *pl (Mittel)* money, funds, capital; **ausstehende ~er** outstanding debts, accounts receivable, money due; **fremde ~er** third-party [*or* borrowed] funds; **effektives/flüssiges/hartes** ~ effective money/liquid funds/hard currency; ~ **einfrieren** to freeze funds; **~er veruntreuen** to misappropriate funds; ~ **zuschießen** to contribute money
► WENDUNGEN: **das** ~ **zum Fenster hinauswerfen** *(fam)* to throw money down the drain *fam;* **jdm das** ~ **aus der Tasche ziehen** *(fam)* to squeeze money out of sb; ~ **regiert die Welt** *(prov)* money makes the world go round *prov;* **nicht für** ~ **und gute Worte** *(fam)* not for love or money; ~ **allein macht nicht glücklich** *(prov)* money isn't everything *prov;* **gutes** ~ **dem Schlechten nachwerfen** to throw good money after bad; **in** [*o* **im**] ~ **schwimmen** *(fam)* to be rolling in money [*or* it] *fam;* ~ **stinkt nicht** *(prov)* money has no smell, there's nothing wrong with money, money is not to be sniffed at; **mit** ~ **um sich werfen** [*o fam* **schmeißen**] to throw [*or fam* chuck] one's money about [*or* around]
Geldabfluss[RR] *m* ÖKON efflux of funds **Geldabwertung** *f* currency devaluation **Geldadel** *m kein pl* financial aristocracy, plutocracy **Geldakkumulation** *f* ÖKON accumulation of funds **Geldangelegenheit** *f meist pl* financial [*or* money] matter; ■**jds ~en** sb's financial affairs; **in ~en** when it comes to matters of money **Geldanlage** *f* [financial] investment **Geldanleihe** *f* FIN loan **Geldanweisung** *f* remittance; *(Postanweisung)* postal order; **telegrafische** ~ cable transfer **Geldaristokratie** *f s.* Geldadel **Geldaufwertung** *f* currency revaluation **Geldautomat** *m* cashpoint, cash dispenser, automated teller machine, ATM **Geldbedarf** *m* FIN cash requirements *pl* **Geldbeschaffung** *f* obtaining [of] money **Geldbeschaffungskosten** *pl* FIN cost of finance **Geldbestand** *m* FIN monetary holdings *pl* **Geldbetrag** *m* amount [*or* sum] [of money] **Geldbeutel** *m* SÜDD *s.* Geldbörse **Geldbewegung** *f* ÖKON currency movement **Geldbombe** *f* ≈ night-safe box **Geldbörse** *f* ÖSTERR *(sonst geh: Portmonee)* purse, wallet **Geld-Brief-Schlusskurs**[RR] *m* BÖRSE bid-ask close **Geldbriefträger(in)** *m(f)* *postman who delivers items containing money or COD items* **Geldbuße** *f* JUR [administrative] fine; **eine hohe/saftige** *fam* ~ a heavy/hefty fine; **jdn zu einer ~ verurteilen/jdm eine ~ auferlegen** to fine sb/to impose a pecuniary penalty on sb **Geldeingang** *m* FIN money received **Geldeinlage** *f* FIN money invested; *(eines Einzelnen)* cash contribution **Geldemission** *f* ÖKON issue, emission **Geldempfänger(in)** *m(f)* payee **Geldentschädigung** *f* JUR monetary [*or* pecuniary] compensation **Geldentwertung** *f* currency depreciation, inflation
Gelder *pl* moneys *pl;* **über die nötigen ~ verfügen** to have the necessary means
Gelderwerb *m* acquisition of money; **einem ~ nachgehen** to pursue an occupation, to work **Geldflüssigkeit** *f kein pl* FIN *(Zahlungsfähigkeit)* liquidity; *(von Geldmarkt)* ease in money rates **Geldforderung** *f* pecuniary [*or* financial] claim, demand for money; ■**eine ~ an jdn haben** to have a claim against sb **Geldgeber(in)** <-s, -> *m(f)* [financial] backer, sponsor **Geldgeschäft** *nt* financial transaction **Geldgeschenk** *nt* gratuity, gift of money **Geldgier** *f* avarice **geldgierig** *adj* avaricious, greedy for money **Geldgründe** *pl* ■**aus ~n** for reasons of money, for [*or* because of] the money **Geldgürtel** *m* money belt **Geldhahn** *m* ► WENDUNGEN: **jdm/einer S. den ~ zudrehen** to cut off sb's/sth's supply of money **Geldhandel** *m kein pl* FIN money trading [*or* dealing] **Geldhändler(in)** *m(f)* FIN money dealer **Geldhaus** *nt* financial institution **Geldheirat** *f (pej)* marriage for money **Geldherrschaft** *f* plutocracy **Geldinstitut** *nt* financial institution **Geldkarte** *f* FIN money [*or* cash] card *(debit card with a limit of 400 DM that can be replenished via a terminal)* **Geldkassette** *f* cash box **Geldknappheit** *f* shortage of money **Geldkrach** *m* ÖKON monetary collapse **Geldkreislauf** *m* ÖKON circulation of money **Geldkrise** *f* ÖKON monetary crisis **Geldkurs** *m* FIN buying [*or* bid] price; BÖRSE bid price; **Geld- und Briefkurs** bid and asked quotations **Geldleistung** *f* HANDEL payment; **Geld- und Sachleistungen** payment in cash and kind
geldlich *adj* financial
Geldmangel *m* lack [*or* shortage] of money
Geldmarkt *m* money [*or* financial] market **Geldmarktfonds** *m* FIN money market fund **Geldmarktpolitik** *f kein pl* ÖKON monetary policy; ~ **der Bundesnotenbank** Federal Reserve monetary policy AM **Geldmarktsätze** *pl* ÖKON money market rates **Geldmarktschwankungen** *pl* ÖKON fluctuations in the money market **geldmarkttechnisch** *adj* **~e Erleichterungen** FIN easing *no pl* of monetary policy
Geldmenge *f* ❶ *(Geldsumme)* amount [*or* sum] of money ❷ *(Geldumlauf)* money supply **Geldmengenaggregate** *pl* FIN aggregated money supply **Geldmengenausweitung** *f* FIN expansion of the money supply **Geldmengenindikator** *m* FIN indicator of money supply **Geldmengenpolitik** *f kein pl* FIN policy of money supply **Geldmengenwachstum** *nt* growth in the money supply **Geldmengenziel** *nt* FIN monetary target
Geldmittel *pl* funds *pl,* cash resources *pl;* **fehlende** ~ lack of funds **Geldnachfrage** *f* ÖKON demand for money **Geldnot** *f* lack of money, financial straits *npl* [*or* difficulties] *pl* **Geldpolitik** *f* financial [*or* monetary] policy **geldpolitisch** *adj* ÖKON monetary; **~e Maßnahmen** monetary policy devices; *des Finanzministeriums* treasury directives BRIT **Geldprämie** *f* [cash] bonus **Geldpreis** *m* cash prize, prize money **Geldquelle** *f* financial source, source of income **Geldrente** *f* FIN annuity **Geldreserve** *f* ÖKON money reserve **Geldrolle** *f* roll of coins [*or* money] **Geldrückgabe** *f* *(an Automaten)* returned [*or* rejected] coins **Geldschein** *m* banknote, bill AM **Geldschöpfung** *f* ÖKON creation of money **Geldschrank** *m* safe **Geldschuld** *f* FIN money debt **Geldschwierigkeiten** *pl* pecuniary [*or* financial] difficulties *pl;* **in ~ sein** [*o fam* **stecken**] to be hard up [*or* pushed for money] **Geldsegen** *m kein pl* *(emph fam)* welcome sum; *(unerwartet a.)* windfall **Geldsorgen** *pl* money troubles *pl,* financial worries *pl;* ~ **haben** [*o* **in ~ sein**] to have money troubles [*or* financial worries] **Geldsorte** *f* FIN denomination **Geldspende** *f* [monetary] donation [*or* contribution] **Geldspielautomat** *m* slot machine **Geldspritze** *f* injection of money, cash injection **Geldstrafe** *f* fine; **jdn zu einer ~ verurteilen** [*o* **jdn mit einer ~ belegen**] to fine sb, to impose a fine on sb **Geldstrom** *m* ÖKON monetary flow **Geldstück** *nt* coin **Geldsumme** *f* sum of money **Geldtasche** *f* money bag [*or* pouch] **Geldtransfer** *m* FIN transfer of funds **Geldtransporter** *m* security van BRIT, armored car AM **Geldüberfluss**[RR] *m* ÖKON glut [*or* abundance] of money **Geldüberhang** *m* ÖKON surplus money **Geldumlauf** *m* circulation of money, money supply **Geldumtausch** *m* exchange of money, foreign exchange **Geldverdiener(in)** <-s, -> *m(f)* money earner; ***solange ich der einzige ~ in der Familie bin ...*** as long as I'm the only one in the family earning any money ... [*or* the only breadwinner in the family ...] **Geldverkehr** *m kein pl* money transactions *pl* **Geldverknappung** *f* FIN money shortage, monetary squeeze **Geldverlegenheit** *f* financial embarrassment *no pl;* **in ~en sein** to be short of money, to have a cash-flow problem *euph* **Geldverleiher(in)** <-s, -> *m(f)* moneylender **Geldvermehrung** *f* ÖKON increase of the currency **Geldvermögensbildung** *f* ÖKON monetary wealth formation **Geldvermögensneubildung** *f* ÖKON monetary wealth reorganization **Geldverschwendung** *f* waste of money **Geldvolumen** *nt* ÖKON money supply [*or* volume] **Geldvorrat** *m* ÖKON money supply; FIN cash reserve **Geldwaschanlage** *f* money-laundering operation [*or* outfit] **Geldwäsche** *f* money-laundering **Geldwäscher(in)** <-s, -> *m(f)* money launderer **Geldwäschestandort** *m* money laundering location **Geldwechsel** *m* exchange of money, foreign exchange; **„~"** bureau de change **geldwert** *adj* **~er Vorteil** perk *fam,* perquisite **Geldwert** *m* ❶ *(Kaufkraft)* value of a currency ❷ *(eines Gegenstandes)* cash value **Geldwesen** *nt kein pl* FIN monetary system; **Geld- und Kreditwesen** monetary and credit system **geldwirtschaftlich** *adj* ÖKON monetary, according to monetary economics *pred* **Geldzuwendungen** *pl* allowance
geleckt *adj* ► WENDUNGEN: **wie ~ aussehen** *Mensch* to be spruced up [*or* BRIT look spruce]; *Zimmer, Boden* to be [*or* look] spick and span
Gelee <-s, -s> [ʒe'le:, ʒə'le:] *m o nt* jelly
Gelée royale <-> [ʒələrɔa'jal] *nt kein pl* royal jelly
Gelege <-s, -> *nt* [clutch of] eggs
gelegen I. *pp von* **liegen**
II. *adj (passend)* convenient, opportune; **jdm gerade ~ kommen** *(iron)* ***du kommst mir gerade*** ~ your timing is brilliant *iron,* you do pick

your time *iron;* **jdm ~ kommen** to come at the right time for sb; ***diese Rechnung kommt mir nicht sehr*** ~ this bill comes just at the wrong time for me

Gelegenheit <-, -en> *f* ① *(günstiger Moment)* opportunity; **bei der nächsten** [*o* **ersten** [**besten**]] ~ at the first opportunity; **bei nächster** ~ at the next opportunity; **bei passender** ~ at an opportune moment, when the opportunity arises; **jdm die ~ bieten** [*o* **geben**], **etw zu tun** to give sb the opportunity of doing [*or* to do] sth; **die ~ haben, etw zu tun** to have the opportunity of doing [*or* to do] sth; **bei ~** some time
② *(Anlass)* occasion; **bei dieser ~** on this occasion
③ *(günstiges Angebot)* bargain
► WENDUNGEN: **~ macht Diebe** *(prov)* opportunity makes a thief; **die ~ beim Schopf**[**e**] **ergreifen fassen** [*o fam* **packen**] [*o geh* **ergreifen**] to seize [*or* grab] the opportunity with both hands

Gelegenheitsarbeit *f* casual work **Gelegenheitsarbeiter**(**in**) *m(f)* casual labourer [*or* AM -orer] **Gelegenheitsdieb**(**in**) *m(f)* occasional thief **Gelegenheitsgeschäft** *nt* HANDEL bargain, occasional deal **Gelegenheitskauf** *m* bargain [purchase]

gelegentlich I. *adj attr* occasional; **von ~en Ausnahmen abgesehen** apart from the odd exception
II. *adv* ① *(manchmal)* occasionally
② *(bei Gelegenheit)* some time; **wenn Sie ~ in der Nachbarschaft sind ...** if you happen to be around here ...

gelehrig I. *adj* quick to learn
II. *adv* **sich ~ anstellen** to be quick to learn

Gelehrigkeit <-> *f kein pl* ability to learn quickly

gelehrsam *adj* ① *(geh)* s. **gelehrig**
② *(veraltet)* s. **gelehrt**

Gelehrsamkeit <-> *f kein pl (geh)* s. **Gelehrtheit**

gelehrt *adj* ① *(gebildet)* learned, erudite
② *(wissenschaftlich)* scholarly

Gelehrte(**r**) *f(m) dekl wie adj* scholar; **darüber sind sich die ~n noch nicht einig, darüber streiten sich die ~n noch** *(hum)* the experts cannot agree on that, that's a moot point, the jury's still out on that one *fam*

Gelehrtheit <-> *f kein pl* learning, erudition, scholarship

geleimt *adj* **~e Pappe** TYPO pasteboard, size board; **~es Papier** TYPO sized paper

Geleise <-s, -> *nt* ÖSTERR, SCHWEIZ *(geh: Gleis)* platform

Geleit <-[e]s, -e> *nt* **freies** [*o* **sicheres**] ~ safe-conduct; **jdm das ~ geben** *(geh)* to escort [*or* accompany] sb; **jdm das letzte ~ geben** *(fig geh)* to pay one's last respects to sb

geleiten* *vt (geh)* ■**jdn** [**irgendwohin**] ~ to escort [*or* accompany] sb [somewhere]

Geleitschutz *m* MIL escort; **jdm/einer S. ~ geben** to escort sb/sth **Geleitwort** <-s, -e> *nt* preface **Geleitzug** *m* convoy

Gelenk <-[e]s, -e> *nt* ANAT, TECH joint

Gelenkbus *m* articulated bus **Gelenkentzündung** *f* MED arthritis **Gelenkfahrzeug** *nt* articulated vehicle **Gelenkfehlstellung** *f* malposition of a/the joint, articular malposition **Gelenkflüssigkeit** *f* articular fluid

gelenkig *adj* agile, supple

Gelenkigkeit <-> *f kein pl* agility, suppleness

Gelenkkapsel *f* joint capsule **Gelenkkopf** *m* s. Gelenkkugel **Gelenkkugel** *f* ANAT head [of a bone], condyle *spec* **Gelenkpfanne** *f* ANAT socket, glenoid *spec* **Gelenkprobleme** *pl* MED problems *pl* with a/the joint[s], arthralgia *spec* **Gelenkrheumatismus** *m* MED rheumatic fever, acute [*or* articular] rheumatism **Gelenkschmiere** *f* ANAT synovial fluid, synovia **Gelenkwelle** *f* TECH propeller [*or* drive] shaft, cardan shaft BRIT

gelernt *adj* skilled *attr;* *(qualifiziert)* trained *attr*

Gelichter <-s> *nt kein pl (pej geh)* riff-raff + *pl vb pej*

geliebt *adj* dear; **ihr ~er Mann** her dear [*or form* a. beloved] husband

Geliebte(**r**) *f(m) dekl wie adj* lover, sweetheart

geliefert *adj (fam)* ■**~ sein** to have had it *fam,* to be history *fam*

gelieren* [ʒeˈliːrən, ʒəˈliːrən] *vi* to gel

Gelierzucker *m* gelling sugar

gelind(**e**) *adj* ① *(geh: mäßig, mild)* mild, light; **ein ~es Klima** a mild [*or* gentle] climate; **ein ~er Regen/Frost** a light rain/frost
② *(fam: heftig)* awful
► WENDUNGEN: **~ gesagt** to put [*or* putting] it mildly

gelingen <gelang, gelungen> *vi sein* ■**jdm gelingt es, etw zu tun** sb succeeds in doing sth, sb manages to do sth; ■**jdm gelingt es nicht, etw zu tun** sb fails to do sth; *s. a.* **gelungen**

Gelingen <-s> *nt kein pl (geh)* success; *Projekt* successful outcome; **auf gutes ~!** to success!

gell(**e**) *interj* SÜDD, SCHWEIZ *(gelt?)* right?

gellen *vi* ■[**laut**] ~ to ring [loudly]

gellend I. *adj* piercing, shrill
II. *adv* piercingly, shrilly; **~ um Hilfe schreien** to scream for help

geloben* *vt (geh)* ■[**jdm**] **etw ~** to vow [*or* pledge] sth [to sb]; **jdm Gefolgschaft ~** to swear [*or* pledge] [*or* vow] [one's] allegiance to sb; **ein einsichtigeres Verhalten ~** to swear to behave more reasonably; ■[**jdm**] **~, etw zu tun** to swear [*or* vow] [to sb] that one will do sth

Gelöbnis <-ses, -se> *nt* ① *(geh)* vow; **ein ~ ablegen** to take a vow
② MIL vow; **das ~ ablegen** to be sworn in

gelockt *adj* curly; **ein ~es Kind** a curly-haired child

gelöst *adj* relaxed

Gelse <-, -n> *f* ÖSTERR gnat; *(größer)* mosquito

gelt *interj* SÜDD, ÖSTERR, SCHWEIZ *(nicht wahr?)* right?

Gelte <-, -n> *f* SCHWEIZ *(Bütte)* vat, tub

gelten <gilt, galt, gegolten> I. *vi* ① *(gültig sein)* ■[**für jdn**] ~ *Regelung* to be valid [for sb]; *Bestimmungen* to apply [to sb]; *Gesetz* to be in force; *Preis, Gebühr, Satz, Angebot* to be effective; *Geld* to be legal tender; **nicht mehr ~** to be no longer valid; *s. a.* **Wette**
② *(bestimmt sein für)* ■**jdm/einer S. ~** to be meant for sb/sth; *Buhrufe* to be aimed at sb/sth; *Frage* to be directed at sb; ***der Applaus gilt dir!*** the applause is for you!
③ *(geh: betreffen)* ■**jdm/einer S. ~** to be for sb/sth; ***seine ganze Liebe galt der Kunst*** art was his greatest love
④ *(zutreffen)* ■**für jdn** ~ to go [*or* hold] for sb; ***das gleiche gilt auch für mich*** the same goes for [*or* is true of] me too
⑤ *(gehalten werden)* ■**als** [*o selten* **für**] **etw ~** to be regarded as sth; ***er gilt als absolut zuverlässig*** he is regarded as being absolutely reliable
► WENDUNGEN: **etw ~ lassen** to accept sth, to let sth stand; ***für diesmal werde ich es ausnahmsweise ~ lassen*** I'll let it go this time; **etw nicht ~ lassen** to disallow sth, to cease to apply
II. *vi impers (geh)* ■**es gilt, etw zu tun** it is necessary to do sth; ***jetzt gilt es zusammenzuhalten*** it is now a matter of sticking together; **es gilt!** you're on!; **jetzt gilt's!** this is it!; **das gilt nicht!** that's not allowed!; **was gilt's?** what shall we bet for?, what do you bet?

geltend *adj attr (gültig)* current; *(vorherrschend)* prevailing; ***es ist die ~e Meinung, dass ...*** it's the prevailing opinion that ...; **etw ~ machen** *(form)* to assert sth; *(vor Gericht)* to claim sth; **einen Einwand ~ machen** to raise an objection; **Ansprüche/Forderungen ~ machen** to make claims/demands; **sich ~ machen** to make itself noticeable [*or* felt]

Geltendmachen *nt kein pl,* **Geltendmachung** *f (form)* assertion, enforcement; **~ eines Anspruchs** assertion of a claim

Geltendmachung <-> *f kein pl* JUR assertion, claiming; **~ von Ansprüchen** assertion of claims

Geltung <-, -en> *f* ① *(Gültigkeit)* validity *no indef art, no pl;* **allgemeine ~ haben** to have general application; **unmittelbare ~** immediate validity; **~ erlangen/haben** to become/be valid
② *(Ansehen)* prestige *no indef art, no pl;* **etw zur ~ bringen** to show off *sep* sth to [its] advantage; **~ haben** [*o* **besitzen**] to have influence; [**voll**] **zur ~ kommen** to be shown to [one's/its fullest] advantage; **sich/einer S.** *dat* **~ verschaffen** to establish one's position/to enforce sth

Geltungsanspruch *m* JUR assertive claim **Geltungsbedürfnis** *nt kein pl* need for admiration **geltungsbedürftig** *adj* needing admiration *pred;* *(stärker)* desperate for admiration *pred;* ■**~ sein** to need to be admired/to be desperate for admiration **Geltungsbereich** *m Fahrkarte* zone [*or* area] of validity; *Gesetz* scope, purview *form;* **in den ~ eines Gesetzes fallen** to come within the purview of a law **Geltungsdauer** *f* [period of] validity **Geltungsdrang** *m kein pl* PSYCH need for recognition **Geltungssucht** *f kein pl* PSYCH craving for recognition [*or* admiration] *no pl* **Geltungstrieb** *m* s. **Geltungsbedürfnis**

Gelübde <-s, -> *nt (geh)* vow; **ein/sein ~ ablegen** to take a/one's vow

gelungen I. *pp von* **gelingen**
II. *adj attr* successful; ***das ist doch eine ~e Überraschung, oder?*** wasn't that a great surprise?

Gelüst <-[e]s, -e> *nt,* **Gelüste** <-s, -> *nt (geh)* craving; **ein ~** [**auf etw** *akk*/**nach etw** *dat*] **haben** to have a craving [for sth]

gelüsten* *vt impers (geh)* ■**jdn gelüstet es nach etw** *dat* sb craves for sth; *(schwächer)* sb fancies sth BRIT; ■**jdn gelüstet es, etw zu tun** sb is tempted to do sth

GEMA *f Akr von* **Gesellschaft für musikalische Aufführungen und mechanische Vervielfältigungsrechte** *society for musical copyright enforcement*

gemach *interj (liter)* no rush!, take it easy!

Gemach <-[e]s, Gemächer> *nt (liter)* chamber[s *pl*] *old;* **sich in seine Gemächer zurückziehen** *(hum)* to repair to bed *hum old,* to retire to one's chamber[s] *hum old*

gemächlich I. *adj* leisurely, unhurried; **ein ~es Leben** a quiet life
II. *adv* leisurely; **~ *frühstücken*** to have a leisurely breakfast

gemacht I. *pp von* **machen**
II. *adj (fertig) Bett* made, finished
► WENDUNGEN: **ein ~er Mann sein** to be a made man; **sich ins ~e Bett legen** to have everything handed to one on a plate

Gemahl(**in**) <-s, -e> *m(f) (geh)* spouse *form,* husband *masc,* wife *fem;* ■**ihr Herr ~/Ihre Frau ~in** your husband/wife

gemahlen *adj Kaffee* ground

gemahnen* *vt (geh)* ① *(denken lassen)* ■**jdn an etw** *akk* ~ to remind sb of sth
② *(ernst erinnern)* ■[**jdn**] **an jdn ~** to [cause sb to] remember sb

Gemälde <-s, -> *nt* painting

Gemäldeausstellung *f* exhibition of paintings **Gemäldegalerie** *f* picture gallery **Gemäldesammlung** *f* art collection, collection of paintings

Gemarkung <-, -en> *f* district

gemasert *adj* grained

gemäß I. *präp +dat* in accordance with; ***~ § 198*** according to § 198; ***~ Ihrem Wunsch, Ihrem Wunsch ~*** as per your wish
II. *adj* ■**jdm/einer S. ~** appropriate to sb/sth; **einem Anlass ~e/~ere Kleidung** clothes suitable for the occasion; **ein ~es Benehmen** appropriate behaviour [*or* AM -or]; **eine seinen Fähigkeiten ~e Beschäftigung** a job suited to one's abilities; **das einzig G~e** the only fitting thing

gemäßigt *adj* ① METEO **ein ~es Klima** a temperate climate
② *(moderat)* moderate

Gemäuer <-s> *nt kein pl (geh)* masonry *no indef art, no pl,* walls *pl;* *(Ruine)* ruins *pl*

Gemecker, Gemeck(**e**)**re** <-s> *nt kein pl (pej)* ① (*(lästiges) Meckern*) bleating[s *pl*]

❷ (*fam: Nörgelei*) moaning, whining *pej,* whinging *no pl* BRIT *pej fam*

gemein I. *adj* ❶ (*niederträchtig*) mean, nasty; **das war ~ [von dir]!** that was nasty [*or* mean] [of you]!
❷ (*fam: unfair*) mean; **das ist ~!** that's so mean!
❸ (*böse*) nasty
❹ *attr, kein komp/superl* BOT, ZOOL common
❺ *pred* (*geh: gemeinsam*) ■**jdm/einer S. ~ sein** to be common to sb/sth; **etw mit jdm/etw ~ haben** to have sth in common with sb/sth
▸ WENDUNGEN: **sich mit jdm ~ machen** to be in cahoots with sb *fam*
II. *adv* (*fam*) awfully *fam,* AM *a.* awful *fam,* horribly

Gemeinbesitz *m* common property; **etw in ~ überführen** to place sth in common property

Gemeinde <-, -n> *f* ❶ (*Kommune*) municipality
❷ (*fam: ~bewohner*) community + *sing/pl vb*
❸ (*Pfarr~*) parish; (*Gläubige a.*) parishioners *pl*
❹ (*Anhängerschaft*) following

Gemeindeabgaben *pl* [local [*or* county]] rates *pl* BRIT *hist,* municipal taxes *pl* AM **Gemeindeammann** *m* SCHWEIZ (*Gemeindevorsteher*) community spokesperson [*or masc* spokesman] **Gemeindeamt** *nt* local authority **Gemeindebann** *m* SCHWEIZ (*Gemeindegebiet*) district **Gemeindebau** *m* ÖSTERR council house BRIT, town hall AM **Gemeindebeamte(r), -beamtin** *m, f* local government official [*or* officer] **Gemeindebezirk** *m* [community [*or* municipal]] district, borough BRIT; ÖSTERR district **gemeindeeigen** *adj* local authority *attr* **Gemeindefinanzen** *pl* local authority finances *pl* **Gemeindehaus** *nt* REL parish rooms *pl* **Gemeindehaushaltsrecht** *nt* JUR municipal budget law **Gemeindehelfer(in)** *m(f)* REL parish worker **Gemeindeland** *nt* JUR common land [*or* ground] **Gemeindemitglied** *nt* REL parishioner **Gemeindeordnung** *f* by[e-]laws *pl* BRIT, municipal ordinance *no pl* AM **Gemeindepflegestation** *f home nursing organized by one or more parishes* **Gemeindepräsident(in)** *m(f)* SCHWEIZ mayor, *fem a.* mayoress BRIT **Gemeinderat**[1] *m* district council **Gemeinderat, -rätin**[2] *m, f* (*~smitglied*) district councillor BRIT, councilman AM **Gemeinderatsfraktion** *f* political group within a/the municipal authority **Gemeinderecht** *nt* JUR local government law **Gemeindesaal** *m* REL church hall **Gemeindeschwester** *f* REL *parish nun operating as visiting nurse to the elderly and sick* **Gemeindesteuer** *f* local tax **Gemeindetestament** *nt* JUR last will executed before the mayor **Gemeindeverband** *m* JUR association of local authorities **Gemeindeversammlung** *f* SCHWEIZ community meeting **Gemeindeverwaltung** *f* district council **Gemeindevorstand** *m* ❶ (*Verwaltungsgremium*) aldermen *pl* BRIT *hist* (*elected members of a local government*) ❷ (*Bürgermeister*) mayor **Gemeindevorsteher(in)** *m(f) s.* Gemeindevorstand 2 **Gemeindewahl** *f* local election **Gemeindewirtschaft** *f kein pl* HANDEL municipal trading *no pl* **Gemeindezentrum** *nt* REL parish rooms *pl*

Gemeineigentum *nt* JUR common property, public ownership **Gemeingebrauch** *m* JUR common use **gemeingefährlich** *adj* (*pej*) constituting a public danger *pred form;* **ein ~er Krimineller** a dangerous criminal; ■**~ sein** to be [*or form* constitute] a danger to the public **Gemeingut** *nt kein pl* common heritage [*or* property] *no pl*

Gemeinheit <-, -en> *f* ❶ *kein pl* (*Niedertracht*) meanness *no art, no pl*
❷ (*niederträchtiges Handeln*) meanness *no art, no pl;* **so eine ~!** that was a mean thing to do!; (*Bemerkung*) mean remark
❸ (*fam: ärgerlicher Umstand*) nuisance

gemeinhin *adv* generally

Gemeinkosten *pl* overheads *npl* BRIT, overhead AM **Gemeinnutz** *m* ■**der ~** the common good
▸ WENDUNGEN: **~ geht vor Eigennutz** (*prov*) service before self *prov* **gemeinnützig** *adj* charitable **Gemeinnützigkeit** <-> *f kein pl* charitable benefit, non-profit-making character **Gemeinplatz** *m* commonplace

gemeinsam I. *adj* ❶ (*mehreren gehörend*) common, mutual; **G~er Europäischer Markt** ÖKON European Economic Community, *hist* Common Market; **ein ~es Konto** a joint account; **ein ~er Freund** a mutual friend
❷ (*von mehreren unternommen*) joint *attr;* **eine ~e Wanderung machen** to go on a hike together; ■**das G~e** common ground; **etw ~ haben** to have sth in common; **jdm ist etw ~** sb has sth in common
II. *adv* jointly, together

Gemeinsamkeit <-, -en> *f* ❶ (*gemeinsame Eigenschaft*) common ground *no art, no pl*
❷ *kein pl* (*Einvernehmen*) agreement *no pl*

Gemeinschaft <-, -en> *f* ❶ POL (*Zusammenschluss*) community; **in ~ mit jdm/etw** together [*or* jointly] with sb/sth; **~ unabhängiger Staaten** Commonwealth of Independent States
❷ *kein pl* (*gegenseitige Verbundenheit*) sense of community *no pl*
❸ JUR community, association; **~ nach Bruchteilen** community of part-owners; **eheliche ~** matrimony *form;* **häusliche ~** common household
❹ REL **die ~ der Heiligen/Gläubigen** the communion of saints/the faithful

gemeinschaftlich *adj s.* **gemeinsam**

Gemeinschaftsantenne *f* TELEK block [*or* community] aerial BRIT **Gemeinschaftsarbeit** *f* teamwork *no art, no pl;* **in ~** with teamwork **Gemeinschaftsaufgabe** *f* JUR joint task **Gemeinschaftseigentum** *nt* collective property **Gemeinschaftsentwicklung** *f* community development **Gemeinschaftserziehung** *f kein pl* co-education *no art, no pl* **Gemeinschaftsfinanzierung** *f* FIN (*Leistung*) joint [*or* group] financing; (*Abkommen*) co-financing deal **Gemeinschaftsgefühl** *nt kein pl* sense of community *no pl* **Gemeinschaftsgeist** *m kein pl* community spirit *no pl* **Gemeinschaftsgenehmigung** *f* JUR (*EU*) Community authorization **Gemeinschaftsgenehmigungsverfahren** *nt* JUR (*EU*) Community permit procedure **Gemeinschaftsinstrument** *nt* JUR (*EU*) Community instrument **Gemeinschaftsinteressen** *pl* JUR joint interests **Gemeinschafts-Kartellrecht** *nt* FIN (*EU*) Community cartel law **Gemeinschaftskonto** *nt* FIN joint account **Gemeinschaftskunde** *f kein pl* SCH social studies + *sing vb* **Gemeinschaftsleben** *nt kein pl* community life *no pl* **Gemeinschaftspatent** *nt* jointly owned patent **Gemeinschaftspatentübereinkommen** *nt* JUR (*EU*) Community Patent Convention **Gemeinschaftspraxis** *f* MED joint practice [*or* AM *a.* -se] **Gemeinschaftsproduktion** *f* ❶ *kein pl* joint production; **eine deutsch-französische ~** a joint Franco-German production ❷ RADIO, TV, FILM co-production *spec* **Gemeinschaftsraum** *m* common room **Gemeinschaftsrecht** *nt* JUR (*EU*) Community law **Gemeinschaftsschule** *f* inter-denominational school **Gemeinschaftssteuer** *f* FIN (*EU*) Community tax **Gemeinschaftsübereinkommen** *nt* JUR (*EU*) Community accord [*or* agreement] **Gemeinschaftsunternehmen** *nt* ÖKON joint venture [*or* undertaking] **Gemeinschaftsverfahren** *nt* JUR (*EU*) Community procedure **Gemeinschaftsvertrag** *m* JUR (*EU*) joint contract **Gemeinschaftswährung** *f* ÖKON common currency **Gemeinschaftszelle** *f* communal cell

Gemeinsinn *m kein pl* public spirit *no pl* **Gemeinsprache** *f* LING standard language **gemeinverständlich** *adj s.* **allgemeinverständlich** **Gemeinwesen** *nt* community **Gemeinwirtschaft** *f kein pl* FIN non-profit-making sector **Gemeinwohl** *nt kein pl* ■**das ~** the public [*or* general] welfare; **dem ~ dienen** to be in the public interest

Gemenge <-s, -> *nt* ❶ (*Mischung*) mixture; ■**ein ~ aus etw** *dat* a mixture of sth
❷ (*Gewühl*) crowd, bustle
❸ (*Durcheinander*) jumble *no pl*
▸ WENDUNGEN: **mit jdm ins ~ kommen** to come to blows with sb

gemessen I. *pp von* **messen**
II. *adj* (*geh*) proper; (*würdig langsam*) measured

Gemetzel <-s, -> *nt* massacre, bloodbath

Gemisch <-[e]s, -e> *nt* ❶ (*Mischung*) mixture; ■**ein ~ aus etw** *dat* a mixture of sth
❷ *kein pl* (*Durcheinander*) jumble *no pl*
❸ AUTO [air/fuel [*or* A/F]] mixture *spec;* **ein mageres/fettes ~** a lean/rich mixture

gemischt *adj* mixed; *s. a.* **Gesellschaft, Gefühl**

gemischtsprachig *adj* multilingual

Gemischtwarenhandlung *f* (*veraltend*) [grocery and] general shop [*or* AM store]

Gemme <-, -n> *f* cameo

gemoppelt *adj* ▸ WENDUNGEN: **doppelt ~** (*fam*) saying the same thing twice over

Gemotze <-s> *nt kein pl* (*fam*) nagging *fam*

Gemsbock *m s.* **Gämsbock**

Gemse <-, -n> *f s.* **Gämse**

Gemunkel <-s> *nt kein pl* rumour [*or* AM -or]; (*dauerndes Munkeln*) gossip

Gemurmel <-s> *nt kein pl* murmuring; (*unverständlich*) mumbling

Gemüse <-s, *selten* -> *nt* vegetables *pl;* ■**ein ~** a vegetable; **frisches ~** fresh vegetables *pl*
▸ WENDUNGEN: **junges ~** (*hum fam*) whippersnappers *pl hum dated*

Gemüseanbau *m* growing of vegetables **Gemüseaushöhler** *m sharp serrated knife for hollowing out cucumbers and courgettes etc.* **Gemüsebanane** *f* cooking banana, plantain **Gemüsebeilage** *f* vegetables *pl* **Gemüsebohne** *f* butter bean **Gemüsefach** *nt* vegetable compartment **Gemüsefrau** *f fem form von* **Gemüsemann** **Gemüsegarten** *m* vegetable garden, kitchen garden ▸ WENDUNGEN: **quer durch den ~** (*hum fam*) everything but the kitchen sink *hum* **Gemüsegärtner(in)** *m(f)* vegetable gardener **Gemüsehändler(in)** *m(f)* greengrocer BRIT, fruit and vegetable retailer **Gemüsehobel** *m* vegetable grater **Gemüsekarde** *f* cardoon **Gemüsekonserve** *f* canned [*or* BRIT *a.* tinned] vegetables *pl* **Gemüseladen** *m* fruit and vegetable store, greengrocer's BRIT **Gemüsemann** *m* vegetable seller **Gemüsemesser** *nt* vegetable knife **Gemüseplatte** *f* assorted vegetables *pl* **Gemüsesaft** *m* vegetable juice **Gemüsesorte** *f* type of vegetable **Gemüsesuppe** *f* vegetable soup [*or* broth] **Gemüsezwiebel** *f* onion

gemustert *adj* patterned; **grün und braun ~ sein** to have a green and brown pattern

Gemüt <-[e]s, -er> *nt* ❶ (*Seele*) soul
❷ (*Mensch*) soul
❸ (*Emotionen*) feelings *pl;* **ein sonniges ~ haben** (*iron fam*) to be gullible; **jds ~ bewegen** (*geh*) to stir sb's emotions [*or* heart]; **die ~er erregen** [*o* **erhitzen**] to cause a stir; **sich** *dat* **etw zu ~[e] führen** (*hum: etw einnehmen*) to indulge in sth; (*etw beherzigen*) to take sth to heart; **viel ~ haben** [*o* **besitzen**] [*o* **zeigen**] to be sentimental; **jdm aufs ~ schlagen** to get to sb *fam;* **etwas fürs ~** (*hum*) something sentimental [*or* to tug at one's/sb's heart-strings]

gemütlich I. *adj* ❶ (*bequem*) comfortable, comfy *fam,* cosy BRIT, AM *usu* cozy; **es sich/jdm ~ machen** to make oneself/sb comfortable, to get [oneself]/sb cosy *fam*
❷ (*gesellig*) pleasant; (*ungezwungen*) informal
II. *adv* ❶ (*gemächlich*) leisurely
❷ (*behaglich*) comfortably

Gemütlichkeit <-> *f kein pl* comfortableness *no art, no pl,* snugness *no art, no pl,* cosiness *no art, no pl* BRIT, coziness *no art, no pl* AM *usu;* (*Ungezwungenheit*) informality *no art, no pl;* **in aller ~** at one's leisure
▸ WENDUNGEN: **da hört doch die ~ auf!** (*fam*) that's going too far!

Gemütsart *f* disposition *form,* nature; **von stiller/heiterer/sanfter ~ sein** to have a quiet/happy/

soft disposition [*or* nature] **Gemütsbewegung** *f* [signs *pl* of] emotion **gemütskrank** *adj* emotionally disturbed **Gemütskranke(r)** *f(m)* emotionally disturbed person **Gemütskrankheit** *f* emotional disturbance *no pl* **Gemütslage** *f* mood; **je nach ~** depending on one's mood, as the mood takes me/him etc. **Gemütsmensch** *m* (*fam*) good-natured person; **du bist vielleicht ein ~!** (*iron*) you're a fine one! BRIT *fam* **Gemütsregung** *f s.* **Gemütsbewegung** **Gemütsruhe** *f* calmness *no pl;* **in aller ~** (*fam*) in one's own time, leisurely; **deine ~ möchte ich haben!** (*iron*) I'd like [to have] your cool! **Gemütsverfassung** *f,* **Gemütszustand** *m s.* **Gemütslage**

gemütvoll *adj* sentimental

gen *präp +akk* (*veraltend*) towards

Gen <-s, -e> *nt* gene

genarbt *adj* grained

genau I. *adj* ❶ (*exakt*) exact; ***haben Sie die ~e Uhrzeit?*** have you got the right [*or* exact] time?; ■**G~es/G~eres** particulars *npl*/further details *pl;* ***man weiß noch nichts G~es*** nobody knows any details as yet

❷ (*gewissenhaft*) meticulous; ■**[in etw *dat*] ~ sein** to be meticulous [in sth]

II. *adv* ❶ (*exakt*) exactly, precisely; **~!** (*fam*) exactly!, precisely!, quite!; **~ in der Mitte** right in the middle; **~ genommen** strictly speaking; **etw ~er betrachten** to take a closer look at sth; **~ *das Gegenteil trifft zu*** just [*or* exactly] the opposite is true; **~estens, aufs ~este** [*o* **G~este**] [right] down to the last detail; **etw [nicht] ~ wissen** to [not] know sth for certain [*or* sure]; ***so ~ wollte ich es [nun auch wieder] nicht wissen!*** (*iron*) [you can] spare me the details!; **auf den Millimeter ~** accurate to the millimetre BRIT, dead nuts AM *sl;* **auf die Minute ~** exactly [*or* dead] on time

❷ (*eben, gerade*) just; ***sie ist ~ die richtige Frau für diesen Job*** she's just the right woman for the job

► WENDUNGEN: **es [mit etw *dat*] [nicht] ~ nehmen** to [not] be very particular [about sth]; **wenn man es ~ nimmt** strictly speaking

genaugenommen *adv s.* **genau II 1**

Genauigkeit <-> *f kein pl* exactness, precision; *Daten* accuracy; (*Sorgfalt*) meticulousness

genauso *adv* just [*or* exactly] the same; ***mir geht es ganz ~*** I feel exactly the same; **~ frech/kalt/klein etc. wie ...** just as cheeky BRIT /cold/small etc. as ...; **~ gut** just as well; **~ viel** just as much; **~ wenig** just as little; *s. a.* **ebenso**

genausogut *adv s.* genauso **genausoviel** *adv s.* genauso **genausowenig** *adv s.* **genauso**

Genbank *f* gene bank

Gendarm <-en, -en> [ʒan'darm, ʒã'darm] *m* ÖSTERR (*Polizist*) gendarme

Gendarmerie <-, -n> [ʒandarmə'riː, ʒãdarmə'riː, 'riːən] *f* ÖSTERR (*Polizeistation*) gendarmerie

Genealoge, Genealogin <-n, -n> *m, f* genealogist

Genealogie <-> ['giːən] *f kein pl* genealogy

genealogisch *adj* genealogical

genehm *adj* (*geh*) suitable, acceptable; ■**jdm ~[er] sein** to suit sb [better]; ■**jdm [nicht] ~ sein** to [not] be agreeable to sb; **wenn es ~ ist** if that is agreeable, if you don't mind

genehmigen* I. *vt* ■**[jdm] etw ~** to grant [sb] permission for sth, to approve sth; **„genehmigt"** "approved"; **das Protokoll ~** ADMIN to approve the minutes

II. *vr* ■**sich *dat* etw ~** to indulge in sth; **sich *dat* etw von seinem Geld ~** to splash out on sth BRIT, to spend money freely; **sich *dat* einen ~** (*hum fam*) to have a little drink *a. hum*

genehmigt I. *pp von* **genehmigen**

II. *adj* *Verfahren* approved, authorized; **nicht ~** unofficial, unapproved

Genehmigung <-, -en> *f* ❶ (*das Genehmigen*) approval *no art, no pl;* **~ von Investitionsprojekten** approval of investment projects

❷ (*Berechtigungsschein*) permit, permission *no indef art, no pl,* licence [*or* AM -se]; (*Ermächtigung*) authorization; **eine ~ beantragen/einholen** to seek permission/to take out a licence; **eine ~ erhalten** to obtain permission; **mit amtlicher ~** by authority

Genehmigungsantrag *m* JUR application for a permit **genehmigungsbedürftig** *adj* JUR subject to approval **Genehmigungsbehörde** *f* JUR approving authority, authorizing body [*or* agency] **Genehmigungserfordernisse** *pl* JUR licensing requirements **Genehmigungskartell** *nt* ÖKON licensing cartel **Genehmigungspflicht** *f* licence [*or* AM -se] requirement **genehmigungspflichtig** *adj* requiring a licence [*or* AM -se] *pred;* ■**~ sein** to need [*or* require] a licence **Genehmigungsstelle** *f* JUR licensing authority [*or* agency] **Genehmigungsverfahren** *nt* authorization process; JUR licensing procedure, AM licensure **Genehmigungszertifikat** *nt* JUR permit, certificate of approval

geneigt *adj* (*geh*) kind, friendly; ■**jdm ~ sein** to be well [*or* favourably] [*or* AM favorably] disposed towards sb; ■**~ sein, etw zu tun** to be inclined to do sth; **sich jdm ~ zeigen** to show sb kindness

Geneigtheit <-> *f kein pl* (*geh*) ❶ (*Wohlwollen*) goodwill; ■**jds ~ jdm gegenüber** sb's goodwill towards sb

❷ (*Bereitwilligkeit*) willingness; ■**jds ~, etw zu tun** sb's willingness to do sth

Genera *pl von* **Genus**

General(in) <-[e]s, -e *o* Generäle> *m(f)* general; **der kommandierende ~** the general in command

Generalamnestie *f* general amnesty **Generalanwalt, -anwältin** *m, f* JUR (*am EU-Gerichtshof*) Advocate General **Generalbevollmächtigte(r)** *f(m) dekl wie adj* general agent **Generalbundesanwalt, -anwältin** *m, f* Federal Public Prosecutor BRIT, Chief Federal Prosecutor AM **Generaldirektor(in)** *m(f)* president, director general **Generalhandlungsvollmacht** *f* JUR general power of attorney **Generalinspekteur(in)** *m(f)* MIL inspector general **Generalintendant(in)** *m(f)* THEAT, MUS director

generalisieren* *vi* (*geh*) to generalize

Generalist(in) <-en, -en> *m(f)* generalist

Generalität <-, *selten* -en> *f* MIL generals *pl*

Generalklausel *f* JUR comprehensive clause **Generalkonsul(in)** *m(f)* consul general **Generalkonsulat** *nt* consulate general **Generalleutnant(in)** *m(f)* lieutenant general **Generalmajor(in)** *m(f)* major general BRIT, brigadier general AM **Generalprävention** *f* JUR crime prevention **Generalprobe** *f* THEAT dress rehearsal; MUS final rehearsal **Generalsekretär(in)** *m(f)* general secretary; (*höchster Beamter*) Secretary-General **Generalstaatsanwalt, -anwältin** *m, f* ≈ district attorney AM (*chief public prosecutor at a provincial high court*) **Generalstaatsanwaltschaft** *f* public prosecutor's office **Generalstab** *m* MIL general staff + *sing/pl vb* **Generalstabschef(in)** *m(f)* general chief of staff **Generalstabskarte** *f* ordnance survey map **generalstabsmäßig** *adv* meticulously **Generalstreik** *m* general strike **generalüberholen*** *vt nur infin und pp* ■**etw ~** to completely overhaul sth; ■**generalüberholt werden** to have a complete overhaul; ■**etw ~ lassen** to take sth in for a complete overhaul; ■**generalüberholt** completely overhauled **Generalüberholung** <-> *f kein pl* TECH complete overhaul **Generalunternehmervertrag** *m* JUR lead management contract **Generaluntersuchung** *f* complete check-up **Generalversammlung** *f* general meeting; **~ der UNO** General Assembly, GA **Generalvertreter(in)** *m(f)* general representative **Generalvertretung** *f* ÖKON sole [*or* general] agency **Generalvollmacht** *f* general [*or* full] power of attorney

Generation <-, -en> *f* ❶ (*Menschenalter*) generation; **seit ~en** for generations

❷ (*Menschen einer ~*) generation + *sing/pl vb;* **die ältere ~** the older generation + *sing/pl vb;* **die heranwachsende ~** the adolescent generation + *sing/pl vb;* **die junge/jüngere ~** the young/younger generation + *sing/pl vb*

❸ SOZIOL generation

❹ TECH, INFORM generation

Generationenprinzip *nt* INFORM generation method **Generationenvertrag** *m younger generation's commitment to provide for the older generation, i.e. in form of pensions* **Generationenwechsel** *m* new generation; BIOL alternation of generations

Generationskonflikt *m* generation gap **Generationswechsel** *m* ❶ SOZIOL change of generation ❷ BIOL alternation of generations

Generator <-s, -toren> *m* TECH generator

generell I. *adj* general

II. *adv* generally; **~ *kann man sagen, ...*** generally one can say, ...

generieren* *vt* INFORM ■**etw ~** to generate sth

Generierung <-> *f kein pl* generation

Generikum <-s, -ka> *nt* PHARM generic [drug]

generös *adj* (*geh*) generous, munificent *form*

genervt I. *pp von* **nerven**

II. *adj* (*fam*) ■**~ sein** ❶ (*nervlich strapaziert*) to be stressed out

❷ (*gereizt*) to be irritated

Genese <-, -n> *f* MED genesis *no pl form*

genesen <genas, genesen> *vi* *sein* (*geh*) ■**[nach/von etw *dat*] ~** to recover [after/from sth], to convalesce

Genesende(r) *f(m) dekl wie adj* convalescent

Genesis <-> *f kein pl* REL ■**die ~** [the Book of] Genesis

Genesung <-, *selten* -en> *f* (*geh*) convalescence *no pl,* recovery *no pl;* **auf dem Wege der ~** on the road to recovery; **[jdm] baldige ~ wünschen** to wish [sb] a speedy recovery

Genesungsurlaub *m* MIL convalescent leave

Genetik <-> *f kein pl* genetics + *sing vb*

Genetiker(in) <-s, -> *m(f)* geneticist

genetisch *adj* genetic; **~er Code** genetic code; **~er Fingerabdruck** genetic [*or* DNA] fingerprint

Genf <-s> *nt* Geneva

Genfer *adj* Genevan, Genevese; **~ Konvention** Geneva Convention

Genfer See *m* Lake Geneva

Genforscher(in) *m(f)* genetic researcher **Genforschung** *f* genetic research

genial *adj* ❶ (*überragend*) brilliant; (*erfinderisch*) ingenious

❷ (*erfindungsreich*) inspired

Genialität <-> *f kein pl* ❶ (*überragende Art*) genius *no pl*

❷ (*Erfindungsreichtum*) ingenuity *no art, no pl*

Genick <-[e]s, -e> *nt* neck; **ein steifes ~** (*fam*) a stiff neck; **jdm/sich das ~ brechen** to break sb's/one's neck

► WENDUNGEN: **jdm das ~ brechen** (*fig*) to finish sb

Genickschuss[RR] *m* shot in the neck **Genickstarre** *f* stiffness of the neck; **~ haben** (*fam*) to have a stiff neck; MED [cerebral] meningitis *no pl*

Genie <-s, -s> [ʒe'niː] *nt* ❶ (*Mensch*) genius; **ein verkanntes ~** an unrecognized genius

❷ *kein pl* (*Fähigkeit*) genius *no art, no pl*

Genien ['geːniən] *pl von* **Genius**

genieren* [ʒe'niːrən] *vr* ■**sich [vor jdm] ~** to be embarrassed [*or* shy] [in front of sb]; **~ *Sie sich nicht!*** don't be shy!; ■**sich für etw *akk* ~** to be embarrassed about sth; ■**sich ~, etw zu tun** to not like doing sth

genießbar *adj* (*essbar*) edible; (*trinkbar*) drinkable; **nicht ~ sein** (*fam*) to be unbearable

genießen <genoss, genossen> *vt* ❶ (*auskosten*) ■**etw ~** to enjoy [*or* relish] sth; (*bewusst kosten*) to savour [*or* AM -or] sth

❷ (*essen*) ■**etw ~** to eat sth; ■**nicht zu ~ sein** to be inedible; (*trinken*) to drink

❸ (*geh: erfahren*) ■**etw ~** to enjoy sth

► WENDUNGEN: **nicht zu ~ sein** (*fam*) to be unbearable

Genießer(in) <-s, -> *m(f)* gourmet; **ein stiller ~**

sb who knows how to enjoy life in his own quiet way [*or* BRIT on the quiet]; **ein stiller ~ sein** to know how to enjoy life on the quiet [*or* in one's quiet way]; **ein stiller ~ von etw** *dat* **sein** to know how to enjoy sth in one's quiet way

genießerisch I. *adj* appreciative
II. *adv* with pleasure [*or* relish]

Geniestreich [ʒe'ni:] *m* (*iron fam*) a stroke of genius *a. iron* **Genietruppe** *f* MIL SCHWEIZ engineer corps

genital I. *adj* genital
II. *adv* ***sie wurde ~ untersucht*** her genitals were examined

Genitalbereich *m* genital area

Genitalien *pl* genitals *npl*, genitalia *npl spec*

Genitiv <-s, -e> *m* LING genitive [case]

Genius <-, Genien> ['ge:niən] *m* ❶ (*Genie*) genius
❷ (*schöpferischer Geist*) genius

Gen-Kode *m* genetic code **Genlebensmittel** *nt* genetically altered [*or* engineered] food **Genmanipulation** *f* genetic manipulation **genmanipuliert** *adj* genetically engineered [*or* modified]

Genom <-s, -e> *nt* genome *spec*

Genomanalyse *f* BIOL, MED genome analysis, Human Genome Project

genoppt *adj* nubbly; **~es Garn** knopped yarn *spec*

genormt *adj* standardized

Genosse, Genossin <-n, -n> *m, f* comrade; **... und ~n** (*pej*) ... and his/her posse *fam* [*or pej* cronies]

Genossenschaft <-, -en> *f* cooperative, co-op; **eingetragene ~** registered cooperative society

Genossenschaft(l)er(in) <-s, -> *m(f)* member of a cooperative

genossenschaftlich I. *adj* cooperative
II. *adv* **~ organisiert** organized as a cooperative

Genossenschaftsbank <-banken> *f* cooperative [*or* AM mutual savings] bank **Genossenschaftseigentum** *nt* HANDEL cooperative property **Genossenschaftsrecht** *nt* JUR law of cooperative societies **Genossenschaftsregister** *nt* JUR Register of Cooperative Societies **Genossenschaftsverband** *m* JUR cooperative union

Genossin *f fem form von* **Genosse**

genötigt *adj* forced; **■~ sein, etw zu tun** to be forced [*or* obliged] to do sth; **sich ~ sehen, etw zu tun** to feel obliged [*or* compelled] to do sth

Genotyp <-s, -en> *m* BIOL genotype

Genozid <-[e]s, -e *o* -ien> [diən] *m o nt* (*geh*) genocide *no art, no pl*; **■~ an jdm** genocide against sb

Genpatent *nt* gene patent **Genpool** <-s, -e> *m* BIOL gene pool

Genre <-s, -s> ['ʒãrə] *nt* KUNST, LITER genre *spec*; **nicht jds ~ sein** to not be sb's thing

Genrebild ['ʒãrə] *nt* genre painting **Genremalerei** *f* genre painting *no art, no pl*

Genschutzinitiative *f* gene protection initiative (*attempt by 30 Swiss environmental organizations to limit genetic engineering experiments*)

Gensonde *f* BIOL, MED DNA probe

Gent <-s> *nt* Ghent

Gentechnik *f* genetic engineering *no art, no pl* **Gentechniker(in)** *m(f)* genetic engineer **Gentechnikgegner(in)** *m(f)* opponent of genetic engineering **Gentechnikgesetz** *nt* JUR law on genetic engineering **gentechnisch** I. *adj* **~e Methoden** methods in genetic engineering II. *adv* using genetic engineering; **etw ~ manipulieren** to genetically manipulate sth, to manipulate sth by means of genetic engineering **Gentechnologie** *f* genetic engineering *no art, no pl* **Gentest** *m* genetic test **Gentherapie** *f* MED gene [*or* genetic] therapy

Gentlemen's Agreement <- -, - -s> ['dʒentlmənz ə'gri:mənt] *nt* JUR gentlemen's agreement

Gentransfer *m* BIOL, MED gene transfer **Gentransport** *m* transport [*or* transfer] of genes

Genua <-s> *nt* Genoa

genuesisch *adj* Genoese, Genovese

genug *adv* enough; **~ *jetzt/davon!*** enough of that!; ***es ist noch ~ Zeit*** there's still enough [*or* sufficient] time; **groß etc. ~** big etc. enough; **■~ einer S.** *gen* enough of sth; ***ich kann davon einfach nicht ~ bekommen*** [*o fam* ***kriegen***]***!*** I just can't get enough of it; **~ haben** to have [got] enough; **[von etw** *dat*] **~ haben** to have had enough [of sth]; **jetzt ist['s] aber ~!** that's enough!, that does it!; **sich** *dat* **selbst ~ sein** to be happy with one's own company; *s. a.* **damit, schlimm, wenig**

Genüge <-> *f kein pl* **einer S.** *dat* **~ tun** (*geh*) to satisfy [*or* meet [with]] sth; **zur ~** [quite] enough; (*oft genug*) often enough

genügen* *vi* ❶ (*ausreichen*) **■[jdm] ~** to be enough [*or* sufficient] [for sb]; **■für jdn ~** to be enough for sb
❷ (*gerecht werden*) **■einer S.** *dat* **~** to fulfil [*or* AM *usu* -ll] sth

genügend *adv* enough, sufficient

genügsam I. *adj* (*bescheiden*) modest; (*pflegeleicht*) undemanding
II. *adv* modestly

Genügsamkeit <-> *f kein pl* modesty, simple needs *pl*

Genugtuung <-, *selten* -en> *f* ❶ (*Befriedigung*) satisfaction
❷ (*geh: Wiedergutmachung*) compensation; **für etw** *akk* **~ leisten** to make amends for sth

genuin (*geh*) I. *adj* ❶ MED (*angeboren*) *Krankheit* congenital
❷ (*geh: rein, unverfälscht*) authentic, genuine
II. *adv* genuinely

Genus <-, Genera> *nt* LING gender *spec*

Genuss[RR] <-es, Genüsse> *m*, **Genuß** <-sses, Genüsse> *m* ❶ (*Köstlichkeit*) [culinary] delight
❷ *kein pl* (*geh: das Zusichnehmen*) consumption *no art, no pl*; ***der übermäßige ~ von Tabak ist gesundheitsschädlich*** excessive smoking is damaging to one's health
❸ (*das Genießen*) enjoyment; **in den ~ einer S.** *gen* [*o fam* **von etw** *dat*] **kommen** to enjoy sth; (*aus etw Nutzen ziehen a.*) to benefit from sth; **mit ~** with relish; **etw mit ~ tun** to do sth with relish, to relish sth; **ein ~ sein, etw zu tun** to be a pleasure doing/to do sth

genüsslich[RR], **genüßlich** I. *adj* pleasurable
II. *adv* with relish

Genussmensch[RR] *m* hedonist **Genussmittel**[RR] *nt* luxury foods, alcohol and tobacco **Genussrecht**[RR] *nt* JUR, FIN right of enjoyment, participating right **Genussschein**[RR] *m* FIN [profit] participating certificate *spec* **Genusssucht**[RR] *f kein pl* (*pej*) hedonism *no art, no pl* **genusssüchtig**[RR] *adj* (*pej*) hedonistic

genussvoll[RR], **genußvoll** I. *adv* appreciatively; *essen, trinken* with relish
II. *adj* (*genüsslich*) appreciative; (*erfreulich*) highly enjoyable

genverändert *adj* genetically manipulated

Geobotanik *f* BOT plant geography **Geochemie** *f* geochemistry **geocodieren*** *vt* **■etw ~** to code sth geographically **Geo-Dreieck, Geodreieck®** *nt* MATH (*fam*) set square **Geodynamik** *f* GEOL geodynamics + *sing vb*

geöffnet I. *pp von* **öffnen**
II. *adj* open; **bis 1 Uhr ~** open till 1 a.m.

Geograf(in)[RR] <-en, -en> *m(f) s.* **Geograph**

Geografie[RR] <-> *f kein pl s.* **Geographie**

geografisch[RR] *adj s.* **geographisch**

Geograph(in) <-en, -en> *m(f)* geographer

Geographie <-> *f kein pl* geography *no art, no pl*

geographisch *adj* geographic[al]

Geologe, Geologin <-n, -n> *m, f* geologist

Geologie <-> *f kein pl* geology *no art, no pl*

geologisch *adj* geological; **~e Datierung** geological dating

Geomarketing *nt kein pl* geomarketing **Geometer** <-s, -> *m* MATH geometer

Geometrie <-> *f kein pl* geometry *no art, no pl*

geometrisch *adj* geometric

Geomorphologie *f* geomorphology, geomorphogeny **Geoökologie** *f* geoecology **Geophysik** *f* geophysics *no art, + sing vb* **Geopolitik** *f* geopolitics *no art, + sing vb* **geopolitisch** *adj* geopolitical

geordnet I. *pp von* **ordnen**
II. *adj* ❶ (*in einer bestimmten Weise angeordnet*) arranged; **nach Größe ~ sein** to be ordered [*or* arranged] according to size
❷ (*in angemessener Weise geregelt*) orderly, [well-]organized; **einen ~en Geschäftsablauf sichern** to insure an orderly course of business; **in ~en Verhältnissen leben** to live an orderly life; **ein ~er Rückzug** MIL an orderly retreat

Georg *m* George

Georgetown <-s> ['dʒɔ:dʒtaʊn] *nt* George Town

Georgien <-s> *nt* Georgia; *s. a.* **Deutschland**

Georgier(in) <-s, -> *m(f)* Georgian; *s. a.* **Deutsche(r)**

georgisch *adj* Georgian; *s. a.* **deutsch**

Georgisch *nt dekl wie adj* Georgian; *s. a.* **Deutsch**

georgisch *adj* Georgian; *s. a.* **deutsch**

Georgische <-n> *nt* **■das ~** Georgian, the Georgian language; *s. a.* **Deutsche**

geostationär *adj* ASTRON **~er Satellit** geostationary satellite **Geothermie** <-> *f kein pl* GEOL natural heat of the earth **Geothermik** *f* geothermal studies *pl* **geothermisch** *adj* geothermal **Geowissenschaft** *f* geoscience *no art, no pl spec* **Geowissenschaftler(in)** *m(f)* geoscientist *spec* **geozentrisch** *adj* ASTRON geocentric

Gepäck <-[e]s> *nt kein pl* luggage *no pl*, baggage *no pl esp* AM

Gepäckabfertigung *f* ❶ *kein pl* (*Vorgang*) luggage [*or esp* AM baggage] check-in *no pl* ❷ (*Schalter*) luggage [*or esp* AM baggage] check-in **Gepäckablage** *f* luggage rack **Gepäckabteil** *nt* baggage compartment **Gepäckanhänger** *m* baggage label [*or* tag] **Gepäckannahme** *f* ❶ *kein pl* (*Vorgang*) checking-in of luggage [*or esp* AM baggage] *no pl* ❷ (*Schalter*) luggage [*or esp* AM baggage] check-in **Gepäckannahmeschalter** *m* left-luggage office [*or* counter] BRIT, baggage room AM **Gepäckaufbewahrung** *f* ❶ (*das Aufbewahren*) looking after left-luggage ❷ (*Schalter*) left-luggage office BRIT, baggage room AM **Gepäckaufbewahrungsschein** *m* left-luggage ticket BRIT, baggage check AM **Gepäckaufgabe** *f* BAHN ❶ *kein pl* (*Aufgeben des Reisegepäcks*) handing in of unaccompanied baggage ❷ (*Schalter*) [in-counter of the] luggage [*or* baggage] office; (*das Aufgeben*) checking of baggage [*or* BRIT *a.* luggage] **Gepäckaufkleber** *m* luggage [*or* AM *a.* baggage] sticker [*or* label] **Gepäckausgabe** *f* ❶ *kein pl* (*Vorgang*) giving out of left-luggage ❷ (*Schalter*) luggage reclaim BRIT, baggage pickup AM **Gepäcketikett** *nt* baggage tag **Gepäckkarren** *m* luggage trolley BRIT, baggage cart AM **Gepäckkontrolle** *f* luggage [*or* AM *esp* baggage] check [*or* control] **Gepäcknetz** *nt* luggage rack **Gepäckraum** *m* LUFT, NAUT baggage hold; BAHN luggage compartment **Gepäckschalter** *m* cloakroom, left-luggage office BRIT, baggage room AM **Gepäckschein** *m* luggage [*or esp* AM baggage] ticket **Gepäckschließfach** *nt* baggage [*or* BRIT *a.* luggage] locker **Gepäckstück** *nt* piece [*or* item] of luggage [*or* AM *esp* baggage] **Gepäckträger**[1] *m* (*am Fahrrad*) carrier **Gepäckträger(in)**[2] *m(f)* porter, baggage handler **Gepäckversicherung** *f* baggage [*or* BRIT *a.* luggage] insurance **Gepäckwagen** *m* luggage van BRIT, baggage car AM

gepanzert I. *pp von* **panzern**
II. *adj Fahrzeug* armoured BRIT, armored AM

Gepard <-s, -e> *m* cheetah

gepfeffert *adj* (*fam*) ❶ (*überaus hoch*) steep *fam*
❷ (*schwierig*) tough

gepflegt I. *adj* ❶ (*nicht vernachlässigt*) well looked after; **ein ~es Aussehen** a well-groomed appearance; **ein ~er Garten** a well-tended garden; **ein ~er Park** a well-kept park
❷ (*fam: kultiviert*) civilized; **eine ~e Atmosphäre**

a sophisticated atmosphere; **eine ~e Ausdrucksweise/ein ~es Gespräch** a cultured expression/conversation
❸ (*erstklassig*) first-rate, excellent; **ein ~es Restaurant** a first-rate Restaurant; **~e Weine** excellent [*or* select] wines
II. *adv* ❶ (*kultiviert*) in a civilized way; **sich ~ ausdrücken** to have a cultured way of speaking; **sich ~ unterhalten** to have a civilized conversation
❷ (*erstklassig*) **~ essen gehen** to go to a first-rate restaurant; **~ wohnen** to live in style
Gepflegtheit <-> *f kein pl* well-groomed appearance
Gepflogenheit <-, -en> *f* (*geh*) habit
gepierct [-pɪəst] *adj* pierced
Geplänkel <-s> *nt kein pl* ❶ MIL (*veraltend: leichtes Gefecht*) skirmish
❷ (*harmlose Auseinandersetzung*) squabble *fam*
geplant I. *pp von* **planen**
II. *adj Rücktritt* planned
Geplapper <-s> *nt kein pl* chatter[ing] *no pl*, babblings *npl pej*
Geplärr <-[e]s> *nt*, **Geplärre** <-s> *nt kein pl* (*pej fam*) bawling *no def art, no pl*
Geplätscher <-s> *nt kein pl* splashing *no def art, no pl*
Geplauder <-s> *nt kein pl* chatt[er]ing
Gepolter <-s> *nt kein pl* banging; (*stumpf*) thudding *no pl*
Gepräge <-s> *nt kein pl* (*geh*) character *no pl*
geprüft *adj* ❶ JUR examined; (*auf Richtigkeit*) verified
❷ FIN audited
gepunktet *adj* ❶ (*aus Punkten bestehend*) dotted
❷ (*mit Punkten versehen*) spotted, polka-dot *attr*
gequält I. *adj* forced
II. *adv* **~ lachen/seufzen** to give a forced [*or* to force a] smile/sigh
Gequassel <-s> *nt kein pl* (*pej fam*) yacking *fam*, rabbiting BRIT *pej fam*
Gequatsche <-s> *nt kein pl* (*pej sl*) chattering, gabbing *no pl*, fam
gerade I. *adj* ❶ (*nicht krumm, aufrecht*) straight; (*aufrecht*) upright; **etw ~ biegen** to straighten out sth *sep*; **etw ~ halten** to hold [*or* keep] sth straight; **sich ~ halten** to hold oneself [up] straight; **~ sitzen** to sit up straight; ***sitz ~!*** sit up straight!; **~ stehen** to stand up straight
❷ (*opp: ungerade*) even
❸ (*aufrichtig*) honest; **ein ~r Mensch** an upright [*or* honest] person
II. *adv* (*fam*) ❶ (*im Augenblick, soeben*) just; ***haben Sie ~ einen Moment Zeit?*** do you have time just now?; ***da du ~ da bist, …*** just while you're here, …; ***ich wollte mich ~ ins Bad begeben, da…*** I was just about to get into the bath when …; ***der Bus ist uns ~ vor der Nase weggefahren!*** we've just missed the bus!; ***da wir ~ von Geld sprechen, …*** talking of money, …; ***über was unterhaltet ihr euch denn da ~?*** what are you talking about just now?
❷ (*knapp*) just; ***sie verdient ~ so viel, dass sie davon leben kann*** she earns just enough for her to live on; ***sie hat die Prüfung ~ so bestanden*** she only just passed the exam; ***ich kam ~ [noch] rechtzeitig*** I came just in time
❸ (*genau*) just; **~ *heute hab' ich an dich gedacht*** I was thinking of you only today; ***es war ~ umgekehrt!*** it was just [*or* exactly] the opposite
III. *part* (*ausgerechnet*) ***warum ~ er/ich?*** why him/me of all people?; **~ heute/morgen** today/tomorrow of all days; ***warum ~ jetzt?*** why now of all times?; (*speziell*) **~ *du solltest dafür Verständnis haben*** you of all people should be understanding of that; **~ *du kannst dich beklagen*** (*iron*) what are *you* complaining about?; **~ *deswegen*** that's precisely why
► WENDUNGEN: **das hat ~ noch gefehlt!** (*iron*) that's all I need!; **so ist es ~ nicht!** that's just the way it isn't!; **nicht ~ billig etc.** not exactly cheap etc.; **~, weil …** especially because …, for the very reason that …
Gerade <-n, -n> *f* ❶ MATH straight line
❷ SPORT straight
❸ (*beim Boxen*) straight; **eine linke/rechte ~** a straight left/right
geradeaus *adv* straight ahead; **~ fahren** to drive straight on **gerade|biegen** *vt irreg* ■**etw ~** ❶ (*in gerade Form biegen*) *s.* **gerade I 1** ❷ (*fam: in Ordnung bringen*) to straighten [*or* sort] out sth *sep* **gerade|halten** *vr, vt irreg s.* **gerade I 1 geradeheraus I.** *adj pred* (*fam*) straightforward, frank, plain-spoken **II.** *adv* (*fam*) frankly
gerädert *adj* (*fam*) ► WENDUNGEN: **wie ~ sein, sich wie ~ fühlen** to be [*or* feel] completely [*or* absolutely] exhausted [*or* BRIT whacked] *fam*
gerade|sitzen *vi irreg s.* **gerade I 1 geradeso** *adv s.* **ebenso geradesoviel** *adv s.* **ebenso 1 gerade|stehen** *vi irreg* ❶ (*aufrecht stehen*) *s.* **gerade I 1** ❷ (*einstehen*) ■**für jdn/etw ~** to answer for sb/sth **geradewegs** *adv* straight; **~ *nach Hause*** straight home **geradezu** *adv* really, absolutely; **~ lächerlich etc.** really [*or* absolutely] [*or* nothing short of] ridiculous etc.
Geradheit <-> *f kein pl* straightforwardness, sincerity
geradläufig *adj* BAU straight **geradlinig I.** *adj* ❶ (*in gerader Richtung*) straight ❷ (*aufrichtig*) straight **II.** *adv* straight; **~ verlaufen** to run in a straight line **Geradlinigkeit** *f* ❶ (*Verlaufen in gerader Richtung*) straightness ❷ (*fig: Aufrichtigkeit*) straightness, straight-laced nature
gerammelt *adv* **~ voll** (*fam*) jam-packed, chock-a-block BRIT *fam*
Gerangel <-s> *nt kein pl* ❶ (*Balgerei*) scrapping *no art, no pl*; (*Geschubse*) tussle
❷ (*Auseinandersetzung*) quarrelling [*or* AM *usu* quarreling] *no art*
Geranie <-, -n> [niə] *f* geranium
Gerant(in) <-en, -en> *m(f)* SCHWEIZ (*Gastwirt*) restaurant proprietor
Gerassel <-s> *nt kein pl* (*fam*) rattling
gerastert *adj* **~er Vierfarbsatz** TYPO four colour [*or* AM -or] halftone set
Gerät <-[e]s, -e> *nt* ❶ (*Vorrichtung*) device, gadget; (*Garten~*) tool
❷ ELEK, TECH piece of equipment, appliance; ■**~e** equipment *nsing*; (*Fernseh~, Radio~*) set
❸ SPORT (*Turn~*) [piece of] apparatus
❹ *kein pl* (*Ausrüstung*) equipment *no pl*; *eines Handwerkers* tools *pl*
geraten¹ <gerät, geriet, geraten> *vi sein* ❶ (*zufällig gelangen*) ■**irgendwohin ~** to get to somewhere; **in schlechte Gesellschaft/eine Schlägerei/einen Stau ~** to get into bad company/a fight/a traffic jam; **an einen Ort ~** to come to a place
❷ (*unbeabsichtigt kommen*) ■**[mit etw** *dat*] **an/in/unter etw** *akk* **~** to get [sth] caught in/under sth; **unter einen Lastwagen ~** to fall under a lorry [*or* AM truck]; **in einen Sturm ~** to get caught in a storm
❸ (*sich konfrontiert sehen mit*) ■**in etw** *akk* **~** to get into sth; **in Armut ~** to end up in poverty; **in eine Falle ~** to fall into a trap; **in Gefangenschaft ~** to be taken prisoner; **in Schulden/Schwierigkeiten/eine Situation ~** to get into debt[s]/difficulties/a situation
❹ (*erfüllt werden von*) ■**in etw** *akk* **~** to get into sth; **in Furcht/Verlegenheit/Wut ~** to get scared/embarrassed/angry; **in Panik ~** to start to panic
❺ *Funktionsverb* (*beginnen, etw zu tun*) ■**in etw** *akk* **~** to begin to do sth; **in Bewegung ~** to begin to move; **in Brand ~** to catch fire; **ins Schleudern ~** to get into a skid; **ins Schwärmen/Träumen ~** to fall into a rapture/dream; **ins Stocken ~** to come to a halt; **in Vergessenheit ~** to fall into oblivion
❻ (*ausfallen*) ***der Pulli ist mir zu groß ~*** my jumper turned out too big; ***das Essay ist zu kurz ~*** the essay turned out too short
❼ (*gelingen*) ***das Soufflé ist mir ~/mir nicht ~*** my souffle turned/didn't turn out well; ***alle meine Kinder sind gut ~*** all my children turned out well
❽ (*fam: kennen lernen*) ■**an jdn ~** to come across sb
❾ (*arten*) ■**nach jdm ~** to take after sb
► WENDUNGEN: **[vor etw** *dat*] **[über jdn/etw] außer sich ~** to be beside oneself [with sth] [over sb/sth]
geraten² I. *pp von* **raten**
II. *adj* (*geh*) advisable
Geräteraum *m* equipment room **Geräteschuppen** *m* tool shed **Gerätesicherheitsgesetz** *nt* JUR Equipment Safety Law **Gerätesteuerung** *f* INFORM device control **Geräteturnen** *nt* gymnastics + *sing vb* (*on apparatus*); (*Schulübung a.*) apparatus work *no pl*
Geratewohl [gəraːtəˈvoːl, gəˈraːtəvoːl] *nt* ► WENDUNGEN: **aufs ~** (*fam: auf gut Glück*) on the off-chance; (*willkürlich*) randomly; ***wir schlugen aufs ~ diesen Weg ein*** we decided to trust our luck and came this way
Gerätschaften *pl* tools *pl*, equipment *sing*
Geratter <-s> *nt kein pl* (*pej fam*) clatter[ing], rattle, rattling
Geräucherte(s) *nt dekl wie adj* smoked meat *no pl*
geraum *adj attr* (*geh*) some *attr*; **vor ~er Zeit** some time ago; **seit ~er Zeit** for some time
geräumig *adj* spacious, roomy, capacious *form*
Geräumigkeit <-> *f kein pl* spaciousness, roominess, capaciousness *form*
Geräusch <-[e]s, -e> *nt* sound; (*unerwartet, unangenehm a.*) noise
geräuscharm *adj* quiet, low-noise *spec* **geräuschdämmend** *adj Wand* sound-damping **geräuschempfindlich** *adj* sensitive to noise *pred*; TECH sound-sensitive **Geräuschkulisse** *f* ❶ (*Lärm*) background noise *no pl*; (*verschiedenartig a.*) background noise[s *pl*] ❷ FILM, RADIO, TV sound effects *pl* **geräuschlos I.** *adj* silent **II.** *adv* silently, noiselessly **Geräuschminderung** *f* noise reduction **Geräuschpegel** *m* noise level[s *pl*] **geräuschvoll I.** *adj* loud; (*unangenehm a.*) noisy **II.** *adv* loudly; (*unangenehm a.*) noisily
Geräusper <-s> *nt kein pl* throat-clearing
gerben *vt* ■**etw ~** to tan sth; **eine gegerbte Haut** a tanned hide; *eines Menschen* a weather-beaten skin; ■**das G~** tanning
Gerber(in) <-s, -> *m(f)* tanner
Gerberei <-, -en> *f* tannery
Gerbsäure *f* tannic acid
gerecht I. *adj* ❶ (*rechtgemäß*) just; ■**~ [gegen jdn] sein** to be fair [to sb], to be just; ■**die G~en** the just + *pl vb old*
❷ (*verdient*) just, fair; **einen ~en Lohn** (*Geld*) a fair wage; (*Anerkennung*) a just reward; ***es ist doch nur ~*** it's only fair [*or* right] [*or* just]
❸ (*berechtigt*) just, legitimate; **eine ~e Sache** a just cause; **in ~em Zorn** with righteous anger *form*
❹ (*angemessen beurteilen*) ■**jdm/einer S. ~ werden** to do justice to sb/sth
❺ (*eine Aufgabe erfüllen*) ■**einer S.** *dat* **~ werden** to fulfil [*or* AM *usu* -ll] sth; **den Anforderungen** [*o* **Bedingungen**] **~ werden** to fulfil the demands; **Erwartungen ~ werden** to fulfil/meet/come up to expectations
II. *adv* justly, fairly
gerechterweise *adv* justifiably; **~ *muss gesagt/zugestanden werden, …*** to be fair, …
gerechtfertigt *adj* justified
Gerechtigkeit <-> *f kein pl* ❶ (*das Gerechtsein*) justice *no art, no pl*; *eines Urteils* justness *no art, no pl*
❷ (*Unparteilichkeit*) fairness *no art, no pl*
► WENDUNGEN: **die ~ nimmt ihren Lauf** justice takes its course; **ausgleichende ~** poetic justice
Gerechtigkeitsgefühl *nt* sense of justice **Gerechtigkeitsliebe** *f* love of justice **gerechtigkeitsliebend** *adj* just; **ein ~er Mensch** a lover of justice **Gerechtigkeitssinn** *m kein pl s.* **Gerechtigkeitsgefühl**
Gerede <-s> *nt kein pl* gossip *no indef art, no pl*, talk *no indef art, no pl*; ***kümmere dich nicht um das ~ der Leute*** don't worry about what [other]

G

people say; **jdn ins ~ bringen** to get sb gossiped [*or* talked] about; **ins ~ kommen** [*o* **geraten**] to get oneself gossiped [*or* talked] about

geregelt *adj* regular; **ein ~es Leben** a well-ordered life; **~er Katalysator** AUTO computer-controlled catalytic converter

gereichen* *vi* (*geh*) **jdm zur Ehre ~** to do sb honour [*or* AM -or]; **jdm/einer S. zum Nachteil/Vorteil ~** to be an advantage to/a drawback for sb/sth; **jdm zum Nutzen/Schaden ~** to be beneficial/damaging to sb

gereizt I. *adj* (*verärgert*) irritated; (*nervös*) edgy; ***es herrschte eine ~e Stimmung*** there was a strained atmosphere
II. *adv* irritably, touchily

Gereiztheit <-> *f kein pl* (*Verärgerung*) irritability, touchiness; *einer Stimmung* strainedness; (*Nervosität*) edginess

Geriater(in) <-s, -> *m(f)* geriatrician

Geriatrie <-> *f kein pl* geriatrics *no art, + sing vb*

geriatrisch *adj* geriatric

Gericht[1] <-[e]s, -e> *nt* (*Speise*) dish

Gericht[2] <-[e]s, -e> *nt* ❶ JUR (*Behörde*) court [of justice]; (*Gebäude*) court [house], law courts *pl;* **jdn/einen Fall vor ~ bringen** to take sb/a case to court; **~ erster/zweiter/letzter Instanz** court of first instance/appellate court/court of ultimate resort; **vor ~ erscheinen** to appear in court [*or* at the bar]; **vor ~ gehen** to litigate; **mit etw** *dat* **vor ~ gehen** (*fam*) to take legal action [*or* to go to court] about sth; **vor ~ kommen** to appear in [*or* come to] court, to appear [*or* come] before a/the court; *Fall* to come to court; **[etw] vor ~ aussagen** to testify in court; **[wegen etw** *dat*] **vor ~ stehen** to appear in [*or* before a/the] court [for sth]; **jdn/einen Fall vor ~ vertreten** to represent sb/a case in court; **bei ~** in court, at the bar; **vor ~** at law, on trial
❷ JUR (*die Richter*) court, bench
▸ WENDUNGEN: __**Hohes**__ **~!** My Lord! BRIT, Your Honor! AM; **das __Jüngste__ ~** REL the last Judg[e]ment, Judg[e]ment Day; **mit jdm ins ~ __gehen__** to sharply criticize sb; **über jdn/etw ~ __halten__** to pronounce judg[e]ment on sb/sth; **über jdn zu ~ __sitzen__** to sit in judg[e]ment on sb

gerichtet I. *pp von* **richten**
II. *adj* (*vorbereitet*) prepared, organized

gerichtlich I. *adj attr* judicial, jurisdictional, court *attr;* **laut ~en Beschlusses** [*o* **~em Beschluss**] according to a/the court decision [*or* decision of a/the court]; **eine ~e Klärung** a court settlement; **ein ~es Nachspiel** a court sequel; **auf ~em Wege** by legal steps; **etw ~ anordnen** to decree sth; **~ gegen jdn vorgehen** to take legal action against sb
II. *adv* legally, in court; **etw ~ einklagen** to sue for sth; **Schulden ~ eintreiben** to recover debts through [a/the] court order; **~ belangt werden** to be legally prosecuted; **etw ~ klären** to settle sth in court; **~ gegen jdn vorgehen** to take sb to court, to take legal proceedings [*or* to litigate] against sb, to proceed against sb

gerichtsähnlich *adj* quasi-judicial **Gerichtsakte** *f* court record **Gerichtsakten** *pl* court records *pl* **Gerichtsarzt, -ärztin** *m, f* specialist in forensic medicine **Gerichtsassessor(in)** *m(f)* (*veraltet: Richter auf Probe*) trainee judge **Gerichtsbarkeit** <-, -en> *f* JUR ❶ *kein pl* (*Befugnis zur Rechtsprechung*) jurisdiction; **ausländische ~** foreign jurisdiction; **deutsche ~** German jurisdiction; **freiwillige ~** voluntary jurisdiction, non-contentious proceedings; **ordentliche ~** ordinary jurisdiction ❷ *pl* (*Ausübung der rechtsprechenden Gewalt*) jurisdiction **Gerichtsbescheid** *f* notification by the court **Gerichtsbeschluss[RR]** *m* court decision [*or* order], decision of a/the court **Gerichtsbezirk** *m* court circuit, juridical district *form,* judicial circuit AM **Gerichtsdiener** *m* (*veraltet*) court usher **Gerichtsdolmetscher(in)** *m(f)* JUR court interpreter **Gerichtsentscheid** *m* court decision, judicial ruling **Gerichtsentscheidung** *f* court ruling, judicial decision **Gerichtsferien** *pl* court recess *sing,* vacation of the courts **Gerichtsgebühren** *pl* legal costs, court fees, court fees **Gerichtshof** *m* law court, court of justice, court of law *esp* AM; **der Europäische ~** the European Court of Justice; **der Internationale ~** the International Court of Justice; **der Oberste ~** the High Court of Justice BRIT, the Supreme Court [of Justice] AM; **der Ständige Internationale ~** the Permanent International Court [of Justice] **Gerichtshoheit** *f* jurisdiction **Gerichtskasse** *f* taxing master's office BRIT (*court office where court fees and fines are paid*); (*Person*) court cashier **Gerichtskenntnis** *m* judicial notice; (*Kenntnisnahme*) cognizance **Gerichtskosten** *pl* court [*or* legal] fees [*or* costs] *pl;* **jdm die ~ auferlegen** (*geh*) to order sb to pay the court fees [*or* costs] **Gerichtskostengesetz** *nt* court fees act **gerichtskundig** *adj* known to the court **Gerichtsmedizin** *f* forensic medicine, *no art, no pl,* medical jurisprudence *no art, no pl form* **Gerichtsmediziner(in)** *m(f)* forensic scientist, medical examiner AM **gerichtsmedizinisch** I. *adj* forensic, medicolegal *form* II. *adv* ***die Leiche wurde ~ untersucht*** the body was examined by a forensic scientist **Gerichtsort** *m* venue, place of court, town/city with a court; **der zuständige ~** the venue AM *spec* **Gerichtsperson** *f* JUR court official **Gerichtsreferendar(in)** *m(f)* JUR judicial trainee **Gerichtssaal** *m* courtroom **Gerichtsschreiber(in)** *m(f)* clerk [of a/the court], keeper of the records **Gerichtssitzung** *f* court sitting [*or* hearing]; **~ unter Ausschluss der Öffentlichkeit** court in chambers [*or* camera]

Gerichtsstand *m* (*form*) [legal] venue, place [*or* court] of jurisdiction; **~ *ist Berlin*** any legal case arising from this contract shall be heard in Berlin; **~ des Erfüllungsortes** jurisdiction at the place of performance; **allgemeiner ~** place of general jurisdiction; **ausschließlicher ~** exclusive jurisdiction; **dinglicher ~** in rem jurisdiction; **fliegender ~** itinerant tribunal; **unzuständiger ~** improper venue **Gerichtsstandklausel** *f* JUR choice of jurisdiction clause **Gerichtsstandvereinbarung** *f* JUR venue clause

Gerichtstermin *m* date of hearing, date of a/the trial **Gerichtsurteil** *nt* JUR [court] judgment **Gerichtsverfahren** *nt* legal [*or* court] proceedings *pl;* **ein ~ gegen jdn einleiten** to take [*or form* institute] legal proceedings against sb **Gerichtsverfassung** *f* JUR, FIN constitution of the courts **Gerichtsverfassungsgesetz** *nt* JUR Judicature Act **Gerichtsverhandlung** *f* trial; (*zivil*) hearing **Gerichtsverwaltung** *f* JUR court administration **Gerichtsvollzieher(in)** <-s, -> *m(f)* bailiff BRIT, U.S Marshal AM

gerieben I. *pp von* **reiben**
II. *adj* (*fam: gerissen*) cunning, crafty; (*betrügerisch*) tricky

gering I. *adj* ❶ (*niedrig*) low; METEO low; **eine ~e Anzahl/Menge** a small number/amount; **~ere Liquidität** BÖRSE illiquidity; **~e Umsätze tätigen** BÖRSE to make little sales; **von ~em Wert** of little value; **~ gerechnet** at a modest estimate; **nicht das G~ste** nothing at all; **nicht im G~sten** not in the least [*or* slightest] [bit]; ***das stört mich nicht im G~sten*** it doesn't disturb me in the slightest [*or* least] [bit]
❷ (*unerheblich*) slight; **~e Abschwächung** BÖRSE slight decline; **~e Bedeutung** minor significance; **eine ~e Chance** a slim [*or* slight] [*or* small] chance; **~e Kursbewegung bei den Hauptwährungen** BÖRSE slight movements in the metropolitan currency rates; **~e Kursschwankungen aufweisen** BÖRSE to move in a narrow range; **~e Lohnunterschiede** slight disparity of wages
❸ (*unzulänglich*) poor, low; **eine ~e Lebenserfahrung** little experience in life
▸ WENDUNGEN: __**kein**__ **G~erer als ...** ..., no less *a. hum,* no less a person than ... *a. hum*
II. *adv* ❶ (*schlecht*) poorly; **~ von jdm denken/sprechen** to have a poor opinion/speak badly of sb
❷ (*wenig, kaum*) **jdn/etw ~ achten** [*o* **schätzen**] (*verachten*) to think little of sb/sth, to have a low opinion of sb/to have little regard for sth, to place little/no importance on sth; **etw ~ achten** [*o* **schätzen**] (*missachten*) to disregard sth; (*unterschätzen*) to underestimate sth

gering|achten *vt s.* **gering II 2**

geringelt *adj* ringed; **~e Socken** hooped socks

geringfügig I. *adj* insignificant; **ein ~er Betrag/~es Einkommen** a small amount/income; **ein ~er Unterschied** a slight difference; **~e Verbesserungen** slight improvements; **ein ~es Vergehen/ein ~er Verstoß/eine ~e Verletzung** a minor [*or* trivial] offence/violation/injury II. *adv* slightly **Geringfügigkeit** <-, -en> *f* insignificance *no indef art, no pl,* slightness *no indef art, no pl,* triviality *no indef art, no pl;* **wegen ~ eingestellt werden** JUR to dismiss a case for want of sufficient ground *form*

gering|schätzen *vt s.* **gering II 2** **geringschätzig** I. *adj* contemptuous; **eine ~e Bemerkung** a disparaging remark II. *adv* contemptuously, disparagingly; **~ über jdn/etw sprechen** to speak disparagingly of sb/sth, to deprecate sth **Geringschätzung** *f kein pl* disparagement *no indef art, no pl,* contempt[uousness] *no indef art, no pl;* (*Ablehnung*) disdain *no indef art, no pl;* **~ für jdn** a low opinion of sb **geringwertig** *adj* inferior; **~e Nahrung** poor [*or* low-value] food

gerinnen <gerann, geronnen> *vi sein* to coagulate; *Blut a.* to clot; *Milch a.* to curdle; (*fig geh*) ■**zu etw** *dat* **~** to develop into sth

Gerinnsel <-s, -> *nt* [blood] clot, coagulum *spec*

Gerinnung <-, *selten* -en> *f* coagulation *no pl; von Blut a.* clotting *no art, no pl; von Milch a.* curdling *no art, no pl*

Gerinnungsmittel *nt* coagulant, coagulator

Gerippe <-s, -> *nt* ❶ (*Skelett*) skeleton
❷ (*innere Struktur*) skeleton, frame
❸ (*Grundplan*) framework

gerippt *adj* MODE ribbed

gerissen I. *pp von* **reißen**
II. *adj* (*fam*) crafty, cunning

Gerissenheit <-> *f kein pl* (*fam*) craftiness *no art, no pl,* cunning *no art, no pl*

Germ <-s> *m kein pl* ÖSTERR (*Hefe*) yeast

Germane, Germanin <-n, -n> *m, f* HIST Teuton

Germania <-> *f* Germania (*symbol of the former German Reich: a female figure in armour*)

Germanien <-s> [niən] *nt* HIST Germania

Germanin *f fem form von* **Germane**

germanisch *adj* ❶ HIST Teutonic
❷ LING Germanic; ■**G~** [*o* **das G~e**] Germanic, the Germanic language

Germanist(in) <-en, -en> *m(f)* ❶ (*Wissenschaftler*) Germanist
❷ (*Student*) student of German, German student; ■**~ sein** to study German

Germanistik <-> *f kein pl* German [studies *npl*]

germanistisch *adj* German; **eine ~e Fachzeitschrift** a journal on German[ic] studies

Germanium <-s> *nt kein pl* CHEM germanium *no art, no pl spec*

gern(e) <lieber, am liebsten> *adv* ❶ (*freudig*) with pleasure; **~ gesehen** welcome; **jdn/sich ~ haben** [*o* **mögen**] to be fond of sb/one another; ***ich mag ihn sehr*** **~** I like him a lot, I'm very fond of him; **etw ~ tun** to like doing/to do sth, to enjoy doing sth; ***das mache ich doch ~ für dich!*** of course I'll do it for you!; **seine Arbeit ~ machen** to enjoy one's work; **etw ~ essen** to like [eating] sth; ***er sieht das nicht*** **~** he doesn't like that; ***ich hätte ~ gewusst, ...*** I would like to know ...
❷ (*ohne weiteres*) ***das kannst du ~ haben*** you're welcome to [have] it; ***das glaube ich ~!*** I can quite believe that!, I believe that straight away!
❸ (*gewöhnlich, oft*) **etw ~ tun** to tend to do sth; ***morgens lässt sie sich ~ viel Zeit*** she likes to leave herself a lot of time in the mornings; **ein ~ gehörtes Lied** a popular song; **ein ~ gelesenes Buch** a popular book
▸ WENDUNGEN: __**aber**__ **~!** of course!, please do!; **~ __geschehen!__** don't mention it!, my pleasure!; **es ~**

haben, wenn … to like it when …; **wie hätten** [*o* **möchten**] **Sie es** [**denn**] **~?** how would you like that?; **ja, ~!** with pleasure!; **du kannst mich mal ~ haben!** (*iron fam*) you can go to hell! *hum* [*or* BRIT *hum fam* go and whistle]; **rasend ~!** (*fam*) I'd simply love to!; *s. a.* **sehen**

Gernegroß <-, -e> *m* (*hum fam*) somebody who likes to act big, wannabe *pej fam;* ■ **ein ~ sein** to like to act big, to be a wannabe *pej fam*

gerngehört *adj s.* **gern 3** **gerngelesen** *adj s.* **gern 3** **gerngesehen** *adj attr s.* **gern 1**

Geröchel <-s> *nt kein pl* groaning, groans *pl*

Geröll <-[e]s, -e> *nt* scree *no pl spec,* talus AM; (*größer*) boulders *pl*

Geröllwüste *f* detritus waste

geronnen *adj* congealed, coagulated; (*Milchprodukte*) clotted

Gerontologe, Gerontologin <-n, -n> *m, f* MED gerontologist *spec*

Gerontologie <-> *f kein pl* MED gerontology *no art, no pl spec*

Gerste <-, -n> *f* BOT barley *no art, no pl*

Gerstenkorn *nt* ❶ BOT barleycorn ❷ MED (*Entzündung am Lid*) stye **Gerstensaft** *m kein pl* (*hum*) beer

Gerte <-, -n> *f* switch; **schlank wie eine ~ sein** to be as thin as a reed

gertenschlank *adj* slim, willowy

Geruch <-[e]s, Gerüche> *m* ❶ (*Duft*) smell, odour [*or* AM -or]; *einer Blume, eines Parfüms* scent; (*Gestank*) stench
❷ *kein pl* (*~ssinn*) sense of smell
▶ WENDUNGEN: **in dem ~ stehen, etw zu tun** (*geh*) to be rumoured [*or* AM -ored] to be doing sth

geruchlos *adj* odourless [*or* AM -orless] **Geruchsbekämpfung** *f* stench control **Geruch(s)belästigung** *f das ist eine ~* the smell is a real nuisance **Geruch(s)empfindung** *f s.* Geruch(s)sinn **Geruch(s)nerv** *m s.* Riechnerv **Geruch(s)organ** *nt s.* Riechorgan **Geruch(s)sinn** *m kein pl* sense of smell **Geruch(s)verschluss**[RR] *m* odour [*or* AM -or] trap, siphon *spec*

Gerücht <-[e]s, -e> *nt* rumour [*or* AM -or]; **etw für ein ~ halten** (*fam*) to have [one's] doubts about sth; **ein ~ in die Welt setzen** to start a rumour; **es geht das ~, dass …** there's a rumour [going round] that …

Gerüchteküche *f* rumour-[*or* AM rumor-]mongers *pl*

geruhen* *vt* (*geh*) ■ **~, etw zu tun** to deign *a. pej* [*or hum a. form* condescend] to do sth

geruhsam I. *adj* peaceful; **ein ~er Abend am Kamin** a quiet evening in front of the fireplace; **ein ~er Spaziergang** a leisurely walk
II. *adv* leisurely, peacefully; **~ essen** to eat in peace [and quiet]

Gerümpel <-s> *nt kein pl* (*pej*) junk *no indef art, no pl*

Gerundium <-s, -ien> [diən] *nt* LING gerund *spec*

Gerundiv <-s, -e> [-və] *nt,* **Gerundivum** <-s, -diva> *nt* LING gerundive *spec*

Gerüst <-[e]s, -e> *nt* ❶ BAU scaffold[ing *no pl*]
❷ (*Grundplan*) framework

Gerüstbau *m* ❶ *kein pl* BAU erection of scaffolding *no indef art, no pl* ❷ (*Firma*) scaffolders *pl* **Gerüstbauer(in)** <-s, -> *m(f)* scaffolder **Gerüstbaufirma** *f* scaffolders *pl*

gerüttelt *adj* ▶ WENDUNGEN: **~ voll** jam-packed, chock-a-block BRIT *fam*

ges, Ges <-, -> *nt* MUS G flat

gesalzen I. *pp von* **salzen**
II. *adj* (*fam: überteuert*) steep *fam*

gesammelt *adj* ❶ *Werke* collected
❷ *Aufmerksamkeit, Kraft* collective

gesamt *adj attr* whole, entire; **die ~e Familie** the whole [*or* entire] family + *sing/pl vb;* **die ~en Kosten** the total costs; **die ~e Verwandtschaft** all the relatives

Gesamtaktiva *pl* FIN total assets **Gesamtanalyse** *f* full analysis **Gesamtangebot** *nt* ÖKON total supply **Gesamtansicht** *f* general view **Gesamtarbeitsvertrag** *m* SCHWEIZ (*Tarifvertrag*) collective agreement **Gesamtauflage** *f eines Buchs* total edition; *einer Zeitschrift, Zeitung* total circulation **Gesamtaufwand** *m kein pl* FIN total outlay **Gesamtausgabe** *f* complete edition **Gesamtbedarf** *m kein pl* ÖKON total demand [*or* requirements] *pl* **Gesamtbetrag** *m* total [amount] **Gesamtbetriebsrat** *m* central works council **Gesamtbevölkerung** *f kein pl* POL the entire [*or* whole] population, the population as a whole **Gesamtbilanz** *f* FIN overall [*or* consolidated] balance sheet **Gesamtbild** *nt* overall [*or* general] picture **Gesamtbruttoerlöse** *pl* HANDEL gross profit sales **Gesamtbürgschaft** *f* JUR comprehensive guarantee **Gesamtdeckungsprinzip** *nt* FIN total coverage principle **gesamtdeutsch** *adj* all-German; **die ~e Frage** the German Question **Gesamtdeutschland** *nt* HIST greater Germany **Gesamteigentum** *nt* JUR total property, joint title **Gesamteigentümer(in)** *m(f)* JUR sole owner **Gesamteindruck** *m* overall [*or* general] impression **Gesamteinkünfte** *pl* FIN total income [*or* revenue] **Gesamtergebnis** *nt* total outcome [*or* result] **gesamteuropäisch** *adj* all-[*or* pan-]European **Gesamtgeschäftsführer(in)** *m(f)* HANDEL general manager **Gesamtgeschäftsführungsbefugnis** *f* HANDEL general management powers *pl* **gesamtgesellschaftlich** *adj* related to society as a whole *pred* **Gesamtgewicht** *nt* AUTO laden [*or form* gross vehicle] weight; **zulässiges ~** gross vehicle weight rating *form,* GVWR *form* **Gesamtgewinn** *m* ÖKON total profit **Gesamtgläubiger** *pl* JUR joint and several creditors **Gesamtgrundschuld** *f* JUR collective [*or* comprehensive] land charge **Gesamtgut** *nt* JUR (*bei Gütergemeinschaft*) common [*or* joint] property **Gesamtgutsverwaltung** *f* JUR administration of joint marital property

Gesamthand *f* JUR collective [*or* joint] ownership **Gesamthänder** *pl* JUR joint holders of property **gesamthänderisch** *adj* JUR joint **Gesamthandlungsvollmacht** *f* JUR general power of attorney **Gesamthandseigentum** *nt* JUR joint property [*or* ownership] **Gesamthandseigentümer(in)** *m(f)* JUR joint owner **Gesamthandsgemeinschaft** *f* JUR joint ownership **Gesamthandsgläubiger(in)** *m(f)* JUR joint creditor **Gesamthandsschuld** *f* FIN joint debt **Gesamthandsschuldner(in)** *m(f)* FIN joint debtor **Gesamthandsverhältnis** *nt* JUR joint-property relationship **Gesamthandsvermögen** *nt* FIN joint property assets *pl*

Gesamtheit <-> *f kein pl* totality; ■ **die ~ der …** all the …; **in seiner ~** as a whole, in its entirety

Gesamthochschule *f* amalgamated university, ≈ polytechnic BRIT *hist* **Gesamthypothek** *f* JUR aggregate [*or* AM consolidated] mortgage **Gesamtindex** *m* overall index **Gesamtinteresse** *nt* ■ **das ~** the general interest **Gesamtjahr** *nt* whole year, year as a whole **Gesamtkonzept** *nt* overall concept **Gesamtkosten** *pl* total costs *pl* **Gesamtkunstwerk** *nt* synthesis of the arts **Gesamtnachfrage** *f* ÖKON overall demand **Gesamtnutzungsdauer** *f* overall term of use **Gesamtpersonalrat** *m* JUR combined works council **Gesamtplanung** *f* general layout **Gesamtpreis** *m* HANDEL overall price [*or* all-in] **Gesamtprodukt** *nt* HANDEL overall product **Gesamtproduktion** *f* HANDEL total output **Gesamtprokura** *f* HANDEL joint power of attorney **Gesamtrechnung** *f* ÖKON overall account[ing]; **volkswirtschaftliche ~** national income and product account **Gesamtrechnungsbetrag** *m* HANDEL invoice total **Gesamtrechtsnachfolge** *f* JUR universal succession **Gesamtrechtsnachfolger(in)** *m(f)* JUR universal successor **Gesamtrentenschuld** *f* FIN total annuity debt **Gesamtschaden** *m* total damage **Gesamtschuld** *f* JUR joint and several obligation **Gesamtschuldner(in)** *m(f)* JUR joint [and several] debtor; **als ~ haften** to be jointly and severally liable **gesamtschuldnerisch** *adj* JUR jointly and severally liable; **~ mit dem Schuldner** jointly and severally with the debtor **Gesamtschuldverhältnis** *nt* JUR joint indebtedness **Gesamtschule** *f* ≈ comprehensive school; **integrierte ~** ≈ comprehensive school **Gesamtseitenzahl** *f* total number of pages [*or* page count] **Gesamtsicherheit** *f* JUR comprehensive security **Gesamtsieger(in)** *m(f)* SPORT overall winner **Gesamtstrafe** *f* JUR overall [*or* compound] sentence (*covering individual sentences of several offences, but not exceeding maximum sentence*) **Gesamtsumme** *f* FIN total [amount], grand total; **~ der Aktiva/Passiva** total assets *pl*/liabilities *pl;* **~ des Eigenkapitals** total capital resources *pl;* **~ der laufenden Erträge** total current revenues **Gesamtüberschuss**[RR] *m* FIN total surplus **Gesamtübersicht** *f* general survey **Gesamtumfang** *m* ÖKON total volume **Gesamtumfangsregister** *nt* TYPO unit-to-unit register **Gesamtumsatz** *m* total turnover **Gesamturkunde** *f* JUR all-in document **Gesamtverbindlichkeiten** *pl* FIN overall debt burden [*or* exposure] **Gesamtverbrauch** *m kein pl* total consumption **Gesamtvereinbarung** *f* ❶ JUR (*Abkommen*) blanket agreement ❷ HANDEL (*Pauschalangebot*) package deal **Gesamtvergleich** *m* JUR full settlement **Gesamtvermögen** *nt* FIN total estate [*or* net worth] **Gesamtvertretung** *f* JUR collective representation **Gesamtverwaltung** *f* general administration **Gesamtverweisung** *f* JUR general referral **Gesamtvollstreckung** *f* JUR joint enforcement **Gesamtvolumen** *nt* ÖKON total volume **Gesamtvorrat** *m* total stock **Gesamtvorsatz** *m* JUR general intent **Gesamtwerk** *nt* complete works *pl* **Gesamtwert** *m* total value; **im ~ von …** totalling [*or* AM *usu* totaling] … [in value] **Gesamtwertung** *f* SPORT overall placings *pl;* **in der ~** in the overall placings **gesamtwirtschaftlich** *adj* ÖKON overall economic *attr,* of the economy as a whole; **~es Gleichgewicht** overall economic equilibrium; **~e Nachfrage** overall economic demand; **das ~e Wachstum** overall [economic] growth; **~ nicht vertretbar sein** not justifiable for the economy as a whole **Gesamtzahl** *f* total number **Gesamtzusammenhang** *m* general view

Gesandte(r) *f(m) dekl wie adj,* **Gesandtin** *f* envoy, legate; (*Botschafter*) ambassador; **bevollmächtigter ~r** POL minister plenipotentiary; **päpstlicher ~r** nuncio *spec*

Gesandtschaft <-, -en> *f* embassy

Gesang <-[e]s, Gesänge> *m* ❶ *kein pl* (*das Singen*) singing *no art, no pl*
❷ (*Lied*) song; **geistliche Gesänge** religious hymns; **ein Gregorianischer ~** a Gregorian chant
❸ LIT book; *eines Gedichts* canto *spec*

Gesangbuch *nt* hymn book

gesanglich *adj* vocal, singing *attr*

Gesangstunde *f* singing lesson; **~n geben/nehmen** to give/take singing lessons **Gesangunterricht** *m* singing lessons *pl* **Gesangverein** *m* choral society, glee club AM

Gesäß <-es, -e> *nt* seat, bottom, posterior *hum*

Gesäßbacke *f* buttock, cheek, bun AM *fam* **Gesäßmuskel** *m* gluteal [*or* gluteus] muscle *spec* **Gesäßtasche** *f* back pocket

gesättigt *adj* CHEM saturated

Gesäusel <-s> *nt kein pl* ❶ (*anhaltendes Säuseln*) rustling *no pl,* rustle *no pl; des Windes* murmur[ing], whisper[ing], sigh[ing]
❷ (*iron: einschmeichelndes Reden*) sweet talk *no art, no pl fam*

geschädigt I. *pp von* **schädigen**
II. *adj Ruf* damaged

Geschädigte(r) *f(m) dekl wie adj* victim

Geschäft <-[e]s, -e> *nt* ❶ (*Laden*) shop, AM *usu* store; (*Kaufhaus*) department store; **im ~** in the shop [*or* department store]
❷ (*Gewerbe, Handel*) business, trade; [**mit jdm**] **~e machen** to do business [with sb]; (*Handel* (*mit jdm*)

betreiben) to do a deal [with sb], to strike a bargain [with sb]; **mit etw** *dat* **~e machen** to trade in sth; (*Handel mit etw betreiben*) to do a deal in sth; **für jdn die ~e führen** to manage [*or* run] the business for sb; **im ~ sein** to be in business; **mit jdm ins ~ kommen** (*eine einmalige Transaktion*) to do a deal with sb; (*dauerhaftes Geschäft*) to do business with sb; ***wie gehen die ~e?*** how's business?; **das ~ mit der Angst** trading on [people's] fears; **~ ist ~** business is business; **sein ~ verstehen** to know one's onions [*or* AM stuff] *fam*

❸ (*Geschäftsabschluss*) deal, transaction; **ein ~ machen** to do [*or esp* AM make] a deal; **ein gutes ~ machen** to get a good [*or* real] bargain; **für jdn ein/kein ~ sein** to be a good deal/not much of a deal for sb; **[mit jdm] ein ~ abschließen** to complete a transaction [*or* deal] [with sb]; **[mit jdm] ein ~ tätigen** to do a deal [with sb]

❹ DIAL (*Firma*) work; ***ich gehe um 8 Uhr ins ~*** I go to work at 8 o'clock

❺ DIAL (*große, mühsame Arbeit*) job *fam,* job and a half *fam*

❻ (*Angelegenheit*) business, matter

► WENDUNGEN: **kleines/großes ~** (*kindersprache*) number one/number two *childspeak,* pee/big job *vulg* [*or* pooh] [*or* AM poop]; **sein ~ verrichten** to do a job BRIT *vulg,* to relieve oneself, to go to the toilet *euph*

geschäftehalber *adv* (*in Geschäften*) on business; (*wegen der Geschäfte*) because of business **Geschäftemacher(in)** *m(f)* (*pej*) profiteer, sb who is out for what he/she can get; ***er ist ein übler ~*** he'd sell his own grandmother **Geschäftemacherei** <-, -en> *f* (*pej*) profit-seeking, profiteering **Geschäftemacherin** <-, -nen> *f fem form von* **Geschäftemacher**

geschäftig **I.** *adj* busy, industrious; **ein ~es Treiben** bustling activity

II. *adv* busily, industriously

Geschäftigkeit <-> *f kein pl* bustle; ***was herrscht hier für eine ~?*** what's all this hustle and bustle?

geschäftlich **I.** *adj* ❶ ÖKON business *attr;* **~er Aufschwung** business boom; **etwas G~es besprechen** to discuss business [matters]

❷ (*unpersönlich*) business-like; **ein ~er Ton** a business-like [*or* brisk] tone

II. *adv* on business; **~ verreist** away on business

Geschäftsablauf *m* course of business **Geschäftsabschluss**RR *m* conclusion of a deal **Geschäftsabzeichen** *nt* HANDEL company badge **Geschäftsaktivitäten** *pl* HANDEL business activities *pl* **Geschäftsanteil** *m* share [in a business]; (*finanziell*) interest **Geschäftsanteilshaftung** *f* FIN pro-rate liability **Geschäftsanweisung** *f* HANDEL management instruction **Geschäftsaufgabe** *f* closing [*or* closure] of a/the business/shop **Geschäftsauflösung** *f* closing [*or* closure] of a/the business/shop; ***„Räumungsverkauf wegen ~"*** "closing down sale" **Geschäftsauto** *nt* company car **Geschäftsbank** *f* FIN commercial bank **Geschäftsbedingungen** *pl* trading conditions, terms and conditions of trade *pl;* **Allgemeine ~** general terms and conditions of business **Geschäftsbereich** *m* ❶ (*Zuständigkeitsbereich*) portfolio ❷ (*Sparte*) division **Geschäftsbericht** *m* company [*or* management] report **Geschäftsbesorgungsvertrag** *m* JUR agency agreement, mandate **Geschäftsbesuch** *m* HANDEL business call **Geschäftsbetrieb** *m* HANDEL conduct of business, business [establishment] **Geschäftsbezeichnung** *f* JUR trade [*or* firm] name **Geschäftsbeziehung** *f* business connection; **gute ~en** good business relations; **~en pflegen** to keep up business relations **Geschäftsbrief** *m* business letter **Geschäftsbuch** *nt* accounts *pl,* books *pl* **Geschäftsentwicklung** *f* business development **Geschäftseröffnung** *f* opening of a shop [*or* store] **Geschäftsessen** *nt* business lunch/dinner **geschäftsfähig** *adj* legally competent, competent to contract BRIT; **beschränkt/unbeschränkt ~ sein** to have limited/unlimited legal competence [*or* capacity] **Geschäftsfähigkeit** *f* legal competence, capacity to contract BRIT **Geschäftsfeld** *nt* ÖKON (*Absatzfeld*) trading [*or* business] area, outlet **Geschäftsfortführung** *f* HANDEL continuation of the business **Geschäftsfrau** *f fem form von* Geschäftsmann **Geschäftsfreund(in)** *m(f)* business associate **geschäftsführend** *adj attr* ❶ (*amtierend*) acting; **eine ~e Regierung** a caretaker government ❷ (*leitend*) **~er Direktor** managing [*or* executive] director; **~e Gesellschafterin** managing partner; **~er Teilhaber** active [*or* working] partner **Geschäftsführer(in)** *m(f)* ❶ ADMIN manager ❷ (*in einem Verein*) secretary ❸ POL chairperson **Geschäftsführerhaftung** *f* JUR managerial liability **Geschäftsführervergütung** *f* FIN management remuneration

Geschäftsführung *f s.* Geschäftsleitung **Geschäftsführungsbefugnis** *f* HANDEL management authority **Geschäftsführungspflicht** *f* HANDEL managerial obligation [*or* duty] **Geschäftsgang** *m* ❶ HANDEL (*Ablauf*) course of business; **ordnungsgemäßer ~** ordinary course of business ❷ (*Besorgung*) errand **Geschäftsgebaren** *nt* business practice [*or* policy], conduct of business; **betrügerisches ~** JUR fraudulent trading, business fraud; **unlauteres ~** JUR unfair trade practices **Geschäftsgebühr** *f* JUR general fee for out-of-court work **Geschäftsgeheimnis** *nt* business [*or* trade] [*or* industrial] secret **Geschäftsgepflogenheit** *f meist pl* HANDEL business conventions *pl* [*or* practice], commercial custom **Geschäftsgewinn** *m* FIN commercial [*or* business] profit **Geschäftsgrundlage** *f* JUR contract [*or* business] basis; ***die ~ ist entfallen*** the contract has become frustrated; **Wegfall der ~** frustration of contract **Geschäftshaus** *nt* ❶ (*Gebäude*) office block ❷ (*Firma*) company **Geschäftsidee** *f* ÖKON business concept **Geschäftsinhaber(in)** *m(f)* owner, proprietor **Geschäftsinteresse** *nt* business interest **Geschäftsjahr** *nt* financial year; **im laufenden ~** in the current financial year **Geschäftskapital** *nt* working capital **Geschäftskonto** *nt* FIN business account **Geschäftskorrespondenz** *f* HANDEL business correspondence **Geschäftskosten** *pl* expenses *pl;* **auf ~** on expenses **Geschäftslage** *f* HANDEL state of business; **gute ~** encouraging state of business **Geschäftsleben** *nt* business life; **im ~ stehen** to be active in the business world; **sich aus dem ~ zurückziehen** to retire from the business world **Geschäftsleiter(in)** *m(f)* manager **Geschäftsleitung** *f* ADMIN ❶ *kein pl* management, managing board; **~ ohne Auftrag** spontaneous agency without authority ❷ (*Personen*) management, executive **Geschäftsleute** *pl von* **Geschäftsmann, -frau** businessmen, -women **Geschäftsliste** *f* SCHWEIZ (*Tagesordnung*) agenda **Geschäftslosigkeit** *f kein pl* ÖKON slackness in trade, stagnation of business **Geschäftsmann** *m* businessman **geschäftsmäßig** *adj* businesslike; (*Geschäft betreffend*) business *attr* **Geschäftsmethoden** *pl* business methods *pl* **Geschäftsneubauten** *pl* modern office buildings **Geschäftsordnung** *f* procedural rules [*or* rules of procedure] **Geschäftspartner(in)** *m(f)* business partner **Geschäftspolitik** *f kein pl* ÖKON business policy **Geschäftspraktiken** *pl* HANDEL business practice; **unlautere ~en** sharp practice; **wettbewerbsbeschränkende ~** restrictive trade practices **Geschäftsraum** *m* office [*or* floor] space, business premises *pl* **Geschäftsrecht** *nt* JUR management law **Geschäftsreise** *f* business trip; **auf ~ sein** to be on a business trip **Geschäftsreputation** *f* HANDEL commercial reputation **geschäftsschädigend** **I.** *adj* damaging to [the interests of] a/the company [*or* bad for business] **II.** *adv* in a way that may damage [the interests of] a/the company [*or* in a way that may be bad for business] **Geschäftsschädigung** *f* damage to [the interests of] a/the company **Geschäftsschluss**RR *m* ❶ (*Ladenschluss*) closing time ❷ (*Büroschluss*) **nach ~** after work [*or* [business] hours]; ***was machst du heute nach ~?*** what are you doing after work today? **Geschäftssinn** *m* business acumen [*or* sense] **Geschäftssitz** *m* place of business; (*offizieller Sitz*) registered office **Geschäftsstatut** *nt* JUR company statutes *pl* **Geschäftsstelle** *f* ❶ (*Büro*) office; (*einer Bank, einer Firma*) branch [office], registry ❷ JUR court office **Geschäftsstockung** *f* ÖKON slackness in trade, stagnation of business **Geschäftsstraße** *f* shopping street **Geschäftsstrategie** *f* business strategy **Geschäftsstunden** *pl* business hours; **~ eines Büros** office hours; **~ eines Ladens** opening hours **Geschäftstätigkeit** *f kein pl* HANDEL business activity; **eine rege ~** a flourishing business activity **Geschäftstendenz** *f* ÖKON business trend **Geschäftsträger(in)** <-s, -> *m(f)* chargé d'affairs **geschäftstüchtig** *adj* business-minded; **eine ~e Frau** a capable [*or* an able] businesswoman **geschäftsunfähig** *adj* JUR incapable of contracting, incompetent; **beschränkt ~e Person** person under a disability; **jdn für ~ erklären** to adjudge sb incompetent; **~ werden** to become legally incompetent **Geschäftsunfähige(r)** *f(m) dekl wie adj* JUR legally incapacitated [*or* incompetent] person **Geschäftsunfähigkeit** *f* JUR contractual incapacity, legal disability **Geschäftsunterlagen** *pl* HANDEL business records [*or* documents] **Geschäftsveräußerung** *f* HANDEL sale of a business **Geschäftsverbindung** *f meist pl s.* Geschäftsbeziehung **Geschäftsverkehr** *m kein pl* HANDEL business dealings *pl;* **im gewöhnlichen ~** in the ordinary course of business **Geschäftsvermittler(in)** *m(f)* HANDEL broker **Geschäftsverteilung** *f* HANDEL allocation of duties **Geschäftsverteilungsplan** *m* JUR distribution of business plan **Geschäftsverweigerung** *f* HANDEL refusal to trade **Geschäftsviertel** *nt* business district **Geschäftsvolumen** *nt* volume of business [*or* trade] **Geschäftsvorfall** *m* HANDEL commercial [*or* business] transaction; **Geschäftsvorfälle bearbeiten** to process transactions **Geschäftsvorgang** *m* HANDEL transaction; **abgewickelte Geschäftsvorgänge** transacted business **Geschäftswagen** *m* company car **Geschäftswelt** *f* business world, world of business **Geschäftswert** *m* ÖKON *einer Firma* goodwill; (*bei Gerichtsverfahren*) value of the subject matter at issue **Geschäftszeit** *f* opening [*or* business] hours **Geschäftszentrum** *nt* shopping centre [*or* AM -er] **Geschäftszimmer** *nt* office **Geschäftszweck** *m* JUR object of a business **Geschäftszweig** *m* branch [of the business], line of business

geschätzt **I.** *pp von* **schätzen**

II. *adj* ❶ (*eingeschätzt, vermutet*) estimated ❷ (*sehr geachtet*) valued, esteemed; **mein ~er Kollege** (*iron fam*) my esteemed [*or* dearest] colleague; **Ihr ~es Schreiben** (*veraltet form*) your esteemed letter

Geschaukel <-s> *nt kein pl* rocking; **das ~ eines Busses/einer Kutsche/einer Sraßenbahn** the bumpiness of a bus/a coach/a tram

gescheckt *adj* skewbald; **ein schwarz-weiß ~es Pferd** a piebald horse; **schwarz-weiß ~** black and white spotted

geschehen <geschah, geschehen> *vi sein* ❶ (*stattfinden*) to happen, to occur; ***es muss etwas ~*** something's got to be done; *s. a.* **Unglück, Wille, Wunder**

❷ (*ausgeführt werden*) to be carried out [*or* done]; **ein Mord geschieht** a murder is committed

❸ (*widerfahren*) ■**jdm geschieht etw** sth happens to sb; ***es wird Ihnen nichts ~*** nothing will happen to you; ***das geschieht dir recht!*** it serves you right!

❹ (*verfahren werden*) ■**mit jdm/etw ~** to happen to sb/sth; ***als sie ihn sah, war es um sie ~*** she was lost the moment she set eyes on him; **um etw** *akk* **~ sein** sth is shattered; **nicht wissen, wie einem geschieht** to not know what is happening [to one] [*or* whether one is coming or going]

Geschehen <-s, -> *nt* events *pl;* **der Ort des ~s** the scene [of the event]
Geschehnis <-ses, -se> *nt* (*geh*) event, happening, occurrence
gescheit *adj* clever, quick-witted, bright; **eine ~e Idee** a brilliant [*or* clever] [*or* ingenious] idea; **ein ~er Vorschlag** a pertinent suggestion; ■**etwas/nichts G~es** sth/nothing sensible; ***du bist wohl nicht [recht] ~?*** (*fam*) are you off your head?, fam, have you lost your marbles? *fam;* **sei ~!** be sensible!; **~er sein** (*fam*) to be more sensible; **aus etw** *dat* **nicht ~ werden** to be unable to make head or [*or* nor] tail of sth
gescheitert I. *pp von* **scheitern**
II. *adj* **etw für ~ erklären** to declare sth a failure; **eine ~e Existenz sein** to be a failure
Geschenk <-[e]s, -e> *nt* (*Gabe*) present, gift; **jdm ein ~ machen** to give sb a present [*or* gift]; **jdm etw zum ~ machen** to make sb a present [*or* gift] of sth, to give sb sth as a present [*or* gift]
► WENDUNGEN: **kleine ~e erhalten die Freundschaft** (*prov*) small gifts help keep a friendship alive; **ein ~ des Himmels sein** to be heaven sent; (*eine Rettung sein*) to be a godsend
Geschenkartikel *m* gift [article] **Geschenkboutique** *f* gift shop **Geschenkgutschein** *m* gift voucher **Geschenkpackung** *f* gift pack **Geschenkpapier** *nt,* **Geschenkspapier** *nt* ÖSTERR [gift] wrapping paper, gift wrap
Geschichte <-, -n> *f* ❶ *kein pl* (*Historie*) history; **in die ~ eingehen** to go down in [the annals of] history; **Alte/Mittlere/Neue ~** ancient/medieval/modern history; **~ machen** to make history
❷ (*Erzählung*) story; **eine wahre ~** a true story; **eine ~ erzählen** to tell a story; **~n erzählen** (*fam*) to talk nonsense [*or* rubbish]; **mach keine ~n!** don't do anything stupid [*or* silly] !; **mach keine langen ~n!** stop messing [*or* dithering] about [*or* AM around] !
❸ (*fam: Angelegenheit, Sache*) business; **alte ~n sein** to be old hat [*or* water under the bridge]; **alte ~n wieder aufwärmen** to rake up old stories; **die ganze ~** the whole lot; **schöne ~n!** (*iron*) that's a fine state of affairs! *iron;* **~n mit jdm haben** to have an affair with sb
Geschichtenerzähler(in) *m(f)* storyteller
geschichtlich I. *adj* ❶ (*die Geschichte betreffend*) historical
❷ (*bedeutend*) historic; **ein ~es Ereignis/ein ~er Vorgang** a historic occasion/event
II. *adv* historically; **~ bedeutsam** of historic importance
Geschichtsatlas *m* historical atlas **Geschichtsauffassung** *f* conception of history **Geschichtsbewusstsein**[RR] *nt* awareness of history **Geschichtsbuch** *nt* history book **Geschichtsepoche** *f* historical epoch **Geschichtsfälschung** *f* falsification of history **Geschichtsforscher(in)** *m(f)* historical researcher **Geschichtsforschung** *f* historical research **Geschichtskenntnis** *f* knowledge of history **Geschichtsklitterung** *f* historical misrepresentation **geschichtslos** *adj* ❶ (*ohne Geschichte*) with no past, without a history ❷ (*ohne Beziehung zur Vergangenheit*) with no sense of one's own history **Geschichtsphilosophie** *f* philosophy of history **geschichtsphilosophisch** *adj* **ein ~es Buch** a book on the philosophy of history **Geschichtsschreiber(in)** *m(f)* chronicler **Geschichtsschreibung** *f* historigraphy, writing of history **geschichtsträchtig** *adj* historic; **ein ~er Moment** a historic moment **Geschichtsunterricht** *m* (*das Unterrichten*) history teaching; (*Unterrichtsstunde*) history lesson **Geschichtswissenschaft** *f* [science of] history **Geschichtswissenschaftler(in)** *m(f)* historian **Geschichtszahl** *f* [historical] date
Geschick[1] <-[e]s> *nt kein pl* skill, expertise *no pl*
Geschick[2] <-[e]s, -e> *nt* (*Schicksal*) fate; **ein furchtbares** [*o* **grässliches**] **~** a cruel fate; **ein schlimmes ~** a fate worse than death *usu iron*
Geschicklichkeit <-> *f kein pl* skill, skilfulness [*or* AM skillfulness] *no pl,* expertise *no pl*
geschickt I. *adj* skilled, skilful [*or* AM skillful], expert; ■**mit den Händen ~ sein** to be clever with one's hands; **ein ~es Verhalten** diplomatic behaviour [*or* AM -or]
II. *adv* cleverly, adroitly, skilfully
Geschicktheit <-> *f kein pl s.* **Geschick**[1]
geschieden I. *pp von* **scheiden**
II. *adj* divorced; **jds ~e Frau/~er Mann** sb's ex-wife/husband
Geschiedene(r) *f(m) dekl wie adj* divorcee; **ihr ~r/seine ~** (*fam*) her/his ex *fam*
Geschimpfe <-[e]s> *nt kein pl* cursing, scolding
Geschirr <-[e]s, -e> *nt* ❶ *kein pl* (*Haushaltsgefäße*) crockery *no pl,* dishes *pl;* **das benutzte ~** the dirty crockery [*or* dishes]; ***feuerfestes ~*** ovenware
❷ (*Service*) [tea/dinner] service; **das gute ~** the best china
❸ (*Riemenzeug*) harness; ■**einem Tier ~ anlegen** to harness an animal, to put the harness on an animal
Geschirrablage *f* dish rack **Geschirraufzug** *m* dumb waiter **Geschirrschrank** *m* china cupboard **Geschirrspülen** *nt* washing-up **Geschirrspüler** <-s, -> *m* (*fam*) *s.* **Geschirrspülmaschine Geschirrspülmaschine** *f* dishwasher **Geschirrspülmittel** *nt* washing-up liquid BRIT, dish soap AM **Geschirrtuch** *nt* teatowel BRIT, drying-up cloth BRIT, dish cloth AM **Geschirrwaschmaschine** *f* SCHWEIZ (*Geschirrspülmaschine*) dishwasher
Geschiss[RR] <-es> *nt,* **Geschiß** <-sses> *nt* (*Getue*) fuss; ***er macht um jede Kleinigkeit ein ~*** he makes a huge fuss about the slightest thing
Geschlecht <-[e]s, -er> *nt* ❶ *kein pl* BIOL sex, gender; **das andere ~** the other [*or* opposite] sex; **beiderlei ~s** of both sexes; **männlichen/weiblichen ~s** (*geh*) male/female, of the male/female sex *form;* **das schwache/schöne/zarte ~** (*hum*) the weaker/fairer/gentle sex; **das starke ~** (*hum*) the stronger sex *iron*
❷ (*liter: Geschlechtsteile*) sex *liter*
❸ (*Sippe*) family, lineage *form;* ***er stammt aus einem adligen/alten ~*** he comes from a noble/ancient family, he is of noble/ancient lineage; **das menschliche ~** the human race; **zukünftige/spätere/die kommenden ~er** future generations
❹ LING gender
Geschlechterfolge *f* line **Geschlechterkampf** *m* battle of the sexes **Geschlechterkunde** *f* genealogy **Geschlechterrolle** *f* gender role **Geschlechtertrennung** *f* separation [*or* segregation] of the sexes **Geschlechterverhältnis** *nt* SOZIOL sex [*or* gender] ratio
geschlechtlich I. *adj* ❶ (*sexuell*) sexual; **~e Aufklärung** sex education; **~e Lust** lust; **~es Verlangen** sexual desire
❷ BIOL sexual; **~e Entwicklung** sexual development; **~e Reifung** sexual maturation; **~e Fortpflanzung** sexual reproduction
II. *adv* sexually; **~ verkehren** to have sexual intercourse; **sich ~ fortpflanzen** [*o* **vermehren**] to reproduce sexually
Geschlechtsakt *m* sex[ual] act, sexual intercourse *no pl,* coitus *no pl form;* **[mit jdm] den ~ vollziehen** (*geh*) to have [*or* enjoy] sexual intercourse [with sb] *hum* **Geschlechtsbestimmung** *f* sex determination **Geschlechtschromosom** *nt* sex chromosome **Geschlechtsdrüse** *f* sex gland **Geschlechtserziehung** *f* sex education **Geschlechtsgenosse, -genossin** *m, f* (*hum*) sb of the same sex [*or* gender] **Geschlechtshormon** *nt* sex hormone **geschlechtskrank** *adj* suffering from a sexually transmitted disease **Geschlechtskranke(r)** *f(m) dekl wie adj* sb with a sexually transmitted disease **Geschlechtskrankheit** *f* MED sexually transmitted disease, STD **Geschlechtsleben** *nt kein pl* sexual habits, form, sex life *fam* **geschlechtslos** *adj* asexual, sexless **Geschlechtslust** *f kein pl* [sexual] lust **Geschlechtsmerkmal** *nt* sex[ual] characteristic
Geschlechtsorgan *nt* sexual organ; **äußere ~e** external sex [*or* sexual] organs, genitals *npl,* genitalia *npl;* **innere ~e** internal sex [*or* sexual] organs **geschlechtsreif** *adj* sexually mature **Geschlechtsreife** *f* sexual maturity **geschlechtsspezifisch** *adj* gender-specific; **~e Unterschiede** gender-specific differences **Geschlechtsteil** *nt* genitals *npl* **Geschlechtstrieb** *m* sex [*or* sexual] drive [*or* urge] **Geschlechtsumwandlung** *f* sex change **Geschlechtsverkehr** *m* sexual intercourse, sex *fam* **Geschlechtswort** *nt* LING article **Geschlechtszelle** *f* sexual cell
geschliffen I. *pp von* **schleifen**[2]
II. *adj* polished, faultless; **~e Manieren** faultless [*or* impeccable] manners
geschlossen I. *pp von* **schließen**
II. *adj* ❶ (*gemeinsam*) united; **~e Ablehnung** unanimous rejection
❷ (*zusammenhängend*) thick; **eine ~e Wolkendecke** [*o* **~e Bewölkung**] cloudy skies; **eine ~e Schneedecke** a layer of snow; *s. a.* **Gesellschaft, Ortschaft**
❸ (*nicht geöffnet*) closed; **eine ~e Abteilung** a closed ward
❹ (*abgerundet*) **eine ~** *Persönlichkeit,* a well-rounded character; **ein ~es Bild** a complete picture; **ein ~es Konzept** a [complete] concept
III. *adv* (*einheitlich*) unanimously; **~ für etw** *akk* **stimmen** to vote unanimously for sth
Geschlossenheit <-> *f kein pl* ❶ (*gemeinsame Haltung*) unity
❷ (*Einheitlichkeit*) uniformity
Geschluchze *nt* sobbing
Geschmack <-[e]s, Geschmäcke *o hum fam* Geschmäcker> *m* ❶ *kein pl* (*Aroma*) taste; **einen ... ~ haben** (*schmecken*) to have a ... taste
❷ *kein pl* (*Geschmackssinn*) sense of taste
❸ (*ästhetisches Empfinden*) taste; **mit ~ eingerichtet** tastefully furnished; **mit sicherem ~** with unerring good taste; **einen guten/keinen guten ~ haben** to have good/bad taste; **etw ist nicht mein/nach meinem ~** sth is not to my taste, sth is not my cup of tea *fam;* **an etw** *dat* **~ finden** [*o* **einer S.** *dat* **~ abgewinnen**] to develop [*or* acquire] a taste for sth; **auf den ~ kommen** to acquire a taste for sth, to grow to like sth; **für meinen ~** for my taste; **etw ist im ~ ...** the taste of sth is ...; **je nach ~** according to taste; **die Geschmäcker sind verschieden** tastes differ
► WENDUNGEN: **über ~ lässt sich [nicht] streiten** (*prov*) there's no accounting for taste
geschmacklich I. *adj* as regards [*or* in terms of] taste; **ein ~er Unterschied** a difference in taste; **eine ~e Veränderung/Verbesserung** a change/an improvement in taste
II. *adv* as regards [*or* in terms of] taste; **etw ist ~ hervorragend** the taste of sth is excellent; **etw ~ verbessern** to improve the taste of sth
geschmacklos *adj* ❶ KOCHK (*ohne Geschmack*) bland, tasteless
❷ (*taktlos*) tasteless, in bad taste; **ein ~er Mensch** a person lacking in good taste
❸ (*nicht ästhetisch*) in bad taste; ***wie ~!*** how tasteless!
Geschmacklosigkeit <-, -en> *f* ❶ *kein pl* (*Taktlosigkeit*) tastelessness, bad taste *no pl,* lack of good taste *no pl;* **ein Witz von seltener ~** a particularly tasteless joke
❷ (*taktlose Bemerkung*) tasteless remark
Geschmacksfrage *f* **eine ~ sein** to be a matter [*or* question] of taste; **in ~n** in matters of taste **Geschmacksknospe** *f* taste bud **Geschmacksmuster** *nt* JUR (*bei Patent*) design patent **Geschmacksmusterrecht** *nt* JUR patent law **Geschmacksmusterschutz** *m* JUR registered design protection **Geschmacksnerv** *m* tastebud **Geschmacksrichtung** *f* flavour [*or* AM -or]; **jds ~ sein** (*fam*) to be sb's cup of tea *fam,* to be just the thing [for sb] *fam;* ***genau meine ~!*** my favourite! **Geschmackssache** *f* **~ sein** to be a matter [*or* question] of taste **Geschmackssinn** *m*

G

sense of taste **Geschmacksurteil** *nt* ■**sein** ~ **[in etw** *dat*] one's taste [in [*or* for] sth] **Geschmacksverirrung** *f* (*pej*) bad taste, eccentric taste *euph;* **unter** ~ **leiden** (*fam*) to have bad taste [*or* no idea of good taste]

geschmackvoll I. *adj* tasteful; ~**e Bemerkung** tasteful remark, remark in good taste

II. *adv* tastefully

Geschmatze <-s> *nt kein pl* slurping, noisy eating

Geschmeide <-s, -> *nt* (*geh*) jewellery *no pl* BRIT, jewelery *no pl* AM

geschmeidig I. *adj* ① (*schmiegsam*) sleek; ~**es Haar/Fell** silky hair/coat; ~**e Haut** soft [*or* smooth] skin; ~**es Leder** supple leather; ~**e Masse/**~**er Teig/**~**es Wachs** smooth mass/pastry/wax

② (*biegsam*) supple, agile, lithe, lissom

③ (*anpassungsfähig*) adaptable

II. *adv* (*biegsam*) supply [*or* supplely], agilely, lithely

Geschmeidigkeit <-> *f kein pl* ① (*Schmiegsamkeit*) sleekness; *von Haar/Fell* silkiness; *von Leder* suppleness; *von Haut* smoothness, suppleness

② (*Biegsamkeit*) suppleness, agility

③ (*Anpassungsfähigkeit*) adaptability

Geschmeiß <-es> *nt kein pl* (*pej*) ① (*ekliges Ungeziefer*) bugs *pl fam,* vermin *no pl pej*

② (*widerliche Menschen*) vermin *no pl,* scum *fam*

Geschmier(e) <-s> *nt kein pl* (*pej fam*) ① (*unleserliche Handschrift*) scribble, scrawl

② (*kritisierter Artikel*) rubbish *no pl,* trash *no pl,* drivel *no pl*

③ (*schlechte Malerei*) rubbish *no pl,* mess *no pl*

Geschmorte <-es> *nt kein pl* (*fam*) braised meat

Geschmunzel <-es> *nt kein pl* smiling; ***der Witz löste allgemeines*** ~ ***aus*** the joke caused everyone to smile [*or* raised a smile from everyone]

Geschmus(e) <-es> *nt kein pl* (*fam*) kissing and cuddling *no pl,* canoodling *no pl* BRIT

Geschnatter <-s> *nt kein pl* (*pej fam: lästiges Schnattern*) cackle *no pl,* cackling *no pl;* ~ **der Menschen** chatter [*or* chattering] of people

Geschnetzelte(s) *nt dekl wie adj thin strips of meat;* **Zür[i]cher** ~**s** *originating in Zurich, a way of preparing Geschnetzeltes in a sauce*

geschniegelt *adj* ~ **und gebügelt** (*pej fam*) [all] dressed-up, dressed to kill *pred,* dressed to the nines *pred*

geschnoben (*veraltend*) *pp von* **schnauben**

Geschöpf <-[e]s, -e> *nt* ① (*Lebewesen*) creature; **Gottes** ~**e** God's creatures

② (*Person*) creature; **ein dummes** ~ a silly [*or* stupid] [little] thing; **ein bezauberndes** ~ a fascinating creature

③ (*Fantasiefigur*) creation; **jds** ~ **sein** to be sb's creation; (*jdm völlig ergeben sein*) to be sb's slave

GeschossRR1 <-es, -e> *nt,* **Geschoß** <-sses, -sse> *nt* storey [*or* AM story], floor; **im ersten** ~ on the first [*or* AM second] floor

GeschossRR2 <-es, -e> *nt,* **Geschoß** <-sses, -sse> *nt* ① MIL projectile; ~ **aus einer Pistole** bullet from a gun; **Hagel von** ~**en** hail of bullets; (*Granate*) grenade, shell

② (*Wurfgeschoss*) missile

GeschossbahnRR *f* trajectory

geschraubt I. *adj* (*pej*) affected, pretentious

II. *adv* affectedly, pretentiously, stiltedly

Geschrei <-s> *nt kein pl* ① (*Schreien*) shouting, yelling *no pl;* ***was ist denn da draußen für ein*** ~***?*** what's all that shouting [*or* yelling] [going on] outside?; (*von Verletzten*) screaming; (*schrill*) shrieking

② (*fam: Lamentieren*) fuss *no pl;* **[wegen einer S.** *gen*] **ein [großes/riesiges]** ~ **machen** [*o geh* **erheben**] to make [*or* kick up] a [big] fuss [*or fam* to start squawking] [*or sl* to bellyache [a lot]] [about sth]; **viel** ~ **um nichts** a lot of fuss about nothing

geschult I. *pp von* **schulen**

II. *adj* trained, schooled; **ein** ~**es Auge/eine** ~**e Stimme haben** to have a trained eye/voice; **psychologisch** ~ psychologically prepared

geschüttelt *adj* shaken (**von** +*dat* by); ***vom Jugendwahn*** ~ gripped in delusions of youth

Geschütz <-es, -e> *nt* gun, piece of artillery; **schweres** ~ big gun; **ein** ~ **auffahren** to bring a gun into position; **schweres** [*o* **grobes**] ~ **auffahren** (*a. fig*) to bring up the big guns [*or* the artillery]

Geschützbedienung *f* gun crew **Geschützbettung** *f* gun bed **Geschützdonner** *m* thunder of guns **Geschützfeuer** *nt* gunfire, artillery [*or* shell] fire **Geschützrohr** *nt* barrel of a gun, gun-barrel **Geschützstand** *m* gun emplacement

geschützt I. *adj* ① (*abgeschirmt*) sheltered

② (*unter Naturschutz stehend*) protected

③ JUR protected; **gesetzlich** ~ protected by law; *Warenzeichen* registered [*or* patented]; **gesetzlich nicht** ~ unregistered; **urheberrechtlich** ~ protected by copyright; **nicht mehr** ~ **sein** to be in/pass into the public domain

II. *adv* in a sheltered place; ~ **stehen** to stand in a sheltered place

Geschützturm *m* gun turret

Geschwader <-s, -> *nt* squadron

Geschwafel <-s> *nt kein pl* (*pej fam*) hot air *no pl pej fam,* waffle *no pl* BRIT *pej fam,* twaddle *no pl pej fam;* ***verschone mich bitte mit diesem dummen*** ~ spare me this stupid nonsense

Geschwätz <-es> *nt kein pl* (*pej fam*) ① (*dummes Gerede*) waffle *no pl* BRIT *pej fam,* hot air *no pl pej fam,* twaddle *no pl pej fam*

② (*Klatsch*) gossip *no pl*

geschwätzig *adj* (*pej*) ① (*redselig*) talkative, garrulous

② (*Klatsch verbreitend*) gossipy *pej fam;* **ein** ~**er Mensch** a gossipmonger; ~ **wie ein Marktweib sein** to be a real gossip

Geschwätzigkeit <-> *f kein pl* (*pej*) ① (*Redseligkeit*) talkativeness, garrulousness

② (*Neigung zu klatschen*) love of gossip

geschweift *adj* ① (*mit Schwanz*) *Stern, Tier* with a tail

② (*gebogen*) curved

geschweige *konj* ■~ **[denn]** never mind, let alone; ***ich erwarte von ihm kein Wort des Zuspruches,*** ~ ***denn, dass er mich finanziell unterstützt*** I don't expect a word of encouragement from him, never mind [*or* let alone] financial support

geschwind I. *adj* SÜDD (*veraltet: rasch*) quick, swift, fast; *s. a.* **Schritt**

II. *adv* quickly, swiftly, fast; ~**!** quickly!, hurry up!

Geschwindigkeit <-, -en> *f* speed; **die** ~ **erhöhen** to speed up; **die** ~ **herabsetzen** to slow down; **die** ~ **steigern/verringern** to increase/decrease speed; **an** ~ **zunehmen** to increase speed, to go faster; **mit affenartiger** ~ (*fam*) at the speed of light, like lightning, at an incredible speed; **mit einer** ~ **von ...** at a speed of ...; **überhöhte** ~ excessive speed; ***er hat wegen überhöhter*** ~ ***einen Strafzettel bekommen*** he was fined for exceeding the speed limit

Geschwindigkeitsbegrenzung *f,* **Geschwindigkeitsbeschränkung** *f* speed limit; **die** ~ **nicht einhalten** to exceed the speed limit **Geschwindigkeitskontrolle** *f* speed [*or* radar] trap **Geschwindigkeitsmesser** *m* tachometer, speedometer **Geschwindigkeitsregler** *m* AUTO cruise control **Geschwindigkeitsüberschreitung** *f* exceeding the speed limit

Geschwirr *nt* buzzing

Geschwister *pl* brothers and sisters *pl,* siblings *pl form or spec;* ***wir sind zu Hause drei*** ~ there are three children in our family

geschwisterlich I. *adj* brotherly/sisterly

II. *adv* like brother and sister; **etw** ~ **teilen** to divide sth fairly

Geschwisterliebe *f* brotherly/sisterly love [*or* affection] **Geschwisterpaar** *nt* brother and sister

geschwollen I. *pp von* **schwellen**

II. *adj* (*pej*) pompous *pej,* high-flown *pej,* inflated *pej;* ~**e Augenlider** puffy eyes

III. *adv* in a pompous [*or* high-flown] [*or* an inflated] way; ***rede doch nicht so*** ~***!*** don't talk in such a pompous way!

geschworen I. *pp von* **schwören**

II. *adj attr* sworn *attr;* **ein** ~**er Feind/Gegner** a sworn enemy/opponent

Geschworene(r) *f(m) dekl wie adj* member of the jury, juror; **die** ~**n** the jury

Geschworenenbank <-bänke> *f* jury box **Geschworenengericht** *nt court with a jury;* **vor ein** ~ **kommen** to be tried by a jury **Geschworenenliste** *f list of people from which the jurors are taken*

Geschwulst <-, Geschwülste> *f* tumor

geschwungen I. *pp von* **schwingen**

II. *adj* curved; ~**e Augenbrauen** arched eyebrows; **eine** ~**e Nase** an aquiline nose

Geschwür <-s, -e> *nt* abscess; (*Furunkel*) boil; **Magen**~ stomach ulcer

gesegnet *adj* (*geh*) blessed; ■~**e(s)** ...! happy [*or* blessed] ...! *form;* ~ **Mahlzeit!** enjoy your meal!; ~**s Neues Jahr!** Happy New Year!

Geselchte(s) *nt dekl wie adj* KOCHK SÜDD, ÖSTERR smoked meat

Geselle, Gesellin <-n, -n> *m, f* ① (*Handwerksgeselle*) journeyman, worker who has completed an apprenticeship

② (*Kerl*) chap BRIT, guy AM

gesellen* *vr* (*geh*) ① (*sich anschließen*) ■**sich zu jdm** ~ to join sb; ***darf ich mich zu Ihnen*** ~***?*** may [*or* do you mind if] I join you?

② (*hinzukommen*) ■**sich zu etw** *dat* ~ to add to sth

Gesellenbrief *m* certificate of completion of an apprenticeship **Gesellenprüfung** *f* examination at the end of an apprenticeship **Gesellenstück** *nt piece of practical work which has to be produced at the end of an apprenticeship*

gesellig I. *adj* sociable, gregarious; **ein** ~**er Abend** a convivial evening; **ein** ~**es Beisammensein** [*o* **eine** ~**e Runde**] a friendly get-together

II. *adv* sociably; ~ **zusammensitzen** to sit together and chat [*or* talk]

Geselligkeit <-, -en> *f* ① *kein pl* (*geselliges Leben*) ~ **lieben** to enjoy company, to be a sociable sort of person

② (*geselliger Anlass*) social gathering, friendly get-together

③ (*gesellige Art*) gregariousness, friendly manner

Gesellin <-, -nen> *f fem form von* **Geselle**

Gesellschaft <-, -en> *f* ① (*Gemeinschaft*) society

② ÖKON company BRIT, corporation AM; **abhängige** ~ dependent company; ~ **mit beschränkter Haftung** limited liability company BRIT, close corporation AM; ~ **des bürgerlichen Rechts** non-trading partnership, AM civil corporation, company constituted under civil law; **eine** ~ **handelsgerichtlich eintragen** to register [*or* AM incorporate] a company; **stille** ~ partnership in commendam

③ (*Vereinigung*) society, association; **die ehrenwerte** ~ (*Mafia*) the Cosa Nostra

④ (*Fest*) party; **eine** ~ **geben** to have [*or* give] [*or* throw] a party; **Schild: geschlossene** ~ sign: private function

⑤ (*Oberschicht*) **jdn in die** ~ **einführen** to introduce sb to society life; **eine Dame der** ~ a high-society lady

⑥ (*Kreis von Menschen*) group of people, crowd, bunch *fam,* lot *fam;* **eine bunte** ~ a mixed crowd; **gemischte** ~ (*pej*) bad crowd; **sich [mit etw** *dat*] **in guter** ~ **befinden** to be in good company [with sth]; **in schlechte** ~ **geraten** to get in [*or* fall in] with the wrong crowd, to get into bad company; **in zweifelhafter** ~ in doubtful company; **jdm** ~ **leisten** to join sb; **in** ~ with sb; **in** ~ **von jdm** in the company of sb

⑦ (*Umgang*) company

Gesellschafter(in) <-s, -> *m(f)* ① (*Unterhalter*) interesting [*or* good] company; (*euph: als Begleitung angestellt*) escort; **ein amüsanter/brillanter** ~ an amusing/a brilliant conversationalist

② (*Teilhaber*) associate; (*in Personengesellschaft*) partner; (*in Kapitalgesellschaft*) shareholder BRIT, stockholder AM; **haftender** ~ risk-bearing [*or* liable]

partner; **beschränkt/unbeschränkt haftender** ~ special [*or* limited]/general [*or* unlimited] partner; **persönlich haftender** ~ general [*or* responsible] partner; **stiller** ~ sleeping [*or* dormant] [*or* AM silent] partner

Gesellschafteranteil *m* ÖKON partner's interest; BÖRSE share, business interest **Gesellschafterausschuss**RR *m* HANDEL shareholder's committee **Gesellschafterbeschluss**RR *m* HANDEL resolution adopted by the partners; BÖRSE shareholders' resolution [*or* decision] **Gesellschafterbilanz** *f* FIN shareholders' accounts *pl* **Gesellschafterdarlehen** *nt* FIN shareholders' loan **Gesellschafterforderung** *f* FIN shareholders' demand **Gesellschafterliste** *f* HANDEL *einer AG* list of shareholders **Gesellschafterversammlung** *f* HANDEL general meeting of members; BÖRSE shareholders' meeting **Gesellschaftervertrag** *m* JUR deed of partnership **Gesellschafterwechsel** *m* HANDEL change of partners [*or* shareholders]

gesellschaftlich **I.** *adj* ❶ (*die Gesellschaft betreffend*) social; **~e Schicht** social class, class of society; **den ~en Aufstieg schaffen** to move up though the social classes; **ein ~er Missstand** a social evil
❷ (*in besseren Kreisen üblich*) socially acceptable; **~e Umgangsformen** [socially] acceptable manners
II. *adv* (*in besseren Kreisen*) **sich ~ unmöglich machen** to behave outrageously, to be beyond the pale BRIT

Gesellschaftsabend *m* social evening **Gesellschaftsanteil** *m* JUR partner's interest, BRIT share, AM stock; BÖRSE share in a/the company **Gesellschaftsanzug** *m* dress suit, formal dress **Gesellschaftsauseinandersetzung** *f* HANDEL winding-up **Gesellschaftsbeschluss**RR *m* HANDEL corporate resolution **Gesellschaftsbilanz** *f* FIN company balance sheet **gesellschaftsfähig** *adj* socially acceptable **gesellschaftsfeindlich** *adj* anti-social **Gesellschaftsform** *f* ❶ (*Gesellschaftsordnung*) social system, form of society ❷ ÖKON type of company **Gesellschaftsgläubiger(in)** *m(f)* FIN partnership creditor, creditor of a partnership **Gesellschaftsgründung** *f* HANDEL company formation, incorporation **Gesellschaftskapital** *nt* corporate [*or* share] capital **Gesellschaftskleidung** *f* formal dress **Gesellschaftskonkurs** *m* JUR company bankruptcy **Gesellschaftskritik** *f* social criticism **Gesellschaftsmodell** *nt* POL, SOZIOL, PHILOS societal model **Gesellschaftsordnung** *f* social order **Gesellschaftsorgan** *nt* JUR company organ **Gesellschaftspolitik** *f* ❶ SOZIOL (*für die Gesellschaft*) social policy ❷ HANDEL (*einer Firma*) company [*or* corporate] policy **gesellschaftspolitisch** *adj* social policy *attr*, in terms of social policy *pred* **Gesellschaftsrecht** *nt kein pl* JUR law of partnership, Company Law BRIT **Gesellschaftsregister** *nt* HANDEL company [*or* stock] register **Gesellschaftsreise** *f* group tour **Gesellschaftsschicht** *f* social class **Gesellschaftsschulden** *pl* FIN corporate debts [*or* liabilities] **Gesellschaftsspiel** *nt* party game **Gesellschaftsstatuten** *pl* HANDEL articles of association [*or* AM incorporation] **Gesellschaftssteuer** *f* FIN company tax **Gesellschaftstanz** *m* ballroom dance **Gesellschaftsverbindlichkeiten** *pl* FIN company liabilities **Gesellschaftsvergleich** *m* JUR composition proceedings *pl* **Gesellschaftsverhältnis** *nt* HANDEL partnership **Gesellschaftsvermögen** *nt* FIN (*von Partnern*) partnership assets *pl*; (*von Kapital*) company [*or* corporate] assets *pl* **Gesellschaftsversammlung** *f* HANDEL company meeting **Gesellschaftsvertrag** *m* ❶ ÖKON partnership agreement, articles of partnership [*or* AM incorporation] ❷ PHILOS social contract **Gesellschaftswissenschaften** *pl* social sciences *pl* (*esp. sociology, political science, and economics*) **Gesellschaftszweck** *m* JUR objects of the company

gesengt *adj* **~e Sau** (*pej*) *someone who speeds like mad*

Gesetz <-es, -e> *nt* ❶ JUR (*staatliche Vorschrift*) law, Act BRIT, Law AM; **~ gegen unlauteren Wettbewerb** law against unfair competition, BRIT Fair Trading Act; **~ gegen Wettbewerbsbeschränkungen** antitrust act, BRIT Restrictive Trade Practices Act; **~ über Kapitalgesellschaften** Companies' Act; **formelles ~** formally enacted law; **geltendes ~** law in force; **dem ~ unterworfen** subject to the law; **ein ~ auslegen/umgehen** to construe/to evade the law; **das ~ beachten/einhalten** to observe/obey the law; **ein ~ brechen** to break [*or* violate] the law *form;* **ein ~ einbringen** to introduce a bill; **etw wird zum ~ erklärt** sth becomes law; **~e erlassen** to legislate [*or* enact legislation]; **das ~ hüten** to uphold the law; **das ~ missachten** to take the law into one's own hands; **nach dem ~** according to the law; **ein ~ verabschieden** to pass a law; **gegen das ~ verstoßen** to break the law; **zum ~ werden** to become law; **mit dem ~ in Konflikt geraten** to fall foul of the law; **kraft ~es** by law; **nach dem ~** under the law
❷ PHYS law; **Natur~** law of nature; **das ~ der Schwerkraft** the law of gravity
❸ (*fam: ~buch*) statute book
▶ WENDUNGEN: **das ~ des Dschungels** the law of the jungle; **das ~ des Handelns** the need to act, the necessity for action; **das ~ der Serie** the probability that a recurring event occurs again; **vor dem ~ sind alle gleich** we are all equal in the eyes of the law; **jdm oberstes ~ sein** to be sb's golden rule; **ein ungeschriebenes ~** an unwritten law

Gesetzblatt *nt* law gazette **Gesetzbuch** *nt* statute book; **Bürgerliches ~** Civil Code **Gesetzentwurf** *m* bill, draft legislation; **einen ~ einbringen** to present [*or* BRIT table] a bill

Gesetzesänderung *f* JUR amendment [to a/the law], legislative amendment **Gesetzesanwendung** *f* JUR application of a law **Gesetzesauslegung** *f* JUR construction [*or* interpretation] of a law **Gesetzesbeschluss**RR *m* JUR enactment **Gesetzesbestimmungen** *pl* JUR provisions of a/the bill, statutory provision **Gesetzesbezeichnung** *f* JUR title of the law **Gesetzesblatt** *nt* JUR law gazette **Gesetzesbrecher(in)** <-s, -> *m(f)* law-breaker **Gesetzesbruch** *m* (*geh*) violation of a/the law **Gesetzesentwurf** *m* JUR draft law, bill; **einen ~ vorlegen/einbringen** to table a bill **Gesetzesfiktion** *f* JUR legal fiction **Gesetzeshüter(in)** *m(f)* (*hum*) long arm *iron* [*or iron* BRIT guardian] of the law **Gesetzesinitiative** *f* legislative initiative **Gesetzeskonflikt** *m* JUR Conflict of Laws **Gesetzeskonkurrenz** *f* JUR concurrence of laws **Gesetzeskraft** *f kein pl* JUR force of law, legal force; **~ haben** [*o* **erlangen**] to be legal, to have legal force; **die volle ~** the full power of the law **Gesetzeslücke** *f* judicial loophole **Gesetzesnovelle** *f* amendment [to a/the law] **Gesetzespaket** *nt* JUR legislative package **Gesetzesrecht** *nt* JUR statute law **Gesetzessammlung** *f* legal digest; (*Gesetzbuch*) statute book BRIT, statutes at large AM; (*Korpus*) corpus **Gesetzestext** *m* text [*or* wording] of a law **gesetzestreu** *adj* law-abiding **Gesetzestreue** *f* law-abidance **Gesetzesübertretung** *f* JUR infringement of the law, law-breaking **Gesetzesumgehung** *f* JUR evasion of a law **Gesetzesverletzung** *f* JUR violation of the law **Gesetzesverzeichnis** *nt* JUR statute book **Gesetzesvollzug** *m* JUR law enforcement **Gesetzesvorbehalt** *m* JUR legal reservation **Gesetzesvorlage** *f* JUR *s.* **Gesetzentwurf** **Gesetzesvorstoß** *m* impetus towards a new [*or* reformed] law **Gesetzeszweck** *m* JUR legal purpose

gesetzgebend *adj attr* legislative

Gesetzgeber <-s, -> *m* legislator, law-maker; (*Versammlung*) legislature, legislative body

gesetzgeberisch *adj* legislative

Gesetzgebung <-, -en> *f* legislation; **ausschließliche/konkurrierende ~** exclusive/concurrent legislation **Gesetzgebungskompetenz** *f* JUR legislative authority **Gesetzgebungsnotstand** *m* JUR legislative state of emergency **Gesetzgebungsverfahren** *nt* legislative process

gesetzlich **I.** *adj* legal, lawful *form*, statutory; **~e Bestimmung** legal requirement; **~er Feiertag** statutory holiday; **~e Haftpflicht** legal [*or* statutory] liability; **~e Kündigungsfrist** statutory notice; **~e Regelung** legal regulation; **~e Verpflichtung** statutory duty; **~e Vorschrift** public act; **~es Zahlungsmittel** legal tender; **~ geschützt** protected by law; *Patent* patented; **~ vorgeschrieben** statutory; **etw ~ verfügen** to enact [*or* decree] sth; *s. a.* **Unterhalt, Vertreter, Zahlungsmittel, Zinsen**
II. *adv* legally; **~ erlaubt/geschützt** licit/proprietary; **~ verankert sein** to be established in law; **~ verpflichtet/vorgeschrieben** duty bound/statutory; **etw ~ verfügen** to enact sth

Gesetzlichkeit <-> *f kein pl* ❶ (*Rechtmäßigkeit*) legality
❷ (*Rechtsordnung*) legal system

gesetzlos *adj* lawless

Gesetzlosigkeit <-> *f kein pl* lawlessness

gesetzmäßig **I.** *adj* (*gesetzlich*) lawful; (*rechtmäßig*) rightful
II. *adv* (*einem Naturgesetz folgend*) according to the law [*or* laws] of nature, according to natural law; (*rechtmäßig*) lawfully, legally

Gesetzmäßigkeit <-, -en> *f* (*Gesetzlichkeit*) legality; (*Rechtmäßigkeit*) legitimacy, lawfulness

gesetzt **I.** *adj* sober, dignified, staid *pej*
II. *konj* (*angenommen, ...*) ▪**~, ...** assuming that ...; (*vorausgesetzt, dass ...*) providing that ...; *s. a.* **Fall**

Gesetztheit <-> *f kein pl* sedateness

gesetzwidrig **I.** *adj* illegal, unlawful *form*
II. *adv* illegally, unlawfully *form*

Gesetzwidrigkeit *f* illegality, unlawfulness *form*

ges. gesch. JUR *Abk von* **gesetzlich geschützt** protected by law; (*eingetragen*) registered

gesichert **I.** *pp von* **sichern**
II. *adj* secure[d]; *Erkenntnisse* solid; *Fakten* indisputable, irrefutable; **~es Einkommen** fixed income; **~e Existenz** secure livelihood; **ein ~es Einkommen haben** to have a secure income

Gesicht[1] <-[e]s, -er> *nt* ❶ (*Antlitz*) face; **jdm ins ~ schauen** to look sb in the face; **jdm ins ~ scheinen** to shine in sb's eyes; **mitten im ~** in the middle of sb's face; ***er ist im ~ etwas mager geworden*** his face has got rather thin, he's got thin in the face; **jdm ins ~ spucken** to spit in sb's face; **das ~ verzerren** to contort one's face; **jdm [in] das ~ schlagen** to slap sb's face; **ein anderes ~ machen** (*fam*) to put on a different expression; ***mach doch ein anderes ~!*** stop looking like that!; **grün im ~ werden** (*fam*) to go green in the face; **ein langes ~** a long face; **ein langes ~ machen** [*o* **ziehen**] to pull a [long] face; **jdn/etw zu ~ bekommen** to set eyes on [*or* see] sb/sth; ***diese Unterlagen dürfen nur wenige zu ~ bekommen*** these papers are [intended] for the eyes of only a few; **jdm [...] ins ~ lachen** to laugh in sb's face; **jdm etw vom ~ ablesen** to see sth from sb's expression [*or* the expression [*or* look] on sb's face]; **jdm ins ~ lügen** to tell sb a downright [*or* an outright] lie; **ein ~ machen** [*o* **ziehen**] (*fam*) to make [*or* pull] a face; ***was machst du denn für ein ~?*** why are you looking like that?; **ein ... ~ machen** to look ...; **ein böses/trauriges/enttäuschtes ~ machen** to look angry/sad/disappointed; **jdm etw [direkt** [*o* **glatt**]] **ins ~ sagen** to say sth [straight] to sb's face; **jdm etw am ~ ansehen** to read from the expression on sb's face; **das ~ verziehen** to make [*or* pull] a face; **jdm das ~ zuwenden** to turn to sb, to look at sb; **über das ganze ~ strahlen** (*fam*) to be grinning like an idiot *fam*, to beam all over one's face
❷ (*Erscheinungsbild*) appearance; **die verschiedenen ~er Deutschlands** the different faces of Germany; **ein anderes ~ bekommen** to take on a different character
▶ WENDUNGEN: **ein ~ wie drei** [*o* **acht**] **Tage Regenwetter machen** (*fam*) to look as miserable as sin; **einer S.** *dat* **ein anderes ~ geben** [*o geh*

verleihen] (*etw anders erscheinen lassen*) to make sth look different, to give sth a different character; **sein wahres ~ zeigen** [*o geh* **enthüllen**] to show one's true colours [*or* oneself in one's true colours], to show one's true character; **jdm wie aus dem ~ geschnitten sein** to be the spitting image of sb; **zwei ~er haben** to be two-faced; **einer S.** *dat* **ins ~ schlagen** to be a slap in the face for sth; **jdm im ~ geschrieben stehen** to be written on [*or* all over] sb's face; **das** [*o* **sein**] **~ verlieren** to lose face; **das** [*o* **sein**] **~ wahren** to keep up appearances, to save face

Gesicht² <-[e]s, -e> *nt* sight; **etw zu ~ bekommen** to have sight of sth *form,* to see sth; ***ich habe diese Unterlagen nie zu ~ bekommen*** I have never seen these papers; **das zweite ~ haben** (*veraltet*) to have second sight

Gesichtsausdruck <-ausdrücke> *m* expression [*or* look] [on sb's face]; **jdn am ~ erkennen** to see from sb's expression [*or* the expression [*or* look] on sb's face] **Gesichtsbehandlung** *f* facial [treatment] **Gesichtscreme** *f* face cream **Gesichtsfarbe** *f* complexion; (*vorübergehende Farbe*) colour [*or* AM -or]; **eine blasse ~ haben** to look pale; **eine gesunde ~ bekommen** to acquire a healthy colour **Gesichtsfeld** *nt* ❶ (*Blickfeld*) field of vision ❷ MED [circular] visual field [*or* field of vision] **Gesichtshälfte** *f* side [*or* half] of the face **Gesichtskontrolle** *f* (*fam*) *visual check carried out by some bars and discos so that only appropriate guests are allowed in* **Gesichtskreis** *m* ❶ (*Umkreis*) field [*or* range] of vision ❷ (*geistiger Horizont*) horizon, outlook; **ein umfassender ~** a broad outlook, wide horizons **Gesichtslähmung** *f* facial paralysis **gesichtslos** *adj* characterless, nondescript, faceless **Gesichtsmaske** *f* face mask; (*kosmetisch*) face pack; SPORT (*Schutz für das Gesicht*) face guard **Gesichtsmilch** *f* moisturizing fluid *no pl;* (*zur Reinigung*) cleansing milk *no pl* **Gesichtspeeling** *nt* facial exfoliant **Gesichtspflege** *f* facial care **Gesichtsplastik** *f* cosmetic surgery **Gesichtspunkt** *m* point of view; **unter diesem ~ betrachtet** seen from this/that point of view **Gesichtsrose** *f* MED facial erysipelas **Gesichtsschleier** *m* [lace] veil; (*einer Moslemin a.*) yashmak **Gesichtsschnitt** *m* features *pl;* **ein ovaler ~** an oval face, oval features **Gesichtsstraffung** *f* face-lifting **Gesichtsverlust** *m* loss of face **Gesichtswahrung** *f kein pl* face-saving **Gesichtswasser** *nt* toner; (*zur Reinigung*) cleansing lotion **Gesichtswinkel** *m* ❶ (*Winkel*) visual angle ❷ (*Gesichtspunkt*) angle, point of view **Gesichtszug** *m meist pl* facial feature; **edle/feine/strenge Gesichtszüge** noble/fine/severe features

Gesims <-es, -e> *nt* cornice, ledge

Gesimsbrett *nt* BAU fascia board

Gesinde <-s, -> *nt* (*veraltet*) servants *pl;* (*vom Bauernhof*) farmhands *pl*

Gesindel <-s> *nt kein pl* (*pej*) riff-raff *no pl pej,* rabble *no pl pej*

gesinnt *adj meist pred* minded; **demokratisch ~** democratically minded; **sozial ~** socially minded, public spirited; (*gesonnen*) ■**jdm ... ~ sein** to feel ... towards sb; **jdm gut** [*o* **freundlich**] **~ sein** to be [*or* feel] well-disposed towards sb; **jdm übel** [*o* **feindlich**] **~ sein** to be [*or* feel] ill-disposed towards sb

Gesinnung <-, -en> *f* ❶ (*Einstellung*) conviction, attitude; **eine miese ~** a cavalier attitude; **wegen seiner ~ verfolgt werden** to be persecuted for one's convictions

❷ (*Charakter*) **seine wahre ~ zeigen** [*o geh* **enthüllen**] to show one's true colours [*or* AM -ors] [*or* oneself in one's true colours]

Gesinnungsgenosse, -genossin *m, f* like-minded person **gesinnungslos** *adj* (*pej*) immoral, unprincipled, profligate *form;* ■**sich ~ verhalten** to behave in an unprincipled fashion [*or* immorally] **Gesinnungsschüffelei** *f* snooping into people's political views **Gesinnungstäter(in)** *m(f) sb who breaks the law out of moral conviction* **Gesinnungswandel** *m* change of [*or* shift in] attitude **Gesinnungswechsel** *m s.* **Gesinnungswandel**

gesittet I. *adj* well-brought up, well-mannered

II. *adv* **sich ~ aufführen** [*o* **benehmen**] to be well-behaved, to behave properly

gesmokt I. *pp von* **smoken**

II. *adj* MODE smocked

Gesöff <-[e]s, -e> *nt* (*pej sl*) pigswill, muck *no pl*

gesondert I. *adj* separate; (*für sich*) individual; ***jeder Gewinner erhält eine ~e Benachrichtigung*** each winner is informed individually; **eine ~e und bevorzugte Behandlung** special, individual treatment *uncountable*

II. *adv* separately; (*für sich*) individually

gesonnen I. *pp von* **sinnen**

II. *adj* ❶ (*geh: gewillt*) ■**~ sein, etw zu tun** to feel inclined to do sth; **keineswegs ~ sein, etw zu tun** to have no intention of doing sth, to feel in no way inclined to do sth

❷ (*eingestellt*) *s.* **gesinnt**

Gespann <-[e]s, -e> *nt* ❶ (*Zugtiere*) team [of oxen/horses]

❷ (*Wagen und Zugtier*) horse and carriage [*or* cart]

❸ (*fam: Paar*) pair, couple

gespannt *adj* ❶ (*sehr erwartungsvoll*) expectant; **mit ~er Aufmerksamkeit** with rapt [*or* undivided] attention; **~e Erwartung** great [*or* high] expectations *pl;* ■**~ sein, ob/was/wie ...** to be anxious [*or* keen] to see [*or* to know] whether/what/how ...; ***ich bin sehr ~, wie er darauf reagiert*** I'm very keen [*or* I'm dying] [*or* I'm all agog] to see [*or* to know] how he reacts; ■**~ [auf etw** *akk*] **sein** ***ich bin auf seine Reaktion ~*** I wonder what his reaction will be *a. iron; s. a.* **Flitzebogen, Regenschirm**

❷ (*konfliktträchtig*) tense; **eine ~e Lage** a tense [*or* explosive] [*or* volatile] situation

Gespanntheit <-> *f kein pl* ❶ (*Erwartung*) curiosity, eagerness

❷ (*Gereiztheit*) tension, tenseness

gespeichert *pp von* **speichern** *Daten* stored

Gespenst <-[e]s, -er> *nt* ❶ (*Geist*) ghost, apparition, spook *fam;* **an ~er glauben** to believe in ghosts; **wie ein ~ aussehen** (*fam*) to look like a ghost

❷ (*Gefahr*) spectre [*or* AM -er]; ***das ~ eines neuen Krieges*** the spectre of a new war

► WENDUNGEN: **~er sehen** (*fam*) to imagine [*or* see] things

Gespenstergeschichte *f* ghost story

gespensterhaft *adj* ghostly, eerie, unearthly

gespenstig *adj* (*unheimlich*) ghostly, eerie

gespenstisch *adj* ❶ (*bizarr, unheimlich*) uncanny, weird, eerie; (*grausam*) grotesque

❷ *s.* **gespensterhaft**

gesperrt *pp von* **sperren** *Konto* blocked, frozen

gespielt *adj* feigned, assumed, pretended, sham *pej;* **mit ~er Heiterkeit** making a pretence of being cheerful

Gespinst <-[e]s, -e> *nt* gossamer; **~ [eines Insekts]** cocoon [of an insect]

gespornt *adj s.* **gestiefelt**

Gespött <-[e]s> *nt kein pl* mockery, ridicule; **jdn/sich zum ~ [der Leute] machen** to make sb/oneself a laughing stock; **zum ~ [der Leute] werden** to be/become a laughing stock

Gespräch <-[e]s, -e> *nt* ❶ (*Unterredung*) conversation, chat *fam;* **sich in ein ~ einmischen** to interfere in a conversation; **jdn in ein ~ einwickeln** to engage sb in conversation; **ein ~ mit jdm führen** to conduct [*or* hold] a conversation with sb, to converse with sb, to have a chat with sb *fam;* **das ~ auf etw** *akk* **bringen** to steer a conversation on to [the subject of] sth; **mit jdm ins ~ kommen** to get into conversation with sb; **[mit jdm] im ~ bleiben** to stay [*or* keep] in touch with sb; **ein ~ unterbrechen** to interrupt a conversation; **die Missverständnisse in einem ~ ausräumen** to overcome differences by talking about them; **ein ~ unter Frauen/Männern** a word [*or* chat] from woman to woman/man to man; **im ~ sein** to be under consideration [*or* still being considered]; **ein ~ unter vier Augen** a private conversation [*or fam* chat]

❷ (*Vorstellungsgespräch*) [job] interview

❸ *pl* (*Verhandlungen*) talks *pl;* ***die ~e haben sich festgefahren*** the talks have reached a deadlock; **~e aufnehmen** to begin [*or* commence] talks *form;* **~e abbrechen** to break off talks; **mit jdm ins ~ kommen** to begin talks [*or* a dialogue]

❹ (*Anruf*) [telephone/phone] call; **ein ~ führen** to make a [telephone/phone] call; ***ein ~ für dich!*** it's for you!, there's a call for you!

❺ (*Gesprächsstoff*) **das ~ der Stadt/des Tages sein** to be the talk of the town/the subject of the day

gesprächig *adj* garrulous, talkative; ***du bist aber heute nicht sehr ~*** you haven't got much to say for yourself today; **jdn ~ machen** to loosen sb up, to make sb more expansive

Gesprächigkeit <-> *f kein pl* garrulousness, talkativeness

Gesprächsbasis *f kein pl* basis for talks [*or* discussions] **gesprächsbereit** *adj* ready to talk; (*bereit zu verhandeln*) ready to begin talks **Gesprächsbereitschaft** *f* (*geh*) readiness to talk, willingness to negotiate **Gesprächsdauer** *f* ❶ (*Dauer einer Unterredung*) discussion time ❷ (*Dauer eines Telefonates*) length of a [telephone/phone] call **Gesprächseinheit** *f* TELEK unit **Gesprächsfaden** *m* thread of a conversation; **den ~ abreißen lassen** to break off a conversation **Gesprächsfetzen** *m* scrap [*or* snippet] of conversation **Gesprächsgebühr** *f* call charge **Gesprächsgegenstand(in)** *m(f)* topic [*or* subject] of conversation **Gesprächskontakt(in)** *m(f)* contact for talks [*or* discussions] **Gesprächskreis** *m* discussion group **Gesprächsnotiz** *f* telephone memo **Gesprächspartner(in)** *m(f)* **die ~ bei einer Fernsehdiskussion** the guests in a TV panel discussion; **ein angenehmer ~** a pleasant person to talk to **Gesprächspause** *f* break in a/the conversation **Gesprächsrunde** *f* round of talks **Gesprächsstoff** *m* topics of conversation, things to talk about *fam;* **viel ~** plenty to talk about **Gesprächsteilnehmer(in)** *m(f)* participant in a conversation [*or* discussion] **Gesprächsthema** *nt* conversation topic, subject of discussion **Gesprächstherapie** *f* discussion therapy **Gesprächsübernahme** *f kein pl* call transfer

gesprächsweise *adj* in conversation

gespreizt *adj s.* **affektiert**

gesprenkelt *adj* mottled; **ein ~es Vogelei** a speckled bird's egg; **~er Stoff** spotted cloth, cloth with spots [*or* dots] on it; **ein [rot, weiß und grün] ~es Kleidungsstück** a [red, white and green] spotted piece of clothing

Gespritzte(r) *m dekl wie adj* SÜDD, ÖSTERR spritzer AM (*wine mixed with mineral water*)

Gespür <-s> *nt kein pl* instinct; **ein ~ für etw** *akk* **entwickeln** to develop a feel for sth; **ein gutes ~ für etw** *akk* **haben** to sense sth by intuition; **ein gutes ~ für Farben** a good feel for colours [*or* AM -ors]

gest. *adj Abk von* **gestorben** dec., deceased

Gestade <-s, -> *nt* (*liter*) shores *pl;* **unbekannte ~** foreign shores

gestaffelt I. *pp von* **staffeln**

II. *adj* graded, stepped; **nach Dienstjahren ~e Gehälter** salaries graded according to length of service; **~e Rückzahlung** repayment by instalments [*or* AM installments]

Gestagen <-s, -e> *nt* gestagen, progestogen

Gestalt <-, -en> *f* ❶ (*Mensch*) figure; **eine verdächtige ~** a suspicious character

❷ (*Wuchs*) build; **eine ebenmäßige ~** an evenly proportioned build; **... von ~ sein** [*o* **von einer ... ~ sein**] to be of a ... build

❸ (*Person, Persönlichkeit*) figure, character; **in ~ von jdm** [*o* **in jds ~**] in the form of sb

► WENDUNGEN: **sich in seiner wahren ~ zeigen** to

show one's true character [*or* true colours] [*or* AM colors]; [**feste**] ~ **annehmen** to take [definite] shape; **einer S.** *dat* ~ **geben** [*o geh* **verleihen**] to give shape and form to sth

gestalten* I. *vt* ■**etw irgendwie** ~ ❶ (*einrichten*) to design; **einen Garten/einen Gartenteich/eine Terrasse** ~ to lay out [*or* plan] a garden/a garden pond/a terrace; **ein Schaufenster** ~ to dress a shop window; **etw neu/anders** ~ to redesign sth
❷ (*darbieten, präsentieren*) to arrange; **ein Programm/einen Abend/Unterricht** ~ to arrange [*or* organize] a progamme [*or* AM -am] /an evening/lesson [*or* lessons]; **einen Text** ~ to formulate a text
❸ (*organisieren*) to arrange, to organize
❹ ARCHIT (*konstruieren*) to build; **eine Terrasse** ~ to lay out a terrace; **einen Einrichtungsgegenstand/einen Gebrauchsgegenstand** ~ to design a fitting [*or pl* furnishings]/an object of use; **ein Kunstwerk** ~ to design a piece of art
II. *vr* (*geh*) ■**sich irgendwie** ~ to turn out [*or* prove] to be somehow

Gestalter(in) <-s, -> *m(f)* designer

gestalterisch I. *adj* (*Design betreffend*) **eine ~e Frage/ein ~es Problem** a question/problem of design; **eine ~e Begabung/ein ~es Talent** a creative [*or* an artistic] gift/talent
II. *adv* (*Design betreffend*) from the point of view of design; ~ **einmalig** uniquely designed; ~ **gelungen** well-designed; ~ **hervorragend** excellently designed; (*schöpferisch*) artistically, creatively

gestaltlos *adj* formless **Gestaltphilosophie** *f* PHILOS Gestalt philosophy **Gestaltpsychologie** <-> *f kein pl* Gestalt psychology

Gestaltung <-, -en> *f* ❶ (*das Einrichten*) planning, design; **die** ~ **eines Gartens** the laying-out of a garden; **die** ~ **eines Schaufensters** window dressing
❷ (*Darbietung*) arrangement, organization
❸ (*das Organisieren*) organization
❹ ARCHIT building
❺ (*Design*) design

Gestaltungserklärung *f* JUR constitutive declaration **Gestaltungsklage** *f* JUR action for modification of rights **Gestaltungsmissbrauch**[RR] *m* JUR (*Vertrag*) abuse of a dispositive right **Gestaltungsrecht** *nt* JUR right to alter a legal relationship **Gestaltungsurteil** *nt* JUR judgment affecting a legal relationship

Gestammel <-s> *nt kein pl* stammering and stuttering

gestanden I. *pp von* **gestehen, stehen**
II. *adj attr* experienced; **ein ~er Kämpfer/Parlamentarier** a seasoned campaigner/parliamentarian; **ein ~es Mannsbild** an older, more experienced man

geständig *adj* **ein ~er Täter** a culprit who has confessed [*or* admitted his/her crime]; ■~ **sein** to have confessed

Geständnis <-ses, -se> *nt* (*das Zugeben*) admission; (*das Zugeben eines Verbrechens*) confession; [**vor jdm**] **ein** ~ **ablegen, jdm ein** ~ **machen** to admit sth to sb, to confess [sth] [*or hum* to make a confession [about sth]] to sb

Gestänge <-s, -> *nt* (*Gerüst*) bars, struts, rods; (*Gerüst für Kletterpflanzen*) trellis[work]; **das** ~ **eines Himmelbetts** the posts of a four-poster bed

Gestank <-[e]s> *m kein pl* stench, stink *fam*

Gestapo <-> *f kein pl s.* **Geheime Staatspolizei** Gestapo

gestatten* I. *vt* ❶ (*geh: erlauben*) to allow, to permit *form;* ■**jdm etw** ~ to allow [*or form* permit] sb sth; ■**jdm ~, etw zu tun** to allow [*or form* permit] sb to [*or* let sb] do sth; ■**etw ist jdm gestattet** sb is allowed [*or form* permitted] to do sth; ***das Fotografieren ist Unbefugten nicht gestattet*** no photographs are to be made without authorization
❷ (*geh: möglich machen*) ■**etw gestattet jdm etw** sth allows [*or form* permits] sb sth; ■**etw gestattet jdm, etw zu tun** sth allows [*or form* permits] sb to [*or* lets sb] do sth
❸ (*geh: als Höflichkeitsformel*) **jdm eine Frage** ~ to allow [*or form* permit] sb to [*or* let sb] ask [*or* put] a question; ~ ***Sie mir den Hinweis, dass das Rauchen hier verboten ist*** may I point out that smoking is not allowed here; ■**jdm ~, etw zu tun** to allow sb to do sth
II. *vi* (*geh*) to not mind; ***wenn Sie ~, das war mein Platz!*** if you don't mind, that was my seat!
III. *vr* (*geh*) ❶ (*sich erlauben*) ■**sich** *dat* **etw** ~ to allow oneself sth; **wenn ich mir eine Bemerkung/eine Frage** ~ **darf** if I may be so bold as to say something/ask a question *form,* if you don't mind me saying/asking *a. hum form;* ■**sich** *dat* **~, etw zu tun** to allow [*or* permit] oneself to do sth *form,* to take the liberty of doing sth *form*
❷ (*zu sich nehmen*) ■**sich** *dat* **etw** ~ to allow oneself sth

gestattet I. *pp und 3. pers sing von* **gestatten**
II. *adj* permitted, allowed; **„Rauchen nicht ~"** "Smoking [is] not permitted", "No smoking"

Geste <-, -n> ['gɛstə, 'ge:stə] *f* ❶ (*Körperbewegung*) gesture; **eine ablehnende/auffordende** ~ a gesture of refusal/invitation; **eine eindringliche/warnende** ~ an urgent/ a warning gesture
❷ (*Ausdruck von etw*) gesture; **eine** ~ **der Höflichkeit** a mark of politeness

Gesteck <-[e]s, -e> *nt* flower arrangement

gestehen <gestand, gestanden> I. *vi* to confess; ■[**jdm**] **~, etw getan zu haben** to confess to having done sth [to sb]
II. *vt* ❶ (*zugeben*) ■[**jdm**] **etw** ~ to confess [*or* make a confession of] sth [to sb]; **eine Tat** ~ to confess to having done sth, to confess to a deed *liter*
❷ (*offenbaren*) ■[**jdm**] **etw** ~ to confess sth [to sb]; **jdm seine Gefühle** ~ to reveal [*or* confess] one's feelings to sb; ■[**jdm**] **~, dass ...** to confess to sb that ...

Gestehungskosten *pl* production costs

Gestein <-[e]s, -e> *nt* rock

Gesteinskunde *f* petrography **Gesteinsprobe** *f* rock sample **Gesteinsschicht** *f* rock stratum

Gestell <-[e]s, -e> *nt* ❶ (*Bretterregal*) rack, shelves *pl*
❷ (*Rahmen*) frame
❸ (*Unter~*) frame; **das** ~ **eines Theodolites** the tripod of a theodolite
❹ (*Fahr~*) chassis
❺ (*Flugzeug~*) undercarriage, landing gear
❻ (*hum fam: Beine*) legs *pl,* pins *pl*

gestellt *adj* arranged; (*nicht echt*) posed; ***die Szene wirkt so*** ~ the scene seems very posed

gestelzt I. *pp von* **stelzen**
II. *adj* stilted
III. *adv* stiltedly

gestern *adv* (*der Tag vor heute*) yesterday; ~ **vor einer Woche/acht Tagen** a week ago yesterday; ~ **in einer Woche/acht Tagen** a week yesterday; ~ **Abend/Morgen/Nachmittag** yesterday evening/morning/afternoon; ~ **Mittag** yesterday lunchtime
❷ (*von früher*) yesterday's *attr,* of yesteryear *liter,* outdated; **nicht von** ~ **sein** (*fig fam*) to be not born yesterday; *s. a.* **Schnee**

Gestern <-> *nt kein pl* ■**das** ~ yesterday, the past

gestiefelt *adj* (*Stiefel tragend*) booted, boot-clad *liter;* ■~ **sein** to have one's boots on
► WENDUNGEN: ~ **und gespornt** (*fam*) ready and waiting, ready to go

gestiftet *pp von* **stiften** *Betrag* donated, endowed

Gestik <-> ['gɛstɪk, 'ge:stɪk] *f kein pl* gestures *pl;* **ausdrucksstarke** ~ expressive body language

Gestikulation *f* gesticulation

gestikulieren* *vi* to gesticulate

gestimmt *adj* **heiter** ~ cheerful, in a cheerful mood [*or* frame of mind]; ***du bist ja heute so froh ~!*** you're happy [*or* in a happy mood [*or* frame of mind]] today!

Gestirn <-[e]s, -e> *nt* (*geh: Himmelskörper*) heavenly body *form;* (*Stern*) star; (*Sternbild*) constellation

gestisch I. *adj* gesticulatory
II. *adv* as a gesture; **eine Rede** ~ **untermalen** to underline a speech with gestures

gestochen I. *pp von* **stechen**
II. *adj* (*sehr exakt*) exact; **eine ~e Handschrift** [extremely] neat handwriting
III. *adv* ~ **scharf** crystal clear; **wie** ~ **schreiben** to write [extremely] neatly

Gestöhn(e) <-s> *nt kein pl* groaning, moaning

gestört *adj* PSYCH ❶ (*beeinträchtigt*) disturbed; **eine ~e Ehe** an unhappy [*or fam* a rocky] marriage; **eine ~e Familie** a disturbed [*or* problematic] family background; **ein ~es Verhältnis** an uneasy [*or* unhappy] relationship; **geistig** ~ **sein** to be mentally unbalanced [*or* disturbed]
❷ (*fam: verrückt*) crazy *fam,* insane *fam,* nuts *fam pred*

Gestotter <-s> *nt kein pl* stammering, stuttering

Gesträuch <-[e]s, -e> *nt* bushes *pl*

gestreift I. *pp von* **streifen**
II. *adj* ❶ (*mit Streifen versehen*) striped
❷ (*fam: Kleidung mit Streifen*) striped clothes; **ihr steht** ~ **gut** stripes suit her

gestreng *adj* (*veraltend*) stern, strict

gestresst[RR], **gestreßt** *adj* stressed

gestrichelt *adj* **eine ~e Linie** a broken line

gestrichen I. *pp von* **streichen**
II. *adj* ❶ (*bis zum Rand*) level; **ein ~er Löffel** a level spoon[ful]
❷ TYPO **~es Papier** coated paper; **zweiseitig ~es Papier** two-sided coated paper
III. *adv* ~ **voll** full to the brim
► WENDUNGEN: **die Nase** ~ **voll haben** to be fed up to the back teeth; **die Hose** ~ **voll haben** to be shaking in one's shoes

gestriegelt *adj* ► WENDUNGEN: ~ **und gebügelt** *s.* **geschniegelt**

gestrig *adj attr* yesterday's *attr,* [of] yesterday *pred;* **das ~e Gespräch** yesterday's conversation; **unser ~es Telefonat** our phone call [of] yesterday; **der ~e Abend** yesterday evening; **der ~e Tag** yesterday; **die ewig G~en** those who [constantly] live in the past [*or* who refuse to live in the present]

Gestrüpp <-[e]s, -e> *nt* ❶ (*Strauchwerk*) undergrowth
❷ (*undurchsichtiger Wirrwarr*) maze

gestuft *adj* ❶ (*in Stufen*) terraced
❷ (*zeitlich abgestuft*) staggered, phased

Gestümper <-s> *nt* bungling; ~ **auf dem Klavier** plonking away on the piano

gestürzt I. *pp von* **stürzen**
II. *adj* ❶ (*abgesetzt*) *Diktator* deposed, toppled
❷ TYPO **~e Buchstaben** rotated characters [*or* types]

Gestüt <-[e]s, -e> *nt* stud farm

gestylt *adj* styled

Gesuch <-[e]s, -e> *nt* (*veraltend*) request; (*Antrag*) application; [**bei jdm**] **ein** ~ [**auf/um etw** *akk*] **einreichen** to hand in [*or* submit] an application [for sth] [to sb]; **einem** ~ **entsprechen** (*form*) to grant a request

gesucht *adj* (*gefragt*) in demand *pred,* much sought-after

Gesülze <-s> *nt kein pl* (*sl*) waffle BRIT *sl,* drivel *sl,* claptrap

Gesumm <-[e]s> *nt kein pl* buzzing, humming

gesund <gesünder, gesündeste> *adj* healthy; **geistig und körperlich** ~ sound in mind and body; **~e Organe** healthy [*or* sound] organs; **~e Zähne** healthy [sound] teeth; ~ **und munter** top fit, in fine fettle, in good shape, in the pink BRIT *fam;* **eine ~e Firma** a healthy [*or* viable] company; **wirtschaftlich** ~ financially sound; ***rauchen ist nicht*** ~ smoking is unhealthy; ***sonst bist du ~?*** (*iron fam*) are you feeling OK? *fam,* have you lost your marbles? *sl,* are you off your chump? BRIT *sl;* **bleib** [**schön**] **~!** take care [of yourself]!, look after yourself!; **jdn** ~ **pflegen** to nurse sb back to health; **jdn** ~ **schreiben** to pass sb as fit; **wieder** ~ **werden** to get well again, to get better

Gesunde(r) *f(m) dekl wie adj* healthy person

gesunden* *vi sein* ❶ (*geh: genesen*) to recover, to get better, to regain one's health *form*
❷ (*sich erholen*) to recover, to bounce back

Gesundheit <-> *f kein pl* health; ***was macht die***

G

~? how are you?; **sich ausgezeichneter/guter/ bester ~ erfreuen** to be in excellent/good/the best of health; **eiserne/robuste ~** good/robust health; **zarte ~** frail health, schlechte ~, poor [*or* ill] health; ***hoffentlich geht es mit deiner ~ bald wieder besser*** I hope you feel [*or* get] better soon; **bei bester/guter ~** in the best of/in good health; **eine ... ~ haben** to have a ... constitution; **eine eiserne ~ haben** to have an iron [*or* rugged] constitution; **eine unerschütterliche ~ haben** to have a strong constitution; **auf Ihre ~!** your health!; [***ich erhebe das Glas***] ***auf Ihre ~!*** [a toast] to your health!; **~!** bless you!

gesundheitlich I. *adj* **das ~e Befinden** the state of health; **ein ~es Problem** a health problem; **aus ~en Gründen** for health reasons [*or* reasons of health]; **in ~er Hinsicht** with regard to [one's] health

II. *adv* (*hinsichtlich der Gesundheit*) as regards health; ***wie geht es Ihnen ~?*** how are you?

Gesundheitsamt *nt* local public health department [*or* BRIT office] **Gesundheitsapostel** *m* (*iron*) health freak [*or* fanatic] *pej* **Gesundheitsbehörde** *f* health authority **Gesundheitsbeschädigung** *f* JUR personal injury **gesundheitsbewusst**RR *adj* health conscious **Gesundheitsbewusstsein**RR *nt kein pl* health awareness **Gesundheitsdrink** *m* health drink **Gesundheitsexperte, -expertin** *m, f* health expert **gesundheitsfördernd** *adj* healthy, good for one's health *pred* **Gesundheitsfürsorge** *f* health care **Gesundheitsminister(in)** *m(f)* minister of health BRIT, health minister BRIT, Secretary of Health AM **Gesundheitsministerium** *nt* ministry of health BRIT, health ministry BRIT, Department of Health AM **Gesundheitspflege** *f* hygiene; **öffentliche ~** public health [care] **Gesundheitspolitik** *f* health policy **gesundheitspolitisch** *adj attr* health policy **Gesundheitsreform** *f* POL [national] health reform **gesundheitsschädlich** *adj* detrimental [*or* damaging] to one's health *pred;* ***Rauchen ist ~*** smoking damages your health **Gesundheitssenator** *m* senator responsible for health issues **Gesundheitssenatorin** *f fem form von* Gesundheitssenator [female] senator responsible for health issues **Gesundheitssystem** *nt* health service, healthcare system **Gesundheitswelle** *f* wave of health awareness **Gesundheitswesen** *nt* health system [*or* service] **Gesundheitszeugnis** *nt* certificate of health, health certificate **Gesundheitszustand** *m kein pl* state of health; **ein ausgezeichneter/guter ~** a clean bill of health; **der ~ eines Patienten** a patient's condition

gesund|schrumpfen I. *vt* ■**etw ~** to slim down sth *sep* [*or* streamline] II. *vr* ■**sich ~** to slim down **gesund|stoßen** *vr irreg* (*sl*) ■**sich ~** to make some money (*to improve one's financial state or economic condition*)**;** **sich an jdm ~** to get rich [quick] at sb's expense

Gesundung <-> *f kein pl* recovery

getarnt I. *pp von* **tarnen**

II. *adj* disguised, camouflaged; **gut ~** well camouflaged; **als etw ~** disguised as sth

Getier <-s> *nt kein pl* animals *pl;* (*Insekten*) creepy crawlies *pl fam*

getigert *adj* striped; **ein ~es Fell** fur striped like a tiger's

getönt *adj* **~e Tagescreme** tinted day cream

Getöse <-s> *nt kein pl* crash [*or* din]; *des Verkehrs* roar[ing], rumble, rumbling, thunder[ing]; *eines Wasserfalls* roar[ing], thunder[ing]; (*anhaltender Lärm*) racket; *einer Menschenmenge* roar[ing]; **mit ~** loudly, noisily; **eine Tür mit ~ zuschlagen** to slam a door noisily

getragen I. *pp von* **tragen**

II. *adj* ❶ (*feierlich*) solemn; **ein ~es Tempo** a stately tempo

❷ (*gebraucht*) second-hand

Getrampel <-s> *nt kein pl* (*fam*) tramping; (*als Beifall*) stamping

Getränk <-[e]s, -e> *nt* drink, beverage *form;* **alkoholische** [*o geh* **geistige**] **~e** alcoholic drinks; **nichtalkoholische ~e** soft [*or* non-alcoholic] drinks

Getränkeabteilung *f* drinks department **Getränkeautomat** *m* drinks dispenser [*or* machine] **Getränkeindustrie** *f* drinks industry **Getränkekarte** *f* list of drinks [*or* beverages]; (*in einem Restaurant*) wine list **Getränkemarkt** *m* off licence [*or* AM -se] **Getränkesteuer** *f alcohol tax*

Getrappel <-s> *nt kein pl* clatter

Getratsch(e) <-[e]s> *nt kein pl* (*pej*) gossip[ing]

getrauen* *vr* (*wagen*) ■**sich ~, etw zu tun** to dare to do sth; (*wagen, etw Unangenehmes zu tun*) to face [up to] doing sth; ■**sich irgendwohin ~** to venture [*or* dare to go] somewhere

Getreide <-s, -> *nt* cereal; (*geerntet*) grain, corn, cereal

Getreide(an)bau *m kein pl* farming [*or* cultivation] [*or* growing] of cereal **Getreideart** *f* kind [*or* type] of cereal **Getreideernte** *f* grain [*or* corn] harvest **Getreidefeld** *nt* field of corn BRIT, cornfield BRIT, field of grain AM, grain field AM **Getreidehandel** *m* cereal trade **Getreidekaffee** *m* cereal coffee **Getreidekorn** *nt* grain, corn **Getreideland** *nt* ❶ (*Land, in dem viel Getreide angebaut wird*) cereal-producing country ❷ *kein pl* (*Acker*) cereal [*or* corn] land **Getreidemarktordnung** *f* JUR cereal regime **Getreidemühle** *f* mill [for grinding grain] **Getreideprodukt** *nt* cereal [product] **Getreidesilo** *nt o m* [grain] silo **Getreidespeicher** *m s.* Getreidesilo **Getreidevorrat** *m* cereal [*or* grain] supply, supply of cereal [*or* grain] [*or* corn]

getrennt I. *adj* separate; **~e Haushalte** separate [*or* independent] households

II. *adv* separately; **~ leben** [*o* **wohnen**] to live apart [*or* to be separated] [from one another]; **~ schlafen** to sleep in separate rooms

▶ WENDUNGEN: **~ marschieren, vereint schlagen** united we stand, divided we fall

Getrenntschreibung *f* writing sth as two or more words **Getrenntveranlagung** *f* FIN separate assessment

getreu1 *adj* ❶ (*genau, entsprechend*) exact; **eine ~e Wiedergabe** a true [*or* faithful] reproduction

❷ (*geh: treu*) faithful, loyal; **ein ~er Freund** a true [*or* real] [*or* faithful] [*or* loyal] friend

getreu2 *präp +dat* (*gemäß*) ■**~ einer S.** *dat* in accordance with sth *form,* according to sth

Getreue(r) *f(m) dekl wie adj* (*geh*) faithful [*or* loyal] follower

Getriebe <-s, -> *nt* ❶ TECH transmission, gear[s] *pl,* gearbox BRIT, trans AM; **automatisches ~** automatic transmission [*or* gears]; *Uhrwerk* movement, works; **das ~ umschalten** to change gear; *s. a.* **Sand**

❷ (*lebhaftes Treiben*) bustle, hustle and bustle, bustling activity

Getriebebremse *f* gear brake

Getriebeöl *nt* gear[box] oil **Getrieberad** *nt* gearwheel **Getriebeschaden** *m* damage to the gear box [*or* transmission]

Getriller *nt* warbling

Getrippel *nt* pitter-patter

Getrommel <-s> *nt kein pl* drumming

getrost I. *adj* confident, sure, positive; ***sei ~*** never fear, look on the bright side

II. *adv* ❶ (*geh: in ruhiger Gewissheit*) ■**~ etw tun** to have no qualms [*or sl* worries] about doing sth

❷ (*ruhig, ohne weiteres*) safely; ***du kannst dich ~ auf ihn verlassen*** take my word for it [*or* believe me], you can rely on him; **~ behaupten, dass ...** to safely say that ...

getrübt *adj* (*schlecht*) troubled; ***er hatte ein ~es Verhältnis zu seiner Chefin*** he had an unhappy relationship with his boss

Getto <-s, -s> *nt* ghetto

gettoisieren *vt* ■**jdn ~** to ghettoize

Gettoisierung *f* (*pej*) ghettoization *pej*

Getue <-s> *nt kein pl* (*pej*) fuss *pej;* **ein ~ machen** to make [*or* kick up] a fuss; **ein vornehmes ~ machen** to give oneself [*or* put on] airs

Getümmel <-s> *nt kein pl* commotion, hubbub; **ein dichtes ~** a dense mob [*or* crush] [*or* throng] [of people]; **sich ins ~ stürzen** (*hum*) to enter [*or* join] the fray *hum*

Getuschel <-s> *nt kein pl* whispering

geübt *adj* experienced; **ein ~es Auge/Ohr/~er Griff** a practised [*or* trained] eye/ear/touch; **ein ~er Pianist/Sportler/Koch** an accomplished pianist/sportsman/cook; **ein ~er Rhetoriker** a proficient speaker; **in einem Handwerk/einer Kunst ~ sein** to be accomplished in a craft/in an art form

Gevatter *nt* **~ Tod** the [grim] reaper

Geviert *nt* ❶ (*Raum*) square; **4 Meter im ~** 4 metres [*or* AM -ers] square

❷ TYPO (*Satz*) em [quad], space

Gew. *Abk von* **Gewerkschaft**

GEW <-> *f Abk von* **Gewerkschaft Erziehung und Wissenschaft** *trade union representing workers in education and science*

Gewächs <-es, -e> *nt* ❶ (*Pflanze*) plant

❷ (*Weinsorte*) wine

❸ (*Geschwulst*) growth, tumor; **ein bösartiges/gutartiges ~** a malignant/benign growth [*or* tumour] [*or* AM -or]

gewachsen [ks] I. *pp von* **wachsen**1

II. *adj* ❶ (*ebenbürtig*) equal; ■**jdm ~ sein** to be sb's equal; **einem Gegner ~ sein** to be a match for an opponent; ■**einer S.** *dat* **~ sein** to be up to [*or* be able to cope with] sth

❷ (*mit der Zeit entstanden*) **~e außenwirtschaftliche Beziehungen** matured foreign-trade relations

Gewächshaus *nt* greenhouse, glasshouse; (*Treibhaus*) hothouse

Gewackel <-s> *nt kein pl* (*pej fam*) rocking [backwards and forwards]; *Schwanz* wagging

gewagt *adj* ❶ (*kühn*) rash, audacious; (*gefährlich*) risky, dangerous

❷ (*freizügig*) risqué, daring

gewählt I. *adj* elegant, refined, polished

II. *adv* in an elegant [*or* in a refined] way

Gewähltheit *f* elegance

gewahr *adj* (*geh: wahrnehmen*) ■**jdn** [*o* **jds**] **~ werden** to catch sight of [*or* become aware of] sb; ■**etw/einer S.** *dat o geh* **gen ~ werden** to become aware of [*or* notice] sth

Gewähr <-> *f kein pl* guarantee; [**jdm**] **die ~** [**dafür**] **bieten** [*o* **geben**]**, dass** to give [sb] a guarantee that, to guarantee [sb] that; **die ~ ist gegeben, dass** it is guaranteed that; **die ~ haben, dass** to have a guarantee that; **~ leisten** to guarantee; **keine ~ für etw** *akk* **übernehmen** to be unable to guarantee [*or* offer a guarantee for] sth; **„ohne ~"** subject to change; ***die Angaben erfolgen wie immer ohne ~!*** no responsibility can be taken for the correctness of this information

gewährbar *adj* JUR allowable

gewahren* *vt* (*liter*) ■**jdn ~** to catch sight of [*or* become aware of] sb; ■**etw ~** to become aware of sth

gewähren* *vt* ❶ (*einräumen*) ■[**jdm**] **etw ~** to grant [sb] sth; **jdm einen Rabatt ~** to give sb a discount; **ein Zahlungsziel ~** to allow a credit period; **jdm einen Versuch ~** to give sb [*or* let sb have] a go; **jdn ~ lassen** (*geh*) to let sb do [*or* allow sb to do] what he/she likes [*or* wants], to give sb free [*or* full] rein *form*

❷ (*zuteil werden lassen*) ■[**jdm**] **etw ~** to grant [*or* give] [sb] sth; **Sicherheit ~** to provide [*or* ensure] security; **Trost ~** to afford [*or* offer] consolation

Gewährfrist *f* JUR period of guarantee

gewährleisten* *vt* (*sicherstellen*) ■[**jdm**] **etw ~** to guarantee [sb] sth; ■**etw ~** to ensure [*or* guarantee] sth; **Zahlung ~** to guarantee [sb] payment

Gewährleistung *f* ❶ (*das Sicherstellen*) guarantee; **zur ~ einer Zahlung** as [a] guarantee of payment

❷ HANDEL (*Mängelhaftung*) liability for defects; ■**~ auf etw** *akk* guarantee against [*or* warranty for] sth; **~ für Sachmängel** warranty merchantable quality; **~ des Verkäufers** seller's warranty; **~ übernehmen** to provide warranty

Gewährleistungsanspruch *m* JUR warranty claim **Gewährleistungsausschluss**[RR] *m* HANDEL exclusion of warranty **Gewährleistungsfrist** *f* HANDEL warranty period, liability period for defects **Gewährleistungshaftung** *f* JUR liability for breach of warranty **Gewährleistungsklage** *f* JUR action under a warranty **Gewährleistungsmonopol** *nt* HANDEL redhibitory defect AM **Gewährleistungspflicht** *f* JUR warranty obligation; *eines Vertragspartners* liability duty for defects; **Ablauf der ~** expiry of the warranty; **vertragliche oder gesetzliche ~** contractual or statutory obligation arising from a guarantee **Gewährleistungsrisiko** *nt* HANDEL risk entailed by warranty **Gewährleistungsverpflichtung** *f* HANDEL guarantee granted **Gewährleistungsvertrag** *m* JUR contract of indemnity **Gewährleistungszusage** *f* HANDEL warrantee assurance

Gewahrsam <-s> *m kein pl* ❶ (*Verwahrung*) place; **jdm** [*o* **bei jdm**] **etw in ~ geben** to give sb sth for safekeeping; **etw in ~ nehmen/haben** to take sth into/have sth in safekeeping; **in ~ sein, sich in ~ befinden** to be in safekeeping
❷ (*Haft*) custody; **jdn in ~ nehmen** to take sb into custody; **in ~ sein** to be in custody; **sich in ~ befinden** to find oneself [*or* be] in custody

Gewährsmann <-männer *o* -leute> *m* informant, source **Gewährszeichen** *nt* HANDEL guarantee mark

Gewährung <-, *selten* -en> *f* granting

Gewalt <-, -en> *f* ❶ (*Machtbefugnis, Macht*) power; **die oberste ~ im Staat** the highest authority [*or* power] in the country; **gesetzgebende ~** legislative power; **höhere ~** force majeure; **mit unbeschränkter ~ ausgestattet sein** to be vested with unlimited power[s] [*or* authority]; **~ ausüben** to exercise power [*or* authority]; **~ über etw** *akk* **ausüben** to exert power over sth, to hold sway [*or* dominion] over sth *liter;* **~ über Leben und Tod bei jdm haben** to decide whether sb should live or die; **mit aller ~** (*fam*) with everything in one's power; **etw mit aller ~ erreichen** to move heaven and earth [*or* do everything in ones power] [*or* do everything one can] to get sth to happen; **die drei ~en** *the executive, legislative and judicial powers;* **die vollziehende/gesetzgebende/richterliche ~** the executive/legislative/judicial power; **elterliche ~** parental authority; **höhere ~** force majeure, Act of God, circumstances beyond one's control; **jdn in seine ~ bringen** to catch sb; **ein Land/ein Gebiet in seine ~ bringen** to bring a country/a region under one's control, to seize power over a country/a region; **jdn in seiner ~ haben** to have sb in one's power; **~ über jdn haben** [*o* **besitzen**] to exercise [complete] power over sb, to have [complete] control over sb; **sich in der ~ haben** to have oneself under control; **in jds ~ sein** to be in sb's hands [*or* power]; **die ~ über etw** *akk* **verlieren** to lose control of sth
❷ *kein pl* (*gewaltsames Vorgehen*) force; (*Gewalttätigkeit*) violence; **nackte ~** brute force; **nackte** [*o* **rohe**] **~** [sheer] brute force; **mit sanfter ~** gently but firmly; **einer S.** *dat* **~ antun** to force sth; **den Tatsachen/der Wahrheit ~ antun** to distort the truth/the facts; **einer Frau ~ antun** (*geh*) to violate a woman *euph form;* **sich** *dat* **~ antun** to force oneself; **~ anwenden** to use force; **mit ~** (*heftig*) forcefully, with force; (*gewaltsam*) with force; (*fam: unbedingt*) desperately
❸ *kein pl* (*Heftigkeit, Wucht*) vehemence, force; **die ~ der Brecher hat die Mauer zerstört** the force [*or* impact] of the waves has destroyed the wall

Gewaltakt *m* act of violence **Gewaltandrohung** *f* threat of violence; ***unter ~*** by threatening to use force **Gewaltanwendung** *f* use of violence [*or* force] **gewaltbereit** *adj* ready for forceful intervention, prone to violence **Gewaltbereitschaft** *f* willingness to use violence [*or* force] **Gewaltdelikt** *nt* violent offence **Gewalteinwirkung** *f* effect of violence [*or* force]

Gewaltenteilung *f* separation of powers, separation [*or* independency] of executive, legislative and judicial powers

gewaltfrei *adj* violence-free *attr,* free of violence *pred* **Gewaltfreiheit** *f* freedom from violence **Gewaltherrschaft** *f kein pl* tyranny, dictatorship, despotism **Gewaltherrscher(in)** *m(f)* tyrant, dictator, despot

gewaltig **I.** *adj* ❶ (*heftig*) enormous, tremendous; **ein ~er Orkan** a violent [*or* severe] hurricane; **eine ~e Überschwemmung** a raging flood
❷ (*wuchtig*) powerful; **ein ~er Anblick** a tremendous sight; **ein ~er Eindruck** a profound [*or* strong] impression; **eine ~e Last** a heavy load; (*riesig*) huge, tremendous, massive, colossal; **~e Bauwerke** monumental structures
❸ (*fam: sehr groß*) enormous, tremendous, colossal; **eine ~e Hitze** intense [*or* extreme] heat *no pl;* **ein ~er Unterschied** a huge [*or* substantial] difference; **eine ~e Veränderung** a sweeping change
❹ (*geh: mächtig*) powerful, mighty
II. *adv* (*fam: sehr*) considerably; **sich ~ ändern** to change drastically; **sich ~ irren** to be very much mistaken; **sich ~ in jdn verknallen** to fall head over heels in love with sb

Gewaltkriminalität *f kein pl* JUR violent crime **Gewaltkur** *f* drastic treatment [*or pl* measures] **gewaltlos** **I.** *adj* non-violent, without violence *pred* **II.** *adv* without violence, peaceably **Gewaltlosigkeit** <-> *f kein pl* non-violence **Gewaltmarsch** *m* route march, forced march **Gewaltmaßnahme** *f* violent measure **Gewaltmonopol** *nt* monopoly on [the use of] force **Gewaltpotenzial**[RR] *nt* potential for violence **gewaltsam** **I.** *adj* violent; **~es Aufbrechen** forced opening; **ein ~es Ende nehmen** to meet a violent death; **~e Vertreibung** forcible expulsion **II.** *adv* by force; **etw ~ aufbrechen** to break sth open by force, to force sth open; **~ vertrieben** to drive out by force [*or* to forcibly drive out] **Gewaltstreich** *m* (*eigenmächtiger Gewaltakt*) coup [de force]; MIL storm **Gewalttat** *f* act of violence **Gewalttäter(in)** *m(f)* violent criminal **gewalttätig** *adj* violent; ■**~ werden** to become [*or* get] violent **Gewalttätigkeit** *f* ❶ (*Gewalttaten*) [acts *pl* of] violence; ***es kam zu ~en*** there were violent incidents ❷ *kein pl* (*Brutalität*) violence **Gewalttour** *f* route march **Gewaltverbrechen** *nt* violent crime [*or* crime of violence] **Gewaltverbrecher(in)** *m(f)* violent criminal **Gewaltverzicht** *m* non-aggression **Gewaltverzichtsabkommen** *nt* non-aggression treaty **Gewaltwelle** *f* wave of violence

Gewand <-[e]s, Gewänder> *nt* (*geh*) robe; **festliche Gewänder** ceremonial robes; *Akademiker* gown; **liturgisches ~** vestments *pl;* **in neuem ~** in a new look

gewandet *adj* (*hum geh*) clothed, clad *liter;* **in Seide ~** clad [*or* clothed] in silk; **ausgefallen ~** unusually dressed

gewandt **I.** *pp von* **wenden**
II. *adj* skilful BRIT, skillful AM; **ein ~es Auftreten** a confident manner; **eine ~e Bewegung** a deft [*or* agile] movement; **ein ~er Redner** a good [*or* articulate][*or* an effective] speaker
III. *adv* skilfully BRIT, skillfully AM; **sehr ~** with great skill; **~ auftreten** to have a confident manner; **sich ~ ausdrücken** to express oneself articulately [*or* skilfully]; **sich ~ bewegen** to move agilely

Gewandtheit <-> *f kein pl* skill, skilfulness; **die ~ eines Redners** the articulateness [*or* skill] of a speaker; **die ~ einer Bewegung** the agility of a movement

gewärtig *adj pred* (*geh*) prepared; ■**einer S.** *gen* **~ sein** to be prepared for sth; ■**~ sein, dass etw passiert/jd etw tut** to be prepared for sth to happen/sb to do sth

gewärtigen* *vt* (*geh*) to expect, to anticipate; ■**etw/nichts** [**von jdm**] **~** to expect sth/nothing [from sb]; **etw zu ~ haben** to be able to expect sth; **etw ~ müssen** to have to expect [*or* reckon with] sth

Gewäsch <-[e]s> *nt kein pl* (*pej fam*) rubbish *fam,* drivel *fam,* claptrap *fam*

Gewässer <-s, -> *nt* stretch of water; **Verschmutzung der ~** water pollution; **in internationalen ~n** in international waters; **ein fließendes/stehendes ~** a stretch of running/standing water; **ein geschlossenes ~** an enclosed stretch of water

Gewässeranalyse *f* analysis of bodies of water **Gewässerkunde** *f* hydrography *no pl, no art* **Gewässerreinhaltung** *f* keeping the rivers and lakes pure **Gewässerschutz** *m* prevention of water pollution *no pl* **gewässerverträglich** *adj* acceptable for bodies of water

Gewebe <-s, -> *nt* ❶ (*Stoff*) cloth, material, fabric ❷ ANAT, BIOL tissue

Gewebeentnahme *f* tissue removal; **eine ~ durchführen** to remove a sample of tissue **Gewebekultur** *f* BIOL, MED tissue culture **Gewebeprobe** *f* sample of tissue, tissue sample **Gewebsflüssigkeit** *f* MED tissue fluid, lymph **Gewebstransplantation** *f* MED tissue graft

Gewehr <-[e]s, -e> *nt* rifle; (*Schrotflinte*) shotgun; **~ bei Fuß stehen** MIL to stand at order arms; (*fig*) to be ready [*or* at the ready], to be standing by; **präsentiert das ~!** present arms!; **~ ab!** order arms!; **an die ~e!** to arms!; **das ~ über!** shoulder [*or* BRIT slope] arms!

Gewehrkolben *m* butt of a rifle [*or* shotgun] **Gewehrkugel** *f* rifle bullet **Gewehrlauf** *m* barrel of a rifle [*or* shotgun] **Gewehrmündung** *f* muzzle of a rifle [*or* shotgun] **Gewehrschrank** *m* ≈safe storage for guns etc

Geweih <-[e]s, -e> *nt* antlers *pl,* set of antlers

geweiht **I.** *pp von* **weihen**
II. *adj* consecrated, ordained; **dem Tod[e]/Untergang ~** doomed [to die/fall]; **in ~er Erde** in consecrated ground

Gewerbe <-s, -> *nt* [commercial [*or* industrial]] business, commercial enterprise; (*Handwerk, Handel*) trade; ***in welchem ~ sind Sie beschäftigt*** [*o* ***tätig***]***?*** what line of business are you in?; **ein ~ anmelden** to register a business; **ein ~** [**be**]**treiben** [*o* **ausüben**] to be in business/trade; **das älteste ~** [**der Welt**] (*hum*), **das horizontale ~** (*hum*) the oldest profession [in the world] *hum*

Gewerbeabfall *m* industrial [*or* trade] waste *no pl* **Gewerbeanmeldung** *f* HANDEL registration of a trade **Gewerbeaufsicht** *f state enforcement of laws and regulations regarding working conditions and health and safety at work* **Gewerbeaufsichtsamt** *nt* trade supervisory office, ≈ health and safety executive (*office with responsibility for enforcing laws regarding working conditions and health and safety at work*) **Gewerbeaufsichtsbehörde** *f* JUR trade supervisory authority **Gewerbeausübung** *f* HANDEL pursuit of a trade **Gewerbebefugnis** *f,* **Gewerbeberechtigung** *f* HANDEL trading licence, AM concession **Gewerbeberechtigung** *f* JUR [business [*or* trade]] licence **Gewerbebetrieb** *m* business, business enterprise [*or* commercial]; **stehender ~** stationary enterprise **Gewerbeertrag** *m* HANDEL trading profit **Gewerbeertragssteuer** *f* FIN trade income [*or* earnings] tax [*or* business] **Gewerbefläche** *f floor space used for a business* **Gewerbefreiheit** *f freedom of trade* **Gewerbegebiet** *nt* industrial estate **Gewerbegeheimnis** *nt* JUR trade secret **Gewerbehof** *m* trading estate BRIT, trade park AM (*site of several small and medium-sized enterprises in craft, commercial and service sectors, often located under one roof*) **Gewerbekapitalsteuer** *f* FIN [trading] capital tax (*levied by local authority*) **Gewerbelehrer(in)** *m(f)* vocational school teacher **Gewerbelizenz** *f* HANDEL trading licence, AM concession; **jdm eine ~ erteilen** to grant sb permission to trade **Gewerbenutzung** *f* HANDEL commercial use **Gewerbeordnung** *f* industrial code, laws regulating commercial and industrial business **Gewerbepark** *m* industrial park **Gewerbepolizei** *f* HANDEL factory inspectorate BRIT **Gewerberecht** *nt* JUR industrial law

Gewẹrbeschein *m* business [*or* trade] licence [*or* AM -se] **Gewẹrbeschule** *f* vocational school
Gewẹrbesteuer *f* trade tax **Gewẹrbesteueraufkommen** *nt* FIN trade tax yield **Gewẹrbesteuerbefreiung** *f* FIN trade tax exemption **Gewẹrbesteuerbescheid** *m* FIN trade tax assessment notice **Gewẹrbesteuerentlastung** *f* FIN trade tax relief **gewẹrbesteuerpflichtig** *adj* FIN subject to trade tax **Gewẹrbesteuerschuld** *f* FIN trade tax owed **Gewẹrbesteuerumlage** *f* FIN trade tax levy
gewẹrbetreibend *adj* ■**ein G~er** tradesman, [sole] trader, businessman **Gewẹrbetreibende(r)** *f(m) dekl wie adj* business person; HANDEL trader; (*Handwerker*) tradesperson **Gewẹrbeunternehmer(in)** *m(f)* HANDEL trader **Gewẹrbeverlust** *m* FIN trading loss **Gewẹrbezentralregister** *nt* JUR central register of trade and industrial offences **Gewẹrbezentrum** *nt* occupational centre [*or* AM -er] **Gewẹrbezweig** *m* branch of business [*or* trade]
gewẹrblich I. *adj* (*handwerkliches Gewerbe*) trade; (*kaufmännisches Gewerbe*) commercial; (*industrielles Gewerbe*) industrial; **~er Arbeitnehmer** industrial employee; **~e Kreditgenossenschaft** FIN industrial finance company; **~e Schutzrechte** JUR industrial property rights
II. *adv* ***Wohnräume dürfen nicht ~ genutzt werden*** residential rooms are not to be used for commercial/trade/industrial purposes; **~ tätig sein** to work
gewẹrbsmäßig I. *adj* professional; **~e Unzucht** prostitution
II. *adv* professionally, on a commercial basis, for gain
Gewẹrkschaft <-, -en> *f* [trade] union; **in die ~ gehen** to join a/the union; **~ Erziehung und Wissenschaft** *union representing workers in education and science;* **Gewerkschaft für Handel, Banken und Versicherungen** *union representing workers in commerce, banking and insurance*
Gewẹrkschaft(l)er(in) <-s, -> *m(f)* trade unionist
gewẹrkschaftlich I. *adj* [trade] union; **~er Organisationsgrad** level[s] of trade union membership
II. *adv* **~ organisiert** unionized; **~ organisiert sein** to be a member of [*or* belong to] a [trade] union; **~ organisierte Beschäftigte** employees who are [trade] union members; **~ tätig** to work for a/the union
Gewẹrkschaftsbewegung *f* trade union movement **Gewẹrkschaftsboss**[RR] *m* (*pej*) trade union boss **Gewẹrkschaftsbund** *m* federation of trade unions, Trades Union Congress BRIT **Gewẹrkschaftsführer(in)** *m(f)* trade union [*or* labour] [*or* AM -or] leader **Gewẹrkschaftsfunktionär(in)** *m(f)* [trade] union official **Gewẹrkschaftshaus** *nt* trade union offices *pl* **Gewẹrkschaftsmitglied** *nt* [trade] union member, member of a/the [trade] union **gewẹrkschaftsnah** *adj* close [*or* sympathetic] to a/the trade union **gewẹrkschaftspflichtig** *adj* **~er Betrieb** JUR closed [*or* union] shop **Gewẹrkschaftssekretär(in)** *m(f)* secretary of a/the [trade] union **Gewẹrkschaftstag** *m* trade union conference **Gewẹrkschaftsverband** *m* JUR federation of trade unions **Gewẹrkschaftsvorsitzende(r)** *f(m)* trade union chairperson **Gewẹrkschaftszeitung** *f* [trade] union journal
gewesen I. *pp von* **sein**[1]
II. *adj attr* (*ehemalig*) former *attr*
Gewịcht <-[e]s, -e> *nt* ❶ *kein pl* (*Schwere eines Körpers*) weight *no indef art, no pl,* + *sing vb;* **frachtpflichtiges ~** chargeable weight; **spezifisches ~** PHYS specific weight [*or* gravity]; **~ haben** to be heavy, to weigh a lot; **ein ~ von 100 kg haben** to weigh 100 kg; **ein großes ~ haben** to weigh a great deal, to be very heavy; **ein geringes ~ haben** to weigh little, to be very light; **etw nach ~ verkaufen** to sell sth by weight; **an ~ verlieren/zunehmen** to lose/put on [*or* gain] weight; **sein ~ halten** to stay [*or* remain] the same weight; **zu viel/zu wenig ~ auf die Waage bringen** to weigh in too heavy/too light; **unter dem ~ einer S.** (*a. fig*) under the weight of sth
❷ *kein pl* (*fig: Wichtigkeit, Bedeutung*) weight; **~ haben** to carry weight; **sein ganzes ~ [für jdn/etw] in die Waagschale werfen** to bring all one's influence to bear [for sb/sth], to put one's full weight [behind sb/sth]; **ins ~ fallen** to count, to make a difference; **[kaum/nicht] ins ~ fallen** to [hardly/not] count [*or* make a difference]; **auf etw** *akk* **[großes] ~ legen, einer S.** *dat* **[großes] ~ beimessen** to attach [great [*or* much]] significance [*or* importance] [*or* consequence] to sth, to set [great [*or* much]] store by sth; (*hervorheben*) to lay stress on sth; **[nicht] von ~** of [no] importance, [in]significant, [un]important, of [no] great consequence *form;* **eine Person von ~** a person who carries a lot of weight
❸ (*Metallstück zum Beschweren*) weight
gewịchten* *vt* ■**etw ~** to weight sth; **etw anders/neu ~** to re-evaluate sth
Gewịchtheben <-s> *nt* SPORT *kein pl* weightlifting *no pl* **Gewịchtheber(in)** <-s, -> *m(f)* SPORT weightlifter
gewịchtig *adj* ❶ (*bedeutsam*) weighty, significant
❷ (*veraltend: schwer u. wuchtig*) heavy, hefty
Gewịchtsabnahme *f* loss of weight **Gewịchtsangabe** *f* indication [*or* declaration] of weight **Gewịchtsklasse** *f* SPORT weight category **Gewịchtskontrolle** *f* weight check [*or* control]; **eine regelmäßige ~** a regular weight check **Gewịchtsverlust** *m* weight loss, loss of weight **Gewịchtszunahme** *f* increase [*or* gain] in weight **Gewịchtung** <-, -en> *f* evaluation; **eine andere ~** a re-evaluation
gewidmet *pp von* **widmen** *Buch* dedicated
gewieft I. *adj* (*fam*) crafty, cunning, wily
II. *adv* (*fam*) with cunning
Gewieher <-s> *nt kein pl* ❶ (*Wiehern*) neighing
❷ (*pej: Gelächter*) braying laughter
gewịllt *adj* ■**~ sein, etw zu tun** to be willing [*or* inclined] to do sth; (*entschlossen*) determined
Gewịmmel <-s> *nt kein pl Insekten* swarm[ing mass]; *Menschen* milling crowd, throng
Gewịmmer <-s> *nt kein pl Kranke, Verletzte, etc.* whimpering; (*fig: nervendes Klagen*) whining
Gewịnde <-s, -> *nt* TECH [screw *spec*] thread; **ein ~ schneiden** to cut a thread, to tap *spec*
Gewịndebohrer *m* TECH [screw-]tap **Gewịndegang** *m* TECH thread, turn *spec* **Gewịndeschaft** *m* threaded rod **Gewịndeschneider** *m* TECH thread cutter, tap *spec*
Gewịnn <-[e]s, -e> *m* ❶ ÖKON profit[s *pl*]; **~ aus Sachanlagen** income from real investments; **~ nach/vor Steuern** profit after taxes/profit before taxes [*or* pretax profit[s *pl*]]; **anfallender/effektiver ~** accruing/actual profit; **ausgeschüttete ~e** distributed profits; **nicht ausgewiesener ~** undisclosed [*or* unpublished] profit; **entgangener ~** lost profits; **am ~ beteiligt sein** to have an interest [*or* a share] in the profits; **~ bringend** profitable; **~ bringend investieren** to invest one's money to good account; **reiner ~** net profit; **steuerpflichtiger ~** taxable profit; **~e abschöpfen** to skim [*or* cream] off profits *sep;* **~ abwerfen** to return [*or* yield] a profit; **mit ~ arbeiten** to operate at a profit; **~ aufweisen** to show a profit; **~ bringen** [*o* **abwerfen**] to make a profit; **[mit etw** *dat*] **~e** [*o* **einen ~**] **erzielen** to make a profit [with sth]; **~e mitnehmen** to take profits; **mit ~ rechnen** to look to profit; **~ verbuchen** to register a profit; **etw mit ~ verkaufen** to sell sth at a profit; **eine Firma mit ~ wirtschaften** to manage a company profitably
❷ (*Preis*) prize; (*beim Lotto, Wetten*) winnings *npl;* **einen ~ machen** to win a prize; (*beim Lotto/Wetten*) to win; **einen großen ~ machen** to win a lot/a big prize
❸ *kein pl* ((*innere*) *Bereicherung, Vorteil*) gain; ***die neue Spielerin ist ein großer ~ für die Mannschaft*** the new player is a valuable addition to the team
Gewịnnabführung *f* FIN profit transfer **Gewịnnabführungsvertrag** *m* FIN profit transfer agreement **Gewịnnabschöpfung** *f* FIN skimming off excess profits **Gewịnnanspruch** *m* ❶ FIN entitlement to profits ❷ BÖRSE dividend right **Gewịnnanteil** *m* ÖKON dividend **Gewịnnanteilschein** *m* FIN dividend coupon [*or* warrant] **Gewịnnausfall** *m* HANDEL loss of profit **Gewịnnausschüttung** *f* ÖKON division [*or* distribution] of profit[s *pl*]; BÖRSE dividend payment; **verdeckte ~** disclosed channelling of profits **gewịnnberechtigt** *adj* BÖRSE profit-sharing *attr,* entitled to a share of the profits *pred;* **~e Aktien** shares entitled to dividend **Gewịnnberechtigung** *f* FIN entitlement to a dividend **Gewịnnbesteuerung** *f* FIN taxation of profits **Gewịnnbeteiligung** *f* ÖKON share of the profits **gewịnnbezogen** *adj* FIN profit-related **Gewịnnbezugsrecht** *nt* FIN profit-sharing right **gewịnnbringend** *adj* profitable; **~es Unternehmen** profitable enterprise; **äußerst ~** extremely profitable, lucrative; **~ investieren** to invest one's money to good account; **etw ~ verkaufen** to sell sth at a profit **Gewịnnchance** *f* chance of winning; ■**~n** chances of winning; (*beim Wetten*) odds **Gewịnneinbruch** *m* profit crash **Gewịnneinbußen** *pl* profit losses *pl* **Gewịnneinkommen** *nt,* **Gewịnneinkünfte** *pl* FIN profit income
gewịnnen <gewann, gewonnen> I. *vt* ❶ (*als Gewinn erhalten*) ■**etw ~** to win sth
❷ (*für sich entscheiden*) ■**etw ~** to win sth; **ein Spiel gegen jdn ~** to beat sb in a game
❸ (*überzeugen*) ■**jdn [für etw** *akk*] **~** to win sb over [to sth]; **jdn als Freund ~** to win [*or* gain] sb as a friend; **jdn als Kunden ~** to win [*or* gain] sb's custom
❹ (*erzeugen*) to obtain; **Erz/Kohle/Metall [aus etw** *dat*] **~** to extract [*or spec* win] ore/coal/metal [from sth]; **recyclte Stoffe ~** to reclaim [*or* recover] recyclable materials
► WENDUNGEN: **wie gewonnen, so zerronnen** (*prov*) easy come, easy go *prov*
II. *vi* ❶ (*Gewinner sein*) ■**[bei/in etw] ~** to win [at sth]
❷ (*Gewinn bringen*) to be a winner
❸ (*profitieren*) ■**[bei etw** *dat*] **~** to profit [from sth]
❹ (*zunehmen*) to gain; **an Einfluss/Gewicht/Selbstsicherheit ~** to gain [in] influence/importance/self-confidence; **an Erfahrung/Weisheit/innerer Reife ~** to gain in experience/wisdom/maturity, to become more experienced/wiser/more mature
❺ (*besser wirken*) to improve; ***sie gewinnt durch ihre neue Frisur*** her new hairstyle does something for her
gewịnnend *adj* captivating, charming, winning *attr*
Gewịnner(in) <-s, -> *m(f)* winner; MIL *a.* victor
Gewịnnermittlung *f* FIN determination of income
Gewịnnerstraße *f* ■**auf der ~ sein** SPORT (*sl*) to be on the road to [*or* heading for] victory
Gewịnnerwartungen *pl* HANDEL profit expectations **Gewịnnerzielung** *f* FIN realization of profits **Gewịnnerzielungsabsicht** *f* FIN intent to realize a profit **Gewịnnfeststellung** *f* FIN net income determination **Gewịnnfeststellungsbescheid** *m* FIN profit determination notice **Gewịnngemeinschaft** *f* HANDEL profit pool **Gewịnnherausgabeanspruch** *m* JUR profit surrender claim **Gewịnnkartell** *nt* ÖKON profit cartel **Gewịnnklasse** *f* prize category **Gewịnnlage** *f* HANDEL profit situation **Gewịnnlos** *nt* winning ticket **Gewịnnmarge** <-, -n> [-'marʒə] *f* ÖKON profit margin **Gewịnnmaximierung** *f* maximization of profit[s *pl*], profit planning **Gewịnnmitnahme** *f* FIN profit taking **Gewịnnnummer**[RR] *f* winning number **Gewịnnpotenzial**[RR] *nt* HANDEL profit potential **Gewịnnquote** *f* ÖKON profit margin; (*bei Lotto*) dividend; (*bei Lotterie*) prize **Gewịnnrealisierung** *f* FIN realization of a profit **Gewịnnrückgang** *m* HANDEL drop in profits **Gewịnnrücklage** *f* FIN retained income **Gewịnnspanne** *f* profit margin **Gewịnnspiel** *nt* competition **Gewịnnstreben** *nt kein pl* profit

aspirations *pl* **Gewinnsucht** *f* profit-seeking; **aus ~** for motives of [financial/material] gain **gewinnsüchtig** *adj* profit-seeking *attr,* greedy for profit *pred* **Gewinnteilung** *f* HANDEL profit sharing [*or* pooling] **gewinnträchtig** *adj* profitable, profit-bearing *attr* **Gewinntransparenz** *f* HANDEL transparency of profits **Gewinnummer** *f s.* Gewinnnummer **Gewinnumverteilung** *f* HANDEL redistribution of profits **Gewinn- und Verlustrechnung** *f* ÖKON income statement, BRIT profit and loss account

Gewinnung <-, -en> *f pl selten* ❶ GEOL (*Gewinnen von Bodenschätzen*) *von Öl, Mineralien* extraction; *von Stein* quarrying
❷ CHEM ■**die ~ von etw** *dat* **aus etw** *dat* the extraction of sth from sth

Gewinnungsbetrieb *m* BERGB mining company

Gewinnverlagerung *f* FIN profit shifting **Gewinnverlust** *m* HANDEL loss [of profit] **Gewinnverteilung** *f* FIN profit distribution **Gewinnverteilungsabrede** *f* FIN profit distribution agreement **Gewinnverteilungsbeschluss**^RR^ *m* FIN distribution of profits resolution **Gewinnverwirklichung** *f* FIN profit realization **Gewinnvortrag** *m* FIN surplus brought forward; HANDEL accumulated profit **Gewinnzahl** *f* winning number **Gewinnzone** *f* ÖKON break-even point, profit [area]; **in der ~ sein** to break even, to be in the black; **eine Firma wieder in die ~ bringen** to bring back *sep* a company into the black

Gewinsel <-s> *nt kein pl* (*pej*) [constant] whining *pej*

Gewirr <-[e]s> *nt kein pl Drähte, Fäden, etc.* tangle; *Klauseln* maze, confusion; *Stimmen* babble; *Straßen* maze

Gewisper <-s> *nt kein pl* whispering

gewiss[RR], **gewiß** I. *adj* ❶ *attr* (*nicht näher bezeichnet*) certain; **eine ~e Frau Schmidt** a [certain] Ms Schmidt; **[bis] zu einem ~en Grad[e]** to a certain degree
❷ (*sicher, ohne Zweifel*) certain, sure *pred;* ■**sich** *dat* **einer S.** *gen* **~ sein** (*geh*) to be certain [*or* sure] of sth
II. *adv* (*geh*) certainly, surely; **ganz ~** quite [*or* most] certainly [*or* surely]; **[ja] ~!, ~ doch!, aber ~!** but of course!, *esp* AM sure!

Gewissen <-s> *nt kein pl* conscience; **ein reines ~ haben** to have a clear conscience; **etw ruhigen ~s** [*o* **mit gutem ~**] **tun** to do sth with an easy conscience; **ein schlechtes ~ haben** to have a bad conscience; **schwer auf jds** [*o* **dem**] **~ lasten** to lie heavy [*or* weigh heavily] on sb's conscience; **etw mit seinem ~ ausmachen** to settle sth with one's conscience; **[etw] vor seinem ~ verantworten** to answer to one's own conscience [about sth]; **sein ~ erforschen** to examine [*or* search] one's conscience; **sein ~ erleichtern, sich** *dat* **das ~ erleichtern** to ease [*or* lighten] one's conscience; **jdn/etw auf dem ~ haben** to have sb/sth on one's conscience; **kein ~ haben** to have no conscience [*or pl* qualms]; **sich** *dat* **aus etw** *dat* **kein ~ machen** to have no qualms [*or* scruples] where sth is concerned; **sich** *dat* **daraus kein ~ machen, etw zu tun** to have no qualms [*or* scruples] about doing sth; **jdm ins ~ reden** to appeal to sb's conscience
► WENDUNGEN: **ein gutes ~ ist ein sanftes Ruhekissen** (*prov*) a quiet conscience sleeps in thunder

gewissenhaft *adj* conscientious

Gewissenhaftigkeit <-> *f kein pl* conscientiousness

gewissenlos I. *adj* unscrupulous, unprincipled, without [a] conscience *pred;* ■**~ sein** to have no conscience; **~es Handeln** irresponsible acts *pl*
II. *adv* without scruple[s *pl*]

Gewissenlosigkeit <-, -en> *f* ❶ *kein pl* (*skrupellose Einstellung*) unscrupulousness
❷ (*skrupellose Handlung*) unscrupulous act, act without scruple[s *pl*]

Gewissensbisse *pl* pangs [*or* qualms] of conscience; **[wegen einer S.** *gen*] **~ bekommen/haben** to get/have a guilty conscience [about sth]; **sich** *dat* **[wegen einer S.** *gen*] **~ machen** to blame oneself [for sth]; **ohne [die geringsten] ~** without feeling [the slightest bit] guilty [*or form* [the slightest] compunction] **Gewissensentscheidung** *f* question of conscience, matter for one's conscience to decide **Gewissenserforschung** *f* examination [*or* searching] of [one's] conscience **Gewissensfrage** *f s.* Gewissensentscheidung **Gewissensfreiheit** *f* freedom of conscience **Gewissensgebot** *nt* moral requirement **Gewissensgründe** *pl* conscientious reasons; **den Wehrdienst aus ~n verweigern** to be a conscientious objector **Gewissenskonflikt** *m* moral [*or* inner] conflict **Gewissenspflicht** *f* moral obligation

gewissermaßen *adv* so to speak, as it were

Gewissheit[RR], **Gewißheit** <-, -en> *f selten pl* certainty; **~ haben** to be certain [*or* sure]; **sich** *dat* **~ [über etw** *akk*] **verschaffen** to find out for certain [about sth]; **~ [über etw** *akk*] **erlangen** to attain certainty [*or* certain knowledge] of sth; **jdm die ~ geben, dass ...** to convince sb that ...; **[volle** [*o* **absolute**]] **~ über etw** *akk* **haben** to be [fully [*or* completely]] certain [*or* sure] about [*or* of] sth; **zur ~ reifen, sich zur ~ verdichten** (*geh*) to become a [*or liter* harden into] certainty; **mit ~** with certainty; **etw mit ~ wissen** to know sth for certain [*or* sure]

Gewitter <-s, -> *nt* thunderstorm; **ein ~ braut sich zusammen** [*o* **zieht herauf**] a storm is brewing [*or* gathering]; ***es liegt ein ~ in der Luft*** there's a thunderstorm gathering; (*Streit*) storm

Gewitterfront *f* storm [*or* thundery] front **Gewitterhimmel** *m* stormy sky, thunderclouds *pl*

gewitterig *adj s.* **gewittrig**

gewittern* *vi impers* ■**es gewittert** it's thundering, there's a thunderstorm

Gewitterregen *m,* **Gewitterschauer** *m* thunder[y] shower **Gewitterstimmung** *f* thundery atmosphere; (*fig*) stormy atmosphere; **es herrscht ~** there is thunder in the air *fig* **Gewitterwolke** *f* thundercloud, cumulonimbus *spec*

gewittrig I. *adj* thundery; **~e Luft** [*o* **Schwüle**] [thundery and] oppressive air; **~e Niederschläge** thundery showers
II. *adv* **~ drückend** [*o* **schwül**] [thundery and] oppressive

gewitzigt *adj pred* wiser [*or* wary] [from experience]; ■**[durch etw** *akk*] **~ sein** to have learnt from experience [with sth]

gewitzt *adj* cunning, wily

Gewitztheit <-> *f kein pl* cunning, wiliness

gewogen I. *pp von* **wägen, wiegen**[2]
II. *adj* (*geh*) well-disposed, favourably [*or* AM favorably] disposed [*or* inclined]; **ein mir ~er Mensch** a person favourably disposed [*or* inclined] toward[s] me; ■**jdm/einer S. ~ sein** to be well-disposed [*or* favourably disposed [*or* inclined]] toward[s] sb/sth

Gewogenheit <-> *f kein pl* (*geh*) favourable [*or* AM favorable] attitude; (*persönlicher*) affection; ■**jds ~ [jdm gegenüber]** sb's favourable attitude [toward[s] sb], sb's affection [for sb]

gewöhnen* I. *vt* ■**jdn an etw** *akk* **~** to make sb used [*or* accustomed] [*or* accustom sb to] sth; **ein Tier an sich/etw** *akk* **~** to make an animal get used to one/sth; **ein Haustier an Sauberkeit ~** to house-train a pet; ■**an jdn/etw gewöhnt sein,** ■**jdn/etw gewöhnt sein** (*fam*) to be used [*or* accustomed] to sb/sth
II. *vr* ■**sich an jdn/etw ~** to get [*or* become] used to sb/sth; *Mensch a.* to accustom oneself to sth; ■**sich daran ~, etw zu tun** to get used to doing sth; *Mensch a* to get accustomed to doing sth

Gewohnheit <-, -en> *f* habit; **die ~ haben, etw zu tun** to have a [*or* have got into the] habit of doing sth; **sich** *dat* **etw zur ~ machen** to make a habit of sth; **sich** *dat* **es** [*o* **es sich** *dat*] **zur ~ machen, etw zu tun** to make a [*or* get into the] habit of doing sth; **jdm zur ~ werden** to become a habit with sb; **aus [lauter** [*o* **reiner**]] **~** from [sheer] force of habit

gewohnheitsmäßig I. *adj* habitual II. *adv* habitually, out of habit **Gewohnheitsmensch** *m* creature of habit **Gewohnheitsrecht** *nt* JUR ❶ (*im Einzelfall*) established [*or* customary] right ❷ (*als Rechtssystem*) common law *no art* **gewohnheitsrechtlich** *adj* JUR in accordance with common law **Gewohnheitstier** *nt* creature of habit; **der Mensch ist ein ~** (*hum fam*) we're all creatures of habit **Gewohnheitstrinker(in)** *m(f)* habitual drinker **Gewohnheitsverbrecher(in)** *m(f)* habitual offender [*or* criminal]

gewöhnlich I. *adj* ❶ *attr* (*gewohnt, üblich*) usual, customary; **zur ~en Stunde** at the usual hour
❷ (*durchschnittlich, normal*) normal, ordinary, everyday
❸ (*pej: ordinär*) common, common as muck BRIT *pred pej fam,* a dime a dozen AM
II. *adv* ❶ (*üblicherweise*) usually, normally; **für ~** usually, normally; **wie ~** as [per *fam*] usual
❷ (*pej: ordinär*) common *pred;* **sich ~ ausdrücken** to use common language, to talk common *fam*

gewöhnt I. *pp und 3. pers sing von* **gewöhnen**
II. *adj* used to, accustomed; ■**an etw ~ sein** to be used to sth

gewohnt *adj* usual; **in ~er Umgebung** in familiar surroundings; **zu ~er Stunde/Zeit** at the usual hour/time; ■**etw ~ sein** to be used to sth; ■**es ~ sein, etw zu tun** to be used to doing sth; ■**es ~ sein, dass jd etw tut** to be used to sb['s] doing sth

gewohntermaßen *adv* usually

Gewöhnung <-> *f kein pl* habituation *form;* ■**jds ~ an etw** *akk* sb's habituation to sth *form;* ***das ist eine Sache der ~, das ist* [*alles*] *~*** it's [all] a question of habit

gewöhnungsbedürftig *adj* requiring getting used to **Gewöhnungssache** *f* matter of getting used to [it]

Gewölbe <-s, -> *nt* ❶ (*gewölbte Decke, a. fig: Firmament*) vault
❷ (*gewölbter Raum*) vault[s *pl*], camera *spec*

gewölbt *adj Brust* bulging; *Dach, Decke* vaulted; *Stirn* domed; **~er Rücken** *eines Buchs* rounded back

Gewölle <-s, -> *nt von Nachtraubvögeln* pellet, cast[ing]

gewollt I. *adj* (*gekünstelt*) forced, artificial; (*absichtlich*) deliberate
II. *adv* (*gekünstelt*) artificially; (*absichtlich*) deliberately

Gewühl <-[e]s> *nt kein pl* ❶ (*Gedränge*) throng, crowd, crush; **sich ins ~ stürzen** to throw oneself into the throng
❷ (*pej: andauerndes Kramen*) rooting [*or* rummaging] around

gewunden I. *pp von* **winden**[1]
II. *adj* ❶ (*in Windungen verlaufend*) winding, serpentine *liter*
❷ (*umständlich*) roundabout, tortuous

gewünscht *adj* desired; **die ~e Wirkung haben** to have the desired effect

Gewürm <-[e]s, -e> *nt pl selten* (*pej*) worms *pl*

Gewürz <-es, -e> *nt* spice; (*Gewürzzubereitung*) condiment; (*Kräutersorte*) herb

Gewürzbord *m* spice rack **Gewürzbrot** *nt* spiced rye bread (*with coriander and/or caraway seed*) **Gewürzessig** *m* seasoned vinegar; (*mit Kräutern*) herb vinegar **Gewürzfenchel** *m* fennel seed **Gewürzgurke** *f* pickled gherkin **Gewürzhandel** *m* (*hist*) ■**der ~** the spice trade **Gewürzhering** *m* pickled, spiced herring **Gewürzkörner** *pl* spice seeds *pl* **Gewürzkraut** *nt* potherb **Gewürzkräuter** *pl* herbs *pl* **Gewürzkuchen** *m s.* **Lebkuchen Gewürzmischung** *f* mixed spices *pl;* (*Kräutersorte*) mixed herbs *pl* **Gewürznelke** *f* [mother *form*] clove **Gewürzöl** *nt* seasoned oil **Gewürzpaprika** *m* paprika **Gewürzpflanze** *f* spice plant; (*Kräutersorte*) herb **Gewürzplätzchen** *pl* ginger biscuits *pl* **Gewürzprinte** *f* hard ginger bread (*with herbs and sugar crystals*) **Gewürzsalz** *nt* seasoned salt

G

Gewürzschinken *m* spiced, cured ham **Gewürzsenf** *m* German mustard **Gewürzständer** *m* spice rack; (*auf dem Tisch*) cruet [set] **Gewürzsträußchen** *nt* bouquet garni

gewürzt *adj* seasoned; **stark ~e Speisen** spicy dishes; ***das Fleisch ist gut*** ~ the meat is well seasoned

Gewusel <-s> *nt kein pl* DIAL milling mass, crush

Geysir <-s, -e> ['gaizɪr] *m* geyser

gez. *adj Abk von* **gezeichnet**

gezackt *adj* jagged; *Hahnenkamm* toothed; *Blatt* serrated, dentate *spec*

gezahnt, gezähnt *adj* ① BOT serrated, dentate *spec*
② TECH cogged, toothed
③ (*perforiert*) perforated

Gezänk, Gezanke <-s> *nt kein pl* (*pej fam*) quarrelling [*or* AM *a.* quarreling] *no pl,* squabbling

gezeichnet *adj* ① (*mit Spuren*) marked; **von etw** *dat* ~ **sein** to be marked by sth
② FIN subscribed; **~es Stammkapital** subscribed capital

Gezeiten *pl* tide[s *pl*]

Gezeitenenergie *f* tidal energy **Gezeitenkraftwerk** *nt* tidal power station [*or* plant] **Gezeitenstrom** *m* tidal current **Gezeitenstromanlage** *f* tidal power station **Gezeitentafel** *f* tide table, table of [the] tides **Gezeitenwechsel** *m* turn of the tide; **beim** ~ at the turn of the tide

Gezerre <-s> *nt kein pl* pulling [and tugging] *no pl* (**um** +*akk* at)

Gezeter <-s> *nt kein pl* (*pej fam*) rumpus *fam,* racket *fam,* commotion, clamour [*or* AM -or]; **in ~ ausbrechen** to set up a clamour, to start a commotion

gezielt I. *adj* ① (*zielgerichtet*) well-directed; **~e Fragen** specific questions
② MIL well-aimed; **~e Bombardierung** precision [*or spec* surgical] bombing
③ HANDEL selective; **~e Käufe** selective purchases
II. *adv* ① (*zielgerichtet*) specifically; **etw ~ forschen** to research [the] specific aspects of sth; **~ fragen** to ask questions with a specific aim in mind; **jdm ~ helfen** to offer sb specific aid
② MIL ~ **schießen** to shoot with great precision; (*mit Tötungsabsicht*) to shoot to kill [*or* with deadly accuracy]

geziemen* *vr* (*geh*) *impers* (*veraltend*) ■**es geziemt sich** it is proper [*or form* fitting] [*or form* seemly]; ■**es geziemt sich [nicht] [für jdn], etw zu tun** it is [not] fitting [for sb] to do sth *form,* it is [not] proper that sb does sth, it [ill] befits sb to do sth *dated form;* **wie es sich geziemt** as is proper; **wie es sich für ein artiges Kind geziemt** as befits a well-behaved child *form*

geziemend *adj* (*geh*) proper, due

geziert I. *adj* (*pej*) affected *pej,* la-di-da *pred fam*
II. *adv* affectedly *pej*

Gezücht <-[e]s, -e> *nt* (*pej*) ① (*fam*) riffraff + *pl vb,* rabble + *pl vb*
② (*veraltend: widerliche Kriechtiere*) creepy-crawlies *pl fam*

Gezweig <-[e]s> *nt kein pl* (*geh*) branches *pl*

Gezwitscher <-s> *nt kein pl* twittering, chir[rup]ping

gezwungen I. *pp von* **zwingen**
II. *adj* (*gekünstelt*) forced; *Atmosphäre* strained; *Benehmen* stiff, unnatural
III. *adv* (*gekünstelt*) stiffly, unnaturally; ~ **lachen** to give a forced [*or* force a] laugh; **sich ~ benehmen** to behave stiffly [*or* unnaturally]

gezwungenermaßen *adv* of necessity; ■**etw ~ tun** to be forced to do sth, to do sth of necessity

ggf. *adv Abk von* **gegebenenfalls** if need be, if necessary

Ghana <-s> *nt* Ghana; *s. a.* **Deutschland**

Ghanaer(in) <-s, -> *m(f)* Ghanaian; *s. a.* **Deutsche(r)**

ghanaisch *adj* Ghanaian; *s. a.* **deutsch**

Ghetto <-s, -s> *nt s.* **Getto**

ghettoisieren* *vt s.* **gettoisieren**

Ghettoisierung *f s.* **Gettoisierung**

Ghostwriter(in) <-s, -> ['go:straitɐ] *m(f)* (*geh*) ghostwriter (+*gen* for)

gib *imper sing von* **geben**

Gibbon <-s, -s> *m* gibbon

Gibraltar <-s> *nt* Gibraltar; **die Straße von** ~ the Strait of Gibraltar; **der ~felsen** the Rock of Gibraltar; *s. a.* **Sylt**

Gibraltarer(in) <-s, -> *m(f)* Gibraltarian; *s. a.* **Deutsche(r)**

gibraltarisch *adj* Gibraltarian; *s. a.* **Deutsch**

Gicht <-> *f kein pl* gout, arthrolithiasis *spec;* **die ~ haben** to suffer from gout

Gichtanfall *m* gout attack, attack of gout **Gichtknoten** *m* gouty node [*or* knot], tophus *spec* **gichtkrank** *adj* gouty, suffering from gout *pred* **Gichtkranke(r)** *f(m) dekl wie adj* gout sufferer

Giebel <-s, -> *m* gable [end]

Giebeldach *nt* gable[d] roof **Giebelfenster** *nt* gable window **Giebelhaus** *nt* gabled house **Giebelseite** *f* gable[d] end **Giebelwand** *f* gable wall [*or* end] **Giebelzimmer** *nt* attic room; (*klein und ungemütlich*) garret *liter*

Gier <-> *f kein pl* greed *no pl* (**nach** +*dat* for); (*nach Reichtum a.*) avarice *no pl* (**nach** +*dat* for); (*nach etw Ungewöhnlichem*) craving (**nach** +*dat* for)

gieren[1] *vi* ■**nach etw** *dat* ~ to hunger for [*or* crave [for [*or* after]]] sth; **nach Macht/Reichtum** ~ to crave [for] [*or* lust after] power/riches

gieren[2] *vi* NAUT to yaw

gierig I. *adj* greedy; ~ **nach Macht/Reichtum sein** to crave [for] [*or* lust after] power/riches
II. *adv* greedily; **etw ~ essen** [*o* **verschlingen**] to devour sth greedily, to guzzle [down *sep*] sth *fam;* **etw ~ trinken** to gulp down sth *sep*

Giersch <-es> *m kein pl* BOT goutweed *no pl,* ground elder

Gießbach *m* (*geh*) [mountain] torrent

gießen <goss, gegossen> I. *vt* ■**etw ~** ① (*bewässern*) to water sth
② (*schütten*) to pour sth; **ein Glas [nicht] voll** ~ to [not] fill [up *sep*] a glass; **ein Glas halb voll/randvoll** ~ to fill [up *sep*] a glass halfway [*or* to the halfway mark]/to the brim; ■**etw in etw** *akk* ~ to pour sth in[to] sth; ■**etw auf/über etw** *akk* ~ to pour sth on/over sth; (*verschütten*) to spill sth on/over sth; **etw [daneben]~** to spill sth
③ TECH to cast sth; **etw [in Barren/Bronze/Wachs]** ~ to cast sth [into bars/in bronze/in wax]
II. *vi impers* (*stark regnen*) ■**es gießt [in Strömen]** it's pouring [down] [with rain] [*or fam* tipping it down]

Gießer(in) <-s, -> *m(f)* TECH caster, founder

Gießerei <-, -en> *f* foundry

Gießereiarbeiter(in) *m(f)* foundry worker **Gießereibetrieb** *m s.* **Gießerei**

Gießerin <-, -nen> *f fem form von* **Gießer**

Gießform *f* casting mould **Gießkanne** *f* watering can **Gießkannenprinzip** *nt kein pl* the principle of giving everybody an equal share [of sth]; **etw nach dem ~ verteilen** (*fam*) to give everybody an equal share of sth; **Subventionen nach dem ~ verteilen** to give everyone a slice of the budget

Gift <-[e]s, -e> *nt* ① (*giftige Substanz*) poison, toxin *spec;* (*Schlangengift*) venom; **jdm ~ geben** to poison sb; **ein schleichendes** ~ a slow[-acting] poison; **[wie] ~ für jdn sein** (*fam*) to be very bad [*or liter* poisonous] for sb; ~ **nehmen** to poison oneself; **darauf kannst du ~ nehmen** (*fig fam*) you can bet your life [*or* AM *a.* bottom dollar] on that *fig fam*
② (*fig: Bosheit*) venom; ~ **und Galle spucken** [*o* **speien**] (*fam*) to vent one's rage [*or* spleen]; **sein ~ verspritzen** to be venomous [*or* vitriolic]

Giftampulle *f* poison ampoule [*or* AM *a.* ampul[e]] **Giftbecher** *m* cup of poison **Giftdrüse** *f* venom gland

giften *vi* (*fam*) ■**[gegen jdn/etw]** ~ to rile [at sb/sth]

Giftflut *f* ÖKOL poisonous [*or* toxic] flood **Giftfracht** *f* toxic freight **Giftgas** *nt* poison gas **giftgrün** *adj* bilious [*or* garish] green **gifthaltig** *adj,* **gifthältig** *adj* ÖSTERR poisonous, toxic; **stark** ~ highly poisonous [*or* toxic]

giftig I. *adj* ① (*Gift enthaltend*) poisonous; **~e Stoffe/Chemikalien** toxic [*or* poisonous] substances/chemicals
② (*boshaft*) venomous, vitriolic
③ (*grell*) garish, loud *fam,* bilious *liter*
II. *adv* (*pej: boshaft*) viciously; ~ **antworten** to give a catty [*or* an unkind] reply

Giftigkeit *f kein pl* ① (*mit Giftstoffen*) poisonousness
② (*boshaftes Verhalten*) nastiness

Giftküche *f* (*hum: Labor*) devil's workshop; (*pej: Gerüchteküche*) gossipmonger's **Giftmischer(in)** <-s, -> *m(f)* (*pej, a. fig*) preparer of poison **Giftmord** *m* [murder by] poisoning **Giftmörder(in)** *m(f)* poisoner

Giftmüll *m* toxic waste **Giftmülldeponie** *f* toxic waste repository [*or* dump] **Giftmüllexport** *m* toxic waste export **Giftmüllverbrennungsanlage** *f* toxic waste incineration plant

Giftnotrufzentrale *f* emergency control centre for poisoning cases BRIT, poison control center AM **Giftnudel** *f* (*pej fam*) spiteful old devil [*or* BRIT *a.* git] *pej fam* **Giftpfeil** *m* poison[ed] arrow; (*in Blasrohr*) poison[ed] dart **Giftpflanze** *f* poisonous plant **Giftpilz** *m* poisonous fungus, toadstool **Giftproduktion** *f* production of poison **Giftschlange** *f* venomous [*or* poisonous] snake **Giftschrank** *m* ① (*in Apotheken und Krankenhäusern*) poison cupboard [*or* cabinet] ② (*hum veraltet fam*) the hidey-hole for porn [mags *pl*] *fam* **Giftspritze** *f* ① MED (*Injektion*) lethal injection ② (*pej fam: Person*) spiteful old devil [*or* BRIT *a.* git] *fam,* cynical [*or* venomous] git BRIT, cynic AM **Giftstoff** *m* toxic [*or* poisonous] substance, toxin *spec* **Giftunfall** *m accident causing the release of toxic substances into the environment* **Giftviper** *f* venomous viper **Giftwolke** *f* cloud of toxins **Giftzahn** *m* [poison] fang **Giftzwerg(in)** *m(f)* (*pej fam*) poison[ed] dwarf *pej fam*

Gigabyte <-[s], -[s]> [-'bait] *nt* INFORM gigabyte

Gigahertz *nt* PHYS gigahertz, GHz

Gigant(in) <-en, -en> *m(f)* giant; (*fig a.*) colossus

gigantisch *adj* gigantic, colossal

Gigantomanie <-> *f kein pl* (*geh*) craze for things big

Gigerl <-s, -[n]> *m o nt* SÜDD, ÖSTERR (*fam*) dandy *dated*

Gigolo <-s, -s> ['ʒi:golo, 'ʒɪgolo] *m* gigolo

Gigot <-s, -s> [ʒi'go:] *nt* KOCHK leg of lamb

gilben *vi sein* (*geh*) to [go [*or* become]] yellow

Gilde <-, -n> *f* guild

gilt *3. pers. pres von* **gelten**

Gimmick <-s, -s> *m* gimmick *fam*

Gimpel <-s, -> *m* ① ORN bullfinch
② (*einfältiger Mensch*) dimwit *fam*

Gin <-s, -s> [dʒɪn] *m* gin; ~ **Tonic** gin and tonic

Gingko <-s,-s> *m* BOT gingko, maidenhair tree

Ginseng <-s, -s> *m* BOT ginseng

Ginster <-s, -> *m* BOT broom

Gipfel <-s, -> *m* ① (*Bergspitze*) peak; (*höchster Punkt*) summit; DIAL (*Wipfel*) treetop
② (*fig: Zenit*) peak; **auf dem ~ der Macht/des Ruhms angelangt sein** to have reached the peak of one's power/fame; (*Höhepunkt*) height; **der ~ der Vollkommenheit sein** to be the epitome of perfection; **der ~ der Frechheit sein** to be the height of cheek; **der ~ der Geschmacklosigkeit/Perversion** the depths [*or* the height] of bad taste/perversion; ***das ist der ~!*** (*fam*) that's the limit, that [really] takes the biscuit [*or* AM cake] *fam*
③ POL summit [conference]

Gipfelkonferenz *f* POL summit conference **Gipfelkreuz** *nt* cross on the summit [of a mountain]

gipfeln *vi* ■**in etw** *dat* ~ to culminate in sth

Gipfelpunkt *m* ① (*höchtes erreichbares Maß*) zenith, high point ② (*höchster Punkt eines Flugkörpers*) maximum altitude **Gipfeltreffen** *nt* POL summit [meeting]

Gips <-es, -e> *m* ① (*Baumaterial*) plaster; (*in

Mineralform) gypsum; (*zum Modellieren*) plaster of Paris
❷ (*Kurzform für Gipsverband*) [plaster] cast; **den Arm/Fuß in ~ haben** to have one's arm/foot in a [plaster] cast; **einen Arm/Fuß in ~ legen** to put an arm/foot in plaster [*or* in a [plaster] cast]

Gipsabdruck <-abdrücke> *m*, **Gipsabguss**[RR] <-abgüsse> *m* plaster cast **Gipsarm** *m* (*fam*) arm in plaster [*or* a cast] **Gipsbein** *nt* (*fam*) leg in plaster [*or* a cast] **Gipsbüste** *f* plaster [of Paris] bust

gipsen *vt* ■**etw** ~ ❶ (*mit Gips reparieren*) to plaster sth
❷ MED to put sth in plaster [*or* a cast]

Gipser(in) <-s, -> *m(f)* plasterer

gipsern *adj attr* (*aus Gips*) plaster

Gipsfigur *f* plaster [of Paris] figure **Gipskartonplatte** *f* BAU gypsum board **Gipskopf** *m* (*pej*) dimwit **Gipskorsett** *nt* MED plaster [of Paris] jacket **Gipsverband** *m* MED plaster cast [*or* bandage]; **jdm einen ~ anlegen** to put a [plaster] cast on sb's arm/leg; **den Arm/Fuß im ~ tragen** to have one's arm/foot/etc. in plaster [*or* in a [plaster] cast]

Giraffe <-, -n> *f* giraffe

Giralgeld [ʒi-] *nt* FIN money in account

Girant(in) <-en, -en> [ʒi-] *m(f)* FIN endorser

girieren* [ʒi-] *vt* FIN ■**etw** ~ *Scheck, Wechsel* to endorse sth

Girlande <-, -n> *f* garland (**aus** +*akk* of)

Girl Group <-, -s> ['gø:lgru:p] *f* MUS girl group

Girlie <-s, -s> ['gɜli] *nt* (*sl*) girlie *sl*, girly *sl*

Girlitz <-es, -e> *m* ORN canary

Girl Power <-> ['gø:lpaʊɐ] *f kein pl* (*sl*) girl power

Giro <-s, -s *o* Giri> ['ʒi:ro, 'ʒi:ri] *nt* FIN ÖSTERR [bank] assignment [*or* transfer]; **etw per ~ überweisen** to transfer sth; **~ fehlt** endorsement required

Giroauftrag *m* FIN credit transfer order **Giroeinlagen** *pl* FIN deposits **Girokonto** *nt* current [*or* AM checking] account **Giroscheck** ['ʒi:-] *m* giro cheque [*or* AM check] **Giroverband** *m* giro centre [*or* AM -er] association (*set up by savings banks/credit cooperatives*) **Giroverkehr** *m* bank giro credit system; (*Girogeschäft*) giro [credit] transfer **Girovertrag** *m* JUR bank giro contract **Girozentrale** *f* clearing house

girren *vi* (*a. fig liter: zwitschern*) to coo *a. fig*

Gis <-, -> *nt* MUS G sharp

Gischt <-[e]s, -e> *m pl selten* [sea] spray

Gitarre <-, -n> *f* guitar

Gitarre(n)spiel *nt* guitar-playing **Gitarre(n)spieler(in)** *m(f)* guitarist, guitar-player **Gitarrenverstärker** *m* guitar amplifier

Gitarrist(in) <-en, -en> *m(f)* guitarist

Gitter <-s, -> *nt* ❶ (*Absperrung*) fencing *no pl, no indef art;* (*vor Türen, Fenstern: engmaschig*) grille; (*grobmaschig*) grating; (*parallel laufende Stäbe*) bars *pl;* (*vor dem Kamin*) fireguard; (*für Gewächse*) lattice, trellis; (*am Rohrende*) grid, grating
❷ (*fig fam*) bars *fam;* **jdn hinter ~ bringen** to put sb behind bars, to lock sb up; **hinter ~ kommen** to land [*or* be put] behind bars; **hinter ~n sitzen** to be behind bars [*or* doing time]
❸ MATH grid
❹ PHYS, CHEM lattice

Gitterbett *nt* cot BRIT, crib AM **Gitterfenster** *nt* barred window **gitterförmig** *adj* lattice shaped **Gittergewebe** *nt* BAU coarse fabric **Gittermast** *m* ELEK [lattice *spec*] pylon **Gitterrost** *m* grating **Gitterstab** *m* bar **Gittertor** *nt* paled gate, iron-barred gate; (*Fallgatter*) barrier gate, portcullis **Gitterwerk** *nt* wrought-iron work **Gitterzaun** *m* lattice [*or* trellis] fence

Give-away <-s, -s> [gɪvə'weɪ] *nt* giveaway

givrieren *vt* KOCHK **einen Behälter/ein Glas** ~ *to cool a container/glass with icecubes;* **eine Speise** ~ *to cover a dish with grated, sugared ice;* **eine ausgehöhlte Orange** ~ *to fill a hollowed orange with orange sorbet*

GKV *f Abk von* **gesetzliche Krankenversicherung** statutory health insurance company

Glace <-, -n> ['glasə] *f* SCHWEIZ ice cream, BRIT *a.* ice

Glaceehandschuh[RR], **Glacéhandschuh** [gla'se:-] *m* kid glove; **jdn/etw mit ~en anfassen** to handle sb/sth with kid gloves [*or* very carefully]

glacieren* [gla'si:rən] *vt* KOCHK ■**etw** ~ to glaze sth; **einen Kuchen** ~ to frost [*or* ice] a cake

Glacis <-, -> [gla'si:, *pl* gla'si:s] *nt* MIL glacis

Gladiator <-s, -toren> *m* gladiator

Gladiole <-, -n> *f* BOT gladiolus

Glamour <-s> ['glɛmɐ] *m o nt kein pl* glamour [*or* AM *a.* -or]

Glamourgirl ['glɛmɐgœrl] *nt* glamour [*or* AM *a.* -or] girl

Glanz <-es> *m kein pl* ❶ (*das Glänzen*) gleam, shine; *Augen* sparkle, brightness; *Haar* glossiness, sheen; *Lack* gloss; *Perlen, Seide* sheen, lustre [*or* AM -er]; (*heller Schein*) light; **blendender ~** glare, dazzle
❷ (*herrliche Pracht*) splendour [*or* AM -or]; ***welch ~ in meiner Hütte!*** (*iron*) to what do I owe the honour [of this visit [to my humble abode]]? *iron;* **mit ~ und Gloria** (*iron fam*) in grand style *a. iron;* **ein Examen mit ~ und Gloria bestehen** to pass an exam with flying colours [*or* AM -ors]; **mit ~ und Gloria durch eine Prüfung fallen** (*iron*) to fail an exam miserably

Glanzabzug *m* FOTO gloss[y] print

glänzen *vi* ❶ (*widerscheinen*) to shine; (*von polierter Oberfläche*) to gleam; *Augen* to sparkle; *Nase* to be shiny; *Wasseroberfläche* to glint, to glisten; (*scheinen*) to shine; *Sterne* to twinkle
❷ (*sich hervortun*) to shine; *s. a.* **Abwesenheit**

glänzend I. *adj* ❶ (*widerscheinend*) shining; **~e Oberfläche** gleaming [*or* shiny] surface; **~e Augen** sparkling [*or* bright] eyes; **~es Haar** shiny [*or* lustrous] hair; **~es Papier** glossy [*or* shiny] paper; **~e Perlen** bright [*or* lustrous] pearls; **~e Seide** shining [*or* lustrous] silk; **~er See** glittering [*or* glistening] lake; **~ gestrichenes Papier** TYPO glossy coated paper
❷ (*blendend, hervorragend*) brilliant; **ein ~es Aussehen** dazzling looks *npl*
II. *adv* (*hervorragenderweise*) brilliantly, splendidly; **sich ~ amüsieren** to have a great [*or* marvellous] time [of it]

Glanzfarbe *f* TYPO glossy ink **Glanzkarton** *m* TYPO glazed [*or* glossy] board **Glanzleder** *nt* patent leather **Glanzleistung** *f* brilliant achievement [*or* performance] *a. iron;* **eine literarische/wissenschaftliche ~** a brilliant literary/scientific achievement **Glanzlicht** *nt* highlight; **einer S.** *dat* **~er/ein ~ aufsetzen** to add highlights/a highlight to sth **glanzlos** *adj* dull, lacklustre [*or* AM -er]; **~es Haar** lustreless [*or* AM lusterless] hair **Glanznummer** *f* star attraction, pièce de résistance **Glanzpapier** *nt* glossy paper **Glanzpolitur** *f* polish for extra shine **Glanzüberdrucklack** *m* TYPO glossy overprint varnish **glanzvoll** *adj* brilliant; **~e Aufführung/Darstellung** sparkling [*or* brilliant] performance/depiction **Glanzzeit** *f* prime [of life]; ■**jds ~** sb's heyday [*or* prime]

Glarus <-> *nt* Glarus

Glas <-es, Gläser> *nt* ❶ (*Werkstoff*) glass *no indef art,* + *sing vb;* **buntes ~** stained glass; ***„Vorsicht ~!"*** "glass — handle with care"; **unter** [*o* **hinter**] ~ under [*or* behind] glass
❷ (*Trinkgefäß*) glass; **zwei ~ Wein** two glasses of wine; **ein ~ über den Durst trinken, zu tief ins ~ schauen** (*fam*) to have one too many [*or fam* one over the eight]
❸ (*Konservenglas*) jar, pot; **ein ~ Honig** a jar [*or* pot] of honey
❹ *kein pl* (*Maßeinheit*) glass
❺ (*Brillenglas*) lens; (*Fernglas*) binoculars *npl,* [field] glasses *npl;* (*Operngias*) lorgnette, opera glasses *npl*

Glasaal *m* ZOOL, KOCHK elver, silver eel **Glasauge** *nt* glass eye **Glasbaustein** *m* glass block [*or* brick] **Glasbläser(in)** *m(f)* glassblower **Glasbläserei** *f* glassworks + *sing/pl vb* **Glasbruch** *m kein pl* [glass] breakage

Gläschen ['glɛ:sçən] *nt dim von* **Glas 2** (*Maßeinheit o. Getränk*) nip, drop, tot, dram; ***darauf müssen wir ein ~ trinken*** we must drink to that, that calls for a little drink

Glascontainer [kɔnte:nɐ] *m* bottle bank BRIT, container for depositing bottles for recycling AM

Glasen *pl* NAUT bells *pl*

Glaser(in) <-s, -> *m(f)* glazier

Glaserei *f* glazier's workshop

Glaserin <-, -nen> *f fem form von* **Glaser**

gläsern *adj* ❶ (*aus Glas*) glass *attr,* [made] of glass *pred*
❷ (*fig: seine Einnahmequellen offen legend*) transparent
❸ (*fig: ausdruckslos*) **~e Augen/~er Blick** glassy eyes/gaze

Glasfabrik *f* glassworks + *sing/pl vb* **Glasfaser** *f meist pl* glass fibre [*or* AM -er]; (*als Isolierungsstoff*) fibreglass *no pl* BRIT, fiberglass *no pl* AM **Glasfaserkabel** *nt* TELEK fibre [*or* AM -er] optic cable **Glasfaserleitung** *f* optical fibre [*or* AM -er] cable **Glasfasernetz** *nt* fibre optics network **Glasfenster** *nt* [glass] window; **bemaltes ~** stained-glass window **Glasfiberstab** *m* SPORT glass fibre [*or* AM -er] pole **Glasgeschirr** *nt* glassware **Glasglocke** *f* (*Glocke aus Glas*) glass bell, glass dome; (*Käseglocke*) cheese cover; CHEM bell jar **Glashaus** *nt* greenhouse; (*in botanischen Gärten*) glass house ▸ WENDUNGEN: **wer [selbst] im ~ sitzt, soll nicht mit Steinen werfen** (*prov*) people living [*or* who live] in glass houses shouldn't throw stones *prov* **Glashersteller(in)** *m(f)* glass producer [*or* manufacturer] **Glasherstellung** *f* glass production **Glashütte** *f* glassworks + *sing/pl vb*

glasieren* *vt* ■**etw** ~ ❶ (*Keramik: mit Glasur überziehen*) to glaze [*or spec* enamel] sth
❷ KOCHK *s.* **glacieren**

glasig *adj* ❶ (*ausdruckslos*) glassy
❷ KOCHK transparent

Glasindustrie *f* glass industry **Glaskasten** *m* glass case; (*fam: mit Glas abgeteilter Raum*) glass box **Glaskeramikkochfeld** *nt* ceramic hob **glasklar** I. *adj* ❶ (*durchsichtig*) transparent, [as] clear as glass *pred;* **~e Folie** highly transparent film
❷ (*fig: klar und deutlich*) crystal-clear II. *adv* (*klar und deutlich*) in no uncertain terms **Glasknochenkrankheit** *f* brittle bone disease **Glaskolben** *m* [glass] flask **Glaskörper** *m* ANAT vitreous body **Glaskörpertrübung** *f* opacity of the vitreous body **Glasmalerei** *f* glass painting

Glasnost <-> *f kein pl* POL, HIST glasnost

Glasnudeln *pl* Chinese noodles **Glasperle** *f* glass bead **Glasplatte** *f* glass top **Glasröhre** *f* glass tube **Glasschale** *f* glass bowl [*or* dish] **Glasscheibe** *f* ❶ (*dünne Glasplatte*) glass sheet, sheet of glass ❷ (*Fensterscheibe*) [glass] pane, pane of glass **Glasscherbe** *f* [glass] shard, shard of glass **Glasschleifer(in)** *m(f)* ❶ (*von Ornamenten*) glass cutter ❷ (*für optische Zwecke*) glass [*or* lens] grinder **Glasschneider(in)** *m(f)* glass cutter **Glasschrank** *m* vitrine, glass cabinet **Glasschüssel** *f* glass bowl **Glassplitter** *m* glass splinter, splinter of glass **Glastür** *f* glass door

Glasur *f* ❶ (*Keramik~*) glaze, glazing
❷ KOCHK icing, *esp* AM frosting

Glasversicherung *f* [plate-]glass insurance **Glasvlies** *nt* BAU glass fiber **Glaswaren** *pl* glassware *no pl* **Glaswolle** *f* glass wool

glatt <-er *o fam* glätter, -este *o fam* glätteste> I. *adj* ❶ (*eben*) *Fläche, Haut* smooth; *Fisch* slippery; **ein ~es Gesicht** an unlined face; **~es Haar** straight hair; **~e See** calm [*or* smooth] [*or* unruffled] sea; **~er Satz** body [*or* straight] matter; **~er Stoff** uncreased fabric; **~ rasiert** clean-shaven; **etw ~ bügeln** to iron [out *sep*] sth, to iron sth smooth; **etw ~ feilen** to file sth smooth; **etw ~ hobeln/schmirgeln** to plane down/sand down sth; **sich die Haare ~ kämmen** to comb one's hair straight; **etw ~ pürieren/rühren** to purée/stir sth until smooth; **etw ~ schleifen** to grind sth smooth; **etw ~ stoßen** TYPO *Papier* to jog [*or sep* knock up] sth; **etw ~ streichen**

G

to smooth out sth *sep;* **Haare ~ streichen** to smooth [*or* pat] down one's hair *sep;* **~ rechts stricken** to knit garter stitch; **etw ~ walzen** to flatten sth; **etw ~ ziehen** to smooth out sth; *Betttuch a.* to straighten [out] sth
❷ (*rutschig*) *Straße, Weg* slippery, icey
❸ (*problemlos*) smooth; **ein ~er Bruch** MED a clean break; **eine ~e Landung** a smooth landing; **~ aufgehen** *Rechnung* to work out exactly; **~ gehen** [*o* **laufen**] (*fam*) to go smoothly [*or fam* OK]
❹ *attr* (*fam: eindeutig*) outright, sheer; **eine ~e Lüge** a downright [*or* blatant] [*or* barefaced] lie; **~er Unsinn** sheer [*or* utter] nonsense; **eine ~e Eins/Fünf [schreiben]** SCH [to get] an A/E BRIT [*or* AM an A/F]
❺ (*pej: aalglatt*) slick, smooth
II. *adv* (*fam: rundweg*) clearly, plainly; (*ohne Umschweife*) straight out; *leugnen* flatly; **jdm etw ~ ins Gesicht sagen** to say sth [straight] to sb's face; **etw ~ ablehnen** to turn sth down flat; **etw ~ abstreiten** [*o* **leugnen**] to flatly deny sth; **etw ~ [und sauber] vergessen** to clean forget sth
glatt|bügeln *vt s.* **glatt II 1**
Glattbutt *m* ZOOL, KOCHK bonnet fluke, brill
Glätte <-> *f kein pl* ❶ (*Ebenheit*) smoothness; *von Haar* sleekness
❷ (*Rutschigkeit*) *von Straße, Weg, etc.* slipperiness
❸ (*fig: aalglatte Art*) slickness, smoothness
Glatteis *nt* [thin sheet of] ice; ***„Vorsicht ~!"*** "danger, black ice"
▶ WENDUNGEN: **aufs ~ geraten, sich auf ~ begeben** to skate on thin ice; **jdn aufs ~ führen** to trip up sb *sep,* to catch sb out
Glatteisgefahr <-> *f kein pl* danger of black ice
glätten I. *vt* ■**etw ~** ❶ (*glatt streichen*) to smooth out sth *sep,* to trowel-smooth sth; *sich die Haare ~* to smooth [*or* pat] down one's hair *sep*
❷ (*besänftigen*) to allay sth *form;* **jds Zorn ~** to calm sb's anger; **jds aufgebrachte Stimmung ~** to smooth sb's ruffled feathers
II. *vr* ■**sich ~** ❶ (*glatt werden*) *Meer, Wellen* to subside, to become calm
❷ (*fig: sich beruhigen*) *Wut, Erregung* to subside, to die down
glatt|feilen *vt s.* glatt II 1 **glatt|gehen** *vi irreg sein s.* glatt II 2 **Glatthafer** *m* BOT false oat grass **Glatthai** *m* smooth dogfish **glatt|kämmen** *vt s.* glatt II 1 **glatt|pürieren** *vt s.* glatt II 1 **glattrasiert** *adj s.* glatt II 1 **glatt|rühren** *vt s.* glatt II 1 **glatt|schleifen** *vt irreg s.* glatt II 1 **glatt|stoßen** *vt irreg s.* glatt II 1 **glatt|streichen** *vt irreg s.* **glatt II 1**
glattweg *adv* (*fam*) simply, just like that *fam;* **etw ~ ablehnen** to turn sth down flat [*or* AM *a.* flat out]; **etw ~ abstreiten** [*o* **leugnen**] to flatly deny sth
glatt|ziehen *vt s.* **glatt II 1**
Glatze <-, -n> *f* ❶ (*ohne Haare*) bald head [*or hum* pate]; **eine ~ bekommen/haben** to go/be bald; **sich** *dat* **eine ~ schneiden** [*o fam* **scheren**] **lassen** to have one's head shaved; **mit ~** with a bald head, bald[-headed]
❷ (*pej sl: Skinhead*) skinhead *pej*
Glatzenbildung *f* balding
Glatzkopf *m* (*fam*) ❶ (*kahler Kopf*) bald head [*or hum* pate]
❷ (*fam: Mann mit Glatze*) bald[-headed] man, baldie *fam,* baldy *fam*
glatzköpfig *adj* bald[-headed]
Glaube <-ns> *m kein pl* ❶ (*Überzeugung*) belief (**an** +*akk* in); (*gefühlsmäßige Gewissheit*) faith (**an** +*akk* in); **der ~ versetzt Berge** [*o* **kann Berge versetzen**] faith can move mountains; **ein blinder/fanatischer/unerschütterlicher ~** an ardent/a fanatical/an unshakeable belief; **ein törichter ~** a false [*or* mistaken] belief; **den festen ~n haben, dass ...** to be of the firm belief [*or* conviction] that ...; **im guten ~n, in gutem ~n** in good faith; **guten ~ns sein, dass ...** to be convinced that ...; **den ~n aufgeben, dass** to give up [*or* stop] believing that ...; **jdn von seinem ~n abbringen** to dissuade sb, to shake sb's faith; **jdn bei** [*o* **in**] **dem ~n [be]lassen, dass ...** to leave sb in the belief [*or* let sb believe] that ...; **[bei jdm] ~n finden** to find credence [with sb]; **in dem ~n leben, dass ...** to live in the belief that ...; **des ~ns** [*o* **in dem ~n**] **sein, dass ...** to believe [*or* be of the opinion] that ...; **jdm/einer S. [keinen] ~n schenken** to [not] believe [*or form* give [no] credence to] sb/sth; **den ~n an jdn/etw verlieren** to lose faith in sb/sth; **jdn in dem ~n wiegen, dass ...** to make sb believe [wrongly] that ...; **sich in dem ~n wiegen, dass ...** to labour [*or* AM -or] under the illusion [*or* believe [wrongly]] that ...
❷ REL [religious] faith [*or* belief]; **der christliche/jüdische/muslimische etc. ~** the Christian/Jewish/Muslim etc. faith; **ein Mensch muslimischen/etc ~ns** a person of the Muslim/etc. faith; **vom ~n abfallen** (*geh*) to renounce one's [*or* lapse from the] faith *form,* to apostatize *spec;* **seinen ~n bekennen** to profess one's faith; **für seinen ~n sterben müssen** to die for one's beliefs; **den ~n verlieren** to lose one's faith
❸ JUR, HANDEL faith; **in gutem ~n handeln** to act in good faith; **böser/guter ~** bad/good faith, mala/bona fides *form*
glauben I. *vt* ❶ (*für wahr halten*) ■**[jdm] etw ~** to believe sth [of sb's]; ***das glaubst du doch selbst nicht!*** you don't really believe that, do you! [*or* can't be serious!]; ***ob du es glaubst oder nicht, aber...*** believe it or not, but...; **jdm jedes Wort ~** to believe every word sb says; **kaum** [*o* **nicht**] **zu ~** unbelievable, incredible; **etw nicht ~ wollen** to not want to believe sth; **jdn etw ~ machen wollen** (*fam*) to try to make sb believe sth
❷ (*wähnen*) **sich in der Mehrzahl/im Recht ~** to believe oneself in the majority/to think [that] one is right; **sich allein/unbeobachtet ~** to think [that] one is alone/nobody is watching one; *s. a.* **selig**
II. *vi* ❶ (*vertrauen*) ■**jdm ~** to believe sb; **jdm aufs Wort ~** to take sb's word for it; ■**an jdn/etw ~** to believe in sb/sth; **an jds Ehrlichkeit/das Gute im Menschen ~** to believe in sb's honesty/the good in people; **an sich selbst ~** to believe [*or* have faith] in oneself
❷ (*für wirklich halten*) ■**an etw ~** to believe in sth; **an Gott/Gespenster/den Weihnachtsmann/Wunder ~** to believe in God/ghosts/Father Christmas [*or* AM Santa Claus]/miracles
❸ (*gläubig sein*) **fest/unerschütterlich ~** to have a strong/an unshakeable faith
▶ WENDUNGEN: **dran ~ müssen** (*sl: sterben müssen*) to kick the bucket *sl,* to snuff [*or* AM buy] it *sl;* (*weggeworfen werden müssen*) to get chucked out *sl;* (*etw tun müssen*) to be stuck with it *sl;* (*getrunken/gegessen werden müssen*) to have to go [*or hum* be sacrificed]; **wer's glaubt wird selig** a likely story *iron,* only an idiot would buy it
Glauben <-s> *m kein pl s.* **Glaube**
Glaubensbekenntnis *nt* ❶ (*Religionszugehörigkeit*) profession [of faith] ❷ *kein pl* (*formelhafte Glaubenslehre*) creed, confession [of faith]; ■**das ~** The Creed **Glaubensfrage** *f* question of faith; **eine reine ~** purely a question of faith; **in ~n** in questions of faith **Glaubensfreiheit** *f* freedom of worship, religious freedom **Glaubensgemeinschaft** *f* denomination **Glaubenskrieg** *m* religious war **Glaubenskrise** *f* religious crisis **Glaubensrichtung** *f* religious persuasion **Glaubenszweifel** *m meist pl* religious doubt[s *pl*]
glaubhaft I. *adj* believable, credible; **eine ~e Ausrede/Story** a plausible excuse/story; **~e Informationsquellen** sound [*or* reliable] sources of information
II. *adv* convincingly
Glaubhaftigkeit <-> *f kein pl* credibility
Glaubhaftmachung <-> *f kein pl* JUR substantiation
gläubig *adj* ❶ (*religiös*) religious
❷ (*vertrauensvoll*) trusting
Gläubige(r) *f(m) dekl wie adj* believer; ■**die ~n** the faithful + *pl vb*
Gläubiger(in) <-s, -> *m(f)* ÖKON, JUR creditor, obligee *form*
Gläubigeranfechtung *f* JUR creditor's avoidance **Gläubigerantrag** *m* JUR creditor's petition **Gläubigerausgleich** *f* JUR arrangement with creditors **Gläubigerausschuss**[RR] *m* JUR committee of creditors **Gläubigerbank** *f* ÖKON creditor bank **Gläubigerbegünstigung** *f* JUR undue preference (*of a creditor*) **Gläubigerforderung** *f* JUR creditors' claim
Gläubigerin <-, -nen> *f fem form von* **Gläubiger**
Gläubigerinteresse *nt* JUR creditors' claim **Gläubigerland** *nt* creditor country **Gläubigerschutz** *m* JUR creditors' protection; **auf ~ klagen** to file for protection of creditors **Gläubigerversammlung** *f* JUR creditors' meeting **Gläubigervertrag** *m* JUR creditor's contract [*or* agreement] **Gläubigerverzeichnis** *nt* JUR schedule of creditors **Gläubigerverzug** *m* JUR creditors' delay (*in accepting performance*)
glaublich *adj* credible; **kaum** [*o* **wenig**] **~ klingen/scheinen/sein** to sound/seem/be scarcely [*or* scarcely sound/seem/be] credible
glaubwürdig *adj* credible
Glaubwürdigkeit *f kein pl* credibility
Glaukom <-s, -e> *nt* MED glaucoma
glazial *adj* GEOL glacial
Glaziallandschaft *f* glacial landscape
gleich I. *adj* ❶ (*in allen Merkmalen übereinstimmend*) same; **der/die/das G~e wie ..** the same ... as you; ***zwei mal zwei [ist] ~ vier*** two times two is [*or* equals] four; ■**der/die/das G~e/die G~en** the same [one/ones]; **~e Dreiecke** congruent triangles; **G~es mit G~em vergelten** to pay like with like, to give tit for tat *sl;* **~e Rechte/Pflichten** equal rights/responsibilities; **in ~er** [*o* **auf die ~e**] **Weise** in the same way; **zur ~en Zeit** at the same time; **~ alt** the same age; **~ groß/lang** equal in [*or* the same] size/length; **~ schwer** equally heavy, the same weight; **mit etw** *dat* **~ bedeutend sein** to be synonymous with sth; (*so gut wie*) to be tantamount to sth; **~ bezahlt werden** to be paid the same, to receive the same pay; **~ gelagert** comparable; **~ gesinnt** [*o* **denkend**] like-minded, of like minds; **~ gestimmte Seelen** kindred spirits [*or* souls]; **~ lautend** identical; **~ teuer** equally expensive; **ein Gleiches tun** (*iron geh*) to do the same
❷ (*unverändert*) ■**der/die/das G~e [...] wie** the same [...] as; ***es ist immer das [ewig] G~e*** it's always the same [old thing]; **[sich** *dat*] **~ bleiben** to stay [*or* remain] the same [*or* unchanged]; **~ bleibend gut** consistent[ly] good; **aufs G~e hinauslaufen** [*o* **hinauskommen**] it comes [*or* boils] down [*or* amounts] to the same thing
❸ (*gleichgültig*) ■**jdm ~ sein** to not care, to be all the same to sb; ■**ganz ~ wer/was [...]** no matter who/what [...]
▶ WENDUNGEN: **G~ und G~ gesellt sich gern** (*prov*) birds of a feather flock together *prov*
II. *adv* ❶ (*sofort, bald*) just, straightaway, in a minute; ***bis ~!*** see you then! [*or* later!]; (*sofort*) see you in a minute! [*or* moment!]; ***ich komme ~!*** I'm just coming!, I'll be right there!; ***habe ich es nicht ~ gesagt!*** what did I tell you?; ***warum nicht ~ so?*** why didn't you say/do that in the first place?; **~ danach** [*o* **darauf**] soon afterward[s]; (*sofort*) right away, straight [*or* right] afterward[s]; **~ jetzt** [right] now; **~ heute/morgen** [first thing] today/tomorrow; **~ nach dem Frühstück** right [*or* straight] after breakfast
❷ (*unmittelbar daneben/danach*) immediately, right; ■**~ als** [*o* **nachdem**] **...** as soon as ...; **~ daneben** right beside [*or* next to] it; **~ danach** just [*or* immediately] after it
❸ (*zugleich*) at once [*or* the same time]; ***sie kaufte sich ~ zwei Paar*** she bought two pairs!
III. *part* ❶ *in Aussagesätzen* (*emph*) just as well; ***du brauchst deswegen nicht ~ zu weinen*** there's no need to start crying because of that
❷ *in Fragesätzen* (*noch*) again; ***wie war doch ~ Ihr Name?*** what was your name again?
IV. *präp* +*dat* (*geh: wie*) like

gleichalt(e)rig *adj* [of] the same age *pred* **gleichartig** *adj* of the same kind *pred;* (*ähnlich*) similar **gleichauf** *adv* SPORT equal; **sie liegen/sind ~** (*wertungsgleich*) they're [lying] equal [*or* BRIT *a.* on level pegging]; (*auf gleicher Höhe*) they're neck and neck **gleichbedeutend** *adj s.* **gleich I 1** **Gleichbehandlung** *f* equal treatment **Gleichbehandlungsgebot** *nt,* **Gleichbehandlungsgrundsatz** *m* principle of equal treatment **Gleichbehandlungsrichtlinie** *f* equal treatment guideline **gleichberechtigt** *adj* with equal [*or* the same] rights *pred;* ■**~ sein** to have equal rights **Gleichberechtigte(r)** *f(m) dekl wie adj* INFORM peer; **Verbindung unter ~n** peer coupled network **Gleichberechtigung** *f kein pl* equality *no pl,* equal rights + *sing/pl vb* **Gleichberechtigungsgesetz** *nt* JUR act according equal rights to women **gleich|bleiben** *vi, vr irreg sein s.* **gleich I 2** **gleichbleibend** *adj, adv s.* **gleich I 2**

gleichen <glịch, geglịchen> *vt* ■**jdm/einer S. ~** to be [just] like sb/sth; ■**sich** *dat* **~** to be alike [*or* similar]

gleichentags *adv* SCHWEIZ on the same day

gleichermaßen, gleicherweise *adv* equally; ■**~ ... und ... sein** to be both ... and ...

gleichfalls *adv* likewise, also; ***danke ~!*** thank you, [and] the same to you *a. iron* **gleichfarbig** *adj* [of] the same colour [*or* AM -or] *pred* **gleichförmig** I. *adj* uniform; **~e Struktur** symmetrical structure II. *adv* uniformly; **~ strukturiert sein** to have a symmetrical structure **Gleichförmigkeit** *f* uniformity **gleichgelagert** *adj s.* **gleich I 1** **gleichgeschlechtig** *adj* same-sex *attr,* of the same sex *pred;* **~e Zwillinge** same-sex twins; **~e Pflanzen** homogamous plants *spec* **gleichgeschlechtlich** *adj* ❶ (*homosexuell*) homosexual ❷ *s.* **gleichgeschlechtig** **gleichgesinnt** *adj s.* **gleich I 1** **gleichgestellt** I. *pp von* **gleichstellen** II. *adj* equal to, on a par with; **rechtlich ~** equal before the law

Gleichgewicht *nt kein pl* ❶ *eines Körpers* balance, equilibrium; **sein** [*o* **das**] **~ halten** to keep [*or* maintain] one's balance, to maintain one's equilibrium; **im ~ sein** to be balanced [*or form* in equilibrium]; **wieder im ~ sein, sich wieder im ~ befinden** to regain [*or* recover] one's balance, to restore one's equilibrium; **das ~ verlieren, aus dem ~ kommen** [*o* **geraten**] to lose one's balance ❷ (*Stabilität, Ausgewogenheit*) balance; ÖKON equilibrium; **außenwirtschaftliches ~** external equilibrium; **militärisches/politisches ~** military/political stability; **monetäres ~** monetary equilibrium; **natürliches ~** natural balance; ÖKOL balance of nature; **ökologisches ~** ecological [*or* environmental] balance; **das ~ der Kräfte** the balance of power; **ein ~ zwischen ... und ... halten** to maintain a proper balance between ... and ... ❸ (*innere Ausgeglichenheit*) **das innere** [*o* **seelische**] **~** one's equilibrium [*or* emotional balance]; **im ~** in equilibrium; **jdn aus dem ~ bringen** to throw sb off balance; **aus dem ~ geraten, das ~ verlieren, aus dem ~ kommen** to lose one's equilibrium [*or* balance]

gleichgewichtig *adj* ❶ (*ausgeglichen*) balanced ❷ (*gleich schwer*) equal in weight *pred*

Gleichgewichtsorgan *nt* organ of equilibrium, vestibular organ *spec* **Gleichgewichtssinn** *m* sense of balance, vestibular sense *spec* **Gleichgewichtsstörung** *f* impaired balance *no pl,* vestibular disorder *spec*

gleichgültig I. *adj* ❶ (*uninteressiert*) indifferent (**gegenüber** *+gen* to[wards]), uninterested (**gegenüber** *+gen* to[wards]); (*apathisch*) apathetic (**gegenüber** *+gen* towards); **ein ~es Gesicht machen** to look impassive [*or* disinterested]; **~e Stimme** expressionless [*or* uninterested] voice ❷ (*unwichtig*) trivial, immaterial; ■**etw ist jdm ~** sb couldn't care [less] about sth; **jdm nicht ~ bleiben/sein** to not remain/be unimportant to sb II. *adv* (*uninteressiert*) with indifference [*or* a lack of interest]; (*apathisch*) with apathy, apathetically

Gleichgültigkeit *f kein pl* (*Desinteresse*) indifference; (*Apathie*) apathy; ■**jds ~ gegenüber jdm/etw** [*o* **gegen jdn/etw**] sb's indifference to[wards]/apathy towards sb/sth

Gleichheit <-, -en> *f* ❶ (*Übereinstimmung*) correspondence, similarity ❷ *kein pl* (*gleiche Stellung*) equality

Gleichheitsgrundsatz *m* JUR principle of equality **Gleichheitszeichen** *nt* MATH equals sign

gleich|kommen *vi irreg sein* ❶ (*Gleiches erreichen*) ■**jdm/einer S.** [**an etw** *dat*] **~** to equal [*or* match] [*or* be a match for] sb/sth [in sth] ❷ (*gleichbedeutend sein*) ■**einer S.** *dat* **~** to be tantamount [*or* equivalent] [*or* to amount] to sth **gleichlautend** *adj s.* **gleich I 1** **gleich|machen** *vt* ■**etw/alles ~** to make sth/everything the same **Gleichmacher(in)** *m(f)* (*pej*) egalitarian, leveller *pej,* AM *usu* leveler *pej* **Gleichmacherei** <-, -en> *f* (*pej*) egalitarianism, levelling [*or* AM *usu* leveling] down *pej* **Gleichmacherin** <-, -nen> *f fem form von* **Gleichmacher**

Gleichmaß *nt kein pl* ❶ (*Ebenmaß*) evenness; *von Proportionen* symmetry ❷ (*Regelmäßigkeit*) regularity, monotony *pej*

gleichmäßig I. *adj* regular, even; **~e Bewegungen** synchronized [*or* regular] movements; **~er Puls** steady [*or* regular] [*or* even] pulse; **mit ~en Schritten** at a steady pace; **in ~em Tempo** at a steady speed [*or* pace]; **~ atmen** to breathe regularly; **~ schlagen** *Herz, Puls, etc.* to beat steadily [*or* regularly] [*or* evenly] II. *adv* ❶ (*in gleicher Stärke/Menge*) evenly, equally; **Farbe ~ auftragen** to apply an even coat of paint [*or* paint evenly] ❷ (*ohne Veränderungen*) consistently

Gleichmäßigkeit *f* evenness, regularity; *von Puls, Herzschlag a.* steadiness; *von Bewegungen* regularity, synchronization; *von Tempo, Schritte* steadiness

Gleichmut *m* composure, serenity, equanimity *form* **gleichmütig** *adj* composed, serene **gleichnamig** *adj* of the same name *pred; Buch* of the same title *pred; s. a.* **Bruch**

Gleichnis <-ses, -se> *nt* allegory; (*aus der Bibel*) parable

Gleichordnungskonzern *m* ÖKON horizontal group

gleichrangig *adj* equal in rank *pred,* at the same level *pred*

Gleichrichter *m* (*Gerät*) rectifier

gleichsam *adv* (*geh*) so to speak, as it were; ■**~, als ob ...** [just] as if ...

gleich|schalten *vt* POL (*pej*) ■**etw ~** to bring [*or* force] sth into line; **eine gleichgeschaltete Presse** a party mouthpiece **Gleichschaltung** *f* POL (*pej*) bringing [*or* forcing] into line; (*unter den Nazis a.*) Gleichschaltung *spec,* elimination of all opposition **gleichschenk(e)lig** *adj* MATH **~es Dreieck** isosceles triangle **Gleichschritt** *m kein pl* MIL marching *no pl* in step; **aus dem ~ kommen** [*o* **geraten**] to fall out of step; **im ~ marschieren** to march in step; **im ~, marsch!** forward, march! **gleich|sehen** *vi irreg* DIAL ❶ (*ähnlich sehen*) ■**jdm/etw ~** to look like [*or* resemble] sb/sth ❷ (*fam*) ■**jdm ~** to be typical of [*or* just like] sb **gleichseitig** *adj* equilateral **gleich|setzen** *vt* ■**etw** [**mit etw** *dat*] **~** to equate sth [with sth] **Gleichsetzung** *f* equating; (*Gleichstellung*) treating as equivalent **Gleichspannung** *f* direct voltage **Gleichstand** *m kein pl* SPORT tie; **den ~ erzielen** [*o* **herstellen**] to draw level BRIT, to tie up the score [*or* game] AM; (*im Fußball*) to score the equalizer [*or* AM tying goal] **gleich|stehen** *vi irreg haben o* SÜDD, ÖSTERR, SCHWEIZ *sein* ■**jdm/etw ~** to be on a par with sb/sth **gleich|stellen** *vt* ■**jdn jdm ~** to give sb the same rights as sb **Gleichstellung** *f kein pl* equality (*+gen* of/for) **Gleichstellungsbeauftragte(r)** *f(m) dekl wie adj* equal rights representative **Gleichstellungsgesetz** *nt* parity [*or* equality] law **Gleichstrom** *m* ELEK DC, direct current **Gleichstromaggregat** *nt* ELEK DC system **Gleichstromgenerator** *m* AUTO generator **gleich|tun** *vt impers irreg* ❶ (*imitieren, sich ebenso benehmen*) ■**es jdm ~** to copy [*or* follow] sb['s example], to follow suit ❷ (*gleichkommen*) ■**es jdm** [**in etw** *dat*] **~** to match [*or* equal] sb [in [*or* at] sth], to be a match for sb [in [*or* at] sth]

Gleichung <-, -en> *f* MATH equation; **eine ~ auflösen** to solve an equation; **eine ~ n-ten Grades** an equation of the nth degree; **eine ~ mit einer Unbekannten** an equation with one unknown

Gleichungssystem *nt* MATH system [*or* set] of equations

gleichviel *adv* (*geh: einerlei*) nonetheless, nevertheless, notwithstanding *form;* **~ ob/wie/wie sehr/wohin** no matter whether [*or* if]/how/how much/where **gleichwarm** *adj* homeotherm **gleichwertig** *adj* equal; ■**jdm/etw ~ sein** to be a match for sb/sth; ■**~ sein** to be equally matched; **ein ~er Gegner** an equally [*or* evenly] matched opponent **Gleichwertigkeit** *f kein pl* equal value; *von Gegner, Armee* equivalence **gleichwie** *konj* (*geh*) ❶ (*ebenso wie*) as well as ❷ (*wie*) [just] as, [just] as if **gleichwink(e)lig** *adj* at the same angle; MATH equiangular **gleichwohl** *adv* (*geh: dennoch*) nonetheless, nevertheless, notwithstanding *form* **gleichzeitig** I. *adj* simultaneous, concurrent II. *adv* ❶ (*zur gleichen Zeit*) simultaneously, at the same time ❷ (*ebenso, zugleich*) also, at the same time **Gleichzeitigkeit** *f* simultaneity, concurrence **gleich|ziehen** *vi irreg* (*fam*) ■[**mit jdm**] **~** to catch up [*or* draw even [*or* level]] [with sb]

Gleis <-es, -e> *nt* BAHN line, track, rails *pl;* (*einzelne Schiene*) rail; (*Bahnsteig*) platform; **~ ...** platform ..., AM *a.* track ...; **aus dem ~ springen** to jump the rails, to be derailed
► WENDUNGEN: **aufs falsche ~ geraten** to stray from the straight and narrow, to go astray; **jdn auf ein totes ~ schieben** to kick sb upstairs, to put sb out of harm's way; **etw auf ein totes ~ schieben** to shelve sth, to file sth away; **jdn** [**ganz**] **aus dem ~ bringen** [*o* **werfen**] to throw sb *fam,* to send sb off the rails *fam;* **etw ins** [**rechte**] **~ bringen** to straighten [*or* sort] sth out; [**völlig**] **aus dem ~ geraten** [*o* **kommen**] to go off the rails [*or* astray]; **aus dem ~ kommen** to go off the rails *fam;* **wieder ins** [**rechte**] **~ kommen** (*ins Lot kommen*) to sort oneself out again; (*auf die richtige Bahn kommen*) to get back on the right track; [**wieder**] **im ~ sein** to be all right [*or* back to normal] [*or* straightened out] [again]

Gleisabschnitt *m* track section **Gleisanlage** *f* track system **Gleisanschluss**[RR] *m* siding **Gleisarbeiten** *pl* line [*or* AM *a.* track] repairs *pl,* work on the line *no pl* **Gleisarbeiter(in)** *m(f)* tracklayer **Gleisbettung** *f* track bed course **Gleisbild** *nt* track diagram **Gleisbildstellwerk** *nt* track diagram signal-box **Gleisfahrzeug** *nt* tracklaying [*or* crawler-type] vehicle **Gleisgrundstück** *nt* BAHN land along which railway track runs **Gleiskörper** *m* track, BRIT *a.* permanent way **Gleisnetz** *nt* rail network **Gleisplan** *m* track diagram

gleißen *vi* (*poet: glänzen*) to blaze; **~des Licht** blinding light

gleißend *adj* glaring, dazzling

Gleisübergang *m* level [*or* AM railroad] crossing **Gleisverlegung** *f* tracklaying **Gleiswaage** *f* rail weighbridge

Gleitboot *nt* hydroplane **Gleitcreme** *f* lubricating cream

gleiten <glitt, geglitten> *vi* ❶ *sein* (*schweben*) ■[**durch/über etw** *akk o dat*] **~** to glide [through/over sth]; *Wolke* to sail [through/over sth] ❷ *sein* (*sich leicht dahinbewegen*) ■[**durch/in/über etw** *akk*] **gleiten** to glide [through/into/over sth]; *Schlange a.* to slide [*or* slip] [through/into/over sth] ❸ *sein* (*streichen, huschen*) ■**über etw** *akk* **~** *Augen* to wander [*or* travel] over sth; *Blick* to pass [*or* range] over sth; *Finger* to explore sth; *Hand* to slide over sth; **die Finger/Hand über etw** *akk* **~ lassen** to glide [*or* slide] [*or* run] one's fingers/hand

G

over [*or* across] sth
❹ *sein* (*rutschen*) to slide, to slip; **zu Boden** ~ to slip to the floor/ground; **ins Wasser** ~ to slip into the water; **etw ins Wasser** ~ **lassen** to let sth slip into the water; **jdm aus den Fingern/der Hand** ~ (*fig a.*) to slip out of sb's fingers/hand; **jdm auf den Boden** ~ to fall to the floor [on sb *hum fam*]
❺ *haben* (*fam*) to be on flexitime [*or* flexihours] *fam; s. a.* **Arbeitszeit**

Gleitflug *m* glide; LUFT *a.* power-off glide; **im ~ niedergehen** to glide [*or* plane] down; **im ~ schweben** to glide; **eine Landung im ~ versuchen** LUFT to attempt a landing from a glide **Gleitflugzeug** *nt* glider **Gleitklausel** *f* ÖKON escalator [*or* rise-and-fall] clause **Gleitkufe** *f* LUFT landing skid **Gleitlager** *nt* BAU roller, sliding bearing **Gleitmittel** *nt* TECH, MED lubricant **Gleitschiene** *f* slide rail **Gleitschirm** *m* hang-glider **Gleitschirmfliegen** *nt* hang-gliding, paragliding **Gleitschirmflieger(in)** *m(f)* [pilot of a] hang-glider [*or* paraglider] **Gleitschutz** *m* AUTO (*Bauteil*) anti-skid device; (*der Schutz*) anti-skid protection **Gleitzeit** *f* ADMIN ❶ (*fam*) flexitime, flexihours *pl* ❷ (*Zeitspanne außerhalb der Fixzeit*) *set periods outside fixed working hours in which an employee may choose to start/end work*

Glencheck <-[s], -s> ['glɛntʃɛk] *m* ((*schottisches*) *Karomuster*) glen check, Scottish check fabric

Gletscher <-s, -> *m* glacier

Gletscherbrand *m* glacier sunburn **Gletscherkunde** *f kein pl* glaciology *no pl* **Gletscherspalte** *f* crevasse

Glibber <-s> *m kein pl* NORDD (*fam*) slime

glibberig *adj* NORDD (*fam*) slimy

Glied <-[e]s, -er> *nt* ❶ (*Körperteil*) limb, member *form;* (*Fingerglied, Zehenglied*) joint; (*Fingerspitze*) fingertip; **seine ~er recken** to stretch [oneself]; **kein ~ mehr rühren können** to not be able to move a muscle; **etw in allen ~ern spüren** to feel sth in one's bones; **an allen ~ern zittern** [*o* **geh beben**] to be trembling in every limb [*or* all over], to be shivering [*or* shaking] all over
❷ (*euph: Penis*) penis, [male] member *form*
❸ (*Ketten~*) link *a. fig*
❹ (*Teil*) part, link
❺ (*Mitglied*) member
❻ (*Rang*) rank
❼ (*Generation*) generation

Gliederfüßer <-s, -> *m* ZOOL arthropod

gliedern I. *vt* ■**etw [in etw** *akk*] ~ (*unterteilen*) to [sub]divide sth [into sth]; (*ordnen*) to organize sth [into sth]; (*einordnen*) to classify sth [under sth]; ■**[in etw** *akk*] **gegliedert sein** to be divided [into sth]; **eine straff gegliederte Hierarchie** a tight hierarchy; **ein wenig** [*o* **schwach**] **gegliedertes Unternehmen** a company with little structure
II. *vr* ■**sich in etw** *akk* ~ to be [sub]divided into sth

Gliederpuppe *f* jointed doll; (*Marionette*) [string] puppet **Gliederschmerz** *m meist pl* rheumatic pains *pl*

Gliederung <-, -en> *f* ❶ *kein pl* (*das Gliedern*) structuring *no pl* (**in** +*akk* into), organization (**in** +*akk* into); (*das Unterteilen*) subdivision (**in** +*akk* into); (*nach Eigenschaften a.*) classification
❷ (*Aufbau*) structure

Gliedmaßen *pl* limbs, arms and legs **Gliedstaat** *m* member [*or* constituent] state

glimmen <glomm *o selten* glimmte, geglommen *o selten* geglimmt> *vi* ❶ (*schwach glühen*) to glow; *Feuer, Asche a.* to smoulder, AM *usu* to smolder; **~de Asche** embers, hot ashes
❷ (*schwach vorhanden sein*) ■**in jdm** ~ *Hoffnung, etc.* to glimmer within sb

Glimmer <-s, -> *m* ❶ GEOL mica
❷ (*selten: Schimmer*) [faint] gleam [*or* glow]

glimmern *vi* (*schimmern*) to glimmer

GlimmstängelRR, **Glimmstengel** *m* (*hum fam*) cig[gy] *fam,* smoke *fam,* coffin nail *hum sl,* BRIT *fam a.* fag

glimpflich I. *adj* ❶ (*ohne schlimmere Folgen*) without serious consequences *pred;* [**weniger**] ~ **sein** to be [more] serious, to have [*or form* entail] [more] serious consequences
❷ (*mild*) lenient, light, mild
II. *adv* ❶ (*ohne schlimmere Folgen*) ~ **davonkommen** to get off lightly; **~/weniger ~/~er abgehen** [*o* **ablaufen**] [*o* **verlaufen**] to pass [off] without/with more/with less serious consequences
❷ (*mild*) **mit jdm ~ umgehen** [*o* **verfahren**] to treat sb leniently [*or* mildly]; **jdn ~ bestrafen** to give sb a mild [*or* lenient] sentence

glitschen *vi sein* (*fam*) to slip; **jdm aus der Hand** ~ to slip out of sb's hand; **von der Hand** ~ to slip out of sb's hand

glitschig *adj* (*fam*) slippery; **~er Fisch** slithery fish

Glitter <-s> *m kein pl* glitter

Glitzereffekt *m* glitter effect

glitzern *vi* to sparkle, to glitter; *Stern* to twinkle; ■**das G~** the sparkle [*or* glitter]

Glitzerwelt *f* SOZIOL (*iron*) glitter world

global I. *adj* ❶ (*weltweit*) global, worldwide; **~e Steuerung** ÖKON political economic management
❷ (*umfassend*) **~e Vorstellung/~es Wissen** general idea/knowledge
II. *adv* ❶ (*weltweit*) ~ **verbreitet** global, worldwide; ~ **vorhanden** found worldwide [*or* throughout the world]
❷ (*ungefähr*) generally; **sich etw ~ vorstellen** to have a general idea about sth

Globalabkommen *nt* JUR omnibus agreement **Globalbewertung** *f* JUR, FIN summary assessment **Globalentschädigung** *f* JUR, FIN lump-sum indemnification **Globalfunk** *m* global [satellite] communication **Globalfunknetz** *nt* global [satellite] communications network **Globalgenehmigung** *f* JUR general [*or* comprehensive] permit; FIN block appropriation

globalisiert *adj* globalized; ***die ~e Finanzwelt*** globalized finance

Globalisierung <-, -en> *f* globalization

Globalkredit *m* FIN blanket loan

Global player ['gloʊbl,pleɪə] *m* global player

Globalsteuerung *f* ADMIN overall control **Globalstrahlung** *f* global radiation **Globalzession** <-, -en> *f* JUR blanket assignment

Globen *pl von* **Globus**

Globetrotter(in) <-s, -> *m(f)* globetrotter

Globus <- *o* -ses, Globen *o* -se> *m* globe

Glöckchen <-s, -> *nt dim von s.* **Glocke** [little] bell

Glocke <-, -n> *f* ❶ (*Läutewerk*) bell; **die ~n läuten** to ring the bells; (*vor dem Feind*) to ring the tocsin
❷ (*glockenförmiger Deckel*) [glass] cover
▶ WENDUNGEN: **etw an die große ~ hängen** (*fam*) to shout sth from the rooftops, to broadcast sth loudly; **etw nicht an die große ~ hängen** (*fam*) to keep mum [*or* BRIT *a.* shtumm] about sth *fam*

Glockenbalken *m* [bell] yoke **Glockenblume** *f* bellflower, campanula **glockenförmig** *adj* bell-shaped; BOT *a.* campanulate *spec* **Glockengeläut(e)** *nt kein pl* bells *pl,* peal [*or* ringing] of bells **Glockengießer(in)** *m(f)* bell-founder **Glockenheide** *f* BOT cross-leaved heather **Glockenklang** *m* ringing [*or* pealing] [of bells] **Glockenläuten** *nt s.* Glockengeläut(e) **Glockenrock** *m* flared skirt **Glockenschlag** *m* stroke [of a/the bell]; **mit dem ~ kommen/gehen** to arrive/leave dead on time [*or* on the dot]; **auf den** [*o* **mit dem**] ~ on the dot, precisely **Glockenspiel** *nt* ❶ (*in Kirch- oder Stadttürmen*) carillon ❷ (*Musikinstrument*) glockenspiel **Glockenstuhl** *m* bell cage [*or* frame] **Glockentierchen** *nt* ZOOL vorticella **Glockenturm** *m* belfry, bell-tower; (*einzelnes Gebäude*) campanile

glockig *adj s.* **glockenförmig**

Glöckner(in) <-s, -> *m(f)* bellringer; (*Kirchendiener*) sexton; **„Der ~ von Notre-Dame"** "The Hunchback of Notre Dame"

Glorie <-> [-riə] *f kein pl* (*geh*) glory, splendour [*or* AM -or]

Glorienschein [-iən-] *m s.* **Heiligenschein**

glorifizieren* *vt* ■**jdn/etw** ~ to glorify sb/sth (**als** +*akk* as)

Glorifizierung <-, -en> *f* glorification

Gloriole <-, -n> *f* (*geh*) *s.* **Heiligenschein**

glorios *adj s.* **glorreich 1**

glorreich *adj* ❶ (*meist iron*) magnificent *a. iron;* **eine ~e Idee** a terrific idea *iron*
❷ (*großartig, ruhmreich*) glorious

Glossar <-s, -e> *nt* glossary

Glosse <-, -n> *f* ❶ (*knapper Kommentar*) gloss, commentary; (*polemisch*) ironic comment[ary]; (*schriftlich a.*) lampoon, squib
❷ *pl* (*fam: spöttische Bemerkung*) snide comments [*or* remarks]; **seine ~n über jdn/etw machen** to make snide comments [*or* remarks] about sb/sth

glossieren* *vt* ■**etw** ~ ❶ (*kurz kommentieren*) to commentate on sth
❷ (*spöttische Bemerkungen machen*) to sneer at sth

Glotzauge *nt meist pl* (*fam*) goggle eye *fam;* **~n machen** to stare [goggle-eyed *fam*], to gawk *fam,* BRIT *a.* to gawp *fam;* **mit ~n auf etw** *akk* **starren** (*fam*) to stare at sth [goggle-eyed *fam*], to gawk [*or* BRIT *a.* gawp] at sth *fam*

Glotze <-, -n> *f* (*sl: Fernseher*) one-eyed monster *pej fam,* goggle-box BRIT *fam,* telly BRIT *fam,* boob tube AM *fam;* (*Computerbildschirm*) [computer] screen

glotzen *vi* (*pej fam*) ■**[auf jdn/etw]** ~ to stare [*or* gape] [*or* BRIT *a. fam* gawp] [at sb/sth]; **in etw** *akk* **[hinein]**~ to put [*or* stick] one's nose into sth

Glück <-[e]s> *nt kein pl* ❶ (*günstige Fügung*) luck; (*Fortuna*) fortune; ***ein ~!*** (*fam*) how lucky!, what a stroke of luck!; **ein ~, dass ...** it is/was lucky that ...; **jdm zum Geburtstag ~ wünschen** to wish sb [a] happy birthday; **ein Kind des ~s sein** (*geh*) to have been born under a lucky star; **jdm ~ und Segen wünschen** (*geh*) to wish sb every good fortune; **mehr ~ als Verstand** [*o* **als sonst was**] **haben** (*fam*) to have more luck than sense [*or* brains]; ~ **bringend** lucky; **großes/seltenes ~** a great/rare stroke of luck; ~ **verheißend** auspicious, propitious; **wahres ~ sein, dass ...** to be really lucky [*or* a good thing] that ...; **auf sein ~ bauen** to rely on [*or* trust to] one's good fortune; **jdm ~ bringen** to bring sb luck; **viel ~ [bei/in etw]!** good [*or* the best of] luck [with/in sth]!; **~/kein ~ haben** to be lucky [*or* in luck]/unlucky [*or* to not be in luck]; ~ ***gehabt!*** (*fam*) that was lucky! [*or* a close shave!]; **das ~ haben, etw zu tun** to be lucky enough [*or* have the good fortune] to do sth; ***das ist dein ~!*** (*fam*) lucky for you!; ~ **bei jdm haben** to be successful with sb; **in sein ~ hineinstolpern** (*fam*) to have the luck of the devil, to be incredibly lucky; **dem ~ ein bisschen nachhelfen** to improve [*or* help] one's/sb's luck; (*mogeln*) to cheat a bit; **sein ~ [bei jdm] probieren** [*o* **versuchen**] to try one's luck [with sb]; **von ~ reden** [*o* **sagen**] **können, dass ...** to count [*or* consider] oneself lucky [*or fam* thank one's lucky stars] that ...; **das ~ ist jdm gewogen** [*o* **hold**] (*geh*) luck was with them, fortune smiled upon [*or form* favoured [*or* AM -ored]] them; **sein ~ verscherzen** to throw away one's good fortune [*or* chance]; **auf sein ~ vertrauen** to trust to one's luck; **noch nichts von seinem ~ wissen** [*o* **ahnen**] (*iron*) to not know what's in store for one [*or* anything about it] yet; **jdm [viel] ~ [bei/zu etw** *dat*] **wünschen** to wish sb [good] luck [with/in sth]; **~ ab!** (*Fliegergruß*) good luck!, happy [*or* safe] landing!; **~ auf!** (*Bergmannsgruß*) good luck!; **zu jds ~** luckily [*or* fortunately] for sb; **zum ~** luckily, fortunately, happily; **zu seinem/ihrem etc. ~** luckily for him/her etc.
❷ (*Freude*) happiness, joy; **jdm ~ [und Zufriedenheit] wünschen** to wish sb joy; **in ~ und Unglück zusammenhalten** to stick together through thick and thin [*or* come rain or come shine]; **echtes/großes ~** true/great happiness; **eheliches/häusliches ~** marital [*or* wedded]/domestic bliss; **junges ~** young love; **kurzes ~** short-lived happiness; **ein stilles ~** bliss, a serene sense of happiness; **das vollkommene ~** perfect bliss; **tiefes ~ empfinden** to

feel great [*or* deep] joy; **sein ~ genießen** to enjoy [*or* bask in] one's happiness; **jds ganzes ~ sein** to be sb's [whole] life, to mean the whole world to sb; **nach ~ streben** to pursue happiness

▶ WENDUNGEN: **sein ~ mit Füßen treten** to turn one's back on fortune; **~ und Glas, wie leicht bricht das!** (*prov*) glass and luck, brittle muck *prov;* **~ muss der Mensch** [*o* **man**] **haben!** (*fam*) this must be my/your/our etc. lucky day!, my/your/our etc. luck must be in!; **jeder ist seines ~es Schmied** (*prov*) life is what you make [of] it *prov,* everyone is the architect of his own fortune *prov;* **das war das ~ des Tüchtigen** he/she deserved his/her good luck [*or* fortune], he/she deserved the break *fam;* **~ im Unglück haben** it could have been much worse [for sb], to be quite lucky in [*or* under] the circumstances; **etw auf gut ~ tun** to do sth on the off-chance, to trust to chance; **jdm lacht das ~** fortune smiles on [*or* favours [*or* AM -ors]] sb; **sein ~ machen** to make one's fortune; **man kann niemanden zu seinem ~ zwingen** (*prov*) you can lead a horse to water but you cannot make him drink *prov; s. a.* **Pech**

glückbringend *adj s.* **Glück 1**

Glucke <-, -n> *f* ① (*brütende Henne*) sitting [*or* broody] hen
② (*fig: besorgte Mutter*) mother hen

glücken *vi sein* ① (*gelingen*) to be successful [*or* a success]; **nicht ~** to be a failure, to not be successful [*or* a success]; *Plan a.* to miscarry; ■**jdm glückt etw** sb succeeds in sth; ■**jdm glückt es, etw zu tun** sb manages to do sth; ■**geglückt** successful; **eine geglückte Überraschung** a real surprise
② (*vorteilhaft werden*) to turn out well; ■**etw ist jdm** [**gut**] **geglückt** sb's sth has turned out [very] well

gluckenhaft *adj* (*iron fam*) mollycoddling *pej fam*

gluckern *vi* ① (*Geräusch machen*) ■[**in etw** *dat*] ~ *Wasser* to glug [*or* gurgle] [in sth]; **~d fließen** to gurgle
② (*fließen*) ■**in etw** *akk* ~ *Wein* to gurgle [*or* glug] into sth

glücklich I. *adj* ① (*vom Glück begünstigt, erfolgreich*) lucky, fortunate; ***ihr G~en!*** lucky you! *a. iron;* **sich ~ schätzen können, dass .../etw getan zu haben** to consider [*or* count] oneself lucky that .../to have done sth
② (*vorteilhaft, erfreulich*) happy, fortunate; **ein ~es Ende** [*o* **~er Ausgang**] a happy ending; **eine ~e Nachricht** [some] good news + *sing vb;* **ein ~er Umstand** a fortunate circumstance; **ein ~er Zufall** a stroke of luck; **ein** [**wenig**] **~er Zeitpunkt** a [not very] happy moment
③ (*froh*) happy; ■**~ mit jdm/etw sein** to be happy with sb/sth; ■**~ über jdn/etw sein** to be happy about sb/sth; **wunschlos ~ sein** to be happy beyond all one's wishes; **jdn ~ machen** to make sb happy, to bring sb happiness
▶ WENDUNGEN: **dem G~en schlägt keine Stunde** time stands still for those who are happy
II. *adv* ① (*vorteilhaft, erfreulich*) happily; **~ gelingen** to turn out happily [*or* a success]
② (*froh und zufrieden*) happily; **~** [**mit jdm**] **liiert/verheiratet sein** to be happily united [with sb]/married [to sb]
③ (*fam: zu guter Letzt*) after all

glücklicherweise *adv* luckily, fortunately

glücklos *adj* hapless, luckless

Glücksbringer <-s, -> *m* lucky charm

glückselig *adj* blissful[ly happy]; **~es Lächeln** rapturous smile

Glückseligkeit <-, -en> *f* ① *kein pl* (*überglücklicher Zustand*) bliss; **in ~ schwelgen** to float in bliss
② (*beglückendes Ereignis*) blissful occasion

glucksen *vi s.* **gluckern**

Glücksfall *m* stroke of luck; **durch einen ~** by a lucky chance **Glücksgefühl** *nt* ■**ein ~** [a feeling of] happiness **Glücksgöttin** *f* goddess of luck [*or* fortune], Fortune *no art,* + *sing vb* **Glückskind** *nt* (*fam*) a lucky person; **sie war ein ~** she was born lucky **Glücksklee** *m* four-leaf[ed] clover **Glückspfennig** *m* lucky penny **Glückspilz** *m* (*fam*) lucky devil [*or* BRIT *a.* beggar] *fam* **Glücksrad** *nt* wheel of fortune **Glücksritter** *m* adventurer, soldier of fortune **Glückssache** *f* ■**etw ist** [**reine**] ~ sth's a matter of [sheer] luck **Glücksschwein(chen)** *nt* good-luck pig (*pig as a symbol of good luck*) **Glücksspiel** *nt* game of chance; ■**~e** gambling *no pl* **Glücksspieler(in)** *m(f)* gambler **Glückssträhne** *f* lucky streak, run of good luck **Glückstag** *m* lucky [*or* red-letter] day **glückstrahlend** *adj* radiant with happiness **Glückstreffer** *m* stroke of luck; (*beim Schießen*) lucky shot **Glückszahl** *f* ① (*Zahl, die Glück bringen soll*) lucky number ② (*Lottotreffer*) winning [lottery] number

glückverheißend *adj s.* **Glück 1** **Glückwunsch** *m* congratulations *npl* (**zu** +*dat* on); **jdm seinen ~ zu etw** *dat* **aussprechen** to offer sb one's congratulations on sth; **herzlichen ~!, meinen ~!** congratulations!; **herzlichen ~ zum Geburtstag!** happy birthday, many happy returns [of the day] **Glückwunschkarte** *f* greetings [*or* AM greeting] card **Glückwunschtelegramm** *nt* greetings [*or* AM greeting] telegram

Glucose <-> *f kein pl s.* **Glukose**

Glühbirne *f* [electric] light bulb

glühen *vi* ① (*rot vor Hitze sein*) to glow
② (*sehr heiß sein*) to burn; *Wangen* to glow
③ (*geh*) ■**vor etw** *dat* ~ to burn with sth; **vor Scham ~** to be flushed [*or* to burn] with shame

glühend I. *adj* ① (*rot vor Hitze*) glowing; **~de Kohlen** glowing [*or* [red-]hot] coals; **~es Metall** [red-]hot metal
② (*brennend, sehr heiß*) burning; **~e Hitze** blazing heat; **~e Wangen** burning [*or* flushed] cheeks; **~er Hass** (*fig*) burning hatred
II. *adv* **~ heiß** scorching [hot]; **jdn ~ lieben** to love sb passionately; **jdn ~ hassen** to have a burning hatred for sb

Glühfaden *m* filament **Glühkerze** *f* AUTO glow plug **Glühlampe** *f* (*geh*) [electric] light bulb **Glühwein** *m* glühwein, [hot] mulled wine **Glühwürmchen** <-s, -> *nt* glow-worm; (*fliegend*) firefly

Glukagon <-s> *nt* BIOL glucagon *no pl*

Glukose <-> *f kein pl* glucose *no pl*

Gluon <-s, -en> *nt meist pl* PHYS gluon

Glupschauge *nt* NORDD (*fam*) goggle eye; **~n machen** [*o* **bekommen**] to stare goggle-eyed; ***sie hat ~n gemacht*** she stared goggle-eyed, her eyes nearly popped out of her head

Glut <-, -en> *f* ① (*glühende Masse*) embers *npl; Tabak* burning ash
② (*geh*) ardour [*or* AM -or] *form,* fervour [*or* AM -or] *form*

Glutamat <-[e]s, -e> *nt* [sodium] glutamate

Glutamin <-s, -e> *nt* glutamine

Glutaminsäure *f* glutam[in]ic acid

glutäugig *adj* (*geh*) fiery-eyed *attr,* with smouldering [*or* fiery] eyes *pred* **Gluthitze** *f* sweltering heat

glutrot *adj* fiery red

Glykogen <-s> *nt kein pl* BIOL glycogen *no pl*

Glykol <-s, -e> *nt* glycol

Glyzerin <-s> *nt kein pl* CHEM glycerin[e]

GmbH <-, -s> *f Abk von* **Gesellschaft mit beschränkter Haftung** ≈ Ltd BRIT; **~ & Co** *limited partnership;* **~ & Co KG** *limited partnership with a private limited company as general partner;* **GmbH & Still** *private limited company with a dormant partner*

GmbH-Geschäftsführer(in) *m(f)* ÖKON manager of a private limited company **GmbH-Gesetz** *nt* JUR, ÖKON private limited companies act **GmbH-Recht** *nt kein pl* JUR, ÖKON law on private limited companies **GmbH-Vertrag** *m* JUR, ÖKON articles *pl* of association

Gnade <-, -n> *f* ① (*Gunst*) favour [*or* AM -or]; **~ vor jds Augen finden** to find favour in sb's eyes [*or* with sb]; **von jds/Gottes ~n** by the grace of sb/God [*or* sb's/God's grace]; ***Euer ~n!*** Your Grace!
② (*Milde, Nachsicht*) mercy; **etw aus ~ und Barmherzigkeit tun** to do sth out of the kindness [*or* goodness] of one's heart [*or* out of Christian charity]; **~ vor Recht ergehen lassen** to temper justice with mercy; **um ~ bitten** to ask [*or* beg] [*or liter* crave] for mercy; **die ~ haben, etw zu tun** (*iron*) to graciously consent to do sth *iron;* **ohne ~** without mercy; ***~!*** mercy!, spare me!

Gnadenakt *m* act of mercy [*or* clemency] **Gnadenbrot** *nt kein pl* charity; **bei jdm das ~ bekommen** to be provided for by sb [in one's old age]; (*beim Pferd*) to have been put out to grass [by sb] **Gnadenerweis** *m* JUR act of pardon **Gnadenfrist** *f* [temporary] reprieve; **jdm eine ~ geben** [*o* **gewähren**] to give sb a [temporary] reprieve **Gnadengesuch** *nt* plea [*or* petition] for clemency; **ein ~** [**bei jdm**] **einreichen** to present a plea [*or* petition] for clemency [to sb], to petition for clemency **gnadenlos** I. *adj* merciless; ■**~** [**gegen jdn**] **sein** to be merciless [with sb] II. *adv* mercilessly, without mercy **Gnadenschuss**[RR] *m,* **Gnadenstoß** *m* coup de grâce; **einem Tier den ~ geben** to put an animal out of its misery, to kill an animal out of mercy **Gnadenweg** *m* JUR pardon; **auf dem ~** by a pardon

gnädig I. *adj* ① (*herablassend*) gracious *a. iron*
② (*Nachsicht zeigend*) merciful; ***Gott sei ihm ~*** [may] God have mercy on him
③ (*veraltend: verehrt*) **~e Frau** madam, ma'am; **~es Fräulein** madam; (*jünger*) miss; **~er Herr** sir; **die ~e Frau/das ~e Fräulein/der ~e Herr** the lady/young lady/master [*or* [young] gentleman]; **meine G~ste** (*hum*) my dear madam, your ladyship *iron*
II. *adv* ① (*herablassend*) graciously
② (*milde*) leniently; **~ davonkommen** to get off lightly; **mach es ~** don't be too hard

Gneis <-es, -e> *m* GEOL gneiss

Gnom <-en, -en> *m* (*pej*) gnome; (*kleiner Mensch*) dwarf, little squirt *pej fam;* (*Giftzwerg*) poison[ed] dwarf *pej fam*

Gnostik <-> *f kein pl* REL gnosticism

Gnostiker(in) <-s, -> *m(f)* REL gnostic

gnostisch *adj* REL gnostic

GNS *f Abk von* **Gesellschaft für Nuklearservice** *German nuclear waste diposal company*

Gnu <-s, -s> *nt* gnu, wildebeest

Goabohne *f* asparagus pea, winged bean

Goal <-s, -s> [go:l] *nt* FBALL ÖSTERR, SCHWEIZ goal

Goalgetter <-s, -> *m* FBALL ÖSTERR, SCHWEIZ scorer

Goalkeeper <-, -s> [ki:pɐ] *m,* **Goalmann** *m* FBALL ÖSTERR, SCHWEIZ goalkeeper, goalie *fam*

GoB *pl* FIN *Abk von* **Grundsätze ordnungsgemäßer Buchführung** GAAP

Gobelin <-s, -s> [gobəˈlɛ̃:] *m* Gobelin [tapestry]

Gockel <-s, -> *m bes* SÜDD cock

Go-go-Tänzerin [ˈgo:go-] *f* go-go dancer [*or* girl]

Goingpublic <-s> [ˈgoɪŋ ˈpʌblɪk] *nt* going public

Gokart[RR], **Go-Kart** <-[s], -s> *m* go-cart [*or* -kart]

Golanhöhen *pl* ■**die ~** the Golan Heights

Gold <-[e]s> *nt kein pl* ① (*Edelmetall*) gold *no pl;* **etw mit ~ überziehen** to gold-plate sth, to plate sth with gold; **schwarzes ~** black gold, crude [oil]; **treu wie ~ sein** to be faithful and loyal; **nicht mit ~ zu bezahlen** [*o* **aufzuwiegen**] **sein** to be worth one's/its weight in gold; **aus ~** gold; **in ~** in gold; (*ungemünzt*) in bullion
② SPORT (*sl*) gold, a/the gold medal (**in** +*dat* in); **~ holen** (*sl*) to fetch gold [*or* a/the gold medal]
▶ WENDUNGEN: **es ist nicht alles ~, was glänzt** (*prov*) all that glitters [*or* glisters] is not gold *prov,* all is not gold that glitters *prov;* **~ in der Kehle haben** (*fig fam*) to have a golden voice, sb's voice is his/her fortune [*or* a goldmine]; **nicht für alles ~ der Welt** not for all the money in the world

Goldader *f* vein of gold; **eine ergiebige ~** a rich vein of gold, a bonanza **Goldammer** *f* yellowhammer **Goldamsel** *f* [golden] oriole **Goldarmband** *nt* gold bracelet **Goldbarren** *m* gold ingot **Goldbarsch** *m* redfish **Goldbestand** *m* gold reserves *pl* **goldbestickt** *adj* embroidered with

G

gold [thread] *pred* **Goldbrasse** *f* ZOOL, KOCHK gilt-head **Golddeckung** *f* FIN gold backing [*or* cover] **Golddistel** *f* BOT goldenrod **Golddublee** *nt* gold-plated metal

golden I. *adj attr* ❶ (*aus Gold*) gold[en *liter*]
❷ (*poet: goldfarben*) golden; *s. a.* **Herz, Hochzeit, Mitte, Wort**
II. *adv* like gold

Goldesel *m* ❶ LIT ass which rained gold coins ❷ (*fig fam*) bottomless source of money **Goldfaden** *m* gold thread **goldfarben, goldfarbig** *adj* golden, gold-coloured **Goldfarn** *m* BOT golden fern **Goldfasan** *m* golden pheasant **Goldfisch** *m* gold fish **Goldfund** *m* discovery of gold **Goldgehalt** *m* gold content **goldgelb** *adj* golden yellow; KOCHK golden brown **Goldgier** *f* greed for gold **goldgierig** *adj* greedy for gold *pred* **Goldgräber(in)** <-s, -> *m(f)* gold-digger **Goldgräberstimmung** *f kein pl* SOZIOL, ÖKON euporia **Goldgrube** *f* ❶ (*fig: Fundgrube*) goldmine ❷ (*liter*) *s.* Goldmine **Goldhaar** *nt* ❶ (*geh: goldblondes Haar*) golden hair ❷ BOT (*Aster*) golden aster **Goldhafer** *m* golden oats *pl* **Goldhähnchen** *nt* ORN goldcrest **goldhaltig** *adj*, **goldhältig** *adj* ÖSTERR gold-bearing, auriferous *spec* **Goldhamster** *m* [golden] hamster

goldig *adj* ❶ (*fam: allerliebst*) sweet, cute
❷ *pred* DIAL (*fam: rührend nett*) frightfully nice *a. iron*
❸ DIAL (*iron fam*) ***du bist aber ~!*** you're a right one [*or* card][, you are]! BRIT *iron fam*, you're [*or* very] funny! AM *iron fam*

Goldjunge, -mädchen *m, f* (*fam*) ❶ (*Kind, das man besonders lieb hat*) blue-eyed [*or* golden] boy, mother's little boy/girl ❷ SPORT gold medallist **Goldklumpen** *m* gold nugget **Goldkrone** *f* gold crown **Goldlack** *m* BOT wallflower, gillyflower **Goldmädchen** *nt* (*fam*) *fem form von* **Goldjunge** **Goldmakrele** *f* KOCHK, ZOOL dorado, dolphinfish **Goldmark** *f* HIST [German] gold mark **Goldmedaille** *f* SPORT gold [medal] **Goldmedaillengewinner(in)** *m(f)* SPORT gold medallist **Goldmine** *f* gold mine **Goldmünze** *f* gold coin **Goldnessel** *f* BOT yellow archangel **Goldpapier** *nt* gold [*or* gilt] paper **Goldplombe** *f* gold filling **Goldprägung** *f* gold embossing **Goldrahmen** *m* gilt frame **Goldrand** *m* gold edge; (*auf Tassen*) gold [*or* gilt] rim; **mit/ohne ~** with/without a gold edge [*or* gold [*or* gilt] rim] **Goldrausch** *m* gold fever **Goldraute** *f* BOT spiked wormwood **Goldregen** *m* ❶ BOT laburnum, golden rain ❷ (*Feuerwerkskörper*) Roman candle **Goldregenpfeifer** *m* ORN golden plover **Goldreif** *m* (*geh*) gold bracelet **Goldreserve** *f* FIN gold reserves *pl* **goldrichtig** *adj* (*fam*) ❶ (*völlig richtig*) dead right [*or* on] *fam;* **sich ~ verhalten** to behave exactly right ❷ *pred* (*in Ordnung*) all right *fam* **Goldschatz** *m* ❶ (*Schatz aus goldenen Gegenständen*) golden treasure ❷ (*Kosewort*) treasure *fam*

Goldschmied(in) *m(f)* goldsmith

Goldschmiedearbeit *f* worked gold article **Goldschmiedekunst** *f kein pl* goldsmith's art **Goldschmiedekurs** *m* goldsmith[e]ry course

Goldschmiedin <-, -nen> *f fem form von* **Goldschmied**

Goldschnitt *m kein pl* gilt edging **Goldschnitte** *f* KOCHK sweet French toast **Goldstaub** *m* gold dust **Goldstück** *nt* ❶ (*veraltet*) gold coin [*or* piece], piece of gold *old* ❷ *s.* **Goldschatz 2** **Goldsucher(in)** *m(f)* gold prospector **Golduhr** *f* gold watch **Goldvorkommen** *nt* gold deposit **Goldwaage** *f* gold balance [*or* BRIT scales *pl*] [*or* AM scale]; [**bei jdm**] **jedes Wort** [*o* **alles**] **auf die ~ legen müssen** to have to weigh one's words [with sb], to have to watch what one says [to sb]; ***du darfst*** [***bei ihm***] ***nicht jedes Wort auf die ~ legen*** you should take him with a pinch of salt, you shouldn't take what he says too seriously **Goldwährung** *f currency tied to the gold standard* **Goldwaren** *pl* gold articles **Goldwäscher(in)** <-s, -> *m(f)* gold panner

Golem <-s> *m kein pl* golem

Golf[1] <-[e]s, -e> *m* GEOL gulf; **der ~ von Alaska/Genua/Guinea/Mexiko** the Gulf of Alaska/Genoa/Guinea/Mexico; **der ~ von Bengalen/Biskaya** the Bay of Bengal/Biscay; **der Persische ~, der ~** (*fam*) the [Persian] Gulf

Golf[2] <-s> *nt kein pl* SPORT golf *no pl;* **~ spielen** to [play] golf

Golfball *m* golf ball **Golfclub** *m* golf club

Golfer(in) <-s, -> *m(f)* (*fam*) *s.* **Golfspieler** golfer

Golfkanal *m* TV, SPORT golf channel **Golfkrieg** *m* gulf war; ▪**der ~** the Gulf War **Golfkrise** *f* ▪**die ~** the Gulf Crisis

Golf Open [-ˈoʊp(ə)n] *nt* Golf Open

Golfplatz *m* golf course [*or* links] + *sing/pl vb;* **ein ~ mit 18 Löchern** an 18-hole golf course

Golfpolitik *f* Gulf policies *pl*

Golfschläger *m* golf club **Golfspieler(in)** *m(f)* golfer, golf player; **~ sein** to play golf

Golfstaat *m* ▪**die ~en** the Gulf States **Golfstrom** *m* GEOL ▪**der ~** the Gulf Stream

Golftasche *f* golf bag

Golgatha <-s> *nt* Golgotha

Golgi-Apparat *m* BIOL Golgi apparatus [*or* body]

Goliath <-[s], -s> *m* ❶ (*Riese in der Bibel*) Goliath
❷ (*fig fam*) giant, goliath
❸ HIST *largest long-wave radio set between 1942 and 1945*

Gomera *nt* Gomera; *s. a.* **Sylt**

Gonade <-, -n> *f* BIOL gonad

Gondel <-, -n> *f* ❶ (*Boot in Venedig*) gondola
❷ (*Seilbahn~*) [cable-]car
❸ (*Ballon~*) gondola, basket

Gondelbahn *f* ❶ (*Seilbahn*) cable railway
❷ SCHWEIZ (*Sessellift*) chair lift

gondeln *vi sein* (*fam*) ▪[**mit etw** *dat*] **durch etw** *akk* **~** (*per Boot reisen*) to go [*or* cruise] [leisurely] through sth [in sth], to cruise around sth

Gondoliere <-, Gondolieri> *m* gondolier

Gong <-s, -s> *m* gong; SPORT bell

gongen I. *vi impers* ***das Essen ist fertig, es hat schon gegongt!*** it's mealtime, the gong has already sounded!
II. *vi* to sound the gong

Gongschlag *m* sound [*or* stroke] of the gong

gönnen I. *vt* ❶ (*gern zugestehen*) ▪**jdm etw ~** not to begrudge sb sth; ***ich gönne ihm diesen Erfolg von ganzem Herzen!*** I'm absolutely delighted that he has succeeded
❷ (*iron: es gern sehen*) ▪**es jdm ~, dass** to be pleased [to see] that sb *iron;* ***ich gönne ihm, dass er auch mal reingefallen ist!*** I'm pleased [to see] that he's been taken for a ride for once
II. *vr* ▪**sich** *dat* **etw ~** to allow oneself sth; **sich ein Glas Wein/etwas Kaviar/ein paar Pralinen ~** to treat oneself to [*or* allow oneself] a glass of wine/some caviar/a few chocolates

Gönner(in) <-s, -> *m(f)* patron

gönnerhaft I. *adj* (*pej*) patronizing; **ein ~es Lächeln** a patronizing smile
II. *adv* patronizingly; **sich ~ geben, ~ tun** to play the big benefactor

Gönnerin <-, -nen> *f fem form von* **Gönner**

Gönnerlaune *f* generous mood; ***ich gebe heute Champagner aus, ich bin in ~*** the Champagne's on me today, I'm [feeling] in a generous mood [*or fam* feeling flush] **Gönnermiene** *f* (*pej*) patronizing expression [*or* air]; **eine ~ aufsetzen** to put on a patronizing expression [*or* air]; **mit ~** with a patronizing expression [*or* air]

Gonokokkus <-, -kokken> *m meist pl* MED gonococcus

Gonorrhö(e) <-, -en> [gɔnoˈrøː] *f* MED gonorrhoea BRIT, gonorrhea AM

Goodwill <-s> [ˈgudwil] *m kein pl* ❶ ÖKON (*Firmenwert*) goodwill *no pl*
❷ (*Wohlwollen*) goodwill *no pl*

Goodwilltour [ˈgudwiltuːɐ] *f* goodwill trip

gordisch *adj s.* **Knoten**

Göre <-, -n> *f* (*fam*) [BRIT cheeky] little madam *fam*, brat *pej fam*

Gorgonzola <-s, -s> *m* KOCHK Gorgonzola [cheese]

Gorilla <-s, -s> *m* ❶ (*Menschenaffe*) gorilla
❷ (*sl: Leibwächter*) heavy *sl*

Gospel <-s, -s> *nt o m* gospel

Gospelsänger(in) *m(f)* gospel singer **Gospelsong** <-s, -s> *m* gospel song

Gosse <-, -n> *f* (*veraltend: Rinnstein*) gutter
► WENDUNGEN: **jdn aus der ~ auflesen** [*o* **holen**] to drag [*or* pull] sb [up] out of the gutter; **in der ~ aufwachsen** to grow up in the gutter; **in der ~ enden** [*o* **landen**] to end up in the gutter; **aus der ~ kommen** [*o* **stammen**] to come from the gutter; **jdn** [*o* **jds Namen**] **durch die ~ ziehen** to drag sb's name through the mud

Gote, Gotin <-n, -n> *m, f* Goth

Gotik <-> *f kein pl* ARCHIT, KUNST Gothic period

Gotin <-, -nen> *f fem form von* **Gote**

Gotisch <-> *f kein pl* TYPO black face [*or* letter], Gothil face, old black

gotisch *adj* ❶ HIST, LING Gothic
❷ ARCHIT, ART (*die Epoche der Gotik betreffend*) Gothic [style]; *s. a.* **Schrift**

Gotisch *nt* LING Gothic; ▪**das ~e** [the] Gothic [language]

Gott, Göttin <-es, Götter> *m, f* ❶ *kein pl* (*das höchste Wesen*) God; ***vor ~ sind alle Menschen gleich*** all men are equal before God; (*christlicher ~*) God; **~ *sei Dank!*** (*a. fig fam*) thank God! *a. fig;* **~ *im Himmel!*** (*emph fam*) heavens above!, goodness gracious!; **~ *sei gepriesen*** God be praised; ***was ~ zusammengefügt hat, soll der Mensch nicht scheiden*** those whom God hath joined together let no man put asunder; **~ der Allmächtige** Almighty God; **~ der Herr** the Lord; **~** [**der**] **Vater**[**, der Sohn und der Heilige Geist**] God the Father[, Son and Holy Ghost]; **im Namen ~es** in the name of God; **der liebe ~** (*kindersprache*) the good Lord; **bete zu ~, dass ...!** (*a. fig*) pray to God that ...! *a. fig;* **zu ~ beten** to pray to God; **an ~ glauben** to believe in God; **bei ~ schwören** to swear by Almighty God; **so ~ will** (*geh*) God willing; **~ *steh' mir bei!*** (*emph fam*) God help me!; **~ *ist mein Zeuge*** (*geh*) as God is my witness; **~ *hab' ihn selig!*** God rest his soul!; **~ *sei mit dir/euch!*** (*veraltend*) God be with you! *dated;* ***da sei ~ vor!*** (*emph*) God [*or* Heaven] forbid!; ***vergelt's ~!*** (*veraltend*) God bless you!; ***großer*** [*o* ***gütiger***] [*o* ***gerechter***] ***~!*** good Lord [*or* God]!
❷ (*ein ~*) god
► WENDUNGEN: **wie ~ in Frankreich leben** (*fam*) to live in the lap of luxury; **den lieben ~ einen guten Mann sein lassen** (*fam*) to live for the day [*or* take things as they come]; **~es Mühlen mahlen langsam** (*prov*) the mills of the Lord grind slowly[, but they grind exceeding small] *prov;* **in ~es Namen!** (*fam*) in the name of God; ***halte dich in ~es Namen etwas zurück, wenn du mit ihnen sprichst*** for heaven's [*or* goodness] sake go easy on them when you speak to them; **über ~ und die Welt reden** [*o* **sprechen**], **sich über ~ und die Welt unterhalten** (*fam*) to talk about everything under the sun; **ach du lieber ~!** oh heavens [*or* Lord]!; ***ach du lieber ~, wie siehst du denn aus?*** good heavens, what do you look like?; **~ behüte** [*o* **bewahre**]**!** God [*or* Heaven] forbid!; **gebe ~, dass** pray [*or* please] God that; [**nackt,**] **wie ~ ihn/sie geschaffen hat** (*hum fam*) naked as the day he/she was born, in his/her birthday suit *hum fam* [*or fam* the altogether]; **gnade dir ~, wenn ..., ... dann gnade dir ~!** woe betide you, if...; **grüß ~!** *bes* SÜDD, ÖSTERR hello!, hallo!, good day [*or* morning] [*or* afternoon] [*or* evening]!; **jds ~ sein** to be sb's god; **~ weiß was/wie viel/wann ...** (*fam*) God knows what/how much/when ...; ***da kann man ~ weiß was finden*** one can find all sorts of [*or* God knows how many] things there; **weiß ~ nicht ...** (*fam*) certainly not ...; ***das ist weiß ~ nicht zu teuer*** that is certainly not too expensive; **das wissen die Götter** (*fam*) Heaven only knows; **ach ~** (*resignierend*) oh God [*or* Lord]!; (*tröstend*) oh dear; **bei ~** (*fam*) by God!; **leider ~es** (*emph*) unfortunately, I'm afraid;

leider ~es, ja/nein! I'm afraid so/not!; **mein** ~ (*emph fam*) [my] God!; **o** ~ (*entsetzt*) oh God!; (*empört*) my God!; **um ~es willen!** (*emph: o je!*) [oh] my God!; (*bitte*) for God's [*or* Heaven's] sake!
Gotte <-, -n> *f* SCHWEIZ *fem form von* **Götti** godmother
Gotterbarmen *nt* ▸ WENDUNGEN: **zum** ~ (*fam: Mitleid erregend*) pitifully, pathetically; (*pej: fürchterlich*) atrociously, dreadfully, terribly
Götterbild *nt* idol **Götterbote** *m* messenger of the Gods **Götterdämmerung** *f* Götterdämmerung, twilight of the gods **Göttergatte, -gattin** *m, f* (*hum fam*) ■ **jds** ~ sb's better half *hum*
gottergeben I. *adj* meek
II. *adv* meekly
Götterspeise *f* KOCHK jelly BRIT
Gottesacker *m* (*veraltet*) God's acre *dated no art*, graveyard **Gottesanbeterin** *f* ZOOL praying mantis **Gottesdienst** *m* REL [church] service; **zum ~ gehen** to go to church **Gottesfurcht** *f kein pl* REL fear of God *no pl* **gottesfürchtig** *adj* (*veraltend*) God-fearing *dated* **Gotteshaus** *nt* REL house of God *esp liter, form*, place of worship, church **Gotteskrieger** *m* holy warrior **Gotteslästerer, -lästerin** *m, f* blasphemer **gotteslästerlich** *adj* blasphemous **Gotteslästerung** *f* blasphemy **Gottesmutter** *f kein pl* REL ■ **[Maria,] die** ~ [Mary,] Mother of God **Gottessohn** *m kein pl* REL ■ **[Jesus Christus,] der** ~ [Jesus Christ,] Son of God **Gottesurteil** *nt* HIST trial by ordeal
gottgewollt *adj* REL willed by God, divinely ordained
Gottheit <-, -en> *f* deity
Götti <-s, -> *m* SCHWEIZ (*Pate*) godfather
Göttin <-, -nen> *f fem form von* **Gott** goddess
göttlich *adj* ❶ (*von Gott gegeben*) divine; **~e Gnade/Vorsehung** divine mercy/providence
❷ (*einer Gottheit ähnlich*) divine, godlike
❸ (*fam: extrem gut*) divine *fam*
gottlob *adv* (*veraltend*) thank God [*or* goodness] [*or* heaven[s]]
gottlos *adj* godless **Gottlosigkeit** *f* godlessness **Gottseibeiuns** *m* (*euph veraltend*) ■ **der [leibhaftige]** ~ the Evil One [himself], the devil [incarnate]
gottserbärmlich I. *adj* (*emph fam*) dreadful, terrible; **eine ~e Hitze** a dreadful [*or* terrible] heat
II. *adv* terribly; ***du zitterst ja ~!*** you're shaking terribly!
Gottvater *m kein pl* God the Father *no pl*
gottverdammt *adj attr* (*emph sl*) damn[ed] *sl*, goddamn[ed] *esp* AM *fam* **gottverlassen** *adj* (*emph fam*) god-forsaken *pej* **Gottvertrauen** *nt kein pl* trust in God *no pl*
Götze <-n, -n> *m* (*pej*) ❶ (*heidnischer Gott*) idol, false god
❷ *s.* **Götzenbild**
Götzenbild *nt* (*pej*) idol, graven image **Götzendiener(in)** *m(f)* (*pej*) idolater, worshipper of idols **Götzendienst** *m kein pl* idolatry *no art*
Götzzitat *nt* ■ **das** ~ *the verbal equivalent of the V-sign vulg*
Gourmand <-s, -s> [gʊrˈmãː] *m* gourmand, glutton
Gourmet <-s, -s> [gʊrˈmeː] *m* gourmet
Gourmettempel *m* (*fam*) place of pilgrimage for gourmets
Gouvernante <-, -n> [guvɛrˈnantə] *f* (*veraltet*) governess *dated*
Gouvernement <-s, -s> [guvɛrnəˈmãː] *nt* HIST province
Gouverneur(in) <-s, -e> [guvɛrˈnøːɐ] *m(f)* governor
Grab <-[e]s, Gräber> *nt* (*letzte Ruhestätte*) grave; **ein ~ in fremder Erde finden** (*geh*) to be buried in foreign soil; **sein ~ in den Wellen finden, ein feuchtes** [*o* **nasses**] **~ finden** (*geh*) to go to a watery grave [*or liter* meet a watery end]; **das Heilige** ~ REL the Holy Sepulchre [*or* AM *a.* -er]
▸ WENDUNGEN: **ein Geheimnis mit ins ~ nehmen** to carry a secret [with one] to the grave; **das bringt mich/dich noch ins ~!** (*fam*) it'll be the death of me/you yet!; **du bringst mich noch ins ~!** (*fam*) you'll send me to an early grave!; **sich** *dat* **sein ~ selbst schaufeln** [*o* **graben**], **sich** *dat* **sein eigenes ~ schaufeln** [*o* **graben**] to dig one's own grave; **etw mit ins ~ nehmen** to take sth [with one] to the grave; **schweigen können wie ein ~** to be [as] silent as the grave [*or* [be able to] keep quiet]; **jdn zu ~e tragen** (*geh*) to carry [*or* bear] sb to the grave, to bury sb; **jd würde sich im ~[e] umdrehen, wenn ...** (*fam*) sb would turn in their grave if ...; *s. a.* **Hoffnung**
Grabbeigabe *f* ARCHÄOL burial object
Grabbeltisch *m* DIAL (*fam*) counter with cheap goods
graben <grub, gegraben> I. *vi* ❶ (*Erde ausheben*) to dig
❷ (*durch Graben suchen*) ■ **nach etw** *dat* ~ to dig for sth
II. *vt* ❶ (*ausheben*) ■ **etw** ~ *Loch* to dig sth; *s. a.* **Grube**
❷ (*geh: versenken*) ■ **etw in etw** *akk* ~ to sink sth into sth; ***sie grub mir ihre Fingernägel in den Arm*** she dug her fingernails into my arm
III. *vr* ■ **sich in etw** *akk* ~ to sink into sth; ***ihre Fingernägel gruben sich in seine Haut*** her nails dug into his skin
Graben <-s, Gräben> *m* ❶ (*Vertiefung in der Erde*) ditch
❷ MIL (*Schützen~*) trench
❸ HIST (*Festungsgraben*) moat
❹ GEOL rift valley
Grabenbruch *m* GEOL graben
Grabesrand *m* graveside **Grabesruhe** *f*, **Grabesstille** *f* (*geh*) deathly hush [*or* silence] **Grabesstimme** *f* ▸ WENDUNGEN: **mit** ~ (*fam*) in a sepulchral voice
Grabgewölbe *nt* (*Krypta*) crypt, vault, tomb; (*Gruft*) tomb **Grabhügel** *m* ARCHÄOL barrow, grave-mound, tumulus **Grabinschrift** *f* epitaph, inscription on a/the gravestone **Grabkammer** *f* ARCHÄOL burial chamber **Grabkreuz** *nt* cross on a/the grave **Grabmal** <-mäler *o geh* -e> *nt* ❶ (*Grabstätte*) mausoleum ❷ (*Gedenkstätte*) memorial; **das ~ des Unbekannten Soldaten** the tomb of the Unknown Soldier [*or* BRIT Warrior] **Grabmilbe** *f* ZOOL mange mite **Grabplatte** *f* memorial slab **Grabräuber(in)** *m(f)* grave robber **Grabrede** *f* funeral speech **Grabschänder(in)** *m(f)* desecrator of a grave **Grabschändung** *f* desecration of a grave/[the] graves; **~ begehen** to desecrate a grave/[the] graves
grabschen *vi, vt s.* **grapschen**
Grabscher, Grapscher <-s, -> *m* SOZIOL (*pej fam*) groper *pej fam*
Grabstätte *f* (*geh*) grave, tomb, sepulchre [*or* AM *a.* -er] *dated* **Grabstein** *m* gravestone, tombstone **Grabstelle** *f* burial plot
Grabung <-, -en> *f* ARCHÄOL excavation
Grabwespe *f* ZOOL sand wasp
Gracht <-, -en> *f* canal (*a navigable canal in Dutch towns*)
Grad <-[e]s, -e> *m* ❶ SCI, MATH degree
❷ GEOG degree
❸ PHYS degree; **... ~ unter Null** [*o* **minus**] [*o* **Kälte**] degree/s below [zero]; **... ~ über Null** [*o* **plus**] [*o* **Wärme**] ... degree/s above zero [*or* freezing]; ***Wasser gefriert bei null ~/kocht bei 100 ~ Celsius*** water freezes at zero/boils at 100 degrees Celsius
❹ SCH degree; **akademischer** ~ [university] degree
❺ (*Maß, Stufe*) level; **ersten/zweiten/dritten ~es** MED first-/second-/third-degree; **Verbrennungen ersten ~es** first-degree burns; **eine Tante/ein Onkel etc. ersten ~es** an immediate uncle/aunt etc.; **eine Tante/ein Onkel etc. zweiten/dritten ~es** an aunt/uncle etc. once/twice removed; **bis zu einem gewissen ~[e]** to a certain degree [*or* extent]; **im höchsten/in hohem ~[e]** extremely/to a great [*or* large] extent
▸ WENDUNGEN: **der dritte** ~ (*euph*) the third degree *fam*; **um [ein]hundertachtzig ~** (*fam*) complete[ly]; ***die Regierung hat sich in Bezug auf ihre politische Linie um 180 ~ gedreht*** the government has made a u-turn in respect of their policies
Gradation <-, -en> *f* TYPO (*Repro*) gradation
grade *adj, adv* (*fam*) *s.* **gerade**
Gradeinteilung *f* MATH, SCI calibration, graduation
Gradient <-en, -en> *m* SCI (*Konzentrationsgefälle*) gradient
Gradmesser <-s, -> *m* gauge, yardstick; **ein ~ für etw** *akk* **sein** a yardstick for sth
Gradualismus <-> *m kein pl* ADMIN gradualism *no pl*
graduell *adj* ❶ (*gering*) slight
❷ (*allmählich*) gradual
graduiert *adj* SCH graduate; **ein ~er Betriebswirt** a business management graduate
Graf, Gräfin[1] <-en, -en> *m, f* count, earl BRIT
▸ WENDUNGEN: ~ **Rotz** (*fam*) Lord Muck BRIT *hum fam*
Graf[RR2] <-en, -en> *m* SCI *s.* **Graph**
Graffito <-[s], Graffiti> *m o nt* ❶ KUNST graffito
❷ *pl* (*auf Mauerwerk aufgesprüht*) ■ **Graffiti** graffiti
Grafik *f* ❶ *kein pl* KUNST (*grafische Technik*) graphic arts *pl*
❷ KUNST (*grafische Darstellung*) graphic
❸ (*Schaubild*) diagram
❹ INFORM **bildpunktorientierte** ~ screen-oriented graphics + *sing vb*
Grafikadapter *m* INFORM graphics adapter **Grafikbildschirm** *m* graphics screen **Grafikchip** *m* INFORM graphics chip **Grafikdatei** *f* INFORM graphics file **Grafikdateiformat** *nt* INFORM graphics file format
Grafiker(in)[RR] <-s, -> *m(f)* graphic artist
Grafikkarte[RR] *f* INFORM graphics card **Grafikmodus** *m* INFORM graphics [*or* plotting] mode **Grafikprogramm** *nt* INFORM graphics software **Grafikprozessor** *m* INFORM graphics processor **Grafiksystem** *nt* INFORM graphics system **Grafiktablett** *nt* INFORM graphics tablet [*or* tray] **Grafikverarbeitung** *f* INFORM graphic data processing; **dialogfähige** ~ interactive graphics **Grafikzeichensatz** *m* INFORM graphics primitive
Gräfin <-, -nen> *f fem form von* **Graf** countess
grafisch I. *adj* graphic
II. *adv* graphically
Grafit[RR] <-s, -e> *m* CHEM *s.* **Graphit**
gräflich *adj* count's *attr*, earl's *attr* BRIT, of [*or* belonging to] the count [*or* earl] *pred*
Grafologe[RR], **Grafologin** <-n, -n> *m, f s.* **Graphologe**
Grafologie[RR] <-> [ˈgiːən] *f kein pl s.* **Graphologie**
Grafologin[RR] <-, -nen> *f fem form von* **Graphologin** *s.* **Graphologe**
Grafschaft <-, -en> *f* ❶ HIST count's land, earldom BRIT
❷ (*Verwaltungsbezirk in Großbritannien*) county
Grahambrot *nt* graham bread (*type of wholemeal bread made from unbolted wheat flour*)
Gral <-s> *m kein pl* LIT ■ **der [heilige]** ~ the [Holy] Grail
Gralshüter(in) *m(f)* ❶ LIT keeper of the [Holy] Grail ❷ (*Hüter*) guardian **Gralsritter** *m* LIT knight of the [Holy] Grail **Gralssage** *f* LIT legend of the [Holy] Grail
gram *adj pred* (*geh*) ■ **jdm ~ sein** to have a grievance against sb, to bear sb ill-will
Gram <-[e]s> *m kein pl* (*geh*) grief, sorrow
grämen (*geh*) I. *vr* ■ **sich [über/um jdn/etw]** ~ to grieve [over sb/sth]
II. *vt* ■ **jdn** ~ to worry [*or* trouble] sb
gramerfüllt *adj* (*geh*) sorrowful, grief-stricken
grämlich *adj* (*verdrießlich*) morose, sullen
Gramm <-s, -e *o bei Zahlenangaben* -> *nt* gram, BRIT *a.* gramme
Grammatik <-, -en> *f* ❶ (*Teil der Sprachwissenschaft*) grammar
❷ (*Lehrbuch der ~*) grammar [book]
❸ PHILOS, LING (*gesetzmäßige Struktur*) framework
grammatikalisch *adj s.* **grammatisch** **Gram-**

G

matikprüfung *f*, **Grammatikprüfprogramm** *nt* INFORM grammar checker **Grammatikregel** *f* grammatical rule, rule of grammar
grammatisch *adj* grammatical
Grammel <-, -n> *f* ÖSTERR ① (*Griebe*) crackling, greaves *pl*
② (*fam: Hure*) tart *fam*, slag BRIT *sl*, hooker AM *sl*, hustler AM *sl*
Grammophon, **Grammofon**[RR] <-s, -e> *nt* (*veraltet*) gramaphone *dated*, phonograph *old*
gramvoll *adj s.* **gramerfüllt**
Granat <-[e]s, -e *o* ÖSTERR -en> *m* garnet
Granatapfel *m* BOT pomegranate
Granate <-, -n> *f* MIL shell
Granatfeuer *nt* shellfire, shelling **Granatsplitter** *m* shell splinter **Granatwerfer** <-s, -> *m* MIL mortar
Gran Canaria *nt* Gran Canary; *s. a.* **Sylt**
Grande <-n, -n> *m* grandee
Grandhotel ['grã:] *nt* luxury [*or* five-star] hotel
grandios *adj* magnificent; **ein ~er Erfolg** a brilliant [*or* tremendous] success; **eine ~e Idee** a grandiose [*or* brilliant] idea; **ein ~er Vorschlag** an excellent suggestion
Grand Prix, **Grandprix**[RR] <- -, – -> [grã'pri:] *m* SPORT Grand Prix
Grandprix-Stimmung[RR] *f* ***trotz des Dauerregens herrschte weiterhin ~*** even the persistent rain couldn't dampen the crowd's enthusiasm for the Grand Prix
Granit <-s, -e> *m* GEOL granite
▸ WENDUNGEN: **bei jdm [mit etw** *dat***] auf ~ beißen** (*fam*) to get nowhere with sb [with sth]
Granne <-, -n> *f* BOT awn, beard
granteln *vi* SÜDD (*fam*) to grumble
grantig *adj* (*fam*) grumpy
Granulat <-[e]s, -e> *nt* granules *pl*; **als ~** in granulated form
granulieren* *vt* ■**etw ~** to granulate sth
Grapefruit <-, -s> ['gre:pfru:t] *f* grapefruit
Grapefruitmesser *nt* grapefruit knife **Grapefruitsaft** *m* grapefruit juice
Graph <-en, -en> *m* SCI graph
Graphik <-, -en> *f s.* **Grafik**
Graphiker(in) <-s, -> *m(f) s.* **Grafiker**
Graphikkarte *f* INFORM *s.* **Grafikkarte**
graphisch I. *adj* ① KUNST graphic
② (*schematisch*) diagrammatic
II. *adv* diagrammatically
Graphit <-s, -e> *m* CHEM graphite
Graphologe, **Graphologin** <-n, -n> *m, f* graphologist
Graphologie <-> ['gi:ən] *f kein pl* graphology *no pl*
Graphologin <-, -nen> *f fem form von* **Graphologe**
grapschen I. *vr* (*fam*) ① (*an sich raffen*) ■**sich** *dat* **etw ~** to grab sth [for oneself]
② (*packen*) ■**sich** *dat* **jdn ~** to grab hold of sb
II. *vi* (*fam*) ■**nach etw** *dat* **~** to make a grab for sth
Gras <-es, Gräser> *nt* ① *kein pl* (*Gesamtheit von Gräsern*) grass
② *meist pl* (*~pflanze*) grass
▸ WENDUNGEN: **ins ~ beißen** (*sl*) to kick the bucket *sl*, to bite the dust; **das ~ wachsen hören** (*jdm entgeht nicht das Geringste*) to have a sixth sense; (*zu viel in etwas hineindeuten*) to read too much into things; **über etw** *akk* **wächst ~** (*fam*) [the] dust settles on sth; **[wo der hinhaut], da wächst kein ~ mehr** (*fam*) he puts the kiss of death on everything he touches
grasbewachsen *adj* grass-covered, grassy **Grasbüschel** *nt* tuft of grass **Grasdecke** *f* covering of grass
grasen *vi* to graze
Grasfrosch *m* grass frog **grasgrün** *adj* grass-green **Grashalm** *m* blade of grass **Grashüpfer** <-s, -> *m* (*fam*) grasshopper **Grasland** *nt kein pl* grassland **Graslilie** *f* grass lily **Grasmücke** *f* ORN warbler **Grasnarbe** *f* grass sod, turf **Grasnelke** *f* BOT thrift **Graspflanze** *f* grass, gramin[ac]eous plant
Grass <-> *nt kein pl* (*sl*) grass *sl*
Grassamen *m* grass seed
grassieren* *vi* ① (*sich verbreiten*) to rage [*or* be rampant]
② (*um sich greifen*) to be rife
grässlich[RR], **gräßlich I.** *adj* ① (*furchtbar*) horrible, terrible, ein *~es Verbrechen*, a heinous [*or* horrible] crime; **~e Verwüstungen** complete [*or* total] [*or* utter] devastation; **~e Kopfschmerzen haben** to have a splitting headache
② (*fam: widerlich*) horrible, beastly *fam*; ***was für ein ~es Wetter!*** what foul [*or fam* beastly] weather!; **einen ~en Geschmack haben** to have awful taste
II. *adv* (*fam*) terribly; **sich ~ langweilen** to be bored stiff [*or* to death] [*or* to tears] *fam*; **~ müde** dead tired, dog-tired *fam*
Grässlichkeit[RR], **Gräßlichkeit** <-, -en> *f*
① *kein pl* (*grässliche Art*) horribleness, terribleness; **die ~ eines Verbrechens** the heinousness [*or* horrible nature] of a crime
② (*grässliche Tat etc.*) atrocity
Grassteppe *f* [grassy] steppe, savanna[h]
Grat <-[e]s, -e> *m* ① (*oberste Kante*) ridge
② TECH (*scharfkantiger Rand*) burr
③ ARCHIT (*Schnittlinie*) hip
④ TYPO (*Papier*) burr
Gräte <-, -n> *f* [fish]bone
▸ WENDUNGEN: **sich** *dat* **die ~n brechen** (*sl*) to break sth; **jdm alle ~n [im Leib] brechen** (*sl*) I'll break every bone in your body!
gratfrei *adj* **~es Schneiden** TYPO burr-free cutting
Gratifikation <-, -en> *f* FIN bonus; **~ in bar** cash bonus
gratinieren* *vt* KOCHK ■**etw ~** to brown [the top of] sth; **gratinierte Zwiebelsuppe** onion soup au gratin
Gratinpfanne *f* gratin dish
gratis *adv* free [of charge], gratis
Gratisaktie *f* BÖRSE bonus share [*or* AM stock] **Gratisanzeiger** *m* SCHWEIZ (*Wochenblatt*) free [weekly] advertiser **Gratiskarte** *f* free [*or* complimentary] ticket **Gratisprobe** *f* free sample
Grätsche <-, -n> *f* SPORT straddle-vault; **in die ~ gehen** to [adopt the] straddle [position]
grätschen I. *vi sein* SPORT to straddle[-vault]; ■**das G~ [der Beine]** straddle-vaulting; ■**über etw** *akk* **~** to straddle-vault over sth
II. *vt haben* SPORT ■**etw ~** to straddle sth; **die Beine ~** to straddle one's legs
Grätschsprung *m* SPORT straddle-vault
Gratulant(in) <-en, -en> *m(f)* well-wisher
Gratulation <-, -en> *f* ① (*das Gratulieren*) congratulating
② (*Glückwunsch*) congratulations
gratulieren* *vi* (*Glück wünschen*) ■**[jdm] [zu etw** *dat***] ~** to congratulate [sb] [on sth]; **jdm zum Geburtstag ~** to wish sb many happy returns; **[ich] gratuliere** [my] congratulations!
▸ WENDUNGEN: **sich** *dat* **~ können** to be able to congratulate oneself, to be pleased [with oneself]
Gratwanderung *f* tightrope walk *fig*, balancing act
grau *adj* ① (*Farbe*) grey, AM *esp* gray; ■**~ werden/sein** to go [*or* turn]/be grey; **~ gestreift** grey-striped; **~ meliert** (*leicht ergraut*) greying; MODE (*grau und weiß*) flecked with grey *pred*
② (*trostlos*) dull, drab; **der ~e Alltag** the dullness [*or* drabness] [*or* dull monotony] of everyday life; **die ~e Realität [*o* Wirklichkeit]** the grim [*or* harsh] reality; **~ in ~** gloomy, bleak; **alles [nur noch] ~ in ~ sehen/malen** to [just] look on the black side BRIT /paint a gloomy picture of everything
③ (*fam: nicht ganz legal*) grey, AM *esp* gray; **~er Markt** ÖKON grey market
Grau <-s, -[s]> *nt* grey [*or* AM *esp* gray] [colour [*or* AM -or]]
grauäugig *adj* grey-eyed **Graubart** *m* (*fam*) greybeard **graubärtig** *adj* grey-bearded, with a grey beard **graublau** *adj* grey-blue, greyish blue **graubraun** *adj* greyish-brown **Graubrot** *nt* DIAL (*Mischbrot*) bread made from rye and wheat flour
Graubünden <-s> *nt* GEOG the Grisons
Graubündner(in) <-s, -> *m(f)* GEOG inhabitant of the Grisons
Gräuel[RR] <-s, -> *m* (*geh: ~tat*) atrocity; **die ~ des Krieges** the horrors of war
▸ WENDUNGEN: **jdm ist es ein ~, etw zu tun** sb detests [*or* loathes] doing sth; **jdm ein ~ sein** to be detestable [*or* loathsome] [for sb]
Gräuelmärchen[RR] *nt* (*pej*) horror story **Gräuelpropaganda**[RR] *f* (*pej*) atrocity [*or* horror] propaganda (*using horror stories for propaganda purposes*) **Gräueltat**[RR] *f* (*pej*) atrocity
grauen[1] *vi* (*geh: dämmern*) to dawn; ***der Morgen/Tag graut*** morning is breaking/day is breaking [*or* dawning]; ■**es graut** it's getting light
grauen[2] *vi impers* ■**jdm vor jdm/etw ~** to be terrified of sb/sth; ■**es graut jdm vor jdm/etw** sb is terrified of sb/sth
Grauen <-s> *nt kein pl* ① (*Entsetzen*) horror; ■**jds ~ vor jdm/etw** sb's dread of sb/sth; **~ erregend** terrible
② (*grauenhaftes Ereignis*) horror; ***die ~ des Krieges*** the horrors of war
grauenerregend *adj s.* **Grauen 1**
grauenhaft, **grauenvoll** *adj* ① (*furchtbar*) terrible; **ein ~es Verbrechen** a terrible crime
② (*fam: schlimm*) terrible, dreadful; ***er hat eine ~e Aussprache*** his pronunciation is dreadful [*or* terrible]
③ *s.* **Grauen 1**
grauer Star <-[e]s> *m kein pl* cataract
Graugans *f* ORN greylag [goose] **graugestreift** *adj s.* **grau 1** **graugrün** *adj* grey [*or esp* AM gray] -green, greyish green **grauhaarig** *adj* grey-haired; ■**~ werden** to go [*or* turn] grey
graulen I. *vi impers* (*fam*) ■**jdm [*o* jdn] ~ vor jdm/etw** to dread sb/sth; ***mir grault vor morgen*** I'm dreading tomorrow
II. *vr* (*fam*) ■**sich vor jdm/etw ~** to be scared [*or* frightened] [*or* afraid] of sb/sth
III. *vt* ■**jdn aus etw** *dat* **~** to drive sb out of sth
gräulich[1] *adj* greyish, grayish *esp* AM
gräulich[RR2] *adj s.* **grässlich**
graumeliert *adj attr s.* **grau 1**
Graupe <-, -n> *f meist pl* KOCHK grain of pearl barley
Graupel <-, -n> *f meist pl* METEO soft hail pallet; **~n** soft hail
Graupelschauer *m* METEO sleet shower
Graupensuppe *f* pearl barley soup [*or* broth]
Graureiher *m* ORN grey [*or esp* AM gray] [*or* common] heron
Graus <-es> *m kein pl* ▸ WENDUNGEN: **es ist ein ~ [mit jdm/etw]** sb/sth is terrible; ***es ist wirklich ein ~ mit dir!*** you're really terrible!; **o ~!** (*hum*) oh horror! *hum*
grausam I. *adj* ① (*brutal*) cruel
② (*furchtbar*) terrible
③ (*fam: schlimm*) terrible; **eine ~e Hitze** a terrible heat
II. *adv* cruelly
Grausamkeit <-, -en> *f* ① *kein pl* (*Brutalität*) cruelty
② (*grausame Tat*) act of cruelty
Grauschimmel *m* grey [*or esp* AM gray] [horse] **Grauschleier** *m* grey tinge
grausen *vi impers s.* **grauen**[2]
Grausen <-s> *nt kein pl* (*Entsetzen*) horror
▸ WENDUNGEN: **da kann man das große [*o* kalte] ~ kriegen** (*fam*) it's enough to give you the creeps! *fam*; **jdm kommt das ~** (*fam*) sb is horrified
grausig *adj s.* **grauenhaft**
grauslich *adj bes* ÖSTERR (*grässlich*) terrible, horrible
Grauspecht *m* ORN grey [*or esp* AM gray] -headed woodpecker **Graustufe** *f* shade of grey **Grauwal** *m* ZOOL grey whale **Grauzone** *f* grey area *fig*
Graveur(in) <-s, -e> [gra'vø:ɐ] *m(f)* engraver
Gravieranstalt *f* engraving establishment, engraver's **Gravierarbeit** *f* engraving
gravieren* ['vi:] *vt* ■**etw ~** to engrave sth; ■**etw ~**

lassen to have sth engraved; ***ich ließ meinen Namen in den Ring*** ~ I had my name engraved into the ring
gravierend ['vi:] *adj* serious; **~e Unterschiede** considerable [*or* marked] differences
Gravierinstrument *nt* engraving tool **Graviermaschine** *f* engraving machine **Graviernadel** *f* engraving needle
Gravierung <-, -en> ['vi:] *f* ❶ *kein pl* (*das Gravieren*) engraving
❷ (*Eingraviertes*) engraving
Gravimeter <-s, -> *nt* PHYS gravimeter
Gravimetrie <-> *f kein pl* ❶ PHYS (*Schwerkraftmessung*) gravimetrics + *sing vb*
❷ CHEM (*Gewichtsanalyse*) gravimetric analysis
Gravis <-, -> ['gra:vɪs] *m* LING grave [accent]
Gravitation <-> [vi] *f kein pl* PHYS gravity, gravitation[al pull]
Gravitationsfeld [vi] *nt* PHYS gravitational field **Gravitationsgesetz** *nt* PHYS law of gravitation **Gravitationskontraktion** *f* PHYS gravitational contraction **Gravitationskraft** *f* gravitational force **Gravitationslinse** *f* PHYS gravitation lens
gravitätisch [vi] I. *adj* dignified, solemn
II. *adv* ~ **einhergehen** [*o* **schreiten**] to move [about] with dignity
Graviton <-s, Gravitonen> *nt* NUKL graviton
Gravur <-, -en> [gra'vu:ɐ] *f* engraving
Gravurplatte *f* engraved plate, nameplate
Graz <-> *nt* GEOG Graz
Grazie[1] <-> ['gra:tsiə] *f kein pl* (*geh: Liebreiz*) grace[fulness]
Grazie[2] <-, -n> *f* ❶ (*hum: schöne junge Frau*) lovely *hum dated sl*
❷ (*eine der drei römischen Göttinnen der Anmut*) Grace; **die drei ~n** the Three Graces
grazil *adj* (*geh*) delicate
graziös *adj* (*geh*) graceful
GreencardRR, **Green Card** <-, -s> ['gri:nka:d] *f* ADMIN green card, Green Card
Greenfee <-s, -s> ['gri:nfi:] *nt* SPORT *Golf* green [*or* AM *a.* greens] fee
Greenkeeper <-s, -> ['gri:nki:pər] *m* GOLF greenkeeper, AM *a.* greenskeeper
Greenpeace <-> ['gri:npi:s] *m kein pl* Greenpeace
Greenwicher Zeit ['grɪnɪdʒɐ-] *f* ■[**die**] ~ Greenwich Mean Time, GMT
Gregor *m* Gregory
gregorianisch *adj* Gregorian; **~er Gesang** Gregorian chant, plainsong; **der ~e Kalender** the Gregorian calendar
Greif <-[e]s *o* -en, -e[n]> *m* ■**ein/der** [**Vogel**] ~ a/the griffin [*or* gryphon]
Greifarm *m* TECH claw [*or* grip] arm **Greifbagger** *m* TECH grab dredger [*or* excavator]
greifbar *adj* ❶ *pred* (*verfügbar*) available; **etw ~ haben/halten** to have/keep sth to hand
❷ (*konkret*) tangible, concrete; **~e Vorteile** genuine advantages
greifen <griff, gegriffen> I. *vt* (*nehmen, packen*) ■[**sich** *dat*] **etw** ~ to take hold of sth
► WENDUNGEN: **sich** [**mal**] **jdn** ~ (*fam*) to give sb a good talking-to *fam*; *s. a.* **nahe**
II. *vi* ❶ (*fassen*) ■**vor/hinter/über/unter/neben etw/sich** *akk* ~ to reach in front of/behind/above/under/beside sth/one; ■**in etw** *akk* ~ to reach into sth; ■**jdn bei etw** *dat* ~ to grasp sb's sth; ***sie griff mich bei der Hand*** she took my hand; ***der Fahrlehrer griff ihr ins Steuer*** the driving instructor grabbed the wheel from her; ■**nach etw** *dat* ~ to reach for sth; ***er wollte nach dem Revolver*** ~ he made a grab for his revolver; ***hätte sie nicht nach seiner Hand gegriffen, wäre sie gestürzt*** if she hadn't grabbed his hand she would have fallen
❷ (*geh: er~*) ■**zu etw** *dat* ~ to reach for sth; ***in den Ferien greift sie gerne mal zum Buch*** during the holidays she occasionally enjoys reading a book
❸ (*einsetzen*) **zu etw** *dat* ~ to resort to sth
❹ (*festen Griff haben*) ■**etw greift** sth grips
❺ (*wirksam werden*) to take effect
► WENDUNGEN: **um sich** ~ to spread

Greifer <-s, -> *m* TECH grab[-bucket]
Greiftrupp *m* riot squad **Greifvogel** *m* bird of prey
Greifzange *f* tongs *npl*
greinen *vi* (*pej fam*) to whine *pej*, to grizzle *pej*
greis *adj* (*geh*) very aged; **ein ~es Paar** a very old couple
Greis(in) <-es, -e> *m(f)* very old man
Greisenalter *nt* extreme old age
greisenhaft *adj* like [that of] a very old man/woman *pred*
Greisin <-, -nen> *f fem form von* **Greis** very old woman
Greiskraut *nt* BOT ragwort
grell I. *adj* ❶ (*sehr hell*) dazzling, glaring
❷ (*schrill klingend*) shrill, piercing
❸ (*sehr intensiv*) bright, brilliant
❹ (*Aufsehen erregend*) flashy, loud
II. *adv* ❶ (*sehr hell*) dazzlingly; ~ **beleuchtet** dazzlingly lit
❷ (*schrill*) ~ **klingen** [*o* **tönen**] to sound shrill [*or* piercing]
grellbeleuchtet *adj attr s.* **grell II 1**
Grellheit *f* ❶ (*blendende Helligkeit*) dazzling brightness, glare
❷ (*Schrillheit*) shrillness
❸ (*große Intensität*) brightness, brilliancy
grellrot I. *adj* bright red
II. *adv* **etw ~ anmalen/lackieren/schminken** to paint sth bright red
Gremium <-s, -ien> [miən] *nt* committee
Grenada <-s> *nt* Grenada; *s. a.* **Sylt**
Grenader(in) <-s, -> *m(f)* Grenadian; *s. a.* **Deutsche(r)**
grenadisch *adj* Grenadian; *s. a.* **deutsch**
Grenzbahnhof *m* border [*or* frontier] [railway [*or* train]] station **Grenzbelastung** *f* TECH limit load [*or* stress] **Grenzbereich** *m* ❶ *kein pl* (*Umkreis der Grenze*) border [*or* frontier] area [*or* zone] ❷ (*äußerste Grenze*) fringe range, limit[s] **Grenzbewohner(in)** *m(f)* inhabitant of a border zone; **die** ~ the people living near the border **Grenzbezirk** *m* border [*or* frontier] district
Grenze <-, -n> *f* ❶ (*Landes~*) border, frontier; **die ~ zwischen Spanien und Frankreich** the border between Spain and France, the Spanish-French border; **die ~ zu einem Land** the border with sth; **frei ~ Lieferland** HANDEL free till port/frontier of supplying country; **an der** ~ on [*or* along] the border [*or* frontier]; **über die ~ gehen/fahren** to cross the border [*or* frontier]
❷ ADMIN, JUR (*Trennlinie*) border, boundary; **an der** ~ at the boundary
❸ (*natürliche Abgrenzung*) boundary; ***das Gebirge bildet eine natürliche ~ zwischen den beiden Ländern*** the mountain range forms a natural boundary between the two countries
❹ (*äußerstes Maß*) limit; **eine zeitliche** ~ a deadline; **die oberste/unterste** ~ the upper/lower limit; **alles hat seine ~n** there is a limit [*or* are limits] to everything; **etw kennt keine ~n** sth knows no bounds; **seine ~n kennen** to know one's limitations; **an ~n stoßen** to come up against limiting factors; **die ~ des Machbaren/Möglichen/Sittlichen** the bounds of feasibility/possibility/morality; **jdm/einer S. sind** [**keine/enge**] **~n gesetzt** [no/tight] restrictions are placed on sb/a thing; ***eurer Fantasie sind keine ~n gesetzt*** your imagination knows no bounds
❺ (*gedachte Trennlinie*) boundary, dividing line
► WENDUNGEN: **grüne** ~ unguarded border [*or* frontier] area [*or* zone]; **nasse** ~ river forming the/a border [*or* frontier], water border [*or* frontier]; **sich in ~n halten** to be limited, to keep within limits
grenzen *vi* ❶ (*angrenzen*) ■**an etw** *akk* ~ to border on sth
❷ (*beinahe sein*) ■**an etw** *akk* ~ to border [*or* verge] on sth *fig*; ***das grenzt ja an Wahnsinn!*** that borders on madness!
grenzenlos I. *adj* ❶ (*unbegrenzt*) endless; **eine ~e Weite** an endless expanse
❷ (*maßlos*) extreme; **~e Dummheit** extreme foolishness, sheer stupidity; **~e Verachtung** utter contempt; **~es Vertrauen** blind [*or* unquestioning] trust
II. *adv* extremely
Grenzenlosigkeit <-> *f kein pl* ❶ (*ungeheure Weite*) immensity
❷ (*Maßlosigkeit*) extremeness
Grenzer(in) <-s, -> *m(f)* (*fam*) ❶ (*Zöllner*) customs officer
❷ (*Grenzsoldat*) border [*or* frontier] guard
Grenzerlös *m* FIN marginal proceeds *npl* **Grenzertrag** *m* FIN marginal revenue **Grenzfall** *m* borderline case **Grenzgänger(in)** <-s, -> *m(f)* regular cross-border commuter; **illegaler** ~ illegal border [*or* frontier] crosser **Grenzgebiet** *nt* ❶ POL border [*or* frontier] area [*or* zone] ❷ (*marginales Sachgebiet*) adjacent field **Grenzkonflikt** *m* POL border [*or* frontier] conflict **Grenzkontrolle** *f* ❶ (*amtliche Kontrolle an der Grenze*) border [*or* frontier] control ❷ (~ *1. ausübende Personengruppe*) border [*or* frontier] guards **Grenzkosten** *pl* ÖKON incremental [*or* marginal] cost **Grenzland** *nt s.* **Grenzgebiet 1** **Grenzlinie** *f* SPORT line [marking the edge of the playing area] **Grenzmauer** *f* border [*or* frontier] wall **grenznah** *adj* close to the border [*or* frontier] **Grenznutzenschule** *f* ÖKOL school of marginal utility **Grenzpfahl** *m* boundary post **Grenzposten** *m* border [*or* frontier] guard **Grenzscheidungsklage** *f* JUR petition to fix a boundary **Grenzschutz** *m* ❶ (*Sicherung der Landesgrenze*) border [*or* frontier] protection ❷ (*fam: Bundesgrenzschutz*) Federal Border Guard, border [*or* frontier] police **Grenzsicherung** *f kein pl der Staatsgrenze* border security **Grenzsituation** *f* borderline situation **Grenzsoldat** *m* border guard **Grenzstadt** *f* border town **Grenzstein** *m* ADMIN boundary stone **Grenzsteuersatz** *m* FIN marginal tax rate **Grenzstreit** *m*, **Grenzstreitigkeit** *f* boundary [*or* frontier] dispute; (*wegen einer Staatsgrenze*) border dispute **Grenztruppe** *f* border guards [*or* troops] *pl* **Grenzübergang** *m* ADMIN ❶ (*Stelle*) border [*or* frontier] crossing-point ❷ (*Überschreiten einer Grenze*) crossing of the border [*or* frontier] **grenzüberschreitend** *adj attr* JUR, HANDEL cross-border, transborder; (*international*) international; **~er Handel** international trade; **~e Produktion** international production; **~er Verkehr** cross-border [*or* cross-frontier] traffic **Grenzübertritt** *m* crossing of the border; **unerlaubter** ~ illegal crossing of the border **Grenzverkehr** *m* [cross-]border [*or* [cross-]frontier] traffic; **kleiner** ~ local [cross-]border [*or* [cross-]frontier] traffic **Grenzverlauf** *m* course of the border **Grenzverletzung** *f* border [*or* frontier] violation **Grenzwall** *m* border [*or* frontier] rampart **Grenzwert** *m* ❶ (*äußerster, nicht zu überschreitender Wert*) limiting value ❷ MATH (*Limes*) limit, limiting value; **oberer/unterer** ~ upper/lower limit **Grenzzeichen** *nt* JUR land [*or* boundary] mark **Grenzzwischenfall** *m* border [*or* frontier] incident
Gretchenfrage *f kein pl* (*Gewissensfrage*) crucial [*or* crunch] [*or fam* sixty-four-thousand-dollar] question; **jdm die ~ stellen** to ask sb the crucial [*or fam* sixty-four-thousand-dollar] question, to put the crucial [*or fam* sixty-four-thousand-dollar] question to sb
Gretchenfrisur *f* [hair in] pigtails **Gretchenlook** *m kein pl* (*absichtlich naive Aufmachung*) little-girl look
Greuel <-s, -> *m s.* **Gräuel**
greulich *adj s.* **gräulich**[2]
Greyerzer <-s, -> ['graiɐtsɐ] *m* KOCHK ■~ [**Käse**] Gruyère [cheese]
Griebe <-, -n> *f meist pl* [bacon] crackling
Griebenschmalz *nt* lard with [bacon] crackling
Grieche, Griechin <-n, -n> *m, f* Greek
Griechenland <-s> *nt* Greece
Griechin <-, -nen> *f fem form von* **Grieche**
griechisch *adj* ❶ (*aus Griechenland*) Greek; **~e Kleidung/Tempel/Vasen** Greek [*or* Grecian] clothing/temples/vases

G

② LING Greek; **auf ~** in Greek
Griechisch *nt dekl wie adj* LING Greek; **~ lernen/sprechen/studieren** to learn/speak/study Greek; ■**das G~** [the] Greek [language]; **auf ~** in Greek
griechisch-orthodox I. *adj* REL Greek Orthodox II. *adv* REL **~ heiraten** to marry in the Greek Orthodox religion; **ein Kind ~ taufen** to baptize a child in the Greek Orthodox religion **griechisch-römisch** *adj* SPORT Graeco-Roman
grienen *vi* NORDD (*fam: grinsen*) to grin
Griesgram <-[e]s, -e> *m* (*pej*) grouch *pej*
griesgrämig *adj* grumpy, grouchy
Grieß <-es, -e> *m* semolina *no pl*
Grießbrei *m* semolina *no pl* **Grießklößchen** *nt* semolina dumpling **Grießpudding** *m* semolina pudding
Griff <-[e]s, -e> *m* ① (*Zu~*) grip, grasp; **mit festem ~** with a firm grip, firmly; **~ in die [Laden]kasse tun** (*fam*) to put one's hand in the till; **ein rascher/flinker ~ [nach etw** *dat*] a quick/grab [at sth]
② (*Hand~*) movement; **mit einem ~** in a flash [*or* the twinkling of an eye]; **mit wenigen ~en** with very little effort
③ SPORT hold; **einen ~ ansetzen** to apply a hold
④ (*Öffnungsmechanismus*) *Tür, Fenster, Pistole, Revolver* handle; *Messer, Dolch, Schwert* hilt; (*Gewehr*) butt
▸ WENDUNGEN: **der ~ nach der Macht** the attempt to seize power; **mit jdm/etw einen glücklichen [*o* guten] ~ tun** to make a good [*or* wise] choice with sb/sth; **etw in den ~ bekommen** [*o fam* **kriegen**] to get the hang [*or* knack] of sth *fam;* **jdn/etw im ~ haben** to have sb/sth under control; **~e kloppen** MIL (*fam*) to do rifle drill; **der ~ zu etw** *dat* (*euph: die Verwendung von etw*) to reach for sth; (*die Hinwendung zu etw*) to turn to sth; ***der ~ zur Droge/Flasche*** turning to drugs/the bottle
griffbereit *adj* ready to hand *pred;* **etw ~ haben** to have [*or* keep] sth ready to hand; **~ liegen** to be ready to hand **Griffbrett** *nt* MUS fingerboard
Griffel <-s, -> *m* ① SCH (*Schreibstift für Schiefertafeln*) slate-pencil
② BOT style
③ *meist pl* (*sl: Finger*) finger, mitt *sl,* paw *fam*
Griffelkasten *m* SCH pencil box [*or* case]
griffig *adj* ① (*festen Griff ermöglichend*) easy to grip *pred*
② (*Widerstand bietend*) non-slip; *Fußboden, Fahrbahn, Profil* non-skid, anti-skid
③ (*eingängig*) useful, handy; **ein ~er Slogan** a catchy slogan
Griffloch *nt* MUS finger-hole
Griffolive *f* BAU olive
Grill <-s, -s> *m* ① (*Gerät zum Rösten von Nahrungsmitteln*) grill
② (*~rost*) barbecue; **vom ~** grilled
③ AUTO (*Kühler~*) [radiator] grille
Grillbrikett *nt* grill [*or* barbecue] briquette
Grille <-, -n> *f* cricket
▸ WENDUNGEN: **nichts als ~n im Kopf haben** (*veraltend fam*) to have one's head full of silly ideas
grillen I. *vi* to have a barbecue; ■**das G~** having a barbecue
II. *vt* ■**etw ~** to grill sth
Grillgericht *nt* grill[ed dish] **Grillhähnchen** *nt* grilled chicken **Grillkohle** *f* barbecue coal, charcoal **Grillpfanne** *f* grilling pan **Grillrestaurant** *nt* grill [room] **Grillwürstchen** *nt* barbecue sausage
Grimasse <-, -n> *f* grimace; **~n schneiden** [*o* **ziehen**] [*o* **machen**] to make [*or* pull] faces
Grimm <-[e]s> *m kein pl* (*veraltend geh*) fury; **voller ~ [auf jdn] sein** to be furious [with sb]
grimmig I. *adj* ① (*zornig*) furious; **ein ~es Gesicht** an angry face; **ein ~es Lachen** grim laughter; *s. a.* **Humor**
② (*sehr groß, heftig*) severe; *Hunger* ravenous
II. *adv* angrily; **~ lächeln** to smile grimly
Grind <-[e]s, -e> *m* ① MED (*krustiger Hautausschlag*) impetigo; (*Verkrustung von heilender Wunde*) scab
② JAGD SÜDD, SCHWEIZ (*Kopf von Gämse oder Hirsch*) head
grinsen *vi* to grin; **frech ~** to smirk; **höhnisch ~** to sneer; **schadenfroh** [*o* **vor Schadenfreude**] **~** to gloat
Grinsen <-s> *nt kein pl* grin; **freches ~** smirk; **höhnisches ~** sneer
grippal *adj* MED influenzal
Grippe <-, -n> *f* influenza, flu *fam;* **mit ~ im Bett liegen** to be [laid up] in bed with [the] flu; (*fam grippaler Infekt*) flu bug *fam;* **[die/eine] ~ haben** to have [the] flu
Grippeepidemie *f* influenza [*or* flu] epidemic **Grippeimpfstoff** *m* influenza vaccine, flu vaccine *fam* **Grippemittel** *nt* influenza medicine, flu medicine *fam* **Grippeschutzimpfung** *f* influenza vaccination [*or* immunization], flu shot *fam* **Grippevirus** *nt o m* influenza virus **Grippewelle** *f* wave of influenza [*or fam* flu]
Grips <-es, -e> *m* (*fam*) intelligence *no pl,* brains *pl,* nous *fam no pl;* **~ haben** to have plenty up top *fam;* **seinen ~ anstrengen** to use one's grey [*or esp* AM gray] matter *fam* [*or pl* brains]
Grislibär[RR], **Grizzlybär** ['grɪsli-] *m* grizzly bear
grob <gröber, gröbste> I. *adj* ① (*nicht fein*) coarse; **~e Hände** coarse [*or* rough] hands; ■**das G~e** the dirty work
② (*derb*) coarse, uncouth; **~e Manieren** coarse manners
③ (*ungefähr*) rough; **eine ~e Erklärung** an approximate explanation; **~e Schätzung** rough estimate; **in ~en Umrissen** [*o* **Zügen**] roughly
④ (*unhöflich*) rude; ■**~ werden** to become rude [*or* abusive]
⑤ (*unsanft, unsensibel*) rough; **ein ~er Mensch** a rough person
⑥ (*schlimm*) bad, serious; **eine ~e Lüge** a terrible lie
▸ WENDUNGEN: **aus dem Gröbsten heraus sein** to be over the worst [of it] [*or* able to see the light at the end of the tunnel]
II. *adv* ① (*nicht fein*) coarsely; **~ gemahlen** coarsely ground *pred,* coarse-ground
② (*in etwa*) roughly; **~ gemessen** [*o* **gerechnet**] [*o* **geschätzt**] at a rough estimate; **etw ~ erklären** to give a rough explanation of sth [*or* explain sth roughly]; **etw ~ skizzieren** [*o* **umreißen**] to make a rough outline of sth [*or* outline sth roughly]; **etw ~ wiedergeben** to give a rough account of sth
③ (*unhöflich*) rudely; **jdn ~ zurechtweisen** to rudely reprimand sb
④ (*unsanft, unsensibel*) roughly; **jdn ~ behandeln** to treat sb roughly
⑤ (*schlimm*) **sich ~ täuschen** to be badly mistaken; **jdn ~ belügen** to lie barefaced to sb
Grobberechnung *f* rough calculation
gröber *komp von* **grob** **grobfas(e)rig** *adj* coarse-fibred [*or* AM *usu*-ered]; **~es Holz** coarse-grained wood **grobgemahlen** *adj attr s.* **grob II 1**
Grobheit <-, -en> *f* ① *kein pl* (*gefühllose Art*) rudeness *no pl*
② (*grobe Äußerung*) rude remark
③ (*unsanfte Art, Behandlung*) roughness
Grobian <-[e]s, -e> *m* (*pej: ungehobelter Mensch*) boor; (*unsanfter Mensch*) rough person
grobknochig *adj* big-boned **grobkörnig** *adj* ① (*von grober Körnung*) coarse-grained ② FOTO **ein ~er Film** a coarse-grained film
gröblich I. *adj* (*geh, form*) gross; **~e Missachtung** willful disregard; **~e Verletzung einer S.** *gen,* **~er Verstoß gegen etw** *akk* brazen [*or* flagrant] violation of sth
II. *adv* (*geh, form: in grober Weise, heftig*) grossly; **~ missachten** to willfully disregard; **etw ~ verletzen, gegen etw** *akk* **~ verstoßen** to brazenly [*or* flagrantly] violate sth
grobmaschig I. *adj* ① (*mit weiten Maschen*) wide-meshed ② MODE (*grob gestrickt*) loose-knit
II. *adv* **~ gehäkelt/gestrickt** loose-crocheted/knit
Grobrasterätzung *f* TYPO coarse screen etching
grobschlächtig *adj* (*pej*) heavily built
gröbste *superl von* **grob**
Grobstruktur *f* basic structure
Grog <-s, -s> *m* grog
groggy ['grɔgi] *adj pred* ① SPORT (*schwer angeschlagen*) groggy
② (*fam: erschöpft*) exhausted, all in BRIT, knackered BRIT *sl*
grölen I. *vi* (*pej fam*) to shout [loudly]; ■**~d** raucous[ly]; ■**das G~** the bawling; ***unter lautem G~ zogen die angetrunkenen Fans durch die Straßen*** shouting loudly the drunken fans made their way through the streets
II. *vt* (*pej fam*) ■**etw ~** to bawl sth
Groll <-[e]s> *m kein pl* (*geh*) resentment, rancour [*or* AM -or] *form;* **[einen] ~ gegen jdn hegen** to bear [*or* harbour [*or* AM -or]] resentment [*or* a grudge] against sb
grollen *vi* (*geh*) ① (*zürnen*) ■**[jdm] [wegen etw** *dat*] **~** to be resentful [of sb] [*or* angry [with sb]] [because of sth]
② (*dumpf hallen*) to roll [*or* rumble]; ■**das G~** the rumbling
Grönland *nt* Greenland; *s. a.* **Deutschland**
Grönländer(in) <-s, -> *m(f)* Greenlander; *s. a.* **Deutsche(r)**
grönländisch *adj* Greenlandic; *s. a.* **deutsch**
Grönlandsee *f* Greenland Sea
grooven ['gru:vən] *vi* (*sl*) ■**[zu etw** *dat*] **~** to groove [to sth] *sl*
Groppe <-, -n> *f* (*Cottus*) bullhead
Gros <-, -> [gro:] *nt* ■**das ~** the majority
Groschen <-s, -> *m* ① ÖSTERR groschen
② (*fam: deutsches Zehnpfennigstück*) ten-pfennig piece; **keinen ~** (*fam*) not a penny [*or* AM cent]
▸ WENDUNGEN: **der ~ fällt** [*o* **ist gefallen**] (*hum fam*) the penny has dropped BRIT *fam,* the big light has went on AM; **seine [paar] ~ zusammenhalten** to hang on to one's money; **sich** *dat* **ein paar ~ [dazu]verdienen** to earn [oneself] a bit of [extra] pocket money
Groschenblatt *nt* (*pej*) tabloid, [cheap] rag BRIT *pej fam* **Groschengrab** *nt* (*hum veraltend: Parkuhr, Spielautomat etc.*) penny-eater BRIT *hum fam* **Groschenheft** *nt* (*pej veraltend*) penny dreadful BRIT *dated,* dime novel AM *dated* **Groschenroman** *m* (*pej*) cheap [*or* AM *a.* dime] novel
groß <größer, größte> I. *adj* ① (*flächenmäßig, räumlich ausgedehnt*) large, big
② (*~es Glas*) large, big; **ein ~es Bier** ≈ a pint [of beer] BRIT, *rare* a large beer; ***nach den drei ~en Bier war ich ziemlich angeheitert*** I felt quite merry *fam* [*or fam* tipsy] after three pints [of beer]; ■**ein G~es** ≈ a pint [of beer] BRIT, *rare* a large beer
③ (*lang*) long; **ein ~er Mast/Turm/Kirchturm** a high pylon/tower/church steeple
④ (*das Maß oder Ausmaß betreffend*) great; **in ~en/größeren Formaten/Größen** in large/larger formats/sizes; **mit ~er Geschwindigkeit** at high [*or* great] speed; **im G~ einkaufen** to buy in bulk
⑤ (*hoch, hoch gewachsen*) tall; ***du bist ~ geworden*** you've grown; ***er ist 1,78 m*** **~** he is 5 foot 10 [*or* 1.78m] [tall]; **ein ~er Baum/eine ~e Vase** a tall tree/vase
⑥ (*älter*) big, elder, older; ■**die G~en** (*die Erwachsenen*) the grown-ups; (*ältere Kinder*) the older children; ■**jds G~e/jds G~er** (*fam*) sb's eldest [*or* oldest] [daughter/son]; ***das ist Anita, unsere G~e*** this is Anita, our eldest; ***wenn ich ~ bin*** when I'm grown up; **~ und klein** young and old [alike]; **mit etw** *dat* **~ geworden sein** to have grown up with sth
⑦ (*zeitlich ausgedehnt*) long, lengthy; **auf große[r] Fahrt** on a long journey
⑧ (*bevölkerungsreich*) large, big; (*zahlreich*) large; **die ~e Masse** most [*or* the majority] of the people; **ein ~er Teil der Bevölkerung** a large part of the population
⑨ (*erheblich*) great; **ein ~er Aufstieg** a meteoric rise; **ein ~er Durchbruch/Reinfall** a major breakthrough/disaster; **ein ~er Misserfolg** an abject [*or* a dismal] failure

⑩ (*hoch*) large; **ein ~er Betrag** a large amount; **eine ~e Preissteigerung** a massive price rise [*or* increase]
⑪ (*beträchtlich*) great; **~e Angst haben** [*o* **empfinden**] to be terribly afraid [*or* frightened]; **eine ~e Beeinträchtigung** a major impairment; **eine ~e Dummheit** sheer stupidity; [**eine**] **~e Enttäuschung** [a] great [*or* deep] [*or* profound] disappointment; **~es Leid** great [*or* deep] [*or* profound] sorrow; **~e Nachfrage** a big demand; **ein ~er Schrecken** a nasty fright; **~e Schwierigkeiten** serious [*or* real] trouble; **~e Wut** unbridled fury; **~er Zorn** deep [*or* profound] anger; ***was für eine ~e Freude!*** how delightful!; ***du redest ganz ~en Unsinn*** you're talking complete rubbish
⑫ (*bedeutend*) great; **ein ~er Konzern/Supermarkt/ein ~es Unternehmen** a leading [*or* major] group/supermarket/company; ▪[**etwas/nichts**] **G~es** [something/nothing] great; ***sie hat in ihrem Leben nichts G~es geleistet*** she never achieved anything great [*or* major] in her life, she did not achieve great things in her life; ***mit diesem Gemälde hat sie etwas G~es geschaffen*** she has created something great [*or* profound] with this painting; *s. a.* **klein**
⑬ (*laut*) loud; ***was ist denn da auf der Straße für ein ~er Lärm?*** what's all that noise in the street?; ***macht doch nicht so einen ~en Lärm!*** don't make so much noise!
⑭ (*in Eigennamen*) ▪**... der G~e ...** the Great; ***Friedrich der G~e*** Frederick the Great
⑮ (*besonders* (*gut*)) big; ***im Meckern ist sie ganz ~*** she's quite good at moaning; ***ich bin kein ~er Esser/ Trinker*** I'm not a big eater/drinker; ***ich bin kein ~er Redner*** I'm no [*or* not a] great speaker
▶ WENDUNGEN: **im G~en und Ganzen** [**gesehen**] on the whole, by and large; *s. a.* **Terz, Geld, Masse**
II. *adv* ① (*fam: besonders*) ***was ist da jetzt schon ~ dabei!*** big deal! *fam;* ***er hat sich aber nicht gerade ~ für uns eingesetzt!*** he didn't exactly do very much [*or* put himself out much] for us!; ***was soll man da schon ~ sagen?*** you can't really say very much; ***ich habe mich nie ~ für Politik interessiert*** I've never been particularly interested in politics; **~ einsteigen** to go in for sth in a big way; ***sie ist ganz ~ in die Politik eingestiegen*** she's gone into politics in a big way; [**mit etw** *dat*] [**ganz**] **~ rauskommen** to have a real success [*or* big hit] with sth
② MODE **etw größer machen** to let out sth *sep*
③ (*von weitem Ausmaß*) **~ angelegt** large-scale; **eine ~ angelegte Offensive** a full-scale offensive [*or* attack]
④ (*nicht klein*) **~ kariert** MODE large-checked *attr*
▶ WENDUNGEN: **~ und breit** (*fam*) at great length; **~ machen** (*fam*) to do number two [*or* BRIT a poo] *childspeak fam;* **etw wird** [**bei jdm**] **~ geschrieben** (*fam*) to be high on the[/sb's] list of priorities; ***Pünktlichkeit wird bei Hahn & Haehnle ~ geschrieben*** punctuality is high on Hahn & Haehnle's [*or* the Hahn & Haehnle] list of priorities
Großabnehmer(in) *m(f)* bulk buyer [*or* purchaser] **Großaktionär(in)** *m(f)* major shareholder **Großalarm** *m* red alert; **~ geben** [*o* **auslösen**] to sound a red alert **großangelegt** *adj attr s.* **groß II 3 Großangriff** *m* large-scale attack **Großanlage** *f* INFORM mainframe
großartig I. *adj* ① (*prächtig*) magnificent, splendid
② (*hervorragend*) brilliant, superb; **ein ~es Angebot** a superb offer
③ (*wundervoll*) wonderful
▶ WENDUNGEN: **~ tun** (*pej fam*) to put on airs [and graces] *pej*
II. *adv* magnificently, splendidly
Großartigkeit <-> *f kein pl* magnificence, splendour [*or* AM -or]
Großaufnahme *f* FOTO, FILM close-up **Großauftrag** *m* (*von Produkt*) bulk order; (*von Dienstleistung*) major commission, major contract **Großbank** *f* big [*or* major] bank **Großbauer** *m* big [*or* large] farmer **Großbaustelle** *f* large building site **Großbehälter** *m* bulk container **Großbetrieb** *m* (*großer Gewerbe- oder Industriebetrieb*) large enterprise [*or* business]; AGR (*großer landwirtschaftlicher Betrieb*) large [*or* big] farm **Großbildleinwand** *f* MEDIA large-scale video display **Großbildschirm** *m* big [*or* BRIT *a.* large] screen **Großboot** *nt* NAUT longboat, launch **Großbramsegel** *nt* NAUT main-topgallant sail **Großbrand** *m* large fire [*or* blaze] **Großbrasse** <-, -n> *f* NAUT main brace
Großbritannien <-s> [bri'taniən] *nt* Great Britain; *s. a.* **Deutschland**
großbritannisch *adj* British
Großbuchstabe *m* capital [letter], upper-case letter *spec;* **in ~n** capitalized **großbürgerlich** *adj* SOZIOL upper [middle]-class, grand bourgeois **Großbürgertum** *nt kein pl* upper classes *pl* **Großcomputer** *m* mainframe [computer] **Großdemonstration** *f* mass demonstration **großdeutsch** *adj* HIST Pan-German; *Idee, Bewegung* Greater-German
Größe <-, -n> *f* ① (*Flächeninhalt oder räumliche Ausdehnung*) size; **in voller ~** in full size
② ÖKON size
③ (*Höhe, Länge*) height
④ MODE (*Format, Maßeinheit*) size; ***ich suche einen Mantel ~ 56*** I'm looking for a size 56 coat
⑤ *kein pl* (*Körper~*) height; **sich zu voller ~ aufrichten** to draw oneself up to one's full height
⑥ MATH, PHYS (*Wert*) quantity; **unbekannte ~** (*a. fig*) unknown quantity *a. fig*
⑦ *kein pl* (*Bevölkerungsreichtum*) population, size
⑧ *kein pl* (*Erheblichkeit*) magnitude; *Problem* seriousness *no pl; Erfolg* extent *no pl*
⑨ *kein pl* (*Bedeutsamkeit*) significance *no pl,* importance *no pl*
⑩ (*bedeutender Mensch*) important figure, leading light BRIT *fam;* ***zu seiner Zeit war er eine der ~n des Showgeschäfts*** in his time he was one of the showbusiness greats
⑪ *kein pl* (*Höhe*) size
⑫ *kein pl* (*Beträchtlichkeit*) strength; *Interesse* a. keenness; *Kummer, Leid, Zorn* depth; *Schmerz* intensity
⑬ ASTRON **erster/zweiter/dritter/etc. ~** first/second/third/etc. magnitude
Großeinkauf *m* bulk purchase **Großeinsatz** *m* large-scale operation **großelterlich** *adj attr* [one's] grandparents', grandparental *form* **Großeltern** *pl* grandparents *pl*
Größendegression *f* ÖKON economies *pl* of scale
Großenkel(in) *m(f)* great-grandchild, great-grandson
Größenklasse *f* ASTRON *eines Sternes* magnitude
Größenordnung *f* ① (*Dimension*) order of magnitude ② MATH, PHYS (*Zahlenbereich*) order [of magnitude]
großenteils *adv* largely, for the most part
Größenunterschied *m* ① (*Unterschied in der Länge*) difference in length ② (*Unterschied im Wuchs*) difference in height **Größenverhältnis** *nt* ① (*Maßstab*) scale; ***im ~ von 1:100*** on a/the scale of 1:100 ② (*Proportion*) proportions *pl* **größenverstellbar** *adj* adjustable **Größenwahn(sinn)** *m* (*pej*) megalomania; **an ~ leiden** to suffer from megalomania **größenwahnsinnig** *adj* (*pej*) megalomaniac[al]; ▪**~ sein** to be a megalomaniac
größer *adj komp von* **groß**
Großereignis *nt* major event [*or* occurrence]
größer(e)nteils *adv s.* **großenteils**
Großfahndung *f* large-scale search, manhunt **Großfamilie** *f* SOZIOL extended family **großflächig** *adj* ① (*sich über eine große Fläche erstreckend*) extensive; **~e Verwüstungen** widespread devastation *sing* ② (*eine große Fläche aufweisend*) large **Großflughafen** *m* major [*or* intercontinental] airport **Großflugzeug** *nt* giant aircraft **Großformat** *nt* TYPO large format [*or* broadsheet]; **im ~** in large format **großformatig** *adj* large-format **Großfürst(in)** *m(f)* HIST Grand Duke **Großfusion** *f* FIN jumbo merger **Großgemeinde** *f* ADMIN *municipality made up of several, formerly independent municipalities* **Großglockner** <-s> *m* GEOG Grossglockner Mountain **Großgrundbesitz** *m* large estate [holdings], extensive landed property **Großgrundbesitzer(in)** *m(f)* big landowner, owner of a large estate
Großhandel *m* wholesale trade; **etw im ~ kaufen** to buy sth wholesale; **im ~ einkaufen** to buy wholesale
Großhandelsbetrieb *m* HANDEL wholesale establishment **Großhandelskaufmann, -kauffrau** *m, f* wholesaler, wholesale trader **Großhandelspreis** *m* wholesale price **Großhandelsrabatt** *m* HANDEL wholesale discount
Großhändler(in) *m(f)* wholesaler, wholesale trader; **beim ~** at the wholesaler's **Großhandlung** *f* wholesale business [*or* firm] **großherzig** *adj* (*geh*) magnanimous *form,* generous **Großherzigkeit** <-> *f kein pl* (*geh*) magnanimity *form,* generosity **Großherzog(in)** *m(f)* Grand Duke **Großherzogtum** *nt* Grand Duchy **Großhirn** *nt* cerebrum, great brain **Großhirnrinde** *f* cerebral cortex **Großindustrie** *f* large-scale [manufacturing] industry **großindustriell** *adj* HANDEL major industrial *attr;* **~es Unternehmen** large-scale industrial concern **Großindustrielle(r)** *f(m)* big industrialist, industrial magnate **Großinquisitor** *m* HIST Grand Inquisitor
Grossist(in) <-en, -en> *m(f) s.* **Großhändler**
Großkapitalist(in) *m(f)* big capitalist, tycoon **großkariert** *adj s.* **groß II 4 Großkatze** *f* big cat **Großkind** *nt* SCHWEIZ (*Enkelkind*) grandchild **Großkonzern** *m* large enterprise, corporate group **Großkopfe(r)te(r)** *m dekl wie adj* SÜDD, ÖSTERR (*pej*) bigwig *fam,* big gun [*or* fam] **großkotzig** *adj* (*pej sl*) swanky *pej fam* **Großkraftwerk** *nt* large power station **Großküche** *f* large kitchen **Großkunde** *m* major customer **Großkundgebung** *f* mass rally [*or* [public] meeting] **Großlager** *nt* bulk storage **Großmacht** *f* POL Great Power **Großmama** *f* (*fam*) *s.* **Großmutter Großmarkt** *m* central [*or* wholesale] market **Großmars** <-s, -e> *nt* NAUT maintop **Großmarssegel** *nt* NAUT main topsail **Großmast** *m* NAUT mainmast **Großmaul** *nt* (*pej fam*) bigmouth *pej fam,* loudmouth *pej fam* **großmäulig** *adj* (*pej fam*) bigmouthed *pej fam,* loudmouthed *pej fam* **großmehrheitlich** *adj* SCHWEIZ (*mit großer Mehrheit*) with a large majority *pred* **Großmeister(in)** *m(f)* grand master **Großmogul** *m* HIST Great [*or* Grand] Mogul **Großmufti** *m* HIST grand mufti **Großmut** *f s.* **Großherzigkeit großmütig** *adj s.* **großherzig Großmutter** *f* ① (*Mutter jds Vaters oder jds Mutter*) grandmother, grandma *fam,* granny *fam;* **jds ~ mütterlicherseits/väterlicherseits** sb's grandmother on one's mother's/father's side; **~ werden** to become a grandmother ② (*alte Frau*) grandma ▶ WENDUNGEN: **das kannst du deiner ~ erzählen!** (*fam*) [you can] tell that to the marines *fam* **großmütterlich** *adj attr* ① (*der Großmutter gehörend*) [one's] grandmother's *attr* ② (*in der Art einer Großmutter*) grandmotherly **Großneffe** *m* great-nephew **Großnichte** *f* great-niece **Großoffensive** *f* major offensive **Großonkel** *m* great-uncle, grand-uncle **Großpapa** *m* (*fam*) *s.* **Großvater großporig** *adj* **~e Haut** coarse [*or* large-pored] skin **Großprojekt** *nt* large[-scale] project **Großrat, -rätin** *m, f* SCHWEIZ ≈ Great Councillor [*or* AM *usu* Councilor] (*member of a* [*Swiss*] *cantonal* [*Great Council*] *parliament*)
Großraum *m* conurbation; **im ~ Berlin** in the Berlin conurbation [*or* area], in Greater Berlin, in Berlin and its environs [*or* the surrounding area]
Großraumbüro *nt* open-plan office **Großraumflugzeug** *nt* wide-bodied [*or* large-capacity] aircraft **großräumig I.** *adj* ① (*mit viel Platz, geräumig*) spacious, roomy; **~e Büros** spacious offices ② (*große Flächen betreffend*) extensive **II.** *adv* ***die Polizei empfiehlt, das Gebiet ~ zu umfahren*** the police recommend making a wide detour around

the area **Großraumlimousine** *f* multi-purpose vehicle, mini van AM **Großraumtransporter** *m* bulk carrier **Großraumwagen** *m* ① BAHN open-plan carriage ② TRANSP (*Straßenbahnwagen*) articulated tram [carriage] BRIT **Großraumwaggon** *m* high-capacity wagon [*or* BRIT *a.* waggon]

Großrechner *m* INFORM mainframe [computer] **Großreinemachen** <-s> *nt kein pl* (*fam*) spring clean **Großschifffahrtsweg**RR *m* major waterway [*or* shipping lane] **Großschnauze** *f* (*fam*) bigmouth *fam,* loudmouth *fam* **Großschot** <-, -e[n]> *f* NAUT mainsheet **großschreiben** *vt irreg* ■**etw** ~ to write sth with a[n initial] capital letter; *s. a.* **groß II 5 Großschreibung** *f* LING, TYPO capitalization **Großsegel** *nt* NAUT mainsail **Großserienfertigung** *f* large-scale production **Großserienproduktion** *f* ÖKON large-scale series production **großspurig** *adj* (*pej*) boastful *pej* **Großstadt** *f* city, large town **Großstadtbevölkerung** *f* city population **Großstädter(in)** *m(f)* city-dweller **großstädtisch** *adj* big-city *attr* **Großstadtmensch** *m* city-dweller **Großstadtverkehr** *m* city traffic **Großtankstelle** *f* major service station **Großtante** *f* great-aunt, grand-aunt **Großtat** *f* great feat, achievement

größte(r, s) *adj superl von* **groß**

großtechnisch *adj* large-scale; ~**e Anlage/Produktion/Erzeugung** large scale [*or* industrial] installations/production/manufacture **Großteil** *m* ① (*ein großer Teil*) ■**ein** ~ a large part ② (*der überwiegende Teil*) ■**der** ~ the majority; **zum** ~ for the most part **Großteleskop** *nt* large telescope

größtenteils *adv* for the most part

größtmöglich *adj attr* greatest possible

Großtuerei *f kein pl* (*pej*) bragging, boasting **groß|tun** *irreg* **I.** *vi* (*pej*) to show off, to brag, to boast **II.** *vr* ■**sich mit etw** ~ to boast [*or* brag] [*or* show off] about sth **Großunternehmen** *nt s.* Großbetrieb **Großunternehmer(in)** *m(f)* big businessman *masc* [*or fem* businesswoman] **Großvater** *m* grandfather, grandpa *fam;* ~ **werden** to become a grandfather **großväterlich** *adj* ① (*dem Großvater gehörend*) [one's] grandfather's *attr* ② (*in der Art eines Großvaters*) grandfatherly **Großveranstaltung** *f* big event **Großverbraucher(in)** *m(f)* large [*or* big] consumer **Großverdiener(in)** *m(f)* big earner **Großvertrieb** *m kein pl* HANDEL large-scale distribution **Großwesir** *m* HIST grand vizier **Großwetterlage** *f* general weather situation; (*fig*) **die politische** ~ the general political climate **Großwild** *nt* big game **Großwildjagd** *f* big-game hunting; ■**eine** ~ a big-game hunt; **auf** ~ **gehen** to go big-game hunting **groß|ziehen** *vt irreg* ■**ein Kind** ~ to bring up *sep* [*or* raise] a child; ■**ein Tier** ~ to rear an animal

großzügig I. *adj* ① (*generös*) generous; **ein** ~**es Trinkgeld** a generous [*or* handsome] tip
② (*nachsichtig*) lenient
③ (*in großem Stil*) grand; **ein** ~**er Plan** a large-scale plan
II. *adv* ① (*generös*) generously
② (*nachsichtig*) leniently
③ (*weiträumig*) spaciously

Großzügigkeit <-> *f kein pl* ① (*Generosität*) generosity
② (*Toleranz*) leniency
③ (*Weiträumigkeit*) spaciousness *no pl; Park, Planung* large scale

grotesk *adj* grotesque

Grotesk <-> *f kein pl* TYPO grotesque, sanserif

Groteske <-, -n> *f* ① KUNST grotesquerie
② LIT grotesque tale

Groteskschriften *pl* grotesque [*or* sans serif] typefaces *pl*

Grotte <-, -n> *f* grotto

Grottenolm <-s, -e> *m* ZOOL olm

Ground Zero <-s> [graʊnd'zɪərəʊ] *m kein pl* (*Ort der Terroranschläge vom 11.9.2001*) Ground Zero, ground zero

Groupie <-s, -s> ['gru:pi] *nt* (*sl*) groupie *sl*

Grübchen <-s, -> *nt* dimple

Grube <-, -n> *f* ① (*größeres Erdloch*) pit, [large] hole
② (*Bergwerk*) pit, mine
▶ WENDUNGEN: **in die** ~ **fahren** (*veraltet geh*) to give up the ghost; **wer andern eine** ~ **gräbt, fällt selbst hinein** (*prov*) you can easily fall into your own trap *prov*

Grübelei <-, -en> *f* brooding

grübeln *vi* ■[**über etw** *akk o dat*] ~ to brood [over [*or* about] sth]; ■**das G**~ brooding; **ins G**~ **geraten** [*o* **kommen**] to begin to brood

Grubenarbeiter *m* pitman, miner, mineworker **Grubenausbau** *m* support of mine workings **Grubenbau** *m* excavation chamber **Grubenbetrieb** *m* BERGB (*Unternehmen*) mining company **Grubenbrand** *m* pit fire **Grubenexplosion** *f* pit [*or* mining] explosion **Grubenfeld** *nt* mining field **Grubenförderung** *f* BERGB (*Gewinnung*) mining operations *pl;* (*Gewonnenes*) output of a/the mine **Grubengas** *nt* firedamp, methane **Grubenholz** *nt* mine [*or* pit] props **Grubenkies** *m* BAU pit gravel **Grubenlampe** *f* miner's lamp **Grubenlicht** *nt s.* Grubenlampe **Grubenotter** *m* ZOOL pit viper **Grubenunglück** *nt* pit [*or* mining] disaster [*or* accident]

Grübler(in) <-s, -> *m(f)* brooder, broody person

grüblerisch *adj* broody

Gruft <-, Grüfte> *f* ① (*Grabgewölbe*) vault, tomb; (*Kirche*) crypt
② (*offenes Grab*) grave

Grufti <-s, -s> *m* (*sl*) old fogy [*or* fogey] *fam,* crumbly BRIT *fam*

grummeln *vi* (*fam*) ① (*brummeln*) to mumble [*or* mutter]
② (*leise rollen*) to rumble

Grummet *nt* AGR aftermath

grün *adj* ① (*die Farbe des Chlorophylls*) green
② (*unreif*) green; *Tomaten, Pflaumen* green, immature; ~**er Junge** greenhorn; ~**e Weihnachten** a snow-free Christmas
③ POL green
▶ WENDUNGEN: **jdn** ~ **und blau schlagen** (*fam*) to beat sb black and blue; **sich** ~ **und blau ärgern** to be furious; **jdm nicht** ~ **sein** (*fam*) to dislike [*or* not like] sb; **sich** *dat* **nicht** ~ **sein** (*fam*) to dislike [*or* not like] each other; *s. a.* **Gesicht**

Grün <-s, – *o fam* -s> *nt* ① (*Farbe*) green; **ein grelles/schreiendes** ~ a bright/garish green; ~ **haben** to be [at [*or* on]] green; ***die Ampel zeigt*** ~ the [traffic] lights are [at [*or* on]] green
② (~*flächen*) green spaces [*or* areas]; **ein** ~ **am Golfplatz** a green on a/the golf course
③ (*grüne Pflanzen*) greenery; **das erste** ~ **nach dem Winter** the first green shoots of spring
④ (*Spielfarbe im deutschen Kartenspiel*) spades *npl*
▶ WENDUNGEN: **das ist dasselbe in** ~ (*fam*) it's one and the same [thing]

Grünalge *f* BOT *meist pl* green alga [*or* algae] **grünalternativ** *adj* POL green alternative; **Grün-Alternative-Liste** *electoral pact of green and alternative parties* **Grünanlage** *f* green space [*or* area] **grünäugig** *adj* green-eyed; ■~ **sein** to have green eyes **grünbärtig** *adj* ZOOL green-gilled **grünblau** *adj* greenish blue

Grund <-[e]s, Gründe> *m* ① (*Ursache, Veranlassung*) reason; ***jede Naturkatastrophe hat einen*** ~ every natural disaster has a cause; ***der*** ~ ***des schlechten Wetters ist ein Tiefdruckgebiet*** the reason for [*or* cause of] the bad weather is an area of low pressure; **keinen/nicht den geringsten** ~ no/not the slightest reason; ***eigentlich besteht kein*** ~ ***zur Klage*** there is no [real] cause for complaint; ***du hast keinen*** ~**, *dich zu beklagen*** you've no reason to complain; **zwingende Gründe** JUR compelling reasons; **jdm** ~ [**zu etw** *dat*] **geben** to give sb reason [*or* cause] [to do sth]; **sehr wohl** ~ **zu etw** *dat* **haben** to have every [*or* very good] reason [*or* good cause] to do sth; **ohne** ~ without reason; ■**ein/kein** ~ **zu etw** *dat* [no] reason for sth; (*Beweg*~*, Motiv*) grounds *pl,* reason; ***Eifersucht ist schon oft der*** ~ ***für eine Bluttat gewesen*** jealousy is often the motive for a bloody deed; ~ **zu der Annahme haben, dass** to have reason to believe [*or* grounds for believing] that; **Gründe und Gegengründe** pros and cons; **berechtigten/guten/keinen/nicht den geringsten** ~ **haben, etw zu tun** to have a legitimate/good/no/not the slightest reason for doing sth; ***du hast wirklich keinen*** ~***, dich ihm gegenüber so ablehnend zu verhalten*** you have no real cause to be so stand-offish towards him; **aus dem einfachen** ~**, weil** for the simple reason that; **aus finanziellen Gründen** for financial reasons; **aus gesundheitlichen Gründen** for reasons of health, on health grounds; **aus gutem** ~ with good reason; **aus unerfindlichen Gründen** for some obscure reason; **die Gründe für und wider genau abwägen** to closely weigh up the arguments for and against; **aus Gründen einer S.** *gen* for reasons of sth; **aus Gründen der Diplomatie** for reasons of diplomacy; **aus diesem** ~[**e**] for this reason; **aus welchem** ~[**e**] for what reason; **auf** ~ **einer S.** *gen* owing to [*or* because of] sth; *s. a.* **aufgrund**
② *kein pl* (*Erdboden*) ground; **etw bis auf den** ~ **abtragen** to raze sth to the ground; **ein Schiff auf** ~ **setzen** to scuttle a ship; **auf** ~ **laufen** [*o* **geraten**] NAUT to run aground
③ DIAL (*Land, Acker*) land; ~ **erwerben** to acquire land; **den** ~ **bewirtschaften** to cultivate [*or* work] the land; ~ **und Boden** land
④ (*veraltend: Erdreich*) soil; ***für solche Pflanzen muss der*** ~ ***sehr feucht sein*** the soil must be very moist for plants like these
⑤ (*Boden eines Gewässers*) bed, bottom; ***am*** ~***e des Sees*** on the seabed, at the bottom of the sea; ***ich habe keinen*** ~ ***mehr unter den Füßen*** I can't touch the bottom [*or* feel the bottom under my feet] any longer; **steiniger/felsiger** ~ a stony/rocky bottom; **auf den** ~ **sinken** to sink to the bottom
⑥ *kein pl* (*geh: Gefäßboden*) bottom; **sich auf dem** ~ **des Glases absetzen** to settle to the bottom of the glass; **etw bis auf den** ~ **auspumpen/austrinken/leeren** to pump sth out/drain/empty sth completely
⑦ *kein pl* (*Unter*~) background; ***ein weißes Kreuz auf rotem*** ~ a white cross on a red background
▶ WENDUNGEN: **in** ~ **und Boden** thoroughly; ***du solltest dich in*** ~ ***und Boden schämen!*** you should be thoroughly [*or* completely] ashamed of yourself; **jdn in** ~ **und Boden reden** to shoot sb's arguments to pieces *fam;* **im** ~**e jds Herzens** (*geh*) in one's heart of hearts; **einer S.** *dat* **auf den** ~ **gehen** [*o* **kommen**] to get to the bottom of sth; **den** ~ **zu etw** *dat* **legen** to lay the foundations *pl* of [*or* for] sth; **auf** ~ **von etw** *dat* [*o* **einer S.** *gen*] on the strength [*or* basis] of sth; **im** ~**e** [**genommen**] basically; **von** ~ **auf** [*o* **aus**] completely

Grundabgabe *f* FIN ground rent, land tax **Grundakkord** *m* MUS common chord, basic triad **grundanständig** *adj* thoroughly decent **Grundausbildung** *f* basic training **Grundausstattung** *f* basic equipment **Grundbedeutung** *f* basic [*or* fundamental] meaning; LING original meaning **Grundbedingung** *f* basic condition **Grundbegriff** *m meist pl* ① (*elementarer Begriff*) basic [*or* fundamental] notion [*or* concept] ② SCH (*Minimalvoraussetzung*) rudiments *npl* **Grundbesitz** *m* landed property; **landwirtschaftlicher/städtischer** ~ agricultural holding/city real estate; **jdm den** ~ **entziehen** to dispossess sb **Grundbesitzabgabe** *f* FIN real estate levy **Grundbesitzer(in)** *m(f)* landowner **grundbesitzlos** *adj* landless **Grundbestand** *m* HANDEL basic stock **Grundbestandteil** *m* basis, basic element **Grundbetrag** *m* HANDEL basic amount

Grundbuch *nt* JUR land register

Grundbuchabschrift *f* JUR land certificate **Grundbuchabteilung** *f* JUR *für Grunddienstbarkeiten* register of land charges **Grundbuchamt** *nt* ADMIN Land Registry, Land Registration Office **Grundbuchauszug** *m* JUR land certificate BRIT, certificate of title AM **Grundbuchberichtigung**

f JUR rectification of the land register **Grundbuchbezirk** *m* JUR Land Register district **Grundbucheinsicht** *f* JUR inspection of the land register **Grundbucheintragung** *f* JUR entry in the land register; **eine ~ vornehmen** to register a land charge **Grundbuchlöschung** *f* JUR cancellation of an entry in the land register **Grundbuchordnung** *f* JUR Land Registry Act

Grunddienstbarkeit *f* JUR easement **grundehrlich** *adj* (*emph*) thoroughly honest **Grundeigentümer(in)** *m(f)* s. Grundbesitzer **Grundeigentumsurkunde** *f* JUR title deeds *pl* **Grundeinstellung** *f* INFORM presetting, basic setting

gründen I. *vt* ❶ (*neu schaffen*) **■etw ~** to found sth; **einen Betrieb/eine Firma ~** to establish [*or* set up] a business/firm; **eine Partei ~** to form [*or* establish] a party; **eine Universität ~** to found [*or* establish] a university

❷ (*fußen lassen*) **■etw auf etw** *akk* **~** to base [*or* found] sth on sth; ***worauf gründet er seine Entscheidung?*** what does he base his decision on?

II. *vr* **■sich auf etw** *akk* **~** to be based [*or* founded] on sth

Grundentlastung *f* FIN absolute discharge

Gründer(in) <-s, -> *m(f)* founder

Gründeraktie *f* BÖRSE founder's share **Gründerhaftung** *f* JUR founder's liability **Gründerjahre** *pl*, **Gründerzeit** *f* HIST *period in the last third of the 19th century when many industrial firms were established in Germany*

Grundertragssteuer *f* FIN farmer's tax **Grunderwerb** *m* acquisition [*or* purchase] of land **Grunderwerbsteuer** *f* land transfer tax **grundfalsch** *adj* (*emph*) completely [*or* totally] wrong; *eine ~e Annahme* a completely false assumption **Grundfarbe** *f* ❶ (*Primärfarbe*) primary colour [*or* AM -or] ❷ (*als Untergrund aufgetragene Farbe*) ground colour [*or* AM -or] **Grundfesten** *pl* (*fig*) [very] foundations *pl*; **an den ~ von etw** *dat* **rütteln** to shake the [very] foundations of sth; **etw bis in die ~** [*o* **in seinen ~**] **erschüttern** to shake sth to its [*or* the] [very] foundations **Grundfläche** *f* area **Grundforderung** *f* basic demand **Grundform** *f* ❶ (*elementare Form*) basic form ❷ LING basic form **Grundfrage** *f* fundamental question [*or* issue] **Grundfreibetrag** *m* FIN (*Steuern*) basic exemption, tax-free [*or* BRIT personal] allowance **Grundgebühr** *f* FIN basic charge **Grundgedanke** *m* basic idea **Grundgehalt** *nt* basic salary **Grundgesetz** *nt* ❶ (*Grundprinzip*) basic [*or* fundamental] law; **physikalische/chemische ~e** the fundamental laws of physics/chemistry ❷ (*deutsche Verfassung*) Basic Law **Grundgesetzänderung** *f* constitutional amendment, amendment to the Basic Law **grundgesetzwidrig** *adj* violating [*or* contrary to] the Basic Law **grundgütig** *adj* kind-hearted **Grundhaltung** *f* basic attitude **Grundhandelsgewerbe** *nt* HANDEL general commercial business **Grundherr** *m* HIST lord of the manor **Grundidee** *f* basic idea

grundieren* *vt* **■etw ~** to prime sth

Grundierfarbe *f* BAU primer paint

Grundierung <-, -en> *f* ❶ *kein pl* (*das Grundieren*) priming; *beim Schminken* foundation

❷ (*erster Anstrich*) primary [*or* priming] coat

Grundimmunisierung *f* basic immunization **Grundinvestition** *f* FIN basic [*or* capital] project **Grundkapital** *nt* share capital BRIT, stock capital AM; **genehmigtes ~** authorized capital **Grundkenntnis** *f meist pl* basic knowledge *no pl*; ***ihm fehlen die ~se in der Chemie*** he lacks [the] basic knowledge of chemistry **Grundkonsens** *m* SOZIOL, POL fundamental concensus **Grundkonzeption** *f* basic [*or* fundamental] conception [*or* idea] **Grundkosten** *pl* FIN basic costs **Grundkurs** *m* SCH basic course; (*Einführungskurs*) foundation course **Grundlage** *f* basis, foundation; **als ~ für etw** *akk* **dienen** to serve as a basis for sth; **jeder ~ entbehren** to be completely unfounded [*or* without foundation]; **auf der ~ von etw** *dat* on the basis of sth; **eine gute ~** (*fam*) a good lining for one's stomach **Grundlagenabkommen** *nt* basic agreement **Grundlagenforschung** *f* basic research **Grundlagenvertrag** *m* POL foundation agreement **Grundlast** *f* ELEK base load **grundlegend I.** *adj* ❶ (*wesentlich*) fundamental, basic ❷ (*die Grundlage bildend*) standard **II.** *adv* fundamentally; ***das hat sich ~ geändert*** that has fundamentally changed **Grundleistung** *f* FIN (*Versicherung*) standard [*or* flat-rate] benefit

gründlich I. *adj* ❶ (*gewissenhaft*) thorough

❷ (*umfassend*) thorough; **eine ~e Bildung** a broad education

II. *adv* ❶ (*fam: total*) completely; **sich ~ täuschen** to be completely mistaken

❷ (*gewissenhaft*) thoroughly

Gründlichkeit <-> *f kein pl* thoroughness

Gründling <-s, -e> *m* ZOOL gudgeon

Grundlinie *f* ❶ MATH ground-line ❷ SPORT baseline ❸ TYPO baseline **Grundlinienspiel** *nt* SPORT baseline play **Grundlohn** *m* basic pay [*or* wage] **grundlos I.** *adj* ❶ (*unbegründet*) groundless, unfounded, *~es Lachen,* laughter for no reason [at all] ❷ (*ohne festen Boden*) bottomless **II.** *adv* groundlessly; **~ lachen** to laugh for no reason [at all] **Grundmauer** *f* (*Fundament*) foundation wall; **etw bis auf die ~n niederbrennen** to burn sth to the ground; **etw bis auf die ~n niederreißen/zerstören** to raze sth to the ground **Grundnahrungsmittel** *nt* basic food[stuff]

Gründonnerstag *m* REL Maundy Thursday

Grundordnung *f* basic [*or* fundamental] order **Grundpfandgläubiger(in)** *m(f)* JUR mortgagee **Grundpfandrecht** *nt* JUR encumbrance, right in rem; **etw mit einem ~ belasten** to encumber sth with a mortgage **Grundpfeiler** *m* ❶ BAU (*tragender Pfeiler*) supporting pillar; *Brücke* supporting pier ❷ (*fig: wesentliches Element*) cornerstone **Grundprinzip** *nt* fundamental [*or* basic] principle **Grundprodukt** *nt* HANDEL basic product **Grundprogramm** *nt* INFORM basic program **Grundrechenart** *f* fundamental rule of arithmetic **Grundrecht** *nt* basic [*or* fundamental] right **Grundrechtsgarantien** *pl* JUR constitutional guarantees of civil rights **Grundrechtsgewährleistung** *f* JUR constitutional guarantee of civil rights **Grundrechtsverletzung** *f* JUR violation of basic rights **Grundregel** *f* basic [*or* fundamental] rule **Grundrente** *f* ❶ (*Mindestrente*) basic pension ❷ FIN (*Einkommen aus Eigentum von Grund und Boden*) ground rent

Grundriss[RR] *m* ❶ BAU ground-plan

❷ (*Abriss*) sketch, outline, summary **Grundrisszeichnung**[RR] *f* BAU floor [*or* ground] plan

Grundsatz *m* principle; **Grundsätze ordnungsgemäßer Buchführung** FIN generally accepted accounting principles; **es sich** *dat* **zum ~ machen, etw zu tun** to make it a matter of principle to do sth; **aus ~** on principle

Grundsatzbeschluss[RR] *m* POL policy decision **Grundsatzdiskussion** *f* debate on [fundamental] principles **Grundsatzentscheidung** *f* decision of general principle **Grundsatzerklärung** *f* POL declaration of principles **Grundsatzfrage** *f* fundamental [*or* pivotal] issue

grundsätzlich I. *adj* ❶ (*grundlegend*) fundamental; **~e Bedenken/Zweifel** serious [*or* strong] misgivings/doubts

❷ (*prinzipiell*) in principle *pred*

II. *adv* ❶ (*völlig*) completely; **~ anderer Meinung sein** to be of a completely different opinion

❷ (*prinzipiell*) in principle

❸ (*kategorisch*) absolutely

Grundsatzpapier *nt* written declaration of principles **Grundsatzprogramm** *nt* basic programme [*or* AM -am]; (*Parteiprogramm*) party manifesto **Grundsatzurteil** *nt* JUR leading decision **Grundsatzvereinbarung** *f* JUR agreement in principle **Grundsatzvertrag** *m* JUR agreement in principle; POL policy agreement

Grundschrift *f* TYPO base [*or* body] type **Grundschuld** *f* FIN, JUR land charge **Grundschuldbrief** *m* FIN land charge certificate **Grundschule** *f* primary [*or* AM elementary] [*or* AM grade] school **Grundschüler(in)** *m(f)* primary school [*or* AM elementary school] [*or* AM grade school] pupil **Grundschullehrer(in)** *m(f)* primary[-school] teacher BRIT **Grundsicherung** *f* basic [insurance] cover [*or* level of social protection], subsistence income **grundsolid(e)** *adj* very respectable **Grundstein** *m* foundation-stone; [**mit etw** *dat*] **den ~ zu etw** *dat* **legen** to lay the foundations for [*or* of] sth [with sth]; **der ~ zu etw** *dat* **sein** to form the foundations for [*or* of] sth **Grundsteinlegung** *f* laying of the foundation stone **Grundstellung** *f* ❶ SPORT (*Ausgangsstellung für eine Turnübung*) normal position ❷ (*Stellung der Schachfiguren am Spielanfang*) starting positions *pl*

Grundsteuer *f* FIN [local] property tax, ≈ council tax BRIT

Grundsteuerbemessungsbetrag *m* FIN property tax base **Grundsteuermessbescheid**[RR] *m* FIN property tax assessment **Grundsteuerpflicht** *f* FIN property tax liability **grundsteuerpflichtig** *adj* FIN rat[e]able BRIT **Grundsteuerpflichtige(r)** *f(m) dekl wie adj* FIN ratepayer BRIT **Grundsteuerveranlagung** *f* FIN property tax assessment

Grundstimmung *f* prevailing mood **Grundstock** *m* basis, foundation **Grundstoff** *m* ❶ (*Rohstoff*) raw material ❷ CHEM (*Element*) element **Grundstoffindustrie** *f* basic industry

Grundstück *nt* ❶ (*Bau~*) plot [of land]; **bebaute ~e** developed plots [*or* sites]

❷ (*Anwesen*) estate, property

Grundstücksabschreibung *f* FIN depreciation on land **Grundstücksart** *f* type of real estate **Grundstücksaufbereitung** *f* land development **Grundstücksbelastung** *f* JUR encumbrance of property **Grundstücksbesitzer(in)** *m(f)* property owner **Grundstückseigentum** *nt* fee simple **Grundstückseigentümer(in)** *m(f)* property owner **Grundstückserwerb** *m* land purchase, acquisition of real estate **grundstücksgleich** *adj* JUR equivalent to real property **Grundstücksgröße** *f* size of the property **Grundstückskauf** *m* purchase of real estate **Grundstückslast** *f* FIN land charge **Grundstücksmakler(in)** *m(f)* estate agent **Grundstückspacht** *f* JUR ground lease **Grundstückspfandrecht** *nt* JUR hypothecary right **Grundstückspreis** *m* land price, real-estate price *usu pl* **Grundstücksrecht** *nt* JUR land law, law of property **Grundstücksübertragung** *f* JUR conveyance of property, transfer of land **Grundstücksübertragungsurkunde** *f* JUR full covenant deed **Grundstücksveräußerung** *f* JUR property disposal **Grundstücksverkehr** *m* JUR real estate transactions **Grundstückswert** *m* real estate value **Grundstückszubehör** *nt* JUR accessory to realty fixtures and fittings of the premises **Grundstückverkehrsgesetz** *nt* JUR Law on Real Estate Transactions

Grundstudium *nt* basic course **Grundstufe** *f* SCH *years 3 and 4 of primary/elementary school in Germany* **Grundsubstanz** *f* basic substance, base **Grundtarif** *m* JUR basic rate **Grundtext** *m* original [text] **Grundton** *m* ❶ MUS (*eines Akkords*) root; (*einer Tonleiter*) keynote ❷ (*Grundfarbe*) ground colour [*or* AM -or] **Grundübel** *nt* basic evil **Grundüberzeugung** *f* PHILOS, SOZIOL fundamental conviction **Grundumsatz** *m* MED basal metabolism

Gründung <-, -en> *f* ❶ (*das Gründen*) foundation, founding; *Betrieb* establishment, setting up; *Familie* [the] starting; *Schule, Universität* establishment, founding, foundation; **~ eines Unternehmens** formation of a company

❷ BAU (*Fundament*) foundation[s]; *kein pl* (*das Anlegen des Fundaments*) laying of the foundation[s]

Gründungsakt *f* act of foundation **Gründungsaktie** *f* BÖRSE founder's share **Gründungsbericht** *m* HANDEL *einer AG* formation [*or* statutory]

report **Gründungsbilanz** *f* FIN [founders'] formation statement **Gründungseinlage** *f* FIN original investment **Gründungsfeier** *f* foundation ceremony **Gründungsgesellschaft** *f* HANDEL parent [*or* proprietary] company **Gründungsgesellschafter(in)** *m(f)* founder member **Gründungsinvestition** *f* FIN original investment **Gründungsjahr** *nt* year of [the] foundation **Gründungsjubiläum** *nt* anniversary of the foundation **Gründungskapital** *nt* FIN initial capital **Gründungskosten** *pl* FIN promotion costs, start-up expenditure **Gründungsmitglied** *nt* founding member **Gründungsphase** *f* HANDEL start-up period **Gründungsrecht** *nt* JUR law on company formation **Gründungsurkunde** *f,* **Gründungsvertrag** *m* JUR articles of association; (*von Kapitalgesellschaft*) memorandum of association [*or* AM incorporation] **Gründungsvertrag** *m* JUR foundation agreement **Gründungsvorgang** *m* HANDEL incorporation procedure

Grundvergütung *f* FIN basic remuneration **grundverkehrt** *adj* completely wrong **Grundvermögen** *nt* FIN real estate [*or* property], landed property **grundverschieden** *adj* (*emph*) completely different **Grundversorgung** *f* basic care **Grundvertrag** *m* JUR principal [*or* basic] contract **Grundwasser** *nt* ground water; **auf ~ stoßen** to come across underground water **Grundwasserspiegel** *m* ground-water level, water table **Grundwehrdienst** *m* national service BRIT; **den ~ leisten** to do one's national service **Grundwerkstoff** *m* TECH base [*or* parent] metal **Grundwert** *m* basic amount; (*Grundstückswert*) real-estate value **Grundwissen** *nt* basic knowledge **Grundwort** *nt* LING root, etymon *spec* **Grundwortschatz** *m* basic vocabulary **Grundzahl** *f* MATH *s.* **Kardinalzahl Grundzins** *m* FIN ground rent **grundzinspflichtig** *adj* JUR subject to ground rent *pred* **Grundzug** *m* ❶ (*wesentliches Merkmal*) essential feature; **etw in seinen Grundzügen darstellen/erläutern** to outline/explain the essentials of sth ❷ *pl* (*Abriss*) the basics [*or* fundamentals]

Grüne(r) *f(m) dekl wie adj* POL [member of the] Green [Party]; ***die ~n*** the Green Party [*or* Greens]

Grüne(s) *nt dekl wie adj* ❶ (*Schmuckreisig*) ■**~s** greenery *sing*

❷ (*Gemüse*) ■**~s** greens

▸ WENDUNGEN: **ins ~ fahren** (*fam*) to drive [*or* take a trip] into the country; **im ~n** in the country

grünen *vi* (*geh*) to become [*or* turn] green; ***ist es nicht schön, dass es wieder grünt und blüht?*** isn't it nice that spring is here again?

Grünfink *m* greenfinch **Grünfläche** *f* green [*or* open] space **Grünflächenamt** *nt* parks department **Grünfutter** *nt* green fodder *no pl, no indef art,* herbage [*or* soilage] *no pl, no indef art spec*

Grunge [grʌndʒ] *m* MUS grunge

Grüngürtel *m* green belt **Grünkern** *m* dried unripe spelt grain *no indef art* **Grünkohl** *m* [curly] kale *no pl, no indef art* **Grünland** *nt kein pl* AGR (*Wiesen*) meadowland, grassland; (*Weiden*) pastureland

grünlich *adj* greenish

Grünling *m s.* **Grünfink**

Grünpflanze *f* non-flowering plant **Grünschenkel** *m* ORN greenshank **Grünschnabel** *m* (*fam*) greenhorn *fam,* whippersnapper *fam* **Grünspan** *m kein pl* verdigris *no pl;* **~ ansetzen** to become covered with verdigris **Grünspecht** *m* green woodpecker **Grünstreifen** *m* central reservation, median strip AM; (*am Straßenrand*) grass verge

grunzen I. *vi* to grunt; ■**das G~** grunting

II. *vt* (*fam*) ■**etw ~** to grunt sth

Grünzeug *nt* (*fam*) ❶ (*Kräuter*) herbs *pl*

❷ (*Salat*) green salad; (*Gemüse*) greens *pl*

❸ (*hum: Jugendliche*) green young things *pl fam,* whippersnappers *pl fam*

Grüppchen <-s, -> *nt dim von* **Gruppe** (*bes pej*) small group [*or pej* clique]

Gruppe <-, -n> *f* ❶ (*Anzahl von Personen, Dingen*) group; **in ~n zu sechs [Leuten]** in groups of six

❷ (*Zusammenschluss*) group; HANDEL (*Konzern*) group

❸ SPORT group

❹ (*Kategorie*) category, class

Gruppenakkord *m* ÖKON group piecework *no pl, no indef art* **Gruppenarbeit** *f kein pl* teamwork *no pl, no indef art* **Gruppenaufnahme** *f,* **Gruppenbild** *nt* group photograph **Gruppenbewertung** *f* FIN group-of-assets valuation **Gruppenbildung** *f* group formation **Gruppenbuchung** *f* HANDEL block booking **Gruppendynamik** *f* PSYCH group dynamics + *sing/pl vb, no art* **gruppendynamisch** *adj Prozess* involving group dynamics **Gruppenfoto** *nt* group photo **Gruppenfreistellung** *f* FIN group exemption **Gruppenführer(in)** *m(f)* ❶ (*Leiter*) team [*or* group] leader ❷ HIST (*in der „SS"*) lieutenant-general **Gruppenidentität** *f* SOZIOL group identity **Gruppenklage** *f* JUR class action suit **Gruppenleiter(in)** *m(f)* team leader **Gruppenmoral** *f* ❶ (*sittliches Empfinden einer Gruppe*) group morals *pl,* morals of a/the group; **gegen die ~ verstoßen** to contravene group morals ❷ (*innere Haltung*) group morale *no pl, no indef art* **Gruppenreise** *f* group travel *no pl, no art* **Gruppensex** *m* group sex *no pl, no art* **Gruppensieg** *m* first place in the group **Gruppentarif** *f* HANDEL blanket rate **Gruppentherapie** *f* ❶ MED group treatment *no pl, no indef art* ❷ PSYCH group therapy *no pl, no indef art* **Gruppenunterricht** *m* group learning *no pl, no art* **gruppenweise** *adv* in groups **Gruppenzwang** *m* [peer] group pressure *no pl, no indef art*

gruppieren* I. *vt* ■**etw [um etw] ~** to group sth [around sth]

II. *vr* ■**sich [zu etw] ~** to be grouped [into sth]

Gruppierung <-, -en> *f* ❶ (*Gruppe*) group

❷ *kein pl* (*Aufstellung*) grouping

❸ INFORM cluster[ing]

Gruselfilm *m* horror film **Gruselgeschichte** *f* horror story

grus(e)lig *adj* gruesome, spine-chilling; **~ zumute werden** to have a creepy feeling

gruseln I. *vi, vt impers* ■**jdn** [*o* **jdm**] **gruselt es** sb gets the creeps; ■**das G~** fear; ***nachts in einem unheimlichen Schloss kann man das G~ lernen*** one learns what fear is in an eerie castle at night

II. *vr* ■**sich [vor jdm/etw] ~** to shudder [at the sight of sb/sth]

Gruß <-es, Grüße> *m* ❶ (*Begrüßung/Verabschiedung*) greeting/farewell; MIL salute; **jdm Grüße übermitteln** [*o* **bestellen**] to pass on/give [one's] regards [*or* best wishes] to sb; ***einen [schönen] ~ an Ihre Gattin*** [please] give my [best] regards to your wife; ***liebe Grüße auch an die Kinder*** give my love to the children, too; **jdm seine Grüße entbieten** (*geh*) to present one's compliments to sb *form;* **ohne ~** without saying hello/goodbye; **zum ~** as a greeting; ***sie reichten die Hände zum ~*** they shook hands

❷ ((*Floskeln am*) *Briefschluss*) regards; **mit besten Grüßen** [*o* **bestem Gruß**] Yours sincerely; **mit freundlichen Grüßen** [*o* **freundlichem ~**] Yours sincerely [*or* faithfully]; **mit kollegialen Grüßen** Yours sincerely; **herzliche Grüße** best wishes; **~ und Kuss** (*fam*) love [and kisses]

▸ WENDUNGEN: **der Deutsche ~** HIST the Nazi salute; **der Englische ~** REL the Ave Maria; **viele Grüße aus Davos** (*hum*) they say Davos [in the Alps] is good for coughs *hum;* **viele Grüße vom Getriebe, Gang kommt nach!** (*hum*) greetings from the gearbox, how about using the clutch! *hum;* **Gruß und Kuss, dein Julius** (*hum*) time to close/go, with love from Rose/Joe *hum*

Grußadresse *f,* **Grußbotschaft** *f* message of greetings

grüßen I. *vt* ❶ (*be~*) ■**jdn ~** to greet sb; MIL to salute sb; ***sei [mir] gegrüßt!*** (*geh*) greetings! *form;* ***grüß dich!*** (*fam*) hello there! *fam*

❷ (*Grüße übermitteln*) ■**jdn von jdm ~** to send sb sb's regards; **jdn ~ lassen** to say hello to sb

II. *vi* ❶ (*einen Gruß sagen*) to say hello; **~ lassen** to send one's regards; MIL to salute; ■**das G~** saluting

❷ (*geh: locken, winken*) to greet; ***die Berge grüßten aus der Ferne*** the mountains greeted us from afar

III. *vr* ■**sich ~** to say hello to one another

Grußformel *f* salutation **grußlos** *adv* without a word of greeting/farewell; ***er ging ~ an mir vorbei*** he went past me without saying hello **Grußwort** <-worte> *nt* welcoming speech; **ein ~ an jdn richten** to address a few words of welcome to sb

Grütze <-, -n> *f* groats *npl,* grits *npl* AM; **rote ~** *red fruit slightly stewed and thickened*

▸ WENDUNGEN: **~ im Kopf haben** (*fam*) to have a bit of nous *sl*

Guam [guam] *nt* Guam; *s. a.* **Sylt**

Guarkernmehl *nt,* **Guarmehl** *nt* guar gum [flour]

Guatemala <-s> *nt* Guatemala; *s. a.* **Deutschland**

Guatemala-Stadt <-> *nt* Guatemala City

Guatemalteke, Guatemaltekin <-n, -n> *m, f* Guatemalan; *s. a.* **Deutsche(r)**

guatemaltekisch *adj* Guatemalan; *s. a.* **deutsch**

Guave <-, -n> [və] *f* guava

gucken *vi* ❶ (*sehen*) ■**[in/durch etw** *akk***/aus etw] ~** to look [in/through/out of sth]; ***was guckst du so dumm!*** take that silly look off your face!; ***ich habe schon Weihnachtsgeschenke gekauft, aber nicht ~!*** I've already bought the Christmas presents, so no peeping!

❷ (*ragen*) ■**aus etw ~** to stick out of sth; ***was guckt denn da aus der Tasche?*** what's that sticking out of your pocket?

Guckloch *nt* peephole

Guerilla[1] <-, -s> [ge'rɪlja] *f* guerilla war

Guerilla[2] <-[s], -s> *m* guerilla

Guerillakämpfer(in) [ge'rɪlja-] *m(f)* guerilla **Guerillakrieg** *m* guerilla war

Guernsey <-[s]> *nt* Guernsey

Gugelhopf *m* SCHWEIZ, **Gugelhupf** *m* SÜDD, ÖSTERR kugelhopf

Gugelhopfform *f* SCHWEIZ, **Gugelhupfform** *f* SÜDD, ÖSTERR kugelhopf [tin]

Güggeli <-s, -> *nt* SCHWEIZ (*Brathähnchen*) fried chicken

Guillotine <-, -n> [gɪljo'ti:nə, gijo'ti:nə] *f* guillotine; **auf die ~ kommen** to go to the guillotine

guillotinieren* [gɪljoti'ni:rən, gijoti'ni:rən] *vt* ■**jdn ~** to guillotine sb

Guinea <-s> [gi'ne:a] *nt* Guinea; *s. a.* **Deutschland**

Guinea-Bissau <-s> *nt* Guinea-Bissau; *s. a.* **Deutschland**

Guinea-Bissauer(in) <-s, -> *m(f)* Guinea-Bissauan, Bissau Guinean; *s. a.* **Deutsche(r)**

guinea-bissauisch *adj* Guinea-Bissauan, Bissau Guinean; *s. a.* **deutsch**

Guineer(in) <-s, -> [-gi'ne:ɐ] *m(f)* Guinean; *s. a.* **Deutsche(r)**

guineisch [gi'ne:ɪʃ] *adj* Guinean; *s. a.* **deutsch**

Gulag <-[s]> *m kein pl* HIST Gulag

Gulasch <-[e]s, -e *o* -s> *nt o m* KOCHK goulash

Gulaschkanone *f* (*sl*) field kitchen **Gulaschsuppe** *f* goulash soup

Gulden <-s, -> *m* guilder; **niederländischer ~** [the/a] Dutch guilder

gülden *adj* (*poet*) golden

Gülle <-> *f kein pl* liquid manure *no pl, no indef art,* slurry *no pl*

Güllefracht *f* cargo of slurry

Gully <-s, -s> ['gʊli] *m o nt* drain

gültig *adj* ❶ (*Geltung besitzend*) valid; ***diese Fahrkarte ist zwei Monate ~*** this ticket is valid for two months; **ein ~er Vertrag** a valid contract; ***der Sommerfahrplan ist ab dem 1.4. ~*** the summer timetable comes into effect from 1.4.

❷ (*allgemein anerkannt*) universal; **eine ~e Maxime** a universal maxim

Gültigkeit <-> *f kein pl* ❶ (*Geltung*) validity *no pl;* ***der Ausweis besitzt nur noch ein Jahr ~*** the

identity card is only valid for one more year; **die ~ eines Angebots** the continuance of an offer; **allgemeine ~** general acceptance, currency; **die ~ verlieren** to expire [*or* become invalid]
② JUR (*gesetzliche Wirksamkeit*) legal force, validity *no pl;* **~ ausländischen Rechts** validity of alien law; **volle ~ [eines Urteils]** full faith and credit; **die ~ eines Schiedsspruches anfechten** to contest the validity of an award

Gültigkeitsdauer *f* validity [period], period of validity **Gültigkeitserklärung** *f* JUR validation [certificate] **Gültigkeitsvermerk** *m* (*Scheck*) certification

Gummi <-s, -s> *nt o m* ① (*Material*) rubber *no pl, no indef art*
② (*fam: Radiergummi*) rubber
③ (*fam: ~band*) elastic [*or* rubber] band
④ (*~zug*) elastic *no pl, no indef art*
⑤ (*fam: Kondom*) rubber *sl*

Gummiball *m* rubber ball **Gummiband** <-bänder> *nt* elastic [*or* rubber] band **Gummibärchen** <-s, -> *nt* jelly bear ≈ jelly baby **Gummibaum** *m* ① (*Kautschukbaum*) rubber tree ② (*Zimmerpflanze*) rubber plant **Gummibund** <-[e]s, -bünde> *m* elastic waistband

gummieren* *vt* ■**etw ~** ① (*Klebstoffschicht auftragen*) to gum sth; **gummierte Etiketten/Briefumschläge** gummed labels/envelopes
② (*Gummischicht (auf Textilien) auftragen*) to rubberize sth

Gummierung <-, -en> *f* ① *kein pl* (*das Gummieren*) gumming *no pl;* (*von Textilien*) rubberizing *no pl*
② (*Klebstoffschicht*) gummed surface; (*Gummischicht*) rubberized surface

Gummigeschoss^RR *nt* rubber bullet **Gummihandschuh** *m* rubber glove **Gummihöschen** <-s, -> *nt* baby pants *npl* **Gummiknüppel** *m* rubber truncheon **Gummiparagraph** *m* (*fam*) flexible [*or* ambiguous] clause **Gummirakel** *f* TYPO rubber doctor blade, squeegee **Gummireifen** *m* rubber tyre [*or* AM tire] **Gummiring** *m* ① (*Gummiband*) rubber band ② *für Einmachgläser* rubber seal ③ (*Spielzeug*) rubber ring **Gummischuh** *m* rubber shoe **Gummisohle** *f* rubber sole **Gummistiefel** *m* rubber boot, wellington [boot], wellie BRIT *fam* **Gummistrumpf** *m* elastic stocking **Gummituch** *nt* TYPO [litho] [*or* printer's] blanket **Gummizelle** *f* padded cell **Gummizug** *m* elastic *no pl, no indef art;* **einen ~ einziehen** to insert a piece of elastic

Gundermann *m* BOT ground ivy

Günsel <-s> *m kein pl* BOT bugle

Gunst <-> *f kein pl* ① (*Wohlwollen*) goodwill *no pl, no indef art;* **jds ~ besitzen** [*o* **genießen**] to enjoy sb's favour [*or* AM -or]; **in jds** *dat* **~ stehen** to be in sb's favour; **jdm eine ~ erweisen** (*geh*) to do [*or* grant] sb a favour; **sich** *dat* **jds ~ verscherzen** to lose sb's favour
② (*Vergünstigung*) favour [*or* AM -or]; **zu jds ~en** in sb's favour; ***er schloss eine Lebensversicherung zu ~en seiner Tochter ab*** he took out a life assurance policy for the benefit of his daughter
③ (*günstige Konstellation*) ■**die ~ einer S.** *gen* the advantageousness of sth; ***er nutzte die ~ des Augenblicks aus*** he took advantage of the favourable moment

Gunstbeweis *m,* **Gunstbezeigung** *f* mark of favour

günstig **I.** *adj* ① (*zeitlich gut gelegen*) convenient; ***Mittwoch ist nicht so ~*** Wednesday is not so convenient
② (*begünstigend*) favourable [*or* AM -orable]; **~e Gewinnchancen** good chances for profit; **~e Tendenzen in der wirtschaftlichen Entwicklung** favourable trends in economic growth
③ (*preis~*) reasonable
II. *adv* ① (*preis~*) reasonably
② (*passend, geeignet*) favourably; **es trifft sich ~, dass** it's a stroke of luck that

günstigstenfalls *adv* at best

Günstling <-s, -e> *m* (*pej*) favourite [*or* AM -orite]

Günstlingswirtschaft *f kein pl* (*pej*) favouritism [*or* AM -oritism] *no pl pej*

Gupf <-[e]s, -e> *m* SÜDD, ÖSTERR, SCHWEIZ (*fam*) peak; (*Kuppe*) rounded hilltop

Guppy <-s, -s> ['gupi] *m* ZOOL guppy

Gurgel <-, -n> *f* throat; **jdm an die ~ gehen** [*o* **springen**] (*fam*) to go for sb's throat
▶ WENDUNGEN: **sich die ~ ölen** [*o* **schmieren**] (*hum fam*) to wet one's whistle *hum fam*

Gurgelmittel *nt* gargle

gurgeln *vi* ① (*den Rachen spülen*) ■**[mit etw] ~** to gargle [with sth]; ■**das G~** gargling
② (*von ablaufender Flüssigkeit*) to gurgle; ■**~d** gurgling

Gurgelwasser *nt* gargle

Gürkchen <-s, -> *nt dim von* **Gurke** small [*or* cocktail] gherkin

Gurke <-, -n> *f* ① (*Frucht*) cucumber; (*Essig~*) gherkin; **eingelegte** [*o* **saure**] **~n** pickled gherkins
② (*Pflanze*) cucumber plant
③ (*hum fam: Nase*) conk BRIT *hum fam,* hooter BRIT *hum fam*
④ (*sl: Penis*) knob BRIT *sl,* dick *sl*

Gurkenhobel *m* cucumber slicer **Gurkensalat** *m* cucumber salad

Gurkentreiber *m* (*pej*) simpleton

gurren *vi Tauben* to coo; (*fam*) *Mensch* to purr

Gurt <-[e]s, -e> *m* ① (*Riemen*) strap
② (*Sicherheitsgurt*) seat belt
③ (*breiter Gürtel*) belt

Gürtel <-s, -> *m* ① (*Hosen~*) belt
② (*Ring, Zone*) belt
▶ WENDUNGEN: **den ~ enger schnallen** (*fam*) to tighten one's belt

Gürtellinie [li:niə] *f* waist[line] ▶ WENDUNGEN: **unter die ~ zielen** to aim below the belt; *s. a.* **Schlag** **Gürtelreifen** *m* radial[-ply] tyre [*or* AM tire] **Gürtelrose** *f* MED shingles *no art, + sing/pl vb* **Gürtelschlaufe** *f* belt loop [*or* carrier] **Gürtelschnalle** *f* belt buckle **Gürteltier** *nt* armadillo

Gurtmuffel *m* (*fam*) *person who refuses or does not like to wear a seat belt* **Gurtpflicht** *f* compulsory wearing of seat belts **Gurtrohrzange** *f* strap wrench **Gurtschloss**^RR *nt* AUTO buckle **Gurtspanner** *m* AUTO seat-belt tensioner **Gurtstraffer** *m* AUTO seat-belt tensioner

Guru <-s, -s> *m* guru

GUS <-> [gus, ge:ʔu:ˈʔɛs] *f Akr von* **Gemeinschaft Unabhängiger Staaten** CIS

Guss^RR <-es, Güsse> *m,* **Guß** <-sses, Güsse> *m*
① (*fam: Regenguss*) downpour
② (*Zuckerguss*) icing
③ *kein pl* TECH (*das Gießen*) casting
④ *kein pl* (*~eisen*) cast iron; **aus ~** made from cast iron
⑤ MED **kalte Güsse** cold affusions
▶ WENDUNGEN: **[wie] aus einem ~** forming a uniform and integrated whole

Gusseisen^RR *nt* cast iron **gusseisern**^RR *adj* cast-iron **Gussform**^RR *f* mould [*or* AM mold] **gussgestrichen**^RR *adj* **~es Papier** cast-coated paper **Gussstahl**^RR *m* cast steel **Gussstück**^RR *nt* BAU casting

Gusto <-s, -s> *m* ▶ WENDUNGEN: **nach eigenem ~** to one's own taste; **[ganz] nach ~** (*geh*) [just] as one pleases

gut <besser, beste> **I.** *adj* ① (*ausgezeichnet, hervorragend*) good; **eine ~e Ausbildung** a good education; **ein ~es Gedächtnis** a good memory; SCH (*zweitbeste Note*) "B"; **jdn/etw ~ finden** to think sb/sth is good; **jdm geht es ~/nicht ~** sb is well/not well; **lass es dir ~ gehen!** (*fam*) look after yourself!
② (*fachlich qualifiziert*) good; ***den Rechtsanwalt kann ich dir empfehlen, der ist ~*** I can recommend this lawyer to you, he's good
③ *attr* (*lieb*) good; (*intim*) close, good; ***wir sind ~e Bekannte*** we are close acquaintances
④ *meist attr* (*untadelig*) good
⑤ (*nicht übel, vorteilhaft*) good; **eine ~e Idee** a good idea; **ein ~es Angebot** a good offer; **mit jdm geht es ~** to turn out well for sb; ***das geht auf die Dauer nicht ~*** it won't turn out well in the long run; ***das kann nicht ~ gehen!*** that just won't work!, it has to go wrong!
⑥ (*reichlich*) good; ***bis Mürzwiehlen gehen wir noch eine ~e Stunde*** we've got another good hour's walk until we get to Mürzwiehlen
⑦ (*in Wünschen*) good; **lass es dir gut ~** (*fam*) have a great time; ***~e Fahrt/Reise*** have a good trip; ***~e Erholung/Besserung*** get well soon; ***~en Appetit*** enjoy your meal; ***~es Gelingen*** good luck; ***einen ~en Rutsch ins neue Jahr*** happy New Year!; ***ein ~es neues Jahr*** happy New Year!; ***~e Unterhaltung*** enjoy the programme; ***auf ~e Zusammenarbeit!*** here's to our successful co-operation!; ***auf ~e Nachbarschaft!*** here's to us as neighbours!
▶ WENDUNGEN: **~ beieinander sein** SÜDD to be a bit tubby [*or* chubby] *fam;* **~ drauf sein** (*fam*) to be in a good mood [*or* in good spirits]; **~ und schön** (*fam*) well and good; **das ist ja alles ~ und schön, aber …** (*fam*) that's all very well, but …; **du bist ~!** (*iron fam*) you're a fine one! *iron fam;* **jdm wieder ~ sein** to be friends again with sb; **für etw ~ sein** to be good for sth; **sich für etw zu ~ sein** to be too good for sth; ***manchmal packt der Chef auch mal selbst mit an, dafür ist er sich nicht zu ~*** sometimes the boss lends a hand too, that's not beneath him; **~ gegen** [*o* **für**] **etw sein** (*fam*) to be good for sth; ***trinke einen heißen Tee mit Rum, der ist ~ gegen Erkältung!*** drink hot tea with rum, it's good for colds; **~ in etw** *dat* **sein** to be good at sth; **es ist ganz ~, dass** it's good that; **noch/nicht mehr ~ sein** to still be/no longer be any good; **es mit etw ~ sein lassen** to leave sth at that; ***mit dieser Verwarnung will ich es für heute ~ sein lassen!*** having warned you I'll leave it at that for today!; **lass mal ~ sein!** (*fam*) let's drop the subject!; **wer weiß, wozu es ~ ist** perhaps it's for the best; **~ werden** to turn out all right; ***sind die Fotos ~ geworden?*** did the photos turn out all right?; **wieder ~ werden** to be all right; ***sorge dich nicht um die Zukunft, es wird alles wieder ~*** don't worry about the future, everything will be all right; **also** [*o* **nun**] [*o* **na**] **~!** well, all right then!; **schon ~!** (*fam*) all right!; **~ so sein** to be just as well; **~ so!** that's it!; ***fein gemacht, ~ so!*** well done, that's it!; **und das ist auch ~ so** and a good thing too; **sei so ~ und …** would you be kind enough to; ***wenn du in die Stadt gehst, sei so ~ und nimm die Post mit*** if you're going into town would you be good enough to take my post?; **[aber] sonst geht's dir ~?** (*iron*) you must be mad [*or* AM crazy]! *iron;* **wozu ist das ~?** (*fam*) what's the use of that?; **[wie] ~, dass** it's a good job that; ***wie ~, dass er das nicht gehört hat!*** it's a good job he didn't hear that!; **~!** (*in Ordnung!*) good!, OK!; **~, ~!** yes, all right!
II. *adv* ① (*nicht schlecht*) well; **~ aussehend** *attr* good-looking; **~ bezahlt** *attr* well-paid; **~ dotiert** *attr* (*geh*) well-paid; **~ gehend** *attr* flourishing, thriving; **~ gelaunt** in a good mood, cheerful; **~ gemeint** *attr* well-meant, well-intentioned; **~ situiert** *attr* well-to-do; **~ unterrichtet** *attr* well-informed; ***du sprichst aber ~ Englisch!*** you really can speak good English; **~ verdienend** *attr* high-income *attr*
② (*geschickt*) well
③ (*reichlich*) good; ***es dauert noch ~ eine Stunde, bis Sie an der Reihe sind*** it'll be a good hour before it's your turn
④ (*einfach, recht*) easily; ■**nicht ~** not very well; ***ich kann ihn jetzt nicht ~ im Stich lassen*** I can't very well leave him in the lurch now
⑤ (*leicht, mühelos*) well; ***hast du die Prüfung ~ hinter dich gebracht?*** did you get through the exam all right?; **~ leserlich** *Schrift* very legible, well-legible BRIT
⑥ (*angenehm*) good; ***hm, wonach riecht das***

G

denn so ~ in der Küche? hm, what's making the kitchen smell so lovely?; ***schmeckt es dir auch ~?*** do you like it too?
❼ (*wohltuend sein*) ■[**jdm**] ~ **tun** to do [sb] good; ***das hat mir unheimlich ~ getan*** that did me a power [*or* world] of good; ■**es tut jdm ~, etw zu tun** it does sb good to do sth; ~ **tun** (*fam: sich einordnen*) to fit in
▶ WENDUNGEN: ~ **und gern** easily; **so ~ es geht** as best one can; ***wir haben den Vertrag übersetzt, so ~ es geht*** we translated the contract as best we could; [**das hast du**] ~ **gemacht!** well done!; **es ~ haben** to be lucky; ***er hat es in seiner Jugend nicht ~ gehabt*** he had a hard time when he was young; **das kann ~ sein** that's quite possible; **du kannst** [*o* **hast**] ~ **reden!** (*fam*) it's easy for you to talk!; **mach's ~!** (*fam*) bye!, cheerio! BRIT; **pass ~ auf!** be very careful!; **sich ~ mit jdm stellen** to get into sb's good books; ~ **daran tun, etw zu tun** to do well to do sth; ***du tätest ~ daran, vor dem Examen noch etwas zu lernen*** you would do well to learn something before the exam; *s. a.* **so**

Gut <-[e]s, Güter> *nt* ❶ (*Landgut*) estate
❷ (*Ware*) commodity; ■**Güter** (*Frachtgut*) goods *npl;* **bewegliche/unbewegliche Güter** JUR movables *npl*/immovables *npl;* **geistige Güter** intellectual wealth *no pl, no indef art;* **irdische Güter** (*geh*) worldly goods *npl;* **kurzlebige** [*o* **leicht verderbliche**] **Güter** HANDEL perishables, perishable goods
❸ *kein pl* (*das Gute*) good *no pl, no indef art;* ~ **und Böse** good and evil
▶ WENDUNGEN: **jenseits von ~ und Böse sein** (*iron*) to be past it *fam*

Gutachten <-s, -> *nt* [expert's] report; ~ **eines Sachverständigen** expert's report

Gutachter(in) <-s, -> *m(f)* expert

Gutachterausschuss[RR] *m,* **Gutachterkommission** *f* HANDEL panel [*or* committee] of experts

gutartig *adj* ❶ MED benign ❷ (*nicht widerspenstig*) good-natured **Gutartigkeit** *f eines Geschwürs* benignity, benignancy **gutbürgerlich** *adj* middle-class; KOCHK home-made; ~**e Küche** home-style cooking; ~ **essen** [**gehen**] to have some good home cooking **Gutdünken** <-s> *nt kein pl* discretion *no pl, no indef art;* **nach** [**eigenem**] ~ at one's own discretion

Gute(r) *f(m) dekl wie adj* (*guter Mensch*) ■**der/die** ~ the good man/woman; **mein ~r/meine ~** my dear fellow/my dear *fam;* **die ~n und die Bösen** the good and the bad, the goodies and the baddies BRIT *fam*

Gute(s) *nt dekl wie adj* ❶ (*Positives*) ■~**s** good; ***man hört viel ~s über ihn*** you hear a lot of good things about him; ■**etwas ~s** something good; ***ich habe im Schrank etwas ~s für dich*** I've got something nice for you in the cupboard; ■**etwas/nichts ~s** (*eine gute/keine gute Tat*) something/nothing good; ***er tat in seinem Leben viel ~s*** he did a lot of good in his life; [**auch**] **sein ~s haben** to have its good points [*or* good side] [too]; ***ein ~s hat die Sache*** there is one good thing about it; **jdm schwant nichts ~s** sb has a nasty feeling about sth; **nichts ~s versprechen** to not sound very promising, to bode ill [*or* no good]; **jdm ~s tun** to be good to sb; ***was kann ich dir denn ~s tun?*** how can I spoil [*or* what can I do for] you?; **sich zum ~n wenden** to take a turn for the better; **alles ~!** all the best!; ***alles ~ und viele Grüße an deine Frau!*** all the best and give my regards to your wife; **das ~ daran** the good thing about it
❷ (*friedlich*) **im ~n** amicably; ***lass dir's im ~n gesagt sein, dass ich das nicht dulde*** take a bit of friendly advice, I won't put up with it!; **sich im ~n trennen** to part on friendly [*or* good] terms
❸ (*gute Charakterzüge*) **das ~ im Menschen** the good in man; ~**s tun** to do good
▶ WENDUNGEN: ~**s mit Bösem/~m vergelten** (*geh*) to return evil/good for good; **des ~n zu viel sein** to be too much [of a good thing]; ***das ist wirklich des ~n zu viel!*** that's really overdoing things!; **alles hat sein ~s** (*prov*) every cloud has a silver lining *prov;* **im ~n wie im Bösen** (*mit Güte wie mit Strenge*) every way possible; (*in guten und schlechten Zeiten*) through good [times] and bad; ***ich habe es im ~n wie im Bösen versucht, aber sie will einfach keine Vernunft annehmen*** I've tried to do everything I can, but she simply won't see sense

Güte <-> *f kein pl* ❶ (*milde Einstellung*) kindness; **die ~ haben, zu ...** (*iron geh*) to be so kind as to ... *iron form*
❷ (*Qualität*) [good] quality
▶ WENDUNGEN: **erster ~** (*fam*) of the first order; **ach du liebe** [*o* **meine**] **~!** (*fam*) oh my goodness! *fam;* **in ~** amicably

Güteantrag *m* JUR petition for conciliation **Güteeigenschaften** *pl* TECH quality characteristics **Güteklasse** *f* grade, class **Gütemerkmal** *nt* JUR quality label, hallmark

Gutenachtgeschichte *f* bedtime story **Gutenachtkuß** *m,* **Gutenachtkuss**[RR] *m* goodnight kiss

Güteprüfung *f* HANDEL quality control

Güterabfertigung *f* ❶ *kein pl* (*das Abfertigen von Gütern*) dispatch of goods ❷ (*Abfertigungsstelle*) goods office, dispatch office **Güterabsatz** *m* HANDEL goods outlet **Güterannahme** *f* freight [*or* goods receiving] office **Güteraufkommen** *nt* FIN **Güter- und Leistungsaufkommen** receipts from goods and services; BAHN increased volume of freight **Güterausgabe** *f* freight delivery office **Güterbahnhof** *m* goods [*or* freight] depot **Güterbeförderung** *f* transport [*or* conveyance] of goods, goods transport; ~ **zur See** carriage by sea **Güterbeförderungsvertrag** *m* HANDEL transport contract **Güterfernverkehr** *m* long-distance haulage *no pl, no art* **Gütergemeinschaft** *f* JUR community of property; **fortgesetzte ~** continued marital community of goods; **vertraglich vereinbarte ~** conventional community; **in ~ leben** to have community of property **Güterhalle** *f* goods shed, warehouse

Guter Heinrich *m* BOT Good King Henry

Güterkraftverkehr *f* road haulage BRIT, trucking AM **Güterkraftverkehrsgesetz** *nt* JUR Road Haulage Act **Güternahverkehr** *m* short-distance haulage *no pl, no indef art* **Güterrecht** *nt* JUR real law; **eheliches ~** law of matrimonial property **Güterrechtsregister** *nt* JUR marriage property register **Güterrechtsstatut** *nt* JUR law applicable to matrimonial property **Güterrechtsstatus** *m* JUR matrimonial property law status **Güterschiff** *nt* cargo ship **Güterschuppen** *f* goods shed, warehouse, freight depot AM *a.* **Güterstand** *m* JUR property regime, system of marital property; **gesetzlicher/vereinbarter ~** statutory/agreed matrimonial property regime **Güterstatut** *nt* JUR property statute **Gütertarif** *m* goods [*or* AM freight] tariff **Gütertransport** *m* HANDEL transport [*or* conveyance] of goods, goods transport; ~ **per Bahn** rail transport, carriage by rail **Gütertransportversicherung** *f* cargo insurance **Gütertrennung** *f* JUR separation of property; **gerichtliche ~** judicial separation of property; **in ~ leben** to have separation of property **Güterumlauf** *m kein pl* HANDEL circulation of goods; **freier ~** free circulation of goods **Güterumschlag** *m* transshipment of goods, cargo handling **Güterumschlagstelle** *f* centre [*or* AM -er] of trade **Güterverkehr** *m* goods traffic *no pl, no indef art,* transportation of freight **Güterverkehrsfreiheit** *f kein pl* HANDEL freedom of transport **Güterversand** *m* shipment of goods **Güterwagen** *m* goods truck [*or* van], freight car [*or* wagon]; **offener ~** open wagon [*or* BRIT *a.* waggon], gondola [car] AM **Güterwaggon** *m* freight car; **gedeckter ~** box waggon BRIT, boxcar AM **Güterzug** *m* goods [*or esp* AM freight] train

Güteschutz *m* JUR quality protection **Güteschutzgemeinschaft** *f* JUR quality protection association **Gütesiegel** *nt* seal [*or* mark] of quality, kite mark BRIT **Güteverfahren** *nt* JUR conciliatory proceedings *pl* **Güteverhandlung** *f* JUR conciliation proceedings **Gütevorschrift** *f* TECH quality specification **Gütezeichen** *nt* mark of quality, kite mark BRIT **Gütezeichengemeinschaft** *f* HANDEL quality marks association **Gütezeichenliste** *f* HANDEL register of quality labels

Gutglauben *m* JUR good faith, bona fides

Gutglaubenserwerb *m* FIN bona-fide acquisition **Gutglaubensschutz** *m* JUR protection of bona-fide purchaser

gutgläubig *adj* ❶ (*leichtgläubig*) trusting, gullible ❷ JUR (*in gutem Glauben*) in good faith [*or* bona fide]; ~**er Besitzer/Erwerb** bona fide holder/bona fide [*or* innocent] purchase

Gutgläubigkeit *f* gullibility *no pl*

gut|haben *vt irreg* ■**etw bei jdm ~** to be owed sth by sb; ***du hast ja noch 125 Mark/einen Gefallen bei mir gut*** I still owe you 125 marks/a favour

Guthaben <-s, -> *nt* credit balance; **eingefrorenes/gesperrtes ~** frozen assets *pl*/blocked credit balance

Guthabenüberschuss[RR] *m* FIN surplus assets *pl*

gut|heißen *vt irreg* ■**etw ~** to approve of sth **gutherzig** *adj* (*geh*) kind-hearted

gütig *adj* kind; **würden Sie so ~ sein, zu ...** (*geh*) would you be so kind as to ... *form;* [**danke,**] **zu ~!** (*iron*) [thank you,] you're too kind! *iron*

gutleserlich *adj s.* **gut II 5**

gütlich I. *adj* amicable
II. *adv* amicably
▶ WENDUNGEN: **sich an etw** *dat* **~ tun** to help oneself freely to sth

gut|machen *vt* ❶ (*in Ordnung bringen*) ■**etw ~** to put sth right; **etw an jdm gutzumachen haben** to have sth to make up to sb for
❷ (*entgelten*) ■**etw ~** to repay sth; ***wie kann ich das nur je wieder ~?*** how can I ever repay you?
❸ (*wettmachen*) ■**etw mit etw ~** to make sth up again with sth; ■**etw bei etw ~** to make sth from sth

Gutmensch *m* (*pej fam*) starry-eyed idealist *usu pej*

gutmütig *adj* good-natured

Gutmütigkeit <-> *f kein pl* good-naturedness *no pl*

Gutsbesitzer(in) *m(f)* landowner

Gutschein *m* coupon, voucher

gut|schreiben *vt irreg* FIN ■**jdm etw ~** to credit sb with sth; ■**gutgeschrieben** credited; **nicht gutgeschrieben** uncredited

Gutschrift *f* ❶ *kein pl* (*Vorgang*) crediting *no pl*
❷ (*Bescheinigung*) credit note
❸ (*Anlage zu einer ~ 4*) credit slip
❹ (*im Haben gebuchter Betrag*) credit entry [*or* item]

Gutschriftsanzeige *f* FIN credit note

Gutshaus *nt* manor house **Gutsherr(in)** *m(f)* lord/lady of the manor **Gutsherrenart** *f kein pl* (*pej fam*) **nach ~** in the style of lord of the manor; **nach ~ regieren** to rule as one pleases **Gutshof** *m* estate, manor

Gutsverwalter(in) *m(f)* estate manager, steward, bailiff BRIT

guttural *adj* guttural

gutwillig I. *adj* (*entgegenkommend*) willing, obliging
II. *adv* (*freiwillig*) voluntarily

Guyana <-s> *nt* Guyana; *s. a.* **Deutschland**

Guyaner(in) <-s, -> *m(f)* Guyanese; *s. a.* **Deutsche(r)**

guyanisch *adj* Guyanese; *s. a.* **deutsch**

G-Wagen *m* box waggon BRIT, boxcar AM

gymnasial *adj attr* ≈ grammar-school *attr* BRIT, ≈ high-school *attr* AM

Gymnasiallehrer(in) *m(f),* **Gymnasialprofessor(in)** *m(f)* ÖSTERR ≈ grammar-school [*or* AM ≈ high-school] teacher

Gymnasiast(in) <-en, -en> *m(f)* ≈ grammar-school pupil [*or* ≈ high-school student] AM

Gymnasium <-s, -ien> [ˈnaːziən] *nt* ≈ grammar school BRIT, ≈ high school AM; **humanistisches/mathematisch-naturwissenschaftliches ~** ≈ grammar school specializing in humanities/mathe-

matics and natural science
Gymnastik <-> *f* gymnastics + *sing vb*
Gymnastikanzug *m* leotard **Gymnastikball** *m* gymnastic[s] ball **Gymnastikunterricht** *m* gymnastics + *sing vb*
gymnastisch *adj* gymnastic
Gymnosperme <-, -n> *f* BOT (*Nacktsamer*) gymnosperm
Gynäkologe, Gynäkologin <-n, -n> *m, f* gynaecologist BRIT, gynecologist AM
Gynäkologie <-> *f kein pl* gynaecology *no pl, no art* BRIT, gynecology *no pl, no art* AM
Gynäkologin <-, -nen> *f fem form von* **Gynäkologe**
gynäkologisch *adj* gynaecological BRIT, gynecological AM
GZT *m* ÖKON *Abk von* **Gemeinsamer Zolltarif** CCT

H

H, h <-, - *o fam* -s, -s> *nt* ❶ (*Buchstabe*) H [*or* h]; ~ **wie Heinrich** H for [*or* AM as in] Harry [*or* AM How]; *s. a.* **A 1**
❷ MUS B; *s. a.* **A 2**
h *Abk von* **hora[e]** hr ❶ *gesprochen: Uhr* (*Stunde der Uhrzeit*) hrs; ***Abfahrt des Zuges: 9 h 17*** train departure: 9.17 a.m.
❷ *gesprochen: Stunde* (*Stunde*) h.; ***130 km/h ist auf deutschen Autobahnen empfohlene Richtgeschwindigkeit*** 130 k.p.h. is the recommended speed on German motorways
ha¹ *Abk von* **Hektar** ha
ha² *interj* ❶ (*triumphierend*) ha!; ~, ***wusste ich's doch!*** ha! I knew it!
❷ (*überrascht, erstaunt*) oh!; ~, ***guck mal, was ich da entdeckt habe!*** oh! look what I've found here!
hä *interj* SÜDD, ÖSTERR, SCHWEIZ (*fam*) eh
Haag *m* ■**Den** ~ The Hague
Haar <-[e]s, -e> *nt* ❶ (*einzelnes Körperhaar*) hair
❷ *sing o pl* (*gesamtes Kopfhaar*) hair *no pl, no indef art;* ***sie hat schönes, blondes*** ~ she's got lovely blonde hair; **graue ~e bekommen** to go grey BRIT [*or esp* AM gray]; **sich** *dat* **die ~e legen lassen** to have one's hair set; **sich** *dat* **die ~e** [*o* **das** ~] **schneiden lassen** to get [*or* have] one's hair cut; *s. a.* **Schulden**
▸ WENDUNGEN: **jdm stehen die ~e zu Berge** (*fam*) sb's hair stands on end; **jdm die ~e vom Kopf fressen** (*fam*) to eat sb out of house and home *fam;* **ein ~ in der Suppe finden** (*fam*) to find fault with sth; **~e auf den Zähnen haben** (*fam*) to be a tough customer *fam;* **um kein ~ besser** not a bit better; **sich** *dat* **über etw** *akk* **keine grauen ~e wachsen lassen** not to lose any sleep over sth; **an jdm/etw kein** [*o* **nicht ein**] **gutes ~ lassen** to pick [*or* pull] sb/sth to pieces; **krauses ~, krauser Sinn** frizzy hair, muddled mind; **lange ~e, kurzer Verstand** long hair, stunted mind; **sich** *dat* **die ~e ausraufen** (*fam*) to tear one's hair out; **sich** *dat* [**über etw** *akk*] **in die ~e geraten** [*o fam* **kriegen**] to quarrel [*or* squabble] [about sth]; **jdm kein ~ krümmen** (*fam*) not to touch a hair on sb's head; **~e lassen müssen** (*fam*) not to escape unscathed; **sich** *dat* [**wegen etw**] **in den ~en liegen** (*fam*) to be at loggerheads [about sth]; **sich** *dat* **die ~e raufen** to tear one's hair; **da sträuben sich einem ja die ~e!** (*fam*) it's enough to make your hair stand on end!; **etw an den ~en herbeiziehen** (*fam*) to be far-fetched; **aufs ~** exactly; ***die Zwillinge gleichen sich aufs*** ~ the twins are as alike as two peas in a pod; **um ein** [*o* **ums**] ~ within a hair's breadth
Haaransatz *m* hairline **Haaraufheller** *m* hair lightener **Haarausfall** *m* hair loss *no pl* **Haarband** *nt* hairband **Haarbreit** *nt* ▸ WENDUNGEN: **nicht** [**um**] **ein** [*o* **um kein**] ~ not an inch; ***er wollte um kein ~ zurückweichen*** he wouldn't give an inch **Haarbürste** *f* hairbrush **Haarbüschel** *nt* tuft of hair **Haarclip** *m* hair clip **Haarcurler** [-'kɜːlɐ] *m* hair curler
haaren *vi* to moult BRIT [*or* AM molt]; ***haart der Pelzmantel?*** is the fur coat losing it's hair?
Haarentferner <-s, -> *m* hair remover **Haarentfernungsmittel** *nt* hair remover, depilatory
Haaresbreite *f* ▸ WENDUNGEN: [**nur**] **um** ~ [only] by a hair's breadth [*or* a whisker]
Haarfarbe *f* colour [*or* AM -or] of one's hair **Haarfärbemittel** *nt* hair dye **Haarfestiger** <-s, -> *m* setting lotion **Haargefäß** *nt* capillary **haargenau** *adj* exact; ***die Beschreibung trifft ~ auf ihn zu*** the description fits him to a T
haarig *adj* ❶ (*stark behaart*) hairy
❷ (*fam: heikel, vertrackt*) tricky *fam;* **eine ~e Angelegenheit** a tricky matter
❸ (*riskant, gefährlich*) hairy *fam*
❹ (*fam: extrem*) tough *fam;* ***das sind aber ~e Preise*** these prices are really steep
Haarklammer *f* hair clip **haarklein** *adv* in minute detail **Haarklemme** *f s.* **Haarklammer** **Haarknoten** *m* bun, knot **Haarlack** *m* hairspray, BRIT *a.* hair lacquer **Haarliftkamm** *m* pitchfork comb **haarlos** *adj* hairless **Haarnadel** *f* hairpin **Haarnadelkurve** *f* hairpin bend **Haarnetz** *nt* hairnet; **flüssiges** ~ extra-hold hairspray **Haarpflege** *f* hair care; **zur** ~ for the care of one's hair **Haarpracht** *f* splendid head of hair **Haarprobe** *f* hair analysis **Haarreif** *m* Alice band **Haarriß** *m s.* **Haarriss** **Haarriss**[RR] *m* hairline crack **haarscharf** *adv* ❶ (*ganz knapp*) by a hair's breadth ❷ (*sehr exakt*) exactly **Haarschere** *f* hair scissors *npl* **Haarschleife** *f* bow, hair ribbon **Haarschneidekamm** *m* barber comb **Haarschneider** *m* clippers *npl* **Haarschneideschere** *f* haircutting scissors *npl* **Haarschnitt** *m* ❶ (*Frisur*) hairstyle, haircut ❷ (*das Haareschneiden*) haircut **Haarschopf** *m* mop [*or* BRIT shock] of hair **Haarsieb** *nt* extra-fine sieve
Haarspalterei <-, -en> *f* (*pej*) splitting hairs *no pl, no art* **Haarspange** *f* hair slide **Haarspitze** *f* end of a hair; **gespaltene ~n** split ends **Haarspray** *nt o m* hairspray **Haarspülung** *f* hair conditioner [*or* rinse] **Haarstecker** *m* hair roller pin **Haarstern** *m* ZOOL feather star **Haarsträhne** *f* strand of hair **haarsträubend** *adj* hair-raising **Haarteil** *nt* hairpiece **Haartracht** *f* (*veraltend geh*) hairstyle **Haartrockner** *m* hair dryer **Haarwäsche** *f* hair wash **Haarwaschmittel** *nt* shampoo **Haarwasser** *nt* hair lotion **Haarwild** *nt kein pl* JAGD furred [*or* ground] game *no pl* **Haarwuchs** *m* growth of hair; **einen ... ~ haben** to have a ... head of hair; ***in meiner Jugend hatte ich einen dichteren ~ als heute*** I had a lot more hair in my youth than I have today **Haarwuchsmittel** *nt* hair restorer **Haarwurzel** *f* root of a/the hair
Hab *nt* ~ **und Gut** (*geh*) belongings *npl*, possessions *pl*
Habachtstellung *f* MIL attention *no pl, no indef art;* **in ~ gehen** to stand to attention
Habe <-> *f kein pl* (*geh*) belongings *npl*, possessions *pl;* **bewegliche** ~ movables *pl;* **persönliche/unbewegliche** ~ personal belongings/immovables

haben <hatte, gehabt>

I. TRANSITIVES VERB **II.** REFLEXIVES VERB
III. UNPERSÖNLICHES REFLEXIVES VERB
IV. AUXILIARES VERB

I. TRANSITIVES VERB

❶ [*besitzen*] ■**etw/jdn** ~ to have sth/sb; ***wir ~ zwei Autos*** we've got two cars; ***die/wir ~'s*** [***ja***] (*fam*) they/we can afford it; (*iron a.*) [well] what's that to them/us!; **wer hat, der hat** (*fam*) I'd/we'd rather have it than not; ~ ***wir noch etwas Käse?*** have we still got some cheese?; ***er hat eine erwachsene Tochter*** he's got a grown-up daughter; ***sie hatte gestern Geburtstag*** it was her birthday yesterday; **jdm zur Frau/zum Mann ~ wollen** to want to make sb one's wife/husband
❷ [*erhalten*] ***ich hätte gern eine größere Wohnung*** I'd like a bigger flat; ***könnte ich mal das Salz ~?*** could I have the salt please?; ***ich hätte gern ein Pfund Zucker*** I'd like a pound of sugar, please, can I have a pound of sugar, please; ***ich hätte gern ein Bier*** I'd like a beer, please, can I have a beer, please; ***wie hätten Sie es gern?*** how would you prefer it?; ***woher hast du das?*** where did you get that?
❸ [*fam: bekommen*] ■**etw** ~ to have sth; ***wir ~ um zwei eine Besprechung*** we've got a meeting at two; ***ein Glück, wir ~ morgen keine Schule*** that's lucky, there's no school for us tomorrow; ***was hast du diesmal in Französisch?*** what did you get for French this time?; ***in der Schule hat sie immer gute Noten gehabt*** she always got good marks at school; ***wen habt ihr eigentlich in Mathe?*** who have you got for maths?
❹ [*aufweisen*] ■**etw** ~ to have sth; ***sie hat eine Narbe am rechten Kinn*** she has a scar on the right-hand side of her chin; ***leider hat der Wagen eine Beule*** unfortunately the car has a dent; ***hat das Haus einen Swimmingpool?*** has the house got a swimming pool?; ***er hat Beziehungen*** he's got connections
❺ [*zur Verfügung ~*] ■**etw** ~ to have sth; ***hast du heute abend ein Stündchen Zeit für mich?*** could you spare me a little time this evening?; ***ich habe morgen leider keine Zeit*** I'm afraid I don't have time tomorrow
❻ ÖKON [*führen*] ■**etw** ~ to have sth; ***bedauere, den Artikel ~ wir leider nicht*** sorry, unfortunately we don't have this item; ***das Buch ist noch zu ~*** the book is still available; ***dieser Artikel ist leider nicht mehr zu ~*** this item is unfortunately no longer available
❼ *in Maßangaben* ■**etw** ~ to have sth; ***ein Meter hat 100 Zentimeter*** there are 100 centimetres in a metre; ***die Kugel hat einen Inhalt von 600 Kubikmeter*** the sphere has a capacity of 600 cubic metres; ***das Grundstück dürfte über 4000 Quadratmeter ~*** the plot should be over 4,000 square metres
❽ [*von etw erfüllt sein*] ■**etw** ~ to have sth; ***ich habe Fieber/eine Erkältung*** I've got a temperature/a cold; ***ich habe doch noch einige Zweifel*** I've still got a few doubts; ***hast du Lust, mit ins Theater zu kommen?*** do you feel like coming to the theatre with us?; **Durst/Hunger ~** to be thirsty/hungry; **gute/schlechte Laune ~** to be in a good/bad mood; **Angst/Sorgen ~** be afraid/worried; ***hast du was?*** is something [*or* what's] the matter [*or* wrong]?; ***ich hab nichts!*** nothing's the matter!; ***was hat er/sie denn*** [*o* ***bloß***] [*o* ***nur***]***?*** what's up with him/her? *fam*, whatever's [*or fam* what on earth's] the matter with him/her?
❾ [*herrschen*] ***wie viel Uhr ~ wir bitte?*** what time is it, please?; ***wir ~ heute den 13.*** it's the 13th today; ***in Australien ~ sie jetzt Winter*** it's winter now in Australia; ***morgen sollen wir über 35° C im Schatten ~*** it's supposed to be over 35 in the shade tomorrow; ***in Bayern ~ wir seit Tagen strengen Frost*** we've had a severe frost in Bavaria for days
❿ *mit adj* ■**es ... ~** ***ihr habt es sicher sehr angenehm in dieser Wohngegend*** it must certainly be very pleasant for you in this residential area; ***so hast du es bequemer*** you'll be more comfortable that way; ***ich habe es etwas kalt im Haus*** my house is a bit cold; **es bei jdm gut ~** to be well off with sb; *s. a.* **leicht, schlecht, schwer**
⓫ *in Infinitivkonstruktion mit zu* [*tun müssen*] ■**etw zu tun ~** to have to do sth; ***du hast zu tun, was ich sage!*** you're to do what [*or* as] I say!; ***Sie ~ hier keine Fragen zu stellen!*** it's not for you to ask questions here!; ***ich habe noch zu arbeiten*** I've still got work to do; ***als Rekrut ~ Sie sich nicht zu beschweren!*** as a recruit it's not your place to complain!

H

⑫ *in Infinitivkonstruktion mit Raumangabe* ***im Schlafzimmer hat er ein Bild hängen*** he's got a picture hanging in his bedroom; ***ich habe über 4000 Bücher in den Regalen stehen*** I've got over 4,000 books on the shelves
⑬ DIAL *(geben)* ■**es hat** there is/are; ***im Sommer hat es dort immer reichlich Obst*** there's always an abundance of fruit there in the summer; ■**jdm etw** ~ to have sth for sb; ***geh zu deinem Opa, der hat dir was*** go and see grandad, he's got something for you
⑭ *mit präp* ■**etw an sich** *dat* ~ to have sth about one; ***sie hat so etwas an sich, das sie sehr anziehend macht*** she has something about her that makes her very attractive; ***ich weiß nicht, was er an sich hat, dass alle ihn so mögen*** I don't know what it is about him that makes everyone like him so much; **das hat er/sie/es so an sich** *dat* that's [just] the way he/she/it is; ***das hat sie so an sich*** that's just the way she is; ■**etw an jdm** ~ ***jetzt weiß ich, was ich an ihr habe*** now I know how lucky I am to have her; ***an diesen Idioten habe ich doch nichts!*** these idiots are useless to me!; ***an den Kindern habe ich eine große Hilfe*** the children are a great help to me; **es an/in etw** *dat* ~ *(fam: leiden)* to have trouble with sth; ***ich habe es im Rücken!*** I've got trouble with my back; ***er hat es am Herz*** he's got heart trouble; **was hat es damit auf sich?** what's all this about?; **für etw zu haben/nicht zu** ~ **sein** to be/not to be keen on sth; ***für einen schönen Videoabend bin ich schon immer zu*** ~ ***gewesen*** I've always been keen on a nice video evening; ***er ist immer für einen Spaß zu*** ~ he's always on for a laugh; **etwas für sich** ~ ***keine schlechte Idee, sie hat etwas für sich*** not a bad idea, there's something to be said for it; **jdn/etw gegen sich** ~ to have sb/sth against one; ***jetzt hat sie die ganze Firma gegen sich*** now she's got the whole firm against her; **etwas/nichts gegen jdn/etw** ~ to have something/nothing against sb/sth; ***hast du was gegen mein neues Kleid?*** have you got something against my new dress?; **es in sich** ~ *(fam)* to be tough; ***der Trick hat es in sich!*** the trick's a tough one!; ***der Wein hat es aber in sich!*** the wine has really got some punch!; ***das Essen muss es wohl in sich gehabt*** ~ the food must have been really rich; **etwas mit jdm** ~ *(euph)* to have something [*or* a thing] going with sb *euph;* ***der Chef hat wohl etwas mit seiner Sekretärin*** there's something [going on] between the boss and his secretary; **es mit etw** ~ to have a thing about sth; ■**etw von jdm** ~ to have sth from sb; ***die blauen Augen hat sie vom Vater*** she has her father's blue eyes, she gets her blue eyes from her father; ***er hat etwas von einem Bengel [an sich]*** he's a bit of a rascal; ***ihre Skulpturen*** ~ ***etwas von Rubin*** her sculpture owes much to Rubin; ***von wem hast du deine schlechten Manieren?*** from whom did you get your bad manners?; **mehr/viel/wenig von jdm/etw** ~ to get more/a lot/little from [*or* out of] sb/sth; ***die Kinder*** ~ ***bisher wenig von ihrem Vater gehabt*** the children have seen little of their father so far; ■**etw von etw** ~ to get sth out of sth; ***das hast du nun von deiner Kompromisslosigkeit*** that's what comes of being unwilling to compromise; ***das Kleid hat etwas von Eleganz*** the dress has a certain elegance about it; **nichts davon** ~ not to gain anything from it; ***warum tut sie das? davon hat sie doch gar nichts!*** why does she do it? she doesn't gain anything from it; **das hast du jetzt davon[, dass ...]** *(fam)* that's what you get for ...; ***das hast du jetzt davon!*** now see where it's got you!; ***das hast du nun davon, dass du immer so schnell fährst!*** that's what you get for speeding all the time!; **jdn vor sich** *dat* ~ to deal with sb; ***wissen Sie überhaupt, wen Sie vor sich haben?*** have you any idea whom you are dealing with?
▸ WENDUNGEN: **das nicht** ~ **können** *(fam)* to not be able to stand that; ***hör auf mit diesen Ausdrücken, ich kann das nicht haben!*** stop using these expressions, I can't stand it!; **noch/nicht mehr zu** ~ **sein** *(fam)* to be still/no longer available; ***ich habe mich von meiner Freundin getrennt, ich bin jetzt wieder zu*** ~ my girlfriend and I have split up, so now I'm available again; **da hast du/~ Sie ...** there you are; ***da hast du zehn Mark!*** there you are, there's ten marks!; ***also gut, da*** ~ ***Sie das Geld*** right, well there you are, there's the money; **da hast du's/~ wir's!** *(fam)* there you are [*or fam* go]!; ***da*** ~ ***wir's, genau wie ich es vorausgesagt hatte!*** there you go! exactly as I predicted!; **ich hab's!** *(fam)* I've got it! *fam;* ***lass mich nachdenken, ja, ich hab's!*** let me think, yes, I've got it!; **wie gehabt** as usual; ***hat sich was geändert? — nein, es ist alles noch wie gehabt*** has anything changed? — no, it's still just as it was

II. REFLEXIVES VERB

(fam) ① *(sich aufregen)* ■**sich [mit/wegen etw]** ~ to make a fuss [about sth]; ***musst du dich immer so haben?*** must you always make such a fuss?
② *(sich streiten)* to argue; ***sie*** ~ ***sich mal wieder gehabt*** they have been arguing [*or* fighting] again

III. UNPERSÖNLICHES REFLEXIVES VERB

impers (fam) (wieder in Ordnung sein) ■**es hat sich wieder** it's all right again; ***er gab ihr einen Kuss, und es hatte sich wieder*** he gave her a kiss and it was all right again; ***hat es sich wieder, oder bist du immer noch wütend?*** is everything OK now or are you still furious?
▸ WENDUNGEN: **und damit hat es sich** *(fam)* and that's it! *fam;* ***hier sind noch mal 500 Mark, und damit hat es sich!*** here's another 500 marks, but that's it!; **hat sich was!** *(fam)* you must be joking!; ***Ihr Schirm? hat sich was, das ist meiner!*** your umbrella? don't make me laugh, that's mine!

IV. AUXILIAR VERB

■**etw getan** ~ to have done sth; ***ich habe das nicht getan, das war meine Schwester!*** I didn't do that, it was my sister!; ***hätten Sie das nicht voraussehen können?*** could you not have foreseen that?; ***du hättest den Brief früher schreiben können*** you could have written the letter earlier; ***also, ich hätte das nicht gemacht*** well, I wouldn't have done that; ■**etw getan** ~ **wollen** to claim to have done sth; ***sie will ihn in einem Laden gesehen*** ~ she claims to have seen him in a shop; ***ich will nichts gesagt haben, verstanden?*** I didn't say anything, OK?

Haben <-s> *nt kein pl* credit; **mit etw im** ~ **sein** to be in credit by sth
Habenichts <-[es], -e> *m (fam)* have-not *usu pl,* pauper
Habenseite *f* credit side **Habenzinsen** *pl* credit interest, interest on credit [*or* received]
Habgier *f (pej)* greed *no pl,* avarice *no pl*
habgierig *adj (pej)* greedy, avaricious
habhaft *adj (geh)* ■**jds** ~ **werden** to catch sb; ■**einer S.** *gen* ~ **werden** get hold of sth
Habicht <-s, -e> *m* ORN hawk
Habichtskraut *nt* BOT hawkweed
habil. *adj Abk von* **habilitatus** *qualified to lecture at a university*
Habilitation <-, -en> *f* habilitation *(qualification as a university lecturer)*
Habilitationsschrift *f postdoctoral thesis relating to qualification as a university lecturer*
habilitieren* **I.** *vr* ■**sich** ~ to qualify as a university lecturer
II. *vt* ■**jdn** ~ to award sb the qualification of university lecturer
habilitiert *pp und 3. pers sing von* **habilitieren** with a postdoctoral qualification, qualified as a university lecturer
Habit <-s, -e> *nt o m* ① *(Ordenskleid)* habit
② *(geh: Aufzug)* attire *no pl, no indef art*
Habitat <-s, -e> *nt* habitat
Habitus <-> *m kein pl* ① *(gewohnheitsmäßiges Verhalten)* habit
② BIOL, MED *Anlage, Haltung, Körperbau* disposition
Habsburger(in) <-s, -> *m(f)* Hapsburg
habsburgisch *adj* Hapsburg *attr*
Habseligkeiten *pl* [meagre [*or* AM -er]] belongings *npl,* possessions *pl,* personal effects *npl*
Habsucht *f s.* **Habgier**
habsüchtig *adj s.* **habgierig**
hach *interj* huh
Hachel <-, -n> *f* ÖSTERR *(Küchenhobel)* slicer
hacheln *vi, vt* ÖSTERR *(hobeln)* ■**[etw]** ~ to chop [*or* slice] [sth]
Hachse <-, -n> *f* KOCHK DIAL *(Haxe)* knuckle [of lamb]
Hackbeil *nt* chopper, cleaver **Hackblock** *m s.* **Hackklotz** **Hackbraten** *m* meat loaf **Hackbrett** *nt* ① KOCHK chopping board ② MUS dulcimer
Hacke¹ <-, -n> *f* ① DIAL *(Ferse)* heel; **die ~n zusammenschlagen** [*o* **zusammenklappen**] MIL to click one's heels
② DIAL *(Ferse an Socken, Strümpfen)* heel
▸ WENDUNGEN: **sich** *dat* **die ~n [nach etw] ablaufen** *(fam)* to run [*or* walk] one's legs off [*or* wear oneself out] looking for something; **jdm nicht von den ~n gehen** to dog sb; **die ~n voll haben** [*o* **einen im ~n haben**] NORDD *(fam)* to be tanked up *fam;* **sich jdm an die ~n hängen** [*o* **heften**] to stick to sb's heels; **jdm [dicht] auf den ~n sein** [*o* **bleiben**] [*o* **sitzen**] *(fam)* to be [*or* stay] hard on sb's heels
Hacke² <-, -n> *f* ① *(Gartengerät)* hoe
② ÖSTERR *(Axt)* axe
Hackebeil *nt s.* **Hackbeil**
hacken I. *vt* ① *(zerkleinern)* ■**etw** ~ to chop [up *sep*] sth
② *(hackend lockern)* ■**etw** ~ to hoe sth
③ *(durch Hacken herstellen)* ■**etw [in etw** *akk*] ~ to hack sth [in sth]
II. *vi* ① *(mit dem Schnabel schlagen)* ■**[nach jdm/etw]** ~ to peck [sb/sth]
② *(mit der Hacke arbeiten)* ■**[in/zwischen etw]** ~ to hoe [in/between sth]
③ INFORM *(sl)* ■**auf etw** *dat* ~ to sit at sth hacking away; ***er hackt schon seit Stunden auf seinem Computer*** he's been hacking away on his computer for hours; ■**das H~** hacking
Hacken <-s, -> *m s.* **Hacke¹ 1**
Hackepeter <-s, -> *m* ① NORDD *(Hackfleisch)* mince BRIT, minced [*or* AM ground] meat
② KOCHK steak tartare, *seasoned lean minced beef, eaten raw*
Hacker(in) <-s, -> ['hɛkɐ] *m(f)* INFORM *(sl: Computerpirat)* hacker; *(Computerfan)* computer freak
Hackerszene ['hɛkɐ-] *f* INFORM hacker scene
Hackfleisch *nt* mince, minced [*or* AM ground] meat ▸ WENDUNGEN: ~ **aus jdm machen** [*o* **jdn zu** ~ **machen**] *(sl)* to make mincemeat of sb *fam*
Hackfrucht *f usu pl* AGR root crop **Hackklotz** *m* chopping block **Hackordnung** *f (fig a.)* pecking order
Häcksel <-s> *nt o m kein pl* chaff *no pl, no indef art*
Häcksler <-s, -> *m* chaff-cutter
Hacksteak [ste:k, ʃte:k] *nt* hamburger **Hackstock** *m* ÖSTERR *(Hackklotz)* chopping block
Hader <-s> *m kein pl (geh)* discord *no pl, no indef art form;* **mit jdm in** ~ **leben** to live in strife with sb
Haderlump *m* SÜDD, ÖSTERR *(pej)* waster BRIT *pej,* good-for-nothing *pej*
hadern *vi (geh)* ■**[mit etw]** ~ to quarrel [with sth]; **mit seinem Schicksal** ~ to rail against one's fate
Hades <-> *m kein pl* Hades *no pl, no art*
Hadrianswall *m* HIST Hadrian's Wall
hadronisch *adj* **~es Zeitalter** hadronic age
Hadsch <-> *m kein pl* REL *(Pilgerfahrt nach Mekka)* hajj, hadj
Hadschi <-s, -s> *m* REL *(Ehrentitel für einen Mekkapilger)* hajji, hadji
Hafen¹ <-s, Häfen> *m* ① *(größerer Ankerplatz)* harbour [*or* AM -or], port; ***ein Schiff läuft in den*** ~ ***ein/ läuft aus dem*** ~ ***aus*** a ship enters/leaves port
② *(geh: Zufluchtsort)* [safe] haven

► Wendungen: **den ~ der Ehe ansteuern** to be looking to get married; **in den ~ der Ehe einlaufen** (*hum fam*) to finally tie the knot *hum fam;* **im ~ der Ehe landen** (*hum fam*) to get married [*or* hitched] [*or* Brit *hum fam* spliced]

Hafen² <-s, Häfen *o* -> *m o nt* dial, bes österr ① (*größerer Topf*) pan, pot ② (*Nachttopf*) chamber pot, potty Brit

Häfen <-s, -> *m* österr ① *s.* **Hafen²** ② (*sl: Gefängnis*) clink *sl*

Hafenamt *nt* port [*or* harbour [*or* Am -or]] authority **Hafenanlagen** *pl* docks *pl* **Hafenarbeiter(in)** *m(f)* docker **Hafenbecken** *nt* harbour basin, dock **Hafenbehörde** *f* harbour [*or* port] authority **Hafeneinfahrt** *f* harbour entrance **Hafengebiet** *nt* docklands *pl,* harbour district **Hafenkneipe** *f* (*fam*) dockland [*or* harbour] bar [*or* Brit pub] **Hafenkonnossement** *nt* handel port bill of lading **Hafenliegegeld** *nt* handel quayage **Hafenliegezeit** *f* naut laydays **Hafenmeister(in)** *m(f)* harbour master **Hafenpolizei** *f* dock [*or* port] police + *sing/pl vb* **Hafenrundfahrt** *f* boat trip round the harbour **Hafensperre** *f* embargo, blockade **Hafenstadt** *f* port **Hafenviertel** *nt* dock area, docklands *pl*

Hafer <-s, -> *m* oats *pl*

► Wendungen: **jdn sticht der ~** (*fam*) sb is feeling his oats Am *sl,* sb has the wind up his tail Brit *fam*

Haferbrei *m* porridge *no pl, no indef art* **Haferflocken** *pl* oat flakes *pl,* rolled oats *pl;* (*bes. feine*) porridge oats *pl* Brit, oatmeal Am **Hafergrütze** *f* groats *npl,* grits *npl* Am **Haferkleie** *f* oat bran *no pl, no indef art* **Haferkorn** *nt* oat grain **Haferkümmel** *m* cumin **Hafermehl** *nt* oatmeal *no pl, no indef art* **Hafersack** *m* nosebag **Haferschleim** *m* gruel *no pl* **Haferwurz** *f* salsify, vegetable oyster

Haff <-[e]s, -s *o* -e> *nt* lagoon

Hafnium <-s> *nt kein pl* chem hafnium *no pl, no indef art*

Haft <-> *f kein pl* (*Strafe*) imprisonment *no pl;* (*Zeit*) prison sentence, term of imprisonment; **in ~ sein** [*o* **sich in ~ befinden**] to be in custody [*or* prison]; **aus der ~ entlassen werden** to be released from custody [*or* prison]; **jdn in ~ nehmen** to take sb into custody; **in die ~ zurückgesandt werden** to be remanded in custody

Haftanordnung *f* jur arrest warrant; **verlängerte ~** detainer **Haftanstalt** *f* detention centre [*or* Am -er], prison **Haftaufschub** *m* jur stay of imprisonment **Haftaussetzung** <-, -en> *f* parole *no pl, no art*

haftbar *adj* jur liable; ■**für etw ~ sein** to be liable for sth; **beschränkt/unbeschränkt ~** having [*or* with] limited liability/absolutely liable; **gesamtschuldnerisch ~** jointly and severally liable; **jdn für etw ~ machen** to hold sb [legally] responsible [*or* liable] for sth

Haftbedingungen *pl* terms *pl* of responsibility [*or* liability] **Haftbefehl** *m* jur [arrest] warrant; **einen ~ gegen jdn ausstellen** to issue a warrant for sb's arrest; **jdn mit ~ suchen** to have a warrant out for sb's arrest **Haftbefehlsantrag** *m* jur application for a warrant of arrest **Haftbeschwerde** *f* jur complaint against an order for arrest **Haft(breit)reifen** *m* auto low-section high-grip tyre [*or* Am tire] **Haftbrücke** *f* bau bonding course [*or* layer] **Haftdauer** *f* term of imprisonment

Hafteinlage *f* jur liability [*or* liable] capital; **nachrangige ~** second-ranking liable capital

Haftel <-s, -n> *nt* mode österr (*Häkchen und Öse*) hook and eye

Haftelmacher *m* österr ► Wendungen: **wie ein ~ aufpassen** to watch like a hawk

Haften <-s> *nt kein pl* typo adherence

haften¹ *vi* ① ökon ■**[mit etw] ~** to be liable [with sth]; ***sie haftet mit ihrem ganzen Vermögen*** she is liable with the whole of her property; **auf Schadenersatz ~** to be liable for compensation; **beschränkt/unbeschränkt ~** to have limited/unlimited liability [*or* to be liable without limitation] ② (*die Haftung übernehmen*) ■**für jdn/etw ~** to be responsible [*or* liable] for sb/sth, to go guarantee; ***im Falle von Schäden ~ Eltern für Ihre Kinder*** parents are responsible for their children in cases of damage; **jdm dafür ~, dass ...** to provide sb with a guarantee that ...

haften² *vi* ① (*festkleben*) ■**[auf etw *dat*] ~** to adhere [*or* stick] [to sth] ② (*sich festsetzen*) ■**an etw *dat* ~** to cling to sth; ■**[an/auf etw *dat*] ~ bleiben** to adhere [*or* stick] [to sth] ③ (*hängen bleiben*) ■**an jdm ~** to stick to sb ④ (*verinnerlicht werden*) ■**bei jdm ~** to stick in sb's mind; ■**[in jdm] ~ bleiben** to stick [in sb's mind]; ***die Eindrücke des Krieges werden für immer in ihm ~*** the impressions of war will stay with him for ever

haften|bleiben *vi irreg sein s.* **haften² 2, 4**

Haftende(r) *f(m) dekl wie adj* jur liable person, obligor; **beschränkt ~** limited partner; **persönlich ~** personally liable person; **selbstschuldnerisch ~** directly suable debtor

Haftentlassung *f* release from custody [*or* prison] **Haftentschädigung** *f* compensation for wrongful imprisonment

haftfähig¹ *adj* (*klebend*) adhesive

haftfähig² *adj* jur fit for a custodial sentence

Haftfähigkeit¹ *f von Reifen* roadholding *no pl, no indef art*

Haftfähigkeit² *f* jur fitness for a custodial sentence **Haftfortdauer** *f* jur remand [in custody] **Haftgrund** *m* ① bau etching primer ② jur reason for arrest

Häftling <-s, -e> *m* prisoner

Häftlingsverlegung *f* transfer of prisoners

Haftnotiz *f* self-adhesive note

Haftpflicht *f* ① (*Schadenersatzpflicht*) legal liability; **~ des Frachtführers** carrier's liability; **gesetzliche ~** statutory [*or* legal] liability; **in einer ~ sein** to be insured against third-party risks; **die ~ ausschließen/bestreiten/beweisen** to exclude/to deny/to establish liability ② (*fam: Haftpflichtversicherung*) personal [*or* Am public] liability insurance *no pl, no art;* auto third-party insurance *no pl, no art* **Haftpflichtgesetz** *nt* jur Public Liability Act **haftpflichtig** *adj* liable **haftpflichtversichert** *adj* ■**~ sein** to have personal liability insurance; auto to have [*or* be covered by] third-party insurance **Haftpflichtversicherung** *f* personal [*or* Am public] liability insurance *no pl, no art;* auto third-party insurance *no pl, no art*

Haftprüfung *f* jur review of remand **Haftprüfungstermin** *m* jur date of review of the remand order **Haftprüfungsverfahren** *nt* jur remand proceedings *pl;* **im ~ vorgeführt werden** to appear on remand **Haftrichter(in)** *m(f)* jur [committing] magistrate **Haftschale** *f meist pl* contact lens **Haftstrafe** *f* jur (*veraltend*) custodial [*or* prison] sentence; **eine ~ verbüßen** to serve a custodial sentence; *s. a.* **Freiheitsstrafe Haftsumme** *f* fin amount guaranteed **haftunfähig** *adj* unfit for a custodial sentence

Haftung¹ <-, -en> *f* jur liability, responsibility; ***für Garderobe übernehmen wir keine ~*** articles are left at the owner's risk; **~ für Arbeitsunfälle** liability for industrial accidents; **~ des Besitzers** occupier's liability; **~ bei Mitverschulden** liability for contributory negligence; **~ gegenüber Dritten** third-party liability; **arbeitsrechtliche/deliktische ~** industrial/tortious liability; **außervertragliche ~** non-contractual liability; **beschränkte/unbeschränkte ~** limited/unlimited liability; **gesamtschuldnerische ~** joint and several liability; **persönliche ~** personal liability; **verschuldensunabhängige ~** liability without fault; **vertragliche ~** contractual liability; **vorvertragliche ~** pre-contractual liability

Haftung² <-> *f kein pl* roadholding *no pl, no indef art*

Haftungsabgrenzung *f* jur demarcation of liability **Haftungsablehnung** *f* jur denial of liability **Haftungsanspruch** *m* jur liability claim **Haftungsausschluss^RR** *m* jur exclusion of liability **Haftungsausschlussklausel^RR** *f* jur non-liability clause **Haftungsbegrenzung** *f,* **Haftungsgrenze** *f* jur limitation of liability **Haftungsbescheid** *m* jur notice of liability **Haftungsbeschränkung** *f* jur limitation of liability **Haftungsbeschränkungsklausel** *f* jur exemption clause **Haftungsbestimmungen, Haftungsvorschriften** *pl* jur liability provisions **Haftungsdurchgriff** *m* jur piercing the corporate veil **Haftungsfähigkeit** *f* jur liability **Haftungsfolge** *m* jur ranking of liabilities **Haftungsfreistellung** *f* jur *des Verkäufers* exemption from liability **Haftungsfreizeichnung** *f* jur contracting out of liability **Haftungsfrist** *f* jur liability period **Haftungsgrundsätze** *pl* jur principles of liability **Haftungshöchstbetrag** *m,* **Haftungsobergrenze** *f* jur aggregate limit of liability **Haftungsklage** *f* jur liability action **Haftungsklausel** *f* jur liability clause **Haftungsminderung** *f* jur reduction of liability **Haftungsordnung** *f* jur liability ranking **Haftungspflicht** *f* jur statutory [*or* legal] liability **Haftungsprivileg** *nt* jur liability privilege **Haftungsrisiko** *nt* jur liability risk **Haftungsschuldner(in)** *m(f)* jur indemnitor, person held liable **Haftungssystem** *nt* jur liability system **Haftungsträger(in)** *m(f)* jur liable party **Haftungsübergang** *m* jur transfer of liability **Haftungsübernahme** *f* jur assumption of liability **Haftungsübernahmevertrag** *m* jur assumption of liability agreement **Haftungsumfang** *m* jur extent of liability **Haftungsverbindlichkeiten, Haftungsverhältnisse** *pl* jur contingent liabilities; **wechselseitiges Haftungsverhältnis** cross liability **Haftungszeitraum** *m* jur liability period

Hafturlaub *m* parole *no pl, no art* **Haftverkürzung** *f* jur shortened sentence

Haftverschluss^RR *m* Velcro® *fastener*

Haftverschonung *f* jur conditional discharge, refraining from enforcement of arrest **Haftvollzug** *m* jur execution of a prison sentence **Haftzeit** *f* term of imprisonment

Hagebutte <-, -n> *f* rose hip

Hagebuttentee *m* rose-hip tea

Hagedorn *m* nordd (*Weißdorn*) hawthorn

Hagel <-s> *m kein pl* ① meteo hail *no pl, no indef art* ② (*Schauer*) hail; ■**ein ~ von etw** a hail of sth ③ (*Kanonade*) torrent; ■**der/ein ~ von etw** the/a stream [*or* torrent] of sth; **~ von Flüchen und Schimpfwörtern** [*o* **Beschimpfungen**] torrent of abuse

Hagelkorn <-körner> *nt* hailstone

hageln I. *vi impers* to hail
II. *vt impers* (*fam*) ■**es hagelt etw** there is a hail of sth

Hagelschaden *m* damage caused by hail **Hagelschauer** *m* hail shower **Hagelschlag** *m* hailstorm **Hagelzucker** *m* white sugar crystals

hager *adj* gaunt, thin; **ein ~es Gesicht** a gaunt face; **~e Arme** thin arms

Hagestolz <-es, -e> *m* (*hum veraltend*) confirmed bachelor

Hagiographie, Hagiografie^RR <-, -n> [*pl* 'fiːən] *f* (*fachspr*) hagiography

haha *interj,* **hahaha** *interj* haha, ha, ha, ha

Häher <-s, -> *m* orn jay

Hahn¹ <-[e]s, Hähne> *m* ① (*männliches Haushuhn*) cock, rooster Am; (*jünger*) cockerel ② (*Wetterhahn*) weathercock

► Wendungen: **[bei jdm] der ~ im Korbe sein** (*fam*) to be the only male in a group of females, to be cock of the walk *fam;* **der gallische ~** the French cockerel; **ein guter ~ wird selten fett** a sexually active man remains fit; **jdm den roten ~ aufs Dach setzen** to set sb's house on fire; **nach etw kräht kein ~ mehr** (*fam*) no one cares two hoots about sth anymore *fam*

Hahn² <-[e]s, Hähne *o* -en> *m* ❶ (*Wasserhahn*) tap, faucet AM
❷ (*Vorrichtung an Schusswaffen*) hammer, cock
▶ WENDUNGEN: **[jdm] den ~ zudrehen** to stop sb's money supply
Hähnchen <-s, -> *nt* chicken
Hähnchenbrust *f* chicken breast
Hahnenfuß *m* BOT buttercup **Hahnenfußgewächs** *nt* BOT ranunculus **Hahnenkamm** *m* (*Frisur a.*) cockscomb **Hahnenkampf** *m* cockfight **Hahnenschrei** *m* cockcrow; **beim** [*o* **mit dem**] **ersten ~** at first cockcrow **Hahnentritt** *m* (*Muster*) dog-tooth check BRIT, houndstooth [check] AM **Hahnentrittmuster** *nt* MODE dog-tooth check
Hahnium <-s> *nt kein pl* CHEM hahnium *no pl, no indef art*
Hahnrei <-s, -e> *m* (*hum veraltet*) cuckold *dated;* **jdn zum ~ machen** to cuckold sb *dated*
Hai <-[e]s, -e> *m* shark
Haifisch *m s.* **Hai**
Haifischflossensuppe *f* shark-fin soup
Hain <-[e]s, -e> *m* (*geh, poet*) grove; **ein heiliger ~** a sacred grove
Hainbuche *f* BOT hornbeam **Hainsimse** <-, -n> *f* BOT woodrush
Haiti <-s> *nt* Haiti; *s. a.* **Sylt**
Haitianer(in) <-s, -> *m(f)* Haitian; *s. a.* **Deutsche(r)**
haitianisch *adj* Haitian; *s. a.* **deutsch**
haitisch *adj s.* **haitianisch**
Häkchen <-s, -> *nt dim von s.* **Haken** ❶ (*kleiner Haken 1*) [small] hook
❷ (*v-förmiges Zeichen*) tick
❸ LING (*fam*) diacritic
▶ WENDUNGEN: **was ein ~ werden will, krümmt sich beizeiten** (*prov*) there's nothing like starting young
Häkelarbeit *f* ❶ (*Handarbeit*) crochet[ing] ❷ (*gehäkelter Gegenstand*) [piece of] crochet [work] **Häkelgarn** *nt* crochet thread
hakeln I. *vi* DIAL to finger-wrestle
II. *vt* SPORT ■**jdn ~** to hook sb
häkeln I. *vi* to crochet; ■**das H~** crocheting
II. *vt* ■**etw ~** to crochet sth
Häkelnadel *f* crochet hook
haken I. *vi* ❶ (*fest~*) to have got caught [*or* stuck]; ***der Schlüssel hakt irgendwie im Schloss*** somehow the key's got stuck in the lock
❷ *impers* (*fam: schwierig sein*) ■**es hakt [bei jdm]** sb is stuck
II. *vt* ❶ (*befestigen*) ■**etw an/auf/in etw** *akk* **~** to hook sth to/on[to]/in[to] sth
❷ SPORT to hook
Haken <-s, -> *m* ❶ (*gebogene Halterung*) hook
❷ (*beim Boxen*) hook
❸ (*hakenförmiges Zeichen*) tick
❹ (*fam: hindernde Schwierigkeit*) catch, snag; **einen ~ haben** (*fam*) to have a catch
▶ WENDUNGEN: **mit/ohne ~ und Ösen** with/with no strings attached; **mit ~ und Ösen** by hook or by crook; **~ schlagen** to change tactics; **ein Hase schlägt einen ~** a hare doubles back [*or* darts sideways]
hakenförmig *adj* hooked, hook-shaped **Hakenkreuz** *nt* swastika **Hakennase** *f* hooked nose, hooknose **Hakenwurm** *m* MED hookworm **Hakenwurmkrankheit** *f* hookworm disease, ancylostomiasis *spec*
Halali <-s, -[s]> *nt* JAGD mort
halb I. *adj* ❶ (*die Hälfte von*) half; ***die ~e Flasche ist leer*** the bottle is half empty
❷ (*halbe Stunde der Uhrzeit*) ***es ist genau ~ sieben*** it is exactly half past six; ■**... nach/vor ~ ...** after/before half past; ***es ist erst fünf nach/vor ~*** it's only twenty-five to/past
❸ *kein art* (*ein Großteil von etw*) ■**~ ...** half of ...; ***~ Deutschland verfolgt die Fußballweltmeisterschaft*** half of Germany is following the World Cup; ■**der/die/das ~e ...** half the ...
❹ (*fam: fast*) ■**eine ~e/ein ~er/ein ~es ...** something of a ...; ***du bist ja ein ~er Elektriker*** you're something of an electrician; **~e Portion** (*pej*) sandwich short of a picnic
❺ (*halbherzig*) half-hearted; *s. a.* **Weg**
❻ KOCHK (*Garstufe*) half-done
▶ WENDUNGEN: **nichts H~es und nichts Ganzes** (*fam*) neither one thing nor the other
II. *adv* ❶ *vor vb* (*zur Hälfte*) half; ■**nur ~** only half; ***ich habe nur ~ verstanden, was sie sagte*** I only half understood what she said; **etw nur ~ machen** to only half-do sth; **~ so ... sein** to be half as ...; ***er ist nicht ~ so schlau wie sein Vorgänger*** he's not nearly as crafty as his predecessor; **~ ..., ~ ...** half ..., half ...; ***diese Nachricht quittierte sie ~ lachend, ~ weinend*** she took this news half laughing, half crying
❷ *vor adj, adv* (*~wegs*) half; **~ nackt** half-naked; **~ offen** half-open; **~ voll** half-filled, half-full; **~ tot** (*fam*) half-dead; **~ wach** half-awake; ***der Braten ist erst ~ gar*** the roast is only half-done; ***die Straße knickt hier ~ rechts ab*** the street forks off to the right here
▶ WENDUNGEN: **[mit jdm] ~ und ~** [*o* **~e-~e**] **machen** (*fam*) to go halves with sb; **das ist ~ so schlimm** it's not as bad as all that; **~ und ~** (*fam*) sort of
Halbaffe *m* ❶ ZOOL prosimian ❷ (*pej sl: blödes Arschloch*) silly arse [*or* AM ass] *pej sl* **halbautomatisch** *adj* semi-automatic **Halbbildung** *f* (*pej*) superficial education **halbbitter** *adj Schokolade* plain **Halbblut** *nt kein pl* ❶ (*Mensch*) half-caste ❷ (*Tier*) crossbreed **Halbbruder** *m* half-brother **Halbdunkel** *nt* semi-darkness *no pl* **halbdurchsichtig** *adj* semi-transparent
Halbe *f dekl wie adj* (*fam*) ■**eine ~** half a litre [*or* AM -er] of beer
Halbedelstein *m* semi-precious stone
halber *präp +gen nachgestellt* (*geh*) ■**der ... ~** for the sake of ...
halberwachsen [-ks-] *adj attr* adolescent **Halberzeugnis** *nt s.* **Halbfertigfabrikat** **Halbfabrikat** *nt* ÖKON semi-finished product **halbfertig** *adj attr* half-finished **Halbfertigfabrikat** *nt* semi-finished product **Halbfertigprodukt** *nt* semi-finished product **halbfest** *adj attr* semi-solid **halbfett** I. *adj* ❶ TYPO semibold ❷ KOCHK medium-fat II. *adv* TYPO in semibold **Halbfinale** *nt* semi-final **halbflüssig** *adj Ei* very soft-boiled **halbgebildet** *adj attr* half-educated **Halbgeschwister** *pl* half-brother[s] and -sister[s] **Halbgott, -göttin** *m, f* demigod *masc,* demigoddess *fem*
Halbheit <-, -en> *f* (*pej*) half measure
Halbheiten *pl* (*pej*) half measures *pl*
halbherzig *adj* half-hearted
Halbherzigkeit *f* half-heartedness *no pl*
halbieren* I. *vt* ❶ (*teilen*) ■**etw ~** to divide sth in half
❷ (*um die Hälfte vermindern*) ■**etw ~** to halve sth
II. *vr* (*sich um die Hälfte verringern*) ■**sich ~** to halve
Halbierung <-, -en> *f* halving *no pl, no indef art*
Halbinsel *f* peninsula **Halbjahr** *nt* half-year **Halbjahresbericht** *m* half-yearly [*or* semi-annual] report **Halbjahresumsatz** *m* FIN first-half turnover **halbjährig** *adj attr* ❶ (*ein halbes Jahr dauernd*) six-month *attr;* ***eine ~e Probezeit wurde vereinbart*** a six-month trial period was agreed ❷ (*ein halbes Jahr alt*) six-month-old *attr* **halbjährlich** I. *adj* half-yearly, six-monthly II. *adv* every six months, twice a year **Halbjude, -jüdin** *m, f* half-Jew/Jewess; **~ sein** to be half-Jewish **Halbkanton** *m* SCHWEIZ demicanton **Halbkreis** *m* semicircle; **im ~** in a semicircle **Halbkugel** *f* hemisphere; **nördliche/südliche ~** northern/southern hemisphere **halblang** *adj* MODE *Mantel, Rock* mid-calf length; *Haar* medium-length ▶ WENDUNGEN: **[nun] mach mal ~!** (*fam*) cut it out! *fam,* stop exaggerating! **halblaut** I. *adj* quiet II. *adv* in a low voice, quietly **Halblederband** *m* VERLAG half-leather bound [*or* half-bound] edition **Halbleinenband** *m* VERLAG half-linen bound [*or* half-cloth] edition **Halbleiter** *m* ELEK semiconductor **halbmast** *adv* at half mast; **auf ~** at half mast **Halbmesser** *m s.* **Radius** **Halbmetall** *nt* CHEM semimetal **Halbmond** *m* ❶ ASTRON half-moon ❷ (*Figur*) crescent ▶ WENDUNGEN: **der Rote ~** the Red Crescent **halbmondförmig** *adj* crescent-shaped **halbpart** *adv* **[mit jdm] ~ machen** (*fam*) to go halves [with sb] **Halbpension** *f* half-board *no pl, no art* **halbrund** *adj* semicircular **Halbschatten** *m* half shade *no pl, no indef art;* ASTRON penumbra **Halbschlaf** *m* light sleep *no pl;* **im ~ sein** to be half-asleep **Halbschuh** *m* shoe **Halbschwergewicht** *nt* SPORT ❶ *kein pl* (*Gewichtsklasse*) light heavyweight *no pl, no art* ❷ (*Sportler*) light heavyweight **Halbschwergewichtler(in)** *m(f) s.* Halbschwergewicht 2 **Halbschwester** *f* half-sister **halbseitig** I. *adj* ❶ MEDIA, TYPO (*eine halbe Seite umfassend*) half-page ❷ (*eine Seite betreffend*) on [*or* down] one side; MED hemiplegic; **~e Lähmung** hemiplegia II. *adv* ❶ MEDIA, TYPO in half-page format ❷ MED on [*or* down] one side; **~ gelähmt** hemiplegic **halbstaatlich** *adj* partly state-run [*or* state-owned] **halbstark** *adj pred* rowdy; ■**ein H~er** a [young] hooligan **Halbstarke(r)** *f(m) dekl wie adj* (*veraltend fam*) [young] hooligan **Halbstiefel** *m* bootee **halbstündig** *adj attr* half-hour *attr,* lasting half an hour; **in ~en Intervallen** at half-hourly intervals **halbstündlich** I. *adj* half-hourly II. *adv* every half-hour **Halbstürmer(in)** *m(f) bes* FBALL attacking midfielder
halbtags *adv* on a part-time basis; ***sie arbeitet wieder ~ im Büro*** she's working half-day at the office again
Halbtagsarbeit *f* ❶ *kein pl* (*Arbeit an halben Tagen*) part-time work *no pl, no indef art* ❷ *s.* Halbtagsbeschäftigung **Halbtagsbeschäftigung** *f* half-day [*or* part-time] job, part-time employment *no pl, no indef art* **Halbtagsgrundschule** *f* half-day primary school **Halbtagskraft** *f* part-time worker [*or* employee]
Halbton *m* ❶ MUS semitone ❷ KUNST, FOTO half-tone **Halbtonbild** *nt* ❶ TYPO continuous-tone [*or* cone-tone] picture ❷ INFORM half-tone photograph [*or* image] **Halbtonfarbauszüge** *pl* TYPO continuous-tone separation *no pl* **halbtrocken** *adj* **~er Wein** medium dry wine **Halbvokal** *m* semivowel **Halbwahrheit** *f kein pl* half-truth **Halbwaise** *f* child without a father/mother; **~ sein** to be fatherless/motherless **Halbwaren** *pl* half-finished products **halbwegs** *adv* ❶ (*einigermaßen*) partly; ***jetzt geht es mir wieder ~ besser/gut*** I'm feeling a bit better/reasonably well again now ❷ (*nahezu*) almost ❸ (*veraltend: auf halbem Wege*) halfway **Halbwelt** *f kein pl* demi-monde **Halbwert(s)zeit** *f* PHYS half-life **Halbwissen** *nt* (*pej*) superficial knowledge *no pl,* smattering [of knowledge] **halbwüchsig** *adj* adolescent **Halbwüchsige(r)** *f(m) dekl wie adj* adolescent **Halbwüste** *f* semi-desert **Halbzeit** *f* half-time
Halde <-, -n> *f* ❶ (*Müllhalde*) landfill, rubbish tip BRIT
❷ (*Kohlehalde*) coal tip; (*Abraumhalde*) slag heap
❸ (*unverkaufte Ware*) stockpile; **etw auf ~ fertigen** [*o* **produzieren**] to manufacture sth for stock; **etw auf ~ legen** [*o* **lagern**] to stockpile sth
❹ SÜDD (*Hang*) slope
Halfrate-Codec <-[s]> ['haːfreɪt'kəʊdək] *m kein pl* TELEK halfrate-codec **Halfrate-Technik** ['haːfreɪt-] *f* TELEK halfrate technology
Hälfte <-, -n> *f* (*der halbe Teil*) half; ***die ~ von dem, was sie sagt, ist frei erfunden*** half of what she says is pure invention; ■**eine/die ~ der/des ...** half [of] ...; ***wenn nur die ~ von dem, was man liest, stimmt, wäre das ja schon entsetzlich*** if only half of what one reads were true, that would be terrible enough; **die erste/zweite ~ einer S.** *gen* the first/second half of sth; **die kleinere/größere ~** the smaller/larger half; **die vordere/hintere ~** the front/back half; **um die ~** by half, by 50%; ***die Inflation ist um die ~ gestiegen*** inflation has increased by half [*or* by 50%]; **zur ~**

half, 50 %; ***wieso lässt du ein noch zur ~ volles Glas stehen?*** why are you leaving a glass that's half-full?

▶ WENDUNGEN: **jds bessere** ~ (*hum fam*) sb's better half *hum fam;* ***meine bessere ~ ist zu Hause geblieben*** my better half has stayed at home; [**von etw**] **die ~ abstreichen können** [*o* **müssen**] (*fam*) to disregard half of sth

hälften *vt* (*selten*) *s.* **halbieren**

Halfter¹ <-s, -> *m o nt* (*Zaum*) halter

Halfter² <-s, – *o* -, -n> *nt o f* (*Pistolentasche*) holster

Hall <-[e]s, -e> *m* ① (*dumpfer Schall*) reverberation

② (*Widerhall*) echo

Halle <-, -n> *f* ① (*Ankunfts~*) hall

② (*Werks~*) workshop

③ (*Ausstellungs-, Messe~*) hall

④ (*Hangar*) hangar

⑤ (*Sport~*) sports hall; **in der ~** indoors, inside

⑥ (*großer Saal*) hall

▶ WENDUNGEN: **in diesen heiligen ~n** (*iron*) within these hallowed halls *iron*

halleluja *interj* ① REL hallelujah!

② (*fam: ein Glück!*) hurray! [*or hum fam* hallelujah!]

hallen *vi* ■[**durch/über etw** *akk*] ~ to echo [*or* reverberate] [through/across sth]

Hallenbad *nt* indoor swimming pool **Hallenkirche** *f church with nave and side aisles of equal height* **Hallensport** *m kein pl* indoor sport **Hallenturnen** *nt* indoor gymnastics + *sing vb, no art*

Hallig <-, -en> *f* small flat island (*esp off Schleswig-Holstein*)

Hallimasch <-[e]s, -e> *m* BOT honey agaric

hallo *interj* ① *betont: 'hallo* (*zur Begrüßung*) hello

② *betont: hal'lo* (*überrascht*) hello

Hallo <-s, -s> *nt* hello

Hallodri <-[s], -[s]> *m* SÜDD, ÖSTERR (*fam*) playboy *fam*

Halluzination <-, -en> *f* hallucination; **~en haben** to have hallucinations; [**wohl**] **an ~en leiden** (*iron fam*) to suffer from hallucinations

halluzinogen *adj* hallucinogenic

Halluzinogen <-s, -e> *nt* hallucinogen

Halm <-[e]s, -e> *m* ① (*Stängel*) stalk, stem; ***die Felder stehen hoch im ~*** the corn etc. is almost ready for harvesting

② (*Trinkhalm*) straw

Halo <-[s], -s *o* Halonen> *m* PHYS halo

Halogen <-s, -e> *nt* halogen

Halogenbirne *f* halogen bulb **Halogenlampe** *nt* halogen lamp **Halogenleuchte** *f* halogen lamp **Halogenscheinwerfer** *m* AUTO halogen headlamp **Halogenstrahler** *m* halogen light

Hals <-es, Hälse> *m* ① ANAT neck; *von Knochen* collum; (*von Gebärmutter*) cervix; **sich** *dat* **den ~ brechen** (*fam*) to break one's neck; **den ~ recken** to crane one's neck; **einem Tier den ~ umdrehen** to wring an animal's neck; **jdm um den ~ fallen** to fling one's arms around sb's neck; **~-Nasen-Ohren-Arzt** ear, nose and throat specialist

② (*Kehle*) throat; **jdm im ~ stecken bleiben** to become stuck in sb's throat; **es im ~ haben** (*fam*) to have a sore throat

③ KOCHK *vom Kalb, Rind* neck; *vom Lamm a.* scrag

④ (*Flaschen~*) neck

▶ WENDUNGEN: **~ über Kopf** in a hurry [*or* rush]; **etw in den falschen ~ bekommen** (*fam*) to take sth the wrong way *fam;* (*etw missverstehen*) to take sth wrongly; **einen langen ~ machen** (*fam*) to crane one's neck; **aus vollem ~**[**e**] at the top of one's voice; **den ~ nicht voll** [**genug**] **kriegen können** (*fam*) not to be able to get enough of sth; **jdm mit etw vom ~**[**e**] **bleiben** (*fam*) not to bother sb with sth; **jdn auf dem** [*o* **am**] **~ haben** (*fam*) to be saddled [*or* BRIT lumbered] with sb *fam;* **etw zum ~e heraushängen** (*fam*) to be sick to death of sth; ***immer Spinat, langsam hängt mir das Zeug zum ~e heraus!*** spinach again! I'm getting sick to death of the stuff!; **jdn** [*o* **jdm**] **den ~ kosten** [*o* **jdm den ~ brechen**] (*fam*) to finish sb; **jdm/sich etw auf den ~ laden** (*fam*) to saddle [*or* BRIT lumber] sb/oneself with sth *fam;* **sich/jdm jdn vom ~ schaffen** (*fam*) to get sb off one's/sb's back; **jdm jdn auf den ~ schicken** [*o* **hetzen**] (*fam*) to get [*or* put] sb onto sb; ***dem hetze ich die Polizei auf den ~!*** I'll get the police onto him!; **sich** *dat* **nach jdm/etw den ~ verrenken** (*fam*) to crane one's neck to see sb/sth; **sich jdm an den ~ werfen** (*pej fam*) to throw oneself at sb; **jdm etw an den ~ wünschen** (*fam*) to wish sth upon sb; **bis über den ~** (*fam*) up to one's ears [*or* neck]; ***ich stecke bis über den ~ in Schulden*** I'm up to my ears in debt

Halsabschneider(in) *m(f)* (*pej fam*) shark *pej fam*

Halsausschnitt *m* neckline **Halsband** *nt* ① (*für Haustiere*) collar ② (*Samtband*) choker **halsbrecherisch** *adj* breakneck *attr* **Halsbund** *m* neckband **Halsbündchen** *nt* neckband **Halsentzündung** *f* sore throat **Halsfalten** *pl* throat lines *pl* **Halskette** *f* necklace **Halskrause** *f* ① MODE, ZOOL ruff ② MED surgical collar **Hals-Nasen-Ohren-Arzt, -ärztin** *m, f* ear, nose and throat specialist **Halsschlagader** *f* carotid [artery] **Halsschmerzen** *pl* sore throat **Halsschmuck** *m* neck jewellery [*or* AM jewelry] [*or* adornment] **halsstarrig** *adj* (*pej*) obstinate, stubborn **Halsstarrigkeit** <-> *f kein pl* (*pej*) obstinacy *no pl,* stubbornness *no pl* **Halstuch** *nt* scarf, cravat, neckerchief **Hals- und Beinbruch** *interj* good luck!, break a leg! **Halsweh** *nt s.* Halsschmerzen **Halsweite** *f* neck size **Halswirbel** *m* ANAT cervical vertebra

halt¹ *interj* MIL halt!

halt² *adv* DIAL (*eben*) just, simply; ***du musst es ~ noch mal machen*** you'll just have to do it again

Halt <-[e]s, -e> *m* ① (*Stütze*) hold; **jdm/einer S. ~ geben** to support sb/sth; **an jdm ~/keinen ~ haben** to have support/no support from sb; **keinen ~ haben** not to be supported; **den ~ verlieren** to lose one's hold [*or* footing]

② (*inneres Gleichgewicht*) stability, security; ***sie ist sein moralischer ~*** she is his moral support

③ (*Stop*) stop; **ohne ~** without stopping; **~ machen** to stop, to pause; **vor nichts ~ machen** to stop at nothing; **vor niemandem ~ machen** to spare nobody

haltbar *adj* ① (*nicht leicht verderblich*) non-perishable; ■**~ sein** to keep; **nur begrenzt ~** perishable; **etw ~ machen** to preserve sth

② (*widerstandsfähig*) durable, hard-wearing; ■**~ sein** to be durable [*or* hard-wearing]

③ (*aufrechtzuerhalten*) tenable

Haltbarkeit <-> *f kein pl* ① (*Lagerfähigkeit*) shelf life ② (*Widerstandsfähigkeit*) durability **Haltbarkeitsdatum** *nt* sell-by date **Haltbarmachung** *f* preservation

Haltebügel *m* BAU securing clip **Haltegriff** *m* [grab] handle; (*an Badewanne*) bath handle [*or* rail]; (*am Gewehr*) grip; (*Riemen*) [grab] strap

halten <hielt, gehalten>

I. TRANSITIVES VERB II. INTRANSITIVES VERB III. REFLEXIVES VERB

I. TRANSITIVES VERB

① *fest~* ■[**jdm**] **jdn/etw ~** to hold sb/sth [for sb]

② *zum Bleiben veranlassen* ■**jdn ~** to stop sb; ■**jdn irgendwo ~** to keep sb somewhere; ***warum bleibst du noch bei dieser Firma, was hält dich noch da?*** why do you stay with the firm, what's keeping you there?

③ *in eine bestimmte Position bringen* ■**etw irgendwohin/irgendwie ~** to put sth somewhere/in a certain position; ***er hielt den Arm in die Höhe*** he put his hand up

④ *tragen, stützen* ■**etw ~** to hold sth

⑤ *zurück~* ■**etw ~** to hold [*or* retain] sth; ***das Ventil konnte den Überdruck nicht mehr ~*** the valve could no longer contain the excess pressure

⑥ SPORT ■**etw ~** to save sth; ***der Tormann konnte den Ball nicht ~*** the goalkeeper couldn't stop the ball

⑦ *angestellt haben* ■[**sich** *dat*] **jdn ~** to employ [*or* have] sb; ■[**sich** *dat*] **etw ~** to keep sth; ***er hält sich ein Privatflugzeug, eine Segeljacht und ein Rennpferd*** he keeps a private aircraft, a yacht and a racehorse

⑧ *behandeln* ■**jdn irgendwie ~** to treat sb in a certain way; ***er hält seine Kinder sehr streng*** he is very strict with his children

⑨ *weiter innehaben* ■**etw ~** to hold on to sth; ***hoffentlich kann ich den Weltrekord noch ~*** hopefully I can still hold on to the world record; *s. a.* **Kurs, Melodie**

⑩ *verteidigen* ■**etw** [**gegen jdn**] **~** to hold sth [in the face of sb]; ***die Verteidiger hielten die Stellungen weiterhin*** the defenders continued to hold their positions

⑪ *in einem Zustand er~* ■**etw irgendwie ~** to keep sth in a certain condition; ***die Fußböden hält sie immer peinlich sauber*** she always keeps the floors scrupulously clean; *s. a.* **besetzt**

⑫ *handhaben* ■**es** [**mit etw**] **irgendwie ~** to do sth in a certain way; ***wir ~ es ähnlich*** we do things in a similar way

⑬ *gestalten* ■**etw in etw** *dat* **~** to be done in sth; ***das Haus war innen und außen ganz in Weiß ge~*** the house was completely white inside and out

⑭ *ab~* ■**etw ~** to give sth; ***er hielt eine kurze Rede*** he made a short speech; *s. a.* **Wache**

⑮ *einhalten, erfüllen* ■**etw ~** to keep sth; ***der Film hält nicht, was der Titel verspricht*** the film doesn't live up to its title

▶ WENDUNGEN: **nicht zu ~ sein** not to be able to stop sb; ***wenn sie etwas von Sahnetorte hört, ist sie nicht mehr zu ~*** if she hears cream gateau mentioned there's no holding her!; **das kannst du ~, wie du willst** that's completely up to you; **nichts/viel davon ~, etw zu tun** to think nothing/a lot of doing sth; **nicht viel davon ~, etw zu tun** to not think much of doing sth; **jdn/etw für jdn/etw ~** to take sb/sth for sb/sth; ***ich habe ihn für seinen Bruder ge~*** I mistook him for his brother; ***das halte ich nicht für möglich*** I don't think that's possible; **es** [**mehr/lieber/eher**] **mit jdm/etw ~** to like [*or* prefer] sb/sth; **etw von jdm/etw ~** to think sth of sb/sth; ***vom Sparen hält er scheinbar nicht viel*** he doesn't appear to think much of saving; **wofür ~ Sie mich?** who do you take me for!

II. INTRANSITIVES VERB

① *fest~* to hold; ***kannst du mal 'n Moment ~?*** can you hold that for a second?

② *haltbar sein* to keep [*or* last]; ***wie lange hält der Fisch noch?*** how much longer will the fish keep?

③ *stehen bleiben, anhalten* to stop; **~ *Sie bitte an der Ecke!*** stop at the corner, please; **etw zum H~ bringen** to bring sth to a stop [*or* standstill]

④ SPORT to make a save; ***unser Tormann hat heute wieder großartig ge~*** our goalkeeper made some great saves today

⑤ *zielen* ■[**mit etw**] **irgendwohin ~** to aim at sth [with sth]; ***Sie müssen mit dem Bogen mehr nach links ~*** you must aim the bow more to the left

▶ WENDUNGEN: **an sich** *akk* **~** to control oneself; ***ich musste an mich ~, um nicht zu lachen*** I had to force myself not to laugh; **auf etw** *akk* **~** to attach a lot of importance to sth; **auf sich** *akk* **~** to take [a] pride in oneself; **zu jdm ~** to stand [*or* stick] by sb; **halt mal, ...** hang [*or* hold] on, ...

III. REFLEXIVES VERB

① *sich festhalten* ■**sich an etw** *dat* **~** to hold on to sth

② *nicht verderben* ■**sich ~** to keep [*or* last]; ***im Kühlschrank hält sich Milch gut drei Tage*** milk keeps for a good three days in the fridge

③ METEO *konstant bleiben* ■**sich ~** to last; ***manchmal kann der Nebel sich bis in die späten Vormittagsstunden ~*** sometimes the fog can

last until the late morning
❹ *(eine Richtung beibehalten)* ▪ **sich irgendwo/nach ...** ~ to keep to somewhere/heading towards ...; ~ ***Sie sich immer in dieser Richtung*** keep going in this direction
❺ *(sich richten nach)* ▪ **sich an etw** *akk* ~ to keep [*or* stick] to sth; ***ich halte mich immer an die Vorschriften*** I always stick to the rules
❻ *(haften)* ▪ **sich** ~ to linger
❼ *(sich behaupten)* ▪ **sich** [**noch**] [**mit etw**] ~ to prevail [with sth]; ***trotz der hauchdünnen Mehrheit hielt sich die Regierung noch über ein Jahr*** despite its wafer-thin majority the government lasted [*or* kept going for] over a year
❽ *(eine bestimmte Haltung haben)* ▪ **sich irgendwie** ~ to carry [*or* hold] oneself in a certain manner; ***es ist nicht leicht, sich im Gleichgewicht zu ~*** it's not easy to keep one's balance
▸ WENDUNGEN: **sich gut ge~ haben** *(fam)* to have worn well *fam*; ***für seine 50 Jahre hat er sich gut ge~*** he has worn well for a 50-year-old; **sich gut/besser** ~ to do well/better; **sich nicht ~ können** not to be able to control oneself; **sich an etw** *akk* ~ *(bei etw bleiben)* to stay with [*or* stick to] sth; ***ich halte mich lieber an Mineralwasser*** I prefer to stay with mineral water; **sich an jdn** ~ *(sich wenden)* to refer to sb; *(sich richten nach)* to stay [*or* stick] with sb; **sich für jdn/etw** ~ to think one is sb/sth; ***er hält sich für besonders klug*** he thinks he's really clever

Halteplatz *m* stop; *für Taxis* taxi rank, taxi [*or* AM *a.* cab] stand **Haltepunkt** *m* stop

Halter <-s, -> *m* holder

Halter(in) <-s, -> *m(f)* ❶ AUTO [registered] keeper BRIT, owner
❷ *(Tier~)* owner

Halterhaftung *f* JUR liability of the registered user of a vehicle

Halterung <-, -en> *f* mounting, support

Halteschild *nt* stop sign **Halteschlaufe** *f* *(im Bus)* [hanging] strap; *(im Auto a.)* assist strap **Haltestelle** *f* stop **Halteverbot** *nt* ❶ *kein pl* no stopping; **hier ist** ~ this is a no stopping area; **im ~ parken** [*o* **stehen**] [*o* **halten**] to park [*or* wait] [*or* stop] in a no stopping area ❷ *(Verkehr)* **absolutes** [*o* **uneingeschränktes**] ~ strictly no stopping; **eingeschränktes** ~ limited waiting **Halteverbot(s)schild** *nt* "no stopping" sign

haltlos *adj* ❶ *(labil)* weak; *Mensch* unsteady, unstable
❷ *(unbegründet)* groundless, unfounded

Haltlosigkeit <-> *f kein pl* ❶ *(Labilität)* instability
❷ *(Unbegründetheit)* groundlessness

Haltung[1] <-, -en> *f* ❶ *(Körperhaltung)* posture; *bes* SPORT *(typische Stellung)* stance, style; ***für schlechte ~ wurden ihr Punkte abgezogen*** she lost marks for poor stance
❷ *(Einstellung)* attitude
❸ *kein pl (Verhalten)* manner, behaviour [*or* AM -or], conduct
▸ WENDUNGEN: ~ **bewahren** to keep one's composure; ~ **annehmen** MIL to stand to [*or* at] attention

Haltung[2] <-> *f kein pl* keeping; ***der Mietvertrag untersagt die ~ von Haustieren*** the tenancy agreement forbids the keeping of pets

Haltungsfehler *m* bad posture **Haltungsschaden** *m* damaged posture

Halunke <-n, -n> *m* ❶ *(pej: Gauner)* scoundrel
❷ *(hum: Schlingel)* rascal

Hämatom <-s, -e> *nt* haematoma BRIT, AM hematoma

Hamburg <-s> *nt* Hamburg

Hamburger[1] <-s, -> *m* hamburger

Hamburger[2] *adj attr* Hamburg; ***Blankenese ist ein nobler ~ Stadtteil*** Blankenese is a posh Hamburg suburb

Hamburger(in) <-s, -> *m(f)* native of Hamburg

Häme <-> *f kein pl* malice

hämisch **I.** *adj* malicious, spiteful
II. *adv* maliciously

Hämmchen <-s, -> *nt* KOCHK cured knuckle of pork

Hammel <-s, - *o selten* Hämmel> *m* ❶ *(kastrierter Schafbock)* wether
❷ *kein pl (~fleisch)* mutton
❸ *(pej: Dummkopf)* idiot, ass *pej*

Hammelbeine *pl* ▸ WENDUNGEN: **jdm die ~ lang ziehen** *(fam)* to give sb a good telling off [*or* dressing down]; **jdn bei den ~n kriegen** [*o* **nehmen**] *(fam)* to take sb to task **Hammelbraten** *m* roast mutton **Hammelfleisch** *nt* mutton **Hammelherde** *f* flock of wethers [*or* rams]; **wie eine ~ herumlaufen** *(pej)* to walk around like a flock of sheep **Hammelkeule** *f* leg of mutton **Hammelkotelett** *nt* mutton chop **Hammelrücken** *m* saddle of mutton **Hammelsprung** *m* POL division

Hammer <-s, Hämmer> *m* ❶ *(Werkzeug)* hammer
❷ SPORT *(Wurfgerät)* hammer
❸ ANAT hammer, malleus
❹ MUS hammer
❺ *(sl: schwerer Fehler)* howler, AM *esp* major error, clanger BRIT
❻ *(Unverschämtheit)* outrageous thing
▸ WENDUNGEN: **zwischen Amboss und ~ geraten** to be under attack from both sides; ~ **und Sichel** hammer and sickle; **du hast einen ~!** *(sl)* you must be round the bend! BRIT *sl*, you must be off your rocker! AM *sl*; **das ist ein ~!** *(sl)* that's fantastic!; **ein ~ sein** *(sl)* to be absurd; ***diese Unterstellung ist ja ein dicker ~!*** this insinuation is really absurd!; **unter den ~ kommen** *(fam)* to come under the hammer *fam*

Hämmerchen <-s, -> *nt dim von* **Hammer** small hammer

Hammerhai *m* ZOOL hammerhead [shark]

hämmern **I.** *vi* ❶ *(mit dem Hammer arbeiten)* to hammer, to forge; ▪ **das H~** hammering
❷ *(wie mit einem Hammer schlagen)* to hammer, to pound
❸ *(wie Hammerschläge ertönen)* to make a hammering noise
❹ *(fam: auf dem Klavier spielen)* to hammer away at the piano; ▪ **auf etw** *dat* ~ to hammer on sth
❺ *(rasch pulsieren)* to pound
II. *vt* ❶ *(mit dem Hammer bearbeiten)* ▪ **etw** ~ to hammer sth
❷ *(wiederholt schlagen)* ▪ **jdm etw auf etw** *akk* ~ to pound a part of sb's body with sth; **jdm etw ins Bewusstsein** ~ to hammer [*or* knock] sth into sb's head

Hammerschlag *m* hammer blow **Hammerstiel** *m* shaft [*or* handle] of a hammer **Hammerwerfen** <-s> *nt kein pl* hammer-throwing **Hammerwerfer(in)** <-s, -> *m(f)* hammer-thrower **Hammerzehe** *f* MED hammer toe

Hammondorgel ['hɛmənd] *f* Hammond organ

Hämoglobin <-s> *nt kein pl* haemoglobin BRIT, hemoglobin AM

Hämolyse <-, -n> *f* MED *(Auflösung roter Blutkörperchen)* haemolysis BRIT, hemolysis AM

Hämophilie <-, -n> ['liːən] *f* haemophilia BRIT, hemophilia AM

Hämorride <-, -n> *f*, **Hämorrhoide** <-, -n> *f meist pl* haemorrhoids *pl* BRIT, hemorrhoids *pl* AM

Hampelmann <-männer> *m* ❶ *(Spielzeug)* jumping jack
❷ *(pej fam: labiler Mensch)* gutless person, spineless creature, puppet; ***ich bin doch nicht dein ~!*** I'm not your puppet!; **jdn zu einem ~ machen, aus jdm einen ~ machen** to make sb sb's puppet

hampeln *vi (fam)* to fidget

Hamster <-s, -> *m* hamster

Hamsterbacken *pl (fam)* chubby cheeks *fam*

Hamsterer, Hamsterin <-s, -> *m, f (fam)* hoarder

Hamsterkauf *m* panic buying; **Hamsterkäufe machen** to panic-buy

hamstern *vi, vt* to hoard; ▪ [**etw**] ~ to panic-buy [sth]

Hand <-, Hände> *f* ❶ ANAT hand; **die ~ zur Faust ballen** to clench one's fist; **die Hände in die Seiten stemmen** to put one's hands on one's hips; **eine ~/zwei Hände breit** six inches/a foot wide; ***es ist nur noch etwa eine ~ breit Wein im Fass*** there's only about six inches of wine left in the barrel; **mit der flachen** ~ with the flat of one's hand; **Hände hoch!** hands up!; **eine hohle ~ machen** to cup one's hands; **aus der hohlen** ~ from one's cupped hands; ***sie tranken an der Quelle aus der hohlen ~*** they drank at the spring from their cupped hands; **linker/rechter** ~ on the left/right; ***links liegt der See, der Gutshof liegt rechter ~*** the lake is on the left and the estate on the right; **zur linken/rechten** ~ on the left-hand/right-hand side; ***zur linken ~ sehen Sie das Rathaus*** on the left-hand side you can see the town hall; **eine ruhige** [*o* **sichere**] ~ a steady hand; **mit sanfter** ~ with a gentle hand; ***sie versteht es, ihre Abteilung mit sanfter ~ zu führen*** she knows how to run her department with a calm hand; **jdm die ~ drücken** [*o* **schütteln**] to shake sb's hand; **jdm etw in die ~ drücken** to press sth into sb's hand; **jdm die ~ geben** [*o geh* **reichen**] to shake sb's hand; **etw in Händen halten** *(geh)* to have sth in one's hands; ***das ist ein interessantes Buch, das Sie da gerade in Händen halten*** that's an interesting book that you've got there at the moment; **jdn an der** [*o* **bei der**] ~ **haben** [*o* **nehmen**] [*o* **fassen**] to take hold of sb's hand; **etw aus der ~ essen** to eat sth out of one's hand; **in die Hände klatschen** to applaud [*or* clap]; **jdm die ~ küssen** to kiss sb's hand; **etw aus der ~ legen** to put down sth *sep*; ***lege jetzt die Zeitung aus der ~, wir frühstücken!*** put the paper down now, we're having breakfast; **jdm die ~ auflegen** to lay one's hand on sb; ***Jesus hat Kranke geheilt, indem er ihnen die ~ auflegte*** Jesus healed the sick by laying his hands on them; **etw in die ~ nehmen** to pick up sth *sep*; ***er nimmt niemals ein Buch in die ~*** he never picks up a book; *(sich darum kümmern)* to attend to sth; ***lass mich die Sache mal in die ~ nehmen*** let me take care of the matter; **jdm etw aus der ~ nehmen** to take sth from [*or* off] sb, to take sth out of sb's hand; ***sie nahm ihrem Kind das Messer aus der ~*** she took the knife away from her child; ***der Fall ist dem Richter aus der ~ genommen worden*** the judge has been relieved of the case; **sich** *dat* **die Hände reiben** to rub one's hands [together]; **jdm die ~ reichen** [*o geh* **bieten**] to give sb one's hand; ***sie reichten sich zur Begrüßung die Hände*** they greeted each other by shaking hands; **jdm etw aus der ~ schlagen** to knock sth out of sb's hand; **Hände weg!** hands off!; **die ~ nicht vor den Augen sehen können** not to be able to see one's hand in front of one's face
❷ *kein pl* SPORT *(~spiel)* handball; ***der Schiedsrichter erkannte auf ~*** the referee blew for handball
❸ *(Besitz, Obhut)* hands; ***der Besitz gelangte in fremde Hände*** the property passed into foreign hands
❹ POL **die öffentliche** ~ *(der Staat)* [central] government; *(die Gemeinde)* local government; ***das Vorhaben wird durch die öffentliche ~ finanziert*** the project is being financed by the public sector
▸ WENDUNGEN: **mit seiner Hände Arbeit** with one's own hands; ***die Firma hat er mit seiner Hände Arbeit aufgebaut*** he built the firm up with his own hands; **seine Hände mit Blut beflecken** *(geh)* to have blood on one's hands; **für jdn/etw seine** [*o* **die**] ~ **ins Feuer legen** *(fam)* to vouch for sb/sth; ~ **und Fuß haben** to be purposeful; **weder ~ noch Fuß haben** to have no rhyme or reason, to make no sense; ***dieser Plan hat weder ~ noch Fuß*** there's no rhyme or reason to this plan; **mit Händen und Füßen** *(fam)* tooth and nail; ***gegen diese Pläne werde ich mich mit Händen und Füßen wehren*** I will fight these plans tooth and nail; ~ **aufs Herz!** *(fam)* cross your heart, word of honour [*or* honor] AM; ~ ***aufs Herz, hast du wirk-***

lich nichts davon gewusst? give me your word of honour, did you really know nothing about it?; **die Hände überm Kopf zusammenschlagen** to throw one's hands up in amazement; ***wenn man sieht, wie sie sich benimmt, kann man nur noch die Hände überm Kopf zusammenschlagen*** when you see how she behaves you can only throw your hands up in amazement [*or* horror]; **von der ~ in den Mund leben** to live from hand to mouth; **die Hände in den Schoß legen** to sit back and do nothing; **[bei etw] die** [*o* **seine**] **Hände im Spiel haben** to have a hand in sth; ***dieser Geschäftemacher hat überall seine Hände im Spiel!*** this wheeler dealer has his finger in every pie; **seine Hände in Unschuld waschen** to wash one's hands of a matter; ***ich hatte damit nichts zu tun, ich wasche meine Hände in Unschuld!*** I had nothing to do with it, I wash my hands of the matter; **bei jdm [mit etw] in besten Händen sein** to be in safe hands with sb [regarding sth]; ***bei ihr sind Sie damit in besten Händen*** you're in safe hands with her as far as that is concerned; **mit der bloßen ~** with one's bare hands; **aus erster/zweiter ~** first-hand/second-hand; ***Informationen aus zweiter ~ sind meist wenig verlässlich*** second-hand information is in most cases unreliable; (*vom ersten/zweiten Eigentümer*) with one previous owner/two previous owners; ***er kauft Gebrauchtwagen, aber nur aus erster ~*** he buys second-hand cars, but only with one previous owner; **in festen Händen sein** (*fam*) to be spoken for; ***bei der kannst du nicht mehr landen, die ist schon in festen Händen*** you won't get anywhere with her, she's already spoken for; **fleißige Hände** hard workers; **freie ~ haben** to have a free hand; **jdm freie ~ lassen** to give sb a free hand; ***bei der Regelung dieser Angelegenheit will Ihnen unser Konzern freie ~ lassen*** our company will give you free rein in settling this matter; **von fremder ~** from a stranger; ***die Unterschrift stammt von fremder ~*** this is a stranger's signature; **in fremde Hände übergehen** to change hands; **bei etw eine glückliche ~ haben** to have the Midas touch with sth; ***sie hat bei all ihren Geschäftsabschlüssen immer eine glückliche ~ gehabt*** she has always had the Midas touch in all of her business deals; **von langer ~** well in advance; ***der Bankraub muss von langer ~ geplant gewesen sein*** the bank robbery must have been planned well in advance; **mit leeren Händen** empty-handed; **eine leitende** [*o* **lenkende**] **~** a guiding hand; **letzte ~ an etw** *akk* **legen** to put the finishing touches to sth; **eine lockere ~ haben** (*fam*) to let fly at the slighest provocation *fam;* ***gib ihm ja keine Widerworte, du weißt, er hat eine lockere ~!*** don't contradict him, you know he likes to let fly; **aus** [*o* **von**] **privater ~** privately; ***haben Sie den Leuchter aus einem Antiquitätengeschäft? — nein, aus privater ~*** did you get the candelabra from an antique shop? — no, from a private individual; **jds rechte ~ sein** to be sb's right-hand man; **mit etw schnell** [*o* **flink**] [*o* **gleich**] **bei der ~ sein** (*fam*) to be quick to do sth; ***sie ist mit abfälligen Bemerkungen schnell bei der ~*** she's quick to make disparaging remarks; **eine starke** [*o* **feste**] **~** a firm hand; **jdm etw zu treuen Händen übergeben** to give sth to sb for safekeeping, to entrust sth to sb; **alle Hände voll zu tun haben** to have one's hands full; **mit vollen Händen** excessively, plentifully, lavishly; ***er gab das Geld mit vollen Händen aus*** he spent his money left, right and centre [*or* AM center]; ***sie verteilte das Geld mit vollen Händen unter den Bedürftigen*** she gave generously to the needy; **hinter vorgehaltener ~** in confidence; ***man erzählt sich hinter vorgehaltener ~ davon*** people are telling each other about it in confidence; **jdm/einer S. in die ~ arbeiten** to play into sb's hands/the hands of sth; **jdm in die Hände** [*o* **in jds Hände**] **fallen** to fall into sb's hands; ***schaut mal, was mir zufällig in die Hände gefallen ist!*** look what I came across by chance; **jdm aus der ~ fressen** (*fam*) to eat out of sb's hand; **jdm sind die Hände gebunden, jds Hände sind gebunden** sb's hands are tied; ***ich würde dir gerne helfen, aber meine Hände sind gebunden*** I would like to help you, but my hands are tied; **jdm zur** [*o* **an die**] **~ gehen** to lend sb a [helping] hand; **durch jds Hände** [*o* **~**] **gehen** to pass through sb's hands; **jdm ... von der ~ gehen** to be ... for sb; ***am Computer gehen einem viele Textarbeiten leicht von der ~*** working with texts is easy on a computer; **[mit etw] ~ in ~ gehen** to go hand in hand [with sth]; ***das Ansteigen der Massenarbeitslosigkeit geht mit der Rezession ~ in ~*** the rise in mass unemployment goes hand in hand with the recession; **von ~ zu ~ gehen** to pass from hand to hand; **in jds Hände übergehen** to pass into sb's hands; **jdm etw auf die ~ geben** to promise sb sth faithfully; **etw aus der ~ geben** to let sth out of one's hands; ***Bücher gebe ich nicht aus der ~*** I don't lend people books; ***sie musste vorübergehend die Konzernleitung aus der ~ geben*** she had to relinquish the management of the group temporarily; **mit Händen zu greifen sein** to be as plain as the nose on your face [*or* BRIT as a pikestaff] *fam;* **die ~ auf etw** *akk* **halten** (*fam*) to keep a tight rein on sth; **um jds ~ anhalten** (*geh*) to ask for sb's hand in marriage *form;* **die** [*o* **seine** [**schützende**]] **~ über jdn halten** (*geh*) to protect sb; **die** [*o* **seine**] **~ hinhalten** [*o* **aufhalten**] (*fam*) to hold out one's hand [for money]; **jdn [für etw] an der ~ haben** (*fam*) to have sb on hand [for sth]; ***für Autoreparaturen habe ich jdn an der ~*** I've got someone on hand who can fix cars; **etw bei der** [*o* **zur**] **~ haben** to have sth to hand; ***ich möchte zu gerne wissen, welche Erklärung er diesmal bei der ~ hat!*** I'd like to know what explanation he's got to hand this time!; **etw in der ~ haben** to have sth in one's hands; ***ich habe diese Entscheidung nicht in der ~*** this decision is not in my hands; **etw gegen jdn in der ~ haben** to have sth on sb; ***die Staatsanwaltschaft hat gegen den Konzern nicht genügend Beweise in der ~*** the state prosecution didn't have sufficient evidence on the company; **jdn [fest] in der ~ haben** to have sb [well] in hand; **in jds Händen sein** to be in sb's hands; ***die Geiseln sind in den Händen der Terroristen*** the hostages are in the hands of the terrorists; ***der Vertrag wird morgen in Ihren Händen sein*** the contract will be in your hands tomorrow; **[bei jdm] in ... Händen sein** to be in ... hands [with sb]; ***sie wird bei Ihnen in guten Händen sein*** she will be in good hands with you; ***bei uns ist Ihr Wagen in den richtigen Händen*** your car is in the right hands with us; **zur ~ sein** to be at hand; ***der Brief ist gerade nicht zur Hand*** the letter is not at hand at the moment; **jdn/etw in die ~** [*o* **Hände**] **kriegen** [*o* **bekommen**] to get one's hands on sb/sth; ***als Zollbeamter kriegt man so manche Waffe in die ~*** customs officers come across quite a few weapons in their job; **[bei etw] mit ~ anlegen** to lend a hand [with sth]; **~ an sich** *akk* **legen** (*geh*) to kill oneself; **[klar] auf der ~ liegen** (*fam*) to be [perfectly] obvious; **in jds ~ liegen** [*o* **sein**] (*geh*) to be in sb's hands; ***mein Schicksal liegt in Gottes ~*** my fate lies in God's hands; **jdm [etw] aus der ~ lesen** to read [sth] from sb's hand; ***die Wahrsagerin las ihm aus der ~*** the fortune teller read his palm; **etw [alleine/selber] in die [eigene] ~ nehmen** to take sth in hand [oneself] [*or* into one's own hands]; ***ich muss die Sache selber in die ~ nehmen*** I'm going to have to take the matter into my own hands; **etw zur ~ nehmen** (*geh*) to pick up sth *sep;* ***nach dem Essen nahm er die Zeitung zur ~*** after the meal he picked up the paper; **sich** [*o geh* **einander**] **die Hände reichen können** to be two of a kind; ***was Schusseligkeit angeht, können die beiden sich die Hände reichen*** when it comes to being clumsy they're two of a kind; **sich die ~ reichen können** ***ach, du hältst das auch für das Beste? dann können wir uns ja die Hände reichen, ich nämlich auch!*** oh, you think that's for the best? well, great, so do I!; **keine ~ rühren** not to lift a finger; ***ich arbeite mich halb zu Tode, und er sitzt da und rührt keine ~*** I'm working myself half to death and he just sits there and doesn't lift a finger!; **jdm ist die ~ ausgerutscht** (*fam*) sb could not resist slapping sb; ***wenn er gar zu frech ist, kann ihr schon mal die ~ ausrutschen*** if he gets too cheeky sometimes she can't resist slapping him; **jdm etw in die ~** [*o* **Hände**] **spielen** to pass sth on to sb; ***der Verräter spielte ihnen diese Unterlagen in die Hände*** the traitor passed these documents on to them; **in die Hände spucken** to roll up one's sleeves *sep;* ***so, jetzt heißt es in die Hände gespuckt und frisch an die Arbeit gegangen!*** okay, let's roll up our sleeves and get cracking!; **jdm unter der ~** [*o* **den Händen**] **wegsterben** to die while under sb's care; ***der Patient starb den Chirurgen unter den Händen weg*** the patient died while under the surgeons' care; **jdn auf Händen tragen** to fulfil [*or* AM fulfill] sb's every wish; **jdm etw in die ~ sprechen** to promise sb sth; **eine ~ wäscht die andere** you scratch my back I'll scratch yours; **sich nicht von der ~ weisen lassen, nicht von der ~ zu weisen sein** not to be able to be denied; ***dieses Argument hat etwas für sich, es lässt sich nicht von der ~ weisen*** there's something in this argument, there's no denying it; ***die Erklärung klingt plausibel, sie ist also nicht von der ~ zu weisen*** the explanation sounds plausible, there's no getting away from it; **es ist nicht von der ~ zu weisen, dass ...** there's no getting away from the fact that ...; ***es ist nicht von der ~ zu weisen, dass die Verhandlungen in einer Sackgasse angelangt sind*** there's no getting away from the fact that the negotiations have reached an impasse; **jdm unter den Händen zerrinnen** [*o* **wegschmelzen**] to slip through sb's fingers; **jdm zuckt es in der ~** sb's itching to hit sb; **an ~ einer S.** *gen* with the aid of sth; ***sie erklärte die Aufgabe an ~ eines Beispiels*** she explained the task with the aid of an example; **[bar] auf die ~** (*fam*) cash in hand; ***das Bestechungsgeld wurde ihm bar auf die ~ gezahlt*** the bribe was paid to him in cash; ***ich will die 10000 Mark aber auf die ~*** I want the 10,000 marks in cash; **aus der ~** offhand; ***aus der ~ weiß ich auch keine Antwort*** I don't know the answer offhand either; ***als Lehrerin muss man in der Lage sein, Schülern etwas aus der ~ erklären zu können*** as a teacher you have to be able to explain something to pupils straight off the bat; **~ in ~** hand in hand; ***sie gingen ~ in ~ spazieren*** they went for a walk hand in hand; **unter der ~** secretly, on the quiet *fam;* **etw unter der ~ erfahren** to hear sth through the grapevine; **von ~** by hand; **ein von ~ geschriebener Lebenslauf** a handwritten curriculum vitae; **von jds ~** (*geh*) at sb's hand *form;* **von jds ~ sterben** to die at sb's hand; **zu jds Händen, zu Händen von jdm** for the attention of sb, attn: sb; ***„An Fa. Duss & Dümmler GmbH & Co KG, zu Händen von Herrn Weissner"*** Duss & Dümmler GmbH & Co. KG. Attn: Mr Weissner

Handakte *f* JUR reference file **Handapparat** *m* reference books **Handarbeit** *f* ❶ (*von Hand gefertigter Gegenstand*) handicraft, handiwork; **~ sein** to be handmade, to be made by hand; **in ~** by hand ❷ *kein pl* (*körperliche Arbeit*) manual labour [*or* AM -or] ❸ (*Nähen, Stricken etc*) sewing and knitting; ***neben dem Fernsehen mache ich immer irgendwelche ~en*** I always sew or knit in front of the television; SCH needlework; (*Gegenstand*) needlework **Handarbeiten** *nt kein pl* needlework **Handaufheben** <-s> *nt kein pl* show of hands; **durch ~** by a show of hands; ***abgestimmt wird durch ~*** voting takes place by a show of hands **Handauflegen** <-s> *nt*, **Handauflegung** <-> *f kein pl* laying on of hands; **durch ~** by the laying on of hands **Handball** *m o fam nt* SPORT ❶ *kein pl* (*Spiel*) handball; **~ spielen** to play handball ❷ (*Ball*) handball **Handballen** *m* ball of the thumb **Handballer(in)** <-s, -> *m(f)* (*fam*) *s.* Handballspieler **Handballspiel** *nt* SPORT ❶ (*Spiel*) game of handball ❷ *kein pl* (*Sportart*) handball **Handballspieler(in)** *m(f)* handball player **Handbedienung** *f* manual operation; **mit** ~ hand-operated **Handbetrieb** *m kein pl* manual operation **Handbewegung** *f* movement of the hand, motion, gesture; **eine ~ machen** to move one's hand **Handbibliothek** *f* reference library **Handbohrer** *m* gimlet **Handbrause** *f* hand shower **handbreit** **I.** *adj* a few centimetres [*or* AM -ers] wide **II.** *adv* a few centimetres [*or* AM -ers]; ***die Tür ließ sich nur ~ öffnen*** the door could only be opened a few centimetres **Handbreit** <-, -> *f* a few centimetres; ***das Wasser im Keller stand zwei ~ hoch*** there was a foot of water in the cellar **Handbremse** *f* handbrake **Handbremshebel** *m* AUTO handbrake lever **Handbuch** *nt* handbook, manual, guide, textbook

Händchen <-s, -> *nt dim von* **Hand** little hand; ~ **geben** to shake hands; **für etw ein ~ haben** (*fam*) to have a knack for sth *fam;* ~ **halten** (*fam*) to hold hands; ~ **haltend** holding hands

Handcreme [kre:m] *f* hand cream **Handdiktiergerät** *nt* hand-held dictating machine

Händedruck <-drücke> *m* ❶ *kein pl* (*jds Art, jdm die Hand zu geben*) handshake; ***Sie haben aber einen kräftigen ~!*** you really have a firm handshake ❷ (*Handschlag*) handshake; ***die Gäste wurden jeweils mit ~ begrüßt*** each of the guests was greeted with a handshake ▶ WENDUNGEN: **nur einen warmen ~ bekommen** (*fam*) to get just a pat on the back *fam* **Händeklatschen** *nt* applause *no pl,* clapping *no pl*

Händel *pl* (*geh*) quarrel; **mit jdm ~ haben** to quarrel with sb

Handel[1] <-s> *m kein pl* ❶ (*Wirtschaftszweig der Händler*) commerce

❷ ÖKON (*Warenverkehr*) trade; **freier ~** free trade; **den ~ aussetzen** BÖRSE to discontinue trade; **den ~ behindern** to intercept trade

❸ (*fam: Abmachung, Geschäft*) deal, transaction; ***auf so einen unsicheren ~ würde ich mich nicht einlassen*** I wouldn't let myself in for such a risky deal

❹ (*das Handeln*) dealing, trading; ▪**der ~ mit etw** dealing [*or* trading] in sth; ***der ~ mit Drogen ist illegal*** drug trafficking is illegal; [**mit jdm/etw**] ~ **treiben** [*o* **betreiben**] to do business [with sb], to trade [in sb/sth]

❺ (*Laden*) business; **etw in den ~ bringen** to put sth on the market; **im ~ sein** to be on the market; **etw aus dem ~ ziehen** to take sth off the market

Handel[2] <-s, Händel> *m meist pl* argument, quarrel

händeln *vt* (*fam*) ▪**jdn/etw ~** to handle sb/sth

handeln **I.** *vi* ❶ (*kaufen und verkaufen*) ▪**mit/in etw** *dat* ~ to trade with/in sth; ***sie hat einen Laden, in dem sie mit Bioprodukten handelt*** she owns a shop selling natural foods; ***er soll mit Drogen gehandelt haben*** he is supposed to have been trafficking drugs; ▪**mit jdm ~** (*als Partner*) to trade with sb; *Sklaven* to trade in sb; ***die alten Ägypter haben mit Ländern des gesamten Mittelmeerraumes gehandelt*** the ancient Egyptians traded with countries throughout the Mediterranean area; ***im Orient soll immer noch mit Frauen gehandelt werden*** the Orient is still supposed to trade in women

❷ (*feilschen*) ▪[**um etw**] ~ to haggle [over sth]; ***auf dem Basar wird um den Preis der Ware lange gehandelt*** a lot of haggling goes on at the bazaar over the price of goods; ***es ist immer peinlich, mit einem Verkäufer zu ~*** it's always embarrassing to haggle with a salesman; **mit sich [über etw** *akk*] ~ **lassen** to be prepared to negotiate [sth]; ***wenn Sie alles nehmen, lasse ich auch noch mit mir über einen Rabatt ~*** if you take everything I'm prepared to negotiate a discount; ***über den Preis lasse ich nicht mit mir ~*** the price is not open to negotiation; ***meine Entscheidung steht, da lasse ich nicht mit mir ~*** my decision stands, I'm not open to any suggestions

❸ (*agieren*) to act; ***wir müssen ~, ehe es zu spät ist*** we must act before it is too late; ***er ist ein schnell ~der Mensch*** he is a quick-acting person; ▪**irgendwie ~** to act in a certain manner; ***die Regierung hätte entschlossener ~ müssen*** the government should have acted in a more decisive manner; ▪**aus etw ~** to act out of sth; ***die Frau handelte aus purer Eifersucht*** the woman acted out of pure jealousy; **rechtswidrig ~** to act illegally

❹ (*geh: sich verhalten*) ▪**irgendwie [an jdm/gegen jdn]** ~ to act [*or* behave] [towards sb] in a certain manner; ***wie konntest du so übel an ihr ~*** how could you behave so badly towards her; ***sie hat barmherzig gegen ihn gehandelt*** she acted in a compassionate way towards him

❺ (*befassen*) ▪**von etw** *dat*/**über etw** *akk* ~ to be about sth, to deal with sth; ***der Zeitungsartikel handelte von dem Streik*** the newspaper article dealt with the strike; ***ein neues Buch? über was handelt es?*** a new book? what's it about?

II. *vr impers* ❶ (*etw Bestimmtes sein*) ▪**sich um jdn/etw ~** to be a matter of sth, to concern sb/sth; ***hoffentlich ist Ihnen klar, dass es sich hier um etwas sehr Ernstes handelt*** hopefully you appreciate that something very serious is involved here; ***es handelt sich bei diesen angeblichen UFOs um optische Täuschungen*** these alleged UFOs are simply optical illusions; ***die Polizei vermutet, dass es sich nicht um Selbstmord handelt*** the police suspect that it was not suicide; ***bei den Tätern soll es sich um Angehörige einer Terrorgruppe ~*** the culprits are said to be members of a terrorist group

❷ (*betreffen*) ▪**sich um etw ~** to be about sth, to concern sth; ***worum handelt es sich, bitte?*** what's it about, please?; ***es handelt sich um einige Beobachtungen, die ich gemacht habe*** it's about some observations that I have made; ▪**sich darum ~, dass ...** to be a matter of ...; ***es handelt sich jetzt darum, dass wir die veranschlagten Kosten reduzieren*** it's a matter now of reducing the estimated costs

❸ (*darauf ankommen*) ▪**sich darum ~, etw zu tun** to be a question of doing sth; ***es handelt sich einzig und allein darum, über die Runden zu kommen*** it is purely and simply a question of getting by

III. *vt* ❶ (*angeboten und verkauft werden*) ▪[**für etw**] **gehandelt werden** to be traded [at sth]; ***Silber wird für etwa $216 das Kilo gehandelt*** silver is trading at $216 a kilo; ***an den Börsen werden Aktien gehandelt*** shares are traded on the stock exchanges

❷ (*im Gespräch sein*) ▪**als jd/für etw gehandelt werden** to be touted as sb/for sth; ***er wird schon lange als Nachfolger für Dr. Alle gehandelt*** he has been touted for a long time as Dr Alle's successor

Handeln <-s> *nt kein pl* ❶ (*Feilschen*) haggling

❷ (*das Handeltreiben*) trading; ▪**das ~ mit etw** trading sth; ***das ~ mit Drogen ist verboten*** drug trafficking is against the law

❸ (*Verhalten*) behaviour [*or* AM -or]

❹ (*das Tätigwerden*) action

❺ JUR (*Tun*) acting; ~ **auf eigene Gefahr** acting at one's own risk; ~ **im eigenen Namen** acting in one's own name; ~ **in fremdem Namen** acting in the name of another; ~ **unter fremdem Namen** acting under an assumed name; ~ **auf eigene Rechnung** trading on one's own account; ~ **unter falschem Recht** acting under false law; **fahrlässiges/gesetzeswidriges ~** acting negligently/unlawfully

Handelnde(r) *f(m) dekl wie adj* **rechtswidrig** ~ JUR tortfeasor

Handelsabgaben *pl* FIN taxes on trade **Handelsabkommen** *nt* trade agreement **Handelsakademie** *f* ÖSTERR (*höhere Handelsschule*) ≈ business school **Handelsakzept** *nt* HANDEL trade [*or* commercial] acceptance **Handelsartikel** *m s.* Handelsware **Handelsattaché** *m* commercial attaché **Handelsauskunft** *f* trade reference **Handelsauskunftei** *f* commercial information agency **Handelsbank** *f* merchant bank **Handelsbedingungen** *pl* JUR trading conditions [*or* terms] **Handelsbeschränkung** *f,* **Handelsbeeinträchtigung** *f* trade restriction; **~en einführen** [*o* **verhängen**]/**aufheben** to impose/lift restrictions **Handelsbevollmächtigte(r)** *f(m) dekl wie adj* JUR authorized signatory, commercial agent **Handelsbeziehung** *f* business [*or* trade] relationship **Handelsbeziehungen** *pl* trade relations **Handelsbilanz** *f* ÖKON balance of trade; **aktive ~** balance of trade surplus; **passive ~** balance of trade deficit **Handelsbilanzdefizit** *nt* trade balance deficit **Handelsbilanzsaldo** *m* trade balance bottom line **Handelsbilanzüberschuss**[RR] *m* FIN trade balance surplus **Handelsblock** *m* HANDEL trade bloc **Handelsblöcke** *pl* trading blocs *pl* **Handelsbrauch** *m* HANDEL commercial custom, trade use; **internationaler ~** international commercial custom **Handelsbücher** *pl* HANDEL commercial books of account **Handelsdefizit** *nt* trade deficit **Handelseinbuße** *f* HANDEL loss of trade **handelseinig, handelseins** *adj pred* ▪~ **sein/werden** to agree terms, to come to an agreement; ▪**mit jdm ~ sein/werden** to agree terms with sb; ▪[**sich**] ~ **sein/werden** to agree terms [with each other] **Handelsembargo** *nt* ÖKON trade embargo; **ein ~ verhängen/lockern/aufheben** to lay/relax/lift an embargo on trade; **ein ~ gegen einen Staat verhängen** to impose a trade embargo on a state **handelsfähig** *adj* HANDEL marketable **Handelsfirma** *f* HANDEL commercial firm [*or* undertaking] **Handelsflagge** *f* merchant flag **Handelsflotte** *f* TRANSP, ÖKON merchant fleet **Handelsfreiheit** *f kein pl* ❶ ÖKON (*Möglichkeit, Recht zu uneingeschränktem Handel*) freedom of trade, free trade ❷ (*selten: Handlungsfreiheit*) freedom of action [*or* to act] **handelsgängig** *adj* HANDEL marketable **Handelsgebiet** *nt* HANDEL trading area **Handelsgehilfe, -in** *m, f* JUR clerk, commercial employee **Handelsgenossenschaft** *f* HANDEL traders' cooperative **Handelsgericht** *nt* JUR commercial court **Handelsgeschäft** *nt* HANDEL commercial transaction; **einseitiges/beiderseitiges ~** one-sided/bilateral commercial transaction **Handelsgesellschaft** *f* ÖKON commercial company, trading company, commercial partnership; **offene ~** general partnership **Handelsgesetz** *nt* commercial law **Handelsgesetzbuch** *nt* JUR Commercial Code **Handelsgewerbe** *nt* HANDEL commercial enterprise **Handelsgewinn** *m* HANDEL trading profit **Handelsgewohnheitsrecht** *nt* JUR law of commercial customs **Handelshafen** *m* trading [*or* commercial] port **Handelshaus** *nt* trading [*or* commercial] company **Handelshemmnis** *nt* HANDEL trade barrier, impediment to trade; **tarifäres/nicht tarifäres ~** tariff/non-tariff barrier **Handelskammer** *f* ÖKON chamber of commerce **Handelskauf** *m* JUR mercantile sale **Handelskette** *f* ÖKON sales [*or* marketing] chain **Handelsklasse** *f* grade **Handelsklausel** *f* HANDEL trade clause [*or* term]; JUR trade stipulation; **internationale ~** international trade stipulation **Handelskonzern** *m* business group **Handelskrieg** *m* trade war **Handelsmakler(in)** *m(f)* HANDEL commercial broker **Handelsmarine** *f kein pl* TRANSP, ÖKON merchant navy [*or* AM marine] **Handelsmarke** *f* trademark, brand **Handelsmesse** *f* ÖKON trade fair **Handelsminister(in)** *m(f)* Minister for Trade BRIT, Trade Secretary BRIT, Secretary of Commerce AM **Handelsministerium** *nt* Trade Ministry BRIT, Department of Trade [*or* AM Commerce] **Handelsmission** *f* trade mission **Handelsmonopol** *nt* HANDEL trade monopoly **Handelsname** *m* HANDEL name of a firm **Handelsniederlassung** *f* branch **Handelsordnung** *f* HANDEL trading regime **Handelspartner(in)** *m(f)* (*Land*) trading partner **Handelspolitik** *f kein pl* ÖKON, POL [foreign] trade [*or* commercial] policy; **gemeinsame ~** *der EU* common commercial policy; **wettbewerbsbe-**

schränkte ~ restrictive trade practices **Handelspraktiken** *pl* JUR, FIN trade [*or* commercial] practices; **unerlaubte** [*o* **unlautere**] ~ infringement of trade customs **Handelsrecht** *nt* JUR commercial law; **europäisches/internationales** ~ European/international commercial law **Handelsregeln** *pl* JUR business regulations **Handelsregister** *nt* Register of Companies [*or* Corporations], registrar of business names BRIT; **Auszug aus dem** ~ excerpt from the commercial register **Handelsregistereintragung** *f* JUR certificate of registration [*or* AM incorporation] **Handelsregisterführer** *m* JUR trade register index **Handelsreisende(r)** *f(m)* *dekl wie adj* FIN commercial traveller [*or* AM -l-] **Handelsrichter(in)** *m(f)* JUR judge in a commercial court **Handelssache** *f* JUR commercial case, trade dispute **Handelsschiedsgerichtsbarkeit** *f* JUR commercial arbitration **Handelsschiene** *f* trade [*or* trading] route **Handelsschiff** *nt* trading ship [*or* vessel] **Handelsschranke** *f meist pl* trade barrier *usu pl* **Handelsschule** *f* ÖKON business school; **höhere** ~ commercial college BRIT **Handelsschüler(in)** *m(f)* student at a business school **Handelsspanne** *f* profit margin **Handelsstraße** *f* HIST trade route **Handelsstreit** *m* JUR trade dispute **Handelstag** *m* trade convention [*or* conference] **handelsüblich** *adj* in accordance with standard commercial practice; *Erzeugnis, Produkt, Ware* commercially available; ***250 Gramm für Konservendosen ist eine ~e Größe*** 250 grammes is a standard size for tinned food **Handelsüblichkeit** *f* HANDEL trading practices *pl* **Handelsunternehmen** *nt* business [*or* commercial] enterprise **Handelsverband** *m* JUR trade association **Handelsverbot** *nt* POL trade embargo **Handelsverkehr** *m kein pl* HANDEL commerce, trade **Handelsvertrag** *m* JUR trade agreement

Handelsvertreter(in) *m(f)* ÖKON commercial agent

Handelsvertreterrecht *nt* JUR law of commercial agency **Handelsvertretervertrag** *m* JUR commercial agent's contract **Handelsvertretung** *f* trade mission

Handelsvolumen *nt* volume of trade, [foreign] trade volume **Handelsvorschriften** *pl* JUR business regulations **Handelswährungen** *pl* trading currencies *pl* **Handelsware** *f* commodity, merchandise, [commercial] article; ***ausländische ~n sind ziemlich billig*** foreign goods are fairly cheap **Handelswechsel** *m* FIN trade [*or* commercial] bill **Handelswert** *m* ÖKON market [*or* commercial] value **Handelszeichen** *nt* HANDEL trademark, brand **Handelszentrum** *nt* business [*or* trading] centre [*or* AM -er] **Handelszweig** *m* ÖKON branch [*or* sector] [of industry]

Handeltreibende(r) *f(m)* *dekl wie adj* trader

Händeringen <-s> *nt kein pl* wringing of one's hands **händeringend** **I.** *adj* wringing one's hands **II.** *adv* ❶ (*die Hände ringend*) ***er flehte ~ um Gnade*** wringing his hands he pleaded for mercy ❷ (*fam: dringend*) desperately, urgently; ***ich brauche ~ Facharbeiter*** I urgently need skilled workers **Händeschütteln** *nt kein pl* handshaking *no pl, no indef art* **Händetrockner** *m* hand drier [*or* dryer] **Händewaschen** *nt kein pl* washing one's hands

Handfeger <-s, -> *m* hand brush **Handfertigkeit** *f* dexterity **handfest** *adj* ❶ (*deftig*) substantial; ■**etwas H~es** something substantial; ***ich bestelle mir etwas H~eres als einen Salat*** I'm ordering something more substantial than a salad ❷ (*robust*) sturdy; ■**etwas H~es** something well-built ❸ (*ordentlich*) proper, real; ***die Affäre wuchs sich zu einem ~en Skandal aus*** the affair turned into a full-blown scandal ❹ (*hieb- und stichfest*) well-founded; ***ich hoffe, Sie haben ~e Beweise für Ihre Behauptung*** I hope you've got solid proof for your allegation **Handfeuerlöscher** *m* (hand) fire extinguisher **Handfeuerwaffe** *f* handgun, portable firearm **Handfläche** *f* palm of one's hand **Handflächencomputer** *m* INFORM hand-held programmable **Handflächenpilot** *m* INFORM Palm Pilot (*personal digital assistant*) **Handfunkgerät** *nt* walkie-talkie **handgearbeitet** *adj* handmade **handgeknüpft** *adj Teppich* hand-knotted **Handgeld** *nt* ❶ SPORT signing-on fee [*or* transfer fee] ❷ HIST bounty **Handgelenk** *nt* wrist ▸ WENDUNGEN: **etw aus dem ~ schütteln** (*fam*) to do sth straight off, to do sth effortlessly; **aus dem** ~ (*fam*) with the greatest of ease, just like that, off the cuff **handgemacht** *adj* handmade **handgemalt** *adj* hand-painted **handgemein** *adj* ■[**mit jdm**] ~ **werden** to come to blows [with sb]; ■**miteinander ~ werden** to come to blows with each other **Handgemenge** *nt* fight, scuffle **Handgepäck** *nt* hand luggage **Handgerät** *nt* ❶ (*handwerkliches o. ä. Gerät*) small [hand-held] device ❷ SPORT hand apparatus **handgeschöpft** *adj Papier* handmade **handgeschrieben** *adj* handwritten **handgestrickt** *adj* ❶ (*von Hand gestrickt*) hand-knitted ❷ (*amateurhaft gemacht*) homespun **Handgranate** *f* hand grenade

handgreiflich *adj* ❶ *Auseinandersetzung, Streit* violent; ■[**gegen jdn**] ~ **werden** to become violent [towards sb]

❷ (*offensichtlich*) clear

Handgreiflichkeit <-, -en> *f* ❶ (*konkrete Fassbarkeit*) obviousness *no pl*, palpability *no pl*

❷ *kein pl* (*Tätlichkeit*) fight *no pl*; ***bei dem Streit kam es zu ~en*** the argument became violent

Handgriff *m* ❶ (*Aktion*) movement; ***das ist mit ein paar ~en wieder in Ordnung gebracht*** that can be repaired with a few simple touches

❷ (*Griff*) handle; (*Tragegriff*) handle

▸ WENDUNGEN: **mit einem** ~ with a flick of the wrist; ***das Fenster lässt sich mit einem ~ öffnen*** the window can be opened with a flick of the wrist; **mit ein paar ~en** in no time; ***das haben wir mit ein paar ~en wieder repariert*** we'll have that repaired again in no time

Handhabe *f* tangible evidence; [**gegen jdn**] **eine/keine ~ haben** to have something/nothing on sb

handhaben *vt* ❶ (*bedienen*) ■**etw** ~ to handle [*or* manage] sth; ***die Maschine lässt sich leicht ~*** the machine can be operated easily

❷ (*anwenden*) ■**etw** ~ to apply sth; ***die Vorschriften müssen strenger gehandhabt werden*** the regulations must be applied more strictly

❸ (*verfahren*) ■**etw irgendwie** ~ to manage sth in a certain way; ***so wurde es hier schon immer gehandhabt*** we've always dealt with it here in this way; **etw betrügerisch** ~ to rig sth

Handhabung <-> *f kein pl* ❶ (*Bedienung*) operation

❷ (*Anwendung*) application

Handharmonika *f* accordion

Handheld <-[s], -s> ['hɛndhɛlt] *nt o m* INFORM hand-held [computer]

Handikap <-s, -s> *nt*, **Handicap** *nt* ❶ (*Behinderung, Nachteil*) handicap

❷ SPORT handicap

handikapen ['hɛndikɛpn] *vt*, **handicapen** *vt* ■**jdn** ~ to handicap sb

händisch *adj* ÖSTERR (*manuell*) manual

Handkante *f* the side of the [*or* one's] hand **Handkantenschlag** *m* karate chop **Handkarren** *m* handcart **Handkäse** *m* DIAL *small flat round curd cheese formed by hand;* **Handkäs mit Musik** *hand-formed small round cheese coated in marinade* **Handkauf** *m* HANDEL cash[-down] sale **Handkoffer** *m* small suitcase **handkoloriert** *adj* hand-coloured [*or* AM -colored] **Handkreissäge** *f* circular saw **Handkuss**[RR] *m*, **Handkuß** *m* kiss on the hand

▸ WENDUNGEN: **etw mit ~ tun** (*fam*) to do sth with pleasure **Handlanger(in)** <-s, -> *m(f)* ❶ (*ungelernter Helfer*) labourer [*or* AM -orer] ❷ (*pej: Erfüllungsgehilfe*) stooge *pej* **Handlangerdienst** *m* dirty work; **jdm ~e leisten** to do sb's dirty work **Handlauf** *m* handrail

Händler(in) <-s, -> *m(f)* ❶ (*Fachhändler*) dealer ❷ AUTO (*Vertragshändler*) dealer

▸ WENDUNGEN: **fliegender** ~ street trader

Händlermarke *f* HANDEL own [*or* private] brand **Händlerrabatt** *m* HANDEL dealer rebate; (*Vertriebsrabatt*) distributor discount

Handlesekunst *f* ■[**die**] ~ palmistry *no pl, no art*

handlich *adj* ❶ (*bequem zu handhaben*) easy to handle, manageable

❷ (*leicht lenkbar*) manoeuvrable BRIT, maneuverable AM

Handlichkeit <-> *f kein pl* handiness, manageability; ***dieser Koffer lässt sich dank seiner ~ gut auf allen Reisen mitnehmen*** you can take this suitcase with you on any journey thanks to its convenient size

Handlinie [liːniə] *f* line on the palm of the hand **Handliniendeutung** [liːniən] *f* ■[**die**] ~ *s.* Handlesekunst **Handlotion** *f* hand lotion

Handlung <-, -en> *f* ❶ (*Tat, Akt*) act; **kriegerische** ~ act of war

❷ (*Geschehen*) action, plot, story

❸ JUR act, willed conduct; **deliktsähnliche** ~ quasi tort; **fortgesetzte** ~ continued act; **notarielle/vorsätzliche** ~ notarial/wilful [*or* voluntary] act; **rechtswidrige** ~ unlawful [*or* illegal] act; **unerlaubte** ~ tort; **selbständige unerlaubte** ~ tort per se; **strafbare** ~ criminal offence [*or* AM -se], punishable act; **unzüchtige** ~ indecent act; **eine [gemeinschaftliche] unerlaubte ~ begehen** to commit a [joint] tort; **Recht der unerlaubten ~en** law of torts

Handlungsablauf *m* plot **Handlungsabsicht** *f* intention **Handlungsanweisung** *f* instruction **Handlungsbedarf** *m* need for action; **es besteht ~/kein ~** there is a need/no need for action **Handlungsbefugnis** *f* HANDEL authority, proxy **Handlungsbevollmächtigte(r)** *f(m)* authorized agent, proxy **Handlungseinheit** *f* JUR operating unit **handlungsfähig** *adj* ❶ (*fähig und in der Lage, tätig zu werden*) capable of acting; **eine ~e Mehrheit** a working majority ❷ JUR having the capacity to act on one's own account **Handlungsfähigkeit** *f* ❶ (*Möglichkeit zu handeln*) ability to act ❷ JUR capacity to act on one's own account **Handlungsfreiheit** *f kein pl* freedom of action; **allgemeine** ~ general freedom of action **Handlungsgehilfe, -gehilfin** *m, f* HANDEL commercial clerk **Handlungsintension** *f* intension of a play **Handlungslehre** *f* JUR doctrine of criminal responsibility; **finale** ~ doctrine of criminal liability for intended wrongs only **Handlungslehrling** *m* HANDEL commercial apprentice **Handlungsmarge** *f* scope [of action] **Handlungsmöglichkeit** *f* opportunity [*or* possibility] for action **Handlungsort** *m* JUR lex loci contractus **Handlungspflicht** *f* JUR duty to act **Handlungsspielraum** *m* room for manoeuvre BRIT [*or* AM maneuver] **handlungsunfähig** *adj* ❶ (*nicht handlungsfähig*) incapable of acting ❷ JUR (*unfähig zu handeln*) not having the capacity to act on one's own account **Handlungsunfähigkeit** *f* ❶ ADMIN, POL inability [*or* incapacity] to act ❷ JUR without the capacity to act on one's own account **Handlungsvollmacht** *f* JUR power of attorney; **stillschweigende** ~ proxy, authority **Handlungsvorgang** *m* plot **Handlungsweise** *f* conduct, way of acting

Handmixer *m* hand mixer **Handorgel** *f* SCHWEIZ (*Handharmonika*) accordion

Hand-out[RR], **Handout** <-s, -s> ['hændaʊt] *nt* handout

Handpflege *f* (*Maniküre*) care of the hands, manicure **Handpresse** *f* hand press **Handpuppe** *f* glove [*or* AM hand] puppet **Handreichung** <-, -en> *f* ❶ (*Hilfe*) helping hand, assistance ❷ (*Instruktion, Richtlinien*) recommendation; (*Handout*) handout **Handrücken** *m* back of the [*or* one's] hand **Handrührer** *m s.* Handmixer **Handrührgerät** *nt* hand mixer [*or* blender] **Handsatz** *m kein pl* TYPO hand composition [*or* setting] **Handscanner** *m* INFORM hand scanner **Handschelle** *f meist pl* handcuffs *pl*; **jdm ~n anlegen** to handcuff sb; **in ~n** in handcuffs, handcuffed; **~n tragen** to be handcuffed [*or* in handcuffs]; **jdn in ~n abführen** to take [*or* lead] sb away in handcuffs **Handschlag** *m* (*Händedruck*) handshake; **mit** [*o* **durch**] [*o* **per**] ~ with a handshake ▶ WENDUNGEN: **goldener** ~ golden handshake; **einen ~ tun** (*fam*) to lend a hand; **keinen ~ tun** (*fam*) not to lift a finger *fam*; ***er hat im Garten gelegen und keinen ~ getan!*** he lay in the garden and didn't lift a finger! **Handschreiben** *nt* handwritten letter **Handschrift** *f* ❶ (*Schrift*) handwriting; **eine bestimmte ~ haben** to have a certain style of handwriting ❷ (*Text*) manuscript ▶ WENDUNGEN: **jds ~ tragen** [*o* **verraten**] to bear sb's [trade]mark **Handschriftendeutung** *f* ■[die] ~ graphology *no art* **Handschrifterkennung** *f* INFORM handwriting recognition **handschriftlich** I. *adj* ❶ (*von Hand geschrieben*) handwritten ❷ (*als Handschrift 2 überliefert*) in manuscript form II. *adv* ❶ (*von Hand*) by hand; ***die Korrekturen im Text waren ~ eingefügt worden*** the corrections to the text were entered by hand ❷ (*in Form von Handschriften 2*) in manuscript form

Handschuh *m* glove ▶ WENDUNGEN: **den ~ aufheben** to take up the gauntlet **Handschuhfach** *nt*, **Handschuhkasten** *m* glove compartment **Handspiegel** *m* hand mirror **Handspiel** *nt kein pl* handball **Handstand** *m* handstand; **einen ~ machen** to do a handstand **Handstandüberschlag** *m* handspring; **einen ~ machen** to do a handspring **Handstreich** *m* coup de main; **in einem** [*o* **durch einen**] ~ in a surprise coup **handstreichartig** *adj* coup-style action **Handtasche** *f* handbag, purse AM **Handtaschenraub** *m* [hand]bag snatching **Handteller** *m* palm [of one's [*or* the] hand]

Handtuch <-tücher> *nt* towel
▶ WENDUNGEN: **das ~ werfen** [*o sl* **schmeißen**] SPORT to give up, to throw in the towel

Handtuchhalter *m* towel rack **Handtuchspender** *m* towel dispenser **Handtuchstange** *f* towel rail

Handumdrehen *nt* ▶ WENDUNGEN: **im ~** in a jiffy, in no time [at all], in a trice BRIT

handverlesen *adj* ❶ (*mit der Hand gepflückt*) hand-picked
❷ (*sorgfältig überprüft*) hand-picked; ***nur ~e Gäste waren zugelassen*** only specially invited guests were admitted

Handvoll <-, -> *f* handful; **eine ~ Freiwilliger** a handful of volunteers **Handwagen** *m* handcart **handwarm** I. *adj* tepid, lukewarm; ***zum Spülen nimmt sie nur ~es Wasser*** she only uses lukewarm water for rinsing II. *adv* ***das darf nur ~ gewaschen werden*** this may only be washed in lukewarm water **Handwaschbecken** *nt* washbasin, sink **Handwäsche** *f* ❶ (*Vorgang*) hand-wash ❷ *kein pl* (*Wäschestücke*) item for hand-washing

Handwerk *nt* ❶ (*handwerklicher Beruf*) trade
❷ (*Beschäftigung*) business
❸ *kein pl* (*Berufsstand der Handwerker*) trade
▶ WENDUNGEN: **das ~ nährt seinen Mann** a trade will always provide; **jdm das ~ legen** to put an end to sb's game; **jdm ins ~ pfuschen** to encroach on sb's activities; **sein ~ verstehen** [*o* **beherrschen**] to know one's job [*or* stuff *sl*]

Handwerker(in) <-s, -> *m(f)* tradesman

Handwerkerinnung *f* HANDEL trade guild

handwerklich I. *adj* relating to a trade; **eine ~e Ausbildung machen** to undergo training for a skilled trade; **~es Können** craftsmanship
II. *adv* concerning craftsmanship

Handwerksberuf *m* skilled trade **Handwerksbetrieb** *m* workshop **Handwerkskammer** *f* Chamber of Handicrafts **Handwerkskarte** *f* JUR craftsman's card **Handwerksmeister(in)** *m(f)* ÖKON master craftsman **Handwerksordnung** *f* JUR [handi]crafts code, trade guild rules *pl* **Handwerksrolle** *f* JUR Register of Craftsmen **Handwerkszeug** *nt kein pl* tools of the trade, equipment

Handwurzel *f* carpus, wrist

Handwurzelknochen *m* carpal bone

Handy <-s, -s> ['hɛndɪ] *nt* mobile [phone], cellular [tele]phone

Handzeichen *nt* (*Geste*) gesture, sign; **durch ~** by gesturing; ***sie konnten sich nur durch ~ verständigen*** they could only make themselves understood by using their hands **Handzeichnung** *f eines Künstlers* original drawing; (*Skizze*) sketch **Handzettel** *m* leaflet

hanebüchen *adj* (*veraltend geh*) outrageous

Hanf <-[e]s> *m kein pl* ❶ (*Faser, Pflanze*) hemp
❷ (*Samen*) hempseed

Hänfling <-s, -e> *m* ❶ ORN linnet
❷ (*fam: schwächlicher Mensch*) weakling *pej*

Hang <-[e]s, Hänge> *m* ❶ (*Abhang*) slope; **schräg zum ~ fahren** SKI to ski at an angle to the slope
❷ *kein pl* (*Neigung*) tendency; ■**jds ~ zu etw** sb's tendency towards sth; **einen ~ zu jdm/etw haben** to have a penchant for sb/sth; ***sie hat einen deutlichen ~ zu Übertreibungen*** she has a marked tendency to exaggerate; **den ~ haben, etw zu tun** to be inclined to do sth

Hangar <-s, -s> ['haŋgaːɐ, haŋ'gaːɐ] *m* hangar

Hängebacken *pl* flabby cheeks *pl* **Hängebahn** *f* suspension railway, cable car lift, cableway **Hängebirke** *f* BOT white birch, silver birch **Hängebrücke** *f* suspension bridge **Hängebrüste** *pl* hanging breasts *pl* **Hängegleiter** <-s, -> *m* hang-glider **Hängelampe** *f* pendant light, hanging lamp **Hängelid** *nt* drooping [*or* sagging] eyelid

hangeln *vi, vr vi: sein und haben* ■[sich] **irgendwohin ~** to proceed hand over hand; ***er hangelte [sich] an einem Tau über den Abgrund*** he made his way across an abyss hand over hand along a rope

Hängemappe *f* suspension file **Hängematte** *f* hammock

hängen	
I. INTRANSITIVES VERB	II. TRANSITIVES VERB
III. REFLEXIVES VERB	

I. INTRANSITIVES VERB

<hing, gehangen> ❶ (*mit dem oberen Teil angebracht sein*) to hang; ***das Bild hängt nicht gerade*** the picture's not hanging straight; (*herab~*) ■**an/über/von etw** *dat* ~ to hang on sth/over sth/from sth; ***hängt die Wäsche noch an der Leine?*** is the washing still hanging on the line?; ***die Spinne hing an einem Faden von der Decke*** the spider hung by a thread from the ceiling; ***die Lampe hing direkt über dem Tisch*** the lamp hung directly above the table; **voller … hängen** to be full of …; ***warum muss die Wand nur so voller Bilder ~?*** why must there be so many pictures on the wall?; ***der Baum hängt voller Früchte*** the tree is laden with fruit; [**an etw** *dat*] ~ **bleiben** (*befestigt bleiben*) to stay on [sth]; ***ob das Gemälde an dem Nagel ~ bleiben wird?*** I wonder if the painting will stay on that nail; (*kleben bleiben*) to stick to sth; ***der Kaugummi blieb an der Wand hängen*** the chewing gum stuck to the wall
❷ (*gehenkt werden*) ■**jd muss/soll ~** sb must/ought to be hanged; ***Mörder müssen ~!*** murderers must be hanged; ***an den Galgen mit ihm, er muss ~!*** to the gallows with him, he must hang!; ■**das H~** hanging; ***der Richter verurteilt Verbrecher gerne zum H~*** the judge likes sentencing criminals to hang
❸ (*sich neigen*) ■**in eine bestimmte Richtung ~** to lean in a certain direction; ***das Bücherregal hängt nach vorne*** the bookshelf is tilting forwards; ***der Wagen hängt nach rechts*** the car leans to the right
❹ (*befestigt sein*) ■**an etw** *dat* ~ to be attached to sth; ***der an dem Wagen ~de Wohnwagen schlingerte bedenklich*** the caravan attached to the car swayed alarmingly
❺ (*fam: angeschlossen, verbunden sein*) ■**an etw** *dat* ~ to be connected to sth; ***der Patient hängt an allen möglichen Apparaturen*** the patient is connected to every conceivable apparatus
❻ (*fam: emotional verbunden sein*) ■**an jdm/etw** ~ to be attached to sb/sth; ***die Schüler hingen sehr an dieser Lehrerin*** the pupils were very attached to this teacher
❼ (*festhängen*) ■[**mit etw** *dat*] **an etw** *dat* ~ to be caught [by sth] on sth; ***ich hänge mit dem Pullover an einem Haken!*** my pullover's caught on a hook; [**mit etw** *dat*] **an etw** *dat* ~ **bleiben** to get caught on sth [by sth]; ***halt, nicht weiter, du bist mit dem Pullover an einem Nagel ~ geblieben!*** wait, stay there! you've got your sweater caught on a nail
❽ (*fam: sich aufhalten*) ■**an/vor etw** *dat* ~ to remain on/in front of sth; ***musst du stundenlang am Telefon ~!*** must you spend hours on the phone!; ***er hängt den ganzen Tag vorm Fernseher*** he spends all day in front of the television; ~ **bleiben** to be kept down; ***bist du irgendwann in einer Klasse ~ geblieben?*** did you ever have to repeat a year of school at some stage?
❾ (*fam: zu erledigen sein*) **an jdm ~ bleiben** to be down to sb; ***ja, ja, das Putzen bleibt wie üblich an mir ~!*** oh yes, the cleaning's down to me as usual!
❿ (*sich festsetzen*) [**an jdm**] ~ **bleiben** to rest on sb; ***der Verdacht blieb an ihm ~*** the suspicion rested on him
⓫ (*fam: in der Erinnerung bleiben*) ■[**bei jdm**] ~ **bleiben** to stick [in sb's mind]; ***vom Lateinunterricht ist bei ihm nicht viel ~ geblieben*** not much of the Latin registered in his case; ***ich hoffe, daß es nun ~ bleibt*** I hope that's sunk in now!
▶ WENDUNGEN: **mit H~ und Würgen** (*fam*) by the skin of one's teeth *fam*; ***die Klassenarbeit ist noch ausreichend, aber auch nur mit H~ und Würgen*** your test is satisfactory, but only just; **etw ~ lassen** to dangle sth; ***sie ließ die Beine ins Wasser ~*** she dangled her legs in the water; ***er war müde und ließ den Kopf etwas ~*** he was tired and let his head droop a little; **wo[ran] hängt es denn?** (*fam*) why is that then?; ***woran hängt es denn, dass du in Mathe immer solche Schwierigkeiten hast?*** how come you always have so much trouble in maths?; *s. a.* Kopf

II. TRANSITIVES VERB

<hängte *o* DIAL hing, gehängt *o* DIAL gehangen> ❶ (*anbringen*) ■**etw an/auf etw** *akk* ~ to hang sth on sth; ***wir müssen noch die Bilder an die Wand ~*** we still have to hang the pictures on the wall; ***sie hängt die Hemden immer auf Kleiderbügel*** she always hangs the shirts on clothes hangers; ***lass bitte die Wäsche nicht auf der Leine ~!*** please don't leave the washing on the line; ***wir können die Gardinen doch nicht noch länger ~ lassen!*** we simply can't leave the curtains up any longer!; ■**etw in etw** *akk* ~ to hang sth in sth; ***hast du die Jacke in den Kleiderschrank gehängt?*** have you hung your jacket in the wardrobe [*or* closet]? AM
❷ (*henken*) ■**jdn ~** to hang sb; ***die meisten Kriegsverbrecher wurden gehängt*** most of the war criminals were hanged
❸ (*hängen lassen*) ■**etw in etw** *akk* ~ to dangle sth in sth; ***er hängte den Schlauch in den Teich*** he dangled the hose in the pond; ***hoffentlich hast du deinen Schal nicht irgendwo ~ lassen*** I hope you haven't left your scarf behind somewhere
❹ (*anschließen*) ■**etw an etw** *akk* ~ to attach sth to sth
❺ (*im Stich lassen*) ■**jdn ~ lassen** to leave sb in the lurch, to let sb down

III. REFLEXIVES VERB

<hängte *o* DIAL hing, gehängt *o* DIAL gehangen> ❶ (*sich festsetzen*) ■**sich** *akk* **an jdn/etw ~** to hang on to sb/sth; ***das Kind hängte sich ihr an den Arm*** the child hung on to her arm; ***Blutegel hatten sich ihr an Waden und Arme gehängt*** leeches had attached themselves to her calves and arms; ***diese Bettler ~ sich an einen wie die Blut-***

sauger! these beggars latch on to you like leeches!
❷ *(sich gefühlsmäßig binden)* ■ **sich an jdn/etw ~** to become attached to sb/sth
❸ *(verfolgen)* ■ **sich an jdn/etw ~** to follow sb/sth
❹ *(sl: sich einmischen)* ■ **sich in etw** *akk* **~** to meddle in sth; ~ ***Sie sich nicht immer in fremder Leute Angelegenheiten!*** stop meddling in other people's affairs!
❺ *(sich gehen lassen)* ■ **sich ~ lassen** to let oneself go; ***nach ihrer Heirat begann sie sich ~ zu lassen*** after her marriage she began to let herself go

Hangen <-s> *nt* ▸ WENDUNGEN: **mit ~ und Bangen** *(geh)* with fear and dread
hängend *adj* hanging; ***er kam mit ~er Zunge an*** he arrived gasping for breath
Hängeohr *nt* lop-ear, drooping ears **Hängepartie** *f* ❶ SCHACH adjourned game ❷ *(hinausgezögerte Entscheidung)* long-drawn-out affair
Hänger <-s, -> *m* ❶ AUTO *(fam: Anhänger)* trailer ❷ *(sl: Formtief)* downer *sl;* ***ich hab irgendwie gerade 'nen ~*** somehow I'm on a bit of a downer at the moment
Hängeschrank *m* wall-cupboard **Hängeschultern** *pl* round [*or* drooping] shoulders *pl*
hängig *adj* SCHWEIZ ❶ JUR *s.* **anhängig** pending ❷ *(geh: unerledigt)* unresolved
Hanglage *f* hillside location; **in ~** in a hillside location
Hannover <-s> *nt* Hanover
Hannoveraner <-s, -> [və] *m* AGR Hanoverian horse
Hannoveraner(in) <-s, -> [və] *m(f)* Hanoverian
hannoversch *adj attr* Hanoverian
Hanoi <-s> *nt* Hanoi
Hans <- *o* -ens> *m* *(Name)* Hans
▸ WENDUNGEN: **~ im Glück** *(fam)* lucky so-and-so *fam;* **der blanke ~** *(poet)* the North Sea
Hansa <-> *f kein pl s.* **Hanse** Hanseatic League
Hansaplast® <-[e]s> *nt kein pl* [sticking] plaster, Elastoplast®, Band-Aid®
Hänschen <-s> ['hɛnsçən] *nt dim von* **Hans**
▸ WENDUNGEN: **was ~ nicht lernt, lernt Hans nimmermehr** *(prov)* you can't teach an old dog new tricks *prov*
Hansdampf <-[e]s, -e> *m* Jack-of-all-trades; **ein ~ in allen Gassen sein** *(fam)* to be a Jack-of-all-trades *fam*
Hanse <-> *f kein pl* HIST Hanseatic league
Hanseat(in) <-en, -en> *m(f)* ❶ GEOG *(fam)* inhabitant of a Hanseatic city
❷ HIST Hanseatic merchant
hanseatisch *adj* Hanseatic
Hansel <-s> *m* DIAL *(pej fam)* twit *pej fam*
Hänsel <-s> *m dim von* **Hans**
▸ WENDUNGEN: **~ und Gretel** Hansel and Gretel
Hänselei <-, -en> *f* [relentless] teasing
hänseln *vt* ■ **jdn [wegen etw] ~** to tease sb [constantly] [about sth]
Hansestadt *f* ❶ *(Bremen, Hamburg und Lübeck)* Hanseatic city
❷ HIST city of the Hanseatic league
Hanswurst <-[e]s, -e *o* -würste> *m* *(hum fam)* buffoon, clown
Hantel <-, -n> *f* SPORT dumb-bell, barbell
hanteln *vi* SPORT to exercise with dumb-bells; ■ **[das] H~** exercising with dumb-bells
hantieren* *vi* ❶ *(sich beschäftigen)* ■ **[mit etw] ~** to be busy [with sth]; ***ich hörte ihn im Keller mit Werkzeug ~*** I heard him using tools in the cellar
❷ *(herum~)* ■ **[mit etw** *dat*] **an etw ~** to work on sth [with sth]
hapern *vi impers (fam)* ❶ *(fehlen)* ■ **an etw** *dat* **~** to be lacking sth; ***es hapert bei uns etwas an Geld*** we're somewhat short of money
❷ *(schlecht bestellt sein)* ■ **es hapert [bei jdm] mit etw** sb has a problem with sth; ***leider hapert es bei uns im Augenblick mit der Ersatzteilversorgung*** unfortunately we have a problem at the moment with the supply of spare parts; ■ **es hapert [bei jdm] mit/in etw** *dat* sb is weak in sth; ***in Mathe hapert es bei ihr noch etwas*** she's still a bit weak in maths
Häppchen <-s, -> *nt dim von* **Happen** morsel, titbit BRIT *fam,* AM tidbit
häppchenweise *adv (fam)* in small mouthfuls; *(nach und nach)* bit by bit
Happen <-s, -> *m (fam) (kleine Mahlzeit)* snack; ***ich habe heute noch keinen ~ gegessen*** I haven't eaten a thing all day!
▸ WENDUNGEN: **ein fetter ~** *(fam)* a good [*or* fine] catch
Happening <-s, -s> ['hɛpənɪŋ] *nt* happening; **ein ~ machen** [*o* **veranstalten**] to stage a happening
happig *adj* ❶ *(fam: hoch)* steep; ***550 Mark für eine Bluse, das ist mir einfach zu ~*** 550 marks for a blouse, that's simply too expensive for me; ■ **[ganz schön] ~ sein** to be [pretty] steep
❷ *(schwierig)* tough, difficult
happy ['hɛpi] *adj (fam)* happy
Happy End <-s, -s> *nt,* **Happyend** ['hɛpi'ʔɛnt] *nt* ÖSTERR happy ending **Happy Hour**^RR^, **Happyhour**^RR^ <-s, -s> ['hɛpi'aʊə] *f* happy hour
Harakiri <-[s], -s> *nt* harakiri; **~ begehen** to commit harakiri
Harass^RR^ <-es, -e> *m,* **Haraß** <-sses, -sse> *m* SCHWEIZ ❶ *(Lattenkiste)* crate
❷ *(Getränkekiste)* crate
Härchen <-s, -> *nt dim von* **Haar** tiny hair
Hardcopy^RR^, **Hard Copy** <-, -copys> ['hɑːdkɔpi] *f* hard copy
Hardcore(-Porno) <-s> ['hɑːdkɔːɛpɔrno] *m kein pl* hard-core [porn]
Hardcore-Streifen <-s,> *m* hard-core film
Hardcover^RR^ <-s, -> ['hɑːd'kavə] *nt,* **Hard cover** *nt* hardback BRIT, hardcover AM
Harddisk^RR^, **Hard Disk** <-s, -s> ['hɑːddɪsk] *f* INFORM hard disk
Hardliner(in) <-s, -> ['hɑːdlainə] *m(f)* hardliner
Hardrock^RR^, **Hard Rock** <-, -s> ['hɑːdrɔk] *m* hard rock
Hardtop <-s, -s> ['hɑːdtɔp] *nt* AUTO ❶ *(abnehmbares Dach)* hardtop
❷ *(Cabrio mit ~)* cabriolet [*or esp* AM convertible] with a hardtop
Hardware <-, -s> ['hɑːdweə^r^] *f* INFORM hardware
Hardwareausrüstung *f* INFORM hardware equipment **Hardwaredecoder** *m* INFORM hardware decoder **Hardwareeinheit** *f* INFORM hardware unit **Hardwarefehler** *m* INFORM hardware defect **Hardwarehersteller** *m* INFORM hardware firm [*or* manufacturer] **Hardwarekompatibilität** *f* INFORM hardware compatibility **Hardwarekonfiguration** *f* INFORM hardware configuration **Hardwaremonitor** *m* INFORM hardware monitor **Hardwareschnittstelle** *f* INFORM hardware interface **Hardwareverträglichkeit** *f* INFORM hardware compatibility
Harem <-s, -s> *m* harem
Häresie <-, -n> *f* heresy
Häretiker(in) <-s, -> *m(f)* heretic
häretisch *adj* heretical
Harfe <-, -n> *f* harp; **[auf der] ~ spielen** to play the harp
Harfenist(in) <-en, -en> *m(f)* harpist
Harfenspiel *nt kein pl* harp-playing
Harke <-, -n> *f bes* NORDD *(Gerät zur Garten- und Feldarbeit)* rake
▸ WENDUNGEN: **jdm zeigen, was eine ~ ist** *(fam)* to show sb what's what
harken *vt bes* NORDD ■ **etw ~** *Beet* to rake sth; *Laub* to rake sth [together]; ■ **geharkt** raked
Harlekin <-s, -e> *m* Harlequin
härmen I. *vr (geh: sich grämen)* ■ **sich [um etw] ~** to grieve [over sth]
II. *vt (veraltend: bekümmern)* ■ **jdn ~** to trouble sb
harmlos I. *adj* ❶ *(ungefährlich)* harmless
❷ *(arglos)* innocent; *Frage* innocent; *Mensch* harmless
II. *adv* ❶ *(ungefährlich)* harmlessly
❷ *(arglos)* innocently
Harmlosigkeit <-, -en> *f* ❶ *kein pl (Ungefährlichkeit)* harmlessness
❷ *(Arglosigkeit)* innocence; **in aller ~** in all innocence
Harmonie <-, -n> ['niːən] *f* ❶ *(Zusammenklang mehrerer Töne oder Akkorde)* harmony
❷ *(ausgewogenes Verhältnis)* harmony
❸ *(Einklang)* harmony
harmonieren* *vi* ❶ *(angenehm zusammenklingen)* to harmonize; ■ **sie ~** they harmonize
❷ *(zueinander passen)* ■ **[mit etw] ~** to go with sth, to match [sth]
❸ *(gut zusammenpassen)* to get on well [with each other], to gel together BRIT *sl;* ■ **sie ~ [miteinander]** they get on well with each other
harmoniesüchtig *adj* seeking harmony
Harmonika <-, -s *o* Harmoniken> *f* accordion
harmonisch I. *adj (wohlklingend, ausgewogen, einträchtig)* harmonious; **eine ~e Ehe** a harmonious marriage
II. *adv* harmoniously
harmonisieren* *vt* ■ **etw ~** to harmonize sth
Harmonisierung <-, -en> *f* JUR harmonization; **~ der Rechtsvorschriften** harmonization of legal stipulations
Harmonisierungsrichtlinien *pl* JUR harmonization directives
Harmonium <-s, -ien> [niən] *nt* harmonium
Harn <-[e]s, -e> *m* urine; **~ lassen** *(geh)* to urinate
Harnblase *f* bladder **Harndrang** *m (geh)* urge to urinate
harnen *vi (veraltend geh)* to urinate
Harnisch <-[e]s, -e> *m (Ritterrüstung)* armour [*or* AM -or]
▸ WENDUNGEN: **jdn in ~ bringen** to enrage [*or* infuriate] sb, to get sb's back up BRIT; **[wegen etw] in ~ sein** to be furious about sth, to be in a fury [about sth]
Harnlassen <-s> *nt kein pl (geh)* urination **Harnleiter** *m* ureter **Harnröhre** *f* urethra **Harnsäure** *f* uric acid **Harnstoff** *m* urea **harntreibend I.** *adj (geh)* diuretic **II.** *adv (geh)* having a diuretic effect **Harnvergiftung** *f* MED ureamia BRIT, AM uremia **Harnwege** *pl* urinary tract **Harnwegsinfektion** *f* MED urinary tract infection
Harpune <-, -n> *f* harpoon
Harpunier(in) <-s, -e> *m(f)* harpooner
harpunieren* *vt* ■ **ein Tier ~** to harpoon an animal
harren *vi (geh)* ❶ *(darauf warten)* ■ **jds/einer S.** [*o* **auf jdn/etw**] **~** to await sb/a thing [*or* to wait for sb/a thing]
❷ *(bevorstehen)* ■ **jds** [*o* **auf jdn**] **~** to await sb
harsch *adj* ❶ *(verharscht)* hard-frozen, hard-packed; *Schnee* frozen
❷ *(selten: rau, eisig)* cutting, biting; *Wind* harsh, raw
❸ *(geh: barsch) Worte* brusque, harsh
Harsch <-[e]s> *m kein pl* compacted snow
harschig *adj* hard-packed
hart <härter, härteste> **I.** *adj* ❶ *(opp: weich)* hard; *(straff)* firm; KOCHK *(fest im Zustand)* hard; ***ich schlafe auf einer härteren Matratze als du*** I sleep on a firmer mattress than you; ***dein Bett ist mir zu ~*** your bed is too hard for me; ***eine Decke auf dem Fußboden wird ein ~es Nachtlager sein*** a blanket on the floor will be a hard surface to sleep on; ***diese Früchte haben eine sehr ~e Schale*** these fruits have a very hard skin; *s. a.* **Nuss**
❷ *(heftig)* severe; **ein ~er Aufprall** a severe impact; **ein ~er Ruck** a severe jolt; **~er Winter** harsh [*or* severe] winter
❸ *(unmelodisch)* harsh; ***er spricht mit einem ~en Akzent*** he has a harsh accent; *s. a.* **Konsonant**
❹ *(vehement)* violent; ***die Konflikte werden immer härter*** the conflicts are becoming increasingly violent
❺ *(drastisch)* strong; *Schnaps* strong; *Drogen* hard; *Pornografie* hard-core
❻ *(brutal)* violent; ***das war der härteste Film, den ich je gesehen habe*** that was the most violent film I have ever seen

H

❼ (*abgehärtet, robust*) tough; ***Söldner sind ~e Kerle*** mercenaries are tough fellows; ■**~ werden** to become tough
❽ (*stabil, sicher*) stable; ***sie hat ihre Ersparnisse in ~en Währungen angelegt*** she invested her savings in hard currencies
❾ (*streng, unerbittlich*) hard; ***seine Mutter ist immer eine ~e Frau gewesen*** his mother has always been a hard woman; ***das sind aber ~e Worte!*** those are harsh words!; *Regime* harsh; *Strafe* severe; *Gesetze* harsh; (*intensiv*) severe; *Winter* severe; ■**~ mit jdm sein** to be hard on sb
❿ (*schwer zu ertragen*) cruel, hard; ***der Tod ihres Mannes war für sie ein ~er Schlag*** the death of her husband was a cruel blow for her; *Zeiten* hard; *Realität* harsh; *Wahrheit* harsh; ■**~ für jdn sein, dass ...** to be hard on sb that ...; ***es war sehr ~ für sie, dass ihr gekündigt worden war*** it was very hard on her that she had been handed her notice [*or* had been fired]
⓫ (*mühevoll*) hard, tough; **20 Jahre ~er Arbeit** 20 years of hard work; ***die Tarifverhandlungen werden härter als gewohnt werden*** wage negotiations will be tougher than usual
▸ WENDUNGEN: **[in etw** *dat*] **~ bleiben** to remain [*or* stand] firm [about sth]; **~ auf ~ gehen** [*o* **kommen**] to come to the crunch; ***wir werden keinen Deut nachgeben, auch wenn es ~ auf ~ geht*** we're not going to give an inch, even if it comes to the crunch; **~ im Nehmen sein** (*beim Boxen*) to be able to take a lot of punishment; ***dieser Boxer ist wirklich ~ im Nehmen!*** this boxer really can take a lot of punishment; (*mit Schicksalsschlägen*) to be resilient
II. *adv* ❶ (*nicht weich*) hard; **~ gefroren** *attr* frozen hard *pred*, frozen; ***der Boden ist bis in zwei Meter Tiefe ~ gefroren*** the ground is frozen solid to a depth of two metres; **~ gekocht** *attr* hard-boiled; ***möchtest du ein weiches oder ein ~es Ei?*** would you like a soft-boiled or hard-boiled egg?; **~ gesotten** hard-bitten; ***ich schlafe lieber ~*** I prefer to sleep on a firm surface
❷ (*heftig*) ***bei dem Sturz ist er so ~ gefallen, dass er sich das Bein brach*** he had such a severe fall that he broke his leg; ***sie prallte ~ auf die Windschutzscheibe auf*** she hit the windscreen with tremendous force; **~ bedrängt** *Gegner* strong, powerful
❸ (*rau*) harshly; ***die Sprache klingt in europäischen Ohren ganz ~*** the language sounds quite harsh to a European ear
❹ (*streng*) severely; ***du verhältst dich ihr gegenüber zu ~*** you're behaving too harshly towards her
❺ (*mühevoll*) hard; ***wir werden in Zukunft noch härter arbeiten müssen*** we'll have to work even harder in future
❻ (*unmittelbar*) close; ■**~ an etw** *dat* close to sth; ***das Auto kam ~ an dem steilen Abhang zum Stehen*** the car came to a halt just before the steep slope; *s. a.* **Grenze, Wind**
▸ WENDUNGEN: **jdn ~ anfassen** to treat sb severely; **~ aneinander geraten** to come to blows, to have a real set-to, to have a fierce argument; **~ gesotten** hardened; ***er ist ein ~ gesottener Geschäftsmann, der alle Tricks kennt*** he's a hardened businessman who knows all the tricks; **~ durchgreifen** to take tough [*or* rigorous] action; **jdn ~ ankommen** (*geh*) to be hard for sb; ***auch wenn es mich ~ ankommt, ich muss bei meiner Entscheidung bleiben*** even if I find it hard I must stick by [*or* to] my decision; **jdm ~ zusetzen** to press sb hard; **jdn ~ treffen** to hit sb hard; ***der Tod seiner Frau hat ihn doch ~ getroffen*** the death of his wife has hit him very hard

hartbedrängt *adj attr s.* **hart II 2**

Härte <-, -n> *f* ❶ (*Härtegrad*) hardness
❷ *kein pl* (*Wucht*) force
❸ *kein pl* (*Robustheit*) robustness
❹ *kein pl* (*Stabilität*) stability
❺ *kein pl* (*Strenge*) severity; (*Unerbittlichkeit*) relentlessness
❻ (*schwere Erträglichkeit*) cruelty, harshness
❼ (*Kalkgehalt*) hardness; **die ~ des Wassers** the hardness of the water
❽ JUR hardship, severity
▸ WENDUNGEN: **soziale ~n** cases of social hardship; **die ~ sein** (*sl*) to be the absolute limit

Härteausgleich *m* JUR hardship allowance **Härtefall** *m* ❶ JUR (*Fall von sozialer Belastung*) case of hardship ❷ (*fam*) case of hardship **Härtefallklausel** *f* hardship clause **Härtefonds** *m* hardship fund **Härtegrad** *m* degree of hardness **Härteklausel** *f* JUR hardship clause

härten I. *vt* (*hart machen*) ■**etw ~** to harden sth
II. *vi* (*er~*) to harden

Härter <-s, -> *m* hardener, hardening agent

Härteskala *f* scale of hardness **Härtetest** *m* endurance test; **jdn/etw einem ~ unterziehen** to subject sb/sth to an endurance test

Hartfaserplatte *f* hardboard BRIT, fiberboard AM **Hartgeld** *nt* (*geh*) coins *pl* **Hartgeldwährung** *f* ÖKON coinage **Hartgummi** *nt* hard rubber **hartherzig** *adj* hard-hearted **Hartherzigkeit** <-> *f* ❶ *kein pl* (*Gefühllosigkeit*) hard-heartedness ❷ (*hartherzige Tat*) hard-hearted deed **Hartholz** *nt* hardwood **Hartkäse** *m* KOCHK hard cheese **Hartlaubwald** *m* BOT sclerophyllous forest **hartleibig** *adj* constipated **Hartleibigkeit** <-> *f kein pl* constipation

hartnäckig I. *adj* ❶ (*beharrlich*) persistent
❷ (*langwierig*) stubborn; ***der Schnupfen ist doch ~er, als ich dachte*** the cold is more stubborn than I thought
II. *adv* (*beharrlich*) persistently

Hartnäckigkeit <-> *f kein pl* ❶ (*Beharrlichkeit*) persistence
❷ (*Langwierigkeit*) stubbornness, obstinacy, doggedness

Hartplatz *m* TENNIS hard court **Hartpostpapier** *m* bank [*or* bond] paper **Hartriegel** *m kein pl* BOT dogwood **Hartschalenkoffer** *m* hard-top suitcase **Hartschaumdämmplatte** *f* BAU rigid foam insulation board

Härtung <-, -en> *f* hardening

Hartweizen *m* durum wheat **Hartwurst** *f* hard sausage

Harz[1] <-es, -e> *nt* resin

Harz[2] <-es> *m* ■**der ~** the Harz mountains

harzen I. *vt* (*mit Harz versetzen*) ■**etw ~** to resinate sth
II. *vi* ❶ (*Harz gewinnen*) to tap for resin
❷ (*Harz absondern*) to exude resin

Harzer <-s, -> *m* Harz cheese; *s. a.* **Käse, Roller**

harzig *adj* resinous

Hasard <-s> *nt kein pl* **[mit etw] ~ spielen** (*geh*) to gamble [with sth]

Hasardeur(in) <-s, -e> [hazarˈdøːɐ] *m(f)* (*pej geh*) gambler

Hasardspiel *nt* (*geh*) game of chance, gamble

Hasch <-[s]> *nt kein pl* (*fam*) hash

Haschee <-s, -s> *nt* hash

haschen[1] *vi* (*veraltend geh*) ■**nach etw ~** ❶ (*greifen*) to make a grab for sth
❷ (*streben*) to angle [*or* fish] for sth; **nach Lob ~** to fish for compliments

haschen[2] *vi* (*fam*) to smoke hash

Haschen <-s> *nt kein pl* DIAL (*Fangen*) catch

Häschen <-s, -> [ˈhɛːsçən] *nt* ❶ *dim von* **Hase** young hare, bunny, leveret
❷ (*fam: Kosename*) sweetheart

Häscher <-s, -> *m* (*veraltend geh*) bailiff

Hascherl <-s, -[n]> *nt* ÖSTERR (*fam: bedauernswertes Wesen*) poor soul; **armes ~** poor little thing

haschieren *vt* KOCHK ■**etw ~** to mince sth, to hash sth

Haschisch <-[s]> *nt o m kein pl* hashish, hash *no pl, no indef art*

Hase <-n, -n> *m* ❶ (*wild lebendes Nagetier*) hare
❷ KOCHK (*~nbraten*) roast hare
❸ DIAL (*Kaninchen*) rabbit
▸ WENDUNGEN: **da liegt der ~ im Pfeffer** (*fam*) that's the crux of the matter, that's the real cause, there's the rub BRIT; **ein alter ~ sein** (*fam*) to be an old hand; **falscher ~** KOCHK meat loaf; **sehen** [*o* **wissen**], **wie der ~ läuft** (*fam*) to see [*or* know] which way the wind is blowing

Hasel <-, -n> *f* hazel

Haselbusch *m* hazel [tree] **Haselhuhn** *nt* ORN hazel [*or* black] grouse **Haselkätzchen** *nt* hazel catkin, lamb's-tail **Haselmaus** *f* ZOOL [common] dormouse **Haselnuss**[RR] *f*, **Haselnuß** *f* ❶ (*Nuss*) hazelnut
❷ (*Hasel*) hazel **Haselnussöl**[RR] *nt* hazelnut oil **Haselnussstrauch**[RR] *m* hazel [tree] **Haselstrauch** *m s.* **Hasel**

Hasenbraten *m* roast hare **Hasenfuß** *m* (*fam*) chicken *sl*, coward **Hasenpanier** *nt* ▸ WENDUNGEN: **das ~ ergreifen** (*veraltend fam*) to take to one's heels **Hasenpfeffer** *m* jugged hare BRIT, Hasenpfeffer AM **Hasenscharte** *f* MED harelip

Häsin *f* doe, female hare

Häsling <-s, -e> *m* ZOOL dace

Haspel <-, -n> *f* windlass, winch; *Garn* reel

haspeln I. *vt* (*wickeln*) ■**etw ~** to reel sth, to wind sth
II. *vi* (*fam: hastig sprechen*) to gabble

Hass[RR] <-es> *m*, **Haß** <-sses> *m kein pl* hate, hatred, animosity, rancour [*or* AM -or], loathing; **einen ~ auf jdn haben/kriegen** (*fam*) to be/become angry with sb; **aus ~** out of hatred; **sich** *dat* **jds ~ zuziehen, jds ~ auf sich** *akk* **ziehen** to incur sb's wrath

hassen *vt* ❶ (*voller Hass ablehnen*) ■**jdn ~** to hate sb
❷ (*nicht mögen*) ■**etw ~** to hate [*or* loathe] [*or* detest] sth
❸ (*widerwillig sein*) ■**es ~, etw zu tun** to hate doing sth; *s. a.* **Pest**

hassenswert *adj* hateful, odious **hasserfüllt**[RR] I. *adj* full of hate, filled [*or* seething] with hatred
II. *adv* full of hate

hässlich[RR], **häßlich** I. *adj* ❶ (*unschön*) ugly, hideous; ***sie wohnen in einer ~en Gegend*** they don't live in a very nice area
❷ (*gemein*) nasty; ■**~ zu jdm sein** to be nasty [*or* mean] to sb; ■**~ von jdm sein** to be nasty [*or* mean] of sb
❸ (*unerfreulich*) nasty, ugly, unpleasant
II. *adv* (*gemein*) nastily

Hässlichkeit[RR], **Häßlichkeit** <-, -en> *f* ugliness, nastiness, hideousness

Hassliebe[RR] *f* love-hate relationship **Hasstirade**[RR] *f* (*pej*) tirade of hate **hassverzerrt**[RR] *adj* twisted with hatred [*or* hate]

hast *2. pers sing pres von s.* **haben**

Hast <-> *f kein pl* (*Eile*) haste, hurry; **nur keine ~!** there's no rush!; **ohne ~** without rushing; **voller ~** in a great hurry [*or* rush]; ***sie zog sich voller ~ an*** she dressed in a great hurry
▸ WENDUNGEN: **in fliegender ~** in a tearing hurry

haste ▸ WENDUNGEN: **~ was, biste was** (*prov*) wealth brings status; **[was] ~ was kannste** (*fam*) as quick as possible

hasten *vi sein* (*geh*) ❶ (*hastig sein*) to hurry [*or* rush]
❷ (*eilen*) ■**irgendwohin ~** to hurry [*or* rush] somewhere

hastig I. *adj* hurried, rushed; **nicht so ~!** not so fast!
II. *adv* (*eilends*) hastily, hurriedly; ***er schlang sein Essen ~ hinunter*** he bolted down his meal

hat *3. pers sing pres von s.* **haben**

hätscheln *vt* ❶ (*liebkosen*) ■**jdn ~** to caress sb, to cuddle sb
❷ (*gut behandeln*) ■**jdn ~** to pamper sb
❸ (*gerne pflegen*) ■**etw ~** to cherish sth; **eine gehätschelte Ideologie** a cherished ideology

hatschi *interj* atishoo, atchoo, AM ahchoo; **~ machen** (*kindersprache*) to sneeze

Hattrick <-s, -s> [ˈhɛtrɪk] *m* ❶ SPORT (*Dreifachtreffer*) hat-trick; (*dreifacher Gewinn*) hat-trick
❷ (*Dreifacherfolg*) third success

Hatz <-, -en> *f* ❶ SÜDD, ÖSTERR (*Hetze*) rush; ***immer***

diese ~! this constant rushing around!
❷ (*Hetzjagd*) hunt, chase; **die ~ auf Bären** bear hunting

Haube <-, -n> *f* ❶ (*weibliche Kopfbedeckung*) bonnet
❷ (*Trockenhaube*) hair dryer
❸ (*Motorhaube*) bonnet
❹ SÜDD, ÖSTERR (*Mütze*) cap
❺ ÖSTERR (*Auszeichnung von Restaurants*) star
❻ (*Büschel von Kopffedern*) crest
❼ (*Aufsatz*) covering
► WENDUNGEN: **jdn unter die ~ bringen** (*hum fam*) to marry sb off; **unter der ~ sein** (*hum fam*) to be married; **unter die ~ kommen** (*hum fam*) to get married; ***es wird Zeit, dass du unter die ~ kommst*** it's time you got married

Haubenlerche *f* crested lark **Haubenmeise** *f* crested tit [*or esp* AM titmouse] **Haubentaucher** *m* ORN great crested grebe

Haubitze <-, -n> *f* MIL howitzer

Hauch <-[e]s, -e> *m* (*geh, poet*) ❶ (*Atemhauch*) breath
❷ (*Luftzug*) breath of air
❸ (*leichter Duft*) waft, whiff
❹ (*Flair*) aura
❺ (*Andeutung, Anflug*) hint, trace, touch

hauchdünn I. *adj* ❶ (*äußerst dünn*) wafer-thin
❷ (*äußerst knapp*) extremely narrow; *Mehrheit* narrow; *Sieg* extremely narrow
II. *adv* extremely thin

hauchen I. *vi* (*sanft blasen*) ■**auf/gegen/in etw** *akk* ~ to breathe on/against/into sth
II. *vt* ❶ (*blasen*) ■**jdm etw in etw** *akk* ~ to blow sth into sb's sth
❷ (*flüstern*) ■**etw** ~ to whisper sth; ■**jdm etw in etw** *akk* ~ to whisper sth in sb's sth

Hauchlaut *m* LING aspirate

hauchzart *adj* ❶ (*butterweich*) extremely delicate
❷ MODE (*sehr leicht*) very light

Haudegen *m* old soldier [*or* warhorse]

Haue <-, -n> *f* ❶ SÜDD, ÖSTERR, SCHWEIZ (*Hacke*) hoe
❷ *kein pl* (*fam: Prügel*) thrashing; **~ kriegen** (*fam*) to get a good hiding, to get a thrashing; **es gibt ~** (*fam*) you'll get a good hiding

hauen I. *vt* ❶ <haute *o selten a.* hieb, gehauen> (*fam: schlagen*) ■**etw auf etw** *akk*/**gegen etw** ~ to hit sth against sth
❷ <haute *o selten a.* hieb, gehauen> (*fam: verprügeln*) ■**jdn** ~ to hit [*or* clout] sb; ■**sie ~ sich** they are fighting each other; ***bitte hau mich nicht, ich tu es ja auch nicht wieder!*** don't hit me please, I won't do it again!; ***du blutest ja, hat dich einer von deinen Schulkameraden ge~?*** you're bleeding, did one of your classmates hit you?
❸ <haute, gehauen> (*meißeln*) ■**etw in etw** *akk* ~ to carve sth in sth; ***der Künstler hat diese Statue in Marmor ge~*** the artist carved this statue in marble; ***um fischen zu können, mussten sie ein Loch ins Eis ~*** in order to fish they had to cut a hole in the ice; ***die Stufen waren von Hand in den harten Fels ge~ worden*** the steps had been hewn by hand in the hard rock
❹ <haute, gehauen> (*selten: stoßen*) ■**etw an/auf etw** *akk* ~ to hit sth on sth; ***au verdammt, ich habe mir das Knie an die Tischkante ge~!*** ow damn it, I've hit my knee on the edge of the table
II. *vi* ❶ <hieb *o fam a.* haute, gehauen> (*schlagen*) ■[**mit etw**] **auf etw** *akk*/**gegen etw** ~ to smash sth against sth; ***er nahm die Axt und hieb damit gegen das Türschloss*** he picked up the axe and smashed it against the door lock; ***hau doch nicht so auf die Klaviertasten!*** don't thump the piano keys like that!; ■**jdm auf/in etw** *akk* ~ to hit [*or* punch] sb on/in sth; ***sie hieb ihm mit der flachen Hand ins Gesicht*** she slapped his face; ***er hieb ihm mit dem Schlagstock auf den Kopf*** he hit him on the head with the baton
❷ <haute *o selten a.* hieb, gehauen> (*fam: prügeln*) ***bitte nicht ~!*** please don't hit me!
❸ *sein* (*selten: stoßen*) ■[**mit etw**] **gegen etw** ~ to bang sth against [*or* on] sth; ***er ist mit dem Fuß gegen einen Stein ge~*** he banged his foot on a rock
III. *vr* <haute, gehauen> (*sl: sich setzen, legen*) ■**sich auf/in etw** *akk* ~ to throw oneself onto/into sth; ***hau dich nicht so aufs Sofa!*** don't throw yourself onto the sofa like that!

Hauer[1] <-s, -> *m* MED tusk *spec;* (*hum: großer Zahn*) fang

Hauer[2] <-s, -> *m* faceworker

Häufchen <-s, -> *nt* ❶ *dim von* **Haufen** small pile [*or* heap]
❷ (*fig fam: Person*) [**dastehen/aussehen**] **wie ein ~ Unglück** [to stand there/look] like a picture of misery; **nur noch ein ~ Elend sein** (*fam*) to be a picture of misery
► WENDUNGEN: **ein ~ Elend** (*fam*) a picture of misery; **ein ~ machen** to do one's business BRIT, to go to the bathroom AM

häufeln *vt* ■**etw** ~ *Erde* to hill up sth BRIT; *Essen* to heap [*or* pile] up sth

Haufen <-s, -> *m* ❶ (*Anhäufung*) heap, pile
❷ (*fam: große Menge*) load, accumulation, mass; *Arbeit* load; ***du erzählst da einen ~ Quatsch!*** what a load of rubbish!
❸ (*Schar*) crowd
❹ (*Gruppe, Gemeinschaft*) crowd, bunch
► WENDUNGEN: **einen ~ machen** (*euph*) to do one's business; ***Vorsicht, da hat ein Hund einen ~ gemacht!*** watch out for that dog poop [*or* poo] [*or* doo]; **jdn/ein Tier über den ~ rennen/fahren** (*fam*) to run over sb/an animal *sep;* **jdn/ein Tier über den ~ schießen** [*o* **knallen**] (*fam*) to shoot sb/an animal down; **etw über den ~ werfen** [*o* **schmeißen**] (*fam*) to throw out sth *sep;* [**jdm**] **etw über den ~ werfen** [*o* **schmeißen**] (*fam*) to mess up sth [for sb] *sep;* **auf einem ~** (*fam*) in one place

häufen I. *vt* (*auf~*) ■[**jdm**] **etw auf etw** *akk* ~ to pile sth on sth [for sb]; *s. a.* **gehäuft I**
II. *vr* ❶ (*zahlreicher werden*) ■**sich** ~ to become more frequent, to accumulate, to multiply, to increase; *s. a.* **gehäuft II**
❷ (*sich türmen*) ■**sich** [**irgendwo**] ~ to pile up [somewhere]
❸ (*türmen*) ■**sich** *dat* **etw auf etw** *akk* ~ to pile sth on sth

Haufendorf *nt village that has evolved haphazardly*

haufenweise *adv* ❶ (*in Haufen*) in heaps [*or* piles]
❷ (*fam*) in great quantities; **etw ~ haben** [*o* **besitzen**] to have loads [*or* piles] of sth; ***sie besitzt ~ Antiquitäten*** she owns loads of antiques

Haufenwolke *f* cumulus [cloud]

häufig I. *adj* frequent
II. *adv* frequently, often

Häufigkeit <-, -en> *f* frequency; **abnehmende/zunehmende ~** decreasing/increasing frequency

Häufigkeitszahl, Häufigkeitsziffer *f* frequency

Häuflein <-s, -> *nt s.* **Häufchen**

Häufung <-, -en> *f* increasing number

Haupt <-[e]s, Häupter> *nt* (*geh*) ❶ (*Kopf*) head
❷ (*zentrale Figur*) head
► WENDUNGEN: **an ~ und Gliedern** totally, drastically; ***die gesamte Verwaltung dieses Staates ist verfault an ~ und Gliedern*** the entire administration of this state is totally corrupt; **entblößten ~es, mit bloßem ~** bareheaded; **gesenkten/erhobenen ~es** with one's head bowed/raised; **jdn aufs ~ schlagen** to vanquish sb; **zu jds Häupten** at sb's head

Hauptabteilung *f* main [*or* principal] department **Hauptabteilungsleiter(in)** *m(f)* departmental director **Hauptakteur(in)** *m(f)* leading light, kingpin *pej* **Hauptaktionär(in)** *m(f)* principal [*or* main] shareholder **Hauptakzent** *m* LING (*stärkste Betonung*) main stress ► WENDUNGEN: **den ~ auf etw** *akk* **legen** to place the main emphasis on sth **Hauptaltar** *m* high altar **Hauptamt** *nt* principal [*or* full-time] occupation **hauptamtlich** I. *adj* full-time; (*im Hauptberuf ausgeübt*) full-time; ***neben ihrer ~en Tätigkeit als Lehrerin gibt sie noch Unterricht an Volkshochschulen*** in addition to her full-time job as a teacher she teaches at adult education centres II. *adv* on a full-time basis **Hauptangeklagte(r)** *f(m)* main [*or* principal] defendant **Hauptanliegen** *nt* main [*or* principal] concern **Hauptanmeldung** *f* FIN *eines Patents* parent [*or* main] application **Hauptanschluss**[RR] *m* TELEK main extension **Hauptanspruch** *m* JUR principal [*or* main] claim **Hauptantrag** *m* JUR main request **Hauptargument** *nt* main [*or* principal] argument **Hauptaufgabe** *f* main duty [*or* task] **Hauptaugenmerk** *f* *kein pl* **sein ~ auf etw richten** to pay particular attention to sth **Hauptausgang** *m* main exit **Hauptausschuss**[RR] *m* main committee **Hauptbahnhof** *m* central [*or* main] station **Hauptbedingung** *f* main condition **Hauptbelastungszeuge, -zeugin** *m, f* JUR chief witness for the prosecution **Hauptberuf** *m* chief [*or* main] occupation; **im ~** as one's main occupation **hauptberuflich** I. *adj* full-time II. *adv s.* **hauptamtlich II** **Hauptberufung** *f* JUR main appeal **Hauptbestandteil** *m* main component **Hauptbetroffene(r)** *f(m) dekl wie adj* main person affected [by sth] **Hauptbilanz** *f* FIN general balance sheet **Hauptbuch** *nt* ÖKON [general] ledger; **~ für Sachkonten** nominal [*or* general] ledger **Hauptdarsteller(in)** *m(f)* leading man [*or* actor] **Hauptdeck** *nt* main deck **Haupteingang** *m* main entrance **Haupteinnahmen** *pl* principal income **Haupteinnahmequelle** *f* ÖKON main [*or* principal] source of income

Häuptel <-s, -[n]> *nt* KOCHK ÖSTERR head; ***drei ~ Kopfsalat, bitte!*** three heads of lettuce, please

Häuptelsalat *m* ÖSTERR (*Kopfsalat*) lettuce

Haupterwerb *m* main paid occupation, principal income **Haupterwerbsbauer, -bäuerin** *m, f* AGR, ÖKON full-time farmer **Haupterzeugnis** *nt* ÖKON staple commodity

Haupteslänge *f* ► WENDUNGEN: **jdn um ~ überragen** (*geh*) to be a head taller than sb

Hauptfach *nt* SCH ❶ (*Studienfach*) main [*or* principal] subject, major AM; **etw im ~ studieren** to study sth as one's main subject, to major in sth AM ❷ SCH (*wichtigstes Schulfach*) major subject **Hauptfigur** *f* LIT central [*or* main] [*or* principal] character **Hauptfilm** *m* main [*or* feature] film **Hauptforderung** *f* JUR chief [*or* principal] demand **Hauptfriedhof** *nt* main cemetery **Hauptgang** *m* ❶ (*Hauptgericht*) main course; **im ~** as a main course ❷ (*zentraler Gang*) main corridor ❸ (*Waschgang*) main wash **Hauptgebäude** *nt* main building **Hauptgefreiter** *m* lance corporal **Hauptgericht** *nt* main course **Hauptgeschäft** *nt* main branch **Hauptgeschäftsbereich** *m* HANDEL main business area **Hauptgeschäftsführer(in)** *m(f)* managing director, chief executive **Hauptgeschäftsstelle** *f* ÖKON head office, headquarters *npl* **Hauptgeschäftszeit** *f* peak shopping hours, main business hours **Hauptgesellschafter(in)** *m(f)* main [*or* principal] shareholder **Hauptgewicht** *nt* main emphasis; **das ~ auf etw** *akk* **legen** to place the main emphasis on sth **Hauptgewinn** *m* first prize **Hauptgläubige(r)** *f(m) dekl wie adj* FIN chief [*or* major] creditor **Hauptgrund** *m* main [*or* principal] reason

Haupthaar *nt kein pl* (*geh*) hair [on the head]

Haupthahn *m* main cock [*or esp* AM tap] **Haupthandelspartner** *m* ÖKON principal business [*or* trading] partner **Haupthandlung** *f* spine **Hauptinformant(in)** *m(f)* HANDEL key informant **Hauptintervention** *f* JUR interpleader **Hauptklage** *f* JUR main action **Hauptkläger(in)** *m(f)* JUR chief [*or* principal] plaintiff **Hauptkommissar(in)** *m(f)* chief commissioner [*or* inspector] **Hauptkundengruppe** *f* HANDEL key account group **Hauptlast** *f* main load; ***die ~ der Steuererhöhungen werden die mittleren Einkommensgruppen zu tragen haben*** the middle-income groups will have to bear the main burden of tax increases **Hauptleitung** *f* mains *pl*

Hauptleute *pl von* **Hauptmann**

Hauptlieferant *m* HANDEL principal supplier

Häuptling <-s, -e> *m* chief
Hauptmahlzeit *f* main meal **Hauptmangel** *m* JUR chief [*or* principal] defect
Hauptmann <-leute> *m* captain
Hauptmenü *nt* INFORM main menu **Hauptmerkmal** *nt* main feature **Hauptmieter(in)** *m(f)* main tenant **Hauptnahrungsmittel** *nt* KOCHK staple food **Hauptnenner** *m* common denominator **Hauptniederlassung** *f* HANDEL head office, headquarters *npl* **Hauptpachtvertrag** *m* JUR head lease **Hauptpatent** *nt* main [*or* principal] patent **Hauptperson** *f* ❶ (*wichtigste Person*) central figure, most important person ❷ (*die tonangebende Person*) centre [*or* AM -er] of attention; (*wichtigste Person*) main person; ***er ist eindeutig die ~ bei diesem Projekt*** he's the main person on this project **Hauptplatine** *f* INFORM motherboard **Hauptportal** *nt* main portal **Hauptpost** *f* (*fam*), **Hauptpostamt** *nt* main post office **Hauptpreis** *m* leading price **Hauptproblem** *nt* main [*or* principal] problem **Hauptprozess** *m* JUR main trial **Hauptquartier** *nt* headquarters **Hauptrechenchip** *nt* INFORM central processing unit **Hauptrechner** *m* INFORM host [*or* master] computer **Hauptreisezeit** *f* peak travel period **Hauptrolle** *f* leading [*or* main] role; **[in etw** *dat*] **die ~ spielen** to play the leading role [in sth] ▸ WENDUNGEN: **[bei etw] die ~ spielen** to play a leading part [in sth] **Hauptsache** *f* ❶ (*das Wichtigste*) main thing [*or* point]; **in der ~** in the main, mainly, on the whole; **~, ...** the main thing is ...; **~, *du bist glücklich!*** the main thing is that you're happy! ❷ JUR substance of the case, case of action; **die ~ für erledigt erklären** to declare that the cause of action has been disposed of; **ohne der Entscheidung in der ~ vorzugreifen** without prejudice to the decision on the substance [of a case]; **in der ~ entscheiden** to give judgment on the main issue; **zur ~ verhandeln** to plead on the main issue
hauptsächlich I. *adv* mainly, principally, especially, essentially, above all
II. *adj* main, principal, chief, most important, essential; ***in den ~en Punkten sind wir uns einig*** we agree on the main points
Hauptsaison [-zɛzõː, -zɛzɔŋ] *f* peak season; **~ haben** to be one's peak season; ***vom 23.4. bis zum 15.9. haben wir ~*** 23/04 – 15/09 is our peak season **Hauptsatz** *m* LING main clause **Hauptschalter** *m* main [*or* master] switch **Hauptschiff** *nt* ARCHIT nave **Hauptschlagader** *f* aorta **Hauptschließanlage** *f* BAU master key system **Hauptschlüssel** *m* master key, pass key **Hauptschulabgänger(in)** *m(f)* SCH *school-leavers/graduates from a Hauptschule* **Hauptschulabschluss**[RR] *m* SCH [*certificate of*] *completion of compulsory basic secondary schooling* **Hauptschuld** *f kein pl* main blame; ■**die/jds ~ an etw** *dat* the/sb's principal fault regarding sth **Hauptschuldige(r)** *f(m)* person mainly to blame, person mainly at fault, major offender **Hauptschuldner(in)** *m(f)* FIN principal debtor, primary obligor **Hauptschule** *f* ≈ secondary modern school BRIT, ≈ junior high school AM (*covering years 5 to 9 or the last 5 years of the compulsory nine years at school in Germany or years 5 to 8 in Austria*) **Hauptschüler(in)** *m(f)* ≈ secondary modern school pupil BRIT, ≈ junior-high student AM **Hauptschullehrer(in)** *m(f)* ≈ secondary modern [*or* AM ≈ junior high] school teacher **Hauptschwierigkeit** *f* main problem **Hauptseminar** *nt* seminar for advanced students **Hauptsendezeit** *f* TV, RADIO peak viewing time **Hauptsicherung** *f* ELEK, TECH, BAU main fuse **Hauptsitz** *m* headquarters + *sing/pl vb*, head office; **mit ~ in** headquartered in **Hauptspeicher** *m* INFORM main [*or* primary] memory [*or* storage] **Hauptspeise** *f* main dish **Hauptspiegel** *m* main; *eines Satelliten* main mirror **Hauptsponsor(in)** *m(f)* main [*or* principal] sponsor **Hauptstadt** *f* capital [city] **hauptstädtisch** *adj* capital[-city], metropolitan **Hauptstraße** *f* main street **Hauptstrecke** *f* main line, main route **Hauptstudium** *nt* SCH main [part of a university] course **Haupttäter(in)** *m(f)* JUR principal [*or* chief] offender, main culprit [*or* perpetrator] **Hauptteil** *m* main [*or* major] part **Hauptteilhaber(in)** *m(f)* ÖKON principal partner **Haupttermin** *m* JUR trial date **Hauptthema** *nt* principal [*or* main] theme **Haupttitel** *m* (*Buch*) full title, title page **Haupttreffer** *m* jackpot; **den ~ erzielen** to hit the jackpot **Hauptübertragungsweg** *m* MED principal means of transmission **Hauptursache** *f* main [*or* chief] [*or* principal] cause **hauptverantwortlich** *adj* JUR primarily [*or* mainly] responsible **Hauptverantwortlichkeit** *f* JUR prime responsibility **Hauptverband** *m* principal [*or* main] association **Hauptverfahren** *nt* JUR main proceedings *pl;* **Eröffnung des ~s** opening of the trial **Hauptverhandlung** *f* JUR main hearing, trial process **Hauptverkehrsstraße** *f* arterial road, main road [*or* highway] [*or* thoroughfare] **Hauptverkehrszeit** *f* rush hour **Hauptverpflichtete(r)** *f(m) dekl wie adj* JUR principal **Hauptverpflichtung** *f* JUR prime obligation **Hauptversammlung** *f* general meeting **Hauptversammlungsbeschluss**[RR] *m* JUR shareholders' [*or* AM stockholders'] resolution **Hauptvertrag** *m* JUR main [*or* primary] contract **Hauptvertreter(in)** *m(f)* HANDEL general agent **Hauptverwaltung** *f* ADMIN head office, [administrative] headquarters + *sing/pl vb* **Hauptverzeichnis** *nt* INFORM main directory **Hauptvorstand** *m* ADMIN executive [*or* governing] board **Hauptwache** *f* main police station **Hauptwarengruppe** *f* HANDEL chief product group **Hauptwäsche** *f* main wash **Hauptwaschgang** *m* main wash **Hauptwaschmittel** *nt* strong-action detergent **Hauptwerk** *nt* ❶ (*Kunst~*) major [*or* principal] work, magnum opus ❷ (*Fabrik*) main factory **Hauptwohnsitz** *m* main place of residence **Hauptwort** *nt* noun **Hauptzeile** *f* headline, catchline **Hauptzeuge, -zeugin** *m, f* chief [*or* principal] witness **Hauptziel** *nt* main [*or* principal] objective, main goal **Hauptzollamt** *nt* main customs office
hau ruck *interj* heave; ***so, jetzt ziehen wir alle gemeinsam an dem Seil — ~! ~!*** right, let's all pull on the rope together — heave-ho! heave-ho!
Hauruck <-s, -s> *nt* heave ho
Hauruckverfahren *nt* any old how; ***die haben das Gebäude im ~ hochgezogen*** they just threw up the building any old how
Haus <-es, Häuser> *nt* ❶ (*Gebäude*) house; ***das Internat bestand aus mehreren Häusern*** the boarding school consisted of several buildings; ***wie geht's zu ~e?*** how are things at home?; **das ~ Gottes** [*o geh* **des Herrn**] the house of God [*or form* the Lord]; **~ und Hof** (*geh*) house and home; **das Weiße ~** the White House; **für jdn ein offenes ~ haben** to keep open house for sb; **jdn nach ~e bringen** to see [*or* take] sb home; ***kannst du mich mit dem Auto nach ~e bringen?*** can you drive me home?; **jdn ans ~ fesseln** to confine sb to the house; ***seit sie krank ist, ist sie ans ~ gefesselt*** since she's been ill she's been confined to the house; **sich [irgendwo/bei jdm] wie zu ~e fühlen** to feel at home [somewhere/in sb's house]; ***fühlen Sie sich wie zu ~e!*** make yourself at home; **aus dem ~ gehen** to leave the house; **das ~ hüten müssen** to have to stay at home; ***ich muss wegen einer Grippe das ~ hüten*** I have to stay in due to a bout of flu; **außer ~ essen** to eat out; ***am Wochenende essen sie außer ~*** they eat out at weekends; **aus dem ~ sein** to have left home; **irgendwo zu ~[e] sein** to live [*or* come from] somewhere; ***wo sind Sie eigentlich zu ~e?*** tell me, where are you from?; ***der Pandabär ist nur in China zu ~e*** the panda bear can only be found in China; **jd/etw kommt jdm nicht ins ~** sb does not allow sb/sth in the house; ***eine Katze kommt mir nicht ins ~!*** I'm not having a cat in the house!; **[etw] ins ~ liefern** to deliver [sth] to the door; ***liefern Sie ins ~?*** do you make home deliveries?; **frei ~ liefern** to deliver free of charge; **jdn ins ~ nehmen** to take sb in[to one's home]; **jdn nach ~e schicken** (*fam*) to send sb packing *fam,* to send sb home; ***ich habe den Vertreter gleich wieder nach ~e geschickt*** I sent the rep packing straight away; ***die Lehrerin schickte den Schüler nach ~e*** the teacher sent the pupil home; **jdm das ~ verbieten** to not allow sb in the house; **~ an ~** next door; ***wir wohnen ~ an ~*** we live next door to each other; **im ~[e]** in the house; ***bei der Kälte bleibe ich lieber im ~*** I prefer to stay indoors [*or* inside] when it's cold; **nichts mehr im ~ haben** to have nothing [left] [to eat/drink] in the house; **ins ~** into the house, indoors; ***es wird schon kühl, lass uns ins ~ gehen*** it's getting cool, let's go indoors [*or* inside]; ***meine Klavierlehrerin kommt immer ins ~*** my piano teacher always comes to our house; **nach ~e,** ÖSTERR, SCHWEIZ *a.* **nachhause**[RR] home; ***komm nicht so spät nach ~e!*** don't come home so late!; ***es ist nicht mehr weit bis nach ~e!*** we're not far from home now!; ***ich muss nach ~e!*** I must [*or* have to] go home!; **von ~ zu ~ gehen/wandern/ziehen** to go/wander/roam from house to house [*or* door to door]; **zu ~e,** ÖSTERR, SCHWEIZ *a.* **zuhause**[RR] at home; ***seid unbedingt vor Mitternacht wieder zu ~e!*** make sure you're back home before midnight!; ***wir können schon in drei Stunden zu ~e sein*** we can be home in three hours; **bei jdm zu ~e,** ÖSTERR, SCHWEIZ *a.* **zuhause** in sb's home; ***bei euch zu ~e ist es so gemütlich*** there's such a relaxed atmosphere in your home; ***bei uns zu ~e wurde vor dem Essen gebetet*** we always said prayers before a meal in our house
❷ (*Villa, Pension*) house; ***„~ Talblick"*** "Talblick House"; **das erste ~ am Platze** the best hotel in town; **ein gepflegtes** [*o* **gut geführtes**] **~** a well-run restaurant
❸ (*Familie*) household; ***er ist ein alter Freund des ~es*** he's an old friend of the family; **die Dame/der Herr des ~es** the lady/master of the house; **aus bürgerlichem/gutem/schlechtem ~e stammend** from a middle-class/good/bad family; **aus adligem ~e** from a noble family; **aus angesehenem ~e** from a respectable family; **von ~e aus** by birth; ***von ~e aus ist sie musikalisch*** she comes from a musical family
❹ (*Dynastie*) house; ***die Kaiser von Österreich stammten aus dem ~e Habsburg*** the Emperors of Austria came from the House of the Hapsburgs
❺ (*geh: Unternehmen*) firm, company; ***Rauchen ist im ganzen ~ verboten!*** smoking is not allowed anywhere in the company buildings; **das erste ~ am Platze** the best firm in the area; **im ~e sein** to be in; ***Sie können mich jederzeit im Büro erreichen, ich bin den ganzen Tag im ~e*** you can get me at the office any time, I'm in [*or* there] all day
❻ (*geh: Saal, Publikum*) house; **das große/kleine ~** the large/small theatre; **vor vollem** [*o* **ausverkauftem**]/**leerem ~e spielen** to play to a full [*or* packed]/empty house
❼ POL (*Kammer*) House; ***das Gesetz passierte das ~ ohne Gegenstimmen*** the act passed through the House without opposition; **Hohes ~!** (*geh*) honourable members! *form*
❽ ZOOL (*Schnecken~*) house, shell
❾ ASTROL (*Kraftfeld*) house
❿ (*Haushalt*) **ein großes ~ führen** (*geh*) to entertain in style; **jdm das ~ führen** to keep house for sb ▸ WENDUNGEN: **~ und Herd verlassen** (*geh*) to leave one's home and family; **[du] altes ~!** (*fam*) old chap *dated;* **das europäische ~** the family of Europe; **sein ~ bestellen** to put [*or* set] one's house in order; **~ halten** (*sparsam wirtschaften*) to be economical; (*doziert einsetzen*) to conserve; **für jdn/niemanden zu ~ sein** to be at home to sb/nobody; **in etw** *dat* **zu ~e sein** to be at home in sth; ***in der Physik bin ich nicht so zu ~e wie Sie!*** I'm not as much at home in physics as you are; **jdm ins ~ schneien** (*fam*) to descend on sb; **[jdm] ins ~ stehen** to be in store [for sb]; ***vielleicht steht uns ein großer Lottogewinn ins ~*** perhaps we're in store for a big win on the lottery; **von ~e aus** origi-

nally

Hausa <-> *nt* ❶ ■**die** ~ (*Volksstamm*) Hausa ❷ *kein pl* (*Sprache*) Hausa

Hausaltar *m* family altar **Hausangestellte(r)** *f(m)* domestic servant, domestic *esp fem* **Hausanschluss**RR *m* private connection, mains [*or* AM utilities] connection **Hausanschlussraum**RR *m* BAU utilities room **Hausantenne** *f* outside aerial [*or esp* AM antenna] **Hausanzug** *m* leisure suit **Hausapotheke** *f* medicine cabinet **Hausarbeit** *f* ❶ (*Arbeit im Haushalt*) housework ❷ SCH (*Schulaufgaben*) homework ❸ SCH (*wissenschaftliche Arbeit*) [academic] assignment **Hausarrest** *m* ❶ (*Verbot*) confinement to the house; ~ **haben** to be grounded ❷ (*Strafe*) house arrest **Hausarzt, -ärztin** *m, f* family doctor, GP **Hausaufgabe** *f* piece of homework; ■~**n** homework *no pl;* **seine ~n machen** (*a. fig*) to do one's homework; **seine ~n nicht gemacht haben** (*a. fig*) not to have done one's homework **Hausaufgabenhilfe** *f* ❶ (*Person*) [homework] tutor ❷ *kein pl* (*Unterstützung*) homework support [*or* tutoring] **Hausaufsatz** *m* homework essay **hausbacken** *adj* plain, unadventurous **Hausbank** *f* house bank, principal banker **Hausbar** *f* ❶ (*eine Bar zu Hause*) home bar ❷ (*Inhalt*) range of drinks at home **Hausbau** *m* building of a/the house **Hausbesetzer(in)** <-s, -> *m(f)* squatter **Hausbesetzerszene** *f* SOZIOL, POL squatting fraternity **Hausbesetzung** *f* squatting **Hausbesitzer(in)** *m(f)* homeowner; (*Vermieter*) landlord **Hausbesorger(in)** <-s, -> *m(f)* ÖSTERR (*Hausmeister*) janitor **Hausbesuch** *m* home visit **Hausbewohner(in)** *m(f)* tenant, occupant of a house **Hausbibliothek** *f* library **Hausboot** *nt* houseboat **Hausbrand** *m* ❶ (*Feuer*) house fire ❷ (*Brennstoff*) domestic fuel **Hausbriefkasten** *m* letter box

Häuschen <-s, -> ['hɔɪsçən] *nt* ❶ *dim von* **Haus** little [*or* small] house, cottage ❷ SCHWEIZ (*Kästchen auf kariertem Papier*) square ▸ WENDUNGEN: **jdn [ganz] aus dem ~ bringen** (*fam*) to drive sb wild with excitement; **[über etw *akk*] ganz aus dem ~ geraten** (*fam*) to go completely wild with excitement [about sth]; **ganz aus dem ~ sein** (*fam*) to be beside oneself

Hausdach *nt* roof **Hausdame** *f* housekeeper **Hausdetektiv(in)** *m(f)* store detective **Hausdiener(in)** *m(f)* domestic servant **Hausdrachen** *m* (*pej fam*) battleaxe *pej fam,* dragon *pej fam* **Hausdurchsuchung** *f* JUR house search **Hausdurchsuchungsbefehl** *m* JUR, ADMIN ÖSTERR (*Legitimation zu einer Haussuchung*) search warrant **hauseigen** *adj* belonging to the establishment; ***die Gäste können den ~en Tennisplatz benutzen*** the guests can use the hotel's own tennis court; **~e Produktion** ÖKON company-owned production **Hauseigentümer(in)** *m(f)* (*geh*) *s.* Hausbesitzer **Hauseinfahrt** *f* drive[way] of a/the house **Hauseingang** *m* entrance [to a/the house]

hausen *vi* ■**irgendwo** ~ ❶ (*pej fam: erbärmlich wohnen*) to live [in poor conditions] somewhere ❷ (*wüten*) to wreak havoc somewhere

Häuserblock *m* block [of houses] **Häuserfront** *f* terrace front **Häusermakler(in)** *m(f)* estate [*or* AM real-estate] agent **Häusermeer** *nt* (*geh*) sea of houses **Häuserreihe** *f* row of houses **Häuserwand** *f* wall of houses **Häuserzeile** *f* row of houses

Hausfarbe *f* TYPO brand [*or* house] colour [*or* AM -or] **Hausflur** *m* entrance hall **Hausfrau** *f* ❶ (*nicht berufstätige Frau*) housewife ❷ SÜDD, ÖSTERR (*Zimmerwirtin*) landlady **Hausfrauenart** *f* home-made style; ■**nach** ~ in a home-made style **hausfraulich** *adj* housewifely; **~e Aufgaben** a housewife's duties **Hausfreund(in)** *m(f)* ❶ (*Freund der Familie*) friend of the family ❷ *nur m* (*euph fam: Liebhaber der Ehefrau*) man-friend *euph* **Hausfriede(n)** *m* domestic peace; (*zwischen Hausbewohnern*) harmonious relations between tenants **Hausfriedensbruch** *m* trespassing **Hausgebrauch** *m* domestic use; **für den** ~ for domestic use; (*fam: für durchschnittliche Ansprüche*) for average requirements **Hausgeburt** *f* home birth **Hausgehilfe, -gehilfin** *m, f* home help **Hausgehilfin** *f fem form von* **Hausgehilfe** part-time maid, day maid, BRIT *a.* home help **hausgemacht** *adj* ❶ (*im eigenen Haushalt hergestellt*) homemade ❷ (*intern begründet*) created by domestic factors; ***Experten bezeichnen die Inflation als zum Teil*** ~ experts ascribe inflation partially to domestic factors **Hausgemeinschaft** *f* household; **mit jdm in ~ leben, in einer ~ mit jdm leben** to live together with sb **Hausgott** *m* household god

Haushalt <-[e]s, -e> *m* ❶ (*Hausgemeinschaft*) household ❷ (*~sführung*) housekeeping; **[jdm] den ~ führen** to keep house [for sb] ❸ MED, BIOL (*Kreislauf*) balance ❹ FIN (*Etat*) budget; **kommunaler/öffentlicher** ~ municipal/government budget

haus|halten *vi irreg* ❶ (*sparsam wirtschaften*) ■**[mit etw]** ~ to be economical [with sth] ❷ (*dosiert einsetzen*) ■**mit etw** ~ to conserve sth

Haushälter(in) <-s, -> *m(f)* housekeeper

haushälterisch I. *adj* economical, thrifty II. *adv* economically

Haushaltsabfall *m* domestic waste **Haushaltsabstriche** *pl* FIN budget cuts **Haushaltsartikel** *m* household article [*or* item] **Haushaltsausgaben** *pl* FIN budgetary expenditure **Haushaltsausgleich** *m* FIN budget balancing **Haushaltsausschuss**RR *m* budget[ary] committee **Haushaltsbelastung** *f* FIN budgetary pressure **Haushaltsberatung** *f* ❶ *kein pl* FIN (*das Beraten*) budget debate, budget[ary] consultations [*or* deliberations] *pl* ❷ (*beratende Stelle*) household advice centre [*or* AM -er] **Haushaltsbesteuerung** *f* FIN taxation of households, splitting system **haushaltsbezogen** *adj attr* budgetary **Haushaltsbuch** *nt* housekeeping book **Haushaltsdebatte** *f* budget debate **Haushaltsdefizit** *nt* POL, ÖKON budget[ary] deficit **Haushaltsentwurf** *m* FIN proposed [*or* draft] budget **Haushaltsexperte, -expertin** *m, f* budget[ary] expert **haushaltsfinanziert** *adj* FIN financed by the budget *pred* **Haushaltsführung** *f* housekeeping; **doppelte** ~ running two households **Haushaltsgeld** *nt* housekeeping money **Haushaltsgerät** *nt* household [*or* domestic] appliance **Haushaltsgesetz** *nt* FIN Budget Act, BRIT Finance Act **Haushaltsgrundsätzegesetz** *nt* JUR law on basic budgetary rules **Haushaltshilfe** *f* home help **Haushaltsjahr** *nt* financial [*or* fiscal] year **Haushaltskasse** *f kein pl* budget account **Haushaltskonsolidierung** *f* budget consolidation **Haushaltskosten** *pl* FIN budgetary costs **Haushaltslage** *f* budgetary position **Haushaltsloch** *nt* budgetary gap **Haushaltsmittel** *pl* ÖKON, ADMIN budget[ary] funds *pl* **Haushaltsnachtrag** *m* FIN supplementary budget **Haushaltspackung** *f* family[-size] pack **Haushaltsplan** *m* budget **Haushaltspolitik** *f* ÖKON budgetary policy **haushaltspolitisch** *adj* FIN *attr* on budgetary policy; ~ ***gesehen ist diese Reform absolut notwendig*** this reform is crucial for the budgetary policy; **~e Entscheidung/Maßnahmen/Reform** decision on budgetary policy/budget policy measures/budgetary reform **Haushaltsraffinade** *f* granulated sugar **Haushaltsrecht** *nt* JUR budget[ary] law **Haushaltsreiniger** *m* CHEM household cleaner **Haushaltsreserve** *f* FIN budgetary provisions *pl* **Haushaltssaldo** *m* ÖKON budget[ary] balance **Haushaltssanierung** *f* overhaul of the budget **Haushaltsschere** *f* household scissors *npl* **Haushaltssperre** *f* freeze on public spending **Haushaltstechnik** *f kein pl* domestic automation **Haushaltsüberschuss**RR *m* FIN budget surplus **Haushaltsverfahren** *nt* FIN budgetary procedure **Haushaltsvorlage** *f* JUR finance bill **Haushaltsvorstand** *m* householder **Haushaltswaage** *f* kitchen scales *npl* **Haushaltswaren** *pl* household goods *npl* **Haushaltswirtschaft** *f* JUR budget management **Haushaltszugehörigkeit** *f* FIN membership of a household

Haushaltung *f* ❶ *kein pl* (*Haushaltsführung*) housekeeping *no pl, no indef art* ❷ *kein pl* (*der sparsame Einsatz*) ■**die ~ mit etw** economizing with sth ❸ (*geh: Haushalt 1*) household

Haus-Haus-Verkehr *m* HANDEL door-to-door delivery service **Hausherr(in)** <-en, -en> *m(f)* head of the household; (*der Gastgeber*) host **haushoch** I. *adj* ❶ (*euph: sehr hoch*) as high as a house; **haushohe Flammen** gigantic [*or* huge] flames; **haushohe Wellen** mountainous waves ❷ SPORT (*eindeutig*) clear, definite; **eine haushohe Niederlage** a crushing defeat; **ein haushoher Sieg** an overwhelming victory; **ein haushoher Favorit** a hot favourite [*or* AM -orite] II. *adv* (*eindeutig*) clearly, definitely; ***die gegnerische Mannschaft wurde ~ geschlagen*** the opposition was decisively defeated

hausieren* *vi* ■**[mit etw]** ~ to hawk [*or* peddle] [sth]; **H~ verboten!** no hawkers!; **mit etw ~ gehen** to peddle sth around; ***sie geht mit allen möglichen Gerüchten*** ~ she peddles every rumour possible around

Hausierer(in) <-s, -> *m(f)* hawker, peddler

hausintern *adj* in-house

Hausjacke *f* casual jacket **Hauskapelle** *f* private chapel **Hauskatze** *f* domestic cat **Hauskauf** *m* house-buying *no pl, no indef art,* house purchase **Hauskleid** *nt* house dress **Hauskonzert** *nt* concert given at home **Hauslehrer(in)** *m(f)* private tutor

Häuslerrecht *nt* JUR ancient agricultural tenancy right

häuslich I. *adj* ❶ (*die Hausgemeinschaft betreffend*) domestic; **der ~e Frieden** domestic peace; **~e Pflichten** domestic duties ❷ (*das Zuhause liebend*) homely, home-loving II. *adv* **sich irgendwo ~ einrichten** to make oneself at home somewhere; **sich irgendwo ~ niederlassen** to settle down somewhere

Häuslichkeit <-> *f kein pl* domesticity *no pl*

Hausmacherart *f* home-made style; **nach** ~ home-made-style *attr* **Hausmacherkost** *f kein pl* home cooking *no pl, no indef art*

Hausmacht *f kein pl* ❶ (*fig: Macht*) power base ❷ HIST (*Territorien*) allodium **Hausmädchen** *nt* maid, BRIT *a.* home help **Hausmann** *m* house husband **Hausmannskost** *f kein pl* ❶ *s.* **Hausmacherkost** ❷ (*fam: durchschnittliche Leistung*) average performance **Hausmantel** *m* housecoat **Hausmarke** *f* ❶ (*Sekt eines Gastronomiebetriebes*) sparkling house wine ❷ (*bevorzugte Marke*) favourite [*or* AM -orite] brand **Hausmaus** *f* ZOOL house mouse **Hausmeister(in)** *m(f)* caretaker, janitor **Hausmitteilung** *f* ❶ (*firmeninterne Mitteilung*) [internal] memo ❷ (*periodische Druckschrift für Kunden*) company newsletter **Hausmittel** *nt* household remedy **Hausmüll** *m* domestic refuse *no pl, no indef art* **Hausmülltonne** *f* (*geh*) dustbin BRIT, garbage can AM (*for nonrecyclable and nontoxic waste*) **Hausmusik** *f* music within the family circle **Hausmutter** *f* housemother; (*im Internat*) housemistress **Hausmütterchen** *nt* (*pej*) little housewife *pej;* (*hum: Mädchen*) little mother *hum* **Hausnummer** *f* house number **Hausordnung** *f* house rules *pl* **Hauspflege** *f* MED home care [*or* help] **Hauspost** *f kein pl* internal post **Hausputz** *m* clean-out of the house **Hausrat** *m kein pl* household contents *pl* **Hausratersatzbeschaffung** *f* FIN home contents replacement **Hausratte** *f* ZOOL black rat **Hausratversicherung** *f* household contents insurance *no pl* BRIT, home owner's [*or* renter's] insurance AM **Hausrecht** *nt* authority as a householder *no pl;* JUR domiciliary right (*to deny sb entry*); **von seinem ~ Gebrauch machen** to ask sb to leave **Hausrotschwanz** *m* ORN black redstart **Haussammlung** *f* door-to-door [*or* house-to-house] collection

H

Hausschlachtung *f* on-site domestic slaughtering **Hausschlüssel** *m* front-door key **Hausschuh** *m* slipper **Hausschwamm** *m* dry rot

Hausse <-, -n> ['ho:sə, o:s] *f* BÖRSE bull market; **auf ~ spekulieren** to bull

Haussegen *m* house blessing
▸ WENDUNGEN: **der ~ hängt [bei jdm] schief** (*hum fam*) there is a strained atmosphere [in sb's home]

Haussegeschäft *nt* BÖRSE bull transaction; **~e tätigen** to go for a rise **Haussespekulant(in)** *m(f)* BÖRSE bull

Haussier <-s, -s> [hos'i̯e:, os'i̯e:] *m* BÖRSE bull

Haussperling *m* ORN house sparrow **Hausstand** *m* (*geh*) household; **einen [eigenen] ~ gründen** to set up house [*or* home] [on one's own] **Hausstauballergie** *f* house-dust allergy **Haussuchung** <-, -en> *f s.* Hausdurchsuchung **Haussuchungsbefehl** *m* search warrant **Haustarif** *m* company wage structure **Haustarifvertrag** *m* company collective agreement **Haustelefon** *nt* internal telephone **Haustier** *nt* pet, domestic animal *form* **Haustür** *f* front door; **direkt vor der ~** (*fam*) right on one's doorstep **Haustürgeschäft** *nt* door-to-door selling **Haustürverkauf** *m* ÖKON door-to-door selling **Haustyrann(in)** *m(f)* (*pej fam*) tyrant at home, household tyrant **Haus- und Grundstücksverwaltung** *f* house and property administration **Hausvater** *m* housefather **Hausverbot** *nt* ban from entering one's/sb's premises; **jdm ~ erteilen** to ban sb from entering one's/sb's premises; **[irgendwo/bei jdm] ~ haben** to be banned [*or* barred] [from somewhere/sb's home] **Hausvermögen** *nt kein pl* JUR property in the form of houses **Hausverwalter(in)** *m(f)* manager of a tenement block **Hausverwaltung** *f* management of a tenement block **Hauswand** *f* wall of a/the building **Hauswart(in)** <-s, -e> *m(f) s.* Hausmeister **Hauswirt(in)** *m(f)* landlord **Hauswirtschaft** *f kein pl* domestic science *no pl, no indef art,* home economics + *sing vb* **Hauswirtschafter(in)** <-s, -> *m(f)* housekeeper **Hauswirtschafter(in)** <-s, -> *m(f)* housekeeper **hauswirtschaftlich** *adj* domestic **Hauswirtschaftsschule** *f* domestic science college **Hauszelt** *nt* frame tent **Haus-zu-Haus-Verkauf** *m* HANDEL door-to-door selling

Haut <-, Häute> *f* ❶ ANAT skin; **nass bis auf die ~** soaked to the skin; **viel ~ zeigen** (*hum*) to reveal a lot *hum;* (*gegerbtes Fell*) hide
❷ BOT, HORT (*dünne Schale*) peel, skin
❸ (*Außen~*) skin
❹ (*erstarrte Schicht*) skin
▸ WENDUNGEN: **mit ~ und Haar[en]** (*fam*) completely, totally; **nur ~ und Knochen sein** (*fam*), **nur noch aus ~ und Knochen bestehen** (*fam*) to be nothing but skin and bone; **[für jdn/etw] seine ~ zu Markte tragen** to risk one's neck [for sb/sth]; **eine ehrliche ~ sein** (*fam*) to be an honest sort; **auf der faulen ~ liegen** (*fam*), **sich auf die faule ~ legen** (*fam*) to laze around [*or* BRIT about]; **mit heiler ~ davonkommen** (*fam*) to escape unscathed; **seine ~ so teuer wie möglich verkaufen** (*fam*) to make things as difficult as possible; **sich nicht wohl in seiner ~ fühlen** (*fam*) not to feel too good; **jdm ist nicht wohl in seiner ~** (*fam*) sb is not feeling too good; **aus der ~ fahren** (*fam*) to hit the roof *fam;* **etw geht [jdm] unter die ~** (*fam*) sth gets under one's skin *fam;* **jd kann nicht aus seiner ~ heraus** (*fam*) a leopard cannot change its spots *prov;* **seine [eigene] ~ retten** (*fam*) to save one's own skin; **jd möchte nicht in jds ~ stecken** sb would not like to be in sb's shoes; ***ich möchte nicht in seiner ~ stecken*** I wouldn't like to be in his shoes; **sich seiner ~ wehren** (*fam*) to stick up for oneself *fam*

Hautabschürfung *f* graze **Hautalterung** *f* cutaneous [*or* skin] ageing [*or* AM aging] **Hautatmung** *f* cutaneous respiration *no pl* **Hautausschlag** *m* [skin] rash **Hautbeschaffenheit** *f* skin texture

Häutchen <-s, -> *nt dim von* **Haut** ❶ (*dünne Haut*) thin skin; (*schuppend*) flaky skin; (*Nagelhaut*) cuticle
❷ ORN, ZOOL membrane
❸ (*erstarrte Schicht: auf Milch etc.*) skin

Hautcreme *f* skin cream

Haute Couture <- -> [o:tku'ty:ɐ] *f kein pl* haute couture *no pl, no art*

häuten I. *vt* ■**etw ~** to skin sth
II. *vr* (*die Haut abstreifen*) ■**sich ~** to shed its skin

hauteng I. *adj* skintight
II. *adv* skintight

Hautentzündung *f* dermatitis

Hautevolee <-> *f kein pl* upper crust *no pl, no indef art fam*

Hautfarbe *f* skin colour [*or* AM -or] **hautfarben** *adj* flesh-coloured **Hautfleck** *m* blemish, blotch **hautfreundlich** *adj* kind to the skin **Hautgrieß** *m* grutum **Hautklärer** *m* clarifier **Hautklinik** *f* MED dermatological clinic [*or* hospital] **Hautkontakt** *m* physical contact **Hautkrankheit** *f* MED skin disease, dermatosis *spec,* dermatopathy *spec* **Hautkrebs** *m* MED skin cancer *no pl,* skin [*or* cutaneous] carcinoma *spec* **Hautlotion** *f* skin lotion **hautnah** I. *adj* ❶ (*sehr eng*) very close ❷ (*fam: wirklichkeitsnah*) vivid II. *adv* ❶ (*sehr eng*) very closely ❷ (*fam: wirklichkeitsnah*) vividly **Hautpflege** *f* skin care *no pl* **Hautpilz** *m* fungal skin disorder **Hautreinigung** *f kein pl* skin cleansing *no pl, no indef art* **Hautreizung** *f* skin [*or* cutaneous] irritation **hautschonend** *adj* MED kind to the [*or* one's] skin *pred* **Hautschutzmittel** *nt* skin protectant **Hauttalg** *m* sebaceous matter **Hauttransplantation** *f* skin graft **Hauttyp** *m* PHARM, MED skin type

Häutung <-, -en> *f* ❶ (*das Häuten*) skinning, flaying
❷ (*das Sichhäuten*) shedding of the skin *no pl*

Hautunreinheit *f* MED, PHARM skin blemish [*or* flaw] **Hautverbrennung** *f* burns to the skin **Hautverpflanzung** *f* skin graft

Havanna <-, -s> [va] *f,* **Havannazigarre** *f* Havana [cigar]

Havarie <-, -n> [va, 'ri:ən] *f* ❶ (*Schiffsunglück*) accident
❷ ÖSTERR (*Autounfall*) [car] accident
❸ JUR average; **besondere/große ~** particular/general average

Havariegutachten *nt* JUR damage survey

havariert *adj* ❶ NAUT (*verunglückt*) wrecked
❷ ÖSTERR (*im Autounfall verunglückt*) damaged

Haverei *f* JUR average

Hawaii <-s> *nt* Hawaii; *s. a.* **Sylt**

Hawaiigitarre *f* Hawaiian guitar

hawaiisch *adj* Hawaiian

Haxe <-, -n> *f* ❶ KOCHK SÜDD (*Beinteil von Kalb/Schwein*) leg
❷ (*fam: Fuß*) foot

Hazienda <-, -s> [ha'tsi̯ɛnda] *f* hacienda

Hbf. *Abk von* **Hauptbahnhof**

H-Bombe ['ha:] *f* H-bomb

HBV *f* ÖKON *Abk von* **Gewerkschaft für Handel, Banken und Versicherungen** union for commerce, banking and insurance, German Banking and Insurance Union

h.c. *Abk von* **honoris causa** h.c.

HDE *m* JUR *Abk von* **Hauptverband des deutschen Einzelhandels** HDE, German Retailers Association

HDTV <-s> *nt kein pl Abk von* **High Definition Television** HDTV

he *interj* (*ärgerlicher Ausruf*) oi! BRIT *fam,* hey! AM *fam;* **~, *können Sie nicht besser aufpassen!*** oi! can't you be more careful!; (*erstaunter Ausruf*) cor!; (*Aufmerksamkeit erregend*) hey!

Headhunter(in) <-s, -> ['hedhʌntəʳ] *m(f)* ÖKON headhunter

Headline <-, -s> ['hɛdlaɪn] *f* headline

Headset <-s, -s> ['hɛd-] *nt* headset

Hearing <-[s], -s> ['hɪərɪŋ] *nt* hearing

heavy ['hɛvi] *adj pred* (*sl*) unbelievable *sl*

Heavymetal, Heavy Metal <- -> ['hɛvi'mɛtl] *nt kein pl* heavy metal *no pl, no indef art*

Heavymetalfan ['hɛvɪ'mɛtl] *m* headbanger

Hebamme <-, -n> *f* midwife

Hebebühne *f* hydraulic lift, lifting platform

Hebegebühr *f* JUR lawyer's collection fee

Hebel <-s, -> *m* ❶ (*Griff*) lever
❷ SPORT *s.* **Hebelgriff**
▸ WENDUNGEN: **alle ~ in Bewegung setzen, um etw zu tun** (*fam*) to move heaven and earth to do sth, to set all wheels in motion to do sth; **den ~ an der richtigen Stelle ansetzen** to set about [*or esp* AM tackle] sth in the right way; **am längeren ~ sitzen** (*fam*) to hold the whip hand; **an vielen ~n sitzen** to occupy several positions of power and influence; **[an etw] den ~ so ansetzen, dass ...** (*fam*) to tackle sth in such a way that ...; **am ~ sitzen** to be in charge [*or* control]

Hebelarm *m* PHYS lever arm **Hebelgriff** *m* SPORT lever hold ▸ WENDUNGEN: **[bei jdm] einen ~ ansetzen** to get a lever hold [on sb] **Hebelkraft** *f* leverage *no pl* **Hebelverschluss**^RR^ *m* BAU lever latch **Hebelwirkung** *f* ❶ PHYS lever action, leverage ❷ (*fig*) leverage; **~ der Finanzpolitik** FIN leverage effect

heben <hob, gehoben> I. *vt* ❶ (*nach oben bewegen*) ■**etw ~** to lift [*or* raise] sth; **den Kopf ~** to raise [*or* lift] one's head; **den Arm/das Bein ~** to raise one's arm/leg; **50 kg/eine Last ~** to lift 50 kg/load; ***sie griff zum Fernglas und hob es vom Tisch*** she picked the binoculars up off the table; ***hebt eure Füße!*** pick your feet up!
❷ (*liften*) ■**jdn/etw [aus/von/auf/in etw] ~** to lift sb/sth [out of/onto/into sth]
❸ (*ans Tageslicht befördern*) ■**etw ~** to dig sth up; **ein Wrack ~** to raise a wreck
❹ (*verbessern*) ■**etw ~** to improve sth; **jds Stimmung ~** to lift [*or* improve] sb's mood, to cheer sb up *fam;* **ein Niveau ~** to improve [*or* raise] a standard
❺ SÜDD (*halten*) ■**etw ~** to hold sth; ***kannst du mal schnell das Baby ~*** can you hold the baby for a second?
❻ (*Alkohol trinken*) **einen ~ gehen** (*fam*) to go for a drink; **einen [auf etw *akk*] ~** (*fam*) to have a drink [to sth]; ***darauf müssen wir einen ~!*** we'll have to drink to that!; **gern einen ~** (*fam*) to like to have a drink
II. *vr* (*sich nach oben bewegen*) ■**sich ~** to rise; ***der Vorhang hob sich*** the curtain rose
III. *vi* ❶ (*Lasten hochhieven*) to lift loads; ***er musste den ganzen Tag schwer ~*** he had to do a lot of heavy lifting all day
❷ SÜDD (*haltbar sein*) to keep [*or* last]; ***bei dem Wetter hebt die Milch halt nicht*** the milk won't keep in this weather

Heber <-s, -> *m* CHEM pipette

Heber(in) <-s, -> *m(f)* (*fam*) *s.* **Gewichtheber**

Heberecht *nt* FIN (*von Steuern*) taxing power[s *pl*]

Heberfarbwerk *nt* TYPO ductor-type inking unit

Hebesatz *m* FIN (*von Steuern*) collection [*or* assessment] rate **Hebesatzerhöhung** *f* FIN (*von Steuern*) increase of local tax rates

Hebräer(in) <-s, -> *m(f)* Hebrew

hebräisch *adj* Hebrew; **auf ~** in Hebrew

Hebräisch *nt dekl wie adj* Hebrew; ■**das ~e** Hebrew

Hebung <-, -en> *f* ❶ (*das Hinaufbefördern*) raising *no pl*
❷ GEOL elevation *no pl*
❸ (*Verbesserung*) improvement; **eine ~ des Lebensstandards** a rise in the standard of living
❹ LIT (*betonte Silbe im Vers*) accented [*or* stressed] syllable

hecheln *vi* ❶ (*keuchen*) *Hund a.* to pant
❷ (*fam: herziehen*) ■**über jdn/etw ~** to pick sb/sth to pieces

Hecht <-[e]s, -e> *m* pike
▸ WENDUNGEN: **der ~ im Karpfenteich sein** (*fam*) to create a stir; **ein toller ~** (*fam*) an incredible bloke [*or* AM guy], a remarkable fellow

Hechtbarsch *m* pikeperch, AM *usu* walleye

hechten *vi sein* ■**von etw/in etw *akk* ~** to dive off/into sth; ■**über etw *akk* ~** to do a forward dive over sth; ■**irgendwohin ~** to dive full length some-

where
Hechtrolle *f* dive roll **Hechtsprung** *m* forward dive **Hechtsuppe** *f* ► WENDUNGEN: **es zieht wie ~** (*fam*) there's a terrible draught [*or* AM draft]
Heck <-[e]s, -e *o* -s> *nt* AUTO back, rear; NAUT stern; LUFT tail
Heckablage *f* AUTO rear shelf **Heckantrieb** *m* rear-wheel drive *no pl;* **mit ~** with rear-wheel drive
Hecke <-, -n> *f* hedge
Heckenbraunelle <-, -n> *f* ORN dunnock, house sparrow **Heckenkirsche** *f* BOT honeysuckle **Heckenrose** *f* dog rose **Heckenschere** *f* hedge clippers *npl* **Heckenschütze, -schützin** *m, f* (*pej*) sniper
Heckfenster *nt* AUTO rear window [*or* windscreen] **Heckflosse** *f* AUTO tail fin **Heckhaube** *f* AUTO boot BRIT, trunk AM **Heckklappe** *f* AUTO tailgate **hecklastig** *adj* tail-heavy; **ein ~es Boot** a boat weighed down at the stern
Heckmeck <-s> *m kein pl* (*fam*) fuss *no pl;* **keinen ~ machen** to not make [*or fam* kick up] a fuss
Heckmotor *m* AUTO rear engine **Heckscheibe** *f* AUTO rear window [*or* windscreen] **Heckscheibenheizung** *f* rear window heater **Heckscheibenwaschanlage** *f* AUTO liftgate washer system, rear window washer system **Heckscheibenwischer** *m* rear windscreen wiper **Heckspoiler** *m* rear spoiler **Hecktür** *f* tailgate
heda *interj* (*veraltet*) hey there
Hedgegeschäft ['hedʒ-] *nt* ÖKON hedge transaction
Hedging <-s> ['hɛdʒɪŋ] *nt kein pl* FIN hedging
Hedonismus <-> *m kein pl* hedonism *no pl*
hedonistisch *adj* hedonistic
Hedschra <-> *f kein pl* (*Beginn der islamischen Zeitrechnung*) Hegira, Hejira
Heer <-[e]s, -e> *nt* ❶ (*Armee*) armed forces *npl;* (*Bodenstreitkräfte*) ground forces *npl;* **stehendes ~** standing army; **beim ~** in the armed forces
❷ (*große Anzahl*) army; **ein ~ von Touristen** an army of tourists
Heeresbericht *m* military communiqué **Heeresleitung** *f* army command **Heer(es)zug** *m* ❶ (*Kolonne*) army on the march ❷ (*Feldzug*) campaign **Heerführer** *m* HIST military leader **Heerlager** *nt* army camp; **einem ~ gleichen** to resemble a military camp **Heerschar** *f meist pl* ❶ MIL (*veraltet: Truppe*) troop[s], legion[s]; **ganze ~en** (*fig*) horde ❷ REL **die himmlischen ~en** the heavenly host **Heerstraße** *f* HIST military road
Hefe <-, -n> *f* yeast
► WENDUNGEN: **die ~ [des Volkes]** (*pej geh*) the scum [of the earth] *pej*
Hefegebäck *nt kein pl* pastries *pl* (*made from yeast dough*) **Hefekuchen** *m* yeast cake **Hefepilz** *m* yeast fungus **Hefeteig** *m* yeast dough **Hefeteilchen** *nt* pastry (*made with yeast dough*)
Heft[1] <-[e]s, -e> *nt* ❶ (*Schreib~*) exercise book
❷ (*Zeitschrift*) magazine; (*Ausgabe*) issue, number
❸ (*geheftetes Büchlein*) [stitched] booklet
Heft[2] <-[e]s, -e> *nt* (*Griffstück*) handle, grip
► WENDUNGEN: **das ~ in der Hand halten/behalten** (*geh*) to remain in control; **das ~ aus der Hand geben** (*geh*) to hand over control; **jdm das ~ aus der Hand nehmen** (*geh*) to seize control from sb
Heftapparat *m* sewing [*or* stitching] machine
Heftchen <-s, -> *nt dim von* **Heft**[1] ❶ (*kleinformatiges Schreibheft*) [small] notebook, booklet
❷ (*Comic~*) comic
Heftdraht *m* stitching [*or* stapling] wire
heften I. *vt* ❶ (*befestigen*) ■ **etw an etw** *akk* ~ to pin [*or* stick] sth to sth; ***er heftete einen Zettel an die Haustür*** he stuck a note on the front door; ■ **jdm etw an etw** *akk* ~ to pin sth on sb
❷ (*nähen*) ■ **etw ~** to tack [up *sep*] sth; *Buch* to sew [*or* stitch] sth
❸ (*klammern*) ■ **etw ~** to staple sth
II. *vr* ❶ (*sich unverwandt richten*) ■ **sich auf jdn/etw ~** to fix one's eyes on sb/sth
❷ (*ständig verfolgen*) ■ **sich an jdn ~** to stay on sb's tail
Hefter <-s, -> *m* ❶ (*Mappe*) [loose-leaf] file
❷ (*Heftmaschine*) stapler
Heftfaden *m*, **Heftgarn** *nt* tacking thread
Heftgerät *nt* stapler
heftig I. *adj* ❶ (*stark, gewaltig*) violent; **ein ~er Aufprall/Schlag** a violent impact/blow; **~e Kopfschmerzen** an intense [*or* a splitting] headache; **~e Schneefälle** heavy snowfalls; **~e Seitenstiche** a severe stitch in one's side; **ein ~er Sturm** a violent storm; **eine ~e Tracht Prügel** (*fam*) a good thrashing *fam*
❷ (*intensiv*) intense; **~e Auseinandersetzungen** fierce arguments; **nach ~en Kämpfen** after heavy fighting; **eine ~e Sehnsucht/Leidenschaft** an intense longing/passion
❸ (*unbeherrscht*) violent; (*scharf*) vehement; ***ich hatte eine ~ere Reaktion befürchtet*** I had feared a more vehement reaction; ■ **~ werden** to fly into a rage
II. *adv* violently; ***es schneite ~*** it snowed heavily; ***die Vorwürfe wurden ~ dementiert*** the accusations were vehemently denied
Heftigkeit <-> *f kein pl* ❶ (*Stärke*) violence *no pl;* ***im Tagesverlauf nahm die ~ des Sturmes noch zu*** the severity of the storm increased during the day
❷ (*Intensität*) intensity; *Diskussion* ferocity; *Widerstand* severity
❸ (*Unbeherrschtheit*) violence; (*Schärfe*) vehemence; ***die ~ seiner Reaktion war überraschend*** the vehemence of his reaction was surprising
❹ (*heftige Äußerung*) fierceness
Heftklammer *f* staple **Heftklammernentferner** *f* staple remover **Heftmaschine** *f* stapler
Heftpflaster *nt* [sticking] plaster
Heftrand *m* TYPO filing margin
Heftstreifen *m* subject divider **Heftzange** *f* stapling tongs **Heftzwecke** *f* drawing pin
Hegemonie <-, -n> ['niːən] *f* hegemony *no pl*
hegen *vt* ❶ JAGD (*sorgsam schützen*) **Wild ~** to preserve wildlife
❷ HORT (*pflegen*) ■ **etw ~** to tend sth
❸ (*sorgsam bewahren*) ■ **etw ~** to look after sth; **jdn ~ und pflegen** to lavish care and attention on sb
❹ (*geh: empfinden, haben*) ■ **etw gegen jdn ~** to feel sth towards sb; **Zweifel/Bedenken [an etw] ~** to have doubts/misgivings [about sth]; ***diese Hoffnung habe ich schon lange gehegt*** I've cherished this hope for a long time
Hehl *nt o m* ► WENDUNGEN: **kein[en] ~ aus etw machen** to make no secret of sth
Hehler(in) <-s, -> *m(f)* receiver [of stolen goods], fence *sl*
► WENDUNGEN: **der ~ ist schlimmer als der Stehler** (*prov*) the fence is worse than the thief
Hehlerei <-, -en> *f* receiving *no pl* stolen goods; **gewerbsmäßige ~** receiving of stolen goods for gain
Hehlerin <-, -nen> *f fem form von* **Hehler**
hehr *adj* (*veraltet geh*) ❶ (*erhaben*) noble; **~e Ideale** noble ideals
❷ (*erhebend*) impressive; **ein ~er Anblick** an impressive sight
hei *interj* wow
Heia <-> *f kein pl* (*Kindersprache*) beddy-bye[s], bye-bye[s]; **in die ~ gehen** to go beddy-bye[s]; **ab in die ~!** off to bye-bye[s]!
Heide <-, -n> *f* ❶ (*Heideland*) heath, moor; **die Lüneburger ~** the Lüneburg Heath
❷ (*Heidekraut*) heather
Heide, Heidin <-n, -n> *m, f* heathen, pagan
Heidehonig *m* heather honey **Heidekraut** *nt* heather **Heideland** *nt* heathland, moorland
Heidelbeere *f* bilberry; **amerikanische ~** huckleberry
Heidelerche *f* ORN woodlark
Heidenangst *f* mortal fear *no pl;* ■ **eine ~ vor jdm/etw haben** to be scared stiff of sb/sth *fam*
Heidenarbeit *f kein pl* (*fam*) a [*or* one] hell of a job *fam;* ■ **eine ~** a devil of a job
Heidenbekehrung *f* conversion of pagans
Heidengeld *nt kein pl* (*fam*) **ein ~** a packet [*or* heck [*or fam* hell] of a lot of money] **Heidenlärm** *m* awful racket **Heidenschreck** *m* terrible fright **Heidenspaß** *m* (*fam*) terrific fun *no pl;* **einen ~ haben** to have terrific fun
Heidentum *nt kein pl* ■ **das ~** paganism *no pl;* (*die Heiden*) heathens *pl*, pagans *pl*
Heidin <-, -nen> *f fem form von* **Heide**
heidnisch I. *adj* heathen, pagan
II. *adv* in a pagan manner
Heidschnucke <-, -n> *f German moorland sheep*
heikel *adj* ❶ (*schwierig, gefährlich*) delicate, awkward; **eine heikle Angelegenheit** a delicate matter; **eine heikle Frage/Situation** a tricky [*or* delicate] question/situation
❷ DIAL ■ **in etw** *dat* **~ sein** to be particular [*or fam* fussy] about sth
heil I. *adj* ❶ (*unverletzt, gesund*) unhurt, uninjured; ■ **noch ~ sein** to not have broken any bones
❷ (*unbeschädigt*) intact; *Tasse* unbroken; ■ **noch/wieder ~ sein** to be still intact/mended again; ***hoffentlich bleiben die Gläser bei dem Umzug ~*** I hope the glasses stay in one piece during the move; **etw ~ machen** (*fam*) to repair sth
II. *adv* (*unverletzt*) uninjured, unscathed; (*unbeschädigt*) undamaged, intact
Heil I. *nt* <-s> *kein pl* welfare *no pl*, well-being; **sein ~ in der Flucht suchen** to seek refuge in flight; **jds seelisches ~** sb's spiritual well-being; **sein ~ in etw** *dat* **suchen** to seek one's salvation in sth
► WENDUNGEN: **sein ~ bei jdm versuchen** (*fam*) to try one's luck with sb
II. *interj* **~ Hitler!** HIST heil Hitler!; **~!** hail!; **~ dem Kaiser!** hail to the emperor!; **~ dir!** hail to thee! *old*
Heiland <-[e]s, -e> *m* Saviour [*or* AM -or]
Heilanstalt *f* (*veraltet*) ❶ (*Trinker~*) sanatorium
❷ (*Irrenanstalt*) mental hospital **Heilbad** *nt* health spa
heilbar *adj* curable
Heilbarkeit <-> *f kein pl* MED curability
Heilbutt <-s, -e> *m* halibut
heilen I. *vi sein* (*gesund werden*) to heal [up]
II. *vt* ❶ (*gesund machen*) ■ **jdn [von etw] ~** to cure sb [of sth]; ■ **geheilt** cured; ■ **etw ~** to cure sth
❷ (*kurieren*) ■ **von jdm/etw geheilt sein** to have got over sb/sth
Heilerde *f* MED *dried mud used for its therapeutic properties* **Heilerfolg** *m* successful cure **Heilfasten** *nt kein pl* therapeutic fasting *no pl* **heilfroh** *adj pred* (*fam*) jolly [*or* AM really] glad *fam* **Heilgymnastik** *f s.* **Krankengymnastik** **Heilhaut** *f* **eine gute/keine gute ~ haben** to have skin that heals well/badly
heilig *adj* ❶ REL (*geweiht*) holy; **die ~e katholische Kirche** the Holy Catholic Church; **die ~e Kommunion** Holy Communion; ■ **jdm ist etw ~** sth is sacred to sb; ■ **jdm ist nichts ~** nothing is sacred to sb; **bei allem, was jdm ~ ist** by all that is sacred to sb; **jdn ~ sprechen** to canonize sb
❷ (*bei Namen von Heiligen*) saint; **der ~e Mathäus/die ~e Katharina** Saint Matthew/Saint Catherine; **die H~e Jungfrau** the Blessed Virgin
❸ (*ehrfürchtig*) awed; **etw ~ halten** to keep sth holy
❹ (*fam: groß*) incredible; **ein ~er Zorn** incredible anger; **ein ~er Respekt** healthy respect
► WENDUNGEN: **etw ist jds ~e Pflicht** ***es ist deine ~e Pflicht, dich um deine alten Eltern zu kümmern*** it's your solemn duty to look after your old parents; *s. a.* **Ernst**
Heiligabend *m* Christmas Eve
Heilige(r) *f(m)* *dekl wie adj* saint; **die ~n der letzten Tage** (*christliche Sekte*) the Latter-Day Saints (*Mormons*)
► WENDUNGEN: **ein sonderbarer** [*o* **wunderlicher**] **~r** (*fam*) a funny customer *fam;* **nicht gerade ein ~r/eine ~ sein** (*fam*) not to be exactly a saint *fam;* **bei allen ~n!** (*fam*) for heaven's sake! *fam*

H

heiligen *vt* ① (*weihen*) ■**etw** ~ to hallow [*or* sanctify] sth; ■**geheiligt** hallowed
② (*heilig halten*) ■**etw** ~ to keep sth holy

Heiligenbild *nt* picture of a saint **Heiligenbildchen** *nt small picture of a saint printed on paper detailing his/her life with a prayer on the back* **Heiligenschein** *m* halo; **seinen ~ einbüßen** to lose one's aura of respectability; **jdn/sich mit einem ~ umgeben** to paint a saintly picture of sb/oneself **Heiligenverehrung** *f* veneration of the saints

Heiligkeit <-> *f kein pl* holiness *no pl;* **Eure/Seine ~** Your/His Holiness

Heiligsprechung <-, -en> *f* canonization

Heiligtum <-[e]s, -tümer> *nt* shrine; **jds ~ sein** (*fam*) to be sb's sanctuary

Heilklima *nt* healthy climate **Heilkraft** *f* healing power **heilkräftig** *adj* medicinal **Heilkraut** *nt meist pl* medicinal herb **Heilkunde** *f kein pl* medicine *no pl* **heilkundig** *adj* (*geh*) skilled in the art of healing **Heilkundige(r)** *f(m) dekl wie adj* person skilled in the art of healing

heillos I. *adj* terrible
II. *adv* hopelessly

Heilmittel *nt* remedy; **ein ~ gegen etw** a remedy for sth; (*Präparat*) medicine **Heilpädagoge, -pädagogin** *m, f* remedial teacher, teacher for maladjusted children **Heilpflanze** *f* medicinal plant **Heilpraktiker(in)** *m(f)* non-medical practitioner **Heilquelle** *f* medicinal [*or* mineral] spring

heilsam *adj* salutary

Heilsarmee *f kein pl* Salvation Army

Heilschlaf *m* MED hypnotherapy, healing sleep

Heilstätte *f* (*geh*) sanatorium

Heilung <-, -en> *f* ① (*das Kurieren*) curing *no pl*
② (*Genesung*) recovery *no pl*
③ (*das Abheilen*) healing *no pl*
④ JUR (*Beseitigung*) cure; **~ der Nichtigkeit** curing of nullity; **~ von Formfehlern/Zustellungsmängeln** curing of formal defects/of defects in service; **~ des Formmangels** remedy of non-compliance with required form

Heilungskosten *pl* JUR medical expenses *pl* **Heilungsmöglichkeit** *f* curability; **~ von Fehlern** curability of defects **Heilungsprozess**[RR] *m* healing process

Heilverfahren *nt* [course of] treatment **Heilwasser** *nt* NATURMED mineral [spring] water; (*mit angeblich heilender Wirkung*) medicinal water

heim *adv* DIAL home; **~ *geht's!*** let's head home!; *s. a.* Reich

Heim <-[e]s, -e> *nt* ① (*Zuhause*) home
② (*Senioren~*) home
③ ADMIN (*Jugendanstalt*) home
④ (*Stätte eines Clubs*) club[house]
⑤ (*Erholungs~*) convalescent home

Heimabend *m* social evening **Heimarbeit** *f kein indef art* work at home, outwork BRIT; **in ~ angefertigt** manufactured by homeworkers **Heimarbeiter(in)** *m(f)* homeworker

Heimat <-, -en> *f* ① (*Gegend, Ort*) native country, home town; (*~land*) home; **jds engere ~** sb's immediate home town; **fern der ~** far from home; **jdm zur zweiten ~ sein/werden** to be/become one's second home
② BOT, ZOOL (*Herkunftsland*) natural habitat
③ (*Zugehörigkeit*) home; **jds geistige ~** sb's spiritual home

Heimatanschrift *f* home address **heimatberechtigt** *adj* SCHWEIZ (*mit Bürgerrecht*) having civil rights **Heimatdichter(in)** *m(f)* regional writer [*or* poet] **Heimatdorf** *nt* home village **Heimaterde** *f kein pl* native soil *no pl* **Heimatfilm** *m sentimental film in a regional setting* **Heimatfilmkanal** *m* romantic film channel **Heimatflughafen** *m* regional airport **Heimatgemeinde** *f* native town **Heimathafen** *m* home port **Heimatkunde** *f kein pl* local geography and history **Heimatland** *nt* native country

heimatlich I. *adj* ① (*zur Heimat gehörend*) native; **~es Brauchtum/~e Lieder** local customs/songs
② (*an die Heimat erinnernd*) native
II. *adv* of home; ***die Landschaft mutet mich ~ an*** the countryside reminds me of home

Heimatliebe *f* love of one's native country **heimatlos** *adj* homeless; POL stateless **Heimatlose(r)** *f(m) dekl wie adj* stateless person; (*durch den Krieg*) displaced person **Heimatmuseum** *nt* museum of local history **Heimatort** *m* home town [*or* village] **Heimatrecht** *nt kein pl* right of domicile *no pl* **Heimatschein** *m* SCHWEIZ certificate of citizenship **Heimatstadt** *f* home town **Heimatverein** *m* local history club **heimatvertrieben** *adj* displaced **Heimatvertriebene(r)** *f(m) dekl wie adj* displaced person, expellee

heim|begeben* *vr irreg* (*geh*) ■**sich ~** to make one's way home

Heimbewohner(in) *m(f)* resident in a home, hostel resident

heim|bringen *vt irreg* DIAL ■**jdn ~** to see [*or* take] sb home

Heimchen <-s, -> *nt* cricket
► WENDUNGEN: **~ am Herd** (*pej*) little housewife *pej*

Heimcomputer *f* INFORM home computer

heimelig *adj* cosy

heim|fahren *irreg* DIAL I. *vi sein* to drive home II. *vt haben* ■**jdn ~** to drive sb home **Heimfahrt** *f* journey home, return journey

Heimfall *m* JUR reversion; **~ an den Staat** escheat; **~ durch Erbschaft** devolution

Heimfallanspruch *m* JUR right of reversion **Heimfallrecht** *nt* JUR escheatage, reversion **Heimfallsklage** *f* JUR writ of escheat **Heimfallsklausel** *f* JUR reversion clause

heim|finden *vi irreg* DIAL to find one's way home

heim|führen *vt* (*geh*) ① (*nach Hause geleiten*) ■**jdn ~** to take sb home ② (*nach Hause ziehen*) ■**jdn ~** to bring sb home ③ (*veraltet: heiraten*) ■**jdn [als jdn] ~** to take sb as one's wife

heim|gehen *vi irreg sein* DIAL to go home; **es geht heim** we're going home **Heimindustrie** *f* cottage industry **Heiminsasse, -insassin** *m, f* resident of a home

heimisch *adj* ① (*einheimisch*) indigenous, native; **die ~en Bäche** the local streams; **die ~e Bevölkerung** the native population; **die ~e Tier- und Pflanzenwelt** the indigenous flora and fauna; **etw [in etw *dat*] ~ machen** to establish sth [in sth]; **sich irgendwo ~ fühlen/sein** to feel/be at home somewhere
② (*bewandert*) ■**in etw *dat* ~ sein** to be at home with sth; ***sie ist in diesem Fachgebiet recht ~*** she's really at home in this specialist field

Heimkehr <-> *f kein pl* homecoming *no pl,* return home *no pl*

heim|kehren *vi sein* (*geh*) ■**[aus/von etw] ~** to return home [from sth]

Heimkehrer(in) <-s, -> *m(f)* homecomer; (*Kriegs~*) repatriated prisoner of war; (*Gastarbeiter*) returnee

Heimkind *nt* child raised in a home; **als ~ aufwachsen** to grow up in a home **Heimkino** *nt* ① (*Filmvorführung zu Hause*) home movies *pl* ② (*Ausrüstung*) home movie kit **heim|kommen** *vi irreg sein* DIAL to come [*or* return] home **Heimleiter(in)** *m(f)* warden of a home [*or* hostel] **heim|leuchten** *vi* (*fam*) ■**jdm ~** to give sb a piece of one's mind

heimlich I. *adj* ① (*geheim, verborgen*) secret; **ein ~es Treffen** a secret [*or* clandestine] meeting; **[mit etw] ~ tun** (*pej*) to be secretive [about sth]
② (*verstohlen*) furtive; ***sie tauschten ~e Blicke*** they exchanged furtive glances
③ (*inoffiziell*) unofficial
II. *adv* ① (*unbemerkt*) secretly
② (*verstohlen*) furtively; **~, still und leise** (*fam*) on the quiet *fam*

Heimlichkeit <-, -en> *f* ① *kein pl* (*heimliche Art*) secrecy *no pl;* **in aller ~** secretly, in secret
② (*Geheimnis*) secret; **~en vor jdm haben** to keep something from sb

Heimlichtuer(in) <-s, -> *m(f)* (*pej*) secretive person **Heimlichtuerei** <-, -en> *f* (*pej*) secrecy *no pl,* secretiveness *no pl* **Heimlichtuerin** <-, -nen> *f fem form von* **Heimlichtuer**

heim|müssen *vi irreg* DIAL to have to go home; ***es wird mir zu spät, ich muss jetzt heim*** it's getting late for me, I must go home now **Heimniederlage** *f* SPORT home defeat; ***die Mannschaft erlitt eine ~*** the team suffered a home defeat [*or* were beaten [*or* lost] at home] **Heimreise** *f* homeward journey, journey home **heim|reisen** *vi sein* (*geh*) to travel home **Heimsauna** *f* home sauna **heim|schicken** *vt* DIAL ■**jdn ~** to send sb home **Heimsieg** *m* SPORT home win [*or* victory] **Heimspiel** *nt* SPORT home game [*or* match] **Heimstatt** *f* (*geh*) home **Heimstätte** *f* ① *pl selten* (*Heimstatt*) home ② (*Siedlung für Vertriebene*) homestead

heim|suchen *vt* ① (*überfallen*) ■**jdn/etw ~** to strike sb/sth; **von Armut/Dürre heimgesucht** poverty-/drought-stricken
② (*pej fam: besuchen*) ■**jdn ~** to descend on sb *fam*
③ (*bedrängen*) ■**jdn ~** to haunt sb; ***sie wurde von grässlichen Albträumen heimgesucht*** she was haunted by hideous nightmares

Heimsuchung <-, -en> *f* affliction

Heimtrainer [trɛːnɐ] *m* home exercise kit

heim|trauen *vr* DIAL ■**sich ~** to dare to go home

Heimtücke *f kein pl* ① (*heimtückische Art*) malice *no pl,* treachery
② (*verborgene Gefährlichkeit*) insidiousness *no pl*

heimtückisch I. *adj* ① (*verborgen tückisch*) malicious; **eine ~e Aktion** a malicious operation; **ein ~er Kollege** an insidious colleague
② (*verborgen gefährlich*) insidious; ***Glatteis ist besonders ~*** black ice is particularly treacherous
II. *adv* maliciously

Heimvorteil *m kein pl* SPORT home advantage *no pl*

heimwärts *adv* (*geh*) homeward[s]; ***wir sollten uns langsam ~ begeben*** we should start making our way home **Heimweg** *m* way home; **auf dem ~** on the way home; **sich auf den ~ machen** to set out [*or* head] for home **Heimweh** <-[e]s> *nt kein pl* homesickness *no art, no pl;* **~ [nach jdm/etw] haben/bekommen** to be/become homesick [for sb/sth] **heimwehkrank** *adj* homesick

heim|werken *vi meist infin und 1. part* to do some DIY [*or* AM work around the house]

Heimwerker(in) *m(f)* DIY enthusiast BRIT, handyman *esp* AM

heim|wollen *vi* DIAL to want to go home

heim|zahlen *vt* ■**jdm etw ~** to pay sb back for sth, to get even with sb for sth; ***das werd ich dir noch ~!*** I'm going to get you for that!

heim|ziehen *irreg* I. *vi sein* (*geh*) to return home
II. *vt impers haben* (*geh*) ■**jdn ~** to make sb want to go home

Heini <-s, -s> *m* (*fam*) fool, idiot

Heinzelmännchen *nt* brownie

Heirat <-, -en> *f* marriage

heiraten I. *vt* ■**jdn ~** to marry sb; ■**sich ~** to get married
II. *vi* to get married; ***wir wollen nächsten Monat ~*** we want to get married next month; ■**irgendwie ~** to marry in a certain way; ***sie hat reich geheiratet*** she married into money; **„wir ~"** "we are getting married"; **irgendwohin ~** to end up somewhere as a result of marriage; **in eine reiche Familie ~** to marry into a rich family

Heiraten <-s> *nt kein pl* marriage *no pl,* getting married *no pl*

Heiratsabsichten *pl* marriage plans *pl;* **~ haben** to intend to get married **Heiratsalter** *nt* JUR minimum age for marriage; **im besten ~ sein** (*fam*) to be at the prime age to marry **Heiratsantrag** *m* [marriage] proposal; **jdm einen ~ machen** to propose to sb **Heiratsanzeige** *f* ① (*Briefkarte*) announcement of a forthcoming marriage ② (*Annonce für Partnersuche*) lonely-hearts advertisement, advertisement for a marriage partner **Heiratsbuch** *nt* JUR register of marriages **heiratsfähig** *adj* (*veraltet*) of marriageable age; *s. a.* **Alter**

heiratsfreudig *adj* keen [*or* eager] to get married **Heiratskandidat(in)** *m(f)* suitor **Heiratsschwindler(in)** *m(f) person who proposes marriage for fraudulent reasons* **Heiratsurkunde** *f* marriage certificate [*or* AM license] **Heiratsvermittler(in)** *m(f)* marriage broker **Heiratsvermittlung** *f* marriage bureau

heischen *vt* (*geh*) ■**etw** ~ to demand sth

heiser I. *adj* ❶ (*von rauer Stimme*) hoarse ❷ (*dunkel klingend*) husky, throaty
II. *adv* hoarsely, in a hoarse voice

Heiserkeit <-, *selten* -en> *f* hoarseness *no pl*

heiß I. *adj* ❶ (*sehr warm*) hot; **[jdm] etw ~ machen** to heat [*or* warm] up sth *sep* [for sb]; ■**jdm ist/wird es** ~ sb is/gets hot; **ist das ~!** it's so hot!; **~!** (*fam: beim Erraten*) you're getting warm *fam*
❷ (*heftig*) heated; **eine ~e Debatte** a heated debate; **ein ~er Kampf** a fierce fight; **~ umkämpfter Markt** hotly contested market
❸ (*innig*) fervent; **eine ~e Liebe** a burning love; **ein ~er Wunsch** a fervent wish
❹ (*fam: aufreizend*) hot; *Kleid* sexy
❺ (*fam: gestohlen*) hot *fam*
❻ (*brisant*) explosive; **ein ~es Thema** an explosive issue
❼ (*fam: konfliktreich*) hot *fam*
❽ *attr* (*fam: aussichtsreich*) hot *fam*; ***die Polizei ist auf einer ~en Fährte*** the police are on a hot trail
❾ (*sl: großartig*) fantastic; (*rasant*) fast
❿ (*fam: brünstig*) on [*or* AM in] heat
⓫ (*neugierig*) ■**auf etw** *akk* **~ sein** (*fam*) to be dying to know about sth *fam*; **jdn ~ [auf etw** *akk*] **machen** (*fam*) to get sb really interested [in sth]
► WENDUNGEN: **was ich nicht weiß, macht mich nicht ~** (*prov*) what the eye does not see, the heart does not grieve over *prov*
II. *adv* ❶ (*sehr warm*) hot; **~ laufen** (*fam*) to overheat
❷ (*innig*) ardently, fervently; **~ ersehnt** much longed for; **~ geliebt** dearly beloved; **mein ~ geliebter Mann** my dearly beloved husband
❸ (*erbittert*) fiercely; **~ umkämpft** fiercely contested; **~ umstritten** hotly disputed; (*Person*) highly controversial
► WENDUNGEN: **es geht ~ her** (*fam*) things are getting heated, sparks are beginning to fly; **jdn überläuft es ~ und kalt** sb feels hot and cold all over; **es wird nichts so ~ gegessen, wie es gekocht wird** (*prov*) things are not as bad as they first seem

heißa *interj* (*veraltet*) *s.* **hei**

heißblütig *adj* ❶ (*impulsiv*) hot-tempered
❷ (*leidenschaftlich*) ardent, passionate

heißen <hieß, geheißen> I. *vi* ❶ (*den Namen haben*) to be called; ***wie ~ Sie?*** what's your name?; ***ich heiße Schmitz*** my name is Schmitz; ***wie soll das Baby denn ~?*** what shall we call [*or* will we name] the baby?; ***so heißt der Ort, in dem ich geboren wurde*** that's the name of the place where I was born; ***ich glaube, der Bach heißt Kinsbeke oder so ähnlich*** I think the stream is called Kinsbeke or something like that; ***wie hieß die Straße noch, wo Sie wohnen?*** what did you say was the name of the street where you live?; ■**nach jdm ~** to be named after sb; *s. a.* **wahr**
❷ (*bedeuten*) to mean; ***ich kann die Schrift nicht lesen, was soll das ~?*** I can't read the script, what is that meant to read?; ***„ja" heißt auf Japanisch „hai"*** "hai" is Japanese for "yes"; ***was heißt eigentlich „Liebe" auf Russisch?*** tell me, what's the Russian for "love"?
❸ (*bedeuten, besagen*) to mean; ***gut, er will sich darum kümmern, aber was heißt das schon*** good, he wants to take care of it, but that doesn't mean anything; ***heißt das, Sie wollen mehr Geld?*** does that mean you want more money?; **was soll das [denn] ~?** what does that mean?, what's that supposed to mean?; **soll [*o* will] ~:** in other words; **das will nichts/nicht viel ~** that means nothing/doesn't really mean much; **das heißt, ...** that is to say ...; (*vorausgesetzt*) that is, ...; (*sich verbessernd*) or should I say, ..., or what I really mean is, ...; **was es heißt, ...** what it means; ***ich weiß, was es heißt, allein zu sein*** I know what it means to be alone
❹ (*lauten*) ■**irgendwie ~** to go somehow; ***du irrst dich, das Sprichwort heißt anders*** you're wrong, the proverb goes something else; ***jetzt fällt mir wieder ein, wie der Spruch heißt*** now I remember how the motto goes
► WENDUNGEN: **dann will ich ... ~!** (*fam*) then I'm a Dutchman!
II. *vi impers* ❶ (*zu lesen sein*) ■**irgendwo/in etw/bei jdm heißt es ...** it says somewhere/in sth/in sb's ...; ***in ihrem Brief heißt es, dass sie die Prüfung bestanden hat*** it says in her letter that she's passed the exam; ***Auge um Auge, wie es im Alten Testament heißt*** an eye for an eye, as it says in the Old Testament; ***bisher hieß es doch immer, dass wir eine Gehaltserhöhung bekommen sollten*** it has always been said up to now that we were to get a pay rise; ***wie es im Faust heißt*** to quote from Faust; ***in der Firma heißt es, dass Massenentlassungen geplant sind*** there's talk in the company that mass redundancies are planned; **es soll nicht ~, dass ...** never let it be said that ...; ***hier hast du hundert Mark, es soll nicht ~, dass ich geizig bin*** here's a hundred marks for you, never let it be said that I'm tight-fisted
❷ (*als Gerücht kursieren*) ■**es heißt, dass ...** it seems that ..., there is a rumour [*or* AM rumor] that ...
❸ (*geh: nötig sein*) ■**es heißt, etw zu tun** I/we/you must do sth; ***nun heißt es handeln*** now is the time for action
III. *vt* (*geh*) ❶ (*nennen*) ■**jdn irgendwie ~** to call sb sth
❷ (*auffordern*) ■**jdn etw tun ~** to tell sb to do sth; ***sie hieß ihn hereinkommen*** she asked him to come in; *s. a.* **willkommen**

Heißfolienprägung *f* TYPO hot foil stamping

Heißhunger *m* ravenous hunger *no pl*; **einen ~ auf etw haben/verspüren** to have/feel a craving for sth; **mit ~** ravenously **heißhungrig** I. *adj* ravenous II. *adv* ravenously, voraciously

Heißleim *m* hotmelt adhesive **Heißluft** *f kein pl* hot air *no pl* **Heißluftballon** *m* hot-air balloon **Heißluftdämpfer** *m* airo-steamer, combimatic oven **Heißluftgrill** *m* hot air grill **Heißluftheizung** *f* hot-air heating *no pl* **Heißluftherd** *m* fan-assisted [*or esp* AM convection] oven **Heißlufttrockner** *m* hot-air dryer

Heißmangel <-mangeln> *f* heated mangle *esp* AM (*machine with heated rollers used to dry and press sheets and other fabrics*) **Heißsporn** *m* hothead **Heißstrahltriebwerk** *nt* thermal jet engine, thermojet **Heißwasseraustritt** *m* hot water outflow [*or* discharge] **Heißwasserbereiter** <-s, -> *m* water heater **Heißwasserspeicher** *m* hot water tank

heiter *adj* ❶ (*fröhlich*) cheerful; ***sie ist von Natur aus ein ~er Mensch*** she is a cheerful person by nature
❷ (*fröhlich stimmend*) amusing
❸ METEO (*wolkenlos und hell*) bright; ■**~ werden** to brighten up
► WENDUNGEN: **das kann ja ~ werden!** (*iron*) that'll be a hoot! *iron*

Heiterkeit <-> *f kein pl* ❶ (*heitere Stimmung*) cheerfulness *no pl*
❷ (*Belustigung*) amusement *no pl*; ***die Bemerkung rief allgemeine ~ hervor*** the remark caused general amusement

Heizanlage *f* BAU, TECH heating system, heater *esp* AM

heizbar *adj* ❶ (*beheizbar*) heated; **eine ~e Heckscheibe** a heated rear windscreen [*or* AM window]
❷ (*zu heizen*) able to be heated

Heiz(bett)decke *f* electric blanket

heizen I. *vi* ❶ (*die Heizung betreiben*) ■**[mit etw] ~** ***„womit heizt ihr zu Hause?" — „wir ~ mit Gas"*** "how is your house heated?" — "it's gas-heated"
❷ (*Wärme abgeben*) to give off heat
II. *vt* ■**etw ~** ❶ (*be~*) to heat sth
❷ (*an~*) to stoke sth

Heizer(in) <-s, -> *m(f)* stoker

Heizgerät *nt* heater **Heizkessel** *m* boiler **Heizkissen** *nt* heating pad **Heizkörper** *m* radiator **Heizkosten** *pl* heating costs *pl* **Heizkraftwerk** *nt* [combined] heating and power station, thermal power station **Heizleistung** *f* TECH heating [*or* calorific] power **Heizlüfter** *m* fan heater **Heizmaterial** *nt* TECH fuel [for heating] **Heizofen** *m* heater **Heizöl** *nt* fuel oil **Heizregister** *nt* BAU convector radiator **Heizschlange** *f* BAU heating coil **Heizsonne** *f* electric fire **Heizspiegel** *m* ADMIN heating table [*or* breakdown] **Heizstrahler** *m* radiant heater

Heizung <-, -en> *f* ❶ (*Zentral~*) heating *no pl*
❷ (*fam: Heizkörper*) radiator

Heizungsanlage *f* heating system **Heizungskeller** *m* boiler room **Heizungsmonteur(in)** *m(f)* heating engineer **Heizungsrohr** *nt* heating pipe

Heizwerk *nt* thermal power station **Heizwert** *m* calorific value

Hektar <-s, -e *o bei Maßangabe* -> *nt o m* hectare

Hektare <-, -n> *f* SCHWEIZ hectare

Hektik <-> *f kein pl* hectic pace *no pl*, mad rush *fam*; **[eine] ~ verbreiten** [*o fam* **machen**] to do sth at a frantic pace; **mit einer [solchen] ~** at [such] a hectic pace, in [such] a mad rush; **nur keine ~!** take it easy!

hektisch I. *adj* hectic; **nur mal nicht so ~!** (*fam*) take it easy!
II. *adv* frantically; **~ leben** to lead a hectic life; ***du isst zu ~!*** you're bolting your food down

Hektograf *m s.* **Hektograph**

Hektografie *m s.* **Hektographie**

hektografieren *vt s.* **hektographieren**

Hektogramm *nt* hectogramme [*or* AM -am] **Hektograph, Hektograf**RR <-en, -en> *m* hectograph **Hektographie, Hektografie**RR <-, -n> *f* ❶ *kein pl* (*Verfahren*) hectography
❷ (*Vervielfältigung*) hectograph copy **hektographieren*, hektografieren**RR *vt* ■**etw ~** to hectograph sth **Hektoliter** *m o nt* hectolitre [*or* AM -er] **Hektometer** *m o nt* hectometre [*or* AM -er] **Hektopascal** *nt* hectopascal **Hektowatt UST** *nt* hectowatt

helau *interj form of greeting during the carnival period*

Held(in) <-en, -en> *m(f)* ❶ (*kühner Recke*) hero; **in etw** *dat* **kein [*o* nicht gerade ein] ~ sein** to be no great shakes at sth BRIT, to not be very good at sth; **den ~en spielen** (*fam*) to play the hero
❷ LIT, FILM (*Hauptperson*) hero, heroine *fem*; **der ~/die ~in des Tages sein** to be the hero/heroine of the hour
► WENDUNGEN: **die ~en sind müde** (*hum*) our heros have had enough *hum*; **du bist mir ein [...] ~!** (*iron fam*) a fine one you are! *iron fam*

Heldendarsteller(in) *m(f)* actor/actress playing a heroic role **Heldendichtung** *f kein pl* epic [*or* heroic] poetry *no pl* **Heldenepos** *nt* heroic epic **Heldengedicht** *nt* heroic epic, epic poem

heldenhaft *adj* heroic, valiant

Heldenlied *nt* epic [*or* heroic] song **Heldenmut** *m* heroic courage *no pl*, valour [*or* AM -or] *no pl* **heldenmütig** *adj s.* **heldenhaft** **Heldenrolle** *f* part [*or* role] of a hero **Heldensage** *f* heroic saga **Heldentat** *f* heroic deed [*or* feat] **Heldentenor** *m* heroic tenor **Heldentod** *m* (*euph geh*) death in battle; **den ~ sterben** to die in battle

Heldentum <-s> *nt kein pl* heroism *no indef art*, *no pl*

Heldin <-, -nen> *f fem form von* **Held**

helfen <half, geholfen> *vi* ❶ (*unterstützen*) ■**jdm [bei/in etw** *dat*] **~** to help sb [with/in sth]; ***warte mal, ich helfe dir*** wait, I'll help you; ***können/könnten Sie mir mal/bitte ~?*** could/would you help me please/a minute?; ■**jdm aus/in**

etw ~ to help sb out of/into sth; ***darf ich Ihnen in den Mantel ~?*** may I help you into your coat?; ■**jdm aus etw** ~ to help sb out of sth; ***er half mir aus der schwierigen Lage*** he helped me out of the difficult situation
❷ *(dienen, nützen)* ■**jdm** ~ to help sb, to be of help to sb; ■**jdm ist mit etw geholfen/nicht geholfen** sth is of help/no help to sb; ***damit ist mir nicht geholfen*** that's not much help to me; **da hilft alles nichts** [*o* **es hilft nichts**], **...** there's nothing for it, ...
❸ MED *(heilen)* ■[**jdm**] ~ to help [sb]; ■**jdm ist nicht** [**mehr**] **zu** ~ sb is beyond help; *(ein hoffnungsloser Fall)* sb is a hopeless case
❹ MED *(heilsam sein)* ■[**gegen/bei etw**] ~ to help [relieve sth]; ***Knoblauch soll gegen Arteriosklerose ~*** garlic is supposed to be good for arteriosclerosis
► WENDUNGEN: **ich kann mir nicht ~,** [**aber**] **...** I'm sorry, but...; **ich werde dir/euch/... ~, etw zu tun!** *(fam)* I'll teach you to do sth!; **man muss sich** *dat* **nur zu ~ wissen** *(prov)* you just have to be resourceful; **was hilft's?** what can I/we/you do about it?; *s. a.* **wissen**
Helfer(in) <-s, -> *m(f)* ❶ *(unterstützende Person)* helper; *(Komplize)* accomplice; **ein ~ in der Not** a friend in need
❷ *(fam: nützliches Gerät)* aid
Helfershelfer(in) *m(f)* accomplice
Helfersyndrom *nt* helpers' syndrome *no pl* **Helferzelle** *f* MED helper cell
Helgoland *nt* Heligoland *no pl*
Helicase <-, -n> *f (Enzym)* helicase
Helikopter <-s, -> *m* helicopter
Heliotrop <-s, -e> *nt* BOT heliotrope
Helium <-s> *nt kein pl* helium *no pl*
hell I. *adj* ❶ *(nicht dunkel)* light; **~ bleiben** to stay light; **es wird ~** it's getting light
❷ *(kräftig leuchtend)* bright
❸ *(gering gefärbt)* light-coloured [*or* AM -ored]; **~es Haar/~e Haut** fair hair/skin; **~es Holz** light-coloured wood
❹ *(hoch klingend)* clear; **eine ~e Stimme** a clear, high voice
❺ *(fam: aufgeweckt)* bright; ***du bist ein ~es Köpfchen*** you've got brains
❻ *attr (rein, pur)* sheer, pure; **~e Freude** sheer joy
II. *adv* ❶ *(licht)* brightly; **~ leuchtend** *attr* bright; ***die Fenster des Hauses waren ~ erleuchtet*** the windows of the house were brightly lit
❷ *(hoch)* high and clear
Hellas *nt* Hellas *no pl*
hellauf *adv* extremely; **~ begeistert** extremely enthusiastic
hellblau *adj* light-blue **hellblond I.** *adj* blonde **II.** *adv* blonde; ***sind die Haare ~ gefärbt?*** is your hair dyed blonde? **Helldunkel** *nt* ❶ *(~malerei)* chiaroscuro ❷ *(Licht und Schatten)* light and shade
Helle <-> *f kein pl (geh) s.* **Helligkeit**
Helle(s) *nt dekl wie adj* ≈ lager; **ein kleines ~s** half a lager
Hellebarde <-, -n> *f* HIST halberd
Hellene, Hellenin <-n, -n> *m, f* Hellene, Greek
hellenisch *adj* Hellenic
Hellenismus <-> *m kein pl* Hellenism *no pl*
hellenistisch *adj* Hellenistic
Heller <-s, -> *m* HIST heller
► WENDUNGEN: **auf ~ und Pfennig** *(fam)* down to the last penny; **bis auf den letzten ~** *(fam)* down to the last penny; ***seine Rechnung ist korrekt, bis auf den letzten ~*** his invoice is correct down to the last penny; **keinen roten** [*o* **lumpigen**] [*o* **nicht einen**] **~ wert sein** *(fam)* not to be worth tuppence [*or* AM a dime]; **keinen roten** [*o* **lumpigen**] **~ besitzen** [*o* **haben**] *(fam)* to not have a penny to one's name [*or* two pennies to rub together]
hellgrün *adj* light-green **hellhaarig** *adj* fair-haired **hellhäutig** *adj* fair-skinned **hellhörig** *adj* badly soundproofed ► WENDUNGEN: **~ werden** to prick up one's ears; **jdn ~ machen** to make sb prick up their ears
hellicht *adj attr s.* **helllicht**
Helligkeit <-, -en> *f* ❶ *kein pl (Lichtfülle)* lightness *no pl*; *(helles Licht)* [bright] light
❷ *(Lichtstärke)* brightness *no pl*
❸ ASTRON *(Leuchtkraft)* luminosity *no pl*
Helligkeitsregler *m* brightness control **Helligkeitsverstärkung** *f* brightness magnification **Helligkeitswert** *m* INFORM brightness attribute
helllichtRR *adj attr (selten)* bright, pleasant; **es ist ~er Tag** it is broad daylight; **am ~en Tag** in broad daylight
Hellraumprojektor *m* SCHWEIZ *(Tageslichtprojektor)* overhead projector
hellrot *adj* bright red
hellsehen *vi nur infin* **~ können** to be clairvoyant, to have second sight; ***du kannst wohl ~!*** *(fam)* you must be clairvoyant!; ***ich kann doch nicht ~!*** *(iron fam)* I'm not clairvoyant! *iron fam* **Hellseher(in)** *m(f)* clairvoyant **Hellseherei** *f (pej)* clairvoyance
hellseherisch I. *adj attr* clairvoyant **II.** *adv* using clairvoyant powers; ***dieser Mann muss ~ begabt sein!*** this man must have the gift of clairvoyance
hellsichtig *adj* ❶ *(vorausahnend)* clairvoyant ❷ *(scharfsinnig)* shrewd, sharp **hellwach** *adj* wide awake
Hellwerden <-s> *nt kein pl* daybreak *no pl*
Helm <-[e]s, -e> *m* helmet
Helmbohne *f* young runner bean **Helmbusch** *m* plume **Helmpflicht** *f* compulsory wearing of a helmet *no pl* **Helmschmuck** *m* crest
Helsinki <-s> ['hɛlzɪŋki] *nt* Helsinki *no pl, no art*
Helvetien <-s> *nt* GEOG Helvetia
Hemd <-[e]s, -en> *nt* shirt; *(Unter~)* vest; **nass bis aufs ~** soaked to the skin [*or* AM bone], wet through; *(Nacht~)* nightshirt
► WENDUNGEN: **das ~ ist jdm näher als der Rock** *(prov)* charity begins at home *prov;* **mach dir nicht** [**gleich**] **ins ~!** don't make such a fuss!; **jdn/etw wie das** [*o* **sein**] **~ wechseln** to change sb/sth with monotonous regularity; **jdn bis aufs ~ ausziehen** *(fam)* to have the shirt off sb's back; **sich bis aufs** [**letzte**] **~ ausziehen** *(fam)* to spend every last penny, to give the shirt off one's back [for sth] *fam*
Hemdbluse *f* shirt **Hemdblusenärmel** *m* shirt sleeve **Hemdblusenkleid** *nt* shirt dress **Hemdblusenkragen** *m* shirt collar **Hemdbrust** *f* shirt front, dickey
Hemdenknopf *m* shirt button **Hemdenmatz** <-es, Hemdenmätze> *m (hum fam)* bare bum [*or* AM butt] *hum fam (small child dressed only in a vest)* **Hemdenstoff** *m* shirt material *no pl*
Hemdhose *f (veraltend)* combinations *npl dated,* coms *npl dated* **Hemdkragen** *m* shirt collar
Hemdsärmel *m* shirt sleeve; **in ~n** *(fam)* in shirt sleeves
hemdsärmelig *adj (fam)* casual
Hemisphäre <-, -n> *f* ❶ *(Erdhalbkugel)* hemisphere; **die nördliche/südliche ~** the northern/southern hemisphere
❷ *(Gehirnhälfte)* hemisphere; **die linke/rechte ~** the left/right hemisphere
hemmen *vt* ❶ *(ein Hemmnis sein)* ■**etw** ~ to hinder sth
❷ *(bremsen)* ■**etw** ~ to stop sth
❸ PSYCH *(inhibieren)* ■**jdn** ~ to inhibit sb
Hemmnis <-ses, -se> *nt (Hürde)* obstacle; *(Behinderung)* impediment, obstruction; **bürokratisches ~** HANDEL bureaucratic barrier; **mittelbares/unmittelbares ~** mediate/immediate impediment; **rechtliches** [*o* **gesetzliches**] **~** legal block
Hemmschuh *m* ❶ *(keilförmige Vorrichtung)* chock ❷ *(fig: Hemmnis)* obstacle **Hemmschwelle** *f* inhibition level; **seine ~ überschreiten** to overcome one's inhibitions
Hemmung <-, -en> *f* ❶ *kein pl (das Hemmen)* obstruction
❷ *pl* PSYCH inhibitions *pl*
❸ *(Bedenken, Skrupel)* inhibition, scruple; **~en haben** to have scruples; ***ich habe ein bisschen ~en, ihr das so ohne weiteres ins Gesicht zu sagen*** I feel a bit awkward about saying it straight to her face; **keine ~en kennen** to have no scruples; ***nur keine ~en!*** don't hold back!; ***es ist für jeden genug da, nur keine ~en!*** there's enough for everybody there, have as much as you like!
❹ JUR hindrance, obstruction; **~ der Verjährung** suspension of the statute of limitations
hemmungslos I. *adj* ❶ *(zügellos)* uncontrolled, unrestrained
❷ *(skrupellos)* unscrupulous
II. *adv* ❶ *(zügellos)* unrestrainedly, without restraint
❷ *(skrupellos)* unscrupulously
Hemmungslosigkeit <-> *f kein pl* ❶ *(Zügellosigkeit)* lack of restraint
❷ *(Skrupellosigkeit)* unscrupulousness
Hendl <-s, -[n]> *nt* ÖSTERR *(Brathähnchen)* roast chicken
Hengst <-[e]s, -e> *m* stallion; *(Esel, Kamel)* male
Henkel <-s, -> *m* handle
Henkelglas *nt* glass with a handle **Henkelkorb** *m* basket with a handle **Henkelkrug** *m* jug [with a handle] **Henkelmann** *m (fam) portable set of stacked containers holding hot food* **Henkeltopf** *m* pot/pan with a handle/handles
henken *vt (veraltet)* ■**jd** ~ to hang sb
Henker <-s, -> *m* executioner
► WENDUNGEN: **scher dich** [*o* **geh**] **zum ~!** *(fam)* go to blazes! *dated;* **zum ~!** *(fam)* hang it all! *dated;* **hol's der ~!** *(veraltend)* damn [it]!; **was zum ~ ...** *(fam)* what the devil ... *fam*
Henker(s)beil *nt* executioner's axe **Henkersknecht** *m* executioner's assistant **Henkersmahl** *nt,* **Henkersmahlzeit** *f* ❶ *(letztes Essen)* last meal [before one's/sb's execution]
❷ *(hum fam: vor einem großen Ereignis)* final square meal, last slap-up meal BRIT
Henna <- *o* -[s]> *f o nt kein pl* henna *no pl*
Henne <-, -n> *f* hen
Hepatitis <-, Hepatitiden> *f* hepatitis *no pl*
her *adv* ❶ *(raus)* here, to me; **~ damit!** *(fam)* give it here! *fam;* **immer ~ damit!** *(fam)* keep it/them coming! *fam*
❷ *(herum)* ■**um jdn ~** all around sb
❸ *(von einem Punkt aus)* ■**von etw ~** *räumlich* from sth; **von weit ~** from a long way away [*or* off]; ***wo kommst du so plötzlich ~?*** where have you come from so suddenly?; **~ zu mir!** come here!; ■**irgendwo ~ sein** to come [*or* be] from somewhere; ■**von ... ~** *zeitlich* from; ***ich kenne ihn von meiner Studienzeit ~*** I know him from my time at university; **lange/nicht lange/drei Wochen ~ sein** to be long/not so long/three weeks ago; ***unser letztes Treffen ist jetzt genau neun Monate her*** we last met exactly nine months ago; **längere Zeit ~ sein, dass ...** to be a long time [ago] since ...; **lang ~ sein, dass ...** to be long ago since ...; **nicht** [**so**] **lange ~ sein, dass ...** to be not such a long time [ago] since ...; ***wie lange ist es ~, dass wir uns das letzte Mal gesehen haben?*** how long is it since we last saw each other?, how long ago did we last see each other?, when did we last see each other?; ■**von etw ~** *kausal* as far as sth is concerned [*or* goes]; ***von der Technik ~ ist dieser Wagen Spitzenklasse*** as far as the technology is concerned this car is top class
❹ *(verfolgen)* ■**hinter jdm/einem Tier/etw ~ sein** to be after sb/an animal/sth *fam*
❺ *(haben wollen)* ■**hinter jdm/etw ~ sein** to be after sb/sth *fig fam;* **hinter jdm ~ sein, etw zu tun** to keep on at sb to do sth, to keep an eye on it to see that sth is done
► WENDUNGEN: **es ist nicht weit ~ mit jdm/etw** *(fam)* sb/sth is not up to much *fam*
herab *adv (geh)* down
herab|blicken *vi (geh) s.* **herabsehen**
herab|fallen *vi irreg (geh)* ■[**von etw**] ~ to fall down [from sth] **herab|flehen** *vt (geh)* ■**etw auf jdn ~** to call down sth *sep* on sb; ***der Pfarrer flehte den Segen Gottes auf seine Gemeinde herab*** the priest called down God's blessing on his congregation **herab|fließen** *vi irreg sein* ■[**von etw**] ~

to flow down [from sth] **herab|hängen** *vi irreg* ■[**von etw**] [**auf etw** *akk*] ~ to hang down [from sth] [on sth] **herab|lassen** *irreg* **I.** *vt* (*geh: herunterlassen*) ■**etw** [**von etw**] ~ to let down [*or* lower] sth [from sth]; ***den Schrank müssen wir aus dem Fenster*** ~ we'll have to lower the cupboard from the window **II.** *vr* ■**sich** [**zu etw**] ~ to lower oneself [to sth]; ■**sich** [**dazu**] ~, **etw zu tun** to condescend [*or* deign] to do sth **herablassend I.** *adj* condescending, patronizing; ■[**zu jdm**] ~ **sein** to be condescending [*or* patronizing] [towards sb] **II.** *adv* condescendingly, patronizingly **Herablassung** <-> *f kein pl* condescension *no pl* **herab|mindern** *vt* ■**etw** ~ ❶ (*schlecht machen*) to belittle [*or* disparage] sth ❷ (*bagatellisieren*) to trivialize sth **herab|sehen** *vi irreg* ■**auf jdn/etw** ~ ❶ (*geh: heruntersehen*) to look down on sb/sth ❷ (*abschätzig betrachten*) to look down on sb/sth **herab|setzen** *vt* ■**etw** ~ ❶ (*reduzieren*) to reduce sth; **die Geschwindigkeit** ~ to reduce speed; **herabgesetzte Preise** reduced prices ❷ (*herabmindern*) to belittle [*or* disparage] sth **herabsetzend** *adj* disparaging **Herabsetzung** <-, -en> *f* ❶ *kein pl* (*das Herabsetzen*) belittling *no pl,* disparagement *no pl* ❷ (*Kränkung*) slight, snub ❸ JUR (*Verringerung*) reduction; ~ **des Schadensersatzes** reduction of damages; ~ **des Strafmaßes** reduction of the sentence ❹ HANDEL *des Preises* [price] reduction, cut; *des Werts* [value] depreciation ❺ (*Verunglimpfung*) disparagement; ~ **der Ware des Konkurrenten** slander of goods; ~ **von Mitbewerbern** disparagement of competitors **herab|steigen** *vi irreg sein* (*geh*) ■[**von etw**] ~ to climb down [*or* descend] [from sth] **Herabstufung** <-, -en> *f* ÖKON downgrading; ~ **von Arbeitsplätzen** deskilling of jobs **herab|würdigen I.** *vt* ■**jdn/etw** ~ to belittle [*or* disparage] sb/sth **II.** *vr* ■**sich** ~ to degrade [*or* lower] oneself **Herabwürdigung** *f* belittling *no pl,* disparagement *no pl*

Heraklithplatte *f* BAU excelsior slab

Heraldik <-> *f kein pl* heraldry *no pl, no indef art*

heraldisch *adj* heraldic

heran *adv verstärkend* close up, near; ***wir müssen ganz dicht an die Mauer*** ~ we must go right up to the wall

heran|arbeiten *vr* ■**sich an jdn/etw** ~ to work one's way towards sb/sth **heran|bilden I.** *vt* ■**jdn** [**zu etw**] ~ to train sb [for a particular position] **II.** *vr* (*sich entwickeln*) ■**sich** ~ to develop **heran|bringen** *vt irreg* ❶ (*räumlich*) ■**jdn/etw an jdn/etw** ~ to bring sb/sth [up] to sb/sth ❷ (*vertraut machen*) ■**etw an jdn/etw** ~ to introduce sth to sb/sth **heran|fahren** *vi irreg sein* ■[**an etw** *akk*] ~ to drive up [to sth] **heran|führen I.** *vt* ❶ (*hinbringen*) ■**jdn/etw** [**an jdn/etw**] ~ to bring sb/sth [up to sb/sth]; ***er führte das Heer bis auf eine Meile an den Feind*** he brought the army to within a mile of the enemy ❷ (*einweihen in*) ■**jdn an etw** *akk* ~ to introduce sb to sth **II.** *vi* ■**an etw** *akk* ~ to lead to sth; ***der Weg führte fast bis ans Haus heran*** the path lead almost up to the house **heran|gehen** *vi irreg sein* ❶ (*zu etw hingehen*) ■[**an jdn/etw**] ~ to go [up to sb/sth]; ***lass uns lieber nicht zu nahe ~!*** don't let's get too close! ❷ (*in Angriff nehmen*) ■**an etw** *akk* ~ to tackle sth; ***wir müssen anders an die Sache*** ~ we'll have to tackle the matter differently

Herangehensweise *f* approach

heran|kommen *vi irreg sein* ❶ (*herbeikommen*) ■[**an jdn/etw**] ~ to come up [to sb/sth], to approach [sb/sth]; (*bis an etw kommen*) to get to sth; ***sie kamen nicht an die Stellungen heran*** they didn't get to the enemy positions ❷ (*herangelangen können*) ■**an jdn/etw** ~ to reach sb/sth; ***man kommt nur schwer an diese Stelle heran*** it's a difficult spot to reach ❸ (*sich beschaffen können*) ■**an etw** *akk* ~ to get hold of sth ❹ (*in persönlichen Kontakt kommen*) ■**an jdn** ~ to get hold of sb; (*näher kommen*) ***man kommt einfach sehr schwer an sie heran*** it's so difficult to really get to know her ❺ (*gleichwertig sein*) ■[**in etw** *dat*] **an jdn/etw** ~ to be up to the standard of sb/sth [in sth]; ***in Leistung kommt das Modell an das Konkurrenzfahrzeug fast heran*** the model is almost up to the standard of the competition in performance ▶ WENDUNGEN: **alles an sich** ~ **lassen** (*fam*) to cross a bridge when one comes to it; **nichts an sich** ~ **lassen** (*fam*) not to let anything get to one *fam;* ***sie lässt nichts an sich*** ~ she doesn't let anything get to her **heran|machen** *vr* (*fam*) ■**sich an jdn** ~ to approach sb **heran|nahen** *vi sein* (*geh*) to approach **heran|reichen** *vi* ❶ (*gleichkommen*) ■**an jdn/etw** ~ to measure up to [the standard of] sb/sth ❷ (*bis an etw reichen*) ■**an etw** ~ to reach [as far as] sth **heran|reifen** *vi sein* (*geh*) ❶ (*allmählich reifen*) to ripen ❷ (*durch Wachstum werden*) ■[**zu jdm**] ~ to mature [into sb] ❸ (*sich langsam konkretisieren*) ■[**zu etw**] ~ to mature [into sth] **heran|rücken I.** *vi sein* ❶ (*sich nähern*) ■[**an jdn/etw**] ~ to approach [sb/sth] ❷ (*dicht aufrücken*) ■[**mit etw**] [**an jdn/etw**] ~ to bring [*or* draw] sth [up to sb/sth]; ***sie rückte mit ihrem Stuhl dicht an ihn heran*** she drew her chair right up to him **II.** *vt* (*an etw rücken*) ■**etw an jdn/etw** ~ to move sth closer [*or* nearer] to sb/sth **heran|schaffen** *vt* ■[**jdm**] **jdn/etw** ~ to bring sb/sth [to sb] **heran|schleichen** *vi, vr irreg vi: sein* ■[**sich**] [**an jdn/etw**] ~ to creep up [to [*or* on] sb/sth] **heran|tasten** *vr* ❶ (*sich tastend nähern*) ■**sich an jdn/etw** ~ to feel [*or* grope] one's way towards sb/sth ❷ (*sich vorsichtig heranarbeiten*) ■**sich an etw** *akk* ~ to approach sth cautiously **heran|tragen** *vt irreg* ❶ (*nahe an etw tragen*) ■**jdn/etw an etw** *akk* ~ to take [*or* bring] sth up to sb/sth ❷ (*geh: vorbringen*) ■**etw an jdn** ~ to approach sb with sth; ***dieser Wunsch ist schon verschiedentlich an die Regierung herangetragen worden*** the government has been approached with this request on several occasions **heran|treten** *vi irreg sein* ❶ (*in die Nähe treten*) ■**an jdn/etw** ~ to come [*or* go] up to sb/sth ❷ (*konfrontieren*) ■**an jdn** ~ to confront sb ❸ (*geh: sich wenden an*) ■[**mit etw**] **an jdn** ~ to approach sb [with sth]; ***sie ist schon mit dieser Bitte an uns herangetreten*** she has already approached us with this request **heran|wachsen** [ks] *vi irreg sein* (*geh*) ■[**zu jdm**] ~ to grow up [into sb]; ***sein Sohn war zu einem gut aussehenden jungen Mann herangewachsen*** his son had grown up into a handsome young man **Heranwachsende** [-ks-] *pl* adolescents *pl* **heran|wagen** *vr* ❶ (*heranzukommen wagen*) ■**sich an jdn/ein Tier** ~ to dare to come [*or* go] near sb/an animal ❷ (*sich zu beschäftigen wagen*) ■**sich an etw** *akk* ~ to dare to attempt sth **heran|ziehen** *irreg* **I.** *vt* ❶ (*näher holen*) ■**jdn/etw** [**an etw** *akk*/**sich/zu sich**] ~ to pull sb/sth [to sth/to oneself] ❷ (*einsetzen*) ■**jdn/etw** [**zu etw**] ~ to bring sb/sth in [for sth]; ***sie wurde in der Firma zu allen möglichen niedrigen Jobs herangezogen*** she was used to do all the menial jobs possible ❸ (*anführen*) ■**etw** [**für/zu etw**] ~ to consult sth [for sth]; ***für seine Promotion hat er griechische Zitate herangezogen*** he consulted Greek quotations for his PhD ❹ (*aufziehen*) ■**jdn** [**zu etw**] ~ to raise sb [until he/she is/becomes sth]; **ein Tier** [**zu etw**] ~ to rear an animal [to be sth]; ■**etw** [**zu etw**] ~ to grow sth [until it becomes sth]; ***den Baum habe ich mir aus einem kleinen Sämling herangezogen*** I grew the tree from a seedling; ■[**sich** *dat*] **jdn** ~ to raise sb to be somebody **II.** *vi sein* MIL (*näher ziehen*) to advance

herauf I. *adv* ❶ (*in Richtung oben*) ■**von …** ~ ***was, von da unten soll ich den Sack bis oben ~ schleppen?*** what, I'm supposed to drag this sack from down here all the way up there? ❷ (*fam: in Richtung Norden*) **vom Süden** ~ up from the south **II.** *präp +akk* up; ***sie ging die Treppe*** ~ she went up the stairs

herauf|beschwören* *vt irreg* ❶ (*wachrufen*) ■**etw** [**in jdm**] ~ to evoke [*or* stir up] sth [in sb] ❷ (*herbeiführen*) ■**etw** ~ to cause [*or* give rise to] sth **herauf|bringen** *vt irreg* ❶ (*nach oben tragen*) ■**etw** [**zu jdm**] ~ to bring sth up [to sb]; ***vergiss nicht, die Zeitung mit heraufzubringen!*** don't forget to bring the newspaper up with you ❷ (*nach oben mitbringen*) ■**jdn** [**zu jdm**] ~ to bring sb up [to sb]; ***bring doch deine Freunde mal mit herauf in die Wohnung!*** why don't you bring your friends up to the flat with you **herauf|führen** *vt* ■**jdn** ~ to show sb up; ***führen Sie die Herren zu mir herauf*** please show the gentlemen up to my office **herauf|holen** *vt* ■**jdn/etw** ~ to bring up sb/sth *sep,* to fetch sb/sth **herauf|kommen** *vi irreg sein* ❶ (*von unten kommen*) ■[**zu jdm**] ~ to come up [to sb]; ***komm doch später auf einen Kaffee zu mir herauf!*** come up [to my place] for a coffee later, if you like ❷ (*geh: aufziehen*) to approach [*or* gather]; *Nebel* to form **herauf|setzen** *vt* ■**etw** ~ to put up *sep* [*or* increase] sth **herauf|steigen** *vi irreg sein* (*geh*) ❶ (*nach oben steigen*) ■**zu jdm** ~ to climb up to sb; **einen Berg/eine Treppe** ~ to climb [up] a mountain/flight of stairs ❷ (*aufsteigen*) to rise; ***von der Niederung stiegen Nebelschwaden herauf*** veils of mist rose out of the depression **herauf|ziehen** *irreg* **I.** *vt haben* ■**jdn/etw** [**zu sich**] ~ to pull up *sep* sb/sth [to one] **II.** *vi sein* (*aufziehen*) to approach, to gather

heraus *adv* ❶ (*nach draußen*) out; ■**aus etw** ~ out of sth; ***sie betrank sich aus einem Gefühl der Einsamkeit*** ~ she got drunk out of a feeling of loneliness; ~ **da!** (*fam*) get out!; ~ **damit!** (*fam: mit einer Antwort*) out with it!; (*mit Geld*) give it here!; ~ **mit ihm/ihr!** (*fam*) get him/her out!
❷ (*entfernt sein*) ■~ **sein** to have been taken out [*or* removed]
❸ MEDIA (*veröffentlicht sein*) ■~ **sein** to be out
❹ (*entschieden sein*) ■~ **sein** to have been decided
❺ (*hinter sich haben*) ■**aus etw** ~ **sein** to leave behind sth *sep;* ***aus dem Alter bin ich schon heraus*** that's all behind me
❻ (*gesagt worden sein*) ■~ **sein** to have been said, to be out in the open; ***die Wahrheit ist heraus*** the truth has come out [*or* is out]

heraus|arbeiten I. *vt* ❶ (*plastisch hervorheben*) ■**etw** [**aus etw**] ~ to carve sth [out of sth] ❷ (*hervorheben*) ■**etw** [**deutlicher/besser**] ~ to bring out sth *sep* [more clearly/better] **II.** *vr* ■**sich aus etw** ~ to work one's way out of sth **heraus|bekommen*** *vt irreg* ❶ (*entfernen*) ■**etw** [**aus etw**] ~ to get sth out [of sth] ❷ (*herausziehen*) ■**etw** [**aus etw**] ~ to get sth out [of sth], to remove sth [from sth] ❸ (*herausfinden*) ■**etw** ~ to find out sth *sep* ❹ (*ausgezahlt bekommen*) ■**etw** ~ to get sth back **heraus|bilden** *vr* ■**sich** [**aus etw**] ~ to develop [*or* form] [out of sth] **Herausbildung** *f* formation, development **heraus|brechen I.** *vt haben* ■**etw** [**aus etw**] ~ to knock sth out [of sth] **II.** *vi sein* ■**aus jdm** ~ to erupt from sb **heraus|bringen** *vt irreg* ❶ (*nach draußen bringen*) ■[**jdm**] **etw** ~ to bring sth out [to sb] ❷ (*auf den Markt bringen*) ■**etw** ~ to launch sth ❸ (*der Öffentlichkeit vorstellen*) ■**etw** ~ to publish sth ❹ (*hervorbringen*) ■**etw** ~ to say [*or* utter] sth; ***sie brachte keinen Ton heraus*** she didn't utter a sound ❺ (*fam: ermitteln*) *s.* **herausbekommen 3 heraus|drehen** *vt* ■**etw** [**aus etw**] ~ to unscrew sth [from sth] **heraus|drücken** *vt* ❶ (*durch Drücken hervorkommen lassen*) ■**etw aus etw** ~ to squeeze sth out of sth ❷ (*durch Drücken vorwölben*) ■**etw** ~ to stick out sth *sep* **heraus|fahren** *irreg* **I.** *vi sein* ❶ (*nach draußen fahren*) ■[**aus etw**] ~ to drive out [of sth] ❷ (*entschlüpfen*) ■**jdm** ~ to slip out **II.** *vt haben* ❶ (*nach draußen fahren*) ■**etw** [**aus etw**] ~ to drive sth out [of sth] ❷ (*erzielen*) ■**etw** ~ to achieve sth **heraus|fallen** *vi irreg* ■**aus etw** ~ to fall [*or fig* drop] out of sth; **aus dem üblichen Rahmen** ~ (*fig*) to be different, to fall outside the usual parameters **heraus|filtern** *vt* ■**etw** [**aus etw**] ~ ❶ (*durch Filtern entnehmen*) to filter sth out [of sth]

H

② *(als brauchbar aussondern)* to sift sth out [of sth]

heraus|finden *irreg* **I.** *vt* ① *(dahinterkommen)* ■**etw** ~ to find out [*or* discover] sth ② *(herauslesen)* ■**etw [aus etw]** ~ to find sth [from amongst sth] **II.** *vi* ■**[aus etw]** ~ to find one's way out [of sth]; ***ich begleite Sie noch zur Tür! — danke, ich finde selbst heraus*** I'll accompany you to the door — thank you, but I can find my own way out

heraus|fischen I. *vt* *(fam)* ■**etw [aus etw]** ~ to fish sth out [of sth] **II.** *vr* *(fam)* ■**sich** *dat* **etw [aus etw]** ~ to pick out sth *sep* [from amongst sth]

heraus|fliegen *irreg* **I.** *vi sein* ① *(nach draußen fliegen)* ■**[aus etw]** ~ to fly out [of sth] ② SPORT *(fam: herausfallen)* ■**[aus etw]** ~ to be thrown out [of sth] **II.** *vt haben* LUFT *(ausfliegen)* ■**jdn/etw [aus etw]** ~ to fly sb/sth out [of sth]

Herausforderer, -ford(r)erin <-s, -> *m, f* challenger; **sich seinem ~ stellen** to take on one's [*or* the] challenger

heraus|fordern I. *vt* ① SPORT *(zum Kampf fordern)* ■**jdn** ~ to challenge sb
② *(auffordern)* ■**jdn zu etw** ~ to challenge sb to sth
③ *(provozieren)* ■**jdn [zu etw]** ~ to provoke sb [into doing sth]
④ *(heraufbeschwören)* ■**etw** ~ to invite sth; **Gefahr** ~ to court danger; **Kritik** ~ to invite [*or* provoke] criticism; **das Schicksal** ~ to tempt fate
II. *vi* ■**zu etw** ~ to invite sth

herausfordernd I. *adj* provocative, challenging, inviting
II. *adv* provocatively

Herausforderung *f* ① *(Aufforderung)* challenge
② *kein pl* SPORT *(das Herausfordern)* challenge
③ *(Provokation)* provocation, open defiance
④ *(Bewährungsprobe)* challenge; **sich** *akk* **einer ~ stellen** to take up [*or* respond to] [*or* accept] a challenge; **die ~ annehmen** to accept the challenge, to take up the gauntlet

heraus|führen I. *vt* ■**jdn [aus etw]** ~ to lead sb out [of sth]
II. *vi* ■**[aus etw]** ~ to lead out [of sth]

Herausgabe <-, -n> *f* ① MEDIA *(Veröffentlichung)* publication
② *(Rückgabe)* return; *Wechselgeld* to give [back]
③ ADMIN issue, issuing; *neue Banknoten* to issue; *(von [Brief]marken)* issue, issuing
④ JUR *(Besitzübertragung)* surrender; **~ der Ware** surrender of the goods; **vorläufige ~ gepfändeter Sachen an den Eigentümer** replevin; **auf ~ klagen** to replevin, to bring an action of detinue; **die ~ verlangen** to claim possession

Herausgabeanspruch *m* JUR claim for restitution; **~ bei Zahlungsverzug** claim for restitution in the event of default **Herausgabeklage** *f* JUR action for possession **Herausgabepflicht** *f* JUR obligation to surrender possession

heraus|geben *irreg* **I.** *vt* ① MEDIA ■**etw** ~ *(veröffentlichen)* to publish sth; *(editieren)* to edit sth
② *(zurückgeben)* ■**jdn/etw [an jdn]** ~ to return [*or sep* hand back] [*or sep* give back] sb/sth [to sb], to surrender sb/sth [to sb] *usu form*, to hand over sb/sth [to sb] *sep;* ■**jdm etw** ~ to give sb sth [back]; ***Sie haben mir nur 12 statt 22 Euro herausgegeben!*** you've only given me [back] 12 euros instead of 22
③ *(herausreichen)* ■**jdm etw** ~ to pass [*or* hand out] sth to sb, to pass [*or* hand out] sb sth
II. *vi* ■**[jdm] [auf etw** *akk***]** ~ to give [sb] change [out of sth]; ***können Sie mir auf 100 Euro ~?*** can you give me change out of 100 euros?; **falsch** ~ to give the wrong change [back]

Herausgeber(in) <-s, -> *m(f)* MEDIA *(Verleger)* publisher; *(editierender Lektor)* editor

herausgegeben *pp von* **herausgeben** *Buch* published

heraus|gehen *vi irreg sein* ① *(herauskommen)* ■**[aus/von etw]** ~ to go out [of sth]; ***ich sah ihn um 19 Uhr [aus der Wohnung]*** ~ I saw him leave [the flat] at 7 pm ② *(entfernt werden können)* ■**[aus etw]** ~ to come out [of sth] ③ *(herausgezogen werden können)* ■**[aus etw]** ~ to come out [of sth] ④ *(lebhaft werden)* ■**aus sich** ~ to come out of one's shell **heraus|greifen** *vt irreg* ■**[sich** *dat***] jdn [aus etw]** ~ to pick [*or* single] out *sep* [*or* select] sb [from sth]; ■**[sich** *dat***] etw [aus etw]** ~ to choose sth [from sth]; ***morgens greife ich mir irgendetwas aus dem Schrank heraus*** in the morning[s] I just grab any old thing out of the wardrobe **heraus|gucken** *vi (fam)* ① *(heraussehen)* ■**[aus etw]** ~ to look out [of sth] ② *(zu sehen sein)* *Unterhemd, Unterrock* to be showing; ***dein Hemd guckt aus der Hose heraus*** your shirt is hanging out of your trousers **heraus|haben** *vt irreg (fam)* ① *(entfernt haben)* ■**etw [aus etw]** ~ to have got sth out [of sth] ② *(gekündigt haben)* ■**jdn aus etw** ~ to get sb out of sth ③ *(begriffen haben)* ■**etw** ~ to get [*or* have] the knack [*or* hang] of sth ④ *(herausgefunden haben)* ■**etw** ~ to have solved sth; **ein Geheimnis/einen Namen/die Ursache** ~ to have found out a secret/name/the cause; ■**~, wann/wer/wie/warum/wo/wohin ...** to have found out when/who/how/why/where ...

heraus|halten *irreg* **I.** *vt* ① *(nach draußen halten)* ■**etw [aus etw]** ~ to hold [*or* put] sth out [of sth] [*or fam* stick] ② *(nicht verwickeln)* ■**jdn/etw [aus etw]** ~ to keep sb/sth out [of sth] ③ *(fern halten)* ■**jdn/ein Tier [aus etw]** ~ to keep sb/an animal out [of sth] **II.** *vr* ■**sich [aus etw]** ~ to keep [*or* stay] out of sth; ***halt du dich [da] mal heraus!*** you [just] keep [*or* stay] out of it [*or* this]!

heraus|hängen I. *vi* ■**[aus etw]** ~ to hang out [of sth] ► WENDUNGEN: **jdm hängt die Zunge schon heraus** sb is completely exhausted **II.** *vt* ■**etw [aus etw]** ~ ① *(nach außen hängen)* to hang out sth *sep*, to hang sth out of sth ② *(herauskehren, zeigen)* to show off sth; ***in solchen Situationen hängt sie immer die Akademikerin heraus*** she always shows [*or* likes to show] off about being an academic in such situations ③ DIAL *(protzen mit etw)* to show off sth; ***ich denke, er hängt sein Geld zu sehr heraus*** I think he shows his money off too much

heraus|hauen *vt* ① *(entfernen)* ■**etw** ~ *Baum* to chop down [and clear] sth; *Stein* to knock out sth *sep* ② *(meißeln, bildhauern)* ■**etw [aus etw]** ~ to carve [*or* cut] sth [out of sth] ③ *(fam: befreien)* ■**jdn [aus etw]** ~ to get sb out [of sth]; **jdn aus Schwierigkeiten** ~ to bail sb out of trouble

heraus|heben *irreg* **I.** *vt* ① *(räumlich)* ■**etw [aus etw]** ~ to lift sth out [of sth] ② *(hervorheben)* ■**etw [aus etw]** ~ to bring out *sep* [*or* emphasize] sth **II.** *vr* ① *(sich abheben)* ■**sich [aus etw** *dat***]** ~ to pull oneself out [of sth]; *Masse, Hintergrund* to stand out from sth ② *(herausragen)* ■**sich [durch etw]** ~ to stand out [because of sth] **heraus|helfen** *vi irreg* ■**jdm [aus etw]** ~ ① *(auszusteigen helfen)* to help sb out [of sth]; **jdm aus dem Bus/Zug** ~ to help sb off the bus/train ② *(zu überwinden helfen)* to help sb out [of sth] **heraus|holen** *vt* ① *(nach draußen holen)* ■**etw [aus etw]** ~ to bring [*or* get] sth out [of sth]; ■**jdn [aus etw]** ~ to get sb out [of sth] ② *(als Aussage bekommen)* ■**etw [aus jdm]** ~ to get sth out [of sb]; **eine Information aus jdm** ~ to extract a piece of information from sb ③ *(durch Bemühungen erreichen)* ■**[bei etw] etw** ~ to get sth [out of sth] ④ SPORT *(durch körperlichen Einsatz erzielen)* ■**etw** ~ to gain [*or* win] sth; **ein gutes Ergebnis** ~ to achieve a good result; **den dritten Platz** ~ to take third place; **eine gute Zeit** ~ to achieve [*or* record] a good time ⑤ *(fam: an Leistung abgewinnen)* ■**[aus jdm/etw] etw** ~ to get sth out [of sb/sth] **heraus|hören** *vt* ① *(durch Hinhören wahrnehmen)* ■**jdn/etw [aus etw]** ~ to hear sb/sth [in sth] ② *(abwägend erkennen)* ■**etw [aus etw]** ~ to detect sth [in sth] **heraus|kehren** *vt* ■**jdn/etw** ~ to play [*or* parade] [*or* act] sb; **den Chef/väterlichen Freund/reichen Gönner** ~ to play the boss/fatherly friend/rich patron **heraus|kitzeln** *vt (fam)* ■**etw** ~ to provoke sth

heraus|kommen *vi irreg sein* ① *(nach draußen kommen)* ■**[aus etw]** ~ to come out [of sth]
② *(nach außen dringen)* ■**[irgendwo]** ~ to come out [somewhere]
③ *(etw ablegen können)* ■**aus etw kaum/nicht** ~ to hardly/not have sth off [*or* be out of sth]
④ *(etw verlassen können)* ■**aus etw** ~ to get out of sth; ***viele Bewohner sind noch nie aus diesem Dorf herausgekommen*** many of the residents have never [even] left [*or* been out of] this village
⑤ *(aufhören können)* ■**aus etw kaum/nicht** ~ to hardly/not be able to stop doing sth; ***da kommt man aus dem Staunen/der Verwunderung kaum mehr heraus*** one can hardly get over one's astonishment/surprise
⑥ *(fam: überwinden können)* ■**aus etw** ~ to get out of sth; **aus den Problemen** ~ to solve one's problems; **aus den Schulden** ~ to get out of debt, to settle [*or* to clear] one's debts; **aus Schwierigkeiten/Sorgen** ~ to get over one's difficulties/worries
⑦ *(auf den Markt kommen)* to come out [*or* be launched]; ■**mit etw** ~ to come out with [*or sep* bring out] [*or* launch] sth; *(erscheinen)* to come out [*or* be published]
⑧ *(bekannt gegeben werden)* to be published; *Gesetz, Verordnung* to be enacted
⑨ *(bekannt werden)* to come out; ■**es kam heraus, dass/warum/wer/wo ...** it came out that/why/who/where ...
⑩ *(zur Sprache bringen)* ■**mit etw** ~ to come out with sth
⑪ *(Resultat haben)* ■**bei etw** ~ to come of sth; ***und was soll dabei ~?*** and what good will that do? [*or* what good is supposed to come of that?]; **auf eins [o dasselbe] ~, auf das [o aufs] Gleiche** ~ to [all] amount to the same thing
⑫ *(fam: aus der Übung kommen)* ■**[aus etw]** ~ to get out of practice [in sth], to get rusty
⑬ KARTEN *(die erste Karte ausspielen)* to lead
⑭ *(zur Geltung kommen)* ■**irgendwie** ~ to show [off] somehow; ***bei Tageslicht kommt das Muster viel besser heraus*** you can see the pattern much better in the daylight
► WENDUNGEN: **[mit etw] groß** ~ *(fam)* to be a great success, to have great success with sth

heraus|kriegen *vt (fam) s.* **herausbekommen, rauskriegen** **heraus|kristallisieren*** **I.** *vt* ■**etw [aus etw]** ~ to extract sth [from sth] **II.** *vr* ■**sich** ~ to crystallize **heraus|lassen** *vt irreg* ① *(aus etw fortlassen)* ■**jdn/ein Tier** ~ to let out sb/an animal *sep;* ■**jdn/ein Tier [aus etw]** ~ to let sb/an animal out [of sth] ② *(fam: weglassen)* ■**etw [aus etw]** ~ to leave out sth *sep*, to leave sth out [of sth] ③ *(fam: mitteilen)* ■**etw** ~ to announce sth **heraus|laufen** *irreg* **I.** *vi sein* ① *(nach draußen laufen)* ■**[aus/durch etw]** ~ to run out [of/through sth] ② *(herausfließen)* ■**[aus etw]** ~ to run out [of sth] **II.** *vt* SPORT ■**etw** ~ to gain sth; **den ersten Platz** ~ to take first place, to come first; **einen Sieg** ~ to win a victory; **einen Vorsprung** ~ to build up a lead **heraus|lesen** *vt irreg* ① *(durch Lesen deuten)* ■**etw aus etw** ~ to read sth into sth ② *(aussondern)* ■**etw [aus etw]** ~ to pick out sth [from sth] *sep* **heraus|locken** *vt* ① *(nach draußen locken)* ■**jdn/ein Tier** ~ to lure out sb/an animal *sep;* ■**jdn/ein Tier aus etw** ~ to lure [*or* to entice] sb/an animal out of sth ② *(entlocken)* ■**etw aus jdm** ~ to worm sth out of sb **heraus|lösen** *vt* ■**etw [aus etw]** ~ ① *(loslösen)* to release sth [from sth] ② *(herausnehmen)* to remove sth [from sth]; **Wörter aus ihrem Zusammenhang** ~ to remove words from their context **Herauslösen** <-> *nt kein pl* detachment *no pl* **heraus|machen I.** *vt (fam)* ■**etw [aus etw]** ~ to get sth out [of sth] [*or* remove sth [from sth]] **II.** *vr (fam)* ■**sich irgendwie** ~ to turn out [*or* develop] somehow; ***Ihre Tochter hat sich aber in den letzten Jahren herausgemacht*** your daughter has really blossomed in the last few years **heraus|müssen** *vi irreg (fam)* ① MED *(entfernt werden müssen)* to have to come out [*or* be removed] ② *(gesagt werden müssen)* to have to come out; ***das musste mal heraus!*** I had to get that off my chest! ③ *(nach draußen müssen)*

■[aus etw] ~ to have to get out [of sth]; ***ab und zu muss ich einfach aus der Wohnung heraus*** sometimes I just have to get out of the apartment **herausnehmbar** *adj* removable; ■**[aus etw] ~ sein** to be removable [from sth] **heraus|nehmen** *irreg* **I.** *vt* ❶ *(entnehmen)* ■**etw [aus etw]** ~ to take sth out [of sth] ❷ MED *(fam: operativ entfernen)* ■**[jdm] etw** ~ to take out *sep* [*or* remove] [sb's] sth; *Zahn* to pull [*or* take out] [*or* extract] [sb's] sth; ■**sich** *dat* **etw ~ lassen** to have one's sth taken out [*or* removed] ❸ *(aus einer Umgebung entfernen)* ■**jdn aus etw** ~ to take sb away [*or* remove sb] from sth **II.** *vr* ❶ *(pej: frech für sich reklamieren)* ■**sich** *dat* **etw** ~ to take liberties; ***also, sie hat sich in letzter Zeit ja einiges herausgenommen!*** well, she's been taking some real liberties recently!; **sich zuviel** ~ to go too far ❷ *(sich erlauben)* ■**sich** *dat* **~, etw zu tun** to have the nerve to do sth **heraus|pauken** *vt (fam)* ■**jdn [aus etw]** ~ to bail sb out [of sth] **heraus|picken** *vt* ■**[sich** *dat*] **etw [aus etw]** ~ to pick sth out [of sth] **heraus|platzen** *vi sein (fam)* ❶ *(lachen)* to burst out laughing ❷ *(spontan sagen)* ■**mit etw** ~ to blurt out sth *sep* **heraus|putzen** *vt* ■**jdn** ~ to smarten up sb *sep;* ■**etw** ~ to deck out sth *sep;* ■**sich** ~ to dress [*or* spruce] oneself up **heraus|ragen** *vi s.* hervorragen **heraus|reden** *vr* ■**sich [mit etw]** ~ to talk one's way out of it [by using sth as an excuse]; ■**sich auf etw** *akk* ~ to use sth as an excuse **heraus|reißen** *vt irreg* ❶ *(aus etw reißen)* ■**etw [aus etw]** ~ to tear out sth *sep,* to tear sth out [of sth]; **einen Baum/eine Wurzel** ~ to pull [*or* root] out a tree/root; **eine Seite [aus einem Buch/einer Zeitung]** ~ to tear [*or* rip] a page out [of a book/newspaper]; **einen Zahn** ~ to pull [*or* extract] a tooth ❷ *(ablenken)* ■**jdn aus etw** ~ to tear sb away from sth; **jdn aus seiner Arbeit** ~ to interrupt sb in their work; **jdn aus seiner Konzentration** ~ to disrupt sb's concentation; **jdn aus seiner Meditation/seinen Träumen** ~ to startle sb out of their meditation/dreaming ❸ *(fam: aus Bedrängnis befreien)* ■**jdn** ~ to get sb out of it *fam,* to save sb ❹ *(fam: wettmachen)* ■**etw** ~ to save sth **heraus|rücken I.** *vt haben (fam)* ■**etw [wieder]** ~ to hand over [*or* back] sth *sep;* ***komm, rück das Buch wieder heraus, das gehört mir!*** come on, give me back the book, it belongs to me! **II.** *vi sein (fam)* ■**mit etw** ~ to come out with sth; *s. a.* **Sprache heraus|rutschen** *vi sein* ❶ *(aus etw rutschen)* ■**[jdm] [aus etw]** ~ to slip out [of sth] ❷ *(fam: ungewollt entschlüpfen)* ■**jdm rutscht etw heraus** sth slips out, sb lets sth slip out; ***entschuldige, das ist mir nur so herausgerutscht!*** sorry, it just slipped out! **heraus|schälen I.** *vt* ■**etw [aus etw]** ~ ❶ *(aus etw schälen)* to scrape out sth [from sth] *sep* ❷ *(ausschneiden)* to cut out sth [from sth] *sep;* MED to cut away sth [from sth] *sep* **II.** *vr* ■**sich [aus etw]** ~ to become evident [*or* apparent] [from sth], to crystallize **heraus|schauen** *vi* DIAL ❶ *(zu sehen sein)* ■**[aus etw]** ~ to be showing [through sth] ❷ *(nach draußen schauen)* ■**[aus etw]** ~ to look out [of sth] ❸ *(fam: als Gewinn zu erwarten sein)* **etw schaut [für jdn] dabei heraus** sth is in it [for sb]; ***dabei schaut wenig/nichts heraus*** there's not much/nothing in it **heraus|schlagen** *irreg* **I.** *vt haben* ❶ *(aus etw schlagen)* ■**etw [aus etw]** ~ to knock sth out [of sth] ❷ *(durch Schlagen entfernen)* ■**etw** ~ to knock out sth *sep* ❸ *(fam: geschickt erhandeln)* ■**[bei jdm/etw] etw [für sich]** ~ to make sth [out of sb/sth] [for oneself]; **Erlaubnis/Konzessionen** ~ to get permission/concessions; **Vorteile/Zeit** ~ to gain advantages/time; **möglichst viel aus etw** ~ to get the most out of sth **II.** *vi sein* ■**aus/zu etw** ~ to leap out of sth **heraus|schleudern** *vt* ❶ *(aus etw schleudern)* ■**etw** ~ to hurl [*or* fling] out sth *sep;* ■**etw aus etw** ~ to hurl [*or* fling] sth out of sth; ■**[aus etw] herausgeschleudert werden** to be thrown [*or* catapulted] from [*or* out of] sth; **aus einem Sitz/einer Kanzel herausgeschleudert werden** to be ejected from a seat/cockpit ❷ *(erregt aussprechen)* ■**etw** ~ to hurl out sth *fig sep* **heraus|schlüpfen** *vi sein* ❶ *(aus etw schlüpfen)* ■**[aus etw]** ~ to hatch [out of sth] ❷ *(herausrutschen)* ■**jdm schlüpft etw heraus** sth slips out, sb lets sth slip out **heraus|schmecken I.** *vt* ■**etw [aus etw]** ~ to be able to taste sth [in sth] **II.** *vi* to taste; ***das Majoran schmeckt etwas zu stark heraus*** the marjoram tastes a bit too strong [*or* the taste of [the] marjoram is too strong] **heraus|schneiden** *vt irreg* ■**etw** ~ to cut out sth *sep;* ■**etw aus etw** ~ to cut sth out of sth **heraus|schreiben** *vt irreg* ■**etw [aus etw]** ~ to copy out sth *sep* [from sth] **heraus|schreien** *vt irreg* ■**etw** ~ to vent [*or* give vent to] sth **heraußen** *adv* SÜDD, ÖSTERR *(hier draußen)* out here **heraus|springen** *vi irreg sein* ❶ *(aus etw springen)* ■**[aus etw]** ~ to jump [*or* leap] out [of sth] ❷ *(abbrechen)* ■**[aus etw]** ~ to chip off [sth] ❸ ELEK *(den Kontakt unterbrechen)* to blow ❹ *(fam) s.* herausschauen 3 **heraus|spritzen** *vi* to squirt out **heraus|sprudeln I.** *vi sein* ■**[aus etw]** ~ to bubble out [of sth] **II.** *vt haben* ■**etw** ~ to blurt out sth *sep* **heraus|stehen** *vi irreg* ■**[aus etw]** ~ to stick out [of sth], to protrude [from sth] **heraus|stellen I.** *vt* ❶ *(nach draußen stellen)* ■**etw** ~ to put out sth *sep,* to put sth outside ❷ *(hervorheben)* ■**etw [irgendwie]** ~ to emphasize sth [somehow], to point out sth **II.** *vr* ■**sich** ~ to come to light, to emerge, to become apparent; **jds Unschuld wird sich** ~ sb's innocence will be proven; ■**sich als etw** ~ to be shown [*or* proven] to be sth; ■**es stellte sich heraus, dass ...** it turned out [*or* it was found] [*or* it became apparant] that ...; ***ob Sie im Recht sind, muss sich erst noch ~*** we must wait and see whether you're right; ***hat sich eigentlich schon herausgestellt, wer der Täter war?*** have they already found out who the culprit was? **heraus|strecken** *vt* ■**etw** ~ to stick out sth *sep;* ■**etw aus/zu etw** ~ to stick sth out [of sth] **heraus|streichen** *vt irreg* ❶ *(aus etw tilgen)* ■**etw** ~ to cross out sth *sep;* ■**etw aus etw** ~ to delete sth [*or* cross sth out] from sth ❷ *(betonen)* ■**etw** ~ to stress sth **heraus|stürzen** *vi sein* ■**[aus etw]** ~ to rush out [of sth] **heraus|suchen** *vt* ■**[jdm] etw [aus etw]** ~ to pick out sth *sep* [from sth] [for sb]; ***kannst du mir mal die Textstelle ~, wo ...*** can you find me the place [in the text] where ...; ■**jdn** ~ to pick out sb *sep,* to choose [*or* select] sb **heraus|treten** *vi irreg sein* ❶ *(nach außen treten)* ■**[aus etw]** ~ to step out [of sth]; ***jeder, der sich freiwillig meldet, ~!*** any volunteers step forward! ❷ *(anschwellen)* to stand out **heraus|tröpfeln** *vi* to drip out **heraus|wagen** *vr* ■**sich [aus etw]** ~ to venture out [of sth], to venture forth [from sth] **heraus|werfen** *vt irreg* ❶ *(räumlich)* ■**etw** ~ to throw out sth *sep* ❷ *(fam: kündigen)* ■**jdn** ~ to kick out sb *sep* **heraus|winden** *vr irreg* ■**sich [aus etw]** ~ to wriggle [*or* AM wiggle] out [of sth] **heraus|wirtschaften** *vt* ■**etw** ~ to make [*or* gain] sth by good management; **einen Gewinn aus der Firma** ~ to make a profit out of the firm **heraus|wollen** *vi* ■**[aus etw]** ~ to want to get out [of sth]; *s. a.* **Sprache**

herb I. *adj* ❶ *(bitter-würzig)* sharp, astringent; *Duft, Parfüm* tangy; *Wein* dry
❷ *(schmerzlich)* bitter; *Erkenntnis* sobering
❸ *(etwas streng)* severe; *Schönheit* austere
❹ *(scharf)* harsh
II. *adv* ~ **schmecken** to taste sharp, to have an astringent taste; ~ **duften/riechen** to smell tangy; ***der Wein schmeckt etwas*** ~ this wine tastes somewhat dry

Herbarium <-s, -ien> [riən] *nt* herbarium

herbei *adv (geh)* ~ **zu mir!** come [over] here [*or old* hither]!

herbei|bringen *vt irreg (geh)* ■**jdn/etw** ~ to bring over sb/sth *sep* **herbei|eilen** *vi sein* to rush [*or* hurry] over **herbei|führen** *vt* ■**etw** ~ ❶ *(bewirken)* to bring about sth *sep* ❷ MED *(verursachen)* to cause sth, to lead to sth **Herbeiführung** *f* ~ **einer Straftat** JUR initiation of a crime **herbei|holen** *vt (geh)* ■**jdn/etw** ~ to fetch sb/sth; ***holen Sie bitte einen Arzt herbei*** please call [*or* fetch] [*or* send for] a doctor **herbei|lassen** *vr irreg* ■**sich zu etw** ~ to deign [*or* condescend] to do sth; ■**sich dazu ~, etw zu tun** to bring oneself to do sth **herbei|reden** *vt* ■**etw** ~ to talk sth into happening; **Panik** ~ to create panic; **den Tod** ~ to conjure up death; ***hör auf, Probleme herbeizureden*** stop trying to find problems where there are none **herbei|rufen** *vt irreg (geh)* ■**jdn** ~ to call sb [over]; ■**etw** ~ to call for sth; ***rasch, rufen Sie einen Arzt/die Polizei herbei!*** call a doctor/the police at once! **herbei|schaffen** *vt (geh)* ■**jdn/etw** ~ to bring sb/sth here; ***schnell, wir müssen einen Feuerlöscher*** ~ hurry, we need to get a fire extinguisher **herbei|sehnen** *vt (geh)* ■**jdn/etw** ~ to long for sb/sth **herbei|strömen** *vi sein* to come flocking **herbei|winken** *vt* ■**jdn** ~ to beckon [*or* motion] over sb *sep;* **ein Taxi** ~ to hail a taxi **herbei|wünschen** *vt* ■**jdn/etw** ~ to long for sb/sth

her|bekommen* *vt irreg (fam)* ■**etw** ~ to get hold of sth *fam* **her|bemühen*** **I.** *vr (geh)* ■**sich** ~ to take the trouble to come [here]; ***ich habe mich schließlich extra herbemüht*** after all, I did take the trouble to come here **II.** *vt (geh)* ■**jdn** ~ to trouble sb to come [here]; ***wir werden den Minister persönlich ~ müssen*** we will have to trouble the minister to come here in person

Herberge <-, -n> *f* ❶ *(Jugend~)* hostel
❷ *kein pl (veraltend: Unterkunft)* lodging, shelter *no pl*
❸ *(veraltet: einfaches Gasthaus)* inn

Herbergseltern *pl* [youth] hostel wardens *pl* **Herbergsmutter** *f* [female] [youth] hostel warden **Herbergsvater** *m* [male] [youth] hostel warden

her|bestellen* *vt* ■**jdn** ~ to ask sb to come, to send for sb, to summon sb

her|beten *vt (pej)* ■**etw** ~ to recite sth mechanically, to reel [*or* rattle] sth off

Herbheit <-> *f kein pl* sharpness, tanginess, acerbity; **die ~ eines Dufts/Parfüms** the tanginess of a smell/perfume; ***der Wein ist von zu großer*** ~ this wine is too dry

her|bitten *vt irreg* ■**jdn** ~ to ask sb to come

herbivor *adj (Pflanzen fressend)* herbivorous

Herbivor <-s, -en> *m* ZOOL herbivore

Herbizid <-[e]s, -e> *nt* herbicide

her|bringen *vt irreg* ■**jdn** ~ to bring sb [here]; ■**jdm etw** ~ to bring sb sth

Herbst <-[e]s, -e> *m* autumn, fall AM; **im** ~ in [the] autumn; **der ~ des Lebens** *(liter)* the autumn of [one's] life *liter*

Herbstanfang *m* beginning of autumn **Herbstaster** *f* BOT Michaelmas daisy **Herbstende** *nt* end of autumn **Herbstfarben** *pl* autumn [*or* autumnal] colours [*or* AM -ors] [*or* hues] [*or* tints] *pl* **Herbstferien** *pl* SCH [autumn] half-term holiday[s] BRIT, [fall] midterm vacation AM **Herbstkollektion** *f* MODE autumn collection **Herbstlaub** *nt* autumn leaves *pl,* fall foliage + *sing vb* AM

herbstlich *adj* autumn *attr,* autumnal; ■~ **sein/werden** to be/become autumnal

Herbstmode *f* autumn fashion **Herbstmonat** *m* autumn month **Herbststurm** *m* autumn storm **Herbsttag** *m* autumn day **Herbstwetter** *nt kein pl* autumn[al] weather *no pl* **Herbstzeitlose** <-n, -n> *f* BOT meadow saffron, autumn crocus

Herculaneum *nt* GEOG Herculaneum

Herd <-[e]s, -e> *m* ❶ *(Küchen~)* cooker, stove, range AM; **am heimischen** ~ *(geh)* in the comfort of one's [own] home, by one's own fireside
❷ MED *(Krankheits~)* focus
❸ GEOL *(Zentrum)* focus, epicentre [*or* AM -er]
► WENDUNGEN: **eigener ~ ist Goldes wert** *(prov)* there's no place like home *prov*

Herdabdeckplatte *f* hob cover

Herde <-, -n> *f (Anzahl von Tieren gleicher Art)* herd; *Schafe* flock
► WENDUNGEN: **mit der ~ laufen** *(pej)* to follow the crowd [*or pej* herd]

Herdenmensch *m (pej)* sheep **Herdentier** *nt*

H

❶ (*Tier*) gregarious animal ❷ (*pej: unselbständiger Mensch*) sheep *pej*, person who follows the crowd [*or pej* herd] **Herdentrieb** *m* (*pej*) herd instinct *pej*

Herdplatte *f* hotplate, [electric] ring, burner, stove top

herein *adv* in [here]; ***„dort ~?" — „nein, diese Tür!"*** "in there?" — "no, it's this door!"; **nur** [*o* **immer**] **~!** come on in!; **~!** come in!

herein|bekommen* *vt irreg* ■ **etw ~** to get in sth *sep* **herein|bitten** *vt irreg* ■ **jdn** [**zu sich**] ~ to ask sb [to come] in[to one's office], to invite sb in[to one's office]; ***darf ich Sie gleich zu mir ~*** would you like to come straight in [*or* into my office] **herein|brechen** *vi irreg sein* ❶ (*gewaltsam zusammenstürzen*) ■ [**über jdn/etw**] ~ to collapse [over sb/sth] ❷ (*hart treffen*) ■ **über jdn/etw** ~ *Katastrophe, Krieg, Unglück* to befall [*or* overtake] sb/sth ❸ (*geh: anbrechen*) to fall; ***der Winter bricht herein*** winter is setting in **herein|bringen** *vt irreg* ❶ (*nach drinnen bringen*) ■ **jdn/etw** ~ to bring in sb/sth *sep* ❷ (*fam: wettmachen*) **etw wieder** ~ to recoup sth; **Verluste** ~ to recoup [*or* make up] losses **herein|dürfen** *vi irreg* (*fam*) to be allowed [to come] in; ***darf ich herein?*** can [*or* may] I come in? **herein|fahren** *irreg* **I.** *vi sein* to drive in **II.** *vt haben* ■ **etw** [**in etw** *akk*] ~ to drive sth in[to sth]; ***er fuhr das Auto in die Garage herein*** he drove the car into the garage **herein|fallen** *vi irreg sein* ❶ (*nach innen fallen*) ■ [**in etw** *akk*] ~ to fall in[to sth] ❷ (*fam: betrogen werden*) ■ [**auf jdn/etw**] ~ to be taken in [by sb/sth]; ■ **mit jdm/etw** ~ to be taken for a ride by sb/with sth **herein|führen** *vt* ■ **jdn** [**in etw** *akk*] ~ to lead [*or* bring] sb in[to sth] **herein|holen** *vt* ■ **jdn/etw** ~ to bring in sb/sth *sep* **herein|kommen** *vi irreg sein* ■ [**in etw** *akk*] ~ to come in[to sth]; ***wie bist du hier hereingekommen?*** how did you get in here? **herein|kriegen** *vt* (*fam*) *s.* **hereinbekommen** **herein|lassen** *vt irreg* ■ **jdn** ~ to let sb in **hereinlaufen** *vi* to run in **herein|legen** *vt* ❶ (*fam: betrügen*) ■ **jdn** [**mit etw**] ~ to cheat [*or* swindle] sb [with sth], to take sb for a ride [with sth] ❷ (*nach drinnen legen*) ■ [**jdm**] **etw** [**in etw** *akk*] ~ to put sth in [sth] [for sb] **Hereinnahme** <-> *f kein pl* FIN discounting; **~ von Wechseln** discounting of bills **herein|nehmen** *vt irreg* ❶ (*mit hereinbringen*) ■ **etw** [**mit**] ~ to bring sth in; ***nimm den Hund nicht mit ins Haus herein*** don't bring the dog into the house ❷ (*zusätzlich aufnehmen*) ■ **etw** [**in etw** *akk*] [**mit**] ~ to include sth [in sth] **herein|platzen** *vi sein* (*fam*) ■ [**bei jdm**] ~ to burst in [on sb]; ■ **bei etw** ~ to burst into sth **hereinpoltern** *vi* to come crashing [*or* clattering] in **herein|regnen** *vi impers sep* ■ **es regnet herein** the rain's coming [*or* getting] in **herein|reiten** *irreg* **I.** *vt haben* (*fam*) ■ **jdn/sich** [**in etw** *akk*] ~ to land sb/oneself in it [*or fam* in the soup] **II.** *vi sein* ■ [**in etw**] ~ to ride in [to sth] **herein|rufen** *vt irreg* (*nach drinnen holen*) ■ **jdn** [**zu sich**] ~ to call sb in; ***ich rufe mal die Kinder zum Essen herein*** I'll call the children in to [*or* for] dinner **herein|schauen** *vi* ❶ DIAL (*hereinsehen*) to look in ❷ (*fam: besuchen*) ■ [**bei jdm**] ~ to look in [*or* drop in] [on sb], to drop by [sb's place] **herein|schneien** **I.** *vi impers haben* ■ **es schneit herein** the snow's coming in **II.** *vi sein* (*fam*) ❶ (*unverhofft zu Besuch kommen*) to turn up out of the blue [*or* suddenly] [*or* unexpectedly] ❷ (*unverhofft angeliefert werden*) ■ **jdm** ~ to be received by sb out of the blue **herein|sehen** *vi irreg* ❶ (*nach drinnen sehen*) ■ [**in etw** *akk*] ~ to look [*or* see] in[to sth] ❷ *s.* **hereinschauen 2** **herein|spazieren*** *vi sein* (*fam*) ■ [**in etw** *akk*] ~ to walk [*or* breeze] in[to sth]; ■ **hereinspaziert!** come right in! **herein|stecken** *vt* ■ **etw** [**in etw** *akk*] ~ to put sth [into sth]; ***schau mal, wer da den Kopf zu uns hereinsteckt!*** look who's popped his/her head through [*or* round] the door! **herein|strömen** *vi sein* ■ [**in etw** *akk*] ~ ❶ (*geströmt kommen*) to pour [*or* flood] in[to sth] ❷ (*in etw gedrängt kommen*) to pour in[to sth/through sth] **herein|stürmen** *vi* to rush [*or* dash] in, to come rushing [*or* dashing] in; ***wütend kam er ins Zimmer hereingestürmt*** he stormed into the room angrily **herein|stürzen** *vi sein* ■ [**in etw** *akk*] ~ to rush [*or* burst] in[to sth] **herein|wagen** *vr* ■ **sich** [**in etw** *akk*] ~ to venture in[to sth], to dare to come in[to sth]; ***hast du dich schon zu ihm hereingewagt?*** have you ventured into his office yet? **herein|wollen** *vi* (*fam*) ■ [**in etw** *akk*/**zu jdm**] ~ to want to come in[to sth/ to sb]

her|fahren *irreg* **I.** *vi sein* ❶ (*gefahren kommen*) to drive [*or* come] here; ***wir sind gestern erst hergefahren*** we only just drove here yesterday
❷ (*fahrend verfolgen*) ■ **hinter jdm/etw** ~ to follow sb/sth [by car], to drive behind sb/sth
❸ (*entlangfahren*) ■ **vor jdm/etw** ~ to drive [along] in front of sb/sth
II. *vt haben* ■ **jdn/etw** ~ to drive [*or* bring] sb/sth here

Herfahrt *f* journey [*or* trip] here; ***die ~ war ganz schön anstrengend*** it was [*or* I had] a tough journey getting here; **auf** [*o* **während**] **der ~** on the way [*or* journey] here

her|fallen *vi irreg sein* ❶ (*überfallen*) ■ **über jdn** ~ to attack sb
❷ (*bestürmen*) ■ [**mit etw**] **über jdn** ~ to besiege [*or* pounce upon] sb [with sth]
❸ (*sich hermachen*) ■ **über jdn/etw** ~ to attack sb/sth
❹ (*sich stürzen*) ■ **über etw** *akk* ~ to fall upon sth

her|finden *vi irreg* to find one's way here; ***hast du gut hergefunden?*** did you find your way here alright?

Hergang <-[e]s> *m kein pl* course of events; ***schildern Sie mir genau den ~ dieses Unfalls*** tell me exactly what happened in this accident

her|geben *irreg* **I.** *vt* ❶ (*weggeben*) ■ **etw** ~ to give away sth *sep*, to part with [*or* relinquish] sth
❷ (*überreichen, aushändigen*) ■ [**jdm**] **etw** ~ to hand over sth [to sb] *sep*
❸ (*fam: erbringen*) ■ **etw** ~ to say sth *fam*; ***der Artikel gibt eine Fülle an Information her*** the article contains a lot of information
❹ (*leihen*) **seinen guten Ruf** [*o* **Namen**] **für etw** ~ to stake one's reputation [*or* name] on sth
II. *vr* ■ **sich zu** [*o* **für**] **etw** ~ to have something to do with sth

hergebracht *adj s.* **althergebracht**

her|gehen *irreg* **I.** *vi sein* ❶ (*entlanggehen*) ■ [**hinter/neben/vor jdm**] ~ to walk [along] [behind/beside/in front of sb]
❷ (*sich erdreisten*) ■ **~ und …** to just go and …; ***du kannst doch nicht einfach ~ und meine Anweisungen ignorieren!*** you can't just go and ignore my instructions!
❸ SÜDD, ÖSTERR (*herkommen*) to come [here]
II. *vi impers sein* (*fam*) ❶ (*zugehen*) ***bei der Diskussion ging es heiß her*** it was a heated discussion [*or* sparks flew during the discussion]; ***bei ihren Feten geht es immer toll/ lustig her*** her parties are always great fun
❷ (*kritisiert werden*) **es geht scharf über jdn/etw her** sb/sth is being pulled [*or* picked] to pieces *fam*

her|gehören* *vi* to belong here

hergelaufen *adj attr* (*pej*) *s.* **dahergelaufen**

hergestellt *pp von* **herstellen** produced, manufactured, made

her|haben *vt irreg* (*fam*) ■ **etw irgendwo** ~ to get sth [from] somewhere; ***wo haben Sie das her?*** where did you get that [from]?

her|halten *irreg* **I.** *vt* ■ [**jdm**] **etw** ~ to hold sth out [to sb]
II. *vi* ■ **als etw ~ müssen** to be used [*or* serve] as sth; **als Prellbock ~ müssen** to act [*or* be used] as a buffer

her|holen *vt* (*fam*) ■ **jdn/etw** ~ to fetch [*or fam* get hold of] sb/sth; ***wo soll ich denn jetzt um Mitternacht noch Champagner und Kaviar ~?*** where am I supposed to get hold of champagne and caviar at midnight?; *s. a.* **weit**

her|hören *vi* (*fam*) to listen, to pay attention; **alle** [*o* **alles**] **mal ~!** listen everybody!

Hering <-s, -e> *m* ❶ ZOOL, KOCHK (*Fisch*) herring; **mager** [*o* **dünn**] **wie ein ~** (*fam*) as thin as a rake
❷ (*Zeltpflock*) [tent] peg

Heringshai *m* ZOOL, KOCHK porbeagle, beaumaris shark *esp* BRIT **Heringskönig** *m* KOCHK, ZOOL John Dory **Heringsmöwe** *f* ORN lesser black-headed gull **Heringssalat** *m* herring salad **Heringstopf** *m a dish of pickled herring, pickled gherkin, onion and apple, covered in a fresh cream sauce and traditionally served in a small earthenware pot*

herinnen *adv* SÜDD, ÖSTERR (*drinnen, innen*) in here

her|jagen **I.** *vt haben* ■ **jdn/ein Tier** ~ to drive [*or* chase] sb/an animal [here]; ■ **jdn vor sich** *dat* ~ to drive sb along in front of one
II. *vi sein* ■ **hinter jdm/einem Tier** ~ to chase after sb/an animal

her|kommen *vi irreg sein* ❶ (*herbeikommen*) to come here; ***kannst du mal ~?*** can you come here a minute?; ***von wo kommst du denn so spät noch her?*** where have you come from at [*or* been until] this late hour?
❷ (*herstammen*) ■ **von irgendwo** ~ to come from somewhere
❸ (*hergenommen werden können*) ■ **irgendwo** ~ to come from somewhere; ***ich weiß beim besten Willen nicht, wo das Ersatzteil so schnell ~ soll*** I honestly don't know where I'm going to get my hands on the spare part so quickly

herkömmlich *adj* traditional, conventional

Herkules <-, -se> *m* Hercules; **ein wahrer ~** a regular Hercules

Herkulesarbeit *f* herculean task **Herkuleskäfer** *m* ZOOL Hercules beetle

Herkunft <-, *selten* -künfte> *f* ❶ (*Abstammung*) origins *pl*, descent, background; ***ihrer ~ nach ist sie Baskin*** she is of Basque descent [*or* extraction]; **von … ~ sein** to be of … origin [*or* stock]; ***er ist von bäuerlicher ~*** he comes from a family of farmers
❷ (*Ursprung*) origin; **von … ~ sein** (*Ursprung*) to have a/an … origin; ***dieses Wort ist von unklarer ~*** this word has an unclear origin

Herkunftsangabe *f* ÖKON indication of origin **Herkunftsbescheinigung** *f* JUR certificate of origin **Herkunftsbezeichnung** *f* ÖKON certificate [*or* mark] of origin **Herkunftsland** *nt* ÖKON country of origin **Herkunftsstaat** *m* JUR country of origin **Herkunftszeichen** *nt* ÖKON mark of origin **Herkunftszertifikat** *nt* JUR certificate of origin

her|laufen *vi irreg sein* ❶ (*entlanglaufen*) ■ **irgendwo** ~ to run along somewhere
❷ (*gelaufen kommen*) ■ **zu jdm** ~ to run over here to sb
❸ (*im Laufe begleiten*) ■ **hinter/neben/vor jdm** ~ to run [along] behind/beside/in front of sb

her|leiten **I.** *vt* ■ **etw aus etw** ~ ❶ (*ableiten*) to derive sth from sth
❷ (*folgern*) to deduce [*or* infer] [*or* conclude] sth from sth
II. *vr* ■ **sich von etw** ~ to derive [*or* be derived] from sth

her|machen **I.** *vr* (*fam*) ❶ (*energisch beschäftigen*) ■ **sich über etw** *akk* ~ to get stuck into sth *fam*; ***ich will mich doch gleich über den neuen Computer ~!*** I want to get my hands on the new computer right away!
❷ (*Besitz ergreifen*) ■ **sich über etw** *akk* ~ to fall upon sth *fam*; ***er machte sich über die Kekse her, als hätte er seit Tagen nicht gegessen*** he fell upon the cookies as if he hadn't eaten in days
❸ (*herfallen*) ■ **sich über jdn** ~ to attack [*or* fall [up]on] sb
II. *vt* (*fam*) to be impressive; ***das macht doch nichts/ nicht viel her!*** that's not very impressive!, that's not impressive at all!; ***in dem neuen Kleid machst du wirklich viel her*** you look great [*or* really good] in the new dress; **viel von sich ~** to be full of oneself *pej*; **wenig** [*o* **nichts**] **von sich ~** to

be modest

Hermaphrodit <-en, -en> *m* MED, BIOL hermaphrodite

Hermaphroditismus, Hermaphrodismus <-> *m kein pl* BIOL (*Zwittrigkeit*) hermaphroditism

Hermelin¹ <-s, -e> *nt* ZOOL (*braun*) stoat; (*weiß*) ermine

Hermelin² <-s, -e> *m* MODE ermine

Hermeneutik <-> *f kein pl* hermeneutics + *sing vb*

hermeneutisch *adj* hermeneutic[al]

hermetisch I. *adj* (*geh*) hermetic
II. *adv* hermetically, airtight; ~ **verschlossen** hermetically sealed; ~ **abgeriegelt** [*o* **abgeschlossen**] [*o* **geschlossen**] completely sealed [*or* shut] [*or* closed off]

her|müssen *vi irreg* (*fam*) to be needed urgently

hernach *adv* DIAL (*danach*) afterwards, after that

her|nehmen *vt irreg* ❶ (*beschaffen*) ■**etw irgendwo** ~ to get [*or* find] sth somewhere; ***ich weiß nicht, wo ich so viel Geld ~ soll*** I don't know where I'm going to find [*or* get my hands on] that much money
❷ (*aufbringen*) ■**etw irgendwo** ~ to find sth somewhere
❸ DIAL (*fam: stark fordern, belasten*) ■**jdn** ~ to overwork sb
❹ DIAL (*fam: mitnehmen*) ■**jdn** ~ to take it out of sb
❺ DIAL (*sich vornehmen*) ■[**sich** *dat*] **jdn** ~ to give sb a good talking-to *fam*
► WENDUNGEN: **woher nehmen und nicht stehlen?** where on earth am I going to get hold of it?

hernieder *adv* (*liter*) down

Heroin <-s> *nt kein pl* heroin

Heroinabgabe *f* heroin handout; **kontrollierte** ~ controlled handing out of heroin **heroinabhängig** *adj* heroin-dependent, addicted to heroin *pred*

Heroine <-, -n> *f* THEAT heroine

heroisch I. *adj* (*geh*) heroic
II. *adv* (*geh*) heroically

Heroismus <-> *m kein pl* (*geh*) heroism

Herold <-[e]s, -e> *m* ❶ HIST (*Bote eines Fürsten*) herald
❷ (*Vorbote*) ■**der** ~ **einer S.** *gen* the harbinger of sth

Heros <-, Heroen> *m* ❶ (*geh: Held*) hero
❷ (*Halbgott*) demigod

Herpes <-> *m kein pl* herpes

Herpesvirus [vi:] *nt* herpes virus

her|plappern *vt* (*fam*) ■**etw** ~ to say sth without thinking, to reel [*or* rattle] off sth *sep*

Herr(in) <-n, -en> *m(f)* ❶ *nur m* (*männliche Anrede: vor Eigennamen*) Mr; ***die ~en Schmidt und Müller*** Messrs Schmidt and Müller; **der ~ Botschafter/Professor** the Ambassador/Professor; ~ **Doktor/Kollege ...** Dr/Mr ...; ***tut mir Leid, der ~ Doktor ist heute Nachmittag nicht in der Praxis*** I'm sorry, but the doctor is not in his office this afternoon; ~ **Präsident/Vorsitzender** Mr President/Chairman; **sehr geehrter ~ ...** Dear Mr ...; **sehr geehrte ~en!** Dear Sirs; **gnädiger ~** (*veraltend*) sir; **der ~ wünscht?** what can I do for you, sir?; **der ~** sir; ***hat der ~ schon gewählt?*** is sir ready to order?
❷ (*iron: sarkastisch*) sir *iron*; ***wenn sich der ~ für so etwas zu fein ist*** if this is beneath you, sir; **mein ~** (*geh*) sir *form*; ***bitte, mein ~, nach Ihnen*** after you, sir; **meine ~en** gentlemen; [**aber**] **meine ~en!** gentlemen, please!; **„~en"** "gentlemen", "men", "gents" BRIT
❸ *nur m* (*in Anrede ohne Namen*) **jds ~ Onkel/Vater/Sohn etc** sb's uncle/father/son etc; ***ach, das ist Ihr ~ Onkel auf dem Foto?*** oh, that's your uncle in the picture?
❹ *nur m* (*Tanzpartner, Begleiter*) [gentleman] companion, partner
❺ *nur m* (*geh: Mann*) gentleman; ***wir führen alles für den modebewussten ~n*** we stock everything for the well-dressed man; **ein geistlicher ~** (*geh*) a clergyman
❻ (*Herrscher*) ruler, sovereign; ■**~/~in über jdn/etw sein** to be ruler of sb/sth; (*Gebieter*) master, mistress *fem*; **~ über** [**jds**] **Leben und Tod sein** to have the power of life and death [over sb]; **der ~ des Hauses** the master of the house; **~ im eigenen Hause sein** to be master in one's own house; **der gnädige ~** (*veraltet*) the master [of the house]; **der junge ~** (*geh*) the young master; **~ der Lage sein** to be master of the situation, to have the situation under control; **nicht mehr ~ seiner Sinne sein** to no longer be in control of oneself; **sein eigener ~ sein** to be one's own master [*or* boss]; **nicht ~ über jdn werden** to not be able to control [*or* master] sb
❼ (*Besitzer*) master; ***sind Sie der ~ dieses Hundes?*** do you own this dog?, are you the owner of this dog?, does this dog belong to you?, is this your dog?
❽ REL (*Gott*) Lord; ■**der ~** the Lord God; **der ~ der Heerscharen** the Lord of hosts
► WENDUNGEN: **mein ~ und Gebieter** [*o* **Meister**] (*hum*) my lord and master *hum*; **wie der ~, so 's Gescherr!** (*prov*) like master, like man! *prov*; **~ des Himmels!** (*emph*) good Lord!; **aus aller ~en Länder[n]** from all over the world, from the four corners of the earth; **die ~en der Schöpfung** (*hum*) their lordships *hum*; **jds alter ~** (*hum fam*) sb's old man *sl*; **den großen ~n spielen** [*o* **markieren**] (*fam*) to act like the lord of the manor; **man kann nicht** [*o* **niemand kann**] **zwei ~en dienen** (*prov*) no man can serve two masters *prov*; [**mein**] **~!** sir!

Herrchen <-s, -> *nt* (*fam*) [young] master

Herrenartikel *pl* ❶ (*Kleidung*) menswear ❷ (*Accessoire*) accessories *pl* for men **Herrenausstatter** <-s, -> *m* [gentle]men's outfitters **Herrenbegleitung** *f* (*geh*) **in ~** in the company of [*or* accompanied by] a gentleman, with a male companion **Herrenbekanntschaft** *f* gentleman acquaintance; **eine ~ machen** to make the acquaintance of a gentleman **Herrenbekleidung** *f* menswear **Herrenbesuch** *m* ❶ (*Besucher*) gentleman visitor [*or* caller] ❷ (*Besuch durch einen Herrn*) visit from a gentleman **Herrendoppel** *nt* TENNIS men's doubles *pl* **Herreneinzel** *nt* TENNIS men's singles *pl* **Herren(fahr)rad** *nt* men's bicycle [*or* bike] **Herrenfriseur, -friseuse** *m, f* barber, men's hairdresser **Herrengesellschaft** *f* ❶ (*gesellige Runde von Herren*) all-male [*or* [gentle]men only] party [*or* gathering] ❷ (*Herrenbegleitung*) **in ~** in the company of [*or* accompanied by] a gentleman, with a male companion **Herrenhalbschuh** *m* oxford shoe **Herrenhaus** *nt* manor house **Herrenhemd** *nt* men's shirt **Herrenhose** *f* men's trousers [*or* AM pants] *npl* **Herrenhut** *m* men's hat **herrenlos** *adj* abandoned; *Hund, Katze* stray **Herrenmode** *f* men's fashion **Herrenparfüm** <-s, -s> *nt* men's fragrance **Herrensalon** *m* barber's, men's hairstylist **Herrensitz** *m* manor house **Herrenslip** *m* briefs *pl* **Herrenstrohhut** *m* boater **Herrentoilette** *f* men's toilet[s] [*or* AM restroom], gents BRIT **Herrenwitz** *m* dirty joke

Herrgott *m* (*fam*) SÜDD, ÖSTERR (*Gott*) ■**der/unser ~** God, the Lord [God]
► WENDUNGEN: **~ Sakrament!** SÜDD (*fam*), **~ noch mal!** (*fam*), **~!** (*fam*) for God's [*or* Heaven's] sake!

Herrgottsfrüh(e) *f* **in aller ~** (*fam*) at the crack of dawn, at an unearthly hour of the morning

Herrgottsschnitzer(in) *m(f)* SÜDD, ÖSTERR (*Holzbildhauer für Kruzifixe*) carver of crucifixes

Herrgottswinkel *m* SÜDD, ÖSTERR *corner of a room* [*decorated*] *with a crucifix and other devotional objects*

her|richten I. *vt* ❶ (*vorbereiten*) to arrange, to prepare; ■[**jdm/für jdn**] **etw ~** to get sth ready [for sb]; **den Tisch ~** to set the table
❷ (*in Stand setzen, ausbessern*) ■**etw ~** to repair [*or* fix] sth
II. *vr* DIAL (*sich zurechtmachen*) ■**sich ~** to get [oneself] ready

Herrin <-, -nen> *f fem form von* **Herr** mistress, lady

herrisch I. *adj* domineering, overbearing; *Ton* imperious, commanding, peremptory
II. *adv* imperiously, peremptorily

herrje(h), herrjemine *interj* goodness gracious!, cripes!

herrlich I. *adj* ❶ (*prächtig*) marvellous, AM marvelous; **eine ~e Aussicht** a beautiful [*or* magnificent] [*or* superb] view; **~er Sonnenschein** glorious sunshine; **~er Urlaub** delightful [*or* wonderful] holiday; (*wunderschön*) magnificent; ***ist das Wetter wieder ~ heute!*** what gorgeous [*or* excellent] weather we're having again today!
❷ (*köstlich*) delicious, exquisite
❸ (*iron*) wonderful *iron*; **das ist ja ~** (*iron*) oh great! *iron*
II. *adv* ❶ (*prächtig*) **sich ~ amüsieren** to have a marvellous [*or* AM marvelous] [*or* excellent] time, to have great fun
❷ (*köstlich*) **~ munden** [*o* **schmecken**] to taste delicious

Herrlichkeit <-, -en> *f* ❶ *kein pl* (*Schönheit, Pracht*) magnificence, splendour [*or* AM -or], grandeur; **die ~ der Landschaft** the beauty [*or* magnificence] of the landscape; **die ~ Gottes** REL the glory of God; **ist das die ganze ~?** (*iron*) is that [all there is to] it?; **die ~ wird nicht lange dauern** [*o* **anhalten**] (*fam*) it's too good to last
❷ *meist pl* (*prächtiger Gegenstand*) treasure
❸ (*Köstlichkeit*) delicacy

Herrschaft <-, -en> *f* ❶ *kein pl* (*Macht, Kontrolle*) power, rule, reign; **eine totalitäre ~** totalitarian rule; **sich der ~ bemächtigen** [*o* **die ~ usurpieren**] to seize power; **an die ~ gelangen** [*o* **kommen**] to come to power; **die ~ über etw** *akk*/**sich verlieren** to lose control of sth/oneself; **unter der ~ der/des ...** under the rule of the ...
❷ *pl* (*Damen und Herren*) ■**die ~en** ladies and gentlemen; ***guten Abend, meine ~en!*** good evening, ladies and gentlemen!; ***darf ich den ~en sonst noch etwas bringen?*** can I bring sir and madam anything else?
❸ (*veraltend: Dienstherr*) ■**~en** *pl* master *no indef art*; (*hum*) lordship, ladyship; ***und wann gedenken die ~ wieder nach Hause zu kommen?*** and when do his lord- and ladyship expect to come home again?
► WENDUNGEN: **jds alte ~en** (*hum fam*) sb's old man and old woman *sl*, sb's folks *esp* AM; **ältere ~** (*fam*) old folks

herrschaftlich *adj* grand, elegant

Herrschaftsanspruch *m* claim to power; **der ~ des Thronfolgers** the heir's claim to the throne **Herrschaftsbereich** *m* territory, jurisdiction

herrschen I. *vi* ❶ (*regieren*) ■[**über jdn/etw**] ~ to rule [*or* govern] [[over] sb/sth]; ***diese Partei herrscht seit 1918*** this party has been in power since 1918
❷ (*walten, in Kraft sein*) to hold sway
❸ (*vorhanden sein*) to prevail, to be prevalent; *Ruhe, Stille* to reign; *Hunger, Krankheit, Not* to be rampant [*or* rife], to be raging; ***hoffentlich herrscht hier bald wieder Ruhe!*** hopefully we'll soon be having a bit of quiet here!; ***seit Tagen herrscht in Mitteleuropa eine drückende Hitze*** there has been an oppressive heatwave in central Europe for [some] days [now]; ***was herrscht hier wieder für eine schreckliche Unordnung!*** what a terrible mess this place is in again!
II. *vi impers* **es herrscht Zweifel, ob ...** there is doubt whether ...; ***es herrscht Stille*** silence reigns; **es herrscht Unklarheit, wann/warum/wer/wie/ob ...** there is [some] doubt as to when/why/who/how/whether ...; **es herrscht Uneinigkeit, wann/warum/wer/wie/ob ...** we/they can't agree as to when/why/who/how/whether ...

herrschend *adj* ❶ (*regierend*) ruling, dominant
❷ (*Machthaber*) ■**die H~en** the rulers, those in power
❸ (*in Kraft befindlich*) prevailing
❹ (*obwaltend*) prevailing, prevalent

Herrscher(in) <-s, -> *m(f)* ruler, sovereign, monarch; ■**~ über jdn/etw** ruler of sb/sth

Herrschergeschlecht *nt*, **Herrscherhaus** *nt*

H

[ruling] dynasty

Herrscherin <-, -nen> *f fem form von* **Herrscher**

Herrschsucht *f* thirst [*or* lust] for power; PSYCH domineering nature

herrschsüchtig *adj* domineering

her|rufen *vt irreg* ① (*zu jdm rufen*) ▪**jdn/ein Tier [zu sich]** ~ to call [over *sep*] sb/an animal
② (*nachrufen*) ▪**etw hinter jdm** ~ to call sth after sb

her|rühren *vi* (*geh*) ▪**von etw** ~ to come from sth; **von einem Albtraum/einer Feindschaft/einem Gegensatz** ~ to stem from a nightmare/animosity/a paradox

her|sagen *vt* ▪**etw** ~ to recite sth

her|schauen *vi* DIAL (*hersehen*) ▪**[zu jdm]** ~ to look over [at sb]; ***der Mann schaut schon die ganze Zeit zu uns her!*** that man has been looking over at us the whole time!
▶ WENDUNGEN: **da schau her!** ÖSTERR (*fam: sieh mal an!*) well, I never!

her|schicken *vt* ① (*zu jdm schicken*) ▪**jdn/etw [zu jdm]** ~ to send sb/sth [here [*or* over]] [to sb]
② (*nachschicken*) ▪**jdn/etw hinter jdm/etw** ~ to send sb/sth after sb/sth

her|schieben *irreg* **I.** *vt* (*schieben*) ▪**etw** ~ to pull sth towards oneself [*or* over [to oneself]]
II. *vr* ① (*schieben*) ▪**etw vor sich** ~ *Kinderwagen* to push sth; ***er schob das Rad neben sich her*** he pushed his bike along
② (*fig: verschieben*) ▪**etw vor sich** ~ *Entscheidung, Problem* to put sth off; **eine Entscheidung vor sich** ~ to put off [*or* delay] a decision

her|sehen *vi irreg* ① (*in jds Richtung sehen*) ▪**[zu jdm]** ~ to look this way [*or* over here] [at sb]; ***sieh doch mal gerade her, ich will dir was zeigen!*** look this way [*or* over here], I want to show you something!
② (*nachsehen*) ▪**hinter jdm/etw** ~ to follow sb/sth with one's eyes

her|stammen *vi* ① (*herkommen*) ▪**irgendwo** ~ to come [*or* be] from somewhere
② (*herrühren*) ▪**von etw** ~ to come from sth
③ (*herkommen*) ▪**von jdm/etw** ~ to come from sb/sth; ***diese Aussage stammt von der Geschäftsleitung her*** that statement came from the management

her|stellen *vt* ① (*erzeugen*) ▪**etw** ~ to produce [*or* manufacture] sth; ***die Schnitzereien sind alle von Hand hergestellt*** the carvings are all made [*or* produced] by hand; **~de Industrie** producing industry
② (*zustande bringen*) ▪**etw** ~ to establish [*or* make] sth
③ (*gesundheitlich*) ▪**jdn wieder** ~ to restore sb back to health; ***ich fühle mich noch etwas schlapp, sonst bin ich wieder einigermaßen hergestellt*** I still feel a little run-down, but other than that I feel much better
④ (*irgendwohin stellen*) ▪**etw [zu jdm/etw]** ~ to put sth here [next to sb/sth]

Hersteller(in) <-s, -> *m(f)* ① (*Produzent*) manufacturer, producer
② (*Mitarbeiter der Herstellung*) production department employee [*or* worker]

Herstellerbescheinigung *f* manufacturer's certificate **Herstellerfirma** *f* manufacturer, manufacturing firm **Herstellerhaftung** *f* JUR manufacturer's liability

Herstellerin <-, -nen> *f fem form von* **Hersteller**

Herstellerpreis *m* HANDEL producer's cost **Herstellerwerbung** *f* HANDEL producer advertising

Herstellung *f kein pl* ① ÖKON (*das Herstellen*) production, manufacturing, making; (*Produktion*) production, manufacture; ***am Design merkt man gleich, dass die Schuhe aus italienischer ~ sind*** you can immediately tell from the design that the[se] shoes are [*or* were] made in Italy; **serienmäßige** ~ mass production; (*von Autos*) series production
② (*Aufbau*) establishing, establishment; **die ~ von Kontakten** establishing [*or* making] contacts; ***seine Reise nach China diente vornehmlich der ~ von Kontakten*** the main purpose of his trip to China was to establish new contacts
③ (*Produktionsabteilung*) production department

Herstellungsaufwand *m kein pl* FIN production costs *pl;* (*Steuerrecht*) [tax] construction expenditure **Herstellungsfehler** *m* production defect **Herstellungsgang** *m* manufacturing process **Herstellungsgarantie** *f* HANDEL manufacturer's warranty **Herstellungsklage** *f* JUR action for specific performance **Herstellungskosten** *pl* production [*or* manufacturing] costs *pl,* cost of production; **Erstattung der** ~ reimbursement of manufacturing costs **Herstellungsland** *nt s.* **Herkunftsland** **Herstellungslizenz** *f* JUR manufacturing licence [*or* AM -se] **Herstellungsmuster** *nt* pre-production model **Herstellungsprozess**[RR] *m* manufacturing process **Herstellungsrechte** *pl* JUR manufacturing rights

her|tragen *vt irreg* ① (*herbeitragen*) ▪**jdn/etw [zu jdm]** ~ to carry sth [over] here [to sb]
② (*entlangtragen*) ▪**etw hinter/neben/vor jdm** ~ to carry sth [along] behind/beside/in front of sb

her|trauen *vr* ▪**sich [zu jdm]** ~ to dare to come [here] [to sb]; ***er traut sich nicht mehr her*** he doesn't dare come here any more

Hertz <-, -> *nt* hertz

Hertzsprung-Russell-Diagramm *nt* ASTRON Hertzsprung-Russell diagram

herüben *adv* SÜDD, ÖSTERR (*auf dieser Seite*) over here

herüber *adv* over here; ***die Flussfähre fährt ans andere Ufer hinüber und dann wieder zu uns*** ~ the river boat travels over to the other bank and then back over [*or* across] [here] to us

herüber|bitten *vt irreg* ▪**jdn [zu jdm/sich]** ~ to ask sb [to come] over [to sb] **herüber|bringen** *vt irreg* ▪**jdn/etw [zu jdm]** ~ to bring sb/sth over [to sb] **herüber|dürfen** *vi irreg* ▪**[zu jdm]** ~ to be allowed [to come] over [*or* across] [to sb]; ***darf ich zu Ihnen herüber?*** may I come over to you [*or* where you are]? **herüber|fahren** *irreg* **I.** *vi sein* ▪**[zu jdm]** ~ to drive [*or* come] over [*or* across] [to sb] **II.** *vt haben* ▪**jdn/etw** ~ to drive sb/sth over **herüber|geben** *vt irreg* ▪**etw [zu jdm]** ~ to pass [*or* hand] over sth *sep* [to sb] [*or* sth over [here]] **herüber|holen** *vt* ▪**jdn/etw [zu sich]** ~ to bring sb/sth over [to sb], to fetch sb/sth **herüber|kommen** *vi irreg sein* ▪**[zu jdm]** ~ ① (*hierher kommen*) to come over [here] [to sb] ② (*hierher gelangen*) to get over [*or* across] [to sb] **herüber|lassen** *vt irreg* ▪**jdn/etw** ~ to allow sb/sth [to come] over [*or* across] **herüber|laufen** *vi irreg sein* ▪**[zu jdm]** ~ to run over [here] [to sb] **herüber|reichen** **I.** *vt* (*geh*) *s.* **herübergeben** **II.** *vi* ▪**[irgendwohin]** ~ to extend [*or* reach] over [somewhere] **herüber|retten** *vt s.* **hinüberretten** **herüber|schicken** *vt* ▪**jdn/etw [zu jdm]** ~ to send sb/sth over [here] [to sb] **herüber|schwimmen** *vi irreg sein* ▪**[über etw** *akk*] **[zu jdm]** ~ to swim across [sth] [to sb] **herüber|sehen** *vi irreg* ▪**[zu jdm]** ~ to look over [*or* across] [here] [at sb] **herüber|werfen** *vt irreg* ▪**etw [zu jdm]** ~ to throw sth over [*or* across] [here] [to sb] **herüber|wollen** *vi* ▪**[zu jdm]** ~ to want to come over [*or* across] [to sb] **herüber|ziehen** *vt irreg* ▪**jdn/etw [zu sich** *dat*] ~ to pull sb/sth over [here] [to oneself]

herum *adv* ① (*um etw im Kreis*) ▪**um etw** ~ [a]round sth
② (*überall in jds Nähe*) ▪**um jdn** ~ [all] around sb; ▪**um jdn** ~ **sein** to be [a]round sb
③ (*gegen*) ▪**um ...** ~ around [*or* about] ...; ***es mögen um 45.000 Zuschauer ~ im Stadion gewesen sein*** there must have been around [*or* about] 45,000 spectators in the stadium; (*um zirka*) [at] about [*or* around] ...; ***„wieviel Uhr mag es jetzt sein?" — „ich schätze, um 17 Uhr 30 ~"*** "what time is it?" — "I'd guess that it's about [*or* around] half past five"
④ (*vorüber sein*) ▪**~ sein** to be over
⑤ (*verbreitet worden sein*) ▪**~ sein** to have got [a]round [*or* about]

herum|albern *vi* (*fam*) to fool [*or* clown] around [*or* about]; ▪**jds H~** sb's fooling around [*or* about]

herum|ärgern *vr* (*fam*) ▪**sich mit jdm/etw** ~ to keep getting worked up about [*or* annoyed with] sb/sth, to have constant trouble with sb/sth *fam*

herum|bekommen* *vt irreg* ▪**jdn [zu etw]** ~ to talk sb round [*or esp* AM around] [to sth]

herum|blättern *vi* ▪**in etw** *dat* ~ to leaf through sth **herum|brüllen** *vi* (*fam*) to shout [*or* scream] one's head off *fam* **herum|bummeln** *vi* (*fam*) ① *haben* (*trödeln*) to dawdle ② *sein* (*herumspazieren*) ▪**[irgendwo]** ~ to stroll [*or* wander] [a]round [somewhere] **herum|doktern** *vi* (*fam*) ① (*zu kurieren versuchen*) ▪**an jdm/etw** ~ to try treating [*or* curing] sb/sth ② (*zu reparieren versuchen*) ▪**an etw** *dat* ~ to tinker [*or* fiddle] about with sth **herum|drehen** **I.** *vt* ① (*um die Achse drehen*) ▪**etw** ~ to turn sth ② (*wenden*) ▪**jdn/etw** ~ to turn sb/sth over **II.** *vr* ▪**sich [zu jdm]** ~ to turn [a]round [to sb] **herum|drücken** **I.** *vr* (*fam*) ① (*ohne Ziel aufhalten*) ▪**sich irgendwo** ~ to hang [a]round [*or* about] [*or* out] somewhere *fam* ② (*drücken*) ▪**sich um etw** ~ to dodge sth *fig;* ***wir können uns nicht länger um eine Entscheidung ~!*** we can't dodge making a decision any longer! **II.** *vi* ▪**an etw** *dat* ~ to [try and] squeeze sth **herum|drucksen** *vi* (*fam*) to hum and haw BRIT, to hem and haw AM **herum|erzählen*** *vt* (*fam*) ▪**etw** ~ to spread sth [a]round **herum|fahren** *irreg* **I.** *vi* ① *sein* (*umherfahren*) ▪**irgendwo** ~ to drive [a]round somewhere; ***ich bin ein bisschen in der Stadt herumgefahren*** I drove [*or* went] [a]round [the] town for a while ② *sein* (*im Kreis darum fahren*) ▪**um jdn/etw** ~ to drive [a]round sb/sth ③ *sein* (*sich rasch umdrehen*) to spin [*or* turn] [a]round quickly ④ *sein o haben* (*ziellos streichen, wischen*) ▪**[mit etw] auf/in etw** *dat* ~ to wipe sth [with sth]; ***er fuhr sich nervös mit den Händen im Haar herum*** he ran his hands nervously through his hair **II.** *vt haben* ▪**jdn** ~ to drive sb [a]round **herum|flegeln** *vr* (*fam*) ▪**sich [irgendwo]** ~ to loll [a]round [*or* about] [somewhere]

herum|fragen *vi* (*fam*) to ask around, to make inquiries **herum|fuchteln** *vi* (*fam*) ▪**[mit etw]** ~ to wave sth around [*or* about], to fidget with sth

herum|führen **I.** *vt* ① (*durch die Gegend führen*) ▪**jdn [in etw** *dat*] ~ to show sb [a]round [sth] ② *meist passiv* (*darum herum bauen*) ▪**etw um etw** ~ to build sth [a]round sth **II.** *vi* ▪**um etw** ~ to go [a]round sth **herum|fuhrwerken** *vi* (*fam*) ▪**[mit etw]** ~ to fiddle [*or fam* mess] about [*or* around] [with sth] **herum|fummeln** *vi* (*fam*) ① (*anhaltend hantieren*) ▪**[an etw** *dat*] ~ to fiddle [*or fam* mess] about [*or* around] [with sth] ② (*anfassen*) ▪**an jdm/etw** ~ to fiddle [*or* fumble] about with sb/sth; (*mit sexueller Absicht*) to touch [*or* feel] sb up *fam,* to grope sb **herum|geben** *vt irreg* ▪**etw** ~ to pass [*or* hand] sth [a]round, to circulate sth **herum|gehen** *vi irreg sein* (*fam*) ① (*einen Kreis gehen*) ▪**um jdn/etw** ~ to go [*or* walk] [a]round sb/sth ② (*ziellos umhergehen*) ▪**[in etw** *dat*] ~ to go for a walk [a]round [sth], to wander [*or* walk] around [sth] ③ (*herumgereicht werden*) to be passed [*or* handed] [a]round; ▪**etw ~ lassen** to circulate sth ④ (*weitererzählt werden*) to go [a]round; *s. a.* **Kopf** ⑤ (*vorübergehen*) to pass, to go by **herum|geistern** *vi sein* (*fam*) ▪**[in etw** *dat*] ~ ① (*ziellos umhergehen*) to wander [a]round [sth] ② *s.* **herumspuken** **herum|hacken** *vi* (*fam*) ▪**auf jdm** ~ to pick on sb, to get [on] at sb *fam* **herum|hängen** *vi irreg sein* (*sl*) ① (*ständig zu finden sein*) ▪**irgendwo/in etw** *dat* ~ to hang [a]round [*or* about] [*or* out] in sth/somewhere *fam* ② (*untätig sein*) to lounge [a]round [*or* about], to bum [a]round [*or* about] *fam* **herum|horchen** *vi* (*fam*) to ask around, to keep one's ears open **herum|huren** *vi* (*sl*) to sleep around *fam,* to go whoring *dated,* to put it about BRIT *sl;* ***die hurt doch mit jedem herum!*** she sleeps with anybody! **herum|irren** *vi sein* to wander [a]round [*or* about] **herum|kommandieren*** **I.** *vt* (*fam*) ▪**jdn** ~ to boss *pej fam* [*or* order] sb about [*or* around] **II.** *vi* (*fam*) to give orders

herum|kommen *vi irreg sein* (*fam*) ❶ (*herumfahren können*) ■**um etw** ~ to get [a]round sth; ***kommen Sie mit Ihrem Gepäckwagen um die Säule herum?*** are you able to get around this pillar with your luggage trolley?
❷ (*vermeiden können*) ■**um etw** ~ to get out of sth; ***die Regierung kam um Steuererhöhungen nicht herum*** the government was unable to get [a]round raising taxes; ■**darum** ~, **etw zu tun** to get out of doing sth; ***wir kommen um die Tatsache nicht herum, dass er nun mal einfach kompetenter ist*** we can't get [a]round the fact that he is simply more competent
❸ (*reisen*) ■[**irgendwo**] ~ to get around [*or* about] [somewhere]; **viel** ~ to see a great deal, to do a lot of travelling; ***in Dänemark bin ich auf meinen Reisen viel herumgekommen*** I saw a lot of Denmark on my travels

herum|kramen *vi* (*fam*) ■**in etw** ~ to rummage about [*or* around] in sth **herum|krebsen** *vi* (*fam*) to struggle [on] **herum|kriegen** *vt* (*fam*) *s.* **herumbekommen** **herum|kutschieren*** *vt* (*fam*) ■**jdn** [**in etw** *dat*] ~ to drive sb [a]round [in sth] **herum|laufen** *vi irreg sein* ❶ (*herumführen*) ■**um etw** ~ to run [*or* go] [a]round sth ❷ (*Kreis laufen*) ■**um etw** ~ to run [a]round sth ❸ (*fam: umherlaufen*) to go [a]round [*or* about]; ***um Gottes Willen, wie läufst du denn herum?*** for heaven's sake, what do you look like!; [**noch**] **frei** ~ to be [still] at large **herum|liegen** *vi irreg* (*fam*) to lie about [*or* around]; ■**etw** ~ **lassen** to leave sth lying about [*or* around] **herum|lungern** *vi* (*fam*) ■**irgendwo** ~ to loaf [*or* loiter] [*or* hang] about [*or* around] somewhere *fam* **herum|machen** **I.** *vi* (*fam*) ❶ (*herumtasten*) ■**an etw** *dat* ~ to fiddle [about [*or* around]] with sth, to monkey with sth ❷ (*herumnörgeln*) ■**an etw** ~ to find fault with sth; ■**an jdm** ~ to nag sb *fam* **II.** *vt* (*fam*) ■**etw um etw** ~ to put sth [a]round sth **herum|meckern** *vi* (*fam*) to moan, to grumble; ■**an jdm** ~ to find fault with sb, to criticize sb **herum|nörgeln** *vi* (*pej fam*) ■[**an jdm**] ~ to nag [[at] sb]; ■**an etw** ~ to find fault with sth **herum|quälen** *vr* (*fam*) ❶ (*sich qualvoll befassen*) ■**sich mit jdm/etw** ~ to battle against [*or* with] sb/sth, to struggle with sb/sth ❷ (*qualvoll leiden*) ■**sich** [**mit etw**] ~ to be plagued [by sth] **herum|rätseln** *vi* ■[**an etw** *dat*] ~ to try to figure out [sth] *fam sep* **herum|reden** *vi* (*fam*) ❶ (*ausweichend reden*) ■**um etw** ~ to talk round [*or* AM around] sth, to dodge the issue, to beat about [*or* AM around] the bush ❷ (*belangloses Zeug reden*) ■[**nur**] ~ to waffle on *pej* **herum|reichen** *vt* ❶ (*geh*) *s.* **herumgeben** ❷ (*fam: allen möglichen Leuten vorstellen*) ■**jdn** ~ to introduce sb to everybody [*or* everyone] **herum|reisen** *vi sein* to travel about [*or* around] **herum|reißen** *vt irreg* ■**etw** ~ to pull sth round [*or esp* AM around] hard **herum|reiten** *vi irreg sein* ❶ (*umherreiten*) ■[**in etw** *dat*] ~ to ride around [*or* about] [[in] sth] ❷ (*reitend umgehen*) ■**um etw** ~ to ride [a]round sth ❸ (*fam: herumhacken*) ■**auf jdm** ~ to get at sb *fam;* ■**auf etw** *dat* ~ (*pej*) to harp on about sth *pej fam*, to keep bringing sth up, to keep going on about sth *fam* **herum|rennen** *vi irreg sein* ❶ (*fam: umherrennen*) to run around [*or* about] ❷ *s.* **herumlaufen 2** **herum|scharwenzeln*** *vi sein* (*pej fam*) ■**um jdn** ~ to dance attendance on sb BRIT, to grovel **herum|schlagen** *irreg* **I.** *vt* (*geh*) *s.* **herumwickeln** **II.** *vr* (*fam*) ■**sich mit jdm/etw** ~ to keep battling against [*or* with] sb/sth, to struggle with sb/sth **herum|schleppen** *vt* (*fam*) ❶ (*umherschleppen*) ■**etw** [**mit sich**] ~ to lug sth [a]round [*or* about] *fam* ❷ (*belastet sein*) ■**etw mit sich** ~ to be worried [*or* troubled] by sth; **eine Krankheit/Infektion/ein Virus mit sich** ~ to go [a]round [*or* about] with an illness/a cold/a virus **herum|schnüffeln** *vi* ❶ (*anhaltend schnüffeln*) ■[**an etw** *dat*] ~ to sniff [a]round [sth] ❷ (*pej fam: spionierend wühlen*) ■[**in etw** *dat*] ~ to snoop around [*or* about] [in sth] *pej fam* **herum|schreien** *vi irreg* (*fam*) to scream and shout **herum|sitzen** *vi irreg sein* ❶ (*fam: untätig dasitzen*) ■[**nur**] ~ to sit [a]round [*or* about] *fam* ❷ (*sitzend gruppiert sein*) ■**um jdn/etw** ~ to sit [a]round sb/sth; ***sie saßen um den Tisch herum*** they sat around the table **herum|spielen** *vi* ■**mit etw** ~ to keep playing about with sth BRIT, to play [*or* keep playing] around with sth AM **herum|sprechen** *vr irreg* ■**sich** [**bei jdm/in etw** *dat*] ~ to get [a]round [*or* about] [sth], to reach sb; ■**es hat sich herumgesprochen, dass/was …** it has got [a]round [*or* about] that/what … **herum|springen** *vi* (*fam*) to jump [*or* leap] around [*or* about] **herum|spuken** *vi* ■**irgendwo** ~ to go around somewhere; ***mir spukt da wieder so eine Idee im Kopf herum*** I've got this idea going [*or* floating] around in my head **herum|stehen** *vi irreg sein* ❶ (*fam: in der Gegend stehen*) to stand [*or* loiter] [a]round [*or* about] ❷ (*stehend gruppiert sein*) ■**um jdn/etw** ~ to stand [a]round sb/sth **herum|stöbern** *vi* (*fam*) ❶ (*wahllos stöbern*) ■[**in etw** *dat*] ~ to rummage around [*or* about] [in sth] ❷ *s.* **herumschnüffeln 2** **herum|stochern** *vi* (*fam*) ■**in etw** *dat* ~ to poke [a]round [*or* about] in sth; ***er stocherte im Essen herum*** he picked at [*or* poked around in] his food **herum|stoßen** *vt irreg* (*fam*) ■**jdn** ~ to push sb about [*or* [a]round] **herum|streiten** *vr irreg* (*fam*) ■**sich** [**mit jdm**] ~ to keep quarrelling [with sb], to wrangle with sb **herum|streunen** *vi sein* (*pej*) to roam around [*or* about] **herum|suchen** *vi* ■**nach etw** ~ to keep rummaging around for sth **herum|tanzen** *vi sein* ❶ (*umhertanzen*) ■[**in/auf etw** *dat*] ~ to dance [a]round [*or* about] [sth] ❷ (*im Kreis um jdn/etw tanzen*) ■**um jdn/etw** ~ to dance [a]round sb/sth; *s. a.* **Nase** **herum|toben** *vi* (*fam*) ❶ *sein o haben* (*ausgelassen umherlaufen*) ■[**irgendwo/in/auf etw** *dat*] ~ to romp around [*or* about] [somewhere/sth] ❷ *haben* (*wüst schimpfen*) to rant and rave **herum|tragen** *vt irreg* ❶ (*bei sich tragen*) ■**etw mit sich** ~ to carry [a]round [*or* about] sth *sep* ❷ (*weitererzählen*) ■**etw** ~ to spread sth [a]round [*or* about] **herum|trampeln** *vi sein* ❶ (*fam: umhertrampeln*) ■[**irgendwo/auf etw** *dat*] ~ to trample around [*or* about] [somewhere/on sth]; *s. a.* **Kopf** ❷ (*mit Füßen treten*) ■**auf jdm/etw** ~ to trample on sb/sth; ■**auf jdm** ~ (*fig*) to walk all over sb *fig;* **auf jds Gefühlen** ~ to trample on sb's feelings **herum|treiben** *vr irreg* ❶ (*ziellos aufhalten*) ■**sich irgendwo** ~ to hang [a]round [*or* about] [*or* out] somewhere *fam;* ***wo er sich nur wieder herumtreibt?*** where's he got to now? ❷ (*müßig die Zeit verbringen*) ■**sich mit jdm** ~ to hang [a]round [*or* about] [*or* out] with sb *fam*

Herumtreiber(in) <-s, -> *m(f)* (*pej*) ❶ (*Mensch ohne feste Arbeit, Wohnsitz*) down-and-out, tramp, loafer, vagrant *esp dated*
❷ (*fam: Streuner*) layabout, good-for-nothing

herum|trödeln *vi* (*fam*) to dawdle around [*or* about] **herum|turnen** *vi sein* (*fam*) ■**auf/in etw** *dat* ~ to climb around [*or* about] on/in sth **herum|werfen** *irreg* **I.** *vt* ❶ (*achtlos umherstreuen*) ■**etw** [**irgendwo**] ~ to throw sth [a]round [*or* about] [somewhere] ❷ (*herumreißen*) ■**etw** ~ to pull sth round [*or esp* AM around] hard; ***schnell den Hebel ~!*** pull down the lever quickly! **II.** *vr* ■**sich auf/in etw** *dat* ~ to toss and turn on/in sth **herum|wickeln** *vt* ■**etw** [**um jdn/etw**] ~ to wrap sth [a]round [sb/sth]; **eine Binde** [**um jdn**] ~ to wind [*or* wrap] a bandage [a]round [sb]; **Faden/Kordel/Schnur** [**um etw**] ~ to wind thread/cord/string [a]round [sth] **herum|wieseln** *vi sein* (*fam*) to scurry [a]round [*or* about]; ■**um jdn** ~ to scurry [a]round sb **herum|wühlen** *vi* ■[**in etw** *dat*] ~ to rummage [*or* BRIT root] around [*or* about] [in sth]; **in jds Vergangenheit** ~ (*fam*) to dig into sb's past **herum|wursteln** *vi* (*fam*) ❶ (*ziellos vor sich hinarbeiten*) to potter about *fam;* ***ich habe den ganzen Morgen in der Küche herumgewurstelt*** I just pottered around the kitchen this morning ❷ (*herummachen*) to mess [*or* BRIT *fam* faff] around [*or* about]; ***hör jetzt endlich auf, in deinen Sachen herumzuwursteln!*** stop faffing around in your things! **herum|zeigen** *vt* ■**etw** ~ to show sth around **herum|ziehen** *irreg* **I.** *vi sein* ❶ (*von Ort zu Ort ziehen*) ■[**mit jdm/etw**] ~ to move about [*or* around] [with sb/sth] ❷ (*um etw ziehen*) ■**um etw** ~ to go [a]round sth **II.** *vr haben* ■**sich um etw** ~ to run [a]round sth

herunten *adv* SÜDD, ÖSTERR (*hier unten*) down here

herunter **I.** *adv* ❶ (*hinab*) down; ***sie liefen den Berg ~ bis zum Fluss*** they ran down the hill to the river; ~ **mit den Waffen/Händen!** drop your weapons/hands!; ~ ***mit dir!*** come [*or* get] down from there at once!
❷ (*heruntergeklettert sein*) ■[**von etw**] ~ **sein** to be down [from sth]; ***bist du wohl bald vom Baum herunter!*** get down from that tree, now!
❸ (*heruntergelassen sein*) ■~ **sein** to be down
❹ (*reduziert sein*) ■~ **sein** to be down; ***wenn die 16 Kilogramm nur herunter wären*** if only I could lose these 16 kilograms
II. *präp nachgestellt* ■**etw** *akk* ~ down sth; ***den Berg ~ geht es leichter als hinauf*** it's easier to go down the hill than up it

herunter|bekommen* *vt irreg* ❶ (*herunterschlucken können*) ■**etw** ~ to get sth down, to be able to eat sth ❷ (*abbekommen*) ■**etw** ~ to get sth off ❸ (*heruntertransportieren können*) ■**etw** ~ to get sth down **herunter|brennen** *vi irreg* ❶ *haben* (*intensiv herniederscheinen*) ■**auf jdn/etw** ~ to burn [*or* beat] down on sb/sth ❷ *sein* (*völlig abbrennen*) to burn down; *Feuer* to burn out **herunter|bringen** *vt irreg* ❶ (*nach hier unten bringen*) ■**jdn/etw** ~ to bring down sb/sth *sep* ❷ (*fam*) *s.* **herunterbekommen 2** to get sth off **herunter|drücken** *vt* ❶ (*nach unten drücken*) ■**etw** ~ to press down sth *sep* ❷ (*auf ein niedrigeres Niveau zwingen*) ■**etw** [**auf etw** *akk*] ~ to force down sth *sep* [to sth] **herunter|fahren** *irreg* **I.** *vi sein* ■[**zu jdm**] ~ to drive [*or* come] down [to sb]; ***wir sind zu meinen Eltern in den Schwarzwald*** ~ we drove down to see my parents in the Black Forest; ■[**irgendwo**] **heruntergefahren kommen** to drive [*or* come] down [somewhere]; ***in einem höllischen Tempo kam sie die Piste heruntergefahren*** she came skiing down the piste at a hellish speed **II.** *vt haben* ❶ (*transportieren*) ■**jdn/etw** ~ to bring [*or* drive] down sb/sth; ***die Seilbahn hat uns heruntergefahren*** we came down on the cable car ❷ (*drosseln*) ■**etw** ~ to reduce [*or sep* cut back] sth ❸ INFORM (*ausschalten*) ■**etw** ~ to power down [*or* off] sth **herunter|fallen** *vi irreg sein* ■[**von etw**] ~ to fall off [sth]; ***dass du mir bloß nicht von der Leiter herunterfällst!*** just [be careful that you] don't fall off the ladder!; ***mir ist der Hammer heruntergefallen*** I've dropped the hammer **herunter|geben** *vt irreg* ■[**jdm**] **etw** ~ to pass [*or* hand] down sth *sep* [to sb]; ***gib mir den Eimer herunter*** pass [*or* hand] me down the bucket, hand [*or* pass] the bucket down to me **herunter|gehen** *vi irreg sein* ❶ (*hierher nach unten gehen*) ■[**etw**] ~ to go down [sth]; **die Treppen** ~ to go down the stairs ❷ (*aufstehen und weggehen*) ■**von etw** ~ to get off sth; ***was machst du da auf der Mauer? geh da sofort herunter!*** what are you doing [up there] on the wall? get down [off [*or* from] it] at once! ❸ (*sinken*) to drop, to fall, to go down; **die Löhne/Preise gehen** [**auf etw**] **herunter** the wages/prices are dropping [*or* falling] [*or* coming down] [to sth] ❹ (*Flughöhe verringern*) to descend; **auf 5000 m** ~ to descend to 5000 m ❺ (*fam: abrücken*) ■**von etw** ~ to soften sth; ***kommt gar nicht in Frage, von den drei Millionen gehen wir nicht herunter!*** it's out of the question, we won't go any lower than three million! ❻ (*reduzieren*) to reduce, to lower; **mit der Geschwindigkeit/dem Tempo** [**auf etw**] ~ to slow down [*or* reduce [one's] speed] [to sth]; ***er ging mit dem Verkaufspreis noch auf €10.200***

herunter he brought the sales price down to €10,200

heruntergekommen *adj (pej)* ❶ *(abgewohnt)* run-down, dilapidated
❷ *(verwahrlost)* down-at-[the-]heel BRIT, down-and-out

heruntergewirtschaftet *pp von* **herunterwirtschaften** *Hof* run-down

herunter|handeln *vt (fam)* ■**etw** ~ to knock down sth *sep;* **einen Preis von … auf …** ~ to knock down a price from … to …; ***ich habe noch 20 Euro vom Verkaufspreis ~ können*** I managed to get 20 euros knocked off the sales price **herunter|hängen** *vi irreg* ■[**von etw/auf etw** *akk*] ~ to hang down [from sth/over sth], to dangle [from sth/over sth] **herunter|hauen** *vt irreg (fam)* ■**jdm eine** ~ to slap sb, to give sb a slap **herunter|holen I.** *vt* ❶ *(fam: abschießen)* **einen Vogel** ~ to shoot [*or* bring] down a bird *sep* ❷ *(von oben holen)* ■**etw** [**von irgendwo**] ~ to fetch down sth [from somewhere] *sep;* **eine Flagge** ~ to take down a flag; ***er hat die Katze vom Baum heruntergeholt*** he rescued the cat from [up] the tree **II.** *vr (vulg) s.* **runterholen herunter|klappen** *vt* ■**etw** ~ to put down sth *sep;* **einen Sitz** ~ to put [*or* fold] down a seat; **einen Kragen** ~ to turn down a collar; **einen Deckel** ~ to close a lid **herunter|klettern** *vi sein* ■[**von etw/irgendwohin**] ~ to climb down [from sth/somewhere] **herunter|kommen** *vi irreg sein* ❶ *(hierher nach unten kommen)* to come [*or fam* get] down; ***ohne Hilfe wird sie den steilen Weg wohl kaum ~*** she will have trouble getting down this steep path on her own ❷ *(fam: verfallen)* to become run-down [*or* dilapidated] ❸ *(fam: verwahrlosen)* to become down-and-out [*or* BRIT down-at-heel]; ***sie sieht völlig heruntergekommen aus*** she looks completely down-and-out ❹ *(fam: wegkommen)* ■**von etw** ~ to get off [*or* give up] sth; **von einer Gewohnheit** ~ to kick a habit *sl;* **vom Rauchen** ~ to quit *fam* [*or* give up] smoking, to kick the habit *sl;* **von einer schlechten Zensur** ~ to improve on a bad mark **herunter|können** *vi irreg* ■[**von etw**] ~ to be able to get down [[from] sth]; ■**zu jdm** ~ to be able to come down to sb **herunter|kriegen** *vt (fam)* ■**etw** ~ *s.* **herunterbekommen herunter|kurbeln** *vt* ■**etw** ~ to wind down sth *sep*

herunterladbar *adj* INFORM downloadable

herunter|laden *vt* INFORM *(Daten übertragen)* ■**etw** ~ to download sth **herunter|lassen** *vt irreg* ❶ *(abseilen)* ■**jdn/etw** [**irgendwo**] ~ to lower [*or* let down] sb/sth [somewhere]; ■**sich** [**an etw** *dat*] ~ to lower oneself [on sth] *sep* ❷ *(nach unten gleiten lassen)* ■**etw** ~ to lower sth; *s. a.* **Hose herunter|laufen I.** *vt irreg (abwärts gehen)* ■**etw** ~ to walk down sth **II.** *vi* ■**jdm** ~ to run down; ***als sie sich verabschiedete, liefen ihr die Tränen die Wangen herunter*** tears were pouring down her cheeks when she said goodbye **herunter|leiern** *vt (pej fam)* ■**etw** ~ to drone out sth *sep,* to recite sth monotonously, to rattle [*or* BRIT reel] off sth **herunter|machen** *vt (fam)* ❶ *(schlecht machen)* ■**jdn/etw** ~ to run down sb/sth; ***im Testbericht ist der Wagen sehr heruntergemacht worden*** the car received a terrible [*or* real] slating in the test report, the car was pulled to pieces in the test report ❷ *(zurechtweisen)* ■**jdn** ~ to tell sb off, to tear sb off a strip BRIT; ***der Chef machte sie so herunter, dass sie heulend aus dem Büro lief*** she received such a telling off from the boss that she ran from the office in tears **herunter|nehmen** *vt irreg* ■**etw** [**von etw**] ~ to take sth off [sth], to remove sth [from sth]; **jdn von der Schule** ~ *(fam)* to take sb out of [*or* remove sb from] school **herunter|purzeln** *vt* **die Treppe** ~ to tumble down the stairs; **vom Baum** ~ to fall out of [*or* down off] the tree **herunter|putzen** *vt (sl)* ■**jdn** ~ *s.* **heruntermachen 2 herunter|rasseln** *vt (fam)* ■**etw** ~ ❶ *(rasch aufsagen)* to rattle [*or* BRIT reel] off sth *sep* ❷ *s.* **herunterleiern herunter|reichen I.** *vt (geh)* ■[**jdm**] **etw** ~ *s.* **heruntergeben** to pass [*or* hand] down sth [to sb] *sep* **II.** *vi* ■[**bis zu jdm/etw**] ~ to reach down [to sb/sth] **herunter|reißen** *vt irreg* ❶ *(abreißen)* ■[**jdm**] **etw** ~ to pull off [sb's] sth *sep;* **ein Foto von der Wand** ~ to tear down a photo from the wall ❷ *(sl: absitzen)* ■**etw** ~ to get through sth **herunter|schalten** *vi* AUTO to change down; **in den zweiten etc Gang** ~ to change down [*or* AM downshift] into second gear **herunter|schießen** *vt irreg* **einen Vogel** ~ to shoot down a bird *sep* **herunter|schlucken** *vt (fam) s.* **hinunterschlucken herunter|schrauben** *vt* ❶ *(reduzieren)* ■**etw** ~ to lower sth ❷ *s.* **abschrauben herunter|sehen** *vi irreg* ❶ *(herabsehen)* ■[**zu jdm**] ~ to look down [at sb] ❷ *(mustern)* ■**an jdm** ~ to look sb up and down ❸ *(pej) s.* **herabsehen herunter|setzen** *vt* ❶ *(fam: reduzieren)* **die Preise** ~ to reduce the prices ❷ *(abwerten) s.* **herabsetzen 2 herunter|spielen** *vt* ■**etw** ~ ❶ *(lustlos spielen) Musikstück* to rattle through sth ❷ *(verharmlosen) Problem* to play down sth *sep* **herunter|springen** *vi irreg* ■[**von etw**] ~ to jump down from sth; **von einer Mauer** ~ to jump off [*or* down from] a wall **herunter|steigen** *vi irreg sein* ■[**von etw**] ~ to climb [*or* come] down [from sth]; **von einer Leiter** ~ to come down off a ladder **herunter|stufen** *vt* ■**jdn/etw** ~ to downgrade sb/sth **herunter|stürzen I.** *vi sein (herunterfallen)* ■[**von etw**] ~ to fall off [sth] **II.** *vt haben* ❶ *(hierher nach unten stürzen)* ■**jdn/etw** [**von etw**] ~ to push sb/sth off [sth] ❷ *(fam) s.* **hinunterstürzen** to dash [*or* rush] down **III.** *vr haben* ■**sich** [**von etw**] ~ to throw oneself off [sth] **herunter|werfen** *vt irreg* ■**etw** [**zu jdm**] [**von etw**] ~ to throw down sth [to sb] [from sth] *sep* **herunter|wirtschaften** *vt (pej fam)* ■**etw** ~ to ruin sth; ***die Firma ist durch schlechtes Management bis fast zum Konkurs heruntergewirtschaftet worden*** bad management has brought the firm to the brink of bankruptcy **herunter|wollen** *vi (fam)* ■[**zu jdm**] [**von etw**] ~ to want to get [*or* come] down [to sb] [from sth] **herunter|ziehen** *irreg* **I.** *vt* ■**etw** ~ ❶ *(abziehen)* to pull down sth; ■**etw von etw** ~ to pull sth off [*or* from] sth ❷ *(nach unten ziehen) Pullover, etc.* to pull down sth *sep;* **jdn auf sein Niveau** ~ *(fig)* to pull sb down to one's level ❸ *(herunterlaufen)* to move [*or* proceed] down sth; ***der Faschingszug zog die Straße herunter*** the carnival procession proceeded down the street **II.** *vi sein (umziehen)* to move down

hervor *interj* ■~ **mit dir/euch!** *(geh)* out you come!, come on out!

hervor|bringen *vt irreg* ■**jdn/etw** ~ to produce sb/sth **hervor|gehen** *vi irreg sein* ❶ *(geh: entstammen)* ■**aus etw** ~ to come from sth; ***aus der Ehe gingen vier Kinder hervor*** the marriage produced four children; *s. a.* **siegreich, Sieger** ❷ *(sich ergeben, zu folgern sein)* to follow; **aus etw geht heraus …** it follows from sth …, sth proves that …; **aus etw geht heraus, wann/wer/wie/dass/ob …** it is clear from sth when/who/how/that/whether … **hervor|gucken** *vi (fam)* ■**unter etw** *dat* ~ to peep out from [*or* show] under sth; ***dein Unterrock guckt unterm Rock hervor*** your slip is showing under your dress **hervor|heben** *vt irreg* ❶ *(betonen)* ■**etw** ~ to emphasize sth, to stress sth; ■~, **wann/warum/wer/wie/dass/ob …** to emphasize [*or* stress] when/why/who/how/that/whether … ❷ *(besonders kennzeichnen)* ■**etw** ~ to make sth stand out; ***die Einträge werden durch Fettdruck hervorgehoben*** the entries stand out in bold type **hervor|holen** *vt* ■**etw** [**aus etw**] ~ to take out sth [from sth] *sep* **hervor|kehren** *vt (geh) s.* **herauskehren hervor|kommen** *vi irreg sein* ■[**aus/hinter etw** *dat*] ~ to come out [of sth/from behind sth], to emerge [*or* appear] [from sth] **hervor|locken** *vt* ■**ein Tier** [**irgendwo**] ~ to entice [*or* lure] out *sep* an animal [from somewhere] **hervorlugen** *vi* to look [*or* peep] out **hervor|ragen** *vi* ❶ *(sich auszeichnen)* ■[**unter ihnen**] [**durch etw**] ~ to stand out [among [*or* from] sb] [because of sth] ❷ *(weit vorragen)* ■[**aus etw**] ~ to jut out [*or* protrude] [from sth]

hervorragend I. *adj* excellent, outstanding, first-rate
II. *adv* excellently

hervor|rufen *vt irreg* to evoke; ■[**bei jdm** [*o* **jds**]] **etw** ~ to arouse [*or* stir up] [sb's] sth; [**bei jdm**] **Bestürzung** ~ to cause consternation [in sb]; [**bei jdm**] **Unmut** ~ to incur [sb's] displeasure **hervor|sehen** *vi irreg* ■[**irgendwo**] ~ to peep out [from somewhere]; ***dein Unterrock sieht unterm Rock hervor*** your slip is showing under your dress **hervorspähen** *vi* to look [*or* peep] out **hervor|springen** *vi irreg sein* ❶ *(mit einem Sprung hervorkommen)* ■[**hinter etw** *dat*] ~ to jump [*or* leap] out [from behind sth] ❷ *s.* **hervorragen 1 hervor|stechen** *vi irreg* ❶ *(vorstehen)* ■[**aus etw**] ~ to stick out [of sth]; ***durch die Haut ~de Knochen*** bones sticking out through the skin ❷ *(sich abheben)* ■[**aus etw**] ~ to stand out [of sth] ❸ *(auffallen)* to be striking [*or* eye-catching]; **~de Eigenschaften** striking features

hervorstechend *adj* ❶ *(spitz herausstehend)* protruding; ***sie ist ziemlich dürr und hat ~e Schulterblätter*** she's pretty skinny and has protruding shoulder blades [*or* shoulder blades which stick out] ❷ *(fig: sich abhebend) Schönheit, Brillianz* striking

hervor|stehen *vi irreg* SÜDD, ÖSTERR, SCHWEIZ ❶ *(abstehen)* to stick out ❷ *(herausragen)* to jut out **hervor|stoßen** *vt irreg* ■**etw** ~ to utter sth **hervor|treten** *vi irreg sein* ❶ *(heraustreten)* ■[**hinter etw** *dat*] ~ to step out [*or* emerge] [from behind sth] ❷ *(erhaben werden)* to stand out; *Wangenknochen, Kinn* to protrude ❸ *(erkennbar werden)* to become evident ❹ *(in Erscheinung treten)* to make a name for oneself, to distinguish oneself **hervor|tun** *vr irreg (fam)* ❶ *(sich auszeichnen)* ■**sich** [**mit etw**] ~ to distinguish oneself [with sth] ❷ *(sich wichtig tun)* ■**sich** ~ to show off **hervor|wagen** *vr* ■**sich** ~ to dare to come out, to venture forth **hervor|zaubern** *vt* ■**etw** [**aus etw**] ~ to conjure up *sep* [*or* produce] sth [from sth]; ***es braucht Zeit, so was lässt sich nicht einfach aus dem Ärmel ~!*** it'll take time, I can't just conjure up [*or* produce] something like that from nothing! **hervor|ziehen** *vt irreg* ■**jdn/etw** [**aus etw**] ~ to pull out sb/sth *sep;* ■**jdn/etw** [**hinter/zwischen etw**] ~ to pull sb/sth [from behind/from between sth]

her|wagen *vr* ■**sich** ~ to dare [*or* venture] to come here

Herweg *m* way here; **auf dem** ~ on the way here

Herz <-ens, -en> *nt* ❶ ANAT heart; **künstliches** ~ MED artificial heart; ***ihr ~ pochte/hämmerte*** her heart was pounding; **am offenen** ~ open-heart; **Chirurgie** [*o* **eine Operation**] **am offenen** ~ open-heart surgery
❷ KOCHK *(Gericht aus einem Tierherzen)* heart; ***zwei Kilo ~ [vom Ochsen] bitte!*** two kilos of [ox] heart, please!
❸ *(Gemüt, Gefühl)* heart; ***du regelst immer alles nur mit dem Verstand, wo bleibt das/dein ~?*** you always listen to the voice of reason, can't you ever let your heart rule [*or* can't you follow your heart]?; ***zeigen Sie mehr Verständnis, mehr ~!*** show more understanding, more sensitivity!; **mit ganzem ~en** wholeheartedly; ***wenn sie ein neues Projekt beginnt, ist sie immer mit ganzem ~en dabei*** when she starts a new project, she always puts her heart and soul into it!; **von ganzem ~en** sincerely; **etw mit ganzem ~en bejahen/unterstützen/zustimmen** to approve of/support/agree with sth wholeheartedly; **an/mit gebrochenem ~en** of/with a broken heart; **von ~en gern!** with pleasure!, I'd love to!; **jdn von ~en gern haben** to love sb dearly; **etw von ~en gern tun** to love doing sth; **ein gutes ~ haben** to have a good heart, to be good-hearted; **ein hartes ~ haben** to have a hard heart, to be hard-hearted; **im Grunde seines ~ens** in his heart of hearts; **leichten ~ens** with a light

heart, light-heartedly; **jdm wird leicht ums** ~ sb has a load lifted from one's mind; **schweren** [*o* **blutenden**] **~ens** with a heavy heart; **jdm das ~ schwer machen** to sadden sb's heart; **jdm ist das ~ schwer** sb has a heavy heart [*or* is heavy-hearted]; **aus tiefstem ~en** (*geh*) with all one's heart; **traurigen ~ens** with a heavy heart; **ein weiches ~ haben** to have a soft heart; **jdm/sich sein ~ erleichtern** to get sth off sb's/one's chest *fam;* **jds ~ erweichen** to soften up sb *sep;* **jdm bis ins ~ gehen** [*o* **jdm zu ~en gehen**] to make sb's heart bleed; **ein ~ für jdn/Tiere haben** to have a love of sb/animals; ***er hat ein ~ für Kinder*** he loves children; **haben Sie doch ein ~!** have a heart!; **hast du denn kein ~?** haven't you got [*or* don't you have] a heart?; **jdm ist irgendwie ums ~** sb feels somehow; **von ~en kommen** to come from the heart; **ohne ~** without feeling

❹ KOCHK (*innerer Teil*) heart; ***von diesem Salat verwende ich nur die ~en*** I'll only use the heart of this lettuce

❺ (*Zentrum*) heart

❻ (*Schatz*) **mein ~** my dear, my love

❼ (*Nachbildung eines ~ens*) heart

❽ KARTEN hearts *pl;* (*~karte*) heart; ***ich habe ~ ausgespielt, du musst auch ~ bedienen!*** I led with hearts, [so] you have to follow suit [with hearts]!

❾ BOT **Tränendes ~** bleeding heart

▶ WENDUNGEN: **das ~ auf dem** [*o* **am**] **rechten Fleck haben** to have one's heart in the right place; **ein ~ aus Gold haben** to have a heart of gold; **jdm schlägt das ~ bis zum Hals** sb's heart is in one's mouth; **jdm rutscht** [*o* **fällt**] **das ~ in die Hose** (*fam*) sb's heart sank into his/her boots BRIT *fam;* **jdm lacht das ~ im Leibe** sb's heart jumps for joy; **jdm dreht sich das ~ im Leib um, jdm tut das ~ im Leibe weh** sb's heart turns over; **seinem ~en Luft machen** (*fam*) to give vent to one's feelings; **aus einem ~en keine Mördergrube machen** to speak frankly, to not make a secret of one's thoughts; **jdn/etw auf ~ und Nieren prüfen** (*fam*) to examine sb/sth thoroughly; **ein ~ und eine Seele sein** to be the best of friends; **ein ~ aus Stein haben** to have a heart of stone; **seinem ~en einen Stoß geben** to [suddenly] pluck up courage; ***jetzt gib deinem ~en einen Stoß, versöhn dich wieder mit ihm!*** go on, pluck up the courage and make up with him!; **alle ~en** [*o* **die ~en aller**] **im Sturm erobern** to capture everybody's heart; **das ~ auf der Zunge tragen** to speak one's mind; **jdm wird bang ums ~** sb's heart sinks; **jds ~ höher schlagen lassen** to make sb's heart beat faster; **jds ~ schlägt höher** sb's heart beats faster; **alles, was das ~ begehrt** (*geh*) everything one's heart desires; **jdm blutet das ~, jds ~ blutet** (*verspürt großes Mitleid*) sb's heart bleeds [for sb]; (*iron*) sb's heart bleeds [for sb] *iron;* **jdm das ~ brechen** (*geh*) to break sb's heart; **etw nicht übers ~ bringen** to not have the heart [*or* be able to bring oneself] to do sth; **jdn an sein ~ drücken** to clasp sb to one's breast; **sich** *dat* **ein ~ fassen** [*o* **nehmen**] to pluck up courage [*or* take one's courage in both hands]; **jds ~ gehört jdm** (*geh*) sb's heart belongs to sb; **jds ~ gehört einer S.** *dat* (*geh*) sth is sb's first love; **jds ~ gewinnen** (*geh*) to win sb's heart; **etw auf dem ~en haben** to have sth on one's mind; **nicht das ~ haben, etw zu tun** to not have the heart to do sth, to not be able to bring oneself to do sth; **sein ~ an jdn/etw hängen** (*geh*) to devote oneself to sb/sth; ***häng dein ~ nicht an ihn, er spielt doch nur mit den Gefühlen der Frauen!*** don't give your heart to him, he only plays with women's feelings!; **jds ~ hängt an etw** *dat* sb is attached to sth; **jds ~ hängt an Geld** sb is preoccupied with money; **jdm etw ans ~ legen** to entrust sb with sth; **jdm ans ~ legen, etw zu tun** to strongly recommend sb to do sth; **jdm liegt etw am ~en** sth concerns [*or* troubles] sb; **sich** *dat* **etw zu ~en nehmen** to take sth to heart; **sich** *dat* **etw vom ~en reden** (*geh*) to get sth off one's chest *fam;* **jdm sein ~ schenken** (*liter*) to give sb one's heart; **jdn in sein ~ schließen** to take sb to one's heart; **jdm sein ~ ausschütten** (*geh*) to pour out one's heart to sb *sep;* **jdm aus dem ~en sprechen** to say just what sb was thinking; **sein ~ sprechen lassen** to listen to one's heart; **jd wächst jdm ans ~** sb grows fond of [*or* becomes attached to] sb; **jdm das ~ zerreißen** (*geh*) to break sb's heart

herzallerliebst *adj* (*geh*) beloved, darling; ***ist dieser süße Säugling nicht ganz einfach ~?*** isn't this sweet little baby simply adorable?; ***das ist mein ~es Spielzeug*** that's my most favourite toy **Herzallerliebste(r)** *f(m) dekl wie adj* (*geh*) [my] darling [*or* beloved] **Herzanfall** *m* heart attack; **einen ~ haben** to have a heart attack **Herzass**[RR] *nt* KARTEN ace of hearts **Herzbeschwerden** *pl* heart trouble; **~ haben** to have heart trouble **Herzbeutel** *m* ANAT heart sac, pericardium *spec* **herzbewegend** *adj s.* **herzerweichend** **Herzblatt** *nt* ❶ HORT (*inneres Blatt einer Pflanze*) inner leaf ❷ (*fam: Schatz*) darling; ***mein ~!*** my darling! **Herzblut** *nt* ▶ WENDUNGEN: **sein ~ für jdn hingeben** (*poet*) to sacrifice [*or* give] one's lifeblood [*or* all] for sb; **etw mit** [**seinem**] **~ schreiben** to put one's heart and soul in one's writing *fig* **Herzbube** *m* KARTEN jack [*or* knave] of hearts

Herzchen <-s, -> *nt* (*fam*) darling

Herzchirurg(in) *m(f)* heart [*or* cardiac] surgeon

Herzchirurgie *f* heart [*or* cardiac] surgery

Herzchirurgin <-, -nen> *f fem form von* **Herzchirurg** **Herzdame** *f* KARTEN queen of hearts **Herzdruckmassage** *f* MED cardiac pressure massage

her|zeigen *vt* ■[**jdm**] **etw ~** to show [sb] sth [*or* sth [to sb]]; ***zeig doch mal her, was du da in der Hand hast!*** let me see what you've got in your hand!; ***zeig mal her!*** let me [*or* let's] see! *fam*

herzen *vt* (*geh*) ■**jdn ~** to cuddle sb, to embrace [*or* hug] sb

Herzensangelegenheit *f* ❶ (*wichtiges Anliegen*) matter close to one's heart; **jdm eine ~ sein** to be a matter very close to sb's heart ❷ (*Liebe betreffende Angelegenheit*) affair of the heart, affaire de coeur **Herzensbedürfnis** *nt* **jdm ein ~ sein** to be a matter very close to sb's heart **Herzensbildung** *f kein pl* (*geh*) nobleness of heart *form* **Herzensbrecher(in)** *m(f)* heartbreaker, ladykiller *dated* **herzensgut** *adj* good-hearted, kind-hearted **Herzensgüte** *f kein pl* (*geh*) kind-heartedness, good-heartedness; ***er ist ein Mensch von großer ~*** he's a very kind-hearted [*or* good-hearted] person **Herzenslust** *f kein pl* **nach ~** to one's heart's content **Herzenswunsch** *m* dearest wish, heart's desire

herzerfrischend *adj* refreshing **herzergreifend** *adj* heart-rending **herzerweichend** I. *adj* heart-rending II. *adv* heart-rendingly **Herzerweiterung** *f* MED dila[ta]tion of the heart, cardiectasis *spec* **Herzfehler** *m* heart [*or* cardiac] defect **Herzflattern** *nt kein pl* MED ventricular flutter *usu pl spec* **Herzflimmern** *nt kein pl* ❶ MED (*Kontraktionsstörungen am Herzmuskel*) fibrillation [of the heart], cardiac fibrillation ❷ (*Erregung*) heart flutter; ***wenn ich ihn sehe, kriege ich ~*** when I see him my heart flutters **herzförmig** *adj* heart-shaped **Herzgeräusche** *nt pl* heart [*or* cardiac] murmurs *pl*

herzhaft I. *adj* ❶ (*würzig-kräftig*) tasty, savoury [*or* AM -ory]; **~es Essen** hearty [*or* substantial] meal; **~er Eintopf** hearty stew

❷ (*kräftig*) hearty; **ein ~er Kuss** a passionate kiss

II. *adv* ❶ (*würzig-kräftig*) **~ schmecken** to be tasty

❷ (*kräftig*) heartily; **~ gähnen** to yawn loudly; **~ küssen** to kiss passionately

her|ziehen *irreg* I. *vt haben* ❶ (*heranziehen*) ■**jdn/etw** [**zu sich**] **~** to pull [*or* draw] sb/sth closer [*or* nearer]

❷ (*mitschleppen*) ■**jdn/etw hinter/neben sich** *dat* **~** to pull [*or* drag] sb/sth [along] behind/beside one

II. *vi* ❶ *sein* (*herlaufen*) ■**hinter/neben/vor jdm ~** to walk along behind/beside/in front of sb

❷ *sein* (*hierhin ziehen*) to move here

❸ *haben* (*fam: sich auslassen*) ■**über jdn/etw ~** to run sb/sth down, to pull sb/sth to pieces

herzig *adj* sweet, dear, lovely, cute AM

Herzinfarkt *m* MED ❶ (*Verstopfung eines Herzkranzgefäßes*) heart attack, cardiac infarct[ion] *spec;* **einen ~ bekommen/haben** to have/suffer a heart attack ❷ (*sl: Patient*) heart attack [patient] **Herzinnenhaut** *f* ANAT endocardium **Herzinnenhautentzündung** *f* MED endocarditis **Herzinsuffizienz** *f* MED cardiac insufficiency **Herzjagen** *nt* MED tachycardia **Herzkammer** *f* ANAT ventricle; **linke/rechte ~** left/right ventricle **Herzkirsche** *f* HORT heart-cherry **Herzklappe** *f* heart [*or* cardiac] valve; **künstliche ~** artificial heart [*or* cardiac] valve **Herzklappenfehler** *m* MED valvular [heart] defect **Herzklopfen** *nt kein pl* pounding of the heart, palpitations *pl;* **mit ~** with a pounding heart **Herzkönig** *m* KARTEN king of hearts **herzkrank** *adj* suffering from a heart condition [*or* heart trouble] *pred;* ■**~ sein** to have a heart condition **Herzkrankheit** *f* heart [*or* cardiac] disease **Herzkranzgefäß** *nt meist pl* ANAT coronary vessel [*or* artery] **Herzkranzgefäßverkalkung** *f* MED sclerosis [*or* hardening] of the arteries **Herz-Kreislauf-Erkrankung** *f* MED cardiovascular disease [*or* complaint] **Herz-Kreislauf-System** *nt* MED cardiovascular system **Herzleiden** *nt* (*geh*) *s.* **Herzkrankheit**

herzleidend *adj* ■**~ sein** to have a heart condition

herzlich I. *adj* ❶ (*warmherzig*) warm; *Begrüßung* warm, friendly, cordial; **ein ~es Lächeln** a sunny [*or* cheerful] [*or* happy] smile; **ein ~es Lachen** a hearty laugh; **ein ~es Willkommen** a warm [*or* hearty] welcome

❷ (*in Grußformeln: aufrichtig*) kind; *s. a.* **Dank, Gruß**

II. *adv* ❶ (*aufrichtig*) warmly, with pleasure; **sich bei jdm ~ bedanken** to thank sb sincerely, to express one's sincere thanks to sb *form;* **jdn ~ Glück wünschen** to sincerely wish sb the best of luck; **jdn ~ gratulieren** to congratulate sb heartily [*or* sincerely] [*or* warmly]; ***... verbleibe ich als Ihr ~/~st grüßender A. Lang*** ... Yours sincerely,/ Kind[est] regards, A. Lang

❷ (*recht*) thoroughly, really *fam;* **~ wenig** precious little *fam*

Herzlichkeit <-> *f kein pl* ❶ (*herzliches Wesen*) warmth

❷ (*Aufrichtigkeit*) sincerity, cordiality

herzlos *adj* heartless, unfeeling

Herzlosigkeit <-, -en> *f* heartlessness *no pl*

Herz-Lungen-Maschine *f* MED heart-lung machine **Herzmassage** *f* MED heart [*or* cardiac] massage **Herzmittel** *nt* MED cardiac stimulant; (*fam*) heart pills *pl* **Herzmuschel** *f* ZOOL common cockle, winkle AM **Herzmuskel** *m* ANAT heart [*or* cardiac] muscle, myocardium *spec* **Herzmuskelmasse** *f* cardiac muscle mass **Herzmuskelschwäche** *f* ANAT myocardial insufficiency

Herzog(in) <-s, Herzöge *o selten* -e> *m(f)* duke; **~ *Christian von Braunschweig*** Christian, Duke of Brunswick

herzoglich *adj attr* ducal, of the/a duke *pred*

Herzogtum <-s, -tümer> *nt* duchy, dukedom

Herzpatient(in) *m(f)* heart [*or* cardiac] patient **Herzrasen** *nt kein pl* MED ventricular tachycardia *no pl spec* **Herzrhythmus** *m* heart [*or* cardiac] rhythym **Herzrhythmusstörung** *f* MED deviation of the heart [*or* cardiac] rhythm, ar[r]hythmia *spec;* **~en haben** to suffer from heart rhythm [*or* cardiac] deviations [*or* ar[r]hythmia] **Herzscheidewand** *f* ANAT interventricular septum **Herzschlag** *m* MED ❶ (*Kontraktion des Herzmuskels*) heartbeat, beating of the heart; **einen ~ lang** (*geh*) for one [*or* a] fleeting moment ❷ (*Herzstillstand*) cardiac arrest, heart failure **Herzschrittmacher** *m* MED pacemaker **Herzschwäche** *f s.* **Herzinsuffizienz** **Herzspezialist(in)** *m(f)* MED heart specialist, cardiologist **herzstärkend** I. *adj* MED, PHARM stimulating to the heart II. *adv* **~ wirken** to have a stimulatory effect on the heart **Herzstich** *m meist pl* stabbing pain in the chest; MED cardialga *no pl spec,* cardiodynia *no pl spec;* **~e bekommen/haben** to get/have stabbing pains in the chest **Herzstillstand** *m* MED cardiac arrest **Herzstück** *nt* heart [*or* core] **Herztätigkeit** *f* MED activity of the heart, cardiac activity **Herztod** *m* MED death by heart [*or* cardiac] failure, cardiac death **Herzton** *m meist pl* heart [*or* cardiac] sound *usu pl* **Herztransplantation** *f* MED heart transplant **Herzverfettung** *f* MED fatty degeneration of the heart, cardiomyoliposis *spec* **Herzversagen** *nt kein pl* MED heart [*or* cardiac] failure *no pl* **Herzwand** *f* ANAT heart [*or* cardiac] wall **herzzerreißend** *adj s.* **herzerweichend**

Hesse <-, -n> *f* KOCHK [beef] shin

Hesse, Hessin <-n, -n> *m, f* GEOG Hessian

Hessen <-s> *nt* GEOG Hesse

Hessin <-, -nen> *f fem form von* **Hesse**

hessisch *adj* Hessian; ***ihre Aussprache klingt ~*** she speaks with a Hessian accent, she sounds Hessian

Hetero <-s, -s> *m* (*sl*) hetero *fam,* heterosexual

heterogen *adj* (*geh*) heterogeneous

Heterogenität <-> *f kein pl* heterogeneity *no pl*

Heterosexualität <-> *f kein pl* heterosexuality *no pl*

heterosexuell *adj* heterosexual

heterozygot *adj* BIOL heterozygous

Hethiter(in) <-s, -> *m(f)* HIST Hittite

Hetzblatt *nt* MEDIA (*pej*) [political] smear sheet

Hetze <-, -n> *f* ❶ *kein pl* (*übertriebene Hast*) mad rush
❷ (*pej: Aufhetzung*) smear campaign; (*gegen Minderheiten*) hate campaign

hetzen I. *vi* ❶ *haben* (*sich abhetzen*) to rush about [*or* around]
❷ *sein* (*eilen*) ■**[irgendwohin]** ~ to rush [*or* race] [somewhere]
❸ *haben* (*pej: Hass schüren*) ■**[gegen jdn/etw]** ~ to stir up hatred [against sb/sth]; **gegen eine Regierung** ~ to agitate against a government
II. *vt haben* ❶ JAGD (*jagen*) ■**ein Tier** ~ to hunt an animal
❷ (*losgehen lassen*) ■**jdn/einen Hund auf jdn** ~ to sick [*or* set] sb/a dog [up]on sb
❸ (*fam: antreiben*) ■**jdn** ~ to rush [*or* hurry] sb
❹ (*vertreiben*) ■**jdn von etw ~ lassen** to have sb chased off sth
III. *vr* ■**sich** ~ to rush [*or* hurry]

Hetzer(in) <-s, -> *m(f)* (*pej*) agitator, rabble-rouser

Hetzerei <-, -en> *f* ❶ *kein pl* (*ständige Hetze 1*) mad rush, rushing around *fam;* ***immer diese ~ morgens — kannst du nicht eine halbe Stunde früher aufstehen?*** it's always a mad rush every morning — can't you wake up half an hour earlier?
❷ (*ständiges Hetzen*) [continual] stirring up of hatred, malicious agitation

Hetzerin <-, -nen> *f fem form von* **Hetzer**

hetzerisch *adj* inflammatory, virulent, slanderous, incendiary

Hetzjagd *f* ❶ JAGD (*Wildjagd*) hunt ❷ (*pej: Hetze 2*) smear campaign; (*auf Minderheiten*) hate campaign; **zur ~ auf jdn blasen** to stir up a hate/smear campaign against sb ❸ (*übertriebene Hast*) mad rush **Hetzkampagne** *f* (*pej*) smear campaign, hate campaign

Heu <-[e]s> *nt kein pl* AGR hay; **ins ~ gehen** to harvest the hay; **~ machen** to hay [*or* make hay]
► WENDUNGEN: **Geld wie ~ haben** to have heaps of money

Heuballen *m* AGR hay bale **Heuboden** *m* hayloft

Heuchelei <-, -en> *f* (*pej*) ❶ (*ständiges Heucheln*) hypocrisy
❷ (*heuchlerische Äußerung*) hypocritical remark

heucheln I. *vi* to play the hypocrite, to be a hypocritic
II. *vt* ■**etw** ~ to feign sth

Heuchler(in) <-s, -> *m(f)* (*pej*) hypocrite

heuchlerisch I. *adj* (*pej*) ❶ (*unaufrichtig*) insincere
❷ (*geheuchelt*) hypocritical
II. *adv* (*pej*) hypocritically

heuen *vi* AGR DIAL (*Heu ernten*) to [make] hay; ■**das H~** haymaking [*or* haying]

heuer *adv* SÜDD, ÖSTERR, SCHWEIZ (*in diesem Jahr*) this year

Heuer <-, -n> *f* NAUT [sailor's] pay [*or pl* wages]

Heuernte *f* AGR ❶ (*das Einbringen des Heus*) harvesting of [the] hay, hay harvest, haymaking
❷ (*Ertrag*) hay crop [*or* harvest]

Heuervertrag *m* JUR shipping articles

Heugabel *f* AGR hay fork, pitchfork **Heuhaufen** *m* AGR (*angehäuftes Heu*) haystack, hayrick ► WENDUNGEN: **eine Stecknadel im ~ suchen** to look for a needle in a haystack

Heulboje *f* NAUT whistling buoy

heulen *vi* ❶ (*fam: weinen*) to howl *fam,* to wail, to cry; **vor Enttäuschung** ~ to cry with disappointment; **es ist [einfach/wirklich] zum H~** (*fam*) it's enough to make you cry [*or* weep]
❷ (*lang gezogene Laute produzieren*) to howl; *Motor* to wail; *Motorrad, Flugzeug* to roar; *Sturm* to rage

Heulen <-s> *nt kein pl* ❶ (*fam: das Weinen*) howling *fam,* wailing, crying, bawling
❷ (*das Geheul*) howling
► WENDUNGEN: **~ und Zähneklappern** weeping and gnashing of teeth

Heuler <-s, -> *m* ZOOL (*junger Seehund*) seal pup
► WENDUNGEN: **das ist ja der letzte ~** (*sl*) that's the last [*or* final] straw

Heulsuse <-, -n> *f* (*pej fam*) crybaby *pej fam*

Heulton *m* wail[ing sound]

heurig *adj* SÜDD, ÖSTERR, SCHWEIZ (*diesjährig*) this year's; *Wein, Kartoffeln* new

Heurige(r) *m dekl wie adj* ÖSTERR ❶ (*Weinlokal*) wine tavern
❷ (*Wein der letzten Lese*) new wine, wine of the latest vintage

Heuschnupfen *m* MED hay fever **Heuschober** <-s, -> *m* SÜDD, ÖSTERR, SCHWEIZ (*großer Heuhaufen*) haystack **Heuschrecke** <-, -n> *f* grasshopper; (*Wander~*) locust **Heuschreckenkrebs** *m* mantis shrimp, squill **Heustadel** <-s, -> *m* SÜDD, ÖSTERR, SCHWEIZ (*Scheune für Heu*) barn

heut *adv* (*fam*) *s.* **heute**

heute *adv* ❶ (*an diesem Tag*) today; **~ Abend** this evening, tonight; **~ Morgen/Nachmittag** this morning/afternoon; **~ Mittag** this lunchtime, today at noon, [at] midday today; **~ Nacht** tonight; **~ früh** [early] this morning; **bis ~** until today; ***er hat die Rechnung leider bis ~ nicht bezahlt*** unfortunately, he still hasn't paid the bill to this day; **ab ~** from today; **~ in/vor acht Tagen** a week [from] today [*or* BRIT today week]/ago today; **von ~ auf morgen/nächste Woche** until tomorrow/next week; ***können wir das Gespräch nicht von ~ auf morgen verschieben?*** could we not postpone the talks until tomorrow?; **von ~ ab** [*o* **an**] from [*or* as of] today; **etw von ~** today's sth; **das Brot/die Post/die Zeitung von ~** today's bread/mail/newspaper
❷ (*der Gegenwart*) today; ***das Deutschland von ~*** Germany [of] today; **lieber ~ als morgen** (*fam*) sooner today than tomorrow; **von ~ auf morgen** overnight, all of a sudden; ***von ~ auf morgen ändert er seine Meinung*** he changes his mind from one day to the next
❸ (*heutzutage*) nowadays, today
► WENDUNGEN: **was du ~ kannst besorgen, das verschiebe nicht auf morgen** (*prov*) never put off till tomorrow what you can do today *prov*

Heute <-> *nt kein pl* the present, today; ***viele Menschen leben ganz im H~*** many people live just for today [*or* the present]

heutig *adj attr* ❶ (*heute stattfindend*) today's; **die ~e Veranstaltung** today's event
❷ (*von heute*) *Zeitung, Nachrichten* today's; **der ~e Abend** this evening; **der ~e Anlass** this occasion; **der ~e Geburtstag** ***ich gratuliere zu deinem ~en Geburtstag recht herzlich*** congratulations on your birthday; **der ~e Tag** today; **am ~en Tag** today; **bis zum ~en Tag** to date, to this very day
❸ (*gegenwärtig*) **die ~e Zeit** nowadays; **der ~e Stand der Technik** today's state of the art
❹ (*von heute stammend*) **die ~e Jugend** the youth of today; *s. a.* **Sicht, Tag**

heutzutage *adv* nowadays, these days

Heuwagen *m* hay cart [*or liter* wain] **Heuwender** *m* AGR tedder, tedding machine

Hevea <-, Heveen> *f* BOT hevea

hex *adj Akr von* **hexadezimal** hex

Hexadezimalcode *m* INFORM hexadecimal code **Hexadezimalsystem** *nt* MATH hexadecimal system [*or* notation] **Hexadezimaltastatur** *f* INFORM hexadecimal pad, hex pad **Hexadezimalzahl** *f* MATH hexadecimal number **Hexaeder** <-s, -> *nt* hexagon **hexagonal** *adj* hexagonal **Hexameter** *m* hexameter

Hex-Buchstabe *m* INFORM hex, hexadecimal notation **Hex-Code** *m* INFORM *kurz für* **Hexadezimalcode** hex code

Hexe <-, -n> *f* ❶ (*böses Fabelwesen*) witch
❷ (*pej fam: bösartige Frau*) witch *pej;* (*schlecht gelaunte und zeternde Frau*) virago *pej,* shrew *pej;* **eine alte ~** an old crone [*or* hag] [*or* bag] *pej;* **eine kleine ~** a little minx, sexy little bitch

hexen I. *vi* to cast spells, to perform magic; ***ich kann doch nicht ~*** (*fig fam*) I can't work miracles
II. *vt* ■**jdn** ~ to cast a spell on sb; ***weicht von hinnen, oder ich hexe euch die Pest an den Hals!*** go or I will bring the plague down upon you!; ■**jdn irgendwohin ~** to magic sb somewhere; ***die Hexe im Märchen hat ihn in die Wüste gehext*** the witch in the fairy tale magicked him to the desert; **wie gehext** like magic

Hexenhäuschen [hɔɪsçən] *nt sort of gingerbread in the shape of a witch's cottage* **Hexenjagd** *f* (*pej*) witch-hunt *pej* **Hexenkessel** *m* (*pej*) madhouse *pej* **Hexenmeister** *m* (*veraltend*) *s.* **Zauberer** **Hexenprozess**[RR] *m* witch trial **Hexenschuss**[RR] *m kein pl* MED (*fam*) lumbago *no pl* **Hexenverbrennung** *f* burning [at the stake] of a witch/witches; ***Millionen unschuldiger Frauen wurden Opfer der kirchlichen ~en*** millions of innocent women were burnt at the stake by the church **Hexenwahn** *m irrational belief in the evil power of witches*

Hexer <-s, -> *m* sorcerer

Hexerei <-, -en> *f* magic, sorcery *pej,* witchcraft *pej*

Hex-Zeichen *nt* MATH hex character

Hg. *m Abk von* **Herausgeber** ed., editor

hg. *Abk von* **herausgegeben** ed.

HG <-, -s> *f Abk von* **Handelsgesellschaft**

HGB *nt* JUR *Abk von* **Handelsgesetzbuch** commercial code

Hibiskus <-, Hibisken> *m* hibiscus

hick *interj* (*Geräusch beim Schluckauf*) hic; **~ machen** to hiccup

Hickhack <-s, -s> *m o nt* (*fam*) bickering, squabbling, wrangling

hie *adv* ► WENDUNGEN: **~ und da** (*stellenweise*) here and there, in places; (*von Zeit zu Zeit*) now and then; **~ Tradition, da Fortschritt** on the one hand tradition, on the other progress

Hieb <-[e]s, -e> *m* ❶ (*Schlag*) blow; (*Peitschen~*) lash [of a whip]; **jdm einen ~ versetzen** to deal sb a blow; (*mit einer Peitsche*) to lash sb with a whip; (*mit der Faust*) to punch sb
❷ *pl* (*Prügel*) beating *sing,* hiding *sing;* ***der Vater drohte ihm ~e an*** his father threatened him with a beating; ***noch ein so freches Wort, und es gibt/setzt ~e!*** one more cheeky remark like that and you'll get walloped *fam* [*or* a beating] [*or* a hiding] !
❸ DIAL (*veraltend: Schluck Alkohol*) ■**ein ~ etw** a drop of sth; ***einen ~ Wein trinken*** to drink a drop of wine
❹ DIAL (*veraltend: leichter Alkoholrausch*) **einen ~ haben** to be tipsy
❺ *kein pl* FORST (*Fällen von Bäumen zur Verjün-*

gung) cut[ting], felling
⑥ TECH DIAL (*an Feilen*) cut
► WENDUNGEN: **auf den ersten** ~ at the first attempt; **einen** ~ **haben** (*sl*) to be out of one's mind; **der** ~ **saß** the dig [*or* gibe] hit [*or* struck] home; **auf einen** ~ (*fam*) at [*or* in] one go

hieb- und stichfest *adj* conclusive, irrefutable, incontestable; **ein ~es Alibi** a cast-iron [*or* water-tight] alibi

Hiebwaffe *f* cutting weapon

Hieferscherzel *nt* KOCHK ÖSTERR (*Bürgermeisterstück*) topside, round AM **Hieferschwanzl** *nt* KOCHK ÖSTERR (*Kugel vom Rind*) silverside, round AM

hier *adv* ① (*an diesem Ort*) here; ***sehen Sie mal ~! entdecken Sie an dem Bild nichts Auffälliges?*** have a look at this! can you see anything strange about the picture?; ***wo sind wir denn ~? ich fürchte fast, wir haben uns verlaufen!*** where have we landed? I'm beginning to think we're lost!; ***er müsste doch schon längst wieder ~ sein!*** he should have been back ages ago!; ~ **draußen/drinnen** out/in here; ~ **entlang** this way; ~ **oben/unten** up/down here; ~ **vorn/hinten** here at the front/at the back; **jdn/etw ~ behalten** to keep sb/sth here; ~ **bleiben** to stay here; ■~ **geblieben!** you stay here!; ~ ***ist/spricht Dr. Dralle*** [this is] Dr Dralle, Dr Dralle speaking; **jdn/etw ~ lassen** to leave sb/sth here; **nach ~** here; **von ~ ab** from here on, from here on in *fam;* **von ~ aus** from here; ~! MIL, SCH here!, present!
② (*in diesem Land, in dieser Stadt*) here; ■~ **sein** to be [*or* arrive] here; ***wann soll der Zug ~ sein?*** when is the train due?; ~ **bei uns/in Deutschland** here in this country/Germany; (*in dieser Gegend*) here; **von ~ sein** to be from here; **nicht von ~ sein** to be a stranger here, to not be from here; **es jdn nach ~ verschlagen** to end up [*or* land] here; ***irgendwie scheint es mir, als sei ich früher schon mal ~ gewesen*** somehow I have the feeling that I've been here before
③ (*da!*) here; ***gib mal die Akten rüber! — ~! — danke!*** pass me the files! — here you are! — thanks!
④ (*in diesem Moment*) at this point; ~ ***versagte ihm die Stimme*** at this point his voice failed him; ~ **und heute** (*geh*) here and now; **von ~ an** from now on, from here on in *fam*
► WENDUNGEN: ~ **und da** (*stellenweise*) here and there; (*gelegentlich*) now and then; **ein bisschen ~ sein** (*sl*) to be daft [*or* nuts] *fam,* to be off one's trolley BRIT *sl;* **jdm steht etw bis ~ [oben]** (*fam*) sb is sick of [*or* fed up with] sth; **Herr/Frau ... ~, Herr/Frau ... da** (*iron*) Mr/Mrs ... this, Mr/Mrs ... that

hieran *adv* ① (*an diesem Gegenstand*) on here; ***ich erinnere mich, ~ schon früher mal vorbeigekommen/vorübergegangen zu sein*** I can remember passing this way [*or* being here] once
② (*an diesen Gegenstand*) on here; ***Sie können das Gerät ~ anschließen*** you can connect the machine here; **etw ~ werfen** to throw sth here
③ (*an diesem Sachverhalt*) here; ~ ***kann es keinen Zweifel geben*** there can be no doubt of that
④ (*an dieses Ereignis*) **sich ~ erinnern** to remember this; ***ein wundervolles Fest, ~ werde ich mich sicher noch lange erinnern*** a wonderful party, I won't forget it for a long time

Hierarchie <-, -n> [hierar'çiː, 'çiːən] *f* hierarchy

hierarchisch [hie'rarçɪʃ] **I.** *adj* hierarchical
II. *adv* hierarchically; ***viele Großunternehmen sind streng ~ aufgebaut*** many large companies have a strict hierarchy

hierauf *adv* ① (*auf diesem Gegenstand herauf*) [on] here
② (*auf diesen Gegenstand obendrauf*) down here, down on this; ***setz dich doch einfach ~*** just sit yourself down on this [*or* here] *fam;* **etw ~ stellen** to put sth down here
③ (*daraufhin*) as a result of this/that, thereupon, whereupon

hieraus *adv* ① (*aus diesem Gegenstand*) from [*or* out of] here
② (*aus diesem Material*) out of [*or* from] this
③ (*aus dem Genannten*) from this; ~ **folgt/geht hervor ...** it follows from this ...
④ (*aus diesem Werk*) from this

hierbei *adv* ① (*bei diesem Anlass, währenddessen*) while doing this [*or* that]; ***sei vorsichtig beim Holzhacken, ~ hat sich schon mancher verletzt!*** be careful when you're chopping wood, it's easy to hurt yourself doing it!
② (*nahe bei etw*) in the same place; ~ ***lag auch das Zeugnis, das ich jetzt suche*** the certificate I was looking for was in the same place
③ (*dabei*) here; ***das ist also die Vorgehensweise — ~ sind gewisse Punkte besonders zu beachten*** so that's the procedure — particular attention should be paid to certain points here

hierdurch *adv* ① (*hier hindurch*) through here
② (*dadurch*) in this way; ***das waren meine Vorschläge — ich hoffe, ich konnte Ihnen ~ etwas weiterhelfen*** those were my suggestions — I hope they are of use to you

hierein **I.** *adv* (*in dieses Behältnis hinein*) in/into here
II. *interj* (*in dieses Gebäude hinein*) in here

hierfür *adv* ① (*im Austausch für etw*) [in exchange] for this
② (*für diese Sache*) for this; ~ ***interessiere ich mich nicht*** I'm not interested in this

hiergegen *adv* ① (*gegen diesen Gegenstand*) against this; ***er ist ~, gegen diesen Pfeiler, gefahren*** he drove into this pillar
② (*gegen diesen Sachverhalt*) against this; ***diese Behauptung ist falsch, ~ muss ich mich ausdrücklich verwehren*** this allegation is false, I refuse to accept it
③ (*im Vergleich zu diesem*) compared to this; ***wir haben auch einen Weinkeller, aber der ist ~ doch sehr bescheiden*** we have a wine cellar too but it's pretty modest compared to this

hierher *adv* here; ~**!** come here!; **jdn/etw ~ bringen** to bring sb/sth here; ~ **gehören** (*hier angestammt sein*) to belong here; (*hier an diese Stelle gehören*) to belong here; (*zum Thema gehören*) to be relevant; **jdn/etw ~ holen** to bring sb/sth here; ***ich habe Sie alle ~ holen lassen, um Ihnen eine erfreuliche Mitteilung zu machen*** I've had you all called here so that I can give you some good news; ~ **kommen** to come [over] here; **jdn/etw ~ schaffen** to bring sb/sth here, to get sb/sth here *pej;* ***schaffen Sie mir die Frau ~, die kann was erleben!*** get the woman here, she's in for it now!; **jdn/etw ~ schicken** to send sb/sth here; ■**etw ~ setzen** to put sth here; ■**sich ~ setzen** to sit here; ***setz dich mal ~ zu mir*** come and sit [here] next to me; ■**etw ~ stellen** to put sth here; ***stell doch bitte mal die Leiter ~ an die Wand!*** please stand the ladder here against the wall!; ■**sich ~ stellen** to stand here; ***musste der Laster sich ~ vor meine Einfahrt stellen?*** did the lorry have to park here in front of my drive?; **bis ~** up to here; (*soweit*) so far; **bis ~ und nicht weiter** this far and no further

hierherauf *adv* up here; **bis ~** up here

hierher|kommen *vi irreg sein s.* **hierher**

hierherum *adv* ① (*in diese Richtung*) round [*or esp* AM around] this way ② (*fam: in dieser Gegend*) around here **hierhin** *adv* here; ***setz dich ruhig ~ auf den Sessel!*** you sit [right] here in the armchair!; ~ **und dorthin** here and there; **bis ~** up to here [*or* to this point]; **bis ~ und nicht weiter** up to here [*or* this far] and no further **hierhinab** *adv* down here **hierhinauf** *adv* up here **hierhinaus** *adv* ① (*an dieser Stelle hinaus*) out here; ***zum Garten geht es ~*** this is the way to the garden ② (*aus etw hinaus*) from here; ***wo ist der Ausgang? — bitte ~!*** where is the exit? — this way out! **hierhinein** *adv* ① (*an dieser Stelle hinein*) in here; ***wir müssen ~*** we have to go in here ② (*in etw hinein*) in; ***der Umschlag ist zu klein, die Unterlagen passen nicht alle ~*** the envelope is too small, the documents won't all fit in **hierhinter** *adv* behind here **hierhinunter** *adv* ① (*unter diesen Gegenstand*) under here ② (*an dieser Stelle hinunter*) *s.* **hierhinab** **hierin** *adv* ① (*in diesem Raum, Gegenstand*) in here ② (*was das angeht*) in this **hiermit** *adv* ① (*geh: durch dieses Schriftstück*) with this; ~ **erkläre ich, dass ...** I hereby declare that ...; ~ **wird bescheinigt, dass ...** this is to certify that ...
② (*mit diesem Gegenstand/diesen Gegenständen*) with this/these ③ (*mit dieser Angelegenheit*) with this/these; ***das sind unsere Vorschläge, sind Sie ~ einverstanden?*** those are our proposals, are you in agreement with them? ④ (*somit*) with this; ~ ***möchte ich dann auch die Konferenz beenden*** I declare this conference closed *form,* now I would like to bring this conference to a close; ~ **ist die Angelegenheit abgeschlossen/erledigt** that is the end of the matter **hiernach** *adv* after this

Hieroglyphe <-, -n> [hiero'glyːfə] *f* ① ARCHÄOL hieroglyph
② *pl* (*hum: schwer entzifferbare Schrift*) hieroglyphics *pl*

Hierro *nt* Hierro; *s. a.* **Sylt**

Hiersein *nt* (*geh*) ■**jds ~** sb's presence [*or* being here]; ***ich hatte sie ausdrücklich um ihr ~ gebeten*** I expressly asked her to be here

hierüber *adv* ① (*hier über diese Stelle*) over here
② (*genau über dieser Stelle*) above here ③ (*geh: über diese Angelegenheit*) about this [*or form* this matter] **hierum** *adv* ① (*um diese Angelegenheit*) about this; ~ ***geht es mir nicht*** that's not what I'm worried about ② *s.* **hierherum 1** **hierunter** *adv* ① (*unter diesem Gegenstand*) under here ② (*unter diesen Gegenstand*) under here ③ (*in diese Gruppe*) among it/them; ~ **fallen** to fall into this category **hiervon** *adv* ① (*von diesem Gegenstand*) of this/these; ***wenn Sie diesen Teppichboden nehmen wollen, ~ habe ich noch reichlich*** if you would like this carpet, I've still got a lot [of it] ② (*davon*) among them **hiervor** *adv* ① (*vor dieser Stelle*) in front of here ② (*vor diese Stelle*) in front of here ③ *s.* **davor** **hierzu** *adv* ① (*dazu*) with it; ***hmm, Lachs, ~ gehört eigentlich ein trockener Weißwein!*** hmm, salmon, you should really drink dry white wine with it! ② (*zu dieser Kategorie*) ~ **gehören** [*o* **zählen**] to belong to [*or* in] this category; ~ **gehört** [*o* **zählt**] **...** this includes ...
③ (*zu diesem Punkt*) to this; **sich ~ äußern** to say something/anything about this; ~ ***vergleichen Sie bitte die Anmerkung auf Seite 23*** please compare this to the note on page 23 **hierzulande, hie zu Lande** *adv* here in this area, here in these parts, round [*or esp* AM around] here *fam;* (*in diesem Land*) [here] in this country

hiesig *adj attr* ① (*hier heimisch*) local; **~e Freunde/Verwandte** friends/relatives [who live around] here
② (*hier herrschend*) local

Hiesige(r) *f(m) dekl wie adj* local

hieven *vt* ① (*hochwinden*) ■**etw [irgendwohin] ~** to hoist sth [somewhere]; **den Anker ~** to weigh anchor; **den Anker an Deck ~** to bring the anchor on deck
② (*hum fam: heben*) ■**jdn irgendwohin ~** to heave sb somewhere *fam*

Hi-Fi ['haifi] *f* TECH *kurz für* **Highfidelity** hi-fi

Hi-Fi-Anlage ['haifi] *f* stereo [*or* sound] system, hi-fi **Hi-Fi-Fan** *m* hi-fi fan **Hi-Fi-Qualität** *f* hi-fi quality **Hi-Fi-Ton** *m* hi-fi sound **Hi-Fi-Turm** *m* hi-fi [*or* sound] system (*placed one on top of the other to form a tower*)

Hifthorn *nt hunting horn made out of a cattle horn*

high [haɪ] *adj pred* (*sl*) ① (*von Drogen berauscht*) high, as high as a kite *fig,* loaded *fam,* stoned *fig sl,* on a trip *fig fam*
② (*euphorisch*) euphoric, ecstatic, high *fig*

High Definition Television *nt* TV, TECH high-definition television

Highflyer <-s, -> [haɪ'flaɪəʳ] *m* high-flyer

HighheelsRR, **High Heels** [haɪ'hiːlz] *pl* high heels, stilettos

H

Highlife[RR], **High Life** <-s> [haɪ'laɪf] *nt kein pl* **irgendwo/bei jdm ist** [*o* **herrscht**] ~ (*fam*) somewhere/at sb's place they are living it up *fam* [*or* making merry] [*or fam* whooping it up]; ~ **machen** (*fam*) to live it up *fam,* to make merry, to whoop it up *fam*

Highlight <-s, -s> ['haɪlaɪt] *nt* MUS (*geh: Höhepunkt*) highlight

Highlighter <-s, -> ['haɪlaɪtɐ] *m* highlighter

Highsociety[RR], **High Society** <-> ['haɪsə'saiəti] *f kein pl* high society

Hightech[RR], **High Tech**, **High-Tech** <-[s]> ['haɪ'tɛk] *nt kein pl* high-tech *fam*

Hightech-Ausrüstung[RR] ['haɪ'tɛk-] *f* high-tech equipment **Hightech-Gerät**[RR] ['haɪ'tɛk-] *nt* high-tech device **Hightech-Komponente**[RR] ['haɪ'tɛk-] *f* high-tech component **Hightech-Produkt**[RR] ['haɪ'tɛk-] *nt* high-tech product

hihi *interj* hee hee; ~, ***reingefallen!*** hee hee, got you!

hijacken ['haidʒɛkn] *vt* (*fam*) ■**ein Flugzeug** ~ to hijack a plane

Hijacker(in) <-s, -> ['haidʒɛkɐ] *m(f)* hijacker

hilf *imper sing von* **helfen**

Hilfe <-, -n> *f* ① *kein pl* (*Beistand, Unterstützung*) help *no pl,* assistance *no pl;* ***lauf und hole ~!*** go and get help!; **jds Gedächtnis zu ~ kommen** to jog sb's memory; **eine ~ für das Gedächtnis sein** to jog the memory; **jdm seine ~ anbieten** to offer sb one's help; **auf jds ~ angewiesen sein** to be dependent on sb's help; **jds ~ bedürfen** (*geh*) to need sb's help; **jdn um ~ bitten** to ask sb for help [*or* assistance]; **jdm eine [wertvolle] ~ sein** to be a [great] help to sb; **jdm zu ~ kommen** to come to sb's assistance; **[jdm] ~ leisten** (*geh*) to help [*or* assist] [sb]; **etw zu ~ nehmen** to use [*or* make use of] sth; **um ~ rufen** [*o* **schreien**] to call [*or* shout] for help; **jdn zu ~ rufen** to call sb [to help]; **sich ~ suchend umsehen** to look round for help; **sich ~ suchend an jdn/etw wenden** to turn to sb/sth for help; **ein ~ suchender Blick** a pleading look; **ein ~ suchender Mensch** a person seeking help; **jdm seine ~ verweigern** to refuse to help sb; **mit jds ~** with sb's help [*or* assistance]; **mit ~ einer S.** *gen* with [the help of] sth; **ohne [jds] ~** without [sb's] help; **[zu] ~!** help!; **du bist mir eine schöne ~!** (*iron*) well, you're a great help! *iron;* **ohne fremde ~** without outside help; **erste ~** first aid; **jdm erste ~ leisten** to give sb first aid
② (*Zuschuss*) **finanzielle ~** financial assistance; (*für Notleidende*) relief, aid; **wirtschaftliche ~** economic aid
③ (*Hilfsmittel*) aid
④ (*Haushalts~*) help

Hilfeaufruf *m* INFORM help call **Hilfefenster** *nt* INFORM help panel **Hilfefunktion** *f* INFORM help; **kontextbezogene ~** context-sensitive help

Hilfeleistung *f* (*geh*) help, assistance; **zur ~ verpflichtet** obliged to help [*or* give [*or form* render] assistance]; **unterlassene ~** JUR failure to render assistance in an emergency **Hilfemodus** *m* INFORM help mode **Hilferuf** *m* cry [*or* call] [*or* shout] for help **Hilfeschaltfläche** *f* INFORM help button **Hilfeschrei** *m s.* Hilferuf **Hilfestellung** *f* ① (*Unterstützung bei einer Turnübung*) ***ohne ~ springe ich nicht über das Pferd!*** I'm not jumping over that horse without help!; **jdm ~ geben** to give sb a hand ② (*Mensch*) somebody to help; **jdm ~ geben** to help sb, to give sb a hand **Hilfesuchende(r)** *f(m) dekl wie adj* somebody looking for [*or* seeking] help; ***als Pfarrer bin ich stets für ~ da*** as a priest, I'm always available for those seeking help **Hilfetaste** *f* INFORM help key

hilflos I. *adj* ① (*auf Hilfe angewiesen*) helpless
② (*ratlos*) at a loss *pred;* **ein ~er Eindruck** a confused [*or* helpless] [*or* nonplussed] impression; ***ich muss gestehen, ich bin etwas ~*** I must admit I don't know what to do [*or* I'm at a loss] [*or* I'm a bit nonplussed]
II. *adv* ① (*schutzlos*) helplessly; **jdm/etw ~ ausgeliefert sein** to be at the mercy of sb/sth
② (*ratlos*) helplessly, at a loss; **offensichtlich [sehr] ~** obviously at a [complete] loss

Hilflosigkeit <-> *f kein pl* ① (*völlige Hilfsbedürftigkeit*) helplessness
② (*Ratlosigkeit*) helplessness, bafflement, perplexity; ***ich muss meine ~ eingestehen*** I have to confess I'm baffled [*or* at a loss]

hilfreich *adj* ① (*hilfsbereit*) helpful
② (*nützlich*) helpful, useful; ■**es wäre ~, wenn …** it would be a help if …

Hilfsaktion *f* aid [*or* relief] programme [*or* AM -am] **Hilfsangebot** *nt* offer of assistance [*or* help] **Hilfsanspruch** *m* JUR alternative claim **Hilfsantrag** *m* JUR precautionary motion **Hilfsarbeiter(in)** *m(f)* (*veraltend*) labourer [*or* AM -orer]; (*in einer Fabrik*) unskilled worker **Hilfsarbeitskräfte** *pl* unskilled labour [*or* AM -or] **Hilfsaufrechnung** *f* JUR precautionary set-off **Hilfsbeamter, -in** *m, f* JUR auxiliary official; **~ der Staatsanwaltschaft** auxiliary official of the Public Prosecutor **hilfsbedürftig** *adj* ① (*auf Hilfe angewiesen*) in need of help *pred* ② FIN (*bedürftig*) needy, in need *pred,* on one's uppers *fam pred* BRIT, short of cash *esp* AM **Hilfsbedürftigkeit** *f* need, neediness, hardship, privation **Hilfsbegründung** *f* JUR precautionary argument in support of a/the claim **Hilfsbeleuchtung** *f* auxiliary illumination **hilfsbereit** *adj* helpful; **sich ~ zeigen** to be willing to help **Hilfsbereitschaft** *f* helpfulness, willingness to help **Hilfsbetrieb** *m* JUR ancillary plant **Hilfsdatei** *f* help file **Hilfsdienst** *m* emergency service; (*bei Pannen*) breakdown [*or* AM towing] service, emergency breakdown service; (*bei Katastrophen*) relief service **Hilfsfonds** *m* aid [*or* relief] fund **Hilfsgebrauchsmuster** *nt* JUR auxiliary utility model **Hilfsgeld** *nt* relief *pl* funds [*or* aid] **Hilfsgut** *nt* [material] aid, relief supplies *pl* **Hilfskasse** *f* FIN provident [*or* relief] fund **Hilfskonto** *nt* FIN subsidiary account **Hilfskonvoi** *m* relief [*or* aid] convoy **Hilfskraft** *f* help *no pl;* ***in der Hauptsaison beschäftigen wir mehrere Hilfskräfte*** in the high season we employ several extra staff; **~ im Haus** domestic help; **wissenschaftliche ~** (*Assistent eines Hochschullehrers*) assistant [lecturer] **Hilfslieferung** *f* [delivery of] relief supplies *pl* **Hilfslinie** *f* INFORM help line **Hilfsmaßnahme** *f* aid [*or* relief] measure *usu pl* **Hilfsmitglied** *nt* assistant member **Hilfsmittel** *nt* ① MED [health] aid ② *pl* (*Geldmittel zur Unterstützung*) [financial] aid [*or* relief] **Hilfsmotor** *m* auxiliary engine/motor; **ein Fahrrad mit ~** a motor-assisted bicycle **Hilfsorganisation** *f* aid [*or* relief] organization **Hilfspaket** *nt* aid parcel **Hilfsprogramm** *nt* ① POL, SOZIOL relief [*or* aid] programme [*or* AM -am] ② INFORM utility program **Hilfsquelle** *f* resource **Hilfsrichter(in)** *m(f)* JUR assistant judge **Hilfsschöffe, -in** *m, f* JUR reserve juror, deputy lay judge **Hilfsstoffe** *pl* auxiliary materials; **Hilfs- und Betriebsstoffe** (*Verfahrensmittel*) process materials; (*Produktionsstoffe*) operating supplies **Hilfstatsache** *f* JUR accessory fact **Hilfstransport** *m* relief [*or* back-up] transport **Hilfstriebwerk** *nt* auxiliary gear **Hilfstrupp** *m* troop of helpers; MIL reserve troop **Hilfsverb** *nt* auxiliary verb **hilfsweise** *adv* JUR by an alternative method **Hilfswerk** *nt* SOZIOL relief [*or* aid] organization **hilfswillig** *adj* helpful, willing to help *pred* **Hilfswillige(r)** *f(m) dekl wie adj* [willing] helper, person willing to help

Himalaja, Himalaja <-s> *m* Himalaya, Himalayas *npl*

Himbeere *f* ① (*Strauch*) raspberry [cane]
② (*Frucht*) raspberry

Himbeergeist *m kein pl schnapps made out of raspberries* **Himbeergelee** *nt* raspberry jelly **Himbeersaft** *m* raspberry juice **Himbeersirup** *m kein pl* KOCHK raspberry syrup *no pl* **Himbeerstrauch** *m s.* **Himbeere 1**

Himmel <-s, *poet* -> *m* ① (*Firmament*) sky; ***der ~ hellt*** [*o* ***klärt***] ***sich auf*** the sky is brightening [*or* clearing] up; ***der ~ bezieht sich*** the sky [*or* it] is clouding over; **zwischen ~ und Erde** between the earth and sky; **unter freiem ~** under the open sky, outdoors, in the open air; **am ~ stehen** to be [up] in the sky; ***ist das der Polarstern, der da oben am ~ steht?*** is that the Pole Star up there [in the sky]?; **am ~** in the sky; **bei wolkenlosem/wolkenverhangenem ~** when the sky is clear/cloudy; **bei klarem/trübem/bedecktem ~** when the sky is clear/dull/overcast; **unter italienischem/südlichem ~** under Italian/southern skies *liter;* ***die Sonne steht hoch am ~*** the sun is high in the sky; **den Blick gen ~ richten** (*geh*) to raise one's eyes towards the heavens; **der ~ lacht** (*geh*) the sun is shining brightly; **der ~ öffnet seine Schleusen** (*geh*) the heavens open
② (*Himmelreich*) heaven; **den ~ auf Erden haben** (*geh*) to be heaven [*or* paradise] on earth for one; **der ~ ist** [*o* **sei**] **mein Zeuge** (*veraltend*) as heaven is my witness *old;* **zum ~ auffahren** [*o* **in den ~ fahren**] to ascend into heaven; **in den ~ kommen** to go to heaven; **im ~** in heaven; **dem ~ sei Dank** (*veraltend*) thank heaven[s]; **jdm hängt der ~ voller Geigen** (*geh*) sb is in paradise [*or* is walking on air] [*or* is [walking] on cloud nine] [*or* is over the moon]
③ (*Baldachin*) canopy
④ AUTO [interior] roof
► WENDUNGEN: **~, Arsch und Zwirn!** (*sl*) bloody hell! BRIT *sl,* Christ almighty! *vulg;* **den ~ für eine Bassgeige** [*o* **einen Dudelsack**] **ansehen** DIAL (*fam: völlig betrunken sein*) to be three sails [*or* AM sheets] to the wind; **~ und Erde** KOCHK NORDD *north German dish of fried black pudding and liver sausage, puréed potato and apple;* **~ und Hölle** hopscotch; **~ und Hölle in Bewegung setzen** (*fam*) to move heaven and earth; **~ und Menschen** DIAL hordes of people; **gerechter** [*o* **gütiger**] **~!** good heavens!; **aus heiterem ~** (*fam*) out of the blue; **[ach] du lieber ~!** (*fam*) [oh] heavens!; **im sieb[en]ten ~ sein** [*o* **sich fühlen wie im siebenten ~**] (*fam*) to be in seventh heaven; **jdn/etw in den ~ heben** (*fam*) to praise sb/sth [up] to the skies; **nicht [einfach] vom ~ fallen** to not fall out of the sky; **zum ~ schreien** to be scandalous [*or* a scandal]; **es schreit zum ~, wie …** it's a scandal that …; **zum ~ stinken** (*fam*) to stink to high heaven; **eher stürzt der ~ ein, als dass … …** won't happen in a million years; ***eher stürzt der ~ ein, als dass er das täte*** he wouldn't do that in a million years; **[das] weiß der ~!** (*fam*) heaven knows!; **um ~s willen** (*fam*) for heaven's [*or* goodness'] sake; **~ [noch mal]!** (*fam*) for heaven's [*or* goodness'] sake

himmelangst *adj pred* ■**jdm ist/wird ~** sb is scared to death; (*Angst in einer bestimmten Situation*) sb is shaking in their shoes **Himmelbett** *nt* four-poster [bed] **himmelblau** *adj* sky-blue, azure [blue]; **~e Augen** blue eyes **Himmeldonnerwetter** *interj* ► WENDUNGEN: **~ [noch [ein]mal]!** (*sl*) for heaven's sake!, for crying out loud! *sl* **Himmelfahrt** *f* ascension into heaven; **Christi ~stag** Ascension Day; *s. a.* **Christus, Mariä Himmelfahrtskommando** *nt* MIL (*fam*) ① (*selbstmörderisches Unternehmen*) suicide [*or* kamikaze] mission [*or* operation] ② (*Angehörige eines ~s*) suicide [*or* kamikaze] squad **Himmelfahrtsnase** *f* (*hum fam*) turned-up nose **Himmelfahrtstag** *m* Ascension Day; ■**der ~** Ascension Day **Himmelherrgott** *interj* ► WENDUNGEN: **~ [noch [ein]mal]!** (*sl*) God in heaven!, [God] give me strength!, for crying out loud! *fam* **himmelhoch I.** *adj* sky-high, soaring, sky-scraping **II.** *adv* **jdm/etw ~ überlegen sein** to be far superior to sb/sth, to be a million times [*or* BRIT miles] better than sb/sth *fam* ► WENDUNGEN: **~ jauchzend[, zu Tode betrübt]** on top of the world [*or* over the moon][, down in the dumps]; ***ihre Stimmung schwankt zwischen ~ jauchzend und zu Tode betrübt*** her moods change from being up one minute to down the next, one minute she's as high as a kite, the next she's down in the dumps **Himmelreich** *nt kein pl* REL heaven, paradise, kingdom of God; **ins ~ kommen** [*o* **eingehen**] (*geh*) to go to heaven ▶ WENDUNGEN: **ein ~ für etw** (*fam*) ***ein ~ für einen Schluck Wasser — ich sterbe vor Durst!*** I'd give my right arm [*or* my eye teeth] [*or* anything] for a drink of water! I'm dying of thirst! **himmelschreiend** *adj* ❶ (*unerhört*) downright *attr*, appalling, monstrous; ***das ist ein ~es Unrecht!*** it's just downright wrong! ❷ (*skandalös*) scandalous, appalling; ***die hygienischen Verhältnisse in den Lagern waren ~*** the standard of hygiene in the camps was disgraceful

Himmelskörper *m* heavenly [*or* celestial] body

Himmelsrichtung *f* direction; **die vier ~en** the four points of the compass; **aus allen ~en** from all directions [*or liter* all four corners of the earth]; **in alle ~en** in all directions; **in alle ~en senden** to send to all four corners of the earth *liter* **Himmelsschlüssel** *m o nt s.* **Schlüsselblume Himmelszelt** *nt* (*poet*) dome of the sky *liter*, firmament *liter or dated*

himmelweit I. *adj* (*fam*) enormous; **ein ~er Unterschied** a considerable [*or* world of] [*or* vast] difference

II. *adv* **sich ~ unterscheiden** to be completely different, to differ greatly [*or* considerably]; **~ voneinander entfernt** far apart from one another; **~ voneinander verschieden** to be completely different

himmlisch I. *adj* ❶ *attr* (*göttlich*) heavenly, divine; ***ich nehme das als ein ~es Zeichen!*** I take that as a sign from heaven!

❷ (*herrlich*) divine, heavenly; **einfach ~** perfectly divine [*or* heavenly]; ***der Urlaub war [einfach] ~*** the holiday was just heavenly [*or* divine]; *s. a.* **Geduld, Vater**

II. *adv* divinely, wonderfully; **~ munden/schmecken** to taste divine [*or* wonderful]

Himmlische(r) *f(m) dekl wie adj* ■ **die ~n** the gods

hin *adv* ❶ *räumlich* (*dahin*) ***die Geschäfte schließen gleich, jetzt aber noch schnell ~!*** the shops will close soon, we'll have to get there quick!; ***wie kommen wir dorthin? — mit dem Fahrrad ~ und dann mit dem Dampfer zurück*** how are we going to get there? — there by bicycle and back by steamer; ***wo der so plötzlich ~ ist?*** where's he gone [*or fam* disappeared to] all of a sudden?; **bis/nach ... ~** to [*or* as far as] ...; ***bis zu euch ~ werde ich es heute nicht schaffen*** I won't make it to you [*or* as far as your place] today; ***er hat es bis München ~ geschafft*** he made it as far as [*or* to] Munich; **~ und her laufen** to run to and fro; **nach rechts ~** to the right; **bis zu dieser Stelle ~** up to here; **über etw** *akk* **~** over sth; ***von hier aus gesehen, erstreckt sich die Wüste noch über 200 Kilometer ~*** from here, the desert stretches another 200 kilometres; **zu jdm/etw ~** to sb/sth; ***der Balkon liegt zur Straße ~*** the balcony faces the street

❷ (*einfache Fahrt*) ***eine Fahrkarte nach Bärben-Lohe! — nur ~ oder auch zurück?*** a ticket to Bärben-Lohe! — just a single or a return [ticket]?; **~ und zurück** there and back, a return [ticket]; ***was kostet eine Fahrkarte nach Bad Tiefenbleichen ~ und zurück?*** what does a return [ticket] to Bad Tiefenbleichen cost?

❸ *zeitlich* (*sich hinziehend*) ***das ist lange ~*** that's a long time; ***wann fährt der Zug? um 21 Uhr 13? das sind ja noch fast zwei Stunden ~!*** when does the train leave? at 9.13? that's almost another two hours [to wait]!; ***wie lange ist es noch ~ bis zu deiner Prüfung?*** how long [*or* much longer] is it to your exam [*or* before you take your exam]?; **über etw** *akk* **~** over sth; **über die Jahre ~** over the years; **über eine Woche ~** for a week; ***es ist fraglich, ob sie sich über diese lange Zeit ~ noch daran erinnern wird*** it's doubtful whether she will remember that after all this time; **zu jdm/etw ~** towards sb/sth; ***zum Frühjahr ~ führen die Flüsse oft Hochwasser*** the rivers are often flooded as spring approaches

❹ (*fig*) **auf jds Bitte/Vorschlag ~** at sb's request/suggestion; **auf jds Rat ~** on sb's advice; ***auf die Gefahr ~, dass ich mich wiederhole*** at the risk of repeating myself; ***auf das Versprechen ~, die Schuld in drei Wochen zurückzuzahlen, hat sie ihm das Geld geliehen*** she agreed to lend the money when he promised to repay it within three weeks; ■ **auf etw** *akk* **~** (*mit etw als Ziel*) **auf lange Sicht/einen langen Zeitraum ~ etw planen** to make long-term plans; **jdn/etw auf etw ~ prüfen/untersuchen** to test [*or* examine] sth for sth; ***du bist immer müde? vielleicht solltest du dich mal auf Eisenmangel ~ untersuchen lassen*** you're always tired? perhaps you should have tested yourself for iron deficiency

❺ (*fam: kaputt sein*) ■ **~ sein** to have had it *fam*, to be bust *sl*; (*mechanische Geräte*) to be a write-off *fam*, to be kaputt

❻ (*sl: tot sein*) ■ **~ sein** to have kicked the bucket *fam*, to have snuffed it *fam*, to have popped one's clogs *sl*

❼ (*verloren sein*) ■ **~ sein** to be gone [*or* a thing of the past]

❽ (*fasziniert sein*) ■ **[von jdm/etw] ~ sein** to be bowled over [by sb/sth], to be taken [with sb/sth]; ■ **von jdm ~ sein** to be smitten by sb

▶ WENDUNGEN: **das H~ und Her** (*Kommen und Gehen*) to-ing and fro-ing; ***ich wollte im Wartezimmer lesen, aber bei dem ständigen H~ und Her konnte ich mich nicht konzentrieren*** I wanted to read in the waiting room but with all the constant to-ing and fro-ing I couldn't concentrate; (*der ständige Wechsel*) backwards and forwards; **nach einigem/langem H~ und Her** after some/a lot of discussion; **auf Wirkung nach außen ~ bedacht sein** to be concerned about the impression one makes; **still vor sich ~** quietly to oneself; **nicht ~ und nicht her reichen** (*fam*) to be nowhere near [*or* nothing like] enough *fam*; **nach außen ~** outwardly; **nach außen ~ ruhig wirken** to appear calm; **~ oder her** (*fam*) more or less; ***auf einen Tag ~ oder her kommt es nun auch nicht mehr an*** one day [more or less] won't make any difference; **... ~, ... her** ... or not [*or* no ...]; ***Arbeit ~, Arbeit her, irgendwann musst du auch mal an etwas anderes denken!*** work is all very well, but you've got to think about other things some of the time; **nichts wie ~** (*fam*) let's go!, what are we/you waiting for!; **~ ist ~** (*fam*) what's bust is bust; **~ und wieder** from time to time, every now and then [*or* again]; **vor sich ~ stieren** to stare [vacantly] into space; **vor sich ~ trödeln** to wander along [absent-mindedly]; **bis dahin noch [lange] ~** there's some/a long time to go until then

hinab *adv* (*geh*) *s.* **hinunter**

Hinajana, Hinayana <-> *nt kein pl* REL (*Buddhismus*) Hinayana

hin|arbeiten *vi* ■ **auf etw** *akk* **~** to work [one's way] towards sth; **auf ein Examen ~** to work for an exam; **gezielt auf etw ~** to expressly work towards sth; ■ **darauf ~, dass ...** to work with the aim of ...; ***wir sollten darauf ~, dass eine Einigung doch noch möglich wird*** we should work with the aim of making an agreement possible after all

hinauf *adv* up; **[die Treppe] ~gehen** to go up[stairs]; **den Fluss ~** up the river, upstream; **bis ~ zu etw** (*im Rang nach oben bis zu etw*) up to sth

hinauf|begleiten* *vt* ■ **jdn ~** to go up [to the top] with sb; **jdn die Treppe ~** to go upstairs with sb, to accompany sb upstairs; ***schaffst du es alleine die Treppe hoch, oder soll ich dich ~?*** can you manage the stairs alone, or shall I come with you? **hinauf|blicken** *vi* (*geh*) to look up; **zum Himmel ~** to look [up] at the sky; **da/dort ~** to look up there; ■ **an jdm ~** to look up at sb **hinauf|bringen** *vt irreg* ■ **jdn ~** to take sb up; ■ **[jdm] etw ~** to take sth up [to sb], to take [sb] sth up **hinauf|fahren** *irreg* I. *vi sein* (*nach oben fahren*) ■ **[in etw** *dat*/**mit etw] ~** to go up [in sth/by sth]; **im Auto zur Burg ~** to drive up to the castle, to go up to the castle by car; **mit dem Aufzug in den 3. Stock ~** to go up in the lift [*or* AM elevator] to the third [*or* AM second] floor; **beim H~** during the ascent, while sb/sth is going up; ■ **irgendwo ~** to go up somewhere; ***ob der Lastwagen es schafft, auf diese Rampe hinaufzufahren?*** do you think the lorry will manage to get [*or* drive] up this ramp? II. *vt haben* ■ **jdn [mit etw] ~** to take sb up [in sth] **hinauf|führen** I. *vi* ■ **[auf etw** *akk*/**irgendwo] ~** to lead [*or* go] up [to sth/somewhere]; **auf den Berg ~** to lead [*or* go] up the mountain; **aufs Dach ~** to lead [*or* go] up onto the roof II. *vt* (*geh*) ■ **jdn [irgendwo] ~** to take sb [up] somewhere, to accompany sb [somewhere] *form* **hinauf|gehen** *vi irreg sein* ❶ (*nach oben gehen*) ■ **[auf etw** *akk*/**irgendwo] ~** to go up [to something/somewhere]; **die Treppe ~** to go up the stairs [*or* upstairs] ❷ (*steigen*) to go up, to increase, to rise ❸ (*hochgehen*) ■ **mit etw ~** to put sth up; **mit dem Preis ~** to put the price up, to raise the price **hinauf|klettern** *vi sein* (*nach oben klettern*) ■ **[etw** *akk*/**auf etw** *akk*/**irgendwo] ~** to climb [up] [sth/onto sth/somewhere]; **an dieser Stelle [*o* hier] ~** to climb up here **hinauf|kommen** *vi irreg sein* ❶ (*nach oben kommen*) ■ **[etw** *akk*/**in etw** *akk*/**zu jdm] ~** to come up [sth/into sth/to sb] ❷ (*es nach oben schaffen*) ■ **[etw** *akk*] **~** [to manage] to get [*or* go/come] up [sth/to sth]; **die Treppe ~** to manage [*or* get up] [*or* manage to get up] the stairs **hinauf|laufen** *vi irreg sein* (*nach oben laufen*) ■ **[etw** *akk*/**zu jdm] ~** to run up [sth/to sb] **hinauf|reichen** I. *vi* ❶ (*nach oben reichen*) ■ **[mit etw] [bis zu etw] ~** to reach [up] [to sth] [with sth] ❷ (*sich erstrecken*) ■ **[bis zu etw] ~** to reach [up to sth] II. *vt* (*geh: nach oben angeben*) ■ **jdm etw [auf etw** *akk*] **~** to hand [*or* pass] sb up sth [on sth] **hinauf|schauen** *vi* (*geh*) *s.* **hinaufsehen hinauf|schrauben** I. *vt* (*konstant steigern*) ■ **etw ~** to raise [*or* increase] sth; **Forderungen ~** to continue to increase demands II. *vr* to wind upwards **hinauf|sehen** *vi irreg* ■ **[zu jdm/etw] ~** to look up [to sb/sth] **hinauf|setzen** *vt* (*erhöhen*) *s.* **heraufsetzen hinauf|steigen** *vi irreg sein* ■ **[etw** *akk*/**auf etw** *akk*] **~** to climb [*or* go] up [sth/onto sth] **hinauf|tragen** *vt irreg* ■ **[jdm] etw [irgendwohin] ~** to carry [*or* take] sth up [somewhere] [for sb] **hinauf|treiben** *vt irreg* ■ **jdn/etw [irgendwo] ~** to drive sb/sth up [somewhere]

hinaus I. *interj* (*nach draußen*) get out!

II. *adv* ❶ (*von hier nach draußen*) out; **hier/da/dort ~ bitte!** this/that way out, please!; **da hinten/vorne ~** out the back/front way!; ***die Hintertür ist verriegelt, also geht's nur da vorne ~*** the back door is locked so we'll have to go out the front [door/way]; ***zum Ausgang die zweite Tür links ~!*** the exit is out through the second door on the left; ■ **~ sein** to have gone outside; ■ **aus etw** *dat* **~** out of sth; ***er trat aus dem Haus ~ in den Garten*** he stepped out of the house into the garden; ■ **durch [*o* zu] etw ~** out of sth; ***die Katze muss durch das/zum Fenster ~ entwischt sein*** the cat must have got out of the window; **nach hinten/vorne ~ liegen** to be [situated] at the back/front [of a house]; ***das Schlafzimmer geht nach hinten ~*** the bedroom is at the back; **nach hinten/vorne ~ wohnen** to live at the back/front

❷ (*fig*) ■ **über etw** *akk* **~** (*weiter gehend als etw*) including sth; ■ **über etw** *akk* **~ sein** (*hinter sich haben*) to be past sth; **über ein bestimmtes Stadium ~ sein** to have got beyond a particular stage; ■ **über etw** *akk* **~ sein** (*zu weit gefahren sein*) to have gone past sth; **über etw ~ reichen** to include sth; (*sich über etw erstreckend*) extending beyond sth; **sich über etw ~ hinziehen** to extend [*or fam* drag on] beyond sth; **über das Notwendigste ~** beyond what is immediately necessary; ***er hat darüber ~ nichts Neues zu sagen*** other than that he has nothing new to say

❸ (*zeitlich*) **auf Jahre ~** for years to come; **über Mittag ~** till after midday; **über die Zwanzig ~** well into the [*or* one's] twenties, well over twenty; ■ **über etw ~** (*etw übersteigend*) more than sth, well over sth; *s. a.* **darüber**

H

hinaus|befördern* *vt (fam: nach draußen befördern)* ■**jdn [aus etw]** ~ to propel [*or* throw] [*or fam* chuck] sb out of sth [*or* outside]; ■**jdn ~ lassen** to have sb thrown [*or fam* chucked] out **hinaus|begleiten** *vt* ■**jdn** ~ to see sb out; ***bleiben Sie ruhig sitzen, Sie brauchen mich nicht hinauszubegleiten*** [you] stay where you are [*or* in your seat], you don't have to see me [*or* I can see myself] out **hinaus|beugen** *vr, vt* ■**sich/etw [zu etw]** ~ to lean out [of sth]; ***er beugte den Kopf zum Fenster hinaus*** he stuck his head out of the window **hinaus|blicken** *vi (geh) s.* **hinaussehen** **hinaus|bringen** *vt irreg* ❶ *(nach draußen begleiten)* ■**jdn** ~ to see sb out; **jdn zur Tür** ~ to see sb to the door; **jdn zum Haus/zur Wohnung** ~ to see sb out of the house/the flat ❷ *(nach draußen bringen)* ■**etw** ~ to take sth out **hinaus|drängen** **I.** *vt haben (nach draußen drängen)* ■**jdn [aus etw]** ~ to push [*or* propel] sb out [of sth] **II.** *vi sein (nach draußen drängen)* to push [*or* force] one's way out; *(hetzen)* to champ at the bit *fig* **hinaus|dürfen** *vi irreg* ❶ *(nach draußen dürfen)* ■**[auf etw** *akk*/**in etw** *akk*] ~ to be able/allowed to go outside [to sth/in sth] ❷ *(nach draußen gebracht werden dürfen)* ■**etw darf [auf etw** *akk*] **hinaus** sth can be taken/put outside [on sth] **hinaus|ekeln** *vt (fam)* ■**jdn [aus etw]** ~ to drive sb out [of sth] **hinaus|fahren** *irreg* **I.** *vi sein* ❶ *(nach draußen fahren)* ■**[aus etw]** ~ to drive out [of sth]; ■**beim H~** when driving out; ***beim H~ aus der Garage solltest du erst gucken, ob die Straße frei ist*** when you drive out of the garage, you should look first to see if the road is clear ❷ *(irgendwohin fahren)* ■**[auf etw** *akk*/**zu jdm/etw]** ~ to drive [out] [to sth/to sb] ❸ *(überfahren)* ■**über etw** *akk* ~ to drive over sth **II.** *vt haben (nach draußen fahren)* ■**etw [aus etw]** ~ to drive sth out [of sth] **hinaus|finden** *vi irreg* ■**[aus etw]** ~ to find one's way out [of sth]; ***finden Sie alleine hinaus?*** can you find your own way out? **hinaus|fliegen** *vi irreg sein* ❶ *(nach draußen fliegen)* ■**[aus etw]** ~ to fly out [of sth] ❷ *(fam: hinausfallen)* ■**[aus etw]** ~ to fall out [of sth] ❸ *(fam: hinausgeworfen werden)* to be kicked [*or fam* chucked] out **hinaus|führen** **I.** *vi* ❶ *(nach draußen führen)* ■**[aus etw]** ~ to lead out [of sth] ❷ *(überschreiten)* ■**über etw** *akk* ~ to go [*or* extend] beyond sth **II.** *vt (hinausgeleiten)* ■**jdn [aus etw]** ~ to show sb out [of sth] **hinaus|gehen** *irreg* **I.** *vi sein* ❶ *(nach draußen gehen)* ■**[aus etw/auf etw** *akk*] ~ to go out [of sth]; **aus einem Gebäude** ~ to go out of [*or* leave] a building; **auf die Straße** ~ to go out to the road ❷ *(führen)* ■**zu etw** ~ to lead [out] to sth ❸ *(abgeschickt werden)* ■**[zu jdm]** ~ to be sent off [to sb] ❹ *(gerichtet sein)* ■**auf [o nach] etw** ~ to look out on/onto sth; **nach Osten** ~ to face east ❺ *(überschreiten)* ■**[weit] über etw** *akk* ~ to go [far] beyond sth, to exceed sth **II.** *vi impers sein* ***wo geht es auf die Straße hinaus?*** which is the way out [*or* how can I get out] to the road?; ***es geht dort hinaus!*** that's the way out! **hinaus|geleiten*** *vt (geh)* ■**jdn [aus/zu etw]** ~ to show sb out [of sth/to sth] **hinaus|gucken** *vi (fam) s.* **hinaussehen** **hinaus|halten** *vt irreg* ■**jdn/etw [zu etw]** ~ to hold sb/sth out [of sth]; **den Kopf zum Fenster** ~ to put [*or fam* stick] one's head out of the window **hinaus|hängen** *vt* ■**etw [zu etw/auf etw** *akk*] ~ to hang sth out [of/on sth] **hinaus|jagen** **I.** *vt haben* ■**jdn/ein Tier [aus etw/zu etw/auf etw** *akk*] ~ to chase [*or* drive] sb/an animal out [of/to sth]; ■**jdn [aus etw] ~ lassen** to have sb removed [*or* chased] [*or* driven] [from sth] **II.** *vi sein* to rush [*or form* hasten] out **hinaus|katapultieren*** *vt* POL *(sl)* ■**jdn [aus etw]** ~ to catapult [*or* eject] sb [out of sth] **hinaus|klettern** *vi sein* ■**[aus etw]** ~ to climb out [of sth] **hinaus|kommen** *vi irreg sein* ❶ *(nach draußen kommen)* to get out/outside; ■**[zu jdm]** ~ to come out [to sb] ❷ *(gelangen)* ■**über etw** *akk* ~ to get beyond sth ❸ *(gleichbedeutend mit etw sein)* ■**etw kommt auf etw** *akk* **hinaus** sth amounts to sth; ***das kommt auf dasselbe hinaus*** it's all the same **hinaus|komplimentieren*** *vt* ■**jdn [aus etw]** ~ to bow sb out [of sth], to usher out sb *sep* **hinaus|lassen** *vt irreg* ■**jdn/ein Tier [aus etw]** ~ to let sb/an animal out [of sth] **hinaus|laufen** *vi irreg sein* ❶ *(nach draußen laufen)* ■**[durch etw/auf etw** *akk*] ~ to run out [through/to sth]; ***hier geblieben, lauf mir ja nicht auf die Straße hinaus!*** stay here, don't run out onto the road! ❷ *(gleichbedeutend mit etw sein)* ■**auf etw** *akk* ~ to be [*or* mean] the same as sth; ***auf was soll das ~?*** what's that supposed to mean?; **auf dasselbe** [*o* **aufs Gleiche**] ~ to be [*or* mean] the same, to come [*or* amount] to the same thing; ■**darauf ~, etw zu tun** to lead to sth being done **hinaus|lehnen** *vr* ■**sich [aus etw]** ~ to lean out [of sth] **hinaus|posaunen*** *vt (fam) s.* **ausposaunen** **hinaus|ragen** *vi sein* ❶ *(nach oben ragen)* to rise; ■**über etw** *akk* ~ to tower over sth ❷ *(nach außen ragen)* ■**[auf etw** *akk*] ~ to jut [*or fam* stick] out [onto sth] ❸ *(überragen)* ■**über jdn/etw** ~ to stand out over sb/sth; **über ein Zeitalter** ~ to stand out in a time **hinaus|reichen** **I.** *vt (geh)* ■**[jdm] etw [durch etw/zu etw]** ~ to pass [*or* hand] out sth *sep* [to sb] [through sth], to pass [*or* hand] [sb] out sth [through sth]; **etw durch das Fenster** ~ to pass [*or* hand] sth out of [*or* through] the window **II.** *vi* ❶ *(bis nach draußen reichen)* to reach; ■**bis zu etw** ~ to reach [as far as] [*or* stretch as far as] sth ❷ *(weiterhin reichen)* ■**über etw** *akk* ~ to be more than sth; ***der Betrag reicht weit über das hinaus, was ich kalkuliert hatte*** the amount is a lot more than what I had calculated; **über einen bestimmten Zeitraum** ~ to last beyond a particular period of time **hinaus|rennen** *vi irreg sein (fam)* to run [*or* rush] out **hinaus|schaffen** *vt (hinausbringen)* ■**jdn/etw [aus etw/auf etw** *akk*] ~ to take sb/sth out [of sth]; **eine lästige Person** ~ to get a troublesome person out **hinaus|schauen** *vi (geh) s.* **hinaussehen** **hinaus|schicken** *vt (nach draußen schicken)* ■**jdn [aus etw/auf etw** *akk*/**in etw** *akk*] ~ to send sb out [of/to/into sth] **hinaus|schieben** *vt irreg* ❶ *(nach draußen schieben)* ■**etw [aus etw/auf etw** *akk*] ~ to push sth out [of/into/onto sth] ❷ *(hinausdrängen)* ■**jdn [zu etw/auf etw** *akk*] ~ to push [*or* force] sb out [of/into/onto sth] ❸ *(auf später verschieben)* ■**etw [bis irgendwann]** ~ to postpone sth [*or* put sth off] [until some time] **hinaus|schießen** *vi irreg sein* ❶ *(nach draußen schießen)* ■**[aus etw]** ~ to fire [from sth] ❷ *(fam: hinausjagen)* ■**[aus etw/auf etw** *akk*] ~ to shoot out [of/onto/into sth]; *s. a.* **Ziel** **hinaus|schmeißen** *vt irreg (fam)* ■**jdn/etw [aus etw/auf etw** *akk*] ~ to throw [*or fam* chuck] sb/sth out [of/into/onto sth]

Hinausschmiss^RR <-sses, -sse> *m s.* **Rausschmiss^RR**

hinaus|schmuggeln *vt* ■**jdn/etw [aus etw]** ~ to smuggle sb/sth out [of sth] **hinaus|schreien** *irreg* **I.** *vi* ■**[zu etw]** ~ to scream [out of sth] **II.** *vt (geh: schreiend kundtun)* ■**etw** ~ to cry out sth *form* **hinaus|schwimmen** *vi irreg sein* ■**[zu etw]** ~ to swim out [to sth] **hinaus|sehen** *vi irreg* ■**[zu etw/auf etw** *akk*/**in etw** *akk*] ~ to look [*or* take a look] out [of/at sth] **hinaus|setzen** **I.** *vt* ❶ *(nach draußen setzen)* ■**jdn/etw** ~ to put sb/sth out ❷ *(hinauswerfen)* ■**jdn** ~ to throw [*or fam* chuck] sb out **II.** *vr (sich nach draußen setzen)* ■**sich [auf etw** *akk*/**in etw** *akk*] ~ to sit outside [on/in sth] **hinaus|stehlen** *vr irreg (geh)* ■**sich** *akk* ~ to slip [*or liter* steal] [*or* sneak] out **hinaus|steigen** *vi irreg sein (nach draußen steigen)* ■**[durch/zu etw]** ~ to get out [through sth] **hinaus|stellen** *vt* ■**[jdm/einem Tier] etw [auf etw** *akk*] ~ to put out sth *sep* [in/on sth] [for sb/an animal] **hinaus|strecken** *vt* ■**etw [aus/zu etw]** ~ to stretch out sth *sep* [out of sth], to stick sth out [of sth] *fam;* **den Kopf** ~ to put [*or fam* stretch] one's head out **hinaus|stürmen** *vi sein* ■**[aus/zu/auf etw** *akk*] ~ to rush out [of/to sth]; **zur Tür** ~ to rush out of the door; **in Wut** ~ to storm out **hinaus|stürzen** **I.** *vi sein* ❶ *(geh: hinausfallen)* to fall out; **zum Fenster** ~ to fall out of the window ❷ *(kopflos hinauseilen)* ■**[aus/in etw** *akk*] ~ to rush [*or* dash] out [of/into sth]; **zur Tür** ~ to rush [*or* dash] out of the door **II.** *vr haben* **sich zum Fenster** ~ to throw oneself out of the window **hinaus|tragen** *vt irreg* ❶ *(nach draußen tragen)* ■**jdn/etw [aus/zu etw** *dat*/**auf etw** *akk*] ~ to carry sb/sth out [of/to sth]; **jdn/etw zur Tür** ~ to carry sb/sth out of the door ❷ *(geh: nach außen verbreiten)* ■**etw** ~ to broadcast sth ❸ *(weiter tragen, treiben)* ■**jdn/etw über etw** ~ to carry sb/sth beyond sth; ***der Wagen wurde nach einer Rechtskurve über die Straßenmitte hinausgetragen*** after the right hand bend, the car was carried across the middle of the road **hinaus|treiben** *vt irreg* ❶ *(nach draußen treiben)* ■**jdn/ein Tier [aus etw]** ~ to drive sb/an animal out [of sth] ❷ *(vom Ufer weg treiben)* ***das Kanu wurde langsam hinausgetrieben*** the canoe drifted gently away **hinaus|treten** **I.** *vi irreg sein (geh: nach draußen treten)* ■**[aus/in etw** *akk*] ~ to go out [of/to sth]; **auf den Hof/in den Garten** ~ to go out into the yard [*or* garden]; **aus/zur Tür** ~ to go out of the door **II.** *vt* **einen Ball** ~ to kick a ball into touch **hinaus|wachsen** [-ks-] *vi irreg sein* ❶ *(durch Leistung übertreffen)* ■**über jdn** ~ to surpass [*or* outstrip] [*or* outshine] sb ❷ *(überwinden)* ■**über etw** *akk* ~ to rise above sth **hinaus|wagen** *vr* ■**sich** *akk* **[aus/zu etw** *dat*/**in etw** *akk*] ~ to venture out[side] [of/to/into sth]; **sich auf den Hof/in den Garten** ~ to venture out into the garden; **sich auf die Straße** ~ to venture out onto the street/road; **sich aus der/zur Tür** ~ to venture out of the door; **sich aus einem Versteck** ~ to venture out of a hiding place; **sich in die Kälte** ~ to venture out into the cold **hinaus|werfen** *vt irreg* ❶ *(nach draußen werfen)* ■**etw [aus etw** *dat*/**auf etw** *akk*] ~ to throw [*or fam* chuck] sth out [of/onto/into sth]; **etw zur Tür** ~ to throw sth out of the door ❷ *(fam: fristlos kündigen)* ■**jdn [aus etw]** ~ to throw [*or fam* chuck] sb out [of sth]; *(entlassen)* to throw [*or fam* chuck] sb out [of sth], to sack sb [from sth] ► WENDUNGEN: **Geld zum Fenster** ~ to throw [*or* chuck] money out of the window [*or* down the drain] **hinaus|wollen** *vi* ❶ *(nach draußen wollen)* ■**[aus etw** *dat*/**zu jdm]** ~ to want to go out [of/to sb]; **auf den Hof/in den Garten** ~ to want to go out into the yard/garden; **auf die Straße** ~ to want to go out to the street/road; **aus der/zur Tür** ~ to want to go out of the door; *s. a.* **hoch** ❷ *(etw anstreben)* ■**[mit etw** *dat*] **auf etw** *akk* ~ to get [*or* drive] at sth [with sth]; ***Sie haben Recht, genau auf diesen Punkt wollte ich ja hinaus*** you're right, that's just what I was getting [*or* driving] at **hinaus|ziehen** *irreg* **I.** *vt haben* ❶ *(nach draußen ziehen)* ■**jdn/ein Tier/etw [aus etw]** ~ to drag [*or* pull] sb/an animal out [of sth]; **jdn am Rockärmel** ~ to pull sb outside by their sleeve; **jdn sanft** ~ to draw sb outside; **ein Tier/ein Kind mit Gewalt** ~ to haul an animal/a child outside ❷ *(mit sich fort ziehen)* ■**jdn [auf etw** *akk*] ~ to carry sb out [to sth] **II.** *vi sein* ❶ *(nach draußen abziehen)* to get out; ***öffne die Fenster, damit der Rauch ~ kann!*** open the window so we can get rid of this smoke! ❷ *(nach außerhalb ziehen)* ■**[auf etw** *akk*/**in etw** *akk*] ~ to go off [to/into sth]; **in die weite Welt** ~ to go out into the wide world; ***wir werden [aufs Land]*** ~ we will be moving out [to live in the country] **III.** *vr haben (sich verzögern)* ■**sich** ~ to be delayed **IV.** *vt impers haben* ■**es zieht jdn hinaus [in etw** *akk*] sb feels an urge [*or* sb is driven] to go out [in sth]; ***bei dem schönen Wetter zog es sie förmlich hinaus*** the beautiful weather awakened a great urge [*or* desire] in her to go out, the beautiful weather positively drove her outside **hinaus|zögern** **I.** *vt (durch Verzögern hinausschieben)* ■**etw** ~ to put off sth *sep,* to delay sth **II.** *vr (sich durch Verzögerung verschieben)* ■**sich** ~ to be delayed

Hinauszögerung <-, -en> *f* delay

hin|bekommen* *vt irreg s.* **hinkriegen** **hin|be-**

stellen* *vt* ■**jdn [irgendwo]** ~ to tell sb to go/be somewhere **hịn|biegen** *vt irreg* (*fam*) ❶ (*bereinigen*) ■**etw** ~ to sort out sth *sep;* **ein Problem** ~ to iron out a problem ❷ (*pej: drehen*) ■**es so ~, dass …** to manage [*or* BRIT *fam* wangle] [*or fam* work] it [*or* things] so that … ❸ (*entsprechend beeinflussen*) ■**jdn** ~ to lick [*or* knock] sb into shape *fam* **hịn|blättern** *vt* (*fam: hinzahlen*) ■**etw** ~ to pay out sth; (*viel Geld bezahlen*) to shell [*or* fork] out sth *fam,* to stump up sth BRIT *fam*

Hịnblick *m* ❶ (*angesichts*) **im** [*o* **in**] ~ **auf etw** *akk* in view of [*or* considering] sth
❷ (*in Bezug auf*) with regard to; **im ~ darauf, dass …** in view of the fact that …

hịn|breiten *vt* (*geh*) ■**etw [vor jdn]** ~ to spread out sth [in front of sth], to display sth [to sb] **hịn|bringen** *vt irreg* ❶ (*bringen*) ■**[jdm] etw** ~ to bring/take sth [to sb]; ■**etw zu jdm ~ lassen** to have sth brought/delivered to sb ❷ (*begleiten*) ■**jdn** ~ to take sb **hịn|denken** *vi irreg* **wo denkst du/wo denken Sie hin!** what an idea!, what are you talking about?

hịnderlich I. *adj* (*geh*) ❶ (*behindernd*) cumbersome; ■**[bei etw] ~ sein** to be a hindrance [*or* a nuisance] [with sth/in doing sth], to get in sb's [*or* the] way [when doing sth]; ***die Stiefel sind beim schnellen Gehen doch zu ~!*** I can't walk fast in these boots!
❷ (*ein Hindernis darstellend*) ■**jdm/für etw ~ sein** to be an obstacle for sb/sth
II. *adv* (*geh: als Hinderungsgrund*) as an obstacle; **sich ~ auswirken** to prove to be an obstacle

hịndern *vt* ❶ (*von etw abhalten*) ■**jdn [an etw** *dat*/**etw zu tun]** ~ to stop [*or* prevent] [*or* hinder] sb [from doing sth]; ***machen Sie, was Sie wollen, ich kann Sie nicht*** ~ do what you want, I can't stop you
❷ (*stören*) ■**jdn [bei etw]** ~ to be a hindrance to sb [in sth/when sb is doing sth], to hamper [*or* hinder] sb [in sth/when sb is doing sth]

Hịndernis <-ses, -se> *nt* ❶ (*Hemmnis*) obstacle, hindrance, stumbling block [*or* stone] *fig;* **ein ~ für etw** an obstacle [*or* a hindrance] to sth; **jdm ~se in den Weg legen** to put obstacles in sb's way; **gesetzliches** ~ legal impediment
❷ (*behindernder Gegenstand*) obstacle
❸ SPORT (*Barriere beim Hindernislauf*) obstacle, jump; (*bei Leichtathletik*) hurdle; (*bei Jagdrennen*) fence; (*bei Hürdenrennen*) hurdle

Hịndernislauf *m* hurdle race **Hịndernisläufer(in)** *m(f)* steeplechaser **Hịndernisrennen** *nt* (*Jagdrennen*) steeplechase; (*Hürdenrennen*) hurdle race, hurdles

Hịnderung *f* JUR estoppel

Hịnderungsgrund *m* ❶ (*allgemeiner Grund*) reason [why sth cannot happen]
❷ JUR impediment, objection; **gesetzlicher** ~ statutory bar

hịn|deuten *vi* (*vermuten lassen*) ■**auf etw** *akk* ~ to suggest [*or* point to] sth, to be suggestive of sth; ■**darauf ~, dass …** to point to the fact [*or* suggest] that …; ***alles deutet darauf hin, dass es zu einer baldigen Einigung kommen wird*** everything points to [*or* suggests] a speedy agreement

Hịndi <-> *nt kein pl* LING Hindi; **auf** ~ in Hindi

Hịndin <-, -nen> *f* (*liter*) hind

hịn|drehen I. *vt* (*fam: ausbügeln*) ■**etw** ~ to sort out sth *sep,* to manipulate sth, to manage sth; ***wie hat sie das bloß wieder hingedreht?*** how on earth did she manage that?
II. *vr* ■**sich [zu jdm/etw]** ~ to turn [to sb/sth]

Hịndu <-[s], -[s]> *m* Hindu

Hịndugott, -göttin *m, f* Hindu god *masc,* Hindu goddess *fem*

Hinduịsmus <-> *m kein pl* Hinduism *no art*

hinduịstisch I. *adj* Hindu
II. *adv* **ein Kind ~ erziehen** to bring a child up as a Hindu

Hịndukalender *m* Hindu calendar **Hịndumythologie** *f* ■**die** ~ Hindu mythology

hindụrch *adv* ❶ *räumlich* (*ganz durch*) through; **durch etw** ~ through sth; **durch ein Moor** ~ across a moor; *s. a.* **mitten, quer**
❷ *zeitlich* ■**etw** ~ through [*or* throughout] sth; **all die langen Jahre** ~ through [*or* throughout] all those long years; **das ganze Jahr** ~ throughout the year; **Monate** ~ for months; **die ganze/halbe Nacht** ~ the whole night [*or* all night long]/half the night; **den ganzen Tag** ~ the whole day [through], all day long; **die ganze Zeit** ~ all the [*or* the whole] time

hindụrch|gehen *vi irreg sein* ❶ (*durchschreiten*) ■**irgendwo/durch etw** *akk*/**unter etw** *dat* ~ to go [*or* walk] [*or* get] through/under sth somewhere; ***ohne Sonderausweis dürfen Sie durch diesen Eingang nicht*** ~ you are not allowed to go through [*or* use] this entrance without a special permit
❷ (*durchdringen*) ■**durch jdn/etw** ~ to go [*or* pass] through sb/sth
❸ (*durch etw passen*) ■**[durch etw]** ~ to go through [sth]

hịn|dürfen *vi irreg* ■**irgendwo/zu jdm** ~ to be able [*or* allowed] to go somewhere/to sb; ***morgen ist Kirmes, dürfen wir [auch] hin?*** it's the fair tomorrow, can [*or* are we allowed to] [*or form* may] we go? **hịn|eilen** *vi sein* (*geh: irgendwohin eilen*) ■**[zu jdm]** ~ to hurry [*or* rush] somewhere [to sb]; ***ich bin sofort hingeeilt*** I hurried over there at once

hinein *adv* ■**irgendwo/in etw** *akk* ~ in somewhere/in sth; ***wo geht's entlang? — da/dort/drüben/hier ~, bitte!*** which way? — that way/over there/this way, please!; ~ **mit dir!** (*fam*) in/into [somewhere] with you!; **nur ~!** (*fam*) come on in! *fam; s. a.* **bis II**

hinein|begeben* *vr irreg* (*geh: sich in etw begeben*) ■**sich** ~ to go [on] in [*or* inside]; ■**sich** *akk* **in etw** *akk* ~ to go [on] into [*or* enter] sth **hinein|bekommen*** *vt irreg* (*fam*) ■**etw [in etw** *akk*] ~ to get sth in, to get sth into sth **hinein|blicken** *vi* (*geh*) to look in; ■**durch etw** *akk*/**in etw** *akk* ~ to look through sth/in/into sth, to have [*or* take] a look through sth/at sth; ***da sie keine Vorhänge haben, kann jeder in ihr Wohnzimmer*** ~ since they haven't got any curtains, everyone can look [*or* see] into their living room; **in etw kurz** ~ to have [*or* take] a quick look [*or* to glance] at sth **hinein|bringen** *vt irreg* ❶ (*hineintragen*) ■**[jdm] etw [in etw** *akk*] ~ to bring/take sth in *sep* [sth] [to sb] ❷ *s.* **hineinbekommen** **hinein|bugsieren*** *vt* (*fam*) ■**etw [in etw** *akk*] ~ to manoeuvre [*or* AM maneuver] sth [in/into sth] **hinein|denken** *vr irreg* ■**sich in jdn** ~ to put oneself in sb's position, to try to understand sb/sb's position; ■**sich in etw** ~ to think one's way into sth **hinein|deuten** *vt* ■**etw in etw** *akk* ~ to look for sth in sth, to read sth into sth; **allzu viel in etw** ~ to read too much into sth **hinein|drängen I.** *vt haben* (*in etw drängen*) ■**jdn [in etw** *akk*] ~ to push [*or fam* shove] sb [into sth] **II.** *vi sein* ■**[in etw** *akk*] ~ to push one's way in[to sth] **III.** *vr haben* ■**sich [irgendwo]** ~ to push one's way in [somewhere]; (*sich in eine Menschenschlange drängen*) to push in **hinein|fallen** *vi irreg sein* ■**[in etw** *akk*] ~ to fall in[to sth] **hinein|finden** *irreg* **I.** *vi* ■**[in etw** *akk*] ~ to find one's way [in] [into sth]; ***danke, ich finde alleine/selbst hinein!*** thanks, I can find my own way [in]! **II.** *vr* ❶ (*sich mit etw vertraut machen*) ■**sich** *akk* **[in etw** *akk*] ~ to familiarize oneself [with sth]; ■**sich** *akk* **in etw** *akk* ~ to make oneself familiar [*or* to get to grips] with sth; (*mit einer neuen Situation*) to get used to sth ❷ (*sich mit etw abfinden*) ■**sich** *akk* **in etw** *akk* ~ to get used [*or* to become reconciled] to [*or* to come to terms with] sth **hinein|fressen I.** *vt irreg* ❶ (*fam: verschlingen*) ■**etw in sich** *akk* ~ to gobble sth [up [*or* down]], to devour [*or* BRIT bolt] sth, to wolf sth down, to guzzle [*or* scoff] sth *fam* ❷ (*unterdrücken*) ■**etw in sich** *akk* ~ to bottle up *sep* [*or* suppress] [*or* stifle] sth **II.** *vr* ■**sich in etw** ~ ***die Motten haben sich in den Pullover hineingefressen*** moths have eaten their way into the pullover **hinein|gehen** *vi irreg sein* ❶ (*etw betreten*) ■**[in etw** *akk*] ~ to go in[to sth], to enter [sth]; ***geht bitte schon hinein, ich komme gleich nach*** please go on in, I'll follow in a minute ❷ (*fam: hineinpassen*) ■**in etw** *akk* ~ to fit into sth; ***wie viele Leute gehen in den Bus hinein?*** how many people does the bus hold? **hinein|geraten*** *vi irreg sein* ■**[in etw** *akk*] ~ to be drawn in[to sth]; **in eine Demonstration/Schlägerei/Unannehmlichkeit** ~ to get into [*or* to find oneself in] a demonstration/a fight/difficulties **hinein|gießen** *vt irreg* ❶ (*in etw gießen*) ■**etw [in etw** *akk*] ~ to pour sth [into sth]; **etw in den Abguss** ~ to pour sth down the drain ❷ (*sl: sich mit etw abfüllen*) ■**etw in sich** *akk* ~ to pour sth down one's throat, to gulp sth down **hinein|greifen** *vi irreg* ■**[in etw** *akk*] ~ to put one's hand in[to sth] **hinein|gucken** *vi* (*fam*) *s.* **hineinsehen** **hinein|halten** *irreg* **I.** *vt* (*in etw halten*) ■**etw [in etw** *akk*] ~ to put sth in[to sth]; ***sie hielt ihre Hand in das Badewasser, um zu fühlen, ob es richtig temperiert war*** she tested the temperature of the bathwater with her hand **II.** *vi* (*fam: in etw feuern*) ■**[mit etw** *dat*] **in etw** *akk* ~ to fire into sth [with sth]; **mitten in die Menge** ~ to fire into the crowd **hinein|interpretieren*** *vt* ■**etw in etw** *akk* ~ to read sth into sth **hinein|klettern** *vi sein* (*in etw klettern*) ■**[durch etw** *akk*] **[in etw** *akk*] ~ to climb [*or* get] in[to sth] [through sth] **hinein|knien** *vr* (*fam*) ■**sich** *akk* **[in etw** *akk*] ~ to get stuck in[to sth], to get on [*or* BRIT *fig fam!* one's finger out] [with sth] **hinein|kommen** *vi irreg sein* ❶ (*hineingelangen können*) ■**[in etw** *akk*/**auf etw** *akk*] ~ to get in[to sth] ❷ (*fam: in etw gehören*) ■**irgendwo/in etw** *akk* ~ to go [*or* belong] somewhere/in sth; ***die Briefe kommen hier hinein*** the letters go in [*or* belong] here **hinein|komplimentieren*** *vt* (*höflich hineinbitten*) ■**jdn [in etw** *akk*] ~ to welcome sb in[to sth] **hinein|kriegen** *vt* (*fam*) *s.* **hineinbekommen** **hinein|lachen** *vi* ■**in sich** *akk* ~ to laugh to oneself **hinein|lassen** *vt irreg* ■**jdn/ein Tier [in etw** *akk*] ~ to let sb/an animal in[to sth]; ***die Wachen werden Sie nicht ins Labor*** ~ the guards won't allow [*or* let] you into the laboratory **hinein|laufen** *vi irreg sein* ❶ (*in etw laufen*) ■**[in etw** *akk*] ~ to run/walk in[to sth]; **in etw genau** ~ to run/walk straight into sth ❷ (*hineinfließen*) **etw in sich** *akk* **~ lassen** (*sl*) to knock back sth; **Bier in sich ~ lassen** to swill beer **hinein|legen I.** *vt* ❶ (*in etw legen*) ■**etw [in etw** *akk*] ~ to put sth in[[to] sth]; **etw wieder** ~ to put sth back ❷ (*investieren*) ■**etw in etw** *akk* ~ to put sth in[to sth] ❸ (*hineindeuten*) ■**etw in etw** *akk* ~ to read sth into sth **II.** *vr* (*sich in etw legen*) ■**sich** *akk* **[in etw** *akk*] ~ to lie down [in sth] **hinein|manövrieren*** *vt* ❶ (*in etw manövrieren*) ■**etw [in etw** *akk*] ~ to manoeuvre [*or* AM maneuver] sth in[to sth] ❷ (*durch Ungeschicktheit bringen*) ■**jdn/sich in etw** *akk* ~ to put [*or* manage to get] sb/oneself in sth **hinein|passen** *vi* ❶ (*in etw passen*) ■**[in etw** *akk*] ~ to fit in[to sth]; ■**jd passt in etw** *akk* **hinein** sth fits sb; **jd passt mit den Füßen in Schuhe hinein** sb gets their feet into shoes, shoes fit [sb] ❷ (*harmonieren*) ■**irgendwo/in etw** *akk* ~ to fit in somewhere/with sth **hinein|pfuschen** *vi* (*fam*) ■**jdm [in etw** *akk*] ~ to meddle [*or* interfere] with sb's sth, to poke [*or* stick] one's nose in sb's sth *fam* **hinein|platzen** *vi sein* (*fam*) ■**[in etw** *akk*] ~ to burst in [on sth] **hinein|pressen** *vt* ■**etw [in etw** *akk*] ~ to force sth in[[to] sth] **hinein|pumpen** *vt* ■**etw [in etw** *akk*] ~ to pump sth in[[to] sth] **hinein|ragen** *vi sein* ■**in etw** *akk* ~ ❶ (*in etw ragen*) to rise up into sth, to project into sth ❷ (*sich in etw strecken*) to stick out into sth **hinein|reden I.** *vi* (*dreinreden*) ■**jdm [in etw** *akk*] ~ to tell sb what to do [about sth], to interfere in sth **II.** *vr* (*sich durch Reden in etw versetzen*) **sich in Wut** ~ to talk oneself [*or* work oneself up] into [a state of] fury **hinein|regnen** *vi impers* ■**es regnet [in/durch etw** *akk*] **hinein** the rain gets in [sth/through sth]

H

hinein|reichen I. *vt* ■[jdm] etw ~ to pass [sb] sth; **etw zum Fenster** ~ to pass sth through the window II. *vi* ❶ (*lang genug ausreichen*) ■[bis] in etw *akk* ~ to last [until] through sth; **bis in den Januar** ~ to last into January ❷ (*sich bis hinein erstrecken*) ■[irgendwo/bis in etw *akk*] ~ to extend [*or* reach] [somewhere/into sth] **hinein|reißen** *vt irreg* (*fam*) ■jdn [in etw *akk*] ~ to drag sb in[to sth] **hinein|reiten** *irreg* I. *vi sein* ■[in etw *akk*] ~ to ride in[to sth] II. *vt haben* (*fam*) ■jdn [in etw *akk*] ~ to drag sb in[to sth] **hinein|rennen** *vi irreg sein* (*fam*) *s.* **hineinlaufen** **hinein|riechen** *vi irreg* (*fam: Einblick gewinnen*) ■in etw ~ to get a taste of sth **hinein|schaffen** *vt* ■jdn/etw [in etw *akk*] ~ to get sb/sth in[to sth]; ***schaffen Sie den Verletzten hier hinein!*** bring the injured man in here! **hinein|schauen** *vi* ❶ (*fam: kurz zu Besuch kommen*) ■[bei jdm] ~ to look [*or* drop] in [on sb] ❷ DIAL (*hineinsehen*) to look in **hinein|schlagen** *vt irreg* ■etw [in etw *akk*] ~ to knock [*or* drive] sth in[to sth] **hinein|schleichen** *vi, vr irreg vi: sein* ■[sich *akk*] [in etw *akk*] ~ to creep [*or* steal] [*or fam* sneak] in[to sth] **hinein|schlingen** *vt irreg* (*in sich schlingen*) ■etw in sich *akk* ~ to devour sth, to scoff sth down, to gobble sth [up *or* down]] *fam* **hinein|schlittern** *vi sein* (*fam*) ❶ (*unversehens hineingeraten*) ■in etw *akk* ~ to get [oneself] into sth; **in die Arbeitslosigkeit** ~ to become [*or* find oneself] unemployed, to have one's job disappear ❷ (*schlitternd in etw gleiten*) ■in etw *akk* ~ to slide [*or* slither] into sth **hinein|schlüpfen** *vi sein* ❶ (*sich rasch anziehen*) ■[in etw *akk*] ~ to slip sth on, to slip into sth ❷ (*in etw schlüpfen*) ■[in/durch etw *akk*] ~ to slip in[to sth/through sth]; **ins Loch/in den Bau** ~ to disappear into the hole/warren **hinein|schmuggeln** I. *vt* (*in etw schmuggeln*) ■etw [in etw *akk*] ~ to smuggle sth in[to sth] II. *vr* (*sich in etw schmuggeln*) ■sich *akk* [in etw *akk*] ~ to worm one's way in[to sth], to infiltrate sth **hinein|schreiben** *vt irreg* ■[jdm] etw [in etw *akk*] ~ to write sth [in sth] [for sb] **hinein|schütten** *vt* (*in etw schütten*) ■etw [in etw *akk*] ~ to pour sth in[to sth] **hinein|sehen** *vi irreg* ■[in etw *akk*] ~ to look in[to sth]; **in einen Garten/in ein Zimmer** ~ **können** to be able to look [*or* see] into a garden/a room **hinein|setzen** I. *vt* (*in etw setzen*) ■jdn [in etw *akk*] ~ to put sb in[[to] sth] II. *vr* (*sich in etw setzen*) ■sich *akk* [in etw *akk*] ~ to sit down [in sth]; **sich in ein Fahrzeug** ~ to get in[to] a vehicle **hinein|spazieren*** *vi sein* (*fam*) ■[in etw *akk*] ~ to walk in[[to] sth]; **nur hineinspaziert!** just go [on] in! **hinein|spielen** I. *vi* (*bei etw zur Geltung kommen*) ■irgendwo/in etw *akk* [mit] ~ to play a role [somewhere/in sth]; **etw spielt in etw hinein** sth is a contributory factor in sth; ***es spielen noch andere Aspekte in diese Entscheidung hinein*** other factors have also contributed to this decision II. *vt* SPORT **den Ball in den Strafraum** ~ to play the ball into the area **hinein|stecken** *vt* ❶ (*in etw stecken*) ■etw [durch etw *akk*/in etw *akk*] ~ to put sth in[to sth/through sth/sth]; **eine CD/Videokassette** ~ to put on a CD/a video; **einen Füller in die Verschlusskappe** ~ to put the cap back on a [fountain] pen; **eine Injektionsnadel [in/durch etw]** ~ to stick a needle in[to sth/sth/through sth]; **den Kopf [zum Fenster]** ~ to stick [*or* put] one's head in the window; **ein Glied ins Wasser** ~ to stick [*or* put] a limb in[to] the water ❷ (*in etw investieren*) ■etw [in etw *akk*] ~ to put sth in[[to] sth] **hinein|steigern** *vr* ■sich *akk* in etw *akk* ~ to get into sth, to allow oneself to be overwhelmed by sth; **sich in Wut/Hysterie** ~ to work oneself [up] into a rage [*or* state of rage]/ into a state of hysteria **hinein|stopfen** *vt* ❶ (*in etw stopfen*) ■etw [in etw *akk*] ~ to stuff sth in[[to] sth] ❷ (*in sich stopfen*) ■etw in sich *akk* ~ to stuff sth down, to gobble sth down [*or* up] **hinein|stoßen** I. *vt irreg* ❶ (*in etw stoßen*) ■jdn [in etw *akk*] ~ to push [*or fam* shove] sb in[[to] sth] ❷ (*in etw schieben*) ■etw [in etw *akk*] ~ to put sth in[to sth]; **ein Messer in jds Leib** ~ to stab sb [with a knife]; **eine Waffe in die Scheide** ~ to sheath a weapon II. *vi sein* **in eine Lücke** ~ to steer smartly into a space; **in ein Gebiet** ~ to penetrate a region **hinein|strömen** *vi sein* ■[in/durch etw *akk*] ~ to pour in[to sth/sth/through sth] **hinein|stürzen** I. *vi sein* ❶ (*unversehens hineinfallen*) ■[in etw *akk*] ~ to fall in[[to] sth] ❷ (*nach dort drin eilen*) to rush in[[to] sth]; **in ein Zimmer** ~ to burst [*or* rush] into a room II. *vt haben* (*geh*) *s.* **hineinstoßen I 1**: ■jdn [in etw *akk*] ~ to push [*or fam* shove] sb in[[to] sth] III. *vr haben* (*sich in etw stürzen*) ■sich *akk* [in etw *akk*] ~ to throw oneself in[[to] sth]; **sich in eine Menschenmenge** ~ to plunge into a crowd **hinein|tappen** *vi sein* (*fam*) ■[in etw *akk*] ~ to tread in sth; **in Pfützen** ~ to walk into/through puddles; **in Pfützen absichtlich** ~ to paddle in puddles; **in eine Falle** ~ to walk right into a trap **hinein|tragen** *vt irreg* ■jdn/etw [in etw *akk*] ~ to carry sb/sth in[[to] sth] **hinein|tun** *vt irreg* ■etw [in etw *akk*] ~ to put sth in[[to] sth]; **etw wieder [in etw]** ~ to put sth back in[[to] sth]; *s. a.* **Blick** **hinein|versetzen*** *vr* ❶ (*sich hineindenken*) ■sich in jdn ~ to put oneself in sb's place [*or* position] [*or* shoes] ❷ (*sich hineindenken*) ■sich *akk* in etw *akk* ~ to acquaint oneself with sth, to familiarize oneself with sth; **sich in jds Lage** ~ to put oneself in sb's place [*or* position] [*or* shoes]; **sich** *akk* **in etw** *akk* **hineinversetzt fühlen** to feel as though [*or* if] one is in sth; **sich in frühere Zeiten/in das Zeitalter der Renaissance hineinversetzt fühlen** to feel one has been transported back in time/to the Renaissance **hinein|wachsen** [-ks-] *vi irreg sein* ❶ (*sich durch Wachstum in etw ausdehnen*) ■in etw *akk* ~ to grow in[to sth]; **ein in den Zeh hineingewachsener Nagel** an ingrowing toenail ❷ (*langsam mit etw vertraut werden*) ■in etw *akk* ~ to get used to sth **hinein|wagen** *vr* ■sich *akk* [in etw *akk*] ~ to dare to go in[[to] sth]; ■sich zu jdm ~ to have the courage to go and see sb **hinein|wollen** *vi* (*fam*) ■[in etw *akk*] ~ to want to go in[[to] sth], to want to enter [sth] *form* **hinein|ziehen** *irreg* I. *vt haben* ■jdn mit [in etw *akk*] ~ to involve sb [in sth]; ■jdn mit in etw ~ to drag sb into sth *fam*; ■**jd wird in etw hineingezogen** sb gets involved in sth, sb gets drawn [*or fam* dragged] into sth II. *vi sein* (*in etw dringen*) ■[in etw *akk*] ~ to drift [*or* get] in[to sth] **hinein|zwängen** I. *vt* (*in etw zwängen*) ■etw [in etw *akk*] ~ to force sth in[[to] sth] II. *vr* (*sich in etw zwängen*) ■sich *akk* [in etw *akk*] ~ to push [one's way] in[[to] sth], to squeeze in[[to] sth]; **sich in ein Kleidungsstück** ~ to force [*or* squeeze] oneself into an item of clothing; ***obwohl der Saal schon überfüllt war, versuchten sich noch viele hineinzuzwängen*** although the hall was already overcrowded a lot of people were still trying to squeeze their way in **hinein|zwingen** *vt irreg* (*in etw zu gehen zwingen*) ■jdn [in etw *akk*] ~ to force sb to go in[[to] sth]

hin|fahren *irreg* I. *vi sein* ■[zu jdm/irgendwo] ~ to go [to see sb/somewhere]; ■irgendwo ~ to go [*or* drive] somewhere; ***ich muss sofort zu ihr*** ~ I must go and see [*or* drive over to] her at once II. *vt haben* (*mit dem Auto hinbringen*) ■jdn [zu jdm/irgendwo] ~ to drive sb [to sb/somewhere]

Hinfahrt *f* drive, trip; (*lange* ~) journey; ***gute ~!*** have a good trip [*or* journey]!; **auf der** ~ on the way, during the drive [*or* trip]/journey

hin|fallen *vi irreg sein* ❶ (*zu Boden fallen*) to fall [over] ❷ (*auf den Boden fallen*) to fall; ■**jdm fällt etw hin** sb drops sth

hinfällig *adj* ❶ (*gebrechlich*) frail, infirm *form* ❷ (*ungültig*) invalid; **ein ~es Argument** a spurious argument; **etw ~ machen** to make [*or form* render] sth invalid

Hinfälligkeit <-> *f kein pl* infirmity *no pl*, frailness *no pl*

hin|finden *vi irreg* (*fam*) ■[zu jdm/etw] ~ to find one's [*or* the] way [to sb/sth]; ***finden Sie alleine hin?*** can you find your own way [*or* the way on your own]? **hin|fläzen** *vr*, **hin|flegeln** *vr* (*fam*) ■sich ~ to flop [*or* plump] [*or* AM plop] down *fam*

hin|fliegen I. *vi irreg sein* ❶ (*irgendwohin fliegen*) ■[zu jdm/irgendwo] ~ to fly [to see sb/somewhere] ❷ (*fam: hinfallen*) to fall; ■**jdm fliegt etw hin** sb drops sth II. *vt* ■jdn/etw irgendwo ~ to fly sb/sth somewhere **Hinflug** *m* flight; ***guten ~!*** have a good flight!; **auf dem** ~ on [*or* during] the flight **hin|führen** I. *vt* (*irgendwohin geleiten*) ■jdn [zu jdm/irgendwo] ~ to take sb [to sb/somewhere] II. *vi* (*in Richtung auf etw verlaufen*) ■[zu etw] ~ to lead [*or* go] [to sth] ► WENDUNGEN: **wo soll das ~?** where will it [all] end?, what will it [all] lead to?

Hingabe *f kein pl* (*rückhaltlose Widmung*) dedication; (*Widmung zu einem Mensch*) devotion; ***sie spielt die Flöte mit*** ~ she plays the flute with passion [*or* all her soul]

hin|geben *irreg* I. *vt* (*geh*) ■etw ~ to give sth; **einen guten Ruf** ~ to sacrifice one's reputation [*or* one's good name] II. *vr* ❶ (*sich überlassen*) ■sich *akk* etw *dat* ~ to abandon oneself to sth; *s. a.* **Hoffnung, Illusion** ❷ (*euph geh: den Sexualakt vollziehen*) ■sich jdm ~ to give oneself to sb *euph form*

Hingebung <-> *f kein pl s.* **Hingabe**

hingebungsvoll I. *adj* dedicated; **mit ~em Blick** with a devoted look; **~e Pflege** devoted care II. *adv* with dedication; ~ **lauschen** to listen raptly [*or* with rapt attention]; **jdn ~ pflegen** to care for sb devotedly [*or* selflessly]; **sich einem Menschen ~ widmen** to devote oneself [selflessly] to a person

hingegen *konj* (*geh*) but, however; ***er raucht, seine Frau ~ nicht*** he smokes but his wife doesn't

hingegossen *adj* **wie** ~ (*fam*) draped; **auf etw wie ~ liegen/sitzen** to drape oneself over sth

hin|gehen *vi irreg sein* ❶ (*dorthin gehen*) to go ❷ (*geh: vergehen*) to pass, to go by, to elapse *form*; ***über eine Entscheidung können noch Monate*** ~ a decision could take months yet ❸ (*angehen*) ■[noch] ~ ***diesmal mag es noch*** ~ this time we'll let it pass [*or* go]; ■**nicht ~, dass ...** to not be all right [*or* acceptable] that ... ► WENDUNGEN: [jdm] **etw ~ lassen** to let [sb's] sth pass; **jdm etw ~ lassen** to let sb get away with sth; ***du lässt dem Kind zuviel ~!*** you let that child get away with too much! **hin|gehören*** *vi* (*fam*) ■irgendwo ~ to belong [*or* go] somewhere; ■**jd gehört irgendwo hin** sb belongs somewhere **hin|geraten*** *vi irreg sein* (*an einen bestimmten Ort geraten*) ■irgendwo ~ to land [*or* get] somewhere; ***wo ist meine Tasche ~?*** where has my bag got to?; ***wo bin ich denn hier ~?*** what [on earth] am I doing here?, what's going on here?

hingerissen I. *adj* spellbound; ***er war von der Geschichte*** ~ he was carried away by the story II. *adv* raptly, with rapt attention; ~ **lauschen** to listen spellbound [*or* raptly] [*or* with rapt attention]

hin|gucken *vi* (*fam*) to [take a] look

hin|halten *vt irreg* ❶ (*entgegenhalten*) ■jdm etw ~ to hold sth out to sb ❷ (*aufhalten*) ■jdn ~ to hold sb up, to keep sb waiting; ■**sich von jdm [mit etw] ~ lassen** to be [*or* to let oneself be] fobbed off by sb [with sth]; **jdn mit faulen Ausreden** ~ to fob sb off with [glib] excuses

Hinhaltetaktik *f* delaying tactics

hin|hauen *irreg* I. *vi* (*fam*) ❶ (*gut gehen*) to work, to be all right; ***Sie halten das Werkzeug falsch, das haut so nicht hin*** you're holding the tool wrong, you won't manage it like that ❷ (*ausreichen*) to be enough ❸ (*zuschlagen*) to lash out, to take a swing; **mit einer Axt** ~ to take a swing with an axe, to swing an axe II. *vr* (*sl*) ❶ (*schlafen*) ■sich [eine bestimmte Zeit] ~ to lie down [for a certain length of time], to lie down and have a snooze [*or* BRIT *fam* kip], to turn in *fam*, to hit the sack *fam*; ***er schläft schon, er hat sich vor einer halben Stunde hingehauen*** he's

already asleep, he went to bed [*or* turned in] half an hour ago
❷ (*sich hinflegeln*) ■**sich** ~ to plonk down
III. *vt* (*fam: schlampig erledigen*) ■**etw** ~ to rush through sth; (*ein Schriftstück schlampig erledigen*) to dash off sth; ■**hingehauen** rushed through
hin|hören *vi* to listen; **genau** ~ to listen carefully
hin|kauern *vr* ■**sich** [**irgendwo**] ~ to crouch [*or* squat] [somewhere]; (*ängstlich*) to cower [somewhere]
Hinkebein *nt,* **Hinkefuß** *m* (*fam*) ❶ (*hinkendes Bein*) gammy [*or* AM bum] leg [*or* foot] *fam*
❷ (*Mensch mit einem Hinkefuß*) person who walks with a limp
Hinkelstein *m* standing stone, menhir *form*
hinken *vi* ❶ *haben* (*das Bein nachziehen*) ■[**auf etw** *dat*/**mit etw** *dat*] ~ to limp [with sth]; **mit einem Bein** ~ to have a gammy leg [*or* a limp]; ■~**d** limping
❷ *sein* (*sich ~d fortbewegen*) ■**irgendwohin** ~ to limp [*or* hobble] somewhere
❸ *haben* (*nicht ganz zutreffen*) to not work; ***der Vergleich hinkt*** the comparison doesn't work, you can't compare them
hin|knallen I. *vi sein* (*fam*) to fall heavily, to come a cropper BRIT *fam;* (*ohnmächtig hinfallen*) to crash to the ground, to fall heavily on the ground; **der Länge nach** ~ to measure one's length on the ground *liter*
II. *vt haben* (*fam*) ■[**jdm**] **etw** ~ to throw [*or* slam] sth down [in front of sb] **hin|knien** *vi, vr vi: sein* (*niederknien*) ■[**sich** *akk*] [**auf etw** *akk*/**vor jdn**] ~ to kneel down [on sth/before sb] **hin|kommen** *vi irreg sein* ❶ (*irgendwohin gelangen*) ■**irgendwo** ~ to get somewhere; ***wie komme ich zu euch hin?*** how do I get to you? ❷ (*verloren gehen*) ■**irgendwo** ~ to get to [*or* go] somewhere; ***ich weiß nicht, wo die Brille hingekommen ist*** I don't know where the glasses have got to [*or* gone] ❸ (*an bestimmten Platz gehören*) ■**irgendwo** ~ to belong [*or* go] somewhere ❹ (*fam: auskommen*) ■[**mit etw**] ~ to manage [with sth] ❺ (*fam: stimmen*) to be [about] right ▶ WENDUNGEN: **wo kämen wir denn** [**da**] **hin, wenn ...!** (*fam*) where would we be [*or* finish up] if ...!; ***gegessen wird erst, wenn alle am Tisch sitzen! wo kämen wir denn da hin!*** you can start when everybody is at the table! whatever are you thinking of! **hin|kriegen** *vt* (*fam*) ❶ (*richten*) ■**etw wieder** ~ to mend [*or* fix] sth, to put sth to rights ❷ (*fertig bringen*) ■**es/etw** ~ to manage it/sth; **etw gut** [*o sl* **toll**] ~ to make a good [*or* great] job of sth; ***es ist schon erstaunlich, was man so alles hinkriegt, wenn man nur will!*** it's amazing what you can do if you try!; ■**es ~, dass ...** to manage it/things so that ... ❸ (*kurieren*) ■**jdn wieder** ~ to put sb right **hin|langen** *vi* (*fam*) ❶ (*nach etw greifen*) to reach across/over ❷ (*zuschlagen*) to hit [*or* lash] out, to take a swipe ❸ (*sich bedienen*) to help oneself ❹ (*viel Geld verlangen*) ***da haben die aber ganz schön hingelangt!*** that's daylight robbery! ❺ (*ausreichen*) to be enough ❻ (*auskommen*) ■**mit etw** ~ to manage with sth; (*mit Geld auskommen*) to manage on sth
hinlänglich I. *adj* sufficient, adequate
II. *adv* sufficiently, adequately; ~ **bekannt** sufficiently well-known
hin|lassen *vt irreg* ■**jdn** ~ to let sb [*or* allow sb to] go; (*in die Nähe*) to let sb near [*or* get near], to allow sb near [*or* to get near] **hin|laufen** *vi irreg sein* ❶ (*an eine bestimmte Stelle eilen*) ■[**irgendwo/zu jdm**] ~ to run [somewhere/to sb] ❷ DIAL (*fam: zu Fuß gehen*) ■**irgendwo** ~ to walk somewhere, to go somewhere on foot **hin|legen I.** *vt* ❶ (*niederlegen*) ■**jdn/etw** ~ to put sb/sth down, to leave sb/sth ❷ (*vorlegen*) ■**jdm etw** ~ to put sth [down] in front of sb ❸ (*flach lagern*) ■**jdn** ~ to lay sb down ❹ (*ins Bett bringen*) ■**jdn** ~ to put sb to bed ❺ (*fam: bezahlen müssen*) ■**etw** [**für etw**] ~ to pay sth [for sth], to shell [*or* fork] out sth [for sth] *fam,* to stump up sth [for sth] BRIT *fam* ❻ (*fam: eindrucksvoll darbieten*) ■**etw** ~ to do sth *fam;* **eine brillante Rede** ~ to make [*or* do] a brilliant speech *fam;* **eine Solonummer** ~ to do a solo [number] **II.** *vr* ❶ (*schlafen gehen*) ■**sich** [**eine bestimmte Zeit**] ~ to have a lie-down [for a certain length of time] ❷ (*fam: hinfallen*) ■**sich** ~ to fall [over], to come a cropper BRIT ▶ WENDUNGEN: **da legst du dich** [**lang**] **hin!** (*fam*) ***rate mal was passiert ist! da legst du dich hin!*** guess what's happened! you won't believe your ears [*or* what I'm going to tell you]!; ~! MIL down [on the ground]! **hin|lümmeln** *vr* (*fam*) *s.* **hinflegeln**
hin|machen I. *vt* (*fam: anbringen*) ■[**jdm**] **etw** ~ to put [*or fam* stick] sth somewhere [for sb]; **ein Bild/eine Lampe** ~ to put [*or fam* stick] up a picture/a lamp; **irgendwo Farbe** ~ to put [*or fam* stick] paint on somewhere
II. *vi* (*fam: Notdurft verrichten*) ■[**da**] ~ to do a job [there] [*or* one's business] [*or fam* a mess], to have [*or* AM take] a crap/piss *vulg*
hin|morden *vt* (*geh*) ■**jdn** ~ to butcher [*or* slaughter] sb; **viele Menschen** ~ to massacre a lot of people **hin|müssen** *vi irreg* to have to go [somewhere]
Hinnahme <-> *f kein pl* acceptance
hinnehmbar *adj* bearable, acceptable
hin|nehmen *vt irreg* ❶ (*ertragen*) ■**etw** [**als etw**] ~ to accept [*or* tolerate] [*or* to put up with] [*or* suffer] sth [as sth]; **etw als selbstverständlich** ~ to take sth for granted; **etw** ~ **müssen** to have to accept [*or* put up with] sth; **eine Niederlage** ~ to [have to] suffer a defeat; **einen Verlust** ~ to [have to] suffer [*or* sustain] a loss
❷ (*fam: irgendwohin mitnehmen*) ■**jdn/etw mit** ~ to take sb/sth [with one]; ***ich fahre jetzt dorthin, soll ich Sie mit ~?*** I'm going there now, shall I take you [*or* would you like to come] [with me]?
hin|neigen I. *vr* ■**sich** [**zu jdm**] ~ to lean over [to[wards] sb [*or* in sb's direction]]
II. *vt* (*in eine bestimmte Richtung neigen*) ■**etw zu jdm** ~ to incline sth to[wards] sb; **den Kopf** [**zu jdm**] ~ to bend [*or* incline] one's head [towards sb [*or* in sb's direction]]; **den Körper** ~ to lean over
III. *vi* ■**zu etw** ~ (*eine Neigung haben zu*) to incline towards sth
hinnen *adv* ▶ WENDUNGEN: **von** ~ **scheiden** (*veraltend geh*) to pass [*or* move] on *euph;* **von** ~ from here; ***wir müssen nun wieder von ~*** we have to leave here
hin|passen *vi* ❶ (*sich gut einfügen*) ■**irgendwo** ~ to go somewhere; ***die Vase würde hier gut/besser ~*** the vase would look good/better here; ■**jd passt irgendwo hin** sb fits in somewhere ❷ (*Platz haben*) ■**irgendwo** ~ to go [*or* fit] somewhere
hin|pfeffern *vt* (*fam*) ❶ (*hinschleudern*) ■[**jdm**] **etw** ~ to fling [*or fam* chuck] sth down [in front of sb] ❷ (*in scharfer Form äußern*) **einen Artikel** ~ to write [*or* produce] a scathing [*or* withering] article; **jdm eine Kritik** ~ to level biting [*or* harsh] criticism at sb **hin|plumpsen** *vi sein* (*fam*) to plump [*or* AM plop] down, to fall with a thud; ■**etw** ~ **lassen** to drop sth with a thud [*or* clunk] [*or* thump], to plunk sth down; ■**sich** ~ **lassen** to plump BRIT down, to plunk [*or* AM plop] oneself down **hin|raffen** *vt s.* **dahinraffen** **hin|reichen I.** *vt* (*geh: geben*) ■**jdm etw** ~ to pass [*or* hand] sth to sb **II.** *vi* (*geh: ausreichen*) to last, to hold out **hinreichend I.** *adj* sufficient; **ein ~es Gehalt/Einkommen** an adequate salary/income **II.** *adv* ❶ (*genügend*) ~ **lange/oft** long/often enough ❷ (*zur Genüge*) sufficiently, adequately **Hinreise** *f* trip [*or* journey] [somewhere], outward trip [*or* journey]; (*mit dem Auto*) drive; (*mit dem Schiff*) voyage; **auf der** ~ on the way [*or* trip] [*or* journey] [*or* drive] [there], during the trip [*or* journey] [*or* drive] there; **Hin- und Rückreise** both ways *fam,* [the journey] there and back *fam;* (*Fahrkarte*) return journey **hin|reißen** *vt irreg* ❶ (*begeistern*) ■**jdn** ~ to send sb into transports of delight *form,* to enchant [*or* captivate] [*or* enrapture] sb; ■[**von jdm/etw**] **hingerissen sein** to be enchanted [*or* captivated] [*or* enraptured] [by sb/sth]; ■**von jdm hingerissen sein** (*verliebt sein*) to be smitten [*or* infatuated] with sb; **hin- und hergerissen sein** to be unable to decide [*or* unable to make up one's mind]; ***was meinst du? — ich bin ganz hin- und hergerissen*** what do you think? — oh! I don't know [*or* I can't make up my mind]!; *s. a.* **hingerissen** ❷ (*spontan verleiten*) ■**jdn zu etw** ~ to drive sb to sth, to provoke sb into sth; **sich zu etw** ~ **lassen** to allow oneself to be [*or* to let oneself be] driven to sth/into doing sth [*or* provoked into doing sth]; **sich** ~ **lassen** to allow oneself to be carried away, to let oneself be carried away; **sich dazu** ~ **lassen, etw zu tun** to allow oneself to [*or* to let oneself] be provoked into doing [*or* be driven to] sth
hinreißend I. *adj* enchanting, captivating; **von ~er Schönheit** of striking beauty **II.** *adv* enchantingly; ~ **aussehen** to look enchanting [*or* captivating] **hin|rennen** *vi irreg sein s.* **hinlaufen 1**
hin|richten *vt* ■**jdn** ~ to execute sb; **jdn durch den Strang** ~ to put sb to death by hanging; **jdn durch den elektrischen Stuhl** ~ to execute sb on the electric chair; ■**hingerichtet werden** to be executed
Hinrichtung *f* execution; **eine** ~ **vollziehen** (*geh*) to carry out an execution
hin|rotzen *vt* (*sl*) ■[**jdm**] **etw** ~ to dash sth off [for sb] BRIT, to do sth [for sb] in a hurry **hin|schaffen** *vt* ■**etw** [**zu jdm**] ~ to get sth somewhere/there [to sb]; (*liefern*) to deliver sth [to sb]; ■**irgendwo hingeschafft werden** to be taken somewhere/there
hin|schauen *vi* DIAL (*hinsehen*) to look
hin|scheiden *vi irreg* (*geh*) to pass away
hin|schicken *vt* ■**jdn** [**zu jdm**] ~ to send sb [to sb]
Hinschied <-s, -e> *m* SCHWEIZ (*geh: Tod*) passing *euph,* demise *form*
hin|schlagen *vi irreg* ❶ *sein* (*hinfallen*) to fall [flat on one's face *fam*], to collapse ❷ *haben* (*zuschlagen*) to strike; **mit einem Gegenstand** ~ to strike out with an object **hin|schleichen** *vi, vr irreg vi: sein* ■[**sich**] ~ to creep [*or* sneak] over [there]/to somewhere **hin|schleppen I.** *vr* ❶ (*sich mühselig an einen bestimmten Ort bewegen*) ■**sich** ~ to drag oneself along; ■**sich irgendwo/zu jdm** ~ to drag oneself somewhere/to sb ❷ (*sich hinziehen*) ■**sich** ~ to drag on **II.** *vt* ❶ (*an einen bestimmten Ort schleppen*) ■**etw** [**zu jdm**] ~ to drag [*or fam* lug] [*or fam* cart] sth over [to sb]; ■**etw irgendwo** ~ to drag [*or fam* lug] [*or fam* cart] sth somewhere ❷ (*fam: mitnehmen*) ■**jdn mit** ~ to drag [*or fam* cart] sb along **hin|schludern** *vt* (*pej fam*) ■**etw** ~ to dash sth off; **einen Artikel** ~ to scribble off [*or* scrawl] [*or* BRIT dash off] an article
hin|schmeißen *vt irreg* (*fam*) *s.* **hinwerfen**
hin|schmelzen *vi irreg sein* (*hum fam*) ■[**vor etw** *dat*] ~ to [practically] swoon [with sth]; **vor Rührung** ~ to be overcome with emotion; ***wenn er sie nur sieht, schmilzt er schon hin*** when he sees her, he practically swoons **hin|schmieren** *vt* (*fam*) ❶ (*an eine bestimmte Stelle schmieren*) ■[**jdm**] **etw** ~ to smear sth [somewhere]; ***schmier mir bloß diesen ganzen Dreck nicht an die Tapete*** don't [you dare] smear all that dirt on the wallpaper ❷ (*pej: flüchtig malen*) ■**etw** ~ to daub sth; **eine Parole an eine Wand** ~ to scrawl a slogan on a wall **hin|schreiben** *irreg* **I.** *vt* (*niederschreiben*) ■[**sich** *dat*] **etw** ~ to write [*or* note] sth down **II.** *vi* (*fam: an eine bestimmte Stelle schreiben*) to write [in]; ***vor einer Woche habe ich hingeschrieben, ob sie mir wohl bald zurückschreiben?*** it's a week since I wrote — I wonder if they'll write back soon? **hin|sehen** *vi irreg* to look; ***ich kann/mag gar nicht ~!*** I can't [bear to] look!; **vom bloßen H~** just the sight [of sth]; ***vom bloßen H~ wird mir schon übel!*** just the sight of it makes me feel sick!; **bei genauerem** [*o* **näherem**] **H~** on closer inspection
hin|setzen I. *vr* ❶ (*sich niederlassen*) ■**sich** ~ to sit down; ■**sich irgendwie** ~ to sit somehow
❷ (*fam: sich bemühen*) ■**sich** ~ to get down to it, to get one's finger out BRIT *fam!*
II. *vt* ❶ (*absetzen*) ■**etw** ~ to put [*or dated* set] sth down

H

② *(niedersetzen)* ■jdn ~ to put [*or* sit] sb down

Hinsicht *f kein pl* **in beruflicher ~** with regard to a career, career-wise *fam;* **in finanzieller ~** financially, with regard to finances, finance-wise *fam;* **in anderer ~** in other respects; **in gewisser ~** in certain respects; **in jeder ~** in every respect; **in mancher ~** in some respects; **in sonstiger ~** in other respects

hinsichtlich *präp +gen (geh)* with regard to

hin|sinken *vi irreg sein (geh)* to sink down/to the ground *liter* **hinsitzen** *vi irreg sein* SÜDD, SCHWEIZ *(hinsetzen I)* to sit [down]

Hinspiel *nt* first game [*or* leg] *(of a series of two games)*

hinstehen *vi irreg sein* SÜDD, SCHWEIZ *(hinstellen II)* to stand up straight **hin|stellen I.** *vt* ① *(an einen bestimmten Platz stellen)* ■[jdm] etw ~ to put [*or dated* set] sth [for sb]; **einen Sonnenschirm ~** to put up a parasol [*or* sun umbrella] ② *(fam: bauen)* ■[jdm] etw ~ to put up sth [for sb] *fam* ③ *(abstellen)* ■etw ~ to park [*or fam* put] sth ④ *(charakterisieren)* ■etw/jdn als etw/jdn ~ to make sb out to be sth; **jdn als Beispiel ~** to hold sb up as an example; ***er versucht, den Betrug als ein Versehen hinzustellen*** he's trying to make his fraud out to be a simple mistake **II.** *vr* ① *(sich aufrichten)* ■sich ~ to stand up straight ② *(sich an eine bestimmte Stelle stellen)* ■sich vor jdn ~ to plant oneself in front of sb **hin|steuern** *vi sein* ■[mit etw *dat*] auf etw *akk* ~ to aim at sth [with sth]; ■auf etw ~ to make [*or* head] for sth; ***worauf steuern Sie eigentlich [mit Ihrer Argumentation] hin?*** what are you getting at [with your argumentation]? **hin|strömen** *vi sein* ■[zu etw] ~ to flock [*or* swarm] somewhere; ***am Sonntag ist Pokalendspiel, da werden Zehntausende ~!*** on Sunday it's the Cup Final, there'll be thousands flocking [*or* swarming] to the game! **hin|stürzen** *vi sein* ① *(eilends hinlaufen)* to rush somewhere ② *(hinfallen)* to fall [heavily]

hintan|stellen *vt (geh)* ■etw ~ to put sth last [*or* at the bottom of the list]

hinten *adv* ① *(entfernt)* at the end; ***er sitzt ganz ~ in der vorletzten Reihe*** he's sitting at the back in the last row but one; **~ im Buch** at the back of the book; **ein Buch von vorn[e] bis ~ lesen** to read a book from cover to cover; **~ im Garten** at the bottom of the garden; **sich ~ anstellen** to join the back [of a queue [*or* AM line]]; **weit ~ liegen** to be tailed off BRIT; ***das wird weiter ~ erklärt*** that's explained further towards the end

② *(auf der abgewandten Seite)* at the back; ***hast du schon bemerkt, dass du ~ [an der Hose/am Hemd] einen Fleck hast?*** have you seen that there's a stain on the back [of your trousers/shirt]?; **~ ein Geschwür haben** *(euph fam)* to have a boil on one's derrière *euph;* **ein Zimmer nach ~** a room at the back; **nach ~ abgehen** THEAT to leave the stage; **nach ~ ausschlagen** *(Pferd)* to kick out; **~ ein paar draufkriegen** *(fam)* to get a spanking; **nach ~ durchgehen** TRANSP to go to the back; **von ~ kommen** to come from behind; **vorn[e] und ~ nichts haben** *(fam)* to be flat and skinny; **nach ~ wohnen/gelegen sein** to live/be at the back of the house

▶ WENDUNGEN: **~ und vorn[e]** *(fam)* left, right and centre [*or* AM -er]; **jdn ~ und vorn[e] bedienen** to wait on sb hand and foot; **weder ~ noch vorn[e], ~ und vorn[e] nicht** *(fam)* no way *fam;* ***das reicht doch ~ und vorne nicht!*** that's nothing like enough!; ***das stimmt doch ~ und vorn[e] nicht/das stimmt weder ~ noch vorn[e]*** that can't [*or* there's no way that can] be right; **nicht mehr wissen, wo ~ und vorn[e] ist** to not know if one's on one's head or one's heels [*or* if one's coming or going]; **Frau/Herr ... ~, Frau/Herr ... vorn** *(fam)* it's Mrs/Mr ... this, Mrs/Mr ... that, it's yes Mrs/Mr ..., no Mrs/Mr ..., [three bags full, Mrs/Mr ...]; **~ nicht mehr hochkommen** *(fam)* to be [utterly] shattered *fam* [*or* exhausted] [*or* BRIT *sl* knackered] [*or* BRIT *fam* dead beat]; **jdm ~ reinkriechen** *(fam)* to crawl *fam* [*or* grovel] to sb, to lick [*or* AM kiss] sb's arse [*or* AM ass] *vulg;* **jdn am liebsten von ~ sehen** *(fam)* to be glad to see the back of sb

hintendran *adv (fam)* on the back **hintendrauf** *adv (fam)* ① *(hinten auf der Ladefläche)* at the back ② *s.* **hintendran** ▶ WENDUNGEN: **jdm eins ~ geben** to smack sb's bottom [*or* behind]; **eins [von jdm] ~ kriegen** to be [*or* have one's bottom] smacked [by sb] **hintenherum** *adv* ① *(von der hinteren Seite)* round [*or esp* AM around] the back ② *(fam: auf Umwegen)* indirectly, in a roundabout way; ***ich habe es ~ erfahren*** a little bird told me *prov* ③ *(fam: illegal)* through the back door; ***diese Handtücher hat er ~ bekommen*** these towels fell off the back of a lorry *fig fam* **hintennach** *adv* SÜDD, ÖSTERR *(hinterdrein)* behind, at the back **hintenrum** *adv (fam) s.* **hintenherum** **hintenüber** *adv* backwards

hinter I. *präp* ① *+dat räumlich (an der Rückseite von etw)* at the back of, behind

② *+akk räumlich (auf die Rückseite von etw)* behind; **etw fällt/rutscht ~ ein Sofa/einen Schrank** sth falls/slips behind [*or* down the back of] a sofa/a cupboard; **20 km ~ sich haben** to have covered 20 km

③ *+dat räumlich (jenseits von etw)* behind; **~ diesem Berg/Hügel** on the other side of this mountain/hill; **~ der Grenze** on the other side of [*or* beyond] the border

④ *+dat räumlich (am Schluss von etw)* after

⑤ *+dat zeitlich (nach)* after; **~ jdm an die Reihe kommen** to come after sb; **das Studium ~ sich haben** to have completed one's studies; **5 Minuten hinter der Zeit sein** to be 5 minutes late; **etw ~ sich bringen** to get sth over with

⑥ *+akk (selten: zeitlich)* ***die Probleme reichten bis ~ den 2. Weltkrieg zurück*** the problems reached back to pre-war days

⑦ *+dat (in Rangfolge)* **~ den Erwartungen/Anforderungen zurückbleiben** to not live up to expectations/requirements

⑧ *+dat (fig)* **~ etw kommen** to find out about sth; **sich ~ jdn stellen** to back sb up

II. *adv* SÜDD, ÖSTERR *(nach hinten)* ***wenn du ~ in den Garten gehst, bring ein paar Zwiebeln mit!*** when you go out to the garden, can you fetch a few onions?

III. *part (fam) s.* **dahinter, wohinter**

Hinterachse [-ks-] *f* back [*or* rear] axle **Hinterausgang** *m* back [*or* rear] exit; *(zu einem privaten Haus)* back door **Hinterbacke** *f meist pl (fam)* *(Hälfte eines Gesäßes)* buttock; ■~n buttocks, backside *fam,* bum BRIT *fam,* butt AM ▶ WENDUNGEN: **sich auf die ~n setzen** to get one's finger out BRIT *fam!,* to put one's shoulder to the wheel BRIT, to go all out **Hinterbänkler(in)** <-s, -> *m(f)* POL *(pej)* ≈ backbencher *(insignificant member of parliament)* **Hinterbein** *nt* ZOOL hind [*or* back] leg ▶ WENDUNGEN: **sich auf die ~e stellen** [*o* **setzen**] *(fam)* to put up a fight, to take a stand

Hinterbliebene(r) *f(m) dekl wie adj* bereaved [family]; ***seine Tochter war die einzige ~*** his daughter was his only survivor; ■**die/jds ~n** the/sb's surviving dependants

Hinterbliebenenrente *f* JUR surviving dependant's pension **Hinterbliebenenversorgung** *f* FIN provision for dependants

hinter|bringen* *vt irreg (geh: heimlich in Kenntnis setzen)* ■jdm etw ~ to tell sb sth confidentially, to whisper sth in sb's ear *fig*

Hinterdeck *nt* NAUT afterdeck

hinterdrein *adv* at the back, behind

hintere(r, s) *adj* ■**der/die/das ~ ...** the rear ...; **der ~ Teil eines Käses/Schinkens** the back of a cheese/ham; **das ~ Stück eines Käses/Schinkens** the last part of a cheese/ham

hintereinander *adv* ① *räumlich (einer hinter dem anderen)* one behind the other; **~ fahren** to go/drive/ride one behind [*or* after] the other; **~ gehen** to go/walk one behind [*or* after] the other, to walk in single file; **~ stehen** to stand one behind the other; ***die Kunden mussten stundenlang ~ stehen*** the customers had to queue for hours

② *zeitlich (aufeinander folgend)* one after the other; **drei/mehrere Tage/Wochen/Monate ~** three/several days/weeks/months running [*or* BRIT *fam* on the trot] [*or* in succession], on three/several consecutive *form* days/weeks/months

hintereinanderher *adv* one behind [*or* after] the other

Hintereingang *m* the rear [*or* back] entrance, tradesmen's entrance *old;* *(zu einem privaten Haus)* back door

hinterfotzig *adj* DIAL *(fam)* underhand, devious; **ein ~er Mensch** an underhand [*or* a devious] [*or* a shifty] person; **eine ~e Bemerkung** a snide remark

hinter|fragen* *vt (geh)* ■etw ~ to analyse [*or* question] sth

Hinterfuß *m* ZOOL hind [*or* back] foot **Hintergaumenlaut** *m* velar [*or* back] consonant **Hintergebäude** *nt building situated behind another;* ***die Pferde werden in dem ~ gehalten*** the horses are housed in the building at the rear [*or fam* out the back] **Hintergedanke** *m* ulterior motive; ***ich kann mir kaum vorstellen, dass sie ohne ~n auf einmal so zuvorkommend ist*** I can't imagine that she can be so obliging without [having] an ulterior motive

hinter|gehen* *vt irreg* ① *(betrügen)* ■jdn ~ to deceive sb, to go behind sb's back; *(jdn betrügen um Profit zu machen)* to cheat [*or* double-cross] sb; ***wie er mich hintergangen hat, und ihm habe ich so vertraut!*** I was so taken in [by him] and I really trusted him!

② *(sexuell betrügen)* ■jdn [mit jdm] ~ to be unfaithful to sb, to two-time sb *fam*

Hinterglasmalerei *f* KUNST ① *(Bild) pictures painted on the back of glass*

② *kein pl (Technik) technique of painting on the back of glass*

Hintergrund *m* ① *(hinterer Teil des Blickfeldes)* background; **der ~ einer Bühne/eines Raums/eines Saals** the back of a stage/a room/a hall; **im ~** in the background; **im ~ eines Raums/eines Saals** at the back of a room/a hall; **im ~ bleiben** [*o* **sich halten**] to stay in the background; INFORM background

② *(Bedingungen und Umstände)* ■**der ~ einer S.** *gen* the background to sth; **der ~ einer Geschichte** the backdrop *liter* [*or liter* setting] [*or* background] to a story; ***der Hexenwahn und der Teufelsglaube bildeten den ~ der Hexenverfolgungen*** fear of witches and belief in the devil led up to [*or* formed the background to] the witch hunts

③ *pl (verborgene Zusammenhänge)* ■**die Hintergründe einer S.** *gen* the [true] facts [*or* story] about sth; **vor dem ~ einer S.** *gen* in/against the setting of sth, against the backdrop *liter* [*or* background] of sth

▶ WENDUNGEN: **jdn in den ~ drängen** [*o* **spielen**] to push [*or* thrust] sb into [*or* to relegate sb to] the background, to steal the limelight from sb; **im ~ stehen** to remain in the background, to be part of the furniture BRIT *fam;* **in den ~ treten** [*o* **geraten**] [*o* **rücken**] to fade [*or* recede] [*or* retreat] into the background

Hintergrundberieselung *f* INFORM background noise

hintergründig I. *adj* enigmatic, mysterious **II.** *adv* enigmatically, mysteriously

Hintergrundmusik <-> *f kein pl* background music *no pl;* FILM soundtrack **Hintergrundprogramm** *nt* INFORM background program **Hintergrundverarbeitung** *f* INFORM background processing

hinter|haken *vi (fam)* to question sth; ***mit dieser Antwort würde ich mich nicht zufriedengeben, da musst du ~*** I wouldn't be satisfied with that answer, you'll have to ask a few probing questions

Hinterhalt *m (pej)* ambush; **in einen ~ geraten** to be ambushed, to be the victim of an ambush; **im ~ liegen** [*o* **lauern**] to lie in wait [*or* ambush]; **jdn in**

einen ~ locken to lure sb into an ambush; **aus dem ~ anfallen/angreifen** to attack without warning, to make a surprise attack

hinterhältig I. *adj* (*pej*) underhand, devious, shifty; **~e Methoden** underhand methods
II. *adv* (*pej*) in an underhand [*or* devious] [*or* shifty] manner [*or* way]

Hinterhältigkeit <-, -en> *f* (*pej*) ① *kein pl* (*Heimtücke*) underhandedness, deviousness, shiftiness
② (*heimtückische Tat*) underhand [*or* devious] [*or* shifty] act [*or fam* thing to do]

Hinterhand *f* ZOOL hindquarters *npl* ► WENDUNGEN: **etw in der ~ haben** to have sth up one's sleeve [*or* in reserve] **Hinterhaus** *nt* back [part] of a building (*also a separate building at the back of another*)

hinterher *adv* ① *räumlich* after; ***da haut einer mit deinem Fahrrad ab, los, ~!*** there's someone stealing your bike, come on, after him!; **jdm ~ sein** to be after sb
② *zeitlich* after that, afterwards; ***~ ist man immer schlauer!*** it's easy to be clever in retrospect [*or* after the event] !
③ (*intensiv suchen*) **hinter etw** *dat* **~ sein** to be after [*or* look for] sth

hinterher|fahren *vi irreg sein* **[jdm/einer S.] ~** to follow [*or* drive behind] [sb/sth]; ***fahren Sie hinter diesem Taxi hinterher!*** follow that taxi! **hinterher|hecheln** *vi* (*pej fam*) **jdm/etw ~** to try to catch up with sb/sth *fig* **hinterher|hinken** *vi sein* ① (*hinter jdm/etw herhinken*) **jdm/einer S. ~** to limp after sb/sth ② (*mit Verzögerung nachfolgen*) **etw** *dat* **~** to lag behind sth **hinterher|kommen** *vi irreg sein* ① (*folgen*) **[jdm] ~** to follow [behind] [sb], to come after [sb]; ***nicht so schnell, ich komme nicht hinterher!*** not so fast, I can't keep up! ② (*danach kommen*) to follow, to happen afterwards ③ (*als Letzter kommen*) **[noch] ~** to bring up the rear **hinterher|laufen** *vi irreg sein* ① (*im Lauf folgen*) **jdm ~** to run [*or* chase] after sb ② (*fam: sich eifrig bemühen*) **jdm/einer S. ~** to run [*or* chase] after sb/sth **hinterher|schicken** *vt* (*nachschicken*) **jdm etw ~** to send sth [on] after sb

Hinterhof *m* courtyard, backyard; (*Garten*) back garden **Hinterindien** *nt* Indochina **Hinterklebung** *f* (*beim Buch*) backlining **Hinterkopf** *m* (*hinterer Teil des Kopfes*) back of one's/the head ► WENDUNGEN: **etw im ~ haben/behalten** (*fam*) to keep [*or* bear] sth in mind; ***ich habe noch im ~, dass wir damals …*** I can vaguely remember that … **Hinterlader** <-s, -> *m* breech-loading gun **Hinterland** *nt kein pl* hinterland

hinter|lassen* *vt irreg* ① (*vermachen*) **jdm etw ~** to leave [*or form* bequeath] [*or* will] sb sth
② (*als Hinterbliebene übrig lassen*) **jdn ~** to leave sb; ***er hinterlässt eine Frau und drei Kinder*** he leaves a wife and three children, he is survived by a wife and three children
③ (*als Erbschaft übrig lassen*) **etw ~** to leave sth
④ (*als literarisches Vermächtnis übrig lassen*) **etw ~** to leave sth behind; **die ~e Werke** the posthumous works
⑤ (*hinterlegen*) **[jdm] etw ~** to leave sth [for sb]
⑥ (*nach dem Verlassen zurücklassen*) **etw irgendwie ~** to leave sth somehow; ***wie die Kinder ihr Zimmer ~!*** the way these children leave their room!; **etw in Unordnung ~** to leave sth in a mess [*or* a muddle]
⑦ (*übrig lassen*) **[bei jdm] etw ~** to leave [sb with] sth; **bei jdm einen Eindruck ~** to make an impression on sb

Hinterlassenschaft <-, -en> *f* ① (*literarisches Vermächtnis*) posthumous works
② (*fam: übrig gelassene Dinge*) leftovers *pl*
③ JUR **jds ~ antreten** to inherit sb's estate

Hinterlassung <-> *f kein pl* **ohne ~ einer S.** *gen* (*geh*) without leaving sth; **unter ~ einer S.** *gen* (*geh*) leaving behind sth *sep*; ***er verstarb unter ~ einer Unmenge von unbezahlten Rechnungen*** he died, leaving behind a lot of unpaid bills

Hinterlauf *m* hind [*or* back] leg

hinter|legen* *vt* **etw [bei jdm] ~** to leave sth [with sb]; **einen Betrag/eine Unterschriftsprobe/eine Sicherheitsleistung [bei jdm] ~** to supply [sb with] an amount/a signature/security; **hinterlegte Kaution** JUR caution money

Hinterleger <-s, -> *m* JUR depositor, bailor

hinterlegt *adj* TYPO **~er Raster** background [*or* laid] tint

Hinterlegung <-, -en> *f* leaving behind; JUR deposit, bailment; ***das Gericht setzte im Urteil die ~ einer Summe bei der Gerichtskasse fest*** the court ordered that an amount be deposited with the court cashier; **~ bei Gericht** lodgment; **~ einer Barsicherheit** cash deposit; **gegen ~ einer S.** *gen* against a deposit of sth; **jdn gegen ~ einer Kaution auf freien Fuß setzen** to release sb on bail

Hinterlegungsbeleg *m*, **Hinterlegungsbescheinigung** *f* JUR certificate of deposit **hinterlegungsfähig** *adj* JUR eligible to serve as collateral **Hinterlegungsgebühr** *f* JUR deposit fee **Hinterlegungskasse** *f* JUR deposit agency, lodgment office **Hinterlegungsordnung** *f* JUR Court Deposit Regulations *pl* **Hinterlegungsort** *m* JUR place of lodgment **Hinterlegungspflicht** *f* JUR obligatory deposit; **~ bei Einfuhren** obligatory import deposit **Hinterlegungsrecht** *nt* JUR law as to depositing in court **Hinterlegungsschein** *m* JUR certificate of deposit **Hinterlegungsstelle** *f* JUR depository, custodian **Hinterlegungsverfügung** *f* JUR lodgment order **Hinterlegungsvertrag** *m* JUR contract of deposit **Hinterlegungszeit** *f* JUR term [*or* period] of bailment

Hinterlist *f kein pl* ① (*Heimtücke*) deceit *no pl, no art*, deception *no pl, no art*, craftiness *no pl, no art*, duplicity *no pl, no art*
② (*Trick, List*) trick, ploy, ruse

hinterlistig I. *adj* deceitful, deceptive, crafty, shifty
II. *adv* deceitfully, deceptively, craftily, shiftily; **aufs H~ste** in the most deceitful [*or* deceptive] [*or* crafty] [*or* shifty] way [*or* manner]

hinterm = hinter dem *s.* **hinter**

Hintermann <-männer> *m* ① (*Mensch hinter jdm in der Reihe*) **jds ~** the person behind sb
② *pl* (*pej fam*) person pulling the strings *pej*, brains [behind the operation]

Hintermannschaft *f* defence [*or* AM -se]

hintern = hinter den *s.* **hinter**

Hintern <-s, -> *m* (*fam*) (*Gesäß*) bottom, behind, backside, bum BRIT *sl*; **ein paar auf den ~ bekommen** to have one's bottom smacked; **[von jdm] den ~ voll bekommen** to have one's bottom [*or* behind] [*or* backside] [*or* hide] tanned; **sich auf den ~ setzen** (*fam*) to fall on one's bottom [*or* behind] [*or* backside]; **jdm den ~ versohlen** to tan sb's bottom [*or* behind] [*or* backside] [*or* hide]
► WENDUNGEN: **jd kann sich in den ~ beißen** (*sl*) sb can kick themselves; **jdm in den ~ kriechen** (*pej sl*) to grovel [*or fam* suck up] to sb, to lick [*or* AM kiss] sb's arse [*or* AM ass] *vulg*; **sich auf den ~ setzen** (*fam*) to get one's finger out BRIT *fam*, to knuckle down to [*or fam* get stuck into] sth

Hinterpfote *f* ZOOL hind [*or* back] paw **Hinterrad** *nt* rear [*or* back] wheel **Hinterradantrieb** *m* rear-wheel drive **Hinterreihe** *f* back row

hinterrücks *adv* ① (*von hinten*) from behind
② (*im Verborgenen*) behind sb's back

hinters = hinter das *s.* **hinter**

Hinterschinken *m* KOCHK ham **Hinterseite** *f* ① (*Rückseite*) back, rear; **an der/zur ~ des Hauses** at/to the back [*or* rear] of the house ② *s.* **Hintern Hintersinn** *m* hidden [*or* deeper] meaning **hintersinnen*** *vr irreg* SCHWEIZ ① (*grübeln*) **sich wo/wann/warum ~** to rack [*or esp* AM wrack] one's brains as to where/when/why ② (*sich Gedanken machen*) **sich ~** to think [*or* speculate] [about sth]; ***es hat keinen Wert, sich jetzt zu ~*** there's no point thinking [*or* speculating] about it now **hintersinnig** *adj* with a deeper [*or* profound] meaning; **eine ~e Bemerkung** a profound [*or* subtle] remark, a remark with a deeper meaning; (*Bemerkung mit verschleierter Gemeinheit*) a veiled remark; ***manchmal ist er sehr ~*** sometimes he's very profound; **ein ~er Sinn für Humor** a subtle sense of humour [*or* AM -or] **Hintersitz** *m* (*Rücksitz*) back seat

hinterste(r, s) *adj superl von* **hintere(r, s)** (*entlegenste*) farthest [*or* furthest], deepest *hum*, the wildest parts of *hum*
► WENDUNGEN: **das H~ zuvorderst kehren** (*fam*) to turn everything upside down

Hintersteven [vən] *m* ① NORDD (*Gesäß*) behind, bottom *fam* ② *s.* **Achtersteven Hinterteil** *nt* (*fam*) *s.* **Hintern 1 Hintertreffen** *nt kein pl* **[gegenüber jdm] ins ~ geraten** [*o* **kommen**] to fall behind [sb]; **[jdm gegenüber/im Vergleich mit jdm] im ~ sein** [*o* **sich befinden**] to be [*or* find oneself] at a disadvantage [to sb/in comparison to sb]

hinter|treiben* *vt irreg* **etw ~** to thwart [*or* prevent] sth, to oppose sth successfully; **einen Plan ~** to foil [*or* frustrate] [*or* thwart] a plan

Hintertreppe *f* back stairs [*or* steps] **Hintertupfing(en)** <-s> *nt kein pl* (*fam: Topos für rückständigen Ort*) the back of beyond BRIT, Timbuktu **Hintertür** *f*, **Hintertürl** <-s, -[n]> *nt* ÖSTERR ① (*hintere Eingangstür*) back entrance; (*zu einem privaten Haus*) back door
② (*fam: Ausweg*) back door, loophole *fig*
► WENDUNGEN: **sich** *dat* **[noch] eine Hintertür [***o* **ein Hintertürchen] [***o* **ein Hintertürl] offen halten [***o* **offen lassen]** to leave a back door open, to leave a loophole; **durch die Hintertür** by the back door **Hinterwäldler(in)** <-s, -> *m(f)* (*pej fam*) country bumpkin *pej fam*, yokel *pej fam* **hinterwäldlerisch** *adj* (*pej fam*) country bumpkin, provincial BRIT; **~e Ansichten** country bumpkin [*or* provincial] mentality BRIT; **~ sein** to be a country bumpkin [*or* provincial] BRIT

hinter|ziehen* *vt irreg* **etw ~** to evade sth

Hinterziehung <-, -en> *f* FIN *von Steuern* tax evasion

Hinterzimmer *nt* ① (*nach hinten liegendes Zimmer*) back room, room at the back
② ÖKON back office

hin|tragen *vt irreg* **jdn/etw [zu jdm/etw] ~** to carry sb/sth [to sb/sth] **hin|treten** *vi irreg sein* ① (*jdm gegenübertreten*) **vor jdn ~** to go up to sb, to face [*or* confront] sb ② (*sich jdm nähern*) **zu jdm ~** to go/come up to sb ③ (*zutreten*) to kick, to put the boot in *sl* **hin|tun** *vt irreg* (*fam: hinlegen*) **[jdm] etw irgendwohin ~** to put sth somewhere [for sb]; ***wer hat mir diesen Zettel hingetan?*** who's left this note for me?

hinüber *adv* ① (*nach drüben*) across, over; ***bis zu den Hügeln ~ war die Erde kahl und ausgetrocknet*** the earth up to the hills was bare and arid; **eine Mauer/einen Zaun ~** over a wall/a fence; **~ und herüber** back and forth, backwards and forwards; **[zu jdm] ~ sein** (*fam*) to have gone across [*or* over] [to sb]; ***Mutter ist nur kurz ~ zu Frau Lang*** mother has popped over to Mrs Lang's *fam*
② (*fam: verdorben sein*) **~ sein** to be [*or* have gone] off, to be bad
③ (*fam: defekt sein*) **~ sein** to have had it; (*ruiniert sein*) to be done for
④ (*fam: ganz hingerissen sein*) **~ sein** to be bowled over; **völlig ~ sein** to be completely bowled over
⑤ (*fam: tot sein*) **~ sein** to have had it

hinüber|blicken *vi* **[zu jdm/etw] ~** to look [*or* have a look] across [*or* over] [at/to sb/sth] **hinüber|bringen** *vt irreg* **etw [zu jdm/etw] [über etw** *akk***] ~** to take across [*or* over] sth *sep* [to sb/sth] **hinüber|fahren** *irreg* I. *vt haben* **jdn/etw [auf etw** *akk***] ~** to drive [*or* take] sb/sth [to sth]; **jdn/etw mit der Fähre ~** to take sb/sth by ferry II. *vi sein* (*nach drüben fahren*) **[nach etw** *dat***/über etw** *akk***] ~** to drive [*or* go] across [*or* over] [to sth]/across [*or* over] [sth]; **über die Wolga ~** to drive [*or* go] across [*or* over] the Volga; **über die Wolga mit einem Boot ~** to go over [*or* across] [*or* to cross] the Volga by boat **hinüber|führen** I. *vt*

H

(*nach drüben geleiten*) ■**jdn** [**auf etw** *akk*/**in**/**über etw** *akk*] ~ to take sb across [*or* over] [to sth]/across [*or* over] [sth]; ***wenn Sie meinen Arm nehmen, führe ich Sie gerne auf die andere Straßenseite hinüber*** if you take my arm, I'll be happy to take you to the other side of the road **II.** *vi* (*nach drüben verlaufen*) ■[**auf etw** *akk*/**über etw** *akk*] ~ to go across [*or* over] [*or* to cross] [to sth]/to go across [*or* over] [*or* to cross] [sth]; ***die Brücke führt über das Tal hinüber*** the bridge goes over [*or* across] [*or* the bridge crosses] a valley **hinüber|gehen** *vi irreg sein* (*nach drüben gehen*) ■[**auf etw** *akk*/**in**/**über etw** *akk*] ~ to go over [*or* across] [*or* to cross] [to sth]/to go over [*or* across] [*or* to cross] [sth]; ***man darf erst bei Grün auf die andere Straßenseite*** ~ you have to wait for the green light before you cross the road **hinüber|helfen** *vi irreg* ■**jdm** ~ to help sb over [*or* across]; **jdn über die Straße** ~ to help sb over [*or* across] the road **hinüber|kommen** *vi irreg sein* ■[**zu jdm**] ~ to come/go over [*or* across] [to sb]; **über die Brücke** ~ to come/go over [*or* across] the bridge **hinüber|lassen** *vt irreg* ■**jdn** ~ to let sb go/drive over [*or* across] [*or* to let sb cross] [sth] **hinüber|reichen** **I.** *vt* (*geh*) ■[**jdm**] **etw** [**über etw** *akk*] ~ to pass sth across [*or* over] [sth] [to sb] **II.** *vi* ■[**über etw** *akk*] ~ to reach over [sth]; ***der Ast reicht drei Meter in Nachbars Garten hinüber!*** the branch reaches three metres over the neighbour's garden [*or* overhangs the neighbour's garden by three metres] **hinüber|retten** **I.** *vt* ❶ (*nach drüben in Sicherheit bringen*) ■**etw** ~ to save sth by getting/taking it across [*or* over]; **die Habseligkeiten in ein anderes Land** ~ to save one's worldly goods by getting/taking them to another country ❷ (*erhalten und übernehmen*) ■**etw** [**in etw** *akk*] ~ to preserve [*or* keep] [*or* maintain] sth [in sth] **II.** *vr* ❶ (*sich in Sicherheit bringen*) ■**sich** *akk* [**über etw** *akk*] ~ to reach safety [*or* save oneself] [by crossing sth] ❷ (*sich erhalten und übernommen werden*) ■**sich** *akk* ~ to survive **hinüber|schwimmen** *vi irreg sein* ■[**zu etw** *dat*] ~ to swim across [*or* over] [to sth]; ■**über etw** *akk* ~ to swim over [*or* across] sth **hinüber|setzen** **I.** *vt* (*nach drüben setzen*) ■**jdn** ~ to seat sb over there, to set [*or* move] sb over there **II.** *vi* (*hinüberspringen*) ■[**über etw**] ~ to jump across [sth] **III.** *vr* ■**sich** ~ to sit over there; ***sie hat sich zu ihm hinübergesetzt*** she went over and sat down beside him **hinüber|springen** *vi irreg* ❶ (*nach drüben springen*) ■[**über etw**] ~ to jump across sth ❷ (*fam: nach drüben laufen*) ■[**zu jdm**/**etw**] ~ to run across [to sb/sth] **hinüber|steigen** *vi irreg sein* ■[**auf**/**in**/**über etw** *akk*] ~ to climb over [onto sth/into sth/sth] **hinüber|werfen** *vt irreg* ■**etw** ~ *akk* to throw over sth *sep;* ■[**jdm**] **etw über etw** *akk* ~ to throw sth over sth [to sb]; ***er warf den Kindern den Ball über die Mauer hinüber*** he threw the ball over the wall to the children **hinüber|wollen** *vi* (*fam*) to want to cross [*or* go across]

hin- und herbewegen* *vt* ■**etw** ~ to move sth back and forth [*or* to and fro]; ■**sich** ~ to move back and forth; **sich** *akk* **zur Musik** ~ to rock [*or* move back and forth] to music/the music **hin- und herfahren** *irreg* **I.** *vi sein* to travel back and forth [*or* to and fro] **II.** *vt* ■**jdn** ~ to drive sb back and forth [*or* to and fro] **Hin- und Herfahrt** *f* journey there and back BRIT, round trip AM **Hinundhergerede, Hin-und-Her-Gerede** *nt* (*fam*) aimless chatter; (*Streit*) argy-bargy BRIT *fam* **Hin- und Herreise** *f* return trip, journey there and back BRIT, round trip AM **Hin- und Herweg** *m* way there and back **Hin- und Rückfahrkarte** *f* return [*or* AM round-trip] ticket **Hin- und Rückfahrt** *f* return journey; ***einfache Fahrt oder*** **~?** single or return? **Hin- und Rückflug** *m* return flight **Hin- und Rückreise** *f* return trip, journey there and back BRIT, round trip AM **Hin- und Rückweg** *m* round trip

hinunter *adv* down; ***die Treppe ~ ist es leichter als umgekehrt*** going down the stairs is easier than going up; ~ ***damit!*** get it down!; (*Bier a.*) get it down your neck! *fam; s. a.* **bis**

hinunter|blicken *vi* (*geh*) to look down; ***vom Turm kann man schön in den Ort*** ~ you get a lovely view of the place looking down from the tower **hinunter|bringen** *vt irreg* ❶ (*nach unten tragen*) ■**jdn**/**etw** ~ to take/bring down sb/sth *sep;* ***kannst du den schweren Sack alleine ~?*** can you bring/take that heavy sack down alone? ❷ (*fam: hinunterschlucken*) ***ich weiß nicht, ob ich das scheußliche Zeug hinunterbringe*** I don't know if I can get that hideous stuff down **hinunter|fahren** *irreg* **I.** *vi sein* to go down; ***fährt der Fahrstuhl hoch oder hinunter?*** is the lift going up or down? **II.** *vt* ❶ *haben* ■**jdn**/**etw** [**irgendwohin**] ~ to drive [*or* take] down sb/sth *sep* [somewhere]; ***ich kann Sie in die Stadt*** ~ I can drive [*or* take] you down to town ❷ *sein* ■**etw** ~ to go down sth; ***diesen Abhang fahre ich nicht hinunter!*** I'm not going down that slope! **hinunter|fallen** *irreg sein* **I.** *vi* ■**etw fällt** [**jdm**] **hinunter** sth falls down/off; (*aus den Händen*) sb drops sth; **aus dem 8. Stock/von der Fensterbank** ~ to fall from the 8th floor/off the window sill **II.** *vt* ■**etw** ~ to fall down sth **hinunterfliegen** *vt sein* **die Treppe** ~ to go flying down the stairs *fam* **hinunter|fließen** *irreg sein* **I.** *vi* ■[**in etw** *akk*] ~ to flow down [into sth] **II.** *vt* ■**etw** ~ to flow down sth **hinunter|gehen** *irreg sein* **I.** *vi* ❶ (*von hier nach unten gehen*) to go down; ***geh mal schnell hinunter und hol mir eine Flasche Wein aus dem Keller*** nip down and get me a bottle of wine from the cellar ❷ (*die Flughöhe verringern*) ■[**auf etw** *akk*] ~ to descend [to sth] **II.** *vt* ■**etw** ~ to go down sth **hinunter|kippen** *vt* (*fam*) ■**etw** ~ to gulp down sth *sep;* **Schnaps** ~ to knock back schnapps *sep fam* **hinunter|klettern** *sein* **I.** *vi* to climb down **II.** *vt* ■**etw** ~ to climb down sth **hinunter|lassen** *vt irreg* ❶ (*nach unten hinablassen*) ■**jdn**/**etw** ~ *akk* to lower sb/sth ❷ (*fam: nach unten gehen lassen*) ■**jdn** [**in etw** *akk*] ~ to let sb down [[in]to sth] ❸ (*fam: auf den Boden lassen*) ■**jdn** [**auf etw** *akk*] ~ to set down sb *sep* [onto sth] **hinunter|laufen** *irreg sein* **I.** *vi* ■[**zu jdm**/**irgendwohin**] ~ to run down [to sb/somewhere] **II.** *vt* ■**etw** ~ to run down sth; **die Treppe** ~ to run downstairs; *s. a.* **Rücken hinunter|reichen** **I.** *vt* ■**jdm etw** ~ to hand [*or* pass] down sth *sep* to sb **II.** *vi* ■[**jdm**] **bis zu etw** *dat* ~ to reach down to sb's sth; ***das Kleid reicht mir bis zu den Knöcheln hinunter*** the dress reaches down to my ankles **hinunter|schalten** *vi* [**in den ersten/zweiten Gang**] ~ to change [*or* AM shift] down [into first/second gear] **hinunter|schauen** *vi* DIAL *s.* **hinuntersehen hinunter|schlingen** *vt irreg* (*fam*) ■**etw** ~ to devour sth; **Essen** ~ to gobble [*or* BRIT bolt] down food **hinunter|schlucken** *vt* ■**etw** ~ ❶ (*ganz schlucken*) to swallow [down *sep*] sth, to swallow sth whole ❷ (*fam: sich verkneifen*) to suppress [*or sep* choke back] sth; **eine Erwiderung** ~ to stifle [*or sep* bite back] a reply **hinunter|schmeißen** *vt irreg* (*fam*) ■[**jdm**] **etw** ~ to sling [*or fam* chuck] down *sep* sth [to sb] **hinunter|schütten** *vt* (*fam*) ■**etw** ~ to gulp down sth *sep* **hinunter|sehen** *vi irreg* ■[**zu jdm**/**auf etw** *akk*] ~ to look down [at sb/sth]; ***sieh doch mal hinunter, wer unten gerade bei uns klingelt!*** have a look down and see who's ringing our doorbell **hinunter|spülen** *vt* ❶ (*nach unten wegspülen*) ■**etw** ~ to flush down sth *sep* ❷ (*mit einem Getränk hinunterschlucken*) ■**etw** [**mit etw** *dat*] ~ to wash down sth *sep* [with sth] ❸ (*fam: verdrängen*) ■**etw** [**mit etw** *dat*] ~ to ease sth [with sth] **hinunter|stürzen** **I.** *vi sein* ❶ (*heftig hinunterfallen*) ■[**auf etw** *akk*/**von etw** *dat*] ~ to fall [down] [onto sth/from/off sth] ❷ (*eilends hinunterlaufen*) to dash [*or* rush] down; ***sie stürzte hinunter, um die Tür aufzumachen*** she rushed down[stairs] to answer the door **II.** *vt* ❶ *sein* (*schnell hinunterlaufen*) ■**etw** ~ to dash [*or* rush] down sth; **die Treppe** ~ to rush [*or* dash] down[the]stairs ❷ *haben* (*nach unten stürzen*) ■**jdn** ~ to throw down sb *sep* ❸ *haben* (*fam: in einem Zug hastig schlucken*) ■**etw** ~ to gulp down sth *sep;* **einen Schaps** ~ to knock back a schnapps *sep fam* **III.** *vr* ■**sich** ~ to throw oneself down/off; **sich** *akk* **eine Brücke/die Treppe** ~ to throw oneself off a bridge/down the stairs **hinunter|werfen** *vt irreg* ■[**jdm**] **etw** ~ to throw down sth *sep* [to sb]; ***wirf mir den Schlüssel hinunter!*** throw me the key! **hinunter|würgen** *vt* ■**etw** ~ to choke down sth *sep* **hinunter|ziehen** *irreg* **I.** *vt haben* ■**jdn**/**etw** ~ to pull down sb/sth *sep* **II.** *vi sein* ❶ (*nach unten umziehen*) ■[**in etw** *akk*] ~ to move down [into sth]; ***ich ziehe in eine Einzimmerwohnung im zweiten Stock hinunter*** I'm moving down into a one-room flat on the second floor ❷ (*nach Süden ziehen*) to move [down] south **III.** *vr haben* (*abwärts verlaufen*) ■**sich** ~ to stretch [*or* extend] down; ***ihre Narbe zieht sich vom Oberschenkel bis zum Knie hinunter*** her scar stretches from the thigh down to the knee

hin|wagen *vr* ■**sich** [**zu jdm**/**etw**] ~ to dare [to] go [up to sb/sth]; ■**sich** *akk* **zu einem Tier** ~ to dare [to] approach [*or* go up to] an animal

hinweg *adv* (*veraltend geh*) ■**~!** away with you!, begone! *liter or old;* ■**~ mit jdm/etw** away with sb/sth; **über jdn/etw ~ sein** to have got over sb/sth; **über etw** *akk* **~ sein** to be over sth; **über lange Jahre** ~ for [many [long]] years

Hinweg *m* way there; ***der ~ wird zehn Stunden dauern*** the journey there will take ten hours; **auf dem** ~ on the way there; ***hoffentlich werden wir auf dem ~ nicht aufgehalten!*** hopefully we won't get held up on our way

hinweg|bringen *vt irreg* ■**jdn über etw** *akk* ~ to help sb [to] get over sth; **jdn über schwere Zeiten** ~ to help sb [[to] get] through difficult times **hinweg|gehen** *vi irreg sein* ■**über etw** *akk* ~ to disregard [*or* pass over] sth **hinweg|helfen** *vi irreg* ■**jdm über etw** *akk* ~ to help sb [to] get over sth; **jdm über schwierige Zeiten** ~ to help sb [[to] get] through difficult times **hinweg|kommen** *vi irreg sein* ■**über etw** *akk* ~ to get over sth; ■**darüber ~, dass ...** to get over the fact that **hinweg|raffen** *vt* (*geh*) ■**jdn** ~ to carry off sb *sep* **hinweg|sehen** *vi irreg* ❶ (*unbeachtet lassen*) ■**über etw** *akk* ~ to ignore [*or* overlook] sth; ■**darüber ~, dass jd etw** [**nicht**] **tut** to ignore [*or* overlook] the fact that sb is[n't] doing sth, to overlook sb's [not] doing sth *form* ❷ (*ignorieren*) ■**über jdn/etw** ~ to ignore sb/sth, to cut sb ❸ (*darüber sehen*) ■**über jdn/etw** ~ to see over [*or* past] sb['s head]/sth **hinweg|setzen** *vr* ■**sich** *akk* **über etw** *akk* ~ to disregard [*or* dismiss] sth **hinweg|täuschen** *vt* ■**jdn über etw** *akk* ~ to deceive [*or* mislead] sb about sth; ■**jdn darüber ~, dass ...** to blind sb to the fact that ...; ■**darüber ~, dass ...** to hide [*or* obscure] the fact that ...; ■**sich** *akk* [**nicht**] **darüber ~ lassen, dass ...** to [not] be blind to the fact that ... **hinweg|trösten** *vt* ■**jdn über etw** *akk* ~ to console sb [about sth]

Hinweis <-es, -e> *m* ❶ (*Rat*) advice *no pl, no art,* piece of advice, tip; ***ich erlaube mir den ~, dass ...*** I must point out that ...; ***detaillierte ~e finden Sie in der Gebrauchsanleitung*** you will find detailed information in the operating instructions; **unter ~ auf etw** *akk* with reference to sth ❷ (*Anhaltspunkt*) clue, indication; ***für ~e, die zur Ergreifung der Täter führen, ist eine Belohnung in Höhe von 23.000 Euro ausgesetzt*** there is a reward of 23,000 euros for information leading to the arrest of the perpetrators

hin|weisen *irreg* **I.** *vt* ■**jdn auf etw** *akk* ~ to point out sth *sep* to sb; ■**jdn darauf ~, dass ...** to point out [to sb] that ... **II.** *vi* ■**auf jdn/etw** ~ to point to sb/sth; ■**darauf ~, dass ...** to indicate that ...; *s. a.* **Fürwort**

Hinweispflicht *f* JUR duty to warn **Hinweisschild** *nt* sign **Hinweistafel** *f* information board

hin|wenden *irreg* (*geh*) **I.** *vt* ■**etw zu jdm** ~ to turn sth to[wards] sb

II. vr ■sich akk zu jdm/etw ~ to turn to[wards] sb/sth
Hinwendung f eine ~ zum Besseren a turn for the better
hin|werfen irreg I. vt ❶ (zuwerfen) ■jdm/einem Tier etw ~ to throw sth to sb/an animal
❷ (irgendwohin werfen) ■[jdm] etw ~ to throw down sth [to sb] sep; (fallen lassen) to drop sth
❸ (fam: aufgeben) ■etw ~ to give up sth sep, to chuck [in sep] sth fam
❹ (flüchtig erwähnen) ■etw ~ to drop sth fam; ***das war nur so hingeworfen*** that was just a casual remark
❺ (flüchtig zu Papier bringen) ■etw ~ to dash off sth sep; ■hingeworfen hurried
II. vr ■sich [vor jdn/etw] ~ to throw oneself down [in front of [or form before] sb/sth]
hin|wirken vi ■[bei jdm] auf etw akk ~ to work towards [getting sb to do] sth; ***ich werde darauf ~, dass du eingestellt wirst*** I'll work towards getting you appointed
hin|wollen vi (fam) ■[zu jdm/etw] ~ to want to go [to sb/sth]
Hinz m ▸ WENDUNGEN: ~ **und Kunz** (pej fam) every Tom, Dick and Harry [or BRIT Harriet] pej; **von ~ zu Kunz** (pej fam) in a fruitless manner, from pillar to post BRIT
hin|zählen vt ■jdm etw ~ to count out sth sep to sb **hin|zaubern** vt (fam) ■[jdm] etw ~ to whip [or rustle] up sth sep [for sb]; **eine Mousse au Chocolat** ~ to conjure up a chocolate mousse
hin|ziehen irreg I. vt haben ❶ (zu sich ziehen) ■jdn/etw zu sich ~ to pull [or draw] sb/sth towards one; s. a. **fühlen**
❷ (anziehen) ■**es zieht jdn zu etw** dat **hin** sb is attracted to sth; ***es hatte sie immer nach Köln hingezogen*** she had always been attracted to Cologne
❸ (hinauszögern) ■etw ~ to delay sth
II. vi sein ❶ (sich hinbewegen) ■[zu etw dat] ~ to move [or go] [to sth]; ***da zieht sie hin, die Karawane!*** there goes the caravan!
❷ (umziehen) ■zu jdm/nach etw ~ to move in with sb/to move to sth; ***du könntest doch zu uns ~*** you could move in with us
III. vr ❶ (sich verzögern) ■sich ~ to drag on
❷ (sich erstrecken) ■sich akk **entlang einer S.** gen ~ to extend [or stretch] along sth
hin|zielen vi ❶ (zum Ziel haben) ■auf etw akk ~ to aim at sth
❷ (auf etw gerichtet sein) ■auf etw akk ~ to be aimed at sth, to refer to sth
❸ (entstehen lassen wollen) ■[mit etw dat] auf etw akk ~ to aim at sth [using sth]
hinzu adv in addition, besides
hinzu|fügen vt ❶ (beilegen) ■[etw dat] etw ~ to add sth [to sth], to enclose sth [with sth]; **einen Scheck einem Brief** ~ to enclose a cheque [or AM check] in [or with] a letter
❷ (zusätzlich bemerken) ■[etw dat] etw ~ to add sth [to sth]; ***das ist meine Meinung, dem habe ich nichts mehr hinzuzufügen!*** that is my opinion, I have nothing further to add to it
❸ (nachträglich hineingeben) ■etw ~ to add sth
Hinzufügung f addition; **unter ~ einer S.** gen (geh) with the addition of sth
hinzu|geben vt ❶ (zusätzlich geben) ■jdm etw ~ to add sth for sb ❷ (beigeben) ■[etw dat] etw ~ to add sth [to sth] **hinzu|gewinnen** vt irreg ■jdn ~ to gain sb **hinzu|kommen** vi irreg sein ❶ (zusätzlich eintreffen) to arrive; (aufkreuzen) to appear [on the scene]; ***die anderen Gäste kommen dann später hinzu*** the other guests are coming along [or arriving] later ❷ (sich noch ereignen) ■**es kommt [noch] hinzu, dass ...** there is also the fact that ...
❸ (dazukommen) ***die Mehrwertsteuer kommt noch hinzu*** that's not including VAT; ***kommt sonst noch etwas hinzu?*** will there be anything else?
hinzu|rechnen vt ■etw [mit] ~ to add on sth sep, to include sth; ***Bedienung nicht hinzugerechnet*** service not included **Hinzurechnung** <-, -en> f FIN addition, inclusion **hinzu|setzen** I. vt (hinzufügen) ■etw ~ to add sth; **noch etw hinzuzusetzen haben** to have sth to add II. vr (geh: dazusetzen) ■sich [zu jdm] ~ to join [sb]
hinzu|zählen vt ❶ (als dazugehörig ansehen) ■jdn/etw [mit] ~ to include sb/sth ❷ s. **hinzurechnen** **hinzu|ziehen** vt irreg ■jdn/etw [mit] ~ to consult sb/sth
Hinzuziehung f kein pl consultation; **unter ~ einer Person/einer S.** gen by/after consulting a person/sth; ***ich kann mich zu der Angelegenheit nur unter ~ eines Sachverständigen äußern*** I can only comment on the matter after consulting an expert
Hinzuziehungsklausel f JUR consultation clause
Hiobsbotschaft f bad news no pl, no indef art
hip adj (sl) hip sl
Hip-Hop <-s> m kein pl MUS, MODE hip hop no pl, no art
hipp, hipp, hurra interj hip, hip, hurrah [or hurray]
hippe(r, s) adj (emph sl) hip fam
Hipphipphurra <-s, -s> nt cheer; **ein dreifaches ~ [auf jdn/etw]** three cheers pl [for sb/sth]
Hippie <-s, -s> m hippie
Hipster <-s, -> ['hɪpstəʳ] m (fam) ❶ (cooler Typ) hipster fam, hip cat sl
❷ MODE hipster
❸ (Hip-Hopper) hip-hopper
Hirn <-[e]s, -e> nt ❶ (Ge~) brain; **jds ~ entspringen** [o **entstammen**] to be sb's idea
❷ (~masse) brains pl
❸ KOCHK brains pl
Hirnanhangdrüse f pituitary [gland] **Hirngefäß** nt cerebral blood vessel **Hirngespinst** nt fantasy; ■~e figments of the imagination **Hirngewebe** nt brain tissue **Hirnhaut** f meninx spec, meninges npl spec **Hirnhautentzündung** f meningitis
Hirni <-s, -s> m (pej) brain
hirnlos adj (fam) brainless **Hirnmasse** f cerebral mass spec **Hirnrinde** f cerebral cortex spec **hirnrissig** adj (pej fam) hare-brained, half-baked pej fam, half-arsed [or AM -assed] fam! **Hirnschlag** m stroke **Hirnstamm** m ANAT brainstem **Hirntod** m brain death no pl, no art **hirntot** adj brain-dead **Hirntote(r)** f(m) dekl wie adj brain-dead person, brain death spec sl; ■**ein ~r/eine ~ sein** to be brain-dead **Hirntumor** m brain tumour [or AM -or] **hirnverbrannt** adj (fam) s. **hirnrissig** **Hirnwindung** f convolution [of the brain] spec, gyrus spec
Hirsch <-es, -e> m ❶ (Rot~) deer
❷ (Fleisch) venison no art, no pl
Hirschbraten m roast venison no art, no pl **Hirschfänger** <-s, -> m hunting knife **Hirschfütterung** f deer feeding no art, no pl; ***„~ verboten!"*** "don't feed the deer" **Hirschgeweih** nt antlers pl **Hirschhorn** nt horn **Hirschjagd** f ❶ (Blutsport) ■**die ~** deer [or stag] hunting ❷ (einzelne Jagd) deer [or stag] hunt **Hirschkäfer** m stag beetle **Hirschkalb** nt [male] fawn **Hirschkeule** f haunch of venison **Hirschkuh** f hind **Hirschleder** nt buckskin no art, no pl, deerskin no art, no pl **Hirschziegenantilope** f ZOOL blackbuck **Hirschzunge** f BOT hart's tongue
Hirse <-, -n> f millet no pl, no art
Hirsebrei m millet gruel no pl **Hirsekorn** nt millet seed
Hirt(in) <-en, -en> m(f) herdsman masc; (Schaf~) shepherd, shepherdess fem
▸ WENDUNGEN: **wie der ~[e], so die Herde** (prov) like master, like man prov
Hirte <-n, -n> m ❶ (geh) s. **Hirt**
❷ REL pastor
▸ WENDUNGEN: **der Gute ~** the Good Shepherd
Hirtenbrief m REL pastoral letter **Hirtenflöte** f shepherd's pipe **Hirtenhund** m sheepdog **Hirtenstab** m ❶ (geh) eines Hirten shepherd's crook ❷ eines Bischofs crosier, crozier **Hirtentäschel** <-s, -> nt, **Hirtentäschelkraut** nt BOT shepherd's purse
Hirtin <-, -nen> f s. **Hirt** shepherd[ess]
his, His <-, -> nt MUS B sharp
Hisbollah <-> f kein pl Hezbollah no pl, + sing/pl vb
Hispanist(in) <-en, -en> m(f) Hispanist, Hispanicist, Spanish specialist
Hispanistik <-> f kein pl SCH Spanish [language and literature] no pl
hissen vt ■etw ~ to hoist [or fly] sth
Histamin <-s> nt kein pl histamine no pl, no art
Histaminvergiftung f MED histamine poisoning
Histologie <-> f kein pl histology no pl, no art spec
histologisch adj histological spec
Histon <-s, -e> nt BIOL histone
Historie <-> f kein pl (geh) history
Historiker(in) <-s, -> m(f) historian
Historikerstreit m kein pl POL disagreement [or dispute] among historians
Historiographie <-> f kein pl, **Historiografie**[RR] <-> f kein pl historiography no pl, no art spec
historisch I. adj ❶ (die Geschichte betreffend) historical
❷ (geschichtlich bedeutsam) historic
❸ (geschichtlich belegt) historical
II. adv historically; ~ **belegt sein** to be historically proven [or a historical fact]; **etw ~ betrachten** to look at sth from a historical perspective
historisieren* vi (geh) to historicize
Historismus <-, -men> m historicism
Historizismus <-, Historizismen> m PHILOS historicism
Hit <-s, -s> m (fam) ❶ (erfolgreicher Schlager) hit
❷ (Umsatzrenner) roaring success
Hitlergruß m HIST Nazi [or Hitler] salute **Hitlerjugend** f HIST ■**die ~** the Hitler Youth **Hitlerzeit** f HIST Hitler era no pl, no indef art
Hitliste f charts npl **Hitparade** f ❶ (Musiksendung) chart show, top of the pops no indef art BRIT
❷ s. **Hitliste**
Hitze <-, -n> f ❶ (große Wärme) heat no pl, no indef art; **bei einer bestimmten ~** KOCHK at a certain oven temperature; **bei starker/mittlerer/mäßiger ~ backen** to bake in a hot/medium/moderate oven
❷ (heiße Witterung) heat no pl, no indef art, hot weather no pl, no indef art; ***eine ~ ist das!*** (fam) it's really hot!; **brütende** [o **sengende**] ~ sweltering [or scorching] heat; **vor ~ umkommen** (fam) to die of the heat
❸ ZOOL (Zeit der Läufigkeit) heat no pl, no art
▸ WENDUNGEN: **in der ~ des Gefecht[e]s** in the heat of the battle; **[leicht] in ~ geraten** to [easily] get heated [or worked up]
hitzebeständig adj heat-resistant **Hitzebeständigkeit** f heat resistance **Hitzebläschen** nt MED heat spot [or blister] **hitzeempfindlich** adj heat-sensitive, sensitive to heat pred **hitzefrei** adj pred SCH ***heute haben wir ~!*** school's out today because of the heat **Hitzeperiode** f ❶ METEO hot spell, spell [or period] of hot weather ❷ BIOL heat no pl **Hitzeschild** m heat shield **Hitzewallung** f meist pl hot flush **Hitzewelle** f heat wave
hitzig I. adj ❶ (leicht aufbrausend) hot-headed, quick-tempered; ■~ **sein/werden** to be quick-tempered/to flare up; **eine ~e Reaktion** a heated reaction; **ein ~es Temperament** a fiery temperament
❷ (leidenschaftlich) passionate; **eine ~e Debatte** a heated [or passionate] debate
▸ WENDUNGEN: **nicht so ~!** don't get so excited!
II. adv passionately
Hitzkopf m (fam) hothead **hitzköpfig** adj (fam) hot-headed; ■~ **sein** to be hot-headed [or a hothead] **Hitzschlag** m heatstroke; (von der Sonne a.) sunstroke; **einen ~ bekommen** [o geh **erleiden**] [o fam **kriegen**] to get heatstroke/sunstroke
HIV <-[s]> nt Abk von **Human Immunodeficiency Virus** HIV no pl, no art
HIV-Fall m HIV case **HIV-infiziert** [ha:ʔi:'fau] adj MED HIV-positive **HIV-negativ** adj HIV-negative **HIV-positiv** adj HIV-positive **HIV-Test** m HIV test

H

Hiwi <-s, -s> *m* (*sl*) assistant
HKS-Farbsystem *nt* TYPO HKS matching system
hl. *adj Abk von* **heilig**: ***der hl. Petrus*** St Peter
Hl. *Abk von* **Heilige(r)** St
hm *interj* ❶ (*anerkennendes Brummen*) hm; ***~, das schmeckt aber gut*** hm, that really tastes good
❷ (*fragendes Brummen*) er[m]
❸ (*bejahendes Brummen*) hm; ***na, gefällt dir mein neues Kleid? — ~, nicht schlecht!*** well, do you like my new dress? — hm, not bad!
H-Milch ['ha:] *f* long-life milk
h-Moll ['ha:] *nt* MUS B minor
HNO *Abk von* **Hals, Nasen, Ohren** ENT
HNO-Arzt, -Ärztin [ha:ʔɛn'ʔo:] *m, f* ENT specialist **HNO-Praxis** *f* ENT practice [*or* AM *a.* -se]
Hobby <-s, -s> *nt* hobby; **etw als ~ betreiben** to do sth as [*or* for] a hobby
Hobbyfilmer(in) *m(f)* amateur film-maker **Hobbyfunker(in)** *m(f)* radio ham **Hobbygärtner(in)** *m(f)* amateur gardener **Hobbykeller** *m* hobby room in a cellar **Hobbykoch, -köchin** *m, f* amateur cook **Hobbymaler(in)** *m(f)* amateur artist **Hobbyraum** *m* hobby room, workroom
Hobel <-s, -> *m* ❶ (*Werkzeug*) plane
❷ (*Küchengerät*) slicer
Hobelbank <-bänke> *f* carpenter's [*or* joiner's] bench
hobeln I. *vt* ■**etw ~** ❶ (*mit dem Hobel glätten*) to plane sth
❷ (*mit dem Hobel schneiden*) to slice sth
II. *vi* ■**[an etw** *dat*] ~ to plane [sth]
Hobelspan *m* ❶ *meist pl* (*Holz, Metall*) [wood] shaving
❷ *pl* KOCHK ÖSTERR (*gebackene Süßspeise*) baked desserts *pl*
hoch <*attr* hohe(r, s), höher, *attr* höchste(r, s)>
I. *adj* ❶ (*groß an vertikaler Ausdehnung*) high, tall; **ein hoher Turm** a tall [*or* high] tower; **ein hoher Baum/Mensch** a tall tree/person; **eine hohe Decke** a high ceiling; **eine hohe Schneedecke** deep snow; **[gut] 20 Meter ~ sein** to be [a good] 20 metres [*or* AM -ers] tall/high [*or* in height]/deep; *Aufhängung, Dach* to be [a good] 20 metres [*or* AM -ers] off the ground; **ein Mann von hohem Wuchs** (*liter*) a man of tall stature *a. form;* ***ein 125 Meter hoher Turm*** a 125 metre [high] tower
❷ (*beträchtlich*) high, large; **hohe Beträge** large amounts; **hohe Kosten** high costs; **ein hoher Lotteriegewinn** a big lottery win
❸ (*stark gesteigert*) high; **etw einem hohen Druck aussetzen** to expose sth to a high pressure; **hohes Fieber haben** to be running a high temperature
❹ (*erheblich*) extensive, severe; **hohe Verluste** severe losses; **ein hoher Sachschaden** extensive damage to property
❺ (*groß*) great, high; **ein hoher Lebensstandard** a high standard of living; ***du hast aber hohe Ansprüche!*** you're very demanding [*or form* exigent]!; **eine hohe Freude** a great pleasure; ***die Gesundheit ist ein hohes Gut*** health is a precious commodity
❻ (*bedeutend*) great, high; **hohe Ämter/ein hohes Amt bekleiden** to hold high office; **hohes Ansehen** great respect; **ein hoher Feiertag** an important public holiday; **ein hoher Funktionär/eine hohe Funktionärin** a high-level official; **hohe Offiziere** high-ranking officers; **ein hohe Position in der Firma** a senior position in the firm
❼ (*sehr*) highly; **~ angesehen** (*geh*) highly regarded [*or form* esteemed]; **~ begabt** highly gifted [*or* talented]; **~ beladen** heavily laden; **~ besteuert** highly taxed; **~ bezahlt** highly paid, well-paid; **~ dotiert** highly remunerated *form;* **eine ~ dotierte Stelle** a highly remunerative position *form;* **~ empfindlich** extremely [*or* very] delicate; TECH highly sensitive; FOTO high-speed, fast *attr;* **~ entwickelt** (*weit fortgeschritten*) highly developed [*or* evolved]; **eine ~ entwickelte Kultur** a highly developed civilization; (*verfeinert*) sophisticated; **~ favorisiert sein** to be the strong favourite [*or* AM -orite]; **~ geachtet** highly [*or* greatly] respected; **~ geehrt** (*geh*) highly honoured [*or* AM -ored]; ***~ geehrter Herr Präsident!*** dear Mr President!; **~ gelobt** highly praised; **~ geschätzt** highly esteemed [*or* valued], prized; **~ infektiös** highly infectious; **~ industrialisiert** highly industrialized; **~ kompliziert** highly complicated; **~ konzentriert arbeiten** to be completely focused on one's work; **~ motiviert** highly motivated; **~ qualifiziert** highly qualified; **~ radioaktiv** highly radioactive; **~ rentabel** highly profitable; **~ sensibel** highly sensitive; **~ stehend** advanced; **eine ~ stehende Kultur** an advanced civilization; **wirtschaftlich/wissenschaftlich ~ stehend** economically/scientifically advanced; **gesellschaftlich ~ stehende Leute** people of high social standing; **~ versichert** heavily insured; **~ verschuldet** deep in debt *pred;* ***wie ~ bist du verschuldet?*** how much [*or* deep] in debt are you?; **jdn [als jdn/etw] ~ achten** to respect sb highly [*or* greatly] [as sb/sth]; **etw ~ achten** to respect sth highly [*or* greatly]; **jdm etw ~ anrechnen** to give sb great credit for sth; **jdn/etw ~ einschätzen** to have a high opinion of sb/sth; **~ eingeschätzt werden** to be thought highly [*or* highly thought] [*or* well] of; **jdn/etw zu ~ einschätzen** to overestimate sb/sth; **jdn/etw ~ schätzen** to appreciate sb/sth very much, to value sb/sth highly
❽ *pred* **jdm zu ~ sein** (*fam*) to be above sb's head; *s. a.* **C, Haus, Herrschaft, Schule**
II. *adv* <höher, am höchsten> ❶ (*nach oben*) ***wie ~ kannst du den Ball werfen?*** how high can you throw the ball?; ***der Berg ragt 5000 Meter ~ empor*** the mountain towers to a height of 5000 metres; **etw ~ halten** (*in die Höhe halten*) to hold up sth *sep;* **~ zum Himmel zeigen** to point up at [*or* to] the sky; **~ gewachsen** tall; **einen Gang ~ schalten** AUTO to shift [up] gears; **[zu] ~ singen** MUS to sing [too] high
❷ (*in einiger Höhe*) ~ ***auf dem Berg befindet sich eine Jagdhütte*** there's a hunting lodge high up on the mountain; ***die Sterne stehen ~ am Himmel*** the stars are high up in the sky; ***wir fliegen 4000 Meter ~*** we're flying at a height of 4,000 metres; **~ gelegen** high-lying [*or* -altitude] *attr;* **im ~ gelegenen Gebirgstal** high up in the mountains; **~ oben** high up; ***im Keller steht das Wasser 3 cm ~*** the water's 3 cm deep in the cellar; ***wie ~ steht das Thermometer?*** how high is the temperature?; *s. a.* **Ross**
❸ (*äußerst*) extremely, highly, very; ***der Vorschlag ist mir ~ willkommen*** I very much welcome the suggestion
❹ (*eine hohe Summe umfassend*) highly; **~ gewinnen** to win a large amount; **~ wetten** to bet heavily
❺ MATH (*Bezeichnung der Potenz*) ***2 ~ 4*** 2 to the power of 4 *spec;* ***x ~ 3*** x to the power of 3 *spec,* x cubed *spec*
▶ WENDUNGEN: **zu ~ gegriffen sein** to be an exaggeration; **~ und heilig** (*fam*) faithfully; **~ und heilig schwören, dass ...** to swear blind that ...; **etw ~ und heilig versprechen** to promise sth faithfully; **~ hergehen** (*fam*) to be lively; ***auf ihren Partys geht es immer ~ her*** there's always a lively atmosphere at her parties; **~ hinauswollen** (*fam*) to aim high; **jd ist ~ in den Fünfzigern/Sechzigern etc.** sb's in his/her late fifties/sixties etc.; **wenn es ~ kommt** (*fam*) at the most; **[bei etw] ~ pokern** [*o* **reizen**] (*fam*) to take a big chance [with sth]; **~ stehen** to be high up; ***er stand ~ in der Rangordnung recht*** he was very high up in the hierarchy; **~!** get up!; ***~, ihr Faulpelze!*** [get] up, you lazy so-and-sos!
Hoch[1] <-s, -s> *nt* cheer; ***ein dreifaches ~ dem glücklichen Brautpaar*** three cheers for the happy couple; **ein ~ auf jdn ausbringen** to give sb a cheer
Hoch[2] <-s, -s> *nt* METEO high **Hochachtung** *f* deep respect; **mit vorzüglicher ~** (*veraltend geh*) your obedient servant *dated form;* **jdm seine ~ für etw zollen** to pay tribute to sb for sth; **bei aller ~ vor jdm/etw** with the greatest respect for sb/sth; ***bei aller ~, die ich vor Ihnen habe, ...*** with all due respect to you, ...; **meine ~!** my compliments!, well done! **hochachtungsvoll** *adv* (*geh*) your obedient servant *dated form* **Hochadel** *m* high/higher nobility **hochaktuell** *adj* ❶ (*äußerst aktuell*) highly topical ❷ MODE (*topmodern*) highly fashionable, all the rage *pred* **Hochaltar** *m* high altar **hochaltrig** *adj* very old (*over 80*) **Hochaltrige(r)** *f(m) dekl wie adj* (*Person ab 80 Jahren*) very old person (*over 80*) **Hochamt** *nt* ■**das ~** High Mass **hochangereichert** *adj Uran* [highly] enriched **hochanständig** *adj* very decent; ■**~ von jdm sein** to be very decent of sb; **etw ~ von jdm finden** to find sth very decent of sb **hoch|arbeiten** *vr* ■**sich** *akk* **[bis zu etw** *dat*] ~ to work one's way up [to [the position of] sth] **hochauflösend** *adj* INFORM, TV high-resolution *attr;* ■**~ sein** to have a high resolution **Hochbahn** *f* elevated [*or* overhead] railway [*or* AM railroad], el AM *fam* **Hochbau** *m kein pl* structural engineering *no pl, no art* **Hochbauamt** *nt* building department, structural engineering department **hoch|bekommen*** *vt irreg* ■**etw ~** to [manage to] get [*or* lift] up sth *sep;* ***ich bekomme kaum mehr den Arm hoch*** I can scarcely lift my arm up any more **hochberühmt** *adj* very famous **hochbetagt** *adj* (*geh*) aged; **~ sterben** to die at an advanced age **Hochbetrieb** *m* intense activity *no pl;* ***abends herrscht bei uns immer ~*** we are always very busy in the evenings; **[einen] ~ haben** to be very busy **Hochbett** *nt* bunk [bed] **hochbezahlt** <höherbezahlt, höchstbezahlt> *adj attr s.* **hoch II 5** **hoch|binden** *vt irreg* ■**etw ~** to tie up sth *sep* **hoch|blicken** *vi* (*geh*) *s.* **hochsehen** **Hochblüte** *f* golden age; **seine ~ haben** [*o* **erleben**] to have its golden age, to be at its zenith **hoch|bocken** *vt* ■**etw ~** to jack up sth *sep* **hoch|bringen** *vt irreg* (*fam*) ❶ (*nach oben bringen*) ■**[jdm] jdn/etw ~** to bring/take up sb/sth *sep* [to sb] ❷ (*fam: hochheben können*) ■**etw ~** to manage to lift [up *sep*] sth ❸ (*zuversichtlich machen*) ■**jdn [wieder] ~** to get sb [back] on his/her feet ❹ (*sl: Erektion haben*) ***kriegt er denn [k]einen hoch?*** can['t] he get it up? *fam* **Hochburg** *f* stronghold **hochdeutsch** *adj* High [*or* standard] German **Hochdeutsch** *nt* High [*or* standard] German **hoch|drehen** *vt* ❶ AUTO ■**etw ~** to rev sth; **den Motor auf 7000 U/min ~** to rev the engine to 7000 rpm ❷ *s.* **hochkurbeln**
Hochdruck[1] *m kein pl* ❶ MED high blood pressure *no pl*
❷ PHYS high pressure
▶ WENDUNGEN: **mit ~ [an etw** *dat*] **arbeiten** to work flat out [on sth] *fam;* **etw mit ~ betreiben** to carry out sth *sep* at a terrific rate
Hochdruck[2] *m* TYPO *kein pl* letterpress [*or* surface] [*or spec* relief] printing *no pl, no art*
Hochdruckgebiet *nt* METEO area of high pressure, high-pressure area
Hochebene *f* plateau **hocherfreut** *adj* overjoyed, delighted **hocherhoben** *adj attr* raised high *pred;* **~en Hauptes** with [one's] head held high **hochexplosiv** *adj* highly explosive
hoch|fahren *irreg* I. *vi sein* ❶ (*in ein oberes Stockwerk fahren*) to go up; ***fahren Sie hoch oder nach unten?*** are you going up or down?
❷ (*nach oben fahren*) ■**[zu etw** *dat*] ~ to go up [to sth]; **mit der Bergbahn ~** to go up by mountain railway
❸ (*sich plötzlich aufrichten*) **aus dem Schlaf ~** to start up from one's sleep, to wake up with a start
❹ (*aufbrausen*) to flare up
II. *vt sein* ■**etw ~** to go up sth; **etw mit dem Rad ~** to cycle up sth
III. *vt haben* ❶ (*nach oben fahren*) ■**jdn/etw [zu jdm/irgendwohin] ~** to drive [*or* take] up sb/sth *sep* [to sb/somewhere]; ***können Sie uns nach Hamburg ~?*** can you drive us up to Hamburg?
❷ (*auf volle Leistung bringen*) ■**etw ~** to start [*or sep* power up] sth; **die Produktion ~** to raise [*or*

increase] production; **einen Computer** ~ to boot [up *sep*] a computer *spec;* **einen Computer neu** ~ to reboot a computer

hochfahrend *adj* ❶ *(geh: überheblich)* arrogant ❷ *s.* **hochfliegend**

Hochfinanz *f* high finance *no pl, no art* **Hochfläche** *f s.* Hochebene **hoch|fliegen** *vi irreg sein* ❶ *(in die Höhe fliegen)* to fly up [into the air]; *Vogel a.* to soar [up]; ***einige Wildenten flogen verschreckt hoch*** a few wild ducks flew off in alarm ❷ *(in die Luft geschleudert werden)* to be hurled upwards [*or* thrown up[wards]] **hochfliegend** *adj (geh)* ambitious **Hochform** *f* top [*or* peak] form; **in ~ sein, sich in ~ befinden** to be in top [*or* peak] form; **zur ~ auflaufen** *(fam)* to approach top [*or* peak] form **Hochformat** *nt* portrait [*or* vertical] [*or* upright] format [*or* size]; **im ~** in portrait format **Hochfrequenz** *f* PHYS high frequency **Hochfrisur** *f* upswept hairstyle; **eine ~ haben** to wear up one's hair *sep* **Hochgarage** *f s.* Parkhochhaus **Hochgebirge** *nt* high mountains *pl* **Hochgebirgsformation** *f* formation of mountains **Hochgebirgsvegetation** *f* alpine vegetation **Hochgefühl** *nt* elation; **ein ~ haben** to feel elated, to have a feeling of elation

hoch|gehen *irreg sein* **I.** *vi* ❶ *(hinaufgehen)* to go up; ***ich gehe wieder hoch in mein Büro*** I'll go up to my office ❷ *(fam: detonieren)* to go off; ▪**etw ~ lassen** to blow up sth *sep* ❸ *(fam: wütend werden)* to blow one's top *fam* ❹ *(fam) Preise* to go up; *s. a.* **Welle** ❺ *(fam: enttarnt werden)* to get caught [*or* BRIT *fam* nicked]; ▪**jdn/etw ~ lassen** to bust sb/sth *sl* **II.** *vt* ▪**etw [zu etw** *dat*] ~ to go up sth [to sth]

hochgeistig I. *adj attr* highly intellectual **II.** *adv* intellectually; ***der Schriftsteller schreibt mir zu ~*** the author writes in a way that is much too intellectual for me **hochgelehrt** *adj (geh)* erudite *form,* very learned **hochgelobt** *adj* highly praised, lauded **Hochgenuss**[RR] *m* real delight; **jdm einen ~ bereiten** to be a real [*or* great] [*or* special] treat for sb; **[jdm] ein ~ sein** to be a real delight [for sb] **hochgeschätzt** *adj s.* **hoch I 7 hochgeschlossen** *adj* MODE high-necked **Hochgeschwindigkeitscomputer** *m* high-speed computer **Hochgeschwindigkeitsmagnetschwebebahn** *f* high-speed magnetic suspension [*or* levitation] railway **Hochgeschwindigkeitstrasse** *f* BAHN high-speed track **Hochgeschwindigkeitszug** *m* high-speed train **hochgespannt** *adj (fam) Erwartungen* high, extreme; **~e Erwartungen haben** [*o* **hegen**] to have high expectations **hochgesteckt I.** *pp von* **hochstecken II.** *adj* ❶ *Haar* pinned up ❷ *Ziele* ambitious **hochgestellt** *adj attr* high-ranking, important **hochgestochen I.** *adj (pej fam)* ❶ *(geschraubt)* highbrow *pej;* ***dieser Autor schreibt einen sehr ~en Stil*** this author has a very highbrow style ❷ *(eingebildet)* conceited *pej,* stuck-up *pej fam* **II.** *adv* in a highbrow way [*or* manner] **hochgiftig** <höchstgiftig> *adj* highly poisonous [*or* toxic]

Hochglanz *m* FOTO high gloss; **etw auf ~ bringen** [*o* **polieren**] to polish sth till it shines; **ein Zimmer auf ~ bringen** to make a room spick and span

Hochglanzabzug *m* TYPO glossy print **hochglänzend** *adj* BAU full gloss **Hochglanzfoto** *nt* glossy print **Hochglanzkaschierung** *f* TYPO acetate [*or* high-gloss] laminating **Hochglanzlack** *m* glossy varnish **Hochglanzpapier** *nt* high-gloss paper **Hochglanzpolitur** *f* ❶ *(Poliermittel)* furniture polish ❷ *einer Oberfläche* mirror polish [*or* finish]

hochgradig I. *adj* extreme **II.** *adv* extremely

hoch|gucken *vi (fam) s.* **hochsehen hochhackig** *adj* high-heeled; ▪**~ sein** to have high heels **hoch|halten** *vt irreg* ❶ *(in die Höhe halten)* ▪**etw ~** to hold up sth *sep* ❷ *(ehren)* ▪**etw ~** to uphold sth **Hochhaus** *nt* high-rise [*or* multi-storey] [*or* AM multi-story] building **hoch|heben** *vt irreg* ❶ *(in die Höhe heben)* ▪**jdn/etw ~** to lift up sb/sth *sep* ❷ *(emporstrecken)* ▪**etw ~** to put [*or* hold] up sth *sep,* to raise [*or* lift] sth **hochherrschaftlich** *adj* palatial, grand

hochherzig *adj (geh)* generous, magnanimous *form*

Hochherzigkeit <-> *f kein pl (geh)* generosity *no pl, no art,* magnanimity *no pl, no art form* **hochinfektiös** <-, höchstinfektiös> *adj s.* **hoch I 7 hochintelligent** *adj* highly intelligent **hochinteressant** *adj* most interesting **hoch|jagen** *vt* ❶ *(fam: sprengen)* ▪**etw ~** to blow up sth *sep* ❷ *(fam: hochdrehen)* ▪**etw ~** to rev up sth *sep* ❸ *(aufwecken)* ▪**jdn ~** to get sb up ❹ *(aufscheuchen)* **Vögel ~** to scare [up *sep*] birds; JAGD to flush out birds *sep* **hoch|jubeln** *vt (fam)* ▪**jdn/etw ~** to hype sb/sth *fam;* **einen Motor ~** to rev up *sep* a motor

hochkant *adv* on end; **~ stehen** to stand on end; **etw ~ stellen** to stand sth on end

hochkantig *adv* on end

hochkarätig *adj* ❶ *(mit einem hohen Karatgewicht)* high-carat ❷ *(mit einem hohen Feingewicht)* high-carat ❸ *(fam: äußerst qualifiziert)* top-flight, top-notch *fam* **hochklappbar** *adj* folding *attr,* foldable; **ein ~er Sitz** a tip-up seat; ***die Luke ist hydraulisch ~*** the hatch is folded hydraulically **hoch|klappen I.** *vt haben* ▪**etw ~** to fold up sth *sep;* **mit hochgeklapptem Kragen** with one's collar turned up **II.** *vi sein* to tip up **hochklassig** *adj* high-class **hoch|klettern** *sein* **I.** *vi* ▪**[an etw** *dat*] ~ to climb up sth **II.** *vt* ▪**etw ~** to climb up sth

hoch|kommen *irreg sein* **I.** *vi* ❶ *(fam: nach oben kommen)* to come up ❷ *(hin-, heraufkommen)* ▪**[zu jdm]** ~ to come up [*or* in] [to sb]; ***kommen Sie doch zu mir ins Büro hoch*** come up to my office ❸ *(an die Oberfläche kommen)* ▪**[wieder]** ~ to come up [again]; *Taucher a.* to [re]surface ❹ *(fam: aufstehen können)* ▪**[aus/von etw** *dat*] ~ to get up [out of/from sth] ❺ *(fam)* ▪**es kommt jdm hoch** it makes sb sick; ***wenn ich nur daran denke, kommt es mir schon hoch!*** it makes me sick just thinking about it! ❻ *(in Erscheinung treten)* ▪**[in jdm]** ~ to well up [in sb]; *Betrug* to come to light ▸ WENDUNGEN: **niemanden neben sich** *dat* **~ lassen** to allow no competition **II.** *vt* ▪**etw ~** to come up sth **Hochkommissar(in)** *m(f)* high commissioner **Hochkommissariat** *nt* high commission **hochkompliziert** *adj s.* **hoch I 7 Hochkonjunktur** *f* [economic] boom **hoch|können** *vi irreg (fam)* ❶ *(aufstehen können)* ***kannst du alleine hoch, oder soll ich dir helfen?*** can you get up on your own, or should I help you? ❷ *(hochklettern können)* **ich kann nicht [auf den Baum] hoch** I can't get up [the tree] **hochkonzentriert** *adj Säure* highly concentrated; *s. a.* **hoch I 7 Hochkostenland** *nt meist pl* ÖKON high-cost country **hoch|krempeln** *vt* ▪**[sich** *dat*] **etw ~** to roll up sth *sep;* **die Hemdsärmel ~** to roll up one's shirtsleeves; **mit hochgekrempelten Hosenbeinen** with one's trouser [*or* AM pant] legs rolled up **hoch|kriegen** *vt (fam) s.* **hochbekommen Hochkultur** *f* [very] advanced civilization [*or* culture] **hoch|kurbeln** *vt* ▪**etw ~** to wind up sth *sep* **hoch|laden** *vt* INFORM ▪**etw ~** to upload sth **Hochland** *nt* highland *usu pl;* **das schottische ~** the Scottish Highlands *npl* **hoch|leben** *vi* **jd/etw lebe hoch!** three cheers for sb/sth!; **hoch lebe der/die ...!** three cheers for the ...!; ***hoch lebe der Kaiser!*** long live the emperor!; **jdn ~ lassen** to give three cheers for sb [*or* sb three cheers] **hoch|legen** *vt* ▪**etw ~** ❶ *(höher lagern)* to put up sth *sep;* **die Beine ~** to put up one's feet ❷ *(fam: nach oben legen)* to put sth high up; ▪**etw auf etw** *akk* ~ to put sth [up] on top of sth; ***ich habe die Geschenke auf den Schrank hochgelegt*** I've put the presents up on top of the cupboard

Hochleistung *f* top-class [*or* -rate] [*or* first-class [*or* -rate]] performance

Hochleistungschip *m* INFORM high-speed[*or* -performance] chip, superchip **Hochleistungsmotor** *m* high-performance engine **Hochleistungssport** *m* top-level sport **Hochleistungssportler(in)** *m(f)* top athlete **Hochleistungstraining** *nt* hard [*or* intensive] training *no pl, no art*

Hochlohnland *nt* country with high wage costs

hochmodern I. *adj* ultra-modern; ▪**~ sein** to be the latest fashion **II.** *adv* in the latest fashion[s]; **~ eingerichtet** furnished in the latest style **Hochmoor** *nt* [upland] moor **hochmotiviert** *adj s.* **hoch I 7 Hochmut** *m (pej)* arrogance ▸ WENDUNGEN: **~ kommt vor dem Fall** *(prov)* pride goes [*or* comes] before a fall *prov*

hochmütig *adj (pej)* arrogant

Hochmütigkeit <-> *f kein pl s.* **Hochmut**

hochnäsig I. *adj (pej fam)* conceited *pej,* stuck-up *pej fam,* snooty *fam*
II. *adv (pej fam)* conceitedly *pej,* snootily *fam*

Hochnäsigkeit <-> *f kein pl (pej fam)* conceitedness *no pl, no art pej,* snootiness *no pl, no art fam*

Hochnebel *m* METEO [low] stratus *spec*

hoch|nehmen *vt irreg* ❶ *(abheben)* ▪**etw ~** to lift [up *sep*] sth ❷ *(nach oben heben)* ▪**jdn/etw ~** to lift [*or* pick] up sb/sth *sep* ❸ *(fam: auf den Arm nehmen)* ▪**jdn ~** to have [*or* AM put] sb on *fam* ❹ *(sl: verhaften)* ▪**jdn ~** to pick up sb *sep* **Hochofen** *m* blast furnace **hoch|päppeln** *vt (fam)* ▪**jdn/ein Tier ~** to feed up sb/an animal *sep* **Hochparterre** *nt* raised ground floor **Hochplateau** *nt s.* **Hochebene**

Hochpreisappartement *nt* apartment in the upper price bracket **Hochpreisauto** *nt* car in the upper price range, upmarket car **Hochpreismarkt** *m* upper price range of a/the market

hochprozentig *adj* ❶ *(Alkohol enthaltend)* high-proof ❷ *(konzentriert)* highly concentrated **hoch|puschen** *vt (sl)* ▪**etw ~** to jack up sth *sep fam* **hochradioaktiv** *adj s.* **hoch I 7 hoch|ragen** *vi sein o haben* to rise [*or* tower] [up]; ***die Berge ragen 4000 Meter hoch*** the mountains tower to a height of 4000 metres; ▪**~d** towering **hochrangig** <höherrangig, höchstrangig> *adj attr* high-ranking **hoch|rechnen** *vt* ▪**etw [bis zu etw** *dat*] ~ to project sth [to sth] **Hochrechnung** *f* projection **Hochregal** *nt* ÖKON high rack [*or* shelf] **hoch|reißen** *vt irreg* ▪**etw ~** to lift sth quickly; ***sie riss blitzschnell die Arme hoch, um den Ball zu fangen*** her arms shot up to catch the ball; LUFT to put sth into a steep climb, to hoick sth *spec fam* **Hochrelief** *nt* KUNST high relief **hochrentabel** *adj s.* **hoch I 7 Hochrippe** *f* KOCHK foreribs *pl* **hochrot** *adj* bright red; **mit ~em Gesicht** with a bright red face, with one's face as red as a beetroot [*or* AM beet] **Hochruf** *m* cheer **hoch|rüsten** *vt* ❶ *(aufrüsten)* ▪**etw ~** to increase the weaponry of sth; **die Streitkräfte mit etw ~** to equip the armed forces with sth ❷ INFORM *(ausstatten)* ▪**etw ~** to upgrade sth **Hochrüstung** *f* arms build-up **hoch|rutschen** *vi sein* ❶ ▪**[jdm] ~** *Kleidungsstück* to ride up; ***dein Hemd ist hochgerutscht*** your shirt has ridden up ❷ *(aufrücken)* to move up **Hochsaison** *f* ❶ *(Zeit stärksten Betriebes)* the busiest time; ***bei heißem Wetter haben die Eisdielen ~*** the busiest time for ice-cream parlours is during hot weather ❷ *(Hauptsaison)* high [*or* peak] season **hoch|schalten** *vt s.* **hoch II 1 hoch|schaukeln I.** *vt* ▪**etw ~** to blow up sth *sep* **II.** *vr* ▪**sich [gegenseitig]** ~ to get [each other] worked up **hoch|schießen** *irreg* **I.** *vi sein* to shoot up [into the air] **II.** *vt haben* ▪**etw ~** to send up sth *sep* **hoch|schlagen** *irreg* **I.** *vt haben* ▪**etw ~** to turn up sth *sep;* **mit hochgeschlagenem Kragen** with one's collar turned up **II.** *vi sein* to surge; *Flammen* to leap up; ▪**~d** surging/leaping **hoch|schnellen** *vi sein* ▪**[von etw** *dat*] ~ to leap up [from/out of sth]; *Sprungfeder* to pop up [out of sth] **Hochschrank** *nt* tall cabinet **hoch|schrauben** *vt* ▪**etw ~** ❶ *(immer mehr steigern)* to force up sth *sep* ❷ *(immer größer werden lassen)* to raise sth; **seine Ansprüche ~** to increase one's demands **hoch|schrecken I.** *vt haben* ▪**jdn ~** to startle sb; *(aus dem Schlaf)* to wake sb rudely **II.** *vi irreg sein* to start up; *(aus dem Schlaf a.)* to awake with a start

Hochschulabschluss[RR] *m* degree; **mit/ohne ~**

with/without a degree **Hochschulabsolvent(in)** <-en, -en> *m(f)* SCH college [*or* university] graduate **Hochschulbau** *m* university building **Hochschulbildung** *f* university/college education; **mit/ohne** ~ with/without a university/college education

Hochschule *f* ❶ (*Universität*) university ❷ (*Fach~*) college [of higher education]; **pädagogische** ~ teacher training college

Hochschüler(in) *m(f)* student

Hochschulgebäude *nt* university/college building **Hochschulgesetz** *nt* law on higher education **Hochschulgruppe** *f* university group **Hochschullehrer(in)** *m(f)* university/college lecturer **Hochschulpolitik** *f* higher education policy, policy on higher education **hochschulpolitisch** *adj attr* regarding higher education policy *after n* **Hochschulprofessor(in)** *m(f)* university/college professor **Hochschulrahmengesetz** *nt* framework law on higher education, basic university act **Hochschulreform** *f* university reform **Hochschulreife** *f entrance requirement for higher education;* **mit/ohne** ~ with/without the requirements for further education **Hochschulstudium** *nt* university/college [*or* higher] education; **ein naturwissenschaftliches** ~ a university science course; **mit/ohne** ~ with/without a university/college [*or* higher] education **Hochschulwesen** *nt kein pl* SCH [system of] higher education, university and college [system] **Hochschulzulassung** *f* SCH entrance requirement

hochschwanger *adj* in an advanced stage of pregnancy *pred,* well advanced in pregnancy *pred*

Hochsee *f kein pl* high sea[s *npl*]; **auf hoher See** on the high seas [*or* the open sea]

Hochseedampfer *m* ocean[-going] steamer **Hochseefischerei** *f* deep-sea fishing *no pl, no art* **Hochseeflotte** *f* deep-sea fleet **Hochseeschifffahrt**[RR] *f* deep-sea shipping *no pl, no indef art;* **zur** ~ **geeignet sein** to be suitable for navigating the high seas **hochseetüchtig** *adj* ocean-going, seagoing; ■~ **sein** to be suitable for the high seas

hoch|sehen *vi irreg* to look up **Hochseil** *nt* high wire, tightrope **Hochseilakt** *m* high-wire [*or* tightrope] act

hochsensibel <höchstsensibel> *superl adj* highly sensitive **Hochsicherheitsgefängnis** *nt* high-security prison **Hochsicherheitslabor** *nt* high-security laboratory **Hochsicherheitstrakt** *m* high-security wing

Hochsitz *m* JAGD [raised] hide **Hochsommer** *m* high summer *no pl, no art,* height of summer *no pl, no indef art,* midsummer *no pl, no art;* **im** ~ in midsummer, at the height of summer **hochsommerlich** **I.** *adj* midsummer-like; **~e Temperaturen** midsummer-like temperatures **II.** *adv* as in midsummer; ***es ist fast ~ warm*** it's almost as hot as in midsummer

Hochspannung *f* ❶ ELEK high voltage; **„Vorsicht ~!"** "danger — high voltage" ❷ *kein pl* (*Belastung*) enormous tension; **mit** ~ with a great deal of tension

Hochspannungsleitung *f* high-voltage [*or form* high-tension] [transmission] line **Hochspannungsmast** *m* pylon **Hochspannungsprüfer** *m* high-voltage tester **Hochspannungstransformator** *m* high-voltage transformer

hoch|spielen *vt* ■**etw** ~ to blow up [the importance of] sth; **etw künstlich** ~ to blow up sth *sep* out of all proportion **Hochsprache** *f* standard language **hoch|springen** *vi irreg sein* ❶ (*fam: aufspringen*) ■[**von etw** *dat*] ~ to jump up [from/out of sth]; ■**auf etw** *akk* ~ to jump up onto sth ❷ (*nach oben springen*) ■**an jdm/etw** ~ to jump up at sb/sth ❸ *nur infin und pp* SPORT to do the high jump **Hochspringer(in)** *m(f)* high jumper **Hochsprung** *m* high jump

höchst **I.** *adj s.* **höchste(r, s)**
II. *adv* most, extremely; ~ **erfreut** extremely delighted

Höchstalter *nt* maximum age

Hochstand *m s.* **Hochsitz**

Hochstapelei <-, -en> *f* (*pej*) fraud *no pl, no art*

hoch|stapeln *vi* (*pej*) to practise [*or* AM *usu* -ice] fraud; ***sie stapelt gerne hoch und gibt sich als Managerin aus*** she likes to deceive people and pass herself off as a manager

Hochstapler(in) <-s, -> *m(f)* (*pej*) con man *fam,* confidence trickster [*or* man] BRIT

Höchstbeanspruchung *f* TECH maximum load **Höchstbedarf** *m* ÖKON peak of demand **Höchstbeitrag** *m* maximum contribution **Höchstbetrag** *m* maximum amount **Höchstbetragshypothek** *f* FIN maximum-sum mortgage **Höchstbietende(r)** *f(m) dekl wie adj* highest bidder

höchste(r, s) *attr* **I.** *adj superl von* **hoch** ❶ (*die größte Höhe aufweisend*) highest, tallest; **die ~n Bäume/Menschen** the tallest trees/people; **der ~ Berg** the highest mountain
❷ (*dem Ausmaß nach bedeutendste*) highest; **die ~n Profite** the biggest profits; **die bisher ~ zu zahlende Entschädigung** the largest amount of compensation payable to date; **aufs H~** extremely, most; **das H~, was ...** the most [that] ...; **zu jds ~n/~r ...** to sb's great ...; ***zu meiner ~n Bestürzung*** to my great consternation; *s. a.* **Wesen**
❸ (*gravierendste*) severest, most severe; **die ~n Verluste** the highest [*or* greatest] losses
❹ (*dem Rang nach bedeutendste*) highest; **das ~ Amt** the highest office; **von ~m Ansehen** of the highest repute; **der ~ Feiertag** the most important public holiday; **der ~ Offizier** the highest-ranking officer; **die ~n Würdenträger** dignitaries of the highest level
❺ (*der Qualität nach bedeutendste*) greatest; **die ~n Ansprüche** the most stringent demands; **von ~r Bedeutung sein** to be of the utmost importance; ***die Freiheit ist das ~ Gut*** freedom is the most precious commodity
II. *adv* ❶ (*in größter Höhe*) the highest; ***mittags steht die Sonne am ~n*** the sun is highest at midday
❷ (*in größtem Ausmaß*) the most, most of all; ***er war von den Bewerbern am ~n qualifiziert*** he was the most qualified of the applicants
❸ (*die größte Summe umfassend*) the most; **die am ~n versicherten Firmen** the most heavily insured firms

hoch|stecken *vt* ■**etw** ~ to put [*or* pin] [*or* wear] up sth *sep;* **mit hochgesteckten Haaren** with one's hair pinned [*or* worn] up

hochstehend *adj* **~er Buchstabe** superior letter; **~e Ziffer** superior figure

hoch|steigen *irreg sein* **I.** *vt* (*hinaufsteigen*) ■**etw** ~ to climb up sth **II.** *vi* ❶ (*nach oben bewegen*) to rise ❷ (*fam: sich regen*) to stir; ■**in jdm** ~ *Wut, Angst, Freude* to well up in sb; ***Wut stieg in ihr hoch*** she got more and more furious **hoch|stellen** *vt* ■**etw** ~ to put up sth *sep;* TYPO to shift sth upwards **höchstens** *adv* ❶ (*bestenfalls*) at the most, at best; ***er besucht uns selten, ~ zweimal im Jahr*** he seldom visits us, twice a year at the most ❷ (*außer*) except **Höchstfall** *m* **im** ~ at the most, at best **Höchstform** *f* top form **Höchstfrist** *f* JUR maximum period **Höchstgebot** *nt* highest bid **Höchstgeschwindigkeit** *f* ❶ (*höchste mögliche Geschwindigkeit*) maximum speed; *eines Autos a.* top speed ❷ (*höchste zulässige Geschwindigkeit*) speed limit **Höchstgewicht** *nt* TECH maximum weight **Höchstgewinn** *m* HANDEL record profit **Höchstgrenze** *f* upper limit

hoch|stilisieren *vt* ■**etw** [**zu etw** *dat*] ~ to build up sth *sep* [into sth]; ■**hochstilisiert** souped-up *attr fam,* souped up *pred fam* **Hochstimmung** *f kein pl* high spirits *npl;* **in** ~ in high spirits; **in festlicher** ~ in a festive mood

Höchstkurs *m* BÖRSE maximum price **Höchstleistung** *f* maximum [*or* best] performance *no pl;* **etw auf ~ trimmen** to tune sth to maximum performance **Höchstmaß** *nt* maximum amount; **ein ~ an Bequemlichkeit** a maximum amount of comfort; **ein ~ an Verantwortung** a maximum degree of responsibility **Höchstmenge** *f* maximum amount [*or* quantity] **höchstpersönlich** *adv* personally, in person; ***es war die Königin ~*** it was the Queen in person

Höchstpreis *m* maximum [*or* top] price

Höchstpreisbindung *f* FIN maximum price fixing

Höchstpreisvorschriften *pl* JUR maximum price provision

höchstrichterlich *adj* of the supreme court *pred;* **ein ~es Urteil** a ruling of the supreme court **Höchstsatz** *m* maximum rate **höchstselbst** *pron nicht dekl* (*veraltend o hum: höchstpersönlich*) oneself personally **Höchststand** *m* ❶ (*höchstes Niveau*) highest level; **beim ~ der Flut** when the tide is at its highest ❷ ÖKON (*höchster Stand*) highest level; **absolute Höchststände verzeichnen** to be [at] an all-time high **Höchststeuersatz** *m* maximum tax rate **Höchststimmrecht** *nt* HANDEL maximum voting right **Höchststrafe** *f* maximum penalty **Höchsttemperatur** *f* maximum temperature **höchstwahrscheinlich** *adv* most likely [*or* probably] **Höchstwert** *m* maximum [*or* peak] value

hoch|stylen [-ˈstaɪln] *vt* ■**jdn/etw** ~ to style sb/sth to perfection

höchstzulässig *adj attr* maximum [permissible]; **das ~e Achsgewicht** the maximum [permissible] axle weight

Hochtechnologie *f* high technology **Hochtechnologie-Industrie** *f* TECH high-tech industry **Hochtemperaturanlage** *f* high-temperature plant **Hochtemperaturreaktor** *m* high-temperature reactor **Hochtour** *f* ❶ SPORT (*Hochgebirgstour*) mountain climbing in a high mountain range [*or* area]; **eine ~ machen** to go mountain climbing in a high mountain range [*or* area] ❷ *pl* TECH (*größte Leistungsfähigkeit*) **auf ~en laufen** [*o* **arbeiten**] to operate [*or* work] at full speed; (*fig*) to be in full swing; ***die Werbekampagne lief auf ~*** the election campaign was in full swing ▶ WENDUNGEN: **jdn auf ~ bringen** (*fam*) to get sb working flat out; **etw auf ~ bringen** (*fam*) to increase sth to full capacity **hochtourig** [tuːrɪç] **I.** *adj* high-revving **II.** *adv* at high revs **hochtrabend** (*pej*) **I.** *adj* pompous *pej* **II.** *adv* pompously *pej* **hoch|treiben** *vt irreg* ■**etw** ~ to drive up sth *sep;* **Kosten/Löhne/Preise** ~ to force [*or* drive] up costs/wages/prices *sep* **Hoch- und Tiefbau** *m* structural and civil engineering **hochverehrt** *adj attr* highly respected [*or form* esteemed]; ***~er Herr Vorsitzender!*** dear Mr Chairman!; ***meine ~en Damen und Herren!*** ladies and gentlemen! **Hochverrat** *m* high treason *no pl, no art* **hochverzinslich** *adj* yielding [*or* bearing] a high interest rate *pred* **Hochwald** *m* high forest

Hochwasser *nt* ❶ (*Flut*) high tide
❷ (*überhoher Wasserstand*) high [level of] water; ~ **führen** [*o* **haben**] to be in flood
❸ (*Überschwemmung*) flood

Hochwasserdamm *m* dyke BRIT, dike AM **Hochwassergefahr** *f* danger of flooding *no pl, no indef art* **Hochwasserkatastrophe** *f* flood disaster **Hochwasserschaden** *m* flood damage *no pl, no indef art* **Hochwasserschutz** *m* flood protection *no pl* **Hochwasserstand** *m* METEO high-water level

hoch|werfen *vt irreg* ■[**jdm**] **etw** ~ to throw up sth *sep* [to sb] **hochwertig** *adj* ❶ (*von hoher Qualität*) [of *pred*] high quality; **~er Stahl** high-grade steel ❷ (*von hohem Nährwert*) highly nutritious **Hochwertrecycling** *nt* high-value recycling (*recycling of valuable car components*) **Hochwild** *nt* big game *no pl, no art* **hochwillkommen** *adj attr* most [*or* very] welcome **Hochzahl** *f* exponent *spec*

Hochzeit[1] <-, -en> *f* wedding; ~ **feiern** [*o veraltend* **halten**] to have a wedding; ~ **haben** [*o* **machen**] to get married; **diamantene/eiserne/goldene/silberne** ~ diamond/65th/gold/silver wedding anniversary; **grüne** ~ wedding day ▶ WENDUNGEN: **man kann nicht auf zwei ~en**

tanzen (*prov*) you can't have your cake and eat it; (*an zwei Orten gleichzeitig sein wollen*) you can't be in two places at once

Hochzeit² <-, -en> *f* (*geh: Blütezeit*) golden age

Hochzeitsfeier *f* wedding reception **Hochzeitsgast** *m* wedding guest **Hochzeitsgeschenk** *nt* wedding present [*or* gift] **Hochzeitskleid** *nt* ❶ FASHION wedding [*or* bridal] dress [*or* gown] ❷ ZOOL nuptial coloration; (*von Vögeln*) nuptial plumage, nuptial display **Hochzeitsnacht** *f* wedding night **Hochzeitsreise** *f* honeymoon *no pl;* **auf ~ sein** to be on [one's] honeymoon **Hochzeitsschuh** *m* wedding shoe **Hochzeitstafel** *f* wedding table **Hochzeitstag** *m* ❶ (*Tag der Hochzeit*) wedding day ❷ (*Jahrestag*) wedding anniversary

hoch|ziehen *irreg* **I.** *vt* ■**etw ~** ❶ (*nach oben ziehen*) to pull up sth *sep;* ■**sich** *akk* [**an etw** *dat*] ~ to pull oneself up [on sth]
❷ (*höher ziehen*) to pull up sth *sep; s. a.* **Augenbraue, Nase**
❸ LUFT (*steil steigen lassen*) to pull up sth *sep*
❹ (*fam: rasch bauen*) to build sth [rapidly]
II. *vr* (*pej sl: sich an etw aufgeilen*) ■**sich** *akk* **an etw** *dat* ~ to get a kick out of sth

Hochzinsphase *f* period of high interest [rates] **Hochzinspolitik** *f* high interest rate policy, policy of high interest rates [*or* of keeping interest rates high]

Hocke <-, -n> *f* ❶ (*Körperhaltung*) crouching [*or* squatting] position; **in die ~ gehen** to crouch [*or* squat] [*or* AM hunker] down; **in der ~ sitzen** to crouch, to squat
❷ SPORT (*Turnübung*) squat vault

hocken I. *vi* ❶ *haben* (*kauern*) ■[**an/vor etw** *dat*] ~ to crouch [*or* squat] [at sth/in front of sth]; ***sie hockte gebückt vor dem Feuer, um sich zu wärmen*** she crouched over the fire to get warm
❷ *haben* (*fam: sitzen*) ■[**an/auf/vor etw** *dat*] ~ to sit [at/on sth/in front of sth]; ***hock nicht so krumm am Tisch!*** don't slouch at the table!
❸ *sein* SPORT (*in der Hocke springen*) ■**über etw** *akk* ~ to squat-vault over sth
II. *vr* DIAL (*fam: sich setzen*) ■**sich** *akk* [**an etw** *akk*/**zu jdm**] ~ to sit down [at sth/next to sb]; ***hock dich hin, hier ist noch Platz!*** plonk *fam* yourself down, there's room for you here

Hocker <-s, -> *m* ❶ (*Stuhl ohne Lehne*) stool; (*in einer Kneipe a.*) bar stool
❷ ARCHÄOL (*Sitzgrab*) seated burial
► WENDUNGEN: **jdn vom ~ hauen** (*fam*) to bowl sb over *fam*

Höcker <-s, -> *m* ❶ (*Wulst*) hump
❷ (*fam: Buckel*) hump
❸ (*kleine Wölbung*) bump

Höckerschwan *m* ORN mute swan

Hockey <-s> ['hɔki, 'hɔke] *nt kein pl* hockey *no pl, no art,* field hockey AM *no pl, no art*

Hockeyball *m* hockey ball **Hockeymannschaft** *f* hockey team **Hockeyschläger** *m* hockey stick **Hockeyspiel** *nt* game of hockey **Hockeyspieler** *m* hockey player **Hockeystadion** *nt* hockey stadium

Hode <-n, -n> *m* (*selten*) *s.* **Hoden**

Hoden <-s, -> *m* testicle

Hodenkrebs *m kein pl* MED testicular cancer *no pl*

Hodensack *m* MED scrotum

Hof <-[e]s, Höfe> *m* ❶ (*Innen~*) courtyard; (*Schul~*) schoolyard, playground; **auf dem/den ~** in/into the courtyard/on the playground
❷ (*Bauern~*) farm
❸ HIST (*Fürstensitz*) court; **bei** [*o* **am**] **~e** at court
❹ HIST (*~staat*) court
❺ (*Halo*) halo
❻ TYPO (*Raster*) fringe
► WENDUNGEN: **jdm den ~ machen** (*veraltend*) to woo sb *dated*

Hofarzt *m* HIST court physician **Hofausfahrt** *f* courtyard exit **Hofball** *m* HIST court ball **Hofdame** *f* lady of the court; (*der Königin*) lady-in-waiting **Hofeinfahrt** *f* courtyard entrance, entrance to a/the courtyard

hoffähig *adj* presentable, acceptable [at court]

hoffen I. *vi* ❶ (*von Hoffnung erfüllt sein*) to hope
❷ (*erwarten*) ■**~, dass ...** to hope [that] ...
❸ (*er~*) ■**auf etw** *akk* ~ to hope for sth
❹ (*auf jdn bauen*) ■**auf jdn ~** to put one's trust in sb; **auf Gott ~** to trust in God
► WENDUNGEN: **H~ und Harren macht manchen zum Narren** (*prov*) some people never give up hoping, he who lives in hope dances to an ill tune *prov;* (*als Antwort auf Unmögliches*) [and] pigs might fly *iron*
II. *vt* ■**etw ~** to hope for sth; ***ich hoffe es wenigstens*** at least I hope so; **es bleibt zu ~, dass ...** the hope remains that ...; **nichts mehr zu ~ haben** to have no hope left; **das will ich/wollen wir ~** I/let's hope so; *s. a.* **Beste**

Hoffenster *nt* courtyard window

hoffentlich *adv* hopefully; ■**~ nicht** I/we hope not; **~!** let's hope so!

Hoffnung <-, -en> *f* hope (**auf** +*akk* for/of); **seine ~en begraben** to abandon [*or form* relinquish] one's hopes; **es besteht noch ~** [**auf etw** *akk*] there is still hope [of sth]; **zu den besten ~en berechtigen** to give rise to the best hopes; **sich** *akk* **von der ~ auf etw** *akk* **blenden lassen** to be blinded by one's hope for sth; **jds einzige** [*o* **letzte**] **~ sein** to be sb's only [*or* last] hope; **alle ~ fahren lassen** to abandon all hope; **sich** *akk* **an eine falsche ~ klammern** to cling to a false hope; **in seinen ~en getäuscht** [*o* **getrogen**] **werden** to have one's hopes dashed; **~ auf etw** *akk* **haben** to have hopes of sth; ***hast du denn noch ~ auf ein Gelingen unserer Pläne?*** do you still have hopes that our plans will succeed?; **sich** *akk* **bestimmten ~en hingeben** to cherish certain hopes; **in der ~,** [**dass**] ... (*geh*) in the hope [that] ...; ***in der ~, recht bald wieder von Ihnen zu hören, ...*** hoping to hear from you again shortly, ...; **seine** [**letzte**] **~ auf jdn/etw setzen** to pin one's [last] hopes on sb/sth; **sich** *dat* **~en machen** to have hopes; **sich** *dat* **keine ~en machen** to not hold out any hopes; ***machen Sie sich keine großen ~en*** don't hold out any great hopes; **jdm ~ machen** to hold out hope to sb; ***die ersten Informationen machen mir ~*** the initial information gives me reason to hope; **jdm ~ machen, dass ...** to hold out hope to sb that ...; **jdm ~ auf etw** *akk* **machen** to raise sb's hopes of sth; **jdm seine ~[en] nehmen** [*o* **rauben**] to rob sb of his/her hopes; **neue ~** [**aus etw**] **schöpfen** to find fresh hope [in sth], to draw new hope from sth; **die ~ sinken lassen** (*geh*) to lose hope; **sich** *akk* **in trügerischen ~en wiegen** to nurture false hopes; **die ~ verlieren** [*o* **aufgeben**] to lose [*or* give up] hope; **guter ~ sein** (*euph*) to be expecting

hoffnungsfroh *adj* (*geh*) hopeful

Hoffnungsfunke(n) *m s.* **Hoffnungsschimmer**

hoffnungslos I. *adj* hopeless; *s. a.* **Fall**
II. *adv* ❶ (*ohne Hoffnung*) without hope
❷ (*völlig*) hopelessly; **~ veraltet** hopelessly out of date, antediluvian *hum*
❸ (*fam: ausweglos*) hopelessly; **sich** *akk* **~ in jdn verlieben** to fall hopelessly [*or* head over heels] in love with sb

Hoffnungslosigkeit <-> *f kein pl* hopelessness *no pl, no art;* (*Verzweiflung*) despair *no pl, no art*

Hoffnungsschimmer *m* (*geh*) glimmer of hope

Hoffnungsträger(in) *m(f)* sb's hope; ***sie ist unsere ~in*** she's our hope, we've pinned our hopes on her **hoffnungsvoll I.** *adj* hopeful; **eine ~e Karriere** a promising career **II.** *adv* full of hope

Hofhund *m* watchdog

hofieren* *vt* ■**jdn ~** to pay court to sb

höfisch *adj* courtly

Hofknicks *m* HIST court [*or* formal] curts[e]y

Hofleben *nt* HIST court life *no pl, no art*

höflich I. *adj* courteous, polite
II. *adv* courteously, politely; ***wir teilen Ihnen ~[st] mit, ...*** we beg to inform you ... *form*

Höflichkeit <-, -en> *f* ❶ *kein pl* (*höfliche Art*) courtesy *no pl, no art,* courteousness *no pl, no art,* politeness *no pl, no art;* **aus** [**reiner**] **~** out of [pure] courtesy [*or* politeness]; ***ich sage das nicht nur aus ~*** I'm not just saying that to be polite; **mit aller ~** courteously, politely, with the utmost politeness; ***er lehnte dankend und mit aller ~ ab*** expressing his thanks he politely declined
❷ (*höfliche Bemerkung*) compliment

Höflichkeitsbesuch *m* courtesy visit; **jdm einen ~ abstatten** to pay sb a courtesy visit **Höflichkeitsfloskel** *f* polite phrase

Hoflieferant *m* supplier [*or form* purveyor] to the court

Höfling <-s, -e> *m* ❶ HIST courtier
❷ (*pej: Schmeichler*) sycophant *pej form*

Hofmarschall *m* major-domo **Hofnarr** *m* HIST court jester **Hofrat** *m* ÖSTERR *honorary title conferred on a senior civil servant* **Hofstaat** *m kein pl* HIST [royal] court **Hoftor** *nt* courtyard gate

Höhe <-, -n> *f* ❶ (*Ausdehnung nach oben*) height; ***die Wand hat eine ~ von 3 Metern*** the wall is 3 metres high [*or* in height]; ***er schätzte die Wand auf eine ~ von 3 Metern*** he estimated the wall to be 3 metres [*or* AM -ers] high [*or* in height]; **aus der ~** from above; **auf halber ~** halfway up; **in einer ~ von** at a height of; **in der ~** up there; **in die ~** into the air; **in die ~ sehen** to look up; **in die ~ schießen** to shoot up *fam;* **in schwindelnder ~** at a dizzy[ing] height; **in die ~ wachsen** to grow tall
❷ (*Tiefe*) depth; ***diese Schicht hat eine ~ von 80 Zentimetern*** this layer is 80 centimetres deep
❸ (*vertikale Entfernung*) height; ***der Adler erhob sich in die ~*** the eagle rose into the air; **an ~ gewinnen** LUFT to gain height; **sich** *akk* **in die ~ schwingen** (*geh*) to soar up into the air
❹ (*Gipfel*) summit, top
❺ (*Ausmaß*) amount, level; **die ~ des Drucks** the amount of pressure; **die ~ seines Gehalts** the size of one's salary; **die ~ der Preise** [the] price levels; **die ~ des Schadens** the extent of the damage; ***Schulden in ~ von €45.000*** debts of €45,000; **in die ~ gehen** *Preise* to rise; **etw in die ~ schrauben** to push up sth *sep;* **seine Forderungen in die ~ schrauben** to increase one's demands; **Löhne/Preise in die ~ treiben** to force up wages/prices; **in unbegrenzter ~** of an unlimited amount; ***er hat bei uns Kredit in unbegrenzter ~*** there is no restriction on the amount of credit he has with us
❻ (*Größe*) level; **die ~ seines Lebensstandards** one's standard of living
❼ (*Ton~*) treble
❽ (*Breitenlage*) latitude; **auf der gleichen ~ liegen** to be located in the same latitude
► WENDUNGEN: **nicht ganz auf der ~ sein** to be a bit under the weather; **das ist doch die ~!** (*fam*) that's the limit!; **auf der ~ sein** to be in fine form; **die ~n und Tiefen des Lebens** the ups and downs in life; **auf der ~ der Zeit** up-to-date

hohe(r, s) *adj s.* **hoch**

Hoheit <-, -en> *f* ❶ (*Mitglied einer fürstlichen Familie*) member of a/the royal household [*or* family]; **Seine/Ihre Kaiserliche/Königliche ~** His/Your Imperial/Royal Highness
❷ *kein pl* (*oberste Staatsgewalt*) sovereignty *no pl, no art;* **die ~ über etw** *akk* **haben** to have sovereignty over sth

hoheitlich *adj* sovereign *attr*

Hoheitsadler *m* national eagle; **der deutsche ~** the German national eagle **Hoheitsakt** *m* JUR act of state **Hoheitsgebiet** *nt* sovereign territory **Hoheitsgewalt** *f* sovereignty *no pl, no art* **Hoheitsgewässer** *pl* territorial waters *npl;* **außerhalb der ~** outside territorial waters **Hoheitsrecht** *nt meist pl* POL sovereign right, rights of sovereignty **Hoheitsträger** *m* JUR public authority, organ of sovereign power **hoheitsvoll** *adj* (*geh*) majestic **Hoheitszeichen** *nt* national emblem

Höhenangabe *f* altitude reading; ***Wanderkarten sind immer mit genauen ~n versehen*** maps of trails always indicate the exact height of the land

Höhenangst *f* fear of heights *no pl* **Höhenflug** *m* ❶ LUFT high-altitude flight ❷ (*Fantasiererei*) flight of fancy; **zu Höhenflügen ansetzen** to have lofty thoughts **Höhenkrankheit** *f* MED altitude sickness **Höhenleitwerk** *nt* LUFT tailplane **Höhenlinie** *f* contour [line] **Höhenmesser** *m* LUFT altimeter **Höhenruder** *nt* LUFT elevator **Höhensonne** *f* ❶ (*im Gebirge*) mountain sun ❷ (*UV-Strahler*) sun lamp **Höhenunterschied** *m* difference in altitude **höhenverstellbar** *adj* height-adjustable **Höhenverstellung** *f* AUTO height adjustment **Höhenzug** *m* range of hills; (*größer*) mountain range

Hohepriester(in) *m(f)* high priest, high priestess *fem*

Höhepunkt *m* ❶ (*bedeutendster Teil*) high point; *einer Veranstaltung* highlight
❷ (*Gipfel*) height, peak; **auf dem ~ seiner Karriere** at the height of one's career; **der ~ seiner Macht** the peak of one's power; **den/seinen ~ erreichen/überschreiten** to reach/pass the/its critical stage; ***bald hatte die Krise ihren ~ erreicht*** the crisis had soon reached its climax; (*Zenith*) zenith
❸ (*Orgasmus*) climax; **jdn zum ~ bringen** to bring sb to a climax; **zum ~ kommen** to reach a climax

höher I. *adj komp von* **hoch** ❶ (*größer an vertikaler Ausdehnung*) higher, taller; **~e Bäume/Menschen** taller trees/people; **eine ~e Decke** a higher ceiling
❷ (*dem Ausmaß nach bedeutender*) greater, larger; **ein ~er Druck** a greater pressure; **~e Forderungen** greater demands; **~e Gewinne** higher profits; **~e Preise** higher prices; **eine ~e Strafe** a severer [*or* more severe] fine; **~e Temperaturen** higher temperatures; **~e Verluste** greater losses
❸ (*dem Rang nach bedeutender*) higher; **eine ~e Funktionärin** a more senior official; **ein ~er Offizier** a higher-ranking officer; **~ gestellt** more senior
❹ (*der Qualität nach bedeutender*) higher; ***die Gesundheit ist ein ~es Gut als der Reichtum*** health is a more precious commodity than wealth
► WENDUNGEN: **sich** *akk* **zu H~em berufen fühlen** to feel destined for higher things
II. *adv komp von* **hoch** ❶ (*weiter nach oben*) higher/taller; ■**etw ~ schrauben** to increase [*or sep* step up] sth; **seine Anforderungen ~ schrauben** to increase one's demands; **Preise ~ schrauben** to force up prices *sep*; ■**jdn [um etw** *akk*] **~ stufen** to upgrade sb [by sth]
❷ (*mit gesteigertem Wert*) higher; **sich** *akk* **~ versichern** to increase one's insurance

Höherstufung *f* ❶ (*Beförderung*) *eines Angestellten* promotion
❷ FIN **~ eines Versicherten** putting a policyholder into a higher insurance category

höherwertig *adj komp von* **hochwertig** higher-value *attr*, of higher value *pred*, more valuable

hohl I. *adj* ❶ (*leer*) hollow
❷ (*eine Mulde bildend*) hollow; **in der ~en Hand** in the hollow of one's hand; **mit der ~en Hand** with cupped hands; **~e Wangen** sunken cheeks; *s. a.* **Gasse**
❸ (*dumpf klingend*) hollow
❹ (*pej: nichts sagend*) empty, hollow; **~e Phrasen** empty phrases
II. *adv* hollow; ***das Fass klingt ~*** the barrel sounds empty

hohläugig *adj* hollow-[*or* sunken-]eyed

Hohlblockmauerwerk *nt* BAU hollow-block masonry

Höhle <-, -n> *f* ❶ (*Fels~*) cave
❷ (*Tierbehausung*) cave, lair
❸ (*Höhlung*) hollow
❹ (*Augen~*) socket, orbit *spec*
► WENDUNGEN: **sich** *akk* **in die ~ des Löwen begeben** [*o* **wagen**] to venture into the lion's den

Höhlenbewohner(in) *m(f)* ❶ (*in Höhlen lebendes Tier*) cave-dwelling animal; ■**ein ~ sein** to live in caves ❷ *s.* **Höhlenmensch** **Höhlenforscher(in)** *m(f)* cave explorer, speleologist **Höhlenforschung** *f* cave exploration, speleology **Höhlengang** *m* underground passage **Höhlengestein** *nt* cave rock **Höhlenkunde** *f* speleology **Höhlenmalerei** *f* cave painting **Höhlenmensch** *m* cave dweller, caveman *masc*, cavewoman *fem*, troglodyte *spec*

Hohlheit <-> *f kein pl* ❶ (*pej: Geistlosigkeit*) emptiness *no pl, no art*, hollowness *no pl, no art*, vacuousness *no pl, no art form*
❷ (*selten: hohle Beschaffenheit*) emptiness *no pl, no art*

Hohlhippe *f* KOCHK *biscuit made of eggs, flour, almonds, cream, cinnamon and sugar* **Hohlkehle** *f* BAU coving, concave profile **Hohlkopf** *m* (*pej fam*) blockhead *fam*, airhead AM *fam* **Hohlkopie** *f* TYPO undercutting **Hohlkörper** *m* hollow body **Hohlkreuz** *nt* MED hollow back; **ein ~ haben** to have a hollow back **Hohlkugel** *f* hollow sphere **Hohlmaß** *nt* ❶ (*Maßeinheit für Rauminhalt*) measure of capacity, cubic measure *spec* ❷ (*Messgefäß*) dry measure **Hohlrahmenkonstruktion** *f* BAU hollow metal frame **Hohlraum** *m* cavity, hollow space **Hohlraumkonservierung** *f* AUTO cavity sealing **Hohlraumversiegelung** *f* AUTO cavity sealing **Hohlsaum** *m* hemstitch **Hohlspiegel** *m* concave mirror **Hohlstunde** *f* SCH free period **Hohltaube** *f* ORN stock dove **Hohltier** *nt* ZOOL coelenterate

Höhlung <-, -en> *f* hollow

hohlwangig *adj* hollow-[*or* sunken-]cheeked; ■**~ sein** to have hollow [*or* sunken] cheeks, to be hollow-[*or* sunken-]cheeked **Hohlweg** *m* narrow pass [*or liter* defile] **Hohlziegel** *m* perforated [*or* BRIT air]brick

Hohn <-[e]s> *m kein pl* scorn *no pl, no art*, derision *no pl, no art*, mockery *no pl, no art*; **das ist blanker** [*o* **der rein[st]e**] **~!** (*fam*) this is utterly absurd [*or* sheer [*or* utter] mockery]; **nur ~ und Spott ernten** to receive [*or* get] nothing but scorn and ridicule [*or* but derision]; **jdn mit ~ und Spott überschütten** to heap [*or* pour] scorn on sb; **~ lachen** to laugh scornfully; **jdm ~ sprechen** to mock [at] [*or* deride] sb; **etw** *dat* **~ sprechen** (*etw verballhornen*) to make a mockery of sth; (*einen krassen Gegensatz zu etw bilden*) to be contrary to sth; ***dieses Vorgehen spricht dem gesunden Menschenverstand ~*** this action is contrary to [*or* goes against] all common sense; **jeder Vernunft ~ sprechen** to fly in the face of all reason

höhnen *vi* to sneer; ■**das H~** sneering, jibes *pl*, AM *usu* gibes *pl*

Hohngelächter *nt* scornful [*or* derisive] [*or* sneering] laughter

höhnisch I. *adj* scornful, mocking, sneering II. *adv* scornfully, mockingly, sneeringly **Hohnlachen** *nt* scornful laughter *no pl*; **unter lautem ~** with loud scornful laughter

hoho *interj* oho

Hokaidokürbis *m* hubbard squash

Hokuspokus <-> *m kein pl* ❶ (*Zauberformel*) abracadabra; (*vor dem Schluss*) hey presto BRIT *fam*; **~ fidibus!** abracadabra!, hey presto! BRIT *fam*
❷ (*fam: fauler Zauber*) hocus-pocus
❸ (*fam: Brimborium*) fuss, palaver *fam*; **einen ~ veranstalten** to make [such] a fuss [*or fam* palaver]

hold *adj* ❶ (*hum: lieb*) dear, beloved, fair *hum*
❷ (*veraltend geh: anmutig*) sweet
❸ (*gewogen*) ■**jdm/etw ~ bleiben/sein** (*geh*) to be kind to sb/sth; ***mir ist Fortuna nie ~!*** [good] fortune never smiles on me!; **meine H~e** (*iron*) [my] dear *a. iron*

Holder <-s, -> *m* SÜDD, SCHWEIZ (*Holunder*) elder

Holding <-, -s> *f*, **Holdinggesellschaft** *f* ÖKON holding company

holen I. *vt* ❶ (*hervor~*) ■**etw [aus/von etw] ~** to get sth [out of/from sth]
❷ (*herein~*) ■**jdn [irgendwohin] ~** to send sb [somewhere]; ***Sie können den Patienten jetzt ~*** you can send for the patient now; ■**jdn ~ lassen** to fetch sb
❸ (*herbeirufen*) ■**jdn/etw ~** to send for sb/sth; **Hilfe ~** to get help
❹ SPORT (*sl: erringen*) ■**etw [für etw] ~** to win sth [for sth]; ***das Team hat ein olympisches Gold für Deutschland geholt*** the team won an Olympic gold for Germany
► WENDUNGEN: **etwas/nichts bei jdm zu ~ sein** (*fam*) to get something/nothing out of sb; ***bei dem ist nichts mehr zu ~*** you won't get any more out of him
II. *vr* (*fam*) ❶ (*sich nehmen*) ■**sich** *dat* **etw [aus/von etw** *dat*] **~** to get oneself sth [out of/from sth]; (*selbstverständlich*) to help oneself to sth [out of/from sth]
❷ (*sich zuziehen*) ■**sich** *dat* **etw [an etw** *dat*/**bei etw** *dat*] **~** to get [*or* catch] sth [from/in sth]; ***bei dem kalten Wetter holst du dir eine Erkältung*** you'll catch a cold in this chilly weather; ***au verdammt, ich habe mir an dem blöden Gerät einen Schlag geholt!*** ow damn, I've got a shock from this stupid appliance!; *s. a.* **Tod**
❸ (*sich einhandeln*) ■**sich** *dat* **etw [von jdm] ~** to get sth; ***er hat sich einen Anschnauzer vom Chef geholt*** he got a rollicking from the boss

holla *interj* **~, *wen haben wir denn da?*** hallo, who have we here?; **~, *nicht so hastig!*** hey, not so fast!

Holland <-s> *nt* ❶ (*Niederlande*) Holland, the Netherlands *npl*; *s. a.* **Deutschland**
❷ (*Provinz der Niederlande*) Holland

Holländer <-s> *m kein pl* Dutch cheese *no pl*

Holländer(in) <-s, -> *m(f)* Dutchman *masc*, Dutchwoman *fem*; ■**die ~** the Dutch + *pl vb*; **~ sein** to be Dutch [*or* a Dutchman/Dutchwoman]; **der Fliegende ~** the Flying Dutchman; *s. a.* **Deutsche(r)**

holländisch *adj* ❶ (*Holland betreffend*) Dutch; **eine ~e Frau/ein ~er Mann** a Dutchwoman/Dutchman; *s. a.* **deutsch 1**
❷ LING Dutch; **auf ~** in Dutch; *s. a.* **deutsch 2**

Holländisch *nt dekl wie adj* Dutch; *s. a.* **Deutsch**

Hölle <-, *selten* -n> *f* hell *no pl, no art*; **in die ~ kommen** to go to hell; **in der ~** in hell; **jdn zur ~ jagen** (*pej fam*) to tell sb to go to hell *fam*; *s. a.* **Leben**
► WENDUNGEN: **die ~ auf Erden** hell on earth; **die grüne ~** (*geh*) the tropical jungle; **jdm die ~ heiß machen** (*fam*) to give sb hell *fam*; **die ~ ist los** (*fam*) all hell has broken loose *fam*; **fahr zur ~!** (*geh*) go to hell [*or* the devil]! *fam*; **die [reinste] ~ sein** (*fam*) to be [sheer [*or* pure]] hell; **zur ~ mit jdm!** (*fam*) to hell with sb! *fam*

Höllenangst *f* (*fam*) awful [*or* terrible] fear; **jdm eine ~ einjagen** to frighten sb to death; **eine ~ haben** to be terribly afraid, to be shitting bricks *fam!* **Höllendurst** *m* (*fam*) raging thirst **Höllenfürst** *m* (*geh*) ■**der ~** the Prince of Darkness *liter* **Höllengestank** *m* awful stench **Höllenhund** *m* hellhound **Höllenlärm** *m* hell of a noise *no pl, no def art fam*, terrible [*or* hellish] [*or* infernal] racket *no pl* **Höllenmaschine** *f* (*fam*) time bomb **Höllenqual** *f* (*fam*) agony *no pl, no art* **Höllenspektakel** *nt s.* **Höllenlärm** **Höllenstein** *m* CHEM silver nitrate *no pl, no art*

Holler <-s, -> *m* SÜDD, ÖSTERR (*Holunder*) elder; (*Früchte*) elderberries *pl*

höllisch I. *adj* ❶ *attr* infernal; **das ~e Feuer** the fires *pl* of hell
❷ (*fam: fürchterlich*) dreadful, terrible, hell *pred*; **eine ~e Angst haben** to be scared stiff; **ein ~er Lärm** a terrible racket
II. *adv* (*fam*) dreadfully, terribly; **~ brennen/schmerzen** to burn/hurt terribly [*or fam* like hell]

Hollywoodschaukel ['hɔliwʊd] *f* garden swing

Holm <-[e]s, -e> *m* ❶ SPORT (*Stange*) bar
❷ (*Rahmen*) side piece; *einer Leiter* upright
❸ (*Handlauf*) rail
❹ AUTO (*tragende Leiste*) cross member; LUFT spar
❺ (*Stiel*) shaft

Holmium <-s> *nt kein pl* CHEM holmium *no pl, no art*

Holocaust <-s> ['ho:lokaust, holo'kaust] *m kein pl* holocaust

Holocaust-Mahnmal *nt* Holocaust memorial
Hologramm <-e> *nt* hologram
Holographie, Holografie[RR] <-, -n> [*pl* 'fi:ən] *f* holography *no pl, no art*
holp(e)rig *adj* 1 (*sehr uneben*) bumpy, uneven
2 (*ungleichmäßig*) clumsy, halting; **ein ~es Versmaß** a clumsy metre [*or* AM -er]; **in ~em Deutsch** in halting German
holpern *vi* 1 *haben* (*holperig sein*) to bump, to jolt; ***auf der unebenen Straße hat es unterwegs sehr geholpert*** it was a very bumpy journey on the uneven road; **~d über etw** *akk* **fahren** to jolt across/over sth
2 *sein* (*sich rüttelnd fortbewegen*) ■ **durch/über etw** *akk* ~ to jolt [along] across/over sth
Holschuld *f* JUR debt lying in prender
holterdiepolter *adv* helter-skelter; ***die Blechdose fiel ~ die Treppe hinunter*** the tin can clattered down the stairs; **etw ~ hinunterfahren** to hurtle down sth
Holunder <-s, -> *m* elder
Holunderbeere *f* elderberry **Holunderblüte** *f* elder blossom **Holunderbusch** *m*, **Holunderstrauch** *m* elder bush **Holunderwein** *m* elderberry wine
Holz <-es, Hölzer> *nt* 1 *kein pl* (*Substanz der Bäume*) wood *no pl, no art;* **neues ~** fresh wood; **~ verarbeitend** wood-processing *attr;* **~ fällen** to cut down trees *sep;* **~ sägen** to saw wood
2 (*~art*) wood *no pl, no art;* **tropische Hölzer** tropical wood
3 *pl* (*Bauhölzer*) timber; **aus ~** wooden; **ein Haus ganz aus ~** a completely wooden house; **massives ~** solid wood
4 SPORT *Golf* wood; **ein Zweier ~** a [number] 2 wood
▶ WENDUNGEN: **[ordentlich] ~ vor der Hütte[n] haben** (*sl*) to have [really] big breasts [*or fam!* knockers]; **aus anderem/aus dem gleichen ~ geschnitzt sein** to be cast in a different/in the same mould [*or* AM mold]; **aus hartem** [*o* **härterem**] [*o* **grobem**] **~ geschnitzt sein** to be a tough character
Holzapfel *m* BOT crab apple **Holzart** *f* type [*or* kind] of wood; **eine tropische ~** a type [*or* kind] of tropical wood **Holzauge** *nt* ▶ WENDUNGEN: **~, sei wachsam** (*fam*) better watch out [*or* be careful] **Holzbalkendecke** *f* BAU wooden joist floor **Holzbank** *f* wooden bench **Holzbau** *m* 1 *kein pl* (*das Bauen mit Holz*) construction with timber 2 (*Gebäude aus Holz*) wooden building **Holzbearbeitung** *f* wood processing, processing of wood **Holzbearbeitungsindustrie** *f kein pl* ÖKON woodworking industry **Holzbein** *nt* wooden leg, peg leg *dated fam* **Holzbläser(in)** *m(f)* woodwind player **Holzblasinstrument** *nt* woodwind instrument **Holzblende** *f* BAU wooden valance **Holzbock** *m* 1 (*Stützgestell*) wooden stand [*or* trestle] 2 (*Bockkäfer*) wood [*or* dog] tick 3 (*fam*) *s.* **Zecke Holzbohrer** *m* wood drill
Hölzchen <-s, -> *nt dim von s.* **Holz 3** small piece of wood
▶ WENDUNGEN: **vom ~ aufs Stöckchen kommen** (*fam*) to keep digressing
Holzdekor *nt o m* BAU wood decor
holzen *vi* FBALL (*pej*) to hack; ***beim Match wurde mächtig geholzt*** it was a dirty match
hölzern I. *adj* 1 (*aus Holz*) wooden
2 (*steif*) wooden
II. *adv* awkwardly, woodenly; **~ tanzen** to have two wooden legs *hum*
Holzerzeugung *f* timber production **Holzfällen** <-s> *nt kein pl* tree-felling *no pl, no art,* lumbering *no pl, no art* AM **Holzfäller(in)** <-s, -> *m(f)* woodcutter, lumberjack AM, woodsman *masc* **Holzfällerhemd** *nt* MODE lumberjack shirt **Holzfaser** *f* wood fibre [*or* AM -er] **Holzfaserplatte** *f* fibreboard BRIT, fiberboard AM **Holzfigur** *f* wooden figure **holzfrei** *adj* wood-free **Holzhacken** *nt kein pl* chopping wood *no pl, no art* **Holzhacker(in)** *m(f)* ÖSTERR *s.* **Holzfäller holzhaltig** *adj* woody; **~es Papier** mechanical [*or* wood-pulp] paper **Holzhammer** *m* mallet ▶ WENDUNGEN: **etw mit dem ~ abgekriegt haben** (*pej sl*) to be a bit touched *fam;* **jdm etw mit dem ~ beibringen** (*fam*) to hammer sth home to sb **Holzhammermethode** *f* (*fam*) sledgehammer approach **Holzhandel** *m* timber [*or* AM lumber] trade **Holzhändler** *m* timber merchant BRIT, lumber dealer AM **Holzhaufen** *m* woodpile **Holzhaus** *nt* wooden [*or* timber] house
holzig *adj* KOCHK stringy
Holzkelle *f* wooden ladle **Holzkitt** *m* wood cement **Holzklotz** *m* 1 (*Klotz aus Holz*) wooden block, block of wood 2 (*Spielzeug*) wooden brick **Holzkohle** *f* charcoal *no pl, no art* **Holzkohlengrill** *m* charcoal grill **Holzkopf** *m* 1 (*pej fam: Schwachkopf*) blockhead *fam* 2 *einer Spielfigur* wooden head **Holzkübel** *m* wooden pail **Holzladung** *f* load [consisting] of wood **Holzlager** *nt* timber yard BRIT, lumberyard AM **Holzlattung** *f* BAU furring, wooden lathing **Holzleim** *m* wood glue **Holzleiste** *f* BAU wood lath, wooden batten **Holzpflock** *m* wooden stake; (*kleiner*) [wooden] peg **Holzscheit** *nt* log, piece of [fire]wood **Holzschnitt** *m* 1 *kein pl* (*grafisches Verfahren*) wood engraving *no pl, no art* 2 (*Abzug*) woodcut **holzschnittartig I.** *adj* simplistic **II.** *adv* simplistically **Holzschnitzer(in)** *m(f)* wood carver **Holzschnitzerei** *f* wood carving **Holzschraube** *f* wood screw **Holzschuh** *m* clog, wooden shoe **Holzschutzmittel** *nt* wood preservative **Holzsplitter** *m* splinter [of wood]; (*größer*) sliver of wood **Holzstich** *m s.* **Holzschnitt 2 Holzstoß** *m* pile [*or* stack] of wood **Holzvertäfelung** *f* wood[en] panelling [*or* AM *usu* paneling] **Holzwaren** *pl* wooden articles *pl* **Holzweg** *m* ▶ WENDUNGEN: **auf dem ~ sein** (*fam*) to be on the wrong track, to be barking up the wrong tree *fam* **Holzwolle** *f* wood wool, excelsior *no pl, no art* AM **Holzwurm** *m* woodworm **Holzzuwachs** *m* FORST timber growth
Homecomputer ['hoʊm-] *m* home computer
Homepage <-, -s> ['hoʊmpeɪdʒ] *f* INET home page
homerisch *adj* Homeric
Hometrainer [həʊm-] *m* SPORT, MED *s.* **Heimtrainer**
Homilie <-, -ien> *f* REL homily
Hommage <-, -n> [ɔ'ma:ʃ] *f* (*geh*) homage *no pl*
Homo <-s, -s> *m* (*veraltend fam*) homo *fam*
homogen *adj* (*geh*) homogen[e]ous
homogenisieren* *vt* ■ **etw ~** to homogenize sth *spec*
Homogenität *f* (*geh*) homogeneity *no pl*
Homograph, Homograf[RR] <-s, -e> *nt* homograph *spec*
Homonym <-[e]s, -e> *nt* homonym *spec*
homonym *adj* LING homonym
Homöopath(in) <-en, -en> *m(f)* hom[o]eopath
Homöopathie <-> *f kein pl* hom[o]eopathy *no pl, no art; s. a.* **Facharzt**
homöopathisch *adj* hom[o]eopathic
Homöostase <-, -n> *f* MED hom[o]eostasis
homophob *adj* PSYCH homophobic
Homophon, Homofon[RR] <-s, -e> *nt* homophone *spec*
Homo sapiens <-, -> *m* Homo sapiens
Homosexualität *f* homosexuality *no pl, no art*
homosexuell *adj* homosexual
Homosexuelle(r) *f(m) dekl wie adj* homosexual
Homosexuellenehe *f* homosexual marriage
Homunkulus <-, Homunkulusse *o* Homunkuli> *m* homunculus
Honduraner(in) <-s, -> *m(f)* GEOL Honduran
honduranisch *adj* GEOL Honduran
Honduras <-> *nt* GEOG Honduras; *s. a.* **Deutschland**
Hongkong *nt* Hong Kong; *s. a.* **Deutschland**
Honig <-s, -e> *m* honey *no pl, no art;* **türkischer ~** halva[h] *no pl, no art*
▶ WENDUNGEN: **jdm ~ ums Maul** [*o* **um den Bart**] [*o* **Mund**]] **schmieren** (*fam*) to butter up sb *sep fam*
Honigbiene *f* honeybee **honigfarben** *adj* honey-coloured [*or* AM -ored] **honiggelb** *adj* honey-yellow **Honiggras** *nt* BOT Yorkshire fog **Honigkuchen** *m* honey cake **Honigkuchenpferd** *nt* simpleton ▶ WENDUNGEN: **wie ein ~ grinsen** (*hum fam*) to grin like a Cheshire cat **Honiglecken** *nt* ▶ WENDUNGEN: **kein ~ sein** (*fam*) to be no picnic, to not be a piece of cake *fam* **Honigmelone** *f* honeydew melon **honigsüß** (*pej*) **I.** *adj* honeyed; **mit ~er Stimme sprechen** to speak with [*or* in] honeyed [*or hum, liter* dulcet] tones **II.** *adv* as sweet as honey [*or* AM pie] *pej;* ***er lächelte ~*** he smiled as sweetly as honey **Honigtau** *m* honeydew **Honigtauhonig** *m* honeydew honey **Honigwabe** *f* honeycomb **Honigwein** *m* mead *no pl, no art*
Honorar <-s, -e> *nt* fee; *eines Autors* royalties *npl;* **gegen ~** on payment of a fee
Honorarabrede *f* fee arrangement **Honorareinbuße** *f* loss of fee [*or* royalty] **Honorargefüge** *nt* fee structure **Honorarkonsularbeamter, -in** *m, f* JUR honorary consul official **Honorarprofessor(in)** *m(f)* honorary professor **Honorarstufe** *f* fee grade **Honorarverdiener(in)** *m(f)* fee earner **Honorarvertrag** *m* JUR fee contract; *eines Anwalts* special retainer **Honorarvolumen** *nt* volume of fees [*or* royalties]
Honoratioren *pl* dignitaries *pl*
honorieren* *vt* 1 (*würdigen*) ■ **etw ~** to appreciate sth; ***sein Chef wusste seine Einsatzbereitschaft zu ~*** his boss appreciated his willingness to become involved
2 (*bezahlen*) ■ **jdm etw [mit etw** *akk*] ~ to pay sb [sth] for sth
3 ÖKON (*akzeptieren*) ■ **etw ~** to honour [*or* AM -or] sth
honorig *adj* (*geh*) honourable [*or* AM -orable]
honoris causa *adv* honorary; **Dr. ~** honorary doctor
Hool <-s, -s> ['hu:l] *m* (*sl: Hooligan*) hooligan
Hooligan <-s, -s> ['hu:ligən] *m* hooligan
Hopfen <-s, -> *m* hop
▶ WENDUNGEN: **bei** [*o* **an**] **jdm ist ~ und Malz verloren** (*fam*) sb is a hopeless case [*or* dead loss]
Hopfenanbau *m* hop-growing *no pl, no art* **Hopfenstange** *f* hop pole ▶ WENDUNGEN: **eine [richtige] ~ sein** (*fam*) to be a [real] beanpole *hum fam*
Hopfenzusatz *m* addition of hops
Hopi <-, -> *mf* (*Indianer*) Hopi
hopp (*fam*) **I.** *interj* jump to it!; **~, *auf! wir müssen los!*** get a move on, we must be off!
II. *adv* ▶ WENDUNGEN: **bei jdm muss alles ~ ~ gehen** everything has to be done in a tearing hurry with sb BRIT *fam;* **mach mal ein bisschen ~!** put a sock in it! *hum fam;* ***mach mal ein bisschen ~, dass wir loskommen!*** put a sock in it, then we can get away!; **~, ~!** look lively!
hoppeln *vi sein* to lollop [along] *fam*
Hopper <-s, -> *m* hopper
hoppla *interj* 1 (*o je!*) [wh]oops! *fam*
2 (*Moment!*) hang on! *fam;* **~, *wer kommt denn da?*** hallo, who's this coming?
hops I. *interj* jump!
II. *adj* (*fam*) ■ **~ sein** to be lost
Hops <-es, -e> *m* (*fam*) short jump; (*auf einem Bein*) hop; **mit einem ~** with a hop
hopsala, hopsasa *interj* (*kindersprache*) [wh]oops-a-daisy *childspeak*
hopsen *vi sein* (*fam*) ■ **[durch etw** *akk*] ~ to skip [through sth]; (*auf einem Bein*) to hop [through sth]; **auf einem Bein ~** to hop on one leg
Hopser <-s, -> *m* (*fam*) jump
hops|gehen *vi irreg sein* (*sl*) 1 (*umkommen*) to snuff it BRIT, to kick the bucket *fam*
2 (*verloren gehen*) to go missing
hörbar *adj* audible
Hörbrille *f* hearing-aid glasses *npl*
horchen *vi* 1 (*lauschen*) ■ **[an etw** *dat*] ~ to listen [at sth]; (*heimlich a.*) to eavesdrop [at sth]
2 (*durch Hinhören achten*) ■ **horch!** listen!; ■ **auf etw** *akk* ~ to listen [out] for sth
Horcher(in) <-s, -> *m(f)* eavesdropper

H

▸ WENDUNGEN: **der ~ an der Wand hört seine eigne Schand** (*prov*) eavesdroppers always hear ill [*or* never hear any good] of themselves

Horchposten *m* MIL listening post
▸ WENDUNGEN: **auf ~ sein** (*fam*) to keep one's ear cocked [*or* ears open], to be listening out for sth

Horde¹ <-, -n> *f* ❶ (*wilde Schar*) horde
❷ (*wandernder Volksstamm*) horde

Horde² <-, -n> *f* HORT rack

Höreindruck *m* audio impression [*or* feeling]

hören I. *vt* ❶ (*mit dem Gehör vernehmen*) ■**jdn/etw ~** to hear sb/sth; ■**jdn etw tun ~** to hear sb doing sth; ***ich habe dich ja gar nicht kommen ~!*** I didn't hear you coming at all; ■**etw tun ~** to hear sth being done; ***ich habe es sagen ~*** I've heard it said; **sich gern reden ~** to like the sound of one's own voice *iron*, to like to hear oneself talking *iron;* **etw ~ müssen, etw zu ~ bekommen** to [get to] hear about sth; ***was bekomme ich da zu ~?*** what are you telling me!; **nichts gehört haben wollen** (*fam*) to pretend not to have heard anything; ***das ist geheim, ich will nichts gehört haben!*** that's confidential, I'll pretend I didn't hear that!; **etwas nicht gehört haben wollen** to ignore sth; ***das will ich nicht gehört haben!*** I'll ignore that comment; ***sie behauptete, [von] nichts gehört zu haben*** she maintained that she didn't hear anything; **nie gehört!** (*fam*) never heard of him/her/it etc.!; **gehört werden wollen** to want to be heard; **nichts [davon] ~ wollen** to not want to hear anything [about it]; ***ich will nichts davon ~!*** I don't want to hear anything about it; ***~ Sie mich [noch]?/ können Sie mich [noch] ~?*** are you [still] able to hear me?; ***ich höre Sie nicht [gut]*** I can't understand [*or* hear] you [very well]
❷ (*an~*) ■**etw ~** to listen to sth; **einen Vortrag ~** to hear a lecture
❸ RADIO (*empfangen*) ■**etw ~** to get sth; **Radio Luxemburg/ausländische Stationen ~** to tune into Radio Luxemburg/to listen in to foreign stations
❹ (*durch das Gehör feststellen*) ■**etw an etw** *dat* **~** to hear [*or* tell] sth from sth; ***schon an deinem Tonfall kann ich ~, dass du nicht die Wahrheit sagst!*** I can tell from the tone of your voice that you're lying
❺ (*erfahren*) ■**etw [über jdn/etw] ~** to hear sth [about sb/sth]; ***so etwas habe ich ja noch nie gehört!*** I've never heard anything like that before; **..., wie ich höre** I hear ...; **wie man hört, ..., wie zu ~ ist, ...** I/we hear ...; **soviel man hört, ...** word has it ...; ***der neue Nachbar soll Arzt sein, soviel man hört*** our new neighbour is said to be a doctor, by all accounts
▸ WENDUNGEN: **etwas [von jdm] zu ~ bekommen** [*o fam* **kriegen**] to get a rollicking [from sb] BRIT *fam*, to get chewed out [by sb] BRIT *fam;* **ich kann das nicht mehr ~!** I'm fed up with it!; **etwas/nichts von sich ~n lassen** to get/to not get in touch; ***hat sie in letzter Zeit mal was von sich ~ lassen?*** has she been in touch recently?; **sich [schon eher] ~ lassen** (*fam*) to sound [*or* be] [a bit] more like it; ***180.000 p.a.? hm, das lässt sich ~*** 180,000 p.a.? hm, that sounds good; ***das lässt sich schon eher ~!*** that's a bit more like it!
II. *vi* ❶ (*zu~*) to listen; ***jetzt hör doch endlich!*** just listen will you!; ***hör mal!, ~ Sie mal!*** listen [up *fam*]!
❷ (*vernehmen*) ■**~, was/wie ...** to hear what/how ...; ■**~, dass jd etw tut** to hear sb doing sth; **gut/schlecht ~** to have good/poor hearing
❸ (*erfahren*) ■**~, dass ...** to hear [that] ...; ■**von jdm/etw ~** to hear of [*or* about] sb/sth
❹ (*gehorchen*) to listen; ***ich sagte, herkommen! kannst du nicht ~?*** I said come here! can't you do as you're told?
❺ (*sich nach jdm/etw richten*) ■**auf jdn/etw ~** to listen to sb/sth; ***auf dich hört er!*** he listens to you!
❻ (*jds Worte befolgen*) ■**auf etw** *akk* **~** to answer to the name of sth
▸ WENDUNGEN: **du hörst wohl schwer** [*o* **schlecht**]**!** (*fam*) are you deaf or something?; **na hör/~ Sie mal!** (*euph*) now look here!; **wer nicht ~ will, muss fühlen** (*prov*) if he/she/you etc. won't listen, he/she/you must suffer the consequences; **hört, hört!** hear! hear!; **lass von dir/lassen Sie von sich ~!** keep in touch!; **von sich ~ lassen** to be in touch; ***ich lasse jedenfalls von mir ~*** I'll be in touch anyway; **man höre und staune!** would you believe it!; **Sie werden [noch] von mir ~!** you'll be hearing from me!

Hören <-s> *nt kein pl* ❶ (*das Vernehmen mit dem Gehör*) hearing *no pl, no art*
❷ (*das An~*) listening *no pl, no art*
▸ WENDUNGEN: **..., dass jdm ~ und Sehen vergeht** that sb doesn't/won't know what day it is

Hörensagen *nt* hearsay; **vom ~** from hearsay; **etw vom ~ wissen** to get to know sth from hearsay, to have heard sth on [*or* through] the grapevine

Hörer <-s, -> *m* (*Telefon~*) receiver; **den ~ auflegen** to replace the receiver, to hang up [on sb]; **den ~ auf die Gabel knallen** [*o fam* **schmeißen**] to slam down the phone *sep*

Hörer(in) <-s, -> *m(f)* ❶ (*Zu~*) listener
❷ (*Student in einer Vorlesung*) student

Hörerbrief *m* listener's letter, letter from a listener

Hörerschaft <-, -en> *f meist sing* audience; (*Radio~*) listeners *pl*, audience, listenership *rare*

Hörfehler *m* hearing defect; ***das habe ich nicht gesagt, das war ein ~!*** I didn't say that, you misheard [me] **Hörfolge** *f* RADIO (*Sendung*) radio series + *sing vb;* (*in Fortsetzungen*) radio serial **Hörfunk** *m* radio **Hörfunkbeitrag** *m* radio report [*or* commentary] **Hörfunkprogramm** *nt* radio programme [*or* AM -am] **Hörgerät** *nt* hearing aid

hörig *adj* ❶ (*sexuell abhängig*) sexually dependent; ■**jdm ~ sein** to be sexually dependent on sb; **sich** *dat* **jdn ~ machen** to make sb sexually dependent on one
❷ HIST (*an die Scholle gebunden*) in serfdom *pred*

Hörige(r) *f(m) dekl wie adj* HIST serf

Hörigkeit <-, *selten* -en> *f* ❶ (*sexuelle Abhängigkeit*) sexual dependence *no pl*
❷ *kein pl* HIST (*Rechtsverhältnis Höriger*) bondage *no pl*, serfdom *no pl*

Horizont <-[e]s, -e> *m* horizon; **am ~** on the horizon; **künstlicher ~** LUFT artificial horizon; **ein begrenzter** [*o* **beschränkter**] **~** a limited horizon; **einen begrenzten** [*o* **beschränkten**] **~ haben** to have a limited horizon; **über jds** *akk* **~ gehen** to be beyond sb['s comprehension]

horizontal *adj* horizontal; **das ~e Gewerbe** (*hum fam*) the oldest profession in the world *hum*

Horizontalauflösung *f* INFORM horizontal resolution

Horizontale *f dekl wie adj* horizontal [line]; **sich in die ~ begeben** (*hum fam*) to lie down, to have a [bit of a] lie-down BRIT *fam*

Horizontalfrequenz *f* INFORM line frequency **Horizontalkonzern** *m* HANDEL horizontal group

Hormon <-s, -e> *nt* hormone

hormonal, hormonell I. *adj* hormone *attr*, hormonal
II. *adv* hormonally; **~ gesteuert** controlled by hormones

Hormonausschüttung *f* hormone release **hormonbehandelt** *adj* hormone-treated, treated with hormones **Hormonbehandlung** *f* hormone treatment, hormonotherapy *spec* **Hormonersatztherapie** *f* hormone replacement therapy, HRT **Hormonfleisch** *nt* hormone-treated meat, meat that has been treated with hormones **Hormonhaushalt** *m* hormone [*or* hormonal] balance **Hormonkur** *f* hormone treatment **Hormonpräparat** *nt* MED, PHARM, CHEM hormone preparation **Hormonproduktion** *f* hormone production **Hormonspritze** *f* hormone injection [*or* BRIT *fam* jab] **Hormonsystem** *nt* MED hormonal system

Hörmuschel *f* TELEK earpiece

Horn <-[e]s, Hörner> *nt* ❶ (*Auswuchs*) horn; **das ~ von Afrika** the Horn of Africa; **das Goldene ~** the Golden Horn
❷ (*Material aus ~*) horn
❸ MUS horn; **ins ~ stoßen** to sound the horn
❹ AUTO (*Hupe*) hooter BRIT, horn; (*Martins~*) siren
▸ WENDUNGEN: **sich** *dat* **die Hörner abstoßen** (*fam*) to sow one's wild oats; **jdm Hörner aufsetzen** (*fam*) to cuckold sb *pej dated;* **ins gleiche ~ stoßen** (*fam*) to sing the same tune

Hornbläser(in) *m(f)* MUS horn player **Hornblende** *f* GEOL hornblende *spec* **Hornbrille** *f* horn-rimmed glasses [*or* spectacles] *npl*

Hörnchen <-s, -> *nt* ❶ *dim von s.* **Horn 1** small [*or* little] horn
❷ (*Gebäck*) *horn-shaped bread roll of yeast pastry;* (*aus Blätterteig*) croissant

Hörnerklang *m* (*geh*) sound of horns [*or* bugles]

Hörnerv *m* auditory nerve *spec*

Horngestell *nt* spectacle frames [made] of horn; **eine Brille mit ~** horn-rimmed glasses [*or* spectacles] *pl* **Horngriff** *m* horn handle

Hornhaut *f* ❶ (*des Auges*) cornea
❷ (*der Haut*) hard skin *no pl, no art*, callus

Hornhautbildung *f* MED hornification, callous formation, callosity **Hornhautentzündung** *f* inflammation of the cornea *no pl*, corneitis *no indef art*, keratitis *no pl, no art spec* **Hornhautfeile** *f* corneal file **Hornhauthobel** *m* MED callus clipper *usu pl*, callosity plane **Hornhauttransplantation** *f* corneal transplant [*or* grafting] *spec* **Hornhauttrübung** *f* corneal opacity *spec*

Hornhecht *m* ZOOL, KOCHK garfish, needlefish

Hornisse <-, -n> *f* hornet

Hornissennest *nt* hornets' nest **Hornissenschwarm** *m* swarm of hornets **Hornissenstich** *m* sting from a hornet

Hornist(in) <-en, -en> *m(f)* horn player

Hornkamm *m* horn comb **Hornklee** *m* BOT bird's-foot trefoil **Hornochs(e)** *m* (*fam*) stupid [*or* blithering] idiot

Hörorgan *nt* hearing organ

Horoskop <-s, -e> *nt* horoscope; **jdm das ~ stellen** to cast sb's horoscope; **sich** *dat* **sein ~ erstellen lassen** to have one's horoscope cast

horrend *adj* horrendous; ■**~ sein, was/wie viel ...** to be horrendous what/how much ...

Hörrohr *nt* ❶ (*früheres Hörgerät*) ear trumpet
❷ (*veraltend*) *s.* **Stethoskop** **Hörroman** *m* audio book [*or* novel]

Horror <-s> *m kein pl* horror; **einen ~ vor jdm/etw haben** to have a horror of sb/sth

Horrorbild *nt* grisly scene **Horrorerlebnis** *nt* horrific experience **Horrorfilm** *m* horror film [*or* AM *a.* movie] **Horrorroman** *m* horror story **Horrorszene** *f* horrific [*or* horror] scene, scene of horror **Horrortrip** *m* ❶ (*grässliches Erlebnis*) nightmare ❷ (*negativer Drogenrausch*) bad trip **Horrorvision** *f* nightmare vision

Hörsaal *m* ❶ (*Räumlichkeit*) lecture hall [*or* BRIT theatre]
❷ *kein pl* (*Zuhörerschaft*) audience; **der ~ tobte** the audience went wild

Horsd'oeuvre <-s, -s> [(h)ɔrˈdøːvrə] *nt* hors d'oeuvre

Hörspiel *nt* RADIO ❶ *kein pl* (*Gattung*) radio drama, drama for radio
❷ (*Stück*) radio play, play for radio

Horst <-[e]s, -e> *m* ❶ (*Nest*) nest, eyrie [*or* AM *a.* aerie]
❷ MIL (*Fliegerhorst*) military airbase [*or* airfield]
❸ BOT thicket, shrubbery; (*Gras~, Bambus~*) tuft

Hörsturz *m* sudden deafness, acute hearing loss

Hort <-[e]s, -e> *m* ❶ (*Kinder~*) crèche BRIT, after-school care center AM (*place for school children to stay after school if parents are at work*)
❷ (*geh: Zufluchtsort*) refuge, shelter; **ein ~ der Bedürftigen** a shelter for the poor and needy [*or* homeless]; **ein ~ des Lasters** a hotbed of vice; **ein ~ des Friedens** a haven of peace, a sanctuary
❸ (*Goldschatz*) hoard, treasure

horten *vt* ■**etw ~** to hoard sth; **Rohstoffe ~** to stockpile raw materials

Hortensie <-, -n> [-ziə] *f* hortensia, lacecap

[hydrangea]
Hörvermögen <-s> *nt kein pl* MED hearing *no pl, no indef art;* ***durch laute Musik kann das ~ geschädigt werden*** one's hearing can be damaged by loud music, loud music can damage one's hearing **Hörweite** *f* hearing range, earshot; **in/außer ~** within/out of hearing range [*or* earshot]
Höschen <-s, -> ['hø:sçən] *nt dim von* **Hose** ❶ *(fam: Damenslip)* knickers *npl* BRIT, panties *npl* AM; **heiße ~** *(fam)* saucy knickers *npl* BRIT; *(Kinderhose)* [pair of] trousers *npl* [*or* AM pants]; *(Kinderunterhose)* pants *npl;* *(Strampel~)* [pair of] rompers *npl* ❷ ZOOL *(Bienen~)* pollen load
Höschenwindel ['hø:sçən] *f* disposable nappy BRIT [*or* AM diaper]
Hose <-, -n> *f* trousers *npl,* pants *npl* AM; *(Unterhose)* [under]pants *npl;* **eine enge ~** [a pair of] tight-fitting trousers; **kurze ~[n]** shorts *npl;* **die ~n voll haben** *(fam)* to have pooed [*or* AM *fam a.* pooped] one's pants
▶ WENDUNGEN: **jdm rutscht das Herz in die ~** *(fam)* sb's heart was in their mouth; **die ~n [gestrichen] voll haben** *(sl)* to be scared shitless *vulg,* to shit oneself *vulg,* to shit bricks *vulg;* **tote ~** *(sl)* dead boring *fam;* ***die Fete war tote ~*** the party was a washout [*or* dead loss]; **die ~n anhaben** *(fam)* to wear the trousers; **in die ~ gehen** *(sl)* to fail, to be a failure [*or* flop]; ***hoffentlich geht die Prüfung nicht in die ~!*** hopefully I/you, etc. won't make a mess [*or fam* cock-up] of the exam!; **[sich *dat*] in die ~[n] machen** *(Angst haben)* to wet oneself *sl,* to shit oneself *vulg;* **sich *dat* vor Lachen fast in die ~ machen** to nearly wet oneself laughing; **die ~[n] runterlassen [müssen]** *(fam)* to come clean *fam,* to put one's cards on the table; **jdm die ~n strammziehen** *(fam)* to give sb a [good] hiding *hum;* **die ~n voll kriegen** *(fam)* to get a [good] hiding; *s. a.* **hochkrempeln**
Hosenanzug *m* trouser suit **Hosenaufschlag** *m* turn-up, pants cuff AM **Hosenband** *nt* kneeband **Hosenbandorden** *m* Order of the Garter **Hosenbein** *nt* trouser leg **Hosenboden** *m* *(Gesäßteil der Hose)* seat [of trousers] ▶ WENDUNGEN: **den ~ voll kriegen** *(fam)* to get a [good] hiding *hum;* **sich *akk* auf den ~ setzen** *(fam)* to buckle down, to pull one's socks up BRIT, to get stuck in BRIT *fam;* **jdm den ~ strammziehen** *(fam)* to give sb a [good] hiding *hum* **Hosenbügel** *m* trouser [*or* AM pants] hanger **Hosenbund** *m* [trouser] waistband **Hosengürtel** *m* [trouser] belt **Hosenklammer** *f* cycle clip **Hosenknopf** *m* [trouser] button **Hosenlatz** *m* ❶ *(Latz)* flap; *von Latzhosen* bib ❷ DIAL *(Hosenschlitz)* flies *npl,* fly **Hosenmatz** <-es, -mätze> *m* *(hum fam)* nipper *fam,* little nipper **Hosennaht** *f* [trouser] seam; **die Hände an die ~ legen** to stand to attention, thumbs on trouser seams **Hosenrock** *m* culottes *npl* **Hosenscheißer** *m* *(sl)* ❶ *(hum: kleines Kind)* anklebiter ❷ *(pej: Feigling)* chicken, scaredy[-cat] *pej sl,* wet blanket **Hosenschlitz** *m* flies *npl,* fly; ***dein ~ ist offen!*** your flies are down! **Hosenspanner** *m* *s.* **Hosenbügel** **Hosenstall** *m* *(hum fam)* *s.* **Hosenschlitz** **Hosentasche** *f* trouser [*or* AM pants] pocket ▶ WENDUNGEN: **etw aus der linken ~ bezahlen** to pay [for sth] out of one's loose change; **etw wie seine ~ kennen** to know sth like the back of one's hand **Hosenträger** *pl* [a pair of] braces *npl* BRIT, suspenders *npl* AM **Hosentürchen** *nt* *(hum fam)* *s.* **Hosenschlitz**
hosianna *interj* hosanna
Hospital <-s, -e *o* Hospitäler> *nt* ❶ DIAL hospital ❷ *(veraltet: Pflegeheim)* old people's home
Hospitalismus <-> *m kein pl* ❶ *(psychische o physische Schädigung)* hospitalism, institutionalism ❷ MED *infection picked up during a stay in hospital*
Hospitant(in) <-en, -en> *m(f)* ❶ SCH *(Referendar)* *PGCE student who sits in on sb's classes;* *(Gasthörer)* *student permitted to attend a course who is not enrolled at the university/institute* ❷ POL *independent member of parliament who is the guest of a parliamentary party*
hospitieren* *vi* ■ **[bei jdm] ~** to sit in on [sb's] classes
Hospiz <-es, -e> *nt* ❶ *(Sterbeheim)* hospice ❷ *(christlich geführtes Hotel)* hotel run by a religious organization ❸ *(Pilgerunterkunft in einem Kloster)* hospice, guests' hostel
Hostadapter <-s, -> ['hoʊst-] *m* INFORM host adapter **Hostcomputer** <-s, -> ['hoʊst-] *m* INFORM host computer
Hostess <-, -en> *f* ❶ *(Flugbegleiterin)* stewardess, flight attendant; *(Bodenpersonal)* airline representative ❷ TOURIST *(Reiseführerin)* [female] tour guide ❸ *(euph: Prostituierte)* hostess *euph*
Hostie <-, -n> ['hɔstiə] *f* REL host
Hotdog[RR], **Hot Dog** <- -s, – -s> ['hɔt'dɔk] *nt o m* hot dog
Hot-Dry-Verfahren *nt* GEOL *(bei Gesteinsspaltung)* hot-dry process
Hotel <-s, -s> *nt* hotel
Hotelbesitzer(in) *m(f)* hotel owner **Hotelbett** *nt* hotel bed **Hotelboy** *f* page[boy] [*or* AM bellboy] [*or* AM bellhop] **Hoteleingang** *m* hotel entrance **Hotelfach** *nt kein pl s.* **Hotelgewerbe** **Hotelfachschule** *f* school of hotel management **Hotelfernsehen** *nt* hotel TV **Hotelführer** *m* hotel guide **Hotel garni** <- -,-s -s> *nt* bed and breakfast [hotel] **Hotelgast** *m* hotel guest **Hotelgewerbe** *nt* hotel trade [*or* business] **Hotelhalle** *f* hotel foyer [*or* lobby]
Hotelier <-s, -s> [hotɛ'lie:, hotə'lie:] *m* hotelier
Hotelkette *f* hotel group [*or* chain] **Hotelrechnung** *f* hotel bill **Hotelrezeption** *f* hotel reception [desk] **Hotelschiff** *nt* flotel **Hotel- und Gaststättengewerbe** *nt* hotel and restaurant trade **Hotelzimmer** *nt* hotel room
Hotline <-, -s> ['hɔtlaɪn] *f* hotline
Hotspots[RR], **Hot Spots** ['hɒtspɔt] *pl* *(am CASTOR)* hot spots *pl*
hott *interj* gee up! BRIT, giddyap! AM; **einmal hü und einmal ~ sagen** to chop and change BRIT, to hum and haw BRIT *fam,* to be indecisive
Hottentotte, Hottentottin <-n, -n> *m, f* Hottentot, Khoikhoi
House <-> [haʊs] *nt o m kein pl* MUS house [music]
Hr. *Abk von* **Herr**
HRG *nt Abk von* **Hochschulrahmengesetz**
Hrn. *akk und dat Abk von* **Herrn** *s.* **Herr**
hrsg. *Abk von* **herausgegeben** ed.
Hrsg. *Abk von* **Herausgeber** ed.
HTML *nt* INFORM *Abk von* **hypertext markup language** HTML
HTML-Dokument *nt* INFORM HTML document **HTML-Editor** *m* INFORM HTML editor
hu *interj* *(Ausruf des Schauderns)* ugh; *(Ausruf der Kälte)* brrr
hü *interj s.* **hott**
Huang-he <-s> *m* Huang He [*or* Ho] River, Yellow River
Hub <-[e]s, Hübe> *m* ❶ *(das Heben)* lifting capacity; **der ~ von Lasten** lifting [*or* hoisting] capacity of loads ❷ *(Kolben~)* [piston] stroke
Hub(b)el <-s, -> *m* DIAL *(fam)* bump
hubb(e)lig *adj* DIAL *(fam)* bumpy
Hubble-Teleskop *nt* Hubble telescope
Hubbrücke *f* lifting [*or* lift] bridge
hüben *adv* *(selten: auf dieser Seite)* over here, on this side; **~ wie [*o* und] drüben** both here and there, on both sides
Hubraum *m* cubic capacity
hübsch *adj* ❶ *(Aussehen)* pretty; **ein ~es Mädchen/Kleid** a pretty little girl/dress; **eine ~e Gegend** a lovely area; ***na, ihr zwei [o beiden] H~en?*** *(fam)* well, my two lovelies? *fam;* **sich *akk* ~ machen** to get all dressed up; **sich *akk* ~ anziehen** *(fam)* to dress smartly; **ein ~es Lied** a pretty [*or* nice] song ❷ *(fam: beträchtlich)* real, pretty; **ein ~es Sümmchen** a pretty penny, a tidy sum; **ein ~es Stück Arbeit** pretty hard work ❸ *(fam: sehr angenehm)* nice and ...; ***fahr ~ langsam*** drive nice and slow[ly]; ***sind die Kinder auch ~ leise gewesen?*** were the children nice and quiet?; ***das wirst du ~ bleiben lassen*** you'll do no such thing; ***immer ~ der Reihe nach!*** everyone must wait his turn! ❹ *(iron fam: unschön)* fine *iron;* ***das ist ja eine ~e Geschichte*** that is a real [*or* fine] mess; ***da hast du dir etwas H~es eingebrockt!*** that's a fine mess [*or* pretty kettle of fish] you've got yourself into!
Hubschrauber <-s, -> *m* helicopter; **etw mit dem ~ befördern** to helilift sth
Hubschraubercockpit *nt* helicopter cockpit **Hubschrauberlandeplatz** *m* heliport, helipad **Hubschrauberlärm** *m* helicopter noise **Hubschrauberrotor** *m* helicoptor blade
Hubstapler <-s, -> *m* lifting device
huch *interj* *(Ausruf der Überraschung)* oh!; *(Ausruf bei unangenehmenen Empfindungen)* ugh!
Huchen <-s, -> *m* ZOOL, KOCHK Danube salmon, huchen
Hucke <-, -n> *f* ▶ WENDUNGEN: **die ~ voll kriegen** to get beaten up, to get done over *fam;* **jdm die ~ voll hauen** to beat sb up *sep,* to give sb a thrashing [*or* hiding] *fam,* to beat the shit *fam!* [*or* living daylights] out of sb; **jdm die ~ voll lügen** to tell sb a pack of lies, to lie one's head off; **sich *dat* die ~ voll saufen** to get hammered [*or* plastered]
huckepack *adv* piggyback, pickaback BRIT; **etw/jdn ~ nehmen [*o* tragen]** to give sb/sth a piggyback [ride]; **bei [*o* mit] jdm ~ machen** to have sb give one a piggyback [ride]
Huckepackflugzeug *nt* pick-a-back plane, composite aircraft **Huckepackverfahren** *nt* piggyback system; CHEM piggyback process **Huckepackverkehr** *m kein pl* piggyback transport; **im ~** by means of piggyback transport
hudeln *vi bes* SÜDD, ÖSTERR *(fam: schlampen)* to work sloppily [*or* slipshod]; ***nur nicht ~!*** don't rush into things!, take your time!
Hudler(in) <-s, -> *m(f) bes* SÜDD, ÖSTERR *(fam)* sloppy worker
hudlig *adj bes* SÜDD, ÖSTERR *(fam)* sloppy, slipshod
Hudsonbai <-> ['hʌdsᵊnbeɪ] *f* Hudson Bay
Huf <-[e]s, -e> *m* hoof; **einem Pferd die ~e beschlagen** to shoe a horse
Hufeisen *nt* horseshoe
hufeisenförmig *adj* horseshoe[-shaped], in [the shape of] a horseshoe
Hüferscherzel *nt* KOCHK ÖSTERR *s.* **Hieferscherzel**
Hüferschwanzl *nt* KOCHK ÖSTERR *s.* **Hieferschwanzl**
Huflattich <-s, -e> *m* coltsfoot, foalfoot
Hufnagel *m* horseshoe nail **Hufschlag** *m* ❶ *(Geräusch von Pferdehufen beim Gang)* clatter of hooves ❷ *(Stoß mit dem Huf)* kick [by a hoof]; ***der blaue Fleck stammt von einem ~*** the bruise is the result of being kicked by a horse **Hufschmied(in)** *m(f)* blacksmith, farrier **Hufschmiede** *f* blacksmith's [*or* farrier's] workshop, smithy **Hufschmiedin** *f fem form von* **Hufschmied**
Hüftbein *nt* hip bone
hüftbetont *adj* hip-hugging
Hüfte <-, -n> *f* ❶ *(Körperpartie)* hip; **die Arme in die ~n stemmen** to put one's hands on one's hips, to stand [with] arms akimbo; *Tier* haunch; **mit den ~n wackeln, die ~n wiegen** to wiggle one's hips; **aus der ~ schießen** to shoot from the hip; **bis an die ~en reichen** to come up to the waist; ***wir standen bis an die ~ im Wasser*** we stood waist-deep [*or* up to the waist] in water; *s. a.* **Arm** ❷ *kein pl* KOCHK *(Fleischstück)* topside; *(vom Rind)* top rump; *(Schinkenspeck)* back bacon
Hüftgelenk *nt* hip joint **Hüftgürtel** *m* girdle **Hüfthalter** *m* girdle **hüfthoch** *adj* reaching to the hips *pred,* waist-high; ***das Wasser ist hier nur ~*** the water is only waist-high [*or* waist-deep] here
Huftier *nt* hoofed animal, ungulate *spec*
Hüftknochen *m s.* **Hüftbein** **Hüftleiden** *nt* hip complaint [*or* trouble] **Hüftpartie** *f* hip area

Hüftsteak *nt* haunch steak, top rump, topside
Hügel <-s, -> *m* (*größere Anhöhe*) hill; (*kleiner a.*) hillock; (*Erdhaufen*) mound
hüg(e)lig *adj* hilly; **eine ~e Landschaft** rolling [*or* undulating] countryside
Hügelland *nt* hilly land [*or* country]
Hugenotte, Hugenottin <-n, -n> *m, f* Huguenot
Hugenottenkriege *pl* HIST Huguenot Wars *pl*
huh *interj s.* **hu**
hüh *interj s.* **hü**
Huhn <-[e]s, Hühner> *nt* ① (*Haushuhn*) hen, chicken; **Hühner halten** to keep hens; **frei laufende Hühner** free-range chickens [*or* hens]
② (*Hühnerfleisch*) chicken; **gekochtes/gebratenes ~** boiled/roast chicken
③ (*Person*) **dummes ~!** (*pej fam*) [you] silly [*or* stupid] idiot! *pej;* **armes ~** (*fam*) you poor little thing; **ein komisches** [*o* **verrücktes**] [*o* **ulkiges**] **~** (*fam*) a nutcase, a queer fish [*or* bird] BRIT
► WENDUNGEN: **mit den Hühnern aufstehen** (*fam*) to get up at the crack of dawn; **mit den Hühnern zu Bett gehen** (*fam*) to go to bed [nice and] early; **ein blindes ~ findet auch einmal ein Korn** (*prov*) every dog has its day *prov;* **wie ein aufgescheuchtes ~ herumlaufen** to run round like a headless chicken; **da lachen ja die Hühner!** (*fam*) pull the other one, you must be joking!
Hühnchen <-s, -> *nt dim von* **Huhn**[1] spring chicken AM
► WENDUNGEN: **mit jdm ein ~ zu rupfen haben** (*fam*) to have a bone to pick with sb
Hühnchenbrust *f* chicken breast
Hühnerauge *nt* corn ► WENDUNGEN: **jdm auf die ~n treten** (*hum fam: an einer empfindlichen Stelle treffen*) to tread on sb's corns [*or* toes], to offend sb; (*jdm die Meinung sagen*) to give sb a talking-to **Hühneraugenpflaster** *nt* corn plaster **Hühnerbouillon** [-bʊlˈjɔŋ] *f* chicken broth [*or* stock], consommé **Hühnerbrühe** *f* chicken broth **Hühnerbrust** *f* ① (*Fleisch*) chicken breast ② (*hum fam: sehr schmaler Brustkorb*) pigeon's chest [*or* breast]; **eine ~ haben** to be pigeon-breasted ③ MED pigeon breast **Hühnerei** *nt* chicken egg **Hühnerfarm** *f* chicken farm **Hühnerfeder** *f* chicken feather **Hühnerfleisch** *nt* chicken [meat] **Hühnerfond** *m* chicken stock **Hühnerfutter** *nt* chicken feed **Hühnerhabicht** *m* goshawk **Hühnerhof** *m* chicken run **Hühnerkeule** *f* chicken leg **Hühnerklein** <-s> *nt kein pl* chicken giblets and trimmings **Hühnerleiter** *f* ① (*am Hühnerstall*) chicken ladder ② (*schmale Treppe*) narrow stairs *pl* **Hühnerschenkel** *m* chicken thigh **Hühnerstall** *m* hen [*or* chicken] coop **Hühnerstange** *f* chicken roost, hen roost, [henhouse] perch **Hühnersuppe** *f* chicken soup **Hühnertopf** *m* chicken casserole **Hühnerzucht** *f* chicken rearing [*or* farming]
hui *interj* (*lautmalerisch für schnelle Bewegung*) whoosh; **im** [*o* **in einem**] **H~** (*fam*) in a flash [*or* BRIT *fam* trice]; ***im H~ war sie fertig*** she was finished in no time at all; **oben ~, unten pfui** outside swank, inside rank, nice outside but filthy underneath
Huld <-> *f kein pl* (*veraltet: Gunst*) favour [*or* AM -or]; **jdm seine ~ erweisen** to bestow one's favour on sb; (*Güte*) graciousness, grace
huldigen *vi* (*geh*) ① (*anhängen*) ■**etw** *dat* **~** to subscribe to sth; *Glauben, Sitte* to embrace sth; *Verein* to be devoted to sth
② (*verfallen*) ■**etw** *dat* **~** to indulge in sth; ***er huldigt dem Alkohol*** (*iron*) he is addicted to alcohol
③ (*veraltend: seine Reverenz erweisen*) ■**jdm ~** to pay homage to sb, to pay tribute to sb
Huldigung <-, -en> *f* (*veraltet*) homage, tribute; **jdm seine ~ darbringen** to pay homage to sb, to pay tribute to sb, to show one's respect to sb; ***ich möchte dieser Dame meine ~ darbringen*** I would like to pay my addresses to this lady; **jds ~ entgegennehmen** to accept sb's tribute
huldvoll I. *adj* (*veraltend geh*) gracious; (*a. iron*) patronizing
II. *adv* (*geh*) graciously; **~ tun** (*iron*) to act patronizingly [*or* BRIT *a.* -isingly]
Hülle <-, -n> *f* (*Umhüllung*) cover; *Ausweis* wallet; (*Plattenhülle a.*) sleeve; **jds sterbliche ~** (*geh*) sb's mortal remains *npl form*
► WENDUNGEN: **die** [**letzten**] **~n fallen lassen** (*fam*) to strip off one's clothes; **in ~ und Fülle** (*geh*) in abundance [*or* plenty]
hüllen *vt* (*geh*) ■**jdn/etw in etw** *akk* **~** to wrap sb/sth in sth; ***sie hüllte das Kind in eine Decke*** she wrapped the child up in a blanket; ■**in etw** *akk* **gehüllt** shrouded in sth; **in Dunkelheit gehüllt** shrouded in darkness; ■**sich** *akk* **in etw** *akk* **~** to wrap oneself [up] in sth; **sich** *akk* **in Schweigen ~** to maintain one's silence, to keep mum *fam*
hüllenlos *adj* ① (*nackt*) naked, in one's birthday suit *hum fam,* starkers BRIT *hum fam,* in the altogether BRIT *fam*
② (*unverhüllt, offen*) plain, clear; ***erst nach einer Weile trat sein Charakter ~ zu Tage*** only after a while was his true character revealed
Hüllwort <-wörter> *nt* euphemism
Hülse <-, -n> *f* ① BOT pod
② (*röhrenförmige Hülle*) capsule; (*Patronenhülle*) case; (*Film-, Zigarrenhülle*) container
Hülsenfrucht *f meist pl* pulse
Hülsrohr *nt* BAU sleeve pipe
human *adj* ① (*menschenwürdig*) humane; **eine ~e Behandlung** humane treatment; **eine ~ Strafe** lenient punishment
② (*nachsichtig*) considerate; **ein ~er Lehrer/Chef** a considerate teacher/boss
③ (*Menschen betreffend*) human
Humangenetik *f* human genetics + *sing vb*
Humaninsulin *nt* human insulin
Humanisierung <-> *f kein pl* humanization *no pl*
Humanismus <-> *m kein pl* (*geh*) humanism *no pl;* **sozialistischer ~** socialist humanism
Humanist(in) <-en, -en> *m(f)* ① (*Mensch*) humanist
② (*veraltend: humanistisch gebildete Person*) humanist, classicist
humanistisch *adj* ① (*im Sinne des Humanismus*) humanistic; **der ~e Geist** the spirit of humanism
② HIST (*dem Humanismus angehörend*) humanist
③ (*altsprachlich*) humanistic, classical; **eine ~e Bildung** a classical education; *s. a.* **Gymnasium**
humanitär *adj* humanitarian
Humanität *f kein pl* (*geh*) humanity
Humanitätsduselei <-, -en> *f* (*pej*) sentimentalism
Humankapital *nt kein pl* ÖKON human resources *pl*
Humanmedizin *f kein pl* human medicine
Humanmediziner(in) *m(f)* doctor of human medicine **Humanwissenschaften** *pl* humanities *npl*
Humbug <-s> *m kein pl* (*pej fam*) ① (*Unfug*) rubbish *no pl* BRIT, trash *no pl* AM; ***er redet nur ~*** he's talking rubbish
② (*Schwindel*) humbug *no pl;* ***Zauberei ist doch nur ~*** magic is a load of humbug [*or* [stuff and] nonsense]
Hummel <-, -n> *f* bumblebee
► WENDUNGEN: **~n im** [*o* **unterm**] **Hintern** [*o sl* **Arsch**] **haben** (*fam*) to have ants in one's pants *hum*
Hummer <-s, -> *m* lobster
Hummercocktail [kɔkteːl] *m* lobster cocktail
Hummergabel *f* lobster fork **Hummerkopf** *m* lobster head **Hummerkrabbe** *f* freshwater [*or* giant river] prawn **Hummerpastete** *f* lobster vol-au-vent **Hummerschere** *f* lobster claw [*or* BRIT *pl* prongs] **Hummerschwanz** *m* lobster tail
Humor[1] <-s, *selten* -e> *m* ① (*Laune*) good humour [*or* AM -or], cheerfulness; **einen goldenen ~ haben** to be irrepressibly good-humoured
② (*Witz, Wesensart*) [sense of] humour [*or* AM -or]; **etw mit ~ nehmen** [*o* **tragen**] to take sth good-humouredly; **den ~ verlieren** to become bad-tempered [*or* ill-humoured]; **der rheinische ~** the Rhineland brand of humour; ***du hast*** [***vielleicht***] ***~!*** (*iron*) you're a funny one! *iron;* [**einen Sinn für**] **~ haben** to have a sense of humour; **keinen** [**Sinn für**] **~ haben** to not have a sense of humour, to be humourless; **schwarzer ~** black humour
► WENDUNGEN: **~ ist, wenn man trotzdem lacht** (*prov*) you've got to laugh
Humor[2] <-s,-es> *m* MED (*Körperflüssigkeit*) [cardinal] humour [*or* AM -or]
Humoreske <-, -n> *f* ① LIT (*kleine humoristische Erzählung*) humorous story [*or* sketch]
② MUS (*heiteres Musikstück*) humoresque
humorig *adj* humorous, funny, good-humoured [*or* AM -humored]; *Rede, Bemerkung* humorous, funny
Humorist(in) <-en, -en> *m(f)* ① (*Komiker*) comedian
② (*humoristischer Autor/Künstler*) humorist
humoristisch *adj* ① (*humorvoll*) humorous, amusing
② (*witzig*) comic; **eine ~e Geschichte/Darbietung** a funny [*or* humorous] story/sketch
humorlos *adj* humourless BRIT, humorless AM; **ein ~er Mensch** a cantankerous person, BRIT a crosspatch *fam;* ***er hat recht ~ auf den Witz reagiert*** he didn't find the joke at all funny
Humorlosigkeit *f kein pl* humourlessness *no pl,* lack of a sense of humour
humorvoll *adj* humorous; ***er hat eine sehr ~e Art, Geschichten zu erzählen*** he has a very amusing way of telling stories
humpeln *vi* ① *sein o haben* (*hinken*) to limp, to hobble
② *sein* (*fam: sich hinkend fortbewegen*) ■**irgendwohin ~** to limp somewhere
Humpen <-s, -> *m* tankard; (*Ton~*) stein; **einen ~ Bier trinken** to drink a tankard of beer
Humus *m kein pl* humus
Humusboden *m,* **Humuserde** *f* humus soil
Hund <-[e]s, -e> *m* ① (*Tier*) dog; (*Jagd~*) hound; **zur Familie der ~e gehören** to be a canine; **fliegender ~** flying fox; **„**[**Vorsicht,**] **bissiger ~!"** "beware of the dog!"; **„~e müssen draußen bleiben"** "no dogs allowed"; **einen ~ auf jdn hetzen** to set [*or* AM *usu* sick] one's dog on sb; **einen ~ auf jds Spur** [*o* **Fährte**] **setzen** to put a dog on sb's trail; **ein ~ schlägt an** a dog gives a warning bark; **der Große/Kleine ~** ASTROL Canis Major/Canus Minor, the Great Dog/the Little Dog
② (*Mensch*) swine, bastard *fam!;* **ein armer ~ sein** (*fam*) to be a poor soul *fam,* to be a poor sod *sl;* **blöder ~!** (*sl*) stupid idiot, dickhead *fam!;* [**du**] **falscher ~!** (*sl*) [you] dirty rat!; [**du**] **gemeiner** [*o sl* **räudiger**] **~** [you] dirty [*or* low-down] dog; **krummer ~** (*sl*) rogue, villain; **ein räudiger ~** a mang[e]y dog; **wie einen räudigen ~** like a mad dog; **ein scharfer ~** a vicious dog; (*fam*) a tough customer [*or* cookie]; [**du**] **schlauer** [*o* **gerissener**] **~** (*sl*) [you] sly dog *sl* [*or* crafty devil]
► WENDUNGEN: **kein ~ nimmt ein Stückchen Brot von ihm** (*fam*) everyone avoids him like the plague; **viele ~e sind des Hasen Tod** (*prov*) as one against many you don't stand a chance; **wie ~ und Katze leben** (*fam*) to be at each other's throats, to fight like cats and dogs; **den Letzten beißen die ~e** the last one [out] has to carry the can BRIT; **mit etw** *dat* **keinen ~ hinterm Ofen hervorlocken können** (*fam*) to not be able to tempt a single soul with sth; **da wird der ~ in der Pfanne verrückt** (*fam*) it's enough to drive a person mad [*or* BRIT sb round the twist]; **bekannt sein wie ein bunter ~** (*fam*) to be known far and wide; **das ist ja ein dicker ~** (*sl*) that is absolutely outrageous; [**ja**] **zum Junge-~e-Kriegen sein** (*fam*) to be maddening, to be enough to drive one around the bend [*or* AM off of the deep end]; **schlafende ~e wecken** (*fam*) to wake sleeping dogs, to stir something up; **schlafende ~e soll man nicht wecken** one should let sleeping dogs lie; **da liegt der ~ begraben** (*fam*) that's the crux of the matter, that's what's behind it; **jdn wie einen ~ behandeln** (*fam*) to treat sb like a dog; **~e, die** [**viel**] **bellen, beißen nicht** (*prov*) sb's bark is worse than their bite *fam;* **jdn auf den ~**

bringen (*fam*) to be sb's ruin *fam,* to bring about sb's downfall; **vor die ~e gehen** (*sl*) to go to the dogs; **er ist mit allen ~en gehetzt** (*fam*) he knows all the tricks; **auf den ~ kommen** (*fam*) to go to the dogs

Hündchen <-s, -> *nt dim von* **Hund** (*kleiner Hund*) little dog; (*junger Hund*) puppy

Hundebiss[RR] *m* dog bite **hundeelend** *adj* (*fam*) **jd fühlt sich** *akk* **~, jdm ist ~** sb feels [BRIT bloody] awful [*or* terrible] [*or* lousy] **Hundefänger(in)** <-s, -> *m(f)* dog catcher **Hundefell** *nt* dog fur **Hundefloh** *m* dog flea **Hundefutter** *nt* dog food **Hundegebell** *nt* barking **Hundehaftpflichtversicherung** *f* dog owner's liability insurance **Hundehalsband** *nt* dog collar **Hundehalter(in)** *m(f)* (*geh*) dog owner **Hundehaltung** *f* (*geh*) dog-owning, dog-keeping; ***die ~ ist in diesem Haus streng verboten*** dogs are not allowed to be kept in this house, it is forbidden to keep dogs in this house **Hundehütte** *f* [dog] kennel **Hundekälte** *f* (*fam*) bitter cold; ***eine ~ ist das draußen wieder!*** it's bloody cold again outside! *fam* **Hundekorb** *m* dog basket **Hundekuchen** *m* dog biscuit **Hundekurve** *f* MATH dog curve **Hundeleben** *nt* (*pej fam*) dog's life; **ein ~ führen** to lead a dog's life **Hundeleine** *f* dog lead [*or* leash] **Hundelohn** *m* (*pej fam*) miserly wage[s *pl*] **Hundemarke** *f* (*a. fig, hum*) dog tag **hundemüde** *adj pred* (*fam*) dog-tired, dead beat BRIT **Hunderasse** *f* breed of dog

hundert *adj* ❶ (*Zahl*) [a [*or* one]] hundred; ***die Linie ~ fährt zum Bahnhof*** the No. 100 goes to the station; ***ich wette mit dir ~ zu eins, dass er verliert*** I'll bet you a hundred to one [*or* anything] that he loses; **~ [Jahre alt] sein** to be a hundred [years old]; **mit ~ [Jahren]** at the age of a hundred, at a hundred years of age, as a hundred-year-old; **über ~ sein** to be over [*or* older than] a hundred; **einige ~ Mark** several hundred marks; **einer von ~ Menschen** one in every hundred people; **von eins bis ~ zählen** to count from one to a hundred; **in ~ Jahren** in one hundred years [from now]
❷ (*fam: sehr viele*) a hundred, hundreds; ***sie macht ~ Dinge gleichzeitig*** she does a hundred [and one] things all at the same time
❸ (*fam: Stundenkilometer*) [a] hundred [kilometres [*or* AM -ers] an hour]; *s. a.* **achtzig 2**
❹ *pl, auch großgeschrieben* (*viele hundert*) hundreds *pl; s. a.* **Hundert**[1] **2**
► WENDUNGEN: **jdn auf ~ bringen** (*fam*) to drive sb up the wall; **auf ~ kommen** (*fam*) to blow one's top; **auf ~ sein** (*fam*) to be hopping mad [*or* livid]; *s. a.* **Sache**

Hundert[1] <-s, -e> *nt* ❶ (*Einheit von 100*) hundred; **ein halbes ~** fifty; **mehrere ~** several hundred; **[zehn/zwanzig etc] vom ~** [ten/twenty etc] per cent [*or* out of every hundred]; **das ~ voll machen** to round up to the next hundred
❷ *pl, auch kleingeschrieben* (*viele hundert*) hundreds *pl;* **einige/viele ~e ...** a few/several hundred ...; **~e von ...** hundreds of ...; ***~e von Fliegen, ~er Fliegen*** hundreds of flies; **einer unter ~en** one in a hundred; ***das kann von ~en nur einer*** only one out of all these hundreds can do that; **in die ~e gehen** (*fam*) *Kosten, Schaden* to run into the hundreds; **zu ~en** in [their] hundreds, by the hundred; **~e und aber ~e** hundreds upon hundreds

Hundert[2] <-, -en> *f* [one [*or* a]] hundred

Hunderter <-s, -> *m* ❶ (*fam: Banknote zu 100 Euro*) hundred euro note; ***es hat mich einen ~ gekostet*** it cost me a hundred euros
❷ (*100 als Zahlenbestandteil*) hundred

hunderterlei *adj* (*fam*) a hundred [different]; ***ich habe ~ zu tun heute*** I've a hundred and one things to do today; *s. a.* **achterlei**

hundertfach, 100fach I. *adj* [a] hundredfold, a hundred times; *s. a.* **achtfach**
II. *adv* hundredfold, a hundred times over

Hundertfache, 100fache *nt dekl wie adj* a hundred times the amount, the hundredfold *rare; s. a.* **Achtfache**

hundertfünfzigprozentig *adj* (*fam*) fanatical, out-and-out, overzealous; ***er ist ein ~er Tierschützer*** he's a fanatical animal rights activist; **ein H~er/eine H~e sein** to be a fanatic

Hundertfüßer <-s, -> *m* ZOOL centipede **Hundertjahrfeier** *f* centenary [celebrations *pl*] **hundertjährig, 100-jährig**[RR] *adj* ❶ (*Alter*) hundred-year-old *attr,* one hundred years old *pred; s. a.* **achtjährig 1**
❷ (*Zeitspanne*) hundred-year *attr; s. a.* **achtjährig 2, Kalender, Krieg** **Hundertjährige(r), 100-Jährige(r)**[RR] *f(m) dekl wie adj* hundred-year-old [person], centenarian

hundertmal, 100-mal[RR] *adv* ❶ (*Wiederholung*) a hundred times; *s. a.* **achtmal**
❷ (*fam: sehr viel, sehr oft*) a hundred times; ***ich kann das ~ besser als du*** I can do that a hundred times better than you; ***das habe ich dir schon ~ gesagt*** if I've told you once I've told you a hundred times
❸ (*fam: noch so sehr*) ***auch wenn du ~ Recht hast, keiner wird dir glauben*** even if you are right, nobody will believe you

Hundertmarkschein *m* hundred-mark note **Hundertmeterlauf** *m* hundred-metre [*or* AM -er] race [*or* sprint] **hundertprozentig I.** *adj* ❶ (*100% umfassend*) one hundred percent; (*Alkohol*) pure ❷ (*fam: typisch*) through and through; ***er ist ein ~er Bayer*** he's a Bavarian through and through, he's a true Bavarian; (*absolut, völlig*) absolute, complete; ***es gibt keine ~e Sicherheit*** there's no such thing as absolute security; ***du hast ~ Recht*** you're absolutely right; ***er galt als ~*** he was thought to be totally reliable; **sich** *dat* **~ sicher sein** to be absolutely sure **II.** *adv* (*fam*) absolutely, completely; ***auf sie kannst du dich ~ verlassen*** you can always rely on her completely; ***das weiß ich ~*** I know that for certain, that's a fact **Hundertsatz** *m* (*geh*) *s.* **Prozentsatz**

Hundertschaft <-, -en> *f* hundred-strong unit

hundertste(r, s) *adj* [one] hundredth; *s. a.* **achte(r, s)**

Hundertste(r, s) *nt* the [one] hundredth
► WENDUNGEN: **vom H~n ins Tausendste kommen** (*fam*) to get carried away

Hundertstel <-s, -> *nt o* SCHWEIZ *m* hundredth

Hundertstelsekunde *f* hundredth of a second

hunderttausend *adj* ❶ (*Zahl*) a [*or* one] hundred thousand; *s. a.* **tausend**
❷ *auch großgeschrieben* (*ungezählte Mengen*) hundreds of thousands; **H~e von jungen Menschen** [*o* **junger Menschen**] hundreds of thousands of young people

Hundesalon *m* dog parlour [*or* AM -or], grooming salon [*or* parlour] for dogs **Hundescheiße** *f* (*derb*) dog shit **Hundeschlitten** *m* dog sleigh [*or* sled[ge]] **Hundeschnauze** *f* muzzle; **kalt wie eine ~ sein** (*fam*) to be as cold as ice **Hundesohn** *m* (*pej fam*) son of a bitch; LIT cur **Hundesteuer** *f* dog licence [*or esp* AM -se] fee **Hundewetter** *nt* (*fam*) *s.* **Sauwetter** **Hundezwinger** *m* kennels *npl*

Hündin *f* bitch

hündisch *adj* (*pej*) ❶ (*unterwürfig*) sycophantic, fawning, grovelling, groveling AM; **mit ~em Gehorsam** with slavish obedience
❷ (*niederträchtig*) **eine ~e Gemeinheit** despicable meanness

Hündlein <-s, -> *nt* (*selten*) *dim von* **Hund** little dog, doggy

hundsgemein I. *adj* (*fam*) ❶ (*niederträchtig*) low-down, rotten *fam;* **eine ~e Lüge** a malicious lie; ***er kann ~ sein*** he can be really nasty ❷ (*sehr groß*) severe; **eine ~e Kälte** a biting [*or* bitter] cold **II.** *adv* (*fam*) ***es tut ~ weh*** it hurts like hell *fam* **hundsmiserabel** *adj* (*fam*) ❶ (*niederträchtig*) low-down, rotten; ***er ist ein hundsmiserabler Typ*** he's a nasty piece of work, he's a real bastard *fam!* ❷ (*äußerst schlecht*) awful; **jdm geht es ~, jdm ist ~ [zumute]** sb feels really lousy *sl;* **sich** *akk* **~ fühlen** to feel really lousy **Hundstage** *pl* dog days *pl*

Hüne <-n, -n> *m* (*riesenhafter Mensch*) giant; **ein ~ von Mann** [*o* **Mensch**] (*fam*) a giant of a man

Hünengrab *nt* (*fam*) megalithic tomb

hünenhaft *adj* gigantic, colossal; **von ~er Gestalt** a titanic [*or* colossal] figure

Hunger <-s> *m kein pl* ❶ (*~gefühl*) hunger; **~ bekommen/haben** to get/be hungry; **keinen richtigen ~ haben** to not really be hungry; **~ auf etw** *akk* **haben** (*Appetit*) to feel like [eating] sth, to fancy [eating] sth; **~ leiden** (*geh*) to starve, to go hungry; **etw macht ~** sth makes sb hungry; ***Holzfällen macht ~!*** woodcutting helps you work up an appetite; **seinen ~ stillen** to satisfy one's hunger; **~ wie ein Wolf** [*o* **Bär**] **haben** (*fam*) to be ravenous[ly hungry]; **guten ~!** DIAL (*fam*) bon appetit!, enjoy your meal!; **vor ~ sterben** [*o fam* **umkommen**] to be starving, to die of hunger; **der ~ treibt es rein** [*o* **hinein**] if you're hungry enough you'll eat anything
❷ (*Hungersnot*) famine; ***es herrschte großer ~*** the area was stricken by famine
❸ (*geh: großes Verlangen*) ■**jds ~ nach etw** sb's thirst for sth; ***ihr ~ nach Wissen war unstillbar*** her thirst for knowledge was insatiable
► WENDUNGEN: **~ ist der beste Koch** (*prov*) hunger is the best sauce *prov,* a hungry stomach will eat anything

Hungergefühl *nt* feeling of hunger **Hungerjahr** *nt* year of famine [*or* hunger] **Hungerkünstler(in)** *m(f)* professional faster **Hungerkur** *f* MED starvation diet **Hungerleider(in)** <-s, -> *m(f)* (*fam*) starving wretch **Hungerlohn** *m* (*pej*) starvation wage *pej,* pittance; **für einen ~ arbeiten** to work for a pittance

hungern I. *vi* ❶ (*Hunger leiden*) to go hungry, to starve; **jdn ~ lassen** to let sb starve; (*fam: fasten*) to fast; ***nach Weihnachten muss ich erst einmal ein paar Wochen ~*** after Christmas I'll have to fast for a few weeks
❷ (*geh: dürsten*) ■**nach etw** *dat* **~** to thirst after [*or* for] sth *fig,* to hunger after [*or* for] sth; ***sie hungerte nach Aufmerksamkeit*** she yearned for attention
II. *vt impers* (*poet*) ■**es hungert jdn nach etw** *dat* sb hungers [*or* thirsts] after [*or* for] sth; ***es hungerte ihn nach Liebe*** he was hungry for love; ***ihn hungert nach Macht*** he's hungry for power
III. *vr* (*hungernd verbringen*) **sich** *akk* **durch etw** *akk* **~** to starve one's way through sth; **sich** *akk* **gesund ~** to go on a starvation diet; **sich** *akk* **zu Tode ~** to starve oneself to death; *s. a.* **schlank**

Hungersnot *f* famine

Hungerstreik *m* hunger strike; **in den ~ treten** to go on hunger strike

hungerstreiken *vi* to go on hunger strike

Hungertod *m kein pl* death by starvation; **den ~ sterben** (*geh*) to starve to death **Hungertuch** *nt*
► WENDUNGEN: **am ~ nagen** (*hum fam*) to be starving [*or* on the breadline]

hungrig *adj* ❶ (*Hunger verspürend*) hungry; **~ sein** to be hungry; **ein ~es Kind** a hungry child; **~ ins Bett gehen müssen** to have to go to bed hungry; **~ machen** to work up an appetite; ***allein der Gedanke macht mich ~*** just the thought [of it] makes me feel hungry; **~ nach** [*o* **auf**] **Süßigkeiten sein** to feel like eating sweets, to fancy some sweets
❷ (*geh: verlangend*) hungry; **nach Anerkennung/Erfolg ~ sein** to long [*or* yearn] for recognition/success

Hunne, Hunnin <-n -n> *m, f* Hun

Hunsrück <-s> *m* ■**der ~** the Hunsrück Mountains

Hupe <-, -n> *f* horn; **die ~ betätigen** (*geh*) to sound the [*or* one's] horn; **auf die ~ drücken** to beep [*or* press] the [*or* one's] horn

hupen *vi* to sound the [*or* one's] horn, to beep [*or* hoot] [*or* honk] the [*or* one's] horn; ■**das H~** horn-beeping

Hüpfburg *f* bouncy castle

hüpfen *vi sein* to hop; *Lamm, Zicklein* to frisk, to

H

gambol; *Ball* to bounce; **vor Freude** ~ to jump for joy; ***mein Herz hüpfte vor Freude*** (*liter*) my heart leapt for joy

hupfen *vi sein bes* SÜDD, ÖSTERR *s.* **hüpfen**
▸ WENDUNGEN: **das ist gehupft wie gesprungen** (*fam*) it's six of one and half a dozen of the other

Hüpfer *m*, **Hupfer** <-s, -> *m bes* SÜDD, ÖSTERR hop, skip; **einen ~ machen** to hop; ***mein Herz machte einen*** ~ my heart missed a beat

Hupkonzert *nt* (*fam*) cacophony of car horns; **ein ~ veranstalten** (*fig fam*) to honk like mad **Hupsignal** *nt* beep, hoot **Hupton** *m* sound of a horn [*or* BRIT hooter] **Hupzeichen** *nt* **jdm ein ~ geben** [*o* **machen**] to hoot [*or* sound one's horn] at sb

Hurde <-, -n> *f* SÜDD, SCHWEIZ fruit and vegetable rack

Hürde <-, -n> *f* ❶ (*Leichtathletik, Reitsport*) hurdle; **eine ~ nehmen** [*o* **überspringen**] to take [*or* clear] a hurdle; **110 Meter ~n laufen** to run the 110 metres [*or* AM -ers] hurdles
❷ (*tragbare Einzäunung für Tiere*) fold, pen
▸ WENDUNGEN: **eine ~ nehmen** to overcome an obstacle

Hürdenlauf *m* hurdling, hurdles *npl* **Hürdenläufer(in)** *m(f)* hurdler **Hürdenrennen** *nt* steeplechase

Hure <-, -n> *f* ❶ (*pej: Frau*) whore, loose woman
❷ (*veraltend: Prostituierte*) whore *vulg sl*

huren *vi* (*pej fam*) to whore, to go whoring, to sleep around *fam*

Hurenbock *m* (*pej vulg*) randy goat *dated fam*, randy bugger BRIT *vulg*, horny bastard AM *vulg* **Hurenkind** *nt* TYPO widow line **Hurensohn** *m* (*pej vulg*) son of a bitch, bastard

Huronsee ['hjʊərᵊn-] *m* Lake Huron

hurra *interj* hurray [*or* hooray] [*or* hurrah]; **~ schreien** to yell hurray, to cheer

Hurra <-s, -s> *nt* cheer; **ein dreifaches ~ [auf jdn/etw]** three cheers [for sb/sth]

Hurrapatriotismus *m* (*pej veraltend*) flag-waving patriotism **Hurraruf** *m* cheer [*or* hooray] [*or* hurrah]

Hurrikan <-s, -e> [harikən] *m* hurricane

hurtig *adj* DIAL (*veraltend*) quick, nimble; **sich** *akk* **~ davonmachen** to make a speedy exit

Husar <-en, -en> *m* hussar

husch *interj* (*fam: los, fort!*) shoo; **~, *weg mit dir!*** shoo, get away with you; (*schnell*) whoosh; **~, *war er schon wieder verschwunden*** and whoosh he'd gone again; **etw geht ~ ~** sth is done in a flash [*or fam* jiffy], sth is done at the double *dated fam*

huschen *vi sein* to dart, to flit; *Maus* to scurry; *Licht* to flash; ***ein Lächeln huschte über ihr Gesicht*** a smile flitted across her face; ***die Katze huscht von Baum zu Baum*** the cat darts from tree to tree

Husky <-s, -s> ['haski] *m* (*Schlittenhund*) husky

hüsteln *vi* to cough [slightly]; **nervös ~** to clear one's throat

husten I. *vi* to cough; ***wie lange hustest du schon?*** how long have you had that cough?; **stark ~** to have a bad [*or* nasty] cough; ■**auf etw** *akk* **~** (*fam*) to not give a damn about sth
II. *vt* (*auswerfen*) ■**etw ~** to cough up sth *sep;* **Schleim/Blut ~** to cough up mucus/blood
▸ WENDUNGEN: **dem werde ich was ~** [*o* **eins**] (*sl*) he can go jump in a lake [*or* go take a running jump], he can just get lost

Husten <-s> *m kein pl* cough; **~ stillend** cough-relieving; **~ stillend wirken** to relieve a cough

Hustenanfall *m* coughing fit **Hustenbonbon** *m o nt* cough drop [*or* BRIT sweet] **Hustenmittel** *nt* cough medicine **Hustenreiz** *m* tickly throat **Hustensaft** *m* cough syrup [*or* mixture] **Hustentee** *m herbal tea to relieve cough* **Hustentropfen** *pl* cough mixture

Hut[1] <-[e]s, Hüte> *m* ❶ (*Kopfbedeckung*) hat; **den ~ aufsetzen/abnehmen** to put on/take off one's hat
❷ BOT (*oberer Teil bei Hutpilzen*) cap
▸ WENDUNGEN: **mit dem ~[e] in der Hand kommt man durch das ganze Land** (*prov*) a little politeness goes a long way; **ein alter ~ sein** (*fam*) to be old hat; **vor jdm/etw den ~ abnehmen** [*o* **ziehen**] to take one's hat off to sb/sth; **~ ab [vor jdm]!** (*fam*) hats off to sb!, well done!, I take my hat off [to sb]; **etw unter einen ~ bringen** [*o* **kriegen**] (*fam*) to reconcile sth, to accommodate sth; (*Termine*) to fit in sth; ***man kann nicht alle Menschen unter einen ~ bringen*** you can't please everyone all of the time; **mit jdm/etw nichts/nicht viel am ~ haben** (*fam*) to not have anything in common with/to not [really] go in for sb/sth; **eins auf den ~ kriegen** (*fam*) to get a dressing-down [*or* telling-off] *fam;* **den** [*o* **seinen**] **~ nehmen müssen** (*fam*) to have to pack one's bags *fig*, to have to step [*or* stand] down, to be dismissed; **etw an den ~ stecken können** (*fam*) to stick [*or* keep] sth *sl;* **da geht einem ja der ~ hoch** it's enough to make you blow your top

Hut[2] <-> *f* (*geh*) protection; **irgendwo/bei jdm in bester** [*o* **sicherer**] **~ sein** to be in safe hands somewhere/with sb; ***ich habe die Diamanten in meiner*** ~ I have the diamonds in safe keeping; **auf der ~ [vor jdm/etw] sein** to be on one's guard [against sb/sth]

Hutablage *f* hat shelf [*or* rack]; (*im Auto*) rear parcel shelf **Hutband** *nt* hatband

Hütchen <-s, -> *nt dim von* **Hut**[1] little hat

hüten I. *vt* ❶ (*beaufsichtigen*) ■**jdn/etw ~** to look after sb/sth, to mind sb/sth; **Schafe ~** to mind [*or* tend] sheep
❷ (*geh: bewahren*) ■**etw ~** to keep sth; **etw sorgsam ~** to look after sth carefully; **ein Geheimnis ~** to keep [*or* guard] a secret; *s. a.* **Bett, Haus**
II. *vr* (*sich in Acht nehmen*) ■**sich** *akk* **vor jdm/etw ~** to be on one's guard against sb/sth; ***hüte dich vor unüberlegten Entscheidungen*** beware of making rash decisions; ■**sich** *akk* **~, etw zu tun** to take care not to do sth; ***ich werde mich* [*schwer*] *~!*** (*fam*) not [bloody] likely! *sl*, I'll do nothing of the kind

Hüter(in) <-s, -> *m(f)* (*geh*) guardian; **~ des Schatzes** custodian of the treasure; **ein ~ des Gesetzes** (*hum*) a custodian of the law; **Vieh~** herdsman

Hutfeder *f* [hat] feather **Hutgeschäft** *nt* ÖKON hat shop; (*für Herren*) hat shop, hatter's; (*für Damen*) hat shop, milliner's **Hutkrempe** *f* brim [of a/the hat]

Hutle <-, -> *nt* (*pej*) simpleton **Hutmacher(in)** *m(f)* hatter, hat maker; *für Damen* milliner **Hutmaterial** *nt* [hat] fabric **Hutmutter** *f* acorn nut **Hutnadel** *f* hatpin **Hutschachtel** *f* hatbox

Hutsche <-, -n> *f* SÜDD, ÖSTERR (*fam*) ❶ (*Schaukel*) swing
❷ (*pej sl: alte Schlampe*) old tart *pej fam*, old floozie [*or* floosie] [*or* floozy] *pej fam*

hutschen I. *vi* SÜDD, ÖSTERR (*fam: schaukeln*) to swing
II. *vr* (*verschwinden, weggehen*) ■**sich** *akk* **~** to disappear; ***hutsch dich!*** get lost!

Hutschnur *f* hat string [*or* cord] ▸ WENDUNGEN: **etw geht jdm über die ~** (*fam*) sth goes too far, sth oversteps the mark; ***das geht mir über die ~!*** now you've/she's, etc. really gone too far! **Hutständer** *m* hatstand

Hütte <-, -n> *f* ❶ (*kleines Haus*) hut; (*ärmliches Häuschen*) shack, humble abode *hum;* **eine ~ bauen** to build a hut; **die ~ der Eingeborenen** the natives' huts
❷ (*Berghütte*) [mountain] hut; (*Holzhütte*) cabin; (*Hundehütte*) kennel; (*Jagdhütte*) hunting lodge
❸ (*industrielle Anlage*) **Eisen~** iron and steel works; **Glas~** glassworks; **Ziegel~** brickworks

Hüttenarbeiter *m* worker in an iron and steel works **Hüttenindustrie** *f* iron and steel industry **Hüttenkäse** *m* cottage cheese **Hüttenkunde** *f* metallurgy **Hüttenschuh** *m* slipper sock **Hüttenwerk** *nt* iron and steels works + *sing/pl vb*

hutz(e)lig *adj* (*fam*) shrivelled [*or* AM *usu* shriveled]; **~es Obst** shrivelled fruit; **ein ~es Gesicht** a wizened [*or* wrinkled] [*or* wrinkly] face

Hyäne <-, -n> *f* ❶ (*hundeähnliches Raubtier*) hy[a]ena
❷ (*pej fam: profitgieriger, skrupelloser Mensch*) unscrupulous rogue

Hyänenhund *m* ZOOL African hunting dog

Hyazinthe <-, -n> *f* hyacinth

hybrid[1] *adj* ❶ BIOL (*zwitterhaft*) hybrid, hermaphroditic
❷ LING hybrid
❸ INFORM (*analog und digital*) hybrid

hybrid[2] <-er, -este> *adj* (*geh: überheblich*) arrogant

Hybridantrieb *m* hybrid drive **Hybridauto** *nt* hybrid car

Hybride <-, -n> *f* hybrid

Hybridfahrzeug *nt* AUTO hybrid vehicle **Hybridrechner** *m* hybrid computer **Hybridzüchtung** *f* ❶ (*Vorgang der Züchtung*) hybrid breeding *no pl*, hybridizing ❷ (*Ergebnis der Züchtung*) hybrid

Hybris <-> *f kein pl* (*geh*) hubris *form*

Hydra[1] <-> *f* ❶ (*griechisches Fabelwesen*) Hydra
❷ *kein pl* (*fig: gefährliches Phänomen*) hydra; **die gefährliche ~ des Imperialismus** the treacherous hydra of imperialism
❸ (*Sternbild*) Hydra [the water serpent]

Hydra[2] <-, Hydren> *f* (*Süßwasserpolyp*) hydra

Hydrant <-en, -en> *m* hydrant

hydratisieren* *vt* ■**etw ~** to moisturize sth

Hydraulik <-> *f kein pl* ❶ (*hydraulisches System*) hydraulic system, hydraulics *npl;* **die ~ der Bremse** the brake's hydraulics
❷ (*wissenschaftliche Lehre*) hydraulics + *sing vb*

hydraulisch *adj* hydraulic

hydrieren *vt* CHEM ■**etw ~** to hydrogenate sth

Hydrierung <-, -en> *f* CHEM hydrogenation

Hydrodynamik <-> *f* PHYS hydrodynamics + *sing vb, no art* **hydroelektrisch** *adj* PHYS hydroelectric **Hydrokultur** *f* hydroponics + *sing vb spec* **Hydrolyse** <-, -n> *f* hydrolysis **Hydrometer** *f* hydrometer **hydrophil** *adj* BIOL, CHEM hydrophilic **hydrophob** *adj* BIOL, CHEM hydrophobic **Hydrotechnik** *f* hydraulic engineering **hydrotechnisch** *adj* hydraulic engineering *attr* **hydrotherapeutisch** *adj* hydrotherapeutic **Hydrotherapie** *f* hydrotherapy, hydrotherapeutics + *sing vb*

Hygiene <-> *f kein pl* hygiene *no pl*

Hygienepapier *nt* toilet tissue **Hygienevorschrift** *f* JUR health regulation **Hygienezone** *f* hygiene zone [*or* area]

hygienisch *adj* hygienic; **eine ~ Überwachung** hygienic precautions; ***eine ~ Aufbewahrung ist sehr wichtig*** this must be kept in hygienic conditions

Hygrometer <-s, -> *nt* hygrometer

Hymen <-s, -> *nt o m* (*fachspr*) hymen, maidenhead *liter*

Hymne <-, -n> *f* ❶ (*Loblied*) hymn
❷ (*feierliches Gedicht*) literary hymn; **eine ~ auf die Liebe** a literary hymn to love
❸ (*kurz für Nationalhymne*) national anthem; **die ~ spielen** to play the [national] anthem

hymnisch *adj* hymn-like

Hype <-, -s> [hajp] *f* hype

hyperaktiv *adj* hyperactive

Hyperbel <-, -n> *f* ❶ MATH hyperbola *spec*
❷ LING (*rhetorische Figur*) hyperbole

Hyperbelfunktion *f* MATH hyperbolic function

hyperbolisch *adj* ❶ MATH hyperbolic
❷ LING (*Hyperbeln aufweisend*) hyperbolic[al]; **eine ~e Wendung** a hyperbolic phrase [*or* expression]

hyperkorrekt *adj, adj* ❶ (*übertrieben korrekt*) hypercorrect, excessively correct ❷ LING hypercorrect **Hyperlink** <-s, -s> ['hajpəlɪŋk] *m* INFORM hyperlink **hypermodern** *adj* (*fam*) ultra-modern **hypersensibel** *adj* hypersensitive **Hypertext** ['hajpə-] *m* INFORM hypertext

Hypertonie <-, -n> [ni:ən] *f* MED ❶ (*Bluthochdruck*) hypertension *spec*, high blood pressure
❷ (*gesteigerte Muskelspannung*) hypertonia
❸ (*erhöhte Spannung im Augapfel*) hypertonia

hypertroph *adj* (*fachspr*) ❶ MED (*Hypertrophie aufweisend*) hypertrophic[al] *spec;* **~es Gewebe** hypertrophic tissue
❷ (*geh: übersteigert, übermäßig*) hypertrophied *liter;* **ein ~es Geltungsbedürfnis** an excessive need to be admired

Hypertrophie <-, -n> ['fi:ən] *f* (*fachspr*) ❶ MED, BIOL hypertrophy *spec;* **~ der Muskeln** muscular hypertrophy
❷ (*geh: Übermaß*) excess; **eine ~ des Selbstbewusstseins** an enormous ego

Hyperventilation *f* MED hyperventilation

Hypnose <-, -n> *f* hypnosis; **in ~ fallen** to fall [*or* go] into a hypnotic trance; **unter ~ stehen** to be under hypnosis; **jdn in ~ versetzen** to hypnotize sb, to put sb under hypnosis; **in ~** under hypnosis; **aus der ~ erwecken** to come out of a hypnotic trance

Hypnotherapie *f* hypnotherapy

hypnotisch *adj* hypnotic; **ein ~er Schlaf** a hypnotic trance; **~e Kräfte** hypnotic powers; **die ~e Wirkung von Musik** the hypnotic effect of music

Hypnotiseur(in) <-s, -e> [hypnoti'zø:ɐ] *m(f)* hypnotist

hypnotisierbar *adj* hypnotizable; ***manche Menschen sind leichter ~ als andere*** some people are easier to hypnotize than others

hypnotisieren* *vt* ■**jdn ~** to hypnotize sb; **wie hypnotisiert** as if hypnotized; **hypnotisiert von etw sein** *dat* (*fig*) to be hypnotized by sth; ***sie war ganz hypnotisiert von seinen Worten*** she was hypnotized [*or* entranced] by his words

hypoallergen *adj* hypoallergenic

Hypochonder <-s, -> *m* hypochondriac

Hypochondrie <-, -n> *f* hypochondria *no art*

Hypoglykämie <-, Hypoglykämien> *f* MED hypoglycaemia BRIT, hypoglycemia AM

Hypophyse <-, -n> *f* ANAT pituitary gland *spec*

Hypotenuse <-, -n> *f* hypotenuse

Hypothalamus <-, Hypothalami> *m* ANAT hypothalamus

Hypothek <-, -en> *f* ❶ (*Grundpfandrecht*) mortgage [loan]; **~ auf Grund und Boden** mortgage [on real estate]; **die erste/zweite/dritte ~** the first/second/third mortgage; **mit ~en belastbar/belastet** mortgageable/mortgaged [*or* encumbered]; **formlose/nachstehende ~** equitable/puisne mortgage; **eine ~ auf seinem Haus haben** to have mortgaged one's house; **eine ~ [auf etw** *akk*] **aufnehmen** to take out a mortgage [on sth]; **etw mit einer ~ belasten** to encumber sth with a mortgage; **eine ~ eintragen** to register a mortgage; **eine ~ tilgen** to redeem a mortgage
❷ (*geh: Belastung*) burden; (*fig a.*) millstone around one's neck

hypothekarisch I. *adj* mortgage *attr,* hypothecary; **~e Belastung von unbeweglichen Gütern** mortgage
II. *adv* **etw ~ belasten** to mortgage [*or* encumber] sth

Hypothekenaufnahme *f* FIN taking out a mortgage **Hypothekenbank** <-banken> *f bank dealing primarily with mortgage business* **Hypothekenbankgesetz** *nt* JUR mortgage banks act **Hypothekenbelastung** *f* FIN encumbrance [by mortgage] **Hypothekenbeschaffung** *f* JUR mortgage assistance **Hypothekenbestellung** *f* creation of a mortgage; **formelle ~** charge by way of legal mortgage **Hypothekenbrief** *m* mortgage certificate [*or* deed] **Hypothekendarlehen** *nt* JUR mortgage loan **Hypothekenforderung** *f* JUR mortgage claim [*or* debt] **hypothekenfrei** *adj* JUR unmortgaged, unencumbered **Hypothekengläubiger(in)** *m(f)* JUR mortgagee, mortgage creditor **Hypothekenklage** *f* JUR foreclosure action **Hypothekenpfandbrief** *m* JUR mortgage bond **Hypothekenschuld** *f* mortgage [*or* hypothecary] debt **Hypothekenschuldner(in)** *m(f)* mortgagor **Hypothekenstelle** *f* JUR mortgage ranking **Hypothekentilgung** *f* JUR mortgage redemption; (*einzelne Zahlung*) mortgage payment [*or* repayment] **Hypothekenübernahme** *f* JUR acceptance of a mortgage **Hypothekenzinsen** *pl* JUR mortgage interest

Hypothermie <-, Hypothermien> *f* MED hypothermia

Hypothese <-, -n> *f* hypothesis; **eine ~ aufstellen/widerlegen** to advance/refute a hypothesis

hypothetisch *adj* hypothetical

Hypotonie <-, -n> *f* MED ❶ (*niederer Blutdruck*) hypotension
❷ (*bei Muskeln*) hypotonia, hypotonus
❸ (*beim Augapfel*) hypotonia, deficient intra-ocular tension

Hysterie <-, -n> *f* ❶ MED hysteria
❷ (*Erregung*) hysteria; ***man spürte eine allgemeine ~*** there was a general air of hysteria

hysterisch *adj* ❶ MED hysterical; **einen ~en Anfall haben** to have hysterics
❷ (*nervös*) hysterical

Hz *nt Abk von* **Hertz**

I

I, i <-, – *o fam* -s, -s> *nt* (*Buchstabe*) I, i; **~ wie Ida** I for Isaac BRIT, I as in Item AM; *s. a.* **A 1**
► WENDUNGEN: **das Tüpfelchen auf dem ~** the final touch, the cherry on top

i [i:] *interj* ❶ (*fam: Ausdruck von Ablehnung, Ekel*) ugh; **~, wie ekelig** ugh, that's horrible
❷ (*abwertend*) **~ wo!** no way! *fam*

i.A. *Abk von* **im Auftrag** pp

IAA *f* IAA (*indoleacetic acid*)

IAEO *f Abk von* **internationale Atomenergie-Organisation** IAEO, International Atomic Energy Organization

iah *interj* hee-haw

IAO *f Abk von* **internationale Arbeitsorganisation** ILO

IATA *f Abk von* **International Air Transport Association** IATA

ib(d). *Abk von* **ibidem** ib.

iberisch *adj* Iberian

ibid. *Abk von* **ibidem** ibid.

IBIS *nt kurz für* **integriertes Börsenhandels- und Informationssystem** integrated German stock exchange trading and information system

Ibis <-, -se> *m* ORN ibis

IBIS-Handel *m kein pl* BÖRSE dealing via IBIS, Ibis trading **IBIS-System** *nt* IBIS system [*or* integrated German stock market trading and information system]

Ibiza *nt* Ibiza; *s. a.* **Sylt**

IC <-s, -s> *m Abk von* **Intercity**

ICAO *f Abk von* **International Civil Aviation Organization** ICAO

ICE <-s, -s> *m Abk von* **Intercity Express** *a high speed train*

ICE-Trasse *f* high-speed train route **ICE-Zuschlag** *m* Intercity Express surcharge

ich <*gen* meiner, *dat* mir, *akk* mich> *pron pers* I, me; **~ bin/war es** it's/it was me; ***~ bin es, dein Onkel Hans*** it's me, Uncle Hans; **~ nicht!** not me!; **~, der/die ...** me, who ...; ***~, der immer putzt ...*** me, who always cleans ...; **~ selbst** I myself; ***nicht einmal ~ selbst könnte die beiden Bilder auseinderhalten*** not even I could tell the difference between the two pictures; *s. a.* **immer, meiner, mich, mir**

Ich <-[s], -s> *nt* ❶ (*das Selbst*) self
❷ PSYCH (*Ego*) ego; **jds anderes** [*o* **zweites**] **~** sb's alter ego; **jds besseres ~** sb's better self

ichbezogen *adj* egocentric; *Äußerung* egotistic

Icherzählung *f* LIT first-person narrative **Ichform** *f* first person form; **in der ~** in the first person

Ichthyol® <-s> *nt kein pl* MED Ichthyol® (*dark brown or colourless liquid with antiseptic, anti-inflammatory and painkilling properties*)

Ichthyolsalbe *f* MED, PHARM Ichthyol ointment

Icon <-s, -s> ['aɪkən] *nt* INFORM icon

IC-Zuschlag [i:'tse:] *m* Intercity surcharge

IDA *f* JUR (*Internationale Entwicklungsvereinigung*) *Abk von* **International Development Association** IDA

ideal I. *adj* ideal; **eine ~e Lage** an ideal position; **~e Bedingungen** ideal conditions
II. *adv* ideally; **~ wohnen** to live in an ideal location

Ideal <-s, -e> *nt* ❶ (*erstrebenswerte Idee*) ideal; **das künstlerische ~** the artistic ideal; **[noch] ~e haben** to [still] have ideals; **keine ~e mehr haben** to no longer have any ideals
❷ (*Idealbild*) ideal; **das ~ einer Frau** the ideal woman; **das ~ der Schönheit** the ideal of beauty; **eine ~ an Gerechtigkeit** an ideal vision of justice

Idealbild *nt* ideal **Idealfall** *m* ideal case; **im ~[e]** ideally **Idealfigur** *f* ideal figure **Idealgewicht** *nt* ideal [*or* optimum] weight

idealisieren* *vt* ■**jdn/etw ~** to idealize sb/sth; **ein idealisierendes Bild von etw** *dat* **haben** to have an idealized picture of sth

Idealisierung <-, -en> *f* idealization

Idealismus <-> *m kein pl* idealism

Idealist(in) <-en, -en> *m(f)* idealist

idealistisch *adj* idealistic

Idealkonkurrenz *f* JUR nominal coincidence of offences **Ideallösung** *f* ideal solution **Idealmaß** *nt* ideal shape **Idealverein** *m* JUR non-profit-making association **Idealvorstellung** *f* ideal **Idealzustand** *m* ideal situation

Idee <-, -n> *f* ❶ (*Einfall, Vorstellung*) idea; **eine blendende** [*o* **glänzende**] **~** (*fam*) a bright idea; **eine fixe ~** obsession; **eine ~ haben** (*fig*) to have an idea; ***du hast manchmal ~n!*** the ideas [*or* things] you come up with!; **keine** [*o fam* **nicht die leiseste** [*o* **geringste**]] **~ haben** to have no idea, to not have the faintest idea; ***hast du eine ~, wo er sein könnte*** do you have any idea where he might be?; **jdn auf eine ~ bringen** to give sb an idea; **eine ~ aufgreifen/übernehmen** to pick up on an idea; ***wer hat Sie denn auf diese ~ gebracht?*** who put this idea into your head?; **jdn auf die ~ bringen, etw zu tun** to give sb the idea of doing sth; **jdn auf andere ~n bringen** to take sb's mind off of sth/it; **auf eine ~ kommen** to get [*or* hit upon] an idea, to come up with an idea; ***wie kommst du denn auf die ~?*** whatever gave you that idea?; **jdm kommt eine ~** sb gets an idea, sb comes up with an idea; ***mir kommt da gerade eine ~*** I've just had an idea; **auf die ~ kommen, etw zu tun** (*fam*) to decide to do sth, to come up with the idea of doing sth
❷ (*ideale Vorstellung, Leitbild*) ideal; **humanistische ~n** humanistic ideas; **für seine ~ kämpfen** to fight for one's ideals; **die ~ eines vereinten Europas** the idea of a united Europe [*or* European Union]
❸ (*ein wenig*) **keine ~ besser sein** (*fam*) to be not one bit better; **eine ~ ...** a touch ..., a tad ... *fam;* ***die Hose ist eine ~ zu eng*** these trousers are a bit too tight

ideell *adj* spiritual; **der ~e Wert zählt** the intrinsic value counts

ideenarm *adj* unimaginative **Ideengehalt** *m* ideal **Ideengut** *nt kein pl* set of ideas **ideenlos** *adj* unimaginative, devoid of ideas **Ideenlosigkeit** <-> *f kein pl* unimaginativeness *no pl,* lack of imagination **Ideenmanagement** *nt kein pl* ideas management **ideenreich** *adj* imaginative, full of ideas **Ideenreichtum** *m kein pl* imaginativeness *no pl,* inventiveness *no pl* **Ideenwelt** *f* world of ideas; **die ~ der Antike** the ideas of the ancient world

Iden *pl* Ides + *sing/pl vb;* **die ~ des März** the Ides of March

Identifikation <-, -en> *f* ❶ PSYCH identification; ■**jds ~ [mit jdm/etw]** sb's identification [with sb/sth]

❷ *s.* **Identifizierung**

Identifikationsausweis *m kein pl* (*bei E-Cash*) ID card **Identifikationsfigur** *f* role model

identifizieren* I. *vt* ❶ (*die Identität feststellen*) ■**jdn/etw** [**als etw**] ~ to identify sb/sth [as sth]; ***bitte ~ Sie sich*** please identify yourself
❷ (*gleichsetzen*) ■**jdn mit etw** *dat* ~ to identify sb with sth
II. *vr* ■ **sich** *akk* **mit jdm/etw** ~ to identify with sb/sth; **sich** *akk* **mit seinem Beruf** ~ to be married to one's job; ***ich kann mich nicht mit den Idealen der Partei*** ~ I can't relate to the party's ideals

Identifizierung <-, -en> *f* identification

identisch *adj* identical; ■[**mit jdm**] ~ **sein** to be identical [to sb]; ***die Bilder sind völlig*** ~ the pictures are indistinguishable [*or* identical]

Identität <-> *f kein pl* ❶ (*Echtheit*) identity; **seine ~ suchen/finden** to look for/find one's identity
❷ (*Übereinstimmung*) identicalness

identitätsgeprüft *adj* INFORM, FIN whose identity has been checked [*or* vetted] **Identitätsirrtum** *m* JUR mistaken identity **Identitätskarte** *f bes* SCHWEIZ (*Personalausweis*) identity card **Identitätskrise** *f* PSYCH identity crisis **Identitätsnachweis** *m* proof of identity **identitätsstiftend** *adj* SOZIOL (*geh*) serving identity development **Identitätstäuschung** *f* JUR imposture, impersonation **Identitätsverlust** *m kein pl* PSYCH loss of identity *no pl*

Ideologe, Ideologin <-n, -n> *m, f* ❶ (*Vertreter einer Ideologie*) ideologist, ideologue
❷ (*veraltend: weltfremder Schwärmer*) hopeless idealist

Ideologie <-, -n> *f* ideology; **demokratische ~** democratic ideology; **politische ~n** political ideology *sing*

ideologiefrei *adj* POL, SOZIOL, PHILOS free of ideologies **Ideologiekritik** *f* ideological criticism **ideologiekritisch** *adj* critical of ideology

Ideologin <-, -nen> *f fem form von* **Ideologe**

ideologisch I. *adj* ❶ (*eine Ideologie betreffend*) ideologic[al]; **~e Vorgaben** ideological premises; **~ gefestigt sein** to be ideologically sound
❷ (*pej veraltend: weltfremden Theorien anhängend*) idealist
II. *adv* ideologically

Idiom <-s, -e> *nt* ❶ (*geh: eigentümlicher Sprachgebrauch einer Gruppe*) idiom; **ein schwer verständliches ~** an almost incomprehensible idiom
❷ (*Redewendung*) idiom, saying

Idiomatik <-> *f kein pl* ❶ (*Wissenschaft*) idiomology
❷ (*Aufstellung von Redewendungen*) glossary of idioms

idiomatisch I. *adj* idiomatic
II. *adv* idiomatically

idiomorph *adj* GEOL idiomorphic

Idiot(in) <-en, -en> *m(f)* ❶ (*pej fam: Dummkopf*) idiot, prat BRIT
❷ MED (*veraltet: Schwachsinniger*) idiot

Idiotenhügel *m* (*hum fam*) nursery [*or* beginner's] slope **idiotensicher** I. *adj* (*hum fam*) foolproof II. *adv* (*fam*) effortlessly

Idiotie <-, -n> *f* ❶ (*pej fam: dummes Verhalten*) idiocy
❷ MED (*veraltet: Schwachsinn*) idiocy

Idiotin <-, -nen> *f fem form von* **Idiot**

idiotisch *adj* (*fam*) idiotic, stupid; **etw ~ finden** to find sth idiotic; ***wie ~ von mir*** how stupid [*or* idiotic] of me

Idol <-s, -e> *nt* ❶ (*Vorbild*) idol; **in jdm ein ~ sehen** to see sb as one's idol; **zum ~ werden** to become an idol
❷ KUNST (*Götzenbild*) idol

Idyll <-s, -e> *nt* idyll; **ein ländliches ~** a rural [*or* pastoral] idyll

Idylle <-, -n> *f* ❶ LIT (*Darstellung*) idyll
❷ (*Zustand*) idyll, idyllic situation

idyllisch I. *adj* ❶ (*einem Idyll gemäß*) idyllic; **eine ~e Landschaft** an idyllic countryside
❷ LIT (*pastoral friedlich*) idyllic
II. *adv* idyllically

IE, I.E. *f Abk von* **internationale Einheit** IU

IEA *f Abk von* **internationale Energieagentur** IEA

Ifo *nt* JUR *Akr von* **Institut für Wirtschaftsforschung** Institute for Economic Research

IG <-, -s> *f Abk von* **Industriegewerkschaft**

Igel¹ <-s, -> *m* ❶ (*Stacheltier*) hedgehog
❷ (*hum fam: sehr kurzer Haarschnitt*) crew cut

IGeL² *pl kurz für* **individuelle Gesundheitsleistungen** individual medical payments *pl*

IGH *m Abk von* **internationaler Gerichtshof** ICJ, International Court of Justice

igitt(igitt) *interj* ugh, yuk, yuck

Iglu <-s, -s> *m o nt* igloo

Igluzelt *nt* igloo tent

Ignorant(in) <-en, -en> *m(f)* (*pej geh*) ignoramus *hum form;* **künstlerischer ~** sb with no idea about art

Ignoranz <-> *f kein pl* (*pej geh*) ignorance *no pl*

ignorieren* *vt* ■**jdn/etw** ~ to ignore sb/sth; ■**~, dass** to ignore the fact that

IHK <-, -s> *f Abk von* **Industrie- und Handelskammer**

ihm *pron pers dat von* **er, es¹** ❶ (*dem Genannten*) him; ***es geht ~ nicht gut*** he doesn't feel very well; *nach präp* him; ***ich war gestern bei ~*** I was at his place yesterday; ***das ist ein Freund von ~*** he's a friend of his
❷ *bei Tieren und Dingen* (*dem genannten Tier oder Ding*) it; *bei Haustieren* him

ihn *pron pers akk von* **er** ❶ (*den Genannten*) him; ***ich liebe ~*** I love him
❷ *bei Tieren und Dingen* (*das genannte Tier oder Ding*) it; *bei Haustieren* him

ihnen *pron pers dat pl von* **sie** them; *nach präp* them; ***ich war die ganze Zeit bei ~*** I was at their place the whole time

Ihnen *pron pers dat sg o pl von* **Sie** you; ***schönes Wochenende! — ~ auch*** have a nice weekend! — you too [*or* and you]; *nach präp* you

ihr¹ <*gen* euer, *dat* euch, *akk* euch> *pron pers 2. pers. pl nom von* **sie** you ❶ (*Anrede an Personen, die man duzt*) ~ ***seid herzlich willkommen*** you're very welcome; ~ ***Lieben!*** my dears!
❷ (*veraltet: Anrede an Einzelperson*) thou *hist*

ihr² *pron pers dat sing von* **sie** (*der Genannten*) her; ***ich habe ~ vertraut*** I trusted her

ihr³ *pron poss, adjektivisch* ❶ *sing* her; **~ Kleid** her dress; **~ letzter Film** her last film
❷ *pl* their; **Eltern mit ~en Kindern** parents with their children

Ihr *pron poss, adjektivisch* ❶ *sing* your; ~ ***Brief hat mich sehr berührt*** your letter was very touching
❷ *pl* your; ***wir freuen uns über ~ zahlreiches Erscheinen*** we are pleased to see so many of you here today

ihre(r, s) *pron poss, substantivisch* ❶ *sing* (*dieser weiblichen Person*) her; ***das ist nicht seine Aufgabe, sondern ~*** that isn't his task, it's hers; ■**der/die/das ~** hers
❷ *pl* theirs

Ihre(r, s)¹ *pron poss, substantivisch, auf Sie bezüglich* ❶ *sing* your; ■**der/die/das ~** yours; ***ich bin ganz/ stets der ~*** I am always at your service
❷ *pl* your; ■**der/die/das ~** yours
❸ *sing und pl* (*Angehörige*) ■**die ~n** your loved ones
❹ *sing und pl* (*Eigentum*) ■**das ~** yours; (*was Ihnen zukommt*) what you deserve; ***Sie haben alle das ~ getan*** they have all done their bit

Ihre(r, s)² *pron poss, substantivisch, auf sie sing bezüglich* ❶ (*Angehörige*) ■**der/**[**die**] **~**[**n**] her loved one[s]; ***sie dachte immer an die ~n*** she always thought of her family
❷ (*Eigentum*) ■**das ~** hers
❸ (*was ihr zukommt*) ***das ~ besteht darin, sich um die Korrespondenz zu kümmern*** its her job to deal with the correspondence

Ihre(r, s)³ *pron poss, substantivisch, auf sie pl bezüglich* ❶ (*Angehörige*) ■**der/**[**die**] **~**[**n**] their loved ones
❷ (*Eigentum*) ■**das ~** their things
❸ (*was ihnen zukommt*) ***nun müssen die Mitarbeiter das ~ tun*** now the workers have to do their bit

ihrer *pron pers gen von* **sie** ❶ *sing* (*geh*) her
❷ *pl* (*geh*) them; ***es waren ~ sechs*** there were six of them

Ihrer *pron pers* (*geh*) *gen von* **Sie** ❶ *sing* [of] you
❷ *pl* you

ihrerseits *adv* ❶ *sing* for her [*or* its] part
❷ *pl* for their part

Ihrerseits *adv sing o pl* (*von Ihrer Seite aus*) for your part

ihresgleichen *pron* ❶ *sing* (*Leute wie sie* (*sing f*)) her [own] kind, people like her, her sort, the likes of her *pej;* ***sie pflegt nur Kontakte zu ~*** she only has contact with her own kind
❷ *pl* (*Leute wie sie* (*pl*)) their [own] kind

Ihresgleichen *pron* ❶ *sing* (*Leute wie Sie*) people like you; ***Sie umgeben sich nur mit ~*** you are only surrounded by your own sort
❷ *pl* (*pej: Leute wie Sie*) your [own] kind
❸ (*solches Pack wie Sie*) your sort, the likes of you *a. pej;* ***ich kenne*** [***Sie und***] ~ I know your kind!

ihrethalben *adv* (*veraltend*) *s.* **ihretwegen**

Ihrethalben *adv* (*veraltend*) *s.* **Ihretwegen**

ihretwegen *adv* ❶ *fem sing* (*wegen ihr*) as far as she is/was concerned; ~ ***brauchen wir uns keine Sorgen zu machen*** we don't need to worry about her
❷ *pl* (*wegen ihnen*) as far as they are/were concerned; ***ich mache mir ~ schon Sorgen*** I'm starting to worry about them

Ihretwegen *adv sing/pl* because of you, for you; ***ich bin nur ~ hiergeblieben*** I've only stayed here for you

ihretwillen *adv* ■**etw um ~ tun** (*ihr zuliebe*) to do sth for her [sake]; (*ihnen zuliebe*) for them, for their sake

Ihretwillen *adv sing und pl* ■**etw um ~ tun** to do sth for you, for your sake; ***das tue ich nur um ~*** I'm only doing it because it's you

ihrige(r, s) <-n, -n> *pron poss* (*veraltend geh*) *s.* **ihre(r, s)**

Ihrige(r, s) <-n, -n> *pron poss* (*veraltend geh*) *s.* **Ihre(r, s)**

i.J. *Abk von* **im Jahre** in the year of

Ikon <-s, -> *nt* INFORM icon

Ikone <-, -n> *f* icon

Ikonenblick *m expression in the eyes of icons;* ***ein schwermütiger ~*** melancholy eyes typical of icons **Ikonenwand** *f* KUNST iconostas[is]

IKRK *nt Abk von* **internationales Komitee vom Roten Kreuz** ICRC

Ikterus <-> *m kein pl* MED icterus

Ilex <-> *m kein pl* BOT holly

illegal *adj* illegal

Illegalität <-, -en> *f* ❶ *kein pl* (*Gesetzwidrigkeit*) illegality; **in der ~ leben** to lead a life of crime
❷ (*illegale Tätigkeit*) something illegal; ***ich beteilige mich nicht an ~en*** I'm not getting involved in anything illegal

illegitim *adj* ❶ (*unrechtmäßig*) unlawful, illegitimate; **eine ~e Thronfolge** an illegitimate line of succession
❷ (*unehelich*) illegitimate; **ein ~es Kind** an illegitimate child
❸ (*nicht berechtigt*) wrongful; **eine ~e Forderung** an unjust demand

illiquid *adj* (*fachspr*) illiquid *spec*

Illit *f* GEOL illite

illoyal I. *adj* (*geh*) disloyal; **eine ~e Einstellung gegenüber jdm/etw haben** to have a disloyal attitude towards sb/sth
II. *adv* disloyally; **sich** *akk* **~ gegenüber jdm/etw verhalten** to behave disloyally towards sb/sth

Illoyalität <-, -en> *f pl selten* (*geh*) disloyalty

Illumination <-, -en> *f* ❶ (*Beleuchtung*) illumination *form*
❷ REL (*göttliche Erleuchtung*) enlightenment

❸ KUNST (*Buchmalerei*) illumination
illuminieren* *vt* (*geh*) ❶ (*festlich beleuchten*) ■**etw** ~ to illuminate sth *form*
❷ KUNST (*mit Buchmalerei versehen*) to illuminate
Illusion <-, -en> *f* illusion; **kindliche ~en** childish illusions; **~en haben** to have illusions, to delude oneself; **sich** *akk* **einer ~ hingeben** to be under an illusion; **sich** *akk* **der ~ hingeben, [dass]** to be under the illusion [that]; **sich** *dat* **[über etw** *akk*] **~en machen** to harbour [*or* AM -or] illusions [about sth]; **einer ~ nachjagen** to chase dreams; **sich** *dat* **keine ~en machen** to not have any illusions; **jdm alle ~en nehmen** [*o* **rauben**] to dispel [*or* strip sb of] all of sb's illusions
illusionär *adj* (*geh*) ❶ (*auf Illusionen beruhend*) illusory *form; **er hat völlig ~e Vorstellungen vom Leben*** he has totally illusory conceptions of life
❷ KUNST illusionary
illusionslos *adj* without any illusions *pred,* having no illusions *pred*
illusorisch *adj* ❶ (*trügerisch*) illusory
❷ (*zwecklos*) pointless, futile
illuster *adj* (*geh*) illustrious *fam;* **ein illustrer Kreis** an illustrious circle
Illustration <-, -en> *f* ❶ (*Abbildung zu einem Text*) illustration
❷ (*Veranschaulichung*) illustration; **zur ~ von etw** to illustrate sth
Illustrationsdruck *m* illustration [*or* magazine] printing **Illustrationsprogramm** *nt* INFORM illustration program
illustrativ *adj* (*geh*) ❶ (*als Illustration dienend*) illustrative; **eine ~e Zeichnung** an illustrational drawing
❷ (*anschaulich*) illustrative, illustratory
Illustrator(in) <-s, -toren> *m(f)* illustrator
illustrieren* *vt* ❶ (*bebildern*) ■**etw [mit etw** *dat*] ~ to illustrate sth [with sth]
❷ (*geh: veranschaulichen*) ■**[jdm] etw** ~ to illustrate sth [to/for sb]
illustriert *adj* illustrated
Illustrierte <-n, -n> *f* magazine, illustrated *dated*
Illustrierung <-, -en> *f* illustration
ILO *f Abk von* **International Labour Organization** ILO
Iltis <-ses, -se> *m* ❶ (*Raubtier*) polecat
❷ (*Fell des ~*) polecat [fur], fitch; **[einen] ~ tragen** to wear [a] polecat fur
im = in dem ❶ (*sich dort befindend*) in the; **~ Bett** in bed; **~ Haus** at the house; **~ Januar** in january; **~ Begriff sein, etw zu tun** to be about to do sth; **~ Prinzip** in principle; **~ Bau sein** to be under construction
❷ (*dabei seiend, etw zu tun*) while; **etw ist ~ Kommen** sth is coming; **er ist noch ~ Wachsen** he is still growing; *s. a.* **in**[1]
IM <-s, -s> [iːˈɛm] *m o f Abk von* **inoffizieller Mitarbeiter** [Stasi] collaborator
Image <-[s], -s> [ˈɪmɪtʃ] *nt* image; **ein gutes/schlechtes ~ haben** to have a good/poor image; **jds ~ aufpolieren** to improve sb's image; **sein ~ pflegen** to be image-conscious
Imagepflege *f kein pl* image-making *no pl;* **~ treiben** to maintain an image **Imageverlust** *m* blow to one's image, loss of face *fam*
imaginär *adj* (*geh*) imaginary
Imagination <-, -en> *f* (*geh*) imagination
Imam <-s, -e> *m* Imam
ImbissRR <-es, -e> *m,* **Imbiß** <-sses, -sse> *m* ❶ (*kleine Mahlzeit*) snack; **einen ~ zu sich nehmen** to have a snack; **einen ~ reichen** to offer a snack
❷ (*fam*) *s.* **Imbissstand**
ImbisshalleRR *f* fast food restaurant **Imbissstand**RR *m* fast food stall **Imbissstube**RR *f* snack bar, cafe
Imitat <-[e]s, -e> *nt* imitation, fake
Imitation <-, -en> *f* imitation
Imitator(in) <-s, -toren> *m(f)* imitator; (*von Personen*) impressionist
imitieren* *vt* ■**etw** ~ to imitate sth; ■**jdn** ~ to imitate sb; (*im Kabarett*) to impersonate sb; **imitierter Schmuck** imitation jewellery [*or* AM *usu* jewelry]
Imker(in) <-s, -> *m(f)* bee-keeper, apiarist
Imkerei <-, -en> *f* (*Betrieb*) apiary; (*Beruf, Bienenzucht*) beekeeping, apiculture
Imkerin <-, -nen> *f fem form von* **Imker**
immanent *adj* (*geh*) immanent
Immanenz <-> *f kein pl* (*geh*) immanence
Immaterialeigentum *nt* JUR immaterial property
Immaterialgüter *pl* JUR intangibles, intangible assets *pl* **Immaterialgüterrecht** *nt* JUR law of incorporeal things **Immaterialschaden** *m* JUR nominal [*or* non-physical] damage
immateriell *adj* (*geh*) immaterial; JUR intangible
Immatrikulation <-, -en> *f* matriculation; (*an der Universität*) registration
immatrikulieren* I. *vt* ❶ (*einschreiben*) ■**jdn** ~ to matriculate [*or* register] sb; ■**immatrikuliert sein** to be matriculated *form,* to be registered
❷ SCHWEIZ (*zulassen*) **ein Fahrzeug** ~ to register a vehicle
II. *vr* (*sich einschreiben*) ■**sich** *akk* ~ to matriculate, to register
Imme <-, -n> *f* (*poet: Biene*) bee
immens *adj* (*geh*) immense, huge
immer I. *adv* ❶ (*ständig, jedes Mal*) always, all the time; ***hier scheint ~ die Sonne*** the sun always shines here [*or* the sun shines all the time here]; ***das wollte ich ~ schon einmal tun*** I've always wanted to do that; **für ~** forever; **~ und ewig** for ever and ever; **wie ~** as usual; **~ weiter** just [you] carry on, go ahead; **~ langsam voran!** take your time!; **~ mit der Ruhe** take it easy; **nur ~ her damit** hand it over; **~, wenn** every time; **~, *wenn ich spazieren gehen will, regnet es*** why does it always rain when I want to go for a walk?; **~ wieder** again and again, over and over [again]; **etw ~ wieder tun** to keep on doing sth
❷ (*zunehmend*) increasingly; **~ häufiger** more and more frequently; **~ mehr** more and more
❸ (*fam: jeweils*) each; **~ am vierten Tag** every fourth day; ***er nahm ~ zwei Stufen auf einmal*** he took two steps at a time
II. *part* [**nur**] **~ her damit!** (*fam*) let's have it/them then! *fam,* hand it/them over! *fam;* **~ mal** (*fam*) now and again; **~ noch** still; **~ noch nicht** still not; ***ist er denn ~ noch nicht zurück?*** is he still not back?; **wann/was/wer/wie/wo [auch] ~** whenever/whatever/whoever/however/wherever
immerdar *adv* (*geh*) forever; **jetzt und ~** for now and ever more; ***„~ und in alle Ewigkeit, Amen!"*** "forever and ever, amen" **immerfort** *adv* continually, constantly **immergrün** *adj attr* evergreen
Immergrün *nt* evergreen, periwinkle; **das große/kleine ~** the periwinkle/lesser periwinkle
immerhin *adv* ❶ (*wenigstens*) at least ❷ (*schließlich*) after all; ***~ ist er älter als du*** after all he is older than you ❸ (*allerdings, trotz allem*) all the same, at any rate, anyhow; **~!** all the same! **immerwährend** *adj attr* (*geh*) continuous; **ein ~er Kampf** a perpetual battle; *s. a.* **immer**[1], **Kalender**
immerzu *adv s.* **immerfort**
Immigrant(in) <-en, -en> *m(f)* immigrant
Immigration <-, -en> *f* immigration
immigrieren* *vi sein* to immigrate
Immission <-, -en> *f* ÖKOL immission, pollution
Immissionsschaden *m* ÖKOL pollution damage
Immissionsschutz *m* ÖKOL protection against pollution [*or* noxious intrusions]
immobil *adj* (*geh*) ❶ (*unbeweglich*) immobile; ÖKON (*bei Vermögen*) real, immovable
❷ MIL (*nicht kriegsbereit*) not on a war footing; **~e Truppe/Einheit** troops/unit unable to engage the enemy
Immobiliarbesitz *m* JUR landed property, real-estate holdings *pl* **Immobiliarklage** *f* JUR action concerning real estate **Immobiliarkredit** *m* FIN real-estate credit **Immobiliarvertrag** *m* JUR real estate contract
Immobilie <-, -n> *f meist pl* real estate *no pl;* ■**~n** property *no pl;* **eine ~ veräußern** to dispose of a property; **Geld in ~n anlegen** to invest money in property
Immobilienbesitz *m* JUR landed property, real-estate holdings *pl* **Immobilienbestand** *m* real estate **Immobilienfonds** *m* property fund **Immobiliengesellschaft** *f* JUR real estate [*or* property] company **Immobilienhändler(in)** *m(f)* property dealer, real estate dealer, realtor AM **Immobilienholding** *f* JUR real-estate holding **Immobilien-Leasingvertrag** *m* JUR real estate leasing contract **Immobilienmakler(in)** *m(f)* estate agent **Immobilienmarkt** *m* ÖKON property market **Immobilienverwaltung** *f* HANDEL property management
Immortelle <-, -n> *f* BOT immortelle, everlasting [flower]
immun *adj* ❶ (*gefeit*) ■**[gegen etw** *akk*] **~ sein** (*a. fig*) to be immune [to sth]
❷ (*vor Strafverfolgung geschützt*) immune
Immunabwehr *f* immune defence [*or* AM -se] [system] **Immundefekt** *m* MED immunodeficiency, immune deficiency **Immundefekt-Virus** *nt* MED immunodeficiency virus **Immunglobulin** <-s, -e> *nt* MED, CHEM immunoglobin
immunisieren* *vt* ■**jdn [gegen etw** *akk*] ~ to immunize sb [against sth]
Immunisierung <-, -en> *f* immunization
Immunität <-, *selten* -en> *f* ❶ (*Unempfänglichkeit*) ■**die/eine/jds ~ [gegen etw** *akk*] [sb's] immunity [to sth]; **~ gegen Krankheitserreger** immunity to pathogenes
❷ JUR (*Schutz vor Strafverfolgung*) immunity; **jds ~ aufheben** to withdraw sb's immunity; **diplomatische ~ genießen** to have [*or* enjoy] diplomatic immunity
Immunologe, Immunologin <-n, -n> *m, f* immunologist
immunologisch *adj* MED immunological
Immunreaktion *f* MED immune response **Immunschwäche** *f* immunodeficiency *spec* **Immunschwächekrankheit** *f* MED immunodeficiency syndrome **Immunsystem** *nt* immune system **Immuntherapie** *f* MED immunotherapy
Impactdrucker *m* INFORM impact printer
Impala <-, -s> *f* ZOOL impala
Impedanz <-, -en> *f* ELEK impedance
imperativ I. *adj* imperative; **~es Mandat** POL fixed mandate
II. *adv* imperatively; **etw ~ verlangen** to demand sth peremptorily
Imperativ <-s, -e> *m* ❶ LING (*Verb in der Befehlsform*) imperative [form] *spec*
❷ PHILOS (*sittliches Gebot*) **kategorischer ~** categorical imperative
Imperator <-s, -en> *m* HIST imperator, emperor; **Imperator Rex** King Emperor
Imperfekt <-s, -e> *nt* imperfect [tense] *spec; s. a.* **Präteritum**
Imperialismus <-, *selten* -lismen> *m* imperialism
Imperialist(in) <-en, -en> *m(f)* (*pej*) imperialist
imperialistisch *adj* (*pej*) imperialist[ic]; **~e Machtpolitik** imperialistic power politics
Imperium <-s, -rien> *nt* ❶ HIST (*Weltreich, Kaiserreich*) empire
❷ (*geh: Machtbereich*) imperium *fig;* **das ~ der großen Konzerne** the imperium of the multinationals
impertinent *adj* (*geh*) impertinent, impudent
Impertinenz <-, -en> *f* (*geh*) ❶ *kein pl* (*Unverschämtheit*) impertinence, impudence
❷ (*selten: unverschämte Äußerung*) impertinent/impudent remark
Impetus <-> *m* (*geh: Schwungkraft*) verve, zest
Impfausweis *f* MED vaccination certificate
impfen *vt* ❶ (*mit Impfstoff spritzen*) ■**jdn [gegen etw** *akk*] ~ to inoculate sb [against] sth, to vaccinate sb [against sth]; ■**jdn/sich ~ lassen** to have sb/oneself inoculated/vaccinated; **jd ist geimpft worden** (*fig*) sb has been indoctrinated
❷ BIOL (*Mikroorganismen einbringen*) ■**etw [mit etw** *dat*] ~ to inoculate sth [with sth]

I

Impfling <-s, -e> *m* (*geh*) *child who is to be or who has just been inoculated*

Impfpass[RR] *m* vaccination card, vaccination certificate **Impfpflicht** *f kein pl* MED compulsory vaccination [*or* inoculation] **Impfpistole** *f* vaccination gun **Impfschaden** *m* adverse effect of vaccination **Impfschein** *m* MED vaccination [*or* inoculation] certificate **Impfstoff** *m* vaccine, serum

Impfung <-, -en> *f* inoculation, vaccination

Impfzwang *m kein pl* MED compulsory vaccination [*or* inoculation]

Implantat <-[e]s, -e> *nt* implant

Implantation <-, -en> *f* MED implantation

implantieren *vt* ■[jdm] **etw** ~ to implant sth [into sb]

implementieren *vt* INFORM ■**etw** [**auf etw**] ~ to implement sth [on sth]; **Branchensoftware auf PC** ~ to implement software on PC

Implementierung <-, -en> *f* INFORM implementation

implizieren* *vt* (*geh*) ■**etw** ~ to imply sth

implizit *adj* (*geh*) implicit

implodieren* *vi sein* (*fachspr*) to implode *spec*

Implosion <-, -en> *f* (*fachspr*) implosion *spec*

Imponderabilien <-> *pl* (*geh*) imponderables *pl*

imponieren* *vi* ■[**jdm**] ~ to impress [sb]

imponierend *adj* impressive; **eine ~e Leistung** an impressive performance

Imponiergehabe *nt* ① ZOOL display pattern
② (*fig, pej*) show, exhibitionism *pej*; ***das ist bloßes/reines ~*** that's all show

Import <-[e]s, -e> *m* ① *kein pl* (*Einfuhr*) import[ation]; **der ~ von Rohstoffen** raw material imports
② (*Importware*) import; **zollpflichtige ~e** dutiable imports
③ INFORM ~ **von Daten** data import

Importabgaben *pl* ÖKON import surcharges [*or* duties] **Importartikel** *m* imported item, imported product **Import-Bardepot** *nt* ÖKON import cash depot **Importbeschränkung** *f* import restriction

Importeur(in) <-s, -e> [ɪmpɔrˈtøːɐ] *m(f)* importer

Importfilter *m* INFORM import filter **Importfinanzierung** *f* FIN financing of imports **Importgenehmigung** *f* JUR import permit **Importgut** *nt* import **Importhafen** *m* HANDEL port of entry **Importhandel** *m* import trade [*or* business]

importieren* *vt* ■**etw** ~ to import sth; **Daten ~ und exportieren** INFORM to import and export data

importiert I. *pp und 3. pers sing von* **importieren**
II. *adj* ÖKON *Güter* imported

Importkapazität *f* ÖKON importing capacity **Importkartell** *nt* ÖKON import cartel **Importkonnossement** *nt* HANDEL inward bill of lading **Importkontingent** *nt* JUR import quota **importlastig** *adj* import-orientated **Importlizenz** *f* ÖKON import licence [*or* AM -se] **Importmonopol** *nt* ÖKON import monopoly **Importprämie** *f* HANDEL bounty on importation **Importquote** *f* JUR import quota **Importrestriktion** *f* JUR trade barrier, import restriction **Importsubvention** *f* ÖKON import subsidy **Importvertrag** *m* JUR import contract **Importware** *f* imported item, imported product **Importziffer** *f* ÖKON import figure **Importzoll** *m* import duty

imposant *adj* imposing, impressive; *Stimme* commanding; **eine ~e Figur** an imposing figure; **~ wirken** to be imposing/impressive

impotent *adj* impotent; **~ sein** to be impotent; **etw macht ~** sth causes impotence; **jdn ~ machen** to render sb impotent

Impotenz <-> *f kein pl* impotence

imprägnieren* *vt* ■**etw** [**mit etw** *dat*] ~ ① (*wasserabweisend machen*) to waterproof sth [with sth]
② (*behandeln*) to impregnate sth [with sth]

Imprägniermittel *nt* BAU preserver

Imprägnierung <-, -en> *f* ① (*das Imprägnieren*) impregnation
② (*behandelter Zustand*) impregnated finish

Impression <-, -en> *f* (*geh*) impression; **~en wiedergeben/schildern** to recount/describe impressions

Impressionismus <-> *m* Impressionism

Impressionist(in) <-en, -en> *m(f)* Impressionist

impressionistisch *adj* Impressionist

Impressum <-s, Impressen> *nt* imprint

Imprimatur <-s> *nt kein pl* TYPO o.k. [*or* permission] to print, press ready

Improvisation <-, -en> *f* improvisation ① (*das Improvisieren*) improvisation
② (*Stegreifschöpfung*) improvisation, extemporization; **~en spielen** to play improvisations

Improvisator(in) <-s, -toren> *m(f)* improviser

improvisieren* I. *vi* to improvise
II. *vt* ■**etw** ~ to improvise sth; **ein Essen** ~ to make an improvised meal; **eine Rede** ~ to give an improvised speech

Impuls <-es, -e> *m* ① (*Anstoß, Auftrieb*) stimulus, impetus; **etw aus einem ~ heraus tun** to do sth on impulse
② ELEK (*Stromstoß von kurzer Dauer*) pulse; **elektrischer/digitaler/akustischer** ~ electric/digital/acoustic impulse
③ PHYS impulse, momentum

Impulsgenerator *m* PHYS, ELEK pulse generator

impulsiv *adj* impulsive; **ein ~er Mensch** an impulsive person

imstande *adj pred*, **im Stande** *adj pred* ■**zu etw** *dat* ~ **sein** to be capable of doing sth, to be able to do sth, to be in a position to do sth; **~ sein, etw zu tun** to be able to do sth; ***er ist sehr wohl ~, sich zu benehmen*** he can behave when he wants to; **sich** *akk* **~ fühlen, etw zu tun** to feel able to do sth, to feel capable of doing sth; **zu allem ~ sein** (*fam*) to be capable of anything; **zu nichts mehr ~ sein** (*fam*) to be shattered *fam*, to be knackered BRIT *sl*; **jd ist ~ und tut etw** (*iron fam*) you can bet sb will do sth; ***sie ist ~ und glaubt alles, was er sagt*** she is quite capable of believing everything he says

in[1] *präp* ① +*dat* (*darin befindlich*) in; ***sie wohnt ~ Berlin*** she lives in Berlin; ***bist du schon mal in New York gewesen?*** have you ever been to New York?; ***ich arbeite seit einem Jahr ~ dieser Firma*** I've been working for this company for a year; ***du siehst ~ diesem Kleid toll aus*** you look great in that dress; ***es stand gestern ~ der Zeitung*** it was in the newspaper yesterday
② +*akk* (*hin zu einem Ziel*) into; ***wir fahren ~ die Stadt*** we're going into town; ***er warf die Reste ~ den Mülleimer*** he threw the leftovers in the bin; **~ die Kirche/Schule gehen** to go to church/school
③ +*dat* (*innerhalb von*) in; **~ diesem Sommer** this summer; **~ diesem Augenblick** at the moment; **~ diesem Jahr/Monat** this year/month; ***~ einem Jahr bin ich 18*** in a year I'll be 18
④ +*akk* (*bis zu einer Zeit*) until; ***wir haben bis ~ die Nacht getanzt*** we danced until the early hours
⑤ +*akk o dat* (*Verweis auf ein Objekt*) at; **es ~ sich haben** to have what it takes; ***der Schnaps hat es ~ sich*** the schnapps packs a punch, that's some schnapps!; **sich ~ jdm täuschen** to be wrong about sb; ***er ist Fachmann ~ seinem Beruf*** he is an expert in his field
⑥ (*fachspr: mit*) in; ***er handelt ~ Textilien*** he deals in textiles
⑦ +*dat* (*auf eine Art und Weise*) in; **~ Schwierigkeiten sein** [*o* **stecken**] to be in difficulties; **~ Wirklichkeit** in reality; ***haben Sie nichts ~ Blau?*** haven't you got anything in blue?; *s. a.* **im, ins**

in[2] *adj* (*fam*) in *fam*; ■**~ sein** to be in; ***diese Musik ist gerade ~*** this kind of music is really in at the moment

inaktiv *adj* inactive

Inaktivität *f kein pl* inactivity

inakzeptabel *adj* (*geh*) unacceptable

Inangriffnahme *f* commencement

Inanspruchnahme <-> *f kein pl* (*geh*) ① (*Nutzung*) use, utilization; ***nur durch die ~ eines Kredits kann ich das Projekt verwirklichen*** I can only realize the project if I can get a loan; **auf ~ seiner Rechte verzichten** to waive one's rights; **die ~ von Rechtsbeistand/Vergünstigungen/Sozialhilfe** claims for legal aid/privileges/social security
② (*Belastung, Beanspruchung*) demands *pl*; **die berufliche ~** the demands of one's job; ***die starke ~ führt zu hohem Verschleiß*** frequent use leads to rapid signs of wear and tear; **~ fremder Leistungen** utilization of external services

Inaugenscheinnahme <-, -n> *f* JUR (*form*) inspection; **richterliche ~, ~ durch das Gericht** judicial survey

Inbegriff *m kein pl* epitome, embodiment, quintessence (+*gen* of); **der ~ von Eleganz** the epitome of elegance; **der ~ des Schreckens** the quintessence of terror; **der ~ von einem Spießer** the epitome of a square

inbegriffen *adj pred* inclusive; ■**in etw** *dat* **~ sein** to be included in sth; ***die Bedienung ist im Preis ~*** service is included in the price

Inbesitzhalten *nt kein pl* JUR (*form*) possession

Inbesitznahme *f* JUR (*form*) possession, occupation; **unerlaubte** [*o* **unrechtmäßige**] **~** unlawful occupation **Inbesitznahmerecht** *f* JUR right of entry

Inbetriebnahme <-, -n> *f* (*geh*) ① (*erstmalige Nutzung*) opening; **die ~ des neuen Supermarkts** the opening of the new supermarket
② TECH (*Einschaltung*) operation, putting into service; **die ~ des Kraftwerks** the commissioning of the power station; **die ~ einer Maschine** bringing a machine into service

Inbrunst <-> *f kein pl* (*geh*) fervour [*or* AM -or], ardour [*or* AM -or]; **mit ~** ardently; **voller ~** full of ardour

inbrünstig *adj* (*geh*) fervent, ardent

Inbusschlüssel *m* Allen key® *spec* **Inbusschraube** *f* Allen screw®

INCB *m Abk von* **internationaler Suchtstoffkontrollrat der UNO** INCB, International Narcotics Control Board

Incoterms *pl* JUR *Akr von* **International Commercial Terms** Incoterms

Indefinitpronomen *nt* LING indefinite pronoun

indem *konj* ① (*dadurch, dass*) by; ***ich halte mich gesund, ~ ich viel Sport treibe*** I stay healthy by doing lots of sport
② (*während*) while, whilst BRIT *form*

Indemität <-> *f kein pl* JUR indemnity

Indemnitätsbrief *m* JUR letter of indemnity

Indentgeschäft *nt* HANDEL indent

Inder(in) <-s, -> *m(f)* Indian; **~ sein** to be Indian [*or* from India]; ■**die ~** the Indian; *s. a.* **Deutsche(r)**

indes, indessen I. *adv* ① (*inzwischen*) in the meantime, meanwhile
② (*jedoch*) however; ***einige Tierarten passen sich an, andere sterben ~ aus*** some species adapt but others die out [*or* become extinct]
II. *konj* (*geh*) ① (*während* (*temporal*)) while
② (*wohingegen*) while; ***ich trinke gerne Bier, ~ meine Frau Wein bevorzugt*** I like to drink beer while my wife prefers wine

Index <-[es], -e *o* Indizes> *m* ① (*alphabetisches Verzeichnis*) index
② (*statistischer Messwert*) index; ***die Miete ist an den ~ der Lebenshaltungskosten gekoppelt*** the rent is linked to the cost-of-living index
③ LING, MATH (*Hochzahl, Tiefzahl*) index
④ REL index [librorum prohibitorum] [*or* [expurgatorius]]; **etw auf den ~ setzen** to put something on the index; **auf dem ~ stehen** to be on the blacklist

Indexbindung *f* ÖKON indexation **Indexdatei** *f* INFORM index file **Indexeintrag** *m* INFORM index word

indexieren *vt* INFORM (*mit einem Index versehen*) ■**etw** ~ to index sth

Indexierung <-, -en> *f* indexation

Indexlohn *m* ÖKON index wage **Indexregister** *m* INFORM index register

Indianer(in) <-s, -> *m(f)* Indian *esp pej*, Native American

Indianerbohne *f* kidney bean **Indianerstamm** *m* Indian [*or* Native American] tribe

indianisch *adj* Native American, Indian *esp pej*
Indianisch *nt dekl wie adj* Indian; ■**das ~e** [the] Indian [language]
Indien <-s> *nt* India; *s. a.* **Deutschland**
indifferent *adj* (*geh*) indifferent; ■[**etw** *dat* **gegenüber**] ~ **sein** to be indifferent [towards sth]
Indifferenz <-, -en> *f* indifference
indigniert *adj* (*geh*) indignant; **sich ~ abwenden** to turn away indignantly
Indigo <-s, -s> *nt o m* indigo
indigoblau *adj* indigo [blue]
Indik <-> *m* Indian Ocean
Indikation <-, -en> *f* ❶ MED (*Heilanzeige*) indication *spec*
❷ JUR (*Grund für einen Schwangerschaftsabbruch*) grounds for the termination of a pregnancy; **ethische/medizinische/soziale ~** ethical/medical/social grounds for the termination of a pregnancy
Indikativ <-s, -e> *m* indicative [mood] *spec*
Indikator <-s, -toren> *m* ❶ (*geh: Anzeichen*) indicator, sign; **ein ~ für etw** *akk* **sein** to be an indicator/sign of sth
❷ CHEM (*Substanz*) indicator *spec*
❸ TECH indicator
Indio <-s, -s> *m* Indian (*from Central or Latin America*)
indirekt *adj* indirect; **einen ~en Freistoß ausführen** to take an indirect free kick; *s. a.* **Rede**
indisch *adj* ❶ (*Indien betreffend*) Indian; *s. a.* **deutsch 1**
❷ LING Indian; *s. a.* **deutsch 2**
Indisch *nt dekl wie adj* ❶ LING Indian; *s. a.* **Deutsch 1**
❷ (*Fach*) Indian; *s. a.* **Deutsch 2**
Indische <-n> *nt* ■**das ~** Indian; *s. a.* **Deutsche**
indiskret *adj* indiscreet
Indiskretion <-, -en> *f* ❶ (*Mangel an Verschwiegenheit*) indiscretion; **eine gezielte ~** a deliberate/intentional indiscretion
❷ (*Taktlosigkeit*) tactlessness
indiskutabel *adj* (*geh*) unworthy of discussion; **eine indiskutable Forderung** an absurd demand; ***dieser Vorschlag ist einfach ~*** this suggestion is simply not worth discussing
Indium <-s> *nt kein pl* indium *spec*
Individualabrede *f* HANDEL individual agreement **Individualanspruch** *m* JUR personal [*or* private] claim **Individualentscheidung** *f* ÖKON decision of the individual transactor
Individualismus <-> *m kein pl* individualism *no pl*
Individualist(in) <-en, -en> *m(f)* (*geh*) individualist
individualistisch *adj* (*geh*) individualistic
Individualität <-, en> *f* ❶ *kein pl* (*Persönlichkeit*) individuality *no pl;* **seine ~ aufgeben** to give up one's individuality; **seine ~ entfalten** to express one's individuality; **seine ~ verlieren** to lose one's individuality
❷ (*Persönlichkeitsstruktur*) personality, individual character
Individualschutz *m kein pl* JUR personal protection **Individualverkehr** *m* private transport **Individualvertrag** *m* JUR contract between individuals
individuell *adj* individual; ***Begabungen sind ~ verschieden*** people's gifts vary; **~e Lösungsansätze** individual ways of solving sth; **eine ~e Behandlung** individual treatment; **etw ~ gestalten** to give sth one's personal touch; **~es Eigentum** private property
Individuum <-s, Individuen> [vi, duən] *nt* (*a. pej geh*) individual; **ein verdächtiges ~** a suspicious individual [*or* character]
Indiz <-es, -ien> [tsiən] *nt* ❶ JUR (*Verdachtsmoment*) piece of circumstantial evidence
❷ (*Anzeichen*) ■**ein ~ für etw** *akk* **sein** to be a sign of sth [*or* an evidence [*or* indication] of sth]
Indizes *pl von* **Index**
Indizien *pl* JUR circumstantial evidence *no pl*
Indizienbeweis *m* circumstantial evidence *no pl*
Indizienkette *f* chain of circumstantial evidence **Indizienprozess**[RR] *m* trial based on circumstantial evidence **Indizienurteil** *nt verdict based on circumstantial evidence*
indizieren* *vt* ■**etw ~** ❶ (*geh: erkennen lassen*) to indicate sth; ***der Erfolg indiziert ihre Kompetenz*** this success is an indication of her competence
❷ MED (*angezeigt sein lassen*) to indicate sth; ■[**bei etw** *dat*] **indiziert sein** to be indicated [for sth]; **etw für indiziert halten** MED to consider sth to be indicated
❸ REL (*auf den Index setzen*) to put sth on the index [librorum prohibitorum] [*or* [expurgatorius]]
❹ (*als moralisch bedenklich verbieten*) to ban sth on moral grounds; ***dieser Film ist indiziert*** this film has been banned on moral grounds
indiziert *adj* censored, placed on the Index *hist*
Indochina *nt* Indo-China
indoeuropäisch *adj* Indo-European
indogermanisch *adj* HIST Indo-European; **der ~e Sprachraum** the Indo-European language area
Indogermanisch *nt dekl wie adj* Indo-Germanic, Indo-European; ■**das ~e** [the] Indo-Germanic [language]
Indogermanistik *f kein pl* Indo-Germanic [*or* AM -European] studies *pl, no art*
Indoktrination <-, -en> *f* (*pej*) indoctrination
indoktrinieren* *vt haben* (*pej*) ■**jdn ~** to indoctrinate sb
Indonesien <-s> *nt* Indonesia; *s. a.* **Deutschland**
Indonesier(in) <-s, -> *m(f)* Indonesian; *s. a.* **Deutsche(r)**
indonesisch *adj* Indonesian; *s. a.* **deutsch**
Indossament <-[e]s, -e> *nt* JUR, FIN endorsement, indorsement; **mit einem ~ versehen** endorsed; **gefälschtes/unbefugtes ~** forged/unauthorized endorsement
Indossant(in) *m(f)* FIN endorser, backer of a bill
Indossat(in) *m(f),* **Indossatar(in)** *m(f)* FIN endorsee
indossieren* *vt* FIN ■**etw ~** *Wechsel, Scheck* to endorse sth
in dubio pro reo JUR giving the accused the benefit of the doubt
Induktanz <-> *f kein pl* ELEK inductance
Induktion <-, -en> *f* induction
Induktionsherd *m* MED focus of a pulmonary [*or* lung] disease **Induktionskochfeld** *nt* induction hob
induktiv, induktiv *adj* PHILOS, ELEK inductive
Induktivität <-, -en> *f* ELEK inductiveness
industrialisieren* *vt* ■**etw ~** to industrialize sth
Industrialisierung <-, -en> *f* industrialization
Industrie <-, -n> *f* industry *no art;* **die britische ~** British industry; **in der ~ sein** [*o* **arbeiten**] to be [*or* work] in industry; **in die ~ gehen** to go into industry; **die chemische/pharmazeutische ~** the chemical/pharmaceutical industry
Industrieabfälle *pl* industrial waste *no pl, no indef art* **Industrieabwässer** *pl* ÖKOL, ÖKON industrial waste water *no pl, no indef art* [*or* effluent] *no pl, no indef art* **Industrieaktien** *pl* BÖRSE industrial equities [*or* shares] **Industriealkohol** *m* CHEM industrial alcohol **Industrieanlage** *f* industrial plant **Industrieanlagenvermietung** *f* HANDEL plant hire **Industrieanlagenvertrag** *m* HANDEL plant hire contract **Industrieansiedlung** *f* establishment of industries **Industriebahn** *f* industrial railway **Industriebereich** *m* industrial field **Industriebetrieb** *m* industrial plant [*or* enterprise], company **Industriebörse** *f* BÖRSE industrial exchange **Industriediamant** *m* industrial diamond **Industrieerzeugnis** *nt* industrial product, manufactured good **Industriefläche** *f* industrial area **Industriegebiet** *nt* industrial area [*or* region] **Industriegelände** *nt* industrial estate [*or* site] **Industriegesellschaft** *f* SOZIOL, POL, ÖKON industrial society **Industriegewerkschaft** *f* industrial trade union **Industriegrundstück** *nt* HANDEL industrial site [*or* property] **Industriehalle** *f* factory **Industriekauffrau** *f fem form von* **Industriekaufmann Industriekaufmann, -kauffrau** *m, f* industrial [*or* sales] [*or* purchase] clerk **Industriekomplex** *m* industrial complex **Industriekonzern** *m* industrial concern [*or* combine] **Industrieland** *nt* POL, ÖKON industrial[ized] country **Industrielandschaft** *f* industrial landscape
industriell *adj* industrial; **~e Fertigung/Produkte** industrial production/products; **die ~e Revolution** the Industrial Revolution
Industrielle(r) *f(m) dekl wie adj* industrialist
Industriemacht *f* ÖKON industrial power **Industriemelanismus** *m* BIOL industrial melanism **Industriemesse** *f* HANDEL industrial fair **Industriemüll** *m* ÖKOL, ÖKON industrial waste **Industrienation** *f* industrial nation **Industrienorm** <-, -e> *m* industry standard **Industriepark** *m* HANDEL industrial park [*or* estate] **Industrieprodukt** *nt* industrial product **Industrieproduktion** *f* industrial production **Industrierecht** *nt* JUR industrial law **Industrieroboter** *m* TECH industrial [*or* production] robot **Industrieschuldverschreibung** *f* FIN corporate [*or* industrial] bond **Industriesektor** *m* industrial sector **Industriespionage** *f* industrial espionage **Industriestaat** *m* industrial nation [*or* country] **Industriestadt** *f* industrial town [*or* city] **Industriestandort** *m* industrial site **Industrie- und Handelsbank** *f* FIN bank of industry and commerce **Industrie- und Handelskammer** *f* Chamber of Industry and Commerce **Industrieunternehmen** *nt* industrial enterprise [*or* concern]; **große ~** large industrial concerns **Industrieverband** *m* JUR industrial association **Industrievereinigung** *f* JUR industrial association **Industriewirtschaft** *f* ÖKON industrial economy **Industriezentrum** *nt* ÖKON industrial centre [*or* AM -er] **Industriezone** *f* industrial zone **Industriezweig** *m* branch of industry
induzieren* *vt* MED, ELEK, PHILOS ■**etw ~** to induce sth
ineffektiv *adj* ineffective
ineffizient *adj* (*geh*) inefficient
Ineffizienz <-, -en> *f* (*geh*) inefficiency
ineinander *adv* in each other, in one another; **~ liegende Falzbögen** TYPO signatures inset, one into the other; **~ verliebt sein** to be in love with one another; **~ aufgehen** to complement each other perfectly; **~ fließen** to flow into one another, to merge; *Farben, Farbtöne* to run into each other; **~ greifen** to mesh; **etw ~ schieben** to telescope up sth *sep* BRIT, to telescope sth AM; **sich ~ schieben lassen** to be telescopic; **~ übergehen** to merge
Ineinanderfalzen <-s> *nt kein pl* TYPO insetting
ineinanderliegend *adj s.* **ineinander ineinanderschiebbar** *adj* telescopic **ineinanderschieben** *vt irreg s.* **ineinander**
infam *adj* (*pej*) ❶ (*geh: bösartig*) malicious, vicious; **ein ~er Kerl** (*veraltend*) a nasty piece of work; **eine ~e Verleumdung** vicious slander
❷ (*fam: negative Sachverhalte verstärkend*) disgraceful; **~e Schmerzen** dreadful pain; ***heute ist es aber ~ heiß!*** today it's terribly [*or* awfully] hot
Infamie <-, -n> *f* (*pej geh*) ❶ *kein pl* (*niederträchtige Art*) maliciousness *no pl,* viciousness *no pl*
❷ (*Niederträchtigkeit*) infamy
Infanterie <-, -n> *f* infantry
Infanterieausrüstung *f* infantry equipment **Infanteriebataillon** *nt* infantry batallion **Infanteriebewaffnung** *f* infantry weapons *pl* **Infanteriedivision** *f* infantry division **Infanterieregiment** *nt* infantry regiment **Infanteriewaffe** *f* infantry weapon
Infanterist(in) <-en, -en> *m(f)* infantryman
infantil *adj* ❶ (*pej*) infantile *pej,* childish *pej*
❷ (*fachspr*) early; **eine ~e Entwicklungsstufe** an early stage in development
Infarkt <-[e]s, -e> *m* ❶ MED infarction *spec;* **ein ~ in der Lunge** an infarct in the lung
❷ (*Herzinfarkt*) coronary
Infekt <-[e]s, -e> *m* infection; **grippaler ~**

influenza

Infektion <-, -en> *f* ❶ (*Ansteckung*) infection; **eine ~ der Nieren** a kidney infection
❷ (*fam: Entzündung*) inflammation; **eine ~ am Finger/Auge** inflammation of the finger/eye

Infektionsbehandlung *f* treatment [of an infection] **Infektionserreger** *m* causal agent of an infection **Infektionsgefahr** *f* risk [*or* danger] of infection **Infektionsherd** *m* focus [*or* seat] of [an] infection **Infektionskrankheit** *f* infectious disease, contagious disease **Infektionsprophylaxe** *f* prophylaxis **Infektionsrate** *f* rate of infection **Infektionsrisiko** *nt* risk of infection **Infektionsstadium** *nt* infectious stage **Infektionsvorbeugung** *f* prevention of infection

infektiös *adj* infectious, contagious

infernalisch *adj* (*pej geh*) ❶ (*teuflisch, höllisch*) infernal; **ein ~es Gelächter** demonic [*or* evil] laughter; **ein ~er Lärm** a dreadful [*or* awful] noise
❷ (*widerlich*) fetid *form*, foul-smelling; **~ stinken** to be foul-smelling, to stink something terrible *fam*

Inferno <-s> *nt kein pl* (*geh*) ❶ (*entsetzliches Geschehen*) calamity, disaster, cataclysm *liter;* **das ~ des Krieges** the ravages of war
❷ (*entsetzlicher Zustand*) predicament; **ein ~ der Gefühle durchmachen** to go through the whole gamut of emotions

Infiltration <-, -en> *f* infiltration

infiltrieren* *vt* (*geh*) ■**etw ~** to infiltrate sth

Infinitesimalrechnung *f* MATH [infinitesimal] calculus

Infinitiv <-s, -e> *m* infinitive *spec*

infizieren* I. *vt* ■**jdn [mit etw** *dat*] **~** to infect sb [with sth]; **mit einem Gedanken infiziert sein** to be infected by an idea
II. *vr* ■**sich** *akk* [**an etw** *dat*/**bei jdm**] **~** to catch an infection [from sth/sb]; ***er hat sich im Urlaub mit Malaria infiziert*** he caught malaria on holiday

in flagranti *adv* (*geh*) in flagrante

Inflation <-, -en> *f* ❶ ÖKON inflation; **eine fortschreitende ~** growing inflation; **galoppierende/schleichende ~** galloping [*or* runaway]/creeping [*or* persistent] inflation; **lohnkosteninduzierte ~** cost-induced inflation; **die ~ bekämpfen/eindämmen** to fight/decrease inflation
❷ (*übermäßig häufiges Auftreten*) upsurge, proliferation

inflationär *adj* ❶ (*eine Inflation vorantreibend*) inflationary; **~e Geldpolitik** inflationary financial policy; **eine ~e Preisentwicklung** an inflationary price increase; **~e Tendenzen** inflationary tendencies
❷ (*übertrieben häufig*) excessive

inflationistisch *adj* inflationary, inflationist

Inflationsbarometer *nt* ÖKON inflation indicator **Inflationsbeherrschung** *f* ÖKON control of inflation **Inflationsbekämpfung** *f kein pl* ÖKON fight against inflation **inflationsbereinigt** *adj* adjusted for inflation, inflation-adjusted **Inflationsdruck** *m kein pl* ÖKON impact of inflation **Inflationserscheinung** *f* ÖKON symptom of inflation **Inflationsmarge** *f* ÖKON inflationary margin **Inflationsmodell** *nt* inflation model **Inflationsniveau** *nt* inflation level, level of inflation **Inflationsrate** *f* ÖKON inflation rate, rate of inflation; **die ~ steigt** the rate of inflation [*or* inflation rate] is rising [*or* increasing]; **die ~ sinkt** the rate of inflation [*or* inflation rate] is falling **Inflationsschutz** *m* ÖKON protection against inflation **inflationssicher** I. *adj* ÖKON *Kapitalanlage* inflation-proof II. *adv* ÖKON **sein Kapital ~ anlegen** to make inflation-proof investments **Inflationsspirale** *f* FIN, POL inflationary spiral, spiral of inflation

inflatorisch *adj* FIN, POL inflationary

inflexibel *adj* inflexible

Influenza <-> *f kein pl* MED influenza, flu

Influenzavirus *nt* MED influenza [*or fam* flu] virus

Influenzelektrizität *f* electrostatic induction

Info <-s, -s> *f* (*fam*) *kurz für* **Information** info *fam no pl*

Infoabend *m* (*fam*) information evening **Infobroker** <-s, -> *m* ÖKON, INET infobroker **Infobroschüre** *f* (*fam*) information brochure

infolge I. *präp +gen* owing to, consequently
II. *adv* ■**~ von etw** *dat* as a result of sth; ***~ von starken Schneefällen waren die Straßen unpassierbar*** owing to heavy snowfalls the roads were impassable

infolgedessen *adv* consequently, therefore

Infomaterial *nt* (*fam*) information material *no pl*

Informant(in) <-en, -en> *m(f)* informant

Informatik <-> *f kein pl* computing science

Informatiker(in) <-s, -> *m(f)* computer specialist

Information <-, -en> *f* ❶ (*Mitteilung, Hinweis*) [a piece of] information *no pl;* **die fehlenden ~en nachtragen** ADMIN to supply the missing data; **~en liefern/sammeln** to give/collect [*or* gather] information; **analoge/digitale ~** INFORM analog/digital information
❷ (*das Informieren*) informing; **zu Ihrer ~** for your information
❸ (*Informationsstand*) information desk; ***melden Sie sich bitte bei der ~*** please report to the information desk

informationell *adj* informational

Information Highway [ɪnfəˈmeɪʃnhaɪwaɪ] *m* INFORM information highway

Information on demand <-> [ɪnfəˈmeɪʃnɔndɪˈmaːnd] *f kein pl* TV information on demand

Informationsaustausch *m* exchange of information **Informationsblatt** *nt* MEDIA information sheet **Informationsdienst** *m* MEDIA information service **Informationseinheit** *f* INFORM information bit **Informationsfluss**[RR] <-es> *m kein pl* flow of information *no pl;* **mittlerer ~** information rate **Informationsflut** *f* flood of information **Informationsfreiheit** *f* JUR freedom of information **Informationsgesellschaft** *f* SOZIOL information society **Informationsindustrie** *f* ÖKON information industry **Informationskartell** *nt* ÖKON price-reporting cartel **Informationsmaterial** *nt* informative material *no pl* **Informationsmonopol** *nt* monopoly of information **Informationspflicht** *f* JUR disclosure duty [*or* requirement] **Informationspolitik** *f* POL policy of disclosure **Informationsquelle** *f* source of information **Informationsrecherche** *f* information enquiry **Informationsrecht** *nt* JUR right to obtain information **Informationsstand** *m* ❶ (*Stand*) information stand ❷ *kein pl* (*Kenntnisstand*) the way things stand **Informationssystem** *nt* SCI, MED, INFORM information system **Informationstafel** *f* information board **Informationstechnik** *f*, **Informationstechnologie** *f* INFORM information technology, IT **Informationsträger** *m* information medium **Informationsveranstaltung** *f* information meeting **Informationsverarbeitung** *f* INFORM information processing **Informationsverarbeitungssystem** *nt* INFORM information processing system **Informationsverbreitung** *f kein pl* dissemination of information **Informationsverfahren** *nt* information procedure **Informationsvorsprung** *m* superior knowledge; **einen ~ haben** to be better informed **Informationszeitalter** *nt kein pl* Information Age

informativ (*geh*) I. *adj* informative; **ein ~es Gespräch** an informative talk
II. *adv* in an informative manner *pred*

Informator(in) <-s, -en> *m(f)* informer

informatorisch *adj* (*geh*) informative, BRIT *a.* informatory

informell *adj* informal

informieren* I. *vt* ■**jdn [über etw** *akk*] **~** to inform sb [about/of sth]; **jd ist gut informiert** sb is well-informed
II. *vr* ■**sich** *akk* [**über etw** *akk*] **~** to find out [about sth], to inform oneself

informiert I. *pp und 3. pers sing von* **informieren**
II. *adj* informed; **gut/schlecht ~** well/ill-informed

Informierung <-, *selten* -en> *f* process of informing

Infostand *m* (*fam*) information stand **Infotainment** <-s> [-teɪnmənt] *nt kein pl* MEDIA, TV infotainment *no pl* **Infoware** *f* INFORM infoware

infradian *adj* **~er Rhythmus** biorhythm over a 24 hour period

infrarot *adj* infrared

Infrarotbestrahlung *f* MED infrared radiation *no pl, no indef art* **Infrarotfernbedienung** *f* infrared remote control **Infrarotgrill** *m* infrared grill **Infrarotkarte** *f* (*für Mautgebühr*) infrared card **Infrarotlampe** *f* infrared lamp **Infrarotlicht** *nt kein pl* PHYS, MED infra-red light *no pl* **Infrarotmaus** *f* INFORM infrared mouse **Infrarotscheinwerfer** *m* infrared searchlight **Infrarotsignal** *nt* PHYS infrared signal **Infrarotstrahl** <-s, -en> *m* infrared ray [*or* radiation] *no pl, no indef art* **Infrarotstrahler** *m* ELEK infrared radiator [*or* lamp] **Infrarotstrahlung** *f kein pl* PHYS infrared radiation *no pl, no indef art* **Infrarotteleskop** *nt* infrared telescope

Infraschall *m kein pl* PHYS infrasound *no pl* **Infrastruktur** *f* infrastructure

Infusion <-, -en> *f* infusion; **eine ~ bekommen** to receive a transfusion

Ing. *Abk von* **Ingenieur**

Ingangsetzungskosten *pl* FIN start-up costs

Ingenieur(in) <-s, -e> [ɪnʒeˈniøːɐ] *m(f)* engineer

Ingenieurbüro [ɪnʒeˈniøːɐ] *nt* engineering firm

Ingenieurin <-, -nen> *f fem form von* **Ingenieur**

Ingenieurschule *f* technical college

Ingrediens <-, -ienzien> *nt meist pl* PHARM, KOCHK ingredient

Ingredienz <-, -en> *f meist pl* PHARM, KOCHK ingredient

Ingwer <-s> *m kein pl* ginger

Inh. *Abk von* **Inhaber**

Inhaber(in) <-s, -> *m(f)* ❶ (*Besitzer*) owner
❷ (*Halter*) holder; *Scheck* bearer

Inhaberaktie *f* FIN bearer security **Inhabergrundschuld** *f* JUR bearer land charge **Inhaberhypothek** *f* JUR mortgage evidenced by bearer-certificate **Inhaberindossament** *nt* FIN endorsement made out to bearer **Inhaberscheck** *m* FIN cheque to bearer, negotiable cheque **Inhaberschuldverschreibung** *f* FIN bearer [*or* debenture] bond **Inhaberwechsel** *m* FIN bill [payable] to bearer

inhaftieren* *vt* ■**jdn ~** to take sb into custody, to detain sb; ■**inhaftiert sein** to be in custody

Inhaftierung <-, -en> *f* ❶ (*das Inhaftieren*) arrest, detention
❷ (*Haft*) imprisonment, detention

Inhalation <-, -en> *f* inhalation

Inhalationsmittel *nt* inhalant

inhalieren* I. *vt* ■**etw ~** to inhale sth
II. *vi* to inhale

Inhalt <-[e]s, -e> *m* ❶ (*enthaltene Gegenstände*) contents *pl*
❷ (*Sinngehalt*) content
❸ (*wesentliche Bedeutung*) meaning, significance; *Leben* meaning
❹ MATH (*Flächeninhalt*) area; (*Volumen*) volume, capacity
❺ INFORM **aktiver ~** active content

inhaltlich I. *adj* in terms of content
II. *adv* with regard to content

Inhaltsanalyse *f* content analysis **Inhaltsangabe** *f* summary; *Buch, Film, Theaterstück* outline, synopsis **inhaltslos** *adj* (*geh*) lacking in content; **~es Leben/~er Satz** meaningless [*or* empty] life/sentence **inhaltsreich** *adj Leben, Gespräch* full **inhaltsschwer** *adj* (*geh*) significant **Inhaltsstoff** *m* ingredient **Inhaltsübersicht** *f* ❶ (*Inhaltsverzeichnis*) table of contents ❷ (*Kurzfassung*) summary of the contents **Inhaltsverzeichnis** *nt* list [*or* table] of contents, contents *pl*

inhomogen *adj* (*geh*) inhomogeneous

inhuman *adj* ❶ (*menschenunwürdig*) inhumane; **~e Zustände** inhumane conditions
❷ (*unmenschlich*) inhuman; **~e Grausamkeit** inhuman cruelty; ■**~ sein, etw zu tun** to be inhu-

man to do sth
Inhumanität <-, -en> *f* ❶ *kein pl* (*inhumanes Wesen*) inhumanity *no pl*
❷ (*inhumane Handlung*) inhumane act
Initiale <-, -n> [ini'tsia:lə] *f* (*geh*) initial [letter]
initialisieren *vt* INFORM (*Startzustand hersstellen*) ■ **etw** ~ to initialize sth
Initialisierung <-, -en> *f* INFORM initialization
Initialisierungsdatei *f* INFORM initialization file
Initialzündung *f* ❶ *eines Sprengstoffs* detonation
❷ (*fig: zündende Idee*) inspiration
Initiation <-, -en> *f* SOZIOL initiation
Initiationsritus *f* SOZIOL initiation rite
initiativ [initsia'ti:f] *adj* ❶ (*Initiative besitzend*) with initiative; ■ ~ **sein** to be pro-active; ***Sie sollten nicht passiv, sondern ~ sein*** you should be pro-active rather than passive
❷ (*Schritte ergreifen*) ■ [**in etw** *dat*] ~ **werden** to take the initiative [in sth]
Initiativbewerbung *f* speculative application [*or* letter]
Initiative <-, -n> [initsia'ti:və] *f* ❶ (*erster Anstoß*) initiative; **aus eigener** ~ on one's own initiative; [**in etw** *dat*] **die** ~ **ergreifen** to take the initiative [in sth]; **auf jds** *akk* ~ **hin** on sb's initiative
❷ *kein pl* (*Unternehmungsgeist*) drive, initiative
❸ (*Bürgerinitiative*) pressure group
❹ SCHWEIZ (*Volksbegehren*) demand for a referendum
Initiativrecht *nt* JUR right to initiate legislation
Initiator(in) <-s, -toren> [ini'tsia:tɔ:ɐ] *m(f)* (*geh*) ■ **der ~/die ~in einer S.** *gen* the initiator of a thing
initiieren* [initsi'i:rən] *vt* (*geh*) ■ **etw** ~ to initiate sth; **ein Programm** ~ INFORM to initiate a program
Injektion <-, -en> *f* injection; **jdm eine** ~ **geben** [*o geh* **verabreichen**] to give sb an injection
Injektionsnadel *f* MED hypodermic needle **Injektionsspritze** *f* MED hypodermic needle [*or* BRIT *a.* syringe]
injizieren* *vt* (*geh*) ■ [**jdm**] **etw** ~ to inject [sb with] sth
Inka <-[s], -s> *m* Inca
Inkarnation <-, -en> *f* incarnation
Inkasso <-s, -s *o* ÖSTERR Inkassi> *nt* FIN collection; (*gegen Bar*) encashment; **zum** ~ for collection
Inkassoakzept *nt* FIN acceptance for collection **Inkassoanspruch** *m* JUR right to collect **Inkassoauftrag** *m* FIN collection order **Inkassobeauftragte(r)** *f(m)* *dekl wie adj* [debt] collector **Inkassoberechtigung** *f* FIN power to collect **Inkassobevollmächtigte(r)** *f(m)* *dekl wie adj* FIN collection agent **Inkassobüro** *nt* HANDEL debt collection agency **Inkassoermächtigung** *f* FIN collection authority **Inkassofirma** *f* HANDEL debt recovery service **Inkassoforderungen** *pl* FIN (*Bilanz*) uncollected items **Inkassogemeinschaft** *f* FIN debt-collection association **Inkassoindossament** *nt* JUR "only for collection" endorsement **Inkassoprovision** *f* FIN collecting commission **Inkassovollmacht** *f* FIN collecting power **Inkassowechsel** *m* FIN bill for collection
Inkaufnahme <-> *f* acceptance; **bei** ~ **einer S.** *gen* (*geh*) with the acceptance of sth; **ohne** ~ **einer S.** *gen* (*geh*) without accepting sth; **unter** ~ **einer S.** *gen* (*geh*) [by] accepting sth
Ink-Jet-Drucker *m* INFORM ink-jet printer
inkl. *präp Abk von* **inklusive** incl.
Inklination <-, -en> *f* inclination
inklusive [ɪnklu'zi:və] I. *präp +gen* inclusive [of]; **die genannten Preise sind** [*o* **verstehen sich**] ~ **Transport und Verpackung** the prices quoted include [*or* are inclusive of] packing and transport
II. *adv* including; **bis** ~ up to and including; **vom 25. bis zum 28.** ~ from 25th to 28th inclusive
Inklusivpreis *m* HANDEL inclusive charge
inkognito *adv* (*geh*) incognito
Inkognito <-s, -s> *nt* (*geh*) incognito; **sein** ~ **lüften** [*o* **preisgeben**] to reveal one's identity
inkohärent <-er, -este> *adj* (*geh*) incoherent
Inkohärenz <-, -en> *f* (*geh*) incoherence
inkompatibel *adj* MED, INFORM, JUR, LING incompatible
Inkompatibilität <-, -en> *f* TECH, INFORM incompatibility
inkompetent *adj* (*geh*) incompetent; ■ [**in etw** *dat*] ~ **sein** to be incompetent [at [*or* in] sth]; ***er ist in diesen Dingen völlig*** ~ he is completely incompetent in these matters
Inkompetenz *f* (*geh*) incompetence
inkongruent ['ɪnkɔngruɛnt, ɪnkɔŋgru'ɛnt] *adj* MATH incongruent
inkonsequent *adj* (*geh*) inconsistent
Inkonsequenz *f* (*geh*) inconsistency
inkonsistent *adj inv* (*geh*) inconsistent
Inkonsistenz <-> *f kein pl* inconsistency
Inkontinenz <-,-en> *f* MED incontinence *no pl, no art*
inkorrekt *adj* (*geh*) incorrect
Inkraftsetzung *f* implementation
In-Kraft-Treten^RR^ <-s> *nt kein pl,* **Inkrafttreten** <-s> *nt kein pl* coming into effect [*or* force]; ■ **das** ~ **einer S.** *gen* the coming into effect [*or* force] of sth; ~ **eines Gesetzes** entry into force of an Act; ***das ~ der neuen Vorschrift wurde für den 1.1. beschlossen*** 1st Jan[uary] has been decided as the date on which the new regulation comes into force
inkriminieren* *vt* JUR ■ **jdn** ~ to incriminate sb; **jdn eines Verbrechens** ~ to incriminate sb with a crime
Inkubation <-, -en> *f* MED, BIOL, REL, HIST incubation
Inkubationszeit *f* incubation period
Inkubator <-s, -en> *m* MED, BIOL incubator
Inkurssetzung *f* ÖKON circulation
Inland *nt kein pl* ❶ (*das eigene Land*) home; **für das** ~ **bestimmte Waren** goods for the domestic market
❷ (*Binnenland*) inland, interior; ***an der Küste ist der Winter milder als weiter im*** ~ the winter is milder on the coast than further inland
Inländerdiskriminierung *f* JUR discrimination of residents **Inländergleichbehandlung** *f* JUR equal treatment of residents **Inländerprivilegierung** *f* JUR preferential treatment for residents
Inlandflug *m* domestic [*or* internal] flight
inländisch *adj* domestic, home; **~e Industrie/Produkte** home industry/products
Inlandsabsatz *m* ÖKON domestic sales *pl* **Inlandsanleihe** *f* FIN domestic loan **Inlandsauftrag** *m* HANDEL domestic order **Inlandsbanken** *pl* ÖKON home banks **Inlandsbeteiligung** *f* FIN domestic trade investment **Inlandsgespräch** *nt* TELEK inland call **Inlandskartell** *nt* ÖKON domestic cartel **Inlandskreditschöpfung** *f* ÖKON creation of home bank credit **Inlandsmarkt** *m* ÖKON home [*or* domestic] market **Inlandsmonopol** *nt* ÖKON domestic monopoly **Inlandsnachfrage** *f* ÖKON domestic demand **Inlandsorder** *f* HANDEL domestic order **Inlandspaket** *nt* inland parcel **Inlandspatent** *nt* domestic patent **Inlandspreis** *m* domestic market price **Inlandsproduktion** *f kein pl* ÖKON domestic production *no pl* **Inlandsverbrauch** *m* ÖKON *kein pl* home consumption **Inlandsverschuldung** *f* ÖKON internal debt **Inlandsvertreter(in)** *m(f)* HANDEL resident agent **Inlandsware** *f* domestic commodity **Inlandswechsel** *m* ÖKON domestic bill of exchange
Inlaut *m* LING medial sound
Inlett <-[e]s, -e> *nt* MODE tick[ing]
inliegend *adj* ADMIN ÖSTERR enclosed
Inlinehockey ['ɪnlaɪn-] *nt* SPORT inline hockey
inlinen ['ɪnlaɪnən] *vi* to go inlining, to blade
Inliner <-s, -> ['ɪnlaɪnɐ] *m* in-line skate
Inlineskate <-s, -s> *m* inline skate **Inlineskater**^RR^ <-s, -> ['ɪlaɪnskeɪtɐ] *m* ❶ (*Person*) in-line skater ❷ (*Rollschuh*) in-line [roller-] skate **Inline-skating** <-s> ['ɪnlaɪnskeɪtɪŋ] *nt kein pl* inline skating
inmitten I. *präp +gen* (*geh*) in the middle [*or* midst] of
II. *adv* (*geh*) in the midst of; ■ ~ **von etw** in the midst of sth; ***das Haus lag ~ von Feldern und blühenden Wiesen*** the house was surrounded by fields and meadows in bloom
in natura *adv* ❶ (*in Wirklichkeit*) in real life; ***du siehst ~ ganz anders aus*** you look quite different in real life [*or* in the flesh]
❷ (*geh: in Naturalien*) in kind; **jdn** ~ **bezahlen** to pay sb in kind; (*hum mit Koseeinheiten*) to offer one's services as payment *euph*
inne|haben *vt irreg* (*geh*) ■ **etw** ~ to hold sth
inne|halten *vi irreg* (*geh*) ■ [**in etw** *dat*] ~ to pause, to stop [doing sth] for a moment; ***er hielt in seinem Vortrag inne*** he paused in the middle of his lecture
innen *adv* ❶ (*im Inneren*) on the inside; ***das Haus ist ~ ganz mit Holz verkleidet*** the interior of the house has wood panelling throughout; ~ **und außen** on the inside and outside; **nach** ~ indoors, inside; ***die Tür geht nach ~ auf*** the door opens inwards; **von** ~ from the inside; ***ein Computer von ~ ist recht verwirrend*** the inside of a computer is extremely confusing
❷ (*auf der Innenseite*) on the inside
❸ *bes* ÖSTERR (*drinnen*) inside
Innenansicht *f* interior view **Innenantenne** *f* TV indoor aerial [*or* AM *a.* antenna] **Innenarchitekt(in)** *m(f)* interior designer **Innenarchitektur** *f* interior design **Innenaufnahme** *f* FILM indoor [*or* interior] shot; FOTO indoor photo[graph] **Innenauftrag** *m* HANDEL internal order **Innenausbau** *m* BAU refinishing of the interior; (*Umbau*) conversion **Innenausschuss**^RR^ *m* home affairs committee BRIT, committee on internal [*or* BRIT *a.* domestic] affairs **Innenausstattung** *f* ❶ (*Gestaltung eines Innenraums*) interior decor *no pl; Auto* interior fittings *npl* [*or no pl* trim] ❷ MODE *Jacke* inside **Innenbahn** *f* SPORT inside lane **Innenbehörde** *f* authority for domestic affairs BRIT, home affairs authority BRIT, Department of Domestic Affairs AM **Innenbeleuchtung** *f* interior lighting **Innendienst** *m* office work; ~ **haben** to work in an office; **im** ~ [**sein**] [to work] in an office **Inneneinrichtung** *f* ❶ (*das Einrichten*) interior furnishing *no pl* ❷ (*die Einrichtung*) interior fittings *pl* **Innenentwässerung** *f* BAU interior drainage **Innengesellschaft** *f* JUR undisclosed association [*or* partnership] **Innenhof** *m* inner courtyard **Innenkurve** *f* inside bend **Innenladung** *f* inboard cargo **Innenleben** *nt kein pl* ❶ (*fam: Seelenleben*) inner feelings *pl* ❷ (*fam: innere Struktur*) inner workings *pl*; ***das ~ eines Computers ist für Laien unverständlich*** the inner workings of a computer are incomprehensible to a layperson **Innenminister(in)** *m(f)* Minister [*or* AM Secretary] of the Interior, BRIT *a.* Home Secretary **Innenministerium** *nt* Ministry [*or* AM Department] of the Interior, BRIT *a.* Home Office **Innenohr** *nt* ANAT inner [*or* internal] ear **Innenpolitik** *f* home affairs *pl* BRIT, domestic policy AM **innenpolitisch** I. *adj* concerning home affairs [*or* AM domestic policy]
II. *adv* with regard to home affairs [*or* AM domestic policy]; ***die Regierung hat ~ versagt*** the government has failed on the issue of home affairs **Innenraum** *m* ❶ ARCHIT interior ❷ AUTO (*Fahrgastraum*) interior **Innenschuh** *m* inner shoe **Innenseite** *f* ❶ (*die innere Seite*) inside ❷ ANAT inside **Innensenator(in)** *m(f)* senator responsible for domestic affairs **Innenskelett** *nt* BIOL endoskeleton **Innenslip** *m von Shorts* inner lining **Innenspiegel** *m* AUTO rear-view mirror **Innenstadt** *f* city/town centre [*or* AM -er] **Innenstadtverkehr** *m* inner city traffic **Innentasche** *f* inside pocket **Innentemperatur** *f* inside temperature **Innentitel** *m* TYPO fly-title, half title **Innenverhältnis** *nt* JUR *einer Gesellschaft* internal relationship **Innenverkleidung** *f* inner lining; *eines Wohnwagens* interior panelling [*or* AM paneling] **Innenverwaltung** *f* interior [*or* domestic affairs] administration **Innenwand** *f* interior [*or* inside] wall **Innenzelt** *nt* inner tent
innerbetrieblich I. *adj* in-house; ADMIN internal; **~e Angelegenheit/~er Konflikt** internal matter/

conflict; ~e **Ausbildung** inhouse training **II.** *adv* internally **innerdeutsch** *adj* German domestic; **eine ~e Angelegenheit** an internal German matter **innerdienstlich** *adj* internal; **~e Angelegenheiten** internal office matters

innere(r, s) *adj* ❶ *räumlich* (*das innen Gelegene betreffend*) inner; ***die ~n Wände wurden komplett entfernt*** the inner walls were completely removed
❷ MED, ANAT internal; *s. a.* **Abteilung, Station**
❸ (*innewohnend*) internal; *eines Konzerns* internal structure
❹ POL internal
❺ PSYCH inner; **~e Spannung/Ruhe** inner tension/calm

Innere(s) *nt dekl wie adj* ❶ (*innerer Teil*) inside
❷ GEOL centre [*or* AM -er], middle
❸ PSYCH heart; **sein ganzes ~s ausbreiten** to bare one's soul; **in jds** *dat* **~n** in sb's soul; ***tief in seinem ~n war ihm klar, dass es nur so funktionieren konnte*** deep down he knew that it could only work in this way

Innereien *pl* KOCHK innards *npl*

innereuropäisch I. *adj attr* POL intra-European; **~er Warenverkehr** intra-European trade in goods
II. *adv* POL **~ Handel treiben** to do business throughout Europe

innerhalb I. *präp +gen* ❶ (*in einem begrenzten Bereich*) inside, within; ***~ der Wohnung war es sehr dunkel*** it was very dark inside the flat
❷ (*binnen eines gewissen Zeitraums*) within; **~ einer Minute** within a minute
II. *adv* ■**~ von etw** ❶ (*in einem begrenzten Bereich*) within sth
❷ (*binnen eines gewissen Zeitraums*) within sth; ***ich brauche diese Auskunft ~ von drei Tagen*** I need this information within three days

innerlich I. *adj* ❶ MED internal
❷ PSYCH inner
II. *adv* ❶ (*im Inneren des Körpers*) internally; **etw ~ verabreichen** to administer sth internally
❷ PSYCH inwardly; ***~ war er sehr aufgewühlt*** he was in inner turmoil

Innerlichkeit <-> *f kein pl* (*geh*) inwardness

innerorts *adv* SCHWEIZ in a built-up area **innerparteilich** *adj* within the party **innerstädtisch** *adj* inner-city; *Verkehr* city-centre [*or* AM -er], inner-city

innerste(r, s) *adj superl von* **innere(r, s)** ❶ GEOL (*am weitesten innen befindlich*) *Stadtbezirk, Landesteil, etc* innermost
❷ PSYCH (*jds tiefes Inneres betreffend*) innermost; ***entspricht diese Äußerung deiner ~n Überzeugung?*** does this statement represent your innermost conviction?

Innerste(s) *nt dekl wie adj* core being; ***tief in ihrem ~n wusste sie, dass er recht hatte*** deep down inside she knew he was right

innert *präp +dat o gen* ÖSTERR, SCHWEIZ ■**~ eines gewissen Zeitraums** within a certain period of time; **~ eines Jahres, ~ einem Jahr** within a year

inne|wohnen *vi* ■**jdm/einer S. ~** to be inherent in sb/a thing

innig I. *adj* ❶ (*tief empfunden*) deep, heartfelt; **unser ~er Dank** our heartfelt thanks; ***er verspürte für sie eine ~e Zuneigung*** he felt deep affection for her; **aufs I~ste** most sincerely
❷ (*sehr eng*) intimate; **eine ~e Beziehung** (*fig*) an intimate relationship
II. *adv* deeply, intimately; **jdn ~ lieben** to love sb deeply

Innigkeit <-> *f kein pl* sincerity, warmth

inniglich *adv* (*geh*) deeply, sincerely; **jdm ~ verbunden sein** to be deeply attached to sb; **jdn treu und ~ lieben** to love sb truly and deeply

Innovation <-, -en> [inova'tsio:n] *f* innovation

innovationsfähig *adj* capable of innovation **Innovationsfähigkeit** *f kein pl* innovative capability **Innovationskraft** *f* innovation **Innovationstempo** *nt kein pl* speed of innovation

innovativ [inova'ti:f] **I.** *adj* innovative
II. *adv* innovatively

innovatorisch *adj* innovatory BRIT, innovational AM

Innsbruck <-s> *nt* Innsbruck

Innung <-, -en> *f* ÖKON guild
▶ WENDUNGEN: **die ganze ~ blamieren** (*hum fam*) to let the whole side [*or* AM everyone] down *fam*

Innungsbetrieb *m business belonging to a guild* **Innungskrankenkasse** *f health insurance scheme for guild members*

inoffiziell [-tsiɛl] *adj* unofficial

inoperabel *adj* MED inoperable

inopportun *adj* (*geh*) inopportune, ill-timed; **es für ~ halten, etw zu tun** to consider it inappropriate to do sth

in petto *adv* **etw [gegen jdn] ~ haben** (*fam*) to have sth up one's sleeve [for sb] *fam*

in puncto *adv* (*fam*) concerning, with regard to; ■**~ einer S.** *gen* concerning [*or* with regard to] sth, in so far as sth is concerned

Input <-s, -s> *m* ❶ INFORM (*eingegebenes Material*) input
❷ (*Anregung*) stimulus; (*Einsatz*) commitment; ***in unserer Beziehung ist mein ~ wesentlich größer als der seine*** I bring considerably more to the relationship than he does

Input-Output-Analyse *f* ÖKON input-output analysis

Inquisition <-> *f kein pl* HIST Inquisition *no pl*

Inquisitor <-s, -toren> *m* HIST inquisitor

inquisitorisch I. *adj* (*geh*) inquisitorial *form*
II. *adv* (*geh*) in an inquisitorial manner *form*

Inquistionsmaxime *f* JUR principle of ex officio judicial investigation

ins = in das *s.* **in**

Insasse, Insassin <-n, -n> *m, f* ❶ (*Fahrgast*) passenger
❷ (*Heimbewohner*) resident
❸ (*Bewohner einer Heilanstalt*) patient, resident
❹ (*Gefängnis- o Lager~*) inmate

Insassenunfallschutz *m* accident coverage **Insassenunfallversicherung** *f* passenger accident insurance **Insassenversicherung** *f* passenger insurance

Insassin <-, -nen> *f fem form von* **Insasse**

insbesondere *adv* especially, in particular, particularly

Inschrift *f* inscription

Insekt <-[e]s, -en> *nt* insect

Insektenauge *nt* insect eye **Insektenbefall** *m* infestation of insects **Insektenbein** *nt* insect leg **Insektenbekämpfung** *f* insect control **Insektenbekämpfungsmittel** *f* insecticide **Insektenbestäubung** *f* BOT insect pollination **Insektenflügel** *m* insect wing **Insektenfresser** <-s, -> *m* insect-eater **Insektengift** *nt* insecticide **Insektenkunde** *f* entomology **Insektenplage** *f* plague of insects **Insektenpulver** *nt* insect powder **Insektenspray** *nt* insect spray **Insektenstaat** *m* BIOL insect society **Insektenstich** *m* insect sting; *Mücke, Moskito etc.* insect sting **Insektenvernichtungsmittel** *f* insecticide **Insektenvertilgungsmittel** *nt* insecticide

Insektizid <-s, -e> *nt* insecticide

Insel <-, -n> *f* island; **Langerhansche ~n** islets of Langerhans

Inselanzeige *f* solus **Inselbewohner(in)** *m(f)* inhabitant of an island, islander; **~ sein** to be an islander

Inselchen <-s, -> *nt dim von* **Insel** small island, islet

Inselflughafen *m* island airport **Inselgrün** *nt* SPORT *Golf* island green **Inselgruppe** *f* archipelago, group of islands **Inseljugend** *f* ■**die ~** the youth [*or* young people] + *pl vb* of an/the island **Inselküste** *f* island coast **Inselstrand** *m* island beach **Inselwelt** *f* islands *pl*

Insemination *f* BIOL insemination

Inserat <-[e]s, -e> *nt* advertisement, ad[vert] *fam*

Inseratenteil *f* advertisement section

Inserent(in) <-en, -en> *m(f)* advertiser

inserieren* **I.** *vi* (*annoncieren*) ■**[in etw** *dat*] ~ to advertise [in sth]; ***sie inserierte in der Tageszeitung*** she placed an advert in the newspaper
II. *vt* (*etw annoncieren*) ■**etw [in etw** *dat*] ~ to advertise sth [in sth]; ***inseriere doch mal dein Auto in der Zeitung!*** why don't you advertise your car in the newspaper!

insgeheim *adv* in secret, secretly

insgesamt *adv* ❶ (*alles zusammen*) altogether
❷ (*im Großen und Ganzen*) all in all, on the whole

Insichgeschäft *f* JUR self-dealing, acting as principal and agent

In-sich-Prozess *m* JUR inter se proceedings

Insider(in) <-s, -> ['ɪnsaɪdə] *m(f)* ❶ (*Eingeweihter*) insider; ***der Witz war nur für ~ verständlich*** the joke could only be understood by those in the know
❷ BÖRSE insider

Insidergeschäft *nt* BÖRSE insider trading **Insiderhandel** *m kein pl* BÖRSE insider trading **Insiderhandelsrichtlinien** *pl* HANDEL insider trading guidelines

Insiderin <-, -nen> *f fem form von* **Insider**

Insiderinformationen *pl* HANDEL insider information *no pl* **Insiderrecht** *nt* JUR law on insider dealings

Insigne <-s, -nien> *nt meist pl* insignia

insistieren* *vi* (*geh*) ■**[auf etw** *dat*] ~ to insist [on sth]; ■**darauf ~, dass** to insist that

Inskription <-, -en> *f* SCH ÖSTERR enrolment BRIT, enrollment AM

insofern I. *adv* in this respect; **~ ... als** inasmuch as, in that
II. *konj* ÖSTERR (*vorausgesetzt, dass*) if; ***~ sie Zeit hat, hilft sie dir bestimmt*** if she's got time, she'll undoubtedly help you; **~ als** in so far [*or* as much] as

insolvent ['ɪnzɔlvɛnt, ɪnzɔl'vɛnt] *adj* insolvent

Insolvenz <-, -en> ['ɪnzɔlvɛnts, ɪnzɔl'vɛnts] *f* insolvency

insolvenzanfällig *adj* JUR, FIN insolvency-prone **Insolvenzrecht** *nt* JUR, FIN insolvency law **Insolvenzrisiko** *nt* FIN risk of insolvency **Insolvenzverfahren** *nt* JUR insolvency proceedings *pl*; **Einstellung des ~s** suspension of insolvency proceedings

insoweit I. *adv* in this respect; ***~ sind wir uns einig geworden*** we've reached agreement in this respect
II. *konj bes* ÖSTERR **~ als** if

in spe *adj* (*fam*) future, to be; ■**der/die/jds ... ~** the/sb's ... to be; ***das ist meine Braut ~*** this is my future bride [*or* bride to be]

Inspekteur(in) <-s, -e> [ɪnspɛk'tø:ɐ] *m(f)* MIL Chief of Staff

Inspektion <-, -en> *f* ❶ (*technische Wartung*) service
❷ (*Überprüfung*) inspection

Inspektionsöffnung *f* BAU access hole, porthole **Inspektionsrecht** *nt* JUR right of inspection **Inspektionsreise** *f* tour of inspection

Inspektor, Inspektorin <-s, -toren> *m, f* ❶ ADMIN (*unterste Rangstufe des gehobenen Dienstes*) executive officer; *Kriminalpolizei* inspector
❷ (*Prüfer*) supervisor

Inspiration <-, -en> *f* (*geh*) inspiration

inspirieren* *vt* ■**jdn [zu etw] ~** to inspire sb [to do sth]; ■**sich von etw [zu etw] ~ lassen** to get one's inspiration from sth [to do sth]

Inspizient(in) <-en, -en> *m(f)* stage manager

inspizieren* *vt* (*geh*) ■**etw ~** to inspect sth

instabil *adj* (*geh*) unstable

Instabilität <-, *selten* -en> *f* (*geh*) instability

Installateur(in) <-s, -e> [ɪnstala'tø:ɐ] *m(f)* (*Elektroinstallateur*) electrician; (*Klempner*) plumber

Installation <-, -en> *f* ❶ *kein pl* (*das Installieren*) installation; (*installierte Leitungen od. Anlage*) installations *pl*
❷ SCHWEIZ (*Amtseinsetzung*) installation

Installationsdiskette *f* INFORM set-up diskette **Installationsprogramm** *nt* INFORM install program **Installationsraum** *m* BAU utility room **Installationsvoraussetzung** *f* INFORM installation requirement **Installationswand** *f* BAU plumbing wall

installieren* *vt* ① TECH (*einbauen*) ■ **[jdm] etw** ~ to install sth [for sb]; ■ **sich** *dat* **etw** ~ **lassen** to have sth installed
② INFORM (*einprogrammieren*) ■ **[jdm] etw [auf etw** *akk*] ~ to load sth [for sb] [onto sth]; ***der Computer wird von uns mit fertig installierter Software geliefert*** the computer is supplied by us with software already loaded

instand *adj,* **in Stand** *adj* in working order; **etw** ~ **halten** to keep sth in good condition; **ein Haus** ~ **besetzen** (*fam*) *illegally to occupy and renovate a house that is scheduled for demolition;* **etw** ~ **setzen** to repair sth

instand|besetzen* *vt s.* **instand**

Instandhaltung *f* (*geh*) maintenance; ~ **des Programms** INFORM program maintenance; **laufende** ~ routine maintenance

Instandhaltungsauftrag *m* maintenance contract **Instandhaltungskosten** *pl* maintenance costs *pl* **Instandhaltungspflicht** *f* maintenance duty

inständig I. *adj Bitte, etc* urgent
II. *adv* urgently; ~ **um etw bitten** to beg for sth

Instandsetzung <-, -en> *f* (*geh*) repair

Instandsetzungsarbeiten *pl* repairs **Instandsetzungsdauer** *f* repair time **Instandsetzungskosten** *pl* cost of repairs **Instandsetzungsvertrag** *m* repair contract

Instantkaffee *m* KOCHK instant coffee

Instanz <-, -en> *f* ① ADMIN authority
② (*Stufe eines Gerichtsverfahrens*) instance; **in erster/zweiter/oberster/letzter** ~, **in der ersten/zweiten/obersten/letzten** ~ trial court/appellate court/supreme court of appeal/court of last instance

Instanzenweg <-[e]s, -e> *m meist sing* official channels *pl;* JUR stages of appeal; **den** ~ **durchlaufen** [*o* **nehmen**] to go through the official channels **Instanzenzug** *m* JUR stages of appeal

Instinkt <-[e]s, -e> *m* (*unbewusster Antrieb*) instinct; (*Gefühl der Gewissheit*) instinct, gut feeling *fam;* **[mit etw] [den richtigen]** ~ **beweisen** to show one's instincts [are correct] [about sth]

Instinkthandlung *f* BIOL instinct

instinktiv *adj* instinctive; **ein ~es Gefühl** an instinctive feeling, instinctive; **die ~en Verhaltensweise von Tieren** the instinctive behaviour [*or* AM -or] of animals

instinktmäßig *adj* instinctive

Institut <-[e]s, -e> *nt* ① (*öffentliche Anstalt*) institute
② (*geh: Internat*) boarding-school

Institution <-, -en> *f* institution; **die** ~ **der Ehe/Familie/etc.** the institution of marriage/of the family/etc.; **religiöse/wissenschaftliche** ~ religious/scientific institution; **zu einer** [*o* **zur**] ~ **werden** (*fig*) to become an institution *fig*

institutionell *adj* (*geh*) institutional

Institutsangehörige(r) *f(m) dekl wie adj* member of the institute **Institutsanschrift** *f* institute address **Institutsbibliothek** *f* institute library **Institutsdirektor(in)** *m(f)* director of the institute **Institutsverwaltung** *f* administration of the institute

instruieren* *vt* ① (*in Kenntnis setzen*) ■ **jdn [über etw** *akk*] ~ to advise sb [about sth]; ■ **[über etw** *akk*] **instruiert sein** to be informed [about sth]
② (*Anweisungen geben*) ■ **jdn ~[, etw zu tun]** to instruct sb [to do sth]

Instruktion <-, -en> *f* (*Anweisung*) instruction; (*Anleitung*) instruction[s] *usu pl;* **laut** ~ according to instructions

Instruktionsfehler *m* JUR mistake in the instructions **Instruktionspalette** *f* INFORM repertoire of instructions **Instruktionsrate** *f* INFORM instruction rate

instruktiv <-er, -ste> *adj* instructive

Instrument <-[e]s, -e> *nt* ① MUS instrument; (*Gerät für wissenschaftliche Zwecke*) instrument
② (*a. fig geh: Werkzeug*) tool; **sich** *akk* **zum** ~ **einer S.** *gen* **machen** (*fig geh*) to become the instrument of sth

instrumental I. *adj* instrumental; **~e Musik** instrumental music
II. *adv* instrumentally

Instrumentalbegleitung *f* instrumental accompaniment; **mit/ohne** ~ with/without instrumental accompaniment

instrumentalisieren* *vt* (*geh*) ■ **etw/jdn** ~ to instrumentalize sth/sb

instrumentalisieren* *vt* (*geh*) ■ **etw** ~ ① MUS to arrange [for instruments]
② (*fig: als Mittel zum Zweck benutzen*) to exploit sth

Instrumentalist, -in <-en, -en> *m, f* MUS, PHILOS instrumentalist

Instrumentalmusik *f* instrumental music **Instrumentalstück** *nt* MUS instrumental piece

Instrumentarium <-, -rien> [-riən] *nt* (*geh*) ① (*Gesamtheit der Ausrüstung*) instruments *pl,* apparatus, equipment; (*medical equipment*) equipment
② MUS range of instruments
③ (*Gesamtheit von Mittel o Möglichkeiten*) range [*or* series] of measures

instrumentatorisch *adj inv, attr* MUS instrumental

Instrumentenanlage *f* AUTO instrument panel **Instrumentenflug** *m* LUFT instrument flight **Instrumententräger** *m* AUTO dash panel

instrumentieren* I. *vt* ■ **etw** ~ ① MUS to instrument sth; (*für Orchester*) to orchestrate sth
② TECH to instrument sth, to equip sth with instruments
II. *vi* MED **bei einem Chirurgen** ~ to assist a surgeon by handing him/her the instruments; ■ **das I~** instrumentation

Insuffizienz <-, -en> *f* MED (*geh*) insufficiency

Insulaner(in) <-s, -> *m(f)* islander

Insulin <-s> *nt kein pl* insulin *no pl*

Insulinausschüttung *f kein pl* MED insulin distribution, distribution of insulin **Insulinpräparat** *nt* insulin preparation **Insulinproduktion** *f* MED insulin production, production of insulin **Insulinspiegel** *m* insulin level, level of insulin **Insulinspritze** *f* MED insulin injection [*or* AM *a.* shot] **Insulinverbrauch** *m* insulin consumption, consumption of insulin

inszenieren* *vt* ■ **etw** ~ ① (*dramaturgisch gestalten*) ■ **etw** ~ to stage sth
② (*pej*) to stage-manage [*or* engineer] sth

Inszenierung <-, -en> *f* ① FILM, MUS, THEAT production
② (*pej: Bewerkstelligung*) stage-managing, engineering

intakt *adj* ① (*unversehrt*) intact
② (*voll funktionsfähig*) in working order; ■ ~ **sein** to be one hundred percent

Intarsia <-, -> *f,* **Intarsie** <-, -n> [-ziə] *f meist pl* (*Einlegearbeit in Holz*) wood inlay [work], marquetry, intarsia

Intarsienmalerei *f* intarsia, marquetry

integer I. *adj* (*geh*) of integrity; ■ ~ **sein** to have integrity
II. *adv* (*geh*) with integrity; **sich** ~ **verhalten** to behave with integrity

integral *adj attr* MATH integral

Integral <-s, -e> *nt* MATH integral

Integralhelm *m* integral [*or* full-face] helmet

Integralrechnung *f kein pl* MATH integral calculus

Integration <-, -en> *f* ① SOZIOL integration; ■ **jds** ~ **[in etw** *akk*] sb's integration [into sth]
② (*Verbindung zu einer Einheit*) integration; ■ **die** ~ **von etw [zu etw]** the integration of sth [into sth]; ***die wirtschaftliche ~ Osteuropas zu einer einheitlichen Gemeinschaft wird sich schwer gestalten*** the economic integration of Eastern Europe into a single community will prove difficult
③ INFORM *Software, System* integration

Integrationsfigur *f* (*geh*) unifying figure **Integrationsfunktion** *f* INFORM integration function

Integrationssystem *nt* INFORM integration system

integrativ *adj* integrative

integrieren* I. *vt* (*eingliedern*) ■ **jdn/etw [in etw** *akk*] ~ to integrate sb/sth [into sth]
II. *vr* (*sich einfügen*) ■ **sich** *akk* **[in etw** *akk*] ~ to become integrated [into sth]

integriert *adj* integrated; **~e Soundkarte und Lautsprecher** integrated sound card and active boxes

Integrierung <-, -en> *f s.* **Integration**

Integrität <-> *f kein pl* (*geh*) ① (*untadeliger Charakter*) integrity
② POL, JUR (*Unverletzlichkeit*) integrity

Intellekt <-[e]s> *m kein pl* intellect

Intellektualismus <-> *m kein pl* PHILOS intellectualism

intellektuell *adj* intellectual; **eine ~e Diskussion** an intellectual discussion

Intellektuelle(r) *f(m) dekl wie adj* intellectual

intelligent *adj* ① (*mit Verstand begabt*) intelligent; (*strategisch klug*) clever, smart; ■ ~ **[von jdm] sein [, etw zu tun]** to be clever [of sb] [to do sth]; ***das war nicht gerade sehr ~ von dir!*** that wasn't exactly very clever of you!
② INFORM intelligent; **eine ~e Bombe** an intelligent bomb

Intelligenz <-, -en> *f* ① *kein pl* (*Verstand*) intelligence *no pl*
② *kein pl* (*Gesamtheit der Intellektuellen*) intelligentsia *no pl*
③ (*vernunftbegabtes Lebewesen*) intelligence; ***ständig suchen Radioteleskope nach Signalen außerirdischer ~ ab*** radio telescopes are constantly searching for signals from an extraterrestrial intelligence
④ INFORM **künstliche** ~ artificial intelligence, AI

Intelligenzbestie [-stiə] *f* (*fam*) brainbox *fam*

Intelligenzija <-> *f kein pl* Russian intelligentsia + *sing vb*

Intelligenzquotient [-kvotsiɛnt] *m* intelligence quotient **Intelligenztest** *m* intelligence test; **einen** ~ **machen** to sit an intelligence test; **jdn einem** ~ **unterziehen** to subject sb to an intelligence test

Intendant(in) <-en, -en> *m(f)* THEAT artistic director, theatre-manager [*or* AM theater-]; RADIO, TV director-general

Intendantur <-, -en> *f* (*veraltet*) ① (*Amt eines Intendanten*) THEAT artistic and business directorship; RADIO, TV director-generalship
② (*Verwaltungsbehörde eines Heeres*) army command

Intendanz <-, -en> *f* ① THEAT directorship; RADIO, TV director-generalship
② THEAT (*Büro des Intendanten*) director's office; RADIO, TV director-general's office

intendieren* *vt* (*geh: beabsichtigen*) ■ **etw** ~ to intend sth

Intensität <-, *selten* -en> *f* ① (*Stärke, Eindringlichkeit*) intensity, intenseness
② PHYS intensity

Intensitätssignal *nt* INFORM intensity signal

intensiv I. *adj* ① (*gründlich*) intensive
② (*eindringlich, durchdringend*) intense, strong; **~er Duft** strong fragrance; **~er Schmerz** strong pain
II. *adv* ① (*gründlich*) intensively; ~ **bemüht sein, etw zu tun** to make intense efforts to do sth
② (*eindringlich, durchdringend*) strongly, intensely; ***die Suppe schmeckt ~ nach Curry*** the soup has a strong taste of curry

Intensivbehandlung *f* MED intensive care treatment

intensivieren* [-'vi:-] *vt* ■ **etw** ~ to intensify sth

Intensivierung <-, *selten* -en> [-'vi:-] *f* intensification

Intensivkurs *m* intensive course **Intensivmedizin** *f kein pl* intensive care [*or* medicine] **Intensivstation** *f* MED intensive care unit **Intensivwirtschaft** *f kein pl* AGR intensive farming

Intention <-, -en> *f* (*geh*) intent, intention; **jds ~ geht dahin, dass...** it is sb's intention that...

intentional *adj* (*geh: zweckbestimmt*) intentional

interaktiv *adj* interactive; **~es Fernsehen** interactive TV

Interaktivität <-> *f kein pl* interactivity

Interbanken-Einlagen *pl* FIN interbank deposits

Intercity <-s, -s> *m*, **Intercityzug**[RR] [ɪntəˈsɪti] *m* inter-city [train]

Intercityexpress[RR] *m*, **Intercity-Express** *m* BAHN inter-city express

Interdependenz <-, -en> *f* interdependence

interdisziplinär *adj* interdisciplinary

interessant I. *adj* ❶ (*Interesse erweckend*) interesting; ■ **[für jdn] ~ sein** to be interesting [for sb]; ***gibt es in der Zeitung von heute irgendwas I~es?*** is there anything interesting in today's paper?; **sich [bei jdm] ~ machen** to attract [sb's] attention; ***sie will sich nur bei ihm ~ machen*** she's only trying to attract his attention; **wie ~!** how interesting!

❷ ÖKON **~es Angebot/Gehalt** attractive offer/salary

II. *adv* interestingly; ***der Vorschlag hört sich ~ an*** the proposal sounds interesting; ***das liest sich äußerst ~*** that's extremely interesting to read

interessanterweise *adv* interestingly enough

Interesse <-s, -n> *nt* ❶ *kein pl* (*Aufmerksamkeit*) interest; **~ [an jdm/etw [o für jdn/etw]] haben** to have an interest [in sb/sth]; ***wir haben ~ an Ihrem Angebot*** we are interested in your offer; ***bedauere, ich habe kein ~!*** sorry, I'm not interested!; **~ daran haben, etw zu tun** to be interested in doing sth; ***hätten Sie ~ daran, für uns tätig zu werden?*** would you be interested in working for us?

❷ *pl* (*Neigungen*) interests *pl*; **aus ~** out of interest; **mit ~** with interest; ***sie lauschte dem Redner mit großem ~*** she listened to the speaker with great interest

❸ *pl* (*Belange*) interests *pl*; **berechtigtes ~** legitimate interest; **für jdn von öffentlichem/persönlichem ~ sein** to be a matter of public concern/to be of personal interest to sb, conflicting [*or* clashing] interests; **rechtlich geschützte ~n** protected interests; **rechtliches ~** legal interest; **versicherbares/versichertes ~** insurable/insured interest

❹ (*Nutzen*) interest; **[für jdn] von ~ sein** to be of interest [to sb]; **in jds [o sein] dat ~ liegen** to be in sb's interest; **in jds dat ~ liegen, etw zu tun** to be in sb's interest to do sth; **im ~ einer S.** *gen* in the interest of sth; ***im ~ des Friedens sollte weltweit abgerüstet werden*** in the interest of peace there should be global disarmament; **in jds** *dat* **~** in sb's interest

interessehalber *adv* out of [*or* AM *a.* for the sake of] interest

interesselos *adj* indifferent; **jd ist [völlig] ~** sb is [completely] indifferent

Interesselosigkeit <-> *f kein pl* lack of interest

Interessenabwägung *f* weighing of interests **Interessenausgleich** *m* reconciliation [*or* coordination] of interests **Interessengebiet** *nt* area of interest **Interessengemeinschaft** *f* community of interests, syndicate **Interessenkollision** *f*, **Interessenskonflikt** *m* clash [*or* conflict] of interests **Interessenschutz** *m kein pl* protection of interests **Interessensphäre** *f* sphere of influence

Interessent(in) <-en, -en> *m(f)* ❶ (*an einer Teilnahme Interessierter*) interested party

❷ ÖKON (*an einem Kauf Interessierter*) potential buyer [*or* purchaser]

Interessenverband *m* POL, SOZIOL interest [*or* pressure] group **Interessenvereinigung** *f* community of interests; **wirtschaftliche ~** economic community of interests **Interessenvertretung** *f* ❶ POL, SOZIOL interest group ❷ *kein pl* JUR lobby, representation of interests **Interessenwahrnehmung** *f*, **Interessenwahrung** *f* JUR safeguarding [*or* protection] of interests

interessieren* I. *vt* ❶ (*jds Interesse hervorrufen*) ■ **jdn ~** to interest sb; ***dein Vorschlag interessiert mich sehr*** your suggestion interests me greatly; ***das hat Sie nicht zu ~!*** that's no concern of yours!

❷ (*jds Interesse auf etw lenken*) ■ **jdn für etw ~** to interest sb in sth

II. *vr* (*mit Interesse verfolgen*) ■ **sich für jdn/etw ~** to be interested in sb/sth

interessiert I. *adj* ❶ (*Interesse zeigend*) interested; ■ **[irgendwie] ~ sein** to be interested [in sth] [in a certain way]; ***sie ist politisch ~*** she is interested in politics

❷ (*mit ernsthaften Absichten*) ■ **an jdm/etw ~ sein** to be interested in sb/sth; ■ **daran ~ sein, etw zu tun** to be interested in doing sth; ***ich bin sehr daran ~, mehr darüber zu erfahren!*** I'm very interested in learning more about it!

II. *adv* with interest

Interface <-, -s> [ˈɪntəfeɪs] *nt* INFORM (*Computerschnittstelle*) interface

Interfacedesign [-dɪˈzaɪn] *nt* INFORM interface design

Interferenz <-, -en> *f* PHYS interference *no pl*

Interferometer <-s, -> *nt* PHYS interferometer

Interferon <-s, -e> *nt* BIOL interferon

interfraktionell *adj* inter-party *attr* **intergalaktisch** *adj* ASTRON intergalactic; **~er Stern** intergalactic star [*or* tramp]

Interieur <-s, -s *o* -e> [ɛ̃teˈrjøːɐ̯] *nt* (*geh*) interior

Interim <-s, -s> *nt* (*geh*) interim

Interimsabkommen *nt* JUR temporary [*or* interim] agreement **Interimsaktie** *f* BÖRSE provisional share certificate **Interimshaushalt** *m* ÖKON tentative budget **Interimskonto** *nt* FIN suspense account **Interimskredit** *m* FIN interim loan **Interimslösung** *f* (*geh*) interim solution **Interimsregelung** *f* (*geh*) interim regulation **Interimsregierung** *f* (*geh: Übergangsregierung*) interim government **Interimsschein** *f* FIN interim certificate **Interimszahlung** *f* FIN interim payment

Interjektion <-, -en> *f* LING interjection

interkontinental *adj* GEOG intercontinental

Interkontinentalrakete *f* MIL intercontinental ballistic missile

interkulturell *adj* intercultural

interlokal *adj* JUR interregional

Intermezzo <-s, -s *o* -mezzi> *nt* ❶ MUS intermezzo

❷ (*geh*) incident

intern I. *adj* (*im eigenen Bereich liegend*) internal; (*innenpolitisch*) domestic, internal

II. *adv* internally; **etw ~ regeln [o klären]** to resolve sth internally

Interna *pl* (*geh*) internal matters *pl*

Internalisierung <-, -en> *f* PSYCH, SOZIOL, LING internalization

Internat <-[e]s, -e> *nt* boarding-school

international I. *adj* international; **I~e Absatzwirtschaftliche Vereinigung** International Marketing Assocation; **I~e Anwaltsvereinigung** International Bar Association; **I~e Arbeitgeberorganisation** International Organization of Employers; **I~e Gesellschaft für Menschenrechte** International Society for Human Rights; **~e Normenorganisation** international standards organization, ISO; **I~e Recherchenbehörde** International Searching Authority; **I~e Rechtskommission** International Law Commission; **I~es Rotes Kreuz** International Red Cross; **I~e Standardklassifikation der Berufe** International Standard Classification of Occupations; **I~es Patentinstitut** International Patent Institute; **I~es Währungssystem** International Monetary System

II. *adv* internationally

Internationale <-, -n> *f* ■ **„die ~"** "the Internationale"; **die sozialistische ~** the Internationale

internationalisieren* *vt* ■ **etw ~** ❶ (*geh*) to internationalize sth

❷ JUR to internationalize sth; ■ **internationalisiert werden** to become internationalized

Internationalisierung *f kein pl* SOZIOL internationalization

internationalistisch *adj* internationalistic

Internatsleiter(in) *m(f)* principal of a boarding-school **Internatsschüler(in)** <-s, -> *m(f)* boarder, boarding school pupil [*or* AM student]

Internaut(in) <-en, -en> *m(f)* INET (*euph*) internaut *euph*

Internet <-s> *nt kein pl* INFORM, TELEK internet + *sing vb*; **im ~ surfen** to surf the internet [*or* web] [*or fam* net]; **im ~ Handel treiben** to trade via internet; **ins ~ kommen** to have access to the internet; **etw via ~ übertragen** to transfer sth via internet; **im ~ werben** to advertize in the internet

Internetadresse *f* INFORM internet e-mail address **Internetagentur** *f* INET Internet agency **Internetanbieter** *m* INFORM internet provider **Internetanschluss**[RR] *m* Internet connection **Internetanschluss**[RR] *m* INFORM internet connexion **Internetauftritt** *m* INET *presentation of a firm through an Internet website* **internetbasiert** *adj* Internet-based **Internetbenutzer(in)** *m(f)* INFORM internet user **Internetbrowser** *m* INFORM internet explorer **Internetbuchhändler(in)** *m(f)* Internet bookseller **Internetcafé** *nt* INFORM Cybercafé, electronic café **Internetchat** [-tʃæt] *m* Internet [relay] chat **Internetdienst** *m* internet sevice **Internetdiensteanbieter** *m* INFORM internet service provider **Internetdienstleister** *m* INFORM internet provider **Interneteinkäufer(in)** *m(f)* cybershopper **Internet-E-Mail-Adresse** *f* INFORM internet e-mail address **Internet-Kontaktbörse** *f* INET Internet personal ads **Internet-PC** *m* Internet PC **Internetprogramm** *nt* INFORM internet program **Internetserver** *m* INFORM internet server **Internetsurfer** *m* INFORM internet surfer **Internetteilnehmer** *m* INFORM internet client **Internetwerbung** *f* INFORM cyberpublicity **Internetzugang** *m* INFORM internet access

internieren* *vt* ■ **jdn ~** ❶ (*in staatlichen Gewahrsam nehmen*) to intern sb

❷ MED to isolate sb, to put sb into isolation

Internierte(r) *f(m) dekl wie adj* internee

Internierung <-, -en> *f* ❶ (*Einsperrung*) internment

❷ MED isolation

Internierungslager *nt* internment camp

Internist(in) <-en, -en> *m(f)* MED internist

Internverbindung *f* TELEK internal connection

interparlamentarisch *adj* interparliamentary

Interpellationsrecht *nt* JUR right of interpellation

interplanetarisch *adj* interplanetary

Interpol <-> *f* Interpol

Interpolation <-, -en> *f* LING, MATH interpolation

interpolieren* *vt* LING, MATH ■ **etw ~** to interpolate sth

Interpret(in) <-en, -en> *m(f)* MUS, THEAT (*geh*) interpreter

Interpretation <-, -en> *f* ❶ LIT, MUS, THEAT (*inhaltliche Erläuterung*) interpretation

❷ JUR *von Gesetzen* construction [of the law]

interpretatorisch *adj* interpretative, AM *a.* interpretive

Interpretersprache *f* INFORM assembly language

interpretieren* *vt* ❶ LIT, MUS ■ **[jdm] etw ~** to interpret sth [for sb]; ***diesen Satz kann man unterschiedlich ~*** this sentence can be interpreted in different ways

❷ (*geh: auslegen*) ■ **etw irgendwie ~** to interpret sth in a certain way; ■ **etw ~** JUR *Gesetze* to construe sth; **etw falsch ~** to misconstrue sth

❸ INFORM (*erkennen*) ■ **etw ~** to interpret sth

Interpretierer <-s, -> *m* INFORM interpreter

interpunktieren* *vt* ■ **etw ~** to punctuate sth

Interpunktion <-, -en> *f* LING punctuation

Interpunktionsregel *f* punctuation rule **Interpunktionszeichen** *nt* punctuation mark

Interrailkarte[RR] [ˈɪntɐreːl-] *f*, **Interrail-Karte** *f* inter-rail ticket

Interregio <-s, -s> *m* regional city stopper (*train that travels between regional centres*)

Interregnum <-s, -regnen *o* -regna> *nt* interreg-

num
interreligiös *adj* interreligious
Interrogativpronomen *nt* LING interrogative pronoun **Interrogativsatz** *m* interrogative sentence
interstellar [-stɛ-] *adj* ASTRON interstellar; **~e Materie** interstellar medium
interterritorial *adj* interterritorial; **~es Abkommen** interterritorial convention; **~er Kompensationsfonds** interterritorial compensation fund
Intervall <-s, -e> [-'val] *nt* (*geh*) interval
Intervallschaltung [-'val-] *f* AUTO intermittent wiper control **Intervalltraining** *nt* SPORT interval training
intervalutarisch *adj* BÖRSE intercurrency; **~er Devisenhandel** cross-exchange dealings
intervenieren* [-ve-] *vi* ❶ (*geh: protestierend einschreiten*) ■**[bei jdm] [für jdn]** ~ to intervene [on sb's behalf] [with sb]
❷ POL ■**irgendwo** ~ to intervene somewhere
Intervention <-, -en> [-vɛ-] *f* ❶ (*geh*) intervention
❷ POL (*das aktive Intervenieren*) intervention; **militärische** ~ military intervention
Interventionskauf *m* BÖRSE supporting purchase; ~ **zur Stützung des US-Dollars** order to back the US dollar **Interventionsklage** *f* JUR action of replevin [*or* third-party opposition] **Interventionspflicht** *f* JUR obligation to intervene **Interventionspreis** *m* AGR intervention price **Interventionsrecht** *nt* JUR right of intervention **Interventionsstelle** *f* JUR intervention agency [*or* board] **Interventionsverbot** *nt* JUR exclusion of intervention **Interventionsverfahren** *nt* JUR interpleader proceedings *pl*
Interview <-s, -s> ['ɪntɐvjuː, ɪntɐ'vjuː] *nt* interview; **[jdm] ein ~/~s geben** [*o geh* **gewähren**] to give [*or* grant] [sb] an interview/interviews
interviewen* [ɪntɐ'vjuːən, 'ɪntɐvjuːən] *vt*
❶ (*durch ein Interview befragen*) ■**jdn [zu etw]** ~ to interview sb [about sth]; ■**sich [von jdm]** ~ **lassen** to give [sb] an interview
❷ (*hum fam: befragen*) ■**jdn** ~ **[ob/wann/wo etc.]** to consult sb about [whether/when/where etc.]
Interviewer(in) <-s, -> [ɪntɐ'vjuːɐ, 'ɪntɐvjuːɐ] *m(f)* interviewer
Interzessionsverbot *nt* JUR exclusion of suretyship **Interzessionsversprechen** *nt* JUR undertaking of suretyship
Inthronisation <-, -en> *f* enthronement
Intifada <-> *f kein pl* intifada; ■**die** ~ the intifada
intim *adj* ❶ (*innig*) intimate; **~er Freund/Bekannter** close friend/acquaintance
❷ (*persönlich*) intimate; **~e Einzelheiten** intimate details
❸ (*geh: vertraut*) intimate; **aus ~er Kenntnis** from intimate knowledge
❹ (*sexuell liiert*) ■**mit jdm ~ sein/miteinander ~ sein** to have intimate relations with sb [*or* to be intimate with sb]/to be intimate with each other; ■**[mit jdm] ~ werden** to become intimate [with sb]
❺ (*geh: tief innerlich*) intimate; **~e Gefühle** intimate feelings
❻ (*geh: gemütlich*) intimate; ***ich kenne ein kleines, sehr ~es Lokal*** I know a small, very intimate [*or* cosy] pub
Intima <-, Intimae> *f fem form von* **Intimus**
Intimbereich *m* ❶ (*euph: Bereich der Geschlechtsorgane*) private parts *pl euph* ❷ *s.* **Intimsphäre Intimfeind(in)** *m(f)* (*geh*) devil one knows **Intimhygiene** *f* (*euph*) feminine hygiene
Intimität <-, -en> *f* (*geh*) ❶ *kein pl* (*Vertrautheit*) intimacy *no pl*
❷ *pl* (*private Angelegenheit*) intimate affairs *pl*
❸ *usu pl* (*sexuelle Handlung o Äußerung*) intimacy
❹ *kein pl* (*gemütliche Atmosphäre*) *Kneipe, Lokal etc.* intimacy
Intimkontakt *m* intimate contact **Intimlotion** *f* feminine hygiene lotion **Intimpartner(in)** <-s, -> *m(f)* (*form*) sexual partner **Intimpflege** *f* feminine hygiene **Intimsphäre** *f* (*geh*) private life **Intimspray** *nt* feminine deodorant spray
Intimus, Intima <-, Intimi> *m, f* (*hum geh*) confidant *liter*
Intimverkehr *m kein pl* (*euph*) intimate relations *pl euph;* **[mit jdm] ~ haben** to have intimate relations [with sb]
intolerant I. *adj* (*geh*) intolerant
II. *adv* intolerantly
Intoleranz *f* (*geh*) intolerance
Intonation <-, -en> *f* LING, MUS intonation
intonieren* *vt* ■**etw** ~ MUS to begin singing sth
intrakutan *adj* intracutaneous
intramuskulär *adj* MED intramuscular
Intranet <-s, -s> *nt* INFORM intranet
intransitiv *adj* LING intransitive
intrauterin *adj* MED intrauterine
Intrauterinpessar <-s, -e> *nt* MED intrauterine device, IUD
intravenös [-ve-] *adj* intravenous
intrazellulär *adj* BIOL, MED intracellular
In-Treff *m* (*fam*) fashionable [*or* trendy] pub [*or* AM bar]
intrigant *adj* (*pej geh*) scheming; ■~ **sein** to be a schemer *pej*
Intrigant(in) <-en, -en> *m(f)* (*pej geh*) schemer *pej*
Intrige <-, -n> *f* (*pej geh*) conspiracy, intrigue; **eine ~ einfädeln, eine ~ spinnen** to conspire, to intrigue, to hatch a plot
intrigieren* *vi* (*pej geh*) ■**[gegen jdn]** ~ to intrigue [*or* scheme] [against sb]
Introduktion <-, -en> *f* introduction
Introjektion <-, -en> *f* PSYCH introjection
Intron <-s, -s> *nt* BIOL intron
introvertiert [-vɛ-] *adj* introverted
Intrusion <-, -en> *f* GEOL intrusion
Intuition <-, -en> *f* intuition
intuitiv *adj* intuitive
intus *adj* ❶ (*fam: zu sich genommen haben*) **etw ~ haben** *Alkohol, Essen* to have had sth; **einen** [*o* **einiges**] **~ haben** (*fam*) to have had a few
❷ (*verstanden haben*) to have got sth into one's head; ***hast du es jetzt endlich ~?*** have you finally got that into your head now?
Inuit <-, -> *mf* (*Eskimo*) Inuit, Innuit
invalid(e) *adj* invalid
Invalide, Invalidin <-n, -n> [-va-] *m, f* invalid; ■~ **sein** to be an invalid
Invalidenrente *f* disability pension
Invalidität <-> [-va-] *f kein pl* disability
invariabel [-va-] *adj* invariable
Invariante <-, -n> *f* MATH invariant
Invasion <-, -en> [-va-] *f* ❶ MIL, POL (*kriegerischer Einfall*) invasion
❷ (*hum fam*) invasion *hum fam*
invasiv *adj* invasive; **~e Chirurgie** invasive surgery
Invasor, Invasorin <-s, -soren> [-va-] *m, f meist pl* (*geh*) invader
Inventar <-s, -e> [-vɛn-] *nt* ❶ FIN (*bilanziertes Firmenvermögen*) inventory; **das ~ erstellen** [*o* **aufstellen**] to draw up an inventory [*or* a list of assets and liabilities]
❷ HANDEL (*Bestand*) stock; **festes ~** fixtures; **lebendes ~** *Vieh* livestock; **totes ~** *Gegenstände, Mobiliar* fixtures and fittings
❸ JUR (*Verzeichnis des Nachlasses*) inventory
► WENDUNGEN: **[schon] zum ~ gehören** (*fam*) to be part of the furniture *hum fam*
Inventarerrichtung *f* JUR filing an inventory
Inventarfrist *f* JUR inventory period
inventarisieren* *vt* HANDEL ■**etw** ~ to take stock
Inventarrecht *nt* JUR legal provisions concerning inventories
Inventur <-, -en> [-vɛn-] *f* stocktaking; **~ machen** to stocktake, to do the stocktaking
Inventurbogen *m* stock sheet **Inventurdifferenzen** *pl* inventory discrepancies
Inverkehrbringen *nt kein pl* JUR putting into circulation; ~ **von Falschgeld** uttering counterfeit money
Inversion <-, -en> *f* inversion
Inversionswetterlage [-vɛr-] *f* inverted atmospheric conditions *pl*
Invertzucker *m* inverted sugar
Inverzugsetzung *f* JUR giving notice of default
investieren* [-vɛs'tiː-] *vt* ❶ FIN (*anlegen*) ■**etw [in etw** *akk*] ~ to invest sth [in sth]
❷ (*fig fam: aufwenden*) ■**etw [in jdn/etw]** ~ to invest sth [in sb/sth]; ***er hat so viel Zeit in dieses Projekt investiert*** he has invested so much time in this project
Investition <-, -en> [-vɛst-] *f* FIN investment; (*Geldausgabe*) investment; **kurzfristige/langfristige** ~ temporary investment/long-term capital investment; **laufende ~en** current investments; **risikofreie** [*o* **sichere**] ~ safe investment; **eine ~/~en vornehmen** [*o* **tätigen**] to invest
Investitionsanleihe [-vɛst-] *f* investment loan **Investitionsanreiz** *m* ÖKON incentive to invest, investment incentive; **~e schaffen** to create an incentive for investors **Investitionsausgaben** *pl* FIN capital expenditure [*or* investment] [*or* outlay] *no pl* **Investitionsbank** *f* investment bank **Investitionsbedarf** *m* capital expenditure requirements *pl* **Investitionsbereitschaft** *f* willingness to invest **investitionsfreudig** *adj* FIN inclined [*or* ready] to invest *pred;* ***das Unternehmen Ronge & Partner hat sich in den letzten Monaten ~ verhalten*** the last few months has seen Ronge & Partner willing to invest **Investitionsgüter** *pl* capital equipment *no pl* **Investitionsgüterindustrie** *f* HANDEL capital goods industry **Investitionsgütermarkt** *m* ÖKON capital goods sector **Investitionsgüternachfrage** *f* FIN demand for capital goods **Investitionsgüterwirtschaft** *f kein pl* capital goods economy **Investitionshochkonjunktur** *f* FIN investment boom **Investitionsklima** *nt* FIN climate for investment; **günstiges ~** climate favouring investment **Investitionskosten** *pl* investment costs *pl* **Investitionsneigung** *f* FIN propensity to invest **Investitionspolitik** *f* FIN capital investment policy **Investitionsprämie** *f* FIN investment premium; **steuerliche ~** investment tax credit **Investitionsprogramm** *nt* investment programme [*or* AM -am] **Investitionsquote** *f* ÖKON investment ratio **Investitionsrücklage** *f* FIN capital investment reserve **Investitionsschub** *m* FIN injection of fresh capital **Investitionsschutzvertrag** *m* JUR **bilateraler ~** bilateral investment protection convention **Investitionsschwerpunkt** *m* main focus of investment **Investitionsstau** *m* FIN slowdown in investment **Investitionssteuer** *f* FIN investment tax **Investitionstätigkeit** *f* FIN investment activity **Investitionsträger** *m* FIN investor **Investitionsvorhaben** *nt* FIN investment programme [*or* AM -am]; **ein ~ zurückstellen** to defer an investment programme **Investitionszulage** *f* FIN investment premium [*or* grant] [*or* bonus]
Investment <-s, -s> *nt* (*Geldanlage*) investment; (*Geldanlage in Investmentfonds*) investing in investment funds
Investmentbank *f* FIN investment bank, AM banker **Investmentberater(in)** *m(f)* ÖKON, BÖRSE investment adviser **Investmentfonds** [-'vɛst-] *m* BÖRSE investment fund **Investmentgesellschaft** *f* FIN investment trust **Investmentpapier** *nt* FIN investment fund certificate **Investmentsparen** *nt kein pl* FIN saving through investment companies **Investmenttrust** *m* ÖKON investment trust **Investmentzertifikat** *nt* FIN investment fund certificate
Investor(in) <-s, -oren> *m(f)* ÖKON investor
Investruine *f* ruinous investment
in vitro *adv* MED, BIOL in vitro
In-vitro-Fertilisation <-, -en> [-'viː-] *f* MED, BIOL in vitro fertilization, I.V.F.
involvieren* *vt* (*geh*) ■**etw** ~ to involve sth
inwendig I. *adv* inside; **jdn/etw in- und auswendig kennen** (*fam*) to know sb/sth inside out *fam*

II. *adj* (*selten*) inside; ***der Mantel besitzt drei ~e Taschen*** the coat has three inside pockets

inwiefern *adv interrog* how, in what way; ***„Sie haben mich da falsch verstanden" — „~"?*** "you've misunderstood me" — "in what way?"

inwieweit *adv* how far, to what extent; ***Sie können selbst entscheiden, ~ Sie meinem Rat folgen wollen*** you can decide yourself how far you're going to follow my advice

Inzahlunggeben *nt kein pl* HANDEL giving in payment

Inzahlungnahme <-, -n> *f* HANDEL trade-in; ■**die ~ einer S.** *gen* the acceptance of a thing in part exchange [*or* payment]

Inzest <-[e]s, -e> *m* (*geh*) incest *no pl*

Inzidentfeststellungsklage *f* JUR petition for an interlocutory declaration

Inzucht *f* inbreeding
▶ WENDUNGEN: verfluchte **~!** (*derb sl*) sod [*or* AM damn] it!, the hell with it AM *fam!*, BRIT *a.* bugger! *vulg*

inzwischen *adv* ❶ (*in der Zwischenzeit*) in the meantime, meanwhile; ***so, da bin ich wieder, waren ~ irgendwelche Anrufe?*** right, I'm back, have there been any calls in the meantime?
❷ (*mittlerweile*) in the meantime, since then; ***ich hoffe, du hast dich ~ wieder erholt*** I hope you've recovered in the meantime

IOK <-s> *nt kein pl Abk von* **Internationales Olympisches Komitee** IOC

Ion <-s, -en> *nt* PHYS, CHEM ion

Ionenbindung *f* CHEM ionic bond **Ionentherapie** *f* ion therapy

Ionisation <-, -en> *f* PHYS, CHEM ionization

ionisch *adj* ❶ ARCHIT, KUNST ionic
❷ MUS Ionian
❸ CHEM ionic; **~e Bindung** ionic [*or* electrovalent] bond

Ionisches Meer *nt* Ionian Sea

ionisieren* *vt* PHYS, MATH ■**etw ~** to ionize sth

Ionosphäre *f kein pl* PHYS, CHEM ionosphere

ipso iure, ipso juure JUR by operation of law

I-Punkt ['iː-] *m* (*I-Tüpfelchen*) dot on the "i"
▶ WENDUNGEN: bis **auf den ~** down to the last detail

IQ <-[s], -[s]> *m Abk von* **Intelligenzquotient** IQ

Ir *nt Abk von* **Iridium** Ir

i.R. *Abk von* **im Ruhestand** ret. (*retired*), BRIT *a.* retd. (*retired*)

IRA *f Abk von* **Irisch-Republikanische-Armee** IRA

Irak <-s> *m* ■[**der**] **~** Iraq; *s. a.* **Deutschland**

Iraker(in) <-s, -> *m(f) s.* **Iraki**

Iraki <-s, -s> *m fem form gleich* Iraqi; *s. a.* **Deutsche(r)**

irakisch *adj* Iraqi; *s. a.* **deutsch**

Iran <-s> *m* ■**der ~** Iran; *s. a.* **Deutschland**

Iraner(in) <-s, -> *m(f)* Iranian; **~ sein** to be [an] Iranian; *s. a.* **Deutsche(r)**

iranisch *adj* ❶ (*den Iran betreffend*) Iranian; *s. a.* **deutsch 1**
❷ LING Iranian; **auf I~** in Iranian; *s. a.* **deutsch 2**

Iranisch *nt dekl wie adj* Iranian; ■**das ~e** Iranian; *s. a.* **Deutsch**

IRC *nt Abk von* **internet relay chat** IRC

irden *adj* (*veraltend: aus Ton*) earthenware

irdisch *adj* earthly

Ire, Irin <-n, -n> *m, f* Irishman *masc,* Irishwoman *fem;* ■**die ~n** the Irish; [**ein**] **~ sein** to be Irish

irgend *adv* at all; **wenn ~ möglich** if at all possible; ***wenn ich ~ kann, werde ich Sie am Bahnhof abholen*** if I possibly can, I'll pick you up at the station; **~jemand/etw anderer/anderes** sb else/sth else; ***gib das ~jemand anderem*** give that to somebody else; **~ etwas** something; ***haben wir noch ~etwas zu essen im Kühlschrank?*** have we still got something to eat in the fridge?; ***gibt es ~etwas Neues zu berichten?*** is there anything new to report?; **~jemand** somebody, someone, anybody *after a negative,* anyone *after a negative;* ***hallo, ist dort ~jemand?*** hallo, is anybody there?; **nicht** [**einfach**] **~jemand/etwas** not just anybody/anything; ***wissen Sie überhaupt, mit wem Sie es zu tun haben? schließlich bin ich Direktor und nicht ~jemand!*** do you know who you're dealing with? I'm the director, not just anybody!; **~ so ein/e … some** … or other; ***„wer war am Apparat?" — „ach, wieder ~ so ein Spinner!"*** "who was that on the 'phone?" — "oh, some lunatic or other again"

irgendein, irgendeine(r, s), irgendeins *pron indef* ❶ *adjektivisch* (*was auch immer für ein*) some; ***haben Sie noch irgendeinen Wunsch?*** would you like anything else?; **nicht irgendein/e …** *adjektivisch* not any [old] …; ***ich will nicht irgendein Buch, sondern diesen Roman*** I don't just want any old book, I want this novel
❷ *substantivisch* (*ein Beliebiger*) any [old] one; ***welchen Wagen hätten Sie denn gern? — ach, geben Sie mir ~en, Hauptsache er fährt*** which car would you like then? — oh, [just] give me any old one, so long as it goes; **nicht irgendeine[r, s]** *substantivisch* not just anybody; ***ich werde doch nicht irgendeinen einstellen*** I'm not going to appoint just anybody

irgendeinmal *adv* sometime, some time or other; ***kommt doch ~ wieder vorbei!*** drop in again some time or other!

irgendwann *adv* sometime, some time or other; ***ich hoffe doch, wir sehen uns ~ einmal wieder?*** I hope we'll see each other again some time or other

irgendwas *pron indef* (*fam*) anything, something; ***hast du schon ~ Neues über diese Angelegenheit erfahren?*** have you learned anything new about this matter?; ***was soll ich ihr nur sagen, wenn sie mich fragt? — ach, erzähle ihr ~!*** what should I tell her if she asks me? — oh, tell her anything!

irgendwelche(r, s) *pron indef* ❶ (*welche auch immer*) any, some; ***brauchst du noch irgendwelche Sachen aus der Stadt?*** do you need any bits and pieces from town?
❷ (*irgendein, beliebig*) some; *substantivisch* anything; ***was für ein Rasierwasser soll ich dir mitbringen? — egal, irgendwelches!*** what sort of aftershave shall I get you? — it doesn't matter, anything!

irgendwer *pron indef* (*fam*) anybody, somebody; ***hat da nicht eben ~ gerufen?*** didn't somebody or other just call out?; ***hallo! aufmachen! hört mich denn nicht ~?*** hallo! open up! can no one hear me?; **nicht** [**einfach**] **~** not just anybody; ***ich bin nicht ~, ich habe Beziehungen!*** I'm not just anybody, I have connections!

irgendwie *adv* somehow [or other]; ***~ kommt mir das komisch vor*** somehow or other I find that funny; ***Sie kommen mir ~ bekannt vor, haben wir uns früher schon mal getroffen?*** I seem to know you somehow, have we met before?

irgendwo *adv* ❶ (*wo auch immer*) somewhere [or other]; ***~ muss der verdammte Schlüsselbund doch sein!*** the damned key ring must be somewhere [or other]!
❷ (*in irgendeiner Weise*) somehow [or other]; ***~ versteh ich das nicht*** somehow I don't understand [that]

irgendwoher *adv* (*woher auch immer*) from somewhere [or other]; ***ich kenne Sie doch ~!*** I know you from somewhere or other; **von ~** from somewhere [or other]; ***woher dieses Brummen nur kommt, von ~ muss es doch kommen!*** where's this humming coming from, it must be coming from somewhere or other

irgendwohin *adv* (*wohin auch immer*) somewhere [or other]; ***die Brille habe ich ~ gelegt*** I've put my glasses down somewhere [or other]
▶ WENDUNGEN: ~ **müssen** (*euph fam*) to have to spend a penny [*or* pay a visit] BRIT *euph fam,* to have to go AM *euph fam*

Iriden *pl von* **Iris**

Iridium <-s> *nt kein pl* CHEM iridium *no pl*

Iridologie <-> *f kein pl* MED iridology

Irin <-, -nen> *f fem form von* **Ire** Irishwoman

Iris[1] <-, -> *f* BOT iris

Iris[2] <-, – *o* Iriden> *f* ANAT iris

Irisblende *f* FILM iris diaphragm

Irisch *nt dekl wie adj* Irish; *s. a.* **Deutsch**

irisch *adj* ❶ (*Irland betreffend*) Irish; *s. a.* **deutsch 1**
❷ LING Irish; *s. a.* **deutsch 2**

Irisch *nt dekl wie adj* Irish; *s. a.* **Deutsch**

Irische <-n> *nt* ■**das ~** Irish, the Irish language; *s. a.* **Deutsche**

IRK *nt Abk von* **Internationales Rotes Kreuz** IRC

Irland *nt* Ireland, Eire; *s. a.* **Deutschland**

Irokese, Irokesin <-n, -n> *m, f* (*Indianer*) Iroquois

Ironie <-, *selten* -n> [-iːən] *f* ❶ (*gegenteilige Bedeutung einer Äußerung*) irony; ***ich sage das ganz ohne jede ~*** I'm not being at all ironic when I say that
❷ (*Paradoxie*) irony; ■**die ~ einer S.** *gen* the irony of sth; ***es war eine der vielen ~n des Lebens*** it was one of life's many ironies

ironisch I. *adj* ironic[al]; ■**das I~e** [the] irony; ***das I~e in seinem Unterton war ihr keineswegs entgangen*** she did not fail to notice the ironical undertone in his voice; ***irgendwie hatte diese Äußerung etwas I~es*** somehow this statement had an ironical flavour about it
II. *adv* ironically; **~ lächeln** to give an ironic smile

irr *adj s.* **irre**

irr(e) I. *adj* ❶ (*verrückt*) crazy, insane, mad; ***der Kerl muss ~[e] sein!*** the bloke must be mad!; **jdn für ~[e] erklären** (*fam*) to call sb mad; **jdn für ~[e] halten** (*fam*) to think sb is mad
❷ (*verstört*) crazy; ***so ein Blödsinn! du redest ~es Zeug!*** what nonsense! this is just crazy talk!; **jdn** [**noch**] **ganz ~ machen** (*fam*) to drive sb crazy *fam;* ***dieser Partylärm macht mich noch ganz ~*** the noise from this party is driving me crazy [*or* mad]
❸ (*sl: toll*) fantastic, terrific
▶ WENDUNGEN: **an jdm/etw ~ werden** (*geh*) to lose one's faith in sb/sth
II. *adv* ❶ (*verrückt, verstört*) insanely, in a crazy way; ***was fällt dir ein, mitten in der Nacht so ~e rumzubrüllen!*** all this crazy yelling in the middle of the night, what [the hell] do you think you're doing!; **~[e] reden** (*geh*) to say crazy things; ***hör nicht auf ihn, der redet ~!*** don't listen to him, he comes out with all this crazy talk!; **wie ~** (*fam*) like crazy [*or* mad]; ***ich musste arbeiten wie ~*** I had to work like mad
❷ (*sl: ausgeflippt*) wild, crazy, wacky *sl,* way-out *sl;* (*toll*) fantastically *fam,* terrifically *fam*
❸ (*sl: äußerst*) incredibly; ***der Witz ist ja ~e komisch!*** the joke is incredibly funny!

irrational *adj* (*geh*) irrational; **~e Zahl** MATH irrational number

Irre <-> *f* **jdn in die ~ führen** to mislead sb, to lead sb up the garden path, to take sb for a ride; ***da geht es doch nie und nimmer nach Bremen, du führst uns in die ~!*** that's never the way to Bremen, you're taking us for a ride!; **in die ~ gehen** to go wrong; ***halt, die andere Richtung, Sie gehen sonst in die ~!*** stop, the other direction, otherwise you'll be going wrong!

Irre(r) *f(m) dekl wie adj* (*irrer Mensch*) lunatic, madman
▶ WENDUNGEN: armer **~r** (*fam*) poor fool; ***du armer ~r, der Kerl hat dich reingelegt!*** you poor fool, the bloke's taken you for a ride!

irreal *adj* (*geh*) unreal; ***die Vorstellung, es würde sich irgendwie schon alles fügen, ist einfach ~*** this idea that everything is going to work out somehow is simply unrealistic

Irrealität <-> *f kein pl* (*geh*) unreality

irre|führen *vt* ■**jdn ~** to mislead sb; ■**sich von jdm/etw ~ lassen** to be misled by sb/sth

irreführend *adj* misleading

Irreführung *f* JUR deception, intentional misrepresentation; ***die bewusst mehrdeutige Erklärung stellt eine vorsätzliche ~ der Delegierten dar*** the intentionally ambiguous statement represents a

deliberate attempt to mislead the delegates
irre|gehen *vi irreg sein (geh)* ❶ *(sich irren)* ■~, **wenn** to be mistaken, if; ***gehe ich irre in der Annahme, dass Sie mein Angebot ablehnen?*** am I mistaken in assuming that you're declining my offer?
❷ *(selten)* to go astray
irregulär *adj (geh)* irregular; **~e Galaxien** ASTRON irregular galaxies; **~e Methode** irregular method
Irregularität <-, -en> *f* irregularity
irre|leiten *vt (geh)* ■**jdn** ~ ❶ *(falsch leiten)* to misdirect sb; ***hier geht es ja gar nicht nach Ochsenhausen, man hat uns irregeleitet!*** this isn't the way to Ochsenhausen, we've been wrongly directed!
❷ *(schlecht beeinflussen)* to lead sb astray; ***durch Propaganda sind viele schlecht unterrichtete Menschen irregeleitet worden*** many people who are ill-informed have been led astray by propaganda; ■**irregeleitet** misguided; ***die irregeleiteten Sektenmitglieder setzten sich für verlogene Werte ein*** the misguided members of the sect supported dishonest values
Irreleitung *f kein pl* JUR misdirection
irrelevant [-va-] *adj (geh)* irrelevant; ■~ **[für etw] sein** to be irrelevant [for [*or* to] sth]; ***zusätzliche Einwände sind für die Urteilsfindung des Gerichts*** ~ additional objections are irrelevant to the verdict of the court
Irrelevanz [-va-] *f (geh)* irrelevance
irre|machen *vt* ■**jdn** ~ to confuse sb; ■**sich [durch jdn/etw] nicht ~ lassen** not to be put off [by sb/sth]
irren¹ *vi sein* ■**durch/über etw** *akk* ~ to wander through/across sth
irren² I. *vi (geh) (sich täuschen)* to be mistaken [*or* wrong]
► WENDUNGEN: **I~ ist menschlich** *(prov)* to err is human *prov*
II. *vr (sich täuschen)* ■**sich** ~ to be mistaken [*or* wrong]; ***da irrst du dich*** you're wrong there; ***ich irre mich bestimmt nicht, ich weiß, was ich gesehen habe*** I'm definitely not wrong, I know what I saw; ■**sich in jdm/etw** ~ to be mistaken [*or* wrong] about sb/sth; ***so kann man sich in jdm ~!*** it shows you how wrong you can be about someone!; **wenn ich mich nicht irre, ...** if I am not mistaken ...
Irrenanstalt *f (pej veraltend)* lunatic asylum, funny farm *pej sl*, loony bin *pej sl*; ***der Kerl spinnt ja, der gehört in die ~!*** the bloke's crackers, he should be locked up! **Irrenarzt, -ärztin** <-es, -e> *m, f (pej veraltet)* nut doctor *pej old* **Irrenhaus** *nt (pej veraltet) (pej)* lunatic asylum, funny farm *pej sl*, loony bin *pej sl*; **wie im** ~ *(fam)* like a madhouse *fam*; ***schreit nicht alle durcheinander, das ist ja hier wie im ~!*** don't all start shouting at once, it's like a madhouse in here! ► WENDUNGEN: **[bald] reif fürs ~ sein** *(fam)* to be cracking up *fam*, to need putting away *sl*
irreparabel I. *adj (geh)* irreparable; **~e körperliche/nervliche/seelische Schäden** irreparable physical/nerve/psychological damage; **irreparabler Maschinenschaden** engine damage beyond repair
II. *adv (geh)* irreparably
irre|reden *vi (geh)* to rant, to rave; ***Blödsinn! rede nicht so irre!*** rubbish! stop ranting [on] like that!
Irr(e)sein *nt* insanity
irreversibel [-vɛr-] *adj (fachspr)* irreversible
Irrfahrt *f* wandering; ***warum kommt ihr erst so spät? — es war eine lange ~, bis wir zu eurem Haus gelangten*** why are you so late? — we've been all around the houses trying to get to your place; ***Odysseus erreichte Ithaka erst nach zehnjähriger*** ~ Odysseus reached Ithaka after having wandered for ten years **Irrgang** *m meist pl* twists and turns *pl* **Irrgarten** *m* labyrinth, maze **Irrglaube(n)** *m* ❶ *(falsche Annahme)* mistaken belief, misconception ❷ *(veraltend: falscher religiöser Glaube)* heresy, heretical belief **irrgläubig** *adj* heretical; ■**die I~en** the heretics
irrig *adj (geh)* incorrect, wrong
irrigerweise *adv* erroneously
Irritation <-, -en> *f (geh)* ❶ MED *(Reiz)* irritation, itch
❷ *(das Erregtsein, Verärgerung)* irritation *no pl*, nuisance *no pl*
❸ *(selten: auf jdn/etw ausgeübter Reiz)* irritation *no pl*
irritieren* *vt* ■**jdn** ~ ❶ *(verwirren)* to confuse sb
❷ *(stören)* to annoy sb; ***lassen Sie sich von seinen Fragen nicht ~*** don't let his questions annoy you
Irrläufer *m* misdirected item; ***das ist hier ein ~, die Mappe ist für Abteilung A 13*** this file's for department A 13, it's been misdirected **Irrlehre** *f* false doctrine, heresy **Irrlicht** *nt* jack-o'-lantern, will-o'-the wisp
Irrsinn *m kein pl* ❶ *(veraltet: psychische Krankheit)* insanity, madness *no pl*
❷ *(fam: Unsinn)* lunacy, madness *no pl*; ***es wäre kompletter ~, ohne finanzielle Sicherheiten eine Luxusvilla bauen zu wollen*** it would be complete lunacy to try and build a luxury villa without financial security
irrsinnig I. *adj* ❶ *(veraltet: psychisch krank)* insane, mad; **wie ein I~er/eine I~e** *(fam)* like a madman/madwoman; ***wir haben gearbeitet wie die I~en, um rechzeitig fertig zu werden*** we worked like crazy to get finished in time; ***er lief wie ein I~er, hat den Zug aber trotzdem verpasst*** he ran like crazy, but still missed the train
❷ *(fam: völlig wirr, absurd)* crazy, mad; ***wer ist denn auf diese ~e Idee gekommen?*** who thought up this crazy idea?; ***völliger Quatsch, der Vorschlag ist ganz einfach ~*** utter rubbish, the suggestion is quite simply crazy; ■~ **sein/werden** to be/go crazy [*or* mad]; ***ich werde noch völlig ~ in diesem Haushalt!*** I'll go completely crazy in this household!
❸ *(fam: stark, intensiv)* terrific, tremendous; **~ Hitze/Kälte** incredible heat/cold; *Kälte* incredible; ***um diese Zeit ist immer ein ~er Verkehr*** there's always an incredible amount of traffic around this time; ***ich habe ~e Kopfschmerzen*** I've got a terrible headache
II. *adv (fam: äußerst)* terrifically, tremendously; ***draußen ist es wieder ~ heiß*** it's terrifically hot outside again; ***mit meinem dünnen Hemd habe ich ~ gefroren*** I was terribly cold with my thin shirt on; ***der Zahn tut ~ weh*** the tooth is hurting terribly; **wie** ~ *(fam)* like crazy [*or* mad]; ***das schmerzt wie ~!*** it's hurting like mad!
Irrsinnshitze *f (fam)* incredible heat **Irrsinnskälte** *f (fam)* incredible cold; ***was ist das heute wieder für eine ~!*** what incredible cold again today! **Irrsinnstat** *f (fam)* act of lunacy [*or* madness], insanity
Irrtum <-[e]s, -tümer> *m* ❶ *(irrige Annahme)* error, mistake; **[schwer] im ~ sein** [*o* **sich [schwer] im ~ befinden**] to be [badly] mistaken; **~!** *(fam)* wrong! *fam*, you're wrong there!
❷ *(fehlerhafte Handlung)* error, mistake; **einen ~ begehen** to make a mistake; ***diese Akte ist durch einen ~ auf meinem Tisch gelandet*** this file has landed on my desk by mistake; **~ vorbehalten!** ÖKON errors and omissions excepted!
❸ JUR mistake; **~ über die Person** error in persona, mistaken identity; **~ über Tatsachen** factual error; **gemeinsamer** ~ *(Vertrag)* common mistake; **rechtlicher** ~ mistake in law; **vermeidbarer** ~ avoidable error
irrtümlich I. *adj attr (versehentlich)* erroneous, mistaken; ***ich muss meine Meinung als ~ korrigieren*** I'll have to alter my mistaken belief
II. *adv* erroneously, mistakenly; ***ich habe Sie ~ für jemand anders gehalten*** I mistakenly took you for somebody else
irrtümlicherweise *adv* erroneously, mistakenly, in error, by mistake; ***ich bin ~ zu früh von der Autobahn abgefahren*** I turned off the motorway too early by mistake
Irrtumsanfechtung *f* JUR avoidance on account of mistake **Irrtumsvorbehalt** *m* JUR clause reserving errors
Irrweg *m* wrong track; ***für manche Studenten erweist sich das Studium als ~*** some students find that study is not the right course for them; ***diese Vorgehensweise ist ein ~*** we're not on the right track with this procedure; **auf einem ~ sein** [*o* **sich auf einem ~ befinden**] to be on the wrong track
Irrwisch <-es, -e> *m (fam)* little rascal
irrwitzig *adj* ridiculous, absurd
ISBN <-, -s> *f Abk von* **Internationale Standardbuchnummer** ISBN
Ischias <-> *m o nt kein pl* sciatica *no pl*; **~ haben** to suffer from sciatica
Ischiasnerv *m* sciatic nerve
ISDN <-s> *nt kein pl Abk von* **Integrated Services Digital Network** ISDN
ISDN-Anschluss[RR] *m* TELEK ISDN connection **ISDN-Box** *f* TELEK ISDN box **ISDN-Karte** *f* TELEK ISDN card **ISDN-Leistungsmerkmal** *nt* ISDN performance feature **ISDN-Netz** *nt* TELEK integrated services digital network
Islam <-s> *m kein pl* Islam; ■**der ~** Islam *no pl*
islamisch *adj* Islamic
islamisieren* *vt* GEOL, REL ■**jdn/etw** ~ to Islamize sb/sth
Islamisierung *f* GEOL, REL Islamization
Islamist(in) <-en, -en> *m(f)* Islamist
islamistisch *adj* Islamist *attr*
Island *nt* Iceland; *s. a.* **Deutschland**
Isländer(in) <-s, -> *m(f)* Icelander; **~ sein** to be an Icelander; *s. a.* **Deutsche(r)**
Isländisch *nt dekl wie adj* Icelandic; *s. a.* **Deutsch**
isländisch *adj* ❶ *(Island betreffend)* Icelandic; *s. a.* **deutsch 1**
❷ LING Icelandic; **auf I~** in Icelandic; *s. a.* **deutsch 2**
Isländisch *nt dekl wie adj* LING Icelandic; ■**das ~e** Icelandic; *s. a.* **Deutsch**
ISO *f* TECH *Abk von* **International Standards Organisation** ISO
Isobare <-, -n> *f* PHYS isobar
Isolation <-, -en> *f* ❶ *(das Abdichten)* insulation; ***nach der Verlegung der Heizungsrohre erfolgt deren ~*** after the heating pipes have been laid they are insulated; *(isolierende Schicht)* insulation
❷ *(das Isolieren) Patienten, Häftlingen, etc.* isolation
❸ *(Abgeschlossenheit)* isolation; **~ von der Außenwelt** isolation from the outside world
Isolationismus <-> *m kein pl* POL isolationism
isolationistisch *adj* POL isolationist
Isolationshaft *f* solitary confinement; **jdn in ~ halten** to keep sb in solitary confinement
Isolator <-s, -toren> *m* TECH, PHYS insulator
Isolierband <-bänder> *nt* insulating tape **Isolierdecke** *f* BAU insulation ceiling
isolieren* I. *vt* ❶ TECH *(mit Isoliermaterial versehen)* ■**etw [gegen etw]** ~ to insulate sth [against sth]
❷ JUR, MED *((von anderen) absondern)* ■**jdn [von jdm/etw]** ~ to isolate sb [from sb/sth]; ***die Virusträger wurden von den anderen Patienten isoliert*** the carriers of the virus were isolated from the other patients
II. *vr (sich absondern)* ■**sich [von jdm/etw]** ~ to isolate oneself [from sb/sth]; ***warum isolierst du dich von der Außenwelt?*** why do you cut yourself off from the outside world?
Isolierflasche *f* insulated [*or* thermos] flask **Isolierkanne** *f* thermos flask **Isoliermasse** *f* sealant **Isoliermaterial** *nt* insulating material **Isolierschicht** *f* insulating layer **Isolierstation** *f* isolation ward
isoliert I. *adj (aus dem Zusammenhang gegriffen)* isolated; ***eine ~e Betrachtungsweise von Problemen verleitet rasch zu Fehlschlüssen*** an isolated way of looking at problems quickly leads to wrong conclusions

II. *adv* ❶ (*abgeschlossen, abgesondert*) isolated; ***so weit draußen auf dem Land wohnt ihr doch völlig ~!*** you're completely isolated so far out in the country!
❷ (*aus dem Zusammenhang gegriffen*) in an isolated way; ***diese Erscheinung darf man nicht ~ betrachten*** you shouldn't look at this phenomenon in an isolated way
Isolierung <-, -en> *f s.* **Isolation**
Isolierwolle *f* BAU fill-type insulation
Isomatte *f* insulating underlay
Isomer <-s, -e> *nt* CHEM isomer
Isomerie <-> *f kein pl* CHEM isomerism
Isometrie <-> *f kein pl* ❶ BOT isometrics
❷ MED isometry
isometrisch *adj* isometric
ISO-Norm *f* ISO standard
Isotherme <-, -n> *f* METEO isotherm
isotonisch *adj* CHEM isotonic
Isotop <-s, -e> *nt* PHYS isotope
Isotropie <-> *f kein pl* PHYS, CHEM isotropy
Israel <-s> ['ɪːsraeːl] *nt* Israel; *s. a.* **Deutschland**
Israeli <-[s], -[s]> *m*, **Israeli** <-s, -[s]> *f* Israeli; *s. a.* **Deutsche(r)**
israelisch *adj* Israeli; *s. a.* **deutsch**
isst[RR], **ißt** *3. pers. sing pres von* **essen**
ist *3. pers. sing pres von* **sein**[1]
Ist-Aufwand *m kein pl* FIN actual expenditure
Ist-Bestand, Istbestand[RR] *m an Waren* actual stocks; *an Geld* ready cash **Istbesteuerung** *f* FIN taxation of actual value **Ist-Bilanz** *f* FIN actual balance sheet **Ist-Einnahmen** *pl* FIN actual receipts **Ist-Gewinn** *m* FIN actual profit
IstGH *m Abk von* **internationaler Strafgerichtshof** international [criminal] tribunal
Isthmus <-, Isthmen> *m* GEOL (*Landenge*) isthmus
Istkaufmann, -kauffrau *m, f* FIN de facto merchant [*or* trader] **Iststärke**[RR] *f*, **Ist-Stärke** *f* MIL actual [*or* effective] strength **Ist-Zahlen** *pl* FIN actuals
IT *f Abk von* **Informationstechnik** IT, information technology
Italien <-s> [-iən] *nt* Italy; *s. a.* **Deutschland**
Italiener(in) <-s, -> *m(f)* Italian; ~ **sein** to be [an] Italian; ▪**die** ~ the Italian; *s. a.* **Deutsche(r)**
italienisch *adj* ❶ (*Italien betreffend*) Italian; *s. a.* **deutsch 1**
❷ LING Italian; *s. a.* **deutsch 2**
Italienisch *nt dekl wie adj* ❶ LING Italian; *s. a.* **Deutsch 1**
❷ (*Fach*) Italian; *s. a.* **Deutsch 2**
Italienische <-n> *nt* ▪**das** ~ Italian; *s. a.* **Deutsche**
Italowestern *m* spaghetti western
IT-Branche [aɪ'tiː'brãːʃə] *f* ÖKON IT sector
ITCY *nt Abk von* **internationales Strafgericht** international [UN] [war crimes [*or* criminal]] tribunal (*to deal with the former Yugoslavia*)
Iteration <-, -en> *f* MATH iteration
I-Tüpfelchen <-s, -> ['iː-] *nt* finishing touch; ***ein Kronleuchter über dem Esstisch, das wäre das ~!*** a chandelier over the dining room table, that would be the finishing touch!
▶ WENDUNGEN: **bis aufs** ~ down to the last detail
Ius Soli[RR], **Jus Soli**[RR] <-> *nt kein pl* JUR jus [*or* ius] soli *spec*
i.V. *Abk von* **in Vertretung** p.p.
IVF *f* MED *Abk von* **In-vitro-Fertilization** IVF
Ivorer(in) <-s, -> *m(f)* Ivorian; *s. a.* **Deutsche(r)**
ivorisch *adj* Ivorian; *s. a.* **deutsch**
IW *nt Abk von* **Institut der deutschen Wirtschaft** German institute for economics
Iwan <-s> *m kein pl* (*meist pej veraltend fam*) ▪**der** ~ the Russkies *pl*
IWF <-> *m kein pl Abk von* **Internationaler Währungsfonds** IMF

J

J, j <-, - *o fam* -s, -s> *nt* J, j; ~ **wie Julius** J for Jack BRIT, J as in Jig AM; *s. a.* **A 1**
ja *part* ❶ (*bestätigend: so ist es*) yes; ***ist da wer? — ~, ich bin's*** is someone there? — yes, it's me; ~, **bitte?** yes, hallo?; ***ist dort Prof. Schlüter am Apparat? — ~ bitte?*** is that Prof. Schlüter speaking? — yes, hallo?; ***einen Moment mal! — ~, bitte? — Sie haben da was fallen gelassen!*** just a moment! — yes, what is it? — you've dropped something!; **das sag' ich ~!** (*fam*) that's exactly what I say!; ***das sag' ich ~ die ganze Zeit!*** that's exactly what I've been saying the whole time!; **zu etw ~ sagen** to say yes to sth, to agree to sth; **aber ~!** yes, of course!; ***kommt ihr zu der Party von Wilhelm? — aber ~!*** are you coming to Wilhelm's party? — yes, of course!
❷ (*fragend: so? tatsächlich?*) really?; ***„ich habe die Nase voll, ich kündige!" — "~?"*** "I've had a bellyful, I'm handing in my notice" — "really?"; ***ach ~?*** really?; ***ich wandre aus — ach ~?*** I'm emigrating — really?
❸ (*warnend: bloß*) make sure; ***kommen Sie ~ pünktlich!*** make sure you arrive on time!; ***sei ~ vorsichtig mit dem Messer!*** do be careful with the knife!; ***geh ~ nicht dahin!*** don't go there whatever you do!
❹ (*abschwächend, einschränkend: schließlich*) after all; ***weine nicht, es ist ~ alles nur halb so schlimm!*** don't cry, after all it's not that bad; ***ich kann es ~ mal versuchen*** I can try it of course; ***das ist ~ richtig, doch sollten wir trotzdem vorsichtiger sein*** that's certainly true, but we should be more careful anyhow
❺ (*revidierend, steigernd: und zwar*) in fact; ***ich muss das anerkennen, ~ mehr noch, es loben*** I have to recognize that, even praise it in fact
❻ (*anerkennend, triumphierend: doch*) of course; ***du bist ~ ein richtiges Schlitzohr!*** you really are a crafty devil!; ***siehst du, ich habe es ~ immer gesagt!*** what did I tell you? I've always said that, you know; ***es musste ~ mal so kommen!*** it just had to turn out like that!; ***auf Sie haben wir ~ die ganze Zeit gewartet*** we've been waiting for you the whole time, you know; ***wo steckt nur der verfluchte Schlüssel? ach, da ist er ~!*** where's the damned key? oh, that's where it's got to!
❼ (*bekräftigend: allerdings*) admittedly, certainly, to be sure; ***ach ~!*** oh yes!; ***„so war das doch damals, erinnerst du dich?" — „ach ~!"*** "that's how it was in those days, do you remember?" — "oh yes!"; ***was Sie mir da berichten, ist ~ kaum zu glauben!*** what you're telling me certainly is scarcely believable!; ***Ihr Mann ist bei einem Flugzeugabsturz ums Leben gekommen? das ist ~ entsetzlich!*** your husband died in a plane crash? why, that's just terrible!; ***ich verstehe das ~, aber trotzdem finde ich's nicht gut*** I understand that admittedly, even so, I don't think it's good; ***das ist ~ die Höhe!*** that's the absolute limit!; ***es ist ~ immer dasselbe*** it's always the same, you know
❽ (*na*) well; ~, ***wenn das so ist, komme ich natürlich mit!*** well, if that's the case, I'll surely come with you!; ~, ***was du nicht sagst, kaum zu glauben!*** well, you don't say! it's scarcely believable!
❾ (*als Satzabschluss: nicht wahr?*) isn't it?; ***es bleibt doch bei unserer Abmachung, ~?*** our agreement does stand though, doesn't it?; ***aber du hältst zu mir, wenn es brenzlig wird, ~?*** but you'll stand by me when things get hot, won't you?
❿ (*ratlos: nur*) ***ich weiß ~ nicht, wie ich es ihm beibringen soll*** I'm sure I don't know how I'm going to get him to understand that
⓫ (*beschwichtigend*) ***„he, wo bleibst du denn nur so lange?" — „ich komm ~ schon!"*** "hey, where have you been all this time?" — "all right! all right! I'm coming!"; ~ ***doch!*** yes, all right!
▶ WENDUNGEN: ~ **und amen** [*o* J~ **und Amen**] **zu etw sagen** (*fam*) to give sth one's blessing; ***wenn die Geschäftsleitung ~ und amen zu dem Plan sagt, können wir loslegen*** if the management gives it's blessing to the plan, we can get going; **nun** ~ well; ***„wie schmeckt das Essen?" — „nun ~, eigentlich gar nicht so übel"*** "how's the food?" — "well, not bad at all really"; **wenn** [*o* **falls**] ~ if so; ***hoffentlich trifft das nicht zu, falls ~, werden wir noch einige Probleme bekommen*** hopefully that won't apply, if it does we'll have a few more problems; ~**!** ~**!** go on! go on!; ~**,** ~**, *gib's ihm!*** go on! go on! let him have it!
Ja <-s, -[s]> *nt* yes; POL aye *a.* DIAL; **mit ~ stimmen** to vote yes
Jabot <-s, -s> [ʒa'boː] *nt* MODE jabot
Jacht <-, -en> *f* yacht
Jachtklub *m* yacht club
Jäckchen <-s, -> *nt dim von* **Jacke** small jacket
Jacke <-, -n> *f* (*Stoffjacke*) jacket; (*Strickjacke*) cardigan
▶ WENDUNGEN: **das ist ~ wie Hose** (*fam*) it makes no odds [either way], it's six of one and half a dozen of the other
Jackenärmel *m* jacket sleeve **Jackenfutter** *nt* jacket lining **Jackenknopf** *m* jacket button **Jackentasche** *f* jacket pocket
Jacketkrone ['dʒɛkɪt-] *f* MED jacket crown
Jackett <-s, -s> [ʒa'kɛt] *nt* jacket
Jacking-in <-> ['dʒækɪŋɪn] *nt kein pl* INFORM jacking-in
Jackpot <-s, -s> *m* ❶ KARTEN stake [money]
❷ (*im Lotto*) jackpot
Jacquard <-[s], -s> [ʒa'kaːr] *m* MODE jacquard
Jade <-> *m o f kein pl* jade
Jagd <-, -en> *f* ❶ (*das Jagen*) hunting; ▪**die ~ auf ein Tier** hunting an animal; **auf die ~ [nach einem Tier] gehen** to go out hunting [an animal]; **hohe/niedere ~** big/small game hunting; **in wilder ~** in headlong flight [*or* a mad rush]; **zur ~ [auf ein Tier] blasen** to sound the horn for the start of the hunt; **auf der ~ sein** to be [out] hunting; ~ **auf jdn/etw machen** (*pej*) to hunt for sb/sth *pej*
❷ (*Jagdrevier*) preserve, BRIT *a.* shoot
❸ (*Verfolgung*) hunt; ▪**die ~ auf jdn** the hunt for sb
❹ (*pej: wildes Streben*) pursuit; ▪**die ~ nach etw** the pursuit of sth; **die ~ nach Erfolg** the pursuit of success; **die ~ nach Gold** the quest for gold
Jagdaufseher(in) *m(f)* game warden **Jagdbehörde** *f* hunting authority **Jagdbeute** *f* bag BRIT, kill AM **Jagdbezirk** *m* hunting district **Jagdbomber** *m* MIL fighter-bomber **Jagdflieger(in)** *m(f)* MIL fighter pilot **Jagdflinte** *f* shotgun **Jagdflugzeug** *nt* MIL fighter plane [*or* aircraft] **Jagdgeschwader** *nt* MIL fighter squadron **Jagdgesellschaft** *f* hunting [*or* shooting] party **Jagdgewehr** *nt* hunting rifle **Jagdglück** *nt* good fortune [during the hunt]; ***ich hatte heute kein ~!*** I was out of luck today during the hunt **Jagdgründe** *pl* hunting grounds *pl* ▶ WENDUNGEN: **in die ewigen ~ eingehen** (*euph geh*) to go to the happy hunting grounds *euph* **Jagdhaus** *nt* hunting lodge **Jagdhorn** *nt* hunting horn **Jagdhund** *m* hound, hunting dog **Jagdhütte** *f* shooting [*or* hunting] box **Jagdkleidung** *f* hunting attire **Jagdmesser** *nt* hunting knife **Jagdpächter(in)** <-s, -> *m(f)* game tenant **Jagdpachtvertrag** *m* JUR hunting lease **Jagdrevier** *nt* preserve, BRIT *a.* shoot **Jagdschein** *m* (*Berechtigung zur Jagd*) hunting licence [*or* AM -se]; **den ~ haben** to have a hunting licence; **den ~ machen** to prepare for a hunting licence exam
▶ WENDUNGEN: **einen ~ haben** (*hum sl*) to be certified **Jagdschloss**[RR] *nt* hunting lodge **Jagdsteuer** *f* FIN hunting tax **Jagdtasche** *f* game bag **Jagdzeit** *f* hunting [*or* shooting] season
jagen I. *vt haben* ❶ (*auf der Jagd verfolgen*) ▪**ein Tier ~** to hunt an animal
❷ (*hetzen*) ▪**jdn ~** to pursue sb
❸ (*fam: antreiben, vertreiben*) ▪**jdn aus etw** *dat/*

in etw *akk* ~ to drive sb out of/into sth; ***los, aufstehen, oder muss ich euch erst aus dem Bett ~?*** come on, up! or do I have to chase you out of bed?; **etw jagt das andere** [*o* **nächste**] one thing comes after another; ***bei mir jagt im Augenblick ein Unglück das nächste*** I'm suffering one misfortune after another at the moment
❹ (*fam:* [*in einen Körperteil*] *stoßen*) ■**jdm etw durch/in etw** *akk* ~ to stick sth through/in sb's sth; ***jeden Tag kriegte ich eine Spritze in den Hintern gejagt*** I got a syringe stuck in my backside everyday; ■**sich** *dat* **etw in etw** *akk* ~ to jab sth into one's sth *fam*
► WENDUNGEN: **jdn mit etw ~ können** (*fam*) to not be able to abide [*or* stand] sth; ***ich esse nie Hamburger, damit könnte man mich*** ~ I never eat hamburgers, I wouldn't touch them with a barge pole *fam*
II. *vi* ❶ *haben* (*auf die Jagd gehen*) to hunt, to go hunting
❷ *sein* (*rasen*) ■**aus etw** *dat*/**durch etw** *akk*/**in etw** *akk* ~ to race [*or* tear] out of sth/through sth/into sth; ***er kam plötzlich aus dem Haus gejagt*** he suddenly came racing out of the house
Jäger <-s, -> *m* MIL, LUFT fighter [plane]
Jäger(in) <-s, -> *m(f)* hunter
Jägerei <-> *f kein pl* ❶ (*das Jagen*) shooting, hunting
❷ (*Jagdwesen*) hunting
Jägerlatein *nt* (*fam*) hunter's jargon **Jägerschnitzel** *nt* KOCHK escalope chasseur (*with mushroom sauce*) **Jägerzaun** *m* forestmeister fencing (*fence made of crossed wooden slats*)
Jaguar <-s, -e> *m* jaguar
jäh I. *adj* (*geh*) ❶ (*abrupt, unvorhergesehen*) abrupt; **~e Bewegung** sudden movement
❷ (*steil*) sheer, steep
II. *adv* (*geh*) ❶ (*abrupt, unvorhergesehen*) abruptly, suddenly
❷ (*steil*) steeply; ***der Abhang fiel ~ ab*** the slope fell steeply away
jählings *adv* (*geh*) ❶ (*abrupt*) suddenly
❷ (*steil*) steeply
Jahr <-[e]s, -e> *nt* ❶ (*Zeitraum von 12 Monaten*) year; **die 20er-/30er-~e etc.** the twenties/thirties etc. + *sing/pl vb;* **anderthalb ~e** a year and a half; **ein dreiviertel** ~ nine months; **ein halbes** ~ six months, half a year; **das ganze ~ über** throughout the whole year; **ein viertel** ~ three months; **letztes** [*o* **im letzten**] ~ last year; **nächstes** [*o* **im nächsten**] ~ next year; **das neue** ~ the new year; ***alles Gute zu Weihnachten und viel Glück im neuen ~!*** merry Christmas and a happy new year; ~ **für** [*o* **um**] ~ year after year; **noch früh im ~ sein** to be at the beginning of the year; **im ~e …** in [the year] …; **… im** [*o* **pro**] **~ …** a year; ***ich gehe zweimal im ~ zum Arzt*** I go to the doctor's twice a year; **in diesem/im nächsten** ~ this/next year; **in einem ~/in … ~en** in a year/in … years; **mit den ~en** as the years go by, over the years; **mit … ~en** at … [years of age]; **nach einem** ~ after a year; **nach ~en** for years; **vor einem** ~ a year ago; **vor** […] **~en** […] years ago; **alle … ~e** every … years; ***alle hundert ~e ändert sich das Klima*** the climate changes every hundred years; **alle ~e wieder** every year; **der/die/das … des ~es** the … of the year; ***dieser Bestseller wurde zum Buch des ~es gekürt*** this bestseller was chosen as book of the year; **soziales** ~ *year spent by young people doing work in the area of social services;* **auf ~e hinaus** for years to come
❷ (*Lebensjahre*) … [years old]; **… ~e jung sein** (*hum*) … years young *hum;* ***sie ist 80 ~e jung*** she's 80 years young
► WENDUNGEN: **im ~e des Heils** (*veraltet*) in the year of grace *old;* **im ~e des Herrn** anno domini, in the year of our Lord; **nach/seit ~ und Tag** (*geh*) after/for many years; **in den besten ~en** [**sein**] [to be] in one's prime; **das verflixte siebte** ~ (*fam*) the seven-year itch; **in die ~e kommen** (*euph fam*) to be getting on [in years]
jahraus *adv* **jahrein,** ~ year in, year out
Jahrbuch *nt* yearbook
Jährchen <-s, -> *nt* (*hum fam*) *dim von* **Jahr** year
jahrelang I. *adj attr* lasting for years; ***das Ergebnis war die Frucht ~er Forschungen*** the result was the fruits of years of research
II. *adv* for years; ***ich hoffe, es dauert nicht ~, bis ich an die Reihe komme*** I hope it won't take years before it's my turn
jähren *vr* (*geh*) ■**sich** ~ to be the anniversary of; ***im Juni jährt sich sein Hochzeitstag*** it'll be his wedding anniversary in June
Jahresabonnement *nt* annual subscription
Jahresabschluss^RR^ *m* annual [*or* year-end] accounts; [**jdm**] **den ~ machen** [*o* **erstellen**] to produce annual [*or* year-end] accounts [for sb] **Jahresabschlussbericht**^RR^ *m* FIN annual return [*or* report] **Jahresabschlussbilanz**^RR^ *f* FIN annual balance sheet **Jahresabschlussprämie**^RR^ *f* end-of-year bonus **Jahresabschlusszahlung**^RR^ *f* FIN end-of-year payment
Jahresanfang *m,* **Jahresbeginn** *m* beginning of the year; **bei/nach/vor** ~ at/after/before the beginning of the year **Jahresausgleich** *m* annual wage-tax adjustment **Jahresausstoß** *m* annual output **Jahresbasis** *f* annual basis **Jahresbeitrag** *m* annual subscription **Jahresbericht** *m* annual report **Jahresbestzeit** *f* SPORT fastest time for the year **Jahresbilanz** *f* ÖKON, BÖRSE annual balance sheet **Jahresbudget** *nt* annual budget **Jahresdurchschnitt** *m* annual [*or* yearly] average **Jahreseinkommen** *nt* annual income **Jahresende** *nt* end of the year, year's end; **es ist ~, wir haben** ~ it's the end of the year; **bis zum/vor** ~ by/before the end of the year **Jahresergebnis** *nt* FIN year's result **Jahresetat** *m* ÖKON annual budget **Jahresfrist** *f* **nach** ~ after a period of one year; **vor** [*o geh* **binnen**] ~ within a period of one year, before the year is out **Jahresgebühr** *f* HANDEL annual fee; (*für Patent*) renewal fee **Jahresgehalt** *nt* annual salary **Jahreskarte** *f* ❶ (*ein Jahr gültige Eintrittskarte*) annual membership card, [annual] season ticket ❷ TRANSP (*ein Jahr gültige Fahrkarte*) [annual] season ticket **Jahresplaner** *m* annual planner **Jahresproduktion** *f* annual production **Jahresring** *m* BOT annual ring **Jahressteuer** *f* FIN tax assessed on a fiscal year basis **Jahressteuergesetz** *nt* FIN annual tax **Jahrestag** *m* anniversary **Jahrestagung** *f* annual conference **Jahresüberschuss**^RR^ *m* annual [*or* end-of-year] surplus **Jahresumsatz** *m* annual turnover [*or* sales] **Jahresurlaub** *m* annual holiday [*or* leave]; **seinen ~ nehmen** to take one's annual holiday [*or* leave]; **seinen ~** [**bei jdm**] **einreichen** to apply [to sb] for one's annual holiday [*or* leave] **Jahresvertrag** *m* one-year contract **Jahreswagen** *m car which can be bought by company employees at a discount and resold after one year* **Jahreswechsel** *m* turn of the year; **die besten Wünsche zum** ~ best wishes for the New Year **Jahreswende** *f* turn of the year; **um die ~ 1968/1969** around the end of 1968/the beginning of 1969 **Jahreswirtschaftsbericht** *m* JUR Annual Economic Report **Jahreszahl** *f* year **Jahreszeit** *f* season **jahreszeitlich** *adj inv* seasonal **Jahreszeitraum** *m* whole year
Jahrgang <-gänge> *m* ❶ (*Personen eines Geburtsjahrs*) age-group; (*Gesamtheit der Schüler eines Schuljahres*) [school] year; **~ … sein** to have been born in …; ***ich bin ~ 1962*** I was born in 1962; **jds ~ sein** to be born in the same year as sb; **ein ~ sein** to be born in the same year; ***wir sind ein ~, beide 1974*** we were born in the same year, both 1974
❷ VERLAG (*Erscheinungsjahr*) *Zeitschrift, Zeitung* year
❸ (*Erntejahr*) vintage, year; (*Herstellungsjahr*) year
Jahrhundert <-s, -e> *nt* century; **~e, über ~e** for centuries
jahrhundertealt *adj* centuries-old *pred;* ■**~ werden** to live to be centuries-old; ***Eichen werden ~*** oaks live to be centuries-old **jahrhundertelang** I. *adj* [lasting] for centuries *pred;* ***es hat einer ~en Entwicklung bedurft*** centuries of development were required II. *adv* for centuries
Jahrhundertflut *f* GEOL flood of the century **Jahrhundertwechsel** *m* turn of the century **Jahrhundertwende** *f* turn of the century; **um die** ~ at the turn of the century
jährig *adj inv* (*veraltet: ein Jahr alt*) *Fohlen* one-year-old
-jährig *in Komposita* -year [old]
jährlich *adj* annual, yearly
Jahrmarkt *m* [fun]fair
Jahrmarktsbude *f* fairground booth [*or* stall]
Jahrmillionen *pl* millions of years; **in/vor** ~ in millions of years/millions of years ago
Jahrtausend <-s, -e> *nt* millennium; **das kommende** ~ the coming millennium; ■**~e** thousands of years; ***die menschliche Zivilisation existiert erst seit wenigen ~en*** human civilization has only existed for a few thousand years
jahrtausendelang I. *adj* thousands of years of; ***nach einer ~en Entwicklung hat diese Kultur ihre höchste Blüte erreicht*** after thousands of years of development this civilization reached its highest peak
II. *adv* for millennia, for thousands of years
Jahrtausendwechsel *m* millennium **Jahrtausendwende** *f* turn of the millennium
Jahrzehnt <-[e]s, -e> *nt* decade
jahrzehntelang I. *adj* decades of *attr;* **der ~e Konflikt** decades of conflict
II. *adv* for decades
Jähzorn *m* outburst of anger [*or* temper], violent outburst; **im** ~ in an outburst of temper [*or* rage]
jähzornig *adj* violent-tempered, irascible *form*
Jakob <-s> *m* Jacob
► WENDUNGEN: **ein billiger** ~ (*fam*) a cheap-jack; **das ist** [**auch**] **nicht der wahre** ~ (*fam*) that's no great shakes *fam*
Jakobiner(in) <-s, -> *m(f)* HIST Jacobin
Jakobinermütze *f* HIST liberty cap
Jakobskraut *nt* tansy ragwort **Jakobsleiter** *f* NAUT rope ladder **Jakobsmuschel** *f* ZOOL scallop shell
Jalousette <-, -n> [ʒalu-] *f,* **Jalousie** <-, -n> [ʒalu'ziː, -'ziːən] *f* venetian blind
Jalousienentlüfter *m* BAU ventilation louver **Jalousienklappe** *f* BAU shutter
Jamaika <-s> *nt* Jamaica; *s. a.* **Sylt**
Jamaikaner(in) <-s, -> *m(f)* Jamaican; *s. a.* **Deutsche(r)**
jamaikanisch *adj* Jamaican; *s. a.* **deutsch**
Jamaikapfeffer *m* allspice, pimento **Jamaikarum** *m* Jamaican rum
Jamaiker(in) <-s, -> *m(f) s.* **Jamaikaner(in)**
Jambus <-, Jamben> *m* LIT iambus
Jammer <-s> *m kein pl* ❶ (*Kummer*) misery, sorrow; **es ist ein ~, dass/wie** (*fam*) it is a terrible shame that/how; (*skandalös*) disgraceful; ***es ist ein ~, wie wenig Zeit wir haben*** it's deplorable how little time we have
❷ (*das Wehklagen*) wailing, lamentation *form;* **in wilden ~ ausbrechen** to begin to sob uncontrollably, to burst into uncontrollable sobbing
Jammerbild *nt* (*geh*) picture of misery, wretched [*or* pitiful] sight **Jammergeschrei** *nt* (*geh*) wailing, lamentation *form* **Jammergestalt** *f* ❶ (*jämmerliche Gestalt*) pitiful figure ❷ *s.* **Jammerlappen**
Jammerlappen *m* (*pej sl*) sissy *pej,* scaredy-cat *pej fam,* BRIT *a.* cowardy-custard *pej fam,* BRIT *a.* big [*or* great] girl's blouse *pej sl,* sissy, AM *a.* pussy
jämmerlich I. *adj attr* ❶ (*beklagenswert*) pitiful, wretched; ***das Haus war in einem ~en Zustand*** the house was in a wretched state
❷ (*kummervoll*) sorrowful
❸ (*fam: äußerst dürftig*) pathetic; **eine ~e Ausrede** a pathetic excuse
❹ (*pej fam: verächtlich*) miserable
II. *adv* ❶ (*elend*) miserably, pitifully
❷ (*fam: erbärmlich*) terribly, awfully
jammern I. *vi* ❶ (*lamentieren*) ■[**über etw** *akk*/

J

wegen einer S. *gen*] ~ (*a. pej*) to whine [about sth] *pej;* ***warum musst du wegen jeder Kleinigkeit immer so ~!*** why do you have to moan about every little thing!; ■**das J~** moaning, wailing; ***lass das J~*** stop moaning
❷ (*wimmernd verlangen*) ■**nach jdm/etw** ~ to beg [*or* moan] [*or* plead] for sb/sth
II. *vt* (*geh: dauern*) ■**jdn** ~ to distress sb; ***so etwas kann einen wirklich ~*** something like that can be really distressing

jammerschade *adj* (*fam*) ■~ [**sein**], **dass/wenn/wie** to be a terrible pity that/if/how; ***es ist ~, wie er seinen Garten verwildern lässt*** it's a terrible pity how he's letting his garden go to rack and ruin; ■**es ist ~ um jdn** it is an awful pity about sb **jammervoll** *adj* (*geh*) *s.* **jämmerlich 4**

Jamswurzel *f* BOT yam

Jangtsekiang <-s> ['jaŋtsəkiaŋ] *m* Yangtze River

Janker <-s, -> *m* SÜDD, ÖSTERR ❶ (*dicke Strickjacke*) thick cardigan
❷ (*Trachtenjacke*) mountain jacket

Jänner <-s, -> *m* ÖSTERR January

Januar <-[s], -e> *m* January; *s. a.* **Februar**

Japan <-s> *nt* Japan; *s. a.* **Deutschland**

Japaner(in) <-s, -> *m(f)* Japanese; ■**die** ~ the Japanese; ~ **sein** to be Japanese; *s. a.* **Deutsche(r)**

japanisch *adj* ❶ (*Japan betreffend*) Japanese; *s. a.* **deutsch 1**
❷ LING Japanese; *s. a.* **deutsch 2**

Japanisch *nt dekl wie adj* LING Japanese; *s. a.* **Deutsch 1**

Japanisches Meer *nt* Sea of Japan

Japankohl *m s.* **Chinakohl**

Japanologie <-> *f kein pl* Japanese [linguistic] studies

japsen *vi* (*fam*) ■[**nach etw**] ~ to gasp [for sth]; ***er tauchte aus dem Wasser und japste nach Luft*** he surfaced gasping for air

Jargon <-s, -s> [ʒar'gõː, ʒar'gɔŋ] *m* ❶ (*Sondersprache von Gruppen*) jargon
❷ (*saloppe Sprache*) slang

Jasager(in) <-s, -> *m(f)* (*pej*) yes-man *pej;* **ein ~ sein** to be a [little] yes-man; **eine ~in sein** to be a [little] yes-girl

Jasmin <-s, -e> *m* jasmine; **echter** ~ jasmine; **falscher** ~ mock orange

Jaspis <-[ses], -se> *m* jasper

Jastimme *f* yes-vote; ***es gab 23 ~n und 17 Neinstimmen*** there were 23 votes in favour and 17 against

jäten I. *vt* ■**etw** ~ ❶ (*aushacken*) to hoe sth; ***von Hand Unkraut zu ~ ist eine mühselige Angelegenheit*** pulling up weeds by hand is an arduous affair
❷ (*von Unkraut befreien*) to weed sth; ***die Beete müssen in regelmäßigen Abständen gejätet werden*** the flower-beds must be weeded at regular intervals
II. *vi* to weed, to do the weeding

Jauche <-, -n> *f* liquid manure

Jauchegrube *f* liquid manure pit

jauchen I. *vt* (*mit Jauche düngen*) ■**etw** ~ to manure sth
II. *vi* to spread manure

jauchzen *vi* (*geh*) to rejoice *liter,* to shout with glee

Jauchzer <-s, -> *m* jubilant cheer

jaulen *vi* to howl

Jaunde <-s> [ja?'ʊndə] *nt* Yaoundé

Jause <-, -n> *f* ÖSTERR (*Imbiss*) snack; **zur ~ einladen** (*Nachmittagskaffee*) to invite sb for coffee

jausen *vi* ÖSTERR (*einen Imbiss einnehmen*) to have a snack

Java <-> ['dʒaːvə] *f* INET (*Internet-Programmiersprache*) Java

Javamensch *m* ARCHÄOL Java [*or* Trinil] man

jawohl *adv* yes; ***„stimmt das auch wirklich?" — „~, ganz sicher!"*** "is that really right?" — "yes, absolutely!"

jawoll *interj* MIL (*a. hum*) yes, sir!, yes, sir?

Jawort *nt* **jdm das ~ geben** to say yes to sb's marriage proposal, to consent to marry sb; (*bei Trauung*) to say I do

Jazz <-> [dʒɛs, jats] *m kein pl* jazz *no pl*

Jazzfestival *nt* jazz festival **Jazzgymnastik** *f* ≈ jazz dance *no pl*

jazzig *adj inv* MUS jazzy; (*pej fam*) jazz-like

Jazzkapelle *f* jazz band **Jazzkeller** [dʒɛs-, jats-] *m* [cellar] jazz club **Jazztrompeter** *m* jazz trumpeter

je I. *adv* ❶ (*jemals*) ever
❷ (*jeweils*) each, every; ***die Mietshäuser haben ~ sechs Wohnungen*** the tenement blocks each have six flats
II. *präp +akk* (*pro*) per; ~ ***verkauftes Stück erhält er 50 Mark Provision*** he gets 50 marks commission per item sold
III. *konj* ~ **... desto** the more ... the more; ~ ***öfter du übst, desto besser kannst du dann spielen*** the more you practice the better you will be able to play; ~ **nach ...** according to ..., depending on ...; ~ ***nach Belieben liefern wir sofort oder zum gewünschten Termin*** we'll deliver straight away or at the required time, just as you wish; ~ **nachdem!** it [all] depends!; ***hast du morgen für mich Zeit? — ~ nachdem!*** can you spare me a bit of time tomorrow? — it depends!; ~ **nachdem, wann/wie/ob ...** depending on when/how/whether ...; ~ ***nachdem, wie lange die Konferenz dauert, bin ich um 19 Uhr zu Hause oder später*** I'll be back home at 7 p.m. or later depending on how long the conference lasts; *s. a.* **seit**

Jeans <-, -> [dʒiːnz] *f meist pl* jeans *npl*

Jeansanzug *m* denim suit **Jeanshemd** *nt* denim shirt **Jeanshose** *f* pair of jeans **Jeansjacke** [dʒiːnz-] *f* denim jacket **Jeansrock** *m* denim skirt

Jeck <-en, -en> *m* DIAL carnival jester

jede(r, s) *pron indef* ❶ *attr* (*alle einzelnen*) each, every; ***sie saß ~ Woche 60 Stunden am Computer*** she sat 60 hours each week in front of the computer
❷ *attr* (*jegliche*) any; ***es wäre abwegig, zu glauben, man könne das Ziel ohne ~ Anstrengung erreichen*** it would be a mistake to believe that the objective could be achieved without any effort
❸ *attr* (*in einem/einer beliebigen*) any; ***Sie können mich zu ~r Zeit anrufen*** you can call me at any time
❹ *substantivisch* everybody, everyone; ***von mir aus kannst du ~n fragen, du wirst immer das Gleiche hören*** as far as I'm concerned you can ask anyone, you'll get the same answer; ■~**r der** [*o* ~ **von den**]**/meiner/seiner/etc.** each of the/my/his/her/etc.; ***ich kann doch nicht ~n meiner Angestellten rund um die Uhr kontrollieren!*** I can't supervise each one of my employees round the clock!; **ein ~r/eine** ~ each one; ***das weiß doch ein ~r!*** everbody knows that!; DIAL (*jeweils der/die einzelne*) each [one]; **~r gegen ~n** dog-eat-dog; **~e[r, s] zweite/dritte/...** one in two/three ...

jedenfalls *adv* ❶ (*immerhin*) anyhow, in any case, nevertheless; ~ ***weiß ich davon!*** I know about it anyway!
❷ (*auf jeden Fall*) anyhow, at any rate; ***egal, was du als Entschuldigung vorbringst, es war ~ nicht richtig von dir*** it doesn't matter what excuse you've got, in any event it was wrong of you

jedermann *pron indef, substantivisch* everybody, everyone; (*jeder* [*beliebige*]) anyone, anybody; ***das kann doch ~*** anyone can do that; *s. a.* **Frau, Herr**

jederzeit *adv* ❶ (*zu jeder beliebigen Zeit*) at any time; ***ihr seid uns ~ willkommen*** you're welcome at any time
❷ (*jeden Augenblick*) at any minute [*or* moment]; ***wir erwarten ihn ~*** we're expecting him at any moment

jedesmal *adv* every [*or* each] time; ***es ist doch ~ das Gleiche*** it's the same every time; **~, wenn** whenever, each [*or* every] time that

jedoch *konj, adv* however

jedwede(r, s) *pron indef* (*veraltend*) each, every

Jeep® <-s, -s> [dʒiːp] *m* jeep; (*fam: irgendein Geländewagen*) jeep

jegliche(r, s) *pron indef* any

jeher *adv* **seit** [*o* **von**] ~ (*geh*) always; ***das ist von ~ nicht anders gewesen*** that has always been the same

jein *adv* (*hum*) yes and no

Jelängerjelieber <-s, -> *nt* BOT honeysuckle

jemals *adv* ever; ***hast du ihn ~ anders erlebt?*** have you ever known him to be any different?

jemand *pron indef* somebody, someone; (*bei Fragen, Negation, etc.*) anybody, anyone; ***da ist ~ für dich an der Tür*** there's somebody at the door for you; ***ist da ~?*** is anyone there?; ~ **andere[r, s]** [*o* **anders**] somebody [*or* someone] else

Jemen <-s> *m* ■**der** ~ Yemen; *s. a.* **Deutschland**

Jemenit(in) <-en, -en> *m(f)* Yemeni; *s. a.* **Deutsche(r)**

jemenitisch *adj* Yemeni; *s. a.* **deutsch**

jene(r, s) *pron dem* (*geh*) ❶ (*der/die/das Bewusste*) that *sing,* those *pl*
❷ (*der/die/das dort*) that *sing,* those *pl*

jenseitig *adj inv* opposite

jenseits I. *präp +gen* (*auf der anderen Seite*) ■~ **einer S.** *gen* on the other side of sth; ~ ***der Alpen beginnt Norditalien*** Northern Italy begins on the other side of the Alps; ~ **der zwanzig/dreißig/etc.** on the other side of twenty/thirty/etc.
II. *adv* (*über ... hinaus*) ■~ **von etw** beyond sth; *s. a.* **gut**

Jenseits <-> *nt kein pl* hereafter, next world; ■**das/ein** ~ the/a hereafter [*or* next world], the beyond; **jdn/ein Tier ins ~ befördern** (*euph fam*) to dispatch sb/an animal *euph*

Jeremias <-> *m* REL Jeremiah

Jerewan <-s> *nt s.* **Eriwan**

Jersey <-[s], -s> ['dʒøːɐzi, 'dʒœrzi] *m* MODE jersey

Jerusalem <-s> [je-] *nt* Jerusalem

Jesses *interj* (*fam*) good Lord!, Jesus! *fam!*

Jesu *m gen, dat, Anredeform von* **Jesus**

Jesuit <-en, -en> *m* Jesuit

Jesuitenorden *m* Jesuit Order **Jesuitenschule** *f* Jesuit school **Jesuitentum** <-s> *nt* Jesuitism, Jesuitry

Jesus <*dat o gen* **Jesu**, *akk* **Jesum**> *m* REL Jesus; ~ **Christus** Jesus Christ
► WENDUNGEN: ~ **Maria** [**und Josef**]! DIAL (*fam*) holy mother of God! *fam!;* **bin ich ~?, ich bin doch nicht ~!** (*fam*) I'm not the fount of all knowledge!; ***was soll ich nicht noch alles tun, bin ich ~?*** the things I have to do, I'm not a miracle worker!

Jesuskind *nt* ■**das** ~ the Christ Child, the Infant Jesus **Jesuslatschen** *pl* (*fam*) Jesus sandals *pl fam*

Jet <-[s], -s> [dʒɛt] *m* LUFT (*fam*) jet

Jetlag[RR] <-s, -s> ['dʒɛtlɛg] *m,* **Jet-Lag** <-s, -s> *m* jet lag

Jeton <-s, -s> [ʒə'tõ] *m* chip

Jetset[RR], **Jet-Set** <-s, *selten* -s> ['dʒɛtsɛt] *m* (*fam*) jet-set *fam* **Jetski** *m* jet ski **Jetstream** <-[s], -s> ['dʒɛtstriːm] *m* METEO jet stream

jetten ['dʒɛtn] *vi sein* (*fam*) ■**irgendwohin** ~ to jet off somewhere *fam*

jetzig *adj attr* current, present; ***die ~e Situation ist kritisch*** the current situation is critical

jetzt *adv* ❶ (*zur Zeit*) now; ***es ist ~ genau 13 Uhr*** it's now exactly 1 p.m.; ~ **gleich** right now, straight away; ~ **oder nie!** [it's] now or never!; **von ~ auf nachher** momentarily, instantly; ~ **noch?** now?; ~ **schon?** already?; ***beeil dich, wir müssen los! — ~ schon?*** hurry up, we must be off! — what, already?; **bis** ~ so far, up till now; ***ich habe bis ~ gewartet*** I've been waiting up till now; **für** ~ for now, for the present; ***für ~ wollen wir erst mal Schluss machen!*** let's call it a day for now!
❷ (*verstärkend: nun*) now; ***habe ich ~ den Brief eingeworfen oder nicht?*** now, have I posted the letter or not?; ***hast du es ~ endlich kapiert?*** has it finally registered now?; ***wer ist das ~ schon wieder?*** who on earth is that now?
❸ (*heute*) now[adays], these days; ***wo sich früher die alte Schule befand, steht ~ ein Kaufhaus***

there's a department store now where the old school used to be; ***das Verfahren ist auch ~ noch das gleiche wie vor fünf Jahren*** the procedure these days is exactly the same as it was five years ago; ***das ist ~ nicht mehr der Fall*** that's no longer the case [now]

Jetzt <-> *nt kein pl* (*geh*) present; ■**das** ~ the present, the moment

Jetztzeit *f kein pl* present *no pl*

jeweilig *adj attr* current, prevailing; ***es gibt Geschichtswerke, in denen zu jeder Epoche Bilder der ~en Mode gezeigt werden*** there are historical works showing pictures of the prevailing fashions for each epoch

jeweils *adv* ❶ (*jedesmal*) each [*or* every] time; ***die Miete ist ~ monatlich im Voraus fällig*** the rent is due each month in advance; ***die ~ Betroffenen können gegen die Bescheide Einspruch einlegen*** each of the persons concerned can lodge an objection to the decisions taken

❷ (*immer zusammengenommen*) each; ***die Schulklassen haben ~ einen Klassensprecher zu wählen*** the classes must each elect a class spokesperson; ~ ***drei Pfadfinder mussten sich einen Teller Eintopf teilen*** in each instance three scouts had to share one plate of stew

❸ (*zur entsprechenden Zeit*) at the time; ***historische Uniformen wurden aus den ~ existierenden Staaten ausgestellt*** historical uniforms were exhibited from the states existing at the time

Jg. *Abk von* **Jahrgang** year

Jh. *Abk von* **Jahrhundert** century

JH *Abk von* **Jugendherberge** YH

jiddisch *adj* Yiddish; **auf J~** in Yiddish; *s. a.* **deutsch**

Jiddisch *nt dekl wie adj* Yiddish; ■**das ~e** Yiddish; *s. a.* **Deutsch**

JIT-Fertigung *f* JIT [*or* just-in-time] production

Jiu-Jitsu <-s> ['dʒiːu'dʒɪtsu] *nt kein pl* j[i]u-jitsu

Job <-s, -s> [dʒɔp] *m* ❶ (*fam*) job; ([*vorübergehende*] *Beschäftigung*) job, work *no pl*

❷ INFORM (*Auftrag*) task

jobben ['dʒɔbn] *vi* (*fam*) ■[**irgendwo**] ~ to do casual work [somewhere]; ***in den Schulferien jobbe ich immer etwas*** I always do some sort of casual work in the school holidays

Jobbörse *f* ÖKON job market; (*Veranstaltung für Hochschulabsolventen*) [graduate] job fair **Jobhopping**[RR] <-s, -s> ['dʒɔbhɔpɪŋ] *nt* job hopping **Jobsharing**[RR] <-[s]> [-ʃɛːrɪŋ] *nt kein pl*, **Job-sharing** <-[s]> *nt kein pl* ÖKON jobsharing *no pl, no art* **Jobsuche** *f kein pl* ÖKON (*fam*) job-hunting *no pl, no art*, job-seeking *no pl, no art*; **auf ~ sein** to be looking for a job **Jobverlust** *m* job loss **Jobvermittlung** *f* ÖKON employment agency

Joch <-[e]s, -e> *nt* ❶ (*Teil des Geschirrs von Zugtieren*) yoke

❷ ARCHIT bay

❸ GEOL col, pass

► WENDUNGEN: **jds/das ~ einer S. abwerfen** [*o* **abschütteln**] *gen* (*liter*) to shake [*or* throw] off the yoke of sb/of sth *liter;* **sich** *akk* **jds** *dat* **~ beugen** (*liter*) to submit to the yoke of sb *liter*

Jochbein *nt* ANAT cheek-bone

Jockei, Jockey <-s, -s> ['dʒɔke, 'dʒɔki] *m* jockey

Jockeymütze *f* jockey cap

Jod <-s> *nt kein pl* iodine

jodeln *vi* to yodel

jodhaltig *adj inv* iodic, containing iodine *pred*

Jodler <-s, -> *m* yodel; ***er beendete das Liedchen mit einem ~*** he finished the short song with a yodel

Jodler(in) <-s, -> *m(f)* yodeller

Jodmangel *m kein pl* MED iodine deficiency *no pl* **Jodsalz** *nt kein pl* CHEM iodate; KOCHK, MED, PHARM iodized salt **Jodtinktur** *f* tincture of iodine

Joga <-[s]> *m o nt kein pl* yoga *no pl*

joggen ['dʒɔgn] *vi* ❶ *haben* (*als Jogger laufen*) to jog; ***ich halte mich fit, indem ich regelmäßig jogge*** I keep fit by jogging regularly

❷ *sein* ■**irgendwohin** ~ to jog somewhere

Jogger(in) <-s, -> ['dʒɔgɐ] *m(f)* jogger

Jogging <-s> ['dʒɔgɪŋ] *nt kein pl* jogging *no pl*

Jogginganzug ['dʒɔgɪŋ-] *m* tracksuit **Jogginghose** *f* tracksuit bottoms *pl* **Joggingschuh** *m* trainer BRIT, running shoe AM; ***meine ~e sind aus leichtem Material*** my trainers are made of a light material

Joghurt <-[s], -[s]> *m o nt* yog[h]urt, yoghourt

Joghurtgerät *nt*, **Jogurtgerät** *nt* yoghurt maker

Jogi <-s, -s> *m* yogi

Jogurt <-[s], -[s]> *m o nt s.* **Joghurt**

Jogurtbecher[RR] *m* yoghurt pot [*or* AM container]

Johanna <-> *f* Joanna; [**die heilige**] ~ **von Orléans** HIST Joan of Arc

Johannes <-> *m* John; ~ **der Täufer** John the Baptist

Johannesevangelium *nt* Gospel according to St. John

Johannisbeere *f* currant; **rote/schwarze ~** redcurrant/blackcurrant

Johannisbeerstrauch *m* currant bush

Johannisbrot <-[e]s> *nt* BOT carob, St John's bread

Johannisbrotbaum *m* BOT carob, locust tree

Johanniskäfer *m* (*fam*) glow-worm **Johanniskraut** *nt* BOT St. John's wort **Johannistag** *f* Midsummer['s] Day, feast of St. John the Baptist

Johanniter <-s, -> *m* ❶ REL Knight of St. John [of Jerusalem]

❷ *pl* (*Orden*) ■**die** ~ the Order of St. John

johlen *vi* to yell

Joint <-s, -s> [dʒɔɪnt] *m* (*sl: Haschzigarette*) joint *sl*

Jointventure[RR] <-s, -s> [dʒɔɪnt'vɛntʃə] *nt*, **Joint-venture** <-s, -s> *nt* ÖKON joint venture

Jo-Jo <-s, -s> *nt* yo-yo

Jojobaöl *nt* jojoba oil

Jo-Jo-Effekt *m* (*erneute Gewichtszunahme nach Diät*) yo-yo effect

Joker <-s, -> ['joːkɐ, 'dʒoːkɐ] *m* ❶ KARTEN joker

❷ INFORM (*Stellvertreterzeichen*) joker, wild card

Jolle <-, -n> *f* NAUT ❶ (*Beiboot*) jolly [boat]

❷ (*kleines Segelboot mit Schwert*) small sailing yacht

Jongleur(in) <-s, -e> [ʒɔŋ'løːɐ] *m(f)* juggler

jonglieren* [ʒɔŋ'liːrən] *vi* ❶ (*werfen und auffangen*) ■[**mit etw**] ~ to juggle [with sth]

❷ (*geh: spielerisch umgehen*) ■**mit etw** ~ to juggle with sth

Joppe <-, -n> *f* DIAL jacket

Jordan <-s> *m* Jordan

► WENDUNGEN: **über den ~ gehen** (*euph fam*) to pass away *euph;* **jdn über den ~ gehen lassen** to have sb bumped off *fam*

Jordanien <-s> *nt* Jordan; *s. a.* **Deutschland**

Jordanier(in) <-s, -> *m(f)* Jordanian; *s. a.* **Deutsche(r)**

jordanisch *adj inv* Jordanian; *s. a.* **deutsch**

Josef, Joseph <-s> *m* Joseph

Jot <-, -> *nt* J, j

Jota <-[s], -s> *nt* iota

► WENDUNGEN: **kein** [*o* **nicht ein**] ~ (*geh*) not one iota [*or* a jot]; ***er ist nicht ein ~ anders als sein Bruder*** there's not a jot of difference between him and his brother

Joule <-[s], -> [ʒuːl] *nt* PHYS joule

Jour fixe <- -, -s -s> [ʒuːɐ̯'fɪks] *m* (*geh*) regular meeting

Journaille <-> [ʒʊr'naljə] *f kein pl* (*pej geh*) gutter [*or* yellow] press *pej*

Journal <-s, -e> [ʒʊr'naːl] *nt* ❶ (*Tagebuch*) journal

❷ (*geh: Zeitschrift*) magazine, periodical, journal *form*

Journalismus <-> [ʒʊrna'lɪsmʊs] *m kein pl*

❶ (*Pressewesen*) press

❷ (*journalistische Berichterstattung*) journalism *no pl*

Journalist(in) <-en, -en> [ʒʊrna'lɪst] *m(f)* journalist

Journalistik <-> [ʒʊrna'lɪstɪk] *f kein pl* journalism *no pl*

Journalistin <-, -nen> *f fem form von* **Journalist**

journalistisch [ʒʊrna'lɪstɪʃ] **I.** *adj* (*das Pressewesen betreffend*) journalistic

II. *adv* journalistically; ***ich habe bisher freiberuflich ~ gearbeitet*** I've worked up till now as a freelance journalist

jovial [jovi'aːl] *adj* (*geh*) jovial; ■**~** [**zu jdm**] **sein** to be jovial [towards sb]

Jovialität <-> [joviali'tɛːt] *f kein pl* (*geh*) joviality

Joystick <-s, -s> ['dʒɔɪstɪk] *m* joy-stick

jr. *adj Abk von* **junior** jnr., jr.

Jubel <-s> *m kein pl* (*Jubelrufe*) cheering *no pl*

► WENDUNGEN: **~, Trubel, Heiterkeit** (*fam*) laughter and merriment

Jubelgeschrei *nt* cry of jubilation *liter,* shouting and cheering **Jubelhochzeit** *f* (*fam*) [silver, golden etc.] wedding anniversary **Jubeljahr** *nt* (*Jubiläumsjahr*) jubilee ► WENDUNGEN: **nur alle ~e** [**einmal**] (*fam*) once in a blue moon *fam*

jubeln *vi* ■[**über etw** *akk*] ~ to celebrate [sth]; ***„juhu! ich habe gewonnen!" jubelte sie freudestrahlend*** "yippee, I've won", she cheered, beaming with joy; **eine ~de Menge** a cheering crowd

Jubelruf *m* cheer; **unter ~en** accompanied by cheers

Jubilar(in) <-s, -e> *m(f) person celebrating an anniversary*

Jubiläum <-s, Jubiläen> *nt* anniversary

Jubiläumsessen *nt* anniversary dinner **Jubiläumsgast** *m* guest invited to the anniversary **Jubiläumskuchen** *m* anniversary cake

jubilieren* *vi* (*geh*) ■[**über etw** *akk*] ~ ❶ (*jubeln*) to celebrate [sth]; ***es besteht Anlass zu ~*** this calls for a celebration

❷ (*frohlocken*) to rejoice *liter*

juchhe, juchheißa, juchhu *interj* (*fam*) hooray!, yippee!, hurrah!

Juchten <-s> *nt o m kein pl* ❶ (*wasserdichtes Leder*) Russia leather

❷ (*Parfümduft*) Russian leather

juchzen *vi* (*fam*) to shout with joy; ■**das J~** joyous shouts

jucken I. *vi* (*Juckreiz erzeugen*) to itch

II. *vi impers* to itch; ***zeig mir mal genau, wo es juckt!*** show me where it's itching!

III. *vt impers* ❶ (*zum Kratzen reizen*) ■**es juckt jdn** [**irgendwo**] sb has an itch [somewhere]; ***mich juckt's am Rücken*** my back's itching; ***genau da, da juckt es mich immer!*** right there, I always get an itch there!

❷ (*fam: reizen*) ■**jdn juckt es, etw zu tun** sb's itching to do sth; ***es juckte sie schon, ihn zu korrigieren*** she was itching to correct him

IV. *vt* ❶ (*kratzen*) ■**jdn** ~ to make sb itch; ***das Unterhemd juckt mich*** the vest makes me itch

❷ (*reuen*) ■**jdn juckt etw** sb regrets sth; ■**jdn juckt es, etw getan zu haben** sb regrets having done sth; ***hinterher hat es ihn gehörig gejuckt, nichts gesagt zu haben*** afterwards he really regretted having said nothing [*or* not having said anything]

❸ *meist verneint* (*fam: kümmern*) ■**jdn juckt etw** [**nicht**] sth is of [no] concern to sb; ***das juckt mich doch nicht*** I couldn't care less *fam;* ***die Firma will nach Leipzig umziehen! — na und, wen juckt das?*** the company intends to move to Leipzig! — so what, who cares about that?

V. *vr* (*fam: sich kratzen*) ■**sich** *akk* [**an etw** *dat*] ~ to scratch [one's sth]; ***ich muss mich immer so am Kopf ~*** I keep on having to scratch my head

Jucken <-s> *nt kein pl* itching *no pl*

Juckpulver [-fɐ, -vɐ] *nt* itching powder **Juckreiz** *m* itch[ing *no pl*] **juckreizlindernd** *adj* itch-relieving

Judas <-, -se> *m* ❶ REL Judas

❷ (*pej geh: Verräter*) Judas *pej*

Judaskuss[RR] *m* Judas kiss **Judaslohn** *m* (*pej geh*) thirty pieces of silver

J

Jude, Jüdin <-n, -n> *m, f* Jew *masc,* Jewess *fem;* ■**die ~n** the Jews; **der Ewige ~** (*geh*) the Wandering Jew; **~ sein** to be a Jew/Jewess, to be Jewish **Judenhass**[RR] *m* anti-Semitism **Judenstern** *m* HIST star of David

Judentum <-s> *nt kein pl* ❶ (*Gesamtheit der Juden*) Jewry *no pl,* Jews *pl* ❷ (*jüdische Wesensart*) Jewishness

Judenverfolgung *f* HIST persecution of [the] Jews **Judenvernichtung** *f kein pl* POL, SOZIOL, REL extermination of the Jews; (*im 3. Reich*) Holocaust *no pl*

Judikatur <-, -en> *f* JUR judicature

Jüdin <-, -nen> *f fem form von* **Jude** Jewess

jüdisch *adj* Jewish

Judo <-s> *nt kein pl* judo *no pl*

Judoka <-s, -s> *m* judoist

Jugend <-> *f kein pl* ❶ (*Jugendzeit*) youth *no pl;* **frühe/früheste ~** early/earliest youth; **in jds** *dat* **~** in sb's youth; ***in meiner ~ kostete ein Brötchen sechs Pfennige*** when I was young a roll cost six Pfennigs; **von ~ an** [*o* **auf**] from one's youth; ***wir haben schon von ~ auf immer zusammen gespielt*** we have always played together right from our youth ❷ (*Jungsein*) youthfulness ❸ (*junge Menschen*) ■**die ~** young people *pl;* **die europäische ~** the youth [*or* young people] of Europe; **die ~ von heute, die heutige ~** young people [*or* the youth of] today; **die reifere ~** (*hum*) the young at heart *hum;* ***auch die reifere ~ war zugegen*** the older age-group were also present; **die studentische ~** young students; **die weibliche/männliche ~** (*geh*) young women/men *pl*

Jugendalkoholismus *m kein pl* youth alcoholism *no pl* **Jugendarbeit** *f* youth [welfare] work **Jugendarbeitslosigkeit** *f kein pl* youth unemployment *no pl* **Jugendarrest** *m* JUR detention of juvenile delinquents **Jugendaustausch** *m kein pl* SOZIOL student exchange programme [*or* AM -am] [*or* BRIT *a.* scheme] **Jugendbewegung** *f* HIST ■**die ~** the German Youth Movement **Jugendbild** *nt* photograph of sb as a young person **Jugendbildnis** *nt* KUNST portrait of a young person **Jugendbuch** *nt* book for young readers **jugendfrei** *adj* (*veraltend*) *Film* U-cert[ificate] BRIT, [rated] G AM **Jugendfreund(in)** *m(f)* childhood friend **jugendgefährdend** *adj* morally damaging to juveniles **Jugendgericht** *nt* juvenile court **Jugendgerichtsgesetz** *nt* JUR Juvenile Court Act **Jugendgruppe** *f* youth group **Jugendhelfer(in)** *m(f)* youth worker **Jugendherberge** *f* youth hostel **Jugendherbergswerk** *nt* **Deutsches ~** *German youth hostelling association* **Jugendhilfe** *f kein pl* JUR *organization offering support and various services such as counselling to young people* **Jugendjahre** *pl* youth *sing;* ■**jds ~** sb's youth **Jugendkammer** *f* JUR juvenile division of a criminal court **Jugendkriminalität** *f kein pl* juvenile delinquency *no pl* **Jugendkult** *m kein pl* youth cult *no pl*

jugendlich I. *adj* ❶ (*jung*) young ❷ (*durch jds Jugend bedingt*) youthful; **~er Leichtsinn** youthful carelessness ❸ (*jung wirkend*) youthful II. *adv* youthfully

Jugendliche(r) *f(m) dekl wie adj* young person

Jugendlichkeit <-> *f kein pl* ❶ (*jugendliches Alter*) youth *no pl* ❷ (*jugendliches Erscheinungsbild*) youthfulness *no pl*

Jugendliebe *f* childhood sweetheart **Jugendmannschaft** *f* youth team **Jugendpflege** *f* (*veraltend*) youth welfare **Jugendrichter(in)** *m(f)* magistrate in a juvenile court **Jugendschöffengericht** *nt* JUR juvenile court with lay assessors **Jugendschutz** *m kein pl* JUR protection of children and young persons **Jugendschutzgesetz** *nt* JUR Protection of Young Persons Act **Jugendsekte** *f* youth sect **Jugendstaatsanwalt, -anwältin** *m, f* JUR public prosecutor in juvenile court **Jugendstil** *m* KUNST, ARCHIT Art Nouveau **Jugendstrafanstalt** *f* JUR (*geh*) youth detention centre [*or* AM -er] **Jugendstrafe** *f* JUR sentence for young offenders **Jugendstrafrecht** *nt* JUR criminal law relating to young offenders **Jugendstrafsachen** *pl* JUR juvenile court cases **Jugendstraftäter(in)** *m(f)* JUR, SOZIOL young offender **Jugendstrafverfahren** *nt* JUR proceedings in juvenile court **Jugendstrafvollzug** *m* JUR execution of juvenile court sentences **Jugendsünde** *f* youthful misdeed **Jugendtheater** *nt* youth theatre [*or* AM -er] **Jugendtorheit** *f* youthful folly **Jugendtraum** *m* childhood dream **Jugendwahn** *m kein pl* SOZIOL (*pej fam*) youth obsession, obsession with youth **Jugendwohlfahrtsausschuss**[RR] *m* JUR youth welfare committee **Jugendwohnheim** *nt* hostel for young workers **Jugendzeit** *f kein pl* youth *no pl* **Jugendzentrum** *nt* youth centre [*or* AM -er]

Jugoslawe, Jugoslawin <-n, -n> *m, f* Yugoslav; *s. a.* **Deutsche(r)**

Jugoslawien <-s> [-viən] *nt* Yugoslavia; *s. a.* **Deutschland**

Jugoslawin <-, -nen> *f fem form von* **Jugoslawe**

jugoslawisch *adj* Yugoslav[ian]; *s. a.* **deutsch**

Julei <-s, -s> *m bes* HANDEL (*Juli*) July; *s. a.* **Februar**

Juli[1] <-[s], -s> *m* July; *s. a.* **Februar**

Juli[2] <-s, -s> *m* POL *kurz für* **Jungliberale(r)** Young Liberal

Juliamenge *f* MATH Julia set

Jumbo(jet)[RR] <-s, -s> [-dʒɛt] *m,* **Jumbo(-Jet)** <-s, -s> *m* jumbo [jet]

jun. *adj Abk von* **junior**

jung <jünger, jüngste> I. *adj* ❶ (*noch nicht älter*) young; ■**jünger [als jd] sein** to be younger [than sb]; **~ und alt** young and old alike; *s. a.* **Jahr** ❷ (*jung wirkend*) youthful; ***das hält ~!*** it keeps you young! ❸ (*später geboren*) young; ■**der/die Jüngere/der/die Jüngste** the younger/youngest ❹ (*erst kurz existierend*) new ▸ WENDUNGEN: **~es Gemüse** (*pej*) fresh meat II. *adv* (*in jungen Jahren*) young; **~ heiraten/sterben** to marry/die young; **von ~ auf** since one's youth, from an early age ▸ WENDUNGEN: **~ gefreit, nie gereut** (*prov*) he who marries young won't regret it

Junganwalt, -anwältin *m, f* junior

Jungbrunnen *m* ❶ (*revitalisierender Umstand*) tonic; ***der Urlaub war ein wahrer ~*** the holiday was a real tonic ❷ LIT fountain of youth

Junge <-n, -n> *m* ❶ (*männliches Kind*) boy ❷ (*Laufbursche*) errand boy ❸ (*fam*) ■**Jungs,** ■**Jungens** *pl* (*veraltend fam: Leute*) lads *pl* BRIT, chaps *pl* BRIT, guys *pl* AM ▸ WENDUNGEN: **alter ~** (*fam*) old chap [*or* AM fellow], BRIT *a.* [old] mate; **dummer ~** wet behind the ears; **wie ein dummer ~** like a child [*or* an idiot]; **ein schwerer ~** (*fam*) big-time crook; **mein ~!** (*fam*) my dear boy!; **~, ~!** (*fam*) boy oh boy! *fam*

Junge(s) *nt dekl wie adj* ❶ ZOOL (*Jungtier*) young ❷ ORN (*Jungvogel*) young

Jungengesicht *nt* boyish face

jungenhaft *adj* boyish

jünger *adj* ❶ *komp von* **jung** younger ❷ (*noch nicht allzu alt*) youngish ❸ (*wenig zurückliegend*) recent

Jünger(in) <-s, -> *m(f)* ❶ REL (*Schüler Jesu*) disciple ❷ (*Anhänger*) disciple

Jüngere(r) *f(m) dekl wie adj* ❶ (*jüngerer Mensch*) younger person ❷ (*Junior*) junior; ***Breughel der ~*** Breughel junior [*or esp* BRIT the junior]

Jüngerin <-, -nen> *f fem form von* **Jünger**

Jungfer <-, -n> *f* (*veraltet*) mistress *hist;* **eine alte ~** (*pej*) an old maid *pej*

Jungfernfahrt *f* NAUT maiden voyage **Jungfernflug** *m* LUFT maiden flight **Jungfernhäutchen** *nt* ANAT hymen **Jungferninseln** *pl* **die amerikanischen/britischen ~** the US/British Virgin Islands; *s. a.* **Falklandinseln** **Jungfernrede** *f* POL maiden speech

Jungfrau *f* ❶ (*Frau vor ihrem ersten Koitus*) virgin; **die ~ Maria** the Virgin Mary; **die ~ von Orléans** Joan of Arc, the Maid of Orleans; **die Heilige ~** the Holy [*or* Blessed] Virgin; **die Eiserne ~** HIST the Iron Maiden ❷ ASTROL (*Tierkreiszeichen*) Virgo; ■**~ sein** to be a Virgo ▸ WENDUNGEN: **[zu etw kommen] wie die ~ zum Kind[e]** (*hum fam*) to fall into sb's lap; ***zu dem Job kam sie wie die ~ zum Kinde*** the job just fell into her lap

jungfräulich *adj* (*geh*) ❶ (*Zustand*) virgin ❷ (*noch unberührt*) virgin; **~er Schnee** virgin snow

Jungfräulichkeit <-> *f kein pl* (*geh*) ❶ (*Zustand*) virginity *no pl* ❷ (*Unberührtheit*) virginity *no pl,* purity *no pl*

Junggeselle, -gesellin *m, f* bachelor; **ein eingefleischter ~ sein** to be a confirmed bachelor

Junggesellenbude *f* (*fam*) bachelor pad *fam* **Junggesellendasein** *nt* bachelor existence **Junggesellenleben** *nt* bachelor life **Junggesellenwohnung** *f* bachelor flat **Junggesellenzeit** *f kein pl* bachelor days *pl*

Junggesellin <-, -nen> *f fem form von* **Junggeselle** a single woman

Jungliberale(r) *f(m) dekl wie adj* POL Young Liberal

Jüngling <-s, -e> *m* (*geh*) (*junger Mann*) youth ▸ WENDUNGEN: **[auch] kein ~ mehr sein** to be no spring chicken anymore

Jungmasthähnchen *nt* young poulard[e] **Jungsozialist(in)** *m(f)* POL Young Socialist

jüngst *adv* (*geh*) recently

jüngste(r, s) *adj* ❶ *superl von* **jung** youngest; **[auch] nicht mehr der/die Jüngste sein** (*hum*) to be no spring chicken anymore [either] ❷ (*nicht lange zurückliegend*) [most] recent ❸ (*neueste*) latest; *s. a.* **Gericht, Tag**

Jungsteinzeit *f* Neolithic period, New Stone Age

jüngstens *adv* (*veraltend geh*) *s.* **jüngst**

Jungtier *nt* ZOOL young animal

jungverheiratet *adj inv* newly-wed, newly married

Jungverheiratete(r) *f(m) dekl wie adj* newly-wed; ■**die ~n** the newly-weds **Jungvermählte(r)** *f(m) dekl wie adj* (*geh*) *s.* **Jungverheiratete** **Jungvieh** *nt* young cattle + *pl vb* **Jungwähler(in)** *m(f)* young voter **Jungwild** *nt* young game **Jungwuchs** *m* FORST new growth

Juni <-[s], -s> *m* June; *s. a.* **Februar**

Junikäfer *m* June bug [*or* beetle]

junior *adj* (*geh*) junior

Junior, Juniorin <-s, -en> *m, f* ❶ ÖKON (*~chef*) son *masc*/daughter *fem* of the boss ❷ (*fam: Sohn*) junior ❸ *pl* SPORT (*junge Sportler zwischen 18 und 23*) juniors *npl*

Juniorchef(in) *m(f)* ÖKON boss' [*or* owner's] son *masc*/daughter *fem*

Juniorenausweis *m* BAHN young persons' railcard BRIT

Juniorin <-, -nen> *f fem form von* **Junior**

Juniorpartner(in) *m(f)* junior partner **Juniorpass**[RR] *m* BAHN young person's railcard BRIT

Junk-Bond <-s, -s> ['dʒaŋk] *m* FIN (*Risikoanleihe*) junk bond

Junker <-s, -> *m* HIST junker, young nobleman

Junkfood[RR] <-s> ['dʒaŋkfu:d] *nt kein pl,* **Junkfood** <-s> *nt kein pl* junk food *no pl*

Junkie <-s, -s> ['dʒaŋki] *m* (*sl*) junkie *sl*

Junktim <-s, -s> *nt* POL package deal; **zwischen Dingen besteht ein ~** different things are dependent upon [*or* go hand-in-hand with] each other

Junktimklausel *f* JUR package deal clause, reciprocal clause

Juno <-s, -s> *m bes* HANDEL June; *s. a.* **Julei**

Junta <-, Junten> ['xʊnta, 'jʊnta] *f* POL junta

Jupe <-s, -s> [ʒy:p] *m* SCHWEIZ (*Rock*) skirt
Jupiter <-s> *m* Jupiter
jur. *adj Abk von* **juristisch**
Jura[1] *kein art* SCH law
Jura[2] <-s> *m* GEOL Jurassic [period/system]
Jura[3] <-s> *nt kein pl* GEOG ❶ (*Gebirge in der Ostschweiz*) Jura Mountains *pl*
❷ (*schweizer Kanton*) Jura
Jurastudium *nt* law studies *pl*
Jurisdiktion <-, *selten* -en> *f* (*geh*) jurisdiction
Jurisprudenz <-> *f kein pl* (*geh*) jurisprudence *no pl*
Jurist(in) <-en, -en> *m(f)* ❶ JUR (*Akademiker*) jurist
❷ SCH (*fam: Jurastudent*) law student
Juristendeutsch *nt*, **Juristensprache** *f kein pl* legal jargon
Juristerei <-> *f kein pl* JUR law *no pl*, legal practice *no pl*; (*Studium der Rechtswissenschaft*) law *no pl*
Juristin <-, -nen> *f fem form von* **Jurist**
juristisch I. *adj* ❶ SCH (*Jura betreffend*) legal; **~es Studium** law studies; **die ~e Fakultät** Faculty of Law
❷ JUR (*die Rechtsprechung betreffend*) law *attr;* **ein ~es Problem** a juridicial problem; **~e Person des privaten/öffentlichen Rechts** juristic person governed by private law/legal entity under public law
II. *adv* JUR **~ argumentiert/betrachtet** argued/seen from a legal point of view
Juror, Jurorin <-s, Juroren> *m, f meist pl* juror, member of the jury
Jury <-, -s> [ʒy'ri:, 'ʒy:ri, 'dʒu:ri] *f* jury
Jus[1] <-> *nt kein art* ÖSTERR (*Jura*) law
Jus[2] <-> [ʒy:] *f o m o nt kein pl* ❶ SCHWEIZ (*Fruchtsaft*) fruit juice
❷ (*Bratensaft*) [meat] juices *pl*
jus cogens *nt* JUR binding law **jus commercii** *nt* JUR law merchant, commercial law
Juso <-s, -s> *m kurz für* **Jungsozialist**
just *adv* ❶ (*veraltet: eben gerade*) just; ***da fällt mir ~ ein*** I've just remembered
❷ (*liter: genau*) exactly; ***~ in dem Moment*** at that very [*or* just at that] moment
justierbar *adj* TECH adjustable; **elektrisch ~e Sitze** electrically adjustable [*or* power-adjusted] seats
justieren* *vt* ■**etw ~** to adjust sth
Justierung <-, -en> *f* ❶ (*das Justieren*) adjustment
❷ (*Einstellmechanismus*) adjustment
❸ TYPO, INFORM (*Ausrichtung*) justification
Justintime- *in Komposita* just-in-time
Justintime-Production, Justintimeproduction <-, -s> [dʒʌst ɪn 'taɪm] *f s.* **JIT-Fertigung** just-in-time [*or* JIT] production
Justitia <-s> [jʊs'ti:tsia] *f kein pl* ❶ (*geh: das personifizierte Recht*) the law
❷ (*römische Göttin der Gerechtigkeit*) Justice
Justitiar(in) <-s, -e> *m(f) s.* **Justiziar**
Justiz <-> *f kein pl* JUR ❶ (*Gerichtsbarkeit*) justice *no pl*
❷ (*~behörden*) legal authorities *pl*
Justizapparat *m kein pl* JUR, POL (*pej fam*) judicial machinery **Justizbeamte(r)** *f(m) dekl wie adj* JUR, ADMIN judicial officer **Justizbehörde** *f* legal authority **Justizbeitreibungsordnung** *f* JUR court fee collection ordinance **Justizgebäude** *nt* JUR, ADMIN court-house **Justizgewährungsanspruch** *m* JUR right to have justice administered
justiziabel *adj* JUR (*form*) actionable
Justiziar(in)[RR] <-s, -e> [jʊsti'tsia:ɐ] *m(f)* ❶ (*für Rechtliches zuständiger Angestellter*) in-house lawyer ❷ HIST (*Gerichtsherr in der Patrimonialgerichtsbarkeit*) lord of the manor **Justizirrtum** *m* miscarriage of justice **Justizminister(in)** *m(f)* Minister of Justice BRIT, Attorney General AM **Justizministerium** *nt* Ministry of Justice BRIT, Department of Justice AM, Justice Department AM **Justizmord** *m* judicial murder **Justizpalast** *m* palace of justice **Justizreform** *f* judicial reform **Justizunrecht** *nt* miscarriage of justice **Justizverwaltungsabgabe** *f* JUR administrative expenses of the judicial authorities **Justizvollzugsanstalt** *f* JUR Prison **Justizvollzugsanstalt** *f* (*geh*) place of detention
Jute <-> *f kein pl* ❶ BOT (*~ liefernde Pflanze*) jute
❷ MODE (*Bastfaser aus ~*) jute
Juvenilhormon *nt* ZOOL juvenile hormone
Juwel[1] <-s, -en> *m o nt* ❶ (*Schmuckstein*) gem[stone], jewel
❷ *pl* (*Schmuck*) jewellery *no pl*, jewelry *no pl*
Juwel[2] <-s, -e> *nt* ❶ (*geschätzte Person oder Sache*) gem; **ein ~ von einer Köchin sein** to be a gem of a cook
❷ (*prachtvoller Ort*) gem, jewel; ***der Schwarzwald ist ein Juwel unter den deutschen Landschaften*** the Black Forest is one of the jewels of the German countryside
❸ (*kostbares Exemplar*) gem, jewel; ***das Juwel der Sammlung*** the jewel [*or* gem] of the collection
Juwelenhandel *m* trade in precious stones
Juwelier(in) <-s, -e> *m(f)* ❶ (*Besitzer eines ~geschäftes*) jeweller BRIT, jeweler AM
❷ (*Juweliergeschäft*) jeweller's BRIT, jeweler's AM
Juweliergeschäft *nt* jeweller's [*or* AM jeweler's] [shop [*or* AM *usu* store]]
Juwelierin <-, -nen> *f fem form von* **Juwelier**
Juwelierladen *m s.* **Juweliergeschäft**
Jux <-es, -e> *m* (*fam: Scherz*) joke; **aus** [**lauter**] **~ und Tollerei** (*fam*) out of sheer fun; **sich** *dat* **einen ~ aus etw** *dat* **machen** to make a joke out of sth; **aus ~** as [*or* BRIT *a.* for] a joke
juxen *vi* (*fam*) to joke
juxig <-er, -ste> *adj* funny
jwd [jɔtve:'de:] *adv* (*hum fam*) *Abk von* **ganz weit draußen** in the middle of nowhere *fam*, miles from anywhere *fam*

K

K, k <-, - *o fam* -s, -s> *nt* K, k; **~ wie Kaufmann** K for [*or* AM as in] King; *s. a.* **A 1**
Kaba® <-[s]> *m kein pl* Kaba®
Kabarett <-s, -e *o* -s> *nt* ❶ *kein pl* (*Kleinkunst*) cabaret
❷ (*Kleinkunstbühne*) cabaret
❸ (*Ensemble*) cabaret ensemble
Kabarettist(in) <-en, -en> *m(f)* cabaret artist
kabarettistisch *adj* cabaret
Kabäuschen <-s, -> *nt* DIAL (*fam*) hut, cabin
kabbeln *vr* (*fam*) to squabble, to bicker; ■**sie ~ sich** they're squabbling [*or* bickering]
Kabel <-s, -> *nt* ❶ ELEK (*Elektroleitung*) wire
❷ TELEK, TV (*Leitung*) cable
❸ NAUT (*starkes Tau*) rope
❹ BAU (*Drahtseil*) cable
Kabelanschluss[RR] *m* TV cable connection **Kabelbaum** *m* cable harness; AUTO wiring harness **Kabelbuch** *nt* JUR Ocean Cable Register **Kabelfernsehen** *nt* TV cable TV
Kabeljau <-s, -e *o* -s> *m* ZOOL, KOCHK cod
Kabelkanal *m* TV, RADIO cable channel **Kabelkette** *f* TECH cable tray **Kabelklemme** *f* ELEK cable clip **Kabelkonzentrator** *m* TECH cable hub **Kabelleger** *m* ELEK, NAUT cable ship **kabellos** *adj* TECH cableless **Kabelmantel** *m* cable sleeve **Kabelnetz** *nt* TV cable network **Kabelnetzbetreiber** *m* cable network operator **Kabelrolle** *f* TECH cable drum **Kabelsalat** *m kein pl* (*fam*) tangle of cables **Kabelschuh** *m* cable lug **Kabelsystem** *nt* TECH cabling system **Kabeltrommel** *f* ELEK cable drum
Kabine <-, -n> *f* ❶ (*Umkleidekabine*) changing room
❷ TELEK booth
❸ NAUT (*Passagierunterkunft*) cabin
❹ TRANSP (*Gondel*) cable-car
Kabinenkoffer *m* trunk **Kabinenroller** *m* TRANSP bubble car
Kabinett[1] <-s, -e> *nt* ❶ POL (*Kollegium der Minister*) cabinet
❷ KUNST (*kleiner Raum im Museum*) gallery
Kabinett[2] <-s, -e> *m* KOCHK *special quality German wine*
Kabinettsbeschluss[RR] *m* POL Cabinet decision **Kabinettschef(in)** <-s, -s> *m(f)* head of the cabinet **Kabinettschrank** *m* cabinet **Kabinettskrise** *f* cabinet crisis **Kabinettsmitglied** *nt* POL cabinet member, member of the cabinet **Kabinettssitzung** *f* POL Cabinet meeting
Kabinettstück *nt* masterstroke
Kabinettsumbildung *f* cabinet reshuffle
Kabinettwein *m s.* **Kabinett[2]**
Kabotage <-> [-'ta:ʒə] *f* JUR, HANDEL cabotage
Kabrio <-[s], -s> *nt* AUTO convertible
Kabriolett <-s, -s> *nt* SÜDD, ÖSTERR (*geh: Kabrio*) convertible
Kabuff <-s, -e *o* -s> *nt* (*fam*) boxroom BRIT, cubbyhole AM
Kachel <-, -n> *f* tile
kacheln *vt* to tile; ■**etw ~** to tile sth
Kachelofen *m* tiled stove
Kacke <-> *f kein pl* ❶ (*derb: menschliche Exkremente*) shit *vulg*, crap *vulg*
❷ (*sl: Hundekot*) dog shit *vulg*
▶ WENDUNGEN: **dann ist die ~ am Dampfen** (*sl*) then the shit will really hit the fan *vulg*
kacken *vi* (*vulg*) to shit *vulg*, to crap *vulg*
Kacker <-s, -> *m* (*pej sl*) shithead *vulg*
Kadaver <-s, -> [-vɐ] *m* carcass
Kadavergehorsam *m* (*pej*) blind obedience
Kadenz <-, -en> *f* MUS cadenza
Kader <-s, -> *m* ❶ MIL (*Kerntruppe des Heers*) cadre
❷ SPORT squad
❸ (*Spezialistentruppe*) group of specialists
❹ (*Angehöriger einer Spezialistentruppe*) specialist
Kadett <-en, -en> *m* MIL cadet
Kadi <-s, -s> *m* (*islamischer Richter*) Kadi, cadi
▶ WENDUNGEN: **jdn vor den ~ bringen** [*o* **schleppen**] (*fam*) to take sb to court
Kadmium <-s> *nt kein pl* cadmium
Kaduzierung <-, -en> *f* JUR forfeiture
Kaduzierungsverfahren *nt* JUR procedure for forfeiture of shares
Käfer <-s, -> *m* ❶ ZOOL (*Insekt*) beetle
❷ AUTO (*fam: Volkswagen*) beetle
▶ WENDUNGEN: **ein flotter** [*o* **hübscher**] **~** (*veraltend sl*) a nice bit of skirt BRIT *fam*, a hot chick AM *fam*
Kaff <-s, -s *o* -e> *nt* (*pej fam*) dump *fam*, hole *fam*
Kaffee <-s, -s> *m* ❶ (*Getränk*) coffee; **~ und Kuchen** coffee and cake; **~ mit Milch** white coffee; **koffeinfreier ~** decaffeinated coffee; **schwarzer ~** black coffee; **den/seinen ~ schwarz trinken** to drink one's coffee black; [**jdm einen**] **~ machen** to make [sb a] coffee; **~ trinken** to have [*or* drink] [a] coffee
❷ *kein pl* BOT (*Strauch*) coffee
❸ (*~einladung*) coffee
▶ WENDUNGEN: **kalter ~ sein** (*pej fam*) to be old hat
Kaffeebaum *m* BOT coffee tree **Kaffeebohne** *f* coffee bean **kaffeebraun** *adj* coffee-coloured [*or* AM -ored] **Kaffeeersatz[RR]** *m* coffee substitute **Kaffeeextrakt[RR]** *m* coffee essence **Kaffeefahrt** *f* promotional trip **Kaffeefilter** *m* ❶ (*Vorrichtung*) coffee filter ❷ (*fam: Filterpapier*) filter paper **Kaffeegeschirr** *nt s.* Kaffeeservice **Kaffeehaus** *nt* ÖSTERR coffee-house **Kaffeekanne** *f* coffeepot **Kaffeeklatsch** *m kein pl* (*fam*) coffee morning BRIT, coffee klat[s]ch AM, kaffeeklatsch AM **Kaffeekränzchen** <-, -s> *nt* (*hum veraltend*) ≈ coffee morning BRIT; (*die Gruppe, die sich trifft*) ≈ coffee morning circle [*or* group] [of friends] **Kaffeelöffel** *m* coffee spoon **Kaffeemaschine** *f* coffee machine **Kaffeemühle** *f* coffee grinder **Kaffeepause** *f* coffee break; **~ machen** to have a coffee break **Kaffeepflanze** *f* coffee [plant [*or* tree]] **Kaffeeplantage** *f* coffee plantation **Kaffeesatz**

m coffee grounds *npl;* **aus dem ~ wahrsagen** to read the coffee grounds **Kaffeeservice** *nt* coffee set **Kaffeesieb** *nt* coffee sieve **Kaffeesteuer** *f* FIN excise duty on coffee **Kaffeestrauch** *m* coffee tree **Kaffeetante** *f (hum fam)* coffee addict **Kaffeetasse** *f* coffee cup **Kaffeewärmer** *m* [coffee-pot] cosy [*or* AM cozy] **Kaffeewasser** *nt* hot water for coffee; **~ aufsetzen** to put the kettle on for coffee

Kaffer <-n, -n> *m (pej)* nigger *pej*

Kaffernbüffel *m* ZOOL African buffalo

Käfig <-s, -e> *m* ❶ *(Vogelbauer)* [bird]cage ❷ *(vergittertes Gehege)* cage; **faradayscher ~** PHYS Faraday cage
► WENDUNGEN: **im goldenen ~ sitzen** to sit in a gilded cage

Käfighaltung *f* caging

Kaftan <-s, -e> *m* caftan

kahl I. *adj* ❶ *(ohne Kopfhaar)* bald; ■**~ sein/werden** to be/become bald; **~ geschoren** shorn, shaven ❷ *(leer)* bare; **~e Wände** bare walls ❸ *(ohne Blätter)* bare ❹ *(ohne Bewuchs)* barren, bleak
II. *adv* **etw ~ fressen** to strip sth bare; **jdn ~ scheren** to shave sb's head

kahlfressen *vt irreg s.* **kahl II**

Kahlheit <-> *f kein pl* ❶ *(Kahlköpfigkeit)* baldness *no pl* ❷ *(Blattlosigkeit)* bareness *no pl* ❸ *(kahle Beschaffenheit)* bleakness *no pl,* barrenness *no pl*

Kahlkopf *m* ❶ *(kahler Kopf)* bald head ❷ *(fam: Glatzkopf)* baldy *fam*

kahlköpfig *adj* bald-headed, bald

Kahlköpfigkeit <-> *f kein pl* baldness *no pl*

Kahlschlag *m* ❶ FORST *(abgeholzte Fläche)* clearing ❷ *kein pl (das Abholzen)* deforestation ❸ *(fam: völliger Abriss)* demolition

Kahn <-[e]s, Kähne> *m* ❶ NAUT *(flaches Boot)* small boat; *(Schleppkahn)* barge; *(fam: alter Dampfer)* old tub ❷ *pl (fam: große Schuhe)* clodhoppers *pl fam*

Kahnfahrt *f* trip in a rowing-boat; *(durch Stoßen)* trip in a punt; **eine ~ machen** to go boating; *(durch Stoßen)* to go punting

Kai <-s, -e *o* -s> *m* quai; **ab ~** HANDEL ex quay; **frei ~** HANDEL free on quay

Kai-Empfangsschein *m* HANDEL quay [*or* dock] receipt; **reiner ~** clean quay [*or* dock] receipt **Kaigebühren** *pl* berthage, dockage, berth charges *pl*

Kaiman <-s, -e> *m* ZOOL cayman

Kaimaninseln *pl* ■**die ~** the Cayman Islands *pl; s. a.* **Falklandinseln**

Kaimauer *f* quay wall

Kainsmal *nt* mark of Cain

Kairo <-s> *nt* Cairo

Kaiser(in) <-s, -> *m(f) (Herrscher eines Reiches)* emperor *masc,* empress *fem;* **der letzte deutsche ~** the last German Emperor; **zum ~ gekrönt werden** to be crowned emperor
► WENDUNGEN: **sich um des ~s Bart streiten** to split hairs; **wo nichts ist, hat der ~ sein Recht verloren** *(prov)* you can't get blood out of a stone *prov;* **dem ~ geben, was des ~s ist** to render unto Caesar that which is Caesar's

Kaiseradler *m* ORN imperial eagle **Kaisergranat** *m* ZOOL, KOCHK Dublin Bay prawn, scampi **Kaiserhaus** *nt* imperial house [*or* family] **Kaiserkrone** *f* ❶ *(Krone des Kaisers)* imperial crown ❷ BOT crown imperial

kaiserlich I. *adj* ❶ *(dem Kaiser gehörend)* imperial ❷ *(das Kaiserreich betreffend)* imperial ❸ *(einem Kaiser angemessen vornehm oder reichlich)* **ein ~es Frühstück** a breakfast fit for a king
II. *adv (dem Kaiser treu)* imperialistic, monarchistic

kaiserlich-königlich *adj* imperial and royal *(referring to the Austro-Hungarian Empire)*

Kaiserling *m* BOT Caesar's mushroom, amanita caesarea

Kaiserpfalz *f* HIST imperial palace **Kaiserpinguin** *m* ORN emperor penguin **Kaiserreich** *nt* HIST empire **Kaiserschmarr(e)n** *m* KOCHK SÜDD, ÖSTERR *shredded pancake* **Kaiserschnitt** *m* MED Caesarean [section] **Kaiserschote** *f* KOCHK sugar-snap pea

Kaisertum <-[e]s, -tümer> *nt* empire

Kajak <-s, -s> *m o nt* NAUT, SPORT Kayak

Kajalstift *m* MODE, PHARM eyeliner pencil

Kajüte <-, -n> *f* NAUT cabin

Kakadu <-s, -s> *m* ORN cockatoo

Kakao <-s, -s> *m* ❶ *(Getränk)* cocoa, chocolate milk; *(heiß)* hot chocolate; *(Pulver)* cocoa [powder] ❷ BOT cocoa palm
► WENDUNGEN: **jdn/etw durch den ~ ziehen** *(fam)* to take the mickey out [*or* AM make fun] of sb/sth

Kakaobaum *m* cacao [tree] **Kakaobohne** *f* cocoa bean **Kakaobutter** *f kein pl* cocoa butter *no pl* **Kakaofrucht** *f* cocoa [*or* cacao] fruit [*or* seed pod] **Kakaopulver** *nt* cocoa powder

Kakerlake <-, -n> *f* cockroach

Kaki <-, -s> *f* khaki

Kakipflaume *f* BOT, KOCHK Japanese persimon, kaki, date plum

Kakofonie[RR], **Kakophonie** <-, -ien> *f* MUS cacophony

Kaktee <-, -n> *f,* **Kaktus** <-, Kakteen *o fam* -se> *m* cactus

Kaktusfeige *f* cactus [*or* Indian] fig

Kalabrien *nt* Calabria

Kalamität <-, -en> *f meist pl (geh)* ❶ *(Schwierigkeiten)* predicament; **sich** *akk* **in einer ~ befinden** to be in a predicament ❷ *(Unglück)* calamity; **jdn in ~en bringen** to get sb into deep trouble; **in ~en kommen** to get into deep trouble

kalandrieren* *vt* TYPO ■**etw ~** to calender sth

Kalaschnikow <-, -s> *f* Kalashnikov

Kalauer <-s, -> *m* corny joke

Kalb <-[e]s, Kälber> *nt* ❶ ZOOL *(junges Rind)* calf; **das Goldene ~** the golden calf ❷ ZOOL *(Junges)* calf; *(Rehwild)* fawn ❸ *(~fleisch)* veal
► WENDUNGEN: **wie ein abgestochenes ~ glotzen** *(sl)* to look goggle-eyed at sth

kalben *vi* ❶ *(ein Kalb gebären)* to calve ❷ GEOG *(kleinere Stücke abbrechen lassen)* to calve

Kalbfisch *m s.* **Heringshai** **Kalbfleisch** *nt* veal **Kalbsbeuschel** *nt* KOCHK DIAL veal lights *npl* **Kalbsblankett** *nt* KOCHK veal ragout **Kalbsbraten** *m* roast veal **Kalbsfarce** *nt* veal stuffing *(bound with egg and cream)* **Kalbsfond** *m* veal stock **Kalbsfrikandeau** *nt* veal flank **Kalbsfrikassee** *nt* veal fricassée **Kalbsfuß** *m* calf's foot **Kalbsgekröse** *nt* calf's mesentery **Kalbsgrenadin** *nt* KOCHK lardened veal chump **Kalbshachse** [-ks-], **Kalbshaxe** *f* knuckle of veal **Kalbskarree** *nt* veal loin **Kalbskäse** *m meat loaf of finely-ground veal* **Kalbskotelett** *nt* veal cutlet **Kalbsleder** *nt* calfskin **Kalbslunge** *f* calf's lights *npl* **Kalbsnuss**[RR] *f* flank of veal **Kalbsschnitzel** *nt* veal cutlet **Kalbsstelze** *f* KOCHK ÖSTERR *(Kalbshachse)* veal knuckle

Kaldaune <-, -n> *f meist pl* DIAL entrails *npl,* tripe *no pl, no indef art*

Kaleidoskop <-s, -e> *nt* kaleidoscope

kalendarisch *adj* calendrical

Kalender <-s, -> *m* calendar; **elektronischer ~** INFORM personal organizer; **der gregorianische ~** the Gregorian Calender; **der julianische ~** the Julian Calendar

Kalenderjahr *nt* calendar year **Kalendermonat** *m* calendar month **Kalenderverwaltung** *f* INFORM calendar management **Kalenderwoche** *f* HANDEL calendar week; ***die Lieferung erfolgt in der 24.*** ~ delivery will take place in the 24th calendar week

Kalesche <-, -n> *f* HIST barouche

Kali <-s, -s> *nt* potash *no pl*

Kaliber <-s, -> *nt* ❶ TECH *(Laufdurchmesser)* calibre [*or* AM -er] ❷ TECH *(Geschossdurchmesser)* calibre [*or* AM -er] ❸ *(pej fam: Sorte)* calibre [*or* AM -er]; **ein Politiker von unzureichendem ~** a politician of insufficient calibre

kalibrieren *vt* TECH *(eichen)* ■**etw ~** to calibrate sth

Kalibrierung <-, -en> *f* TECH calibration

Kalidünger *m* potash fertilizer

Kalif <-en, -en> *m* HIST caliph

Kalifat <-[e]s, -e> *nt* HIST ❶ *(Amt eines Kalifen)* caliphate ❷ *(Herrschaftsbereich)* caliphate

Kalifornien <-s> *nt* California

Kalilauge *f* caustic potash solution, lye

Kalium <-s> *nt kein pl* potassium *no pl*

kaliumhaltig *adj inv* containing potassium

Kaliumnitrat *nt* potassium nitrate

Kalk <-[e]s, -e> *m* ❶ BAU *(~milch)* whitewash *no pl;* **gebrannter ~** quicklime *no pl,* slaked lime *no pl* ❷ *(Kalziumkarbonat)* lime *no pl* ❸ MED *(Kalzium)* calcium *no pl*

Kalkablagerung *f* ❶ CHEM *(Ablagerung von Kalkstein)* [lime]scale *no pl, no indef art,* [deposit of] calcium carbonate *no pl form* ❷ MED *(Ablagerung von Kalksalzen im Körpergewebe)* calcification *no pl,* calcific deposit **Kalkbildung** <-> *f kein pl* CHEM build-up of [lime]scale *no pl,* calcification *no pl* **Kalkboden** *m* lime soil **Kalkbrennerei** *f* lime works

kalken *vt* ■**etw ~** ❶ *(tünchen)* to whitewash sth ❷ AGR, FORST *(düngen)* to lime sth

kalkhaltig *adj* chalky; *(Wasser)* hard

Kalkmangel *m kein pl* ❶ MED *(Mangel an Kalzium)* calcium deficiency *no pl* ❷ AGR, FORST, HORT *(Mangel an Kalk)* lime deficiency *no pl* **Kalkofen** *m* limekiln **Kalksandstein** *m* BAU lime sand brick **Kalkstein** *m* limestone

Kalkül <-s, -e> *m o nt* calculation; **etw [mit] ins ~ ziehen** to take sth into consideration; **ins ~ ziehen, dass ...** to consider, that ...

Kalkulation <-, -en> *f* ❶ ÖKON *(Kostenberechnung)* costing; **knappe ~** close [*or* exact] calculation ❷ *(Schätzung)* calculation; **falsche ~** miscalculation; **nach jds ~** according to sb's calculations

Kalkulationsfehler *f* ÖKON miscalculation, wrong calculation **Kalkulationsgrundlage** *f* FIN calculation basis **Kalkulationsirrtum** *m* JUR miscalculation **Kalkulationskartell** *nt* ÖKON cost estimating cartel **Kalkulationsrichtlinie** *f* HANDEL calculation standard **Kalkulationstabelle** *f* HANDEL pricing schedule **Kalkulationszuschlag** *m* HANDEL markup

kalkulierbar *adj inv* calculable; **ein nicht ~es Risiko** an incalculable risk

kalkulieren* I. *vi* ❶ ÖKON *(veranschlagen)* ■**[mit etw** *dat*] **~** to calculate [with sth] ❷ *(fam: schätzen)* ■**~, [dass] ...** to calculate, [that] ...
II. *vt* ÖKON *(veranschlagen)* ■**etw ~** to calculate sth; **kalkulierter Gewinn** paper profit

Kalkutta <-s> *nt* Calcutta

Kalkwerk *nt* lime works + *sing/pl vb*

Kalkzementmörtel *m* BAU lime cement mortar

Kalligraphie, **Kalligrafie**[RR] <-> *f kein pl* calligraphy *no pl*

Kalmar <-s, Kalmare> *m* ZOOL squid

Kalmare *f* calamaris, squid

Kalme <-, -n> *f* METEO calm

kalmieren* *vt (geh)* ■**jdn ~** to appease sb *pej form*

Kalorie <-, -n> *f* calorie

kalorienarm *adj, adv* low-calorie **Kalorienbedarf** *m kein pl* MED calorific requirement **Kalorienbombe** *f (fam)* **eine echte ~** *a food or drink packed with calories* **Kaloriengehalt** *m* calorie content **kalorienreduziert** *adj* reduced-calorie **kalorienreich** I. *adj* high-calorie II. *adv* **~ essen** to eat foods high in calories

kalt <kälter, kälteste> I. *adj* ❶ *(nicht warm)* cold; ■**etwas K~es** something cold; ■**im K~en** in the cold; ***mir ist*** ~ I'm cold

❷ (*fam: ohne Nebenkosten*) not including heating and other costs; *s. a.* **Krieg**
II. *adv* ❶ (*mit kaltem Wasser*) with cold water; ~ **duschen** to have a cold shower; **sich** *akk* ~ **waschen** to wash in cold water
❷ (*in einem ungeheizten Raum*) in an unheated room; ~ **schlafen** to sleep in an unheated room
❸ (*ohne Aufwärmen*) cold; **etw** ~ **essen** to eat sth cold
❹ (*an einen kühlen Ort*) in a cool place; **etw** ~ **stellen** to chill sth
❺ (*ungerührt*) ~ **lächelnd** (*pej*) cool and calculating *pej;* ~ **bleiben** to remain unmoved [*or* cold]; **jdn** ~ **lassen** to leave sb cold
▸ WENDUNGEN: **jdn** ~ **erwischen** (*fam*) to catch sb out; **jdn** ~ **machen** to do sb in; **jdn** ~ **stellen** to put sb out of the running, to sideline sb; **die Konkurrenz** ~ **stellen** to sideline the competion; **jdn überläuft es** ~ cold shivers run down sb's back

Kaltblut *nt kein pl* carthorse
Kaltblüter <-s, -> *m* cold-blooded animal
kaltblütig I. *adj* ❶ (*emotionslos*) cold
❷ (*skrupellos*) cold-blooded
II. *adv* ❶ (*ungerührt*) coolheaded, coolly
❷ (*skrupellos*) unscrupulously; **jdn** ~ **ermorden** to kill sb cold-bloodedly
Kaltblütigkeit <-> *f kein pl* ❶ (*Emotionslosigkeit*) coolness *no pl,* cool-headedness *no pl*
❷ (*Skrupellosigkeit*) unscrupulousness *no pl;* (*Mörder*) cold-bloodedness *no pl*
Kälte <-> *f kein pl* ❶ (*niedrige Temperatur*) cold *no pl,* coldness *no pl;* **vor** ~ with cold; **arktische** [*o* **polare**] [*o* **sibirische**] ~ arctic cold, polar conditions, Siberian temperatures; **zehn Grad** ~ ten below [zero]
❷ METEO (~*welle*) cold spell
Kältebehandlung *f* MED frigotherapy *no pl,* cry[m]otherapy *no pl* **kältebeständig** *adj* ❶ (*unempfindlich gegen Kälteeinwirkung*) cold-resistant ❷ (*nicht gefrierend*) non-freezing **Kältebrücke** *f* ARCHIT cold spot **Kälteeinbruch** *m* cold spell **kälteempfindlich** *adj* sensitive to cold *pred* **Kältegrad** *m* ❶ (*Grad der Kälte*) degree of coldness ❷ (*fam: Minusgrad*) degrees *pl* below zero **Kältekonservierung** *f* TECH refrigeration **Kältemaschine** *f* TECH refrigerator **Kältemittel** *nt* AUTO refrigerant **Kälteperiode** *f* METEO spell of cold weather **Kälteschutzmittel** *nt* antifreeze **Kältetechnik** *f* refrigeration technology **Kälteverfahren** *nt* refrigeration process **Kältewelle** *f* cold spell
Kaltfront *f* METEO cold front
kaltgepresst *adj Öl* cold pressed, virgin **kaltherzig** *adj* cold-hearted **Kaltleim** *m* cold glue **Kaltleiter** *m* PHYS cold conductor **Kaltluft** *f* cold air **Kaltluftfront** *f* METEO cold front **Kaltmiete** *f* rent exclusive of heating costs **Kaltschale** *f cold fruit compote* **kaltschnäuzig I.** *adj* (*fam*) cold, callous **II.** *adv* (*fam*) callously, coldly **Kaltschnäuzigkeit** *f kein pl* (*fam*) callousness *no pl,* coldness *no pl* **Kaltstart** *m a.* INFORM cold start
Kaltstartautomatik *f* AUTO automatic choke
Kaltzeit *f* GEOL ice age
Kalvinismus <-> [-vi-] *m kein pl* REL Calvinism *no pl*
Kalvinist(in) <-en, -en> *m(f)* REL Calvinist
kalvinistisch *adj* REL calvinist[ic]
Kalzium <-s> *nt kein pl* calcium *no pl*
Kalziumkarbonat *nt* calcium carbonate
Kalziummangel <-s> *m kein pl* MED calcium deficiency *no pl,* calcipenia *no pl, no indef art spec*
kam *imp von* **kommen**
Kamasutra <-[s]> *nt kein pl* LIT [the] Kamasutra
Kambium <-s, Kambien> *nt* BOT cambium
Kambodscha <-s> *nt* Cambodia; *s. a.* **Deutschland**
Kambodschaner(in) <-s, -> *m(f)* Cambodian; *s. a.* **Deutsche(r)**
kambodschanisch *adj* Cambodian; *s. a.* **deutsch**
Kambrium <-s> *nt kein pl* GEOL (*Erdzeitalter*) [the] Cambrian *no pl*

Kamcorder <-s, -> *m s.* **Camcorder**
Kamee <-, -n> *f* cameo
Kamel <-[e]s, -e> *nt* ❶ ZOOL camel
❷ (*pej fam: Dummkopf*) idiot
Kamelhaar *nt kein pl* camel hair
Kamelhaarmantel *m* camel hair coat
Kamelie <-, -n> [-liə] *f* BOT camellia
Kamellen *pl* carnival sweets
▸ WENDUNGEN: **das sind alte** [*o* **olle**] ~ (*fam*) that's old hat
Kameltreiber(in) <-s, -> *m(f)* ❶ (*Kamelbesitzer*) camel-driver, cameleer
❷ (*pej: Araber*) Arab *pej sl*
Kamera <-, -s> *f* camera; **vor die** ~[s] **treten** to make oneself available to the reporters; **vor der** ~ on television; **jdn vor die** ~ **bringen** to bring sb in front of the camera; **digitale** ~ digital camera
Kameraauge *nt* FILM, FOTO (*fam*) lens
Kamerad(in) <-en, -en> *m(f)* comrade; (*veraltend: Klassenkamerad*) classmate, friend; (*Vereinskamerad*) friend
Kameradschaft <-, -en> *f* camaraderie *no pl;* **aus** ~ out of camaraderie
kameradschaftlich I. *adj* ❶ (*in der Art von Kameraden*) comradely
❷ (*rein freundschaftlich*) friendly, platonic
II. *adv* on a friendly basis
Kameradschaftsgeist *m kein pl* spirit of comradeship *no pl,* esprit de corps *no pl*
Kameraeinstellung *f* shot **Kamerafahrt** *f* FILM tracking shot **Kamerafrau** *f fem form von* **Kameramann** camerawoman *fem* **Kameraführung** *f* FILM, TV camera work **Kameraleute** *pl* camera operators *pl*
Kameralismus *m* ÖKON (*hist*) cameralism
Kameralistik *f* ❶ (*veraltet: Finanzwissenschaft*) finance
❷ FIN (*Rechnungsführung*) cameralistics + *sing vb*
Kameramann, -frau *m, f* cameraman **Kameraposition** *f* camera position **kamerascheu** *adj* camera-shy **Kamerateam** *nt* camera team
Kamerun, Kamerun <-s> *nt* GEOL Cameroon
Kameruner(in) <-s, -> *m(f)* Cameroonian; *s. a.* **Deutsche(r)**
kamerunisch *adj* Cameroonian; *s. a.* **deutsch**
Kamikaze <-, -> *m* Kamikaze
Kamille <-, -n> *f* camomile
Kamillentee *m* camomile tea
Kamin <-s, -e> *m o* DIAL *nt* ❶ (*offene Feuerstelle*) fireplace
❷ (*Schornstein*) chimney
❸ GEOL (*Felsspalt*) chimney
▸ WENDUNGEN: **etw in den** ~ **schreiben** to write sth off
Kaminaufsatz *m* chimney pot **Kaminbesteck** *nt* fireside companion set **Kaminfeger(in)** <-s, -> *m(f)* DIAL, **Kaminkehrer(in)** <-s, -> *m(f)* DIAL (*Schornsteinfeger*) chimney sweep **Kaminfeuer** *nt* open fire; **ein** ~ **machen** to light the fireplace **Kaminkopf** *m* BAU chimney top **Kaminofen** *m* stove **Kaminsims** *m o nt* mantelpiece **Kaminvorsprung** *m* BAU chimney breast
Kamisol <-s, -e> *nt* MODE camisole
Kamm <-[e]s, Kämme> *m* ❶ (*Frisier~*) comb
❷ ORN, ZOOL comb; (*Pferdenacken*) crest
❸ KOCH (*Nackenstück*) neck; (*von Schweinefleisch*) spare rib
❹ (*Bergrücken*) ridge
❺ (*Wellenkamm*) crest
▸ WENDUNGEN: **alle/alles über einen** ~ **scheren** to lump everyone/everything together; **jdm schwillt der** ~ (*fam*) sb is getting big-headed
kämmen *vt* ❶ (*Kamm oder Bürste benutzen*) ■**[jdm] etw** ~ to comb [sb's] sth; ■**sich** *akk* ~ to comb one's hair
❷ (*aus~*) ■**[jdm] etw aus etw** *dat* ~ to comb sth out of [sb's] sth; ***ich kämme dir das Stroh aus den Haaren*** I'll comb the straw out of your hair
Kammer <-, -n> *f* ❶ (*kleiner Raum*) small room, BRIT *a.* boxroom
❷ POL (*parlamentarische Instanz*) chamber, house
❸ JUR (*Rechtsorgan*) chamber; **mit der Rechtssache befasste** ~ Chamber hearing the case; ~ **für Handelssachen** [*o* **Wirtschaftssachen**] commercial court, court of trade
❹ ADMIN (*Berufsvertretung*) professional association
❺ ANAT (*Herzkammer*) ventricle
Kammerchor *m* MUS chamber choir
Kammerdiener *m* valet
Kämmerer <-s, -> *m* ADMIN treasurer
Kammergericht *nt* JUR Supreme Court **Kammerjäger(in)** *m(f)* pest controller **Kammerkonzert** *nt* MUS chamber concert
Kämmerlein <-s, -> *nt dim von* **Kammer 1** (*poet*) chamber
▸ WENDUNGEN: **im stillen** ~ in private
Kammermusik *f* chamber music **Kammerorchester** *nt* chamber orchestra **Kammersänger(in)** *m(f) title awarded to a singer of outstanding ability* **Kammerschauspieler(in)** *m(f) title awarded to an actor of outstanding ability* **Kammerspiel** *nt* THEAT ❶ (*Theaterstück*) studio theatre [*or* AM -er] [*or* AM intimate] play ❷ *pl* (*Theater*) studio theatre [*or* AM -er]; **an den ~en engagiert sein** to work in a studio theatre [*or* AM at a little theater] **Kammerton** *m kein pl* concert pitch *no pl* **Kammervereinigung** *f* HANDEL organization of the chambers of commerce **Kammervorsitzende(r)** *f(m) dekl wie adj* JUR presiding judge **Kammerzofe** *f* HIST chambermaid **Kammerzugehörigkeit** *f* JUR chamber of commerce membership
Kammgarn *nt* worsted **Kammmolch**[RR] *m* ZOOL crested newt **Kammmuschel**[RR] *f* ZOOL, KOCH deep sea [*or* bay] scallop **Kammolch** *m* ZOOL *s.* Kammmolch **Kammuschel** *f s.* **Kammmuschel**
Kampagne <-, -n> [kam'panjə] *f* campaign; **eine** ~ **für/gegen jdn/etw führen** to run a campaign for/against sb/sth
Kampanien <-s> *nt* Campania
Kämpe <-n, -n> *m* (*hum*) campaigner; **alter** ~ old soldier [*or* campaigner]
Kampf <-[e]s, Kämpfe> *m* ❶ MIL (*Gefecht*) battle; **den** ~ **aufnehmen** to go into battle; **den** ~ [*o* **die Kämpfe**] **einstellen** (*geh*) to cease fighting; **im** ~ **fallen** to fall in battle, to be killed in action; **zum** ~ **kommen** a fight breaks out, clashes occur; **sich** *akk* **[jdm] zum** ~ **stellen** to be prepared to go into battle; **in den** ~ **[gegen jdn/etw] ziehen** to take up arms [against sb/sth]; (*eine Herausforderung annehmen*) to accept a challenge
❷ SPORT fight; **den** ~ **abbrechen** to stop the fight; **einen** ~ **kämpfen** to put up a fight
❸ (*Auseinandersetzung*) fight; (*innere Auseinandersetzung*) struggle; **innere Kämpfe** inner struggles; **der** ~ **der Geschlechter** the battle of the sexes; **ein** ~ **auf Leben und Tod** a life and death struggle
❹ (*das Ringen*) **der** ~ **für** [*o* **um**]**/gegen etw** *akk* the fight [*or* struggle] for/against sth; **der** ~ **ums Dasein** the struggle for existence; **den** ~ **aufgeben** to give up the struggle
▸ WENDUNGEN: **jdm/einer S. den** ~ **ansagen** to declare war on sb/sth; **auf in den** ~**!** (*hum fam*) let's get cracking!
Kampfabschnitt *m* ❶ MIL combat zone, battle sector ❷ SPORT contest area **Kampfabstimmung** *f* POL crucial vote **Kampfansage** *f* declaraton of war; ■**eine** ~ **an jdn/etw** a declaration of war against sb/sth **Kampfbahn** *f* sports stadium [*or* arena] **kampfbereit** *adj* ready for battle; **sich** *akk* ~ **machen** to prepare oneself for battle **Kampfbomber** *m* fighter bomber **Kampfeinsatz** *f* ❶ MIL [military] action *no pl, no indef art,* combat mission ❷ SPORT (*Kampfgeist*) commitment *no pl*
kämpfen I. *vi* ❶ MIL ■**[für/gegen jdn/etw]** ~ to fight [for/against sb/sth]; **bis auf den letzten Mann** ~ to fight to the last man
❷ SPORT ■**[gegen jdn]** ~ to fight [against sb], to contend [with sb]; ■**um etw** *akk* ~ to fight for sth

K

❸ (*sich angestrengt einsetzen*) ■**für/gegen etw** *akk* ~ to fight for/against sth
❹ (*ringen*) ■**mit sich/etw** *dat* ~ to struggle with oneself/sth; **mit einem Problem** ~ to struggle with a problem; *s. a.* **Träne**
II. *vr* ■**sich** *akk* **durch etw** *akk* ~ to struggle through sth

Kampfer <-s> *m kein pl* camphor *no pl*

Kämpfer(in) <-s, -> *m(f)* ❶ MIL (*Krieger*) fighter, warrior
❷ SPORT fighter, contender
❸ (*engagierter Streiter*) **ein** ~ **für/gegen etw** *akk* a fighter for/against sth; **ein echter** ~ a real fighter; **ein großer** ~**/eine große** ~**in** a great fighter; **kein großer** ~**/keine große** ~**in sein** to not be a great fighter
❹ BAU transom

Kampferbaum *m* camphor tree

kämpferisch **I.** *adj* ❶ SPORT (*einsatzfreudig*) attacking
❷ (*Kampfgeist aufweisend*) aggressive
❸ MIL (*den Kampf betreffend*) fighting
II. *adv* MIL aggressively

Kämpfernatur *f* fighter; ***er ist eine*** ~ he is a fighter [by nature] [*or* has a fighting nature]

kampferprobt *adj inv* battle-tried, combat-tested

kampffähig *adj pred* fit to fight [*or* for active service] **Kampffisch** *m* ZOOL fighting fish **Kampfflugzeug** *nt* combat aircraft **Kampfführung** *f* combat command **Kampfgas** *nt* poison gas **Kampfgefährte, -gefährtin** <-n, -n> *m, f* comrade-in-arms **Kampfgeist** *m kein pl* fighting spirit *no pl* **Kampfgewicht** *nt* SPORT fighting weight **Kampfgewühl** *nt* **im** ~ in the thick of battle **Kampfgruppe** *f* MIL ❶ (*Einsatzgruppe*) task force ❷ HIST (*Brigade der Waffen-SS*) combat group **Kampfhandlung** *f meist pl* MIL action, engagement, fighting *no pl, no indef art,* clash, hostilities *pl;* **die** ~**en einstellen** to cease hostilities, to stop fighting **Kampfhubschrauber** *m* combat helicopter **Kampfhund** *m* fighting dog **Kampfkraft** *f kein pl* military strength **Kampfläufer** *m* ORN ruff **kampflos** **I.** *adj* peaceful **II.** *adv* peacefully, without conflict **kampflustig** *adj* belligerent **Kampfmaßnahme** *f* offensive measure **Kampfmittel** *pl* weapons *pl* **Kampfmontur** <-, -en> *f* ADMIN, MIL (*fam*) combat gear **Kampfpause** *f* break in a fight [*or* battle] **Kampfplatz** *m* SPORT stadium, arena **Kampfpreis** *m* ÖKON cut-throat price **Kampfrichter(in)** *m(f)* referee **Kampfsatellit** *m* military satellite **Kampfsport** *m kein pl* martial arts *pl* **Kampfsportart** *f* martial art **Kampfstärke** *f* MIL combat strength **Kampfstoff** *m* MIL warfare agent **Kampftruppe** *f* ❶ MIL fighting unit ❷ (*kampfbereite Gruppe von Personen*) fighting unit **kampfunfähig** *adj* unable to fight; MIL unfit for battle [*or* active service]; **jdn/etw** ~ **machen** MIL (*a. fig*) to put sb/sth out of action; **jdn** ~ **schießen** to cripple sb **Kampfverband** *m* MIL combat unit **Kampfwagen** *m* MIL (*geh*) combat vehicle; HIST chariot **Kampfwille** <-n> *m* pugnacity

kampieren* *vi* ■**irgendwo** ~ ❶ (*sich lagern*) to camp [out] somewhere
❷ (*fam: vorübergehend wohnen*) to doss [*or* AM crash [out]] [down] somewhere *fam*

Kanada <-s> *nt* Canada; *s. a.* **Deutschland**

Kanadagans *f* ORN Canada goose

Kanadier <-s, -> [-diɐ] *m* SPORT Canadian canoe

Kanadier(in) <-s, -> [-diɐ] *m(f)* Canadian; *s. a.* **Deutsche (r)**

kanadisch *adj* ❶ (*Kanada betreffend*) Canadian; *s. a.* **deutsch 1**
❷ LING Canadian; *s. a.* **deutsch 2**

Kanaille <-, -n> [ka'naljə] *f* (*pej*) scoundrel *pej*

Kanake <-n, -n> *m* ❶ GEOG (*Südseeinsulaner*) Kanaka
❷ (*pej sl: exotischer Asylant*) dago *pej sl*
❸ (*pej sl: türkischer Arbeitnehmer*) Turkish immigrant worker

Kanal <-s, Kanäle> *m* ❶ NAUT, TRANSP (*Binnenschifffahrtsweg*) canal
❷ (*Abwasserkanal*) sewer
❸ *kein pl* GEOG (*Ärmelkanal*) ■**der** ~ the [English] Channel
❹ RADIO, TV, TELEK (*Frequenzbereich*) channel; **einen anderen** ~ **wählen** to change channels
❺ *pl* (*Wege*) channel; **dunkle Kanäle** dubious channels; **diplomatische Kanäle** POL diplomatic channels; **etw in die richtigen Kanäle leiten** to lead sth [*or* have sth go] through the proper channels
▶ WENDUNGEN: **den** ~ **voll haben** (*sl: betrunken sein*) to be tanked up; (*es satt haben*) to have had enough [*or* it up to here]

Kanalabgabe *f* canal toll **Kanalabzweig** *m* canal branch **Kanalarbeiter(in)** *m(f)* ❶ (*Arbeiter für das Abwassernetz*) sewerage worker ❷ POL (*sl: im Hintergrund Agierender*) member of the backroom staff **Kanalauskleidung** *f* canal lining **Kanalbau** *m* canal construction, canalization **Kanalböschung** *f* canal slope **Kanaldamm** *m* canal bank **Kanaldampfer** *m* (*im Ärmelkanal*) cross-Channel steamer **Kanaldeckel** *m* manhole cover, drain cover **Kanalfähre** *f* canal ferry **Kanalfracht** *f* canal freight **Kanalgebühr** *f* ADMIN canal toll; ■~**en** *pl* canal dues *pl* **Kanalgefälle** *nt* canal gradient **Kanalgesellschaft** *f* canal company **Kanalhafen** *m* canal port **Kanalinseln** *pl* ■**die** ~ the Channel Islands *pl; s. a.* **Falklandinseln**

Kanalisation <-, -en> *f* ❶ (*Abwassernetz*) sewerage system, sewers *pl*
❷ *kein pl* (*geh: das Kanalisieren*) canalization *no pl, no indef art*

kanalisieren* *vt* ■**etw** ~ ❶ (*schiffbar machen*) to canalize sth
❷ (*mit einer Kanalisation versehen*) to lay sewers *pl,* to install a sewerage system
❸ (*geh: in Bahnen lenken*) to channel sth

kanalisiert *adj inv* ~**e Strecke** canal section

Kanalmündung *f* canal mouth **Kanalnetz** *nt* canal network [*or* system] **Kanalratte** *f* sewer rat **Kanalschiff** *nt* canal barge **Kanalschifffahrt**[RR] *f* canal navigation **Kanalschleuse** *f* canal lock **Kanalsohle** *f* canal bed [*or* bottom] **Kanalsystem** *nt* canal system **Kanaltunnel** *m* ■**der** ~ the Channel Tunnel **Kanalufer** *nt* canal bank **Kanalverbreiterung** *f* canal widening **Kanalverkehr** *m* canal traffic **Kanalzone** *f* canal zone

Kanapee <-s, -s> *nt* ❶ (*hum: Sofa*) couch, settee, sofa
❷ KOCHK (*belegtes Schnittchen*) canapé

Kanaren *pl s.* **Kanarische Inseln**

Kanarienvogel [-riən-] *m* canary

Kanarier(in) <-s, -> *m(f)* Canary Islander

kanarisch *adj inv* Canary

Kanarische Inseln *pl* ■**die** ~ the Canary Islands *pl; s. a.* **Falklandinseln**

Kandare <-, -n> *f* (*Gebissstange*) bit
▶ WENDUNGEN: [**bei**] **jdm die** ~ **anziehen** to draw in the rein on sb; **jdn** [**fest**] **an der** ~ **haben** to have sb [firmly] under one's thumb; **jdn an die** ~ **nehmen** to keep a tight rein on sb

Kandelaber <-s, -> *m* candelabra

Kandidat(in) <-en, -en> *m(f)* ❶ (*Bewerber*) candidate, applicant; **jdn als** ~**en** [**für etw** *akk*] **aufstellen** POL to nominate sb [for sth], to put sb forward as a candidate
❷ SCH (*Student*) candidate

Kandidatenliste *f* list of candidates

Kandidatur <-, -en> *f* application; **seine** ~ **anmelden/zurückziehen** to forward/withdraw one's application

kandidieren* *vi* POL ■[**für etw** *akk*] ~ to stand [*or* run] [for sth]

kandieren *vt* KOCHK ■**etw** ~ to glace [*or* candy] sth; **Obst** ~ to crystallize fruit

kandiert *adj* candied; *Kirschen* glacé

Kandis <-> *m,* **Kandiszucker** *m kein pl* rock candy *no pl*

Känguru[RR] <-s, -s> *nt,* **Känguruh** <-s, -s> *nt* kangaroo

Kaninchen <-s, -> *nt* rabbit

Kaninchenbau <-baue> *m* burrow **Kaninchenstall** *m* rabbit hutch

Kanister <-s, -> *m* ❶ (*Behälter*) canister, can
❷ AUTO (*Reservekanister*) canister

kann *3. pers. sing von* **können**

Kannbestimmung *f* JUR permissive [*or* optional] provision

Kännchen <-s, -> *nt dim von* **Kanne** ❶ (*kleine Kanne*) jug
❷ (*im Café*) pot; **ein** ~ **Kaffee** a pot of coffee

Kanne <-, -n> *f* ❶ (*Behälter mit Tülle*) pot
❷ HORT (*Gießkanne*) watering can
▶ WENDUNGEN: **volle** ~ **gegen etw** *akk* **fahren** (*fam*) to crash into sth; **die** ~ **vollhaben** (*fam*) to be plastered *fam*

kannelieren *vt* KOCHK **Gemüse** ~ *to peel vegetables decoratively using a canelle knife*

Kanneliermesser *nt* canelle knife

Kannibale <-n, -n> *m* cannibal

Kannibalismus <-> *m kein pl* cannibalism *no pl*

Kannkaufmann, -kauffrau *m, f* HANDEL optionally registrable trader

kannte *imp von* **kennen**

Kann-Vorschrift *f* JUR discretionary clause, permissive provision

Kanon <-s, -s> *m* canon

Kanonade <-, -n> *f* ❶ HIST (*Beschuss durch Kanonen*) barrage
❷ (*Flut*) tirade; **eine** [**wahre**] ~ **von etw** *dat* a [real] tirade of sth

Kanone <-, -n> *f* ❶ HIST (*Geschütz*) cannon; ~**n auffahren** HIST to bring up the big guns
❷ (*sl: Pistole*) rod *sl*
▶ WENDUNGEN: **mit** ~**n auf Spatzen schießen** (*fam*) to take a sledgehammer to crack a nut; **unter aller** ~ **sein** (*fam*) to be lousy [*or* dreadful]

Kanonenboot *nt* gunboat

Kanonenbootpolitik *f kein pl* gunboat diplomacy **Kanonendonner** *m* rumbling of guns **Kanonenfutter** *nt* (*sl*) cannon fodder **Kanonenkugel** *f* HIST cannonball **Kanonenofen** *m* cylindrical iron stove **Kanonenrohr** *nt* HIST gun barrel ▶ WENDUNGEN: [**ach du**] **heiliges** ~! (*veraltend fam*) good grief! *fam* **Kanonenschuss**[RR] *m* cannon shot

Kanonier <-s, -e> *m* MIL artilleryman, gunner

Kanoniker <-s, -> *m,* **Kanonikus** <-, Kanoniker> *m* REL canon

Kanonisation <-, -en> *f* REL canonization

kanonisch *adj* REL canonical; ~**es Recht** canon law

kanonisieren* *vt* REL ■**jdn** ~ to canonize sb

Kanossa <-s> *nt* (*geh*) **nach** ~ **gehen** to eat humble pie *fam*

Kanossagang <-gänge> *m,* **Canossagang** <-gänge> *m* (*geh*) humble pie; **einen** ~ **antreten** to eat humble pie

Kantabrer(in) <-s, -> *m(f)* Cantabrian

Kantabrien <-s> *nt* Cantabria

kantabrisch *adj inv* Cantabrian

Kantate <-, -n> *f* MUS cantata

Kante <-, -n> *f* ❶ (*Rand*) edge
❷ MODE (*Rand*) border
▶ WENDUNGEN: **etw auf der hohen** ~ **haben** (*fam*) to have sth put away; **etw** [**für etw** *akk*] **auf die hohe** ~ **legen** (*fam*) to put sth away [for a rainy day]

kanten *vt* ■**etw** ~ ❶ *Schrank, Kiste* to tilt sth
❷ SKI to edge sth

Kanten <-s, -> *m* NORDD crust

Kantenanleimmaschine *f* TYPO edge-gluing machine **Kantenbeleimung** *f* TYPO edge gluing **Kantenbeschnitt** *m* TYPO edge slitting [*or* trimmimg] **Kantenschutzleiste** *f* BAU edge strip

Kanthaken *m* ▶ WENDUNGEN: **jdn beim** ~ **nehmen** [*o* **kriegen**] (*veraltend fam*) to haul sb over the coals *fam* **Kantholz** *nt* squared timber

kantig *adj* ❶ (*Kanten besitzend*) squared
❷ (*markant*) angular

Kantine <-, -n> *f* canteen

Kanton <-s, -e> *m* ADMIN canton

kantonal *adj* cantonal

Kantonist <-en, -en> *m* ▶ WENDUNGEN: **ein unsicherer ~ sein** to be unreliable
Kantor, Kantorin <-s, -toren> *m, f* ❶ (*Organist*) choirmaster
❷ REL (*Vorsänger*) cantor
Kantorei <-, -en> *f* [church] choir
Kantorin <-, -nen> *f fem form von* **Kantor**
Kanu <-s, -s> *nt* canoe
Kanüle <-, -n> *f* cannula
Kanusport *m kein pl* canoeing *no art, no pl*
Kanute, Kanutin <-n, -n> *m, f* SPORT canoeist
Kanzel <-, -n> *f* ❶ REL pulpit
❷ LUFT (*veraltend: Cockpit*) cockpit
kanzerogen *adj* carcinogenic
Kanzlei <-, -en> *f* ❶ (*Büro*) office
❷ HIST (*Behörde*) chancellery
❸ (*Gebäude*) chancellery; **~ des Gerichtshofes** court office
Kanzleibeamte(r) *f(m) dekl wie adj* clerical worker, clerk
Kanzler(in) <-s, -> *m(f)* ❶ POL (*Regierungschef*) chancellor; **der Eiserne ~** the Iron Chancellor
❷ POL (*Verwaltungschef einer Auslandsvertretung*) chief secretary
❸ SCH (*Verwaltungschef*) vice-chancellor
Kanzleramt *nt* POL Chancellory
Kanzleramtsminister(in) *m(f)* chancellory minister
Kanzlerbonus *m advantage of being the incumbent chancellor during elections*
Kanzlerin <-, -nen> *f fem form von* **Kanzler**
Kanzlerkandidat(in) *m(f)* POL candidate for the position of chancellor
Kanzlerkandidatur *f* candidacy for the chancellorship
Kaolin <-s, -e> *m o nt* kaolin *no pl*
Kap. *nt Abk von* **Kapitel** cap.
Kap <-s, -s> *nt* (*Landspitze*) cape; **~ der Guten Hoffnung** Cape of Good Hope; **~ Hoorn** Cape Horn
Kapaun <-s, -e> *m* ZOOL, KOCHK capon
Kapazität <-, -en> *f* ❶ *kein pl* (*Fassungsvermögen*) capacity
❷ *kein pl* ÖKON (*Produktionsvermögen*) [production] capacity; **freie ~** spare [*or* surplus] capacity
❸ ÖKON (*Produktionsanlagen*) capacity
❹ INFORM capacity
❺ *kein pl* (*geh: Begriffsvermögen*) mental capacity
❻ (*kompetente Person*) expert
Kapazitätsabbau *m* reduction in capacity **Kapazitätsausbau** *m* capacity building
Kapazitätsauslastung *f kein pl* ÖKON capacity utilization; **volle ~** full utilization of capacity
Kapazitätsauslastungsgrad *m* capacity utilization level [*or* ratio] [*or* rate] **Kapazitätsengpass**[RR] *m* ÖKON capacity bottleneck [*or* constraint] **Kapazitätserweiterung** *f*, **Kapazitätssteigerung** *f* ÖKON increase in capacity **Kapazitätsgrenze** *f* capacity barrier **kapazitätsorientiert** *adj inv Arbeitszeit* capacity-orientated [*or* AM -oriented] **Kapazitätsüberhang** *m* ÖKON surplus capacity
kapazitiv *adj inv* ELEK capacitive
Kapee schwer von **~ sein** (*fam*) to be slow on the uptake *fam*
Kapelle[1] <-, -n> *f* chapel
Kapelle[2] <-, -n> *f* MUS band, orchestra
Kapellmeister(in) *m(f)* MUS ❶ (*Orchesterdirigent*) conductor
❷ (*Leiter einer Kapelle*) director of music; (*Tanzkapelle*) band leader
Kaper <-, -n> *f* caper
kapern *vt* ❶ (*fam: sich angeln*) ■**[sich** *dat*] **jdn ~** to hook [oneself] sb
❷ HIST ■**etw ~** to capture [*or* seize] sth
Kaperschiff *nt* HIST privateer
kapieren* I. *vi* (*fam*) to get *fam*; ■**~, dass/was/wie/wo ...** to understand that/what/how/where ...; **kapiert?** understood?, got it?
II. *vt* (*fam: begreifen*) ■**etw ~** to get [*or* understand] sth
Kapillargefäß *nt* ANAT capillary

kapital *adj* ❶ JAGD (*gewaltig*) royal
❷ (*veraltend: groß*) major; **ein ~er Irrtum** a real howler; **ein ~er Spaß** great fun; *s. a.* **Bock**
Kapital <-s, -e *o* -ien> [-liən] *nt* ❶ *kein pl* FIN (*Geldvermögen*) capital [stock], assets *pl*; **amortisiertes/festliegendes/flüssiges ~** redeemed/fixed/liquid capital; **Gewinn bringendes ~** productive capital; **kündbares/gesetzlich vorgeschriebenes ~** withdrawable/statutory capital; **totes ~** dead assets, unproductive capital; **~ abschöpfen** to absorb capital; **~ abschreiben** to write off capital; **~ anlegen/binden** to invest/tie up capital; **~ aufnehmen** to take up credit; **~ auflösen** to unlock capital; **~ freisetzen/umschichten** to free [up]/to regroup capital; **~ aus etw** *dat* **schlagen** (*pej*) to cash in on sth
❷ ÖKON (*Gesellschaftskapital*) capital
Kapitalabfindung *f* JUR lump-sum compensation **Kapitalabfluss**[RR] *m* capital outflow **Kapitalabwanderung** *f kein pl* ÖKON exodus of capital **Kapitalakkumulation** *f* FIN accumulation of capital **Kapitalanlage** *f* FIN capital investment; **außerbetriebliche ~** outside investment; **festverzinsliche/sichere ~** fixed-interest/safe investment **Kapitalanlagebetrug** *m* JUR investment fraud **Kapitalanlagegesellschaft** *f* FIN investment trust company **Kapitalanlagegesellschaft** *f* HANDEL investment trust **Kapitalanlagegüter** *pl* FIN capital assets **Kapitalanleger(in)** *m(f)* FIN investor **Kapitalanteil** *m* FIN capital share [*or* interest] **Kapitalaufstockung** *f* increase in share capital **Kapitalaufwand** *m* FIN capital expenditure **Kapitalausstattung** *f* FIN (*Kapitalisierung*) capitalization; (*Bucheintrag*) capital equipment *no pl* **Kapitalband** *nt* TYPO head band **Kapitalbasis** *f* capital base **Kapitalbedarf** *m* FIN capital requirements *pl* **Kapitalberichtigungsaktie** *f* BÖRSE bonus share
Kapitalbeschaffung *f kein pl* FIN raising of capital **Kapitalbeschaffungskosten** *pl* FIN capital procurement costs **Kapitalbeschaffungsmarkt** *m* FIN capital procurement market **Kapitalbeschaffungsmaßnahme** *f* FIN cash-raising [*or* fund-raising] exercise
Kapitalbeteiligungsgesellschaft *f* HANDEL capital investment company **Kapitalbilanz** *f* FIN capital account balance of payments, balance sheet of capital transactions **Kapitalbildung** *f* FIN capital formation, building up capital
Kapitälchen *pl* TYPO small caps *pl*
Kapitaldecke *f* capital resources *pl* **Kapitaldividende** *f* FIN capital dividend **Kapitaleinkommen** *nt*, **Kapitaleinkünfte** *pl* FIN capital [*or* investment] income **Kapitaleinkommensquote** *f* FIN investment income ratio **Kapitaleinkommensteuer** *f* FIN tax on unearned income **Kapitaleinkünfte** *pl* FIN investment income *no pl* **Kapitaleinlagen** *pl* FIN contribution *no pl* of capital **Kapitalentnahme** *f* FIN withdrawal of capital **Kapitalentnahmeanspruch** *m* FIN claim to withdraw capital **Kapitalerhöhung** *f* FIN capital increase, increase in share capital
Kapitalertrag *m* FIN yield [*or* return] on capital **Kapitalertragsbilanz** *f* FIN net investment income **Kapitalertrag(s)steuer** *f* capital gains tax
Kapitalexport *m* export of capital **Kapitalflucht** *f* flight of capital **Kapitalfluss**[RR] *m* FIN flow of capital **Kapitalflussrechnung**[RR] *f* FIN cashflow statement, where-got-where-gone statement *fam* **Kapitalgesellschaft** *f* joint-stock company **Kapitalgewinn** *m* FIN capital profit; (*von Geldanlage*) investment profit **Kapitalgüter** *pl* FIN capital goods **Kapitalherabsetzung** *f* FIN capital reduction **Kapitalintensität** *f* FIN capital intensity
kapitalisieren* *vt* FIN ■**etw ~** to capitalize sth, to make capital out of sth; **Profit ~** to realize profits
Kapitalismus <-> *m kein pl* capitalism
Kapitalist(in) <-en, -en> *m(f)* capitalist
kapitalistisch *adj* capitalist
Kapitalknappheit *f* FIN shortage of capital **Kapitalkonto** *nt* FIN capital account **kapitalkräftig** *adj* financially strong **Kapitallebensversicherung** *f* FIN capital-sum life insurance **Kapitalmangel** *m* lack of capital, capital shortage
Kapitalmarkt *m* money market; **freier ~** open market **Kapitalmarktausschuss**[RR] *m* FIN capital market subcommittee **Kapitalmarktgesetzgebung** *f* JUR, FIN capital market legislation **Kapitalmarktrecht** *nt* JUR capital market law **Kapitalmarktzinsen** *pl* FIN capital market interest rates
Kapitalmehrheit *f kein pl* FIN equity majority, majority shareholding; **die ~ eines Unternehmens erwerben** to acquire a controlling interest in a company **Kapitalnachfrage** *f* FIN demand for capital **Kapitalneubildung** *f* FIN new capital formation **Kapitalneufestsetzung** *f* FIN capital readjustment **Kapitalrendite** *f* FIN return on investment, RoI **Kapitalreserve** *f* capital reserve [*or* surplus] **Kapitalrücklage** *f* FIN share premium account, capital reserves *pl* **Kapitalrückzahlung** *f* FIN repayment of capital [*or* principal] **Kapitalsammelstelle** *f* FIN institutional investor **Kapitalschnitt** *m* FIN capital writedown **Kapitalschrift** *f* capitals *pl*; **römische ~** roman capitals *pl* **Kapitalschutzabkommen** *nt*, **Kapitalschutzvertrag** *m* JUR, FIN capital protection agreement **Kapitalstärke** *f kein pl* FIN financial strength **Kapitalsteuer** *f* FIN capital tax **Kapitalstock** *m* FIN capital stock, stock of capital **Kapitaltransfer** *m* FIN capital transfer **Kapitalumsatz** *m* FIN capital turnover **Kapitalumschichtung** *f* FIN switching of capital **Kapitalumverteilung** *f* FIN capital reconstruction
Kapitalverbrechen *nt* JUR capital offence
Kapitalverkehr *m kein pl* FIN capital transactions, movements of capital, capital movement; **freier/grenzüberschreitender ~** free movement of capital/cross-frontier capital movements; **~ mit Drittstaaten** capital transfers to and from third countries **Kapitalverkehrsfreiheit** *f kein pl* FIN free movement of capital **Kapitalverkehrssteuer** *f* FIN capital transfer [*or* transaction] tax **Kapitalverlust** *m* FIN capital loss **Kapitalverminderung** *f* FIN capital reduction **Kapitalvermittler(in)** *m(f)* FIN provider of capital **Kapitalwert** *m* FIN capitalized value **Kapitalzinsen** *pl* FIN costs of capital **Kapitalzusammenlegung** *f* FIN (*Fusion*) capital merger **Kapitalzuwachs** *m* FIN capital growth
Kapitän(in) <-s, -e> *m(f)* captain; **~ zur See** MIL captain
Kapitänleutnant *m* MIL lieutenant-commander
Kapitänspatent *nt* master's certificate
Kapitel <-s, -> *nt* ❶ (*Abschnitt*) chapter
❷ (*Angelegenheit*) chapter of events, story; **ein anderes ~ sein** to be another story; **ein ~ für sich sein** to be a story in itself; ***dieses ~ wäre nun erledigt*** that's the end of that then
❸ REL (*Domkapitel*) chapter
Kapitell <-s, -e> *nt* ARCHIT capital
Kapitelüberschrift *f* chapter heading [*or* title]
Kapitulation <-, -en> *f* ❶ MIL (*das Kapitulieren*) capitulation, surrender; **bedingungslose ~** unconditional surrender
❷ (*Resignation*) ■**eine ~ vor jdm/etw** capitulating to sb/sth
kapitulieren* *vi* ❶ MIL (*sich ergeben*) ■**[vor jdm/etw] ~** to capitulate [*or* surrender] [to sb/sth]
❷ (*fam: aufgeben*) ■**[vor etw** *dat*] **~** to give up [in the face of sth]; **vor Terroristen/jds Forderungen ~** to give in to terrorists/sb's demands
Kaplan <-s, Kapläne> *m* REL chaplain
Kapo <-s, -s> *m* ❶ MIL (*sl: Unteroffizier*) sarge *sl*
❷ (*beaufsichtigender Häftling*) overseer, gaffer *sl*
Kapok <-s> *m kein pl* (*Pflanzenfaser*) kapok *no pl*
Kaposi-Sarkom <-s, -e> *nt* MED Kaposi's sarcoma
Käppchen <-s, -> *nt dim von* **Kappe** skullcap
Kappe <-, -n> *f* ❶ (*Mütze*) cap
❷ (*Verschluss*) top; *eines Autoreifens* hubcap
❸ (*Schuhaufsatz: vorne*) toecap; (*hinten*) heel
▶ WENDUNGEN: **auf jds ~ gehen** (*fam*) to be sb's

K

responsibility; (*die Bezahlung übernehmen*) to be on sb *fam*; ***das Essen geht auf meine ~!*** the meal's on me!; **etw [jdm gegenüber] auf seine ~ nehmen** (*fam*) to take responsibility [*or* the blame] for sth

kappen *vt* ❶ (*durchtrennen*) ■**etw ~** to cut sth; **jdm das Telefon ~** to cut sb's phone off
❷ (*fam: beschneiden*) ■**[jdm] etw [um etw** *akk*] ~ to cut back [sb's] sth [by sth]; ***dem Unternehmen wurden vom Ministerium die Zuschüsse gekappt*** the ministry cut back the company's subsidies

Kappes <-> *m kein pl* DIAL ❶ (*Weißkohl*) cabbage
❷ (*sl: Unsinn*) rubbish BRIT, nonsense AM

Kapphahn *m* ZOOL, KOCHK *s.* **Kapaun**

Käppi <-s, -s> *nt* cap

Kappnaht *f* flat-fell seam

Kapriole <-, -n> *f* ❶ (*ausgelassener Streich*) capriole, caper
❷ (*Luftsprung*) caper

kapriziös *adj* (*geh*) capricious

Kapsel <-, -n> *f* ❶ PHARM, BOT, RAUM capsule
❷ (*kleiner Behälter*) small container

Kapstachelbeere *f* physalis

Kapstadt <-s> *nt* Cape Town

kaputt *adj* (*fam*) ❶ (*defekt*) broken
❷ (*beschädigt*) damaged; (*Kleidung: zerrissen*) torn; ■**~ sein** to be damaged, to have had it *fam*
❸ (*erschöpft*) shattered, knackered *sl*; **total ~ sein** to be completely shattered [*or* knackered] *sl*
❹ (*ruiniert*) ruined, in ruins; *s. a.* **Typ**
❺ MED (*schwer geschädigt*) damaged; (*verletzt*) injured; (*gebrochen*) broken

kaputt|fahren *vt irreg* (*fam*) ■**[jdm] etw ~** to smash [into] [sb's] sth *fam*; **ein Auto ~** to write off a car **kaputt|gehen** *vi irreg sein* (*fam*) ❶ (*defekt werden*) ■**[von etw** *dat*] ~ to break down [as a result of sth]; ***pass' auf! das geht [davon] kaputt!*** careful! it'll break! ❷ (*beschädigt werden*) to become damaged ❸ (*ruiniert werden*) ■**[an etw** *dat*] ~ to be ruined [*or* go bust] [because of sth]; (*Ehe, Partnerschaft*) to break up [because of sth] ❹ (*eingehen: Blume, Pflanze*) ■**[jdm] [an etw** *dat*] ~ to die [off] [as a result of sth] ❺ (*sl: sich erschöpfen*) ■**[bei etw** *dat*] ~ to be worn out [from sth]; ***bei dieser Schufterei geht man ja kaputt!*** this work does you in! **kaputt|kriegen** *vt* (*fam: ruinieren können*) ■**etw ~** (*Spielzeug, Gerät*) to break sth; (*Kleidungsstück, Möbelstück*) to ruin sth; (*Geschirr*) to smash sth; **nicht kaputtzukriegen sein** to last forever **kaputt|lachen** *vr* (*fam*) ■**sich** *akk* ~ to die laughing *fam*; **du lachst dich kaputt!** what a laugh! **kaputt|machen I.** *vt* (*fam*) ❶ (*zerstören*) ■**[jdm] etw ~** (*Gerät, Auto*) to break [sb's] sth; (*Kleidungsstück, Möbelstück*) to ruin [sb's] sth; (*Geschirr*) to smash [sb's] sth ❷ (*ruinieren*) ■**etw/jdn ~** to ruin sth/sb ❸ (*erschöpfen*) ■**jdn ~** to wear sb out **II.** *vr* (*fam: sich verschleißen*) ■**sich** *akk* **[mit etw** *dat*] ~ to wear oneself out [*or sl* knacker oneself] [with sth], to slog oneself into the ground *fam* **kaputt|schlagen** *vt irreg* (*fam*) ■**[jdm] etw ~** to smash [sb's] sth

Kapuze <-, -n> *f* hood; (*Kutte*) cowl

Kapuzenbadetuch *nt* cuddle and dry robe

Kapuzenmütze *f* Balaclava

Kapuziner <-s, -> *m* ❶ REL (*Mönch*) Capucin [monk]
❷ ÖSTERR (*Milchkaffee*) milk coffee

Kapuzineraffe *m* ZOOL capuchin **Kapuzinerkresse** *f* BOT, KOCHK nasturtium

Kap Verde <-s> *nt*, **Kapverden** *pl* BRD, SCHWEIZ (*fam*) Cape Verde [Islands]; *s. a.* **Falklandinseln, Sylt**

Kapverdier(in) <-s, -> *m(f)* Cape Verdean; *s. a.* **Deutsche(r)**

kapverdisch *adj* Cape Verdean; *s. a.* **deutsch**

Kapverdische Inseln *pl s.* **Kap Verde**

Kar <-[e]s, -e> *nt* (*Mulde zwischen Bergen im Gebirge*) col

Karabiner <-s, -> *m* ❶ (*Gewehr*) carbine
❷ ÖSTERR (*~haken*) karabiner, snap link

Karabinerhaken *m* (*beim Bergsteigen*) karabiner, snaplink, krab

Karacho <-s> *nt kein pl* **mit ~** (*fam*) full tilt; ***sie fuhr mit ~ gegen die Hauswand*** she drove smack into the wall

Karaffe <-, -n> *f* decanter, carafe

Karambolage <-, -n> [karambo'la:ʒə] *f* AUTO (*fam*) pile-up *fam*

Karambole <-, -n> *f* BOT, KOCHK star fruit, carambola

karambolieren* *vi sein o haben* ■**mit etw ~** to crash into sth, to collide with sth; (*beim Billard*) to cannon [*or* AM carom] sth

karamel *adj*, **karamell**RR *adj inv, pred* caramel

Karamel, KaramellRR <-s> *m kein pl* caramel

Karamelle <-, -n> *f* caramel toffee

Karaoke <-[s]> *nt kein pl* MUS karaoke *no pl*

Karasee *f* Kara Sea

Karat <-[e]s, -e *o* -> *nt* carat

Karate <-[s]> *nt kein pl* SPORT karate *no pl*

Karausche <-, -n> *f* ZOOL, KOCHK crucian carp

Karavelle <-, -n> *f* HIST, NAUT caravel

Karawane <-, -n> *f* caravan

Karawanserei <-, -en> *f* caravanserai, caravansary

Karbid <-[e]s, -e> *nt* CHEM ❶ *kein pl* (*stechend riechende Masse*) carbide *no pl*
❷ (*Kohlenstoffverbindung*) carbide

Karbidlampe *f* carbide lamp

Karbol <-s> *nt kein pl* carbolic acid *no pl*

Karbon <-s> *nt kein pl* GEOL [the] Carboniferous *no pl*

Karbonat <-[e]s, -e> *nt* carbonate

Karbunkel <-s, -> *m* MED carbuncle

Kardamom <-s> *m o nt kein pl* cardamon *no pl*

Kardangelenk *nt* TECH universal joint **Kardantunnel** *m* TECH transmission tunnel **Kardanwelle** *f* TECH propeller shaft; (*sonstige Welle*) cardan shaft

Kardinal <-s, Kardinäle> *m* REL, ORN cardinal

Kardinalfehler *m* cardinal error **Kardinalfrage** *f* (*geh*) essential question **Kardinaltugend** *f* REL, PHILOS cardinal virtue **Kardinalzahl** *f* cardinal number

Kardiogramm <-gramme> *nt* cardiogram

Kardiologe, Kardiologin <-n, -n> *m, f* MED cardiologist

Kardiologie <-> *f kein pl* ❶ (*Wissenschaft*) cardiology *no pl*
❷ (*sl: Station*) cardiology [ward]

Kardiologin <-, -nen> *f* MED *fem form von* **Kardiologe**

kardiovaskulär *adj inv* MED cardiovascular

Kardone <-, -n> *f* ZOOL, KOCHK cardoon

Karenzentschädigung *f* JUR waiting allowance **Karenztag** *m* day of unpaid sick leave **Karenzzeit** *f* ❶ (*Wartezeit*) waiting period ❷ ÖSTERR (*Mutterschaftsurlaub*) maternity leave

Karfiol <-s> *m kein pl* SÜDD, ÖSTERR (*Blumenkohl*) cauliflower

Karfreitag *m* Good Friday

Karfunkel <-s, -> *m*, **Karfunkelstein** *m* LIT carbuncle

karg I. *adj* ❶ (*unfruchtbar*) barren
❷ (*dürftig*) sparse; (*Einkommen, Mahl*) meagre [*or* AM -er]
❸ (*geh: geizig*) sparing, stingy *fam*, tight-fisted; ■**~ mit etw** *dat* **sein** to be sparing with [*or* in] sth; ***er ist ~ mit seinem Lob*** he is sparing in his praise
II. *adv* ❶ (*dürftig*) sparsely
❷ (*knapp*) **~ bemessen** stingy with sth; ***die Portionen sind ~ bemessen*** they're stingy with the helpings

kargen *vi haben* (*geh*) to be sparing; **mit Geld ~** to be stingy; **mit Worten ~** (*generell*) to be of few words; (*in best. Situation*) to be curt; **mit Lob ~** to be grudging of praise

Kargheit <-> *f kein pl* ❶ (*Unfruchtbarkeit*) barrenness *no pl*
❷ (*Dürftigkeit*) sparseness *no pl; Essen, Mahl* meagreness [*or* AM -erness] *no pl*

kärglich *adj* ❶ (*ärmlich*) shabby, meagre [*or* AM -er]; **~e Kleidung** cheap clothing; **ein ~es Leben führen** to live a life of poverty
❷ (*sehr dürftig*) meagre [*or* AM -er], sparse; **~e Mahlzeit** frugal meal; **der ~e Rest** the last [pathetic] scrap; **ein ~er Lohn** pittance

Kargo <-s, -s> *m* NAUT cargo, ocean freight

Kargoversicherung *f* NAUT cargo insurance

Karibik <-> *f* ■**die ~** the Caribbean

karibisch *adj inv* Caribbean; **das Karibische Meer** the Caribbean Sea; **die Karibischen Inseln** the Caribbean Islands

Karibische Inseln *pl* ■**die ~n ~** the Caribbean Islands

Karibisches Meer *nt* Caribbean Sea

Karibu <-s, -s> *nt* ZOOL caribou

kariert I. *adj* ❶ (*mit Karos gemustert*) checked
❷ (*quadratisch eingeteilt*) squared
II. *adv* (*veraltend fam*) **~ reden** to talk rubbish [*or* AM nonsense]; **~ gucken** to look puzzled

Karies <-> [-riə:s] *f kein pl* tooth decay *no pl*, caries *no pl spec*

kariesfördernd *adj* causing tooth decay, cavity-producing

Karikatur <-, -en> *f* (*a. pej*) caricature; ■**eine ~ einer S.** *gen* a caricature of sth

Karikaturist(in) <-en, -en> *m(f)* cartoonist

karikieren* *vt* ■**jdn/etw ~** to caricature sb/sth

kariös *adj* MED decayed, carious *spec*

karitativ I. *adj* charitable
II. *adv* charitably

Karkasse <-, -n> *f* AUTO casing

Karl <-s> *m* Charles; **~ der Große** Charlemagne

Karma <-s> *nt kein pl* REL karma

Karmeliter(in) <-s, -> *m(f)* REL Carmelite

Karmesin <-s> *nt kein pl* crimson

karmesinrot, karminrot *adj* crimson

Karneval <-s, -e *o* -s> [-val] *m* carnival

Karnevalskostüm *nt* carnival costume **Karnevalssitzung** *f* carnival session **Karnevalsverein** *m* carnival society **Karnevalszeit** *f* carnival period **Karnevalszug** *m* carnival procession

Karnickel <-s, -> *nt* (*fam*) bunny [rabbit]; **sich** *akk* **wie die ~ vermehren** (*pej fam*) to breed like rabbits

Kärnten <-s> *nt* Carinthia

Karo <-s, -s> *nt* ❶ (*Raute*) check
❷ *kein pl* KARTEN (*Spielfarbe*) diamonds *pl*

Karoas <-ses, -se>, **Karoass**RR <-es, -e> *nt* KARTEN ace of diamonds

Karolinger(in) <-s, -> *m(f)* HIST Carolingian

karolingisch *adj* HIST Carolingian

Karomuster *nt* checked pattern

Karoschi <-[s], -[s]> *m* MED *Japanese word for death through overwork*

Karosse <-, -n> *f* ❶ (*Prunkkutsche*) state coach
❷ (*veraltend fam: große Limousine*) limo *fam*
❸ *s.* **Karosserie**

Karosserie <-, -n> [*pl* -'ri:ən] *f* AUTO bodywork

Karosseriebauer(in) *m(f)*, **Karossier(in)** <-s, -> *m(f)* body maker, BRIT *a.* coachbuilder **Karosseriebetrieb** *m* coachworks *pl*, coach bodybuilder **Karosserieblech** *nt* AUTO body panel **Karosseriewerkstatt** *f* AUTO body repair shop

Karotin <-s, -e> *nt* carotene, carotin

Karotte <-, -n> *f* carrot

Karpaten *pl* ■**die ~** the Carpathian Mountains *pl*

Karpfen <-s, -> *m* ZOOL, KOCHK carp

Karpfenmilch *f* KOCHK soft roe of carp **Karpfenteich** *m* carp pond; *s. a.* **Hecht Karpfenzucht** *f* (*Farm*) carp farm; (*Züchten*) carp raising

Karre <-, -n> *f* ❶ (*fam: Auto*) old banger [*or* AM clunker] *fam*
❷ *s.* **Karren**

Karree <-s, -s> *nt* ❶ (*Geviert*) square; **im ~** in a square
❷ (*Häuserblock*) block; **ums ~** (*fam*) around the block
❸ ÖSTERR (*Rippenstück*) loin

karren *vt* ❶ (*fam: fahren*) to cart, to drive; ■**jdn irgendwohin ~** to cart [*or* drive] sb somewhere
❷ (*mit der Schubkarre bringen*) ■**etw irgendwo-**

hin ~ to cart sth somewhere

Karren <-s, -> *m* ❶ (*Schubkarre*) wheelbarrow ❷ (*offener Pferdewagen*) cart
► WENDUNGEN: **den ~ in den Dreck fahren** (*pej fam*) to mess things up; **der ~ steckt im Dreck** (*pej fam*) things are in a real mess; **den ~ [für jdn] aus dem Dreck ziehen** (*fam*) to get [sb] out of a mess; **der ~ ist total verfahren** (*fam*) things are in a real mess; **jdm an den ~ fahren** *fam* [*o sl* **pinkeln**] [*o derb* **pissen**] to come down hard on sb; **den ~ [einfach] laufen lassen** (*fam*) to let things slide *fam;* **jdn vor seinen ~ spannen** to use sb for one's own purposes; **sich** *akk* **nicht vor jds ~ spannen lassen** to not allow onself to be used by sb

Karriere <-, -n> *f* career; **~ machen** to make a career [for oneself]

karrierebewusstRR *adj* career-minded [*or* -oriented] **Karrierefrau** *f* career woman **Karriereknick** *m* setback in one's career **Karrieremacher(in)** *m(f),* **Karrierist(in)** <-en, -en> *m(f)* (*pej*) careerist

Karsamstag *m* Easter Saturday

Karst <-[e]s, -e> *m* GEOL karst

Karstboden *m* karst terrain

karstig *adj* karstic

Karstlandschaft *f* karst landscape [*or* countryside]

Kartäuserkatze *f* ZOOL *stocky breed of short-haired, blue-grey cat*

Karte <-, -n> *f* ❶ (*Ansichts~*) [post]card; (*Eintritts~*) ticket; (*Fahr~*) ticket; (*Kartei~*) index card; (*Telefon~*) phonecard; (*Visiten~*) [business] card; INFORM (*Grafik~, Sound~*) card; **die gelbe/rote ~** FBALL the yellow/red card; **die grüne ~** AUTO international car insurance card; **statt ~n** *announcement in the press instead of sending out individual announcements* ❷ (*Auto-/Landkarte*) map; **nach der ~** according to the map; NAUT (*Seekarte*) chart; HIST (*Geschichtskarte*) historical map ❸ (*Speisekarte*) menu ❹ (*Spielkarte*) card; **~n spielen** to play cards; **eine ~ aufspielen** [*o* **ausspielen**] to play a card; **die ~n mischen** to shuffle the cards; **jdm die ~n legen** to tell sb's fortune from the cards
► WENDUNGEN: **auf die falsche ~ setzen** to back the wrong horse; **auf die richtige ~ setzen** to back the winner, to back the right horse; **gute/schlechte ~n haben** (*bei etw*) to have a good/bad chance of winning, to have good/bad prospects; (*bei jdm*) to be in sb's good/bad books; **mit offenen ~n spielen** to play with one's cards on the table; **mit verdeckten ~n spielen** to play with one's cards close to one's chest; **seine ~n aufdecken** to show one's cards; **jdm in die ~n sehen** [*o* **schauen**] (*fam*) to look at sb's cards; **sich** *dat* **nicht in die ~n sehen** [*o* **schauen**] **lassen** (*fam*) to play with one's cards close to one's chest; **alles auf eine ~ setzen** to stake everything on one chance [*or* card]

Kartei <-, -en> *f* card index; **eine ~ [über jdn/etw] führen** to maintain a card index [on sb/sth]; **eine ~ [zu etw** *dat*] **anlegen** to start an index card [on sth]

Karteikarte *f* index card **Karteikasten** *m* card index box **Karteileiche** *f* (*hum*) inactive member **Karteischrank** *m* filing cabinet

Kartell <-s, -e> *nt* ÖKON cartel; **ein ~ bilden** to form a cartel

Kartellabkommen *nt* ÖKON restrictive trading agreement BRIT, pooling agreement in restraint of trade AM **Kartellabsprache** *f* ÖKON cartel agreement **kartellähnlich** *adj* ÖKON cartel-like *attr,* cartel-type *attr* **Kartellamt** *nt* monopolies [*or* AM antitrust] commission **Kartellaufsicht** *f* JUR cartel-supervising authority **Kartellbehörde** *f* JUR cartel authority, ≈ Monopolies and Mergers Commission BRIT, Antitrust Division AM **Kartellbeschluss**RR *f* JUR cartel decision **Kartellbildung** *f* ÖKON cartelization, formation of a cartel **Kartellbußen** *pl* FIN cartel fines **Kartellentflechtung** *f* ÖKON decartelization **Kartellerlaubnis** *f* ÖKON cartel licence [*or* AM -se] **kartellfeindlich** *adj* ÖKON antitrust **Kartellgericht** *nt* JUR cartel court, BRIT Restrictive Practices Court **Kartellgerichtsbarkeit** *f* JUR cartel judicature **Kartellgesetz** *nt* JUR monopolies [*or* AM antitrust] law, BRIT Restrictive Trade Practices Act, AM Sherman Act **Kartellgesetzgebung** *f* JUR antitrust legislation

kartellieren *vt* ÖKON ■**etw ~** to cartelize sth, to pool sth

Kartellkammer *f* ÖKON cartel division **Kartellklage** *f* JUR antitrust action, BRIT monopoly charge, AM antitrust suit **Kartellkodex** *m* ÖKON cartel code **Kartellmitglied** *nt* ÖKON member of a cartel **Kartellorganisation** *f* ÖKON trading combine **Kartellpflichten** *pl* ÖKON cartel obligation **Kartellpolizei** *f* ÖKON cartel inspectorate **Kartellprivatrecht** *nt* JUR private cartel law **Kartellrecht** *nt* JUR cartel [*or* AM antitrust] law; **~ der EU** Common Market antitrust law **kartellrechtlich** *adj inv* JUR according to cartel law **Kartellregister** *nt* ÖKON register of cartels **Kartellrente** *f* FIN cartel yield **Kartellsenat** *m* ÖKON cartel division **Kartellsurrogat** *nt* ÖKON cartel substitute **Kartellverbot** *nt* JUR prohibition of cartels, cartel ban **Kartellverfahren** *nt* JUR antitrust proceedings *pl* **Kartellverfahrensrecht** *nt* JUR cartel procedure law **Kartellverordnung** *f* JUR cartel ordinance [*or* decree] **Kartellvertrag** *m* ÖKON cartel [*or* pooling] agreement **Kartellvertragsrecht** *nt* JUR law of cartel contracts **Kartellvertreter(in)** *m(f)* ÖKON cartel representative **Kartellzwang** *m* ÖKON enforcement of the cartel agreement

Kartenbesitzer(in) *m(f)* card holder **Kartenhaus** *nt* ❶ (*Figur aus Spielkarten*) house of cards; **wie ein ~ zusammenstürzen, wie ein ~ in sich zusammenfallen** to collapse like a house of cards ❷ NAUT (*Raum für Seekarten*) chart room **Karteninhaber(in)** *m(f)* ticketholder **Kartenkleber** *m* TYPO card gluer [*or* tipper] **Kartenkunststück** *nt* card trick **Kartenlegen** <-s> *nt* fortune telling using cards **Kartenleger(in)** <-s, -> *m(f)* fortuneteller [who uses cards] **Kartenlesegerät** *nt* INFORM card reader **Kartenorganisation** *f* credit card company **Kartenreiter** *m* card tab **Kartenspiel** *nt* ❶ (*ein Spiel mit Karten*) game of cards ❷ (*Satz Karten*) pack of cards **Kartenspieler(in)** <-s, -> *m(f)* card player **Kartenständer** *m* map stand **Kartentelefon** *nt* cardphone **Kartenumsatz** *m* card sales *pl* **Kartenvorverkauf** *m* advance ticket sale **Kartenvorverkaufsstelle** *f* THEAT, SPORT, MUS [advance] ticket [*or* booking] office **Kartenwerk** *nt* map book

kartieren* *vt* ■**etw ~** ❶ GEOG to map sth ❷ (*in Kartei einordnen*) to file sth

Kartoffel <-, -n> *f* potato; **neue ~n** new potatoes
► WENDUNGEN: **jdn/etw wie eine heiße ~ fallen lassen** (*fam*) to drop sb/sth like a hot potato

Kartoffelacker *m* potato field **Kartoffelausstecher** *m* Parisienne-potato cutter **Kartoffelbrei** *m kein pl* mashed potatoes *pl* **Kartoffelchips** *pl* [potato] crisps [*or* AM chips] *pl* **Kartoffelernte** *f* potato harvest **Kartoffelhobel** *m* potato slicer **Kartoffelkäfer** *m* Colorado beetle **Kartoffelklöße** *f pl* potato dumplings **Kartoffelknolle** *f* potato tuber **Kartoffelkraut** *nt* potato foliage **Kartoffelmehl** *nt* potato flour **Kartoffelmesser** *nt* potato peeling knife **Kartoffelpresse** *f* potato press **Kartoffelpuffer** <-s, -> *m* potato fritter **Kartoffelpüree** *nt s.* Kartoffelbrei **Kartoffelsack** *m* potato sack **Kartoffelsalat** *m* potato salad **Kartoffelschale** *f* potato peel **Kartoffelschäler** *m* potato peeler **Kartoffelstampfer** *m* potato masher **Kartoffelstärke** *f* potato starch **Kartoffelsuppe** *f* potato soup

Kartograph(in), Kartograf(in)RR <-en, -en> *m(f)* cartographer

Kartographie, KartografieRR <-> *f kein pl* cartography

kartographieren*, kartografieren*RR *vt* GEOG map

Kartographin, KartografinRR <-, -nen> *f fem form von* **Kartograf**

kartographisch, kartografischRR *adj* cartographical

Karton <-s, -s> [kar'tɔŋ, kar'to:n] *m* ❶ (*Schachtel*) carton, cardboard box ❷ (*Pappe*) cardboard, card

Kartonage <-, -n> *f* cardboard packaging

kartonieren* *vt* TYPO ■**etw ~** to bind sth in paper [board]

kartoniert *adj* paperback; **~e Bücher** paperbacks *pl*

Kartusche <-, -n> *f* ❶ TECH (*Behälter*) cartouche ❷ (*Tonerpatrone*) cartridge ❸ KUNST (*Zierornament*) cartouche ❹ MIL (*Geschosshülse*) cartridge

Kartuschenpistole *f* caulking gun

Karussell <-s, -s *o* -e> *nt* merry-go-round, carousel; **[mit dem] ~ fahren** to ride [*or* go] on the merry-go-round
► WENDUNGEN: **mit jdm ~ fahren** to give sb hell

Karussellbinder *m* TYPO rotary binder

Karwendelgebirge <-s> *nt* Karwendel Mountains, Karwendel mountain range

Karwoche *f* REL Holy Week

Karyatide <-, -n> *f* ARCHIT caryatid

Karyogramm <-s, -e> *nt* BIOL, MED karyogram

Karzer <-s, -> *m* HIST ❶ (*Zelle*) detention cell ❷ *kein pl* (*veraltet: Strafe*) detention

karzinogen I. *adj* MED carcinogenic II. *adv* MED carcinogenically

Karzinom <-s, -e> *nt* MED carcinoma, malignant growth

Kasache, Kasachin <-n, -n> *m, f* Kazak[h]stani; *s. a.* **Deutsche(r)**

kasachisch *adj* Kazak[h]; *s. a.* **deutsch**

Kasachisch *nt dekl wie adj* Kazakh; *s. a.* **Deutsch**

Kasachische <-n> *nt* ■**das ~** Kazakh, the Kazakh language; *s. a.* **Deutsche**

Kasachstan <-s> *nt* Kazakhstan; *s. a.* **Deutschland**

Kasack <-s, -s> *m* MODE tunic

Kaschemme <-, -n> *f* (*pej fam*) dive *pej fam*

kaschieren* *vt* ❶ (*überdecken*) ■**etw ~** to conceal sth ❷ (*überziehen*) ■**etw [mit etw** *dat*] **~** to laminate sth [with sth]

Kaschmir[1] <-s> *nt* GEOG Kashmir

Kaschmir[2] <-s, -e> *m* cashmere

Käse <-s, -> *m* ❶ (*Lebensmittel*) cheese; **Harzer ~** Harz cheese; **weißer ~** DIAL quark (*low-fat curd cheese*); **mit ~ überbacken** au gratin ❷ (*pej fam: Quatsch*) rubbish BRIT, nonsense AM
► WENDUNGEN: **~ schließt den Magen** cheese rounds off a meal nicely

Käseblatt *nt* (*pej fam*) local rag **Käsebrot** *nt* cheese sandwich **Käsefondue** *nt* cheese fondue **Käsegebäck** *nt* cheese savouries [*or* AM -ories] *pl* **Käsegeruch** *m* smell of cheese, cheesy smell **Käseglocke** *f* cheese cover **Käseharfe** *f* cheese wire **Käseherstellung** *f* cheese production

Kasein <-s, -e> *nt* casein

Käsekohl *m* (*selten: Blumenkohl*) cauliflower **Käsekuchen** *m* cheesecake **Käselaib** *m* cheese loaf

Kasematte <-, -n> *f* HIST casemate

Käseplatte *f* (*mit verschiedenen Käsesorten*) cheeseboard; (*Platte*) cheese plate

Käserei <-, -en> *f* cheese dairy

Käserinde *f* cheese rind

Kaserne <-, -n> *f* MIL barracks *pl*

Kasernenhof *m* MIL barrack square

kasernieren* *vt* ❶ MIL (*in Kasernen unterbringen*) ■**jdn ~** to quarter sb in barracks ❷ (*in Gemeinschaftsunterkünften unterbringen*) ■**jdn ~** to house sb in mass accommodation

Käsescheibe *f* slice of cheese **Käseschnitte** *f s.* Käsebrot **Käsetheke** *f* cheese counter **Käsewasser** *nt* whey **käseweiß** *adj* (*fam*), **käsig** *adj* (*fam*) white, pasty, pale

Kasino <-s, -s> *nt* ❶ (*Spielkasino*) casino ❷ (*Speiseraum: für Offiziere*) [officers'] mess; (*in einem Betrieb*) cafeteria

Kaskade <-, -n> *f* ❶ (*künstlicher Wasserfall*) cascade, waterfall
❷ (*fig geh: Flut*) cascade
Kaskopolice *f* FIN (*für Auto*) automobile damage policy; (*für Schiff*) hull policy **Kaskoversicherung** *f,* **Kasko-Vollversicherung** *f* AUTO, FIN fully comprehensive insurance
Kasper <-s, -> *m,* **Kasperl** <-s, -[n]> *m o nt* SÜDD, ÖSTERR, **Kasperle** <-s, -> *m o nt* SÜDD ❶ (*Holzfigur*) Punch
❷ (*hum fam: albernes Kind*) clown
Kasper-Hauser-Versuch *m* BIOL, PSYCH Kasper-Hauser-experiment
Kasperletheater *nt* Punch and Judy show
kaspern *vi haben* (*fam*) to clown [*or* fool] around
Kaspisches Meer *nt* Caspian Sea
Kassa <-, Kassen> *f* ❶ *bes* ÖSTERR (*Zahlstelle*) cash desk, till
❷ ÖKON cash; **gegen ~** for cash; **per ~ bezahlen** to pay [in] cash
Kassadevisen *pl* BÖRSE spot foreign currency **Kassageschäft** *nt* FIN cash business, cash transaction [*or* sale]; BÖRSE spot deal [*or* transaction] **Kassakonto** *nt* FIN cash account; **das ~ saldieren** to balance a cash account **Kassakurs** *m* BÖRSE spot rate
Kassandraruf *m* (*geh*) prophecy of doom
Kassanotierung *f* BÖRSE spot quotation
Kassation <-, -en> *f* JUR (*Aufhebung eines Urteils*) cassation, reversal
Kassationsgericht *nt* JUR court of cassation
Kassaware *f* BÖRSE spot commodities *pl*
Kasse <-, -n> *f* ❶ (*Zahlstelle*) cash desk, till; (*Supermarkt*) check-out; **netto ~** net cash; **gegen ~** for cash; **~ bei Rechnungseingang** FIN cash on delivery; *s. a.* **Loch**
❷ (*Kartenverkauf*) ticket office
❸ (*Registrierkasse*) cash register, till; **jdn [für etw akk] zur ~ bitten** to ask sb to pay [for sth]; **~ machen** to close out a register; (*fig sl*) to cash up, to earn a packet; **die ~ stimmt** (*fam*) the money's ok *fam;* **die ~n klingeln** (*fam*) the tills are ringing
❹ (*fam: Sparbank*) savings bank; **gut/schlecht bei ~ sein** (*fam*) to be well/badly off; **knapp/nicht bei ~ sein** to be short of cash/hard up
❺ ADMIN (*Krankenkasse*) health insurance fund
❻ (*Stahlkiste zur Geldaufbewahrung*) cash box; **gemeinsame/getrennte ~ machen** to have joint/separate housekeeping
Kasseler <-s, -> *nt smoked pork loin*
KassenabschlussRR *m* balancing of cash accounts, BRIT *a.* cashing-up
Kassenarzt, -ärztin *m, f* MED National Health doctor (*who treats non-privately insured patients*)
kassenärztlich *adj inv, attr* [treatment] under health insurance
Kassenautomat *m* automatic cash register [*or* till]
Kassenbeleg *m s.* Kassenbon **Kassenbestand** *m* cash balance **Kassenbilanz** *f* FIN cash balance **Kassenbon** *m* [sales] receipt **Kassenbuch** *nt* cash-book **Kassendefizit** *nt* cash deficit [*or* shortfall] **Kassenerfolg** *m s.* Kassenschlager **Kassenfehlbetrag** *m* FIN cash deficit [*or* shortfall] **Kassenfüller** *m* (*fam*) box-office hit **Kassengestell** *nt* (*fam*) ≈ National Health glasses [*or fam* specs] (*spectacles frame paid for by the German equivalent of the National Health Service*) **Kassenknüller** <-s, -> *m* (*emph fam: CD*) smash hit; (*Film*) box office hit **Kassenkonto** *nt* FIN cash account **Kassenleistung** *f* MED, ÖKON health insurance benefits *pl* **Kassenloch** *nt* FIN hole in the till **Kassenpatient(in)** *m(f)* MED National Health [*or* AM Medicaid] patient **Kassenprüfung** *f* FIN cash audit **Kassenrücklagen** *pl* FIN cash resources **Kassenschalter** *m* cashdesk BRIT, teller window AM **Kassenschlager** *m* (*fam*) ❶ (*erfolgreicher Film*) box-office hit ❷ ÖKON (*Verkaufsschlager*) best-seller **Kassenstunden** *pl* cash desk opening hours BRIT, business hours AM **Kassensturz** *m* cashing-up BRIT, closing out a [cash] register/the [cash] registers AM; **einen ~ machen** [*o geh* **vornehmen**] to cash up BRIT, to close out a [cash] register/the [cash] registers AM; **~ machen** (*fam*) to check one's finances **Kassenüberschuss**RR *m* FIN cash surplus **Kassenumsatz** *m* FIN cash turnover **Kassenwart(in)** <-s, -e> *m(f)* treasurer **Kassenzettel** *m s.* **Kassenbon**
Kasserolle <-, -n> *f* casserole
Kassette <-, -n> *f* ❶ (*Videokassette*) video tape [*or* cassette]; (*Musikkassette*) [cassette] tape, cassette; (*Filmkassette*) [camera] film; **etw auf ~ haben** to have sth on cassette/tape/video; **[jdm/sich] etw auf ~ aufnehmen** to record [*or fam* tape] [sb/oneself] sth on cassette/video
❷ (*Kästchen*) case
❸ (*Schutzkarton*) box; (*für bibliophile Blätter*) set; (*für Bücher*) library case
❹ ARCHIT panel, coffer
Kassettendeck *nt* cassette [*or fam* tape] deck **Kassettendecke** *f* ARCHIT coffered ceiling **Kassettenradio** *nt* radio cassette player **Kassettenrekorder**RR *m,* **Kassettenrecorder** *m* cassette [*or fam* tape] recorder
Kassiber <-s, -> *m* (*veraltend sl*) secret message
Kassier(in) <-s, -e> *m(f)* SÜDD, ÖSTERR, SCHWEIZ (*Kassierer*) cashier
kassieren* I. *vt* ❶ FIN (*einziehen*) ■**etw [bei jdm] ~** to collect sth [from sb]
❷ (*fam: einstreichen*) ■**etw ~** to pick up sth *fam;* ***sie kassierte den ersten Preis*** she picked up first prize
❸ (*fam: einbehalten*) ■**etw ~** to confiscate sth, to take sth away
❹ (*fam: einstecken müssen*) ■**etw ~ müssen** to have to take [*or* swallow] sth *fam*
❺ JUR ■**etw ~** to quash sth; **ein Urteil ~** to quash a verdict
II. *vi* ❶ (*abrechnen*) ■**[bei jdm] ~** to settle the bill [with sb]; ***darf ich schon [bei Ihnen] ~?*** would you mind settling the bill now?
❷ (*sl: verdienen*) to clean up *sl;* **gut** [*o* **ganz schön**] **~** to clean up nicely
Kassierer(in) <-s, -> *m(f)* ❶ (*in Geschäft*) cashier; (*Bankkassierer*) clerk, teller
❷ *s.* **Kassenwart**
Kassiopeia <-> *f* ASTRON Cassiopeia
KasslerRR <-s, -> *nt,* **Kaßler** <-s, -> *nt* KOCHK gammon steak (*lightly smoked loin of pork*)
Kassolette *f* KOCHK cassolette (*small casserole*)
Kastagnette <-, -n> [kastanˈjɛtə] *f* castanet
Kastanie <-, -n> [-niə] *f* BOT ❶ (*Rosskastanie*) [horse]chestnut; (*Esskastanie*) chestnut
❷ (*Frucht der Rosskastanie*) [horse]chestnut, conker *fam;* (*Marone*) chestnut
▶ WENDUNGEN: **[für jdn] die ~n aus dem Feuer holen** (*fam*) to pull sb's chestnuts out of the fire
Kastanienbaum *m s.* **Kastanie 1** **kastanienbraun** *adj* maroon
Kästchen <-s, -> *nt dim von* **Kasten** ❶ (*kleiner Kasten*) little box, case
❷ (*Karo*) square, rectangle; **im ~ ankreuzen** to put a cross in the box
Kaste <-, -n> *f* caste
kasteien* *vr* (*veraltend*) ■**sich** *akk* **~** ❶ (*geh: auf Genüsse verzichten*) to deny oneself, to abstain
❷ (*büßen*) to castigate oneself
Kasteiung <-, -en> *f* (*veraltend*) castigation, self-denial
Kastell <-s, -e> *nt* HIST ❶ (*Burg*) castle
❷ (*befestigtes Lager*) fort
Kastellan <-s, -e> *m* ❶ ADMIN (*Aufsichtsbeamter*) steward
❷ HIST (*Burgwart*) castellan
Kasten <-s, Kästen> *m* ❶ (*kantiger Behälter*) box
❷ (*offene Kiste*) crate, case; **ein ~ Bier** a crate of beer
❸ ÖSTERR, SCHWEIZ (*Schrank*) cupboard
❹ (*fam: Briefkasten*) letterbox BRIT, mailbox AM
❺ SPORT (*Turngerät*) vaulting horse
❻ (*fam: großes Gebäude*) barrack
❼ (*Schaukasten*) showcase
❽ (*unförmiges Fahrzeug*) tank
▶ WENDUNGEN: **etwas/viel/nichts auf dem ~ haben** (*fam*) to be/not be on the ball *fam*
Kastenbrot *nt* sandwich loaf, pan bread **Kastenform** *f* ❶ (*die Form eines Kastens*) box-like shape
❷ (*Backform*) baking tin
Kastengeist *m kein pl* SOZIOL (*pej*) caste spirit
Kastenreibe *f* KOCHK box grater **Kastenwagen** *m* AUTO [box] van, truck
Kastenwesen *nt* REL caste system
Kastilien <-s> *nt* Castile
Kastilier(in) <-s, -> *m(f)* Castilian
kastilisch *adj inv* Castilian
Kastorzucker *m* KOCHK castor [*or* caster] sugar
Kastrat <-en, -en> *m* eunoch; MUS castrato
Kastration <-, -en> *f* castration
kastrieren* *vt* ■**ein Tier ~** to castrate an animal; ■**jdn/sich selbst ~** to castrate sb/oneself
Kasuar <-s, -e> *m* ORN cassowary
Kasuistik <-> *f kein pl* ❶ (*geh: Haarspalterei*) casuistry
❷ MED (*Fallstudien*) case studies *pl*
kasuistisch *adj* (*geh*) casuistic
Kasus <-, -> *m* LING case
Kat <-s, -s> *m kurz für* **Katalysator** cat
Katabolismus <-> *m kein pl* BIOL catabolism *no pl*
Katafalk <-s, -e> *m* catafalque
Katakombe <-, -n> *f* catacomb
Katalane, -nin <-n, -n> *m, f* Catalan
katalanisch *adj inv* Catalan
Katalanisch *nt dekl wie adj* Catalan; *s. a.* **Deutsch**
Katalanische <-n> *nt* ■**das ~** Catalan, the Catalan language; *s. a.* **Deutsche**
Katalog <-[e]s, -e> *m* catalogue [*or* AM -og]
katalogisieren* *vt* ■**etw ~** to catalogue [*or* AM -og] sth
Katalogisierung <-, -en> *f* cataloguing [*or* AM -oging]
Katalognummer *f* catalogue [*or* AM -og] number
Katalonien <-s> *nt* Catalonia
Katalysator <-s, -toren> *m* ❶ AUTO (*Abgaskatalysator*) catalytic converter, cat; **geregelter ~** AUTO regulated catalytic converter
❷ CHEM (*Reaktionen auslösender Stoff*) catalyst
Katalysatorauto *nt* car with catalytic converter
Katalysatorfahrzeug *nt* AUTO controlled vehicle
Katalyse <-, -n> [-lyːzə] *f* CHEM catalysis
katalytisch *adj* CHEM catalytic
Katamaran <-s, -e> *m* NAUT catamaran
Katapult <-[e]s, -e> *nt o m* catapult
katapultieren* I. *vt* ■**jdn/etw irgendwohin ~** (*a. fam*) to catapult sb/sth somewhere
II. *vr* ■**sich** *akk* **irgendwohin ~** ❶ (*sich schleudern*) to eject oneself somewhere; **sich** *akk* **aus einem Flugzeug ~** to eject from an aircraft
❷ (*fam: sich rasch versetzen*) to catapult oneself somewhere
Katar <-s> *nt* Qatar; *s. a.* **Deutschland**
Katarakt <-[e]s, -e> *m* GEOG, MED cataract
Katarer(in) <-s, -> *m(f)* Qatari; *s. a.* **Deutsche(r)**
katarisch *adj* Qatari; *s. a.* **deutsch**
Katarrh, KatarrRR <-s, -e> *m* MED catarrh
Kataster <-s, -> *m o nt* land register
Katasteramt *nt* land registry
katastrophal I. *adj* (*pej*) ❶ (*verheerend*) catastrophic, devastating
❷ (*fam: furchtbar*) dreadful, awful
II. *adv* (*pej*) ❶ (*verheerend*) catastrophically, devastatingly
❷ (*furchtbar*) awfully, dreadfully
Katastrophe <-, -n> *f* catastrophe, disaster; **eine ~ sein** (*fam*) to be a disaster
Katastrophenabwehr *f* disaster prevention **Katastrophenalarm** *m* emergency alert **Katastropheneinsatz** *m* emergency aid operation; **für den ~** for use in emergency aid operations **Katastrophengebiet** *nt* disaster area **Katastrophenhilfe** *f kein pl* POL aid for disaster victims; **~ leisten** to provide aid for disaster victims **Katastrophenklausel** *f* JUR disaster clause **Katastrophenopfer** *nt* disaster victim, victim of a disaster **Katastrophenschutz** *m* ❶ (*Schutz gegen Katastrophen*) disaster control ❷ (*Organisation*)

disaster control organization **Katastrophenstimmung** *f* hysteria *no pl* **Katastrophentheorie** *f* ASTRON catastrophe theory

Kate <-, -n> *f* NORDD cottage, croft

Katechismus <-, Katechismen> *m* REL catechism

kategorial *adj inv (geh)* categorial

Kategorie <-, -n> [*pl* -'ri:ən] *f* ❶ *(Gattung)* category; **unter eine ~ fallen** to belong to a certain category
❷ *(Gruppe)* sort; ***er gehört nicht zu dieser ~ von Menschen*** he is not that sort of person

kategorisch I. *adj (emph)* categorical
II. *adv (emph)* categorically; **etw ~ ablehnen** to flatly refuse sth

Kater[1] <-s, -> *m* tomcat; **der Gestiefelte ~** LIT Puss-in-Boots
► WENDUNGEN: **wie ein verliebter ~** like a lovesick tomcat

Kater[2] <-s, -> *m* hangover; **einen ~ bekommen** to get a hangover; **einen ~ haben** to have a hangover

Katerfrühstück <-[e]s> *nt kein pl* KOCHK breakfast [[which is] supposed] to cure a hangover

Katerstimmung *f (fam)* morning-after feeling

kath. *adj Abk von* **katholisch**

Katharsis <-> *f kein pl* LIT, PSYCH catharsis

Katheder <-s, -> *m o nt* ❶ *(veraltend: Podium)* podium
❷ *(veraltet: Lehrerpult)* lectern

Kathedrale <-, -n> *f* cathedral

Kathedralglas *nt* BAU stained glass

Kathete <-, -n> *f* MATH cathetus

Katheter <-s, -> *m* MED catheter

Kathode <-, -n> *f* PHYS cathode

Kathodenstrahlen *pl* PHYS cathode rays *pl*

Katholik(in) <-en, -en> *m(f)* [Roman] Catholic

katholisch I. *adj* Roman Catholic; ■ **~ sein** to be [Roman] Catholic
II. *adv* Catholic; ***sie wuchs streng ~ auf*** she had a strict Catholic upbringing

Katholizismus <-> *m kein pl* Catholicism *no pl*

Kation <-s, Kationen> *f* PHYS cation

Katmandu <-s> *nt* Kathmandu

Kattun <-s, -e> *nt* calico

Katz <-> *f kein pl* SÜDD *(Katze)* cat
► WENDUNGEN: **~ und Maus mit jdm spielen** *(fam)* to play cat and mouse with sb; **für die ~ sein** *(fam)* to be a waste of time [*or* all for nothing]

katzbuckeln *vi (pej fam)* ■ **[vor jdm] ~** to grovel [before sb]; ■ **das K~** grovelling

Kätzchen <-s, -> *nt* ❶ *dim von* **Katze** kitten
❷ BOT *(Blütenstand)* catkin

Katze <-, -n> *f* ❶ ZOOL *(Hauskatze)* cat; **siamesische ~** Siamese cat
❷ ZOOL *(weibliche ~)* [female] cat
❸ ZOOL *(Raubkatze)* cat
► WENDUNGEN: **wie die ~ um den heißen Brei herumschleichen** to beat about [*or* AM *a.* around] the bush; **wenn die ~ aus dem Haus ist, tanzen die Mäuse** *(prov)* when the cat's away, the mice come out to play *prov;* **die ~ lässt das Mausen nicht** *(prov)* a leopard never changes its spots *prov;* **die ~ aus dem Sack lassen** *(fam)* to let the cat out of the bag; **die ~ im Sack kaufen** to buy a pig in a poke *prov; s. a.* **Kater**

katzenartig *adj inv* catlike

Katzenauge *nt* ❶ *(veraltend fam: Rückstrahler)* reflector ❷ BERGB *(schillernder Halbedelstein)* cat's-eye ❸ ZOOL *(Auge einer Katze)* a cat's eye **katzenfreundlich** *adj (pej veraltend fam)* over-friendly, nice as pie *fam*

katzenhaft *adj* cat-like, feline

Katzenhai *m* ZOOL sandy dogfish **Katzenjammer** *m (fam)* ❶ *(jämmerliche Stimmung)* the blues + *sing vb* ❷ *(veraltend: Kater*[2]*)* hangover **Katzenmusik** *f kein pl (pej fam)* racket, din, caterwauling **Katzenschnupfen** *m infections of a cat's upper respiratory tracts* **Katzenschreisyndrom** *nt* MED *(lethaler Erbfehler)* cri-du-chat-syndrome **Katzensprung** *m (fam)* a stone's throw; **[nur] einen ~ entfernt sein** to be [only] a stone's throw away **Katzenstreu** *f* cat litter **Katzenwäsche** *f (hum fam)* catlick *fam,* cat's lick [and a promise] *fam* **Katzenwels** *m* ZOOL, KOCHK catfish, bullhead **Katzenzunge** *f* ❶ *(Schokoladenspezialität)* langue de chat ❷ ZOOL cat's tongue

Katz-und-Maus-Spiel *nt* cat-and-mouse game

Kauderwelsch <-[s]> *nt kein pl (pej)* ❶ *(Sprachgemisch)* a hotchpotch [*or* AM *usu* hodgepodge] *(of different languages)*
❷ *(Fachsprache)* jargon

kauderwelschen *vi haben* to talk double Dutch

kauen I. *vt* ■ **etw ~** to chew sth; *s. a.* **Nagel**
II. *vi (mit den Zähnen bearbeiten)* ■ **[an etw** *dat*] **~** to chew [on sth]; **an den Fingernägeln ~** to chew [*or* bite] one's nails
► WENDUNGEN: **gut gekaut ist halb verdaut** *(prov)* you should chew your food well for better digestion; **an etw** *dat* **zu ~ haben** to have sth to chew on [*or* over], to have some food for thought

kauern I. *vi sein* ■ **irgendwo ~** to be huddled [up] somewhere; ***sie kauerten rund um das Feuer*** they were huddled around the fire
II. *vr haben* ■ **sich** *akk* **in etw** *akk*/**hinter etw** *akk* **~** to crouch in/behind sth

Kauf <-[e]s, Käufe> *m* ❶ *(das Kaufen)* buying *no pl,* purchasing *no pl form;* ***ich würde Ihnen vom ~ dieses Anzugs abraten*** I would advise you against buying [*or* not to buy] this suit; ***so, jetzt ist der ~ perfekt!*** right, that's the purchase concluded!; **~ unter Eigentumsvorbehalt** conditional sale agreement; **~ auf Abruf/Abzahlung** call/hire purchase; **~ auf Kredit** credit sale; **~ nach Muster** sale to pattern; **~ auf Probe/Voranmeldung/Ziel** sale on approval/reserved purchase/purchase on credit; **~ auf eigene Rechnung** purchase for own account; **~ mit Rückgaberecht** sale or return; **~ unter Ausschluss jeglicher Gewährleistungsansprüche** sale with all faults; **etw zum ~ anbieten** to offer sth for sale; **zum ~ stehen** to be [up] for sale; **einen ~ tätigen** *(geh)* to conclude [*or* effect] a purchase *form*
❷ *(Ware)* buy, purchase *form;* JUR sale; **guter/schlechter ~** good/bad buy
► WENDUNGEN: **etw in ~ nehmen** to put up with [*or* accept] sth; **ein Risiko in ~ nehmen** to accept a risk; **in ~ nehmen, dass ...** to accept that ...

Kaufabrede *f* ÖKON sales agreement **Kaufabschluss**[RR] *m* HANDEL purchase; **bei ~** at the time of purchase **Kaufabschlussgesetz**[RR] *nt* JUR contract of sale act **Kaufabsicht** *f* intention to buy **Kaufangebot** *nt* HANDEL offer to buy **Kaufanreiz** *m* sales appeal **Kaufanwartschaftsvertrag** *m* JUR provisional sales contract **Kaufauftrag** *m* BÖRSE buying order **Kaufbereitschaft** <-> *f kein pl* ÖKON disposition to buy

kaufen I. *vt* ❶ *(ein~)* ■ **[jdm/sich] etw ~** to buy [sb/oneself] sth, to buy [*or form* purchase] sth [for sb/oneself]; ***er hat sich ein neues Auto gekauft*** he['s] bought [himself] a new car; ■ **das K~ von etw** [the] buying [of] sth; ***ich fange mit dem ~ der Geschenke immer viel zu spät an*** I always start buying the presents much too late; **etw auf eigene/fremde Rechnung ~** to buy sth for one's own account/for account of a third party; **etw fertig ~** to buy sth ready-made; **etw fest ~** to buy sth on contract; **etw unbesehen/gegen bar ~** to buy sth unseen/for cash
❷ *(pej: bestechen)* ■ **jdn ~** to buy [off *sep*] [*or* bribe] sb
► WENDUNGEN: **gekauft ist gekauft!** a deal is a deal; **dafür kann ich mir nichts ~!** *(iron)* a [*fam* fat] lot of use that is to me!; **den/die kaufe ich mir/werde ich mir kaufen!** I'll tell him/her what's what!
II. *vi* to shop; ***auf dem Markt kauft man billiger*** it costs less to shop at the market, shopping at the market is cheaper; ■ **das K~** [the] shopping
III. *vr (fam)* ■ **sich** *dat* **jdn ~** to give sb a piece of one's mind

Käufer(in) <-s, -> *m(f)* buyer, purchaser *form;* ***ein solches Buch wird zu wenige ~ finden*** a book like this won't sell very well; **~ aus zweiter Hand** second-hand buyer; **bösgläubiger/gutgläubiger ~** mala-fide/bona-fide buyer; **voraussichtlicher ~** prospective buyer

Käufermarkt *m kein pl* ÖKON buyer's market **Käuferschicht** *f* ÖKON spending group **Käuferverhalten** *nt* ÖKON purchase pattern

Kauffrau *f fem form von* **Kaufmann**

Kaufgegenstand *m* HANDEL object of purchase **Kaufgeld** *nt* HANDEL purchase price **Kaufgeschäft** *nt* HANDEL sale [*or* purchase] [transaction]; **~ zwischen verbundenen Personen** sale between related persons **Kaufgesetz** *nt* JUR Sale of Goods Act BRIT **Kaufhaus** *nt* department store **Kaufhausdetektiv(in)** *m(f)* ÖKON store detective **Kaufinteresse** *nt* HANDEL buying interest **Kaufinteressent(in)** *m(f)* HANDEL prospective [*or* potential] buyer **Kaufkraft** *f* ÖKON ❶ *(Wert)* purchasing [*or* buying] power ❷ *(Finanzkraft)* spending [*or* buying] power; **überschüssige ~** excessive buying power **Kaufkraftausgleich** *m* JUR compensation for loss of purchasing power **kaufkräftig** *adj* with money to spend *pred;* HANDEL affluent; ***Studenten und Auszubildende sind nicht sehr ~*** Students and trainees haven't got much money to spend; **~e Nachfrage** eager demand **Kaufladen** *m* ❶ *(Spielzeug)* [child's] toy shop [*or* AM *usu* store] ❷ *(veraltend: Laden)* [corner [*or* small]] shop [*or* AM *usu* store], small grocer's shop **Kaufleute** *pl s.* **Kaufmann**

käuflich I. *adj* ❶ *(zu kaufen)* for sale *pred*
❷ *(pej: bestechlich)* bribable, corruptible, venal *form;* ■ **~ sein** to be easily bought; ***ich bin nicht ~!*** I can't be bought!
II. *adv (geh)* **~ erwerben** to purchase *form* [*or* buy]

Käuflichkeit <-> *f kein pl (pej)* corruptibility, venality *form* **Kauflust** *f* HANDEL desire to buy; **nachlassende ~** slowdown in consumer spending; **steigende ~** growing demand **kauflustig** *adj* eager [*or* keen] to buy *pred* **Kauflustige(r)** *f(m) dekl wie adj* prospective [*or* would-be] buyer

Kaufmann, -frau <-leute> *m, f* ❶ *(Geschäftsmann)* businessman; **gelernter ~/gelernte Kauffrau** *person with qualifications in business or commerce;* **ehrliche Kaufleute** honest businessmen
❷ *(veraltend: Einzelhandelskaufmann)* grocer, [corner [*or* small]] shopkeeper

kaufmännisch I. *adj* commercial, business *attr;* ***der ~e Leiter ist für den Vertrieb zuständig*** the commercial director is responsible for sales; ■ **das K~e** commerce, business; ***leider bin ich mit dem K~en weniger vertraut*** unfortunately, I'm not very well up on the business side of things
II. *adv* commercially; **~ tätig sein** to be in business

Kaufmannsbrauch *m* HANDEL commercial custom **Kaufmannseigenschaft** *f* HANDEL merchant status **Kaufmannsgehilfenbrief** *m* HANDEL commercial training certificate **Kaufmannshaftung** *f* JUR merchant's [*or* trader's] liability; **unbeschränkte ~** unlimited merchant's liability

Kaufoption *f* ❶ HANDEL purchase option ❷ BÖRSE call option; **Kauf- und Verkaufsoption** call and put option **Kauforder** *f* BÖRSE buying order

Kaufpreis *m* purchase price

Kaufpreisfälligkeit *f* FIN due date of the purchase price **Kaufpreisforderung** *f* HANDEL purchase-money claim **Kaufpreisrückzahlung** *f* HANDEL refund of the purchase price **Kaufpreisrückzahlungspflicht** *f* JUR obligation to refund the purchase price **Kaufpreiszahlungspflicht** *f* JUR obligation to pay the purchase price

Kaufrausch *m kein pl* spending spree **Kaufrecht** *nt* JUR sales law **Kaufsteuer** *f* FIN purchase tax **Kaufsumme** *f* amount [of purchase] **Kaufvertrag** *m* HANDEL bill of sale, sale contract; **~ mit Eigentumsvorbehalt** absolute sale **Kaufvorvertrag** *m* JUR preliminary contract of sale **Kaufwelle** *f* BÖRSE buying surge **Kaufwert** *m* HANDEL purchase price; *(vertraglich)* contract price **Kaufzwang** *m* **kein ~** no obligation [to buy]; **ohne ~** without obligation [to buy]

Kaugummi *m* chewing gum; **~ kauen** to chew gum

K

Kaukasus <-> *m* Caucasus
Kaulkopf *m* ZOOL, KOCHK bullhead, miller's thumb
Kaulquappe <-, -n> *f* tadpole
kaum I. *adv* ❶ (*gerade [erst]*) hardly, scarcely; ***sie war ~ aus der Tür, da fingen sie schon an zu lästern*** she had hardly [*or* scarcely] gone out the door before they started making nasty remarks about her, no sooner was she out the door than they started making nasty remarks about her
❷ (*höchstwahrscheinlich nicht*) hardly, scarcely; **[wohl] ~!** certainly not!, I don't think so!; *s. a.* **wohl**
❸ (*fast nicht*) hardly, scarcely; ***ich habe euch dieses Jahr ~ gesehen*** I've scarcely seen you this year; ***das ist ja wohl ~ anzunehmen!*** you'd scarcely credit it!; **~ jemals** [*o* **je**] hardly ever; **~ noch/mehr** hardly [*or* scarcely] … any more; ***seit vier Tagen hat er ~ etwas gegessen*** he has hardly [*or* scarcely] eaten anything for four days [now]; ***wir haben ~ noch Zeit*** we've hardly [*or* scarcely] got any time left; ***wir hatten ~ noch damit gerechnet!*** we scarcely expected that!; **~ eine[r]** [*o* **jemand**] [*o* **wer**] hardly [*or* scarcely] anyone [*or* anybody]; **~ eine Rolle spielen** to be scarcely of any importance; *s. a.* **glauben**
II. *konj* ■ **~ dass** no sooner … than; ***~ dass sie sich kennen gelernt hatten, heirateten sie auch schon*** no sooner had they met than they were married, they had hardly [*or* scarcely] met before they were married
Kaumuskel *m* masticatory muscle, muscle of mastication; **seine ~n anstrengen** (*hum fam*) to get chomping *hum fam*
kausal I. *adj* ❶ (*geh: ursächlich*) causal; **ein ~er Zusammenhang** a causal connection
❷ LING (*begründend*) causal
II. *adv* (*geh*) causally
Kausalgesetz *nt* PHILOS, MATH law of causality
Kausalität *f* JUR causality; **hypothetische ~** hypothetical causation; **überholende ~** overtaking causation
Kausalitätsprinzip *nt* causation principle
Kausalprinzip *nt* PHILOS, MATH principle of causality
Kausalsatz *m* LING causal clause **Kausalzusammenhang** *m* chain of causation, causal connection; **unmittelbarer ~** proximate connection
Kautabak *m* chewing tobacco
Kaution <-, -en> *f* ❶ JUR (*Sicherheitsleistung*) bail; **eine ~ stellen** to stand [*or* put up] bail; **gegen ~** on bail
❷ (*Mietkaution*) deposit
Kautionsstellung *f* FIN provision of bail [*or* security]
Kautionswechsel *m* JUR guarantee bill
Kautschuk <-s, -e> *m* [India] rubber, caoutchouc
Kautschukbaum *m* rubber [tree]
Kauz <-es, Käuze> *m* ❶ (*Eulenvogel*) [tawny] owl
❷ (*Sonderling*) [odd [*or* strange]] character
kauzig *adj* odd, strange
Kavalier <-s, -e> *m* gentleman
▶ WENDUNGEN: **der ~ genießt und schweigt** a gentleman does not boast about his conquests
Kavaliersdelikt *nt* trifling [*or* trivial] [*or* minor] [*or* petty] offence [*or* AM -se]
Kavalierspitz *m* KOCHK clod
Kavalier(s)start *m* AUTO racing start
Kavallerie <-, -n> [*pl* -ˈriːən] *f* HIST, MIL cavalry
Kavallerieangriff *m* cavalry charge **Kavallerieeinheit** *f* cavalry unit **Kavallerieoffizier** *m* cavalry officer
Kavallerist <-en, -en> *m* cavalryman
Kaviar <-s, -e> *m* caviar[e]; **deutscher ~** lumpfish roe
KB *nt Abk von* **Kilobyte** kbyte
Kbit *nt* INFORM *Abk von* **Kilobit** Kbit, Kb
Kbyte *nt* INFORM *Abk von* **Kilobyte** Kbyte, KB
kcal *f Abk von* **Kilokalorie** kcal
Kebab <-[s], -[s]> *m* KOCHK kebab
keck *adj* ❶ (*vorlaut*) cheeky, saucy
❷ (*provokant*) bold
Keckheit <-, -en> *f* cheek[iness], sauciness
Keder <-s, -> *m* MODE piping
Kefir <-s> *m kein pl* kefir
Kegel <-s, -> *m* ❶ (*Spielfigur*) skittle, pin, ninepin, tenpin; **~ spielen** to play skittles, to go [tenpin/ninepin] bowling; ***kommt ihr mit ~ spielen?*** are you coming bowling? [*or* for a game of skittles?]
❷ MATH cone
❸ GEOG (*kegelförmige Erhebung*) cone; **der ~ des Berges** the mountain peak
❹ (*Strahl*) beam [of light]; *s. a.* **Kind**
Kegelabend *m* bowling [*or* skittles] evening [*or* night] **Kegelbahn** *f* ❶ (*Anlage*) [ninepin/tenpin] bowling alley, skittle alley ❷ (*einzelne Bahn*) [bowling] lane **Kegelbruder** *m* (*fam*) fellow skittle [*or* bowling] club member **kegelförmig** *adj* conical, cone-shaped **Kegelkugel** *f* bowl, skittle [*or* bowling] ball
kegeln *vi* to play skittles, to go [ninepin/tenpin] bowling, to bowl; ***hast du schon mal gekegelt?*** have you ever played skittles [*or* been bowling] [*or* bowled] [before]?; ■ **das K~** game of skittles, [ninepin/tenpin] bowling
Kegelschnitt *m* MATH conic section **Kegelstumpf** *m* MATH frustum [of a cone]
Kegler(in) <-s, -> *m(f)* skittle player, [ninepin/tenpin] bowler
Kehle <-, -n> *f* ❶ (*Kehlkopf*) throat; **in die falsche ~ geraten** to go down the wrong way; **etw in die falsche ~ bekommen** (*fam*) to have sth go down the wrong way; **eine raue ~ haben** to be hoarse, to have a hoarse voice
❷ ANAT (*Gurgel*) throat; **in der ~ stecken bleiben** to stick [*or* get stuck] in one's throat; **jdm die ~ zudrücken** to throttle sb; **jdm/einem Tier an die ~ springen** to leap at [*or* go for] sb's/an animal's throat; **aus voller ~** at the top of one's voice
❸ BAU valley
▶ WENDUNGEN: **sich** *dat* **die ~ aus dem Hals schreien** (*fam*) to scream one's head off; **es geht jdm an die ~** sb's life is at stake; **jdm an die ~ springen können** (*fam*) to want to leap at [*or* go for] sb's throat; **jdm die ~ zusammenschnüren** to make sb freeze with fear
kehlig *adj* guttural; **ein ~es Lachen/eine ~e Stimme** a guttural [*or* throaty] laugh/voice
Kehlkopf *m* larynx
Kehlkopfentzündung *f* MED laryngitis *no pl, no indef art* **Kehlkopfkatarrh** *m* laryngeal catarrh **Kehlkopfkrebs** *m* cancer of the larynx, laryngeal cancer **Kehllaut** *m* guttural sound; LING glottal sound
Kehraus <-> *m kein pl* SÜDD last dance (*after Carnival celebrations on Shrove Tuesday*)
▶ WENDUNGEN: **[den] ~ feiern** to have a farewell celebration
Kehrbesen *m* SÜDD (*Besen*) broom **Kehrblech** *nt* SÜDD (*Handschaufel*) small shovel
Kehre <-, -n> *f* hairpin bend
kehren[1] I. *vt* ❶ (*wenden*) ■ **etw irgendwohin ~** to turn sth somewhere; ***kehre die Innenseite nach außen*** turn it inside out; **in sich** *akk* **gekehrt** pensive, lost in thought; ***er ist ein stiller, in sich gekehrter Mensch*** he is a quiet, introverted person; *s. a.* **Rücken**
❷ (*veraltend: kümmern*) ■ **jdn ~** to matter to sb
II. *vr* ❶ (*sich wenden*) ■ **sich gegen jdn ~** (*geh*) to turn against sb; ■ **sich zu etw ~** to turn out [in] a certain way; ***du wirst sehen, es wird sich alles zum Guten ~*** you'll see, everything will turn out for the best
❷ (*sich kümmern*) ■ **sich** *akk* **an etw** *dat* **~** to take notice of [*or* care about] sth; ***am Geschwätz der Leute habe ich mich noch nie groß gekehrt*** I've never really taken much notice of [*or* cared much about] people's gossiping
kehren[2] *vi, vt bes* SÜDD (*fegen*) ■ **[etw] ~** to sweep [sth]
Kehricht <-s> *m o nt kein pl* ❶ (*geh: zusammengefegter Dreck*) sweepings *npl*, rubbish BRIT, garbage AM
❷ SCHWEIZ (*Müll*) refuse, AM *usu* garbage
▶ WENDUNGEN: **jdn einen feuchten ~ angehen** (*sl*) not to be any of sb's [damned [*or* BRIT *a.* bloody]] business *fam*; ***das geht Sie einen feuchten ~ an!*** that's none of your [damned [*or* bloody]] business!, mind your own [damned [*or* bloody]] business!
Kehrmaschine *f* ❶ (*Straßenkehrmaschine*) road-sweeper, street-sweeper
❷ (*Teppichkehrmaschine*) carpet-sweeper
Kehrreim *m* LIT refrain
Kehrschaufel *f* dustpan
Kehrseite *f* ❶ (*veraltend: Rückseite*) back
❷ (*Schattenseite*) downside, drawback; ***alles hat seine ~*** there's a downside to everything, everything has its drawbacks
❸ (*hum: Rücken, Gesäß*) back; **jdm die ~ zuwenden** to turn one's back on sb
▶ WENDUNGEN: **die ~ der Medaille** the other side of the coin
kehrt *interj* MIL **~ *marsch!*** about turn [*or* AM face], forward march!
kehrtmachen *vi* ❶ (*den Rückweg antreten*) to turn [round [*or* AM around] and go] back; ***wenn ein Gewitter kommt, müssen wir sofort ~!*** if there is a storm, we'll have to turn around and go straight back ❷ MIL (*eine Kehrtwendung machen*) to about-turn [*or* AM -face] **Kehrtwende** *f* about-face **Kehrtwendung** *f* ❶ MIL (*Drehung um sich selbst*) about-turn [*or* -face] AM ❷ (*scharfer Positionswechsel*) about-turn [*or* AM -face] *fig*, U-turn *fig fam*
Kehrwert *m* MATH reciprocal
Kehrwoche *f* SÜDD ≈ cleaning week (*a week in which it is a resident's turn to keep clean the commumal areas in and around a block of flats*); **die ~ machen** to carry out cleaning duties for a week
keifen *vi* (*pej*) to nag; ***musst du immer gleich so ~?*** must you keep nagging all the time like that?; ■ **das K~** nagging; ■ **~d** nagging
Keil <-[e]s, -e> *m* ❶ AUTO (*Unterlegkeil*) chock
❷ TECH, FORST wedge; **einen ~ in etw** *akk* **treiben** to drive a wedge into sth
❸ (*Zwickel*) gusset
▶ WENDUNGEN: **einen ~ zwischen sie treiben** to drive a wedge between them
Keilabsatz *m* wedge heel
Keile *pl* DIAL (*fam: Prügel*) thrashing *sing*, hiding *sing fam*; **~ bekommen** [*o* **kriegen**] [*o* **beziehen**] to get [*or* be given] a [good] thrashing [*or* hiding] *fam*
keilen I. *vt* FORST ■ **etw ~** to split sth with a wedge
II. *vr* DIAL (*fam: sich prügeln*) ■ **sie ~ sich** they are scrapping *sl* [*or* fighting]
III. *vi* to kick
Keiler <-s, -> *m* JAGD wild boar
Keilerei <-, -en> *f* (*fam*) scrap *sl*, fight, BRIT *a.* punch-up
keilförmig *adj* wedge-shaped; **~e Schriftzeichen** cuneiform characters **Keilhose** *f* ski pants *npl* **Keilkissen** *nt* wedge-shaped bolster **Keilleser** *m* TYPO wedge reader **Keilriemen** *m* AUTO V-belt **Keilschrift** *f* HIST cuneiform script
Keim <-[e]s, -e> *m* ❶ BOT (*Trieb*) shoot
❷ (*befruchtete Eizelle*) embryo
❸ (*Erreger*) germ, pathogen *spec*
❹ (*fig: Ausgangspunkt*) seed *usu pl*; ***der kleinste ~ der Hoffnung*** the faintest flicker [*or* glimmer] [*or* ray] of hope; **den ~ zu etw legen** to sow the seeds of sth
❺ PHYS (*Ausgangspunkt für einen Prozess*) nucleus
▶ WENDUNGEN: **etw im ~[e] ersticken** to nip sth in the bud
Keimbahn *f* BIOL germ line **Keimbahntherapie** *f* MED germ line gene therapy **Keimblatt** *nt* BOT seed-leaf, cotyledon *spec* **Keimdrüse** *f* ANAT gonad
keimen *vi* ❶ BOT (*Keime bilden*) to germinate; ***die alten Kartoffeln/Zwiebeln fangen an zu ~*** the old potatoes/onions are beginning to sprout/put out shoots; ■ **das K~** [the] germination; ***diese chemische Behandlung soll die Kartoffeln am K~ hindern*** this chemical treatment is supposed to prevent the potatoes [from] sprouting
❷ (*geh: zu entstehen beginnen*) to stir; ***diese Bemerkung ließ bei ihr einen ersten, leisen***

Verdacht ~ this comment aroused a first sneaking [*or* slight] suspicion in her

keimfrei *adj* sterile, sterilized; **eine ~e Infusionslösung** a sterile infusion solution; **eine ~e Umgebung** a sterile [*or* germ-free] environment; **etw ~ machen** to sterilize sth

Keimling <-s, -e> *m* ❶ (*keimende Pflanze*) shoot ❷ (*Embryo*) embryo

Keimsaat *m* germinating seed **keimtötend** *adj* germicidal

Keimung <-, -en> *f* BIOL, BOT germination

Keimzelle *f* ❶ BIOL germ cell, gamete ❷ (*geh: Ausgangspunkt*) nucleus; ***sie verstanden sich als ~ der Revolution*** they viewed themselves as a seedbed for revolution

kein **I.** *pron indef, attr* ❶ ([*verneint ein Substantiv*] *nicht* [*irgend*]*ein, niemand*) no; ***er sagte ~ Wort*** he didn't say a word; **auf ~en Fall** [*o* **unter ~en Umständen**] no way, under no circumstances; ***darauf lasse ich mich auf ~en Fall ein!*** there's no way I'm [*or* under no circumstances am I] going to get involved in that!; **in ~ster Weise** in no way; **~ anderer/~e andere/~ anderes** no other; ***gibt es ~en anderen Zug?*** isn't there another train?; **~ anderer/~e andere als ...** none other than ...; *s. a.* **einzig**
❷ ([*bezieht sich auf ein Singularetantum, meist auf ein Abstraktum oder einen Sammelbegriff*] *nichts davon, nichts an*) not ... any; ***ich habe jetzt wirklich ~e Zeit*** [***für Sie***]! I really haven't got any time [for you] now!; ***ich habe heute einfach ~e Lust, ins Kino zu gehen*** I just don't fancy going to the cinema today
❸ ([*kehrt das zugehörige Adj ins Gegenteil*]) not; ***das ist ~ dummer Gedanke*** that's not a [*or* no] bad idea; ***das ist ~ großer Unterschied*** that's not much of a difference
❹ (*fam:* [*vor Zahlwörtern*] *nicht ganz,* [*noch*] *nicht einmal*) not, less than; ***die Reparatur dauert ~e 5 Minuten*** it won't take 5 minutes to repair; ***er wartete ~e drei Minuten*** he waited [for] less than three minutes
II. *pron indef, substantivisch* ❶ (*niemand, nichts aus einer nicht ausdrücklich bestimmten Menge: von Personen*) nobody, no one; (*von Gegenständen*) none; ***~er sagte etwas*** nobody [*or* no-one] said a thing; **mir kann ~er!** (*fam*) noboby [*or* no-one] can touch me!; ***will ~r von euch mitkommen?*** don't any of you want to come along?; ***die Vorstellung war zu Ende, aber ~r klatschte*** the performance was over, but no one [*or* nobody] clapped; **~**[**r, s**] **von beiden** neither [of them]; ***ich habe es noch ~r von beiden gesagt*** I've told neither [*or* I haven't told either] of them yet
❷ ([*durch hervorhebende Umstellung aus eigentlichem attributiven Gebrauch verselbständigt*] [*überhaupt*] *nicht*) any; ***ich gehe zu der Verabredung, aber Lust hab' ich ~e*** I'm going to keep the appointment, but I don't feel like going; ***Lust habe ich schon, aber Zeit habe ich ~*** I'd like to, it's just that I don't have the time

keinerlei *adj inv, attr* no ... at all [*or* what[so]ever]; ***er scheint ~ Interesse daran zu haben*** he appears to have no interest what[so]ever in it, he doesn't appear to have any interest at all in it

keinerseits *adv* ❶ (*selten: von niemandem*) from any side [*or* anybody]
❷ (*bei niemandem*) on any [*or* either] side, anybody

keinesfalls *adv* on no account, under no circumstances

keineswegs *adv* not at all, by no means

keinmal *adv* not once, never [once]; ***ich habe ~ gewonnen*** not once have I ever won

keins *pron s.* **keine**(**r, s**)

Keks <-es, -e> *m o nt* (*selten*) ❶ *kein pl* (*Dauergebäck*) biscuit BRIT, cookie AM
❷ (*Stück ~*) biscuit BRIT, cookie AM
► WENDUNGEN: **jdm auf den ~ gehen** (*sl*) to get on sb's nerves [*or* BRIT *fam a.* up sb's nose]

Kelch <-[e]s, -e> *m* ❶ (*Sektkelch*) [champagne] glass
❷ REL (*Messkelch*) chalice, [communion-]cup
❸ BOT (*Blütenkelch*) calyx
► WENDUNGEN: **den** [**bitteren**] **~ bis zur Neige leeren** [**müssen**] (*geh*) [to have] to drain the [bitter] cup of sorrow to the dregs; **der** [*o* **dieser**] **~ geht an jdm vorüber** sb is spared the [*or* this] ordeal; ***dieser ~ ist Gott sei Dank an mir vorübergegangen*** I've been spared this ordeal, thank God!

Kelchblatt *nt* BOT (*äußere grüne Blätter einer Blüte*) sepal **kelchförmig** *adj* cup-shaped; **~e Blüten** cup-shaped [*or spec* calyciform] flowers

Kelchglas *nt s.* **Kelch 1**

Kelle <-, -n> *f* ❶ (*Schöpflöffel*) ladle
❷ BAU (*Maurerkelle*) trowel
❸ (*Signalstab*) signalling [*or* AM signaling] disc

Keller <-s, -> *m* cellar

Kellerassel *f* woodlouse

Kellerei <-, -en> *f* wine producer's, winery

Kellerfalte *f* double fold, inverted pleat **Kellerfenster** *nt* cellar window **Kellergeschoss**[RR] *nt* basement **Kellergewölbe** *nt* [underground [*or* cellar]] vault **Kellerkind** *nt* (*fam*) slum kid **Kellerlokal** *nt* cellar bar **Kellermeister**(**in**) *m(f)* [wine] cellarman **Kellerspeicher** *m* INFORM last-in-first-out memory, push-down store **Kellertür** *f* cellar door **Kellerwechsel** *m* JUR wind bill, kite

Kellner(**in**) <-s, -> *m(f)* waiter

kellnern *vi* (*fam*) to work as a waiter [*or* waitress]

Kelte, Keltin <-n, -n> *m, f* HIST Celt

Kelter <-, -n> *f* winepress

Kelterei <-, -en> *f* fruit pressing plant

keltern *vt* ■**etw ~** to press sth; ■**das K~** [the] pressing

Kelterobst *nt* fruit for juicing

Keltin <-, -nen> *f fem form von* **Kelte**

keltisch *adj* Celtic

Kelvin <-s> *nt* PHYS kelvin

Kemenate <-, -n> *f* ❶ HIST (*Frauengemächer*) ladies' heated apartment[s] [in a medieval castle]
❷ (*hum fam: Damenzimmer*) boudoir

Kendo <-[s]> *nt kein pl* SPORT kendo

Kenia <-s> *nt* Kenya; *s. a.* **Deutschland**

Keniabohne *f* Kenya bean

Kenianer(**in**) <-s, -> *m(f)* Kenyan; *s. a.* **Deutsche**(**r**)

kenianisch *adj* Kenyan; *s. a.* **deutsch**

Kennbuchstabe *m* code letter **Kenndaten** *pl* personal details *pl* [*or usu + sing vb* data]

kennen <kannte, gekannt> *vt* ❶ (*jdm bekannt sein*) ■**jdn/etw ~** to know sb/sth; ***ich kenne ihn noch von unserer gemeinsamen Studienzeit*** I know him from our time at college together; ***kennst du das Buch/diesen Film?*** have you read this book/seen this film?; ***ich kenne das Gefühl*** I know the feeling; **jdn als jdn ~** to know sb as sb; ***ich kannte ihn nicht als Liedermacher*** I didn't know he was a songwriter; **das ~ wir** [**schon**] (*iron*) we've heard all that before; ***immer die gleichen Ausreden, das ~ wir schon!*** always the same old excuses, we've heard them all before!; **du kennst dich doch!** you know what you're like!; **kein**[**e**] **... ~** to know no ...; **kennst du mich noch?** do you remember me?; **jdn ~ lernen** to meet sb, to make sb's acquaintance *form;* **sich ~ lernen** to meet; **jdn als jdn ~ lernen** to come to know sb as sb; ***ich habe ihn als einen sehr eigensinnigen Menschen ~ gelernt*** I have come to know him as a very stubborn person; **wie ich ihn/sie kenne ...** if I know him/her ...; **jdn so** [**noch**] **gar nicht ~** to have never seen sb like this [before]; ***so kenne ich dich gar nicht*** I've never seen you like this; ■**sich ~** to know one another [*or* each other]
❷ (*vertraut sein*) ■**etw ~** to be familiar with sth; ***die Leute dort ~ keinen Schnee*** the people there have no experience of snow; **jdn/etw ~ lernen** to get to know [*or* become acquainted with] sb/sth; **sich ~ lernen** (*miteinander vertraut werden*) to get to know one another [*or* each other]
❸ (*gut verstehen*) ■**etw ~** to know sth
❹ (*wissen*) ■**etw ~** to know sth; **~ *Sie hier ein gutes Restaurant?*** do you know [of] a good restaurant here?
► WENDUNGEN: **sich** *akk* **nicht mehr vor etw** *dat* **~** to be beside oneself with sth; ***er kannte sich kaum noch vor Wut*** he was almost beside himself with rage; **jdn nicht mehr ~** to have nothing more to do with sb; **jdn nicht mehr ~ wollen** to not want anything more to do with sb; **jdn noch ~ lernen** (*fam*) to have sb to reckon with; ***sofort das Geld zurück, sonst lernst du mich noch ~!*** give me the money back right now or you'll have me to reckon with!

Kennenmüssen *nt kein pl* JUR negligent ignorance of a thing

Kenner(**in**) <-s, -> *m(f)* expert, authority; ■**ein ~ einer S.** *gen* an expert [*or* authority] on a thing; ■**ein ~ von etw** an expert on [*or* in] [*or* authority on] sth; ***was gute Weine angeht, ist er ein absoluter ~*** as far as good wine is concerned, he's an absolute connoisseur; **da zeigt sich der** [**wahre**] **~** you can tell who the [real] expert is [*or* who's the [real] expert]

Kennerblick *m* expert eye; **mit ~** with an expert eye

kennerhaft, kennerisch **I.** *adj* discerning
II. *adv* discerningly

Kennerin <-, -nen> *f fem form von* **Kenner**

Kennermiene *f* air of expertise; **mit ~** with the air of an expert

Kennfeld *nt* AUTO characteristic map **Kennlinie** *f* TYPO characteristic curve **Kennnummer**[RR], **Kennummer** *f* code [*or* reference] number

kenntlich *adj* ■[**an etw** *dat*] **~ sein** to be recognizable [*or* BRIT *a.* -isable] by sth; **etw** [**durch etw**] [**als etw**] **~ machen** to identify [*or* mark] sth [as sth] [with [*or* by [means of]] sth], to label sth [as sth] [with sth]

Kenntnis <-ses, -se> *f* ❶ *kein pl* (*Vertrautheit*) knowledge; **sich jds ~ entziehen** (*geh*) sb has no knowledge of [*or* doesn't know anything about] sth; **~ von etw erhalten** (*geh*) to learn [*or* be informed] of [*or* about] sth; **von etw ~ haben** (*geh*) to have knowledge of [*or* know about] sth; **etw zur ~ nehmen** to take note of sth; **zur ~ nehmen, dass** to note that; **jdn von etw in ~ setzen** (*geh*) to inform [*or* notify] sb of sth; **jdn davon in ~ setzen, dass** (*geh*) to inform sb that; **ohne ~ einer S.** *gen* without knowing sth; ***ohne ~ der familiären Situation können wir nicht viel tun*** we can't do much without knowing about the family situation
❷ *pl* (*Wissen*) knowledge *no pl;* ***Sie sollten Ihre ~se vertiefen*** you should broaden your knowledge; [**gründliche**] **~se in etw haben** to have a [thorough] knowledge of sth; **über ~se** [**in etw**] **verfügen** (*geh*) to be knowledgeable [*or* know] [about sth]; **von etw ~ haben** (*geh*) to have knowledge of [*or* know about] sth
❸ JUR (*gerichtliches Wissen*) cognizance; (*Kenntnisnahme*) notice; **~ des Gerichts** judicial knowledge [*or* cognizance]; **gesetzlich vermutete ~** constructive notice; **etw zur ~ nehmen** to take cognizance of sth

Kenntnisnahme <-> *f kein pl* (*geh*) **nach ~** after perusal; **zur ~** for sb's attention

kenntnisreich **I.** *adj* (*geh*) knowledgeable, well-informed
II. *adv* (*geh*) knowledgeably

Kennung <-, -en> *f* ❶ TELEK call sign, identification
❷ LUFT, NAUT signal
❸ INFORM label, tagging

Kennwort <-wörter> *nt* ❶ (*Codewort*) code name ❷ INFORM password **Kennzahl** *f* ❶ TELEK (*Ortsnetzkennzahl*) dialling [*or* AM area] code
❷ (*charakteristischer Zahlenwert*) index

Kennzeichen *nt* ❶ (*Autokennzeichen*) number plate BRIT, registration number BRIT, license plate AM; **amtliches ~** (*geh*) license plate, BRIT *a.* registration number
❷ (*Merkmal*) mark; ***in Pässen wird auch nach besonderen oder unveränderlichen ~ gefragt*** there is a section in passports for distinguishing marks [*or* features]
❸ (*Markierung*) insignia *npl;* ***der Wanderweg ist***

K

durchgängig mit diesem ~ markiert the ramblers' footpath is marked with this sign along the whole route

Kennzeichenrecht *nt* JUR, FIN labelling law

kennzeichnen I. *vt* ① (*markieren*) ■**etw** [**als etw**] ~ to mark [*or* label] sth [as sth]; ■**etw/ein Tier** [**durch/mit etw**] ~ to mark sth [with [*or* by [means of]] sth] [*or* label sth [with sth]]/tag an animal [with sth]; ***Pakete mit Gläsern müssen als „zerbrechlich" gekennzeichnet werden*** packages containing glasses must be marked "fragile"
② (*charakterisieren*) ■**jdn als jdn/etw** ~ to characterize [*or* describe] sb as sb/sth; ■**durch etw gekennzeichnet sein** to be characterized by sth
II. *vr* ■**sich durch etw** ~ to be characterized by sth; ***ihre Kunstwerke ~ sich durch Präzision*** precision is a hallmark of her works of art

kennzeichnend *adj* typical, characteristic; **ein ~es Charakteristikum** a typical charateristic; **ein ~es Merkmal** a distinguishing mark [*or* feature]; ■**~ für jdn/etw sein** to be typical [*or* characteristic] of sb/sth

Kennzeichnung *f* ① (*das Kennzeichnen*) marking; *Waren* labelling BRIT, labeling AM; *Tiere* tagging
② (*Kennzeichen*) label
③ (*Charakterisierung*) characterization
④ (*Logik*) definite description

Kennzeichnungsbestimmungen, **Kennzeichnungsvorschriften** *pl* HANDEL labelling provisions, marking requirements

Kennzeichnungspflicht *f* obligation to label

kennzeichnungspflichtig *adj inv* having to be labelled [*or* AM labeled], subject to labelling [*or* AM labeling]

Kennziffer *f* code [*or* box] number; **erzeugnisbezogene** ~ reference number

kentern *vi sein* to capsize; **etw zum K~ bringen** to capsize sth

Keramik <-, -en> *f* ① *kein pl* (*Töpferwaren*) ceramics *npl*, pottery *no indef art*
② (*Kunstgegenstand*) ceramic, piece of pottery
③ *kein pl* (*gebrannter Ton*) fired [*or* baked] clay

Keramikbrennstoffzelle *f* ceramic fuel cell

Keramikinlay [-ɪnleɪ] *nt* ceramic inlay

keramisch *adj* ceramic, pottery *attr*

Keratin <-s, -e> *nt* BIOL keratin

Kerbe <-, -n> *f* (*Einkerbung*) notch
► WENDUNGEN: **in die gleiche** [*o* **dieselbe**] ~ **hauen** [*o* **schlagen**] (*fam*) to take the same line

Kerbel <-s> *m kein pl* chervil

kerben *vt* ■**etw** ~ to carve sth

Kerbholz *nt* ► WENDUNGEN: **etw auf dem ~ haben** (*fam*) to have blotted one's copybook *fam* [*or* committed a few dirty deeds in the past]

Kerbtier *nt* insect

Kerker <-s, -> *m* ① HIST (*Verlies*) dungeon
② (*Strafe*) imprisonment *no pl*
③ ÖSTERR (*veraltend: Zuchthaus*) prison, jail, BRIT *a.* gaol

Kerkermeister *m* HIST jailer, BRIT *a.* gaoler

Kerl <-s, -e *o* -s> *m* (*fam*) ① (*Bursche*) fellow *fam*, BRIT *a.* chap *fam*, BRIT *a.* bloke *fam*
② (*Mensch*) person; ***er ist ein anständiger/toller ~*** he's a decent/terrific bloke [*or* fellow] *fam*
③ (*Freund*) guy *fam*, fellow *fam*, BRIT *a.* bloke *fam*; ***ihr ~ gefällt mir nicht*** I don't like her fellow [*or* bloke]

Kern <-[e]s, -e> *m* ① BOT, HORT *Kernobst* pip; *Steinobst* stone; ***in ihr steckt ein guter ~*** (*fig*) she's good at heart; **einen wahren ~ haben** (*fig*) to contain a core of truth
② (*Nusskern*) kernel
③ (*Atomkern*) nucleus
④ (*Zellkern*) nucleus
⑤ (*der zentrale Punkt*) heart, crux; **der ~ eines Problems** the crux of a problem; **zum ~ eines Problems kommen** to get to the heart of a problem; ***kommen wir zum ~ der Sache!*** let's get to the point!
⑥ (*zentraler Teil*) centre [*or* AM -er]; (*Familie*) nucleus; (*wichtigster Teil*) core, nucleus
► WENDUNGEN: **der harte ~** the hard core

Kernarbeitszeit *f* core work time [*or* working hours] **Kernbeißer** <-s, -> *m* ORN hawfinch **Kernbereich** *m* central area, core **Kernbestand** *m* core [constituents *pl*] **Kernbrennstoff** *m* nuclear fuel **Kernenergie** *f* nuclear [*or* atomic] energy **Kernenergieausstieg** *m withdrawal from nuclear energy* **Kernexplosion** *f* nuclear explosion **Kernfach** *nt* SCH core subject **Kernfamilie** *f* nuclear family **Kernforschung** *f* nuclear research **Kernforschungszentrum** *nt* nuclear research centre [*or* AM -er] **Kernfrage** *f* central issue, crucial question **Kernfrucht** *f* pome [fruit], pomaceous [*or* hard pip] [*or* seed] fruit **Kernfusion** *f* nuclear fusion **Kerngedanke** *m* central idea **Kerngehäuse** *nt* BOT, HORT core **Kerngeschäft** *nt* HANDEL core business

kerngesund *adj* fit as a fiddle *pred*, fighting fit *pred*

Kernholz *nt* FORST heartwood **Kernhülle** *f* BIOL nuclear membrane

kernig *adj* ① (*markig*) robust; ***der Auspuff dieses Sportwagens hat einen satten, ~en Klang*** this sports car's exhaust makes a lovely, powerful noise
② (*urwüchsig*) earthy; ***die haben ~e Sprüche drauf*** they come out with some earthy language
③ (*voller Obstkerne*) full of pips *pred*

Kernkompetenz *f* core competence

Kernkraft *f* nuclear power

Kernkraftbefürworter(in) *m(f)* advocate [*or* supporter] of nuclear power **Kernkraftgegner(in)** *m(f)* opponent of nuclear power **Kernkraftwerk** *nt* nuclear power plant [*or* station]

Kernladungszahl *f* PHYS atomic number **Kernland** *nt* heartland **kernlos** *adj* pipless; **~e Trauben** seedless grapes **Kernobst** *nt* pome [fruit], pomaceous [*or* hard pip] [*or* seed] fruit **Kernphysik** *f* nuclear physics + *sing vb*, *no art* **Kernphysiker(in)** *m(f)* nuclear physicist **Kernproblem** *nt* central problem **Kernpunkt** *m s.* **Kern 5** **Kernreaktion** *f* nuclear reaction **Kernreaktor** *m* nuclear reactor **Kernschatten** *m* ASTRON umbra, total shadow **Kernschmelze** *f* core meltdown, meltdown of the core **Kernseife** *f* washing [*or* hard] soap **Kernspaltung** *f* PHYS nuclear fission *no pl*, *no indef art* **Kernspeicher** *m* ELEK core memory **Kernspinresonanzspektroskopie** <-> *f kein pl* NUKL nuclear magnetic resonance spectroscopy **Kernspintomograph**, **KernspintomografRR** *m* magnetic resonance imaging scanner, MRI **Kernstrahlung** *f* nuclear radiation **Kernstück** *nt* crucial [*or* central] part [*or* element] **Kerntechnik** *f* nuclear engineering **kerntechnisch** *adj inv* nuclear, relating to nuclear technology **Kerntechnologie** *f* PHYS nuclear technology **Kernteilung** *f* BIOL nuclear division **Kerntransfer** *m* BIOL nucleus transfer, transfer of a/the nucleus **Kernverschmelzung** *f* ① PHYS *s.* **Kernfusion** ② BIOL cell union, karyogamy *spec* **Kernversuchsanlage** *f* nuclear test site

Kernwaffe *f meist pl* MIL, PHYS nuclear [*or* atomic] weapon

kernwaffenfrei *adj* nuclear-free **Kernwaffenversuch** *m* nuclear [*or* atomic] weapons test

Kernzeit *f* core work time [*or* working hours]

Kerosin <-s, -e> *nt* kerosene

Kerwe <-, -n> *f* DIAL fair, kermis

Kerze <-, -n> *f* ① (*Wachskerze*) candle; (*elektrische Kerze*) electric Christmas-tree light
② AUTO (*Zündkerze*) spark [*or* BRIT *a.* sparking] plug
③ SPORT (*Bodenübung*) shoulder stand; **eine ~ machen** to do a shoulder stand
④ BOT (*Blütenstand*) candle, thyrus *spec*

Kerzenbeleuchtung *f s.* **Kerzenlicht** **Kerzendocht** *m* [candle]wick **kerzengerade** I. *adj* erect II. *adv* as straight as a die **Kerzenhalter** *m* candleholder **Kerzenleuchter** *m* candlestick; **ein fünfarmiger ~** a candelabrum with five branches **Kerzenlicht** *nt kein pl* candlelight; **bei ~** by candlelight **Kerzenschlüssel** *m* AUTO [spark [*or* BRIT *a.* sparking]] plug spanner **Kerzenständer** *m* candlestick, candelabrum

Kescher <-s, -> *m* fishing-net

kessRR, **keß** I. *adj* ① (*frech und pfiffig*) cheeky, cocky; **eine kesse Antwort** a cheeky answer; **kesse Sprüche** cheeky language
② (*hübsch*) pert
③ (*flott*) pert, jaunty; **eine kesse Hose** a natty pair of trousers
II. *adv* cheekily

Kessel <-s, -> *m* ① (*Wasserkessel*) kettle; ***sie setzte den ~ auf*** she put the kettle on
② (*großer Kochtopf*) pot
③ (*Heizkessel*) boiler
④ GEOG (*Mulde*) basin, basin-shaped valley
⑤ MIL (*Einschlussring*) encircled area

Kesselflicker(in) <-s, -> *m(f)* tinker **Kesselhaus** *nt* boiler house **Kesselpauke** *f* kettledrum **Kesselschmied** <-en, -en> *m* boilermaker

Kesselskuchen *m* KOCHK *spicy cake made from grated raw potatoes*

Kesselstein *m kein pl* scale, fur **Kesseltreiben** *nt* witch-hunt

KessheitRR <-, -en> *f*, **Keßheit** <-, -en> *f* cheek[iness], sauciness

Ketamin <-s> *nt kein pl s.* **Kit-Kat** ketamine

Ketchup <-[s], -s> *m o nt s.* **Ketschup**

Keton <-s, -e> *nt meist pl* CHEM ketone

Ketsch <-, -en> *f* NAUT ketch

KetschupRR <-[s], -s> ['kɛtʃap] *m o nt* ketchup

Kette <-, -n> *f* ① (*Gliederkette*) chain; **einen Hund an die ~ legen** to chain up a dog *sep*, to put a dog on a chain; **jdn an die ~ legen** (*fig*) to keep sb on a tight [*or* short] leash *fig*; **jdn in ~n legen** to put sb in chains, to clap sb in irons; **in ~n liegen** (*geh*) to be in chains; **seine ~n zerreißen** [*o* **sprengen**] (*fig geh*) to throw off [*or* break] one's chains [*or* shackles] [*or* fetters]; (*Fahrradkette*) [bicycle] chain; (*Schmuckkette*) necklace
② (*ununterbrochene Reihe*) line; ***viele tausende Demonstranten hatten eine ~ gebildet*** several thousand demonstrators had formed a human chain; (*Reihe von Gleichartigem*) *Blumen* row; *Bergen* chain; **eine ~ von Beweisen/Indizien** a body of evidence; **eine ~ von Ereignissen** a chain of events; **eine ~ von Unglücksfällen** a series [*or* chapter] of accidents
③ ÖKON chain; ***dieses Restaurant gehört zu einer ~*** this restaurant is part of a chain
④ (*in Längsrichtung verlaufende Fäden*) warp

ketteln *vt* ■**etw** ~ to loop sth

ketten *vt* ① (*mit einer Kette befestigen*) ■**jdn/ein Tier an etw** *akk* ~ to chain sb/an animal to sth
② (*fest binden*) ■**jdn an sich** *akk* ~ to bind [*or* tie] sb to oneself *fig*; ■**jdn an jdn** ~ to bind [*or* tie] sb to sb *fig*

Kettenarbeitsverhältnis *nt* ÖKON chain contract of employment **Kettenbrief** *m* chain letter **Kettenbriefbetrug** *m* chain letter scam **Kettenfahrzeug** *nt* tracked vehicle, Caterpillar® [*vehicle*] **Kettenglied** *nt* link **Kettenhemd** *nt* HIST coat of chain mail **Kettenhund** *m* [chained-up] guard dog [*or* watchdog] **Kettenkarussell** *nt* merry-go-round **Kettenpunkt** *m* TYPO chain dot **Kettenrauchen** *nt* chain-smoking **Kettenraucher(in)** *m(f)* chain-smoker **Kettenreaktion** *f* ① NUKL chain reaction ② (*aufeinander folgende Ereignisse*) chain reaction *fig* **Kettenrohrzange** *f* chain pipe wrench **Kettensäge** *f* chainsaw **Kettenschaltung** *f* dérailleur gear **Kettenschutz** *m* chain guard

Ketzer(in) <-s, -> *m(f)* ① REL (*Häretiker*) heretic
② (*geh: Abweichler*) heretic *fig*

Ketzerei <-, -en> *f* ① REL (*Häresie*) heresy
② (*geh: Abweichlertum*) heresy *fig*

Ketzerin <-, -nen> *f fem form von* **Ketzer**

ketzerisch *adj* ① REL (*häretisch*) heretical, heterodox *form*
② (*geh: abweichlerisch*) heretical *fig*, heterodox *fig form*

keuchen *vi* ① *haben* (*schwer atmen*) to puff [*or* pant]

❷ sein (*sich schwer atmend fortbewegen*) ■ **irgendwohin** ~ to puff [*or* pant] somewhere
Keuchhusten *m* whooping cough *no art,* pertussis *spec*
Keule <-, -n> *f* ❶ (*Waffe*) club, cudgel; **chemische** ~ (*fig, euph*) Chemical Mace®
❷ SPORT Indian club
❸ KOCHK (*Schenkel*) leg
Keulenschlag *m* blow with a club [*or* cudgel]
▶ WENDUNGEN: **jdn wie ein ~ treffen** to hit sb like a thunderbolt
keusch *adj* chaste
Keuschheit <-> *f kein pl* chastity, chasteness; ~ **geloben** to take a vow of chastity
Keuschheitsgelübde *nt* vow of chastity; **das ~ ablegen** to take a vow of chastity **Keuschheitsgürtel** *m* HIST chastity belt
Keyboard <-s, -s> ['ki:bɔ:d] *nt* keyboard
Keyword <-s, -s> ['ki:wɜ:d] *nt* key word
Kfm. *m Abk von* **Kaufmann**
Kfor ['ka:fo:ɐ] *f Akr von* **Kosovo Force** Kfor (*NATO peacekeeping force in Kosovo*)
K-Frage *f kurz für* **Kanzlerfrage** *question concerning who would be the CDU/CSU's chancellor candidate for the 2002 national elections*
Kfz <-[s], -[s]> *nt Abk von* **Kraftfahrzeug**
Kfz-Brief *m* [vehicle] registration document, BRIT *a.* log-book **Kfz-Haftpflichtversicherung** *f* FIN third-party motor insurance **Kfz-Leasingvertrag** *m* FIN vehicle leasing contract **Kfz-Mechaniker(in)** *m(f)* motor [*or* AM car] mechanic **Kfz-Versicherung** *f* motor [vehicle] insurance BRIT, motor vehicle [*or* car] insurance AM **Kfz-Werkstatt** *f* motor vehicle workshop **Kfz-Zubehör** *nt* motor vehicle accessories
kg *Abk von* **Kilogramm** kg
KG <-, -s> *f Abk von* **Kommanditgesellschaft**
kgl. *adj Abk von* **königlich**
K-Gruppe *f* POL Communist splinter group
Khaki[1] <-s> *m kein pl* khaki
Khaki[2] <-s> *nt kein pl* (*Farbe*) khaki
khakifarben *adj* khaki[-coloured [*or* AM -ored]]
Khart(o)um, Khartoum <-s> *nt* Khartoum
Khmer *nt dekl wie adj* Khmer; *s. a.* **Deutsch**
kHz *Abk von* **Kilohertz** kHz
KI *f* INFORM *Abk von* **Künstliche Intelligenz** AI
Kibbuz <-, Kibbuzim *o* -e> *m* GEOG kibbutz
Kichererbse *f* chick-pea
kichern *vi* to giggle; ■ **das K~** [the] giggling
Kick *m* ❶ SPORT kick
❷ (*fam: Nervenkitzel*) kick
Kick-down[RR], **Kickdown** <-s, -s> [kɪk'daun] *nt o m* AUTO kickdown
kicken FBALL **I.** *vi* (*fam*) to play football; [**für einen Verein**] ~ to play [football] [for a club]
II. *vt* (*fam*) **den Ball** ~ to kick the ball
Kicker(in) *m(f)* FBALL (*fam*) football [*or* AM soccer] player
Kickstarter *m* TECH kick-start[er]
Kid <-s, -s> *nt* (*sl*) kid *fam,* youngster *fam*
kidnappen ['kɪtnɛpn] *vt* ■ **jdn** ~ to kidnap sb
Kidnapper(in) <-s, -> ['kɪtnɛpɐ] *m(f)* kidnapper
Kidnapping <-s, -s> ['kɪtnɛpɪŋ] *nt* kidnapping
kiebig *adj* DIAL ❶ (*frech*) cheeky, saucy, fresh *fam*
❷ (*aufgebracht*) ■ ~ **sein/werden** to be/get annoyed
Kiebitz <-es, -e> *m* lapwing, pe[e]wit
Kiebitzeier *pl* lapwing eggs *pl*
kiebitzen *vi haben* ❶ (*fam: neugierig beobachten*) to look on curiously
❷ KARTEN, SCHACH to kibitz (*to look on and offer unwelcome advice*)
Kiefer[1] <-, -n> *f* ❶ (*Baum*) pine [tree]
❷ *kein pl* (*Holz*) pine[wood]
Kiefer[2] <-s, -> *m* ANAT jaw[-bone]
Kieferbruch *m* MED fracture of the jaw, jaw fracture **Kieferchirurg(in)** *m(f)* oral surgeon **Kieferchirurgie** *f* oral surgery **Kieferchirurgin** *f fem form von* **Kieferchirurg** **Kieferfehlstellung** *f* MED malposition of the jaw **Kiefergelenk** *nt* ANAT, MED [temporo]mandibular joint *spec* **Kieferhöhle** *f* ANAT maxillary sinus **Kieferhöhlenentzündung** *f* maxillary sinusitis, antritis *spec*
Kiefernast *m* pine[-tree] branch **Kiefernholz** *nt* pine[wood] **Kiefernkreuzschnabel** *m* ORN parrot crossbill **Kiefernnadel** *f* pine needle **Kiefernöl** *nt* pine oil **Kiefernrinde** *f* bark of the pine [tree], pine[-tree] bark **Kiefernstamm** *f* pine[-tree] trunk **Kiefernwald** *m* pine wood **Kiefernzapfen** *m* pine cone **Kiefernzweig** *m* pine[-tree] twig
Kieferorthopäde, -orthopädin <-n, -n> *m, f* MED orthodontist
Kieferorthopädie *f* MED orthodontics + *sing vb,* orthodontia
kieken *vi* NORDD (*gucken*) to look
Kieker <-s, -> *m* ▶ WENDUNGEN: **jdn auf dem ~ haben** (*fam: an jdm herumnörgeln*) to have it in for sb *fam;* (*jdn mit Misstrauen beobachten*) to have one's eye on sb; (*an jdm sehr interessiert sein*) to have one's eye on sb
kieksen *vi* to squeak
Kiel <-[e]s, -e> *m* ❶ NAUT (*Schiffskiel*) keel; **ein Schiff auf ~ legen** to lay down [the keel of] a ship *sep*
❷ (*Federkiel*) quill
kielholen *vt* ■ **gekielholt werden** ❶ NAUT to be careened ❷ HIST to be keel-hauled **Kiellinie** *f* NAUT, MIL **in ~ fahren** to sail in line astern **kieloben** *adv* bottom [*or* keel] up **Kielraum** *m* bilge **Kielwasser** *nt* wake, wash; **in jds ~ segeln** [*o* **schwimmen**] (*fig*) to follow in sb's wake *fig*
Kieme <-, -n> *f* gill
Kiemenschnecke *f* ZOOL whelk
Kien <-[e]s> *m,* **Kienspan** *m kein pl* pine[wood] spill
Kiepe <-, -n> *f* NORDD pannier, dosser
Kies <-es, -e> *m* ❶ (*kleines Geröll*) gravel *no pl*
❷ *kein pl* (*sl: Geld*) dough *sl no indef art,* bread *sl no indef art,* BRIT *a.* dosh *sl no indef art*
Kiesel <-s, -> *m s.* **Kieselstein**
Kieselalge *f* diatom **Kieselerde** *f* silica **Kieselgel** *nt* silica gel **Kieselsäure** *f* CHEM silicic acid **Kieselstein** *m* pebble **Kieselstrand** *m* shingle [*or* pebble] beach
Kiesgrube *f* gravel pit **Kiesweg** *m* gravel path
Kie(t)z <-es, -e> *m* ❶ (*Berliner Stadtviertel*) neighbourhood BRIT, neighborhood AM, area of town
❷ (*sl: Strich*) red-light district; **auf dem ~** (*sl*) in the neighbourhood [*or* AM neighborhood]
Kiew <-s> ['ki:ɛf] *nt* Kiev
kiffen *vi* (*sl*) to smoke pot *fam* [*or fam* dope] [*or sl* grass]
Kiffer(in) <-s, -> *m(f)* (*sl*) pot-smoker *fam,* pothead *fam,* dope-head *fam*
kikeriki *interj* cock-a-doodle-doo
killekille *adv* (*fam*) ~ **machen** to tickle
killen *vt* (*sl*) ■ **jdn** ~ to bump off [*or* do in] sb *sep sl,* to kill sb
Killer(in) <-s, -> *m(f)* (*sl*) hit man
Killerinstinkt *m* (*sl*) killer instinct **Killerzelle** *f* MED T cytotoxic cell
Kilo <-s, -[s]> *nt* (*fam*) *s.* **Kilogramm** kilo
Kilobit *nt* INFORM kilobit
Kilobyte ['ki:lobait] *nt* kilobyte **Kilogramm** *nt* kilogramme [*or* AM -am] **Kilohertz** *nt* PHYS kilohertz, kilocycle [per second] **Kilojoule** ['ki:lodʒu:l] *nt* kilojoule **Kilokalorie** *f* PHYS kilocalorie
Kilometer *m* ❶ (*1000 Meter*) kilometre [*or* AM -er]; **bei ~ ...** SPORT after ... kilometres; ***bei ~ 15 gab es den ersten Getränkestand*** the first drinks stand came after 15 kilometres
❷ (*fam: Stundenkilometer*) ... [kilometres [*or* AM -ers] per hour]; ***auf dieser Strecke herrscht eine Geschwindigkeitsbeschränkung von 70 ~n*** there's a speed limit of 70 [kilometres per hour] on this stretch [of road]
Kilometerfresser *m* (*fam*) long-distance speed merchant *fam,* mile eater *fam* **Kilometergeld** *nt* FIN mil[e]age [allowance] **kilometerlang** **I.** *adj* stretching for miles *pred;* **eine ~e Autoschlange/Fahrzeugschlange/ein ~er Stau** a line of cars/vehicles/a traffic jam stretching [back] [*or* BRIT *a.* tailback stretching] for miles; **ein ~er Strand** a beach stretching for miles [and miles] **II.** *adv* for miles [and miles], for miles on end **Kilometerleistung** *f* AUTO mileage **Kilometerpauschale** *f* FIN [tax] mil[e]age allowance **Kilometerstand** *m* mil[e]age [reading]; **bei ~ ...** with a mil[e]age reading of ..., with ... on the clock, after ... kilometres [*or* AM -ers] [*or* miles]; ***bei ~ 25.000 haben Sie die nächste Inspektion!*** your next service is due at [*or* after] 25,000 kilometres! **Kilometerstein** *m* milestone **kilometerweit** **I.** *adj* for miles [and miles] *pred;* ***sie machen gerne ~e Wanderungen*** they like taking walks which last for many miles [*or* walking for miles] **II.** *adv* for miles [and miles]; ***von der Bergkuppe kann man ~ sehen*** you can see for kilometres [*or* miles] from the top of the mountain **Kilometerzähler** *m* milometer, odometer, mil[e]age counter [*or* indicator]
Kilovolt, Kilovolt *nt* kilovolt
Kilowatt *nt* kilowatt
Kilowattstunde *f* kilowatt-hour
Kimme <-, -n> *f* back [*or* rear] sight; **über ~ und Korn zielen** to aim over notch and bead sight [*or* open sights]
Kimonoärmel *m* kimono sleeve
Kind <-[e]s, -er> *nt* ❶ (*Nachkomme*) child; ***ihre ~er sind drei und vier Jahre alt*** her children are three and four years old; **gemeinschaftliches ~** JUR mutual child; **~er Gottes** (*fig*) God's children; **ein ~ in die Welt setzen** [*o geh* **zur Welt bringen**] to bring a child into the world; ***das ist nichts für kleine ~er*** that's not for your young eyes/ears; [***du bist aber ein***] ***kluges ~!*** (*iron*) oh, aren't you clever! *iron;* **jds leibliches ~** sb's own child; **ein uneheliches** [*o* **nicht eheliches**] ~ an illegitimate child, a child born out of wedlock *old form;* **bei jdm ist ein ~ unterwegs** sb is expecting [a baby] [*or* is pregnant]; **ein ~ [von jdm] bekommen** [*o* **erwarten**] [*o* **kriegen**] to be expecting a baby [*or* be pregnant] [by sb], to be with child *form,* to be pregnant with sb's child; ***wir bekommen ein ~!*** we're going to have a baby!; **jdm ein ~ machen** (*sl*) to put sb in the club *fam* [*or* BRIT *sl* up the duff], to put a bun in sb's oven *hum sl,* to get sb in the family way *fam,* to knock sb up *sl;* **sich** *dat* **ein ~ wegmachen lassen** (*sl*) to get rid of a baby *euph;* ***das weiß doch jedes ~!*** (*fam*) any child [*or* five-year-old] knows [*or* could tell you] that; **von ~ auf** [*o* **an**] from childhood [*or* an early age]; **aber ~!** child, child!; **das ~ im Manne** (*fig*) he's a boy at heart; **jdn an ~es Statt annehmen** JUR to adopt sb; **ein ~ des Todes sein** (*fig veraltend geh*) to be as good as dead; **ein großes ~ sein** to be a big baby; **noch ein halbes ~ sein** to be still almost a child; **sich wie ein ~ freuen** to be as pleased as Punch; **kein ~ mehr sein** not to be a child any more
❷ *pl* (*fam: Leute*) folks *pl;* **~er, ~er!** (*fam*) dear oh dear!, goodness me!
▶ WENDUNGEN: **das ~ mit dem Bade ausschütten** to throw out the baby with the bathwater; **jdm ein ~ in den Bauch reden** (*fam*) to talk the hind legs off a donkey; ***reden Sie mir kein ~ in den Bauch, ich kaufe Ihnen sowieso nichts ab*** I'm not going to buy anything off you, however much you try and soft-soap me; **mit ~ und Kegel** (*hum fam*) with the whole family; **aus ~ern werden Leute** (*prov*) children grow up [all too] quickly; **das ~ muss einen Namen haben** it must be called something; **das ~ beim [rechten] Namen nennen** to call a spade a spade; **~er und Narren** [*o* **Betrunkene**] **sagen die Wahrheit** (*prov*) children and fools speak the truth *prov;* **kleine ~er kleine Sorgen, große ~er große Sorgen** (*prov*) children when they are little make parents fools, when great, mad [*or* they are great they make them mad] *prov;* **kein ~ von Traurigkeit sein** (*hum*) to be sb who enjoys life; ***ich bin kein ~ von Traurigkeit*** I [like [*or* know how] to] enjoy life; **ein ~ seiner Zeit sein** to be a child of one's time; [**ein**] **gebranntes ~ scheut das Feuer** once bitten, twice shy *prov;* ***was***

K

Glücksspiele angeht, bin ich ein gebranntes ~! I've learned my lesson as far as games of chance are concerned; **bei jdm lieb ~ sein** (*fam*) to be sb's favourite [*or* blue-eyed boy] [*or* girl]; **sich bei jdm lieb ~ machen** (*fam*) to [try and] get on the right side of sb [*or* in sb's good books]; **wie sag' ich's meinem ~e?** (*hum*) I don't know how to put it, how should I put it?; ***ich kann ihm nicht helfen, aber wie sag' ich's meinem ~e?*** I can't help him, but how am I going to tell him?; **wir werden das ~ schon schaukeln** (*fam*) we'll manage to sort it [*or* everything] out

Kindbett *nt* (*veraltend*) *s.* **Wochenbett**

Kindbettfieber *nt s.* **Wochenbettfieber**

Kindchen <-s, -> *nt dim von* **Kind** ❶ (*Baby*) baby ❷ (*mein liebes Kind*) my dear child, little one

Kindchenschema *nt* PSYCH baby schema

Kinderarbeit *f* child labour [*or* AM -or] **Kinderarzt, -ärztin** *m, f* paediatrician BRIT, pediatrician AM **Kinderaugen** *pl* children's [*or* child's] eyes; [**vor Erstaunen**] **~ bekommen** [*o* **machen**] to be wide-eyed [with astonishment] **Kinderbekleidung** *f* children's wear **Kinderbetreuung** *f* child care, BRIT *a.* childminding **Kinderbetreuungsdienst** *m* crèche facilities *pl* **Kinderbett** *nt* cot **Kinderbettumrandung** *f* cot bumper **Kinderbild** *nt* childhood photograph **Kinderbuch** *nt* children's book **Kinderbüro** *nt* children's advice centre [*or* AM -er]

Kinderchen *pl dim von s.* **Kind** kiddie

Kinderchor [-koːɐ] *m* children's choir **Kinderdorf** *nt* children's village **Kinderdosis** *f* children's dose [*or* dosage] **Kinderehe** *f* child marriage

Kinderei <-, -en> *f* childishness *no pl, no indef art*

Kindererzieher(in) <-s, -> *m(f)* children's educator [*or* educationalist] BRIT, nursery school teacher AM **Kindererziehung** *f* bringing up [*or* raising] [*or* rearing] children **Kindererziehungszeit** *f* time spent bringing up [one's] children **Kinderfahrkarte** *f* child's ticket **Kinderfahrrad** *nt* child's bicycle [*or fam* bike] **kinderfeindlich** I. *adj* anti-children; **eine ~e Architektur/Planung** architecture/planning which does not cater for children [*or* take children into account] II. *adv* with little thought [*or* regard] [*or* without regard] for children **Kinderfeindlichkeit** *f* anti-children attitude; **die ~ von Architektur/Gesellschaft** the failure of architecture/society to cater for children [*or* take children into account] **Kinderfest** *nt* children's party **Kinderfilm** *m* children's film **Kinderfreibetrag** *m* child [*or* children's] allowance **Kinderfreund(in)** *m(f)* sb who loves chlidren; **ein ~ sein** to be [very] fond of children **kinderfreundlich** I. *adj* child-orientated [*or* AM -oriented] [*or* -friendly]; **~e Architektur** architecture which caters for children [*or* takes children into account] II. *adv* with children in mind **Kinderfunk** *m* TV, RADIO children's programme [*or* AM -am]; (*Abteilung*) Children's Programmes [*or* AM -ams] + *sing vb, no art* **Kindergarten** *m* kindergarten, nursery school **Kindergartenplatz** *m* nursery school [*or* kindergarten] place **Kindergärtner(in)** *m(f)* kindergarten [*or* nursery-school] teacher **Kindergeburtstag** *m* child's birthday **Kindergeld** *nt* child benefit, family allowance *dated* **Kindergeschrei** *nt kein pl sound of children shrieking and yelling* **Kindergesicht** *nt* ❶ (*Gesicht eines Kindes*) child's face; ***beim Fest sah man nur frohe/glückliche ~er*** one could see only happy children's faces at the party ❷ (*kindliches Gesicht*) childlike face **Kindergottesdienst** *m* children's service **Kinderhaus** *nt* ❶ (*Spielhaus*) playhouse ❷ (*Zufluchtsort*) children's refuge **Kinderheilkunde** *f* paediatrics BRIT *no art, + sing vb*, pediatrics AM *no art, + sing vb* **Kinderheim** *nt* children's home **Kinderhilfswerk** *nt* child[ren's] relief organization **Kinderhochstuhl** *m* highchair **Kinderhort** *m* day-nursery, BRIT *a.* crèche **Kinderjahre** *pl* childhood years *pl* **Kinderkanal** *m* children's channel **Kinderklinik** *f* MED children's [*or* paediatric [*or* AM pediatric]] clinic **Kinderkrankenhaus** *nt s.* **Kinderklinik** **Kinderkrankheit** *f* ❶ (*Krankheit*) childhood disease [*or* illness] ❷ *meist pl* (*fig: Anfangsprobleme*) teething troubles *pl fig* **Kinderkriegen** <-s> *nt kein pl* (*fam*) (*das Gebären*) giving birth *no art*, having children *no art* ▶ WENDUNGEN: **zum ~ sein** to be enough to drive one up the wall [*or* round [*or* AM around] the bend] *fam* **Kinderkrippe** *f* day-nursery, BRIT *a.* crèche **Kinderladen** *m* anti-authoritarian kindergarten [*or* nursery school] **Kinderlähmung** *f* polio, poliomyelitis *spec*, infant[ile] paralysis *dated* **Kinderlähmungsimpfstoff** *m* polio vaccine **kinderleicht** I. *adj* very [*or* BRIT *a. fam* dead] easy; ■ **~ sein** to be child's play *fam* II. *adv* very easily; **etw ist ~ zu bedienen/montieren** sth is very [*or* BRIT *a. fam* dead] easy to operate/assemble

Kinderlein *pl s.* **Kinderchen**

kinderlieb *adj* fond of children *pred* **Kinderliebe** *f* love of children **Kinderlied** *nt* nursery rhyme

kinderlos *adj* childless

Kinderlosigkeit <-> *f kein pl* childlessness

Kindermädchen *f* nanny, nursemaid **Kindermärchen** *nt* (*fam*) fairy story, fairy-tale **Kindermode** *f* children's fashion **Kindermord** *m* (*Mord an einem Kind*) child murder, infanticide; **einen ~ begehen** to murder a child, to commit child murder [*or* infanticide] **Kindermörder(in)** *m(f)* child murderer **Kindermund** *m* (*Mund eines Kindes*) child's mouth ▶ WENDUNGEN: **~ tut Wahrheit kund** (*prov*) out of the mouths of babes and sucklings *prov*, children are never shy about telling the truth **Kindernarr, -närrin** *m, f* sb who loves children **Kinderpornographie, Kinderpornografie**[RR] *f* child pornography **Kinderprogramm** *nt* TV, RADIO children's programme [*or* AM -am] **Kinderprostitution** *f* child prostitution **Kinderpsychologie** *f* child psychology **kinderreich** *adj* with many children *pred;* **eine ~e Familie** a large family **Kinderreichtum** *m kein pl* abundance of children **Kinderreim** *m* nursery rhyme **Kinderreisebett** *nt* travel cot **Kinderschänder(in)** <-s, -> *m(f)* JUR, SOZIOL child molestor [*or* abuser] **Kinderschar** *f* crowd of children **Kinderschreck** *m kein pl* (*pej*) bog[e]yman **Kinderschuh** *m* (*Schuh für Kinder*) child's shoe; **den ~en entwachsen sein** (*geh*) to have grown up [*or* become an adult]; **noch in den ~en stecken** (*fig*) to be still in its infancy; ***dieses Verfahren steckt noch in den ~en*** this process is still in its infancy; **die ~e ausgetreten haben, den ~en entwachsen sein** to no longer be a child, not to be a child any more **Kinderschutzbund** *m* child welfare [*or* protection] agency, BRIT *a.* ≈ NSPCC **Kindersegen** *m* (*bes hum*) large number of children **Kindersicherheitssitz** *m* AUTO child safety seat **Kindersicherung** *f* ❶ INET (*Filterprogramm*) filter program for children ❷ AUTO child[proof] safety catch **Kindersitz** *m* ❶ AUTO (*Rücksitzaufsatz*) child safety seat ❷ (*Fahrradaufsatz*) child-carrier seat **Kinderspiel** *nt* children's game; [**für jdn**] **ein ~ sein** (*fig*) to be child's play [to sb] **Kinderspielplatz** *m* [children's] playground **Kinderspielzeug** *nt* [children's [*or* child's]] toy **Kindersprache** *f* child [*or* children's] language **Kindersterblichkeit** *f* infant mortality **Kinderstimme** *f* child's voice **Kinderstube** *f* DIAL (*Kinderzimmer*) children's room, nursery ▶ WENDUNGEN: **eine/keine gute ~ gehabt haben** to have been well/badly brought up [*or* had a good/bad upbringing] **Kindertagesstätte** *f s.* **Kinderhort** **Kinderteller** *m* child [*or* children's] portion **Kindertheater** *nt* children's theatre [*or* AM -er] **Kinderverse** *m s.* **Kinderreim** **Kinderwagen** *m* pram BRIT, pushchair BRIT, perambulator BRIT *dated*, baby carriage AM **Kinderzahl** *f* number of children **Kinderzäpfchen** *nt* MED children's suppository **Kinderzimmer** *nt* children's room **Kinderzuschlag** *m* FIN [additional] child benefit [*or dated* family allowance]

Kindesalter *nt* **seit frühestem ~** from a very early age; **im ~ sein** to be a child; **sich noch im ~ befinden** (*geh*) to be still a child **Kindesbeine** *pl* **von ~n an** from childhood [*or* an early age] **Kindesentführung** *f* kidnapping [*or* abduction] of a child, child abduction **Kindesentziehung** *f* JUR wrongful removal of a child **Kindeskind** *nt* (*veraltet: Enkelkind*) grandchild ▶ WENDUNGEN: **Kind und ~er** [all] sb's [*or* one's] children and grandchildren **Kindesmissbrauch**[RR] *m* JUR child abuse *no pl* [*or* molestation] *no pl* **Kindesmisshandlung**[RR] *f* child abuse **Kindesmord** *m* child murder, murder of a child, infanticide, murder of one's own child [*or* children] **Kindesmörder(in)** *m(f)* child-murderer **Kindestötung** *f* JUR infanticide **Kindesunterhaltsgesetz** *nt* JUR Child Maintenance Act **Kindesvermögen** *nt kein pl* JUR children's property

kindgemäß I. *adj* suitable for children *pred* II. *adv* suitably for children

kindhaft *adj* childlike

Kindheit <-> *f kein pl* childhood; **von ~ an** from childhood [*or* an early age]

Kindheitserinnerung *f* childhood memory *usu pl* **Kindheitserlebnis** *nt* childhood experience

kindisch *adj* (*pej*) childish *pej;* **~es Benehmen/Verhalten** childish [*or* infantile] behaviour [*or* AM -or]

kindlich I. *adj* childlike; **ein ~es Gesicht** a childlike face [*or* baby-faced]; **eine ~e Verhaltensweise** a childlike way of behaving II. *adv* **~ scheinen/wirken** to appear/seem childlike; **sich ~ verhalten** to behave in a childlike way

Kindschaftsrecht *nt* child reforms *pl* **Kindschaftssachen** *pl* JUR child custody cases

Kindskopf *m* (*fam*) big kid; ***ihr seid vielleicht Kindsköpfe!*** you really are childish! **Kind(s)taufe** *f* christening **Kindstod** *m* infant death; **plötzlicher ~** sudden infant death syndrome

Kinemathek <-, -en> *f* film library [*or* archive]

Kinetik <-> *f kein pl* kinetics + *sing vb, no art*

kinetisch *adj* kinetic

King <-s> *m* **der ~ sein** (*sl*) to be [the] top dog *fam*

Kinkerlitzchen *pl* (*fam*) trifles *pl*, trivialities *pl*

Kinn <-[e]s, -e> *nt* chin; **ein eckiges/kantiges ~** a square chin; **ein energisches ~** a strong [*or* firm] chin; **ein spitzes ~** a pointed chin; **ein vorspringendes ~** a prominent [*or* projecting] chin

Kinnbart *m* goatee [beard] **Kinnhaken** *m* hook to the chin **Kinnlade** *f* jaw[-bone], mandible *spec;* ***vor Verblüffung klappte ihm die ~ hinunter*** his jaw dropped [open] in amazement **Kinnriemen** *m* chin-strap

Kino <-s, -s> *nt* cinema, AM *usu* [movie] theater; (*Filmvorführung*) film; **im ~ kommen** [*o* **spielen**] to be on [*or* AM playing] at the cinema [*or* AM *a.* movies *npl*] [*or* AM *usu* [movie] theater]

Kinobesuch *m* visit to the cinema [*or* AM *usu* movie theater] **Kinobesucher(in)** *m(f)* cinema-goer **Kinocenter** *nt* multiplex **Kinofilm** *m* cinema film BRIT, movie AM **Kinogänger(in)** <-s, -> *m(f)* cinema-goer **Kinokarte** *f* [cinema] ticket **Kinokasse** *f* cinema box-office **Kinoprogramm** *nt* cinema [*or* film] guide **Kinosaal** *m* cinema auditorium **Kinovorhang** *m* [cinema [*or* AM *usu* movie theater]] curtain **Kinovorstellung** *f* cinema programme [*or* AM -am], showing [of a film] **Kinowerbung** *f* cinema advertising

Kiosk <-[e]s, -e> *m* kiosk

Kipfe(r)l <-s, -[n]> *nt* KOCHK ÖSTERR (*Hörnchen*) croissant

Kippe <-, -n> *f* ❶ (*fam: Deponie*) tip BRIT, dump AM ❷ (*fam: Zigarettenstummel*) dog-[*or* fag-]end BRIT *sl*, cigarette end [*or* AM butt]; (*Zigarette*) fag BRIT *sl*, snout BRIT *sl*, cigarette AM ▶ WENDUNGEN: **auf der ~ stehen** (*fam*) to hang in the balance; [**in etw** *dat*] **auf der ~ stehen** (*fam*) to be on the borderline [in sth]; ***sie steht in mehreren Fächern auf der ~*** she's on the borderline [*or* a borderline case] in several subjects; **auf der ~ stehen, ob ...** (*fam*) it's touch and go whether ...

kippen I. *vt* *haben* ❶ (*schütten*) ■ **etw irgendwo-**

hin ~ to tip sth somewhere
❷ (*schräg stellen*) ■**etw** ~ to tilt [*or* tip [up *sep*]] sth; **ein Fenster** ~ to tilt a window; **„bitte nicht ~"** "please do not tilt"
❸ (*scheitern lassen*) ■**jdn/etw** ~ to topple sb/to halt sth; **einen Artikel/eine Reportage** ~ to pull an article/a report; **eine Gesetzesvorlage** ~ to vote down a bill; **ein Urteil** ~ to overturn a judgement
► WENDUNGEN: **[gerne] einen/ein paar kippen** (*fam*) to like a drink [or two]
II. *vi sein* ❶ (*aus dem Schrägstand umfallen*) to tip [*or* topple] over; ■**[von etw]** ~ to fall [off sth]; ***er kippte ganz plötzlich nach vorne/vom Sessel*** he suddenly toppled forwards/fell off his chair
❷ (*zurückgehen*) to fall, to go down; ***hoffentlich kippt das Wetter nicht*** hopefully the weather won't change for the worse
❸ (*nicht mehr funktionieren*) *Ökosystem* to collapse
► WENDUNGEN: **aus den Latschen** ~ to fall through the floor

Kipper[1] <-s, -> *m* AUTO (*Vorder~*) dumper BRIT, dump truck AM; (*Hinter~*) tipper BRIT, dump truck AM; BAHN tipper wagon

Kipper[2] <-[s], -[s]> *m* KOCHK kipper

Kippfenster *nt* laterally pivoted window **Kipplore** *f* BERGB tipper wagon BRIT, dumper [*or* AM dump] truck **Kippschalter** *m* ELEK toggle [*or* tumbler] switch **Kippwagen** *m* BAHN tipper wagon

Kirche <-, -n> *f* ❶ (*Gebäude, Gottesdienst*) church
❷ (*bestimmte Glaubensgemeinschaft*) Church, religion; **die Bekennende** ~ HIST the Confessional [*or* Confessing] Church (*in Germany under National Socialism*); **die evangelische** ~ the Protestant Church; **die katholische** ~ the Catholic Church; **aus der ~ austreten** to leave the Church
❸ (*Institution*) Church
► WENDUNGEN: **die ~ im Dorf lassen** (*fam*) to not get carried away; **die ~ ums Dorf tragen** to do things in a roundabout way

Kirchenälteste(r) *f(m) dekl wie adj* [church-]elder **Kirchenasyl** *nt* REL religious asylum *no pl* **Kirchenaustritt** *m* secession from [*or* leaving [of]] the Church **Kirchenbank** *f* [church] pew **Kirchenbann** *m* REL excommunication **Kirchenbesuch** *m* attendance at church **Kirchenbuch** *nt* parish register **Kirchenchor** *m* church choir **Kirchendiener(in)** <-s, -> *m(f)* sexton **kirchenfeindlich** *adj* REL anticlerical **Kirchenfenster** *nt* church window **Kirchenfest** *nt* religious [*or* church] festival [*or* AM holiday] **Kirchenfürst** *m* (*geh*) high ecclesiastical [*or* church] dignitary, Prince of the Church *hist* **Kirchengemeinde** *f* parish **Kirchengeschichte** *f* ❶ REL (*Geschichte der christlichen Kirche*) church [*or* ecclesiastical] history ❷ HIST history of the church **Kirchenglocke** *f* church bell **Kirchenjahr** *nt* ecclesiastical [*or* church] year **Kirchenkuppel** *f* cathedral['s] dome, dome of a/the cathedral **Kirchenleitung** *f* church governing body **Kirchenlicht** *nt* ► WENDUNGEN: **kein [großes] ~ sein, nicht gerade ein großes ~ sein** (*fam*) to be not very bright [*or fam* a bit dim] **Kirchenlied** *nt* hymn **Kirchenmaus** *f* ► WENDUNGEN: **arm wie eine ~ sein** (*fam*) to be as poor as a church mouse *fam* **Kirchenmusik** *f* church [*or* sacred] music **Kirchenpfleger** *m* church warden **Kirchenportal** *nt* church portal **Kirchenrecht** *nt* canon [*or* ecclesiastical] law **Kirchenschiff** *nt* ARCHIT (*Längsschiff*) nave; (*Querschiff*) transept **Kirchenspaltung** *f* schism **Kirchenstaat** *m* HIST Papal States *pl* **Kirchensteuer** *f* church tax **Kirchentag** *m* Church congress; **Evangelischer** ~ Protestant [*or* Evangelical] Church congress **Kirchenvater** *m* Church Father **Kirchenvolk** *nt kein pl* REL, SOZIOL church members *pl* **Kirchenvolksbewegung** *f* [Catholic] churchgoers' movement **Kirchenvorstand** *m* parochial church council **Kirchgang** <-gänge> *m* church-going, going to church; **der sonntägliche** ~ going to church on Sunday[s] **Kirchgänger(in)** <-s, -> *m(f)* church-goer **Kirchgeld** *nt* church money (*variation of the church tax, raised from the income of someone who is not a member of a church but whose non-earning partner is*) **Kirchhof** *m* (*veraltend*) church graveyard

kirchlich **I.** *adj* REL ❶ (*von der Kirche ausgehend*) church *attr,* ecclesiastical; **ein ~er Dispens** an ecclesiastical dispensation, a dispensation from the church; **ein ~er Feiertag** a religious holiday; **auf ~e Missbilligung treffen** to meet with ecclesiastical disapproval [*or* the disapproval of the church]
❷ (*nach den Riten der Kirche*) church *attr;* **ein ~es Begräbnis** a church burial
II. *adv* ~ **bestattet werden** to have a church funeral [*or* Christian burial]; **sich ~ trauen lassen/~ heiraten** to get married in church [*or* have a church wedding]

Kirchplatz *m* church square **Kirchspiel** *nt* REL, ADMIN (*veraltend*) parish **Kirchturm** *m* [church] steeple, church tower

Kirchturmpolitik *f* (*pej*) parish-pump politics + *sing vb* **Kirchturmspitze** *f* church spire

Kirchweih <-, -en> *f,* **Kirchweihe** *f* (*ländlicher Jahrmarkt*) [country] fair

Kirgise, Kirgisin <-n, -n> *m, f* Kyrgyz[stani], Kirghiz; *s. a.* **Deutsche(r)**

Kirgisien <-s> *nt* Kirghizia, Kyrgyzstan

Kirgisisch *nt dekl wie adj* Kyrgyz, Kirghiz; *s. a.* **Deutsch**

kirgisisch *adj* Kyrgyz[stani]; *s. a.* **deutsch**

Kirgisische <-n> *nt* ■**das** ~ Kyrgyz, the Kyrgyz language; *s. a.* **Deutsche**

Kirgisistan <-s> *nt* Kyrgyzstan, Kirghizia; *s. a.* **Deutschland**

Kiribati <-s> *nt* Kiribati; *s. a.* **Sylt**

Kiribatier(in) <-s, -> *m(f)* I-Kiribati; *s. a.* **Deutsche(r)**

kiribatisch *adj* I-Kiribati; *s. a.* **deutsch**

Kirmes <-, -sen> *f* DIAL (*Kirchweih*) fair (*held on the anniversary of the consecration of a church*)

kirre *adj pred* (*fam*) **jdn ~ machen** to bring sb to heel; (*verrückt machen*) to drive sb mad [*or* up the wall] *fam;* ~ **werden** to get [*or* become] confused

Kirsch <-[e]s, -> *m* DIAL (*Kirschwasser*) kirsch

Kirschbaum *m* ❶ (*Baum*) cherry tree ❷ *kein pl* (*Holz*) cherry[-wood] *no pl* **Kirschblüte** *f* ❶ (*Blüte*) cherry blossom ❷ (*Zeitraum*) **während der ~** during cherry blossom time

Kirsche <-, -n> *f* ❶ (*Frucht des Kirschbaums*) cherry
❷ (*Kirschbaum*) cherry tree
❸ *kein pl* (*Kirschholz*) cherry[-wood] *no pl*
► WENDUNGEN: **mit jdm ist nicht gut ~n essen** (*fam*) it's best not to tangle with sb

Kirschentkerner <-s, -> *m* cherry-stoner **Kirschgeschmack** *m* cherry flavour [*or* AM -or] **Kirschkern** *m* cherry stone **Kirschlikör** *m* cherry brandy [*or* liqueur] **Kirschmarmelade** *f* cherry jam **kirschrot** *adj* cherry[-red] **Kirschstängel**[RR] *m* cherry stalk **Kirschtomate** *f* cherry tomato **Kirschtorte** *f* cherry gateau [*or* AM cake]; **Schwarzwälder** ~ Black Forest gateau **Kirschwasser** *nt* kirsch **Kirschzweig** *m* cherry-tree twig

Kissen <-s, -> *nt* (*Kopfkissen*) pillow; (*Zierkissen*) cushion

Kissenbezug *m* (*Kopfkissenbezug*) pillowcase, pillowslip; (*Zierkissenbezug*) cushion cover **Kissenhülle** *f* cushion cover **Kissenschlacht** *f* (*fam*) pillow-fight

Kiste <-, -n> *f* ❶ (*hölzerner Behälter*) box, crate; **eine ~ Wein/Champagner** a case of wine/champagne; **eine ~ Zigarren** a box of cigars
❷ (*sl: Auto*) crate *fam,* [old] banger [*or* AM clunker] *fam;* (*Flugzeug*) old crate *fam;* (*Boot*) old tub *fam*
❸ (*Fernseher*) the box *fam;* (*Computer*) computer
❹ (*Bett*) sack; ***ab in die ~!*** hit the sack!
► WENDUNGEN: **eine faule ~** a fishy business; **fertig ist die ~!** (*fam*) that's it! [*or* that], BRIT *a.* Bob's your uncle! *fam;* **eine tolle ~** a big spree; **in die ~ springen [*o* hüpfen]** (*sl*) to kick the bucket *fam,* BRIT *a.* to snuff it *sl,* BRIT *a.* to peg out *sl*

kistenweise *adv* ❶ (*viele Kisten umfassend*) several cases [*or* boxes] of; ~ **Champagner** several cases of champagne
❷ (*in Kisten verpackt*) by the case [*or* box]

Kisuaheli, Kiswahili *nt dekl wie adj* Swahili

Kit-Kat <-[s]> *nt kein pl s.* **ketamin** kit-kat

Kitsch <-es> *m kein pl* kitsch

kitschig **I.** *adj* kitschy
II. *adv* kitschily

Kitt <-[e]s, -e> *m* putty

Kittchen <-s, -> *nt* (*fam*) jail, clink *sl,* stir *sl,* BRIT *sl a.* nick

Kittel <-s, -> *m* ❶ (*Arbeitskittel*) overall; **der ~ eines Arztes/Laboranten** a doctor's/lab technician's white coat
❷ SÜDD (*Jacke*) jacket

Kittelschürze *f* overall

kitten *vt* ❶ (*ver~*) ■**etw [mit etw]** ~ to fill sth [with sth]
❷ (*mit Kitt kleben*) ■**etw** ~ to stick sth together with cement; ■**etw [an etw *akk*]** ~ to cement sth [to sth]
❸ (*in Ordnung bringen*) ■**etw [wieder]** ~ to patch up sth *sep* [again] *fig*

Kitz <-es, -e> *nt* kid

Kitzel <-s, -> *m* ❶ (*Juckreiz*) tickling feeling
❷ (*Lust auf Verbotenes*) thrill

kitz(e)lig *adj* ❶ (*gegen Kitzeln empfindlich*) ticklish; ■**[irgendwo/an etw *dat*] ~ sein** to be ticklish [somewhere/on sth]
❷ (*heikel*) ticklish; **eine ~e Angelegenheit** a delicate matter

kitzeln **I.** *vt* ❶ (*einen Juckreiz hervorrufen*) ■**jdn [irgendwo/an etw *dat*]** ~ to tickle sb [somewhere/on sth]
❷ (*reizen*) ■**jdn** ~ to titillate sb
❸ (*die Sinne reizen*) ■**etw** ~ to arouse sth
II. *vi* ■**[irgendwo/an etw *dat*]** ~ to tickle [somewhere]; ***hör auf, das kitzelt!*** stop it, it [*or* that] tickles!
III. *vt impers* ❶ (*jucken*) ■**es kitzelt jdn [irgendwo]** sth is tickling somewhere
❷ (*reizen*) ■**es kitzelt jdn[, etw zu tun]** ***es kitzelt mich sehr, da mitzumachen*** I'm really itching to join in

Kitzeln <-s> *nt kein pl* tickling

Kitzler <-s, -> *m* ANAT clitoris

kitzlig *adj s.* **kitzelig**

Kiwi <-, -s> *f* kiwi [fruit]

kJ *nt Abk von* **Kilojoule** kJ

KKW <-s, -s> *nt Abk von* **Kernkraftwerk**

Klabautermann <-männer> *m* (*guter Geist*) protective spirit (*watching over a ship*); (*Kobold*) ship's kobold

klack *interj* (*kurzer Ton*) clack; ~ **machen** to go clack; (*platschendes Geräusch*) splosh

klacken *vi* (*fam*) to click, to clack; ***die Billardkugel stieß ~d gegen die andere*** the billiard balls hit each other with a clack

klacks *interj* splat

Klacks <-es, -e> *m* (*fam*) ❶ (*platschendes Geräusch*) splat, splosh
❷ (*kleines bisschen*) dab, blob
► WENDUNGEN: **[für jdn] ein ~ sein** (*einfach*) to be a piece of cake [for sb]; (*wenig*) to be nothing [to sb]

Kladde <-, -n> *f* NORDD (*Notizbuch*) rough book BRIT, notebook AM

klaffen *vi* to yawn, to gape; ***vor ihm klaffte eine Gletscherspalte*** a crevasse yawned in front of him; **der Schnitt/die Wunde klaffte** the cut/wound gaped [open]

kläffen *vi* to yap *pej;* ■**das K~** [the] yapping

klaffend *adj* ❶ (*gähnend*) yawning, gaping
❷ (*auseinander~*) gaping

Kläffer <-s, -> *m* (*pej fam*) yapper *pej*

Klaffmuschel *f* soft-shelled [*or* sand] clam

Klafter <-s, -> *m o nt* <-, -n> *f* (*selten veraltet*)
❶ (*Maß für Holz*) cord
❷ (*altes Längenmaß*) fathom

Klagausschlussfrist[RR] *f* JUR limitation of action
klagbar *adj inv* JUR enforceable, AM suable
Klagbarkeit *f* JUR enforceability, AM suability
Klage <-, -n> *f* ❶ (*geh: Ausdruck von Trauer*) lament[ation] *form;* ■~ **um jdn/etw** lamentations for sb/sth
❷ (*Beschwerde*) complaint; **ein berechtigter Grund zur** ~ reasonable grounds for complaint; **dass mir keine ~n kommen!** (*fam*) don't let me hear any complaints [about you]!
❸ JUR action, lawsuit, charge, indictment; ***eine ~ ist zulässig*** an action lies; ■**eine ~ auf etw** *akk* an action for sth; ~ **einer Gruppe** class action; ~ **aus einer Schuldurkunde/aus fremdem Recht** debenture/derivative action; ~ **auf Feststellung der Unwirksamkeit einer Kündigung** action for wrongful dismissal; ~ **wegen Vertragsverletzung** action for breach of contract; **eine ~ auf Schadenersatz** a claim for compensation; **schikanöse** ~ vexatious proceedings; **unzulässige** ~ inadmissible action; **eine ~ abweisen** to dismiss a suit [*or* an action]; **eine ~ [gegen jdn] anstrengen** to file a suit [*or* bring an action] [against sb]; **eine ~ [gegen jdn] einreichen** to institute [legal] proceedings [against sb], to bring [*or* enter] [*or* file] an action [against sb], to take legal action [against sb]; **eine ~ fallen lassen/zurückziehen** to drop/withdraw an action; **[bei jdm] über jdn/etw ~ führen** to make [*or* lodge] a complaint [with sb] [*or* complain [to sb]] about sb/sth; **[über jdn/etw] ~n vorbringen** to make complaints [*or* complain] [about sb/sth]
Klageabweisung *f* JUR dismissal of an action **Klageänderung** *f* JUR amendment of pleadings **Klageandrohung** *f* JUR threat of legal proceedings **Klageanspruch** *m* JUR claim; **den ~ begründen** to substantiate an action; ***der ~ ist begründet*** the action lies, the action is justified **Klageantrag** *m* JUR demand for relief; **unbezifferter** ~ unliquidated claim for relief **Klagebeantwortung** *f* JUR defence answer **Klagebefugnis** *f* JUR right of action; **nichtprivilegierte/privilegierte** ~ non-privileged/privileged right of action **Klagebegehren** *nt* JUR plaintiff's claim, relief sought; **dem ~ entsprechen** to find for the plaintiff **Klagebegründung** *f* JUR statement of claim **Klageeinreichung** *f* JUR filing of an action **Klageerhebung** *f* JUR filing [*or* commencement] of action **Klageerweiterung** *f* JUR extension of the plaintiff's claim **Klageerwiderung** *f* JUR statement of defence **Klageerzeugungsverfahren** *nt* JUR enforcement of public prosecution proceedings **Klageerzwingungsverfahren** *nt* JUR *proceedings to force the public prosecution to prefer criminal charges*
klagefähig *adj* JUR suable
Klagefrist *f* JUR period for filing a suit **Klagegegenstand** *m* JUR subject-matter of an action **Klagegeschrei** *nt* wailing; **ein [lautes/jämmerliches] ~ anstimmen** to start [a loud/pitiful] wailing [*or* wailing [loudly/pitifully]] **Klagegrund** *m* JUR cause [*or* ground] of an action; **kurze Darstellung der Klagegründe** summary of the pleas in law on which the application is based; **berechtigter** ~ clear [*or* good] title **Klagehäufung** *f* JUR consolidation of actions **Klagelaut** *m* plaintive cry; **... ~e von sich geben** to give [*or* utter] ... plaintive cries **Klagelied** *nt* **ein ~ [über jdn/etw] anstimmen/singen** to start to moan [about sb/sth] **Klagemauer** *f* REL ■**die** ~ the Wailing Wall
Klagen <-s> *nt kein pl* JUR taking legal action
klagen I. *vi* ❶ (*jammern*) ■**[über etw** *akk*] ~ to moan [*or* grumble] [*or* complain] [about sth]; ***sie klagt regelmäßig über Kopfschmerzen*** she regularly complains of having headaches
❷ (*geh: trauern*) ■**um jdn/etw** ~ to mourn [for [*or* over]] sb/for [*or* over] sth; ■**über etw** ~ to mourn sth
❸ (*sich beklagen*) ■**[bei jdm] über jdn/etw** ~ to complain about sb/sth [to sb]; **nicht ~ können** (*fam*) to not be able to complain; ***ich kann nicht*** ~ I can't complain, BRIT *a.* [I] musn't grumble; **ohne zu** ~ without complaining [*or* complaint]
❹ JUR (*prozessieren*) ■**[gegen jdn]** ~ to take legal [*or* bring an] action [*or* institute legal proceedings] [against sb], to sue [sb]; ■**auf etw** *akk* ~ to sue for sth; **auf Erfüllung** ~ to sue for [specific] performance; ~ **und verklagt werden** to sue and be sued
II. *vt* ❶ (*Bedrückendes erzählen*) **jdm sein Leid** ~ to tell sb one's troubles, to pour out one's troubles to sb
❷ ÖSTERR ■**jdn** ~ (*verklagen*) to take legal [*or* bring an] action [*or* institute legal proceedings] against [*or* sue] sb
klagend *adj* ❶ (*jammernd*) moaning, grumbling, complaining
❷ JUR (*den Kläger darstellend*) **die ~e Partei/der ~e Teil** the plaintiff
Klagenfurt <-s> *nt* Klagenfurt
Kläger(in) <-s, -> *m(f)* JUR (*jd, der klagt*) plaintiff, AM suitor; **als ~ auftreten** to appear as plaintiff; **zugunsten des ~s entscheiden** to find for the plaintiff; **einen ~ vertreten** to act for the plaintiff
▸ WENDUNGEN: **wo kein ~ ist, ist auch kein Richter** (*prov*) without complaint, there is no redress
Klagerecht *nt* JUR right to bring a suit
Klägergerichtsstand *m* JUR plaintiff's venue
Klagerücknahme *f* JUR withdrawal of an action **Klageschrift** *f* JUR statement of claim, [com]plaint; **eine ~ anfertigen/einreichen/zustellen** to frame/to file/to serve a complaint **Klageverbindung** *f* JUR joinder of actions; **unzulässige** ~ misjoinder of actions **Klageverfahren** *nt* JUR litigation proceedings *pl* **Klageverjährung** *f* JUR limitation of action **Klageverzicht** *m* JUR plaintiff's waiver **Klagevoraussetzungen** *pl* JUR prerequisites for taking legal action **Klageweg** *m* JUR litigation, action; **den ~ beschreiten** (*geh*) to institute legal proceedings, to take legal action, to sue; **auf dem** *geh* **~[e]** by instituting [*or* taking] legal proceedings, by way of legal action **Klageweib** *nt* [professional] mourner **Klagezulassung** *f* JUR allocatur **Klagezustellung** *f* JUR service of the action
kläglich I. *adj* ❶ (*Mitleid erregend*) pathetic, pitiful; **ein ~er Anblick** a pitiful sight
❷ (*miserabel*) **eine ~e Darbietung** a wretched [*or* pathetic] performance; **~es Verhalten** despicable behaviour [*or* AM -or]
❸ (*dürftig*) pathetic; **ein ~er Rest** a few pathetic remains [*or* remnants]
❹ (*jammervoll*) pitiful
II. *adv* pitifully; ~ **durchfallen/scheitern/versagen** (*pej*) to fail miserably; ~ **zu Tode kommen** to die a wretched death
Kläglichkeit <-, *selten* -en> *f* (*pej*) pitifulness, patheticness *rare*
klaglos *adv* uncomplainingly, without complaint [*or* complaining]
Klamauk <-s> *m kein pl* (*pej fam*) ❶ (*Alberei*) tomfoolery; ~ **machen** to fool [*or* mess] around [*or* about], to lark about; (*lärmen*) to make a racket [*or* din] [*or* BRIT *a.* row], to kick up a racket
❷ (*Getöse*) racket, din, BRIT *a.* row
❸ (*übertriebene Komik*) slapstick
klamm *adj* ❶ (*steif vor Kälte*) numb
❷ (*nass und kalt*) dank
❸ (*sl: knapp bei Kasse*) ■~ **sein** to be hard up [*or* *fam* [a bit] strapped [for cash]]
Klamm <-, -en> *f* GEOG ravine, [deep] gorge
Klammer <-, -n> *f* ❶ (*Wäscheklammer*) [clothes-]peg; (*Heftklammer*) staple; (*Haarklammer*) [hair-]grip; MED (*Wundklammer*) clip
❷ (*Zahnklammer*) brace
❸ (*einschließendes Textsymbol*) bracket; **eckige/runde/spitze** ~ square/round/pointed brackets; **geschweifte ~n** braces; ~ **auf/zu** open/close brackets; **in ~n** in brackets
Klammeraffe *m* ❶ ZOOL spider monkey ❷ INFORM at sign **Klammergriff** *m* (*fig*) [tight] grip *fig* **Klammerheftung** *f* TYPO [wire] stapling
klammern I. *vt* ❶ (*zusammenheften*) ■**etw [an etw** *akk*] ~ to staple sth [to sth]
❷ MED (*mit einer Klammer schließen*) ■**etw** ~ to close sth with clips
II. *vr* ❶ (*sich hängen an*) ■**sich an jdn/etw** ~ to cling to sb/sth
❷ (*sich festhalten an*) ■**sich an jdn/etw** ~ (*fig*) to cling to sb/sth *fig*
III. *vi* SPORT to clinch
klammheimlich I. *adj* (*fam*) clandestine, on the quiet *pred fam*
II. *adv* (*fam*) on the quiet *fam;* ■**sich ~ fortstehlen/davonmachen** to slip away [unseen [*or* silently]]
Klamotte <-, -n> *f* ❶ *meist pl* (*fam: Kleidung*) gear *no pl fam;* **nicht aus den ~n herausgekommen sein** (*fig*) to not have stopped working [all day], to never have had a moment to relax
❷ *meist pl* (*fam: alter Kram*) junk *no pl fam,* stuff *no pl fam*
❸ (*pej fam: derber Schwank*) bawdy comic tale; (*Theaterstück, Film*) bawdy farce; **eine alte** ~ a load of old tat BRIT *pej fam*
❹ DIAL (*Steinbrocken*) [lump of] rock
Klamottenkiste *f* ▸ WENDUNGEN: **aus der** ~ (*fam*) out of the ark *fam*
Klampfe <-, -n> *f* (*veraltend fam*) guitar
klamüsern *vt* (*fam*) **etw auseinander** ~ to explain sth [to oneself] in simple terms
Klan <-s, -s> *m* clan
klang *imp von* **klingen**
Klang <-[e]s, Klänge> *m* ❶ (*Ton*) sound, tone
❷ *pl* (*harmonische Klangfolgen*) sounds; *s. a.* **Name**
Klangdatei *f* INFORM sound file **Klangeffekt** *m* sound effect **Klangfarbe** *f* MUS tone [*or* harmonic] colour [*or* AM -or], timbre **Klangfarberegler** *m* TECH tone control **Klangfolge** *f* sequence of tones **Klangfülle** *f* fullness [*or* richness] of tone; *einer Stimme* sonority
klanglich I. *adj* tonal
II. *adv* tonally; **sich ~ unterscheiden** to be different in tone
klanglos *adj* toneless **Klangregler** *m* tone control **klangvoll** *adj* ❶ (*volltönend*) sonorous; **eine ~e Melodie** a tuneful melody; **eine ~e Sprache** a melodious language; **eine ~e Stimme** a melodious [*or* sonorous] voice ❷ (*wohltönend*) fine-sounding
Klansystem *nt* clan system
Klappbett *nt* folding bed **Klappdeckel** *m* hinged lid
Klappe <-, -n> *f* ❶ (*klappbarer Deckel*) flap
❷ MODE (*Verschluss einer Tasche*) flap
❸ FILM clapperboard
❹ (*sl: Mund*) mouth, trap *sl,* BRIT *a.* gob *sl;* **die [*o* seine] ~ halten** (*sl*) to shut one's mouth [*or sl* trap] [*or* BRIT *a. sl* gob]; ***halt die ~!*** shut your trap! [*or* gob] [*or* mouth]; **die ~ aufreißen** (*sl*) to talk big, to brag, to boast; **eine große ~ haben, die [ganz] große ~ schwingen** (*sl*) to have a big mouth *fam*
❺ MUS key; **die ~n einer Trompete** a trumpet's valves, the valves on a trumpet
❻ (*sl: Schwulentreffpunkt*) gay bar [*or* club]
▸ WENDUNGEN: **bei jdm geht eine [*o* die] [*o fam* fällt die] ~ runter** sb clams up *fam*
klappen I. *vt haben* ■**etw irgendwohin** ~ to fold sth somewhere; **einen Deckel/eine Klappe nach oben/unten** ~ to lift up [*or* raise]/lower a lid/flap
II. *vi* ❶ *haben* (*fam: funktionieren*) ■**[irgendwie]** ~ to work out [somehow]; ***alles hat geklappt*** everything went as planned [*or* [off] all right]; **[*ein bisschen Glück und*] *es könnte*** ~ it might work [with a bit of luck], we might succeed [with a bit of luck]
❷ *sein* (*schnappen*) ■**irgendwohin** ~ to fold somewhere; ■**an/gegen etw** ~ to bang against sth; ■**jdm an/vor/gegen/auf etw** ~ to hit sb on sth
Klappenfalz *m* TYPO jaw fold **Klappentasche** *f* flap pocket **Klappentext** *m* TYPO blurb
Klapper <-, -n> *f* rattle
klapperdürr *adj* (*fam*) [as] thin as a rake *pred*
Klappergestell *nt* (*hum fam: sehr dünner Mensch*) bag of bones; (*altes, klappriges Fahrzeug*) boneshaker *fam*

klapp(e)rig *adj* (*fam*) ❶ (*gebrechlich*) infirm, frail ❷ (*instabil und wacklig*) rickety
Klapperkasten *m* (*fam o pej*) ❶ *s.* **Klapperkiste** ❷ (*Klavier*) key basher *pej fam* ❸ (*altes Gerät*) old pile of junk; (*Schreibmaschine*) clattery old thing *pej fam* **Klapperkiste** *f* (*pej: Auto*) boneshaker *fam;* (*altes Gerät*) pile [*or* heap] of junk *fam*
klappern *vi* ❶ (*hin- und herschlagen*) to clatter, to rattle
❷ (*ein ~des Geräusch erzeugen*) ■**mit etw** ~ to rattle sth; ***sie klapperte vor Kälte mit den Zähnen*** her teeth chattered with [the] cold
❸ (*klappernd fahren*) to clatter [*or* rattle] along
Klapperschlange *f* rattlesnake **Klapperstorch** *m* (*kindersprache*) stork; [**immer noch**] **an den ~ glauben** to [still] believe that babies are brought by the stork [*or* found under the gooseberry bush]
Klappfahrrad *nt* folding bicycle
Klappladen *m* BAU folding shutter **Klappmesser** *nt* flick-knife
klapprig *adj s.* **klapperig**
Klappsitz *m* folding [*or* tip-up] seat **Klappsportwagen** *m* recliner, stroller **Klappstuhl** *m* folding chair, camp-chair **Klapptisch** *m* folding table **Klappverdeck** *nt* AUTO folding [*or* convertible] [*or* collapsible] top
Klaps <-es, -e> *m* (*leichter Schlag*) slap, smack
▶ WENDUNGEN: **einen ~ haben** (*sl*) to have a screw loose *fam*
Klapsmühle *f* (*sl*) loony-bin *sl,* nuthouse *sl,* funny farm *sl*
klar I. *adj* ❶ (*ungetrübt*) clear; **eine ~e Flüssigkeit** a clear [*or* colourless [*or* AM -orless]] liquid; **ein ~er Schnaps** a [colourless [*or* white]] schnap[p]s, a colourless spirit; **eine ~e Nacht** a clear night; *s. a.* **Brühe**
❷ (*deutlich zu sehen*) clear; **~e Konturen** clear contours
❸ (*unmissverständlich*) clear; **eine ~e Antwort** a straight answer; **eine ~e Frage** a direct question
❹ (*eindeutig*) clear; **ein ~es Ergebnis** a clear-cut result; **~er Fall** (*fam*) sure thing *fam;* **ein ~er Nachteil/Vorteil** a clear [*or* decided] advantage/disadvantage; **~e Prognose** unambiguous prediction; **~ wie Kloßbrühe** (*fam*) as plain as the nose on your face *fam*
❺ (*deutlich vernehmbar*) clear; **ein ~er Empfang** clear reception
❻ (*bewusst*) ■**jdm ~ sein/werden** to be/become clear to sb; ■**sich** *dat* **über etw** *akk* **im K~en sein** to realize sth, to be aware of sth; ■**sich** *dat* **darüber im K~en sein, dass …** to realize [*or* be aware of the fact] that; ■**jdm ~ sein, dass …** to be clear to sb that …; ■**jdm ~ sein** to be clear to sb; ■[**jdm**] **~ werden** to become clear [to sb]; ■**sich** *dat* **über etw** *akk* **~ werden** to get sth clear in one's mind; **alles ~?** (*fam*) is everything clear?
❼ (*selbstverständlich*) of course; **na ~!** (*fam*) of course!; ***aber ~ doch!*** of course [you/they etc. can]!
❽ (*bereit*) ready; **~ zur Landung** ready [*or* cleared] for landing; **~ Schiff machen** (*fig a.*) to clear the decks
II. *adv* ❶ (*deutlich*) clearly; **~ hervortreten/zu Tage treten** to become clear; **~ im Nachteil/Vorteil sein** to be at a clear disadvantage/advantage; **jdm etw ~ sagen/zu verstehen geben** to have a clear picture [of sth], to make sth clear to sb; **~ und deutlich** clearly and unambiguously
❷ (*eindeutig*) soundly; **jdn ~ besiegen** to defeat sb soundly, to enjoy a clear victory over sb; **etw ~ beurteilen** [**können**] to [be able to] make a sound judgement of sth; **etw ~ erkennen** to see sth clearly
❸ (*ungetrübt*) clearly; **~ denkend** clear-thinking; **~ sehen** to see clearly; **in etw** *dat* **~ sehen** to have understood sth
Kläranlage *f* sewage-works
Klarapfel *m* HORT early season dessert apple
Klärbecken *nt* ÖKOL sewage reservoir [*or* lagoon]
Klare(r) *m dekl wie adj* (*fam*) [colourless [*or* AM -orless] [*or* white]] schnap[p]s, colourless spirit
klären I. *vt* ❶ (*auf~*) ■**etw ~** to clear up sth *sep;* **eine Frage ~** to settle a question; **ein Problem ~** to resolve [*or* settle] [*or* solve] a problem; **eine Sachlage ~** to clarify a situation; **den Tatbestand ~** to determine the facts [of the matter]
❷ (*reinigen*) ■**geklärt werden** *Abwässer, Luft* to be treated
❸ KOCHK ■**etw ~** to clarify [*or* settle] sth
II. *vr* ❶ (*sich auf~*) ■**sich ~** to be cleared up; ***das Problem wird sich schon eventuell*** [***von selber***] **~** the problem will probably resolve [*or* settle] itself [of its own accord]
❷ (*sauber werden*) ■**sich** [**wieder**] **~** *Wasser* to become clear [again]
klar|gehen *vi irreg sein* (*fam*) to go OK *fam;* [***alles***] ***geht klar!*** everything's OK!
Klarheit <-, -en> *f* ❶ (*Deutlichkeit*) clarity; **über etw** *akk* **besteht ~** sth is clear; **über etw ~ gewinnen** to become clear about sth; **~** [**über etw** *akk*] **haben** to be clear [about sth]; **sich** *dat* **~** [**über etw** *akk*] **verschaffen** to find out the facts [about sth]; **in aller ~** quite clearly; **jdm etw in aller ~ sagen/zu verstehen geben** to make sth perfectly clear [*or sep* spell out sth] to sb
❷ (*Reinheit*) clearness
Klarinette <-, -n> *f* clarinet
Klarinettist(in) <-en, -en> *m(f)* clarinettist
klar|kochen *vt* KOCHK **eine Suppe/Sauce ~** *to cook a soup/sauce until all residue can be skimmed off the surface*
klar|kommen *vi irreg sein* (*fam*) ❶ (*bewältigen*) ■[**mit etw**] **~** to manage [sth], to cope [with sth]; ***kommst du klar?*** can you cope? [*or* manage]
❷ (*zurechtkommen*) ■**mit jdm ~** to cope with sb
Klarlack *m* clear varnish
klar|machen *vt* ■**jdm etw ~** to make sth clear to sb; ■**jdm ~, dass/wie/wo …** to make it clear to sb that/how/where …; ■**sich** *dat* **etw ~** to get sth clear in one's mind; ■**sich** *dat* **~, dass/wie/wo …** to realize that/how/where …
Klarname *m* real name
Klärschlamm *m* sludge
Klarsichtfolie [-liə] *f* transparent film **Klarsichthülle** *f* transparent folder [*or* file]
klarsichtig *adj* clear-sighted
Klarsichtpackung *f* transparent [*or* see-through] pack, blister pack
klar|spülen *vi, vt* ■[**etw**] **~** to rinse [sth]
klar|stellen *vt* ■**etw ~** to clear up sth *sep;* ■**~, dass** to make [it] clear that
Klarstellung *f* clarification
Klartext *m* clear [*or* plain] text, text in clear; **mit jdm ~ reden** [*o* **sprechen**] (*fam*) to give sb a piece of one's mind [*or* [real] talking-to]; **im ~** (*fam*) in plain [*or* simple] English
Klärung <-, -en> *f* ❶ (*Aufklärung*) clarification; *Frage* settling; *Problem* resolving, settling, solving; *Tatbestand* determining
❷ (*Reinigung*) *Abwässer* treatment
Klärungsbedarf *m kein pl* (*geh*) need for clarification; **~ haben** to seek clarification *form*
klasse *adj inv* (*fam*) great *fam,* wicked *fam;* ***das war wirklich ~ von ihm*** that was really good of him
Klasse <-, -n> *f* ❶ (*Schulklasse*) class, BRIT *a.* form; **eine ~ wiederholen/überspringen** to repeat/skip a year; (*Klassenraum*) classroom
❷ SOZIOL (*Gesellschaftsgruppe*) class; **die herrschende ~** the ruling classes *pl;* **zur ~ der Arbeiter gehören** to belong to the [*or* to be] working class
❸ (*Güte~*) class; **Champignons der ~ III** class III mushrooms; **ein Wagen der gehobenen ~** a top-of-the-range car; **ein Spieler der besten ~** a first-class player
❹ BIOL category
❺ POL (*Rangstufe*) rank, class; **das Bundesverdienstkreuz erster ~** the Order of Merit of the Federal Republic of Germany first-class
❻ (*Wagenklasse, Schiffsklasse*) class; ***wir fahren immer erster ~*** we always travel first-class
❼ SPORT league; *Boxen* division, class
❽ (*Fahrzeuggruppe*) class; **der Führerschein ~ III** a class III driving licence [*or* AM -se]
❾ MED (*Pflegeklasse*) class
❿ (*Lotteriegruppe*) class
⓫ JUR (*Patentrecht*) class; **anwendungsbezogene ~** utility-oriented class; **anwendungsfreie ~** non-utility-oriented class
▶ WENDUNGEN: **erster ~** first-class [*or* -rate]; [**ganz**] **große ~!** [**sein**] (*fam*) [that's] [just] great! *fam*
Klassefrau *f* (*euph fam*) [real] looker *fam,* stunner *fam* **Klassemann** *m* (*euph fam*) [real] looker *fam,* good-looking guy *fam*
Klassement <-s, -s> [klasəˈmãː] *nt* SPORT list of rankings, rankings *pl,* ranking list
Klassenarbeit *f* [written] class test **Klassenausflug** *m* class outing **Klassenbeste(r)** *f(m) dekl wie adj* SCH top pupil in the class **Klassenbewusstsein**[RR] *nt kein pl* SOZIOL class-consciousness *no pl* **Klassenbuch** *nt* SCH [class] register **Klassenerhalt** *m kein pl* SPORT staying up *no pl, no art;* **um den ~ kämpfen** to fight to stay up [*or* to avoid relegation] **Klassenfahrt** *f* class outing **Klassengebühr** *f* (*Patent*) class fee **Klassenkamerad(in)** *m(f)* classmate **Klassenkampf** *m* POL, SOZIOL class struggle ▶ WENDUNGEN: **das ist Aufreizung zum ~!** (*prov, hum fam*) that's well [*or* BRIT *a. fam* bang] out of order **Klassenlehrer(in)** *m(f)* class [*or* BRIT *a.* form] teacher, BRIT *a.* form master *masc* [*or fem* mistress]
klassenlos *adj* SOZIOL classless; **ein ~es Krankenhaus** a single-class hospital
Klassenlos *nt* ≈ lottery ticket (*a ticket for the Klassenlotterie*) **Klassenlotterie** *f* ≈ lottery (*a lottery in which there are draws on a number of different days and for which tickets can be bought for each individual draw*)*;* **in der ~ spielen** ≈ to play the lottery (*to take part in the Klassenlotterie*) **Klassenraum** *m s.* **Klassenzimmer** **Klassensprecher(in)** *m(f)* SCH class spokesman **Klassenstärke** *f* SCH size of a [*or* the] class [*or* the classes] **Klassentreffen** *nt* SCH class reunion **Klassentür** *f* classroom door **Klassenverzeichnis** *nt* JUR (*Patent*) class index
klassenweise *adv* (*nach Schulklassen*) in classes; (*Klassenraum um Klassenraum*) class[room] by class[room]
Klassenziel *nt* required standard [for a class]; **das ~ erreichen** (*geh*) to reach the required standard
Klassenzimmer *nt* classroom
Klasseweib *nt* (*euph fam*) [real] looker *fam,* stunner *fam*
Klassifikation <-, -en> *f s.* **Klassifizierung**
klassifizierbar *adj* classifiable; ■**nicht ~ sein** to be unclassifiable
klassifizieren* *vt* ■**etw** [**nach etw**] **~** to classify sth [according to sth]; ■**etw** [**als etw**] **~** to classify sth [as sth]
Klassifizierung <-, -en> *f* classification
Klassik <-> *f kein pl* ❶ (*kulturelle Epoche*) classical age [*or* period]
❷ (*die antike ~*) Classical Antiquity
❸ (*fam: klassische Musik*) classical music
Klassiker(in) <-s, -> *m(f)* ❶ (*klassischer Schriftsteller*) classical writer
❷ (*klassischer Komponist*) classical composer
❸ (*maßgebliche Autorität*) leading authority
❹ (*zeitloses Werk*) classic; ***dieses Buch ist ein echter ~*** this book is a real classic
Klassikkanal *m* TV, RADIO classical channel
klassisch *adj* ❶ (*die antike Klassik betreffend*) classical
❷ KUNST, ARCHIT, LIT, MUS (*aus der Klassik stammend*) classical
❸ (*ideal*) classic
Klassizismus <-, -smen> *m* ARCHIT classicism
klassizistisch *adj* ARCHIT, KUNST classical; **Klassizistische Antiqua** Modern Face, Didonics *pl*
klastisch *adj inv* GEOL clastic
klatsch *interj* smack!; **~ machen** to make a smacking noise

Klatsch <-[e]s, -e> *m* ① *kein pl* (*pej fam: Gerede*) gossip, tittle-tattle; ~ **und Tratsch** gossip
② (*klatschender Aufprall*) smack

Klatschbase *f* (*pej fam*) gossip[-monger]

Klatsche <-, -n> *f* (*fam*) ① (*Fliegenklappe*) fly-swat [*or* -swatter]
② DIAL (*fam: Petze*) tell-tale *fam*

klatschen I. *vi* ① *haben* (*applaudieren*) to clap, to applaud
② *haben* (*einen Klaps geben*) ■**[jdm] [irgendwohin]** ~ to smack [*or* slap] [sb] [somewhere]; **jdm/sich auf die Hände/Hand** ~ to smack sb/oneself on the hands/hand; **jdm eine** ~ to slap sb across the face
③ *sein* (*mit einem Platsch auftreffen*) ■**auf/in etw** ~ to land with a splat on/in sth; ■**gegen etw** ~ to smack into sth *fam*; ***die Regentropfen klatschten ihr ins Gesicht*** the raindrops beat against her face
④ *haben* (*pej fam: tratschen*) ■**[mit jdm] [über jdn/etw]** ~ to gossip [about sb/sth] [to sb]; DIAL (*petzen*) to tell tales
II. *vi impers haben* to smack; ***wenn du das nochmal machst, klatscht es!*** if you do that again, you'll get a slap
III. *vt haben* ① (~*d schlagen*) ■**etw** ~ to beat out sth *sep*
② (*sl: werfen*) ■**etw irgendwohin** ~ to chuck sth somewhere *fam*
③ (*verprügeln*) ■**jdn** ~ to slap sb

Klatschen <-s> *nt kein pl* ① (*Applaus*) applause
② (*fam: das Tratschen*) gossiping, tittle-tattling *fam*

Klatscherei <-, -en> *f* (*pej fam*) ① (*ständiges Applaudieren*) constant applause [*or* clapping] *no indef art, no pl*
② (*Tratscherei*) gossiping *no indef art, no pl*, gossip-mongering *no indef art, no pl*

klatschhaft *adj* (*pej fam*) gossipy; ■~ **sein** to be fond of [a] gossip, to like a good gossip

Klatschhaftigkeit <-> *f kein pl* (*pej*) fondness for gossip

Klatschmaul *nt* (*pej fam*) ① (*Mund*) big mouth [*or* BRIT *fam!* gob]
② (*klatschfreudiger Mensch*) gossip[-monger]; (*bösartig a.*) scandalmonger *pej*

Klatschmohn *m* [corn [*or* field]] poppy

klatschnass[RR] *adj* (*fam*) soaking [*or* dripping] [*or fam* sopping] wet; ■~ **sein/werden** to be/get soaked; **bis auf die Haut** ~ **werden** to get soaked to the skin

Klatschpresse *f kein pl* (*fam*) MEDIA gossip press; ■**die** ~ the gossip columns *pl*

Klatschspalte *f* (*pej fam*) gossip column[s *pl*] **Klatschsucht** *f kein pl* (*pej*) gossip-mongering **klatschsüchtig** *adj* (*pej*) extremely gossipy; ■~ **sein** to be a compulsive gossip[-monger] **Klatschtante** *f*, **Klatschweib** *nt s.* **Klatschbase**

klauben *vt* SÜDD, ÖSTERR, SCHWEIZ ① (*pflücken*) ■**etw [von etw]** ~ to pick sth [from sth]
② (*sammeln*) ■**etw [in etw** *akk***]** ~ to collect sth [in sth]; **Holz/Pilze** ~ to gather wood/mushrooms; **Kartoffeln** ~ to dig potatoes
③ (*auslesen*) ■**etw aus/von etw** ~ to pick sth out of/from sth; **etw vom Boden** ~ to pick up sth *sep* [off the floor]

Klaue <-, -n> *f* ① (*Krallen*) claw; (*Vogel~ a.*) talon
② (*pej sl: Hand*) paw *hum fam*, mitt *fam!*
③ (*pej sl: Handschrift*) scrawl
► WENDUNGEN: **die ~n des Todes** (*geh*) the jaws of death; **jdn in seinen ~n haben** to have sb in one's clutches; **in jds ~n sein** [*o* **sich** *dat* **befinden**] to be in sb's clutches

klauen (*fam*) I. *vt* ■**[jdm] etw** ~ to pinch [*or* BRIT *a.* nick] sth [from sb] *fam*
II. *vi* to pinch [*or* BRIT *a.* nick] things *fam*; ■**das K~** thieving, stealing, pinching [*or* BRIT *a.* nicking] things *fam*

Klause <-, -n> *f* ① (*Einsiedelei*) hermitage
② (*hum: kleines Zimmer*) den, retreat

Klausel <-, -n> *f* ① (*Inhaltsbestandteil eines Vertrags*) clause, provision; **in arglistiger Absicht eingefügte** ~ fraudulent clause; **handelsübliche** ~ customary clause; **eine** ~ **einfügen** to insert a clause
② (*Bedingung*) condition
③ (*Vorbehalt*) proviso

Klausner(in) <-s, -> *m(f)* (*veraltet*) *s.* **Einsiedler**

Klaustrophobie <-, -n> *f* claustrophobia *no indef art, no pl spec*

Klausur <-, -en> *f* ① SCH [written] exam [*or* paper]; **etw in** ~ **schreiben** to write [*or* take] sth under exam[ination *form*] conditions; **eine** ~ **korrigieren** [*o* **verbessern**] to mark BRIT [*or* grade] exam papers
② REL cloister, enclosure; **in** ~ **gehen** to retreat (from the world)
③ POL private session, closed-door meeting

Klausurtagung *f* POL closed[-door] meeting

Klaviatur <-, -en> [-vi-] *f* ① MUS keyboard
② (*geh: Sortiment*) range; **die ganze** ~ **der Tricks** the whole gamut of tricks

Klavichord <-[e]s, -e> *nt* clavichord

Klavier <-s, -e> *nt* piano; ~ **spielen** to play the piano; **ein hervorragendes** ~ **spielen** (*sl*) to be great on [the] piano; **jdn am** [*o* **auf dem**] ~ **begleiten** to accompany sb on the piano; **etw auf dem** ~ **improvisieren/vortragen** to extemporize/perform sth on the piano; **das** ~ **stimmen** to tune the piano

Klavierbauer *m* piano maker **Klavierbegleitung** *f* piano accompaniment **Klavierdeckel** *m* piano lid **Klavierhersteller** *m* piano maker [*or* manufacturer] **Klavierhocker** *m* piano stool **Klavierkonzert** *nt* ① (*Musikstück*) piano concerto ② (*Veranstaltung*) piano recital **Klavierlehrer(in)** *m(f)* piano teacher **Klaviersonate** *f* piano sonata **Klavierspiel** *nt* piano playing **Klavierspieler(in)** *m(f)* pianist, piano player **Klavierstimmer(in)** <-s, -> *m(f)* piano tuner **Klavierunterricht** *m kein pl* piano lessons *pl*

Klebeband <-bänder> *nt* adhesive [*or* BRIT *a.* sticky] tape **Klebebindemaschine** *f* TYPO adhesive [*or* perfect] binder **Klebebindung** *f* TYPO adhesive [*or* perfect] binding; **in** ~ perfect bound **Klebefilm** *m* adhesive film **Klebefläche** *f* adhesive surface **klebegebunden** *adj inv* TYPO ~**es Buch** perfect-bound book **Klebelayout** *nt* TYPO mock-up, paste-up of layout **Klebemontage** *f* TYPO paste-up **Klebemörtel** *m* BAU bonding mortar

kleben I. *vi* ① (*klebrig sein*) to be sticky
② (*festhaften*) ■**[an etw** *dat***]** ~ to stick [to sth]; **an der Tür** ~ to stick on the door; **[an jdm/etw/in etw** *dat***]** ~ **bleiben** to stick [to sb/sth/in sth]
③ (*festhalten*) ■**an etw** *dat* ~ to stick to sth; **an alten Überlieferungen und Bräuchen** ~ to cling to old traditions and customs; **an jdm** ~ **bleiben** to remain with [*or* rest on] sb
④ (*fam: hängen bleiben*) ***die ganze Hausarbeit bleibt immer an mir*** ~ I am always lumbered with all the housework BRIT *fam*
⑤ SCH (*fam: sitzen bleiben*) **[in etw** *dat***]** ~ **bleiben** to stay down [a year], to have to repeat a year
⑥ (*veraltet fam: Beitragsmarken auf~*) to pay stamps
II. *vt* ① (*mit Klebstoff reparieren*) ■**etw** ~ to glue sth; ■**sich irgendwie** ~ **lassen** to stick together somehow; ***es lässt sich schlecht*** ~ it's not easy to glue, it doesn't stick together well
② (*mit Klebstreifen zusammenfügen*) ■**etw** ~ to stick together sth *sep*; **Film** ~ to splice film
③ (*durch K~ befestigen*) ■**etw irgendwohin** ~ to stick sth somewhere; **Tapete an eine Wand** ~ to paste paper on[to] a wall
► WENDUNGEN: **jdm eine** ~ (*fam*) to clock [*or* clout] sb one *fam*

Klebepflaster *nt* sticking plaster BRIT, Band-Aid® AM

Kleber <-s, -> *m* ① (*fam*) glue *no indef art, no pl*
② SCHWEIZ (*Auf~*) sticker

Kleberoller *m* tape dispenser

Kleberstärke *f* KOCHK gluten starch

Klebestift *m* Prittstick® BRIT, UHU® AM

Klebfläche *f* adhesive surface, sticky side **Klebreis** *m* glutinous rice

klebrig *adj* sticky; ~**e Farbe** tacky paint; (*klebfähig*) adhesive; ■**[von etw]** ~ **sein** to be sticky [with sth]

Klebrigkeit <-> *f kein pl* stickiness *no indef art, no pl*; *Farbe* tackiness; (*Klebfähigkeit*) adhesiveness

Klebstoff *m* adhesive; (*Leim*) glue *no indef art, no pl* **Klebstofftube** *f* tube of glue [*or* adhesive] **Klebstreifen** *m* ① (*selbstklebender Streifen*) adhesive [*or* BRIT *a.* sticky] tape ② (*Klebefläche*) gummed strip

Kleckerbetrag *m meist pl* peanuts *pl fam*

Kleckerei <-, -en> *f* (*pej fam*) mess

kleckern I. *vt* ■**etw irgendwohin** ~ to spill sth somewhere
II. *vi* ① *haben* (*tropfen lassen*) to make a mess; ■**das K~** making a mess; ***kannst du das K~ nicht lassen?*** can't you stop making a mess?
② *haben* (*tropfen*) to drip, to splash; *volles Gefäß* to spill; **gekleckert kommen** to come spilling out
③ *sein* (*tropfen*) ■**[jdm] irgendwohin** ~ to spill [*or* splash] somewhere
④ *sein* (*in geringen Mengen kommen*) to come in dribs and drabs; *s. a.* **klotzen**

kleckerweise *adv* in dribs and drabs

Klecks <-es, -e> *m* ① (*großer Fleck*) stain
② (*kleine Menge*) blob; **ein** ~ **Senf** a dab of mustard

klecksen I. *vi* ① *haben* (*Kleckse verursachen*) ■**[mit etw]** ~ to make a mess [with sth]
② *haben* (*tropfen*) to blot, to make blots; *Farbe* to drip
③ *sein* (*tropfen*) ■**[jdm] irgendwohin** ~ to spill somewhere
II. *vt haben* ■**etw auf etw** ~ to splatter [*or* spill] sth on sth

Klee <-s> *m kein pl* clover *no indef art, no pl*
► WENDUNGEN: **jdn/etw über den grünen** ~ **loben** (*fam*) to praise sb/sth to the skies

Kleeblatt *nt* ① BOT cloverleaf; **vierblättriges** ~ four-leaf [*or* -leaved] clover ② (*Autobahnkreuz*) cloverleaf ③ (*Trio*) threesome, trio **Kleehonig** *m* clover honey *no indef art, no pl*

Kleiber <-s, -> *m* ORN nuthatch

Kleid <-[e]s, -er> *nt* ① (*Damen~*) dress
② *pl* (*Bekleidungsstücke*) clothes *npl*, clothing *no indef art, no pl*; **jdm/sich die ~er vom Leibe reißen** to rip [*or* tear] the clothes off sb/oneself
► WENDUNGEN: **~er machen Leute** (*prov*) fine feathers make fine birds *prov*; **nicht aus den ~ern kommen** to not go to bed

Kleidchen <-s, -> *nt dim von* **Kleid** little dress

kleiden *vt* ① (*anziehen*) **sich gut/schlecht** ~ to dress well/badly; **sich schick** ~ to dress up; ■**[in etw** *akk***] gekleidet sein** to be dressed [in sth]
② (*jdm stehen*) ■**jdn** ~ to suit [*or* look good on] sb
③ (*geh: durch etw zum Ausdruck bringen*) ■**etw in etw** *akk* ~ to express [*or form* couch] sth in sth; **seine Gefühle in Worte** ~ to put one's feelings into words; **etw in schöne Worte** ~ to couch sth in fancy words
④ (*veraltend geh: Kleidung geben*) ■**jdn** ~ to clothe sb

Kleiderablage *f* (*Garderobe*) coat rack; (*Raum*) cloakroom, AM *a.* checkroom **Kleiderbügel** *m* coat-[*or* clothes-]hanger **Kleiderbürste** *f* clothes brush **Kleiderhaken** *m* coat-hook, BRIT *a.* coat peg **Kleiderkammer** *f* MIL uniform [*or* clothing] store **Kleiderkasten** *m* ÖSTERR, SCHWEIZ (*Kleiderschrank*) wardrobe **Kleidermotte** *f* clothes moth **Kleiderordnung** *f* dress code **Kleiderrock** *m* pinafore **Kleidersack** *m* ① MIL kitbag ② ([*Plastik*]*sack für Kleidung*) old clothes sack **Kleiderschrank** *m* ① (*Schrank*) wardrobe; **ein begehbarer** ~ a walk-in wardrobe ② (*fam: Breitschultriger*) great hulk [of a man]; ■**ein** ~ **sein** to be a great hulk [of a man], to be built like a brick outhouse [*or fam!* shithouse] **Kleiderständer** *m* coat-stand **Kleiderstange** *f* clothes rail

kleidsam *adj* (*geh*) becoming, flattering

Kleidung <-, *selten* -en> *f* clothes *npl*, clothing *no indef art, no pl*

Kleidungsstück *nt* article of clothing, garment;

■ **~e** clothes, togs *fam*

Kleie <-, -n> *f* bran *no indef art, no pl*

klein I. *adj* ❶ (*von geringer Größe*) little, small; ***haben Sie es nicht ~er?*** haven't you got anything smaller?; **im ~en Format** in a small format; **im K~en** on a small scale; **ein ~[es] bisschen, ein ~ wenig** a little bit; **bis ins K~ste** [right] down to the smallest detail, in minute detail; **ein richtiges K~ Amsterdam/Venedig** a real little [*or* a miniature] Amsterdam/Venice; **der ~e Peter/die ~e Anna** little Peter/Anna; **etw ~ hacken** to chop up sth *sep;* **~ gehackte Zwiebeln** finely chopped onions; **[jdm] etw ~ machen** (*fam*) to chop [*or* cut] up sth *sep* [for sb]; **[jdm] etw ~ schneiden** to cut up sth *sep* [into small pieces] [for sb]; ■ **~ geschnitten** finely chopped; *s. a.* **Bier, Buchstabe, Finger, Terz, Zeh**

❷ (*Kleidung*) small; ***haben Sie das gleiche Modell auch in ~er?*** do you have the same style but in a size smaller?; ■ **jdm zu ~ sein** to be too small for sb; **etw ~er machen** to make sth smaller, to take in/up sth *sep*

❸ (*jung*) small; (*~wüchsig a.*) short; **von ~ auf** from childhood [*or* an early age]; **sich ~ machen** to make oneself small, to curl [oneself] up

❹ (*kurz*) short; **ein ~er Vorsprung** a short [*or* small] start

❺ (*kurz dauernd*) short; **eine ~e Pause machen** to have a short [*or* little] break

❻ (*gering*) small; **ein ~es Gehalt** a small [*or* low] salary

❼ (*geringfügig*) small; **die ~ste Bewegung** the slightest movement; **eine ~e Übelkeit** a slight feeling of nausea; **ein ~er Verstoß** a minor violation

❽ (*pej: unbedeutend*) minor; (*ungeachtet*) lowly; **ein ~er Ganove** a petty [*or* small-time] crook; **die ~en Leute** ordinary people; **etw ~ schreiben** to set little [*or* to not set much] store by sth; **[ganz] ~ geschrieben werden** to count for [very] little

► WENDUNGEN: **~, aber fein** small but sweet, quality rather than quantity *a. hum;* **die K~en [o ~en Gauner] hängt man, die Großen lässt man laufen** (*prov*) the small fry get caught, while the big fish get away; **im K~en wie im Großen** in little things as well as in big ones; **~, aber oho** (*fam*) small but eminently capable [*or* he/she packs a powerful punch]; **~ machen** (*kindersprache*) to do [*or* have] a wee[-wee] *childspeak;* **sich ~ machen** to belittle oneself; *s. a.* **Fakultas, Graecum, Latinum, Verhältnisse**

II. *adv* ❶ (*in ~er Schrift*) **~ gedruckt** *attr* in small print *pred;* **etw ~ schreiben** to write sth with small initial letters/a small initial letter

❷ (*auf ~e Stufe*) on low, on a low heat; **etw ~/~er drehen/stellen** to turn down sth *sep*/to turn sth lower

❸ (*wechseln*) **[jdm] etw ~ machen** to change sth [for sb]; ***können Sie mir wohl den Hunderter ~ machen?*** can you give me change for a hundred?

❹ (*erniedrigen*) **jdn ~ machen** to make sb look small

► WENDUNGEN: **~ anfangen** (*fam: seine Karriere ganz unten beginnen*) to start at the bottom; (*mit ganz wenig beginnen*) to start off in a small way; **~ beigeben** to give in [quietly]

Kleinaktie *f* BÖRSE penny share [*or* AM stock] **Kleinaktionär(in)** *m(f)* small [*or* minor] shareholder **Kleinanleger(in)** *m(f)* small investor **Kleinanzeige** *f* classified advertisement [*or* ad], small ad *fam;* (*Kaufgesuch a.*) want ad *fam;* **„~n"** "small ads", "classified section" **Kleinarbeit** *f kein pl* detailed work; **in mühevoller ~** with painstaking [*or* rigorous] attention to detail **Kleinasien** <-s> *nt* Asia Minor **Kleinbahn** *f* narrow-gauge [*or* light] railway **Kleinbauer, -bäuerin** *m, f* small farmer, smallholder **klein|bekommen*** *vt irreg s.* **kleinkriegen Kleinbetrieb** *m* small business; **ein handwerklicher/industrieller ~** a small workshop/factory **Kleinbildkamera** *f* 35 mm [*or* miniature] camera **Kleinbuchstabe** *m* minuscule; **in ~n drucken** to print in lower case letters

Kleinbürger(in) *m(f)* ❶ (*pej: Spießbürger*) petit [*or* BRIT *a.* petty] bourgeois *pej* ❷ (*Angehöriger des unteren Mittelstandes*) lower middle-class person **kleinbürgerlich** *adj* ❶ (*pej: spießbürgerlich*) petit [*or* BRIT *a.* petty] bourgeois *pej* ❷ (*den unteren Mittelstand betreffend*) lower middle-class **Kleinbürgertum** *nt kein pl* lower middle class, petite [*or* petty] bourgeoisie *no pl, + sing/pl vb* **Kleinbus** *m* minibus **Kleindelikt** *nt* JUR petty offence [*or* AM -se]

Kleine(r) *f(m) dekl wie adj* ❶ (*kleiner Junge*) little boy [*or* one]; (*kleines Mädchen*) little girl [*or* one]; **eine hübsche [o nette] ~** a little beauty, a pretty little thing; **die lieben ~n** (*iron*) the dear [*or* sweet] little things

❷ (*Jüngster*) ■ **jds ~/~r** sb's youngest [*or* sb's little one]

❸ (*Liebling*) love

Kleine(s) *nt dekl wie adj* ❶ (*kleines Kind*) little one; **etwas ~s bekommen** (*fam*) to have a little one [*or fam* bundle]

❷ (*fam: liebe kleine Frau*) ■ **~s** darling, *esp* AM baby

Kleinfamilie [-liə] *f* nuclear family **Kleinfeuerungsanlage** *f* small-scale heating system **Kleinformat** *nt* small format; **im ~** small-format **kleinformatig** *adj inv* TYPO small-size **Kleingarten** *m* garden plot; (*zum Mieten*) allotment BRIT **Kleingärtner(in)** *m(f)* garden plot holder; (*Mieter*) allotment holder BRIT **Kleingebäck** *nt* small pastries *pl;* (*Kekse*) biscuits *pl* BRIT, cookies *pl* AM **Kleingedruckte(s)** *nt dekl wie adj* (*in kleiner Schrift Gedrucktes*) small print *no indef art, no pl;* **etwas ~s** something in small print ► WENDUNGEN: **das ~** the small print (*details of a contract*) **Kleingeist** *m* (*pej*) small-[*or* narrow-]minded person *pej;* ■ **ein ~ sein** to be small-[*or* narrow-]minded *pej* **kleingeistig** *adj* (*pej*) small-[*or* narrow-]minded *pej,* petty[-minded]; ■ **~ sein** to be small-[*or* narrow-]minded *pej* **Kleingeld** *nt* [small [*or* loose]] change *no indef art, no pl;* **das nötige ~ haben/nicht haben** (*fam*) to have/lack the wherewithal **kleingewachsen** *adj* short, small; **eine ~e Pflanze** a small plant **Kleingewerbe** *nt* ÖKON small-scale company; **ein ~ betreiben** to run a small business **Kleingewerbetreibende(r)** *f(m) dekl wie adj* ÖKON small businessman **kleingläubig** *adj* ❶ (*pej: zweiflerisch*) faint-hearted, timid; ■ **~ sein** to lack conviction ❷ REL of little faith; **ihr Kleingläubigen!** o ye of little faith! **Kleingruppe** *f* small group **Kleingut** *nt* HANDEL retail goods *pl* **Kleingutverkehr** *m kein pl* HANDEL trading of goods in retail **Kleinhandel** *m* retail trade

Kleinheit <-> *f kein pl* small size, smallness *no indef art, no pl*

Kleinhirn *nt* cerebellum *spec* **Kleinholz** *nt kein pl* chopped wood *no indef art, no pl,* firewood *no indef art, no pl,* kindling *no indef art, no pl;* **~ machen** to chop [fire]wood; **aus etw ~ machen, etw zu ~ machen** (*hum fam*) to make matchwood of sth, to smash sth to matchwood; (*durch Sturm*) to reduce sth to matchwood ► WENDUNGEN: **~ aus jdm machen, jdn zu ~ machen** (*fam*) to make mincemeat [out] of sb *fam*

Kleinigkeit <-, -en> *f* ❶ (*Bagatelle*) small matter [*or* point]; ***es ist nur eine ~, ein Kratzer, nicht mehr*** it's only a trifle, no more than a scratch; **[für jdn] eine/keine ~ sein** to be a/no simple matter [for sb]; **wegen [o bei] jeder [o der geringsten] ~** at every opportunity, for the slightest reason; **sich mit ~en abgeben** to concern oneself with small matters; **sich** *akk* **an ~en stoßen** to take exception to small matters

❷ (*Einzelheit*) minor detail; ***muss ich mich um jede ~ kümmern?*** do I have to do every little thing myself?

❸ (*ein wenig*) ■ **eine ~** a little [bit]; **eine ~ zu hoch/tief** a little [*or* touch] too high/low; **eine ~ essen** to have a bite to eat, to eat a little something; **sich eine ~ nebenher verdienen** to earn a little bit on the side; **etw um eine ~ verschieben** to move sth a little bit

❹ (*kleiner Artikel*) little something *no def art, no pl;* **ein paar ~en** a few little things

► WENDUNGEN: **[jdn] eine ~ kosten** (*iron*) to cost [sb] a pretty penny [*or fam* a tidy sum]; **die ~ von etw** (*iron*) the small matter of sth *iron*

Kleinigkeitskrämer(in) *m(f)* (*pej*) pedant *pej,* stickler for detail *fam*

Kleinigkeitskrämerei *f* (*pej*) pernicketiness *pej,* AM *usu* persnicketiness *pej,* pedantry *pej*

Kleinkaliber *nt* small bore; **ein Schuss mit ~** a shot from a small bore **Kleinkalibergewehr** *nt* small-bore rifle **kleinkalibrig** *adj* small-bore *attr* **Kleinkamera** *f s.* **Kleinbildkamera kleinkariert** I. *adj* ❶ (*mit kleinen Karos*) ■ **klein kariert** finely checked [*or* BRIT *a.* chequered] [*or* AM *a.* checkered] ❷ (*fam: engstirnig*) narrow-minded, small-minded, petty-minded *pej* II. *adv* narrow-mindedly *pej,* in a narrow-minded way *pej;* **~ denken** to have narrow-minded opinions [*or* views] *pej* **Kleinkind** *nt* small child, toddler, infant, rug rat AM *fam* **Kleinkleckersdorf** *nt kein pl* (*hum fam*) back of beyond; ***er lebt in ~*** he lives at the back of beyond [*or pej fam* out in the sticks] [*or* AM *fam* in the boonies] **Kleinklima** *nt* microclimate **Kleinkram** *m* (*fam*) ❶ (*Zeug*) odds and ends *fam* [*or* BRIT *fam!* sods] *npl* ❷ (*Trivialitäten*) trivialities *pl* ❸ (*kleinere Arbeiten*) little [*or* odd] jobs *pl* **Kleinkredit** *m* personal [*or* short-term] [*or* small] loan **Kleinkrieg** *m* ❶ (*Guerillakrieg*) guerilla warfare *no indef art, no pl,* guerilla war; **jdm einen ~ liefern** to engage sb in a guerilla war [*or* in guerilla warfare] ❷ (*dauernde Streitereien*) running battle; **einen [regelrechten] ~ mit jdm führen** to have [*or* carry on] a [real [*or* veritable]] running battle with sb

klein|kriegen *vt* (*fam*) ❶ (*zerkleinern*) ■ **etw ~** to chop up sth *sep;* **Fleisch ~** to cut up meat *sep* ❷ (*kaputtmachen*) ■ **etw ~** to smash [*or* break] sth ❸ (*gefügig machen*) ■ **jdn ~** to bring sb into line, to make sb toe the line **Kleinkriminalität** *f kein pl* small-time [*or* petty] crime **Kleinkriminelle(r)** *f(m) dekl wie adj* petty [*or* small-time] criminal **Kleinkunst** *f kein pl* cabaret *no indef art, no pl* **Kleinkunstbühne** *f* cabaret *no indef art, no pl*

kleinlaut I. *adj* sheepish; (*gefügig*) subdued

II. *adv* sheepishly; **~ fragen** to ask meekly; **etw ~ gestehen** to admit sth shamefacedly

Kleinlebewesen *nt* microorganism; (*Milbe*) mite

kleinlich *adj* (*pej*) ❶ (*knauserig*) mean, stingy *pej fam,* tight[-fisted] *pej fam*

❷ (*engstirnig*) petty[-minded] *pej,* small-[*or* narrow-]minded *pej;* ***sei doch nicht so ~!*** don't be so petty! *pej*

Kleinlichkeit <-, -en> *f* (*pej*) ❶ *kein pl* (*Knauserigkeit*) meanness *no indef art, no pl,* stinginess *no indef art, no pl pej fam*

❷ (*Engstirnigkeit*) pettiness *no indef art, no pl pej,* small-mindedness *no indef art, no pl pej,* narrow-mindedness *no indef art, no pl pej*

Kleinmöbel *pl* small pieces [*or* smaller items] of furniture

Kleinmut *m* (*geh*) faint-heartedness *no indef art, no pl,* timidity *no indef art, no pl*

kleinmütig *adj* (*geh: zaghaft*) faint-hearted; (*furchtsam*) timorous; (*scheu*) timid

Kleinod <-[e]s, -odien *o* -e> [*pl* -diən] *nt* ❶ <*pl* -ode> (*geh: Kostbarkeit*) jewel, gem; **jds ~ sein** to be sb's treasure [*or* pride and joy] ❷ <*pl* -odien> (*veraltend: Schmuckstück*) jewel, gem **Kleinplanet** *m* small [*or* minor] planet

Kleinrechner *m* microcomputer, micro *fam;* (*größer*) minicomputer **klein|reden** *vt* ■ **etw ~** *Problem, Gefahr, Schuld* to play down sth *sep* **Kleinsatellit** *m* small satellite **Kleinschreibung** *f* lower case printing **Kleinsparer(in)** *m(f)* FIN small saver **Kleinspecht** *m* ORN lesser spotted woodpecker **Kleinstaat** *m* small state, ministate **Kleinstadt** *f* small town **Kleinstädter(in)** *m(f)* small-town dweller; ■ **~/~in sein** to live in a small town **kleinstädtisch** *adj* ❶ (*einer Kleinstadt entsprechend*) small-town *attr* ❷ (*pej: provinziell*) provincial *pej*

kleinstmöglich *adj* smallest possible

Kleinstplanet *m* very small planet

Kleintier *nt* small [domestic] animal **Kleinunternehmer(in)** *m(f)* HANDEL small businessman *masc* [*or fem* businesswoman] **Kleinvieh** *nt* small farm animals *pl*, small livestock + *pl vb* ▶ WENDUNGEN: ~ **macht auch Mist** (*prov*) many a mickle makes a muckle *prov*, every little helps **Kleinwagen** *m* small car, runabout, runaround **Kleinwohnung** *f* small flat BRIT, flatlet BRIT, efficiency [*or* small] apartment AM **kleinwüchsig** *adj* (*geh*) small, of small stature *pred;* ■~ **sein** to be small [in stature]

Kleister <-s, -> *m* paste

kleistern *vt* ■**etw an etw** *akk* ~ to paste sth onto sth

Klementine <-, -n> *f* clementine

Klemmappe *f s.* **Klemmmappe** **Klemmbrett** *nt* clipboard

Klemme <-, -n> *f* ❶ (*Haarklammer*) [hair] clip ❷ ELEK terminal; (*Batterie a.*) clip; **positive** ~ positive terminal ❸ (*fam: schwierige Lage*) fix *fam*, jam *fam;* **jdm aus der** ~ **helfen** to help sb out of a fix [*or* jam] *fam;* **in der** ~ **sitzen** [*o* **sein**] [*o* **stecken**] [*o* **sich in der** ~ **befinden**] (*fam*) to be in a fix [*or* jam] *fam*

klemmen I. *vt* ❶ (*zwängen*) ■**etw irgendwohin** ~ to stick [*or* wedge] sth somewhere ❷ (*fam: stehlen*) ■**jdm etw** ~ to pinch [*or* BRIT *a.* nick] sth from sb *fam*
II. *vr* ❶ (*sich quetschen*) ■**sich** ~ to get squashed [*or* trapped]; ■**sich** *dat* **etw** [**in/zwischen etw** *dat*] ~ to catch [*or* trap] one's sth [in/between sth], to get one's sth caught [*or* trapped] [in/between sth] ❷ (*fam: etw zu erreichen suchen*) ■**sich hinter jdn** ~ to get on to sb ❸ (*fam: Druck machen*) ■**sich** *akk* **hinter etw** *akk* ~ to get stuck in[to sth] BRIT *fam;* ***ich werde mich mal hinter die Sache*** ~ I'll get onto it [*or* the job]
III. *vi* ❶ (*blockieren*) to stick, to jam ❷ (*angeheftet sein*) ■**irgendwo** ~ to be stuck somewhere
▶ WENDUNGEN: **es klemmt** (*fam: die Zeit fehlt*) time is [really] tight; (*das Geld fehlt*) money is [really] tight

Klemmmappe[RR] *f* clip file, spring binder [*or* folder] **Klemmschraube** *f* locking screw

Klempner(in) <-s, -> *m(f)* metal roofer *spec*, plumber *fam*

Klempnerei <-, -en> *f* ❶ (*Handwerk*) plumbing ❷ (*Werkstatt*) plumber's workshop

Klempnerin <-, -nen> *f fem form von* **Klempner**

Klempnerladen *m* (*hum fam*) chestful of medals

klempnern *vi* to do [a spot of BRIT] plumbing

Klempnerwerkstatt *f* plumber's workshop

Klepper <-s, -> *m* (*pej*) [old] nag *pej*

Kleptomane, Kleptomanin <-n, -n> *m, f* kleptomaniac

Kleptomanie <-> *f kein pl* kleptomania *no indef art, no pl*

Kleptomanin <-, -nen> *f fem form von* **Kleptomane**

klerikal *adj* (*pej geh*) clerical, churchy *pej fam*

Kleriker <-s, -> *m* cleric

Klerus <-> *m kein pl* clergy *no indef art, no pl*

Klettband <-bänder> *nt* Velcro®

Klette <-, -n> *f* ❶ (*Pflanze*) burdock; (*Blütenkopf*) bur[r]; **wie** [**die**] ~**n zusammenhalten** (*fam*) to stick together [like glue], to be inseparable; **an jdm wie eine** ~ **hängen** (*fam*) to cling to sb like a limpet [*or esp pej* leech] ❷ (*pej fam: zu anhänglicher Mensch*) nuisance, pest

Klett(en)verschluss®[RR] *m* Velcro® *fastener* [*or* fastening]

Klettereisen *nt* SPORT climbing irons *pl*

Kletterer, Kletterin <-s, -> *m, f* climber

Klettergerüst *nt* climbing frame

Kletterin <-, -nen> *f fem form von* **Kletterer**

klettern *vi* ❶ *sein* (*klimmen*) ■[**auf etw** *akk o dat*] ~ to climb [[on] sth]; (*mühsam*) to clamber [up [*or* on] sth]; **auf einen Baum** ~ to climb a tree; **aufs Dach** ~ to climb onto the roof ❷ *sein o haben* SPORT to climb; ~ **gehen** to go climbing; **in eine/einer Wand** ~ to climb a face/on a face; ■**das K~** climbing; **frei** ~ to free-climb ❸ *sein* (*fam*) ■**aus einem/in ein Auto** ~ to climb out of/into a car ❹ *sein* (*fam: steigen*) ■[**auf etw** *akk*] ~ *Zeiger* to climb [to sth]

Kletterpartie *f* ❶ (*Bergsteigen*) difficult climb; **die reinste** ~ **sein** (*fam*) to be a real climbing expedition *fam* ❷ (*fam: anstrengende Wanderung*) climbing trip [*or* outing] **Kletterpflanze** *f* climbing plant, climber **Kletterseil** *nt* climbing rope **Kletterstange** *f* climbing pole

Klettverschluss[RR] *m* Velcro® *[fastener]*

klicken *vi* ❶ (*metallisch federn*) to click; ***man hörte es*** ~ there was an audible click; ■~**d** with a click; ■**das K~** clicking; ■**das K~ von etw** the click[ing] of sth ❷ (*ein K~ verursachen*) ■**mit etw** ~ to click sth, to make a clicking noise with sth ❸ INFORM to click; **mit der Maus** ~ to click with the mouse; ■**auf etw** *akk* ~ to click on sth; **auf etw doppelt** ~ to double click on sth

Klicker <-s, -> *m* NORDD marble; (*Spiel*) marbles + *sing vb*

klickern *vi* NORDD to play marbles

Klient(in) <-en, -en> *m(f)* client

Klientel <-, -en> [kliɛnˈteːl] *f* clientele + *sing/pl vb*, clients *pl*

Klientin <-, -nen> *f fem form von* **Klient**

Kliesche *f* ZOOL, KOCHK sand dab

Kliff <-[e]s, -e> *nt* cliff

Klima <-s, -s *o* Klimata> *nt* ❶ METEO climate ❷ (*geh: Stimmung*) **ein entspanntes/angespanntes** ~ a relaxed/tense atmosphere; **das politische/wirtschaftliche** ~ the political/economic climate

Klimaanlage *f* air-conditioning *no indef art, no pl* [system]; **mit** ~ [**versehen**] air-conditioned, fitted with air-conditioning **Klimakatastrophe** *f* climatic catastrophe

klimakterisch *adj inv* (*MED*) menopausal, climacterical

Klimakterium <-s> *nt kein pl* menopause *no indef art, no pl*, climacteric *no indef art, no pl spec*

Klimaphänomen *nt* climatic phenomenon **Klimarahmenkonvention** *f* convention on controlling climate change **klimarelevant** *adj inv* climatically relevant **Klimaschutz** *m* climate protection **Klimaschutzpolitik** *f* ÖKOL climate protection policy **Klimasteuer** *f kein pl* FIN *tax for financing climate protection measures*

Klimate *pl von* **Klima**

klimatisch I. *adj attr* climatic
II. *adv* climatically

klimatisieren* *vt* ■**etw** ~ to air-condition sth

klimatisiert *adj inv* air-conditioned

Klimatisierung *f* air-conditioning

Klimatologe, -gin <-n, -n> *m, f* climatologist

Klimatologie <-> *f kein pl* climatology *no art, no pl*

Klimaumschwung *m* [drastic] change in climate **Klimaveränderung** *f* change in climate **Klimawechsel** *m* change of/in climate; ***ein*** ~ ***täte Ihnen sicher gut!*** a change of climate would undoubtedly do you good!; **den** ~ **überstehen** to get over the change in climate

Klimax <-> *f kein pl* (*geh*) climax

Klimbim <-s> *m kein pl* (*fam*) (*Krempel*) junk *no indef art, no pl*, odds and ends [*or* BRIT *fam* sods] *npl* ▶ WENDUNGEN: **einen** ~ [**um etw**] **machen** to make a fuss [about sth]

klimmen <klɔmm *o* klimmte, geklommen *o* geklimmt> *vi sein* (*geh*) ■**irgendwohin** ~ to clamber [*or* scramble] up somewhere

Klimmzug *m* ❶ SPORT pull-up; **Klimmzüge machen** to do pull-ups ❷ *meist pl* (*Verrenkung*) contortions *pl;* [**geistige**] **Klimmzüge machen** to do [*or* perform] mental acrobatics

Klimperkasten *m* (*fam*) piano

klimpern *vi* ❶ (*Töne erzeugen*) ■**auf etw** *dat* ~ to plonk [*or* AM *usu* plunk] away on sth *fam;* **auf einer Gitarre** ~ to plunk away on [*or* twang] a guitar ❷ (*klirren*) *Münzen* to jingle, to chink; (*Schlüssel*) to jangle ❸ (*erklingen lassen*) ■**mit etw** ~ to jingle [*or* chink] [with] sth; **mit seinen Schlüsseln** ~ to jangle one's keys

Klinefelter-Syndrom *nt* MED Klinefelter's syndrome

kling *interj* ting, ding, clink; ~ **machen** to clink

Klinge <-, -n> *f* ❶ (*Schneide*) blade; (*Schwert*) sword; **miteinander die** ~**n kreuzen** to fence, to fight; **mit jdm die** ~[**n**] **kreuzen** to fence with [*or* fight [with]] sb ❷ (*Rasier~*) [razor] blade; **die** ~ **wechseln** to change the blade
▶ WENDUNGEN: **eine scharfe** ~ **führen** (*geh*) to be a trenchant [*or* dangerous] opponent; **mit jdm die** ~**n kreuzen** to cross swords with sb; **jdn über die** ~ **springen lassen** (*veraltend: jdn töten*) to put sb to death *form* [*or liter* to the sword], to dispatch sb *hum form;* (*jdn zugrunde richten*) to ruin sb

Klingel <-, -n> *f* bell

Klingelbeutel *m* REL collection [*or spec* offertory] bag **Klingelknopf** *m* bell-push, -button

klingeln I. *vi* ❶ (*läuten*) ■[**an etw** *dat*] ~ to ring [sth]; **an der Tür** ~ to ring the doorbell; ■**das K~** ring; **etw** ~ **lassen** to let sth ring ❷ (*durch Klingeln herbeirufen*) ■[**nach**] **jdm** ~ to ring for sb; *s. a.* **Bett**
II. *vi impers* to ring; ***hör mal, hat es da nicht eben geklingelt?*** listen, wasn't that the phone/doorbell just then?
▶ WENDUNGEN: **hat es jetzt endlich geklingelt?** (*fam*) has the penny finally dropped? BRIT *fam*

Klingelputz *m* ~ **spielen** to go cherry-knocking *fam* **Klingelzeichen** *nt* ring; **auf das/ein/jds** ~ **hin** at the/a ring of the bell, at sb's ring

klingen <klaŋ, geklungen> *vi* ❶ (*er~*) *Glas* to clink; **die Gläser** ~ **lassen** to clink glasses [in a toast]; *Glocke* to ring; **dumpf/hell** ~ to have a dull/clear ring ❷ (*tönen*) to sound; ***die Wand klang hohl*** the wall sounded [*or* rang] hollow [*or* made a hollow sound] ❸ (*sich anhören*) to sound; ***das klingt gut/interessant/viel versprechend*** that sounds good/interesting/promising

Klinik <-, -en> *f* clinic, specialist hospital

Klinikalltag *m* routine hospital practice, routine [work] at a/the clinic

Klinikum <-s, Klinika *o* Kliniken> *nt* ❶ (*Universitätskrankenhaus*) university hospital ❷ (*Hauptteil der medizinischen Ausbildung*) clinical training *no indef art, no pl*

klinisch I. *adj* clinical
II. *adv* clinically; ~ **tot** clinically dead

Klinke <-, -n> *f* [door-]handle
▶ WENDUNGEN: **sich die** ~ **in die Hand geben** to come in a never-ending stream; ***die Bewerber gaben sich die*** ~ ***in die Hand*** there was an endless coming and going of applicants; ~**n putzen** (*fam*) to go [*or* sell] from door to door

Klinkenputzer(in) <-s, -> *m(f)* (*fam*) door-to-door salesman, hawker; (*Hausierer*) peddler, AM *a.* pedlar

Klinker <-s, -> *m* clinker [brick]

Klinkermauerwerk *nt* BAU clinker brick masonry **Klinkerstein** *m* clinker [brick]

Klipp <-s, -s> *m* ❶ MODE clip-on [ear-ring] ❷ (*Klemme*) *am Kugelschreiber* clip

klipp *adv* ▶ WENDUNGEN: ~ **und klar** quite clearly [*or* frankly]; **etw** ~ **und klar zum Ausdruck bringen** to express sth quite clearly [*or* in no uncertain terms]

Klippe <-, -n> *f* (*Fels~*) cliff; (*im Meer*) [coastal] rock; **tückische** ~**n** treacherous rocks
▶ WENDUNGEN: **die** [*o* **alle**] ~**n** [**erfolgreich**] **umschiffen** to negotiate [all] the obstacles [success-

fully]

Klippfisch *m* salted dried cod

Klips *m s.* **Klipp 1**

klirren *vi* 1 *(vibrieren) Gläser* to tinkle; *Fensterscheiben* to rattle; *Lautsprecher, Mikrofon* to crackle; ■**das K~** the tinkling/rattling/crackling [noise [*or* sound]]; ■**das K~ einer S.** *gen* [*o* **von etw** *dat*] the tinkling/rattling/crackling of sth 2 *(metallisch ertönen) Ketten, Sporen* to jangle; *(Waffen)* to clash; ■**~d** jangling, clashing; ■**das K~** [**von etw**] the jangling/clashing [of sth]

klirrend I. *adj* **~er Frost** severe frost; **~e Kälte** biting [*or* piercing] cold
II. *adv* bitterly; **~ kalt** bitterly cold

Klirrfaktor *m* ELEK distortion factor

Klischee <-s, -s> *nt* 1 TYPO plate, block 2 *(pej: eingefahrene Vorstellung)* cliché, stereotype *pej* 3 *(pej geh: Leerformel)* cliché

klischeehaft *adj (pej geh)* clichéd, stereotyped *pej*, stereotypical *pej*; **eine ~e Rede** a cliché-ridden speech

Klischeevorstellung *f s.* **Klischee 2**

klischieren* *vt* 1 TYPO ■**etw ~** to stereotype sth 2 *(pej geh)* ■**jdn/etw ~** *(talentlos nachahmen)* to imitate sb/sth in a stereotyped way; *(klischeehaft darstellen)* to stereotype sb/sth

Klistier <-s, -e> *nt* enema *spec*

Klistierspritze *f* enema syringe *spec hist*

Klitoris <-, – *o* Klitorides> *f* clitoris

Klitsche <-, -n> *f (pej fam)* small-time outfit

klitschnass^RR *adj (fam) s.* **klatschnass**

klitzeklein *adj (fam)* teen[s]y [ween[s]y] *fam*, itsy-bitsy *hum*, AM *hum a.* itty-bitty

Klivie <-, -n> *f* BOT clivia *spec*

Klo <-s, -s> *nt (fam)* loo BRIT *fam*, john AM *fam*; **aufs ~ gehen/rennen** to go/run [*or* dash] to the loo

Kloake <-, -n> *f (pej)* sewer, cloaca, cesspool *a. fig*

Kloakentier *nt* ZOOL monotreme

Klobecken *nt (fam)* toilet [*or* lavatory] bowl [*or* pan]

Kloben <-s, -> *m (Holzklotz)* log

klobig *adj* hefty, bulky; **~e Hände** massive hands

Klobrille *f (fam)* toilet [*or sl* bog] seat **Klobürste** *f (fam)* toilet [*or* BRIT *fam a.* loo] brush **Klodeckel** *m (fam)* toilet lid **Klomann, -frau** *m, f (fam)* toilet attendant

klomm *imp von* **klimmen**

Klon <-s, -e> *m* clone

klonen *vt* ■**jdn/etw ~** to clone sb/sth

klönen *vi (fam)* ■[**mit jdm**] **~** to [have a] chat [*or* natter] [with sb] BRIT *fam*

Klonierung <-, -en> *f* BIOL cloning

Klonschaf *nt* cloned sheep **Klontechnologie** *f* BIOL clone technology

Klopapier *nt (fam)* toilet paper

Klopfen <-s> *nt kein pl* AUTO engine knock

klopfen I. *vi* 1 *(pochen)* ■[**an/auf etw** *akk*/ **gegen etw** *akk*] **~** to knock [at/on/against sth] [with sth] 2 ORN ■[**gegen etw**] **~** *Specht* to hammer [against sth] 3 *(mit der flachen Hand)* ■**jdm auf etw** *akk* **~** to pat sb on sth; *(mit dem Finger)* to tap sb on sth; **jdm auf die Knöchel ~** to rap sb [*or* give sb a rap] on [*or* across] the knuckles
II. *vi impers* ■**es klopft** [**an/gegen etw** *akk*] there is a knock [at/against sth]; ***es klopft!*** there's somebody [*or* somebody is] knocking at the door!; ■**das K~** knocking
III. *vt* 1 *(schlagen)* ■**etw ~** to beat [*or* hit] sth; **den Teppich ~** to beat the carpet; ■[**jdm/sich**] **etw aus/von etw ~** to knock sth out of/off sth [for sb]; **den Staub aus dem Teppich ~** to beat the dust out of the carpet 2 KOCHK **ein Steak ~** to beat [*or* tenderize] a steak; *s. a.* **Takt**

Klopfer <-s, -> *m (Teppich~)* carpet beater; *(Tür~)* [door-]knocker; *(Fleisch~)* [meat] mallet

klopffest *adj* TECH antiknock

Klopffestigkeit *f* AUTO anti-knock index

Klopfzeichen *nt* knock

Kloppe *f* ► WENDUNGEN: [**von jdm**] **~ kriegen** NORDD to get [*or* be given] a walloping [*or hum* a hiding] [from sb] *fam*

Klöppel <-s, -> *m* 1 *(Glocken~)* clapper 2 *(Spitzen~)* bobbin 3 *(Taktstock)* [drum]stick

klöppeln *vt* ■**etw ~** to make [*or* work] sth in pillow [*or* bobbin] lace; ■**geklöppelt** pillow-lace *attr*; **geklöppelte Spitze** pillow [*or* bobbin] lace

Klöppelspitze *f* pillow [*or* bobbin] lace

kloppen I. *vt* NORDD *(fam)* ■**etw ~** to hit sth; **Steine/einen Teppich ~** to break stones/beat a carpet
II. *vr* NORDD *(fam)* ■**sich** [**mit jdm**] **~** to fight [*or* scrap] [with sb]

Klopperei <-, -en> *f* NORDD *(fam)* fight; *(schneller a.)* scrap; *(mit mehreren Personen a.)* brawl

Klöppler(in) <-s, -> *m(f)* [pillow [*or* bobbin]] lace maker

Klops <-es, -e> *m* 1 *(Fleischkloß)* meatball; **Königsberger ~e** Königsberg meatballs *(meatballs in a caper sauce)* 2 *(fam: Schnitzer)* howler, boob BRIT *fam*; **sich** *dat* **einen ~ leisten** to make a real howler

Klosett <-s, -e *o* -s> *nt (veraltend) s.* **Toilette** privy *old*

Klosettbecken *nt (geh)* lavatory pan BRIT, toilet bowl AM **Klosettbürste** *f (geh)* lavatory brush **Klosettpapier** *nt (geh)* lavatory paper

Klospülung *f (fam)* flush; **die ~ betätigen** to flush the toilet [*or* BRIT *fam a.* loo]

Kloß <-es, Klöße> *m* KOCHK dumpling
► WENDUNGEN: **einen ~ im Hals haben** *(fam)* to have a lump in one's throat

Kloßbrühe *f* ► WENDUNGEN: **klar wie ~ sein** *(fam)* to be as clear as day [*or* crystal-clear]

Kloster <-s, Klöster> *nt (Mönchs~)* monastery; *(Nonnen~)* convent, nunnery *dated*; **ins ~ gehen** to enter a monastery/convent, to become a monk/nun

Klosterbibliothek *f* monastery/convent library **Klosterbruder** *m (veraltet) s.* **Mönch Klosterfrau** *f (veraltet) s.* **Nonne Klostergarten** *m* monastery/convent garden **Klostergemeinde** *f* monastery [*or* convent] community **Klostergut** *nt* 1 *(Besitz)* monastery [*or* convent] property 2 *(Landwirtschaft)* monastery [*or* convent] estate **Klosterkapelle** *f* monastery/convent chapel **Klosterkirche** *f* monastery/convent church

klösterlich *adj* 1 *(einem Kloster entsprechend)* monastic/conventual; **~e Einsamkeit** cloistered seclusion 2 *(dem Kloster gehörend)* monastery/convent *attr*, of a/the monastery/convent *pred*

Klosterpforte *f* monastery/convent gate [*or* door] **Klosterschule** *f* monastery [*or* monastic]/convent school

Klöten *pl* NORDD *(sl)* balls *npl fam!*

Klotz <-es, Klötze> *m* 1 *(Holz~)* block [of wood] 2 *(pej fam: großes hässliches Gebäude)* monstrosity
► WENDUNGEN: **sich** *dat* [**mit jdm/etw**] **einen ~ ans Bein binden** *(fam)* to tie a millstone round one's neck [by getting involved with sb/by doing sth] *fig*; [**jdm** [*o* **für jdn**]] **ein ~ am Bein sein** *(fam)* to be a millstone round sb's neck, to be a heavy burden [for sb]; **auf einen groben ~ gehört ein grober Keil** *(prov)* rudeness must be met with rudeness *prov*; **wie ein ~ schlafen** *(fam)* to sleep like a log *fam*

Klötzchen <-s, -> *nt dim von* **Klotz 1** 1 *(kleiner Holzklotz)* small block [*or* piece] of wood 2 *(Bauklotz)* building brick

klotzen *(sl)* I. *vi* 1 *(hart arbeiten)* to slog [away] *fam*; *(schnell arbeiten)* to work like hell *fam* [*or fam!* stink] 2 *(Mittel massiv einsetzen)* ■[**bei etw**] **~** to splurge [out] on sth *fam*, to splash [*or* BRIT *fam* push the boat] out [on sth]
► WENDUNGEN: **~, nicht kleckern** to think big, to do things in a big way
II. *vt* ■[**jdm**] **etw irgendwohin ~** to stick [*or* shove] sth up somewhere *fam*

klotzig *(sl)* I. *adj* 1 *(ungefüge)* large and ugly; **ein ~es Hochhaus** an ugly great high-rise [*or* skyscraper]; ■**~ sein** to be bulky 2 *(aufwendig)* extravagant
II. *adv* 1 *(überreichlich)* extremely; **~ reich sein** to be rolling in it *fam*; **~** [**viel Geld**] **verdienen** to be raking it in 2 *(aufwendig)* lavishly, extravagantly

Klub <-s, -s> *m* 1 *(Verein)* club; **die Mitgliedschaft im ~** membership of the club, club membership 2 *(fam: Klubgebäude/-raum)* club; **im/in seinem ~** at the/one's club

Klubbeitrag *m* club subscription [*or* membership [fee]] **Klubhaus** *nt* club-house **Klubjacke** *f* blazer **Klubkasse** *f* club [bank] account **Klubmitglied** *nt* club member **Klubsessel** *m* club chair **Klubvorstand** *m* club committee

Kluft[1] <-, Klüfte> *f* 1 GEOG cleft, [deep] fissure 2 *(scharfer Gegensatz)* gulf; **tiefe ~** deep rift 3 KOCHK shank

Kluft[2] <-, -en> *f* DIAL *(hum)* uniform, garb *no pl liter*

Kluftschale *f* KOCHK [beef] topside **Kluftsteak** *nt* KOCHK sirloin steak

klug <klüger, klügste> I. *adj* 1 *(vernünftig)* wise; *(intelligent)* intelligent; *(schlau)* clever; *(scharfsinnig)* shrewd, astute; **eine ~e Entscheidung** a prudent decision; **~er Rat** sound advice; ***es wäre klüger, …*** it would be more sensible …; **ein ganz K~er** *(iron)* a real clever clogs + *sing vb* [*or* dick] BRIT *pej fam*; [**wieder**] **so ~ gewesen sein** *(iron)* to have been so bright [again]; **da soll einer draus ~ werden** I can't make head [n]or tail of it; ***ich werde einfach nicht ~ aus ihm/daraus*** I simply don't know what to make of him/it, I simply can't make [*or* BRIT *fam* suss] him/it out 2 *(iron: dumm)* clever *iron*, bright *iron*; **genauso ~ wie zuvor** [*o* **vorher**] **sein** to be none the wiser
► WENDUNGEN: **aus Schaden wird man ~** you learn from your mistakes; **hinterher** [*o* **im nachhinein**] **ist man immer klüger** it's easy to be wise after the event; **der Klügere gibt nach** *(prov)* discretion is the better part of valour *prov*
II. *adv* 1 *(intelligent)* cleverly, intelligently 2 *(iron)* cleverly *iron*; **~ reden** to talk as if one knows it all, to talk big, to pontificate *pej*

klugerweise *adv* [very] cleverly [*or* wisely]

Klugheit <-, -en> *f* 1 *kein pl* cleverness; *(Intelligenz)* intelligence; *(Vernunft)* wisdom; *(Scharfsinn)* astuteness, shrewdness; *(Überlegtheit)* prudence 2 *(iron)* clever remark/remarks *iron*

Klugredner(in) *m(f) (fam)* know-all, wise guy *pej fam*, clever dick [*or* + *sing vb* clogs] BRIT *pej fam*

klug|scheißen *vi irreg (sl)* to be a smart-ass [*or* BRIT *a.* -arse] *fam* **Klugscheißer(in)** <-s, -> *m(f) (sl)* smart-ass [*or* BRIT *a.* -arse] *fam*

Klump *m* ► WENDUNGEN: **etw zu** [*o* **in**] **~ fahren** *(fam)* to drive sth into the ground, to write off sth *sep*, to smash up sth *sep*; **jdn zu ~ hauen** *(fam)* to beat sb to a pulp *fam*

Klumpatsch <-s> *m kein pl (fam)* junk *no indef art, no pl*, shit *no indef art, no pl pej fam!*

Klümpchen <-s, -> *nt dim von* **Klumpen** 1 *(kleiner Klumpen)* little lump 2 NORDD *(Bonbon)* sweetie BRIT *fam*

klumpen *vi* to go [*or* become] lumpy; *Salz* to cake

Klumpen <-s, -> *m* lump; **ein ~ Erde** a lump [*or* clod] of earth; **~ bilden** to go lumpy

Klumpfuß *m* club foot

klumpfüßig *adj* club-footed; ■**~ sein** to be club-footed [*or* have a club foot]

klumpig *adj* lumpy; ■**~ sein/werden** to be/go [*or* get] [*or* become] lumpy

Klüngel <-s, -> *m* NORDD *(pej fam)* old boys' network BRIT; *(zwischen Verwandten)* nepotistic web *pej*

Klüngelei <-, -en> *f* 1 *(pej: Vetternwirtschaft)*

K

nepotism *no pl,* cronyism *no pl,* cliquism *no pl* (2) *kein pl* DIAL (*Trödelei*) dawdling *no pl*

Klunker <-s, -> *m* (*sl: Edelstein*) rock AM *sl*

Kluntje <-s, -s> *nt* NORDD rock sugar BRIT, sugar crystal BRIT, rock candy AM

Klüver <-, -> *m* NAUT jib

km *m Abk von* **Kilometer** km

km/h *m Abk von* **Kilometer pro Stunde** kmph, km/h

KMI *m* MED *Abk von* **Körpermasse-Index** BMI, Body Mass Index

km/st *Abk von* **Kilometer je Stunde** kph

knabbern I. *vi* ■**an etw** *dat* ~ (1) (*knabbernd verzehren*) to nibble [at] sth (2) (*etw geistig/emotional verarbeiten*) to chew on sth, to mull sth over; **[noch] an etw** *dat* **zu ~ haben** (*fam*) to have sth to chew on [*or* over] *fam* **II.** *vt* ■**etw** ~ to nibble sth; **etwas zum K~** something to nibble; **nichts zu ~ haben** (*fam*) to have nothing to eat

Knabe <-n, -n> *m* (*veraltend geh*) boy, lad; **na, alter ~!** (*fam*) well, old boy [*or* BRIT *dated fam* chap]!

Knabenchor *m* (*veraltend geh*) boys' choir

knabenhaft *adj* boyish

Knabeninternat *nt* (*veraltend geh*) boys' boarding school **Knabenkraut** *nt* [wild] orchid, orchis *spec* **Knabenschule** *f* (*veraltend geh*) boys' school **Knabenstimme** *f* boy's voice, treble

knack *interj* crack

Knack <-[e]s, -e> *m* crack; **~ machen** to [go] crack

Knäckebrot *nt* crispbread *no indef art, no pl*

knacken I. *vt* (1) (*aufbrechen*) ■**etw [mit etw]** ~ to crack sth [with sth] (2) (*fam: dechiffrieren*) **einen Kode** ~ to crack a code (3) (*fam: in etw eindringen*) ■**etw** ~ to break into sth; **den Safe** ~ to crack [open] the safe (4) MIL (*sl: zerstören*) ■**etw** ~ to knock out sth *sep* (5) (*sl*) ■**etw** ~ to do away with sth; **Vorurteile** ~ to eliminate [*or sep* break down] prejudice **II.** *vi* (1) (*Knacklaut von sich geben*) to crack; *Diele, Knie* to creak; *Zweige* to snap; ***es knackt hier immer im Gebälk*** the beams are always creaking here (2) (*Knackgeräusche machen*) ■**mit etw** ~ to crack sth; **mit den Fingern** ~ to crack one's fingers [*or* knuckles] (3) (*fam: schlafen*) to sleep; **eine Runde** ~ to have forty winks [*or* BRIT *a.* a kip] ▸ WENDUNGEN: **[noch] an etw** *dat* **zu ~ haben** (*fam*) to have sth to think about [*or fam* chew on [*or* over]] **III.** *vi impers* ■**es knackt** there's a crackling noise; ***in Dachstühlen knackt es oft*** roof trusses often creak

Knacker <-s, -> *m* DIAL (*fam*) (1) (*pej*) guy *fam,* bloke BRIT *fam;* **ein alter** ~ an old codger *pej* [*or* feller] *fam;* **ein blöder** ~ a stupid [*or* silly] so-and-so; **ein komischer** ~ a strange character (2) *s.* **Knackwurst**

Knackerbse *f* sugar-snap pea

Knacki <-s, -s> *m* (*sl*) ex-con *sl,* old lag BRIT *fam*

knackig I. *adj* (1) (*knusprig*) crunchy, crisp[y] (2) (*fam: drall*) well-formed, sexy (3) (*fam: zünftig*) real; **ein ~er Typ** a natural type [*or* person] **II.** *adv* (*fam*) really; ***sie kam ~ braun aus dem Urlaub wieder*** she came back from holiday really brown; **~ rangehen** to get really stuck in *fam,* to really go for it *fam*

Knacklaut *m* (1) (*knackendes Geräusch*) crack[ing noise], creak (2) LING glottal stop **Knackpunkt** *m* (*fam*) crucial point; ***und da ist der ~*** and there's the crunch *fam*

knacks *interj s.* **knack**

Knacks <-es, -e> *m* (1) (*knackender Laut*) crack (2) (*Sprung*) crack; **einen ~ haben** (*fam*) to have a problem; *Ehe* to be in difficulties; *Freundschaft* to be suffering; **etw** *dat* **einen ~ geben** to damage sth (3) (*fam: seelischer Schaden*) psychological problem; **einen ~ bekommen** (*fam*) to suffer a minor breakdown; **einen ~ haben** (*fam*) to have a screw loose *hum* [*or* be a bit whacky [*or* AM *usu* wacky]] *fam*

Knackwurst *f* knackwurst *spec,* knockwurst *spec* (*sausage which is heated in water and whose tight skin makes a cracking noise when bitten*)

Knäkente *f* ZOOL, KOCHK sarcelle duck

Knall <-[e]s, -e> *m* (1) (*Laut*) bang; *Korken* pop; *Tür* bang, slam (2) (*fam: Krach*) trouble *no indef art, no pl* ▸ WENDUNGEN: **~ auf [*o* und] Fall** (*fam*) all of a sudden; **jdn ~ auf [*o* und] Fall entlassen** to dismiss sb on the spot [*or* without warning]; **einen ~ haben** (*sl*) to be crazy [*or fam* off one's rocker] [*or fam* crackers]

Knallbonbon [-bɔŋbɔŋ, -bõbõ:] *nt* cracker, AM *usu* bonbon **knallbunt** *adj* gaudy

Knällchen <-s, -> *nt* DIAL *s.* **Kesselskuchen**

Knalleffekt *m* (*fam*) surprising twist; ■**einen ~ haben** to come as a bombshell

knallen I. *vi* (1) *haben* (*stoßartig ertönen*) to bang; *Auspuff* to misfire, to backfire; *Feuerwerkskörper* to [go] bang; *Korken* to [go] pop; *Schuss* to ring out; (*laut zuschlagen*) to bang, to slam (2) *haben* ■**mit etw** ~ to bang sth; **mit der Peitsche** ~ to crack the whip; **mit der Tür** ~ to slam [*or* bang] the door [shut]; ■**etw ~ lassen** to bang sth; **die Sektflaschen ~ lassen** to make the sekt bottles pop (3) *sein* (*fam: hart auftreffen*) ■**auf/gegen/vor etw** *akk* ~ to bang on/against sth; ***der Ball knallte gegen die Latte*** the ball slammed against the crossbar ▸ WENDUNGEN: **die Korken ~ lassen** to pop the corks, to celebrate; *s. a.* **Sonne** **II.** *vi impers haben* ■**es knallt** there's a bang; (*fam*) **..., sonst knallt's!** (*Ohrfeige*) ... or you'll get a good clout! *fam;* (*schießen*) ... or I'll shoot! **III.** *vt* (1) (*zuschlagen*) ■**etw** ~ to bang [*or* slam] sth (2) (*hart werfen*) ■**etw irgendwohin** ~ to slam sth somewhere; ***er knallte den Ball gegen den Pfosten*** he slammed [*or* hammered] the ball against the post (3) (*fam: schlagen*) ■**jdm eine** ~ (*fam*) to clout sb, to give sb a clout *fam*

knalleng *adj* (*fam*) skin-tight

Knaller <-s, -> *m* (*fam*) (1) (*Knallkörper*) firecracker, BRIT *a.* banger (2) (*Sensation*) sensation, smash *fam*

Knallerbse *f* cap bomb, toy torpedo AM

Knallerei <-, -en> *f* (*fam: Schießerei*) shooting *no indef art, no pl;* (*Feuerwerk*) banging [of fireworks]

Knallfrosch *m* jumping jack **Knallgas** *nt* oxyhydrogen *no indef art, no pl spec* **knallhart** (*fam*) **I.** *adj* (1) (*rücksichtslos*) really tough, [as] hard as nails *pred* (2) (*sehr kraftvoll*) really hard; **ein ~er Schuss/Schlag** a fierce shot/crashing blow **II.** *adv* quite brutally; **etw ~ sagen** to say sth straight out [*or* without pulling any punches]; **~ verhandeln** to negotiate really hard, to drive a hard bargain **knallheiß** *adj* (*fam*) boiling [hot], baking *fam*

knallig *adj* (*fam*) gaudy, loud *pej*

Knallkopf *m* (*fam*), **Knallkopp** *m* (*fam*) idiot, jerk *pej fam!,* pillock BRIT *pej fam* **Knallkörper** *m* firecracker **knallrot** *adj* (*fam*) bright red; ■**~ [im Gesicht] sein/werden** to be/become [*or* turn] bright red [in the face]

knapp I. *adj* (1) (*gering*) meagre [*or* AM -er], low; **~e Vorräte** meagre [*or* scarce] supplies; **~e Stellen** scarce jobs; **~es Geld** tight money; ■**~ sein/werden** to be scarce [*or* in short supply]/to become scarce; ■**[mit etw] ~ sein** to be short [of sth]; **..., aber/und das nicht zu ~!** (*fam*) ..., and how!, ..., good and proper! BRIT *fam; s. a.* **Kasse** (2) (*eng [sitzend]*) tight[-fitting]; ■**jdm zu ~ sein** to be too tight for sb (3) (*noch genügend*) just enough; **eine ~e Mehrheit** a narrow [*or* bare] [*or* very small] majority; **ein ~er Sieg** a narrow victory; **ein ~es Ergebnis** a close result (4) (*nicht ganz*) almost; **in einer ~en Stunde** in just under an hour; ■**[jdm] zu ~ sein** to be too tight [for sb] (5) (*gerafft*) concise, succinct; **in wenigen ~en Worten** in a few brief words; ***er gab ihr nur eine ~e Antwort*** he replied tersely **II.** *adv* (1) (*mäßig*) sparingly; **~ bemessen sein** to be not very generous; ***seine Zeit ist ~ bemessen*** his time is limited [*or* restricted], he only has a limited amount of time; **jdn [mit etw] ~ halten** to keep sb short [of sth] (2) (*nicht ganz*) almost; **~ eine Stunde** almost [*or* just under] [*or* not quite] an hour (3) (*haarscharf*) narrowly; ***die Wahl ist denkbar ~ ausgefallen*** the election turned out to be extremely close; **~ gewinnen/verlieren** to win/lose narrowly [*or* by a narrow margin]; ***wir haben [nur] ~ verloren*** we [only] just lost

Knappe <-n, -n> *m* (1) BERGB [qualified] miner (2) HIST squire

Knappheit <-> *f kein pl* (1) (*Versorgungsengpass*) shortage *no pl,* scarcity *no pl* (2) (*Beschränktheit*) shortage *no pl;* **die ~ der öffentlichen Gelder/finanziellen Mittel** the shortage [*or* lack] of public money/finance; **bei der ~ der zur Verfügung stehenden Zeit...** with [*or* because of] the limited amount of time available ...

Knappschaft <-> *f kein pl* BERGB miners' guild

knapsen *vi* (*fam*) (1) (*knauserig sein*) to watch the pennies, to scrimp and save; ■**mit etw** ~ to scrimp on sth (2) (*mit etw schwer fertig werden*) ■**an etw** *dat* ~ to have difficulty getting over sth

Knarre <-, -n> *f* (*sl*) gun, shooter, rod AM *sl*

knarren *vi* to creak; ■**das K~** creaking

Knast <-[e]s, Knäste> *m* (*sl*) prison; ■**im ~** in the slammer *sl* [*or fam* clink] [*or* AM *fam* can]; **im ~ sitzen** to do [*or* serve] time; **~ schieben** (*fam*) to do [*or* serve] time

Knatsch <-es> *m kein pl* (*fam*) trouble; **ständiger ~ mit seinen Eltern** constant disagreements with one's parents; **es [*o* das] gibt ~** there's going to be [*or* that means [*or* spells]] trouble; ***das könnte ~ geben*** there could be trouble

knatschig *adj* (*fam: quengelig*) whingy BRIT *pej fam;* (*brummig*) grumpy, crotchety *fam*

knattern *vi* to clatter; *Motorrad* to roar; *Maschinengewehr* to rattle, to clatter; *Schüsse* to rattle out; ■**~d** roaring/clattering; ■**das K~** the roar/clatter/rattle

Knäuel <-s, -> *m o nt* ball; **ein ~ von Menschen** a knot of people

Knäuelgras *nt* BOT common cocksfoot

Knauf <-[e]s, Knäufe> *m* (*Messer-/Schwert-~*) pommel; (*Tür~*) knob; *Spazierstock* knob; *Schläger* butt [end]

Knauser(in) <-s, -> *m(f)* (*pej fam*) scrooge *pej,* skinflint *pej fam*

knauserig *adj* (*pej fam*) stingy *pej fam,* tight[-fisted] *pej fam*

Knauserin <-, -nen> *f fem form von* **Knauser**

knausern *vi* (*pej fam*) ■**[mit etw]** ~ to be stingy [*or* tight-fisted] [with sth] [*or* tight with sth] *pej fam*

Knaus-Ogino-Methode *f kein pl* MED rhythm [*or* Knaus-Ogino] method *no indef art, no pl*

knautschen I. *vi* to crease, to get creased **II.** *vt* ■**etw** ~ to crumple sth

knautschig *adj* (*fam*) crumpled; ■**~ sein** to be crumpled [up] [*or* all creased [*or fam* crumply]]

Knautschlack *m* MODE patterned wet-look [*or* patent] leather **Knautschleder** *nt* patterned [patent [*or* wet-look]] leather **Knautschzone** *f* AUTO crumple zone

Knebel <-s, -> *m* gag

Knebelbart *m* (*am Kinn*) Vandyke beard; (*an der Oberlippe*) handlebar moustache **Knebelbolzen** *m* toggle bolt

knebeln *vt* (1) (*mit einem Knebel versehen*) ■**jdn** ~ to gag sb (2) (*geh: mundtot machen*) ■**jdn/etw** ~ to gag [*or* muzzle] sb/sth

Kneb(e)lung <-, -en> *f* (1) *kein pl* (*das Knebeln*)

gagging *no indef art, no pl*
❷ (*Knebel*) gag
❸ (*geh: Unterdrückung der Berichterstattung*) gagging *no indef art, no pl,* muzzling *no indef art, no pl*

Knebelungsvertrag *m* JUR tying [*or* oppressive] contract

Knebelvertrag *m* (*pej*) gagging [*or* oppressive] contract

Knecht <-[e]s, -e> *m* ❶ (*veraltend: Landarbeiter*) farmhand
❷ (*pej: Diener*) servant, slave; (*Trabant*) minion *a. pej*
► WENDUNGEN: ~ **Ruprecht** *helper to St Nicholas*

knechten *vt* (*pej geh*) ■**jdn** ~ to enslave sb, to reduce sb to servitude *form;* ■**geknechtet** enslaved; **ein geknechtetes Volk** an oppressed people

knechtisch *adj* (*pej geh*) slavish, servile *pej;* ■**[jdm]** ~ **sein** to be slavish [*or a. pej* servile] [to sb]

Knechtschaft <-, *selten* -en> *f* (*pej*) slavery, servitude *form,* bondage *liter;* **die Babylonische** ~ HIST Babylonian captivity

Knechtung <-, -en> *f* (*pej geh*) enslavement *no pl;* ■~ **durch jdn** enslavement [*or form* subjugation] by sb

kneifen <kniff, gekniffen> **I.** *vt* ■**jdn** ~ to pinch sb; ■**jdn** [*o* **jdm**] **in etw** *akk* ~ to pinch sb's sth
II. *vi* ❶ (*zwicken*) to pinch
❷ (*fam: zurückscheuen*) ■[**vor etw** *dat*] ~ to chicken out [of sth] *pej fam,* to duck [out of] sth *fam;* ■**vor jdm** ~ to shy away from [*or* to avoid] sb
III. *vi impers* ■**es kneift** [**jdn**] [**irgendwo**] it hurts [*or* pinches] [sb] [somewhere]

Kneifer <-s, -> *m* pince-nez

Kneifzange *f* (*Zangenart*) pincers *npl;* **mit einer** ~ with [a pair of] pincers
► WENDUNGEN: **etw nicht mit der** ~ **anfassen** (*fam*) to not touch sth with a barge [*or* AM *a.* ten-foot] pole

Kneipe <-, -n> *f* (*fam*) pub BRIT, boozer BRIT *fam,* AM *usu* bar

Kneipenbummel *m* pub crawl BRIT *fam,* bar hop AM **Kneipenmobiliar** *nt* pub [*or* AM *usu* bar] furnishings *pl* **Kneipentisch** *m* pub [*or* AM *usu* bar] table **Kneipenwirt(in)** *m(f)* barkeeper, [pub] landlord *masc*/landlady *fem* BRIT, publican BRIT

Kneipier <-s, -s> [knai'pie:] *m* (*hum fam*) *s.* **Kneipenwirt**

kneippen *vi* (*fam*) to take [*or* undergo] a Kneipp cure

Kneippkur *f* MED Kneipp['s] cure, kneippism *no art, no pl spec* (*predominantly hydropathic treatment combined with compresses, diet and exercise*)

Knesset(h) <-> *f kein pl* (*israelisches Parlament*) Knesset

knetbar *adj* workable; ~**er Teig** kneadable dough; **schlecht** ~ difficult to work with/knead

Knete <-> *f kein pl* ❶ (*sl: Geld*) dough *dated sl,* dosh BRIT *sl*
❷ (*fam*) *s.* **Knetgummi**

kneten **I.** *vt* ❶ (*durchwalken*) ■**etw** ~ to knead [*or* work] sth
❷ (*durch K~ formen*) ■[**sich** *dat*] **etw** ~ to model [*or form* fashion] sth; **etw aus Lehm** ~ to model [*or form* fashion] sth out of clay; ■**das K~** modelling [*or* AM -l-]
❸ (*massieren*) ■[**jdm**] **etw** ~ to knead sb's sth
II. *vi* to play with Plasticine® [*or* AM Play-Doh®]

Knetgummi *m o nt,* **Knetmasse** *f* Plasticine®, Play-Doh® AM **Knethaken** *m bei Rührgerät* kneading hook

Knick <-[e]s, -e *o* -s> *m* ❶ (*abknickende Stelle*) [sharp] bend; (*im Schlauch/Draht*) kink; **einen** ~ **machen** to bend [sharply]
❷ (*Kniff*) crease
► WENDUNGEN: **einen** ~ **im Auge** [*o* **in der Linse**] [*o* **in der Optik**] **haben** (*sl*) to have sth wrong with one's eyes; ***du hast wohl einen*** ~ ***in der Optik!*** can't you see straight?, are you blind?

knicken **I.** *vt haben* ❶ (*falten*) ■**etw** ~ to fold [*or* crease] sth; **„nicht ~!"** "[please] do not bend [*or* fold]!"
❷ (*ein~*) ■**etw** ~ to snap sth
❸ (*schwächen*) **jds Stolz** ~ to humble sb['s pride]
II. *vi sein* to snap/crease

Knicker <-s, -> *m* DIAL ❶ (*Geizhals*) scrooge *pej,* skinflint *pej fam*
❷ (*Murmel*) marble; (*Murmelspiel*) marbles + *sing vb*

Knickerbocker *pl* knickerbockers *npl,* AM *a.* knickers *npl*

knick(e)rig *adj* DIAL (*knauserig*) mean, stingy *pej fam,* tight[-fisted] *pej fam*

Knick(e)rigkeit <-> *f kein pl* DIAL (*Knauserigkeit*) meanness *no indef art, no pl,* stinginess *no indef art, no pl pej fam*

Knicks <-es, -e> *m* curts[e]y, bob; [**vor jdm**] **einen** ~ **machen** to make a curts[e]y [*or* bob] [to sb]

knicksen *vi* ■[**vor jdm**] ~ to [bob [*or* drop] a] curts[e]y [to sb], to bob [a curts[e]y] to sb

Knie <-s, -> *nt* ❶ (*Körperteil*) knee; **auf ~n** on one's knees, on bended knee[s]; **jdn auf ~n bitten** to go down on bended knee[s] to [*or* and beg] sb; **jdm auf ~n danken** to go down on one's knees and thank sb; **die** ~ [**vor jdm/etw**] **beugen** (*geh*) to go down on one's knees/one knee [before sb *form*]; [**vor jdm**] **auf die** ~ **fallen** (*geh*) to fall [*or* go down] on one's knees [before sb *form*]; **in die** ~ **gehen** to sink to [*or* down on] one's knees; **jdn übers** ~ **legen** (*fam*) to put sb across [*or* over] one's knee; **vor jdm auf den ~n liegen** (*geh*) to kneel [*or* be on one's knees] before sb *form;* **in die** ~ **sacken** to sag at the knees; **sich vor jdm auf die** ~ **werfen** (*geh*) to throw oneself on one's knees in front of [*or form* before] sb; **jdm zittern die** ~ sb's knees are shaking; (*aus Angst*) sb's knees are knocking; **jdn in die** ~ **zwingen** (*geh*) to force sb to his/her knees *a. fig*
❷ (*Kniebereich einer Hose*) knee
❸ (*Biegung*) bend
❹ (*eines Rohres*) elbow
► WENDUNGEN: **weiche** ~ **bekommen** (*fam*) to go weak at the knees; **etw übers** ~ **brechen** (*fam*) to rush into sth; **in die** ~ **gehen** to submit, to give in

Kniebeuge *f* knee-bend; **in die** ~ **gehen** to bend one's knees; ~**n machen** to do [some] knee-bends **Kniebundhose** *f* [knee] breeches [*or* AM britches] *npl* **Kniefall** *m* (*geh*) genuflection *form;* **einen** ~ **vor jdm tun** [*o* **machen**] to go down on one's knees before sb *form,* to kneel before sb *form* **kniefällig** *adv* (*veraltend*) on bended knee[s], on one's knees **kniefrei** *adj* above-the-knee *attr,* [worn] above the knee *pred* **Kniegelenk** *nt* knee joint **kniehoch** **I.** *adj* knee-high; **kniehoher Schnee/kniehohes Wasser** knee-deep snow/water **II.** *adv* up to the/one's knees; ***der Schnee liegt*** ~ the snow was knee-deep **Kniehose** *f* [knee] breeches [*or* AM britches] *npl* **Kniekehle** *f* back [*or* hollow] of the knee, popliteal space *spec* **knielang** *adj* knee-length

knien [kni:n, 'kni:ən] **I.** *vi* ■[**auf etw** *akk*/**vor jdm/etw**] ~ to kneel [on sth/in front of [*or form* before] sb/sth]; **im K~** on one's knees, kneeling [down]
II. *vr* ❶ (*auf die Knie gehen*) ■**sich** *akk* **auf etw** *akk* ~ to kneel [down] on sth; ■**sich hinter/neben/vor jdn/etw** ~ to kneel down behind/next to/in front of [*or form* before] sb/sth
❷ (*fam: sich intensiv beschäftigen*) ■**sich** *akk* **in etw** *akk* ~ to get down to sth, to get stuck in[to sth] BRIT *fam*

Knies <-> *m kein pl* DIAL (*Knatsch*) argument, quarrel, *esp* BRIT row; (*schwächer*) tiff *fam*

Kniescheibe *f* kneecap, patella *spec;* **jdm die** ~[**n**] **durchschießen** to kneecap sb **Knieschützer** *m* SPORT kneepad, kneeguard **Knieschwellung** *f* swelling of the knee **Kniesehnenreflex** *m* MED knee jerk **Kniestrumpf** *m* knee-length sock **Kniestück** *nt* BAU elbow joint **Kniestuhl** *m* kneeling chair, back [*or* balance] chair **knietief** *adj* knee-deep **Kniewärmer** *m* knee warmer

kniff *imp von* **kneifen**

Kniff <-[e]s, -e> *m* ❶ (*Kunstgriff*) trick
❷ (*Falte*) fold; (*unabsichtlich a.*) crease
❸ (*Zwicken*) pinch

kniff(e)lig *adj* (*fam*) tricky, fiddly *fam*

Knigge <-[s], -> *m* book [*or* guide] on etiquette, etiquette manual

Knilch <-s, -e> *m* (*pej sl: Scheißkerl*) bastard *fam!,* bugger BRIT *fam!;* (*Niete*) plonker BRIT *fam*

knipsen **I.** *vt* ❶ (*fam: fotografieren*) ■**jdn/etw** ~ to take a photo of sb/sth *fam; Radarfalle* to flash [*or* get] sb *fam*
❷ (*durch Lochen entwerten*) **eine Fahrkarte** ~ to punch [*or* clip] a ticket
II. *vi* (*fam*) to take photos *fam;* (*willkürlich*) to snap away *fam*

Knirps <-es, -e> *m* ❶ (*fam: kleiner Junge*) little fellow [*or* fellow] *fam,* little squirt *pej*
❷ (*Faltschirm*) folding [*or* telescopic] umbrella

knirschen *vi* to crunch; *Getriebe* to grind; *s. a.* **Zahn**

knistern **I.** *vi* ❶ (*rascheln*) *Feuer* to crackle; *Papier* to rustle; ■**das K~ des Feuers/von Papier** the crackle [*or* crackling] of the fire/rustle [*or* rustling] of paper
❷ (*~de Geräusche verursachen*) ■**mit etw** ~ to rustle sth
II. *vi impers* ❶ (*Geräusch verursachen*) ■**es knistert irgendwo** there is a crackling/rustling somewhere
❷ (*kriseln*) ■**es knistert** there is trouble brewing
❸ (*Spannung aufweisen*) ■**es knistert** [**zwischen Menschen**] there is a feeling of tension [*or* suspense] [between people]

Knittelvers *m* rhyming couplets *pl* [of four-stress lines]

knitterarm *adj* crease-resistant **Knitterfalte** *f* crumple **knitterfrei** *adj* non-crease **knitterfreudig** *adj* prone to creasing

knittern **I.** *vi* to crease, to crumple
II. *vt* ■**etw** ~ to crease [*or* crumple] sth

Knobelbecher *m* ❶ (*Würfelbecher*) [dice] shaker [*or* cup]
❷ (*sl: Soldatenstiefel*) army boot

knobeln *vi* ❶ (*würfeln*) ■[**um etw**] ~ to play dice [for [*or* to decide] sth]
❷ (*nachgrübeln*) ■[**an etw** *dat*] ~ to puzzle [over sth]

Knoblauch <-[e]s> *m kein pl* garlic *no indef art, no pl*

Knoblauchpresse *f* garlic press **Knoblauchzehe** *f* clove of garlic

Knöchel <-s, -> *m* ❶ (*Fuß~*) ankle; **bis zu den ~n** up to the ankles; **bis über die** ~ to above the [*or* one's] ankles; **kräftige** ~ fetlocks *hum fam*
❷ (*Finger~*) knuckle

Knöchelbruch *m* (*Fuß~*) broken ankle; (*Finger~*) broken knuckle **knöchellang** *adj* ankle-length **Knöchelsocke** *f* ankle length **knöcheltief** **I.** *adj* ankle-deep **II.** *adv* ankle-deep

Knochen <-s, -> *m* ❶ (*Teil des Skeletts*) bone; **jdm alle** ~ **brechen** (*sl*) to break every bone in sb's body; **sich** *dat* [**bei etw** *dat*] **den** ~ **brechen** to break a bone [*or* one's leg/arm etc.] [doing sth]; **brich dir nicht die** ~**!** (*fam*) don't break anything!
❷ KOCHK bone
❸ *pl* (*Gliedmaßen*) bones *pl,* limbs *pl*
► WENDUNGEN: **jdm steckt** [*o* **sitzt**] **etw in den** ~ (*fam*) sb is full of sth; ***der Schreck sitzt mir jetzt noch in den/allen*** ~**!** I'm still scared stiff even now!; **bis auf die** ~ (*fam*) to the bone, utterly; **bis auf die** ~ **abgemagert sein** to be all [*or* just] skin and bone[s]; **bis auf die** ~ **nass werden** to get soaked to the skin

Knochenarbeit *f* (*fam*) backbreaking work *no indef art, no pl,* BRIT *a.* hard graft *no indef art, no pl* **Knochenbau** *m kein pl* bone structure **Knochenbildung** *f* ossification, osteogenesis **Knochenbruch** *m* fracture **Knochendünnung** <-> *f kein pl* cut of beef (*meat cut from the stomach muscle*) **Knochenentkalkung** *f* osteoporosis **Knochenentzündung** *f* osteitis **Knochenerweichung** *f* osteomalacia **Knochenfisch** *m*

K

bony fish **Knochengerüst** *nt* skeleton **knochenhart** *(fam)* **I.** *adj* ❶ *(sehr hart)* rock-hard *fam* ❷ *(anstrengend)* extremely hard [*or* strenuous] ❸ *(unnachgiebig)* pigheaded *pej;* **eine ~e Forderung** a tough demand **II.** *adv* **~ arbeiten** to work extremely hard, to graft away BRIT **Knochenhaut** *f* ANAT periosteum *spec* **Knochenleim** *m* bone glue **Knochenmann** *m kein pl (liter)* ■**der ~** Death **Knochenmark** *nt* bone marrow *no indef art, no pl* **Knochenmehl** *nt* bone meal *no indef art, no pl* **Knochenschinken** *m* ham on the bone **Knochenschwund** *m* atrophy of the bone[s] **knochentrocken** *adj (fam)* ❶ *(völlig trocken)* bone dry; ■**~ sein** to be bone dry [*or* as dry as a bone] ❷ *(Humor, Bemerkung)* very dry [*or* wry]; **ein ~er Vortrag** a very dry [*or* dull] lecture

knöchern *adj* ❶ *(beinern)* bone *attr,* of bone *pred; (knochenhaltig)* osseous *spec*
❷ *(knochig)* bony

knochig *adj* bony

knock-out, knockout *adj* KO *fam;* ■**~ sein** to be knocked out; ■**jdn ~ schlagen** to knock sb out

Knock-out, Knockout <-[s], -s> [nɔkˈʔaʊt] *m* knockout, KO *fam*

Knödel <-s, -> *m* SÜDD, ÖSTERR dumpling

Knöllchen <-s, -> *nt (fam)* [parking] ticket

Knolle <-, -n> *f* ❶ BOT nodule, tubercule *spec; Kartoffel* tuber; *Krokus* corm *spec*
❷ *(fam: rundliche Verdickung)* large round lump [*or* growth]
❸ *(hum: Nase)* bulbous nose, conk BRIT *hum fam*

Knollen <-s, -> *m* DIAL *s.* **Knolle**

Knollenblätterpilz *m* amanita *no indef art, no pl spec;* **gelber/grüner/weißer ~** false death cap/death cap [*or* angel] [*or no indef art, no pl* deadly amanita]/destroying angel **Knollengemüse** *nt kein pl* tuber vegetables, tuber[s] **Knollennase** *f (fam)* bulbous nose, conk BRIT *hum fam* **Knollensellerie** *m* BOT celeriac **Knollenziest** *m* BOT, KOCHK artichoke betony

knollig *adj* bulbous; **~er Auswuchs** knobbly [*or* AM knobby] outgrowth

Knopf <-[e]s, Knöpfe> *m* ❶ *(an Kleidungsstück etc.)* button
❷ *(Drucktaste)* [push]button
❸ *(Akkordeon)* button
❹ SÜDD, SCHWEIZ *(Knoten)* knot
▸ WENDUNGEN: **sich** *dat* **an den Knöpfen abzählen können, dass...** *(fam)* to be easy to work out that [*or* plain to see [that]] ...

Knopfdruck *m kein pl* push of a button; **auf ~** at the push of a button

knöpfen *vt* ■**etw auf etw** *akk* **~** to button sth [on]to sth; **eine Jacke zum K~** a button-up jacket, a jacket that [*or* which] buttons up

Knopfleiste *f* button-facing **Knopfloch** *nt* buttonhole; **eine Blume im ~ tragen** to wear a flower in one's buttonhole, *esp* BRIT to wear a buttonhole ▸ WENDUNGEN: **ihm/ihr guckt die Neugier aus allen Knopflöchern** *(fam)* he's/she's simply burning with curiosity; **aus allen Knopflöchern platzen** to be bursting at the seams; **aus allen Knopflöchern schwitzen** to sweat like a pig; **aus allen Knopflöchern stinken** to stink to high heaven, to reek from every pore **Knopfzelle** *f* round cell battery

Knorpel <-s, -> *m* cartilage *no indef art, no pl;* KOCHK gristle *no indef art, no pl*

Knorpelfisch *m* cartilaginous fish

knorpelig *adj* ANAT cartilaginous *spec;* KOCHK gristly

Knorpelzelle *f* cartilage cell

Knorren <-s, -> *m* burl, gnarl *liter*

knorrig *adj* ❶ *(mit Knollen versehen)* gnarled
❷ *(eigenwillig)* gruff

Knospe <-, -n> *f* ❶ *(Teil einer Pflanze)* bud; **~n ansetzen** [*o* **treiben**] to bud, to put forth buds *form*
❷ *(Anfang)* **die zarte ~ ihrer Liebe** the tender bud[ding] of their love

knospen *vi* to bud

Knötchen <-s, -> *nt dim von* **Knoten** ❶ KOCHK little lump
❷ MED nodule, small lump

knoten *vt* ■**etw ~** to knot sth, to tie a knot in sth, to tie sth into a knot; **jdm/sich die Krawatte ~** to tie sb's/one's tie

Knoten <-s, -> *m* ❶ *(Verschlingung)* knot; ■**[sich/jdm] einen ~ in etw** *akk* **machen** to tie a knot in one's/sb's sth
❷ MED *(kugelige Verdickung)* lump, node *spec*
❸ *(Haar~)* bun, knot
❹ *(Ast~)* knot, burl
❺ NAUT knot
▸ WENDUNGEN: **der gordische ~** HIST the Gordian knot; **den gordischen ~ durchhauen** [*o* **durchschlagen**] [*o* **durchtrennen**] to cut [*or* untie] the Gordian knot; **der ~ ist [bei jdm] geplatzt, gerissen** *(fam)* the penny [has] dropped *fam,* sb has suddenly caught on [*or* sorted sth out]; **der ~ schürzt sich** LIT the plot thickens

Knotenpunkt *m* AUTO, BAHN junction **Knotenpunktbahnhof** *m* rail junction **Knotentheorie** *f* MATH knot theory

Knöterich <-s, -e> *m* knotgrass *no indef art, no pl,* polygonum *spec*

knotig *adj* ❶ *(Knoten aufweisend)* knotted, knotty; ■**~ sein** to be full of knots
❷ *(knorrig)* gnarled
❸ MED nodular

Know-how <-s> [noʊˈhaʊ] *nt kein pl* know-how *no indef art, no pl fam*

Know-how-Vertrag *f* JUR, FIN know-how agreement

Knubbel <-s, -> *m* DIAL lump

Knuddelkissen *nt* cuddly cushion

knuddeln *vt* ❶ *(fam: umarmen, drücken und küssen)* ■**jdn ~** to hug and kiss sb
❷ DIAL *(zerknüllen)* ■**etw ~** to crumple [*or* scrunch] sth up

Knuff <-[e]s, Knüffe> *m (fam)* nudge, push; *(mit dem Finger/Ellenbogen)* poke; *(sanfter: mit dem Ellenbogen)* nudge

knuffen *vt (fam)* **jdn [in die Rippen/Seite etc.] ~** to nudge sb [*or* give sb a nudge [*or* push]] [in the ribs/side etc.]

knülle *adj* NORDD *(fam)* ■**~ sein** to be pie-eyed *fam* [*or sl* sloshed]

knüllen **I.** *vt* ■**etw ~** to crumple [up *sep*] sth, to crease sth
II. *vi* to crumple, to crease

Knüller <-s, -> *m (fam)* sensation; *(Nachricht)* scoop

knüpfen **I.** *vt* ❶ *(verknoten)* ■**etw ~** to tie sth; **ein Netz ~** to mesh a net; **einen Teppich ~** to knot [*or* make] a carpet
❷ *(gedanklich verbinden)* ■**etw an etw** *akk* **~** to tie [*or* knot] sth to sth; **eine Bedingung an etw** *akk* **~** to attach a condition to sth; **Hoffnungen an etw** *akk* **~** to pin hopes on sth
II. *vr* ■**sich** *akk* **an etw** *akk* **~** to be linked [*or* connected] with sth

Knüppel <-s, -> *m* cudgel, club; *(Polizei~)* truncheon BRIT, nightstick AM
▸ WENDUNGEN: **jdm [einen] ~ zwischen die Beine werfen** *(fam)* to put a spoke in sb's wheel *fam,* to throw a spanner in the works, to throw a monkey wrench in sth AM

Knüppeldamm *m* corduroy [*or* log] road **knüppeldick** *adv (fam)* excessively; **~ auftragen** to lay it on thick *fam;* ***wenn's mal losgeht, dann kommt's auch gleich*** **~** it never rains but it pours *prov* **knüppelhart** *adj (fam) s.* **knochenhart**

knüppeln **I.** *vt* ■**jdn ~** to beat sb [with a club [*or* cudgel]/truncheon]
II. *vi* to club [*or* cudgel] away; *(Polizei)* to use one's truncheon/nightstick; *Fußballspieler* to foul

Knüppelschaltung *f* floor[-mounted] gear change, stick [*or* floor] shift AM

knüppelvoll *adj inv (fam)* jam-packed *fam,* BRIT *fam a.* packed out

knurren **I.** *vi* to growl; *(wütend)* to snarl; *s. a.* **Magen**
II. *vt* ■**etw ~** to growl sth

Knurren <-s> *nt kein pl* growl[ing *no pl*]; *(wütend)* snarl[ing *no pl*]

Knurrhahn *m* ZOOL gurnard

knurrig *adj* grumpy

Knusperhäuschen *nt* LIT gingerbread house

knusp(e)rig *adj* ❶ *(mit einer Kruste)* crisp[y]
❷ *(kross)* crusty; **ein ~es Gebäck** a crunchy pastry
❸ *(jung, frisch)* scrumptious *hum*

knuspern *vi* ■**an etw** *dat* **~** to nibble [at] sth; *(geräuschvoll)* to crunch away at sth; **etwas zum K~** something to nibble

Knust <-[e]s, -e *o* Knüste> *m* NORDD [end] crust [of a loaf]

Knute <-, -n> *f* lash, knout *hist;* **jds ~ zu spüren bekommen** to feel sb's lash; **jdn mit der ~ schlagen** to lash sb
▸ WENDUNGEN: **jdn unter seine ~ bringen** to get sb in one's clutches; **unter jds** *dat* **~ leben/stehen** to live/be under sb's heel [*or* yoke]

knutschen *(fam)* **I.** *vt* ■**jdn ~** to kiss [*or fam* smooch with] sb; ■**sich ~** to smooch *fam,* to pet *fam,* to canoodle *hum dated*
II. *vi* ■**[mit jdm] ~** to smooch [*or* pet] [with sb] *fam;* ■**~d** smooching

Knutscherei <-, -en> *f (fam)* smooching *fam,* petting *fam,* canoodling *hum dated fam*

Knutschfleck *m (fam)* love bite, hickey *esp* AM *fam*

Knüttel <-s, -> *m (veraltend) s.* **Knüppel**

Knüttelvers *m s.* **Knittelvers**

k. o. *adj Abk von* **knock-out** ❶ *(bewusstlos geschlagen)* ■**~ sein** to have been KO'd, to be knocked out [*or* unconscious]; **~ gehen** to be knocked out [*or* unconscious]; **jdn ~ schlagen** to knock out sb *sep*
❷ *(fam: völlig ermattet)* ■**[völlig] ~ sein** to be [totally] knackered BRIT *fam,* to be [totally] exhausted AM; **sich ~ fühlen** to feel knackered [*or* AM exhausted] *fam*

K. o. <-[s], -s> *m Abk von* **Knockout** knockout, KO *fam;* **ein technischer ~** a technical knockout; **durch ~** by a knockout

Koagulation <-, -en> *f* CHEM, MED coagulation

Koagulationsmittel *nt* coagulating [*or* clotting] agent

Koala <-s, -s> *m,* **Koalabär** *m* koala [bear]

koalieren* *vi* ■**[mit jdm/etw] ~** to form a coalition [with sb/sth]

Koalition <-, -en> *f* coalition; **eine große/kleine ~** a grand/little coalition

Koalitionsaussage *f* POL coalition statement **Koalitionsausschuss**[RR] *m* coalition committee **Koalitionsfraktion** *f* coalition faction [*or* group] **Koalitionsfreiheit** *f kein pl* JUR freedom of association **Koalitionsgespräch** *nt* coalition talks *npl* **Koalitionspartei** *f* POL coalition party **Koalitionspartner** *m* coalition partner **Koalitionsrecht** *nt* JUR right of free association **Koalitionsregierung** *f* coalition government **Koalitionsrunde** *f regular talks between coalition party members* **Koalitionsvereinbarung** *f* agreement on a/the coalition **Koalitionsverhandlungen** *pl* coalition negotiations *pl* **Koalitionsvertrag** *m* coalition agreement

koaxial *adj* coaxial

Koaxialkabel *nt* TECH coaxial cable

Kobalt <-s> *nt kein pl* cobalt *no art, no pl*

kobaltblau *adj* cobalt blue

Koben <-s, -> *m* sty, pen

Koblenz <-> *nt* Koblenz, Coblenz

Kobold <-[e]s, -e> *m* imp, goblin, kobold

Kobra <-, -s> *f* cobra

Koch, Köchin <-s, Köche> *m, f* cook; *(Küchenchef)* chef; **~ lernen** to be a trainee chef
▸ WENDUNGEN: **zu viele Köche verderben den Brei** *(prov)* too many cooks spoil the broth *prov*

kochbeständig *adj inv Textilien* washable in boiling water

Kochbuch *nt* cook[ery]book **Kochecke** *f* kitchenette, cooking [*or* kitchen] area

köcheln *vi* ❶ *(leicht sieden)* to simmer
❷ *(hum: kochen)* to cook

Köchelverzeichnis *nt kein pl* MUS Köchel [*or* K] catalogue [*or* AM *usu* -og] [*or* index] *spec*

kochen I. *vi* ① (*Speisen zubereiten*) to cook; **dort kocht man sehr scharf/pikant** the food there is very hot/spicy
② (*brodeln*) to boil; **etw zum K~ bringen** to bring sth to the boil; **~d heiß** boiling hot; **eine ~d heiße Suppe** a piping hot soup
③ (*in Aufruhr befinden*) to seethe; **vor Wut ~** to seethe [*or* boil] with rage; *s. a.* **Volksseele**
II. *vt* ① (*heiß zubereiten*) ■[**jdm/sich**] **etw ~** to cook [sb/oneself] sth; **Suppe/Kaffee ~** to make [some] soup/coffee
② (*als Kochwäsche waschen*) ■**etw ~** to boil sth

kochend I. *adj inv* boiling; **vor Wut ~** boiling [*or* seething] with rage
II. *adv* **~ heiß** *Wasser, Suppe* boiling hot

Kocher <-s, -> *m* [small] stove, cooker

Köcher <-s, -> *m* ① (*Pfeil~*) quiver
② (*für Fernglas*) case

Köcherfliege *f* ZOOL caddis fly

Kochfeld *nt* ceramic hob

kochfest *adj* suitable for washing at 90° *pred*

Kochgelegenheit *f* cooking facilities *pl* **Kochgeschirr** *nt bes* MIL mess tin **Kochherd** *m* (*veraltend*) *s.* **Herd**

Köchin <-, -nen> *f fem form von* **Koch**

Kochkäse *m soft cheese made from quark, salt and spices* **Kochkunst** *f* ① *kein pl* (*Gastronomie*) culinary art *no pl*, art of cooking *no pl* ② *pl* (*Fähigkeit, gut zu kochen*) culinary skill[s *pl*] **Kochkurs(us)** *m* cookery course **Kochlöffel** *m* [wooden] cooking spoon, wooden spoon **Kochmesser** *nt* cook's knife **Kochnische** *f* kitchenette **Kochplatte** *f* ① (*Herdplatte*) hotplate ② (*transportable Herdplatte*) small [electric] stove **Kochpunkt** *m kein pl* boiling point **Kochrezept** *nt* recipe **Kochsalat** *m* chinese leaf **Kochsalz** *nt kein pl* common [*or* cooking] salt *no indef art, no pl;* CHEM sodium chloride *no indef art, no pl spec*

Kochsalzersatz *m* salt substitute **Kochsalzlösung** *f* salt solution; CHEM sodium chloride solution

Kochtopf *m* [cooking] pot; (*mit Stiel*) saucepan

Kochwäsche *f* washing that can be boiled

kodd(e)rig *adj* NORDD (*fam: unverschämt*) impertinent, impudent, insolent; ■**jdm ist ~** [**zumute**] (*unwohl*) sb feels sick [*or* queasy]

Kode <-s, -s> [ko:t] *m* code

Kodein <-s> *nt kein pl* codeine *no indef art, no pl*

Köder <-s, -> *m* bait; (*Lockvogel*) lure; **einen ~ auslegen** to put down bait; **einen ~ anbeißen** to take the bait

ködern *vt* ① (*verlocken*) ■**jdn** [**mit etw**] **~** to lure sb [with sth]; **jdn** [**mit etw**] **zu ~ versuchen** to woo sb [with sth]; **sich von jdm/etw ~ lassen** to be tempted by sb/sth
② (*anlocken*) ■**Fische ~** to lure fish

Köderwurm *m* ZOOL lugworm

Kodeverschlüsselungssystem *nt* INFORM code cipher system

Kodex <- *o* -es, -e *o* Kodizes> *m* ① *kein pl* (*Verhaltens~*) [moral] code
② HIST (*Handschrift*) codex

Kodiakbär *m* ZOOL kodiak bear

kodieren* *vt* ■**etw ~** to [en]code sth

Kodierung <-, -en> *f* INFORM, LING coding; **binäre/digitale/spezifische ~** binary/digital/specific coding

Kodifikation <-, -en> *f* JUR codification

kodifizieren* *vt* JUR ■**etw ~** to codifiy sth

Koedukation <-, -en> ['ko:ʔedukatsi̯o:n] *f* coeducation *no indef art, no pl*

Koeffizient <-en, -en> *m* MATH, PHYS coefficient

Koenzym *nt* BIOL coenzyme

Koevolution *f* BIOL coevolution

Koexistenz *f kein pl* coexistence *no indef art, no pl;* **friedliche ~** peaceful coexistence

koexistieren*, **koexistieren** *vi haben* (*geh*) to coexist

Koffein <-s> *nt kein pl* caffeine *no indef art, no pl*

koffeinfrei *adj* decaffeinated, decaf *fam*

koffeinhaltig *adj inv* containing caffeine *pred*

Koffer <-s, -> *m* ① (*Reise~*) [suit]case; ■**die ~** *pl* the luggage [*or esp* AM baggage] + *sing vb;* **den/die ~ packen** to pack [one's bags]
② (*Tragebehälter*) [carrying] case
▶ WENDUNGEN: **aus dem ~ leben** to live out of a suitcase; **die ~ packen** to pack one's bags [and leave]

Kofferanhänger *m* luggage tag [*or* label] **Kofferbehälter** *m* box container

Köfferchen <-s, -> *nt dim von* **Koffer**

Kofferfarbe *f* suitcase colour [*or* AM -or] **Koffergriff** *m* suitcase handle **Koffergröße** *f* suitcase size **Kofferhersteller** *m* suitcase manufacturer **Kofferkuli** *m* [luggage] trolley [*or* AM cart] **Kofferradio** *nt* portable radio **Kofferraum** *m* AUTO ① boot BRIT, trunk AM ② (*Volumen*) luggage space **Kofferraumdeckel** *m* AUTO boot [*or* AM trunk] lid **Kofferschreibmaschine** *f* portable [typewriter]

Kogge <-, -n> *f* HIST, NAUT cog *spec*

Kognak <-s, -s *o* -e> ['kɔnjak] *m* brandy

Kognakschwenker <-s, -> *m* balloon glass, brandy glass [*or* AM snifter]

kognitiv *adj* PSYCH, SCH cognitive *attr form or spec*

kohärent *adj inv* ① (*geh: zusammenhängend*) coherent
② PHYS coherent

Kohärenz <-> *f kein pl* ① (*geh: Zusammenhang*) coherence *no pl*
② PHYS coherence *no pl*, coherency *no pl*

Kohäsion <-> *f kein pl* PHYS cohesion *no indef art, no pl*, cohesiveness *no indef art, no pl*

Kohl <-[e]s, -e> *m* ① (*Gemüse*) cabbage
② (*fam: Quatsch*) nonsense *no indef art, no pl*, rubbish *no indef art, no pl*, codswallop *no indef art, no pl* BRIT *sl;* **das ist doch alles ~!** that's all nonsense [*or* rubbish] [*or* BRIT *sl* a load of codswallop]; **~ reden** to talk rubbish [*or* nonsense] [*or fam!* shit]
▶ WENDUNGEN: **das macht den ~ auch nicht fett** (*fam*) that doesn't help a lot, that's not much help; **den** [**alten**] **~ aufwärmen** to bring up the old story again

Kohldampf *m* ▶ WENDUNGEN: **~ haben** [*o* **schieben**] (*fam*) to be starving [*or* famished] *fam;* **~ schieben müssen** to have to go hungry

Kohle <-, -n> *f* ① (*Brennstoff*) coal *no indef art, no pl;* **~ führend** coal-bearing
② TECH (*Aktiv~*) carbon *no indef art, no pl*
③ KUNST charcoal *no indef art, no pl*
④ (*sl: Geld*) dosh BRIT *fam*, dough *dated fam*
▶ WENDUNGEN: **feurige ~n auf jds Haupt sammeln** (*geh*) to heap coals of fire on sb's head; **wie auf** [**glühenden**] **~n sitzen** to be like a cat on a hot tin roof [*or* BRIT *dated* on hot bricks], to be on tenterhooks

kohleführend *adj s.* **Kohle 1**

kohlehaltig *adj inv* containing coal, carboniferous

Kohlehydrat <-[e]s, -e> *nt*, **Kohlenhydrat** *nt* carbohydrate **Kohlekraftwerk** *nt* coal-fired power station

kohlen *vi* (*fam*) to fib *fam*, to tell fibs *fam*

Kohle(n)abbau *m kein pl* coal mining *no pl* **Kohlenbecken** *nt* ① GEOL coal basin ② (*Wärmequelle*) brazier **Kohlenbergbau** *m* coal-mining *no indef art, no pl* **Kohlenbergwerk** *nt* coal mine, colliery, pit

Kohlendioxid *nt kein pl* carbon dioxide *no indef art, no pl*

kohlendioxidfrei *adj inv* ÖKOL free of carbon dioxide

Kohlendioxyd, Kohlendioxid *nt* carbon dioxide

Kohleneimer *m* [coal] scuttle **Kohlenflöz** *nt* BERGB coal seam **Kohlenförderung** *f* coal-mining *no indef art, no pl*, extraction *no pl* of coal **Kohlengrube** *f* BERGB coal mine, [coal] pit **Kohlenhalde** *f* coal pile [*or* heap], pile of coal **Kohlenhändler(in)** <-s, -> *m(f)* coal merchant **Kohlenhandlung** *f* coal merchant's **Kohle(n)herd** *m* coal-burning range **Kohlenkasten** *m* coal box **Kohlenkeller** *m* coal cellar **Kohlenlieferung** *f* coal delivery; (*an ein Kraftwerk*) coal supply **Kohlenmonoxid** *nt kein pl* carbon monoxide *no indef art, no pl* **Kohlenofen** *m* [coal-burning] stove **Kohlenpott** *m* (*fam*) ■**der ~** the Ruhr [area] **Kohlenrevier** *nt* BERGB coalmining area **kohlensauer** *adj* carbonic *spec;* **kohlensaures Natron/Kalzium** sodium/calcium carbonate *spec* **Kohlensäure** *f* carbonic acid *no indef art, no pl;* **mit ~** carbonated, fizzy; **ohne ~** still *attr* **kohlensäurehaltig** *adj* carbonated; **~es Getränk** carbonated [*or* BRIT *fam a.* fizzy] drink **Kohlenschaufel** *f* coal shovel **Kohlenstaub** *m* coal dust **Kohlenstoff** *m* carbon *no indef art, no pl* **Kohlenvorkommen** *nt* coal deposit **Kohlenwagen** *m* BAHN (*Waggon*) coal truck; (*Tender*) tender **Kohlenwasserstoff** *m* hydrocarbon; **chlorierte ~e** chlorinated hydrocarbons *spec*, organochlorines *spec* **Kohlenzange** *f* coal [*or* fire] tongs *npl*

Kohlepapier *nt* carbon paper **Kohlepfennig** *m kein pl* ÖKON *surcharge imposed in 1974 on electricity consumers in Germany to subsidize domestic coal production*

Köhler(in) <-s, -> *m(f)* charcoal burner

Köhler *m* ZOOL, KOCHK coalfish, coaley, saithe

Kohlestift *m* KUNST charcoal stick **Kohletablette** *f* PHARM, MED charcoal tablet **Kohlezeichnung** *f* charcoal drawing

Kohlkopf *m* [head of] cabbage **Kohlmeise** *f* great titmouse

kohl(pech)rabenschwarz *adj* jet-black; **~es Haar** jet-black [*or liter* raven] hair

Kohlrabi <-[s], -[s]> *m* kohlrabi *no indef art, no pl*

Kohlroulade [-rula:də] *f* stuffed cabbage

Kohlrübe *f s.* **Steckrübe kohlschwarz** *adj s.* **kohlpechrabenschwarz Kohlsprosse** *f* ÖSTERR (*Rosenkohl*) Brussels sprout **Kohlweißling** <-s, -e> *m* (*Schmetterlingsart*) cabbage white [butterfly]

Kohorte <-, -n> *f* cohort

koitieren* [koi'ti:rən] *vi* (*geh*) ■[**mit jdm**] **~** to engage in sexual intercourse [*or* coitus] [with sb] *form;* ■**~d** copulating

Koitus <-, - *o* -se> *m* (*geh*) coitus *no art, no pl form* [*or* coition] *no art, no pl spec;* **~ a tergo** sex doggy-style [*or* with rear-entry position]; **~ interruptus** coitus interruptus; **~ per anum** anal sex

Koje <-, -n> *f* ① NAUT berth, bunk
② (*fam: Bett*) bed; **sich in die ~ hauen** to hit the sack [*or* hay]
③ (*Messestand*) stand, booth

Kojote <-n, -n> *m* coyote, prairie wolf

Kokain <-s> *nt kein pl* cocaine *no indef art, no pl*, coke *no indef art, no pl fam*

kokainsüchtig *adj* addicted to cocaine [*or fam* coke] *pred*

Kokainsüchtige(r) *f(m)* *dekl wie adj* cocaine addict; ■**ein ~r/eine ~ sein** to be a cocaine addict [*or* addicted to cocaine] [*or fam* coke]

Kokarde <-, -n> *f* (*an Uniformmützen*) cockade; (*an Militärflugzeugen*) insignia, markings *npl*

kokeln *vi* (*fam*) to play with fire; **mit Kerzen/Streichhölzern ~** to play with [lighted] candles/matches

Kokerei <-, -en> *f* coking plant

kokett *adj* flirtatious, *esp liter* coquettish

Koketterie <-, -n> [*pl* -ri:ən] *f* ① *kein pl* (*Verhalten*) flirtatiousness *no indef art, no pl*, coquetry *no indef art, no pl esp liter*, coquettishness *no indef art, no pl esp liter*
② (*Bemerkung*) coquettish [*or* flirtatious] remark, *esp liter* coquetry

kokettieren* *vi* ① (*flirten*) ■[**mit jdm**] **~** to flirt [*or* play the coquette] [with sb]
② (*geh: liebäugeln*) ■**mit etw ~** to flirt [*or* toy] with sth; **mit dem Gedanken/einem Plan ~** to toy with the idea/a plan
③ (*scherzhaft entschuldigen*) ■**mit etw ~** to make much play with sth, to play up[on] sth

Kokke <-, -n> *f* BIOL coccus

Kokolores <-> *m kein pl* (*fam*) ① (*Quatsch*) nonsense *no indef art, no pl*, rubbish *no indef art, no pl*

❷ (*Umstände*) fuss *no pl*, palaver *no pl fam*
Kokon <-s, -s> [ko'kõ:] *m* cocoon
Kokosbutter *f* coconut butter **Kokoscreme** *f* coconut creme **Kokosfaser** *f* coconut fibre [*or* AM -er] **Kokosfett** *nt* coconut butter *no indef art, no pl* **Kokosflocken** *pl* desiccated coconut **Kokosmakrone** *f* coconut macaroon **Kokosmatte** *f* coconut matting **Kokosmilch** *f* coconut milk *no indef art, no pl* **Kokosnuss**[RR] *f* coconut **Kokosöl** *nt* coconut oil *no indef art, no pl* **Kokospalme** *f* coconut palm [*or* tree] **Kokosraspeln** *pl* desiccated coconut
Kokotte <-, -n> *f* (*veraltend geh*) cocotte *old*
Koks[1] <-es, -e> *m* ❶ (*Brennstoff*) coke *no indef art, no pl*
❷ *kein pl* (*sl: Geld*) dosh BRIT *fam*, dough *dated fam*
Koks[2] <-es> *m o nt kein pl* (*sl: Kokain*) coke *fam*; ~ **schnupfen** to snort coke *fam*
koksen *vi* (*sl*) to snort [*or* take] coke *fam*
Kokser(in) <-s, -> *m(f)* (*sl*) cocaine [*or fam* coke] addict, snowbird AM *sl*
Kola <-, -> *f* (*fam*) cola
Kolben <-s, -> *m* ❶ AUTO piston
❷ (*Gewehr~*) butt
❸ (*einer Spritze etc.*) plunger
❹ CHEM retort
❺ BOT spadix *spec*; (*Mais~*) cob
❻ (*sl: Nase*) bulbous nose, conk BRIT *hum fam*
Kolbenente *f* ORN red-crested pochard **Kolbenfresser** <-s, -> *m* (*fam*) piston seizure; **den/einen ~ haben** to have piston seizure, a seized[-up] piston **Kolbenhub** *m* TECH piston stroke **Kolbenmotor** *m* TECH piston engine **Kolbenpumpe** *f* reciprocating pump **Kolbenring** *m* TECH, AUTO piston ring **Kolbenstange** *f* TECH piston rod
Kolchizin <-s> *nt kein pl* BIOL colchicine
Kolchose <-, -n> [-ço-] *f* HIST kolk[h]oz, kolkhos (*Soviet collective farm*)
Kolibakterien *pl* coli[form bacteria] *pl spec*
Kolibri <-s, -s> *m* hummingbird
Kolik <-, -en> *f* colic *no indef art, no pl*; **eine ~** [*o* **~en**] **haben** to have colic
Kolkrabe *m* raven
kollabieren* *vi sein* ❶ MED to collapse
❷ PHYS to collapse
❸ (*geh: zusammenbrechen*) to collapse
Kollaborateur(in) <-s, -e> [kɔlabora'tø:ɐ] *m(f)* POL (*pej*) collaborator *pej*
Kollaboration <-, -en> *f* POL (*pej*) collaboration *no indef art, no pl pej* (**mit** + *dat* with)
kollaborieren* *vi* POL (*pej*) ■ [**mit jdm**] ~ to collaborate [with sb] *pej*
Kollagen <-s, -e> *nt* BIOL collagen
Kollagenspritze *f* collagen injection
Kollaps <-es, -e> *m* ❶ MED (*Kreislauf~*) collapse; **einen ~ erleiden** (*geh*) to collapse
❷ PHYS collapse; **der große ~** ASTRON the great gravitational collapse, the big crunch
❸ (*geh: Zusammenbruch*) collapse
Kollation <-, -en> *f* LIT, TYPO, REL collation
kollationieren* *vt* LIT, TYPO ■ **etw** ~ to collate sth
Kolleg <-s, -s *o* -ien> *nt* ❶ SCH (*Schule des zweiten Bildungsweges*) college
❷ REL theological college
❸ (*veraltend: Vorlesung*) lecture
Kollege, Kollegin <-n, -n> *m, f* colleague; (*Arbeiter*) workmate *fam*; **der ~ kommt gleich!** (*im Restaurant*) somebody will be with you in a moment!
Kollegenrabatt *m* trade discount
kollegial I. *adj* considerate and friendly (*towards one's colleagues*)
II. *adv* in a considerate and friendly way; **~ eingestellt sein** to be considerate and friendly [*or* a good colleague]
Kollegialgericht *nt* JUR panel of judges
Kollegialität <-> *f kein pl* cooperativeness *no pl*, friendly cooperation *no pl*
Kollegialprinzip *nt* JUR broad-majority principle
Kollegien *pl von* **Kolleg, Kollegium**
Kollegin <-, -nen> *f fem form von* **Kollege**

Kollegium <-s, -gien> [*pl* -giən] *nt* group [of colleagues]; (*Lehrkörper*) [teaching] staff + *sing/pl vb*; **ein ~ von Ärzten** a team of doctors + *sing/pl vb*
Kollegmappe *f* document case, portfolio
Kollekte <-, -n> *f* REL ❶ (*Sammlung während der Messe*) collection, offering, offertory *spec*
❷ (*gesammelter Betrag*) collection, offertory [money]
Kollektion <-, -en> *f* collection
kollektiv *adj* (*geh*) collective
Kollektiv <-s, -e *o* -s, -s> *nt* ❶ SOZIOL collective
❷ ÖKON (*Gruppe, Team*) collective, co-operative
❸ POL, ÖKON (*Arbeits- und Produktionsgemeinschaft*) collective
❹ MATH population
❺ PHYS statistical ensemble [*or* population]
Kollektivarbeit *f* (*geh*) collective work *no indef art, no pl*, joint effort **Kollektivbeleidigung** *f* JUR collective defamation **Kollektivbewusstsein**[RR] *nt kein pl* SOZIOL collective consciousness *no pl*; **das ~ stärken** to raise the collective consciousness **Kollektivdelikt** *nt* JUR collective crime **Kollektiveigentum** *nt* JUR collective [*or* public] ownership **Kollektivgeist** *m kein pl* corporate [*or* collective] spirit **Kollektivgeldstrafe** *f* FIN combined fine
kollektivieren* [-'vi:-] *vt* HIST ■ **etw** ~ to collectivize sth *spec*
Kollektivismus *m kein pl* collectivism *no pl*
Kollektivklagerecht *nt* JUR law of group action **Kollektivmarke** *f* JUR collective mark **Kollektivprokura** *f* JUR joint power of attorney **Kollektivschuld** *f kein pl* collective guilt *no pl* **Kollektivunfallversicherung** *f* collective accident insurance **Kollektivverantwortung** *f kein pl* collective responsibility **Kollektivvertrag** *m* JUR collective agreement [*or* contract] **Kollektivwirtschaft** *f* collective farm
Kollektor <-s, -en> *m* ELEK, PHYS collector
Koller <-s, -> *m* (*fam*) rage; **einen** [*o* **seinen**] ~ **bekommen** to fly [*or* get] into a rage/one of one's rages; **einen** [*o* **seinen**] ~ **haben** to be in a rage, to throw a wobbly BRIT *fam*
kollern[1] I. *vi* to gobble
II. *vi impers* ■ **es kollert irgendwo** it is rumbling somewhere
kollern[2] *vi sein* DIAL ■ **irgendwohin** ~ to roll somewhere
kollidieren* *vi* (*geh*) ❶ *sein* (*zusammenstoßen*) ■ **mit jdm/etw** ~ to collide with sb/sth
❷ *sein o haben* (*unvereinbar sein*) ■ **mit etw** ~ to clash with sth
❸ *sein o haben* (*nicht im Einklang stehen*) ■ [**miteinander**] ~ to conflict, to clash, to be in conflict [with each other]
kollidierend *adj* JUR conflicting
Kollier <-s, -s> [kɔ'lie:] *nt* necklace
Kollision <-, -en> *f* JUR collision; (*Patentrecht*) interference
Kollisionsbeschleuniger <-s, -> *m* PHYS collider **Kollisionsklausel** *f* JUR collision clause; **~ für beiderseitiges Verschulden** both-to-blame collision clause **Kollisionskurs** *m* collision course; **mit jdm/etw auf ~ gehen** to be heading for a confrontation with sb/sth; **auf ~ steuern** to be on a collision course; (*fig*) to be heading for trouble **Kollisionsnormen** *pl* JUR conflicting rules, choice of law rules **Kollisionspatent** *nt* collision patent **Kollisionsrecht** *nt* JUR law of conflicts **Kollisionsregeln** *pl* JUR collision rules **Kollisionsrisiko** *nt* JUR collision risk
Kollodium <-s> *nt* CHEM collodion, collodium
Kolloid <-s, -e> *nt* CHEM colloid *spec*
Kollokation <-, -en> *f* ❶ LING (*inhaltliche Kombinierbarkeit*) collocation
❷ LING (*Inhalte einer lexikalischen Einheit*) collocation
❸ (*veraltet: Anordnung der Reihenfolge*) collocation
Kolloquium <-s, -ien> [*pl* -kviən] *nt* ❶ (*wissenschaftliches Gespräch*) colloquium *form*

❷ ÖSTERR (*kleinere Uni-Prüfung*) test
❸ (*Symposium*) symposium *form*
Kollusion <-, -en> *f* JUR (*Verdunkelung*) collusion
Köln *nt* Cologne
Kölnischwasser *nt*, **Kölnisch Wasser** *nt* [eau de] cologne *no indef art, no pl*
Kolofonium[RR] <-s> *nt s.* **Kolophonium**
Kolon <-s, -s> *nt* ❶ MED colon
❷ (*Sprechpause*) colon
kolonial *adj* colonial
Kolonialbesitz *m* colonial possessions *pl*, colony/colonies; **~ sein** [*o* **sich in ~ befinden**] to be a colony **Kolonialgesellschaft** *f* JUR colonial company **Kolonialherrschaft** *f* colonial rule *no art, no pl*
Kolonialismus <-> *m kein pl* colonialism *no indef art, no pl*
Kolonialmacht *f* colonial power **Kolonialreich** *nt* colonial empire **Kolonialstil** *m kein pl* colonial [style] **Kolonialzeit** *f* colonial times *pl*, colonial era [*or* past]
Kolonie <-, -n> [*pl* -'ni:ən] *f* ❶ (*Besitz einer Kolonialmacht*) colony
❷ (*Personengruppe*) colony, community
❸ BOT, ZOOL colony
Kolonisation <-, -en> *f* colonization, settlement
kolonisieren* *vt* ❶ (*zur Kolonie machen*) ■ **etw** ~ to colonize sth
❷ (*bevölkern*) ■ **etw** ~ to settle in sth
❸ (*veraltet: urbar machen*) ■ **etw** ~ to reclaim sth; **einen Wald ~** to clear and cultivate a forest
Kolonist(in) <-en, -en> *m(f)* ❶ (*Siedler*) settler, colonist
❷ BOT colonizer
Kolonkarzinom *nt* MED colonic carcinoma
Kolonnade <-, -n> *f* colonnade
Kolonne <-, -n> *f* ❶ AUTO queue [*or* line] [of traffic]; ■ **von Polizei** convoy; **in ~ fahren** to drive in a [long] line of traffic
❷ (*lange Reihe von Menschen*) column
❸ (*eingeteilte Arbeitsgruppe*) gang, team
❹ (*senkrechte Zahlenreihe*) column
► WENDUNGEN: **die fünfte ~** POL the fifth column
Kolonnenspringer(in) *m(f)* (*fam*) queue-jumper (*in traffic*) BRIT *pej* **Kolonnenverkehr** *m* [long] line[s *pl*] of traffic
Kolophonium, Kolofonium[RR] <-s> *nt kein pl* rosin *no indef art, no pl*, colophony *no indef art, no pl spec*
Koloratur <-, -en> *f* MUS coloratura *spec*, colorature *spec*
kolorieren* *vt* ■ **etw** ~ to colour [*or* AM -or] sth
Kolorit <-[e]s, -e> *nt* ❶ KUNST (*Farbgebung*) colouring [*or* AM -or-] *no pl*
❷ MUS [tone] colour [*or* AM -or]
❸ (*geh: besondere Atmosphäre*) atmosphere, colour [*or* AM -or]
Koloss[RR] <-es, -e> *m*, **Koloß** <-sses, -sse> *m* ❶ (*fam: riesiger Mensch*) colossus; **der ~ von Rhodos** HIST the Colossus of Rhodes
❷ (*gewaltiges Gebilde*) huge object, colossal thing
kolossal I. *adj* ❶ (*riesig*) colossal, enormous
❷ (*fam: gewaltig*) huge, colossal; **eine ~e Dummheit begehen** to do something incredibly stupid; **sich in einem ~en Irrtum befinden** to be massively mistaken
II. *adv* (*fam: gewaltig*) tremendously, enormously; **sich ~ verschätzen** to make a huge miscalculation
Kolossalfilm *m* epic film, [film] epic **Kolossalgemälde** *nt* huge painting
Kolostrum <-s> *nt kein pl* (*erste Muttermilch*) colostrum
Kolportage <-, -n> [kɔlpɔr'ta:ʒə] *f* (*pej*) [sensationalist] trash *no indef art, no pl pej*, cheap sensationalism *no indef art, no pl pej*
kolportieren* *vt* (*geh*) ■ **etw** ~ to spread [*or* circulate] sth
Kölsch <-, -> *nt* Kölsch (*top-fermented pale beer brewed in Cologne*) *no art, no pl spec*
Kolumbianer(in) <-s, -> *m(f)* Colombian; *s. a.* **Deutsche(r)**

kolumbianisch *adj* Colombian; *s. a.* **deutsch**
Kolumbien <-s> [-biən] *nt* Colombia *no art, no pl*
Kolumbier(in) <-s, -> *m(f) s.* **Kolumbianer**
Kolumbus <-> *m* HIST Columbus; *s. a.* **Ei**
Kolumne <-, -n> *f* ❶ (*Druckspalte*) column ❷ (*regelmäßiger Beitrag*) column
Kolumnentitel *m* TYPO running head[line] [*or* title] **kolumnenweise** *adv inv* TYPO **etw ~ setzen** to set sth in columns **Kolumnenziffer** *f* TYPO folio
Kolumnist(in) <-en, -en> *m(f)* columnist
Koma[1] <-, -s> *f* ❶ PHYS (*Gashülle*) coma ❷ *in der Optik* coma
Koma[2] <-s, -s *o* -ta> *nt* coma; **im ~ liegen** to lie [*or* be] in a coma
Kombattant(in) <-en, -en> *m(f)* combatant
Kombi <-s, -s> *m* (*fam*) estate [car] BRIT, station wagon AM
Kombianlage *f* combined cycle gas turbine station **Kombifahrzeug** *nt* hybrid [*or* dualfuel] vehicle **Kombi-Instrument** *nt* AUTO instrument cluster **Kombikraftwerk** *nt* combined cycle gas turbine station **Kombilohn** *m combined income from a low wage and supplementary benefit*
Kombinat <-[e]s, -e> *nt* HIST combine + *sing/pl vb*, collective + *sing/pl vb*
Kombination <-, -en> *f* ❶ (*Zusammenstellung*) combination ❷ (*Zahlen~*) combination ❸ (*Schlussfolgerung*) deduction, conclusion ❹ MODE (*Zusammenstellung von Kleidungsstücken*) combination[s *pl*]; (*Overall*) flying suit, jumpsuit; **nordische ~** SKI Nordic combination
Kombinationsgabe *f kein pl* powers *pl* of deduction [*or* reasoning] **Kombinationsgerät** *nt* TECH multifunction device **Kombinationsimpfstoff** *m* combination vaccine **Kombinationspatent** *nt* combination patent **Kombinationspräparat** *nt* combination preparation **Kombinationsschloss**[RR] *nt* combination lock **Kombinationstherapie** *f* combination therapy (*AIDS treatment*)
Kombinatorik <-> *f kein pl* MATH combinatorics + *sing vb*
kombinatorisch *adj* deductive
kombinieren* I. *vt* ■**etw [mit etw] ~** to combine sth [with sth]
II. *vi* to deduce; **gut ~ können** to be good at deducing [*or* deduction]; **falsch/richtig ~** to come to the wrong/right conclusion
kombiniert *adj inv* **~er Verkehr** combined traffic
Kombiproduktion *f* AUTO estate car production **Kombischalter** *m* AUTO multi-function control stalk **Kombiwagen** *m s.* **Kombi Kombizange** *f* combination pliers *npl;* **eine ~** a pair of combination pliers
Kombüse <-, -n> *f* NAUT galley
Komedo <-s, Komedonen> *m meist pl* (*Mitesser*) comedo, blackhead
Komet <-en, -en> *m* comet
Kometenbahn *f* trajectory of a comet **Kometeneinschlag** *m* cometary impact [*or* collision], impact of a comet
kometenhaft *adj* meteoric
Kometenkern *m* comet nucleus, nucleus of a comet **Kometenschweif** *m* tail of a comet
Komfort <-s> [kɔmˈfoːɐ] *m kein pl* comfort *no indef art, no pl;* **ein Hotel mit durchschnittlichem ~** a hotel of average standard; **ohne jeglichen/jeden ~** without any luxury features [*or* extras] [*or* BRIT *fam* mod cons]; ***dieses Luxusapartement bietet allen nur erdenklichen ~*** this luxury apartment has every conceivable amenity [*or* [modern] convenience]
komfortabel I. *adj* ❶ (*großzügig ausgestattet*) luxurious ❷ (*bequem*) comfortable ❸ (*beruhigend*) comfortable
II. *adv* luxurious
Komfortbett *nt* comfortable [*or* luxury] bed **Komfortlimousine** *f* luxury limousine **Komfortmöbel** *f* comfortable [*or* luxury] furniture *no indef art, no pl* **Komfortwohnung** *f* luxury flat [*or* AM apartment]
Komik <-> *f kein pl* comic
Komiker(in) <-s, -> *m(f)* comedian, comedienne, comic; **Sie ~** you comedian, you!, you clown!
komisch I. *adj* ❶ (*zum Lachen reizend*) funny, amusing, comical; **das K~e daran** the funny thing [about it]; (*das Sonderbare an etw*) the funny [*or* strange] [*or* weird] thing [about it] ❷ (*sonderbar*) funny, strange, weird; ***~, dass er noch nicht da ist*** strange [*or* funny], that he's not here yet?; ■**[so] ~ sein/werden** to be/become [sort of] strange/weird; **[so] ~ [zumute] sein/werden** (*fam*) to feel/start to feel funny; **[schon] ~, dass** funny that
II. *adv* (*eigenartig*) strangely; ***dein Parfüm riecht aber ~*** your perfume smells funny; **sich** *akk* **~ fühlen** to feel funny; **jdm ~ vorkommen** (*eigenartig*) to seem funny/strange to sb; (*suspekt*) to seem fishy/funny
komischerweise *adv* (*fam*) funnily [*or* strangely] enough
Komitee <-s, -s> *nt* committee; **Nationales Olympisches ~** National Olympic Committee
Komma <-s, -s *o* -ta> *nt* ❶ (*Satzzeichen*) comma ❷ MATH [decimal] point
Kommandant(in) <-en, -en> *m(f)* ❶ (*Militär*) commanding officer ❷ (*einer Stadt*) commandant ❸ (*Marine*) captain
Kommandantur <-, -en> *f* headquarters + *sing/pl vb*
Kommandeur(in) <-s, -e> [kɔmanˈdøːɐ] *m(f)* commander
kommandieren* I. *vt* ❶ (*befehligen*) ■**etw ~** to command sth, to have command over [*or* be in command of] sth ❷ (*befehlen*) ■**jdn wohin ~** to order sb somewhere
II. *vi* ❶ (*befehlen*) to be in command ❷ (*fam: Anweisungen erteilen*) ■**[gern] ~** [to like] to give [the] orders
Kommanditaktionär(in) *m(f)* HANDEL *limited-liability shareholder in a partnership limited by shares* **Kommanditanteil** *m* HANDEL limited partner's share
Kommanditär(in) <-s, -e> *m(f)* JUR SCHWEIZ (*Kommanditist*) limited partner
Kommanditbeteiligung *f* HANDEL participation in a limited partnership **Kommanditeinlage** *f* FIN limited partner's holding share [*or* capital contribution] **Kommanditgesellschaft** *f* JUR limited partnership; **~ auf Aktien** commercial partnership limited by shares
Kommanditist(in) <-en, -en> *m(f)* JUR limited partner
Kommanditistenausschuss[RR] *m* HANDEL limited partners' committee **Kommanditistenhaftung** *f* JUR limited partner's liability
Kommando <-s, -s> *nt* ❶ (*Befehl*) command, order; **auf ~** on command; **auf ~ gehorchen** to obey orders ❷ *kein pl* (*Befehlsgewalt*) command; **das ~ [über jdn/etw] haben [*o* führen]** to be in command [of sb/sth] ❸ (*abkommandierte Gruppe*) commando ❹ (*Militärdienststelle*) command
Kommandobrücke *f* bridge **Kommandokapsel** *f* command module **Kommandomodus** *m* INFORM command statement **kommandoorientiert** *adj* command-driven **Kommandostab** *m* command [staff] **Kommandostelle** *f* command post **Kommandozeile** *f* INFORM command line

kommen <kam, gekommen>

I. INTRANSITIVES VERB
II. UNPERSÖNLICHES INTRANSITIVES VERB
III. TRANSITIVES VERB

I. INTRANSITIVES VERB

sein ❶ (*eintreffen*) to come, to arrive; ***ich bin gerade ge~*** I just arrived [*or* got here]; ***ich komme schon!*** I'm coming!; ***sie ~ morgen aus Berlin*** they're arriving [*or* coming] from Berlin tomorrow; ***der Zug kommt aus Paris*** the train is coming from Paris; ***da kommt Anne/der Bus*** there's Anne/the bus; ***der Bus müsste jeden Augenblick ~*** the bus is due any minute; ***ich komme um vier und hole Sie ab*** I'll come and fetch you at four; ***der Wind kommt von Osten/von der See*** the wind is blowing [*or* coming] from the East/off the sea; ***sie kam in Begleitung ihres Mannes*** she was accompanied by her husband; ***ich bin ge~, um zu helfen*** I've come [*or* I'm here] to help; ***du kommst wie gerufen!*** you've come just at the right momemt!; ***wann soll das Baby ~?*** when's the baby due?; ***das Baby kam am 1. Mai*** the baby arrived [*or* was born] on the 1 May; ***zur Zeit ~ laufend Anfragen zur neuen Software*** we keep receiving queries about the new software at the moment; ***seine Antwort kam zögernd*** his answer was hesitant, he answered hesitantly; ***jede Hilfe kam zu spät*** help came [*or* arrived] too late; **früh/pünktlich/rechtzeitig/spät ~** to arrive early/on time [*or* punctually]/in time/late; **als Erster/Letzter ~** to be the first/last to arrive, to arrive first/last; **angereist ~** to arrive; **angefahren/angeflogen/angerannt ~** to arrive by car/by plane/at a run; ***sie kamen gestern aus Rom angefahren/angeflogen*** they drove up/flew in from Rome yesterday; **mit dem Auto/Fahrrad ~** to come by car/bike, to drive/cycle; **zu Fuß ~** to come on foot, to walk
❷ (*gelangen*) ■**irgendwohin ~** to get [*or* reach] somewhere; ***kommt man hier zum Bahnhof?*** is this the way to the station?; ***wie komme ich von hier zum Bahnhof?*** how do I get to the station from here?; ***zu Fuß kommt man am schnellsten dahin*** the quickest way [to get] there is to walk; ***sie kommt kaum noch aus dem Haus*** she hardly gets out of the house these days; **nach Hause ~** to come [*or* get] home; **unter's Messer ~** (*hum*) to have an operation; **[sicher] ans Ufer ~** to [safely] reach the bank; **ans Ziel ~** to reach the finishing [*or* AM finish] line
❸ (*sich begeben*) to come; ***kommst du mit uns ins Kino?*** are you coming to the cinema with us?; ***meine Kollegin kommt sofort zu Ihnen*** my colleague will be with you [*or* be along] immediately; **nach London/England ~** to come to London/England; **nach draußen/oben/unten ~** to come outside/upstairs/downstairs
❹ (*passieren*) ■**durch/über etw** *akk*/**einen Ort ~** to pass [*or* come] through sth/a place
❺ (*teilnehmen*) ■**zu etw ~** *Kongress, Party, Training* to come to [*or form* attend] sth
❻ (*besuchen*) ■**zu jdm ~** to visit sb, to come and see [*or* visit] sb; ***ich komme gerne einmal zu Ihnen*** I'd be delighted to visit you sometime; ***komm doch mal, ich würde mich sehr freuen!*** [come and] stop by sometime, I'd love to see you!
❼ (*herstammen*) ■**irgendwoher ~** to come [*or* be] [*or* hail] from somewhere; ***sie kommt aus New York/Australien*** she's [*or* she comes] [*or* she hails] from New York/Australia, she's a New Yorker/an Australian
❽ (*folgen, an der Reihe sein*) to come; ***wer kommt [jetzt]?*** whose turn [*or* go] is it?; ■**nach etw ~** to come after [*or* follow] sth; ***die Schule kommt kurz nach der Kreuzung*** the school is just after the crossroads; ■**nach/vor jdm ~** to come after/before sb; **an die Reihe ~** to be sb's turn [*or* go]; ***ich komme zuerst [an die Reihe]*** I'm first, it's my turn [*or* go] first; **zuerst [*o* als Erster]/als Nächster/zuletzt [*o* als Letzter] ~** to come first/next/last; **noch ~** to be still [*or* yet] to come; ***da wird noch mehr Ärger ~*** there'll be more trouble yet; ***das Schlimmste kommt noch*** the worst is yet to come
❾ (*untergebracht werden*) **ins Gefängnis/Krankenhaus ~** to go to prison/into hospital; **vor Gericht ~** *Fall* to come to court; *Mensch* to come [*or* appear] before the court; **in die Schule/Lehre ~** to

K

start school/an apprenticeship
⑩ [erlangen] ■zu etw ~ to achieve sth; *wie komme ich zu dieser Ehre?* (*iron, hum*) to what do I owe this honour?; **zu der Erkenntnis ~, dass ...** to realize [*or* come to the realization] that ...; **zu Geld** ~ to come into money; **zu Kräften** ~ to gain strength; **zu Ruhm** ~ to achieve [*or* win] fame; **zu sich** ~ to come to, to regain consciousness; **[wieder] zu sich selbst** ~ to get out of one's head, to come back to [*or* find] oneself again; ■**an jdn/etw** ~ to get hold of sb/sth; *wie bist du an das viele Geld ge~?* how did you get hold of [*or* come by] all that money?; *s. a.* **Besinnung, Ruhe**
⑪ [verlieren] ■**um etw** ~ to lose sth; **ums Leben** ~ to lose one's life, to be killed, to die
⑫ [erreichen] to reach; **auf den 2. Platz** ~ to reach 2nd place, to come [in] 2nd
⑬ [gebracht werden] to come; *kam Post für mich?* was there any post for me?
⑭ [veranlassen, dass jd kommt] **den Arzt/Klempner/ein Taxi ~ lassen** to send for [*or* call] the doctor/plumber/a taxi
⑮ [hingehören] to go, to belong; *die Tasse kommt dahin* the cup belongs there
⑯ [herannahen] to approach; (*eintreten, geschehen*) to come about, to happen; *heute kommt noch ein Gewitter* there'll be a thunderstorm today; *der Winter kommt mit Riesenschritten* winter is fast approaching; *der Termin kommt etwas ungelegen* the meeting comes at a somewhat inconvenient time; *das habe ich schon lange ~ sehen!* I saw that coming a long time ago; *das kam doch anders als erwartet* it/that turned out [*or* happened] differently than expected; *es kam eins zum anderen* one thing led to another; *und so kam es, dass ...* and that's why/how ..., and that's how it came about [*or* happened] that ...; *wie kommt es, dass ...?* how is it that...?, how come...?; *es musste ja so ~* it/that was bound to happen; *es hätte viel schlimmer ~ können* it could have been much worse; **es zu etw ~ lassen** *zum Streit* to let it come to sth; **so weit ~, dass ...** to get to the stage [*or* point] where ...; *so weit kommt es noch!* (*iron fam*) that'll be the day! *fam; komme, was da wolle* come what may; *was auch immer ~ mag* whatever happens; *wie's kommt so kommt's* whatever happens happens; ■**zu etw** ~ to happen; **zum Prozess** ~ to come to trial; **[wieder] im K~ sein** to be[come] fashionable again
⑰ [in Erscheinung treten] *Pflanzen* to come on [*or* along]; *die ersten Tomaten ~ schon* the first tomatoes are appearing
⑱ [jdn erfassen] ■**über jdn** ~ *Gefühl* to come over sb; *eine gewaltige Traurigkeit kam über mich* I was overcome by a tremendous sadness; *es kam einfach so über mich* it just came over me
⑲ [sich bei jdm zeigen] **jdm ~ die Tränen** sb is overcome by tears, sb starts to cry; **jdm ~ Zweifel, ob ...** sb is beset [*or* overcome] by doubts [*or* sb doubts] whether ...
⑳ [in einen Zustand geraten] ■**in etw** ~ to get into sth; *wir kamen plötzlich ins Schleudern* we suddenly started to skid; **in Fahrt** [*o* **Schwung**] ~ to get going; **in Gefahr/Not** ~ to get into danger/difficulty; **in Sicherheit** ~ to get to safety; **in Verlegenheit** ~ to get [*or* become] embarrassed; *s. a.* **Stillstand**
㉑ [sich verhalten] to be; *so lasse ich mir nicht ~!* I won't have [*or* stand for] that!; *so kommst du mir nicht!* don't you take that line with me!; **jdm frech** ~ to be cheeky to sb
㉒ [fam: jdn belästigen] ■**jdm mit etw** ~ to start telling sb about sth; *komm' mir nicht schon wieder damit!* don't give me [*or* start] that again!; *da kann* [*o* **könnte**] *ja jeder ~* (*fam*) anyone could say that; *der soll nur ~!* (*fam*) just let him try!
㉓ [seinen Grund haben] to come from; **wie kommt es, dass ...** how come ..., how is it that [that] ...; **daher kommt es, dass ...** that's why ...; **das kommt davon!** (*fam*) it's your own fault!; **das kommt davon, dass/weil ...** that's because ...; **das kommt davon, wenn ...** that's what happens when ...
㉔ [sich an etw erinnern] ■**auf etw** *akk* ~ to remember sth, to recall sth; *ich komme beim besten Willen nicht darauf* I just can't seem to remember [*or* recall] it
㉕ [einfallen] ■**jdm** ~ to think of, to occur; **jdm kommt der Gedanke, dass ...** it occurs to sb that ...; *na, das kommt dir aber früh!* (*iron*) why didn't that occur to you sooner?
㉖ [sich verschaffen] ■**an etw** *akk* ~ to get hold of sth; *wie bist du an das Geld ge~?* where did you get the money?
㉗ [etw herausfinden] ■**hinter etw** *akk* ~ *Pläne* to find out sth *sep*, to get to the bottom of sth; **hinter ein Geheimnis** ~ to uncover [*or sep* find out] a secret; **dahinter ~, dass/was/wer/wie ...** (*fam*) to find out that/what/who/how ...; *wie kommst du darauf?* what gives you that idea?, what makes you think that?; *s. a.* **Schlich, Spur**
㉘ FILM, RADIO, TV [gesendet werden] to be on; *was kommt heute im Fernsehen?* what's on [television] tonight?; *als Nächstes ~ die Nachrichten* the news is [on] next
㉙ [Zeit für etw finden] ■**zu etw** ~ to get around to doing sth; *ich komme zu nichts mehr!* I don't have time for anything else!
㉚ [entfallen] ■**auf jdn/etw** ~ to be allotted to sb/sth; *auf jeden Studenten kamen drei Studentinnen* for every male student there were three female students, the ratio of female to male students was 3:1
㉛ [ähnlich sein] ■**nach jdm** ~ to take after sb
㉜ [fam: kosten] to cost; *die Reparatur kam sehr teuer* the repairs cost a lot [of money]; ■**auf etw** *akk* ~ to come to sth
㉝ [überfahren werden] **unter ein Auto/einen Lastwagen** ~ to be knocked down by a car/lorry [*or* AM truck]; **unter die Räder** ~ to get knocked [*or* run] down [*or* run over]
㉞ [ansprechen] **auf etw** *akk* **zu sprechen** ~ to get [a]round to [talking about] sth; *jetzt, wo wir auf das Thema Gehaltserhöhung zu sprechen ~, ...* now that we're on [*or* we've got round to] the subject of payrises ...; *ich werde gleich darauf ~* I'll come [*or* get] to that in a moment; **auf einen Punkt/eine Angelegenheit** ~ to broach [*or* get onto] a point/matter
㉟ [reichen] ■**an etw** *akk* ~ to reach sth
㊱ [sl: Orgasmus haben] to come *fam*
㊲ [fam: eine Aufforderung verstärkend] *komm, sei nicht so enttäuscht* come on, don't be so disappointed; *komm, lass uns gehen!* come on [*or* hurry up], let's go!; *komm, komm, werd nicht frech!* now now, don't get cheeky!; *ach komm!* (*fam*) come on!
► WENDUNGEN: **erstens kommt es anders und zweitens als man denkt** (*prov*) things never turn out the way you expect; **zu kurz** ~ to come off badly, to get a raw deal; **komm' ich heut' nicht, komm' ich morgen** (*prov*) you'll see me when you see me; **wer zuerst kommt, mahlt zuerst** (*prov*) first come, first served; **auf jdn/etw nichts ~ lassen** (*fam*) to not hear a [bad] word said against sb; *s. a.* **achtzig, halten, nahe, Zeit**

II. UNPERSÖNLICHES INTRANSITIVES VERB

sein ① [sich einfinden] ■**es kommt jd** sb is coming; *es kommt jetzt der berühmte Magier Obrikanus!* and now the famous magician, Obrikanus!; *es scheint keiner mehr zu ~* nobody else seems to be coming
② [beginnen] ■**es kommt etw** sth is coming; *es kommt auch mal wieder schöneres Wetter* the weather will turn nice again
③ [sl: Orgasmus haben] ■**es kommt jdm** (*veraltet*) sb comes

III. TRANSITIVES VERB

sein (*fam: kosten*) ■**jdn etw** ~ to cost sb sth; *die Reparatur kam mich sehr teuer* I paid a lot [of money] for the repairs, the repairs cost a lot [of money]

kommend *adj* ① (*nächste*) coming, next; *wir treffen uns ~en Mittwoch um 20 Uhr* we're meeting next Wednesday at 8 p.m.
② (*künftig*) future; **in den ~en Jahren** in years to come
③ (*sich demnächst durchsetzend*) of the future *pred*

Kommensalismus <-> *m kein pl* BIOL commensalism

Kommentar <-s, -e> *m* ① (*Stellungnahme*) opinion, statement; *was du davon hältst, interessiert mich nicht, ich habe dich nicht um deinen ~ gebeten!* I'm not interested in what you think, I didn't ask [for] your opinion!; ~ **überflüssig!** there's nothing else to say!, need I say more?; **einen ~ [zu etw** *dat*] **abgeben** to comment [on] sth; **jeden [weiteren] ~ ablehnen** to refuse to make any [further] comment; **kein ~!** no comment!
② (*kommentierendes Werk*) commentary

Kommentarfeld *nt* INFORM comment field **kommentarlos** I. *adj inv* without comment *pred* II. *adv inv* **etw ~ zur Kenntnis nehmen** to note [*or* take note of] sth without comment **Kommentarzeile** *f* INFORM comment line

Kommentator(in) <-s, -toren> *m(f)* commentator

kommentieren* *vt* ① (*Stellung nehmen*) ■**etw** ~ to comment [*or* give one's opinion] on sth; **etw kritisch** ~ to criticize sth
② (*erläutern*) ■**etw** ~ to furnish sth with a commentary, to annotate sth; ■**kommentiert** with a commentary *pred*, annotated

Kommentkampf *m* BIOL ritualized fight

Kommers <-es, -e> *m* ① (*Feier*) *festive reception held on the occasion of a special event*
② ÖSTERR *meeting of extreme right-wing students' associations*

Kommerz *m* (*meist pej*) business [profits]

Kommerzfernsehen *nt* commercial television

kommerzialisieren *vt* ① ÖKON (*wirtschaftlichen Interessen unterordnen*) ■**etw** ~ to commercialize sth
② ÖKON (*umwandeln*) **eine öffentliche Schuld** ~ to convert a public debt into a private one

Kommerzialisierung *f* commercialization

Kommerzialrat *m* ÖSTERR (*Kommerzienrat*) *honorary title for a businessman*

kommerziell I. *adj* commercial
II. *adv* commercially; ~ **denken** to be business-minded

Kommerzienrat [-tsiən-] *m* HIST *honorary title for a businessman*

Kommilitone, Kommilitonin <-n, -n> *m, f* fellow student

Kommiss^RR <-es> *m*, **Kommiß** <-sses> *m kein pl* (*fam*) the army; **beim ~ sein** to be in the army

Kommissar(in) <-s, -e> *m(f)* ① (*Polizeikommissar*) inspector
② *kein pl* (*Dienstgrad*) superintendent
③ (*bevollmächtigter Beamter*) commissioner
④ (*EU-Kommissar*) Commissioner

Kommissär(in) <-s, -e> *m(f)* ÖSTERR, SCHWEIZ *s.* **Kommissar 1**

Kommissariat <-[e]s, -e> *nt* ① (*Amtszimmer des Kommissars*) commissioner's office
② ÖSTERR (*Polizeidienststelle*) police station

Kommissarin <-, -nen> *f fem form von* **Kommissar**

Kommissärin <-, -nen> *f fem form von* **Kommissär**

kommissarisch I. *adj* temporary
II. *adv* temporarily

Kommissbrot^RR *nt a rectangular rye bread with a coarse texture*

Kommission <-, -en> *f* ① (*Gremium*) committee
② (*Untersuchungsausschuss*) commission, committee

❸ (*EU-Kommission*) Commission
❹ (*Auftrag*) commission; **etw in ~ geben** to commission sb to sell sth; **jdm etw in ~ geben** to give sth to sb for sale on commission; **etw in ~ haben** to be commissioned to sell sth; **etw [für jdn] in ~ nehmen** to take on the task of selling sth on commission [for sb]; **etw in ~ verkaufen** to sell sth on commission

Kommissionär(in) <-s, -e> *m(f)* wholesale bookseller

kommissionieren* *vt* ADMIN ÖSTERR ■**etw ~** to approve and accept sth; HANDEL to make out a production order; **Möbel/etc. ~** to manufacture furniture/etc. according to customer specifications

Kommissionierung <-, -en> *f* HANDEL consignment sale

Kommissionsagent(in) *m(f)* HANDEL commission agent **Kommissionsauftrag** *m* HANDEL consignment **Kommissionsbasis** *f* **auf ~** on commission **Kommissionsbuch** *nt* HANDEL commission [*or* order] book **Kommissionsfirma** *f* HANDEL commission business **Kommissionsgebühr** *f* JUR commission fee **Kommissionsgeschäft** *nt* commission business **Kommissionsgut** *nt* HANDEL goods on commission [*or* consignment] **Kommissionsmitglied** *nt* member of a/the commission **kommissionspflichtig** *adj inv* HANDEL subject to commission **Kommissionspräsident(in)** *m(f)* Commission president **Kommissionsprovision** *f* HANDEL factorage, consignment commission **Kommissionssitzung** *f* committee meeting, meeting of a/the commission **Kommissionsverhältnis** *nt* HANDEL commission contract **Kommissionsverkauf** *m* HANDEL commission sale, sale on commission; **~ mit Selbsteintritt** bailment sale **Kommissionsvertrag** *m* HANDEL consignment contract [*or* agreement] **Kommissionsware** *f* HANDEL goods in consignment, goods on commission

Kommittent <-en, -en> *m* ❶ JUR (*Auftraggeber*) principal
❷ HANDEL (*Absender*) consignor

Kommode <-, -n> *f* chest of drawers

kommunal *adj* local, municipal; ***die Müllabfuhr ist eine der ~en Aufgaben*** refuse collection is one of the local authority's tasks; *s. a.* **Ebene**

Kommunalabgaben *pl* local rates [and taxes] **Kommunalabgabengesetz** *nt* JUR local rates act **Kommunalabgabensatz** *m* FIN rate poundage **kommunalabgabepflichtig** *adj inv* JUR rat[e]able

Kommunalanleihe *f* FIN local government bond, municipal loan **Kommunalaufsicht** *f* JUR *supervision of local authorities by the state* **Kommunalbank** *f* FIN municipal bank **Kommunalbehörde** *f* local authorities *pl* **Kommunalfinanzen** *pl* FIN local government [*or* municipal] finance *no pl*

Kommunalität <-> *f kein pl* POL communality *no pl*

Kommunalobligation *f* FIN municipal bond **Kommunalpolitik** *f* ❶ (*Politik der Kommunalbehörde*) municipal [*or* council] policy ❷ (*politisches Handeln*) local [government] politics *pl* **Kommunalpolitiker(in)** *m(f)* local politician **kommunalpolitisch** *adj inv* relating to local politics **Kommunalverwaltung** *f* local government **Kommunalwahl** *f* local [government] elections *pl*

Kommunarde, Kommunardin <-n, -n> *m, f* Communard

Kommune <-, -n> *f* ❶ (*Gemeinde*) municipality, local authority
❷ HIST **die Pariser ~** the Paris Commune
❸ (*Wohngemeinschaft*) commune

Kommunikation <-, -en> *f* communication

Kommunikationsdienste *pl* TELEK communications service **Kommunikationsgeräte** *pl* communications equipment *no pl* **Kommunikationsindustrie** *f kein pl* communications industry **Kommunikationskarte** *f* INFORM communications board **Kommunikationsmittel** *nt* means of communication + *sing vb* **Kommunikationsmöglichkeit** *f* way of communicating **Kommunikationsnetz** *nt* TECH communications network **Kommunikationsprogramm** *nt* INFORM communications program **Kommunikationssatellit** *m* communications satellite **Kommunikationssystem** *nt* communication system **Kommunikationstechnik** *f* TECH telecommunications + *sing vb,* communications technology **Kommunikationsweg** *m* channel of communication; **neue ~e erschließen** to open up new channels of communication **Kommunikationswissen** *nt kein pl* knowledge of communications + *sing vb* **Kommunikationswissenschaften** *pl* communications theory + *sing vb*

kommunikativ *adj inv* ❶ (*die Kommunikation betreffend*) *Verhalten* communicative
❷ (*mitteilsam*) *Mensch* communicative

Kommunikee[RR] <-s, -s> *nt s.* **Kommuniqué**

Kommunion <-, -en> *f* (*Sakrament der katholischen Kirche*) Holy Communion; **zur ~ gehen** to attend Holy Communion; (*Erstkommunion*) first Communion

Kommunionbank <-bänke> *f* communion rail

Kommunionkind *nt* communicant

Kommuniqué, Kommunikee <-s, -s> [kɔmyniˈkeː] *nt* communiqué

Kommunismus <-> *m kein pl* communism

Kommunist(in) <-en, -en> *m(f)* communist

kommunistisch *adj* communist; **Deutsche K~e Partei** [*o* **DKP**] German Communist Party

kommunizieren* *vi* ❶ (*geh: sich verständigen*) ■**mit jdm ~** to communicate with sb
❷ REL (*geh: zur Kommunion gehen*) to receive/take Holy Communion
❸ HANDELPUT to communicate; **mit dem Hauptspeicher ~** to communicate with the primary storage

Komödiant(in) <-en, -en> *m(f)* ❶ (*pej: jd, der sich verstellt*) play-actor
❷ (*veraltend: Schauspieler*) actor

komödiantisch *adj* acting, theatrical

Komödie <-, -n> [-diə] *f* ❶ (*Bühnenstück*) comedy
❷ (*Verstellung*) play-acting *pej;* **~ spielen** to play-act; **jdm eine ~ vorspielen** to play-act to sb

Komodowaran *m* ZOOL komodo dragon

Komoren *pl* ■**die ~** the Comoros *npl,* the Comoro Islands *pl; s. a.* **Falklandinseln**

Komorer(in) <-s, -> *m(f)* Comoran; *s. a.* **Deutsche(r)**

komorisch *adj* Comoran; *s. a.* **deutsch**

Kompagnon <-s, -s> [kɔmpanˈjõː, ˈkɔmpanjõ, ˈkɔmpanjɔŋ] *m* partner

kompakt *adj* ❶ (*klein in den Ausmaßen*) compact
❷ (*solide*) compact, dense
❸ (*Mensch*) stocky

Kompaktauto *nt* compact car **Kompaktbrief** *m* compact letter (*standard size up to 50 grams*) **Kompaktgerät** *nt* compact device **Kompaktkamera** *f* compact camera **Kompaktkurs** *m* crash [*or* intensive] course **Kompaktlager** *nt* TECH spent fuel storage bay **Kompaktpuder** *m* MODE, PHARM pressed powder

Kompanie <-, -n> [*pl* -ˈniːən] *f* company

Kompaniechef(in) [-ʃɛf] *m(f)* company commander **Kompanieführer** *m* MIL company commander

Komparativ <-s, -e> *m* comparative

Komparse, Komparsin <-n, -n> *m, f* extra

Kompass[RR] <-es, -e> *m,* **Kompaß** <-sses, -sse> *m* compass; **nach dem ~** by the compass

Kompassnadel[RR] *f* compass needle

kompatibel *adj* compatible; ■**[mit etw** *dat*] **~ sein** to be compatible [with sth]; **nicht ~** incompatible

Kompatibilität <-, -en> *f* compatibility *no pl*

Kompendium <-s, -dien> [*pl* -diən] *nt* compendium

Kompensation <-, -en> *f* compensation *no pl*

Kompensationsabkommen *nt* JUR barter agreement **Kompensationsanspruch** *m* JUR compensation [*or* indemnification] claim **Kompensationsfonds** *m* FIN compensation fund **Kompensationsgeschäft** <-es, -e> *nt* barter **Kompensationsprivileg** *nt* JUR offset privilege **Kompensationszahlung** *f* FIN compensation payment

kompensieren* *vt* ❶ (*entschädigen*) ■**etw [durch etw** *akk*] **~** to compensate for sth [with sth]
❷ (*ausgleichen*) ■**etw ~** to compensate for sth

kompetent I. *adj* ❶ (*sachverständig*) competent; ■**[für etw** *akk*] **~ sein** to be competent [at/in sth]
❷ (*zuständig*) responsible
II. *adv* competently

Kompetenz <-, -en> *f* ❶ (*Befähigung*) competence
❷ (*Befugnis*) authority, responsibility; ***das liegt außerhalb meiner ~*** that's outside my responsibility; **~en delegieren** to delegate authority; **seine ~en überschreiten** to exceed one's powers; **außerhalb jds ~en** outside one's remit
❸ JUR (*Zuständigkeit*) competence, jurisdiction, authority

Kompetenzabgrenzung *f* delimitation [*or* delineation] of powers **Kompetenzbereich** *m* area of responsibility, jurisdiction **Kompetenzdelegation** *f* delegation of authority [*or* responsibility] **Kompetenzgerangel** *nt* quarrel about responsibilities [*or* jurisdiction] **Kompetenzillusion** *f* PSYCH illusion of competence **Kompetenzkonflikt** *m* JUR concurrence of jurisdiction, jurisdictional conflict **Kompetenzstreitigkeiten** *pl* dispute over responsibilities [*or* jurisdiction] **Kompetenzüberschreitung** *f* JUR excess of authority [*or* jurisdiction] **Kompetenzverteilung** *f* allocation of competence; **horizontale/vertikale ~** horizontal/vertical allocation of competence

kompetitiv *adj* ÖKON competitive

kompilierbar *adj* INFORM compilable

kompilieren* *vt* (*geh*) ■**etw [aus etw** *dat*] **~** to compile sth [from sth]; **etw neu ~** INFORM to recompile sth

Kompilierung <-, -en> *f* INFORM compilation

Komplementär <-s, -e> *m* ÖKON unlimited partner

Komplementärfarbe *f* complementary colour [*or* AM -or]

komplett I. *adj* ❶ (*vollständig*) complete
❷ (*fam: völlig*) complete, total
II. *adv* ❶ (*vollständig*) fully
❷ (*insgesamt*) completely
❸ (*fam: völlig*) completely, totally

Komplettdruck *m* TYPO press-finished product

komplettieren* *vt* (*geh*) ■**etw ~** to complete sth

Komplettlösung *f* ideal [*or* perfect] solution

Komplettrecycling *nt* total recycling (*of batteries*)

komplex I. *adj* (*geh*) complex, complicated; **~e Zahl** MATH complex number
II. *adv* (*geh*) complexly, in a complicated manner *pred;* **~ aufgebaut sein** to have a complex structure

Komplex <-es, -e> *m* ❶ (*Gesamtheit von Gebäuden*) complex
❷ (*Gesamtheit*) complex
❸ PSYCH complex; **~e [wegen etw] haben** to have a complex [about sth]

Komplexauge *nt* BIOL (*Augenform der Insekten*) compound eye

Komplexität <-> *f kein pl* (*geh*) complexity

Komplikation <-, -en> *f* complication; **ohne ~en** without any complications, smoothly

Kompliment <-[e]s, -e> *nt* compliment; **jdm ein ~ [*o* ~e] machen** to pay sb a compliment [*or* compliments]; **jdm ein ~ [*o* ~e] wegen einer S.** *gen* **machen** to compliment sb on sth; **mit ~en um sich** *akk* **werfen** to throw compliments around; **[mein] ~!** my compliments

Komplize, Komplizin <-n, -n> *m, f* accomplice

komplizieren* I. *vt* (*geh*) ■**etw ~** to complicate sth
II. *vr* ■**sich ~** to become complicated

kompliziert I. *adj* complicated
II. *adv* in a complicated manner *pred*

K

Kompliziertheit <-> *f kein pl* complexity, complicated nature

Komplizin <-, -nen> *f fem form von* **Komplize**

Komplott <-[e]s, -e> *nt* plot; **ein ~ schmieden** to hatch a plot

Komponente <-, -n> *f* ❶ (*Bestandteil*) component; **PC-Komponente** computer component
❷ (*Gesichtspunkt*) aspect

komponieren* I. *vt* ❶ (*musikalisch erstellen*) ■**etw ~** to compose sth
❷ (*geh: zusammenstellen*) ■**etw [aus etw** *dat*] ~ to create sth [from sth]
II. *vi* to compose; ■**das K~** composition, composing

Komponist(in) <-en, -en> *m(f)* composer

Komposita *pl von* **Kompositum**

Komposition <-, -en> *f* ❶ (*komponiertes Musikstück*) composition
❷ (*geh: Zusammenstellung*) creation
❸ (*zusammengestelltes Kleidungsstück*) creation

kompositorisch *adj inv* compositional

Kompositum <-s, Komposita> *nt* compound

Kompositversicherer *m* JUR writer of combined insurance

Kompost <-[e]s, -e> *m* compost *no pl*

Komposthaufen *m* compost heap

Kompostieranlage *f* ÖKOL compost[ing] plant

kompostierbar *adj inv* ÖKOL degradable

kompostieren* *vt* ■**etw ~** to compost sth

Kompostierung <-> *f kein pl* ÖKOL composting *no pl*

Kompott <-[e]s, -e> *nt* compote

kompressRR, **kompreß** *adv inv* TYPO (*ohne Durchschuss*) [set] solid

Kompresse <-, -n> *f* compress

Kompression <-, -en> *f* compression

Kompressionsdruck *m* AUTO combustion pressure **Kompressionsstrumpf** *m* MED surgical stocking, surgical [*or* elastic] hose **Kompressionsverband** *m* MED compression [*or* pressure] bandage

Kompressor <-s, -pressoren> *m* compressor

komprimieren* *vt* ■**etw ~** to compress [*or* condense] sth; **Daten ~** to compress data; ■**komprimiert** compressed

Komprimierung <-, -en> *f* compression *no pl; eines Textes* condensing *no pl;* **~ der Daten** data compression; **verlustfreie/verlustreiche ~** INFORM lossless/lossy compression

Komprimierungsrate *f* INFORM compression rate

KompromissRR <-es, -e> *m,* **Kompromiß** <-sses, -sse> *m* compromise; **fauler ~** false compromise; **[mit jdm] einen ~ schließen** to come to a compromise [with sb]

kompromissbereitRR *adj* willing to compromise *pred;* **eine ~e Haltung** a willingness to compromise; ■**[in etw** *dat*] **~ sein** to be willing to compromise [on sth] **Kompromissbereitschaft**RR *f* willingness to compromise **kompromisslos**RR *adj* ❶ (*zu keinem Kompromiss bereit*) uncompromising ❷ (*uneingeschränkt*) unqualified, unconditional **Kompromisslösung**RR *f* compromise **Kompromissvorschlag**RR *m* compromise proposal [*or* suggestion]

kompromittieren* *vt* ■**jdn ~** to compromise sb; ■**sich ~** to compromise oneself, to put oneself in a compromising position

kompromittierend *adj* compromising

KomtessRR <-, -en> *f,* **Komteß** <-, -ssen> *f,* **Komtesse** <-, -n> *f under 30-year-old unmarried daughter of a count*

Kondensat <-[e]s, -e> *nt* condensation *no pl,* condensate *spec*

Kondensation <-, -en> *f* condensation *no pl*

Kondensator <-s, -toren> *m* condenser; ELEK *a.* capacitor

kondensieren* I. *vi sein o haben* ■**[an etw** *dat*] ~ to condense [on sth]
II. *vt haben* ■**etw ~** to condense sth

Kondensmilch *f* condensed milk **Kondensstreifen** *m* condensation [*or* vapour [*or* AM -or]] trail **Kondenswasser** *nt kein pl* condensation

Kondition <-, -en> *f* ❶ (*Leistungsfähigkeit*) [physical] fitness [*or* condition]; **~/keine ~ haben** to be/not be fit; **seine ~ halten** to keep fit
❷ *pl* (*Bedingungen*) conditions, terms [of business]
❸ JUR claim to regaining unlawful enrichment

Konditionalsatz *m* conditional clause

Konditionenkartell, Konditionskartell *nt* ÖKON conditions cartel **Konditionenmissbrauch**RR *m* HANDEL abuse of terms **Konditionenvereinbarung** *f* HANDEL agreement on [sales] conditions

Konditionierung <-, -en> *f* ❶ PSYCH conditioning
❷ (*fachspr: Anpassung an die erforderlichen Bedingungen vor der Verarbeitung*) *von Werkstoffen* conditioning
❸ NUKL *von Atommüll* conditioning

Konditionierungsanlage *f für Atommüll* conditioning plant

Konditionsgeschäft *nt* HANDEL conditional transaction, qualified deal **Konditionsschwäche** *f* poor level of fitness **Konditionstraining** *nt* fitness training *no pl*

Konditor(in) <-s, -toren> *m(f)* confectioner

Konditorei <-, -en> *f* confectioner's, cake shop

Konditorin <-, -nen> *f fem form von* **Konditor**

Konditorwaren *pl* confections *pl,* [cake and] pastry

Kondolenz <-, -en> *f* condolence

Kondolenzbesuch *m* (*geh*) visit of condolence; **[bei jdm] einen ~ machen** to pay [sb] a visit of condolence **Kondolenzbrief** *m* letter of condolence **Kondolenzschreiben** *nt* letter of condolence

kondolieren* *vi* (*geh*) ■**[jdm] ~** to pay one's condolences [to sb]

Kondom <-s, -e> *m o nt* condom

Kondor <-s, -e> *m* condor

Kondukteur(in) <-s, -e> *m(f)* SCHWEIZ (*Schaffner*) conductor

Konen *pl von* **Konus**

Konfekt <-[e]s, -e> *nt* confectionery

Konfektion <-, *selten* -en> *f* ready-made clothing *no pl*

konfektionieren* *vt* HANDEL **Kleidung ~** to make [ready-to-wear] clothing

Konfektionsgröße *f* MODE size

Konfektionskleidung *f kein pl* ready-made [*or* ready-to-wear] [*or* BRIT *a.* off-the-peg] clothes *npl*

Konferenz <-, -en> *f* ❶ (*Besprechung*) meeting, conference; **eine ~ anberaumen** to arrange a meeting
❷ (*Komitee*) committee
❸ (*Lehrerkonferenz*) staff meeting

Konferenzort *m* conference location [*or* venue] **Konferenzraum** *m* conference room **Konferenzsaal** *m* conference hall **Konferenzschaltung** *f* TELEK conference circuit **Konferenzteilnehmer(in)** *m(f)* conference participant **Konferenzzimmer** *nt* conference room

konferieren* *vi* (*geh*) ■**mit jdm [über etw** *akk*] ~ to confer with sb [about sth]

Konfession <-, -en> *f* denomination

konfessionell I. *adj* denominational
II. *adv* denominationally

konfessionslos *adj* ■**~ sein** not belonging to any denomination

Konfessionsschule *f s.* **Bekenntnisschule**

Konfetti <-s> *nt kein pl* confetti

Konfiguration *f* INFORM configuration; **manuelle/automatische ~** manual/automatic configuration

Konfigurationsbefehl *m* INFORM configuration command

Konfigurationsdatei *f* INFORM configuration file

konfigurieren *vt* INFORM ■**etw ~** to configure sth

Konfirmand(in) <-en, -en> *m(f)* confirmand

Konfirmandenunterricht *m* confirmation lessons [*or* classes] *pl*

Konfirmandin <-, -nen> *f fem form von* **Konfirmand**

Konfirmation <-, -en> *f* confirmation

konfirmieren* *vt* ■**jdn ~** to confirm sb

Konfiserie <-, -n> *f* SCHWEIZ ❶ (*Konditorei*) confectioner's, cake shop
❷ (*Konfekt*) confectionery *no pl*

Konfiskation <-, -en> *f* JUR seizure, confiscation

Konfiskationsverfügung *f* JUR confiscation order

konfiszieren* *vt* ■**etw ~** to confiscate sth

Konfitüre <-, -n> *f* preserve

Konflikt <-s, -e> *m* ❶ (*Auseinandersetzung*) conflict; **bewaffneter ~** armed conflict; **~ verhütend** which prevent conflict; **mit etw** *dat* **in ~ geraten** to come into conflict with sth; **mit dem Gesetz in ~ geraten** to clash with the law
❷ (*innerer Zwiespalt*) [inner] conflict; **sich** *akk* **in einem ~ befinden** to be in a state of inner conflict

Konfliktherd *m* area of conflict, political hot spot **Konfliktlösung** *f* POL solution to a/the conflict **Konfliktpartei** *f* ❶ POL extreme party ❷ *pl* warring factions *pl* **Konfliktregelung** *f* conflict resolution, settlement of a conflict **Konfliktregulierung** *f* conflict settlement **Konfliktstoff** *m* cause of conflict **konfliktverhütend** *adj inv s.* **Konflikt**

Konföderation <-, -en> *f* confederation

konform *adj* concurrent, corresponding; **mit jdm [in etw** *dat*] **~ gehen** to agree with sb [on sth]

Konformismus <-> *m kein pl* (*pej geh*) conformity

Konformist(in) <-en, -en> *m(f)* (*pej geh*) conformist

konformistisch *adj* (*pej geh*) conformist

Konfrontation <-, -en> *f* confrontation

Konfrontationskurs *m* confrontational course; **auf ~ [mit jdm] gehen** to adopt a confrontational course [towards sb]

konfrontieren* *vt* ■**jdn mit jdm/etw ~** to confront sb with sb/sth; ■**mit etw** *dat* **konfrontiert sein** to be confronted with sth

konfus I. *adj* confused, muddled; **jdn [ganz] ~ machen** to [completely] confuse sb
II. *adv* confusedly; **~ klingen** to sound confused

Konfusion <-, -en> *f* ❶ (*geh: Verwirrung*) confusion
❷ JUR confusion of rights

Konfuzius <-> *m* Confucius

kongenial *adj* (*geh*) congenial

Konglomerat <-[e]s, -e> *nt* conglomeration; ■**ein ~ aus [*o* von] etw** *dat* a conglomeration of sth

Kongo <-s> *m* ❶ (*Fluss*) Congo, Zaire River
❷ (*Staat*) the Congo; *s. a.* **Deutschland**

Kongolese(in) <-n, -n> *m(f)* Congolese; *s. a.* **Deutsche(r)**

kongolesisch *adj* Congolese; *s. a.* **deutsch**

Kongregation <-en> *f* congregation

KongressRR <-es, -e> *m,* **Kongreß** <-sses, -sse> *m* ❶ (*Fachtagung*) congress; **der Wiener ~** the Congress of Vienna
❷ (*Parlament der USA*) ■**der ~** Congress *no art*

KongressbüroRR *nt* congress office **Kongresshalle**RR *f* conference hall **Kongressmitglied**RR *nt* Congressman, Congresswoman **Kongressplanung**RR *f* congress planning *no pl* **Kongressstätte**RR *f* congress centre [*or* AM -er] **Kongressteilnehmer**RR *m* congress participant **Kongresswahl**RR *f* Congressional election **Kongresszentrum**RR *nt* conference [*or* congress] centre [*or* AM -er]

kongruent *adj* congruent

Kongruenz <-en> *f* ❶ (*geh*) identity, concurrence
❷ MATH congruence
❸ LING agreement
❹ JUR concordance; **~ des EU-Rechts mit deutschem Recht** concordance of EU law with German law

kongruieren *vi* ❶ (*geh*) to coincide
❷ MATH to be congruent
❸ LING to agree

K.-o.-Niederlage *f* knock-out defeat

Konifere <-, -n> *f* conifer

Koniferenhonig *m* honeydew honey

König <-s, -e> *m* king; **des ~s Rock** the King's uniform; **der ~ der Tiere/Lüfte** the king of beasts/

birds; **die Heiligen Drei ~e** the three Wise Men ► WENDUNGEN: **der Kunde ist ~** the customer is always right
Königin <-, -nen> *f fem form von* **König** ❶ (*Herrscherin eines Königreiches*) queen ❷ (*Bienen~*) queen[-bee] ❸ BOT ■ **die ~ der Nacht** Queen of the Night
Königinmutter *f* queen-mother
königlich I. *adj* ❶ (*dem König gehörend*) royal ❷ (*großzügig*) generous, handsome
II. *adv* ❶ (*fam: köstlich*) enormously; ■ **sich** *akk* **~ amüsieren** to have a whale of a time ❷ (*großzügig*) generously, handsomely
Königreich *nt* kingdom; **das Vereinigte ~** the United Kingdom
Königsfisch *m* ZOOL, KOCHK Jerusalem haddock, kingfish, moonfish **Königshaus** *nt* royal house **Königskerze** *f* BOT mullein **Königskrone** *f* crown **Königskuchenform** *f* [12 – 14 inch] loaf tin **Königsmord** *m* regicide **Königspaar** *nt* royal couple **Königssohn** *m* (*liter*) prince **Königstiger** *m* Bengal tiger **Königstochter** *f* (*liter*) princess **königstreu** *adj* loyal to the king *pred*, royalist **Königsweg** *m* ideal solution
Königtum <-, -tmer> *nt* ❶ *kein pl* (*Monarchie*) monarchy ❷ (*veraltend*) *s.* **Königreich**
konisch I. *adj* conical
II. *adv* conically
Konjugation <-, -en> *f* ❶ LING conjugation ❷ BIOL (*Zusammenlagerung von Bakterienzellen*) bacterial conjugation
konjugieren* *vt* ■ **etw ~** to conjugate sth
Konjunktion <-, -en> *f* conjunction
Konjunktionalsatz *m* LING conjunctional clause
Konjunktiv <-s, -e> *m* LING conjunctive
Konjunktur <-, -en> *f* economy, economic situation, state of the economy; ***die ~ erholt sich*** the economy is reviving; **ansteigende ~** upward trend; **gedämpfte/schwache ~** subdued/ailing economy; **steigende/rückläufige ~** [economic] boom/slump; **die ~ dämpfen** to curb the economic trend; **~ haben** to be in great demand [*or* selling [very] well]
Konjunkturablauf *m* ÖKON business [*or* economic] cycle **Konjunkturabschwächung** *f* ÖKON economic slowdown **Konjunkturabschwung** *m* ÖKON economic downturn [*or* downswing], [economic] recession **Konjunkturanregung** *f* ÖKON stimulation of business activity **Konjunkturaufschwung** *m* ÖKON economic upturn [*or* upswing], [economic] recovery **Konjunkturauftrieb** *m* ÖKON economic upswing **Konjunkturausgleich** *m* ÖKON seasonal adjustment **Konjunkturausgleichsrücklage** *f* JUR compulsory anticyclical reverse **Konjunkturaussichten** *pl* ÖKON economic outlook *no pl* **Konjunkturbarometer** *nt* ÖKON ❶ (*Darstellung der wirtschaftlichen Entwicklung*) graph of leading economic indicators ❷ (*Anhaltspunkt der wirtschaftlichen Entwicklung*) economic [*or* business] barometer, economic indicator **Konjunkturbedingungen** *pl* ÖKON business conditions **Konjunkturbelebung** *f kein pl* ÖKON economic upturn [*or* upswing], [economic] recovery, business revival **Konjunkturbelebungsprogramm** *nt* ÖKON economic revival programme [*or* AM -am] **Konjunkturbericht** *m* ÖKON market [*or* economic] report **Konjunkturberuhigung** *f* ÖKON easing of cyclical strains **konjunkturdämpfend I.** *adj inv* ÖKON *Maßnahme, Politik* countercyclical **II.** *adv* ÖKON countercyclically; ***eine wirtschaftspolitische Maßnahme, die ~ wirkt*** a countercyclical measure **Konjunkturdämpfung** *f* ÖKON curbing of the economic trend **Konjunktureinbruch** *m* ÖKON [economic] slump [*or* dip], steep downturn [in the economy]
konjunkturell *adj inv* ÖKON economic; (*zyklisch*) cyclical; **~e Arbeitslosigkeit** cyclical unemployment; **die ~e Lage** the state of the economy; **~e Talsohle** trough
konjunkturempfindlich *adj inv* ÖKON cyclically sensitive, sensitive to economic fluctuations [*or* business movements] *pred* **Konjunkturentwicklung** *f* ÖKON economic development; **internationale ~** global economic development **Konjunkturerholung** *f* economic recovery **Konjunkturerwartungen** *pl* ÖKON economic outlook *no pl*, market prospects *pl* **Konjunkturflaute** *f* [economic] slump, economic slackening **Konjunkturförderung** *f* ÖKON cyclical stimulation **Konjunkturförderungsprogramm** *nt* ÖKON government programme [*or* AM -am] to stimulate economic activity **Konjunkturforschung** *f* ÖKON market [*or* economic] research **Konjunkturforschungsinstitut** *nt* ÖKON economic research institute **Konjunkturimpuls** *m* ÖKON stimulation of business activity **Konjunkturindex** *m* economic index **Konjunkturindikator** *m* ÖKON economic indicator; **staatliche ~en** government economic indicators **Konjunkturkartell** *nt* ÖKON business cycle cartel **Konjunkturklima** *nt* ÖKON business [*or* economic] climate; ***das ~ trübt sich*** the economic climate is worsening **Konjunkturkreislauf** *m* ÖKON business [*or* economic] cycle **Konjunkturlage** *f* ÖKON economic situation, state of the economy **Konjunkturmotor** *m* ÖKON power behind the economic trend **konjunkturneutral I.** *adj* ÖKON *Finanzpolitik, Maßnahme* not affecting the cyclical trend *pred;* **~ sein** to have no effect on the cyclical trend **II.** *adv* ÖKON with no effect on the cyclical trend; **sich ~ verhalten** [*o* **verlaufen**] to have no effect on the cyclical trend **Konjunkturphase** *f* ÖKON boom period **Konjunkturpolitik** *f* economic policy **konjunkturpolitisch I.** *adj* ÖKON *Maßnahme, -änderung* economic [*or* cyclical] policy *attr* **II.** *adv* ÖKON **~ motivierte Steuern** taxes aimed at stabilizing the economy; **eine ~ sinnvolle Maßnahme** a convenient measure for stabilizing the economy **Konjunkturprognose** *f* ÖKON economic forecast **Konjunkturprogramm** *nt* ÖKON reflationary programme [*or* AM -am] **Konjunkturrückgang** *m* ÖKON economic downturn [*or* downswing], [economic] recession **Konjunkturschwankung** *f meist pl* ÖKON economic fluctuation, fluctuation in [the level of] economic activity **konjunktursicher** *adj inv* ÖKON *Branche* economically stable **Konjunkturspritze** *f* ❶ ÖKON pump priming ❷ (*fam*) boost to the economy **Konjunkturstillstand** *m* economic standstill **Konjunkturtest** *m* ÖKON market research **Konjunkturtief** *nt* ÖKON trough **Konjunkturüberhitzung** *f* ÖKON overheating of the economy, economic overheating **Konjunkturumschwung** *m* ÖKON market [*or* cyclical] swing **Konjunkturverlauf** *m* ÖKON business [*or* economic] cycle; **abgeschwächter ~** economic slowdown **Konjunkturzyklus** *m* ÖKON economic [*or* business] cycle
konkav I. *adj* concave
II. *adv* concavely
Konkavlinse *f* concave lens **Konkavspiegel** *m* concave mirror
Konklave <-s, -n> [-və] *nt* conclave
konkludent *adj inv* JUR implied, conclusive; **~es Verhalten** conduct implying an intent
Konkordanz <-, -en> *f* concordance
Konkordat <-[e]s, -e> *nt* concordat
konkret I. *adj* ❶ (*klar umrissen*) concrete, definite, specific; **~e Ergebnisse** tangible results ❷ (*eindeutig*) concrete
II. *adv* definitely, specifically; ***das kann ich Ihnen noch nicht ~ sagen*** I can't tell you for definite yet
konkretisieren* *vt* (*geh*) ■ **etw ~** to clearly define sth
Konkretisierung <-, -en> *f* JUR [goods] appropriation [to a contract]
Konkubinat <-[e]s, -e> *nt* concubinage; [**mit jdm**] **im ~ leben** to live in concubinage [with sb]
Konkubine <-, -n> *f* (*geh*) concubine
Konkurrent(in) <-en, -en> *m(f)* ❶ (*Mitbewerber*) competitor ❷ (*Rivale*) competitor, rival
Konkurrentenklage *f* JUR action taken by a competitor **Konkurrentenschutz** *m kein pl* HANDEL protection of competitors
Konkurrenz <-, -en> *f* ❶ (*Konkurrenzunternehmen*) competitor; **zur ~ gehen** to go over to the competitor; **mit jdm in ~ stehen** [*o* **liegen**] to be in competition with sb ❷ *kein pl* (*Konkurrenten*) competitors *pl*, competition; **keine ~** [**für jdn**] **sein** to be no competition [for sb]; **die ~ schläft nicht** (*fam*) my/your, etc. rivals never rest; **die ~ schlagen/unterbieten** to beat/undercut the competition ❸ (*sportliche Disziplin*) competition, contest ❹ *kein pl* (*Wettbewerb*) competition; **~ von Verpflichtungen** conflict of obligations; **freie ~** free competition; **scharfe ~** HANDEL keen competition; **jdm ~ machen** to compete against sb; **mit jdm in ~ treten** to enter into competition with sb; **außer ~** unofficially
Konkurrenzangebot *nt* HANDEL rival bid **Konkurrenzartikel** *m* HANDEL competitive article **Konkurrenzdenken** *nt* competitive thinking *no pl* **Konkurrenzdruck** *m* pressure of competition; **unter ~ stehen** to face pressure of competition **Konkurrenzerzeugnis** *nt* HANDEL rival product **konkurrenzfähig** *adj* competitive **Konkurrenzfähigkeit** *f kein pl* competitiveness *no pl*
konkurrenzieren* *vi, vt* ÖSTERR, SCHWEIZ ■ **jdn** [*o* **jdm**]/**etw** [*o* **einer S.**] **~** to compete against sb/sth
Konkurrenzkampf *m* competition; (*zwischen Menschen*) rivalry **Konkurrenzklausel** *f* JUR restraint of competition clause **konkurrenzlos I.** *adj* ■ **~ sein** to have no competition **II.** *adv* incomparably; ***mit unseren Preisen sind wir ~ billig*** nobody can match our cheap prices **Konkurrenzmarke** *f* ÖKON rival brand **Konkurrenzmodell** *nt* ÖKON competitive model **Konkurrenzneid** *m* jealousy [towards one's rival[s]] *no pl* **Konkurrenzprodukt** *nt* ÖKON competing [*or* rival] product **Konkurrenzunterdrückung** *f* HANDEL restraint [*or* restriction] of trade **Konkurrenzunternehmen** *nt* ÖKON competitor, rival company **Konkurrenzverbot** *nt* ban on competition, restraint of competition
konkurrieren* *vi* ❶ (*in Wettbewerb treten*) ■ **mit jdm/etw ~** to compete with sb/sth ❷ (*geh: sich gleichzeitig bewerben*) ■ [**mit jdm**] **um etw ~** to compete [against sb] for sth
Konkurs <-es, -e> *m* ❶ (*Zahlungsunfähigkeit*) bankruptcy; **betrügerischer ~** fraudulent bankruptcy; **den ~ abwenden** to stave off bankruptcy; **jdm den ~ erklären** to declare sb bankrupt; **~ machen** (*fam*) to go bankrupt; **vor dem ~ stehen** to be about to go bankrupt; **über jdn ~ verhängen** to adjudicate sb bankrupt ❷ (*Verfahren*) bankruptcy proceedings *pl;* **den ~ abwickeln** to liquidate a bankrupt's estate; [**über etw** *akk*] **den ~ eröffnen** to institute [*or* to open] bankruptcy proceedings [concerning sth]; **~ anmelden** to declare oneself bankrupt, to file a bankruptcy petition
Konkursablauf *m* JUR bankruptcy proceedings *pl* **Konkursabwendung** *f* JUR avoidance of bankruptcy **Konkursabwickler(in)** *m(f)* JUR liquidator **Konkursabwicklung** *f* JUR liquidation [*or* administration] of a bankrupt's estate **Konkursandrohung** *f* JUR bankruptcy notice; **~ mit Zahlungsaufforderung** judgment summons BRIT **Konkursanfechtung** *f* JUR rescission of bankruptcy **Konkursanmeldung** *f* JUR declaration of bankruptcy, bankruptcy notice; **~ vornehmen** to file a petition in bankruptcy **Konkursantrag** *m* JUR petition in bankruptcy; **den ~ stellen** to file a petition in bankruptcy **Konkursantragspflicht** *f* JUR obligation to file for bankruptcy **Konkursaufhebung** *f* JUR discharge in bankruptcy **Konkursbeendigung** *f* JUR termination of bankruptcy proceedings **Konkursbeschluss**RR *m* JUR receiving order; **den gerichtlichen ~ fassen** to make a receiving order **Konkursbilanz** *f* JUR statement of affairs **Konkurserklärung** *f* JUR declaration of bankruptcy; **jdm die ~ zustellen** to serve sb a bank-

K

ruptcy notice **Konkurseröffnung** *f* JUR commencement of bankruptcy proceedings **Konkurseröffnungsbeschluss**[RR] *m* JUR receiving order; **jdm den ~ zustellen** to serve sb a bankruptcy notice **konkursfähig** *adj inv* JUR capable of going bankrupt **Konkursforderung** *f* JUR claim [provable] in bankruptcy; **bevorrechtigte/nachrangige ~** preferential/deferred debt; **eine ~ anmelden/anerkennen** to file/allow a bankruptcy claim **Konkursgericht** *nt* JUR bankruptcy court **Konkursgesetz** *nt* JUR bankruptcy act **Konkursgläubiger(in)** *m(f)* JUR creditor in bankruptcy **Konkursgrund** *m,* **Konkurshandlung** *f* JUR act of bankruptcy **Konkursmasse** *f* bankrupt's estate **Konkursordnung** *f* JUR Bankruptcy Act BRIT, National Bankruptcy Act AM **Konkursrecht** *nt* JUR bankruptcy law **konkursrechtlich** I. *adj inv* JUR *Verfahren* bankruptcy *attr* II. *adv* JUR under the terms of the bankruptcy law; **ein ~ vorgeschriebener/notwendiger Schritt** a step stipulated/required by the bankruptcy law **konkursreif** *adj inv* JUR insolvent **Konkursrichter(in)** *m(f)* JUR judge in bankruptcy, registrar [*or* AM referee] in bankruptcy **Konkurssache** *f* JUR bankruptcy case **Konkursschuldner(in)** *m(f)* JUR bankrupt **konkursverdächtig** *adj inv* JUR likely to go bankrupt **Konkursverfahren** *nt* JUR bankruptcy proceedings *pl;* **ein ~ einleiten/eröffnen** to institute/open bankruptcy proceedings; **ein ~ aufheben** to discharge a bankrupt **Konkursvergehen** *nt* JUR bankruptcy offence **Konkursvergleich** *m* JUR composition in bankruptcy **Konkursverschleppung** *f* JUR, ÖKON [criminal] delay in filing bankruptcy petition **Konkursverwalter(in)** *m(f)* JUR bankruptcy trustee, [official] receiver BRIT **Konkursverwaltung** *f* JUR administration of bankrupt estate, BRIT receivership, AM trusteeship in bankruptcy; **von der ~ übernommen werden** to go into receivership **Konkursvorrecht** *nt* JUR priority rights in bankruptcy proceedings

können I. *vt* <konnte, gekonnt> (*beherrschen*) ■**etw ~** to know sth; ***kannst du eigentlich Schach?*** can you/do you know how to play chess?; **eine Sprache ~** to know [*or* speak] a language; **[et]was/nichts ~** (*fam*) to be good/useless; ***man merkt, du kannst was*** it's obvious you know your stuff; (*Fähigkeiten haben*) to be able/not be able to do sth; **[et]was/nichts für etw/dafür ~** (*verantwortlich sein*) to be able/not be able to do anything about sth/it; **etw nie/nicht etw tun ~** to never/not be able to do sth; **... was jd kann** as best sb can; ***sie liefen, was sie nur konnten*** they ran as quickly as they could

▶ WENDUNGEN: **du kannst mich [mal]** (*euph sl*) get lost! *fam,* [go and] take a running jump! BRIT *fam,* kiss my ass! AM *sl*

II. *vi* <konnte, gekonnt> to be able; ***ich würde ja gerne kommen, aber ich kann leider nicht*** I would love to come but I can't; **nicht mehr ~** (*erschöpft sein*) to not be able to go on; (*überfordert sein*) to have had enough; (*satt sein*) to not be able to eat any more, to have had enough, to be full [up]; **noch ~** (*weitermachen ~*) to be able to carry on; (*weiteressen ~*) to be able to eat more; **wie konntest du nur!** how could you?!; ***da ~ Sie nichts [da]für*** it's not your fault

▶ WENDUNGEN: **[erst einmal] ~ vor Lachen** I would if [*or* I wish] I could, [that's] easier said than done; **mit jdm [gut] ~** to get on [well] with sb; **mir kann keiner** nobody can touch me

III. *modal vb* <konnte, können> ❶ (*vermögen*) ■**etw tun ~** to be able to do sth

❷ (*als Fertigkeit haben*) ■**etw tun ~** to be able to do sth

❸ (*dürfen*) ■**jd kann etw tun** sb can do sth; ***kann ich das Foto sehen?*** can/may I see the photo?

❹ (*möglicherweise sein*) ■**jd kann etw tun** sb could do sth; ■**etw tun ~** to be able to do sth; ***solche Dinge können eben manchmal passieren*** these things [can] happen sometimes; **sein ~, dass** to be possible that; **[schon] sein ~** (*fam*) to be possible; ***[ja,] kann sein*** [yes,] that's possible [*or* possibly]; **nicht sein ~** to not be possible; **könnte es nicht sein, dass ...?** could it not be that ...?

Können <-s> *nt kein pl* ability, skill; **spielerisches/schauspielerisches ~** sportsmanship/acting ability [*or* skill]

Könner(in) <-s, -> *m(f)* skilled person; **ein ~ sein** to be skilled

Konnexität <-> *f kein pl* JUR coherence

Konnivenz <-, -en> *f* JUR connivance

Konnossement <-[e]s, -e> *nt* HANDEL bill of lading; **reines/unreines ~** clean/foul bill of lading

konnte *imp von* **können**

Konrektor(in) *m(f)* deputy headmaster

konsekutiv *adj* JUR consecutive

Konsekutivdolmetschen *nt kein pl* consecutive interpreting *no pl*

Konsekutivsatz *m* consecutive clause

Konsens <-es, -e> *m* (*geh*) ❶ (*Übereinstimmung*) consensus *no pl;* **einen ~ [in etw *dat*] erreichen [*o* erzielen]** to reach a consensus [on sth]

❷ (*Einwilligung*) approval; **seinen ~ [zu etw *dat*] geben** to give one's approval [to sth]; **mit/ohne jds ~** with/without sb's approval

Konsensgespräch *nt discussion leading to a consensus*

Konsensparteien *pl* consensus parties *pl*

konsequent I. *adj* ❶ (*folgerichtig*) consistent; ■**[bei/in etw *dat*] ~ sein** to be consistent [in sth]

❷ (*unbeirrbar*) resolute, steadfast

II. *adv* ❶ (*folgerichtig*) consistently, logically

❷ (*entschlossen*) resolutely

Konsequenz <-, -en> *f* ❶ (*Folge*) consequence; **in letzter ~** in the final analysis; **~en [für jdn] haben** to have consequences [for sb]; **die ~en tragen** to take the consequences; **[aus etw *dat*] die ~en ziehen** to take the necessary action [*or* appropriate measures] [as a result of sth]

❷ *kein pl* (*Folgerichtigkeit*) consistency

❸ *kein pl* (*Unbeirrbarkeit*) resoluteness, steadfastness

Konservatismus <-> *m kein pl* conservatism *no pl*

konservativ [kɔnzɛrva'ti:f, 'kɔn-] I. *adj* ❶ (*politisch rechts liegend*) conservative

❷ (*die ~ Partei*) Conservative

❸ (*geh: zurückhaltend*) conservative

II. *adv* **~ wählen** to vote Conservative; **~ eingestellt sein** to have a conservative attitude

Konservative(r) *f(m) dekl wie adj* ❶ (*Anhänger einer konservativen Partei*) conservative

❷ (*die konservative Partei*) ■**die ~n** the Conservatives

Konservator(in) <-s, -toren> [-'va:-] *m(f)* curator

Konservatorium <-s, -rien> [-va-, *pl* -riən] *nt* conservatoire, conservatorium

Konserve <-, -n> [-və] *f* ❶ (*haltbar abgefülltes Lebensmittel*) preserved food *no pl,* tinned [*or* AM canned] food *no pl*

❷ *meist pl* MED (*Blutkonserve*) banked blood *no pl*

Konservenbüchse [-vən-] *f,* **Konservendose** *f* tin BRIT, can AM

Konservenfabrik *f* canning factory, cannery

konservieren* [-'vi:-] *vt* ❶ (*haltbar machen*) ■**etw [in etw *dat*] ~** to preserve sth [in sth]

❷ (*geh: erhalten*) ■**etw ~** to preserve sth

Konservierung <-, -en> [-'vi:-] *f* ❶ (*das Konservieren*) preserving *no pl*

❷ (*die Erhaltung*) preservation *no pl*

Konservierungsmittel *nt,* **Konservierungsstoff** *m* CHEM preservative **Konservierungsverfahren** *nt* CHEM preservation process

Konsignant(in) <-en, -en> *m(f)* HANDEL consignee

Konsignatar(in), Konsignatär(in) <-s, -e> *m(f)* HANDEL consignee

Konsignation <-, -en> *f* ÖKON consignment

Konsignationsgeschäft *nt* ÖKON consignment sale **Konsignationsgut** *nt* HANDEL goods *pl* on consignment; **etw als ~ versenden** to deliver sth on consignment **Konsignationslagervertrag** *m* HANDEL consignment storage contract

Konsistenz <-> *f kein pl* (*geh*) consistency

Konsole <-, -n> *f* ❶ (*Bord*) shelf

❷ (*Vorsprung*) console

❸ (*Bediener~*) console

❹ BAU bracket

Konsolidation <-, -en> *f* consolidation

konsolidieren* I. *vt* (*geh*) ■**etw ~** to consolidate sth; FIN **konsolidierte Konzernbilanz** consolidated balance sheet; **konsolidierter Umsatz** consolidated turnover

II. *vr* (*geh*) ■**sich ~** to consolidate

konsolidiert *adj inv* FIN consolidated; **nicht ~** nonconsolidated; **nicht ~e Beteiligungen** nonconsolidated holdings

Konsolidierung <-, -en> *f* consolidation *no pl*

Konsolidierungsbogen *m* FIN consolidating financial statement **Konsolidierungsmittel** *nt* (*geh*) means of consolidation

Konsonant <-en, -en> *m* consonant

konsonantisch *adj inv* consonantal

Konsorte <-, -n> *f* ❶ (*pej: Leute*) **X und ~n** X and his gang *fam,* ... and co.

❷ ÖKON member of a consortium

Konsortialbank *f* FIN consortium bank **konsortialfremd** *adj inv* ÖKON **~e Bank** bank outside of a/the consortium **Konsortialgeschäft** *nt* FIN business on joint account, syndicate operations **Konsortialkredit** *m* FIN syndicated loan **Konsortialmitglied** *nt* syndicate member **Konsortialpartner(in)** *m(f)* JUR partner to a consortium **Konsortialverbindlichkeiten** *pl* FIN syndicated loans **Konsortialvertrag** *m* FIN underwriting [*or* BRIT syndicate] agreement

Konsortium <-s, -ien> [kɔn'zɔrtsiʊm, *pl* -tsiən] *nt* ÖKON consortium, syndicate; **ein ~ bilden [*o* gründen], sich *akk* zu einem ~ zusammenschließen** to form a consortium [*or* syndicate], to organize a consortium

Konspiration <-, -en> *f* (*geh*) conspiracy

konspirativ *adj* (*geh*) conspiratorial

konspirieren* *vi* (*geh*) ■**[mit jdm] [gegen jdn] ~** to conspire [with sb] [against sb]

konstant I. *adj* constant

II. *adv* constantly

Konstante <-[n], -n> *f* constant

Konstantinopel <-s> *nt* Constantinople

Konstanz <-> *nt* Constance

konstatieren* *vt* (*geh*) ■**etw ~** to establish sth

Konstellation <-, -en> *f* ❶ (*geh: Kombination*) constellation *form*

❷ ASTROL, ASTRON constellation

konsternieren* *vt* (*geh*) ■**jdn ~** to consternate sb; ■**konsterniert** consternated

konsterniert *adj* (*geh*) filled with consternation

konstituieren* I. *vt* (*geh: gründen*) ■**etw ~** to constitute, to form; ■**~d** constituent

II. *vr* (*geh*) ■**sich** *akk* **~** to be set up, to be constituted; ■**sich als etw ~** to form sth

Konstitution <-, -en> *f* constitution

konstitutionell *adj inv* ❶ MED (*anlagebedingt*) constitutional

❷ POL (*verfassungsmäßig*) constitutional; **~e Monarchie** constitutional monarchy

konstruieren* *vt* ❶ (*planerisch erstellen*) ■**etw ~** to design sth

❷ (*zeichnen*) ■**etw ~** to draw sth

❸ (*pej geh: gezwungener Gedankenaufbau*) ■**etw ~** to fabricate sth, to make sth up

Konstrukt <-[e]s, -e *o* -s> *nt* (*geh*) construct

Konstrukteur(in) <-s, -e> [kɔnstrʊk'tø:ɐ] *m(f)* designer

Konstruktion <-, -en> *f* ❶ (*planerische Erstellung*) design

❷ (*Aufbau*) construction

Konstruktionsbüro *nt* design office **Konstruktionsfehler** *m* ❶ (*Fehler im Entwurf*) design fault

❷ (*herstellungsbedingter Fehler*) construction [*or* manufacture] fault **Konstruktionsüberprüfung** *f* construction inspection [*or* examination]

konstruktiv I. *adj* ❶ (*geh: förderlich*) constructive

❷ (*entwurfsbedingt*) design

II. *adv* constructively
Konstruktivität <-> *f kein pl* constructiveness
Konsul <-s, -n> *m* (*Beamter der römischen Republik*) consul
Konsul, Konsulin <-s, -n> *m, f* (*Leiter(in) eines Konsulats*) consul
Konsularbeamter, -beamtin *m, f* JUR consular officer
konsularisch *adj* consular
Konsulat <-[e]s, -e> *nt* ❶ (*Amt des Konsuls*) consulate
❷ (*Amtszeit eines Konsuls*) consulship
Konsulin <-, -nen> *f fem form von* **Konsul**
Konsultation <-, -en> *f* (*geh*) consultation
Konsultationspflicht *f* JUR obligatory consultation
konsultativ I. *adj inv Funktion, Tätigkeit* advisory *attr*
II. *adv* **sich ~ betätigen** to act in an advisory capacity
Konsultativstatus *m* advisory role
konsultieren* *vt* (*geh*) ❶ (*um Rat fragen*) ■**jdn [wegen einer S. *gen*] ~** to consult sb [about sth]
❷ (*hinzuziehen*) ■**etw ~** to consult sth
Konsum <-s> *m kein pl* consumption
Konsumartikel *m* consumer good
Konsumation <-, -en> *f* ÖSTERR, SCHWEIZ consumption **Konsumbereitschaft** *f* HANDEL consumer acceptance **Konsumeinheit** *f* HANDEL consumption unit
Konsument(in) <-en, -en> *m(f)* consumer
Konsumentenbefragung *f* HANDEL consumer research [*or* survey] **Konsumentenirreführung** *f* HANDEL misleading of consumers **Konsumentenkredit** *m* HANDEL consumer credit **Konsumentenleben** *nt* consumer life **Konsumentenschutzgesetz** *nt* JUR consumer protection act **Konsumentenvertrag** *m* JUR consumer contract
Konsumgenossenschaft *f* ÖKON consumer cooperative, cooperative society **Konsumgesellschaft** *f* consumer society **Konsumgewohnheiten** *pl* HANDEL consumer buying habits **Konsumgüter** *pl* HANDEL consumer goods; **kurzlebige/langlebige ~** nondurables/consumer durables **Konsumgüterindustrie** *f kein pl* ÖKON consumer goods industry
konsumieren* *vt* (*geh*) ❶ (*verbrauchen*) ■**etw ~** to consume sth
❷ (*in sich aufnehmen*) ■**etw ~** to consume sth
konsumistisch *adj inv* (*pej*) materialist, consumerist
Konsumneigung *f* ÖKON tendency to consume **konsumorientiert** *adj inv* ÖKON consumer-orientated [*or* AM -oriented] **Konsumorientiertheit** *f* materialism, consumerism
konsumptiv *adj inv* ÖKON *s.* **konsumtiv**
Konsumrausch *m* frenzy of consumerism **Konsumstruktur** *f* ÖKON consumer structure **Konsumtempel** *m* ÖKON (*pej fam*) shrine to consumerism **Konsumterror** *m* SOZIOL (*pej*) pressure to consume *no pl*
Konsumtion <-, -en> *f* ÖKON consumption
Konsumtionsrate *f* ÖKON consumption rate
konsumtiv *adj inv* ÖKON consumption *attr;* **~e Ausgaben** consumption expenditure
Konsumverein *m* JUR consumer co-operative **Konsumverhalten** *nt kein pl* ÖKON consumer behaviour [*or* AM -or] *no pl, no indef art,* consumer habits *pl* **Konsumverzicht** *m* ÖKON deferred demand, nonconsumption **Konsumzwang** *m* pressure to consume *no pl*
Kontakt <-[e]s, -e> *m* ❶ (*Verbindung*) contact; **sexuelle** [*o euph* **intime**] **~e** sexual contact; **mit jdm ~ bekommen, ~ zu jdm finden** to establish contact with sb; [**mit jdm**] **in ~ bleiben,** [**mit jdm**] **~ halten** to stay in contact [*or* touch] with sb; **~ zu jdm haben** to be in contact with sb; **keinen ~ mehr** [**zu jdm**] **haben** to no longer be in contact [with sb], to have lost contact [with sb]; **mit jdm in ~ kommen** to come into contact with sb; **mit jdm ~ aufnehmen** to get in contact with sb; **den ~** [**zu jdm**] **herstellen** to establish [*or* set up] contact [with sb]; [**mit jdm**] **in ~ stehen** to be in contact [with sb]; **den ~ mit jdm suchen** to attempt to establish [*or* set up] contact with sb
❷ (*Berührung*) contact
❸ ELEK contact, point
Kontaktadresse *f* contact address **Kontaktanzeige** *f* lonely hearts advertisement BRIT, personal [ad] AM **kontaktarm** *adj* ■**~ sein** to have little contact with other people **Kontaktarmut** *f kein pl* (*geh*) lack of [human] contact **Kontaktaufnahme** *f* making of contact, approach **Kontaktbelichtung** *f* TYPO contact exposure **Kontaktbildschirm** *m* touch screen **Kontaktbörse** *f* personals section **Kontaktdermatitis** *f,* **Kontaktekzem** *nt* contact dermatitis **kontaktfreudig** *adj* ■**~ sein** to enjoy contact with other people, to be sociable **Kontaktgrill** *m* griddle **Kontaktgruppe** *f* contact group **Kontaktkleber** *m* contact adhesive **Kontaktleiste** *f* TECH connector **Kontaktlinse** *f* contact lens **Kontaktlinsenpflegemittel** *nt* contact lens solution
kontaktlos *adj inv* contact-less
Kontaktmann *m* contact [person] **Kontaktmetamorphose** *f* GEOL contact metamorphism **Kontaktperson** *f* contact [person] **Kontaktschließung** *f* TECH contact closure **Kontaktsperre** *f* JUR solitary confinement
Kontamination <-, -en> *f* contamination *no pl*
kontaminieren* *vt* ■**etw ~** to contaminate sth
Konten *pl von* **Konto**
Kontenabrechnung *f* FIN settlement of accounts **Kontenabschluss**[RR] *m* FIN balancing of the accounts **Kontenbewegung** *f s.* Kontobewegung **Kontenplan** *m,* **Kontenrahmen** *m* FIN draft of the accounts **Kontenschema** *nt* FIN system of accounts **Kontensparen** *nt kein pl* FIN account savings *pl*
Konter <-s, -> *m* SPORT counter, counterattack
Konteradmiral *m* NAUT rear-admiral
Konterfei <-s *o* -e> *nt* (*hum*) picture
konterkarieren *vt* (*geh*) ■**etw ~** to impede sth
kontern I. *vt* ■**etw ~** to counter sth
II. *vi* to counter
Konterrevolution [-vo-] *f* counter-revolution
Konterrevolutionär(in) <-s, -e> *m(f)* counter-revolutionary
Kontext <-[e]s, -e> *m* ❶ (*umgebender Text*) context
❷ (*geh: Zusammenhang*) context
Kontextmenü *nt* INFORM context menu
Kontinent <-[e]s, -e> *m* continent
kontinental *adj* continental
Kontinentaleuropa *nt* Continental Europe **Kontinentalklima** *nt* continental climate **Kontinentalsockel** *m* continental terrace **Kontinentalsperre** *f kein pl* ■**die ~** the Continental System **Kontinentalverschiebung** *f* GEOL continental drift
Kontingent <-[e]s, -e> *nt* ❶ (*Truppenkontingent*) contingent
❷ (*Teil einer Menge*) quota
kontingentieren* *vt* ■**etw ~** to fix a quota for sth
Kontingentierung <-, -en> *f* ÖKON allocation of quotas
Kontingentierungssatz *m* ÖKON quota **Kontingentierungssystem** *nt* ÖKON quota system
kontinuierlich I. *adj* (*geh*) constant, continuous
II. *adv* (*geh*) constantly, continuously
Kontinuität <-> *f kein pl* (*geh*) continuity *no pl*
Konto <-s, Konten *o* Konti> *nt* FIN account; **~ für dubiose Außenstände** bad-debts collected account; **ungedecktes ~** unsecured account; **ein ~ beschlagnahmen/einfrieren** to attach/block an account; **ein ~ saldieren/verpfänden** to balance/pledge an account
► WENDUNGEN: **auf jds ~ gehen** (*fam: etw zu verantworten haben*) to be sb's fault; (*für etw aufkommen*) to be on sb; ***das Bier geht auf mein ~!*** the beer's on me!; **etw auf sein ~ verbuchen können** to put sth down to one's [own] efforts; **auf jds ~** into sb's account
Kontoauszug *m* bank statement; (*kurzer ~*) mini-statement **Kontobewegung** *f* FIN account transaction, changes *pl* in accounts **Kontobezeichnung** *f* FIN name of an/the account **Kontoblatt** *nt* FIN account form **Kontoeröffnung** *f* opening of an account **kontoführend** *adj* which manages an account *pred* **Kontoführung** *f* keeping [of] an account, account management *no pl* **Kontoführungsgebühr** *f* FIN bank [*or* account management] charge **Kontoinhaber(in)** *m(f)* account holder
Kontokorrent <-s, -e> *nt* FIN account current
Kontokorrenteinlagen *pl* FIN current deposits **Kontokorrentgeschäft** *nt* FIN overdraft business **Kontokorrentkonto** *nt* FIN cash account **Kontokorrentkredit** *m* FIN advance on current account **Kontokorrentschuldner(in)** *m(f)* FIN trade debtor, debtor on overdraft **Kontokorrentverbindlichkeit** *f* FIN liability on current account **Kontokorrentverhältnis** *nt* FIN mutual accounts *pl*
Kontonummer *f* account number **Kontopfändung** *f* JUR garnishment of an account
Kontor <-s, -e> *nt* ❶ ÖKON overseas branch
❷ (*in der früheren DDR*) wholesale organization
► WENDUNGEN: **ein Schlag ins ~ sein** (*selten fam*) to be a real blow [*or* nasty shock]
Kontorist(in) <-en, -en> *m(f)* office worker, clerk
Kontostand *m* account balance **Kontovertrag** *m* JUR account maintenance agreement **Kontovollmacht** *f* FIN power to draw on an account
kontra *adv* against; ***er ist dazu ~ eingestellt*** he is against it
Kontra <-s, -s> *nt* double; ■**~ sagen** to double; **jdm ~ geben** (*fam*) to contradict
Kontrabass[RR] *m* double bass
kontradiktorisch *adj* JUR **~es Urteil** judgement on the merits
Kontrahent(in) <-en, -en> *m(f)* (*geh*) opponent, adversary
kontrahieren* I. *vi, vr* ■[**sich**] **~** to contract
II. *vt* JUR, HANDEL (*abschließen*) ■**etw ~** to contract sth; **einen Vertrag ~** to conclude an agreement; **mit sich selbst ~** to act as principal and agent, to contract with oneself
Kontrahierungsfreiheit *f kein pl* JUR, HANDEL liberty to contract **Kontrahierungsverbot** *nt* JUR prohibition to enter into a contract **Kontrahierungszwang** *m* JUR, HANDEL obligation to contract
Kontraindikation *f* contra-indication
kontraindiziert *adj inv* MED contraindicated
Kontrakt <-[e]s, -e> *m* JUR contract; **laut ~** as per contract
Kontraktion <-, -en> *f* contraction
kontraproduktiv *adj* (*geh*) counterproductive
Kontrapunkt *m* counterpoint
konträr *adj* (*geh*) contrary
Kontrast <-[e]s, -e> *m* ❶ (*Gegensatz*) contrast; **im** [*o* **in**] **~ zu etw *dat* stehen** to contrast with sth
❷ (*Helligkeitsunterschied*) contrast *no pl*
Kontrastbrei *m* radiopaque material *no pl spec* **Kontrastfarbe** *f* contrasting colour [*or* AM -or]
kontrastieren* *vi* (*geh*) ■[**mit/zu etw *dat***] **~** to contrast [with sth]
Kontrastmittel *nt* contrast medium **Kontrastprogramm** *nt* alternative programme [*or* AM -am] **Kontrastregler** *m* TV contrast [control] **kontrastreich** *adj* rich in [*or* full of] contrast[s]
Kontrazeption <-> *f kein pl* (*geh*) contraception
kontrazeptiv *adj inv* MED contraceptive
Kontrazeptivum <-s, -va> *nt* MED contraceptive
Kontribution <-, -en> *f* (*veraltet*) contribution
Kontrollabschnitt *m* tab, stub **Kontrollampe** *f s.* **Kontrolllampe**
Kontrollbit *nt* INFORM stop bit
Kontrolle <-, -n> *f* ❶ (*Überprüfung*) check, inspection; **die ~n an einem Flughafen** checks at an airport; **eine ~ durchführen** to conduct an inspection
❷ (*passive Überwachung*) monitoring
❸ (*aktive Überwachung*) supervision; **etw unter ~**

bringen to bring sth under control; **jdn/etw unter ~ haben** [*o* **halten**] (*Gewalt über jdn/etw haben*) to have sb/sth under control; (*jdn/etw überwachen*) to have sb/sth monitored; **die ~ über etw** *akk* **verlieren** (*Gewalt*) to lose control of sth; **die ~ über sich** *akk* **verlieren** to lose control of oneself ④ (*Kontrollstelle*) checkpoint

Kontrolleur(in) <-s, -e> [kɔntrɔˈløːɐ] *m(f)* inspector

Kontrollfunktion *f* supervisory [*or* monitoring] function **Kontrollgang** *m* patrol **Kontrollgesellschaft** *f* ÖKON controlling company

kontrollierbar *adj* ① (*beherrschbar*) controllable ② (*überprüfbar*) checkable, verifiable

kontrollieren* *vt* ① (*überprüfen*) ■**jdn/etw** ~ to check sb/sth; ■**etw auf etw** *akk* ~ to check sth for sth; ***haben Sie Ihre Wertsachen auf Vollständigkeit kontrolliert?*** have you checked your valuables to make sure they're all there?
② (*überwachen*) ■**jdn/etw** ~ to monitor sb/sth; ■**jdn/etw** [**auf etw** *akk*] ~ to check sb/sth [for sth]
③ (*beherrschen*) ■**etw** ~ to control sth

Kontrolliste *f s.* Kontrollliste **Kontrollkommission** *f* control commission **Kontrolllampe**[RR] *f* indicator light; **rote** ~ red warning light **Kontrollleuchte**[RR] *f* AUTO indicator light, IND LITE **Kontrollliste**[RR] *f* checklist **Kontrollmaßnahme** *f* control measure **Kontrollmechanismus** *m* TECH controlling mechanism **Kontrollmitteilung** *f* FIN (*Steuern*) [tax-audit] tracer note **Kontrollorgan** *nt* ① POL controlling body ② JUR regulatory [*or* monitoring] body **Kontrollpunkt** *m* checkpoint **Kontrollrecht** *nt* FIN right of control, [books] audit privilege **Kontrollsiegel** *nt* JUR inspection stamp **Kontrollstelle** *f* checkpoint **Kontrollturm** *m* control tower **Kontrolluhr** *f* time clock **Kontrollzentrum** *nt* control centre [*or* AM -er]

kontrovers [-ˈvɛrs] I. *adj* (*geh*) ① (*gegensätzlich*) conflicting, opposing
② (*umstritten*) controversial
II. *adv* (*geh*) in an argumentative manner *pred*

Kontroverse <-, -n> [-ˈvɛrzə] *f* (*geh*) conflict; **eine ~ austragen** to resolve a conflict

Kontur <-, -en> *f meist pl* contour; ~ **gewinnen** (*geh*) to take shape; **an ~ verlieren** (*geh*) to become less clear

Konus <-, -se *o* Konen> *m* cone

Konvektionszellen *pl* GEOL subcrustal material *no pl* **Konvektionszone** *f* GEOL convection zone

Konvektomat <-s, -e> *m* convector oven

Konvent <-[e]s, -e> [-ˈvɛnt] *m* ① (*Zusammenkunft*) convention, meeting
② (*Klostergemeinschaft*) convent; (*Mönchs~*) monastery

Konvention <-, -en> [-vɛn-] *f* ① *meist pl* (*Verhaltensnormen*) convention; **sich** *akk* **über alle/gängige ~en hinwegsetzen** to ignore all/the normal conventions
② (*Übereinkunft*) convention; **die Genfer ~** the Geneva Convention; **die Haager ~en** the Hague Conventions

Konventionalstrafe *f* fixed penalty, penalty for non-performance of contract

konventionell [-vɛn-] I. *adj* ① (*geh: dem Durchschnitt entsprechend*) **~e Arbeitsgebiete** conventional fields of work, conventional
② MIL conventional
II. *adv* ① (*geh: in althergebrachter Weise*) conventionally
② MIL conventionally

Konventionssatz *m* FIN rate fixed by convention

konvergent *adj inv* convergent

Konvergenz <-, -en> [-vɛr-] *f* BIOL convergence

Konvergenzentscheidung *f* JUR convergence ruling **Konvergenzkriterium** *nt* convergence criterion

Konversation <-, -en> [-vɛr-] *f* (*geh*) conversation; ~ **machen** to make conversation

Konversationslexikon [-vɛr-] *nt* (*veraltend*) encyclop[a]edia

Konversion <-, -en> *f* conversion

Konverter <-s, -> *m* converter

konvertibel [-vɛr-] *adj* convertible

Konvertibilität <-> *f kein pl* convertibility *no pl*

konvertierbar *adj* INFORM convertible

Konvertierbarkeit <-> *f kein pl* INFORM convertibility

konvertieren* [-vɛr-] *vi sein o haben* ■[**zu etw** *dat*] ~ to convert [to sth]

Konvertierfehler *m* INFORM conversion error

Konvertierung <-, -en> *f* INFORM conversion

Konvertierungsanleihe *f* FIN conversion issue **Konvertierungsprogramm** *nt* INFORM conversion program

Konvertit(in) <-en, -en> [-vɛr-] *m(f)* convert

konvex [-ˈvɛks] I. *adj* convex
II. *adv* convexly

Konvexlinse *f* convex lens **Konvexspiegel** *m* convex mirror

Konvoi <-s, -s> [ˈkɔnvɔy, kɔnˈvɔy] *m* convoy; **im ~ fahren** to travel in [*or* as a] convoy

Konvolut <-[e]s, -e> *nt* (*geh*) bundle

Konvulsion <-, -en> [-vʊl-] *f meist pl* convulsion

konzedieren* I. *vt* (*geh*) ■[**jdm**] **etw** ~ to concede sth [to sb], to admit sth
II. *vi* (*geh: zugestehen*) ■[**jdm**] **~, dass** to concede [*or* admit] [to sb] that

Konzentrat <-[e]s, -e> *nt* concentrate

Konzentration <-, -en> *f* ① *kein pl* (*angestrengtes Nachdenken*) concentration
② (*Zusammenballung*) concentration
③ *kein pl* (*Bündelung*) concentration; ***die ~ aller Kräfte auf das Lösen des Problems*** concentrating all energies on solving the problem
④ (*Stärke*) concentration

Konzentrationsfähigkeit *f kein pl* ability to concentrate **Konzentrationsgradient** *m* BIOL, CHEM concentration gradient **Konzentrationsgrundsatz** *m* JUR principle of concentration **Konzentrationskontrolle** *f* ÖKON merger [*or* monopolies] control **Konzentrationslager** *nt* concentration camp **Konzentrationsmangel** *m kein pl* lack of concentration **Konzentrationsprozess**[RR] *m* ÖKON process of concentration **Konzentrationsschwäche** *f* loss of concentration *no pl* **Konzentrationsstörung** *f* PSYCH, MED weak [*or* poor] concentration; **an ~en leiden** to suffer from weak [*or* poor] concentration

konzentrieren* I. *vr* ■**sich** *akk* [**auf etw** *akk*] ~ to concentrate [on sth]
II. *vt* ① (*bündeln*) ■**etw** [**auf etw** *akk*] ~ to concentrate sth [on sth]
② (*massieren*) ■**etw** ~ to concentrate sth

konzentriert I. *adj* ① (*angestrengt*) concentrated
② (*eingedickt*) concentrated
③ CHEM concentrated
II. *adv* in a concentrated manner

konzentrisch I. *adj* concentric
II. *adv* concentrically

Konzept <-[e]s, -e> *nt* ① (*Entwurf*) draft; **als** [*o* **im**] ~ in draft [form]
② (*Plan*) plan; **jdn aus dem ~ bringen** to put sb off; **aus dem ~ geraten** [*o* **kommen**] to lose one's train of thought; **jdm nicht ins ~ passen** to not fit in with sb's plans; **jdm das ~ verderben** (*fam*) to foil sb's plan

Konzepthalter *m* clipboard

Konzeption <-, -en> *f* (*geh*) concept

konzeptionell *adj inv* (*geh*) conceptional

konzeptionslos I. *adj* (*geh*) without basis *pred*, unmethodical
II. *adv* unmethodically

Konzeptionslosigkeit *f* lack of [any] underlying structure [*or* plan]

Konzeptpapier *nt* draft paper

Konzern <-s, -e> *m* group

Konzernabschluss[RR] *f* ÖKON consolidated financial statement [*or* accounts] *pl* **Konzernanhang** *m* JUR notes to group financial statements **Konzernbeteiligungen** *pl* HANDEL group holdings, affiliated interests **Konzernbilanz** *f* FIN consolidated balance sheet **Konzernbuchgewinn** *m* HANDEL intercompany [*or* consolidated] profit **Konzernbürgschaft** *f* JUR group surety **Konzernchef(in)** *m(f)* MD, CEO **Konzernentflechung** *f* ÖKON demerger **Konzernfusion** *f* ÖKON group merger **Konzerngesellschaft** *f* ÖKON group member **Konzernhaftung** *f* JUR group liability **Konzernlagebericht** *m* JUR group management report **Konzernmutter** *f* parent company **Konzernmutter** *f* ÖKON controlling company **Konzernprüfungsbericht** *m* FIN consolidated audit report **Konzernrecht** *nt* JUR law relating to groups [of companies] **Konzernrichtlinien** *pl* ÖKON group directives **Konzerntochter** *f* ÖKON affiliate member company, subsidiary **Konzernumsatz** *m* FIN group turnover **Konzernverrechnung** *f* FIN intercompany [*or* transfer] pricing **Konzernvorbehalt** *m* JUR extended reservation of ownership **Konzernzentrale** *f* group headquarters + *sing/pl vb*

Konzert <-[e]s, -e> *nt* MUS ① (*Komposition*) concerto
② (*musikalische Aufführung*) concert

Konzertabend *m* concert **Konzertagentur** *f* concert agency **Konzertbesucher(in)** *m(f)* concert-goer **Konzertflügel** *m* concert grand **Konzertgitarre** *f* concert guitar

konzertieren* *vi haben* MUS (*geh*) to give a concert

konzertiert *adj inv* (*geh*) concerted; **~e Aktion** concerted action

Konzertierungsverfahren *nt* JUR conciliation procedure

Konzertina <-, -s> *f* concertina

Konzertmeister(in) *m(f)* concert master **Konzertpianist(in)** *m(f)* concert pianist **Konzertsaal** *m* concert hall **Konzertsänger(in)** *m(f)* concert singer **Konzertzeichner(in)** *m(f)* BÖRSE stag **Konzertzeichnung** *f* BÖRSE stagging; **~en arrangieren** to stag the market

Konzession <-, -en> *f* ① (*geh: Zugeständnis*) concession; ■**eine ~ an etw** *akk* a concession to sth; ■[**jdm**] [**in etw** *dat*] **~en machen** to make concessions [to sb] [in sth]
② (*Gewerbeerlaubnis*) concession

Konzessionär(in) <-s, -e> *m(f)* concessionaire

konzessionieren* *vt* (*form*) ■**etw** ~ to licence [*or* AM -se] sth, to grant sb a licence [*or* AM concession] to do sth

Konzessionsabgabe *f* JUR licence [*or* AM -se] tax **konzessionsbereit** *adj* (*geh*) willing to make concessions **Konzessionsbereitschaft** *f kein pl* (*geh*) willingness to make concessions **Konzessionserteilung** *f* JUR licensing, issue of a licence [*or* AM -se] **Konzessionsgebühren** *pl* JUR licence royalties [*or* fees] **Konzessionsinhaber(in)** *m(f)* JUR licensee, franchisee, concessionaire **konzessionspflichtig** *adj inv* JUR subject to a licence **Konzessionsvereinbarung** *f*, **Konzessionsvertrag** *m* JUR licensing agreement

Konzessivsatz *m* concessive clause

Konzil <-s, -e *o* -ien> *nt* ① (*Versammlung höherer Kleriker*) [ecclesiastical] council
② (*Hochschulgremium*) council

konziliant I. *adj* (*geh*) complaisant *form*, obliging
II. *adv* (*geh*) complaisantly *form*, obligingly; ***er ist heute ~ gestimmt*** he's in an obliging mood today

Konzilianz <-, -en> *f* (*geh*) accommodation *form*, complaisance

konzipieren* *vt* ■**etw** [**als etw** *akk*] ~ to plan sth [as sth]

Koog <-es, Köge> *m* NORDD (*Polder*) polder

Kooperation <-, -en> [koʔopeˈratsi̯oːn] *f* cooperation *no indef art, no pl*

Kooperationskartell *nt* ÖKON cooperative cartel **Kooperationspartner(in)** *m(f)* JUR partner to a/the cooperation **Kooperationsphase** *f* cooperation phase **Kooperationsprojekt** *nt* cooperation scheme **Kooperationsvereinbarung** *f*, **Kooperationsvertrag** *m* JUR cooperation agreement

kooperativ *adj* (*geh*) co-operative

kooperieren* [koʔope'ri:rən] *vi* ■[mit jdm] ~ to cooperate [with sb]

kooptieren* [koʔop'ti:rən] *vt* (*geh*) ■jdn/etw ~ to co-opt sb/sth

Koordinate <-, -en> [koʔɔrdi'na:tə] *f* ❶ (*geometrische Angabe*) coordinate
❷ *meist pl* (*geografische Angabe*) coordinate

Koordinatenachse [-aksə] *f* coordinate axis **Koordinatensystem** *nt* coordinate system

Koordination <-, -en> *f* (*geh*) coordination

Koordinator(in) <-s, -toren> [koʔɔr-] *m(f)* (*geh*) coordinator

koordinieren* [koʔɔr-] *vt* (*geh*) ■etw ~ to coordinate sth

Koordinierung <-, -en> *f* coordination; ~ der Prozessoren processors coordination

Koordinierungspflicht *f* coordination duty

Kopeke <-, -n> *f* kopeck, copeck

Kopenhagen <-s> *nt* Copenhagen

Kopf <-[e]s, Köpfe> *m* ❶ (*Haupt*) head; **von ~ bis Fuß** from head to toe [*or* toe]; **den ~ in die Hände stützen** to rest one's head in one's hands; **den ~ in den Nacken werfen** to throw one's head back; **mit besoffenem ~** (*sl*) in a sozzled state, drunk out of one; **mit bloßem ~** bareheaded; **einen dicken** [*o* **schweren**] **~ haben** (*fam*) to have a sore head *fam*, to have a hangover *fam*; **einen heißen ~ haben** to have a hot forehead, to have a temperature; **einen roten ~ bekommen** to go red in the face; **einen [halben] ~ größer/kleiner als jd sein** to be [half a] head taller/smaller than sb; **~ an ~** shoulder to shoulder; (*beim Pferderennen*) neck and neck; **~ bei ~** jam-packed; **bis über den ~** above one's head; (*fig: ganz tief*) up to one's neck; **~ runter!** duck!; **[mit dem] ~ voraus** [*o* **voran**] headfirst, headlong AM; **~ weg!** (*fam*) out the way! *fam*; **jdm den ~ abschlagen** to behead sb, to cut off sb's head; **jdm brummt der ~** (*fam*) sb's head is thumping *fam*; **den ~ einziehen** to lower one's head; **sich** *dat* **an den ~ fassen** [*o* **schlagen**] (*fam*) to shake one's head; **jds ~ fordern** to demand sb be beheaded; ***wir fordern seinen Kopf!*** off with his head!; (*fig*) to demand sb's resignation; **den ~ hängen lassen** (*a. fig*) to hang one's head; **jdn den ~ kosten** to cost sb his/her head; (*fig*) to cost sb his/her job; **mit dem ~ nicken** to nod one's head; **den ~ schütteln** to shake one's head; **jdm schwindelt der ~, jds ~ schwindelt** sb's head is spinning; **den ~ sinken lassen** to lower one's head; **jdm auf den ~ spucken können** (*fam*) to be head and shoulders above sb *fam*, to be miles taller than sb; **auf dem ~ stehen** to stand on one's head; **jdm über den ~ wachsen** to grow taller than sb; (*fig*) to be too much for sb; **sich** *dat* **den ~ waschen** to wash one's hair; **die Köpfe zusammenstecken** (*fam*) to huddle together; **sich den ~ zuschütten** [*o* **zuziehen**] (*fam*) to get tanked up *fam*
❷ (*oberer Teil*) head; (*Briefkopf*) letterhead, head; (*vom Plattenspieler*) head, pick-up; **~ oder Zahl?** (*bei Münzen*) heads or tails?; **ein ~ Salat/Kohl** a head of lettuce/cabbage; **auf dem ~ stehen** to be upside down; **die Köpfe hängen lassen** *Blumen* to droop
❸ (*Gedanken*) head, mind; **etw will jdm nicht aus dem ~** sb can't get sth out of his/her head; **sich** *dat* **etw durch den ~ gehen lassen** to consider sth, to mull sth over; **im ~** in one's head; **etw im ~ haben** [*o* **behalten**] to have made a mental note of sth; ***die Einzelheiten kann ich nicht alle im ~ behalten*** I can't remember all the details; **etw im ~ haben** (*fam: sich mit etw beschäftigen*) to think about sth; **anderes** [*o* **andere Dinge**] **im ~ haben** to have other things to worry about; **nichts als** [*o* **nur**] **Fußball/Arbeit im ~ haben** to think of nothing but football/work; **in den ~ kommen, dass** to remember that; ***mir ist neulich in den Kopf gekommen, dass ...*** it crossed my mind the other day, that ...; **es will jdm nicht in den Kopf, wie/warum/dass** (*fam*) to not be able to understand how/why/that; ***will das dir denn nicht in den Kopf?*** can't you get that into your head?; **den ~ voll [mit etw] haben** (*fam*) to be preoccupied [with sth]; ***ich habe den Kopf voll genug!*** I've got enough on my mind; **etw im ~ rechnen** to calculate sth in one's head; **jdm durch den ~ schwirren** (*fam: gehen*) to buzz around sb's head; **in den Köpfen spuken** to haunt one's/their, etc. thoughts; **sich** *dat* **[über etw** *akk*] **den ~ zerbrechen** (*fam*) to rack one's brains [over sth]
❹ (*Verstand, Intellekt*) mind; ***du bist ein kluger Kopf!*** you are a clever boy/girl!; ***du hast wohl was am Kopf!*** (*sl*) you're not quite right in the head!; **ein heller** [*o* **kluger**] [*o* **schlauer**] **~ sein** (*fam*) to have a good [*or* clever] head on one's shoulders; **einen klaren ~ behalten** to keep a clear head; **einen kühlen ~ bewahren** [*o* **behalten**] to keep a cool head; **nicht ganz richtig** [*o* **klar**] **im ~ sein** (*fam*) to be not quite right in the head *fam*; **über jds ~ hinweg sein** to be over sb's head; **etw im ~ nicht aushalten** (*sl*) to not be able to bear sth; **dafür muss man's im ~ haben** you need brains for that/to do that *fam*; **etw geht jdm nicht in den ~** [*o* **etw will jdm nicht in den ~ gehen**] sb just can't understand sth; **jdm schwirrt der ~** (*fam*) sb's head is buzzing *fig*; **kaum wissen, wo jdm der ~ steht** (*fam*) to not know whether one is coming or going; **den ~ verlieren** (*fam*) to lose one's head; **jdm den ~ zurechtsetzen** [*o* **zurechtrücken**] (*fam*) to make sb see sense
❺ (*Wille*) mind; **seinen eigenen ~ haben** (*fam*) to have a mind of one's own; **seinen ~ durchsetzen** to get one's way; **nach jds ~ gehen** to go to [*or* be] the way sb wants; **sich** *dat* **etw aus dem ~ schlagen** to get sth out of one's head; **sich** *dat* **in den ~ setzen, etw zu tun** to get it into one's head to do sth
❻ (*Person*) head, person; ■**der ~ einer S.** *gen* the person behind sth; **eine Summe/Belohnung auf jds** *akk* **~ aussetzen** to put a price on sb's head; ***auf den ~ dieses Mörders waren $500 Belohnung ausgesetzt*** a reward of $500 had been offered for the murderer's capture; **pro ~** per head, per capita *form*
▶ WENDUNGEN: **[bei etw] ~ und Kragen riskieren** (*fam*) to risk life and limb [doing sth]; **den ~ in den Sand stecken** to bury one's head in the sand; **den ~ aus der Schlinge ziehen** to dodge danger; **mit dem ~ durch die Wand [rennen] wollen** (*fam*) to be determined to get one's way; **sich** *dat* **die Köpfe heiß reden** (*fam*) to talk oneself into a frenzy; **den ~ hoch tragen** to keep one's head held high; **~ hoch!** [keep your] chin up!; **jdn einen ~ kürzer machen** (*sl*) to chop sb's head off; **den ~ oben behalten** to keep one's chin up, to not loose heart; ***halt' den ~ oben, Junge*** chin up, kid; **jdm nicht [gleich] den ~ abreißen** (*fam*) to not bite sb's head off *fam*; **nicht auf den ~ gefallen sein** (*fam*) to not have been born yesterday *fam*; **wie vor den ~ geschlagen sein** (*fam*) to be dumbstruck; **etw auf den ~ hauen** (*fam*) to spend all of sth; **jdm auf dem ~ herumtanzen** (*fam*) to do as one likes with sb; **den ~ [für jdn/etw] hinhalten** (*fam*) to put one's head on the line; **jdm raucht der ~** (*fam*) sb's head is spinning; **sich um seinen ~ reden** to talk oneself straight into a prison cell/one's grave; **Köpfe werden rollen** heads will roll; **jdm in den ~ steigen, jdm zu Kopf[e] steigen** to go to sb's head; **und wenn du dich auf den ~ stellst, ..., du kannst dich auf den ~ stellen, ...** (*fam*) you can talk until you're blue in the face... *fam*; **etw auf den ~ stellen** (*etw gründlich durchsuchen*) to turn sth upside down [*or* inside out]; (*etw ins Gegenteil verkehren*) to turn sth on its head; **jdn vor den ~ stoßen** to offend sb; **jdm den ~ verdrehen** (*fam*) to turn sb's head; **jd vergisst noch mal seinen ~** (*fam*) sb would forget his/her head if it wasn't screwed on *fam*; **jdm den ~ waschen** to give sb a telling-off; **seinen ~ darauf wetten, dass** (*fam*) to bet one's bottom dollar that; **jdm etw an den ~ werfen** [*o fam* **schmeißen**] to chuck [*or* sling] sth at sb; **jdm Beleidigungen an den ~ werfen** to hurl insults at sb; **jdm etw auf den ~ zusagen** to tell sb sth to his/her face

Kopf-an-Kopf-Rennen *nt* (*a. fig*) neck-and-neck race **Kopfarbeit** *f* brain-work **Kopfbahnhof** *m* BAHN *station where trains cannot pass through but must enter and exit via the same direction* **Kopfball** *m* header **Kopfbedeckung** *f* headgear *no indef art, no pl*; **ohne ~** bareheaded **Kopfbeschnitt** *m* TYPO head trim[ming] **Kopfbewegung** *f* head movement, movement of the head

Köpfchen <-s, -> *nt dim von* **Kopf** (*kleiner Kopf*) [little] head
▶ WENDUNGEN: **~ haben** (*fam*) to have brains; **~, ~!** (*fam*) very clever!

köpfen I. *vt* ❶ (*fam: enthaupten*) ■jdn ~ to behead sb; *s. a.* **Flasche**
❷ (*die Triebe beschneiden*) ■etw ~ to prune sth
II. *vi* to head the ball

Kopfende *nt* head **Kopffreiheit** *f* AUTO headroom **Kopffüßer** <-s, -> *m* cuttlefish **Kopfgeburt** *f* (*pej fam*) unrealistic proposal **Kopfgeld** *nt* head money *no pl*, bounty **Kopfgeldjäger(in)** *m(f)* bounty hunter **Kopfhaar** *nt* ❶ *kein pl* (*Haupthaar*) hair ❷ (*einzelnes Haar*) hair **Kopfhaut** *f* scalp **Kopfhörer** *m* headphones *pl*; (*für Handy*) headset

Kopfhöreranschluss^RR *m* headphone connection [*or* socket] **Kopfhörerbuchse** *f* headphone socket

Kopfjäger(in) *m(f)* headhunter **Kopfkissen** *nt* pillow **Kopfkissenbezug** *m* pillowcase **Kopflänge** *f* head **kopflastig** *adj* ❶ (*vorn zu stark beladen*) nose-heavy; (*oben zu stark beladen*) top-heavy ❷ (*zu viel Leitungspersonal aufweisend*) top-heavy ❸ (*zu intellektuell*) overly intellectual **Kopflaus** *f* head louse

kopflos I. *adj* ❶ (*ganz verwirrt*) bewildered, confused; ■~ **sein/werden** to be/become hysterical; **jdn ~ machen** to confuse sb
❷ (*enthauptet*) headless, beheaded
II. *adv* in a bewildered [*or* confused] manner

Kopflosigkeit <-> *f kein pl* hysterical confusion

Kopfmassage *f* head [*or* scalp] massage **Kopfmensch** *m* PSYCH (*fam*) cerebral person **Kopfnicken** *nt kein pl* nod [of the head] **Kopfnuss**^RR *f* ❶ **Kopfnüsse verteilen** to dish out noogies *sl*, *to rap [people] on the head with your knuckles* ❷ (*Denkaufgabe*) brain teaser **Kopfrechnen** *nt* mental arithmetic *no pl* **Kopfsalat** *m* lettuce **kopfscheu** *adj* ▶ WENDUNGEN: **jdn ~ machen** (*fam*) to confuse sb; **~ werden** (*fam*) to get confused **Kopfschmerz** *m meist pl* headache; **jdm ~en bereiten** [*o fam* **machen**] to give sb headaches [*or* a headache]; **~en haben** to have a headache; **sich** *dat* **über/um etw** *akk*/**wegen einer S.** *gen* **~en/keine ~en machen** to worry/not worry about sth **Kopfschmerztablette** *f* headache tablet **Kopfschuppen** *pl* MED dandruff *no pl, no indef art* **Kopfschuss**^RR *m* shot in the head **Kopfschütteln** *nt kein pl* shake of the head **kopfschüttelnd** I. *adj* shaking his/her, etc. head *pred* II. *adv* with a shake of the head **Kopfschutz** *m* headguard, protective headgear **Kopfsprung** *m* header; **einen ~ machen** to take a header [*or* [head] dive] **Kopfstand** *m* headstand; **einen ~ machen** to do a headstand, to stand on one's head

Kopfstein *m* cobblestone **Kopfsteinpflaster** *nt* cobblestones *pl*, cobbled surface

Kopfsteuer *f* FIN capitation [*or* BRIT poll] tax **Kopfsteuerprinzip** *nt* FIN capitation tax principle **Kopfstimme** *f* MUS head-voice, falsetto **Kopfstütze** *f* headrest **Kopfteil** *nt eines Betts* headboard **Kopftuch** *nt* headscarf **kopfüber** *adv* head first **Kopfverband** *m* head dressing **Kopfverletzung** *f* head injury **Kopfweh** *nt s.* Kopfschmerz **Kopfwunde** *f s.* Kopfverletzung **Kopfzeile** *f* header; **rollende ~** rolling header **Kopfzerbrechen** *nt* ▶ WENDUNGEN: **jdm ~ bereiten** [*o* **machen**] to cause sb quite a headache; **sich** *dat* **über jdn/etw ~ machen** to worry about sb/sth

Kopie <-, -n> [*pl* -ˈpi:ən] *f* ❶ (*Nachbildung*) copy, replica
❷ (*Fotokopie*) photocopy; **eine ~ [von etw** *dat***] machen** to make a photocopy [of sth]
❸ (*Durchschrift*) [carbon] copy
❹ (*Abschrift*) copy
❺ (*Abzug eines Fotos*) copy, print
❻ (*Doppel eines Films*) copy, print

kopieren* *vt* ❶ (*foto~*) ■**etw ~** to photocopy sth; (*pausen*) to trace sth
❷ FOTO, FILM (*Abzüge machen*) ■**etw ~** to print sth
❸ (*Doppel herstellen*) ■**etw ~** to copy sth
❹ (*nachbilden*) ■**etw ~** to copy [*or* replicate] sth; **schwarz ~** to pirate
❺ (*nachahmen*) ■**jdn/etw ~** to imitate [*or* copy] sb/sth; **oft kopiert, nie erreicht** often imitated but never equalled [*or* AM *a.* duplicated]

Kopierer <-s, -> *m* (*fam*) *s.* **Kopiergerät**

kopierfähig *adj inv* TYPO **~er Film** production film **Kopierfunktion** *f* INFORM copy command **Kopiergerät** *nt* [photo]copier **kopiergeschützt** *adj* INFORM copy-protected **Kopierpapier** *nt* [photo]copy paper *no pl* **Kopierschutz** *m* copy protection *no pl;* **~ einer Diskette** copy protect of a disk **Kopiersperre** *f* anti-copy device **Kopierstift** *m* indelible pencil

Kopilot(in) *m(f)* co-pilot

Koppel¹ <-s, - *o* ÖSTERR -, -n> *nt o* ÖSTERR *f* belt

Koppel² <-, -n> *f* pasture

koppeln *vt* ❶ (*anschließen*) ■**etw an etw** *akk* **~** to connect sth to sth
❷ (*miteinander verbinden*) ■**etw [an etw** *akk***] ~** to couple sth [onto sth]
❸ (*mit etw verknüpfen*) ■**etw an etw** *akk* **~** to make sth dependent on sth; ■**etw mit etw** *dat* **~** to link sth with sth

Koppelschloss^RR *nt* belt buckle

Kopp(e)lung <-, -en> *f* ❶ (*das Anschließen*) connection
❷ RAUM (*Verbindung*) docking
❸ HANDEL, JUR linkage

Kopp(e)lungsgeschäft *nt* HANDEL linked transaction, tying [*or* AM tie-in] sale **Kopp(e)lungsklausel** *f* JUR tying [*or* AM tie-in] clause **Kopp(e)lungsmanöver** [-ve] *nt* RAUM docking manoeuvre [*or* AM maneuver]; **ein ~ durchführen** to carry out a docking manoeuvre **Kopp(e)lungsverbot** *nt* JUR exclusion of tying arrangements **Kopp(e)lungsvereinbarung** *f* JUR tying arrangements *pl* **Kopp(e)lungsvertrag** *m* JUR tying [*or* AM tie-in] contract

Koppelwirtschaft *f kein pl* ÖKON pegged economy

Köpper <-s, -> *m* DIAL (*fam*) header; **einen ~ machen** to take a header

Kopplung <-, -en> *f s.* **Koppelung**

Kopplungsgeschäft *nt* HANDEL package deal **Kopplungsgruppe** *f* BIOL linkage group

Kopra <-> *f kein pl* copra

Koproduktion *f* co-production; **in ~ mit etw** *dat* in cooperation with sth **Koproduzent(in)** *m(f)* co-producer **Koprozessor** *m* coprocessor

Kopte, Koptin <-n, -n> *m, f* Copt

koptisch *adj* Coptic

Kopula <-, -s *o* -lae> *f* BIOL, LING copula

Kopulation <-, -en> *f* copulation

kopulieren* *vi* to copulate

kor *imp von* **küren**

Koralle <-, -n> *f* coral

Korallenbank <-bänke> *f* coral reef **Koralleninsel** *f* coral island **Korallenkette** *f* coral necklace **Korallenriff** *nt* coral reef **Korallensee** *f* Coral Sea

Koran <-s> *m kein pl* Koran, Quran, Qur'an

Koranschule *f* Koran[ic] school

Korb <-[e]s, Körbe> *m* ❶ (*Behälter aus Geflecht*) basket; **ein ~ Äpfel** a basket[ful] of apples
❷ (*Papierkorb*) wastepaper basket, bin
❸ (*Ring mit Netz*) basketball; **einen ~ erzielen** [*o* **schießen**] to score a goal
❹ *kein pl* (*Weidengeflecht*) wicker
❺ (*fam: Abfuhr*) rejection; **[bei/von jdm] einen ~ bekommen, sich** *dat* **[bei/von jdm] einen ~ holen** (*fam*) to be rejected [by sb]; **jdm einen ~ geben** (*fam*) to reject sb, to turn sb down

Korbball *m kein pl* korfball **Korbblüt(l)er** <-s, -> *m* composite

Körbchen <-s, -> *nt* ❶ *dim von* **Korb 1** (*kleiner Korb*) small basket
❷ MODE (*bei Büstenhaltern*) cup

Korbflasche *f* demijohn **Korbflechter(in)** <-s, -> *m(f)* basket-maker **Korbflechterei** *f* basket-making **Korbgeflecht** *nt* basketwork, wickerwork **Korbmacher(in)** *m(f)* basket-maker **Korbmacherei** *f* basket-making **Korbmöbel** *nt* piece of basketwork [*or* wickerwork] furniture **Korbsessel** *m* wicker [arm]chair **Korbstuhl** *m* wicker chair **Korbwaren** *pl* wickerwork [articles *pl*] **Korbweide** *f* osier, basket willow

Kord <-[e]s, -e> *m s.* **Cord**

Kordel <-, -n> *f* cord

Kordhose *f* cord trousers *npl* BRIT, corduroy pants *npl* AM

Kordilleren [kɔrdɪlˈje:rən] *pl* ■**die ~** the Cordillera [Central, Occidental and Oriental]

Kordon <-s, -s *o* ÖSTERR -e> *m* cordon

Korea *nt* Korea; *s. a.* **Deutschland**

Koreaner(in) *m(f)* Korean

Koreanisch *nt dekl wie adj* Korean; *s. a.* **Deutsch**

koreanisch *adj inv* Korean

Koreanische <-n> *nt* ■**das ~** Korean, the Korean language; *s. a.* **Deutsche**

Koreferent(in) *m(f) s.* **Korreferent**

Koriander <-s, -> *m* coriander *no pl*

Korinth *nt* Corinth

Korinthe <-, -n> *f* current

Korinthenkacker(in) <-s, -> *m(f)* (*pej sl*) hairsplitter *pej fam,* nitpicker *pej fam*

Korinther(in) *m(f)* Corinthian

korinthisch *adj* ❶ (*zu Korinth*) Corinthian
❷ KUNST Corinthian

Kork <-[e]s, -e> *m* ❶ (*Material aus Korkeichenrinde*) cork *no pl;* **aus ~** cork *attr,* made of cork *pred*
❷ DIAL (*Korken*) cork

Korkeiche *f* cork-oak

Korken <-s, -> *m* cork; **~ haben** to be corked

Korkengeld *nt* (*veraltend*) corkage **Korkenzieher** <-s, -> *m* corkscrew **Korkenzieherlocken** *pl* corkscrew curls **Korkfußboden** *m* cork floor

korkig I. *adj* corked
II. *adv* ***der Wein schmeckt*** **~** the wine tastes corked

Korkplatte *f* cork panel **Korktapete** *f* cork panelling [*or* AM paneling] *no pl* **Korkuntersetzer** *m* cork coaster

Kormoran <-s, -e> *m* cormorant

Korn¹ <-[e]s, Körner *o* -e> *nt* ❶ (*Samenkorn*) grain
❷ (*hartes Teilchen*) grain
❸ (*Getreide*) corn *no pl,* grain *no pl*
❹ *kein pl* FOTO (*Feinstruktur*) grain

Korn² <-[e]s, - *o* -s> *m* (*Kornbranntwein*) corn brandy, schnapps

Korn³ <-[e]s, -e> *nt* front sight; **etw aufs ~ nehmen** to draw a bead on sth; (*fig fam*) to attack [*or* hit out at] sth; **jdn aufs ~ nehmen** (*fig fam*) to have it in for sb *fam,* to start keeping tabs on sb *fam*

Kornähre *f* ear of corn **Kornblume** *f* cornflower **kornblumenblau** *adj* cornflower blue **Kornbranntwein** *m* (*geh*) corn brandy

Körnchen <-s, -> *nt dim von* **Korn¹** grain; **ein ~ Wahrheit** a grain of truth

Kornelkirsche *f* cornelian cherry

körnen *vt* ■**etw ~** to granulate sth; **gekörnte Fleischbrühe** stock granules

Körnerfresser(in) <-s, -> *m(f)* (*pej*) health food freak **Körnerfutter** *nt* grain feed *no pl*

Kornett <-s, -e *o* -s> *nt* cornet

Kornfeld *nt* cornfield **Korngröße** *f* BAU grain size **Kornhalm** *m* stalk

körnig *adj* ❶ (*aus Körnchen bestehend*) granular
❷ (*nicht weich*) grainy
❸ (*eine raue Oberfläche habend*) granular

Kornkammer *f* (*geh*) granary **Kornsilo** *m* grain silo **Kornspeicher** *m* granary

Körnung <-, -en> *f* ❶ (*körnige Oberfläche*) grain
❷ FOTO (*körnige Struktur*) granularity
❸ BAU gradation

Kornweihe *f* ORN hen harrier

Korona <-, Koronen> *f* ❶ TECH corona
❷ (*Strahlenkranz der Sonne*) corona
❸ (*geh: Schar*) bunch, crowd

koronar *adj inv* coronary

Koronargefäß *nt* coronary vessel **Koronarinsuffizienz** *f* MED coronary insufficiency **Koronarsklerose** *f* coronary arteriosclerosis *spec*

Körper <-s, -> *m* ❶ (*Leib*) body; **~ und Geist** body and mind; **am ganzen ~** all over
❷ (*Organismus*) body
❸ (*Leiche*) body, corpse
❹ (*Gebilde*) body, object
❺ (*Stoffdichte*) body; ***der Wein hat*** **~** the wine has a good body, it is a full-bodied wine

Körperbau *m kein pl* physique **Körperbeherrschung** *f kein pl* body control **körperbehindert** *adj* (*geh*) physically disabled [*or* handicapped] **Körperbehinderte(r)** *f(m) dekl wie adj* (*geh*) physically disabled [*or* handicapped] person **körperbetont** *adj* clinging, emphasizing [*or* BRIT *a.* -ising] one's contours *pred* **körpereigen** *adj inv, attr* MED endogenous **Körperertüchtigung** *f* (*geh*) physical training

Körperfülle *f* corpulence **Körpergefühl** *nt* MED, PSYCH perception of one's own body **körpergerecht** *adj* shaped to fit the contours of the body *pred* **Körpergeruch** *m* body odour [*or* AM -or], B.O. **Körpergewicht** *nt* weight **Körpergröße** *f* size **Körperhaltung** *f* posture **Körperkontakt** *m* body contact **Körperkraft** *f* strength **Körperlänge** *f s.* **Körpergröße**

körperlich I. *adj* ❶ (*den Leib betreffend*) physical
❷ (*geh: stofflich*) material, corporeal *form*
II. *adv* ❶ (*mit Hilfe der Muskeln*) physically; **~ arbeiten** to do physical work
❷ (*an Körperkraft*) physically

körperlos *adj* immaterial, incorporeal *form*

Körperlotion *f* PHARM, MED body lotion **Körpermasse-Index** *m* MED Body Mass Index **Körperöffnung** *f* orifice [of the body] **Körperpflege** *f* personal hygiene **Körperpuder** *nt* talcum powder

Körperschaft <-, -en> *f* JUR corporation, corporate body; **gemeinnützige ~** non-profit corporation; **öffentlich-rechtliche ~, ~ des öffentlichen Rechts** public corporation, corporation under public law; **bundesunmittelbare ~** federal corporation

Körperschaftsteuer *f* FIN corporation [*or* corporate income] tax AM

Körperschaftsteueranrechnung *f* FIN imputation of the corporation tax **körperschaftsteuerfrei** *adj inv* FIN exempt from corporation tax **Körperschaftsteuergutschrift** *f* FIN corporation tax credit **Körperschaftsteuerminderung** *f,* **Körperschaftsteuervergünstigung** *f* FIN corporate tax privilege BRIT **Körperschaftsteuerpflicht** *f* FIN liability to corporation tax **körperschaftsteuerpflichtig** *adj inv* FIN liable to corporation tax **Körperschaftsteuerreform** *f* FIN reform of corporation tax **Körperschaftsteuerrichtlinien** *pl* FIN corporation tax regulations **Körperschaftsteuersubjekt** *nt* FIN corporation tax subject **Körperschaftsteuertarif** *m* FIN corporation tax rate **Körperschaftsteuervergütung** *f* FIN corporation tax refund

Körpersignal *nt* physical sign **Körpersprache** *f* body language **Körperteil** *m* part of the body **Körpertemperatur** *f* body temperature **Körperverletzung** *f* bodily harm *no indef art, no pl;* **schwere ~** grievous bodily harm; **fahrlässige ~** negligent bodily injury; **gefährliche ~** dangerous bodily injury; **~ im Amt** bodily injury caused by an officer of the law; **~ mit Todesfolge** bodily injury with fatal consequences; **[besonders] schwere ~** grievous bodily harm **Körperwärme** *f* body heat [*or* warmth] *no pl*

Korpora *pl von* **Korpus²**

Korporation <-, -en> *f* ① (*Studentenverbindung*) association, club, AM *a.* fraternity
② (*geh*) *s.* **Körperschaft**

Korporatismus <-> *m kein pl* ÖKON corporatism *no pl*

korporiert *adj* (*einer Studentenverbindung angehörend*) ■ ~ **sein** to be a member of an association/ a club

Korps <-, -> [koːɐ] *nt* ① MIL, POL corps; **diplomatisches** ~ diplomatic corps
② (*schlagende Studentenverbindung*) duelling [*or* AM dueling] association

Korpsgeist *m kein pl* (*geh*) community spirit **Korpsstudent** *m* member of a student [duelling [*or* AM dueling]] association

korpulent *adj* (*geh*) corpulent

Korpulenz <-> *f kein pl* (*geh*) corpulence

Korpus¹ <-, -se> *m* ① *kein pl* (*tragende Basis*) base
② (*hum fam: Körper*) body
③ *kein pl* (*der Gekreuzigte*) crucifix

Korpus² <-, Korpora> *nt* ① (*Sammlung von Textmaterialien*) corpus
② *kein pl* (*Klangkörper*) body

Korreferat *nt* ① (*weiteres Referat*) follow-up [*or* BRIT *a.* supplementary] paper
② (*weitere Begutachtung*) second assessment

Korreferent(in) *m(f)* ① (*weiterer Redner*) co-speaker
② (*zweiter Gutachter*) co-marker

korrekt I. *adj* ① (*richtig*) correct
② (*vorschriftsmäßig auftretend*) upright, upstanding; ■[**in etw** *dat*] ~ **sein** to be correct [in sth]
③ (*vorschriftsmäßig*) correct, punctilious
II. *adv* ① (*richtig*) correctly
② (*vorschriftsmäßig*) correctly, uprightly, punctiliously

korrekterweise *adv* properly speaking

Korrektheit <-> *f kein pl* ① (*Richtigkeit*) correctness
② (*vorschriftsmäßiges Auftreten*) correctness
③ (*vorschriftsmäßige Art*) correctness, punctiliousness

Korrektor, Korrektorin <-s, -toren> *m, f* ① (*Korrektur lesen*) proof-reader
② (*korrigierender Prüfer*) marker

Korrektur <-, -en> *f* ① (*geh: das Korrigieren*) correction; [**etw**] ~ **lesen** to proof-read [sth]
② (*geh: Veränderung*) adjustment
③ (*Korrekturfahne*) galley [proof] *spec*

Korrekturband <-bänder> *nt* correction ribbon **Korrekturbehandlung** *f* reparative treatment **Korrekturfahne** *f* galley [proof] *spec* **Korrekturflüssigkeit** *f* correction fluid **Korrekturprogramm** *nt* INFORM patch **Korrekturtaste** *f* INFORM backspace key **Korrekturzeichen** *nt* proof-readers' mark

Korrelat <-[e]s, -e> *nt* SCI (*geh: ergänzende Entsprechung*) correlate

Korrelation <-, -en> *f* correlation

korrelieren *vi haben* (*geh*) ■**mit etw** ~ to correlate with sth

Korrespondent(in) <-en, -en> *m(f)* ① (*Reporter*) correspondent
② (*Handelskorrespondent*) correspondence clerk

Korrespondenz <-, -en> *f* correspondence *no pl*

Korrespondenzanwalt, -anwältin *m, f* JUR communicating lawyer **Korrespondenzbank** *f* FIN correspondent bank **Korrespondenzqualität** *f* TYPO near letter-quality

korrespondieren* *vi* ① (*in Briefwechsel stehen*) ■[**mit jdm**] ~ to correspond [with sb]
② (*geh: entsprechen*) ■**mit etw** *dat* ~ to correspond to [*or* with] sth

Korridor <-s, -e> *m* corridor; **der** [**Polnische**] ~ HIST the Polish Corridor

korrigierbar *adj* correctable, correctible

korrigieren* *vt* ① SCH, MEDIA (*berichtigen*) ■**etw** ~ to correct sth; **eine Klassenarbeit/einen Aufsatz** ~ to mark a test/an essay; **ein Manuskript** ~ to proofread a manuscript; ■**korrigiert** corrected; *Aufsatz, Arbeit* marked; **etw nach oben/unten** ~ to adjust sth upwards/downwards; *Aufsatz, Arbeit* to mark sth up/down
② MED (*ausgleichen*) ■**etw** ~ to correct sth
③ (*verändern*) ■**etw** ~ to alter [*or* change] sth
④ (*verbessern*) ■**jdn** ~ to correct sb

korrodieren* *vi sein* to corrode; ■**korrodiert** corroded

Korrosion <-, -en> *f* ① (*das Korrodieren*) corrosion
② GEOL (*Zersetzung*) corrosion

korrosionsbeständig *adj* non-corrosive; ■ ~ **sein** to be non-corrosive **Korrosionsschutz** *m* corrosion prevention **Korrosionsschutzfarbe** *f* BAU anti-corrosion paint **Korrosionsschutzgarantie** *f* AUTO guarantee against corrosion BRIT, anti-corrosion warranty AM

korrumpieren* *vt* (*pej geh*) ■**jdn** ~ to corrupt sb

korrupt *adj* (*pej*) ① (*bestechlich*) corrupt
② (*moralisch verkommen*) corrupt

Korruption <-, -en> *f* (*pej*) corruption

Korruptionssumpf *m* POL (*pej fam*) circle of corruption **Korruptionsvorwurf** *m* accusation of corruption

Korse, Korsin <-n, -n> *m, f* GEOG Corsican; ~ **sein** to be [a] Corsican

Korselett <-s, -s *o* -e> *nt* corselette

Korsett <-s, -s *o* -e> *nt* ① MODE, MED corset
② (*fig*) straitjacket

Korsettbestimmungen *pl* JUR (*zusätzliche Einlagen*) corsets

Korsika <-s> *nt kein pl* Corsica

Korsin <-, -nen> *f fem form von* **Korse**

korsisch *adj* Corsican

Korso <-s, -s> *m* ① (*Umzug*) procession, parade
② (*selten: Prachtstraße*) boulevard

Kortison <-s, -e> *nt* MED cortisone

Kortisonbehandlung *f* MED cortisone treatment *no pl*, treatment with cortisone *no pl*

Korvette <-, -n> *f* NAUT corvette

Korvettenkapitän *m* NAUT lieutenant commander

Koryphäe <-, -n> *f* (*geh: Spezialist*) leading authority

Kosak(in) <-en, -en> *m(f)* Cossack

Kosakenmütze *f* cossack hat

Kosakin <-, -nen> *f fem form von* **Kosak**

koscher I. *adj* ① REL kosher
② (*fam: einwandfrei*) kosher *fam*
► WENDUNGEN: **nicht** [**ganz**] ~ **sein** to be not [quite] kosher [*or* on the level]
II. *adv* REL according to kosher requirements

K.-o.-Schlag *m* knockout blow

Koseform *f* LING affectionate form (*of a name*)

kosen I. *vi* (*veraltend liter*) ■**mit jdm** ~ to canoodle with sb
II. *vt* (*veraltend geh*) ■**jdn** ~ to caress sb

Kosename *m* pet name **Kosewort** *nt* ① (*Kosename*) pet name ② (*zärtliche Worte*) term of endearment, sweet nothing *fam*

K.-o.-Sieg *m* knockout victory

Kosinus <-, -u *o* -se> *m* MATH cosine

Kosmetik <-> *f kein pl* ① (*Schönheitspflege*) cosmetics *pl*; **dekorative** ~ colour [*or* AM -or] cosmetics *pl*
② (*pej geh*) ***diese Maßnahmen sind reine*** ~ these measures are purely cosmetic

Kosmetiker(in) <-s, -> *m(f)* cosmetician, beautician

Kosmetikkoffer *m* vanity case **Kosmetikspiegel** *m* make-up mirror **Kosmetiktuch** *nt* tissue

Kosmetikum <-s, -metika> *nt* cosmetic

kosmetisch I. *adj* ① (*die Schönheitspflege betreffend*) cosmetic
② (*pej geh*) cosmetic
II. *adv* cosmetically

kosmisch *adj* ① SCI cosmic; ~**e Strahlung** cosmic rays *pl*, radiation *no pl*
② (*geh: umfassend*) cosmic

Kosmologie <-, -n> *f* ASTRON cosmology

Kosmonaut(in) <-en, -en> *m(f)* cosmonaut

Kosmopolit(in) <-en, -en> *m(f)* (*geh*) cosmopolitan

kosmopolitisch *adj* (*geh*) cosmopolitan

Kosmos <-> *m kein pl* ■**der** ~ the cosmos

Kosovare, Kosovarin <-n, -n> *m, f* Kosovan

kosovarisch *adj* (*aus dem Kosovo stammend*) Kosovan

Kosovo <-s> [ˈkɔsɔvɔ] *m* ■[**der**] ~ Kosovo

Kosovo-Abkommen *nt* Kosovo peace agreement **Kosovo-Albaner(in)** *m(f)* Kosovo-Albanian, Kosovo Albanian **kosovo-albanisch** *adj* Kosovo-Albanian **Kosovo-Flüchtling** *m* Kosovo [*or* Kosovan] refugee, refugee from Kosovo **Kosovo-Friedenstruppe** *f* Kosovo Force (*peacekeeping troops in Kosovo*) **Kosovo-Krieg** *m* ■**der** ~ the Kosovo war, the war in Kosovo **Kosovo-Krise** *f* POL ■**die** ~ the Kosovo crisis

Kost <-> *f kein pl* food; **jdn in** ~ **geben** to board sb out; **jdn in** ~ **nehmen** to board sb, to take sb as a boarder; [**freie**] ~ **und Logis** [free] board and lodging; **geistige** ~ intellectual fare; **leichte** ~ light fare; **reichliche** ~ plentiful diet; **schmale** ~ meagre [*or* AM -er] fare

kostbar *adj* ① (*wertvoll*) valuable; ■**jdm** ~ **sein** to mean a lot [*or* the world] to sb
② (*unentbehrlich*) precious; ■[**jdm**] **zu** ~ **sein** to be too precious
► WENDUNGEN: **sich** ~ **machen** (*fam: selten kommen*) to stay away

Kostbarkeit <-, -en> *f* ① (*wertvoller Gegenstand*) treasure, precious object
② (*Erlesenheit*) preciousness

kosten¹ I. *vt* ① (*als Preis haben*) ■**etw** ~ to cost sth
② (*als Preis erfordern*) ■**jdn etw** ~ to cost sb sth; ***der Computer hat mich 1000 Mark gekostet*** the computer cost me 1000 marks; **sich** *dat* **etw etwas** ~ **lassen** (*fam*) to be prepared to spend a lot on sth *fam*
③ (*erfordern*) ■**jdn etw** ~ to take [up] sb's sth; ***das kann uns viel Zeit*** ~ it could take us a [good] while
④ (*rauben*) ■**jdn etw** ~ to cost sb sth
► WENDUNGEN: **koste es, was es wolle** whatever the cost
II. *vi* to cost

kosten² I. *vt* (*geh*) ■**etw** ~ ① (*probieren*) to taste [*or* try] sth
② (*aus~*) to make the most of [*or* to enjoy] sth
II. *vi* (*geh*) ■[**von etw**] ~ to have a taste [of sth], to taste [*or* try] [sth]

Kosten *pl* costs *pl*; (*Ausgaben*) expenses *pl*; **Aufstellung der entstandenen** ~ detailed statement of costs; ~ **der Betriebsführung** operating costs; **erstattungsfähige** ~ recoverable costs; **aktivierte** ~ capitalized expenses; **aufgelaufene** [*o* **entstandene**] ~ costs incurred [*or* accrued]; **direkte/fixe** ~ direct/fixed costs; ~ **sparend** *adjektivisch* economical; *adverbial* economically; ~ **sparende Maßnahmen** cost-saving measures; ~ **treibend** cost-increasing; **die** ~ **abwälzen** to pass costs on; **die** ~ **auf jdn/etw abwälzen** to pass the costs onto sb/to burden sth; **die** ~ **dämpfen** to cut costs; **auf seine** ~ **kommen** (*fig*) to get one's money's worth, to enjoy oneself; **die** ~ **tragen** [*o* **übernehmen**] to bear the costs; **die** ~ **des Verfahrens tragen** to pay the costs of litigation; **außergerichtliche** ~ out-of-court expenses; ~ **des Rechtsstreits** costs and expenses of the action; **auf eigene** ~ at one's own expense; **auf** ~ **von jdm/etw** [*o* **einer S.** *gen*] (*fig*) at the expense of sb/sth

Kostenabgrenzung *f* ÖKON cost limit **Kostenanstieg** *m* ÖKON increase in cost **Kostenart** *f* ÖKON type of costs **Kostenaufgliederung** *f*, **Kostenaufschlüsselung** *f* ÖKON cost breakdown **Kostenaufstellung** *f* statement of charges [*or* costs] **Kostenaufwand** *m* expense; **mit bestimmtem** ~ [*o* **einem bestimmten**] at a certain expense; **mit einem** ~ **von etw** at a cost of sth **Kostenbefreiung** *f* JUR cost exemption **Kostenbeitreibung** *f* JUR recovery of costs **Kostenbelastung** *f* ÖKON cost burden **Kostenberech-**

nung *f* ÖKON costing **Kostenbereich** *m* ÖKON cost field **Kostenbescheid** *m* JUR BRIT taxation of costs, AM taxed bill of costs **Kostenbeschluss**RR *m*, **Kostenentscheidung** *f* FIN order to pay costs **Kostenbeteiligung** *f* ÖKON cost sharing *no pl*, [assuming [*or* assumption of] *no pl* a] share of the costs **kostenbewusst**RR *adj* cost-conscious **Kostenbudget** *nt* ÖKON cost budget **Kostendämpfung** *f* curb on expenditure **kostendeckend** ÖKON **I.** *adj* cost-effective, cost-covering; **~e Auslastung** breakeven load **II.** *adv* cost-effectively, to cover one's costs; **~ arbeiten** to break even **Kostendeckung** *f kein pl* ÖKON covering costs **Kostendegression** *f* ÖKON decreasing trend in costs **Kosteneinheit** *f* JUR cost unit **Kosteneinsparung** *f* ÖKON cost saving **Kostenentscheidung** *f* JUR costs order **Kostenentwicklung** *f* ÖKON cost trend **Kostenerlass**RR *m* FIN exemption from costs, waiver of fees **Kostenersatz** *m kein pl* JUR reimbursement of costs and expenses **Kostenerstattung** *f* reimbursement of expenses **Kostenerstattungsanspruch** *m* JUR entitlement to costs **Kostenexplosion** *f* (*fam*) costs explosion **Kostenfaktor** *m* cost factor **Kostenfestsetzung** *f* JUR determination of costs; **Antrag auf ~** request for the fixing of costs **Kostenfestsetzungsgebühr** *f* FIN fee for taxation of costs **Kostenfrage** *f* question of cost **kostenfrei** *adj* JUR cost-free, free of cost **Kostenfreiheit** *f* JUR exemption from costs **Kostengarantie** *f* FIN cost guarantee **Kostengrund** *m* financial reason **kostengünstig** *adj* economical, less expensive, lower-cost, favourably [*or* AM -orably] priced **Kostenhinterlegung** *f* FIN security for costs **Kosteninflation** *f* ÖKON inflation costs **kostenintensiv** *adj* cost-intensive **Kostenkalkulation** *f* calculation of costs, cost-calculation **Kostenkompetenz** *f* FIN depositing of costs

kostenlos **I.** *adj* ■**~ sein** to be free [of charge]
II. *adv* free [of charge]

Kostenmanagement *nt kein pl* cost management **Kostenmiete** *f* JUR cost-covering rent **kostenneutral** *adj* self-financing **Kosten-Nutzen-Analyse** *f* cost-benefit analysis **Kosten-Nutzen-Rechnung** *f* cost-benefit calculation **Kosten-Nutzen-Verhältnis** *nt* cost-benefit ratio **Kostenordnung** *f* JUR scale of costs **Kostenpauschale** *f* all-inclusive costs *pl* **kostenpflichtig** **I.** *adj* liable to costs; ■**~ sein** to bear a charge, to be liable to costs; *s. a.* **Verwarnung** **II.** *adv* at cost; ***Fahrzeuge werden ~ abgeschleppt*** vehicles will be towed away at owner's expense **Kostenplanung** *f* ÖKON cost planning **Kostenpreisbildung** *f* ÖKON cost pricing **Kosten-Preis-Schere** *f* ÖKON cost-price squeeze **Kostenprognose** *f* ÖKON forecast costs **Kostenpunkt** *m* cost item; **~?** (*fam*) how much? **Kostenrahmen** *m* ÖKON budget **Kostenrechnung** *f* ÖKON cost accounting, costing **Kostenrecht** *nt* JUR law concerning court costs **Kostenreduzierung** *f* ÖKON cost-cutting **Kostenregulierung** *f* FIN settlement of costs **Kostenrevisor** *m* FIN taxing master, comptroller **Kostenrückerstattung** *f* ÖKON reimbursement of costs, refund of expenses **Kostenschuldner(in)** *m(f)* JUR party liable for costs **Kostenselbstbeteiligung** *f* own cost-contribution **Kostensenkung** *f* ÖKON cost-cutting **Kostensituation** *f* cost situation **Kostensteigerung** *f* ÖKON increase in cost[s], cost increase *no pl* **Kostenstelle** *f* cost centre [*or* AM -er] **Kostenträger** *m* FIN cost [*or* product] unit, cost bearer **Kostentragung** *f* FIN bearing the costs **Kostentransparenz** *f* FIN cost transparency **Kostenüberlegung** *f* FIN cost consideration **Kostenübernahme** *f* ÖKON assumption of costs, agreement to cover costs **Kostenüberschlag** *m* ÖKON estimate of costs **Kostenübersicht** *f* ÖKON cost survey **Kostenüberwälzung** *f* FIN passing on the costs **Kostenvergleichsrechnung** *f* FIN cost comparison method **Kostenverrechnung** *f*, **Kostenverteilung** *f* ÖKON allocation of cost, cost distribution [*or* allocation] **Kostenvoranschlag** *m* estimate, quotation; **sich** *dat* **einen ~ [von jdm] machen lassen, [von jdm] einen ~ einholen** to get [*or* obtain] an estimate [from sb]; **jdm einen ~ machen** to give sb an estimate **Kostenvorgabe** *f* ÖKON standard cost **Kostenvorschuss**RR *m* ÖKON advance on costs **Kostenwirksamkeit** *f* ÖKON cost-effectiveness *no pl* **Kostenzuschlag** *m* ÖKON excess charge **Kostenzuschuss**RR *m zur Fahrzeugerhaltung* car allowance

Kostgeld *nt* board

köstlich **I.** *adj* ❶ (*herrlich*) delicious, exquisite
❷ (*fam: amüsant*) priceless
II. *adv* ❶ (*herrlich*) delicious, exquisitely
❷ (*in amüsanter Weise*) **sich ~ amüsieren** to have a wonderful time

Köstlichkeit <-, -en> *f* ❶ *kein pl* (*geh: herrliche Art*) exquisiteness
❷ (*Delikatesse*) delicacy

Kostprobe *f* ❶ (*etwas zum Probieren*) taste
❷ (*Vorgeschmack, Beispiel*) taste, sample; ***eine ~ seines Könnens*** a sample of his skill

kostspielig *adj* costly, expensive

Kostüm <-s, -e> *nt* ❶ MODE suit
❷ HIST, THEAT costume

Kostümball *m* fancy-dress [*or* costume] ball **Kostümbildner(in)** <-s, -> *m(f)* costume designer **Kostümfest** *nt* fancy-dress ball

kostümieren* *vt* ■**sich [als etw] ~** ❶ (*sich verkleiden*) to dress up [as sth]
❷ (*pej fam: sich unpassend anziehen*) ***wie hast du dich denn kostümiert!*** why on earth have you rigged yourself out like that!

Kostümprobe *f* THEAT dress rehearsal

Kostumstellung *f* change of diet

Kostümverleih *m* costume hire [*or* AM rental]

Kostverächter(in) <-s, -> *m(f)* ▸ WENDUNGEN: **kein ~/keine ~in sein** (*hum*) to enjoy one's food; (*etwas für Sex übrig haben*) to relish the opposite sex

Kot <-[e]s> *m kein pl* ❶ (*geh*) excrement, faeces BRIT *form*, feces AM *form*
❷ (*veraltend: aufgeweichte Erde*) mud
▸ WENDUNGEN: **etw/jdn mit ~ bewerfen** to sling mud at sth/sb; **etw in [*o* durch] den ~ ziehen** to drag sth through the mire

Kotangens *m* MATH cotangent

Kotau <-s, -s> *m* ▸ WENDUNGEN: **einen ~ [vor jdm] machen** (*pej geh*) to kowtow [to sb]

Kotelett <-s, -s *o selten* -e> [kotəˈlɛt, kɔtˈlɛt] *nt* KOCHK chop, cutlet

Koteletten *pl* MODE sideburns *npl*, side-whiskers *npl old*, BRIT *a.* sideboards *npl*

Köter <-s, -> *m* (*pej*) mutt

Kotflügel *m* AUTO wing

Kotzbrocken *m* (*pej sl*) slimy git BRIT *sl*, slimeball AM *sl*

Kotze <-> *f kein pl* (*vulg*) puke *sl*; **die ~ kriegen** it makes you want to puke

Kotzen <-s> *nt kein pl* (*fam*) **etw ist zum ~** sth makes you [*or* me] sick *fam*

kotzen *vi* (*vulg: sich erbrechen*) to puke; **das ist zum K~** (*sl*) it makes you sick *sl*; ***das finde ich zum K~*** it makes me sick
▸ WENDUNGEN: **da kann man das [kalte] K~ kriegen** (*sl*) it makes you want to puke *sl*

kotzübel *adj* (*fam*) ■**jdm ~ sein/werden** sb feels like they're going to puke *sl*

kovalent *adj inv* CHEM **~e Bindung** covalent bond

KP <-, -s> *f Abk von* **Kommunistische Partei** Communist Party

KPD <-> *f kein pl Abk von* **Kommunistische Partei Deutschlands** German Communist Party

KPdSU <-> *f kein pl* (*hist*) *Abk von* **Kommunistische Partei der Sowjetunion** Communist Party of the Soviet Union

Krabbe <-, -n> *f* ❶ ZOOL (*Taschenkrebs*) crab
❷ KOCHK (*Garnele*) prawn
❸ (*fam: kleines Mädchen*) sweet little girl *fam*

Krabbeldecke *f* baby rug

krabbeln **I.** *vi sein* (*sich mit den Beinen fortbewegen*) to crawl
II. *vt* (*fam: kitzeln*) to crawl

Krach <-[e]s, Kräche *o* -s> *m* ❶ *kein pl* (*Lärm*) noise, racket *fam*; **~ machen** to make a noise [*or fam* racket]
❷ (*lauter Schlag*) bang
❸ <*pl* Kräche> (*fam: Streit*) quarrel, BRIT *a.* row; **~ [mit jdm] haben** (*fam*) to have a row [with sb] *fam*; **mit jdm ~ kriegen** (*fam*) to get into trouble with sb
❹ (*fam: wirtschaftlicher Zusammenbruch*) crash
▸ WENDUNGEN: **~ machen [*o* schlagen]** (*fam*) to make a fuss *fam*

krachen **I.** *vi* ❶ *haben* (*laut hallen*) to crash; *Ast* to creak; *Schuss* to ring out
❷ *sein* (*fam: prallen*) to crash *fam*; ■**gegen etw** *akk*/**in etw** *akk* **~** to crash against/into sth
II. *vi impers haben* ❶ (*ein Krachen verursachen*) ■**es kracht** there is a crashing noise
❷ (*fam: Unfall verursachen*) ***auf der Kreuzung hat es gekracht*** there's been a crash on the intersection
❸ (*fam: Börsenkrach geben*) ***der Betrieb kracht*** the company is going bankrupt
▸ WENDUNGEN: **dass es nur so kracht** (*fam*) with a vengeance *fam*; **sonst kracht's!, und es kracht!** (*fam*) or/and there'll be trouble *fam*
III. *vr* (*fam*) to have a row BRIT *fam* [*or* AM an argument]; ■**sie ~ sich** they're having a row; ■**sich mit jdm ~** to have a row with sb

krachend *adv* with a crash [*or* bang], crashing

Kracher <-s, -> *m* banger BRIT, firecracker AM; **alter ~** old codger

Krachmacher(in) *m(f)* (*pej fam*) noisy character

Krachsalat *m* iceberg lettuce

krächzen **I.** *vi* ❶ *Krähe, Rabe* to caw; ■**~d** cawing
❷ (*fam: heiser sprechen*) to croak *fam*
❸ (*sich geräuschvoll räuspern*) to clear one's throat noisily
II. *vt* (*fam*) ■**etw ~** to croak sth

Krächzen <-s> *nt kein pl* ❶ ORN (*Krähe, Rabe*) cawing
❷ (*fam: heiseres Sprechen*) croaking

Kräcker <-s, -> *m* cracker

kraft *präp +gen* (*geh*) ■**~ einer S.** by virtue of sth *form*

Kraft <-, Kräfte> *f* ❶ ([*körperliche*] *Stärke*) strength; **wieder zu Kräften kommen** to regain one's strength; **seine Kräfte [mit jdm] messen** to try [*or* pit] one's strength [against sb]; **nicht wissen wohin mit seiner ~** (*fam*) to be brimming with energy; **wieder bei Kräften sein** to have got one's strength back; **über jds** *akk* **Kräfte gehen** to be more than sb can cope with; **seine Kräfte sammeln** to gather one's strength; **die ~ aufbringen, etw zu tun** to find the strength to do sth; **mit seinen Kräften Haus halten müssen** to have to conserve one's strength
❷ (*Geltung*) power; **außer ~ sein** to be no longer in force; **in ~ sein** to be in force; **etw außer ~ setzen** to invalidate [*or* set aside] sth; **in ~ treten** to come into force [*or* effect]; **in ~ seit …** effective as from …; *Gesetz* operative from …
❸ (*Potenzial*) potential, power, strength; **mit aller ~** with all one's strength; **mit letzter ~** with one's last ounce of strength; **die treibende ~** the driving force; **mit vereinten Kräften** with combined efforts, in a combined effort; (*Truppen*) to gather one's troops; **in jds Kräften stehen** to be within sb's powers; ***ich will Ihnen gerne behilflich sein, so weit es in meinen Kräften steht*** I will do everything within my power to help you
❹ PHYS (*Energie*) power; **aus eigener ~** by oneself; **mit frischer ~** with renewed energy; **halbe/volle ~ voraus!** NAUT half/full speed ahead!; **magnetische Kräfte** magnetic attraction *sing*
❺ *meist pl* (*Einfluss ausübende Gruppe*) force
❻ (*Arbeitskraft*) employee, worker
▸ WENDUNGEN: **vor ~ nicht mehr laufen können** (*hum fam*) to be too muscle-bound to move; **nach [besten] Kräften** as much as possible, to the best of one's ability

Kraftakt *m* act of strength **Kraftanstrengung** *f* exertion **Kraftaufwand** *m* effort **Kraftausdruck** *m* swear word; Kraftausdrücke strong language; **mit Kraftausdrücken um sich werfen** to swear continuously **Kraftbrühe** *f* beef stock

Kräfteverfall *m* loss of vigour [*or* AM -or] **Kräfteverhältnis** *nt* POL balance of power **Kräfteverschleiß** *m* loss of energy

Kraftfahrer(in) *m(f)* (*geh*) 1 TRANSP (*Führer eines Kraftfahrzeuges*) motorist *form*, driver
2 (*Lkw-Fahrer*) driver

Kraftfahrzeug *nt* AUTO (*geh*) motor vehicle *form*

Kraftfahrzeugbrief *m s.* Fahrzeugbrief **Kraftfahrzeugdichte** *f* traffic density **Kraftfahrzeugdiebstahl** *m* vehicle theft **Kraftfahrzeughaftpflichtversicherung** *f* (*geh*) third-party car insurance **Kraftfahrzeugkaskoversicherung** *f* AUTO (*geh*) vehicle third party fire and theft insurance **Kraftfahrzeugkennzeichen** *nt* vehicle registration **Kraftfahrzeugmechaniker(in)** *m(f)* vehicle mechanic **Kraftfahrzeugpapiere** *pl* (*geh*) vehicle registration papers **Kraftfahrzeugschein** *m s.* Fahrzeugschein **Kraftfahrzeugsteuer** *f* motor vehicle tax **Kraftfahrzeugüberlassungsvertrag** *m* vehicle leasing contract **Kraftfahrzeugversicherung** *f* car insurance

Kraftfeld *nt* PHYS force field **Kraftfutter** *nt* AGR concentrated feed stuff

kräftig I. *adj* 1 (*physisch stark*) strong, powerful
2 (*stark ausgeformt*) strong; ■~ **werden** to become strong
3 (*wuchtig*) firm, powerful
4 (*intensiv*) strong; **etw ~ verteuern** to drive up the price of sth
5 KOCHK (*nahrhaft*) nourishing; **eine ~e Suppe** a nourishing soup
6 (*ausgeprägt*) strong; *Haarwuchs* healthy
7 (*drastisch*) strong; **eine ~e Sprache führen** to use strong language
8 (*groß*) large, substantial
II. *adv* 1 (*angestrengt*) hard, vigorously; **etw ~ rühren** to give sth a good stir; ~ **niesen** to sneeze violently
2 METEO (*stark*) heavily
3 (*deutlich*) substantially
4 (*sehr*) very; **jdm ~ die Meinung sagen** to strongly express one's opinion

kräftigen *vt* (*geh*) 1 (*die Gesundheit festigen*) ■**jdn/etw ~** to build up sb's/sth's strength; ■**gekräftigt** envigorated
2 (*stärken*) ■**jdn/etw ~** to strengthen [*or* fortify] sb/sth

Kräftigung <-, -en> *f* (*geh*) 1 (*gesundheitliche Festigung*) strengthening, invigoration
2 (*das Stärken*) strengthening, fortification

Kräftigungsmittel *nt* tonic

Kraftlackel <-s, -> *m* SÜDD, ÖSTERR (*pej sl: Kraftprotz*) musclehead AM *pej sl*; (*Flucher*) foul-[*or* mealy-]mouthed idiot; ■**ein ~ sein** (*ein Kraftprotz sein*) to have more muscles than brains; (*fluchen*) to use unnecessary foul language

Kraftlinien [-li:niən] *pl* PHYS lines of force

kraftlos I. *adj* weak
II. *adv* feebly

Kraftloserklärung *f* JUR invalidation, annulment

Kraftlosigkeit <-> *f kein pl* weakness **Kraftmeierei** <-, -en> *f* (*pej fam*) swagger **Kraftprobe** *f* test of strength **Kraftprotz** <-es, -e> *m* (*fam*) muscle man *fam* **Kraftrad** *nt* (*geh*) motorcycle **Kraftreserven** *pl* reserves *pl* of strength **Kraftsport** *m* power sport **Kraftstoff** *m* (*geh*) fuel

Kraftstoffanzeige *f* AUTO fuel gauge **Kraftstoffdämpfe** *pl* fuel vapour[s] [*or* AM -or[s]] **Kraftstofffilter**[RR] *m* AUTO fuel filter **Kraftstoffgemisch** *nt* fuel mixture **Kraftstofftank** *m* AUTO fuel tank **Kraftstoffwandler** <-s, -> *m* AUTO fuel converter, reformer **Kraftstrom** *m* electric current (*for electric engines*) **kraftstrotzend** *adj* (*geh*) exuding vitality [*or* vigour] [*or* AM -or] **Krafttraining** *nt* SPORT strength training **Kraftübertragung** *f* power transmission **kraftvoll** I. *adj* (*geh*) 1 (*stark*) strong 2 (*sonor*) powerful II. *adv* powerfully, forcefully; ~ **zubeißen** to take a hearty bite **Kraftwagen** *m* (*geh*) motor vehicle **Kraftwerk** *nt* power station

Kraftwerksbetreiber *m* company running a power station **Kraftwerkstechnik** *f kein pl* power station technology

Kragbühne *f* BAU cantilever

Kragen <-s, - *o* Krägen> *m* SÜDD, SCHWEIZ MODE collar; **den ~ nach oben schlagen** [*o* **stülpen**] to turn up one's collar; **jdn am** [*o fam* **beim**] **~ packen** to collar sb, to take sb by the scruff of his neck *fam*
► WENDUNGEN: **jdm geht es an den ~** (*fam*) sb is in for it *fam*; **etw kostet jdn den ~** (*fam*) sth is sb's downfall; **jdm platzt der ~** (*fam*) sb blows their top *fam*; ***jetzt platzt mir aber der ~!*** (*fam*) that's it, I've had enough!; **dem könnte ich den ~ umdrehen!** I could wring his neck!

Kragenbär *m* ZOOL Asian black bear **Kragenklammer** *f* collar stud **Kragenknopf** *m* collar button **Kragenspiegel** *m* MIL collar patch **Kragenweite** *f* MODE collar size ► WENDUNGEN: [**genau**] **jds ~ sein** (*fam*) to be [just] sb's cup of tea *fam*

Krähe <-, -n> *f* ORN crow
► WENDUNGEN: **eine ~ hackt der anderen kein Auge aus** (*prov*) birds of a feather flock together *prov*

krähen *vi* 1 ORN to crow
2 (*fam*) to squeal *fam*

Krähenfüße *pl* crow's feet **Krähenscharbe** <-, -n> *f* ORN shag

Krakau <-s> *nt* Cracow

Krakauer <-, -> *f Polish garlic sausage*

Krake <-n, -n> *m* 1 ZOOL octopus
2 (*sagenhaftes Meerungeheuer*) kraken

krakeelen* *vi* (*pej fam*) to make a racket *fam*; ■**~d** noisy; ■**das K~** rowdyness

Krakeeler(in) <-s, -> *m(f)* (*pej fam*) rowdy *fam*

Krakel <-s, -> *m* (*pej fam*) scrawl, scribble

Krakelei <-, -en> *f* (*pej fam*) scrawl, scribble

krakelig I. *adj* scrawly
II. *adv* scrawly

Kral <-s, -e> *m* kraal AM

Kralle <-, -n> *f* 1 ORN, ZOOL claw
2 *pl selten* (*fam: Parkkralle*) wheel clamp
► WENDUNGEN: **bar auf die ~** (*sl*) cash in hand *fam*; **jdn in seine ~n bekommen** [*o fam* **kriegen**] to get one's claws into sb *fam*; **jdn in seinen ~n haben** (*fam*) to have sb in one's clutches *fam*; **jdn/etw nicht aus den ~n lassen** (*fam*) to not let sb/sth out of one's clutches *fam*; [**jdm**] **die ~n zeigen** (*fam*) to show [sb] one's claws *fam*

krallen I. *vr* 1 (*sich fest~*) ■**sich an jdn/etw ~** to cling onto [*or* claw at] sb/sth
2 (*fest zupacken*) ■**sich** *akk* **in etw** *akk*/**um etw ~** to cling onto/around sth
II. *vt* 1 (*fest bohren*) ■**etw in etw** *akk* ~ to dig sth into sth
2 (*sl: klauen*) ■[**sich** *dat*] **etw ~** to pinch sth *fam*
3 (*sl: sich kaufen*) ■**sich** *dat* **jdn ~** to get sb between one's fingers

Kram <-[e]s> *m kein pl* (*fam*) 1 (*Krempel*) junk
2 (*Angelegenheit*) affairs *pl*, things *pl fam*; **den ~ satt haben** to be fed up with the whole thing; **mach doch deinen ~ allein!** [why don't you] do it [*or* sort it out by] yourself!; **den ganzen ~ hinschmeißen** to pack the whole thing in; **jdm in den ~ passen** to suit sb fine; **jdm nicht in den ~ passen** to be a real nuisance to sb

kramen I. *vi* 1 (*fam*) ■[**in etw** *dat*] [**nach etw** *dat*] **~** to rummage around [in sth] [for sth]; ***er kramte in der Schublade nach alten Fotos*** he rummaged around in the drawer for old photos
2 SCHWEIZ (*Kleinhandel betreiben*) to hawk
II. *vt* ■**etw aus etw ~** to fish sth out of sth

Krämer(in) <-s, -> *m(f)* 1 DIAL (*veraltet*) grocer's, general store
2 (*pej: kleinlicher Mensch*) *s.* **Krämerseele**

Krämerseele *f* ► WENDUNGEN: **eine ~ sein** (*pej*) to be petty-minded

Kramladen *m* (*pej fam*) 1 (*Trödelladen*) junk shop
2 (*pej: Ramschladen*) crummy little shop

Krampe <-, -n> *f* staple

Krampen <-s, -> *m* ÖSTERR (*Spitzhacke*) pickaxe

Krampf <-[e]s, Krämpfe> *m* 1 MED (*Muskelkrampf*) cramp; **einen ~ bekommen** to get a cramp; **einen ~ haben** to have a cramp
2 MED (*Kolik*) cramp; **sich in Krämpfen winden** to double up in cramps; *Epilektiker* to double up in convulsions
► WENDUNGEN: **einen ~ drehen** (*sl*) to pull off a scam; [**ein**] **~ sein** (*fam*) to be a pain in the neck

Krampfader *f* varicose vein

Krampfanfall *m* 1 (*Muskelkrampf*) attack of sudden cramp[s]
2 (*Epilepsie*) seizure

krampfen I. *vt* 1 (*geh*) ■**etw um etw ~** to clench sth around sth
2 DIAL ■**etw ~** to get one's hands on
II. *vr* (*geh*) ■**sich um etw ~** to clench sth

krampfhaft I. *adj* 1 (*angestrengt*) frantic, desperate
2 MED convulsive
II. *adv* frantically, desperately

krampflindernd, **krampflösend** *adj* antispasmodic; ■**~ sein** to relieve cramp, to have antispasmodic properties *spec*

Kran <-[e]s, Kräne *o* -e> *m* 1 TECH (*Vorrichtung zum Heben*) crane
2 DIAL (*Wasserhahn*) tap

Kranführer(in) *m(f)* crane operator

krängen *vi* NAUT to heel over

Kranich <-s, -e> *m* ORN crane

krank <kränker, kränkste> *adj* 1 MED (*nicht gesund*) ill, sick; **ein ~es Bein/Herz** a bad leg/heart
2 (*leidend*) ■**~ vor etw** *dat* **sein** to be sick with sth
3 FORST, HORT (*leidend*) ■**~ sein** to be diseased
4 ÖKON (*wirtschaftlich nicht gesund*) ailing
5 JAGD wounded
► WENDUNGEN: **du bist wohl ~!, bist du ~?** (*iron fam*) are you out of your mind? *fam*; **jdn** [**mit etw**] **~ machen** (*fam*) to get on sb's nerves [with sth]

Kranke(r) *f(m) dekl wie adj* sick person, patient, invalid; **ein eingebildeter ~r** a hypochondriac; **ein unheilbar ~r** a terminally ill person

kränkeln *vi* 1 (*nicht ganz gesund sein*) to be unwell [*or* sickly] [*or* in poor health]
2 ÖKON (*marode*) to be ailing

kranken *vi* (*pej*) ■**an etw** *dat* **~** to suffer from sth

kränken *vt* ■**jdn** [**mit etw**] **~** to hurt sb's feelings [with sth]; ■**gekränkt sein** to feel hurt; ■**es kränkt jdn, dass** it hurts sb['s feelings], that; ■**~d** hurtful

Krankenakte *f* medical file **Krankenanstalten** *pl* (*veraltend geh*) hospital, clinic **Krankenbericht** *m* medical report **Krankenbesuch** *m* [patient] visit, sick call; **einen ~** [**bei jdm**] **machen** to go on a sick call [to sb] **Krankenbett** *nt* 1 MED (*Krankenhausbett*) hospital bed 2 (*geh: Krankenlager*) sickbed **Krankenblatt** *nt* medical record **Krankenfahrt** *f* journey by a sick person (*for treatment*) **Krankengeld** *nt* sick pay **Krankengeschichte** *f* medical history **Krankengymnast(in)** <-en, -en> *m(f)* physiotherapist **Krankengymnastik** *f* physiotherapy

Krankenhaus *nt* hospital, clinic; **ins ~ kommen/müssen** to go/have to go into hospital [*or* AM the hospital]; [**mit etw**] **im ~ liegen** to be in [*or* AM in the] hospital [with sth]

Krankenhausaufenthalt *m* hospital stay **Krankenhauskosten** *pl* hospital costs [*or* charges] *pl* **krankenhausreif** *adj* requiring hospital treatment; ■**~ sein** to require hospital treatment; **jdn ~ schlagen** to put sb into [*or* AM into the] hospital

Krankenkasse *f* health insurance company; **in einer ~ sein** to have health insurance **Krankenkost** *f kein pl* [special] diet **Krankenlager** *nt*

(*geh*) sickbed; **ans ~ gefesselt sein** to be confined to bed **Krankenpflege** *f* nursing **Krankenpfleger(in)** *m(f)* [male] nurse **Krankensalbung** *f* REL anointing of the sick **Krankenschein** *m* health insurance voucher; **auf ~** under health insurance cover **Krankenschwester** *f* nurse **Krankenstand** *m kein pl* ❶ ÖKON number of persons on sick leave ❷ ÖSTERR **im ~ sein** to be on sick leave **Krankenstandsquote** *f* number on the sicklist **Krankentransport** *m* ambulance service **Krankenversichertenkarte** *f* health insurance card **Krankenversicherung** *f* health insurance; **gesetzliche/private ~** national/private health insurance **Krankenwagen** *m* ambulance **Krankenzimmer** *nt* ❶ MED (*Krankenhauszimmer*) hospital room ❷ (*Zimmer für erkrankte Insassen*) sickbay ❸ (*geh: Zimmer mit einem Kranken*) sickroom

krank|feiern *vi* (*fam*) to skive off work BRIT *fam*, to call in sick AM *fam*; ■**das K~** skiving BRIT, calling in sick AM

krankhaft I. *adj* ❶ MED (*durch eine Erkrankung bedingt*) morbid; ■**~ sein** to show signs of disease, to be morbid
❷ (*unnormal*) morbid, sick, pathological; ■**~ sein** to be morbid [*or* chronic]
II. *adv* morbidly

Krankheit <-, -en> *f* ❶ MED (*Erkrankung*) illness; **eine akute/chronische ~** an acute/chronic illness; **Alzheimer ~** Alzheimer's disease; **englische ~** (*veraltend*) rickets *pl*; **parkinsonsche ~** Parkinson's disease; **wegen ~** due to illness
❷ (*Zeit einer Erkrankung*) illness
❸ FORST, HORT disease
▸ WENDUNGEN: **eine ~ sein** (*fam*) to be unbearable [*or* an impossible situation]; **es ist eine ~ mit jdm** (*fam*) sb is impossible [*or* unbearable]

krankheitsbedingt *adj inv* caused by illness *pred*; **~e Abwesenheit** absence owing to illness **Krankheitsbild** *nt* symptoms *pl* **krankheitserregend** *adj inv* pathogenic **Krankheitserreger** *m* pathogen **Krankheitserscheinung** *f* symptom **Krankheitsfall** *m* case of illness; ■**im ~** in the event of illness **Krankheitsherd** *m* centre [*or* AM -er] [*or* focus] of a disease **Krankheitskeim** *m* germ **Krankheitskosten** *pl* costs *pl* of an/the illness **Krankheitsstand** *m kein pl* (*selten*) ❶ (*Krankheitsstadium*) stage of an/the illness ❷ (*Stand, Situation des Krankseins*) disease levels *pl*, levels *pl* of disease **Krankheitstag** *m* ÖKON, ADMIN sick day, sickie *fam*, day off through illness **Krankheitsverlauf** *m kein pl* MED course of a disease *no pl*, pathogenesis *no pl spec*, pathogeny *no pl spec*

krank|lachen *vr* (*fam*) ■**sich [über etw/jdn] ~** to almost die laughing [about sb/sth]

kränklich *adj* sickly, in poor health

krank|machen *vi* (*fam*) *s.* **krankfeiern**

krank|melden *vr* ■**sich [bei jdm] ~** to report sick [to sb], to call in sick **Krankmeldung** *f* notification of sickness **krank|schreiben** *vt* ■**jdn ~** MED to give sb a sick note (*excusing them from work*) **Krankschreibung** *f* JUR issuing a medical certificate

Kränkung <-, -en> *f* insult; **jdm eine ~ zufügen** to insult [*or* offend] sb

Kranwagen *m* crane truck

Kranz <-es, Kränze> *m* ❶ (*Ring aus Pflanzen*) wreath
❷ (*geh*) ring, circle
❸ KOCHK DIAL (*Hefekranz*) ring (*of white sweet bread*)

Kränzchen <-s, -> *nt* ❶ *dim von* **Kranz 1** wreath, garland
❷ (*regelmäßige weibliche Runde*) coffee circle BRIT, coffee klat[s]ch AM

kränzen I. *vt* (*selten geh: bekränzen*) ■**jdn/etw [mit etw] ~** to garland sb/sth [with sth], to adorn sb/sth [with garlands]
II. *vi* JAGD *Rotwild* to leave a faint hoofprint

Kranzgefäß *nt* ANAT *s.* **Herzkranzgefäß** **Kranzniederlegung** *f* (*geh*) wreath laying

Krapfen <-s, -> *m* ❶ KOCHK fritter
❷ DIAL (*fritiertes Hefegebäck*) ≈ doughnut BRIT, ≈ donut AM

Krasnojarsk <-s> *nt* Krasnoyarsk

krassRR, **kraß** I. *adj* ❶ (*auffallend*) glaring, obvious; **ein krasser Gegensatz** a stark contrast; **ein krasser Fall** an extreme case
❷ (*unerhört*) blatant, gross
❸ (*extrem*) complete, rank
II. *adv* crassly

Krater <-s, -> *m* crater

Kraterlandschaft *f* crater[ed] landscape **Kratersee** *m* crater lake

Kratzbürste *f* (*pej fam*) prickly person *fam*

kratzbürstig *adj* (*pej fam*) prickly *fam*

Krätze <-> *f kein pl* MED scabies

kratzen I. *vt* ❶ (*mit den Nägeln ritzen*) ■**jdn/etw ~** to scratch sb/sth
❷ (*jucken*) ■**sich [irgendwo] ~** to scratch oneself [somewhere]
❸ (*ab~*) ■**etw von etw ~** to scratch sth off sth
❹ (*fam: kümmern*) ■**jdn ~** to bother sb; ***das kratzt mich nicht*** I couldn't care less about that
❺ (*in Fasern auflösen*) **Wolle ~** to card wool
II. *vi* ❶ (*jucken*) ■**[irgendwo] ~** to scratch [somewhere]; ***das Unterhemd kratzt so sehr*** the vest is terribly scratchy
❷ (*scharren*) to scratch; ■**mit etw** *dat* **über etw** *akk* **~** to scratch over sth with sth
❸ (*mit den Nägeln ritzen*) to scratch
❹ (*beeinträchtigen*) ■**an etw** *dat* **~** to scratch away at sth; **an jds Ehre ~** to impugn sb's honour [*or* AM -or]; **an jds Stellung ~** to undermine sb's position
❺ (*spielen*) **auf der Geige ~** to scrape away on a violin
III. *vt impers* ***es kratzt mich im Hals*** my throat feels rough

Kratzer <-s, -> *m* scratch

kratzfest *adj inv* scratch-resistant [*or* -proof], non-scratch

Kratzfestigkeit *f* scratch resistance

krätzig *adj inv* scabious

Krätzmilbe *f* ZOOL itch mite

Kratzwunde *f* scratch wound

Kraul <-[s]> *nt kein pl* SPORT crawl

kraulen1 I. *vi sein o haben* to swim [*or* do] the crawl; ■**das K~** the crawl
II. *vt sein o haben* ■**etw ~** to swim sth using the crawl

kraulen2 *vt* ■**jdn [irgendwo] ~** to scratch sb lightly [somewhere]; **jdm das Kinn ~** to chuck sb under the skin; **einen Hund zwischen den Ohren ~** to tickle a dog between its ears

kraus *adj* ❶ (*stark gelockt*) crinkly, frizzy; *s. a.* **Stirn**
❷ (*zerknittert*) crumpled, wrinkled
❸ (*pej: verworren*) muddled

Krause <-, -n> *f* ❶ MODE (*gefältelter Saum*) ruffle; (*gekräuselter Kragen*) ruffled collar
❷ (*fam: künstliche Wellung*) frizzy perm

Kräuselband *nt* rufflette [tape]

kräuseln I. *vt* ❶ MODE (*mit künstlichen Locken versehen*) ■**etw ~** to crimp sth; ■**gekräuselt** frizzy
❷ (*leicht wellig machen*) ■**etw ~** to ruffle sth
II. *vr* ❶ (*leicht kraus werden*) ■**sich ~** to frizz
❷ (*leichte Wellen schlagen*) ■**sich ~** to ruffle

kraushaarig *adj* ■**~ sein** to have frizzy hair

Krauskopf *m* (*fam*) ❶ (*krause Frisur*) frizzy hairstyle ❷ (*Mensch mit krausen Haaren*) frizzy head

Kraussalat *m* curly lettuce

Kraut <-[e]s, Kräuter> *nt* ❶ BOT herb
❷ *kein pl* HORT (*grüne Teile von Pflanzen*) foliage, herbage; **ins ~ schießen** to go to seed
❸ *kein pl* KOCHK DIAL (*Kohl*) cabbage; (*Sauerkraut*) pickled cabbage
❹ (*pej fam: primitiver Tabak*) tobacco
❺ *kein pl* DIAL (*Sirup*) syrup
▸ WENDUNGEN: **wie ~ und Rüben durcheinander liegen** (*fam*) to lie about all over the place *fam*; **gegen etw ist kein ~ gewachsen** (*fam*) there's no remedy for sth; **ins ~ schießen** (*fam*) to get out of control

Kräuterbuch *nt* herbal, book of herbs **Kräuterbutter** *f* herb butter **Kräuterextrakt** *nt o m* herb[al] extract **Kräuterkäse** *m* herb cheese **Kräuterlikör** *m* herb liqueur **Kräutermischung** *f* herb mixture, mixed herbs *pl* **Kräuteröl** *nt* herbal oil **Kräuterpille** *f* (*fam*) [natural] herbal pill **Kräutersträußchen** *nt* bouquet garni **Kräutertee** *m* herbal tea

Krautkopf *m* SÜDD, ÖSTERR (*Kohlkopf*) head of cabbage **Krautsalat** *m* coleslaw (*without carrot*)

Krawall <-s, -e> *m* ❶ (*Tumult*) riot; **~ schlagen** to kick up a row [*or* AM an argument]
❷ *kein pl* (*fam: Lärm*) racket; **~ machen** (*pej fam*) to make a racket

Krawallmacher(in) *m(f)* (*pej fam*) hooligan

Krawatte <-, -n> *f* ❶ MODE tie
❷ SPORT headlock
❸ MED (*Gips~*) plaster collar
▸ WENDUNGEN: **sich einen hinter die ~ gießen** (*fam*) to down a pint; **jdm die ~ zuziehen** (*erwürgen*) to throttle sb; (*erhängen*) to string sb up

Krawattenfutter *nt* lining of a tie **Krawattenknoten** *m* tie knot **Krawattenmode** *f* tie fashion **Krawattenmuster** *nt* pattern on a tie **Krawattennadel** *f* tiepin **Krawattenschal** *m* cravat **Krawattenträger(in)** *m(f)* **~ sein** to wear ties

kraxeln *vi sein* SÜDD, ÖSTERR ■**[auf etw** *akk***] ~** to clamber [onto sth]

Kreation <-, -en> *f* MODE creation

kreativ I. *adj* creative
II. *adv* (*geh*) creatively

Kreativdirektor(in) *m(f)* creative director

Kreativität <-> *f kein pl* (*geh*) creativity, creativeness

Kreativurlaub *m holiday with emphasis on creative pursuits*

Kreatur <-, -en> *f* ❶ (*Geschöpf*) creature; **alle ~en** (*geh*) all creatures *pl*
❷ (*pej: willenloses Werkzeug*) minion
▸ WENDUNGEN: **die stumme ~** (*geh*) dumb creatures *pl*

Krebs1 <-es, -e> *m* ❶ ZOOL crayfish, crawfish
❷ *kein pl* KOCHK (*Krebsfleisch*) crab; **rot wie ein ~** red as a lobster
❸ *kein pl* ASTROL Cancer; **[ein] ~ sein** to be [a] Cancer

Krebs2 <-es, -e> *m* ❶ MED (*Tumor*) cancer; **~ erregend** carcinogenic; **~ erregend wirken** to cause cancer; **~ haben, an ~ leiden** to have [*or* suffer from] cancer
❷ HORT canker

Krebsbehandlung *f* cancer treatment **Krebsdiagnose** *f* diagnosis of cancer

krebsen *vi* (*fam*) ❶ (*Krebse fangen*) to catch crayfish
❷ (*nicht gut abschneiden*) to struggle; ■**vor sich hin ~** to languish
❸ (*mühsam leben*) ■**[irgendwo] ~** to struggle [somewhere]; **mit etw ~ gehen** DIAL to try to turn sth to one's advantage

Krebserkrankung *f* cancer[ous] condition **Krebserreger** *m* MED carcinogen **Krebsforschung** *f kein pl* MED, SCH cancer research *no pl* **Krebsfrüherkennung** *f kein pl* MED early cancer diagnosis **Krebsgang** *m kein pl* regression ▸ WENDUNGEN: **den ~ gehen** (*geh*) to go backwards **Krebsgeschwulst** *f* cancerous tumour [*or* AM -or] **Krebsgeschwür** *nt* MED cancerous ulcer **Krebsklinik** *f* cancer clinic **krebskrank** *adj* suffering from cancer; ■**~ sein** to suffer from [*or* have] cancer **Krebskranke(r)** *f(m) dekl wie adj* person suffering from cancer, cancer victim **Krebsnachbehandlung** *f* cancer aftercare **Krebsoperation** *f* cancer operation **Krebspatient(in)** *m(f)* cancer patient **Krebsrisikofaktor** *m* MED cancer risk factor **krebsrot** *adj* red as a lobster **Krebsschere** *f* BOT water soldier **Krebssuppe** *f* crab soup **Krebsverdacht** *m* suspicion of cancer **Krebsvorbeugung** *f* cancer prevention **Krebsvorsorge** *f kein pl* MED, ADMIN precautions *pl* against cancer **Krebsvorsorgeuntersuchung** *f* cancer check-up **Krebszelle** *f* cancer cell

Kredenz <-, -en> *f* (*veraltet*) sideboard

kredenzen* *vt* (*geh*) ▪**jdm etw** ~ to pour sb sth

Kredit[1] <-[e]s, -e> *m* credit; (*Darlehen*) loan; ~ **mit fester Laufzeit** fixed-term loan; **fälliger/laufender** ~ straight loan/open credit; [**für etw**] **einen** ~ [**bei jdm**] **aufnehmen** to take out a loan [for sth] [with sb]; **jdm** ~ **geben** [*o* **gewähren**] to give [*or* offer] sb credit; ~ **gebend** lending *attr;* ~ **gebende Bank** lending bank; [**bei jdm**] ~ **haben** to be given credit [*or* considered financially trustworthy] by sb; **auf** ~ on credit; ~ **nehmend** borrowing *attr;* ~ **nehmende Bank** borrowing bank

▸ WENDUNGEN: [**seinen**] ~ **verspielen** to lose one's good repute [*or* standing]

Kredit[2] <-s, -s> *nt* credit

Kreditabbau *m kein pl* FIN repayment of credit **Kreditabkommen** *nt* JUR credit arrangement [*or* agreement] **Kreditabsicherung** *f* FIN coverage of a loan **Kreditantrag** *m* FIN application for credit; **einen** ~ **stellen** to apply for a loan [*or* an overdraft [facility]] **Kreditaufnahme** *f* FIN borrowing **Kreditaufsicht** *f* FIN credit control **Kreditausfall** *m* FIN credit [*or* loan] loss **Kreditauskunft** *f* FIN status [*or* credit] inquiry **Kreditausweitung** *f* FIN credit extension **Kreditbank** *f* FIN credit bank **Kreditbasis** *f* FIN credit basis **Kreditbedarf** *m* FIN demand for credit; ~ **der öffentlichen Hand** public-sector borrowing requirements **Kreditbedingungen** *pl* FIN credit terms **Kreditberater(in)** *m(f)* FIN loan officer BRIT, credit man AM **Kreditbeschränkung** *f* FIN credit squeeze [*or* restriction] **Kreditbetrag** *m* FIN amount credited; **den** ~ **kürzen/überschreiten** to curtail credit/to exceed the limit **Kreditbetrug** *m* FIN credit fraud **Kreditbewilligung** *m* FIN credit allocation [*or* granting] **Kreditbremse** *f* FIN credit brake **Kreditbrief** *m* FIN letter of credit, L/C; **widerruflicher/unwiderruflicher** ~ revocable/irrevocable letter of credit; **einen** ~ **ausstellen** to issue a letter of credit **Kreditbürgschaft** *f* FIN credit guarantee; **fortlaufende** ~ continuing guarantee **Kreditentscheidung** *f* FIN credit decision **Kreditentzug** *m* FIN withdrawal of credit **Krediterleichterung** *f* FIN relaxation [*or* ease] in credit **Krediteröffnungsvertrag** *m* FIN credit agreement **kreditfähig, kreditwürdig** *adj* FIN creditworthy **Kreditfähigkeit** *f kein pl* FIN creditworthiness **Kreditfazilität** *f* FIN credit facility **Kreditgarantie** *f* FIN credit guarantee **kreditgebend** *adj* FIN *s.* **Kredit**[1] **Kreditgeber(in)** *m(f)* creditor **Kreditgefährdung** *f* JUR impairment of credit standing **Kreditgeschäft** *nt* FIN credit [*or* loan] business; (*einzelne Transaktion*) credit transaction **Kreditgesellschaft** *f* FIN credit society **Kreditgesuch** *nt* FIN application for credit; **ein** ~ **ablehnen** to refuse a request for credit

Kreditgewährung *f* extending [*or* granting] of credit **Kreditgewährung** *f* FIN credit allocation, granting of a credit **Kreditgrenze** *f* FIN credit limit **Kredithai** *m* (*fam*) loanshark **Kredithilfe** *f* FIN financial aid; **jdm die** ~ **entziehen** to withdraw sb's credit **Kredithöhe** *f* FIN amount credited

kreditieren* *vt* FIN ❶ (*Kredit gewähren*) ▪**etw** ~ to grant credit for sth; **einen teuren Bauauftrag** ~ to grant credit for a costly construction contract
❷ (*gutschreiben*) ▪**jdm etw** ~ to credit sb with sth; **einem Schuldner einen Betrag** ~ to advance a debtor an amount on credit, to credit a debtor with an amount; **Bauaufträge** ~ to finance building contracts

Kreditierung <-, -en> *f* FIN crediting

Kreditierungsverbot *nt* FIN exclusion of crediting

Kreditinanspruchnahme *f* FIN use of credit **Kreditinstitut** *nt* bank **Kreditinstitutsrecht** *nt* FIN law on credit institutions **Kreditkarte** *f* credit card; **mit** ~ **bezahlen** to pay by [*or* have sth put on one's] credit card **Kreditkarteninformation** *f* credit card information **Kreditkarteninhaber(in)** *m(f)* FIN credit card holder **Kreditkartenmissbrauch**[RR] *m* JUR credit card misuse **Kreditkartenquittung** *f* credit card receipt **Kreditkauf** *m* HANDEL credit purchase; (*Ratenkauf*) hire purchase **Kreditknappheit** *f kein pl* FIN credit squeeze **Kreditkosten** *pl* FIN borrowing costs **Kreditkündigung** *f* JUR notice of withdrawal of credit **Kreditlaufzeit** *f* ÖKON term [*or* duration] of a [*or* the] loan **Kreditleihe** *f* FIN loan of credit **Kreditlimit** *nt* FIN *des Nehmers* credit limit; *des Gebers* lending limit **Kreditlinie** *f s.* **Kreditrahmen** **Kreditmarkt** *m* FIN credit market **Kreditmittel** *pl* FIN credit resources **Kreditmodalitäten** *pl* FIN credit facilities **Kreditmöglichkeiten** *pl* FIN credit resources **Kreditnachforschung** *f* FIN credit [*or* status] inquiry **Kreditnachfrage** *f* ÖKON demand for credit **kreditnehmend** *adj* FIN *s.* **Kredit**[1] **Kreditnehmer(in)** <-s, -> *m(f)* borrower

Kreditor, Kreditorin <-s, Kreditoren> *m, f* FIN creditor

Kreditpapier *nt* FIN credit instrument **Kreditplafond** [-pla'fõ:] *m* FIN borrowing limit **Kreditprovision** *f* FIN procuration fee **Kreditrahmen** *m* credit limit **Kreditrestriktion** *f* FIN credit restriction [*or* squeeze] **Kreditschöpfung** *f* credit creation **Kreditsicherheit** *pl* FIN security [against advances], collateral **Kreditsperre** *f* FIN credit freeze **Kreditspritze** *f* FIN credit injection **Kreditüberwachung** *f* FIN credit control **Kreditunterlage** *f* FIN credit instrument **Kreditverhandlungen** *pl* ÖKON loan talks **Kreditverlängerung** *f* FIN extension of credit **Kreditvermittler(in)** *m(f)* FIN credit agent, loan broker **Kreditvermittlungsvertrag** *m* JUR loan brokerage contract **Kreditvertrag** *m* FIN credit agreement [*or* contract] **Kreditvorschriften** *pl* JUR credit terms [*or* conditions] **Kreditwesen** *nt kein pl* FIN credit system **Kreditwesengesetz** *nt* JUR act regulating banking and credit business **Kreditwirtschaft** *f kein pl* ÖKON lending business **kreditwirtschaftlich** I. *adj inv* FIN credit-policy *attr,* relating to credit *pred* II. *adv* FIN in credit terms; ~ ***gesehen, ist das Finanzgebahren dieser Bank äußerst fragwürdig*** the way this bank deals with credit is highly suspect **Kreditwucher** *m kein pl* JUR usury *no pl, no indef art* **kreditwürdig** *adj* creditworthy **Kreditzinsen** *pl* FIN interest *no pl* on borrowed money

Kredo <-s, -s> *nt* REL ❶ (*Apostolisches Glaubensbekenntnis*) creed, credo
❷ (*Teil der Messe*) credo

Kreide <-, -n> *f* ❶ (*weicher Kalkstein*) chalk
❷ (*zum Schreiben und Malen*) chalk
❸ GEOL (*Kreidezeit*) Cretaceous [period]
▸ WENDUNGEN: **in die** ~ **geraten** to fall into debt; **auf** ~ **leben** to live on tick [*or* AM credit]; [**bei jdm**] [**tief**] **in der** ~ **stehen** (*fam*) to owe sb [a lot of] money, to be [deep] in debt to sb

kreidebleich *adj* ▪~ **sein/werden** to be/become as white as chalk [*or* a sheet] **Kreidefelsen** *m* chalk cliff **Kreideformation** *f* GEOL Cretaceous formation **kreideweiß** *adj s.* **kreidebleich** **Kreidezeichnung** *f* chalk drawing **Kreidezeit** *f* GEOL Cretaceous period

kreieren* *vt* KUNST, MODE ▪**etw** ~ to create sth

Kreis[1] <-es, -e> *m* ❶ MATH circle; **einen** ~ **beschreiben** [*o* **schlagen**] [*o* **ziehen**] to draw a circle; **einen** ~ **um jdn bilden** to form a circle around [*or* encircle] sb; **sich im** ~[**e**] **drehen** [*o* **bewegen**] to turn round in a circle, to move in circles; **im** ~ **gehen** to go round in circles; **den** ~ **um etw schließen** to close the circle around sth; **im** ~ in a circle; **ein Vogel zieht seine** ~**e** (*geh*) a bird is circling
❷ (*Gruppe*) circle
❸ *pl* (*gesellschaftliche Gruppierung*) circles *pl;* **aus den besten** ~**en** from the best circles; **in den besten** ~**en vorkommen** to happen in the best of circles; **im engen** [*o* **kleinen**]/**engeren/engsten** ~**e** in a small/smaller/very small circle; ***die Hochzeit fand im engsten Kreise statt*** only close friends and family were invited to the wedding; **im** ~**e seiner Familie** in the bosom of his family
❹ (*umgrenzter Bereich*) range, scope
▸ WENDUNGEN: **ein magischer** ~ a magic circle; **weite** ~**e** wide sections; **jdm dreht sich alles im** ~**e** everything is going round and round in sb's head, sb's head is spinning; **den** ~ **schließen** to close the circle; **der** ~ **schließt sich** the wheel turns [*or* we've come] full circle; **störe meine** ~**e nicht!** (*hum*) leave me in peace!; ~**e ziehen** to have repercussions

Kreis[2] <-es, -e> *m* ADMIN district

Kreisabschnitt *m* segment **Kreisausschnitt** *m* sector **Kreisbahn** *f* orbit **Kreisbewegung** *f* circular movement **Kreisbogen** *m* arc

kreischen *vi* ❶ ORN (*hell krächzen*) to squawk
❷ (*hysterisch schreien*) to squeal, to shriek
❸ (*quietschen*) to screech

kreischend *adj inv Bremsen* squealing, screeching; *Mensch* screeching, shrieking; *Vogel* screeching, squawking

Kreisdiagramm *nt* pie chart

Kreisel <-s, -> *m* ❶ (*Spielzeug*) spinning top; **den** ~ **schlagen** to spin the top
❷ TRANSP (*fam*) roundabout

Kreiselkompass[RR] *m* gyroscopic compass

kreiseln *vi* ❶ *sein o haben* (*sich drehen*) ▪[**irgendwohin**] ~ to spin around [somewhere]
❷ *haben* (*einen Kreisel* ~) to spin a top

Kreiselpumpe *f* TECH centrifugal pump

kreisen *vi* ❶ *sein o haben* ASTRON, RAUM (*sich in einer Kreisbahn bewegen*) ▪**um etw** ~ to orbit [*or* revolve around] sth
❷ *sein o haben* LUFT, ORN (*Kreise ziehen*) ▪[**über etw** *dat*] ~ to circle [over sth]
❸ *sein o haben* (*in einem Kreislauf befindlich sein*) ▪[**in etw** *dat*] ~ to circulate [through sth]
❹ *sein o haben* (*sich ständig drehen*) ▪**um jdn/etw** ~ to revolve around sb/sth
❺ *haben* (*herumgereicht werden*) to go [*or* be passed] around

Kreisfläche *f* area of a circle **kreisförmig** I. *adj* circular; ▪~ **sein** to be circular, to form a circle II. *adv* in a circle

kreisfrei *adj* ADMIN ▪~ **sein** *to be independent from a district administration*

Kreisgericht *nt* JUR district court **Kreisinhalt** *m s.* **Kreisfläche** **Kreisinsel** *f* TRANSP *central traffic-free area on roundabout* **Kreiskolbenmotor** *m* AUTO rotary piston engine

Kreiskrankenhaus *nt* district hospital

Kreislauf *m* ❶ MED (*Blutkreislauf*) circulation
❷ (*Zirkulation*) cycle

Kreislaufkollaps *m* circulatory collapse; **einen** ~ **bekommen** [*o geh* **erleiden**] to have [*or* suffer from] a circulatory collapse **Kreislaufmittel** *nt* cardiac stimulant **Kreislaufstillstand** *m kein pl* MED circulatory arrest *no pl* **Kreislaufstörungen** *pl* circulatory disorder, circulation [*or* circulatory] problems *pl;* ~ **haben** [*o* **an** ~ **leiden**] to have [*or* suffer from] circulatory problems **Kreislaufwirtschaft** *f kein pl* ÖKOL recycling

kreisrund *adj* ▪~ **sein** to be perfectly circular

Kreissäge *f* circular saw

Kreissägeblatt *nt* circular saw blade

kreißen *vi* MED (*veraltend*) to be in labour [*or* AM -or]; *s. a.* **Berg**

Kreissparkasse *f* FIN district savings bank

Kreißsaal *m* delivery room

Kreisstadt *f* district principal town **Kreistag** *m* district assembly

Kreisumfang *m* circumference **Kreisumlage** *f* FIN county rates *pl* BRIT *hist* (*communities' contribution to the local authority's budget*) **Kreisverband** *m* POL *local branch of a political party, made up of members from one particular Kreis or administrative district* **Kreisverkehr** *m* roundabout **Kreisverwaltung** *f* district administration [*or* authority] **Kreisvorsitzende(r)** *f(m) dekl wie adj* chair of the district authority **Kreisvorstand** *m* district executive **Kreiswahlleiter(in)** *m(f)* JUR

K

district returning officer **Kreiswehrersatzamt** *nt* district [army] recruiting office

Krematorium <-s, -rien> [*pl* -'to:riən] *nt* crematorium

Kreme[RR] <-, -s> *f s.* **Creme**

kremig I. *adj* KOCHK creamy
II. *adv* **etw ~ schlagen/rühren** to whip/stir sth until creamy, to cream sth

Kreml <-s> *m* ▪ **der** ~ the Kremlin

Krempe <-, -n> *f* MODE brim

Krempel <-s> *m kein pl* (*pej fam*) ① (*ungeordnete Sachen*) mess *fam*, stuff *fam*; ***überall liegt irgendwelcher ~ herum*** there's stuff lying around all over the place
② (*Ramsch*) junk
▶ WENDUNGEN: **er kann seinen ~ allein machen** he can [damn well *fam*] do it himself; **den ganzen ~ hinwerfen** to chuck it all in *fam*

krempeln *vt* SCHWEIZ ▪ **etw ~** to roll up sth

Kren <-s> *m kein pl* BOT, KOCHK SÜDD, ÖSTERR horseradish

Kreolen *pl* hoop earrings *pl*

krepieren* *vi sein* ① (*sl: zugrunde gehen*) to croak *sl*; ▪ **jdm ~** to die on sb *fam*
② MIL (*zerplatzen*) to go off, to explode

Krepp[1] <-s, -e *o* -s> *m* crepe

Krepp[RR2] <-s, -e *o* -s> *m* KOCHK crêpe

Kreppapier[RR] *nt* crepe paper **Kreppsohle** *f* crepe sole

Kresse <-, -en> *f* cress

Kreta *nt* Crete; *s. a.* **Sylt**

Kreter(in) <-s, -> *m(f)* Cretan

Krethi und Plethi *pl mit vb im sing oder pl* (*geh*) every Tom, Dick and Harry *fam*

Kretin <-s, -s> [kre'tɛ̃:] *m* ① (*pej geh: Dummkopf*) cretin
② MED cretin

Kretinismus <-> *m kein pl* cretinism

kretisch *adj inv* Cretan

kreucht *vi* ▶ WENDUNGEN: **alles, was da ~ und fleucht** (*hum*) all creatures great and small

kreuz ▶ WENDUNGEN: **~ und quer** hither and thither *form*, all over the place *fam*, all over, in all directions; ***wir sind ~ und quer durch Boston gelaufen*** we walked all over [*or* around] Boston

Kreuz <-es, -e> *nt* ① REL (*Folterbalken*) cross; **jdn ans ~ schlagen** to nail sb to the cross, to crucify sb
② (*Symbol*) crucifix; **das Eiserne ~** the Iron Cross; **das Rote ~** the Red Cross; **das ~ nehmen** to embark on a crusade
③ (*Zeichen in Form eines Kreuzes*) cross; **ein ~ schlagen** [*o* **machen**] to cross oneself, to make the sign of the cross; **über[s] ~** crosswise
④ ANAT (*Teil des Rückens*) lower back; **es im ~ haben** (*fam*) to have back trouble; **eine Frau aufs ~ legen** (*sl*) to lay a woman
⑤ TRANSP (*fam*) intersection
⑥ *kein pl* KARTEN clubs *pl*
⑦ MUS sharp
▶ WENDUNGEN: **das ~ des Südens** the Southern Cross; **fast** [*o* **beinahe**] **aufs ~ fallen** to be flabbergasted; **zu ~e kriechen** to eat humble pie *fam*; **jdn aufs ~ legen** (*fam*) to fool sb; **mit jdm über ~ liegen** to be on bad terms [*or* at daggers drawn] with sb; **drei ~e machen** (*fam*) to be so relieved; **sein ~ auf sich** *akk* **nehmen** (*geh*) to take up one's cross; **ein ~ hinter jdm schlagen** [*o* **machen**] (*fam*) to be glad when sb has left, to bid sb good riddance; **ein ~ mit jdm/etw sein** (*fam*) to be a constant bother with sb/sth *fam*; ***es ist ein Kreuz mit ihm*** he's a real plaghet; **sein ~ [geduldig] tragen** (*geh*) to bear one's cross

Kreuzass[RR] *nt* KARTEN ace of clubs **Kreuzband** *nt* ANAT cruciate ligament **Kreuzbein** *nt* ANAT sacrum **Kreuzblütler** <-s, -> *m* BOT crucifous plant **Kreuzbruchfalz** *m* TYPO cross fold **Kreuzbube** *m* KARTEN jack of clubs **Kreuzdorn** *m* BOT buckthorn

kreuzen I. *vt haben* ① BIOL (*durch Paarung kombinieren*) ▪ **etw [mit etw] ~** to cross sth [with sth]
② TRANSP (*queren*) ▪ **etw ~** to cross sth
③ (*verschränken*) ▪ **etw ~** to cross sth; **die Beine/Arme ~** to cross one's legs/arms
④ (*sich überschneiden*) ▪ **etw ~** to cross sth
II. *vr haben* ▪ **sie kreuzen sich** ① (*sich entgegenstehen*) to oppose, to clash; *s. a.* **Weg**
② (*sich begegnen*) to cross; ***ihre Wege kreuzten sich*** their paths crossed
③ (*sich überschneiden*) to cross, to intersect; ***unsere Briefe kreuzten sich*** our letters crossed
III. *vi sein o haben* ① NAUT (*Zickzackkurs steuern*) to tack
② (*sich hin- und herbewegen*) to cruise; ***Flugzeuge kreuzten über dem Gebiet*** planes cruised over the area

Kreuzer <-s, -> *m* ① NAUT (*gepanzertes Kriegsschiff*) cruiser
② HIST (*kleine Scheidemünze*) kreutzer

Kreuzestod *m* (*geh*) [death by] crucifixion; **den ~ erleiden** to die on the cross

Kreuzfadenstich *m* thread cross-over **Kreuzfahrer(in)** *m(f)* HIST crusader **Kreuzfahrt** *f* cruise; **eine ~ machen** to go on a cruise **Kreuzfahrtschiff** *nt* cruise liner [*or* ship] **Kreuzfeuer** *nt* crossfire ▶ WENDUNGEN: **[von allen Seiten] ins ~ [der Kritik] geraten** to come under fire [from all sides]; **im ~ [der Kritik] stehen** to be under fire **kreuzfidel** *adj* (*fam*) ▪ **~ sein** happy as a pig in muck *fam* **kreuzförmig** I. *adj* cross-shaped II. *adv* in the shape of a cross **Kreuzgang** *m* cloister **Kreuzgewölbe** *nt* cross vault

kreuzigen *vt* ▪ **jdn ~** to crucify sb

Kreuzigung <-, -en> *f* HIST crucifixion

Kreuzknoten *m* reef [*or* square] knot **Kreuzkümmel** *m* cumin **Kreuzotter** *f* ZOOL adder, viper **Kreuzritter** *m* HIST ① (*Ritter als Kreuzfahrer*) crusader ② (*Deutschordensritter*) knight of the Teutonic Order **Kreuzschlitzschraube** *f* Phillips screw **Kreuzschlitzschraubendreher** *m* Phillips screwdriver® **Kreuzschlüssel** *m* wheel brace; AUTO 4-way lug wrench **Kreuzschmerzen** *pl* backache, lower back pain; **~ haben** [*o* **bekommen**] [*o fam* **kriegen**] to have [*or* get] backache [*or* lower back pain] **Kreuzschnabel** *m* ORN crossbill **Kreuzspinne** *f* cross spider **Kreuzstich** *m* cross-stitch

Kreuzung <-, -en> *f* ① TRANSP (*Straßenkreuzung*) crossroad *usu pl*
② *kein pl* BIOL (*das Kreuzen*) cross-breeding
③ ZOOL, BIOL (*Bastard*) mongrel

Kreuzungsexperiment *nt* BIOL cross

kreuzungsfrei I. *adj* TRANSP without [*or* free of] crossroads
II. *adv* TRANSP without [*or* free of] crossroads

Kreuzverhör *nt* JUR cross-examination; **jdn ins ~ nehmen, jdn einem ~ unterziehen** to cross-examine sb **Kreuzweg** *m* ① TRANSP (*Wegkreuzung*) crossroad ② KUNST, REL (*Darstellung der Passion*) way of the Cross; **den ~ beten** to do the stations of the Cross ▶ WENDUNGEN: **am ~ stehen** to be at the crossroads

kreuzweise *adv* crosswise
▶ WENDUNGEN: **du kannst mich/leck mich ~!** (*derb*) fuck off! *fam!*, get stuffed! BRIT *sl*

Kreuzworträtsel *nt* crossword [puzzle]; **[ein] ~ lösen** [*o* **machen**] to solve [*or fam* do] a crossword **Kreuzzeichen** *nt* the sign of the cross **Kreuzzug** *m* ① HIST crusade; **einen ~ machen** [*o* **unternehmen**] to make [*or* go on] a crusade ② (*geh: fanatische Kampagne*) crusade

Krevette <-, -n> [-'vɛ-] *f* shrimp

kribb(e)lig *adj* (*fam*) ① (*unruhig*) edgy *fam*; **jdn [ganz] ~ machen** to make sb [very] nervous [*or fam* edgy]
② (*prickelnd*) tingly *fam*

kribbeln I. *vi* ① *haben* (*jucken*) ▪ **[jdm** [*o* **jdn**]] **irgendwo kribbeln** to be itching somewhere; ***mir kribbelt es am Rücken*** my back is itching
② *haben* (*prickeln*) ▪ **[jdm** [*o* **jdn**]] **irgendwo kribbeln** to be tingly somewhere; ***das kribbelt so schön auf der Haut*** it's so nice and tingly on the skin
③ *sein* (*krabbeln*) to crawl; **~ und krabbeln** to scurry, to swarm around
II. *vi impers haben* ▪ **[von etw] ~** to be swarming [with sth]; *s. a.* **Finger**

Krickente *f* ORN green-winged teal

Kricket <-s, -s> *nt* SPORT cricket

kriechen <kroch, gekrochen> *vi* ① *sein* (*sich auf dem Bauch vorwärts bewegen*) ▪ **[irgendwohin] ~** to crawl [somewhere]; **nicht mehr ~ können** to be on one's last legs
② *sein* (*sehr langsam vergehen*) to creep by
③ *sein* AUTO (*langsam fahren*) to creep [*or* crawl] [along]
④ *sein o haben* (*pej: unterwürfig sein*) ▪ **[vor jdm] ~** to grovel [before sb], to crawl [*or* go crawling] [to sb]

Kriecher(in) <-s, -> *m(f)* (*pej fam*) bootlicker *fam*, groveller, lickspittle

kriecherisch *adj* (*pej fam*) grovelling, bootlicking, servile

Kriechspur *f* TRANSP crawler [*or* AM slow] lane **Kriechtempo** *nt* snail's pace **Kriechtier** *nt* ZOOL reptile

Krieg <-[e]s, -e> *m* ① MIL war; **ein atomarer/konventioneller ~** a nuclear/conventional war; **ein heiliger Krieg** a holy war; **der Dreißigjährige ~** the Thirty Years' War; **der Hundertjährige ~** the Hundred Year War; **der Siebenjährige ~** the Seven Year War; **sich im ~ [mit jdm] befinden, im ~ [mit jdm] sein** MIL to be at war [with sb]; **jdm/einem Land den ~ erklären** to declare war on sb/a country; **~ [gegen jdn/mit jdm] führen** to wage war [on sb]; **~ führend** warring, belligerent; **aus dem ~ heimkehren** to come home from the war; **für den ~ rüsten** to arm for war; **~ sein, ~ haben** to be [*or* have a] war; **in den ~ ziehen** to go to [*or* enter into] war
② (*Art der Kriegsführung*) warfare
▶ WENDUNGEN: **häuslicher ~** domestic strife; **der kalte ~** the Cold War; **jdm/einer S. den ~ ansagen** to declare war on sb/sth

kriegen[1] I. *vt* (*fam*) ① (*bekommen*) ▪ **etw [von jdm] ~** to get sth [from sb]; ***ich nehme diesen Ring, was ~ Sie dafür [von mir]?*** I'll take this ring, what do you want for it [*or* what do I owe you for it]?; ***ich kriege noch 20 DM von dir*** you still owe me 20 marks; ***das Buch ist nirgends zu ~*** you can't get that book anywhere; ▪ **etw getan kriegen** to get sth done; ***hast du die Arbeit auch bezahlt gekriegt?*** did you get paid for the work?; ***er hat das Auto ausgeliehen gekriegt*** he got to borrow the car, he got the loan of the car; **den Schrank in den Aufzug ~** to get the cupboard into the lift [*or* AM elevator]; **etw zu sehen ~** to get to see sth
② TRANSP (*noch erreichen*) ▪ **etw ~** to catch sth; **den Zug ~** to catch the train
③ (*erwischen*) ▪ **jdn ~** to catch [*or* get a hold of] sb
④ MED (*befallen werden*) **eine Krankheit ~** to get [*or* catch] [*or* come down with] an illness
⑤ MED (*verabreicht bekommen*) **eine Spritze/ein Präparat ~** to get an injection/medication
⑥ (*zur Welt bringen*) **ein Kind ~** to have a baby; ***sie kriegt ein Kind*** she's going to have a baby
⑦ (*bedacht werden*) **Prügel/eine Ohrfeige ~** to get a hiding [*or* slap] in the face, to get a clip round the ears [*or* AM on the ear]
⑧ (*dazu veranlassen*) ▪ **jdn dazu ~, etw zu tun** to get sb to do sth
⑨ (*es schaffen*) ▪ **etw gemacht ~** to get sth done, to manage to do sth; ***ich kriege das schon geregelt*** I'll get it sorted; ***den Satz kriegt er bestimmt nicht übersetzt*** he won't manage to translate that sentence
▶ WENDUNGEN: **es mit jdm zu tun ~** to be in trouble with sb; **es nicht über sich ~, etw zu tun** to not be able to bring oneself to do sth; **zu viel ~** ***ich krieg' zu viel!*** that's really too much!
II. *vr* (*fam*) ▪ **sie ~ sich** they get it together *fam*

kriegen[2] *vi* (*Krieg führen*) to make war

Krieger(in) <-s, -> *m(f)* warrior
▶ WENDUNGEN: **ein müder ~ sein** (*hum fam*) to

have nothing left in one
Kriegerdenkmal *nt* war [veteran] memorial
kriegerisch I. *adj* ❶ (*kämpferisch*) warring, belligerent
❷ (*militärisch*) military; **eine ~e Auseinandersetzung** a military conflict; ***im Verlauf der ~en Ereignisse*** during the fighting
II. *adv* belligerently
Kriegerwitwe *f* (*veraltend*) war widow
Kriegführung *f s.* **Kriegsführung**
Kriegsakademie *f* HIST military academy **Kriegsanleihe** *f* HIST war loan **Kriegsausbruch** *m* outbreak of war **Kriegsbeginn** *m* start of the war **Kriegsbeil** *nt* tomahawk ▸ WENDUNGEN: **das ~ ausgraben** to start a fight; **das ~ begraben** to bury the hatchet **Kriegsbemalung** *f* HIST war paint ▸ WENDUNGEN: **in** [**voller**] ~ (*hum fam: sehr stark geschminkt*) in [full] war paint *fam;* (*mit Orden behangen*) decorated like a Christmas tree *fam* **Kriegsbereitschaft** *f kein pl* readiness for war *no pl* **Kriegsberichterstatter(in)** *m(f)* war correspondent **kriegsbeschädigt** *adj* war-disabled **Kriegsbeschädigte(r)** *f(m) dekl wie adj* war-disabled person **Kriegsdauer** *f* duration of the war
Kriegsdienst *m* (*veraltend*) military service; **den ~ verweigern** to be a conscientious objector
Kriegsdienstverweigerer <-s, -> *m* conscientious objector **Kriegsdienstverweigerung** *f* conscientious objection
Kriegsende *nt* end of the war **Kriegserklärung** *f* declaration of war **Kriegsfall** *m* event of war **Kriegsfilm** *m* war film **Kriegsflüchtling** *m* war refugee **Kriegsfolge** *f* consequence of war **Kriegsführung** *f* warfare; (*Art*) conduct of war; **psychologische** ~ psychological warfare **Kriegsfuß** *m* ▸ WENDUNGEN: **mit jdm auf ~ stehen** (*fam*) to be at loggerheads with sb; **mit etw auf ~ stehen** to be no good with sth **Kriegsgebiet** *nt* war zone **Kriegsgefahr** *f* MIL, POL ❶ *kein pl* (*Gefahr des Ausbruchs eines Krieges*) danger of war [breaking out] *no pl* ❷ (*Gefahr während eines Krieges*) danger of war **Kriegsgefangene(r)** *f(m) dekl wie adj* prisoner of war, POW **Kriegsgefangenschaft** *f* captivity; **in ~ geraten** to become a prisoner of war; **in ~ sein** [*o geh* **sich befinden**] to be [held] in captivity [*or* a prisoner of war] **Kriegsgegner(in)** *m(f)* ❶ POL (*Pazifist*) pacifist ❷ MIL (*Feind*) enemy **Kriegsgerät** *nt* military equipment **Kriegsgericht** *nt* court martial; **jdn vor ein** [*o fam* **vors**] ~ **stellen** to court-martial sb **Kriegsgewinnler** *m* (*pej*) war-profiteer **Kriegsgott, -göttin** *m, f* god of war *masc,* goddess of war *fem* **Kriegsgräberfürsorge** *f* War Graves Commission **Kriegsgräuel**RR, **Kriegsgreuel** *pl* (*geh*) war atrocities **Kriegsgräuel**RR, **Kriegsgreuel** *pl* (*geh*) war atrocities **Kriegshafen** *m* naval port **Kriegshandlung** *f* act of war **Kriegshetze** *f* (*pej*) warmongering **Kriegshetzer(in)** <-s, -> *m(f)* (*pej*) warmonger **Kriegsindustrie** *f* armaments industry **Kriegsjahr** *nt* year of the war, war year **Kriegskamerad** *m* (*veraltend*) wartime comrade **Kriegslist** *f* stratagem **kriegslüstern** *adj* (*pej*) war-hungry; ■ ~ **sein** to be hungry for war **Kriegsmarine** *f* navy **Kriegsopfer** *nt* (*geh*) victim of war **Kriegsopferrente** *f* war victim's pension **Kriegspartei** *f* warring party [*or* faction] **Kriegspfad** *m* ▸ WENDUNGEN: **auf dem ~ sein** to be on the warpath **Kriegsrat** *m kein pl* ▸ WENDUNGEN: ~ **halten** (*hum*) to hold a council of war, to put one's heads together **Kriegsrecht** *nt kein pl* martial law *sing;* **das ~ verhängen** to impose martial law **Kriegsregion** *f* war zone **Kriegsreporter(in)** *m(f)* war correspondent [*or* reporter] **Kriegsschaden** *m* war damage **Kriegsschauplatz** *m* war arena, theatre [*or* AM -er] of war [*or* operations] **Kriegsschiff** *nt* war ship **Kriegsspiel** *nt* ❶ (*einen Krieg simulierendes Spiel*) war game ❷ MIL (*militärisches Planspiel*) war game **Kriegsspielzeug** *nt* war toy **Kriegsstärke** *f* war establishment **Kriegstanz** *m* war dance **Kriegsteilnehmer(in)** *m(f)* ❶ (*aktiv im Krieg*) combatant ❷ (*Staat*) belligerent country ❸ (*Veteran*) war veteran **kriegstraumatisiert** *adj* traumatized by war **Kriegstreiber(in)** *m(f)* POL (*pej*) warmonger *pej* **Kriegsverbrechen** *nt* war crime **Kriegsverbrecher(in)** *m(f)* war criminal **Kriegsverbrechertribunal** *nt* war crimes tribunal **Kriegsverletzte(r)** *m* wounded soldier **Kriegsverletzung** *f* war wound **kriegsversehrt** *adj s.* **kriegsbeschädigt Kriegsversehrte(r)** *f(m) dekl wie adj* war-disabled person, disabled ex-serviceman **Kriegsveteran** *m* MIL war veteran **Kriegswaffenbuch** *nt* JUR register of military weapons **Kriegswaffenliste** *f* JUR war weapons list **Kriegswirtschaft** *f* wartime economy **Kriegszeit** *f* wartime; **in ~en** in times of war **Kriegszerstörung** *f* war destruction **Kriegszustand** *m* state of war; **sich im ~** [**mit etw**] **befinden** to be at war [with sth]
Krill <-[e]s, -e> *m* ZOOL krill
Krim <-> *f* ■**die** ~ the Crimea; **auf der** ~ in the Crimea
Krimi <-s, -s> *m* (*fam*) ❶ (*Kriminalroman*) detective novel, murder mystery
❷ TV (*Kriminalfilm*) thriller
Kriminalbeamte(r), -beamtin *m, f* (*geh*) detective, BRIT *a.* CID officer **Kriminaldirektor(in)** *m(f)* JUR chief-inspector of the Kriminalpolizei **Kriminalfall** *m* criminal case **Kriminalfilm** *m* thriller **Kriminalgeschichte** *f* criminal history
kriminalisieren* *vt* ❶ (*als kriminell hinstellen*) ■**etw** ~ to criminalize sth
❷ (*zum Kriminellen machen*) ■**jdn** ~ to criminalize sb
Kriminalisierung <-, -en> *f* criminalization
Kriminalist(in) <-en, -en> *m(f)* ❶ (*Mitglied der Kriminalpolizei*) detective
❷ (*Experte für Verbrechen*) criminologist
Kriminalistik <-> *f kein pl* criminology
kriminalistisch I. *adj* criminological, detective-like
II. *adv* ~ **begabt sein** to be a good detective
Kriminalität <-> *f kein pl* ❶ (*Straffälligkeit*) criminality; **organisierte** ~ organized crime
❷ (*Rate der Straffälligkeit*) crime rate
Kriminalkommissar(in) *m(f)* detective superintendent BRIT **Kriminalpolizei** *f* ❶ (*Abteilung für Verbrechensbekämpfung*) Criminal Investigation Department BRIT, CID BRIT, plainclothes police AM
❷ (*Beamte der ~*) CID officers *pl* BRIT, plainclothes police officers *pl* AM **kriminalpolizeilich** *adj inv* CID-, Criminal Investigation Department *attr* **Kriminalpolizist(in)** *m(f)* CID [*or* AM plainclothes police] officer **Kriminalroman** *m* detective novel **Kriminalstatistik** *f* crime statistics *npl* [*or* figures *pl*]
kriminell *adj* ❶ (*verbrecherisch*) criminal; ■~ **werden** to turn to crime, to become criminal [*or* delinquent]
❷ (*fam: gefährlich*) criminal, outrageous *hum fam*
Kriminelle(r) *f(m) dekl wie adj* criminal
Kriminologe, -login *m, f* criminologist
Kriminologie <-> *f kein pl* criminology
kriminologisch *adj inv* criminological
Krimkrieg *m* HIST the Crimean War
Krimskrams <-es> *m kein pl* (*fam*) junk
Kringel <-s, -> *m* ❶ KOCHK (*ringförmiges Gebäck*) ring-shaped biscuit [*or* AM cookie], ring
❷ (*Schnörkel*) squiggle, [round] doodle; ***beim Telefonieren malt er immer*** ~ he always [draws] doodles when he's on the phone
kringeln *vr* ❶ (*sich umbiegen*) ■**sich** ~ to curl [up]
❷ (*fam*) ■**sich** [**vor Lachen**] ~ to kill oneself [laughing]; ■**zum** ~ hilarious
Krinoline <-, -n> *f* HIST, MODE crinoline
Kripo <-, -s> *f* (*fam*) *kurz für* **Kriminalpolizei**
❶ (*Institution Kriminalpolizei*) ■**die** ~ the CID [*or* AM plainclothes police]
❷ (*Beamte der Kriminalpolizei*) CID [*or* AM plainclothes police] officers
Krippe <-, -n> *f* ❶ (*Futterkrippe*) hayrack, manger
❷ REL (*Weihnachtskrippe*) crib, manger
❸ (*Kinderkrippe*) crèche BRIT, day nursery AM
▸ WENDUNGEN: **an der ~ sitzen** to have one's snout in the trough *pej*
Krippenspiel *nt* REL nativity play **Krippentod** *m* MED cot [*or* AM crib] death
Krischna <-s> *m* REL (*hinduistische Gottheit*) Krishna
Krise <-, -n> *f* ❶ (*schwierige Situation*) crisis
❷ MED crisis
kriseln *vi impers* (*fam*) **es kriselt** there's a crisis looming *fam*
krisenanfällig *adj Unternehmen, Regierung* crisis-prone **krisenfest** *adj* stable, crisis-proof **Krisengebiet** *nt* crisis zone
krisengeschüttelt *adj inv* crisis-ridden [*or* -torn]
krisenhaft *adj inv* critical
Krisenherd *m* trouble spot **Krisenhilfe** *f* crisis aid **Krisenintervention** *f* crisis intervention **Krisenkartell** *nt* ÖKON crisis cartel **Krisenmanagement** *nt* crisis management **Krisenmanager(in)** *m(f)* crisis manager **Krisenmaßnahme** *f* crisis [*or* emergency] measures *pl;* **~n ergreifen** to take crisis [*or* emergency] measures **Krisenplan** *m* contingency plan **Krisenreaktionskräfte** *pl der Bundeswehr* rapid reaction force **Krisensitzung** *f* crisis meeting, emergency session **Krisenstab** *m kein pl* action [*or* crisis] committee **Krisenzeit** *f* period of crisis
Kristall[1] <-s, -e> *m* crystal; **~e bilden** to form crystals
Kristall[2] <-s> *nt kein pl* ❶ (*Kristallglas*) crystal
❷ (*Gegenstände aus ~*) crystal
kristallartig *adj inv* crystalline
Kristallbildung *f* crystallization
kristallen *adj* crystal
Kristalleuchter *m s.* **Kristallleuchter Kristallgitter** *nt* crystal lattice **Kristallglas** *nt* ❶ *kein pl* (*hochwertiges Glas*) crystal glass ❷ (*kristallenes Trinkglas*) crystal glass
kristallin *adj* crystalline
kristallinisch *adj inv* crystalline
Kristallisation <-, -en> *f* crystallization
Kristallisationspunkt *m* ❶ CHEM crystallization point
❷ (*fig*) focal point
kristallisieren* I. *vi* ■[**zu etw**] ~ to crystallize [into sth]
II. *vr* ■**sich** [**zu etw**] ~ to crystallize [into sth]
kristallklar *adj* crystal-clear **Kristallleuchter**RR *m* crystal chandelier **Kristallnacht** *f* HIST *s.* **Reichskristallnacht Kristallografie**RR, **Kristallographie** <-, -n> *f* PHYS, GEOL crystallography **Kristallspiegel** *m* polished glass mirror **Kristallsystem** *nt* crystal system **Kristallvase** *f* crystal vase **Kristallzucker** *m* refined sugar
Kriterium <-s, -rien> [*pl* -'teːriən] *nt* (*geh*) criterion; [**bei etw**] **bestimmte Kriterien anlegen** to apply certain criteria [to sth]
Kritik <-, -en> *f* ❶ *kein pl* (*Urteil*) ■~ [**an jdm/etw**] criticism [of sb/sth]; **sachliche** ~ fair comment, impartial criticism; **sich der ~ stellen** to make oneself available to answer criticism; **an jdm/etw ~ üben** (*geh*) to criticize sb/sth; **ohne jede** ~ uncritically
❷ (*Beurteilung*) critique; **gute/schlechte ~en bekommen** [*o* **haben**] to receive [*or* have] good reviews
❸ MEDIA (*Rezension*) review
▸ WENDUNGEN: **unter aller ~ sein** (*pej fam*) to be beneath contempt
Kritiker(in) <-s, -> *m(f)* ❶ (*jd, der jdn/etw kritisiert*) critic
❷ MEDIA (*Rezensent*) critic
Kritikfähigkeit *f kein pl* ability to be critical
kritiklos I. *adj* uncritical
II. *adv* uncritically
kritisch I. *adj* ❶ (*kritisierend*) critical
❷ (*bedenklich*) critical; ■[**für jdn**] ~ **werden** to become critical [for sb]
II. *adv* critically
kritisieren* I. *vt* ■**jdn/etw** ~ to criticize sb/sth;

K

an jdm/etw etwas zu ~ haben [*o* **finden**] to have [*or* find] sth to criticize about sb/sth
II. *vi* to criticize
kritteln *vi* (*pej*) to find fault, to carp
Kritzelei <-, -en> *f* (*pej fam*) ❶ *kein pl* (*das Kritzeln*) scribbling
❷ (*Gekritzel*) scribble
kritzeln I. *vi* to scribble
II. *vt* ■**etw** ~ to scribble sth; ***er hatte mir eine Nachricht auf einen Notizzettel gekritzelt*** he had scribbled a note for me on his notepad
Kroate, Kroatin <-n, -n> *m, f* Croat; *s. a.* **Deutsche(r)**
Kroatien <-s> [-tsiən] *nt* Croatia; *s. a.* **Deutschland**
kroatisch *adj* Croatian; *s. a.* **deutsch 1, 2**
kroch *imp von* **kriechen**
Krokant <-s> *m kein pl* KOCHK ❶ (*Masse*) chopped and caramelized nuts
❷ (*gefüllte Praline*) [praline filled with] cracknel
Krokette <-, -n> *f* croquette
Kroko <-s> *nt kein pl* (*fam*) croc *fam*
Krokodil <-s, -e> *nt* crocodile
Krokodilleder *nt* crocodile leather
Krokodilstränen *pl* (*fam*) crocodile tears *pl;* ~ **weinen** [*o* **vergießen**] to cry [*or* shed] crocodile tears
Krokoleder *nt* crocodile leather [*or* skin]
Krokus <-, - *o* -se> *m* BOT crocus
Krone <-, -n> *f* ❶ (*Kopfschmuck eines Herrschers*) crown
❷ (*das Herrscherhaus*) ■**die** [**...**] ~ the [...] crown
❸ BOT (*Baumkrone*) top
❹ MED (*Zahnkrone*) crown, cap
❺ (*Währungseinheit: in Skandinavien*) krone; (*in der Tschechei*) crown
❻ (*Einstellknopf einer Uhr*) winder
► WENDUNGEN: **die ~ des Ganzen** on top of everything else; **die ~ der Schöpfung** (*hum*) the crowning glory of creation; **etw fährt jdm in die** ~ sth gets on sb's nerves; **einen in der ~ haben** (*fam*) to have had one too many *fam;* **die ~ sein** (*fam*) to beat everything; **etw** *dat* **die ~ aufsetzen** (*fam*) to crown [*or* top] sth
krönen *vt* ❶ (*durch die Krone inthronisieren*) ■**jdn** [**zu etw**] ~ to crown sb [sth]
❷ ARCHIT (*überspannen*) ■**etw** ~ to crown [*or* cap] sth
❸ (*geh: Höhepunkt sein*) ■**etw** ~ to crown sth; ***seine Rede krönte den Abend*** his speech was the highlight of the evening; ***der köstliche Nachtisch krönte das Menü*** the delicious dessert was the crowning glory of the meal
Kronenbraten *m* KOCHK crown roast **Kron(en)korken** *m* crown cap **Kronenreibe** *f* abrading grater
Kronfleisch *nt* KOCHK boiled beef skirt **Kronkolonie** *f* crown colony **Kronkorken** *m* crown cap **Kronleuchter** *m* chandelier **Kronlichtnelke** *f* BOT lychnis **Kronprinz, -prinzessin** *m, f* ❶ (*Thronfolger*) crown prince *masc,* crown princess *fem* ❷ (*fig*) heir apparent **Kronprinzessin** <-, -nen> *f fem form von* **Kronprinz** crown princess
Kronsbeere *f* NORDD (*Preiselbeere*) cranberry
Krönung <-, -en> *f* ❶ (*Höhepunkt*) high point
❷ (*das Krönen*) coronation
Kronzeuge, -zeugin *m, f* JUR ~ **sein** to give King's/Queen's evidence; [**in etw** *dat*] **als ~ auftreten** to turn King's/Queen's evidence [in sth]
Kronzeugenregelung *f* JUR *reduced sentences for witnesses turned Queen's evidence*
Kropf <-[e]s, Kröpfe> *m* ❶ MED (*Schilddrüsenvergrößerung*) goitre [*or* AM -er]
❷ ORN (*vom Vogel*) crop
► WENDUNGEN: **so unnötig** [*o* **überflüssig**] **wie ein ~ sein** (*fam*) to be totally unnecessary [*or* superfluous], to be as much as a hole in the head
Kropfband *nt* ❶ MED goitre [*or* AM -er] band
❷ MODE choker
Kroppzeug *nt kein pl* NORDD (*pej sl*) scum *pej*

krossRR, kroß I. *adj* KOCHK crusty
II. *adv* KOCHK crustily
Krösus <-, -se> *m* (*reicher Mensch*) Croesus
► WENDUNGEN: **doch kein ~ sein** (*fam*) to not be made of money *fam*
Kröte <-, -n> *f* ❶ ZOOL toad
❷ *pl* (*sl: Geld*) pennies *pl*
❸ (*fam*) brat *fam;* (*pej: Miststück*) bugger BRIT *masc pej fam,* asshole AM *masc pej fam,* bitch *fem pej fam*
► WENDUNGEN: **eine ~ schlucken müssen** to have to swallow a bitter pill
Krs. *m Abk von* **Kreis**
Krücke <-, -n> *f* ❶ (*Stock für Gehbehinderte*) crutch; **an ~n gehen** to walk on crutches
❷ (*sl: Nichtskönner*) washout
❸ (*fam: untaugliches Gerät*) piece [*or fam* heap] of junk
Krückstock *m* walking stick
Krug[1] <-[e]s, Krüge> *m* (*Gefäß zur Aufbewahrung*) jug; (*Trinkgefäß*) tankard, mug
► WENDUNGEN: **der ~ geht so lange zum Brunnen, bis er bricht** (*prov*) what goes around comes around *prov*
Krug[2] <-es, Krüge> *m* NORDD inn, pub
Krüllbohne *f* flageolet bean
Krume <-, -n> *f* ❶ (*geh: Krümel*) crumb
❷ AGR (*Ackerkrume*) topsoil
Krümel <-s, -> *m* ❶ (*Brösel*) crumb; ~ [**auf etw** *akk*] **machen** to make crumbs [on sth]
❷ DIAL (*fam*) tiny tot *fam*
krümelig *adj* crumbly
krümeln *vi* ❶ (*Krümel machen*) to make crumbs
❷ (*leicht zerbröseln*) to crumble; ■**~d** crumbly
krumm I. *adj* ❶ (*verbogen*) bent, crooked; ~ **und schief** askew
❷ (*gebogen*) *Nase* hooked; *Rücken* hunched, crooked; *Beine* bandy
❸ (*pej fam: unehrlich*) crooked, bent; **ein ~es Ding drehen** to pull off sth crooked; **es auf die ~e Tour versuchen** to try to fiddle sth
❹ (*nicht rund*) odd
II. *adv* (*gebogen*) **etw ~ biegen** to bend sth; ~ **gehen** to walk with a stoop; ~ **sitzen/stehen** to slouch; **etw ~ machen** to bend sth; [**jdm**] **etw ~ nehmen** (*fam*) to take offence [*or* AM -se] at sth [sb said or did]; **es jdm ~ nehmen, dass ...** (*fam*) to hold it against sb, that ...; **sich ~ legen** (*fam*) to skimp and save *fam*
► WENDUNGEN: **sich ~ und schief lachen** (*fam*) to split one's sides laughing; *s. a.* **Finger**
krummbeinig *adj* bow-[*or* bandy-]legged
krümmen I. *vt* ❶ (*biegen*) ■**etw** ~ to bend sth; **den Rücken** ~ to arch one's back; **die Schultern** ~ to slouch one's shoulders
❷ MATH, PHYS ■**gekrümmt** curved
II. *vr* ❶ (*eine Biegung machen*) ■**sich** ~ *Fluss* to wind; *Straße* to bend
❷ (*sich beugen*) ■**sich** ~ to bend
❸ (*sich winden*) ■**sich** ~ to writhe; **sich vor Schmerzen** ~ to writhe in pain
❹ (*fam: sich krumm und schief lachen*) ■**sich** [**vor Lachen**] ~ to double up [with laughter]
Krümmer <-s, -> *m* AUTO manifold
krummlachen *vr* (*fam*) ■**sich** *akk* [**über etw** *akk*] ~ to laugh one's head off [at sth] **krummnasig** *adj* (*pej*) ■~ **sein** to have a crooked nose **Krummsäbel** *m* scimitar **Krummstab** *m* REL crozier
Krümmung <-, -en> *f* ❶ (*Biegung*) bend; *Weg* turn
❷ ANAT, MED (*gekrümmte Form*) curvature
❸ MATH, PHYS curvature
Kruppe <-, -n> *f* ZOOL croup, crupper
Krüppel <-s, -> *m* cripple; **jdn zum ~ schlagen/schießen** to cripple sb
krüppelhaft <-er, -este> *adj* stunted
krüpp(e)lig *adj* deformed, crippled
Kruspelspitz *m* KOCHK ÖSTERR (*Fleischstück aus der Rinderschulter*) *tough beef cut from below the shoulder, used for boiling*

Kruste <-, -n> *f* crust; (*Bratenkruste*) crackling
Krustenbildung *f* (*von Schorf*) formation of a scab **Krustentier** *nt* crustacean
krustig *adj* ❶ (*Verkrustungen aufweisend*) encrusted
❷ MED (*eine Kruste habend*) encrusted
Kruzifix <-es, -e> *nt* REL (*Kreuz mit Korpus*) crucifix; ~! (*veraltet fam*) swounds! *dated fam*
Kruzitürken *interj* (*sl*) bloody hell! BRIT *fam,* damn it! AM *fam*
Krypta <-, Krypten> *f* crypt
kryptisch *adj* cryptic
Krypton <-s> *nt kein pl* krypton
KSZE <-> *f kein pl Abk von* **Konferenz über Sicherheit und Zusammenarbeit in Europa** CSCE, Conference on Security and Cooperation in Europe
Kto. *nt Abk von* **Konto** acc. BRIT, acct. AM, a/c AM
Kuba <-s> *nt* Cuba; *s. a.* **Sylt**
Kubaner(in) <-s, -> *m(f)* Cuban; *s. a.* **Deutsche(r)**
kubanisch *adj* Cuban; *s. a.* **deutsch**
Kübel <-s, -> *m* ❶ (*großer Eimer*) bucket, pail
❷ HORT (*Pflanzkübel*) container
❸ (*Ersatz-WC im Gefängnis*) toilet bucket, crapper *sl*
► WENDUNGEN: [**wie**] **aus/in/mit ~n regnen** [*o* **gießen**] [*o* **schütten**] to rain [in] buckets
Kuben *pl von* **Kubus**
Kubikmeter *m o nt* cubic metre [*or* AM -er] **Kubikwurzel** *f* cube root **Kubikzahl** *f* cube number **Kubikzentimeter** *m* cubic centimetre [*or* AM -er]
kubisch *adj* (*geh*) cubic
Kubismus <-> *m kein pl* cubism
Kubist(in) <-en, -en> *m(f)* cubist
kubistisch *adj* cubist
Kubus <-, Kuben *o* -> *m* (*geh*) cube
Küche <-, -n> *f* ❶ (*Raum für das Kochen*) kitchen
❷ (*Gesamtheit der Küchenmöbel*) kitchen
❸ KOCHK (*Art des Kochens*) cuisine; **gutbürgerliche** ~ homestyle cooking; **warme/kalte** ~ hot/cold food
❹ (*Küchenpersonal*) kitchen staff
Kuchen <-s, -> *m* cake; **backe, backe ~** (*Kinderreim*) pat a cake, pat a cake ...
Küchenabfall *m* kitchen waste *no pl* **Küchenbeleuchtung** *f* kitchen lighting **Kuchenblech** *nt* baking sheet **Küchenbulle** *m* MIL (*sl*) cookhouse wallah *sl* **Küchenchef(in)** *m(f)* chef **Küchenfenster** *nt* kitchen window
Kuchenform *f* baking tin
Küchenfußboden *m* kitchen floor
Kuchengabel *f* pastry fork
Küchengerät *nt* kitchen utensil **Küchenhandtuch** *nt* hand towel
Küchenherd *m* range, cooker BRIT, stove AM **Küchenkrepp** *m* kitchen roll **Küchenmaschine** *f* food processor **Küchenmesser** *nt* kitchen knife
Kuchenmesser *nt* cake knife **Kuchenpalette** *f* cake pallet
Küchenpersonal *nt* kitchen staff **Küchenregal** *nt* kitchen shelf **Küchenreiniger** *m* kitchen cleaner **Küchenrolle** *f* kitchen roll **Küchenschabe** *f* cockroach **Küchenschelle** *f* BOT pasqueflower **Küchenschere** *f* kitchen knife **Küchenschrank** *m* kitchen cupboard **Küchenschublade** *f* kitchen drawer **Küchensieb** *nt* sieve
Kuchenteig *m* cake mixture
Küchentisch *m* kitchen table **Küchentuch** *nt* kitchen cloth **Küchentür** *f* kitchen door **Küchenwaage** *f* kitchen scales *pl* **Küchenzeile** *f* BAU kitchen unit
Küchlein[1] <-s, -> *nt* DIAL (*veraltend: Küken*) chick
Küchlein[2] <-s, -> *nt* DIAL little cake
Kücken <-s, -> *nt* ÖSTERR (*Küken*) chick
kucken *vi* NORDD (*fam*) *s.* **gucken**
kuckuck *interj* ❶ (*Ruf des Kuckucks*) cuckoo
❷ (*fam: hallo*) cuckoo
Kuckuck <-s, -e> *m* ❶ ORN cuckoo

❷ (*fam: Pfandsiegel*) bailiff's seal
▶ WENDUNGEN: **ein ~ unter Nachtigallen** an amateur among professionals; **geh** [*o* **scher dich**] **zum ~!** (*euph fam*) go to hell! *fam*, clear off! *fam*, beat it! *fam*; **hol's der ~!** (*euph fam*) botheration! BRIT *fam*, damn! AM *fam*; **der ~ soll dich holen!** (*fam*) get lost! *fam*; **bei jdm ist der ~ los** everything is topsy-turvy with sb; [**das**] **weiß der ~!** (*euph fam*) God only knows! *fam*; **jdn zum ~ wünschen** to wish sb would get lost; **zum ~** [**noch mal**]! (*euph fam*) damn it! *fam*

Kuckucksei *nt* ❶ ORN (*das Ei eines Kuckucks*) cuckoo's egg ❷ (*fam*) unpleasant surprise ❸ (*fam: Pflegekind*) another man's child in one's family

Kuckucksuhr *f* cuckoo clock

Kuddelmuddel <-s> *m o nt kein pl* (*fam*) muddle *fam*; (*Unordnung*) mess; (*Verwirrung*) confusion

Kudu <-s, -s> *m* ZOOL kudu

Kufe <-, -n> *f* ❶ (*Schiene*) *Schlitten* runner; *Schlittschuh* blade
❷ LUFT skid

Küfer(in) <-s, -> *m(f)* ❶ SÜDD (*Böttcher*) cooper
❷ (*Weinküfer*) cellarman

Kugel <-, -n> *f* ❶ MATH sphere
❷ SPORT ball; (*Kegelkugel*) bowl; **die ~ rollt** (*bei Roulette*) the roulette wheels are spinning; (*beim Kegeln*) the ball is rolling
❸ (*Geschoss*) bullet; **sich** *dat* **eine ~ durch den Kopf jagen** [*o* **schießen**] to shoot a bullet through one's head, to blow one's brains out *sl*
❹ HIST (*Kanonenkugel*) canonball
❺ KOCHK rump; (*Eis~*) scoop
▶ WENDUNGEN: **eine ruhige ~ schieben** (*fam*) to have a cushy time *sl*, BRIT *a.* to be on a cushy number *sl*; ***bei ihrem Job schiebt sie eine ruhige ~*** her job is a cushy number

Kugelausstecher *m* butter scoop (*for scooping little balls from butter, fruit or avocados*) **Kugelblitz** *m* METEO ball lightning

Kügelchen <-s, -> *nt dim von* **Kugel** small ball

Kugelfang *m* ❶ (*Vorrichtung*) bullet screen ❷ (*Person*) person acting as a bullet screen **kugelförmig** *adj* spherical **Kugelgelenk** *nt* ❶ ANAT ball-and-socket joint ❷ TECH ball-and-socket joint **Kugelhagel** *m* hail of bullets

kugelig *adj s.* **kugelförmig**

Kugelkoordinaten *pl* MATH spherical coordinates *pl*

Kugelkopf *m* TECH golf ball **Kugelkopfmaschine** *f* golf-ball typewriter **Kugelkopfschreibmaschine** *f* golf ball typewriter **Kugellager** *nt* ball bearing

kugeln *vi sein* (*rollen, fallen*) ■**irgendwohin ~** to roll somewhere
▶ WENDUNGEN: **zum K~ sein** (*fam*) to be hilarious [*or* a scream]

kugelrund *adj* ❶ (*kugelförmig*) ■**~ sein** to be round as a ball ❷ (*fam: feist und rundlich*) tubby *fam* **Kugelschreiber** *m* ballpoint, Biro® BRIT, Bic® AM **Kugelschreibermine** *f* ballpoint refill, refill for a ballpoint pen **kugelsicher** *adj* bullet-proof **Kugelsternhaufen** *m* ASTRON globular [star [*or* stellar]] cluster **Kugelstoßen** <-s> *nt kein pl* SPORT shot put **Kugelstoßer(in)** <-s, -> *m(f)* shot-putter

Kuh <-, Kühe> *f* ❶ ZOOL cow
❷ (*weibliches Tier*) cow
❸ (*pej fam: Frau*) bitch *fam*, cow BRIT *pej fam*; **blöde** [*o* **dumme**] **~** stupid [*or* silly] cow BRIT *pej fam*
▶ WENDUNGEN: **die ~ ist vom Eis** (*fam*) that's settled; ***die ~ ist noch lange nicht vom Eis*** it's not over by a long shot; **wie die ~ vorm Berg** [*o* **neuen Scheunentor**] *fam* **dastehen** to be completely baffled *fam*; **heilige ~** sacred cow; **melkende ~** milk cow

Kuhdorf *nt* (*pej fam*) one-horse town *fam* **Kuherbse** *f* black-eye bean **Kuhfladen** *m* cow-pat BRIT, cow patty AM **Kuhglocke** *f* cow bell **Kuhhandel** *m* (*pej fam*) horse trade *pej fam* **Kuhhaut** *f* (*Fell eines Rindes*) cowhide ▶ WENDUNGEN: **das geht auf keine ~** (*sl*) that's going too far *fam* **Kuhherde** *f* herd of cows **Kuhhirt(e)**, **-hirtin** *m, f* cowherd, cowboy *masc*, cowgirl *fem* **Kuhhorn** *nt* cow's horn

kühl I. *adj* ❶ (*recht kalt*) cool, chilly; ***draußen wird es ~*** it's getting chilly outside; *s. a.* **Grund, Kopf**
❷ (*reserviert*) cool
II. *adv* ❶ (*recht kalt*) **etw ~ lagern** to store sth in a cool place; **etw ~ servieren** KOCHK to serve sth cool [*or* chilled]; **etw ~ stellen** KOCHK to leave sth in a cool place
❷ (*reserviert*) coolly

Kühlanlage *f* refrigeration [*or* cold-storage] plant **Kühlbox** *f* cooler

Kuhle <-, -n> *f* hollow

Kühle <-> *f kein pl* (*geh*) ❶ (*kühle Beschaffenheit*) cool
❷ (*Reserviertheit*) coolness

kühlen I. *vt* ■**etw ~** to cool [*or* chill] sth; ■**gekühlt** coolled, chilled
▶ WENDUNGEN: **sein Mütchen an jdm ~** to take it out on sb
II. *vi* to cool

kühlend *adj inv* cooling

Kühler <-s, -> *m* ❶ AUTO bonnet; **jdm vor den ~ rennen** [*o* **laufen**] (*fam*) to run into sb's car
❷ (*Sektkühler*) ice bucket

Kühlerfigur *f* AUTO bonnet mascot **Kühlergrill** *m* AUTO radiator grille [*or* AM grill] **Kühlerhaube** *f* AUTO *s.* **Motorhaube Kühlflüssigkeit** *f* coolant **Kühlgut** *nt* chilled cargo **Kühlhaus** *nt* refrigerated storage building **Kühlhauseffekt** *m kein pl* METEO cooling of the earth's atmosphere **Kühlkreislauf** *m* TECH cooler circuit **Kühlmittel** *nt* coolant, cooling agent **Kühlmittelkreislauf** *m* coolant cycle **Kühlmittelpumpe** *f* AUTO coolant pump **Kühlmitteltemperatur** *f* coolant [*or* refrigerant] temperature **Kühlraum** *m* refrigerated storage room **Kühlraumladung** *f* refrigerated cargo **Kühlrippe** *f* AUTO cooling fin **Kühlschiff** *nt* refrigerator ship **Kühlschrank** *m* refrigerator, fridge *fam* **Kühltasche** *f* cool bag **Kühltruhe** *f* freezer chest **Kühlturm** *m* TECH cooling tower

Kühlung <-, -en> *f* ❶ (*Abkühlung*) cooling
❷ (*geh: Erfrischung*) cooling; **zur ~** to cool down

Kühlwagen *m* ❶ BAHN (*Waggon mit Kühlanlage*) refrigerator [*or* cold-storage] wagon, Brit [*or* AM car]
❷ AUTO (*Lkw mit Kühlaggregat*) refrigerator [*or* cold-storage] truck **Kühlwasser** *nt kein pl* coolant

Kuhmilch *f* cow's milk **Kuhmist** *m* cow dung

kühn I. *adj* ❶ (*wagemutig*) brave
❷ (*gewagt*) bold
II. *adv* **eine ~ geschwungene Nase** an aquiline nose

Kühnheit <-, -en> *f* ❶ *kein pl* (*Wagemut*) bravery
❷ *kein pl* (*Gewagtheit*) boldness
❸ (*Dreistigkeit*) audacity

Kuhstall *m* cowshed

Kuiper-Gürtel *m kein pl* ASTRON Kuiper Belt

kujonieren* *vt* (*geh*) ■**jdn ~** to harrass [*or* bully] sb

k.u.k. ÖSTERR *Abk von* **kaiserlich und königlich** imperial and royal

Küken <-s, -> *nt* ❶ ORN (*junges Huhn*) chick
❷ (*fam: junges Mädchen*) young goose *fam*
❸ (*fam: Nesthäkchen*) baby of the family
❹ (*fam: unerfahrener Mensch*) baby

Ku-Klux-Klan <-> *m kein pl* Ku Klux Klan

Kukuruz <-[es]> *m kein pl* ÖSTERR (*Mais*) [sweet] corn

kulant *adj* ÖKON obliging, accomodating; ***es war ~ von ihm, die Arbeitskosten nicht zu berechnen*** it was obliging of him/on his part not to charge anything for labour

Kulanz <-> *f kein pl* ÖKON willingness to oblige, accomodating behaviour [*or* AM -or]; **auf** [*o* **aus**] **~** at the firm's expense

Kulanzzahlung *f* FIN ex gratia payment

Kuli¹ <-s, -s> *m* (*fam*) Biro® BRIT, Bic® AM

Kuli² <-s, -s> *m* ❶ (*chinesischer Lohnarbeiter*) coolie
❷ (*fam: Knecht*) slave, BRIT *a.* dogsbody

kulinarisch *adj* culinary

Kulisse <-, -n> *f* ❶ THEAT (*verschiebbare Bühnendekoration*) scenery
❷ (*Hintergrund*) backdrop
▶ WENDUNGEN: **hinter die ~n blicken** [*o* **schauen**] to look behind the scenes; **nur ~ sein** (*pej fam*) to be merely a facade

Kullenmesser *nt* smoked salmon knife

Kulleraugen *pl* (*fam*) big wide eyes *pl*

kullern *vi sein* (*fam*) ■**irgendwohin ~** to roll somewhere

Kulmination <-, -en> *f* ❶ *einer Entwicklung, Laufbahn* culmination, apex
❷ ASTRON culmination

kulminieren* *vi* (*geh*) ■**in etw** *dat* **~** to culminate in sth

Kult <-[e]s, -e> *m* cult; **einen ~ mit jdm/etw treiben** to make a cult out of sb/sth; **der christliche ~** Christian worship

Kultbild *nt* religious image **Kultbuch** *nt* cult book **Kultfigur** *f* MUS, FILM, MEDIA cult figure **Kultfilm** *m* cult film **Kulthandlung** *f* REL ritual act

kultig *adj* (*sl*) cult; **~e Fernsehserie** cult TV series

kultisch *adj* REL ritual

kultivieren* [-'vi:-] *vt* ❶ (*geh: bewusst pflegen*) to cultivate, to keep up
❷ AGR (*urbar machen*) ■**etw ~** to cultivate sth
❸ (*geh*) ■**etw ~** to cultivate sth

kultiviert [-'vi:ɐt] I. *adj* ❶ (*gepflegt*) cultivated, refined; ■**~ sein** to be refined [*or* sophisticated]
❷ (*von feiner Bildung*) ■**~ sein** to be cultured
II. *adv* ❶ (*gepflegt*) sophisticatedly
❷ (*zivilisiert*) in a refined manner

Kultivierung <-, -en> [-'vi:-] *f* AGR ❶ (*die Urbarmachung*) cultivation
❷ AGR (*geh: der Anbau*) cultivation

Kultobjekt *nt* cult object **Kultstätte** *f* REL place of ritual worship **Kultstatus** *m kein pl* cult status; **~ erreichen/genießen** to gain/enjoy cult status

Kultur <-, -en> *f* ❶ (*Zivilisation*) civilization, culture
❷ *kein pl* (*Zivilisationsniveau*) culture; ***die Bewohner hatten eine hohe ~ erreicht*** the inhabitants had developed a high degree of civilization; **die politische ~** the political culture; **~/keine ~ haben** to be/not be cultured
❸ FORST, HORT (*angebauter Bestand*) plantation
❹ BIOL (*auf Nährböden gezüchtete Mikroorganismen*) culture
❺ *kein pl* BIOL (*das Kultivieren*) cultivation

Kulturabkommen *nt* cultural agreement **Kulturamt** *nt* [local] cultural affairs office; ***das ~ Ettlingen*** the Ettlingen Cultural Affairs Office **Kulturarbeit** *f kein pl* cultural activity [*or pl* activities] **Kulturattaché** *m* cultural attaché **Kulturaustausch** *m* cultural exchange **Kulturbanause** *m* (*pej fam*) philistine *fam* **Kulturbehörde** *f* cultural authority **Kulturbetrieb** *m* cultural activity **Kulturbeutel** *m* toilet [*or* AM toiletries] bag **Kulturbund** *m* cultural association **Kulturdenkmal** *nt* cultural monument **Kulturdezernent(in)** *m(f)* head of the culture department **Kultureinrichtung** *f* cultural institution [*or* facility]

kulturell I. *adj* cultural
II. *adv* culturally

Kulturerlebnis *nt* cultural experience **Kulturetat** *m* culture budget **Kulturfestival** *nt* cultural festival **Kulturfilm** *m* documentary [film] **Kulturfläche** *f* cultivated area, cropland **Kulturförderung** *f* promotion of culture **Kulturgeschichte** *f kein pl* cultural history, history of civilization **kulturgeschichtlich** I. *adj* historico-cultural, relating to history of civilization II. *adv* **~ interessant** [*o* **bedeutsam**] interesting [*or* significant] in terms of cultural history, interesting [*or* significant] from a [*or* AM *usu* an] historico-cultural point of view **Kulturgut** *nt* cultural asset **Kulturgüter** *pl* cultural assets *pl* **Kulturhaus** *nt* arts centre [*or* AM -er] **kulturhistorisch** *adj s.* **kulturgeschichtlich Kulturhoheit** *f kein*

K

pl ADMIN control over the domain of education and culture **Kulturinstitut** *nt* institute of culture **Kulturkampf** *m kein pl* HIST ■**der** ~ the Kulturkampf (*conflict between Prussian state and RC church 1871–87*) **Kulturkreis** *m* cultural environment **Kulturkritik** *f critique of contemporary civilization* **kulturkritisch** *adj* SOZIOL, PHILOS (*geh*) critical of contemporary culture **Kulturlandschaft** *f* ① (*vom Menschen veränderte Naturlandschaft*) artificial landscape ② (*fig*) cultural scene **Kulturleben** *nt kein pl* cultural life

kulturlos *adj* (*pej*) ■~ **sein** to be uncultured [*or* BRIT *a. fam* yobbish]

Kulturminister(in) *m(f)* minister for the arts and culture BRIT, ≈ Heritage Secretary BRIT, Secretary of Cultural Affairs AM **Kulturministerium** *nt* ministry for the arts and culture BRIT, department of cultural affairs AM **Kulturnation** *f* cultural nation **Kulturpessimismus** *m kein pl* (*geh*) cultural pessimism **Kulturpessimismus** *m kein pl* (*geh*) cultural pessimism **Kulturpflanze** *f* cultivated plant **Kulturpolitik** *f kein pl* cultural and educational policy **kulturpolitisch** I. *adj* of cultural and educational policy; **eine ~e Angelegenheit** a matter of cultural and educational policy; **der ~e Ausschuss des Landtags** the cultural and educational policy committee of the regional parliament II. *adv* with regard to cultural and educational policy; ***von der Opposition kamen ~ bedeutsame Vorschläge*** important proposals regarding cultural and educational policy came from the opposition **Kulturprogramm** *nt* ① MEDIA (*Programm kultureller und künstlerischer Darbietungen*) cultural programme [*or* AM -am] *no pl* ② TV, RADIO (*Programm, das aus kulturellen Beiträgen besteht*) cultural programme [*or* AM -am] **Kulturreferent(in)** <-en, -en> *m(f)* culture expert, cultural adviser **Kulturrevolution** *f* POL cultural revolution **Kulturschaffende(r)** *f(m) dekl wie adj* creative artist **Kulturschale** *f* Petri dish **Kulturschande** *f* (*pej fam*) ignominy for a civilized nation *pej* **Kulturschock** *m* culture shock **Kultursenator(in)** *m(f) minister of culture in Hamburg, Bremen or Berlin* **Kultursommer** *m* summer of culture [*or* cultural activities] **Kulturstiftung** *f* cultural donation [*or* endowment] **Kulturstufe** *f* level of civilization **Kulturtag** *m* day of culture **Kulturverein** *m* culture club **Kulturverwaltung** *f* administration of culture **Kulturvolk** *nt* civilized nation **Kulturzentrum** *nt* ① (*Ort*) cultural centre [*or* AM -er] ② (*Anlage*) arts centre [*or* AM -er]

Kultusgemeinde *f* religious community **Kultusminister(in)** *m(f)* Minister of Education and the Arts BRIT, Secretary of Education and Cultural Affairs AM **Kultusministerium** *nt* Ministry of Education and the Arts BRIT, Department of Education and Cultural Affairs AM **Kultusministerkonferenz** *f* conference of ministers for the arts and culture BRIT [*or* AM secretaries of education and cultural affairs]

Kumarin <-s> *nt kein pl* CHEM coumarin

Kümmel <-s, -> *m* ① (*Pflanze*) caraway ② *kein pl* (*Gewürz*) caraway [seed] ③ (*fam: Schnaps*) kümmel

Kummer <-s> *m kein pl* ① (*Betrübtheit*) grief ② (*Unannehmlichkeiten*) problem, trouble; ***gibt es irgendwelchen ~?*** are there any problems?; **wenn das dein einziger ~ ist** (*fam*) if that's your only problem; [**an**] **~ gewöhnt sein** (*fam*) to be used to trouble; **~ haben** to have worries; ***ich sehe doch, dass du ~ hast*** I can see that you're worried about something; **jdm ~ machen** [*o* **bereiten**] to cause sb trouble [*or* worry]; ***irgendetwas muss ihr wohl ~ bereiten*** she must be worried about something or other

Kummerkastenonkel, -tante *m, f* MEDIA (*fam*) agony aunt BRIT, dear Abby columnist AM

kümmerlich I. *adj* ① (*pej: armselig*) miserable, poor; **eine ~e Mahlzeit** a paltry meal; (*dürftig*) meagre [*or* AM -er]; **von einer ~en Rente leben** to live on a meagre pension ② (*miserabel*) pitiful; ***mit dieser ~en Leistung kann sie die Prüfung nicht bestehen*** she won't pass the exam with this pitiful effort; **ein ~er Aufsatz** an extremely pathetic essay ③ (*unterentwickelt*) puny; **ein ~er Baum** a stunted tree II. *adv* (*notdürftig*) in a miserable way; ***sie leben sehr ~ von der Arbeitslosenunterstützung*** they scrape an existence on unemployment benefit; ***Sozialhilfeempfänger müssen sich sehr ~ ernähren*** people on benefits must live on a very meagre diet

Kümmerling <-s, -e> *m* (*pej fam*) weakling

kümmern I. *vt* ■**etw/jd kümmert jdn** sth/sb concerns sb; ***was kümmert mich das?*** what concern is that of mine?; ***es hat ihn noch nie gekümmert, was andere von ihm dachten*** it never worried him what other people thought of him; ***das traurige Kind kümmert mich*** I feel sorry for the sad child II. *vi* (*schlecht gedeihen*) to become stunted III. *vr* ① (*sich jds annehmen*) ■**sich um jdn ~** to look after sb; **sich um seine Gäste ~** to look after one's guests ② (*etw besorgen*) ■**sich um etw ~** to take care of sth; ***wenn du die Hausarbeit machst, kümmere ich mich um den Garten*** if you do the housework I'll see to the garden; ***ich kann mich nicht um alles ~!*** I can't take care of everything!; ■**sich darum ~, dass** to see to it that; ***ich habe mich noch nie darum gekümmert, was andere von mir denken*** I've never cared what other people think of me; ***kümmere dich um deine eigenen Angelegenheiten*** mind your own business

Kümmernis <-, -se> *f* (*geh*) trouble, worry

Kummerspeck *m* (*hum fam*) excess weight due to emotional problems; **~ ansetzen** to put on weight due to emotional problems **kummervoll** *adj* (*geh*) sorrowful, woeful *form*, woebegone *liter*; ***dein Gesicht ist so ~*** you look so sad

Kumpan(in) <-s, -e> *m(f)* (*pej fam*) pal *fam*, mate BRIT *fam*, buddy AM *fam*

Kumpel <-s, -> *m* ① (*Bergmann*) miner ② (*fam: Kamerad*) friend, pal, mate BRIT *fam*, buddy AM *fam*; ***Veronika ist ein toller ~*** Veronika is a fantastic friend

Kumquat <-, -s> *f* BOT kumquat

Kumulation <-, -en> *f* accumulation; JUR (*Häufung*) cumulation

Kumulationprinzip *nt* JUR cumulative system of penalties **Kumulationseffekt** *m* JUR cumulation effect

kumulativ *adj* FIN cumulative; **~e Vorzugsdividende** cumulative preference [*or* AM preferred] dividend

kumulieren* I. *vr* (*sich anhäufen*) ■**sich ~** to accumulate II. *vt* ■**etw ~** to amass sth; ÖKON to accumulate sth; **kumulierter Verlust** accumulated losses

Kumulierung <-, -en> *f* accumulation

Kumulierungsverbot *nt* POL rule against accumulations

Kumuluswolke *f* METEO cumulus [cloud]

kündbar *adj* ① (*sich kündigen lassend*) terminable; *Arbeitsvertrag* subject to termination [*or* notice]; ■[**irgendwie**] **~ sein** to be terminable in a certain way; ***Angestellte sind nur unter Einhaltung bestimmter Fristen ~*** employees can only be dismissed after a certain period of notice; ***ältere Mitarbeiter sind nicht mehr ~*** older employees can no longer be dismissed ② JUR (*Möglichkeit der Kündigung enthaltend*) subject to notice; ***bei der Police handelt es sich um einen nach fünf Jahren ~en Vertrag*** the policy involves a contract that is subject to five years notice; ***das Abonnement ist nur mit Dreimonatsfrist ~*** the subscription can only be terminated with three months notice

Kündbarkeit <-> *f kein pl* terminability; **mit gegenseitiger ~** subject to notice on either side

Kunde <-, *selten* -en> *f kein pl* (*veraltend geh*) news + *sing vb*, tidings *npl*; **jdm eine betrübliche/erfreuliche ~ bringen** to have some bad/good news for sb; **von etw ~ erhalten** to receive news about sth; **von etw ~ geben** [*o* **ablegen**] to bear witness to sth

Kunde, Kundin <-n, -n> *m, f* ① (*Käufer*) customer; (*für Dienstleistungen*) client; **langjähriger/treuer/zufriedener ~** long-standing/loyal/satisfied customer ② (*pej fam: Kerl*) customer *pej fam*; **ein ganz übler ~ sein** to be a real nasty customer

künden I. *vt* ① (*geh: ver~*) ■**etw ~** to presage sth *form* ② SCHWEIZ (*kündigen*) to resign II. *vi* (*geh: Zeugnis von etw ablegen*) ■**von etw ~** to bear witness to sth

Kundenabnahme *f* HANDEL customer take-up **Kundenakzept** *nt* HANDEL trade bill, customer's acceptance **Kundenanfrage** *f* HANDEL customer inquiry **Kundenberater(in)** *m(f)* customer consultant **Kundenberatung** *f* customer advisory service

Kundendienst *m* ① *kein pl* (*Service*) after-sales [*or* customer] service ② (*Stelle für Service*) customer support office **Kundendienstabteilung** *f* customer service department **Kundendienstmitarbeiter(in)** *m(f)* customer service employee **Kundendienstnetz** *nt* customer service [*or* support] network **Kundendienst-Scheckheft** *nt* AUTO service record

Kundenfang *m kein pl* (*pej*) touting for customers *pej*; **auf ~ gehen** to go out touting for customers *pej* **Kundenkarte** *f* ÖKON store card **Kundenkartei** *f* HANDEL customer [*or* client] list [*or* file] **Kundenkonto** *nt* FIN [charge [*or* credit]] account **Kundenkredit** *m* FIN consumer credit **Kundenkreditgeschäft** *nt* FIN retail credit transaction **Kundenkreis** *m* customers *pl*; (*bei Dienstleistungen*) clients *pl*, clientele **Kundennummer** *f* customer reference number

Kundenschutz *m* HANDEL customer protection **Kundenschutzklage** *f* JUR customer protection suit **Kundenschutzklausel** *f* JUR customer protection clause **Kundenschutzvereinbarung** *f* JUR customer protection agreement **Kundenschutzvertrag** *m* JUR customer protection contract

Kundenstamm *m* regular clientele **Kundenstock** *m* ÖSTERR customers *pl* **Kundenunterstützung** *f kein pl* ÖKON customer support **Kundenvertrag** *m* JUR customer contract **Kundenwechsel** *m* FIN trade bill, customer's acceptance **Kundenzeitschrift** *f* customer magazine **Kundenzuzahlung** *f* HANDEL customer's payment

kund|geben *vt irreg* (*geh*) ■[**jdm**] **etw ~** to make sth known [*or* announce sth] [to sb]; **den Behörden eine Demonstration ~** to announce a demonstration to the authorities

Kundgebung <-, -en> *f* POL rally, demonstration

kundig *adj* ① (*geh: sach~*) knowledgeable, well-informed; ***sie ist ~er als ihr Vorgänger*** she's better informed than her predecessor; **sich in einer S./auf einem Gebiet ~ machen** to inform oneself about sth/a subject ② (*veraltend geh: etw beherrschen*) ■**einer S.** *gen* **~ sein** to be an adept at sth

kündigen I. *vt* ① (*Arbeitsverhältnis vorschriftsmäßig beenden*) ■**etw ~** to hand in one's notice, to quit; **seine Arbeit/seinen Job/seine Stelle ~** to hand in one's notice ② (*die Aufhebung von etw anzeigen*) to cancel, to terminate; ■[**jdm**] **etw ~** to give [sb] notice of cancellation with regards to sth; ***Zeitschriftenabonnements können nur mit einer Frist von drei Monaten gekündigt werden*** magazine subscriptions can only be cancelled by giving three months notice; **etw unter Einhaltung der Frist ~** to cancel sth by observing the period of notice; ***ich habe der Vermieterin die Wohnung gekündigt*** I've given the landlady notice that I'm vacating [the flat] ③ FIN ■[**jdm**] **etw ~** to give [sb] notice of withdrawal of sth; ***ich habe erst mal 4000 Mark von meinem Sparbuch gekündigt*** I've given notice to

withdraw 4,000 marks from my savings book; **jdm den Kredit** ~ to discontinue sb's credit
❹ (*die Entlassung ankündigen*) ■**jdn** ~ to dismiss [*or* lay off] sb *sep;* **jdn fristlos** ~ to dismiss sb instantly; ***laut Vertrag kann man sie nur mit einer Frist von sechs Monaten*** ~ according to the contract she has to be given six months notice
II. *vi* ❶ (*das Ausscheiden ankündigen*) ■**[jdm]** ~ to hand in one's notice [to sb]; ***sie hat ihrem Arbeitgeber gekündigt*** she handed in her notice to her employer; ■**bei jdm** ~ to give sb one's notice
❷ (*die Entlassung ankündigen*) ■**jdm** ~ to give sb his/her notice, to lay off sb *sep*
❸ JUR ■**jdm** ~ to give sb notice to quit; ***die Vermieterin hat mir gekündigt*** the landlady gave me notice to quit; ***denke daran, dass du dem Vermieter mit Dreimonatsfrist ~ musst*** don't forget you have to give the landlord three months notice

Kündigung <-, -en> *f* ❶ (*das Kündigen*) cancelling
❷ JUR notice of dismissal, notice to quit; **außerordentliche** ~ extraordinary termination; **fristlose** ~ instant dismissal; ~ **aus wichtigem Grund** termination for grave cause; ~ **eines Vertrags** termination of a contract
❸ FIN notice of withdrawal; ***der Betrag kann erst nach erfolgter ~ abgehoben werden*** the amount can only be withdrawn after having given prior notice; ***wenn sich die Ertragslage eines Unternehmens verschlechtert, kann es zur ~ des Kredites durch die Bank kommen*** if the profitability of a firm deteriorates the bank may withdraw credit
❹ (*Beenden des Arbeitsverhältnisses*) *des Arbeitnehmers* notice, termination; (*Entlassung*) *durch Arbeitgeber* dismissal; (*Kündigen des Arbeitsverhältnisses*) handing in [*or* giving] one's notice; ***was hat dein Chef zu deiner ~ gesagt?*** what did your boss say about your handing in your notice?; ***die ~ eines älteren Arbeitnehmers ist kaum noch möglich*** it is almost impossible to dismiss older employees any more; ~ **durch den Arbeitnehmer** notice of resignation; **betriebsbedingte** ~ redundancy notice; **gesetzlich unterstellte** ~ constructive dismissal; **seine** ~ **einreichen** to hand in one's resignation; ***mit seiner ~ rechnen*** to expect to be fired

Kündigungsbestimmungen *pl* cancellation clause; (*bei Grundbesitz*) [rent] tenure provision **Kündigungsentschädigung** *f* FIN severance pay, redundancy payment BRIT **Kündigungserklärung** *f* declaration of notice **Kündigungsfrist** *f* period of notice; (*Entlassung*) dismissal notice period; **angemessene/gesetzliche** ~ reasonable/statutory period of notice; **mit dreimonatiger** ~ subject to three months' notice; **die** ~ **einhalten** to observe the term of notice; **ohne** ~ without notice **Kündigungsgrund** *m* grounds [*or* reason] for giving notice; ***ohne ~ kann keinem Beschäftigten gekündigt werden*** no employee can be given notice without reason **Kündigungsrecht** *nt* FIN right of notice [*or* cancellation] **kündigungsreif** *adj inv* FIN callable **Kündigungsschutz** *m* protection against unfair dismissal **Kündigungsschutzgesetz** *nt* JUR (*bei Arbeitsverhältnis*) dismissal protection act **Kündigungsschutzklage** *nt* JUR dismissal protection suit **Kündigungstermin** *m* JUR term of notice; (*von Vertrag*) cancellation [*or* termination] date

Kundin <-, -nen> *f fem form von* **Kunde**

Kundschaft <-, -en> *f* ❶ (*Kundenkreis*) customers *pl;* (*bei Dienstleistungen*) clientele
❷ (*Kunden*) customers *pl,* clients *pl,* clientele

kundschaften *vi haben* (*veraltet*) to reconnoitre [*or* AM -er]

Kundschafter(in) <-s, -> *m(f)* MIL (*veraltend*) scout

kund|tun *vt irreg* (*veraltend geh*) ■**[jdm] etw** ~ to make sth known [to sb]

künftig I. *adj* ❶ (*zu~*) future, prospective; **jds ~e Ehefrau/~er Ehemann** sb's future wife/husband
❷ (*kommend*) future, to come; **~e Ausgaben** future expenditure *no pl;* **~e Generationen** generations to come
II. *adv* (*in Zukunft*) in [*or* AM in the] future; **etw ~ vermeiden** to avoid sth in future

Kungelei <-, -en> *f* (*pej fam*) wheeling and dealing *pej fam;* **geheime** ~ secret wheeling and dealing

kungeln *vi* (*pej fam*) ■**mit jdm [um etw]** ~ to strike a bargain with sb [about sth]

Kung-Fu <-[s]> *nt kein pl* SPORT kung fu

Kunst <-, Künste> *f* ❶ KUNST art; **abstrakte** ~ abstract art; **die bildende** ~ graphic art; **die schönen Künste** the fine arts
❷ *kein pl* (*Schulfach*) art
❸ (*Fertigkeit*) art, skill; ***das ist eine ~ für sich*** that's an art in itself; **die schwarze** ~ black magic; **eine brotlose** ~ **sein** (*fam*) to be unprofitable; ***Dichten ist eine brotlose*** ~ there's no money in poetry; **mit seiner** ~ **am Ende sein** to be at a total loss; **seine** ~ **an etw** *dat* **versuchen** to try one's hand at sth
► WENDUNGEN: **das ist** [*o* **darin besteht**] **die ganze** ~ that's all there is to it; **was macht die ~?** (*fam*) how's it going?, BRIT *a.* how are tricks?; **keine** ~ **sein** (*fam*) to be easy [*or* simple] [*or* nothing]

Kunstakademie *f* academy of arts, art college **Kunstausstellung** *f* art exhibit[ion] **Kunstbanause** *m* (*pej*) philistine *pej* **Kunstdarm** *m* artificial [*or* synthetic] sausage skin **Kunstdenkmal** *nt* artistic historical monument **Kunstdruck** *m* art print[ing] **Kunstdruckpapier** *nt* art paper **Kunstdünger** *m* artificial fertilizer [*or* manure] **Kunsteisbahn** *f* artificial ice-rink **Kunsterzieher(in)** *m(f)* (*geh*) art teacher **Kunsterziehung** *f* (*geh*) art **Kunstfaser** *f* synthetic fibre [*or* AM -er] **Kunstfehler** *m* malpractice, professional error **kunstfertig I.** *adj* (*geh*) skilful BRIT, skillful AM, expert **II.** *adv* skilfully BRIT, skillfully AM **Kunstfertigkeit** *f* (*geh*) skill, skilfulness BRIT, skillfullness AM, craftsmanship **Kunstfilm** *m* artistic film; (*als Teil einer Reihe a.*) genre film **Kunstflug** *m* aerobatics + *sing vb* **Kunstform** *f* art form **Kunstfreiheit** *f* JUR freedom of art **Kunstfreund(in)** *m(f)* art lover **Kunstgalerie** *f* art gallery **Kunstgattung** *f* KUNST genre **Kunstgegenstand** *m* objet d'art **kunstgerecht** *adj* skilful BRIT, skillful AM, expert; ***sie legte ihm einen ~en Kopfverband an*** she expertly bandaged his head **Kunstgeschichte** *f* ❶ *kein pl* (*Geschichte der Kunst*) history of art, art history ❷ (*Werk über~*) work on the history of art **Kunstgewerbe** *nt kein pl* ❶ (*Wirtschaftszweig*) arts and crafts ❷ (*kunstgewerbliche Gegenstände*) crafts **kunstgewerblich** *adj* craft; **~e Erzeugnisse** craft products, crafts **Kunstgriff** *m* trick, dodge **Kunsthaar** *nt* artificial hair **Kunsthalle** *f* art gallery **Kunsthandel** *m* art trade **Kunsthändler(in)** *m(f)* art dealer **Kunsthandlung** *f* art shop **Kunsthandwerk** *nt kein pl* KUNST, ÖKON craft[work] *no pl* **Kunstharz** *nt* synthetic resin

Kunsthaus *nt* house of art **Kunstherz** *nt* artificial heart **Kunsthistoriker(in)** *m(f)* KUNST, HIST, SCH art historian **kunsthistorisch I.** *adj* art-historical; **ein ~es Werk** an art-historical work **II.** *adv* as far as the history of art is concerned; ***diese Veröffentlichung ist ~ von großem Interesse*** this publication is of great interest as far as the history of art is concerned; ***sie ist ~ interessiert*** she is interested in art history **Kunsthochschule** *f* art college, college of art **Kunsthonig** *m* artificial honey **Kunstkenner(in)** *m(f)* art connoisseur **Kunstkritiker(in)** *m(f)* art critic **Kunstleder** *nt* imitation leather **Kunstledersessel** *m* imitation [*or* artificial] leather armchair **Kunstlehrer(in)** *m(f)* art teacher

Künstler(in) <-s, -> *m(f)* ❶ (*bildender* ~) [visual] artist, artiste; **freischaffender** ~ free-lance artist
❷ (*Könner*) genius, wizard

Künstlerhaus *nt* artists' house

künstlerisch *adj* artistic; **eine ~e Begabung** an artistic talent

Künstlerkolonie *f* colony of artists **Künstlername** *m* pseudonym; *Schauspieler* stage name **Künstlerpech** *nt kein pl* (*hum fam*) hard luck *no pl* **Künstlerschriften** *pl* fancy types *pl* **Künstlerzeichen** *nt* artist's mark

künstlich I. *adj* ❶ (*industriell hergestellt*) artificial, synthetic; **~e Wimpern/Zähne** false lashes/teeth; ***ist der Rubin echt oder ~?*** is that an imitation ruby or a genuine one?
❷ (*nicht natürlich*) artificial
❸ MED (*nicht natürlich erfolgend*) artificial; **~e Befruchtung** artificial insemination
❹ (*fam: aufgesetzt*) feigned, false, faked, spurious; ~ **Erregung** feigned excitement; ■~ **sein** to be affected [*or* feigned]; ***ob ihre Erregung echt oder nur ~ ist?*** I wonder if she's really excited or just putting it on
II. *adv* ❶ (*fam: beabsichtigt*) affectedly; ***rege dich doch nicht ~ auf, so schlimm ist es nicht!*** stop making out you're upset, it's not that bad!, stop getting all worked up about nothing!
❷ (*industriell*) artificially, synthetically
❸ (*mit Hilfe von Apparaten*) artificially

Kunstlicht *nt* artificial light **Kunstliebhaber(in)** *m(f)* KUNST art lover **Kunstlied** *nt* art song

kunstlos <-er, -este> *adj* plain, purely functional **Kunstmaler(in)** *m(f)* (*geh*) artist, painter **Kunstmarkt** *m* art market **Kunstmuseum** *nt* art museum **Kunstnebel** *m* dry ice *no pl* **Kunstpause** *f* deliberate [*or* dramatic] pause, pause for effect; **eine** ~ **machen** to pause deliberately **Kunstprodukt** *nt* artificial product

Kunstrasen *m* Astroturf®

Kunstreiter(in) <-s, -> *m(f)* trick rider **Kunstrichtung** *f* KUNST trend in art **Kunstsammlung** *f* art collection **Kunstschätze** *pl* art treasures *pl* **Kunstschnee** *m* artificial [*or* synthetic] snow **Kunstseide** *f* artificial [*or* imitation] silk **kunstsinnig** *adj* (*geh*) appreciative of art; ■~ **sein** to be appreciative of art **Kunstsprache** *f* artificial language **Kunstspringen** <-s> *nt* SPORT diving **Kunststein** *m* BAU artificial stone

Kunststoff *m* synthetic material, plastic

kunststoffbeschichtet *adj inv* synthetic-coated, plastic-coated **Kunststofferzeugnis** *nt* plastic product; (*im Gegensatz zu Naturstoffen*) synthetic product **Kunststofffolie**[RR] *f,* **Kunststoffolie** *f* plastic foil **Kunststoffgehäuse** *nt* plastic housing **Kunststoffmodell** *nt* MED synthetic model **Kunststoffpanzer** *m* SPORT plastic protector **Kunststoffrasen** *m* synthetic lawn **Kunststoffrückstand** *m* residue of synthetic material

kunst|stopfen *vt nur infin o pp* **ein Kleidungsstück** ~ **lassen** to get an article of clothing invisibly mended; ***das Loch wurde kunstgestopft*** the hole was repaired with invisible mending [*or* AM by reweaving]

Kunststück *nt* ❶ (*artistische Leistung*) trick
❷ (*schwierige Leistung*) feat; **kein** ~ **sein** to not be anything special; ***das ist doch kein ~!*** there's nothing to it!, it's a piece of cake! [*or* BRIT *a.* doddle!]; **~!** (*iron*) so what! **Kunstszene** *f* art scene **Kunsttempel** *m* temple of the arts **Kunsttischler(in)** *m(f)* cabinetmaker **Kunstturnen** *nt* gymnastics + *sing vb* **Kunstunterricht** *m* art lesson[s] **Kunstverein** *m* art club **Kunstvermittlung** *f kein pl* promotion of art *no pl* **Kunstverstand** *m* appreciation of art **kunstverständig** *adj* appreciative of art; ***ich sehe, dass Sie ein ~er Mensch sind*** I see you're a person who appreciates art **Kunstverständnis** *nt* appreciation of art **kunstvoll I.** *adj* ornate, elaborate, artistic **II.** *adv* ornately **Kunstwerk** *nt* work of art **Kunstwert** *m* ❶ *kein pl* (*künstlerischer Wert*) **von hohem** ~ of great artistic merit ❷ (*wertvoller Gegenstand*) valuable work of art **Kunstwissenschaft** *f* aesthetics + *sing vb,* AM *a.* esthetics + *sing vb* **Kunstwort** *nt* invented [*or* coined] word

kunterbunt I. *adj* ❶ (*vielfältig*) varied
❷ (*sehr bunt*) multi-coloured [*or* AM -colored]
❸ (*wahllos gemischt*) motley; **eine ~es Durcheinander** a jumble

K

II. *adv* (*ungeordnet*) ~ **durcheinander** completetly jumbled up
Kunz *m* **Hinz und** ~ every Tom, Dick and Harry
Kupfer <-s, -> *nt* ❶ *kein pl* CHEM copper *no pl*
❷ (*Kupferstich*) copperplate engraving [*or* print]; **etw in** ~ **stechen** to engrave [*or* etch] sth on copper
Kupferbergwerk *nt* copper mine **Kupferblech** *nt* BAU copper sheet **Kupferdach** *nt* copper roof **Kupferdraht** *m* copper wire **Kupferdruck** *m* (*Verfahren*) copperplate printing; (*Abbildung*) copperplate print **Kupfererz** *nt* copper ore **Kupfergeschirr** *nt* copper kitchenware
kupferhaltig *adj inv* GEOL, CHEM containing copper *pred,* cupriferous *spec;* ***die Lösung ist*** ~ the [*or* this] solution contains copper, this is a cupriferous *spec* solution
Kupferkabel *nt* copper cable **Kupferkies** *m* copper pyrite **Kupfermünze** *f* copper coin
kupfern *adj* copper
Kupferrohr *nt* copper pipe **Kupferschmied(in)** *m(f)* coppersmith **Kupferstecher(in)** <-s, -> *m(f)* copperplate engraver **Kupferstich** *m* copperplate engraving [*or* print] **Kupfertelefonleitung** *f* copper telephone wire **Kupfervitriol** *nt* blue vitriol
Kupon <-s, -s> [ku'põ:] *m s.* **Coupon**
Kuponbesitzer(in) *m(f)* coupon holder **Kuponeinlösung** *f* FIN coupon service **Kuponsteuer** *f* FIN coupon tax
Kuppe <-, -n> *f* ❶ (*Bergkuppe*) [rounded] hilltop
❷ (*Straßenwölbung*) hump, crest
❸ (*Fingerkuppe*) tip
Kuppel <-, -n> *f* dome, cupola
Kuppeldach *nt* domed roof
Kuppelei <-, -en> *f* JUR procuration
kuppeln[1] *vi* AUTO to operate the clutch
kuppeln[2] *vt* ■**etw an etw** *akk* ~ to couple sth to sth; **aneinander** ~ *Eisenbahnwagen* to couple together
Kuppler(in) <-s, -> *m(f)* (*pej*) matchmaker
Kupplung <-, -en> *f* ❶ AUTO clutch; **die** ~ **kommen lassen** to let the clutch out, to release the clutch; **die** ~ **schleifen lassen** to let the clutch slip; **die** ~ **treten** [*o* **durchtreten**] to depress [*or sep* push down] the clutch; **die** ~ **ganz durchtreten** to depress the clutch fully, to push down the clutch all the way
❷ (*Anhängevorrichtung*) coupling
Kupplungsbelag *m* clutch lining **Kupplungspedal** *nt* clutch pedal **Kupplungsscheibe** *nt* clutch disc **Kupplungsseil** *nt* clutch cable **Kupplungsspiel** *nt* AUTO clutch free play
Kur <-, -en> *f* ❶ (*Heilverfahren*) course of treatment; **in** [*o* **zur**] ~ **fahren** to go to a health resort; **zur** ~ **sein** to stay at a health resort; **eine** ~ **machen, sich** *akk* **einer** ~ **unterziehen** to undergo a course of treatment; **jdn zur** ~ **schicken** to send sb to a health resort
❷ (*Haarkur*) conditioner
Kür <-, -en> *f* SPORT free style [*or* section]; **eine** ~ **laufen/tanzen/turnen** to complete the free section
Kurantrag *m* application for a course of treatment
Kurarzt, -ärztin *m, f* doctor at a health resort [*or* spa]
Kurator(in) <-s, -toren> *m(f)* ❶ (*Treuhänder*) trustee
❷ (*Museum*) curator
❸ SCH (*Justitiar*) registrar
❹ (*veraltet: Vormund*) guardian
Kuratorium <-s, -rien> [*pl* -riən] *nt* board of trustees
Kuraufenthalt *m* stay at a health resort
Kurbel <-, -n> *f* crank; *altes Automobil* starting handle
Kurbelantrieb *m* crank drive **Kurbelgehäuse** *nt* crankcase
kurbeln I. *vi* (*die Kurbel drehen*) to wind, to crank
II. *vt* (*mit der Kurbel bewegen*) ■**etw** ~ to wind sth; ***kurble bitte die Markise über die Terrasse*** wind the awning down over the terrace, please
Kurbelstange *f* connecting rod **Kurbelwelle** *f* crankshaft **Kurbelwellenlager** *nt* AUTO crankshaft main bearing
Kürbis <-ses, -se> *m* ❶ BOT pumpkin
❷ (*sl: Kopf*) nut *sl*
Kürbiskern *m* pumpkin seed **Kürbiskernöl** *nt* pumpkin seed oil
Kurdauer *f* duration of the course of treatment
Kurde, -din <-n, -n> *m, f* Kurd **Kurdirektor(in)** *m(f)* manager of a health resort
Kurdisch *nt dekl wie adj* Kurdish; *s. a.* **Deutsch**
kurdisch *adj* Kurdish; *s. a.* **deutsch**
Kurdische <-n> *nt* ■**das** ~ Kurdish, the Kurdish language; *s. a.* **Deutsche**
Kurdistan <-s> *nt* Kurdistan
kuren *vi* (*fam*) to go on a health cure
küren <kürte *o selten* kor, gekürt> *vt* (*geh*) ■**jdn** [**zu etw**] ~ to elect sb to [*or* choose sb for] sth; ***sie wurde von der Jury zur besten Eisläuferin gekürt*** she was chosen by the judges as the best iceskater
Kurfürst *m* HIST elector
Kurfürstentum *nt* HIST electorate
kurfürstlich *adj inv, attr* electoral
Kurgast *m* visitor to a health resort **Kurhaus** *nt* assembly rooms [at a health resort]
Kurie <-, -n> ['ku:riə] *f* REL Curia
Kurienkardinal *m* REL cardinal of the Roman curia
Kurier <-s, -e> *m* ❶ (*Bote*) courier, messenger
❷ (*Schnelllieferant*) courier
❸ (*Überbringer*) courier; ***er hat für die Mafia den ~ gemacht und Drogen geschmuggelt*** he was a drugs runner for the Mafia
Kurierdienst *m* (*Dienstleistung*) courier service; (*Firma*) courier firm
kurieren* *vt* ❶ (*heilen*) ■**jdn** [**von etw**] ~ to cure sb [of sth]
❷ (*fam: befreien*) ■**jdn von jdm/etw** ~ to cure sb of sb/sth; ***dieser Schock hat sie von ihren Fantastereien kuriert*** this shock cured her of her fantasies; ■[**von jdm/etw**] **kuriert sein** to have got over [*or* be cured of] [sb/sth]; ***ich bin von ihm kuriert*** I've got over him
kurios I. *adj* (*geh*) curious, odd, strange, funny
II. *adv* (*geh*) curiously, oddly; ***warum bist du so ~ gekleidet?*** why are you dressed so oddly?
Kuriosität <-, -en> *f* (*geh*) ❶ (*Merkwürdigkeit*) oddity, peculiarity
❷ (*merkwürdiger Gegenstand*) curiosity
Kuriosum <-s, Kuriosa> *nt s.* **Kuriosität 1**
Kurkonzert *nt* concert at a health resort
Kurkuma <-, Kurkumen> *f* ❶ (*Gewürz*) turmeric
❷ (*Pflanze*) curcuma
Kurmittel *nt* health resort treatment **Kurort** *m* health resort, spa **Kurpark** *m* gardens of a health resort
Kurpfalz <-> *f* HIST ■**die** ~ the Electoral Palatinate
Kurpfuscher(in) *m(f)* (*pej fam*) quack *pej fam* **Kurpfuscherei** *f kein pl* (*pej fam*) quackery *pej fam* **Kurpfuscherin** <-, -nen> *f fem form von* **Kurpfuscher**
Kurs[1] <-es, -e> *m* ❶ LUFT, NAUT (*Richtung*) course; **jdn/etw vom** ~ **abbringen** to put sb/sth off course; ***der Sturm hat uns um drei Grad vom ~ abgebracht*** the storm has put us off course by three degrees; **vom** ~ **abkommen** to deviate from one's/its course; **den/seinen** ~ **beibehalten** [*o* **halten**] to maintain [one's] course; **auf bestimmten** ~ **gehen** to set a certain course; ***wenn wir auf süd-südöstlichen ~ gehen, müssten wir die Insel in drei Tagen erreichen*** if we set a sou'-sou'-easterly course we should reach the island in three days; ~ **auf etw** *akk* **haben** to be heading for sth; ~ **auf etw** *akk* **nehmen** to set course for sth; **einen** [**bestimmten**] ~ **steuern** to steer a certain course; ***es war nicht mehr feststellbar, welchen ~ das Schiff steuerte*** it was no longer possible to determine which course the ship was steering; **den** ~ **wechseln** to change course
❷ (*Zielsetzung*) course; **jdn vom** ~ **abbringen** to throw sb off course; **den/seinen** ~ **beibehalten** to maintain [one's] course; **jdn auf** ~ **bringen** to bring sb into line; ***ihre Kollegen werden sie schon auf ~ bringen*** their colleagues will bring them into line; **einen bestimmten** ~ **einschlagen** to take a certain course; (*politische Linie*) policy, course; **harter/weicher** ~ hard/soft line
❸ (*Wechselkurs*) exchange rate; ***der ~ Dollar zu Mark steht im Moment bei eins zu 1,75*** the exchange rate between the dollar and the mark is currently 1.75; **zu einem bestimmten** ~ at a certain rate; ***Schwarzhändler tauschen dir die Mark zu einem günstigen*** ~ you'll get a favourable rate for your marks on the black market; **etw außer** ~ **setzen** to take sth out of circulation; ***Zahlungsmittel, die außer ~ gesetzt wurden, sind nicht länger gültig*** currency taken out of circulation is no longer valid
❹ BÖRSE (*Marktpreis*) price; ***die Maßnahmen der Bundesbank haben die ~e einiger Aktien gestärkt*** measures taken by the Bundesbank have strengthened the price of some shares; ***der ~ pendelte sich bei $120 ein*** the market was settling down at $120; **zum gegenwärtigen** ~ at the current rate [*or* price]; **multipler** ~ multiple exchange rate; **hoch im** ~ **stehen** ÖKON to be in great demand; BÖRSE to be high up; (*fig*) to be very popular, to be at a high rate; ***antike Vasen stehen derzeit hoch im*** ~ antique vases are currently very popular; **etw an einen** ~ **binden** to peg the price of sth; **den** ~ **drücken** to depress the market; **im** ~ **fallen** to fall [*or* drop] in price; ***die Aktien der Schlüter AG sind letztens etwas im ~ gefallen*** Schlüter AG shares have fallen somewhat recently; **den** ~ **festsetzen** to fix a price; **den** ~ **hinauftreiben** to push up the price; **den** ~ **schwächen/stützen** to weaken/peg the market
Kurs[2] <-es, -e> *m* (*Lehrgang*) course, class; **einen** ~ [**in etw** *dat*] **besuchen** to attend a course [in sth]
Kursabfall *m* ÖKON price decline **Kursabschlag** *m* ÖKON drop in prices **Kursabweichung** *f* course deviation **Kursänderung** *f* change in course **Kursangabe** *f* BÖRSE stock market quotation **Kursanpassung** *f* BÖRSE adjustment of rates **Kursanstieg** *m* BÖRSE rise in [market] prices **Kursbandbreite** *f* exchange rate band **Kursbefestigung** *f* ÖKON stronger tendency in prices
Kursbeginn *m* commencement of a course; ~ ***ist der 01.04.*** the course starts on 01/04
Kursbeibehaltung *f* staying on course; ***bei schlechtem Wetter ist die ~ schwierig*** maintaining course is difficult in bad weather; ***der Autopilot sorgt für die ständige*** ~ the autopilot keeps the course constant **Kursbericht** *m* BÖRSE list of quotations; (*Kurszettel*) stock market report **Kursbildung** *f* BÖRSE formation of rates **Kursbildungsfaktoren** *pl* BÖRSE factors in the formation of rates **Kursbuch** *nt* [railway] timetable
Kurschatten *m* (*hum fam*) romance at a health resort
Kürschner(in) <-s, -> *m(f)* furrier
Kursdauer *f* course duration
Kurse *pl von* **Kursus**
Kurseinbruch *f* ÖKON slump [*or* sharp [*or* sudden] fall] in prices; ***der Dollar erlitt einen*** ~ the value of the dollar slumped [*or* fell sharply] **Kurseinbußen** *pl* BÖRSE price losses; ~ **hinnehmen** [**müssen**] to meet with losses on the stock exchange
Kursende *nt* end of a course
Kursentwicklung *f* ÖKON movement of prices **Kurserholung** *f kein pl* ÖKON recovery of prices **Kursexplosion** *f* ÖKON price explosion **Kursfixierung** *f* ÖKON price fixing **Kursgefüge** *nt* ❶ ÖKON price structure ❷ BÖRSE rate structure **Kursgeschäft** *nt* BÖRSE trading on rates **Kursgewinn** *m* ÖKON gain, advance **Kurs-Gewinn-Verhältnis** *nt* ÖKON price/earnings [*or* P/E] ratio **Kursherabsetzung** *f* BÖRSE lowering of rates
kursieren* *vi* ❶ (*umgehen*) ■[**unter jdm**] ~ to circulate [*or* go around] [among people]; ***da ~ vielleicht Gerüchte unter den Studenten!*** rumours are really circulating among the students!

② (*umlaufen*) ■[**irgendwo**] ~ to be in circulation [somewhere]; ***seit einiger Zeit ~ in der Stadt falsche Hundertmarkscheine*** forged one hundred mark notes have been in circulation in the town for some time

kursiv I. *adj* italic; ■~ **sein** to be in italics
II. *adv* in italics

Kursive <-, -n> [-və] *f*, **Kursivschrift** *f* italics

Kurskorrektur *f* course correction; BÖRSE rate adjustment; **technische** ~ technical correction **Kursleiter(in)** *m(f)* course director **Kursmakler(in)** *m(f)* market maker **Kursmanipulation** *f* BÖRSE manipulation of the market **Kursnotierung** *f* ÖKON quoted price, [price] quotation; BÖRSE stock market quotation **Kursoperationen** *pl* BÖRSE transactions

kursorisch I. *adj* (*geh*) cursory
II. *adv* (*geh*) cursorily

Kursparität *f* BÖRSE exchange parity **Kurspflege** *f* *kein pl* ÖKON supporting purchases *pl* **Kursregulierung** *f* ÖKON price regulation **Kursregulierungskonsortium** *nt* BÖRSE price support syndicate **Kursrisiko** *nt* ÖKON price risk; BÖRSE foreign-exchange risk **Kursrückgang** *m* BÖRSE fall [*or* decline] in prices [*or* the exchange rate]; **einen ~ erleiden** to experience a decline in prices **Kursrücknahme** *f* BÖRSE price markdown **Kursrutsch** *m* price slump **Kursschwankungen** *pl* BÖRSE price fluctuations; **heftige** ~ wide prices **kurssichernd** *adj* BÖRSE rate-fixing *attr;* **~e Interventionen** supporting orders **Kurssicherung** *f* ÖKON price support **Kurssicherungsgeschäfte** *pl* hedging *no pl* **Kursspanne** *f* BÖRSE turn of the market **Kursspekulation** *f* BÖRSE speculation on the stock exchange **Kurssprung** *f* ÖKON jump in prices; **plötzlicher ~ spurt Kursstabilität** *f* ÖKON stability of prices **Kurssteigerung** *f* BÖRSE rise [*or* increase] in prices [*or* the exchange rate]; ***durch die ~ wurde er noch reicher als zuvor*** thanks to the rise in the exchange rate [*or* prices], he was even richer than before **Kurssturz** *m* BÖRSE collapse in prices; *von Devisen* collapse in rates **Kursstützung** *f* ÖKON pegging the prices; **eine ~ durchführen** to peg the market **Kursstützungskauf** *m* ÖKON supporting purchase

Kurstadt *f* spa town

Kursteilnehmer(in) *m(f)* course participant, participant in a course

Kurstendenz *f* ÖKON upward tendency

Kursus <-, Kurse> *m* (*geh*) *s.* **Kurs²**

Kursverfall *m kein pl* ÖKON collapse of prices **Kursverkäufe** *pl* BÖRSE sales **Kursverlust** *m* ① FIN foreign exchange loss ② BÖRSE price loss, loss on the exchange [*or* stock market]; **einen ~ darstellen/hinnehmen müssen** to mean/suffer a loss on the stock exchange **Kursverschiebung** *f* ÖKON shift of prices **Kurswagen** *m* BAHN through coach **Kurswechsel** *m* change of course **Kurswert** *m* BÖRSE market value **Kurswertberichtigung** *f* ÖKON price adjustment **Kurszettel** *m* BÖRSE (*Auflistung*) stock list, list of quotations; (*Bericht*) stock market report **Kurszusammenbruch** *m* ÖKON price collapse, collapse of the market

Kurtaxe *f* health resort tax on visitors

Kurtisane <-, -n> *f* HIST courtesan

Kurtschatovium <-s> *nt kein pl* CHEM kurtschatovium

Kurve <-, -n> [-və] *f* ① TRANSP bend; **aus der ~ fliegen** (*fam*) to leave the road on the bend; **sich in die ~ legen** to lean into the bend; **eine ~ machen** to bend; ***die Straße macht eine scharfe ~*** the road bends sharply; **die ~ schneiden** to cut the corner
② (*gekrümmte Linie*) curve; ***die Temperatur wird in einer ~ aufgezeichnet*** the temperature is recorded in a curve
③ *pl* (*fam: Körperrundung*) curves *pl;* ***du darfst nicht nur auf ihre ~n schauen, sie hat doch auch andere Qualitäten*** you shouldn't just look at her curves, she has other qualities too
► WENDUNGEN: **die ~ kratzen** (*fam*) to clear off; **die ~ kriegen** (*fam*) to get around to doing sth

kurven [-vən] *vi sein* (*fam*) ① (*sich in einer gekrümmten Linie bewegen*) to turn; ***der Radfahrer kam plötzlich um die Ecke gekurvt*** the cyclist suddenly turned the corner; ***was kurvt der Flieger so niedrig über der Gegend?*** why is the pilot circling so low over the area?
② (*ziellos fahren*) ■**durch etw** ~ to drive around sth; ***wir sind ein paar Wochen durch Spanien gekurvt*** we drove around Spain for a few weeks

Kurvenlineal [-vən-] *nt* curve template **kurvenreich** [-vən-] *adj* ① (*viele Kurven aufweisend*) winding, full of bends, curvy; ■~ **sein** to be winding; ***im Gebirge sind Straßen ~er*** there are more bends in mountain roads ② (*hum fam: weibliche Formen habend*) shapely **Kurvenzeichner** *m* INFORM curve plotter

Kurverwaltung *f* administrative authority of a health resort

kurvig *adj s.* **kurvenreich 1**

kurz <kürzer, kürzeste> I. *adj* ① (*räumlich von geringer Länge*) short; ■[**zu**] ~ **sein** to be [too] short; ***das Kleid ist doch ein wenig ~*** the dress is a little short; *s. a.* **Hose**
② (*zeitlich von geringer Länge*) brief, short; ***ein ~er Blick reichte*** a brief glance was sufficient; ***die Pause von fünf Minuten war mir einfach zu ~*** the five minute break was simply too short for me; *s. a.* **Gedächtnis**
③ (*knapp*) brief; ***bitte etwas kürzer*** please be a little briefer; ***der Artikel war zwar ~, aber dafür um so prägnanter*** although the article was short, it was all the more succinct for it; **~ und bündig** brief and succinct; *s. a.* **Wort**
④ (*nicht lang betont*) short; **~e Silben** short syllables
► WENDUNGEN: [**in etw** *dat*] **den Kürzeren ziehen** (*fam*) to come off worst
II. *adv* ① (*räumlich*) short; ***unsere Artillerie schießt zu ~!*** our artillery is falling short!; **~ geschnitten** *attr* cut short *pred;* ***mit ~ geschnittenen Haaren brauche ich nicht stundenlang vor dem Spiegel zu stehen*** with my hair cut short I don't need to spend hours in front of the mirror; ***das ~ geschnittene Haar steht dir besser*** short hair suits you better; [**jdm**] **etw kürzer machen** MODE to shorten sth [for sb]; ***können Sie mir die Hose etwas kürzer machen?*** can you shorten my trousers for me?
② (*zeitlich*) for a short time; **etw ~ braten** to flash-fry sth; **sich ~ fassen, es ~ machen** to be brief; **jdn ~ sprechen** to have a quick word with sb; **bis vor ~em** up until a short while ago; ***bis vor ~em hatte ich noch eine gute Meinung von ihr*** I still had a good opinion of her up until a short while ago; **seit ~em** for a short while, lately; ***wir sind erst seit ~em verlobt*** we've only been engaged for a short while; ***seit ~em kommt er sehr früh von der Arbeit*** lately he's been coming home very early from work; **vor ~em** a short while [*or* time] ago; **~ bevor** just before; **~ gesagt** in a word; **~ nachdem** shortly after; **über ~ oder lang** sooner or later
③ (*wenig*) shortly; ***die Konferenz wird ~ vor Pfingsten stattfinden*** the conference will take place shortly before Whitsun; **jdn ~ halten** to keep sb short; **~ treten** (*fam*) to go easy *fam*, to mark time
► WENDUNGEN: **~ angebunden sein** (*fam*) to be abrupt [*or* curt] [*or* short-spoken]; ***was bist du denn immer so ~ angebunden mit mir?*** why are you always so abrupt with me?; **~ entschlossen** without a moment's hesitation; ***wenn es um Entscheidungen geht, ist sie immer ~ entschlossen*** when decisions have to be made there's never any hesitation on her part; **~ und gut** in a word; ***~ und gut, ich bin pleite*** in a word, I'm broke; **etw ~ und klein hauen** [*o* **schlagen**] (*fam*) to smash sth to pieces; **~ und schmerzlos** (*fam*) quick and painlessly, simply and plainly *fam;* ***du bringst es ihr am besten ~ und schmerzlos bei, dass du ihr Geld verloren hast*** you had best tell her straight out that you've lost her money; [**bei etw**] **zu ~ kommen** to lose out [with sth]; **Angst haben, zu ~ zu kommen** to be afraid one will miss out

Kurzarbeit *f kein pl* short-time work **kurzarbeiten** *vi* to work short-time **Kurzarbeiter(in)** *m(f)* short-time worker **Kurzarbeitergeld** *nt* short-time allowance (*state subsidy to avoid redundancies*) **kurzärm(e)lig** *adj* short-sleeved **kurzatmig** *adj* short-winded; ■~ **sein** to be short of breath **Kurzauftritt** *m* short scene **kurzbeinig** *adj inv* short-legged, with short legs **Kurzberichterstattung** *f kein pl* MEDIA brief coverage **Kurzbrief** *m* brief memo

Kurze(r) *m dekl wie adj* (*fam*) ① (*Schnaps*) schnapps
② (*Kurzschluss*) short-circuit

Kürze <-, *selten* -n> *f* ① *kein pl* (*kurze räumliche Länge*) shortness
② *kein pl* (*kurze Dauer*) shortness; ***in der ~ der zur Verfügung stehenden Zeit sind die Arbeiten nicht zu erledigen*** the work cannot be completed in the short time available; **in ~** shortly, soon, in the near future
③ *kein pl* (*Knappheit*) brevity, shortness; **in aller ~** very briefly
④ LIT (*kurze Silbe*) short syllable
► WENDUNGEN: **in der ~ liegt die Würze** (*prov*) brevity is the soul of wit *prov*

Kürzel <-s, -> *nt* ① (*stenografisches ~*) shorthand symbol
② (*Kurzwort*) abbreviation

kürzen *vt* ① (*in der Länge verringern*) ■**etw** [**um etw**] ~ to shorten sth [by sth]; ***können Sie mir die Hose um einen Zentimeter ~?*** can you shorten these trousers for me by a centimetre?
② (*im Umfang verringern*) ■**etw** ~ to shorten sth; ***ich habe meinen Artikel um die Hälfte gekürzt*** I've shortened my article by fifty percent; ***das Buch wurde vom Verlag auf lediglich 150 Seiten gekürzt*** the publishers shortened the book to a mere 150 pages; **eine gekürzte Fassung eines Buches** the abridged edition of a book
③ (*verringern*) ■**etw** [**um/auf etw** *akk*] ~ to cut [*or* reduce] [*or* slash] sth [by/to sth]; ***die Opposition verlangt, den Etat um drei Prozent auf 289 Millionen DM zu ~*** the opposition is demanding that the budget be cut by three percent to 289 million marks
④ MATH **einen Bruch ~** to reduce a fraction

kurzerhand *adv* there and then, without further ado; **jdn ~ entlassen** to dismiss somebody on the spot

Kurzfassung *f* (*Zusammenfassung*) abstract, summary; (*gekürzte Fassung*) abridged version; **in ~** in an abridged version; ***in den Kurznachrichten werden die Meldungen des Tages noch einmal in ~ gebracht*** in news bulletins the day's news is broadcast again in brief; ***also, jetzt noch mal ganz ruhig und in ~, was ist passiert?*** okay, just calm down and tell me briefly what happened; **~ eines Patents** title of a patent; **~ der Patentschrift** abridgement of specification **Kurzfilm** *m* short film **Kurzform** *f* shortened form **kurzfristig** I. *adj* ① (*innerhalb kurzer Zeit erfolgend*) at short notice; ***bei ~er Bestellung des Artikels können wir Ihnen Lieferung bis zum 31. zusagen*** if the item is ordered quickly we can promise delivery by the 31st; **jds ~e Anreise** sb's sudden arrival; ***die ~e Programmänderung bitten wir zu entschuldigen*** we apologize for the programme alteration that occurred at such short notice; ***Ihre Zusage war zu ~*** you didn't give enough notice for your consent
② (*für kurze Zeit geltend*) short-term, of short duration; ***ich kann mir nur einen ~en Urlaub genehmigen*** I can only permit myself a short holiday; **die ~e Wettervorhersage** the short-range weather forecast ③ FIN short-term; **~e Kapitalströme** short-term capital; **~e Mittel/Gelder/Kredite** quick assets/money at short notice/short[-term] credit; **~e Verbindlichkeit** current [*or* short-term] liability **II.** *adv* ① (*innerhalb kurzer Zeit*) within a

K

short [period of] time; ***wegen unvorhergesehener Probleme mussten wir den Plan ~ ändern*** because of unforeseen problems we had to change the plan at short notice; ***jdn etw ~ wissen lassen*** to let sb know without delay ② (*für kurze Zeit*) briefly, for a short time; ***wir unterbrechen unser Programm ~ für eine wichtige Durchsage*** we are briefly interrupting our programme for an important announcement; ~ **gesehen** viewed in the short term ③ HANDEL at short notice; ~ **lieferbar** for short delivery **Kurzgeschichte** *f* short story
kurzhaarig *adj* short-haired; **eine ~e Frisur** a short haircut **Kurzhaarschnitt** *m* short haircut
kurzlebig *adj* ① (*nicht lange lebend*) short-lived, ephemeral; ***ich möchte keine ~en Bäume im Garten*** I don't like trees in the garden that only live for a short time; ■ **~ sein** to be short-lived ② MODE (*nur vorübergehend modisch*) short-lived; ***diese engen Hosen haben sich als ~ herausgestellt*** these narrow trousers have proved to be short-lived ③ ÖKON (*nicht lange haltbar*) non-durable, perishable; ■ **~ sein** to be non-durable; **~e Konsumgüter** nondurables, nondurable consumer goods; ***Konsumgüter werden immer ~er*** consumer goods are becoming less and less durable ④ NUKL (*nur kurze Zeit existierend*) having a short life; **~e Teilchen** particles that have a short life
kürzlich *adv* recently, not long ago
Kurzmeldung *f* newsflash **Kurznachrichten** *pl* news in brief + *sing vb*, summary of the news
Kurzparker(in) <-s, -> *m(f)* short-term parking; ***die Parkplätze sind für ~ bestimmt*** the parking spaces are for short-term parking; **nur für ~** short-term parking only **Kurzparksystem** *nt* short-term parking **Kurzparkzone** *f* short-term parking zone **Kurzreise** *f* short trip
kurz|schließen *irreg* **I.** *vt* (*unter Umgehung verbinden*) ■ **etw** ~ to short-circuit sth
II. *vr* (*sich in Verbindung setzen*) ■ **sich mit jdm** ~ to get in touch with sb
Kurzschluss[RR] *m* ① ELEK short-circuit; **einen ~ haben** to short-circuit ② PSYCH (*Affekthandlung*) panic, moment of madness, rash action **Kurzschlusshandlung**[RR] *f* rashly impulsive act, knee-jerk reaction **Kurzschlussreaktion**[RR] *f* knee-jerk reaction
Kurzschrift *f* shorthand, stenography **kurzsichtig** **I.** *adj* ① (*an Kurzsichtigkeit leidend*) short-sighted, *esp* AM near-sighted, myopic ② (*begrenzten Horizont habend*) short-sighted **II.** *adv* (*beschränkt*) in a short-sighted manner; ***du denkst zu ~*** you're too short-sighted in your thinking **Kurzsichtigkeit** <-, -en> *f* ① (*Art der Fehlsichtigkeit*) short-sightedness, myopia ② (*beschränkte Art*) short-sightedness
Kurzstreckenflug *m* LUFT short-haul flight **Kurzstreckenlauf** *m* SPORT sprint **Kurzstreckenläufer(in)** *m(f)* sprinter **Kurzstreckenrakete** *f* short-range missile
kurzum *adv* in a word, in short, to cut a long story short
Kürzung <-, -en> *f* ① (*das Kürzen*) abridgement, shortening; ***nach einer ~ um 15 bis 20 Prozent können wir diesen Artikel veröffentlichen*** we will be able to publish this aricle once it has been shortened by 15 to 20 percent
② FIN (*Verringerung*) cut, reduction, curtailment; ***eine ~ des Etats ist leider nicht zu vermeiden*** unfortunately a budget cut is unavoidable
Kurzurlaub *m* short holiday
Kurzwahlspeicher *m* one-touch dialling [*or* AM dialing] memory **Kurzwahltaste** *f* one-touch dialling [*or* AM dialing] button
Kurzwaren *pl* haberdashery BRIT, dry goods AM, notions AM **Kurzwarengeschäft** *nt* ÖKON haberdashery [shop] BRIT, dry goods store AM
Kurzweil *f* pastime, diversion, amusement; **aus** [*o* **zur**] ~ for amusement; **etw aus** [*o* **zur**] **~ machen** to pass the time idly with sth
kurzweilig <-er, -ste> *adj* (*veraltet*) entertaining
Kurzwelle *f* short wave **Kurzwellensender** *m* short-wave transmitter **Kurzwort** *nt* abbreviation, abbreviated word, contraction
Kurzzeitgedächtnis *m* short-term memory
kurzzeitig **I.** *adj* short-term, brief **II.** *adv* brief, briefly, for a short time **Kurzzeitpflege** *f* short-term care **Kurzzeitspeicher** *m* short-term memory **Kurzzeitwecker** *m* timer
kusch *interj* ① (*an Hund: brav!*) [lie] down!
② ÖSTERR (*pej fam: an Menschen: still!*) [be] quiet!
kuschelig *adj* (*fam*) snug, cosy BRIT, cozy AM
Kuschelkissen *nt* cuddly cushion
kuscheln **I.** *vr* (*fam: sich schmiegen*) ■ **sich an jdn** ~ to cuddle [*or* snuggle] up to sb; ■ **sich** *akk* **in etw** *akk* ~ to snuggle up in sth
II. *vi* (*schmusen*) ■ **[mit jdm]** ~ to cuddle up to [sb]
Kuscheltier *nt* cuddly toy
kuschen *vi* ■ **[bei jdm]** ~ to knuckle under [to sb], to obey [sb]
Kusine <-, -n> *f fem form von* **Cousin** cousin
Kuss[RR] <-es, Küsse> *m*, **Kuß** <-sses, Küsse> *m* kiss; **jdm einen ~ geben** to give sb a kiss
Küsschen[RR] <-s, -> *nt* brief kiss, peck; **gib ~!** give us a kiss!
kussecht[RR] *adj inv* MODE kiss-proof
küssen **I.** *vt* ■ **jdn/etw [auf etw** *akk*] ~ to kiss sb/sth [on sth]; ■ **sich** ~ to kiss each other; ■ **jdm etw** ~ to kiss sb's sth; ***er küsste ihr die Hand*** he kissed her hand; **beim K~** when kissing; *s. a.* **Hand**
II. *vi* to kiss; ***ich küsse so gerne*** I like kissing so much
Kusshand[RR] *f* ▶ WENDUNGEN: **jdm eine ~/Kusshände zuwerfen** to blow sb a kiss/kisses; **mit ~** (*fam*) gladly, with the greatest of pleasure
Küste <-, -n> *f* ① (*Meeresufer*) coast, shore
② (*Gegend in Meeresnähe*) coast
Küstenbefestigung *f* sea defences [*or* AM -ses] *pl* **Küstenbereich** *m* coastal region **Küstenbewohner(in)** *m(f)* coastal inhabitant, inhabitant of the coastal region, coastal dweller **Küstenfischerei** *f* inshore fishing **Küstengebiet** *nt* coastal area [*or* region] **Küstengewässer** *pl* coastal waters *pl* **Küstenhafen** *m* seaport **Küstenort** *m* coastal town **Küstenschiffahrt**, **Küstenschifffahrt**[RR] *f kein pl* coastal shipping *no pl* **Küstenschutz** *m* coastal protection **Küstenseeschwalbe** *f* ORN Arctic tern **Küstenstreifen** *m* GEOL stretch of coast, coastal strip **Küstenwache** *f* coastguard [service] **Küstenwacht** *f* coastguard
Küster(in) <-s, -> *m(f)* sexton, verger
Kustode, **Kustodin** <-n, -n> *m, f*, **Kustos** <-, Kustoden> *m* curator
Kutikula <-, -s> *f* BIOL cuticle
Kutschbock *m* coach-box
Kutsche <-, -n> *f* carriage, coach
Kutscher(in) <-s, -> *m(f)* coachman, coachdriver
kutschieren* **I.** *vi sein* (*fam: gemütlich fahren*) ■ **irgendwohin** ~ to go for a drive somewhere; ***lass uns doch ein wenig durch die schöne Landschaft ~*** let's go for a drive in the lovely countryside for a bit
II. *vt haben* (*fam: fahren*) ■ **jdn irgendwohin** ~ to give sb a lift somewhere *fam*; ***steig ein, ich kutschiere dich zum Bahnhof*** jump in, I'll give you a lift to the station
Kutte <-, -n> *f* REL habit
Kuttel <-, -n> *f meist pl* tripe *sing*
Kutter <-s, -> *m* NAUT cutter
Kuvert <-s, -s *o* -[e]s, -e> [ku'veːɐ, ku'vɛːɐ] *nt* envelope
Kuvertüre <-, -n> [-vɛr-] *f* chocolate coating
Kuwait <-s> [ku'vait, 'kuːvait] *nt* Kuwait; *s. a.* **Deutschland**
Kuwaiter(in) *m(f)* Kuwaiti; *s. a.* **Deutsche(r)**
kuwaitisch *adj inv* Kuwaiti
KV *nt Abk von* **Köchelverzeichnis** KV, K, K.
kV *nt Abk von* **Kilovolt** kV
KW *f Abk von* **Kalenderwoche** week no.
kW <-, -> *nt Abk von* **Kilowatt** kW
kWh <-, -> *f Abk von* **Kilowattstunde** kWh
Kybernetik <-> *f kein pl* cybernetics + *sing vb*
kybernetisch *adj* cybernetic
Kykladen *pl* ■ **die** ~ the Cyclades
Kyrillisch *nt kein pl* Cyrillic; ■ **in** ~ in Cyrillic
kyrillisch *adj* Cyrillic
KZ <-s, -s> *nt Abk von* **Konzentrationslager**
KZ-Gedenkstätte *f* HIST, POL memorial for the victims of the Nazi concentration camps **KZ-Häftling** *m* concentration camp prisoner

L

L, l <-, – *o fam* -s, -s> *nt* L, l; ~ **wie Ludwig** L for Lucy BRIT, L as in Love AM; *s. a.* **A 1**
l *Abk von* **Liter** l
Lab <-[e]s, -e> *nt* rennet, rennin
labb(e)rig *adj* DIAL (*fam*) ① (*fade*) watery; **eine ~e Suppe** a watery soup
② (*schlaff*) sloppy; **ein ~er Pullover** a sloppy pullover
Label <-s, -> ['leːbl] *nt* ① (*Preisetikett*) label, price tag
② (*Etikett*) label
③ MUS label
Labello® <-s, -s> *m* PHARM Lypsyl® BRIT, Chap Stick® AM
laben **I.** *vt* (*geh: erquicken*) ■ **jdn** ~ to refresh [*or* revive] sb
II. *vr* (*geh: sich gütlich tun*) ■ **sich** *akk* **[an etw** *dat*] ~ to feast [on sth]
labern **I.** *vi* (*pej fam*) ■ **[über etw** *akk*] ~ to prattle on [about sth]
II. *vt* (*pej fam*) ■ **etw** ~ to talk sth; ***was labert die da für einen Unsinn?*** what nonsense is she talking there?
labial *adj* ① (*die Lippen betreffend*) labial
② LING (*mit den Lippen gebildet*) labial
Labial <-s, -e> *m*, **Labiallaut** *m* LING labial
labil *adj* ① MED (*instabil*) *Gesundheit, Kreislauf etc.* poor
② (*psychisch nicht gefestigt*) unstable
③ (*geh: instabil*) unstable; **eine ~ Lage** an unstable situation
Labilität <-, *selten* -en> *f* ① MED (*Instabilität*) frailty
② PSYCH (*labile Veranlagung*) instability
③ (*geh: Instabilität*) instability
Labkraut *nt* BOT bedstraw
Labmagen *m* BIOL maw, abomasum
Labor <-s, -s *o* -e> *nt* laboratory, lab
Laborant(in) <-en, -en> *m(f)* laboratory technician [*or* assistant]
Laboratorium <-s, -rien> *nt* (*geh*) *s.* **Labor**
Laborbefund *m* SCI [laboratory] test results **Laborchemikalie** *f* laboratory chemical
laborieren* *vi* (*geh*) ■ **an etw** *dat* ~ to be plagued by sth
Laborversuch *m* SCI laboratory experiment [*or* test]
Labquark *m* rennet curd
Labrador <-[s], -e> *m* (*Hunderasse*) Labrador [retriever], lab *fam*
Labradorsee *f* Labrador Sea
Labsal <-, -e> *f* SÜDD, ÖSTERR (*geh*) refreshment
Labyrinth <-[e]s, -e> *nt* labyrinth, maze
Labyrinthversuch *m* BIOL, PSYCH maze [*or* labyrinth] experiment
Lache[1] <-, -n> *f* puddle
Lache[2] <-, -n> *f* (*pej fam*) laugh[ter]
lächeln *vi* ① (*freundlich lächeln*) to smile
② (*sich lustig machen*) ■ **[über jdn/etw]** ~ to grin [*or* smirk] [at sb/sth]
Lächeln <-s> *nt kein pl* smile; **ein müdes ~** a weary smile
lachen *vi* ① (*auf~*) to laugh; ■ **über etw** *akk* ~ to laugh at sth; **breit ~** to roar with laughter; **jdn zum L~ bringen, jdn ~ machen** (*geh*) to make sb laugh; **jdm ist nicht zum L~ [zumute]** sb is not in a

laughing mood; **zum L~ sein** (*pej fam*) to be laughable *pej*; ***so ein Unsinn, das ist doch zum L~*** what nonsense, that's ridiculous; **lach du nur!** (*fam*) you can laugh! *fam*; ***das wäre doch gelacht*** (*fam*) it would be ridiculous
② (*aus~*) ■**über jdn/etw ~** to laugh at sb/sth; ***da gibt es gar nichts zu ~*** it's no laughing matter; ***was gibt es denn da zu ~?*** what's there to laugh about?; ***dass ich nicht lache!*** don't make me laugh!
► WENDUNGEN: **gut ~ haben** to be all right for sb to laugh; **jd hat nichts zu ~** sb's life is no bed of roses; **wer zuletzt lacht, lacht am besten** (*prov*) he who laughs last, laughs longest *prov*; [**bei jdm**] **nichts zu ~ haben** (*fam*) to have a hard time of it [with sb]; *s. a.* **Ast**

Lachen <-s> *nt kein pl* ① (*Gelächter*) laughter; ***er brach in lautes ~ aus*** he burst out laughing; **jdm wird das ~** [**schon**] **noch vergehen** (*fam*) sb will be laughing on the other side of their face; **sich** *dat* **das ~ verkneifen** to stifle one's laughter; **vor ~** with laughter; ***ich bin vor ~ bald geplatzt*** I nearly split my sides with laughter
② (*Lache*) laugh; **ein breites ~** a guffaw

Lacher(in) <-s, -> *m(f)* laugher; **die ~ auf seiner Seite haben** to score by getting the laughs

Lacherfolg *m* **ein ~ sein** to make everyone laugh

lächerlich I. *adj* ① (*albern*) absurd, ridiculous; ■**~ sein/werden** to be/become absurd [*or* ridiculous]; **jdn/sich ~ machen** to make a fool of sb/oneself; **etw ins L~e ziehen** to ridicule [*or* make fun of] sth
② (*geringfügig*) trivial, trifling; **ein ~er Preis** a ridiculously low price
II. *adv* (*sehr*) ridiculously

Lächerlichkeit <-, -en> *f* ① *kein pl* (*Albernheit*) absurdity, ridiculousness, farce
② (*Geringfügigkeit*) triviality, trifle
► WENDUNGEN: **jdn/etw der ~ preisgeben** (*geh*) to make sb/sth look ridiculous [*or* sb the laughing stock]

Lachfalten *pl* laughter-lines *pl* **Lachgas** *nt* laughing gas

lachhaft *adj* laughable, ridiculous; ■**~ sein** to be laughable [*or* ridiculous]

Lachkrampf *m* ① MED paroxysm [*or* violent fit] of laughter ② (*Lachanfall*) **einen ~ bekommen** to go into fits of laughter **Lachmöwe** *f* black-headed gull

Lachs <-es, -e> *m* salmon

lachsfarben *adj*, **lachsfarbig** *adj* salmon pink **Lachsforelle** *f* sea trout **Lachsmesser** *nt* smoked salmon knife **Lachsmousse** *nt* salmon mousse **Lachsröllchen** *pl* salmon roulades **Lachsschinken** *m cured and rolled filet of pork* **Lachszucht** *f* salmon farming

Lack <-[e]s, -e> *m* ① (*Lackierung*) paint[work]
② (*Lackfarbe*) gloss paint, lacquer; (*transparent*) varnish
► WENDUNGEN: **der ~ ist ab** (*sl*) he/she is getting on a bit; **und fertig ist der ~!** (*sl*) and that's the end of it!

Lackaffe *m* (*pej*) flash Harry BRIT, showboat AM

Lackel <-s, -> *m* SÜDD, ÖSTERR (*fam: Tölpel*) oaf

lacken *vt s.* **lackieren**

Lackfarbe *f* gloss paint **Lackgürtel** *m* patent leather belt

lackieren* *vt* ① (*mit Lack versehen*) ■**etw ~** to paint [*or* lacquer] sth; (*Holz mit transparentem Lack versehen*) to varnish; ***Warnhinweis: frisch lackiert!*** warning notice: wet paint!
② (*mit Nagellack versehen*) ■**jdm/sich etw ~** to paint sb's/one's sth; **sich/jdm die Fingernägel ~** to paint one's/sb's fingernails
► WENDUNGEN: **der/die Lackierte sein** (*fam*) to be the dupe [*or* sucker] *sl*

Lackierer(in) <-s, -> *m(f)* painter, varnisher

Lackiererei <-, -en> *f* paint shop

Lackiererin <-, -nen> *f fem form von* **Lackierer**

Lackierung <-, -en> *f* ① (*das Lackieren*) painting
② (*aufgetragener Lack*) paintwork

Lackleder <-s> *nt inv* MODE patent leather *no pl, no indef art*

Lackmus <-> *nt o m kein pl* litmus *no pl, no indef art*

Lackmuspapier *nt* litmus paper

Lackschaden *m* damage to the paintwork **Lackschuh** *m* patent leather shoe **Lackstiefel** *m* patent leather boot **Lackstift** *m* AUTO touch-up pen

Lade <-, -n> *f* (*fam*) drawer

Ladebaum *m* NAUT derrick **ladebereit** *adj Schiff* ready for loading *pred* **Ladebereitschaft** *f kein pl* NAUT state for loading; **vorbehaltlich der ~** with the proviso that the ship is ready to take cargo **Ladebuch** *nt* cargo book **Ladedruck** *m* AUTO boost pressure **Ladefähigkeit** *f* (*Kapazität*) bulk [*or* carrying] capacity **Ladefläche** *f* AUTO loading space **Ladegebühr** *f* railroad loading charge, loading charges *pl* **Ladegeld** *nt* railroad loading charge, loading charges *pl* **Ladegerät** *nt* battery charger **Ladegewicht** *nt* [carrying] capacity **Ladegleis** *nt* loading siding [*or* track] **Ladegut** *nt* load **Ladehemmung** *f Feuerwaffe* jam, stoppage; **~ haben** to be jammed ► WENDUNGEN: **~ haben** (*fam*) to have a mental block **Ladekai** *m* wharf, [cargo] dock **Ladekante** *f* AUTO [boot] sill [*or* AM trunk]; (*als Testkriterium a.*) liftover height **Ladekapazität** *f* load-carrying [*or* deadweight] capacity **Ladeklappe** *f* LUFT cargo door **Ladekontrollleuchte**[RR] *f* AUTO alternator charging light **Ladekran** *m* loading crane **Ladelinie** *f* load line **Ladeliste** *f* cargo list; HANDEL manifest **Ladeluke** *f* NAUT cargo [*or* loading] hatch **Lademaß** *nt* BAHN loading gauge [*or* clearance] **Lademenge** *f* NAUT load

laden[1] <lädt, lud, geladen> **I.** *vt* ① (*packen*) ■**etw auf etw** *akk*/**in etw** *akk* **~** to load sth on[to] sth/in[to] sth; ***die Kisten müssen alle auf den Lkw geladen werden*** all the crates must be loaded onto the lorry; **etw ins Auto ~** to load sth into the car; ■**etw aus etw ~** to unload sth from sth; ***die Container werden aus dem Schiff direkt auf die Waggons geladen*** the containers are unloaded from the ship straight onto the goods wagons; ■**jdn/etw auf etw** *akk* **~** to load sb/sth on[to] sth; ■**etw geladen haben** to be loaded with sth; **zuviel geladen haben** to be overloaded
② (*sich aufbürden*) ■**etw auf sich** *akk* **~** to saddle oneself with sth; **Schulden auf sich ~** to saddle onself with debts
③ (*mit Munition versehen*) ■**etw** [**mit etw**] **~** to load sth [with sth]
④ INFORM ■**etw** [**auf etw** *akk*] **~** to boot [up *sep*] [*or* load sth] sth [on sth]; **~ und starten** load and go [*or* run]
⑤ ELEK (*mit Strom versehen*) ■**etw** [**mit etw**] **~** to charge sth [with sth], to electrify sth
II. *vi* ① (*mit Munition versehen*) to load; **selbsttätig ~** to be self-loading
② ELEK (*auf~*) to charge
► WENDUNGEN: **geladen haben** DIAL (*sl*) to be tanked up *sl*; ***der hat aber geladen! wie der schwankt!*** he's well tanked up [*or* loaded], look at him swaying!; **geladen sein** (*fam*) to be hopping mad

laden[2] <lädt, lud, geladen> *vt* ① (*geh: ein~*) ■**jdn** [**zu etw**] **~** to invite [*or* ask] sb [to sth]; **geladene Gäste** invited guests
② JUR (*geh: vor~*) ■**jdn** [**als etw**] [**zu etw**] **~** to summon sb [to sth] [as sth]; ***er wurde als Zeuge zur Verhandlung geladen*** he was summoned to the hearing as a witness

Laden[1] <-s, Läden> *m* ① (*Geschäft*) shop, AM *usu* store
② (*fam: Betrieb*) business; **der ~ läuft** (*fam*) business is going well; [**jdm**] **den ~ zumachen** [*o fam* **dichtmachen**] to close down the[/sb's] business
► WENDUNGEN: **den** [**ganzen**] **~ hinschmeißen** (*fam*) to chuck the whole thing in; **den ~ schmeißen** (*sl*) to run the [whole] show *sl*; ***notfalls können wir den ~ alleine schmeißen*** if need be, we can run the show on our own

Laden[2] <-s, Läden *o* -> *m* shutter

Laden[3] *nt* TECH, INFORM booting, loading; **automatisches ~** autoload

Ladenbeleuchtung *f* shop [*or* AM *usu* store] lighting **Ladenbesitzer(in)** *m(f)* shop owner, shopkeeper **Ladendieb(in)** *m(f)* shoplifter **Ladendiebstahl** *m* shoplifting **Ladenhüter** *m* (*pej*) slow-moving line, shelf warmer *pej* **Ladenkasse** *f* till, cash register **Ladenkette** *f* chain of shops **Ladenöffnungszeiten** *pl* HANDEL opening hours **Ladenpreis** *m* retail [*or* selling] price **Ladenregal** *nt* shop shelf **Ladenschild** <-[e]s, -er> *nt* shop [*or* AM *usu* store] sign

Ladenschluss[RR] *m kein pl* closing time; ***wann ist am Samstag bei Ihnen ~?*** when do you close on Saturdays?; **bei/nach/vor ~** at/after/before closing time **Ladenschlussgesetz**[RR] *nt* Hours of Trading Act **Ladenschlusszeit**[RR] *f* closing time

Ladenstraße *f* HANDEL shopping street; **verkehrsfreie ~** [shopping] mall **Ladentisch** *m* (*Verkaufstheke*) shop [*or* AM *usu* store] counter; **über den ~/die ~e gehen** (*fam*) to be sold ► WENDUNGEN: **unter dem ~** (*fam*) under the counter *fam* **Ladentochter** *f* SCHWEIZ (*Verkäuferin*) sales [*or* shop] assistant, sales associate AM, salesclerk AM, salesperson AM **Ladentür** *f* shop door **Ladepapier** *nt* cargo document **Ladeplan** *m* ① NAUT stowage [*or* cargo] plan ② LUFT loading diagram **Ladeplatz** *m* loading place; NAUT wharf, dock, quay **Ladeprogramm** *nt* INFORM loader **Laderampe** *f* loading ramp **Laderaum** *m* LUFT, NAUT hold, cargo space; AUTO cargo bay **Ladeschein** *m* NAUT bill of lading, carrier receipt **Ladestelle** *f* NAUT berth **Ladestraße** *f im Hafen* cargo quay **Ladeterminal** *nt für Geldkarte* [re]credit [*or* reload] terminal **Ladetiefgang** *m* load draught [*or* AM draft] **Ladeverdrängung** *f* load displacement **Ladevermögen** *nt* cargo capacity **Ladeverzeichnis** *nt* cargo list **Ladevorrichtung** *f* TECH loading tackle *no pl* **Ladewasserlinie** *f* load [water]line **Ladezeit** *f* HANDEL loading time; (*von Schiff a.*) laying days *pl*; **gebührenfreie ~** free time

lädieren* *vt* ■[**jdm**] **etw ~** to damage [sb's] sth; **lädiert sein** (*hum*) to be [*or* look] the worse for wear *hum*

Ladung[1] <-, -en> *f* ① (*Fracht*) load, freight; *Schiff, Flugzeug* cargo; **abgehende/schwimmende/sperrige ~** outward/floating/bulky cargo; **unterwegs befindliche ~** floating cargo; **volle ~** full cargo [*or* load]; **ohne ~** empty, freightless; (*von Schiff*) in ballast; **eine ~ anmelden** to manifest a cargo; **eine ~ über Bord werfen** to jettison a cargo
② (*fam: größere Menge*) load; ***ihr fiel eine ~ Schnee auf den Kopf*** a load of snow fell on her head
③ (*bestimmte Menge von Munition o Sprengstoff*) charge; **eine ~ Dynamit** a charge of dynamite
④ ELEK, NUKL charge; **negative/positive ~en** negative/positive charge
⑤ JUR summons

Ladung[2] <-, -en> *f* JUR [writ of] summons, citation; **~ unter Strafandrohung** subpoena; **~ von Zeugen und Sachverständigen** summoning of witnesses and experts; **der ~ Folge leisten** to obey the summons; **jdm eine ~ zustellen** to serve sb a summons

ladungsfähig *adj* JUR **~e Anschrift** address for service **Ladungsfrist** *f* JUR notice of appearance **Ladungskosten** *pl* HANDEL lading charges; (*von Schiff a.*) shipping charges **Ladungspapier** *nt* cargo document **Ladungsverzeichnis** *nt* carrier manifest **Ladungszustellung** *f* JUR service of a writ of summons

Lafette <-, -n> *f* gun carriage [*or* mount]

Laffe <-n, -n> *m* (*veraltend*) *s.* **Lackaffe**

lag *imp von* **liegen**

Lage <-, -n> *f* ① (*landschaftliche Position*) location, situation; **in bestimmter ~** in a certain location
② (*Liegeposition*) position
③ (*Situation*) situation; **finanzielle ~** financial situation; **die ~ peilen** [*o* **sondieren**] (*fam*) to see how the land lies; **zu etw in der ~ sein, in der ~ sein, etw zu tun** to be in a position to do sth; **sich in der**

L

~ **sehen, etw zu tun** to be in a position to do sth; **sich** *akk* **in jds ~ versetzen** to put oneself in sb's position; **jdn in die ~ versetzen, etw zu tun** to enable sb to do sth; **sich in die ~ versetzen, etw zu tun** to put oneself in a position to do sth
❹ (*Schicht*) layer
❺ AGR (*Wein~*) location
❻ (*fam: Runde*) round; **eine ~ Bier ausgeben** to buy a round of beer; **eine ~ schmeißen** (*sl*) to buy a round, to get a round in *sl*

Lagebericht *m* status report **Lagebesprechung** *f* discussion regarding the situation **Lagebild** *nt* situational description

Lagenfalzung <-, -en> *f* TYPO quire folding **Lagenhöhe** *f* TYPO layer height

Lageplan *m* ❶ (*Katasterplan*) survey map
❷ (*Skizze der Lage von etw*) map of the area

Lager <-s, -> *nt* ❶ (*Waren~*) warehouse, storehouse, depot; **das ~ auffüllen** to stock up; **etw am** [*o* **auf**] **~ haben** to have sth in stock; **etw auf ~ halten** to have sth in stock; **das ~ räumen** to clear off old stock; **am** [*o* **auf**] **~ sein** to be in stock; **ab ~** ex store [*or* warehouse]
❷ (*vorübergehende Unterkunft*) camp
❸ (*euph: Konzentrations~*) concentration camp
❹ (*ideologische Gruppierung*) camp; ***sie standen politisch in ganz unterschiedlichen ~n*** they were in completely different political camps
❺ TECH (*Lagerung*) bearing
❻ (*geh: Bett*) ***die Erkrankung hatte sie für mehrere Wochen an ihr ~ gefesselt*** the illness confined her to bed for several weeks
► WENDUNGEN: **etw auf ~ haben** (*fam*) to have sth at the ready *fam*; ***er hat immer einen Witz auf ~*** he always has a joke at the ready [*or* up his sleeve]

Lagerabbau *m kein pl* HANDEL stockshedding *no pl* **Lagerauffüllung** *f* HANDEL replenishment of stocks, restocking **Lagerbedingungen** *pl* HANDEL terms of storage; **Allgemeine ~** general terms and conditions of storage; **Lager- und Beförderungsbedingungen** terms of storage and carriage **Lagerbestand** *m* HANDEL stock [on hand], goods in stock **Lagerbestellung** *f* HANDEL store order **Lagerbetrieb** *m kein pl* HANDEL warehousing business **Lagerbier** *nt* lager **Lagerbuchhaltung** *f* FIN store accounting **lagerfähig** *adj* HANDEL storable, nonperishable; **~e Waren** storable goods **Lagerfeuer** *nt* campfire **Lagergebühr** *f*, **Lagergeld** *nt* HANDEL storage charge **Lagergeschäft** *nt* HANDEL warehousing business **Lagergut** *nt* HANDEL stock **Lagerhalle** *f* warehouse **Lagerhaltung** *f* storekeeping **Lagerhaltungskosten** *pl* HANDEL warehousing costs **Lagerhaus** *nt* warehouse

Lagerist(in) <-en, -en> *m(f)* (*geh*) *s.* **Lagerverwalter**

Lagerkapazität *f* storage capacity **Lagerkosten** *pl* HANDEL storage costs **Lagermiete** *f* HANDEL storage charges [*or* costs]

lagern I. *vt* ❶ (*aufbewahren*) ■**etw irgendwie/irgendwo ~** to store sth in a certain way/somewhere
❷ MED (*hinlegen*) ■**jdn/etw irgendwie ~** to lay sb/sth in a certain way; **die Beine hoch ~** to lie with one's legs up
II. *vi* ❶ (*aufbewahrt werden*) ■**irgendwo/irgendwie ~** to be stored somewhere/in a certain way; **dunkel/kühl ~** to be stored in the dark/a cold place
❷ (*liegen*) ■**auf etw** *dat* **~** to lie on sth
❸ (*sich niederlassen*) ■**irgendwo ~** to camp somewhere; *s. a.* **gelagert**
III. *vr* (*geh: sich niederlassen*) ■**sich irgendwo ~** to settle down somewhere

Lagerraum *m* ❶ (*Raum*) storeroom ❷ (*Fläche*) storage space **Lagerschaden** *m* JUR damage to cargo **Lagerschein** *m* HANDEL warehouse receipt; **indossabler ~** endorsable warrant for goods **Lagerstatt** *f* (*veraltend geh*) bed **Lagerstätte** *f* ❶ (*geh: Schlafstätte*) bed ❷ GEOL deposit **Lagersteuerung** *f kein pl* HANDEL inventory control, stock control **Lagerumschlag** *m kein pl* HANDEL stock turnover *no pl* [*or* turnround]

Lagerung <-, -en> *f* ❶ (*das Lagern*) warehousing, storage; **unsachgemäße ~** HANDEL careless storage
❷ TECH (*Lager*) bearing

Lagervertrag *m* JUR storage [*or* warehousing] contract **Lagerverwalter(in)** *m(f)* storekeeper, store supervisor **Lagerzeit** *f* HANDEL storing time

Lago Maggiore *m* Lake Maggiore

Lagune <-, -n> *f* lagoon

lahm *adj* ❶ (*gelähmt*) *Arm, Bein* lame; ■[**in/auf etw** *dat*] **~ sein** to be lame [in sth]; ***der Mann war auf dem rechten Bein ~*** the man's right leg was lame
❷ (*fam: steif*) stiff; **einen ~en Rücken von etw bekommen** to have got a stiff back from doing sth
❸ (*fam: ohne Schwung arbeitend*) sluggish; ***sei nicht so ~, streng dich mal ein bisschen an!*** don't be so sluggish, make a bit of an effort!
❹ (*fam: schwach*) lame; *Erklärung* feeble
❺ (*zum Stillstand bringen*) **etw ~ legen** to paralyse [*or* AM -ze] sth, to bring sth to a standstill

Lahmarsch *m* (*derb*) lazybones, slowcoach BRIT, slowpoke AM

lahmarschig *adj* (*sl*) bloody idle BRIT *sl*, extremely slow AM

Lahme(r) *f(m) dekl wie adj* (*veraltend*) cripple, lame person

lahmen *vi* (*lahm sein*) ■[**auf etw** *dat*] **~** to be [*or* go] lame [in sth], to walk with a limp; ***der Hund lahmt auf einem Bein*** the dog's lame in one leg

lähmen *vt* ❶ MED (*außer Funktion setzen*) ■**jdn/etw ~** to paralyze sb/sth; ***durch den Unfall ist ihr linkes Bein gelähmt worden*** her left leg is paralyzed as a result of the accident; **wie gelähmt sein** as if paralyzed; ***vor Schreck war sie wie gelähmt*** it was as if she were paralyzed with fear; *s. a.* **gelähmt**
❷ (*zum Stillstand bringen*) ■**etw ~** to paralyze sth; ***der Streik hatte den öffentlichen Nahverkehr gelähmt*** the strike had paralyzed local public transport

Lahmlegung <-, -en> *f* paralysis

Lähmung <-, -en> *f* paralysis; **eine halbseitige ~** paralysis on one side

Laib <-[e]s, -e> *m bes* SÜDD loaf; *Käse* block

Laibach <-s> *nt* Ljubljana

Laich <-[e]s, -e> *m* spawn

laichen *vi* to spawn

Laie, Laiin <-n, -n> *m, f* ❶ (*kein Experte*) layman
❷ REL (*nicht zum Klerus gehörender Christ*) lay person
► WENDUNGEN: **da staunt der ~, und der Fachmann wundert sich** (*fam*) it's unbelievable

Laiendienste *pl* lay responsibilities *pl*, lay services *pl* **laienhaft** *adj* unprofessional, amateurish **Laienprediger(in)** *m(f)* lay preacher **Laienrichter(in)** *m(f)* JUR lay judge **Laienspiel** *nt* amateur play

Laiin <-, -nen> *f fem form von* **Laie**

Laisser-faire <-> [lɛse'fɛ:r] *nt kein pl* (*geh*) laissez-faire

laizistisch *adj inv* POL laical

Lakai <-en, -en> *m* ❶ (*pej geh: willfähriger Mensch*) lackey *pej*
❷ HIST (*livrierter Diener*) footman

Lake <-, -n> *f* brine

Laken <-s, -> *nt* sheet

Lakkolith <-s *o* -en, -e[n]> *m* GEOL laccolith, laccolite

lakonisch *adj* laconic

Lakritze <-, -n> *f*, **Lakritz** <-es, -e> *m* DIAL liquorice BRIT, licorice AM

Laktose <-> *f kein pl* lactose

Laktovegetarismus <-> *m kein pl* lacto-vegetarianism

Lallaut *m s.* **Lalllaut**

lallen I. *vi* to slur
II. *vt* ■**etw ~** to slur sth

Lalllaut[RR] *m* babble sound

Lama[1] <-s, -s> *nt* ZOOL llama

Lama[2] <-[s], -s> *m* REL lama

Lamaismus <-> *m kein pl* lamaism

Lamäng <-> *f kein pl* ■**aus der ~** (*hum fam*) off the top of one's head *fam*

Lambada <-s> *m kein pl* lambada *no pl, no art*

Lambdasonde *f* AUTO lambda probe

Lamé <-s, -s> *m* lamé

Lamelle <-, -n> *f* ❶ (*dünne Platte*) slat
❷ (*Segment*) rib; **die ~n eines Heizkörpers** the ribs of a radiator
❸ BOT (*Rippe*) lamella

lamentieren* *vi* (*geh*) ■[**wegen einer S.** *gen*/ **über etw** *akk*] **~** to complain [*or* moan] [about sth], to lament [sth]

Lamento <-s, -s> *nt* (*geh*) moan, lament *liter*; [**wegen etw**] **ein ~ anstimmen** [*o* **erheben**] to kick up a stink [about sth] *fam*

Lametta <-s> *nt kein pl* ❶ (*Weihnachtsbaumschmuck*) tinsel
❷ (*hum fam: Orden*) gongs *pl* BRIT *fam*

laminieren* *vt* ■**etw ~** to laminate sth

Lamm <-[e]s, Lämmer> *nt* ❶ (*junges Schaf*) lamb; **geduldig/sanft wie ein ~** as patient/gentle as a lamb; **sich wie ein ~ zur Schlachtbank führen lassen** (*geh*) to be led like a lamb to the slaughter; **das ~ Gottes** the Lamb of God
❷ *kein pl* (*Fleisch*) lamb
❸ *kein pl* (*Lammfell*) lambskin
► WENDUNGEN: **ein unschuldiges ~** a little innocent

Lammbraten *m* roast lamb

lammen *vi* to lamb **Lammfell** *nt* lambskin **Lammfelljacke** *f* sheepskin jacket **Lammfleisch** *nt* lamb **lammfromm** *adj* as meek as a lamb; **eine ~e Miene** an expression as meek as a lamb **Lammkotelett** *nt* KOCHK lamb chop **Lammwolle** *f* lambswool

Lampe <-, -n> *f* lamp, light

Lampenfassung *f* light socket **Lampenfieber** *nt* stage fright; **~ haben** to have stage fright **Lampenfuß** *m* lampstand **Lampenschirm** *m* lampshade

Lampion <-s, -s> [-pi̯ɔŋ] *m* Chinese lantern

LAN <-s, -s> *nt Akr von* **Local Area Network** INFORM LAN

lancieren* [lã'si:rən] *vt* (*geh*) ❶ (*publik werden lassen*) ■**etw ~** *Nachricht* to leak [*or sep* put out] sth
❷ (*auf den Markt bringen*) ■**etw ~** to launch sth
❸ (*platzieren*) ■**jdn ~** to place sb; ***einflussreiche Freunde haben sie in diesen Posten lanciert*** influential friends placed her in this job

Land <-[e]s, Länder> *nt* ❶ (*Staat*) country, state, nation; **aus aller Herren Länder[n]** from all corners of the earth; **~ und Leute** the country and its people; **andere Länder, andere Sitten** every country has its own customs; **das ~ der unbegrenzten Möglichkeiten** the land of opportunity; **das ~ der aufgehenden Sonne** the land of the rising sun; **das ~ der Verheißung, das Gelobte ~** the promised land; **das Heilige ~** the Holy Land; **durch die ~e ziehen** (*geh*) to travel around; **außer ~es** abroad, out of the country; **bei jdm zu ~e** where sb comes from, in sb's country
❷ (*Bundes~*) federal state
❸ NAUT land; **~ *in Sicht!*** land ahoy!; **~ *unter!*** NORDD land under water!; **zu ~e und zu Wasser** on land and at sea; **an ~ gehen, ~ sehen** to sight land, to go ashore; **jdn an ~ setzen** to put sb ashore; **jdn/etw an ~ spülen** to wash sb/sth ashore; **jdn/etw an ~ ziehen** to pull sb/sth ashore; **an ~** ashore
❹ *kein pl* (*Gelände*) land, property; **das ~ bestellen** to till the soil
❺ *kein pl* (*ländliche Gegend*) country; **auf dem flachen** [*o* **platten**] **~[e]** on the plains; **aufs ~ ziehen** to move to the country; **auf dem ~[e]** in the country
► WENDUNGEN: **das ~, wo Milch und Honig fließt** the land of milk and honey; **bleibe im ~e und nähre dich redlich** (*prov*) enjoy the trappings of home; [**wieder**] **~ sehen** (*fam*) to get things sorted [again]; ***endlich sehe ich wieder ~*** I'm finally getting things sorted again; **etw an ~ ziehen** (*fam*) to

land sth *fam;* **ins ~ ziehen** [*o* **gehen**] (*geh*) to pass; ***die Jahre zogen ins*** ~ the years went by

Landadel *m* [landed] gentry **Landammann** *m* SCHWEIZ *most senior official in a Swiss canton* **Landarbeit** *f kein pl* agricultural work *no pl, no indef art* **Landarbeiter(in)** *m(f)* agricultural worker, farm hand **Landarzt, -ärztin** *m, f* country doctor

landauf *adv* (*geh*) **~, landab** the length and breadth of the country

Landbesitz *m* landed property, real estate; **~ haben** to own landed property [*or* real estate] **Landbesitzer(in)** <-s, -> *m(f)* landowner **Landbevölkerung** *f* rural population **Landbrücke** *f* GEOG land bridge

Landebahn *f* landing strip, runway **Landebake** *f* landing beacon **Landebefeuerung** *f* runway [*or* contact] light **Landebereich** *m* landing area **Landebremsschirm** *m* drag parachute **Landebrücke** *f* landing stage **Landedeck** *nt* flight [*or* landing] deck **Landeerlaubnis** *f* landing permission, permission to land **Landefähre** *f* landing module **Landefeld** *nt* landing [air]field **Landefeuer** *nt* runway [*or* contact] light **Landegebühr** *f* HANDEL landing fee [*or* charge] **Landehilfe** *f* aid to landing

Landei <-[e]s, -er> *nt* (*pej*) country bumpkin

landeinwärts *adv* inland

Landeklappe *f* [landing] flap **Landekufe** *f* landing skid **Landekurs** *m* approach path **Landelicht** *nt* ① *am Flugzeug* landing light ② *auf Flughafen* approach light **Landemanöver** *nt* ① *von Flugzeug, Raumfahrzeug* landing ② (*Ankunft*) arrival **Landemeldung** *f* arrival message

landen I. *vi sein* ① (*niedergehen*) *Flugzeug, Raumschiff, Vogel* to land; ■**[auf etw** *dat*/**in einer Stadt]** ~ to land [on sth/in a city]; **auf dem Mond** ~ to land on the moon

② NAUT (*ankommen*) ■**irgendwo** ~ to land somewhere; ***das Schiff ist auf einer Sandbank gelandet*** the ship ran aground on a sandbank

③ (*fam: hingelangen o enden*) ■**irgendwo** ~ to end up somewhere; ***die Beschwerde ist in einer ganz anderen Abteilung gelandet*** the complaint ended up in a completely different department

④ TELEK (*fam: verbunden werden*) ■**bei jdm** ~ to get through to sb

⑤ (*fam: Eindruck machen*) ■**bei jdm** ~ to make an impression on sb; ***mit deinen Schmeicheleien kannst du bei mir nicht*** ~ your flattery won't get you very far with me

II. *vt haben* ① LUFT, RAUM (*niedergehen lassen*) ■**etw** ~ to land sth; **einen Hubschrauber** ~ to land a helicopter

② LUFT, MIL (*aus der Luft absetzen*) ■**jdn** ~ to land sb; ***es gelang ihnen, Verstärkungen hinter den feindlichen Linien zu*** ~ reinforcements were successfully landed behind enemy lines

Landenge *f* isthmus

Landepfad *m eines Flugzeugs* flare path **Landepiste** *f* landing strip **Landeplatz** *m* ① (*kleiner Flugplatz*) airstrip ② (*Landungsplatz*) landing place, mooring point ③ NAUT (*Werft*) quay, wharf, pier

Ländercode *m* INFORM country code

Ländereien *pl* estates *pl,* landed property

Ländereinstellung *f* INFORM country setting

Länderfinanzausgleich *m* financial equalization among the federal states

Landerhebung *f* land elevation

Länderkampf *m* SPORT (*internationaler Wettbewerb*) international contest; (*Spiel*) international match **Länderkennung** *f* INFORM country code **Länderkunde** *f* GEOG regional studies *pl* **Länderspiel** *nt* international [match] **Ländervergleich** *m* comparison by country, country-by-country comparison

Landesanstalt *f* regional [*or* state] institution [*or* institute] **Landesarbeitsamt** *nt* regional employment office **Landesarbeitsgericht** *nt* JUR employment appeals tribunal **Landesausgleichsamt** *nt* JUR Land equalization of burdens office **Landesbank** *f* regional bank **Landesbauordnung** *f* BAU state building code **Landesbehörde** *f* regional authorities *pl* **Landeschef(in)** *m(f)* regional [*or* state] boss **Landescheinwerfer** *m* landing light **Landeschleife** *f* landing loop [*or* circle] **Landesebene** *f* regional state level; ■**auf** ~ at regional state level **landeseigen** *adj* owned by a federal state, state-owned **Landesentwicklungsplan** *m* JUR regional development plan **Landesfarben** *pl* ① (*eines Staates*) national colours [*or* AM -ors] ② (*eines Bundeslandes*) regional state colours [*or* AM -ors] **Landesgebiet** *nt* national territory **Landesgeschäftsführer(in)** *m(f)* ① ÖKON regional manager ② POL state majority leader **Landesgesetz** *nt* JUR BRD (*eines Bundeslandes*) state [*or* Land] law **Landesgrenze** *f* ① (*Staatsgrenze*) national border, frontier ② (*Grenze eines Bundeslandes*) federal state boundary **Landesgruppe** *f* regional [*or* state] faction **Landesgruppenchef(in)** *m(f)* leader of a regional [*or* state] faction **Landeshauptmann** *m* ÖSTERR *head of a provincial government* **Landeshauptstadt** *f* state capital **Landeshaushalt** *m* regional [*or* state] budget **Landesignal** *nt* landing signal **Landesinnere(s)** *nt dekl wie adj* interior **Landesjustizverwaltung** *f* JUR regional administration of justice **Landeskartellamt** *nt* state cartel office **Landeskirche** *f* regional [*or* national] church **Landeskriminalamt** *nt* regional [*or* state] CID [*or* Criminal Investigation Department] **Landeskunde** *f kein pl* regional studies *pl* **landeskundig** *adj* knowledgeable about the country **landeskundlich** *adj relating to the geography, history and institutions of a country* **Landesliga** *f* regional [*or* local] league **Landesliste** *f regional list of candidates for election to the Federal Parliament* **Landesmedienanstalt** *f* regional [*or* state] media authority **Landesmeister(in)** *m(f)* national champion **Landesministerium** *nt* state ministry **Landesmuseum** *nt* regional [*or* state] museum **Landesparlament** *nt* regional [*or* state] parliament **Landesparteitag** *m* regional [*or* state] party conference **Landesplanungsgesetz** *nt* JUR Land Planning Act **Landespolitik** *f* regional [*or* state] politics + *sing/pl vb* **Landesrat, -rätin** *m, f* ÖSTERR member of the government of a province **Landesrechnungshof** *m* regional [*or* state] audit office **Landesrecht** *nt* regional state law **Landesregierung** *f* state government **Landessozialgericht** *nt* JUR regional social insurance appeals tribunal **Landessportbund** *m* regional [*or* state] sports association **Landessprache** *f* national [*or* native] language **Landesstraßenbauamt** *nt* regional state road construction authority

Landesteg *m* gangway, gangplank; NAUT landing stage

Landesteil *m* area, region

Landestelle *f* ① LUFT landing field ② NAUT landing place, wharf, quay

Landestracht *f* national costume [*or* dress]

Landestrahl *m beim Flug* landing beam

Landestrauer *f* national mourning

Landestrecke *f beim Flug* landing run **Landestreifen** *m* landing strip, airstrip

landesüblich *adj* customary **Landesvater** *m* ① HIST sovereign lord ② (*fig*) father of the nation *fig* **Landesverband** *m* regional [*or* state] association **Landesverfassung** *f* regional [*or* state] constitution **Landesverfassungsgericht** *nt* JUR regional state constitutional court **Landesverrat** *m* treason **Landesverteidigung** *f* national [*or* BRIT *a.* home] defence [*or* AM -se] **Landesverwaltungsgesetz** *nt* JUR Regional Administration Act **Landesverweisung** *f* JUR expulsion, exclusion order **Landesvorsitzende(r)** *f(m) dekl wie adj* regional [*or* state] party leader **Landesvorstand** *m* regional [*or* state] party executive **Landeswahlleiter(in)** *m(f)* JUR regional state election returning officer **Landeswehr** *f* national defence [*or* AM -se] force **landesweit** *adv* nationwide; ~ **gültige Übereinkunft** agreement applying throughout the nation **Landeszeit** *f* local time **Landeszentralbank** *f* regional [*or* state] central bank **Landeszentrale** *f* regional [*or* state] headquarters + *sing/pl vb*

Landeverbot *nt* refusal of permission to land; ~ **haben** to be refused landing permission [*or* permission to land]

Landfahrer(in) *m(f)* (*geh*) vagrant **Landfahrzeug** *nt* land vehicle **Landflucht** *f* migration to the cities, rural exodus **Landflüchtige(r)** *f(m) dekl wie adj* SOZIOL one who migrates to the cities **Landflugzeug** *nt* landplane **Landfracht** *f* carriage on land **Landfrau** *f fem form von* **Landmann** **Landfriedensbruch** *m* civil disorder **Landfunk** *m* farming programme [*or* AM -am] [on the radio] **Landgang** <-gänge> *m* NAUT shore leave **Landgemeinde** *f* rural [*or* country] community **Landgericht** *nt* district court **landgestützt** *adj* land-based **Landgewinnung** *f* land reclamation, reclamation of land **Landgut** *nt* estate **Landhaus** *nt* country house, cottage **Landjäger** *m small seasoned flat sausage* **Landjugend** *f* young rural population **Landkarte** *f* map **Landkommune** *f* rural commune **Landkreis** *m* administrative [*or* rural] district **Landkrieg** *m* land warfare

landläufig *adj* generally accepted, popular; **nach ~er Ansicht** according to popular opinion; **eine ~e Meinung** a generally accepted view

Landleben *nt* country life

Ländler <-s, -> *m* ÖSTERR *country dance*

ländlich *adj* country, rural, rustic; **eine ~e Idylle** a pastoral idyll

Landluft *f* ① (*Luft auf dem Land*) country air ② (*iron: nach Jauche stinkende Luft*) smell of the country, fresh country air *iron* **Landmann, -frau** <-männer> *m, f* farmer **Landmaschine** *f* agricultural machinery, farm equipment **Landmaschinen** *pl* agricultural machines *pl* **Landmine** *f* landmine **Landpachtgesetz** *nt* JUR farm tenancies act **Landpachtvertrag** *m* JUR farm lease **Landplage** *f* (*pej*) plague *pej,* pest, [public] nuisance; ***die Wespen sind eine echte*** ~ there's a real plague of wasps **Landpraxis** *f* MED country practice **Landrat** *m* SCHWEIZ (*Parlament eines Kantons*) parliament of a canton **Landrat, -rätin** *m, f* ① BRD *administrative head of a Landkreis* ② SCHWEIZ parliament of a canton **Landratsamt** *nt* district administration **Landratte** *f* (*hum fam*) landlubber *hum dated fam* **Landregen** *m* steady rain **Landreise** *f* overland journey **Landrücken** *m* ridge of land **Landscapeformat** [lændskeɪp-] *nt* INFORM landscape mode

Landschaft <-, -en> *f* ① (*Gegend*) countryside, scenery

② (*Situation*) landscape, situation, scene; **die politische** ~ the political landscape

③ (*Gemälde einer ~*) landscape

landschaftlich I. *adj* ① (*die Landschaft betreffend*) scenic

② LING (*regional*) regional

II. *adv* ① (*die Landschaft betreffend*) scenically; ***diese Gegend ist ~ sehr abwechslungsreich*** this area is very varied in terms of scenery

② LING (*regional*) regionally [different]; ***die Bezeichnung dieses Gegenstandes ist ~ verschieden*** the name of this object varies from region to region

Landschaftsgärtner(in) *m(f)* landscape gardener, landscaper **Landschaftsgestaltung** *f* landscape gardening **Landschaftsmaler(in)** *m(f)* landscape painter **Landschaftsökologe, -login** *m, f* countryside ecologist **Landschaftspflege** *f* AGR rural conservation, conservation of the countryside **Landschaftsplaner(in)** *m(f)* town and country planner **Landschaftsplanung** *f* town and country planning **Landschaftsschutz** *m* ÖKOL landscape protection **Landschaftsschützer(in)** *m(f)* ÖKOL conservationist **Landschaftsschutzgebiet** *nt* nature reserve, conser-

L

vation area **Landschaftszerstörung** *f* spoliation of the countryside

Landschulheim *nt country house used by school classes for visits of one to two weeks* **Landsitz** *m* country estate

Landsknecht *m* HIST lansquenet **Landsmann, -männin** <-leute> *m, f* compatriot, fellow countryman/countrywoman; ■**ein** ~ **[von jdm] sein** to be a compatriot [*or* fellow countryman/countrywoman] [of sb] **Landsmannschaft** *f association of students, refugees or displaced persons from the same country or region*

Landstraße *f* secondary [*or* country] [*or* BRIT *a.* B] road **Landstreicher(in)** <-s, -> *m(f)* tramp, vagabond, vagrant **Landstreicherei** <-> *f kein pl* vagrancy **Landstreicherin** <-, -nen> *f fem form von* Landstreicher **Landstreitkräfte** *pl* land [*or* ground] forces *pl* **Landstrich** *m* area, region **Landtag** *m* federal state parliament

Landtagsabgeordnete(r) *f(m) dekl wie adj* member of the Landtag [*or* state parliament] **Landtagsfraktion** *f* faction [*or* group] in the Landtag [*or* state parliament] **Landtagswahl** *f* German regional election **Landtransport** *m* HANDEL land carriage

Landung <-, -en> *f* (1) (*das Landen*) landing; **vor der** ~ before landing (2) *bes* MIL (*das Niedersetzen*) landing **Landungsbake** *f* approach beacon **Landungsboot** *nt* landing craft **Landungsbrücke** *f* jetty, landing stage, pier **Landungsgewicht** *nt* LUFT landing weight **Landungsplatz** *m* (1) LUFT landing field (2) NAUT landing place, wharf, quay **Landungssteg** *m* landing stage **Landungsstelle** *f* NAUT landing [place], wharf, quay **Landungstruppen** *pl* land assault forces *pl* **Landurlaub** *m* shore leave **Landvermessung** *f* land surveying **Landverödung** *f* desertification **Landweg** *m* (1) (*der Weg über das Festland*) overland route (2) (*Weg auf dem Lande*) country road; **auf dem** ~ by the overland route **Landwehr** *f* (1) MIL (*veraltend*) militia *old* (2) GEOG, HIST (*Grenzbefestigung*) border fortifications *pl* **Landwein** *m* ordinary wine from the locality **Landwind** *m* inland breeze **Landwirt(in)** *m(f)* (*geh*) farmer

Landwirtschaft *f* (1) *kein pl* (*bäuerliche Tätigkeit*) agriculture, farming; ~ **betreiben** to farm; **Land- und Forstwirtschaft** agriculture and forestry; **extensive/intensive** ~ extensive farming/intensive agriculture
(2) (*landwirtschaftlicher Betrieb*) farm; ***zu Hause betrieb die Familie eine kleine*** ~ the family had a farm at home

landwirtschaftlich **I.** *adj* agricultural; **~er Betrieb** farms
II. *adv* agriculturally; ~ **geprägt** characterized by agriculture

Landwirtschaftsausstellung *f* agricultural show **Landwirtschaftsgericht** *nt* JUR agricultural tribunal **Landwirtschaftskammer** *f* Chamber of Agriculture **Landwirtschaftsminister(in)** *m(f)* minister of agriculture BRIT, agriculture minister BRIT, agriculture secretary AM **Landwirtschaftsrecht** *nt* JUR agricultural law **Landwirtschaftsschule** *f* agricultural college **Landwirtschaftsverband** *m* Agricultural Association **Landwirtschaftswissenschaft** *f* agricultural science

Landzunge *f* spit [of land], headland

lang <länger, längste> **I.** *adj* (1) (*räumlich ausgedehnt*) long; ***seine Haare sind jetzt länger als früher*** he has longer hair than he used to; ***die Schraube ist 4,5 Zentimeter*** ~ the screw is 4.5 centimetres long [*or* in length]; **etwas** ~ **sein** to be a little bit too long; **[jdm] etw länger machen** MODE to make sth longer [for sb]
(2) (*zeitlich ausgedehnt*) long; **eine ~e Zeit brauchen** to take a long time; ***wohnen Sie schon seit längerem hier?*** have you been living here long?; **noch ~[e]** for a long time; ***bleibst du noch ~ in Stuttgart?*** are you staying in Stuttgart for long?; **noch ~[e] nicht** not by any means [*or* a long shot]; **schon ~[e]** for a long time; ***ich weiß das schon*** ~ I've known that for a long time; **seit ~em/längerem** for a long time/lengthy period; **wie ~[e]?** how long?
(3) (*fam: groß gewachsen*) tall
II. *adv* (1) (*eine lange Dauer*) long; ***diese fürchterliche Kälte kann man nicht ~ aushalten*** you can't stand this terrible cold for long; ***die Verhandlungen ziehen sich schon ~e hin*** negotiations have been dragging on for a long time; ***wir können hier nicht länger bleiben*** we can't stay here any longer; ***dauert das noch viel länger?*** is this going to last much longer?; **des L~en und Breiten** (*geh*), ~ **und breit** at length, in great detail; ~ **ersehnt** longed-for, long-hoped-for, long-desired; ~ **gehegt** (*geh*) long-cherished *form;* ~ **haftend** *Lippenstift* long-lasting; *Maskara* long-wearing; **es nicht mehr ~[e] machen** (*sl*) to not last much longer; ~ **auf sich warten lassen** to keep people waiting; ***wo bist du denn so ~e geblieben?*** where have you been all this time?; **da** [*o* **darauf**] ***kannst du*** **~[e]** ***warten!*** (*iron*) you can whistle for it *iron*
(2) (*für die Dauer von etw*) ■**eine bestimmte Zeit** ~ for a certain period of time; ***sie hielt einen Moment ~ inne*** she paused for a moment; ***wir haben sieben Monate ~ nichts mehr von dir gehört*** we haven't heard anything from you for seven months!
(3) (*der Länge nach*) ~ **gestreckt** long, extended; ~ **gezogen** prolonged; ~ **hinschlagen** to fall flat on one's face
▸ WENDUNGEN: **was ~e währt, wird endlich gut** (*prov*) the wait is worth it; **je länger, je lieber** the longer, the better; **~[e] nicht so ...** not nearly as; ***der Film war ~ nicht so spannend wie erhofft*** the film was nowhere near as exciting as people had expected

langärm(e)lig *adj* long-sleeved **langarmig** *adj* long-armed **langatmig** *adj* (*pej*) long-winded *pej* **Langatmigkeit** <-> *f kein pl* (*pej*) long-windedness *pej* **langbeinig** *adj* long-legged

lange *adv s.* **lang II 1**

Länge <-, -n> *f* (1) (*räumliche Ausdehnung*) length; **in die** ~ **wachsen** to shoot up; **auf eine** ~ **von etw** for sth; ***die Autobahn war auf eine ~ von 45 Kilometern blockiert*** the motorway was blocked for 45 kilometres; **der** ~ **nach** lengthways, lengthwise; (*in ganzer* ~) flat on one's face; ***die Frau fiel der ~ nach hin*** the woman fell flat on her face; ***das Regal stürzte der ~ nach zu Boden*** the shelf fell flat on the floor; **von bestimmter** ~ of a certain length; ***ich benötige Pfähle von drei Metern*** ~ I need posts three metres in length
(2) (*zeitliche Ausdehnung*) length, duration; **in voller** ~ in its entirety; **etw in die** ~ **ziehen** to drag out sth *sep;* ***er zog das Gespräch in die*** ~ he dragged the conversation out; **sich in die** ~ **ziehen** to drag on; ***die Verhandlungen zogen sich in die*** ~ the negotiations dragged on
(3) (*fam: Größe*) height; ***was hast du eigentlich für eine ~?*** how tall are you?
(4) SPORT (*Strecke einer Boots~*) length
(5) FILM, LIT, MEDIA (*langatmige Stelle*) long-drawn-out passage [*or* scene]
(6) (*Abstand vom Nullmeridian*) longitude; ***die Insel liegt 38° östlicher*** ~ the longitudinal position of the island is 38° east
(7) (*poet: lange Silbe*) long syllable

langen **I.** *vi* (*fam*) (1) ([*aus*]*reichen*) ■**[jdm]** ~ to be enough [*or* sufficient] [for sb], to suffice
(2) (*sich erstrecken*) ■**bis zu etw** *dat*/**über etw** *akk* ~ to reach sth/over sth; ***der Vorhang langt bis ganz zum Boden*** the curtain reaches right down to the floor
(3) (*fassen*) ■**[mit etw** *dat*] **an etw** *akk* ~ to reach for sth [with sth]; ■**[mit etw] irgendwohin** ~ to reach somewhere [with sth]; ***lange bloß nicht mit der Hand an die Herdplatte*** make sure you don't touch the hotplate with your hand; ***ich kann mit der Hand bis ganz unter den Schrank*** ~ I can reach right under the cupboard with my hand
(4) DIAL (*auskommen*) ■**mit etw** ~ to get by [*or* manage] on sth; ***mit dem Brot ~ wir bis morgen*** the bread will last us until tomorrow
(5) *impers* (*fam*) ■**etw langt [jdm]** it is enough [for sb], sb is fed up with sth; ***jetzt langt's aber!*** I've just about had enough!
II. *vt* (*fam*) (*reichen*) ■**jdm etw** ~ to hand [*or* pass] sb sth
▸ WENDUNGEN: **jdm eine** ~ (*fam*) to give sb a clip round the ear [*or* AM on the ears]

Längeneinheit *f* linear measure **Längengrad** *m* degree of longitude **Längenmaß** *nt* unit of length, linear measure **Langensee** *m s.* **Lago Maggiore**

länger *adj, adv s.* **lang, lange**

längerfristig **I.** *adj* fairly long-term
II. *adv* on a fairly long-term basis

Langeweile <*gen* – *o* Langerweile, *dat* Langenweile> *f kein pl* boredom *no pl,* tedium, ennui; ~ **haben** to be bored; **aus [lauter]** ~ out of [sheer] boredom; **vor [lauter]** ~ of [sheer] boredom; **die** ~ **vertreiben** to while away time [*or* the hours], to kill time

langfädig *adj* SCHWEIZ (*langatmig*) long-winded *pej* **langfaserig** *adj inv* **~es Papier** long grain paper **Langfinger** *m* (*hum*) pickpocket **Langformat** *nt* long format; **im** ~ in long format **langfristig** **I.** *adj* long-term; **~e Ausleihungen/Darlehen/Verbindlichkeiten** long-term lendings/loans/liabilities; **~er Kapitalverkehr/~es Kapitalwachstum** long-term capital transactions/growth; **~e Schatzanweisungen** exchequer [*or* AM treasury] bonds **II.** *adv* on a long-term basis; ~ **aufgenommene Darlehen** monies borrowed for long periods; ~ **hereingenommene Gelder** long credit

lang|gehen *vi irreg sein* (*fam*) (*entlanggehen*) ■**irgendwo** ~ to go along somewhere
▸ WENDUNGEN: **merken, wo's langgeht** to notice how things are; **jdm sagen, wo's langgeht** to tell sb from where the wind is blowing

langhaarig *adj* (*lange Haare habend*) long-haired; **eine ~e Hunderasse** a long-haired dog breed **Langhaarige(r)** *f(m) dekl wie adj* long-haired person **langhaftend** *adj inv s.* **lang II 1** **langjährig** *adj* (*viele Jahre bestehend*) of many years' standing; ***sie ist meine ~e Freundin*** she has been my girlfriend for many years; **~e Erfahrung** many years of experience; **eine ~e Freundschaft** long-standing friendship; **~e Mitarbeiter** employees of many years' standing **Langkornreis** *m* long grain rice **Langlauf** *m kein pl* cross-country skiing *no pl* **Langläufer(in)** *m(f)* (1) SKI cross-country skier (2) FIN (*Anleihe mit langer Laufzeit*) long, long-dated security **Langlaufloipe** *f* SKI cross-country ski run **Langlaufski** *m* cross-country ski

langlebig *adj* (1) (*lange lebend*) long-lived
(2) (*lange Zeit zu gebrauchen*) durable, long-lasting
(3) (*hartnäckig*) persistent

Langlebigkeit <-> *f kein pl* (1) (*Anlage für langes Leben*) longevity
(2) (*lange Gebrauchsfähigkeit*) durability
(3) (*Hartnäckigkeit*) persistence

lang|legen *vr* (*fam*) ■**sich** *akk* **[auf etw** *dat*] ~ (1) (*hinfallen*) to fall flat on one's face [on sth]
(2) (*sich niederlegen*) to lie down [on sth]

länglich *adj* elongated, oblong, longish

lang|liegen *vi irreg* (*fam*) to have a lie down *fam* [*or* AM short rest]

langmähnig *adj* (*fam*) long-haired

Langmut <-> *f kein pl* (*geh*) forbearance *form*

langmütig **I.** *adj* (*geh*) forbearing, patient
II. *adv* patiently

längs **I.** *präp* +*gen* ■ ~ **einer S.** *gen* along sth, alongside [of] sth
II. *adv* (*der Länge nach*) lengthways, lengthwise; ~ **gestreift** with vertical stripes

Längsachse *f* longitudinal axis

langsam **I.** *adj* (1) (*nicht schnell*) slow
(2) (*allmählich*) gradual
II. *adv* (1) (*nicht schnell*) slowly; **immer [schön] ~!,**

~, ~! (*fam*) take it easy!, not so fast!
② (*fam: allmählich*) gradually; ***es ist ~ an der Zeit, dass wir uns auf den Weg machen*** it's about time we were thinking of going
► Wendungen: ~, **aber sicher** slowly but surely

Langsamkeit <-> *f kein pl* slowness

Längsbeleimung *f* TYPO longitudinal [*or* lineal] gluing

Langschläfer(in) *m(f)* late riser; ~ **sein** to be a late riser

Längsfalz *m* TYPO longitudinal [*or* lineal] fold **Längsperforation** *f* TYPO longitudinal [*or* lineal] perforation

Langspielplatte *f* long-playing record, LP

Längsrichtung *f* longitudinal direction; ■**in** ~ lengthways, lengthwise **Längsrückentitel** *m* TYPO title along the spine **Längsschneider** *m* [slitter] rewinder **Längsschnitt** *m* longitudinal section **Längsseite** *f* ① (*die längere Seite von etw*) long side ② NAUT (*Flanke*) broadside **längsseits** I. *präp +gen* NAUT ■~ [**einer S.** *gen*] alongside [a thing] II. *adv* ■~ **an etw** *dat* alongside sth; ***der Lastkahn ankerte ~ am Kai*** the barge anchored alongside the quay **Längsstreifen** *pl* vertical stripes *pl*

längst *adv* ① (*lange*) long since, for a long time; ***die Familie ist schon ~ umgezogen*** the family moved a long time ago
② (*bei weitem*) ■~ **nicht** not by a long way [*or* long shot]; ***das ist ~ nicht alles*** that's not everything by a long shot, that's just the tip of the iceberg; ***diese Informationen reichen uns ~ nicht*** this information is by no means sufficient

längste(r, s) *adj, adv superl von* **lang**

längstens *adv* ① (*höchstens*) at the most, at the longest
② (*spätestens*) at the latest

langstielig *adj* long-handled [*or* -stemmed]; **~e Gläser/Rosen** long-stemmed glasses/roses

Langstreckenflug *m* long-haul flight

Langstreckenflugzeug *nt* long-haul aircraft **Langstreckenlauf** *m* long-distance race [*or* run] **Langstreckenläufer(in)** *m(f)* long-distance runner **Langstreckenrakete** *f* long-range missile **Langstreckenwaffe** *f* long-range weapon **Längs- und Querschnitt** *m* TYPO slitting and sheeting

Languste <-, -n> *f* crayfish

langweilen I. *vt* ■**jdn** ~ to bore sb; ***langweile ich Sie?*** am I boring you?; ***der Film langweilte mich*** the film bored me
II. *vi* (*pej*) to be boring *pej*
III. *vr* ■**sich** *akk* ~ to be bored; ***bei dem Vortrag/in dem Film habe ich mich schrecklich gelangweilt*** I was terribly bored during the lecture/film; *s. a.* **gelangweilt**

Langweiler(in) <-s, -> *m(f)* (*pej fam*) ① (*jd, der langweilt*) bore
② (*langsamer Mensch*) slowcoach Brit, slowpoke Am

langweilig I. *adj* boring, dull
II. *adv* boringly

Langwelle *f* long wave

langwierig *adj* lengthy, long-drawn-out

Langwierigkeit <-, *selten* -en> *f* lengthiness, long duration

Langzeitarbeitslose(r) *f(m) dekl wie adj* long-term unemployed person; ■**die ~n** the long-term unemployed **Langzeitarbeitslosigkeit** *f* long-term unemployment **Langzeitarchivierung** *f* long-term filing, permanent storage **Langzeit-EKG** *nt* MED long-term ECG **Langzeitgedächtnis** *nt* long-term memory **Langzeitmaßnahme** *f* long-term measure **Langzeitpatient(in)** *m(f)* long-term patient **Langzeitpflege** *f* MED long-term care **Langzeitprognose** *f* long-range forecast **Langzeitprogramm** *nt* long-term programme [*or* Am -am] **Langzeitspeicher** *m* ① INFORM long-term memory ② (*Wasserspeicher*) long-term reservoir **Langzeitvergleich** *m* long-term comparison

Lanolin <-s> *nt kein pl* CHEM lanolin

Lanthan <-s> *nt kein pl* CHEM lanthanum

Lanzarote *nt* Lanzarote; *s. a.* **Sylt**

Lanze <-, -n> *f* HIST lance, spear
► Wendungen: **für jdn/etw eine ~ brechen** (*geh*) to go to bat for sb, to stand up for sb/sth

Lanzette <-, -n> *f* MED lancet

Lanzettfischchen <-s, -> *nt* lancelet

Laos <-> *nt* Laos; *s. a.* **Deutschland**

Laote, Laotin <-n, -n> *m, f* Laotian; *s. a.* **Deutsche(r)**

laotisch *adj* Lao[tian]; *s. a.* **deutsch**

La Palma *nt* La Palma; *s. a.* **Sylt**

lapidar *adj* (*geh*) terse

Lapilli *pl* GEOL lapilli *pl*

Lapislazuli <-, -> *m* lapis lazuli

Lappalie <-, -n> *f* petty affair, trifle, bagatelle

Lappe, Lappin <-n, -n> *m, f* Laplander, Lapp

Lappen <-s, -> *m* ① (*Stück Stoff*) cloth, rag
② (*sl: Banknote*) note; *pl* (*Moneten*) dough *no pl, no indef art*
► Wendungen: **jdm durch die ~ gehen** (*fam*) to slip through sb's fingers

läppern *vr impers* (*fam*) ■**sich** ~ to mount [*or* add] up

lappig *adj inv* ① (*fam: schlaff*) *Gewebe* limp
② (*fam: läppisch*) **~e 10 Mark** a measly [*or* just] 10 marks
③ BOT *Blattform* lobed, lobate
④ TYPO (*dünn*) flimsy; **~es Papier** flimsy paper

Lappin <-, -nen> *f fem form von* **Lappe**

lappisch *adj inv* Lapp

läppisch I. *adj* ① (*fam: lächerlich*) ridiculous; **ein ~er Betrag** a ridiculous sum
② (*pej: albern*) silly, foolish
II. *adv* (*pej*) in a silly manner

Lappland <-[e]s> *nt* Lapland

Lapsus <-, -> *m* (*geh*) mistake, slip; **jdm unterläuft ein ~** sb makes a mistake; ~ **Linguae** (*Versprecher*) slip of the tongue

Laptewsee *f* Laptev Sea

Laptop <-s, -s> ['lɛptɔp] *m* laptop

Lärche <-, -n> *f* larch

large [larʒ] *adj* SCHWEIZ (*generös*) generous

Largo <-s, -s *o* Larghi> *nt* MUS largo

Larifari <-s> *nt kein pl* (*pej fam*) nonsense *no pl pej*, Brit *a.* rubbish *no pl pej*

Lärm <-[e]s> *m kein pl* noise, racket; ~ **machen** to make a noise
► Wendungen: **viel ~ um nichts [machen]** [to make] a lot of fuss about nothing

Lärmart *f* type of noise **lärmbeeinträchtigt** *adj* disturbed by noise **Lärmbeeinträchtigung** *f* noise disturbance **Lärmbekämpfung** *f* noise abatement **Lärmbelästigung** *f* noise pollution **Lärmbelastung** *f* noise pollution **lärmdämpfend** *adj* noise-reducing **lärmempfindlich** *adj* sensitive to noise

lärmen *vi* to make noise [*or* a racket], to be noisy

Lärmentstehung *f* generation of noise **lärmgeplagt** *adj* plagued with noise **lärmgeschädigt** *adj* suffering physical impairment as a result of noise **Lärmkulisse** *f* background noise **Lärmminderung** *f* noise reduction

larmoyant *adj* (*geh: weinerlich*) lachrymose *form*, querulous **Lärmpegel** *m* noise level **Lärmquelle** *f* source of a/the noise **Lärmschädigung** *f* noise induced injury

Lärmschutz *m* protection against noise

Lärmschutzanforderungen *pl* calls *pl* for protection against noise, noise prevention demands *pl* **Lärmschutzbereich** *m* low-noise area **Lärmschutzwall** *m* noise protection embankment **Lärmschutzwand** *f* noise barrier

Lärmstärke *f* intensity of noise **Lärmursache** *f* cause of a noise **Lärmverhinderung** *f* noise prevention

Larve <-, -n> *f* ① (*Insekten~*) larva, grub
② (*veraltet: Maske*) mask
③ (*veraltet: nichtssagendes Gesicht*) empty face

Laryngitis <-, Laryngitiden> *f* MED laryngitis

las *imp von* **lesen**

Lasagne <-, -> [la'zanjə] *f* lasagne, Am *a.* lasagna

lasch I. *adj* (*fam*) ① (*schlaff*) feeble, limp; **ein ~er Händedruck** a limp handshake
② (*nachsichtig*) lax, slack
③ KOCHK (*fade*) insipid
II. *adv* (*fam: schlaff*) limply

Lasche <-, -n> *f* flap; *Kleidung* loop

Laschheit <-, -en> *f* laxity; *Händedruck* limpness

LASER <-s, -> ['leɪzeɐ] *m* PHYS *Akr von* **Light Amplification by Stimulated Emission of Radiation** LASER

Laser <-s, -> ['le:zɐ, 'leɪzɐ] *m* laser

Laserbelichter *m* laser imager [*or* [type]setter] **Laserbelichtung** *f* laser exposure [*or* output] [*or* recording] **Laserchirurgie** *f* laser surgery **Laserdiode** *f* laser diode **Laserdrucker** *m* laser printer **Laserimpuls** *m* laser pulse **Laserintensität** *f* laser intensity **Laserlichtshow** *f* laser show **Laserprojektor** *m* TV laser projector **Laserskalpell** *nt* laser scalpel **Lasersonde** *f* laser probe **Laserstrahl** *m* laser beam **Laserwaffe** *f* laser weapon

lasieren* *vt* ■**etw** ~ to varnish [*or* glaze] sth

Läsion <-, -en> *f* MED lesion

lass[RR], **laß** *imper sing von* **lassen**

lassen <lässt, ließ, gelassen>

I. transitives Verb II. modalverb
III. intransitives Verb

I. transitives Verb

① (*unter~*) ■**etw** ~ to stop sth, to refrain from doing sth; ***ich hatte Ihnen das doch ausdrücklich aufgetragen, warum haben Sie es dann gelassen?*** I expressly instructed you to do that, why didn't you do it?; ***wirst du das wohl ~!*** will you stop that!; ***lass das, ich mag das nicht!*** stop it, I don't like it!; ***wenn du keine Lust dazu hast, dann ~ wir es eben*** if you don't feel like it we won't bother; ***wenn du keine Lust dazu hast, dann lass es doch*** if you don't feel like it, then don't do it; **es/etw nicht ~ können** not to be able to stop it/sth
② (*zurück~*) ■**jdn/etw irgendwo** ~ to leave sb/sth somewhere; **etw hinter sich** *akk* ~ to leave sth behind one
③ (*über~, behalten ~*) ■**jdm etw** ~ to let sb have sth; ***man ließ ihm nur eine winzige Rente*** they only let him have a small pension
④ (*gehen ~*) ■**jdn/ein Tier irgendwohin** ~ to let sb/an animal go somewhere; ***lass den Hund nicht nach draußen*** don't let the dog go outside; ***mit 13 lasse ich meine Tochter nicht in die Disko*** I wouldn't let my daughter go to a disco at 13
⑤ (*in einem Zustand ~*) ■**etw irgendwie** ~ to leave sth somehow; ***ich möchte den Garten heute nicht schon wieder ungespritzt ~*** I don't want to leave the garden unwatered again today; **jdn ohne Aufsicht ~** to leave sb unsupervised; **es dabei ~** to leave sth at that; ~ **wir's dabei** let's leave it at that; **etw ~, wie es ist** to leave sth as it is
⑥ (*fam: los~*) ■**jdn/etw** ~ to let sb/sth go; ***lass mich, ich will nicht, dass du mich vor aller Augen umarmst!*** let me go, I don't want you putting your arms around me in front of everybody!
⑦ (*in Ruhe ~*) ■**jdn** ~ to leave sb alone
⑧ (*gewähren ~*) ■**jdn** ~ to let sb; ***Mama, ich möchte so gerne auf die Party gehen, lässt du mich?*** Mum, I really want to go to the party, will you let me?
⑨ (*hinein~*) ■**etw in etw** ~ to let sth into sth; ***kannst du mir das Wasser schon mal in die Wanne ~?*** can you run a bath for me?; **frische Luft ins Zimmer ~** to let a bit of fresh air into the room
⑩ (*hinaus~*) ■**etw aus etw** ~ to let sth escape from somewhere; ***sie haben mir die Luft aus den Reifen gelassen!*** they've let my tyres down!
⑪ (*zugestehen*) **das/eines muss jd jdm ~** sb must give sb that/one thing; ***eines muss man ihm ~, er versteht sein Handwerk*** you've got to give him

L

one thing, he knows his job
▶ WENDUNGEN: **etw hinter sich** *akk* ~ to leave sth behind one; **alles unter sich** *dat* ~ (*euph veraltend*) to mess the bed; **einen** ~ (*fam*) to let one rip *fam*

II. MODALVERB

<lässt, ließ, ~> ❶ [*veran~*] ■**jdn etw tun** ~ to have sb do sth; **jdn kommen** ~ to send for sb; ***sie wollen alle ihre Kinder studieren*** ~ they want all of their children to study; ***wir sollten den Arzt kommen*** ~ we ought to send for the doctor; ~ ***Sie Herrn Braun hereinkommen*** send Mr Braun in; ***der Chef hat es nicht gerne, wenn man ihn warten lässt*** the boss doesn't like to be kept waiting; ■**etw machen** ~ to have sth done; **etw reparieren** ~ to have sth repaired; ***wir*** ~ ***uns zur Zeit ein Haus bauen*** we're currently having a house built; ***die beiden werden sich wohl scheiden*** ~ the two will probably get a divorce; ***er lässt ihr regelmäßig eine Kiste Champagner schicken*** he has a crate of Champagne regularly sent to her; ***ich muss mir einen Zahn ziehen*** ~ I must have a tooth pulled; ***ich lasse mir die Haare schneiden*** I'm having my hair cut
❷ [*zu~*] ■**jdn etw tun** ~ to let sb do sth; ***lass sie gehen!*** let her go!; ***lass mich doch bitte ausreden!*** let me finish speaking, please!; ■**sich** *dat* **etw geschehen** ~ to let sth be done to one, to allow sth to be done to one; ***ich lasse mich nicht länger von dir belügen!*** I won't be lied to by you any longer!; ***wie konnten Sie sich nur so hinters Licht führen*** ~***!*** how could you allow yourself to be led up the garden path like that!; ***ich lasse mich nicht belügen!*** I won't be lied to!; ***er lässt sich nicht so leicht betrügen*** he won't be taken in so easily; ***du solltest dich nicht so behandeln*** ~ you shouldn't allow yourself to be treated like that; ***das lasse ich nicht mit mir machen*** I won't stand for it!; **viel mit sich machen** ~ to put up with a lot
❸ [*be~*] ■**etw geschehen** ~ to let sth happen; ***das Wasser sollte man eine Minute kochen*** ~ the water should be allowed to boil for a minute; ***man sollte die Maschinen nicht zu lange laufen*** ~ the machine shouldn't be allowed to run too long; ■**sich** *dat* **etw geschehen** ~ to let sth happen to one; ***er lässt sich zur Zeit einen Bart wachsen*** he's growing a beard at the moment
❹ [*Möglichkeit ausdrückend*] ■**sich tun** ~ to be able to be done; ***das lässt sich machen!*** that can be done!; ***dieser Witz lässt sich nicht ins Deutsche übersetzen*** this joke cannot be translated into German; ***der Text lässt sich nur schwer übersetzen*** the text can only be translated with difficulty; ***dass sie daran beteiligt war, wird sich nicht leicht beweisen*** ~ it will not be easy to prove that she was involved
❺ *als Imperativ* ■**lass uns/lasst uns etw tun** let's do sth; ***lass uns jetzt lieber gehen*** let's go now; ***lasset uns beten*** let us pray; ***lass uns das nie wieder erleben!*** don't ever let's go through that again!; ***lass dich hier nie wieder blicken!*** don't ever show your face around here again!; ~ ***Sie sich das gesagt sein, so etwas dulde ich nicht*** let me tell you that I won't tolerate anything like that; ***lass dich bloß nicht von ihm ärgern*** just don't let him annoy you; ■**lass dir/~ Sie sich … let…;** ***lass dir darüber keine grauen Haare wachsen*** don't get any grey hairs over it

III. INTRANSITIVES VERB

<lässt, ließ, gelassen> (*ab~*) ■**von jdm/etw** ~ to leave [*or* part from] sb/sth; ***sie ist so verliebt, sie kann einfach nicht von ihm*** ~ she is so in love, she simply can't part from him; **vom Alkohol** ~ to give up alcohol; ***wenn du nur von diesen fetten Sachen*** ~ ***würdest!*** if only you would leave these fatty things alone!; ~ ***Sie mal!*** that's all right!; ***soll ich das gleich bezahlen? — ach,*** ~ ***Sie mal, das reicht auch nächste Woche noch*** shall I pay it right now? — oh, that's all right, next week will do

lässig I. *adj* ❶ (*ungezwungen*) casual; **~e Kleidung** causual clothes
❷ (*fam: leicht*) ***die Fragen waren total*** ~***!*** the questions were dead easy!
II. *adv* ❶ (*ungezwungen*) casually; ***du musst das*** ~***er sehen*** you must take a more casual view
❷ (*fam: mit Leichtigkeit*) no problem *fam;* ***das schaffen wir*** ~***!*** we'll manage that easily!
Lässigkeit <-> *f kein pl* casualness *no pl*
Lasso <-s, -s> *m o nt* lasso
lasst[RR], **laßt** *imper pl von* **lassen**
Last <-, -en> *f* ❶ (*Ladung*) load; **bewegliche/ruhende** ~ live/static load
❷ (*schweres Gewicht*) weight; ***das Brett biegt sich unter der*** ~ ***der Bücher*** the shelf is bending under the weight of the books
❸ (*Bürde*) burden; **jd hat seine** ~ **mit jdm/etw** sb/sth is a burden on sb; ***mit dir hat man so seine*** ~***!*** you're a real burden on a person!
❹ *pl* FIN (*finanzielle Belastung*) burden; **zu jds ~en gehen** to be charged to sb; ***die zusätzlichen Kosten gehen zu Ihren*** ~***en*** you will have to pay the additional costs; **zu ~en von Frau Martini buchen** to debit Mrs Martini's account
▶ WENDUNGEN: **jdm zur** ~ **fallen** to become a burden on sb; **jdm etw zur** ~ **legen** to accuse sb of sth; **jdm zur** ~ **legen, etw getan zu haben** to accuse sb of doing sth
Lastauto *nt* lorry BRIT, truck AM
lasten *vi* ❶ (*als Last liegen auf*) ■**auf etw** *dat* ~ to rest on sth
❷ (*eine Bürde sein*) ■**auf jdm** ~ to rest with sb; ***diese Verantwortung lastet auf mir*** the responsibility rests with me
❸ (*finanziell belasten*) ■**auf etw** *dat* ~ to encumber sth; ***auf dem Haus*** ~ ***Schulden*** the house is encumbered with debts
❹ (*stark belasten*) ■**auf etw** *dat* ~ to weigh heavily on sth; ***die Folgen des Krieges*** ~ ***schwer auf dem Land*** the consequences of the war weigh heavily on the country
Lastenaufzug *m* goods lift BRIT, freight elevator AM
Lastenausgleich *m kein pl* ÖKON equalization *no pl* of burdens
lastend *adj* (*geh*) oppressive
lastenfrei *adj inv, pred Haus- und Grundbesitz* unencumbered
Lastentaxi *nt* taxivan
Laster[1] <-s, -> *m* (*fam: Lastwagen*) lorry BRIT, truck AM
Laster[2] <-s, -> *nt* (*schlechte Gewohnheit*) vice
Lästerei <-, -en> *f* (*fam*) derisive *form* [*or fam* nasty] remarks *pl*
Lästerer, Lästerin <-s, -> *m, f* detractor *form,* knocker *sl*
lasterhaft *adj* (*geh*) depraved
Lasterhaftigkeit <-> *f kein pl* (*geh*) depravity
Lasterhöhle *f* (*pej fam*) den of vice [*or* iniquity]
Lästerin <-, -nen> *f fem form von* **Lästerer**
lästerlich *adj Rede* malicious; *Flüche* blasphemous words; **~e Worte** gibes
Lästermaul *nt* (*pej fam*) *s.* **Lästerer 1**
lästern *vi* ■**[über jdn/etw]** ~ to make derisive [*or* disparaging] remarks [about sb/sth]
Lästerung <-, -en> *f* (*Gottes~*) blasphemy; (*Schmähung*) abuse
Lastesel *m* ❶ (*Tier*) pack mule
❷ (*fam: jd, der sich Lasten aufbürden lässt*) packhorse
lästig *adj* ❶ (*unangenehm*) *Husten, Kopfschmerzen etc.* annoying, irritating, pesky *fam*
❷ (*störend*) annoying; ***dass wir jetzt auch noch warten müssen ist wirklich*** ~***!*** the fact that we have to wait as well is really annoying; ■**jdm** ~ **sein/werden** to find/begin to find annoying; ***wird dir der Gipsverband nicht*** ~***?*** don't you find the plaster cast a nuisance?
❸ (*nervend, aufdringlich*) *Mensch* annoying; ***du wirst mir allmählich*** ~***!*** you're beginning to become a nuisance!; **jdm** ~ **sein/fallen** (*geh*) to annoy sb, to become a nuisance to sb
Lästigkeit <-> *f kein pl* tiresomeness *no pl,* troublesomeness *no pl*
Lastkahn *m* barge **Lastkraftwagen** *m* (*geh*) *s.* **Lastwagen**
Last-Minute-Flug [la:st'mɪnɪt-] *m* last-minute flight **Last-Minute-Tarif** [la:st'mɪnɪt-] *m* last-minute price **Last-Minute-Urlaub** [la:st'mɪnɪt-] *m* last-minute holiday
Lastschrift *f* (*Abbuchung*) debit entry; (*Mitteilung über Abbuchung*) debit advice **Lastschriftanzeige** *f* FIN debit notice **Lastschriftverfahren** *nt* FIN direct debiting
Lasttier *nt* pack animal **Lastträger(in)** <-s, -> *m(f)* porter, carrier **Lastwagen** *m* lorry BRIT, truck AM **Lastwagenfahrer(in)** *m(f)* lorry driver **Lastwechsel** *m* AUTO load alteration **Lastzug** *m* lorry with trailer
Lasur <-, -en> *f* [clear] varnish
lasziv I. *adj* (*geh*) ❶ (*sexuell herausfordernd*) lascivious, wanton *hum,* sexy
❷ (*anstößig*) rude, offensive
II. *adv* (*geh*) lasciviously, wantonly *hum,* sexily
Laszivität <-> [-vi-] *f kein pl* (*geh*) ❶ (*laszive Art*) lasciviousness, wantonness *hum,* sexiness
❷ (*Anstößigkeit*) rudeness, offensiveness
Latein <-s> *nt* Latin
▶ WENDUNGEN: **mit seinem** ~ **am Ende sein** to be at one's wits' end
Lateinamerika *nt* Latin America
Lateinamerikaner(in) <-s, -> *m(f)* Latin American
lateinamerikanisch *adj* Latin American
lateinisch *adj* Latin; **auf L~** in Latin; **~e Schrift** Latin characters *pl,* Roman type
Lateinisch *nt dekl wie adj* Latin; ■**das ~e** Latin, the Latin language
latent I. *adj* (*geh*) latent; **~e Steuerverbindlichkeiten** JUR latent tax liabilities
II. *adv* (*geh*) latently
Latenz <-> *f kein pl* (*geh*) latency
Latenzzeit *f s.* **Inkubationszeit**
Lateran <-s> *m* (*ehem. Palast des Papstes*) [the] Lateran [palace]
Lateranvertrag *m von 1929* Lateran Treaty
Laterne <-, -n> *f* ❶ (*Straßen~*) streetlamp
❷ (*Lichtquelle mit Schutzgehäuse*) lantern
❸ (*Lampion*) Chinese lantern
Laternenpfahl *m* lamppost
Latex <-, Latizes> *m* latex
latexieren *vt* ■**etw** ~ to [coat sth with] latex [sth]
Latinum <-s> *nt kein pl* ■**das** ~ (*the examination proving*) *knowledge of Latin;* **das** ~ **haben** to have one's Latinum certificate; **das kleine/große** ~ *Latinum certificate awarded after three or six years of study*
Latium <-s> *nt* HIST Latium
Latrine <-, -n> *f* latrine
Latrinenparole *f* (*pej fam*) wild rumour [*or* AM -or]
Latsche <-, -n> *f s.* **Latschenkiefer**
latschen *vi sein* (*fam*) ❶ (*schwerfällig gehen*) to trudge, to traipse; ***latsch nicht durch alle Pfützen!*** don't traipse through all the puddles!; (*lässig gehen*) to wander; ***wir sind 'ne Weile durch die Stadt gelatscht*** we wandered through the town for a bit; (*unbedacht gehen*) to clump; ***er ist mit seinen dreckigen Schuhen über den Teppich gelatscht*** he clumped across the carpet in his dirty shoes
❷ DIAL (*eine Ohrfeige geben*) ■**jdm eine** ~ to give sb a smack round the head BRIT, to slap sb in the face AM
Latschen <-s, -> *m* (*fam*) ❶ (*ausgetretener Hausschuh*) worn-out slipper
❷ (*pej: ausgetretener Schuh*) worn-out shoe
▶ WENDUNGEN: **aus den** ~ **kippen** (*fam*) to keel over *fam;* (*sehr überrascht sein*) to be bowled over
Latschenkiefer *f* mountain pine

Latte <-, -n> *f* ❶ (*kantiges Brett*) slat
❷ SPORT bar
❸ (*Tor~*) crossbar
❹ (*sl: erigierter Penis*) stiffy BRIT *sl*, woody AM *sl*
► WENDUNGEN: **eine ganze ~ von etw** *dat* (*fam*) a heap of sth *fam*, a load of sth *fam*; **eine lange ~** (*fam*) beanpole *hum fam*
Lattenkiste *f* crate **Lattenrost** *m* slatted frame; (*auf dem Boden*) duckboards *pl* **Lattenverschlag** *m* lattice work **Lattenzaun** *m* paling, picket fence
Lattich <-s, -e> *m* lettuce
Latz <-es, Lätze *o* ÖSTERR -e> *m* ❶ (*Hosen~*) flap
❷ (*Tuch zum Vorbinden*) bib
► WENDUNGEN: **jdm eins** [*o* **einen**] **vor den ~ knallen** [*o* **ballern**] (*sl*) to thump [*or fam* wallop] sb
Lätzchen <-s, -> *nt dim von* **Latz** bib
Latzhose *f* dungarees *npl*
lau *adj* ❶ (*mild*) mild
❷ (*lauwarm*) lukewarm; (*mäßig*) moderate
❸ (*halbherzig*) lukewarm, half-hearted
► WENDUNGEN: **für ~** DIAL (*fam*) for nothing [*or* free]
Laub <-[e]s> *nt kein pl* foliage *no pl, no indef art;* **~tragend** deciduous
Laubbaum *m* deciduous tree
Laube <-, -n> *f* ❶ (*Häuschen*) arbour [*or* AM -or]
❷ ZOOL, KOCHK bleak, alburm
► WENDUNGEN: **und fertig ist die ~!** (*fam*) and Bob's your uncle! [*or* AM that's that!] *fam*
Laubenkolonie *f* (*veraltend*) colony of arbours [*or* AM -ors]
Laubfrosch *m* tree frog **Laubheuschrecke** *f* ZOOL bush cricket **Laubhölzer** *pl* deciduous trees **Laubhüttenfest** *nt* Feast of Tabernacles [*or* Ingathering], Sukkoth **Laubmoos** *nt* BOT moss **Laubsäge** *f* fretsaw **Laubsänger** *m* ORN warbler **Laubwald** *m* deciduous forest
Lauch <-[e]s, -e> *m* ❶ BOT allium
❷ (*Porree*) leek
Lauchzwiebel *f* spring onion
Laudatio <-, Laudationes> *f* (*geh*) laudatory speech *form*, eulogy *form;* **die ~ [auf jdn] halten** to make a speech in sb's honour [*or* AM -or]
Lauer <-> *f* **sich** *akk* **auf die ~ legen** to lie in ambush; **auf der ~ liegen** [*o* **sein**] to lie in wait
lauern *vi* ❶ (*in einem Versteck warten*) to lie in wait; ■**auf etw** *akk* **~** to lie in wait for sth; ■**darauf ~, dass ...** to lie in wait for ...; ***auf so einer Reise ~ alle möglichen Gefahren*** there are all kinds of dangers lurking on a journey like this; ■**~d** lurking; ***die Löwen umkreisten ~d die Herde*** the lions lurked around the herd
❷ (*fam: angespannt warten*) ■**auf jdn ~** to wait impatiently for sb; ■**auf etw** *akk* **~** to wait in anticipation for sth; ■**darauf ~, dass ...** to wait in anticipation for ...; ***die anderen lauerten nur darauf, dass sie einen Fehler machte*** the others were just waiting for her to make a mistake
Lauf <-[e]s, Läufe> *m* ❶ *kein pl* (*das Laufen*) run
❷ SPORT (*Durchgang*) round; (*Rennen*) heat
❸ *kein pl* (*Gang*) *Maschine* operation; ***der Motor hat einen unruhigen ~*** the engine is not running smoothly
❹ *kein pl* GEOG (*Ver~, Bahn*) course; **der obere/untere ~ eines Flusses** the upper/lower course of a river; **der ~ dieses Sterns** the track [*or* path] of this star
❺ (*Ver~, Entwicklung*) course; **das ist der ~ der Dinge** that's the way things go; **der ~ der Welt** the way of the world; **seinen ~ nehmen** to take its course; ***die Ereignisse nehmen ihren ~*** events take their course; **im ~e einer S.** *gen* in the course of [*or* during] sth; ***im ~e der Jahrhunderte*** over the centuries
❻ (*Gewehr~*) barrel; **ein Tier vor den ~ bekommen** to have an animal in one's sights
❼ JAGD (*Bein*) leg
► WENDUNGEN: **etw** *dat* **freien** [*o* **ihren**] **~ lassen** to give free rein to sth; ***lasst eurer Fantasie freien ~*** let your imagination run wild; ***man sollte den Dingen ihren ~ lassen*** one should let things take their course
Laufarbeit *f* SPORT **gute ~ leisten** to be a good runner **Laufbahn** *f* career **Laufband** *nt* SPORT treadmill **Laufbursche** *m* ❶ (*veraltend: Bote*) errand boy ❷ (*pej: Lakai*) flunk[e]y **Laufeigenschaft** *f* TYPO (*Papier*) running properties *pl*
laufen <läuft, lief, gelaufen> **I.** *vi sein*
❶ (*rennen*) to run; ***sie lief in den Garten*** she ran into the garden
❷ (*fam: gehen*) to go; ***seit dem Unfall läuft er mit Krücken*** since the accident he gets around on crutches; ***sie läuft ständig zum Arzt*** she's always going to the doctor's; ***mir sind Kühe vors Auto gelaufen*** cows ran in front of my car
❸ (*zu Fuß gehen*) to walk; ***fahrt ihr mal! Ich laufe lieber*** you go by car, I'd rather walk; ***kann sie schon ~?*** has she started walking already?; ■**das L~** walking; ***beim L~ tut mir die Hüfte so weh*** my hip hurts so much when I walk; ***sie musste das L~ wieder lernen*** she had to learn [how] to walk again
❹ (*gehend an etw stoßen*) to walk into sth; ***ich bin an einen Pfosten gelaufen*** I walked into a post
❺ (*fließen*) to run; ***das Blut lief ihm übers Gesicht*** the blood ran down his face; ***lass bitte schon einmal Wasser in die Badewanne ~*** start filling the bath please; ***mir läuft die Nase*** my nose is running; **jdm eiskalt über den Rücken ~** (*fig*) a chill runs up sb's spine
❻ SPORT to run; ***er läuft für ...*** he runs for ...; ***wie bist du gelaufen?*** how did you run?
❼ (*funktionieren*) to work; *Getriebe, Maschine, Motor* to run; (*eingeschaltet sein*) to be on; (*sich gleitend bewegen*) to run; ***täglich ~ 6.000 Stück vom Band*** 6,000 units a day come off the line; ***die Miniatureisenbahn läuft auf winzigen Schienen*** the miniature railway runs on tiny rails
❽ FILM, THEAT (*gezeigt werden*) to be on
❾ (*in Bearbeitung sein*) to go [on]; ***der Prozess läuft nun schon zwei Jahre*** the trial has been going on for two years now
❿ (*gültig sein*) to run, to last; ***mein Vertrag läuft bis Ende Juli*** my contract runs until the end of July
⓫ (*ver~*) to flow, to run; ***ab hier ~ die Kabel alle unterirdisch*** all of the cables run underground from here on
⓬ (*seinen Gang gehen*) to go; ***„was macht das Geschäft?" — „es könnte besser ~"*** "how's business?" — "could be better"; ***wie läuft es?*** how's it going?; ***läuft etwas zwischen euch?*** is there anything going on between you?
⓭ (*geführt werden*) **auf jds Namen ~** to be issued in sb's name; **unter einer bestimmten Bezeichnung ~** to be called sth; ***diese Einnahmen ~ unter „Diverses*** [*o* ***Sonstiges***]***"*** this income comes under the category of "miscellaneous"
⓮ (*gut verkäuflich sein*) to sell well; ***das neue Produkt läuft gut/nicht so gut*** the new product is selling well/not selling well
⓯ (*fahren*) to run; **auf Grund ~** to run aground
► WENDUNGEN: **die Sache ist gelaufen** it's too late now, it's pointless to do anything about it now; **das läuft bei mir nicht!** that's not on with me!, I'm not having that!; **das läuft so nicht!** that's not on!
II. *vt sein o haben* ❶ SPORT ■**etw ~** to run sth; **einen Rekord ~** to set a record
❷ (*zurücklegen*) ■**etw [in etw** *dat*] **~** to run sth [in sth]; ***er will den Marathon in drei Stunden ~*** he wants to run the marathon in three hours
❸ (*fahren*) **Rollschuh/Schlittschuh/Ski ~** to go rollerskating/ice-skating/skiing, to rollerskate/ice-skate/ski
III. *vr impers haben* ***mit diesen Schuhen wird es sich besser ~*** walking will be easier in these shoes; ***auf dem Teppichboden läuft es sich weicher als auf dem Fliesen*** a carpet is softer to walk on than tiles
laufend I. *adj attr* ❶ (*geh: derzeitig*) current; **~e Ausgaben** fixed expenses; **~e Erträge** current revenues; **~er Geschäftsbetrieb** (*Geschäft*) day-to-day business; (*Verwaltung*) day-to-day running of a/the company; **~e Konten** checking accounts; **~er Kredit** open credit; **~e Kursfeststellung** current prices
❷ (*ständig*) constant
► WENDUNGEN: **jdn [über etw** *akk*] **auf dem L~en halten** to keep sb up-to-date [about [*or* on] sth] [*or* informed [about sth]]; **mit etw** *dat* **auf dem L~en sein** to be up-to-date with sth; **auf dem L~en sein** [*o* **bleiben**] to be [*or* keep] up-to-date
II. *adv* (*fam*) constantly, continually
Läufer <-s, -> *m* ❶ SCHACH bishop
❷ (*Teppich*) runner
Läufer(in) <-s, -> *m(f)* runner
Lauferei <-, -en> *f* (*pej fam*) running around
Läuferin <-, -nen> *f fem form von* **Läufer**
Lauffeuer *nt* ► WENDUNGEN: **sich** *akk* **wie ein ~ verbreiten** to spread like wildfire **Lauffläche** *f* ❶ *eines Reifens* tread ❷ *eines Skis* slide ❸ *einer Kegelbahn* lane **Laufgerät** *nt* walker **Laufgeschirr** *nt* walking harness **Laufgitter** *nt s.* **Laufstall Laufgurt** *m* walking rein **Laufhonig** *m* liquid honey
läufig *adj* on heat
Laufjunge *m* (*veraltend*) errand boy **Laufkäfer** *m* ZOOL grand beetle **Laufkatze** *f* TECH crab **Laufkran** *m* TECH travelling crane **Laufkundschaft** *f kein pl* passing trade *no pl*, occasional customers *pl* **Laufleistung** *f* AUTO mileage **Laufmasche** *f* ladder **Laufpass**[RR] *m kein pl* ► WENDUNGEN: **jdm den ~ geben** (*fam*) to give sb their marching orders *fam* **Laufplanke** *f* gangplank, gangway **Laufrichtung** *f* ❶ (*Richtung*) direction of travel; **die ~ ändern** to move in the opposite direction, to change directions ❷ TYPO *von Papier* direction of travel, grain direction **Laufring** *m* TYPO cylinder bearer **Laufschiene** *f* TECH running blade **Laufschrift** *f* TYPO body type **Laufschritt** *m* **im ~** at a run; MIL at [*or* on] the double; ***sie verließ das Haus im ~*** she left the house at a run; **im ~, marsch!** (*langsamer werden*) quick [*or* AM quick-time], march!; (*schneller werden*) double-time, march **Laufstall** *m* playpen **Laufsteg** *m* catwalk **Laufvogel** *f* BIOL flightless bird, ratite **Laufweite** *f* TYPO charater spacing, letterspacing **Laufwerk** *nt Maschine* drive mechanism; *Uhr* clockwork; *Computer* disc drive; **aktuelles/physisches/virtuelles ~** actual/physical/virtual drive
Laufzeit *f* term **Laufzeit(en)verkürzung** *f* FIN (*bei Anleihe*) reduction of maturities **Laufzeit(en)verlängerung** *f* FIN (*bei Anleihe*) extension [*or* prolongation] of maturities
Laufzettel *m* control slip
Lauge <-, -n> *f* ❶ (*Seifen~*) soapy water
❷ (*wässrige Lösung einer Base*) lye
❸ (*veraltend: Salz~*) salt solution
Laugenbrezen *f* SÜDD pretzel **Laugensemmel** *nt* SÜDD pretzel roll **Laugenstange** *f* SÜDD pretzel stick
Lauheit <-> *f kein pl* (*geh*) ❶ (*Milde*) mildness *no pl*
❷ (*Halbherzigkeit*) lukewarmness *no pl*, half-heartedness *no pl*
Laune <-, -n> *f* ❶ (*Stimmung*) mood; **blendende/gute ~ haben** [*o geh* **[bei] blendender/guter ~ sein**] to be in a wonderful/good mood; **miese/schlechte ~ haben** [*o geh* **[bei] mieser/schlechter ~ sein**] to be in a foul/bad mood; **jdn bei [guter] ~ halten** (*fam*) to keep sb happy; **[je] nach [Lust und] ~** depending on how one feels; (*wechselnde Stimmung a.*) temper; **seine ~n an jdm auslassen** to take one's temper out on sb; ***deine ~n sind unerträglich!*** your moods are unbearable!
❷ (*abwegige Idee*) whim; ***das war eine ~ der Natur*** that was a whim of nature; **aus einer ~ heraus** on a whim
launenhaft *adj* ❶ (*kapriziös*) moody
❷ (*wechselhaft*) *Wetter* changeable, unsettled
Launenhaftigkeit <-> *f kein pl* ❶ (*kapriziöse Art*) moodiness *no pl*
❷ (*Wechselhaftigkeit*) *Wetter* changeability,

unsettled nature

launig <-er, -ste> *adj* (*veraltend*) witty; **eine ~e Rede** a witty speech

launisch *adj s.* **launenhaft**

Laus <-, Läuse> *f* ❶ (*Blut saugendes Insekt*) louse; **Läuse haben** to have lice
❷ (*Blatt~*) aphid
▸ WENDUNGEN: **jdm ist eine ~ über die Leber gelaufen** (*fam*) sb got out of the wrong side of bed *fam;* **jdm/sich eine ~ in den Pelz setzen** (*fam*) to land sb/oneself in it

Lausanne <-s> [lo'zan] *nt* Lausanne

Lausbub *m* SÜDD (*fam*) rascal

Lauschangriff *m* bugging; JUR surreptitious electronic surveillance

lauschen *vi* ❶ (*heimlich zuhören*) to eavesdrop
❷ (*geh: zuhören*) to listen

Lauscher <-s, -> *m* JAGD ear; **sperr deine ~ auf!** (*fig fam*) listen up! *fam*

Lauscher(in) <-s, -> *m(f)* eavesdropper
▸ WENDUNGEN: **der ~ an der Wand hört seine eigene Schand** (*prov*) eavesdroppers seldom hear good of themselves

lauschig *adj* (*veraltend*) ❶ (*gemütlich*) cosy BRIT, cozy AM, snug
❷ (*einsam*) secluded

Lausebengel *m* (*veraltend fam*) *s.* **Lausbub**

Lausejunge *m* (*fam*) rascal

Läusemittel *nt* PHARM lousicide

lausen *vt* ■**jdn/ein Tier ~** to delouse sb/an animal; ■**sich** *akk* **~** to delouse oneself

lausig I. *adj* (*pej fam*) ❶ (*entsetzlich*) *Arbeit, Zeiten etc.* awful
❷ (*geringfügig*) lousy, measly; ***wegen diesen ~en paar Mark!*** all for these measly few marks!
II. *adv* (*pej fam*) ❶ (*entsetzlich*) terribly; ***es ist ~ kalt!*** it's terribly cold
❷ (*lumpig*) lousily, badly; ***als Lehrer wird man ~ bezahlt*** a teacher's pay is lousy

laut[1] I. *adj* ❶ (*weithin hörbar*) loud; **etw ~/~er stellen** to turn up sth *sep;* ***musst du immer gleich ~ werden?*** do you always have to blow your top right away?; **~e Farben** (*fig*) loud colours [*or* AM -ors] *fig*
❷ (*voller Lärm*) noisy; ***ist es dir hier zu ~?*** is it too noisy for you here?
▸ WENDUNGEN: **etw ~ werden lassen** to make sth known; **~ werden** to become public knowledge
II. *adv* (*weithin hörbar*) loudly; ***kannst du das ~er sagen?*** can you speak up?; **~ denken** to think out loud; ***sag das nicht ~!*** don't let anyone hear you say that!

laut[2] *präp +dat o gen* according to; **~ Zeitungsberichten/den letzten Meldungen ...** according to newspaper reports/latest reports ...

Laut <-[e]s, -e> *m* ❶ (*Ton*) noise; **keinen ~ von sich geben** to make no noise, to not make a sound; **~ geben** JAGD to bark
❷ *pl* (*Sprachfetzen*) tone

Laute <-, -n> *f* lute

lauten *vi* ❶ (*zum Inhalt haben*) to read, to go; ***wie lautet der letzte Absatz?*** how does the final paragraph go?; ***die Anklage lautete auf Erpressung*** the charge is blackmail
❷ (*ausgestellt sein*) ■**auf jdn/jds Namen ~** to be in sb's name

läuten I. *vi* ❶ (*klingend erschallen*) *Klingel, Telefon* to ring; *Glocke a.* to chime, to peal; (*feierlich*) to toll, to knell
❷ (*durch Klingeln herbeirufen*) ■**nach jdm ~** to ring for sb
▸ WENDUNGEN: **ich habe davon ~ gehört** [*o* **hören**], **dass ...** I have heard rumors that ...
II. *vi impers* ❶ DIAL (*Glocken ertönen*) ■**es läutet** the bell is/bells are ringing
❷ *impers* (*die Türklingel/Schulglocke ertönt*) the bell is ringing; ***es hat geläutet*** the bell rang, there was a ring at the door; ***es läutet sechs Uhr*** the clock's striking six

Lautenist(in) <-en, -en> *m(f),* **Lautenspieler(in)** *m(f)* lutenist, lute player

lauter[1] *adj inv* just, nothing but; ***das sind ~ Lügen*** that's nothing but lies; **vor ~ ...** because of ...; ***vor lauter Arbeit ...*** because of all the work I've got ...

lauter[2] *adj* ❶ (*geh: aufrichtig*) sincere
❷ (*veraltend liter: rein*) pure; *s. a.* **Wahrheit**

Lauterkeit <-> *f kein pl* (*geh: Ehrlichkeit*) integrity, sincerity; **~ im Wettbewerb** fair competition

Lauterkeitsprinzip *nt* HANDEL fair trading principle **Lauterkeitsrecht** *nt* HANDEL fair trading **Lauterkeitsregeln** *pl* HANDEL standards of fair trading

läutern *vt* (*geh*) ■**jdn/etw ~** to reform sb/sth

Läuterung <-, -en> *f* (*geh*) reformation

Läutewerk *nt* signal bell

lauthals *adv* at the top of one's voice *pred*

Lautlehre *f kein pl* phonetics + *sing vb*

lautlich I. *adj* phonetic
II. *adv* phonetically

lautlos I. *adj* noiseless, silent
II. *adv* noiselessly, silently

Lautlosigkeit <-> *f kein pl* noiselessness *no pl,* silence

Lautmalerei *f* onomatopoeia **lautmalerisch** *adj inv* LING onomatopoeic **Lautschrift** *f* phonetic alphabet

Lautsprecher *m* loudspeaker; **über ~** by loudspeaker

Lautsprecherbox *f* speaker **Lautsprecherdurchsage** *f* loudspeaker announcement; ***die Information wurde mittels ~n weitergegeben*** the information was passed on over the loudspeaker[s] [*or* in loudspeaker announcements] **Lautsprecherkabel** *f* speaker cable **Lautsprecherturm** *m* speaker stack **Lautsprecherwagen** *m* car with a loudspeaker on top

lautstark I. *adj* loud; **ein ~er Protest/Widerspruch** a strong protest
II. *adv* loudly, strongly

Lautstärke *f* ❶ (*Schallpegel*) volume; **bei voller ~** at full volume; **etw auf volle ~ stellen** to turn sth up to full volume [*or* right [*or* AM all the way] up]; **die ~ regeln** to adjust the volume
❷ (*laute Art*) loudness; ***~ allein wird dich nicht ans Ziel bringen*** you won't get anywhere by just shouting

Lautstärkeregler *m* volume control

Lautverschiebung *f* LING consonant shift; **die erste/zweite ~** the first/second consonant shift

lauwarm *adj* lukewarm

Lava <-, Laven> ['la:va, 'la:vən] *f* lava

Lavabo <-[s], -s> ['lavabo] *nt* SCHWEIZ (*Waschbecken*) washbasin

Lavalampe *f* lava lamp

Lavendel <-s, -> [-'vɛn-] *m* lavender

Lavendelhonig *m* lavender honey **Lavendelöl** <-[e]s> *nt kein pl* lavender oil *no pl, no indef art*

Lavendelwasser *nt* lavender water

lavieren* [-'vi:-] I. *vi* (*geh*) to manouevre BRIT, to maneuver AM
II. *vr* ■**sich** *akk* **aus etw** *dat* **~** to worm one's way out of sth; ***wie er sich wohl aus dieser prekären Lage ~ wird?*** I wonder how he's going to get out of this precarious situation

Lawine <-, -n> *f* ❶ (*Schneemasse*) avalanche
❷ (*sehr große Anzahl*) *Anrufe, Briefe* avalanche, deluge; **eine ~ ins Rollen bringen/auslösen** to start an avalanche; **eine ~ von Protesten lostreten** to unleash a storm of protest

lawinenartig I. *adj* like an avalanche
II. *adv* like an avalanche; ***die Zahl der Beschwerden schwoll ~ an*** the number of complaints snowballed

Lawinengefahr *f kein pl* risk of avalanches

Lawinenverbauung *f* avalanche barrier

Lawrencium <-s> [lo'rɛntsiʊm] *nt kein pl* lawrencium *no pl, no indef art spec*

lax *adj* lax

Laxans <-, -tia *o* -tien> *nt* MED gentle laxative

Laxheit <-> *f kein pl* laxity, laxness

Lay-out[RR], **Layout** <-s, -s> [leɪ'aʊt] *nt* layout; INFORM formatting

Layouter(in) <-s, -> ['le:ʔautɐ, le:'ʔautɐ] *m(f)* layout man

Layoutkontrolle *f* TYPO, INFORM preview

Lazarett <-[e]s, -e> *nt* military hospital **Lazarettflugzeug** *nt* air ambulance **Lazarettschiff** *nt* hospital ship **Lazarettzug** *m* hospital train

LCD *Abk von* **liquid-crystal display** LCD **LCD-Anzeige** *f* LCD display **LCD-Bildschirm** *m* LCD screen **LCD-Monitor** *m* LCD monitor **LCD-Projektor** *m* TV LCD projector **LCD-Spiel** *nt* LCD game

LCR *m Abk von* **Least-Cost-Router** LCR

Leadgitarre [li:d-] *f* lead guitar

Leanmanagement[RR] ['li:nmænɪdʒmənt] *nt* lean management

Leanproduction[RR] <-, -s> ['li:nprədʌkʃn] *f* lean production

Learningbydoing <-> ['lə:nɪŋ baɪ 'du:ɪŋ] *nt kein pl* learning by doing

leasen ['li:zn] *vt* ■**etw ~** to lease sth

Leasing <-s, -s> ['li:zɪŋ] *nt* leasing

Leasingberater(in) *m(f)* leasing consultant **Leasingdauer** *f* HANDEL leasing period **Leasingfahrzeug** *nt* leased vehicle **Leasing-Finanzierung** *f* FIN leasing finance **Leasingfirma** *f* leasing company **Leasinggeschäft** *nt* HANDEL leasing business [*or* transaction] **Leasingkunde, -kundin** *m, f* lessee **Leasingobjekt** *nt* HANDEL object of lease **Leasingrate** *f* lease instalment [*or* AM installment] [*or* rate] **Leasingvertrag** *m* lease agreement

Least-Cost-Router ['li:stkɒstru:tə] *m* TELEK least cost router

Lebedame *f* (*pej*) *fem form von* **Lebemann** courtesan **Lebehoch** <-[s], -[s]> *nt* cheer **Lebemann** *m* (*pej*) playboy, man-about-town, bon viveur

leben I. *vi* ❶ (*lebendig sein*) to live; ***Gott sei Dank, er lebt [noch]*** Thank God, he's [still] alive; **lang [*o* es] lebe der/die/das ...!** long live the ...!; **von etw nicht ~ und nicht sterben können** not to be able to live on sth
❷ (*ein bestimmtes Leben führen*) to live; **christlich ~** to lead a Christian life; **getrennt ~** to live apart; **vegetarisch ~** to be vegetarian; ***jeder Mensch will glücklich und zufrieden ~*** everyone wants to have [*or* lead] a happy and satisfied life
❸ (*seinen Lebensunterhalt bestreiten*) ■**von etw ~** to make one's living doing sth; ***wovon lebt der überhaupt?*** however does he make his living?, whatever does he do for a living?; **vom Schreiben ~** to make a living as a writer
❹ (*wohnen*) to live; **im Ausland/in der Stadt ~** to live abroad/in town
❺ (*da sein*) ■**[für jdn/etw] ~** to live [for sb/sth]; ***sie lebte nur für ihre Kinder/ihren Beruf*** she only lived for her children/job; **mit etw ~ können/müssen** to be able to/have to live with sth; **~ und ~ lassen** to live and let live; **man lebt [so]** (*fam*) so, so *fam*
▸ WENDUNGEN: **leb[e] wohl!** farewell!; **hoch soll er/sie ~!** for he/she's a jolly good fellow!
II. *vt* ❶ (*verbringen*) ■**etw ~** to live sth; ***ich lebe doch nicht das Leben anderer Leute!*** I have my own life to lead!
❷ (*verwirklichen*) to live; **seine Ideale/seinen Glauben ~** to live according to one's ideals/beliefs
III. *vi impers* ***wie lebt es sich denn als Millionär*** what's it like living the life of a millionaire?, what's life as a millionaire like?; ***lebt es sich hier besser als dort?*** is life better here than there?, is it better living here than there?

Leben <-s, -> *nt* ❶ (*Lebendigsein*) life; **jdn [künstlich] am ~ erhalten** to keep sb alive [artificially]; **jdn vom ~ zum Tode befördern** (*geh*) to put sb to death *form;* **etw mit dem [*o* seinem] ~ bezahlen** (*geh*) to pay for sth with one's life; **jdn ums ~ bringen** (*geh*) to take sb's life; **sein ~ aushauchen** (*geh*) to breathe one's last *liter;* **am ~ sein [*o* bleiben]** to be [*or* remain] alive; **mit dem ~ davonkommen** to escape with one's life; **[bei etw/während einer S.] ums ~ kommen** to die [in sth/during sth], to lose one's life [in sth/during sth]; **jdn**

das ~ kosten (*geh*) to cost sb his/her life; sein ~ [für jdn/etw] lassen (*geh*) to give one's life [for sb/sth]; jdn am ~ lassen to let sb live; um sein ~ laufen [*o* rennen] to run for one's life; sich *dat* das ~ nehmen (*euph*) to take one's life *euph;* seinem ~ ein Ende setzen (*euph*) to take one's life *euph;* jdm das [*o* jds] ~ retten to save sb's life; aus dem ~ scheiden (*geh*) to depart this world *form;* jdm das ~ schenken (*geh: jdn gebären*) to give birth to sb; (*jdn am Leben lassen*) to let sb live; mit seinem ~ spielen to put one's life at risk; [bei/während etw] das [*o* sein] ~ verlieren to lose one's life [in/during sth]
❷ (*Existieren*) life; das/sein ~ hinter sich haben to have one's life behind one, to have had one's innings *fam;* das/sein ~ vor sich haben to have one's [whole] life before one; ein [*o* jds] ~ lang one's [*or* sb's] whole life; das tägliche ~ everyday life; das ~ zu zweit life as a couple; sein ~ genießen/verpfuschen to enjoy/ruin one's life; ein geruhsames/hektisches ~ führen to lead a quiet/hectic life; am ~ hängen to love life; sich seines ~s freuen to enjoy [one's] life; jdm/sich das ~ schwer machen to make life difficult for sb/oneself; das ~ geht weiter life goes on; ein ~ in etw *dat* a life of sth; zeit jds ~s for the rest of one's life; das/ein ~ nach dem Tod[e] life after death; das ewige ~ eternal life; das süße ~ the life of Riley *fam;* so ist das ~ [eben] that's life, such is life; sich [mit etw] durchs ~ schlagen to struggle to make a living [doing sth]; wie das ~ so spielt (*fam*) as is the way of the world; nie im ~ [*o* im ~ nicht] never
❸ (*Geschehen, Aktivität*) life; etw zum/zu neuem ~ erwecken to bring sth back to life, to revive sth; etw ins ~ rufen to found sth, to establish sth; das öffentliche ~ public life; eine Figur [*o* Person] des öffentlichen ~s a public figure
❹ (*Lebensinhalt*) life; ▪jds ~ sein to be sb's life; *ihr Garten war ihr* ~ her garden was her life
▸ WENDUNGEN: jds ~ hängt an einem dünnen [*o* seidenen] Faden sb's life is hanging by a thread; jdm das ~ zur Hölle machen to make sb's life hell; [bei etw] sein ~ aufs Spiel setzen to risk one's life [doing sth]; jds ~ steht auf dem Spiel sb's life is at risk; es geht um ~ und Tod it's a matter of life and death; wie das blühende ~ aussehen to look in the pink *hum;* seines ~s nicht mehr froh werden to have a rotten life; etw für sein/ihr ~ gern tun to love doing sth; wenn jdm sein ~ lieb ist if sb's life means sth to them; das nackte ~ retten [*o* mit dem nackten ~ davonkommen] to barely escape with one's life; seines ~s nicht mehr sicher sein (*fam*) to fear for one's life; jdm nach dem ~ trachten to be out to kill sb

lebend I. *adj* ❶ (*nicht tot*) living; ▪die L~en the living; nicht mehr unter den L~en weilen (*geh*) to no longer be with us *form;* eine ~e Sprache a living language; die in Berlin ~e Autorin the author living in Berlin
❷ (*belebt*) living
▸ WENDUNGEN: es von den L~en nehmen to make people pay through the nose
II. *adv* alive; ~ gebärend ZOOL live-bearing, bearing live young, viviparous; etw ~ überstehen to get through sth alive, to survive sth

lebendgebärend *adj s.* lebend II **Lebendgeburt** *f* live birth **Lebendgewicht** *nt kein pl* (*fachspr*) live-weight

lebendig I. *adj* ❶ (*lebend*) living; ▪~ sein to be alive
❷ (*anschaulich, lebhaft*) vivid; ~ werden/wirken to come to life/appear lifelike; ein ~es Kind a lively child
❸ (*noch praktiziert*) alive *pred;* wieder ~ werden to come alive again
▸ WENDUNGEN: es von den L~en nehmen (*hum fam*) to be daylight robbery *hum fam; s. a.* Leib
II. *adv* ❶ (*lebend*) alive
❷ (*lebhaft*) etw ~ gestalten/schildern to organize sth in a lively way/give a lively description of sth

Lebendigkeit <-> *f kein pl* vividness *no pl*

Lebendimpfstoff *m* live vaccine

Lebensabend *m* (*geh*) twilight years *pl* **Lebensabschnitt** *m* chapter in one's life **Lebensalter** *nt* age **Lebensarbeitszeit** *f* ÖKON working life **Lebensart** *f kein pl* manners *pl;* keine ~ haben to have no manners; *s. a.* Lebensweise **Lebensaufgabe** *f* lifelong task; sich *dat* etw zur ~ machen to make sth one's life's work **Lebensbaum** *m* ❶ BOT arbor vitae ❷ REL, KUNST tree of life **Lebensbedingungen** *pl* living conditions **lebensbedrohend** *adj inv* life-threatening **Lebensbereich** *m* area of life **Lebensbewältigung** *f* coping with life **Lebensbewältigungshilfe** *f* help with coping with life **Lebensdauer** *f* ❶ (*Dauer des Lebens*) lifespan ❷ (*Dauer der Funktionsfähigkeit*) [working] life **Lebenselixier** *nt* elixir of life **Lebensende** *nt kein pl* death; bis ans/an jds ~ until one's/sb's death; *als sie ihr ~ nahen fühlte, …* when she felt her life was drawing to a close … **Lebensentwurf** *m* outline of sb's life **Lebenserfahrung** *f* experience of life **lebenserhaltend** *adj inv* vital; *Geräte* life-support; ~e Maßnahmen life-preserving measures **Lebenserinnerungen** *pl* memoires **Lebenserwartung** *f* life expectancy **lebensfähig** *adj* ❶ MED (*fähig, zu überleben*) capable of surviving; [nicht] ~ sein (*fig*) [not] to be viable ❷ BIOL (*in der Lage zu existieren*) viable, capable of living *pred* **Lebensfähigkeit** *f kein pl* viability *no pl,* ability to live *no pl* **Lebensform** *f* ❶ (*Lebensweise*) way of life ❷ (*Organisation von biol. Leben*) life-form **Lebensfrage** *f* vital matter [*or* question] **Lebensfreude** *f kein pl* joie de vivre *no pl form,* love of life *no pl* **lebensfroh** *adj* full of the joys of life [*or* joie de vivre] *pred* **Lebensführungsschuld** *f* JUR criminal conduct **Lebensgefahr** *f* es besteht ~ there is a risk of death; jd ist [*o* schwebt] [*o* befindet sich] [*o* gerät] in ~ sb's life is in danger; jd ist [*o* befindet sich] außer ~ sb's life is no longer in danger; mit ~ verbunden sein to entail risk of death; unter ~ at the risk of one's life; ~! danger! **lebensgefährlich** I. *adj* extremely dangerous; (*Krankheiten*) life-threatening II. *adv* ❶ (*in das Leben bedrohender Weise*) critically ❷ (*fam: sehr gefährlich*) dangerously, hazardously **Lebensgefährte, -gefährtin** *m, f* (*geh*) partner; JUR cohabitee, common law spouse **Lebensgefühl** *nt kein pl* awareness of life *no pl* **Lebensgeister** *pl* jds ~ sind erwacht sb's spirits are revived; jds ~ erwecken [*o* wecken] to liven sb up **Lebensgemeinschaft** *f* ❶ (*das dauernde Zusammenleben*) long-term relationship ❷ BIOL (*Biozönose*) biocoenosis BRIT, biocenosis AM **Lebensgenuss**[RR] *m* enjoyment of life **Lebensgeschichte** *f* life story **Lebensgewohnheiten** *pl* habits **lebensgroß** *adj* life-size[d] **Lebensgröße** *f* real size; ▪~ haben to be life-size[d]; eine Büste in ~ a life-sized bust; in [voller] ~ (*hum fam*) in person [*or fam* the flesh], as large as life *hum fam* **Lebensgrundlage** *f* basis of [*or* for] life

Lebenshaltung *f kein pl* standard of living; *die ~ wird immer teurer* the cost of living is ever increasing **Lebenshaltungsindex** *m* cost-of-living index **Lebenshaltungskosten** *pl* cost of living *no pl, no indef art*

Lebenshilfe *f* counselling BRIT, counseling AM **lebenshungrig** *adj* with a zest for life *attr;* ▪~ sein to have a zest for life **Lebensinhalt** *m* purpose in life; *ist das dein einziger ~?* does your whole life revolve around that?; etw zu seinem ~ machen to dedicate one's life's to sth **Lebensjahr** *nt* year [of one's life]; nach/vor dem vollendeten … ~ (*geh*) after/before sb's … birthday; im [*o* in jds] … ~ *bereits im 14. ~ verlor sie ihre Eltern* she lost her parents when she was only fourteen **Lebenskampf** *m kein pl* struggle for survival **Lebenskraft** *f kein pl* vitality **Lebenskünstler(in)** *m(f)* ein richtiger ~ a person who knows how to make the best of life **Lebenslage** *f* situation [in life]; in allen ~n in any situation

lebenslang I. *adj* ❶ (*das ganze Leben dauernd*) lifelong
❷ JUR (*lebenslänglich*) life *attr,* for life *pred;* ~e Freiheitsstrafe life imprisonment
II. *adv* (*das ganze Leben*) all one's [*or* one's whole] life

lebenslänglich I. *adj* JUR life *attr,* lifelong, for life *pred;* „~" bekommen (*fam*) to get "life"; „~" [für jdn] fordern [*o* verlangen] to demand "life" for sb [*or* that sb gets "life"]
II. *adv* all one's life

Lebenslängliche(r) *f(m) dekl wie adj* lifer *fam*

Lebenslauf *m* ❶ (*schriftliche Lebensbeschreibung*) curriculum vitae BRIT, resumé AM ❷ (*Lebensgeschichte*) life story **Lebenslinie** *f* life line **Lebenslüge** *f* sham existence; eine ~ leben to live a lie **Lebenslust** *f s.* Lebensfreude **lebenslustig** *adj s.* lebensfroh **Lebensmitte** *f kein pl* middle age *no pl, no indef art*

Lebensmittel *nt meist pl* food

Lebensmittelabteilung *f* food department **Lebensmittelallergie** *f* MED food allergy **Lebensmittelbestrahlung** *f* food irradiation **Lebensmittelchemie** *f* food chemistry **Lebensmittelchemiker(in)** <-s, -> *m(f)* food chemist **Lebensmittelfarbe** *f* food colouring [*or* AM coloring] **Lebensmittelgeschäft** *nt* grocer's, grocery shop [*or* AM *usu* store] **Lebensmittelgesetz** *nt* JUR Foodstuffs Act **Lebensmittelhandel** *m kein pl* ÖKON grocery trade *no pl* **Lebensmittelhändler(in)** *m(f)* ÖKON grocer **Lebensmittelkarte** *f* food ration card **Lebensmittelrecht** *nt* JUR law relating to food processing and distribution **Lebensmittelverarbeitung** *f* food processing **Lebensmittelvergiftung** *f* food poisoning **Lebensmittelversorgung** *f* food supply **Lebensmittelvorrat** *m* food stock, provisions *npl* **Lebensmittelzusatz** *m* food additive **Lebensmotto** *nt* ▪sein ~ one's motto in life

lebensmüde *adj* weary of life *pred; bist du ~?, du bist wohl ~!* (*hum fam*) are you tired of living? **Lebensmüde(r)** *f(m) dekl wie adj* person who is weary of life **Lebensmut** *m kein pl* courage to face life *no pl,* optimism *no pl* **lebensnah** *adj Schilderung, Roman* true-to-life **Lebensnerv** *m* vital lifeline **lebensnotwendig** *adj s.* lebenswichtig **Lebenspartner(in)** *m(f) s.* Lebensgefährte **Lebensperspektiven** *pl* perspectives *pl* of life **Lebensqualität** *f kein pl* quality of life **Lebensraum** *m* ❶ *kein pl* (*Entfaltungsmöglichkeiten*) living space; HIST Lebensraum ❷ (*Biotop*) biotope, habitat **Lebensretter(in)** *m(f)* ❶ (*zur Rettung Ausgebildeter*) rescuer ❷ (*jd, der jds Leben rettet*) life-saver; *mein ~!* you saved my life! **Lebenssimulation** *f* INFORM life-like simulation **Lebenssituation** *f* life situation **Lebensstandard** *m kein pl* standard of living **Lebensstellung** *f* job for life **Lebensstil** *m* lifestyle **lebenstüchtig** *adj* able to cope with life *attr* **lebensüberdrüssig** *adj* weary of life **Lebensumstand** *m* circumstance **Lebensunterhalt** *m kein pl* livelihood, living; *das deckt noch nicht einmal meinen ~* that doesn't even cover my basic needs; für jds ~ aufkommen [*o* sorgen] to provide for [*or* keep] sb; mit …/als … seinen ~ verdienen to earn one's keep by …/as … **lebensuntüchtig** *adj inv* unable to cope with life *pred* **Lebensverhältnis** *nt* ❶ circumstance ❷ *pl* SOZIOL, BIOL living conditions *pl* **Lebensversicherung** *f* ❶ (*Versicherungpolice*) life insurance [*or* BRIT *a.* assurance] ❷ (*Gesellschaft*) life insurance [*or* BRIT *a.* assurance] company **Lebenswandel** *m kein pl* way of life; einen einwandfreien/lockeren ~ führen to lead an irreproachable/a dissolute life **Lebensweg** *m* (*geh*) journey through life *form* **Lebensweise** *f* lifestyle; sitzende ~ sedentary way of life **Lebensweisheit** *f* ❶ (*weise Lebenserfahrung*) wordly wisdom ❷ (*weise Lebensbeobachtung*) maxim **Lebenswelt** *f* world, habitat **Lebenswerk** *nt* life['s] work **lebenswert** *adj* worth living *pred;* jdm ist das Leben nicht mehr ~ life is not worth living for sb anymore **lebenswichtig** *adj* vital, essential,

essential to life *pred* **Lebenswille** *m kein pl* will to live **Lebenszeichen** *nt* (*a. fig*) sign of life; **kein ~ [mehr] von sich geben** to show no sign of life [any longer]; ***ich habe schon lange kein ~ mehr von ihm bekommen*** I've not had any sign of life from him for a long time **Lebenszeit** *f* lifetime; **auf ~** for life; **auf ~ im Gefängnis sitzen** to serve a life sentence; ***eine Rente wird meist auf ~ gezahlt*** pensions are usually paid until the pensioner's death **Lebensziel** *nt* goal [*or* aim] in life **Lebenszweck** *m* purpose in life **Lebenszyklus** *m* ÖKON life cycle

Leber <-, -n> *f* ❶ (*Organ*) liver; **es an [*o* mit] der ~ haben** (*fam*) to have a liver problem
❷ *kein pl* KOCHK liver
▸ WENDUNGEN: **frei [*o* frisch] von der ~ weg reden** (*fam*) to speak frankly; **sich** *dat* **etw von der ~ reden** (*fam*) to get sth off one's chest *fam; s. a.* **Laus**

Leberblümchen *nt* liverwort, hepatica **Leberegel** *m* ZOOL fluke **Leberentzündung** *f* MED hepatitis *no pl, no art,* inflammation of the liver **Lebererkrankung** *f* liver disease **Leberfleck** *m* liver spot **Leberfunktionsstörung** *f* MED liver disorder **Lebergefäß** *nt* hepatic vessel **Leberkäs(e)** *m kein pl meatloaf made out of finely-ground liver and other meat* **Leberknödel** *m* liver dumpling **leberkrank** *adj* having liver disease *pred* **Leberkranke(r)** *f(m) dekl wie adj* person suffering from liver disease **Leberkrankheit** *f* liver disorder **Leberkrebs** *m kein pl* MED cancer of the liver *no pl, no art,* hepatic cancer *no pl, no art spec* **Leberlappen** *m* lobe of the liver **Leberleiden** *nt* liver complaint **Lebermoos** *nt* BOT liverwort **Leberpastete** *f* liver pâté **Lebertran** *m* cod-liver oil **Lebertransplantation** *f* liver transplantation **Leberversagen** *nt* liver failure **Leberwert** *m meist pl* MED liver function reading **Leberwurst** *f* liver sausage ▸ WENDUNGEN: **die beleidigte ~ spielen** (*fam*) to get all in a huff *fam* **Leberzelle** *f* liver cell **Leberzirrhose** *f* cirrhosis of the liver *no pl, no art,* hepatic cirrhosis *no pl, no art spec*

Lebewesen *nt* living thing; **menschliches ~** human being

Lebewohl <-[e]s, -s *o geh* -e> *nt* (*geh*) farewell *form;* **jdm ~ sagen** to say farewell to sb

lebhaft I. *adj* ❶ (*temperamentvoll*) lively, vivacious
❷ (*angeregt*) lively; **eine ~e Auseinandersetzung** a lively debate; **~er Beifall** thunderous applause; **eine ~e Fantasie** an active imagination; *s. a.* **Interesse**
❸ (*belebt*) lively; **~er Verkehr** brisk traffic
❹ (*anschaulich*) vivid
❺ (*kräftig*) vivid
II. *adv* ❶ (*anschaulich*) vividly
❷ (*sehr stark*) intensely

Lebhaftigkeit <-> *f kein pl* ❶ (*temperamentvolle Art*) liveliness, vivacity, vivaciousness
❷ (*Anschaulichkeit*) vividness

Lebkuchen *m* gingerbread

leblos *adj* (*geh*) lifeless

Lebtag *m* **jds ~ [lang]** (*fam*) for the rest of sb's days; ***daran würde sie sich ihr ~ erinnern*** she would remember that for the rest of her days; **jds ~ nicht** (*fam*) never, never in all sb's life; ***das hätte ich mein ~ nicht gedacht*** never in all my life would I have thought that **Lebzeiten** *pl* **zu jds ~** (*Zeit*) in sb's day; (*Leben*) in sb's lifetime

Lech <-s> *m* Lech

lechzen *vi* (*geh*) ■**nach etw** *dat* ~ ❶ (*vor Durst verlangen*) to long for sth
❷ (*dringend verlangen*) to crave sth

Lecithin <-s> *nt kein pl s.* **Lezithin**

leck *adj* leaky

Leck <-[e]s, -s> *nt* leak

lecken[1] *vi* to leak

lecken[2] I. *vi* ■**[jdm an etw** *dat*] ~ to lick [sb's sth]; ■**an jdm/etw** ~ to lick sb/sth; ***willst du mal [an meinem Eis] ~?*** do you want a lick [of my ice cream]?
II. *vt* (*mit der Zunge aufnehmen*) ■**etw [aus/von etw** *dat*] ~ to lick sth [out of/off [of] sth]; ***die Hündin leckte ihre Jungen*** the bitch licked her young; ■**sich** *akk* ~ to lick oneself; ■**sich** *dat* **etw [von etw** *dat*] ~ to lick [sth off] one's sth; ***sie leckte sich das Eis von der Hand*** she licked the ice-cream off her hand
▸ WENDUNGEN: **leck mich doch [mal]!, leckt mich doch [alle] [mal]!** (*derb*) go to hell! *pej*

lecker I. *adj* delicious, scrumptious, tasty; ■**etwas L~es** sth delicious
II. *adv* deliciously, scrumptiously, tastily; ***den Braten hast du wirklich ~ zubereitet*** your roast is really delicious

Leckerbissen *m* delicacy, titbit

Leckerei <-, -en> *f* ❶ KOCHK *s.* **Leckerbissen**
❷ *kein pl* (*pej fam: das Lecken*) licking

Leckermaul *nt* (*fam*) ■**ein ~ sein** to be sweet-toothed, to have a sweet tooth; (*Feinschmecker*) to be a gourmet

leck|schlagen *vi irreg sein* to be holed; ■**leckgeschlagen** holed

LED *f Abk von* **Light Emitting Diode** LED

led. *adj Abk von* **ledig** single

LED-Anzeige *f* TECH LED display

LED-Drucker *m* INFORM LED printer

Leder <-s, -> *nt* ❶ (*gegerbte Tierhaut*) leather; **zäh wie ~** tough as old boots *fam;* **etw in ~ binden** to bind sth in leather ❷ (*Ledertuch*) shammy *fam,* chamois, shammy [*or* chamois] leather ❸ (*fam: Fußball*) leather *fam,* football ▸ WENDUNGEN: **jdm ans ~ wollen/gehen** (*fam*) to have it in for sb/to lay into sb *fam;* **[gegen jdn/etw] vom ~ ziehen** (*fam*) to rant and rave [about sb/sth] *fam* **Lederausstattung** *f* AUTO leather interior [trim] **Lederband** *m* ❶ <-bänder> (*ledernes Band*) leather strap ❷ <-bände> (*in Leder gebundenes Buch*) leather-bound book **Ledereinband** *m von Buch* leather binding [*or* case] [*or* cover] **Lederfett** *nt* dubbin *no pl, no art* **Ledergarnitur** *f* leather suite **Lederhandschuh** *m* leather glove **Lederhaut** *f* ANAT dermis, derma, corium **Lederhose** *f* ❶ (*lederne Trachtenhose*) lederhosen *npl* ❷ (*Bundhose aus Leder*) leather trousers *npl* **Lederimitat** *nt* imitation leather **Lederindustrie** *f* leather industry **Lederjacke** *f* leather jacket **Lederkombi** *f* SPORT leather overall[s *pl*]

ledern[1] *adj* ❶ (*aus Leder gefertigt*) leather
❷ (*zäh*) leathery

ledern[2] *vt* (*ab~*) ■**etw** ~ to buff sth with a shammy [*or* chamois] leather

Ledernacken *pl* leathernecks *sl*

Lederriemen *m* leather strap **Lederschildkröte** *f* ZOOL leatherback [turtle] **Ledersofa** *nt* leather sofa [*or* settee] **Ledersohle** *f* MODE leather sole **Ledertuch** *nt* shammy [*or* chamois] leather, shammy *fam,* chamois

Lederwaren *pl* leather goods **Lederwarenhandlung** *f* leather goods shop [*or* AM *usu* store] **Lederwarenindustrie** *f kein pl* leather goods industry *no pl*

ledig *adj* ❶ (*unverheiratet*) single, unmarried
❷ (*frei [von etw]*) ■**einer S.** *gen* ~ **sein** to be free of sth

Ledige(r) *f(m) dekl wie adj* single [*or* unmarried] person

lediglich *adv* (*geh*) merely, simply

Lee <-> *f kein pl* lee; **nach ~** leeward *no pl*

leer I. *adj* ❶ (*ohne Inhalt*) empty; **etw ~ machen** to empty sth
❷ (*menschenleer*) empty; **ein ~er Saal** an empty hall; ***das Haus steht schon lange ~*** the house has been empty for a long time
❸ (*nicht bedruckt*) blank; **etw ~ lassen** to leave sth blank
❹ (*ausdruckslos*) blank, vacant; ***seine Augen waren ~*** he had a vacant look in his eyes; **sich** *akk* **~ fühlen** to have an empty feeling, to feel empty inside; **~e Versprechungen/Worte** (*pej*) empty promises/words *pej*
▸ WENDUNGEN: **ins L~e** into thin air; **ins L~e gehen/laufen** to be to no avail, to come to nothing
II. *adv* **den Teller ~ essen** to finish one's meal; **das Glas/die Tasse ~ trinken** to finish one's drink; **wie ~ gefegt sein** to be deserted; **~ laufen** to run dry; **~ stehend** empty, vacant
▸ WENDUNGEN: **[bei etw** *dat*] **~ ausgehen** to go away empty-handed; **jdn ~ laufen lassen** SPORT to sell sb a dummy, to send sb in the wrong direction

Leere <-> *f kein pl* emptiness *no pl;* **gähnende ~** a gaping void; (*leerer Raum*) vacuum

leeren I. *vt* ❶ (*entleeren*) ■**etw ~** to empty sth; ***sie leerte ihre Tasse nur halb*** she only drank half a cup
❷ DIAL, ÖSTERR (*aus~*) ■**etw in etw** *akk* ~ to empty sth into sth
II. *vr* ■**sich** *akk* ~ to empty; ***der Saal leerte sich*** the hall emptied

Leerfahrt *f* ❶ *eines Lkw* empty trip, trip made when unladen ❷ *eines öffentlichen Verkehrsmittels* empty run, run made without any passengers **Leerformel** *f* (*pej geh*) empty phrase **Leerfracht** *f* HANDEL dead freight **Leergewicht** *nt* empty weight; **das ~ eines Fahrzeugs** the kerb [*or* AM curb] weight of a vehicle **Leergut** *nt kein pl* empties *pl fam* **Leerkosten** *pl* HANDEL waste costs

Leerlauf *m* ❶ (*Gangeinstellung*) neutral gear; **im ~** in neutral; ***jetzt in den ~ schalten!*** change into neutral now! ❷ (*unproduktive Phase*) unproductiveness *no pl* **Leerlaufdrehzahl** *f* AUTO idle speed **Leerlaufeinstellschraube** *f* AUTO idle adjusting screw **Leerlaufverbrauch** *m* ❶ AUTO fuel consumption when idling ❷ ELEK *von Geräten im Stand-by-Betrieb* fuel consumption in neutral

Leerpackung *f* HANDEL empty package; (*Attrappe*) dummy pack **Leerpräparat** *nt* MED inactive preparation, placebo **Leerschlag** *m* TYPO hitting [of] the space-bar *no pl* **Leerschritt** *m* TYPO blank **Leerseite** *f* blank [*or* white] page **Leerstand** *m kein pl einer Wohnung* empty state **Leerstelle** *f* TYPO space, blank **Leertaste** *f* space-bar **Leertonne** *f* HANDEL deadweight tonnage **Leerübertragung** *f* HANDEL blank transfer

Leerung <-, -en> *f* emptying *no pl; Post* collection; **Briefkästen mit stündlicher ~** post boxes with hourly collections

Leerungszeit *f* collection [*or* AM pickup] time

Leerverkauf *m* BÖRSE short selling; **Leerverkäufe als Baissemanöver** bear sales **Leerzeichen** *nt* TYPO blank, blank space [*or* character] **Leerzeile** *f* TYPO blank line

Lefze <-, -n> *f meist pl* ZOOL lip

legal I. *adj* legal
II. *adv* legally

Legaldefinition *f* JUR statutory [*or* legal] definiton **Legalgewicht** *nt* JUR legal weight

legalisieren* *vt* ■**etw ~** to legalize sth

Legalisierung <-, -en> *f* legalization

Legalität <-> *f kein pl* legality; **[etwas] außerhalb der ~** (*euph*) [slightly] outside the law

Legalitätskontrolle *f* JUR legality check **Legalitätsprinzip** *nt* JUR principle of mandatory prosecution

Legalzession *f* JUR subrogation, assignment by operation of the law

Legasthenie <-, -n> *f* dyslexia *no pl, no art*

Legastheniker(in) <-s, -> *m(f)* dyslexic

legasthenisch *adj* dyslexic

Legat[1] <-[e]s, -e> *nt* JUR legacy, bequest

Legat[2] <-en, -en> *m* REL legate

legatsberechtigt *adj inv* JUR beneficially entitled **Legatsentziehung** *f* JUR ademption, revocation of a legacy **Legatsverfall** *m* JUR lapsing of a legacy

Legebatterie *f* (*pej*) laying battery

legen I. *vt* ❶ (*hin~*) ■**jdn/etw irgendwohin ~** to put sb/sth somewhere; ***man legte sie zu ihrem Mann ins Grab*** she was was laid to rest beside her husband; **sich einen Schal um den Hals ~** to wrap a scarf around one's neck; **seinen Arm um jdn ~** to put one's arm around sb; ***sie legte ihren Sohn an die Brust*** she breast-fed her son; ***sie haben sie auf die Intensivstation gelegt*** they've taken her to intensive care; ***legst du die Kleine schlafen?*** will

you put the little one to bed?; **die Betonung auf ein Wort** ~ to stress a word; ■ **jdn** ~ SPORT to bring down sb *sep*
② (*in Form bringen*) ■ **etw** ~ to fold sth; **ein Stück Stoff** ~ to fold a piece of material; **die Stirn in Falten** ~ to frown; **sich** *dat* **die Haare** ~ **lassen** to have one's hair set
③ (*produzieren*) ■ [**etw**] ~ to lay [sth]; **Eier** ~ to lay eggs
④ KOCHK (*einlegen*) ■ **etw in etw** ~ to preserve sth in sth
⑤ (*lagern*) **etw in den Kühlschrank** ~ to put sth in the fridge; **etw beiseite** ~ to put sth aside
⑥ (*ver~*) **einen Teppich/Rohre/Kabel** ~ to lay a carpet/pipes/cables; **Kartoffeln** ~ to plant potatoes
II. *vr* ① (*hin~*) ■ **sich** ~ to lie down; **sich ins Bett/in die Sonne/auf den Rücken** ~ to go to bed/lay down in the sun/lie on one's back; ***„leg dich!“*** “lie!”; ***der Motorradfahrer legte sich in die Kurve*** the motorcyclist leaned into the bend
② (*sich niederlassen*) ■ **sich** *akk* **auf etw** *akk* ~ to settle on sth; ***dichter Bodennebel legte sich auf die Straße*** thick fog formed in the street; (*schädigen*) to settle in sth; **sich auf die Nieren/Bronchien/Schleimhäute** ~ to settle in one's kidneys/bronchial tubes/mucous membrane
③ (*nachlassen*) ■ **sich** ~ *Aufregung, Empörung, Sturm, Begeisterung* to subside; *Nebel* to lift

legendär *adj* legendary

Legende <-, -n> *f* ① (*fromme Sage*) legend
② (*Lügenmärchen*) myth
③ (*Erläuterung verwendeter Zeichen*) legend, key

leger [le'ʒeːɐ, le'ʒɛːɐ] I. *adj* ① (*bequem*) casual, loose-fitting
② (*ungezwungen*) casual
II. *adv* ① (*bequem*) casually; ***sie zieht sich gerne ~ an*** she likes to dress casually
② (*lässig*) casually

Leggings ['lɛgɪŋs] *pl* leggings

legieren* *vt* ■ **etw** [**mit etw** *dat*] ~ ① (*zu einer Legierung verbinden*) to alloy sth [and sth]
② (*verdicken*) to thicken sth [with sth]

Legierung <-, -en> *f* ① (*Mischung von Metallen*) alloy
② *kein pl* (*das Legieren*) alloying

Legion <-, -en> *f* ① HIST legion; **die** ~ the legion of volunteers
② (*riesige Mengen*) **eine** ~ **von etw** *dat* legions of sth

Legionär <-s, -e> *m* legionary, legionnaire

Legionärskrankheit *f* legionnaires' disease

legislativ *adj* JUR legislative

Legislative <-n, -n> [-'tiːvə] *f* legislature, legislative power

Legislaturperiode *f* legislative period

legitim *adj* (*geh*) legitimate

Legitimation <-, -en> *f* (*geh*) ① (*abstrakte Berechtigung*) authorization
② (*Ausweis*) permit, pass
③ JUR (*Ehelichkeitserklärung*) legitimation

Legitimationspapiere *pl* JUR title-evidencing instrument; (*Ausweispapiere*) identification papers **Legitimationsübertragung** *f* JUR proxy statement **Legitimationsurkunde** *f* JUR document of title

legitimieren* I. *vt* (*geh*) ① (*berechtigen*) ■ **jdn** [**zu etw** *dat*] ~ to authorize sb to do sth; **zu Kontrollen legitimiert sein** to be authorized to carry out checks; ■ [**dazu**] **legitimiert sein, etw zu tun** to be authorized [*or* entitled] to do sth
② (*für gesetzmäßig erklären*) ■ [**durch jdn/etw**] **legitimiert werden** to be legitimized [by sb/sth]; ■ **etw** ~ to legitimize sth
③ (*für ehelich erklären*) to legitimate; **ein Kind** ~ to legitimate a child
II. *vr* (*geh*) ■ **sich** *akk* [**jdm gegenüber**] [**als jd/etw**] ~ to identify oneself [to sb] [as sb/sth]

Legitimität <-> *f kein pl* (*geh*) legitimacy *no pl*

Lego® <-s, -s> *nt* Lego *no pl*

Legobaukasten® *m* Lego kit **Legostein®** *m* Lego brick

Leguan <-s, -e> *m* iguana

Legwarmer <-s, -> ['lɛgwɔːmə] *m* legwarmer

Lehen <-s, -> *nt* fief; **jdm etw zu ~ geben** to grant sb sth in fief

Lehm <-[e]s, -e> *m* clay **Lehmboden** *m* clay soil **Lehmgrube** *f* clay pit **Lehmhütte** *f* clay hut

lehmig *adj* (*aus Lehm bestehend*) clay; (*voller Lehm*) clayey, claylike; **ein ~er Weg** a muddy path

Lehmziegel *m* clay brick

Lehne <-, -n> *f* ① (*Arm~*) armrest
② (*Rücken~*) back

lehnen I. *vt* (*an~*) ■ **etw an/gegen etw** *akk* ~ to lean sth against sth
II. *vi* (*schräg angelehnt sein*) ■ **an etw** *dat* ~ to lean against sth
III. *vr* (*sich beugen*) ■ **sich** *akk* **an jdn/etw** ~ to lean on sb/sth; ■ **sich** *akk* **über etw** *akk* ~ to lean over sth; ■ **sich** *akk* **gegen etw** *akk* ~ to lean against sth; **sich** *akk* **aus dem Fenster** ~ to lean out of the window

Lehnsessel *m* easy chair **Lehnsherr(in)** *m(f)* feudal lord **Lehnsmann** <-männer *o* -leute> *m* vassal

Lehnstuhl *m* armchair **Lehnübersetzung** *f* loan translation, calque *spec* **Lehnwort** <-wörter> *nt* loan word

Lehramt *nt* (*geh*) ■ **das** ~ the post of teacher; (*Studiengang*) teacher-training course; **das höhere/öffentliche** ~ the post of grammar school/state school teacher

Lehramtsanwärter(in) *m(f)* SCH, ADMIN trainee teacher (*newly qualified teacher waiting for his/her first permanent teaching post*) **Lehramtskandidat(in)** *m(f)* (*geh*) candidate for a teaching post **Lehramtsstudium** *nt* SCH, ADMIN teacher training

Lehranstalt *f* educational establishment [*or* institution] **Lehrauftrag** *m* teaching assignment; **einen ~ [für etw** *akk*] **haben** to have a teaching assignment [for sth] **Lehrbeauftragte(r)** *f(m) dekl wie adj* temporary lecturer **Lehrbefähigung** *f* teaching qualification **Lehrbehelf** *m* ÖSTERR (*Lehrmittel*) teaching aid **Lehrberuf** *m* teaching profession **Lehrbrief** *m* ① HIST (*Urkunde*) apprenticeship certificate ② SCH (*im Fernstudium*) correspondence lesson **Lehrbuch** *nt* textbook

Lehre <-, -n> *f* ► WENDUNGEN: **sich** *dat* **etw eine ~ sein lassen** (*fam*) to let sth be a lesson to one

Lehre[1] <-, -n> *f* ① ([*handwerkliche*] *Ausbildung*) apprenticeship, traineeship; **kaufmännische** ~ apprenticeship; **eine ~ aufnehmen** to start an apprenticeship [*or* become apprenticed]; **die ~ beenden** to finish one's apprenticeship; [**bei jdm**] **in die ~ gehen** to serve one's apprenticeship [with [*or* under] sb], to be trained [by sb]; **bei jdm [noch] in die ~ gehen können** to be [still] able to learn a thing or two from sb; **jdn in die ~ nehmen** (*fig*) to bring up sb *sep* strictly; **eine ~ [als etw] machen** to serve an apprenticeship [*or* train] [as a/an sth]
② (*Erfahrung, aus der man lernt*) lesson; **jdm eine ~ sein** to teach sb a lesson; ***das soll dir eine ~ sein!*** let that be a lesson to you!; **sich** *dat* **etw eine ~ sein lassen** to let sth be a lesson to one; **jdm eine ~ erteilen** to teach sb a lesson; **sich** *dat* **etw eine ~ sein lassen** to learn from sth; **eine ~ aus etw ziehen** to learn a lesson from sth; (*Ratschlag*) [piece of] advice *no pl*
③ (*ideologisches System*) doctrine
④ (*Theorie*) theory

Lehre[2] <-, -n> *f* ga[u]ge

lehren *vt* ① (*unterrichten*) ■ **etw** ~ to teach sth; (*an der Uni*) to lecture in sth
② (*beispielhaft zeigen*) ■ **jdn** [**etw** *akk*] ~ to teach sb [sth]; ***wer hat dich zeichnen gelehrt?*** who taught you to draw?; ***das lehrte ihn das Fürchten*** that put the fear of God into him!; ■ **jdn ~, etw zu tun** to teach sb to do sth; ***das hat mich gelehrt, besser aufzupassen*** that taught me to pay more attention; ***ich werde dich ~, zu stehlen!*** (*iron*) I'll teach you to steal! *iron*
③ (*zeigen*) ■ **jdn ~, dass ...** to teach [*or* show] sb that ...; ***die Erfahrung hat uns gelehrt, dass ...*** experience has taught [*or* shown] us that ...

Lehrer(in) <-s, -> *m(f)* ① (*an der Schule*) teacher; ~ **am Gymnasium/an Grund- und Hauptschulen** grammar school/primary school/comprehensive school teacher; **jdn als ~ haben** to have sb as a teacher
② (*Lehrmeister*) teacher

Lehrerkollegium *nt* teaching staff + *sing/pl vb* **Lehrerkonferenz** *f* school staff meeting **Lehrermangel** *m* shortage of teachers

Lehrerschaft <-, *selten* -en> *f* (*geh*) teachers *pl*

Lehrerüberschuss[RR] *m* surplus of teachers **Lehrerzimmer** *nt* staffroom

Lehrfach *nt* subject **Lehrfilm** *m* educational film **Lehrfreiheit** *f* JUR freedom of teaching **Lehrgang** <-gänge> *m* course; **auf einem ~ sein, sich auf einem ~ befinden** to be on a course **Lehrgangsteilnehmer(in)** <-s, -> *m(f)* course participant **Lehrgeld** *nt* (*Bezahlung einer Lehre*) apprenticeship fee ► WENDUNGEN: **sich** *dat* **sein ~ zurückgeben lassen** (*fam*) to obviously not have learnt a thing at school/college, etc.; [**für etw** *akk*] ~ **zahlen [müssen]** to [have to] learn the hard way

lehrhaft <-er, -este> *adj* ① (*belehrend*) didactic
② (*pej: lehrerhaft*) patronizing, condescending

Lehrherr *m* (*veraltend*) master **Lehrjahr** *nt* (*Jahr einer Lehre*) year as an apprentice [*or* a trainee] ► WENDUNGEN: **~e sind keine Herrenjahre** (*prov*) an apprentice is not his own master **Lehrjunge** *m* (*veraltet*) *s.* **Auszubildender** **Lehrkörper** *m* teaching staff + *sing/pl vb* **Lehrkraft** *f* (*geh*) teacher **Lehrkrankenhaus** *nt* teaching hospital

Lehrling <-s, -e> *m* (*veraltend*) *s.* **Auszubildende(r)** **Lehrlingsausschuss[RR]** *m* JUR apprenticeship training committee **Lehrlingsrolle** *f* JUR register of apprentices

Lehrmädchen *nt* (*veraltet*) *fem form von* **Auszubildende(r)** **Lehrmaterial** *nt* teaching material **Lehrmeinung** *f* (*geh*) expert opinion **Lehrmeister(in)** *m(f)* teacher; KUNST (*Vorbild*) master **Lehrmittel** *nt* (*fachspr*) teaching aid **Lehrmittelfreiheit** *f kein pl* SCH free provision of teaching aids **Lehrobjekt** *nt* SCH teaching aid **Lehrplan** *m* syllabus **Lehrprobe** *f* assessed teaching practice *no pl*; [**in etw** *dat*] **eine ~ halten** to give an assessed lesson [in sth]

lehrreich *adj* instructive

Lehrsatz *m* theorem **Lehrstelle** *f* apprenticeship, traineeship **Lehrstoff** *m* (*fachspr*) syllabus [content] **Lehrstück** *nt* ① (*Theaterstück*) didactic play
② (*fig: Text*) edifying text **Lehrstuhl** *m* (*geh*) chair **Lehrvertrag** *m* indentures *pl* **Lehrwerk** *nt* (*geh*) textbook **Lehrwerkstatt** *nt* training workshop **Lehrzeit** *f* (*veraltend*) *s.* **Lehre[1] 1**

Leib <-[e]s, -er> *m* ① (*Körper*) body; **etw am eigenen ~e erfahren** [*o* [**ver**]**spüren**] [*o* **zu spüren bekommen**] to experience sth first hand; **am ganzen ~e zittern** [*o* **beben**] (*geh*) to shake [*or* quiver] all over, to be all in a quiver; **am ganzen ~e frieren** to be frozen all over [*or* from head to foot]; **bei lebendigem ~e** alive; **jdm [mit etw** *dat*] **vom ~e bleiben** (*fam*) not to bother sb [with sth]; **jdm jdn vom ~e halten** to keep sb away from sb; **sich** *dat* **jdn vom ~e halten/schaffen** to keep sb at arm's length/get sb off one's back; **jdm etw vom ~e halten** (*fig*) to not bother sb with sth; **sich** *dat* **etw vom ~e halten** (*fig*) to avoid sth; **etw auf dem ~e tragen** (*geh*) to wear sth
② (*geh*) stomach
► WENDUNGEN: **der ~ des Herrn** the body of Christ; **mit ~ und Seele** whole-heartedly; ***sie ist mit ~ und Seele bei der Sache*** she is fully focused on the task; **jdm wie auf den ~ [zu]geschnitten sein** to suit sb down to the ground; **jdm wie auf den ~ geschrieben sein** to be tailor-made for sb; **etw** *dat* **zu ~e rücken** [*o* **gehen**] (*fam*) to tackle sth

Leibarzt, -ärztin *m, f* personal physician *form*

Leibbinde *f* truss

Leibchen <-s, -> *nt* ① ÖSTERR (*Herrenunterhemd*) vest
② (*veraltet: Mieder für Kinder*) bodice

L

leibeigen *adj* HIST adscript, enslaved
Leibeigene(r) *f(m) dekl wie adj* HIST serf
Leibeigenschaft <-> *f kein pl* HIST ■**die ~** serfdom
leiben *vi* ► WENDUNGEN: **wie jd leibt und lebt** through and through
Leibeserziehung *f* (*veraltend form*) physical education **Leibesfrucht** *f* (*geh*) foetus BRIT, fetus AM **Leibeskraft** *f* **aus** [*o* **nach**] **Leibeskräften** with all one's might **Leibesübungen** *pl* (*veraltend*) physical education *no pl*, P.E. **Leibesvisitation** *f* (*geh*) body search; **sich** *akk* **einer ~ unterziehen müssen** (*geh*) to have to undergo a body search; **jdn einer ~ unterziehen** [*o* **eine ~ bei jdm vornehmen**] (*geh*) to subject sb to a body search
Leibgarde *f* bodyguard **Leibgardist** <-en, -en> *m* [member of] the bodyguard **Leibgericht** *nt* favourite [*or* AM favorite] meal
leibhaftig I. *adj* ① (*echt*) ■**ein ~er/eine ~e ...** a real ...; ***ich habe einen ~en Wolf im Wald gesehen!*** I saw a real live wolf in the forest!
② (*verkörpert*) ■**der/die ~e ...** ... personified; ***sie ist die ~e Sanftmut*** she is gentleness personified
► WENDUNGEN: **der L~e** (*euph*) the devil incarnate
II. *adv* in person *pred*
Leibkoch, -köchin *m, f* personal chef
leiblich *adj* ① (*körperlich*) physical
② (*blutsverwandt*) natural; **jds ~e Verwandten** sb's blood relations
Leibrente *f* FIN life annuity **Leibspeise** *f s.* **Leibgericht**
Leibung <-, -en> *f* BAU reveal
Leibwache *f* bodyguard *no pl* **Leibwächter(in)** *m(f)* bodyguard **Leibwäsche** *f* (*veraltend*) *s.* **Unterwäsche**
Leiche <-, -n> *f* (*toter Körper*) corpse; **aussehen wie eine wandelnde ~** (*fam*) to look deathly pale [*or* as white as a sheet]
► WENDUNGEN: **eine ~ im Keller haben** (*fam*) to have a skeleton in the closet; **über ~n gehen** (*pej fam*) to stop at nothing; **nur über meine ~!** (*fam*) over my dead body!
Leichenbegängnis *nt* (*geh*) solemn funeral **Leichenbeschauer(in)** <-s, -> *m(f) doctor who carries out post-mortems* **Leichenbittermiene** *f kein pl* (*iron*) doleful expression [*or* look]; **mit ~** with a doleful expression [*or* look] **leichenblass**[RR] *adj* deathly pale **Leichenblässe** *f* deathly paleness *no pl* **Leichenfledderei** <-, -en> *f* stealing from the dead *no pl* **Leichenfledderer, -fledderin** <-s, -> *m, f* sb who steals from the dead **Leichenfund** *m* JUR finding the dead body of an unknown person **Leichenhalle** *f* mortuary **Leichenhaus** *nt* mortuary, morgue **Leichenöffnung** *f* JUR post-mortem examination, autopsy **Leichenschändung** *f* ① (*grober Unfug mit einer Leiche*) desecration of a corpse *no pl* ② (*sexuelle Handlungen an Leichen*) necrophilia, necrophilism *no pl, no art* **Leichenschauhaus** *nt* mortuary, *esp* AM morgue **Leichenschmaus** *m* wake **Leichenstarre** *f s.* **Totenstarre** **Leichentuch** <-s, -tücher> *nt* ① HIST shroud ② (*veraltend: Bahrtuch*) pall **Leichenverbrennung** *f* cremation **Leichenwagen** *m* ① (*Wagen, der Särge befördert*) hearse ② (*Kutsche, die Särge befördert*) funeral carriage **Leichenzug** *m* (*geh*) funeral procession
Leichnam <-s, -e> *m* (*geh*) corpse
leicht I. *adj* ① (*geringes Gewicht habend*) light; ■**jd/etw ist ... ~er [als jd/etw]** sb/sth is ... lighter [than sb/sth]; **~ wie eine Feder sein** to be as light as a feather
② (*eine dünne Konsistenz habend*) light
③ (*einfach*) easy, simple; **jdm ein Leichtes sein** (*geh*) to be easy for sb; **jdm ein Leichtes sein, etw zu tun** to be easy for sb to do sth; **nichts ~er als das!** no problem; *s. a.* **Hand**
④ METEO (*schwach*) light; **eine ~e Brandung** low surf; **ein ~er Donner** distant thunder; **eine ~e Strömung** a weak current; **~er Regen/Schneefall** light rain/a light fall of snow
⑤ (*sacht*) light, slight; ***er hat einen sehr ~en Akzent*** he has a very slight accent; **~es Nachgeben** *der Börsenkurse* slight easing off; **ein ~er Schlag** a gentle slap; **~e Zunahme** slight increase
⑥ (*nicht schlimm*) minor; **ein ~er Eingriff** a minor operation; **eine ~e Verbrennung** minor burns; *s. a.* **Schlaf**
⑦ (*nicht belastend*) light; **eine ~e Zigarette/ein ~er Tabak** a mild cigarette/tobacco; **eine ~e Nachspeise** a light dessert
⑧ (*einfach verständlich*) easy; **~e Lektüre** light reading; *s. a.* **Muse**
⑨ (*unbeschwert*) ■**jdm ist ~er** sb is [*or* feels] relieved, sb feels better; **jdm ist ~ zumute** [*o* **ums Herz**] [*o* **jd fühlt sich ~**] sb is light-hearted; **~en Herzens/Schrittes** with a light heart/sprightly step
⑩ (*nicht massiv*) lightweight; **~ gebaut** having a lightweight construction
⑪ TYPO **~e Schrift** light typeface; **~es Papier** low-grammage paper
II. *adv* ① (*mit nicht schwerem Stoff*) lightly; **~ bekleidet** dressed in light clothing
② (*einfach*) easily; **sich ~ tun** to be easy to do; ***das ist ~er gesagt als getan*** that's easier said than done; **es [im Leben] ~ haben** to have it easy [in life], to have an easy time of it; **etw geht [ganz] ~** sth is [quite] easy; **es nicht ~ haben** to not have it easy, to have a hard time of it; **es nicht ~ mit jdm haben** to have one's work cut out with sb; **es jdm ~ machen** to make it easy for sb; **es sich** *dat* **~ machen** to make it easy for oneself; **es fällt jdm ~, etw zu tun** it's easy for sb to do sth; **etw fällt jdm ~** sth is easy for sb
③ METEO (*schwach*) lightly
④ (*nur wenig, etwas*) lightly; **etw ~ salzen** to salt sth lightly; **~ humpeln** to have a slight limp; **~ verärgert sein** to be slightly annoyed
⑤ (*schnell*) easily; ***das sagst du so ~!*** that's easy for you to say!; **etw ~ glauben** to believe sth readily; ***der Inhalt ist ~ zerbrechlich*** the contents are easy to break [*or* very delicate]
⑥ (*problemlos*) easily; **etw ~ schaffen/begreifen** to manage/grasp sth easily; *s. a.* **möglich**
⑦ (*unbeschwert*) **etw ~ nehmen** to take sth lightly
► WENDUNGEN: **~ reden haben** [*o* **können**] to be easy for sb to talk; ***du hast ja ~ reden*** it's easy [*or* all right] for you to talk
Leichtathlet(in) *m(f)* athlete BRIT, track and field athlete AM
Leichtathletik *f* athletics BRIT + *sing vb, no art*, track and field AM + *sing vb, no art*
Leichtathletin *f fem form von* **Leichtathlet**
leichtathletisch I. *adj* athletic[s] BRIT, track and field AM; **ein ~er Wettbewerb** an athletics [*or* AM a track and field] competition
II. *adv* **sich** *akk* **~ betätigen** to do athletics [*or* AM track and field [events]]
Leichtbauplatte *f* BAU light weight building board
Leichtbauweise *f* lightweight construction; **in ~** made of lightweight materials; **ein in ~ errichtetes Haus** a house constructed using lightweight materials
Leichte <-s, -> *m* NORDD lighter **leichtfertig** I. *adj* thoughtless II. *adv* thoughtlessly **Leichtfertigkeit** *f kein pl* thoughtlessness *no pl, no indef art* **Leichtfuß** *m* (*hum fam*) careless person **leichtgängig** *adj* smoothly operating **Leichtgewicht** *nt* ① *kein pl* (*Gewichtsklasse*) lightweight category ② (*Sportler*) lightweight ③ (*bedeutungsloser Mensch*) lightweight **Leichtgewichtler(in)** <-s, -> *m(f) s.* **Leichtgewicht 2** **leichtgläubig** *adj* gullible **Leichtgläubigkeit** *f kein pl* gullibility *no pl, no indef art*
Leichtheit <-> *f kein pl* ① (*geringes Gewicht*) lightness *no pl, no indef art*
② (*selten*) *s.* **Leichtigkeit 1**
leichtherzig <-er, -ste> *adj* light-hearted
leichthin *adv* ① (*ohne langes Nachdenken*) unthinkingly, lightly
② (*so nebenbei*) easily
Leichtigkeit <-> *f* ① *kein pl* (*Einfachkeit*) simplicity *no pl, no indef art*; **mit ~** effortlessly, easily
② (*Leichtheit*) lightness *no pl, no indef art*
leichtlebig *adj* happy-go-lucky **Leichtlohngruppe** *f* low wage group **Leichtmatrose** *m* ordinary seaman **Leichtmetall** *nt* light metal **Leichtmetallfelgen** *pl* AUTO alloys *pl* **Leichtöl** *nt* light [crude] oil, light crude **Leichtrauchen** *nt kein pl* light smoking
Leichtsinn *m kein pl* carelessness *no pl, no indef art*, imprudence *no pl, no indef art form*; **in jds jugendlichem ~** (*fam*) in sb's naivety; **aus [purem] ~** out of [pure] imprudence; **so** [*o* **was für**] **ein ~!** how imprudent! **leichtsinnig** I. *adj* careless, imprudent *form*; **so ~ sein, etw zu tun** to be as careless/imprudent as to do sth; **~ [von jdm] sein, etw zu tun** to be careless/imprudent [of sb] to do sth II. *adv* carelessly, imprudently *form* **Leichtsinnigkeit** <-> *f kein pl s.* **Leichtsinn**
Leichtverletzte(r) *f(m) dekl wie adj* slightly injured person, person with a minor injury **Leichtverwundete(r)** *f(m) dekl wie adj* slightly wounded soldier **Leichtwasserreaktor** *m* light water reactor **Leichtwassertechnik** *f kein pl* light water technology
leid *adj pred* ① (*etw bedauern*) **jdm tut etw ~** sb is sorry about sth; **es tut jdm ~, dass ...** sb is sorry that ...; ***es tut mir/uns ~, aber ...*** I'm/we're sorry, but ...; **tut mir ~!** [I'm] sorry!; **etw wird jdm noch ~ tun** sb will be sorry [*or* regret sth]
② (*bedauern*) **jd tut jdm ~** sb feels sorry for sb; ***der kann einem ~ tun*** (*iron*) you can't help feeling sorry for him; **es tut jdm ~ um jdn/ein Tier** sb feels sorry for sb/an animal
③ (*überdrüssig*) **jdn/etw ~ sein/werden** to have had enough of/grown tired of sb/sth; **es ~ sein, etw tun zu müssen** to have had enough [*or* be tired] of having to do sth
Leid <-[e]s> *nt kein pl* distress, sorrow; **jdm sein ~ klagen** to tell sb one's troubles
► WENDUNGEN: **geteiltes ~ ist halbes ~** (*prov*) a sorrow shared is a sorrow halved *prov*
Leideform *f* passive
leiden <litt, gelitten> I. *vi* ① (*Schmerzen ertragen*) to suffer
② (*an einem Leiden erkrankt sein*) ■**an etw** *dat* **~** to suffer from sth
③ (*seelischen Schmerz empfinden*) to suffer; ■**unter jdm ~** to suffer because of sb; ■**unter etw** *dat* **~** to suffer from sth; ■**darunter ~, dass ...** to suffer as a result of ...
④ (*in Mitleidenschaft gezogen werden*) *Beziehung, Gesundheit* to suffer; *Möbelstück, Stoff* to get damaged; *Farbe* to fade
II. *vt* ① (*erdulden*) ■**etw ~** to suffer [*or* endure] sth
② (*geh: nicht dulden*) ■**etw nicht ~** not to tolerate sth; ■**jd wird es nicht ~, dass jd etw tut** sb will not tolerate sb's doing sth
► WENDUNGEN: **jdn/etw [gut]/nicht [gut] ~ können** [*o* **mögen**] to like/not like sb/sth; *s. a.* **wohl**
Leiden[1] <-s, -> *nt* ① (*chronische Krankheit*) complaint, ailment
② *pl* (*leidvolle Erlebnisse*) suffering *no pl, no indef art*
► WENDUNGEN: **aussehen wie das ~ Christi** (*fam*) to look like hell *fam*
Leiden[2] <-s> *nt* Leiden, Leyden
leidend *adj* ① (*geplagt*) pitiful, mournful
② (*geh: chronisch krank*) ■**~ sein** to be ill
Leidenschaft <-, -en> *f* ① (*Emotion*) emotion
② (*intensive Vorliebe*) ■**eine/jds ~ für jdn/etw** a/sb's passion for sb/sth; **jd ist etw aus ~** sb is passionate about being sth; ***ich bin Briefmarkensammler aus ~*** I'm a passionate stamp collector; **mit [großer/wahrer] ~** passionately
③ *kein pl* (*starke Zuneigung*) passion; ***sie spürte seine ~*** she felt his passion
leidenschaftlich I. *adj* ① (*feurig*) passionate
② (*begeistert*) passionate
③ (*emotional*) passionate, emotional
II. *adv* ① (*feurig*) passionately
② (*sehr intensiv*) passionately

③ (*besonders*) ■**etw ~ gern tun** to be passionate about sth; ***ich esse ~ gern Himbeereis*** I adore raspberry ice-cream

Leidenschaftlichkeit <-> *f kein pl* ① (*Feurigkeit*) passion
② (*große innere Anteilnahme*) emotion

leidenschaftslos I. *adj* dispassionate
II. *adv* dispassionately

Leidenschaftslosigkeit *f* dispassionateness, dispassion; **jd's ~** sb's lack of passion

Leidensdruck *m kein pl* psychological stress **Leidensfähigkeit** *f kein pl* capacity for suffering **Leidensgefährte, -gefährtin** *m, f,* **Leidensgenosse, -genossin** *m, f* fellow-sufferer **Leidensgeschichte** *f* story of suffering; **die ~ [Christi]** the Passion [of Christ] **Leidensmiene** *f* dejected expression; **mit ~** with a dejected expression **Leidensweg** *m* (*geh*) period of suffering; **der ~ Christi** Christ's way of the Cross

leider *adv* unfortunately; **~ ja!** unfortunately yes; **~ nein!** [*o* **nicht**] no, unfortunately, unfortunately not; ***das kann ich dir ~ nicht sagen*** unfortunately, I can't help you there; ***ich habe das ~ vergessen*** I'm sorry, I forgot about it; ***das ist ~ so*** that's just the way it is

leidig *adj attr* (*pej*) tedious, irksome; ***immer das ~e Geld!*** it always comes down to money!

leidlich I. *adj attr* reasonable, fair, passable
II. *adv* more or less; **~ davonkommen** to get away more or less unscathed; ***„wie geht's?" „danke, ~!"*** (*fam*) "how are you?" "so, so" *fam*

Leidtragende(r) *f(m) dekl wie adj,* **Leid Tragende(r)** *f(m) dekl wie adj* ① (*Betroffene*) ■**der/die ~** the one to suffer
② (*selten: Hinterbliebende eines Verstorbenen*) bereaved

leidvoll *adj* (*geh*) sorrowful *liter* **Leidwesen** *nt kein pl* ■**zu jds ~** much to sb's regret

Leier <-, -n> *f* ① MUS lyre
② (*Kithara*) cithara
③ (*Sternbild*) ■**die ~** Lyra
► WENDUNGEN: **[es ist] [immer] dieselbe** [*o* **die alte**] [*o* **die gleiche**] **~** (*pej fam*) [it's] [always] the same old story

Leierkasten *m* (*fam*) *s.* **Drehorgel**

leiern I. *vt* ① (*fam: lustlos aufsagen*) ■**etw ~** *Gebet, Gedicht* to drone [out] sth *sep*
② (*fam: kurbeln*) ■**etw** [*o* **an etw** *dat*] **~** to wind sth
③ (*Drehorgel spielen*) to play, to grind
II. *vi* (*Drehorgel spielen*) to play a barrel-organ [*or* hurdy-gurdy]

Leiharbeit *f kein pl* subcontracted employment *no pl* **Leiharbeiter(in)** *m(f)* subcontracted worker **Leiharbeitnehmer(in)** *m(f)* agency [*or* loan] worker, temp *fam* **Leiharbeitsfirma** *f* temporary-employment agency **Leiharbeitsverhältnis** *nt* temporary [*or* loan] employment

Leihbibliothek *f* lending library **Leihbücherei** *f* lending library

leihen <lieh, geliehen> *vt* ① (*aus~*) ■**jdm etw ~** to lend sb sth; ■**geliehen** borrowed
② (*borgen*) ■**sich** *dat* **etw [von jdm] ~** to borrow sth [from sb]

Leihfrist *f* lending period **Leihgabe** *f* loan **Leihgebühr** *f* hire charge BRIT, rental fee AM; (*Buch*) lending fee **Leihgeschäft** *nt* FIN lending [*or* loan] business **Leihhaus** *nt* pawn shop, pawnbroker's **Leihkapital** *nt kein pl* FIN borrowed capital *no pl* **Leihmutter** *f* surrogate mother **Leihmutterkuh** *f* surrogate mother cow **Leihpacht** *f* HANDEL lend-lease *hist* **Leihschein** *m* ① (*Formular für entliehenes Buch*) lending form ② (*Pfandquittung*) pawn ticket **Leihschwangerschaft** *f* surrogate pregnancy **Leihstimme** *f* (*fam*) floating voter's vote **Leihvertrag** *m* JUR loan contract, loan for use **Leihwagen** *m* hire [*or* AM rental] car

leihweise *adv* on loan; ■**jdm etw ~ überlassen** (*geh*) to give sb sth on loan

Leim <-[e]s, -e> *m* ① (*zäher Klebstoff*) glue, adhesive
② TYPO (*Papier*) size
► WENDUNGEN: **jdn auf den ~ führen** to take sb in; **jdm auf den ~ gehen** [*o* **kriechen**] (*fam*) to fall for sb's tricks; **aus dem ~ gehen** (*fam*) to fall apart

leimen *vt* ① (*mit Leim zusammenfügen*) ■**etw ~** to glue sth together
② TYPO ■**etw ~** to pad sth
③ (*fam: hereinlegen*) ■**jdn ~** to con sb, to take sb for a ride; **der/die Geleimte** the dupe

Leimfarbe *f* distemper **Leimkraut** *nt* BOT campion, catchfly **Leimstreifen** *m* glue line [*or* strip]

Lein <-[e]s, -e> *m* flax

Leine <-, -n> *f* ① (*dünnes Seil*) rope
② (*Wäsche~*) [washing [*or* AM laundry]] line; **etw auf die ~ hängen** to hang sth on the line; **etw von der ~ nehmen** to take sth off the line
③ (*Hunde~*) lead, leash; **ein Tier an die ~ nehmen** to put an animal on a lead; **ein Tier an der ~ führen** to keep an animal on a lead; **jdn an die ~ legen** (*fig*) to get sb under one's thumb *fig;* **jdn an der ~ halten** (*fig*) to keep a tight rein on sb *fig*
► WENDUNGEN: **~ ziehen** (*sl*) to scarper BRIT, to beat it AM; ***zieh ~!*** (*sl*) take a hike! *fam,* BRIT *a.* piss off! *fam!*

leinen *adj* linen

Leinen <-s, -> *nt* linen; **aus ~** made of linen; **in ~** linen-bound

Leinenband <-bände> *m* linen-bound volume; (*Einband*) cloth binding **Leinenbeutel** *m* linen bag **Leinendecke** *f* (*Buch*) cloth board **Leinenjacke** *f* linen jacket **leinenkaschiert** *adj inv* cloth lined **Leinenpapier** *nt* linen paper **Leinentasche** *f* linen bag **Leinenweber(in)** *m(f)* linen weaver

Leinkraut *nt* BOT toadflax **Leinöl** *nt* linseed oil **Leinsaat** *f* linseed **Leinsamen** *m* linseed **Leintuch** <-tücher> *nt* SÜDD, ÖSTERR, SCHWEIZ (*Laken*) sheet **Leinwand** *f* ① (*Projektionswand*) screen ② *kein pl* (*Gewebe aus Flachsfasern*) canvas ③ (*Gewebestück für Gemälde*) canvas

Leipzig <-s> *nt* Leipzig

leise I. *adj* ① (*nicht laut*) quiet; **etw ~ stellen** to turn down sth *sep*
② (*gering*) slight; ***es fiel ~r Regen*** it was raining slightly; **eine ~ Ahnung/ein ~r Verdacht** a vague idea/suspicion; **nicht im L~sten** not at all
II. *adv* ① (*nicht laut*) quietly
② (*kaum merklich*) slightly; ***der Regen fiel ~*** it was raining gently

Leisetreter <-s, -> *m* ① (*pej: Duckmäuser*) mouse, BRIT *a.* pussyfoot
② (*hum: Schuh*) sneaker

Leiste <-, -n> *f* ① (*schmale Latte*) strip; **eine ~ aus etw** *dat* a strip of sth
② (*Übergang zum Oberschenkel*) groin

leisten I. *vt* ① (*an Arbeitsleistung erbringen*) **ganze Arbeit ~** to do a good job; **viel/nicht viel ~** to get/not get a lot done, to be/not be very productive; ***für heute haben wir genug geleistet*** we've done enough for today; ***ich habe heute nicht viel geleistet*** I haven't been very productive today; ***ich hatte gehofft, sie würde mehr ~*** I had hoped she would do a better job; **etw Anerkennenswertes/Bewundernswertes/Besonderes/Erstaunliches ~** to accomplish sth commendable/admirable/special/amazing
② TECH, PHYS (*an Energie erbringen*) ■**etw ~** to produce sth, to generate sth
③ *Funktionsverb* **Hilfe ~** to render assistance *form;* **eine Anzahlung ~** to make a down payment; **gute Dienste ~** to serve sb well; **Gehorsam/Widerstand ~** to obey/offer resistance; **Zivildienst/Wehrdienst ~** to do one's community/military service; **einen Eid ~** to swear an oath; **eine Unterschrift ~** to sign sth; **geleistete Anzahlungen** advances paid; **geleistete Anzahlungen auf Anlagevermögen** advances payments on buildings and plant; **geleistete Zahlungen im Ausland** foreign payments made
II. *vr* ① (*sich gönnen*) ■**sich** *dat* **etw ~** to treat oneself to sth
② (*sich herausnehmen*) ■**sich** *dat* **etw ~** to permit oneself sth; ***wenn Sie sich noch einmal nur das geringste Zuspätkommen ~, ...*** if you dare to be late again ...; ***da hast du dir ja was geleistet!*** you've really outdone yourself [this time]!; (*tragen können*) to carry sth off; ***tolles Kleid — sie kann es sich ~, bei der Figur!*** great dress — she can certainly carry it off with a figure like that!
③ (*finanziell in der Lage sein*) ■**sich** *dat* **etw/jdn ~** to allow oneself the luxury of sth/sb; ***heute leiste ich mir mal ein richtig gutes Essen*** I'll treat myself today to a really good meal; **sich** *dat* **etw/jdn ~ können** to be able to afford sth/sb; **es sich** *dat* **~ können, etw zu tun** to be able to afford to do sth

Leisten <-s, -> *m* (*Schuh~*) last
► WENDUNGEN: **alles über einen ~ schlagen** (*fam*) to measure everything by the same yardstick

Leistenbruch *m* hernia **Leistengegend** *f* groin, inguinal region *spec*

Leistung <-, -en> *f* ① *kein pl* (*Tätigkeit*) performance; (*Stand*) efficiency; **nach ~** performance-based, based on performance *pred;* **~ Zug um Zug** contemporaneous performance; **berufstypische/charakteristische ~** characteristic performance
② (*geleistetes Ergebnis*) accomplishment; **eine hervorragende/sportliche ~** an outstanding piece of work/athletic achievement; **schulische ~en** results [*or* performance] at school; ***ihre ~en lassen zu wünschen übrig*** her work leaves a lot to be desired; **reife ~!** (*fam*) not bad! *fam*
③ TECH, PHYS power; (*Produktivität*) *Fabrik* output, production capacity; **~ pro Arbeitsstunde** output per manhour
④ FIN (*Entrichtung*) payment; **~en des Bauhauptgewerbes** investment in building
⑤ FIN (*Zahlung*) benefit; **~en im Krankheitsfall** sickness benefits BRIT, allowance AM; **~en der Sozialversicherung** social security [*or* AM public assistance] benefits; **~ vor Fälligkeit** FIN performance prior to maturity; **~ an Erfüllungs Statt** performance in full discharge of the obligation; **freiwillige betriebliche ~en** fringe benefits; **unentgeltliche ~** gratuitous services; **soziale ~en** fringe benefits; ***sie bezieht seit Jahren staatliche ~en*** she has been receving state benefits for years; **vermögenswirksame ~** capital-forming payment
⑥ (*Dienst~*) service

Leistungsabfall *m* reduction in productivity **Leistungsabgrenzung** *f* demarcation of performance **Leistungsabkommen** *nt* JUR performance agreement **Leistungsablehnung** *f* refusal of performance **Leistungsabschreibung** *f* FIN variable charge method of depreciation **Leistungsabweichung** *f* ÖKON [work] efficiency variance; (*von Arbeitern*) labour [*or* AM -or] efficiency variance; (*bei Maschine*) machine effectiveness variance; (*von Anlagen*) capacity variance **Leistungsanforderungen** *pl* ÖKON performance qualifications, standards of performance **Leistungsangebot** *nt* HANDEL tender BRIT, bid AM **Leistungsanspruch** *m* JUR entitlement [*or* right] to benefits; **einen ~ ausschließen** to disqualify from benefits; **einen ~ haben** to be eligible for benefits **Leistungsanstieg** *m* (*qualitativ*) rise in performance; (*quantitativ*) rise in productivity **Leistungsausgaben** *pl* ÖKON benefit payments *pl* **Leistungsbaustein** *m* element of performance **Leistungsbereitschaft** *f kein pl* commitment **Leistungsbericht** *m* performance review **Leistungsbeschreibung** *f* JUR performance description **Leistungsbestimmung** *f* JUR definition of performance **Leistungsbeurteilung** *f* ① (*Anerkennung*) merit [*or* performance] rating ② (*Revision*) performance review **leistungsbezogen** *adj inv* performance-orientated [*or* AM -oriented]; **~e Abschreibung** service output depreciation method **Leistungsbezug** *m* ÖKON *von Sozialleistungen* drawing of benefit **Leistungsbilanz** *f* balance of

L

[current] transactions [*or* goods and services] [*or* payments on current account] **Leistungsbilanzüberschuss**[RR] *m* FIN current account surplus **Leistungsbonus** *m* FIN incentive pay **Leistungsdroge** *f* high-performance drug **Leistungsdruck** *m kein pl* pressure to perform **Leistungsempfang** *m* FIN receipt of benefits **Leistungsempfänger(in)** *m(f)* JUR beneficiary, recipient of services **Leistungsentgelt** *nt* JUR consideration, quid pro quo **Leistungserfüllung** *f* JUR [discharge by] performance **Leistungsermittlung** *f* JUR performance evaluation, AM merit rating **Leistungsfach** *nt* SCH special subject, subject of concentration **leistungsfähig** *adj* ❶ (*zu hoher Arbeitsleistung fähig*) efficient ❷ (*zu hoher Produktionsleistung fähig*) productive ❸ (*zur Abgabe großer Energie fähig*) powerful ❹ FIN competitive **Leistungsfähigkeit** *f kein pl* ❶ (*Arbeitsleistung*) performance ❷ (*Produktionsleistung*) productivity ❸ (*Abgabe von Energie*) power ❹ FIN competitiveness **Leistungsfreiheit** *f* JUR exemption from performance **Leistungsfrist** *f* JUR time for performance **Leistungsgarantie** *f* JUR performance guarantee [*or* bond] **Leistungsgefahr** *f* JUR performance risk **Leistungsgegenstand** *m* JUR object of performance **Leistungsgesellschaft** *f* SOZIOL meritocracy, achievement-orientated society **Leistungshindernis** *nt* JUR disincentive; ~ **bei Vertragserfüllung** frustration of contract **Leistungsindex** *m* ÖKON performance index **Leistungsklage** *f* JUR action for performance **Leistungskontrolle** *f* productivity [*or* efficiency] [*or* performance] check; ***Klassenarbeiten dienen der*** ~ [written] schoolwork are a form of performance assessment; **laufende ~n** regular efficiency checks; **zur** ~ [in order] to check productivity [*or* efficiency] [*or* to assess performance] **Leistungskraft** *f kein pl* capability *usu pl;* **jds berufliche/schulische** ~ sb's performance at work/in school **Leistungskriterium** *nt* performance criterion **Leistungskurs** *m* SCH advanced course (*course which seeks to impart additional knowledge to a basic course using a style similar to university teaching*) **Leistungskürzung** *f* ÖKON reduction of benefit **Leistungslohnsystem** *nt* FIN incentive wage system, AM efficiency bonus plan **Leistungsmerkmal** *nt* TECH performance parameter **Leistungsminderung** *f* reduction in payments **Leistungsmissbrauch**[RR] *m* benefit abuse **Leistungsnachweis** *m* SCH evidence of academic achievement **leistungsorientiert** *adj* performance-orientated [*or* AM -oriented] **Leistungsort** *m* JUR place of performance **Leistungspflicht** *f* JUR obligation to perform a contract **leistungspflichtig** *adj inv* JUR liable to perform **Leistungspflichtige(r)** *f(m) dekl wie adj* JUR contributor, person liable to perform **Leistungspreis** *m* FIN price per unit **Leistungsprinzip** *nt kein pl* performance [*or* achievement] principle **Leistungsprüfstand** *m* AUTO dynamometer **Leistungsprüfung** *f* ❶ SCH achievement test ❷ SPORT trial ❸ AGR, TECH performance test **Leistungsrechnung** *f* FIN output [*or* performance] accounting **Leistungsschutzrecht** *nt* JUR ancillary copyright **leistungsschwach** *adj* weak; **eine ~e Maschine/ein ~er Motor** a low-performance [*or* -power] machine/engine **Leistungssport** *m* competitive sport *no art* **leistungsstark** *adj* ❶ (*große Produktionskapazität besitzend*) [highly-]efficient [*or* productive] *attr,* [highly] efficient [*or* productive] *pred* ❷ AUTO, ELEK, TECH [very] powerful; **ein ~er Motor** a high-performance [*or* [very] powerful] engine **leistungssteigernd** *adj* ÖKON increasing the efficiency **Leistungssteigerung** *f* increase in performance **Leistungsstörung** *f* JUR defective performance; ~ **des Käufers/Verkäufers** defective performance by the buyer/seller **Leistungsträger(in)** *m(f)* SPORT, ÖKON go-to guy *fam* **Leistungsumfang** *m* JUR scope of service, service level; (*Versicherung*) range of benefits **Leistungsunterlassung** *f* JUR failure to render performance **Leistungsurteil** *nt* JUR judgement granting affirmative relief **Leistungsverbot** *nt* FIN ~ **an Drittschuldner** garnishee [*or* third-party] order **Leistungsvergleich** *m* competition, test of performance [*or* ability]; **wenn man einen ~ anstellt** when you compare their performance **Leistungsverkehr** *m kein pl* HANDEL service transactions *pl* **Leistungsvermögen** *nt kein pl* capability *usu pl* **Leistungsverwaltung** *f* JUR administration of community services **Leistungsverweigerung** *f* JUR refusal of performance **Leistungsverweigerungsrecht** *nt* JUR right to refuse performance **Leistungsverzeichnis** *m* HANDEL specification [and schedule] of prices **Leistungsverzögerung** *f,* **Leistungsverzug** *m* JUR delay in performance **Leistungsvorgabe** *f* FIN performance standard **Leistungswettbewerb** *m* HANDEL efficiency contest, efficiency-oriented competition **Leistungswucher** *m kein pl* JUR *transaction where the financial advantage accrued is out of proportion to the services rendered* **Leistungszeit** *f* JUR time of performance **Leistungszeitraum** *m* FIN (*Versicherung*) benefit period **Leistungszulage** *f* ÖKON incentive payment, productivity bonus

Leitantrag *m* POL guideline motion [*or* lead[ing]] (*proposed by the party leadership*) **Leitartikel** *m* MEDIA leading article, leader, editorial **Leitartikler(in)** <-s, -> *m(f)* MEDIA leader-[*or* editorial-]writer **Leitbild** *nt* [role] model **Leitbündel** *nt* BOT vascular bundle **Leitemission** *f* FIN signpost [*or* bellwether] issue

leiten I. *vt* ❶ (*verantwortlich sein*) ■**etw** ~ to run [*or* be in charge of] sth; **eine Abteilung** ~ to be head of [*or* run] a department; **eine Firma** ~ to run [*or* manage] a company; **ein Labor/eine Redaktion** ~ to be head [*or* in charge] of a laboratory/an editorial office; **eine Schule** ~ to be head [*or* headmaster] [*or* head teacher] of [*or* at] a school

❷ (*den Vorsitz führen*) ■**etw** ~ to lead [*or* head] sth; **eine Sitzung** ~ to chair a meeting

❸ TECH (*transportieren, strömen lassen*) ■**etw** ~ to conduct sth; ***das Erdöl wird in Pipelines quer durchs Land geleitet*** the oil is piped across country

❹ TRANSP (*lenken*) ■**etw wohin** ~ to route [*or* divert] sth somewhere; ***der Zug wurde auf ein Nebengleis geleitet*** the train was diverted to a siding

❺ (*führen*) ■**jdn** [**wohin**] ~ to lead [*or* guide] sb [somewhere]; ■**sich** *akk* **durch etw** *akk* ~ **lassen** to [let oneself] be guided by sth; ■**sich** *akk* **von etw** *dat* ~ **lassen** to [let oneself] be governed by sth

II. *vi* PHYS to conduct; **gut/schlecht** ~ to be a good/bad conductor

leitend I. *adj* ❶ (*führend*) leading

❷ (*in hoher Position*) managerial; **~er Angestellter** executive; **~er Redakteur** editor-in-chief

❸ PHYS conductive

II. *adv* ~ **tätig sein** to hold a managerial position

Leiter[1] <-, -n> *f* ❶ (*Sprossen~*) ladder

❷ (*Steh~*) step-ladder

Leiter[2] <-s, -> *m* PHYS conductor

Leiter(in) <-s, -> *m(f)* ❶ (*leitend Tätiger*) head; ~ **einer Firma/eines Geschäfts sein** to be [the] manager [*or fam* boss] [*or* [at the] head] of a company/business, to head a company/business; ~ **einer Schule** head[master] [of a school], head teacher [at a school]; **kaufmännischer/technischer** ~ commercial manager [*or* sales director]/technical director

❷ (*Sprecher*) leader, head; ~ **einer Delegation** head of a delegation; ~ **einer Diskussion/Gesprächsrunde** person chairing a discussion/round of talks

Leiterbahn *f* TECH conductor **Leitergerüst** *nt* ladder scaffold **Leiterplatte** *f* ELEK, INFORM printed circuit board **Leitersprosse** *f* rung [of a/the ladder], step [on a/the ladder] **Leiterstück** *nt* **abgedecktes** ~ KOCHK toprib, thick ribs *pl* **Leiterwagen** *m* AGR [hand]cart

Leitfaden *m* MEDIA manual, [introductory] guide, introduction, compendium

leitfähig *adj* PHYS conductive

Leitfähigkeit *f* PHYS conductivity

Leitfahrzeug *nt eines Flugzeugs* follow-me **Leitfiliale** *f* head branch **Leitgedanke** *m* central idea [*or* theme] **Leithammel** *m* (*fam*) bellwether *fig* **Leitlinie** *f* ❶ (*Grundsatz*) guideline ❷ (*Fahrbahnmarkierung*) broken line, lanemarking ❸ MATH directrix **Leitmotiv** *nt* ❶ (*Grundgedanke*) central [*or* dominant] theme ❷ MUS, LIT leitmotif, leitmotiv **Leitplanke** *f* crash barrier **Leitsatz** *m* guiding principle **Leitspruch** *m* motto **Leitstelle** *f* headquarters + *sing/pl vb* **Leitstern** *m* (*a. fig*) guiding star **Leitstrahlanflugfunkfeuersystem** *nt* beam-approach beacon system **Leittier** *nt* ZOOL leader [of a/the herd]

Leitung <-, -en> *f* ❶ *kein pl* (*Führung*) management, leadership; ***sie wurde mit der ~ der Abteilung betraut*** she was put in charge of the department; ■**die** ~ **einer S. übernehmen** to take over the leadership of sth; (*Vorsitz*) chairing; **die** ~ **einer Sitzung/Diskussion haben** to chair a meeting/discussion; ■**unter der** ~ **von jdm** MUS [to be] conducted by sb

❷ (*leitendes Gremium*) management

❸ TECH (*Rohr*) pipe

❹ ELEK (*Kabel*) cable

❺ TELEK line; ***die ~ ist gestört*** it's a bad line; **in der ~ sein** (*fam*) to be on the line

► WENDUNGEN: **eine lange ~ haben** (*hum fam*) to be slow on the uptake; **auf der ~ stehen** (*fam*) to be slow to catch on *fam*

Leitungsdraht *m* ELEK [electric [*or* conducting]] wire **Leitungsebene** *f* ÖKON level of management **Leitungskabel** *nt* ❶ (*allgemein*) wire ❷ ELEK line cable ❸ AUTO (*Zündkabel*) lead **Leitungsmast** *m* ELEK [electricity] pylon **Leitungsnetz** *nt* ❶ (*System von Stromkabeln, Rohrleitungen*) system of mains, supply network, mains *npl* BRIT ❷ (*System von Telefonkabeln*) [telephone] network **Leitungsrohr** *nt* pipe **Leitungsunterbrechung** *f* ELEK, TELEK disconnection **Leitungswasser** *nt* tap water **Leitungswiderstand** *m* ELEK resistance

Leitwährung *f* FIN leading [*or* key] currency **Leitwerk** *nt* LUFT tail unit, tailplane; *einer Rakete* control surfaces *pl;* INFORM controller unit **Leitwolf** *m* (*fig*) leader

Leitzins *m* FIN [central bank] discount rate, prime rate **Leitzinsanhebung** *f* FIN increase in the prime rate **Leitzinssenkung** *f* FIN reduction in the prime rate

Lektion <-, -en> *f* ❶ SCH (*Kapitel*) chapter; (*Stunde*) lesson

❷ (*geh: Lehre*) lesson; **jdm eine ~ erteilen** to teach sb a lesson

Lektor, -torin <-s, -toren> *m, f* ❶ (*in einem Verlag*) editor

❷ (*an der Universität*) foreign language assistant

Lektorat <-[e]s, -e> *nt* ❶ (*Verlagsabteilung*) editorial office

❷ (*Lehrauftrag*) post as [a] foreign language assistant

Lektorin <-, -nen> *f fem form von* **Lektor**

Lektüre <-, -n> *f* ❶ *kein pl* (*das Lesen*) reading *no pl, no indef art;* ***dieses Buch wird zur ~ sehr empfohlen*** this book is recommended as a [very] good read

❷ (*Lesestoff*) reading matter *no pl, no indef art*

Lemma <-s, -ta> *nt* LING lemma, headword

Lemming <-s, -e> *m* ZOOL lemming; **wie die ~e** like lemmings

Lemure <-n, -n> *m* ZOOL lemur

Lende <-, -n> *f* ❶ ANAT loin

❷ KOCHK loin, sirloin

Lendenbraten *m* KOCHK roast loin **Lendengegend** *f* lumbar region **Lendenschnitte** *f* KOCHK filet steak **Lendenschurz** *m* loincloth **Lendenstück** *nt* KOCHK piece of loin, tenderloin **Lendenwirbel** *m* ANAT lumbar vertebra **Lendenwirbelsäule** *f* lumbar spinal column [*or* vertebrae], lumbar vertebrae *pl spec*

Lengfisch *m* ZOOL, KOCHK ling, buffalo cod

Leninismus <-> *m kein pl* Leninism *no pl, no art*
leninistisch *adj inv* Leninist
lenkbar *adj* steerable; **gut ~ sein** [*o* **leicht**] to be easy to steer
Lenkeinschlag *m kein pl* AUTO lock
lenken I. *vt* ❶ (*steuern*) ■**etw ~** to steer sth; ***so, jetzt lenke das Auto nach rechts*** right, now turn [the car] off to the right
❷ (*dirigieren*) ■**jdn ~** to direct [*or* guide] sb
❸ (*beeinflussen*) ■**jdn/etw ~** to control sb/sth; ■**gelenkt** planned, managed; **die staatlich gelenkte Presse** the state-controlled press; **gelenkte Wirtschaft** controlled economy
❹ (*geh: wenden*) ■**etw wohin ~** to direct sth somewhere; **seinen Blick auf jdn/etw ~** to turn one's gaze on sb/sth
❺ (*richten*) ■**etw auf etw** *akk* **~** to direct sth to sth; **jds Aufmerksamkeit auf etw ~** to draw sb's attention to sth; ***geschickt lenkte sie das Gespräch/die Unterhaltung auf ein weniger heikles Thema*** she cleverly steered the conversation round to a less controversial subject
II. *vi* to drive
▸ WENDUNGEN: **der Mensch denkt, Gott lenkt** (*prov*) man proposes, God disposes *prov*
Lenker <-s, -> *m* handlebars *pl*
Lenker(in) <-s, -> *m(f)* (*geh*) driver
Lenkflugkörper *m* guided missile **Lenkgeschoss**RR *nt* guided missile **Lenkgetriebe** *nt* AUTO steering gear **Lenkimpuls** *m* AUTO jerk on the steering wheel **Lenkkonsole** *f* AUTO steering wheel console
Lenkrad *nt* steering-wheel; **jdm ins ~ greifen** to grab the steering-wheel from sb **Lenkradschaltung** *f* AUTO steering-column [gear]change [*or* AM gearshift] **Lenkradschloss**RR *nt* steering[-wheel] lock **Lenkradsperre** *f* steering lock
lenksam *adj* (*selten: lenkbar*) steerable; *Charakter* tractable, docile
Lenksäule *f* AUTO steering column **Lenkstange** *f* (*geh*) handlebars *pl*
Lenkung <-, -en> *f* ❶ AUTO steering *no pl, no indef art*
❷ *kein pl* (*Beeinflussung*) controlling *no pl, no indef art*
Lenkungsgremium *nt* JUR governing body **Lenkungsmaßnahme** *f* JUR regulatory [*or* control] measure; **~n bei Ratenkäufen** measures regulating instalment sales
Lenz <-es, -e> *m* ❶ (*liter: Frühling*) spring[time], springtide *poet*
❷ *pl* (*hum: Lebensjahre*) years *pl*, summers *pl poet*
▸ WENDUNGEN: **sich** *dat* **einen faulen** [*o* **lauen**] [*o* **schönen**] **~ machen** (*fam*) to take it easy, BRIT *a.* to swing the lead *sl*
lenzen *vt* NAUT ■**etw ~** to pump out sth *sep*
Lenzpumpe *f* NAUT bilge-pump
Leopard <-en, -en> *m* ZOOL leopard
Leporellofalz *m* TYPO concertina fold, harmonica [*or* zigzag] fold
Lepra <-> *f kein pl* MED leprosy *no pl, no art*
Leprakranke(r) *f(m) dekl wie adj* leper **Leprastation** *f* leprosy ward
lepros, leprös *adj* MED leprous; ■**L~e[r]** leper
Lepton <-, Leptonen> *nt* NUKL lepton
leptonisch *adj inv* NUKL **~es Zeitalter** Leptonic Age
Lerche <-, -n> *f* ORN lark
lernbar *adj* learnable; **leicht/schwer ~** easy/difficult to learn
lernbegierig *adj* eager to learn *pred* **lernbehindert** *adj* with learning difficulties [*or* special needs] *pred;* ■**~ sein** to have learning difficulties [*or* special needs] **Lerneifer** *m* eagerness to learn **lerneifrig** *adj* eager to learn *pred*
lernen I. *vt* ❶ (*sich als Kenntnis aneignen*) ■**etw [bei/von jdm] ~** to learn sth [from sb]; ■**etw zu tun ~** to learn [how] to do sth; **von jdm noch [etwas] ~ können** to be able to learn a thing or two from sb; ***von ihr können wir alle noch etwas ~*** we could all learn a thing or two from her, she could teach us all a thing or two; **jd lernt's nie** [*o* **wird es nie ~**] sb'll never learn; ***manche lernen's eben nie!*** some people will never learn!
❷ (*im Gedächtnis speichern*) ■**etw ~** to learn sth [by heart]
❸ (*fam: eine Ausbildung machen*) ■**etw ~** to train as [*or* to be] sth, to learn the trade of sth; ***ich habe Kfz-Mechaniker gelernt*** I trained as a car mechanic; ***was haben Sie denn gelernt?*** which trade did you learn?; *s. a.* **gelernt**
▸ WENDUNGEN: **gelernt ist [eben] gelernt** once learned, never forgotten; **etw will gelernt sein** sth takes [a lot of] practice [*or* has to be learned]
II. *vi* ❶ (*Kenntnisse erwerben*) ■**[für etw] ~** to study [*or* work] [for sth]; **exemplarisches L~** learning by example
❷ (*beim Lernen unterstützen*) ■**mit jdm ~** to help sb with their [school]work
❸ (*eine Ausbildung machen*) ■**[bei jdm] ~** to train [at sb's], to be apprenticed to sb; ***er hat bei verschiedenen Firmen gelernt*** he's been an apprentice with several companies; ***sie lernt noch*** she's still an apprentice
Lernen *nt* learning; **rechnerunterstützes ~** computer-aided [*or* -assisted] learning
Lerner(in) <-s, -> *m(f)* LING learner
Lernerfahrung *f* learning experience
Lernerwörterbuch *nt* SCH, VERLAG learner's dictionary
lernfähig *adj* ■**~ sein** to be capable of learning [*or* able to learn] **Lernfähigkeit** *f kein pl* PSYCH, SOZIOL, SCH learning ability **Lernfahrausweis** *m* SCHWEIZ (*Führerschein für Fahrschüler*) provisional [driving] licence [*or* AM -se] **Lernmittel** *nt meist pl* SCH learning aid **Lernmittelfreiheit** *f kein pl* SCH free provision of learning aids (*schoolbooks and equipment*) **Lernprogramm** *nt* INFORM teaching software **Lernprozess**RR *m* learning process **Lernschwester** *f* student nurse **Lernsoftware** *f* INFORM, SCH educational software, teachware **Lernziel** *nt* SCH [educational] goal [*or* aim]
Lesart *f* ❶ (*Variante*) version
❷ (*abweichende Darstellung*) version
lesbar *adj* ❶ (*~e Handschrift*) legible
❷ (*verständlich*) clear, comprehensible
Lesbarkeit *f kein pl* legibility
Lesbe <-, -n> *f* (*fam*), **Lesbierin** <-, -nen> *f* lesbian, dyke *pej sl*
lesbisch I. *adj* lesbian; ■**~ sein** to be a lesbian
II. *adv* **~ veranlagt sein** to have lesbian tendencies
Lese <-, -n> *f* AGR harvest
Lesebrille *f* reading-glasses *npl* **Lesebuch** *nt* SCH reader **Leseecke** *f* reading corner **Lesegerät** *nt* INFORM reader **Lesekopf** *m* INFORM read[ing] head **Leselampe** *f* ❶ (*Schreibtischlampe*) reading lamp
❷ (*Klemmleuchte*) [clip-on] reading lamp
lesen[1] <liest, las, gelesen> **I.** *vt* ❶ (*durch~*) ■**etw ~** to read sth; *s. a.* **Korrektur, Messe, Noten**
❷ (*korrigieren*) ■**etw ~** to proofread [*or* read through [and correct]] sth
❸ (*leserlich sein*) **einfach/kaum/nicht/schwer zu ~ sein** to be easy/almost impossible/impossible/difficult to read
❹ INFORM ■**etw [in etw** *akk*] **~** to read sth [into sth]
❺ (*entnehmen*) ■**etw aus etw** *dat* **~** to see sth in sth; *s. a.* **Gedanken**
II. *vi* ❶ (*als Lektüre*) to read; ■**an etw** *dat* **~** to read sth; ■**[das] L~** reading
❷ SCH (*eine Vorlesung halten*) ■**über jdn/etw ~** to lecture on sb/sth
III. *vr* **etw liest sich leicht** sth is easy to read [*or* easy-going]; **etw liest sich nicht leicht** sth is quite difficult to read [*or* heavy-going]
lesen[2] <liest, las, gelesen> *vt* ❶ (*sammeln*) ■**etw ~** to pick sth; **Ähren ~** to glean [[ears of] corn]
❷ (*auf~*) ■**etw von etw** *dat* **~** to pick sth off sth; **etw vom Boden ~** to pick sth up *sep* off [*or* from] the floor
lesenswert *adj* worth reading *pred;* **ein ~es Buch** a book [which [*or* that] is] worth reading, a good read *fam*
Leseprobe *f* ❶ (*Buchausschnitt*) extract
❷ (*Theaterprobe*) reading
Leser(in) <-s, -> *m(f)* reader
Leseratte *f* (*hum fam*) bookworm
Leserbefragung *f* reader[s] survey **Leserbrief** *m* reader's letter; **,~e'** 'letters to the editor'
Leserin <-, -nen> *f fem form von* **Leser**
Leserkreis *m* readership
leserlich *adj* legible; **gut/kaum/schwer ~ sein** to be easy/almost impossible/difficult to read
Leserlichkeit <-> *f kein pl* legibility *no pl, no indef art*
Leserschaft <-, *selten* -en> *f* (*geh*) readership
Lesesaal *m* reading room **Leseschwäche** *f* reading problem **Lesestift** *m* INFORM wand, magnetic wand reader **Lesestoff** *m* reading matter *no pl, no indef art* **Lesestück** *nt* reading passage **Lesezeichen** *nt* bookmark[er] **Lesezirkel** *m* magazine subscription service (*company which loans magazines to readers*)
Lesother(in) <-s, -> *m(f)* Mosotho *sing,* Basotho *pl; s. a.* **Deutsche(r)**
lesothisch *adj* Basotho; *s. a.* **deutsch**
Lesotho <-s> *nt* Lesotho; *s. a.* **Deutschland**
Lesung <-, -en> *f* ❶ MEDIA (*Dichter~*) reading
❷ POL (*Beratung*) reading
❸ REL lesson; **die ~ halten** to read the lesson
Lethargie <-> *f kein pl* lethargy *no pl, no indef art*
lethargisch *adj* lethargic
Lette, Lettin <-n, -n> *m, f* Latvian, Lett; *s. a.* **Deutsche(r)**
Letter <-, -n> *f* ❶ (*Druckbuchstabe*) letter
❷ TYPO (*Drucktype*) type
Lettin <-, -nen> *f fem form von* **Lette**
lettisch *adj* Latvian, Lettish; **auf L~** in Latvian [*or* Lettish]; *s. a.* **deutsch**
Lettland *nt* Latvia; *s. a.* **Deutschland**
Letzeburgesch *nt dekl wie adj* (*fachspr*) *s.* **Luxemburgisch**
Letzeburgesche <-n> *nt* (*fachspr*) *s.* **Luxemburgische**
Letzt *f* ▸ WENDUNGEN: **zu guter ~** finally, in the end
letzte(r, s) *adj* ❶ (*den Schluss bezeichnend*) last; ***in der Klasse saß sie in der ~n Reihe*** she sat in the back row in class [*or* the classroom]; **der L~ des Monats** the last [day] of the month; **als ~[r]** last; **als L~[r] kommen/gehen/fertig sein** to arrive/leave/finish last, to be the last to arrive/leave/finish
❷ (*das zuletzt Mögliche bezeichnend*) last; **der ~e Versuch** the final [*or* last] attempt; ■**jd ist der L~, die/der …** sb is the last person that …; ***diese Klatschbase wäre die L~, der ich mich anvertrauen würde*** that old gossip is the last person I would confide in; ■**etw ist das L~, was …** sth is the last thing that …
❸ SPORT (*den Schluss einnehmend*) last; ***sie ging als ~ Läuferin durchs Ziel*** she was the last runner to finish [the race]; ■**L~ werden** to finish [in] last [place]
❹ TRANSP (*späteste*) last
❺ (*restlich*) last
❻ (*vorige*) last; **es ist das ~ Mal, dass …** this is the last time that …; **beim ~n Mal** last time; **zum ~n Mal** the last time; ***den ganzen ~n Monat war ich auf Dienstreise*** I was away on a business trip for the whole of last month; **im ~n Jahr** last year
❼ (*an ~r Stelle erwähnt*) last
❽ (*neueste*) latest; *s. a.* **Schrei**
❾ (*fam: schlechteste*) absolute, out-and-out; ***das ist doch der ~ Kerl!*** what an absolute [*or sl* out-and-out] sleazeball!, what an absolute cad! *pej dated*
▸ WENDUNGEN: **die L~n werden die Ersten [und die Ersten werden die L~n] sein** (*prov*) the last shall be first [and the first shall be last] *prov;* **den L~n beißen die Hunde** (*prov*) [the] devil take the hindmost *prov;* **bis ins L~** right down to the last detail; *s. a.* **Hund**
Letzte(s) *nt dekl wie adj* (*letzte Bemerkung*) ■**ein ~s** one last thing
▸ WENDUNGEN: **sein ~s [her]geben** to give one's all; **das ist ja wohl das ~!** (*fam*) that really is the limit! [*or* that really takes the biscuit] [*or* AM cake] *fam*

L

letztendlich *adv* in the end, when all's said and done, at the end of the day

letztens *adv* recently; **erst ~** just the other day; **... und ~ ...** and lastly [*or* finally]; **drittens und ~** thirdly and lastly [*or* finally]

Letztentscheidungsrecht *nt* JUR right of ultimate decision

letztere(r, s) *adj* (*geh*) latter; ***L~s würde zutreffen*** the latter would apply; ***könnten Sie das L~ wohl noch einmal wiederholen?*** could you just repeat the last thing you said please?

letztgenannt *adj* last-mentioned *attr;* **die letztgenannte Person** the last-named person **letztjährig** *adj attr* last year's

letztlich *adv* in the end

letztmalig *adj attr* last, final

letztmöglich *adj attr* latest possible

letztverfügbar *adj inv* latest available, most recent

letztwillig JUR **I.** *adj attr* (*form*) **~e Verfügung** [last] will, disposition on death; **eine ~e Verfügung anfechten** to avoid a will; **~e Zuwendung** bequest, legacy; **jdm eine ~e Zuwendung machen** to make a bequest [*or* leave a legacy] to sb
II. *adv* **~ verfügen, dass ...** to state in one's last will and testament that ...

Leuchtbake *f* TRANSP light beacon (*distance warning signal with navigational light*) **Leuchtboje** *f* NAUT light-buoy **Leuchtbombe** *f* MIL flare [bomb] **Leuchtdiode** *f* light-emitting diode, LED

Leuchte <-, -n> *f* (*Stehlampe*) standard lamp
▶ WENDUNGEN: **[bei/in etw** *dat*] **eine ~ sein** (*fam*) to be brilliant [*or* a genius] [at sth]; **nicht gerade eine ~ sein, wirklich keine ~ sein** (*fam*) to not be all that [*or* at all] bright, to not [exactly] be a genius

leuchten *vi* ❶ (*Licht ausstrahlen*) to shine; ***die Abendsonne stand rot ~d am Horizont*** the evening sun glowed red on the horizon
❷ (*Licht reflektieren*) to glow
❸ (*auf~*) ■**vor etw** *dat* **~** to light up with sth; ***die Kinder hatten vor Freude ~de Augen*** the children's eyes were sparkling [*or* lit up] with joy
❹ (*strahlen*) shine; ***leuchte mit der Lampe mal hier in die Ecke*** can you shine the light here in the corner

leuchtend *adj* ❶ (*strahlend*) bright
❷ (*herrlich*) shining *fig;* **~e Farben** glowing colours [*or* AM -ors]

Leuchter <-s, -> *m* candlestick; (*mehrarmig*) candelabra, candelabrum

Leuchtfarbe *f* luminous [*or* fluorescent] paint **Leuchtfeuer** *nt* LUFT, NAUT beacon, signal light; (*auf der Landebahn*) runway lights **Leuchtgas** *nt* coal gas **Leuchtkäfer** *m* ZOOL glow-worm **Leuchtkraft** *f kein pl* ❶ ELEK brightness *no pl,* luminosity *no pl,* luminous power *no pl* ❷ ASTRON luminosity *no pl* **Leuchtkugel** *f* flare **Leuchtpistole** *f* flare pistol [*or* gun] **Leuchtrakete** *f* [rocket] flare, signal rocket **Leuchtreklame** *f* neon sign **Leuchtschrift** *f* neon letters *pl* **Leuchtsignal** *nt* light [*or* flare] signal **Leuchtspurmunition** *f* MIL tracer ammunition [*or* bullets] **Leuchtstift** *m* highlighter **Leuchtstofflampe** *f* fluorescent light **Leuchtstoffröhre** *f* TECH fluorescent tube [*or* lamp] **Leuchtturm** *m* lighthouse **Leuchtturmwärter(in)** <-s, -> *m(f)* lighthouse keeper **Leuchtzifferblatt** *nt* luminous dial

leugnen I. *vt* ■**etw ~** to deny sth; ■**~, etw getan zu haben** to deny having done sth; **es ist nicht zu ~, dass ...** there is no denying the fact that ..., it cannot be denied that ...; **etw lässt sich nicht ~** sth cannot be denied
II. *vi* to deny it; ■**jds L~** sb's denial

Leugnung <-, -en> *f* denial

Leukämie <-, -n> [-'mi:ən] *f* MED leukaemia BRIT, leukemia AM

leukämisch *adj* MED leukaemic BRIT, leukemic AM, suffering from leukaemia [*or* AM leukemia] *pred*

Leukoplast® <-[e]s, -e> *nt* sticking plaster BRIT, Band-Aid® AM

Leukozyt <-en, -en> *m meist pl* ANAT leucocyte

Leukozytenzahl *f* number of leucocytes

Leumund *m kein pl* reputation

Leumundszeugnis *nt* [character] reference

Leute *pl* ❶ (*Menschen*) people *npl;* **alle/keine/kaum ~** everybody/nobody/hardly anybody; **unter ~ gehen** to get out and about [a bit]
❷ (*fam: Kameraden, Kollegen*) people *npl,* folks *npl fam*
❸ (*Mitarbeiter*) workers *pl;* ***die ~ von der Feuerwehr/ Müllabfuhr*** the firemen/dustbin men
❹ MIL, NAUT men *pl*
❺ (*fam: Eltern*) ■**jds ~** sb's parents [*or fam* folks] *pl*
▶ WENDUNGEN: **die kleinen ~, kleine ~** (*einfache Menschen*) [the] ordinary people; (*hum fam: die Kinder*) the little ones; **etw unter die ~ bringen** (*fam*) to spread sth around; **ein Gerücht unter die ~ bringen** to spread [*or* circulate] a rumour [*or* AM -or]

Leuteschinder(in) <-s, -> *m(f)* (*pej fam*) slave-driver *fig*

Leutnant <-s, -s *o* -e> *m* MIL second lieutenant; **~ zur See** NAUT sub-lieutenant BRIT, ensign AM

leutselig *adj* affable

Leutseligkeit *f kein pl* affability *no pl, no indef art*

Level <-s, -s> ['lɛvl] *m* (*geh*) level

Leviten [-'vi:-] *pl* ▶ WENDUNGEN: **jdm die ~ lesen** (*fam*) to read sb the Riot Act

Levkoje <-, -n> *f* HORT stock

Lex <-, Leges> *f* POL ■**die ~ ...** the ... Act

Lexem <-s, -e> *nt* LING lexeme

Lexika *pl von* **Lexikon**

lexikalisch *adj* LING lexical

Lexikograph(in), Lexikograf(in)[RR] <-en, -en> *m(f)* LING lexicographer

Lexikographie, Lexikografie[RR] <-> *f kein pl* LING lexicography *no pl, no indef art*

Lexikographin, Lexikografin[RR] <-, -nen> *f fem form von* **Lexikograph**

lexikographisch, lexikografisch[RR] **I.** *adj* LING lexicographical
II. *adv* LING lexicographically; **~ tätig sein** to work as a lexicographer

Lexikologe, -login <-n, -n> *m, f* LING lexicologist

Lexikologie <-> *f kein pl* LING lexicology *no pl, no indef art*

Lexikologin <-, -nen> *f fem form von* **Lexikologe**

Lexikon <-s, Lexika> *nt* ❶ (*Nachschlagewerk*) encyclopaedia BRIT, encyclopedia AM
❷ LING (*Wortschatz*) lexicon

Lezithin, Lecithin <-s> *nt kein pl* lecithin

lfd. *adj Abk von* **laufend** regular; (*jetzig*) current

Liaison <-, -s> [liɛ'zõ:] *f* (*geh*) ❶ (*Verhältnis*) liaison; **eine ~ [mit jdm] haben** to have a liaison [with sb]
❷ (*Person*) lover

Liane <-, -n> *f* BOT liana, liane

Libanese, Libanesin <-n, -n> *m, f* Lebanese; *s. a.* **Deutsche(r)**

libanesisch *adj* Lebanese; *s. a.* **deutsch**

Libanon <-[s]> *m* GEOG ❶ (*Land*) ■**der ~** the Lebanon; *s. a.* **Deutschland**
❷ (*Gebirge*) the Lebanon Mountains *pl*

Libelle <-, -n> *f* ❶ ZOOL dragonfly
❷ TECH (*Teil eines Messinstruments*) bubble tube; (*bei einer Wasserwaage*) spirit level
❸ MODE [type of] hair slide

libellieren *vt* TECH ■**etw ~** to check [*or* measure] sth with a/the spirit level

liberal I. *adj* ❶ POL liberal; **die ~e Partei** the Liberal Party; **~e Politik** liberal policies; **ein ~er Politiker** a Liberal [politician]
❷ (*tolerant*) liberal
II. *adv* liberally; **~ eingestellt/gestaltet sein** to be liberally minded/have a liberal structure

Liberaldemokrat(in) *m(f)* Liberal Democrat

Liberale(r) *f(m) dekl wie adj* POL Liberal

liberalisieren* *vt* ■**etw ~** to liberalize sth

Liberalisierung <-, -en> *f* liberalization

Liberalisierungsgrad *m* ÖKON degree of liberalization **Liberalisierungskodex** *m* ÖKON liberalization code **Liberalisierungsmaßnahmen** *pl* ÖKON liberalization measures

Liberalismus <-> *m kein pl* POL liberalism

Liberalität <-> *f kein pl* liberality *no pl,* liberalness *no pl*

Liberia <-s> *nt* Liberia; *s. a.* **Deutschland**

Liberianer(in) <-s, -> *m(f)* Liberian; *s. a.* **Deutsche(r)**

liberianisch *adj* Liberian; *s. a.* **deutsch**

Liberier(in) <-s, -> *m(f) s.* **Liberianer**

Libero <-s, -s> *m* FBALL sweeper, libero *rare, spec*

Libido <-> *f kein pl* PSYCH libido

Libidostörung *f* PSYCH libidinal disorder

LIBOR *m* FIN (*Referenzzinssatz*) *Akr von* **London Interbank Offered Rate: ~-Zusatz** spread

Librettist(in) <-en, -en> *m(f)* MUS librettist

Libretto <-s, -s *o* Libretti> *nt* MUS libretto

Libyen <-s> *nt* Libya; *s. a.* **Deutschland**

Libyer(in) <-s, -> *m(f)* Libyan; *s. a.* **Deutsche(r)**

libysch *adj* Libyan; *s. a.* **deutsch**

lic. *mf* SCHWEIZ *Abk von* **Lizenziat(in)** licentiate

licht *adj* ❶ (*hell*) light
❷ (*spärlich*) sparse, thin; ***an der Stirn ist sein Haar schon ~*** he already has a receding hairline
❸ ARCHIT, BAU **~er Abstand** clearance; **~e Höhe/ Weite** headroom/clear width [*or* span]

Licht <-[e]s, -er> *nt* ❶ *kein pl* (*Helligkeit*) light *no pl,* brightness
❷ (*veraltend: Kerze*) candle
❸ ELEK light; **elektrisches ~** electric light[s] [*or* lighting]; ***das ~ brennt*** the light is [*or* lights are] on; **das ~ brennen lassen** to leave the light[s] on; **das ~ ausschalten** [*o fam* **ausknipsen**] to turn out [*or* switch off] the light *sep;* **etw gegen das ~ halten** to hold sth up to the light; **[jdm] ~ machen** to turn [*or* switch] [*or* put] on the light *sep* [for sb]; **jdm im ~ stehen** to stand in sb's light
▶ WENDUNGEN: **~ am Ende des Tunnels** light at the end of the tunnel; **das ~ der Erkenntnis** (*geh*) the light of knowledge; **das ~ [der Öffentlichkeit] scheuen** to shun publicity; **wo ~ ist, ist auch Schatten** (*prov*) every light has its shadow *prov,* there's no joy without sorrow *prov;* **sein ~ unter den Scheffel stellen** to hide one's light under a bushel; **das ~ der Welt erblicken** (*geh*) to [first] see the light of day; **etw erscheint in einem anderen ~** sth appears in a different light; **etw lässt etw in einem anderen ~ erscheinen** sth shows sth in a different light; **das ewige ~** REL the Sanctuary Lamp; **etw ins falsche ~ rücken** to show sth in a false light; **kein großes ~ sein** (*fam*) to be no great genius; **grünes ~ [für etw** *akk*] **geben** to give the go-ahead [*or* green light] [for sth]; **im günstigen ~, in einem günstigeren ~** in a [more] favourable [*or* AM favorable] light; **etw ins rechte ~ rücken** to show sth in its correct light; **etw in rosigem ~ sehen** to see sth through rose-coloured [*or* AM -ored] spectacles; **bei ~ besehen** [*o* **betrachtet**] on closer consideration; **~ in etw** *akk* **bringen** to shed [some] light on sth; **etw ans ~ bringen** to bring sth to light; **jdn hinters ~ führen** to pull the wool over sb's eyes [*or* take sb in] [*or* hoodwink sb]; **[jdm] aus dem ~ gehen** to move [*or* get] out of the/sb's light; **mir geht ein ~ auf** (*fam*) now I see, it's suddenly dawned on me; **ans ~ kommen** to come to light; **es werde ~! und es ward ~** REL let there be light: and there was light; **etw wirft ein bestimmtes ~ auf jdn** sth shows sb in a certain light

Lichtanlage *f* lights *pl,* lighting system [*or* equipment] **lichtbedingt** *adj inv* **~e Hautalterung** photoageing BRIT, photoaging AM **lichtbeständig** *adj s.* **lichtecht Lichtbeständigkeit** *f* light-fastness, fade resistance **Lichtbild** *nt* (*veraltend*) ❶ (*geh: Passbild*) passport photograph ❷ (*Dia*) slide **Lichtbildervortrag** *m* (*veraltend*) slide show **Lichtblende** *f* BAU light diffuser **Lichtblick** *m* bright spot, ray of hope **Lichtbogen** *m* ELEK arc **Lichtbogenschweißung** *f* TECH arc welding **Lichtbrechung** *f* refraction of light **Lichtbündel** *nt* pencil of rays **Lichtdruck** *m* ❶ *kein pl* PHYS light pressure ❷ *kein pl* TYPO (*Verfahren*) collotype [printing] ❸ TYPO (*einzelnes Bild*) collotype print **lichtdurchflutet** *adj inv* flooded with light *pred* **lichtdurchlässig** *adj* translucent, pervious to light, light-transmissive **lichtecht** *adj* non-fading **Lichteffekt** *m* lighting effect **Lichteinfall** *m* incidence of light **Lichteinwirkung** *f* action of light **lichtempfindlich** *adj* sensitive to light *pred;* FOTO photosensitive **Lichtempfindlichkeit** *f* photosensitivity; (*Film, Fotopapier*) light sensitivity, speed

lichten I. *vt* FORST, HORT ■**etw** ~ to thin out sth *sep; s. a.* **Anker**

II. *vr* ■**sich** ~ ❶ (*dünner werden*) to [grow] thin ❷ (*spärlicher werden*) to go down ❸ (*klarer werden*) to be cleared up; ***die Angelegenheit lichtet sich immer mehr*** this matter is becoming ever more clear

Lichterbaum *m* (*geh*) Christmas tree **Lichterfest** *nt* REL (*jüdische Festwoche*) Feast of Lights [*or* Dedication], Chanukah, Hanuka, Hanukkah, Hanukka **Lichterglanz** *m* (*geh*) blaze of lights **Lichterkette** *f* chain of lights **lichterloh** *adv* ~ **brennen** to be ablaze **Lichtermeer** *nt* (*geh*) sea of lights **Lichtfilter** *nt o m* light filter **Lichtfleck** *m* light spot **Lichtgeschwindigkeit** *f kein pl* ■**die** ~ the speed of light; **mit** ~ at the speed of light **Lichtgriffel** *m,* **Lichtstift** *m* INFORM light [*or* electronic] pen **Lichthof** *m* ❶ ARCHIT inner court, courtyard, quadrangle ❷ ASTRON halo ❸ TECH halation **Lichthupe** *f* AUTO flash of the headlights **Lichtjahr** *nt* ❶ ASTRON light year ❷ *pl* (*fam: sehr weit/lange*) light years *pl fam* **Lichtkegel** *m* cone [*or* beam] of light **Lichtkuppel** *f* BAU light dome **Lichtleiter** *m* PHYS light conductor **Lichtleitfaser** *f* ELEK light-conducting fibre [*or* AM -er] **Lichtmangel** *m kein pl* lack of light *no pl;* **aus** ~ as a result of a lack of light **Lichtmaschine** *f* AUTO alternator, dynamo, generator **Lichtmast** *m* TRANSP lamppost, lamp-standard

Lichtmess[RR], **Lichtmeß** *f* REL **Mariä** ~ Candlemas

Lichtmesser *m* PHYS photometer **Lichtnelke** *f* BOT campion, catchfly **Lichtorgel** *f* colour [*or* AM -or] organ **Lichtpause** *f* blue print, cyanotype, diazo copy **Lichtquelle** *f* light source, source of light **Lichtreaktion** *f* BIOL light reaction **Lichtreklame** *f s.* Leuchtreklame **Lichtsatz** *m* TYPO phototypesetting **Lichtschacht** *m* ARCHIT lightwell **Lichtschalter** *m* light switch **Lichtschein** *m* gleam of light **lichtscheu** *adj* ❶ BOT, ZOOL **eine ~e Pflanze** a shade-loving plant; **ein ~es Tier** an animal that shuns the light ❷ (*fig*) **~es Gesindel** shady characters *pl fig* **Lichtschranke** *f* light [*or* photoelectric] barrier [*or* beam] **Lichtschutzfaktor** *m* [sun] protection factor **Lichtsignal** *nt* light signal

Lichtspiel *nt* (*veraltend*) film, moving picture *old* **Lichtspielhaus** *nt* FILM (*veraltend*) cinema, picture-house [*or* -palace] [*or* -theatre] *dated* **Lichtspieltheater** *nt* (*veraltend: Kino*) picture palace *old*

lichtstark *adj* ❶ PHYS light-intense ❷ FOTO **ein ~es Objektiv** a fast [*or* high-speed] lens **Lichtstärke** *f* ❶ PHYS light [*or* luminous] intensity ❷ FOTO *Objektiv* speed **Lichtstift** *m* INFORM light pen, electronic pen, stylus, wand **Lichtstrahl** *m* beam [*or* ray] of light **lichtundurchlässig** *adj* opaque, impervious to light, light-proof

Lichtung <-, -en> *f* FORST clearing, glade

Lichtverhältnisse *pl* lighting conditions *pl*

Lid <-[e]s, -er> *nt* ANAT [eye]lid

Lidschatten *m* eye shadow **Lidschattenstift** *m* eye shadow pencil **Lidstift** *m* eyeliner **Lidstrich** *m* **einen** ~ **ziehen** to apply eyeliner **Lidverletzung** *f* injury of the eyelid

lieb *adj* ❶ (*liebenswürdig*) kind, nice; ***das war nicht gerade ~ von dir!*** that wasn't very kind [*or* nice] of you!; ■**~ zu jdm sein** to be nice to sb; **sei/seien Sie so ~ und ...** would you be so good [*or* kind] as to ...; *s. a.* **Gruß**

❷ (*artig*) good; ***sei jetzt ~/sei ein ~es Kind!*** be a good boy/girl!

❸ (*niedlich*) sweet, cute, lovable

❹ (*geschätzt*) dear, beloved; ***L~er Karl, L~e Amelie!*** (*als Anrede in Briefen*) Dear Karl and Amelie,; ***meine L~e/mein L~er*** my dear girl/man [*or* fellow] [*or* chap] [*or* boy]; **[*mein*] *L~es*** [my] love, darling; **[aber] meine L~e/mein L~er!** (*iron*) [but] my dear!; **[ach] du ~er Gott/~e Güte/~er Himmel/~e Zeit/~es bisschen!** (*fam*) good heavens [*or* Lord]! *fam,* goodness gracious [*or* me]!; **jdn/ein Tier ~ haben** to love [*or* be fond of] sb/an animal; **jdn/etw ~ gewinnen** to grow fond of sb/sth; **~ geworden** of which one has grown very fond *pred;* ***man muss ihn einfach ~ haben*** it's impossible not to like him

❺ (*angenehm*) welcome, pleasant; ***solche ~e Gäste haben wir lange nicht gehabt*** it's a long time since we had such pleasant guests; ■**etw/jd ist jdm ~** sb welcomes [*or* appreciates] sth/sb, sb is grateful for sth; ***das wäre mir gar nicht/weniger ~*** I'd [much] rather you didn't [do it]; **am ~sten** best [*or* most] [of all]; ***ich mag Vollmilchschokolade am ~sten*** my favourite is milk chocolate; ***am ~sten hätte ich ja abgelehnt*** I would have liked to have said [*or* preferred to say] no; *s. a.* **lieber**

liebäugeln *vi* ■**mit etw** *dat* ~ to have one's eye on sth; ■**damit ~, etw zu tun** to toy [*or* flirt] with the idea of doing sth

Liebchen <-s, -> *nt* (*veraltend*) my darling [*or* sweet], sweetheart

Liebe <-, -n> *f* ❶ (*Gefühl starker Zuneigung*) love; ■**jds ~ zu jdm** sb's love for sb; **aus ~ zu jdm** out of love for sb; ***ich werde aus ~ heiraten*** I'm going to marry for love; ***er war blind vor ~*** he was blind with love

❷ *kein pl* (*Leidenschaft*) ■**die/jds ~ zu etw** *dat* the/sb's love of sth; **aus ~ zu etw** *dat* for the love of sth

❸ (*Mensch*) love; **meine große ~ [*o* die ~ meines Lebens]** the love of my life; **eine alte ~** an old flame

❹ (*Sex*) making love; **gut in der ~ sein** (*fam*) to be good in bed *fam* [*or* at making love]; **käufliche ~** (*geh*) prostitution, venal love; **platonische ~** platonic love; **~ [mit jdm] machen** (*fam*) to make love [to [*or* with] sb]

► WENDUNGEN: **~ auf den ersten Blick** love at first sight; **~ geht durch den Magen** (*prov*) the way to a man's heart is through his stomach *prov;* **alte ~ rostet nicht** (*prov*) old love does not rust *prov,* old love [*or* an old flame] never dies *prov;* **~ macht blind** (*prov*) love is blind *prov;* **in ~, dein(e) ...** [with] all my love, ...; **mit [viel] ~** with loving care

liebebedürftig *adj* in need of love [*or* affection] *pred,* needing a lot of affection *pred*

Liebelei <-, -en> *f* (*fam*) flirtation

lieben I. *vt* ❶ (*Liebe entgegenbringen*) ■**jdn ~** to love sb; ■**sich ~** to love each other [*or* one another]; **jdn/etw ~ lernen** to come [*or* learn] to love sb/sth; ■**sich ~ lernen** to come [*or* learn] to love each other [*or* one another]; *s. a.* **geliebt**

❷ (*gerne mögen*) ■**etw ~** to love sth; **es nicht ~, wenn jd etw tut/wenn etw geschieht** to not like it when sb does sth/when sth happens

❸ (*euph: Geschlechtsverkehr miteinander haben*) ■**jdn ~** to make love to sb; ■**sich ~** to make love

► WENDUNGEN: **was sich liebt, das neckt sich** (*prov*) lovers like to tease each other

II. *vi* to be in love

liebend I. *adj* loving

II. *adv* ~ **gern** with great pleasure; ***ich würde ja ~ gerne bleiben, aber ich muss gehen*** I'd love to stay [here], but I've got to go; ***„willst du mich nicht begleiten?" — „aber ~ gern"*** "would you like to come with me?" — "I'd love to"

Liebende(r) *f(m) dekl wie adj* lover

liebenswert *adj* likeable, lovable

liebenswürdig *adj* kind, friendly; ■**~ von jdm sein** to be kind of sb; **wären Sie wohl so ~ und ...?** would you be so kind as to ...?

liebenswürdigerweise *adv* kindly; ***ob Sie mich wohl ~ vorlassen würden?*** would you be so kind as to let me go first?

Liebenswürdigkeit <-, -en> *f* kindness; **würden Sie die ~ haben[, das zu tun [*o* und das tun]]?** (*geh*) would you be so kind [as as to do sth]? *form;* **die ~ in Person** kindness personified; ***du bist heute wieder von einer ~!*** (*iron*) you're in a pleasant mood again today! *iron*

lieber I. *adj komp von* **lieb:** ■**jdm ~ sein** to be preferable to sb; ***mir wäre es ~, wenn Sie nichts darüber verlauten ließen*** I would prefer it if [*or* I would rather [*or* sooner]] you didn't tell anybody about this; ***was ist Ihnen ~, das Theater oder das Kino?*** would you prefer to go to the theatre or the cinema?

II. *adv* ❶ *komp von* **gern** rather, sooner; **etw ~ mögen** to prefer sth; ***ich würde ~ in der Karibik als an der Ostsee Urlaub machen*** I would rather [*or* sooner] take a holiday in the Caribbean than on the Baltic

❷ (*besser*) better; ***darüber schweige ich ~*** I think it best to [*or* I'd better] remain silent; ***wir sollten ~ gehen*** we'd better [*or* we should] be going; ***das hätten Sie ~ nicht gesagt*** you shouldn't have said that; ***das möchte ich dir ~ nicht sagen*** I'd rather not tell you that; ***ich wüsste nicht, was ich ~ täte!*** there's nothing I'd rather do, I'd love to; **nichts ~ als das** I'd love to

Liebesabenteuer *nt* amorous adventure, romance **Liebesaffäre** *f* love affair **Liebesakt** *m* (*geh*) act of love **Liebesapfel** *m* (*veraltet*) tomato **Liebesbande** *pl* ► WENDUNGEN: **[zarte] ~ knüpfen** (*geh*) to tie tender bonds of love *form* **Liebesbeziehung** *f* loving [*or* romantic] relationship, love affair **Liebesbrief** *m* love letter **Liebesdienst** *m* (*geh*) favour [*or* AM -or]; **jdm einen ~ erweisen** to do sb a favour [*or* kindness] **Liebeserklärung** *f* declaration of love; **jdm eine ~ machen** to make a declaration of [*or* declare] one's love to sb **Liebesfilm** *m* romantic film **Liebesgabe** *f* (*veraltend geh: Spende*) alms *npl* **Liebesgedicht** *nt* lovepoem **Liebesgeschichte** *f* ❶ LIT love story ❷ (*fam: Liebesaffäre*) love affair **Liebesgott, -göttin** *m, f* god/goddess of love **Liebesheirat** *f* love match **Liebesknochen** *m* DIAL (*Eclair*) eclair **Liebeskummer** *m* lovesickness *no pl;* **~ haben** to be lovesick; **aus ~** out of [*or* for] lovesickness **Liebesleben** *nt* love life **Liebeslied** *nt* love song **Liebesmüh(e)** *f* ► WENDUNGEN: **vergebliche [*o* verlorene] ~ sein** to be a waste of effort [*or* time] **Liebesnest** *nt* (*fam*) love nest **Liebespaar** *nt* lovers *pl* **Liebesroman** *m* romantic novel **Liebesspiel** *nt* love play **Liebesszene** *f* love scene **liebestoll** *adj* love-crazed; ■**~ sein/werden** to be/become love-crazed **Liebestrank** *m* love potion **Liebesverhältnis** *nt s.* **Liebesbeziehung** **Liebeszauber** *m* love spell

liebevoll I. *adj* loving; **ein ~er Kuss** an affectionate kiss; **ein ~er Mensch** a loving [*or* an affectionate] person

II. *adv* ❶ (*zärtlich*) affectionately

❷ (*mit besonderer Sorgfalt*) lovingly; **~ dekorieren/verpacken/zubereiten** to decorate/wrap up/prepare lovingly [*or* with loving care]

Liebhaber(in) <-s, -> *m(f)* ❶ (*Partner*) lover ❷ (*Freund*) enthusiast

Liebhaberei <-, -en> *f* hobby

Liebhaberin <-, -nen> *f fem form von* **Liebhaber**

Liebhaberpreis *m* collector's price **Liebhaberstück** *nt* collector's piece [*or* item] **Liebhaberwert** *m kein pl* collector's value *no pl*

liebkosen* *vt* (*geh*) ■**jdn ~** to caress sb

Liebkosung <-, -en> *f* (*geh*) caress

lieblich I. *adj* ❶ (*angenehm süß*) sweet; **~er Wein** soft [*or* medium sweet] wine

❷ (*erhebend*) lovely, delightful, charming; **~e Töne** melodious sounds

II. *adv* ~ **duften/schmecken** to smell/taste sweet

Lieblichkeit <-> *f kein pl* sweetness *no pl*

Liebling <-s, -e> *m* ❶ (*Geliebte(r)*) darling ❷ (*Favorit*) favourite [*or* AM favorite]

L

Lieblingsbeschäftigung *f* favourite [*or* AM favorite] hobby [*or* pastime] **Lieblingsgericht** *nt* favourite dish **Lieblingsplatte** *f* favourite record **Lieblingsplatz** *m* favourite spot **Lieblingsprogramm** *nt* favourite programme [*or* AM -am] **Lieblingspuppe** *f* favourite doll **Lieblingsspielzeug** *nt* favourite toy **Lieblingstreffpunkt** *m* preferred [*or* favourite] [*or* AM favorite] rendezvous **Lieblingswein** *m* favourite wine

lieblos I. *adj* ① (*keine liebevolle Zuwendung gebend*) unloving
② (*Nachlässigkeit zeigend*) unfeeling
II. *adv* any old how *fam;* ***gehen Sie nicht so ~ mit dem teuren Geschirr um!*** be a bit more careful with that expensive crockery!

Lieblosigkeit <-, -en> *f* ① *kein pl* (*Mangel an liebevoller Zuwendung*) lack of loving [*or* feeling] [*or* care] *no pl*
② (*Verhalten*) unkind [*or* unfeeling] act

Liebreiz *m kein pl* (*geh*) charm

Liebschaft <-, -en> *f* (*veraltend*) *s.* **Liebesaffäre**

liebste(r, s) *adj superl von* **lieb** dearest; ■**am ~n** best of all; ***das mag ich am ~n*** I like that [the] best [*or* the most] [*or* best of all]; ***am ~n möchte ich schlafen*** most of all I'd [*or* I'd just really] like to sleep

Liebste(r) *f(m) dekl wie adj* ■**jds ~** sb's sweetheart

Liebstöckel <-s, -> *m o nt* BOT lovage

Liechtenstein <-s> *nt* Liechtenstein

Liechtensteiner(in) <-s, -> *m(f)* Liechtensteiner

liechtensteinisch *adj* Liechtenstein

Lied <-[e]s, -er> *nt* song
▸ WENDUNGEN: **es ist immer das alte** [*o* **gleiche**] ~ (*fam*) it's always the same old story; **ein ~ von etw** *dat* **singen können/zu singen wissen** to be able to tell sb a thing or two about sth

Liederabend *m* song recital evening **Liederbuch** *nt* songbook

liederlich *adj* (*pej*) slovenly

Liederlichkeit <-> *f kein pl* ① (*Schlampigkeit*) slovenliness
② (*pej: Zügellosigkeit*) dissoluteness

Liedermacher(in) *m(f)* singer-songwriter (*about topical subjects*)

lief *imp von* **laufen**

Lieferabkommen *nt* ÖKON delivery [*or* supply] contract **Lieferangebot** *nt* HANDEL supplier's offer; **ein ~ machen** to offer delivery terms

Lieferant(in) <-en, -en> *m(f)* ① (*Firma*) supplier
② (*Auslieferer*) deliveryman *masc,* deliverywoman *fem*

Lieferanteneingang *m* goods [*or* AM delivery] [*or* AM receiving] entrance; (*in einem Wohnhaus*) tradesmen's entrance BRIT, side [*or* back] door AM **Lieferantenkredit** *m* FIN supplier's [*or* trade] credit **Lieferantenschulden** *pl* FIN trade debts, debts to suppliers **Lieferantensperre** *f* HANDEL exclusion of supplies

Lieferantin <-, -nen> *f fem form von* **Lieferant**

Lieferanweisung *f* HANDEL delivery instructions [*or* order] **Lieferauftrag** *m* HANDEL purchase [*or* delivery] order; **einen ~ erteilen** to place an order

lieferbar *adj* ① (*erhältlich*) available, in stock; ***dieser Artikel ist derzeit nicht ~*** this item is not available [*or* in stock] at the moment
② (*zustellbar*) ■**~ sein** to be able to be supplied [*or* delivered]; ***Ihre Bestellung ist leider erst später ~*** we won't be able to meet your order until a later date

Lieferbedingungen *pl* terms [*or* conditions] of delivery; **Liefer- und Zahlungsbedingungen** terms of payment and delivery **Lieferdatum** *nt* HANDEL delivery date **Lieferfähigkeit** *f kein pl* HANDEL delivery power **Lieferfirma** *f* ① (*Lieferant*) supplier ② (*Auslieferer*) delivery firm **Lieferfrist** *f* delivery [*or* lead] time, delivery deadline **Lieferfristüberschreitung** *f* HANDEL failure to keep the delivery date **Liefergewicht** *nt kein pl* HANDEL weight delivered **Lieferland** *nt* HANDEL supplier country **Liefermenge** *f* HANDEL quantity delivered

liefern I. *vt* ① (*aus~*) ■[**jdm**] **etw** ~ to deliver sth [to sb], to supply [sb with] sth; ■**etw an jdn/etw** ~ to deliver sth to sb/sth
② (*erbringen*) ■[**jdm**] **etw** ~ to provide sth [for sb]
③ (*erzeugen*) ■**etw** ~ to yield sth; ***viele Rohstoffe werden aus dem Ausland geliefert*** many raw materials are imported from abroad
④ SPORT (*zur Schau stellen*) ■**jdm etw** ~ to put on sth for sb; ***die Boxer lieferten dem Publikum einen spannenden Kampf*** the boxers put on an exciting bout for the crowd
II. *vi* to deliver; *s. a.* **geliefert**

Liefernormen *pl* HANDEL supply standards **Lieferort** *m* HANDEL place of delivery **Lieferpflicht** *f* HANDEL supply commitment **Lieferprogramm** *nt* HANDEL programme [*or* AM -am] of delivery **Lieferquelle** *f* HANDEL source of supply **Lieferschein** *m* delivery note BRIT, packing slip AM **Lieferschwierigkeiten** *f* difficulties in [making a] delivery **Liefersperre** *f* HANDEL refusal to deal **Lieferstopp**[RR] *m* JUR stoppage of deliveries **Lieferstörung** *f* HANDEL delivery disruption **Liefertermin** *m* HANDEL delivery date; **festgesetzter** ~ scheduled delivery date

Lieferung <-, -en> *f* ① HANDEL (*das Liefern*) delivery, supply; ***zahlbar innerhalb von zehn Tagen nach ~*** payable within 10 days of delivery; **~ frei Haus** free delivery; **~ gegen bar/Nachnahme** payment cash/payment on delivery; **~ ab Werk** delivery ex works; **fehlerhafte ~** defective delivery; **prompte/noch ausstehende ~** prompt/overdue delivery; **zahlbar bei ~** payable [*or* cash] [*or* AM collect] on delivery; **eine ~ abnehmen** to take delivery of goods, to accept delivery; **~en erfolgen** deliveries forthcoming; **etw auf ~ kaufen** to buy forward; **nach erfolgter ~** when delivered; **bei/vor ~** on/prior to delivery
② (*gelieferte Ware*) consignment
③ VERLAG (*vorab ausgelieferter Teil*) instalment BRIT, installment AM

Lieferungsbeschränkung *f* HANDEL restrictions in supply [*or* delivery] **Lieferverpflichtung, Lieferungsverpflichtung** *f* HANDEL obligation to supply, delivery obligation **Liefervertrag** *m* supply contract, contract of sale **Lieferverweigerung** *f* HANDEL refusal to supply [*or* deliver] **Lieferverzug** *m,* **Lieferungsverzug** *m* HANDEL delay in delivery **Lieferwagen** *m* delivery van; (*offen*) pickup truck **Lieferzeit** *f s.* **Lieferfrist**

Liege <-, -n> *f* ① (*Bett ohne Fuß-/Kopfteil*) daybed
② (*Liegestuhl*) [sun-]lounger

Liegegeld *nt* NAUT demurrage

Liegematte *f* beach mat

liegen <lag, gelegen> *vi haben o* SÜDD *sein*
① (*sich in horizontaler Lage befinden*) ■**irgendwo** ~ to lie somewhere; ***ich liege noch im Bett*** I'm still [lying] in bed; ***hast du irgendwo meinen Schlüsselbund ~ gesehen?*** have you seen my keyring lying [around] anywhere?; ***deine Brille müsste eigentlich auf dem Schreibtisch ~*** your glasses should be [lying] on the desk; ■**irgendwie** ~ to lie in a certain manner; ***Herzkranke müssen hoch/höher ~*** people with heart problems should lie with their heads raised; ***auf Latexmatratzen liegt man weich/weicher*** latex matresses are soft/softer for lying on; ***in diesem Liegestuhl liegt man am bequemsten*** this is the most comfortable lounger to lie in; ■**das L~** lying; **~ bleiben** (*nicht aufstehen*) to stay in bed; (*nicht mehr aufstehen*) to remain lying [down]; **etw ~ lassen** to leave sth [there]
② (*sich abgesetzt haben*) ■**irgendwo** ~ to lie somewhere; ***hier in den Bergen liegt oft bis Mitte April noch Schnee*** here in the mountains the snow often lies on the ground until mid-April; ***auf den Autos liegt weißer Reif*** there is a white [covering of] frost on the cars; ***bei euch liegt aber viel Staub*** it's very dusty [in] here; ***über allen Möbeln lag eine dicke Staubschicht*** there was a thick layer of dust over all the furniture
③ (*lagern*) ■**irgendwo** ~ to lie [*or* hang] somewhere; [**irgendwo**] **~ bleiben** (*nicht weggenommen werden*) to be left [somewhere]; ***Hände weg, das Buch bleibt*** [***da***] ***~!*** hands off, the [*or* that] book's going nowhere!; **~ bleiben** (*nicht verkauft werden*) to remain unsold; **etw ~ lassen** to leave sth [undone]
④ (*vergessen*) **irgendwo ~ bleiben** to be [*or* get] left behind somewhere; ***mein Hut muss in dem Restaurant ~ geblieben sein*** I must have left my hat in the restaurant; **etw ~ lassen** to leave sth behind; ***verflixt, ich muss meinen Schirm in der U-Bahn ~ gelassen haben!*** damn, I must have left my umbrella [behind] on the underground!
⑤ GEOG (*geografisch gelegen sein*) ■**irgendwo** ~ to be somewhere
⑥ (*eine bestimmte Lage haben*) ■**irgendwie** ~ to be [situated [*or* located]] [*or* to lie] in a certain manner; ***ihr Haus liegt an einem romantischen See*** their house is situated by a romantic lake; ■**gelegen** situated; **eine bildhübsch/ruhig/verkehrsgünstig gelegene Villa** a villa in a picturesque/quiet/easily accessible location; ■**irgendwohin ~** to face somewhere; ***diese Wohnung ~ nach vorn zur Straße*** [***hinaus***] this flat faces [out onto] the street
⑦ (*begraben sein*) ■**irgendwo** ~ to be [*or* lie] buried somewhere
⑧ NAUT (*festgemacht haben*) ■**irgendwo** ~ to be [moored] somewhere
⑨ AUTO (*nicht weiterfahren können*) **~ bleiben** to break down [*or* have a breakdown]
⑩ SPORT (*einen bestimmten Rang haben*) ■**irgendwo** ~ to be [*or* lie] somewhere; ***wie ~ unsere Schwimmer eigentlich im Wettbewerb?*** how are our swimmers doing in the competition?; ***die Mannschaft liegt jetzt auf dem zweiten Tabellenplatz*** the team is now second in the division
⑪ (*angeordnet sein*) to lie, to stay; **gut ~** to stay in place [well]; **richtig/nicht richtig ~** to be/not be in the right place; *Haar* to stay in place
⑫ (*angesiedelt sein*) ■**bei/um etw ~** to cost sth; ***der Preis dürfte*** [***irgendwo***] ***bei 4.500 DM ~*** the price is likely to be [around] DM 4,500; ■**irgendwo** ~ to cost sth; ***damit ~ Sie um 185.000 DM höher*** that would put the price up by DM 185,000; ***damit ~ Sie schnell bei 1,3 Millionen DM Baukosten*** that would soon push the building costs up to DM 1.3 million; ■**zwischen … und … ~** to cost between … and …, to be priced at between … and …
⑬ MODE (*eine bestimmte Breite haben*) ■**irgendwie** ~ to be a certain size; ***wie breit liegt dieser Seidenstoff?*** how wide is this silk material?
⑭ (*verursacht sein*) ■**an jdm/etw ~** to be caused by sb/sth; ***woran mag es nur ~, dass mir immer alles misslingt?*** why is it that everything I do goes wrong?
⑮ (*wichtig sein*) ■**irgend etwas an jdm/etw ~** to attach a certain importance to sb/sth; ***du weißt doch, wie sehr mir daran liegt*** you know how important it is to me; ■**jdm ist etwas/nichts/viel an jdm/etw gelegen** sb/sth means sth/nothing/a lot to sb; ***an diesem uninteressanten Stellenangebot war mir nichts gelegen*** I didn't bother [even] considering this unappealing job offer
⑯ *meist verneint* (*zusagen*) ■**jdm ~** sb likes sth; (*entspricht nicht jds Begabung*) sb is good at sth; ***körperliche Arbeit liegt ihr nicht/weniger*** she's not really cut out for physical work
⑰ (*lasten*) ■**auf jdm ~** to weigh down [up]on sb
⑱ (*abhängig sein*) ■**bei jdm ~** to be up to sb; ■**in jds etw** *dat* **~** to be in sb's sth; ***das liegt leider nicht in meiner Hand/Macht*** unfortunately that is out of my hands/not within my power
⑲ (*begründet sein*) ■**irgendwo ~** to lie somewhere
⑳ (*nicht ausgeführt werden*) **~ bleiben** to be left undone
▸ WENDUNGEN: **an mir/uns soll es nicht ~!** don't let me/us stop you!; **nichts liegt** [*o* **läge**] **mir ferner, als …** nothing could be further from my mind than to …; *s. a.* **Ding**

liegend I. *adj* reclining, recumbent *form*
II. *adv* ① *(flach)* **etw ~ aufbewahren/lagern** to store sth flat/on its side
② *(im Liegen)* in a lying position, whilst lying down

Liegenschaft <-, -en> *f* ① JUR piece of real estate
② SCHWEIZ *(Anwesen)* property

Liegenschaftsamt *nt* ADMIN, JUR land office **Liegenschaftsdienst** *m* JUR real estate [*or* AM realty] service **Liegenschaftsverwaltung** *f* JUR estate agency

Liegeplatz *m* NAUT berth, moorings *pl;* *(für Hochseeschiffe)* deep-water berth **Liegesitz** *m* reclining seat **Liegestuhl** *m* *(Liege)* [sun-]lounger; *(Stuhl)* deckchair **Liegestütz** <-es, -e> *m* SPORT press- [*or* AM push-] up; **~e machen** to do press-ups **Liegewagen** *m* BAHN couchette [*or* car] coach **Liegewagenplatz** *m* berth in a couchette [*or* AM sleeping-car] **Liegewiese** *f* lawn for sunbathing **Liegezeit** *f* NAUT lay days *pl*

lieh *imp von* **leihen**

Lieschen <-s, -> ['li:sçən] *nt dim von* **Elisabeth** ≈ Lizzie
► WENDUNGEN: **~ Müller** *(fam)* the average woman in the street; **Fleißiges ~** BOT busy Lizzie

Liesen <-s, -> *nt* lard

ließ *imp von* **lassen**

liest *3. pers. pres von* **lesen**

Lifestyle <-s, -s> ['laɪfstaɪl] *m* lifestyle

Lifo-Verfahren *nt* ÖKON last in first out, LIFO

Lift <-[e]s, -e *o* -s> *m* ① *(Aufzug)* lift BRIT, elevator AM
② *(Ski~)* [ski] lift

Liftboy <-s, -s> ['lɪftbɔy] *m* TOURIST liftboy BRIT, elevator boy AM

liften *vt* MED ■**etw ~** to lift [*or* tighten] sth; **sich** *dat* **das Gesicht ~ lassen** to have a facelift

Liga <-, Ligen> *f* ① *(Vereinigung)* league; **Arabische ~** Arab League
② SPORT *(Spielklasse)* league, division
③ *kein pl* HIST ■**die ~** the [Catholic] League

Ligatur <-, -en> *f* MUS, MED, TYPO ligature

Lightprodukt[RR] *nt*, **Light-Produkt** *nt* low-fat [*or* -calorie] product

Ligurien <-s> *nt* Liguria

ligurisch *adj* Ligurian; **das L~e Meer** the Ligurian Sea

Liguster <-s, -> *m* BOT privet

liieren* *vr* ① *(geh: ein Liebesverhältnis eingehen)* ■**sich ~** to become close friends with each other [*or* one another] *euph;* ■[**mit jdm**] **liiert sein** to have a relationship [with sb]
② ÖKON *(sich zusammenschließen)* ■**sich** *akk* [**zu etw** *dat*] **~** to join forces with each other [*or* one another] [to establish sth]

Likör <-s, -e> *m* liqueur

lila *adj inv* purple, lilac

Lila <-s, – *o fam* -s> *nt (fam)* purple, lilac

Lilie <-, -n> ['li:liə] *f* BOT lily

Liliputaner(in) <-s, -> *m(f)* dwarf, midget

Limabohne *f* Lima bean

limbisch *adj inv* MED **~es System** limbic system

Limes <-, -> *m* ① MATH *(Grenzwert)* limit
② *kein pl* HIST *(römischer Grenzwall)* ■**der ~** the limes

Limette <-, -n> *f* BOT lime, [Tunisian] sweet limetta

Limettensaft *m* lime juice

Limit <-s, -s *o* -e> *nt* ① FIN, BÖRSE *(Höchstgebot)* limit, ceiling
② *(höchster Einsatz)* limit
③ *(Beschränkung)* limit; **jdm ein ~ setzen** to set sb a limit

limitieren* *vt* KUNST, MEDIA ■**etw ~** to limit sth; **limitierte Auflage** limited edition

limitiert *adj* limited; **~er Auftrag** HANDEL limited order

Limo <-, -s> *f (fam)* lemonade

Limonade <-, -n> *f* lemonade

Limone <-, -n> *f* BOT lime

Limousine <-, -n> [limu'zi:nə] *f* AUTO saloon [car] BRIT, sedan AM; *(größerer Luxuswagen)* limousine, limo *fam*

Lincomycin <-s, -e> *nt* PHARM lincomycin

lind *adj (geh)* mild, balmy

Linde <-, -n> *f* ① BOT lime [*or* linden] [tree]
② *(Holz)* lime[wood]; **aus ~** made [out] of limewood

Lindenbaum *m* lime [tree], linden

Lindenblütenhonig *m* lime blossom honey **Lindenblütentee** *m* lime blossom tea

lindern *vt* ① MED *(mildern)* ■**etw ~** to alleviate [*or* relieve] [*or* ease] sth; *Husten, Sonnenbrand etc* to soothe
② *(erträglicher machen)* ■**etw ~** to alleviate [*or* relieve] sth

Linderung <-> *f kein pl* ① MED *(Milderung)* alleviation *no pl,* relief *no pl,* easing *no pl;* ***diese Salbe dient der ~ eines Sonnenbrandes/von lästigem Juckreiz*** this ointment is [good] for soothing sunburn/relieving irritating itches
② *(das Lindern)* alleviation *no pl,* relief *no pl;* **jdm ~ verschaffen** to bring sb relief

lindgrün I. *adj* lime-green *attr,* lime green *pred*
II. *adv* **etw ~ lackieren/streichen** to paint sth lime green

Lindwurm *m* lindworm *(type of wingless dragon)*

Lineal <-s, -e> *nt* ruler

linear *adj* linear; **~e Abschreibung** FIN straight-line depreciation; **~e Gleichung** MATH linear equation

Linearbeschleuniger *m* linear accelerator, linac

Linguist(in) <-en, -en> *m(f)* linguist

Linguistik <-> *f kein pl* linguistics + *sing vb, no art*

Linguistin <-, -nen> *f fem form von* **Linguist**

linguistisch *adj* linguistic

Linie <-, -n> ['li:niə] *f* ① *(längerer Strich)* line; **eine geschlängelte/gestrichelte ~** a wavy/dotted line; **eine ~ ziehen** to draw a line
② SPORT, TRANSP *(lang gezogene Markierung)* line
③ TRANSP *(Verkehrsverbindung)* route; **eine Bus-/U-Bahn~** a bus/underground line [*or* route]; ***nehmen Sie am besten die ~ 19*** you'd best take the [*or* a] number 19
④ *pl* MIL *(Frontstellung)* line; **die feindlichen ~n durchbrechen** to break through [the] enemy lines
⑤ POL *a. (allgemeine Richtung)* line; **eine gemeinsame ~** a common line [*or* policy]; **eine klare ~** a clear line; **auf der gleichen ~ liegen** to follow the same line, to be along the same lines
⑥ *(Verwandtschaftszweig)* line; **in bestimmter ~** in a certain line; ***er behauptet, dass er in direkter ~ von Karl dem Großen abstammt*** he claims that he is descended in a direct line from [*or* is a direct descendant of] Charlemagne
⑦ NAUT *(-quator)* line; **die ~ passieren** [*o* **kreuzen**] to cross the line
⑧ JUR line, course; **gerade ~** direct line
► WENDUNGEN: **in erster/zweiter ~** first and foremost/secondarily; ***die Kosten sind erst in zweiter ~ maßgebend/wichtig*** the costs are only of secondary importance; **auf der ganzen ~** all along the line; **die schlanke ~** *(fam)* one's figure; ***danke, keine Sahne, ich achte sehr auf meine*** [***schlanke***] **~** no cream thanks, I'm watching [*or* trying to watch] my figure; **in vorderster ~ stehen** to be in the front line

Liniehalten <-s> *nt kein pl* TYPO alignment

Linienabstand *m* TYPO rule distance **Linienblatt** ['li:niən-] *nt* line guide [sheet] **Linienbreite** *f* TYPO, INFORM line width **Linienbus** *m* regular [service] bus

Liniendienst *m* regular service, scheduled flights *pl* **Linienflug** *m* scheduled flight **Linienflugzeug** *nt* airliner **Linienfrachter** *m* cargo liner [*or* vessel] **Linienführung** *f* ① KUNST lines *pl* ② MODE *eines Kleides* design ③ *(Wegverlauf)* routing **Liniengrafik** *f* TYPO, INFORM curve graphic **Linienmaschine** *f* scheduled plane [*or* aircraft] **Liniennetz** *nt* route network **Linienpassagierverkehr** *m* scheduled passenger traffic **Linienrichter** *m* SPORT *(beim Fußball)* referee's assistant, linesman *dated;* *(beim Tennis)* line-judge; *(beim Rugby)* touch-judge **Linienschiff** *nt* liner, regular service ship **Linienschiffahrt**, **Linienschifffahrt**[RR] *f* [scheduled] shipping line service **Linienstil** *m* TYPO, INFORM line style **linientreu** *adj* POL *(pej)* loyal to the party line *pred* **Linienverkehr** *m* regular services *pl;* LUFT scheduled [*or* regular] services *pl* **Linienwerkzeug** *nt* INFORM line tool

linieren*, **liniieren*** *vt* ■**etw ~** to rule [*or* rule [*or* draw] lines on] sth

liniert *adj inv* TYPO lined, ruled

Linierung, Liniierung <-, -en> *f* [ruled] lines *pl*

Link <-s, -s> *nt* INET link

link *adj (sl)* shady *fam,* underhand; **ein ~er Hund/Kerl/Typ** a shady character [*or* customer]

Linke <-n, -n> *f* ① *(linke Hand)* left hand
② BOXEN *(linke Gerade)* left
③ POL ■**die ~** the left
► WENDUNGEN: **zu jds ~n, zur ~n von jdm** *(geh)* to sb's left, on sb's left[-hand side], to the left of sb

linke(r, s) *adj attr* ① *(opp: rechte(r, s))* left, die **~ Fahrbahn/Spur,** the left-hand lane; *s. a.* **Masche**
② MODE *(innen, hinten)* *Stoff* the wrong side; *Wäsche* inside out
③ POL left-wing, leftist *esp pej;* **der ~e Flügel** the left wing; *s. a.* **Hand**

Linke(r) *f(m) dekl wie adj* POL left-winger, lefty *esp pej fam,* leftist *esp pej*

linken *vt (sl)* ■**jdn ~** to take sb for a ride *fam*

Linker <-s, -[s]> *m* INFORM *(Bindeprogramm)* linkage editor

linkisch *adj* clumsy, awkward

links I. *adv* ① *(auf der linken Seite)* on the left; **sich ~ halten** to keep to the left; ***bei Straßen ohne Gehweg sollten Fußgänger in Deutschland ~ gehen*** on roads without a pavement pedestrians in Germany should walk on [*or* keep to] the left; ***dritte Tür ~*** [the] third door on the left; ■**~ hinter/neben/von/vor …** to the left behind/directly to the left of/to the left of/to the left in front of …; **~ oben/unten** in the top/bottom left-hand corner; **nach ~** [to the] left; **nach ~/rechts gehen** to turn left/right; ***schau mal nach ~*** look to the [*or* your] left; **von ~** from the left; **von ~ nach rechts** from [the] left to [the] right
② *(verkehrt herum)* inside out; ***du hast ja die Socken ~ herum an!*** you've got your socks on inside out!; ***den Stoff*** [***von***] ***~ bügeln*** to iron the fabric on the reverse side; **auf ~** inside out
③ TRANSP *(nach ~)* **~ abbiegen** to turn [off to the] left, to take a left turn; **~ einbiegen/sich ~ einordnen** to move [*or* get] into [*or* take] the left-hand lane; *(auf der linken Seite)* on the left; **~ bleiben/sich ~ halten** to keep to the left
④ MODE **eine** [**Masche**] **~, drei** [**Maschen**] **rechts** purl one, knit three; **~ stricken** to purl
⑤ POL **~ eingestellt sein** to have left-wing tendencies [*or* leanings]; **~** [**von jdm/etw**] **stehen** [*o* **sein**] to be left-wing [*or* on the left], to be to the left of sb/sth
⑥ MIL ***die Augen ~!*** eyes left!; ***~ um!*** left about turn!
► WENDUNGEN: **weder ~ noch rechts schauen** to not [let oneself] be distracted; **jdn ~ liegen lassen** *(fam)* to ignore sb; **mit ~** *(fam)* easily, with no trouble
II. *präp* +*gen* ■**~ einer S.** to the left of sth; **~ eines Flusses** on the left bank of a river

Linksabbieger(in) <-s, -> *m(f)* TRANSP driver [*or* motorist] turning [off] left **Linksabbiegerspur** *f* TRANSP left-hand turn[ing]-off lane **Linksaußen** <-, -> *m* ① FBALL left wing, outside left ② POL *(fam)* extreme left-winger **linksbündig** *adj* TYPO left-justified *attr,* left justified *pred* **Linksdrall** *m* ① *(links drehender Drall)* swerve to the left ② POL *(fam)* left-wing tendency; **einen ~ haben** to lean to the left, to have left-wing tendencies [*or* leanings] **Linksdrehung** *f* CHEM laevorotation BRIT, levorotation AM; TECH counterclockwise rotation

linksextrem *adj inv* left-wing extremist *attr* **Linksextremismus** *m* left-wing extremism **Linksextremist(in)** *m(f)* POL left-wing extremist **linksextremistisch** *adj inv* POL left-wing extremist **linksgerichtet** *adj* POL left-wing orientated [*or* AM oriented] **Linksgewinde** *nt* TECH left-hand[ed]

L

thread **Linkshänder(in)** <-s, -> *m(f)* left-hander, left-handed person **linkshändig** I. *adj* left-handed II. *adv* with one's left hand **linksherum** *adv* ❶ (*nach links*) to the [*or* one's] left ❷ (*mit linker Drehrichtung*) anticlockwise BRIT, counter-clockwise AM **Linksintellektuelle(r)** *f(m) dekl wie adj* left-wing intellectual **Linkskurve** *f* left-hand bend; **eine ~ machen** to bend to the left **linkslastig** *adj* ❶ AUTO, NAUT down at the left *pred* ❷ POL (*pej*) left-wing, leftist *esp pej* **linksläufig** *adj inv* running from right to left **Linkslenker** *m* AUTO left-hand drive vehicle **linksliberal** *adj inv* left-wing liberal **linksorientiert** *adj* POL orientated [*or* AM oriented] towards the left **linksradikal** I. *adj* POL radical left-wing *attr* II. *adv* radically left-wing **Linksradikale(r)** *f(m) dekl wie adj* POL left-wing radical **linksrheinisch** *adj* on the left bank of the Rhine *pred* **Linksruck** <-es, -e> *m kein pl* POL [sharp] swing to the left **linksrum** *adv* (*fam*) *s.* **linksherum** **linksseitig** *adj* on the left side *pred;* **~ gelähmt sein** to be paralysed [*or* AM -yzed] on [*or* down] the left side **Linkssteuerung** *f* AUTO left-hand drive [*or* steering]

linksum *adv* **~ kehrt!** MIL to the left!

Linksverkehr *m* TRANSP driving on the left *no pl, no art*

Linnen <-s, -> *nt* (*veraltend geh*) linen

Linoleum <-s> *nt kein pl* linoleum, BRIT *a.* lino *fam no pl*

Linolschnitt *m* KUNST ❶ *kein pl* (*Technik*) linocut *no pl, no indef art*
❷ (*Produkt*) linocut

Linon <-[s], -s> *m* MODE lawn, linon

Linse <-, -n> *f* ❶ *meist pl* BOT, KOCHK lentil; **rote ~n** red lentils
❷ ANAT, PHYS lens

linsen *vi* (*fam*) to peep [*or* peek]

Linsenbohne *f* mung bean **linsenförmig** *adj inv* lenticular, lentiform, lentoid; **~e Galaxie** ASTRON lenticular galaxy **Linsensuppe** *f* lentil soup

Linz <-> *nt* Linz

Liparische Inseln *pl* Lipari Islands *pl*

Lipgloss[RR], **Lipgloß** <-, -> *nt* MODE, PHARM lip gloss

Lipid <-s, -e> *nt* BIOL lipid

Liposom <-s, -e> *nt* liposome

Liposomencreme *f* liposome cream

Lippe <-, -n> *f* ANAT lip; **die ~n schminken/anmalen** to put on lipstick *sep*/paint one's lips; **jdm etw von den ~n ablesen** to read sth from sb's lips ▸ WENDUNGEN: **eine dicke** [*o* **große**] **~ riskieren** (*sl*) to brag, to boast; **etw nicht über die ~n bringen** to not be able to bring oneself to say sth; **an jds ~n hängen** to hang on sb's every word; **nicht über jds ~n kommen** to not pass sb's lips

Lippenbalsam *m* PHARM lip balm, BRIT *a.* lipsalve **Lippenbekenntnis** *nt* lip-service; **ein ~ ablegen** to pay lip-service **Lippenblütler** <-s, -> *m* BOT labiate

Lippenglanz *m* lip gloss **Lippenglanzstift** *m* lip gloss **Lippenkonturenstift** *m* lipliner **Lippenlaut** *m* LING labial **Lippenpflege** *f kein pl* ❶ MED (*Pflege der Lippen*) care of one's lips ❷ PHARM (*Mittel*) lip care **Lippenpflegestift** *m* lip balm, BRIT *a.* lipsalve **Lippenpinsel** *m* lipbrush **Lippenpomade** *f* PHARM lip balm, chapstick, BRIT *a.* lipsalve, BRIT *a.* Lypsyl® **Lippenstift** *m* lipstick; **kussechter ~** kissproof lipstick

Lippfisch *m* ZOOL, KOCHK wrasse

liquid *adj s.* **liquide**

liquid(e) *adj* FIN ❶ (*geh: solvent*) solvent; ***ich bin im Moment nicht ~*** I'm out of funds at the moment
❷ (*verfügbar*) **~es Vermögen** liquid assets *pl*

Liquida <-, Liquidä *o* Liquiden> *f* LING liquid

Liquidation <-, -en> *f* ❶ (*geh: Honorarrechnung*) bill [of costs [*or* fees]], note of fees
❷ ÖKON (*Auflösung*) *eines Unternehmens* winding-up, liquidation; **~ durch Gerichtsbeschluss** winding-up by court order; **gerichtliche ~** winding up by the court; **gütliche/stille ~** liquidation by arrangement/voluntary liquidation; **laufende ~** current realization; **in ~ gehen** [*o* **treten**] to wind up, to go into liquidation

Liquidationsantrag *m* ÖKON winding-up petition **Liquidationsbeschluss**[RR] *m* ÖKON winding-up resolution; (*Gerichtsbeschluss*) winding-up order **Liquidationsforderung** *f* ÖKON claim in winding-up proceedings **Liquidationsgesellschaft** *f* JUR company in liquidation **Liquidationsguthaben** *nt* FIN clearing balance **Liquidationskonto** *nt* FIN settlement [*or* liquidation] account **Liquidationsquote** *f* JUR liquidating dividend **Liquidationsverfahren** *nt* JUR liquidation [*or* winding-up] proceedings *pl* **Liquidationsvergleich** *m* JUR winding-up proceedings *pl* **Liquidationsverkauf** *m* JUR winding-up [*or* clearance] [*or* liquidation] sale **Liquidationsvorschriften** *pl* JUR winding-up rules **Liquidationswert** *m* FIN winding-up [*or* net asset] value

Liquidator, Liquidatorin <-s, -toren> *m, f* JUR, ÖKON liquidator, AM receiver; **gerichtlich bestellter ~** official liquidator; **einen ~ bestellen** to appoint a liquidator

liquidieren* *vt* ❶ (*euph: umbringen*) ■**jdn ~** to liquidate sb
❷ ÖKON (*auflösen*) ■**etw ~** to liquidate sth
❸ (*geh: in Rechnung stellen*) ■**etw ~** to charge sth

Liquidierung <-, -en> *f* ❶ (*euph: das Umbringen*) liquidation
❷ ÖKON (*Auflösung*) liquidation

Liquidität <-> *f kein pl* ÖKON liquidity *no pl, no indef art,* [financial] solvency *no pl, no indef art,* ability to pay *no pl, no indef art*

Liquiditätsausweitung *f* FIN expansion of liquidity **Liquiditätsbilanz** *f* FIN liquidity balance **Liquiditätsengpass**[RR] *m* FIN cash flow problem **Liquiditätshilfe** *f* FIN liquidity assistance **Liquiditätsklemme** *f* FIN cash [*or* liquidity] squeeze **Liquiditätsknappheit** *f kein pl* FIN lack *no pl* of cash **Liquiditätskrise** *f* FIN liquidity crisis **Liquiditätspapier** *nt* JUR liquidity paper **Liquiditätsplanung** *f* FIN liquidity planning **Liquiditätspolster** *nt* liquidity cushion, cash reserve **Liquiditätsquote** *f* FIN liquidity ratio; **Bar- und ~** cash ratio **Liquiditätsreserven** *pl* FIN cash [*or* liquid] reserves **Liquiditätssaldo** *m* FIN liquidity balance **Liquiditätsstütze** *f* FIN liquidity assistance

Lira <-, Lire> *f* lira

lispeln I. *vi* to lisp
II. *vt* ■**etw ~** to whisper sth

Lissabon <-s> *nt* Lisbon

List <-, -en> *f* (*Täuschung*) trick, ruse; **eine ~ anwenden** to use a little cunning; **zu einer ~ greifen** to resort to a trick [*or* ruse]
▸ WENDUNGEN: **mit ~ und Tücke** (*fam*) with cunning and trickery

Liste <-, -n> *f* ❶ (*schriftliche Aufstellung, Aneinanderreihung*) list
❷ (*Namens~*) list [of names], roll; **eine ~ der Besucher** a visitors' book
❸ POL (*Wahl~*) list [of candidates]
▸ WENDUNGEN: **die schwarze ~** (*fam*) the blacklist; **auf der schwarzen ~ stehen** to be on the blacklist; **auf die schwarze ~ kommen** to be put on the blacklist [*or* blacklisted]

Listennachrücker(in) *m(f)* POL party list replacement [candidate] **Listenplatz** *m* POL place on the party list [of candidates] **Listenpreis** *m* ÖKON list price **Listenwahl** *f electoral system in which a party, not a candidate, is elected*

listig *adj* cunning, crafty

listigerweise *adv* cunningly, craftily

Listigkeit *f* cunningness, craftiness

Listing <-s, -s> *nt* listing

Litanei <-, -en> *f* ❶ REL litany
❷ (*pej fam: monotone Aufzählung*) litany, catalogue [*or* AM -og]

Litauen <-s> *nt* Lithuania; *s. a.* **Deutschland**

Litauer(in) <-s, -> *m(f)* Lithuanian; *s. a.* **Deutsche(r)**

Litauisch *nt dekl wie adj* Lithuanian; *s. a.* **Deutsch**

litauisch *adj* ❶ (*Litauen betreffend*) Lithuanian; *s. a.* **deutsch 1**
❷ LING Lithuanian; **auf L~** in Lithuanian; *s. a.* **deutsch 2**

Litauische <-n> *nt* ■**das ~** Lithuanian, the Lithuanian language; *s. a.* **Deutsche**

Liter <-s, -> *m o nt* litre [*or* AM -er]

literarisch I. *adj* literary
II. *adv* ❶ (*Literatur betreffend*) **~ gebildet/informiert sein** to be well-read; **~ interessiert sein** to be interested in literature
❷ (*als Literatur*) **etw ~ adaptieren/umarbeiten** to rewrite sth; **etw ~ verwenden** to use [in one's writing]

Literat(in) <-en, -en> *m(f)* (*geh*) literary figure, writer; ■**die ~en** the literati *npl*

Literatur <-, -en> *f* ❶ LIT literature *no pl, no indef art;* **die schöne** [*o* **schöngeistige**] **~** [the] belles-lettres *npl, + sing/pl vb*
❷ *kein pl* VERLAG (*Veröffentlichungen*) literature *no pl, no indef art*

Literaturagent(in) *m(f)* LIT, VERLAG literary agent **Literaturangabe** *f* bibliographical reference **Literaturbeilage** *f* literary supplement **Literaturdenkmal** *nt* literary monument **Literaturgattung** *f* literary genre **Literaturgeschichte** *f* ❶ *kein pl* (*Geschichte*) literary history *no pl, no indef art,* history of literature *no pl, no indef art*
❷ (*Werk*) literary history **literaturgeschichtlich** *adj* relating to literary history [*or* the history of literature] *pred;* **~ bedeutsam/interessant** important in the field of/interesting from the point of view of literary history **Literaturhaus** *nt* house of literature **Literaturhinweis** *m* bibliographical reference **Literaturkritik** *f* literary criticism **Literaturkritiker(in)** *m(f)* literary critic **Literaturpreis** *m* literary prize [*or* award] **Literaturverzeichnis** *nt* bibliography

Literaturwissenschaft *f* literary studies *pl,* study of literature; **vergleichende ~ studieren** to study comparative literature **Literaturwissenschaftler(in)** *m(f)* literary specialist **literaturwissenschaftlich** *adj inv* literary studies *attr*

Literaturzeitschrift *f* literary journal [*or* review]

Literflasche *f* litre [*or* AM -er] bottle **Litermaß** *nt* litre measure **literweise** *adv* by the litre

Litfasssäule[RR] *f,* **Litfaßsäule** *f* advertising pillar [*or* BRIT *a.* column]

Lithium <-s> *nt kein pl* CHEM lithium *no pl, no indef art*

Lithograf(in)[RR] <-en, -en> *m(f) s.* **Lithograph**

Lithograph(in) <-en, -en> *m(f)* ❶ (*Drucker*) lithographer
❷ (*Künstler*) lithographic artist

Lithographie <-, -n> *f,* **Lithografie**[RR] <-, -n> [-ˈfiːən] *f* ❶ *kein pl* (*Technik*) lithography *no pl, no art*
❷ (*Druck*) lithograph

lithographisch *adj,* **lithografisch**[RR] *adj* lithographic

Lithosphäre *f* GEOG lithosphere

Litschi <-, -s> *f* BOT litchi

litt *imp von* **leiden**

Liturgie <-, -n> [-ˈgiːən] *f* REL liturgy

liturgisch *adj* REL liturgical

Litze <-, -n> *f* ❶ MODE braid
❷ ELEK litz [*or* Litz] wire

live [laif] *adj pred* RADIO, TV live

Livealbum[RR], **Live-Album** *nt* MUS live album **Liveaufnahme**[RR] *f,* **Live-Aufnahme** *f* MUS live recording

Liveaufzeichnung[RR] *f* live recording **Liveband** [ˈlajfbænd] *f* live band; ***eine Party mit ~s*** a party with live music [*or* bands] **Livesendung**[RR] *f,* **Live-Sendung** *f* RADIO, TV live broadcast [*or* programme [*or* AM -am]]

Livree <-, -n> [liˈvreː, -eːən] *f* MODE livery

livriert [liˈvriːɐt] *adj* MODE liveried

Lizentiat <-[e]s, -e> *nt s.* **Lizenziat**

Lizentiat(in) <-en, -en> *m(f) s.* **Lizenziat**

Lizenz <-, -en> *f* 1 JUR (*Genehmigung*) licence [*or* AM -se]; **in ~** under licence
2 SPORT (*Erlaubnis*) licence [*or* AM -se]

Lizenzausgabe *f* VERLAG licensed edition, edition published under licence [*or* AM -se] **Lizenzaustauschvertrag** *m* JUR (*Patentrecht*) cross-licensing agreement **Lizenzeinnahmen** *pl* HANDEL royalties **Lizenzerteilung** *f* JUR licensing, grant [*or* AM issuance] of a licence; (*Franchising*) franchising **lizenzfähig** *adj inv* JUR licensable **lizenzfrei** *adj inv* JUR free of royalties, requiring no licence **Lizenzgeber(in)** <-s, -> *m(f)* licenser **Lizenzgebühr** *f* licence fee; VERLAG royalty; **~ für die Benutzung** user fee **Lizenzgeschäft** *nt* JUR licensing deal; HANDEL licensed business; (*Franchise*) franchise

Lizenziat(in)RR <-en, -en> *m(f)* SCH 1 (*Inhaber des ~s*) licentiate
2 SCHWEIZ licentiate

lizenzieren* *vt* JUR ■**etw ~** to license sth

Lizenzierung <-, -en> *f* JUR licensing

Lizenzinhaber(in) *m(f)* JUR licence holder, licensee **Lizenznehmer(in)** <-s, -> *m(f)* licensee **Lizenzrechte** *pl* JUR rights of licence [*or* AM -se] [under a patent] **Lizenzregelung** *f* JUR licensing arrangement **Lizenzspieler(in)** *m(f)* SPORT licensed professional **Lizenztausch** *m* JUR exchange of licences **Lizenzträger(in)** *m(f)* JUR licensee **Lizenzvereinbarung** *f* JUR licence agreement **Lizenzvergabe** *f* JUR licensing **Lizenzvertrag** *m* licensing agreement **Lizenzverweigerung** *f* JUR refusal to grant a licence **Lizenzware** *f* HANDEL licensed product **Lizenzzahlung** *f* JUR royalty payment

Lkw, LKW <-[s], -[s]> *m Abk von* Lastkraftwagen HGV BRIT

Lkw-Fahrer(in) *m(f)* lorry [*or* AM truck] driver, haulier BRIT, trucker AM **Lkw-Führerschein** *m* HGV driver's licence BRIT, commercial driver's license [*or* CDL] AM **Lkw-Motor** *m* lorry [*or* AM truck] engine

Lob <-[e]s, *selten* -e> *nt* praise *no pl, no indef art;* ***ihm gebührt großes/höchstes ~*** he deserves the highest praise; **~ für etw bekommen** [*o* **erhalten**] to be praised for sth; **des ~es voll** [**über jdn/etw**] **sein** to be full of praise [for sb/sth]; **jdm ~ spenden** [*o geh* **zollen**] to praise [*or form* bestow praise on] sb; **~ verdienen** to deserve praise

Lobby <-, -s *o* Lobbies> ['lɔbi] *f* lobby

Lobbyismus <-> *m kein pl* POL lobbying *no pl*

Lobbyist(in) <-en, -en> *m(f)* lobbyist

Lobelie <-, -n> *f* BOT lobelia

loben I. *vt* 1 (*anerkennend beurteilen*) ■**jdn/etw ~** to praise sb/sth; ■**sich ~** to praise oneself
2 (*lobenswert sein*) ■**zu ~ sein** to be praiseworthy [*or* worthy of praise]
3 (*etw mehr schätzen*) ■**sich** *dat* **etw ~** to prefer sth; ***da lobe ich mir die guten alten Zeiten*** give me the good old days [any time]
4 (*sehr gefallen*) ■**sich** *dat* **jdn/etw ~** to like to see sb/sth; ***solches Engagement lob' ich mir*** that's the sort of commitment I like [to see]
II. *vi* to praise

lobend I. *adj* laudatory; **~e Worte** words of praise, laudatory words
II. *adv* **sich** *akk* **über jdn/etw ~ äußern** to praise [*or* commend] sb/sth

lobenswert *adj* praiseworthy, laudable, commendable; KOCHK very good

Lobeshymne *f* (*überschwängliches Lob*) eulogy
► WENDUNGEN: **~n** [*o* **eine ~**] **auf jdn/etw anstimmen/singen** to [begin to] praise sb/sth to the skies

Lobgesang *m* REL hymn [of praise], song of praise **Lobhudelei** <-, -en> *f* (*pej*) fulsome [*or* gushing] praise *no pl, no art pej* **lobhudeln** *vi* (*pej*) ■[**jdm**] **~** to give fulsome praise, to praise sb fulsomely; ■**~d** gushing

löblich *adj* (*geh*) laudable, commendable

Loblied *nt* ► WENDUNGEN: **ein ~ auf jdn/etw singen** to sing sb's praises/the praises of sth **lobpreisen** <*pp* lob[ge]priesen> *vt* REL (*liter*) ■**jdn ~** to praise sb **Lobrede** *f* eulogy; **eine ~ auf jdn halten** to eulogize sb **Lobredner(in)** <-s, -> *m(f)* (*fig*) eulogist

Location <-, -s> [lɔ'keɪʃən] *f* location

Loch <-[e]s, Löcher> *nt* 1 (*offene Stelle*) hole; **ein ~ im Reifen** a puncture; **ein ~ im Zahn** a hole [*or* cavity] in one's [*or* the] tooth; **ein gähnendes ~** (*geh*) a yawning [*or* gaping] hole; **ein ~ in etw** *akk* [**hinein**]**fressen** to eat a hole into sth 2 SPORT (*Billard~*) pocket; (*Golf~*) hole 3 (*fam: elende Wohnung*) hole *fam* ► WENDUNGEN: **jdm ein ~** [*o* **Löcher**] **in den Bauch fragen** (*fam*) to drive sb up the wall with [[all] one's] questions; **Löcher** [*o* **ein ~**] **in die Luft schießen** (*fam*) to miss the target; **Löcher in die Luft starren** (*fam*) to stare [*or* gaze] into space; **auf dem letzten ~ pfeifen** (*sl: finanziell am Ende sein*) to be broke *fam* [*or* BRIT *sl a.* skint]; (*völlig erschöpft sein*) to be on one's/its last legs; **schwarzes ~** ASTRON black hole; **ein großes ~ in jds Geldbeutel/Ersparnisse reißen** (*fam*) to make a big hole in sb's pocket/a big hole [*or fam* dent] in sb's savings; **saufen wie ein ~** (*fam*) to drink like a fish *fam;* **mit etw** *dat* **ein ~ stopfen** to plug the gap [in sth] with sth **Lochblech** *nt* BAU perforated plate **Locheisen** *nt* punch, piercer; (*für Leder*) pricker

lochen *vt* ■**etw ~** 1 (*mit dem Locher stanzen*) to punch holes in
2 TRANSP (*veraltend: mit der Lochzange entwerten*) ■**etw ~** to punch [*or* clip] sth

Locher <-s, -> *m* [hole] punch[er]

löcherig *adj* full of holes *pred,* holey; ■[**ganz**] **~ sein** to be full of holes

löchern *vt* (*fam*) ■**jdn ~** to pester sb

Lochkarte *f* INFORM punch card **Lochsäge** *f* keyhole saw **Lochstanze** *f* punch **Lochstein** *m* BAU perforated brick **Lochstickerei** *f* broderie anglaise **Lochstreifen** *m* punched paper tape

Lochung <-, -en> *f* 1 *kein pl* (*das Lochen*) punching holes in
2 (*gelochte Stelle*) perforation

Lochzange *f* [ticket] punch

Lockartikel *m* HANDEL loss-leader

Locke <-, -n> *f* curl; **~n haben** to have curly hair; **sich** *dat* **~n machen lassen, sich** *dat* **das Haar in ~n legen lassen** to have one's hair set [*or* curled]

locken1 I. *vt* ■**etw ~** to curl sth; **sich** *dat* **das Haar ~ lassen** to have one's hair set [*or* curled]; *s. a.* **gelockt**
II. *vr* ■**sich ~** to curl; ***nach der Wäsche ~ sich die Haare von allein*** hair tends to go curly after washing

locken2 *vt* 1 (*an~*) ■**etw ~** to lure sth; **ein Tier in einen Käfig ~** to lure [*or* entice] an animal into a cage
2 (*ver~*) ■**jdn ~** to tempt sb; ***Ihr Vorschlag könnte mich schon ~*** I'm [very] tempted by your offer, your offer is very tempting
3 (*ziehen*) ■**jdn ~** *impers* sb is lured; ***mich lockt es jedes Jahr in die Karibik*** every year I feel the lure of the Caribbean

Lockenbürste *f* curling brush

lockend *adj* tempting; ■**etw ist für jdn ~** sth is tempting for sb

Lockenkopf *m* 1 (*lockiges Haar*) curly hair *no pl, no indef art* 2 (*Mensch mit ~*) curly-headed person, curlyhead *fam* **Lockenpracht** *f* magnificent head of curls **Lockenstab** *m* curling tongs *npl* [*or* AM iron] **Lockenwickler** <-s, -> *m* [hair] curler [*or* roller]; **die Haare auf ~ drehen** to put one's hair in curlers [*or* rollers]

locker I. *adj* 1 (*nicht stramm*) loose
2 (*nicht fest*) loose, loose-packed *attr,* loosely packed *pred*
3 KOCHK (*luftig*) light
4 (*nicht gespannt*) slack; **~e Muskeln** relaxed muscles; **ein ~es Mundwerk haben** (*fig fam*) to have a big mouth *fig fam*
5 (*leger, unverkrampft*) relaxed, laid-back *attr fam,* laid back *pred fam;* **einen ~en Lebenswandel führen** (*pej*) to lead a loose life *pej*
6 (*oberflächlich*) casual
II. *adv* 1 (*nicht stramm*) loosely; **~ gebunden** loosely tied; **~ sitzen** to be loose
2 (*oberflächlich*) casually; ***ich kenne ihn nur ~*** I only know him in passing
3 (*sl: ohne Schwierigkeiten*) just like that *fam*
► WENDUNGEN: **~ vom Hocker** (*fam*) without any problems, no problem! *fam;* **bei jdm ist eine Schraube ~** (*sl*) sb has a screw loose *fam;* [**bei**] **jdm sitzt etw ~** (*sl*) sb is quick on the draw with sth; ***bei ihm sitzt das Messer ~*** he's always quick to pull a knife [on somebody]!

locker-flockig I. *adj* (*sl*) laid-back *attr fam,* laid back *pred fam*
II. *adv* (*sl: unbekümmert*) laid back *fam;* (*spielend leicht*) without any trouble, no sweat *fam*

Lockerheit <-> *f kein pl* 1 (*lockere Beschaffenheit*) looseness
2 (*bei einem Seil*) slackness
3 KOCHK lightness

locker|lassen *vi irreg* (*fam*) ■**nicht ~** to not give [*or fam* let] up **locker|machen** *vt* (*fam*) ■**etw** [**für jdn/etw**] **~** to shell [*or* fork] out sth [for sb/sth] *fam;* ***ob du bei Mutter noch 50 Mark Taschengeld für mich ~ könntest?*** do you think you could get Mum to up *fam* my pocket money by another 50 marks?

lockern I. *vt* 1 (*locker machen*) ■**etw ~** to loosen sth; **den Griff ~** to relax [*or* loosen] one's grip; **die Zügel ~** to slacken the reins
2 (*entspannen*) ■**etw ~** to loosen up sth *sep*
3 (*weniger streng gestalten*) ■**etw ~** to relax sth
II. *vr* ■**sich ~** 1 (*locker werden*) *Backstein, Schraube, Zahn* to work loose; *Bremsen* to become loose [*or* soft]; *Bewölkung, Nebel* to lift
2 SPORT (*die Muskulatur entspannen*) to loosen [*or* limber] up
3 (*sich entkrampfen*) to become more relaxed; ***die Verkrampfung lockerte sich zusehends*** the tension eased visibly

Lockerung <-, -en> *f* 1 SPORT (*Entspannung*) loosening [*or* limbering] up
2 (*Entkrampfung*) relaxation

Lockerungsübung *f* loosening-[*or* limbering-]up exercise

lockig *adj* 1 (*gelockt*) curly
2 (*lockiges Haar besitzend*) curly-headed

Lockmittel *nt* lure; ***ein hohes Gehalt ist immer ein gutes ~*** a high salary is always a good enticement **Lockruf** *m* ORN call

Lockung <-, -en> *f* 1 (*Fernweh*) lure
2 (*Versuchung*) temptation

Lockvogel *m* 1 JAGD decoy [bird]
2 (*pej: Köder*) decoy

Lockvogelwerbung *f* inducement advertisement

Locogeschäft *nt* HANDEL spot transaction **Locomarkt** *m* ÖKON spot market **Locopreis** *m* HANDEL spot price

Loddel <-s, -> *m* (*sl*) pimp, BRIT *a.* ponce *pej sl*

Loden <-s, -> *m* MODE loden

Lodenmantel *m* MODE loden coat

lodern *vi* 1 *haben* (*emporschlagen*) to blaze [up]; ***im Kamin loderte ein Feuer*** a fire was blazing in the grate; ■**~d** blazing; *s. a.* **Auge**
2 *sein* (*schlagen*) ***die Flammen sind zum Himmel gelodert*** the flames reached up [in]to the sky

Löffel <-s, -> *m* 1 (*als Besteck*) spoon 2 KOCHK (*Maßeinheit*) a spoonful [of] 3 JAGD ear ► WENDUNGEN: **mit einem goldenen/silbernen ~ im Mund geboren sein** to be born with a silver spoon in one's mouth; **den ~ abgeben/wegwerfen** (*sl*) to kick the bucket *sl;* **seine ~ aufsperren** (*sl*) to pin back one's ears [*or* BRIT *sl* lugholes]; **jdn über den ~ balbieren** (*fam*) to take sb for a ride *fam;* **ein paar hinter die ~ bekommen** [*o* **kriegen**] (*fam*) to get a clip round [*or* AM on] the ears; **jdm ein paar hinter die ~ geben** (*fam*) to give sb a clip round [*or* AM on] the ears; **sich** *dat* **etw hinter die ~ schreiben** to get sth into one's head **Löffelbagger** *m* excavator **Löffelente** *f* ORN shoveler

L

löffeln *vt* ❶ (*essen*) ■**etw** ~ to eat sth with a spoon, to spoon up sth *sep*
❷ (*schöpfen*) ■**etw** [**in etw** *akk*] ~ to spoon sth [into sth]
► WENDUNGEN: **jdm eine** ~ (*fam*) to slap sb
Löffelstiel *m* spoon handle
löffelweise *adv* by the spoonful
Löffler *m* ORN spoonbill
Lo-Fi <-s, -s> *nt* lo-fi
log[1] [lɔk] *m Abk von* **Logarithmus** log
log[2] *imp von* **lügen**
Log <-s, -e> *nt* NAUT log
Logarithmentafel *f* MATH log[arithm] table
logarithmieren* *vt* MATH ■**etw** ~ to take logarithms of sth
logarithmisch *adj inv* MATH logarithmical
Logarithmus <-, -rithmen> *m* MATH logarithm
Logbuch *nt* NAUT log[book]
Logdatei[RR] *f*, **Log-Datei** *f* INFORM log file
Loge <-, -n> ['lo:ʒə] *f* ❶ FILM, THEAT box, loge
❷ (*Pförtner~*) lodge
❸ (*Geheimgesellschaft von Freimaurern*) lodge
Logenbruder *m* lodge brother, freemason **Logenmeister** *m* master of a/the lodge **Logenplatz** *m* FILM, THEAT seat in a box [*or* loge] **Logensitzung** *f* lodge meeting
logieren* [lo'ʒi:rən] *vi* to stay; **bei jdm** ~ to stay at sb's place
Logik <-> *f kein pl* ❶ (*Folgerichtigkeit*) logic *no pl, no indef art*; ***das ist vielleicht eine ~!*** (*iron*) that's an interesting type of logic! *iron*
❷ PHILOS logic *no pl, no art*
Logiker(in) <-s, -> *m(f)* MATH logician
Logis <-> [lo'ʒi:] *nt kein pl* ❶ (*Unterkunft*) lodgings *pl*, rooms *pl*; **Kost und** ~ board and lodging; **bei jdm in** ~ **wohnen** to lodge with sb
❷ NAUT crew's quarters *pl*, forecastle [*or* fo'c'sle]
logisch *adj* ❶ (*in sich stimmig*) logical
❷ (*fam: selbstverständlich*) natural; [***na,***] ***ist doch*** [***~!***] of course!
logischerweise *adv* naturally [*or* understandably] [enough]
Logistik <-> *f kein pl* MIL, ÖKON logistics *npl*
logistisch *adj inv, attr* logistic[al]
logo *interj* (*sl*) of course, you bet *fam*
Logo <-s, -s> *nt* logo
Logopäde, -pädin <-n, -n> *m, f* speech therapist, logopaedist BRIT, logopedist AM
Logopädie <-> *f kein pl* speech therapy *no art*
Logopädin <-, -nen> *f fem form von* **Logopäde**
Lohe[1] <-, -n> *f* (*geh: emporlodernde Flamme[n]*) raging flames *pl*
Lohe[2] <-, -n> *f* (*Gerber~*) tanbark
Lohgerber(in) *m(f)* tanner
Lohn <-[e]s, Löhne> *m* ❶ (*Arbeitsentgelt*) wage[s *pl*], pay *no pl, no indef art*; **Löhne abbauen/angleichen** to reduce/equalize wages
❷ *kein pl* (*Belohnung*) reward; **jds gerechter** [*o* **verdienter**] ~ sb's just deserts; ***dafür wird er schon noch seinen ~ erhalten!*** he will get his comeuppance for this [one day]!; **als** [*o* **zum**] ~ **für etw** *akk* as a reward for sth
Lohnabbau *m* reduction of earnings *pl* [*or* pay] **lohnabhängig** *adj inv* wage-dependent; **die** Lohnabhängigen the wage slaves *iron* **Lohnabkommen** *nt* wage [*or* pay] agreement **Lohnabrechnung** *f* payroll [*or* wage[s]] accounting, pay-[*or* wage-]slip, wages slip; **Lohn- und Gehaltsabrechnung** payroll accounting **Lohnabschluss**[RR] *f* JUR wage settlement **Lohnabtretung** *f* JUR assignment of wages **Lohnabzug** *m meist pl* FIN salary deduction **Lohnangleichung** *f*, **Lohnanpassung** *f* wage adjustment; **gleitende** ~ automatic wage adjustment **Lohnanspruch** *m* wage claim [*or* entitlement] **Lohnausfall** *m* ÖKON loss of earnings **Lohnausgleich** *m* pay compensation; **bei vollem** ~ at full [*or* without loss of] pay, without pay cuts **Lohnbescheinigung** *f* FIN pay [*or* wages] slip **Lohnbuch** *nt* JUR wage account book, payroll **Lohnbuchhalter(in)** *m(f)* payroll [*or* wages] clerk **Lohnbuchhaltung** *f* ❶ *kein pl* (*Berechnung des Lohns*) payroll [*or* wage[s]] accounting ❷ (*Lohnbüro*) payroll [*or* wages] office, payroll department **Lohnbüro** *nt* payroll [*or* wages] office, payroll department **Lohndrift** *f* ÖKON wage drift **Lohndumping** [-dʌmpɪŋ] *nt* paying [illegal] workers at a reduced rate **Lohnempfänger(in)** *m(f)* ÖKON wage-earner; **Lohn- und Gehaltsempfänger** *pl* wage and salary earners
lohnen I. *vr* ❶ (*sich bezahlt machen*) ■**sich** *akk* [**für jdn**] ~ to be worthwhile [*or* worth it] [for sb]; ***unsere Mühe hat sich gelohnt*** it was worth the effort [*or* trouble], our efforts were worth it [*or* worthwhile]
❷ (*es wert sein*) ■**sich** ~ to be worth seeing [*or* going to see]; ■**sich** *akk* ~, **etw zu tun** to be worth doing sth
II. *vt* ❶ (*rechtfertigen*) ■**etw** ~ to be worth sth; ***der große Aufwand lohnt das Ergebnis kaum/nicht*** the result was hardly/wasn't worth all that expense
❷ (*be~*) ■**jdm etw** ~ to reward sb for sth; ***sie hat mir meine Hilfe mit Undank gelohnt*** she repaid my help with ingratitude
III. *vi impers* to be worth it; ■~, **etw zu tun** to be worth[while] doing sth
löhnen I. *vi* (*fam*) to pay [*or sl* cough] up
II. *vt* (*fam*) ■**etw** [**für etw** *akk*] ~ to pay sth [*or* shell [*or* fork] out sth *fam*] [for sth]
lohnend *adj* (*einträglich*) rewarding, lucrative, profitable; (*nutzbringend*) worthwhile; (*sehens-/hörenswert*) worth seeing/hearing
lohnenswert *adj* worthwhile, rewarding; ■~ **sein, etw zu tun** to be worthwhile doing sth
Lohnerhöhung *f* wage [*or* pay] increase [*or* rise] **Lohnersatzleistungen** *pl* unemployment benefit *no pl* **Lohnforderung** *f* wage demand [*or* claim] **Lohnfortzahlung** *f* continued payment of wages **Lohngefälle** *nt* ÖKON wage differential **Lohngefüge** *nt* ÖKON wage structure **Lohngemeinkosten** *pl* ÖKON indirect labour [*or* AM -or] costs **Lohngruppe** *f* wage group [*or* bracket] **Lohnindexierung** *f* threshold agreement **Lohninflation** *f* ÖKON inflationary march of wages **Lohnkampf** *m* JUR wage dispute **Lohnkonto** *nt* FIN wage account; **Lohn- und Gehaltskonten** wage and salary accounts **Lohnkosten** *pl* wage [*or* labour] [*or* AM labor] costs *pl*; **die** ~ **eindämmen** to curb labour costs **Lohnkostenzuschuss**[RR] *m* wage costs subsidy **Lohnkürzung** *f meist pl* FIN pay [*or* wage] cut; **Lohn- und Gehaltskürzung** pay cuts **Lohnliste** *f* payroll [register [*or* sheet]]; **auf jds** ~ **stehen** to be on sb's payroll; (*von jdm bezahlt werden*) to be in sb's pay **Lohnnebenkosten** *pl* incidental labour [*or* AM -or] [*or* wage] costs *pl*, ancillary wage costs *pl* **Lohnnebenleistungen** *pl* FIN fringe benefits **Lohnniveau** *nt* ÖKON wage level **Lohnpfändung** *f* attachment [*or* garnishment] of wages [*or* earnings] **Lohnpfändungsbeschluss**[RR] *m* JUR wage garnishment order, attachment of wages order **Lohnpolitik** *f* FIN wages policy; **Lohn- und Gehaltspolitik** incomes policy **Lohn-Preis-Spirale** *f* wage-price spiral **Lohnquote** *f* ÖKON ratio of wages and salaries to national product **Lohnrückstand** *m* FIN arrears *npl* of wages **Lohnrunde** *f* pay [*or* wage] round; **eine** ~ **einläuten** to kick off a wage round **Lohnsatz** *m* ÖKON rate of pay **Lohnscheck** *m* FIN pay cheque **Lohnschiebungsvertrag** *m* JUR employment agreement involving fraudulent wage stipulations
Lohnsteuer *f* income tax [on wages and salaries]
Lohnsteuerberechnungstabelle *f* FIN income tax table **Lohnsteuerhaftung** *f* JUR liability for income tax **Lohnsteuerjahresausgleich** *m* annual adjustment of income tax **Lohnsteuerkarte** *f card showing income tax and social security contributions paid by an employee in any one year* **lohnsteuerpflichtig** *adj* JUR liable to wage tax *pred* BRIT, payroll *attr* AM
Lohnstopp[RR] *m* JUR wage freeze, pay restraint; **Lohn- und Preisstopp** freeze on wages and prices
Lohnstückkosten *pl* unit labour [*or* AM -or] costs *pl* **Lohnsumme** *f* wage bill **Lohnsummensteuer** *f* FIN payroll tax, tax on total wages paid **Lohntarif** *m* wage rate **Lohntarifvereinbarung** *f meist pl* JUR collective wage agreement
Löhnung <-, -en> *f* ❶ (*Auszahlung*) payment
❷ (*Betrag*) pay
Lohnvereinbarung *f* wage [*or* pay] agreement **Lohnverhandlungen** *pl* JUR pay negotiations [*or* talks] **Lohnvorschuss**[RR] *m* FIN advance wage **Lohnzahlungspflicht** *f* JUR liability to pay wages **Lohnzulage** *f* FIN pay increase **Lohnzusatzleistung** *f* perk **Lohnzuschlag** *m* FIN extra pay
Loipe <-, -n> *f* SKI cross-country course, loipe
Lok <-, -s> *f* (*fam*) *kurz für* **Lokomotive**
lokal *adj* local; **jdn** ~ **betäuben** to give sb a local anaesthetic [*or* AM anesthetic]; **~e Gruppe** ASTRON Local Group
Lokal <-s, -e> *nt* ❶ (*Gaststätte*) pub BRIT, bar AM; (*Restaurant*) restaurant
❷ (*Vereins~*) [club] meeting place
Lokalanästhesie *f* MED local anaesthetic [*or* AM anesthetic]; **in** ~ under local anaesthetic
Lokalanästhetikum *nt* MED local anaesthetic [*or* AM anesthetic] **Lokalaugenschein** *m* JUR ÖSTERR (*Lokaltermin*) visit to the scene of the crime **Lokalbahn** *f* local [*or* suburban] railway BRIT, suburban railroad AM **Lokalblatt** *nt* MEDIA local paper
Lokale(s) *nt dekl wie adj* local news + *sing vb, no indef art*
Lokalfernsehen <-s, -> *nt* MEDIA local television
Lokalisation <-, -en> *f* (*geh*) location
lokalisieren* *vt* ❶ (*örtlich bestimmen*) ■**etw** ~ to locate sth; ■**etw lässt sich** *akk* ~ sth can be located
❷ (*eingrenzen*) ■**etw** [**auf etw** *akk*] ~ to localize sth [in[*or* to] sth], to limit sth [to sth]; **den Konflikt** ~ to contain the conflict
Lokalität <-, -en> *f* ❶ (*Örtlichkeit*) locality; ***wir brauchen jemanden, der sich mit der ~/den ~en genau auskennt*** we need someone who knows the area like the back of his hand
❷ (*hum fam: Lokal*) pub BRIT, bar AM
Lokalkolorit *nt* local colour [*or* AM -or] **Lokalmatador** *m* (*hum*) local hero [*or* favourite] [*or* AM favorite] **Lokalnachrichten** *pl* MEDIA local news + *sing vb, no indef art* **Lokalpatriotismus** *m* local patriotism *no pl, no indef art* **Lokalreporter(in)** *m(f)* stringer **Lokalseite** *f* local page **Lokalsender** *m* RADIO local station; TV local channel [*or* AM *a.* station] **Lokalteil** *m* MEDIA local section **Lokaltermin** *m* JUR visit to the scene of the crime **Lokalverbot** *nt* ~ **bekommen/haben** to get/be banned [*or* barred] from a pub [*or* AM bar]; **jdm** ~ **erteilen** to ban [*or* bar] sb from a/the pub [*or* AM bar] **Lokalverkehr** *m* local traffic **Lokalzeitung** *f* local newspaper **Lokalzug** *m* local train
Lokführer(in) *m(f)* (*fam*) engine [*or* train] driver BRIT, engineer AM
Lokomotive <-, -n> [-və] *f* locomotive, [railway] engine
Lokomotivführer(in) *m(f)* engine [*or* train] driver BRIT, engineer AM
Lokomotivschuppen *m* engine shed
Lokowaren *pl* ❶ HANDEL spot goods
❷ BÖRSE spots
Lokus <-, – *o* -ses, -se> *m* (*fam*) loo BRIT, john AM
Lokuste <-, -n> *f* ZOOL locust
Lolita <-, -s> *f* Lolita *liter*
Lolli <-s, -s> *m* (*fam*) lollipop, BRIT *a.* lolly *fam*
Lombardbank *f* FIN loan bank
Lombardei <-> *f* Lombardy
lombardfähig *adj* FIN eligible to serve as collateral *pred*
lombardieren* *vt* FIN ■**etw** ~ to lend against collateral, to advance on securities
Lombardierung <-, -en> *f* FIN borrowing against securities [*or* on collateral security]
Lombardierungswert *m* FIN collateral value
Lombardkredit *m* FIN loan against collateral **Lombardsatz** *m* FIN Lombard rate, rate for loans on securities **Lombardwechsel** *m* FIN collateralized

bill **Lombardwert** *m* FIN collateral value **Lombardzins** *m* FIN interest on borrowings against securities
London <-s> *nt* London
Londoner *adj attr* London; ***im ~ Hyde-Park*** in London's Hyde Park
Londoner(in) <-s, -> *m(f)* Londoner
Longdrink ['lɔŋdrɪŋk] *m* long drink
Look <-s, -s> [lʊk] *m* MODE look
Looping <-s, -s> ['lu:pɪŋ] *m o nt* LUFT loop, looping the loop; **einen ~ machen** to loop the loop
Lorbeer <-s, -en> *m* ① *(Baum)* laurel [*or* bay] [tree] ② *(Gewürz)* bay leaf ③ *(geh: Kranz)* laurel wreath
▶ WENDUNGEN: **sich** *akk* **auf seinen ~en ausruhen** *(fam)* to rest on one's laurels; **mit etw** *dat* **keine ~en ernten können** to not win any laurels for sth
Lorbeerbaum *m* laurel [*or* bay] [tree] **Lorbeerblatt** *nt* ① *(Blatt des Lorbeers)* laurel [*or* bay] leaf ② *(Gewürz)* bay leaf **Lorbeerkranz** *m* laurel wreath
Lord <-s, -s> *m* ① *(Adelstitel)* Lord ② *(Titelträger)* lord
Lordrichter *m* JUR *(am britischen Berufungsgericht)* Lord Justice
Lore <-, -n> *f* BERGB tipper [*or* tipping] wagon BRIT, dump truck AM
Lorgnette <-, -n> [lɔrn'jɛtə] *f* lorgnette
los I. *adj pred* ① *(von etwas getrennt)* ■**~ sein** to have come off; *s. a.* **Hund**
② *(fam: losgeworden)* ■**jdn ~ sein** to be rid [*or fam* shot] of sb; ■**etw ~ sein** to be rid [*or fam* shot] of sth, to have got rid [*or fam* shot] of sth; *(ging einer S. verlustig)* to have lost [*or fam* blown] sth; ***er ist sein ganzes Geld ~*** he's lost all his money [*or fam* cleaned out]
▶ WENDUNGEN: **irgendwo ist etwas/viel/nichts ~** *(fam)* sth/a lot/nothing is going on [*or* happening] somewhere; ***wo ist hier etwas ~?*** where can I find some action around here?; ***da ist immer viel ~*** there's always a lot going on there, that's where the action always is *fam;* **... [dann] ist etwas ~!** *(fam)* there'll be hell to pay!; **mit jdm ist etwas ~** *(fam)* sth's up [*or* the matter] with sb; **mit jdm ist nichts ~** *(fam: jd fühlt sich nicht gut)* sb isn't up to much [any more]; *(jd ist langweilig)* sb is a dead loss *fam;* **was ist ~?** *(fam)* what's up? [*or* wrong] [*or* the matter]; **was ist denn hier/da ~?** *(fam)* what's going on here/there?; *s. a.* **Mundwerk**
II. *adv* ① *(fortgegangen)* ■**jd ist ~** sb has gone [*or* left]; ***Ihre Frau ist schon seit/vor fünf Minuten ~*** your wife left [*or* went] five minutes ago
② *(gelöst)* ■**etw ist ~** sth is [*or* has come] loose; ***noch ein paar Umdrehungen, dann ist die Schraube ~!*** a couple more turns and the screw will be off!
▶ WENDUNGEN: **~!** *(mach!)* come on!; *(voran!)* get moving!; **~, *verschwinde, du frecher Köter!*** go on, get out of here, you cheeky devil!; *s. a.* **Achtung, nichts, Platz**
Los <-es, -e> *nt* ① *(Lotterie~)* [lottery] ticket; *(Kirmes~)* [tombola [*or* AM raffle]] ticket
② *(für Zufallsentscheidung)* lot; **durch das ~** by drawing lots; **das ~ entscheidet** [*o* **wird gezogen**] to be decided by drawing lots; **das ~ fällt auf jdn** it falls to sb
③ *kein pl (geh: Schicksal)* lot *no pl;* **jds ~ teilen, das gleiche ~ erfahren** *(geh)* to share the same lot [*or* fate] [as sb]
▶ WENDUNGEN: **das große ~** the jackpot, first prize; **jd hat mit jdm/etw das große ~ gewonnen** [*o* **gezogen**] sb has hit the jackpot [*or* struck it lucky] with sb/sth
lösbar *adj inv* ① *Problem* solvable, soluble ② *(löslich)* soluble
los|bellen *vi* to start barking, to bark **los|binden** *vt irreg* ■**etw/ein Tier [von etw** *dat*] **~** to untie sth/an animal [from sth] **los|brechen** *irreg* I. *vt haben* ■**etw [von etw** *dat*] **~** to break off sth [from sth] [*or* sth off [sth]] II. *vi sein* ① *(abbrechen)* ■**[von etw** *dat*] **~** to break off [sth] ② *(plötzlich beginnen)* to break out; ***gleich wird das Gewitter/Unwetter ~*** the storm is about to break **los|bröckeln** *vi sein* ■**[von etw** *dat*] **~** to crumble away [from sth] [*or* off [sth]]
losch *(veraltet) 1. und 3. pers. imp von* **löschen**
Löscharbeit *f meist pl* fire-fighting *no pl*, fire-fighting operations *pl*
löschbar *adj* ① *(zu löschen) Feuer, Flammen* extinguishable
② *(zu tilgen) Daten, Text etc* can be deleted [*or* removed] *pred*
Löschblatt *nt* sheet [*or* piece] of blotting-paper
löschen¹ I. *vt* ① *(auslöschen)* ■**etw ~** *Feuer, Flammen* to extinguish [*or sep* put out] sth [with sth]; **das Licht ~** to switch [*or* turn] off [*or* out] the light[s] *sep,* to put out the light[s] *sep; s. a.* **Durst, Kalk**
② *(tilgen)* ■**etw ~** to delete [*or* remove] sth; **ein Bankkonto ~** to close a bank account; **eine Firma aus dem Handelsregister ~** to remove [*or sep* strike off] a firm from the register of companies
③ *(eine Aufzeichnung entfernen)* ■**etw ~** to erase sth
④ INFORM ■**etw ~** to clear sth, to delete sth; **den Speicher/Bildschirm ~** to clear the memory/screen; **die Tabulation ~** to delete the tab stop
⑤ *(aufsaugen)* ■**etw [mit etw** *dat*] **~** to blot sth [with sth]
II. *vi* to extinguish [*or sep* put out] a/the fire
löschen² NAUT I. *vt* ■**etw ~** to unload sth
II. *vi* to unload
Löschfahrzeug *nt* fire engine **Löschflugzeug** *nt* firefighting plane **Löschgerät** *nt* fire extinguisher **Löschkalk** *m* slaked lime **Löschmannschaft** *f* firefighting team **Löschpapier** *nt* blotting paper **Löschtaste** *f* INFORM delete key **Löschtrupp** *m* firefighting team, firefighters *pl*
Löschung¹ <-, -en> *f* cancellation, removal; JUR *(im Grundbuch)* cancellation, deletion; *Schulden* paying off, repayment; *Eintragungen* deletion; *Firmen* striking off; *Computerdaten* erasing, deletion; *Bankkonto* closing; **~ einer Eintragung** cancellation of an entry; **~ im Handelsregister** deregistration; **eine ~ beantragen** to apply for cancellation; **~ einer Firma** dissolution of a company; **~ einer Hypothek** cancellation of a mortgage; **~ einer Marke** cancellation of a brand
Löschung² <-, -en> *f (das Ausladen)* unloading *no pl*
Löschungsanrecht *nt* JUR *(Grundbuch)* cancellation privilege **Löschungsanspruch** *m* JUR right to have an entry expunged from a register **Löschungsantrag** *m* JUR *(Grundbucheintrag)* memorandum of satisfaction; *eines Patents* application for revocation **Löschungsbewilligung** *f* JUR *(für Grundbuch)* consent to cancellation, satisfaction [*or* AM release] of a mortgage **Löschungsklage** *f* JUR action for cancellation; **grundbuchrechtliche ~** petition to cancel a land charge **Löschungsvermerk** *m* JUR notice of cancellation **Löschungsvormerkung** *f* JUR *(im Grundbuch)* notice of right to cancellation **Löschungsvorschriften** *pl* JUR cancellation proceedings *pl*
Löschzug *m* fire engine
lose *adj* ① *(locker, unverbunden)* loose; **ein ~r Knopf** a loose button; **ein ~s Seil** a slack rope; **eine ~ Verbindung** a loose connection
② *(unverpackt, einzeln)* loose; **~ Ware** items sold loose; **~ Manuskriptseiten** loose pages of a manuscript; **sein Geld ~ in der Tasche haben** to have loose change in one's pocket
③ *(hum: frech)* cheeky, lippy; **ein ~s Mundwerk haben** to be cheeky, to have a big mouth
④ *(veraltend: unmoralisch)* loose; **ein ~s Mädchen** a loose woman
Loseblattausgabe *f* loose-leaf book[let] **Loseblattbindung** *f* TYPO loose-leaf binding
Lösegeld *nt* ransom
Lösegeldforderung *f* ransom demand
los|eisen I. *vt (fam)* ① *(mit Mühe freimachen)* ■**jdn [von jdm/etw] ~** to tear sb away [from sb/sth]; ***es ist schwer, die Kinder vom Fernseher loszueisen*** it is difficult to tear the children away from the TV
② *(etw beschaffen)* ■**bei jdm etw ~** to wangle sth [out of sb] *fam;* ***ich konnte bei meiner Mutter etwas Geld ~*** I was able to get [*or* prise] some money out of my mother
II. *vr (fam)* ■**sich [von etw] ~** to tear oneself away [from sth]
Lösemittel *nt s.* **Lösungsmittel**
losen *vi* ■**[um etw] ~** to draw [*or* cast] lots [for sth]; ■**~ wer etw tut/tun soll/ist** to draw [*or* cast] lots to see who does/must do/is sth
lösen I. *vt* ① *(ab~)* ■**etw [von etw] ~** to remove sth [from sth]; **das Fleisch vom Knochen ~** to take the meat off the bone; **den Schmutz ~** to remove the dirt; **etw aus dem Zusammenhang ~** *(fig)* to take sth out of context
② *(aufbinden)* ■**etw ~** to untie sth; **die Fesseln/den Knoten ~** to undo the shackles/the knot
③ *(Arretierung aufheben)* **die Bremse ~** to release the brake
④ *(entspannen)* **eine Schraube/einen Verband ~** to loosen a screw/bandage; ***Alkohol löst die Zunge*** *(fig)* alcohol loosens the tongue; **die Hemmungen ~** to relieve inhibitions
⑤ *(klären)* ■**etw ~** to solve sth; **einen Konflikt/eine Schwierigkeit ~** to resolve a conflict/difficulty; **ein Problem/Rätsel ~** to solve a problem/mystery; **einen Mordfall ~** to solve a murder
⑥ *(aufheben, annullieren)* ■**etw ~** to break off sth; **den Bund der Ehe ~** *(geh)* to dissolve a marriage; **eine Verbindung ~** to sever a connection; **eine Verlobung ~** to break off an engagement; **einen Vertrag ~** to cancel a contract
⑦ *(zergehen lassen)* ■**etw in etw** *dat* **~** to dissolve sth in sth; ■**[in etw** *dat*] **gelöst** dissolved [in sth]; **im Wasser gelöste Brausetabletten** effervescent tablets
⑧ *(geh: den Abzug betätigen)* to press the trigger; **einen Schuss ~** to fire [a shot]
⑨ *(ein Ticket kaufen)* ■**etw [an etw** *dat*] **~** to buy sth [at sth]; **eine Fahrkarte ~** to buy a ticket [for public transport]
II. *vr* ① *(sich ab~)* ■**sich [von etw] ~** to come off [of sth]; ***die Tapete löst sich von der Wand*** the wallpaper is coming off the wall; ***eine Lawine löste sich*** an avalanche started
② *(sich freimachen, trennen)* ■**sich von jdm ~** to free oneself of sb; **sich von seinen Eltern/altmodischen Ansichten ~** to break away from one's parents/old-fashioned views; ■**sich aus etw ~** to free oneself from sth; **sich aus einer Umarmung ~** to free oneself from an embrace
③ *(sich aufklären)* ■**sich ~** to be solved; ***das Rätsel löste sich von ganz alleine*** the mystery solved itself
④ *(sich auf~)* ■**sich** *akk* **[in etw** *dat*] **~** to dissolve [in sth]
⑤ *(sich lockern)* to loosen; ***der Knoten lässt sich nicht ~*** I can't undo this knot; ***langsam löste sich die Spannung*** *(fig)* the tension faded away; *s. a.* **gelöst**
Loser <-s, -> ['lu:zɐ] *m (sl: Versager)* loser
los|fahren *vi irreg sein* ① *(abfahren)* ■**[von etw] ~** to leave [somewhere], to set [*or* drive] off ② *(auf etw zufahren)* ■**auf jdn/etw ~** to drive towards sb/sth
③ *(fam: wütend auf jdn zugehen)* ■**auf jdn ~** to attack sb *fam,* to lay into sb *fam;* **auf seinen Gegner ~** *(aufbrausen)* ■**jd fährt los** sb flares up
los|gehen *irreg* I. *vi sein* ① *(weggehen)* ■**[von etw] ~** to leave sth ② *(auf ein Ziel losgehen)* ■**auf etw ~** to set off for/towards sth ③ *(fam: beginnen)* ■**etw geht los** sth starts; ***das Konzert geht erst in einer Stunde los*** the concert will only start in an hour ④ *(fam: sich lösen)* ■**etw geht los** to loosen; ***der Knopf ist mir losgegangen*** my button has fallen off ⑤ *(angreifen)* ■**[mit etw] auf jdn ~** to attack [*or* lay into] sb [with sth]; ***die Gegner gingen wütend aufeinander los*** the opponents laid into each other furiously ⑥ *(sich lösen) Schusswaffen* to

L

go off **II.** *vi impers sein (fam: beginnen)* to start; ■**es geht [mit etw] los** sth starts; ***jetzt geht es erst richtig los*** it's really going to start now; ***gleich wird es wieder losgehen mit der Schreierei*** here we go again with the shouting; **jetzt geht's los** *(fam)* here we go, it's starting; *(beim Rennen)* they're off

los|haben *vt irreg haben (fam)* ■**[auf/in etw** *dat***] etwas/einiges/nichts/viel** ~ to be quite competent/incompetent/very competent [in/at sth]; ***in Sachen Computer hat er viel los*** he's pretty good with computers

los|heulen *vi (fam) Menschen* to burst into tears [*or* out crying]; *Tiere* to howl **los|husten** *vi infin* to start coughing [*or* to cough]

los|kaufen *vt* ■**jdn** ~ to ransom sb; **eine Geisel** ~ to ransom a hostage **los|ketten** *vt haben* ■**etw von etw** ~ to unchain sth from sth

los|kichern *vi infin* to start giggling [*or* to giggle]

los|kommen *vi irreg sein (fam)* ① *(wegkommen)* ■**[irgendwo/aus etw]** ~ to get away [from somewhere]; ***wann bist du denn zu Hause losgekommen?*** so when did you [manage to] leave home?
② *(sich befreien)* ■**von jdm** ~ to free oneself of sb; ***sie musste zuerst von ihrem Freund*** ~ she had to get away from her boyfriend; ■**von etw** ~ to quit sth; **von Schulden** ~ to get out of debt; **von einem Gedanken** ~ to get sth out of one's head; **von einer Sucht** ~ to overcome an addiction

los|kratzen *vt haben* ■**etw [von etw]** ~ to scrape sth off [sth] **los|kriegen** *vt (fam)* ① *(lösen können)* ■**etw [von etw]** ~ to get sth off [of sth]; ***ich kann den Deckel nicht*** ~ I can't get the lid off
② *(loswerden)* ■**jdn/etw** ~ to get rid of sb/sth
③ *(verkaufen können)* ■**etw** ~ to flog sth *fam*

los|lachen *vi* to burst into laughter [*or* out laughing]

los|lassen *vt irreg* ① *(nicht mehr festhalten)* ■**jdn/etw** ~ to let sb/sth go; ***du musst den Knopf nach dem Sprechen*** ~ you have to release the button after speaking; ***lass mich los!*** let me go!
② *(beschäftigt halten)* ■**etw lässt jdn nicht los** sb can't get sth out of his/her head; ***der Gedanke lässt mich nicht mehr los*** I can't get the thought out of my mind; ***das Buch lässt mich nicht mehr los*** I can't put this book down
③ *(fam: auf den Hals hetzen)* ■**etw/jdn auf etw/jdn** ~ to let sth/sb loose [*or* set sth/sb] on sth/sb; **die Hunde** ~ to let [*or* set] the dogs loose
④ *(pej fam: Unqualifizierte sich betätigen lassen)* ■**jdn auf jdn** ~ to let sb loose [*or* unleash sb] on sb
⑤ *(fam: von sich geben)* ■**etw** ~ to voice sth; **einen Fluch** ~ to curse; **eine Schimpfkanonade** ~ to launch into a barrage of abuse; **einen Witz** ~ to come out with a joke

los|laufen *vi irreg sein* to start running **los|legen** *vi (fam)* ■**[mit etw]** ~ to start [doing sth]; ***leg los!*** spill the beans, go ahead, come on, tell me all about it

löslich *adj* soluble; ■**etw ist [in etw** *dat***]** ~ sth dissolves [in sth]

los|lösen **I.** *vt (ablösen)* ■**etw [von etw]** ~ to remove sth [from sth], to take sth off [of sth] **II.** *vr* ① *(sich ablösen)* ■**sich [von etw]** ~ to come off [of sth] ② *(sich freimachen)* ■**sich von jdm** ~ to free oneself of sb **los|machen** **I.** *vt (losbinden)* ■**jdn/ein Tier [von etw]** ~ to untie [*or* free] sb/an animal [from sth]; **ein Tier von einer Kette** ~ to unchain an animal; **die Leinen** ~ to unmoor; ***er machte sich von allen Zwängen los*** he let his hair down *fam;* **einen/etw** ~ *(sl)* to party; ***heute machen wir richtig einen los*** today we're going to really paint the town red **II.** *vi* ① NAUT *(ablegen)* ■**[von etw]** ~ to cast off ② *(fam: sich beeilen)* to get a move on, to step on it

los|müssen *vi irreg (fam)* to have to leave [*or* go]; ***jetzt müssen wir aber wirklich los*** it's really time we were going

Losnummer *f* ticket number

los|platzen *vi sein (fam)* ① *(plötzlich loslachen)* to burst out laughing [*or* into laughter] ② *(plötzlich etw sagen)* ■**[mit etw]** ~ to burst out [with sth]

los|rasen *vi sein (fam: plötzlich schnell loslaufen/-fahren)* to race [*or* speed] off

los|reißen *irreg haben* **I.** *vt* ■**etw/jdn [von etw/jdm]** ~ to tear sth off [of sth]; ***wir wollten das Kind nicht von seiner Familie*** ~ we didn't want to tear the child away from his family; ***der Sturm hat das Dach losgerissen*** the storm tore the roof off; **die Augen von etw/jdm nicht** ~ **können** to not be able to take one's eyes off sth/sb
II. *vr* ① *(sich energisch lösen)* ■**sich [von jdm/etw]** ~ to tear oneself away [from sb/sth]; ***der Hund hat sich von der Leine losgerissen*** the dog snapped its lead
② *(fam: aufhören)* ■**sich [von etw]** ~ to tear oneself away [from sth]

los|rennen *vi irreg sein (fam) s.* **loslaufen**

Löss[RR] <-es, -e> *m,* **Löß** <Lösses *o* Lößes, Lösse *o* Löße> *m* loess *no pl*

los|sagen *vr (geh)* ■**sich von jdm/etw** ~ to renounce sb/sth; **sich von einer Sekte** ~ to break with a sect

los|schicken *vt* ■**jdn/etw [zu jdm]** ~ to send sb/sth [to sb]

los|schießen *vi irreg (fam)* ① *haben (anfangen zu schießen)* to start shooting ② *sein (schnell losrennen)* to shoot [*or* race] off; ***er schoss los wie eine Rakete*** he tore away like a shot ③ *(auf jdn zustürzen)* ■**auf jdn/etw** ~ to pounce on sb/sth; ***wie ein Pfeil schoss der Vogel auf uns los*** the bird tore towards us as fast as an arrow ④ *haben (erzählen)* to spout forth; ***na, schieß mal/schon los!*** come on, tell me/us! etc., come on, out with it!

los|schimpfen *vi infin* to start moaning [*or* grumbling], to start to moan [*or* grumble]

los|schlagen *irreg haben* **I.** *vt* ① *(abschlagen)* ■**etw [von etw]** ~ to knock sth off [of sth]; **den Putz** ~ to knock the plaster off
② *(fam: billig verkaufen)* ■**etw** ~ to flog sth *fam*
II. *vi* ① *(plötzlich angreifen)* to strike
② *(einschlagen)* ■**auf jdn** ~ to let fly at sb; **aufeinander** ~ to fly at each other

losschneiden *vt haben* ■**jdn/etw von etw** ~ to cut sb/sth free from sth **los|schrauben** *vt* ■**etw [von etw]** ~ to loosen [*or* unscrew] sth [from sth]

los|steuern *vi sein* ■**auf jdn/etw** ~ to head [*or* make] straight for sb/sth

los|stürzen *vi sein (fam)* ① *(plötzlich losrennen/davonrennen)* to race [*or* rush] off
② *(sich auf jdn/etw stürzen)* to pounce on sb/sth

los|treten *vt irreg (a. fam)* ■**etw** ~ to trigger [off] sth; **einen Stein** ~ to set a stone in motion; **eine Lawine** ~ to trigger [off] an avalanche; **einen Streit** ~ *(fam)* to trigger [off] an argument

Lostrommel *f* lottery drum

Losung[1] <-, -en> *f* ① *(Wahlspruch)* slogan
② *(Kennwort)* password; **die** ~ **kennen/nennen** to know/give the password

Losung[2] <-, -en> *f* JAGD fumet [*or* fewmet] *spec*

Losung[3] <-, -en> *f (fachspr: Tageseinnahme eines Kaufhauses)* daily cash receipts

Lösung <-, -en> *f* ① *(das Lösen)* solution; **die** ~ **eines Falles/Problems** the solution of/to a case/problem
② *(Aufhebung)* cancellation; **die** ~ **einer Beziehung/Verlobung** the breaking off of a relationship/engagement; **die** ~ **einer Ehe** dissolution of a marriage
③ *(das Sichlösen)* breaking away; **die** ~ **von altmodischen Vorstellungen** breaking away from old-fashioned ideas
④ CHEM *(das [Sich]auflösen)* dissolving; **die** ~ **von Salz in Wasser** dissolving salt in water; *(Flüssigkeit)* solution; **eine gesättigte** ~ a saturated solution

Lösungsansatz *m* possible solution

Lösungsmittel *nt* solvent

lösungsmittelfrei *adj inv* CHEM solvent-free, free from solvents *pred*

Losungswort <-wörter> *nt s.* **Losung** [2]

Losverfahren *nt* drawing [of] lots **Losverkäufer(in)** *m(f)* lottery ticket seller

los|werden *vt irreg sein* ① *(sich entledigen)* ■**jdn/etw** ~ to get rid of sb/sth; **eine Erkältung/ungebetene Gäste** ~ to get rid of a cold/unwanted guests
② *(aussprechen)* ■**etw** ~ to tell sth
③ *(fam: ausgeben)* ■**etw** ~ to shell out sth *fam*
④ *(fam: verkaufen)* ■**etw** ~ to flog sth

los|wollen *vi irreg haben (fam)* to want to be off [*or* leave] **los|ziehen** *vi irreg sein (fam)* ① *(losgehen, starten)* to set off; **gemeinsam** ~ to set off together
② *(pej: herziehen)* **über jdn** ~ to pull sb to pieces

Lot <-[e]s, -e> *nt* ① *(Senkblei)* plumb line; *(mit Senkblei gemessene Senkrechte)* perpendicular; **im** ~ **sein** to be plumb; **außer** ~ **sein** to be out of plumb; **etw ins [rechte]** ~ **bringen** to put sth right, to sort sth out; **jdn/etw aus dem** ~ **bringen** to put sb off, to put sth out of kilter; **[wieder] ins** ~ **kommen** *(fig)* to be back to normal; **aus dem/nicht im** ~ **sein** BAU *(fig)* to be out of sorts [*or* in a bad way] [*or* AM in poor health]; ***seine Gesundheit ist nicht im*** ~ he's in a bad way/in poor health; **im** ~ **sein** *(fig)* to be alright [*or* all right]
② NAUT *(Lotleine)* sounding line, lead-line
③ MATH perpendicular; **das** ~ **auf eine Gerade fällen** to drop a perpendicular
④ <*pl* Lot> *(veraltet: Gewichtseinheit) weight betw. 15.5g and 16.6g*
⑤ *(Material zum Löten)* plumb
► WENDUNGEN: **Freunde in der Not gehen hundert auf ein** ~ *(prov)* friends in adversity are few and far between

loten *vt* ① *(senkrechte Lage bestimmen)* to plumb
② NAUT to take soundings

löten *vt* to solder; ■**etw [an etw** *akk***]** ~ to solder sth to sth

lotgerecht *adv* BAU plumb

Lothringen <-s> *nt* Lorraine

Lothringer(in) <-s, -> *m(f)* Lorrainer; HIST Lotharingian

lothringisch *adj inv* Lorrainese, Lotharingian

Lotion <-, -en> *f* lotion

Lötkolben *m* soldering iron **Lötlampe** *f* blowtorch, BRIT *a.* blowlamp, soldering torch [*or* BRIT *a.* lamp] **Lötmetall** *nt* soldering metal

Lotos <-, -> *m* lotus **Lotosblume** *f* lotus **Lotossitz** *m kein pl* lotus position

Lötpistole *f* soldering gun

lotrecht *adj (geh: senkrecht)* perpendicular, vertical, plumb; **etw** ~ **aufstellen** to stand [*or* position] sth vertically [*or* perpendicularly]

Lotrechte *f s.* **Senkrechte**

Lötrohr *nt* TECH blowpipe; *(für Schmuck)* soldering tube

Lotse, Lotsin <-n, -n> *m, f* pilot, guide

lotsen *vt* ① *(als Lotse dirigieren)* ■**jdn/etw** ~ to pilot [*or* guide] sb/sth
② *(fam: führen)* ■**jdn irgendwohin** ~ to take sb somewhere; **jdn über die Straße** ~ to guide sb across the road

Lotsenboot *nt* pilot boat **Lotsendienst** *m* pilotage, piloting **Lotsenfisch** *m* ZOOL pilotfish

Lotsin <-, -nen> *f fem form von* **Lotse**

Lötstelle *f* soldered joint, joint to be soldered

Lotte <-, -n> *f* angler-fish

Lotterbett *nt (veraltend o hum)* bed of sloth

Lotterie <-, -n> [-ˈriːən] *f* lottery; **in der** ~ **spielen** to play the lottery

Lotterieerlös *m* lottery proceeds *npl* **Lotteriegesellschaft** *f* lottery company **Lotteriegewinn** *m* lottery win **Lotterielos** *nt* lottery ticket **Lotteriespiel** *nt* lottery **Lotteriesteuer** *f* FIN lottery tax **Lotterievertrag** *m* JUR lottery contract

lott(e)rig <-er, -ste> *adj (pej: schlampig)* sloppy, slovenly

Lotterleben *nt kein pl (pej fam: liederliche Lebensweise)* slovenly lifestyle; **ein** ~ **führen** to lead a dissolute life

Lotto <-s, -s> *nt* ① *(Zahlen~)* [national] lottery, lotto; ~ **spielen** to play the [national] lottery; **sechs Richtige im** ~ **haben** to have six correct numbers in the lottery; ***du hast wohl im ~ gewonnen*** (*fam*) you must have won the lottery ❷ (*Spiel*) lotto

Lottoannahmestelle *f place to buy and hand in lottery coupons* **Lottogewinn** *m* lottery win **Lottoschein** *m* lottery ticket **Lottozahlen** *pl* winning lottery numbers

Lotus <-, -> *m s.* **Lotos**

Lötzinn *m* fine solder

Loveparade[RR], **Love Parade**[RR] <-> ['lʌvpə'reɪd] *f kein pl Techno parade in Berlin*

Löwe *m* ❶ (*Raubtierart*) lion; *s. a.* **Löwin** ❷ ASTROL (*Tierkreiszeichen*) Leo; **im Zeichen des ~n geboren werden** to be born under Leo; **[ein] ~ sein** to be a Leo

Löwenanteil *m* (*fam*) lion's share *no pl, no indef art* **Löwenbändiger(in)** <-s, -> *m(f)* lion tamer **Löwenmähne** *f* ❶ (*fam: langes, buschiges Haar*) mane ❷ (*Haar eines Löwen*) lion's mane **Löwenmaul** *nt kein pl*, **Löwenmäulchen** <-s, -> *nt* snapdragon **Löwenzahn** *m kein pl* dandelion

Löwin *f* lioness; *s. a.* **Löwe**

loyal [loa'ja:l] *adj* (*geh*) loyal; **~e Truppen** loyal troops; **jdm gegenüber ~ sein** to be loyal [to sb]

Loyalität <-, *selten* -en> [loajali'tɛ:t] *f* loyalty; **die ~ gegenüber dem Staat** loyalty to the state

Loyalitätseid *m* oath of allegiance

LP <-, -s> [ɛl'pe:, ɛl'pi:] *f Abk von* **Langspielplatte** LP

LP-Box *f* boxed LP set

lpi INFORM, TYPO *Abk von* **lines per inch** lpi

lpm INFORM, TYPO *Abk von* **lines per minute** lpm

LSD <-[s]> *nt Abk von* **Lysergsäurediäthylamid** LSD

lt. *präp kurz für* **laut**[2] according to

Luchs <-es, -e> *m* ❶ (*Raubtier*) lynx; **aufpassen wie ein ~** (*fam*) to watch like a hawk *fam* ❷ (*Luchsfell*) lynx; **ein Mantel aus ~** a lynx fur coat

Luchsaugen *pl* ❶ ZOOL lynx's eyes ❷ (*fam: sehr gute Augen*) eyes like a hawk *fam*

Lucianer(in) <-s, -> *m(f)* St Lucian; *s. a.* **Deutsche(r)**

lucianisch *adj* St Lucian; *s. a.* **deutsch**

Lücke <-, -n> *f* ❶ (*Zwischenraum*) gap, hole; **Zahn~** a gap between two teeth; **eine ~ im Zaun** a gap in the fence; **eine ~ füllen** [*o* **schließen**] to fill a gap; **[mit etw] in eine [vorhandene] ~ stoßen** (*fig*) to fill a gap on the market [with sth] ❷ (*Unvollständigkeit*) gap; **eine Lücke in einem Gesetz** a loophole in a law; ***mein Wissen weist noch große ~n auf*** I still have large gaps in my knowledge; **der Mut zur ~** to risk leaving gaps in one's knowledge; **irgendwo klafft eine ~** there is a gap somewhere; **eine ~ [in etw** *akk*] **reißen** to leave a gap [*or* void] in sth

Lückenbüßer(in) <-s, -> *m(f)* (*fam*) stopgap; **der ~ sein** to be a stopgap; **den ~ spielen** to be used as a stopgap

lückenhaft I. *adj* ❶ (*leere Stellen aufweisend*) full of gaps; **ein ~es Gebiss** teeth full of gaps ❷ (*unvollständig*) fragmentary; **~es Wissen** incomplete knowledge; **ein ~er Bericht** a sketchy report; **eine ~e Sammlung** an incomplete collection; **eine ~e Erinnerung haben** to have a vague/sketchy memory; ■**~ sein/werden** to be/become fragmentary
II. *adv* (*unvollständig*) fragmentarily; **einen Fragebogen ~ ausfüllen** to fill in a questionnaire leaving gaps; ***an den Abend erinnere ich mich nur sehr ~*** my memory of that evening is only very vague [*or* sketchy]

lückenlos *adj* ❶ (*ohne Lücke*) comprehensive; **ein ~es Gebiss** perfect teeth without any gaps ❷ (*vollständig*) complete; **ein ~es Alibi** a solid [*or* castiron] alibi; **~e Kenntnisse** thorough knowledge; **ein ~er Lebenslauf** a complete CV [*or* curriculum vitae] [*or* AM resumé]; **eine ~e Sammlung** a complete collection; **etw ~ beweisen/nachweisen** to prove sth conclusively; **sich an etw ~ erinnern** to remember everything about sth

Lückentest *m* cloze test

lud *imp von* **laden**[1, 2]

Lude <-n, -n> *m* (*pej sl*) pimp *pej sl*

Luder <-s, -> *nt* (*pej fam: durchtriebene Frau*) crafty bitch *pej fam!*; (*kokette Frau*) hussy *pej*; **ein freches/dummes ~** a cheeky/stupid brat [*or* person]

Lues <-> *f kein pl* lues

Luffa <-, -s> *f* loofa[h]

Luffaschwamm *m* vegetable sponge

Luft <-, *liter* Lüfte> *f* ❶ *kein pl* (*Atem~*) air *no pl*; **frische ~** fresh air; **verbrauchte ~** stale air; **die ~ anhalten** to hold one's breath; **jdm die ~ abdrücken** (*a. fig fam*) to strangle sb, to ruin sb *fig*; **keine ~ mehr bekommen** [*o fam* **kriegen**] to not be able to breathe; **wieder ~ bekommen** [*o fam* **kriegen**] (*wieder atmen können*) to be able to breathe again; (*wieder durchatmen können*) to be able to breathe freely again; **an die [frische] ~ gehen** (*fam*) to get [*or* grab] some fresh air; **[tief] ~ holen** to take a deep breath; **~ an etw** *akk* **kommen lassen** let the air get to sth; **nach ~ ringen** to struggle for breath; **[frische] ~ schnappen** (*fam*) to get [*or* grab] some [fresh] air; **nach ~ schnappen** to inhale, to gasp for breath; (*wirtschaftlich in einer schlechten Lage sein*) to struggle to keep one's head above water; **von ~ und Liebe leben** (*hum fam*) to live off fresh air alone; **nicht von ~ [und Liebe] leben können** to not to be able to live off fresh air alone; ■**irgendwo ist** *fam* **dicke ~** there is a tense [*or* bad] atmosphere somewhere, trouble is brewing; **die ~ ist rein** (*fam*) the coast is clear *fam*; **gesiebte ~ atmen** (*hum fam*) to be behind bars; **sich in ~ auflösen** to vanish into thin air; **jdn wie ~ behandeln** to cold-shoulder sb [*or* to give sb the cold shoulder]; **jdm bleibt [vor Erstaunen] die ~ weg** sb is flabbergasted; **jdm bleibt vor Schmerzen die Luft weg** to be overcome by [*or* with] pain; **nun halt mal die ~ an!** (*fam*) put a sock in it! *fam*; **die ~ rauslassen** (*fam*) to calm down, to cool it *fam*; **jdm geht die ~ aus** (*fam*) sb is running out of steam; **jdm die ~ zum Atmen nehmen** (*a. fig fam*) to cut off sb's air supply, to totally dominate sb *fig*; **aus etw ist die ~ raus** (*fig*) sth has fallen flat [*or* run out of steam]; **~ für jdn sein** (*fam*) to not exist as far as sb is concerned; ***er ist ~ für mich*** (*fam*) I totally ignore him; **die ~ ist zum Schneiden** (*fam*) the air is stale as anything, there's a terrible fug; **jdn an die [frische] ~ setzen** [*o* **befördern**] (*euph fam: jdn hinauswerfen*) to throw sb out, to show sb the door, to send sb packing; (*jdn fristlos entlassen*) to sack sb ❷ *pl geh* (*Raum über dem Erdboden*) air *no pl*; ***langsam erhob sich der Ballon in die ~*** the balloon rose slowly into the air; **linde** [*o* **laue**] **Lüfte** (*geh*) gentle [*or* soft] [*or* light] breeze; **in die ~ fliegen** (*fam*) to explode; **etw ist aus der ~ gegriffen** (*fig*) sth is completely made up [*or* a total fabrication]; **in die ~ gehen** (*fam*) to hit the roof, to explode; **[völlig] in der ~ hängen** (*fam*) to be [left] in the dark; **es liegt etwas in der ~** there's sth in the air; **ein Vogel schwingt sich in die Lüfte** (*geh*) a bird takes to the skies; **etw in die ~ sprengen** [*o* **jagen**] (*fam*) to blow up sth *sep*; **[vor etw** *dat*] **in die ~ springen** to jump [for joy]; **in die ~ starren** [*o* **gucken** *fam*] to stare into space ❸ *kein pl* (*Platz, Spielraum*) space *no pl*, leeway, elbow room; ***jeder Künstler braucht ~ zur freien Entfaltung*** every artist needs space to develop freely; **~ schaffen** [*o* **machen**] **für etw** to make space [*or* room] for sth; **in etw ist noch ~ drin** (*fam*) to still have leeway in sth; **sich** *dat* **~ machen** (*fig*) to give vent to one's feelings; **etw** *dat* **~ machen** (*fig*) to give free rein to sth
▶ WENDUNGEN: **jdn/etw in der ~ zerreißen** (*sehr wütend auf jdn sein*) to [want to] make mincemeat of sb/sth; (*jdn scharf kritisieren*) to tear sb to pieces

Luftabkommen *nt* air pact **Luftabwehr** *f* air defence [*or* AM -se] **Luftabwehrstellung** *f* air defence [*or* AM -se] position **Luftangriff** *m* air raid; ■**ein ~ auf etw** *akk* an air raid on sth **Luftaufklärung** *f kein pl* aerial reconnaissance **Luftaufnahme** *f* aerial photograph **Luftaufsicht** *f* air-traffic control **Luftballon** *m* balloon **Luftbefeuchter** *m* TECH humidifier **Luftbeförderung** *f* air carriage [*or* transport], carriage by air **Luftbelastung** *f s.* **Luftverschmutzung** **Luftbetankung** *f* air [*or* inflight] refuelling [*or* AM refueling] **Luftbild** *nt* aerial photo [*or* picture] **Luftbildkarte** *f* aerial map, photomap **Luftblase** *f* bubble, air pocket; **wie eine ~ zerplatzen** (*fam*) to burst like a bubble **Luftbrücke** *f* air bridge

Lüftchen <-s, -> *nt dim von* **Luft** (*schwacher Wind*) breeze; **es regt** [*o* **rührt**] **sich kein ~** there is not a single breath of wind

luftdicht *adj* **eine ~e Verpackung** an airtight container; ■**~ sein** to be airtight [*or spec* hermetic]; **etw ~ verpacken** to seal sth hermetically **Luftdruck** *m kein pl* air [*or* atmospheric] pressure *no pl*; *Druckwelle* blast **luftdurchlässig** *adj* permeable to air

lüften I. *vt* ❶ (*mit Frischluft versorgen*) ■**etw ~** to air [*or* ventilate] sth; **die Betten/ein Zimmer ~** to air the beds/a room ❷ (*geh: kurz anheben*) ■**etw ~** to raise sth; **den Hut zum Gruß ~** to raise one's hat in greeting ❸ (*preisgeben*) ■**etw ~** to reveal [*or* disclose] sth; **seine Anonymität ~** to give up one's anonymity; **ein Geheimnis ~** to disclose a secret
II. *vi* (*Luft hereinlassen*) to let some air in

Lüfter <-s, -> *m* ❶ (*Ventilator*) extractor fan ❷ (*Heizlüfter*) fan heater

Lüfterkupplung *f* AUTO radiator fan clutch

Luftexpressfracht[RR] *f* air express

Luftexpresstarif[RR] *m* air express tariff

Luftfahrt *f kein pl* (*geh*) aviation **luftfahrtbegeistert** *adj* airminded **Luftfahrtbehörde** *f* Civil Aeronautics Board, AM *a.* Federal Aviation Agency **Luftfahrtelektronik** *f* avionics + *sing vb* **Luftfahrtgesellschaft** *f* (*geh*) airline **Luftfahrtindustrie** *f* (*geh*) aviation industry **Luftfahrtmedizin** *f* aeromedicine **Luftfahrtrecht** *nt* JUR aviation law **Luftfahrtsystem** *nt* aviation system **Luftfahrtversicherer** *m* aviation underwriter **Luftfahrtversicherung** *f* aviation insurance; *für Flugzeuge* aircraft insurance; *für Personen* air-travel insurance **Luftfahrtwerte** *pl* aircrafts *pl*, aviation stocks *pl*

Luftfahrzeug *nt* (*geh*) aircraft **Luftfahrzeugerkennung** *f* aircraft identification **Luftfahrzeugfunkingenieur(in)** *m(f)* aircraft radio engineer **Luftfahrzeugrufzeichen** *nt* aircraft call sign

Luftfeuchtigkeit *f* humidity *no pl, no indef art* **Luftfilter** *nt o m* air filter **Luftflotte** *f* air fleet

Luftfracht *f* ❶ (*Frachtgut*) air freight [*or* cargo]; **per ~ senden** to airfreight ❷ (*Frachtgebühr*) air freight [*or* cargo] charge **Luftfrachtbeförderung** *f* air freight transportation **Luftfrachtbrief** *m* air bill [*or* consignment note] **Luftfrachtbüro** *nt* cargo office **Luftfrachtdienst** *m* airfreight service **Luftfrachter** *m* airfreighter **Luftfrachtführer(in)** *m(f)* air carrier [*or* freight forwarder] **Luftfrachtgeschäft** *nt* air freight forwarding **Luftfrachtkosten** *pl* air freight charges *pl* **Luftfrachtraum** *m* air freight space **Luftfrachtsendung** *f* air cargo shipment **Luftfrachtspedition** *f* air freight forwarding **Luftfrachttarif** *m* air cargo rate **Luftfrachttransportgewerbe** *nt* air cargo industry **Luftfrachtunternehmen** *nt* HANDEL airfreighter **Luftfrachtverkehr** *m* air cargo traffic

Luftfunkstelle *f* aircraft radio station **luftgekühlt** *adj* air-cooled **luftgetrocknet** *adj* air-dried **Luftgewehr** *nt* airgun, air rifle **Luftgüterversicherung** *f* air cargo insurance **Lufthaftpflichtversicherung** *f* FIN air transport liability insurance **Lufthauch** *m* (*geh*) breath of air **Lufthoheit** *f kein pl* air sovereignty **Lufthülle** *f* METEO aerosphere, mantle of air

luftig *adj* ❶ (*gut belüftet*) airy, well ventilated; **ein ~es Plätzchen** a breezy spot ❷ (*dünn und luftdurchlässig*) airy; **ein ~es Kleid** a

light dress
3 (*hoch gelegen*) dizzy; **in ~er Höhe** at a dizzy height
Luftikus <-[ses], -se> *m* (*pej veraltend fam: sprunghafter Mensch*) happy-go-lucky character
Luftkampf *m* aerial combat **Luftkaskoversicherung** *f* FIN aircraft hull insurance **Luftkissen** *nt* air cushion **Luftkissenboot** *nt,* **Luftkissenfahrzeug** *nt* hovercraft **Luftklappe** *f* ventilation flap **Luftkoffer** *m* lightweight suitcase **Luftkorridor** *m* air corridor **Luft-Kraftstoff-Verhältnis** *nt* air fuel ratio **luftkrank** *adj inv* airsick **Luftkrankheit** *f* air-sickness; (*von Piloten*) aeronosis **Luftkrieg** *m* aerial warfare **Luftkühlung** *f* air-cooling **Luftkurierdienst** *m* HANDEL air courier service **Luftkurort** *m health resort with particularly good air* **Luftlandetruppe** *f* airborne troops *npl* **Luftlandung** *f* MIL deployment of airborne troops, airborne landing **luftleer** *adj pred* vacuous; **ein ~er Raum** a vacuum **Luftlinie** *f* as the crow flies; ***100 Kilometer*** ~ 100 kilometres as the crow flies **Luftloch** *nt* 1 (*Loch zur Belüftung*) air hole 2 (*fam: Veränderung der Luftströmung*) air pocket **Luftmasche** *f* chain stitch **Luftmassen** *pl* air masses **Luftmatratze** *f* airbed, inflatable mattress **Luftmine** *f* air bomb **Luftnavigationskarte** *f* aeronautical chart **Luftpirat(in)** *m(f)* [aircraft] hijacker **Luftpiraterie** *f* [aircraft] hijacking **Luftpiratin** *f fem form von* **Luftpirat**
Luftpost *f* airmail; **per** [*o* **mit**] ~ by airmail **Luftpostbeförderung** *f* carriage of airmail **Luftpostbrief** *m* airmail letter, AM aerogram **Luftpostdienst** *m* airmail service **Luftpostleichtbrief** *m* aerogramme [*or* AM -am] **Luftpostpäckchen** *nt* airmail [*or* small air] packet **Luftpostpaket** *nt* air parcel **Luftpostpapier** *nt* airmail paper **Luftposttarif** *m* airmail rate **Luftpostzuschlag** *m* air surcharge
Luftpumpe *f* pump; *Fahrrad* bicycle pump **Luftqualität** *f* air quality **Luftqualitätsvorschriften** *pl* air quality standards *pl* **Luftraum** *m* airspace **Luftraumüberwachung** *f* air-traffic control **Luftrecht** *nt* JUR air traffic law
Luftreinhalteplan *m* JUR anti air pollution scheme
Luftreinhaltung *f* maintenance of ambient quality **Luftreinhaltungsnorm** *f* clean air standard **Luftreinhaltungstechnik** *f* air quality technology
Luftreiniger *m* air filter **Luftreinigung** *f* air clean[s]ing **Luftreise** *f* air journey [*or* travel] [*or* trip] **Luftrettungsdienst** *m* air-rescue service **Luftröhre** *f* windpipe, trachea *spec* **Luftröhrenschnitt** *m* tracheotomy **Luftsack** *m* 1 ZOOL air sac 2 AUTO *s.* **Airbag Luftschacht** *m* air [*or* ventilation] shaft
Luftschadstoff *m* air[borne] pollutant
Luftschadstoffmessung *f* air pollution measurement **Luftschicht** *f* air [*or* atmospheric]layer
Luftschiff *nt* airship; (*kleines* ~) blimp **Luftschiffahrt** *f s.* Luftschifffahrt **Luftschiffer(in)** *m(f)* aeronaut **Luftschifffahrt**[RR] *f* 1 *kein pl* (*Luftfahrt*) aeronautics + *sing vb,* air[craft] navigation 2 (*einzelne Fahrt*) airship flight **Luftschiffhafen** *m* airship port **Luftschiffhalle** *f* airship shed [*or* hangar]
Luftschlacht *f* air [*or* aerial] battle **Luftschlange** *f* [paper] streamer **Luftschleuse** *f* TECH air lock **Luftschlitz** *m* air vent **Luftschloss**[RR] *nt meist pl* castle in the air ▶ WENDUNGEN: **Luftschlösser bauen** to build castles in the air **Luftschneise** *f* air corridor [*or* lane] **Luftschraube** *f* TECH airscrew, propeller [*or* -llor] **Luftschraubenblatt** *nt* propeller blade
Luftschutz *m* air raid defences [*or* AM -ses] *pl* **Luftschutzbunker** *m* air raid bunker **Luftschutzkeller** *m cellar used as an air raid shelter* **Luftschutzraum** *m* MIL air-raid shelter **Luftschutzübung** *f* air raid drill
Luftsieg *m* aerial victory **Luftspediteur** *m* air carrier **Luftsperrgebiet** *nt* restricted [*or* off-limits] area [of air space] **Luftspiegelung** *f* mirage **Luftsprudler** *m* BAU aerator **Luftsprung** *m* jump; **einen ~/Luftsprünge machen** [*o* **vollführen**] to jump in the air **Luftstrahltriebwerk** *nt* jet engine **Luftstraße** *f* air route, airway **Luftstrecke** *f* air route, airway **Luftstreitkräfte** *pl* (*geh*) air force + *sing vb* **Luftstrom** *m* airstream, stream of air **Luftströmung** *f* airstream, air current **Luftstützpunkt** *m* airbase **Lufttanken** *nt kein pl* refuel in flight [*or* in the air] **Lufttaxi** *nt* air taxi, taxiplane AM, aerocab AM **Lufttemperatur** *f* air temperature **Lufttransport** *m* air transport [*or* lift], carriage by air **lufttüchtig** *adj inv* airworthy **Lufttüchtigkeit** *f* airworthiness **Luft-Turbinentriebwerk** *nt* turboprop [*or* propjet] engine **Luftüberwachung** *f* aerial surveillance *no pl, no indef art* **Luft- und Raumfahrtindustrie** *f* aerospace industry **Luft- und Raumfahrtkonzern** *m* aerospace group **Luft- und Raumfahrtunternehmen** *nt* aerospace company **luftundurchlässig** *adj inv Verpackung* airtight **Luft- und Weltraumrecht** *nt kein pl* air and space law **Luftunfallversicherung** *f* air travel insurance
Lüftung <-, -en> *f* 1 (*das Lüften*) airing, ventilation
2 (*Ventilationsanlage*) ventilation system
Lüftungsklappe *f* ventilation flap **Lüftungsrohr** *nt* ventilation pipe **Lüftungsschacht** *m* ventilation shaft **Lüftungsschlitz** *m* ventilation slit
Luftveränderung *f* change of climate
Luftverkehr *m* air traffic *no pl, no indef art* **Luftverkehrsallianz** *f* air traffic [*or* airline] alliance **Luftverkehrsdienst** *m* air service **Luftverkehrsgesellschaft** *f* HANDEL airline, air carrier **Luftverkehrskontrolle** *f* air traffic control **Luftverkehrslinie** *f* airway, airline, air route **Luftverkehrsnetz** *nt* network of air routes **Luftverkehrsverwaltung** *f* JUR civil aviation board
Luftverschmutzer *m* air polluter **Luftverschmutzung** *f* air pollution *no pl, no indef art* **Luftversicherung** *f* air risk insurance **Luftversorgung** *f* supply by air, airlift **Luftverteidigung** *f* air defence [*or* AM -se] **luftverunreinigend** *adj inv* air polluting **Luftverunreinigung** *f* air pollution **Luftwaffe** *f* air force + *sing vb* **Luftweg** *m* 1 *kein pl* (*Flugweg*) airway; **den ~ wählen** to choose to send sth by air; **auf dem ~** by air 2 *pl* (*Atemwege*) respiratory tract *no pl, no indef art* **Luftwiderstand** *m kein pl* drag, air resistance **Luftwurzel** *f* BIOL aerial root **Luftziel** *nt* aerial target **Luftzufuhr** *f kein pl* air supply **Luftzug** *m* breeze; (*durch das Fenster*) draught BRIT, draft AM
Lug ▶ WENDUNGEN: ~ **und Trug** (*geh*) a pack of lies
Lüge <-, -n> *f* lie; **eine fromme ~** a fib [*or* white lie]; **eine faustdicke ~** a bare-faced lie [*or fam* whopping great lie]; **das ist alles ~** it's all lies; **jdm ~n auftischen** (*fam*) to tell sb lies
▶ WENDUNGEN: **~n haben kurze Beine** (*prov*) the truth will out; **jdn ~n strafen** (*geh*) to prove sb wrong, to give the lie to sb *form;* **etw ~n strafen** (*geh*) to prove sth [to be] false, to give the lie to sth *form*
lugen *vi* DIAL 1 (*spähen*) to peek; ■**irgendwoher/irgendwohin ~** to peek from somewhere/somewhere; **aus dem Fenster ~** to peek out of the window
2 (*hervorsehen*) ■**durch/aus etw ~** to peek [*or* poke] through/out of sth
lügen <log, gelogen> **I.** *vt* (*selten*) ■**etw ~** to make up sth *sep*
▶ WENDUNGEN: **das Blaue vom Himmel herunter~** to charm the birds out of the trees
II. *vi* to lie; **etw ist gelogen** sth is a lie; **das ist alles gelogen** that's a total lie; **ich müsste ~ [, wenn ...]** I would be lying [if ...]
▶ WENDUNGEN: ~ **wie gedruckt** to lie one's head off; **wer einmal lügt, dem glaubt man nicht[, und wenn er auch die Wahrheit spricht]** (*prov*) a liar is never believed, even when he's telling the truth
Lügenbold <-[e]s, -e> *m* (*hum fam*) incorrigible liar **Lügendetektor** *m* lie detector **Lügengeschichte** *f* made-up [*or* fabricated] story, concoction
lügenhaft *adj* (*pej*) 1 (*erlogen*) mendacious, made-up, fabricated
2 (*selten: zum Lügen neigend*) disreputable
Lügenmärchen *nt s.* **Lügengeschichte**
Lügner(in) <-s, -> *m(f)* (*pej*) liar
lügnerisch *adj* (*pej: voller Lügen*) mendacious; **~e Nachrichten** discreditable news; (*zum Lügen neigend*) disreputable
lugolsche Lösung[RR] *f,* **Lugolsche Lösung** *f* BIOL potassium iodide solution
Lukasevangelium [-va-] *nt kein pl* the Gospel according to [St] Luke
Luke <-, -n> *f* 1 *bes* NAUT (*verschließbarer Einstieg*) hatch; **die ~n dichtmachen** to secure the hatches
2 (*Dach~*) skylight; (*Keller~*) trapdoor
lukrativ *adj* (*geh*) lucrative
lukullisch *adj* (*geh*) delectable, exquisite; **ein ~es Menü** an epicurean set menu; ~ **schlemmen/speisen** to feast on/eat delectable [*or* exquisite] food
Lulatsch <-[e]s, -e> *m* lanky person; **langer ~** (*hum fam*) beanpole *hum fam*
Lumbago <-> *f kein pl* MED lumbago
Lumberjacke ['lʌmbə-] *f* lumberjacket
Lumme <-, -n> *f* guillemot
Lümmel <-s, -> *m* 1 (*pej: Flegel*) lout *fam,* BRIT *a.* yob *fam*
2 (*fam: Bursche, Kerl*) little fellow *fam,* BRIT *a.* [little] chappie *dated fam*
3 (*sl: Penis*) willy BRIT *sl,* weenie AM *sl*
Lümmelei <-, -en> *f* (*pej fam*) loutish [*or* BRIT *a.* yobbish] behaviour [*or* AM -or] *no pl fam*
lümmelhaft *adj* (*pej*) loutish *fam,* BRIT *a.* yobbish *fam*
lümmeln *vr haben* (*pej fam: sich nachlässig hinsetzen*) ■**sich irgendwohin ~** to throw oneself onto sth; ■**sich auf etw ~** to lie [*or* lounge] around [*or* about] somewhere
Lummer <-s, -> *m* KOCHK [pork] loin
Lummerbraten *m* roast pork loin **Lummerkotelett** *nt* loin chop
Lump <-en, -en> *m* 1 (*pej*) rat, scoundrel *dated*
2 (*hum: unerzogenes Kind*) rascal
Lumpalpunktion *f* lumbar puncture
lumpen *vt haben* to go out on the tiles BRIT *fam,* to live it up AM *fam*
▶ WENDUNGEN: **sich nicht ~ lassen** (*fam*) to do things in style, to splash out BRIT, to splurge AM
Lumpen <-s, -> *m* 1 *pl* (*pej: zerschlissene Kleidung*) rags *pl;* **in ~ herumlaufen** to walk around dressed in rags [*or* shabbily]
2 DIAL (*Putzlappen*) rag, duster
3 (*Stofffetzen*) rags
Lumpengesindel *nt* (*pej*) riffraff *pej* **Lumpenhändler(in)** *m(f)* (*veraltend*) *s.* **Altwarenhändler Lumpenpack** *nt* (*pej veraltend*) riff-raff *no pl, no indef art pej* **Lumpenpapier** *nt* rag paper **Lumpensammler(in)** *m(f)* rag-and-bone man BRIT, ragman AM
lumpig *adj* (*pej*) 1 *attr* (*pej fam: kümmerlich*) miserable, meagre [*or* AM -er]; ***mit ~en hundert Mark wollte er mich abspeisen*** he wanted to fob me off with a paltry one hundred marks
2 (*pej: gemein*) mean
3 (*selten: zerlumpt*) shabby
Lunch <-[e]s *o* -, -[e]s *o* -e> [lanʃ] *m* lunch
lunchen ['lanʃn̩, 'lantʃn̩] *vi* to have lunch
Lüneburger Heide *f* Lüneburg Heath
Lunge <-, -n> *f* 1 (*Atemorgan*) lungs *pl;* **eine schwache/starke ~ haben** to have weak/strong lungs; **jd hat es auf der ~** (*fam*) sb has lung problems [*or* trouble]; **[etw] auf ~ rauchen** to inhale [sth]; **aus voller ~ [singen/schreien]** [to sing/shout] at the top of one's voice; **eiserne ~** (*fachspr*) iron lung
2 KOCHK lights *pl*

► Wendungen: **sich die ~ aus dem Leib schreien** [*o* **Hals**] (*fam*) to shout oneself hoarse; **die grüne ~ [einer Stadt]** (*fam*) the lung [of a town] *fam*

LungenabszessRR *m* pulmonic abscess **Lungenarterie** *f* pulmonary artery **Lungenbläschen** [-blɛːsçən] *nt* pulmonary alveolus **Lungenbraten** *m* österr (*Lendenbraten*) loin roast **Lungenembolie** *f* pulmonary embolism **Lungenemphysem** *nt* pulmonary emphysema **Lungenentzündung** *f* pneumonia *no pl, no art;* **eine ~ haben** to have pneumonia **Lungenfell** *nt* pulmonary pleura **Lungenfellentzündung** *f* pulmonic pleurisy **Lungenfisch** *m* zool lungfish **Lungenflügel** *m* lung **Lungenheilstätte** *f* lung clinic **lungenkrank** *adj* suffering from a lung complaint *pred;* ■**~ sein** to suffer from a lung complaint **Lungenkranke(r)** *f(m) dekl wie adj* person suffering from a lung complaint **Lungenkrankheit** *f* lung disease **Lungenkrebs** *m kein pl* lung cancer **Lungenlappen** *m* lobe of the lung **Lungenmilzbrand** *m* inhalation anthrax **Lungenödem** *nt* pulmonary oedema [*or* Am edema] **Lungenoperation** *f* lung operation **Lungenpest** *f* pulmonic plague **Lungenschnecke** *f* zool lung-bearing-snail **Lungentuberkulose** *f* tuberculosis of the lung, TB **Lungenzug** *m* puff, drag *sl;* **einen ~ [*o* Lungenzüge] machen** to inhale, to take drags *sl*

lungern *vi haben* (*selten fam*) ■**irgendwo ~** to hang around somewhere

Lunte <-, -n> *f* ❶ (*Zündschnur*) fuse, match; **die ~ ans Pulverfass legen** (*fig*) to set a match to the powder keg *fig,* to spark off a conflict

❷ jagd (*Schwanz eines Fuchses o Marders*) brush

► Wendungen: **~ riechen** (*fam*) to smell a rat

Lupe <-, -n> *f* magnifying glass

► Wendungen: **jdn/etw unter die ~ nehmen** (*fam*) to examine sb/sth with a fine-tooth comb *fam;* **jdn/etw mit der ~ suchen können** (*fam*) people/things like that are few and far between

lupenrein *adj* ❶ (*bei Edelsteinen*) flawless

❷ (*mustergültig*) exemplary; **ein ~er Gentleman** a perfect gentleman

lupfen *vt* südd, österr, schweiz, **lüpfen** *vt haben* ■**etw ~** (*heben*) to pick up sth *sep;* **den Hut ~** to raise one's hat; (*lüften*) to air; **die Decke ~** to air the blanket

Lupine <-, -n> *f* lupin[e]

Lurch <-[e]s, -e> *m* amphibian

Lurex® <-> *nt kein pl* Lurex®

Lusche <-, -n> *f* ❶ (*sl: wertlose Spielkarte*) low card; (*schwacher Mensch, Niete*) weakling, waste of space

❷ dial (*liederliche Person*) mucky beggar Brit *fam,* rake Am

Lust <-, Lüste> *f* ❶ *kein pl* (*freudiger Drang*) desire; **[große/keine] ~ auf etw haben** to really/not feel like doing sth; **~ zu etw haben** to feel like [*or* fancy] doing sth; ***haben/hätten Sie ~ dazu?*** would you want to do that?, do you feel like doing that?; **[noch] ~ haben, etw zu tun** (*fam*) to [still] feel like doing sth; ***behalt das Buch, solange du ~ hast*** keep the book as long as you want; **große [*o* nicht geringe] [*o* nicht übel] ~ haben, etw zu tun** to have a right mind to do [*or* Am really feel like doing] sth; **seine ~ auf etw *dat* befriedigen/zügeln** to satisfy/curb one's desire to do sth; ***das kannst du machen, wie du ~ hast!*** (*fam*) do it however you want!; **nach ~ und Laune** (*fam*) as the mood takes you Brit, Brit *a.* just as you fancy, depending on how you feel Am

❷ (*Freude*) joy

❸ (*sexuelle Begierde*) desire; **weltliche Lüste** material desires; **fleischliche Lüste** desires of the flesh; **seine ~ befriedigen [*o* stillen]/zügeln** to satisfy/suppress one's desires; **etw mit ~ und Liebe tun** to put one's all into sth; **es ist eine ~, etw zu tun** it's a pleasure to do sth; **da vergeht einem jegliche [*o* alle] [*o* jede] [*o* die ganze] ~** it really puts a damper on things, it's enough to make one lose interest in sth; **jdm die [*o* jede] ~ an etw *dat* nehmen** to put sb off sth; **~ an etw empfinden** to enjoy doing sth; **die ~ an etw verlieren** to lose interest in sth

Lustbarkeit <-, -en> *f* (*veraltend geh*) welcome distraction

Luster <-s, -> *m* österr, **Lüster** <-s, -> *m* ❶ (*veraltend: Kronleuchter*) chandelier

❷ (*glänzender Überzug*) lustre [*or* Am -er]

❸ (*Stoff*) lustre [*or* Am -er]

Lüsterklemme *f* elek luster terminal, porcelain insulator

lüstern *adj* (*geh*) ❶ (*sexuell begierig*) lustful, lascivious

❷ (*begierig*) ■**~ auf etw *akk* sein** to crave sth; **nach Erfolg ~ sein** to crave success

Lüsternheit <-> *f kein pl* (*geh*) lustfulness, lust, lasciviousness

Lustgefühl *nt* feeling of pleasure *no pl* **Lustgewinn** *m kein pl* attainment of pleasure **Lustgreis** *m* (*pej fam*) dirty old man *pej*

lustig *adj* ❶ (*fröhlich*) cheerful, jolly; **ein ~er Abend** a fun evening; **ein ~es Gesicht machen** to make a funny face; **~e Farben** cheerful colours [*or* Am -ors]; **du bist/Sie sind [vielleicht] ~!** (*iron fam*) what do you think you're playing at?, you're really amusing *iron;* **das ist ja ~!** (*iron*) that [really] takes the biscuit! [*or* Am cake!]; **sich über jdn/etw ~ machen** to make fun [*or* Brit *a.* take the mick[ey] out] of sb [*or fam!* take the piss out]; **solange/wie/wozu jd ~ ist** (*fam*) as long as/whenever sb wants; ***er kam und ging wie er ~ war*** he came and went as he pleased

❷ (*fam: unbekümmert*) happily, merrily

Lustigkeit <-> *f kein pl* cheerfulness, funniness

Lustknabe *m* (*veraltend*) catamite

Lüstling <-, -e> *m* (*pej veraltend*) debauchee, lech *fam*

lustlos *adj* ❶ (*antriebslos*) listless; **~ schauen/arbeiten** to look listless/work listlessly; **~ im Essen herumstochern** to pick at one's food

❷ börse (*ohne Kauflust*) sluggish, dull; ökon flat, quiet; **~er Markt** dull [*or* inactive] market; **Tendenz ~** trade is slack

Lustmangel <-s, *inv*> *m* lack of sexual drive **Lustmolch** *m* (*meist hum fam*) *s.* **Lüstling Lustmord** *m* sexually motivated murder; **einen ~ begehen** to commit a sexually motivated murder **Lustmörder(in)** *m(f)* sexually motivated murderer **Lustobjekt** *nt* sex object **Lustprinzip** *nt kein pl* **etw nach dem ~ machen** to do sth as one pleases [*or* for the pleasure of it] **Lustschloss**RR *nt* summer residence **Lustspiel** *nt* comedy

lustvoll *adj* (*geh: mit Lust*) full of relish, passionate; **ein ~er Schrei** a passionate cry; **~ in etw beißen** to bite into sth with relish; **~ stöhnen** to groan contentedly

lustwandeln* *vi sein o haben* (*veraltend geh*) to take [*or* go for] a stroll

Lutetium <-s> *nt kein pl* lutetium

Lutheraner(in) <-s, -> *m(f)* Lutheran

Lutherbibel *f* Lutheran [*or* Luther's translation of the] Bible

lutherisch *adj* Lutheran

lutschen **I.** *vt* ■**etw ~** to suck [on] sth; **ein Bonbon ~** to suck a sweet [*or* Am on a piece of candy]

II. *vi* ■**[an etw *dat*] ~** to suck [sth]; **am Daumen ~** to suck one's thumb

Lutscher <-s, -> *m* ❶ (*Bonbon am Stiel*) lollipop, Brit *a.* lolly *fam*

❷ (*fam: Schnuller*) dummy

Lutschtablette *f* lozenge

lütt *adj* nordd (*fam*) tiny

Lüttich <-s> *nt* Liège

Luv <-s> *f o nt kein pl* naut ■**in/nach ~** windward; ■**von ~** from [the] windward [side]

Luxation <-, -en> *f* (*fachspr*) luxation *spec,* dislocation

Luxemburg <-s> *nt* Luxembourg; *s. a.* **Deutschland**

Luxemburger(in) <-s, -> *m(f)* Luxembourger; *s. a.* **Deutsche(r)**

Luxemburgisch *nt dekl wie adj* Luxemburgian; *s. a.* **Deutsch**

luxemburgisch *adj* Luxembourgian; *s. a.* **deutsch**

Luxemburgische <-n> *nt* ■**das ~** Luxemburgish, the Luxemburgish language; *s. a.* **Deutsche**

luxuriös *adj* luxurious; **eine ~e Villa/Wohnung** a luxury villa/flat; **~ leben** to live in [the lap of] luxury

Luxus <-> *m kein pl* luxury; **etw ist purer [*o* reiner] ~** sth is pure extravagance; **im ~ leben** to live in luxury; ***wir leisten uns den ~ eines zweiten Autos*** we're splashing out on a second car, we're treating ourselves to the luxury of a second car

Luxusartikel *m* luxury item **Luxusausführung** *f* de luxe model **Luxusausgabe** *f* de luxe edition **Luxusdampfer** *m* luxury cruiser **Luxusfrau** *f* (*fam*) expensive woman, Brit *fam a.* piece of class **Luxusgeschöpf** *nt* (*meist pej*) *woman who wants to live a life of luxury* **Luxushotel** *nt* luxury hotel **Luxuslimousine** *f* luxury limousine **Luxusliner** *m* luxury liner **Luxuspuppe** *f* (*pej*) classy bird [*or* Am chick] **Luxussteuer** *f* tax on luxuries **Luxusvilla** *f* luxury villa **Luxuswagen** *m* luxury [*or fam* classy] car **Luxuswohnung** *f* luxury flat

Luzern <-s> *nt* Lucerne

Luzerne <-, -n> *f* bot lucerne

Luzifer <-s> *m* Lucifer

LW *f Abk von* **Langwelle** LW, long wave

Lymphdrainage ['lʏmfdrɛ'naːʒə] *f* med lymphatic drainage **Lymphdrüse** *f* (*veraltet*) *s.* **Lymphknoten** lymph[atic] gland

Lymphe <-, -n> *f* ❶ (*Gewebsflüssigkeit*) lymph

❷ (*Impfstoff gegen Pocken*) lymph

Lymphknoten *m* lymph node

Lymphozyt <-en, -en> *m usu pl* lymphocyte

Lymphsystem *nt* anat lymphatic system

lynchen *vt* (*a. hum*) ■**jdn ~** to lynch sb; ***meine Frau wird mich ~, wenn ich zu spät komme*** my wife will kill me if I'm late

Lynchjustiz *f* Lynch law; **an jdm ~ üben** to apply the lynch law to sb **Lynchmord** *m* lynching

Lyon <-s> [ljõ] *nt* Lyons

Lyoner <-, -> *f,* **Lyoner Wurst** <-, -> *f* [pork] sausage from Lyon

Lyrik <-> *f kein pl* lyric [poetry]

Lyriker(in) <-s, -> *m(f)* poet

lyrisch *adj* ❶ (*zur Lyrik gehörend*) lyric; **~e Dichtung** lyric poetry

❷ (*dichterisch, stimmungsvoll*) poetic, lyrical; **~ werden** to become lyrical

Lysosom <-s, -en> *nt* biol lysosome

M

M, m <-, – *o fam* -s, -s> *nt* M, m; **~ wie Martha** M for Mary Brit, M as in Mike Am; *s. a.* **A 1**

m [ɛm] *m kurz für* **Meter** m

M+S-Reifen *m Abk von* **Matsch-und-Schnee-Reifen** M+S tyre [*or* Am tire], mud and snow [*or* winter] tyre

mA *nt Abk von* **Milliampere** mA

MA. *Abk von* **Mittelalter** Middle Ages *npl*

M.A. *m Abk von* **Master of Arts** MA

Mäander <-s, -> *m* ❶ (*Flusswindung*) meander

❷ kunst meander

Maat <-[e]s, -e[n]> *m* ❶ (*hist: Gehilfe auf Segelschiffen*) [ship's] mate

❷ (*Unteroffizier bei der Bundesmarine*) petty officer

Mach <-[s], -> *nt* Mach

Machart *f* style, make, design; ***die ~ des Kostüms gefällt mir*** I like the cut of the suit; **das ist meine ~** (*fam*) that is my style!

machbar *adj* possible, feasible; **etw für ~ halten** to consider sth feasible

Mache <-> *f* (*sl*) ❶ (*pej: Vortäuschung, unechtes Gehabe*) sham; ***seine Wichtigtuerei ist reine ~***

his pompous behaviour is pure show
❷ (*Form*) **die ~ eines Theaterstückes** the production of a play
► WENDUNGEN: **etw/jdn in der ~ haben** to be working on sth/sb; **jdn in die ~ nehmen** (*sich jdn vornehmen*) to give sb a dressing-down [*or* an earful] [*or* a talking-to]; (*jdn verprügeln*) to do over [*or* beat up] sb *sep;* **in der ~ sein** to be in hand; ***das Abendessen ist schon in der ~*** dinner's on the go

machen

I. TRANSITIVES VERB
II. UNPERSÖNLICHES TRANSITIVES VERB
III. INTRANSITIVES VERB IV. REFLEXIVES VERB

I. TRANSITIVES VERB

❶ (*tun, unternehmen*) ■**etw ~** to do sth; ***lass uns etwas ~!*** let's do sth!; ***genauso werden wir es ~*** that's how we'll do it; **da kann man nichts ~** nothing can be done; **mit mir kann man es ja ~** (*fam*) the things I put up with; **gut gemacht!** well done!; **mach's gut** take care, all the best; **wie man's macht, ist es verkehrt** [*o* **falsch**] (*fam*) you [just] can't win; ***was möchten/würden Sie gern ~?*** what would you like to do?; **~, was man will** to do as one pleases [*or* wants]; **so etwas macht man nicht** that's [*or* it's] bad manners; **was machst du da?** what on earth are you doing there?, what are you up to?; ***was macht denn deine Frau?*** (*fig*) how's your wife?; ***und was ~ Sie so?*** (*fam*) and what are you doing nowadays?; ***mach nur/ruhig!*** go ahead!
❷ (*erzeugen, verursachen*) ■**etw ~** to make sth; **einen Eindruck ~** to make an impression; **einen Fleck in etw machen** to stain sth; **Lärm ~** to make a noise; **Musik ~** to play some music; **einen Schmollmund ~** (*fam*) to pout; **ein dummes Gesicht ~** (*fam*) to make [*or* pull] a silly face; ***das macht überhaupt keine Mühe*** that's no trouble at all; **jdm Angst ~** to frighten sb; **jdm Sorgen ~** to make sb worried, to give sb cause for concern; **sich Sorgen ~** to worry; **jdm Hoffnung/Mut/Kopfschmerzen ~** to give sb hope/courage/a headache; **jdm eine Freude ~** to make sb happy; **jdm Appetit/Durst/Hunger ~** to make sb peckish/thirsty/hungry; **sich Mühe/Umstände ~** to go to a lot of trouble [*or* effort]
❸ (*durchführen*) ■**etw ~** to do sth; **eine Aktion ~** to promote sth; **eine Arbeit ~** to do a job [*or* task]; **eine Reise ~** to go on a journey; **einen Besuch ~** to [pay sb a] visit; **einen Spaziergang ~** to go for a walk; **eine Sause mit jdm ~** (*fam*) to go on a pub crawl *esp* BRIT [*or* AM bar hopping] with sb; **das ist zu ~** that's possible; **da ist nichts zu ~** nothing can be done, that's not possible; **nichts zu ~!** nothing doing!; **[da] nichts ~ können** to not be able to do anything; **das lässt sich ~** sth might be possible; **wird gemacht!** no problem, shall [*or* will] do!, I'll get that done; **er wird das schon ~** (*erledigen*) he'll do it; (*in Ordnung bringen*) to sort sth out; **wie machst du/wie ~ Sie das nur?** how [on earth] do you do it?; **etw nicht unter etw** *dat* **~** (*fam*) to not do sth for less than sth
❹ (*veranstalten*) ■**etw ~** to organize sth; **eine Party ~** to give [*or* throw] a party
❺ (*herstellen*) ■**etw ~** to make sth; **Fotos ~** to take photos; **ein Gedicht ~** to make up a poem; **Kaffee ~** to make coffee; **ein Schiff aus Papier ~** to make a ship out of paper; **aus etw gemacht sein** to be made of sth; **jdm/sich etw ~ lassen** to have sth made for sb/[for oneself]; **sich ein Kleid ~ lassen** to have a dress made [for oneself]; **sich die Haare ~ lassen** (*fam*) to have one's hair done; **für etw wie gemacht sein** (*fam*) to be made for sth
❻ (*zubereiten*) ■**[jdm] etw ~** to make [sb] sth, to make sth [for sb]; **ein Essen ~** to make [*or* cook] a meal; **einen Drink ~** to make a drink
❼ (*bilden, darstellen*) ■**etw ~** to make sth; ***die Straße macht da eine scharfe Kurve*** the road bends sharply there
❽ (*fam: instand setzen*) ■**[jdm] etw ~** to mend [*or* repair] sth for sb; ***bis wann können sie den Wagen ~?*** how soon can they repair the car?; ■**etw ~ lassen** to get [*or* have] sth mended/repaired; ***wir müssen unbedingt den Fernseher ~ lassen*** we must really get the TV repaired
❾ (*fam: erlangen, verdienen*) ■**etw ~** to do [*or* win] sth; **Punkte/Tore ~** to score points/goals; ***wir ~ jetzt dreimal soviel Umsatz*** we have now tripled our turnover; **einen Gewinn/Verlust ~** to make a profit/loss; **ein Geschäft ~** to make a deal; **ein Vermögen ~** to make a fortune
❿ (*absolvieren*) ■**etw ~** to do sth; **das Abitur ~** to do A-levels BRIT; **einen Kurs ~** to take a course; **eine Ausbildung ~** to do an apprenticeship, to train to be sth
⓫ MATH (*fam: ergeben*) ■**etw macht etw** *akk* sth makes sth; ***drei mal drei macht neun*** three times three makes nine
⓬ (*fam: kosten*) ***das macht zehn Mark*** that's [*or* that'll be] ten marks [please]; ***was macht das zusammen?*** what does that come to?
⓭ *mit adj* (*werden lassen*) **jdn berühmt/reich/schön ~** to make sb famous/rich/beautiful; ■**jdn zu etw ~** to make sb sth; ***mein Vater hat mich zu seinem Nachfolger gemacht*** my father has made [*or* named] me his successor; **jdn zu seinem Verbündeten ~** to make sb one's ally; ■**sich zu etw ~** to make oneself sth; **sich zum Anführer ~** to make oneself the leader
⓮ (*bes Kindersprache: einen bestimmten Laut produzieren*) ***der Hund macht „wau wau"*** the dog goes "woof woof" *usu childspeak*
⓯ (*fam: imitieren*) ■**etw ~** to do sth
⓰ (*bewirken*) ■**das macht etw** that's because of sth; ***das macht die frische Luft, dass wir so hungrig sind*** it's the fresh air that makes us so hungry; ■**jdn etw tun ~** to make sb do sth; ***der Wein wird dich das vergessen ~*** the wine will help you forget
⓱ (*fam: ausmachen*) ■**jdm/etw etwas/nichts ~** to harm/not harm sb/sth; **macht nichts!** no matter! [*or* problem!]; **macht das was?** does it matter?; **was macht das schon?** what does it matter?; ***das macht [doch] nichts!*** nevermind!, no harm done!
⓲ (*fam: vorgeben, etw/jdn zu sein*) ■**etw [für jdn] ~** to act as sth [for sb]
⓳ (*euph fam: Geschlechtsverkehr haben*) ■**es mit jdm ~** to do it [with sb] *euph fam;* ■**es jdm ~** (*sl*) to do it to sb

II. UNPERSÖNLICHES TRANSITIVES VERB

❶ *mit adj* (*werden lassen*) ■**es macht jdn ...** it makes sb ...
❷ (*aus~*) ■**es macht etwas/nichts/viel** it matters/doesn't matter/matters a lot; ■**es macht jdm etwas/nichts/viel** sb minds/doesn't mind/minds a lot
❸ (*fam: Geräusch ~*) ■**es macht etw** it goes sth; ***es macht „piep", wenn du einen Fehler machst*** it goes "peep" [*or* it peeps] when you make a mistake; *s. a.* **lang**

III. INTRANSITIVES VERB

❶ (*bewirken*) ■**~, dass etw geschieht** to ensure that sth happens; ***wie hast du es gemacht, dass die Kinder so artig sind?*** how did you get the children to be so well-behaved?
❷ (*werden lassen*) ■**etw macht irgendwie** sth makes you sth; **Liebe macht blind** (*fig*) love makes you blind
❸ (*euph fam: Notdurft verrichten*) to wee, to poo; ***da hat mir ein Vogel aufs Auto gemacht!*** a bird has pooed on my car!
❹ (*aussehen lassen*) to make sb appear sth; ***Querstreifen ~ dick*** horizontal stripes make you look fat
❺ (*fam: sich beeilen*) **mach/~ Sie [schon]!** (*fam*) get a move on! *fam*
❻ (*sl: sich stellen*) ■**auf etw** *akk* **~** to pretend to be sth, to act the sth; ***sie macht immer auf vornehme Dame*** she always acts the elegant lady
❼ (*fam: mit etw handeln*) ■**in etw** *dat* **~** to be in the ... business; ***ich mache jetzt in Versicherungen*** I'm in [the] insurance [business]
❽ (*gewähren*) **jdn [mal/nur] ~ lassen** to leave sb to it; ***lass mich mal ~, ich bringe das schon wieder in Ordnung!*** leave it to me, I'll put it right!

IV. REFLEXIVES VERB

❶ (*fam: sich entwickeln*) ■**sich [irgendwie] ~** to come along [in a certain way]
❷ (*viel leisten*) ■**sich ~** to do well for oneself; ***die neue Sekretärin macht sich gut*** the new secretary is doing well
❸ (*passen*) to go with sth; ***das Bild macht sich gut an der Wand*** the picture looks good on the wall
❹ (*sich begeben*) ■**sich** *akk* **an etw** *akk* **~** to get on with sth; **sich an die Arbeit ~** to get down to work; **sich an ein Manuskript ~** to start working on a manuscript
❺ (*gewinnen*) ■**sich** *dat* **etw ~** to make sth; **sich Freunde/Feinde ~** to make friends/enemies
❻ *mit adj* (*werden*) **sich [bei jdm] verhasst ~** to incur [sb's] hatred; **sich verständlich ~** to make oneself understood; **sich wichtig ~** to be full of one's own importance
❼ (*gelegen sein*) **sich** *dat* **etwas/viel/wenig/nichts aus jdm/etw ~** to care/care a lot/not care much/at all for sb/sth; (*sich nicht über etw ärgern*) to not get upset about sth [*or* let sth bother oneself]; **mach dir/~Sie sich nichts d[a]raus!** don't worry about it! [*or* let it get you down!]

Machenschaft <-, -en> *f meist pl* (*pej*) machination *usu pl,* intrigue, wheeling and dealing; **üble ~en** evil machinations; **betrügerische/unlautere ~** fraudulent/sharp practices; **dunkle ~en** sinister machinations [*or* intrigues]
Macher(in) <-s, -> *m(f)* (*fam*) man of action, doer
Machete <-, -n> *f* machete
Macho <-s, -s> ['matʃo] *m* (*fam*) macho *fam*
Macht <-, Mächte> *f* ❶ *kein pl* (*Befugnis*) power; **seine ~ gebrauchen/missbrauchen** to exercise [*or* wield]/abuse one's power; **die ~ haben, etw zu tun** to have the power to do sth; **etw liegt** [*o* **steht**] **in jds ~** sth is within sb's power
❷ *kein pl* (*Herrschaft*) rule; **seine ~ behaupten** to maintain one's hold on power; **an der ~ bleiben** to remain in power; **die ~ ergreifen** [*o* **die ~ an sich reißen**] to seize power; **nach der ~ greifen** to attempt to seize power; **an der ~ sein** to be in power; **an die ~ kommen** [*o* **gelangen**] to gain [*or* come to] power; **sich an die ~ putschen** to seize power by force; **die ~ übernehmen** to assume [*or* take over] power
❸ (*beherrschender Einfluss*) power; **die ~ der Gewohnheit** the force of habit; **~ über jdn haben** to have power over sb; **eine ... ~ auf jdn ausüben** to have a ... power over sb; **eine geistige ~** mental powers; **die Mächte der Finsternis** (*liter*) the powers of darkness *liter;* **aus eigener ~** under one's own steam; **mit aller ~** with all one's strength [*or* might]; **mit ~** with vigour [*or* AM -or]; ***ich werde alles tun, was in meiner ~ steht*** I'll do everything in my power
❹ (*mächtiger Staat*) power; **verbündete Mächte** allied powers; **Krieg führende Mächte** warring powers
❺ *kein pl* (*Kraft, Gewalt*) force, power
► WENDUNGEN: **~ geht vor Recht** (*prov*) might is right, power is a law unto itself
Machtantritt *m kein pl* POL coming into power **Machtbefugnis** *f* authority, powers *pl;* **~ haben** to have authority; **seine ~[se] überschreiten** to exceed one's powers; **etw überschreitet jds ~** this exceeds sb's authority **Machtbereich** *m* sphere of influence **Machtblock** *m* power bloc **Machtergreifung** *f* seizure of power *no pl;* **die ~ Hitlers** Hitler's rise to power **Machterhalt** *m kein pl* retention of power *no pl* **Machtfrage** *f* question of power **Machtfülle** *f* power **Macht-**

haber(in) <-s, -> *m(f)* ruler, dictator **Machthunger** *m* (*pej*) thirst for [*or* hunger after] power **machthungrig** *adj* (*pej*) power-thirsty, hungry for power

mächtig *adj* ① (*einflussreich*) powerful, influential; ■**die M~en** the most powerful people; **ein ~es Imperium** a mighty empire
② (*gewaltig, beeindruckend*) powerful, mighty *attr;* **ein ~er Baum** a mighty tree; **ein ~es Gewitter** a violent storm; **mit ~er Stimme** in a powerful voice
③ (*sättigend, schwer*) heavy
④ (*fam: sehr stark, enorm*) extreme; **~ stark** extremely strong; **sich ~ beeilen** to hurry like mad *fam;* **~en Durst/Hunger haben** to have a terrific thirst/hunger; **einen ~en Schlag bekommen** to receive a powerful blow; ***wir haben ~es Glück gehabt*** we had tremendous [*or* terrific] luck
⑤ (*geh: kundig*) ■**einer S.** *gen* **~ sein** to be knowledgeable about sth; ***er ist der deutschen Sprache nicht*** ~ he does not have a good command of the German language; **seiner selbst nicht ~ sein** (*geh*) to have taken leave of one's senses
⑥ BERGB (*dick*) thick, massive

Mächtigkeit <-> *f* ① *kein pl* (*großer Einfluss*) power
② *kein pl* (*mächtige Beschaffenheit*) strength, force, might
③ *bes* BERGB (*Dicke*) thickness
④ MATH potency

Machtinstinkt *m* (*fam*) power instinct, instinct for power **Machtkampf** *m* power struggle **Machtkomplott** *nt* POL conspiracy to gain power **machtlos** *adj* (*ohnmächtig, hilflos*) powerless, helpless; ■**~ gegen etw sein** to be powerless against sth; **jdm/etw ~ gegenüberstehen** to be powerless against sb/sth **Machtlosigkeit** <-> *f kein pl* powerlessness, helplessness **Machtmensch** *m* power player **Machtmissbrauch**[RR] *m* abuse of power **Machtmittel** *nt* instrument of power **Machtpolitik** *f* power politics *npl* **Machtprobe** *f* trial of strength **Machtstellung** *f* position of power **Machtstreben** *nt* aspiration to power **Machtübernahme** *f s.* **Machtergreifung Machtverhältnisse** *pl* POL balance of power *no pl* **machtvoll** *adj* (*mächtig*) powerful, mighty; (*Stärke zeigend*) powerful **Machtvollkommenheit** *f* absolute power; **in** [*o* **aus**] **eigener ~** on one's own authority **Machtwechsel** *m* change of government **Machtwort** *nt* authoritative intervention; **ein ~ sprechen** to exercise one's authority

Machwerk *nt* (*pej*) pathetic effort *pej;* **ein übles ~** a poor piece of workmanship

Machzahl[RR] *f,* **Mach-Zahl** *f* Mach number

Macke <-, -n> *f* (*fam*) ① (*Schadstelle*) defect; **eine ~ im Lack** a dent in the paintwork
② (*sl: Tick, Eigenart*) quirk, foible; **eine ~ haben** (*sl*) to be off one's rocker, to have a screw loose *fam*

Macker <-s, -> *m* (*sl*) ① (*Typ*) guy, BRIT *a.* bloke
② (*Freund*) fellow, man, bloke BRIT
③ (*Anführer*) boss; **der große ~ sein** to be the big boss; **den ~ machen** [*o* **spielen**] to act [*or* play] the tough guy
④ NORDD (*Arbeitskollege*) colleague

Macumba <-> *f* REL (*religiöser Kult in Brasilien*) Macumba

MAD *m Abk von* **Militärischer Abschirmdienst** Military Counter Intelligence [Service], ≈ MI5 BRIT, ≈ CIA AM

Madagaskar <-s> *nt* Madagascar; *s. a.* **Deutschland**

Madagasse, Madagassin <-n, -n> *m, f* Malagasy; *s. a.* **Deutsche(r)**

Madagassisch *nt dekl wie adj* Malagasy; *s. a.* **Deutsch**

madagassisch *adj* Malagasy, Madagascan; *s. a.* **deutsch**

Madagassische <-n> *nt* ■**das ~** Malagasy, the Malagasy language; *s. a.* **Deutsche**

Madame <-, Mesdames> [ma'dam, me:'dam] *f* (*geh*) Madame

Mädchen <-s, -> *nt* ① (*weibliches Wesen*) girl; **ein ~ bekommen** to have a [baby] girl; **ein leichtes ~** (*veraltend*) a tart; **ein spätes ~** (*veraltet*) an old maid *dated or hum*
② (*veraltend: Freundin*) girlfriend
③ (*veraltend: Haushaltshilfe*) maid; **~ für alles** (*fam*) girl/man Friday, BRIT *a.* dogsbody

Mädchenband *f* MUS girl band [*or* group] **Mädchenbuch** *nt* girls' book **Mädchengymnasium** *nt* girls' grammar school

mädchenhaft *adj* girlish; **ein ~es Gesicht haben** to have a girlish face; **sich ~ benehmen** to behave like a little girl

Mädchenhandel *m kein pl* white slave traffic **Mädchenhändler(in)** *m(f)* white slaver **Mädchenkleidung** *f* girls' clothes [*or* clothing] *no pl* **Mädchenname** *m* ① (*Geburtsname einer Ehefrau*) maiden name ② (*Vorname*) girl's name **Mädchenpensionat** *nt* girls' boarding school **Mädchenschuhe** *m pl* girls' shoes

Made <-, -n> *f* maggot
► WENDUNGEN: **wie die ~**[**n**] **im Speck leben** (*fam*) to live [*or* lead] the life of Riley *fam,* to live [*or* be] in clover

Madeira[1] [-'de:-] *nt* Madeira; *s. a.* **Sylt**

Madeira[2] <-s, -s> [ma'de:ra] *m,* **Madeirawein** *m* Madeira

Mädel <-s, -[s]> *nt,* **Mad(e)l** <-s, -n> *nt* SÜDD, ÖSTERR girl

Madenhacker *m* ORN oxpecker

Madenwurm *m* maggot

Mädesüß <-s> *nt kein pl* BOT meadow sweet

madig *adj* maggoty, worm-eaten; **jdn/etw ~ machen** (*fig fam*) to belittle sb/sth, to run sb down; **jdm etw ~ machen** (*fig fam*) to spoil sth [for sb]

Madonna <-, Madonnen> *f* ① (*Gottesmutter Maria*) Madonna
② (*Darstellung der Gottesmutter*) Madonna

Madrid <-s> *nt* Madrid

Madrigal <-s, -e> *nt* madrigal

Maestro <-s, -s *o* Maestri> [ma'ɛ:stro] *m* ① (*berühmter Musiker*) maestro
② (*veraltend: Musiklehrer*) music teacher

Mafia <-, s> *f* ① (*Geheimorganisation*) the Mafia
② (*fig: verschworene Gruppe*) mafia; **eine ~ von Industriellen** the industrialists' mafia

Mafia-Boss[RR], **Mafia-Boß** *m* Mafia boss

mafios *adj* (*pej*) mafia-like; **~e Methoden** mafia-like methods

Mafioso <-[s], -si> *m* (*Mitglied einer Mafia-Gruppe*) Mafioso

mag *1. und 3. pers. sing von* **mögen**

Magazin[1] <-s, -e> *nt* ① (*Patronenbehälter*) magazine; (*Behälter für Dias*) feeder; TYPO feeder [hopper]
② (*Lager*) storeroom; (*von Sprengstoff, Waffen*) magazine; (*von Bibliothek*) stockroom; **etw im ~ aufbewahren** to keep sth in the storeroom

Magazin[2] <-s, -e> *nt* ① (*bebilderte Zeitschrift*) magazine, journal; **ein literarisches ~** a literary journal
② (*Fernsehsendung*) magazine programme [*or* AM -am]

Magaziner(in) <-s, -> *m(f)* SCHWEIZ, **Magazineur(in)** <-s, -e> [magatsi'nø:ɐ] *m(f)* ÖSTERR *s.* **Lagerverwalter**

Magazinfalz *m* TYPO quarter fold

Magd <-, Mägde> *f* ① (*veraltend: Gehilfin für Haus-/Landarbeit*) farmgirl
② (*Jungfrau, Mädchen*) maid[en]; **eine holde ~** a fair [*or* sweet] maid
► WENDUNGEN: **die ~ des Herrn** the Virgin Mary

Magen <-s, Mägen *o* -> *m* stomach, tummy *usu childspeak;* **ein voller ~** a full stomach; **mit leerem ~** with an empty stomach; **auf nüchternen ~** on an empty stomach; **jdm den ~ auspumpen** to pump out sb's stomach; **etw liegt jdm schwer im ~** (*fam*), **das Essen liegt jdm schwer im ~** the food lies heavy on sb's stomach; (*fig: jdm sehr zu schaffen machen*) sth weighs heavily on [*or* troubles] sb; **einen nervösen/verstimmten ~ haben** to have a knot of nervousness in one's/an upset stomach; **mit leerem ~ zu Bett gehen** to go to bed hungry; **etwas/nichts im ~ haben** to have eaten/not have eaten sth; **jdm knurrt der ~** (*fam*) sb's stomach rumbles; **sich** *dat* [**mit etw** *dat*] **den ~ verderben** [*o fam* **verkorksen**] to give oneself an upset stomach [by eating/drinking sth]; **sich den ~ vollschlagen** to stuff one's face
► WENDUNGEN: **jdm hängt der ~ in den Kniekehlen** (*fam*) to be dying of hunger [*or* ravenous]; **jdm dreht** *fam* **sich der ~ um** sb's stomach turns; **etw schlägt jdm auf den ~** (*fam*) sth gets to sb

Magenausgang *m* pylorus **Magenbeschwerden** *pl* stomach trouble, indigestion **Magenbitter** <-s, -> *m* bitters *npl* **Magenblutung** *f* gastric haemorrhage [*or* AM hemorrhage] **Magen-Darm-Erkrankungen** *pl* gastroduodenal ulcers *pl* **Magen-Darmgrippe** *f* gastric flu **Magen-Darm-Katarr**[RR] *m* gastroenteritis *no pl, no art* **Magen-Darm-Trakt** *m* gastrointestinal tract **Magendrücken** <-s, -> *nt feeling of discomfort in the stomach* **Magendurchbruch** *m* MED perforation of the stomach **Mageneingang** *m* cardia **magenfreundlich** *adj* gentle on the stomach **Magengegend** *f* gastric region; ■**in der ~** around the stomach **Magengeschwür** *nt* stomach [*or* peptic] ulcer **Magengrube** *f* pit of the stomach, epigastrium *spec* **Magenknurren** *nt* stomach rumble **Magenkrampf** *m meist pl* gastric disorder **magenkrank** *adj* suffering from a stomach disorder *pred* **Magenkranke(r)** *f(m) dekl wie adj* person suffering from a stomach disorder **Magenkrankheit** *f* stomach disorder **Magenkrebs** *m* cancer of the stomach, gastric cancer **Magenmittel** *nt* stomachic, medicine for the stomach **Magennerven** *pl* **schwache** [*o* **keine**] **~ haben** to have a weak stomach **Magenoperation** *f* operation of the stomach **Magenresektion** *f* gastric resection **Magensaft** *m* gastric juice **Magensäure** *f* gastric acid **Magenschleimhaut** *f* stomach lining *no pl,* gastric mucous membrane *no pl spec* **Magenschleimhautentzündung** *f* gastritis **Magenschmerzen** *pl* stomach ache [*or pl* pains] **Magenspiegelung** *f* gastrocopy **Magenverstimmung** *f* upset stomach, stomach upset

mager *adj* ① (*dünn*) thin, skinny *pej;* **~e Schrift** light typeface
② (*fettarm*) low-fat; **~es Fleisch** lean meat; **~e Kost** low-fat food; **~ essen/kochen** to eat/cook low-fat foods
③ (*wenig ertragreich*) poor, practically infertile [*or* barren]; **~e Ernte** (*fig*) a poor harvest; **~er Boden** infertile ground; ***das ist aber eine ~e Ausbeute*** those are poor [*or* lean] pickings; (*dürftig*) feeble; **~e Jahre** barren years; ÖKON lean years

Magerbeton *m* BAU lean concrete **Magerjoghurt** *m o nt* low-fat yoghurt **Magerkäse** *m* low-fat cheese

Magerkeit <-> *f kein pl* ① (*dünne Beschaffenheit*) thinness *no pl,* skinniness *no pl pej*
② (*fettarme Beschaffenheit*) sth low in fat
③ (*Dürftigkeit*) meagreness BRIT, meagerness AM

Magermilch *f kein pl* low-fat [*or* skimmed] [*or* skim] milk **Magermotor** *m* lean-mix engine **Magerquark** *m kein pl* low-fat quark [*or* curd cheese] **Magersucht** *f kein pl* anorexia **magersüchtig** *adj inv* MED anorexic

Maghreb <-> *nt kein pl* Maghreb, Maghrib

Magie <-> *f* ① (*Zauberei*) magic; **ein Meister der ~** a master magician; **schwarze ~** black magic
② (*geheime Anziehungskraft*) magic; ■**die ~ einer S.** *gen* the magic of sth

Magier(in) <-s, -> ['ma:giɐ] *m(f)* magician

magisch *adj* ① (*Zauberei betreffend*) magic; **~e Kräfte** magic powers; **ein ~er Trank** a magic potion; **der ~e Zirkel** the magic circle
② (*rätselhaft, unerklärlich*) magical; **eine ~e Anziehungskraft haben** to have magical powers of attraction; **eine ~e Musik** enchanting music

M

Magister, **Magistra** <-s, -> *m, f* ① *kein pl* (*Universitätsgrad*) Master's degree, Master's *fam,* Master of Arts; **den ~ haben/machen** to hold/work on [*or* do] a Master's [degree]
② (*Inhaber des Universitätsgrades*) Master
③ ÖSTERR (*Apotheker*) pharmacist; ~ **[pharmaciae]** Master of Pharmacy
④ (*veraltet: Lehrer*) [school]master *dated*

Magisterarbeit *f* SCH Master's [degree] thesis [*or* dissertation]

Magistrat¹ <-[e]s, -e> *m* ① (*Stadtverwaltung*) municipal [*or* city/town] council, municipal [*or* city/town] authorities *pl*
② (*hist*) alderman

Magistrat² <-en, -en> *m* SCHWEIZ federal councillor [*or* AM councilor]

Magistratur <-, -en> *f* magistracy

Magma <-s, Magmen> *nt* magma

Magmagestein <-[e]s> *nt* igneous rock

magmatisch *adj inv* GEOL magmatic; **~es Gestein** magmatic rocks *pl*

Magmenkammer *f* GEOL magma chamber

Magna Charta <-> *f kein pl* HIST Magna C[h]arta

magna cum laude magna cum laude; ***sie bestand die Prüfung*** ~ she passed the exam with distinction

Magnat <-en, -en> *m* magnate

Magnesia <-> *f kein pl* magnesia

Magnesium <-s, *kein pl*> *nt* magnesium

Magnesiummangel *m* magnesium deficiency

Magnet <-[e]s *o* -en, -e[n]> *m* ① (*magnetisches Metallstück*) magnet
② (*fig: Anziehungspunkt*) magnet; ***unser Stadtfest ist immer ein ~ für viele Menschen*** our city festival always attracts a lot of people

Magnetbahn *f s.* **Magnetschwebebahn** **Magnetband** *nt* magnetic tape **Magneteisenstein** *m* magnetite **Magnetfeld** *nt* magnetic field

magnetisch *adj* magnetic; **sie übte eine ~e Anziehungskraft auf ihn aus** he was irresistably drawn to her

magnetisieren* *vt* ① (*magnetisch machen*) ■**etw** ~ to magnetize sth
② (*mit Magnetismus behandeln*) ■**jdn** ~ to mesmerize sb

Magnetismus <-> *m kein pl* ① PHYS magnetism
② (*Mesmerismus*) mesmerism, magnetism

Magnetkarte *f* plastic card [with a magnetic strip] **Magnetkern** *m* magnet core **Magnetnadel** *f* magnetic needle

Magnetometer *nt* PHYS magnetometer

magneto-optisch *adj* PHYS magneto-optical

Magnetosphäre <-> *f kein pl* magnetosphere

Magnetplatte *f* INFORM magnetic disk **Magnetpol** *m* magnetic pole **Magnetschalter** *m* starter solenoid, solenoid starter switch *spec* **Magnetschienenbahn** *f* magnetic-levitation train **Magnetschwebebahn** *f* magnetic railway **Magnetspule** *f* magnet coil **Magnetstreifen** *m* magnetic strip **Magnettafel** *f steel notice board with small magnets for holding notices*

Magnolie <-, -n> [-liə] *f* Magnolia

mäh *interj* baa

Mahagoni <-s> *nt kein pl* mahogany

Mahagonibaum *m* mahogany tree **mahagonifarben** *adj* mahogany **Mahagonischrank** *m* mahogany cupboard

Maharadscha <-s, -s> *m* maharaja[h]

Maharani <-, -s> *f* maharani, maharanee

Mähbinder <-s, -> *m* binder

Mahd¹ <-, -en> *f* DIAL (*das Mähen*) mowing; (*gemähtes Gras*) mown grass, [new-mown] hay

Mahd² <-[e]s, Mähder> *nt* ÖSTERR, SCHWEIZ (*Bergwiese*) high pasture

Mähdrescher <-s, -> *m* combine harvester

mähen¹ I. *vt* (*abschneiden*) ■**etw** ~ to mow sth; (*ernten*) to reap sth; **das Gras** ~ to mow the grass [*or* lawn]; **ein Feld** ~ to harvest a field
II. *vi* to mow; ***ich habe vorgestern erst gemäht*** I mowed [*or* did] the lawn only the day before yesterday

mähen² *vi* (*fam*) *Schaf* to bleat, to baa *fam*

Mahl <-[e]s, -e *o* Mähler> *nt pl selten* (*geh*) ① (*Speise*) repast *form,* meal; **ein ~ zu sich nehmen** to have a meal
② (*Einnahme einer Mahlzeit*) meal; (*Fest~*) feast, banquet; **beim ~[e] sitzen** to be at [the] table

mahlen <mahlte, gemahlen> I. *vt* (*in einer Mühle zerreiben*) ■**etw [zu etw]** ~ to grind sth [into sth]; **Getreide** ~ to grind grain; (*durch Zerreiben herstellen*) to grind; **Mehl** ~ to grind flour; ■**gemahlen** ground; **gemahlener Kaffee** ground coffee
II. *vi* to chew carefully; **die Kiefer/Zähne** ~ to grind [*or* gnash] one's teeth
▸ WENDUNGEN: **wer zuerst kommt, mahlt zuerst** (*prov*) the early bird catches the worm *prov*

Mähler (*selten*) *pl von* **Mahl**

Mahlgut <-es> *nt kein pl* (*geh*) grist

mählich *adj* (*poet*) *s.* **allmählich**

Mahlstein *m s.* **Mühlstein** **Mahlstrom** *m s.* **Malstrom** **Mahlzahn** *m* molar [tooth], mill tooth

Mahlzeit *f* ① (*Essen*) meal; **eine kleine** ~ a snack; **eine ~ zubereiten/zu sich nehmen** to prepare/have a meal
② (*Einnahme von Essen*) meal; **sich an die ~en halten** to eat meals at regular times; **gesegnete** *geh* **~!** bon appetit!, enjoy your meal!; **~!** DIAL (*fam*) ≈ [good] afternoon!, *greeting used during the lunch break in some parts of Germany*
▸ WENDUNGEN: **na dann prost ~!** (*fam*) well that's just brilliant [*or* wonderful] *iron fam*

Mähmaschine *f* (*für Gras*) mower; (*für Getreide*) harvester, reaper

Mahnbescheid *m,* **Mahnbrief** *m* reminder, default summons, writ for payment, [payment] collection letter

Mähne <-, -n> *f* mane; **eine lange** ~ (*fig*) a long mane

mahnen I. *vt* ① (*nachdrücklich erinnern*) ■**jdn [an etw [*o* wg etw]]** ~ to warn sb [of sth], to admonish sb *form;* ***sie hat uns wegen der Gefahren gemahnt*** she warned us of the dangers; ■**das M~** warning, admonishing *form*
② (*an eine Rechnung erinnern*) ■**jdn** ~ to remind sb
③ (*dringend auffordern*) ■**jdn zu etw** ~ to urge sb to be/do sth; **jdn zur Geduld/Eile/Vorsicht** ~ to urge sb to be patient/to hurry/to be careful; ***die Dunkelheit mahnte die Wanderer zur Eile*** (*fig*) the darkness urged them to hurry up; ■**jdn ~, etw zu tun** to urge sb to do sth
II. *vi* (*geh*) ① (*gemahnen, erinnern*) ■**an etw** ~ to be a reminder of sth
② (*veranlassen*) to cause; ***der Wetterumschwung mahnte zur Eile*** a change in the weather made us/him/her etc hurry; ■**zu etw** ~ to urge sb to do sth

mahnend I. *adj* (*ein Mahnen ausdrückend*) warning *attr,* admonitory *form;* **~e Vorzeichen** foreboding premonition
II. *adv* (*in ~er Weise*) warningly, admonishingly; **~ den Zeigefinger erheben** to raise one's index finger in warning

Mahngebühr *f* ADMIN dunning charge

Mahnmal <-[e]s, -e *o selten* -mäler> *nt* memorial

Mahnschreiben *nt* (*geh*) *s.* **Mahnbrief**

Mahnung <-, -en> *f* ① (*mahnende Äußerung*) warning, admonition *form,* admonishment *form;* **eine ~ zur Vorsicht beherzigen/missachten** to take to heart/ignore a warning to be careful
② (*geh: warnende Erinnerung*) reminder; ***ich hoffe, das war ihm eine*** ~ I hope that taught him a lesson
③ (*Mahnbrief*) reminder, demand [for payment]

Mahnverfahren *nt* summary proceedings *pl,* collection [*or* delinquency] procedure; **auf dem Wege des ~s** by judgment note **Mahnwache** *f group of demonstrators quietly drawing attention to sth;* **eine ~ halten** to stage a quiet demonstration **Mahnwesen** *nt* HANDEL dunning, remindering

Mähre <-, -n> *f* (*veraltend*) jade

Mai <-[e]s *o* - *o poet* -en, -e> *m pl selten* May AM; **der Erste ~** May Day; *s. a.* **Februar**
▸ WENDUNGEN: **im ~ seines Lebens stehen** to be in the springtime of life; **wie einst im** ~ just like in the good old days *hum*

Maibaum *m* ≈ maypole **Maiblume** *f* mayflower **Maibowle** *f white wine, champagne and woodruff punch*

Maid <-, -en> *f* (*veraltet*) maiden *old*

Maifeier *f* May Day celebrations *pl* **Maifeiertag** *m* (*geh*) May Day **Maifisch** *m* ZOOL, KOCHK allice [*or* allis] shad, alewife **Maiglöckchen** *nt* lily of the valley **Maikäfer** *m* ladybird BRIT, ladybug AM **Maikönigin** *f* May queen **Maikundgebung** *f* May Day rally

Mail <-, -s> [meɪl] *f o* DIAL *nt* INET (*fam*) e-mail, email

Mailand <-s> *nt* Milan

Mailbox <-, -en> [-bɔks] *f* INFORM mailbox; **seine ~ leeren** to empty one's mail box

mailen ['meɪlən] *vt* ■**etw** ~ INET (*fam*) to [e-]mail, to email

Mailing <-[s]> ['meɪlɪŋ] *nt kein pl* ① ÖKON mailshot
② INFORM e-mail *no pl,* electronic mail *no pl*

Mailorder <-> ['meɪlɔːdə] *f kein pl* ÖKON mail order **Mailpasswort**^RR *nt* INFORM mail password **Mailprogramm** *nt* INFORM mail program **Mailserver** <- -s, – -> *m* INFORM mail server **Mailsystem** *nt* INFORM mail

Main <-, -[e]s> *m* the River Main, the Main river

Mainframe <-, -s> ['meɪnfreɪm] *nt* INFORM main frame

Mainstream <-s> ['meɪnstriːm] *m kein pl* (*Geschmack der Gesellschaftsmehrheit*) the mainstream; **~-Kultur** mainstream culture

Mainz <-> *nt* Mainz

Mais <-es, -e> *m* ① (*Anbaupflanze*) maize *no pl* BRIT, corn *no pl* AM
② (*Maisfrucht*) sweet corn

Maisanbau *m* cultivation of maize [*or* AM corn] *no pl* **Maisbrot** *nt* corn bread

Maische <-, -n> *f* (*fachspr*) ① (*gekelterte Trauben*) must
② (*bei Bier-/Spiritusherstellung*) mash

Maisfeld *nt* maize field BRIT, cornfield AM **maisgelb** *adj* bright yellow **Maiskeimöl** *nt kein pl* cornseed [*or* maize germ] oil **Maiskolben** *m* corncob **Maiskorn** *nt* grain of maize [*or* AM corn] **Maismehl** *nt* cornflour BRIT, cornstarch AM **Maisstärke** *f* maize [*or* AM corn] starch **Maisstaude** *f* maize [*or* AM corn] bush **Maiszünsler** *m* ZOOL corn borer

Majestät <-, -en> *f* ① (*Titel*) Majesty; **Kaiserliche/Königliche ~** Imperial/Royal Majesty; **Seine/Ihre/Eure** [*o* **Euer**] ~ His/Her/Your Majesty
② *kein pl* (*geh: Erhabenheit, Würde*) majesty; **die ~ der Alpen** the majesty of the Alps; **etw strahlt ~ aus** sth has majesty

majestätisch I. *adj* majestic
II. *adv* majestically

Majo <-, -s> *f kurz für* **Mayonnaise** (*sl*) mayo *fam*

Majonäse^RR <-, -n> *f* mayonnaise, mayo *fam*

Major(in) <-s, -e> *m(f)* major

Majoran <-s, -e> *m* marjoram

majorisieren* *vt* (*geh: überstimmen und beherrschen*) ■**jdn** ~ to outvote sb

Majorität <-, -en> *f* (*geh: Mehrheit*) majority *no pl;* **die ~ haben** to have a majority, to be in the majority

Majoritätsbeschluss^RR *m* (*Mehrheitsbeschluss*) majority decision **Majoritätsprinzip** *nt* (*Mehrheitsprinzip*) principle of majority rule **Majoritätswahl** *f kein pl,* **Majorz** <-es> *m kein pl* SCHWEIZ (*Mehrheitswahl*) majority vote

makaber *adj* macabre

Makake <-n, -n> *m* ZOOL macaque

MAK-Bilanzen *pl* POL *updated list of harmful products and substances*

Makedonien <-s> *nt s.* **Mazedonien**

Makedonier(in) <-s, -> *m(f) s.* **Mazedonier**

Makedonisch *nt dekl wie adj* Macedonian; *s. a.*

Deutsch
makedonisch *adj* Macedonian; *s. a.* **deutsch**
Makedonische <-n> *nt* ■**das** ~ Macedonian, the Macedonian language; *s. a.* **Deutsche**
Makel <-s, -> *m* ❶ (*Schandfleck*) blemish, stigma; **ein ~ auf jds [blütenreiner] Weste** to blot one's copybook; **an jdm haftet ein** ~ a black mark against sb's name; **jdm haftet ein ~ an** (*geh*) sb's reputation is tarnished
❷ (*Fehler*) flaw; **ohne** ~ flawless; **an jmd ist kein** ~ sb's behaviour [*or* AM -or] is beyond reproach
Mäkelei <-, -en> *f* (*pej*) ❶ *kein pl* (*Nörgelei*) moaning *no pl,* whing[e]ing *no pl* BRIT *fam,* whining *no pl* AM *fam*
❷ (*mäkelnde Äußerung*) moan
makellos *adj* ❶ (*untadelig*) unblemished, untainted, untarnished; **einen ~en Ruf haben** to have an unblemished [*or* untarnished] reputation; **ein ~es Zeugnis** an impeccable report
❷ (*fehlerlos*) perfect; **eine ~e Aussprache/Haut/Figur haben** to have perfect pronunciation/skin/a perfect figure; (*vollkommen*) completely; **etw ist ~ rein** sth is absolutely pure
Makellosigkeit <-> *f kein pl* ❶ (*Untadeligkeit*) impeccability *no pl*
❷ (*Fehlerlosigkeit*) perfection, flawlessness *no pl*
makeln I. *vt* ■**etw** ~ to deal in sth; **er makelt Häuser** he is an agent for houses
II. *vi* to act as a broker
mäkeln *vi* (*pej fam*) to moan [*or fam* whinge] [about sth]; ***sie hatte immer etwas zu*** ~ she always had sth to carp at
Make-up <-s, -s> [meːkˈʔap] *nt* make-up *no pl;* **ein tadelloses/scheußliches ~ tragen** to wear perfect/awful make-up **Make-up-Grundlage** *f* make-up base **Make-up-Set** *nt* make-up kit
Makkaroni *pl* macaroni
Makler(in) <-s, -> *m(f)* broker; (*Immobilien~*) estate agent BRIT, realtor AM
Mäkler(in) <-s, -> *m(f)* (*pej fam*) moaner, whinger BRIT *fam,* whiner AM *fam*
Maklerabschluss[RR] *m* JUR brokerage [*or* broker's] contract **Maklerbüro** *nt* HANDEL broker's office **Maklerfirma** *f* HANDEL brokerage [business] **Maklergebühr** *f* brok[er]age *no pl;* (*für Immobilien*) agent's commission [*or* fee] **Maklergesetz** *nt* JUR law of agency **Maklerlohn** *m* ÖKON brokerage **Maklervertrag** *m* HANDEL brokerage [*or* broker's] agreement, contract of brokerage
Makramee <-[s], -s> *nt* macramé
Makrele <-, -n> *f* mackerel
Makro <-s, -s> *m o nt kurz für* **Makrobefehl**
Makroaufruf *m* INFORM macro-call **Makrobefehl** *m* INFORM macro-command **makrobiotisch** *adj* macrobiotic; **~e Kost** macrobiotic food; ■**sich ~ ernähren** to eat macrobiotic food, to stick to a macrobiotic diet **Makrodatei** *f* INFORM macro file **makrokephal** *adj* MED *s.* **makrozephal Makroklima** *nt* macroclimate **makrokosmisch** *adj* macrocosmic **Makrokosmos** *m* macrocosm
Makrolid <-s, -e> *nt* PHARM macrolide **Makromolekül** *nt* BIOL macromolecule **makromolekular** *adj* macromolecular
Makrone <-, -n> *f* KOCHK macaroon
Makroökonomie *f* macroeconomics + *sing vb* **makroökonomisch** *adj inv* macroeconomic **Makroprogramm** *nt* INFORM macro program **Makrostruktur** *f* (*fachspr*) macrostructure **makrotextuell** *adj* macrotextual **Makrovirus** *m* INFORM macro virus **makrozephal** *adj* MED macrocephalic, macrocephalous **Makrozephalie** *f* MED macrocephaly *no pl*
Makulatur <-, -en> *f* waste paper; **Akten als ~ einstampfen** to pulp files to waste paper ▸ WENDUNGEN: **~ reden** (*fam*) to talk nonsense [*or* BRIT *fam* rubbish] **Makulaturanfall** *m* TYPO waste rate **Makulaturpapier** *nt* set off paper, slip sheets *pl*
makulieren* *vt* ■**etw** ~ to pulp sth
mal[1] *adv* ❶ MATH multiplied by, times; ***drei ~ drei ergibt neun*** three times three is nine
❷ (*eben so*) **gerade** ~ (*fam*) only; ***sie war gerade ~ zwölf, als sie das Elternhaus verlassen musste*** she had just turned twelve when she had to leave her parents' home
mal[2] *adv* (*fam*) *kurz für* **einmal**
Mal[1] <-[e]s, -e *o* nach Zahlwörtern: -> *nt* (*Zeitpunkt*) time; **ein anderes** ~ another time; **einige/etliche ~e** sometimes/very often; **ein/kein einziges** ~ once/not once; **das erste** ~ the first time; ***einmal ist immer das erste*** ~ there's always a first time; **beim ersten/zweiten/letzten/...** ~ the first/second/last/ ... time; **zum ersten/letzten** ~ for the first/last time; **das letzte** ~ the last time; **ein letztes** ~ (*geh*) one last time; **mehrere ~e** several times; **das nächste** ~ [the] next time; **nächstes** ~ next time; **bis zum nächsten ~!** see you [around]!; **das soundsovielte** [*o* **x-te**] ~ (*fam*) the millionth time; **voriges** ~ last time; **das vorige** ~ [the] last time, on a number of occasions; **zum wiederholten ~[e]** over and over again, repeatedly; **das wie vielte ~?** how many times? [*or* often?]; **[für] dieses** ~ this time; ***dieses ~ werde ich ein Auge zudrücken*** this time I'll turn a blind eye; **~ für ~** again and again; **von ~ zu ~** increasingly; ***er wird von ~ zu ~ besser*** he gets better every time [I see him]; **[nur] das** [*o* **dieses**] **eine ~!** just this once; **das eine oder andere** ~ from time to time, now and again; **ein für alle ~e** (*fig*) once and for all; **mit einem ~[e]** (*fig*) all of a sudden
Mal[2] <-[e]s, -e *o* Mäler> *nt* mark ❶ <*pl* -e> (*Hautverfärbung*) mark; (*Mutter~*) birthmark
❷ <*pl* Mäler> (*geh: Denkmal*) memorial, monument; **ein ~ errichten** to erect a monument
❸ <*pl* -e> SPORT (*Feldmarkierung*) mark
malad(e) *adj* (*selten fam*) sick, ill, unwell; **sich ~ fühlen** to feel ill
Malaiisch *nt dekl wie adj* Malay[an]; *s. a.* **Deutsch**
Malaiische <-n> *nt* ■**das** ~ Malay[an], the Malay[an] language; *s. a.* **Deutsche**
Malaise [maˈlɛːzə] *f* (*geh: unbefriedigende Situation*) malaise
Malaria <-> *f kein pl* malaria; **~ bekommen** to come down with malaria
Malariamittel *nt* medicine for malaria, antimalarial
Malawi <-s> *nt* Malawi; *s. a.* **Deutschland**
Malawier(in) <-s, -> *m(f)* Malawian; *s. a.* **Deutsche**
malawisch *adj* Malawian; *s. a.* **deutsch**
Malaysia <-s> *nt* Malaysia; *s. a.* **Deutschland**
Malaysier(in) <-s, -> *m(f)* Malaysian; *s. a.* **Deutsche(r)**
malaysisch *adj* Malayan; *s. a.* **deutsch**
Malbuch *nt* colouring [*or* AM coloring] book
Malediven <-> *pl* ■**die** ~ the Maldives *npl,* the Maldive Islands *pl; s. a.* **Falklandinseln**
Malediver(in) <-s, -> *m(f)* Maldivian; *s. a.* **Deutsche(r)**
maledivisch *adj* Maldivian; *s. a.* **deutsch**
malen I. *vt* ❶ (*ein Bild herstellen*) to paint; **ein Bild/Porträt** ~ to paint a picture/portrait; **Schilder** ~ to paint signs; **einen Hintergrund** ~ to paint a background; (*künstlerisch darstellen*) paint; ■**jdn/etw** ~ to paint sb/sth; **eine Landschaft** ~ to paint a landscape; **jdn in Öl** ~ to paint sb in oils; ■**sich ~ lassen** to have one's portrait painted; **die Zukunft rosig** ~ (*fig*) to paint a rosy picture of the future; **etw schwarz** ~ (*fig*) to paint a black picture of sth *fig,* to be pessimistic about sth; **Figuren schwarz und weiß** ~ (*fig*) to interpret figures as black or white [*or* good or evil]
❷ DIAL (*anstreichen*) to paint; ■**etw** ~ to paint sth; **die Wände** ~ to paint the walls
❸ (*schminken*) to paint; **sich die Nägel/Lippen** ~ to paint one's nails/lips
II. *vi* to paint; ***in meiner Freizeit male ich*** I paint in my free time; ***wo haben Sie das M~ gelernt?*** where did you learn to paint?
III. *vr* (*geh: widerspiegeln*) ■**etw malt sich** *akk* **auf etw** *dat* to suffuse sth; ***auf ihrem Gesicht malte sich das blanke Entsetzen*** total horror was mirrored on her face
Maler(in) <-s, -> *m(f)* ❶ (*Künstler*) painter, artist
❷ (*Anstreicher*) painter
Malerei <-, -en> *f* ❶ *kein pl* (*das Malen als Gattung*) painting; **moderne/zeitgenössische** ~ modern/contemporary painting; **sich mit der ~ beschäftigen** to be interested in painting[s]
❷ *meist pl* (*gemaltes Werk*) paintings *pl,* picture; **die ~en eines Meisters** the work of a master painter
Malerfarbe *f* paint
malerisch *adj* ❶ (*pittoresk*) picturesque; **ein ~er Anblick** a picturesque view; **~ gelegen sein** to be located in a picturesque place
❷ (*die Malerei betreffend*) artistic; **eine ~e Interpretation/Sichtweise** an artistic interpretation/impression; **ein ~es Genie** an artistic genius
Malermeister(in) <-s, -> *m(f)* master painter [and decorator]
Malheur <-s, -s *o* -e> [maˈløːɐ] *nt* mishap; **das ist doch kein ~!** it's not the end of the world!; **jdm passiert ein [kleines]** ~ sb has a [slight] mishap
Mali <-s> *nt* Mali; *s. a.* **Deutschland**
Malier(in) <-s, -> *m(f)* Malian; *s. a.* **Deutsche(r)**
maligne *adj* MED (*bösartig*) malignant
malisch *adj* Malian; *s. a.* **deutsch**
maliziös *adj* (*geh*) malicious
Malkasten *m* paint box
Mallorca [-ˈjɔrka] *nt* Mallorca; *s. a.* **Sylt**
mal|nehmen *vt irreg* (*fam*) ■**etw mit etw** ~ to multiply sth by sth; ■**das M~** multiplication *no pl; s. a.* **multiplizieren**
Maloche <-> *f kein pl* (*sl*) [hard] work
malochen* *vi* (*sl*) to slog [*or* slave] away; **auf dem Bau** ~ to slave away on the building site
Malprogramm *nt* INFORM paint program **Malstift** *m* crayon **Malstrom** *m* (*liter*) maelstrom
Malta *nt* Malta; *s. a.* **Sylt**
Maltechnik *f* [painting] technique
Malteser <-s, -> *m* ❶ (*Bewohner Maltas*) Maltese + *sing/pl vb* ❷ (*Angehöriger des Malteserordens*) Knight of Malta ❸ *pl* (*Malteserorden*) Order of the Knights of Malta **Malteserkreuz** *nt* REL, TECH Maltese cross **Malteserorden** *m* the Order of the Knights of Malta
Maltesisch *nt dekl wie adj* Maltese; *s. a.* **Deutsch**
maltesisch *adj inv* GEOL Maltese
Maltesische <-n> *nt* ■**das** ~ Maltese, the Maltese language; *s. a.* **Deutsche**
Maltose *f* maltose
malträtieren* *vt* (*geh*) ■**jdn** ~ to abuse [*or* maltreat] sb
Malus <-ses, – *o* -se> *m* ❶ (*Prämienzuschlag bei Versicherungen*) extra premium
❷ (*ausgleichender Punktnachteil*) minus point, handicap
Malve <-, -n> [-və] *f* BOT malva, mallow, hollyhock
malvenfarben *adj,* **malvenfarbig** [-vən-] *adj* mauve
Malvinen *pl s.* **Falklandinseln**
Malz <-es> *nt kein pl* malt
Malzbier *nt* malt beer **Malzbonbon** *nt o m* malt sweet [*or* AM candy] [*or* lozenge] **Malzessig** *m* malt vinegar **Malzkaffee** *m* malted coffee substitute **Malzzucker** *m* malt sugar
Mama <-, -s> *f* (*fam*), **Mama** <-, -s> *f* (*veraltend geh*) mummy *fam,* mam[m]a *old,* mum; ***grüßen Sie Ihre Frau*** ~ my regards to your dear mother
Mamasöhnchen <-s, -> *nt* (*pej*) mummy's [*or* AM mama's] boy
Mamba <-, -s> *f* ZOOL mamba
Mami <-, -s> *f* (*fam*) *s.* **Mama**
Mammakarzinom *nt* MED breast cancer
Mammographie, Mammografie <-, -n> [-ˈfiːən] *f* mammography
Mammon <-s> *m kein pl* (*pej o hum*) mammon *pej form,* money; **der schnöde** ~ the rotten money, filthy lucre
Mammut <-s, -s *o* -e> *nt* mammoth
Mammutbaum *m* sequoia, giant redwood **Mammutsitzung** *f* marathon session **Mammuttournee** *f* marathon tour **Mammutveranstaltung** *f*

huge [*or* mammoth] event **Mammutverfahren** *nt* mammoth trial

mampfen (*sl*) **I.** *vt* ■**etw** ~ to munch sth; **einen Schokoriegel** ~ to munch a bar of chocolate
II. *vi* to munch

Man [mæn] *nt* Isle of Man; *s. a.* **Sylt**

man¹ <*dat* einem, *akk* einen> *pron indef* ❶ (*irgendjemand*) they, one *form*, you; ■~ **tut etw** they/one does [*or* you do] sth; ***das hat ~ mir gesagt*** that's what I was told/they told me; ***~ hätte uns schon viel früher davon informieren müssen*** we should have been informed much sooner
❷ (*die Leute*) people, they; **das trägt ~ heute so** that's the way it's worn today; **so etwas tut ~ nicht** that just isn't done
❸ (*ich*) ***~ tut, was ~ kann*** you do what you can; ***~ versteht sein eigenes Wort nicht*** I can't hear myself think

man² *adv* NORDD (*fam: nur*) just; **lass ~ gut sein** just leave it alone

Management <-s, -s> ['mɛnɛdʒmənt] *nt* ❶ (*Führung und Organisation eines Großunternehmens*) management + *sing/pl vb* ❷ (*Gruppe der Führungskräfte*) management; **das mittlere ~** the middle management; **dem ~ angehören** to be a member of the board **Management-Buy-out^RR** <-s> ['mænɪdʒməntbaɪ'aʊt] *nt* management buy-out, MBO **Managementfehler** *m* management error

managen ['mɛnɛdʒn] *vt* ■**etw/jd** ~ to manage sth/sb ❶ (*bewältigen*) to manage; **etw gut ~** to manage sth well; **eine Aufgabe ~** to manage to complete a task; (*organisieren*) to organize
❷ (*eine Persönlichkeit betreuen*) to manage

Manager(in) <-s, -> ['mɛnɛdʒɐ] *m(f)* manager

Managerkrankheit ['mɛnɛdʒɐ-] *f kein pl* (*fam*) stress-related illness; ■**an der ~ leiden** to suffer from stress

manch *pron indef, inv* ❶ *mit ein[e] + subst* (*einige/viele*) many a, many; ***so ~ ein Kind hat Probleme in der Schule*** many children have problems at school
❷ *mit substantiviertem adj* (*viel*) many ... things; **~ anderer** many others; **~ eine(r)** (*einige*) many
❸ *mit adj und subst im sing* (*viele*) many a, many; ***~ großes Unrecht wird nie geahndet*** many a wrong goes/many wrongs go unpunished

manche(r, s) *pron indef* ❶ *adjektivisch, mit pl* (*einige*) many, some; ***~ Menschen sind einfach klüger als andere*** some people are simply cleverer than others
❷ *adjektivisch, mit sing* a lot of, many a; ***~s Los ist schwer zu ertragen*** many lots are difficult to endure
❸ *adjektivisch, mit substantiviertem adj* many [*or* a lot of] ... things, quite a few; **~s Gute** much good
❹ *substantivisch* (*einige[s], viel[es]*) many + *pl vb*; ***ich habe viele Freunde, aber ~ sehe ich nur selten*** I have a lot of friends, but some [of them] I only see rarely; **~ Menschen** many people; (*bei Dingen*) many [things]; **in ~m** (*in einigem*) in many respects, in much [*or* many] of; ***in ~m sieht man keinen Sinn*** some things make no sense
❺ *substantivisch* (*viele/einige Dinge*) ■**~s** much/many, a lot of; ***es gibt ~s zwischen Himmel und Erde, was man sich nicht erklären kann*** there are many things between heaven and earth that cannot be explained
❻ *substantivisch* (*nicht wenige*) ■**~r, der/~, die** many people [*or* a person] who; ***~ von meinen Schulfreunden sind heute schon tot*** many of my school friends have already passed away
❼ *substantivisch* ■**~s, was** much [*or* a lot] of what; ***ich habe schon ~s bereut, was ich im Leben gesagt habe*** I have come to regret a lot of the things I've said during my lifetime

mancherlei ❶ *inv, adjektivisch* (*dieses und jenes*) all sorts of, various; **~ Ursachen** all sorts of causes
❷ *substantivisch* (*Verschiedenes*) many things, various; ***ich könnte ~ über ihn sagen*** I could say a lot of things about him

mancherorten *adv*, **mancherorts** *adv* (*geh*) here and there; ***~ leben die Menschen noch wie vor hundert Jahren*** in some places, people still live as they used to one hundred years ago

manchmal *adv* ❶ (*gelegentlich*) sometimes
❷ SCHWEIZ (*oft*) often

Mandant(in) <-en, -en> *m(f)* (*fachspr*) client

Mandarin <-s, -e> *m* mandarin

Mandarine <-, -n> *f* (*hist*) mandarin

Mandat <-[e]s, -e> *nt* ❶ (*Abgeordnetensitz*) seat; **ein ~ gewinnen** to win a seat; **sein ~ niederlegen** to resign [*or* give up] one's seat
❷ (*Auftrag eines Juristen*) mandate; **ein ~ übernehmen** to take over a mandate; (*Auftrag eines Abgeordneten*) mandate; **imperatives ~** POL fixed mandate; **ein politisches ~** a political mandate

Mandatsträger(in) *m(f)* mandate holder; (*im Parlament, Versammlung*) member of parliament, deputy

Mandel¹ <-, -n> *f* almond; **gebrannte ~n** sugared, roasted almonds; **bittere/süße ~n** bitter/sweet almonds

Mandel² <-, -n> *f meist pl* ANAT tonsils *pl*; **entzündete ~n** inflamed tonsils; **die ~n herausbekommen** (*fam*) to have one's tonsils removed

Mandelaugen *pl* (*geh*) almond-shaped eyes **mandeläugig** *adj* (*geh*) almond-eyed **Mandelbaum** *m* almond tree **Mandelbrotmenge** *f* MATH Mandelbrot set **Mandelentzündung** *f* tonsilitis *no art, no pl*; **eine ~ haben** to have tonsilitis **mandelförmig** *adj* almond-shaped **Mandelkern** *m s.* Mandel¹ **Mandelkleie** *f* almond bran **Mandelöl** *nt* almond oil **Mandeloperation** *f* MED tonsillectomy

Mandoline <-, -n> *f* mandolin[e]

Mandrill <-s, -e> *m* mandrill

Mandschurei <-> *f* Manchuria

Manege <-, -n> [ma'ne:ʒə] *f* ring, arena; **~ frei!** clear the ring!

Mangan <-s> *nt kein pl* manganese *no pl*

Manganknolle *f* GEOL manganese nodule

Mangel¹ <-s, Mängel> *m* ❶ (*Fehler*) defect, flaw; **anhaftender ~** inherent imperfection; **mit Mängeln behaftet sein** to be full of flaws; **offene Mängel** patent defects; **schwer wiegender/verborgener ~** serious/concealed [*or* latent] defect; **technische Mängel** technical defects; **einen ~ beseitigen** to remedy [*or* to eradicate] a defect; **einen ~ erkennen** to recognize flaws; **einen ~ feststellen/beheben** to discover/remedy a defect; **für einen ~ haften** to be liable [*or* to warrant] for a defect
❷ *kein pl* (*Knappheit*) lack, shortage; **es besteht** [*o* **herrscht**] **~ an etw** *dat* there is a lack of sth; **~ an Arbeitskräften** manpower shortage; **ein ~ an Vitamin C** vitamin C deficiency; **einen ~ an Zuversicht haben** to have little confidence; **keinen ~ leiden** to not want for anything
❸ JUR defect, deficiency; **wegen ~s** [*o* **aus ~**] **an Beweisen** due to a/the lack of evidence

Mangel² <-, -n> *f* mangle
▸ WENDUNGEN: **jdn durch die ~ drehen** [*o* **jdn in der ~ haben**] [*o* **jdn in die ~ nehmen**] (*fam*) to grill sb *fam*, to give sb a grilling *fam*

Mängelanspruch *m* HANDEL warranty claim, claim arising from a defect **Mängelanzeige** *f* HANDEL notice of defects

Mangelberuf *m* understaffed profession

Mängelbeseitigung *f* HANDEL remedy of defects **Mängelbeseitigungsanspruch** *m* HANDEL claim to have a defect remedied **Mängeleinrede** *f* JUR plea that the goods are defective

Mangelerscheinung *f* deficiency symptom **Mangelfolgeschaden** *m* HANDEL consequential harm caused by a defect

mängelfrei *adj* flawless

Mangelfrist *f* HANDEL notification period for defects

Mängelgewähr *f* HANDEL express warranty; **ohne ~** with all faults **Mängelgewährleistung** *f* HANDEL warranty [for defects]

mangelhaft *adj* ❶ (*unzureichend*) insufficient, inadequate; **~e Informationen** insufficient information; **eine ~e Leistung** a poor performance; **~e Kenntnisse** limited knowledge *no pl*
❷ (*zweitschlechteste Schulnote*) poor
❸ (*Mängel aufweisend*) faulty; **eine ~e Software** faulty software

Mangelhaftung, **Mängelhaftung** *f* HANDEL sellers's warranty, liability for defects; **der ~ unterliegen** to be liable for defects

Mängelklage *f* JUR action for breach of contract

Mangelkrankheit *f* deficiency disease

Mängelliste *f* HANDEL list of defects

mangeln¹ *vi* ❶ *impers* (*ungenügend vorhanden sein*) ■**es mangelt an etw** there is a shortage of sth; ***es mangelt vor allem an Lebensmitteln*** above all there is a food shortage; ■**es mangelt [jdm] an etw** *dat* sb does not have enough of sth; **es jdm an nichts ~ lassen** to make sure sb doesn't want for anything; ■**es mangelt jdm an etw** *dat* sb lacks [*or* does not have] sth; ***dir mangelt es an der nötigen Reife*** you do not have the necessary maturity [*or* are too immature]
❷ (*nicht vorhanden sein*) ■**etw mangelt jdm** sb lacks [*or* does not have] sth; **jdm mangelt der Ernst** sb is not serious enough

mangeln² *vt* (*mit der Mangel² glätten*) ■**etw ~** to press sth, to put sth through the mangle

mangelnd *adj* inadequate, insufficient; ***sein größtes Problem ist sein ~es Selbstvertrauen*** his main problem is his lack of self-confidence

Mängelrüge *f* ❶ HANDEL notice of a defect; **unverzügliche ~** immediate notice of defect ❷ JUR complaint; **eine ~ geltend machen** to lodge a complaint **Mängelrügefrist** *f* HANDEL period allowed for filing a notice of defect

mangels *präp +gen* (*geh*) ■**~ einer S.** *gen* due to the lack of sth; **~ Beweise[n]** due to the lack of evidence; **~ Geldes** due to insufficient funds; **~ Masse** JUR no funds; (*nach Konkursanmeldung*) return unsatisfied

Mangelschaden *m* HANDEL deficiency loss **Mangelware** *f* scarce commodity; **~ sein** to be a rare commodity **Mangelwirtschaft** *f* economy of short supply

Mango <-, -gonen *o* -s> ['maŋgo] *f* mango

Mangobaum ['maŋgo-] *m* mango tree

Mangold <-[e]s, -e> ['maŋgɔlt] *m* Swiss chard

Mangrove <-, -n> [maŋ'gro:və] *f* mangrove **Mangrovenbaum** *m* mangrove [tree] **Mangrovenwald** *m* mangrove forest

Manie <-, -n> [-'ni:ən] *f* ❶ (*geh: Besessenheit*) obsession; ***sie hat eine regelrechte Computer~*** she's really obsessed with computers
❷ PSYCH mania

Manier <-, -en> *f* ❶ *kein pl* (*geh: Art und Weise*) manner, style; **nach deutscher ~** the way the Germans do it; **nach bewährter ~** following a tried and tested method; **in der ~ Brechts** à la Brecht
❷ *pl* (*Umgangsformen*) manners; **gute/schlechte ~en haben** to have good/bad manners; **jdm ~en beibringen** to teach sb some manners; **wo sind denn deine ~en!** (*fam*) where are your manners?!

manieriert *adj* (*pej geh*) affected; **ein ~er Stil** an affected style

Manierismus <-> *m kein pl* mannerism *no art*

manierlich *adj* (*veraltend*) presentable, respectable; **~es Benehmen** respectable behaviour [*or* AM -or]; (*bei Kindern*) well-behaved; **sich ~ benehmen** to behave properly; **~ essen** to eat properly

Manifest <-[e]s, -e> *nt* ❶ (*öffentlich dargelegtes Programm*) manifesto; **das Kommunistische ~** the Communist Manifesto; **ein ~ verfassen** to draw up a manifesto
❷ NAUT manifest

Manifestant(in) <-en, -en> *m(f)* ÖSTERR, SCHWEIZ demonstrator

Manifestation <-, -en> *f* ❶ PSYCH, MED manifestation *form*
❷ (*öffentliche Bekundung, offensichtlicher Beweis*) demonstration

manifestieren* *vr* (*geh*) ❶ (*zu Tage treten*) ■**sich** *akk* **in etw** *dat* **~** to become manifest [*or* apparent]

in sth, to manifest itself in sth *form*
❷ MED, PSYCH (*auftreten*) ■**sich in jdm** ~ *Beschwerden, Symptome, etc.* to become manifest in sb
Maniküre¹ <-> *f kein pl* manicure; ~ **machen** to do a manicure
Maniküre² <-, -n> *f* manicurist
maniküren* *vt* ■**jdn/etw** ~ to manicure sb's hands/nails/[sb's] sth, to give somebody's hands/nails/sth a manicure
Maniküre-Set *nt* manicure set
Manikürestäbchen <-s, -> *nt* orange wood stick, cuticle pusher
Manilakarton *m* manila board
Maniok <-s, -s> *m* BOT, AGR manioc, cassava
Manipulation <-, -en> *f* (*geh*) ❶ (*bewusste Beeinflussung*) manipulation *esp pej*
❷ *meist pl* (*pej: Machenschaften*) manipulation[s *pl*] *esp pej;* (*Trick*) manoeuvre BRIT, maneuver AM
manipulierbar *adj* (*geh*) manipulable *a. pej;* ~**er Mensch** malleable [*or pej* manipulable] person; **leicht/schwer** ~ **sein** to be easily manipulated [*or* easy to manipulate]/difficult to manipulate *a. pej*
Manipulierbarkeit <-> *f kein pl* manipulability *no pl a. pej; Mensch a.* malleability
manipulieren* I. *vt* ■**jdn/etw** ~ to manipulate sb/sth; **jdn geschickt** ~ to handle sb skillfully
II. *vi* ■**an etw** *dat* ~ to tamper with sth; *Wahlergebnisse* to rig sth
Manipulierung <-, -en> *f s.* **Manipulation 1**
manisch *adj* manic; PSYCH maniac[al], manic
manisch-depressiv *adj* MED, PSYCH manic-depressive
Manko <-s, -s> *nt* ❶ (*Nachteil*) shortcoming; **ein [entscheidendes/grosses]** ~ **haben** [*o geh* **aufweisen**] to have a crucial/significant [*or* serious] shortcoming
❷ FIN (*Fehlbetrag*) deficit; ~ **machen** (*fam*) to make a loss
Mankohaftung *f* JUR liability for shortage
Mann <-[e]s, Männer *o* Leute> *m* ❶ (*erwachsener männlicher Mensch*) man; ■**Männer** men; (*im Gegensatz zu den Frauen a.*) males; **ein feiner** ~ a [perfect] gentleman; **ein** ~ **schneller Entschlüsse/der Tat/weniger Worte** a man of quick decisions/of action/of few words; **ein** ~ **mit Ideen/festen Überzeugungen** a man with ideas/firm convictions; **ein** ~ **von Format/Welt** a man of high calibre [*or* AM -er]/of the world; **der** ~ **auf der Straße** the man in the street, Joe Bloggs BRIT, John Doe AM; **ein** ~ **des Todes sein** (*fam*) to be dead meat *fam!* [*or* a dead man]; **ein** ~ **aus dem Volk[e]** a man of the [common] people; **ein** ~ **von Wort** (*geh*) a man of his word; **der böse** ~ the bogeyman [*or* bogyman] [*or* AM *a.* boogeyman]; **ein ganzer** ~ a real [*or* every inch a] man; **den ganzen** ~ **erfordern** to need a [real] man; (*im Allgemeinen*) to be not for the faint-hearted; **jd ist ein gemachter** ~ sb has got it made *fam;* ~**s genug sein, etw zu tun** to be man enough to do sth; **junger** ~**!** young man!; **der kleine** [*o* **gemeine**] ~ the common [*or* ordinary] man, the man in the street, Joe Bloggs BRIT, John Doe AM; **der kleine** ~ (*euph fam: Penis*) Johnson *sl,* BRIT *a.* John Thomas *sl;* **der böse** [*o veraltend* **schwarze**] ~ (*Kinderschreck*) the bogeyman [*or* bogyman] [*or* AM *a.* boogeyman]; (*Kaminfeger*) chimney sweep; **den starken** ~ **markieren** [*o* **spielen**] (*derb*) to come [on] [*or* AM play] the strongman; **den wilden** ~ **spielen** [*o* **machen**] (*fam*) to rave like a madman *fam;* **auf den** ~ **dressiert** *Hund* trained to attack people *pred;* **der** ~ **jds Lebens sein** to be sb's ideal man; **der** ~ **im Mond** the man in the moon; **ein** ~**, ein Wort** an honest man's word is as good as his bond *prov;* ***ein*** ~***, ein Wort, und so tat er es auch*** and, as good as his word, he did [do] it; **den toten** ~ **machen** (*beim Schwimmen*) to float [on one's back]
❷ (*Ehemann*) ■**jds** ~ sb's husband [*or fam* man] [*or fam* hubby]; ~ **und Frau werden** (*geh*) to become husband [*or dated* man] and wife; **jds zukünftiger** ~ sb's future husband; **eine Frau an den** ~ **bringen** (*fam*) to marry off a woman *sep fam or a. pej,* to find a woman a husband; **jdn zum** ~ **haben** to be sb's husband; **jds** ~ **werden** to become sb's husband
❸ (*Person*) man; ***sie kamen mit acht*** ~ ***an*** eight [of them] arrived; **ein** ~ **vom Fach** an expert; **der richtige** ~ **am richtigen Ort** the right man for the job; **ein** ~ **der Praxis** a practised [*or* AM -iced] [*or* an old] hand; **[genau] jds** ~ **sein** to be [just] sb's man; **seinen/ihren** ~ **stehen** to hold one's own; ~ **für** ~ every single one; ~ **gegen** ~ man against man; **pro** ~ per head; **selbst ist der** ~**!** there's nothing like doing things [*or* it] yourself; **wie ein** ~ as a [*or* one] man; NAUT (*Besatzungsmitglied a.*) hand; ~ **über Bord!** man overboard!; **alle** ~ **an Bord!** all aboard!; **alle** ~ **an Deck!** all hands on deck!; **alle** ~ **an die Taue!** all hands heave to!; **mit** ~ **und Maus untergehen** (*fam*) to go down with all hands
❹ (*fam: in Ausrufen*) ~ **Gottes!** God [Almighty]!; **[mein] lieber** ~**!** (*herrje!*) my God! *fam;* (*pass bloß auf!*) please!; **o** ~**!** oh hell! *fam;* ~**, o** ~**!** dear[ie] me! *fam,* oh boy! *fam;* ~**!** (*bewundernd*) wow! *fam;* (*herausfordernd*) hey! *fam*
► WENDUNGEN: **der kluge** ~ **baut vor** (*prov*) the wise man takes precautions; **einen kleinen** ~ **im Ohr haben** (*hum fam*) to have bats in one's belfry *dated fam,* to be crazy *fam;* **etw an den** ~ **bringen** (*fam*) to get rid of sth; (*fig fam*) perhaps you can get your parents to listen to this story!; *s. a.* **Mannen**
Männchen <-s, -> *nt* ❶ *dim von* **Mann** little man *a. pej;* ~ **machen** *Hund, dressiertes Tier* to stand up on its/their hind legs, to [sit up and] beg
❷ (*Strichmännchen*) [match]stick man [*or* figure]; ~ **malen** to draw [match]stick men [*or* figures]; (*fig*) to doodle
❸ (*männliches Tier*) male; *Vogel a.* cock
Manndeckung *f kein pl* SPORT man-to-man marking [*or* AM defense]
Mannen *pl* ❶ HIST men
❷ (*tüchtige Mitarbeiter*) men, troops *fam,* BRIT *a.* lads *fam*
Mannequin <-s, -s> ['manəkɛ̃, manə'kɛ̃:] *nt nur fem* [fashion] model
Männer *pl von* **Mann**
Männerbekanntschaft *f meist pl* boyfriend, male [*or* man] friend, male acquaintance *euph* **Männerberuf** *m* male profession **Männerbewegung** *f* ■**die** ~ the men's movement **Männerbündelei** <-, -en> *f* (*pej fam*) male intrigue[s *pl*] **Männerchor** *m* male-voice [*or* men's] choir **Männerdomäne** *f* male preserve **männerdominiert** *adj* male-dominated **Männerfang** *m* **auf** ~ **[aus]gehen/sein** (*fam*) to go/be looking for a man **Männergeschichten** *pl* ■**jds** ~ sb's affairs with men **Männergesellschaft** *f* ❶ SOZIOL (*vom männlichen Geschlecht dominiertes Gesellschaftssystem*) male-dominated society ❷ (*Gesellschaft von, Zusammensein mit Männern*) predominantly male company *no pl;* **in** ~ in the company of men [*or* male company] **Männerhand** *f* ■**eine** ~ a man's hand **Männerhass**[RR] *m* hatred of men, misandry *spec* **Männerkleider** *pl* men's clothing *no pl* **Männerkrankheit** *f* (*fam o veraltend: Prostataerkrankung*) prostate trouble **Männerleiden** *nt* illness/complaint afflicting men **Männermannschaft** *f* SPORT men's team **männermordend** *adj* (*hum fam*) man-eating *hum* **Männerorden** *m* REL male [*or* men's] order **Männersache** *f* man's affair [*or* business]; (*Fachgebiet*) male preserve; (*Arbeit*) man's job **Männerstimme** *f* (*männliche Stimme*) man's [*or* male] voice; **eine raue** ~ a gruff male voice; MUS male voice **Männertreu** <-, -> *f* BOT speedwell, veronica **Männerüberschuss**[RR] *m* surplus of men
Mannesalter *nt* ■**das** ~ manhood *no art;* **im besten** ~ **sein** to be in one's prime [*or* in the prime of [one's] life [*or* manhood]]
mannhaft I. *adj* brave, valiant; ~**er Widerstand** stout resistance
II. *adv* bravely, valiantly; ~ **Widerstand leisten** to put up [a] stout resistance
Mannhaftigkeit <-> *f kein pl* valour [*or* AM -or]
mannigfach *adj attr* (*geh*) multifarious *form,* manifold *liter*
mannigfaltig *adj* (*geh*) *s.* **vielfältig**
Mannigfaltigkeit <-> *f kein pl* (*geh*) *s.* **Vielfältigkeit**
Männlein <-s, -> *nt dim von* **Mann** little man, midget, man[n]ikin; ~ **und Weiblein** (*hum fam*) boys and girls *hum*
männlich *adj* ❶ (*des Mannes*) male; **die** ~**en Drüsen** the glands of the male; **ein** ~**er Vorname** a man's/boy's name
❷ (*für den Mann typisch*) male; **ein** ~**er Duft/eine** ~**e Erscheinung** a masculine scent/appearance
❸ (*mannhaft*) manly
❹ (*maskulin*) masculine; **eine** ~**e Frau** a masculine [*or pej* mannish] woman
❺ LING, LIT masculine
❻ *Tier, Pflanze* male; **das** ~**e Tier** the male [animal]; ~**e Pflanzen** male [*or spec* staminate] plants
Männlichkeit <-> *f kein pl* manliness *no pl,* masculinity *no pl*
Männlichkeitsritual *nt* SOZIOL manhood ritual; **sich** *akk* **einem** ~ **unterziehen** to undergo a manhood ritual, to prove one's manhood
Mannsbild *nt* SÜDD, ÖSTERR (*fam*) he-man; **ein gestandenes** ~ **sein** to be a fine figure of a man
Mannschaft <-, -en> *f* ❶ SPORT team
❷ (*Schiffs- o Flugzeugbesatzung*) crew
❸ (*Gruppe von Mitarbeitern*) staff + *sing/pl vb;* **vor versammelter** ~ in front of the staff; (*vor aller Augen*) in front of everyone
❹ *pl* MIL enlisted men
Mannschaftsführer(in) *m(f)* SPORT team captain
Mannschaftsgeist *m kein pl* team spirit *no pl*
Mannschaftskampf *m* team sport **Mannschaftskapitän** *m* SPORT team captain **Mannschaftsraum** *m* crew's quarters *pl* **Mannschaftssport** *m* team sport **Mannschaftstransportfahrzeug** *nt* RAUM crew transport vehicle, CTV **Mannschaftswagen** *m der Polizei* police van; MIL troop [*or* personnel] carrier; (*beim Radrennen*) team car **Mannschaftswertung** *f* team holdings *pl* **Mannschaftswettbewerb** *m* team competition **Mannschaftszeitfahren** *nt* team time trials *pl*
mannshoch *adj* [as] tall as a man *pred,* ≈ six-foot *attr,* ≈ six feet [*or* foot] high/deep *pred* **mannstoll** *adj* (*pej*) man-crazy *fam,* nymphomaniac
Mannweib *nt* (*pej*) masculine [*or pej* mannish] woman
Manometer¹ <-s, -> *nt* TECH pressure gauge
Manometer² *interj* (*fam*) boy oh boy! *fam,* BRIT *a.* Gordon Bennett! *hum fam*
Manöver <-s, -> [-vɐ] *nt* ❶ MIL manoeuvre BRIT, maneuver AM; **ins** ~ **gehen** [*o* **ziehen**] to go on manoeuvres
❷ (*das Manövrieren eines Fahrzeugs*) manoeuvre BRIT, maneuver AM; ***das war vielleicht ein*** ~***!*** that took some manoeuvring!
❸ (*pej: Winkelzug*) trick, manoeuvre BRIT, maneuver AM
Manöverkritik [-vɐ-] *f* ❶ MIL critique of a manoeuvre [*or* AM maneuver] ❷ (*abschließende Besprechung*) inquest, post-mortem *fig fam* **Manöverschaden** *m* MIL damage caused by military manoeuvres [*or* AM maneuvers]
manövrieren* [-'vri:-] I. *vi* ❶ (*hin und her lenken*) ■**[mit etw]** ~ to manoeuvre [*or* AM maneuver] [sth], to handle sth; **mit etw geschickt** ~ to handle [*or* manoeuvre] [*or* AM maneuver] sth skilfully
❷ (*meist pej: lavieren*) **[geschickt/vorsichtig]** ~ to manoeuvre [*or* AM maneuver] [cleverly [*or* skilfully] [*or* AM skillfully]/carefully]
II. *vt* ■**etw [aus etw** *dat***/durch/um/in etw** *akk***]** ~ to manoeuvre [*or* AM maneuver] sth [out of/through/around/into sth]
manövrierfähig [-'vri:r-] *adj* manoeuvrable BRIT, maneuverable AM **Manövrierfähigkeit** *f kein pl* manoeuvrability BRIT, maneuverability AM **manövrierunfähig** *adj* not manoeuvrable [*or* AM maneuverable], disabled

Manpower <-> ['mænpaʊɐ̯] *f* manpower
Mansarde <-, -n> *f* ❶ (*Dachzimmer*) mansard
❷ (*Spitzboden*) attic; ■**auf der** ~ in the attic
Mansardenwohnung *f* attic flat [*or* AM apartment]
Manschette <-, -n> *f* ❶ (*Ärmelaufschlag*) [shirt] cuff
❷ MED collar; *Blutdruckmesser* cuff
❸ (*Dichtungsring*) collar, packing *no pl*
► WENDUNGEN: ~**n haben** (*veraltend fam*) to be scared stupid [*or fam* stiff]; **jd hat ~n vor jdm/etw** (*veraltend fam*) sb/the thought of sth scares the living daylights out of sb *fam*, BRIT *a.* sb/sth puts the wind up sb *fam*
Manschettenknopf *m* cuff link
Manta-Fahrer *m* (*pej*) Essex man BRIT
Mantel <-s, Mäntel> *m* ❶ (*Kleidungsstück*) coat; (*weit geschnitten*) cloak; (*Wintermantel*) overcoat, greatcoat
❷ TECH sheath, covering; (*Geschossmantel*) jacket, casing
❸ AUTO outer tyre [*or* AM tire], casing
► WENDUNGEN: **den ~ des Schweigens über etw** *akk* **breiten** (*geh*) to keep sth under wraps
Mäntelchen <-s, -> *nt dim von* **Mantel** little [*or* small] coat, BRIT *a.* coatee
► WENDUNGEN: **sein ~ nach dem Wind[e] drehen** [*o* **hängen**] [*o* **kehren**] to trim one's sails to the wind, to swim with the tide; **etw** *dat* **ein ~ umhängen** to cover [*or pej* hush] up sth *sep*, to gloss over sth
Mantelfutter *nt* [coat] lining **Mantelgesellschaft** *f* HANDEL bare-shell company **Mantelgesetz** *nt* JUR omnibus bill [*or* act] **Mantelkauf** *m* HANDEL purchase of a corporate shell **Mantelknopf** *m* coat button **Mantelkragen** *m* [coat] collar **Mantelmöwe** *f* ORN great black-backed gull **Mantelstoff** *m* coat fabric, coating *spec*, overcoating *spec* **Manteltarifvertrag** *m* ÖKON, POL collection [*or* skeleton] [*or* AM basic] wage agreement **Manteltasche** *f* coat pocket **Manteltier** *nt* ZOOL tunicate **Mantelzession** *f* JUR general [*or* blanket] assignment
Manual <-s, -e> *nt* MUS manual
manuell I. *adj* manual
II. *adv* manually, by hand
Manufaktur <-, -en> *f* ❶ (*geh*) factory; (*kleiner*) workshop
❷ ÖKON (*hist*) manufactory *hist*
Manuskript <-[e]s, -e> *nt* manuscript; (*geschrieben a.*) MS
Manuskriptberechnung *f* character count, estimate of volume
Maoismus <-> *m kein pl* POL Maoism
Maori *nt* Maori; *s. a.* **Deutsch**
Mappe <-, -n> *f* ❶ (*Schnellhefter*) folder, file
❷ (*Aktenmappe*) briefcase
❸ (*Federmäppchen*) pencil case
Mär <-, -en> *f* (*hum*) fairytale, BRIT *a.* fairy story
Marabu <-s, -s> *m* ORN marabou
Marabut <-[s], -[s]> *m* (*moslemischer geistlicher Führer in Nordafrika*) marabout
Maracuja <-, -s> *f* passion fruit
Maräne <-, -n> *f* ZOOL whitefish, pollan, freshwater herring
Marathon¹ <-s, -s> *m* SPORT marathon
Marathon² <-s, -s> *nt* (*fig*) marathon
Marathonlauf *m* marathon **Marathonläufer(in)** *m(f)* marathon runner **Marathonsitzung** *f* marathon session **Marathonveranstaltung** *f* marathon event
Märchen <-s, -> *nt* ❶ (*überlieferte Erzählung*) fairytale; ■**in ~/im ~** in the fairytales; **„~ aus Tausendundeiner Nacht"** "Tales from the Arabian Nights"
❷ (*Lügengeschichte*) tall [*or* BRIT *a.* fairy] story, fairytale, cock-and-bull story; **erzähl [mir] keine ~!** don't tell me any fairy stories!
Märchenbuch *nt* book of fairytales **Märchenerzähler(in)** *m(f)* teller of fairytales, storyteller **Märchenfigur** *f* fairytale figure **Märchenfilm** *m* film [*or* AM *a.* movie] of a fairytale, fairytale film [*or* AM *a.* movie] **Märchengestalt** *f* figure [*or* character] from a fairytale
märchenhaft I. *adj* fantastic, fabulous, fairy-tale *attr*
II. *adv* fantastically, fabulously
Märchenland *nt kein pl* ■**das ~** fairyland, dreamland, wonderland **Märchenmotiv** *nt* subject of fairytale **Märchenoper** *f* fairytale opera **Märchenprinz, -prinzessin** *m, f* fairy prince *masc*, Prince Charming *masc hum fam*, fairy princess *fem*
Marder <-s, -> *m* marten
Margarine <-, -en> *f* margarine, BRIT *a.* marge *fam*
Marge <-, -n> ['marʒə] *f* ÖKON margin [of profit]
Margenbesteuerung *f* FIN marginal taxation
Margerite <-, -n> *f* BOT marguerite, daisy
marginal (*geh*) I. *adj* marginal
II. *adv* marginally; **jdn ~ interessieren** to be of marginal interest to sb
Marginalie <-, -n> [-'na:liə] *f meist pl* LIT (*Anmerkung zu einer Handschrift*) marginal note, sidenotes *pl spec*, marginalia *pl spec*
marginalisieren* *vt* SOZIOL (*geh*) ■**jdn ~** to marginalize sb
Marginalsteuersatz *m* FIN marginal tax rate
Maria <-[s] *geh o* Mariä, -s> *f* ❶ (*Mutter Gottes*) Mary; **Mariä Empfängnis** the Immaculate Conception; **Mariä Geburt** [the] Nativity of Mary; **Mariä Heimsuchung** the visitation of Mary; **Mariä Himmelfahrt** Assumption; **Mariä Verkündigung** the Annunciation, Annunciation [*or esp* BRIT Lady] Day; **die Heilige ~** Holy Mary
❷ (*Bildnis, Statue*) ■**eine ~ [sein]** [to be] a painting/statue of the Virgin Mary
Marianengraben *m* GEOG Marianas Trench
Maridi-Virus *nt* MED *s.* **Ebola-Virus**
Marienbild *nt* picture of the Virgin Mary **Marienkäfer** *m* ZOOL ladybird BRIT, ladybug AM **Marienkapelle** *f* ■**die ~** the Lady Chapel **Marienkult** *m* ■**der ~** the cult of the Virgin Mary, Mariolatry *spec* **Marienstatue** *f* statue of the Virgin Mary **Marienverehrung** *f* ■**die ~** the adoration [*or* veneration] of the Virgin Mary, hyperdulia *spec*
Marihuana <-s> [marihu'a:na] *nt kein pl* marijuana *no pl*, marihuana *no pl*
Marille <-, -n> *f* ÖSTERR apricot
Marinade <-, -n> *f* ❶ (*Soße zum Einlegen*) marinade
❷ (*marinierter Fisch*) marinated [*or* marinaded]/ pickled fish
Marinadenöl *nt* marinading oil
Marine <-, -n> *f* NAUT, MIL navy; ■**bei der ~** in the navy
Marineattaché [-ata'ʃe:] *m* naval attaché **marineblau** *adj* navy blue **Marineflieger(in)** *m(f)* naval pilot **Marineinfanterie** *f* marines *pl* **Marineoffizier** *m* naval officer **Marinestützpunkt** *m* naval base **Marineuniform** *f* navy uniform
marinieren* *vt* ■**etw ~** to marinate [*or* marinade] sth; **marinierte Heringe** pickled herrings
Marionette <-, -n> *f* marionette, puppet *a. fig*
Marionettenbühne *f* puppet show **Marionettenregierung** *f* (*pej*) puppet government *pej* **Marionettenschnur** *f* [puppet] string **Marionettenspieler(in)** *m(f)* puppeteer **Marionettentheater** *nt* puppet theatre [*or* AM -er]
maritim *adj* maritime
Mark¹ <-, – *o hum* Märker> *f* mark; **Deutsche ~** German mark, deutschmark; **28 ~ 30** 28 marks thirty [pfennigs]; ***das ist keine müde ~ wert*** it isn't worth a penny; **jede [müde] ~ umdrehen** [*o* **mit jeder [müden] ~ rechnen] müssen** (*fam*) to think twice before spending anything; **die** [*o* **eine**] **schnelle ~ [machen]** (*fam*) to [make] a fast [*or* quick] [*or* an easy] buck *fam*; ***sie lieben schnelle Autos und die schnelle Mark*** they love fast cars and nice little earners *fam*
Mark² <-[e]s> *nt kein pl* ❶ (*Knochenmark*) marrow; **etw geht jdm durch ~ und Bein** (*hum fam*) sth goes right through sb, sth sets sb's teeth on edge; **jdn bis aufs ~ aussaugen** to bleed sb dry [*or fam* white]; **bis ins ~** (*fig*) to the core [*or* quick]; **jdm bis ins ~ dringen** [*o* **gehen**] to cut sb to the quick
❷ (*Fruchtfleisch*) pulp
Mark³ <-, -en> *f* borderland, march *spec*; **die ~ Brandenburg** the Mark Brandenburg, the Brandenburg Marches
markant *adj* ❶ (*hervorstechend*) prominent; ~**e Gesichtszüge** [finely] chiselled [*or* AM -eled] features
❷ (*ausgeprägt*) bold; ~**er Stil** bold style
❸ (*auffallend*) striking
markdurchdringend *adj* (*geh*) bloodcurdling; ***dieser schrille Pfeifton ist wirklich ~!*** this shrill whistle really goes right through you [*or* sets your teeth on edge]
Marke <-, -n> *f* ❶ (*fam*) stamp; **eine ~ zu 60 Pfennig** a 60-pfennig stamp
❷ HANDEL (*Warensorte bestimmten Namens*) brand; ***das ist ~ Eigenbau*** (*hum*) I made it myself; **eingetragene ~** registered trademark; **gut eingeführte ~** popular brand
❸ (*Dienstmarke*) badge
❹ (*Essensmarke*) voucher
❺ SPORT mark; **die ~ von 7 Meter** the 7-metre [*or* AM -er] mark
► WENDUNGEN: **eine komische ~ [sein]** (*fam*) [to be] a strange [*or pej* weird] one
Markenartikel *m* ÖKON proprietary [*or* branded] article **Markenartikler(in)** *m(f)* ÖKON ❶ (*Vertreter von Markenartikeln*) branded [*or* proprietary] article [*or* good] salesman/saleswoman ❷ (*Hersteller von Markenartikeln*) branded [*or* proprietary] article [*or* good] manufacturer **Markenbutter** *f* best quality butter **Markeneinführung** *f* ÖKON brand launch **Markeneintragung** *f* trademark registration; **gleiche ~ mehrerer Anmelder** concurrent registration **Markenfabrikat** *nt* ÖKON proprietary [*or* branded] article **Markenfirma** *f* HANDEL established firm **Markenimage** *nt* HANDEL brand image **Markenname** *m* ÖKON brand [*or* proprietary] name **Markenphilosophie** *f* ÖKON brand philosophy **Markenpiraterie** *f* brand piracy [*or* brandname] **Markenrecht** *nt* JUR trademark law [*or* right], title to a trademark
Markenschutz *m* JUR trademark protection, protection of proprietary rights **Markenschutzrecht** *nt* JUR proprietary right **Markenschutzverletzung** *f* JUR infringement of a trademark
Markenware *f* brand, branded [*or* proprietary] article [*or* good] **Markenzeichen** *nt* trademark *a. fig*
Marker *m* ❶ LING, BIOL marker
❷ (*Stift zum Markieren von Text*) marker [pen]
Markerbse *f* marrow fat pea
markerschütternd *adj inv* heart-rending
Marketender(in) <-s, -> *m(f)* HIST sutler *masc spec*, vivandière *fem spec*
Marketenderin <-, -nen> *f* HIST *fem form von* **Marketender** vivandière *spec*
Marketing <-s> *nt kein pl* marketing *no pl*, *no indef art*; **eine neue Strategie des ~s** a new marketing strategy
Marketingfachmann, -fachfrau *m, f* marketing expert [*or* specialist] **Marketingfirma** *f* marketing company **Marketingkampagne** *f* marketing campaign **Marketingleiter(in)** *m(f)* marketing director [*or* manager] **Marketing-Mix** *m kein pl* HANDEL marketing mix
Markgraf, -gräfin <-en, -en> *m, f* HIST margrave
markieren* I. *vt* ❶ (*kennzeichnen*) ■**etw [als etw] ~** to mark sth [as sth]; **etw als falsch/richtig ~** to mark sth wrong/right; **etw durch Unterstreichen ~** to underline [*or* underscore] sth
❷ (*fam*) ■**etw ~** to play sth; **den Dummen/die Dumme ~** to play the idiot, BRIT *a.* to act daft *fam*
II. *vi* (*fam*) ■**~/nur ~** to put it on/to be just putting it on *fam*
Markierstift *m* marker pen, highlighter
Markierung <-, -en> *f* ❶ *kein pl* (*das Kennzeichnen*) marking; ■**die ~ von etw** *dat*/**einer S.** *gen* marking sth

❷ (*Kennzeichnung*) marking[s *pl*]
❸ INFORM marker
Markierungslinie *f* [marking] line **Markierungspfeil** *m* arrow **Markierungszeichen** *nt* sign
markig *adj* vigorous; **ein ~er Spruch** a pithy saying
märkisch *adj* of/from the Mark Brandenburg *pred*
Markise <-, -n> *f* awning
Markisenstoff *m* awning fabric
Markknochen *m* marrow bone
Markstein *m* milestone
Markstück *nt* mark, [one-]mark piece
Markt <-[e]s, Märkte> *m* ❶ (*Wochenmarkt*) market; **auf den/zum ~ gehen** to go to [the] market; **~ abhalten** to hold [*or* have] a market
❷ (*Marktplatz*) marketplace, market square; ■ **am ~** in the marketplace, on the market square; **am ~ wohnen** to live on the marketplace [*or* market square]; **auf dem ~** on the market; **auf den ~ gehen** to go onto the market
❸ ÖKON, FIN market; ***der ~ festigt sich*** the market's steadying; ■ **der ~ für etw** the sth market, the market for sth; **der Gemeinsame ~ [der EU]** the Common Market; **vom Käufer/Verkäufer beherrschter ~** buyer's/seller's market; **abgeschwächter/aufnahmefähiger ~** sagging/ready [*or* broad] market; **geregelter ~** ÖKON regulated market; **geschlossener/offener ~** closed/open market; **der graue ~** the grey [*or* AM gray] market; **schrumpfender ~** dwindling [*or* diminishing] market; **der schwarze ~** the black market; **den ~ abtasten** to sound the market; **den ~ beherrschen/drücken** to corner/depress the market; **etw auf den ~ bringen** to put sth on [*or* introduce sth into] the market; **auf den ~ gebracht werden** to come on[to] the market; **etw vom ~ nehmen** to take sth off [*or* out of] the market; **einen ~ mit Billigprodukten überschwemmen** to dump cheap products on the market; **den ~ verstimmen** to depress the market; **etw auf den ~ werfen** to throw sth on the market; **auf dem [*o* am] ~** on the market
marktabhängig *adj* ÖKON market-based; **~er Prozentsatz** percentage based on market factors **Marktabschottung** *f* HANDEL sealing-off the market **Marktabsprache** *f* HANDEL marketing agreement **Marktanalyse** *f* ÖKON market analysis **Marktanteil** *m* ÖKON market share; **~e gewinnen** to gain a share of the market; **seinen ~ halten** to maintain the market share, to hold onto the market; **einen unbedeutenden ~ haben** to have a toehold in the market; **~e zurückerobern** to win back a market share **Marktanteilsverlust** *m* HANDEL lost share of the market **Marktaufnahmefähigkeit** *f kein pl* ÖKON receptivity of the market **Marktaufsicht** *f* HANDEL market supervision **Marktaufspaltung** *f* HANDEL splitting the market; **Verbot der ~** prohibition to split the market **Marktaufteilung** *f* HANDEL market sharing **Marktaufteilungsabrede** *f* HANDEL market sharing agreement **Marktausweitung** *f* ÖKON expanding market **Marktbeeinflussung** *f* HANDEL influencing the market **marktbeherrschend** *adj* market-dominating, dominating [*or* controlling] the market *pred;* **jds ~e Stellung** sb's domination on [*or* control of] the market; **~ sein** to dominate [*or* control] the market **Marktbeherrschung** *f* HANDEL market domination **Marktbeherrschungsvermutung** *f* HANDEL presumption of market domination **Marktbeobachter(in)** *m(f)* ÖKON market analyst **Marktbericht** *m* ÖKON market report **Marktbeschickung** *f* ÖKON market supply; **reichliche ~** healthy market supply **marktbestimmend** *adj inv* HANDEL determining the market **Marktbrunnen** *m* market[place] fountain **Marktbude** *f* market stall **Marktchance** *f meist pl* HANDEL market opportunity **Markteinführung** *f* ÖKON [market] launch, introduction on the market **Marktentwicklung** *f* market-building **Markterfolg** *m* HANDEL market success, success on the market **Markterkundung** *f* HANDEL market research [*or* test] **Markterschließung** *f* ÖKON opening [*or* tapping] new markets **marktfähig** *adj* HANDEL marketable; **~e Wertpapiere** marketable securities; **etw ~ machen** to commercialize sth **Marktflecken** *m* (*veraltend*) small market town **Marktforschung** *f kein pl* market research *no pl* **Marktfrau** *f* market woman, [woman] stallholder **Marktfreiheit** *f kein pl* HANDEL freedom of market[s] **marktführend** *adj* **~e Aktien** BÖRSE bellwethers; **~ sein** HANDEL *Firma* to be leading in its line of business **Marktführer** *m* ÖKON market leader **Marktführerschaft** *f* ÖKON market leadership *no pl*
marktgängig *adj* HANDEL marketable; **~e Wertpapiere** marketable securities
marktgerecht *adj* HANDEL in line with market conditions *pred* **Marktgesetz** *nt* HANDEL market act **Markthalle** *f* [covered] [*or* indoor] market **Marktinformationen** *pl* market information *no pl* **Marktkapazität** *f* market capacity, capacity of the market **Marktklima** *nt* ÖKON atmosphere of the market **marktkonform** *adj* ÖKON in keeping with the market *pred* **Marktkonsolidierung** *f* ÖKON consolidation of the market **marktkonträr** *adj* ÖKON incompatible with the market *pred* **Marktkorb** *m* market basket **Marktkräfte** *pl* ÖKON market forces **Marktlage** *f* market position [*or* situation], state of the market **Marktlücke** *f* gap in the market; **[mit etw] in eine ~ stoßen** to fill a gap in the market [with sth] **Marktmanipulation** *f* ÖKON manipulation of the market **Marktmissbrauchsverbot**^RR *nt* HANDEL prohibition of market abuse **Marktnische** *f* [market] niche **Marktöffnungsgrad** *m* degree of market openness **Marktordnung** *f* HANDEL market regulations *pl* [*or* regime] **Marktordnungsgesetz** *nt* JUR orderly market agreement **Marktorganisation** *f* HANDEL marketing organization; **gemeinsame ~** (*in der EU*) common organization of the market **Marktparität** *f* ÖKON market parity **Marktpenetration** *f* market penetration **Marktplatz** *m* marketplace, market square; ■ **auf dem ~** in the marketplace, on the market square **Marktpotenzial**^RR *nt*, **Marktpotential** *nt* ÖKON market potential **Marktpreis** *m* ÖKON market price **Marktprivatrecht** *nt* HANDEL private market law **marktreif** *adj inv* ÖKON *Produkt* ready for the market **Marktreife** *f* ÖKON market maturity **Marktsättigung** *f* ÖKON market saturation **Marktschreier(in)** <-s, -> *m(f)* HIST market crier **marktschreierisch** I. *adj inv* (*pej*) vociferous; *Propaganda* blatant II. *adv* vociferously **Marktschwäche** *f* weakness in the market, market weakness **Marktschwankung** *f meist pl* ÖKON fluctuation on the market, market fluctuation **Marktschwemme** *f* ÖKON glut in the market **Marktsegment** *nt* ÖKON market segment **Marktsegmentierung** *f* ÖKON market segmentation **Marktsituation** *f* market position [*or* situation], state of the market **marktspezifisch** *adj* ÖKON market-specific **Marktstabilisierung** *f* ÖKON stabilization of the market **Marktstand** *m* [market] stall [*or* stand] **Marktstellung** *f kein pl* ÖKON market position; **beherrschende/überragende ~** dominant/overriding market position; **seine ~ behaupten** to maintain one's position in the market **Marktstimmung** *f* BÖRSE mood [*or* tone] of the market **Marktstörung** *f* HANDEL disturbances in the market **Marktstrategie** *f* HANDEL marketing strategy **Marktstudie** *f* ÖKON market analysis [*or* study]; **eine ~ erstellen** to draw up a market analysis **Markttag** *m* ÖKON market day **Marktteilnehmer(in)** *m(f)* ÖKON market player **Markttendenz** *f*, **Markttrend** *m* ÖKON market trend **Markttest** *m* ÖKON market [*or* acceptance] test **Markttrend** *m* market trend **Marktübersicht** *f* ÖKON market review **Marktüberwachung** *f* HANDEL market supervision **marktüblich** *adj inv* HANDEL customary, [quality] merchantable **Marktuntersuchung** *f* market survey [*or* study], research *no pl, no indef art* **Marktverflechtung** *f* ÖKON integration of markets **Marktverhalten** *nt* HANDEL market behaviour; **missbräuchliches ~** abusive market behaviour **Marktverkehr** *m* JUR market transactions *pl* **Marktvolumen** *nt* market volume, size of a/the market **Marktweib** *nt* (*pej*) s. **Marktfrau** **Marktwert** *m* market value **Marktwirtschaft** *f kein pl* ■ **die ~** market economy; **die freie ~** the free market economy; **die soziale ~** social market economy **marktwirtschaftlich** I. *adj attr* of market economy *pred;* **~e Ordnung, ~es System** free enterprise system II. *adv* **~ ausgerichtet** aligned along free market lines *pred* **Marktzugang** *m* market access, access to a/the market **Marktzugangsbeschränkung** *f* ÖKON restricted access to the market **Marktzutritt** *m* HANDEL entry [into the market]; **freier ~** free entry into the market **Marktzutrittsschranke** *f* ÖKON restricted access to the market **Marktzwänge** *pl* HANDEL market constraints
Markusevangelium [-evaŋge:-] *nt* ■ **das ~** St[.] Mark's Gospel, the Gospel according to St[.] Mark
Marmelade <-, -n> *f* jam; (*aus Zitrusfrüchten*) marmalade
Marmeladenbrot *nt* jam sandwich [*or* BRIT *a.* butty] **Marmeladenglas** *nt* jam jar **Marmeladenhersteller(in)** *m(f)* maker of jam/marmalade
Marmor <-s, -e> *m* marble
Marmorbad *nt* marble bath **Marmorblock** *m* marble block **Marmorbrunnen** *m* marble fountain **Marmorbüste** *f* marble bust **Marmorfassade** *f* marble façade [*or* facade] **Marmorfliese** *f* marble tile **Marmorfußboden** *m* marble floor
marmorieren* *vt* ■ **etw ~** to marble sth
marmoriert *adj* marbled
Marmorierung <-, -en> *f* marbling *no pl, no indef art*
Marmorkuchen *m* marble cake
marmorn *adj* (*aus Marmor*) marble; **~e Blässe/~es Antlitz** marbled [*or* marbly] pallor/face
Marmorplatte *f* marble slab **Marmorsäule** *f* marble column **Marmorskulptur** *f* marble sculpture
marode *adj* ❶ (*veraltend fam*) washed-out *fam*, dead-beat *fam*, ailing *attr*, moribund *form*
❷ (*moralisch verdorben*) brazen, shameless, rotten; **ein ~r Haufen** a brazen [*or* shameless] [*or* rotten] lot [*or* bunch] [*or* crowd]
❸ MIL (*veraltend*) unable to march
Marodeur <-s, -e> *m* MIL (*geh*) marauder
marodieren* *vi* MIL (*geh*) to maraud
Marokkaner(in) <-s, -> *m(f)* Moroccan
marokkanisch *adj* Moroccan; (*das Land betreffend a.*) of/from Morocco
Marokko <-s> *nt* Morocco
Marone[1] <-, -n> *f*, **Maroni** <-, -> *f* SÜDD, ÖSTERR [sweet [*or* edible]] chestnut
Marone[2] <-, -n> *f*, **Maronenpilz** *m* cep[e], chestnut boletus, boletus badius *spec*
Marotte <-, -n> *f* quirk; **[so] seine/ihre ~n haben** he/she has his/her little quirks
Mars <-> *m kein pl* ■ **der ~** Mars
Marsatmosphäre *f* ■ **die ~** the atmosphere of Mars, the Martian atmosphere *spec*
marsch *interj* (*fam*) be off with you!; (*zu Kindern*) scoot! *fam;* **~, *ab mit euch ins Bett!*** get into bed, chop chop! [*or* at the double] *fam*
Marsch[1] <-[e]s, Märsche> *m* ❶ (*Fußmarsch*) march
❷ (*Wanderung*) hike; **jdn [zu jdm/zu etw/nach etw] in ~ setzen** to dispatch sb [to sb/sth] *form;* **sich in ~ setzen** to move off
❸ (*Marschmusik*) march
► WENDUNGEN: **jdm den ~ blasen** (*fig fam*) to haul [*or* drag] sb over the coals
Marsch[2] <-, -en> *f* marsh[land], fen
Marschall <-s, Marschälle> *m* [field] marshal
Marschallstab *m* [field] marshal's baton
Marschbefehl *m* order to march, marching orders *pl* **marschbereit** *adj inv* MIL ready to move [*or* march] *pred fam*, ready to go *pred* **Marschflugkörper** *m* cruise missile **Marschgepäck** *nt* pack
marschieren* *vi sein* ❶ MIL ■ **[durch etw** *akk*/

M

nach etw *akk*/**in etw** *akk*] ~ to march [through/to/into sth]; **2/3/etc. km zu ~ haben** to have a 2/3/etc.-km march ahead of one
❷ (*stramm zu Fuß gehen*) to go [*or* walk] at a brisk pace
❸ KOCHK to be under preparation

Marschkolonne *f* MIL marching column **Marschland** *nt* marsh[land], fen[s *pl*] **Marschlied** *nt* marching song **Marschmusik** *f* marching music, military marches *pl* **Marschordnung** *f* MIL marching order **Marschpause** *f* halt; **eine ~ einlegen** to make a halt **Marschrichtung** *f* direction [*or* route] of march, route **Marschroute** *f* direction [*or* route] of march, route; (*Vorgehensweise*) line of approach **Marschverpflegung** *f* field rations *pl*

Marserkundung *f* Mars reconnaissance, reconnaissance of Mars **Marsgestein** *nt* Mars rock

Marshaller(in) <-s, -> *m(f)* Marshallese; *s. a.* **Deutsche(r)**

Marshallinseln *pl*, **Marshall-Inseln** *pl* SCHWEIZ Marshall Islands *pl*; *s. a.* **Falklandinseln**

marshallisch *adj* Marshallese; *s. a.* **deutsch**

Marshallplan *m kein pl* HIST ■**der ~** the Marshall Plan

Marsmensch *m* Martian; ***sie hat mich angeschaut, als wäre ich ein*** ~ she looked at me as if I had come from Mars **Marsmeteorit** *m* Mars [*or* Martian] meteorite **Marsmission** *f* Mars mission, mission to Mars **marsnah** *adj* close to Mars *pred* **Marsoberfläche** *f* surface of Mars **Marssegel** *nt* NAUT topsail

Marter <-, -n> *f* ❶ (*geh*) torture *no pl*; **unter der ~** under torture
❷ (*fig: Qual*) torment *no art*; **eine einzige ~** sheer torment

Marterl <-s, -n> *nt* SÜDD, ÖSTERR *roadside shrine with a niche for a crucifix or saint's image*

martern *vt* (*geh*) ■**jdn ~** to torture sb; ■**sich** [**mit etw**] **~** (*fig*) to torment oneself [with sth]

Marterpfahl *m* HIST stake **Marterwerkzeug** *nt* (*veraltet*) instrument of torture

martialisch [marˈtsi̯aːlɪʃ] *adj* (*geh*) martial, warlike *form*

Martin-Horn®, **Martinshorn®** *nt* [police/fire] siren; **mit ~ fahren** to drive with the siren blaring [*or* going]

Martinique [martiˈnik] *nt* Martinique; *s. a.* **Sylt**

Märtyrer(in) <-s, -> *m(f)* (*geh*) martyr; **als ~ sterben** to die a martyr, to be martyrized *spec*; **jdn zum ~ machen** to make a martyr of sb, to martyrize sb *spec*

Märtyrertod *m* martyr's death; **den ~ sterben** to die a martyr['s death]

Märtyrertum <-> *nt kein pl* martyrdom

Martyrium <-, -rien> *nt* ❶ (*Leidensweg*) martyrdom
❷ (*fig geh*) agonizing ordeal

Marxismus <-> *m kein pl* ■**der ~** Marxism *no pl*

Marxismus-Leninismus <-> *m kein pl* ■**der ~** Marxism-Leninism *no pl*

Marxist(in) <-en, -en> *m(f)* Marxist

marxistisch *adj* Marxist

März <-[es] *o liter* -en, -e> *m* March; *s. a.* **Februar**

Märzen <-[s], -> *nt*, **März(en)bier** *nt a strong, dark beer*

März(en)becher *m* BOT snowflake

Marzipan <-s, -e> *nt o m* marzipan

Marzipanbrot *nt* marzipan bar [*or* loaf] **Marzipanfüllung** *f* marzipan filling **Marzipanriegel** *m* marzipan bar

Masai <-, -> *m o f* ❶ (*Volksstamm*) Masai
❷ (*Sprache*) Masai

Mascara <-s, -s> *f* mascara

Mascarabürstchen *nt* mascara brush

Masche <-, -n> *f* ❶ (*Schlaufe*) stitch; *Netz* hole; ■**~n** stitches *pl*, stitching; *Netz* mesh; **ein Netz mit engen ~n** a net with a fine mesh, a fine-meshed net
❷ (*Strickmasche*) stitch; **eine linke und eine rechte ~ stricken** to knit one [plain], purl one; **eine ~ fallen lassen** to drop a stitch; **eine ~ aufnehmen** to pick up a stitch
❸ SÜDD, ÖSTERR, SCHWEIZ (*Schleife*) bow
❹ (*fam*) trick; (*um etwas zu umgehen*) dodge *fam;* **die ~ raushaben** (*fam*) to know how to do it
► WENDUNGEN: **durch die ~n des Gesetzes schlüpfen** to slip through a loophole in the law; **jdm durch die ~n schlüpfen** to slip through sb's net

Maschendraht *m* wire netting

Maschendrahtzaun *m* wire-netting fence

Maschine <-, -n> *f* ❶ (*Automat*) machine; ■**~n** *pl* machinery *nsing;* **arbeitssparende ~** labour-saving machine; **eine ~ bedienen** to operate a machine
❷ (*Flugzeug*) plane
❸ (*Motor*) engine
❹ (*Motorrad*) bike *fam;* **eine schwere ~** a heavy machine, AM *a.* a hog *sl*
❺ (*Rennrad*) racing bike *fam*
❻ (*Schreibmaschine*) typewriter; **~ schreiben** to type
❼ INFORM (*Computer*) processor; **informationsverarbeitende ~** information processor
❽ (*fam: Waschmaschine*) washing machine; **eine ~ anschmeißen** [*o* **anwerfen**] (*fam*) put on a [wash]load
❾ (*menschlicher Roboter*) robot, machine

maschinegeschrieben *adj inv* typed

maschinell **I.** *adj* machine *attr*, mechanical; **~e Buchführung** FIN automatic bookkeeping
II. *adv* by machine

Maschinenauslastung *f kein pl* ÖKON full utilization of machine capacity

Maschinenbau *m kein pl*, **Maschinbau** *m kein pl* ÖSTERR ❶ (*Konstruktion von Maschinen*) machine construction
❷ SCH mechanical engineering **Maschinenbauer(in)** <-s, -> *m(f)* mechanical engineer **Maschinenbauindustrie** *f kein pl* engineering industry *no pl* **Maschinenbauingenieur(in)** <-s, -e> *m(f)* mechanical engineer **Maschinencode** *m* INFORM machine code **Maschinenelement** *nt*, **Maschinelement** *nt* ÖSTERR machine component [*or* part] [*or spec* element] **Maschinenfabrik** *f* engineering works + *sing/pl vb* **Maschinenfuß** *m* machine base **maschinengeschrieben** *adj*, **maschingeschrieben** *adj* ÖSTERR type-written, typed **maschinengestrichen** *adj inv* **~es Papier** machine-coated paper **Maschinengewehr** *nt* machine gun, MG *spec;* **im Feuer der ~e** in machine-gun fire **Maschinengewehrfeuer** *nt* machine-gun fire **maschinenglatt** *adj inv* **~es Papier** machine-finished paper **Maschinenkode** *m* INFORM machine code **maschinenlesbar** *adj* machine-readable **Maschinenmeister(in)** <-s, -> *m(f)* ❶ (*Aufsicht im Betrieb*) machine minder; (*im Theater*) stage technican ❷ TYPO (*veraltet*) pressman **Maschinenöl** *nt* machine[ry] oil **Maschinenpark** *m* plant **Maschinenpistole** *f* submachine gun **Maschinenraum** *m a.* NAUT engine room **Maschinensatz** *m* ❶ (*Gruppe von Maschinen*) machine unit ❷ TYPO machine composition [*or* setting] **Maschinenschaden** *m*, **Maschinschaden** *m* ÖSTERR engine failure [*or* trouble] **Maschinenschlosser(in)** *m(f)* [machine] fitter **Maschinenschrift** *f*, **Maschinschrift** *f* ÖSTERR in type[script], typewriting; **in ~** in type[script], typewritten [*or* typed] sth; **etw ist in ~ verfasst** sth has been typed [*or* typewritten] **maschinenschriftlich** *adj inv* typewritten **Maschinenteil** *nt* machine part

Maschinerie <-, -n> *f* ❶ (*Mechanismus*) piece of machinery; (*Bühnenmaschinerie*) stage machinery
❷ (*pej fig geh*) machinery *no indef art*

Maschinist(in) <-en, -en> *m(f)* ❶ NAUT [ship's] engineer
❷ (*Arbeiter an einer Maschine*) machinist

Maser <-, -n> *f meist pl* (*Holzmusterung*) vein

masern *vt meist pp* ■**etw ~** *Holz, Marmor* to grain sth

Masern *pl* ■**die ~** the measles, rubella *no pl spec;* **die ~ haben** to have [got] the measles

Maserung <-, -en> *f* grain

Maskat <-s> *nt* Muscat

Maske <-, -n> *f* ❶ (*a. fig*) mask; **die ~ abnehmen** to take off [*or a. fig* drop] one's mask; **die ~ fallen lassen** (*fig*) to throw off one's mask; **jdm die ~ herunterreißen** [*o* **die ~ vom Gesicht reißen**] (*fig*) to unmask sb; **hinter der ~ von etw** behind the image [*or* facade] of sth
❷ (*Reinigungsmaske*) [face] mask
❸ (*Schutzmaske*) [protective] mask; (*gegen Gasangriffe*) gas mask
❹ THEAT make-up *no indef art*
❺ INFORM (*Bildschirmmaske*) mask

Maskenball *m* masked ball, masque[rade] **Maskenbildner(in)** *m(f)* make-up artist **Maskeneditor** *m* INFORM mask editor **Maskengenerator** *m* INFORM mask generator

maskenhaft *adj* mask-like

Maskenverleih *m* fancy-dress [*or* costume] hire [*or* AM rental]

Maskerade <-, -n> *f* ❶ (*Verkleidung*) [fancy-dress] costume
❷ (*pej geh*) pretence [*or* AM -se]

maskieren* *vt* ❶ (*unkenntlich machen*) ■**etw ~** to disguise sth; ■**sich** [**mit etw**] **~** to put on a [certain] mask [*or* disguise]
❷ (*verkleiden*) ■**jdn** [**als etw/ein Tier**] **~** to dress [up *sep*] sb [as sth/an animal]; ■**sich** [**als etw/ein Tier**] **~** to dress up [as sth/an animal]
❸ (*verdecken*) ■**etw** [**mit etw**] **~** to disguise [*or* mask] sth [with sth]

maskiert *adj* masked

Maskierte(r) *f(m) dekl wie adj* masked man *masc*, masked woman *fem*

Maskierung <-, -en> *f* ❶ *kein pl* (*das Verkleiden*) dressing up
❷ (*Verkleidung*) mask

Maskottchen <-s, -> *nt* [lucky] mascot

maskulin *adj* ❶ LING masculine; (*geschrieben a.*) masc[.]
❷ (*das Männliche betonend*) masculine
❸ (*unweiblich*) masculine, mannish *a. pej*

Maskulinum <-s, Maskulina> *nt* LING masculine noun

Masochismus <-> *m kein pl* masochism *no pl*

Masochist(in) <-en, -en> *m(f)* masochist

masochistisch *adj* masochistic

maß *imp von* **messen**

Maß[1] <-es, -e> *nt* ❶ (*Masseinheit*) measure, system of measurement
❷ (*Bandmaß*) tape measure
❸ (*Hohlmaß*) measuring jug BRIT [*or* AM cup]; **mit zweierlei** [*o* **verschiedenem**] **~ messen** (*a. fig*) to operate a double standard *a. fig*
❹ *pl* (*gemessene Größe*) measurements, dimensions; ***die ~e des Zimmers sind 5 m mal 7 m*** the room measures 5 m by 7 m; **~ nehmen** to measure up
❺ *pl* (*zum Anfertigen von Kleidung*) measurements; *von Frauen a.* vital statistics; **jds ~e** [*o* **bei jdm ~e**] **nehmen** to measure sb, to take sb's measurements/vital statistics; **Anzüge nach ~** suits made to measure [*or* AM order], made-to-measure [*or* BRIT *form* bespoke] suits
❻ (*Ausmaß*) extent, degree, proportion; **ein bestimmtes ~ an etw** [*o* **gewisses**] a certain degree of sth; ***der Kraftstoffverbrauch steigt in dem ~e, wie die Geschwindigkeit steigt*** fuel consumption increases in proportion to the speed; ***in dem ~e, wie man sie reizt, steigert sich auch ihr Zorn*** the more you annoy her, the more angry she gets; **in besonderem ~[e]** especially; **in geringem ~[e]** to a small extent; **in nicht geringem ~[e]** to no small measure; **in gewissem/höherem ~[e]** to a certain/greater degree [*or* extent]; **in gleichem ~[e]** to the same degree; **in großem ~[e]** to a great extent; **in höchstem ~[e]** extremely; **in hohem ~[e]** to a high degree; **in reichem ~[e]** liberally, generously; **in reichem ~e vorhanden sein** to be in abundance; **in solchem ~[e]** to such an extent; **in**

vollem ~e completely; **in welchem ~[e] ...?** to what extent ...?; **in zunehmendem ~e** increasingly; **in [o mit] ~en** in moderation; **in [o mit] ~en essen** to eat with moderation; **über alle [o die] ~en** (*geh*) beyond all measure; **weder ~ noch Ziel kennen** to know no bounds; **ohne ~ und Ziel** immoderately; **~ halten** to practise [*or* AM -ice] moderation; **im Essen/Trinken ~ halten** to eat/drink with moderation; **beim Rauchen ~ halten** to smoke in moderation, to be a moderate smoker
► WENDUNGEN: **das ~ aller Dinge** the measure of all things; **das ~ ist voll** that's enough of that, enough is enough, that's the limit; **das ~ läuft über, das bringt das ~ zum Überlaufen** sb's patience is at an end; **[und] um das ~ voll zu machen, ...** [and] to cap it all, ...; **ein gerüttelt ~ an [o von] etw** *dat* (*geh*) a fair amount of sth; **ein gerüttelt ~ an Dreistigkeit brauchen** to need more than one's fair share of audacity

Maß² <-, -> *f* SÜDD litre [*or* AM liter] [tankard] of beer; **eine ~ Bier** a litre of beer

Massage <-, -n> [ma'sa:ʒə] *f* massage; **~n nehmen** to have massage treatment [*or* a massage]

Massagegerät *nt* vibrator **Massageinstitut** *nt* massage parlour [*or* AM -or] **Massageöl** *nt* massage oil **Massagesalon** *m* (*veraltend: Massageinstitut*) massage parlour [*or* AM -or]; (*euph: Bordell*) massage parlour **Massagestab** *m* ❶ (*Massagegerät*) vibrator ❷ (*euph: Dildo*) dildo

Massaker <-s, -> *nt* massacre

massakrieren* *vt* ■**jdn ~** to massacre sb

Maßangabe *f* measurement; *bei Hohlmaßen* volume **Maßanzug** *m* made-to-measure [*or* BRIT *form a.* bespoke] suit **Maßarbeit** *f* ❶ (*Fertigung nach Maß*) ■**etw in ~** sth made to measure; **~ sein** (*a. fig fam*) to be a neat bit of work ❷ (*Kleidungsstück nach Maß*) made-to-measure [*or* BRIT *form* bespoke] dress/suit/etc.; ■**~ sein** to be made to measure

Maßband *nt s.* **Messband, Bandmaß**

Masse <-, -n> *f* ❶ (*breiiges Material*) mass; **eine klebrige/träge ~** a sticky/viscous mass
❷ (*Backteig*) mixture
❸ (*große Anzahl*) crowd; *Besucher* host; **~n von Tauben** hundreds/thousands etc. [*or fam* loads] of pigeons; **in ~n** in droves, in their [*or* AM by the] hundreds/thousands etc.; **eine [ganze] ~ [etw]** (*fam*) a lot [*or* great deal] [of sth]; **mangels ~** ÖKON for lack of assets
❹ (*Mehrheit*) majority; **die breite [o große] [o überwiegende] ~** the majority
❺ PHYS mass

Masseansprüche *pl* JUR preferential claims **Massegläubiger(in)** *m(f)* JUR post-adjudication preferred creditor

Maßeinheit *f* unit of measurement **Maßeinteilung** *f* measuring scale

Massekabel *nt* AUTO battery ground cable **Masse-Leistung-Verhältnis** *nt* weight-to-power ratio

Massenabsatz *m* bulk sale[s] [*or* selling] **Massenandrang** *m* crush [of people] **Massenarbeitslosigkeit** *f* mass unemployment *no art* **Massenartikel** *m* mass-produced article **Massenauflage** *f* mass circulation **Massenauflauf** *m* crowds *pl* of people **Massenbedarf** *m kein pl* ÖKON mass market demand **Massenbeförderungsmittel** *nt* means of mass transportation **Massenbewegung** *f* SOZIOL mass movement **Massenblatt** *nt* (*Zeitung*) mass-circulation newspaper; (*Zeitschrift*) mass magazine **Massendemonstration** *f* mass demonstration **Massendrucksache** *f* bulk-printed [*or* mass printed] matter **Massenelend** *nt kein pl* mass misery, misery of masses of people **Massenentlassung** *f meist pl* mass redundancies [*or* AM layoffs] *pl* **Massenerschießung** *f* mass executions *pl* **Massenerzeugung** *f* mass production **Massenfabrikation** *f*, **Massenfertigung** *f s.* Massenproduktion **Massenflucht** *f kein pl* mass exodus **Massenfrachtgut** *nt* bulk cargo **Massengeschäft** *nt kein pl* FIN retail banking *no pl* **Massengrab** *nt* mass grave **Massengut** *nt* bulk commodities *pl* **Massengutbeförderung** *f* bulk transport **Massengüter** *pl* HANDEL bulk commodities [*or* goods] **Massengütertransport** *m* bulk goods transport **Massengüterverkehr** *m* bulk goods transport **Massengutfahrt** *f* bulk transport **Massengutfrachter** *m* bulk carrier [*or* freighter], bulker **Massengutladung** *f* bulk cargo **Massengutschiff** *nt* bulk freighter **Massengutsendung** *f* bulk shipment **Massenguttransport** *m* bulk transport **Massengutumschlag** *m* bulk cargo handling **Massengutverkehr** *m* bulk transport

massenhaft I. *adj* on a huge [*or* massive] scale; **das ~e Auftreten [o Erscheinen] von etw** the appearance of a huge number of sth; **die ~e Hinrichtung von Personen** the mass executions of people
II. *adv* (*fam*) in their [*or* AM by the] hundreds [*or* thousands] etc., in droves; **~ sterben** to drop [off] like flies *fam*

Massenhochschule *f* state university **Massenhysterie** *f* mass hysteria **Massenkarambolage** *f* multiple [car] crash, pile-up *fam* **Massenkaufkraft** *f* bulk purchasing power **Massenkonsum** *m kein pl* ÖKON general consumption *no pl* **Massenkriminalität** *f* ■**die ~** mass criminality **Massenkundgebung** *f* mass rally **Massenlieferung** *f* bulk consignment **Massenmedien** *pl* mass media + *sing/pl vb* **Massenmensch** *m* (*pej*) member of the common herd *pej*; ***er ist nur ein ~*** he just follows the herd **Massenmord** *m* mass murder **Massenmörder(in)** *m(f)* mass murderer, serial killer **Massenproduktion** *f* mass production; **in ~ hergestellt** mass-produced **Massenpsychologie** *f kein pl* crowd psychology **Massensendung** *f* bulk consignment **Massenspeicher** *m* mass storage **Massenspektrographie** *f* PHYS mass spectrography **Massensterben** *nt* mass of [*or* wide-spread] deaths *pl* **Massenszene** *f* FILM crowd scene **Massentierhaltung** *f* ■**[die] ~** intensive livestock farming **Massentourismus** *m kein pl* mass tourism *no pl* **Massentransport** *m* HANDEL mass transportation **Massenunterkunft** *f* collective accommodation *no pl form* **Massenverbrauch** *m kein pl* ÖKON general consumption *no pl* **Massenverbrechen** *nt* JUR mass crime **Massenverhaftung** *f* mass arrests *pl* **Massenverkauf** *m* ❶ HANDEL mass selling ❷ BÖRSE unloading **Massenvernichtungsmittel** *nt meist pl* weapon of mass destruction **Massenvernichtungswaffen** *pl* weapons of mass destruction **Massenversammlung** *f* mass meeting **Massenvertrag** *m* JUR standard contract **Massenware** *f* mass-produced article

massenweise *adj s.* **massenhaft**

Masseschulden *pl* FIN preferential debts

Masseur(in) <-s, -e> [ma'sø:ɐ] *m(f)* masseur *masc*, masseuse *fem*

Masseuse <-, -n> [ma'sø:zə] *f* ❶ (*euph: Prostituierte*) masseuse *euph*
❷ (*veraltend*) *fem form von* **Masseur**

Maßgabe <-, -n> *f* (*geh*) ■**mit der ~, dass ...** on [the] condition [*or* with [*or* subject to] the proviso] that ... *form*; **nach ~** (*geh*) in accordance with, according to

maßgebend, maßgeblich *adj* ❶ (*ausschlaggebend*) decisive; **die ~en Hintermänner von etw** *dat*/**einer S.** *gen* the men behind sth; **~e Kreise** influential circles; **~e Persönlichkeiten** people in authority [*or* power]
❷ (*besondere Bedeutung besitzend*) significant; ■**[für jdn] nicht ~ sein** to not weigh [*or* signify], to not weigh with sb
❸ (*verbindlich*) authoritative, binding

Maßgeblichkeit *f* authoritativeness, controlling importance; **~ ausländischen Rechts** JUR authoritativeness of alien law

maßgerecht *adj* exactly the right size *pred*

maßgeschneidert *adj* ❶ (*nach Maß gefertigt*) made-to-measure, *form* bespoke *attr*
❷ (*fig: perfekt zurechtgelegt*) perfect; **eine ~e Ausrede** a perfect excuse

Maßhaltigkeit <-> *f kein pl* TYPO (*Repro*) dimensional stability

massieren*¹ I. *vt* ■**jdn ~** to massage sb; ■**jdm/sich etw ~** to massage sb's/one's sth; ■**M~** massage; ■**sich [von jdm] ~ lassen** to be given [a] massage [by sb]; **sich** *dat* **[von jdm] am ganzen Körper ~ lassen** to be given a full-body massage [by sb]; ■**sich** *dat* **etw [von jdm] ~ lassen** to have one's sth massaged [by sb]
II. *vi* to give a massage

massieren*² *vt* ■**etw [irgendwo] ~ Truppen ~** to mass [*or* concentrate] troops

massig I. *adj* massive, huge
II. *adv* (*fam*) loads *fam*, masses *fam*, stacks *fam*

mäßig I. *adj* ❶ (*maßvoll*) moderate; **~er Preis** reasonable [*or* moderate] price
❷ (*leidlich*) mediocre, indifferent, so-so *pred fam*; **~er Applaus** moderate applause; **~e Gesundheit** middling [*or* indifferent] health
❸ (*gering*) moderate
II. *adv* ❶ (*in Maßen*) with moderation; **~ rauchen** to smoke in moderation, to be a moderate smoker; **~, aber regelmäßig** in moderation, but regularly
❷ (*gering*) **~ ausfallen** to turn out moderately [*or* to be moderate]
❸ (*leidlich*) indifferently

mäßigen I. *vt* ■**etw ~** to curb [*or* check] [*or* restrain] sth; **seine Stimme ~** to lower one's voice
II. *vr* ❶ (*maßvoller werden*) ■**sich ~** to restrain [*or* control] oneself
❷ (*zurückhaltender werden*) ■**sich [in seinen Ausdrücken/Worten] ~** to tone down [one's language]

Massigkeit <-> *f kein pl* massiveness *no pl*, hugeness *no pl*; (*Übergewicht*) bulk

Mäßigkeit <-> *f kein pl* moderation *no pl*, restraint

Mäßigung <-> *f kein pl* ❶ (*Zurückhaltung*) restraint
❷ (*maßvolle Verhaltensweise*) moderation *no pl*, restraint

massiv *adj* ❶ (*solide*) solid *attr*; **~ Gold/~es Silber sein** to be solid gold/silver
❷ (*wuchtig*) solid, massive
❸ (*drastisch, heftig*) serious, severe; **~e Kritik** heavy criticism; ■**~/~er werden** *Mensch* to get [*or* turn] nasty

Massiv <-s, -e> *nt* GEOL massif *spec*; **das ~ des Himalayas** the Himalayan massif

Massivholz *nt* solid wood

Maßkleidung *f kein pl* custom [*or* BRIT made-to-measure] [*or* AM made-to-order] clothing **Maßkonfektion** *f kein pl made-to-measure clothing made by a clothing manufacturer* **Maßkrug** *m* beer mug, litre [*or* AM -er] tankard; (*aus Stein a.*) stein

maßlos I. *adj* extreme; ■**~ [in etw** *dat*] **sein** to be immoderate [in sth]
II. *adv* ❶ (*äußerst*) extremely
❷ (*unerhört*) hugely, grossly

Maßlosigkeit <-> *f kein pl* extremeness; ■**[jds] ~ in etw** *dat* [sb's] lack of moderation in sth

Maßnahme <-, -n> *f* JUR, FIN measure; (*Teilschritt*) move; **~n der Regierung** government action; **~n im Bereich des Handelsverkehrs** trade measures; **~n zur Nachfragesteuerung** measures regulating demand; **gerichtliche ~n ergreifen** to take court action; **hoheitliche ~** act of state; **wettbewerbsbeschränkende ~** restrictive practices; **vorbeugende ~n** preventive steps; **[geeignete/wirksame] ~n ergreifen [o treffen], um etw zu tun** to take [suitable/effective] measures [*or* steps] to do sth; **~n gegen etw ergreifen** to take measures [*or* to act] against sth

Maßnahmenkatalog *m* catalogue [*or* AM -og] of measures

Maßnahmenpaket *nt* POL package of measures

Maßregel *f meist pl* rule, regulation; **~ der Besserung und Sicherung** measure for the prevention of crime and reformation of offenders; **einstweilige ~** provisional measure; **~n treffen** to lay down rules

maßregeln *vt* ■**jdn ~** to reprimand [*or form* reprove] sb; (*bestrafen*) to discipline sb

Maßregelungsklausel *f,* **Maßregelungsverbot** *nt* JUR stipulation prohibiting company penalties after strikes

Maßschneider(in) *m(f)* custom [*or* BRIT *form* bespoke] tailor

maß|schneidern *vt meist pp* ■**etw** ~ *Anzug, Kostüm* to make-to-measure sth

Maßstab *m* ① (*Größenverhältnis*) scale; **im ~ 1:250000** on a scale of 1:250000; **etw im ~ 1:50000 darstellen** to show [*or form* depict] sth on a scale of 1:50000
② (*Kriterium*) criterion; **für jdn als ~ dienen** to serve as a model for sb; **etw ist für jdn ein/kein ~** sb takes/doesn't take sth as his/her yardstick; **einen hohen/strengen ~** [*o* **hohe/strenge Maßstäbe**] [**an etw** *akk*] **anlegen** to apply a high/strict standard [*or* high/strict standards] [to sth]; **sich** *dat* **jdn/etw zum ~ nehmen** to take sb/sth as a yardstick; **Maßstäbe setzen** to set standards

maßstäblich *adj s.* **maßstab(s)gerecht**

maßstab(s)gerecht, maßstab(s)getreu I. *adj* true to scale, to scale *pred;* **eine ~e Karte** an accurate scale map
II. *adv* [true] to scale

Maßtabelle *f* table of sizes

maßvoll I. *adj* ① (*ausgewogen*) moderate; **~es Verhalten** moderation
② (*zurückhaltend*) ■[**in etw** *dat*] **~ sein** to be moderate, to moderate sth
II. *adv* moderately, with moderation; **~ urteilen** to pass [a] moderate judgement

Mast¹ <-[e]s, -en *o* -e> *m* ① NAUT mast
② (*Stange*) pole, mast
③ ELEK pylon; TELEK pole

Mast² <-, -en> *f* ① *kein pl* (*das Mästen*) fattening
② FORST harvest

Mastbaum *m* NAUT mast

Mastdarm *m* ANAT rectum

mästen I. *vt* ■**ein Tier** [**mit etw**] **~** to fatten an animal [with sth]; ■**jdn ~** (*hum fam*) to fatten [up *sep*] sb
II. *vr* (*fam*) ■**sich ~** to stuff *fam* [*or pej* gorge] oneself [silly [*or* stupid]]

Mästerei <-, -en> *f* [calf/pig/poultry etc.] fattening unit

Mastfutter *nt* fattening feed; *für Schweine* mast **Mastgans** *f* fattened goose **Mastkalb** *nt* fattened calf **Mastkorb** *m* crow's nest **Mastschwein** *nt zu mästen* fattening pig, porker; *gemästet* fattened pig

Masturbation <-, -en> *f* (*geh*) masturbation

masturbieren* (*geh*) I. *vi* to masturbate
II. *vt* ■**jdn ~** to masturbate sb

Mastvieh *nt kein pl* AGR fatstock *no pl,* fattened livestock + *pl vb*

Matador <-s, -e> *m* matador

Matchball ['mɛtʃ-] *m* TENNIS match point **Matchbeutel** *m,* **Matchsack** *m* duffel [*or* kit] bag

Mate <-> *m kein pl* (*Teesorte*) maté, Paraguay tea

Material <-s, -ien> *nt* ① (*Rohstoff*) substance; (*in der Herstellung*) material; **angefordertes/bereitgestelltes ~** requested/provided material; **~ beschaffen** to procure material
② (*Ausrüstungsgegenstände*) equipment *no pl, no indef art,* materials *pl*
③ JUR evidence *no pl, no indef art;* **belastendes ~** incriminating evidence
④ FIN material *no pl, no indef art*
⑤ SCH material *no pl, no indef art,* information *no pl, no indef art*

Materialanforderung *f* ÖKON, TECH materials *npl* requisition **Materialaufwand** *m kein pl* ÖKON, TECH cost of materials, material costs *pl;* **zusätzlicher ~** additional costs for materials **Materialbedarf** *m kein pl* ÖKON, TECH material requirements *pl* **Materialbestellung** *f* order for material[s]; ■**bei der ~** when ordering materials **Materialermüdung** *f* material fatigue **Materialfehler** *m* material defect, defect in the material

Materialisation <-, -en> *f* materialization

materialisieren* *vr* ■**sich ~** to materialize

Materialismus <-> *m kein pl* ■[**der**] **~** materialism *no pl a. pej*

Materialist(in) <-en, -en> *m(f)* materialist *a. pej*

materialistisch *adj* materialist[ic] *a. pej*

Materialkosten *pl* cost of materials + *sing vb,* material costs *pl* **Materiallager** *nt* ÖKON stores *npl* **Materialmenge** *f* material quantity, quantity [*or* amount] of material **Materialprüfung** *f* ÖKON materials *npl* test **Materialrecycling** *nt* material recycling **Materialsammlung** *f* collection of material[s]; **mit der ~ beginnen** to start collecting [*or* gathering] [the] material[s] **Materialschlacht** *f* MIL battle of materiel **Materialverbrauch** *m* materials *npl* consumed **Materialwirtschaft** *f kein pl* ÖKON materials *npl* management, stock [*or* AM inventory] control

Materie <-, -n> [ma'teːriə] *f* ① *kein pl* PHYS, CHEM matter *no pl*
② *kein pl* (*stoffliche Substanz*) substance; (*in der Herstellung verwendet*) materials *pl*
③ (*zu behandelndes Thema*) subject, matter; **die ~ beherrschen** to know one's stuff *fam,* to know what one is talking about

materiell I. *adj* ① (*wirtschaftlich orientiert*) financial, pecuniary *form;* (*Güter betreffend*) material; **~e Bedürfnisse** material needs; **ein ~er Vorteil** a material [*or* financial] [*or form* pecuniary] benefit; **~ abgesichert** [**sein**] [to be] financially secure
② (*pej: materialistisch*) materialist[ic] *a. pej*
③ (*stofflich*) material, physical
II. *adv* (*pej: materialistisch*) materialistically *a. pej;* **~ eingestellt sein** to be materialistic

materiell-rechtlich *adj inv* substantive, upon its merits

Materieschale *f* ASTRON layer of matter [*or* material]

Materiesplitter *m* ASTRON wisp [*or* fragment] of matter [*or* material]

Mathe <-> *f kein pl* (*fam*) maths + *sing vb* BRIT *fam,* math AM *fam*

Mathematik <-> *f kein pl* ■[**die**] **~** mathematics + *sing vb,* maths + *sing vb* BRIT *fam,* math AM *fam*
► WENDUNGEN: **für jdn höhere ~ sein** to be beyond [*or fam* all Greek to] sb

Mathematikarbeit *f,* **Mathearbeit** *f* (*fam*) test in mathematics, maths test *fam* **Mathematikbuch** *nt,* **Mathebuch** *nt* (*fam*) book on mathematics, mathematics [*or fam* maths] book

Mathematiker(in) <-s, -> *m(f)* mathematician; **ein guter/schlechter ~ sein** to be good/bad at maths [*or* sums]

Mathematikprüfung *f,* **Matheprüfung** *f* (*fam*) mathematics [*or fam* maths] exam[ination] **Mathematikstunde** *f,* **Mathestunde** *f* (*fam*) mathematics [*or fam* maths] lesson

mathematisch *adj* mathematical; **eine ~e Aufgabe** a mathematics [*or fam* maths] exercise

Matinee <-, -n> *f* morning performance; (*Konzert a.*) morning concert

Matjes <-, ->, **Matjeshering** *m* pickled [white] herring, matjes *spec*

Matratze <-, -n> *f* mattress

Matratzenschoner *m* mattress cover

Mätresse <-, -n> *f* mistress, paramour *liter*

matriarchalisch *adj* matriarchal

Matriarchat <-[e]s, -e> *nt* matriarchy, matriarchate *spec*

Matrikel <-, -n> *f* ① SCH matriculation register
② ADMIN ÖSTERR register

Matrikelnummer *f* SCH registration [*or* matriculation] number

Matrix <-, Matrizen *o* Matrizes> *f* BIOL, MATH matrix

Matrixdrucker *m* INFORM dot-matrix [printer]

Matrize <-, -n> *f* stencil; **etw auf ~ schreiben** to stencil sth

Matrizes *pl von* **Matrix**

Matrone <-, -n> *f* matron

matronenhaft *adj* matronly

Matrose <-n, -n> *m* ① (*Seemann der Handelsmarine*) sailor, mariner *liter*
② *kein pl* (*Dienstgrad*) ordinary seaman, [ordinary] rating BRIT, seaman recruit AM

Matrosenanzug *m* sailor suit **Matrosenhemd** *nt* sailor['s] shirt **Matrosenkragen** *m* sailor collar **Matrosenmütze** *f* sailor['s] cap

Matsch <-[e]s> *m kein pl* ① (*Schneematsch*) slush; (*schlammige Erde*) mud, sludge
② (*breiige Masse*) mush, sludge; **zu ~ werden** to go mushy

matschig *adj* (*fam*) ① (*schlammig*) muddy, sludgy; **~er Schnee** slush[y] snow
② (*breiig*) mushy, gooey *fam*

Matschwetter *nt* (*fam*) muddy [*or* sludgy] weather [*or pl* conditions]; (*mit Schneematsch*) slush weather [*or pl* conditions]

matt I. *adj* ① (*schwach, kraftlos*) weary, tired
② (*nicht kräftig*) weak; **~er Händedruck** weak [*or* limp] handshake; **~es Lächeln/~e Stimme** faint [*or* weak] smile/voice
③ (*glanzlos*) matt[e] BRIT, mat[te] AM; **~e Politur** matt polish; (*unerwünscht*) dull; **~e Augen** lustreless [*or* AM lusterless] [*or* dull] eyes
④ (*trübe*) **~es Licht** dim [*or* pale] light
⑤ (*nicht durchscheinend*) **~e Glühbirnen** opal [*or* pearl] bulbs
⑥ (*schwach*) **~e Farben** pale colours [*or* AM -ors]
⑦ (*lahm, nicht überzeugend*) **~e Ausrede/Entschuldigung** lame [*or* feeble] excuse; **~er Witz** feeble [*or* lame] joke
⑧ (*schachmatt*) [check]mate; ■**~ sein** to be [check]mated; **jdn ~ setzen** to mate sb; (*a. fig*) to checkmate sb; **~!** check and mate!
II. *adv* ① (*schwach*) weakly, dimly
② (*ohne Nachdruck*) lamely, feebly

Matt <-s, -s> *nt* [check]mate

mattblau *adj* pale blue; *Auto* non-metallic blue

Matte¹ <-, -n> *f* mat; (*Fußmatte*) doormat; [**bei jdm**] **auf der ~ stehen** (*fig fam*) to turn up at sb's doorstep; ***morgen früh stehen Sie bei mir auf der ~*** you must be at my place tomorrow morning; **jdn auf die ~ legen** SPORT (*fam*) to throw sb

Matte² <-, -n> *f* ÖSTERR, SCHWEIZ (*Bergwiese*) alpine meadow

Matterhorn *nt* ■**das ~** the Matterhorn

mattgestrichen *adj inv* **~es Papier** dull-[*or* matt-]coated paper **Mattglanz** *m* mat[t] finish **Mattglas** *nt* frosted [*or* ground] glass

Matthäi *m gen von* **Matthäus** St Matthew's Day
► WENDUNGEN: **bei jdm ist ~ am letzten** (*fam*) sb is washed-up [*or fam* has had it]

Matthäusevangelium [-evaŋgeː-] *nt* ■**das ~** St[.] Matthew's Gospel, the Gospel according to St[.] Matthew

Mattheit <-> *f kein pl* (*geh*) ① (*Glanzlosigkeit*) dullness
② *s.* **Mattigkeit**

mattieren* *vt* ■**etw ~** *Metall, Holz* to give a mat[t] finish to sth, to mat[t] sth; **mattiertes Glas** frosted glass

Mattigkeit <-> *f kein pl* weariness, tiredness

Mattlack *m* mat[t] varnish **Mattscheibe** *f* ① (*Scheibe aus Mattglas*) frosted glass pane
② (*fam: Bildschirm*) screen; (*Fernseher*) telly BRIT *fam,* tube AM *fam* ► WENDUNGEN: **~ haben** (*sl*) to have [*or* get] a mental blank

Matura <-> *f kein pl* ÖSTERR, SCHWEIZ (*Abitur*) ≈ A-Levels *pl* BRIT, high-school diploma AM

Maturand(in) <-en, -en> *m(f)* SCHWEIZ, **Maturant(in)** <-en, -en> *m(f)* ÖSTERR (*Abiturient*) *person who is just about to sit/has got his/her Abitur*

maturieren* *vi* ÖSTERR to take one's school-leaving exam[ination *form*], to graduate [from high school] AM

Maturität <-> *f kein pl* SCHWEIZ matriculation exam[ination *form*]

Mätzchen <-s, -> *nt meist pl* (*fam*) ① (*Kniffe, Tricks*) trick, knack; ***lass endlich die ~!*** stop fooling [*or* BRIT *fam!* buggering] about!; **mach keine ~!** none of your tricks!; (*bedrohlicher*) don't try anything funny!
② (*Albernheiten*) antics; ***Kinder, lasst die ~!*** kids,

[that's] enough of your monkey-business!

Matze <-, -n> *f,* **Matzen** <-s, -> *m* (*ungesäuertes Fladenbrot*) matzo[h], Passover bread

mau <-er, -[e]ste> **I.** *adj meist pred* (*fam*) ❶ (*unwohl*) queasy, poorly *pred;* ***mir ist ganz ~*** I feel really queasy
❷ (*ungünstig*) bad; *Stimmung* lousy; **die Lage ist ~** the situation is [*or* looks] bad
II. *adv* badly; **die Geschäfte gehen ~** business is slack

Mauer <-, -n> *f* ❶ (*Wand aus Steinen*) wall; **die Chinesische** [*o* **Große**] **~** the Great Wall of China; **innerhalb der** [*o* **in den**] **~n** HIST within the city walls
❷ (*fig geh: Wand*) **eine ~ des Schweigens** [**durchbrechen**] [to break] a wall of silence
❸ (*torsichernde Spielerkette*) line up

Maueranker *m* BAU wall anchor **Mauerassel** *f* ZOOL woodlouse **Mauerbau** *m kein pl* ❶ BAU building [*or* construction] of a/the wall[s] ❷ HIST ■ **der ~** the building of the Berlin Wall **Mauerblümchen** *nt* (*fam*) wallflower *fam* **Mauerfall** *m* HIST (*der ~*) the fall of the Berlin Wall

mauern **I.** *vi* ❶ (*mit Steinen und Mörtel arbeiten*) ■ [**an etw** *dat*] **~** to build [sth], to lay bricks for sth
❷ (*fam*) to stall, to play for time
❸ SPORT (*Torverteidigung*) to play defensively
❹ KARTEN (*sl*) to hold back
II. *vt* ■ **etw** [**aus etw**] **~** to build sth [of sth]; ■ **das M~** [**einer S.** *gen*] building [sth]

Maueröffnung *f* ❶ POL opening of the [Berlin] Wall
❷ (*Mauerspalt*) opening in a/the wall **Mauerpfeffer** *m* BOT wall pepper, common stonecrop **Mauerschütze** *m* HIST marksman on the Berlin Wall **Mauersegler** *m* ORN swift **Mauerstein** *m* [building [*or* house]] brick **Mauervorsprung** *m* projection of a/the wall **Mauerwerk** *nt kein pl* ❶ (*die Mauern*) walls *pl* ❷ (*Steinmauer*) stonework

Maul <-[e]s, Mäuler> *nt* ❶ (*Rachen eines Tieres*) mouth; *Raubtier* jaws *pl*
❷ (*derb: Mund*) trap *fam!,* BRIT *a.* gob *fam!;* **das ~ aufsperren** to stare flabbergasted [*or* BRIT *a.* gobsmacked] *fam;* [**hungrige**] **Mäuler stopfen** to feed [*or* fill] [hungry] mouths
❸ (*derb: Mundwerk*) **ein freches ~** a sharp tongue; **ein gottloses** [*o* **ungewaschenes**] **~** an evil [*or* a wicked] [*or* a malicious] tongue; **jdm übers ~ fahren** to cut sb short *fam;* **ein großes ~ haben** to have a big mouth, BRIT *a.* to be all mouth [and trousers] *fam;* **das** [*o* **sein**] **~ halten** to keep one's mouth [*or* BRIT *a.* gob] shut *fam!;* **halt's ~!, ~ halten!** shut your face! [*or* mouth] [*or* trap] [*or* BRIT *a.* gob] *fam!,* shut it! *fam!;* **jdm das ~ stopfen** to shut sb up
▸ WENDUNGEN: **sich** *dat* **das ~ verbrennen** (*fam*) to talk oneself [*or fam* let one's mouth get one] into trouble; **sich** *dat* **das ~** [**über jdn/etw**] **zerreißen** (*fam*) to gossip [about sb/sth] *pej,* to bad-mouth [*or* badmouth] sb/sth AM *sl;* **das ~** [**zu**] **weit aufreißen** [*o* **voll nehmen**] to be too cocksure *fam;* **jdm ums ~ gehen** to soft-soap [*or sep* butter up] sb *fam*

Maulaffe *m* (*pej*) (*veraltet: Gaffer*) gaping fool *pej*
▸ WENDUNGEN: **~n feilhalten** to stand [around] gaping [*or* BRIT *fam pej a.* gawping] **Maulbeerbaum** *m* mulberry [tree] **Maulbeere** *f* mulberry

maulen *vi* (*fam*) ■ [**über etw** *akk*] **~** to moan [*or fam pej* gripe] [about sth]

Mäuler *pl von* **Maul**

Maulesel *m* mule, hinny **maulfaul** *adj* (*fam*) uncommunicative **Maulheld(in)** *m(f)* (*pej*) big-[*or fam* loud-]mouth **Maulkorb** *m* muzzle; **einen ~ tragen** to be muzzled; **jdm einen ~ anlegen** (*fig fam*) to muzzle sb **Maulsperre** *f* **die ~ kriegen** (*fam*) to be open-mouthed; ***ich krieg' die ~!*** I'm flabbergasted! [*or* BRIT *fam a.* gobsmacked] **Maultaschen** *pl* KOCHK *südd pasta squares filled with meat or cheese and served in a clear soup* **Maultier** *nt s.* **Maulesel** **Maul- und Klauenseuche** *f* foot-and-mouth disease

Maulwurf <-[e]s, -würfe> *m* (*a. fig*) mole

Maulwurfsgang *m* tunnel (*dug by a mole*) **Maulwurfshügel** *m* molehill **Maulwurfsklaue** *f* claw of a/the mole

maunzen *vi* SÜDD (*kläglich miauen*) to mew pitifully

Maure, Maurin <-n, -n> *m, f* Moor

Maurer(in) <-s, -> *m(f)* bricklayer, BRIT *a.* brickie *fam*
▸ WENDUNGEN: **pünktlich wie die ~** (*hum*) earlier than need be

Maurerarbeit *f* masonry *no pl,* brickwork *no pl* **Maurerhammer** *m* bricklayer's hammer **Maurerhandwerk** *nt* ■ **das ~** bricklaying *no pl*

Maurerin <-, -nen> *f fem form von* **Maurer**

Maurerkelle *f* [bricklayer's [*or* BRIT *fam a.* brickie's]] trowel **Maurerkolonne** *f* bricklaying gang **Maurermeister(in)** <-s, -> *m(f)* master bricklayer **Maurerpolier** <-s, -e> *m* foreman bricklayer

Mauretanien <-s> *nt kein pl* GEOL Mauritania *no pl*

Mauretanier(in) <-s, -> *m(f)* HIST Mauritanian; *s. a.* **Deutsche(r)**

mauretanisch *adj* Mauritanian; *s. a.* **deutsch**

Maurin <-, -nen> *f fem form von* **Maure**

maurisch *adj* Moorish

Mauritier(in) <-s, -> *m(f)* Mauritian; *s. a.* **Deutsche(r)**

mauritisch *adj* Mauritian; *s. a.* **deutsch**

Mauritius <-> *nt* Mauritius; *s. a.* **Sylt**

Maus <-, Mäuse> *f* ❶ (*Tier*) mouse; **weiße Mäuse sehen** (*fam*) to see pink elephants *fam*
❷ INFORM mouse; **mechanische/optische ~** mechanical/optical mouse
❸ KOCHK thick flank
❹ (*nettes Mädchen oder Junge*) [sweet [*or* cute]] little thing
❺ (*unattraktive Person*) **eine graue ~** (*fam*) a mouse *fam*
❻ *pl* (*sl: Geld*) dough *sing sl,* dosh *sing* BRIT *sl*
▸ WENDUNGEN: **da beißt die ~ keinen Faden ab** (*prov fam*) it can't be helped, what must be, must be *prov*

Mauschelei <-, -en> *f* (*pej fam*) fiddle *fam,* bent deal *pej fam*

mauscheln *vi* (*pej fam*) to fiddle *fam*

Mäuschen <-s, -> ['mɔysçən] *nt dim von* **Maus 1** little mouse; ***da möchte ich gerne ~ spielen*** (*fam*) I'd like to be a fly on his/her etc. wall

mäuschenstill *adj* dead quiet; **~ sein** *Mensch* to be [as] quiet as a mouse

Mäusebussard *m* [common] buzzard

Mausefalle *f* mousetrap; **eine ~ aufstellen** to set [*or* put down] a mousetrap **Mauseloch** *nt* mousehole; **jd möchte sich in ein ~ verkriechen** (*fam*) sb would have liked the ground to open up and swallow him/her

mausen **I.** *vt* (*hum fam: heimlich wegnehmen*) ■ **etw ~** to pinch [*or* nick] sth *fam* **II.** *vi* (*veraltend*) *Katzen* to mouse, to catch mice ▸ WENDUNGEN: **die Katze lässt das Mausen nicht** (*prov*) a leopard cannot change its spots *prov* **Mauseöhrchen** *pl* lamb's lettuce *no pl*

Mauser <-> *f kein pl* ORN moult BRIT, molt AM; **in der ~ sein** to be moulting [*or* AM molting]

Mäuserich <-s, -e> *m* (*fam*) male mouse

mausern *vr* ❶ ORN (*das Federkleid wechseln*) ■ **sich ~** to moult BRIT, to molt AM
❷ (*fig fam: sich vorteilhaft verändern*) ■ **sich** [**zu etw**] **~** to blossom out [to sth]

mausetot *adj* (*fam*) ■ **~ sein** to be stone-dead [*or hum fam* deader than dead]

mausgesteuert *adj* INFORM mouse-controlled

mausgrau *adj* mouse-coloured [*or* AM -colored], mouse[y]-grey [*or* AM -gray]

mausig *adj* ■ **sich ~ machen** (*fam*) to get uppity *fam* [*or* BRIT *fam a.* stroppy] [*or sl* bolshie]

Mausklick *m* INFORM mouse click **Mauskursor** *m* INFORM mouse pointer

Mausoleum <-s, Mausoleen> *nt* mausoleum

Mauspad <-s, -s> [-pɛt] *m* INFORM mouse pad **Maussteuerung** *f* INFORM mouse control *no art;* **mit ~ bedient** mouse-controlled **Maustaste** *f* INFORM mouse button; **linke/rechte ~** left/right mouse button **Maustreiber** *m* INFORM mouse driver

Maut <-, -en> *f* SÜDD, ÖSTERR toll [charge]; **eine ~ erheben** to levy a toll

Mautgebühr *f s.* **Maut** **Mautstelle** *f* tollgate **Mautstraße** *f* toll road, AM *a.* turnpike, AM *a.* pike *fam*

maxi *adj pred* MODE maxi; **~ tragen** (*fam*) to wear a maxi

Maxima *pl von* **Maximum**

maximal **I.** *adj* maximum *attr;* (*höchste a.*) highest *attr;* **die ~e Geschwindigkeit** the maximum speed; *Fahrzeug* the top speed
II. *adv* at maximum [*or* most]; **das ~ zulässige Gesamtgewicht** the maximum [*or* greatest] permissible weight; *Fahrzeug* the gross vehicle weight rating [*or* GVWR] *form;* **~ 25.000 Mark** 25,000 marks tops *fam* [*or* at most]; **bis zu ~ 1000 Metern** up/down to a maximum of 1000 metres [*or* AM -ers]

Maximalalter *nt* maximum age **Maximalbreite** *f* maximum width **Maximalforderung** *f* ■ **die/seine ~**[**en**] the/one's maximum [*or* highest] demand[s] **Maximalgeschwindigkeit** *f* maximum speed; *Fahrzeug* top speed **Maximalgewicht** *nt* maximum weight **Maximalhöhe** *f* maximum height **Maximalpreis** *m* maximum [*or* highest] price **Maximalstrafe** *f* maximum sentence **Maximaltiefe** *f* maximum depth **Maximalverbrauch** *m* maximum [fuel] consumption **Maximalwert** *m* maximum value

Maxime <-, -n> *f* (*geh*) maxim

maximieren* *vt* ■ **etw ~** to maximize sth

Maximierung <-, -en> *f* maximization

Maximum <-s, Maxima> *nt* ❶ (*höchstmöglicher Wert*) maximum [value]
❷ (*Höchstmaß*) ■ **ein ~ an etw** *dat* a maximum of sth
❸ MATH maximum

Maxipackung *f* maxi pack **Maxiracer** <-s, -> *m* (*Yacht*) maxi-racer **Maxirock** *m* maxiskirt **Maxisingle** *f* (*veraltend*) maxi-single, EP

Mayonnaise <-, -n> [majɔ'nɛːzə] *f s.* **Majonäse**

Mazedonien <-s> *nt* Macedonia; *s. a.* **Deutschland**

Mazedonier(in) <-s, -> *m(f)* Macedonian; *s. a.* **Deutsche(r)**

Mazedonisch *nt dekl wie adj s.* **Makedonisch**

mazedonisch *adj* Macedonian; *s. a.* **deutsch**

Mazedonische <-n> *nt s.* **Makedonische**

Mäzen <-s, -e> *m* Maecenas *liter,* patron [of art or literature]

mb *nt Abk von* **Millibar** mb, millibar

MB [ɛm'beː] *nt* INFORM *Abk von* **Megabyte** MB

MBA *m Abk von* **Master of Business Administration** MBA

M-Bahn *f s.* **Magnetschwebebahn**

Mbit *nt* TELEK *Abk von* **Megabit** Mb

MByte *nt* INFORM *Abk von* **Megabyte** MB, Mbyte

MDA INFORM *Abk von* **monochrome display adapter** MDA

MdB, M.d.B. <-s, -s> [ɛmdeː'beː] *m Abk von* **Mitglied des Bundestages** Member of the "Bundestag", BRIT *a.* ≈ MP

mdl. *adj Abk von* **mündlich** verbal

MdL, M.d.L. <-s, -s> *m Abk von* **Mitglied des Landtages** *Member of the federal state parliament*

m.E. *Abk von* **meines Erachtens** in my opinion

Mechanik <-, -en> *f* ❶ *kein pl* PHYS ■ **die ~** mechanics + *sing vb*
❷ *kein pl* TECH ■ **die ~** mechanics + *sing vb*
❸ TECH (*selten: Mechanismus*) mechanism

Mechaniker(in) <-s, -> *m(f)* mechanic

mechanisch **I.** *adj* (*a. fig*) mechanical
II. *adv* mechanically; **etw ~ aufsagen** to reel off sth *sep*

mechanisieren* *vt* ■ **etw ~** *Betrieb, Produktion* to mechanize sth

Mechanisierung <-, -en> *f* mechanization

Mechanisierungsprozess[RR] *m* mechanization process

M

Mechanismus <-, -nismen> *m* mechanism; **störfreier** ~ jam free mechanism
meck *interj* (*sound made by goat*), meh Brit, baaah Am
Meckerei <-, -en> *f* (*pej fam: dauerndes Nörgeln*) moaning, bellyaching *fam*, griping *pej fam*
Meckerer(in) <-s, -> *m(f)* (*fam*) grumbler, moaner
Meckerfritze, Meckerliese <-n, -n> *m, f* (*pej fam: ewiger Nörgler*) bellyacher *fam*, Brit moaning minnie *fam*
meckern *vi* ❶ (*der Ziege*) to bleat
❷ (*fig fam*) ■ [**über jdn/etw**] ~ to bellyache *fam* [*or fam pej* gripe] [about sb/sth]
mecklenburgisch *adj inv* Mecklenburg *attr*
Mecklenburg-Vorpommern <-s> *nt* Mecklenburg-West Pomerania
med. *adj Abk von* **medizinisch: Dr.** ~ **Birgit Jentsch** Birgit Jentsch, MD [*or* M.D.]
Medaille <-, -n> [me'daljə] *f* ❶ (*Gedenkmünze*) medallion
❷ (*Auszeichnung*) medal
❸ (*runder Orden*) medal, gong Brit *fam*
Medaillengewinner(in) [me'daljən-] *m(f)* sport medallist Brit, medalist Am, medal winner **Medaillenregen** *m* sport inundation of medals **Medaillenspiegel** *m* sport medals table **Medaillenvergabe** *f* sport medal awarding ceremony
Medaillon <-s, -s> [medal'jõ:] *nt* ❶ (*Schmuckkapsel*) locket
❷ (*ovales Bild*) medallion
❸ kochk médaillon
medial *adj* ❶ (*geh: übersinnlich*) *Kräfte, Fähigkeiten* of a medium *pred*, mediumistic; ~ **veranlagt sein** to have mediumistic powers
❷ *attr* med medial
❸ *attr* ling *Verbformen* middle
Mediaplan *m* handel media plan **Mediaplanning** <-s> ['mi:diəplænɪŋ] *nt*, **Mediaplanung** *f* handel media planning
Medien ['me:diən] *pl* ❶ *pl von* **Medium 1, 2**
❷ (*Informationsträger*) ■**die** ~ the media + *sing/pl vb*; **für Aufsehen in den** ~ **sorgen** to cause a press sensation; **akustische/optische** ~ acoustic/visual media; **die gedruckten** ~ the press *no indef art*, + *sing/pl vb*
Medienaufseher(in) *m(f)* media, admin media censor **Medienberater(in)** *m(f)* press adviser **Medienbereich** *m* world of [the] media; **im** ~ **arbeiten** to work for the media/press **Medienberichterstattung** *f* media press [*or* media] coverage **Mediendienst** *m* handel media services *pl* **Medienereignis** *nt* media media event **Medienforschung** *f* media, sch media research *no pl* **Mediengetümmel** *nt* media storm **Mediengründerzentrum** *nt* media foundation centre [*or* Am -er] **Medienkette** *f* media chain **Medienkonzentration** *f* media concentration of ownership in the media **Medienkonzentrationsgesetzgebung** *f* media concentration legislation **Medienkonzern** *m* media, ökon media group **Medienkosten** *pl* media costs *pl* **Medienlandschaft** ['me:diən-] *f* media landscape [*or* scene] **Medienliebling** *m* media, soziol (*fam*) media favourite **Medienpolitik** *f* [mass] media policy **Medienrummel** *m* (*fam*) media excitement **Medienspektakel** *nt* media media spectacle **Medienstadt** *f* media city **Medienunternehmer(in)** *m(f)* media entrepreneur **Medienverbund** *m* ❶ (*Verbindung mehrerer Unterrichtsmedien*) multimedia system; **etw im** ~ **lernen** to learn sth using the multimedia system ❷ (*Verbund von Rundfunkinstituten, Verlagshäusern etc.*) media grid
medienwirksam *adj* well-covered by the media
Medikament <-[e]s, -e> *nt* medicine
Medikamentenabhängigkeit *f* drug addiction **Medikamentenentsorgung** *f* disposal of old medicines [*or* drugs] **Medikamentenmissbrauch**[RR] *m* ■[**der**] ~ drug abuse **Medikamentenschrank** *m* medicine cupboard **Medikamentensucht** *f* med, psych drug addiction **Medikamentenverordnung** *f* med [drug] prescription
medikamentös I. *adj* medicinal; **eine/die** ~**e Behandlung** medication
II. *adv* **jdn/etw** ~ **behandeln** to give sb medication/to treat sth with medication
Medikus <-, Medizi *o* -se> *m* (*hum fam*) doc *fam*, quack
Medioabrechnung *f* mid-month accounts
Meditation <-, -en> *f* meditation (**über** +*akk* on)
meditativ *adj* (*geh*) meditative
mediterran *adj inv* geol Mediterranean
meditieren* *vi* ❶ (*Entspannung üben*) to meditate; ■**das M~** meditation
❷ (*geh: nachsinnen*) ■[**über etw** *akk*] ~ to meditate [on sth]
Medium <-s, -dien> [-diən] *nt* ❶ (*Verbindungsperson zu Geistern*) medium
❷ (*geh*) *Buch, Film, etc.* medium
❸ phys medium
❹ inform (*Datenträger*) data medium; **maschinenlesbares** ~ machine [*or* computer]-readable medium
Medizin <-, -en> *f* ❶ *kein pl* (*Heilkunde*) ■[**die**] ~ medicine; **innere** ~ [internal] medicine
❷ (*fam: Medikament*) medicine; **seine** ~ **einnehmen** to take one's medicine
▸ Wendungen: **für jdn eine heilsame** ~ **sein** (*geh*) to have taught sb a lesson
Medizinalassistent(in) <-en, -en> *m(f)* houseman Brit, intern Am
Medizinball *m* sport medicine ball
Mediziner(in) <-s, -> *m(f)* ❶ (*Arzt*) doctor, physician *form*; **der Jargon der** ~ medical jargon
❷ (*Medizinstudent*) medic *fam*
medizinisch I. *adj* ❶ (*ärztlich*) medical
❷ (*heilkundlich*) **die** ~**e Fakultät** the school [*or esp* Brit faculty] [*or* Am *a.* department] of medicine; **das** ~**e Gebiet/Studium** the field/study of medicine; **eine** ~**e Prüfung** an exam[ination *form*] in medicine
❸ (*heilend*) medicinal, curative; ~**es Shampoo** medicated shampoo
II. *adv* ❶ (*ärztlich*) medically; **jdn** ~ **beraten/behandeln** to give sb medical advice/treatment
❷ (*heilkundlich*) medically; ~ **ausgebildet werden** to receive medical training; **sich** ~ **auskennen** to know [one's] medicine well
❸ (*heilend*) medicinally
medizinisch-technische(r) Assistent(in) <-en, -en> *m(f)* medical technician
Medizinmann <-männer> *m* (*indianisch*) medicine man; (*afrikanisch*) witchdoctor, shaman; (*fam*) doc *fam*, quack **Medizinstudent(in)** <-en, -en> *m(f)* medical student **Medizintechnik** *f kein pl* medical technology
Meer <-[e]s, -e> *nt* ❶ (*Ozean*) sea; (*Weltmeer*) ocean; **die sieben** ~**e** the seven seas; **auf dem** [**weiten**] ~ [[far] out] to sea, on the high seas; **der Grund des** ~**es** the seabed, the bottom of the sea, Davy Jones['s locker] *a. hum*; **das Rote/Schwarze/Tote** ~ the Red/Black/Dead Sea; **ans** ~ **fahren** to go the sea[side]; **am** ~ by the sea; **jenseits des** ~**es** across the sea
❷ (*fig geh*) sea
Meeraal *m* zool, kochk conger eel **Meerbarbe** *f* red mullet **Meerbrasse** *f* sea bream **Meerbusen** *m* (*veraltend*) gulf, bay; **der Bottnische** [*o* **Finnische**] ~ the Gulf of Bothnia **Meerdattel** *f* date shell **Meerenge** *f* strait[s *pl*]
Meeresalge *f* ■**die** ~**n** seaweed *no pl*, + *sing vb*, marine algae *spec* **Meeresarm** *m* inlet, arm of the sea; (*in Norwegen*) fjord **Meeresbiologie** *f* marine biology **Meeresboden** *m s.* Meeresgrund **Meeresfauna** *f* marine fauna *no pl*, + *sing/pl vb spec* **Meeresflora** *f* marine flora *no pl*, + *sing/pl vb spec* **Meeresforschung** *f* ■**die** ~ oceanography **Meeresfreiheit** *f* jur freedom of the seas **Meeresfrüchte** *pl* seafood *no pl*, + *sing vb* **Meeresgetier** *nt* (*a. hum*) sea creatures *pl*, marine fauna + *sing/pl vb spec* **Meeresgrund** *m kein pl* ■**der** ~ the seabed, the bottom of the sea, Davy Jones['s locker] *a. hum*; **auf dem** ~ on the seabed, at the bottom of the sea, in Davy Jones's locker *a. hum*
Meereshöhe *f s.* Meeresspiegel **Meeresklima** *nt* maritime climate **Meereskunde** *f kein pl s.* Meeresforschung **meereskundlich** *adj* oceanographic[al]; **das** ~**e Institut/Studium** the institute/study of oceanography **Meeresküste** *f* coast, seaside **Meeresleuchten** <-s> *nt kein pl* marine phosphorescence **Meeressäugetier** *nt* sea [*or spec* marine] mammal **Meeresspiegel** *m* sea level; [**zehn Meter**] **über/unter dem** ~ [ten metres [*or* Am -ers]] above/below sea level **Meeresstraße** *f* strait[s *pl*] **Meeresströmung** *f* ocean current; (*aufgrund von Temperaturunterschieden*) convection current *spec* **Meerestiefe** *f* depth [of the sea [*or* ocean]] **Meeresverschmutzung** *f* ökol pollution of the sea, sea [*or* maritime] pollution *no pl*
Meerforelle *f* migratory [*or* Am sea] trout **Meergott** *m* sea god; **der griechische** ~ the Greek god of the sea **Meerjungfrau** *f* mermaid **Meerkatze** *f* zool meerkat, guenon *spec* **Meerkohl** *m* sea kale **Meerohr** *f* abalone, ormer
Meerrettich *m* bot, kochk ❶ (*Pflanze o Wurzel*) horseradish
❷ *kein pl* (*Soße*) horseradish [sauce]
Meerrettichsoße *f* horseradish sauce
Meersalz *nt* sea salt *no pl*, + *sing vb* **Meerschaum** *m* meerschaum, sepiolite **Meerschaumpfeife** *f* meerschaum [pipe] **Meerschweinchen** *nt* zool guinea pig, cavy *spec* **Meerspinne** *f* spider crab **Meerungeheuer** *nt* sea monster
Meerwasser *nt* sea water
Meerwasserentsalzung *f* desalination of sea water *spec* **Meerwasserentsalzungsanlage** *f* desalination plant *spec*
Meeting <-s, -s> ['mi:tɪŋ] *nt* meeting
Megabit *nt* inform megabit **Megabyte** [mega'bait, 'me:gabait] *nt* inform megabyte; (*geschrieben a.*) M[b] **Mega-Erfolg** *m* media smash hit **Megahertz** *nt* phys megahertz **Megahit** *m* smash [hit]
Megalith <-en, -en> *m* megalith
megaloman *adj* (*geh*) megalomaniac[al]
Megalomanie <-, -n> *f* (*geh*) ■**die** ~ megalomania
Megaphon, Megafon[RR] <-s, -e> *nt* megaphone
Megastadt *f* megalopolis *spec* **Megastar** *m* megastar *fam* **Megastore** <-s, -s> ['megəstɔ:ɐ̯] *m* (*sehr großes Geschäft*) megastore **Megatonne** *f* megaton **Megawatt** *nt* megawatt; (*geschrieben a.*) MW
Mehl <-[e]s, -e> *nt* ❶ (*gemahlenes Korn*) flour; **etw mit** [**feinem**] ~ **bestäuben** to dredge [*or* powder] sth with flour
❷ (*pulverisierte Substanz*) powder; **etw zu** ~ **verarbeiten** to pulverize sth
mehlen *vt* kochk ■**etw** ~ to flour sth
mehlig *adj* ❶ (*trockenes Fruchtfleisch aufweisend*) mealy, floury
❷ (*mit Mehl bestäubt*) floury
❸ (*fein zerrieben*) powdery
Mehlkäfer *m* meal beattle **Mehlsack** *m* flour bag
▸ Wendungen: **wie ein** ~ **schlafen** (*fam*) to sleep like a log **Mehlschwalbe** *f* orn house martin **Mehlschwitze** *f* kochk roux **Mehlspeise** *f* ❶ (*mit Mehl bereitetes Gericht*) flummery ❷ österr (*fam: Süßspeise*) dessert, Brit *a.* sweet **Mehltau** *m kein pl* bot mildew **Mehlwurm** *m* mealworm
mehr I. *pron indef, inv komp von* **viel** more; ***möchten Sie noch etwas ~ Kaffee?*** would you like some more coffee?; ~ ***möchte ich dazu nicht sagen*** I wish to say no more on the matter; ■ ~ **von etw** more of sth; **immer** ~, ~ **und** ~ more and more
II. *adv* ❶ (*eher*) more; ***dieser Fall ist*** ~ ***etwas für Spezialisten*** this is more [of] a case for [the] specialists; ~ **wie etw aussehen** to look rather like sth
❷ (*in höherem Maße*) ■**etw** ~ **tun** to do sth more; ~ **schwimmen** to swim more, to do more swimming; **immer** ~ more and more; ~ **oder weniger** [*o geh* **minder**] more or less; **mit** ~ **oder weniger Erfolg** with modest success; **mit** ~ **oder weniger**

Zuversicht with half-hearted confidence; **nicht ~ sein** (*euph: verstorben sein*) to be no more *hum;* ***unser Großvater ist nicht*** ~ our grandfather is no longer with us; ■~ **... als ...** more ... than ...; ***es war keiner*** ~ ***da*** there was nobody left, everybody had gone; **nicht** ~ not any [*or* no] longer [*or* more]; ***sie kommen schon lange nicht*** ~ they haven't been coming for a long time [now]; **nichts ~ als das** there's nothing I'd rather do; **nie** ~ never again; ***das mache ich nie*** ~ I shall never do that [ever] again, I won't ever do that again; **niemand** ~ nobody else; **nur** ~ (*geh*) only; ***jetzt ist es nur*** ~ ***ein Jahr, dass ...*** only a year has passed since ...

Mehr <-[s]> *nt kein pl* ① (*zusätzlicher Aufwand*) ■**ein** ~ **an etw** *dat* an additional sth; **mit einem** [**kleinem**] ~ **an Mühe** with a [little] bit more effort ② POL SCHWEIZ majority

Mehrarbeit *f* extra work [*or* hours]; (*Überstunden*) overtime **Mehraufwand** *m* additional expenditure

Mehrausgabe *f* ① ÖKON additional [*or* extra] expense ② BÖRSE overissue **mehrbändig** *adj* multi[-]volume *attr form,* in [*or* comprising] several volumes *pred* **Mehrbedarf** *m* greater need, increased [*or* extra] demand (**an** *+dat* of/for) **Mehrbelastung** *f* (*fig*) extra [*or* additional] burden **Mehrbetrag** *m* ① (*zusätzliche Kosten*) additional amount ② (*Überschuss*) surplus **mehrdeutig** *adj* ambiguous, equivocal *form* **Mehrdeutigkeit** <-> *f kein pl* ambiguity, equivocalness *form* **mehrdimensional** *adj* multidimensional **Mehreinnahme** *f* additional revenue *no pl*

mehren (*geh*) **I.** *vt* ■**etw** ~ to increase [*or form* augment] sth; **sein Ansehen** ~ to enhance one's reputation

II. *vr* ■**etw mehrt sich** the number of sth increases; *s. a.* **fruchtbar**

mehrere *pron indef* ① *adjektivisch* (*einige*) several *attr,* a number of *attr*

② *substantivisch* (*einige*) ■~ [**von jdm/etw**] several [of sb/sth]; ~ **davon** several [of them]; **von ~n** by/from several persons; ***wir fahren immer zu ~n*** there are always several of us to a car

③ *adjektivisch* (*mehr als eine*) various

mehreres *pron substantivisch* several [*or* a number of] things/items etc. *pl*

mehrerlei *pron indef, inv* (*geh*) ① *substantivisch* several [*or* a number of] things/items etc. *pl*

② *adjektivisch* various, several kinds of *attr*

Mehrerlös *m* additional proceeds *npl* **Mehrerlösabschöpfung** *f* JUR elimination of additional revenues **Mehrertrag** *m* additional yield [*or* return]

mehrfach I. *adj* ① (*vielfach*) numerous; **eine ~e Medaillengewinnerin** a winner of numerous medals; **ein ~er Meister im Hochsprung** several-times champion in the pole vault; **ein ~er Millionär** a multimillionaire

② (*wiederholt*) repeated

II. *adv* many [*or* several] times; *s. a.* **vorbestraft**

Mehrfachbeschäftigung *f* multiple employment **Mehrfachbesteuerung** *f* FIN multiple taxation

Mehrfache(s) *nt dekl wie adj* ■**das** ~ [*o* **ein ~s**] [**von etw**] several times the amount/number [of sth]; ***ich verdiene jetzt das*** ~ ***von dem, was ich früher hatte*** I'm now earning several times as much as I used to; ■**das ~/ein ~s an etw** *dat* several times sth; **das ~ an Arbeit/Soldaten** several times the work/the number of soldiers; **um das** ~ [*o* **ein ~s**] **so groß/schnell etc. wie etw** several times as large/fast etc. as sth

Mehrfachfahrschein *m* multi-journey [*or* AM *esp* multi-ride] ticket **Mehrfachimpfstoff** *m* mixed vaccine **Mehrfachnennung** <-, -en> *f* multireferencing; **~en möglich** multiple references possible **mehrfachresistent** *adj inv* multiresistant; **~e Krankheitserreger** multiresistant pathogens **Mehrfachsteckdose** *f* multiple socket **Mehrfachstecker** *f* TECH multiple [*or* multicontact] plug

Mehrfamilienhaus [-liən-] *nt* multiple[-family] dwelling

Mehrfarbenarbeiten *pl* TYPO multi-colour [*or* AM -or] work *no pl* [*or pl* jobs] **Mehrfarbendruck** *m* [multi-]colour [*or* AM -or] printing

mehrfarbig *adj* multicoloured [*or* AM -ored], polychromatic *form*

Mehrgeräteanschluss[RR] *m* TECH connection to several devices **Mehrgewicht** *nt* additional [*or* excess] weight **Mehrgewinn** *m* HANDEL excess profit **Mehrgewinnsteuer** *f* FIN windfall profits tax **mehrgleisig** *adj inv* (*fig*) ~ **fahren** to leave one's options open

Mehrheit <-, -en> *f* ① *kein pl* (*die meisten*) ■**die** ~ **einer S.** *gen* the majority [*or* AM plurality] of sth; **die ~ von Erben/Gläubigern/Schuldnern** the plurality of heirs/creditors/debtors; **in der ~ sein** to be in the majority; **die schweigende** ~ the silent majority

② POL majority + *sing/pl vb;* **3/4** ~ 75 percent of the vote; **mit fünf Stimmen** ~ with a majority of five [*or form* five-vote margin]; **eine knappe** ~ a narrow [*or* shoestring] majority; **die absolute/einfache** [*o* **relative**]**/qualifizierte** ~ an absolute/a simple [*or* relative]/a qualified majority; **die** ~ **gewinnen** [*o geh* **erringen**]**/verlieren** to win [*or* gain] a majority/lose one's majority; **die ~ haben** [*o* **besitzen**] to have a majority

mehrheitlich *adv* ~ **entscheiden** to reach a majority decision; **von jdm ~ vertreten werden** to be represented by the majority of sb; ***wir sind*** ~ ***dafür*** the majority of us are for it

Mehrheitsaktionär(in) <-s, -e> *m(f)* majority shareholder **Mehrheitsbeschluss**[RR] *m* POL majority decision [*or* vote]; **einfacher** ~ ordinary resolution **Mehrheitsbeteiligung** *f* HANDEL majority holding [*or* stake]; BÖRSE majority shareholding [*or* interest] **Mehrheitsentscheidung** *f* majority decision; ~ **der Geschworenen** majority verdict **mehrheitsfähig** *adj inv* POL capable of securing a majority *pred;* ***die Partei war nicht*** ~ the party was unable to secure a majority **Mehrheitsgesellschafter(in)** *m(f)* controlling [*or* majority] partner **Mehrheitspartei** *f* majority party **Mehrheitsverhältnis** *nt* majority ratio **Mehrheitswahl** *f* first-past-the-post election **Mehrheitswahlrecht** *nt kein pl* majority vote [*or* BRIT *a.* first past the post] system **Mehrheitswahlsystem** *nt* JUR majority voting system

mehrjährig *adj attr* several years of *attr,* of several years *pred;* **~e Pflanzen** perennials **Mehrkampf** *m* SPORT multi-discipline event **Mehrkosten** *pl* additional [*or* excess] costs *pl* **Mehrleistung** *f* ÖKON extra output, increased performance; (*Versicherung*) additional payment **Mehrlieferung** *f* HANDEL additional [*or* increased] delivery

Mehrling <-s, -e> *m* MED, BIOL child born as part of a multiple birth **Mehrlingsgeburt** *f von Menschen* multiple birth; (*von Tieren*) multiparous birth **Mehrlingsschwangerschaft** *f von Menschen* multiple pregnancy; (*von Tieren*) multiparous pregnancy

mehrmalig *adj attr* repeated

mehrmals *adv* repeatedly, several times

Mehrmetallplatte *f* multi-metal plate **mehrmotorig** *adj inv Flugzeug* multi-engined *attr* **Mehrparteiensystem** *nt* multiparty [*or* multiple party] system **mehrperiodisch** *adj inv* multi-period **mehrphasig** *adj inv* ELEK multiphase, polyphase **Mehrplatzrechner** *m* INFORM multi-user system **Mehrplatzsystem** *nt* INFORM shared logic system **mehrpolig** *adj inv* ELEK multi-pin *attr* **Mehrpreis** *m* additional price **Mehrprozessorsystem** *nt* INFORM multiprocessor system **Mehrrechtsstaat** *m* JUR state with several legal systems **mehrseitig** *adj* ① (*aus mehreren Seiten*) of several pages *pred* ② POL (*multilateral*) multilateral, multipartite; **~er Handelsverkehr** multilateral trading **mehrsilbig** *adj* polysyllabic *spec;* **ein ~es Wort** a polysyllable *spec* **mehrsprachig I.** *adj* multilingual, polyglot *form* **II.** *adv* ~ **aufwachsen** to grow up multilingual [*or* speaking several languages]; ~ **ausgebildet/geführt** [**sein**] [to be] trained/conducted in several languages **Mehrsprachigkeit** <-> *f kein pl* multilingualism, ability to speak several languages **mehrstellig** *adj inv Zahl, Betrag* multi-figure *attr* **mehrstimmig** MUS **I.** *adj* polyphonic, for [*or* in]/of several voices *pred;* **~er Gesang** part singing, song for several parts **II.** *adv* ~ **singen/spielen** to sing/play in harmony **Mehrstimmrecht** *nt* JUR multiple voting rights *pl* **mehrstöckig I.** *adj* multistorey BRIT, multistory AM **II.** *adv* ~ **bauen** to put up multistorey [*or* AM multistory] buildings; **etw ~ planen** to plan sth with several/many storeys [*or* AM storys] **Mehrstufenrakete** *f* multistage rocket **mehrstufig** *adj inv* ① *Leiter* consisting of several steps *pred* ② *Rakete* multi-stage *attr* **mehrstündig** *adj* of [*or* lasting] several hours *pred;* ■~ **sein** to last several hours; **~e Abwesenheit** an absence of several hours, several hours' absence; **nach ~er Dauer** after several hours; **nach einem ~en Gespräch** after talks of [*or* lasting] several hours, after several hours of [*or* hours'] talking **Mehrsystemtechnik** *f* multisystem technology (*enables a high-speed train to travel along tracks of varying current strengths*) **mehrtägig** *adj* lasting several days *pred;* ■~ **sein** to last several days; **~e Abwesenheit** an absence of several days, several days' absence; **in ~en Gesprächen** in talks lasting several days, in several days of talking **mehrteilig** *adj inv* in several parts *pred* **Mehrumsatz** *m* FIN surplus turnover

Mehrung <-, -en> *f meist sing* (*geh*) increase

Mehrverbrauch *m kein pl* additional consumption **Mehrverdienst** *m* ÖKON incentive pay

Mehrvölkerstaat *m* multiracial [*or* multinational] state

Mehrwegflasche *f* returnable bottle, re-usable bottle [on which a returnable [*or* refundable] deposit is paid] **Mehrweggeschirr** *nt kein pl* crockery *no pl* (*as opposed to disposable plates and cups*) **Mehrwegquote** *f* ÖKOL percentage of reusable bottles **Mehrwegverpackung** *f* ÖKON, ÖKOL reusable [foodstuff] packaging

Mehrwert *m kein pl* FIN added value *no pl;* **absoluter/relativer** ~ absolute/relative added value **Mehrwertdienste** *pl* TELEK premium rate service **mehrwertig** *adj inv* CHEM polyvalent

Mehrwertsteuer *f* value-added tax, VAT; **die** ~ **erhöhen** to increase VAT **mehrwertsteuerfrei** *adj inv* FIN zero-rated

mehrwöchig *adj* lasting several weeks *pred;* ■~ **sein** to last several weeks; **~e Abwesenheit** an absence of several weeks, several weeks' absence; **nach ~er Dauer** after several weeks; **nach einem ~en Gespräch** after talks of [*or* lasting] several weeks, after several weeks of [*or* weeks'] talking

Mehrzahl *f kein pl* ① (*Mehrheit*) majority; ■**die** ~ **der Personen** the majority of the persons *form,* most of the people; ■**die** ~ **einer S.** *gen* most of sth; **in der ~ sein** to be in the majority ② LING plural [form]

mehrzeilig *adj* of [*or form* comprising] several lines *pred;* ■~ **sein** to comprise several lines *form*

Mehrzweckfahrzeug *nt* multipurpose vehicle, MPV **Mehrzweckhalle** *f* multipurpose hall **Mehrzweckwaggon** *m* general-purpose wagon [*or* BRIT *a.* waggon] **Mehrzweckzange** *f* multipurpose tool

meiden <mied, gemieden> *vt* (*geh*) ① (*aus dem Wege gehen*) ■**jdn** ~ to avoid [*or* steer clear of] sb ② (*sich von etw fernhalten*) ■**etw** ~ to avoid sth; **Alkohol** ~ to avoid [*or* abstain from] [*or form* eschew] alcohol

Meile <-, -n> *f* mile; **die sündige** ~ (*hum*) ≈ red-light district; HIST (*4,8 km*) league

► WENDUNGEN: **etw drei ~en gegen den Wind riechen können** (*fam*) to be able to smell sth a mile off

Meilenstein *m* (*a. fig*) milestone **meilenweit** *adv* for miles [and miles *fam*]; ~ **entfernt** miles [and miles *fam*] away

Meiler <-s, -> *m* ① (*Kohlenmeiler*) charcoal kiln [*or*

M

pile] [*or* stack]
❷ (*Atomreaktor*) [nuclear] reactor, [atomic] pile

mein **I.** *pron poss, adjektivisch* ❶ (*das* [*zu*] *mir gehörende*) my; **was ~ ist, ist auch dein** (*geh*) what's mine is yours; **M~ und Dein verwechseln** [*o* **nicht unterscheiden können**] (*euph*) to take what doesn't belong to one *a. euph*
❷ (*von mir üblicherweise konsumiert*) my; ***ich rauche am Tag schon so ~e 20 Zigaretten*** I smoke my 20 cigarettes a day
❸ (*in Höflichkeitsfloskeln*) my; **~e Damen und Herren!** Ladies and Gentlemen!; **bitte hier entlang, ~ Herr/~e Dame/~e Herrschaften!** if you would come this way, Sir/Madam/ladies and gentlemen
II. *pron pers gen von* **ich** (*veraltet poet*) of me

meine(**r, s**) *pron poss, substantivisch* (*geh*) ❶ (*mir Gehörendes*) ■[*geh* **der/die/das**] **M~** mine
❷ (*Angehörige*) ■**die M~n** my people [*or* family]
❸ (*das mir Zukommende*) ■**das M~** my share; ***ich tue das M~*** I'll do my bit
❹ (*das mir Gehörige*) what is mine; ***es ist alles das M~*** it's all mine

Meineid *m* JUR perjury *no art, no pl;* **einen ~ leisten** [*o* **ablegen**] [*o* **schwören**] to commit perjury, to perjure oneself *form*

meineidig *adj* perjured; **ein ~er Mensch** a perjurer; ■**~ werden** to commit perjury, to perjure oneself *form*

meinen **I.** *vi* ❶ (*denken, annehmen*) ■**~[, dass]** to think [*or fam* reckon] [that]; **ich würde/man möchte ~, ...** I/one [*or* you] would think ...; **~ Sie?** [do] you think so? [*or fam* reckon [so]]
❷ (*sagen*) to say; ***ich meinte nur so*** (*fam*) it was just a thought, I was only saying! *fam;* ■**zu jdm ~, [dass] ...** to tell [*or* say to] sb that ...; ***wenn Sie ~!*** if you wish; ***wie ~ Sie?*** [I] beg your pardon?; ***[ganz] wie Sie ~!*** [just] as you wish; (*drohend a.*) have it your way
II. *vt* ❶ (*der Ansicht sein*) ■**~, [dass] ...** to think [that] ...; ***ich meine das genauso, wie ich es gesagt habe*** I mean exactly what I said; ***das sollte man ~*** one would have thought
❷ (*über etw denken*) ***und was ~ Sie dazu?*** and what do you say? [*or* think], and what's your view [of it]? [*or* opinion [on it]]
❸ (*sagen wollen*) ■**etw [mit etw] ~** to mean [*or* imply] sth [by sth]; ***was meinen Sie [damit]?*** what do you mean [*or* are you implying] [by that]?; **das will ich [auch/doch] ~!** I should think so too!
❹ (*ansprechen*) ■**jdn [mit etw] ~** to mean sb [with sth]; ***damit bist du gemeint*** that [*or* he/she etc.] means you; ***ich meine den da hinten*** I'm talking about him at the back
❺ (*beabsichtigen*) to mean, to intend; **es ehrlich ~** to honestly mean sth; **es ehrlich mit jdm ~** to be honest with sb; ***ich meine es ernst*** I'm serious [about it]; **es gut ~** to mean well; **es gut mit jdm ~** to do one's best for sb; **es nicht böse ~** to mean no harm; ***so war es nicht gemeint*** it wasn't meant like that; **es ~, wie man es sagt** to mean what one says; **etw wortwörtlich ~** to mean sth literally
❻ (*sich für jdn darstellen*) to mean, to intend; ***heute hat es die Sonne gut mit uns gemeint*** the sun has done its best for us today

meiner *pron pers gen von* **ich** (*geh*) ***gedenke ~*** remember me; ***spotte nicht ~*** do not mock me *liter*

meinerseits *adv* as far as I'm concerned, for my part; **alle Einwände ~** all objections on my part; **ganz ~** the pleasure is/was [all] mine

meines *pron s.* **meine**(**r, s**)

meinesgleichen *pron inv* ❶ (*Leute meines Standes*) my own kind, [my] equals *pl*
❷ (*jd wie ich*) people such as I [*or* me], people like me [*or* myself]

meinethalben *adv* (*geh*), **meinetwegen** *adv* ❶ (*wegen mir*) because [*or* on account] of me, on my account; (*mir zuliebe*) for my sake
❷ (*von mir aus*) as far as I'm concerned; ***~!*** if you like!
❸ (*beispielsweise*) for example [*or* instance]

meinetwillen *adv* **um ~** for my sake

meinige *pron poss* (*veraltend geh*) *s.* **meine**(**r, s**)

meins *pron poss* ■**~ sein** to be mine

Meinung <-, -en> *f* opinion; (*Anschauung a.*) view; **geteilte ~en** differing opinions [*or* views]; **geteilter ~ sein** to have differing opinions [*or* views]; ***was diesen Punkt angeht, gehen die ~en auseinander*** opinions differ on this point; **ähnlicher/anderer ~ sein** to be of a similar/different opinion; **bestimmte ~en zu etw haben** to have certain opinions [*or* views] on sth; **eine eigene ~ haben** to have an opinion of one's own; **[nicht] der gleichen ~ sein** to [not] share the same opinion [*or* view]; **die öffentliche ~** public opinion [*or* sentiment], the vox populi *liter;* **dieser ~ sein** to be of [*or* share] this opinion [*or* view]; **einer ~ sein** to share the same opinion [*or* view], to think the same, to be of the same [*or* of one] mind; **jds ~ [zu etw] kennen** to know sb's opinion [on sth] [*or* view [of *or* on] sth]], to know what sb says [on sth]/thinks [of sth]; ■**nach jds ~,** ■**jds ~ nach** in sb's opinion [*or* view], in the opinion [*or* view] of sb, to sb's way of thinking; **seine ~ ändern** to change one's mind [*or* opinion]; **seine ~ beibehalten, bei seiner ~ bleiben** to stick to [*or form* persist in] one's opinion; **der ~ sein, dass ...** to be of the opinion [*or* take the view] that ...; **jdm die ~ sagen** (*fam*) to give sb a piece of one's mind *fam;* **jds ~ sein** to be [just] what sb thinks; ***genau meine ~!*** exactly what I thought!

Meinungsäußerung *f* ❶ (*das Äußern einer Ansicht*) expression of an opinion [*or* a view]/opinions [*or* views] *pl;* JUR statement of opinion; ■**bei seiner ~** in expressing one's opinions [*or* views]
❷ (*vorgebrachte Ansicht*) opinion, view; **die freie ~** free[dom of] speech

Meinungsäußerungsfreiheit *f* JUR freedom to express one's opinion **Meinungsaustausch** *m* exchange of views [*or* ideas] (**zu** +*dat* on); **in einem ~ miteinander/mit jdm stehen** to exchange views [*or* ideas] [with one another/sb] **Meinungsbildung** *f* ■**die ~** the formation of opinion **Meinungsforscher(in)** *m(f)* [opinion] pollster, public opinion analyst *form* **Meinungsforschung** *f kein pl* ■**die ~** [public] opinion polling [*or* research] **Meinungsforschungsinstitut** *nt* opinion research institute **Meinungsfreiheit** *f kein pl* ■**die ~** free[dom of] speech; **die journalistische ~ unterdrücken** to gag the press **Meinungsführer(in)** *m(f)* opinion leader **Meinungsumfrage** *f* [public] opinion poll; **eine ~ abhalten** [*o* **machen**] to take [*or form* conduct] a public opinion [*or* an opinion] poll [*or* a poll] **Meinungsumschwung** *m* swing of opinion **Meinungsverschiedenheit** *f* ❶ (*Unterschiedlichkeit von Ansichten*) difference [*or form* divergence] of opinion; **eine erhebliche ~** a clash of opinion ❷ (*Auseinandersetzung*) argument, difference of opinion *hum;* **eine kleine ~** a slight difference of opinion *hum fam;* **eine ~ haben** to have an argument [*or hum* a difference of opinion]; **eine kleine ~ haben** to have a [slight] tiff *fam* **Meinungsvielfalt** *f* diversity of opinion

Meiose <-, -n> *f* BIOL meiosis

meiotisch *adj* BIOL meiotic

Meise <-, -n> *f* ORN tit
▶ WENDUNGEN: **eine ~ haben** (*sl*) to have a screw loose *hum fam*

Meisel *m* KOCHK ÖSTERR *beef cut from the shoulder-blade*

Meißel <-s, -> *m* chisel

meißeln **I.** *vi* ■**[an etw dat] ~** to chisel [at sth]
II. *vt* ❶ (*mit dem Meißel herstellen*) ■**etw ~** to chisel sth
❷ (*mit dem Meißel einschlagen*) ■**etw in etw** *akk* **~** to chisel sth into sth; ■**[sich** *dat*] **etw in etw** *akk* **~ lassen** to have sth chiselled [*or* AM -eled] into sth

meist *adv* ❶ *s.* **meistens**
❷ *superl von* **viel: ~ inszeniert** most-staged

Meistbegünstigung *f* JUR most-favoured-nation treatment **Meistbegünstigungsgrundsatz** *m* JUR most favoured nation principle **Meistbegünstigungsklausel** *f* JUR most-favoured-nation clause

meistbietend *adj inv, attr* ÖKON highest-bidding *attr,* bidding highest *pred*

Meistbietende(**r**) <-n, -n> *dekl wie adj f(m)* ÖKON highest bidder

meiste(**r, s**) *pron indef superl von* **viel** ❶ *adjektivisch, + nsing* most; **der ~ Luxus ist überflüssig** most luxury is superfluous; **das ~ Geld** the most money; (*als Anteil*) most of the money; **die ~ Zeit** [the] most time; (*adverbial*) most of the time; **nicht das ~ an Intelligenz haben** to be two bricks shy of a load *hum fam*
❷ *adjektivisch, + nsing* most; **die ~n Menschen/Probleme** most people/problems; **die ~n dieser/meiner Beispiele** most of these/my examples
❸ *substantivisch* ■**die ~n** (*Menschen*) most people; (*Dinge*) most of them; **die ~n von uns** most of us
❹ *substantivisch* ■**das ~** (*zählbares*) most of them; (*nicht zählbares*) most of it; (*als Anteil*) the most; ■**das ~ von dem, was ...** most of what ...
❺ (*adverbial: vor allem*) ■**am ~n** [the] most; ***was mich am ~n gefreut hat, ...*** what pleased me [the] most ...

meisten **I.** *adj superl von* **viel** most; **die ~ Leute** most people
II. *adv superl von* **sehr:** ■**am ~** most of all; **am ~ bekannt** best known

meistens *adv* mostly, more often than not; (*zum größten Teil*) for the most part; ■**etw ~ machen** to mostly [*or* more often than not] do sth

meistenteils *adv* (*geh*) *s.* **meistens**

Meister(in) <-s, -> *m(f)* ❶ (*Handwerksmeister*) master [craftsman]; (*Betriebsmeister*) foreman, gaffer BRIT *fam;* (*als Anrede*) boss *fam,* guv BRIT *sl;* ■**~/~in Müller** (*veraltend: als Anrede*) Master/Mistress Müller *dated;* **seinen ~ [in etw** *dat*] **machen** to take one's master[craftman]'s diploma [*or* certificate] [in sth]; **~ Lampe** (*Märchenfigur*) Master Hare
❷ SPORT (*Titelträger*) champion; (*führende Mannschaft*) champions *pl*
❸ (*großer Künstler*) master; **alter ~** old master
❹ (*Lehrer*) [school]master *dated*
▶ WENDUNGEN: **seinen ~ finden** to meet one's match; **es ist noch kein ~ vom Himmel gefallen** (*prov*) no one is born a master; (*am Anfang eines Unternehmens*) it is the first step that is always difficult *prov;* **im Lügen ~ sein** to be a past master at lying

Meister-Bafög *nt* [state] grant towards the cost of training to become a master-craftsman **Meisterbrief** *m* master[craftman]'s diploma [*or* certificate]

meisterhaft **I.** *adj* masterly; (*geschickt*) masterful
II. *adv* in a masterly manner [*or* fashion]; (*geschickt*) masterfully, in a masterful manner [*or* fashion]

Meisterhand *f* ■**die ~** the hand [*or* touch] of a/the master; **von ~** by a master hand

Meisterin <-, -nen> *f fem form von* **Meister**

Meisterleistung *f* ❶ (*hervorragende Leistung*) masterly performance; **eine architektonische/musikalische ~** a masterly performance of architecture/music; **nicht gerade** [*o* **eben**] **eine ~** nothing to write home about *fam*
❷ (*iron: miserable Leistung*) brilliant achievement *iron*

meisterlich *adj* (*geh*) *s.* **meisterhaft**

Meisterliga *f* FBALL Champions League

meistern *vt* ■**etw ~** to master sth; **Schwierigkeiten ~** to overcome [*or* master] difficulties

Meisterprüfung *f* examination for the master[craftman]'s diploma [*or* certificate]

Meisterschaft <-, -en> *f* ❶ SPORT (*Wettkampf zur Ermittlung des Meisters*) championship; (*Veranstaltung*) championships *pl*
❷ *kein pl* (*Können*) mastery; **vollendete ~** accomplished mastery; **es [in etw** *dat*] **zu wahrer** [*o* **echter**] **~ bringen** to become really proficient [at sth] [*or* expert [in sth]], to achieve real mastery [in

sth] [*or* proficiency [at sth]]; (*iron*) *Dieb* to get it/sth down to a fine art; **es** [**in etw** *dat*] **zu einiger ~ bringen** to start becoming [*or* to become] proficient [at sth], to start becoming [*or* to become] expert [in sth], to achieve some proficiency [at sth]

Meisterschütze, -schützin *m, f* marksman, crack shot **Meisterstück** *nt* ① (*Werkstück*) *work done to qualify as a master craftsman* ② (*Meisterwerk*) masterpiece ③ (*iron: schlechte Leistung*) brilliant achievement *iron* **Meistertitel** *m* ① (*Titel eines Handwerksmeisters*) title of master craftsman ② SPORT (*Titel eines Champions*) championship title

Meisterung <-> *f kein pl* mastering *no pl; Schwierigkeiten a.* overcoming *no pl*

Meisterwerk *nt* masterpiece; ■**ein architektonisches/musikalisches ~** a masterpiece of architecture/music, an architectural/a musical masterpiece

meistgefragt *adj attr* most popular, most in demand *pred* **meistgenannt** *adj attr* most frequently mentioned **meistgesucht** *adj attr* most wanted **meistinszeniert** *adj attr superl von* **viel inszeniert** *s.* **viel 2** **meistverkauft** *adj attr* best-selling; **das ~e Buch des Monats** the best-seller of the month **meistverlangt** *adj attr* in highest demand *pred*

Mekka <-s> *nt* (*a. fig*) Mecca

Melaminharz *nt* melamine resin

Melancholie <-, -n> [melaŋkoli:, -'li:ən] *f* ■[**die/eine**] **~** melancholy; **in ~ verfallen** [*o* **versinken**] to get melancholy [*or fam* the blues]

Melancholiker(in) <-s, -> [melaŋ'ko:likɐ] *m(f)* melancholic *form,* melancholy [*or form* melancholic] person

melancholisch [melaŋ'ko:lɪʃ] *adj* melancholy, melancholic *form;* **ein ~er Mensch** a melancholy [*or form* melancholic] person, a melancholic *form;* **etw macht jd ~** sth makes sb melancholy [*or form* melancholic], to give sb the blues *fam*

Melange <-, -n> [me'lã:ʒə] *f* ÖSTERR coffee with milk, BRIT *a.* white coffee

Melanin <-n, -e> *nt* MED melanin

Melanismus <-> *m* MED melanism

Melanom <-[e]s, -e> *nt* MED melanoma *spec;* **ein bösartiges** [*o fachspr* **malignes**] **~** a malignant melanoma *spec*

Melanozyten *pl* (*Pigmentzellen*) melanocytes *pl*

Melanzani *pl* ÖSTERR (*Aubergine*) aubergine BRIT, eggplant AM

Melasse <-, -n> *f* molasses

Melatonin <-s, -e> *nt* melatonin

Melde <-, -n> *f* BOT purslane, oracle

Meldeamt *nt* (*fam*) registration office; ■**auf dem ~** at the registration office **Meldebehörde** *f* (*geh*) *s.* **Einwohnermeldeamt** **Meldefrist** *f* period [*or* time] for registering, registration period **Meldegeheimnis** *nt* JUR confidentiality of registration office data

melden I. *vt* ① (*anzeigen*) ■[**jdm**] **etw ~** to report sth [to sb]; **etw im Personalbüro ~** to report sth to the personnel office; **etw schriftlich ~** to notify sth in writing

② (*berichten*) ■**etw** [**über etw** *akk*] **~** RADIO, TV to report sth [about sth]; **wie** [**soeben/gerade**] **gemeldet wird** according to reports [just [coming] in]

③ (*denunzieren*) ■**jdn** [**bei jdm**] **~** to report sb [to sb]

④ (*an~*) ■**jdn** [**bei jdm**] **~** to announce sb [to sb]; ***wen darf ich ~?*** who[m] shall I say [is here]?, what name shall I say?; **~ *Sie mich bitte bei Ihrem Chef!*** please tell your boss [that] I'm here!

► WENDUNGEN: [**bei jdm/irgendwo**] **nichts zu ~ haben** (*fam*) to have no say [with sb/somewhere]

II. *vr* ① SCH (*auf sich aufmerksam machen*) ■**sich ~** to put one's hand up

② (*sich zur Verfügung stellen*) ■**sich zu etw ~** to report for sth; **sich zu etw freiwillig ~** to volunteer for sth; **sich zur Nachtschicht ~** to sign up [*or* volunteer] for the night shift; **sich zu der Tätigkeit im Ausland ~** to apply for the job abroad

③ TELEK (*antworten*) ■**sich** *akk* [**unter etw** *dat*] **~** to answer [on/with sth]; ***es meldet sich keiner*** [***unter dieser Nummer***] there's no answer [*or* reply] [on this number]; ***sie meldet sich nie unter ihrem wahren Namen*** she never answers with her real name

④ (*auf sich aufmerksam machen*) ■**sich** [**bei jdm**] **~** to get in touch [with sb]; ***wenn ich Sie brauchen sollte, melde ich mich*** [***bei Ihnen***] if I need you, I'll let you know

Meldepflicht *f* JUR compulsory registration; ***gewisse Infektionskrankheiten unterliegen der*** [***amtlichen***] **~** certain infectious diseases must be notified to the authorities; **polizeiliche ~** obligation to register with the police, compulsory registration [with the police] **meldepflichtig** *adj* notifiable

Melderegister *nt* JUR register of residents **Meldeschein** *m* registration form **Meldestelle** *f* ADMIN registration office, report centre **Meldezettel** *m* ① (*im Hotel*) registration card [*or* form] ② ÖSTERR (*Meldeschein*) registration form

Meldung <-, -en> *f* ① (*Nachricht*) piece of news; **kurze ~en vom Tage** the day's news headlines; **~en vom Sport** RADIO, TV sports news + *sing vb*

② ADMIN (*offizielle Mitteilung*) report, notification; **amtliche ~** official return; [**jdm**] [**eine**] **~ machen** [*o* **erstatten**] MIL to [make a] report [to sb]

③ SPORT (*An~*) entry

④ *kein pl* (*das Denunzieren*) report; **jdn zur ~ von etw** *dat* **anhalten** to encourage sb to report sth; **durch ~** by reporting

meliert *adj* ① (*Haar*) streaked with grey [*or* AM *a.* gray] *pred,* greying, AM *a.* graying

② (*Gewebe, Wolle*) flecked, mottled

Melisse <-, -n> *f* BOT [lemon] balm

Melissengeist *m kein pl* [lemon] balm spirit *no pl*

melken <melkte *o veraltend* molk, gemolken *o selten* gemelkt> **I.** *vt* ① (*zur Abgabe von Milch bringen*) ■**ein Tier ~** to milk an animal

② (*durch Melken gewinnen*) ■**etw ~** to obtain sth by milking; **frisch gemolkene Milch** milk fresh from the cow [*or* goat]

③ (*fam: finanziell ausnutzen*) ■**jdn ~** to milk [*or fam* fleece] sb *pej*

II. *vi* to milk; **beim M~ sein** to be doing the milking

Melker(in) <-s, -> *m(f)* milker *masc,* milkmaid *fem,* dairyman *masc,* dairymaid *fem*

Melkfett *nt* rich skin cream **Melkmaschine** *f* milking machine

Melodie <-, -n> [-'di:ən] *f* melody, tune

Melodienfolge *f* musical medley **Melodienreigen** *m* medley [of tunes] **Melodiensammlung** *f* collection of melodies [*or* tunes]

Melodik <-> *f kein pl* MUS ① (*musikalische Eigenart*) melodic characteristic

② (*Lehre von der Melodie*) melodics + *sing vb,* theory of melody

melodiös *adj* (*geh*) *s.* **melodisch**

melodisch I. *adj* (*geh*) melodic, tuneful

II. *adv* melodically, tunefully

Melodram <-s, -en>, **Melodrama** *nt* melodrama

melodramatisch I. *adj* melodramatic

II. *adv* melodramatically

Melone <-, -n> *f* ① (*Frucht*) melon

② (*fam: Hut*) bowler [hat], AM *a.* derby

Membran <-, -e *o* -en> *f,* **Membrane** <-, - *o* -n> *f* ① TECH, PHYS diaphragm

② ANAT membrane

Memo <-s, -s> *nt* (*fam*) memo *fam*

Memoiren [me'moa:rən] *pl* memoirs

Memorandum <-s, Memoranden *o* Memoranda> *nt* memorandum

Menage <-, -n> [me'na:ʒə] *f* ① (*Gewürzständer*) cruet

② ÖSTERR (*Truppenverpflegung*) rations *pl*

Menagerie <-, -ien> *f* menagerie

Mendelevium <-s> *nt kein pl* CHEM mendelevium *no pl*

Menetekel <-s, -> *nt* (*geh*) warning sign, portent

Menge <-, -n> *f* ① (*bestimmtes Maß*) ■**eine bestimmte ~** [**einer S.** *gen*] a certain amount [*or* quantity] [of sth]; **eine gewisse ~ enthalten** to contain a certain amount [*or* quantity]; **eine große ~ Kies/Wasser** a large amount of gravel/water; **in ausreichender** [*o* **genügender**] **~** in sufficient quantities

② (*viel*) ■**eine ~** [**einer S.** *gen*] a large amount [of sth]; **eine ~ Geld** a lot of money; **eine ~ zu sehen** a lot to see; **eine ganze ~** [**einer S.** *gen*] quite a lot [of sth]; **eine ganze ~ Geld/Glück** a large amount [*or* great deal] of money/luck; **in rauen** [*o* **großen**] **~n** in huge [*or* vast] quantities, by the ton; **in ~n** plenty of; **Eissorten in ~n** any amount of different sorts of ice cream; **jede ~ einer S.** *gen* loads [*or* masses] [*or* tons] of sth *fam;* ■**eine ~ an etw** *dat* a lot of sth

③ (*fam: viele*) ■**eine ~ einer S.** *gen* lots of sth *fam*

④ (*Menschen~*) crowd

⑤ MATH set

mengen I. *vt* (*geh*) ■**etw in etw** *akk*/**unter etw** *akk* **~** to mix sth into/with sth

II. *vr* (*geh*) ■**sich** *akk* **unter die Leute ~** to mingle [with the people]

Mengenbeschränkung *f* HANDEL restriction in quantity **Mengenlehre** *f* MATH set theory *no pl, no art* **Mengenleistung** *f* ÖKON output, production capacity **mengenmäßig** *adv* quantitatively, as far as quantity is concerned **Mengenrabatt** *m* bulk [*or* quantity] discount **Mengenvorgabe** *f* ÖKON quantity standard

Menhir <-s, -e> *m* menhir, standing stone

Meningitis <-, Meningitiden> *f* MED meningitis

Meningokokke <-, -n> *f* MED meningococcus

Meniskus <-, Menisken> *m* ANAT meniscus

Meniskusverletzung *f* ANAT, MED injury to a meniscus

Menjoubärtchen ['mɛnʒu-] *nt* pencil moustache

Mennige <-> *f kein pl* minium *no pl,* red lead *no pl*

Mennonit(in) <-en, -en> *m(f)* REL Mennonite

Menopause *f kein pl* menopause *no pl*

Menora <-, -> *f* REL (*jüdischer siebenarmiger Leuchter*) menorah

Menorca *nt* Minorca, Menorca; *s. a.* **Sylt**

Mensa <-, Mensen> *f* SCH refectory, canteen

Mensch[1] <-en, -en> *m* ① (*menschliches Lebewesen*) ■**der ~** man *no pl, no art;* ■**die ~en** man *sing, no art,* human beings *pl;* **~ und Tier** man and beast; **ein anderer ~ werden** to become a different person [*or* man/woman]; **ein neuer ~ werden** to become a new man/woman [*or* person]; **das konnte kein ~ ahnen!** no one cold have foreseen that!; **~ bleiben** (*fam*) to stay human; **auch nur ein ~ sein** to be only human; **kein ~ mehr sein** (*unmenschlich*) to be no longer human; (*fam: völlig erschöpft*) to be all in; **als ~** as a person; **kein ~** no one, nobody; ***es war kein ~ da*** there was no one [*or* not a soul] there

② (*Person*) person, man/woman; **~en** people; ***sie sollte mehr unter ~en gehen*** she should mix with people [*or* socialize] [*or* get out] more; [**viel**] **unter ~en kommen** to get out [a lot], to meet [a lot of] people

③ (*die Menschheit*) ■**die ~en** mankind *sing, no art,* man *sing, no art;* **alle ~en** everyone, everybody; **so sind die ~en** that's how people are, that's human nature

④ (*pej fam: Kerl*) character, so-and-so

► WENDUNGEN: **~ Meier!** (*sl*) wow! *fam,* gosh! *fam,* good grief! *fam;* **hat der ~ Töne!** (*fam*) can you believe it! *fam;* **des ~en Wille ist sein Himmelreich** (*prov*) you have to follow your own nose *prov;* **wie der erste** [*o* **letzte**] **~** (*fam*) very awkwardly [*or* clumsily]; **sich wie die ersten/letzten ~en benehmen** to behave like cavemen [*or* neanderthals]; **wie der letzte ~ aussehen** to look ridiculous; **nur ein halber ~ sein** (*fam*) to feel incomplete; ***ohne dich bin ich nur ein halber ~*** I'm lost without you; ***wenn sie nicht genügend geschlafen hat, ist sie nur ein halber ~*** if she hasn't had enough sleep, she's not herself [*or* only half there]; **von ~ zu ~** man to man/woman to woman;

M

~! (*fam*) wow! *fam,* cor! *sl;* ~, ***war das anstrengend/eine Anstrengung*** boy, was that exhausting/an effort; (*vorwurfsvoll*) for goodness' sake!; ~, ***verschwinde!*** hey, clear off!; ~, ***das habe ich ganz vergessen!*** blast, I completely forgot!

Mensch² <-[e]s, -er> *nt* SÜDD (*pej fam*) female *pej,* madam *pej,* slut *pej*

Mensch ärgere dich nicht <- - - -> *nt kein pl* (*Spiel*) ludo BRIT, Parcheesi® AM

menscheln *vi impers* ***es menschelt*** *used to express recognition and acceptance – especially in unexpected situations – of the fact that we are all human beings complete with weaknesses and fallibilities*

Menschenaffe *m* [anthropoid] ape **menschenähnlich** I. *adj* manlike, like a human being/human beings *pred;* **nichts M~es** nothing human II. *adv* like human beings **Menschenalter** *nt* generation **Menschenansammlung** *f* gathering [of people]; **die ~en vor den Läden** the crowds in front of the shops **menschenarm** *adj* sparsely populated **Menschenauflauf** *m* crowd [of people]; ***es kam zu einem*** ~ a crowd gathered **Menschenbild** *nt* conception of man **Menschenfeind(in)** *m(f)* misanthropist **menschenfeindlich** *adj* ❶ (*misanthropisch*) misanthropic ❷ GEOG hostile [to man], inhospitable **Menschenfleisch** *nt kein pl* human flesh *no pl* **Menschenfresser(in)** <-s, -> *m(f)* (*fam*) ❶ (*Kannibale*) cannibal ❷ (*menschenfressendes Raubtier*) man-eater **Menschenfreund(in)** *m(f)* philanthropist **menschenfreundlich** *adj* philanthropic **Menschenfreundlichkeit** *f kein pl* philanthropy *no pl;* **aus reiner** ~ out of the sheer goodness of one's heart **Menschenführung** *f kein pl* leadership *no pl,* man management *no pl* **Menschengedenken** *nt kein pl* **seit** ~ as long as anyone can remember; ***diese alten Eiben stehen hier schon seit*** ~ these old yew trees have been here from time immemorial **Menschengestalt** *f* human form; **etw/jd in** ~ sth/sb in human form; **Satan in** ~ the devil incarnate; **ein Teufel in** ~ a devil in disguise **Menschenhand** *f kein pl* human hand; **von** ~ by the hand of man, by human hand **Menschenhandel** *m kein pl* slave trade *no pl,* trade [*or* traffic] in human beings **Menschenhändler(in)** *m(f)* trafficker in human beings **Menschenhass**[RR] *m kein pl* misanthropy *no pl* **Menschenkenner(in)** *m(f)* judge of character [*or* human nature]; **kein/kein guter** ~ **sein** to be no/a poor [*or* not a good] judge of character **Menschenkenntnis** *f kein pl* ability to judge character, knowledge of human nature; **keine/keine gute** ~ **haben** to be no/a poor [*or* not a good] judge of character **Menschenkette** *f* human chain **Menschenleben** *nt* ❶ (*Todesopfer*) [human] life; ***der Unfall forderte drei*** ~ the accident claimed three lives; **die Verluste an** ~ the loss of life; ~ **sind** [**nicht**] **zu beklagen** there has been [no] loss of life ❷ (*Lebenszeit*) lifetime; **ein ganzes** ~ **lang** a [whole] lifetime **menschenleer** *adj* ❶ (*unbesiedelt*) uninhabited ❷ (*unbelebt*) deserted **Menschenliebe** *f* **aus reiner** ~ out of the sheer goodness of one's heart **Menschenmasse** *f* (*pej*) crowd [of people], mass of people **Menschenmenge** *f* crowd [of people] **menschenmöglich** *adj* humanly possible; **das ist doch nicht ~!** (*fam*) [but] that's impossible!, that can't be true!; **das M~e tun** to do all that is humanly possible **Menschenopfer** *nt* ❶ REL human sacrifice ❷ (*geh: Menschenleben*) [human] life **Menschenraub** *m kein pl* kidnapping, abduction

Menschenrecht *nt meist pl* JUR human right *usu pl;* **die ~e schützen** to protect [*or* safeguard] human rights; **einen Staat wegen Verletzung der ~e anklagen** to accuse a state of violating [*or* a violation of] human rights; **die Achtung vor den ~n** respect of [*or* respecting] human rights **Menschenrechtler(in)** <-s, -> *m(f)* human rights activist **Menschenrechtsbeauftragte(r)** *f(m)* POL human rights commissioner **Menschenrechtserklärung** *f* JUR declaration of human rights, human rights declaration **Menschenrechtskommission** *m* JUR Human Rights Convention **Menschenrechtskonvention** *f* Europäische ~ European Convention on Human Rights **Menschenrechtslage** *f kein pl,* **Menschenrechtssituation** *f kein pl* POL human rights situation **Menschenrechtsorganisation** *f* human rights organization **Menschenrechtsverletzung** *f* violation [*or* infringement] of human rights

menschenscheu *adj* afraid of people **Menschenscheu** *f* fear of people **Menschenschlag** *m kein pl* (*fam*) kind of people, breed [of people] *fam* **Menschenseele** *f* human soul; **keine** ~ not a [living] soul

Menschenskind *interj* (*fam*) ❶ (*Herr des Himmels!*) good heavens, heavens above, good grief ❷ (*Mensch Meier!*) wow *fam,* gosh *fam*

menschenunmöglich *adj* ❶ (*völlig unmöglich*) utterly impossible, not humanly possible ❷ (*das Unmögliche*) ■**das M~e** the impossible **menschenunwürdig** I. *adj* inhumane; (*Behausung*) unfit for human habitation II. *adv* in an inhumane way, inhumanely; ~ **hausen** to live in conditions unfit for human beings **menschenverachtend** *adj* inhuman; (*Bemerkung*) contemptuous **Menschenverächter(in)** *m(f)* misanthrope, misanthropist **Menschenverachtung** *f kein pl* contempt for other people **Menschenverstand** *m kein pl* human intelligence [*or* intellect] *no pl;* **gesunder** ~ common sense **Menschenwürde** *f kein pl* human dignity *no pl, no art* **menschenwürdig** I. *adj* humane; (*Unterkunft*) fit for human habitation; **ein ~es Leben** a decent [*or* dignified] life II. *adv* humanely; ~ **leben/wohnen** to live in conditions fit for human beings

Menschheit <-> *f kein pl* ■**die** ~ mankind *no pl, no def art,* humanity *no pl, no art;* **das Schicksal der** [**ganzen/gesamten**] ~ the fate of [the whole of] mankind [*or* the [whole] human race]

Menschheitsgeschichte *f kein pl* history of mankind [*or* of the human race] **Menschheitsprobleme** *pl* problems *pl* of humanity

menschlich I. *adj* ❶ (*einem Menschen gehörend*) human; **das ~e Leben** human life ❷ (*durch Menschen erfolgend*) human; **~e Schwäche** human weakness; **~es Vermögen** ÖKON manning [*or* staffing] levels; **~es Versagen** human error; ■~ **sein** to be [only] human; *s. a.* **irren** ❸ (*human*) humane; (*Vorgesetzter*) understanding, sympathetic ❹ (*fam: zivilisiert*) civilized, refined

II. *adv* ❶ (*human*) humanely ❷ (*fam: zivilisiert*) civilized; **wieder ~ aussehen** to look presentable again

Menschlichkeit <-> *f kein pl* humanity *no pl, no art;* **aus reiner** ~ for purely humanitarian reasons

Menschwerdung <-> *f kein pl* ❶ REL incarnation ❷ BIOL anthropogenesis

Mensen *pl von* **Mensa**

Menstruation <-, -en> *f* menstruation *no pl, no art*

Menstruationsschmerzen *pl* MED menstrual pains *pl,* menalgia *no pl spec* **Menstruationsstörungen** *pl* MED menstrual disorder, paramenia *no pl spec* **Menstruationszyklus** *f* menstrual cycle

menstruieren* *vi* to menstruate

mental I. *adj* mental II. *adv* mentally

Mentalität <-, -en> *f* mentality

Menthol <-s, -e> *nt* menthol

Mentholzigarette *f* menthol cigarette

Mentor, Mentorin <-s, -toren> *m, f* ❶ SCH tutor, supervisor ❷ (*geh: erfahrener Förderer*) mentor

Menu <-s, -s> *nt* (*geh*), **Menü** <-s, -s> *nt* ❶ (*Mahlzeit*) set meal [*or* menu], table d'hôte *spec;* (*Speisenfolge*) menu ❷ INFORM menu; **hierarchisches** ~ hierarchical menu

Menüauswahl *f* INFORM menu selection **Menübaum** *m* INFORM menu tree **Menübesteck** *nt* place setting

Menuett <-s, -e> *nt* (*Tanz, Musik*) minuet

Menüführung *f* INFORM menu-driven operation **menügeführt** *adj inv* INFORM menu-driven **menügesteuert** *adj inv* INFORM menu-driven **Menüleiste** *f* INFORM menu bar **Menüpunkt** *m* INFORM menu item **Menüzeile** *f* INFORM menu bar

mercerisieren [-tsə-] *vt* ■**etw** ~ to mercerize sth

Merchandising <-s> ['mœːtʃəndaizɪŋ] *nt kein pl* ÖKON merchandizing *no pl*

Merchandisingartikel *m* article of merchandise

Merchantbanking <-s> ['məːtʃənt 'bæŋkɪŋ] *nt* merchant banking

merci *interj* (*hum*) merci *rare*

Mergel <-s, -> *m* GEOL marl

Meridian <-s, -e> *m* meridian

Merinowolle *f* merino wool

Meristem <-s, -e> *nt* BOT meristim

Merkantilismus <-> *m kein pl* HIST ■**der** ~ mercantilism *no pl,* the mercantile system

merkbar I. *adj* ❶ (*wahrnehmbar*) noticeable; **ein deutlich ~es Beben** a clearly perceptible tremor; **ein kaum ~es Summen/Pfeifen** a scarcely audible hum[ming]/whistle[whistling] ❷ (*zu behalten*) memorable, rememberable; **ein leicht ~er Name** an easily remembered name; **leicht/ohne weiteres ~ sein** to be easy to remember; **nicht/schwer ~ sein** to be very difficult/hard to remember

II. *adv* noticeably

Merkblatt *nt* explanatory leaflet

merken I. *vt* ❶ (*spüren*) ■**etw** ~ to feel sth; ***es war kaum zu*** ~ it was scarcely noticeable ❷ (*wahrnehmen*) ■**etw** [**von etw** *dat*] ~ to notice sth [of sth]; ***ich habe nichts davon gemerkt*** I didn't notice a thing [*or* anything]; **das merkt jeder/keiner!** everyone/no one will notice!; **das ist zu** ~ that's obvious, one [*or* you] can tell; **bis das einer merkt!** (*fam*) it'll be ages before anyone realizes!; **du merkst auch alles!** (*iron*) how observant of you!, nothing escapes you, does it?; **jdn etw ~ lassen** to let sb feel [*or* see] sth ❸ (*behalten*) ■**leicht/schwer zu ~ sein** to be easy/difficult to remember; **merke: …** NB: …, note: …

II. *vi* ❶ (*spüren*) ■**~, dass/wie** to notice [*or* feel] that/how ❷ (*wahrnehmen*) ■**~, dass etw geschieht** to notice that sth is happening

III. *vr* ❶ (*im Gedächtnis behalten*) ■**sich** *dat* **etw** ~ to remember sth; **das werde ich mir ~!** (*fam*) I'll remember [*or* I won't forget] that!; **merk dir das!/merken Sie sich das!** [just] remember that! ❷ (*im Auge behalten*) ■**sich** *dat* **jdn/etw** ~ to remember [*or* make [*or* keep] a [mental] note of] sb/sth

merklich I. *adj* noticeable II. *adv* noticeably

Merkmal <-s, -e> *nt* characteristic, feature; **besondere ~e: …** (*Eintrag im Pass*) distinguishing marks; (*Kennzeichen*) distinguishing features; [**besonderes**] **persönliches** ~ personal distinguishing mark

Merkmalanalyse *f* INFORM feature recognition

Merksatz *m* mnemonic sentence

Merkur <-s> *m* ASTRON ■**der** ~ Mercury

Merkvers *m* SCH mnemonic [verse [*or* rhyme]], jingle

merkwürdig I. *adj* strange, odd, curious; **zu ~!** how strange! II. *adv* strangely, oddly; ***hier riecht es so*** ~ there's a very strange smell here

merkwürdigerweise *adv* strangely [*or* oddly] [*or* curiously] enough

Merkwürdigkeit <-, -en> *f* ❶ *kein pl* (*Seltsamkeit*) strangeness *no pl,* oddness *no pl* ❷ *meist pl* (*selten: Kuriosität*) curiosity

Merlan <-s, -e> *m* ZOOL whiting

Merlin <-s, -e> *m* ORN merlin

meschugge *adj* (*veraltend fam*) ■ ~ **sein/werden** to be/go crazy [*or* mad] [*or fam* nuts] [*or* meshuga]
Meskalin <-s> *nt kein pl* mescalin[e] *no pl*
Mesner <-s, -> *m* DIAL (*Küster*) sexton, verger
Mesokarp <-s, -e> *nt* BIOL mesocarp
Meson <-s, Mesonen> *nt* NUKL meson
Mesopotamien <-s> *nt* HIST Mesopotamia
Message <-, -s> ['mɛsɪdʒ] *f* (*sl*) message
Messapparat[RR] *m* gauge **Messbalken**[RR] *m* TYPO measuring carriage
messbar[RR] *adj*, **meßbar** *adj* measurable; ■ **gut/schwer ~ sein** to be easy/difficult to measure
Messbecher[RR] *m* measuring cup [*or* BRIT *a.* jug] **Messbuch**[RR] *nt* REL missal, mass-book **Messdaten**[RR] *pl* TECH measuring data + *sing vb* **Messdiener(in)**[RR] *m(f)* REL server
Messe[1] <-, -n> *f* ① (*Gottesdienst*) mass *no pl;* **in die/zur ~ gehen** to go to mass; **schwarze ~** Black Mass; **für jdn eine ~ lesen lassen** to have a mass said for sb; **die ~ lesen** [*o* **halten**] to say mass
② (*liturgische Komposition*) mass
Messe[2] <-, -n> *f* (*Ausstellung*) [trade] fair; **auf der ~** at the fair
Messe[3] <-, -n> *f* NAUT, MIL mess
Messeausweis *m* ÖKON [trade] fair [*or* [exhibition]] pass **Messebesucher(in)** *m(f)* visitor to a/the [trade] fair **Messegebäude** *nt* [trade] fair [*or* exhibition] building **Messegelände** *nt* exhibition centre [*or* AM -er] **Messehalle** *f* exhibition hall **Messekatalog** *m* trade fair [*or* exhibition] catalogue [*or* AM -og]
messen <misst, maß, gemessen> **I.** *vt* ① (*Ausmaß oder Größe ermitteln*) ■ **etw ~** to measure sth; ■ **jds Blutdruck/Temperatur ~** to take sb's blood pressure/temperature
② (*als Größe haben*) ■ **etw ~** to measure sth
③ (*beurteilen nach*) ■ **etw an etw** *dat* ~ to judge sth by sth; ■ **gemessen an etw** *dat* judging [*or* going] by sth; **seinen Verstand an jdm/etw ~** to pit one's wits against sb/sth
II. *vr* (*geh*) ■ **sich** *akk* [**in etw** *dat*] **mit jdm ~** to compete with [*or* against] sb [in sth]; **sich** *akk* **mit jdm/etw ~ können** to be able to match [*or* be a match for] sb/sth; *s. a.* **gemessen**
Messeneuheit *f* ÖKON new product [[on show] at a [trade] fair]
Messenger-RNS ['mɛsɪndʒə-] *f* BIOL messenger RNA
Messer <-s, -> *nt* knife; **mit ~ und Gabel essen** to eat with a knife and fork
► WENDUNGEN: **auf ~s Schneide stehen** to hang in the balance, to be balanced on a knife-edge; **es steht auf ~s Schneide, ob ...** it's touch and go whether ...; **unters ~ kommen** MED (*fam*) to go under the knife; [**jdm**] **ins** [**offene**] **~ laufen** to play right into sb's hands, to walk straight into the trap; **jdn** [**jdm**] **ans ~ liefern** to betray [*or fam* tell on] [*or* BRIT *sl* shop] sb [to sb]; **bis aufs ~** to the bitter end
Messerblock *m* knife block **Messergriff** *m* knife handle **Messerheld** *m* (*pej*) thug with a knife *pej*, BRIT *a.* knifer **Messerklinge** *f* knife blade **Messermuschel** *f* ZOOL razor shell [*or* clam] **Messerrücken** *m* back of a/the knife **messerscharf** **I.** *adj* razor-sharp *a. fig* **II.** *adv* very astutely **Messerscheide** *f* knife sheath **Messerschleifer(in)** *m(f)* knife grinder **Messerschmied(in)** *m(f)* knifesmith **Messerspitze** *f* knife point; **eine ~/zwei ~n** [**voll**] [**einer S.** *gen*] KOCHK a pinch/two pinches [of sth]; **eine ~ Muskat** a pinch of nutmeg **Messerstecher(in)** <-s, -> *m(f)* (*pej*) knife [wo]man, knifer *fam* **Messerstecherei** <-, -en> *f* knife fight **Messerstecherin** <-, -nen> *f fem form von* Messerstecher **Messerstich** *m* knife thrust; (*Wunde*) knife [*or* stab] wound **Messerwerfer(in)** <-s, -> *m(f)* knife thrower
Messestadt *f* [town with an] exhibition centre [*or* AM -er] **Messestand** *m* stand [at a/the trade fair], exhibition stand
Messfehler[RR] *m* measuring mistake **Messgerät**[RR] *nt* measuring instrument, gauge, AM *a.* gage **Messgewand**[RR] *nt* REL chasuble
messianisch *adj inv* REL messianic
Messianismus <-> *m kein pl* REL messianism
Messias <-> *m* REL ■ **der ~** the Messiah
Messing <-s> *nt kein pl* brass *no pl*
Messinggehäuse *nt* brass case [*or* casing] **Messinggriff** *m* brass handle **Messingklinke** *f* brass [door] handle
Messinstrument[RR] *nt* measuring instrument **Messkeil**[RR] *m* TYPO test wedge **Messlatte**[RR] *f* surveyor's wooden rod **Messopfer**[RR] *nt* REL Sacrifice of the Mass **Messsignal**[RR] *nt* ELEK test signal **Messstab**[RR] *m* measuring rod **Messtechnik**[RR] *f* measurement technology
Messtisch[RR] *m* TECH plane table **Messtischblatt**[RR] *nt* large-scale map [1:25000], BRIT *a.* ≈ Ordnance Survey map
Messung <-, -en> *f* ① (*das Messen*) measuring *no pl*, measurement *no pl*
② (*Messwert*) measurement, reading
Messwein[RR] *m* REL Communion wine **Messwert**[RR] *m* ① PHYS (*Wert*) measured value ② TECH (*Prüfwert*) test result **Messzylinder**[RR] *m* measuring cylinder
Mestize, Mestizin <-n, -n> *m, f* mestizo *masc*, mestiza *fem*
MESZ *f Abk von* **mitteleuropäische Sommerzeit** CEST, Central European Summer Time
Met <-[e]s> *m kein pl* mead *no pl*
Metabolismus <-> *m kein pl* BIOL metabolism
Meta-Gesellschaft *f* HANDEL joint-venture company **Metakredit** *m* FIN loan on a joint account
Metall <-s, -e> *nt* metal; **~ verarbeitend** metalworking; **die ~ verarbeitende Industrie** the metalworking industry
Metallabfall *m* waste metal **Metallarbeiter(in)** *m(f)* metalworker **Metallbindung** *f* CHEM metallic bond **Metalldose** *f* metal tin
Metallegierung *f s.* **Metalllegierung**
metallen *adj* metal
Metaller(in) <-s, -> *m(f)* (*fam*) metalworker
Metallgerüst *nt* metal scaffolding *no pl* **Metallgesellschaft** *f* metal processing [*or* metalworking] company **Metallhärte** *f* hardness of a/the metal
metallic *adj inv* metallic **Metalliclack** *m* AUTO metallic paint **Metalliclackierung** *f* metallic finish
Metallindustrie *f* metalworking industry
metallisch **I.** *adj* ① (*aus Metall bestehend*) metal
② (*metallartig*) metallic
II. *adv* like metal, metallically
metallisieren *vt* ■ **etw ~** to metallize sth
Metallkabel *nt* TECH metal cable **Metallkunde** *f* metallurgy **Metalllegierung**[RR] *f* metal alloy **Metallsäge** *f* hacksaw **Metallscheibe** *f* TECH metal disk **Metallständerwand** *f* BAU metal post [*or* stud] wall
Metallurge, -urgin <-en, -en> *m, f* metallurgist
Metallurgie <-> *f kein pl* metallurgy *no pl, no art*
Metallurgin <-, -nen> *f fem form von* **Metallurge**
metallurgisch **I.** *adj* metallurgical
II. *adv* metallurgically
metallverarbeitend *adj inv, attr s.* **Metall**
Metallverarbeitung <-> *f kein pl* metalworking *no pl* **Metallwaren** *pl* metalware *sing, no indef art*, hardware *sing, no indef art* **Metallwinkel** *m* framing square
metamorph *adj inv* metamorphic, metamorphous; **~es Gestein** metamorphic rocks *pl*
Metamorphose <-, -n> *f* (*geh*) metamorphosis
Metapher <-, -n> *f* metaphor
Metaphorik <-> *f kein pl* (*Stilkunde*) use of metaphor; (*die verwendeten Metaphern*) imagery *no pl*, metaphors *pl*
metaphorisch *adj* metaphoric[al]
Metaphysik *f* metaphysics *no art*, + *sing vb*
metaphysisch *adj* metaphysical
Metasprache *f* LING metalanguage
Metastase <-, -n> *f* MED metastasis; (*Tochtergeschwulst*) metastatic growth
Meteor <-s, -e> *m* meteor
Meteorit <-en, -en> *m* meteorite
Meteoritengestein *nt* meteorite rock
Meteorologe, -login <-n, -n> *m, f* meteorologist; (*im Fernsehen*) weather forecaster, weatherman *masc*, weathergirl *fem*
Meteorologie <-> *f kein pl* meteorology *no pl*
Meteorologin <-, -nen> *f fem form von* **Meteorologe**
meteorologisch *adj* meteorological; **ein ~es Studium** a course of studies in meteorology
Meteosat <-s> *nt kein pl kurz für* **Meteorological Satellite** Meteosat
Meter <-s, -> *m o nt* metre [*or* AM -er]; **etw in ~ umrechnen** to convert sth into metres; **in ~n** in metres; ***wieviel ist das in ~n?*** how much is that in metres?; **in ~n verkauft werden** to be sold in metres [*or* by the metre]; **etw nach ~n messen** to measure sth by the metre [*or* in metres]; **der laufende ~** per metre
meterdick *adj* ① (*einen Meter dick*) a/one metre [*or* AM -er] thick *pred* ② (*mehrere Meter dick*) [several] metres [*or* AM -ers] thick *pred* **meterhoch** *adj* ① (*einen Meter hoch*) a/one metre high *pred;* (*Schnee*) a/one metre deep *pred* ② (*mehrere Meter hoch*) [several] metres high *pred;* (*Schnee*) [several] metres deep *pred* **meterlang** *adj* ① (*einen Meter lang*) a/one metre long *pred;* ■ **etw/ein Tier ist/wird ~** sth/an animal is/grows a metre long ② (*mehrere Meter lang*) [several] metres long *pred* **Metermaß** *nt* ① (*Bandmaß*) tape measure ② (*Zollstock*) metre rule **Meterware** *f* piece goods *pl* **meterweise** *adv* by the metre **meterweit** **I.** *adj* ① (*einen Meter breit*) a/one metre wide *pred;* (*lang*) a/one metre long *pred* ② (*viele Meter weit*) metres wide *pred;* (*lang*) metres long *pred;* ***Kängurus sind zu ~en Sprüngen fähig*** kangaroos are capable of jumping several metres **II.** *adv* a long way; ***du hast ~ daneben geschossen*** you missed by miles
Methadon <-s> *nt kein pl* methadone *no pl*
Methan <-s>, **Methangas** *nt kein pl* methane [gas] *no pl*
Methanol <-s> *nt kein pl* CHEM methanol, methyl alcohol
Methode <-, -n> *f* ① (*bestimmtes Verfahren*) method; **mit ~** methodically; **etw hat ~** (*fam*) sth is carefully planned
② *pl* (*Vorgehensweise*) methods *pl;* ***es gibt da ~n!*** there are ways!; **was sind denn das für ~n?** what sort of way is that to behave? [*or* sort of behaviour [*or* AM -or] is that]
Methodik <-, -en> *f* methodology *no pl*
methodisch **I.** *adj* ① (*nach bestimmten Methoden erfolgend*) methodical
② (*in einer Methode begründet*) methodological
II. *adv* methodically
Methodist(in) <-en, -en> *m(f)* Methodist
methodistisch *adj* Methodist
Methodologie <-, -ien> *f* methodology
Methusalem <-s> *m kein pl* Methusalah *no def art*
► WENDUNGEN: **alt wie ~** as old as Methusalah
Methyl <-s> *nt kein pl* methyl
Methylalkohol *m kein pl* methyl alcohol *no pl*, methanol *no pl*
Metier <-s, -s> [me'tie:] *nt* métier, profession; **sein ~ beherrschen, sich** *akk* **auf sein ~ verstehen** to be good at [*or* know] one's job
Metra (*veraltend*) *pl von* **Metrum**
Metren *pl von* **Metrum**
Metrik <-, -en> *f* ① LIT (*Verslehre*) metrics *no indef art*, + *sing vb;* (*Verskunst*) metric verse composition
② *kein pl* MUS (*Taktlehre*) study of rhythm and tempo
metrisch *adj* ① SCI (*auf dem Meter aufbauend*) metric
② LIT (*das Versmaß betreffend*) metrical
Metro <-, -s> *f* metro *no pl*, BRIT *a.* underground *no pl*, *esp* AM subway *no pl;* **mit der ~ fahren** to go [*or* travel] by [*or* take the] metro
Metronom <-s, -e> *nt* metronome

Metropole <-, -n> *f* ❶ (*Hauptstadt*) capital, metropolis
❷ (*städtisches Zentrum*) metropolis
Metropolit <-en, -en> *m* REL (*Oberhaupt einer orthodoxen Kirchenprovinz*) metropolitan
Metropolitankirche *f* REL Metropolitan Church
Metrum <-s, -tren> *nt* metre [*or* AM -er]
Mett <-[e]s> *nt kein pl* KOCHK DIAL (*Schweinegehacktes*) minced pork *no pl*
Mette <-, -n> *f* REL ❶ (*Frühmesse*) early [morning] mass
❷ (*Abendmesse*) midnight mass
Mettwurst *f* smoked beef/pork sausage
Metzelei <-, -en> *f* butchery *no indef art, no pl*, slaughter *no pl*
Metzger(in) <-s, -> *m(f)* DIAL (*Fleischer*) butcher; **beim** ~ at the butcher's; **vom** ~ from the butcher['s]
Metzgerei <-, -en> *f* DIAL (*Fleischerei*) butcher's [shop] BRIT, butcher shop AM; **aus der** ~ from the butcher's
Metzgerin <-, -nen> *f fem form von* **Metzger**
Meuchelmord *m* insidious murder **Meuchelmörder(in)** *m(f)* insidious murderer, treacherous assassin
meucheln *vt* (*selten pej*) ■**jdn** ~ to murder sb in a treacherous manner; *Herrscher* to assassinate sb
meuchlerisch *adj inv* (*pej*) *Anschlag* treacherous
Meute <-, -n> *f* ❶ (*pej: Gruppe*) pack, mob
❷ JAGD pack [of hounds]
Meuterei <-, -en> *f* mutiny
Meuterer <-s, -> *m* mutineer
meutern *vi* ❶ (*sich auflehnen*) ■[**gegen jdn/etw**] ~ to mutiny [against sb/sth]; ■**~d** mutinous
❷ (*fam: meckern*) to moan
Mexikaner(in) <-s, -> *m(f)* Mexican; *s. a.* **Deutsche(r)**
mexikanisch *adj* Mexican; *s. a.* **deutsch**
Mexiko <-s> *nt* Mexico; *s. a.* **Deutschland**
Mexiko-Stadt <-> *nt* Mexico City
MEZ *Abk von* **mitteleuropäische Zeit** CET
Mezzosopran *m* mezzo soprano
mg *nt Abk von* **Milligramm** mg, milligram
MG <-[s], -[s]> [ɛm'geː] *nt Abk von* **Maschinengewehr** MG
mhd. *adj Abk von* **mittelhochdeutsch** Middle High German
MHz *Abk von* **Megahertz** MHz
Mia. *f Abk von* **Milliarde(n)** b., billion
miau *interj* meow, miaou, miaow
miauen* *vi* to meow [*or* miaou]
mich I. *pron pers akk von* **ich** me
II. *pron refl* myself; ***ich will ~ da ganz raushalten*** I want to keep right out of it; ***ich fühle ~ nicht so gut*** I don't feel very well
Michel <-s> *m* DIAL *simple naive person;* **der deutsche** ~ *the symbolic figure of Germany,* ≈ John Bull
mick(e)rig *adj* (*pej fam*) ❶ (*sehr gering*) measly *fam*, paltry
❷ (*klein und schwächlich*) puny
❸ (*zurückgeblieben*) stunted
Mickymaus ['mɪki-] *f* Mickey Mouse *no art*
Mickymausheft ['mɪki-] *nt* Mickey Mouse comic
Microfaser *f* microfibre [*or* AM -fiber]
MIDI *nt* INFORM *Akr von* **musical instruments digital interface** MIDI
midi *adj pred* midi; ~ **tragen** to wear a midi [skirt/coat/etc]
Midlifecrisis^RR^, **Midlife-Crisis**^RR^, **Midlife-crisis** <-> ['mɪdlaifkraisis] *f kein pl* midlife crisis
mied *imp von* **meiden**
Mieder <-s, -> *nt* ❶ (*Oberteil eines Trachtenkleides*) bodice
❷ (*Korsage*) girdle; HIST stomacher
Miederhöschen [-høːsçən] *nt* panty girdle **Miederslip** *m* pantie-girdle **Miederwaren** *pl* corsetry *sing*
Mief <-s> *m kein pl* (*fam*) fug *no pl*
miefen *vi* (*fam*) to pong BRIT *fam*, to stink AM; ***was mieft denn hier so?*** what's that awful pong?; ■**es mieft** [**irgendwo**] there's a an awful smell [*or* BRIT pong] [somewhere]
Miene <-, -n> *f* expression, mien *liter;* ***seine ~ verhieß nichts Gutes*** the expression on his face did not bode well; **mit bestimmter** ~ with a certain expression; ***mit freundlicher ~ begrüßte sie ihre Gäste*** she welcomed her guests with a friendly smile; **eine frohe/ärgerliche/böse/traurige/wichtige** ~ **machen** to look happy/annoyed/angry/sad/important; ~ **machen, etw zu tun** to make as if to do sth
▶ WENDUNGEN: **gute ~ zum bösen Spiel machen** to grin and bear it; **ohne eine ~ zu verziehen** without turning a hair
Mienenspiel *nt kein pl* facial expressions *pl*
mies *adj* (*fam*) lousy *fam*, rotten *fam;* **~e zehn Mark** a miserable [*or* lousy] ten marks; **~e Laune haben** to be in a foul mood; **etw/jdn ~ machen** to run down sth/sb *sep;* [**jdm**] **etw ~ machen** to louse sth up [*or* spoil sth] [for sb] *fam;* **jdm den Ausflug ~ machen** to spoil sb's trip
Miese *pl* [**mit etw** *dat*] **in den ~n sein** (*fam*) to be [so much] in the red *fam;* **in die ~n kommen** (*fam*) to go [*or* get] into the red *fam;* ~ **machen** (*fam*) to make a loss
Miesepeter <-s, -> *m* (*pej fam*) misery[-guts] BRIT *fam*, sourpuss AM *fam*
miesepet(e)rig *adj* (*pej fam*) miserable, grumpy *fam*
mies|machen *vt* (*fam*) *s.* **mies Miesmacher** *m* (*pej fam*) killjoy *pej* **Miesmacherei** <-, -en> *f* (*pej fam*) fault-finding *no pl*, carping *no pl* **Miesmuschel** *f* [common [*or* blue]] mussel
Mietausfall *m* loss of rent **Mietausfallwagnis** *nt* JUR risk of loss of rent **Mietauto** *nt* hire [*or* hired] car BRIT, rental car AM **Mietbindung** *f* rent restriction **Mietdauer** *f* rental period, tenancy [period], BRIT *a.* let
Miete^1^ <-, -n> *f* rent; **überhöhte** ~ exorbitant rent, rack-rent *fam;* **zur** ~ **wohnen** to live in rented accommodation [*or* AM accomodations]
▶ WENDUNGEN: **die halbe** ~ (*fam*) half the battle; **die halbe** ~ **haben** to be half way there
Miete^2^ <-, -n> *f* AGR pit, BRIT *a.* clamp
Mieteinkünfte *pl* FIN rental income **Mieteinnahme** *f meist pl* rental income, income from rents
mieten *vt* ■**etw** ~ to rent sth; (*Boot, Wagen a.*) to rent sth [*or* BRIT *a.* hire]; (*Haus, Wohnung, Büro a.*) to lease sth
Mieter(in) <-s, -> *m(f)* tenant; (*Boot, Wagen a.*) hirer BRIT, renter AM; (*Haus, Büro a.*) leaseholder, lessee; **einem ~ kündigen** to give a tenant notice to quit
Mieterbund *f* tenants' association **Mieterhaftung** *f* tenant's liability
Mieterhöhung *f* rent increase
Mieterin <-, -nen> *f fem form von* **Mieter**
Mieterrechte *pl* tenant's rights **Mieterschutz** *m kein pl* legal protection of tenants, tenant protection *no pl* **Mieterschutzgesetz** *nt kein pl* ≈ Landlord and Tenant Act
Mietertrag *m* rental income
Mieterverein, Mietervereinigung *m* tenants association
Mietforderung *f* rental claim **mietfrei I.** *adj* rent-free **II.** *adv* rent-free **Mietgarantie** *f* rent guarantee **Mietgebühr** *f* rental charge **Miethöhe** *f* JUR amount of rent **Mietkauf** *m* HANDEL hire purchase, HP **Mietkaufvertrag** *m* HANDEL hire purchase agreement **Mietkaution** *f* security for rent, BRIT key money **Mietobjekt** *nt* leased [*or* rented] property **Mietpartei** *f* (*geh*) tenant **Mietpreis** *m* rent; *für ein Auto* hire [*or* AM rental] charge; *für Fernseher* rental **Mietpreisbindung** *f* rent control **Mietpreisstopp**^RR^ *m* JUR rent freeze **Mietrecht** *nt kein pl* rent law, law of landlord and tenant **Mietrückstand** *m* rent arrears *pl*, back rent *no pl* **Mietsache** *f* (*Immobilie*) rented [*or* leased] property; (*beweglicher Gegenstand*) hired article
Mietshaus *nt* tenement, block of rented flats BRIT, apartment house AM **Mietskaserne** *f* (*pej*) tenement block [*or* AM house]
Mietspiegel *m* JUR representative list of rents, rent table **Mietstreitigkeit** *f* rent dispute **Mietverhältnis** *nt* tenancy, lease; **ein ~ aufheben/abschließen** to terminate/enter into a lease **Mietverlängerung** *f* renewal of a lease **Mietverlustversicherung** *f* FIN use and occupancy insurance **Mietverpflichtung** *f* JUR tenant's obligation **Mietvertrag** *m* tenancy agreement, lease; (*Wagen etc*) rental agreement; **jährlich kündbarer** ~ tenancy from year to year; **jederzeit kündbarer** ~ tenancy at sufferance; **einen ~ abschließen/aufkündigen** to sign/terminate a lease **Mietwagen** *m* hire[d] [*or* AM rental] car **Mietwert** *m kein pl* JUR rental value **Mietwertversicherung** *f* rental value insurance **Mietwohngrundstück** *nt* leasehold [*or* rented] property **Mietwohnung** *f* rented flat [*or* AM *a.* apartment] **Mietwucher** *m kein pl* JUR rackrenting **Mietzins** *m* SÜDD, ÖSTERR, SCHWEIZ (*geh*) rent, rental tariff **Mietzinsanpassungsklausel** *f* rent escalator clause **Mietzuschuss**^RR^ *m* rent subsidy, assistance with the rent
Mieze <-, -n> *f* ❶ (*fam: Katze*) puss[y] *fam*
❷ (*veraltend sl: Mädchen*) chick *sl*, BRIT *a.* bird *fam*
Miezekatze *f* (*kindersprache*) pussy-cat *fam*
Migräne <-, -n> *f* migraine; ~ **bekommen** to get migraines [*or* a migraine]; ***ich habe*** ~ I've got a migraine
Migränemittel *nt* medicine for migraine
Migräniker(in) <-s, -> *m(f)* migraine sufferer
Migration <-, -en> *f* BIOL, SOZIOL migration
Mihrab <-[s], -s> [mɪ'xraːp] *m* REL mihrabm
Mikado <-s, -s> *nt* pick-up sticks + *sing vb*, jackstraw, pick-a-sticks + *sing vb* BRIT, spillikins + *sing vb*
Mikro <-s, -s> *nt* (*fam*) *kurz für* **Mikrofon** mike *fam*
Mikrobe <-, -n> *f* microbe
Mikrobiologe, -gin <-n, -n> *m, f* microbiologist **Mikrobiologie** *f kein pl* microbiology **mikrobiologisch** *adj inv* microbiological **Mikrochip** <-s, -s> [-tʃɪp] *m* microchip **Mikrochirugie** *f kein pl* microsurgery
Mikrocomputer *m* microcomputer **Mikrocomputerarchitektur** *f* INFORM microcomputer architecture **Mikrocomputerbus** *m* INFORM microcomputer bus **Mikrocontroller** <-s, -> *nt* INFORM microcontroller
Mikrodiskette *f* INFORM microfloppy **Mikroelektronik** *f* microelectronics *no art*, + *sing vb* **Mikrofarad** *nt* microfarad **Mikrofaser** *f s.* Microfaser **Mikrofiche** <-s, -s> [-fiʃ] *m o nt* microfiche; **auf ~s gespeichert** stored on microfiche **Mikrofilm** *m* microfilm **Mikrofon** <-s, -e> *nt* microphone **Mikrogramm** *nt* microgram **Mikrokassette** *f* ELEK microcassette **Mikroklima** *nt* BIOL microclimate **Mikrokosmos** *m* ❶ (*Kleinlebewesen*) microcosm ❷ BIOL world of microbiology ❸ PHYS world of microphysics **Mikrometer** *nt* micrometre [*or* AM -er]
Mikron <-s, -> *nt* (*veraltend*) micron *dated; s.* **Mikrometer**
Mikronesien <-s> *nt* Micronesia; *s. a.* **Deutschland**
Mikronesier(in) <-s, -> *m(f)* Micronesian; *s. a.* **Deutsche(r)**
mikronesisch *adj* Micronesian; *s. a.* **deutsch**
Mikroökonomie *f* microeconomics + *sing vb* **mikroökonomisch** *adj inv* microeconomic **Mikroorganismus** *m* microorganism **Mikrophon** <-s, -e> *nt s.* Mikrofon **Mikrophoneingang** *m* INFORM microphone entry
Mikroprozessor *m* microprocessor **Mikroprozessoraufbau** *m* INFORM microprocessor architecture **Mikroprozessorchip** *m* INFORM microprocessor chip **Mikroprozessorsteuerung** *f* INFORM microprocessor-based control
Mikropumpe *f* MED micropump **Mikrorille** *f einer Schallplatte* microgroove **Mikrorillenschallplatte** *f* microgroove record **Mikrosensor** *m* microsensor
Mikroskop <-s, -e> *nt* microscope
Mikroskopie <-> *f kein pl* microscopy

mikroskopieren* *vt* ■**etw** ~ to examine sth under a/the microscope

mikroskopieren* *vi, vt* SCI ■**(etw)** ~ to put [sth] under a microscope

mikroskopisch I. *adj* microscopic; **von ~er Kleinheit sein** to be microscopically small
II. *adv* microscopically; **etw ~ untersuchen** to examine sth under the microscope

Mikrosoftware *f* INFORM microsoftware **Mikrospiegel** *m am TV-Projektor* micro-mirror **Mikrostecklingsvermehrung** *f* BOT micropropagation **Mikrostudie** *f* SCI (*geh*) microstudy **Mikrosystem** *nt* TECH microsystem **Mikrosystemtechnik** *f* microsystem technology

Mikrotom <-s, -e> *nt* BIOL microtome

Mikro-Van <-[s], -s> [-væn] *m* micro-van

Mikrovirus *nt* INFORM microvirus

Mikrowelle *f* ❶ PHYS microwave ❷ (*fam: Mikrowellenherd*) microwave **Mikrowellengerät** *nt* microwave oven **Mikrowellenherd** *m* microwave oven

Mikrowellpappe *f* micro-corrugated board

Milan <-s, -e> ['mi:lan, mi'la:n] *m* ORN kite; **Roter/Schwarzer** ~ red/black kite

Milbe <-, -n> *f* ZOOL mite

Milch <-> *f kein pl* ❶ (*Nahrungsmittel*) milk *no pl;* **dicke** ~ curds *pl;* **ein Tier gibt** ~ an animal yields [*or* produces] milk
❷ (*Fischsamen*) milt

Milchbar *f* milk bar **Milchbart** *m* ❶ (*fam: erste Barthaare*) downy [*or* fluffy] beard ❷ (*pej: junger Mann*) milksop *pej* **Milchbecher** *m* milk mug **Milchbubi** <-s, -s> *m* (*pej*) milk face **Milchdrüse** *f* mammary gland **Milcheiweiß** *nt* lactoprotein **Milcherzeugnis** *nt* milk product **Milchflasche** *f* ❶ (*Flasche für Flaschenmilch*) milk bottle ❷ (*Flasche für Babykost*) baby's bottle **Milchfrau** *f fem form von* **Milchmann** **Milchgebiss**[RR] *nt* milk teeth *pl* **Milchgeschäft** *nt* dairy **Milchglas** *nt* ❶ (*weißliches Glas*) frosted [*or* milk] glass ❷ (*Glas für Milch*) milk glass

milchig *adj* milky

Milchkaffee *m* milky coffee **Milchkännchen** *nt* milk jug **Milchkanne** *f* [milk] churn; (*kleiner*) milk can **Milchkuh** *f* ❶ AGR dairy [*or* milch] cow, milker ❷ (*fam: jd, den man finanziell ausnutzen kann*) milch cow *fam,* meal ticket *fam* ❸ ÖKON cash cow **Milchlamm** *nt* milk lamb **Milchmädchenrechnung** *f* (*fam*) naive fallacy [*or* miscalculation] **Milchmann, -frau** *m, f* (*fam*) milkman *masc,* milkwoman *fem* **Milchmenge** *f* milk yield **Milchmixgetränk** *nt* (*geh*) flavoured [*or* AM -ored] milk drink

Milchner <-s, -> *m* ZOOL milter

Milchprodukt *nt* milk product **Milchproduktion** *f kein pl* milk production *no pl* **Milchpulver** *nt* powdered milk *no pl* **Milchquote** *f in der EU* milk quota **Milchreis** *m* ❶ (*Gericht*) rice pudding ❷ (*Reis*) pudding rice **Milchsäure** *f* BIOL, CHEM lactic acid *no pl* **Milchsäurebakterium** *nt* lactobacillus, lactic acid bacterium **Milchschäumer** *m* milk frother **Milchschokolade** *f* milk chocolate **Milchshake** <-s, -s> [-ʃe:k] *m* milk shake **Milchspeise** *f* milk-based food **Milchstraße** *f* ■**die** ~ the Milky Way **Milchstraßensystem** *nt* ASTRON galaxy **Milchsuppe** *f* milk soup **Milchtopf** *m* milk pan **Milchtüte** *f* milk carton **Milchwirtschaft** *f kein pl* dairy farming *no art,* dairying *no art* **Milchzahn** *m* milk tooth **Milchzucker** *m* lactose *no pl*

mild I. *adj* ❶ METEO mild; ***bei ~er Witterung*** if the weather is mild
❷ (*nachsichtig*) lenient
❸ (*nicht würzig*) mild; **ein ~er Kognak** a smooth cognac; **~e Nahrung** bland food
❹ (*hautneutral*) mild, gentle
II. *adv* ❶ (*nachsichtig*) leniently; ***das Urteil fiel ~e aus*** the judgement [*or* sentence] was lenient; **jdn ~er stimmen** to encourage sb to be more lenient; **~e ausgedrückt** [*o* **gesagt**] [*o* **gesprochen**] to put it mildly; ***und das ist noch ~e gesprochen!*** and that's putting it mildly!
❷ (*nicht würzig*) mild

Milde <-> *f kein pl* ❶ (*Nachsichtigkeit*) leniency *no pl,* clemency *no pl;* ~ **walten lassen** (*geh*) to be lenient
❷ (*nicht würziger Geschmack*) mildness *no pl;* (*Kognak*) smoothness *no pl*
❸ METEO mildness *no pl*

mildern I. *vt* ■**etw** ~ ❶ (*abschwächen*) to moderate sth; **das Strafmaß** ~ to reduce the sentence; **~de Umstände** mitigating [*or* extenuating] circumstances
❷ (*weniger schlimm machen*) to alleviate sth; **jds Leid** ~ to ease sb's sorrow [*or* suffering]
❸ KOCHK to make sth milder [*or* less sharp]
II. *vr* METEO ■**sich** *akk* ~ to become milder

mildernd *adj* JUR mitigating, extenuating; **~e Umstände** mitigating [*or* extenuating] circumstances

Milderung <-> *f kein pl* ❶ METEO increase in temperature; ***eine ~ des kalten Wetters ist schon spürbar*** it's already possible to feel the weather warming up
❷ (*das Mildern*) alleviation *no pl;* **die ~ der Armut/des Leids** the alleviation of poverty/suffering
❸ JUR mitigation; ~ **der Strafe** mitigation of punishment; **die ~ eines Urteils** the moderation of a judgement

Milderungsgrund *m* mitigating circumstance, ground for clemency

mildtätig *adj* (*geh*) charitable; ■~ **sein** to be charitable, to perform charitable deeds

Mildtätigkeit *f kein pl* (*geh*) charity *no pl, no indef art*

Milienmesser *nt* milium knife

Milieu <-s, -s> [mi'liø:] *nt* ❶ SOZIOL (*Umfeld*) milieu, environment ❷ BIOL (*Umgebung*) environment ❸ (*sl: die Prostitutionsszene*) ■**das** ~ the world of prostitutes and pimps **Milieudruck** *m kein pl pressure exerted by the local physical and social environment* **milieugeschädigt** *adj inv* PSYCH maladjusted

militant *adj* militant

Militanz <-> *f kein pl* (*geh*) militancy *no pl*

Militär[1] <-s> *nt kein pl* ❶ (*Armeeangehörige*) soldiers *pl*
❷ (*Armee*) armed forces *pl,* military *no pl, no indef art;* **zum ~ müssen** to have to join up; **beim ~ sein** to be in the forces *pl;* **zum ~ gehen** to join up; **da geht es zu wie beim** ~ the place is run like an army camp

Militär[2] <-s, -s> *m* (*veraltend geh*) [senior] officer

Militärakademie *f* military academy **Militärarzt, -ärztin** *m, f* medical officer **Militärattaché** [-ata'ʃe:] *m* military attaché **Militärbündnis** *nt* military alliance **Militärdienst** *m kein pl* military service *no pl* **Militärdiktatur** *f* military dictatorship **Militärflugplatz** *m* military airfield **Militärgefängnis** *nt* military prison **Militärgericht** *nt* military tribunal [*or* court], court martial; **vor ein ~ gestellt werden** to be court-martialled **Militärintervention** *f* military intervention

militärisch I. *adj* military; **mit ~en Mitteln** by military means; **für ~es Vorgehen sein** to be in favour [*or* AM -or] of military action; *s. a.* **Ehre**
II. *adv* in a military fashion; ~ **grüßen** to salute; **sich** *akk* ~ **straff halten** to hold oneself erect like a soldier, to have a military bearing; **etw ~ lösen** to resolve sth by military force

militarisieren* *vt* ■**etw** ~ to militarize sth; ■**militarisiert** militarized

Militarisierung <-> *f kein pl* militarization

Militarismus <-> *m kein pl* (*pej*) militarism *no pl*

Militarist <-en, -en> *m* (*pej*) militarist

militaristisch *adj* (*pej*) militaristic

Militärjunta <-, -s> [-'xʊnta] *f* military junta **Militärkapelle** *f* MUS military band **Militärkrankenhaus** *nt* military hospital **Militärputsch** *m* military [*or* army] putsch **Militärregierung** *f* military government **Militärregime** *nt* military regime **Militärschlag** *m* military strike **Militärstützpunkt** *m* military base **Militärzeit** *f* time in the [armed] forces, army days *pl*

Milium <-s, Milien> *nt* (*Grieskorn unter der Haut*) milium

Miliz <-, -en> *f* ❶ (*Bürgerwehr*) militia
❷ (*in sozialistischen Staaten: Polizei*) police

Milizionär(in) <-s, -e> *m(f)* ❶ (*Angehörige(r) des Militärs*) militiaman *masc,* militiawoman *fem*
❷ (*Polizist in sozialistischen Staaten*) policeman *masc,* policewoman *fem*

Mill. *Abk von* **Million(en)** m

Mille <-, -> *f* (*sl*) grand *sl;* **zehn** ~ ten grand

Millefleurs <-> [mil'flœ:r] *nt* millefleurs + *sing vb*

Millennium <-s, -ien> [-niən] *nt* (*geh*) millennium

Millenniums-Mutter *f mother having given birth on the first day of the new millennium;* ***sie ist eine*** ~ she gave birth on the first day of the new millennium

Milliampère *nt* milliampere

Milliardär(in) <-s, -e> *m(f)* billionaire

Milliarde <-, -n> *f* billion

Milliardenbetrag *m* amount of a billion [*or* several billions] **Milliardenhöhe** *f kein pl* ■**in** ~ of the order of a billion [*or* of billions]

milliardste(r, s) *adj* billionth; **der ~ Teil eines Kilometers** the billionth part of a kilometre [*or* AM -er]

milliardstel *adj* billionth; **ein ~ Kilogramm** a billionth of a kilogram

Milliardstel <-s, -> *nt* billionth

Millibar *nt* METEO millibar

Millieustudie *f* background studies *pl*

Milligramm *nt* milligram

Millimeter <-s, -> *m o nt* millimetre [*or* AM -er] **millimetergenau** *adj inv* to within a millimetre [*or* AM -er] *pred* **Millimeterpapier** *nt* paper ruled in millimetre [*or* AM -er] squares, graph paper

Million <-, -en> *f* million; **drei ~en Einwohner** three million inhabitants; **~en und Abermillionen** millions upon millions; **~en Mal** a million times

Millionär(in) <-s, -e> *m(f)* millionaire *masc,* millionairess *fem;* **mehrfacher/vielfacher** ~ multimillionaire; **es zum ~ bringen** to make a million

Millionenabschluss[RR] *m* HANDEL ❶ (*Vertrag*) million-dollar contract ❷ (*Geschäft*) million-dollar deal **Millionenauflage** *f* [more than a] million copies **Millionenauftrag** *m* contract worth millions **Millionenbetrag** *m* amount [*or* sum] in millions **Millionenerbe, -erbin** *m, f* heir [*or fem* heiress] to millions

millionenfach I. *adj* millionfold
II. *adv* a million times

Millionengeschäft *nt* deal worth millions **Millionengewinn** *m* ❶ (*Ertrag*) profit of millions; **~e machen** to make profits running into millions ❷ (*Lotto etc*) prize of a million **Millionenhöhe** *f kein pl* **in** ~ of the order of a million [*or* of millions] **Millionenschaden** *m* damage running into [*or* amounting to] millions **millionenschwer** *adj* (*fam*) worth millions *pred;* **~e Gewinne machen** to make millions in profit, to profit by the million **Millionenstadt** *f* town with over a million inhabitants

millionste(r, s) *adj* millionth; **die ~ Besucherin der Ausstellung** the millionth visitor to the exhibition

millionstel *adj* millionth; **wenige ~ Gramm** a few millionths of a gram

Millionstel <-s, -> *nt* millionth; **in einer Verdünnung von einem ~ noch wahrnehmbar sein** to be still traceable when diluted by one part per million

Millirem <-s, -> *nt* millirem

Millivolt *nt* millivolt **Milliwatt** *nt* milliwatt

Milz <-, -en> *f* spleen

Milzbrand *m kein pl* anthrax *no pl*

Milzbrandattentat *nt* anthrax attack

Milzbrandbrief *m* letter containing anthrax

spores [*or* traces of anthrax]

Mime <-n, -n> *m* (*iron*) actor

mimen I. *vt* (*fam*) ❶ (*vorgeben*) ■**etw** ~ to fake sth; **Interesse** ~ to pretend interest; (*Interesse haben*) to be interested; ■**gemimt sein** to be put on ❷ (*nachahmen*) ■**jdn** ~ to play [*or* act] sb; ***mime hier nicht den Ahnungslosen!*** don't play [*or* act] the innocent!
II. *vi* to pretend

Mimese <-, -n> *f* BIOL mimesis *no pl*

Mimik <-> *f kein pl* [gestures and] facial expression

Mimikry <-> *f kein pl* ZOOL mimicry *no pl*

mimisch I. *adj* mimic; **seine starke ~e Ausdruckskraft** the expressive power of his gestures and facial movements
II. *adv* by means of [gestures and] facial expressions

Mimose <-, -n> *f* ❶ BOT mimosa
❷ (*fig: sehr empfindlicher Mensch*) sensitive plant *fam;* **empfindlich sein wie eine** ~ to be a sensitive plant

mimosenhaft *adj* (*pej fam*) extremely sensitive

Min. *f Abk von* **Minute(n)** min., minute[s]

min., Min. *f Abk von* **Minute(n)** min.

Minarett <-s, -e *o* -s> *nt* minaret

minder *adv* less; **kaum/nicht** ~ scarcely/no less

minderbegabt *adj inv* less gifted **minderbemittelt** *adj* (*geh*) less well-off; **geistig** ~ (*pej sl*) mentally deficient *pej* **Minderbemittelte** *pl dekl wie adj* less well-off people; **die ~n** the less well-off; **geistig** ~ people who are not very bright **Minderbewertung** *f kein pl* HANDEL undervaluation, depreciation

mindere(r, s) *adj attr* lesser; **von ~r Güte/Qualität sein** to be of inferior quality

Mindereinnahmen *pl* revenue shortfall, decrease in revenue, shortfall in receipts

Minderheit <-, -en> *f* ❶ *kein pl* (*kleinerer Teil einer Gruppe*) minority; **in der ~ sein** to be in the/a minority
❷ (*zahlenmäßig unterlegene Volksgruppe*) minority; **nationale ~en** national minorities

Minderheitenfrage *f* minorities problem **Minderheitengebiet** *nt* minorities district [*or* territory] **Minderheitenrechte** *pl* JUR rights of minorities **Minderheitenschutz** *m* protection of minorities **Minderheitensprache** *f* minority language, language of a minority

Minderheitsaktionär(in) *m(f)* BÖRSE minority shareholder [*or* AM stockholder] **Minderheitsbeteiligung** *f* HANDEL minority interest [*or* participation]; BÖRSE minority shareholding **Minderheitsregierung** *f* minority government

minderjährig *adj* underage; ■~ **sein** to be underage [*or* a minor] **Minderjährige(r)** *f(m) dekl wie adj* minor, underage person **Minderjährigkeit** <-> *f kein pl* minority *no pl*

Minderkaufmann, -kauffrau *m, f* small [*or* non-registrable] merchant **Minderlieferung** *f* JUR short shipment **Mindermengenzuschlag** *m* HANDEL markup for small-volume purchases

mindern *vt* (*geh*) ■**etw** [**um etw** *akk*] ~ to reduce sth [by sth]

Minderung <-, -en> *f* FIN (*geh*) reduction; ~ **liquider Mittel** decrease in net funds

Minderwert *m kein pl* lower value; HANDEL, JUR undervalue, depreciation; **merkantiler** ~ reduced market value, decrease in value **minderwertig** *adj* inferior; **~e Materialien** low-[*or* poor-]quality materials **Minderwertigkeit** <-> *f kein pl* inferiority *no pl*, low [*or* poor] quality *no pl* **Minderwertigkeitsgefühl** *nt* feeling of inferiority; **~e haben** to feel inferior **Minderwertigkeitskomplex** *m* inferiority complex

Minderzahl *f kein pl* minority; **in der ~ sein** to be in the minority

Mindestabnahmemenge *f* HANDEL minimum purchasing quantity **Mindestabnahmeverpflichtung** *f* HANDEL minimum purchase requirements **Mindestabsatz** *m* HANDEL minimum sales *pl* **Mindestabstand** *m* minimum distance **Mindestalter** *nt* minimum age **Mindestanforderung** *f* minimum requirement **Mindestangebot** *nt* HANDEL lowest bid **Mindestarbeitsbedingungen** *pl* ÖKON minimum employment standards **Mindestarbeitszeit** *f* ÖKON minimum working hours *pl* **Mindestausstattung** *f* TECH minimal equipment **Mindestbetrag** *nt* minimum amount **Mindestdeckung** *f* FIN minimum margin requirements *pl* **Mindestdividende** *f* FIN minimum dividend

mindeste(r, s) *adj attr* ■**der/die/das** ~ the slightest [*or* least]; ***ich hatte [doch] nicht die ~ Ahnung!*** I didn't have the slightest [*or* faintest] idea!; ■**das M~** the least; **das wäre das M~ gewesen** that's the least he/she/you etc could have done; **zum M~n** at least; **nicht der/die/das M~ [an etw** *dat*] not the slightest bit [of sth]; **nicht das M~ an Geduld** not the slightest trace of patience; **nicht die M~ Höflichkeit** not the faintest hint of politeness; **nicht im M~n** not in the least

Mindesteinkommen *nt* minimum income **Mindesteinlage** *f* FIN minimum deposit

mindestens *adv* at least

Mindestgebot *nt* lowest [*or* minimum] bid, reserve [*or* knockdown] price **Mindestgehalt** *nt* minimum [*or* basic] salary **Mindestgeschwindigkeit** *f* minimum speed *no pl* **Mindestgewicht** *nt* minimum weight **Mindestgröße** *f* minimum size [*or* height] **Mindesthöhe** *f* minimum height **Mindest-Ist-Besteuerung** *f* FIN de facto minimum taxation **Mindestlaufzeit** *f* FIN minimum maturity **Mindestlohn** *m* ÖKON minimum wage; **berufsunabhängiger** ~ minimum wage for all trades; **garantierter/gesetzlicher** ~ guaranteed minimum wage/legal minimum **Mindestmaß** *nt* minimum; **unsere Ausgaben auf ein absolutes ~ beschränken** to keep [*or* limit] our expenses to an absolute minimum; **ein ~ an etw** *dat* a minimum amount of sth **Mindestmenge** *f* HANDEL minimum quantity **Mindestpreis** *m* HANDEL minimum price; (*bei Versteigerung*) reserve price; **garantierter** ~ intervention price **Mindestrente** *f* JUR minimum pension **Mindestrentner(in)** *m(f)* sb receiving a basic pension **Mindestreserve** *f* ÖKON minimum reserve **Mindestsollzinsen** *pl* FIN minimum interest rates **Mindeststandard** *m* ÖKON minimum standard **Mindeststrafe** *f* minimum punishment [*or* penalty] [*or* sentence] **Mindeststundenlohn** *m* JUR minimum hourly rate of pay **Mindestumtausch** *m kein pl* minimum obligatory exchange **Mindestzeichnung** *f* BÖRSE minimum subscription

Mine <-, -n> *f* ❶ (*für einen Bleistift*) lead *no pl;* (*für einen Filz-, Kugelschreiber*) refill
❷ (*Sprengkörper*) mine; **auf eine ~ laufen** to strike [*or* hit] a mine
❸ (*Bergwerk*) mine; **in die ~n geschickt werden** to be sent down the mines

Minenfeld *nt* MIL, NAUT minefield **Minenleger** <-s, -> *m* minelayer **Minenräumboot** *nt* MIL minesweeper **Minensuchboot** *nt* minesweeper **Minensuchgerät** *nt* MIL mine detector **Minenwerfer** <-s, -> *m* MIL, HIST trench mortar **Minenwerte** *pl* BÖRSE mining shares

Mineral <-s, -e *o* -ien> [-liən] *nt* mineral

Mineralbad *nt* spa

Mineraldünger *m* inorganic [*or* artificial] [*or* chemical] fertilizer

mineralisch *adj* mineral

Mineraloge, -login <-n, -n> *m, f* mineralogist

Mineralogie <-> *f kein pl* mineralogy *no pl, no art*

Mineralogin <-, -nen> *f fem form von* **Mineraloge**

mineralogisch *adj* mineralogical

Mineralöl *nt* mineral oil **Mineralölgesellschaft** *f* oil company **Mineralölsteuer** *f* tax on oil

Mineralquelle *f* mineral spring **Mineralsalz** *nt* mineral salt *no pl* **Mineralwasser** *nt* mineral water

mini *adj inv* MODE mini; ~ **tragen** to wear a miniskirt

Mini <-s, -s> *m* MODE (*fam*) mini[skirt]

Miniatur <-, -en> *f* miniature

Miniaturausgabe *f* miniature version; (*Buch*) miniature edition **Miniaturbild** *nt* miniature **Miniaturbuch** *nt* minibook, miniature edition **Miniaturfestplatte** *f* mini hard disk **Miniaturformat** *nt* miniature format; ~ **haben** to be in miniature; **im** ~ in miniature; **ein Bildschirm im** ~ a miniature screen **Miniaturgemälde** *nt* miniature

miniaturisieren *vt* ■**etw** ~ to miniaturize sth

Miniaturisierung *f* miniaturization *no pl*

Miniaturmalerei <-, -en> *f* miniature painting

Miniausgabe *f* mini edition **Minibar** *f* minibar **Minibikini** *m* minibikini **Minibrennstoffzelle** *f* mini fuel cell **Minibrötchen** *nt* small roll **Mini-CD** *f* mini-CD **Minicomputer** *m* INFORM mini[computer] **Minidiskette** *f* INFORM minidiskette, minifloppy **Minidiskettenlaufwerk** *nt* INFORM minifloppy disk drive **Minidrucker** *m* INFORM miniprinter **Mini-Eisberg** *m* mini-iceberg lettuce **Minifestplatte** *f* INFORM minidisc **Miniflasche** *f* minibottle **Minigolf** *nt kein pl* minigolf *no pl,* BRIT *a.* crazy golf *no pl* **Minikassette** *f* minicassette **Minikleid** *nt* minidress

Minima *pl von* **Minimum**

minimal I. *adj* minimal, very small
II. *adv* minimally, by a very small amount; ***sie unterscheiden sich nur*** ~ the difference between them is only minimal

Minimalbelastung *f* TECH minimum load **minimalchirurgisch** *adj inv* minimal surgical **Minimalforderung** *f* minimum [*or* basic] demand **Minimalgehalt** *nt* basic salary **minimalinvasiv** *adj inv* MED **~e Chirurgie** keyhole surgery **Minimalkonfiguration** *f* INFORM minimum configuration **Minimalprogramm** *nt* basic programme [*or* AM -am] **Minimalsatz** *m* HANDEL minimum rate; (*Post*) lowest rate of postage **Minimalstandard** *m* minimum standard **Minimalwert** *m* minimum value

minimieren* *vt* (*geh*) ■**etw** ~ to minimize sth

Minimierung <-, -en> *f* (*geh*) minimization *no pl*

Minimum <-s, Minima> *nt* minimum; **ein ~ an etw** *dat* a minimum of sth; **ein ~ an Respekt** a modicum of respect

Mininotebook <-s, -s> *nt* INFORM mininotebook

Miniperipherie *f* INFORM miniperipheral **Minipille** *f* minipill **Minirechner** *m* INFORM minicomputer **Miniroboter** *m* mini-robot **Minirock** *m* miniskirt **Minisoftware** *f* INFORM minisoftware **Minispion** *m* miniaturized listening [*or* bugging] device

Minister(in) <-s, -> *m(f)* POL minister, BRIT *a.* Secretary of State; ~ **für Landwirtschaft/Verteidigung** Secretary of State for Agriculture/Defence BRIT, Secretary of Agriculture/Defense AM, Agriculture/Defence Minister BRIT, Agriculture/Defense Secretary AM; ~ **des Äußeren/Inneren** (*geh*) Minister for Foreign/Internal Affairs BRIT, Secretary of State for Foreign/Home Affairs BRIT, Foreign/Home Secretary BRIT, Secretary of State/Secretary of the Interior AM; ~ **ohne Geschäftsbereich** minister without portfolio

Ministeramt *nt* ministerial office

Ministerialbeamter, -beamtin *m, f* ministry official **Ministerialdirektor, -direktorin** *m, f* head of a ministry department BRIT, Permanent Secretary BRIT, undersecretary AM **Ministerialrat, -rätin** <-[e]s, -räte> *m, f* assistant head of a government department [*or* BRIT *a.* secretary]

ministeriell *adj attr* ministerial

Ministerien *pl von* **Ministerium**

Ministerin <-, -nen> *f fem form von* **Minister**

Ministerium <-s, -rien> [-riən] *nt* POL ministry, department; **das ~ des Äußeren** the Foreign Ministry, the Foreign Office BRIT, the State Department AM

Ministerkonferenz *f* ministerial conference, conference of ministers **Ministerpräsident(in)** *m(f)* minister-president (*leader of a German state*) **Ministerrat** *m kein pl* ■**der** ~ the [EU] Council of Ministers

Ministrant(in) <-en, -en> *m(f)* REL (*geh*) server
ministrieren* *vi* REL (*geh*) to serve, to act as server
Minivan <-s, -s> [-væn] *m* AUTO mini van AM
Minna <-> *f* ▸ WENDUNGEN: **die grüne** ~ (*veraltend fam*) the Black Maria *dated,* AM *a.* patrol [*or sl* paddy] wagon; **jdn zur** ~ **machen** (*fam*) to bawl sb out [*or* give sb a bawling-out] *fam,* BRIT *a.* to tear sb off a strip *fam*
Minne <-> *f kein pl* LIT, HIST courtly love *no pl*
Minnelied *nt* LIT, HIST minnelied **Minnesang** <-[e]s> *m kein pl* LIT, HIST minnesong **Minnesänger** *m* LIT, HIST minnesinger
Minorität <-, -en> *f* (*geh*) *s.* **Minderheit**
Minoritätsbeteiligung *f* BÖRSE minority shareholding [*or* interest]
Minos <-> *m* (*kretischer Sagenkönig*) Minos
Minoszeit *f* (*Bronzezeit auf Kreta*) Minoan Age
mint(farben) *adj inv* mint[-coloured]
Minuend <-en, -en> *m* MATH minuend
minus I. *präp* +*gen* ■ ~ **einer S.** less sth; **2.000 DM** ~ **5 % Rabatt** 2,000 DM less 5 % discount
II. *konj* MATH minus
III. *adv* ❶ METEO minus, below zero; ~ **15° C** minus 15° C; **15° C** ~ 15° C below zero
❷ ELEK negative
❸ ÖKON ~ **machen** (*fam*) to make a loss
Minus <-, -> *nt* ❶ (*Fehlbetrag*) deficit; [**mit etw** *dat*] **im** ~ **stehen** to be [a certain amount] in the red; ***wir stehen momentan mit 4567 DM im*** ~ we are 4,567 DM overdrawn [*or* in the red] at the moment
❷ (*Manko*) bad [*or* minus] point, shortcoming
❸ (*Minuszeichen*) minus [sign]
Minusbetriebsvermögen *nt* FIN negative value of business **Minuskorrektur** *f* BÖRSE markdown, downward adjustment **Minuspol** *m* ❶ ELEK negative terminal ❷ PHYS negative pole **Minusposition** *f* BÖRSE shortage of cover **Minuspunkt** *m* ❶ (*Strafpunkt*) penalty point ❷ (*Manko*) minus point; **ein** ~ **für jdn sein** to count [*or* be a point] against sb **Minusstunden** *pl bei Arbeitszeit* [time] deficit **Minustemperatur** *f* temperature below freezing [*or* zero] **Minuszeichen** *nt* minus sign
Minute <-, -n> *f* ❶ (*Zeiteinheit*) minute; **in letzter** ~ at the last minute [*or* moment]; **in ein paar ~n** in a couple of minutes; **pünktlich auf die** ~ punctual to the minute; **auf die** ~ on the dot
❷ (*Augenblick*) minute, moment
▸ WENDUNGEN: **es ist fünf ~n vor zwölf** we've reached crisis point; ***das war aber wirklich fünf ~n vor zwölf!*** that was really the eleventh hour!
minutenlang I. *adj attr* lasting [for] several minutes *pred;* **nach einer ~en Unterbrechung** after a break of several minutes II. *adv* for several minutes
Minutenzeiger *m* minute hand
minutiös, minuziös I. *adj* (*geh*) meticulously exact [*or* detailed]
II. *adv* (*geh*) meticulously
Minze <-, -n> *f* BOT mint *no pl*
Mio. *f Abk von* **Million(en)** m., million
mir *pron pers dat von* **ich** ❶ to me; ***gib es* ~ *sofort zurück!*** give it back [to me] immediately!; ***hast du* ~ *irgend etwas verschwiegen?*** have you been hiding anything from me?; **und das ~!** why me [of all people]!; **dass du/ihr ~ ...!** (*fam*) make sure you ...; ***aber dass ihr* ~ *keine Dummheiten macht!*** but be sure not to do anything stupid!
❷ *nach präp* me; **bei** ~ with me, at my house; **eine alte Bekannte von** ~ an old acquaintance of mine; ***komm mit zu*** ~ come back to my place; **von** ~ **aus!** (*fam*) I don't mind!, if you like!, as far as I'm concerned [you can]!
▸ WENDUNGEN: ~ **nichts, dir nichts** (*fam*) just like that, without so much as a by your leave *dated*
Mirabelle <-, -n> *f* ❶ (*Baum*) mirabelle [tree]
❷ (*Frucht*) mirabelle
Misanthrop(in) <-en, -en> *m(f)* (*geh*) misanthrope, misanthropist
Mischarbeitsplatz *m* INFORM mixed workstation
Mischbatterie *f* mixer tap [*or* AM faucet]
Mischblütenhonig *m* mixed blossom honey
Mischbrot *nt* bread made from rye and wheat flour **Mischehe** *f* mixed marriage
mischen I. *vt* ❶ (*durch~*) ■**etw** [**mit etw** *dat*] ~ to mix sth [with sth]
❷ (*hinein~*) ■[**jdm/einem Tier**] **etw unter etw** *akk*/**in etw** *akk* ~ to mix sth [for sb/an animal] in with sth
❸ (*mixen*) ■**etw** [**aus etw** *dat*] ~ to mix sth [from [*or* out of] sth]
❹ KARTEN ■**etw** ~ to shuffle sth; *s. a.* **gemischt**
II. *vr* ❶ (*sich mengen*) **sich** *akk* **unter Leute** ~ to mix [*or* mingle] [with people]
❷ (*sich ein~*) ■**sich** *akk* **in etw** *dat* ~ to interfere [*or* meddle] in sth; **sich** *akk* **in ein Gespräch** ~ to butt into a conversation
III. *vi* KARTEN to shuffle
mischerbig *adj* hybrid **Mischform** *f* mixture (**aus** +*dat* of) **Mischfutter** *nt* AGR mixed feed **Mischgemüse** *nt* mixed vegetables *pl* **Mischgewebe** *nt* mixture *no pl,* mixed fibres [*or* AM -ers] *pl* **Mischhaut** *f kein pl* combination skin **Mischkonto** *nt* FIN mixed account **Mischkonzern** *m* ÖKON conglomerate, mixed enterprise, diversified group
Mischling <-s, -e> *m* ❶ (*Mensch*) person of mixed parentage, half-caste *pej,* half-breed *pej*
❷ ZOOL half-breed, hybrid; ***dieser Hund ist ein*** ~ this dog is a mongrel
Mischlingskind *nt* half-caste child
Mischmasch <-[e]s, -e> *m* (*fam*) mishmash *no pl,* hotchpotch, hodgepodge **Mischmaschine** *f* [cement] mixer **Mischprobe** *f* sample mixture **Mischpult** *nt* FILM, RADIO, TV mixing desk **Mischtatbestand** *m* JUR hybrid provision **Mischtrommel** *f* mixing drum
Mischung <-, -en> *f* ❶ *kein pl* (*das Mischen*) mixing *no pl;* (*Kaffee, Tee, Tabak*) blending *no pl*
❷ (*Mixtur*) mixture; (*Kaffee, Tee, Tabak*) blend; (*Pralinen*) assortment
❸ (*Zusammenstellung*) mixture, combination
Mischungsverhältnis *nt* ratio [*or* proportions] [of a mixture]
Mischverwaltung *f* JUR administration by interlocking authorities
Mischwald *m* mixed forest [*or* woodland]
miserabel I. *adj* (*pej*) ❶ (*beklagenswert*) dreadful, awful, lousy; **eine miserable Arbeit/Leistung** a pathetic [*or* miserable] piece of work/performance
❷ (*gemein*) nasty, vile
II. *adv* (*pej*) dreadfully, awfully; **sich** *akk* ~ **benehmen** [*o fam* **aufführen**] to behave abominably; ~ **schlafen** to sleep really badly; ***das Bier schmeckt*** ~ the beer tastes awful
Misere <-, -n> *f* (*geh*) dreadful state; **eine finanzielle** ~ a dreadful financial state; **die jetzige politische** ~ the wretched state of current politics; **eine soziale** ~ serious social difficulties [*or* plight]; **mit jdm/etw ist es eine** ~ sb/sth is a disaster; [**tief**] **in der** ~ **stecken** to be in [deep] trouble [*or* a [real] mess]
misogyn <-er, -este> *adj* (*geh*) misogynist[ic]
Misogynie <-> *f kein pl* PSYCH misogyny
Mispel <-, -n> *f* BOT medlar
Miss[RR] <-> *f kein pl,* **Miß** <-> *f kein pl* Miss; **die** ~ **Germany/World** Miss Germany/World
missachten[RR]* *vt,* **mißachten*** *vt* ❶ (*ignorieren*) ■**etw** ~ to disregard [*or* ignore] sth; **eine Bestimmung/Vorschrift** ~ to flout a regulation
❷ (*geringschätzen*) ■**jdn** ~ to disparage [*or* be disdainful of] sb; **einen Konkurrenten** ~ to underestimate a rival; ■**etw** ~ to disdain sth
Missachtung[RR] *f,* **Mißachtung** *f* ❶ (*Ignorierung*) disregard *no pl;* **eine Folge der** ~ **meines Ratschlags** a result of ignoring [*or* disregarding] my advice; **bei** ~ **dieser Vorschriften** if these regulations are flouted
❷ (*Geringschätzung*) disdain *no pl;* **seine** ~ **anderer Menschen** his disdain of [*or* for] other people
❸ JUR (*Ungebühr*) contempt; (*Nichtbefolgung*) neglect; ~ **des Gerichts** contempt of court; ~ **einer gerichtlichen Verfügung** breach of a court order; **jdn wegen** ~ **des Gerichts belangen** to hold sb up for contempt of court
missbehagen[RR]* *vi,* **mißbehagen** *vi* (*geh*) ■**jdm** ~ to displease sb, to not be to sb's liking; ■**etw missbehagt jdm** [**an etw** *dat*] sth makes sb uneasy [*or* unhappy] [about sth]; ■**es missbehagt jdm, etw zu tun** sb is not happy doing sth
Missbehagen[RR] <-s> *nt kein pl,* **Mißbehagen** *nt* (*geh*) ❶ (*Unbehagen*) uneasiness *no pl,* feeling of unease; ***die ganze Sache ruft bei mir ziemliches* ~ *hervor*** I am rather uneasy about the whole thing, the whole thing makes me [feel] rather uneasy
❷ (*Missfallen*) displeasure *no pl;* **zu jds** ~ to sb's annoyance [*or* chagrin]
Missbildung[RR] <-, -en> *f,* **Mißbildung** *f* deformity; **angeborene** ~ congenital malformation
missbilligen[RR]* *vt,* **mißbilligen** *vt* ■**etw** ~ to disapprove of sth
missbilligend[RR] I. *adj* disapproving
II. *adv* disapprovingly
Missbilligung[RR] <-, *selten* -en> *f,* **Mißbilligung** *f* disapproval *no pl*
Missbilligungsantrag[RR] *m* JUR censure motion
Missbilligungsvotum[RR] *nt* JUR censure vote
Missbrauch[RR] *m,* **Mißbrauch** *m* abuse, misuse, improper use; ~ **von Ausweispapieren** improper use of identity papers; **sexueller** ~ sexual abuse; **der** ~ **der Notbremse** improper use of the emergency brake; ~ **mit etw** *dat* **treiben** (*geh*) to abuse [*or* misuse] sth
missbrauchen[RR]* *vt,* **mißbrauchen*** *vt* ❶ (*missbräuchlich anwenden*) ■**etw** ~ to abuse [*or* misuse] sth; **einen Feuerlöscher** ~ to make improper use of a fire extinguisher
❷ (*für üble Zwecke ausnutzen*) ■**etw** ~ to take advantage of sth; **jds Vertrauen** ~ to abuse sb's trust
❸ (*für üble Zwecke benutzen*) ■**jdn** ~ to [mis]use sb; **jdn sexuell** ~ to sexually abuse sb
missbräuchlich[RR] *adj,* **mißbräuchlich** *adj* (*geh*) improper
Missbrauchsaufsicht[RR] *f* JUR (*Tätigkeit*) supervision to prevent abuse, control of abusive [*or* restrictive] practices; (*Person*) watchdog **Missbrauchsgesetz**[RR] *nt* JUR restrictive practices act **Missbrauchsprinzip**[RR] *nt* JUR (*Kartellrecht*) principle of abuse **Missbrauchsregelung**[RR] *f* JUR regulation to prevent abuse **Missbrauchsverbot**[RR] *nt* JUR prohibition of restrictive practices **Missbrauchsverfahren**[RR] *nt* JUR (*Kartellrecht*) abuse proceedings *pl* **Missbrauchsverfügung**[RR] *f* JUR decree on abusive practices
missdeuten[RR]* *vt,* **mißdeuten** *vt* ■**etw** [**als etw** *akk*] ~ to misinterpret sth [as sth]
Missdeutung[RR], **Mißdeutung** *f* misinterpretation
missen *vt* ■**jdn/etw nicht** ~ **möchten/wollen** (*geh*) not to like/want to do without sb/sth; ■**etw** ~ **müssen** (*geh*) to have to do [*or* go] without sth
Misserfolg[RR] *m,* **Mißerfolg** *m* failure, flop *fam*
Missernte[RR] *f,* **Mißernte** *f* crop failure
Missetat *f* ❶ (*hum: Streich*) prank
❷ (*veraltend geh: Freveltat*) misdeed *form,* misdemeanour [*or* AM -or]
Missetäter(in) *m(f)* ❶ (*hum: jd, der etw angestellt hat*) culprit
❷ (*veraltend geh: Übeltäter*) miscreant *form,* wrongdoer
missfallen[RR]* *vi,* **mißfallen** *vi irreg* to arouse displeasure; **jdm missfällt etw** [**an jdm**] sb dislikes sth [about sb]; **es missfällt jdm, dass/wie ...** sb dislikes the way ...
Missfallen[RR] <-s> *nt kein pl,* **Mißfallen** *nt* displeasure *no pl;* **jd/etw erregt jds** ~ sb/sth incurs sb's displeasure
Missfallensäußerung[RR] *f* expression of displeasure [*or* disapproval]
Missfallenskundgebung[RR] *f* expression [*or* demonstration] of displeasure
missgebildet[RR], **mißgebildet** I. *adj* malformed, deformed

M

II. *adv* deformed; ~ **geboren werden** to be born with deformities

MissgeburtRR *f,* **Mißgeburt** *f* MED (*pej*) monster, seriously deformed foetus [*or* AM fetus]

missgelauntRR *adj,* **mißgelaunt** *adj* (*geh*) ill-humoured [*or* -tempered] *form*

MissgeschickRR *nt,* **Mißgeschick** *nt* mishap; ***jedem kann mal ein ~ passieren/ unterlaufen*** anyone can have a mishap [*or* an accident]; **vom ~ verfolgt werden** to be dogged by misfortune [*or* bad luck]

missgestaltetRR *adj,* **mißgestaltet** *adj inv* (*geh*) misshapen; *Person* deformed

missgestimmtRR *adj,* **mißgestimmt** *adj* (*geh*) ill-humoured; ■~ **sein** to be in a bad mood

missglückenRR* *vi,* **mißglücken** *vi sein* ■**etw missglückt [jdm]** sth fails [*or* is a failure] [*or* backfires on sb]

missglücktRR, **mißglückt** I. *pp von* **missglücken**

II. *adj inv Versuch* failed, unsuccessful

missgönnenRR* *vt,* **mißgönnen** *vt* ■**jdm etw ~** to begrudge sb sth; **jdm seinen Erfolg ~** to resent sb's success; ■**jdm ~, dass** to begrudge sb the fact that

MissgriffRR *m,* **Mißgriff** *m* mistake, error of judgement

MissgunstRR *f kein pl,* **Mißgunst** *f* resentment *no pl,* envy *no pl*

missgünstigRR, **mißgünstig** I. *adj* resentful, envious

II. *adv* resentfully, enviously

misshandelnRR* *vt,* **mißhandeln** *vt* ❶ (*malträtieren*) ■**jdn/ein Tier ~** to ill-treat [*or* maltreat] [*or* mistreat] sb/an animal

❷ (*hum: übel zusetzen*) ■**etw ~** to mistreat [*or* abuse] sth

misshandeltRR, **mißhandelt** *pp von* **misshandeln**

MisshandlungRR *f,* **Mißhandlung** *f* ill-treatment *no indef art, no pl,* maltreatment *no indef art, no pl,* mistreatment *no indef art, no pl*

MisshandlungsverbotRR *nt* ban on [child] abuse

Mission <-, -en> *f* ❶ (*geh: Sendung*) mission; **in einer bestimmten ~** on a particular mission; **in geheimer/göttlicher ~** on a secret/divine mission

❷ POL mission, legation

❸ *kein pl* REL mission; **in die ~ gehen/in der ~ tätig sein** to become a missionary/do missionary work; **Innere ~** REL Home Mission

❹ (*Missionsstation*) mission

Missionar(in) <-s, -e> *m(f),* **Missionär(in)** <-s, -e> *m(f)* ÖSTERR missionary

missionarisch I. *adj* (*geh*) missionary; **mit ~em Eifer** with missionary zeal

II. *adv* as a missionary; ~ **tätig sein** to work as a missionary

missionieren* I. *vi* (*Glaubenslehre verbreiten*) to do missionary work; (*fig*) to preach

II. *vt* (*bekehren*) ■**jdn ~** *Menschen, Völker* to convert sb, to proselytize sb

Missionsschule *f* mission school

MissklangRR *m,* **Mißklang** *m* ❶ MUS discord *no indef art, no pl,* dissonance *no indef art, no pl*

❷ (*Unstimmigkeit*) discord *no indef art, no pl;* **ein ~** a note of discord, a discordant note

MisskreditRR *m kein pl,* **Mißkredit** *m* **jdn/etw [bei jdm] in ~ bringen** to bring sb/sth into discredit [with sb], to bring discredit on sb/sth; **in ~ geraten** to become discredited

misslangRR *imp von* **misslingen**

misslaunigRR *adj,* **mißlaunig** *adj s.* **missgelaunt**

misslichRR *adj,* **mißlich** *adj* (*geh*) awkward, difficult; **~er Vorfall** unfortunate incident

missliebigRR *adj,* **mißliebig** *adj* unpopular; ■**[bei jdm] ~ sein** to be unpopular [with sb]; **sich** *akk* **[bei jdm] ~ machen** to make oneself unpopular [with sb]

misslingenRR <misslang, misslungen> *vi,* **mißlingen** <mißlang, mißlungen> *vi sein* to fail, to be a failure, to be unsuccessful; ■**es misslingt jdm, etw zu tun** sb fails [in their [*or* an] attempt] to do sth; **eine misslungene Ehe** a failed [*or* an unsuccessful] marriage; **ein misslungener Kuchen** a botched-up cake *fam;* ***leider ist mir der Kuchen misslungen*** unfortunately my cake didn't turn out well

MisslingenRR <-s> *nt kein pl,* **Mißlingen** *nt* failure

misslungenRR, **mißlungen** I. *pp von* **misslingen**

II. *adj inv* **ein ~er Versuch** a failed [*or* unsuccessful] attempt

MissmanagementRR [-mɛnɛdʒmənt] *nt,* **Mißmanagement** *nt* mismanagement *no pl*

MissmutRR *m kein pl,* **Mißmut** *m* moroseness *no pl;* ***voller ~ machte er sich an die Arbeit*** grudgingly he set to work

missmutigRR *adj,* **mißmutig** *adj* morose, sullen; ***mach doch kein so ~es Gesicht*** don't look so morose; **in so ~er Stimmung** in such a bad mood

missratenRR* *vi irreg sein,* **mißraten** *vi* ❶ (*geh: schlecht erzogen sein*) to go wrong, to turn out badly

❷ (*geh: nicht gelingen*) ■**etw missrät [jdm]** sth goes wrong; ***der Kuchen ist mir leider etwas ~*** my cake unfortunately went a bit wrong

MissstandRR *m,* **Mißstand** *m* deplorable state of affairs *no pl;* **Missstände in der Verwaltung** a number of administrative irregularities; **soziale Missstände** social evils

MissstimmungRR *f kein pl,* **Mißstimmung** *f* ill humour [*or* AM -or] *no indef art, no pl;* ***unter den Teilnehmern herrschte ~*** there was discord [*or* a bad atmosphere] among the participants

misstRR *3. pers. pres von* **messen**

MisstonRR *m,* **Mißton** *m* ❶ MUS discordant [*or* wrong] note

❷ *s.* **Missklang 2**

misstrauenRR* *vi,* **mißtrauen** *vi* ■**jdm/etw [in etw** *dat***] ~** to mistrust [*or* distrust] sb/sth [with regard to sth]

MisstrauenRR <-s> *nt kein pl,* **Mißtrauen** *nt* mistrust *no pl,* distrust *no pl;* **jdm ~ entgegenbringen, ~ gegen jdn hegen** (*geh*) to mistrust sb; **jdm ein gesundes ~ entgegenbringen** to show sb a healthy [measure of] mistrust; **einer Unternehmung ein gesundes ~ entgegenbringen** to approach a venture with a healthy [measure of] mistrust; **jdm das ~ aussprechen** POL to pass a vote of no confidence in sb

MisstrauensantragRR *m* POL motion of no confidence; **einen ~ einbringen** to table a motion of no confidence **Misstrauensvotum**RR *nt* vote of no confidence; **konstruktives ~** *"constructive" vote of no confidence*

misstrauischRR, **mißtrauisch** I. *adj* mistrustful, distrustful; (*argwöhnisch*) suspicious; ■**[jdm/einer S. gegenüber] ~ sein** to be mistrustful [*or* suspicious] [of sb/sth]

II. *adv* mistrustfully, distrustfully; (*argwöhnisch*) suspiciously; ***warum schaust du [mich] so ~ [an]***? why are you looking [at me] so mistrustful[ly]?

MissvergnügenRR *nt,* **Mißvergnügen** *nt* (*geh*) *s.* **Missfallen**

MissverhältnisRR *nt,* **Mißverhältnis** *nt* disproportion *no pl;* **im ~ zu etw** *dat* **stehen** to be disproportionate to sth; ***der riesige Schreibtisch steht in einem gewissen ~ zu der winzigen Schreibtischlampe*** there is a certain imbalance between the huge desk and the tiny lamp

missverständlichRR, **mißverständlich** I. *adj* unclear; (*Ausdruck, Formulierung*) that could be misunderstood; ■**[zu] ~ sein** to be [too] liable to be misunderstood [*or* to misunderstanding]

II. *adv* unclearly, in a way that could be misunderstood

MissverständnisRR <-ses, -se> *nt,* **Mißverständnis** *nt* ❶ (*irrige Annahme*) misunderstanding *no pl*

❷ *meist pl* (*Meinungsverschiedenheit*) misunderstanding, disagreement

missverstehenRR* *vt irreg,* **mißverstehen** *vt* ■**jdn/etw ~** to misunderstand sb/sth; ***Sie haben das missverstanden*** you've misunderstood

MissverwaltungRR *f,* **Mißverwaltung** *f* mismanagement, maladministration

MisswahlRR *f,* **Mißwahl** *f* beauty contest [*or* pageant]

MisswirtschaftRR *f,* **Mißwirtschaft** *f* (*pej*) mismanagement *no pl,* maladministration *no pl form*

Mist <-es> *m kein pl* ❶ (*Stalldünger*) manure *no pl,* dung *no pl,* muck *no pl*

❷ (*fam: Quatsch*) nonsense *no pl,* BRIT *a.* rubbish *no pl*

❸ (*fam: Schund*) junk *no pl,* trash *no pl,* BRIT *a.* rubbish *no pl*

► WENDUNGEN: ~ **bauen** [*o* **machen**] (*fam*) to screw up *fam;* ***da hast du ganz schön ~ gemacht!*** you have really screwed up [*or* boobed] there!; **etw ist auf jds ~ gewachsen** (*fam*) sth came out of sb's head; ***das ist nicht auf seinem ~ gewachsen*** that wasn't his own doing, he didn't do that off his own bat; **mach keinen ~!** (*fam*) don't mess [*or sl* piss] around! [*or* BRIT *a.* about]; **~!, so ein ~!** (*fam*) damn! *fam,* blast! BRIT *fam,* what a blasted nuisance! BRIT *fam;* **verdammter ~!** (*fam*) damn it! *fam,* bloody hell! BRIT *sl,* sod it! BRIT *sl*

Mistbeet *nt* HORT hotbed, forcing bed

Mistel <-, -n> *f* mistletoe *no pl*

Misteldrossel *f* ORN mistle trush

Mistfink *m* ❶ (*fam: unsauberer Mensch*) dirty so-and-so *fam* ❷ (*derb: Mistkerl*) bastard *fam!* **Mistgabel** *f* pitchfork **Misthaufen** *m* manure [*or* dung] [*or* muck] heap **Mistkäfer** *m* dung beetle **Miststück** *nt* ❶ (*fam*) bastard *masc fam,* BRIT *a.* [cheeky] bugger *masc fam,* bitch *fem fam* ❷ (*pej fam: Mann*) rotten bastard *pej sl,* lousy [piece of] shit *pej sl;* (*Frau*) lousy bitch *pej sl* **Mistvieh** *nt* (*pej fam*) [god]damned [*or* BRIT *a.* bloody] animal *pej sl* **Mistwetter** *nt kein pl* (*pej fam*) lousy weather *no pl, no indef art pej fam*

mit I. *präp +dat* ❶ (*unter Beigabe von etw*) with; ***trinkst du den Espresso ~ oder ohne Zucker?*** do you take your espresso with or without sugar?; ***isst du das Ei immer ~ so viel Salz und Pfeffer?*** do you always put so much salt and pepper on your egg?; **Champagner ~ Kaviar** champagne and caviar

❷ (*mittels*) with; ~ ***bequemen Schuhen läuft man besser*** it's easier to walk in comfortable shoes; ~ **Kugelschreiber geschrieben** written in biro [*or* ballpoint]

❸ (*per*) by; ~ **der Bahn/dem Bus/Fahrrad/der Post** by train/bus/bicycle/post

❹ (*unter Aufwendung von etw*) with; ~ **all meiner Liebe** with all my love; ~ **etwas mehr Mühe** with a little more effort

❺ *zeitlich* at; ~ **18 [Jahren]** at [the age of] 18; ~ **seinem Durchfahren des Zieles** when he crossed the line; ~ ***dem dritten Ton des Zeitzeichens ist es genau 7 Uhr*** at the third stroke the time will be exactly 7 o'clock

❻ *bei Maß-, Mengenangaben* with; ~ **einem Kilometerstand von 24567 km** with 24,567 km on the clock; ~ **drei Zehntelsekunden Vorsprung** with three tenths of a second advantage; ***das Spiel endete ~ 1:1 unentschieden*** the game ended in a 1–1 draw; ***der Zug lief ~ zehn Minuten Verspätung ein*** the train arrived ten minutes late; ***er war ~ über 400 Mark im Soll*** he was over 400 marks in debt; **sich ~ 500000 DM versichern** to insure oneself for 500,000 DM

❼ (*einschließlich*) ■~ **jdm [zusammen]** [together] with sb, including sb; ~ ***Axel und Hans waren wir sechs Personen*** there were six of us including [*or* with] Axel and Hans

❽ (*fam: und dazu*) ■**jd ~ jds ...** sb and sb's ...; **du ~ deiner ewigen Prahlerei** you and your constant boasting

❾ (*was jdn/etw angeht*) with; ~ ***meiner Gesundheit steht es nicht zum Besten*** I am not in the

best of health; ~ **jdm/etw rechnen** to reckon on [*or* with] sb/sth
II. *adv* too, as well; ~ **dabei sein** to be there too; ***sie gehört ~ zu den führenden Experten auf diesem Gebiet*** she is one of the leading experts in this field; ***er war ~ einer der ersten, die diese neue Technologie angewendet haben*** he was one of the first to use this new technology

Mitangeklagte(r) *f(m) dekl wie adj* JUR co-defendant, co-accused **Mitanmelder(in)** *m(f) eines Patents* joint applicant, co-applicant

Mitarbeit *f* ❶ (*Arbeit an etw*) collaboration; ■**jds ~ an etw** *dat*/**bei etw** *dat* sb's [collaborative] work on sth; **unter ~ von jdm** in collaboration with sb; **sich** *akk* **für die ~ bei jdm bewerben** to apply to work with sb
❷ SCH (*Beteiligung*) participation *no pl*
❸ (*Unterstützung*) ■**jds ~ [bei etw** *dat*] sb's assistance [in sth]; ***er bot der Polizei seine ~ an*** he offered to cooperate with the police

mit|arbeiten *vi* ❶ (*als Mitarbeiter tätig sein*) ■**an etw** *dat*/**in etw** *dat*/**bei jdm** ~ to collaborate on sth/with sb; **wenn Sie bei uns ~ wollen** if you want to come and work with us; ***wie lange arbeiten Sie jetzt eigentlich schon bei uns mit?*** how long have you been working with us now?
❷ SCH (*sich beteiligen*) ■**[in etw** *dat*] ~ to participate [in sth]; ***er arbeitet in der Schule/im Unterricht immer aktiv mit*** he always takes an active part in school/the lessons
❸ (*fam: mit den anderen arbeiten*) to work too; ***meine Frau braucht nicht mitzuarbeiten*** my wife doesn't need to work [as well]

Mitarbeiter(in) *m(f)* ❶ (*Mitglied der Belegschaft*) employee, member of staff; **kaufmännischer ~** clerk; **neue ~ einstellen** to take on new staff; **freier ~** freelance; **als freier ~ arbeiten** to work as a freelance
❷ (*hist: Mitarbeiter beim Staatssicherheitsdienst der ehem. DDR*) **inofizieller ~** unofficial collaborator
❸ (*Kollege*) colleague
❹ (*Koautor*) contributor; ***an dem Artikel haben insgesamt vier ~ mitgewirkt*** altogether four people collaborated on this article

Mitarbeiterführung *f kein pl* staff supervision

Mitarbeitergespräch *nt* staff appraisal

Mitarbeiterin <-, -nen> *f fem form von* **Mitarbeiter**

Mitarbeiterparkplatz *m* staff carpark **Mitarbeiterstab** *m* staff **Mitarbeiterstamm** *m* permanent workforce

Mitbegründer(in) *m(f)* co-founder **Mitbeklagte(r)** *f(m) dekl wie adj* JUR *s.* **Mitangeklagte(r)**

mit|bekommen* *vt irreg* ❶ (*mitgegeben bekommen*) ■**etw [von jdm]** ~ to be given sth [by sb], to get sth [from sb]
❷ (*vermittelt bekommen*) ■**[irgendwo] etw** ~ to get [*or* be given] sth [somewhere]; **eine solide Ausbildung ~** to get [*or* receive] a solid [*or* sound] training; **eine gute Erziehung ~** to receive [*or* get] [*or* have] a good education
❸ (*wahrnehmen*) ■**etw** ~ to be aware of sth; **die neuesten Nachrichten ~** to get [*or* hear] the latest news; **vom Unterricht weniger ~** to get less out of the lessons
❹ (*verstehen*) ■**etw [von etw** *dat*] ~ to understand sth [about sth]; ***bei dem Lärm konnte man kaum etwas [von der Ansprache] ~*** with that noise you could hardly hear anything [of the speech]; ***hast du etwas davon ~?*** did you catch any of it?
❺ (*fam: vererbt bekommen*) ■**etw von jdm** ~ to get sth from sb; ***die Locken hatte er offensichtlich von seinem Vater ~*** he obviously got his curls from his father

mit|benutzen* *vt*, **mit|benützen*** *vt* SÜDD ■**etw** ~ to share sth

Mitbenutzung *f* use

Mitbenutzungsrecht *nt* JUR right of joint use

Mitbeschuldigte(r) *f(m)* JUR co-accused, co-defendant **Mitbesitz** *m kein pl* JUR joint possession [*or* tenancy]

mit|bestimmen* I. *vi* ❶ (*maßgeblich mitwirken*) ■**[bei etw** *dat*] ~ to have a say [in sth]
❷ (*mit ausschlaggebend sein*) ■**[bei etw** *dat*] ~ to have an influence [on sth]; ■**~d** influential; **ein ~der Faktor** a contributing factor; **bei etw** *dat*/**für etw** *akk* **~d sein** to have an influence on sth
II. *vt* ■**etw** ~ to have an influence on sth

Mitbestimmung *f* ❶ (*das Mitbestimmen*) ■**jds ~ bei etw** *dat* sb's participation in sth; **das Recht zur ~ bei ...** the right to participate in ...
❷ (*Mitentscheidung*) participation in decision-making, co-determination *no pl;* **betriebliche ~** worker participation; **paritätische ~** equal representation

Mitbestimmungsgesetz *nt* law of codetermination, worker participation law **Mitbestimmungsrecht** *nt* right of co-determination

mit|beteiligen* *vt* ■**jdn an etw** ~ to participate sb in sth; ■**sich** *akk* **an etw** *dat* ~ to take part in sth; **an einer Straftat mitbeteiligt** privy to [*or* participating in] an offence

Mitbeteiligte(r) *f(m) dekl wie adj* JUR interested party; (*Komplize*) accomplice

Mitbewerber(in) *m(f)* ❶ (*ein weiterer Bewerber*) fellow applicant; **über 900 ~innen und ~** over 900 other applicants
❷ (*Konkurrent*) competitor

Mitbewohner(in) *m(f)* fellow occupant; (*in WG*) flatmate BRIT, housemate AM, roommate AM

mit|bringen *vt irreg* ❶ (*als mitgeführten Gegenstand bringen*) ■**[jdm] etw** ~ to bring [sb] sth; ***kann ich dir etw [aus der Stadt] ~?*** can I bring you anything back [from town]?
❷ (*als Begleitung bringen*) ■**jdn** ~ to bring sb [with one]; ***hast du denn niemanden mitgebracht?*** didn't you bring anyone with you?
❸ (*einbringen*) ■**etw [für etw** *akk*] ~ to have [*or* possess] sth [for sth]; ***sie bringt alle nötigen Voraussetzungen für die Stelle mit*** she meets [*or* satisfies] all the necessary requirements for the post

Mitbringsel <-s, -> *nt* small [*or* little] present

Mitbürge, -bürgin *m, f* JUR joint guarantor, co-surety; **Recht auf Ausgleich von den ~n** right to contribution from co-sureties

Mitbürger(in) *m(f)* fellow citizen; **ältere ~** senior citizens

Mitbürgschaft *f* JUR joint guarantee [*or* surety]

mit|denken *vi irreg* ■**[bei etw** *dat*/**in etw** *dat*] ~ to follow [sth]; **bei seiner Argumentation/Erklärung ~** to follow his argument/explanation; **bei politischen Entscheidungen/in der Politik ~** to understand political decisions/politics; ***danke fürs M~*** thanks for thinking of it too [*or* being on the ball]; ***du denkst ja mit!*** good thinking!

mit|drucken *vt* TYPO ■**etw** ~ to print sth in the same forme [*or* AM form]

mit|dürfen *vi irreg* ■**[mit jdm]** ~ to be allowed to come [*or* go] along [with sb] too; ***darf ich auch mit?*** can I come [too]?

Miteigentum *nt kein pl* co-ownership *no pl,* joint ownership *no pl*

Miteigentümer(in) *m(f)* co-owner, joint owner

Miteigentumsanteil *m* JUR co-ownership share **Miteigentumswert** *m kein pl* JUR co-ownership share value

miteinander *adv* ❶ (*jeder mit dem anderen*) with each other [*or* one another]; **~ reden** to talk to each other [*or* one another]; **~ verfeindet sein** to be enemies; **~ verheiratet sein** to be married to each other [*or* one another]; **~ verschwägert/verwandt sein** to be related to each other [*or* one another]
❷ (*zusammen*) together; **alle ~** all together

Miteinander <-s> *nt kein pl* cooperation *no pl,* working and living together

miteinbeziehen* *vt irreg sein* ■**jdn/etw [in etw]** ~ to include sb/sth [in sth]

mit|empfinden* *irreg* I. *vt* (*geh*) ■**etw** ~ to feel sth too; ***ich kann Ihre Trauer gut ~*** I know well the grief you are feeling
II. *vi* (*geh*) ■**[mit jdm]** ~ to sympathize [with sb], to feel for sb

mitentscheiden* *vi, vt irreg* ■**(etw)** ~ to have a say [in sth]

Miterbe, -erbin *m, f* joint heir [*or* beneficiary]

Miterbengemeinschaft *f* JUR community of joint heirs

Miterfinder(in) *m(f)* joint inventor

Miterfindung *f* joint inventorship

mit|erleben* *vt* ■**etw** ~ *Ereignisse, Unglück* to experience [*or* live through] [*or* witness] sth; *eine Zeit* to be alive during sth; *im Fernsehen* to follow sth

mit|essen *irreg* I. *vt* ■**etw [mit jdm]** ~ to have sth [to eat] [with sb]; ***setz dich doch, iss einen Teller Suppe [mit uns] mit!*** sit down and have a bowl of soup with us!
II. *vi irreg* ■**[bei jdm]** ~ to eat [*or* have [*or* share] a meal] [with sb]

Mitesser <-s, -> *m* blackhead

mit|fahren *vi irreg sein* ■**[mit jdm]** ~ to go [*or* get a lift] [with sb]; ***darf ich [bei Ihnen] ~?*** can I have a lift?, can you give me a lift?; ■**jdn ~ lassen** to give sb a lift

Mitfahrer(in) *m(f)* fellow passenger

Mitfahrgelegenheit *f* lift **Mitfahrzentrale** *f* lift-arranging [*or* AM ride-sharing] agency

mit|fühlen I. *vt* ■**[jdm] etw** ~ to feel sth [with sb]; ***ich kann lebhaft ~, wie dir zu Mute sein muss*** I can well imagine how you must feel
II. *vi* ■**[mit jdm]** ~ to sympathize [with sb], to feel for sb

mitfühlend *adj* sympathetic; **~e Worte** sympathetic [*or* compassionate] words

mit|führen *vt* ■**etw [mit sich** *dat*] ~ ❶ (*geh: bei sich haben*) to carry [*or* have] sth [with one]; ***führen Sie [bei sich/im Auto] zu verzollende Artikel mit?*** do you have anything to declare [with you/in the car]?
❷ (*transportieren*) to carry sth along

mit|geben *vt irreg* ❶ (*auf den Weg geben*) ■**jdm etw [für jdn]** ~ to give sb sth [for sb]; ***ich gebe dir einen Apfel für unterwegs mit*** I'll give you an apple to take with you
❷ (*als Begleitung geben*) ■**jdm jdn** ~ to send sb along with [*or* get sb to accompany] sb
❸ (*für etw versehen*) ■**jdm etw** ~ to give sb [*or* provide sb with] sth

Mitgefangene(r) *f(m) dekl wie adj* fellow prisoner

Mitgefühl *nt kein pl* sympathy *no pl;* **[mit jdm] ~ empfinden** to feel [*or* have] sympathy [for sb]

mitgeführt *adj inv* **~e Ladung** within cargo

mit|gehen *vi irreg sein* ❶ (*begleiten*) ■**[mit jdm]** ~ to go too [*or* with sb]; ***will noch jemand [mit mir] ~?*** does anyone want to go with me? [*or* come [with me]]
❷ (*sich mitreißen lassen*) ■**[mit jdm/bei etw** *dat*] ~ to respond [to sb/sth]
❸ (*stehlen*) **etw ~ lassen** (*sl*) to walk off with [*or fam* pinch] sth

mitgenommen I. *pp von* **mitnehmen**
II. *adj inv* (*fam*) worn-out; **~ aussehen** *Mensch* to look worn-out; *Sache* to be in a sorry state

mitgestalten* *vt* ■**etw** ~ to help fashion [*or* shape] [*or* form] sth

Mitgift <-, -en> *f* dowry

Mitgläubiger(in) *m(f)* JUR co-creditor, joint creditor

Mitglied *nt* member; ***Zutritt nur für ~er*** members only; **als ~ der Gewerkschaft** as a trade union member [*or* trade unionist]; **ordentliches ~** full member; **passives ~** non-active member; **vollberechtigtes ~** full member; **~ einer S.** *gen* **sein** to be a member of sth; **~ des Vorstandes sein** to sit [*or* have a seat] on the board; **~er werben** to enlist members

Mitgliederbefragung *f* membership survey, canvas[sing] of the members **Mitgliederhaftung** *f* JUR members' liability, liability of members **Mitgliederversammlung** *f* general meeting **Mitgliederzahl** *f* number of members, membership

Mitgliedsausweis *m* membership card

Mitgliedsbeitrag *m* membership subscription

M

[*or* fee]

Mitgliedschaft <-, -en> *f* membership; **die ~ in einer Partei beantragen** to apply for membership of [*or* AM in] a party

Mitgliedschaftsrechte *pl* JUR membership rights

Mitgliedsfirma *f* ÖKON member firm **Mitgliedsland** *nt* POL member country [*or* state] **Mitgliedsstaat** *m* member state **Mitgliedsunternehmen** *nt* member company

mit|grölen *vi* (*fam*) to bawl along [to a/the song]; ***sie grölten alle mit*** they all bawled together [*or* in unison]

mit|haben *vt irreg* ■**etw ~** to have got sth [with one]; ***haben wir genug Geld mit?*** have we got enough money [with us]?

Mithäftling *m* fellow prisoner

Mithaftung *f* JUR joint liability

mit|halten *vi irreg* (*fam*) ■**[bei etw** *dat***] ~** to keep up [with sth]; **bei dem Konkurrenzkampf ~** to keep pace with the competition; **bei einer Diskussion ~** to hold one's own in a discussion; **eine Argumentation/Theorie ~** to follow an argument/a theory; ***ich konnte [bei der Auktion] nicht mehr ~*** I couldn't stay in the bidding any longer; ***ich halte mit*** count me in

mit|helfen *vi irreg* ❶ (*sich helfend beteiligen*) ■**[jdm] [bei etw** *dat***/in etw** *dat***] ~** to help [sb] [with/in sth]; **im Haushalt/in der Küche/beim Putzen ~** to help [out] with the housework/in the kitchen/with the cleaning
❷ (*dazu beitragen*) ■**~, dass etw geschieht** to contribute to sth happening

Mitherausgeber(in) *m(f)* co-editor, joint editor; (*Verlag*) co-publisher

Mithilfe *f kein pl* help *no pl*, assistance *no pl;* **unter jds ~** with sb's help; **unter ~ von jdm** with the aid [*or* assistance] of sb

mithin *adv* (*geh*) therefore, consequently

mit|hören I. *vt* ■**etw ~** to listen to sth; **ein Gespräch ~** to listen in on a conversation; ***wir haben alles mitgehört*** we heard everything
II. *vi* to listen in; (*zufällig*) to overhear; ***Feind hört mit!*** careless talk costs lives!

Mitinhaber(in) *m(f)* co-owner, joint owner; (*von Firma, Geschäft a.*) coproprietor

Mitinhaberschaft *f* JUR joint ownership [*or* proprietorship]

mit|kämpfen *vi* ■**[bei etw** *dat***/in etw** *dat***] ~** to fight [at/in sth]; **in der Schlacht bei Waterloo ~** to take part in [*or* fight at] the Battle of Waterloo; **bei dem Sturmangriff auf die Burg ~** to take part in the assault on the castle; **im Ersten Weltkrieg ~** to fight in the First World War

Mitkläger(in) <-s, -> *m(f)* JUR *im Zivilrecht* joint plaintiff; *im Strafrecht* joint prosecuting party

mit|klingen *vi irreg* ■**[in etw** *dat***] ~** to sound [in sth]; ***klingt in deinen Worten Enttäuschung/Verbitterung mit?*** is there a note of disappointment/bitterness in your words?

mit|kommen *vi irreg sein* ❶ (*begleiten*) ■**[mit jdm] ~** to come [with sb]; ***kommst du mit?*** are you coming with me/us/too?; ***kommt doch mit uns mit*** do come with us
❷ (*Schritt halten können*) ■**[mit jdm] ~** to keep up [with sb]
❸ (*mitgeschickt werden*) ■**[mit etw** *dat***] ~** to come [*or* arrive] [with sth]; **mit der Post ~** to come with the post [*or* AM mail]; ***das zweite Paket kommt vielleicht mit der zweiten Lieferung mit*** the second parcel may come in/with the second post
❹ SCH (*fam: mithalten können*) ■**[in etw** *dat***] ~** to be equal [*or* up] to sth; **in der Schule gut/schlecht ~** to get on well/badly at school
❺ (*verstehen*) **da komme ich nicht mit** (*fam*) it's beyond me *fam;* ***ich komme da nicht mit*** I don't get it

mit|können *vi irreg* (*fam*) ❶ (*begleiten dürfen*) ■**[mit jdm] [irgendwohin] ~** to be able to come/go [somewhere] [with sb]; ***sie kann ruhig mit*** she is welcome to come too
❷ (*fam: verstehen*) ■**bei etw** *dat* **noch/nicht mehr ~** to still/no longer be able to follow sth

mit|kriegen *vt* (*fam*) *s.* **mitbekommen**

mit|laufen *vi irreg sein* ❶ (*zusammen mit anderen laufen*) ■**[bei etw** *dat***] ~** to run [in sth]; ***beim Marathonlauf sind über 500 Leute mitgelaufen*** over 500 people took part in the marathon
❷ (*sich gleichzeitig bewegen*) to run; ***das Band läuft mit*** the tape is running

Mitläufer(in) *m(f)* POL (*pej*) fellow traveller [*or* AM *a.* traveler], sympathizer

Mitläufereffekt *m* ÖKON bandwagon effect

Mitlaut *m* consonant

Mitleid *nt kein pl* sympathy *no pl*, pity; ***ich brauche dein ~ nicht*** I don't need your sympathy; ■**jds ~ [mit jdm]** sb's sympathy [for sb]; **~ [mit jdm/einem Tier] haben** [*o geh* **empfinden**] to have [*or* feel] sympathy [*or* feel pity [*or* compassion]] [for sb/an animal]; **~ erregend** *Anblick* pitiful; **~ schinden** (*fam*) to fish for sympathy; **aus ~** out of pity; ***er ließ den Frosch aus ~ frei*** he took pity on the frog and set it free

Mitleidenschaft *f kein pl* **etw zieht jdn in ~** (*geh*) sth affects sb; ***der Sturz hat sie ganz schön in ~ gezogen*** the fall has taken a lot out of her; **etw zieht etw** *akk* **in ~** (*geh*) sth has a detrimental effect on sth

mitleiderregend *adj Anblick* pitiful

mitleidig I. *adj* ❶ (*mitfühlend*) sympathetic, compassionate
❷ (*iron: verächtlich*) pitying
II. *adv* ❶ (*voller Mitgefühl*) sympathetically, compassionately
❷ (*iron: verächtlich*) pityingly

mitleid(s)los I. *adj* pitiless, heartless
II. *adv* pitilessly, without pity

Mitleid(s)losigkeit <-> *f kein pl* pitilessness *no pl*

mitleid(s)voll *adj* (*geh*) *s.* **mitleidig 1**

mit|lesen I. *vt irreg* ■**etw ~** ❶ (*ebenfalls lesen*) to read sth too
❷ (*etw zusammen mit jdm lesen*) to read sth with sb
II. *vi* to read too [*or* at the same time]

mit|machen I. *vi* ❶ (*teilnehmen*) ■**[bei etw** *dat***] ~** to take part [in sth], to join in [sth]; **bei einem Ausflug/Kurs ~** to go on a trip/do a course
❷ (*fam: gut funktionieren*) to be up to it; **wenn das Wetter mitmacht** if the weather cooperates [*or* is good enough]; **solange meine Beine ~** as long as my legs hold out; **wenn das Herz mitmacht** if his/her heart can take it
II. *vt* ❶ (*fam: etw hinnehmen*) ■**etw ~** to go along with sth; ***lange mache ich das nicht mehr mit*** I won't put up with [*or* stand for] it much longer
❷ (*sich beteiligen*) ■**etw ~** to join [*or* take part] in sth; **den Ausflug/die Wanderung ~** to go on the trip/walk
❸ (*erleiden*) ■**viel/einiges ~** to go through a lot/quite a lot

Mitmensch *m* fellow man [*or* human being]

mitmenschlich *adj inv, attr Beziehungen, Kontakte* interpersonal

Mitmieter(in) *m(f)* joint tenant

mit|mischen *vi* (*fam*) ■**bei etw** *dat***/in etw** *dat* **~** to be involved in sth

mit|müssen *vi irreg* to have to come/go too

Mitnahme <-> *f kein pl* (*geh*) taking [away] with one; ***diese Prospekte liegen hier zur kostenlosen ~ aus*** you can take these brochures with you free of charge; **unter ~ einer S.** *gen* taking/having taken sth with one **Mitnahmemarkt** *m* cash and carry **Mitnahmepreis** *m* take-away price

mit|nehmen *vt irreg* ❶ (*zur Begleitung nehmen*) ■**jdn/ein Tier [irgendwohin] ~** to take sb/an animal with one [somewhere]
❷ (*mit sich nehmen*) ■**etw [irgendwohin] ~** to take sth with one [somewhere]; **etw ist zum M~** sth is free [to be taken with one]; ***sind die Probefläschchen zum M~?*** can I take one of these sample bottles?; **zum M~** to take away; ***zum hier Essen oder zum M~?*** to eat here or [to] take away?
❸ (*transportieren*) ■**jdn [in etw** *dat***] ~** take sb with one [in sth]; ***könnten Sie mich [im Auto] ~?*** could you give me a lift [in your car]?
❹ (*erschöpfen*) to take it out of one; ***ihr seht mitgenommen aus*** you look worn out
❺ (*in Mitleidenschaft ziehen*) ■**etw ~** to take its toll on sth; ***das Fahren auf den buckligen Strecken hat die Stoßdämpfer sehr mitgenommen*** the bumpy roads have really taken their toll on [*or* worn out] the shock absorbers
❻ (*fam: erleben*) ■**etw ~** to see [*or* visit] sth; **die Sehenswürdigkeiten ~** to take in the sights

mitnichten *adv* (*geh*) not at all, by no means

Mitochondrium <-s, Mitochondrien> *nt* BIOL mitochondrion

Mitose <-, -n> *f* BIOL mitosis

mitotisch *adj* mitotic

Mitpatient(in) *m(f)* fellow patient

Mitra <-, Mitren> *f* REL mitre

mit|rechnen I. *vt* ■**etw ~** to include sth [in a calculation]
II. *vi* to count too

mit|reden *vi* ❶ (*beteiligt sein wollen*) ■**[bei etw** *dat***] ~** to have a say [in sth]
❷ (*sich kompetent beteiligen*) ■**~ können** to be competent to talk about sth; **bei einer Diskussion ~ können** to be able to join in a discussion; ***da können Sie nicht ~*** you wouldn't know anything about that; *s. a.* **Wörtchen**

mit|reisen *vi sein* ■**[mit jdm] [irgendwohin] ~** to travel [somewhere] [with sb]

Mitreisende(r) *f(m) dekl wie adj* fellow passenger

mit|reißen *vt irreg* ❶ (*mit sich reißen*) ■**jdn/etw ~** to sweep [*or* carry] sb/sth away
❷ (*begeistern*) ■**jdn ~** to get sb going; ***die Musik riss die Fans förmlich mit*** the fans got quite carried away by the music

mitreißend *adj* rousing; *Spiel* thrilling, exciting

mitsamt *präp +gen* ■**~ einer S.** *gen* together [*or* complete] with sth **mit|schicken** *vt* (*im Brief*) ■**etw [in etw] ~** to enclose sth [in sth]

mit|schleifen *vt* ■**jdn/etw ~** to drag sb/sth along

mit|schleppen *vt* (*fam*) ■**jdn/etw [mit sich** *dat***] ~** to lug [*or* hump] [*or* cart] sb/sth [with one] *fam*

mit|schneiden *vt irreg* ■**etw [auf etw** *dat***] ~** *a.* TELEK to record [*or* tape] sth [on sth]

Mitschnitt *m* ❶ (*das Mitschneiden*) recording, taping
❷ (*Aufnahme*) recording, tape; **einen ~ von etw machen** to make a recording of [*or* tape] sth

mit|schreiben *irreg* I. *vt* ■**etw ~** to write [*or* take] down sth *sep*
II. *vi* to take notes

Mitschuld *f* ■**jds ~ [an etw** *dat***]** sb's share of the blame [*or* responsibility] [for sth]; JUR sb's complicity [in sth]; **die ~ [an etw] eingestehen/von sich weisen** to admit/deny one's share of the blame [*or* that one was partly responsible [*or* to blame]] [for sth]; **eine ~ [an etw** *dat***] tragen** to share the blame [*or* responsibility] [for sth], to be partly responsible [*or* to blame] [for sth]

mitschuldig *adj* ■**der/die [an etw** *dat***] ~e …** the … who is partly responsible [*or* to blame] [for sth]; ■**~ [an etw** *dat***] sein** to be partly responsible [*or* to blame] [for sth]; JUR to be guilty of complicity [in sth]; **sich** *dat* **~ machen** to incur part of the blame [*or* responsibility]; JUR to become guilty of complicity as a result of one's actions

Mitschuldige(r) *f(m) dekl wie adj* sb who is partly to blame [*or* responsible]; JUR accomplice

Mitschuldner(in) *m(f)* JUR co-debtor

Mitschüler(in) *m(f)* SCH (*Klassenkamerad*) classmate; (*Schulkamerad*) school-friend

mit|schwingen *vi irreg* ❶ MUS (*gleichzeitig schwingen*) to resonate [as well [*or* too]]
❷ (*geh: auch anklingen*) ***als er sprach, schwang ein ärgerlicher Unterton mit*** there was a note of annoyance in his voice as he spoke

mit|singen *irreg* I. *vi* to sing along, to join in; ■**in etw** *dat***/bei etw** *dat* **~** to sing in sth; ***ich habe früher in einem Kirchenchor mitgesungen*** I

used to be member of a church choir
II. *vt* MUS ■**etw** ~ to join in [singing] sth

mit|spielen *vi* ① SPORT (*mit anderen spielen*) ■[**in/bei etw** *dat*] ~ to play [in/for sth]; ***er spielt in der anderen Mannschaft mit*** he's playing for [*or* he's on] the other team; **in einem Orchester** ~ to play in an orchestra
② FILM, THEAT ■[**bei/in etw** *dat*] ~ to be [*or* act] in sth
③ (*bei Kinderspielen*) to play
④ (*fam: mitmachen*) to go along with it; ***wenn die Geschäftsleitung mitspielt, …*** if the management agrees to it, …; ***das Wetter spielte nicht mit*** the weather wasn't kind to us
⑤ (*beteiligt sein*) ■[**bei etw**] ~ to play a part [in sth]
⑥ (*umgehen*) ***er spielte ihm übel mit*** he treated him badly

Mitspieler(in) *m(f)* ① SPORT (*Mannschaftskamerad*) team-mate BRIT, teammate AM
② THEAT (*zusammen auftretender Schauspieler*) fellow actor, member of the cast
③ (*jd, der mitspielt*) other player; ***ich suche noch eine ~in für ein Schachspiel*** I'm looking for someone to play chess with
④ LING actant

Mitsprache *f* say *no def art;* **ein Recht auf** ~ **haben** to be entitled to have a say

Mitspracherecht *nt kein pl* right to have a [*or* one's] say; **ein ~ bei etw haben** to have a say in sth; **jdm ein ~ [bei etw] einräumen** [*o* **gewähren**] to grant sb a say [in sth]

mit|sprechen *irreg* I. *vt* ■**etw** ~ to join in [saying] sth; **das Tischgebet** ~ to join in saying grace
II. *vi* ■[**bei/in etw** *dat*] ~ to have a [*or* one's] say [in sth]

Mitstreiter(in) <-s, -> *m(f)* (*geh*) comrade-in-arms

Mittag[1] <-[e]s, -e> *m* (*zwölf Uhr*) midday, noon; (*Essenszeit*) lunchtime; ***wir haben gleich*** ~ it's coming up to [*or* almost] midday [*or* lunchtime], it'll soon be midday; ■**gegen** ~ around [*or* about] midday [*or* noon]; ■**über** ~ at lunchtime[s]; ■**des ~s** (*geh*) at noon [*or* midday]; **zu ~ essen** to have [*or* eat] lunch; **etw zu ~ essen** to have [*or* eat] sth for lunch; ~ **haben** [*o* **machen**] (*fam*) to have [*or* take] [*or* be on] one's lunch break; ***in aller Regel machen wir eine halbe Stunde*** ~ we usually have a half-hour lunch break [*or* half an hour [off] for lunch]

Mittag[2] <-s> *nt kein pl* DIAL (*fam: ~essen*) lunch

Mittagessen *nt* lunch

mittäglich *adj attr* ① (*zur Mittagszeit stattfindend*) midday, lunchtime
② (*für den Mittag typisch*) midday

mittags *adv* at midday [*or* lunchtime]

Mittagshitze *f* midday heat **Mittagsmahl** *nt* (*veraltend geh*), **Mittagsmahlzeit** *f* (*geh*) luncheon *form,* midday meal **Mittagspause** *f* lunch break [*or* hour]; ~ **haben/machen** to have [*or* be on]/take one's lunch break [*or* hour] **Mittagsruhe** *f kein pl* ≈ siesta; ~ **halten** to rest after lunch **Mittagsschlaf** *m* midday [*or* after-lunch] sleep [*or* nap]; **einen ~ machen** [*o* **halten**] to have [*or* take] a midday [*or* an after-lunch] sleep [*or* nap] **Mittagssonne** *f* midday sun **Mittagsstunde** *f* (*geh*) midday, noon; ■**in der** ~ at midday [*or* noon]; ■**um die** [*o* **zur**] ~ around [*or* about] noon [*or* midday] **Mittagstisch** *m* ① (*zum Mittagessen gedeckter Tisch*) lunch table ② (*im Restaurant*) lunch menu; **einen ~ halten** to serve lunch **Mittagszeit** *f kein pl* lunchtime, lunch hour; ■**in** [*o* **während**] **der** ~ at lunchtime, during the lunch break; ■**um die** ~ around lunchtime

Mittäter(in) *m(f)* accomplice

Mittäterschaft <-> *f kein pl* complicity; ■~ **an etw** *dat* complicity in sth

Mittdreißiger(in) <-s, -> *m(f)* sb in their midthirties

Mitte <-, -n> *f* ① (*Punkt in der Hälfte von etwas*) midpoint
② (*Mittelpunkt*) centre [*or* AM -er]; ■**in der ~ einer S.** *gen* in the centre [*or* middle] of a thing; **in der ~ der Wand** in the centre of the wall; **in der ~ einer großen Menschenmenge** in the middle of a large crowd of people; ■**in der ~ zwischen …** halfway [*or* midway] between …; **jdn in die ~ nehmen** to take hold of sb between one; **aus unserer/ihrer ~** from our/their midst; **in unserer/ihrer ~** in our/their midst, among us/them [*or form* our/their number]
③ ■**die** ~ POL (*politische Gruppierung*) the centre [*or* AM -er]; **die linke/rechte ~** the centre-left/centre-right, left-of-centre/right-of-centre; **in der ~ stehen** to be in the centre
④ (*zur Hälfte*) middle; ~ **Januar/Februar/…** mid-January/February/…; ~ **des Jahres/Monats** in the middle of the year/month; ~ **[der] … sein** to be in one's mid- …; ***ich hätte sie auf ~ dreißig geschätzt*** I would have said that she's in her mid-thirties
► WENDUNGEN: **die goldene** ~ the golden mean, a happy medium; **ab durch die ~!** (*fam*) come on, let's get out of here! [*or sl* beat it]

mit|teilen I. *vt* ■**jdm etw** ~ to tell sb [*or form* inform sb of] sth; ■**jdm ~, dass** to tell [*or form* inform] sb that
II. *vr* ① (*sich erklären*) ■**sich [jdm]** ~ to communicate [with sb]
② (*geh: sich übertragen*) ■**sich jdm** ~ to communicate itself to sb

mitteilsam *adj* talkative

Mitteilung *f* ① (*Benachrichtigung*) notification; **eine amtliche ~** [*o* **offizielle**] an official communication [*or* communique]; **eine ~ bekommen** [*o* **erhalten**] to be notified; **eine ~ bekommen, dass** to be notified [*or* informed] that; **über etw** *akk* **~ bekommen/erhalten** to be notified [*or* informed] of [*or* about] sth; **jdm [eine] ~ [von etw] machen** (*geh*) to notify [*or* inform] sb [of sth], to report [sth] to sb; **nach ~ der/des …** according to the …
② (*Bekanntgabe*) announcement; **eine ~ machen** to make an announcement

Mitteilungsbedürfnis *nt kein pl* need to talk [to other people] **Mitteilungsblatt** *nt* newsletter **mitteilungsfreudig** *adj* fond of talking; ***Telefone sind sehr*** ~ telephones are chat-happy *fam* **Mitteilungspflicht** *f* JUR duty of disclosure

mittel *adj* ~ **durchgebraten** KOCHK half-done

Mittel <-s, -> *nt* ① PHARM (*Präparat*) drug, remedy; (*Lotion*) ointment, lotion; **ein ~ gegen etw** a cure [*or* remedy] for sth; **ein ~ gegen Schmerzen** a pain-reliever
② (*Putz~*) cleaning agent; (*Flecken~*) stain remover
③ (*Methode*) method, means *sing,* way *usu pl;* **ein ~ haben, [um] etw zu tun** to have ways [*or* means] of doing sth; ***wir haben ~, um ihn zum Reden zu bringen*** we have ways of making him talk; ***es gibt ein ~, das herauszufinden*** there are ways of finding that out; ~ **und Wege finden** to find ways and means; **ein ~ zum Zweck sein** to be a means to an end; **als letztes** [*o* **äußerstes**] ~ as a last resort; **jdm ist jedes ~ recht** sb will go to any length[s] [*or* stop at nothing]; **kein ~ unversucht lassen** to leave no stone unturned, to try everything; **mit allen ~n** by every means
④ *pl* FIN (*Geld~*) funds, [financial] means [*or* resources]; ***zum Glück verfüge ich dazu noch über genügende*** ~ thankfully, I've got enough funds left to cover that; **beschränkte/flüssige ~** limited resources/liquid assets; ~ **abstoßen** to liquidate resources; ~ **aufbringen/binden/kürzen** to raise/tie up/cut funds
⑤ (*Mittelwert*) average; **im ~** on average; **etw im ~ erreichen** to average [at] sth; **arithmetisches/geometrisches ~** arithmetic/geometric mean

Mittelabfluss[RR] *m* FIN outflow of funds

Mittelachse [-aksə] *f* ARCHIT, MATH central axis; AUTO central axle

mittelalt *adj* medium-matured

Mittelalter *nt kein pl* HIST ■**das** ~ the Middle Ages *npl;* ■**das finstere** [*o* **finsterste**] ~ the Dark Ages *npl*

mittelalterlich *adj* HIST medieval

Mittelamerika *nt* Central America

Mittelamerikaner(in) <-s, -> *m(f)* Central American

mittelamerikanisch *adj* Central American

mittelbar I. *adj* indirect; **~er Schaden** consequential damage
II. *adv* indirectly

Mittelbau <-bauten> *m* ① ARCHIT (*mittlerer Trakt*) central [*or* main] part [*or* block] ② *kein pl* SCH (*Assistenten und Räte*) non-professorial teaching staff **Mittelbetrieb** *m* medium-sized business [*or* enterprise] **Mittelbewirtschaftung** *f kein pl* ÖKON resources management **Mittelbrust** *f* KOCHK brisket **Mitteldeck** *nt* middle deck **mitteldeutsch** *adj* ① LING Middle [*or* Central] German ② HIST (*die DDR betreffend*) East German **Mitteldeutschland** *nt* (*veraltend*) Central Germany (*roughly between the rivers Elbe and Oder*) **Mittelding** *nt* (*fam*) ■**ein** ~ sth in between; ***eine Chaiselongue ist ein ~ zwischen Sofa und Ruhesessel*** a chaise longue is something between a sofa and an armchair **Mittelengland** *nt* the Midlands *npl* **Mittelenglisch** *nt* LING Middle English **Mitteleuropa** *nt* Central Europe **Mitteleuropäer(in)** *m(f)* Central European **mitteleuropäisch** *adj* Central European **Mittelfeld** *nt kein pl* SPORT ① (*Spielfeld*) midfield ② (*Teilnehmer*) pack **Mittelfeldspieler(in)** *m(f)* midfielder, midfield player **Mittelfinger** *m* middle finger **Mittelfinnland** *nt* Central Finland **Mittelfrankreich** *nt* Central France **mittelfristig** I. *adj* medium-term *attr;* **~e Finanzplanung/Kredite** medium-term revenue plan/loans II. *adv* ~ **anlegen** to make medium-term investments; ~ **planen** to plan for the medium term **Mittelgang** *nt* centre [*or* central] aisle **Mittelgebirge** *nt* low mountain range **Mittelgewicht** *nt* SPORT ① *kein pl* (*mittlere Gewichtsklasse*) middleweight ② (*fam*) *s.* **Mittelgewichtler**

Mittelgewichtler(in) <-s, -> *m(f)* middleweight

mittelgroß *adj* of medium height *pred* **mittelgut** *adj* average **Mittelherkunft** *f* FIN source of funds **Mittelhirn** *nt* ANAT midbrain **Mittelhochdeutsch** *nt* LING Middle High German; ■**das ~e** Middle High German

Mittelklasse *f* ① ÖKON (*mittlere Warenkategorie*) middle range, medium quality; **ein Wagen der ~** a mid-range car, a car in the medium [*or* middle] range
② SOZIOL middle class

Mittelklasseeinkommen *nt* SOZIOL middle class income **Mittelklassewagen** *m* AUTO mid-range [*or* middle-of-the-range] car **Mittelklassewohngegend** *f* SOZIOL middle class area [*or* district]

Mittelkonsole *f* AUTO center console **Mittelkornreis** *m* medium grain rice **Mittelkurs** *m* HANDEL mean price **Mittellänge** *f* TYPO x-height **Mittelläufer(in)** <-s, -> *m(f)* SPORT midfielder, midfield player **Mittellinie** *f* ① TRANSP (*Linie auf der Straßenmitte*) centre [*or* white] line; **durchgezogene/unterbrochene ~** continuous/broken centre [*or* white] line ② SPORT (*Linie des Mittelfeldes*) halfway line **mittellos** *adj* destitute, penniless **Mittellosigkeit** <-> *f kein pl* poverty *no pl* **Mittelmaß** *nt kein pl* ① (*meist pej: mittlere Leistung, Qualität*) mediocrity *no art* ② (*Durchschnitt*) average; **ein gesundes ~** a happy medium; **ein gutes ~** a good average

mittelmäßig I. *adj* average; **eine ~e Arbeit/Leistung** an average [*or pej* mediocre] work/performance
II. *adv* ~ **begabt sein** to [only] have mediocre talent[s], to be mediocre; ~ **spielen** to have an indifferent game; ***er spielte nur*** ~ his performance was mediocre

Mittelmäßigkeit <-> *f kein pl* mediocrity

Mittelmeer *nt* ■**das** ~ the Mediterranean [Sea]

Mittelmeeranrainer *pl* the countries bordering the Mediterranean **Mittelmeerklima** *nt* Mediterranean climate **Mittelmeerland** *nt* Mediterranean country **Mittelmeerraum** *m* ■**der** ~ the Mediterranean [region] **Mittelmotor** *m* AUTO mid-

engine **Mittelmotor-Roadster** *m* mid-engine roadster
Mittelohr *nt* ANAT middle ear
Mittelohrentzündung *f* inflammation of the middle ear, middle ear inflammation
mittelprächtig I. *adj* (*iron fam*) great *iron fam* II. *adv* (*fam*) not particularly good; **sich ~ fühlen** to not feel particularly good
Mittelpunkt *m* ① MATH (*Punkt in der Mitte*) midpoint; (*Zentrum*) centre [*or* AM -er] ② (*zentrale Figur*) centre [*or* AM -er] of attention; **im ~ sein** [*o* **stehen**] to be the centre of attention; **im ~ des öffentlichen Interesses stehen** to be the focus of public attention
Mittelpunktschule *f* SCH school situated in the centre [*or* AM -er] of a catchment area
mittels *präp +dat o gen* (*geh*) by means of
Mittelsäger <-s, -> *m* ORN red-breasted merganser **Mittelscheitel** *m* centre parting **Mittelschicht** *f* SOZIOL *s.* Mittelklasse 2 **Mittelschiff** *nt* ARCHIT nave **Mittelschnitt** *m* TYPO center slitting **Mittelschule** *f* ① (*Schultyp*) ≈ secondary school ② SCHWEIZ (*höhere Schule*) secondary school; **neue ~** ÖSTERR [new] secondary school **mittelschwer** *adj* relatively [*or* moderately] heavy; **ein ~es Auto** a medium-weight car; **eine ~e Übung** [*o* **Aufgabe**] a relatively [*or* moderately] difficult exercise **Mittelsenkrechte** *f* MATH midperpendicular
Mittelsmann <-männer *o* -leute> *m* intermediary, go-between, middleman
Mittelsorten *pl* HANDEL seconds
Mittelsperson *f* (*form*) intermediary
Mittelstadt *f* medium-sized town
Mittelstand *m* ① ÖKON ■**der ~** medium-sized companies [*or* firms] [*or* businesses] ② SOZIOL middle class
mittelständisch *adj* medium-sized; **~e Betriebe/Firmen** medium-sized companies/firms; **~es Unternehmen** medium-sized business; **~e Wirtschaft** small business
Mittelständler(in) *m(f)* ① (*Unternehmen*) medium-sized business ② POL, SOZIOL (*Angehörige(r) der Mittelschicht*) middle-class person
mittelstandsfeindlich *adj* anti-small business
mittelstandsfreundlich *adj* pro-small business
Mittelstandskartell *nt* ÖKON small firms' cartel
Mittelsteinzeit *f kein pl* ARCHÄOL Mesolithic period
Mittelstellung *f* intermediate position
Mittelstrecke *f* ① LUFT medium haul [*or* distance] ② SPORT middle distance ③ MIL (*Reichweite*) *Rakete* medium range **Mittelstreckenflugzeug** *nt* LUFT medium-haul [*or* -range] aircraft **Mittelstreckenlauf** *m* SPORT ① (*Disziplin*) middle-distance running *no art* ② (*einzelner Lauf*) middle-distance race **Mittelstreckenrakete** *f* MIL medium-range missile **Mittelstreifen** *m* TRANSP central reservation **Mittelstück** *nt* middle [*or* centre BRIT] part [*or* piece] **Mittelstufe** *f* SCH ≈ middle school **Mittelstürmer(in)** *m(f)* SPORT centre-forward, striker **Mittelverwaltung** *f* FIN administration of funds **Mittelverwendung** *f* allocation of resources; FIN application of funds; **missbräuchliche ~** misappropriation of funds **Mittelwagen** *m eines Zuges* mid-section carriage **Mittelweg** *m* middle course; **der goldene ~** the golden mean, a happy medium **Mittelwelle** *f* RADIO medium wave **Mittelwellensender** *m* medium-wave transmitter **Mittelwert** *m* mean [*or* average] [value]; **der arithmetische ~** the arithmetic mean **Mittelzufluss**^RR *m* FIN inflow of funds **Mittelzuweisung** *f* FIN allocation of funds
mitten *adv* ① (*direkt*) ■**~ aus etw** from the midst of sth ② (*fam: gerade*) ■**~ bei etw** [right] in the middle of doing sth; ***sie kamen, als ich noch ~ beim Kochen war*** I was still in the middle of cooking when they arrived; ■**~ in etw** *dat* [right] in the middle of sth ③ (*genau*) ■**~ in/vor etw** *dat* right into/on [the middle of] sth; **~ entzweibrechen** to break in half [*or* two] ④ (*geradewegs*) ■**~ durch etw** right [*or* straight] through [the middle of] sth; **~ hindurch** straight through ⑤ (*inmitten von*) ■**~ unter Menschen** in the midst of [*or* among] people; ***wie schön, dass ich wieder ~ unter euch sein darf*** how pleasant it is to be in your midst [*or* among you] again; **~ unter Dingen** [right] in the middle [*or* midst] of things
mittendrin *adv* (*fam*) ① (*genau in etw*) right [*or fam* slap-bang] in the middle [of it]; ■**~ in etw** *dat* right [*or fam* slap-bang] in the middle of sth ② (*direkt bei etw*) right in the middle of [doing] sth **mittendrunter** *adv* (*fam*) in the middle of it/them **mittendurch** *adv* right [*or* straight] through the middle
Mitternacht *f kein pl* midnight *no art*
mitternächtlich *adj attr* midnight *attr*
Mitternachtssonne *f* ■**die ~** the midnight sun
Mittfünfziger(in) <-s, -> *m(f)* a person in their mid-fifties
Mittler(in) <-s, -> *m(f)* mediator
mittlere(r, s) *adj attr* ① (*in der Mitte von zweien*) ■**der/die/das ~** the middle one [*or* one in the middle] ② (*durchschnittlich*) average *attr or pred;* **zu ~n Preisen essen** to eat [out] at reasonable prices ③ (*ein Mittelmaß darstellend*) medium-sized; **eine ~ Katastrophe/ein ~r Unfall** quite a substantial disaster/a fairly serious accident ④ (*den Mittelwert bildend*) average; **~ Auflage** TYPO medium-length run ⑤ (*in einer Hierarchie*) middle; **~s Management** middle management; **eine ~ Position** a middle-ranking position; **ein Auto der ~n Klasse** a middle of the range car
Mittlerrolle *f* mediatory role, role of [the] mediator
mittlerweile *adv* (*unterdessen*) in the mean time, meantime, meanwhile; (*seit dem*) since then; (*bis zu diesem Zeitpunkt*) by now
mit|tragen *vt irreg* ■**etw ~** *Entscheidung* to share sth; *Vorhaben* to take part in sth
Mittsechziger(in) <-s, -> *m(f)* a person in their mid-sixties **Mittsiebziger(in)** <-s, -> *m(f)* a person in their mid-seventies **Mittsommer** *m* midsummer **Mittsommernacht** *f* midsummer['s] night
Mittvierziger(in) <-s, -> *m(f)* a person in their mid-forties
Mittwoch <-s, -e> *m* Wednesday; *s. a.* **Dienstag**
Mittwochabend^RR *m* Wednesday evening; *s. a.* **Dienstag mittwochabends**^RR *adv* [on] Wednesday evenings **Mittwochmittag**^RR *m* [around] noon on Wednesday; *s. a.* **Dienstag mittwochmittags**^RR *adv* [around] noon on Wednesdays **Mittwochmorgen**^RR *m* Wednesday morning; *s. a.* **Dienstag mittwochmorgens**^RR *adv* [on] Wednesday mornings **Mittwochnachmittag**^RR *m* Wednesday afternoon; *s. a.* **Dienstag**
mittwochnachmittags^RR *adv* [on] Wednesday afternoons **Mittwochnacht**^RR *f* Wednesday night **mittwochnachts**^RR *adv* [on] Wednesday nights
mittwochs *adv* [on] Wednesdays; **~ abends/nachmittags/vormittags** [on] Wednesday evenings/afternoons/mornings
Mittwochslotto <-s> *nt kein pl* midweek lottery (*national lottery on Wednesdays*)
Mittwochvormittag^RR *m* Wednesday morning; *s. a.* **Dienstag mittwochvormittags**^RR *adv* [on] Wednesday mornings
mitunter *adv* now and then, from time to time
Mitunternehmer(in) *m(f)* HANDEL [co-]partner, co-contractor **Mitunternehmeranteil** *m* HANDEL partnership share **Mitunternehmerrisiko** *nt* co-contracter's risk **Mitunternehmerschaft** *f* HANDEL [co-]partnership
mitverantwortlich *adj* jointly responsible *pred;* ■**[für etw] ~ sein** to be jointly responsible [for sth]
Mitverantwortung *f* share of the responsibility; **~ [für etw] haben/tragen** to have/bear a share of the responsibility [for sth]
mit|verdienen* *vi* to go out to work as well
Mitverfasser(in) *m(f)* *s.* **Mitautor**
Mitverschulden *nt* partial blame; (*bei Unfall*) contributory [*or* AM comparative] negligence; ***ihr konnte kein ~ nachgewiesen werden*** it wasn't possible to prove that she was partially to blame; **jdn trifft ein ~ [an etw** *dat*] sb is partially [*or* partly] to blame [for sth]
mit|versichern* *vt* ■**jdn ~** to include sb in one's insurance, to co-insure sb; ■**etw ~** to include sth in one's insurance
Mitversicherte(r) *f(m)* JUR coinsured party **Mitversicherung** *f* JUR co-insurance **Mitverursachung** *f* JUR contributory causation **Mitvormund** *m* JUR co-guardian, joint guardian **Mitwelt** *f kein pl* fellow men *pl;* ■**die ~** the people about one
mit|wirken *vi* ① (*gestaltend beteiligt sein*) ■**[bei/an etw** *dat*] **~** to collaborate [on sth], to be involved [in sth]; ■**jds M~** sb's collaboration [*or* cooperation] ② FILM, THEAT (*geh: mitspielen*) ■**[in etw** *dat*] **~** to appear [in sth]; **in einem Theaterstück ~** to appear [*or* perform] in a play ③ (*eine Rolle spielen*) ■**[bei etw] ~** to play a part [*or* role] [in sth]
Mitwirkende(r) *f(m) dekl wie adj* ① (*mitwirkender Mensch*) participant, collaborator; **politisch ~r** active participant in political life ② FILM, THEAT (*geh: Mitspieler*) actor; **die ~n** the cast + *sing/pl vb*
Mitwirkung *f kein pl* collaboration, cooperation; **mit/ohne jds ~** with/without sb's collaboration [*or* cooperation]; **unter ~ von jdm** in collaboration with sb
Mitwirkungspflicht *f* JUR duty to cooperate; **die ~ des Käufers/Verkäufers/Auftraggebers** the buyer's/seller's/principal's duty to cooperate **Mitwirkungsrecht** *nt* JUR participatory right
Mitwissen *nt kein pl* JUR knowledge of the matter [*or* crime]
Mitwisser(in) <-s, -> *m(f)* somebody in the know; **~ [einer S.** *gen*] **sein** to be in the know [about sth]; **jdn zum ~ [einer S.** *gen*] **machen** to let sb in [on sth]
Mitwohnzentrale *f* flat [*or* AM apartment] share agency
mit|wollen *vi* to want to come too [*or* with sb]; ***so, wir gehen jetzt einkaufen, willst du nicht auch mit?*** right, we're going shopping, do you want to come as well?
mit|zählen I. *vi* ① (*jeweils addieren*) to count ② (*berücksichtigt werden*) to count II. *vt* ■**jdn/etw ~** to include sb/sth; ***das macht 63 Teilnehmer, dich und mich nicht mitgezählt*** that makes 63 participants, not including [*or* counting] you and I
mit|ziehen *vi irreg* ① *sein* (*in einer Menge mitgehen*) ■**[in etw** *dat*] **~** to tag along [with sth] ② *haben* (*fam: mitmachen*) to go along with it; ■**bei etw ~** to go along with sth
Mix <-, -e> *m* combination, mix *fam*
Mixbecher *m* [cocktail-]shaker
mixen *vt* ■**etw [mit etw] ~** to mix sth [with sth]
Mixer <-s, -> *m* ELEK blender, mixer
Mixer(in) <-s, -> *m(f)* cocktail waiter, barman
Mixgetränk *nt* mixed drink, cocktail **Mixstab** *m* hand-held blender
Mixtur <-, -en> *f* PHARM mixture
MKS *f Abk von* **Maul- und Klauenseuche** foot-and-mouth [disease]
mm *m o nt Abk von* **Millimeter** mm
Mnemonik *f* mnemonics + *sing vb*
mnemonisch *adj* mnemonic
Mob <-s> *m kein pl* (*pej*) mob
Mobbing <-s> *nt kein pl* PSYCH mobbing *no pl* (*emotional abuse at the workplace*)
Möbel <-s, -> *nt* ① *sing* piece [*or* item] of furniture ② *pl* furniture
Möbelfabrik *f* furniture factory **Möbelgeschäft** *f* furniture shop [*or* store] **Möbelhändler(in)** *m(f)* furniture dealer, dealer in furniture **Möbel-**

packer(in) *m(f)* removal man BRIT, [furniture] remover BRIT, mover AM **Möbelpolitur** *f* furniture polish **Möbelschreiner(in)** *m(f) s.* **Möbeltischler** **Möbelspedition** *f* [furniture] removal firm BRIT, moving company AM **Möbelstoff** *m* upholstery [*or* upholstering] fabric **Möbelstück** *nt* piece [*or* item] of furniture **Möbeltischler(in)** *m(f)* cabinetmaker **Möbelverkäufer(in)** *m(f)* furniture salesman **Möbelwagen** *m* removal [*or* AM moving] van

mobil *adj* ❶ (*beweglich*) mobile; **~er Besitz/~e Habe** movable possessions; **~es Vermögen** movables; **jdn/etw ~ machen** to mobilize sb/sth
❷ (*fam: munter*) lively, sprightly

Mobile <-s, -s> *nt* mobile

Mobilfunk *m* TELEK ❶ (*allgemein*) mobile communications *pl* ❷ (*Gerät*) cellular radio, radio pager **Mobilfunkdienst** *m* mobile telephone service[-provider] [*or* operator] **Mobilfunkeinheit** *f* carphone **Mobilfunkgerät** *nt* TELEK cellular [tele]phone **Mobilfunknetz** *nt* AUTO cellular radio system

Mobiliar <-s> *nt kein pl* furnishings *npl* **Mobiliarpfandrecht** *nt* JUR pledge, lien on movable chattels **Mobiliarsicherheit** *f* FIN chattel mortgage **Mobiliarvermögen** *nt* JUR personal property [*or* effects] *pl* **Mobiliarvollstreckung** *f* JUR seizure and sale of movable property

Mobilien *pl* JUR movables, chattels, movable property

mobilisieren* *vt* ❶ (*aktivieren*) ■**jdn ~** to mobilize sb
❷ (*verfügbar machen*) ■**etw ~** to make sth available; ***es gelang ihm, die letzten Kräfte zu ~*** he managed to summon up his last reserves of strength
❸ MIL (*in den Kriegszustand versetzen*) ■**jdn ~** to mobilize sb

Mobilisierung <-, -en> *f* mobilization; *Kapital* making liquid, freeing-up, releasing, realizing

Mobilität <-> *f kein pl* mobility

Mobilitätsrecht *nt* JUR right of mobility

Mobilkommunikation *f kein pl* mobile communication **Mobilkommunikationslösung** *f* TELEK mobile communications solution

Mobilmachung <-, -en> *f* MIL mobilization; **die [allgemeine] ~ ausrufen/beschließen** to order/decide to order a [general [*or* full]] mobilization

Mobiltelefon *nt* mobile [*or* cellular] [tele]phone

möblieren* *vt* ■**etw ~** to furnish sth; **etw neu ~** to refurnish sth; **ein möbliertes Zimmer** a bedsit[ter] [*or* AM furnished room]; **möbliert wohnen** to live in furnished accommodation [*or* AM accomodations]

MO-CD *f Abk von* **Magnet-Optische CD** MO-disk

möchte *3. pers. konjunktiv von* **mögen**

mochte *imp von* **mögen**

Möchtegern <-s, -e> *m* (*pej fam*) would-be *pej* **Möchtegerncasanova** *m* (*pej fam*) would-be Casanova *pej* **Möchtegernmanager(in)** *m(f)* (*iron*) would-be manager **Möchtegernrennfahrer(in)** *m(f)* (*iron*) would-be [motor] racing driver [*or* AM race car driver] **Möchtegernsänger(in)** *m(f)* (*iron*) would-be singer **Möchtegernschauspieler(in)** *m(f)* (*iron*) would-be actor

modal *adj* LING modal

Modalität <-, -en> *f* ❶ *meist pl* (*geh: Art und Weise*) provision[s *pl*], condition[s *pl*]
❷ PHILOS modality *no pl*
❸ LING modality *no pl*

Modalsatz *m* LING adverbial phrase [*or* clause]

Modalverb *nt* LING modal verb

Mode <-, -n> *f* ❶ MODE fashion; **große [*o* groß in] ~ sein** to be very fashionable [*or fam* all the rage] [*or fam* really trendy] [*or* in]; **mit der ~ gehen** to [like to] follow fashion, to keep up with the latest fashions; **aus der ~ kommen** to go out of fashion; **in ~ kommen** to come into fashion; **nach der ~** according to the [latest] fashion
❷ *pl* MODE (*modische Kleidungsstücke*) fashionwear *sing*, fashions *pl*
❸ *pl* (*Sitten*) practices *pl*; ***was sind denn das für ~n!*** what sort of behaviour is that!

Modeartikel *m* in thing, fashionable [*or* trendy] item **Modearzt, -ärztin** *m, f* fashionable doctor **Modeaufnahme** *f* fashion photo[graph] **Modeausdruck** *m* in-phrase; (*Wort*) in-word, vogue word **modebewusst**^RR *adj* fashion-conscious **Modeboutique** *f* [fashion] boutique **Modedesigner(in)** <-s, -> *m(f)* fashion designer **Modeerscheinung** *f* passing [*or* fleeting] fashion **Modefarbe** *f* fashionable [*or* in] colour [*or* AM -or] **Modefotograf(in)** *m(f)* fashion photographer **Modegag** *m* fashion gimmick **Modegeschäft** *nt* fashion store; (*kleiner*) boutique **Modeheft** *nt* fashion magazine **Modehersteller(in)** *m(f)* fashion designer **Modejournal** *nt* fashion magazine **Modekrankheit** *f* fashionable complaint [*or* illness]

Model <-s, -s> *nt* model

Modell <-s, -e> *nt* ❶ (*verkleinerte Ausgabe*) model; (*Ausführung*) model; MODE (*Kleidungsstück*) model
❷ (*Mannequin*) model; KUNST (*Akt~*) nude model; [**jdm** [*o* **für jdn**]] **~ sitzen/stehen** to model [*or* sit] for sb
❸ (*geh: Vorbild*) model

Modellannahme *f* model-based assumption **Modellauto** *nt* model car **Modellcharakter** *m* something which can act as a model **Modelleisenbahn** *f* model railway, train set *fam* **Modellflugzeug** *nt* model aeroplane [*or* AM airplane] [*or* aircraft]

modellieren* *vt* ❶ (*plastisch formen*) ■**etw ~** to model [*or* shape] [*or* work] sth
❷ (*als Abbild formen*) ■**jdn/etw** [**in etw** *dat*] **~** to make a model of sb/sth [in [*or* out of] sth], to model sb/sth in sth

Modelliermasse *f* modelling [*or* AM *a.* modeling] material

Modellkleid *nt* MODE model dress **Modellprojekt** *nt* pilot scheme [*or* AM project] **Modellversuch** *m* (*geh*) pilot scheme [*or* AM experiment]; TECH model test [*or* experiment]

modeln [ˈmɔdl̩n] *vi* MODE, MEDIA to [work as a] model

Modem <-s, -s> *nt o m* INFORM modem

Modemacher(in) <-s, -> *m(f)* MODE fashion designer

Modemkarte *f* INFORM modem board

Modemverbindung *f* INFORM modem link

Modenschau *f* fashion show

Modepüppchen *nt*, **Modepuppe** *f* (*pej fam*) fashion freak [*or* victim]

Moder <-s> *m kein pl* (*geh*) mould, mildew

moderat <-er, -este> *adj* (*geh*) *Haltung* moderate; **~er Politiker** centrist, moderate politican; **sich ~ geben** to be moderate

Moderation <-, -en> *f* RADIO, TV presentation

Moderator, -torin <-s, -toren> *m, f* RADIO, TV presenter

Modergeruch *m* mustiness

moderieren* *vt* RADIO, TV ■**etw ~** to present sth

mod(e)rig *adj* musty; **~ riechen** to smell musty, to have a musty smell

modern^1 *vi sein o haben* to decay, to go mouldy

modern^2 **I.** *adj* ❶ (*zeitgemäß*) modern; **~e Technik** modern [*or* up-to-date] technology; **~ste Technik** state-of-the-art [*or* the most up-to-date] technology
❷ (*an neueren Vorstellungen orientiert*) progressive, modern
❸ (*modisch*) fashionable, trendy; ■**~ sein/werden** to be fashionable/come into fashion
❹ (*zur Neuzeit gehörend*) modern; **~e Diktaturen/Politik/~es Völkerrecht** present-day [*or* today's] dictators/policies/international law, dictators/policies/international law of today
II. *adv* ❶ (*zeitgemäß*) in a modern manner [*or* style]
❷ (*modisch*) fashionably, trendily
❸ (*fortschrittlich*) progressively; **~ eingestellte Eltern/Lehrer** parents/teachers with progressive [*or* modern] ideas

Moderne <-> *f kein pl* ■**die ~** the modern age

modernisieren* *vt* ■**etw ~** to modernize sth

Modernisierung <-, -en> *f* modernization *no pl*

Modernisierungsauftrag *m* ÖKON refurbishment order **Modernisierungsinvestitionen** *pl* FIN modernization [*or* refurbishment] investment **Modernisierungsverlierer(in)** *m(f)* SOZIOL loser to modernization

Modernismus <-, Modernismen> *m* (*modernes Stilelement*) modernism

Modernität <-, *selten* -en> *f* (*geh*) modernity

Modesalon *m* fashion boutique **Modeschmuck** *m* costume [*or* fashion] jewelry **Modeschöpfer(in)** *m(f)* fashion designer, couturier *masc*, couturière *fem* **Modetrend** *m* fashion trend **Modewort** *nt* in [*or* vogue] word, buzzword **Modezeichner(in)** *m(f)* fashion designer **Modezeitschrift** *f* fashion magazine **Modezeitung** *f* fashion magazine

Modi *pl von* **Modus**

Modifikation <-, -en> *f* (*geh*) modification

modifizieren* *vt* (*geh*) ■**etw ~** to modify sth

Modifizierer <-s, -> *m* INFORM modifier

modisch I. *adj* fashionable, trendy
II. *adv* fashionably, trendily

Modist(in) <-en, -en> *m(f)* milliner, hat maker

Modistin <-, -nen> *f* milliner

modrig *adj s.* **moderig**

Modul <-s, -e> *nt* module

modular *adj inv* ELEK modular

Modulation <-, -en> *f* modulation

Modulator <-s, -oren> *m* INFORM modulator

modulieren* *vt* ■**etw ~** to modulate sth

Modultechnik *f kein pl* ELEK module technology

Modus <-, Modi> *m* ❶ LING (*geh*) modus vivendi
❷ INFORM (*Betriebsart*) [operating] mode; **Was wäre wenn...? ~** what if ... ? mode

Modus operandi *m* JUR modus operandi

Mofa <-s, -s> *nt* moped

Mofafahrer(in) <-s, -> *m(f)* moped rider **Mofaführerschein** *m* [low-powered] moped licence **Mofaroller** *m* scooter

Mogadischu <-s> *nt* Mogadishu

Mogelei <-, -en> *f* (*pej*) cheating *no pl*

mogeln *vi* (*fam*) ■[**bei etw**] **~** to cheat [at sth]

Mogelpackung *f* ❶ ÖKON (*irreführend verpackte Ware*) deceptive packaging
❷ (*fig: Augenwischerei*) eyewash

mögen I. *modal vb* <mochte, hat ... mögen> + *infin* ❶ *meist im Konjunktiv* (*wollen*) ■**etw tun ~** to want to do sth; ***ich mag dich nicht mehr sehen!*** I don't want to see you any more!; ***ich möchte jetzt einfach Urlaub machen können*** I wish I could [*or* I'd like to be able to] just take off on holiday now; **~ [*o* möchten] *Sie noch ein Glas Bier trinken?*** would you like another beer?; ***ich mag dich nicht gerne allein lassen*** I don't like to leave you alone [*or* leaving you alone]; ***Stefan hat noch nie Fisch essen ~*** Stefan has never liked fish
❷ *im Konjunktiv* (*den Wunsch haben*) ■**etw tun ~** to want to do sth; ***ich möchte gerne kommen*** I'd like to come; ***hier möchte ich gerne leben*** I'd really like to live here; ***man möchte meinen, es wäre schon Winter*** you'd think that it was already winter; ***das möchte ich sehen!*** I'd like to see that!
❸ (*drückt eine Vermutung aus*) [***es***] ***mag sein, dass sie Recht hat*** it may be that she's right; ***sie mag sogar Recht haben*** she may be right; ***hm, das mag schon stimmen*** hmm, that might [well] be true; ***das mag schon sein, aber trotzdem!*** that's as may be, but still!; ***kommst du? — mag sein*** (*eventuell*) are you coming? — maybe [*or* possibly]; (*wahrscheinlich*) are you coming? — probably; ***was mag das wohl bedeuten?*** what's that supposed to mean?, I wonder what that means?; ***was immer kommen mag, bleiben wir zusammen*** whatever happens we'll stay together; ***was immer er auch behaupten/ sagen mag, ...*** whatever he may claim/say, ...; ***so gemein wie es auch klingen mag, ist es die Wahrheit*** however cruel this may sound, it is the truth; ***er mag das zwar***

M

behaupten, aber deswegen stimmt es noch lange nicht just because he says that, [it] doesn't necessarily mean that it's true; ***es mag so sein, wie er behauptet*** it may well [*or* might] be as he says; ***jetzt mag sie denken, dass wir sie nicht sehen wollen*** she probably thinks [that] we don't want to see her now; ***das mag noch angehen*** it might be all right; ***er sieht immer noch sehr gut aus, mag er auch inzwischen Mittfünfziger sein*** he's still very handsome, even if he's in his mid-fifties now; ***nun, er mag so um die 40 sein*** well, he must be [*or* I'd say he's] about 40; ***wie sie aussieht, mag sie Managerin sein*** she must be [*or* may well be] a manager from the look of her; ***es mochten so um die zwanzig Personen gewesen sein*** there must have been around twenty people there; ***wie dem auch sein mag*** be that as it may

4 (*sollen*) ■**jd möge etw tun** sb should do sth; ***bestellen Sie ihm bitte, er möchte mich morgen anrufen*** please tell him to ring me tomorrow; ***sagen Sie ihr, sie möchte zu mir kommen*** could you tell her to come and see me; ***Sie möchten gleich mal zur Chefin kommen*** you're to go and see the boss right away, the boss has asked to see you right away; ***diese Warnung mag genügen*** let this warning be enough, this warning should suffice; ***möge das stimmen*** let's hope it's true; ***möge Gott das verhüten!*** God forbid!; ***wenn sie mir das doch nur verzeihen möge!*** if she could only forgive me this!

5 (*drückt Einräumung aus*) ■**etw tun** ~ to be allowed [*or* able] to do sth; ***du magst tun, was du willst*** you may do as you please [*or* can]; ***mag sie von mir aus gehen*** she can go as far as I'm concerned; ***mag kommen, was da will, wir sind vorbereitet*** come what may, we are prepared

6 DIAL, BES SCHWEIZ (*können*) ***es mochte nichts helfen*** it [just] didn't help

II. *vt* <mochte, gemocht> 1 (*gern haben*) ■**jdn** ~ to like sb; (*lieben*) to love sb; **die beiden ~ sich/~ einander nicht** the two of them like/don't like each other

2 (*eine Vorliebe haben*) ■**jdn/etw** ~ to like sb/sth; ***welchen Maler magst du am liebsten?*** who is your favourite painter?, which painter do you like best?; ***am liebsten mag ich Eintopf*** I like stew best, stew is my favourite [meal]

3 (*haben wollen*) ■**etw** ~ to want sth; ***ich möchte ein Stück Kuchen*** I'd like a slice of cake; ***ich möchte im Augenblick nichts mehr*** I don't want anything else for the moment; ***möchten Sie noch etwas Kaffee/ein Glas Wein?*** would you like [*or* do you want] some more coffee/another glass of wine?; ***was möchten Sie bitte?*** what would you like?, what can I get for you?

4 (*sich wünschen*) ***ich möchte, dass du dich sofort bei ihr entschuldigst*** I would like [*or* want] you to apologize to her at once; ***ich möchte nicht, dass das bekannt wird*** I don't want this to get out; ***ich möchte gern, dass er mir öfters schreibt*** I wish he would write [to me] more often

III. *vi* 1 (*wollen*) to want [*or* like] to; ***es ist noch Nachtisch da, magst du noch?*** there is [still] some dessert left, would you like [to have] some more?; ***es ist doch keine Frage, ob ich mag, ich muss es eben tun*** it's not a question of whether I want to do it [or not], I have to [do it] [*or* it has to be done]; **nicht so recht** ~ to not [really] feel like it; ***„gehst du mit ins Kino?" — „nein, ich mag nicht so recht"*** "are you coming to the cinema?" — "no, I don't really feel like it"; ***lass uns morgen weitermachen, ich mag nicht mehr*** let's carry on tomorrow, I don't feel like doing anymore today; ***„iss doch bitte auf" — „ich mag aber nicht mehr"*** "come on, finish up" — "but I don't want any more"; ***wenn du magst, machen wir jetzt eine Pause*** we could take a break now if you like

2 (*fam: gehen/fahren wollen*) ■**irgendwohin** ~ to want to go somewhere; ***ich mag [o möchte] nach Hause*** I want to go home; ***möchtest du auch ins Kino?*** do you want to go to the cinema too?

Mogler(in) <-s, -> *m(f)* (*fam*) cheat

möglich *adj* 1 *attr* (*denkbar*) possible; **alles M~e** everything possible; ***er ließ sich alles M~e einfallen, um sie zu überreden*** he tried everything imaginable to persuade her; **das einzig M~e** the only option [open to us etc] [*or* thing we etc can do]; **etw für ~ halten** to believe in sth; **es für ~ halten, dass ...** to think it possible that ...; **sein M~stes tun** to do everything in one's power [*or* utmost]; **alle ~en** all kinds [*or* sorts] of; **schon ~** (*fam*) maybe, possibly; ***das ist schon*** ~ that may well be

2 *attr* (*potenziell*) potential

3 *pred* (*durchführbar*) possible; ***ist denn so was ~?*** (*fam*) is this really possible?; ■**es ist ~, dass ...** it is possible that ...; ■**jdm ist es ~, etw zu tun** sb is able to [*or* can] [*or* it is possible for sb to] do sth; ***komm doch mit, wenn es dir ~ ist*** come with us, if you're able to; **[jdm] etw ~ machen** to make sth possible [for sb]; **es ~ machen, etw zu tun** to make it possible to do sth; **falls [*o* wenn] [irgend] ~** if [at all] possible; **[*das ist doch*] *nicht ~!*** [that's] impossible!, I don't believe it!; **so ... wie ~** as ... as possible; ***komme so schnell wie*** ~ come as quickly as possible

möglicherweise *adv* possibly; ***es handelt sich ~ um ein Missverständnis*** it's possible [that] there has been a misunderstanding, there's possibly been a misunderstanding; ***kann es ~ sein, dass ...?*** is it [*or* could it be] possible that ...?

Möglichkeit <-, -en> *f* 1 (*Gelegenheit*) opportunity; **jdm die ~ geben, etw zu tun** to give sb the opportunity [*or* the [*or* a] chance] to do sth; **die ~ haben, etw zu tun** to have an opportunity to do sth

2 (*mögliches Verfahren*) possibility

3 *kein pl* (*Realisierbarkeit*) possibility; **nach ~** if possible; **politische/diplomatische ~en** political/diplomatic means

4 *pl* (*Mittel*) ■**jds ~en** sb's [financial] means [*or* resources]

▸ WENDUNGEN: **ist denn das die ~?, ist es die ~!** (*fam*) I don't believe it!, whatever [*or* AM what] next!

möglichst *adv* 1 (*so ... wie möglich*) as ... as possible; **~ bald/früh/weit** as soon/early/far as possible

2 (*wenn irgend möglich*) if possible

Mohammedaner(in) <-s, -> *m(f)* REL (*veraltend*) *s.* **Moslem**

mohammedanisch *adj* REL (*veraltend*) *s.* **islamisch, moslemisch**

Mohär[RR] <-s, -e> *m*, **Mohair** <-s, -e> [mo'hɛːɐ] *m* mohair **Mohärpullover**[RR] [mo'hɛːɐ-] *m* mohair sweater **Mohärschal**[RR] *m* mohair scarf

Mohikaner(in) <-s, -> *m(f)* (*Indianer*) Mohican, Mahican; **der letzte** ~ LIT the last of the Mohicans

mohistisch *adj inv* (*von Mo Di im 5.Jh.v.Chr gegründet*) **~e Schule** Mo Dian school

Mohn <-[e]s, -e> *m* poppy; (*~samen*) poppy seed

Mohnanbau *m* cultivation of poppies **Mohnblüte** *f* poppy flower **Mohnbrötchen** *nt* poppy-seed roll **Mohnernte** *f* poppy harvest **Mohngebäck** *nt* poppy-seed pastry **Mohnhörnchen** *nt* poppy-seed croissant **Mohnkuchen** *m* poppy-seed cake **Mohnöl** *nt* poppy-seed oil

Mohorovicicdiskontinuität *f* GEOL (*Grenze zwischen der Erdkruste und dem Erdmantel*) Mohorovicic discontinuity, Moho

Mohr(in) <-en, -en> *m(f)* (*veraltet: Neger*) negro

▸ WENDUNGEN: **der ~ hat seine Schuldigkeit getan, der ~ kann gehen** (*prov*) once one has served one's purpose one is simply discarded

Möhre <-, -n> *f* carrot

Mohrenkopf *m* KOCHK (*Negerkuss*) chocolate marshmallow; (*Gebäck*) *small cream-filled sponge cake covered with chocolate*

Möhrensaft *m* carrot juice **Möhrensalat** *m* carrot salad

Mohrrübe *f* BOT NORDD (*Möhre*) carrot

Moiré <-s, -s> [moa'reː] *m o nt* MODE moiré

mokant <-er, -este> **I.** *adj* (*geh*) *Bemerkung, Lächeln* mocking

II. *adv* mockingly

Mokassin <-s, -s> *m* moccasin

Mokick <-s, -s> *nt* kick-start moped

mokieren* *vr* (*geh*) ■**sich über jdn/etw ~** to mock sb/sth

Mokka <-s, -s> *m* mocha; (*Kaffee a.*) mocha coffee

Mokkabohne *f* mocha bean **Mokkalöffel** *m* demitasse spoon **Mokkatasse** *f* demitasse

Mol <-s, -e> *nt* CHEM (*Konzentrationsmaß von Lösungen*) mole

molar *adj* CHEM molar

Molarität <-> *f kein pl* CHEM (*Grad der Konzentration in Mol*) molarity

Molch <-[e]s, -e> *m* newt

Moldau <-> *f* 1 HIST (*Fürstentum in Osteuropa*) Moldavia

2 GEOG (*Fluss*) Vltava

Moldauer(in) <-s, -> *m(f)* Moldavian; *s. a.* **Deutsche(r)**

Moldauisch *nt dekl wie adj* Moldovan; *s. a.* **Deutsch**

moldauisch *adj* Moldavian; *s. a.* **deutsch**

Moldauische <-n> *nt* ■**das** ~ Moldovan, the Moldovan language; *s. a.* **Deutsche**

Moldawien <-s> *nt s.* **Moldova**

Moldova <-s> *nt* Moldova, Moldavia; *s. a.* **Deutschland**

Mole <-, -n> *f* NAUT mole

Molekül <-s, -e> *nt* molecule

molekular *adj* molecular

Molekularbewegung *f* PHYS molecular movement [*or* motion]; **brownsche** ~ Brownian movement **Molekularbiologie** *f* molecular biology **Molekulardesign** *nt* PHYS molecular design *no pl* **Molekulargenetik** *f* molecular genetics **Molekulargewicht** *nt* molecular weight

Molekülwolke *f* ASTRON molecular cloud

molk *imp von* **melken**

Molke <-> *f kein pl* whey

Molkerei <-, -en> *f* dairy

Molkereibutter *f* dairy butter **Molkereiprodukt** *nt* dairy product

Moll <-, -> *nt* MUS minor [key]; **f-~** F minor

mollig *adj* (*fam*) 1 (*rundlich*) plump; *Kind, Baby* chubby

2 (*behaglich*) cosy BRIT, cozy AM

3 (*angenehm warm*) snug

Moloch <-s, -e> *m* Moloch *fig*

Molotowcocktail ['mɔːlotɔfkɔkteːl] *m* Molotov cocktail

Molybdän <-s> *nt kein pl* CHEM molybdenum

Moment[1] <-[e]s, -e> *m* 1 (*geh: Augenblick*) moment; ■**im ... ~** at the ... moment; **im ersten ~** at first; **im falschen/richtigen ~** at the wrong/right moment; **im letzten ~** at the last moment [*or* minute]; **im nächsten ~** the next moment; **in einem unbeobachteten ~** when no one was looking; **im ~** at the moment; **in dem ~, wo** just [at the moment] when; **in diesem [*o* im gleichen] [*o* im selben] ~** at the same moment; **einen [kleinen] ~!** just a moment! [*or* minute!] [*or* second!]; **jeden ~** [at] any moment; **~ mal!** just [*or* [just] hang on] a moment! [*or* minute!] [*or* second!]

2 (*kurze Zeitspanne*) **einen/keinen ~** a moment/not for a moment; ***sie ließ einen ~ vergehen, ehe sie antwortete*** she paused for a moment before answering; **keinen ~ zögern** to not hesitate for a [single] moment [*or* second]

Moment[2] <-[e]s, -e> *nt* 1 (*geh: Umstand*) factor, consideration

2 PHYS (*Kraftwirkung*) moment

momentan **I.** *adj* 1 (*derzeitig*) present *attr*, current *attr*

2 (*vorübergehend*) momentary

II. *adv* 1 (*derzeit*) at present [*or* the moment]

2 (*vorübergehend*) momentarily, for a moment

Momentaufnahme *f* snapshot

Monaco <-s> *nt* Monaco

Monarch(in) <-en, -en> *m(f)* monarch

Monarchfalter *m* ZOOL monarch butterfly

Monarchie <-, -n> [-'çiːən] *f* monarchy
Monarchin <-, -nen> *f fem form von* **Monarch**
Monarchist(in) <-en, -en> *m(f)* monarchist
monarchistisch *adj* monarchistic[al]
Monat <-[e]s, -e> *m* month; [*im*] ***kommenden/vorigen*** ~ next/last month; **im vierten/siebten etc ~ sein** to be four/seven etc months pregnant; **auf ~e hinaus** for months to come; **im ~** a [*or* per] month; ***sie verdient DM 3,500 im*** ~ she earns DM 3.500 a [*or* per] month; **einmal/zweimal etc im ~** once/twice etc a month; **von ~ zu ~** from month to [*or* by the] month
monatelang I. *adj attr* lasting for months *pred;* ***nach ~er Abwesenheit*** after being absent for several months
II. *adv* for months
monatlich I. *adj* monthly; **~er Preisindex** ÖKON monthly price index
II. *adv* monthly, every month
Monatsanfang *m* beginning of the month; **am/zum ~** at the beginning of the month **Monatsbericht** *m* ADMIN monthly report **Monatsbinde** *f* sanitary towel [*or* AM napkin] **Monatsblutung** *f* ANAT *s.* **Menstruation Monatseinkommen** *nt* monthly income **Monatsende** *nt* end of the month; **am/zum ~** at the end of the month **Monatserste(r)** *m dekl wie adj* first of the month **Monatsfrist** *f* **innerhalb** [*o geh* **binnen**] **~** within a month **Monatsgehalt** *nt* monthly salary **Monatshälfte** *f* half of the month **Monatskarte** *f* ❶ TRANSP (*Fahrkarte*) monthly season ticket ❷ (*Berechtigungskarte*) monthly pass **Monatslohn** *m* ÖKON monthly wage[s *pl*] **Monatsmitte** *f* middle of the month **Monatsname** *m* name of the month **Monatsrate** *f* monthly instalment [*or* AM installment] **Monatsschrift** *f* MEDIA monthly [magazine [*or* journal]]
monat(s)weise I. *adj* monthly
II. *adv* monthly, every [*or* by the] month
Mönch <-[e]s, -e> *m* monk; **wie ein ~ leben** to live like a monk
Mönchsgeier *m* ORN black vulture **Mönchsgrasmücke** *f* ORN blackcap **Mönchskloster** *nt* monastery **Mönchskutte** *f* monk's habit [*or* cowl] **Mönchsorden** *m* monastic order **Mönchszelle** *f* monastic [*or* monk's] cell
Mond <-[e]s, -e> *m* ❶ *kein pl* ASTRON ■**der ~** the moon; **der ~ nimmt ab/zu** the moon is waning/waxing
❷ ASTRON (*Satellit*) moon, [natural] satellite
► WENDUNGEN: **auf** [*o* **hinter**] **dem ~ leben** (*fam*) to be a bit behind the times [*or* out of touch]; ***du lebst wohl auf dem ~!*** (*fam*) where have you been?; **jd möchte** [*o* **würde**] **jdn auf den ~ schießen** (*fam*) sb would gladly be [*or* get] shot [*or* AM rid] of sb
mondän *adj* (*geh*) fashionable, chic
Mondaufgang *m* moonrise **Mondauto** *nt* lunar rover, moon buggy **Mondbahn** *f* lunar orbit, moon's orbit **Mondbasis** *f* moon [*or* lunar] base **Mondbohne** *f s.* **Limabohne**
Mondenschein *m* moonlight; **im ~** (*geh*) in the moonlight
Mondentfernung *f* lunar distance **Mondfähre** *f s.* **Mondlandefähre Mondfahrt** *f* journey to the moon **Mondfahrzeug** *nt* lunar rover **Mondfinsternis** *f* lunar eclipse, eclipse of the moon **Mondfisch** *m* ZOOL sunfish **Mondflug** *m* flight to the moon, moon flight **Mondgesicht** *nt* (*fam*) moonface **Mondgestein** *nt* lunar rock **Mondgöttin** *f* moon goddess, goddess of the moon **mondhell** *adj inv* (*geh*) *Nacht* moonlit **Mondjahr** *nt* lunar year **Mondkalb** *nt* (*pej*) twit **Mondkarte** *f* map of the moon, moonchart **Mondkrater** *m* lunar crater **Mond(lande)fähre** *f* RAUM lunar module **Mondlandeunternehmen** *nt* moon landing mission **Mondlandschaft** *f* ❶ (*Kraterlandschaft*) lunar landscape ❷ KUNST moonlit landscape, landscape by moonlight **Mondlandung** *f* moon [*or* lunar] landing, landing on the moon **Mondlicht** *nt* moonlight **mondlos** *adj* (*geh*) moonless **Mondmobil** <-s, -e> *nt* RAUM moon buggy [*or* rover] **Mondmonat** *m* lunar [*or* synodic] month **Mondoberfläche** *f* surface of the moon, lunar surface **Mondphase** *f* ASTRON phase of the moon, lunar phase **Mondpreis** *m meist pl* misleading price, astronomical price **Mondprojekt** *nt* lunar project **Mondrakete** *f* lunar [*or* moon] rocket **Mondraumschiff** *nt* moonship **Mondreise** *f* journey to the moon **Mondsatellit** *m* lunar satellite
Mondschein *m* moonlight *no pl* ► WENDUNGEN: **jd kann jdm mal im ~ begegnen!** (*sl*) sb can go to hell *fam* [*or* BRIT *sl* get stuffed] **Mondscheinfirma** *f* HANDEL bogus company **Mondscheintarif** *m* TELEK cheap rate
Mondsichel *f* (*geh*) crescent moon **Mondsonde** *f* RAUM lunar probe **Mondstaub** *m* moondust **Mondstein** *m* GEOL moonstone, adularia **mondsüchtig** *adj* MED sleep-walking *attr,* somnambulant *spec;* ■**~ sein** to be a sleepwalker [*or spec* somnambulist] **Mondumkreisung** *f* orbit round the moon, lunar orbit **Mondumlauf** *f* revolution of the moon, lunar orbit **Mondumlaufbahn** *f* lunar orbit **Monduntergang** *m* ASTRON moonset **Mondwechsel** *m change from full moon to new moon* **Mondzeit** *f* lunar time **Mondzyklus** *m* ASTRON lunar cycle
Monegasse, -gassin <-n, -n> *m, f* GEOG Monegasque, Monacan
monetär *adj* monetary; **~e Basis** credit basis; **~e Bedingungen** terms of the money policy; **~er Indikator** monetary indicator; **die ~en Zügel lockern** to ease up on monetary control
Monetarismus <-> *m kein pl* ÖKON monetarism *no pl*
Moneten *pl* (*sl*) bread *no pl, no indef art sl,* dough *no pl, no indef art sl,* BRIT *a.* dosh *no pl, no indef art sl,* BRIT *a.* readies *pl sl*
Mongole, Mongolin <-n, -n> [mɔŋ'goːlə] *m, f* ❶ (*Bewohner der Mongolei*) Mongol, Mongolian ❷ *pl* HIST ■**die ~n** the Mongols
Mongolei <-> [mɔŋgo'lai] *f* ■**die ~** Mongolia; ■**die Innere/Äußere ~** Inner/Outer Mongolia
mongolid [mɔŋgo'liːt] *adj* Mongoloid
Mongolin <-, -nen> *f fem form von* **Mongole**
Mongolisch *nt dekl wie adj* Mongolian; *s. a.* **Deutsch**
mongolisch [mɔŋ'goːlɪʃ] *adj* GEOG Mongolian; HIST Mongol
Mongolische <-n> *nt* ■**das ~** Mongolian, the Mongolian language; *s. a.* **Deutsche**
Mongolismus <-> [mɔŋgo'lɪsmʊs] *m kein pl* MED mongolism
mongoloid [mɔŋgolo'iːt] *adj* MED mongoloid
monieren* *vt* ■**etw ~** to find fault with [*or* criticize] sth; ■**~, dass ...** to complain that ...
Monismus <-> *m kein pl* PHILOS monism
Monitor <-s, -toren *o* -e> *m* monitor; **flimmerfreier/15 Zoll/monochromer ~** flicker-free/15 inches/monochrome monitor
Monitorausgabe *f* INFORM monitor display **Monitorbetriebsart** *f* INFORM monitoring **Monitorbuchse** *f* INFORM monitor jack
mono *adj inv* RADIO, TECH *kurz für* **monophon** mono
monochrom [mono'kroːm] *adj* monochrome
monogam *adj* monogamous
Monogamie <-> *f kein pl* monogamy
Monogramm <-s, -e> *nt* monogram
Monographie, Monografie[RR] <-, -n> [-'fiːən] *f* monograph
monokausal *adj* monocausal
Monokel <-s, -> *nt* monocle
monoklonal *adj* monoclonal
Monokultur *f* AGR, FORST monoculture
Monolith <-en, -e[n]> *m* monolith
Monolog <-[e]s, -e> *m* monologue, soliloquy *form;* **einen ~ führen** [*o* **halten**] to hold a monologue; **innerer ~** LIT interior monologue; **einen ~ sprechen** THEAT to utter a soliloquy, to recite a monologue
Monomanie <-, -n> *f* PSYCH monomania
monophon *adj* RADIO, TECH monophonic
Monopol <-s, -e> *nt* monopoly; ■**ein/jds ~ auf etw** *akk* a/sb's monopoly on sth; **staatliches/unumschränktes ~** public [*or* state]/absolute monopoly; **ein ~ auf etw** *akk* **haben** to have [*or* hold] a monopoly on sth
Monopolabsprache *f* ÖKON monopoly agreement **Monopolaufsicht** *f* ÖKON monopoly control **Monopolbetrieb** *m* HANDEL monopoly enterprise **monopolfeindlich** *adj* ÖKON anti-monopolistic **Monopolgesellschaft** *f* ÖKON monopoly company
monopolisieren* *vt* ÖKON ■**etw ~** to monopolize sth
Monopolisierung <-, -en> *f* ÖKON monopolization
Monopolist(in) *m(f)* ÖKON monopolist
monopolistisch *adj inv* ÖKON monopolistic
Monopolkapital *nt* monopoly capital **Monopolkommission** *f* Monopolies and Mergers Commission BRIT, Securities and Exchange Commission AM **Monopolkontrolle** *f* ÖKON monopoly control **Monopolmacht** *f* ÖKON monopoly power **Monopolmissbrauch**[RR] *m* ÖKON improper use of monopoly **Monopolrecht** *nt* ÖKON monopoly privilege **Monopolstellung** *f* ÖKON monopoly [position]; **die ~ halten** to hold the monopoly **Monopolunternehmen** *nt* ÖKON monopoly enterprise, monopolistic firm **Monopolvermutung** *f* ÖKON presumption of monopoly **Monopolwirtschaft** *f kein pl* ÖKON monopolism *no pl*
Monopoly® <-s> [-poli] *nt kein pl* ❶ (*Spiel*) Monopoly®
❷ (*Poker um viel Geld*) [huge] gamble
Monopolzerschlagung *f* trustbusting AM
Monoski *m* monoski
Monotheismus <-> [-te'ɪs-] *m kein pl* REL monotheism
monotheistisch *adj inv* REL (*geh*) monotheistic
monoton I. *adj* ❶ (*eintönig*) monotonous
❷ (*ohne Abwechslung*) monotonous, humdrum
II. *adv* monotonously; **~ klingen** to sound monotonous; **~ sprechen** to speak monotonously [*or* in a monotonous voice]
Monotonie <-, -n> [-'niːən] *f* (*geh*) ❶ (*Gleichmäßigkeit*) monotony
❷ (*Eintönigkeit*) monotony, humdrumness
Monoxid <-[e]s, -e> *nt* CHEM monoxide
Monster <-s, -> *nt* (*fam*) monster
Monsterbau *m* (*pej*) massive [*or fam* monster [of a]] building **Monsterfilm** *m* mammoth film production, screen epic
Monstranz <-, -en> *f* REL monstrance
Monstren *pl von* **Monstrum**
monströs *adj* (*geh*) ❶ (*riesig groß*) massive, monster *fam;* **ein ~es Bauwerk** a massive [*or fam* monster [of a]] building
❷ (*grässlich*) monstrous
❸ (*ungeheuerlich*) monstrous, horrifying
Monstrosität <-, -en> *f* ❶ *kein pl* (*geh: Ungeheuerlichkeit*) monstrosity, atrocity
❷ (*ungeheures Gebilde*) monstrosity
❸ MED (*missgebildeter Fötus*) monstrosity, teras *spec,* teratism *spec*
Monstrum <-s, Monstren> *nt* ❶ (*grässliches Wesen*) monster
❷ (*fam: gigantisches Objekt*) hulking great thing
Monsun <-s, -e> *m* monsoon
Monsunregen *m* monsoon rain
Montag <-s, -e> *m* Monday; *s. a.* **Dienstag**
► WENDUNGEN: **blauer ~** (*fam*) an unofficial Monday off work, BRIT *sl a.* a sickie on [a] Monday; **~ blau machen** (*fam*) to call in sick on [a] Monday, to take an unofficial day [*or* BRIT *sl* tp skive] off work on [a] Monday, to take a sickie on [a] Monday BRIT *sl*
Montagabend[RR] *m* Monday evening; *s. a.* **Dienstag montagabends**[RR] *adv* [on] Monday evenings
Montage <-, -n> [mɔn'taːʒə] *f* ❶ TECH (*das Montieren*) assembly; **auf ~ sein** to be away on a job
❷ FOTO (*Foto~*) montage

M

Montageband <-bänder> [mɔn'taːʒə-] *nt* assembly line **Montagebogen** *m* TYPO assembly sheet **Montagehalle** *f* assembly shop **Montageversicherung** *f* FIN erection [*or* installation] insurance **Montagevertrag** *m* FIN erection [*or* installation] contract **Montagewand** *f* BAU prefabricated wall **Montagewerk** *nt* assembly plant

montägig *adj* on Monday

montäglich *adj* regular Monday *attr;* ***wir treffen uns zu unserer ~en Weinrunde*** we meet at our regular Monday wine session

Montagmittag[RR] *m* [around] noon on Monday; *s. a.* Dienstag **montagmittags**[RR] *adv* [around] noon on Mondays **Montagmorgen**[RR] *m* Monday morning; *s. a.* **Dienstag montagmorgens**[RR] *adv* [on] Monday mornings **Montagnachmittag**[RR] *m* Monday afternoon; *s. a.* **Dienstag montagnachmittags**[RR] *adv* [on] Monday afternoons **Montagnacht**[RR] *f* Monday night; *s. a.* **Dienstag montagnachts**[RR] *adv* [on] Monday nights

montags *adv* [on] Mondays; ~ **abends/nachmittags/nachts** [on] Monday evenings/afternoons/mornings

Montagsauto *nt* (*hum*) problem car, Friday car

Montagvormittag[RR] *m* Monday morning; *s. a.* Dienstag **montagvormittags**[RR] *adv* [on] Monday mornings

Montanindustrie *f* coal and steel industry **Montanunion** *f* ■**die** ~ the European Coal and Steel Community

Monteur(in) <-s, -e> [mɔn'tøːɐ] *m(f)* ❶ TECH (*Heizungs~*) mechanic, fitter
❷ ELEK (*Elektro~*) electrician

Monteuranzug [mɔn'tøːɐ-] *m* overalls *pl,* BRIT *a.* overall, BRIT *a.* boiler suit

Monteurin <-, -nen> *f fem form von* **Monteur**

Montgolfiere <-, -n> [mõgɔl-] *f* (*erster Heißluftballon von 1783*) montgolfier

montieren* *vt* ❶ TECH (*zusammenbauen*) ■**etw** [**aus etw**] ~ to assemble sth [from sth]
❷ TECH (*anbringen*) ■**etw** [**an/auf etw** *akk*] ~ to fit sth [to sth]; **eine Antenne** ~ to put up [*or* mount] an aerial; **ein Gerät** ~ to install an appliance
❸ KOCHK ■**etw** ~ to beat [*or* cream] sth

Montur <-, -en> *f* work clothes *npl*

Monument <-[e]s, -e> *nt* ❶ (*Denkmal*) monument, memorial
❷ (*Kulturdenkmal*) monument

monumental *adj* monumental, massive; **ein ~es Gemälde** a monumental painting

Monumentalbau <-bauten> *m* monumental [*or* massive] building **Monumentalfilm** *m* monumental film **Monumentalgemälde** *nt* monumental painting

Moonboots ['muːnbuːts] *pl* moon boots *pl*

Moor <-[e]s, -e> *nt* marsh[land], bog, swamp

Moorbad *nt* ❶ (*medizinisches Bad*) mudbath
❷ (*Kurort*) health clinic [with mudbaths] **Moorerde** *f kein pl* peaty [*or* bog] soil **Moorhuhn** *nt* grouse

moorig *adj* marshy, boggy, swampy

Moorleiche *f* ARCHÄOL body preserved in marshland [*or* a marsh] [*or* a bog] **Moorpackung** *f* mud pack

Moorschneehuhn *nt* ORN ptarmigan; (*Schottisches ~*) red grouse

Moos[1] <-es, -e> *nt* moss; **mit ~ bedeckt/überzogen** overgrown with moss

Moos[2] <-es> *nt kein pl* (*sl*) bread *no indef art fam,* dough *no indef art fam,* BRIT *a.* dosh *no indef art sl*

Moos[3] <-es, Möser> *nt* ÖSTERR, SCHWEIZ (*Moor*) marsh[land]

moosbedeckt *adj inv* moss-covered *attr,* covered with moss *pred*

moosig *adj* mossy, moss-covered

Moosrose *f,* **Moosröschen** [-røːsçən] *nt* moss-rose

Mop <-s, -s> *m s.* **Mopp**

Moped <-s, -s> *nt* moped

Mopedfahrer(in) *m(f)* moped rider **Mopedführerschein** *m* moped licence

Mopp[RR] <-s, -s> *m* mop

Mops <-es, Möpse> *m* ❶ ZOOL (*Hunderasse*) pug[-dog]
❷ (*fam: Dickerchen*) podge BRIT *fam,* pudge AM *fam,* podgy [*or* AM pudgy] [*or* tubby] *fam* little thing
❸ *pl* (*sl: Brüste*) boobs *pl sl,* tits *pl vulg*

mopsen *vt* DIAL (*fam: klauen*) ■[**jdm**] **etw** ~ to pinch [*or* BRIT *a.* nick] [sb's] sth *fam*

Moral <-> *f kein pl* ❶ (*ethische Grundsätze*) morals *pl;* **eine doppelte ~ haben** to have double standards; **keine ~ haben** to have no morals; [**jdm**] ~ **predigen** to moralize to sb; **gegen die** [**geltende** [*o* **herrschende**]] ~ **verstoßen** to offend against [the prevailing] moral standards
❷ (*nützliche Lehre*) moral; **die ~ von der Geschichte** the moral of the story
❸ (*Disziplin*) morale

Moralapostel *m s.* **Moralprediger**

moralinsauer *adj* (*pej*) holier-than-thou *pej,* self-righteous *pej*

moralisch I. *adj* ❶ (*sittlich*) moral
❷ (*tugendhaft*) virtuous
► WENDUNGEN: **einen/seinen M~en haben** (*fam*) to be down in the dumps, to have the blues *fam;* **den M~en kriegen** (*fam*) to get down in the dumps [*or* the blues] *fam*
II. *adv* morally; ~ **verpflichtet sein** to be duty-bound

moralisieren* *vi* to moralize

Moralist(in) <-en, -en> *m(f)* moralist

moralistisch *adj* moralistic

Moralität <-, -en> *f* ❶ *kein pl* (*Sittlichkeit*) morality
❷ THEAT (*allegorisches Stück im Mittelalter*) morality play

Moralprediger(in) *m(f)* (*pej*) moralizer **Moralpredigt** *f* [moralizing] lecture, homily, sermon; **~en halten** to moralize; **jdm eine ~ halten** to deliver a [moralizing] lecture [*or* homily] [*or* sermon] to sb **Moraltheologie** *f* REL moral theology *no indef art* **Moralvorstellung** *f* attitude to morality

Moräne <-, -n> *f* GEOL moraine

Morast <-[e]s, -e *o* Moräste> *m* ❶ (*sumpfiges Gelände*) morass, bog, marsh[land], swamp
❷ *kein pl* (*Schlamm*) mud *no indef art*

morastig *adj* marshy, muddy

Moratorium <-s, -torien> [*pl* -'toːriən] *nt* FIN (*Zahlungsaufschub*) moratorium, letter of respite

morbid *adj* (*geh*) degenerate; **einen ~en Charme haben** to have a [certain] morbid charm

Morchel <-, -n> *f* BOT morel

Mord <-[e]s, -e> *m* murder; **geplanter** ~ premeditated murder, murder with malice aforethought *form;* **ein heimtückischer/kaltblütiger** ~ a brutal [*or* vicious]/cold-blooded murder; **der perfekte** ~ the perfect murder; **ein politisch motivierter** ~ a politically-motivated murder [*or* killing]; **versuchter** ~ JUR attempted murder; **jdn wegen ~es anklagen** to charge sb with murder; **einen** ~ [**an jdm**] **begehen** to commit a murder, to murder sb; **jdn wegen ~es vor Gericht stellen** to try sb for murder; **vorsätzlicher** ~ wilful [*or* AM willful] murder; ■[**jds**] ~ **an jdm** [sb's] murder of sb, murder of sb [by sb]
► WENDUNGEN: **dann gibt es ~ und Totschlag** (*fam*) there'll be hell to pay *fam,* all hell will be let loose *fam;* **das ist ja ~!** (*fam*) it's [sheer] murder! *fig fam*

Mordanklage *f* JUR murder charge, charge of murder; ~ [**gegen jdn**] **erheben** to charge sb with murder; **unter ~ stehen** to be charged with murder [*or* on a murder charge] [*or* on a charge of murder]

Mordanschlag *m* attempt on sb's life; POL *a.* assassination attempt; **einem ~ entgehen** to survive an assassination attempt; **einen ~ auf jdn verüben** to make an attempt on sb's life **Morddrohung** *f* death [*or* murder] threat; **eine ~ erhalten** to receive a death [*or* murder] threat [*or* threat on one's life]

morden I. *vi* to murder, to kill
II. *vt* (*geh: er~*) ■**jdn** ~ to slay *liter* [*or* murder] sb

Mörder(in) <-s, -> *m(f)* murderer, killer; (*eines Präsidenten*) assassin; **zum ~ werden** to become a murderer [*or* killer]

Mörderbande *f* gang of murderers [*or* killers]

mörderisch I. *adj* ❶ (*fam: schrecklich*) murderous *fam,* terrible *fam,* dreadful *fam*
❷ (*fam: gewaltig*) terrible; **~er Schmerz** great [*or* terrible] pain; ***er hat ein ~es Tempo drauf*** he's driving at [a] breakneck speed
❸ (*Morde begehend*) murderous
II. *adv* (*fam*) ❶ (*äußerst*) murderously *fam,* terribly *fam,* dreadfully *fam*
❷ (*furchtbar*) dreadfully *fam;* ~ **bluten** to bleed uncontrollably; ~ **fluchen** to curse like blazes *fam;* ~ **stinken** to stink to high heaven; ~ **weh tun** to hurt like hell *fam*

Mordfall *m* murder case **Mordinstrument** *nt* ❶ (*fam: großes, unhandliches Gerät*) really [*or* BRIT bloody] great [big] thing *fam* ❷ *s.* **Mordwaffe**

Mordkommission *f* murder squad **Mordlust** *f kein pl* JUR bloodlust **Mordprozess**[RR] *m* murder trial

Mordsbrocken <-s, -> *f* (*fam*) whopping great thing *fam* **Mordsding** *nt* (*fam*) [real] whopper *fam* **Mordsdurst** *nt* terrible [*or fam* [one] hell of a] thirst; **einen solchen ~ haben** to be so thirsty **Mordsglück** *nt* incredibly good luck; **ein ~ haben** to be incredibly lucky, to have the luck of the devil **Mordshunger** *m* ravenous hunger; **einen ~ haben** to be incredibly hungry [*or* famished] **Mordskerl** *m* (*fam*) ❶ (*toller Kerl*) great guy [*or* BRIT *a.* bloke] *fam* ❷ (*starker Mann*) massive [*or* enormous] guy [*or* BRIT *a.* bloke] *fam;* ***er ist wirklich ein ~!*** he's built like a brick outhouse! *fam* **Mordskrach** *m* terrible din [*or* racket]; **einen ~ haben** to have a big argument [*or fam* massive row] **Mordslärm** *m* a hell of a noise [*or* racket] *fam* **mordsmäßig** I. *adj* (*fam*) terrible *fam;* **ein ~er Appetit/Hunger** a ravenous hunger; **ein ~er Durst** a terrible [*or fam* a [*or* one] hell of a] thirst; **~er Schmerz** great [*or* terrible] pain; ***ich habe einen ~en Hunger*** I'm terribly hungry, I'm ravenous [*or* famished] II. *adv* (*fam*) ❶ + *vb* (*höllisch*) terribly *fam;* ~ **bluten** to bleed uncontrollably; ~ **fluchen** to curse like blazes *fam;* ~ **schmerzen** [*o* **weh tun**] to hurt like hell *fam* ❷ + *adj, pp* (*mörderisch*) murderously *fam,* terribly *fam,* dreadfully *fam* **Mordssauerei** *f* [downright [*or* absolute]] disgrace, [complete [*or* real]] scandal **Mordsschrecken** *m* terrible [*or* [*or* fam] [one] hell of a] fright **Mordsspaß** *m* (*fam*) **einen ~ haben** to have a whale of a time **Mordswut** *f* (*fam*) terrible [*or fam* [one] hell of a] rage; **eine ~ im Bauch haben** to be in a terrible [*or* a [*or* one] hell of a] rage

Mordtat *f* (*geh*) murderous deed, murder **Mordverdacht** *m* suspicion of murder; **in ~ geraten** to become a murder suspect; **unter ~ stehen** to be suspected [*or* under suspicion] of murder; **unter ~** under suspicion of murder **Mordversuch** *m* attempted murder; (*Attentat*) assassination attempt

Mordwaffe *f* murder weapon

Morelle <-, -n> *f* HORT morello

morgen *adv* (*am nächsten Tag*) tomorrow; ~ **in acht Tagen** [*o* **einer Woche**] a week from tomorrow, BRIT *a.* a week tomorrow, BRIT *a.* tomorrow week; ~ **Früh/Mittag/Nachmittag/Abend** tomorrow morning/lunchtime/afternoon/evening; **bis** ~ [**Früh/Mittag/Nachmittag/Abend**]! until [*or* see you] tomorrow [morning/lunchtime/afternoon/evening]
► WENDUNGEN: **~, ~, nur nicht heute**[**, sagen alle faulen Leute**] (*prov*) never do today what you can put off until tomorrow *hum;* ~ **ist auch** [**noch**] **ein Tag!** tomorrow is another [*or* a new] day

Morgen <-s, -> *m* ❶ (*Tagesanfang*) morning; **den ganzen ~** [**über**] all [*or* the whole] morning; **guten ~!** good morning!; **~!** (*fam*) morning! *fam;* [**jdm**] **guten ~ sagen** to say good morning [to sb], to wish sb good morning; ***ich wollte euch schnell guten ~ sagen*** I just wanted to say a quick hello to you; **bis in den hellen ~ schlafen** to sleep [in] [*or* BRIT *a.* lie in] for most of the morning; **am nächsten ~** the

next [or following] morning; **der ~ dämmert** [o **bricht an**] [o geh **graut**] dawn [or day] is breaking; **zu ~ essen** SCHWEIZ (*frühstücken*) to have breakfast; **~ sein/werden** to be/get [or grow] light; **am ~, des ~s** (*geh*) in the morning; **bis in den [frühen] ~ hinein** into the early hours; **~ für ~** every [single] morning; **gegen ~** towards morning; **eines ~s** one morning
② (*liter: lichte Zukunft*) morning, [new] dawn
③ (*2500 m*) ≈ acre (*land measure with regional variations in size from 0.6 to 0.9 acres*)

Morgenausgabe *f* MEDIA morning edition **Morgendämmerung** *f s.* **Morgengrauen**

morgendlich *adj* ① (*morgens üblich*) morning *attr;* **die ~e Kühle/Stille** the cool/quiet of [the] [early] morning
② (*morgens stattfindend*) in the morning *pred;* **der ~e Berufsverkehr** [o **die ~e Rushhour**] the morning rush-hour [traffic], rush-hour [traffic] in the morning

Morgenessen *nt* SCHWEIZ (*Frühstück*) breakfast **Morgengabe** *f* HIST morning gift **Morgengrauen** <-s, -> *nt* daybreak, dawn; **im/beim ~** at the crack of dawn [or first light] **Morgengymnastik** *f kein pl* morning exercises *pl* **Morgenland** *nt kein pl* (*veraltet*) ■**das ~** the East [or Orient] **Morgenluft** *f* [early] morning air ▶ WENDUNGEN: **~ wittern** (*fam*) to see one's chance **Morgenmantel** *m* MODE (*veraltend*) *s.* **Morgenrock Morgenmuffel** <-s, -> *m* (*fam*) morning grumpiness *fam,* grumpiness in the mornings *fam;* **ein [großer] ~ sein** to be [very] grumpy in the mornings **Morgenrock** *m* dressing gown **Morgenrot** *nt kein pl* red sky [in the morning] **Morgenröte** *f* (*poet*) *s.* **Morgenrot**

morgens *adv* in the morning; **von ~ bis abends** from morning to [or till] night; **~ und abends** all day long

Morgensonne *f* morning sun; **~ haben** to get [or catch] the morning sun **Morgenstern** *m* ① *kein pl* METEO (*der auffallend hell leuchtende Planet Venus am Morgenhimmel vor Sonnenaufgang*) morning star ② HIST, MIL (*im Mittelalter verwendete Schlagwaffe, meist in Gestalt einer Keule, deren oberes kugeliges Ende mit eisernen Stacheln besetzt ist*) morning star, morgenstern, spiked mace ③ BOT DIAL (*veraltend: Narzisse*) narcissus **Morgenstunde** *f meist pl* morning hour; ***wer ist denn zu dieser frühen ~ an der Tür?*** who is [that] [or can [that] be] at the door at this early hour of the morning?; **während der ersten ~n** very early in the morning; **bis in die [frühen] ~n feiern** to celebrate into the early hours [of the morning] ▶ WENDUNGEN: **Morgenstund[e] hat Gold im Mund[e]** (*prov*) the early bird catches the worm *prov* **Morgenzug** *m* early [morning] train

morgig *adj attr* tomorrow's; **die ~e Rede/der ~e Termin** the speech/appointment tomorrow; *s. a.* **Tag**

Moriske, -kin <-n, -n> *m, f* Morisco, Moresco

Moritat <-, -en> *f* street ballad

Morlock <-s, Morlocken> *m* MYTH *mythical mischevious gnome who generally frequented large towns*

Mormone, Mormonin <-n, -n> *m, f* REL Mormon

Morphem <-s, -e> *nt* LING morpheme

Morphin <-s> *nt kein pl* CHEM morphine

Morphinismus <-> *m kein pl* morphinism *no art*

Morphinist(in) <-en, -en> *m(f)* (*geh*) morphine addict

Morphium <-s> *nt kein pl* CHEM morphine

morphiumsüchtig *adj* addicted to morphine *pred*

Morphiumsüchtige(r) *f(m) dekl wie adj* morphine addict

Morphologie <-> *f kein pl* LING morphology

morphologisch *adj* LING morphological

morsch *adj* rotten; **~es Holz** rotting wood; **~e Knochen** decomposing [or decaying] bones

Morschheit <-> *f kein pl* rottenness

Morsealphabet *nt* Morse [code [or alphabet]] **Morseapparat** *m* Morse telegraph

morsen I. *vi* to signal [or send a message] in Morse [code]; ■**das M~** signalling [or AM *a.* signaling] [or sending a message] in Morse [code]; **das ~ lernen** to learn how to signal [or send a message] in Morse [code]
II. *vt* ■**etw morsen** to send sth in Morse [code]

Mörser <-s, -> *m* mortar

Morsezeichen *nt* Morse signal

Mortadella <-> *f kein pl* KOCHK mortadella

Mortalität <-> *f kein pl* (*geh*) mortality [rate]

Mörtel <-s, -> *m* mortar

Mörtelbett *nt* BAU mortar bed **Mörtelgruppe** *f* BAU mortar group **Mörtelkelle** *f* mortar trowel

Mosaik <-s, -e[n]> *nt* ① KUNST, BAU (*Belag aus farbigen Steinchen*) mosaic
② (*Puzzle*) jigsaw [puzzle] *fig*

Mosaikfußboden *m* mosaic [or tessellated] floor **Mosaikornament** *nt* mosaic ornament **Mosaikstein** *m* tessera

mosaisch *adj* REL Jewish

Mosambik <-s> *nt* Mozambique; *s. a.* **Deutschland**

Mosambikaner(in) <-s, -> *m(f)* Mozambican; *s. a.* **Deutsche(r)**

mosambikanisch *adj* Mozambican; *s. a.* **deutsch**

Mosambiker(in) <-s, -> *m(f) s.* **Mosambikaner**

Moschee <-, -n> *f* mosque

Moschus <-> *m kein pl* musk

Moschushirsch *m* ZOOL (*Moschus*) musk deer **Moschusochse** *m* ZOOL musk ox

Möse <-, -n> *f* (*vulg*) cunt *vulg*

Mosel[1] <-> *f* GEOG ■**die ~** the Moselle

Mosel[2] <-s, -> *m* (*fam*), **Moselwein** *m* Moselle [wine]

mosern *vi* DIAL (*fam: nörgeln*) ■**[über etw** *akk*] ~ to gripe [about sth] *fam*

Moses <- o *liter* Mosis> *m* REL Moses
▶ WENDUNGEN: **bin ich ~?** (*hum fam*) don't ask me! *fam*

Moskau <-s> *nt* Moscow

Moskauer(in) <-s, -> *m(f)* Muscovite

Moskito <-s, -s> *m* mosquito

Moskitonetz *nt* mosquito net

Moslem, Moslime <-s, -s> *m, f* Muslim, Moslem

moslemisch *adj attr* Muslim, Moslem

Moslime <-, -n> *f fem form von* **Moslem** Muslim, Moslem

Most <-[e]s> *m kein pl* ① (*naturtrüber Fruchtsaft*) fruit juice
② SÜDD, SCHWEIZ (*Obstwein*) cider
③ (*Traubensaft zur Weinbereitung*) must

Mostrich <-s> *m kein pl* KOCHK DIAL (*Senf*) mustard

Motel <-s, -s> *nt* motel

Motette <-, -n> *f* MUS motet

Motherboard <-[s], -s> ['mʌðəbɔːd] *nt* INFORM motherboard

Motion <-, -en> *f* SCHWEIZ (*Antrag im Parlament*) motion

Motiv <-s, -e> *nt* ① (*Beweggrund*) motive
② LIT (*Leit~*) leitmotif, motif, theme
③ MUS (*Tonfolge*) motif, motive

Motivation <-, -en> [-va-] *f* (*geh*) motivation

Motivationsinstrument *nt* motivational instrument

motivieren* [-ˈviː -] *vt* (*geh*) ① (*durch Anregungen veranlassen*) ■**jdn [zu etw]** ~ to motivate sb [to do sth]
② (*begründen*) ■**[jdm gegenüber] etw** ~ to justify sth [to sb]; **[jdm gegenüber] seine Abwesenheit/sein Verhalten** ~ to account for one's absence/behaviour [or AM -or] [to sb]; **[jdm gegenüber] einen Sinneswandel** ~ to give [sb one's] reasons for a [or one's] change of mind

motiviert I. *pp von* **motivieren**
II. *adj inv* **stark/höchst/wenig** ~ strongly/highly/little motivated [or having little motivation]

Motivierung <-, -en> [-ˈviː-] *f* (*geh*) motivation

Motivirrtum *m* JUR error in motivation

MotocrossRR <-, -e> *nt,* **Moto-Cross** <-, -e> *nt* motocross

Motocrossrennen *nt* (*Sportdisziplin*) motocross [racing]; (*Rennen*) motocross race

Motor <-s, -toren> *m* ① (*Verbrennungs~*) engine
② (*Elektro~*) motor
③ *kein pl* (*geh: treibende Kraft*) ■**der ~ einer S.** *gen* the driving force behind sth; **~ für Wettbewerbsfähigkeit** ÖKON competitive force

Motorantrieb *m* motor drive; **mit ~** motor-driven *attr* **Motorausfall** *m* motor failure [or breakdown], engine failure **Motorbarkasse** <-, -n> *f* motor launch **Motorblock** *m* AUTO engine block **Motorboot** *nt* motor boat **Motordrehzahl** *f* AUTO engine speed **Motoreinstellung** *f* AUTO engine timing **Motorenbau** *m kein pl* engine construction *no pl* **Motorengeräusch** *nt* sound of an engine [or engines] **Motorenlärm** *m* engine noise **Motorfahrzeug** *nt* motor vehicle **Motorfahrzeugsteuer** *f* SCHWEIZ (*Kraftfahrzeugsteuer*) motor vehicle [or BRIT *a.* road] tax **Motorflugzeug** *nt* powered aircraft **Motorgehäuse** *nt* engine [or motor] casing **Motorhaube** *f* bonnet BRIT, hood AM **Motorhaubenentriegelung** *f* AUTO hood release

Motorik <-> *f kein pl* PHYSIOL motoricity, motor activity

motorisch *adj* ANAT motor *attr*

motorisieren* I. *vt* ■**etw** ~ to motorize sth, to fit sth with an engine
II. *vr* (*fam*) ■**sich** ~ to get some wheels *fam,* to buy a car [or motorbike] [or moped] [or scooter]

motorisiert *adj* with a car [or cars] *pred;* **eine ~e Gesellschaft** a car-oriented [or *fam* car-loving] society; ■**~ sein** to have wheels *fam,* to have [or own] a car [or motorbike] [or moped] [or scooter]

Motorisierung <-, -en> *f* AUTO [fitting with an] engine; ***dieser Wagen hat eine schwache ~*** this car does not have [or is not fitted with] a very powerful engine

Motorjacht *f* motor yacht **Motorleistung** *f* AUTO engine power [or performance], power [or engine] output **Motoröl** *nt* AUTO motor oil **Motorpanne** *f* engine failure [or breakdown] **Motorpresse** *f kein pl* MEDIA motor press **Motorpumpe** *f* motor-powered pump

Motorrad ['moːtorat, moˈtoːrat] *nt* motorcycle, motorbike *fam;* **~ fahren** to ride a motorcycle [or motorbike]

Motorradbrille *f* [motorcycle] goggles **Motorradfahrer(in)** *m(f)* motorcyclist **Motorradhandschuh** *m* motorcycle glove **Motorradhelm** *m* [motorcycle] crash helmet **Motorradrennen** *nt* SPORT motorcycle racing; **~ fahren** to take part in a motorcycle race **Motorradsport** *m* motorcycling **Motorradstiefel** *f* motorcycle boot **Motorradzubehör** *nt* motorcycle accessories

Motorraum *m* AUTO engine compartment [or bay] **Motorroller** *m* [motor] scooter **Motorsäge** *f* power saw **Motorschaden** *m* engine breakdown [or failure] **Motorschiff** *nt* motor ship **Motorschlitten** *m* snowmobile **Motorschmierung** *f* AUTO engine lubrication **Motorsegler** *m* ① LUFT motor glider ② NAUT powered sailing boat **Motorsport** *m* motor sport *no art* **Motorsportfan** [-fɛn] *m* fan of motor racing, motor-racing fan **Motortriebwagen** *m* railcar **Motorwagen** *m der Straßenbahn* motorcar **Motorwäsche** *f* engine valeting (*external cleaning of an/the engine*)

Motte <-, -n> *f* moth
▶ WENDUNGEN: **du kriegst die ~n!** (*sl*) well I'll be blowed! [or AM damned] *fam,* BRIT *a.* [well] blow me! *fam,* AM *a.* for God's sake!

Mottenbohne *f* moth bean **mottenecht** *adj inv* moth-proof **mottenfest** *adj* moth-proof **Mottenfraß** <-es> *m kein pl* moth damage *no pl, no indef art* **Mottengift** *nt* moth poison **Mottenkiste** *f* ▶ WENDUNGEN: **etw aus der ~ [hervor]holen** (*fam*) to dig out sth *sep* **Mottenkugel** *f* mothball **Mottenloch** *nt* moth hole **Mottenpulver** *nt* CHEM moth powder **mottenzerfressen** *adj inv* moth-eaten

M

Mọtto <-s, -s> *nt* motto; **etw steht unter dem ~ …** sth has as its motto … [*or* … as its motto], the motto of sth is …; **nach dem ~: …** as if to say …

Mọtto-Party, Mọttoparty *f* [special] theme party; ***heute Abend steigt eine ~ „Beach & Fun"*** there's going to be a "Beach & Fun" party this evening

mọtzen *vi* (*sl*) to grouse, to bellyache *sl,* to moan *fam;* ***was gibt es da zu ~?*** what is there to bellyache about?

Mọtzer <-s, -> *m* (*pej*) moany git BRIT, moaner and groaner AM

Mountainbike <-s, -s> ['mauntənbaik] *nt* mountain bike

Mountainbiker(in) <-s, -> *m(f)* mountain biker

Mousepad ['mauspɛd] *nt* INFORM mouse pad

Mousse <-, -s> [mʊs] *f* mousse

moussieren* [mu'si:rən] *vi* to effervesce

Mọ̈we <-, -n> *f* [sea]gull

mozarabisch *adj inv* Mozarabic

MP <-, -s> [ɛm'pi:] *f Abk von* **Maschinenpistole**

MP3-Player <-s, -> [ɛmpe:'draj,pleıə] *m* MP3 Player

MPC *m* INFORM *Abk von* **multimedia personal computer** MPC

Mrd. *f Abk von* **Milliarde(n)** b., billion

MS *f Abk von* **Multiple Sklerose** MS

MS-DOS INFORM *Abk von* **microsoft disk operating system** MS-DOS

MS-krank *adj* suffering from MS *pred*

Mt *f Abk von* **Megatonne** mt., megaton

MTA <-s, -s> *m,* **MTA** <-, -s> *f Abk von* **medizinisch-technische(r) Assistent(in)** MTA

mtl. *adj Abk von* **monatlich** mthly, monthly

Mụ̈cke <-, -n> *f* mosquito, gnat, midge
► WENDUNGEN: **aus einer ~ einen Elefanten machen** (*fam*) to make a mountain out of a molehill

Mụckefuck <-s> *m kein pl* (*fam*) coffee substitute, ersatz coffee

mụcken I. *vi* (*fam*) to complain; **ohne zu ~** without complaining
II. *vr* DIAL (*sich regen*) ■**sich ~** to move, to stir

Mụcken *pl* (*fam*) [bad] manners *npl;* **seine ~ haben** to have one's [little] moods; **etw hat [seine] ~** sth is acting [*or* BRIT *a.* playing] up; **jdm die ~ austreiben** to sort sb out BRIT *fam,* to reprimand [*or* deal with] sb AM

Mụ̈ckenschutzmittel *nt* mosquito repellent

Mụ̈ckenstich *m* mosquito [*or* gnat] [*or* midge] bite

Mụcks <-es, -e> *m* (*fam*) sound; **einen ~ sagen** to make a sound; ***sagst du nur einen ~, gibt's was hinter die Löffel!*** one word from you and I'll give you a clip round the ear!; ***und dass mir keiner einen ~ sagt!*** I don't want to hear a peep out of anyone!; **keinen ~ sagen** to not say a word; **ohne einen ~** without a murmur [*or* word [of protest]]

mụcksen *vr* (*fam*) ■**sich ~** to move, to stir; ■**sich nicht ~** to not move [a muscle]

mucksmäuschenstịll [-mɔysçən-] I. *adj* (*fam*) completely quiet; ***das Kind war ~*** the child was as quiet as a mouse; **~ sein** to not make a sound
II. *adv* completely quiet, without making a sound; ***verhaltet euch ~!*** don't make a sound!

müde I. *adj* ① (*schlafbedürftig*) tired; **~ Arme/ Beine/** *geh* **~s Haupt** weary arms/legs/head; ■**[von etw] ~ sein/werden** to be/become tired [as a result of sth]; ***von zu viel Bier in der Mittagspause wird man ~*** drinking too much beer during your lunch-hour makes you feel tired! [*or* sleepy]
② (*gelangweilt*) weary, tired
③ (*überdrüssig*) ■**einer S.** *gen* **~ sein/werden** to be/grow tired of sth; ■**nicht ~ werden, etw zu tun** to never tire of doing sth; *s. a.* **Mark**
II. *adv* ① (*erschöpft*) **sich ~ kämpfen/laufen/ reden** to fight/walk/speak until one is exhausted
② (*gelangweilt*) wearily, tiredly

Müdigkeit <-> *f kein pl* tiredness; **[nur] keine ~ vorschützen!** (*fam*) don't try and tell me [*or* pretend] you're tired!; **vor ~** from exhaustion; ***mir fallen schon vor ~ die Augen zu*** I'm so tired I can hardly keep my eyes open

Mudschaheddin <-s, -> [mʊdʒa-] *m* Mujahidin, Mujahed[d]in, Mujahideen

Müesli <-s, -s> *nt* muesli

Mụff¹ <-s> *m kein pl* musty smell

Mụff² <-[e]s, -e> *m* MODE muff

Mụffe <-, -n> *f* TECH sleeve
► WENDUNGEN: **jdm geht die ~** (*sl*) sb is scared stiff *fam* [*or vulg* shitless]; **~ haben** (*sl*) to be scared shitless [*or sl* shit-scared]

Mụffel <-s, -> *m* (*fam*) grouch, grump *fam*

mụff(e)lig *adj* (*fam*) grouchy, grumpy *fam*

Mụffelwild *nt kein pl* moufflon

Mụffenrohr *nt* BAU spigot pipe

Mụffensausen <-> *nt kein pl* ► WENDUNGEN: **~ haben/kriegen** (*fam*) to be/get scared stiff *fam*

mụffig I. *adj* ① (*dumpf*) musty
② (*schlecht gelaunt*) grumpy
II. *adv* ① (*dumpf*) musty; **~ riechen** to smell musty; ***es riecht im Keller seltsam ~*** there's a strange musty smell in the cellar
② (*lustlos*) listlessly

mụfflig *adj s.* **muffelig**

Mụfflon <-s, -s> *m* ZOOL moufflon

muh *interj* moo

Mühe <-, -n> *f* trouble; **sich** *dat* **alle erdenkliche ~ geben** to make every [imaginable] effort, to go to the greatest lengths [possible]; **[für jdn] eine geringe ~ sein** to be no bother [for sb]; **[für jdn] eine große ~ sein** to be a lot of trouble [*or fam* a big deal] [for sb]; **verlorene ~ sein** to be a waste of effort [*or* time]; **der ~ wert sein** [*o* **lohnen**] to be worth the trouble [*or* effort] [*or* it]; **sich** *dat* **[große] ~ geben** [*o* **machen**][**, etw zu tun**] to take [great] pains [*or* make a[n] [great] [*or* the] effort] [to do sth]; **sich** *dat* **keine ~ geben** [*o* **machen**] [**, etw zu tun**] to make no effort [to do sth]; ***Sie brauchen sich keine ~ zu geben, mich vom Gegenteil zu überzeugen!*** there's no point trying to convince me otherwise!; ***er hat sich gar nicht erst ~ gegeben, es zu verleugnen*** he didn't even bother trying to deny it; ***geben Sie sich keine ~, ich weiß bereits alles!*** save your breath, I already know everything; **~ haben, etw zu tun** to have trouble [*or* difficulty] doing [*or* find it difficult to do] sth; **mit jdm seine ~ haben** to have [a lot of] trouble [*or* a hard time] with sb; **[jdn] [einige/viel] ~ kosten** to be [quite/very] hard work [*or* quite an effort/a real effort] [for sb]; **etw lohnt die ~** sth is worth the trouble [*or* effort] [*or* it]; **die ~ lohnt sich** it is worth the trouble [*or* effort] [*or* it]; **[jdm] ~ machen** to give [sb] [some] trouble; **sich** *dat* **die ~ machen, etw zu tun** to take [*or* go to] the trouble [*or* make the effort] to do sth; ***machen Sie sich keine ~!*** [please] don't go to any trouble!; **sich** *dat* **die ~ schenken** [*o* **sparen**] to save oneself the trouble; **mit ~ verbunden sein** to take a lot of effort; **viel/einige/ziemliche ~ auf etw** *akk* **verwenden** to put a lot/a fair amount/ quite a lot of effort into sth; **[nur] mit ~** with [great] difficulty; **ohne ~** without any trouble; ***nicht ohne ~ erledigten wir die Aufgabe*** not without difficulty [*or* trouble] did we complete the task; ***ich könnte dir ohne ~ drei solche Typen nennen*** I could name you three people off the top of my head; **mit ~ und Not** (*fam*) only just

mühelos I. *adj* easy
II. *adv* easily, effortlessly; ***diesen Plan wird man nicht ganz ~ bewerkstelligen können*** it will take a fair amount of effort to put this plan into practice

Mühelosigkeit <-> *f kein pl* ease, effortlessness

muhen *vi Kuh* to moo

mühen *vr* (*geh*) ① (*sich be~*) ■**sich ~, etw zu tun** to strive to do sth
② (*sich ab~*) ■**sich mit jdm/etw ~** to struggle with sb/sth

mühevoll *adj* (*geh*) *s.* **mühsam**

Mühle <-, -n> *f* ① (*Wasser~*) mill
② (*fam: Kaffee~*) grinder; (*Getreide~*) mill
③ (*~spiel*) ≈ nine men's morris *no pl,* ≈ merels *npl,* BRIT *a.* ≈ ninepenny *no pl;* (*Figur aus drei Spielsteinen*) mill, ≈ merel
④ (*veraltend sl: Flugzeug*) crate *fam*
⑤ (*pej: Räderwerk*) wheels *pl*
► WENDUNGEN: **die ~n einer S.** *gen* **mahlen langsam** the wheels of sth turn very slowly

Mühlenflügel <-s, -> *m* sail-arm **Mühlenrecht** *nt* JUR prerogative to operate a mill

Mühlrad <-s, -räder> *nt* mill-wheel **Mühlstein** *m* millstone

Mühlwerk *nt* milling works *pl*

Mühsal <-, -e> *f* (*geh*) tribulation, hard toil

mühsam I. *adj* arduous, laborious; ***mit der Zeit wird das Treppensteigen für alte Leute zu ~*** with time, climbing stairs becomes too strenuous for old people; ■**es ist [für jdn] ~, etw zu tun** it is difficult [*or* hard] [for sb] to do sth
II. *adv* laboriously; ***das Haus habe ich mir in langen Jahren ~ erarbeiten müssen*** it took years of hard work to be able to afford this house; **~ verdientes Geld** hard-earned money

mühselig *adj* (*geh*) *s.* **mühsam**

Mukoviszidose <-> [mukovıstsi'do:zə] *f kein pl* MED cystic fibrosis, mucoviscidosis

Mulạtte, Mulạttin <-n, -n> *m, f* mulatto *masc,* mulatta *fem,* mulattress *fem*

Mulde <-, -n> *f* ① (*Bodenvertiefung*) hollow
② NORDD (*großer Trog*) skip

Muli <-s, -[s]> *nt o m* ZOOL mule

Mụll <-[e]s, -e> *m* MED gauze

Mụ̈ll <-[e]s> *m kein pl* refuse *form,* rubbish, *esp* AM garbage; ***„~ abladen verboten"*** "no tipping [*or* dumping [of rubbish]]"; **in den ~ kommen** to belong in the [dust]bin BRIT [*or* AM garbage [can]]; **etw in den ~ werfen** to throw out sth *sep,* to throw sth in the [dust]bin [*or* AM garbage [can]]

Mụ̈llabfuhr <-, -en> *f* ① (*das Abfahren des Mülls*) refuse *form* [*or esp* AM garbage] collection ② (*Referat der Stadtreinigung*) refuse *form* [*or esp* AM garbage] collection [service]; ***bei uns kommt nur alle 14 Tage einmal die ~*** the dustmen only come every fortnight where we live ③ (*fam: Müllwagen*) ■**die ~** the dustcart BRIT, the garbage truck AM **Mụ̈llabfuhrgebühr** *f* refuse collection charge **Mụ̈llabladeplatz** *m* [refuse] dump, BRIT *a.* [refuse] tip

Müllagerung *f s.* **Mülllagerung**

Mullah <-s, -s> *m* mullah

Mụ̈llaufbereitung *f* ÖKOL waste treatment *no pl*

Mụ̈llaufbereitungsanlage *f* waste processing plant **Mụ̈llaufkommen** <-s> *nt kein pl* revenue from waste **Mụ̈llberg** *m* mountain of rubbish [*or esp* AM garbage] **Mụ̈llbeseitiger** *m* refuse collector **Mụ̈llbeseitigung** *f kein pl* ÖKOL waste [*or form* refuse] [*or* rubbish] [*or esp* AM garbage] collection **Mụ̈llbeutel** *m* rubbish [*or esp* AM garbage] sack [*or* bag], BRIT *a.* [dust]bin liner [*or* bag]

Mụllbinde *f* MED gauze bandage

Mụ̈llcontainer *m* waste [*or form* refuse] [*or* rubbish] [*or esp* AM garbage] container **Mụ̈lldeponie** *f* waste disposal site, refuse *form* [*or esp* AM garbage] dump **Mụ̈lleimer** *m* dustbin BRIT, bin BRIT *fam,* garbage can AM

Mụ̈ller(in) <-s, -> *m(f)* miller

Mụ̈llerinart^RR^ *f,* **Mụ̈llerin-Art** *f* KOCHK **[nach] ~** à la meunière

Mụ̈llfahrer(in) *m(f)* driver of a dustcart [*or* AM garbage truck], dustcart [*or* AM garbage truck] driver **Mụ̈llgrube** *f* refuse pit **Mụ̈llhalde** *f* waste [*or form* refuse] [*or esp* AM garbage] disposal site, refuse *form* [*or* rubbish] [*or esp* AM garbage] dump **Mụ̈llhaufen** *m* heap of rubbish [*or esp* AM garbage], rubbish [*or esp* AM garbage] heap **Mụ̈llkippe** *f* refuse *form* [*or esp* AM garbage] dump, *esp* BRIT rubbish tip **Mụ̈llkompostierung** *f* refuse *form* [*or esp* AM garbage] composting **Mụ̈llkutscher** *m* (*fam*) dustman BRIT, trash collector AM **Mụ̈lllagerung**[RR] *f* storage of refuse *form* [*or esp* AM garbage], refuse *form* [*or esp* AM garbage] storage **Mụ̈llmann** *m* (*fam*) dustman BRIT, garbage man AM, BRIT *a.* dustbin [*or fam* bin] man **Mụ̈llmenge** *f* amount of refuse *form* [*or esp* AM garbage] **Mụ̈llofen** *m* [refuse] incinerator **Mụ̈llrecycling** *nt* recycling of refuse *form* [*or esp* AM garbage], [waste] recycling *no pl* **Mụ̈llsack** *m* [large] refuse sack BRIT *form,* [large] garbage bag AM **Müllschlucker** <-s, -> *m* refuse *form* [*or* rubbish] [*or esp* AM garbage] chute **Müllsortieranlage** *f* refuse [*or* waste] seperation plant **Müllsteuer** *f* ÖKON *tax for financing refuse collecting and sifting services* **Mülltonne** *f* dustbin BRIT, garbage can AM **Mülltourismus** *m* dumping [of] [one's] refuse *form* [*or* rubbish] [*or esp* AM garbage] in outlying areas **Mülltrennung** *f kein pl* ÖKOL separation of waste [*or form* refuse] [*or* rubbish] [*or esp* AM garbage] **Mülltrennungssystem** *nt* waste sorting [*or* sifting] system, system of waste sorting [*or* sifting] **Müllverbrennung** *f* refuse *form* [*or esp* AM garbage] incineration **Müllverbrennungsanlage** *f* refuse *form* [*or esp* AM garbage] incineration [*or* combustion] plant **Müllvermeidung** *f* avoidance of generating [*or* creating] refuse *form* [*or esp* AM garbage] **Müllverwertung** *f* refuse recycling **Müllverwertungsanlage** *f* waste reprocessing plant **Müllvolumen** *nt* refuse volume, volume of refuse **Müllwagen** *m* refuse *form* [*or esp* AM garbage] collection vehicle, BRIT *a.* dustcart, *esp* AM garbage truck

Mullwindel *f* muslin nappy [*or* AM diaper]

mulmig *adj* (*fam*) ❶ (*unbehaglich*) uneasy, uncomfortable; **jdm ist ~ zumute** sb has an uneasy [*or* uncomfortable] feeling, sb has butterflies in their stomach
❷ (*brenzlig*) dicey *fam*, precarious; **es wird ~** it's getting dicey *fam*

Multi <-s, -s> *m* (*fam*) multinational [company]

Multiagent *m* INFORM multi-agent **Multibenutzerbetriebssystem** *nt* multi-user [operating] system **multidimensional** *adj* multidimensional **multifaktoriell** *adj inv* (*geh*) multifactorial **Multifrequenzmonitor** *m* INFORM multiscan monitor **multifunktional** *adj* multifunctional, multi-functional **Multifunktionsgerät** *nt* INFORM multifunction device **Multifunktionsgerät** *nt* multifunctional device **Multifunktionskarte** *f* FIN multifunctional card **multikulti** *adj inv* multi cultural, multiculti **multikulti** *adj* (*fam*) multicultural **multikulturell** *adj* multicultural **multilateral** *adj* multilateral, multipartite; **~es Clearingsystem** FIN mulitlateral clearing system **multilingual** *adj* multilingual

Multimedia <-[s]> *nt kein pl* INFORM, MEDIA multimedia *no pl*

Multimedia-Agentur *f* MEDIA, INFORM multi-media agency **Multimediaanwendung** *f* INFORM multimedia application **Multimediaapplikation** *f* INFORM multimedia application **Multimediabereich** *m* INFORM multimedia sector **Multimedia-CD-ROM** *f* multimedia CD-ROM **Multimedia-computer** *m* multimedia computer [system] **Multimedia-Computerprogramm** *nt* multimedia computer program **Multimedia-Dateiformat** *nt* INFORM multimedia file format **multimediafähig** *adj inv* INFORM mediagenic, suitable for multimedia

multimedial *adj* multi-media *attr*

Multimedia-Netzwerk *nt* INFORM multimedia network **Multimedia-PC** *m* multimedia PC **Multimediapräsentation** *f* multimedia presentation **Multimediaprodukt** *nt* multimedia product **Multimediasystem** *nt* multimedia system **Multimediazeitalter** *nt* multimedia age

Multimillionär(in) *m(f)* multimillionaire **multinational** *adj* multinational

multipel *adj inv* multiple; **multiple Proportionen** CHEM multiple proportions; **multiple Sklerose** MED multiple sclerosis

Multiple Sklerose <-n -> *f kein pl* MED multiple sclerosis

Multiplexkino *nt* multiplex [cinema]

Multiplikand <-en, -en> *m* MATH multiplicand

Multiplikation <-, -en> *f* MATH multiplication

Multiplikationszeichen *nt* MATH multiplication sign

Multiplikator <-s, -toren> *m* ❶ MATH multiplier ❷ (*geh*) disseminator *form*

Multiplikatoreneffekt *m* MATH, ÖKON multiplier effect

multiplizieren* I. *vt* ■**etw** [**mit etw**] ~ to multiply sth [by sth]
II. *vr* (*geh*) ■**sich** ~ to multiply *fig*

Multiprozessorsystem *nt* INFORM multiprocessor system

Multisession <-, -en> [-'seʃən] *f* INFORM multisession **multisession-fähig** *adj* multisession-capable; **~es CD-ROM Laufwerk** multisession-capable CD-ROM drive **Multisession-Fähigkeit** *f* INFORM multisession capability

Multitalent *nt* versatile person, all-rounder, allround talent **Multitasking** <-[s]> [mʌltɪ'tɑːskɪŋ] *nt kein pl* INFORM multitasking [system]; **kooperatives/präemptives** ~ cooperative/preemptive multitasking **Multivitaminpräparat** *nt* PHARM, MED multivitamin preparation **multizentrisch** *adj inv* multicentric **Multi-Zerkleinerer** *m* multiple chopper, blender

Mumie <-, -n> ['muːmiə] *f* mummy

Mumienschlafsack *m* shaped sleeping bag

mumifizieren* *vt* ■**etw** ~ to mummify sth

Mumifizierung <-, -en> *f* mummification

Mumm <-s> *m kein pl* guts *npl fam*, BRIT *sl a.* bottle; ***hast du denn keinen ~ in den Knochen?*** don't be such a chicken!

Mummelgreis(in) <-es, -e> *m(f)* (*pej fam*) old dodderer *pej fam*

mummeln[1] *vt* NORDD (*murmeln*) ■**etw** [**vor sich hin**] ~ to mumble sth [to oneself]

mummeln[2] *vt* NORDD (*fam: einhüllen*) ■**jdn in etw** *akk* ~ to wrap [up *sep*] sb in sth; ■**sich** *akk* **in etw** *akk* ~ to wrap oneself [up] in sth

mümmeln *vi* ■[**an etw** *dat*] ~ to nibble [at sth]

Mumpitz <-es> *m kein pl* (*veraltend fam*) nonsense, claptrap, rubbish

Mumps <-> *m o fam f kein pl* MED [the] mumps + *sing/pl vb*

München <-s> *nt* Munich

Münch(e)ner *adj attr* Munich *attr*, of Munich *after n*; **die ~ Altstadt** Munich's old town; *s. a.* **Abkommen**

Münch(e)ner(in) <-s, -> *m(f)* inhabitant of Munich; ***meine Frau ist ~in*** my wife's from Munich

Münchhausen <-s, -[s]> *m* (*veraltend geh*) Munchhausen

Mund <-[e]s, Münder> *m* ❶ ANAT mouth; **etw in den ~ nehmen** to put sth in one's mouth; **ein Glas an den ~ setzen** to put a glass to one's mouth; **mit vollem ~e** with one's mouth full
❷ ZOOL (*Maul*) mouth
▶ WENDUNGEN: **~ und Nase aufsperren** (*fam*) to gape in astonishment; **aus berufenem ~e** from an authoritative source; **sich** *dat* **den ~ fusselig reden** to talk till one is blue in the face; **einen großen ~ haben** to have a big mouth, to be all talk [*or* mouth] [*or* BRIT *fam* all mouth and trousers]; **den ~ [zu] voll nehmen** (*fam*) to talk [too] big; **den ~ aufmachen** [*o* **auftun**] to speak up; **den ~ aufreißen** (*sl*) to talk big; **jdm über den ~ fahren** (*fam*) to cut sb short; [**jd ist**] **nicht auf den ~ gefallen** (*fam*) [sb is] never at a loss for words; **etw geht von ~ zu ~** sth is passed on from mouth to mouth [*or* person to person]; **halt den ~!** (*fam*) shut up! *fam*, shut your mouth! [*or* face!] [*or* BRIT *sl* gob!]; **den/seinen ~ nicht halten können** (*fam*) to not be able to keep one's mouth [*or fam* trap] shut; **aus jds ~e kommen** that sb says; ***du musst auch nicht alles glauben, was aus seinem ~e kommt!*** you don't have to believe everything [that] he says!; **jdm etw in den ~ legen** to put [the] words into sb's mouth; **etw nicht in den ~ nehmen** to not use such a sth; ***musst du immer so entsetzliche Flüche in den ~ nehmen?*** do you always have to use such terrible language?; **jdm nach dem ~[e] reden** to say what sb wants [*or* tell sb what they want] to hear; **jdm den ~ stopfen** (*fam*) to shut sb up; **jdm den ~ verbieten** to tell sb to be quiet [*or fam* shut up]; **etw ist in aller ~e** sth is the talk of the town, everybody's talking about sth; **wie aus einem ~e** with one voice; *s. a.* **Wort**

Mundart *f* LING dialect

Mundartautor(in) *m(f)* dialect writer **Mundartdichter** *m* dialect poet **Mundartdichtung** *f* dialect poetry **Mundartgedicht** *nt* dialect poem

mundartlich I. *adj* LING dialectal
II. *adv* **~ anwenden/gebrauchen** to use dialectally [*or* in dialect]

Mundartwörterbuch <-(e)s, -bücher> *nt* dialect dictionary

Munddusche *f* water toothpick

Mündel <-s, -> *nt o m* JUR ward

Mündelgeld *nt* JUR trust money for a ward

mündelsicher I. *adj* FIN, BÖRSE gilt-edged; **~e Wertpapiere** gilt-edged securities, gilts
II. *adv* **~ anlegen** to invest in gilt-edged securities

munden *vi* (*geh*) ■[**jdm**] ~ to taste good [to sb]; ***nun, wie mundet Ihnen der Wein?*** well, how do you like the wine?; ***der kleine Snack hat gut gemundet*** that was a very tasty little snack; ■**sich** *dat* **etw ~ lassen** to enjoy [eating] sth; ***greift gerne zu und lasst es euch ~!*** tuck in and enjoy your meal!

münden *vi sein o haben* ❶ (*hineinfließen*) ■**in etw** *akk* ~ to flow into sth; ***der Fluss mündet schließlich im Meer*** eventually the river flows into the sea
❷ (*auf etw hinlaufen*) ■**auf/in etw** *akk* ~ to lead into sth; ***dieser Feldweg mündet nach drei Kilometern auf die Straße nach Giengen*** this path meets [*or* joins] the road to Giengen after three kilometres
❸ (*darauf zuführen*) ■**in etw** *akk* ~ to lead to sth

mundfaul *adj* (*fam*) uncommunicative; ***sei doch nicht so ~!*** come on, speak up!; ***was hat er gesagt, sei nicht so ~!*** what did he say, come on, spill the beans! **mundgerecht** I. *adj* bite-sized *attr* II. *adv* **~ zubereiten/zuschneiden** to prepare in/cut into bite-sized pieces **Mundgeruch** *m* bad breath *no indef art*, halitosis *no indef art*; **~ haben** to have bad breath [*or* halitosis] **Mundharmonika** *f* mouth organ, harmonica **Mundhöhle** *f* ANAT oral cavity **Mundhygiene** *f kein pl* oral hygiene *no pl, no indef art*

mündig *adj* ❶ (*urteilsfähig*) responsible, mature ❷ (*volljährig*) ■**~ sein/werden** to be/come of age, to have attained/attain [*or* reached/reach] one's majority; **jdn für ~ erklären** JUR to declare sb of age

Mündigkeit <-> *f kein pl* JUR majority *no art*; (*fig*) responsibility

mündlich I. *adj* oral; **eine ~e Prüfung** an oral examination; **eine ~e Abmachung/Übereinkunft/Vereinbarung** a verbal agreement; **eine ~e Besprechung** a public meeting; ***diese Tradition ist durch ~e Überlieferung auf uns übergegangen*** this tradition has been passed [down [*or* on]] to us by word of mouth; ■**das M~e** (*fam*) the oral *fam*, the oral examination; **eine ~e Verhandlung** JUR a[n oral] hearing [*or* trial], oral proceedings *pl*
II. *adv* orally; **etw ~ abmachen/vereinbaren** to agree sth [*or* AM to sth] verbally; **~ besprechen** to discuss something in a meeting; ***viele alte Volklieder sind uns nur ~ überliefert worden*** many old folk songs have only been passed [down [*or* on]] to us by word of mouth; ***bitte informieren Sie mich ~, wenn sich etwas ändern sollte*** please let me know if anything should [*or* were to] change; ***der Fall wird ~ verhandelt*** the case will [now] be heard

Mündlichkeitsgrundsatz *m* JUR principle of orality

Mundpflege *f* oral hygiene *no pl, no indef art* **Mundpropaganda** *f* word of mouth; **durch ~** by word of mouth **Mundraub** *m* ❶ JUR (*hist: Diebstahl oder Unterschlagung von wenigen Nahrungsmitteln oder Verbrauchsgegenständen von geringem Wert*) petty theft [*or* larceny] [of food] ❷ (*Diebstahl oder Unterschlagung von wenigen Nahrungsmitteln oder Verbrauchsgegenständen von geringem Wert zur Deckung des Grundbedarfs*) petty theft [*or* larceny] [of food] **Mundschenk** <-en,

-en> *m* HIST cupbearer **Mundschleimhaut** *f* MED mucous membrane of the mouth [*or* oral cavity], oral mucosa *no pl spec* **Mundschutz** *m* MED [surgical] mask

M-und-S-Reifen *m Abk von* **Matsch-und-Schnee-Reifen** M+S tyre [*or* AM tire], mud and snow tyre, winter tyre

Mundstück *nt a.* MUS mouthpiece **mundtot** *adj* **jdn ~ machen** (*fam*) to silence sb

Mündung <-, -en> *f* ❶ GEOG mouth
❷ (*vordere Öffnung*) muzzle

Mündungsarm *m* GEOL branch [of an/the estuary] **Mündungsfeuer** *nt* muzzle flash

Mundvoll <-, -> *m* mouthful **Mundwasser** *nt* mouthwash **Mundwerk** *nt* **ein freches/loses** [*o* **lockeres**]**/unverschämtes ~ haben** (*fam*) to be cheeky/have a loose tongue/be foul-mouthed *fam* **Mundwerkzeuge** *pl* ZOOL mouth parts **Mundwinkel** *m* corner of one's mouth **Mund-zu-Mund-Beatmung** *f* mouth-to-mouth resuscitation, kiss of life

Munition <-> *f kein pl* ammunition; MIL munitions *npl*; **scharfe ~** live ammunition

Munitionsfabrik *f* munitions factory **Munitionslager** *nt* MIL ammunition [*or* munitions] store [*or* depot] **Munitionsnachschub** *m* munitions supply, supply of munitions

munkeln *vt* ■**etw ~** to rumour [*or* AM -or] sth; ***allerlei/ einiges/ Verschiedenes wird gemunkelt*** there are all kinds of/a few/a number of different rumours [circulating [*or fam* flying about]]; ***gemunkelt wurde das ja schon lange*** that has been rumoured [*or* the rumour] for some time [now]; **man munkelt** [*o* **es wird gemunkelt**]**, dass** it's rumoured [*or* AM -ored] [*or* there's a rumour] that; *s. a.* **dunkel**

Mun-Sekte *f* Moonies *pl fam*, Reunification Church

Münster <-s, -> *nt* cathedral, *esp* BRIT minster

munter *adj* ❶ (*aufgeweckt*) bright, sharp, quick-witted
❷ (*heiter*) lively; **ein ~er Gesang/~es Lied** a cheerful [*or* jolly] song; **~er Markt** ÖKON brisk market
❸ (*wach*) ■**~ sein/werden** to be awake/wake up; **jdn wieder ~ machen** to wake up sb again *sep*

Munterkeit <-> *f kein pl* brightness, sharpness, quick-wittedness

Muntermacher <-s, -> *m* stimulant; (*Getränk bes.*) pick-me-up

Muntjak-Hirsch *m* muntjac [*or* muntjak], barking deer

Münzamt *nt* FIN mint

Münzautomat *m* [coin-operated] vending-machine [*or* slot-machine]

Münze <-, -n> *f* ❶ (*Geldstück*) coin
❷ (*Prägeanstalt*) mint
▶ WENDUNGEN: **etw für bare ~ nehmen** to take sth at face value; **jdm etw mit gleicher ~ heimzahlen** to pay sb back in their own [*or* the same] coin for sth; **in klingender ~** (*geh*) in [hard] cash; **etw in klingende ~ umsetzen** to turn sth into hard cash

Münzeinwurf *m* [coin] slot

münzen *vt* ■**auf jdn/etw gemünzt sein** to be aimed at [*or* meant for] sb/sth

Münzfernsprecher *m* (*geh*) pay phone **Münzgeld** *nt kein pl* ÖKON coins *pl* **Münzhoheit** *f* JUR right of coinage **Münzprägung** *f* mintage **Münzrecht** *nt kein pl* JUR right of coinage **Münzsammler(in)** <-s, -> *m(f)* coin collector, numismatist *spec* **Münzsammlung** *f* coin [*or form* numismatic] collection **Münzschlitz** *m* [coin] slot, slot [for coins] **Münzstätte** *f* FIN mint **Münztankstelle** *f* coin-operated filling [*or* petrol] [*or* AM gas[oline]] station **Münzwechsler** *m* change machine **Münzwert** *m* ÖKON assay value, mint price

Muräne <-, -n> *f* moray [eel]

mürb(e) *adj* ❶ (*zart*) tender; **~es Gebäck** shortbread; **Fleisch ~ machen** to tenderize meat
❷ (*brüchig*) worn-out
▶ WENDUNGEN: **jdn ~ machen** to wear sb down

Mürbeteig *m* short[-crust] pastry

Murks <-es> *m kein pl* (*fam*) botched job, botch-up; **~ machen** to do a botched job [*or* botch-up]

murksen *vi* (*fam*) to do a botched job

Murmel <-, -n> *f* marble

murmeln I. *vi* to mutter, to murmur; ■**das M~** [the] muttering [*or* murmuring]
II. *vt* ■**etw ~** to mutter [*or* murmur] sth

Murmeltier *nt* (*Nagetierart*) marmot
▶ WENDUNGEN: **wie ein ~ schlafen** to sleep like a log [*or* top]

murren *vi* ■[**über etw** *akk*] **~** to grumble [about sth]; ***lass das M~!*** stop [your] grumbling!; **keinen Grund zum M~ haben** to have no reason to grumble; **ohne M~** [*o* **ohne zu ~**] without grumbling; [**nur**] **unter M~** [only] under protest

mürrisch I. *adj* grumpy, surly
II. *adv* grumpily, surlily, in a grumpy [*or* surly] manner

Mus <-es, -e> *nt o m* KOCHK purée
▶ WENDUNGEN: **jdn zu ~ schlagen** (*sl*) to beat sb to a pulp *fam* [*or* sb's brains out]

Muschel <-, -n> *f* ❶ (*Molluske*) mussel
❷ (*~schale*) [sea] shell
❸ KOCHK mussel
❹ TELEK (*Hörmuschel*) earpiece; (*Sprechmuschel*) mouthpiece

Muschelart *f* type [*or spec* species] of mussel **muschelförmig** *adj inv* shell-shaped, shaped like a shell **Muschelgeschmack** *m* taste of [a] mussel **Muschelschale** *f* mussel shell

Muschi <-, -s> *f* (*sl*) pussy *vulg*

Muse <-, -n> *f* MYTH Muse
▶ WENDUNGEN: **die leichte ~** light entertainment; **von der ~ geküsst werden, die ~ küsst jdn** to be inspired [by the Muse]

museal *adj inv* (*geh*) museum *attr*, of a/the museum *pred*, museum-like, like a museum

Museum <-s, Museen> *nt* museum

Museumsdirektor(in) *m(f)* museum director [*or* curator] **Museumsführer(in)** <-s, -> *m(f)* museum guide **museumsreif** *adj* (*hum*) ancient *fam*; ■**~ sein** to be a museum piece *hum* **Museumsschiff** *nt* museum ship **Museumsstück** *nt* museum piece **Museumswärter(in)** <-s, -> *m(f)* museum attendant

Musical <-s, -s> ['mju:zikl] *nt* musical

Musik <-, -en> *f* music *no art, no pl*; ***die ~ Mozarts/des Mittelalters*** Mozart's/Medieval music; **geistliche/klassische/moderne ~** religious/classical/modern music; **~ hören/studieren** to listen to/study music; **~ machen** to play some music; ***macht doch ein bisschen ~*** play us [a little] something; (*Radio/Kassette, etc.*) put some music on; ***mach bitte die ~ leiser*** please turn down the music; **~ in jds Ohren sein** to be music to sb's ears; *s. a.* **Blut**

Musikakademie <-, n> *f* academy of music, musical academy

Musikalienhandlung [-liən-] *f* music shop [*or* AM *usu* store]

musikalisch I. *adj* musical
II. *adv* musically; **~ arbeiten** to work in music; **jdn ~ ausbilden** to give sb musical training [*or* training in music]; **~ begabt sein** to be musically gifted [*or* a gifted musician]

Musikalität <-> *f kein pl* musicality

Musikant(in) <-en, -en> *m(f)* musician

Musikantenknochen *m* (*fam*) funny [*or* AM *a.* crazy] bone *fam*

Musikbegleitung *f* musical accompaniment; **unter ~** accompanied by music, to the accompaniment of music, with [musical] accompaniment **Musikberieselung** *f* (*fam*) constant background music; *in Läden, Restaurants* muzak®, canned [*or* piped] music **Musikbox** *f* jukebox; **die ~ anwerfen** to put a song on the jukebox **Musikchip** *m* INFORM music chip **Musikdirektor(in)** <-s, -en> *m(f)* musical director **Musikeingang** *m* INFORM music entry

Musiker(in) <-s, -> *m(f)* musician

Musikfreund *m* music-lover **Musikgeschichte** *f* ❶ (*Entwicklung*) history of music; ***diese Oper wird in die ~ eingehen*** this opera will go down in musical history ❷ (*Buch über ~*) history of music *no def art* **Musikgruppe** *f* band, group **Musikhochschule** *f* musical academy, college of music **Musikinstrument** *nt* [musical] instrument; **ein ~ spielen** to play an [*or* a musical] instrument **Musikkanal** *m* TV, RADIO music channel **Musikkapelle** *f* band **Musikkassette** *f* [music *form*] cassette [tape], tape **Musiklehrer(in)** *m(f)* music teacher **Musiklexikon** *nt* encyclopaedia [*or* AM encyclopedia] [*or* dictionary] of music **Musikliebhaber(in)** *m(f)* music lover **Musikschule** *f* music school, school of music **Musikstück** *nt* piece of music **Musikstudium** *nt* course of study [*or* degree] in music **Musiktheater** *nt kein pl* music theatre [*or* AM -er] **Musikunterricht** *m* music lessons *pl*; SCH music *no art, no pl*

Musikus <-, Musizi> *m* (*hum*) musician

Musikwissenschaft *f kein pl* musicology *no pl* **Musikwissenschaftler(in)** *m(f)* musicologist **Musikzimmer** *nt* music room

musisch I. *adj* ❶ (*künstlerisch begabt*) artistic; ***für einen ~en Mann wie ihn*** for a man of the arts like him
❷ (*die Künste betreffend*) in/of the [fine] arts *pred*; *s. a.* **Gymnasium**
II. *adv* artistically; **~ begabt** talented in the arts

Musizi *pl von* **Musikus**

musizieren* *vi* to play a musical instrument/musical instruments; ***wir ~ regelmäßig einmal in der Woche*** we play regularly once a week; ■**das M~** playing musical instruments; ***das M~ ist nicht jedermanns Sache*** not everybody can play a musical instrument

Muskat <-[e]s, -e> *m* nutmeg *no art, no pl*

Muskatblüte *f* mace

Muskateller <-s, -> *m* muscatel *no art, no pl*

Muskatnuss[RR] *f* nutmeg *no art, no pl* **Muskatreibe** *f* nutmeg grater

Muskel <-s, -n> *m* muscle; **~n haben** to be muscular [*or fam* muscly], to have muscles; **seine ~n spielen lassen** to flex one's muscles

Muskelentzündung *f* inflammation of a/the muscle, myositis *spec* **Muskelfaser** *f* muscle fibre [*or* AM -er] **Muskelfaserriss**[RR] *m* torn muscle fibre **Muskelkater** *m kein pl* muscle ache, aching muscles *pl*; **~ bekommen/haben** to get/have muscle ache **Muskelkraft** *f* muscular [*or* physical] strength *no art, no pl* **Muskelkrampf** *m* muscle cramp, AM *a.* charley horse *fam* **Muskelmann** *m* (*fam*) body builder **Muskelpaket** *nt* (*fam*) muscleman **Muskelprotz** <-es, -e> *m* (*fam*) muscleman **Muskelriss**[RR] *m* torn muscle **Muskelschwäche** *f kein pl* MED muscle weakness *no pl*, myasthenia *no pl spec* **Muskelschwund** *m kein pl* muscular wasting [*or* atrophy] *no art, no pl* **Muskelzerrung** *f* pulled muscle

Musketier <-s, -e> *m* musketeer; **„Die drei ~e"** "The Three Musketeers"

Muskulatur <-, -en> *f* muscular system, musculature *no indef art, no pl*

muskulös I. *adj* muscular, muscly *fam*
II. *adv* **~ gebaut sein** to have muscular build, to be muscly *fam*

Müsli <-[s], -s> *nt* muesli

Muslim, Muslime <-, -e> *m, f* Muslim, Moslem

Müslischale *f* muesli bowl

muss *1. und 3. pers. sing von* **müssen**

Muss[RR] <-> *nt kein pl*, **Muß** *nt* must *fam*; [**k**]**ein ~ sein** to [not] be a must

Mussbestimmung[RR] *f* fixed [*or form* mandatory] regulation

Muße <-> *f kein pl* leisure *no art, no pl*; **die ~ für etw finden** to find the time [and leisure] for sth; **sich ~ gönnen** to allow oneself some [time for] leisure; **etw mit ~ tun** to do sth with leisure [*or* leisurely] [*or* in a leisurely way]

Mussehe[RR] *f* shotgun wedding [*or* marriage] *dated fam; **sie gingen eine ~ ein*** it was a shotgun wedding *dated fam*

müssen I. *modal vb* <musste, müssen> ① (*gezwungen sein, etw zu tun*) ■**etw tun** ~ to have to do sth; ***du musst mich unbedingt anrufen*** you must phone me; ***du musst endlich damit aufhören*** you really must stop that; ***wir werden das Ganze noch einmal schreiben ~*** we'll have to write the whole lot again; ***muss ich mir das gefallen lassen?*** do I have to put up with that?; ***du musst jetzt gehen*** you have to leave now; ***muss ich*** [***das wirklich tun***]? do I [really] have to [do it]?
② (*notwendig sein*) ■**etw** [**nicht**] **sein/tun** ~ to [not] need to be/do sth; ***warum muss es heute regnen?*** why does it have to rain today?; **muss das** [**denn**] **sein?** is that really necessary?; ***du willst wieder in die Politik? muss das sein?*** you want to get back into politics? do you have to?; **das muss sein** it is necessary; **wenn es** [**denn/unbedingt**] **sein muss** if it's really necessary; ***das muss nicht unbedingt stimmen*** that needn't be true; ***muss ich das tun?*** must I?, have I got to?
③ *verneinend* (*brauchen*) ■**etw nicht tun** ~ to not have to do sth; ***du musst das nicht tun*** you don't have to do that
④ (*eigentlich sollen*) ■**jd/etw müsste etw tun** sb/sth should do sth; ***ich hätte es ahnen ~!*** I should have known!; ■**man müsste ...** one should ...; ■**man müsste ... sein** *optativisch* if only one could be ...; ***ach, man müsste noch mal Schüler sein*** oh, to be a schoolboy again!
⑤ (*eine Wahrscheinlichkeit ausdrückend*) ***es müsste jetzt acht Uhr sein*** it must be eight o'clock now; ***es müsste bald ein Gewitter geben*** there should be a thunderstorm soon; ***das muss wohl stimmen*** that must be true
II. *vi* <musste, gemusst> ① (*gezwungen sein, sich zu begeben*) ■[**irgendwohin**] ~ to have to go [somewhere]
② (*notwendigerweise gebracht werden*) ■**irgendwohin** ~ to have to get somewhere; ***der Koffer hier muss zum Bahnhof*** this suitcase has to get [*or* be taken] to the station; ***dieser Brief muss heute noch zur Post*** this letter has to be posted today
③ (*nicht umhin können*) to have to; ***muss ich das denn wirklich tun? — ja, du musst!*** do I really have to do that? — yes, you do!
► WENDUNGEN: [**mal**] ~ (*euph fam*) to have to go to the loo [*or* AM john] *fam; **ich muss mal!*** I need the loo!

Mußestunde *f* hour of leisure

Mussheirat[RR] *f* (*fam*) *s.* **Mussehe**

müßig (*geh*) **I.** *adj* futile, pointless, superfluous; ■**es ist ~, etw zu tun** it is pointless [*or* futile] doing/to do sth
II. *adv* ① (*untätig*) idly
② (*gemächlich*) with leisure; ~ **gehen** to saunter along

Müßiggang *m kein pl* (*geh*) idleness *no art, no pl,* indolence *no art, no pl;* **sich dem ~ hingeben** to lead an idle life [*or* a life of indolence]; ~ **ist aller Laster Anfang** (*prov*) the devil finds work for idle hands *prov*

Musskaufmann, -frau *m, f* JUR mandatory merchant

musste[RR], **mußte** *imp von* **müssen**

Muster <-s, -> *nt* ① HANDEL (*Probe*) sample, specimen; ~ **ohne Wert** sample of no commercial value; **dem ~ entsprechend** up to sample; **Waren nach ~ bestellen** to order goods from sample; **nach ~ kaufen/verkaufen** to buy according to sample/to sell by sample; ~ **ziehen** to sample, to draw samples
② (*Motive*) pattern; **eingetragenes** ~ HANDEL registered pattern
③ (*Vorlage*) pattern; [**jdm**] **als ~ dienen** to serve [sb] as a model; **nach antikem ~ modelled** [*or* AM *a.* modeled] on an antique style
④ (*Vorbild*) ■**ein ~ an etw** *dat* **sein** to be a paragon of sth; **ein ~ an Vollkommenheit sein** to be the pink of perfection

Musterband *m* TYPO sample volume; (*Attrappe*) dummy **Musterbeispiel** *nt* prime [*or* classic] example; ■**ein ~ für etw** a classic [*or* prime] example for [*or* of] sth **Musterbestellung** *f* HANDEL sample order **Musterbetrieb** *m* model business/company **Musterbilanz** *f* FIN standard balance sheet **Musterbogen** *m* TYPO specimen sheet **Musterbrief** *m* specimen letter **Musterbuch** *nt* ① HANDEL (*mit Proben*) sample book ② (*mit Motiven*) pattern book **Musterehe** *f* perfect marriage **Mustererkennung** *f* INFORM pattern recognition **Musterexemplar** *nt* ① (*vorbildlich*) fine specimen; ***er ist ein ~ von Mitarbeiter*** he is a model colleague ② (*Warenmuster*) sample; (*zur Ausstellung*) display model **Musterfertigung** *f kein pl* prototype production *no pl* **mustergültig** *adj* (*geh*) *s.* **musterhaft**

musterhaft I. *adj* exemplary, perfect; **ein ~er Schüler** an exemplary student; **ein ~es Beispiel** a perfect example
II. *adv* exemplary; ***Sie haben sich ~ verhalten*** your behaviour was exemplary

Musterhaus *nt* show house **Musterklage** *f* JUR class-action lawsuit **Musterknabe** *m* (*iron*) goody-goody *pej,* paragon of virtue/good behaviour [*or* AM -or] etc. **Musterkoffer** *m* sample[s] case **Musterkollektion** *f* sample collection, collection of models **Mustermesse** *f* HANDEL samples fair **Mustermietvertrag** *m* JUR standard tenancy agreement

mustern *vt* ■**jdn** ~ ① (*eingehend betrachten*) to scrutinize sb
② MIL to give sb his/her medical

Musterpackung *f* sample pack; (*Attrappe*) display pack **Musterprozess**[RR] *m* JUR exemplary [*or* test] case **Musterrecht** *nt* JUR law derived from test cases **Musterschüler(in)** *m(f)* model pupil **Musterschutz** *m* JUR protection of registered designs **Mustersendung** *f* sample package [*or* consignment], selection of samples **Mustertarifvertrag** *m* JUR standard wage agreement [*or* AM contract]

Musterung <-, -en> *f* ① MIL *von Truppen* inspection, review; *von Wehrdienstpflichtigen* medical [examination] [for military service]
② (*das eingehende Betrachten*) scrutiny *no art, no pl*

Musterungsausschuss[RR] *m* JUR recruiting board

Musterungsbescheid *f* MIL, ADMIN summons [*or* order] to attend one's medical examination

Mustervertrag *m* JUR specimen [*or* standard] contract **Mustervertragsbedingungen** *pl* JUR standard terms of contract

Mut <-[e]s> *m kein pl* ① (*Courage*) courage *no art, no pl; **es gehört viel ~ dazu, das zu tun*** it takes a lot of courage to do that; ***mir fehlt der ~, das zu tun*** I don't have the courage to do that; **mit dem ~ der Verzweiflung** with the courage born of desperation; **sich** *dat* **~ antrinken** to have a drink to give oneself Dutch courage; **~/keinen ~ haben** to have/not have any courage; **den ~ haben, etw zu tun** to have the courage to do sth
② (*Zuversicht*) heart *no art, no pl;* **mit frischem ~** with fresh heart [*or* cheer]; **frohen** [*o* **guten**] **~es sein** to be in high spirits; **jdm den ~ nehmen** to make sb lose heart, to discourage sb; **nur ~!** take heart!; **den ~ sinken lassen, den ~ verlieren** to lose heart; [**wieder**] **~ bekommen** [*o* **fassen**] [*o geh* **schöpfen**] to take [*or* gain] heart; **jdm** [**wieder**] **~ machen** to encourage sb, to give sb [fresh] heart

mutagen *adj* mutagenic

Mutagen <-s, -e> *nt* BIOL mutagen

Mutagenese <-, -n> *f* BIOL mutagenesis

Mutante <-, -n> *f* BIOL mutant

Mutation <-, -en> *f* ① (*Missbildung*) mutation
② SCHWEIZ (*Änderungen im Personal*) change of personnel

Mutationsrate *f* BIOL mutation rate

Mutationsschäden *pl* mutational defects *pl,* mutation damage *no pl*

Mütchen <-s> *nt kein pl* ► WENDUNGEN: **sein ~ an jdm kühlen** (*fam*) to take it out [*or* vent one's anger] on sb

mutieren* *vi* (*fam*) ■**zu etw/jdm** ~ to mutate into sth/sb

mutig I. *adj* brave, courageous, plucky *fam;* **dem M~en gehört die Welt** (*prov*) fortune favours [*or* AM -ors] the brave *prov*
II. *adv* courageously, bravely, pluckily *fam*

mutlos *adj* discouraged, disheartened, despondent, dejected; **jdn ~ machen** to discourage sb, to make sb lose heart

Mutlosigkeit <-> *f kein pl* discouragement *no art, no pl,* disheartenment *no art, no pl,* despondency *no art, no pl,* dejection *no art, no pl*

mutmaßen I. *vi* to conjecture; ***es wurde viel über seine Vergangenheit/sein Verhalten gemutmaßt*** there was a lot of conjecture as to his past/the reason for his conduct; ■**~, dass ...** to conjecture that ...; ■**~, ob/wann/wer/wie ...** to conjecture as to whether/when/who/how ...; ***wir können nur ~, wie das geschehen konnte*** we can only conjecture as to how it happened
II. *vt* ■**etw** ~ to suspect sth

mutmaßlich I. *adj attr* presumed, suspected; **der ~e Attentäter** the suspected assassin; **der ~e Grund/die ~e Ursache** the presumed reason/cause; **der ~e Täter** the suspect; **der ~e Vater** the presumed [*or form* putative] father
II. *adv* presumably; ***das Verbrechen wurde ~ von einer Terrororganisation verübt*** it is presumed that the crime was carried out by a terrorist organization

Mutmaßung <-, -en> *f* conjecture; ***wir sind vorerst auf ~en angewiesen*** we can only conjecture at this point

Mutprobe *f* test of courage; ***das ist eine ~*** it's to test your courage; **eine ~ bestehen** to prove one's [*or* pass a test of] courage

Mutter[1] <-, Mütter> *f* mother, BRIT *a.* mater *hum;* **eine werdende ~** (*geh*) an expectant mother; **~ werden** to be having [*or* expecting] a baby, to be pregnant

Mutter[2] <-, -n> *f* TECH nut

Mütterberatungsstelle *f advisory centre for pregnant or nursing women* **Mutterbindung** *f* PSYCH mother fixation **Mutterboden** *m* topsoil *no indef art, no pl*

Mütterchen <-s, -> *nt* little old lady

Mutterfirma *f* parent company **Mutterfreuden** *pl* **~ entgegensehen** (*geh*) to be expecting [a baby] [*or* a happy event]; **~ genießen** to experience the joys of motherhood **Müttergenesungsheim** *nt nursing home for financially disadvantaged single mothers* **Müttergenesungswerk** *nt organization providing rest for stressed mothers* **Muttergesellschaft** *f* ÖKON parent company **Muttergottes** <-> *f kein pl* ① (*Maria, die Gottesmutter*) Mother of God *no indef art, no pl* ② (*Abbild der Gottesmutter*) Madonna **Mutterinstinkt** *m* BIOL maternal instinct **Mutter-Kind-Pass**[RR] *m* ÖSTERR *document held by pregnant women with details of the pregnancy* **Mutterkomplex** *m* PSYCH mother complex **Mutterkorn** *nt* BOT ergot *no art, no pl spec* **Mutterkuchen** *m* ANAT placenta **Mutterkümmel** *m* cumin **Mutterland** *nt* mother country **Mutterleib** *m* womb; **im ~** in the/one's womb

Mütterlein <-s, -> *nt* (*poet*) *s.* **Mütterchen**

mütterlich I. *adj* ① (*von jds Mutter*) maternal; ***sie wohnte im ~en Hause*** she lived in her mother's house; ***in ihrer ~en Linie*** on her mother's [*or spec* the distaff] side
② (*umsorgend*) motherly; (*wie eine Mutter wirkend*) maternal; **ein ~er Typ sein** to be the maternal type
II. *adv* motherly; **jdn ~ umsorgen** to care for sb in a motherly way, to bemother [*or pej fam* mollycoddle] sb

mütterlicherseits *adv* on one's mother's [*or spec* the distaff] side; ***meine Oma ~*** my maternal grandmother

Mütterlichkeit <-> *f kein pl* motherliness *no art,*

no pl

Mutterliebe *f* motherly love *no art, no pl*

mutterlos I. *adj* motherless
II. *adv* motherless, without a mother

Muttermal *nt* birthmark; (*kleiner*) mole **Muttermilch** *f* mother's milk *no art, no pl* ▶ WENDUNGEN: **etw [schon] mit der ~ einsaugen** to learn sth from the cradle **Muttermörder(in)** <-s, -> *m(f)* matricide (*sb who kills his/her mother*) **Muttermund** *m* ANAT cervix *spec*

Mutternschlüssel *m* spanner BRIT, wrench AM

Mutterpass^RR *m* MED *document given to expectant mothers by their doctors in which the details of the pregnancy, including blood group and rhesus factor, etc., are recorded*

Mutterrolle *f* role of a mother

Mutterschaft <-> *f kein pl* (*geh*) motherhood *no art, no pl*

Mutterschaftsgeld *nt* maternity grant **Mutterschaftshilfe** *f* maternity benefit **Mutterschaftsurlaub** *m* maternity leave *no art, no pl* **Mutterschaftsvertretung** *f temporary replacement for sb on maternity leave*

Mutterschiff *nt* NAUT mother ship; LUFT parent ship **Mutterschutz** *m* JUR *legal protection of working mothers* **Mutterschutzgesetz** *nt* Maternity Protection Act (*laws protecting working mothers-to-be and nursing mothers*) **Mutterschutzzeit** *f* maternity leave

mutterseelenallein I. *adj pred* all alone *pred*
II. *adv* all on one's own [*or* BRIT *fam* tod]

Muttersöhnchen <-s, -> *nt* (*pej fam*) mummy's [*or* AM mama's] boy *fam*, milksop *pej* **Muttersprache** *f* mother tongue, native language [*or* tongue] **Muttersprachler(in)** <-s, -> *m(f)* native speaker **muttersprachlich** *adj* native-speaker *attr;* **aus ~er Sicht** from the point of view of the native speaker **Mutterstation** *f* RAUM mother station **Mutterstelle** *f* **bei** [*o* **an**] **jdm ~ vertreten** (*selten veraltend*) to be [like] a mother to sb, to take a mother's place [for sb] **Muttertag** *m* Mother's Day *no art* **Muttertier** *nt* ZOOL mother [animal]; *von Vieh a.* dam *spec* **Mutter-Tochter-Richtlinien** *pl* HANDEL parent-subsidiary guidelines **Mutterunternehmen** *nt* HANDEL parent company **Mutterwitz** *m kein pl* ① (*Humor*) natural wit
② (*Raffinesse*) native cunning

Mutti <-, -s> *f* (*fam*) mum[my *childspeak*] BRIT *fam*, mom[my *childspeak*] AM *fam*

Mutwille <-ns> *m kein pl* (*Übermut*) mischief *no art, no pl;* (*Bosart*) malice *no art, no pl;* **aus [bloßem** [*o* **lauter**] [*o* **reinem**]] **~n** out of [pure] mischief/malice

mutwillig I. *adj* mischievous; (*böswillig*) malicious
II. *adv* deliberately

Mütze <-, -n> *f* cap; **[von jdm] was** [*o* **eins**] **auf die ~ kriegen** (*fam*) to get a good talking-to [*or* BRIT *fam!* a right bollocking] [from sb]; (*gehauen werden*) to get smacked [by sb]

MW *nt Abk von* **Megawatt** MW, megawatt

m.W. *Abk von* **meines Wissens** as far as I know

MwSt., MWST. *f Abk von* **Mehrwertsteuer** VAT, Vat

Myanmar <-s> *nt* Myanmar, Burma *hist; s. a.* **Deutschland**

Myanmare, Myanmarin <-n, -n> *m, f* Burman; *s. a.* **Deutsche(r)**

myanmarisch *adj* Burman; *s. a.* **deutsch**

Mykose <-, -n> *f* MED mycosis

Myoglobin <-s, -e> *nt* MED (*Sauerstoff speichernder Eiweißstoff des Muskels*) myoglobin

Myom <-s, -e> *nt* MED myoma *spec*

Myon <-s, Myonen> *nt* NUKL muon

Myosin <-s> *nt kein pl* BIOL myosin

Myriade <-, -n> *f meist pl* myriad *no def art*

Myrre^RR <-, -n> *f*, **Myrrhe** <-, -n> ['mʏrə] *f* myrrh *no art, no pl*

Myrte <-, -n> *f* myrtle

Mysterien *pl* ① *pl von* **Mysterium**
② (*kultische Feiern*) mysteries *pl*

Mysterienspiel *nt* THEAT mystery play

mysteriös *adj* mysterious

Mysterium <-s, -ien> *nt* (*geh*) mystery

Mystifizierung <-, -en> *f* mystification

Mystik <-> *f kein pl* mysticism *no art, no pl*

Mystiker(in) <-s, -> *m(f)* mystic

mystisch ['mʏstɪʃ] *adj* ① (*geh*) mysterious
② REL mystic[al]

Mythen *pl von* **Mythos**

mythisch *adj* (*geh*) mythical

Mythologie <-> *f kein pl* mythology *no art, no pl*

mythologisch *adj* mythological

Mythos, Mythus <-, Mythen> *m* ① (*sagenhafte Überlieferung*) myth
② (*Legende*) legend

Myzel <-s, Myzelien> *nt* BOT (*Pilzfaden*) mycelium *no pl*

Myzelium <-s, -lien> *nt* BOT mycelium

N

N, n <-, - *o fam* -s, -s> *nt* N, n; **~ wie Nordpol** N for Nelly BRIT, N as in Nan AM; *s. a.* **A 1**

N *Abk von* **Norden**

'n *art indef* (*fam*) ① *s.* **ein**
② *s.* **einen**

Na *nt Abk von* **Natrium** Na

na *interj* (*fam*) ① (*zweifelnder Ausruf*) well; **~ gut** [*o* **schön**] [*o* **meinetwegen**] all right, ok[ay] *fam;* **~ ja** well; **~ *ja, weil du es bist!*** well, ok[ay], for you *fam*
② (*Ausruf der Entrüstung*) well; **~, ~!** now, now!
③ (*Ausruf der Anerkennung*) well; **~ also!** [*o* **bitte**] [well,] there you go [then]; **~ so was!** well I never [did]!
▶ WENDUNGEN: **~, du?** how's it going?; **~ und ob!** you bet! *fam;* **~ und?** so what?; *s. a.* **warten**

Nabe <-, -n> *f* TECH hub

Nabel <-s, -> *m* navel, belly [*or* BRIT *a.* tummy] button *fam;* **der ~ der Welt** the hub [*or* centre [*or* AM -er]] of the universe

Nabelbinde *f* umbilical bandage **Nabelbruch** *m* MED umbilical hernia **Nabelkompresse** *f* umbilical compress **Nabelschau** *f* ▶ WENDUNGEN: **~ betreiben** (*fam*) to be bound up in oneself, to indulge in self-contemplation **Nabelschnur** *f* (*a. fig*) umbilical cord

nach I. *präp* +*dat* ① (*räumlich: bis hin zu*) ■**~ etw** to sth; ***der Weg führt direkt ~ ...*** this is the way to ...; *s. a.* **außen, da, dort, hier, hinten, innen, links, oben, rechts, unten, vorn**
② (*räumlich: hinter*) ■**~ jdm/etw** behind sb/sth; ***du stehst ~ mir auf der Liste*** you're [*or* you come] after me on the list; *s. a.* **stehen**
③ (*zeitlich: im Anschluss an*) ■**~ jdm/etw** after sb/sth; **[bitte] ~ Ihnen!** after you!; **~ wie vor** still; ***ich halte ~ wie vor an meiner Überzeugung fest*** I remain convinced
④ (*gemäß*) ■**~ etw** according to sth; **~ *Artikel 23/den geltenden Vorschriften*** under article 23/present regulations; ■**jds ... ~** judging by sb's ...; **~ allem** [*o* **dem**]**, was ...** from what ...; **~ *allem, was ich gehört habe*** from what I've heard; **~ *dem, was wir jetzt wissen*** as far as we know; *s. a.* **Art**
⑤ (*in Anlehnung an*) ■**~ etw** after sth; ***diese Wandlampe ist ~ einer Fackel geformt*** this lamp was shaped after a torch; **~ *einer Erzählung von Edgar A. Poe*** after [*or* based on] a story by Edgar A. Poe; *s. a.* **Gedächtnis**
II. *adv* ***ihm ~!*** after him!; (*an einen Hund a.*) sic 'im! *fam;* ***los, mir ~!*** let's go, follow me!; **~ und ~** gradually, little by little

Nachabfindung *f* FIN supplementary compensation

nach|äffen *vt* (*pej*) ■**jdn ~** (*zur Belustigung*) to mimic [*or* BRIT take off] sb; (*dilettantisch*) to ape sb; ■**etw ~** to mimic [*or* copy]/ape sth; **einer Mode ~** to follow a fashion craze

Nachahmen *nt kein pl* imitation, copy; **~ und Ausbeuten fremder Leistung** imitation and exploitation of third-party contributions; **~ eingetragener Warenzeichen** imitation of registered trademarks

nach|ahmen *vt* ① (*imitieren*) ■**jdn/etw ~** to imitate sb/sth
② (*kopieren*) ■**etw ~** to copy sth

nachahmenswert *adj* exemplary

Nachahmer(in) <-s, -> *m(f)* ① (*Imitator*) imitator
② (*Kopist*) copyist

Nachahmung <-, -en> *f* ① *kein pl* (*Imitation*) imitation
② (*Kopie*) copy

Nachahmungstrieb *m* PSYCH imitative instinct

Nachanmeldung *f eines Patents* subsequent application

nach|arbeiten *vt* ■**etw ~** ① (*aufholen*) to make up for [*or sep* make up] sth
② (*nachträglich bearbeiten*) to touch up sth *sep*

Nacharbeitskosten *pl* rework expense

Nachbar(in) <-n *o* -s, -n> *m(f)* ① (*jd, der in jds Nähe wohnt*) neighbour [*or* AM -or]; (*in einer Nachbarwohnung a.*) next-door neighbour; **die ~n** the neighbours, next door + *sing/pl vb;* **~s *Garten/Hund*** next door's [*or* the neighbours'] garden/dog
② (*nebenan Sitzender*) ***sie wandte sich ihrer ~in [am Tisch] zu*** she turned to the woman [sitting] next to her [at the table]; ***wir sind während der Fahrt ~n*** we will be sitting next to each other on the journey
③ (*benachbartes Land*) neighbour [*or* AM -or]; ***unsere ~n im Osten*** our neighbours in the East
▶ WENDUNGEN: **scharf** [*o* **geil**] **wie ~s Lumpi sein** (*sl*) to be a randy old goat *pej fam*

Nachbargarten *m* next door's [*or* the neighbours'] garden **Nachbarhaus** *nt* house next door **Nachbarland** *nt* neighbouring [*or* AM neighboring] country

nachbarlich *adj* ① (*benachbart*) neighbouring [*or* AM neighboring] *attr;* ***aus dem ~en Garten*** from next door's [*or* the neighbours'] garden
② (*unter Nachbarn üblich*) neighbourly [*or* AM neighborly]; **gute/freundliche ~e Beziehungen** good/friendly relations with the neighbours

Nachbarrecht *nt* JUR law concerning neighbours

Nachbarschaft <-, -en> *f* ① (*nähere Umgebung*) neighbourhood [*or* AM neighborhood]; ■**in der/jds ~** in the/sb's neighbourhood
② (*die Nachbarn*) neighbours [*or* AM -ors] *pl;* ***es hat sich in der ~ bereits herumgesprochen*** it's gone around the whole neighbourhood; **[eine] gute ~ halten** [*o* **pflegen**] to keep up good neighbourly [*or* AM neighborly] relations

Nachbarschaftsgericht *nt* JUR *neighbourhood court* **Nachbarschaftshilfe** *f association of neighbours that provides help with shopping, cleaning, gardening, etc. to those less able in the neighbourhood* **Nachbarschaftsinitiative** *f* neighbourhood initiative

Nachbarsfrau *f* neighbour's [*or* AM -or's] wife, woman next door **Nachbarskind** *nt* child next door **Nachbarsleute** *pl* neighbours [*or* AM -ors] *pl*, people next door

Nachbarstaat *m* neighbouring [*or* AM neighboring] state [*or* country] **Nachbarwiderspruch** *m* JUR opposition [lodged] by a neighbour **Nachbarwohnung** *m* next door *no art, no pl*, flat [*or* apartment] next door **Nachbarzaun** *m* neighbour's [*or* AM -or's] fence

Nachbau <-[e]s, -ten> *m* ARCHIT, TECH replica, reproduction

nach|bauen *vt* ■**etw ~** to build a copy of sth

nach|bearbeiten* *vt* ■**etw ~** to finish off sth *sep*, to rework sth

Nachbeben *nt* GEOL aftershock

nach|behandeln* *vt* ① (*im Anschluss behandeln*) ■**etw [mit etw] ~** to give sth follow-up treatment [with sth]
② MED ■**jdn/etw ~** to give sb/sth follow-up treat-

ment

Nachbehandlung *f* ① (*zusätzliche Behandlung*) follow-up treatment *no pl*
② MED follow-up treatment *no pl*

Nachbelichten <-s> *nt kein pl* FOTO post-exposing

nach|bereiten* *vt* ■**etw** ~ to go through [*or* over] sth again

nach|bessern I. *vt* ■**etw** ~ to retouch sth; **ein Produkt** ~ to make improvements to a product; **einen Vertrag** ~ to amend a contract
II. *vi* to make improvements

Nachbesserung <-, -en> *f* improvement, repair **Nachbesserungsanspruch** *m* HANDEL liability to remedy a defect **Nachbesserungsarbeit** *f* BAU spot repair **Nachbesserungsfrist** *f* HANDEL period for remedying defects **Nachbesserungskosten** *pl* JUR rework expenses *pl* **Nachbesserungspflicht** *f* HANDEL obligation to remedy defects **Nachbesserungsrecht** *nt* HANDEL contractor's right to be given the opportunity to remedy facts

nach|bestellen* *vt* ■**etw** ~ to reorder [*or* order some more of] sth

Nachbestellung *f* (*weitere Bestellung*) repeat order; (*nachträgliche Bestellung*) late order; HANDEL supplementary [*or* replenishment] order

nach|beten *vt* (*pej fam*) ■[**jdm**] **etw** ~ to parrot sth [sb says] *pej*, BRIT *a.* to repeat sth [sb says] parrot-fashion

nach|bezahlen* *vt* ■**etw** ~ to pay sth later [*or* in arrears], to pay the rest for sth; **Steuern** ~ to pay back-tax

nach|bilden *vt* ■**etw** [**etw** *dat*] ~ to reproduce sth [from sth], to model sth on sth; **etw aus dem Gedächtnis** ~ to copy sth from memory

Nachbildung *f* reproduction; (*exakt*) copy

nach|blicken *vi* (*geh*) ■**jdm/etw** ~ to follow sb/sth with one's eyes, to watch sb/sth

Nachblutung *f* secondary haemorrhage [*or* AM hemorrhage] [*or no art, no pl* bleeding]

nach|bohren I. *vt* **ein Loch** ~ to re-drill [*or sep* drill out] a hole
II. *vi* (*fam*) ■[**bei jdm**] ~ to probe [sb on a/the matter]

Nachbörse *f* BÖRSE after-hours dealing

nachbörslich *adj inv* BÖRSE after-hours; **~e Kurse** kerb prices

Nachbrust *f* KOCHK brisket

Nachbürge, -bürgin *m, f* JUR collateral [*or* additional] guarantor

Nachbürgschaft *f* JUR collateral [*or* additional] guarantee

nachdatieren* *vt* ① (*auf einen Brief, ein Schriftstück o.ä. ein früheres, zurückliegendes Datum schreiben*) ■**etw** ~ to backdate [*or* predate] [*or* antedate] sth
② (*selten:* [*auf einen Brief, ein Schriftstück o.ä.*] *nachträglich das richtige Datum schreiben*) ■**etw** ~ to backdate sth

nachdem *konj* ① *temporal* after; ***eine Minute ~ du angerufen hattest, …*** one minute after you [had] called, …
② *kausal* (*da*) since, seeing that; ~ ***wir uns also einig sind, …*** since [*or* seeing that] we agree, …

nach|denken *vi irreg* ① (*überlegen*) ■[**über etw** *akk*] ~ to think [about sth]; ***denk doch mal nach!*** think about it!; (*mahnend*) use your head [*or* brain][, will you]!
② (*sich Gedanken machen*) ■[**über jdn/etw**] ~ to think [about sb/sth]; **laut** ~ to think out loud

Nachdenken *nt* thought *no art, no pl*, reflection *no art, no pl*, thinking *no art, no pl*; ***bitte störe mich jetzt nicht beim ~!*** please don't disturb me while I'm thinking!; **zum ~ kommen** to find time to think

nachdenklich *adj* ① (*etwas überlegend*) pensive, thoughtful
② (*zum Nachdenken neigend*) pensive, thoughtful; **jdn ~ machen** [*o geh* **stimmen**] to set sb thinking, to make sb think; ~ **gestimmt sein** to be in a thoughtful [*or* pensive] mood
③ (*viel nachdenkend*) thoughtful, pensive

Nachdenklichkeit <-> *f kein pl* pensiveness *no art, no pl*, thoughtfulness *no art, no pl*

nach|dichten *vt* ■**etw** ~ to give a free rendering of sth

Nachdichtung *f* free rendering

nach|drängen *vi sein* ■[**jdm**] ~ to push [sb] from behind; *Menge a.* to throng after sb

Nachdruck¹ *m kein pl* stress *no pl*, emphasis *no pl*; [**besonderen**] ~ **auf etw** *akk* **legen** to place [special] emphasis on sth; [**besonderen**] ~ **darauf legen, dass …** to place [special] emphasis on the fact [*or* stress [*or* emphasize] [particularly]] that …; **mit** [**allem**] ~ with vigour [*or* AM -or]; **etw mit ~ sagen** to say sth emphatically; **etw mit ~ verweigern** to flatly refuse sth

Nachdruck² <-[e]s, -e> *m* VERLAG ① (*nachgedrucktes Werk*) reprint; **unerlaubter** ~ unauthorized reprint
② *kein pl* (*das Nachdrucken*) reprinting *no art, no pl*; ***der ~ [des Artikels] ist nur mit Genehmigung des Verlages gestattet*** no part of this article may be reproduced without the prior permission of the publisher

nach|drucken *vt* VERLAG ① (*abermals drucken*) ■**etw** [**unverändert**] ~ to reprint sth
② (*abdrucken*) ■**etw** ~ to reproduce sth

nachdrücklich I. *adj* insistent; **eine ~e Warnung** a firm warning
II. *adv* insistently, firmly

Nachdrücklichkeit <-> *f kein pl* insistence *no art, no pl*, firmness *no art, no pl*; **in aller** ~ strongly

nach|dunkeln *vi sein* to darken

Nachdurst *m* (*nach übermäßigem Alkoholgenuss*) dehydration; ~ **haben** to be dehydrated

Nacheid *m* JUR oath after statement

nach|eifern *vi* (*geh*) ■**jdm** [**in etw** *dat*] ~ to emulate sb [in sth]

Nacheile *f kein pl* JUR pursuit

nach|eilen *vi sein* ■**jdm** ~ to hurry after sb

nacheinander *adv* one after another [*or* the other]; **kurz/schnell** ~ in quick/rapid succession

nach|empfinden* *vt irreg* ① (*mitfühlen*) ■[**jdm**] **etw ~ können** to be able to sympathize with sb's sth; ***ich kann Ihnen Ihre Erregung lebhaft ~*** I can understand how irritated you must have been; ■**jdm ~ können, dass/wie er/sie …** to be able to understand that/how sb …; ***vielleicht kannst du mir jetzt ~, wie ich mich fühle*** perhaps now you can understand how I feel
② KUNST, LIT (*nach einer Anregung gestalten*) ■**jdm/einer S. etw** ~ to adapt sth from sb/sth

Nachen <-s, -> *m* (*liter*) barque *poet*

Nacherbe, -in *m, f* JUR reversionary heir **Nacherbfolge** *f* JUR reversionary succession **Nacherbschaft** *f* JUR estate in expectancy **Nacherfüllung** *f* JUR subsequent performance **Nacherhebung** *f* FIN additional assessment

nach|erzählen* *vt* ■**etw** ~ to retell sth

Nacherzählung *f* SCH account; (*geschrieben a.*) written account (*of something heard/read*)

Nachf. *Abk von* **Nachfolger**

Nachfahr(in) <-en *o* -s, -en> *m(f)* (*geh*) *s.* **Nachkomme**

nach|fahren *vi irreg sein* ① (*hinterherfahren*) ■**jdm** ~ to follow sb
② (*im nachhinein folgen*) ■**jdm** [**irgendwohin**] ~ to follow sb on [somewhere]

nach|fassen I. *vi* ① (*fam: nachbohren*) ■[**bei jdm/in etw** *dat*] ~ to probe sb/into sth, to probe [*or* dig] a little deeper [into sb/sth]
② SPORT (*noch einmal zugreifen*) to regain one's grip
③ (*Nachschlag holen*) to have a second helping
II. *vt* ■**etw** ~ to have a second helping of sth

Nachfeier *f* belated celebration

nach|feiern *vt* ■**etw** ~ to celebrate sth later

Nachfeststellung *f* FIN subsequent assessment

Nachfolge *f kein pl* succession; ■**die/jds ~** [**in etw** *dat*] the/sb's succession [in sth]; **jds ~ antreten** to succeed sb

Nachfolgefirma *f*, **Nachfolgegesellschaft** *f* HANDEL successor company **Nachfolgehaftung** *f* JUR secondary liability **Nachfolgeindustrie** *f* ÖKON successor industry **Nachfolgekandidat(in)** *m(f)* candidate for succession **Nachfolgemodell** *nt* follow-up [*or* successor] model

nach|folgen *vi sein* (*geh*) ① (*Nachfolger werden*) ■**jdm** [**in etw** *dat*] ~ to succeed sb [in sth]; **jdm im Amt** ~ to succeed sb in office
② (*folgen*) ■**jdm/etw** ~ to follow sb/sth

nachfolgend *adj* (*geh*) following; ■**N~es**, ■**das N~e** the following; **im N~en** in the following

Nachfolgeorganisation *f* successor organization **Nachfolgepartei** *f* successor party

Nachfolger(in) <-s, -> *m(f)* successor

Nachfolgestaaten *pl* POL succession states **Nachfolgesystem** *nt* TECH follow-up [*or* successor] system **Nachfolgetreffen** *nt* follow-up meeting **Nachfolgeversion** *f* follow-up [*or* successor] version

nach|fordern *vt* ■**etw** ~ to put in *sep* an additional [*or* another] demand for sth

Nachforderung *f* additional [*or* subsequent] demand; **~en erheben** [*o* **geltend machen**] to make an additional demand/additional demands

Nachforderungsbescheid *m* FIN (*Steuern*) notice of deficiency **Nachforderungsklage** *f* JUR action for further payment **Nachforderungsrecht** *nt* HANDEL law on supplementary claims

nach|forschen *vi* ■[**in etw** *dat*] ~ to [try and] find out [more] [about sth], to make [further] enquiries [*or* inquiries] [about sth]; ***nachdem man in der Sache weiter nachgeforscht hatte, …*** after further enquiries had been made into the matter, …; ■**~, ob/wann/wie/wo …** to find out whether/when/how/where …

Nachforschung *f* enquiry, inquiry; (*polizeilich*) investigation; [**in etw** *dat*] **~en anstellen** [*o* **betreiben**] to make enquiries/carry out investigations [into sth]

Nachfrage *f* ① ÖKON demand (**nach** + *dat* for); **eine große/größere/steigende** ~ a great/greater/growing demand; **schleppende** ~ slack demand; ~ **erhöhend** demand-boosting *attr*; ~ **erhöhende Maßnahme** action to step up demand; ~ **steigernd** demand-boosting; **die ~ steigt/sinkt** demand is increasing/falling; **die ~ ausweiten/befriedigen** to step up/satisfy demand; **für etw ~ schaffen** to create a demand for sth; *s. a.* **Angebot**
② (*Erkundigung*) enquiry, inquiry; ***danke der ~!*** nice of you to ask!

Nachfragebelebung *f* ÖKON revival of demand **Nachfrageentwicklung** *f* ÖKON trend of the market

nachfrageerhöhend *adj s.* **Nachfrage 1 Nachfrageermächtigung** *f* JUR inquirendo **Nachfrageexpansion** *f* ÖKON expansion of demand **Nachfrageimpulse** *pl* ÖKON stimulation *no pl* of demand **Nachfragemonopol** *nt* ÖKON monopsony

nach|fragen *vi* ■[**bei jdm**] ~ to ask [sb], to enquire, to inquire

Nachfragerückgang *m* ÖKON fall [*or* drop] [*or* decline] in demand **Nachfrageschwäche** *f* ÖKON softness in demand **Nachfragesog** *m* ÖKON pressure of demand **nachfragesteigernd** *adj s.* **Nachfrage 1 Nachfragestütze** *f* ÖKON backing behind demand **Nachfrageüberhang** *m* excess demand

Nachfrist *f* extended deadline, extension; JUR additional period of time, period of grace; **angemessene** ~ adequate additional time; **eine ~ gewähren** to extend the original term; **jdm eine ~ setzen** to extend sb's deadline; JUR to grant a respite

Nachfristsetzung *f* JUR granting an additional respite

nach|fühlen *vt* ■[**jdm**] **etw** ~ to understand how sb feels, to sympathize with sb; ***ich fühle dir das wohl nach*** I know how you must feel; ■**jdm ~ können, dass/wie er/sie …** to be able to understand that/how sb …; ***er wird mir sicher ~ können, dass/wie ich …*** he'll surely be able to

N

understand that/how I ...
nachfüllbar *adj inv* refillable
nach|füllen I. *vt* ❶ (*noch einmal füllen*) ▪[**jdm**] **etw** ~ to refill sth [for sb]/sb's sth
❷ *s.* **nachgießen**
II. *vi* ▪[**jdm**] ~ to top up [*or* AM off] sb *sep fam;* ***darf ich Ihnen noch ~?*** can I top you up? *fam,* would you like a top-up?
Nachfüllpack <-s, -s> *m,* **Nachfüllpackung** *f* refill pack
Nachfüllpatrone *f* refilling cartridge
Nachgeben *nt kein pl* FIN decline; ~ **der Kurse/der Zinsen** decline in prices/interest rates
nach|geben *irreg* I. *vi* ❶ (*einlenken*) ▪[**jdm/etw**] ~ to give way [*or* in] [to sb/sth]
❷ (*zurückweichen*) to give way
❸ *Aktien* to drop, to fall
II. *vt* ▪**jdm etw** ~ to give sb some more [*or* another helping] of sth
nachgebend *adj inv, attr* BÖRSE yielding; **eine ~e Tendenz aufweisen** to exhibit a softening tendency
Nachgeborenen *pl dekl wie adj* SOZIOL (*geh*) future generations *pl*
Nachgebühr *f* excess postage *no pl*
Nachgeburt *f* ❶ (*ausgestoßene Plazenta*) afterbirth *no pl*
❷ *kein pl* (*Vorgang der Ausstoßung*) expulsion of the afterbirth
nach|gehen *vi irreg sein* ❶ (*hinterhergehen*) ▪**jdm** ~ to follow [*or* go after] sb
❷ *Uhr* to be slow; ***meine Uhr geht zehn Minuten nach*** my watch is ten minutes slow
❸ (*zu ergründen suchen*) ▪**etw** *dat* ~ to look into [*or* investigate] sth
❹ (*form: ausüben*) ▪**etw** *dat* ~ to practise [*or* AM -ice] sth; **seinen eigenen Interessen** ~ to pursue one's own interests
nachgelassen *adj* LIT left behind unpublished *pred;* (*posthum veröffentlicht*) posthumously published *pred form*
nachgemacht *adj inv* imitation; **~es Geld** counterfeit money; ▪~ **sein** to be imitation [*or* a counterfeit]
Nachgenehmigung *f* JUR subsequent permit
nachgeordnet *adj inv* ÖKON subordinate; **~e Marktsegmente** subordinate market segments
nachgerade *adv* (*geh*) ❶ (*beinahe*) practically, virtually
❷ (*nach wie vor*) still
Nachgeschmack *m* aftertaste; **einen bitteren/süßen ~ haben** to have a bitter/sweet aftertaste; [**bei jdm**] **einen bitteren** [*o* **unangenehmen**] [*o* **üblen**] ~ **hinterlassen** to leave a nasty taste [in sb's mouth]
nachgewiesenermaßen *adv inv* as has been proved [*or* shown]; ***der Fahrer, der den Unfall verursachte, war ~ volltrunken*** as has been proved [*or* shown], the driver who caused the accident was blind drunk
nachgiebig *adj* ❶ (*leicht nachgebend*) soft, accommodating, compliant *form;* ▪[**jdm gegenüber**] [**zu**] ~ **sein** to be [too] soft [on sb]
❷ (*auf Druck nachgebend*) pliable, yielding *attr;* ***diese Matratze ist überall sehr ~*** this mattress gives all over
Nachgiebigkeit <-> *f kein pl* ❶ *von Wesenart* softness *no art, no pl,* accommodating nature
❷ *von Konsistenz* pliability *no art, no pl,* softness *no art, no pl*
nach|gießen *irreg* I. *vt* ▪[**jdm**] **etw** ~ to give sb some more of sth, to top up [*or* AM off] *sep* sb's glass [*or fam* sb]
II. *vi* ▪[**jdm**] ~ to top up [*or* AM off] sb *sep fam;* ***darf ich ~?*** would you like some more?
Nachgirant(in) *m(f)* FIN post-maturity endorser
nach|grübeln *vi* ▪[**über etw** *akk*] ~ to think [about sth], to ponder [on sth] *form;* ▪**das N~** thinking, pondering *form;* ***N~ wäre nur verschenkte Zeit*** don't waste your time thinking about [*or form* pondering on] it
nach|gucken *vi* (*fam*) ▪[**in etw** *dat*] ~ to [take a] look [in sth]
nach|haken *vi* (*fam*) ▪[**bei jdm**] [**mit etw**] ~ to probe sb with sth, to dig deeper [with sth]
Nachhall *m* echo
nach|hallen *vi Schlussakkord* to reverberate; ***seine Worte hallten lange in ihr nach*** (*fig*) his words went round and round in her head
nachhaltig I. *adj* lasting, sustained; **~e Entwicklung** sustainable development
II. *adv* **jdn ~ beeindrucken/beeinflussen** to leave a lasting impression/have a lasting influence on sb; **sich** *akk* **~ verbessern** to make a lasting improvement
Nachhaltigkeit <-> *f kein pl* ❶ (*längere Zeit anhaltende Wirkung*) lastingness *no pl;* ***manchmal ist ein Glas zuviel von großer ~*** sometimes one glass too many can have a very long-lasting [after-]effect
❷ FORST (*dauernde Nutzung einer Fläche zur Holzproduktion*) sustentation *no pl*
nach|hängen *vi irreg* ❶ (*sich überlassen*) ▪**etw** *dat* ~ to lose oneself in [*or* abandon oneself to] sth
❷ (*anhaften*) ▪**jdm hängt etw nach** sth is attached to sb; ***ihm hängt der Geruch nach, dass ...*** there's a rumour attached to him that ...
Nachhauseweg *m* way home; **auf dem/jds** ~ on the/sb's way home
nach|helfen *vi irreg* ❶ (*zusätzlich beeinflussen*) ▪**etw** *dat* ~ to help along sth *sep;* ▪**mit etw** ~ to help things along [*or* give a helping hand] with sth; **~, dass etw passiert** to help make sth happen
❷ (*auf die Sprünge helfen*) ▪**jdm/etw** ~ to give sb/sth a helping hand
nachher *adv* ❶ (*danach*) afterwards
❷ (*irgendwann später*) later; ***bis ~!*** see you later!
❸ (*fam: womöglich*) possibly; ***~ behauptet er noch, dass ...*** he might just claim [that] ...
Nachhilfe *f* extra help *no art, no pl,* private tuition [*or* AM *usu* tutoring] [*or* coaching] *no art, no pl;* [**von jdm**] ~ [**in etw** *dat*] **bekommen** to receive [*or* get] private tuition [from sb] [in sth]; [**jdm**] ~ [**in etw** *dat*] **geben** to give [sb] private tuition [in sth]
Nachhilfelehrer(in) *m(f)* private tutor **Nachhilfestunde** *f* private lesson [*or* coaching *no art, no pl*]; [**von jdm**] **~n** [**in etw** *dat*] **bekommen** to receive [*or* get] private lessons [from sb] [in sth]; [**jdm**] **~n** [**in etw** *dat*] **geben** to give [sb] private lessons [in sth] **Nachhilfeunterricht** *m* private coaching [*or* tuition] [*or* AM *usu* tutoring] *no art, no pl*
nachhinein *adv* **im N~** looking back, in retrospect; (*nachträglich*) afterwards
nach|hinken *vi sein* (*fam*) ▪[**hinter jdm/etw**] ~ to lag behind [sb/sth]
Nachholbedarf *m* additional requirements *pl;* ▪**der/jds ~ an etw** *dat* the/sb's additional requirements of sth; **jds ~** [**an etw** *dat*] **gedeckt sein** to have had one's fill [of sb's sth]; **einen** [**großen**] ~ [**an/auf etw** *dat*] **haben** to have a lot to catch up on [in the way of sth]
nach|holen *vt* ❶ (*aufholen*) ▪**etw** ~ to make up for sth
❷ (*nachkommen lassen*) ▪**jdn** ~ to let sb [*or* get sb to] join one
Nachhut <-, -en> *f* MIL rearguard BRIT, rear guard AM; **bei der** ~ in the rearguard
Nachindossament *nt* JUR post-maturity endorsement
nach|jagen *vi sein* ❶ (*zu erreichen trachten*) ▪**etw** *dat* ~ to pursue [*or* chase after] sth
❷ (*eilends hinterherlaufen*) ▪**jdm** ~ to chase after sb
Nachkalkulation *f* cost control, job costing
nach|kaufen *vt* ▪**etw** ~ to buy sth later [*or* at a later date]; ***alle Teile können jederzeit nachgekauft werden*** all parts are available for purchase at all times
Nachkaufgarantie *f* availability guarantee
Nachklang *m* ongoing sound; (*Echo*) echo
nachklassisch *adj* post-classical
nach|klingen *vi irreg sein* ❶ (*weiterklingen*) to go on sounding, to linger
❷ (*als Eindruck zurückbleiben*) ▪**in jdm** ~ to linger [*or* stay] with sb
Nachkomme <-n, -n> *m* descendant
nach|kommen *vi irreg sein* ❶ (*danach folgen*) to follow on; ▪**jdn ~ lassen** to let sb join one later; **sein Gepäck ~ lassen** to have [*or* get] one's luggage sent on
❷ (*Schritt halten*) to keep up
❸ (*mithalten*) ▪[**mit etw**] ~ to keep up [with sth]
❹ (*erfüllen*) ▪**etw** *dat* ~ to fulfil [*or* AM *usu* -ll] sth; **einer Anordnung/Pflicht** ~ to carry out an order/a duty *sep;* **einer Forderung** ~ to meet [with] a demand
❺ (*als Konsequenz folgen*) to follow as a consequence
❻ SCHWEIZ (*verstehen*) to follow, to get it; ▪**~, was ...** to understand [*or* get] what ...
Nachkommenschaft <-, -en> *f* (*geh*) descendants *pl;* **seine zahlreiche** ~ one's numerous progeny + *sing/pl vb form*
Nachkömmling <-s, -e> *m* (*Nachzügler*) latecomer, late arrival; (*Kind*) afterthought *hum;* (*Nachkomme*) descendant
nach|kontrollieren* *vt* ▪**etw** [**auf etw** *akk*] ~ to check over sth *sep* [for sth]; ▪**~, ob/wann/wie ...** to check whether/when/how ...
nach|korrigieren* *vt* ▪**etw** ~ to re-correct sth; **einen Aufsatz** ~ to go over an essay again
Nachkriegsdeutschland *nt* POL (*hist*) post-war Germany **Nachkriegsgeneration** *f* post-war generation **Nachkriegsgeschichte** *f* postwar history **Nachkriegshöchststand** *m* ÖKON postwar peak **Nachkriegsjahre** *pl* postwar years *pl* **Nachkriegszeit** *f* post-war period
Nachkur *f* MED after-treatment *no pl,* follow-up cure
nach|laden *irreg* I. *vt* ▪**etw** ~ to reload sth; ▪**das N~** [**einer S.** *gen* [*o* **von etw** *dat*]] reloading [sth]
II. *vi* to reload
Nachlass[RR] <-es, -e *o* -lässe> *m,* **Nachlaß** <-lasses, -lasse *o* -lässe> *m* ❶ (*hinterlassene Werke*) unpublished works *npl*
❷ (*hinterlassener Besitz*) estate; ***der ~ fällt an die gesetzlichen Erben*** property goes by intestacy; ***der ~ geht über auf ...*** the estate devolves upon ...; **erbenloser** ~ estate without any heirs, vacant succession; **überschuldeter** ~ insolvent estate; **den ~ eröffnen** to read the will; **den ~ ordnen/verwalten** to organize/administer the estate
❸ (*Preis~*) reduction, discount; ▪**ein ~** [**von etw** *dat*] [**auf etw** *akk*] a discount [*or* reduction] [of sth] [on sth]
❹ JUR (*Erlass*) *von Steuern* [tax] abatement; *einer Strafe* [sentence] remission
Nachlassabwicklung[RR] *f* JUR administration of an estate **Nachlassauseinandersetzung**[RR] *f* JUR distribution of an estate
Nachlassen *nt kein pl* ÖKON slowdown; ~ **der Hochkonjunktur** ebbing wave of prosperity
nach|lassen *irreg* I. *vi* ❶ (*schwächer werden*) to decrease, to diminish; ***sobald die Kälte etwas nachlässt, ...*** as soon as it gets a little warmer ...; *Druck, Schmerz* to ease off [*or* up]; *Gehör, Sehkraft* to deteriorate; *Interesse* to flag, to wane; *Nachfrage* to drop [off], to fall; *Sturm* to die down, to abate
❷ (*in der Leistung schlechter werden*) to deteriorate in one's performance, to be slacking off; ***mit der Zeit ließ er*** [***in seiner Leistung***] ***nach*** as time went on his performance deteriorated
❸ (*aufhören*) ▪**~, etw zu tun** to stop doing sth; **nicht ~!** keep it up!
II. *vt* ▪[**jdm**] **etw** [**von etw**] ~ to knock sth off [sth] [for sb] *fam;* [**jdm**] **10 % vom Preis** ~ to give [sb] a 10 % rebate [*or* discount]
nachlassend *adj inv* ÖKON declining, slackening; **~e Investitionstätigkeit** slowdown in investments
Nachlassforderung[RR] *f* JUR claim by the estate **Nachlassgegenstand** *m* JUR estate asset **Nachlassgericht**[RR] *nt* JUR probate [*or* AM surrogate's] court **Nachlassgläubiger(in)**[RR] *m(f)* JUR creditor

of the estate **Nachlasshaftung** *f* JUR liability of the estate assets
nachlässig I. *adj* ❶ (*unsorgfältig*) careless; **eine ~e Person** a careless [*or* negligent] person; **~e Arbeit** slipshod work *pej;* ■**etw ist/wird** ~ sth is slack/slacking
❷ (*schlampig*) careless, sloppy *pej*
II. *adv* ❶ (*unsorgfältig*) carelessly, negligently
❷ (*schlampig*) carelessly, sloppily *pej*
Nachlässigkeit <-, -en> *f* ❶ *kein pl* (*nachlässige Art*) carelessness *no art, no pl*
❷ (*nachlässige Handlung*) negligence *no art, no pl;* **eine grobe** ~ [an instance of] gross negligence
Nachlassinventar[RR] *nt* JUR inventory of the estate **Nachlasskonkurs**[RR] *m* JUR bankruptcy of an estate, administration of an insolvent estate **Nachlasspfleger(in)**[RR] *m(f)* JUR curator of the estate **Nachlasspflegschaft**[RR] *f* JUR provisional administration of estate **Nachlasssache**[RR] *f* JUR probate matter, matter of the estate **Nachlassschulden**[RR] *pl* JUR debts *pl* of the estate **Nachlassspaltung**[RR] *f* JUR division [*or* partition] of an estate **Nachlasssteuer**[RR] *pl* JUR inheritance tax, AM succession duty **Nachlassverbindlichkeiten**[RR] *pl* JUR liabilities arising from inheritance **Nachlassverfahren**[RR] *nt* JUR probate proceedings *pl* **Nachlassvermögen**[RR] *nt* JUR assets *pl* of a deceased person **Nachlassverwalter(in)**[RR] *m(f)* JUR estate executor [*or* administrator], personal representative **Nachlassverwaltung**[RR] *f* JUR administration of an estate; **die ~ ausschlagen** to renounce probate; **etw in ~ geben** to commit sth into administration **Nachlassverwaltungsklage**[RR] *f* JUR administrative action **Nachlassverzeichnis**[RR] *nt* JUR estate inventory
nach|laufen *vi irreg sein* ❶ (*hinterherlaufen*) ■**jdm** ~ to run after sb
❷ (*umwerben*) ■**jdm** ~ to run after sb
❸ (*zu erreichen trachten*) ■**etw** *dat* ~ to run after [*or* chase [after]] sth
nach|legen I. *vt* ❶ (*zusätzlich auflegen*) **Holz/Kohle/Scheite** ~ to put some more wood/coal/logs on [the fire]
❷ (*zusätzlich auf den Teller geben*) ■**[jdm/sich] etw** ~ to give [*or* get] [sb/oneself] a second helping [of sth]
II. *vi* (*fam*) to do/say more; ***„damit ist aber nicht alles gesagt," legte er nach*** "I haven't yet had the last word on this," he added
Nachleistung *f* subsequent [*or* additional] performance
Nachlese *f* ❶ AGR second harvest
❷ MEDIA, TV (*ausgewählter Nachtrag*) ■**eine ~ aus etw** selected postscripts from sth
nach|lesen *vt irreg* ■**etw [irgendwo]** ~ to read up on sth [somewhere]
Nachlieferfrist *f* HANDEL deadline for delayed delivery
nach|liefern *vt* ■**[jdm] etw** ~ ❶ (*später liefern*) to deliver sth [to sb] at a later date
❷ (*später abgeben*) to hand in sth *sep* [to sb] at a later date
Nachlieferung *f* ❶ (*nachträgliche Lieferung*) delivery
❷ (*nachträglich gelieferter Artikel*) delivery
nach|lizenzieren* *vt* ■**etw** ~ to license sth subsequently [*or* later]
Nachlizenzierung <-, -en> *f* subsequent [*or* later] licensing
Nachlösegebühr *f* TRANSP excess fare
nach|lösen I. *vt* **eine Fahrkarte/einen Zuschlag** ~ to buy a ticket/a supplement on the train
II. *vi* ■**[bei jdm]** ~ to pay [sb] on the train
nach|machen *vt* ❶ (*imitieren*) ■**jdn/etw** ~ to imitate sb/sth, to impersonate sb
❷ (*nachahmen*) ■**jdm etw** ~ to copy sth from sb; ***das soll mir erst mal einer ~!/macht mir bestimmt keiner nach!*** I'd like to see anyone else do that!
❸ (*fälschen*) ■**etw** ~ to forge sth; **Geld** ~ to forge [*or* counterfeit] money
❹ (*fam: nachträglich anfertigen*) ■**etw** ~ to make up sth *sep*
Nachmann *m* FIN subsequent endorser [*or* holder]
nach|messen *irreg* I. *vt* ■**etw [mit etw]** ~ to measure sth again [with sth]
II. *vi* ■**[mit etw]** ~ to check [with sth]; ■**das N~** checking; ***der Fehler ist mir erst beim N~ aufgefallen*** I only noticed the mistake whilst checking through
Nachmieter(in) *m(f)* next tenant *no indef art;* ■**jds** ~ the tenant after sb; ***sie ist meine ~in*** she moved in when/after I moved out
nachmittag *adv s.* **Nachmittag**
Nachmittag *m* afternoon; **am/bis zum [frühen/späten]** ~ in the/until the [early/late] afternoon; ***im Laufe des ~s*** during [the course of] the afternoon
nachmittäglich *adj attr* afternoon *attr;* ***die ~ stattfindenden Seminare*** the afternoon seminars
nachmittags *adv* ❶ (*am Nachmittag*) in the afternoon
❷ (*jeden Nachmittag*) in the afternoons
Nachmittagsschläfchen *nt* afternoon nap **Nachmittagsunterricht** *m* afternoon lessons *pl* **Nachmittagsvorstellung** *f* afternoon showing, matinée [performance]
Nachnahme <-, -n> *f* cash [*or* AM *a.* collect] *no art, no pl* on delivery [*or* COD] *no art, no pl;* **gegen ~ liefern** to send cash-on-delivery; **etw als [*o* per] ~ schicken [*o* senden]** to send sth COD
Nachnahmegebühr *f* COD charge **Nachnahmesendung** *f* (*form*) registered COD consignment *form,* COD parcel
Nachname *m* surname, family [*or* last] [*or* BRIT *a.* second] name; ***wie hießen Sie mit ~n?*** what's your surname?
Nachnutzer(in) *m(f) einer Liegenschaft* new [*or* next] tenant, person moving in (*after a building has been vacated*)
nach|plappern *vt* (*fam*) ■**[jdm] etw** ~ to parrot sth [sb says] *pej,* BRIT *a.* to repeat sth [sb says] parrot-fashion
Nachporto *nt s.* **Nachgebühr**
nachprüfbar *adj* verifiable; ■**etw ist** ~ sth is verifiable [*or* can be verified [*or* checked]]
Nachprüfbarkeit <-> *f kein pl* verifiability *no art, no pl*
nach|prüfen I. *vt* ❶ (*etw überprüfen*) ■**etw** ~ to verify [*or* check up on] sth
❷ SCH (*nachträglich prüfen*) ■**jdn** ~ to examine sb at a later date; (*nochmals prüfen*) to re-examine sb
II. *vi* ■**~, ob/wann/wie ...** to verify [*or* check] whether/when/how ...
Nachprüfung *f* ❶ (*das Nachprüfen*) verification; ■**die/eine ~ [einer S. *gen*]** the/a verification [of sth], verifying [sth]; **~ der Richtigkeit der Angaben** verification of the accuracy of the particulars; ***die ~ der Daten dauert eine Weile*** it will take some time to verify the data
❷ SCH (*nachträgliche Prüfung*) resit BRIT, re-examination AM
Nachprüfungsrecht *nt* right of review; **~ der Kommission** right of review of the commission **Nachprüfungsverfahren** *nt* review procedure
nachrangig *adj inv* FIN inferior; **~e Darlehensmittel** secondary loan funds
nach|rechnen I. *vi* to check again; ***wir müssen noch einmal ~*** we'll have to do our sums again *hum;* ■**~, dass/ob ...** to check that/whether ...
II. *vt* ■**etw [noch einmal]** ~ to check sth [again]
Nachrede *f* JUR **üble** ~ defamation [of character] *form,* slander; **üble ~ [über jdn] verbreiten** to spread slander [about sb]
nach|reden *vt* ❶ (*wiederholen*) ■**etw** ~ to repeat sth
❷ (*nachsagen*) ■**jdm etw** ~ to say sth [of sb]; **jdm übel** ~ to speak ill of sb
nach|reichen *vt* ■**[jdm] etw** ~ to hand sth [to sb] later
nach|reisen *vi sein* ■**jdm [irgendwohin]** ~ to join [*or* follow] sb [somewhere]
nach|reiten *vi irreg sein* ■**jdm/etw** ~ to ride after sb/sth
Nachricht <-, -en> *f* ❶ MEDIA news *no indef art, + sing vb;* ■**eine** ~ a news item; ■**die ~en** the news *+ sing vb*
❷ (*Mitteilung*) news *no indef art, + sing vb;* ■**eine** ~ some news *+ sing vb,* a piece of news; **jdm ~ geben** to let sb know; ***geben Sie uns bitte ~, wenn ...*** please let us know when ...
Nachrichtenagentur *f* news agency **Nachrichtenangebot** *nt* INET range of news services and stories **Nachrichtendienst** *m* ❶ (*Geheimdienst*) intelligence *no art, no pl* [service] ❷ *s.* **Nachrichtenagentur** **nachrichtendienstlich** *adj inv, attr* intelligence [service] *attr* **Nachrichtenforum** *nt* INFORM news group **Nachrichtenkanal** *m* news channel
nachrichtenlos *adj inv* **~es Konto** long-dormant [bank] account (*of possible Holocaust victim*)
Nachrichtenmagazin *nt* news magazine **Nachrichtensatellit** *m* TELEK communications satellite **Nachrichtensendung** *f* MEDIA news broadcast, newscast **Nachrichtensperre** *f* news embargo [*or* blackout]; **eine ~ verhängen** to order a news embargo; (*als feindlicher Akt*) to gag the press **Nachrichtensprecher(in)** *m(f)* newscaster, BRIT *a.* newsreader **Nachrichtentechnik** *f* telecommunications *+ sing vb* **Nachrichtenübermittlung** *f* TELEK communication; **elektronische** ~ electronic mail **Nachrichtenwesen** *nt* communications *pl*
nach|rücken *vi sein* ❶ (*jds Posten übernehmen*) to succeed sb; POL *a.* to move up; **auf einen Posten** ~ to succeed to a post
❷ MIL (*folgen*) ■**[jdm]** ~ to advance [on sb]
Nachrücker(in) <-s, -> *m(f)* POL successor
Nachruf *m* obituary, obit *fam*
nach|rufen *vt irreg* ■**jdm etw** ~ to shout sth after sb; ■**[jdm] ~, [dass] ...** to shout [to sb] that ...
Nachruhm *m* posthumous fame *no art, no pl form,* fame after death *no art, no pl*
Nachrüstbausatz *m* TECH add-on kit
nach|rüsten I. *vt* ■**etw [mit etw]** ~ to update [*or* [re]fit] sth [with sth]; ***Sie können ihr Auto mit einem Katalysator*** ~ you can [re]fit your car with a catalytic converter; **einen Computer** ~ to upgrade a computer
II. *vi* MIL to deploy new arms
Nachrüstung *f kein pl* ❶ TECH modernization, refit, installation
❷ MIL (*nachträgliche Aufrüstung*) deployment of new arms
nach|sagen *vt* ❶ (*von jdm behaupten*) ■**jdm etw** ~ to say sth of sb; ***es wird ihr nachgesagt, dass sie eine bösartige Intrigantin sei*** they say [*or* it's said] that she is a nasty schemer; ***ich lasse mir von dieser Frau nicht ~, dass ich lüge*** I'm not having that woman say I'm a liar
❷ (*nachsprechen*) ■**[jdm] etw** ~ to repeat sth [sb said]
Nachsaison [-zɛzõ:, -zɛzɔŋ] *f* off-season
nach|salzen I. *vt* ■**etw** ~ to add more salt to sth
II. *vi* to add more salt
Nachsatz *m* afterthought; (*Nachschrift*) postscript
nach|sausen *vi sein* ■**jdm/etw** ~ to rush after sb/sth
nach|schauen I. *vt* ■**etw [in etw *dat*]** ~ to look up sth *sep* [in sth]
II. *vi* ❶ (*nachschlagen*) ■**[in etw *dat*]** ~ to [have [*or* take] a] look [in sth]; ■**~, ob/wie ...** to [have a] look [*or* look up] whether/how ...
❷ (*nachsehen*) ■**~[, ob ...]** to [have a] look [and see] [*or fam* have a look-see] [whether ...]
nach|schenken (*geh*) I. *vt* ■**[jdm] etw** ~ to top up [*or* AM off] *sep* sb's glass [*or fam* sb]
II. *vi* ■**[jdm]** ~ to top up [*or* AM off] sb *sep fam;* ***darf ich ~?*** may I top you up? *fam* [*or* give you a refill]
nach|schicken *vt* ❶ (*nachsenden*) ■**[jdm] etw** ~ to forward [*or sep* send on] sth [to sb], to forward sth [to sb]
❷ (*hinterdrein schicken*) ■**jdm jdn** ~ to send sb after sb

nach|schieben *vt irreg (sl)* ■**etw** ~ to follow up with sth; **eine Begründung/Erklärung** ~ to provide a reason/an explanation afterwards; **nachgeschobene Gründe** rationalizations

Nachschieben *nt kein pl* JUR later submission; ~ **von Gründen** subsequent submission of argument

nach|schießen *vt irreg* FIN *(fam)* ■**etw** ~ to give sth additionally; *Geld* to pump additional cash into sth

Nachschlag *m von Essen* second helping

nach|schlagen *irreg* **I.** *vt* ■**etw [in etw** *dat*] ~ to look up sth *sep* [in sth]
II. *vi* ① *haben (nachlesen)* ■**[in etw** *dat*] ~ to look it up [in sth], to consult sth
② *sein (geh: jdm ähneln)* ■**jdm** ~ to take after sb

Nachschlagewerk *nt* reference book [*or* work]

nach|schleichen *vi irreg sein* ■**jdm** ~ to creep [*or* sneak] after sb

nach|schleifen *vt irreg* **ein Messer** ~ to [re]sharpen [*or* [re]grind] a knife

nach|schleudern *vt* ■**jdm etw** ~ to fling [*or* hurl] sth after sb

Nachschlüssel *m* duplicate key

Nachschlüsseldiebstahl *m* JUR theft by using false keys

nach|schmeißen *vt irreg (fam)* ■**jdm etw** ~ to throw [*or* fling] sth after sb; **nachgeschmissen sein** to be a real bargain

nach|schnüffeln *vi (fam)* to poke [*or pej* sniff] around *fam;* ■**jdm** ~ to spy on sb; ■**in etw** *dat* ~ to poke [*or pej* sniff] around in sth *fam*

Nachschöpfung *f* re-creation

Nachschrift <-, -en> *f* ① *(Protokoll)* transcript
② *(Nachsatz) Brief* postscript, PS

Nachschub <-[e]s, Nachschübe> *m pl selten*
① MIL *(neues Material)* [new] supplies *npl,* reinforcements *npl;* ■**der/jds** ~ **an etw** *dat* the/sb's supplies of sth; **beim** ~ **sein** to be in the supply troop
② *(fam: zusätzlich erbetene Verpflegung)* second helpings *pl*

Nachschubeinheit <-, -en> *f* MIL supply unit

Nachschusszahlung^RR^ *f* FIN [share] additional cover [*or* payment]; **eine** ~ **fordern** to call for additional cover; **eine** ~ **leisten** to pay a margin

nach|schwatzen, nach|schwätzen *vt* SÜDD, ÖSTERR *(fam)* ■**[jdm] etw** ~ to parrot sth [sb says/said]

nach|sehen *irreg* **I.** *vi* ① *(mit den Blicken folgen)* ■**jdm/etw** ~ to follow sb/sth with one's eyes, to watch sb/sth; *(mit Bewunderung/Sehnsucht a.)* to gaze after sb/sth
② *(nachschlagen)* ■**[in etw** *dat*] ~ to look it up [in sth], to consult sth
③ *(hingehen und prüfen)* ■**[irgendwo]** ~ to [have [*or* take] a] look [somewhere]; ■~, **ob/wo …** to [have a] look whether/where …
II. *vt* ① *(nachschlagen)* ■**etw [in etw** *dat*] ~ to look up sth *sep* [in sth]
② *(kontrollieren)* ■**etw** ~ to check sth; **etw auf Fehler hin** ~ to check sth for defects/errors
③ *(geh: verzeihen)* ■**jdm etw** ~ to forgive sb for sth

Nachsehen <-s,> *nt kein pl* ▶ WENDUNGEN: **[bei/in etw** *dat*] **das** ~ **haben** to be left standing [in sth]; *(leer ausgehen)* to be left empty-handed [in sth]; *(keine Chance haben)* to not get anywhere [*or* a look-in]

Nachsendeantrag *f* application to have one's mail forwarded

nach|senden *vt irreg* ■**jdm etw** ~ to forward [*or sep* send on] sth to sb; ■**sich** *dat* **etw** ~ **lassen** to have sth forwarded to one['s new address]

nach|setzen *vi (geh)* ■**jdm** ~ to pursue sb

Nachsicht <-> *f kein pl* leniency *no art, no pl;* **[mehr]** ~ **üben** *(geh)* to be [more] lenient, to show [more] leniency; **mit [mehr]** ~ with [more] leniency; **etw mit** ~ **betrachten** to view sth leniently; **ohne** ~ without mercy

nachsichtig I. *adj* lenient; *(verzeihend)* merciful; ■**[mit jdm]** ~ **sein** to be lenient [with sb]
II. *adv* leniently/mercifully

Nachsichtwechsel *m* JUR after-sight bill

Nachsilbe *f* suffix

nach|singen *vt irreg* ■**[jdm] etw** ~ to sing sth after [sb]

nach|sinnen *vi irreg* ■**[über etw** *akk*] ~ to ponder [over sth]

nach|sitzen *vi irreg* SCH ■~ **müssen** to have detention; ■**jdn** ~ **lassen** to give sb detention

Nachsommer *m* Indian summer

Nachsorge *f* aftercare *no pl*

Nachsorgeklinik *f* aftercare clinic

Nachspann <-s, -e> *m* FILM, TV credits *npl*

Nachspeise *f* dessert, BRIT *a.* sweet; ■**als** ~ for dessert

Nachspiel *nt* ① THEAT epilogue; MUS closing section
② *(nach Sex)* cuddling after sex
③ *(unangenehme Folgen)* consequences *pl,* repercussions *pl;* **ein** ~ **haben** to have consequences [*or* repercussions]

nach|spielen I. *vt* ■**etw** ~ to play sth
II. *vi* ① *(akkompagnieren)* ■**jdm [auf etw** *dat*] ~ to follow sb [on sth]
② SPORT to play extra time [*or* AM overtime]; ~ **lassen** to allow extra time

nach|spionieren* *vi (fam)* ■**jdm** ~ to spy on sb

nach|sprechen *irreg* **I.** *vt* ■**[jdm] etw** ~ to repeat sth [after sb]
II. *vi* ■**jdm** ~ to repeat after sb

nach|spülen *vi (fam)* ■**[mit etw]** ~ to wash it down [with sth] *fam;* **zum N~** to wash [*or* for washing] it down *fam*

nach|spüren *vi* ① *(erkundend nachgehen)* ■**etw** *dat* ~ to look into sth; **einer Fährte** ~ to follow a trail
② *(veraltend geh: auf der Jagd verfolgen)* ■**jdm** ~ to track [*or* hunt] down sb *sep;* **einem Tier** ~ to track an animal

nächst *präp +dat (geh)* ■~ **jdm** *(örtlich am nächsten)* beside [*or* next to] sb; *(außer)* apart [*or esp* AM aside] from sb

nächstbeste(r, s) *adj attr* ■**der/die/das** ~ **…** the first … one/sb sees; ***die** ~ **Gelegenheit*** the first occasion that comes along, the next possible chance

nächste(r, s) *adj superl von* **nah(e)** ① *räumlich (zuerst folgend)* next; **im ~n Haus** next door; **beim ~n Halt** at the next stop; *(nächstgelegen)* nearest; **am ~n** closest, nearest
② *(nächststehend)* close; ~ **Angehörige** close relatives
③ *temporal (darauffolgend)* next; **beim ~n Aufenthalt** on the next visit; ~ **Ostern/~es Jahr** next Easter/year; **bis zum ~n Mal!** till the next time!; **am ~n Tag** the next day; **in den ~n Tagen** in the next few days; **in der ~n Woche** next week; **als N~s** next; **der N~, bitte!** next please!

Nächste(r) *f(m) dekl wie adj* neighbour [*or* AM -or]; ■**jds ~r** sb's neighbour; **jeder ist sich selbst der** ~ *(prov)* it's every man for himself[, and the Devil take the hindmost] *prov*

Nächste(s) *nt dekl wie adj* ■**das ~, was …** the first thing [that] …

nach|stehen *vi irreg* **jdm an Intelligenz/Kraft etc. nicht** ~ to be every bit as intelligent/strong as sb; ■**jdm in nichts** ~ to be sb's equal in every way

nachstehend I. *adj attr* following *attr;* ■**das N~e,** ■**N~es** the following; **im N~en** below, in the following; ***im N~en „Kunde" genannt*** here[in]after referred to as "Customer" *form*
II. *adv* in the following, below; ***die Einzelheiten habe ich** ~ **erläutert*** I have explained the details as follows

nach|steigen *vi irreg sein* ■**jdm** ~ ① *(hinterhersteigen)* to climb after sb
② *(fam: umwerben)* to chase [after] sb

nachstellbar *adj inv* BAU adjustable

nach|stellen I. *vt* ① LING ■**[etw** *dat*] **nachgestellt werden** to be put after [sth]; ***im Französischen wird das Adjektiv [dem Substantiv] nachgestellt*** in French the adjective is placed after the noun; ■**nachgestellt** postpositive *spec*
② TECH ■**etw** ~ *(neu einstellen)* to adjust sth; *(wieder einstellen)* to readjust sth; *(korrigieren)* to correct sth; **eine Uhr [um etw]** ~ to put back a clock *sep* [by sth]
③ *(nachspielen)* ■**etw** ~ to reconstruct sth
II. *vi* ■**jdm** ~ ① *(geh: verfolgen)* to follow sb
② *(umwerben)* to pester sb

Nachstellung <-, -en> *f* ① *kein pl* LING postposition
② TECH adjustment
③ *meist pl (geh: Verfolgung)* pursuit *no pl*
④ *meist pl (fam: Aufdringlichkeit)* [unwelcome] advances *pl,* pestering *no art, no pl*

Nächstenliebe *f* compassion *no art, no pl;* ~ **üben** *(geh)* to love one's neighbour [*or* AM -or] [as oneself]

nächstens *adv* ① *(bald)* [some time] soon
② *(das nächste Mal)* [the] next time
③ *(fam: womöglich)* next, before long; ~ ***wird noch behauptet, ich habe das Gegenteil gesagt*** next [*or* before long] they'll be claiming I said the opposite

Nachsteuer *f* FIN additional tax

nächstgelegen *adj attr* nearest **nächsthöher** *adj attr* next highest **nächstliegend** *adj attr* most plausible; ■**das N~e** the most plausible thing [to do]

Nächstliegende <-n> *nt kein pl* most obvious thing **nächstmöglich** *adj attr* ① *zeitlich* next possible *attr; Termin a.* earliest possible; **bei der ~en Gelegenheit** at the next opportunity ② *räumlich* next possible *attr*

nach|suchen *vi* ① *(durch Suchen nachsehen)* ■**[in etw** *dat*] ~ to look [in sth]
② *(form: beantragen)* ■**[bei jdm] um etw** ~ to request sth [of sb] [*or* sb for sth], to apply [to sb] for sth

Nacht <-, Nächte> *f* night; ■~ **sein/werden** to be/get dark; **ganze Nächte** for nights [on end]; **bis weit in die** ~ far into the night; ***ich habe gestern bis weit in die** ~ **gearbeitet*** I worked late last night; **bei** ~ at night; **in der** ~ at night; **über** ~ overnight; **über** ~ **bleiben** to stay the night; **des ~s** *(geh)* at night; **diese/letzte** [*o* **vorige**] ~ tonight/last night; **eines ~s** one night; **bei** ~ **sind alle Katzen grau** *(fam)* all cats are grey [*or* AM *a.* gray] at night; **bei** ~ **und Nebel** *(fam)* at dead of night; **sich** *dat* **die** ~ **um die Ohren schlagen** *(fam)* to make a night of it
▶ WENDUNGEN: **die** ~ **zum Tage machen** to stay up all night; **gute** ~**!** good night!; **jdm gute** ~ **sagen** to say good night to sb; **[na,] dann gute** ~**!** *(iron fam)* well, that's just great! *iron fam;* **hässlich wie die** ~ **sein** *(fam)* to be as ugly as sin *fam;* **zu** ~ **essen** SÜDD, ÖSTERR to have supper [*or* dinner]

nachtäglich *adj inv* **~er Einbau** BAU retrofit

nachtaktiv *adj inv* ZOOL *Tier* nocturnal *spec*

Nachtarbeit *m* nightwork *no art, no pl; (Nachtschicht a.)* night shift

Nachtat *f* JUR subsequent lesser offence

nachtblind *adj* nightblind, suffering from night blindness *pred;* ■~ **sein** to be nightblind, to suffer from night blindness **Nachtblindheit** <-> *f kein pl* night blindness *no pl,* nyctalopia *spec* **Nachtcreme** *f* night cream **Nachtdienst** *m* night duty *no art, no pl,* night shift

Nachteil <-[e]s, -e> *m* disadvantage, drawback; **jdm ~e bringen** to be disadvantageous to sb; **jdm zum** ~ **gereichen** *(geh)* to be disadvantageous to sb; **durch etw ~e haben** to lose out by sth; **soziale/berufliche ~e haben** to lose out socially/in one's career; **[jdm gegenüber] im** ~ **sein** [*o* **geh sich befinden**] to be at a disadvantage [with sb]; **sich** *akk* **zu seinem** ~ **verändern** to change for the worse; **es soll nicht Ihr** ~ **sein** you won't lose [anything] by it

nachteilig I. *adj* disadvantageous, unfavourable [*or* AM unfavorable]; ■**[für jdn]** ~ **sein** to be disadvantageous [for sb]; ■**etwas/nichts N~es** something/nothing unfavourable
II. *adv* advantageously, unfavourably [*or* AM unfavorably]

nächtelang *adv* for nights on end

Nachtessen *nt* SÜDD, ÖSTERR, SCHWEIZ (*Abendessen*) supper, evening meal **Nachteule** *f* (*fam*) *s.* Nachtmensch **Nachtfahrverbot** *nt* ban on night driving **Nachtfalter** *m* ZOOL moth **Nachtflug** *m* night flight, *esp* AM red-eye [flight] *fam* **Nachtflugverbot** *nt* ban on night flying **Nachtfrost** *m* night frost **Nachthemd** *nt* MODE nightdress, nightie *fam,* AM *a.* nightgown; (*Herren~*) night shirt **Nachthimmel** *m* night sky

Nachtigall <-, -en> *f* nightingale; ~, **ick hör' dir trapsen** DIAL (*hum sl*) I see what you're after [*or fam* driving at]

nächtigen *vi* (*geh*) ■[**bei jdm**] ~ to stay the night [with sb]

Nächtigungsplus *nt* TOURIST *increase in the number of overnight stays made by tourists*

Nachtisch *m* dessert, BRIT *a.* sweet; **als** [*o* **zum**] ~ for dessert [*or* BRIT *fam* afters], as a sweet

Nachtkerze *f* BOT evening primrose **Nachtklub** *m s.* Nachtlokal **Nachtkonsole** *f* bedside unit **Nachtlager** *nt* (*geh*) place to sleep [for the night]; [**irgendwo**] **sein** ~ **aufschlagen** to bed down [somewhere] for the night **Nachtleben** *nt* night-life *no indef art, no pl*

nächtlich *adj attr* nightly; **ein ~er Besucher** a night visitor

Nachtlicht *nt* glowlight, pluglight **Nachtlokal** *nt* nightclub, nightspot *fam* **Nachtmahl** *nt* ÖSTERR (*Abendessen*) supper, evening meal **Nachtmensch** *m* night person [*or fam* owl] **Nachtpfauenauge** *nt* ZOOL **Großes** ~ emperor moth **Nachtportier** *m* night porter **Nachtprogramm** *nt* late-night programme [*or* AM -am] **Nachtquartier** *nt s.* **Nachtlager**

Nachtrag <-[e]s, -träge> *m* ① *eines Briefs* postscript, PS
② *pl* (*Ergänzungen*) supplement

nach|tragen *vt irreg* ① (*nachträglich ergänzen*) ■**etw** [**zu etw**] ~ to add sth [to sth]; ■[**noch**] ~, **dass ...** to add that ...
② (*nicht verzeihen können*) ■**jdm etw** [**nicht**] ~ to [not] hold sth against sb [*or* a grudge against sb for sth]; ■**jdm ~, dass ...** to hold it against sb that ...
③ (*hinterhertragen*) ■**jdm etw** ~ to carry sth after sb

nachtragend *adj* unforgiving, begrudging

nachträglich I. *adj* later; (*verspätet*) belated
II. *adv* later/belatedly

Nachträglichkeit *f* PSYCH *a belated coming to terms with early experiences*

Nachtragsanklage *f* JUR supplementary charge **Nachtragsband** <-bände> *m* supplement **Nachtragsbuchung** *f* FIN subsequent entry **Nachtragsgesetz** *nt* JUR amendment **Nachtragshaushalt** *m* POL supplementary budget **Nachtragsklage** *f* JUR supplemental complaint **Nachtragsprüfung** *f* FIN (*Bilanz*) supplementary audit **Nachtragsverteilung** *f* JUR subsequent distribution

nach|trauern *vi* ■**jdm/etw** ~ to mourn after sb/sth

Nachtruhe *f* night's rest [*or* sleep] *no pl*

Nachtrunk *m* JUR *subsequent drink to conceal level of blood alcohol*

nachts *adv* at night; **montags** ~ [on] Monday nights

Nachtschalter *m* night desk [*or* window] **Nachtschatten** *m* BOT nightshade **Nachtschattengewächs** *nt* solanum *spec* **Nachtschicht** *f* night shift; ~ **haben** to be on night shift [*or fam* nights] **nachtschlafend** *adj inv* **zu ~er Zeit** in the middle of the night, when most [*or* decent] folk [*or* people] are asleep **Nachtschwalbe** *f* ORN nightjar **Nachtschwärmer**[1] *m* ZOOL *s.* Nachtfalter **Nachtschwärmer(in)**[2] *m(f)* (*veraltend*) night owl *fam* **Nachtschwester** *f* night nurse **Nachtseite** *f* dark[er] side (*+gen/***von** *+dat* of) **Nachtsichtgerät** *nt* night vision aid, nightviewer **Nachtspeicherofen** *m* storage heater **Nachtstrom** *m* off-peak electricity *no art, no pl* **Nachtstromtarif** *m* off-peak rate **Nachtstuhl** *m* commode **nachtsüber** *adv* at [*or* by] night **Nachttarif** *m* off-peak rate; *von Verkehrsmittel* night fares *pl* **Nachttier** *nt* nocturnal animal **Nachttisch** *m* bedside table **Nachttischlampe** *f* bedside lamp **Nachttopf** *m* chamber pot **Nachttresor** *m* night safe

nach|tun *vt irreg* ■**es jdm** ~ to copy [*or* emulate] sb

Nacht-und-Nebel-Aktion *f* cloak-and-dagger [*or* hush-hush night-time] operation; **in einer** ~ in a cloak-and-dagger operation **Nachtviole** <-, -n> *f* BOT dame's violet [*or* rocket], damewort **Nachtvogel** *m* night [*or* nocturnal] bird **Nachtvorstellung** *f* THEAT late-night performance; FILM late-night film [*or* picture] **Nachtwache** *f* night duty *no art, no pl;* **bei jdm ~ halten** to sit with sb through the night **Nachtwächter(in)** *m(f)* ① (*Aufsicht*) night guard ② HIST (*städtischer Wächter*) [night] watch **Nachtzeit** *f* (*geh*) night-time *no indef art, no pl;* **zur** ~ at night-time **Nachtzug** *m* night train **Nachtzuschlag** *m* night supplement [*or* form hour premium]

Nachuntersuchung *f* MED follow-up [*or* further] examination

Nachverfahren *nt* JUR ancillary [*or* subsequent] proceedings *pl*

Nachvermächtnis *nt* JUR reversionary legacy

nach|versichern* *vt* ■**jdn** ~ to revise sb's insurance; ■**sich** *akk* ~ to additionally insure oneself

Nachversicherung *f* FIN supplementary insurance; ~ **gegen zusätzliche Risiken** additional extended coverage

Nachversteuerung *f* FIN subsequent taxation

nachvollziehbar *adj* comprehensible; ■[**für jdn**] ~ **sein** to be comprehensible [to sb]; ■**für jdn ~ sein, dass/warum/wie ...** sb can understand [*or* it is understandable to sb] that/why/how ...; ***es ist für mich nicht ganz ~, wie ...*** I don't quite comprehend [*or* understand] how ...

nach|vollziehen* *vt irreg* ■**etw** ~ to understand [*or* comprehend] sth

nach|wachsen *vi irreg sein* ① (*erneut wachsen*) to grow back; ■**~d** regrowing
② (*neu aufwachsen*) to grow in place

Nachwahl *f* POL by-election

Nachwehen *pl* ① (*nach der Entbindung*) afterpains *npl*
② (*geh: üble Folgen*) painful aftermath

nach|weinen *vi* ■**jdm/etw** ~ to mourn after [*or* shed a tear for] sb/sth

Nachweis <-es, -e> *m* ① (*Beweis des Behaupteten*) proof *no art, no pl;* **ein/der ~ seiner Identität/Mitgliedschaft/seines Wohnorts** proof of one's identity/membership/address; [**jdm**] **den ~ einer S.** *gen* **erbringen** [*o* **führen**] [*o* **liefern**] to deliver proof of sth [to sb], to provide [sb with] evidence of sth; **als** [*o* **zum**] ~ **einer S.** *gen* as proof of sth
② (*Beweis*) proof *no art, no pl,* evidence *no art, no pl;* ~ **über zugeteilte Aktien** proof of allotted shares
③ ÖKOL (*das Aufzeigen*) evidence *no art, no pl*

nachweisbar I. *adj* ① (*beweisbar*) provable; ■**es ist ~, dass/warum/wie ...** it can be proved that/why/how ...
② ÖKOL (*nachzuweisen*) evident; ■[**irgendwo/in etw** *dat*] ~ **sein** to be evident [somewhere/in sth]
II. *adv* provably

Nachweisbarkeit *f* provability

Nachweisbarkeitsgrenze *f* SCI limit of provability; ■**unter der** ~ beyond what can be proved

nach|weisen *vt irreg* ① (*den Nachweis erbringen*) ■[**jdm**] **etw** ~ to establish proof of sth [to sb]; ■**jdm ~, dass ...** to give sb proof that ...
② (*beweisen*) ■**jdm etw** ~ to prove sth to sb; ■**jdm ~, dass ...** to prove to sb that ...
③ ÖKOL (*die Existenz aufzeigen*) ■**etw** [**in etw** *dat*] ~ to detect sth [in sth]
④ (*darüber informieren*) ■**jdm etw** ~ to give sb information about [*or* on] sth

nachweislich I. *adj* provable
II. *adv* provably, evidently

Nachweispflicht *f kein pl* JUR accountability *no pl*

nachweispflichtig *adj inv* subject to proof

Nachwelt *f kein pl* ■**die** ~ posterity

nach|werfen *vt irreg* ① (*hinterherwerfen*) ■**jdm etw** ~ to throw sth after sb
② (*zusätzlich einwerfen*) ■**etw** ~ to throw in more of/another sth *sep*
► WENDUNGEN: **nachgeworfen sein** (*fam*) to be dirt cheap

nach|wiegen *irreg* **I.** *vt* ■**etw** ~ to weigh sth
II. *vi* to weigh [it/them] [again]

nach|winken *vi* ■**jdm** ~ to wave after sb

nach|wirken *vi* ① (*verlängert wirken*) to continue to have an effect
② (*als Eindruck anhalten*) ■[**in jdm**] ~ to continue to have an effect [on sb]

Nachwirkung *f* after-effect; (*fig*) consequence

Nachwort <-worte> *nt* epilogue [*or* AM *a.* -og]

Nachwuchs *m kein pl* ① (*fam: Kinder*) offspring *hum*
② (*junge Fachkräfte*) young professionals *pl*

Nachwuchsarbeit *f* SPORT work developing young talent **Nachwuchsautor(in)** *m(f)* up-and-coming young writer **Nachwuchsführungskraft** *f* management trainee **Nachwuchswissenschaftler(in)** *m(f)* up-and-coming young scientist

nach|zahlen I. *vt* ① (*etw nachträglich entrichten*) ■**etw** ~ to pay sth extra; **Steuern** ~ to pay extra tax
② (*etw nachträglich bezahlen*) ■**jdm etw** ~ to pay sb sth at a later date
II. *vi* to pay extra

nach|zählen I. *vt* ■**etw** ~ to check sth
II. *vi* to check; ■~, **ob/wie viel ...** to check whether/how much ...

Nachzahlung *f* ① (*nachträglich*) back payment
② (*zusätzlich*) additional payment

nach|zeichnen *vt* ■**etw** ~ to copy sth

Nachzensur *f kein pl* JUR post-publication censorship

nach|ziehen *irreg* **I.** *vt* ■**etw** ~ ① (*nachträglich anziehen*) to tighten up sth *sep*
② (*hinter sich herziehen*) to pull [*or* drag] sth behind one
③ (*zusätzlich nachzeichnen*) to go over sth; ■[**sich** *dat*] **etw** ~ to pencil over [*or* in] sth *sep*
II. *vi sein* ■[**mit etw**] ~ to follow [with sth]

Nachzug *m* joining one's family [in their country of immigration]; ***der ~ ausländischer Familien ist gesetzlich geregelt*** the immigration of foreign dependants is regulated by law

Nachzügler(in) <-s, -> *m(f)* latecomer, late arrival

Nachzugsaktie *f* BÖRSE deferred share [*or* AM stock]

Nackedei <-[e]s, -e *o* -s> *m* (*hum fam*) naked child, little bare monkey *fam*

Nacken <-s, -> *m* ① ANAT neck
② (*Schweine~*) neck of pork; (*Lamm~*) scrag
► WENDUNGEN: **jdn im ~ haben** (*fam*) to have sb on one's tail; **jdm im ~ sitzen** to breathe down sb's neck *pej*

nackend *adj* (*fam*) *s.* **nackt**

Nackenhaar *nt meist pl* hair[s *pl*] on the back of one's neck; **jdm sträuben sich die ~e** (*fam*) it makes sb's hair stand on end **Nackenrolle** *f* bolster **Nackenschlag** *m* hard knock **Nackenschmerz** *m* neck pain [*or* ache] **Nackenschutz** *m* neck-guard **Nackensteifheit** *f* stiffness of the neck, stiff neck **Nackenstütze** *f* ① (*Stütze für den Nacken*) headrest ② MED (*Stützvorrichtung für den Nacken*) surgical collar **Nackenträger** *m* MODE *von Kleid, Badeanzug* neck-strap

nackert *adj* ÖSTERR (*fam*) *s.* **nackt**

nackig *adj* (*fam*) *s.* **nackt**

nackt I. *adj* ① (*unbekleidet*) naked, nude
② (*bloß*) bare
③ (*kahl*) bare
④ (*unverblümt*) naked; **die ~en Tatsachen** the bare facts; **die ~e Wahrheit** the naked [*or* plain] truth; *s. a.* **Leben**
II. *adv* naked, in the nude

Nacktaufnahme *f* nude shot **Nacktbaden** <-s> *nt kein pl* nude bathing *no art, no pl* skinny

dipping *fam* **Nacktbadestrand** *m* nudist beach
Nackte(r) *f(m) dekl wie adj* naked person
Nacktheit <-> *f kein pl* nudity *no art, no pl,* nakedness *no art, no pl*
Nackthund *m* (*Hunderasse*) Mexican hairless **Nacktmodell** *nt* nude model **Nacktsamer** <-s, -> *m* BOT gymnosperm **Nacktschnecke** *f* slug **Nackttänzer(in)** <-s, -> *m(f)* nude dancer
Nadel[1] <-, -n> *f* ❶ (*Näh~*) needle; **eine ~ einfädeln** to thread a needle
❷ (*Zeiger*) needle
▶ WENDUNGEN: **an der ~ hängen** (*sl*) to be hooked on heroin; **von der ~ wegkommen** to kick the habit
Nadel[2] <-, -n> *f* BOT needle
Nadelbaum *m* conifer
Nadelbrief *m* packet of needles **Nadeldrucker** *m* dot-matrix printer *spec* **Nadelgehölz** *nt* conifers *pl* **Nadelholz** *nt* ❶ *kein pl* pine *no art, no pl* ❷ BOT *s.* Nadelgehölz **Nadelkissen** *nt* pincushion **Nadellager** *nt* TECH needle bearing **Nadelmatrixdrucker** *m* INFORM wire-matrix printer
nadeln *vi* to shed [its needles]
Nadelöhr *nt* ❶ (*Teil einer Nadel*) eye of a/the needle; *s. a.* **Kamel** ❷ (*fig*) narrow passage **Nadelspitze** *f* point of a/the needle **Nadelstich** *m* ❶ (*Nähen*) stitch ❷ (*Pieksen*) prick, sting; **jdm einen ~ versetzen** to prick [*or* sting] sb [with a needle] **Nadelstreifen** *pl* pinstripes *pl* **Nadelstreifenanzug** *m* pinstripe [suit] **Nadelvlies** *nt* BAU needle felt **Nadelwald** *m* coniferous forest
Nadir <-s> *m kein pl* ASTRON nadir *no pl spec*
Naevus <-, Naevi> ['nɛvʊs] *m* (*Warze*) naevus BRIT, nevus AM
Nagel[1] <-s, Nägel> *m* (*Metallstift*) nail; **[mit etw] den ~ auf den Kopf treffen** (*fam*) to hit the nail on the head; **Nägel mit Köpfen machen** (*fam*) to do the job [*or* thing] properly; **ein ~ zu jds Sarg sein** (*fam*) to be a nail in sb's coffin; **etw an den ~ hängen** (*fam*) to chuck [in *sep*] sth *fam*
Nagel[2] <-s, Nägel> *m* (*Finger~*) nail; **jdm brennt es unter den Nägeln[, etw zu tun]** (*fam*) sb is dying [*or fam* itching] to [do sth]; **sich** *dat* **etw unter den ~ reißen** (*sl*) to pinch [*or* BRIT *a.* nick] sth *fam*
Nagelbett *nt* bed of a/the nail
Nagelbrett *nt* bed of nails **Nagelbürste** *f* nailbrush **Nagelfeile** *f* nail file
Nagelhaut *f* cuticle **Nagelhautentferner** *m* cuticle remover **Nagelhautschaber** *m* cuticle shaper **Nagelhautschere** *f* cuticle scissors *npl* **Nagelknipser** *m* nail clippers *npl* **Nagellack** *m* nail polish [*or* BRIT *a.* varnish] [*or* AM *a.* enamel] **Nagellackentferner** *m* nail polish [*or* BRIT *a.* varnish] [*or* AM *a.* enamel] remover
nageln I. *vt* ❶ (*mit Nägeln befestigen*) ■**etw [an/auf/vor etw** *akk*] ~ to nail sth [to/[on]to/in front of sth]; ■**jdn an etw** *akk* ~ to nail sb [on]to sth; **jdn an ein Kreuz ~** to nail sb to a cross, to crucify sb
❷ (*mit Nägeln versehen*) ■**etw ~** to hobnail sth; **genagelte Schuhe** hobnail[[ed] boot]s
II. *vi* to hammer nails
Nagelnecessaire *nt* manicure set
nagelneu *adj* (*fam*) brand-new
Nagelpflege *f kein pl* nail care *no pl, no indef art,* care of [one's [*or* the]] nails **Nagelprobe** *f* acid test **Nagelreiniger** *m* nail cleaner **Nagelschere** *f* nail scissors *npl* **Nagelschuh** *m* hobnail[[ed] boot] **Nagelweißstift** *m* nail whitener pencil **Nagelzange** *f* nail pliers *npl,* nailclippers *npl*
nagen I. *vi* ❶ (*mit den Nagezähnen beißen*) ■**[an etw** *dat*] ~ to gnaw [at sth], to nibble at sth; **an einem Bleistift ~** to chew on a pencil
❷ (*schmerzlich wühlen*) ■**an jdm ~** to nag [at] sb
II. *vt* ❶ (*ab~*) ■**etw von etw ~** to gnaw sth off sth
❷ (*durch N~ herstellen*) ■**etw durch/in etw** *akk* ~ to gnaw sth through/in sth
nagend *adj* nagging; **~er Hunger** gnawing hunger
Nager <-s, -> *m,* **Nagetier** *nt* rodent
nah *adj* **von [*o* aus] ~ und fern** from near and far
Nahaufnahme *f* FOTO close-up; **eine ~ [von jdm/etw] machen** to do a close-up [of sb/sth]
nahe <näher, nächste> I. *adj* ❶ *räumlich* nearby, close [by] *pred;* **von ~m** from close up
❷ *zeitlich* near, approaching, nigh *old;* ***Weihnachten ist ~*** it's nearly Christmas
❸ (*eng*) close; ■**jdm ~ sein** to be close to sb
II. *adv* ❶ *räumlich* nearby, close [by [*or* to]]; ■**~ an etw** *dat*/**bei etw** *dat* close [*or* near] to sth; **jdm/etw zu ~ kommen** to get too close to sb/sth; **~ beieinander** close together; **~ stehend** close; **~ stehende Verwandte** close relatives
❷ *zeitlich* close; **~ bevorstehen** to be just around the corner
❸ (*fast*) ■**~ an etw** *dat* almost sth
❹ (*eng*) closely; **~ befreundet sein** to be close friends; **etw** *dat* **~ kommen** to come close to sth; **sich** *dat*/**einander ~ kommen** to become close; **jdm/einer S. ~ stehen** to have close relations to sb/sth; **sich** *dat* **~ stehen** to be close; **~ mit jdm verwandt sein** to be a close relative of sb
▶ WENDUNGEN: **jdm etw ~ bringen** to bring sth home to sb; **jdn jdm/etw ~ bringen** to bring sb close to sb/sth; **jdm ~ gehen** to upset sb; **jdm etw ~ legen** to suggest sth to sb; **jdm ~ legen, etw zu tun** to advise sb to do sth; **etw ~ legen** to suggest sth; **~ liegen** to suggest itself; ***die Vermutung liegt ~, dass …*** it seems reasonable to suppose that …; **~ liegend** natural; **~ liegend sein** to seem to suggest itself, to be obvious; **das N~liegende, etwas N~es** the obvious thing to do; **aus ~ liegenden Gründen** for obvious reasons; **~ daran sein, etw zu tun** to be close to doing sth; **jdm zu ~ treten** to offend sb
III. *präp +dat* ■**~ einer S.** near to sth
Nähe <-> *f kein pl* ❶ (*geringe Entfernung*) proximity *no pl form;* **aus der ~** from close up; **in der ~** near; ***bleib bitte in der ~*** please don't go too far away
❷ (*Anwesenheit*) ■**jds ~** sb's closeness; **jds ~ brauchen** to need sb [to be] close [to one]; **in jds ~** close to sb
❸ (*naher Zeitpunkt*) closeness *no pl*
nahebei *adv* nearby, close [by [*or* to]]
nahegelegen *pp von* **nahe liegen** *s.* **nahe**
nahen (*geh*) I. *vi sein* ❶ (*herankommen*) to approach
❷ (*näher rücken*) to approach, to draw near
II. *vr* (*veraltend*) ❶ (*näher kommen*) ■**sich** *akk* **[jdm] ~** to approach sb; ***sie hörten Schritte sich ~*** they heard footsteps approaching
❷ (*herantreten*) ■**sich** *akk* **jdm [mit etw] ~** to approach sb [with sth]
nähen I. *vt* ❶ (*zusammen~*) ■**etw ~** to sew sth
❷ (*durch N~ befestigen*) ■**etw auf etw** *akk* **~** to sew sth onto sth
❸ MED ■**etw ~** to stitch [*or spec* suture] sth; ■**jdn ~** to stitch up sb *sep*
II. *vi* ■**[an etw** *dat*] **[für jdn] ~** to sew [sth] [for sb]; ■**das N~ [einer S.** *gen* [*o* **von etw** *dat*]] sewing [sth]; ***das N~ lernte sie von ihrer Großmutter*** she learned to sew from her grandmother
näher I. *adj komp von* **nahe** ❶ (*in geringerer Entfernung*) nearer, closer; ■**~ sein** to be closer [*or* nearer]
❷ (*kürzer bevorstehend*) closer, sooner *pred;* ***in der ~en Zukunft*** in the near future
❸ (*detaillierter*) further *attr,* more precise; ***die ~en Umstände sind leider nicht bekannt*** the precise circumstances are not known
❹ (*enger*) closer; ***meine ~en Verwandten*** my immediate [*or* close] relatives
II. *adv komp von* **nahe** ❶ (*in geringeren Abstand*) closer, nearer; **kommen Sie ~!** come closer!; **treten Sie [bitte] ~** [please] approach [*or* draw closer]
❷ (*eingehender*) more closely, in more detail; **~ ausführen/besprechen/erklären** to set out/discuss/explain in more detail; **etw ~ untersuchen** to examine sth more closely; **etw ~ ansehen** to have a closer look at sth; **sich** *akk* **~ mit etw befassen** [*o* **beschäftigen**] to go into sth more closely [*or* in greater detail]; **jdm etw ~ bringen** to bring sth home to sb
❸ (*enger*) closer; **jdn/eine Sache ~ kennen** to know sb/sth well; **jdn/eine Sache ~ kennen lernen** to get to know sb/sth better; **jdm/einer S. ~ stehen** to be closer to sb/sth; **sich** *dat* **~ stehen** to be closer; **etw** *dat* **~ treten** to give sth [further] consideration; **mit etw ~ vertraut sein** to know more about sth
▶ WENDUNGEN: **etw** *dat* **[schon] ~ kommen** to be nearer the mark; **jdm ~ kommen** to get closer to sb; **sich** *dat* **~ kommen** to become closer; **~ liegen** to make more sense, to be more obvious; **~ liegen, etw zu tun** it makes more sense to do sth; **das Näherliegende** the obvious thing to do
Näher(in) <-s, -> *m(f)* sewer *masc,* seamstress *fem*
Nähere(s) *nt dekl wie adj* details; ***~s/das ~ entnehmen Sie bitte meinem Bericht*** you will find further details/the details in my report
Naherholung *f kein pl* local recreation *no pl*
Naherholungsgebiet *nt* local [*or* nearby] holiday area [*or* spot]
Näherin <-, -nen> *f fem form von* **Näher** seamstress
nähern *vr* ❶ (*näher herankommen*) ■**sich** *akk* **[jdm/einer S.] ~** to get [*or* draw] closer [*or* nearer] [to sb/sth], to approach [sb/sth]
❷ (*geh: einen Zeitpunkt erreichen*) ■**sich** *akk* **etw** *dat* **~** to get close [*or* draw near] to sth; ***ich nähere mich langsam einem Punkt, wo/an dem …*** I'm slowly coming to a point, where …; ***unser Urlaub nähert sich seinem Ende*** our holiday is drawing [*or* coming] to an end
Näherungswert *m* MATH approximate value, approximation
nahestehend I. *part pres von* **nahe stehen** *s.* **nahe** II 1
II. *adj s.* **nahe** II 1
nahezu *adv* almost, virtually
Nähfaden *m* thread, cotton **Nähgarn** *nt* cotton
Nahkampf *m* MIL close combat
Nähkästchen <-s, -> *nt* sewing box ▶ WENDUNGEN: **aus dem ~ plaudern** (*fam*) to give out private gossip **Nähkasten** *m* sewing [*or* work] box **Nähkorb** *m* sewing basket
nahm *imp von* **nehmen**
Nähmaschine *f* sewing machine **Nähnadel** *f* [sewing] needle
Nahost *m* the Middle East; **aus/in ~** from/in the Middle East
nahöstlich *adj* Middle Eastern
Nährboden *m* ❶ BIOL culture medium ❷ (*Boden*) breeding ground **Nährcreme** *f* nourishing [*or* replenishing] cream
nähren I. *vt* ❶ (*füttern*) ■**jdn ~** to feed sb
❷ (*aufrechterhalten*) to nourish; ■**Befürchtungen/Erwartungen/Hoffnungen ~** to nourish fears/expectations/hopes
II. *vi* to be nourishing
nahrhaft *adj* nourishing, nutritious; ■**~ sein** to be nourishing [*or* nutritious]
Nährlösung *f* ❶ BIOL nutrient solution ❷ MED nutrient solution **Nährmittel** *pl* KOCHK cereal products *pl* **Nährsalze** *pl* nutrient salts *pl*
Nährstoff *m* nutrient
nährstoffarm *adj* low in nutrients *pred* **Nährstoffbelastung** *f* nutrient pollution, pollution of nutrients **nährstoffreich** *adj* rich in nutrients *pred*
Nahrung <-> *f kein pl* food; **flüssige/feste ~** liquids/solids *pl*
▶ WENDUNGEN: **[durch etw] [neue] ~ erhalten** [*o* **bekommen**] to receive new fuel [from sth]; **etw** *dat* **[neue] ~ geben** to add fuel to the fire
Nahrungsaufnahme *f kein pl* (*form*) ingestion of food *form,* eating **Nahrungsbiotop** *nt* BIOL food biotope **Nahrungskette** *f* food chain **Nahrungsmangel** *m* food shortage; **aus ~** due to food shortage
Nahrungsmittel *nt* food; **abgepackte ~** *pl* wrapped food
Nahrungsmittelallergie *f* MED food allergy
Nahrungsmittelchemie *f kein pl* food chemis-

try *no pl, no art* **Nahrungsmittelchemiker(in)** <-s, -> *m(f)* food chemist **Nahrungsmittelindustrie** *f kein pl* ÖKON food industry; **Nahrungs- und Genussmittelindustrie** general and luxury food industry **Nahrungsmittelkonzern** *m* food concern [*or* group] **Nahrungsmittelvergiftung** *f* MED *s.* **Lebensmittelvergiftung** **Nahrungsmittelzusatz** *m* food additive

Nahrungspyramide *f* BIOL food pyramid

Nahrungssuche *f* search for food **Nahrungsvakuole** *f* BIOL digestive vacuole **Nahrungsverweigerung** *f kein pl* refusal of food [*or* to eat]

Nährwert *m* BIOL, KOCHK nutritional value
► WENDUNGEN: **das hat doch keinen [geistigen [*o* sittlichen]] ~** (*sl*) it's completely pointless

Nahschnellverkehr *m* short-distance express service

Nahschnellverkehrszug *m* fast commuter train

Nähseide *f* sewing silk BRIT, silk thread AM

Naht <-, Nähte> *f* ① (*bei Kleidung*) seam
② MED suture *spec*
③ BAU seam, weld
► WENDUNGEN: **aus allen [*o* den] Nähten platzen** (*fam*) to be bursting at the seams

Nähtisch *m* sewing table

nahtlos I. *adj* ① (*lückenlos*) smooth
② MODE seamless
II. *adv* smoothly

Nahtstelle *f* ① TECH join
② (*Verbindung*) link; **die ~ zwischen Ost und West** the place where East meets West

Nahverkehr *m* TRANSP local traffic; **der öffentliche ~** local public transport; **der private ~** local private traffic; **im ~** in local traffic, operating locally

Nahverkehrsabgabe *f* local transport contribution [*or* AM transportation tax] **Nahverkehrsmittel** *pl* means of local public transport **Nahverkehrszug** *m* local train

Nähzeug *nt* sewing kit

Nahziel *nt* immediate objective

naiv *adj* naive; ■**~ sein** to be naive

Naive(r) *f(m) dekl wie adj* **den ~n/die ~ spielen** to play dumb

Naivität <-> [naivi'tɛ:t] *f kein pl* naivety

Naivling <-s, -e> *m* (*fam*) simpleton *fam*

Naltrexon <-[s]> *nt kein pl* PHARM (*Heroinsubstitut*) naltrexone

Name <-ns, -n> *m* ① (*Personenname*) name; **wie war doch [gleich/noch] der/sein/Ihr ~?** what was the/his/your name?; **auf jds** *akk* **~n** in sb's name; **in jds ~n** on behalf of sb; **im ~n unserer Firma** on behalf of our company; **im ~n des Gesetzes** in the name of the law; **im ~n des Volkes** in the name of the people; **mit ~n** by name; ***er ist mir nur mit ~n bekannt*** I only know him by name; **[nur] dem/jds ~n nach** judging by the/sb's name; **[nur] dem ~n nach** going [only] by the name; (*nur vom ~n*) only by name; **unter dem ~n** under [*or* by] the name of; **Ihr ~?** your [*or* the] name?
② (*Benennung*) name
③ (*Ruf*) name, reputation; **seinen ~n zu etw hergeben** to lend one's name to sth; **sich** *dat* **einen ~n als etw machen** to make a name for oneself as sth; **sich** *dat* **[mit etw** *dat*] **einen ~n machen** to make a name for oneself [with sth]
► WENDUNGEN: **mein ~ ist Hase[, ich weiß von nichts]** I don't know anything about anything; **~n sind Schall und Rauch** what's in a name?; **etw beim [rechten] ~n nennen** (*fam*) to call a spade a spade

Namengebung <-, -en> *f s.* **Namen(s)gebung** **Namengedächtnis** *nt* ■**jds ~** sb's memory for names; **ein gutes/schlechtes ~ haben** to have a good/bad memory for names

namenlos I. *adj* ① (*anonym*) nameless, anonymous; **ein ~er Helfer/Spender** an anonymous [*or* unnamed] helper/donor
② (*geh: unbeschreiblich*) unspeakable, inexpressible
③ (*keine Marke aufweisend*) no-name *attr,* generic
II. *adv* (*geh*) terribly

namens I. *adv* by the name of, called
II. *präp +gen* (*form*) in the name of

Namensaktie *f* FIN registered share [*or* AM stock] **Namen(s)änderung** *f* change of name **Namensgedächtnis** *nt kein pl* memory for names; **ein gutes/schlechtes ~ haben** to have a good/bad memory for names **Namenskonnossement** *nt* HANDEL straight bill of lading **Namen(s)liste** *f* list of names **Namensnennung** *f* naming the author **Namenspapier** *nt* JUR registered instrument **Namenspatenschaft** *f* ① (*Weitergeben eines Namens*) act of lending one's name to sth ② ZOOL **eine ~ übernehmen** to have a new species named after one **Namensrecht** *nt* JUR right to the use of a name **Namen(s)schild** *nt* nameplate; (*an Kleidung*) name badge **Namensschuldverschreibung** *f* FIN registered bond **Namensschutz** *m* JUR legal protection of names **Namenstag** *m* REL Saint's day; **~ haben** to have one's Saint's day **Namen(s)verzeichnis** *nt s.* **Namen(s)liste** **Namensvetter** *m* namesake **Namenszeichen** *nt* initials *pl* **Namen(s)zug** *m* (*geh*) signature

namentlich I. *adj* by name; **~e Abstimmung** roll call vote; **~er Aufruf** roll call
II. *adv* ① (*mit Namen*) by name
② (*insbesondere*) in particular, especially, particularly

namhaft *adj* ① (*beträchtlich*) considerable, substantial
② (*berühmt*) famous, well-known
③ (*benennen, auffinden*) ■**jdn ~ machen** (*form*) to identify sb

Namibia <-s> *nt* Namibia; *s. a.* **Deutschland**

Namibier(in) <-s, -> *m(f)* Namibian; *s. a.* **Deutsche(r)**

namibisch *adj* Namibian; *s. a.* **deutsch**

nämlich *adv* ① (*und zwar*) namely
② (*denn*) because; ***entschuldigen Sie mich bitte, ich erwarte ~ noch einen anderen Anruf*** please excuse me, [but] you see, I'm expecting another call

Nämlichkeit <-> *f kein pl* (*form: Zoll*) identity; **die ~ der Waren feststellen** to identifiy the goods

Nandu <-s, -s> *m* ORN rhea

nannte *imp von* **nennen**

Nanogramm *nt* nanogram **Nanometer** *nt o m* nanometer **Nanosekunde** *f* PHYS nanosecond **Nanotechnologie** *f* nanotechnology

nanu *interj* what's this?

Napalm <-s> *nt kein pl* napalm

Napalmbombe *f* MIL napalm bomb

Napf <-[e]s, Näpfe> *m* bowl

Napfkuchen *m* KOCHK poundcake **Napfkuchenform** *f* ring mould **Napfschnecke** *f* ZOOL limpet

Napola <-, -s> *f* HIST *Akr von* **nationalsozialistische Erziehungsanstalt** Napola *spec* (*National Socialist boarding school*)

napoleonisch *adj* HIST Napoleonic

Nappa <-[s], -s> *nt* napa leather

Nappaleder *nt* napa leather

nappieren *vt* KOCHK ■**etw ~** to coat sth

Narbe <-, -n> *f* ① (*vernarbte Wunde*) scar
② BOT stigma

narbig *adj* scarred

Narbung <-, -en> *f Leder* grain[ing]

Narkose <-, -n> *f* MED anaesthesia BRIT, anesthesia AM; **jdm eine ~ geben** to put sb under anaesthetic [*or* AM anesthetic]; **in der ~ liegen** to be under anaesthetic; **ohne ~** without anaesthetic

Narkosearzt, -ärztin <-es, -ärzte> *m, f* MED anaesthetist BRIT, anesthetist AM **Narkosemittel** *nt* anaesthetic BRIT, anesthetic AM

Narkotikum <-s, -kotika> *nt* MED narcotic

narkotisch *adj* MED narcotic

narkotisieren* *vt* to drug; ■**jdn/etw ~** to drug sb/sth

Narr, Närrin <-en, -en> *m, f* ① (*Dummkopf*) fool
② HIST (*Hof~*) court jester
► WENDUNGEN: **einen ~en an jdm gefressen haben** (*fam*) to dote on sb; **jdn zum ~en halten** to make a fool of sb; **sich** *akk* **zum ~en machen** to make a fool of oneself

narren *vt* (*veraltend geh*) ① (*zum Narren halten*) ■**jdn ~** to make a fool of sb
② (*täuschen*) ■**jdn ~** to fool sb

Narrenfreiheit *f* ► WENDUNGEN: **~ haben [*o* genießen]** to have the freedom to do whatever one wants **Narrenhaus** *nt* madhouse; **hier geht es [ja] zu wie im ~** it's like a madhouse in here **Narrenkappe** *f* ① (*Karnevalsmütze*) *cap worn by carnival office-bearers* ② HIST fool's [*or* jester's] cap **narrensicher** *adj* foolproof

Narretei <-, -en> *f* ① (*Scherz*) prank, fooling about [*or* AM around]
② (*Torheit*) folly *no art,* act of folly [*or* stupidity]

Narrheit <-, -en> *f* ① (*das Närrischsein*) folly, foolishness
② (*närrische Tat*) foolish thing to do

Närrin <-, -nen> *f fem form von* **Narr**

närrisch *adj* ① (*karnevalistisch*) relating to carnival; **die ~e Zeit [des Jahres]** *the time of year leading up to and including carnival*
② (*veraltend: verrückt*) mad; **wie ~** (*geh*) like mad
③ (*fam: versessen*) ■**[ganz] ~ auf jdn/etw sein** to be mad about sb/sth

Narwal *m* ZOOL narwhal

Narzisse <-, -n> *f* BOT narcissus

Narzissmus^RR <-> *m kein pl,* **Narzißmus** <-> *m kein pl* PSYCH narcissism

Narzisst, Narzißt(in)^RR <-en, -en> *m(f)* narcissist

narzisstisch^RR *adj,* **narzißtisch** *adj* PSYCH narcissistic

NASA <-> *f kein pl Akr von* **National Aeronautics and Space Administration** NASA

nasal *adj* nasal

Nasal <-s, -e> *m,* **Nasallaut** *m* LING nasal [sound]

nasalieren* *vt* ■**etw ~** to nasalize sth

naschen I. *vi* to eat sweet things [secretly [*or* on the sly]], BRIT *a.* to pinch a bit; ■**an etw** *dat* **~** to pinch from [*or* AM nibble at] sth; ■**das Naschen** eating [*or* BRIT *a.* pinching] sweet things [secretly [*or* on the sly]]; ***habe ich dich wieder beim Naschen erwischt?*** did I catch you eating sweets again?; **etwas zum Naschen** something sweet
II. *vt* (*verspeisen*) ■**etw ~** to nibble sth

Näschen <-s, -> *nt dim von* **Nase** little nose

Nascherei <-, -en> *f* ① *kein pl* (*ständiges Naschen*) [constant] snacking
② (*Süßigkeit*) sweets and biscuits BRIT, candy AM

naschhaft *adj* fond of sweet things

Naschhaftigkeit <-> *f kein pl* fondness for snacking [on sweet things] between meals

Naschkatze *f* (*fam*) person with a sweet tooth

Nasciturus *m* JUR unborn child

Nase <-, -n> *f* ① ANAT nose; **jds ~ läuft** sb has a runny nose; **sich** *dat* **die ~ putzen** to blow one's nose; **durch die ~ reden** to talk through the nose
② LUFT (*Bug*) nose
► WENDUNGEN: **sich** *dat* **eine blutige ~ holen** (*fam*) to get [*or* be given] a bloody nose; **sich an seine eigene ~ fassen** (*fam*) to blame oneself; ***fass dich an deine eigene ~!*** you can talk!; **sich** *dat* **eine goldene ~ verdienen** to earn a fortune; **die richtige ~ für etw haben** (*fam*) to have a nose for sth; **die ~ voll haben** (*fam*) to be fed up *fam,* to have had enough; **die ~ von jdm/etw voll haben** (*fam*) to be fed up with [*or* have had enough of] sb/sth; **jdm etw auf die ~ binden** (*fam*) to tell sb sth; **jdm auf die ~ binden, dass** (*fam*) to tell sb that; **jdm gerade etw auf die ~ binden** (*iron*) as if one would tell sb sth; ***das werde ich dir gerade auf die ~ binden!*** as if I'd tell you about it!; **jdn mit der ~ draufstoßen** (*fam*) to spell it out to sb; ***muss ich dich erst mit der ~ draufstoßen, bevor du es merkst?*** do I have to spell it out to you before you notice?; **auf die ~ fliegen** (*fam*) to fall flat on one's face; **jds ~ gefällt jdm nicht** (*fam*) sb doesn't like sb's face; **jdm eins auf die ~ geben** (*fam*) to punch sb on the nose; **die ~ vorn haben** to be one step ahead; **jdm etw unter die ~ halten** (*fam*) to shove sth right under sb's nose *fam,* to rub sb's nose

N

in sth *fam;* **jdn [mit etw] an der ~ herumführen** (*fam*) to lead sb on; **jdm auf der ~ herumtanzen** (*fam*) to walk all over sb; **jdm etw unter die ~ reiben** (*fam*) to rub sb's face [*or* nose] in it; **jdm unter die ~ reiben, dass ...** to rub in the fact that sb ...; **jdm jdn vor die ~ setzen** (*fam*) to put sb above sb; **seine ~ in alles hineinstecken** (*fam*) to stick one's nose into everything *fam;* **jdm etw vor der ~ wegschnappen** (*fam*) to take sth from right under one's nose; **jdm etw aus der ~ ziehen** (*fam*) to get sth out of sb; **[immer] der ~ nach** (*fam*) follow your nose *fam;* **vor jds** *dat* **~** (*fam*) right in front of sb's nose; **pro ~** (*hum fam*) per head

naselang ▶ WENDUNGEN: **alle ~** (*fam*) again and again

näseln *vi* to talk through one's nose

näselnd I. *adj* nasal
II. *adv* (*mit ~er Stimme*) talking through one's nose

Nasenaffe *m* (*Nasalis larvatus*) proboscis monkey **Nasenbär** *m* ZOOL coati **Nasenbein** *nt* nasal bone **Nasenbeinbruch** *m* broken nose **Nasenbluten** <-s> *nt kein pl* nosebleed; **~ bekommen** to get a nosebleed; **~ haben** to have a nosebleed, sb's nose is bleeding **Nasenflügel** *m* side of the nose **Nasenhöhle** *f* nasal cavity **Nasenkorrektur** *f* rhinoplasty, nose job *fam* **Nasenlänge** *f* ▶ WENDUNGEN: **jdm eine ~ voraus sein** to be a hair's breadth in front of sb; **mit einer ~** by a nose **Nasenloch** *nt* nostril **Nasenrücken** *m* bridge of the nose **Nasensalbe** *f* nose salve [*or* ointment] **Nasenscheidewand** *f* nasal septum *spec* **Nasenschleimhaut** *f* mucous membrane of the nose **Nasenspitze** *f* ANAT nosetip, tip of the nose ▶ WENDUNGEN: **jdm etw an der ~ ansehen** to be able to tell sth from sb's face; **jdm an der ~ ansehen, dass ...** to be able to tell from sb's face, that ... **Nasenspray** *m o nt* nasal spray **Nasenstüber** *m* bump on the nose; **jdm einen ~ versetzen** to give sb a bop on the nose *fam* **Nasentropfen** *pl* nose drops **Nasenwurzel** *f* bridge [of the nose]

Naserümpfen <-s> *nt kein pl* screwing up one's nose; **mit ~** turning up one's nose

naserümpfend *adv* screwing up one's nose

naseweis *adj* (*fragend*) nosey *fam;* (*vorwitzig*) forward; *Kind esp* precocious

Naseweis <-es, -e> *m* cheeky monkey BRIT *fam;* (*Besserwisser*) know-all *esp* BRIT *fam,* wise guy AM *fam*

nasführen* *vt* (*veraltend*) ■**jdn ~** to lead sb on *fam;* ■**der Genasführte sein** to be the dupe

Nashorn *nt* ZOOL rhinoceros, rhino

Nashornvogel *m* ORN hornbill

NassRR <-es> *nt kein pl,* **Naß** <Nasses> *nt kein pl* (*liter o hum*) ❶ (*Feuchte*) water
❷ (*Getränk*) a drink, sth to drink

nassRR <-er *o* nässer, -este *o* nässeste> *adj,* **naß** <nasser *o* nässer, nasseste *o* nässeste> *adj* wet; ■**~ sein/werden** to be/become wet; ■**es ist/wird ~** it is/is getting wet; **sich** *akk* **~ machen** (*fam*) to get oneself wet, wet; **~ geschwitzt** soaked with sweat *pred*
▶ WENDUNGEN: **nun mach dich bloß nicht ~!** (*sl*) don't wet your pants! *sl*

Nassauer(in) <-s, -> *m(f)* (*pej fam*) scrounger, sponger

nassauern *vi* (*fam*) to scrounge, to sponge; ■**[bei jdm] ~** to scrounge [*or* sponge] [off sb]

NassdehnungRR *f* (*Papier*) wet stretching

Nässe <-> *f kein pl* wetness; **vor ~ triefen** [*o* **tropfen**] to be dripping wet

nässen I. *vi* to weep
II. *vt* ■**etw ~** to wet sth; **das Bett ~** to wet the bed

nassforschRR **I.** *adj* (*fam*) brash **II.** *adv* in a brash way, brashly **naßgeschwitzt** *adj s.* **nass nasskalt**RR *adj* cold and damp; ■**~ sein** to be cold and damp **Nassrasur**RR *f* ■**die ~** wet shaving; ■**eine ~** a wet shave **Nasszelle**RR *f* wet cell

Nastuch *nt* SÜDD, SCHWEIZ (*Taschentuch*) handkerchief

Natel® <-s, -s> *nt* SCHWEIZ (*Handy*) mobile phone BRIT, cellphone AM

Nation <-, -en> *f* nation; **die Vereinten ~en** the United Nations

national I. *adj* ❶ (*die Nation betreffend*) national; **~e Entwicklungsbonds** FIN national development bonds; **~e Sparbewegung** FIN national trend towards saving
❷ (*patriotisch*) nationalist
II. *adv* nationalistic

Nationalbank *f* national bank **nationalbewusst**RR *adj* nationalist; ■**~ sein** to be nationalist **Nationalbewusstsein**RR *nt* nationalistic views *pl* **Nationaleinkommen** *nt* national income **Nationalelf** <-, en> *f* the national [football [*or* AM soccer]] team; ***die deutsche* ~** the German national team **Nationalfarben** *pl* national colours [*or* AM -ors] *pl* **Nationalfeiertag** *m* national holiday **Nationalflagge** *f* national flag **Nationalgalerie** *f* national gallery **Nationalgericht** *nt* national dish **Nationalgetränk** *nt* national drink **Nationalheld(in)** *m(f)* national hero **Nationalhymne** *f* national anthem

nationalisieren* *vt* ■**etw ~** to nationalize sth

Nationalisierung <-, -en> *f* nationalization

Nationalismus <-> *m kein pl* POL nationalism

Nationalist(in) <-en, -en> *m(f)* POL nationalist

nationalistisch I. *adj* POL nationalist[ic]
II. *adv* nationalist[ic]; **~ eingestellt sein** to be nationalist[ic]

Nationalität <-, -en> *f* ❶ (*Staatsangehörigkeit*) nationality
❷ (*Volkszugehörigkeit*) ethnic origin

Nationalitätenkonflikt *m* nationality conflict **Nationalitätenstaat** *m* multinational state **Nationalitätskennzeichen** *nt* TRANSP, ADMIN nationality plate

NationalkongressRR *m* national congress **Nationalmannschaft** *f* national team **Nationalmuseum** *nt* national museum **Nationalpark** *m* national park **Nationalrat** *m kein pl* SCHWEIZ National Council; ÖSTERR National Assembly **Nationalrat, -rätin** *m, f* SCHWEIZ Member of the National Council; ÖSTERR Deputy to the National Assembly **Nationalsozialismus** *m* HIST National Socialism **Nationalsozialist(in)** *m(f)* HIST Nazi, National Socialist **nationalsozialistisch** *adj* HIST Nazi, National Socialist **Nationalspieler(in)** *m(f)* national player **Nationalsport** *m* national sport **Nationalstaat** *m* POL nation-state **Nationalstolz** *m* national pride **Nationaltheater** *nt* national theatre [*or* AM -er] **Nationaltrainer(in)** *m(f)* national team manager [*or* coach] **Nationalversammlung** *f* National Assembly; **die Frankfurter ~** HIST the federal assembly of 1848/49 in Frankfurt

NATO, Nato <-> ['na:to] *f kein pl Akr von* **North Atlantic Treaty Organization:** ■**die ~** NATO

NatodoppelbeschlussRR *m,* **Nato-Doppelbeschluß** *m* NATO twin-track policy [*or* dual-track [*or* two-track] decision] **Natodraht** *m* MIL razor [*or* concertina] wire **Natostreitkräfte** *pl* NATO troops *pl*

Natrium <-s> *nt kein pl* CHEM sodium

natriumarm *adj* CHEM, KOCHK low in sodium *pred*

Natriumchlorid *nt* sodium chloride, NaCl

Natron <-s> *nt kein pl* sodium carbonate

Natronlauge *f* caustic soda, sodium hydroxide

Natter <-, -n> *f* ZOOL adder, viper

natur *adj pred not covered in bread crumbs;* ***ich hätte gern ein Schnitzel* ~** I'd like an escalope of pork without breadcrumbs; **~ sein** to be natural

Natur <-, -en> *f* ❶ *kein pl* BIOL nature, Nature
❷ *kein pl* (*Landschaft*) countryside; **die freie ~** the open countryside
❸ (*geh: Art*) nature; ***die ~ dieser Sache*** the nature of this matter; **in der ~ von etw liegen** to be in the nature of sth; ***das liegt in der ~ der Sache*** it's in the nature of things
❹ (*Mensch*) type
❺ (*Wesensart*) nature; ***sie hat eine empfindsame* ~** she has a sensitive nature; **jdm zur zweiten ~ werden** to become second nature to sb; **gegen jds ~ gehen** to go against sb's nature; **von ~ aus** by nature

Naturalien [-liən] *pl* natural produce; **in ~** in kind

naturalisieren* **I.** *vt* ❶ (*einbürgern*) ■**jdn ~** to naturalize sb
❷ BIOL ■**etw ~** to naturalize sth
II. *vr* BIOL (*heimisch werden*) ■**sich** *akk* **~** to naturalize

Naturalismus <-> *m kein pl* KUNST naturalism

Naturalist(in) <-en, -en> *m(f)* KUNST naturalist

naturalistisch *adj* ❶ (*geh: wirklichkeitsgetreu*) naturalistic
❷ KUNST naturalist

Naturalleistung *f meist pl* payment in kind **Naturallohn** *m* payment [*or* renumeration] in kind **Naturalobligation** *f* JUR imperfect obligation **Naturalrestitution** *f* JUR restitution in kind

Naturapostel *m* nature fiend **naturbelassen** *adj* natural; *Wald, Land* wild **Naturboden** *m* ❶ (*Land*) virgin land ❷ (*Fußboden*) natural floor[ing] **Naturborste** *f* natural bristle **Naturbursche** *m* nature-boy *fam* **Naturdenkmal** *nt* natural monument **Naturdünger** *m* natural fertilizer

Naturell <-s, -e> *nt* (*geh*) temperament, nature

Naturereignis *nt* natural phenomenon **Naturerscheinung** *f* natural phenomenon **Naturfarbe** *f* ❶ (*natürlicher Farbstoff*) natural dye ❷ (*ursprüngliche Farbe*) natural colour [*or* AM -or] **naturfarben** *adj* natural-coloured [*or* AM -ored] **Naturfaser** *f* natural fibre [*or* AM -er] **Naturforscher(in)** *m(f)* natural scientist **Naturforschung** *f* natural science **Naturfreund(in)** *m(f)* nature lover **Naturgebiet** *nt* nature area **naturgegeben** *adj inv* naturally inevitable **naturgemäß I.** *adj* natural **II.** *adv* ❶ (*natürlich*) naturally ❷ (*der Natur entsprechend*) in accordance with nature **Naturgeschichte** *f s.* **Naturkunde Naturgesetz** *nt* law of nature **naturgetreu I.** *adj* lifelike, true to life **II.** *adv* lifelike, true to life **Naturhaushalt** *m kein pl* BIOL, ÖKOL natural balance *no pl* **Naturheilkunde** *f* MED natural healing **Naturheilmethode** *f* nature healing [method] [*or* cure] **Naturheilmittel** *nt* NATURMED natural medicine **Naturheilverfahren** *nt* MED natural remedy **Naturkatastrophe** *f* natural disaster **Naturkosmetik** *f* PHARM natural cosmetics *pl* **Naturkost** *f kein pl* natural food *no pl,* natural foodstuffs *npl* **Naturkostladen** *m* natural food[stuffs *npl*] shop **Naturkreislauf** *m* natural cycle **Naturkunde** *f* SCH (*veraltet*) natural history **Naturkundemuseum** *nt* museum of natural history **naturkundlich** *adj* SCH (*veraltet*) natural history *attr* **Naturlandschaft** *f* natural landscape **Naturlehrpfad** *m* nature trail

natürlich I. *adj* ❶ (*original*) natural
❷ (*angeboren*) natural, innate
❸ GEOG, GEOL natural; **~e Ressourcen** natural resources
❹ (*ungekünstelt*) natural; ■**~ sein** to be natural
❺ (*menschlich*) natural; ■**es ist [nur] ~, dass/wenn ...** it's only natural, that/if ...
❻ (*opp: künstlich*) natural
II. *adv* ❶ (*selbstverständlich*) naturally, of course; **~!** of course!, naturally!, sure!, certainly!
❷ (*in der Natur*) naturally

natürlicherweise *adv* naturally, of course

Natürlichkeit <-> *f kein pl* naturalness

naturnah *adj inv* close to nature

Naturpark *m* national park **Naturprodukt** *nt* natural product **Naturrecht** *nt* PHILOS natural right **naturrein** *adj* naturally pure **Naturschätze** *pl* natural resources *pl* **Naturschauspiel** *nt* spectacle of nature **Naturschönheit** *f* ❶ *meist pl* (*Naturphänomen*) [site of] natural beauty, BRIT *a.* beauty spot ❷ (*Lebewesen*) natural beauty

Naturschutz *m* [nature] conservation; **unter ~ stehen** to be under conservation, to be listed as an endangered species; **etw unter ~ stellen** to put sth under conservation, to legally protect endangered species

Naturschutzbeauftragte(r) *f(m) dekl wie adj* commissioner for nature conservation **Naturschutzbehörde** *f* ÖKOL, POL [nature] conservation authority **Naturschutzbewegung** *f* nature conservation movement **Naturschutzbund** *m* nature conservancy association **Naturschützer(in)** *m(f)* conservationist **Naturschutzgebiet** *nt* nature reserve **Naturschwamm** *m* natural sponge **Naturstein** *m* natural stone **Naturstoff** *m* natural substance **Naturtalent** *nt* natural talent **Naturton** *m* natural shade **naturverbunden** *adj* nature-loving; ▪~ **sein** to be nature-loving **Naturverbundenheit** *f kein pl* love of nature *no pl* **naturverträglich** *adj inv* ÖKOL ecologically harmless, ecofriendly **Naturvolk** *nt* primitive people **Naturwissenschaft** *f* ❶ (*Wissenschaft*) natural sciences *pl* ❷ (*Fach der* ~) natural science **Naturwissenschaftler(in)** *m(f)* natural scientist **naturwissenschaftlich** *adj* natural-scientific **Naturwunder** *nt* miracle of nature **Naturzustand** *m kein pl* natural state

Nauru <-s> *nt* Nauru; *s. a.* **Sylt**

Nauruer(in) <-s, -> *m(f)* Nauruan; *s. a.* Deutsche(r)

nauruisch *adj* Nauruan; *s. a.* **deutsch**

Nautik <-> *f kein pl* ❶ (*Schifffahrtskunde*) nautical science
❷ (*Navigation*) navigation

nautisch *adj* nautical

Navelorange ['naːvl̩-, 'neɪvəl-] *f* navel orange

navigabel *adj inv* boatable

Navigation <-> [-vi-] *f kein pl* navigation

Navigationscomputer *m* navigation computer **Navigationsfehler** *m* navigational error **Navigationshilfe** *f* NAUT, LUFT navigation[al] aid **Navigationsinstrument** *nt* navigation[al] instrument **Navigationskarte** *f* navigation[al] chart **Navigationsoffizier(in)** *m(f)* navigation officer **Navigationsraum** *m* chartroom **Navigationssatellit** *m* navigation satellite **Navigationsschaltfläche** *f* navigation panel **Navigationssystem** *nt* TECH navigation system

Navigator, -torin <-s, -toren> [-vi-] *m, f* navigator, navigation officer

navigieren* [-vi-] **I.** *vi* to navigate; ▪**[nach etw]** ~ to navigate [according to sth]
II. *vt* to navigate; ▪**etw [durch/in etw** *akk*] ~ to navigate sth [through/into sth]

Nazi <-s, -s> *m* HIST Nazi

Nazismus <-> *m kein pl* HIST Nazism

nazistisch *adj* Nazi

Nazizeit *f* Nazi period

Nb *nt Abk von* **Niob** Nb

NB *Abk von* **notabene** NB

n.Br. *Abk von* **nördlicher Breite** N; *s. a.* **Breite 5**

NC <-> *m Abk von* **Numerus clausus**

n. Chr. *Abk von* **nach Christus** AD

NDR *m Abk von* **Norddeutscher Rundfunk** North German Radio

Ne *nt Abk von* **Neon** Ne

ne *adv* (*fam*) no

'ne *art indef* (*fam*) *kurz für* **eine** a

Neandertaler <-s, -> *m* Neanderthal man

Neapel <-s> *nt* Naples

Neapolitaner <-s, -> *m* ❶ (*Einwohner von Neapel*) Napolitan
❷ KOCHK ÖSTERR waffle

Nebel <-s, -> *m* ❶ METEO fog, mist; **bei** ~ in foggy/misty conditions
❷ ASTRON nebula

Nebelauflösung *f* lifting of [the] fog **Nebelbank** *f* fog bank, bank of fog **Nebelbildung** *f* [formation of] fog

nebelhaft *adj* ❶ METEO foggy
❷ (*verschwommen*) foggy, dim

Nebelhorn *nt* foghorn

neb(e)lig *adj* foggy

Nebelkammer *f* NUKL cloud chamber **Nebelkanone** *f* dry ice generator **Nebelkrähe** *f* ORN hooded crow **Nebellicht** *nt* AUTO fog light **Nebelscheinwerfer** *m* AUTO fog-light [*or* -lamp] **Nebelschlussleuchte**RR *f* AUTO rear fog-light **Nebelschwaden** *m meist pl* METEO wafts of mist *pl* **Nebelwand** *f* wall of fog

neben *präp* ❶ +*akk* (*an der Seite*) ▪~ **jdn/etw** beside [*or* next to] sb/sth
❷ +*dat* ▪~ **jdm/einer S.** beside [*or* next to] sb/sth
❸ +*dat* (*außer*) ▪~ **etw** *dat* besides sth, apart [*or* aside] from sth
❹ +*dat* (*verglichen mit*) ▪~ **jdm/einer S.** compared with [*or* to]

Nebenabrede *f,* **Nebenabsprache** *f* ÖKON subsidiary [*or* collateral] agreement; **wettbewerbsbeschränkende** ~ ancillary restraint **nebenamtlich I.** *adj* secondary, additional **II.** *adv* additionally

nebenan *adv* (*unmittelbar daneben*) next-door; **von** ~ from next-door

NebenanschlussRR *m* TELEK *s.* **Nebenstelle** **Nebenanspruch** *m* JUR ancillary claim, secondary right **Nebenarbeit** *f* ❶ (*nebenher ausgeführte Arbeit*) extra work ❷ *s.* **Nebenbeschäftigung** **Nebenarm** *m* GEOG branch **Nebenausgabe** *f meist pl* additional expenses *pl* **Nebenausgang** *m* side exit **Nebenbedeutung** *f* LING secondary meaning [*or* connotation]

nebenbei *adv* ❶ (*neben der Arbeit*) on the side
❷ (*beiläufig*) incidentally; ~ **[bemerkt** [*o* **gesagt**]] by the way, incidentally

Nebenbemerkung *f* incidental [*or* casual] remark **Nebenberuf** *m* side [*or* second] job, sideline; **im** ~ as a second job [*or* sideline] **Nebenberufler(in)** <-s, -> *m(f)* ÖKON sb who has a job on the side **nebenberuflich I.** *adj* **eine ~e Tätigkeit** a second job **II.** *adv* as a second [*or* side] job, as a sideline **Nebenbeschäftigung** *f* second job, sidejob, sideline **Nebenbestimmung** *f* JUR collateral clause, ancillary provision **Nebenbetrieb** *m* HANDEL subsidiary **Nebenblatt** *nt* BOT stipule **Nebenbücher** *pl* FIN auxiliary books **Nebenbuhler(in)** <-s, -> *m(f)* rival **Nebenbürge, -bürgin** *m, f* JUR co-guarantor, co-surety **Nebendarstellerin** *f* FILM supporting actress **Nebeneffekt** *m* side effect

nebeneinander *adv* ❶ (*Seite an Seite*) side by side, alongside [each other]; **etw ~ halten** to hold sth side by side; **jdn/etw ~ legen** to lay [*or* place] sb/sth next to each other [*or* side by side]; ~ **liegen** to lie side by side; **jdn/etw ~ setzen** to put [*or* place] sb/sth next to each other [*or* side by side]; **sich** *akk* ~ **setzen** to sit [down] next to each other; ~ **sitzen** to sit side by side [*or* next to each other]; ~ **stehen** to stand side by side; **jdn/etw ~ stellen** to put [*or* place] sb/sth next to each other [*or* side by side]
❷ (*zugleich*) simultaneously, at the same time

Nebeneinander <-s> *nt kein pl* juxtaposition

nebeneinanderher *adv* side by side, alongside each other [*or* one another]

nebeneinander|legen *vt s.* **nebeneinander 1**

nebeneinander|setzen *vt s.* **nebeneinander 1**

nebeneinander|stellen *vt s.* **nebeneinander 1**

Nebeneingang *m* side entrance **Nebeneinkünfte, Nebeneinnahmen** *pl* FIN additional income **Nebenerscheinung** *f s.* **Nebeneffekt** **Nebenerwerb** *m* (*form*) *s.* **Nebenberuf** **Nebenerwerbswirtschaft** *f kein pl* ÖKON secondary job sector **Nebenfach** *nt* SCH subsidiary [subject] **Nebenfluss**RR *m* tributary **Nebenforderung** *f* JUR accessory claim **Nebengebäude** *nt* ❶ (*untergeordneter Bau*) outbuilding ❷ (*benachbartes Gebäude*) neighbouring [*or* AM neighboring] [*or* adjacent] building **Nebengeräusch** *nt* [background] noise **Nebengeschäft** *nt* HANDEL sundry [*or* sideline] business **Nebengesetze** *pl* JUR **wettbewerbsrechtliche** ~ ancillary competition laws **Nebengestein** *nt* BERGB country rock **Nebengewerbe** *nt* HANDEL ancillary trade **Nebengleis** *nt* siding **Nebenhandlung** *f* LIT sub-plot

nebenher *adv* on the side, in addition

nebenher|fahren *vi irreg* to drive alongside **nebenher|gehen** *vi irreg* to walk alongside [*or* beside] **nebenher|laufen** *vi irreg* to run alongside

nebenhin *adv* in passing, by the way; ***diese Bemerkung ließ er nur so ~ fallen*** he just dropped that comment in passing [*or* casually]

Nebenhoden *m meist pl* ANAT epididymis **Nebenhodenentzündung** *f* MED epididymitis **Nebenhöhle** *f* ANAT sinus **Nebenhöhlenentzündung** *f* MED sinus infection, sinusitis **Nebenintervenient(in)** *m(f)* JUR intervening party **Nebenintervention** *f* JUR *intervention by third party to support one of the litigants* **Nebenjob** *m* (*fam*) *s.* **Nebenbeschäftigung** **Nebenkasse** *f* FIN petty cash **Nebenklage** *f* JUR ancillary suit, incidental action **Nebenkläger(in)** *m(f)* JUR joint plaintiff **Nebenkosten** *pl* ❶ (*zusätzliche Kosten*) additional costs *pl* ❷ (*Betriebskosten*) running costs *pl* **Nebenkostenstelle** *f* ADMIN departmental burden centre **Nebenleistung** *f* FIN additional [*or* peripheral] service; (*Lohn*) additional payment [*or* compensation]; ~ **in Geldform/in Sachform** cash allowance/allowance in kind **Nebenlinie** *f* ❶ (*im Stammbaum*) collateral line ❷ BAHN branch line **Nebenmann** <-es, -männer *o* -leute> *m* neighbour [*or* AM -or], person next to you **Nebenniere** *f* ANAT suprarenal gland, adrenal body **Nebenpflicht** *f* JUR accessory obligation, collateral duty; **~en des Arbeitgebers** employer's collateral duty **Nebenprodukt** *nt* CHEM by-product **Nebenraum** *m* ❶ (*Raum nebenan*) next room ❷ (*kleiner, nicht als Wohnraum genutzter Raum*) storage room **Nebenrecht** *nt* JUR accessory right **Nebenrolle** *f* ❶ FILM, THEAT minor part, supporting role ❷ (*nebensächlicher Stellenwert*) **[für jdn] nur eine ~ spielen** to be a minor concern [to sb] **Nebensache** *f* triviality, trivial matter; ~ **sein** to be beside the point, to be irrelevant

nebensächlich *adj* trivial, irrelevant; ▪~ **sein** to be trivial [*or* irrelevant], to be beside the point; ▪**N~es,** ▪**das N~e** trivialities *pl,* less important matters *pl*

Nebensächlichkeit <-, -en> *f* triviality

Nebensaison *f* off-season **Nebensatz** *m* LING subordinate clause ▶ WENDUNGEN: **im** ~ by the by, in passing, incidentally **Nebenschaden** *m* collateral damage **Nebenschilddrüse** *f* MED parathyroid [gland] **nebenstehend** *adj* opposite; ***aus ~er Zeichnung können die architektonischen Details entnommen werden*** architectural details are shown in the illustration opposite [*or* on the opposite page] **Nebenstelle** *f* ❶ TELEK extension ❷ (*Filiale*) branch

Nebenstellenanlage *f* TELEK switchboard with extensions, branch exchange **Nebenstrafe** *f* JUR supplementary penalty **Nebenstraße** *f* side street **Nebenstrecke** *f* BAHN local [*or* branch] line **Nebentätigkeit** *f* sideline, second [*or* spare time] job **Nebentisch** *m* next [*or* adjacent] table **Nebenverdienst** *m* additional income **Nebenverfahren** *nt* JUR collateral proceedings *pl* **Nebenverpflichtungen** *pl* JUR accessory obligations **Nebenvertrag** *m* JUR collateral contract **Nebenwinkel** *m* MATH adjacent angle **Nebenwirkung** *f* PHARM side effect **Nebenzimmer** *nt* next room **Nebenzweck** *m* additional purpose **Nebenzweig** *m* ADMIN subsidiary branch

neblig *adj s.* **neb(e)lig**

nebst *präp* +*dat* (*veraltend*) together with

nebstdem *adv inv* SCHWEIZ (*außerdem*) besides, as well, anyway

nebulös I. *adj* (*geh*) nebulous *form*
II. *adv* vaguely

Necessaire <-s, -s> [nesɛ'sɛːɐ̯] *nt* ❶ (*Kulturbeutel*) vanity bag
❷ (*Nagel~*) manicure set
❸ (*Nähzeug*) sewing kit

Neckar <-s> *m* Neckar

necken *vt* ▪**jdn** ~ to tease sb; ▪**sich** *akk* ~ to tease each other; *s. a.* **lieben**

neckisch *adj* ❶ (*schelmisch*) mischievous

❷ (*fam: kess*) saucy *fam,* coquettish
nee *adv* (*fam*) no
Neffe <-n, -n> *m* nephew
Negation <-, -en> *f* negation
negativ I. *adj* negative; ~**es Renditegefälle** FIN reverse yield gap; **Schrift in** ~ TYPO lettering reversed white on black
II. *adv* negatively
Negativ <-s, -e> *nt* FOTO negative
Negativattest *m* JUR clearance certificate **Negativbeispiel** <-(e)s, -e> *nt* bad [*or* negative] example **Negativbeweis** *m* JUR negative evidence **Negativfilm** *m* FOTO negative film **Negativklausel** *f* JUR negative declaration, negative pledge clause **Negativkopie** *f* FOTO negative platemaking **Negativtest** *m* FIN negative clearance **Negativtrend** *m* negative trend **Negativumwandlung** *f* FOTO negative transposition
negatorisch *adj* JUR negating, denying; ~**e Klage** action for an injunction
Neger(in) <-s, -> *m(f)* (*pej: Schwarzer*) negro, nigger *pej*
► WENDUNGEN: **schwarz wie ein** ~ (*hum*) brown as a berry; **angeben wie zehn nackte** ~ (*sl*) to shoot one's big mouth off *sl*
NegerkussRR *m* KOCHK chocolate marshmallow **Negersklave, -sklavin** *m, f* negro [*or* black] slave
negieren* *vt* ❶ (*geh: leugnen*) ■**etw** ~ to deny sth; ■~, [**dass**] … to deny that …
❷ LING ■**etw** ~ to negate sth
negrid *adj* negro
negroid *adj* negroid
nehmen <nahm, genommen> *vt* ❶ (*ergreifen*) ■**etw** ~ to take sth; ■[**sich** *dat*] **etw** ~ to take sth; ~ ***Sie sich doch ruhig noch etwas Kaffee/Wein!*** [do] help yourself to more coffee/wine!
❷ (*wegnehmen*) ■[**jdm**] **etw** ~ to take sth [away] [from sb]
❸ (*verwenden*) ■**etw** [**für/in etw** *akk*] ~ to take sth [for/in sth]; ***nimm nicht so viel Pfeffer/Salz*** don't use so much pepper/salt; ***ich nehme immer nur ganz wenig Milch/Zucker in den Kaffee*** I only take a little milk/sugar in my coffee; ■**etw von etw** ~ to use sth from sth; ***davon braucht man nur ganz wenig zu*** ~ you only need to use a small amount; ■**etw als etw** ~ to use sth as sth
❹ (*annehmen*) ■**etw** ~ to accept [*or* take] sth
❺ (*verlangen*) ■**etw** [**für etw** *akk*] ~ to ask sth [for sth]; ~ ***Sie sonst noch was?*** would you like anything else?; ***was nimmst du dafür?*** what do you want for it?
❻ (*wählen*) ■**jdn** [**als jdn**] ~ to take sb [as sb]; ■**etw** ~ to take sth
❼ (*mieten*) ■**sich** *dat* **etw** ~ to take sth
❽ (*engagieren*) ■**sich** *dat* **jdn** ~ to get sb
❾ TRANSP (*benutzen*) ■**etw** ~ to take sth; ***heute nehme ich lieber den Bus*** I'll take the bus today; **jdm die Aussicht/Sicht** ~ (*versperren*) to block sb's view
❿ (*einnehmen*) ■**etw** ~ to take sth; **etw zu sich** *dat* ~ (*geh*) to have [*or form* partake of] sth; **man nehme …** take …; ***hast du heute auch deine Tabletten genommen?*** did you take your tablets today?
⓫ MED (*beseitigen*) **Beschwerden/Schmerz** ~ to take away symptoms/pain
⓬ (*vergehen lassen*) **jdm Angst/Furcht/Bedenken** ~ to take away [*or* ease] sb's fear/doubts; **jdm Freude/Glück/Hoffnung/Spaß** ~ to take away sb's [*or* to rob [*or* deprive] sb of their] joy/happiness/hope/fun
⓭ (*überwinden*) ■**etw** ~ to overcome sth
⓮ MIL (*erobern*) ■**etw** ~ to take sth
► WENDUNGEN: **jdn ~, wie er ist** to take sb as he is; **etw nehmen, wie es kommt** to take sth as it comes; **sich** *dat* **etw nicht** ~ **lassen** to not be robbed of sth; **es sich** *dat* **nicht** ~ **lassen, etw zu tun** to insist on doing sth; **woher** ~ **und nicht stehlen?** (*fam*) where on earth is one going to get that from?; **jdn zu** ~ **wissen, wissen, wie man jdn** ~ **muss** to know how to take sb; **etw an sich** *akk* ~, **etw auf sich** *akk* ~ to take sth upon oneself; **jdn zu sich** *dat* ~ to take sb in; **sie** ~ **sich** *dat* **nichts** (*fam*) they're both the same [*or* as good/bad as each other]; *s. a.* **wie**
Neid <-[e]s> *m kein pl* jealousy (**auf** +*akk* of), envy (**auf** +*akk* of); ***nur kein ~!*** don't be jealous!; **purer** ~ pure [*or* plain] jealousy; [**jds**] ~ **erregen** to make sb jealous [*or* envious], to arouse sb's [*or* cause] jealousy, to arouse [*or* stir up] sb's envy; **jdm schaut der** ~ **aus den Augen** envy is written all over sb's face; **vor** ~ (*fam*) with envy; **blass** [*o* **gelb**] [*o* **grün**] **vor** ~ green [*or* pale] with envy; **vor** ~ **erblassen** (*form*), **vor** ~ **platzen können** to go green with envy
► WENDUNGEN: **das ist der** ~ **der Besitzlosen** (*fam*) that's just sour grapes *fam;* **das muss jdm der** ~ **lassen** (*fam*) you've got to hand it to sb, you have to say that much for sb *fam*
neiden *vt* ■**jdm etw** ~ to envy sb [for] sth
Neider(in) <-s, -> *m(f)* jealous [*or* envious] person
neiderfüllt I. *adj* (*geh*) filled with [*or* full of] envy [*or* jealousy], jealous, envious
II. *adv* jealously, enviously
Neiderin <-, -nen> *f fem form von* **Neider**
Neidhammel *m* (*fam*) jealous [*or* envious] person; ***du alter ~!*** you're just jealous!
neidisch, neidig SÜDD, ÖSTERR I. *adj* jealous, envious; ■~ **sein/werden** to be/become jealous [*or* envious]; ■**auf jdn** ~ **sein/werden** to be/become jealous [*or* envious] of sb, to envy sb
II. *adv* jealously, enviously, with envy [*or* jealousy]
neidlos I. *adj* unbegrudging
II. *adv* unbegrudgingly
Neige <-, -n> *f* (*Flüssigkeitsrest*) remains; **bis zur** ~ to the dregs; **etw bis zur** ~ **leeren** to drain sth to the dregs
► WENDUNGEN: **bis zur bitteren** ~ until the bitter end; **zur** ~ **gehen** (*geh*) to draw to an end; ***unsere Vorräte gehen zur*** ~ our provisions are fast becoming exhausted; **etw bis zur** ~ **auskosten** to savour [*or* AM -or] sth to the full
neigen I. *vr* ❶ (*sich beugen*) ■**sich** *akk* **zu jdm** ~ to lean over to sb; **sich** *akk* **nach hinten/vorne/rechts/links/zur Seite** ~ to lean backwards/forwards/to the right/left/side
❷ (*schräg abfallen*) ■**etw neigt sich** sth slopes [*or* inclines]
❸ (*geh: sich niederbeugen*) to bow down; ***die Tannenzweige neigten sich*** [***tief***] ***zur Erde*** the pine branches bowed [low] to the ground
❹ (*kippen*) ■**sich** *akk* ~ to tilt
II. *vt* ❶ (*beugen*) ■**etw** ~ to bend sth; ***den Oberkörper leicht nach vorne geneigt*** his/her torso [*or* upper body] slightly bent forwards
❷ (*geh: kippen*) ■**etw** ~ to tilt sth
III. *vi* ❶ (*anfällig für etw sein*) ■**zu etw** ~ to be prone [*or* susceptible] to sth
❷ (*tendieren*) ■**zu etw** ~ to tend [*or* have a tendency] to sth; ***du neigst zu Übertreibungen*** you tend to exaggerate; ■**dazu ~, etw zu tun** to be inclined [*or* tend] [*or* have a tendency] to do sth; ***ich neige zu der Ansicht, dass …*** I tend [*or* lean] towards the view that …
Neigezug *m* TRANSP tilting train
Neigung <-, -en> *f* ❶ (*Vorliebe*) leaning; **eine** ~ **verspüren, etw zu tun** to feel an inclination to do sth
❷ (*Zuneigung*) affection; **aus** ~ with affection
❸ (*Tendenz*) tendency; ***du hast eine ~ zur Ungeduld*** you have a tendency to be impatient
❹ (*Gefälle*) slope
❺ BAU pitch
Neigungswinkel *m* TECH angle of inclination
nein *adv* ❶ (*Negation*) no; [**zu etw**] **N~ sagen** to say no [to sth]; **nicht N~ sagen** to not say no; **o ~!** certainly not!
❷ (*sogar*) no; ***wahnsinnig schwül, ~ unerträglich heiß*** incredibly humid, no, unbearably hot
❸ *fragend* will you/they/he/she/it; ***du wirst dem Kerl doch nicht helfen, ~?*** you won't help this guy, will you?
❹ (*ach*) well; ~, ***wen haben wir denn da?*** well, who have we got here then?
► WENDUNGEN: ~, **so was!** oh no!
Nein <-s> *nt kein pl* no
Neinsager(in) <-s, -> *m(f)* person who always says no **Neinstimme** *f* POL no[-vote]
Nekrolog <-[e]s, -e> *m* (*geh*) obituary
Nekrophilie <-> *f kein pl* necrophilia *no pl, no art*
Nektar <-s, -e> *m* nectar
Nektarie <-, -n> *f* BOT nectary
Nektarine <-, -n> *f* nectarine
Nelke <-, -n> *f* ❶ BOT carnation
❷ KOCHK clove
Nelkenwurz <-> *f kein pl* BOT avens
'nem *art indef, dat* (*fam*) *kurz für* **einem** a; *s. a.* **ein**[2] **II 1**
Nematode <-n, -n> *m* ZOOL nematode
'nen *art indef* (*fam*) *kurz für* **einen** a
Nennbelastung *f* TECH nominal load **Nennbetrag** *m* face [*or* nominal] value **Nenndrehzahl** *f* AUTO rated speed
nennen <nannte, genannt> I. *vt* ❶ (*benennen*) ■**jdn/etw** ~ to name [*or* call] sb/sth; ■**genannt** known as
❷ (*anreden*) to call; ***Freunde dürfen mich Johnny*** ~ friends may call me Johnny
❸ (*bezeichnen*) ■**etw** ~ to call sth; **wie nennt man das?** what do you call that? [*or* is that called?]
❹ (*mitteilen*) ■[**jdm**] **jdn/etw** ~ to name sb/sth [to sb]; ***ich nenne Ihnen einige Namen*** I'll give you a few names; ***können Sie mir einen guten Anwalt ~?*** can you give me the name of a good lawyer?; ■**genannt** referred to; ***das genannte Restaurant …*** the restaurant mentioned …
► WENDUNGEN: **das nenne ich …** I call that …; ***das nenne ich aber mal ein leckeres Mittagessen!*** [now] that's what I call a delicious lunch!
II. *vr* (*heißen*) ■**sich** *akk* ~ to call oneself
► WENDUNGEN: **und so was nennt sich …!** (*fam*) and they call that a …!; ***du bist gemein! und so was nennt sich Freundin!*** you're mean! and you call yourself a friend!
nennenswert *adj* considerable, not inconsiderable; **nicht** ~ not worth mentioning; ■**etwas/nichts Nennenswertes** sth/nothing worth mentioning; ***ist irgendetwas Nennenswertes vorgefallen?*** did anything worth mentioning happen?
Nenner <-s, -> *m* MATH denominator; **der kleinste gemeinsame** ~ the lowest common denominator
► WENDUNGEN: **etw auf einen** [**gemeinsamen**] ~ **bringen** to reduce sth to the common denominator; **einen** [**gemeinsamen**] ~ **finden** to find common ground
Nennleistung *f* AUTO rated power
Nennung <-, -en> *f* naming
Nennwärmeleistung *f* nominal thermal capacity
Nennwert *m* ❶ BÖRSE nominal [*or* face] value; **über/unter dem** ~ above/below nominal [*or* face] value; **zum** ~ at nominal [*or* face] value, at par
❷ FIN (*von Währung*) denomination
Nennwertaktie *f* FIN par [*or* face] value share
Neodym <-s> *nt kein pl* CHEM neodymium
Neofaschismus <-> *m kein pl* POL neo-fascism *no pl* **Neofaschist** <-en, -en> *m* POL neofascist **neofaschistisch** *adj* POL neofascist **neogotisch** *adj* ARCHIT neogothic **Neoklassizismus** *m* ARCHIT neoclassicism **neoklassizistisch** *adj* ARCHIT neoclassicist **neoliberal** *adj inv* neoliberal
Neolithikum <-s> *nt kein pl* GEOL Neolithic
Neologismus <-, -gismen> *m* LING neologism
Neon <-s> *nt kein pl* neon
Neonazi <-s, -s> *m* POL *kurz für* **Neonazist** neonazi **Neonazismus** <-> *m kein pl* neo-Nazi[i]sm *no pl* **Neonazist** <-en, -en> *m* POL neo-nazi **neonazistisch** *adj* POL neo-nazi
Neonlicht *nt* neon light **Neonreklame** *f* ÖKON neon sign **Neonröhre** *f* neon strip [*or* tube], strip light **Neonwerbung** *f* neon sign
Neopren <-s> *nt kein pl* CHEM neoprene
Neoprenanzug *m* wet suit

Neopterin <-s, -e> *nt* MED neopterin

Nepal, Nepal <-s> *nt* Nepal; *s. a.* **Deutschland**

Nepalese, Nepalesin <-n, -n> *m, f,* **Nepaler(in)** <-s, -> *m(f)* Nepalese, Nepali; *s. a.* **Deutsche(r)**

nepalesisch *adj* Nepalese, Nepali; *s. a.* **deutsch**

nepalisch *adj s.* **nepalesisch**

Nephelin <-s, -e> *m* GEOL, CHEM nepheline

Nephrom <-s, -e> *nt* MED (*Nierentumor*) nephroma

Nepotismus <-> *m kein pl* (*geh*) nepotism

Nepp <-s> *m kein pl* (*fam*) rip-off *fam;* ***das ist ja der reinste ~!*** that's a complete rip-off!

neppen *vt* (*fam*) ■**jdn ~** to rip sb off *fam;* ***da bist du aber ganz schön geneppt worden!*** they must have seen you coming!

Nepplokal *nt* (*fam*) clipjoint

Neptun <-s> *m* neptune; ■**der ~** neptune

Neptunium <-s> *nt kein pl* neptunium

'ner *art indef* (*fam*) *kurz für* **einer** a

Nerv <-s *o* -en, -en> *m* ① ANAT nerve ② BOT vein ► WENDUNGEN: **~en wie Drahtseile haben** (*fam*) to have nerves of steel; **gute/schlechte** [*o* **schwache**] **~en haben** to have strong/bad [*or* weak] nerves; **die ~en behalten** to keep calm; **jds ~en gehen [mit] jdm durch** sb loses their cool; ***entschuldigen Sie, meine ~en sind wohl etwas mit mir durchgegangen*** I'm sorry, I must have lost my cool; **jdm auf die ~en gehen** [*o* **fallen**] (*fam*) to get on sb's nerves; **auf die ~en gehen** (*fam*) to be a strain on the nerves; **den ~ haben, etw zu tun** (*fam*) to have the nerve to do sth; **[vielleicht] ~en haben!** (*fam*) to have a nerve!; ***du hast vielleicht ~en!*** you've got a nerve!; **jdm den [letzten] ~ rauben** [*o* **töten**] (*fam*) to shatter [*or* break] sb's nerve; **die ~en verlieren** to lose control [*or* one's cool]; **~en zeigen** to show nerves

nerven I. *vt* (*fam*) ■**jdn [mit etw] ~** to get on sb's nerves [*or fam* bug sb] [with sth]; ■**genervt** stressed [out], worked up II. *vi* (*sl*) to get on one's nerves, to annoy [*or fam* bug] sb

Nervenanspannung *f* nervous tension **Nervenarzt, -ärztin** *m, f* neurologist **nervenaufreibend** *adj* nerve-racking [*or esp* AM -wracking]; ■**~ sein** to be nerve-racking **Nervenbahn** *f* nerve **Nervenbelastung** *f* nervous strain **nervenberuhigend** I. *adj* PHARM sedative, calming II. *adv* calming **Nervenbündel** *nt* (*fam*) bundle of nerves *fam* **Nervenentzündung** *f* neuritis **Nervengas** *nt* MIL nerve gas **Nervengaswolke** *f* cloud of nerve gas **Nervengift** *nt* CHEM neurotoxin **Nervenheilanstalt** *f* MED, PSYCH (*veraltend*) mental *dated* [*or* psychiatric] hospital **Nervenheilkunde** *f* MED neurology **Nervenkitzel** <-s, -> *m* (*fam*) thrill **Nervenklinik** *f* MED (*fam*) psychiatric clinic **Nervenkostüm** *nt* (*fam*) nerves *pl;* **ein starkes/schwaches ~ haben** to have strong/weak nerves **Nervenkraft** *f* nervous strength **nervenkrank** *adj* MED mentally ill [*or* disturbed]; ■**~ sein** to be mentally ill [*or* disturbed] **Nervenkrankheit** *f* (*physisch*) disease of the nervous system, nervous disease [*or* disorder]; (*psychisch*) mental illness [*or* disorder] **Nervenkrieg** *m* war of nerves **Nervenleiden** *nt* MED nervous condition [*or* disorder] **Nervennahrung** *f* food for the nerves **Nervenprobe** *f* trial of nerves **Nervensache** *f* [**eine/reine**] **~ sein** (*fam*) to be all a question of nerves **Nervensäge** *f* (*fam*) pain in the neck *fam* **Nervenschmerz** *m meist pl* MED neuralgic pain, neuralgia *no pl* **Nervenschock** *m* nervous shock **nervenschwach** *adj* with weak nerves *pred,* neurasthenic *spec;* **~ sein** to have weak nerves [*or spec* be neurasthenic] **nervenstark** *adj* with strong nerves *pred;* **~ sein** to have strong nerves **Nervenstrang** *m* ANAT nerve cord **Nervensystem** *nt* ANAT nervous system **Nervenwachstum** *nt* neurogenesis, nerve growth **Nervenzelle** *f* nerve cell, neuron, neurone **Nervenzentrum** *nt* nerve centre [*or* AM -er] **Nervenzusammenbruch** *m* nervous breakdown; **einen ~ haben** [*o geh* **erleiden**] to have [*or* suffer] a nervous breakdown

nervig ['nɛrfɪç] *adj* ① (*sl: nervenaufreibend*) irritating; ■**~ sein** to be irritating ② (*veraltend geh*) sinewy, wiry

nervlich I. *adj* nervous *attr* II. *adv* ① (*psychisch*) **jd ist ~ erschöpft/belastet** sb's nerves are at a breaking point/strained ② (*in der psychischen Verfassung*) **~ bedingt** nervous

nervös [nɛr'vøːs] I. *adj* ① (*psychisch erregt*) nervous, jumpy *fam;* ■**~ sein/werden** to be/become nervous; **jdn ~ machen** to make sb nervous ② MED nervous II. *adv* (*nervlich*) nervous; **~ bedingt** nervous in origin

Nervosität <-> [-vo-] *f kein pl* nervousness

nervtötend *adj* (*fam*) nerve-racking [*or esp* AM wracking] *fam;* ■**~ sein** to be nerve-racking

Nervtöter <-s, -> *m* (*pej*) nerve-wrecker, AM *a.* pain in the ass

Nerz <-es, -e> *m* ① ZOOL mink ② MODE mink

Nerzmantel *m* mink coat

Nessel[1] <-, -n> *f* BOT nettle ► WENDUNGEN: **sich [mit etw] in die ~n setzen** (*fam*) to put one's foot in it

Nessel[2] <-s, -> *m* MODE untreated cotton

Nesselfieber *nt* MED nettle-rash **Nesselsucht** *f kein pl* MED nettle-rash, hives *npl* **Nesseltier** *nt* ZOOL cnidarian

Nesseltuch *nt* muslim [cloth]

Nessessär <-s, -s> *nt* ① (*Kulturbeutel*) vanity bag ② (*Nagel~*) manicure set ③ (*Nähzeug*) sewing kit

Nest <-[e]s, -er> *nt* ① ORN nest ② (*Brutstätte*) nest ③ (*fam: Kaff*) dump *fam,* hole *fam* ► WENDUNGEN: **das eigene** [*o* **sein eigenes**] **~ beschmutzen** to foul one's own nest; **sich ins gemachte ~ setzen** (*fam*) to marry well, to have got it made

Nestbau <-s> *m kein pl* nest-building *no pl, no art*

nesteln *vi* (*herumzupfen*) to fiddle, to fumble; ■**an etw** *dat* **~** to fiddle around with sth

Nesthäkchen <-s, -> *nt* (*fam*) baby of the family; ■**jds ~** the baby of the family **Nesthocker(in)** *m(f)* ① BIOL nidicolous bird ② (*fig*) stay-at-home

Nestor, -torin <-s, -toren> *m, f* (*geh*) doyen *masc,* doyenne *fem*

Nestwärme *f* warmth and security

Netiquette <-, -n> [-'kɛtə] *f* INET netiquette

Netpopulation <-, -s> *f* Net population

Netsurfer(in) ['nɛtsəːfɐ] *m(f)* Net surfer

nett *adj* ① (*liebenswert*) nice; ■**~ [zu jdm] sein** to be nice [to sb]; ■**etwas/nichts Nettes** sth/sth not very nice; **sei so ~ und ...** would you mind ...; ***wenn Sie so ~ sind/sein würden*** if you don't mind; **so ~ sein und ...** to be so kind as to ...; ***er war so nett und hat mich nach Hause gebracht*** he was so kind as [*or* kind enough] to take me home ② (*angenehm*) nice, pleasant ③ (*beträchtlich*) nice; **ein ~s Stück** a fair walk; ***von hier ist es noch ein ganz ~es Stück zu laufen*** it's still a fair walk from here; **ein ~s Sümmchen** a tidy sum [of money]; ***sie hat sich ein ~es Sümmchen gespart*** she's saved herself a nice little sum ④ (*iron fam: unerfreulich*) nice; ***das sind ja ~e Aussichten!*** what a nice prospect!; ■**etwas Nettes** something nice

netterweise *adv* kindly; ***er hat mich ~ nach Hause gebracht*** he was so kind as [*or* kind enough] to take me home

Nettigkeit <-, -en> *f* ① *kein pl* (*Liebenswürdigkeit*) kindness ② (*liebenswürdige Bemerkung*) kind [*or* nice] words [*or* things] *pl* ③ *pl* (*iron fam: boshafte Bemerkung*) insult

netto *adv* net

Nettobetrag *m* FIN net amount **Nettobilanz** *f* FIN net balance **Nettoeinkaufspreis** *m* HANDEL cost price **Nettoeinkommen** *nt* net income **Nettoergebnis** *nt* FIN net result **Nettoerlös** *m* HANDEL net yield [*or* proceeds] *pl* **Nettoersparnisse** *pl* FIN net savings; **~ der privaten Haushalte** net savings in private households **Nettoerwerb** *m* ÖKON net earnings *pl* **Nettogehalt** *nt* net salary **Nettogewicht** *nt* net weight **Nettogewinn** *m* FIN net profit **Nettoinvestition** *f* ÖKON net investment **Nettokapitalertrag** *m* FIN net capital gain **Nettokapitalexport** *m* FIN net capital export **Nettokreditaufnahme** *f* net credit, net borrowings *pl* **Nettolohn** *m* net salary [*or* wage], take-home pay **Nettomonatseinkommen** *nt* net monthly income **Nettopreis** *m* ÖKON net price **Nettoprinzip** *nt* net presentation principle **Nettoproduktionswert** *m* ÖKON net output **Nettosozialprodukt** *nt* ÖKON net national product **Nettoumlaufvermögen** *nt* FIN net current assets *pl,* working capital **Nettoumsatz** *m* FIN net sales *pl* [*or* turnover] **Nettoverdienst** *m* ÖKON net earnings *pl,* take-home pay **Nettovermögen** *nt* FIN net assets *pl* **Nettoverschuldung** *f* FIN net indebtedness **Nettowertschöpfung** *f* FIN net value added **Nettowirkungsgrad** *m* ÖKOL, TECH net efficiency

Netz <-es, -e> *nt* ① (*Fischnetz*) net ② (*Einkaufs~*) string bag; (*Gepäck~*) [luggage] rack; (*Haar~*) hair net ③ SPORT net; **ins ~ gehen** to go into the net; *Tennisball* to hit the net ④ (*Schutz~*) safety net ⑤ (*Spinnen~*) web ⑥ ELEK, TELEK (*Leitungssystem*) network; (*Strom*) [national] grid [*or* AM power supply system]; **ans ~ gehen** to be connected to the grid; **etw vom ~ nehmen** to cut sth off from the grid ⑦ *kein pl* INFORM (*Netzwerk*) network; **lokales/neurales ~** local/neural area network; ■**das ~** INET the Net, the Internet ⑧ (*Rohrnetz*) network [of pipes] ⑨ TRANSP system ⑩ (*Ring*) network ► WENDUNGEN: **ohne ~ und doppelten Boden** without a safety net; **das soziale ~** the social net; **jdm ins ~ gehen** to fall into sb's trap; **jdm durchs ~ gehen** to give sb the slip

Netzanschluss^RR^ *m* ① TECH (*Anschluss an das Stromnetz*) mains *npl* [*or* AM power] supply ② TELEK (*Anschluss an ein Kommunikationsnetz*) telephone line connection **netzartig** *adj inv* netlike, reticulate, reticular **Netzauge** *nt* ZOOL compound eye **Netzball** *m* TENNIS netball **Netzbetrieb** *nt* ELEK power supply **Netzbürger(in)** *m(f)* INET, SOZIOL (*euph*) netizen *euph,* citizen of the net *euph*

netzen *vt* ■**etw ~** ① (*geh: befeuchten*) to moisten [*or* wet] sth; **die Blumen mit Wasser ~** to give the plants a little water; ***Tränen netzten ihre Wangen*** tears ran down her cheeks ② SÜDD (*gießen*) to water sth

Netzfahrkarte *f* area season ticket, free pass, BRIT *a.* travelcard **Netzgerät** *nt* mains receiver BRIT, power supply unit AM **Netzhaut** *f* retina **Netzhautablösung** *f* retinal detachment, detached retina **Netzhautentzündung** *f* MED retinitis **Netzhemd** *nt* MODE string vest **Netzkabel** *nt* ELEK power cable **Netzkarte** *f* BAHN zone card **Netzknoten** *m* ① INFORM network node ② TECH network junction point ③ BIOL network junction **Netz-Laufgitter** *nt* lobster pot **Netzmagen** *m* BIOL (*Teil des Wiederkäuermagens*) reticulum **Netzmelone** *f* cantaloup melon **Netzmonopol** *nt* net monopoly **Netz-PC** *m* network PC **Netzplantechnik** *f* ÖKON network analysis **Netzseite** *f* Web page [*or* site] **Netzspannung** *m* line [*or* supply] [*or* BRIT mains] voltage **Netzstecker** *m* mains *npl* [*or* AM power] plug **Netzstrumpf** *m* fish-net stocking **Netzteil** *nt* ELEK mains adapter BRIT, power supply unit AM; INFORM power pack **Netzteilnehmer(in)** *m(f)* INFORM, TELEK network user **Netztyp** *m* ELEK power

N

type
Netzwerk *nt* ❶ (*engverbundenes System*) network ❷ INFORM network, system **Netzwerkadapter** *m* INFORM network adapter **Netzwerkbetrieb** *nt* ELEK line supply **Netzwerkfähigkeit** *f kein pl* INFORM networkability *no pl* **Netzwerkkarte** *f* INFORM network card **Netzwerkknoten** *m* INFORM network node **Netzwerktochter** *f* network daughter
Netzzugang *m* INET connection to the Internet
neu I. *adj* ❶ (*gerade produziert/erworben/vorhanden*) new; ***das ist die ~e/~este Mode!*** it's the new/latest fashion!; ■ **~ sein** to be new; ■ **etwas Neues** something new; ***auf der Fachmesse gab es nichts Neues*** there was nothing new at the trade fair; ■ **der/die Neue** the newcomer; **ein ~eres System** a more up to date system; ■ **das Neue [an etw *dat*]** the new thing [about sth]; ■ **das Neueste** the latest [thing]; ■ **jdm ~ sein** to be news to sb, to be a new one on sb *fam*; ***was gibt's Neues?*** (*fam*) what's new?; ***weißt du schon das Neu[e]ste?*** have you heard the latest?; **seit ~[e]stem** [since] recently; ***seit ~estem können wir Ihnen auch die Bestellung per Kreditkarte anbieten*** we are now able to take your orders by credit card; **das Neu[e]ste vom Neuen** the very latest [thing]; **von ~em** all over again, from the beginning, from scratch; *s. a.* **Tag**
❷ (*frisch*) fresh; ***du solltest mal ein ~es Hemd anziehen*** you should put on a fresh shirt
❸ (*abermalig*) new; **einen ~en Anfang machen** to make a fresh start; **einen ~en Anlauf nehmen** to have another go; **einen ~en Versuch machen** to have another try
❹ MEDIA (*gerade zugänglich*) latest; **die ~esten Nachrichten** the latest news
► WENDUNGEN: **auf ein N~es!** here's to a fresh start!; (*Neujahr*) here's to the New Year!; **aufs N~e** (*geh*) afresh, anew
II. *adv* ❶ (*von vorn*) **~ bearbeitet** MEDIA revised; **~ beginnen** to make a fresh start, to start again from scratch; **~ anfangen** to start all over again; **sich *akk* ~ einkleiden** to buy oneself a new set of clothes; **etw ~ einrichten** to refurbish sth; **etw ~ gestalten** to redesign, to provide a new layout; ***der ~ gestaltete Marktplatz*** the newly laid-out market square; **etw ~ anschaffen** to buy sth new
❷ (*zusätzlich*) anew; ***die Firma will 33 Mitarbeiter ~ einstellen*** the firm wants to employ 33 new employees; ***wir wollen das Haus [ganz] ~ bauen*** we want to build the house anew [*or* rebuild the house]
❸ (*erneut*) again; **~ eröffnet** re-opened; ***frei werdende Stellen sollen nicht mehr ~ besetzt werden*** positions [to be] vacated should not be refilled; ***ich muss meine Kartei ~ ordnen*** I must re-sort my card index
❹ (*seit kurzem da*) **~ entwickelt** newly-developed; **~ eröffnet** newly opened; (*erneut eröffnet*) re-opened; **~ geboren** newly born; **~ geschaffen** newly created; **~ vermählt** (*geh*) newly married [*or* wed]
► WENDUNGEN: **wie ~ geboren** like a new man/woman
Neuanfang *m* fresh start **Neuankömmling** <-, -e> *m* newcomer **Neuanlage** *f* FIN ❶ (*das Anlegen*) new investment ❷ (*das Angelegte*) new investment **Neuanschaffung** *f* ❶ (*Anschaffung von etw Neuem*) new acquisition [*or* purchase]; **~en machen** to make new acquisitions [*or* purchases], to buy new items ❷ (*neu Angeschafftes*) recent acquisition **neuapostolisch** *adj* REL New Apostolic
neuartig *adj* ❶ (*von neuer Art*) new
❷ (*nach neuer Methode*) new type of; ***dieses Wörterbuch ist ganz ~*** this is a completely new type of dictionary
Neuartigkeit <-> *f kein pl* novelty
Neuauflage *f* MEDIA ❶ *kein pl* (*Neuausgabe*) new edition ❷ (*Nachdruck*) reprint **Neuausgabe** *f* MEDIA new edition
Neubau <-bauten> *m* ARCHIT ❶ *kein pl* (*die neue Errichtung*) [new] building
❷ (*neu erbautes Gebäude*) new building [*or* house]
Neubaugebiet *nt* development area; (*schon bebaut*) area of new housing **Neubaumietenverordnung** *f* JUR *ordinance regulating publicly subsidized tenancies on controlled rents in newly-built houses* **Neubausiedlung** *f* new housing estate **Neubauwohnung** *f* newly-built flat [*or* AM *a.* apartment] **Neubearbeitung** *f* ❶ MEDIA (*erneutes Bearbeiten*) revision ❷ MEDIA (*revidierte Fassung*) revised edition ❸ MUS, THEAT new version **Neubeginn** *m* new beginning **Neubelebung** *f* ÖKON revival, revitalization; **~ des Marktes** revival of the market **Neuberechnung** *f* FIN revaluation **Neubesetzung** *m* replacement; **~ einer Rolle** THEAT recasting of a role **Neubewertung** *f* re-assessment; ÖKON revaluation, reappraisal **Neubewertungsrücklagen** *pl* ÖKON special revaluation reserves **Neubildung** *f* ❶ (*Umbildung*) reshuffle ❷ LING neologism ❸ MED neoplasm **Neu-Delhi** <-s> *nt* New Delhi **Neudruck** *m* TYPO, VERLAG (*Nachdruck, Neuauflage*) reprint **Neueinsteiger** *m* ÖKON (*Neuling*) newcomer **Neueinstellung** *f* ❶ *eines Videorekorders, Computers etc.* resetting, retuning ❷ *eines Arbeitnehmers* new appointment, hiring **Neuemission** *f* BÖRSE new issue
Neuenburg <-s> *nt* Neuchâtel
Neuengland *nt* New England **Neuentdeckung** *f* ❶ (*erneute Entdeckung*) rediscovery ❷ (*entdecktes Talent*) new discovery **Neuentwicklung** *f* ❶ *kein pl* (*Entwicklung neuartiger Dinge*) new development ❷ (*etwas gerade erst Entwickeltes*) new development
neuerdings *adv* recently; ***es gibt ~ Bestrebungen, ...*** there have recently been attempts ...
Neuerer <-s, -> *m* reformer
Neuerfassung *f* TYPO re-keying, re-setting [*or* -collection]
neuerlich I. *adj* further II. *adv* (*selten*) again
Neueröffnung *f* ❶ (*neue Eröffnung*) new opening ❷ (*Wiedereröffnung*) re-opening **Neuerscheinung** *f* MEDIA new [*or* recent] publication
Neuerung <-, -en> *f* reform
Neuerwerbung *f* ❶ (*Kauf*) new acquisition
❷ (*gerade Erworbenes*) new acquisition
❸ SPORT (*Neueinkauf eines Spielers*) new signing [*or* acquisition]
neu(e)stens *adv* (*selten*) *s.* **neuerdings**
Neufassung *f* ❶ *kein pl* (*Vorgang*) revising; *eines Films* remaking ❷ (*Ergebnis des Vorgangs*) new [*or* revised] version, revision; *eines Films* remake **Neufestsetzung** *f* FIN realignment, reassessment; **~ des Eigenkapitals** revision of equity; **~ der Steuer** reassessment of tax; **~ der Währungsparitäten/der Wechselkurse** realignment of parities/of exchange rates **Neuformatierung** *nt* INFORM reformatting **Neufundland** *nt* Newfoundland **Neufundländer** <-s, -> *m* ZOOL Newfoundland [dog] **Neugeborene(s)** *nt dekl wie adj* newborn **neugeschaffen** I. *pp von* **neu schaffen** *s.* **neu II 4** II. *adj inv s.* **neu II 4** **Neugeschäft** *nt* new business **Neugestaltung** *f* ❶ *kein pl* (*das Gestalten*) redesigning, reshaping ❷ (*das Gestaltete*) redesign, new layout
Neugier(de) <-> *f kein pl* curiosity, inquisitiveness, nosiness *pej fam*; **aus ~** out of curiosity; **mit [*o* voller] ~** full of curiosity
neugierig I. *adj* ❶ (*auf Informationen erpicht*) curious, inquisitive, nos[e]y *pej fam*; ■ **~ sein/werden** to be/become curious [*or* inquisitive]; ***sei nicht so ~!*** don't be so nosey!
❷ (*gespannt*) ■ **~ sein, ob/wie ...** to be curious to know, whether/how ...; **jdn ~ machen** to make sb curious; **da bin ich aber ~!** this should be interesting!
II. *adv* curiously, inquisitively, nosily
Neugierige(r) *f(m) dekl wie adj* curious person, BRIT *pej fam a.* Nos[e]y Parker, AM *sl a.* rubberneck
Neugliederung *f* restructuring, reorganization
Neugotik *f* ARCHIT, KUNST neo-Gothic **Neugriechisch** <-> *nt* Modern Greek **Neugründung** *f* ❶ (*erstmalige Gründung*) new establishment; (*Firma*) newly establishment business ❷ (*neu gegründeter Ort*) new establishment; (*neu gegründete Institution*) new foundation ❸ (*Prozess*) business start-up **Neuguinea** <-s> [-gi'ne:a] *nt* New Guinea
Neuheit <-, -en> *f* ❶ (*Neusein*) novelty ❷ ÖKON innovation
Neuheitsprüfung *f* (*Patent*) novelty search, examination for novelty
Neuhochdeutsch <-> *nt* ■ **das ~e** New High German
neuhochdeutsch *adj* LING New High German; ■ **das N~e** New High German
Neuigkeit <-, -en> *f* news
Neuinszenierung *f* THEAT new production
Neujahr *nt kein pl* (*der erste Januar*) New Year
► WENDUNGEN: **Prost ~!** here's to the [*or* happy] New Year!
Neujahrsabend *m* New Year's Eve; (*in Schottland*) Hogmanay **Neujahrsempfang** *m* *reception on New Year's Eve* **Neujahrsfest** *nt* New Year's celebrations *pl* **Neujahrstag** *m* New Year's Day **Neukaledonien** <-s> *nt* New Caledonia **Neukartell** *nt* ÖKON new cartel **Neuland** *nt kein pl* AGR uncultivated land, virgin territory ► WENDUNGEN: **[mit etw] [...] ~ betreten** to enter unknown territory; **~ [für jdn] sein** to be unknown territory [for sb] **Neulandgewinnung** *f* land reclamation
neulich *adv* recently, the other day; ***erinnert ihr euch noch an ~ abends/morgens/sonntags?*** do you remember the other evening/morning/Sunday?; **von ~** from the other day
Neuling <-s, -e> *m* beginner
neumodisch I. *adj* ❶ (*sehr modern*) fashionable ❷ (*pej: unverständlich neu*) new-fangled
II. *adv* fashionably
Neumond *m kein pl* new moon; **bei ~** at new moon
neun *adj* nine; *s. a.* **acht**[1]
► WENDUNGEN: **alle ~e werfen** to get a strike; **alle ~[e]!** strike!
Neun <-, -en> *f* ❶ (*Zahl*) nine
❷ KARTEN nine; *s. a.* **Acht**[1] **4**
❸ (*Verkehrslinie*) ■ **die ~** the [number] nine
► WENDUNGEN: **ach du grüne ~e!** (*fam*) good heavens!
Neunauge *nt* ZOOL lamprey **neuneinhalb** *adj* nine and a half; *s. a.* **anderthalb**
neunerlei *adj inv, attr* nine [different]; *s. a.* **achterlei**
neunfach, 9fach I. *adj* **die ~e Menge nehmen** to take nine times the amount
II. *adv* nine times, ninefold
Neunfache, 9fache *nt dekl wie adj* **das ~ verdienen** to earn nine times the/that amount; *s. a.* **Achtfache**
neunhundert *adj* nine hundred; *s. a.* **hundert**
neunhundertjährig *adj* nine hundred-year-old *attr*; **das ~e Bestehen von etw feiern** to celebrate the nine hundredth anniversary of sth **neunjährig, 9-jährig**[RR] *adj* ❶ (*Alter*) nine-year-old *attr*, nine years old *pred*; *s. a.* **achtjährig 1**
❷ (*Zeitspanne*) nine-year *attr*; *s. a.* **achtjährig 2**
Neunjährige(r), 9-Jährige(r)[RR] *f(m) dekl wie adj* nine-year-old **neunköpfig** *adj* nine-person *attr*; *s. a.* **achtköpfig** **Neun-Loch-Golfanlage** *f* nine-hole golf course
neunmal *adv* nine times; *s. a.* **achtmal**
neunmalig *adj* repeated nine times; *s. a.* **achtmalig**
neunmalklug *adj* (*iron fam*) smart-aleck *attr fam*
Neunmalkluge(r) *f(m) dekl wie adj* (*iron fam*) smart-aleck *fam*
neunstöckig *adj inv* nine-storey *attr* [*or* AM -story], with nine storeys **neunstündig, 9-stündig**[RR] *adj* nine-hour *attr*; *s. a.* **achtstündig**
neunt *adj* **zu ~ sein** ***wir waren zu dritt*** there were three of us
neuntausend *adj* ❶ (*Zahl*) nine thousand [*or fam* K]; *s. a.* **tausend 1**

❷ (*fam: 9000 DM*) nine grand *no pl*, nine thou *no pl sl*, nine G's [*or* K's] *no pl* AM *sl*
neunte(r, s) *adj* ❶ (*nach dem achten kommend*) ninth; **die ~ Klasse** [*o fam* **die ~**] fourth year [*or* AM grade] (*secondary school*), BRIT *a.* S4; *s. a.* **achte(r, s) 1**
❷ (*Datum*) ninth, 9th; *s. a.* **achte(r, s) 2**
Neunte(r) *f(m) dekl wie adj* ❶ (*Person*) ninth; *s. a.* **Achte(r) 1**
❷ (*bei Datumsangaben*) ■**der ~/am Neunten** *gesprochen*, ■*geschrieben* **der 9./am 9.** the ninth/on the ninth *spoken*, the 9th/on the 9th *written; s. a.* **Achte(r) 2**
❸ (*als Namenszusatz*) **Ludwig der ~** [*geschrieben* **Ludwig IX.**] Ludwig the Ninth *spoken*, Ludwig IX *written; s. a.* **Achte(r) 2**
neuntel *nt* ninth; *s. a.* **achtel**
Neuntel <-s, -> *nt o* SCHWEIZ *m* ninth; *s. a.* **Achtel**
neuntens *adv* ninthly
Neuntöter <-s, -> *m* ORN red-backed shrike
neunzehn *adj* nineteen; *s. a.* **acht**[1]
neunzehnte(r, s) *adj* nineteenth; *s. a.* **achte(r, s)**
Neunzehntel *nt* nineteenth
neunzig *adj* ❶ (*Zahl*) ninety; *s. a.* **achtzig 1**
❷ (*fam: Stundenkilometer*) ninety [kilometres BRIT [*or* AM -meters] an hour]; *s. a.* **achtzig 2**
Neunzig *f* ninety
neunziger, 90er *adj inv, attr* **die N~** [*o* **die ~ Jahre**] the nineties *pl*
Neunziger[1] <-s, -> *m* 1990
Neunziger[2] *pl* ■**in den ~n sein** to be in one's nineties
Neunziger(in) <-s, -> *m(f)* ❶ (*Mensch in den Neunzigern*) nonagenerian
❷ *s.* **Neunzigjährige(r)**
Neunzigerjahre *pl* ■**die ~** the nineties *pl*
neunzigjährig, 90-jährig[RR] *adj attr* ❶ (*Alter*) ninety-year-old *attr*, ninety years old *pred*
❷ (*Zeitspanne*) ninety-year *attr*
Neunzigjährige(r) *f(m) dekl wie adj* ninety-year-old
neunzigste(r, s) *adj* ninetieth; *s. a.* **achte(r, s)**
Neuordnung *f* reform **Neuordnungsgesetz** *nt* reform law **Neuorganisation** *f* reorganization **Neuorientierung** *f* (*geh*) reorientation **Neuphilologe, -philologin** *m, f s.* **Neusprachler** **Neuphilologie** *f* modern languages + *sing/pl* **Neuphilologin** <-, -nen> *f fem form von* **Neuphilologe** **Neuprägung** *f* ❶ (*Münze*) new mintage ❷ LING new coinage
Neuralgie <-, -n> *f* neuralgia
neuralgisch *adj* ❶ MED neuralgic
❷ (*geh: störungsanfällig*) **ein ~er Punkt** a trouble spot
Neurasthenie <-, n> *f* neurasthenia
Neurastheniker(in) <-s, -> *m(f)* neurasthenic
neurasthenisch *adj* MED neurasthenic
Neureg(e)lung *f* revision; *Verkehr, Ampelphasen* new scheme **neureich** *adj* nouveau riche **Neureiche(r)** *f(m) dekl wie adj* nouveau riche
Neurit <-en, -en> *m* BIOL (*Hauptteil der Nervenzelle*) neurite
Neuritis <-, Neuritiden> *f* neuritis
Neurobiologe, -biologin *m, f* neurobiologist **Neurobiologie** *f kein pl* neurobiology **Neurobiologin** *f fem form von* **Neurobiologe** **Neurochirurg(in)** *m(f)* neurosurgeon **Neurochirurgie** *f* neurosurgery **Neurochirurgin** *f fem form von* **Neurochirurg** **Neurocomputer** *m* INFORM neurocomputer **Neurodermitis** *f* neurodermatitis **Neuroleptikum** <-s, -tika> *nt* neuroleptic
Neurologe, -login <-en, -en> *m, f* neurologist
Neurologie <-, -n> *f* MED ❶ *kein pl* neurology
❷ (*fam: neurologische Abteilung*) neurology
Neurologin <-, -nen> *f fem form von* **Neurologe**
neurologisch *adj* neurological
Neuron <-s, -ronen> *nt* neuron
Neurose <-, -n> *f* PSYCH neurosis
Neurotherapie *f* MED neurotherapy
Neurotiker(in) <-s, -> *m(f)* neurotic
neurotisch *adj* PSYCH ❶ (*an einer Neurose leidend*) neurotic; ■**~ sein/werden** to be/become neurotic
❷ (*durch eine Neurose bedingt*) neurotic
Neurotransmitter <-s, -> *m* neurotransmitter
Neuschnee *m* fresh snow
Neuseeland *nt* New Zealand; *s. a.* **Deutschland**
Neuseeländer(in) <-s, -> *m(f)* New Zealander; *s. a.* **Deutsche(r)**
neuseeländisch *adj* New Zealand *attr*, from New Zealand *pred*
Neusilber *nt* nickel silver **Neusprachler(in)** <-s, -> *m(f)* modern linguist **neusprachlich I.** *adj* modern language *attr* **II.** *adv* modern language; **~*e Gymnasien*** *grammar schools specializing in modern languages* **Neustart** *m* new start
neustens *adv s.* **neu(e)stens**
Neustrukturierung *f* reform, restructuring **Neutöner(in)** <-s, -> *m(f)* MUS exponent of the New Music
Neutra *pl von* **Neutrum**
neutral I. *adj* ❶ POL neutral
❷ (*unparteiisch*) neutral; ■**jd ist/bleibt ~** sb is/remains neutral
❸ (*zurückhaltend*) neutral
❹ CHEM (*weder alkalisch noch sauer*) neutral
II. *adv* ❶ (*unparteiisch*) neutral
❷ CHEM neutral
Neutralisation <-, -en> *f s.* **Neutralisierung**
neutralisieren* *vt* ❶ POL ■**etw ~** to neutralize sth
❷ (*geh: in der Wirkung aufheben*) **Einfluss/Gift/Wirkung ~** to neutralize the influence/poison/effect
❸ CHEM ■**etw ~** to neutralize sth
Neutralisierung <-, -en> *f* ❶ POL neutralization
❷ (*geh*) neutralization
❸ CHEM neutralization
Neutralismus <-> *m kein pl* POL neutralism
Neutralität <-> *f kein pl* ❶ POL neutrality
❷ (*geh: Unparteilichkeit*) neutrality
Neutren *pl von* **Neutrum**
Neutrino <-s, -s> *nt* neutrino
Neutron <-s, -tronen> *nt* neutron
Neutronenbombe *f* neutron bomb **Neutronenstern** *m* ASTRON neutron star **Neutronenstrahlung** *f* neutron radiation **Neutronenwaffe** *f* neutron weapon
Neutrum <-s, Neutra *o* Neutren> *nt* ❶ LING (*sächliches Wort*) neuter
❷ (*geh*) MED ■**ein ~** a neuter
Neuverhandlung *f* (*Rechtssache*) retrial; (*Gespräch*) renegotiation **Neuvermählte(r)** *f(m) dekl wie adj* (*geh*) newly-wed **Neuvermietung** *f* re-letting **Neuverschuldung** *f* ÖKON new borrowing [*or* debt] **Neuverteilung** *f* redistribution **Neuwagen** *m* new car **Neuwahl** *f* POL re-election **Neuwert** *m* original value; **zum ~** at original value **neuwertig** *adj* as new; ■**~ sein** to be as good as new **Neuzeit** *f kein pl* ■**die ~** modern times *pl*, the modern age [*or* era] **neuzeitlich I.** *adj* ❶ (*der Neuzeit zugehörig*) of modern times, of the modern age [*or* era] *pred* ❷ (*modern*) modern **II.** *adv* (*modern*) modern **Neuzugang** *m* new entry **Neuzulassung** *f* (*form*) [first] registration
Newage[RR] <-> ['nju:'e:dʒ] *nt kein pl*, **New Age** <-> *nt kein pl* new age
Newcomer <-s, -> ['nju:kamɐ] *m* newcomer
Newsgroup <-, -s> ['nju:zgru:p] *f* INET newsgroup
New York <-s> ['nju:'jɔ:k] *nt* New York
nhd. *adj Abk von* **neuhochdeutsch**
Ni *nt Abk von* **Nickel** Ni
Niacin *nt kein pl* niacin
Nibelungen *pl* (*germanisches Sagengeschlecht*) Nibelungs *pl*
Nibelungenlied *nt* LIT (*mittelhochdt. Heldenepos*) Nibelungenlied
Nicaragua <-s> *nt* Nicaragua; *s. a.* **Deutschland**
Nicaraguaner(in) <-s, -> *m(f)* Nicaraguan; *s. a.* **Deutsche(r)**
nicaraguanisch *adj* Nicaraguan; *s. a.* **deutsch**
nicht I. *adv* ❶ (*Verneinung*) not; ***ich weiß ~*** I don't know; ***ich bin es ~ gewesen*** it wasn't me; ***nein, danke, ich rauche ~*** no thank you, I don't smoke; ■**~ ... sein** to not be ...; ***das war aber ~ lieb/nett von dir!*** that wasn't very nice of you; ***heute ist es ~ so kalt/warm wie gestern*** it's not as cold/warm today as yesterday; **etw ~ Zutreffendes** sth incorrect [*or* untrue]; **~ *Zutreffendes* [*bitte*] *streichen!*** [please] delete as applicable [*or* appropriate]; **~ amtlich** unofficial; **~ deutsch** non-German; **~ euklidische Geometrie** MATH non-Euclidean geometry; **~ leitend** PHYS non-conducting; **~ linear** MATH nonlinear; **~ öffentlich** *attr* not open to the public *pred;* **~ rostend** non-rusting; **~ [ein]mal** not even; **~ mehr** [*o* **länger**] not any longer; **~ mehr als** no more than; **~ mehr und ~ weniger als** no more and no less than; **... ~!** not ...!; ***jedes andere Hemd, aber das bitte ~*** any other shirt, just not that one; **bitte ~!** please don't!; **~ doch!** stop it!, don't!; **~ eine[r]** not one; **was ... ~** the things ...; ***was man sich heute ~ alles bieten lassen muss!*** the things one has to put up with these days!; **~!** don't!, stop it!
❷ (*verneinende Aufforderung*) do not, don't; ***halt, ~ weiterfahren!*** stop, do not proceed any further!
II. *part* ❶ *in Fragen* (*stimmt's?*) isn't that right; ***sie schuldet dir doch noch Geld, ~?*** she still owes you money, doesn't she?
❷ *in Fragen* (*wohl*) not; ***kannst du mir ~ 1000 Mark leihen?*** could you not lend me 1000 Marks?
Nichtabnahme *f* HANDEL non-acceptance, refusal to accept **Nichtachtung** *f* disregard; **~ des Gerichts** JUR contempt of court; **jdn mit ~ strafen** to send sb to Coventry, to ostracize sb **Nichtanerkennung** *f* ❶ POL non-recognition *no pl* ❷ JUR repudiation; **~ einer Schuld** repudiation of a debt **Nichtangriffspakt** *m* POL non-aggression pact **Nichtansässige(r)** *f(m)* JUR nonresident [person] **Nichtanwendbarkeit** *f* non-applicability **Nichtanwendbarkeitserklärung** *f* declaration of non-applicability **Nichtanwendung** *f* non-application **Nichtanzeige** *f* JUR negative misprision **Nichtausführung** *f* non-performance, non-execution **Nichtauslastung** *f kein pl* partial utilization of capacity **Nichtausübung** *f* non-usage, non-exercise **Nichtbeachtung** *f*, **Nichtbefolgung** *f* JUR non-observance, non-compliance; **bei ~ einer S.** *gen* upon non-observance of sth **nichtberechtigt** *adj inv* unauthorized, ineligible **Nichtberechtigte(r)** *f(m) dekl wie adj* non-entitled party, person having no title **Nichtbestreiten** *nt* JUR non-denial, no contention **nichtdeckungspflichtig** *adj inv* FIN not requiring cover **nichtdeutsch** *adj inv* non-German
Nichte <-, -n> *f* niece
nichtehelich *adj inv* JUR illegitimate; **~es Kind, Kind aus einer ~n Beziehung** illegitimate child, child born out of wedlock *dated form;* **~e Beziehungen zu jdm unterhalten** to cohabit with sb **Nichteinhaltung** *f kein pl* JUR noncompliance *no pl* **Nichteinmischung** *f* POL non-intervention **Nichterbringung** *f einer Leistung* default **Nichterfüllung** *f* JUR non-fulfilment [*or* AM -ll-], non-performance, nonfeasance; **wegen ~ des Vertrags klagen** to sue for breach of contract; **Schadensersatz wegen ~** compensation for non-performance **Nichterhebung** *f* FIN exemption, remission; **~ eines Betrages der Zollschuld** nonrecovery of the customs debt **Nichterhebungsverfahren** *nt* FIN suspensive procedure **Nichterscheinen** <-s> *nt kein pl* non-appearance, failure to appear **Nichterschienene(r)** *f(m) dekl wie adj* non-attendant; (*vor Gericht*) defaulter **nichteuklidisch** *adj inv* MATH *s.* **nicht I 1** **Nichteuropäer(in)** *m(f)* non-European **Nichtgefallen** *nt* **bei ~** ÖKON if not satisfied
nichtig *adj* ❶ JUR (*ungültig*) invalid, void; **etw für ~ erklären** JUR to declare sth invalid [*or* [null and] void]; **eine Ehe für ~ erklären** to annul a marriage
❷ (*geh: belanglos*) trivial
Nichtigerklärung *f* JUR declaration of nullity
Nichtigkeit <-, -en> *f* ❶ *kein pl* JUR (*Ungültigkeit*) invalidity, voidness, annulity

❷ *meist pl* (*geh*) triviality

Nichtigkeitsabteilung *f* JUR revocation division **Nichtigkeitsantrag** *m* JUR (*Patent*) application for revocation **Nichtigkeitsbeschwerde** *f* (*Patentrecht*) nullity appeal **Nichtigkeitseinrede** *f* JUR plea of nullity **Nichtigkeitserklärung** *f* JUR annulment; (*eines Urteils*) reversion of sentence **Nichtigkeitsgrund** *m* JUR ground for nullity; (*Patentrecht*) ground for revocation **Nichtigkeitsklage** *f* JUR nullity suit **Nichtigkeitsprozess**[RR] *m* JUR nullity suit, proceedings for annulment **Nichtigkeitssenat** *m* (*EU Patentamt*) nullity board **Nichtigkeitsurteil** *nt* JUR decree of nullity **Nichtigkeitsverfahren** *nt* JUR nullity proceedings *pl;* (*Patent*) revocation of a patent by court

Nichtkaufmann, -kauffrau *m, f* JUR non-merchant **Nichtkenntnis** *f* JUR ignorance; **schuldhafte ~** constructive notice **Nichtleistung** *f* JUR non-performance, failure to perform; **bei ~** on default **Nichtleiter** *m* PHYS non-conductor **Nichtlieferung** *f* HANDEL non-delivery **nichtlinear** *adj inv* MATH *s.* **nicht I 1 Nichtlinearität** *f* MATH nonlinearity **Nichtmetall** *nt* nonmetal **Nichtmitglied** *nt* non-member

Nichtraucher(in) *m(f)* ❶ (*nicht rauchender Mensch*) non-smoker; ■ **~ sein** to be a non-smoker, to not smoke

❷ BAHN (*fam: Nichtraucherabteil*) non-[*or* no-]smoking section [*or* compartment]; **„~"** no smoking

Nichtraucherabteil *nt* BAHN non-smoking section [*or* compartment] **Nichtraucherbereich** *m* non-smoking [*or* smokefree] [*or* smokeless] area **Nichtraucherin** <-, -nen> *f fem form von* Nichtraucher **Nichtraucherschutz** *m* protection of non-smokers **Nichtraucherzone** *f* non-smoking zone [*or* area]

Nichtregierungsorganisation *f* non-governmental organization, NGO

nichtrostend *adj inv, attr* (*fachspr*) *Stahl* stainless; *s. a.* **nicht**

nichts *pron indef, inv* ❶ (*nicht etwas*) not anything; ***es ist*** **~** it's nothing; **~ als ...** (*nur*) nothing but; **~ mehr** not anything [*or* nothing] more; **~ wie ...** (*fam*) let's get ...; **~ *wie raus!*** let's get out!; **~ ahnend** *adjektivisch* unsuspecting; *adverbial* unsuspectingly; **~ sagend** empty, meaningless; **~ sagend sein** to be meaningless; ***man kann gar ~ sehen*** one can't see anything; ***damit will ich ~ zu tun haben*** I don't want anything to do with it; ***das geht Sie ~ an!*** that's none of your business!

❷ *vor substantiviertem adj* nothing; **~ anderes [als ...]** nothing [*or* not anything] other than ...; ***hoffentlich ist es ~ Ernstes*** I hope it's nothing serious

► WENDUNGEN: **das war wohl ~** (*sl*) oh well, that wasn't much of a hit; **für [*o* um] ~** for nothing; **für ~ und wieder ~** (*fam*) for nothing [at all] *fam;* **~ da!** (*fam*) no chance! *fam;* **wie ~** (*fam*) at the wink of an eye

Nichts <-, -e> *nt* ❶ *kein pl* PHILOS (*Nichtsein*) ■ **das/ein ~** nothingness

❷ (*leerer Raum*) void

❸ (*Nullmenge*) nothing; **aus dem ~** out of nothing; ***er hat die Firma aus dem ~ aufgebaut*** he built the firm up out of nothing; **aus dem ~ auftauchen** to show up from out of nowhere

❹ (*unbedeutender Mensch*) ■ **ein ~** a nonentity [*or* nobody]

► WENDUNGEN: **vor dem ~ stehen** to be left with nothing

Nichtschuldigerklärung *f* JUR plea of not guilty **Nichtschuldvermutung** *f* JUR presumption of innocence **Nichtschwimmer(in)** *m(f)* non-swimmer; **~ sein** to be a non-swimmer; *s. a.* **Nichtschwimmerbecken Nichtschwimmerbecken** *nt* non-swimmer's pool **Nichtschwimmerin** <-, -nen> *f fem form von* **Nichtschwimmer**

nichtsdestotrotz *adv* nonetheless

► WENDUNGEN: **aber ~, ...** but nevertheless, ...

nichtsdestoweniger *adv* notwithstanding *form,* nevertheless, nonetheless

Nichtsesshaftenhilfe[RR] *f* aid to the homeless, homeless aid agency

Nichtsesshafte(r)[RR] *f(m) dekl wie adj* (*form*) person with [*or* of] no fixed abode, homeless person

Nichtskönner(in) *m(f)* (*pej*) useless person **Nichtsnutz** <-es, -e> *m* (*pej*) good-for-nothing **nichtsnutzig** *adj* (*pej*) useless, good-for-nothing, hopeless **Nichtstuer(in)** <-s, -> [-tu:ɐ] *m(f)* (*pej*) idler, loafer **Nichtstun** *nt* ❶ (*das Faulenzen*) idleness ❷ (*Untätigkeit*) inactivity **nichtswürdig** <-er, -ste> *adj* (*geh*) despicable *pej; Mensch a.* worthless; *Tat a.* base; **ein ~es Ende mit jdm nehmen** to come to a wretched end; **ein N~er a** worthless [*or* despicable] wretch

Nicht-Unterzeichner-Staat *m* non-signatory, state that has not signed [up to] a treaty **Nichtveranlagungsbescheinigung** *f* FIN non-assessment note **Nichtvermögensschaden** *m* JUR non-pecuniary damage **Nichtwähler(in)** *m(f)* POL non-voter **Nichtweitergabevertrag** *m* JUR non-proliferation treaty **Nichtweiterverbreitung** *f* non-proliferation **Nichtwiderspruch** *m* JUR non-objection, non-opposition **Nichtwiderspruchskartell** *nt* ÖKON non-opposition cartel **Nichtwissen** *nt* ignorance; **etw mit ~ bestreiten** JUR to plead ignorance **Nichtzahlung** *f* FIN non-payment, default of payment; **bei ~** in default of payment **Nichtzulassungsbeschwerde** *f* JUR appeal against denial of leave to appeal **Nichtzustandekommen** *nt* (*form*) non-realization; **bei ~ einer S.** *gen* in the case of non-realization of sth

Nickel <-s> *nt kein pl* nickel

Nickelallergie *f kein pl* MED nickel allergy **Nickelbrille** *f* metal-rimmed glasses *pl* **nickelfrei** *adj inv* nickel-free

nicken *vi* ❶ (*mit dem Kopf nicken*) to nod; ■ **... ~** to nod ...; **zufrieden ~** to nod with content; ■ **das N~** nod

❷ (*fam: schlafen*) to nod [off], to snooze, to doze

Nickerchen <-s> *nt kein pl* (*fam*) nap *fam,* snooze *fam,* forty winks *fam;* **ein ~ machen [*o* halten]** to take [*or* have] a nap [*or* snooze], to nap

Nicki <-s, -s> *m* MODE velour pullover

Nickipullover *m* velour pullover **Nickituch** *nt* small cotton scarf

Nickname <-s, -s> ['nɪkneɪm] *m* nickname

Nidwalden <-s> *nt* Nidwalden

nie *adv* ❶ (*zu keinem Zeitpunkt*) never; **~ mehr [*o* wieder]** never again; **einmal und ~ wieder** once and never again; **~ im Leben** not ever; ***das hätte ich ~ im Leben gedacht*** I never would have thought so; **~ und nimmer** never ever; *s. a.* **noch**

❷ (*bestimmt nicht*) never

nieder *adv* down; **~ mit ...!** down with ...!; *s. a.* **niedere(r, s)**

Nieder|bayern <-s> *m kein pl* Lower Bavaria

nieder|beugen *vr* ■ **sich** *akk* **[zu jdm/etw] ~** to bend down [to sb/sth] **nieder|brennen** *irreg* **I.** *vi sein* to burn down **II.** *vt haben* ■ **etw ~** to burn down sth *sep* **nieder|bringen** *vt irreg* BERGB ■ **etw ~** to bore sth; **einen Schacht ~** to sink a shaft **nieder|brüllen** *vt* (*fam*) ■ **jdn ~** to shout down sb *sep* **nieder|bügeln** *vt* (*sl*) ■ **jdn/etw ~** to steamroller sb/sth *fam*

niederdeutsch *adj* Low German

Niederdeutsch(e) *nt* Low German

Niederdeutsche(r) *f(m) dekl wie adj* North German, northern German

Nieder|deutschland <-s> *m kein pl* Northern Germany

nieder|drücken *vt* (*geh*) ❶ (*herunterdrücken*) ■ **etw ~** to press [*or* push] down sth *sep*

❷ (*deprimieren*) ■ **jdn ~** to depress sb, to make sb feel down; ■ **~d** depressing

niedere(r, s) *adj attr* ❶ (*unbedeutend*) low; **der ~ Adel** the lesser nobility; **das ~ Volk** the common people; **von ~r Herkunft [*o* Geburt] sein** to be of humble origin; **~ Arbeiten verrichten müssen** (*geh*) to have to do menial jobs

❷ *bes* SÜDD (*niedrig*) low

❸ BIOL (*untere*) lower

❹ (*primitiv*) primitive, base; **~ Beweggründe** base motives

nieder|fallen *vi sein* (*geh*) ■ **vor jdm/etw ~** to fall down [on one's knees] before sb/sth

nieder|frequent *adj* low-frequency

Niederfrequenz *f* low frequency

Niedergang <-[e]s, -gänge> *m* ❶ *kein pl* (*Verfall*) decline, fall

❷ NAUT (*schmale Stiege auf einem Schiff*) companionway

niedergedrückt *adj s.* **niedergeschlagen**

nieder|gehen *vi irreg sein* ❶ (*fallen*) *Regen* to fall; (*sich entladen*) *Gewitter* to break; ***gestern ist ein schweres Unwetter auf die Stadt niedergegangen*** a heavy storm brake over the city yesterday; ■ **auf jdn ~** (*fig*) to rain down on sb

❷ (*landen*) *Flugzeug* to touch down

❸ *Lawine* to descend

❹ (*zu Boden stürzen*) *Boxer* to go down

❺ (*sich senken*) *Vorhang* to fall

niedergelassen *adj* SCHWEIZ resident

niedergeschlagen *adj* downcast, depressed

Niedergeschlagenheit <-> *f kein pl* depression, despondency

nieder|halten *vt irreg* ❶ (*am Boden halten*) ■ **etw [mit etw] ~** to restrain sth [with sth] ❷ (*fig*) **ein Volk ~** to oppress a nation; **einen Widerstand/seine Angst ~** to suppress an uprising/one's fear **nieder|holen** *vt* (*einholen*) ■ **etw ~** *Flagge, Segel* to haul down *sep* [*or* lower] sth **nieder|knien I.** *vi sein* to kneel [down] **II.** *vr haben* ■ **sich** *akk* **[vor jdm/etw] ~** to kneel [down] [before sb/sth] **nieder|knüppeln** *vt* to club to the ground **nieder|kommen** *vi irreg sein* (*veraltend geh*) ■ **mit jdm ~** to be delivered of sb *dated form,* to give birth to sb

Niederkunft <-, -künfte> *f* (*veraltet*) delivery

Niederlage *f* defeat; **[bei etw] eine ~ erleiden [*o* einstecken] [*o* hinnehmen] müssen** to suffer a defeat [in sth]; **jdm eine ~ beibringen [*o* bereiten]** to inflict a defeat on [*or* defeat] sb

Niederlande *pl* ■ **die ~** the Netherlands

Niederländer(in) <-s, -> *m(f)* Dutchman *masc,* Dutchwoman *fem*

niederländisch *adj* ❶ (*zu den Niederlanden gehörend*) Dutch

❷ (*die niederländische Sprache*) Dutch; **auf N~** in Dutch

Niederländisch *nt dekl wie adj* Dutch; ■ **das ~e** Dutch

nieder|lassen I. *vr irreg* ❶ (*ansiedeln*) ■ **sich** *akk* **irgendwo ~** to settle down somewhere

❷ (*beruflich etablieren*) ■ **sich** *akk* **irgendwo [als etw] ~** to establish oneself [*or* set up] [as sth] somewhere; **niedergelassener Arzt** *registered doctor with their own practice*

❸ (*geh: hinsetzen*) ■ **sich** *akk* **[auf etw** *dat***] ~** to sit down somewhere; *Vogel* to settle on sth

II. *vt* (*veraltend*) ■ **etw ~** to lower [*or sep* let down] sth

Niederlassung <-, -en> *f* ❶ *kein pl* (*berufliche Etablierung*) establishment, setting up; ***er hat die Genehmigung zur ~ als Arzt erhalten*** he has been granted permission to set up as a doctor

❷ (*Zweigstelle*) branch

Niederlassungsabkommen *nt* JUR treaty on business establishment **Niederlassungsbestimmungen** *pl* JUR establishment provisions **Niederlassungsbewilligung** *f* SCHWEIZ residence permit **Niederlassungserfordernis** *f* JUR establishment provisions *pl* **Niederlassungsfreiheit** *f kein pl* JUR right of establishment, freedom of settlement [*or* domicile] **Niederlassungsort** *m* place of establishment **Niederlassungsrecht** *nt* JUR right of establishment

nieder|legen I. *vt* ❶ (*hinlegen*) ■ **etw ~** to put down sth *sep*

❷ (*aufgeben*) ■ **etw ~** to give up sth *sep;* **sein Amt/sein Mandat/den Vorsitz ~** to resign one's office/one's seat/one's chairmanship; **die Arbeit ~**

to stop work, BRIT *a.* to down tools
❸ (*geh: schlafen legen*) **ein Kind** ~ to put a child to bed
❹ (*geh: schriftlich fixieren*) ■**etw irgendwo** ~ to put sth down [in writing] somewhere; **seinen letzten Willen** ~ to draw up one's will; ■**~, dass/was/wie ...** to put down in writing that/what/how ...
II. *vr* (*sich hinlegen*) ■**sich** *akk* ~ to lie down
▸ WENDUNGEN: **da legst' di' nieder!** SÜDD (*fam*) I'll be blowed! [*or* AM damned!]

Niederlegung <-, -en> *f* ❶ (*das Hinlegen*) laying
❷ *einer Aufgabe* resignation (+*gen* from); ***die Belegschaft drohte mit sofortiger ~ der Arbeit*** the workforce threatened to stop work immediately
❸ (*schriftliche Fixierung*) writing down; ***ein Testament bedarf der ~ in schriftlicher Form*** a will must be drawn up in writing
❹ (*Deponierung*) submission

nieder|machen *vt* (*fam*) ❶ ([*eine größere Anzahl von wehrlosen Menschen*] *kaltblütig töten*) ■**jdn/etw** ~ to butcher [*or* massacre] [*or* slaughter] sb/sth
❷ (*heruntermachen, verächtlich behandeln*) ■**jdn/etw** ~ to run sb/sth down *fam;* ■**etw** ~ to take [*or* pick] [*or* pull] to pieces *fam;* **jdn verbal** ~ to put sb down *fam* **nieder|mähen** *vt* ■**jdn** ~ to mow down sb *sep* **nieder|metzeln** *vt* ■**jdn** ~ to massacre sb

Niederösterreich *nt* Lower Austria

nieder|prasseln *vi* to pelt [*or* rain] down **nieder|prügeln** *vt* ■**jdn** ~ to beat up sb *sep*

Niederquerschnitt-Reifen *m* AUTO low profile tire

nieder|reißen *vt irreg* ■**etw** ~ to pull [*or* tear] down sth *sep;* **ein Gebäude** ~ to knock [*or* pull] down a building

Niederrhein <-s> *m* Lower Rhine

Niedersachsen <-s> [-ks-] *nt* Lower Saxony

nieder|schießen *irreg* **I.** *vt haben* ■**jdn** ~ to shoot down sb *sep*
II. *vi sein* (*niederstoßen*) ***der Vogel schoss auf die Beute nieder*** the bird swooped down on its prey

Niederschlag *m* ❶ METEO (*Regen*) rainfall *no pl,* snowfall *no pl,* hail *no pl;* ***für morgen werden starke Niederschläge erwartet*** heavy rain/snow/hail is expected tomorrow; **radioaktiver** ~ fallout
❷ CHEM (*Bodensatz*) sediment, precipitate *spec*
❸ (*beim Boxen*) knockdown blow
❹ (*schriftlich fixierter Ausdruck*) **seinen ~ in etw** *dat* **finden** (*geh*) to find expression in sth *form;* ***seine Kindheitserlebnisse fanden ihren ~ in dem jüngst veröffentlichten Roman*** his childhood memories are reflected in his recently published novel

nieder|schlagen *irreg* **I.** *vt* ❶ (*zu Boden schlagen*) ■**jdn** ~ to knock sb down, to floor sb
❷ (*unterdrücken*) ■**etw** ~ to put down sth *sep,* to crush sth; **einen Streik** ~ to break up a strike; **Unruhen** ~ to suppress unrest
❸ (*geh: senken*) **die Augen/den Blick** ~ to lower one's eyes/one's gaze
❹ JUR (*einstellen*) **das Verfahren** ~ to quash the proceedings; **eine Gebühr** ~ to abate [*or* cancel] a fee; **einen Verdacht** ~ (*selten*) to allay [*or* dispel] a suspicion
II. *vr* ❶ (*kondensieren*) ■**sich** *akk* [**an etw** *dat*] ~ to condense [on sth]
❷ CHEM (*ausfällen*) ■**sich** *akk* ~ to precipitate *spec,* to sediment
❸ (*zum Ausdruck kommen*) ■**sich** *akk* **in etw** *dat* ~ to find expression in sth

niederschlagsarm *adj* of low rainfall *pred;* **ein ~es Gebiet** an area with low rainfall; ***der Winter ist manchmal sehr ~*** there is sometimes very low precipitation in winter **Niederschlagsmenge** *f* rainfall *no pl,* precipitation *no pl* **niederschlagsreich** *adj* rainy, of high rainfall *pred;* **ein ~es Gebiet** an area which gets a lot of rain/snow; ***der Sommer ist in diesem Jahre nicht sehr ~ gewesen*** there was not much rainfall this summer

Niederschlagung <-, -en> *f* ❶ JUR *eines Verfahrens* quashing, abolition; (*Erlassung*) *Strafe* remission; (*Entkräftung*) *Verdacht* quashing
❷ (*Unterdrückung*) putting down, crushing, suppression; ***bei der ~ der Revolte gab es viele Tote*** many died when the revolt was crushed

nieder|schmettern *vt* ■**jdn** ~ ❶ (*niederschlagen*) to send sb crashing to the ground [*or* floor]; **jdn mit einem Faustschlag** ~ to send sb crashing with a punch ❷ (*fig: erschüttern*) to shatter [*or* devastate] sb; **eine ~de Nachricht** devastating news **niederschmetternd** *adj* deeply distressing; **ein ~es Wahlergebnis** a crushing electoral defeat **nieder|schreiben** *vt irreg* ■**etw** ~ to write down sth *sep* **nieder|schreien** *vt irreg s.* **niederbrüllen** **Niederschrift** *f* ❶ (*Protokoll*) report, record ❷ *kein pl* (*das Niederschreiben*) writing down **nieder|setzen** **I.** *vt* (*geh*) ■**etw** [**irgendwo**] ~ to put sth down [somewhere] **II.** *vr* (*geh: sich hinsetzen*) ■**sich** *akk* ~ to sit down **nieder|sinken** *vi irreg sein* (*geh*) to drop down, to collapse **Niederspannung** *f* ELEK low voltage [*or* tension] **nieder|stechen** *vt irreg* ■**jdn** ~ to stab sb to the ground **nieder|stimmen** *vt* ■**jdn/etw** ~ to vote sb/sth down **nieder|stoßen** *irreg* **I.** *vt haben* ❶ (*zu Boden stoßen*) ■**jdn** ~ to push [*or* knock] sb down ❷ (*niederstechen*) **jdn** [**mit einem Messer**] ~ to stab somebody to the ground [with a knife] **II.** *vi sein* ***der Vogel stieß auf die Beute nieder*** the bird swooped down on its prey **nieder|strecken** (*geh*) **I.** *vt* (*schwer verletzen*) ■**jdn/etw** ~ *mit einer Schusswaffe* to shoot down sb/sth *sep;* (*Tier a.*) to bring down sth *sep; mit einer Stichwaffe* to hack down sb/sth *sep; mit der Faust* to pummel sb/sth to the ground **II.** *vr* (*sich hinlegen*) ■**sich** *akk* ~ to lie down, to stretch out **nieder|stürzen** *vi sein* (*geh*) to crash to the ground

Niederstwertprinzip *nt* FIN (*Bilanz*) minimum value principle; (*bei Abschreibung*) lower of cost or market principle

Niedertarif *m* ÖKON low tariff

Niedertracht <-> *f kein pl* ❶ (*Gesinnung*) nastiness, malice, vileness
❷ (*Tat*) mean [*or* despicable] act

niederträchtig **I.** *adj* (*pej*) ❶ (*Übel wollend*) contemptible; **eine ~e Person** a contemptible [*or* despicable] [*or* vile] person; **eine ~e Einstellung/Lüge** a despicable attitude/lie
❷ (*fam: stark*) *Kälte* extreme; *Schmerz a.* excrutiating
II. *adv* dreadfully; ~ **weh tun** to hurt like hell

Niederträchtigkeit <-, -en> *f* ❶ (*niederträchtige Tat*) despicable act, dirty trick
❷ *kein pl s.* **Niedertracht**

nieder|trampeln *vt* (*fam: niedertreten*) ■**etw/jdn** ~ to trample sth/sb underfoot

nieder|treten *vt irreg* ❶ (*darauf treten*) ■**etw** ~ *Gras, Blumen* to trample down sth *sep; Erde, Schnee* to tread [*or* stamp] down sth *sep; Teppichflor* to wear [down *sep*] sth
❷ (*fig*) **alles** ~ to trample all over everything

Niederung <-, -en> *f* ❶ (*Senke*) lowland; (*Mündungsgebiet*) flats *pl*
❷ (*fig*) **die ~en der Gesellschaft** *gen* society's lower depths; **die ~en des Lebens** life's humdrum routine

Niederwald *m* FORST coppice

nieder|walzen *vt* ❶ (*einebnen*) ■**etw** ~ to flatten sth
❷ (*fig*) ■**jdn/etw** ~ to crush [*or* overwhelm] sb/sth

nieder|werfen *irreg* **I.** *vr* ■**sich** *akk* [**vor jdm**] ~ to throw oneself down [before/in front of sb]
II. *vt* (*geh*) ❶ (*niederschlagen*) ■**etw** ~ to put down sth *sep,* to crush sth; **einen Aufstand** ~ to crush a revolt
❷ (*besiegen*) ■**etw** ~ to overcome sth; **den Feind** ~ to conquer [*or* overcome] the enemy
❸ (*bettlägerig machen*) ■**jdn** ~ to lay sb low, to lay sb up
❹ (*erschüttern*) to upset sb badly, to shatter sb *fam*

Niederwerfung *f Aufstand* suppression, putting down; *Diktator etc.* overthrow; *Feind* defeat

Niederwild *nt* small game

niedlich **I.** *adj* cute, sweet, pretty, nice
II. *adv* nicely, sweetly

Niednagel *m* hangnail, agnail

niedrig **I.** *adj* ❶ (*nicht hoch*) low; **eine ~e Decke/Stirn/~e Absätze** a low ceiling/forehead/low heels; **~es Gras** short [*or* low] grass
❷ (*gering*) low; **ein ~er Betrag/~es Trinkgeld** a small amount/tip
❸ (*gemein*) low, base; **von ~er Herkunft** [*o* **Geburt**] **sein** to be of humble [*or* lowly] origin
❹ JUR base; **~er Beweggrund** base motive
❺ (*dem untersten Rang zugehörig*) lowly, humble
II. *adv* ❶ (*in geringer Höhe*) low
❷ (*gering*) low

Niedrigenergiehaus *nt* low-energy house

Niedrigkeit <-> *f kein pl* ❶ *Löhne, Einkommen* low level
❷ (*geringe Höhe*) lowness; ***die ~ der Decken wirkte bedrückend*** the lowness of the ceilings was oppressive
❸ (*fig*) vileness

Niedriglohn *m* low wage **Niedriglohngruppe** *f* low-wage group **Niedriglohnland** *nt* low-wage country **Niedrigpreis** *m* low price **niedrigprozentig** *adj* low-percentage **Niedrigstrahlung** *f* low-level radiation **niedrigverzinslich** *adj inv* FIN low-interest yielding *attr;* **~e Kurzläufer** low-coupon shorts **Niedrigwasser** *nt kein pl* METEO ❶ (*Ebbe*) low tide [*or* water] ❷ (*niedriger Wasserstand von Flüssen*) low level; ***nach drei Monaten ohne Regen führen die Flüsse ~*** after three months without any rain the level of the rivers is low **Niedrigzinspolitik** *f kein pl* ÖKON cheap money policy

niemals *adv* (*emph*) never; *s. a.* **noch**

niemand *pron indef* (*keiner*) nobody, no one; ***ist denn da ~?*** isn't there anyone there?; ■**~es** nobody's, no one's; ***ich will ~en sehen*** I don't want to see anybody; ***das weiß ~ besser als du*** no one knows better than you; ***sie ist gerade für ~en zu sprechen*** she's not free to speak to anyone just now; ***sie hat mit ~ anders gesprochen*** she didn't speak to anyone else, she spoke to no one else; ***zu ~em ein Sterbenswörtchen, verstanden?*** not a single word to anyone, understood?

Niemand <-s, -e> *m* (*pej*) nobody *pej;* ***er ist ein ~*** he is a nobody

Niemandsland *nt kein pl* no man's land

Niere <-, -n> *f* ❶ (*Organ*) kidney; **künstliche ~** kidney machine; ***sie hat es an den ~n*** she has kidney problems
❷ *meist pl* (*Fleisch*) kidney *usu pl;* **saure ~n** kidneys in sour sauce
▸ WENDUNGEN: **etw geht jdm an die ~n** (*fam: etw nimmt jdn mit*) to get to sb *fam*

Nierenbecken *nt* renal pelvis **Nierenbeckenentzündung** *f* pyelitis *spec*

Nierenbeschwerden *pl* kidney complaint **Nierenbraten** *m* loin roast

nierenförmig *adj* kidney-shaped

Nierengurt *m* kidney belt **Niereninsuffizienz** *f* MED kidney failure **Nierenkolik** *f* renal colic *no pl;* **eine ~** [*o* **~en**] **haben** to suffer from renal colic

nierenkrank *adj* suffering from a kidney complaint *pred* **Nierenkranke(r)** *f(m) dekl wie adj* person suffering from a kidney complaint **Nierenkrankheit** *f* kidney disorder [*or* disease]

Nierenleiden *nt* MED kidney [*or* renal] disease **Nierenmark** *nt* ANAT medulla **Nierenrinde** *f* ANAT cortex **Nierenschale** *f* kidney dish **Nierenschützer** *m* kidney belt **Nierenspender(in)** <-s, -> *m(f)* kidney donor **Nierenstein** *m* kidney stone, renal calculus *spec* **Nierensteinzertrümmerer** <-s, -> *m* lithotripter *spec,* lithotrite *spec* **Nierentasche** *f* bum bag **Nierentee** *m* herbal tea [*or* infusion] for kidney complaints **Nierentisch** *m* kidney-shaped table **Nierentransplantation** *f* kidney transplant **Nierenversagen** *nt*

N

kein pl MED kidney [*or* renal] failure *no pl* **Nierenwärmer** <-s, -> *m* kidney warmer

Nierstück *nt* KOCHK SCHWEIZ (*Rinderlende*) loin cut

nieseln *vi impers* ■ **es nieselt** it's drizzling

Nieselregen *m* drizzle *no pl*

niesen *vi* to sneeze

Niesen <-s> *nt kein pl* sneezing

Niespulver [-fɐ, -vɐ] *nt* sneezing powder

Nießbrauch *m kein pl* JUR [right of] usufruct; **lebenslänglicher ~, ~ auf Lebenszeit** life interest; **~ an einem Grundstück** beneficial interest in land, usufruct of landed property; **~ an einem Vermögen** beneficial property; **[lebenslänglichen] ~ an einem Haus haben** to hold a life tenancy of a house; **etw mit einem ~ belasten** to encumber sth with a right of usufruct **Nießbraucher(in)** *m(f)* JUR usufructuary; **lebenslänglicher ~** lifeholder, tenant for life **Nießbrauchsrecht** *nt* JUR usufructuary right **Nießnutzer(in)** <-s, -> *m(f)* JUR usufructuary

Nieswurz <-es> *f* BOT *kein pl* hellebore

Niete[1] <-, -n> *f* ❶ (*Nichttreffer*) blank, losing ticket; **eine ~ ziehen** to draw a blank
❷ (*fam: Versager*) loser *fam*, dead loss *fam*

Niete[2] <-, -n> *f* rivet

nieten *vt* ■ **etw ~** to rivet sth

niet- und nagelfest *adj* ► WENDUNGEN: **alles, was nicht ~ ist** (*fam*) everything that's not nailed down

Niger <-s> *nt* Niger; *s. a.* **Deutschland**

Nigeria <-s> *nt* Nigeria; *s. a.* **Deutschland**

Nigerianer(in) <-s, -> *m(f)* Nigerian; *s. a.* **Deutsche(r)**

nigerianisch *adj* Nigerian; *s. a.* **deutsch**

Nigrer(in) <-s, -> *m(f)* Nigerien; *s. a.* **Deutsche(r)**

nigrisch *adj* Nigerien; *s. a.* **deutsch**

Nihilismus <-> *m kein pl* nihilism

Nihilist(in) <-en, -en> *m(f)* nihilist

nihilistisch *adj* nihilistic

Nikaraguaner(in) <-s, -> *m(f)* *s.* **Nicaraguaner**

Nikolaus <-, -e *o* -läuse> *m* ❶ (*verkleidete Gestalt*) St. Nicholas (*figure who brings children presents on 6th December*)
❷ (*Schokoladenfigur*) chocolate St. Nicholas
❸ *kein pl* (*Nikolaustag*) St. Nicholas' Day; **der Heilige ~** St. Nicholas

Nikosia, Nikosia <-s> *nt* Nicosia

Nikotin <-s> *nt kein pl* nicotine

nikotinarm *adj* low-nicotine *pred* **nikotinfrei** *adj inv* nicotine-free **Nikotingehalt** *m* nicotine content **nikotinhaltig** *adj* nicotinic **Nikotinsucht** *f* nicotine addiction **nikotinsüchtig** *adj* addicted to nicotine **Nikotinvergiftung** *f* nicotine poisoning

Nil <-s> *m* ■ **der ~** the Nile; **der Blaue ~** the Blue Nile; **der Weiße ~** the White Nile

Nilpferd *nt* hippopotamus

Nimbus <-, -se> *m* ❶ *kein pl* (*geh: Aura*) aura
❷ (*Heiligenschein*) nimbus, aura

nimmer- *in Komposita* never

nimmer *adv* ❶ (*veraltend geh: niemals*) never
❷ SÜDD, ÖSTERR (*nicht mehr*) no longer

nimmermehr *adv* (*veraltend geh*) never again, never *dated*

nimmermüde *adj attr* tireless

nimmersatt *adj inv, attr* (*fam*) insatiable

Nimmersatt <-[e]s, -e> *m* ❶ (*fam*) glutton *fam*, BRIT *a.* greedy-guts *fam*
❷ ORN wood ibis

Nimmerwiedersehen *nt* **auf ~** (*fam*) never to be seen again; ***wenn ich jetzt gehe, dann auf ~*** if I go now it will be forever; **auf ~!** (*fam*) farewell!

nimmt *3. pers. pres von* **nehmen**

Niobium <-s> *nt kein pl* niobium

Nippel <-s, -> *m* ❶ (*Schmiernippel*) nipple
❷ (*Brustwarze*) nipple

nippen *vi* to sip, to have [*or* take] a sip; ■ **an etw** *dat* **~** to sip [*or* have a sip] from sth; ■ **von etw ~** to sip at [*or* have a sip of] sth

Nippes *pl* [k]nick-[k]nacks *pl*

Nippsachen *pl* knick-knacks *pl*, small [porcelain] ornaments [*or* decorations] *pl*

nirgends *adv* nowhere; ***ich konnte ihn ~ finden*** I couldn't find him/it anywhere

nirgendwo *adv s.* **nirgends**

nirgendwohin *adv* nowhere

Nirwana <-[s]> *nt kein pl* nirvana

Nische <-, -n> *f* ❶ (*Einbuchtung einer Wand*) niche, recess
❷ (*abgegrenztes, geschütztes Gebiet*) niche

Nisse <-, -n> *f* nit

nisten *vi* to nest

Nistkasten *m* nesting box **Nistplatz** *m* ORN nesting place

Nitrat <-[e]s, -e> *nt* nitrate **Nitratgehalt** *m* nitrate content **Nitratkonzentration** *f* nitrate concentration **Nitratmenge** *f* nitrate level

nitratverschmutzt *adj* nitrate-contaminated

Nitrit <-s> *nt kein pl* CHEM nitrite

Nitroglyzerin *nt kein pl* nitroglycerine **Nitrogruppe** *f* nitro-group **Nitrolack** *m* nitrocellulose lacquer **Nitrolackierung** *f* [nitro]cellulose paint[ing] **Nitrosamin** <-s, -e> *nt* CHEM nitrosamine **Nitrotablette** *f* MED, PHARM nitrate **Nitroverdünnung** *f* [nitro]cellulose thinner

Niue <-s> [ni'u:eɪ] *nt* Niue; *s. a.* **Sylt**

Niveau <-s, -s> [ni'vo:] *nt* ❶ (*Anspruch*) quality, calibre [*or* AM -er]; **~ haben** to have class; **kein ~ haben** to be lowbrow [*or* primitive]; ***der Film/die Unterhaltung hatte wenig ~*** the film/conversation was not very intellectually stimulating; **mit ~** of high intellect *pred*, intellectually stimulating; ***sie ist eine sehr gebildete Frau mit ~*** she is a well-educated woman of high intellect; ***es war ein Gespräch mit ~*** it was an intellectually stimulating conversation; **etw ist unter jds ~** *dat* sth is beneath sb *fig*; ***unterhalte dich doch nicht mit solchen Proleten, das ist doch unter deinem ~*** don't talk to such peasants — it's beneath you; **unter ~** below par; ***er blieb mit diesem Buch unter seinem [üblichen] ~*** this book was below par, this book wasn't up to his usual standard
❷ (*Stand*) level
❸ (*Höhe einer Fläche*) level

niveaulos [ni'vo:-] *adj* primitive

Niveauregulierung *f* AUTO automatic level control [system]

niveauvoll *adj* intellectually stimulating

nivellieren* [-ve-] *vt* ■ **etw ~** ❶ (*geh: einander angleichen*) to even out sth *sep*
❷ (*planieren*) to level sth [off/out]

Nivellierschicht *f* BAU leveling layer

Nivellierung <-, -en> [-ve-] *f* (*geh*) evening out

nix *pron indef* (*fam*) *s.* **nichts**

Nixe <-, -n> *f* mermaid

Nizza <-s> *nt* Nice

NLQ INFORM *Abk von* **near letter-quality** NLQ

NLQ-Druckmodus *f* INFORM near letter-quality printing

nm *nt* PHYS *Abk von* **Nanometer** nm

N.N. ❶ *Abk von* **nomen nescio** n.n.
❷ *Abk von* **nomen nominandum** n.n.

NN *Abk von* **Normalnull** mean sea level

No <-> *nt kein pl* LIT (*klassisches, japanisches Theater*) No[h]

nobel I. *adj* ❶ (*edel*) noble, honourable [*or* AM -orable]
❷ (*luxuriös*) luxurious, plush[y] *fam*
❸ (*großzügig*) generous; **ein nobles Geschenk** a lavish gift; ■ **~ sein** to be generous; ***was, 20% Trinkgeld hat er gegeben? ~, ~!*** what, he gave a tip of 20%? very generous!
II. *adv* ❶ (*edel*) nobly, honourably [*or* AM -orably]
❷ (*großzügig*) generously

Nobelherberge *f* (*fam*) luxury hotel, de luxe hotel

Nobelium <-s> *nt kein pl* nobelium

Nobelpreis *m* Nobel prize

Nobelpreisträger(in) *m(f)* Nobel laureate [*or* prize winner]

Nobody <-s, -s> ['noʊbədɪ] *m* nobody

noch I. *adv* ❶ (*bis jetzt*) still; ***er ist ~ da*** he's still here; ***ein ~ ungelöstes Problem*** an as yet unsolved problem; ***ich rauche kaum ~*** I hardly smoke any more; ■ **~ immer [nicht]** still [not]; ***wir wissen ~ immer nicht mehr*** we still don't know anything else; ■ **~ nicht** not yet, still not; ***halt, warte, tu das ~ nicht!*** stop, wait, don't do it yet!; ■ **~ nichts** nothing yet; ***zum Glück ist ~ nichts davon an die Öffentlichkeit gedrungen*** luckily, none of this has yet become public knowledge; ***bisher habe ich ~ nichts Definitives erfahren*** I haven't heard anything more definite yet; ■ **~ nie [*o* niemals]** never; ***die Sonne schien und die Luft war klar wie ~ nie*** the sun was shining and the sky was clearer than ever before; ■ **~ niemand [*o* keiner]** nobody yet; ***bisher ist ~ niemand gekommen*** nobody has arrived yet; ■ **~ heute [*o* heute ~]** still today, even now [*or* today]; ***~ heute gibt es Leute, die alte Bräuche pflegen*** even today some people maintain their old customs [*or* traditions]; *s. a.* **eben, erst, nur**
❷ (*irgendwann*) some time, some day; ***vielleicht kann man den Karton ~ mal brauchen, ich hebe ihn jedenfalls auf*** I'll hang on to the box, it might come in handy some time; ***keine Angst, du kriegst ihn ~!*** don't worry, you'll still get him!
❸ (*nicht später als*) by the end of; ***das Projekt dürfte ~ in diesem Jahr abgeschlossen sein*** the project should be finished by the end of the year; ***~ in diesen Tagen werden wir erfahren, was beschlossen wurde*** we will find out what was decided in the next few days; ***~ gestern habe ich davon nicht das Geringste gewusst*** even yesterday I didn't have the slightest idea of it; **~ heute [*o* heute ~]** today; ***~ heute räumst du dein Zimmer auf!*** you *will* tidy up your room today!
❹ (*bevor etw anderes geschieht*) ***„ich muss auf die Toilette!" — „kannst du ~ ein bisschen aushalten?"*** "I have to go to the toilet!" — "can you hang on a bit longer?"; ***auch wenn es nicht leicht fällt, ~ müssen wir schweigen*** even though it might not be easy, we have to keep quiet for now; ***bleib ~ ein wenig*** stay a bit longer
❺ (*drückt etw aus, das nicht mehr möglich ist*) **~ als Junge** (*veraltet*) ***~ als Junge wollte er Fälscher werden*** even as a boy he wanted to become a forger
❻ (*womöglich sogar*) ***wir kommen ~ zu spät*** we're going to be late [*or* end up being late]
❼ (*obendrein*) in addition; ***bist du satt oder möchtest du ~ etwas essen?*** are you full or would you like something more to eat?; ***mein Geld ist alle, hast du ~ etwas?*** I don't have any money left, do you have any?; ***möchten Sie ~ eine Tasse Kaffee?*** would you like another cup of coffee?; ***~ ein Bier bitte!*** can I/we have another beer please!; ***hat er dir ~ etwas berichtet?*** did he tell you anything else?; ***das ist nicht alles, diese Kisten kommen ~ dazu*** that's not everything, there are these crates too; ***er ist dumm und ~ dazu frech*** he's thick and cheeky into his bargain; ■ **~ eine(r, s)** another; ***haben Sie ~ einen Wunsch?*** [can I get you] anything else?; ***lass die Tür bitte auf, da kommt ~ einer*** leave the door open please, there's somebody else coming
❽ *vor komp* (*mehr als*) even [more], still; ***~ höhere Gebäude verträgt dieser Untergrund nicht*** this foundation can't support buildings that are higher; ***seinen Vorschlag finde ich sogar ~ etwas besser*** I think his suggestion is even slightly better still; ***geht bitte ~ etwas langsamer, wir kommen sonst nicht mit*** please walk a bit more slowly, we can't keep up otherwise; ***das neue Modell beschleunigt ~ schneller als sein Vorgänger*** the accelaration on the new model is even quicker than its predecessor, the new model accelerates quicker still than its predecessor; ***ach, ich soll Ihnen die Leitung übergeben? das ist ja ~ schöner!*** oh, so you want me to hand over the management to you? that's even better!
❾ *in Verbindung mit so* ■ **... ~ so** however ...; ***er kommt damit nicht durch, mag er auch ~ so lügen*** he won't get away with it, however much he

lies; ***der Wein mag ~ so gut schmecken, er ist einfach zu teuer*** however good the wine may taste, it's simply too expensive; ***du kannst ~ so bitten, …*** you can beg as much as you like …
❿ *einschränkend* (*so eben*) just about; ***das ist ~ zu tolerieren, aber auch nur gerade ~*** that's just about tolerable but only just
▸ WENDUNGEN: **~ und ~** [*o* **nöcher**] heaps, dozens; ***ich habe diese undankbare Frau ~ und ~ mit Geschenken überhäuft!*** I showered this ungrateful woman with heaps of gifts; ***er hat Geld ~ und nöcher*** he has oodles [and oodles] of money
II. *konj* ■ **weder … ~** neither … nor; ***er kann weder lesen ~ schreiben*** he can neither read nor write; ■ **nicht … ~** neither … nor; ***nicht er ~ seine Frau haben eine Arbeit*** neither he nor his wife are in work
III. *part* ❶ (*verstärkend*) ***siehst du — auf Astrid kann man sich ~ verlassen!*** you see — you can always rely on Astrid!
❷ (*drückt Erregung aus*) ***die wird sich ~ wundern!*** she's in for a [bit of a] shock!
❸ (*drückt Empörung, Erstaunen aus*) ***hat der sie eigentlich ~ alle?*** is he round the twist or what?; ***sag mal, was soll der Quatsch, bist du ~ normal?*** what is this nonsense, are you quite right in the head?
❹ (*doch*) ■ **~ gleich *wie hieß er ~ gleich?*** what was his name again?

Nochgeschäft *nt* BÖRSE option to double; **~ auf Geben/Nehmen** call/put of more
nochmalig *adj attr* further
nochmals *adv* again
Nockenwelle *f* camshaft
NOK <-s, -s> *nt Abk von* **Nationales Olympisches Komitee** National Olympic Committee
nölen *vi* NORDD (*fam*) to dawdle *fam*
nolens volens ['no:lɛns'vo:lɛns] *adv* (*geh*) nolens volens, willy-nilly, like it or not
Nomade, Nomadin <-n, -n> *m, f* nomad **Nomadendasein** *nt* nomadic existence, nomadism **Nomadenleben** *nt kein pl* nomadic life *no pl;* **ein ~ führen** (*fig*) to lead a nomadic existence **Nomadentum** <-s> *nt kein pl* nomadism *no pl* **Nomadenvolk** *nt* nomadic people
Nomadin <-, -nen> *f fem form von* **Nomade**
No-Maske *f* No[h] mask
Nomen <-s, Nomina> *nt* LING noun
▸ WENDUNGEN: **n~ est omen** (*geh*) the name says it all
Nomenklatur <-, -en> *f* SCI nomenclature, vocabulary
Nomenklatura <-> *f kein pl* ❶ (*Verzeichnis*) nomenklatura
❷ (*in der UdSSR*) politically privileged class
Nomina *nt pl von* **Nomen**
nominal I. *adj* nominal; **~es Bruttoinlandsprodukt** ÖKON gross domestic product at current prices
II. *adv* nominally
Nominalismus <-> *m kein pl* PHILOS nominalism
Nominalkapital *nt* FIN nominal capital **Nominalkurs** *m* BÖRSE nominal price **Nominallöhne** *pl* ÖKON nominal wages
Nominalphrase *f* nominal phrase **Nominalsatz** *m* nominal clause **Nominalstil** *m* nominal style **Nominalwert** *m* nominal [*or* face] value **Nominalwertprinzip** *nt* ÖKON nominal [*or* face] value principle **Nominalzins** *m* nominal interest
Nominativ <-[e]s, -e> *m* nominative
nominell I. *adj* ❶ (*geh: nach außen hin*) nominal
❷ *s.* **nominal**
II. *adv* nominally; **~ *ist er noch Präsident*** he is still president but in name only
nominieren* *vt* ■ **jdn [für etw] ~** to nominate sb [for sth]
Nominierung <-, -en> *f* (*geh*) nomination
No-Name(-Produkt)^RR ['noʊneɪm-] *nt* no-name [product]
Nonchalance <-> [nõʃa'lã:s] *f kein pl* (*geh*) nonchalance
nonchalant [nõʃa'lã:] I. *adj* (*geh*) nonchalant
II. *adv* (*geh*) nonchalantly
Non-Impact-Drucker [nɔn'ɪmpækt-] *m* INFORM impactless printer
Nonkonformismus <-> *m kein pl* (*geh*) nonconformism *no pl*
Nonkonformist(in) <-en, -en> *m(f)* (*geh*) nonconformist
nonkonformistisch *adj* (*geh*) nonconformist
Nonne <-, -n> *f* nun
Nonnenkloster *nt* convent [of nuns]
Nonplusultra <-s> *nt kein pl* (*geh*) ■ **das ~** the ultimate
Nonsens <-[es]> *m kein pl* nonsense
nonstop [-ʃt-, -st-] *adv* non-stop
Nonstopflug *m* non-stop flight
Nonstopkino *nt* 24-hour cinema
Noppe <-, -n> *f* [k]nub
Noppensohle *f* dimpled rubber sole
Nord <-[e]s, -e> *m* ❶ *kein art, kein pl bes* NAUT north; **aus** [*o* **von**] **~** from the north; **aus ~ und Süd** from [the] north and south
❷ *pl selten* NAUT (*Nordwind*) north wind
Nordafrika *nt* North Africa **Nordamerika** *nt* North America **nordamerikanisch** *adj inv* North American **Nordatlantikpakt** *m* (*form*) ■ **der ~** the North Atlantic Treaty Organization, NATO **nordatlantisch** *adj inv* North Atlantic **nordatlantisches Verteidigungsbündnis** *nt* POL, MIL North Atlantic [*or* NATO] alliance **norddeutsch** *adj* North German **Norddeutsche(r)** *f(m) dekl wie adj* North German, northern German **Norddeutschland** *nt* North Germany
Norden <-s> *m kein pl, kein indef art* ❶ (*Himmelsrichtung*) north; **im ~** in the north; **aus Richtung ~** from the north; **in Richtung ~** northwards, to[wards] the north; **nach** [*o geh* **gen**] **~** to the north, northwards; **nach ~ blicken** [*o* **gehen**] [*o* **liegen**] *Zimmer, Fenster* to look [*or* face] north; ***wir möchten ein Zimmer nach ~ haben*** we would like a north-facing room [*or* a room that faces the north]; **nach ~ zeigen** *Kompass* to point north; *Person* to point to the north; **von** [*o* **aus**] **~** from the north; ***der Wind kommt von ~*** the wind is blowing from the north [*or* from a northerly direction]; **von ~ nach Süden** from north to south
❷ (*nördliche Gegend*) north; ***er wohnt im ~/im ~ der Stadt/im ~ von Hamburg/im ~ Deutschlands*** he lives in the north/in the northern part of town/in the northern part of Hamburg/in North[ern] Germany; **aus dem ~ kommen** [*o* **stammen**] to come [*or* be] [*or* hail] from the north [*or* from up north]; **in den ~** to[wards] the north; ***wir fahren dieses Jahr in den ~*** we're going up north on holiday this year; **im hohen ~** in the far north
Nordeuropa <-s> *nt kein pl* northern Europe *no pl* **Nordfriesland** *nt* North Friesland, Nordfriesland **Nordhalbkugel** *f* northern hemisphere **Nordhang** *m* northern slope **Nordirland** *nt* Northern Ireland
nordisch *adj* nordic; *s. a.* **Kombination**
Norditalien [-liən] *nt* Northern Italy **Nordkap** *nt* ■ **das ~** the North Cape
Nordkorea *nt* North Korea; *s. a.* **Deutschland**
Nordkoreaner(in) <-s, -> *m(f)* North Korean
nordkoreanisch *adj* North Korean
Nordküste *f* north coast **Nordlage** *f* north-facing location
nördlich I. *adj* ❶ (*in ~er Himmelsrichtung befindlich*) northern; **der ~e Himmel/die ~e Halbkugel/die ~e Grenze** the northern skies/hemisphere/border; *s. a.* **Breite, Wendekreis**
❷ (*im Norden liegend*) northern; ***das Elendsviertel liegt im ~en Teil der Stadt*** the slums are in the north [*or* northern part] of town; **weiter ~ liegen** to lie [*or* be situated] further [to the] north
❸ (*von/nach Norden*) northwards, northerly; **ein ~er Wind** a northerly wind; **aus ~er Richtung kommen** [*o* **wehen**] to blow from the north [*or* a northerly direction]; **in ~e Richtung** in a northerly direction, to the north, northwards; ***wir fuhren in eine ~e Richtung*** we drove north [*or* northwards] [*or* in a northerly direction]; **~en Kurs steuern** to take [*or* steer] a northerly course
❹ (*den skandinavischen Raum betreffend*) nordic
II. *adv* ■ **~ von …** north of …
III. *präp +gen* ■ **~ einer S.** [to the] north of sth; **~ der Alpen/der Stadt** north of [*or* to the north of] the Alps/the town
Nordlicht *nt* ❶ (*Polarlicht*) ■ **das ~** the Northern Lights *pl*, aurora borealis *sing* ❷ (*fam: Mensch aus Norddeutschland*) North German **Nordmeer** *nt* Arctic Ocean
Nordosten *m kein pl, kein indef art* ❶ (*Himmelsrichtung*) northeast; **nach** [*o geh* **gen**] **~** to[wards] the northeast, northeastwards; *s. a.* **Norden 1** ❷ (*nordöstliche Gegend*) northeast; *s. a.* **Norden 2**
nordöstlich I. *adj* ❶ (*in ~er Himmelsrichtung befindlich*) northeastern ❷ (*im Nordosten liegend*) northeastern; *s. a.* **nördlich 2** ❸ (*von/nach Nordosten*) northeastwards, northeasterly; *s. a.* **nördlich 3** II. *adv* ■ **~ von …** northeast of … III. *präp +gen* ■ **~ einer S.** northeast of sth; *s. a.* **nördlich III**
Nord-Ostsee-Kanal *m* ■ **der ~** the Kiel Canal
nordostwärts *adv* northeastwards, to the northeast, in a northeasterly direction
Nordpol *m kein pl* ■ **der ~** the North Pole
Nordpolargebiet *nt* ■ **das ~** the arctic region **Nordpolarmeer** *nt* ■ **das ~** the Arctic Ocean
Nordrhein-Westfalen *nt* North Rhine-Westphalia
Nordsee *f* ■ **die ~** the North Sea; **an der ~** on the North Sea coast; **an die ~** to the North Sea coast
Nordseeinsel *f* North Sea island **Nordseeküste** *f* North Sea coast
Nordseite *f* north side
Nord-Süd-Dialog *m* North-South dialogue [*or* AM -og] **Nord-Süd-Gefälle** *nt* North-South divide **Nord-Süd-Konflikt** *m* North-South conflict, conflict between North and South **Nord-Süd-Problem** *nt* problem of the North-South divide **Nord-Süd-Verkehr** *m* traffic between the North and the South
Nordwand *f* ❶ (*die nördliche Wand*) northern wall ❷ (*der nördliche Steilhang*) northern face
nordwärts *adv* northwards, to the north, in a northerly direction
Nordwesten *m kein pl, kein indef art* ❶ (*Himmelsrichtung*) northwest; **nach** [*o geh* **gen**] **~** to[wards] the northwest [*or* northwestwards]; *s. a.* **Norden 1** ❷ (*nordwestliche Gegend*) northwest; *s. a.* **Norden 2** **nordwestlich** I. *adj* ❶ (*in ~er Himelsrichtung befindlich*) northwestern ❷ (*im Nordwesten liegend*) northwestern; *s. a.* **nördlich 2** ❸ (*von/nach Nordwesten*) northwestwards, northwesterly; *s. a.* **nördlich 3** II. *adv* ■ **~ von …** northwest of … III. *präp +gen* ■ **~ einer S.** [to the] northwest of sth; *s. a.* **nördlich III** **Nordwind** *m* north wind
Nörgelei <-, -en> *f* ❶ (*nörgelnde Äußerung*) moaning
❷ (*dauerndes Nörgeln*) nagging
nörgeln *vi* ■ **[über etw *akk*] ~** to moan [about sth]
Nörgler(in) <-s, -> *m(f)* moaner, grumbler
Nori <-> *nt* (*Rotalge*) nori, green [*or* purple] [*or* sea] laver
Norm <-, -en> *f* ❶ (*festgelegte Größe*) standard, yardstick
❷ (*verbindliche Regel*) norm
❸ (*Durchschnitt*) ■ **die ~** the norm
❹ (*festgesetzte Arbeitsleistung*) quota
Normal <-s, -e> *nt* ❶ (*fachspr*) norm
❷ (*Benzin*) *s.* **Normalbenzin** regular; **~ bleifrei** regular unleaded
❸ TYPO **~e Schrift** roman typeface
normal I. *adj* ❶ (*üblich*) normal; **~e Geschäftstätigkeit** routine business; **unter ~en Umständen** under normal circumstances
❷ (*geistig gesund*) normal, sane; **nicht ganz ~ sein** to be not quite normal
❸ *meist verneint* (*fam: zurechnungsfähig*) right in the head *fam;* ***du bist wohl nicht ~!*** you're out of your mind!; **bist du noch ~?** are you crazy?

II. *adv* ① (*üblich*) normally
② (*fam: normalerweise*) normally, usually
Normalarbeitsverhältnisse *pl* ÖKON normal working conditions *pl* **Normalbenzin** *nt* low-octane petrol [*or* AM gas[oline]] **Normalbürger(in)** *m(f)* SOZIOL average citizen
normalerweise *adv* normally, usually
Normalfall *m* normal case; **der ~/nicht der ~ sein** to be/not be usual; **im ~** normally, usually **Normalgewicht** *nt* normal weight **Normalgröße** *f* standard [*or* normal] size
normalisieren* I. *vt* ■ **etw ~** to normalize sth
II. *vr* ■ **sich ~** to normalize, to return to normal
Normalisierung <-, -en> *f* normalization
Normalität <-> *f kein pl* normality; ***die ~ kehrte im Büroalltag wieder ein*** life in the office returned to normality
Normalkonnossement *nt* HANDEL uniform bill of lading **Normalkostenrechnung** *f* HANDEL standard cost system **Normalmaß** *nt kein pl* ① (*übliches Ausmaß*) normal level ② (*übliche Größe*) normal size **Normalmodus** *m* INFORM non-interlaced mode **Normalnull** *nt kein pl* sea level; **über/unter ~** above/below sea level **Normalpapier** *nt* plain paper **Normalsichtigkeit** *f kein pl* normal visibility *no pl* **Normalverbraucher(in)** *m(f)* average consumer; **Otto ~** (*fam*) the man in the street [*or* average person] **Normalversion** *f* TECH standard version **Normalverteilung** *f* MATH normal distribution **Normalzeit** *f* standard time **Normalzustand** *m kein pl* normal state
Normandie <-> *f* ■ **die ~** Normandy
Normanne, -mannin <-n, -n> *m, f* Norman
normannisch *adj* Norman
normativ *adj inv* (*geh*) normative; *Grammatik* normative
Normativbesteuerung *f* FIN normative system of taxation **Normativkosten** *pl* ÖKON general costs **Normativsteuer** *f* FIN normative tax
Normblatt *nt* standard sheet
normen *vt* ■ **etw ~** to standardize sth
Normendiskrepanz *f* JUR discrepancy between rules **Normenhäufung** *f* JUR plurality of rules **Normenkartell** *nt* ÖKON standardization cartel; **Normen- und Typenkartell** agreement on standards and types **Normenkollision** *f* JUR conflict of norms **Normenkontrolle** *f* JUR *judicial review of the constitutionality of an Act* **Normenkontrollklage** *f* JUR voidance petition **Normenkontrollverfahren** *nt* JUR *judicial proceedings on the constitutionality of laws* **Normenprüfung** *f* JUR judicial review of a legal norm **Normenvertrag** *m* standard contract **normenwidrig** *adj* non-standard
normieren* *vt* (*geh*) ■ **etw ~** to standardize sth
Normierung <-, -en> *f* (*geh*) ① (*das Normieren* [*Normen, Vereinheitlichen*]) standardization *no pl*
② (*das Normiertsein*) standardization *no pl*
Normteil *m* TECH standardized part **Normtyp** *m* standard type [*or* model]
Normung <-, -en> *f* standardization **normwidrig** *adj inv* non-standard; *Verhalten* deviant
Norwegen <-s> *nt* Norway
Norweger(in) <-s, -> *m(f)* Norwegian
Norwegerpullover *m* Norwegian pullover
norwegisch *adj* ① (*in Norwegen gelegen*) Norwegian
② (*Sprache*) Norwegian
Norwegisch *nt dekl wie adj* ■ **das ~e** [the] Norwegian [language]
Nostalgie <-> *f kein pl* (*geh*) nostalgia
Nostalgiewelle *f* wave of nostalgia
nostalgisch *adj* (*geh*) nostalgic
Nostrogeschäft *nt* FIN own account business **Nostroverbindlichkeiten** *pl* FIN nostro liabilities
not *adj* (*geh*) [**jdm**] **N~ tun** to be necessary [for sb]; ***ein bisschen Selbstbescheidung täte uns allen N~*** we could all do with a bit of modesty; ***bitte bemühen Sie sich nicht, das tut doch nicht N~!*** please don't go to any trouble, there's really no need!

Not <-, Nöte> *f* ① *kein pl* (*Armut*) poverty; **~ leidend** (*Entbehrungen erduldend*) destitute; FIN dishonoured *pred;* **~ leidender Kredit** nonperforming [*or* bad] loan; **eine ~ leidende Wirtschaft** an ailing economy; **~ leiden** (*veraltend*) to live in poverty; **es herrscht bittere ~** there is abject poverty; **aus ~** out of poverty
② (*Bedrängnis*) distress, desperation; **jdm in der ~ beistehen** to support sb at a difficult time; **in ~ geraten** to get into difficulties [*or* dire straits]; **jdm in der Stunde der ~ helfen** to help sb in her/his hour of need; **jdm seine ~ klagen** to pour out one's troubles to sb; **in ~** [*o* **Nöten**] **sein** to be in difficulties [*or* dire straits]; **in seiner/ihrer ~** in his/her distress [*or* desperation]; ***in seiner ~ wusste er sich nicht anders zu helfen*** he couldn't see what else he could do
③ *pl* (*Problem*) **in Ängsten und Nöten schweben** to be hot and bothered; **die Nöte des Alltags** humdrum problems; **die Nöte des kleinen Mannes** the average person's problems; **in 1000 Nöten sein** to be up to one's hips in alligators
④ (*Mühe*) **seine** [**liebe**] **~ haben mit jdm/etw** to have one's work cut out with sb/sth; **seine liebe ~ haben, etw zu tun** to have one's work cut out doing sth; **mit knapper ~** just; ***es gelang ihr, den Zug mit knapper ~ noch zu erreichen*** she just managed to catch the train; **ohne ~** (*ohne weiteres*) without having to
⑤ *kein pl* (*veraltend: Notwendigkeit*) necessity; ***damit hat es keine ~*** it isn't urgent; **ohne ~** without difficulty; ***ohne ~ sollte man nicht zu so drastischen Maßnahmen greifen*** if there is no need, one shouldn't resort to such drastic measures; ***im Deutschen werden oft ohne ~ Anglizismen für die Bezeichnung neuer Gegenstände verwendet*** in German, anglicisms are often used for describing new articles when there is actually no need [to use foreign words]; **der ~ gehorchend** out of necessity; **tun, was die ~ gebietet** to do what has to be done
► WENDUNGEN: **in der ~ schmeckt jedes Brot** (*prov*) hunger is the best cook; **~ bricht Eisen** [*o* **~ kennt kein Gebot**] (*prov*) necessity knows no law; **wenn die ~ am größten, ist Gottes Hilf' am nächsten** (*prov*) man's extremity is God's opportunity; [**da/jetzt/bei ihm ist**] **Holland in ~** [*o* **Nöten**] (*prov: es steht schlimm*) things are looking grim, now we are in for it; **wenn ~ am Mann ist** in times of need; ***das sind mir gute Freunde, wenn ~ am Mann ist, haben sie sich alle verdünnisiert!*** that's what I call good friends — when I/you really needed them they all cleared off!; ***eigentlich wollte ich morgen zum Angeln gehen, aber wenn wirklich ~ am Mann ist …*** actually, I wanted to go fishing tomorrow but if you're really stuck …; **in der ~ frisst der Teufel Fliegen** (*prov*) beggars can't be choosers; **in ~ und Tod zusammenhalten** to stick together through thick and thin; **aus der ~ eine Tugend machen** to make a virtue out of necessity; **~ lehrt beten** (*prov*) in our hour of need we all turn to God; **~ macht erfinderisch** (*prov*) necessity is the mother of invention; **zur ~** if need[s] be, at a pinch
Notanker *m* ① NAUT sheet anchor
② (*fig: Rettungsanker*) sheet anchor
Notar(in) <-s, -e> *m(f)* notary
Notariat <-[e]s, -e> *nt* ① (*Kanzlei*) notary's office
② *kein pl* (*Amt*) notaryship
Notariatsakt *m* notarial act **Notariatsurkunde** *f* JUR notarial instrument **Notariatsvertrag** *m* notarial deed
notariell I. *adj* notarial; **~ beglaubigt** authenticated [*or* certified] by a notary public
II. *adv* notarially
Notarin <-, -nen> *f fem form von* **Notar**
Notarzt, -ärztin *m, f* ① (*Arzt für Notfälle*) casualty [*or* AM emergency] doctor (*who treats patients at the scene of an accident*) ② (*Arzt im Notdienst*) doctor on call **Notarztwagen** *m* emergency doctor's car **Notaufnahme** *f* ① MED (*eines Kranken in einem Notfall*) emergency admission; (*Krankenhausstation*) accident and emergency [*or* A & E] department, emergency room AM ② HIST (*von DDR-Flüchtlingen in die BRD*) **die ~ beantragen** to apply for asylum; (*zuständige Stelle*) **die ~ durchlaufen** to pass through the [refugee] reception centre **Notaufnahmelager** *nt* emergency accommodation centre [*or* AM -er] **Notausgang** *m* emergency exit **Notbehelf** *m* stopgap [measure] **Notbeleuchtung** *f* emergency lighting **Notbetrug** *m* JUR petty fraud **Notbremse** *f* emergency brake; **die ~ ziehen** [*o* **betätigen**] to pull the emergency brake ► WENDUNGEN: **die ~ ziehen** [*o* **betätigen**] to put the brakes on sth **Notbremsung** *f* emergency stop **Notdienst** *m* duty; ***welche Apotheke/welcher Arzt hat am Wochenende ~?*** which chemist's/doctor is on duty at the weekend?; ***in der Samstagsausgabe stehen Angaben zum ärztlichen ~ fürs Wochenende*** the Saturday issue gives details of which doctors are on call at the weekend
Notdurft *f* **seine ~ verrichten** (*geh*) to relieve oneself *dated or hum*
notdürftig I. *adj* makeshift, stopgap; ***da jeder ein paar Brocken der Sprache des anderen beherrschte, war immerhin eine ~e Verständigung möglich*** as each of them had a smattering of the other's language, some sort of communication was possible
II. *adv* in a makeshift manner *pred*
Note <-, -n> *f* ① (*musikalisches Zeichen*) note; (*Notentext*) music, notes *pl;* **ganze/halbe ~** semibreve/minim; **~n lesen** to read music; **nach ~n** at sight; [**wie**] **nach ~n** thoroughly, with a vengeance
② (*Zensur*) mark, grade; (*Punkt*) point
③ JUR (*förmliche Mitteilung*) note; **eine diplomatische ~** a note
④ FIN (*Banknote*) [bank]note
⑤ *kein pl* (*Duftnote*) fragrance
⑥ *kein pl* (*Eigenart*) special character, stamp
Notebook <-s, -s> ['noʊtbʊk] *nt* INFORM notebook
Notenaustausch *m* exchange of notes **Notenbank** *f* bank of issue, issuing bank **Notenblatt** *nt* sheet of music **Notenheft** *nt* ① (*mit Noten*) music book ② (*Übungsheft*) manuscript book **Notenlinie** *f* line of a stave; ***Notenpapier ist mit ~n bedrucktes Papier*** manuscript paper is paper printed with staves **Notenpapier** *nt* manuscript paper **Notenschlüssel** *m* clef **Notenschrift** *f* MUS musical notation **Notenständer** *m* music stand **Notentriegelung** *f* BAU emergency opening
Notepad-Computer *m* notepad [computer]
Notfall *m* ① (*plötzliche Zwangslage*) emergency; **im ~** if needs be [*or* necessary] ② (*schnelle Hilfe erfordernde Erkrankung*) emergency **Notfalldienst** *m* emergency service **Notfallmeldung** *f* emergency call
notfalls *adv* if needs be
Notfallstation *f* SCHWEIZ casualty
Notfonds *m* FIN emergency reserves *pl* **Notfrist** *f* JUR statutory deadline BRIT, peremptory term AM **Notfristzeugnis** *nt* JUR certificate of absence of appeal
notgedrungen *adv* willy-nilly, of necessity
Notgemeinschaft *f* association for mutual assistance founded in an emergency [*or* to remedy a bad state of affairs] **Notgroschen** *m* savings for a rainy day; **sich** *dat* **einen ~ zurücklegen** to save up for a rainy day
notieren* I. *vt* ① (*aufschreiben*) ■ [**sich** *dat*] **etw ~** to write [*or* note] down sth
② ÖKON (*vormerken*) ■ **etw ~** to place sth in advance; ***darf ich also Ihre Bestellung für März ~?*** so, can I place an advance order for March for you?
③ BÖRSE (*ermitteln*) ■ [**mit etw**] **notiert werden** to be quoted [*or* listed] [at sth]; **nicht notierte Tochtergesellschaft** unquoted subsidiary; **notierte Währung** quoted exchange
II. *vi* ① (*schreiben*) to write down; ***einen Moment, ich hole mir einen Schreiber, so, jetzt***

kann ich ~ just a minute, I'll get a pen — right, now I can write it down
❷ BÖRSE (*ermitteln*) ▪**[mit etw]** ~ to be quoted; **die Aktie notiert mit 70 DM** the share is quoted at 70 marks

Notierung <-, -en> *f* ❶ BÖRSE quotation; **amtliche** ~ official quotation [*or* listing]
❷ ÖKON advance placing

Notifikation *f* JUR notification, notice

nötig I. *adj* ❶ (*erforderlich*) necessary; **der ~ste Bedarf** the bare essentials [*or* necessities]; ▪**~ sein** to be necessary; ▪**~ sein, etw zu tun** to be necessary to do sth; ▪**das N~e** what is necessary; ▪**alles N~e** everything necessary; ▪**das N~ste** the essentials *pl;* **etw ~ machen** to necessitate sth, to demand sth; **falls** [*o* **wenn**] ~ if necessary; **etw** [**bitter**] ~ **haben** to be in [urgent] need of sth; ***das Haus hat einen Anstrich bitter*** ~ the house is in dire need of a coat of paint; **etw nicht ~ haben** to have no reason to do sth; ***ach, ich soll mich bei ihm entschuldigen? das habe ich wirklich nicht*** ~ oh, so I'm supposed to apologize to him? I don't think so [*or* see why]; ***das war die Wahrheit, solche Lügen habe ich nicht*** ~ that's the truth — I've no reason to tell such lies; **es nicht ~ haben, etw zu tun** to not need to do sth; ***wir haben es nicht ~, uns so von ihm unter Druck setzen zu lassen*** we don't have to put up with him pressurizing us like this; ***er hat es nicht ~, sich anzustrengen*** he doesn't need to try hard; **es ~ haben, etw zu tun** to need to do sth; ***gerade du hast es ~, dich mit der Grammatik noch einmal zu beschäftigen*** you of all people should study grammar again
❷ (*geboten*) ***mit der ~en Sorgfalt wäre das nicht passiert*** with the necessary care it wouldn't have happened
▸ WENDUNGEN: **es gerade ~ haben, etw zu tun** (*iron*) to be a one to do sth; ***der hat es gerade ~, von Treue zu reden ...*** he's a one to tell us about faithfulness ...
II. *adv* urgently; ***was ich jetzt am ~sten brauche, ist ein warmes Bett*** what I need most now is a warm bed
▸ WENDUNGEN: **ganz/mal ~ müssen** (*fam*) to really need to go the loo BRIT *fam* [*or* AM *sl* john], to be bursting *fam*

nötigen *vt* ▪**jdn [zu etw]** ~ to force [*or* coerce] sb [into sth]; (*durch Zureden*) to urge, to entreat *form;* ▪**jdn dazu ~, etw zu tun** to force sb to do [*or* coerce sb into doing] sth; **sich *akk* genötigt sehen, etw zu tun** to be obliged [*or* forced] to do sth; ***er sah sich genötigt umzudisponieren*** he was obliged to change his plans

nötigenfalls *adv* (*form*) if necessary

Nötigung <-, -en> *f* ❶ (*Zwang*) compulsion, coercion
❷ (*geh: das Zureden*) entreaty; ***die gut gemeinten, aber lästigen ~en des Gastgebers, noch mehr zu trinken*** the host's well-intended but tiresome entreaties that we drink some more

Notiz <-, -en> *f* ❶ (*Vermerk*) note; **sich *dat* eine ~ [von etw *dat*] machen** to make a note [of sth]; **sich *dat* ~en machen** to make [*or* take] notes
❷ MEDIA (*kurze Zeitungsmeldung*) short report, short article
▸ WENDUNGEN: **[keine] ~ [von jdm/etw] nehmen** to take [no] notice [of sb/sth]

Notizblock <-blöcke> *m* notepad **Notizbuch** *nt* notebook **Notizzettel** *m* page of a notebook; ***neben dem Telefon lag ein Stapel ~ mit Adressen*** scraps of paper with addresses were piled up beside the phone

Notlage *f* desperate situation, difficulties *pl;* **sich *akk* in einer ~ befinden** to be in a desperate situation; **jdn in eine ~ bringen** to get sb into difficulties; **in eine ~ geraten** to get into difficulties; **jds ~ ausnützen** to take advantage of sb's predicament

notlanden <notlandete, notgelandet> *vi sein* to make an emergency landing

Notlandung *f* emergency landing

notleidend *adj s.* **Not** **Notlösung** *f* stopgap [solution] **Notlüge** *f* white lie

notorisch I. *adj* (*geh*) notorious; (*allbekannt*) well-known; **ein ~er Lügner** a notorious liar
II. *adv* (*geh*) notoriously; ***er ist ~ pleite*** it's common knowledge that he's broke

Notrecht *nt* JUR emergency legislation **Notreserve** *f* emergency reserve

Notruf *m* ❶ (*Anruf auf einer Notrufnummer*) emergency call
❷ (*eines Tieres*) distress call
❸ *s.* **Notrufnummer**

Notrufnummer *f* emergency number **Notrufsäule** *f* emergency telephone

Notrutsche *f* escape slide

notschlachten <notschlachtete, notgeschlachtet> *vt* ▪**ein Tier** ~ to slaughter an animal out of necessity

Notsignal *nt* emergency signal **Notsituation** *f* emergency **Notsitz** *m* spare foldaway seat

Notstand *m* ❶ (*Notlage*) desperate situation, difficulties *pl;* JUR [state of] emergency; **übergesetzlicher** ~ extra-statutory necessity
❷ (*politische Gefahrensituation*) state of emergency; **den ~ ausrufen** to declare a state of emergency; **äußerer** ~ emergency caused by an outside threat; **innerer** ~ national emergency

Notstandsgebiet *nt* disaster area **Notstandsgesetze** *pl* emergency laws **Notstandsgesetzgebung** *f* JUR emergency legislation **Notstandsklausel** *f* JUR emergency clause **Notstandskomitee** *nt* emergency committee **Notstandsverfassung** *f* emergency constitution

Notstromaggregat *nt* emergency generator **Notstromversorgung** *f* emergency power supply

Nottaufe *f* emergency baptism; **die ~ bekommen** to have an emergency baptism, to be baptized at the eleventh hour **Nottestament** *nt* JUR nuncupative will **Notunterkunft** *f* emergency accommodation **Notverband** *m* MED emergency dressing **Notverkauf** *m* JUR emergency [*or* forced] sale **Notverkaufsrecht** *nt* JUR right of emergency sale **Notverordnung** *f* JUR emergency decree **Notwasserung** *f* LUFT emergency landing on water **Notweg** *m* JUR way of necessity

Notwehr <-> *f kein pl* self-defence *no pl;* JUR private-lege of self-defence; **aus** [*o* **in**] ~ in self-defence

Notwehrexzess[RR] *m* JUR excessive self-defence

notwendig I. *adj* ❶ (*erforderlich*) necessary; ▪**das N~e** the essentials *pl;* ▪**alles N~e** everything necessary; ▪**das N~ste** the bare essentials *pl*
❷ (*geboten*) ▪**der/die ~e** ... the necessary ...
II. *adv* necessarily; **etw ~ brauchen** to absolutely need sth

notwendigerweise *adv* necessarily; ***diese Leibesvisitationen müssen ~ durchgeführt werden*** it is necessary to conduct these body searches

Notwendigkeit, Notwendigkeit <-, -en> *f* ❶ *kein pl* (*Erforderlichkeit*) necessity
❷ (*Erfordernis*) necessity

Notzucht <-> *f kein pl s.* **Vergewaltigung**

notzüchtigen <notzüchtigte, genotzüchtigt> *vt s.* **vergewaltigen**

Notzuständigkeit *f* JUR emergency jurisdiction

Nougat <-s, -s> ['nu:gat] *m o nt s.* **Nugat**

Nova[1] <-, Novä> ['no:va, -vɛ] *f* nova

Nova[2] *nt pl von* **Novum**

Novation <-, -en> *f* JUR novation

Novationsvertrag *m* JUR substituted contract

Novel Food, Novelfood[RR] <-> ['nɔvəl'fu:d] *nt kein pl* novel food

Novelle <-, -n> [-'vɛ-] *f* ❶ (*Erzählung*) short novel
❷ (*novelliertes Gesetz*) amended law, amendment

novellieren* [-vɛ-] *vt bes* ÖSTERR (*geh*) ▪**etw** ~ to amend sth

Novellierung <-, -en> *f* JUR, POL amendment

November <-s, -> [-'vɛ-] *m* November; *s. a.* **Februar**

Novität <-, -en> [-vi-] *f* ❶ (*neuer Artikel*) new article
❷ (*neues Buch*) new book

Novize, Novizin <-n, -n> [-'vi:-] *m, f* novice, acolyte

Noviziat <-[e]s, -e> [-vi-] *nt* novitiate

Novizin <-, -nen> *f fem form von* **Novize**

Novum <-s, Nova> [-vʊm-, -va] *nt* (*geh*) ▪**ein** ~ new factor [*or* phenomenon], novelty

Nowosibirsk <-s> *nt* Novosibirsk

NPD *f Abk von* **Nationaldemokratische Partei Deutschlands** NPD, National Democratic Party of Germany

Nr. *Abk von* **Nummer** no.

ns *f* PHYS *Abk von* **Nanosekunde** ns

NS[1] *Abk von* **Nachschrift** PS

NS[2] *Abk von* **Nationalsozialismus** National Socialism

NS-Bonze *m* Nazi bigwig **NS-Staat** *m* National Socialist [*or* Nazi] state **NS-Zeit** *f* [period of] National Socialism [*or* Nazism]

NT *f* INFORM *Abk von* **New Technology** NT

N.T. *nt Abk von* **Neues Testament** NT

Nu *m* **im** ~ in a flash [*or fam* sec]; ***ich bin im ~ zurück*** I'll be back in a sec

Nuance <-, -n> [nʏ'ã:sə] *f* nuance; **eine ~ zu ...** a shade; ***der Boden ist eine ~ zu weich für dieses Pferd*** the going is a shade on the soft side for this horse

Nuancenpalette *f* gamut of shades

nuancieren* *vt* (*geh*) ❶ (*kaum merklich abwandeln, sehr fein graduell abstufen*) ▪**etw** ~ to give sth subtle nuances, to nuance sth *rare*
❷ (*in all seinen Feinheiten, feinen Unterschieden erfassen, darstellen*) ▪**etw** ~ to give sth subtle nuances, to nuance sth *rare*

Nubukleder *nt* nubuck

nüchtern *adj* ❶ (*mit leerem Magen*) empty-stomached; ▪**~ sein** with an empty stomach; *s. a.* **Magen**
❷ (*nicht betrunken*) sober
❸ (*realitätsbewusst*) sober, down-to-earth; **eine ~e Einschätzung** a level-headed assessment
❹ (*bloß*) sober, bare, plain, austere

Nüchternheit <-> *f kein pl* ❶ (*Realitätsbewusstsein*) soberness, rationality
❷ (*nicht alkoholisierter Zustand*) soberness, sobriety

Nuckel <-s, -> *m* (*fam*) dummy

Nuckelflasche *f* baby bottle

nuckeln *vi* (*fam: saugen*) ▪**[an etw *dat*]** ~ to suck [on sth]

Nudel <-, -n> *f* ❶ *meist pl* pasta + *sing vb, no indef art;* (*in Suppe*) noodle *usu pl*
❷ (*Teigröllchen zum Mästen von Gänsen*) fattening ball
❸ *meist pl* DIAL (*krapfenähnliches Gebäck*) pastry
❹ (*fam: Frau*) roly-poly; **dicke** ~ fat one; **giftige** ~ nasty one; **ulkige** ~ funny one

Nudelbrett *nt* pastry board **Nudelholz** *nt* rolling pin **Nudelmaschine** *f* pasta machine

nudeln I. *vt* ❶ (*mästen*) ▪**etw** ~ *Geflügel* to cram sth ❷ (*fam: überfüttern*) ▪**jdn** ~ to stuff sb; **sich *akk* wie genudelt fühlen** to be full to bursting ❸ DIAL (*liebkosen*) ▪**jdn/etw** ~ to cuddle sb/sth
II. *vi* KOCHK (*veraltet*) to roll out pastry for noodles

Nudelsuppe *f* noodle soup **Nudelteig** *m* pasta dough

Nudismus <-> *m kein pl* (*geh*) nudism

Nudist(in) <-en, -en> *m(f)* (*geh*) nudist

Nugat[RR] <-s, -s> *m o nt* nougat

nuklear I. *adj attr* nuclear
II. *adv* with nuclear weapons *pred;* ~ **ausgerüstet/bewaffnet sein** to be equipped/armed with nuclear weapons

Nuklearindustrie *f* nuclear industry **Nuklearkriminalität** *f* nuclear crime **Nuklearmacht** *f* nuclear power **Nuklearmedizin** *f* nuclear medicine **Nuklearpark** *m* nuclear arsenal **Nuklearphysik** *f kein pl* nuclear physics + *sing vb* **Nuklearteest** *m* MIL, POL nuclear [*or* atomic] test **Nuklearwaffe** *f* nuclear weapon **Nuklearwaffen-**

N

potenzialRR *nt* nuclear weapon potential [*or* capacity] [*or* capability]
Nukleinsäure *f* nucleic acid
Nukleotid <-s, -e> *m* BIOL (*Grundbaustein der DNA*) nucleotide
null *adj* ❶ (*Zahl*) zero, nought; **gleich ~ sein** to be zero; (*0° C*) zero; *s. a.* **acht**[1]
❷ SPORT (*kein*) no; **~ Punkte** no points; **~ zu ~** (*0:0*) nil nil [*or* AM *usu* zero zero]; **~ zu drei** nil three
❸ TENNIS love; **40 zu ~** 40-love
❹ INFORM **etw auf ~ stellen** to reset sth
▸ WENDUNGEN: **jds Hoffnung/Mut sinkt unter ~** sb loses all hope [*or* courage]; **in** [*o* **im**] **~ Komma nichts** (*fam*) in [*or* quick as] a flash; **die Stunde ~** zero hour; **~ und nichtig sein** to be null and void; **etw für ~ und nichtig erklären** to declare sth null and void; **~ für ~ aufgehen** (*sich als richtig erweisen*) to turn out right; **gleich ~ sein** (*so gut wie nicht vorhanden*) to be nil
Null[1] <-, -en> *f* ❶ (*Zahl*) zero, null
❷ (*fam: Versager*) nothing
▸ WENDUNGEN: [**noch einmal**] **bei ~ anfangen** (*fam*) to start [again] from scratch
Null[2] <-[s],-s> *m o nt* KARTEN null[o]; **~ Hand** null[o] hand; **~ ouvert** open null[o]
nullachtfuffzehn *adj*, **nullachtfünfzehn** *adv* (*fam*) run-of-the-mill
Nullachtfünfzehn-Auto *nt* run-of-the-mill car
nulla poena sine lege JUR no crime unless there is a statute for it
Null-Bock-Jugend *f* (*sl*) disenchanted youth, don't-give-a-damn young wasters *pl*, slackers *pl*
Nulldiät *f* starvation diet **Nullinflation** *f* ÖKON zero inflation **Nulllösung**RR *f*, **Nullösung** *f* zero option **Nullmeridian** *m* prime [*or* Greenwich] meridian **Nullpunkt** *m kein pl* freezing point; **auf den ~ absinken** to drop down to freezing point ▸ WENDUNGEN: **auf den ~ sinken** [*o* **ankommen**] to reach rock bottom **Nullrunde** *f round of wage negotiations where demand for a wage rise is dropped* **Nullsaldo** *m* FIN zero balance **Nullschiene** *f* BAU neutral conductor **Nullserie** *f* pilot lot **Nullstellung** *f kein pl* zero position **Nulltarif** *m kein pl* ■**zum ~** for free; ***der ~ wurde auf allen Strecken eingeführt*** free travel was introduced on all routes **Nullwachstum** *nt* zero growth
Numerale <-s, -lien *o* -lia> *nt* LING numeral
Numeri *pl von* **Numerus**
numerieren* *vt s.* **nummerieren**
Numerierung <-, -en> *f s.* **Nummerierung**
numerisch *adj* numeric[al]
Numerus <-, Numeri> *m* number
Numerus clausus <-> *m* numerus clausus
Numismatik <-> *f kein pl* numismatology
Num-Lock-Taste *f* INFORM num lock key
Nummer <-, -n> *f* ❶ (*Zahl*) number; **laufende ~** serial number
❷ (*Telefonnummer*) number; ***z.Z. bin ich unter der ~ ... zu erreichen*** at the moment I can be reached under ...
❸ MEDIA (*Ausgabe*) issue
❹ (*Größe*) size
❺ (*Autonummer*) registration number
❻ (*fam: Typ*) character; ***mit Ulrike wird es nie langweilig, sie ist eine total ulkige ~*** it's never boring with Ulrike around, she's a real bag of laughs
❼ (*derb: Koitus*) fuck *vulg*, BRIT *a.* shag *fam!*; **eine schnelle ~** a quickie; **eine ~** [**mit jdm**] **machen** [*o* **schieben**] (*sl*) to have it off BRIT *sl* [*or* AM get it on] [with sb]
❽ (*Darbietung*) **eine glanzvolle ~** a great act
❾ (*fam: Musikstück*) ***auf der CD sind ein paar gute ~n*** there are a few good tracks on the CD
▸ WENDUNGEN: **eine ~ aufs Parkett legen** to trip the light fantastic; **auf ~ Sicher gehen** (*fam*) to play it safe; **auf ~ Sicher sein** [*o* **sitzen**] (*sl*) to be behind bars; [**nur**] **eine ~ abziehen** (*fam: schauspielern*) to put on an act; **etw ist für jdn ein paar ~n zu groß** sth is out of sb's range, sb would be biting off more than he can chew with sth; **eine große** [*o* **dicke**] **~ bei jdm haben** (*fam*) to be really well in with sb; [**nur**] **eine ~ sein** to be [no more than] a number; **die ~ eins** (*fam*) the number one
nummerierenRR* *vt* ■**etw ~** to number sth
NummerierungRR <-, -en> *f* ❶ *kein pl* (*das Nummerieren*) numbering
❷ (*Eintrag einer Zahl*) numbering; ***die Blätter haben keine ~*** the sheets are not numbered
Nummernkonto *nt* numbered account **Nummernpaket** *nt* number packet **Nummernscheibe** *f* TELEK (*veraltend*) dial **Nummernschild** *nt* number [*or* AM license] plate **Nummernzeichen** *nt* numerical mark
nun I. *adv* ❶ (*jetzt*) now
❷ (*na ja*) well; ***was hältst du von ihm? — ~, ich weiß nicht*** what do you think of him? — well, I don't know
❸ (*allerdings*) but; ***ich will ~ mal nicht im Norden Urlaub machen!*** but I just don't want to go on holiday in the north!
❹ (*etwa*) well; ***hat sich die Mühe ~ gelohnt?*** well, was it worth the trouble?
❺ *in Fragesätzen* (*denn*) then; ***war es ~ wirklich so schlimm mit der Prüfung?*** so, was the exam really so bad then?; ***ob es ~ auch sein kann, dass einfach eine Verwechslung vorliegt?*** could it be then that there is simply some mistake?
❻ (*gar*) really; ***wenn sie sich ~ wirklich etwas angetan hat?*** what if she has really done sth to herself?
❼ (*eben*) just; ***Mathematik liegt ihr ~ mal nicht*** maths just isn't her thing
▸ WENDUNGEN: **~ gut** [*o* **schön**] alright, all right; **von ~ an** from now on; **~ denn** [*o* **wohl** *geh*] so; **~ ja** well; **~ ja** [*o* **gut**], **aber ...** well yes, but ...; **es ist ~** [**ein**]**mal so** that's the way it is; ***was hilft's, hier wird ~ mal so verfahren*** what can you do? that's the way things are done around here; **was ~?** what now?; **~, ~!** now, now!
II. *konj* (*veraltend geh: jetzt da*) now that; ***~ der Vorhang gefallen war, konnte der Intendant erleichtert aufatmen*** now that the curtain was down, the director was able to heave a sigh of relief
nunmehr *adv* (*geh*) now
'nunter *adv* DIAL *s.* **hinunter**
Nuntius <-, -tien> *m* REL nuncio
nur *adv* ❶ (*lediglich*) only; **~ noch** [*o geh* **mehr**] only; ***es hätte ~ noch ein Wort gefehlt und ich wäre explodiert*** just one more word and I would have exploded
❷ (*bloß*) just; ***da kann man doch ~ lachen!*** what a bloody laugh! *fam*; ***mach ~ ja nicht mich für die Folgen verantwortlich!*** just don't, whatever you do, blame me for the consequences!; ***wie konnte ich das ~ vergessen!*** how on earth could I forget that!
❸ (*ja*) ■**~ niemand/nicht** not a soul/not at all; ***lass das ~ niemanden wissen!*** don't you [dare] tell anyone!
❹ (*ruhig*) just; ***schlag ~ zu, wirst schon sehen, was du davon hast!*** go on, hit me, you'll soon see what you'll get out of it!
❺ (*aber*) the only thing is ...; ***du kannst gerne einen Whisky haben, ~ habe ich kein Eis*** you're welcome to have a whisky, the only thing is I don't have any ice; ***das Buch ist sehr gut – ~, es ist wahrscheinlich zu schwer*** the book is very good – but [*or* though] it's probably too heavy-going
▸ WENDUNGEN: **~ Mut** cheer up; **~ her damit!** (*fam: gib/gebt es ruhig!*) give it here!; **~ noch** ***als ich ihn zur Rede stellte, wurde er ~ noch frecher*** when I took him to task he got even cheekier; **~ so** ***gerade als ich aus dem Haus wollte, regnete es ~ so*** just as I wanted to go out it was really pouring down; **dass es ~ so ...** + *vb* (*in hohem Maß, in großer Menge*) so much that it ...; ***ich werde dir so eine scheuern, dass es ~ so staubt!*** I'm going to give you such a clout that it will raise the dust!; **~ zu!** come on then; **warum/was/wer/wie ... ~?** just why/what/who/how ...?; ***warum musstest du das ~ tun?*** just why did you have to do that?; ***was in aller Welt hast du dir ~ dabei gedacht?*** just what on earth did you think you were doing?; ***es schellt jemand an der Tür? wer kann das ~ sein?*** somebody's ringing the doorbell? who on earth can it be?; **wenn ~ ... ~ ...** if only ...; ***das Wetter ist schön, wenn es ~ so bliebe!*** the weather is glorious, if only it would stay like this!; *s. a.* **nicht**
Nurlesespeicher *m* INFORM read-only memory [*or* storage]
Nürnberg <-s> *nt* Nuremberg; *s. a.* **Trichter**
nuscheln I. *vi* (*fam*) to mumble
II. *vt* (*fam*) ■**etw ~** to mumble sth
NussRR <-, Nüsse> *f*, **Nuß** <-, Nüsse> *f* ❶ (*Haselnuss*) hazelnut; (*Walnuss*) walnut; **Nüsse knacken** to crack nuts
❷ (*Nusseis*) hazelnut [ice cream]
❸ KOCHK (*Fleischstück aus der Keule*) eye
❹ (*fam: Kopf*) nut *fam*
▸ WENDUNGEN: **dumme ~** (*fam*) stupid twit, silly cow BRIT *fam!*; **eine harte ~** (*fam*) a tough nut to crack; **jdm eine harte ~ zu knacken geben** (*fam*) to give sb a tough [*or* hard] nut to crack, to give sb a difficult task; **eine harte ~ zu knacken haben** to have a tough [*or* hard] nut to crack; **eine taube ~** a dead loss *fam*; **jdm eins auf die ~ geben** (*fam*) to knock sb on the head
NussbaumRR *m* ❶ (*Walnussbaum*) walnut tree
❷ *kein pl* (*Walnussholz*) walnut
nussbraunRR *adj inv* nutbrown
NüsschenRR <-s, -> *nt* KOCHK loin [*or* filet] of lamb
NussfruchtRR *f* BOT nut **Nussknacker**RR *m* nutcracker **Nussöl**RR *nt* nut oil **Nussschale**RR *f* ❶ (*Schale einer Nuss*) [nut]shell ❷ (*winziges Boot*) cockleshell **Nusstorte**RR *f* nut gateau BRIT, cream cake with hazelnuts AM
Nüster <-, -n> *f* ❶ ZOOL (*Nasenöffnung*) nostril
❷ *pl* (*geh: Nasenlöcher*) nostrils
Nut <-, -en> *f* (*fachspr*), **Nute** <-, -n> *f* groove; **~ und Feder** groove and tongue
Nutation <-, -en> *f* ASTRON nutation
nuten *vt* TECH ■**etw ~** to groove sth, to chase sth, to cut a keyway in sth
Nutria[1] <-, -s> *f* coypa, nutria
Nutria[2] <-s, -s> *m* ❶ (*Pelz der ~*) nutria
❷ (*Pelzmantel*) nutria coat
Nutte <-, -n> *f* (*sl*) whore
Nutzanwendung *f* practical application; **eine ~ aus etw ziehen** to draw a practical lesson [*or* moral] from sth
nutzbar *adj* usable; ■[**für/zu etw**] **~ sein** to be usable [for sth]; **etw ~ machen** to exploit sth
Nutzbarmachung <-> *f kein pl* utilization; *von Bodenschätzen* exploitation
nutzbringend I. *adj* gainful, profitable
II. *adv* gainfully, profitably
nütze *adj pred*, **nutz** *adj pred* SÜDD, ÖSTERR ■**zu etw ~ sein** to be useful; ***ich habe es doch bereits zweimal versucht, wozu soll ein dritter Versuch ~ sein?*** but I've already tried twice, what use is a third try?; ■**zu nichts ~ sein** to be good for nothing; ***alles verbockst du, zu nichts bist du ~!*** you muck up everything, you good-for-nothing!
Nutzeffekt *m* useful effect; ***und was ist nun der ~ deiner ständigen Vorhaltungen?*** and what have you achieved with your constant reproaches?
nutzen, nützen I. *vi* (*von Nutzen sein*) ■[**jdm**] [**etwas**] **nutzen** [*o* **nützen**] to be of use [to sb]; ***und was soll das ~, wenn ich mich ein drittes Mal darum bemühe?*** and what's the use in me giving it a third go?; ***drohe ihm, das nützt immer!*** threaten him, that always helps!; ***schön, dass meine Ermahnungen doch etwas genutzt/genützt haben*** good, my warnings weren't a complete waste of time; ■[**jdm**] **nichts nutzen** [*o* **nützen**] to not do [sb] any good, to be no use [to sb]; ***du kannst sie ja fragen, aber das wird*** [***dir***] ***nichts ~*** you can ask her but it won't do [you] any good; ***ich will Geld sehen, ein Schuldschein nützt mir nichts*** I want to see money — an IOU is no good to me

II. *vt* ❶ (*in Gebrauch nehmen*) ■**etw nutzen** [*o* **nützen**] to use sth; ***er hat zwar einen Kabelanschluss, nützt ihn aber kaum*** he does have cable TV but he hardly watches it
❷ (*ausnutzen*) ■**etw nutzen** [*o* **nützen**] to exploit [*or* take advantage of] sth; **eine günstige Gelegenheit ~** to seize an opportunity; **die Gunst der Stunde ~** to make use of an opportune moment

Nutzen <-s> *m kein pl* advantage, benefit; ***welchen ~ versprichst du dir davon?*** what do you hope to gain from it?; **wirtschaftlicher ~** economic value; [**jdm**] **~ bringen** to be of advantage [*or* benefit] [to sb]; ***mir ist nicht klar, welchen ~ es bringen soll, wenn wir auf seine Vorschläge eingehen*** I don't see what the advantage would be in accepting his proposal; **jdm zum ~ gereichen** (*geh*) to be to sb's advantage; **von etw irgendeinen ~ haben** to gain [*or* derive benefit] from sth; ***welchen ~ soll ich davon haben, euch zu helfen*** what am I going to get out of helping you?; [**jdm**] **von ~ sein** to be of use [to sb]; ***das wäre von ~*** that would be helpful; **von geringem ~ sein** to not be much use; **von großem ~ sein** to be a lot of use; **aus etw** [**seinen**] **~ ziehen** to derive benefit from sth; **zum ~ der/des ...** to the benefit of the ...

Nutzer(in) *m(f)* user; JUR beneficiary; **unredlicher ~** dishonest beneficiary

Nutzerrecht *nt* JUR beneficial interest

Nutzfahrzeug *nt* utility vehicle **Nutzfläche** *f* utilizable space of land **Nutzgarten** *m* kitchen garden **Nutzholz** *nt* timber *no pl* **Nutzkosten** *pl* HANDEL costs of use **Nutzkraftwagen** *m* commercial motor vehicle **Nutzlast** *f* TRANSP live weight, payload **Nutzleistung** *f* TECH brake horsepower

nützlich *adj* ❶ (*nutzbringend*) useful; ■[**jdm**] **~ sein/werden** to be useful [to sb]; ■**N~es** sth useful; ***er leistet viel N~es*** his work is very useful; **das N~e mit dem Angenehmen verbinden** to combine business with pleasure; ***der Vorschlag enthält nichts N~es*** the proposal doesn't include anything of any use; **sich** *akk* **~ machen** to make oneself useful
❷ (*hilfreich*) helpful; ■[**jdm**] **~ sein** to be helpful [to sb]

Nützlichkeit <-> *f kein pl* advantage, utility

Nützlichkeitsdenken <-s> *nt kein pl* utilitarian thinking *no pl*

nutzlos **I.** *adj* futile, useless; ■**~ sein, etw zu tun** to be futile to do sth; ***der Versuch wäre ~*** it would be a waste of time trying
II. *adv* in vain *pred*

Nutzlosigkeit <-> *f kein pl* futility, uselessness

nutznießen* *vi* JUR (*form*) ■**von jdm/etw ~** to benefit from sb/sth

nutznießend *adj* JUR (*form*) beneficial, usufructuary

Nutznießer(in) <-s, -> *m(f)* JUR (*form*) usufructuary, beneficiary

Nutznießung <-, -en> *f* JUR *s.* **Nießbrauch**

Nutznießungsrecht *nt* JUR beneficial [*or* usufructuary] right

Nutzpflanze *f* AGR, BOT [economically] useful plant

Nutztier *nt* economically useful animal; ■**~e** livestock + *sing/pl vb*

Nutzung <-, -en> *f* use

Nutzungsänderung *f* JUR change of utilization **Nutzungsanspruch** *m* JUR beneficiary claim **Nutzungsart** *f* type of use; TECH application **Nutzungsausfall** *m* JUR loss of use **Nutzungsbefugnis** *f* JUR right of beneficial use, usufructuary right **Nutzungsberechtigte(r)** *f(m)* JUR beneficiary **Nutzungsbeschränkung** *f* JUR restrictive covenant **Nutzungsdauer** *f* useful life, period of use **Nutzungsentschädigung** *f* FIN compensation for loss of use **Nutzungsinhalt** *m* useful content **Nutzungsinteresse** *nt* JUR beneficiary interest **Nutzungsjahre** *pl* HANDEL years in use **Nutzungskapazität** *f* usable capacity **Nutzungsrecht** *nt* right of use; JUR usufruct, usufructuary right; **alleiniges/gemeinsames ~** exclusive use/commonage; **vertragliches ~** contractual right of property; **nicht mehr vorhandenes ~** expired utility; **~ an fremdem Grundstück** profit à prendre; **~ auf Lebenszeit** life interest **Nutzungs(recht)entgelt** *nt* FIN compensation for use, rental **Nutzungsüberlassung** *f* JUR surrender of the use and benefit [of sth] **Nutzungsüberlassungsvertrag** *m* JUR agreement on surrender of the use and benefit [of sth] **Nutzungsuntersagung** *f* JUR restraint of use **Nutzungsverhältnis** *nt* JUR owner and user relationship; **zeitlich begrenztes ~** periodic tenancy **Nutzungsvertrag** *m* JUR contract for the transfer of use and enjoyment **Nutzungswert** *m* FIN *eines Mietobjekts* rental value **Nutzungswertbesteuerung** *f* FIN taxation of beneficial use **Nutzungszeitraum** *m* period of use

Nutzwert *m kein pl* TECH utility

n.u.Z. *Abk von* **nach unserer Zeitrechnung** AD

NVA *f* HIST *Abk von* **Nationale Volksarmee** National People's Army (*of the GDR*)

NW *Abk von* **Nordwesten**

Nyasasee *m* Lake Nyasa, Lake Malawi

Nylon® <-[s]> ['naılɔn] *nt kein pl* nylon

Nylonstrumpf ['naılɔn-] *m* nylon stocking

Nymphe <-, -n> *f* nymph

Nymphensittich *m* ZOOL cockatiel

nymphoman *adj* nymphomaniac

Nymphomanie <-> *f kein pl* nymphomania

Nymphomanin <-, -nen> *f* nymphomaniac

nymphomanisch *adj inv* nymphomaniac

NYSE *m Abk von* **New York Stock Exchange** NYSE

O

O, o <-, – *o fam* -s, -s> *nt* O, o; **~ wie Otto** O for Oliver BRIT, O as in Oboe AM; *s. a.* **A 1**

o *interj* oh

O *Abk von* **Osten**

o.a. *Abk von* **oben angeführt** aforementioned

o.ä. *Abk von* **oder ähnliches** or similar, or the like

OAE *f Abk von* **Organisation für Afrikanische Einheit** OAU, Organization of African Unity

OAPEC *f Abk von* **Organization of Arab Petroleum Exporting Countries** OAPEC

OAS *f Abk von* **Organisation Amerikanischer Staaten** OAS, Organization of American States

Oase <-, -n> *f* oasis

ob **I.** *konj* ❶ (*inwiefern, indirekte Frage*) whether; ***~ er morgen kommt?*** I wonder whether he'll come tomorrow?; ***ich weiß nicht, ~ sie mitkommt*** I don't know whether she'll come too
❷ ■**~ ..., ~ ...** whether ... or ...; (*sei es, dass ...*) whether ...; ***~ reich, ~ arm, jeder muss sterben*** rich or poor, everyone must die
❸ (*bei Wiederholung einer Frage*) I/he/she etc. said ...
❹ (*selbst wenn*) ■**~ ... auch** (*veraltend*) even if
❺ (*sei es dass*) ***sie muss mitgehen, ~ es ihr passt oder nicht*** she has to go whether she likes it or not; *s. a.* **als, und**
II. *präp* ❶ +*gen* (*veraltend geh: wegen*) on account of
❷ +*gen* (*in Ortsnamen*) on; ***Rothenburg ~ der Tauber*** Rothenburg on the Tauber
❸ +*dat* SCHWEIZ (*veraltet: über*) above

o.B. *Abk von* **ohne Befund** [results] negative

OB <-s, -s> [o:'be:] *m Abk von* **Oberbürgermeister**

Obacht <-> *f kein pl bes* SÜDD care; **~ geben** to be careful; **auf etw** *akk* **~ geben** to pay attention to sth; ***gib auf das, was du sagst, besser ~*** be more careful about what you say; **auf jdn/etw ~ geben** to look after sb/sth; **~!** watch out!

ÖBB *f Abk von* **Österreichische Bundesbahn** Austrian Federal Railway

Obdach <-[e]s> *nt kein pl* (*geh*) shelter; **jdm ~ geben** [*o* **gewähren**] to give sb shelter; **kein ~ haben** to have nowhere to live, to be homeless

obdachlos *adj* homeless; ***durch das Erdbeben wurden viele Menschen ~*** many people lost their homes through the earthquake **Obdachlose(r)** *f(m) dekl wie adj* homeless person

Obdachlosenasyl *nt,* **Obdachlosenheim** *nt* refuge for homeless persons

Obdachlosigkeit <-> *f kein pl* homelessness

Obduktion <-, -en> *f* post-mortem [examination]

obduzieren* *vt* ■**jdn ~** to perform a post-mortem on sb; ■**obduziert werden** to undergo a post-mortem; ■**das O~** post-mortem

O-Beine *pl* bandy [*or* bow] legs *pl*

o-beinig *adj* bandy-[*or* bow-]legged

Obelisk <-en, -en> *m* obelisk

oben *adv* ❶ (*in der Höhe*) top; ***ich möchte die Flasche ~ links/rechts*** I'd like the bottle on the top left; ■**~ auf etw** *akk o dat* on top of sth; **dort ~** up there; **ganz ~** right at the top, at the very top; ***die Singdrossel sitzt ganz ~ auf dem Baum*** the song-thrush is sitting right at the top of the tree; **hier ~** up here; **hoch ~** high; **bis ~** [**hin**] up to the top; **nach ~ zu** [*o* **hin**] further up; **nach ~** up; **von ~** (*vom oberen Teil*) from above
❷ (*im oberen Stockwerk*) upstairs; **nach ~** upstairs; **von ~** from upstairs
❸ (*fam: auf höherer Ebene*) among/by, etc. the powers that be; ***wir haben keine Ahnung von dem, was ~ geschieht*** we have no idea what happens among the powers that be; ***solche Dinge werden ~ entschieden*** these things are decided by the powers that be; ***ich gebe Ihren Antrag dann weiter, die ~ sollen sich damit beschäftigen*** I'll pass your application on, the powers that be can deal with it; **sich ~ halten** to stay at the top; **nach ~** to the powers that be, to the top *fam;* **von ~** from the powers that be, from the top *fam;* **nach ~ buckeln, nach unten treten** *to be servile to those higher in the hierarchy and arrogant to those lower; s. a.* **Norden**
❹ (*vorher*) above; **~ erwähnt** [*o* **genannt**] above-mentioned *attr,* mentioned above *pred;* **siehe ~** see above; *s. a.* **weiter**
❺ (*auf der Oberseite*) ***der Stoff ist ~ glänzend, unten matt*** the upper part of the material is shiny, the lower part matt
► WENDUNGEN: **jdn von ~ herab ansehen** to look down on sb; **etw nach ~ aufrunden** to round sth up; **jdn von ~ herab behandeln** to behave in a superior manner toward sb; **mal ~, mal unten sein** sometimes up, sometimes down; **jdm bis** [**hier**] **~ stehen** to have it up to here; **nicht mehr wissen, wo ~ und unten ist** to not know whether you are coming or going; [**hier**] **~!** this way up!; **~ ohne** (*fam*) topless; **von ~ bis unten** from top to bottom

obenan *adv* first; ***sein Name steht ~ auf der Liste*** his name is at the top of the list **obenauf** *adv* ❶ DIAL (*obendrauf*) on top ❷ ■**~ sein** (*guter Laune*) to be chirpy [*or* in good form]; (*im Vorteil*) to be in a strong position **obendrauf** *adv* (*fam*) on top; ***sie setzte sich auf den Koffer ~*** she sat on top of the suitcase ► WENDUNGEN: **eins ~ kriegen** (*fam*) to get a smack in the face [*or* BRIT *fam* gob] [*or* on the mouth] **obendrein** *adv* on top, as well; ***das alles ist ja schon schlimm genug, aber die Sache soll nun ~ auch noch vertuscht werden*** that's all bad enough but, on top of that, now they want to keep the whole business quiet **obengenannt** *adj inv s.* **oben 4** **obenherum** *adv* (*fam*) ❶ (*um die Brüste herum*) in the boobs *fam* ❷ (*im Bereich des Oberteils*) in the bust **obenhin** *adv* in passing, fleetingly **oben-ohne** *adj inv* topless **Oben-ohne-Bedienung** *f* topless service **obenrum** *adv* (*fam*) *s.* **obenherum**

Ober <-s, -> *m* [head] waiter; ***~, bitte zahlen!*** the bill please, waiter!

Oberarm *m* upper arm **Oberarzt, -ärztin** <-es, -ärzte> *m, f* (*Vertreter des Chefarztes*) assistant medical director; (*Leiter einer Abteilung*) consultant **Oberaufsicht** *f* supervision **Oberbefehl** *m kein pl* supreme command; **den ~ [über etw** *akk*] **haben** to be in supreme command [of sth] **Oberbefehlshaber(in)** *m(f)* commander-in-chief **Oberbegriff** *m* generic term **Oberbekleidung** *f* outer clothing **Oberbett** *nt* duvet BRIT, quilt AM **oberblöd** *adj* (*emph fam*) ridiculous, idiotic **Oberbundesanwalt, -anwältin** *m, f* JUR Chief Public Attorney **Oberbürgermeister(in)** *m(f)* mayor, BRIT *a.* ≈ Lord Mayor **Oberdeck** *nt* upper deck **oberdeutsch** *adj* LING Southern German (*concerning the German dialects spoken in Southern Germany, Austria and Switzerland*) **Oberdeutschland** *nt* Southern Germany

obere(r, s) *adj attr* ① (*oben befindlich*) top, upper
② (*rangmäßig höher*) higher
③ (*vorhergehend*) previous
④ (*höher gelegen*) upper

Obere *pl* (*fam*) ■**die ~n** the powers that be *fam*, those in authority

Oberer See *m* Lake Superior

oberfaul *adj* (*fam*) incredibly lazy

Oberfeldwebel *m* ① (*Heer*) ≈ staff sergeant
② (*Marine*) ≈ chief petty officer BRIT, ≈ petty officer first class AM
③ (*Luftwaffe*) ≈ flight sergeant BRIT, ≈ technical sergeant AM

Oberfläche *f* ① (*äußere Fläche*) surface
② (*obere Fläche*) surface; **auf** [*o* **an**] **der ~** on the surface; **an die ~ kommen** (*auftauchen*) to surface; (*zu Tage kommen*) to surface, to come to light

Oberflächenbehandlung *f* surface treatment **Oberflächenbeschaffenheit** *f* BAU finish **Oberflächenfestigkeit** *f* sizing strength, surface stability **oberflächengeleimt** *adj inv* **~es Papier** surface-[*or* tub-]sized paper **Oberflächenkontamination** *f* NUKL surface contamination **Oberflächenspannung** *f* SCI surface tension

oberflächlich I. *adj* ① (*äußerlich*) superficial
② (*flüchtig*) superficial; ***sie arbeitet rasch, ist aber leider etwas zu ~*** she works quickly but, unfortunately, she's a little slapdash
③ (*seicht*) superficial
II. *adv* ① (*an der Oberfläche*) superficially
② (*flüchtig*) in a slapdash manner *pred*
③ (*allgemein*) superficially

Oberflächlichkeit <-> *f kein pl* (*Seichtheit*) superficiality

Oberförster *m* chief [*or* head] forester **Oberfräser** *m* router **obergärig** *adj* top-fermented **Obergeschoss**[RR] *nt* top floor **Obergesellschaft** *f* HANDEL umbrella company; (*einer Gruppe*) parent company **Obergrenze** *f* upper limit, maximum

oberhalb I. *präp +gen* ■**~ einer S.** above sth
II. *adv* above

Oberhand *f kein pl* upper hand; **die ~ behalten** to retain the upper hand; **die ~ [über jdn] gewinnen** [*o* **bekommen**] to gain the upper hand; **die ~ haben** to have the upper hand **Oberhaupt** *nt* head **Oberhaus** *nt* POL upper house, House of Lords, BRIT *a.* Upper House **Oberhaut** *f* cuticle, epidermis **Oberhemd** *nt* shirt **Oberherrschaft** *f kein pl* sovereignty, supremacy, supreme authority; ■**die ~ über jdn/etw** sovereignty over sb/sth **Oberhirte** *m* prelate **Oberhitze** *f* upper heat **Oberhoheit** *f kein pl s.* **Oberherrschaft**

Oberin *f* ① (*Oberschwester*) matron
② (*Äbtissin*) Mother Superior

Oberinspektor(in) *m(f)* chief inspector

oberirdisch I. *adj* overhead, above ground [*or* surface]; **~e Leitung** overhead line **II.** *adv* overground **Oberitalien** *nt* Northern Italy **Oberkante** *f* ① TYPO top edge, upper margin ② BAU top edge **Oberkellner(in)** *m(f)* head waiter **Oberkiefer** *m* upper jaw **Oberklasse** *f* ① *pl* (*veraltend: obere Schulklasse*) ≈ sixth form [*or* AM grade] ② (*Oberschicht*) upper class **Oberkleidung** *f* (*selten*) outer clothing **Oberkommandierende(r)** *f(m) dekl wie adj* commander-in-chief **Oberkommando** *nt* MIL ① (*Oberbefehl*) ■**das ~ [über jdn/etw]** supreme command [over sb/sth] ② (*Befehlsstab*) supreme command **Oberkörper** *m* torso; **mit bloßem** [*o* **freiem**] [*o* **nacktem**] **~** topless; **den ~ freimachen** to take off one's top **Oberlandesgericht** *nt* Higher Regional Court (*intermediate or regional court of appeals*) **Oberlänge** *f* TYPO ascender **Oberlauf** *m* upper course **Oberleder** *nt* (*von Schuhen*) [leather] uppers *pl* **Oberleitung** *f* ① (*Führung*) overall management ② (*Fahrdraht*) overhead cable[s *pl*] (*on trolleybuses and trams/streetcars*) **Oberleitungsomnibus** *m* trolleybus, trackless trolley **Oberleutnant** *m* ① (*im Heer*) lieutenant BRIT, first lieutenant AM ② (*bei der Luftwaffe*) flying officer BRIT, first lieutenant AM

Oberlicht *nt* ① (*oberer Fensterteil*) transom
② (*Fenster über einer Tür*) fanlight, AM *usu* transom [window] **Oberliga** *f* third [highest regional] division **Oberlippe** *f* upper lip **Obermaterial** *nt eines Schuhs* upper[s] **Oberösterreich** *nt* Upper Austria **Oberpfeife** *f* (*pej*) useless git BRIT, AM bigtime loser **Oberpostdirektion** *f* regional post office administration **Oberpriester(in)** *m(f)* high priest *masc*, high priestess *fem* **Oberprima** *f* SCH (*veraltend*) *top form of a German grammar school* **Oberprimaner(in)** <-s, -> *m(f)* SCH (*veraltend*) *pupil in the top form of a German grammar school* **Oberrabiner** *m* REL senior rabbi **Oberrhein** <-s> *m* Upper Rhine **oberrheinisch** *adj* Upper Rhine; *s. a.* **Tiefebene**

Obers <-> *nt kein pl* ÖSTERR (*Sahne*) whipping cream

Oberschale *f* KOCHK (*Rind*) topside; (*Schwein*) gammon slipper

Oberschenkel *m* thigh **Oberschenkelhalsbruch** *m* femoral neck fracture **Oberschenkelknochen** *m* thighbone, femur *spec* **Oberschenkelmuskulatur** *f* femoral musculature

Oberschicht *f* ① (*in der Gesellschaft*) upper class ② GEOL upper stratum **oberschlau** *adj* (*iron fam*) really clever *iron* **Oberschule** *f* ① (*meist fam: höhere Schule*) secondary school ② HIST (*in der DDR*) unified comprehensive shool **Oberschulrat, -rätin** *m, f* school inspector BRIT **Oberschwester** *f* matron **Oberseite** *f* top

Oberst <-en *o* -s, -e[n]> *m* MIL ① (*im Heer*) colonel
② (*in der Luftwaffe*) group captain BRIT, colonel AM

Oberstaatsanwalt, -anwältin *m, f* senior public prosecutor BRIT, director of public prosecutions BRIT, attorney general AM

oberste(r, s) *adj* ① (*ganz oben befindlich*) top, uppermost
② (*rangmäßig am höchsten*) highest; *s. a.* **Gerichtshof**
► WENDUNGEN: **das O~ zuunterst kehren** (*veraltend*) to turn everything upside down

Oberstimme *f* top part, soprano, treble

Oberstleutnant *m* ① (*im Heer*) lieutenant colonel
② (*bei der Luftwaffe*) wing commander BRIT, lieutenant colonel AM

Oberstübchen *nt* ► WENDUNGEN: **nicht ganz richtig im ~ sein** (*veraltend fam*) to be not quite right in the head, to have a screw loose **Oberstudiendirektor(in)** [-diən-] *m(f)* headmaster **Oberstudienrat, -rätin** [-diən-] *m, f senior teacher at a secondary school, one rank above "Studienrat"* **Oberstufe** *f* ≈ sixth form [*or* AM grade] **Oberteil** *nt o m* ① (*Aufsatz*) top part ② (*oberes Teil*) top **Obertrottel** *m* (*fam*) prize idiot **Oberverwaltungsgericht** *nt* Higher Administrative Court **Oberwasser** *nt kein pl* (*Schleuse*) headbay ► WENDUNGEN: **~ bekommen** [*o* **kriegen**] (*fam*) to get an advantage [*or* the upper hand]; [**wieder**] **~ haben** to get the upper hand, to be on top [*or fam* top dog] **Oberweite** *f* bust size [*or* measurement]

Obfrau *f s.* **Obmann**

obgleich *konj* although

Obhut <-> *f kein pl* (*geh*) care, charge; **sich** *dat* **unter jds ~ befinden** [*o* **unter jds ~ stehen**] to be in sb's care [*or* charge]

Obhutshaftung *f* JUR custodial liability **Obhutspflicht** *f* JUR duty of care [*or* to exercise proper care]; **~ des Verkäufers** seller's duty of care

obige(r, s) *adj attr* ① (*oben genannt*) above-mentioned
② (*zuvor abgedruckt*) above

Objekt <-[e]s, -e> *nt* ① (*Gegenstand*) object
② (*Immobilie*) [piece of] property
③ (*Kunstgegenstand*) objet d'art
④ (*Gegenteil von Subjekt*) object
⑤ INFORM object; **~e verknüpfen und einbinden** object linking and embedding

Objektdatei *f* INFORM object file

Objektförderung *f* ÖKON building development

objektiv I. *adj* objective; **eine ~e Entscheidung** an objective decision
II. *adv* objectively

Objektiv <-s, -e> *nt* lens, objective

objektivieren* *vt* ■**etw ~** ① (*geh*) to objectify sth
② PHYS to objectivize sth

Objektivität <-> [-vi-] *f kein pl* objectivity

Objektmenü *nt* INFORM object menu **objektorientiert** *adj* object-oriented **Objektsatz** *m* LING object clause **Objektschutz** *m* protection of property **Objektsteuer** *f* FIN property tax **Objektträger** *m* microscope slide

Oblate <-, -n> *f* wafer

obliegen* ['ɔpli:gn, ɔp'li:gn] *vi irreg, impers sein o haben* ① (*form: verantwortlich sein*) ■**jdm ~** to be sb's responsibility; ■**es obliegt jdm, etw zu tun** it is sb's responsibility to do sth
② (*veraltet: sich beschäftigen*) **einer Aufgabe ~** to apply oneself to a task

Obliegenheit <-, -en> *f* (*form*) responsibility, duty

Obliegenheitserfindung *f* JUR obligatory invention **Obliegenheitsverletzung** *f* JUR neglect of duty, breach of obligation

obligat *adj* ① (*unerlässlich*) indispensable
② (*iron: unvermeidlich*) inevitable *iron*

Obligation <-, -en> *f* FIN [debenture] bond; **nicht einklagbare ~** unenforceable obligation; **einlösbare/festverzinsliche ~en** redeemable/fixed-interest bonds; **~en aufrufen/tilgen** to call in/redeem bonds; **~en veräußern** to dispose of bonds

Obligationär(in) *m(f)* FIN bondholder, debenture holder

Obligationenausgabe *f* FIN bond issue **Obligationenrecht** *nt* FIN law of obligations **Obligationenschuldner(in)** *m(f)* JUR bond debtor, AM obligor **Obligationentilgung** *f* FIN redemption of bonds **Obligationsgläubiger(in)** *m(f)* JUR bond creditor **Obligationshandel** *m kein pl* BÖRSE bond market **Obligationsinhaber(in)** *m(f)* FIN bondholder, debenture holder **Obligationsschuld** *f* FIN bond debt

obligatorisch *adj* (*geh*) compulsory, obligatory

Obligo <-s, -s> *nt* ÖKON liability, financial obligation; **ohne ~** without prejudice; **unter dem ~ früherer Zusagen** committed by earlier promises

Obmann, -männin *o* **-frau** <-männer *o* -leute> *m, f* chairman *masc*, chairwoman *fem*

Oboe <-, -n> *f* oboe

Oboist(in) <-en, -en> *m(f)* oboist

Obolus <-, -se> *m* (*geh*) contribution, offering *iron*

Obrigkeit <-, -en> *f* (*Verwaltung*) ■**die ~** the authorities

obrigkeitlich *adj* (*veraltend*) official, governmental

Obrigkeitsstaat *m* authoritarian state

obschon *konj* (*geh*) *s.* **obgleich**

Observatorium <-, -torien> [-va-, -'to:riən] *nt* observatory

observieren* [-'vi:-] *vt* (*form*) ■**jdn ~** to observe sb, to keep somebody under surveillance; ■**jdn ~ lassen** to have sb observed, to have sb kept under surveillance

obsessiv *adj* PSYCH obsessive

Obsidian <-s, -e> *m* GEOG obsidian

obsiegen* *vi* ① (*gewinnen*) to win
② (*geh: die Oberhand behalten*) to triumph

obskur *adj* (*geh*) ① (*unbekannt*) obscure
② (*verdächtig*) suspicious, dubious

obsolet *adj* (*geh*) obsolete
Obst <-[e]s> *nt kein pl* fruit
Obstanbau <-s> *m,* **Obstbau** *m kein pl* fruit growing **Obstbaum** *m* fruit tree **Obsternte** *f* ❶ *kein pl* (*das Ernten von Obst, Früchten*) gathering [*or* picking] of the fruit, fruit-gathering [*or* -picking] *no pl, no indef art;* ***für die ~ beschäftigt der Bauer viele Aushilfskräfte*** for the picking of the fruit [*or* fruit-picking] [*or* fruit-gathering] the farmer hires a lot of extra help ❷ (*geerntetes Obst*) fruit crop [*or* harvest] **Obstessig** *m* fruit vinegar **Obstgarten** *m* orchard **Obstgeschäft** *nt* fruiterer's BRIT, fruit store AM **Obsthändler(in)** <-s, -> *m(f)* fruiterer BRIT, fruitseller AM **Obsthandlung** *f* fruiterer's BRIT, fruit store AM
Obstipation <-, -en> *f* MED obstipation, [severe] constipation; **an ~ leiden** to suffer from obstipation [*or* [severe] constipation]
Obstkuchen *m* fruit flan [*or* cake] **Obstkuchenform** *f* flan [*or* AM pie] tin [*or* AM *usu* pan]
Obstler <-s, -> *m* fruit liquor
Obstmesser *nt* fruit knife **Obstplantage** *f* orchard, fruit plantation
Obstruktion <-, -en> *f* (*geh*) obstruction; **~ betreiben** to be obstructive
Obstsaft *m* fruit juice **Obstsalat** *m* fruit salad **Obstschnaps** *m* fruit schnaps **Obsttag** *m day on which one only eats fruit, generally as part of a diet;* **einen ~ einlegen** to have a fruit and veg day **Obsttorte** *f* fruit flan [*or* tart] **Obstwasser** *nt* fruit schnaps
obszön *adj* ❶ (*unanständig*) obscene; **~e Witze** dirty [*or* obscene] jokes
❷ (*Entrüstung verursachend*) obscene; ***wie kannst du nur so etwas O~es von dir geben!*** how could you say something so obscene!
Obszönität <-, -en> *f* ❶ *kein pl* (*obszöne Art*) obscenity
❷ (*obszöne Bemerkung*) obscenity
Obus *m* trolley bus
Obwalden <-s> *nt* Obwalden
obwalten* *vi* (*form*) to prevail
obwohl *konj* although; ***~ er müde war, tat er ihr den Gefallen*** although he was tired he did her the favour
obzwar *konj* (*selten*) *s.* **obwohl**
Occasion <-, -en> [ɔkaˈzio:n] *f* SCHWEIZ (*Gebrauchtwagen*) second-hand car; (*gebrauchtes Gerät*) second-hand article
Ochotskisches Meer *nt* Sea of Okhotsk
Ochse <-n, -n> [ˈɔksə] *m* ❶ (*kastriertes Rind*) ox
❷ SÜDD, ÖSTERR, SCHWEIZ ox, bullock
❸ (*fam: Dummkopf*) fool, idiot
► WENDUNGEN: **dastehen wie der ~ vorm Scheunentor** [*o* **wie der ~ am** [*o* **vorm**] **Berg**] (*fam*) to be completely baffled, to stand there like an idiot [*or* BRIT a lemon]
ochsen (*fam*) I. *vt* (*lernen*) ■**etw ~** to swot up sth *sep* BRIT, to cram sth
II. *vi* (*angestrengt arbeiten*) to work like an ox
Ochsenfrosch *m* ZOOL bullfrog **Ochsenkarren** *m* ox-cart **Ochsenschwanz** *m* oxtail **Ochsenschwanzsuppe** *f* oxtail soup **Ochsentour** *f* (*fam*) hard slog *fam* **Ochsenziemer** <-s, -> *m* [short] whip
Ocker <-s, -> *m o nt* ochre, AM *a.* ocher
ockerbraun *adj,* **ockergelb** *adj* ochre, AM *a.* ocher
OCR *f* INFORM *Abk von* **optical character recognition** OCR
OCR-Programm *nt* INFORM OCR program
OCR-Zeichensatz *m* INFORM OCR-font, optical font
Ode <-, -n> *f* ode
öde *adj* ❶ (*verlassen*) desolate, deserted
❷ (*fade*) dull, dreary
❸ (*unfruchtbar*) bleak, waste
Öde <-, -n> *f* (*geh*) ❶ *kein pl* (*Verlassenheit*) desolation, solitude
❷ (*unwirtliches Land*) wasteland, desert *fig*
❸ (*Leere*) dreariness, tedium
Odem <-s> *m kein pl* (*poet*) breath
Ödem <-[e], -e> *nt* oedema BRIT, edema AM
oder *konj* ❶ (*eines oder anderes*) or; **~ aber** or else; **~ auch** or [even]; **~ auch nicht** or [maybe [*or* perhaps]] not
❷ (*stimmt's?*) ***der Film hat dir auch gut gefallen, ~?*** you liked the film too, didn't you?; ***soviel ich weiß, schuldete er dir noch Geld, ~?*** as far as I know he still owes you money, doesn't he?; ***du traust mir doch, ~*** [***etwa***] ***nicht?*** you do trust me, don't you?; *s. a.* **entweder**
Oder <-> *f* GEOG ■**die ~** the Oder
Odermennig <-s> *m* BOT agrimony
Oder-Neiße-Linie *f* POL ■**die ~** the Oder-Neisse Line
Ödipuskomplex *m* PSYCH Oedipus complex *no pl*
Ödland *nt kein pl* uncultivated land *no indef art, no pl,* wasteland *no pl*
Odyssee <-, -n> *f* (*geh*) odyssey
OECD <-> *f* ÖKON *Abk von* **Organization for Economic Cooperation Development** OECD
OEEC *f Abk von* **Organization for European Economic Cooperation** OEEC
Oeuvre <-, -s> *nt* (*geh*) body of work, oeuvre *form,* work[s *pl*]
OEZ *f Abk von* **osteuropäische Zeit** EET
Öfchen <-s, -> *nt dim von* **Ofen**
Ofen <-s, Öfen> *m* ❶ (*Heiz~*) heater; (*Kohle-, Kachel-, Öl~*) stove; (*elektrischer ~, Gas~*) heater, fire
❷ (*Back~*) oven; **den ~ heizen** to heat the oven
❸ TECH furnace; (*Brenn~*) kiln; (*Müllverbrennungs~*) incinerator
❹ DIAL (*Herd*) cooker
❺ (*sl: Pkw, Motorrad*) wheels *fam;* **ein heißer ~** (*fam: Motorrad*) fast bike *fam;* (*Auto*) fast set of wheels *fam*
► WENDUNGEN: **ein heißer ~** (*sl: besonders attraktive Frau*) red-hot number *fam;* **immer hinter dem ~ hocken** [*o* **am warmen ~ sitzen**] (*fam*) to always sit around at home, to be a real stay-at-home; **jdn hinter dem ~ hervorlocken** (*fam*) to tempt sb; **jetzt ist der ~ aus** (*sl*) that does it, that's it, it's all over
Ofenbank <-bänke> *f* bench around a/the stove **ofenfrisch** *adj* oven-fresh, freshly baked, fresh from the oven *pred* **Ofenheizung** *f* stove heating *no art, no pl,* heating by stoves **Ofenrohr** *nt* stovepipe **Ofenschirm** *m* firescreen **Ofensetzer(in)** <-s, -> *m(f)* stove builder [*or* fitter] **Ofentür** *f* stove door
Off <-s> [ɔf] *nt kein pl* MEDIA **aus dem ~** offstage
offen I. *adj* ❶ (*nicht geschlossen*) open; **mit ~em Hemd/Kragen** wearing open-necked shirt; ***dein Hosenschlitz ist ~*** your flies are undone [*or* open]
❷ (*geöffnet*) open; **mit** [*o* **bei**] **~em Fenster** with the window open
❸ (*unerledigt*) open; **eine ~e Frage** an open [*or* unanswered] question; **ein ~er Punkt** a moot point; **ein ~es Problem** an unsettled problem; **eine ~e Rechnung** an unsettled [*or* unpaid] [*or* outstanding] bill [*or* accounts]; **bei jdm noch etw ~ haben** to be owed sth by sb
❹ (*unentschieden*) wide open, uncertain; ■[**noch**] **~ sein** to be [still] wide open; **etw ~ lassen** to leave sth open
❺ (*freimütig*) open, frank, candid; ■**~** [**zu jdm**] **sein** to be open [*or* frank] [*or* honest] [with sb]
❻ (*deutlich auftretend*) open, overt
❼ (*frei*) ■**für jdn ~ sein** to be open to sb
❽ (*frei zugänglich*) open; ***ein ~er Ausblick*** an open outlook; ***~es Gelände*** open terrain
❾ (*nicht beschränkt, frei*) open; ***ein ~es Gefängnis*** an open prison; ***eine ~e Gesellschaft/Grenze*** an open society/border; **~e Gesellschaft** ÖKON open partnership; ***~e Software*** accessible software; ***ab wann ist die Jagd auf Niederwild wieder ~?*** when does the open season on small game start?
❿ (*nicht abgepackt*) loose; ***~er Wein*** wine by the glass/carafe
⓫ LING open
⓬ ■**~ haben** *Laden, Geschäft* to be open
⓭ (*nicht besetzt*) **~e Stelle** vacancy, job opening
⓮ TYPO (*Falz*) **~er Kopf** open head; **~e Seite** open side
II. *adv* openly, frankly, candidly; **~ gestanden** [*o* **gesagt**] to be [perfectly] honest [*or* frank]
offenbar I. *adj* obvious; ■**~ sein/werden, dass …** to be/become obvious [*or* clear] that …
II. *adv* obviously, clearly
offenbaren* <*pp* offenbart *o* geoffenbart> I. *vt* ❶ (*geh: enthüllen*) ■**jdm etw ~** to reveal sth to sb
❷ (*mitteilen*) ■**jdm ~, dass …** to inform sb that …
❸ JUR ■**etw ~** to disclose sth; **eine Erfindung ~** to disclose an invention
II. *vr* ❶ (*sich anvertrauen*) ■**sich** *dat* **jdm ~** to confide in sb
❷ (*erweisen*) ■**sich** *akk* **als etw ~** to show [*or* reveal] oneself to be sth
❸ (*Liebe erklären*) ■**sich** *akk* **jdm ~** to reveal one's feelings to sb
Offenbarung <-, -en> *f* ❶ REL (*göttliche Mitteilung*) revelation; **die ~** [**des Johannes**] [the book of] Revelations + *sing vb*
❷ JUR disclosure; **~ einer Erfindung** disclosure of an invention
Offenbarungseid *m* ❶ JUR oath of disclosure [*or* AM *a.* manifestation]; **den ~ leisten** to swear an oath of disclosure ❷ (*Geständnis, nichts zu wissen*) admission of bankruptcy; **ein politischer/intellektueller ~** an admission [*or* a confession] of political/intellectual bankruptcy; **den ~ leisten** to admit [*or* confess] one's incompetence **Offenbarungspflicht** *f* JUR duty of disclosure **Offenbarungstermin** *m* JUR date for aministering an affidavit of disclosure **Offenbarungsverfahren** *nt* JUR supplementary proceedings *pl* **Offenbarungsversicherung** *f* JUR statutory declaration of disclosure
Offenheit <-> *f kein pl* openness *no art, no pl,* frankness *no art, no pl,* candour [*or* AM -or] *no art, no pl;* **in** [*o* **mit**] **aller ~** quite frankly [*or* candidly]
offenherzig *adj* ❶ (*freimütig*) open, frank, candid
❷ (*hum fam: tief ausgeschnitten*) revealing, low-cut
Offenherzigkeit <-> *f kein pl* openness *no art, no pl,* frankness *no art, no pl,* candour [*or* AM -or] *no art, no pl*
offenkundig *adj* obvious, clear; ■**~ sein, dass …** to be obvious [*or* evident] that …
offen|legen *vt* JUR ■**etw ~** to disclose sth
Offenlegung *f* JUR disclosure; **teilweise ~** partial disclosure; **~ des Schuldnervermögens** discovery of a debtor's property; **~ von Beteiligungen** declaration of interests; **~ von Patentakten** disclosure of patent documents; **~ von Urkunden** disclosure of documents
Offenlegungsfrist *f* JUR disclosure period **Offenlegungspflicht** *f* JUR duty disclosure **Offenlegungsschrift** *f* JUR (*bei Patent*) publication of unexamined application
offensichtlich I. *adj* obvious, evident; ***ein ~er Irrtum/eine ~e Lüge*** a blatant error/lie; ■**~ sein/werden**[**, dass …**] to be/become evident [*or* obvious] [that …]
II. *adv* obviously, evidently
Offensichtlichkeitsprüfung *f* JUR examination for obvious deficiencies
offensiv I. *adj* (*geh*) offensive; **~es Verhalten/eine ~e Art** aggressive behaviour [*or* AM -or]/an aggressive manner; ***in der Drogenfrage sollte die Regierung endlich ~***[***er***] ***werden*** it's time the government went on the offensive against drugs
II. *adv* (*geh*) offensively, aggressively; **gegen Umweltsünder ~**[**er**] **vorgehen** to take [more] vigorous action against polluters
Offensive <-, -en> [-və] *f* offensive; **in die ~ gehen** to go on [*or* take] the offensive
öffentlich *adj* JUR **~er Dienst** civil service
öffentlich I. *adj* public; **nicht ~** *Gerichtsverhandlung* in camera; **~e Anleihen** public [*or* government] loan; **~e Arbeitsprojekte/Fördermittel** public projects/funds; **~e Hand** public authorities; **~er Wohnungsbau** public [*or* government] hous-

ing, BRIT council housing; ~**es Übernahmeangebot/Unternehmen** public takeover offer/enterprise; ~**es Zeichnungsangebot** public offering
II. *adv* publicly, in public

Öffentlichkeit <-> *f kein pl* ■**die** ~ ❶ (*Allgemeinheit*) the [general] public + *sing/pl vb;* **in** [*o* **vor**] **aller** ~ in public; **Ausschluss der** ~ exclusion of the public; **etw an die** ~ **bringen** to bring sth to public attention, to make sth public; **die** ~ **scheuen** to shun publicity; **mit etw** *dat* **an** [*o* **vor**] **die** ~ **treten** to go public with sth; **etw der** ~ **übergeben** (*form: etw eröffnen*) to open sth officially; (*etw veröffentlichen*) to publish sth
❷ JUR the admittance of the general public; ***der Verteidiger bestand auf der ~ der Verhandlung*** the defence counsel insisted on a public trial

Öffentlichkeitsarbeit *f* public relations [*or* PR] work *no art, no pl* **Öffentlichkeitsgrundsatz** *m* JUR principle of public trial **Öffentlichkeitskampagne** *f* public relations campaign **öffentlichkeitswirksam** *adj* ■~ **sein** to be good [*or* effective [as]] publicity

Öffentlichmachung <-> *f kein pl* outing

öffentlich-rechtlich *adj attr* JUR public, public-law *attr,* under public law *pred;* **eine** ~**e Anstalt** a public institution, a body corporate *spec;* ~**e Körperschaft** public body, statutory corporation; **eine** ~**e Rundfunkanstalt** public service broadcasting; **ein** ~**er Vertrag** contract under public law

Offerent(in) <-en, -en> *m(f)* HANDEL offeror

offerieren* *vt* (*form*) ❶ (*zum Verkauf anbieten*) ■[**jdm**] **etw** ~ to offer [sb] sth
❷ (*kredenzen*) ■**jdm etw** ~ (*geh*) to offer sb sth

Offerte <-, -n> *f* HANDEL offer, tender; **freibleibende/verbindliche** ~ open/binding [*or* firm] offer; **unverbindliche** ~ open offer, offer without commitment

Office <-, -s> ['ɔfɪs] *nt* ❶ SCHWEIZ (*Betriebsküche*) [food] store[s *pl*]
❷ (*selten: Büro*) office

Office-Anwendung ['ɔfɪs-] *f* INFORM office-based application

Office-Paket ['ɔfɪs-] *nt* INFORM office-based software

Offizialdelikt *nt* JUR offence requiring public prosecution

Offizialmaxime *f* JUR principle of ex officio proceedings

offiziell I. *adj* ❶ (*amtlich*) *Delegation, Mitteilung, Nachricht* official; **in** ~**er Mission** [**nach ...**] **reisen** to be on an official mission [to ...]; **seine** ~**e Zustimmung geben** to give one's official consent; ~/**noch nicht** ~ **sein** *Wahlergebnisse* to be/not yet be official, to have been/have not yet been announced officially; ***von ~er Seite verlautet*** according to official sources; ~ ***heißt es, ...*** official sources state ..., the official statement is ...
❷ (*förmlich*) *Empfang, Feier* formal, stiff
II. *adv* officially; **jdn** ~ **einladen** to give sb an official invitation

Offizier(in) <-s, -e> *m(f)* MIL officer; ~ **werden** to become an officer, to gain a commission

Offiziersanwärter(in) *m(f)* officer cadet **Offizierskasino** *nt* officers' mess **Offizierskorps** *nt* officer corps; ■**das** ~ the officer corps, officers *pl* **Offizierslaufbahn** *f* career as an officer *no pl,* officer's career *no pl, no def art* **Offiziersmesse** *f* officers' mess; NAUT wardroom **Offiziersrang** *m* officer's rank, rank of an officer

offiziös *adj* (*geh*) semi-official

offlineRR *adj inv* INFORM off-line, offline

Offline-Betrieb *m* INFORM off-line working

OfflinebetriebRR <-[e]s> ['ɔːflain-] *m kein pl,* **Off-line-Betrieb** <-[e]s> *m kein pl* INFORM off-line operation *no pl*

öffnen I. *vt* ■**etw** ~ to open sth; **„hier ~"** "open here [*or* this end]"; ***die Tür quietscht immer beim Ö~*** the door always squeaks when you open it
II. *vi* ■[**jdm**] ~ to open the door [for sb]
III. *vr* ❶ (*aufgehen*) ■**sich** ~ to open
❷ (*weiter werden*) ■**sich** ~ to open out
❸ (*sich* [*innerlich*] *zuwenden*) ■**sich** *akk* [**jdm/etw**] ~ to open up [*or* become receptive] [to sb/sth]

Öffner <-s, -> *m* ❶ (*Dosen~*) can [*or* BRIT *a.* tin] opener; (*Flaschen~*) bottle opener
❷ (*Tür~*) door opener

Öffnung <-, -en> *f* ❶ (*offene Stelle*) opening
❷ *kein pl* (*geh: das Öffnen*) opening; ***ohne den Code zu wissen, ist eine ~ des Safes nicht möglich*** it is not possible to open the safe without knowing the code
❸ *kein pl* POL opening up; ***eine vorsichtige ~ zur Demokratie*** a cautious opening up to democracy

Öffnungskurs *m* POL course of openness [*or* opening up] **Öffnungspolitik** *f* POL policy of openness [*or* opening up] **Öffnungswinkel** *m* aperture angle **Öffnungszeiten** *pl* hours *pl* of business, BRIT *a.* opening times [*or* hours] *pl;* ***Supermärkte haben meist durchgehende ~*** supermarkets are usually open all day; *einer öffentlichen Anstalt* opening times *pl*

Offroad-Skating <-s> [ɔfroʊd'skeɪtɪŋ] *nt kein pl* SPORT offroad skating

Offsetdruck <-drucke> ['ɔfsɛt-] *m* offset [printing] *no art, no pl spec*

Offsetdruckmaschine *f* TYPO offset printing machine

Offshorebohrung [ɔfʃɔːɐ̯-] *f* offshore drilling **Offshoremarkt** *m* ÖKON offshore market **Offshoreplatz**RR ['ɔfʃɔːɐ̯-] *m* FIN *für Geldwäsche* offshore location

oft <öfter> *adv* often; **des Öftereren** frequently, on many occasions, quite often; ~ **genug** often enough; *s. a.* **je, so, wie**

öfter *adv komp von* **oft** more often

öfter(s) *adv* [every] once in a while [*or* now and then], on occasion; ***ist dir das schon ~ passiert?*** has that happened to you often?; *s. a.* **Neue(s)**

oftmals *adv* (*geh*) *s.* **oft**

Ogen-Melone *f* ogen melon

oh *interj* oh

Oheim <-s, -e> *m* (*veraltet*) *s.* **Onkel**

OHG *f Abk von* **Offene Handelsgesellschaft** partnership in commerce

OHG-Gesellschafter(in) *m(f)* HANDEL general partner

Ohm[1] <-[s], -> *nt* PHYS ohm

Ohm[2] <-[e]s, -e> *m* (*veraltet: Onkel*) uncle

ohmsch *adj inv, attr* ~**e Regel** PHYS Ohm's law

ohne I. *präp* +*akk* ❶ (*nicht versehen mit*) ■~ **etw** without sth; ~ ***Geld*** without any money; ***wir sind noch ~ weitere Informationen*** we still don't have any more information; ***sei ~ Furcht!*** don't be afraid!; ~ **Schutz** unprotected
❷ (*nicht eingerechnet*) ■~ **etw** excluding [*or* not including] [*or* not counting] sth; ***der Preis versteht sich ~ Mehrwertsteuer*** the price does not include VAT
❸ (*nicht mit jdm*) ■~ **jdn** without sb; ~ **Kinder/Nachwuchs** childless/without offspring; ~ **Erben sterben** to die heirless; ~ **mich!** count me out!
▶ WENDUNGEN: **nicht** ~ **sein** (*fam*) to be quite something; [**gar**] **nicht** ~ **sein** to be not quite that easy; *s. a.* **weitere(s)**
II. *konj* ■~ **etw zu tun** without doing sth; ■~ **dass etw geschieht** without sth happening; ■~ **dass jd etw tut** without sb['s *form*] doing sth

ohnedies *adv s.* **ohnehin** **ohnegleichen** *adj inv* ❶ (*unnachahmlich*) unparalleled; **eine Leistung** ~ an unparalleled performance *form;* **mit einer Unverschämtheit** ~ with unprecedented [*or form* unparalleled] impertinence ❷ (*außergewöhnlich*) [quite] exceptional **ohnehin** *adv* anyhow, anyway[s AM *a. fam*]

Ohnmacht <-, -en> *f* ❶ (*Bewusstseinszustand*) faint *no pl;* **aus der** ~ **erwachen** to come round [*or* to], to recover consciousness; **in** ~ **fallen** to faint, to pass out, to swoon *dated liter*
❷ (*geh: Machtlosigkeit*) powerlessness *no art, no pl,* impotence *no art, no pl*
▶ WENDUNGEN: **von einer** ~ **in die andere fallen** (*fam*) to have one fit another after another *fam*

ohnmächtig I. *adj* ❶ (*bewusstlos*) unconscious; ■~ **sein** to be unconscious, to have fainted [*or* passed out]; ■~ **werden** to faint, to pass out
❷ (*geh: machtlos*) powerless, impotent; ■**gegenüber etw** *dat* ~ **sein** to be powerless to stop/in the face of sth
❸ *attr* (*hilflos*) helpless; ~***e Wut*** helpless [*or* impotent] rage
II. *adv* helplessly; ~ ***zusehen*** to watch [*or* look on] helplessly [*or* powerlessly]

Ohnmächtige(r) *f(m) dekl wie adj* ❶ (*bewusstloser Mensch*) unconscious person
❷ (*machtloser Mensch*) helpless person; ***die ~n*** the powerless + *pl vb*

Ohnmachtsanfall *m* fainting fit; **einen** ~ **bekommen** to faint, to have a fainting fit

oho *interj* oho; ~, ***so geht das nicht!*** oh no, that's not on!

Ohr <-s, -en> *nt* ▶ WENDUNGEN: **bei jdm auf offene** ~**en stoßen** (*fam*) to fall on sympathetic ears [with sb]; ***bei ihr fällt man immer auf offene ~en*** she always has a sympathetic ear

Öhr <-[e]s, -e> *nt* eye

Ohr <-[e]s, -en> *nt* ear; **rote** ~**en bekommen** to go red; **auf einem** ~ **taub sein** to be deaf in one ear; **die** ~**en anlegen** *Hund, Hase* to put its ears back; **in jds** ~ **flüstern** to whisper in sb's ear; **die** ~**en zuhalten** to put one's hands over one's ears
▶ WENDUNGEN: **die** ~**en auf Durchzug stellen** to not listen [to sb]; **von einem** ~ **zum andern strahlen** to grin from ear to ear; **es faustdick hinter den** ~**en haben** to be a crafty [*or* sly] one; **noch feucht** [*o* **nicht trocken**] **hinter den** ~**en sein** to be still wet behind the ears; **nicht für fremde** ~**en** [**bestimmt**] **sein** to be not [meant] for other ears; **ganz** ~ **sein** (*hum fam*) to be all ears; **mit halbem** ~ with half an ear; ***mit halbem ~ hinhören*** to listen with half an ear, to half-listen; **lange** ~**en machen** (*fam*) to prick up one's ears; **bei jdm auf offene** ~**en stoßen** to fall on sympathetic ears [with sb]; ***bei ihr fällt man immer auf offene ~en*** she always has a sympathetic ear; **jdn um ein offenes** ~ **bitten** to ask sb to listen to one; **ein offenes** ~ **für jdn/etw haben** to be willing to listen to sb/sth; **ein scharfes** [*o* **feines**] ~ **haben** to have a sharp [*or* keen] sense of hearing, to have a good ear; **auf dem** ~ **taub sein** (*fam*) to be deaf to that sort of thing; **tauben** ~**en predigen** to preach to deaf ears; **bis über die** [*o* **beide**] ~**en verliebt sein** to be head over heels in love; **das ist nichts für zarte** ~**en** that is not for tender [*or* sensitive] ears; **die** ~**en anlegen** (*fam*) to put one's ears back, to get stuck in BRIT *fam;* **eins hinter die** ~**en bekommen** to get a clip round [*or* on] the ear, to get a thick ear; **ein aufmerksames/geneigtes/offenes** ~ **finden** to find a ready/willing/sympathetic listener [*or* a sympathetic ear]; **jdm eins** [*o* **ein paar**] **hinter die** ~**en geben** (*fam*) to give sb a clip round the ear [*or* a thick ear]; **ins** ~ **gehen** to be catchy; **etw noch im** ~ **haben** to be still able to hear sth; ***ich habe seine Worte noch deutlich im ~*** I can still clearly hear his words, his words are still ringing in my ears; **viel** [*o* **jede Menge**] **um die** ~**en haben** (*fam*) to have a lot [*or* a great deal] on one's plate *fam;* **die** ~**en hängen lassen** (*fam*) to let it get one down, to get downhearted; **jdn übers** ~ **hauen** (*fam*) to take sb for a ride *fam,* to pull a fast one on sb *fam;* **jdm etw um die** ~**en hauen** [*o* **schlagen**] (*fam*) to hit [*or* beat] sb round [*or* over] the head with sth, throw something [back] at sb; **jdm klingen die** ~**en** sb's ears are burning; **jdm zu** ~**en kommen** to come to sb's ears [*or* attention]; **jdm die** ~**en lang ziehen** (*fam*) to give sb a good talking to; **sich aufs** ~ **legen** [*o* **hauen**] (*fam*) to put one's head down, to have a kip BRIT *fam;* **jdm sein** ~ **leihen** to lend sb one's ear; **jdm** [**mit etw**] **in den** ~**en liegen** to go [*or* keep] on at sb [about sth], to badger [*or* pester] sb [with sth]; **mach** [*o* **sperr**] **die** ~**en auf!** (*fam*) wash [*or* clean] your ears out! *fam;* **mit den** ~**en schlackern** (*fam*) to be struck speechless, to be gobsmacked BRIT *sl;* **sich** *dat* **etw**

hinter die ~en schreiben (*fam*) to get sth into one's head, to etch sth indelibly in one's mind; **auf den ~en sitzen** (*fam*) to close one's ears; ***sag mal, sitzt du auf deinen ~en, oder was ist los?*** hey, have you gone deaf or something?; **die ~en spitzen** to prick up one's ears; **seinen ~en nicht trauen** to not believe one's ears; [**vor etw** *dat*] **die ~en verschließen** to turn a deaf ear [to sth]; **jdm die ~en volljammern** (*fam*) to keep [going] on [*or* moaning] at sb; **für jds ~en** to sb's ears; ***für deutsche/englische ~en klingt das komisch*** that sounds odd to a German/to an English person
Ohrclip <-s, -s> *m s.* **Ohrklipp** ear clip
Ohrenarzt, -ärztin <-es, -ärzte> *m, f* otologist, ear specialist **ohrenbetäubend** I. *adj* deafening, ear-splitting II. *adv* deafeningly **Ohrenentzündung** *f* ear infection **Ohrenklappe** *f* earflap **Ohrenkneifer** *m* ZOOL earwig **Ohrenqualle** *f* ZOOL common jellyfish **Ohrensausen** <-s> *nt kein pl* buzzing [*or* ringing] in the [*or* one's] ears, tinnitus *no art, no pl spec* **Ohrenschmalz** *nt kein pl* earwax *no art, no pl* **Ohrenschmalzpfropfen** *m* plug of earwax, ceruminous plug **Ohrenschmaus** *m kein pl* (*fam*) treat [*or* feast] for the ear[s] **Ohrenschmerzen** *pl* earache; ~ **haben** to have earache **Ohrenschützer** *m meist pl* earmuff *usu pl* **Ohrensessel** *m* wing chair **Ohrentropfen** *pl* eardrops *pl* **Ohrenzeuge, -zeugin** *m, f* (*veraltend form*) witness (*to something heard*)
Ohrfeige <-, -n> *f* box on [*or* clip on [*or* BRIT *a.* round]] the ears, slap on [*or* BRIT *a.* round] the face; **eine ~ bekommen** [*o fam* **kriegen**] to get a box on the ears [*or* a slap round the face]; **jdm eine ~ geben** [*o* **verpassen**] to give sb a box on the ears [*or* a slap round the face]
ohrfeigen *vt* ■**jdn** ~ to box sb's ears, to slap [*or* hit] sb [round [*or* AM in] the face]; ***ich könnte mich [selbst] ~, dass ich das nicht gemerkt habe*** (*fam*) I could kick myself for not noticing that
Ohrfeigengesicht *nt* (*fam*) ugly mug *fam*
Ohrgehänge *nt* drop [*or* AM dangle] earrings *pl* **Ohrläppchen** <-s, -> *nt* earlobe **Ohrmuschel** *f* [outer *form*] ear, auricle *spec*
Ohropax® <-> *nt kein pl* earplugs *pl*
Ohrring *m* earring **Ohrstecker** *m* earstud, stud earring **Ohrwurm** *m* ① (*fam*) catchy tune ② ZOOL earwig
oje, ojemine *interj* (*veraltend*) oh dear
o.k. *adj Abk von* **okay** OK
Okapi <-s, -s> *nt* ZOOL okapi
okay I. *adv* (*fam*) OK *fam,* okay *fam*
II. *adj inv, pred* OK *fam,* okay *fam;* ***Ihr Termin geht ~!*** there'll be no problem with your appointment
okkult *adj* occult; ■**das O~e** the occult
Okkultismus <-> *m kein pl* occultism *no art, no pl*
Okkupant(in) <-en, -en> *m(f)* (*pej*) occupier, occupying power
Okkupation <-, -en> *f* occupation
okkupieren* *vt* ■**etw** ~ ① MIL to occupy sth
② (*geh: belegen*) to occupy sth; ***die besten Plätze*** ~ to occupy [*or* take] [*or* have] the best seats
öko *adj inv* (*fam*) *kurz für* **ökologisch** eco
öko- *in Komposita* eco-
Ökobank *f kein pl German bank that finances environmentally and socially sound companies or projects* **Ökobauer** *m* organic [*or* ecologically-minded] farmer **Ökogütesiegel**[RR] *nt,* **Öko-Gütesiegel** *nt* ÖKOL, ÖKON official ecological seal of approval **Ökoladen** *m* health food [*or* BRIT *a.* wholefood] shop [*or* AM *usu* store]
Ökologe, -login <-n, -n> *m, f* ecologist
Ökologie <-> *f kein pl* ecology *no art, no pl*
Ökologiebewegung *f* environmental movement
Ökologin <-, -nen> *f fem form von* **Ökologe**
ökologisch I. *adj* ecological, environmental *attr*
II. *adv* ecologically
Ökonom(in) <-en, -en> *m(f)* (*geh*) economist
Ökonometrie <-> *f kein pl* ÖKON, MATH, SCH econometrics + *sing vb*
Ökonomie <-, -en> [-'mi:ən] *f* ① *kein pl* (*Wirtschaftlichkeit*) economy
② (*Wirtschaft*) economy *no indef art, no pl*
③ (*Wirtschaftswissenschaft*) economics + *sing vb*
Ökonomin <-, -nen> *f fem form von* **Ökonom**
ökonomisch I. *adj* ① (*die Wirtschaft betreffend*) economic; ***in ~er Hinsicht*** economically
② (*sparsam*) economical
II. *adv* economically
Ökonomisierung <-> *f kein pl* SOZIOL, ÖKON economization
Ökopartei *f* ecology party, Green Party **Ökopax** <-en, -e> *m* (*sl*) environmental pacifist **Öko-Siegel** *nt* eco-seal of approval **Ökosteuer**[RR] *f,* **Öko-Steuer** *f* ÖKOL, ÖKON ① (*umweltschädigende Güter betreffende Abgabe*) environmental [*or* ecological] tax, eco-tax *fam* (*tax which punishes [perpetrators of] environmental damage or products which damage the environment*)
② (*Steuervergünstigung für umweltfreundliche Güter*) environmentally [*or* ecologically] friendly tax, eco-tax *fam* (*tax which rewards the purchase of environmentally friendly products*) **Ökosystem** *nt* ecosystem
Oktaeder <-s, -> *nt* octahedron *spec*
Oktanzahl *f* octane [number [*or* rating]]; ***Benzin mit hoher ~*** high-octane petrol
Oktavband <-[e]s, -bände> *nt* octavo volume
Oktave <-, -n> [-və] *f* octave
Oktett <-s, -e> *nt* octet + *sing/pl vb*
Oktober <-s, -> *m* October; *s. a.* **Februar**
Oktoberfest *nt* ■**das** ~ the Octoberfest **Oktoberrevolution** *f* ■**die** ~ the October Revolution
oktroyieren* *vt* (*geh*) ■**jdm etw** ~ *Meinung, Entscheidung, Glaube* to force [*or* impose] sth on sb
Okular <-s, -e> *nt* eyepiece, ocular *spec*
okulieren* *vt* HORT, AGR (*veredeln*) ■**etw** ~ *Obstbäume, Rosen* to bud sth
Ökumene <-> *f kein pl* ecumenical Christianity *no art, no pl form*
ökumenisch *adj* ecumenical *form*
Okzident <-s> *m kein pl* (*geh*) ■**der** ~ the Occident *poet*
Öl <-[e]s, -e> *nt* ① (*fette Flüssigkeit*) oil; **ätherische ~e** essential oils
② TECH (*Erd~*) oil; (*Heiz~*) fuel [*or* heating] oil; (*Schmier~*) lubricating oil; **nach ~ bohren** to drill for oil; ~ **wechseln** to change the oil
③ (*Sonnen~*) sun oil, sunscreen
④ *kein pl* (*~farben*) oil-based paints *pl;* **in ~ malen** to paint in oils
▶ WENDUNGEN: ~ **ins** [*o* **aufs**] **Feuer gießen** [*o* **schütten**] to add fuel to the fire [*or* flames]; ~ **auf die Wogen gießen** to pour oil on troubled waters; ~ **auf** [*o* **in**] **die/jds** *akk* **Wunde gießen** to pour balsam onto sb's wounds; **das geht jdm runter wie ~** (*fam*) that's music to sb's ears, sb laps sth up
Ölablassschraube[RR] *f* AUTO oil drain plug **Ölabscheider** *m* TECH oil separator **Ölbaum** *m* olive tree **Ölberg** *m* ■**der** ~ the Mount of Olives **Ölbild** *nt s.* **Ölgemälde** **Ölbohrung** *f* drilling for oil, oil drilling
Oldie <-s, -s> ['oʊldɪ] *m* oldie
Öldruck *m* AUTO oil pressure
Oldtimer <-s, -> ['oʊldtaimɐ] *m* ① (*altes wertvolles Auto*) vintage car, BRIT *a.* veteran [car], AM *a.* old-timer; (*historisches Flugzeug*) vintage aeroplane [*or* AM airplane], BRIT *a.* veteran [plane]
② SPORT veteran, old-timer
Oleander <-s, -> *m* oleander
ölen *vt* ■**etw** ~ to oil sth
▶ WENDUNGEN: **wie geölt** (*fam*) like clockwork; *s. a.* **Blitz**
Ölexporteur *m* ÖKON oil exporter **Ölexportland** *nt* oil-exporting country **Ölfarbe** *f* ① (*ölhaltige Farbe*) oil-based paint ② KUNST oil paint [*or* colour] [*or* AM -or]; ■**~n** oils; **mit ~n malen** to paint in oils **Ölfeld** *nt* oilfield **Ölfilm** *m* film of oil **Ölfilter** *m* AUTO oil filter **Ölfleck** *m* oil spot; (*auf Kleidungsstück*) oil stain **Ölförderländer** *pl* oil-producing countries *pl* **Ölförderung** *f* ÖKON oil production *no pl* **Ölgemälde** *nt* oil painting **Ölgemisch** *nt* oil mixture **Ölgesellschaft** *f* oil company **Ölgewinnung** *f kein pl* ÖKON ① (*Gewinnung von Öl*) oil extraction *no pl* ② (*Gewinnung, Förderung von Erdöl*) oil production *no pl* **Ölgötze** *m* (*pej sl*) **dastehen wie ein ~/wie die ~n** (*sl*) to stand there like a [stuffed] dummy [*or* tailor's dummy] **Ölhafen** *m* oil terminal **ölhaltig** *adj inv* containing oil, oil-bearing **Ölheizung** *f* oil-fired [central] heating
ölig *adj* ① (*voller Öl*) oily; (*fettig*) greasy
② (*pej*) oily, slimy *pej*
Oligarchie <-, -n> *f* (*geh*) oligarchy
Oligopol <-s, -e> *nt* ÖKON oligopoly; **unvollständiges ~** parallel pricing; ~ **durch Gesetz** statutory oligopoly
oligopolistisch *adj inv* ÖKON oligopolistic, oligopolist
Oligopolvermutung *f* ÖKON presumption of oligopoly
Öl-in-Wasser-Emulsion *f* oil-in-water emulsion
oliv *adj inv* olive-green, olive *attr*
Olive <-, -n> [-və] *f* olive
Olivenbaum [-vən-] *m* olive tree **Olivenhain** *m* olive grove **Olivenöl** *nt* olive oil
olivgrün *adj* olive-green, olive *attr*
Öljacke *f* oilskin jacket **Ölkanister** *m* oilcan **Ölkännchen** *nt dim von* **Ölkanne** oilcan, oiler **Ölkanne** *f* oilcan **Ölklumpen** *m* tar ball (*from coagulated oil*) **Ölkonzern** *m* oil company **Ölkrise** *f* oil crisis **Ölkuchen** *m* oil[seed] cake
oll *adj* NORDD old
▶ WENDUNGEN: **je ~er, desto doller** (*fam*) there's no fox like an old fox, the older they get, the crazier they become
Öllache *f* pool of oil **Öllager** *nt* oil depot
Olle(r) *f(m) dekl wie adj* ■**seine ~/ihr ~r** NORDD (*fam: Ehepartner*) his old lady/her old man *fam*
Ölleitung *f* oil pipe; (*Pipeline*) oil pipeline **Ölmagnat(in)** *m(f)* ÖKON oil baron **Ölmalerei** *f* oil painting *no art, no pl* **Ölmühle** *f* oil mill **Ölmulti** *m* oil conglomerate **Ölofen** *m* oil heater [*or* stove] **Ölpalme** *f* (*Olea europaea*) olive tree **Ölpapier** *nt* oil[ed] paper **Ölpest** *f* oil pollution *no art, no pl* **Ölplattform** *f* oilrig, oil platform **Ölpresse** *f* oil press **Ölpumpe** *f* oil pump **Ölquelle** *f* oil well **Ölraffinerie** *f* ÖKON oil refinery **ölreich** *adj* oil-rich, rich in oil *pred* **Ölrückstände** *pl* traces *pl* of oil, oil residue **Ölsaat** *m* oil seed **Ölsardine** *f* sardine [in oil] ▶ WENDUNGEN: **wie die ~n** (*fam*) like sardines **Ölscheich** *m* (*pej*) oil sheikh **Ölschicht** *f* film of oil, oil layer **Ölschiefer** *m* oil shale **Ölschinken** *m* KUNST (*pej: großes Ölgemälde*) large pretentious oil painting **Ölsorte** *f* AUTO oil grade **Ölstand** *m kein pl* oil level; **den ~ überprüfen** to check the oil **Ölstandsanzeiger** *m* oil level [*or* pressure] gauge [*or* AM *a.* gage] **Ölstandsmesser** *m* oil pressure gauge **Öltanker** *m* ÖKON, NAUT, TRANSP oil tanker **Ölteppich** *m* oil slick **Öl- und Mineralölerzeugnisse** *pl* petrochemicals
Ölung <-, -en> *f* oiling *no art, no pl;* **die Letzte ~** REL extreme unction
Ölverbrauch *m* oil consumption *no indef art, no pl* **Ölverknappung** *f* oil shortage **Ölvorkommen** *nt* oil deposit **Ölwanne** *f* AUTO sump, oil pan AM **Ölwannendichtung** *f* AUTO oil pan gasket **Ölwechsel** *m* AUTO oil change; **einen ~ machen** to change the oil **Ölwehr** <-, -en> *f* ① (*bei der Feuerwehr*) *section of the fire brigade responsible for dealing with oil spillages* ② TECH (*Ölkammer*) oil weir *spec*
Olymp <-s> *m* ■**der** ~ Mount Olympus
Olympiade <-, -n> *f* Olympic Games *pl,* Olympics *npl;* ***auf der letzten ~*** at the last Olympics
Olympiamannschaft *f* SPORT Olympic team **Olympiasieger(in)** *m(f)* Olympic champion **Olympiastadion** *nt* Olympic stadium **Olympiastützpunkt** *m* SPORT Olympic team's training camp
Olympionike, -kin <-n, -n> *m, f* SPORT Olympic athlete
olympisch *adj* SPORT Olympic *attr;* **~es Gold gewinnen** to win a gold medal at the Olympics; **Internationales/Nationales ~es Kommittee**

International/National Olympic Committee

Ölzeug *nt* oilskins *pl* **Ölzweig** *m* olive branch; **jdm den ~ entgegenstrecken** to hold out [*or* extend] [*or* offer] the olive branch to sb

Oma <-, -s> *f* ❶ (*fam*) gran[ny] *fam*, grandma *fam* ❷ (*pej sl*) granny *fam*, old bag *pej fam*

Oman <-s> *nt* Oman; *s. a.* **Deutschland**

Omaner(in) <-s, -> *m(f)* Omani; *s. a.* **Deutsche(r)**

omanisch *adj* Omani; *s. a.* **deutsch**

Ombudsfrau *f fem form von* **Ombudsmann** ombudswoman

Ombudsmann, -frau *m, f* ombudsman *masc*, ombudswoman *fem*

OmegatierRR *nt*, **Omega-Tier** *nt* BIOL (*rangniedrigstes Tier einer Gruppe*) omega animal

Omelett <-[e]s, -e *o* -s> *nt*, **Omelette** <-, -n> *f* SÜDD, ÖSTERR, SCHWEIZ omelette

Omelettpfanne *f* omelette pan

Omen <-s, – *o* Omina> *nt* (*geh*) omen; *s. a.* **Nomen**

Omi <-, -s> *f* (*fam*) nan, nana, nanna

ominös *adj* (*geh*) ominous, sinister

Omnibus *m* bus, omnibus *dated*

Omnibushaltestelle *f* TRANSP bus stop **Omnibuslinie** *m* (*veraltend*) bus route

omnivor *adj* omnivorous

Omnivor <-s, -en> *m* BIOL (*Allesfresser*) omnivore

OmU *Abk von* **Original[fassung] mit Untertiteln** in the original with subtitles

Onager <-s, -> *m* ZOOL onager

Onanie <-> *f kein pl* masturbation *no art, no pl*, onanism *no art, no pl spec*

onanieren* *vi* to masturbate

One-Man-Show ['wanmɛnʃoː] *f* one-man show

Onenightstand <-s, -s> ['wʌn'naɪtstænd] *m* one-night stand

Onkel <-s, -> *m* ❶ (*Verwandter*) uncle ❷ (*Kindersprache: erwachsener Mann*) uncle; ***ein lieber/böser*** ~ a nice/nasty man
▶ WENDUNGEN: **der dicke** [*o* **große**] ~ (*fam*) one's/sb's big toe; **der reiche ~ aus Amerika** (*veraltend fam*) a rich uncle; **über den** [**großen**] **~ gehen** [*o* **latschen**] (*fam*) to walk pigeon-toed

Onkogen <-s, -e> *nt* MED (*tumorbildendes Gen*) oncogene

Onkologe, -login <-n, -n> *m, f* oncologist

Onkologie <-> *f kein pl* oncology *no art, no pl*

Onkologin <-, -nen> *f fem form von* **Onkologe**

onkologisch *adj* oncological

online ['ɔnlain] *adj* online; ~ **arbeiten** to work online

Onlinebanking *nt* online banking **Onlinebetrieb** *m kein pl* online operation *no pl* **Onlinebibliothek** *f* online library **Onlinebuchhandlung**RR *f* online bookstore **Onlinebusiness** *nt* online business **Onlinedatenbank** *f* INFORM online database **Onlinedatenbankdienst**RR *m* online database service **Onlinedienst** *m* online service **Onlinedienstanbieter** *m* INFORM on-line service provider **Onlineeinsteiger(in)**RR *m(f)* online beginner **Onlinefahrplan**RR *m* online timetable **Onlinegebühr** *f meist pl* online charge[s] **Onlineinformation** *f* online information *no indef art, no pl* **Onlineinformationsdienst** *m* INFORM on-line information service **Onlinekatalog** *m* online catalogue, AM -log **Onlinekomprimierungsprogramm** *nt* INFORM online compression program **Onlinerecht** *nt* INET, JUR internet law **Onlineredakteur(in)** *m(f)* online editor **Onlineservice** *m* online service **Onlineshop** <-s, -s> [-ʃɔp] *m* online shop **Onlinesystem** *nt* INFORM on-line system **Onlineverarbeitung** *f* INFORM on-line processing

Ontogenese <-> *f kein pl* BIOL ontogeny *no pl*

Ontologie <-> *f kein pl* PHILOS ontology

Onyx <-[es], -e> *m* onyx *no art, no pl*

oortsche WolkeRR *f kein pl* ASTRON Oort Cloud

OP <-s, -s> *m* MED *Abk von* **Operationssaal** OR *no art* AM; ***er wartet schon im*** ~ he's already waiting in OR

Opa <-s, -s> *m* ❶ (*fam*) grand[d]ad *fam*, grandpa *fam* ❷ (*pej sl*) grandpa *fam*, old man [*or pej hum fam* codger]

opak *adj inv* (*fachspr*) opaque

Opal <-s, -e> *m* opal

op.cit. *Abk von* **opere citato** op. cit.

OPCW *f Abk von* **Organization for the Prohibition of Chemical Weapons** OPCW

OPEC <-> ['oːpɛk] *f kein pl Akr von* **Organization of Petroleum Exporting Countries** OPEC

OPEC-Länder *pl* ■**die** ~ the OPEC countries *pl*

open- *in Komposita* open

OpenairRR <-[s], -s> ['oʊpən'eə] *nt* open-air concert

OpenairgeländeRR *nt* open-air [concert] venue

Oper <-, -n> *f* MUS ❶ (*Musikstück*) opera ❷ *kein pl* (*Musikgattung*) opera *no art, no pl*; **die komische** ~ comic opera ❸ (*Opernhaus*) opera [house]; (*Ensemble*) opera; **in die ~ gehen** to go to the opera; **an die** [*o* **zur**] ~ **gehen** to become an opera singer
▶ WENDUNGEN: ~**n erzählen** [*o* **reden**] [*o* **quatschen**] (*fam*) to go [*or* BRIT *fam* waffle] on [forever]

Opera *pl von* **Opus** opuses, opera *spec*

Operand *m* INFORM operand; **aktueller** ~ literal operand

Operandenfeld *nt* INFORM operand field

Operateur <-s, -e> *m* MED surgeon

Operation <-, -en> *f* ❶ MED operation ❷ INFORM (*Befehl*) **unzulässige** ~ illegal operation; ~ **starten** to initiate an operation

Operationssaal *m* operating theatre [*or* AM room], OR *no art* AM **Operationsschwester** *f* theatre sister BRIT, operating room nurse AM **Operationstisch** *m* operating table

operativ I. *adj* ❶ MED operative, surgical; ~**er Eingriff** surgery ❷ MIL operational, strategic
II. *adv* ❶ MED surgically ❷ MIL strategically

Operator, Operatorin <-, -en> *m, f* INFORM [computer] operator

Operette <-, -en> *f* operetta

operieren* I. *vt* MED ■**jdn** ~ to operate on sb; ■**jdn an etw** *dat* ~ to operate on sb's sth; ***ich bin schon zweimal an der Prostata operiert worden*** I have already had two prostate operations; ■**operiert werden** to be operated on; ■**etw** ~ to operate on sth; ***der Blinddarm muss sofort operiert werden*** the appendix must be operated on immediately [*or* needs immediate surgery]; ■**sich** *dat* **etw ~ lassen** to have sth operated on; ■**sich** *akk* [**an etw** *dat*] ~ **lassen** to have an operation [on sth]
II. *vi* ❶ MED to operate, to do an/the operation; ■**an jdm** ~ to operate on sb ❷ MIL to operate ❸ (*geh: vorgehen*) to operate, to act; ***vorsichtig*** ~ to proceed cautiously

Opernarie *f* [operatic] aria **Opernball** *m* opera ball **Opernführer** *m* opera guide **Opernglas** *nt* opera glasses *npl* **Opernhaus** *nt* opera house **Opernkomponist(in)** *m(f)* composer of operas, opera composer **Opernsänger(in)** *m(f)* opera singer

Operon <-s, -s> *nt* BIOL (*funktionelle Einheit der DNA*) operon

Opfer <-s, -> *nt* ❶ (*verzichtende Hingabe*) sacrifice; ~ **bringen** to make sacrifices ❷ REL sacrifice; **als** ~ as a sacrifice [*or* an offering]; **jdm jdn/etw zum ~ bringen** (*geh*) to sacrifice sb/sth to sb ❸ (*geschädigte Person*) victim; **jdm/etw zum ~ fallen** to fall victim to sb/sth

opferbereit *adj* ready [*or* prepared] to make sacrifices *pred* **Opferbereitschaft** *f kein pl* readiness [*or* willingness] to make sacrifices **Opferentschädigung** *f* compensation of crime victims **Opferentschädigungsgesetz** *nt* JUR crime victims compensation statute **opferfreudig** *adj* ❶ (*gerne spendend*) willing [*or* prepared] to give [*or* donate] *pred* ❷ (*opferwillig*) willing to make sacrifices *pred* **Opfergabe** *f* [sacrificial] offering **Opferlamm** *nt* sacrificial lamb **Opfermut** *m* (*geh*) self-sacrifice *no art, no pl*

opfern I. *vt* ❶ (*als Opfer darbringen*) ■[**jdm**] **jdn** ~ to sacrifice sb [to sb]; ■[**jdm**] **etw** ~ to offer up sth [to sb]; ■**Geopferte(r)** sacrificial victim ❷ (*spenden*) ■[**jdm/etw**] **etw** ~ to donate sth [to sb/sth] ❸ (*aufgeben*) ■**jdn** ~ to sacrifice sb
II. *vi* ❶ (*ein Opfer darbringen*) to [make a] sacrifice; ■**jdm** ~ to offer sacrifice to sb ❷ (*geh: spenden*) to give, to donate; ■**für jdn/etw** ~ to make a donation to sb/sth
III. *vr* ■**sich** ~ to sacrifice oneself, to give up one's life; (*fig fam*) to be a martyr; ***wer opfert sich, die Reste aufzuessen?*** who's going to volunteer to polish off the rest?

Opferstätte *f* sacrificial altar **Opferstock** *m* REL offertory box *spec* **Opfertier** *nt* sacrificial animal **Opfertod** *m* (*geh*) self-sacrifice, death

Opferung <-, -en> *f* sacrifice

Opferwille *m* willingness to make sacrifices, spirit of sacrifice **opferwillig** *adj* willing [*or* prepared] to make sacrifices *pred* **Opferwillige(r)** *f(m) dekl wie adj* person willing to make sacrifices

Opiat <-[e]s, -e> *nt* opiate

Opinionleader <-s, -> [ə'pɪnjənliːdə] *m* SOZIOL (*Meinungsbildner mit Vorbildcharakter*) opinion shaper

Opium <-s> *nt kein pl* opium *no art, no pl*

Opiumhöhle *f* opium den **Opiumraucher(in)** *m(f)* opium smoker **Opiumtinktur** *f* tincture of opium

Opossum <-s, -s> *nt* ZOOL opossum

Opponent(in) <-en, -en> *m(f)* (*geh*) opponent

opponieren* *vi* (*geh*) to take the opposite view; ■**gegen jdn/etw** ~ to oppose sb/sth

opportun *adj* (*geh*) opportune *form*; ***das gilt als nicht*** ~ that is considered inappropriate [*or form* inopportune]

Opportunismus <-> *m kein pl* (*geh*) opportunism *no art, no pl*

Opportunist(in) <-en, -en> *m(f)* opportunist

opportunistisch I. *adj* opportunist[ic]
II. *adv* opportunistically

Opportunität <-, -en> *f* (*geh*) opportunity

Opportunitätkosten *pl* HANDEL opportunity costs **Opportunitätsprinzip** *nt* JUR principle of discretionary prosecution

Opposition <-, -en> *f* ❶ POL ■**die** ~ the Opposition ❷ (*geh: Widersetzlichkeit*) contrariness; **aus** ~ out of contrariness, just to be contrary; ~ **gegen jdn machen** to oppose sb; (*jdm Ärger bereiten*) to make trouble for sb; **in ~ zu jdm/etw stehen** to be opposed to sb/sth

oppositionell *adj* ❶ (*geh: gegnerisch*) opposed, opposing *attr*; ***seine Haltung ist entschieden*** ~ his attitude is decidedly hostile; ***aus ~en Kreisen*** from [the] opposition circles ❷ POL opposition *attr*

Oppositionelle(r) *f(m) dekl wie adj* political opponent

Oppositionsbündnis *nt* POL opposition [coalition] **Oppositionsführer(in)** *m(f)* ■**der ~/die ~in** the Leader of the Opposition **Oppositionspartei** *f* POL opposition party, opposition *no pl, no indef art* **Oppositionspolitiker(in)** *m(f)* POL member of the opposition [party [*or* coalition]]

OP-Schwester *f* theatre nurse BRIT, operating-room nurse AM

optieren* *vi* JUR, POL (*form*) ■**für etw** *akk* ~ to opt for [*or* choose] sth; ■**gegen etw** ~ to opt out of [*or* against] sth; **auf ein Grundstück** ~ to opt for a plot of land; **für eine Staatsangehörigkeit** ~ to opt for a nationality

Optik <-, -en> *f* ❶ PHYS ■**die** ~ optics + *sing vb* ❷ FOTO lens [system] ❸ *kein pl* (*Eindruck*) appearance *no art, no pl*; **wegen der** ~ for visual effect ❹ *kein pl* ÖKON look, appearance; *s. a.* **Knick**

Optiker(in) <-s, -> *m(f)* [ophthalmic] optician Brit, *esp* Am optometrist
Optima *pl von* **Optimum**
optimal I. *adj* (*geh*) optimal, optimum *attr;* ■**das O~** the optimum
II. *adv* (*geh*) in the best possible way; ***jdn ~ beraten*** to give sb the best possible advice
Optimalitätskriterium *nt* ökon optimality criterium
optimieren* *vt* (*geh*) ■**etw ~** to optimize sth
Optimierung <-, -en> *f* ❶ math optimization
❷ (*optimale Festlegung von Eigenschaften*) optimization
Optimierungspotenzial[RR] *nt* ökon optimization potential
Optimismus <-> *m kein pl* optimism *no art, no pl;* ***vorsichtiger/gesunder ~*** cautious/healthy optimism
Optimist(in) <-en, -en> *m(f)* optimist
optimistisch I. *adj* optimistic
II. *adv* optimistically; ***jdn ~ stimmen*** to make sb [feel] optimistic
Optimum <-s, Optima> *nt* (*geh*) optimum *no pl*
Option <-, -en> *f* ❶ börse, fin option; **verfügbare ~** ökon available option; **eine ~ auf etw** *akk* **erwerben** to purchase an option on sth
❷ (*das Optieren*) ■**die ~ [von etw** *dat*] opting [for sth]
❸ (*geh: Möglichkeit*) option
Optionsanleihe *f* option[al] bond **Optionsgeschäft** *nt* ökon order plus option **Optionsrecht** *nt* preemptive right, right of option; börse subscription right; **das ~ ausüben** to exercise an option; **auf das ~ verzichten** to opt out **Optionsschein** *m* fin option warrant **Optionsscheininhaber(in)** *m(f)* fin option warrant holder **Optionsschuldverschreibung** *f* fin option bond **Optionsvertrag** *m* fin option contract
optisch I. *adj* ❶ phys optical
❷ (*geh*) visual
II. *adv* optically, visually
Optoelektronik *f* optoelectronics + *sing vb*
opulent I. *adj* (*geh*) opulent; **ein ~es Mahl** a sumptuous meal
II. *adv* (*geh*) opulently
Opus <-, Opera> *nt* ❶ (*künstlerisches Werk*) work, oeuvre; mus opus
❷ (*hum: Erzeugnis*) opus *form or hum*
Orakel <-s, -> *nt* oracle; **das ~ von Delphi** the Delphic oracle; **das ~ befragen** to consult the oracle
▸ Wendungen: **in ~n sprechen** to speak [*or* talk] in riddles
orakeln* *vi* (*geh*) to speak in riddles; ■**von etw** *dat* **~** to make oracular prophecies about sth
oral I. *adj* oral; ***nicht zur ~en Einnahme bestimmt*** not to be taken orally; ***~er Verkehr*** oral sex
II. *adv* orally
Oralsex *m* oral sex
Oralverkehr *m kein pl* oral intercourse [*or* sex]
orange [o'rã:ʒə, o'raŋʒə] *adj inv* orange
Orange[1] <-, -n> [o'rã:ʒə, o'raŋʒə] *f* (*Frucht*) orange
Orange[2] <-, – *o fam* -s> [o'rã:ʒə, o'raŋʒə] *nt* (*fam*) orange
Orangeade <-, -n> [orã'ʒa:də, oraŋ'ʒa:də] *f* orangeade
Orangeat <-[e]s, -e> [orã'ʒa:t, oraŋ'ʒa:t] *nt* candied orange peel
orangefarben *adj* orange[-coloured [*or* Am -colored]]
Orangenbaum [o'rã:ʒən-, o'raŋʒən-] *m* bot orange tree **Orangenblüte** *f* ❶ (*Blüte*) orange blossom ❷ (*Blütezeit*) orange blossom time **Orangenblütenhonig** *m* orange blossom honey **orange(n)farben, orange(n)farbig** *adj* orange[-coloured [*or* Am -ored]] **Orangenhaut** *f kein pl* med orange-peel skin *no pl* **Orangenmarmelade** *f* orange marmalade **Orangensaft** *m* orange juice **Orangenschale** *f* orange peel
Orangerie <-, -ien> [orãʒə'ri:] *f* orangery
Orang-Utan <-s, -s> *m* orang-utan Brit, orangutan Am
Oratorium <-s, -torien> [-riən] *nt* oratorio
ORB *m Abk von* **Ostdeutscher Rundfunk Brandenburg** regional public-service radio and TV broadcasting corporation
Orbit <-s, -s> *m* orbit; **im ~** in orbit
Orchester <-s, -> [ɔr'kɛstɐ, ɔr'çɛstɐ] *nt* mus orchestra
Orchesterbegleitung *f* orchestral accompaniment
Orchestergraben *m* mus orchestra pit
orchestrieren* *vt* mus ■**etw ~** ❶ (*instrumentieren*) to orchestrate sth
❷ (*für Orchester umarbeiten*) to arrange sth
Orchidee <-, -n> *f* orchid
Orden <-s, -> *m* ❶ (*Ehrenzeichen*) decoration, medal, Brit *a.* gong *fam;* **jdm einen ~ [für etw** *akk*] **verleihen** to decorate sb [*or* award sb a medal] [for sth]
❷ (*Gemeinschaft*) [holy] order; **einem ~ beitreten** to join a holy order, to become a monk/nun
Ordensbruder *m* monk **Ordensgeistliche(r)** *f(m) dekl wie adj* priest in a religious order **Ordensregel** *f* rule of an/the order **Ordensschwester** *f* nun **Ordenstracht** *f* rel habit **Ordensträger(in)** <-s, -> *m(f)* member of an order
ordentlich I. *adj* ❶ (*aufgeräumt*) tidy; ***hinterlasst bitte das Spielzimmer in ~em Zustand!*** please leave the playroom neat and tidy!
❷ (*Ordnung liebend*) orderly; ***ein ~er Staatsbürger*** a respectable citizen; ***er ist nicht gerade einer der ~sten Menschen*** he is not exactly one of the tidiest people
❸ (*fam: tüchtig*) proper; ***eine ~e Portion*** a decent portion; ***eine ~e Tracht Prügel*** a [real] good hiding *hum*
❹ (*annehmbar*) decent, reasonable
❺ (*ordnungsgemäß*) proper; **ein ~es Gericht** a court of law; **ein ~es Mitglied** a full member; **ein ~er Professor** a full professor
II. *adv* ❶ (*säuberlich*) neatly, tidily
❷ (*gesittet*) properly, respectably
❸ (*fam: tüchtig*) properly; **~ essen** to eat well; ***greift/langt ~ zu!*** tuck in! *fam*
❹ (*diszipliniert*) properly; **~ zu arbeiten beginnen** to get down to work; **~ studieren** to study seriously
❺ (*annehmbar*) [really] well; ***ich habe ~er gegessen*** I have eaten better
Order <-, -s *o* -n> *f* ❶ ökon (*Auftrag*) order; **an eigene/fremde ~** to one's own order/to order of a third party; **an ~ lautend** payable to order; **laufende ~** standing order; **auf ~ und Rechnung von** by order and on account of; **eine ~ erteilen** to place an order
❷ (*geh: Anweisung*) order; **sich** *akk* **an eine ~/[seine] ~n halten** to obey an order/[one's] orders; **jdm ~ erteilen** to order [*or* instruct] sb
Ordergeschäft *nt* fin order deal **Orderklausel** *f* fin order clause **Orderkonnossement** *nt* handel order bill of lading **Orderlagerschein** *m* jur negotiable warehouse receipt **Ordermangel** *m* börse shortage of buying orders
ordern I. *vt* (*anfordern*) ■**etw ~** to order sth
II. *vi* (*bestellen*) to order
Orderpapier *nt* fin order [*or* negotiable] instrument
Orderpolice *f* jur policy made out to order
Orderschuldverschreibung *f* fin negotiable bond **Ordervolumen** *nt* order volume
Ordinalzahl *f* ordinal [number]
ordinär I. *adj* ❶ (*vulgär*) vulgar, crude
❷ (*alltäglich*) ordinary; **ganz ~** perfectly ordinary
II. *adv* crudely, vulgarly
Ordinariat <-[e]s, -e> *nt* sch chair; **das Bischöfliche ~** rel the bishop's palace
Ordinarius <-, Ordinarien> [-riən] *m* professor
Ordinate <-, -n> *f* math ordinate *spec*
Ordinatenachse [-aksə] *f* Y-axis, axis of the ordinate *spec*
Ordination <-, -en> *f* ❶ rel (*Einsetzung in ein Amt*) ordination
❷ med (*Verordnung*) prescription
ordnen I. *vt* ■**etw ~** ❶ (*sortieren*) to arrange [*or* order] sth; **etw neu ~** to rearrange [*or* reorganize] sth
❷ (*in Ordnung bringen*) to put sth in order, to sort [*or* straighten] sth out
II. *vr* ■**sich ~** to get clearer [*or* sorted out] [*or* more organized]
Ordner <-s, -> *m* file
Ordner(in) <-s, -> *m(f)* steward, marshal
Ordnung <-, -en> *f* ❶ *kein pl* (*das Sortieren*) ■**die ~ von etw** arranging [*or* ordering] sth
❷ (*Aufgeräumtheit*) order *no art, no pl;* ***überall herrscht eine wunderbare ~*** everywhere is wonderfully neat and tidy; ***hier [bei uns] herrscht ~*** we like things tidy [*or* a little order] here; **etw in ~ bringen** to tidy [*or* clear] sth up, to sort sth out; ***ich muss [bei Ihnen] meine ~ haben*** I like to keep to a routine; **~ halten** to keep things tidy [*or* in order]; **[jdm] etw in ~ halten** to keep sth tidy [*or* in order] [for sb]; **~ schaffen** to tidy things up, to sort things out
❸ *kein pl* (*ordentliches Verhalten*) order *no art, no pl;* ***Sie müssen für mehr ~ in Ihrer Klasse sorgen*** you must keep your class in better order [*or* keep more order [*or* discipline] in your class]; ***das nennst du ~?*** you call that tidy?; **die öffentliche ~** public order; **sehr auf ~ halten** to set great store by tidiness; **jdn zur ~ anhalten** to urge sb to be tidy [*or* to encourage tidy habits in sb]; **~ muss sein!** we must have order!; **jdn zur ~ rufen** to call sb to order
❹ (*Gesetzmäßigkeit*) structure, order *no pl*
❺ (*Vorschrift*) rules *pl;* **der ~ halber** as a matter of form
❻ biol (*Rang*) order; astron magnitude *spec*
▸ Wendungen: **~ ist das halbe Leben** (*prov*) muddle makes trouble, tidiness [*or* a tidy mind] is half the battle *prov;* **es ist alles in bester [*o* schönster] ~** everything's fine, things couldn't be better; **etw in ~ bringen** (*etw reparieren*) to fix sth; **es [ganz] in ~ finden, dass ...** to think [*or* find] it [quite] right that ...; **es nicht in ~ finden, dass ...** to not think it's right that ...; **geht in ~!** (*fam*) that's all right [*or fam* OK]; **es ist mit jdm/etw nicht in ~** there's something wrong with sb/sth; **[wieder] in ~ kommen** ([*wieder*] *gut gehen*) to turn out all right [*or fam* OK]; (*wieder funktionieren*) to start working [again]; **in ~ sein** (*fam*) to be all right [*or fam* OK]; **nicht in ~ sein** (*nicht funktionieren*) to be not working properly; (*sich nicht gehören*) to be not right; (*nicht stimmen*) to be not right; ***da ist etwas nicht in ~*** there's something wrong there; ***irgendetwas ist nicht in ~*** something's wrong; **[das ist] in ~!** (*fam*) [that's] all right [*or fam* OK]!
Ordnungsamt *nt* regulatory agency [*or form* body] (*municipal authority responsible for registration, licensing, and regulating public events*) **Ordnungsgeld** *nt* jur [administrative] fine **ordnungsgemäß** I. *adj* according to the rules *pred,* in accordance with the regulations *pred;* **auf den ~en Ablauf einer S.** *gen* **achten** to ensure sth runs smoothly II. *adv* in accordance with the regulations **Ordnungshaft** *f kein pl* jur confinement for contempt of court **ordnungshalber** *adv* as a matter of form **Ordnungshüter(in)** *m(f)* (*hum*) custodian of the law *hum* **Ordnungsliebe** *f kein pl* love of [*or* liking for] [good] order **ordnungsliebend** *adj* tidy-minded **Ordnungsmappe** *f* accordion file **Ordnungsruf** *m* call to order; **[von jdm] einen ~ bekommen [*o* erhalten]** to be called to order [by sb] **Ordnungssinn** *m kein pl* sense of order **Ordnungsstrafe** *f* fine; jur penalty for contempt of court; **jdn mit einer ~ belegen** to fine sb **ordnungswidrig** I. *adj* illegal; ***~es Verhalten*** irregular behaviour [*or* Am -or] II. *adv* illegally, in contravention of the regulations *form* **Ordnungswidrigkeit** *f* infringement [of the regulations/law] **Ordnungswidrigkeitengesetz** *nt* jur Regulatory Offences Act **Ordnungszahl** *f s.* **Ordinal-**

O

zahl

Ordre public <- -> ['ɔrdə py'blik] *f kein pl* JUR public policy

Oregano <-s> *m kein pl* KOCHK *s.* **Origano**

Organ <-s, -e> *nt* ❶ ANAT organ; **innere ~e** inner organs; **ein ~ spenden** to donate an organ
❷ (*fam: Stimme*) voice; **lautes/schrilles ~** loud/piercing voice
❸ *pl selten* (*form: offizielle Zeitschrift*) organ
❹ (*form: offizielle Einrichtung*) organ; **das ausführende ~** the executive, the executive body; **ein beratendes ~** an advisory body; **das rechtsprechende ~** the judiciary, the judicial power; (*beauftragte Person*) authorized agent
▸ WENDUNGEN: **kein ~ für etw** *akk* **haben** (*fam*) to have no feeling for sth

Organbank *f* organ bank

Organelle <-, -n> *f* BIOL (*Funktionseinheit innerhalb von Zellen*) organelle

Organentnahme *f* organ removal **Organgesellschaft** *f* HANDEL subsidiary company [*or* AM corporation] **Organhaftung** *f* JUR responsibility for executive organs **Organhandel** <-s> *m kein pl* MED [illegal] trade in [body] organs

Organigramm <-s, -e> *nt s.* **Organisationsplan**

Organisation <-, -en> *f* organization; **internationale ~** international organization; **nichtstaatliche ~** non-governmental organization; **zwischenstaatliche ~** intergovernmental bodies

Organisationsgewalt *f* organizational power, authority to create government bodies **Organisationsklausel** *f* (*Gewerkschaft*) closed shop clause **Organisationskomitee** *nt* organizing committee **Organisationsplan** *m* organization chart, organigram *spec* **Organisationsprogramm** *nt* INFORM executive program **Organisationsrecht** *nt* JUR right to form associations, right of free association **Organisationstalent** *nt* ❶ *kein pl* (*Eigenschaft*) talent [*or* flair] for organization [*or* organizing] ❷ (*Mensch*) person with a talent for organization [*or* organizing]; **ein wahres ~ sein** to have a real talent [*or* flair] for organizing **Organisations- und Rechenzentrum** *nt* ADMIN organization and computer centre [*or* AM -er]

Organisator, -torin <-s, -toren> *m, f* organizer

organisatorisch I. *adj* organizational; **eine ~e Höchstleistung** a feat [*or* masterpiece] of supreme organization; **ein ~es Talent sein** to have a talent [*or* gift] for organizing; ■**das O~e** organizational matters *pl*
II. *adv* organizationally; **rein ~ betrachtet** from a purely organizational standpoint

organisch I. *adj* ❶ MED organic, physical
❷ (*geh: natürlich*) organic
❸ CHEM organic; **~e Chemie** organic chemistry
II. *adv* ❶ MED physically, organically
❷ (*geh: einheitlich*) organically; **sich** *akk* **~ in etw** *akk* **einfügen** to form an organic part of sth

organisieren* I. *vt* ■**etw ~** ❶ (*systematisch vorbereiten*) to organize sth
❷ (*sl: unrechtmäßig beschaffen*) to get hold of sth
II. *vi* to organize; ***er kann ausgezeichnet*** ~ he's an excellent organizer
III. *vr* ■**sich ~** to organize

organisiert *adj* organized; **~es Verbrechen** organized crime; **~e Maßnahmen** coordinated measures

Organismus <-, -nismen> *m* organism

Organist(in) <-en, -en> *m(f)* organist

Organizer <-s, -> ['ɔ:gənaɪzə] *m* INFORM organizer

Organklage *f* JUR action against a public body, intra-company legal action **Organkompetenz** *f* HANDEL intra-company competence **Organkredit** *m* JUR loan extended by a corporation to its officers **Organleihe** *f* JUR *lending of an administrative organ to another public authority* **Organspende** *f* MED organ donation **Organspender(in)** *m(f)* MED organ donor **Organstreitverfahren** *nt* JUR court proceedings between administrative bodies **Organträger** *m* HANDEL parent company, dominant enterprise **Organtransplantation** *f*, **Organverpflanzung** *f* MED organ transplant[ation] **Organunreife** *f* organ prematurity

Orgasmus <-, Orgasmen> *m* orgasm; **einen ~ bekommen/haben** to have an orgasm, to achieve [*or* reach] orgasm

Orgasmuspille *f* (*fam*) orgasm pill (*for women*)

orgastisch *adj inv* orgasmic, orgastic

Orgel <-, -n> *f* MUS organ; ~ ***spielen*** to play the organ

Orgelkonzert *nt* MUS (*Musikstück*) organ concerto; (*Konzert*) organ recital **Orgelmusik** *f* organ music

orgeln *vi* ❶ (*Drehorgel spielen*) to play the barrel-organ, to grind the organ; (*fam: Orgel spielen*) to play the organ
❷ DIAL (*pej: schlechte Musik machen*) to grind away *pej*
❸ (*fam: brausende Geräusche machen*) *Wind* to roar, to howl, to whistle; *Anlasser* to turn over [without firing], to whine, to protest
❹ JAGD (*brünstig schreien*) to bell
❺ (*vulg: koitieren*) to [have a] screw *vulg*

Orgelpfeife *f* MUS organ pipe ▸ WENDUNGEN: **wie die ~n dastehen** (*hum fam*) to stand in a row from [the] tallest to [the] shortest **Orgelspieler(in)** <-s, -> *m(f)* organist

orgiastisch *adj* (*geh*) orgiastic *form*

Orgie <-, -n> ['ɔrgiə] *f* orgy; **~n feiern** to have orgies

Orient <-s> ['o:riɛnt, o'riɛnt] *m kein pl* ■**der ~** the Orient *form or dated;* **vom ~ zum Okzident** (*geh*) from east to west; **der Vordere ~** the Middle [*or* Near] East

Orientale, -talin <-n, -n> *m, f* Oriental

orientalisch [oriɛn'ta:lɪʃ] *adj* oriental

Orientalist(in) <-en, -en> [oriɛnta'lɪst] *m(f)* orientalist

Orientalistik [oriɛnta'lɪstɪk] *f* oriental studies *npl*

Orientalistin <-, -nen> *f fem form von* **Orientalist**

orientieren* [oriɛn'ti:rən] I. *vr* ❶ (*sich informieren*) ■**sich** *akk* **[über jdn/etw] ~** to inform oneself [about sb/sth]; ***bitte ~ Sie sich anhand der Unterlagen selbst: Sie werden sehen, dass ich recht habe*** please look at these documents yourself: you'll see that I am right
❷ (*sich zurechtfinden*) ■**sich** *akk* **[an etw** *dat*] ~ to get one's bearings [by sth]; ***in der Dunkelheit können sich viele Leute schlecht*** ~ many people have difficulty getting their bearings in the dark; ***nach was soll ich mich eigentlich ~, wenn ein Inhaltsverzeichnis fehlt?*** how am I supposed to find my way around without an index?
❸ (*sich einstellen*) ■**sich** *akk* **an etw** *dat* ~ to adapt oneself to [*or* orientate [*or* AM orient] oneself towards] sth
II. *vt* (*geh*) ❶ (*informieren*) ■**jdn [über etw** *akk*] ~ to inform sb [*or* put sb in the picture] [about sth]; ■**über jdn/etw orientiert sein** to be informed about sb/sth
❷ (*ausgerichtet sein*) ***ich bin eher links/rechts/liberal orientiert*** I tend [*or* lean] more to the left/right/I am more liberally orientated

Orientierung <-, -en> [oriɛn'ti:rʊŋ] *f* ❶ (*das Zurechtfinden*) orientation; **die ~ verlieren** to lose one's bearings
❷ (*geh: Unterrichtung*) information; **zur/zu jds ~** (*geh*) for [sb's] information
❸ (*geh: Ausrichtung*) ■**die/jds ~ an etw** *dat* the/sb's orientation towards sth

Orientierungshilfe *f* aid to orientation, guideline; ***die Querverweise sind als ~ gedacht*** the references are meant to help you find your way **orientierungslos** *adj* disoriented **Orientierungspreis** *m* HANDEL reference [*or* indicator] price **Orientierungspunkt** *m* point of reference **Orientierungssinn** *m kein pl* sense of direction **Orientierungswert** *m* estimate **Orientierungszeitraum** *m* ÖKON reference period

original I. *adj* ❶ (*echt*) genuine
❷ (*ursprünglich*) original
II. *adv* in the original [condition]; ***Umtauschartikel müssen noch ~ verpackt sein*** goods for exchange must still be in their original packaging

Original <-s, -e> *nt* ❶ (*Urversion*) original; **im ~** in the original
❷ (*Mensch*) original, character

Originalaufnahme *f* ❶ MUS original recording ❷ FOTO original photograph ❸ FILM original print **Originalausgabe** *f* original [*or* first] edition **Originaldokument** *nt* source document **Originalfassung** *f* original [version]; ***in der englischen*** ~ in the original English version **originalgetreu** I. *adj* true to the original *pred* II. *adv* in a manner true to the original; ***er kann die Stimmen von Politikern ~ imitieren*** he can do a very faithful imitation of politicians' voices

Originalität <-> *f kein pl* ❶ (*Echtheit*) authenticity *no art, no pl,* genuineness *no art, no pl*
❷ (*Ursprünglichkeit*) naturalness *no art, no pl*
❸ (*Einfallsreichtum*) originality *no art, no pl*

Originalpackung *f* original packet [*or* package] [*or* AM packaging] **Originalton** *m* ❶ FILM original soundtrack ❷ (*wörtliches Zitat*) direct quote, one's/sb's own words **Originalübertragung** *f* live broadcast **Originalverpackung** *f* HANDEL original packaging; **in ~** in the original packaging **Originalvorlage** *f* INFORM original

originär *adj* (*geh*) original

originell *adj* original

Orion <-[s]> *m kein pl* ASTRON Orion

Orka <-, -s> *m* ZOOL orca, killer whale

Orkan <-[e]s, -e> *m* hurricane; **wie ein ~** like a hurricane

orkanartig *adj* hurricane-force *attr*

Orkanstärke *f* hurricane force *no art, no pl*

Ornament <-[e]s, -e> *nt* ornament, decoration

ornamental I. *adj* ornamental, decorative
II. *adv* ornamentally, decoratively

Ornamentglas *nt* BAU ornamental [*or* patterned] glass

Ornat <-[e]s, -e> *m* regalia + *sing/pl vb;* **in vollem ~** in full regalia; (*veraltend fam*) dressed [*or* done] up to the nines *fam*

Ornithologe, -login <-n, -n> *m, f* ornithologist

Orogenese <-, -n> *f* GEOL orogeny, orogenesis

Ort[1] <-[e]s, -e> *m* ❶ (*Stelle*) place; **der ~ der Handlung** the scene of the action; ***der ~ der Handlung von Macbeth ist das schottische Hochland*** in Macbeth the action is set in the Scottish highlands; **an einem dritten ~** on neutral territory [*or* ground]; **am angegebenen ~** in the place quoted [*or* cited], loc cit *spec*
❷ (*~schaft*) place; ***sie zogen in einen kleinen ~ auf dem Land*** they moved to a quiet spot in the country; ***im Zentrum des ~es*** in the centre of the village [*or* [the] town]; **am ~** in the place/the village/[the] town; **von ~ zu ~** from place to place; **ohne ~ und Jahr** without any place or date of publication
▸ WENDUNGEN: **an ~ und Stelle** on the spot, there and then; **höheren ~es** (*form*) higher up

Ort[2] *nt* **vor ~** on the spot, in situ *form;* BERGB at the [coal] face

Ortbeton *m* BAU cast-in-place concrete

Örtchen <-s, -> *nt* ▸ WENDUNGEN: **das [stille] ~** (*euph fam*) the smallest room BRIT *fam,* the john AM *fam;* ***ich muss mal schnell aufs*** ~ I just have to pay a quick visit

orten *vt* ❶ (*ausfindig machen*) ■**etw ~** to locate [*or* get a fix on] sth
❷ (*ausmachen*) ■**etw ~** to sight [*or* spot] sth
❸ (*fam: sehen*) ■**jdn ~** to spot sb

Ortgang *m* BAU verge

orthodox I. *adj* ❶ REL Orthodox; ■**~ sein** to be an Orthodox Christian/to be Orthodox [Christians]
❷ (*geh: strenggläubig*) orthodox, strict
❸ (*fig: gewohnt*) **nicht gerade ~ sein** to be somewhat [*or* a little] unorthodox
II. *adv* REL according to Orthodox ritual; **~ heiraten** to have an Orthodox wedding

orthogonal *adj inv* MATH orthogonal

Orthographie, **Orthografie**[RR] <-, -en> [*pl*

-'fi:ən] *f* spelling, orthography *no art, no pl spec*
orthographisch, orthografisch[RR] **I.** *adj* orthographic[al] *spec;* **ein ~er Fehler** a spelling mistake **II.** *adv* orthographically *spec;* **~ richtig schreiben** to spell correctly
Orthopäde, -pädin <-n, -n> *m, f* orthopaedist BRIT, orthopedist AM
Orthopädie <-> *f kein pl* orthopaedics + *sing vb*
Orthopädin <-, -nen> *f fem form von* **Orthopäde**
orthopädisch *adj* orthopaedic BRIT, orthopedic AM
örtlich I. *adj* ❶ (*lokal*) local
❷ METEO localized
II. *adv* locally; **~ *verschieden sein/variieren*** to vary from place to place; ***ein ~ begrenzter Konflikt*** a limited local conflict; **jdn ~ betäuben** to give sb a local anaesthetic [*or* AM anesthetic]
Örtlichkeit <-, -en> *f* ❶ (*Gegend*) locality, area, place; **mit den ~en [gut] vertraut sein** to be [very] familiar with the area, to know the area [well]; **sich** *akk* **mit der ~ [*o* den ~en] vertraut machen** to get to know the area
❷ (*euph fam*) ■**die ~[en]** the rest room
Ortsangabe *f* ❶ (*Standortangabe*) [name of] location; (*in Anschrift*) [name of the] town/city ❷ (*Erscheinungsort*) **ohne ~** with no [indication of] place of publication, no place of publication indicated **ortsansässig** *adj* local; ■**~ sein** to live locally **Ortsansässige(r)** *f(m) dekl wie adj* local [resident] **Ortsausgang** *m* end of a [*or* the] village [*or* town] **Ortsbeirat(in)** *m(f)* local advisory committee **ortsbekannt** *adj inv* locally known; ***~ unter dem Namen „Danger"*** known locally as "Danger" **Ortsbesichtigung** *f* local survey, site inspection **Ortsbestimmung** *f* bearing [*or* fixing] of position, position finding
Ortschaft <-, -en> *f* village/[small] town; **eine geschlossene ~** a built-up [*or* restricted] area
Ortseingang *m* start of a [*or* the] village [*or* town] **ortsfremd** *adj* non-local; ■**~ sein** to be a stranger; **~e Besucher** visitors to [the] town/the village **Ortsfremde(r)** *f(m) dekl wie adj* stranger **Ortsgespräch** *nt* TELEK local call **Ortsgruppe** *f* local branch [*or* group] **Ortskenntnisse** *pl* local knowledge; **[gute] ~ haben** to know the place [*or* one's way around] [well] **Ortskrankenkasse** *f public organizations providing statutory health insurance to individuals living within a particular area* **ortskundig** *adj* ■**~ sein** to know one's way around [*or* the place well]; **sich** *akk* **~ machen** to get to know the place **Ortskundige(r)** *f(m) dekl wie adj* person who knows his/her way around [*or* the place well] **Ortsname** *m* place name, name of a/the place **Ortsnetz** *nt* ❶ TELEK local exchange network ❷ ELEK local grid **Ortsnetzkennzahl** *f* TELEK (*form*) dialling [*or* AM area] code **Ortsrecht** *nt* JUR local [*or* parish] law **Ortsschild** *nt* place name sign **Ortssinn** *m kein pl* sense of direction **Ortstarif** *m* TELEK local [call] rate **Ortsteil** *m* part of a [*or* the] village [*or* town] **Ortstein** <-[e]s> *m kein pl* GEOL [hard]pan **ortsüblich** *adj* local; **eine ~e Gepflogenheit** a local custom; **ein ~es Entgelt** a standard local fee; ■**~ sein** to be customary **Ortsüblichkeit** *f* JUR local practice **Ortsverband** *m* local committee **Ortsverein** *m* local association **Ortsverkehr** *m* ❶ (*Straßenverkehr*) local traffic *no art, no pl;* ***Busse werden hauptsächlich im ~ eingesetzt*** buses are mainly used [*or* put [*or* laid] on] for local traffic ❷ TELEK local telephone service; **Gebühren im ~** charges for local calls **Ortsvorsteher(in)** *m(f)* parish council chair[person] **Ortswechsel** *m* change of one's place of residence **Ortszeit** *f* local time **Ortszuschlag** *m* local bonus, residence [*or* BRIT *a.* local weighting] allowance
Ortung <-, -en> *f* ❶ *kein pl* (*das Orten*) ■**die ~ [von etw** *dat***]** locating [sth]
❷ (*geortetes Objekt*) signal; (*auf Anzeige a.*) reading
Ortungshilfe *f* aid to location **Ortungsverfahren** *nt* positioning [*or* navigation] system

Oryx-Antilope *f* ZOOL oryx
Oscar <-[s], -s> *m* FILM Oscar, Academy Award
Öse <-, -n> *f* eye[let]
OSI <-> *f kein pl Akr von* **Open Systems Interconnection** OSI *no art, no pl spec*
Oslo <-s> *nt* Oslo *no pl, no art*
Osmane, -manin <-n, -n> *m, f* Ottoman *hist*
osmanisch *adj* Ottoman *hist*
Osmium <-s> *nt kein pl* osmium *no pl, no art spec*
Osmose <-, -n> *f* osmosis *no pl, no art spec*
Ossi <-, -s> *m o f* (*fam*) Easterner, East German
Ost <-[e]s, -e> *m* ❶ *kein pl, kein art bes* NAUT east; **der Konflikt zwischen ~ und West** POL the conflict between East and West; *s. a.* **Nord 1**
❷ *pl selten* NAUT (*Ostwind*) east wind
❸ (*veraltet sl: Ostmark*) East German Mark
Ostafrika *nt* East Africa *no pl, no art*
Ostalgie <-> *f kein pl* SOZIOL, POL (*iron*) *nostalgia for the socio-political infrastructure of the former GDR*
Ostasien *nt* East[ern] Asia *no pl, no art* **Ostberlin** *nt* HIST East Berlin *no pl, no art hist* **Ostblock** *m* HIST Eastern bloc *no pl, no indef art hist* **Ostblockland** *nt,* **Ostblockstaat** *m* HIST Eastern bloc country [*or* state] *hist* **Ostchinesisches Meer** *nt* East China Sea **ostdeutsch** *adj* East German **Ostdeutschland** *nt* East[ern] Germany *no pl, no art*
Osten <-s> *m kein pl, kein indef art* ❶ (*Himmelsrichtung*) ***die Sonne geht im ~ auf*** the sun rises in the east; **der Ferne ~** the Far East; **der Mittlere ~** *area stretching from Iran to Myanmar;* **der Nahe ~** the Near [*or* Middle] East; *s. a.* **Norden 1**
❷ (*östliche Gegend*) east; *s. a.* **Norden 2**
❸ (*ehemalige DDR*) ■**der ~** former East Germany; **aus dem ~ kommen [*o* stammen]** to come from the East [*or* former East Germany]
❹ POL ■**der ~** the East; (*Osteuropa*) Eastern Europe
ostentativ (*geh*) **I.** *adj* ostentatious
II. *adv* ostentatiously
Osteoporose <-, -n> *f* osteoporosis *no pl, no art*
Osterei *nt* Easter egg **Osterfest** *nt* ■**das ~** Easter **Osterfeuer** *nt* Easter bonfire **Osterglocke** *f* ❶ BOT daffodil ❷ REL Easter [church] bell **Osterhase** *m* Easter bunny **Osterinsel** *f* ■**die ~** Easter Island, Rapa Nui **Osterlamm** *nt* paschal lamb *spec*
österlich I. *adj* Easter *attr*
II. *adv* like Easter
Ostermarsch *m* Easter peace march **Ostermontag** *m* Easter Monday **Ostermorgen** *m* Easter [Sunday] morning
Ostern <-, -> *nt* Easter; ***seid ihr ~ zu Hause?*** are you at home for Easter?; **frohe [*o* fröhliche] ~!** Happy Easter!; **zu [*o* über] ~** at [*or* over] Easter; **zu ~** at [*or* for] Easter
Österreich <-s> *nt* Austria; *s. a.* **Deutschland**
Österreicher(in) <-s, -> *m(f)* Austrian; *s. a.* **Deutsche(r)**
österreichisch *adj* Austrian; ■**das Ö~e** Austrian; *s. a.* **deutsch**
Ostersonnabend *m* NORDD Easter Saturday
Ostersonntag *m* Easter Sunday
Osterweiterung *f* eastwards expansion, enlargement of EU to the East
Osterwoche *f* Holy Week (*week before Easter*)
Osteuropa *nt* East[ern] Europe **osteuropäisch** *adj* East[ern] European **Ostfriese, -friesin** <-n, -n> *m, f* East Frisian **ostfriesisch** *adj inv* East Frisian **Ostfriesland** *nt* East Friesland, Ostfriesland **Ostgote, -gotin** *m, f* HIST Ostrogoth *spec* **Ostindien** <-s> *nt* East Indies *pl* **Ostkirche** *f* ■**die ~** the Eastern [*or* Orthodox] Church **Ostküste** *f* east coast
östlich I. *adj* ❶ (*in ~er Himmelsrichtung befindlich*) eastern; *s. a.* **nördlich I 1**
❷ (*im Osten liegend*) eastern; *s. a.* **nördlich I 2**
❸ (*von/nach Osten*) eastwards, easterly; *s. a.* **nördlich I 3**
❹ (*den osteuropäischen und asiatischen Raum betreffend*) eastern
II. *adv* ■**~ von ...** east of ...
III. *präp +gen* ■**~ einer S.** [to the] east of sth; *s. a.* **nördlich III**
Ostmark <-> *f* HIST (*Kernland Österreichs*) Ostmark **Ostpolitik** *f* ■**die ~** Ostpolitik *hist* (*German foreign policy towards former Eastern Europe and Asia*) **Ostpreußen** *nt* East Prussia **ostpreußisch** *adj* East Prussian
Östrogen <-s, -e> *nt* oestrogen BRIT, estrogen AM *no pl, no art*
Ostrom *nt* HIST the Eastern [Roman] [*or* Byzantine] Empire *hist*
oströmisch *adj inv* Byzantine; ■**das O~e Reich** the Byzantine Empire
Östrus <-> *m kein pl* ZOOL oestrus BRIT, estrus AM
Ostsee *f* ■**die ~** the Baltic [Sea] **Ostsibirische See** *f* East Siberian Sea **Oststaaten** *pl* (*in USA*) Eastern states *pl* **Ostteil** *m* eastern part **Ostverträge** *pl* POL treaties *pl* with the Eastern bloc countries **ostwärts** *adv* eastwards, to the east **Ost-West-Beziehungen** *pl* East-West relations *pl* **Ost-West-Gespräche** *pl* East-West talks *pl* **Ostwind** *m* east [*or* easterly] wind
OSZE *f Abk von* **Organisation für Sicherheit und Zusammenarbeit in Europa** OSCE *hist*
Oszillationsversuch *m* PHYS oscillation experiment [*or* test]
Oszillator <-s, -toren> *f* oscillator
Oszillograph <-en, -en> *m,* **Oszillograf**[RR] <-en, -en> *m* oscillograph *spec*
Oszilloskop <-s, -e> *nt* oscilloscope, scope *spec fam*
O-Ton *m* (*fam*) *s.* **Originalton**
Ottawa <-s> *nt* Ottawa
Otter[1] <-, -n> *f* (*Schlangenart*) adder, viper
Otter[2] <-s, -> *m* (*Fisch~*) otter
Ottomotor *m* spark ignition [*or* SI] engine *spec*
Otto Normalverbraucher *m* ÖKON John Doe, BRIT Mr A. N. Onymous
ÖTV <-> *f kein pl Abk von* **Gewerkschaft Öffentliche Dienste, Transport und Verkehr** ≈ TGWU BRIT, ≈ TWU AM
Ötztal <-[e]s> *nt* Ötztal
Out <-s, -s> [aut] *nt* SPORT (*veraltet*) out [of play]
out [aut] *adj* (*fam*) ■**~ sein** to be out *fam,* to be out of favour [*or* AM -or]/fashion
Outdoorsports ['autdɔ:spɔ:rts] *pl* outdoor sports *pl*
outen ['autən] *vt* ■**sich/jdn ~** to out oneself/sb
Outfit <-s, -s> ['autfɪt] *nt* (*sl*) outfit
Outing <-s, -s> ['autɪŋ] *nt* (*fam*) coming out *fam*
Output <-s, -s> ['autput] *m o nt* ÖKON, INFORM, ELEK output
Outsider <-s, -> ['autsaidɐ] *m* outsider
Outsourcing <-> ['autsɔ:sɪŋ] *nt kein pl* ÖKON, INFORM outsourcing *no pl*
Ouvertüre <-, -n> [uver'ty:rə] *f* overture
Ouzo <-[s], -s> ['u:zo] *m* (*griechischer Anisschnaps*) ouzo
oval [o'va:l] *adj* oval
Oval <-s, -e> [o'va:l] *nt* oval
Ovation <-, -en> [-va-] *f* (*geh*) ovation; **jdm ~en darbringen** to give sb an ovation; **stehende ~en** standing ovations
Overall <-s, -s> ['o:vərɔ:l] *m* (*für schmutzige Arbeit*) overalls *npl,* BRIT *a.* overall; (*bei kaltem Wetter*) jumpsuit
Overdrive-CPU *f* INFORM overdrive CPU **Overdrive-Prozessor** *m* INFORM overdrive processor **Overdrive-Sockel** *m* INFORM overdrive slot
Overheadfolie ['o:vəhɛdfo:liə] *f* [overhead] transparency **Overheadprojektor** ['o:vəhɛd-] *m* overhead projector
Overkill <-> *m kein pl* overkill *no pl, no art pej*
OVG *nt Abk von* **Oberverwaltungsgericht** Higher Administrative Court
ÖVP <-> *f* POL *Abk von* **Österreichische Volkspartei** Austrian People's Party
Ovula *pl von* **Ovulum** ovules
Ovulation <-, -en> [-vu-] *f* BIOL ovulation *no pl, no art*
Ovulationshemmer <-s, -> *m* MED anovulant,

ovulation inhibitor *form*

Ovulum <-s, -la> *nt* ① MED ovule
② BOT ovule

OW INFORM *Abk von* **overwrite** overwrite

OW-Platte *f* INFORM overwrite disk

Oxer <-s, -> *m* (*Weitsprunghindernis im Reitsport*) oxer

Oxid <-[e]s, -e> *nt* oxide

Oxidation <-, -en> *f* oxidation *no art, no pl*

Oxidationskatalysator *m* AUTO oxidizing catalyst

oxidieren* I. *vi sein o haben* to oxidize
II. *vt* ■**etw** ~ to oxidize sth

Oxyd <-[e]s, -e> *nt* oxide

Oxydation <-, -en> *f* oxidation

oxydieren* CHEM I. *vt* ■**etw** ~ to oxidize sth
II. *vi sein o haben* to oxidize

Oxydierung <-, -en> *f* oxidization, oxidation

Oxytocin <-s, -e> *nt* oxytocin

Ozean <-s, -e> *m* ocean; **der Atlantische/Pazifische** [*o* **Stille**] ~ the Atlantic/Pacific Ocean

Ozeandampfer *m* ocean liner

Ozeanien *nt* Oceania

ozeanisch *adj inv* ① (*einen Ozean betreffend*) oceanic
② (*Ozeanien betreffend*) Oceanic

Ozeanographie <-> *f kein pl*, **Ozeanografie**[RR] <-> *f kein pl* oceanography *no pl, no art*

Ozeanologie <-> *f kein pl* oceanology

Ozelot <-s, -e> *m* ① ZOOL ocelot *spec*
② MODE ocelot coat *spec*

Ozon <-s> *nt o m kein pl* ozone *no pl, no art*

Ozonalarm *m kein pl* METEO, ÖKOL, ADMIN ozone warning **Ozonanstieg** *m* increase [*or* rise] in ozone levels; ***ein ~ von 10 ppm*** a 10 ppm increase [*or* rise] in ozone levels **ozonarm** *adj* ÖKOL low-ozone *attr,* ozone-deficient, characterized by low ozone levels *pred* **Ozonbekämpfung** *f kein pl* METEO, ÖKOL, CHEM measure to cut [*or* reduce] ozone levels [in the air] **Ozonbelastung** *f* METEO, ÖKOL, CHEM ozone build-up [in the lower atmosphere] *no pl* **Ozongehalt** *m* CHEM ozone concentration *no pl* **Ozonkiller** *m* (*fam*) METEO, ÖKOL, CHEM substance [*or* product] which contributes to the destruction of [*or* destroys] the ozone layer **Ozonloch** *nt* ■**das** ~ the ozone hole, the hole in the ozone layer **Ozonschicht** *f kein pl* ■**die** ~ the ozone layer, the ozonosphere *spec* **Ozonschild** *m* ozone shield *spec* **Ozon-Vorläufersubstanz** *f* CHEM substance contributing to ozone formation; ■**eine** ~ **sein** to contribute to ozone formation

P

P, p <-, – *o fam* -s, -s> *nt* P, p; ~ **wie Paula** P for [*or* AM as in] Peter; *s. a.* **A 1**

paar *adj inv* ■**ein** ~ ... a few ...; **ein ~ Mal** a few [*or* a couple of] times; **alle ~ Tage/Wochen** every few days/weeks
▶ WENDUNGEN: **du kriegst** [**gleich**] **ein ~!** (*fam*) you'll get a smack[ing *fam*]!

Paar <-s, -e> *nt* ① (*Mann und Frau*) couple; **ein ~ werden** (*geh*) to become man and wife *form*
② (*zwei zusammengehörende Dinge*) pair; ***ein ~ Würstchen*** a couple of sausages; ***ein ~ neue Socken*** a pair of new socks
③ (*Gespann*) **ein ungleiches** ~ an unlikely pair, an odd couple

paaren I. *vr* ① (*kopulieren*) ■**sich** *akk* ~ to mate
② (*sich verbinden*) ■**sich** *akk* **mit etw** *dat* ~ to be coupled with sth
II. *vt* ① (*zur Kopulation zusammenbringen*) ■**etw** ~ to mate [*or* pair] sth
② SPORT ■**jdn** ~ to match sb

Paarhufer <-s, -> *m* ZOOL even-toed ungulate, artiodactyl *spec,* cloven-hoofed animal

paarig I. *adj* paired
II. *adv* in pairs; BOT *a.* binate *spec;* ~ **angeordnet** arranged in pairs

Paarlauf *m* pair-skating, pairs + *sing vb*

Paarreim *m* rhyming couplet

Paarung <-, -en> *f* mating; **zur ~ bereit sein** to be ready to mate

Paarungszeit *f* mating season

paarweise *adv* in pairs [*or* twos]

Paarwettbewerb *m* SPORT pairs competition

Pacht <-, -en> *f* ① (*Entgelt*) rent[al] *no indef art, no pl*
② (*Nutzungsvertrag*) lease; **etw in ~ haben** to have sth on lease [*or form* leasehold]

Pachtabkommen *nt* lease arrangement

pachtbar *adj* rentable, tenantable

Pachtbedingungen *pl* terms of a lease **Pachtbesitz** *m* leasehold [property], tenure by lease

pachten *vt* ■**etw** [**von jdm**] ~ to lease sth [from sb]
▶ WENDUNGEN: **etw für sich** *akk* **gepachtet haben** (*fam*) to have got a monopoly on sth; *s. a.* **Weisheit**

Pächter(in) <-s, -> *m(f)* tenant, leaseholder, lessee *spec*

Pächterpfandrecht *nt* JUR lessee's statutory lien

Pachtkredit *m* JUR credit for leaseholders **Pachtkreditgesetz** *nt* JUR Leasehold Credit Act **Pachtobjekt** *nt* leased object **Pachtrecht** *nt* law of lease, leasehold right

Pachtung <-, -en> *f* tenancy, leasehold; ~ **auf Lebensdauer** tenancy for life

Pachtverhältnis *nt* lease, tenancy [agreement]; **widerrufliches** ~ tenancy at will; **zeitlich begrenztes** ~ periodic tenancy; **von einem ~ zurücktreten** to terminate a lease **Pachtvertrag** *m* lease **Pachtzins** *m* leasehold rent

Pack[1] <-[e]s, -e *o* Päcke> *m* (*Stapel*) pile, stack; (*zusammengeschnürt*) bundle, pack

Pack[2] <-s> *nt kein pl* (*pej: Pöbel*) rabble *pej,* riff-raff + *pl vb pej*
▶ WENDUNGEN: ~ **schlägt sich** *akk,* ~ **verträgt sich** *akk* (*prov*) one minute the rabble are at each other's throats, the next they're the best of friends, rabble like that are at each other's throats one minute and friends again the next

Packager(in) <-s, -> ['pɛkɪtʃə] *m(f)* TOURIST sb [who goes [*or* is]] on a package holiday [*or* tour]

Päckchen <-s, -> *nt* ① (*Postversand*) small parcel, package
② (*Packung*) packet, pack
③ (*kleiner Packen*) pack, bundle
▶ WENDUNGEN: **jeder hat sein ~ zu tragen** we all have our cross to bear

Packeis *nt* pack ice *no art, no pl*

packeln *vi* ÖSTERR (*fam*) *s.* **paktieren 2**

packen I. *vt* ① (*ergreifen*) ■**jdn/etw** ~ to grab [hold of] sb/sth, to seize sb/sth; ***wenn ich dich packe/zu ~ kriege ...*** when I get hold of you ...; ■**jdn/etw bei/an etw** *dat* ~ to grab [*or* seize] sb/sth by sth; **jdn an** [*o* **bei**] **dem Kragen** ~ to grab sb by the collar
② (*voll~*) ■**etw** ~ to pack sth; **ein Paket** ~ to make up *sep* a parcel
③ (*verstauen*) ■**etw** [**in etw** *akk*] ~ to pack sth [in[to] sth]; **etw in den Koffer** ~ to pack [*or* put] sth in the suitcase; **etw in den Safe** ~ to put sth [away] in the safe; **Gepäck in den Kofferraum** ~ to stow [*or* put] luggage in the boot
④ (*überkommen*) ■**jdn** ~ to seize sb; ***von Abenteuerlust gepackt*** seized by a thirst for adventure; ***da packte mich nur noch der Ekel*** I was seized by revulsion; ***mich packt auf einmal ein unwiderstehliches Verlangen nach Island zu fliegen*** I suddenly have an irresistible urge to fly to Iceland
⑤ (*sl: bewältigen*) ■**etw** ~ to manage sth; **eine Prüfung** ~ to pass an exam; ***das Examen ist leicht zu ~*** the exam is easy [*or* BRIT *fam!* a piece of piss]
⑥ (*erreichen*) ■**etw** ~ to catch sth; ***beeilt euch, sonst ~ wir es nicht mehr!*** hurry up, otherwise we won't make it!
⑦ (*sl: kapieren*) ■**etw** ~ to get sth *fam*
▶ WENDUNGEN: **jdn bei der Ehre** ~ to appeal to sb's sense of honour; **es hat jdn** [**ganz schön**] **gepackt** (*fam*) sb has it bad *fam;* ***ihn hat es ganz schön gepackt, er ist über beide Ohren verliebt*** he's got it bad, he's head over heels in love
II. *vr* (*fam*) ■**sich** ~ to clear off, to beat it *fam*

Packen <-s, -> *m* stack; (*unordentlich a.*) pile; (*zusammengeschnürt*) bundle

packend *adj* absorbing; **ein packendes Buch/packender Film** a thrilling book/film

Packer(in) <-s, -> *m(f)* ① (*im Versand*) packer
② (*bei einer Möbelspedition*) [furniture] packer [*or* BRIT *a.* remover], removal [*or* moving] man, AM *a.* mover

Packerei <-> *f kein pl* (*fam*) [tiresome] packing *no indef art, no pl*

Packerin <-, -nen> *f fem form von* **Packer**

Packesel *m* (*Lasttier*) pack mule; (*fig*) packhorse

Packpapier *nt* wrapping [*or* brown] paper *no art, no pl* **Packsattel** *m* packsaddle

Packung <-, -en> *f* ① (*Schachtel*) pack[et]; **eine ~ Pralinen** a box of chocolates; **eine neue ~ anbrechen** to start [on] a new packet
② MED pack, compress; **eine feuchte** ~ a poultice, a fomentation; (*Kosmetik*) a beauty pack
③ (*Niederlage*) **eine ~ bekommen** to get a thrashing [*or fam* hammering]

Packungsbeilage *f* PHARM *information leaflet included in medicine packets*

Packwagen *m* luggage van BRIT, baggage car AM

Pad <-s, -s> [pæd] *nt* INFORM [mouse] pad

Pädagoge, -gogin <-n, -n> *m, f* ① (*Lehrer*) teacher, pedagogue *old*
② (*Erziehungswissenschaftler*) education[al]ist

Pädagogik <-> *f kein pl* [theory of] education *no art, no pl,* educational theory *no art, no pl,* pedagogy *no art, no pl spec*

Pädagogin <-, -nen> *f fem form von* **Pädagoge**

pädagogisch I. *adj* educational *attr,* pedagogic[al] *spec;* ~**e Fähigkeiten** teaching ability
II. *adv* educationally, pedagogically *spec;* ~ **falsch sein** to be wrong from an educational point of view; *s. a.* **Hochschule**

Paddel <-s, -> *nt* paddle

Paddelboot *nt* canoe

paddeln *vi sein o haben* ① (*das Paddel bewegen*) to paddle
② (*mit dem Paddelboot fahren*) to paddle, to canoe

Paddler(in) <-s, -> *m(f)* canoeist

Päderast <-en, -en> *m* PSYCH pederast, BRIT *a.* paederast

Pädiater <-s, -> *m* MED paediatrician BRIT, pediatrician AM

Pädiatrie <-> *f kein pl* MED paediatrics BRIT + *sing vb,* pediatrics AM + *sing vb*

Paella <-, -s> [pa'ɛlja] *f* KOCHK paella

Paellapfanne *f* paella pan

PAFC *f Abk von* **Phosphorsäurebrennstoffzelle** PAFC

paffen I. *vi* (*fam: rauchen*) to puff away; (*nicht inhalieren*) to puff
II. *vt* (*fam*) ■**etw** ~ to puff away at sth

Paffer <-s, -> *m* (*pej*) puffer

Page <-n, -n> ['pa:ʒə] *m* ① (*Hoteldiener*) page [boy], bellboy, AM *a.* bellhop
② HIST page

Pagenkopf ['pa:ʒən-] *m* bob, pageboy [hairstyle [*or* cut]]

Pager <-s, -> ['peɪdʒə] *m* pager

Pagina <-, -s> *f* TYPO folio, page number

paginieren* *vt* ■**etw** ~ to paginate sth *spec*

Paginierung <-, -en> *f* TYPO pagination

Pagode <-, -n> *f* pagoda

pah *interj* pah, huh

Paillette <-, -n> [pai'jɛtə] *f* sequin, spangle, paillette *spec*

Paket <-[e]s, -e> *nt* ① (*Sendung*) parcel
② (*umhüllter Packen*) package
③ (*Packung*) packet
④ (*Gesamtheit*) package
⑤ (*Stapel*) pile, stack

Paketannahme *f* ① (*Paketschalter*) parcels counter ② *kein pl* acceptance of parcels; **„~ nur**

von 10 bis 12 Uhr*“** “parcels accepted only between 10 and 12 o'clock” **Paketausgabe** *f* parcels office [*or* counter] **Paketauslage** *f* TYPO bundle [*or* batch] delivery **Paketbeförderung** *f* parcel handling *no art, no pl;* ***diese Firma ist spezialisiert auf ~ this firm specializes in handling parcels **Paketbombe** *f* parcel bomb **Paketgebühr** *f* HANDEL parcel rate **Paketkarte** *f* [parcel *form*] dispatch form **Paketpolice** *f* ÖKON package policy **Paketpost** *f* parcel post *no art, no pl* **Paketschalter** *m* parcels counter **Paketumschlagstelle** *f* ADMIN parcels sorting office **Paketzustellung** *f* parcel delivery

Pakistan <-s> *nt* Pakistan; *s. a.* **Deutschland**

Pakistaner(in) <-s, -> *m(f),* **Pakistani** <-[s], -[s]> *m* Pakistani, Paki *pej fam!; s. a.* **Deutsche(r)**

Pakistani <-s, -s> *m s.* **Pakistaner**

pakistanisch *adj* Pakistani; *s. a.* **deutsch**

Pakt <-[e]s, -e> *m* pact, agreement; **der Warschauer** ~ the Warsaw Pact

paktieren* *vi* ■**mit jdm** ~ to make a pact [*or* deal] [*or* do a deal] with sb

Palais <-, -> [pa'lɛː] *nt* palace

Paläoanthropologie *f* palaeoanthropology BRIT *no pl, no art spec,* paleoanthropology AM *no pl, no art spec* **Paläomagnetismus** *m* GEOL *kein pl* palaeomagnetism BRIT, paleomagnetism AM **Paläontologie** <-> *f kein pl* palaeontology [*or* Brit], paleontology AM **Paläophytikum** *nt* ■**das** ~ the Palaeophytic [*or* AM Paleophytic] [Period] **Paläozoikum** <-s> *nt* GEOL *kein pl* Palaeozoic BRIT, Paleozoic AM

Palast <-[e]s, Paläste> *m* palace

Palästina <-s> *nt* Palestine; *s. a.* **Deutschland**

Palästinenser(in) <-s, -> *m(f)* Palestinian; *s. a.* **Deutsche(r)**

palästinensisch *adj inv* Palestinian; **die P~e Befreiungsorganisation** the Palestine Liberation Organization, PLO

Palatschinken <-, -n> *f* ÖSTERR stuffed pancake

Palau <-s> *nt* Palau; *s. a.* **Sylt**

Palauer(in) <-s, -> *m(f)* Palauen; *s. a.* **Deutsche(r)**

palauisch *adj* Palauen; *s. a.* **deutsch**

Palaver <-s, -> *nt* (*fam*) palaver *no pl fam*

palavern* [-vɐn] *vi* (*fam*) to palaver

Palbohne *f* fresh green bean kernel

Palc-Technik *f kein pl* TV palc [*or* plasma addressed liquid crystal] technology, plasmatron

Palc-Technologie *f kein pl* TV palc [*or* plasma addressed liquid crystal] technology

Palerbse *f* yellow pea

Palette <-, -n> *f* ❶ (*Stapelplatte*) pallet, platform
❷ KUNST palette
❸ (*geh: reiche Vielfalt*) range

paletti *adv* ▶ WENDUNGEN: **alles** ~ (*sl*) everything's OK [*or* cool] *fam*

palettieren* *vt* ÖKON, TECH ■**etw** ~ to palletize sth; *s. a.* **palettisieren**

Palisade <-, -n> *f* pale, stake, palisade

Palisadenzaun *m* palisade, stockade

Palisander <-s, -> *m,* **Palisanderholz** *nt* jacaranda *no art, no pl*

Palladium <-s> *nt kein pl* palladium *no art, no pl*

Palme <-, -n> *f* palm [tree]
▶ WENDUNGEN: **jdn** [**mit etw** *dat*] **auf die** ~ **bringen** (*fam*) to drive sb up the wall [*or* make sb's blood boil] [with sth] *fam*

Palmenhain *m* palm grove **Palmenzweig** *m* palm frond [*or* branch]

Palmfarn *m* BOT palmlike cycad **Palmfett** *nt* palm butter [*or* oil] **Palmherzen** *pl* palm hearts *pl* **Palmkohl** *m* palm kale **Palmöl** *nt* palm oil **Palmpilot** <-[s], -s> ['ɑːmpaɪlət] *m* INFORM Palm Pilot **Palmsonntag** *m* Palm Sunday **Palmtop** <-s, -s> *nt* INFORM palmtop **Palmwedel** *m* palm frond [*or* leaf]

Pamp <-[e]s> *m kein pl* DIAL (*fam*) *s.* **Pampe**

Pampasgras *nt* pampas grass *no pl, no art*

Pampe <-> *f kein pl* DIAL (*pej fam*) mush *pej fam;* (*klebrig a.*) goo *fam*

Pampelmuse <-, -n> *f* grapefruit

Pampelmusenbaum *m* grapefruit [tree]

Pampers® <-, -> ['pæmpəz] *f* Pampers®

Pamphlet <-[e]s, -e> *nt* (*pej geh*)
❶ (*Schmähwerk*) lampoon
❷ (*Druck*) defamatory [*or* polemical] pamphlet *form*

pampig *adj* (*fam*) ❶ (*frech*) stroppy BRIT *fam,* ill-tempered AM
❷ (*zäh breiig*) mushy *fam;* (*klebrig a.*) gooey *fam*

Pan <-s> *m* LIT Pan *no pl, no art*

Panade <-, -n> *f* KOCHK breadcrumb coating, panada *spec*

Panama¹ <-s> *nt* Panama; *s. a.* **Deutschland**

Panama² <-s, -s> *m* (*Hut*) Panama [hat]

Panamaer(in) <-s, -> *m(f)* Panamanian; *s. a.* **Deutsche(r)**

Panamaer(in) <-s, -s> *m(f)* GEOL, POL Panamanian; *s. a.* **Deutsche(r)**

Panamahut *m* panama [hat]

panamaisch *adj* Panamanian; *s. a.* **deutsch**

Panamakanal <-s> *m* ■**der** ~ the Panama Canal

panaschieren* *vi* POL to split one's vote

Panda <-s, -s> *m* [giant] panda

Paneel <-s, -e> *nt* (*form*) ❶ (*Einzelteil*) panel
❷ (*Täfelung*) panelling *no pl, no indef art,* AM *a.* paneling *no pl, no indef art*

Panflöte *f* panpipes *npl*

panieren* *vt* KOCHK ■**etw** ~ to bread sth (*to coat sth in seasoned, whisked egg and breadcrumbs*)

Paniermehl *nt* breadcrumbs *pl*

Panik <-, -en> *f* panic *no pl;* ***nur keine ~!*** (*fam*) don't panic!; **von** ~ **ergriffen sein/werden** to be/become panic-stricken; **zu einer** ~ **führen** to lead to panic; **ein Gefühl der** ~ a feeling of panic; **in** ~ **geraten** to [get in[to] a] panic

panikartig *adj inv* panic-stricken **Panikbeschlag** *m* BAU panic hardware **Panikkäufe** *pl* panic buying *no pl* **Panikmache** <-> *f kein pl* (*pej fam*) scaremongering *no pl, no art pej,* panicmongering *no pl, no art pej* **Panikmacher(in)** <-s, -> *m(f)* (*pej*) panic-merchant **Panikschloss**[RR] *nt* BAU panic lock **Panikstimmung** *f* mood [*or* atmosphere] of panic; **in** ~ **geraten** to get into a panic **Panikverkauf** *m* BÖRSE panic selling

panisch I. *adj attr* panic-stricken; **in ~er Erregung** panic-stricken
II. *adv* in panic; **sich** *akk* ~ **fürchten** to be terrified

Pankreas <-, Pankreaten> *nt* pancreas

Panne <-, -n> *f* ❶ AUTO, TECH breakdown; **eine** ~ **haben** to have a breakdown, to breakdown
❷ (*Missgeschick*) mishap, slip-up; ***mir ist da eine kleine ~ passiert*** I've had a slight mishap

Pannendienst <-es, -e> *m* TECH breakdown [*or* AM towing] service **Pannenhilfe** *f* breakdown [*or* AM towing] service **Pannenkoffer** *m* AUTO emergency toolkit **Pannenversicherung** *f* breakdown insurance

Panorama <-s, Panoramen> *nt* panorama

Panoramabus *m* panorama coach, coach with panoramic windows **Panoramaspiegel** *m* AUTO panoramic mirror

panschen I. *vt* ■**etw** ~ to adulterate [*or sep* water down] sth
II. *vi* ❶ (*mit Wasser verdünnen*) to adulterate [*or sep* water down] a[n alcoholic] drink
❷ (*fam: planschen*) to splash about

Panscher(in) <-s, -> *m(f)* (*pej fam*) adulterator

Pansen <-s, -> *m* ❶ ZOOL rumen *spec*
❷ NORDD (*fam: Magen*) belly *fam*

Panslawismus <-> *m kein pl* ■**der** ~ Pan-Slavism

panslawistisch *adj* Pan-Slavic

Panter[RR] <-s, -> *m* panther

Pantheismus <-> *m kein pl* pantheism *no art, no pl*

pantheistisch *adj* pantheistic

Panther <-s, -> *m s.* **Panter**

Pantine <-, -n> *f* NORDD *s.* **Pantoffel**

Pantoffel <-s, -n> *m* [backless] slipper
▶ WENDUNGEN: **unter den** ~ **geraten** [*o* **kommen**] (*fam*) to become henpecked [*or* a henpecked husband]; **den** ~ **schwingen** to be the one wearing the trousers; **unter dem** ~ **stehen** (*fam*) to be under sb's thumb

Pantoffelheld *m* (*fam*) henpecked husband **Pantoffelkino** *nt* (*hum fam*) telly BRIT *fam,* tube AM *fam* **Pantoffeltierchen** *nt* BIOL slipper animalcule *spec*

Pantolette <-, -n> *f* backless slipper

Pantomime <-, -n> *f* mime *no pl, no art*

Pantomime, -mimin <-n, -n> *m, f* mime [artist]

pantomimisch I. *adj* mimed, in mime *pred*
II. *adv* in mime; **etw** ~ **darstellen** to present sth in mime, to mime sth

pantschen *vi, vt s.* **panschen**

Panzer¹ <-s, -> *m* MIL tank

Panzer² <-s, -> *m* ❶ (*Schutzhülle*) shell; *einer Schildkröte, eines Krebses a.* carapace *spec; eines Krokodils* bony plate; *eines Nashorns, Sauriers* armour [*or* AM -or] *no pl, no indef art*
❷ (*Panzerung*) armour-[*or* AM -or-] plating *no pl, no indef art,* armour-plate *no pl, no indef art; eines Reaktors* shield
❸ HIST breastplate, cuirass *spec*

Panzerabwehr *f* anti-tank defence [*or* AM -se] **Panzerabwehrkanone** *f* MIL anti-tank gun **Panzerdivision** *f* tank [*or* armoured [*or* AM -ored]] division **Panzerfaust** *f* bazooka **Panzerglas** *nt* bullet-proof [*or* BRIT armoured] [*or* AM armored] glass *no pl* **Panzergranate** *f* MIL armour-piercing [*or* AM armor-piercing] shell **Panzerkreuzer** *m* NAUT [armoured [*or* AM -ored]] cruiser

panzern *vt* ■**etw** ~ to armour [*or* AM -or]-plate sth; ■**gepanzert** armour [*or* AM -or]-plated

Panzerschrank *m* safe

Panzerspähwagen *m* armoured [*or* AM -ored] scout car **Panzersperre** *f* MIL tank trap, anti-tank obstacle

Panzerung <-, -en> *f* ❶ (*gepanzertes Gehäuse*) armour [*or* AM -or]-plating *no pl, no indef art; eines Reaktors* shield
❷ ZOOL shell; *einer Schildkröte, eines Krebses a.* carapace *spec; eines Alligators, Gürteltiers* bony [*or* horny] plate; *eines Nashorns, Sauriers* armour [*or* AM -or] *no pl, no indef art*

Panzerwagen *m* ❶ MIL (*Panzer*) tank
❷ (*Wagen*) armoured [*or* AM armored] car [*or* vehicle]

Papa <-s, -s> *m* (*fam*) dad[dy *esp childspeak*] *fam, esp* AM pop *fam*

Papagei <-s, -en> *m* parrot; **wie ein** ~ like a parrot, parrot-fashion; **etw wie ein** ~ **nachplappern** to parrot sth *pej*

Papageienkrankheit *f kein pl* MED parrot disease [*or* fever], psittacosis *spec*

Papageitaucher *m* ORN puffin

Paparazzi *pl* MEDIA paparazzi *npl*

Papaya <-, -s> [pa'paːja] *f* papaya, pawpaw

Paperback <-s, -s> *nt* VERLAG, LIT paperback

Papeterie <-, -n> [-riːən] *f* SCHWEIZ (*Schreibwarengeschäft*) stationery shop [*or* AM *usu* store], stationer's

Papi <-s, -s> *m* (*fam*) daddy *esp childspeak fam*

Papier <-s, -e> *nt* ❶ *kein pl* (*Material*) paper *no pl, no art;* **ein gutes/teures** ~ good quality/expensive paper; **zweilagiges/mehrlagiges** ~ two-part/multi-layer paper; ~ **verarbeitend** paper-processing *attr;* **etw zu** ~ **bringen** to put down sth *sep* in writing
❷ (*Schriftstück*) paper, document; JUR (*Urkunde*) document, instrument
❸ (*Ausweise*) ■**~e** [identity] papers *pl*
❹ (*Arbeits~e*) ■**~e** cards *pl,* employment papers *pl*
❺ FIN, BÖRSE (*Wert~*) security; **börsenfähiges/festverzinsliches** ~ stock exchange/fixed-interest security; **diskontfähiges** ~ discountable bill; **indossables** ~ security transferable by endorsement
▶ WENDUNGEN: ~ **ist geduldig** you can say what you like on paper; **nur auf dem** ~ [**be**]**stehen** [*o* **existieren**] to exist only on paper

Papierabzug *m* TYPO bromide, print **Papierbackförmchen** *pl* paper muffin cases [*or* AM cups] *pl* **Papierbreite** *f* paper [*or* web] width **Papier-**

P

dicke *f* paper thickness, paper gauge [*or* calliper]
Papiere *pl* ❶ (*Ausweispapiere*) [identity] papers *pl;* **hast du deine ~ dabei?** do you have identification [*or* your papers] with you?
❷ (*Dokumente*) papers *pl,* documents *pl*
▶ WENDUNGEN: **seine ~ bekommen** (*fam*) to get one's cards BRIT, to get one's walking papers AM
Papiereinzug *m* paper feed
papieren *adj inv, attr* ❶ (*aus Papier*) *Tischdecke* paper ❷ (*wie Papier*) *Haut* papery ❸ (*fig: steif*) *Ausdrucksweise* wooden **Papierfabrik** *f* paper mill **Papierformat** *nt* TYPO ❶ (*Papiergröße*) paper size ❷ (*Druckbereich*) page orientation **Papiergeld** *nt* paper money *no pl, no art* **Papiergeschäft** *nt* stationer's BRIT, stationery store AM **Papiergewicht** *nt* paper weight **Papierhandtuch** *nt* paper towel **Papierhandtuchspender** *m* paper-towel dispenser **Papierindustrielle(r)** *f(m) dekl wie adj* paper industrialist **Papierkassette** *f* paper tray **Papierkorb** *m* [waste]paper basket [*or* BRIT *a.* bin], *esp* AM wastebasket; INFORM trashcan, scrap **Papierkram** *m* (*fam*) [tiresome] paperwork *no pl, no indef art* **Papierkrieg** *m* (*fam: Schreibtischarbeit*) [tiresome] paperwork *no pl, no indef art;* (*Korrespondenz*) tiresome exchange of letters **Papierlänge** *f* paper length **Papierlaufrichtung** *f* grain direction, paper grain **Papierschacht** *f* paper tray **Papierschere** *f* paper scissors *npl* **Papierschnitzel** *nt* scrap of paper, paper scrap, BRIT *a.* bit of paper **Papierserviette** *f* paper napkin [*or esp* BRIT serviette] **Papierstau** *m* INFORM, TECH paper jam **Papiertaschentuch** *nt* paper handkerchief [*or fam* hanky] [*or fam* hankie], tissue **Papiertiger** *m* (*fam*) paper tiger **Papiertüte** *f* paper bag **Papiervolumen** *nt* paper volume **Papiervorschub** *m* TYPO paper feed[er] **Papierwaren** *pl* stationery *no pl* **Papierweg** *m* TYPO paper track **Papierzufuhr** *m* paper feed **Papierzuschuss**[RR] *m* TYPO allowance for spoil
Papillote <-, -n> [papi'jo:tə] *f* KOCHK papillote
papp *interj* ▶ WENDUNGEN: **nicht mehr ~ sagen können** (*fam*) to be full to bursting *fam*
Pappband *m* (*Buch*) stiff board binding **Pappbecher** *m* paper cup **Pappdeckel** *m* cardboard *no pl, no art*
Pappe <-, -n> *f* cardboard *no art, no pl*
▶ WENDUNGEN: **nicht von ~ sein** (*fam*) to be not [half *fam*] bad
Pappeinband *m* pasteboard
Pappeindeckung *f* BAU felt covering
Pappel <-, -n> *f* poplar
päppeln *vt* (*fam*) ■**jdn/etw ~** to nourish [*or sep* feed up] sb/sth
pappen I. *vt* (*fam*) ■**etw an** [*o* **auf**] **etw** *akk* ~ to stick sth on[to] sth
II. *vi* (*fam*) to stick; (*klebrig sein*) to be sticky
Pappenheimer *pl* ▶ WENDUNGEN: **seine ~ kennen** (*fam*) to know what to expect from that lot *fam* **Pappenstiel** *m* (*fam*) ▶ WENDUNGEN: **keinen ~ wert sein** to be not worth a thing [*or dated* fig] *fam;* **kein ~ sein** to not be chickenfeed *fam;* **für einen ~** for a song [*or* next to nothing] *fam*
papperlapapp *interj* (*veraltend fam*) poppycock *dated fam,* rubbish, [stuff and *dated*] nonsense
pappig *adj* (*fam*) ❶ (*klebrig*) sticky
❷ (*breiig*) mushy *fam*
Pappkamerad *m* MIL (*sl*) cutout [*or* silhouette] target **Pappkarton** *m* ❶ (*Pappschachtel*) cardboard box ❷ (*Pappe*) cardboard *no pl, no art* **Pappmaschee**[RR], **Pappmaché** <-s, -s> [-ma'ʃe:] *nt* papier-mâché *no pl, no art*
Pappnase *f* false [cardboard] nose
papps <-> *m kein pl* (*fam: Brei*) mush *pej fam*
Pappsack *m* SÜDD (*pej sl*) dirty bastard *sl,* AM *a.* scuzz[ball] *fam* **Pappschachtel** *f* cardboard box **Pappschnee** *m* wet [*or* sticky] snow *no pl, no art* **Pappteller** *m* paper plate
Paprika <-s, -[s]> *m* ❶ *kein pl* (*Strauch*) paprika *no pl,* capsicum *spec*
❷ (*Schote*) pepper, capsicum *spec*
❸ *kein pl* (*Gewürz*) paprika *no pl, no art*
Paprikaschote *f* capsicum, AM *a.* pepper, pimento, AM *usu* pimiento; **gelbe/grüne/rote ~** yellow/green/red pepper; **gefüllte ~n** stuffed peppers
paprizieren *vt* KOCHK **eine Speise ~** to season a dish heavily with paprika
Paps <-> *m kein pl* (*fam*) dad *fam, esp* AM pop[s] *fam*
Papst <-[e]s, Päpste> *m* pope
▶ WENDUNGEN: **päpstlicher sein als der ~** to be holier [*or* more Catholic] than the Pope
päpstlich *adj* papal *a. pej,* pontifical *form*
Papstmobil <-s> *nt kein pl* popemobile
Papsttum <-[e]s> *nt kein pl* papacy
Papua-Neuguinea <-s> *nt* Papua New Guinea; *s. a.* **Deutschland**
Papua-Neuguineer(in) <-s, -> [-gi'ne:ɐ] *m(f)* Papua New Guinean; *s. a.* **Deutsche(r)**
papua-neuguineisch *adj* Papua New Guinean; *s. a.* **deutsch**
papuanisch *adj s.* **papua-neuguineisch**
Papyrus <-, Papyri> *m* ❶ (*Schreibmaterial*) papyrus *no art, no pl*
❷ (*gerollter ~*) papyrus scroll
Papyrusrolle *f s.* **Papyrus 2**
Par <-[s], -s> *nt* (*im Golf*) par
Parabel <-, -n> *f* ❶ LIT parable
❷ MATH parabolic curve, parabola *spec*
Parabolantenne *f* parabolic aerial, satellite dish
parabolisch I. *adj* ❶ LIT parabolic[al] *spec;* **eine ~e Erzählung** a parable
❷ MATH parabolic
II. *adv* LIT parabolically *spec*
Parabolspiegel *m* parabolic mirror
Parade <-, -n> *f* ❶ MIL parade, review; **die ~ abnehmen** to take the salute
❷ SPORT (*Fechten*) parry; (*beim Ballspiel*) block, save; (*beim Reiten*) check, [half-]halt
▶ WENDUNGEN: **jdm in die ~ fahren** (*geh: jds Pläne durchkreuzen*) to foil sb's plans, to spike sb's guns *fam;* (*jdn rüde unterbrechen*) to cut short sb *sep*
Paradebeispiel *nt* perfect [*or* prime] example
Paradeiser <-s, -> *m* ÖSTERR tomato
Paradekissen *nt* decorative pillow **Parademarsch** *m* goosestep march, goosestep *no pl* **Paradepferd** *nt* (*fam: Renommierstück*) showpiece; (*Person*) star **Paradeschritt** *m kein pl* MIL parade [*or* goose] step; ■**im ~** goose-stepping **Paradestück** *nt* showpiece **Paradeuniform** *f* MIL dress uniform
paradieren* *vi* ❶ MIL to parade
❷ (*geh: aufgestellt sein*) to be displayed [*or* paraded]
❸ (*geh: prahlen*) ■**mit etw ~** to show off [*or* flaunt] sth
Paradies <-es, -e> *nt* paradise *no def art;* ***hier ist es das reinste*** ~ it's sheer heaven [*or* absolute paradise] here
▶ WENDUNGEN: **das ~ auf Erden** heaven on earth; **nicht gerade das ~ auf Erden** not exactly Shangri-La; **ein ~ für jdn sein** to be a paradise for sb; ***ein ~ für Kinder/Wanderer*** a children's/walkers' paradise; *s. a.* **Vertreibung**
paradiesisch I. *adj* heavenly
II. *adv* **sich** *akk* **~ wohl fühlen** to feel [*or* be] blissfully happy; **~ leer/ruhig sein** to be blissfully empty/quiet; **~ schön sein** to be [like] paradise
Paradiesvogel *m* bird of paradise; (*fig*) flamboyant [*or* dazzling] personality
Paradigma <-s, -ta *o* Paradigmen> *nt* ❶ (*geh: Beispiel, Muster*) paradigm
❷ LING paradigm
paradigmatisch *adj inv* LING paradigmatic
Paradigmenwechsel *m* SOZIOL, PHILOS, POL (*geh*) paradigm shift *form*
paradox I. *adj* (*geh*) paradoxical *form;* ■**~ sein** to be paradoxical [*or* a paradox]
II. *adv* (*geh*) paradoxically
Paradox <-es, -e> *nt,* **Paradoxon** <-s, Paradoxa> *nt* (*geh*) paradox
Paradoxa *pl von* **Paradoxon** paradoxes
paradoxerweise *adv* paradoxically
Paraffin <-s, -e> *nt* paraffin
Paraffinöl <-[e]s> *nt kein pl* paraffin oil **Paraffinsalbe** *f* paraffin ointment
Paraglider(in) <-s, -> ['paraglaidɐ] *m(f)* paraglider
Paragliding <-s> ['paraglaidɪŋ] *nt kein pl* paragliding
Paragraph <-en, -en> *m,* **Paragraf**[RR] <-en, -en> *m* JUR paragraph, section
Paragraphendschungel *m* (*pej*) officialese *no pl,* jungle of regulations **Paragraphenreiter(in)** *m(f)* (*pej fam*) pedant, stickler **Paragraphenzeichen** *nt* paragraph marker
Paraguay <-s> *nt* Paraguay; *s. a.* **Deutschland**
Paraguayer(in) <-s, -> *m(f)* Paraguayan; *s. a.* **Deutsche(r)**
paraguayisch *adj* Paraguayan; *s. a.* **deutsch**
Parallaxe <-, -n> *f* ASTRON parallax
parallel I. *adj* parallel; ■**~ zu etw** parallel to sth
II. *adv* parallel
Parallelanmeldung *f* JUR (*Patent*) copending application **Parallelbruch** *m* TYPO parallel fold **Parallelcomputer** [kɔmpju:tɐ] *m* parallel computer
Parallele <-, -n> *f* ❶ MATH parallel [line]
❷ (*Entsprechung*) parallel; **eine ~** [*o* **~n**] [**zu etw**] **ziehen** to draw a parallel [*or* parallels] [with sth]
Parallelenaxiom *nt* MATH parallel postulate
Parallelfall *m* parallel [case] **Parallelgesetzgebung** *f* JUR parallel [*or* concurrent] legislation
Parallelisierung *f* parallelization
Parallelität <-, -en> *f* ❶ *kein pl* MATH parallelism
❷ (*geh: Entsprechung*) parallelism
Parallelklasse *f* parallel class
Parallelogramm <-s, -e> *nt* parallelogram
Parallelrechner *m* INFORM simultaneous computer **Parallelschaltung** *f* parallel connection **Parallelschnittstelle** *f* INFORM parallel port [*or* interface] **Parallelschwung** *m* SKI parallel turn **Parallelstraße** *f* parallel street **Parallelverarbeitung** *f* INFORM parallel processing **Parallelvertrag** *m* JUR parallel contract **Parallelwertung** *f* JUR comparative valuation **Parallelzugriff** *m* INFORM parallel access
Paralyse <-, -n> *f* paralysis
paralysieren* *vt* ■**jdn/etw ~** to paralyze sb/sth
Parameter <-s, -> *m* parameter; **Einstellen von ~** parameter setting; **voreingestellter ~** preset parameter
Parametrisierung *f* parameterization
Paramilitär *nt* MIL paramilitary
paramilitärisch *adj* paramilitary
Paranoia <-> *f kein pl* paranoia
paranoid *adj* paranoid
paranoisch *adj* paranoiac
Paranuss[RR] *f* Brazil nut
Paraphe <-, -n> *f* JUR initials *pl*
paraphieren* *vt* JUR ■**etw ~** to initial sth
Paraphierung <-, -en> *f* JUR initialling, AM *a.* initialing
Paraphrase *f* paraphrase
paraphrasieren* *vt* ❶ (*umschreiben*) ■**etw ~** to paraphrase sth
❷ (*sinngemäß übertragen*) ■**etw ~** to paraphrase sth
❸ MUS ■**etw ~** to paraphrase sth
Parapsychologie *f* parapsychology
Parasit <-en, -en> *m* parasite
parasitär I. *adj* parasitic
II. *adv* parasitically
Parasitenbefall <-[e]s> *m kein pl* parasitic infestation
Parasitismus <-> *m kein pl* BIOL parasitism
Parasol <-s, -e> *m* BOT parasol
Parasympatikus <-> *m kein pl* MED parasympathetic [nervous] system
parat *adj* (*geh*) ready; **etw ~ haben** [*o* **halten**] to have sth ready [*or* handy]; [**sich** *dat*] **etw ~ legen** to lay sth out ready
Paratyphus *m kein pl* MED paratyphoid [fever]
Paravent <-s, -s> [para'vã:] *nt o m* windbreak

Pärchen <-s, -> *nt* ❶ (*Liebespaar*) couple ❷ (*zwei verbundene Teile*) pair
Parcours <-, -> [par'kuːɐ] *m* show-jumping course
Pardon <-s> [par'dõː] **I.** *m o nt kein pl* pardon; **jdn um ~ bitten** to beg sb's pardon; **keinen ~ geben** to show no mercy; **kein ~ kennen** (*fam*) to know no mercy, to be ruthless
II. *interj* ❶ (*entschuldigen Sie*) sorry ❷ (*wie bitte?*) pardon, sorry, beg pardon *sl*
Parenchym <-s, -e> *nt* BIOL parenchym
Parenthese <-, -n> *f* parenthesis; **etw in ~ setzen** to put sth in parentheses
par excellence [parɛksɛ'lãːs] *adv* (*geh*) par excellence
Parfüm <-s, -e *o* -s> *nt* perfume
Parfümerie <-, -en> ['riːən] *f* perfumery
Parfümfläschchen *nt* perfume [*or* scent] bottle
parfümieren* *vt* ❶ (*Parfüm auftragen*) ■**jdn/etw ~** to perfume sb/sth; ■**sich** *akk* ~ to use [*or sep* put on] perfume; ***du solltest dich etwas zurückhaltender ~*** you shouldn't put so much perfume on ❷ (*mit Duftstoffen versetzen*) ■**etw [mit etw] ~** to perfume sth [with sth]
Parfümzerstäuber *m* perfume atomizer
pari BÖRSE par; **über/unter ~** above/below par; **zu ~** at par
Paria <-s, -s> *m* pariah
parieren*[1] *vi* (*geh*) to obey, to do as one is told; *s. a.* **Wort**
parieren*[2] *vt* ❶ (*geh*) ■**etw ~** to parry sth; (*beim Fußball*) to deflect sth ❷ KOCHK **Fleisch/Fisch/Geflügel ~** to prepare meat/fish/poultry for cooking
Parikurs *m* BÖRSE par price
Paris <-> *nt* Paris
Pariser[1] *adj attr* ❶ (*in Paris befindlich*) in Paris; **~ Flughafen** Paris airport ❷ (*aus Paris stammend*) Parisian
Pariser[2] <-s, -> *m* (*sl*) French letter *dated fam*
Pariser(in) <-s, -> *m(f)* Parisian
Pariserbrot *nt* SCHWEIZ French bread, baguette
Pariserin <-, -nen> *f fem form von* **Pariser**
Parität <-, -en> *f pl selten* ❶ FIN parity, par of exchange ❷ INFORM (*Gleichheit*) parity
paritätisch **I.** *adj* (*geh*) equal, balanced; *s. a.* **Mitbestimmung, Wohlfahrtsverband**
II. *adv* (*geh*) equally, in balance
Paritätsbit *nt* INFORM parity bit
Pariwert *m* BÖRSE par value
Park <-s, -s> *m* park
Parka <-[s], -s> *m* parka
Park-and-ride-System ['paːkɛnd'raid] *nt* park-and-ride system
Parkausweis *m* ❶ (*Parkticket*) ≈ pay-and-display [parking] ticket ❷ (*länger gültige Parkberechtigung*) parking permit **Parkbahn** *f in der Raumfahrt* parking orbit **Parkbank** *f* park bench **Parkbucht** *f* lay-by **Parkdeck** *nt* parking level **Parkebene** *f* parking level
parken **I.** *vi* to park
II. *vt* ■**etw [irgendwo] ~** to park sth [somewhere]
Parkett <-s, -e> *nt* ❶ (*Holzfußboden*) parquet [flooring] ❷ (*Tanzfläche*) dance floor ❸ THEAT stalls *npl*
▶ WENDUNGEN: **auf internationalem ~** in international circles; *s. a.* **Nummer**
Parkett(fuß)boden *m* parquet flooring **Parketthandel** *m* BÖRSE floor trading (*on the stock exchange*) **Parkettsitz** *m* seat in the stalls BRIT, orchestra seat AM
Parkfläche *f* parking place **Parkgebühr** *f* parking fee **Parkhaus** *nt* multi-storey [*or* AM -story] car park [*or* AM parking lot]
parkieren* *vi, vt* TRANSP SCHWEIZ *s.* **parken**
Parkingmeter *m* SCHWEIZ parking meter
parkinsonsche KrankheitRR *f*, **Parkinsonsche Krankheit** *f* MED Parkinson's disease
Parkkralle *f* wheel clamp **Parklandschaft** *f* parkland **Parkleitsystem** *nt* TRANSP sytem guiding parkers to free spots **Parkleuchte** *f* parking light **Parklicht** *nt* parking light **Parklücke** *f* parking space
Parkometer <-s, -> *nt s.* **Parkuhr**
Parkplatz *m* ❶ (*Parkbereich*) car park BRIT, parking lot AM ❷ (*Parklücke*) parking space **Parkplatznot** *f kein pl* dearth [*or* lack] of parking spaces [*or* places to park] **Parkplatzsituation** *f* parking space situation **Parkplatzwächter(in)** *m(f)* car-park attendant
Parkraum *m* parking space **Parkraumnot** *f* shortage of parking space **Parkscheibe** *f* parking disc (*a plastic dial with a clockface that drivers place in the windscreen to show the time from when the car has been parked*) **Parkschein** *m* car park [*or* AM parking lot] ticket **Parkscheinautomat** *m* car park [*or* AM parking lot] ticket machine **Parksperre** *f* AUTO parking lock, PL **Parkstreifen** *m* lay-by, parking bay **Parkstudium** *nt* (*fam*) interim course of study (*taken while waiting for a place for desired course*) **Parksünder(in)** *m(f)* parking offender, illegal parker **Parkuhr** *f* parking meter
Parkverbot *nt* ❶ (*Verbot zu parken*) parking ban ❷ (*Parkverbotszone*) no-parking zone; **im ~ parken/halten/stehen** to park/stop/be in a no-parking zone **Parkverbot(s)schild** *nt* no-parking sign **Parkwächter(in)** *m(f)* car park [*or* AM parking lot] attendant **Parkzeit** *f* parking time
Parlament <-[e]s, -e> *nt* parliament
Parlamentär <-s, -e> *m* MIL peace negotiator [*or* envoy]
Parlamentarier(in) <-s, -> ['taːriɐ] *m(f)* parliamentarian, member of parliament
parlamentarisch *adj* parliamentary; *s. a.* **Demokratie, Staatssekretär**
Parlamentarismus <-> *m kein pl* parliamentar[ian]ism *no pl*
ParlamentsausschussRR *m* parliamentary committee **Parlamentsbeschluss**RR *m* parliamentary decision [*or* vote] **Parlamentsdebatte** *f* POL parliamentary debate **Parlamentsferien** *pl* [parliamentary] [*or* AM congressional] recess *no pl* **Parlamentsgebäude** *nt* parliament building **Parlamentsmitglied** *nt* member of parliament **Parlamentspräsident(in)** *m(f)* Speaker [of the House] **Parlamentsreform** *f* parliamentary reform **Parlamentssitz** *m* seat of parliament **Parlamentssitzung** *f* sitting [*or* session] of parliament **Parlamentswahl** *f* POL parliamentary election
Parmaschinken *m* Parma ham
Parmesan(käse) <-s> *m kein pl* Parmesan [cheese] **Parmesanreibe** *f* parmesan grater
ParnassRR <-[es]> *m kein pl*, **Parnaß** <-[sses]> *m kein pl* Parnassus
Parodie <-, -n> ['diːən] *f* parody
parodieren* *vt* ■**jdn/etw ~** to parody sb/sth
Parodist(in) <-en, -en> *m(f)* parodist
parodistisch *adj* parodistic; **ein ~er Auftritt/Sketch/eine ~e Sendung** a parody; **eine ~e Imitation** an impersonation
Parodontologe, -login <-n, -n> *m, f* periodontist
Parodontose <-, -n> *f* MED shrinking gums, parodontosis *spec*, periodontosis *spec*
Parole <-, -n> *f* ❶ MIL (*Kennwort*) password ❷ (*Leitspruch*) slogan ❸ (*angebliche Meldung*) rumour [*or* AM -or]
Paroli *nt* ▶ WENDUNGEN: **jdm/einer S. ~ bieten** (*geh*) to defy sb/to counter a thing
Part <-s, -e> *m* ❶ (*Anteil*) share ❷ THEAT part ❸ MUS part
Partei <-, -en> *f* ❶ POL party; **in die ~ gehen** to join [*or* become a member of] the party; **über den ~en stehen** to be impartial ❷ JUR party, litigant; **beschwerte/unterlegene ~** aggrieved/unsuccessful party; **gegnerische ~** opposing party; **klagende** [*o* **klägerische**] **~** plaintiff, claimant; **die streitenden/vertragsschließenden ~en** the contending/contracting parties; **~ sein** to be biased; **jds ~ ergreifen, für jdn ~ ergreifen** [*o* **nehmen**] to side with sb, to take sb's side; **gegen jdn ~ ergreifen** [*o* **nehmen**] to side [*or* take sides] against sb; **die ~en vernehmen** to hear the parties; **Erscheinen der ~ vor Gericht** appearance of the party in court ❸ (*Mietpartei*) tenant, party *form*
Parteiabrede *f* JUR understanding between the parties
Parteiabzeichen *nt* party badge
Parteiapparat *m* party apparatus [*or* machine[ry]] **Parteiautonomie** *f* POL autonomy of parties
Parteibasis *f* party lines *pl*
ParteibeschlussRR *m* party resolution **Parteibetrieb** *m* JUR [principle of] party prosecution **Parteibonze** *m* party bigwig **Parteibuch** *nt* POL party membership book; **das falsche/richtige ~ haben** (*fam*) to belong to the wrong/right party **Parteichef(in)** *m(f)* party leader **Parteidisziplin** *f kein pl* party discipline **Parteiebene** *f* party level **Parteieintritt** *m* JUR intervention
Parteienfinanzierung *f* party financing **Parteienlandschaft** *f kein pl* POL political constellation **Parteienprivileg** *nt* JUR party privilege **Parteienvereinbarung** *f* JUR contractual stipulation, agreement by the parties **Parteienvernehmung** *f* JUR interrogation [*or* examination] of the parties
Parteifähigkeit *f kein pl* JUR suability, capacity to sue and be sued **Parteifreund(in)** *m(f)* fellow party member **Parteiführer(in)** <-s, -> *m(f)* party leader **Parteiführung** *f* ❶ (*Leitung einer Partei*) **die ~ innehaben** to exercise the party leadership, to be [the] party leader; **die ~ übernehmen** to assume [*or* take on] [*or* take over] the party leadership, to become [the] party leader ❷ (*leitendes Gremium*) party leadership *no pl* **Parteifunktionär(in)** *m(f)* POL party official **Parteigänger(in)** <-s, -> *m(f)* party supporter [*or* follower] **Parteigenosse, -genossin** <-n, -n> *m, f* party member **Parteigründung** *f* foundation of a/the party **Parteihandlung** *f* JUR act of party **Parteiinteresse** *nt* JUR partisan interest **parteiintern** **I.** *adj* internal party *attr* **II.** *adv* within the party
parteiisch **I.** *adj* biased
II. *adv* in a biased way; **~ eingestellt sein** to be biased
ParteikongressRR *m* party congress
parteilich *adj* ❶ (*eine Partei betreffend*) party ❷ (*selten*) *s.* **parteiisch**
Parteilichkeit <-> *f kein pl* partiality, bias
Parteilinie [liːniə] *f* party line **parteilos** *adj* independent; ■**~ sein** not to be attached to [*or* aligned with] any party **Parteilose(r)** *f(m) dekl wie adj* independent **Parteimehrheit** *f* JUR party majority **Parteimitglied** *nt* party member **Parteinahme** <-, -n> *f* partisanship **Parteiorgan** *nt* party organ **Parteipolitik** *f* party politics + *sing vb* **parteipolitisch** **I.** *adj* party-political *attr* **II.** *adv* from a party political point of view **Parteipräsidium** *m* party executive [committee] **Parteiprogramm** *nt* [party] manifesto **Parteisekretär** *m* party secretary **Parteisoldat(in)** *m(f)* POL party loyalist **Parteispende** *f* party donation **Parteispendenaffäre** *f* party donations scandal **Parteispitze** *f* head of the party, party leadership **Parteitag** *m* ❶ (*Parteikonferenz*) party conference ❷ (*Beschlussorgan*) party executive **Parteitagsbeschluss**RR *m* [party] conference resolution **parteiübergreifend** *adj inv* POL non-partisan, cross-party **Parteiverbot** *nt* JUR prohibition of a party **Parteivereinbarung** *f* JUR agreement by the parties **Parteiverrat** *m* JUR *eines Anwalts* prevarication, double-crossing of a client by a lawyer; **~ begehen** to prevaricate **Parteivorbringen** *nt* JUR statements by the parties **Parteivorsitz** *m* party chair **Parteivorsitzende(r)** *m dekl wie adj* party chairman *masc* [*or fem* -woman], chairman *masc* [*or fem* -woman] of the/a party **Parteivorstand** *m* party executive **Parteivortrag** *m* JUR pleadings by a party **Parteiwechsel** *m* JUR change of party

Parteiwille *m* JUR intention of the parties **Parteizentrale** *f* party headquarters *npl* **Parteizugehörigkeit** *f* party membership
parterre [par'tɛr] *adv* on the ground floor
Parterre <-s, -s> [par'tɛrə] *nt* ground floor
Parterrewohnung *f* ground-floor flat [*or* AM *a.* apartment]
Parthenogenese <-> *f kein pl* parthenogenesis
parthenogenetisch *adj* BIOL parthenogentic
Partie <-, -n> ['ti:ən] *f* ❶ (*Köperbereich*) area ❷ SPORT game; **eine ~ Schach/Tennis/Squash** a game of chess/tennis/squash ❸ (*Posten*) lot
► WENDUNGEN: **eine gute ~ [für jdn] sein** to be a good catch [for sb]; **eine gute ~ machen** to marry well; **mit von der ~ sein** to be in on it [*or* game]
partiell I. *adj* (*geh*) partial
II. *adv* (*geh*) partially
Partikel <-, -n> *f* ❶ NUKL particle ❷ LING particle
Partikelbeschuss^RR^ *m* BIOL particle bombardment **Partikelemissionen** *pl* AUTO particulate emissions *pl* **Partikelgrenzwert** *m* AUTO particulate emission limit
Partikularismus <-> *m kein pl* particularism
Partisan(in) <-s *o* -en, -en> *m(f)* partisan
Partisanen *pl* TYPO hickies
Partisanenkrieg *m* guerilla war
Partisanin <-, -nen> *f fem form von* **Partisan**
Partition <-, -en> *f* MATH partition; **aktive/erweiterte/primäre ~** active/expanded/basic partition
partitionieren *vt* INFORM (*Speicherplatz teilen*) ■**etw [in etw] ~** to partition sth [into sth]
partitiv *adj* LING partitive
Partitur <-, -en> *f* MUS score
Partizip <-s, -ien> ['zi:piən] *nt* LING participle
Partizipation <-, -en> *f* (*geh*) participation
Partizipationsgeschäft *nt* FIN transaction on joint account
Partizipialkonstruktion *f* LING participial construction **Partizipialsatz** *m* LING participial clause
partizipieren* *vi* (*geh*) ■**an etw ~** to participate in sth
Partizipium <-s, -pia> *nt* (*veraltet*) *s.* **Partizip**
Partner(in) <-s, -> *m(f)* partner
Partnerländer *pl* JUR member countries **Partnerlook** <-s> [lʊk] *m kein pl* MODE **im ~ gehen, ~ tragen** to wear [matching] his-and-hers outfits [*or* clothes]
Partnerschaft <-, -en> *f* partnership; **in einer ~ leben** to live with somebody; (*Städte~*) twinning
partnerschaftlich I. *adj* based on a partnership; **~es Verhältnis** partnership; **~es Zusammenleben/~e Zusammenarbeit** living/working together as partners
II. *adv* as partners
Partnerschaftsvertrag *m* FIN partnership contract
Partnerstadt *f* twin town **Partnertausch** *m* exchange of partners **Partnertreff** <-s, -s> *m* rendez-vous **Partnervermittlung** *f* dating agency, marriage bureau **Partnerwahl** *f kein pl* choice of partner
partout [par'tu:] *adv* (*geh*) **etw ~ tun wollen** to insist on doing sth; ***er wollte ~ nicht mitkommen*** he really did not want to come at all
Party <-, -s> ['pa:eti] *f* party; **eine ~ geben** to throw [*or* have] a party
Partydress *m* (*fam*) party clothes *pl* [*or fam* gear] **Partydroge** *f* party drug **Partykeller** *m* cellar [*or* basement] suitable for parties **Partyservice** ['pa:etisœrvɪs] *m* party catering service, [outside] caterers **Partywütige(r)** *dekl wie adj f(m)* party animal; (*bei Technoparty a.*) raver
Parvovirose <-> *f kein pl* MED parvovirosis
Parzelle <-, -n> *f* plot [*or* parcel] [of land]
parzellieren* *vt* ■**etw ~** to parcel sth out
Parzellierung <-, -en> *f* (*geh*) parcelling [*or* AM parceling] out
PASCAL <-s> *nt kein pl* INFORM *kurz für* **primary algorithmic scientific commercial application** language PASCAL
Pasch <-[e]s, -e *o* Päsche> *m* (*beim Würfelspiel*) doubles *pl*, triplets *pl*; (*beim Domino*) double
Pascha <-s, -s> *m* ❶ *nachgestellt* HIST pasha ❷ (*pej*) **wie ein ~** like Lord Muck *pej*
Paspel <-, -n> *f* piping *no pl*
Paspeltasche *f* welt pocket
Pass^RR1^ <-es, Pässe> *m*, **Paß** <Passes, Pässe> *m* passport
Pass^RR2^ <-es, Pässe> *m*, **Paß** <Passes, Pässe> *m* GEOG pass
Pass^RR3^ <-es, Pässe> *m*, **Paß** <Passes, Pässe> *m* SPORT pass
passabel *adj* (*geh*) reasonable, ok *fam*; **~ aussehen** to be reasonably good-looking
Passage <-, -n> [pa'sa:ʒə] *f* ❶ (*Textstück*) passage ❷ (*Ladenstraße*) arcade ❸ NAUT passage
Passagier <-s, -e> [pasa'ʒi:ɐ] *m* passenger; **ein blinder ~** a stowaway
Passagieraufkommen [pasa'ʒi:ɐ-] *nt* HANDEL total passenger transport **Passagierbeförderung** *f* passenger service **Passagierdampfer** *m* passenger steamer **Passagierdienst** *m* passenger service **Passagierflugzeug** *nt* passenger aircraft **Passagiergut** *nt* passengers' luggage [*or* AM baggage] **Passagierladefaktor** *m* passenger load factor **Passagierliste** *f* passenger list **Passagiermaschine** *f* passenger aircraft [*or* plane] **Passagiermeile** *f* passenger mile **Passagierschiff** *nt* NAUT passenger ship [*or* liner] **Passagierverkehrsdichte** *f* passenger density
Passahfest *nt* Feast of the Passover
Passamt^RR^ *m* passport office
Passant(in) <-en, -en> *m(f)* passer-by
Passat(wind) <-s, -e> *m* trade wind
Passbild^RR^ *nt* passport photo[graph]
Passe <-, -n> *f* MODE yoke
Pässe *pl von* **Pass**
passé, passee^RR^ *adj inv, pred* passé
passen^1^ *vi* ❶ MODE (*jds Maßen entsprechen*) ■**[jdm] ~** to fit [sb] ❷ (*harmonieren*) ■**zu jdm ~** to suit sb; ■**zu etw ~** to match sth, to go well with sth; ■**[irgendwohin] ~** to go well [somewhere]; ***so ein riesiger Tisch passt nicht in diese Ecke*** a huge table like that doesn't look right in this corner; ***es passt in unsere politische Landschaft, dass Politiker käuflich sind*** it's typical of our political landscape that politicians can be bought; ***sie passt einfach nicht in unser Team*** she simply doesn't fit in with this team; **gut zueinander ~** to go well together, to be well matched [*or* suited to each other]; ***das passt zu dir!*** that's typical of you! ❸ (*gelegen sein*) ■**jdm ~** to suit sb, to be convenient for sb; ***der Termin passt mir zeitlich leider gar nicht*** that date isn't at all convenient for me; ***würde Ihnen der Dienstag besser ~?*** would the Tuesday be better for you?; ■**jdm ~, dass/wenn ...** to be convenient [*or fam* ok] for sb, that/if ...; ***passt es Ihnen, wenn wir uns morgen treffen?*** would it be ok to meet up tomorrow?; ***das würde mir besser ~*** that would be better [*or* more convenient] for me; **jdm nicht ~** not to suit [*or* be convenient for] sb; **das könnte dir so ~!** (*iron fam*) you'd like that wouldn't you! *iron fam* ❹ (*unangenehm sein*) not to like, not to think much of; ***der Mann passt mir gar nicht*** I don't like that man at all; ***ihr passt dieser Ton/seine Art nicht*** she doesn't like that tone of voice/his attitude; ■**jdm passt es nicht, dass/wie** not to like sb .../how; ***es passt ihm nicht, dass wir ab und zu mal lachen*** he doesn't like us laughing now and then; ■**jdm passt etw nicht an jdm** sb does not like sth about sb; ***diese vorlaute Art passt mir nicht an dir*** I don't like your loud-mouthed ways; ***passt dir an mir was nicht?*** is there something bugging you about me?; ■**jdm nicht [als jd] ~** to not fancy [sb as sb]; ***er passt mir nicht als neuer Chef*** I don't fancy him as my new boss; ***die neue Lehrerin passte ihren Kollegen nicht*** the new teacher wasn't liked by her colleagues
passen^2^ *vi* ❶ (*überfragt sein*) ■**[bei etw] ~ müssen** to have to pass [on sth] ❷ KARTEN to pass
passend I. *adj* ❶ (*den Maßen entsprechend*) fitting; **ein ~er Anzug/Schlüssel** a suit/key that fits ❷ (*abgestimmt*) matching; ■**etwas zu etw Passendes** sth to go with [*or* match] sth; ***das passt nicht dazu*** that doesn't go with it; ■**etwas Passendes** sth suitable ❸ (*genehm*) suitable, convenient ❹ (*richtig*) suitable; (*angemessen*) appropriate, right, proper; **eine ~e Bemerkung** a fitting [*or* appropriate] comment; **die ~en Worte** the right [*or* appropriate] words; **die ~en Worte finden** to know the right thing to say; ***wir haben für jeden Anlass das ~e Geschenk*** we have the right present for every occasion ❺ (*abgezählt*) exact; **es ~ haben** to have it exactly [*or* the right money]
II. *adv* ❶ MODE (*den Maßen entsprechend*) to fit ❷ (*abgezählt*) exactly; ***bitte halten Sie den Fahrpreis beim Einsteigen ~ bereit!*** please have the exact fare ready!
passenderweise *adv* appropriately enough
Passepartout <-s, -s> [paspar'tu:] *nt* passe-partout
Passerabweichung *f* TYPO register deviation
Passermarkenerkennung *f* TYPO register mark recognition
Passform^RR^ *f* fit **Passfoto**^RR^ *nt s.* **Passbild**
Passgang^RR^ *m* amble
passierbar *adj* negotiable, navigable; ***der Kanal war nur für kleine Schiffe ~*** the canal was only navigable for small ships
passieren* I. *vi sein* ❶ (*sich ereignen*) to happen; ***ist was passiert?*** has something happened?; ***wie konnte das nur ~?*** how could that happen?; ***... sonst passiert was!*** (*fam*) ... or there'll be trouble! *fam*; ***so etwas passiert eben*** things like that do happen sometimes; ■**~, dass ...** to happen that ... ❷ (*unterlaufen*) ■**jdm ~** to happen to sb; ***das kann doch jedem mal ~*** that can happen to anyone ❸ (*zustoßen*) to happen; ■**jdm ist etwas/nichts passiert** sth/nothing has happened to sb ❹ (*durchgehen*) to pass; ■**jdn ~ lassen** to let sb pass [*or* go through]
II. *vt haben* ❶ (*überqueren*) ■**etw ~** to cross sth ❷ KOCHK ■**etw [durch etw] ~** to strain sth [through sth]
Passiermühle *f* mouli-legumes, food mill **Passierschein** *m* pass, permit **Passiertuch** *nt* muslin bag
Passion <-, -en> *f* ❶ (*geh: Leidenschaft*) passion; **etw aus ~ tun** to have a passion for sth ❷ REL (*Leidensgeschichte Jesu*) ■**die ~** Passion
passioniert *adj* (*geh*) passionate
Passionsblume *f* passion flower **Passionsfrucht** *f* passion fruit **Passionsspiel** *nt* REL Passion play **Passionszeit** *f* REL ❶ (*Karwoche*) Passiontide ❷ (*Fastenzeit*) Lent
passiv I. *adj* passive; **~er Raucher/~es Rauchen** passive smoker/smoking
II. *adv* passively
Passiv <-s, -e> *nt* LING passive
Passiva [va] *pl* ÖKON liabilities *pl*
Passivgeschäft *nt* FIN deposit-taking business; (*Bank*) borrowing transaction; **~e der Banken** deposit-taking business
Passivierung <-, -en> *f* FIN capitalization, heading for a deficit; **~ der Handelsbilanz** appearance of a deficit on trade; **~ der Kapitalbilanz** deterioration of the balance on capital account
Passivierungspflicht *f* FIN obligation to carry as liabilities **Passivierungsverbot** *nt* FIN prohibited inclusion as a liability **Passivierungswahlrecht** *nt* FIN optional inclusion as a liability
Passivität <-> [vi] *f kein pl* (*geh*) passiveness, passivity
Passivlegitimation *f* JUR capacity to be sued
Passivposten *m* ÖKON debit item **Passivpro-**

zessRR *m* JUR defendant's lawsuit, litigation as a defendant **Passivrauchen** *nt* passive smoking **Passivsaldo** *m* debit balance; ~ **im Waren- und Dienstleistungsverkehr** deficit on trade and services **Passivseite** *f* ÖKON liabilities side

PasskontrolleRR *f* ① (*das Kontrollieren des Passes*) passport control; **„~"** "your passports please!" ② (*Kontrollstelle*) passport control point **Passpflicht**RR *f* JUR obligation to carry a passport **Passstelle**RR *f* passport office **Passstraße**RR *f* pass **Passstück**RR *nt* TECH adapter

Passus <-, -> *m* (*geh*) passage

PasswesenRR *nt kein pl* JUR passport matters

PasswortRR <-es, -wörter> *nt* password **Passwortfehler**RR *m* INFORM password inaccuracy **Passwortsperre**RR *f* password block

Pasta <-> *f kein pl* pasta *no pl*

Paste <-, -n> *f* paste

Pastell <-s, -e> *nt* KUNST ① *kein pl* (*Malen mit Pastellfarbe*) pastel [drawing]; **in ~ arbeiten** to work in pastels
② (*Pastellgemälde*) pastel [drawing]

Pastellfarbe *f* ① (*Pastellton*) pastel colour [*or* AM -or] ② (*Malfarbe*) pastel **pastellfarben** I. *adj* pastel[-coloured [*or* AM -ored]] II. *adv* in pastels [*or* pastel-colours] [*or* AM -ors] **Pastellmalerei** *f* KUNST ① *kein pl* (*Pastell*) pastel drawing ② (*Bild in Pastellfarben*) pastel drawing **Pastellstift** *m* pastel [crayon] **Pastellton** *m* pastel shade

pastenartig *adj inv* like paste, pasty

Pastete <-, -n> *f* paté

pasteurisieren* [pastøri'zi:rən] *vt* ■**etw** ~ to pasteurize sth

Pastille <-, -n> *f* pastille

Pastinak(e) <-, -n> *m* parsnip

Pastor, Pastorin <-en, -toren> *m, f* NORDD *s.* **Pfarrer**

Patagonien <-s> *nt* Patagonia

Patchwork <-s, -s> ['pɛtʃwœrk] *nt* patchwork

Patchworkdecke ['pɛtʃwœrk] *f* patchwork quilt

Pate <-n, -n> *m* (*sl*) godfather

Pate, Patin <-n, -n> *m, f* REL godfather, godmother, godparent
► WENDUNGEN: **bei etw ~ stehen** (*geh*) to be the force behind sth; (*Dichtung, Kunstwerk*) to be the inspiration for sth

Patenkind *nt* godchild **Patenonkel** *m* godfather **Patenschaft** <-, -en> *f* ① REL godparenthood
② (*Fürsorgepflicht*) sponsorship **Patensohn** *m* godson **Patenstadt** *f s.* **Partnerstadt**

patent *adj* ① (*sehr brauchbar*) ingenious, clever
② (*fam: tüchtig*) top-notch *fam*

Patent <-[e]s, -e> *nt* ① (*amtlicher Schutz*) patent; **durch ~ geschützt** patented; **ein ~ abtreten/verletzen** to surrender/infringe a patent; **etw als** [*o* **zum**] **~ anmelden, ein ~ auf etw** *akk* **anmelden** to apply for a patent on sth; **ein ~ auf etw** *akk* **haben** to have a patent on sth
② (*Ernennungsurkunde*) commission
③ SCHWEIZ (*staatliche Erlaubnis*) permit, licence [*or* AM -se]

Patentabteilung *f* patent division **Patentamt** *nt* Patent Office **Patentanmelder(in)** *m(f)* patentee **Patentanmeldung** *f* patent application, application for letters patent **Patentanspruch** *m* patent claim

Patentante *f* godmother

Patentanwalt, -anwältin *m, f* patent agent [*or* attorney] **Patentanwaltschaft** *f* patent lawyer [*or* agent] [*or* AM attorney] **Patentberühmung** *f* notification of a patent **Patentbeschreibung** *f* patent specification **Patentblatt** *nt* Patent Office Journal; **Europäisches ~** European Patent Bulletin **Patentdauer** *f* term of a patent **Patentdiebstahl** *m* piracy of a patent **Patententziehung** *f* revocation of a patent **Patenterteilung** *f* issue of a patent, patent grant **patentfähig** *adj* patentable **Patentfähigkeit** *f kein pl* patentability *no pl* **Patentfamilie** *f* patent family **Patentgemeinschaft** *f* patent pool **Patentgericht** *nt* JUR patent court, BRIT Patent Appeal Tribunal **patentgeschützt** *adj* patented, protected by patent **Patentgewährer** *m* patent-granting body **Patentgewährung** *f* **gegenseitige ~** cross licensing **Patenthindernis** *nt* bar to patentability

patentierbar *adj* patentable

Patentierbarkeit *f* patentability

patentieren* *vt* ■[**jdm**] **etw ~** to patent sth [for sb]; ■**sich** *dat* **etw ~ lassen** to have sth patented

Patentierung <-, -en> *f* issue [*or* granting] of a patent

Patentindex *m* index of patents **Patentinhaber(in)** <-s, -> *m(f)* patentee, patent holder **Patentjahr** *nt* patent year **Patentkategorie** *f,* **Patentklasse** *f* patent category [*or* class] **Patentklage** *f* patent action [*or* proceedings] *pl* **Patentklassifikation** *f* **Internationale ~** International Patent Classification **Patentlizenz** *f* patent licence [*or* AM -se] **Patentlizenzvertrag** *m,* **Patentlizenzvereinbarung** *f* patent licensing agreement **Patentlöschung** *f* forfeiture [*or* revocation] of a patent **Patentlösung** *f s.* **Patentrezept** **Patentnummer** *f* patent number

Patentochter *f* goddaughter

Patentrecht *nt* JUR ① (*gesetzliche Regelungen*) patent law ② (*Recht auf ein Patent*) patent right **patentrechtlich** *adj inv* JUR patented; **~ geschützt** patented, protected by patent **Patentregister** *nt,* **Patentrolle** *f* patent register, patent roll BRIT, register of patents AM **Patentrezept** *nt* easy solution, patent remedy **Patentrolle** *f* Patent Rolls *pl* **Patentschutz** *m kein pl* patent protection; **den ~ aufheben** to revoke a patent **Patentstelle** *f* patents office **Patentübertragung** *f* assignment of a patent **Patenturkunde** *f* letters patent **Patentverletzer** *m* infringer of a patent **Patentverletzung** *f* ADMIN patent infringement, infringement of a patent **Patentverletzungsprozess**RR *m* patent infringement proceedings *pl* **Patentversagung** *f* refusal of a patent **Patentverschluss**RR *m* swing stopper **Patentvertrag** *m* patent agreement **Patentverwaltungsabteilung** *f* patent administration department **Patentverwertungsvertrag** *m* patent exploitation agreement **Patentvorschriften** *pl* patent regulations **Patentwesen** *nt kein pl* patent system

Pater <-s, – *o* Patres> *m* REL Father

Paternoster[1] <-s, -> *m* (*Aufzug*) paternoster

Paternoster[2] <-s> *nt* (*Vaterunser*) Paternoster

pathetisch I. *adj* (*geh*) emotional, impassioned; **~e Szene/Formulierung** dramatic scene/wording; **~e Rede** emotive [*or* emotional] speech
II. *adv* (*geh*) dramatically, impassionately

pathogen *adj inv* MED pathogenic

Pathologe, Pathologin <-n, -n> *m, f* pathologist

Pathologie <-, -n> ['gi:ən] *f* ① *kein pl* (*Krankheitslehre*) pathology
② (*pathologische Abteilung*) pathology

Pathologin <-, -nen> *f fem form von* **Pathologe**

pathologisch I. *adj* ① (*die Pathologie betreffend*) pathological
② (*krankhaft*) pathological
II. *adv* pathologically

Pathos <-> *nt kein pl* emotiveness, emotionalism; **mit ~** with great feeling

Patience <-, -n> [pa'siã:s] *f* KARTEN patience; **~n legen** to play patience

Patient(in) <-en, -en> [pa'tsiɛnt] *m(f)* patient; **stationärer ~** in-patient; **bei jdm ~ sein, ~ von jdm sein** to be sb's patient

Patientenkartei *f* patient's file

Patin <-, -nen> *f fem form von* **Pate**

Patina <-> *f kein pl* patina

patinieren* *vt* (*fachspr*) ■**etw ~** to patinate sth

Patisserie <-, -n> [ri:ən] *f* SCHWEIZ ① (*Konditorei*) patisserie
② (*Café*) café
③ (*Gebäck*) pastry

Patna *m kein pl* patna rice

Patres *pl von* **Pater**

Patriarch <-en, -en> *m* ① REL patriarch
② (*geh: autoritärer Familienvater*) patriarch

patriarchal *adj s.* **patriarchalisch**

patriarchalisch *adj* ① (*auf dem Patriarchat beruhend*) patriarchal
② (*geh: autoritär*) patriarchal

Patriarchat <-[e]s, -e> *nt* REL, SOZIOL patriarchy

Patriot(in) <-en, -en> *m(f)* patriot

patriotisch I. *adj* patriotic
II. *adv* patriotically

Patriotismus <-> *m kein pl* patriotism

Patrizier(in) <-s, -> [pa'tri:tsiɐ] *m(f)* HIST ① (*römischer Adeliger*) patrician
② (*angesehener Bürger*) patrician

Patron(in) <-s, -e> *m(f)* ① REL patron saint
② (*Schirmherr*) patron
③ (*pej: Typ*) old devil *pej fam*
④ SCHWEIZ (*Arbeitgeber*) employer

Patronage <-, -n> [-'na:ʒə] *f* (*geh: Protektion*) patronage *no pl*

Patronat <-[e]s, -e> *nt* ① HIST (*Amt im alten Rom*) patronate
② (*Schirmherrschaft*) patronage; **unter jds ~ stehen** to be under sb's patronage
③ REL patronage

Patronatserklärung *f* FIN letter of responsibility [*or* comfort]

Patrone <-, -n> *f* ① JAGD, MIL cartridge
② (*Tintenpatrone*) [ink] cartridge
③ FOTO cartridge
④ MIL **bis zur letzten ~** to the bitter end

Patronenfüller *m* cartridge pen **Patronengurt** *m* ammunition belt **Patronenhülse** *f* cartridge case **Patronentasche** *f* cartridge pouch

Patronin <-, -nen> *f fem form von* **Patron**

Patrouille <-, -n> [pa'trʊljə] *f* MIL patrol; **auf ~ gehen** to patrol

Patrouillenboot *nt* patrol boat **Patrouillenführer** *m* patrol leader **Patrouillengang** *m* patrol

patrouillieren* [patrʊl'ji:rən, patrʊ'li:rən] *vi* to patrol

patsch *interj* splash

Patsche <-, -n> *f* (*fam*) ① (*Fliegenklatsche*) swat
② (*Hand*) paw *fam,* mitt *fam*
► WENDUNGEN: **jdm aus der ~ helfen, jdn aus der ~ ziehen** to get sb out of a jam [*or* tight spot]; **in der ~ sitzen** [*o* **stecken**] to be in a jam [*or* tight spot]

patschen *vi* ① *haben* (*klatschend schlagen*) ■[**mit etw**] **~** to slap [with sth]; (*im Wasser*) to [go] splash [with sth]
② *sein* (*sich klatschend fortbewegen*) to go splashing through

Patschhändchen *nt* (*fam*) [tiny] hand

patschnassRR *adj* (*fam*) soaking wet *fam*

Patschuliöl *nt* (*zur Parfümherstellung*) pa[t]chouli [*or* patchouly] oil

patt *adj pred* SCHACH ■**~ sein** to reach stalemate

Patt <-s, -s> *nt* stalemate

Patte <-, -n> *f* MODE [pocket] flap

Pattsituation *f* stalemate

patzen *vi* (*fam*) to slip [*or* mess] up, to boob *fam*

Patzer <-s, -> *m* ① (*fam: Fehler*) slip-up
② ÖSTERR (*Klecks*) blob

patzig *adj* (*fam*) snotty *fam*

Pauke <-, -n> *f* MUS kettledrum
► WENDUNGEN: **mit ~n und Trompeten durchfallen** (*fam*) to fail miserably [*or* dismally] [*or* spectacularly]; **jdn mit ~n und Trompeten begrüßen** [*o* **empfangen**] to give sb the red-carpet treatment, to roll out the red carpet for sb; **auf die ~ hauen** (*fam: angeben*) to blow one's own trumpet *fam;* (*ausgelassen feiern*) to paint the town red *fam,* BRIT *a.* to go on the razzle *fam*

pauken I. *vi* (*fam*) ■[**mit jdm**] **~** to cram [with sb], BRIT *a.* to [help sb] swot up
II. *vt* (*fam*) ■**etw** [**mit jdm**] **~** to cram for [*or* BRIT *a.* swot up on] sth [with sb]

Paukenhöhle *f* ANAT tympanic cavity **Paukenschlag** *m* MUS (*Schlag auf die Pauke*) beat of a kettledrum ► WENDUNGEN: **mit einem ~** sensation-

P

ally, spectacularly **Paukenwirbel** *m* MUS kettledrum [*or* drum] roll
Pauker(in) <-s, -> *m(f)* (*fam*) teacher
Paukerei <-> *f kein pl* (*fam*) cramming *fam*, BRIT *a.* swotting *fam*
Paukerin <-, -nen> *f fem form von* **Pauker**
Paukist(in) <-en, -en> *m(f)* timpanist
Pausbacken *pl* chubby cheeks *pl*
pausbäckig *adj* chubby-cheeked
pauschal I. *adj* ❶ (*undifferenziert*) sweeping, general, wholesale
❷ FIN flat-rate *attr*, all-inclusive
II. *adv* ❶ (*allgemein*) **etw ~ beurteilen** to make a wholesale judgement about sth
❷ FIN at a flat rate; **~ bezahlen** to pay in a lump sum
Pauschalangebot *nt* HANDEL all-inclusive offer, package deal **Pauschalbetrag** *m* lump sum
Pauschale <-, -n> *f* flat rate
Pauschalgebühr *f* HANDEL comprehensive fee, flat rate **Pauschalhonorar** *nt* lump sum fee
pauschalieren* *vt* ■**etw ~** to estimate sth at a flat rate; (*fig*) to lump together sth
Pauschalkredit *m* FIN lump-sum loan **Pauschallizenz** *f* (*für Patent*) block licence [*or* AM -se] **Pauschalpreis** *m* ÖKON all-inclusive [*or* BRIT *a.* -in] price **Pauschalreise** *f* package holiday [*or* tour] **Pauschalsatz** *m* HANDEL flat rate **Pauschalsicherheit** *f* FIN flat-rate security **Pauschaltourist(in)** *m(f)* TOURIST package holiday tourist **Pauschalurlaub** *m* package holiday [*or* tour] **Pauschalurteil** *nt* sweeping statement **Pauschalvertrag** *m* JUR blanket agreement
Pauschbetrag *m* JUR lump sum, flat fee
Pause[1] <-, -n> *f* ❶ (*Unterbrechung*) break, AM *a.* recess; **die große/kleine ~** SCH long [mid-morning]/short break; **[eine] ~ machen** to have a break; **„~!"** "time out!"
❷ (*Sprechpause*) pause
❸ MUS rest
Pause[2] <-, -n> *f* tracing
pausen *vt* ■**etw ~** to trace sth; FOTO to photostat sth
Pausenbrot *nt* sandwich (*eaten during break*) **pausenfüllend** *adj inv* stopgap **Pausenfüller** *m* filler **Pausenhalle** *f* SCH break hall (*open hall where pupils can gather during break when it rains*)
pausenlos I. *adj attr* ceaseless, continuous, non-stop
II. *adv* ceaselessly, continuously, non-stop
Pausenpfiff *m* SPORT time-out whistle; (*zur Halbzeit*) half-time whistle **Pausenstand** *m* SPORT half-time score, score at the interval **Pausentaste** *f* pause button **Pausenzeichen** *nt* ❶ RADIO, TV call sign ❷ MUS rest
Pause-Taste *f* INFORM break key
pausieren* *vi* (*geh*) to take [*or* have] a break, to break
Pauspapier *nt* ❶ (*durchsichtiges Papier*) tracing paper
❷ (*Kohlepapier*) carbon paper
Pavian <-s, -e> [vi] *m* baboon
Pavillon <-s, -s> ['pavɪljɔŋ, 'pavɪljõ, pavɪl'jõ:] *m* ARCHIT ❶ (*Gartenhaus*) pavilion
❷ (*provisorischer Bau*) Portakabin® BRIT
Paycard <-, -s> ['peikɑ:d] *f* FIN paycard (*type of reloadable phone- and local travelcard*)
Pay-TV <-s, -s> ['peɪti:vi:] *nt* Pay-TV
Pazifik <-s> *m* ■**der ~** the Pacific
pazifisch *adj inv* Pacific; ■**der P~e Ozean** the Pacific Ocean
Pazifismus <-> *m kein pl* ■**der ~** pacifism
Pazifist(in) <-en, -en> *m(f)* pacifist
pazifistisch *adj* pacifist
PC <-s, -s> [pe:'tse:] *m Abk von* **Personal Computer** PC
PCB <-, -s> [pe:tse:'be:] *nt Abk von* **polychloriertes Biphenyl** PCB
PC-Benutzer(in) *m(f)* PC user
PC-DOS *nt* INFORM *Abk von* **personal computer disk operating system** PC-DOS
PCI *m* INFORM *Abk von* **peripheral component interconnect bus** PCI **PCI-Bus** *m* INFORM PCI bus **PCI-Takt** *m* INFORM PCI rate
PC-Konfiguration *f* PC configuration
PCMCIA INFORM *Abk von* **personal computer memory card international association** PCMCIA **PCMCIA-Format** *nt* INFORM format PCMCIA **PCMCIA-Norm** *f* INFORM standard PCMCIA
PC-Station *f* PC-workstation
PC-Zeitschrift *f* computer magazine
PdA *f* SCHWEIZ *Abk von* **Partei der Arbeit** Swiss Workers' Party
PDF INFORM *Abk von* **portable document format** PDF
PDS <-> *f kein pl* POL *Abk von* **Partei des Demokratischen Sozialismus** German Socialist Party
PE *nt Abk von* **Polyäthylen** PE, polyethylene
Peanuts ['pi:nats] *pl* (*mickrige Summe*) peanuts *pl*
Pech <-[e]s, -e> *nt* ❶ (*fam: unglückliche Fügung*) bad luck; **[bei etw] ~ haben** (*fam*) to be unlucky [in [*or* with] sth], to have bad [*or fam* tough] luck [in sth]; **bei jdm [mit etw] ~ haben** to be out of [*or* not have any] luck with sb [regarding sth]; ***~ gehabt!*** (*fam*) tough! *fam*; ***so ein ~!*** (*fam*), ***was für ein ~!*** (*fam*) just my/our etc luck *fam*; ***das ist ~!*** hard [*or* bad] luck!, [that's] too bad!
❷ (*Rückstand bei Destillation von Erdöl*) pitch
▶ WENDUNGEN: **~ an den <u>Hosen</u> haben** (*sl*) to [simply] not know when it's time to leave; **zusammenhalten wie ~ und <u>Schwefel</u>** (*fam*) to be as thick as thieves *fam*
Pechblende <-> *f kein pl* GEOL pitchblende **Pechnelke** *f* BOT red catchfly **pech(raben)schwarz** *adj inv* (*fam*) pitch-black; *Augen* jet-black; *Haar a.* raven[-black] **Pechsträhne** *f* (*fam*) run [*or* streak] of bad luck; **eine ~ haben** to have a run [*or* streak] of bad luck, BRIT *a.* to go through an unlucky patch **Pechvogel** *m* (*fam*) unlucky person, walking disaster *hum fam*
Pedal <-s, -e> *nt* pedal; **[ziemlich] in die ~e treten** to pedal [hard]
pedalen* *vi* SCHWEIZ to pedal
Pedant(in) <-en, -en> *m(f)* pedant
Pedanterie <-, -n> *f* ❶ *kein pl* (*pedantisches Wesen*) pedantry
❷ (*pedantische Handlung*) pedantry
Pedantin <-, -nen> *f fem form von* **Pedant**
pedantisch I. *adj* pedantic
II. *adv* pedantically
Peddigrohr *nt* cane
Pedell <-s, -e *o* -en, -en> *m* ÖSTERR (*veraltet*) caretaker, janitor
Pediküre <-, -n> *f* ❶ *kein pl* (*Fußpflege*) pedicure
❷ (*Fußpflegerin*) chiropodist
Pediküre-Set *nt* pedicure set
Pediment <-s, -e> *nt* GEOL, GEOG pediment
Peeling <-s, -s> ['pi:lɪŋ] *nt* exfoliation
Peelingmaske ['pi:lɪŋ] *f* exfoliating mask
Peelingpräparat *nt* exfoliant
Peepshow[RR] <-, -s> ['pi:pʃo:] *f*, **Peep-Show** <-, -s> *f* peep show
Peergroup <-, -s> ['pi:ɐgru:p] *f* SOZIOL, PSYCH peer group
Pegel <-s, -> *m* ❶ (*Messlatte*) water level gauge [*or* AM *a.* gage]
❷ *s.* **Pegelstand**
Pegelstand *m* water level
Pegmatit <-s, -e> *m* GEOL pegmatite
Peilanlage *f* TECH, NAUT direction-finding [*or* D/F] equipment, direction-finder
peilen I. *vt* NAUT ■**etw ~** to get a bearing on sth
II. *vi* (*fam*) to peek; *s. a.* **Daumen, Lage**
Peilfunk <-s> *m kein pl* directional radio, radio direction-finding **Peilgerät** *nt* direction-finder **Peilsender** *m* RADIO DF transmitter *spec* **Peilstab** *m* ❶ NAUT sounding pole [*or* rod] ❷ ([*Öl*]*messstab*) dipstick ❸ (*Einparkhilfe*) side marker, width indicator
Peilstation *f* direction-finding [*or* D/F] station
Peilung <-, -en> *f* NAUT ❶ (*Bestimmung des Standorts*) bearing
❷ *kein pl* (*Messung der Wassertiefe*) sounding, plumbing
Pein <-> *f kein pl* (*veraltend geh*) agony
peinigen *vt* ❶ (*zermürben*) ■**jdn ~** to torment sb
❷ (*jdm zusetzen*) ■**jdn ~** to torture sb; *s. a.* **Blut**
Peiniger(in) <-s, -> *m(f)* (*geh*) torturer, tormentor
Peinigung <-, -en> *f* (*geh*) torture, agony
peinlich I. *adj* ❶ (*unangenehm*) embarrassing; **eine ~e Frage/Situation** [*o* **Lage**] an awkward question/situation; ■**jdm ~ sein** to be embarrassed; ***es war ihr sehr ~*** she was very embarrassed about it; ■**jdm ~ sein, dass/wenn ...** to feel awkward that/when ...; ■**etwas Peinliches** sth awful
❷ (*äußerst*) painstaking, diligent; **~e Genauigkeit** meticulous precision; **~e Sauberkeit** scrupulous cleanliness
II. *adv* ❶ (*unangenehm*) **jdn ~ berühren** to be awkward for sb; **auf jdn ~ wirken** to be embarrassing for sb
❷ (*gewissenhaft*) painstakingly; **~ befolgen** to follow diligently
❸ (*äußerst*) meticulously, thoroughly
Peinlichkeit <-, -en> *f* ❶ *kein pl* (*peinliche Art*) awkwardness, embarrassment
❷ (*Genauigkeit*) scrupulousness, meticulousness
Peitsche <-, -n> *f* whip
peitschen I. *vt haben* ■**jdn/etw ~** to whip sb/sth
II. *vi sein* ■**gegen etw ~** to lash against sth; **Regen peitscht an** [*o* **gegen**] **etw** rain is lashing against sth; **Wellen peitschen an** [*o* **gegen**] **etw** the waves are beating against sth
Peitschenhieb *m* stroke [*or* lash] [of the whip] **Peitschenknall** *m* crack of a/the whip **Peitschenschlag** *m s.* **Peitschenhieb**
pejorativ I. *adj* pejorative
II. *adv* pejoratively
Pekari <-, -s> *nt* ZOOL peccary
Pekinese <-n, -n> *m* ZOOL pekinese
Peking <-s> *nt* Beijing
Pekingoper *f* THEAT Peking opera
Pektin <-s, -e> *nt* pectin
pekuniär *adj inv* FIN pecuniary
pelagisch *adj inv* BIOL, GEOL pelagic
Pelerine <-, -n> *f* ❶ (*ärmelloser Umhang*) pelerine
❷ (*veraltet: Regenmantel*) rain cape
Pelikan <-s, -e> *m* pelican
Pellagra <-s> *nt kein pl* MED pellagra
Pelle <-, -n> *f* (*fam: Haut*) skin
▶ WENDUNGEN: **jdm nicht von der ~ <u>gehen</u>** (*sl*) to not stop pestering sb *fam*; **jdm auf der ~ <u>sitzen</u>** (*sl*) to be on sb's back *fam*; **jdm auf die ~ <u>rücken</u>** (*fam: sich dicht herandrängen*) to crowd sb; (*jdn bedrängen*) to badger [*or* pester] sb
pellen I. *vt* (*fam*) ■**etw ~** to skin sth; **Obst/Kartoffeln ~** to peel fruit/potatoes; *s. a.* **Ei**
II. *vr* (*fam*) ■**sich ~** to peel
Pellkartoffeln *pl* potatoes boiled in their jackets
Pelz <-es, -e> *m* ❶ (*Fell*) fur
❷ *kein pl* MODE (*Material*) fur; (*Pelzmantel*) fur [coat]
▶ WENDUNGEN: **jdm/einem Tier eins auf den ~ <u>brennen</u>** (*fam*) to singe sb's/an animal's hide, to pump sb/an animal full of lead *sl*; **jdm auf den ~ <u>rücken</u>** (*fam*) to crowd sb
Pelzbesatz *m* fur trimming **pelzbesetzt** *adj* fur-trimmed **pelzgefüttert** *adj* fur-lined **Pelzgeschäft** *nt* furrier's **Pelzhandel** *m* fur trade **Pelzhändler(in)** <-s, -> *m(f)* furrier; (*Fellhandel*) fur trader
pelzig *adj* ❶ (*belegt*) furry
❷ (*mit Härchen versehen*) furry
Pelzimitat *nt* fake [*or* imitation] fur **Pelzkragen** *m* fur collar **Pelzmantel** *m* fur coat **Pelzmütze** *f* fur hat **Pelztier** *nt* animal valued for its fur **Pelztierfarm** *f* fur farm
PEMFC *f Abk von* **Polimer-Elektrolyt-Membran-Brennstoffzelle** PEMFC
Penalty <-s, -s> *m* ❶ (*Strafstoß*) penalty
❷ SCHWEIZ (*Elfmeter*) penalty
PEN-Club <-s> *m kein pl* PEN Club
Pencomputer *m* pen-based computer
Pendant <-s, -s> [pä'dä:] *nt* (*geh*) counterpart; ■**~ [zu etw]** the counterpart [to sth]

Pendel <-s, -> *nt* pendulum; **das ~ schlägt** [**nach der einen/anderen Seite**] **aus** the pendulum swings [in the one/other direction]
Pendelbewegung *f* pendular movement **Pendeldienst** *m* shuttle service **Pendeldiplomatie** *f* shuttle diplomacy **Pendellampe** *f* hanging lamp
pendeln *vi* ① *haben* (*schwingen*) ■[**hin und her**] ~ to swing [to and fro]
② *sein* TRANSP (*hin- und herfahren*) to commute
Pendelschäler *m* swivel-bladed potato peeler **Pendeltür** *f s.* **Schwingtür Pendeluhr** *f* pendulum clock **Pendelverkehr** *m* ① (*Nahverkehrsdienst*) shuttle service ② (*Berufsverkehr*) commuter traffic **Pendelzeit** *f* commuting time **Pendelzug** *m* rail shuttle, commuter train
pendent *adj* SCHWEIZ (*form: anhängig*) pending
Pendenz <-, -en> *f* SCHWEIZ (*form*) pending matter
Pendler(in) <-s, -> *m(f)* commuter
Pendlervorstadt *f* commuterville **Pendlerzug** *m* commuter train
Penes *pl von* **Penis**
penetrant I. *adj* ① (*durchdringend*) penetrating; **~er Geruch** a pungent smell
② (*aufdringlich*) overbearing, insistent; ***sei doch nicht so ~, ich gehe ja mit!*** stop pestering me, I'm coming!
II. *adv* pungently, penetratingly
Penetration <-, -en> *f* ① TECH penetration
② MED perforation
③ (*geh*) *des Penis* penetration
peng *interj* (*Schussgeräusch*) bang
penibel *adj* (*geh Ordnung*) meticulous; (*Mensch*) fastidious; ■**jd ist** [**in etw** *dat*] ~ sb is fastidious [*or fam* pernickety] [about sth]
Penis <-, -se *o* Penes> *m* penis
Penisprothese *f* MED penis prosthesis
Penizillin <-s, -e> *nt* penicillin
Pennäler(in) <-s, -> *m(f)* (*veraltet*) secondary school pupil [*or* AM student]
Pennbruder *m* (*pej fam*) tramp, AM *a.* hobo
Penne <-, -n> *f* SCH (*sl*) school; **auf die ~ gehen** to go to school
pennen *vi* (*fam*) ① (*schlafen*) to kip BRIT *fam*, to sleep AM; ***du kannst auch bei mir*** ~ you can kip over at mine
② (*nicht aufpassen*) to sleep; ■**gepennt haben** to have been sleeping
③ (*sl: Beischlaf haben*) ■**mit jdm** ~ to go to bed with sb
Penner(in) <-s, -> *m(f)* (*pej fam*) ① (*Stadtstreicher*) tramp, bum *fam*
② (*langsamer Mensch*) slowcoach BRIT *fam*, slowpoke AM *fam*
Pensa, Pensen *pl von* **Pensum**
Pension <-, -en> [pã'zio:n, paŋ'zio:n, pɛn'zio:n] *f* ① TOURIST guest house
② (*Ruhegehalt*) pension; **in ~ gehen** to go into retirement; **in ~ sein** to be in retirement [*or* retired]
③ *kein pl* TOURIST (*Verpflegung*) **mit** ~ with full board
Pensionär(in) <-s, -e> [pãzio'nɛːɐ, paŋzio'nɛːɐ, pɛnzio'nɛːɐ] *m(f)* ① (*Ruhestandsbeamter*) pensioner, retired person
② SCHWEIZ *s.* **Pensionsgast**
Pensionat <-[e], -e> [pãzi̯o'na:t] *nt* (*veraltet*) boarding school
pensionieren* [pãzio'ni:rən, paŋzio'ni:rən, pɛnzio'ni:rən,] *vt* ■**pensioniert werden** to be pensioned off; **vorzeitig pensioniert werden** to be given early retirement; ■**sich ~ lassen** to retire
pensioniert [pãzio'ni:ɐt, paŋzio'ni:ɐt, pɛnzio'ni:ɐt] *adj* retired
Pensionierung <-, -en> [pãzio'ni:rʊŋ, paŋzio'ni:rʊŋ,] *f* retirement
Pensionsalter [pã'zio:ns, paŋ'zio:s, pɛn'zio:ns] *nt* retirement age **Pensionsanspruch** *m* right to a pension **Pensionsanwartschaft** *f* FIN accrued pension rights, pension expectancy **pensionsberechtigt** *adj* entitled to a pension **Pensionsberechtigung** *f* FIN entitlement [*or* eligibility] to a pension **Pensionsbezüge** *pl* ÖKON [civil servant's] pension income **pensionsfähig** *adj* FIN pensionable **Pensionsfonds** *m* ÖKON pension fund **Pensionsgast** *m* hotel [*or* boardinghouse] guest [*or* patron], BRIT *a.* guesthouse patron **Pensionsgeschäft** *nt* FIN repurchase deal, sale and repurchase agreement; **~e der Zentralbank** repurchase operations
Pensionskasse *f* ÖKON pension fund **Pensionspreis** *m* TOURIST cost of board **pensionsreif** *adj* (*fam*) ready for retirement **Pensionsrückstellung** *f* FIN pension reserve [*or* provision] **Pensionsverbindlichkeiten** *pl* FIN pension liabilities **Pensionsverpflichtungen** *pl* FIN (*Bilanzposten*) pension obligations, pensions and retirement plans **Pensionszahlung** *f* FIN retired pay **Pensionszusage** *f* JUR pension commitment; **~ ohne Arbeitnehmerbeteiligung** noncontributory pension commitment **Pensionszuschuss**[RR] *m* ÖKON pension contribution
Pensum <-s, Pensa *o* Pensen> *nt* (*geh*) work quota
Pentagon <-s, -e> *nt* ① (*Fünfeck*) pentagon
② *kein pl* (*US-Verteidigungsministerium*) Pentagon
Penthouse <-, -s> ['pɛnthaus] *nt* penthouse
Pentium <-s> *m kein pl* INFORM pentium
Peoplemover <-[s], -> ['pi:pḷmu:vɐ̯] *m* TRANSP peoplemover
Pep <-[s]> *m kein pl* verve, pep *fam*, oomph *fam*, pizzazz *fam*; **~ haben** (*fam*) to have verve [*or* pizzazz]; **mit … ~** (*fam*) with … pizzazz [*or* pep]
Peperoni *pl* KOCHK ① (*scharfe Paprikas*) chillies *pl*
② SCHWEIZ (*Gemüsepaprika*) peppers *pl*
peppig *adj* (*fam*) peppy *fam*, racy *fam*, upbeat
Pepsin <-s, -e> *nt* pepsin
Peptalk <-s, -s> ['peptɔ:k] *m* pep talk
Peptid <-s, -e> *nt* BIOL, CHEM peptide
per *präp* ① (*durch*) by; **~ Post/Bahn** by post [*or* AM mail]/train
② (*pro*) per
► WENDUNGEN: **~ pedes** (*hum*) on foot, BRIT *a.* on shank's pony *hum*; **~ se** (*geh*) per se; **mit jdm ~ du/Sie sein** (*fam*) to address sb with "du"/"Sie", to be on familiar/unfamiliar terms with sb
peremptorisch *adj* JUR peremptory; **~e Einrede** peremptory plea
Perestroika <-> *f kein pl* POL perestroika
perfekt I. *adj* ① (*vollkommen*) perfect
② *pred* (*abgemacht*) ■**~ sein** to be settled; **etw ~ machen** to settle sth
II. *adv* perfectly
Perfekt <-s, -e> *nt* LING ① (*vollendete Zeitform*) perfect [tense]
② (*Verbform im ~*) perfect
Perfektion <-> *f kein pl* (*geh*) perfection; ■**mit ~** to perfection; **in höchster ~** to the highest perfection
perfektionieren* *vt* (*geh*) ■**etw ~** to perfect sth
Perfektionismus <-> *m kein pl* (*geh*) perfectionism
Perfektionist(in) <-en, -en> *m(f)* perfectionist
perfide I. *adj* (*geh*) perfidious *liter*
II. *adv* (*geh*) perfidiously
Perfidie <-, -ien> *f* (*geh*) ① *kein pl* (*gemeine Art*) perfidiousness
② (*einzelne Handlung*) perfidy
Perforation <-, -en> *f* ① (*Lochung*) perforation
② (*Trennlinie*) perforated line
③ MED perforation
perforieren* *vt* ■**etw ~** to perforate sth
Perforierlinie *f* perfo[rating] rule
Performance <-> [pə'fɔ:məns] *f kein pl* (*sl*) performance, manner
Performance-Index *m* ÖKON performance indicator
Performanz <-, -en> *f* LING performance
Pergament <-[e]s, -e> *nt* parchment
Pergamentband <-bände> *m* vellum-bound book **Pergamentpapier** *nt* greaseproof paper **Pergamentrolle** *f* scroll
Pergamon <-> *nt* Pergamum
Pergola <-, Pergolen> *f* pergola
periglazial *adj inv* GEOG periglacial
Perikarp <-s, -e> *nt* BOT pericarp
Periode <-, -n> *f* ① (*Zeitabschnitt*) period
② BIOL period
③ MATH repetend
Periodensystem *nt* CHEM periodic table
Periodikum <-s, -ka> *nt meist pl* (*fachspr*) periodical
periodisch I. *adj* periodic[al], regular
II. *adv* periodically, regularly; *s. a.* **Dezimalzahl**
peripher I. *adj* ① (*geh: oberflächlich*) peripheral
② ANAT, MED peripheral
II. *adv* (*geh*) peripherally, on the periphery
Peripherie <-, -n> ['ri:ən] *f* ① (*Randzone*) periphery, outskirts *pl*
② MATH (*Begrenzungslinie*) periphery
③ INFORM (*Peripheriegeräte*) peripheral [device]
Peripheriegerät *nt* INFORM peripheral
Periskop <-s, -e> *nt* periscope
Peristaltik <-> *f kein pl* MED peristalsis
perkutan *adj inv* percutaneous
Perlbohne *f* Boston bean, pearl haricot, pea bean
Perle <-, -n> *f* ① (*Schmuckperle*) pearl
② (*Kügelchen*) bead
③ (*fig*) gem; ***unsere Haushälterin ist eine echte*** ~ our housekeeper is a true gem
④ (*Tropfen*) bead, droplet
⑤ (*Luftbläschen*) bubble
► WENDUNGEN: **~n vor die Säue werfen** (*prov*) to cast pearls before swine *prov*
perlen *vi* ① (*sprudeln*) to fizz
② (*geh: in Tropfen stehen*) ■**auf etw** *dat* ~ to form beads [*or* droplets] on sth
③ (*geh: in Tropfen rinnen*) ■**von etw** ~ to trickle [*or* roll] from sth
Perlenkette *f* pearl necklace **Perlentaucher(in)** *m(f)* pearl diver
Perlgerste *f* pearl barley **Perlglanz** *m* pearly lustre [*or* AM -er] **Perlhuhn** *nt* guinea fowl **Perlmuschel** *f* pearl oyster **Perlmutt** <-s> *nt kein pl* mother-of-pearl **Perlmutter** <-> *f*, **Perlmutter** <-s> *nt* mother-of-pearl **perlmuttern** *adj inv* ① *attr* (*aus Perlmutter*) mother-of-pearl ② (*perlmutterfarben*) the colour [*or* AM -or] of mother-of-pearl **perlmuttfarben** *adj inv* mother-of-pearl effect **Perlmuttknopf** *m* mother-of-pearl button
Perlon® <-s> *nt kein pl* [type of] nylon
Perlonstrumpf <-[e]s, -strümpfe> *m* nylon stocking; ■**Perlonstrümpfe** nylons *npl*, nylon stockings *pl*
Perltang *m* BOT carragheen **Perlwein** *m* sparkling wine **Perlzwiebel** *f* pearl onion
Perm <-s> *kein pl nt* GEOL Permian
permanent I. *adj* (*geh*) permanent
II. *adv* (*geh*) permanently
Permanent-Make-up *nt* permanent make-up
Permanenz <-> *f* (*geh*) permanence; **in ~** constantly, continuously
Permeabilität <-> *f kein pl* SCI permeability
Permutation <-, -en> *f* MATH permutation
Peroxyd <-[e]s, -e> *nt* CHEM *s.* **Peroxid**
Perpetuum mobile <- -, – -[s]> *nt* perpetual motion machine
perplex *adj* dumbfounded, thunderstruck
Perron <-s, -s> ['pɛrõ:] *m* ÖSTERR, SCHWEIZ (*Bahnsteig*) platform
per saldo FIN by balance; **~ Kursgewinne von …** net capital gains of …; **~ Zuflüsse** net inflows
Persenning <-, -e[n]> *f* ① NAUT tarpaulin
② *kein pl* MODE (*Segeltuch*) canvas
Perser(in) <-s, -> *m(f)* HIST Persian
Perser <-s, -> *m* (*fam*) Persian [rug]
Perser(in) <-s, -> *m(f)* GEOG Persian
Perserkatze *f* Persian cat **Perserteppich** *m* Persian rug
Persianer <-s, -> *m* ① (*Fell*) Persian lamb
② MODE (*Mantel aus ~ 1*) Persian lamb coat
Persien <-s> ['pɛrziən] *nt* HIST *s.* **Iran** Persia
Persiflage <-, -n> [pɛrzi'fla:ʒə] *f* (*geh*) satire
persiflieren* *vt* (*geh*) ■**jdn/etw** ~ to satirize sb/sth

Persilschein *m* ❶ *(hum fam)* denazification certificate
❷ *(fig)* clean bill of health
Persisch *nt dekl wie adj* Persian; *s. a.* **Deutsch**
persisch *adj* Persian
Persische <-n> *nt* ■**das** ~ Persian, the Persian language; *s. a.* **Deutsche**
Persischer Golf *m* Persian Gulf
Person <-, -en> *f* ❶ *meist pl (Mensch)* person; **jd als** ~ sb as a person; **ich/du etc für meine/deine etc** ~ I/you [*or* as for] myself/yourself; **... in** ~ personified; **in** ~ personally; **in einer** ~ rolled into one; **pro** ~ per person
❷ JUR *(Rechts~)* person, [contract] party; **beschränkt geschäftsfähige** ~ person of restricted capacity to contract; **juristische** ~ legal entity, juristic person; *(Körperschaft)* corporate body; **natürliche** ~ natural person; **in eigener** ~ *(ohne Anwalt)* in person; **zur** ~ concerning a person's identity
❸ *(pej: Subjekt)* character
❹ LIT, THEAT *(Handelnde)* character
❺ *kein pl* LING *(grammatische Form)* person
personal *adj inv (geh)* personal
Personal <-s> *nt kein pl* ❶ *(Gesamtheit der Mitarbeiter)* personnel, staff; **geschultes** ~ trained staff
❷ *(Hausangestellte)* staff
Personalabbau *m* downsizing *no pl, no indef art,* reduction in staff[ing levels] [*or* personnel], personnel [*or* staff] cuts *pl* **Personalabteilung** *f* personnel [*or* human resources] department **Personalakte** *f* personal file **Personalaufstockung** *f* increase in personnel [*or* staff] **Personalaufwand** *m kein pl* FIN expenditure *no pl* on personnel **Personalausweis** *m* identity card **Personalberater(in)** *m(f)* ÖKON personnel consultant **Personalbericht** *m* staff report **Personalbeschaffung** *f* ÖKON recruitment **Personalbestand** *m* staffing levels *pl,* number of staff [*or* personnel] **Personalbestandsprognose** *f* manpower forecasting **Personalbüro** *nt* ÖKON personnel office **Personalchef(in)** *m(f)* personnel manager, head of personnel **Personalcomputer** *m* personal computer **Personaldecke** *f* ÖKON workforce, labour [*or* AM -or] force **Personal-Digital-Assistant** <-, -s> ['pəːsənæl'dɪdʒɪtələ'sɪstənt] *m* INFORM personal digital assistant, PDA **Personaleinsatz** *m* ÖKON labour [*or* AM -or] employment [*or* staff] **Personaleinsparung** *f* staff [*or* personnel] reduction, staff cuts *pl* **Personalentscheidung** *f* decision regarding personnel **Personalfreisetzung** *f* ÖKON *(euph)* shedding of staff **Personalgesellschaft** *f* ÖKON *(Personengesellschaft)* partnership **Personalhaft** *f kein pl* JUR personal arrest, detention
Personalien ['naːliən] *pl* particulars *npl*
personalisieren* *vt (geh)* ■**etw** ~ to personalize sth, to reduce sth to a personal level
Personalismus <-> *m kein pl* PHILOS personalism
Personalkartei *f* ADMIN personal file **Personalkonzession** *f* JUR licence granted to a named individual **Personalkosten** *pl* personnel costs *npl* **Personalkostenbudget** *nt* FIN staff [*or* manpower] budget **Personalkredit** *m* FIN personal loan [*or* credit] **Personalmangel** *m* staff [*or* personell] shortage **Personalplanung** *f* ÖKON personnel planning *no pl, no indef art* **Personalpolitik** *f* staff policy **Personalpronomen** *nt* LING personal pronoun **Personalrat** *m* staff council [of a public authority] **Personalrat, -rätin** *m, f* staff council representative [of a public authority] **Personalstatut** *nt* JUR personal statute **Personalsteuern** *pl* FIN personal taxes **Personalstruktur** *f* ADMIN staff structure **Personaltausch** *m* exchange of personnel [*or* staff] **Personalunion** *f* ❶ *(Halter von zwei Ämtern)* **in** ~ *(geh)* at the same time; ***er ist Parteisprecher und Präsident in ~*** he's both party speaker and president ❷ HIST personal union **Personalvermittlung** *f* ÖKON employment agency **Personalversammlung** *f* JUR staff meeting **Personalverschiebung** *f* shift in [*or* movement of] personnel [*or* staff] **Personalvertretung** *f* staff association **Personalwesen** *nt* ÖKON personnel matters *pl* **Personalwirtschaft** *f kein pl* ÖKON personnel [*or* human resources] management **Personalzusatzkosten** *pl* additional staff costs *pl*
Persona non grata *f* JUR persona non grata
personell I. *adj* personnel *attr,* staff *attr*
II. *adv* as regards personnel; ~ **aufstocken** to increase staff [*or* personnel]; **sich ~ aus etw zusammensetzen** to be staffed in a certain way
Personenaufzug *m (form)* passenger lift BRIT, AM elevator **Personenbahnhof** *m* passenger station **Personenbeförderung** *f* carriage [*or* conveyance] of passengers; **öffentliche** ~ passenger transportation **Personenbeförderungsentgelt** *nt* passenger fare **Personenbeförderungstarif** *m* passenger tariff **Personenbeschreibung** *f* personal description **personenbezogen** *adj* personal **Personenfahrpreis** *m* passenger fare **Personenfernverkehr** *m* long-distance passenger traffic **Personengedächtnis** *nt* memory for faces; **ein gutes/schlechtes** ~ **haben** to have a good/bad memory for faces **Personengesellschaft** *f* ÖKON *(Partnerschaft)* [ordinary] partnership; *(geschlossene Gesellschaft)* close company [*or* AM corporation] **Personenhandelsgesellschaft** *f* JUR commercial partnership **Personenkilometer** *m* BAHN passenger kilometre [*or* AM -er] *(distance covered by passengers)* **Personenkraftwagen** *m (geh)* motorcar *form* **Personenkreis** *m* group of people **Personenkult** *m* personality cult; **einen ~ mit jdm treiben** to build up a personality cult around sb **Personenmeilen** *pl* passenger mileage **Personennahverkehr** *m* local passenger transport *no pl;* **öffentlicher** ~ passenger transportation **Personenrecht** *nt* JUR law concerning persons **Personenschaden** *m* JUR personal damage [*or* injury]; *(Versicherung)* physical injury **Personenschadenhaftung** *f* JUR liability for physical injury **Personenschutz** *m* personal security **Personensorge** *f kein pl* JUR care and custody of a child **Personensorgeberechtigte(r)** *f(m)* JUR *person having the care and custody of a child*
Personenstandsaufnahme *f* JUR registration of civil status **Personenstandsbuch** *nt* JUR register of births, deaths and marriages **Personenstandsfälschung** *f* JUR fraudulent alteration of a person's legal status **Personenstandsgesetz** *nt* JUR Law on Personal Status **Personenstandsrecht** *nt* JUR law of civil status **Personenstandsregister** *nt* register of births, deaths and marriages **Personenstandsurkunde** *f* JUR personal registration certificate
Personensteuer *f* FIN personal [*or* poll] tax **Personentarif** *m* passenger tariff [*or pl* fares] **Personenvereinigung** *f* JUR association [of persons] **Personenverkehr** *m kein pl* TRANSP passenger transport **Personenverkehrsdienst** *m* passenger service **Personenwaage** *f (form)* scales *npl (for weighing persons)* **Personenwagen** *m (form)* private car **Personenzug** *m (veraltend)* slow [*or* stopping] train
Personifikation <-, -en> *f (geh)* personification
personifizieren* *vt* ■**etw** ~ to personify sth
Personifizierung <-, -en> *f (geh)* personification
persönlich I. *adj* ❶ *(eigen)* personal
❷ *(jdn selbst betreffend)* personal
❸ *(zwischenmenschlich)* personal
❹ *(intim)* friendly; ***ich möchte ein ~es Wort an Sie richten*** I would like to address you directly
❺ *(gegen jdn gerichtet)* personal
❻ *(als Privatperson)* personal
❼ *(anzüglich)* ■~ **werden** to get personal; *s. a.* **Fürwort**
II. *adv* ❶ *(selbst)* personally; ~ **erscheinen/auftreten** to appear/perform in person
❷ *(privat)* personally; ~ **befreundet sein** to be personal friends
Persönlichkeit <-, -en> *f* ❶ *kein pl (individuelle Eigenart)* personality
❷ *(markanter Mensch)* character
❸ *(Prominenter)* celebrity, personality
Persönlichkeitsentfaltung *f kein pl* personality development **Persönlichkeitsmerkmal** *nt* personality trait **Persönlichkeitsrecht** *nt* JUR personal rights *pl* **Persönlichkeitsschutz** *m* JUR legal protection of personality **Persönlichkeitsstörung** *f* personality disorder **Persönlichkeitsverletzung** *f* JUR violation of personal rights **Persönlichkeitswahl** *f kein pl* POL *electoral system in which votes are cast for a candidate rather than a party*
Perspektive <-, -n> [pɛrspɛk'tiːvə] *f* ❶ ARCHIT, KUNST *(räumliche Darstellung)* perspective
❷ *(Blickwinkel)* perspective
❸ *(geh: Betrachtungsweise)* perspective, angle, point of view
❹ *(geh: Aussichten)* prospect *usu pl*
perspektivisch [pɛrspɛk'tiːvɪʃ] I. *adj* perspective *attr*
II. *adv* in perspective
perspektivlos <-er, -este> *adj* without prospects
Perspektivlosigkeit <-> *f kein pl* hopelessness *no pl*
Perspektivplanung *f* ÖKON long-range planning; **betriebliche** ~ long-range business planning
Pertussis <-, -ssisses> *f* MED pertussis, whooping cough
Peru <-s> *nt* Peru
Peruaner(in) <-s, -> *m(f)* Peruvian; *s. a.* **Deutsche(r)**
peruanisch *adj* Peruvian; *s. a.* **deutsch**
Perücke <-, -n> *f* wig
pervers [pɛr'vɛrs] I. *adj* ❶ PSYCH perverted; ■~ **sein** to be perveted [*or* a pervert]
❷ *(sl: unnormal)* perverse, abnormal
II. *adv* PSYCH ~ **veranlagt sein** to have a perverted disposition
Perversion <-, -en> [vɛr] *f* perversion
Perversität <-, -en> [vɛr] *f (geh)* perversity
pervertieren* [vɛr] I. *vt haben (geh)* ■**etw** ~ to warp [*or* pervert] sth
II. *vi sein (geh)* ■[**zu etw**] ~ to become perverted [into sth]
pesen *vi sein (fam)* to race, to dash
Pesete <-, -ten> *f* ÖKON *s.* **Peseta**
Pessar <-s, -e> *nt* diaphragm, cap
Pessimismus <-> *m kein pl* pessimism
Pessimist(in) <-en, -en> *m(f)* pessimist
pessimistisch I. *adj* pessimistic
II. *adv* pessimistically
Pest <-> *f kein pl* MED Pest; ■**die** ~ the plague
▸ WENDUNGEN: **jdm die ~ an den Hals wünschen** *(fam)* to wish sb would drop dead *fam;* **wie die ~ stinken** *(fam)* to stink to high heaven *fam;* **jdn wie die ~ fürchten/hassen** *(fam)* to be terribly afraid of sb/to hate sb's guts *fam*
pestartig *adj* pestilential, vile **Pestbeule** *f* plague spot **Pestgestank** *m* foul [*or* vile] stench
Pestizid <-s, -e> *nt* pesticide
Petent <-en, -en> *m* JUR *(Bittsteller)* petitioner, supplicant
Peter <-s> *m* ▸ WENDUNGEN: **jdm den schwarzen ~ zuschieben** [*o* **zuspielen**] to leave sb holding the baby BRIT [*or* AM bag] *fam*
Peterle <-[s]> *nt kein pl* ❶ BOT, KOCHK DIAL *(Petersilie)* parsley *no pl; s. a.* **Petersilie**
❷ *dim von* **Peter**
Peterli <-[s]> *nt kein pl* SCHWEIZ parsley
Peterling *m* parsley
Petermännchen *nt* greater weaver fish, stingfish
Petersfisch *m* haddock
Petersilie <-, -n> [liə] *f* parsley
Petersilienöl *nt* parsley oil
PET-Flasche ['pet] *f* PET [plastic] bottle
Petitesse <-, -n> [pəti'tɛs] *f (geh)* triviality
Petition <-, -en> *f* petition
Petitionsausschuss[RR] *m* [parliamentary] petitions committee **Petitionsrecht** *nt* right to petition
Petrischale *f* Petri dish

Petrochemie [petroçe'mi:, 'pe:troçemi:] *f* petrochemistry

Petroleum <-s> *nt kein pl* paraffin, kerosene

Petroleumlampe *f* paraffin lamp

Petrowährung *f* petrocurrency

Petting <-s, -s> *nt* petting

petto *adv* ▶ WENDUNGEN: **etw in ~ haben** (*fam*) to have sth up one's sleeve *fam*

Petunie <-, -n> [pe'tu:niə] *f* petunia

Petze <-, -n> *f* (*pej fam*) telltale; (*fam*) BRIT *a.* grass *sl*

petzen I. *vt* (*pej fam*) ■**[jdm] etw** ~ to tell [sb] about sth, BRIT *a.* to grass sth [to sb]
II. *vi* (*pej fam*) to tell, BRIT *a.* to grass

Petzer(in) <-s, -> *m(f)* (*pej fam*) telltale *fam*, BRIT *a.* grass *sl*

Pf *m Abk von* **Pfennig**

Pfad <-[e]s, -e> *m* ① (*schmaler Weg*) path
② INFORM (*Zugriff*) path
▶ WENDUNGEN: **auf dem ~[e] der Tugend wandeln** (*geh*) to follow the path of virtue; **jdn auf den ~ der Tugend zurückführen** (*geh*) to lead sb back onto the path of virtue; **ein dorniger ~** (*geh*) arduous endeavour [*or* AM -or] *form*

pfaden *vt* SCHWEIZ ① (*von Schnee räumen*) ■**etw** ~ to clear sth of snow
② (*einen Pfad bahnen*) ■**gepfadet sein** to have paths

Pfader <-s, -> *m* SCHWEIZ (*Pfadfinder*) Boy Scout

Pfadfinder(in) <-s, -> *m(f)* [boy] scout; (*Mädchen*) [girl] guide

Pfadname *m* INFORM pathname

Pfaffe <-n, -n> *m* (*pej*) cleric *pej*

Pfaffenkümmel *m* cumin

Pfahl <-[e]s, Pfähle> *m* ① (*Zaunpfahl*) post
② (*angespitzter Rundbalken*) stake

Pfahlbau <-bauten> *m* structure on stilts

pfählen *vt* ① HORT (*durch Pfähle stützen*) ■**etw** ~ to stake sth
② HIST (*aufspießen*) ■**jdn** ~ to impale sb

Pfahlwurm *m* ZOOL ship worm **Pfahlwurzel** *f* taproot

Pfalz <-, -en> *f* ① GEOG palatinate; ■**die** ~ the palatinate; **Rheinland-~** the Rhineland-Palatinate
② HIST palace

Pfälzer(in) <-s, -> *m(f)* sb from the Palatinate

pfälzisch *adj inv* Palatine, of the Palatinate

Pfand <-[e]s, Pfänder> *nt* ① (*Sicherheit für Leergut*) deposit
② (*Sicherheit*) security, deposit; **ein ~ auslösen/einlösen** to take sth out of pawn/to redeem a pledge; JUR security, pledge; **als ~ erhalten** to take as security; **als ~ geben** to give as security
③ (*geh: Symbol, Beweis*) pledge; ***nimm diesen Ring als ~ meiner immerwährenden Liebe!*** take this ring as a pledge of my everlasting love!

pfändbar *adj* JUR distrainable *form*, attachable *form*

Pfandbestellung *f* JUR pleading security [for a debt]

Pfandbrief *m* FIN mortgage bond; **einen ~ aus dem Verkehr ziehen** to retire a bond; **einen ~ zeichnen** to subscribe a bond

Pfandbriefanstalt *f* FIN mortgage bank **Pfandbriefbesitzer(in)** *m(f)* FIN bondholder, debenture holder **Pfandbriefmarkt** *m* FIN bond market

pfänden *vt* JUR ① (*beschlagnahmen*) ■**[jdm] etw** ~ to impound [*or* seize] [sb's] sth; ■**das P~** seizing of possessions
② (*Pfandsiegel anbringen*) ■**jdn** ~ to seize some of sb's possessions; ■**jdn ~ lassen** to get the bailiffs onto sb

Pfänderspiel *nt* game of forfeits

Pfandflasche *f* returnable bottle **Pfandgeber(in)** *m(f)* JUR pawnor, pledgor **Pfandgegenstand** *m* JUR pawn, pledge **Pfandgeld** *nt* deposit **Pfandgeschäft** *nt* HANDEL ① (*Dienst*) pawnbroking ② (*Laden*) pawnshop **Pfandgläubiger(in)** *m(f)*, **Pfandhalter(in)** *m(f)* JUR, FIN pawnee, pledgee **Pfandhaus** *nt* pawnshop, pawnbroker's **Pfandindossament** *nt* JUR pledge endorsement **Pfandklage** *f* JUR action of replevin **Pfandklausel** *f* JUR mortgage [*or* lien] clause **Pfandleihe** <-, -en> *f* pawnbroker's, pawnshop **Pfandleiher(in)** <-s, -> *m(f)* pawnbroker **Pfandnahme** *f* JUR pawntaking **Pfandnehmer(in)** *m(f)* JUR pledgee, pawnee

Pfandrecht *nt* JUR [right of] lien, pledge; ■**ein/jds ~ an etw** *dat* a/sb's right of distraint upon sth *form;* **gesetzliches ~** statutory lien; **~ des Frachtführers** carrier's lien; **~ an einer bestimmten Sache** particular [*or* special] lien; **ein ~ ausüben/bestellen** to exercise/to create a lien; **das ~ an etw haben** to have the right to have sth impounded [*or* seized]

Pfandrechtbestellung *f* JUR creation of a lien **Pfandrechterwerb** *m* JUR acquisition of a lien **Pfandrechtsicherung** *f* JUR securing a lien

Pfandsache *f* JUR pledge, pawn **Pfandschein** *m* pawn ticket **Pfandschuldner(in)** *m(f)* JUR pledgor, pawnor **Pfandsiegel** *nt* JUR *official seal on impounded items*

Pfändung <-, -en> *f* distraint *form*, seizure; **~ von Forderungen** attachment of debts, garnishment

Pfändungsantrag *m* JUR fieri facias **Pfändungsauftrag** *m* JUR attachment [*or* garnishee] order **Pfändungsbeschluss**RR *pl* JUR order of attachment **pfändungsfrei** *adj inv* JUR unattachable, exempt from seizure **Pfändungsfreigrenze** *f* JUR limit of exemption from execution **Pfändungsgläubiger(in)** *m(f)* JUR attaching creditor **Pfändungsgrenze** *f* JUR maximum limit for executions **Pfändungskosten** *pl* FIN execution costs **Pfändungspfandrecht** *nt* JUR lien by attachment **Pfändungsrecht** *nt* JUR right of attachment **Pfändungsschuldner(in)** *m(f)* JUR execution debtor **Pfändungsschutz** *m* JUR protection from execution **Pfändungsverfügung** *f* JUR garnishee order, writ of attachment

Pfandveräußerung *f* JUR disposal of pledged property **Pfandverkauf** *m* JUR distress selling, sale of pledged security **Pfandversteigerung** *f* JUR auction of distrained goods **Pfandverwahrung** *f* JUR custody of pledged goods **Pfandverwertung** *f* JUR enforcement of a lien

Pfanne <-, -n> *f* ① KOCHK [frying] pan
② SCHWEIZ (*Topf*) pot
③ BAU (*Dachziegel*) pantile
▶ WENDUNGEN: **jdn in die ~ hauen** (*sl*) to do the dirty BRIT *sl* [*or* AM play a mean trick] on sb; *s. a.* **Ei**

Pfannenwender *m* slotted turner, fish slice **Pfannenziegel** *m* BAU clay tile

Pfannkuchen *m* pancake

Pfarramt *nt* rectory, vicarage **Pfarrbezirk** *m* parish

Pfarre <-, -n> *f* DIAL (*veraltet*) ① (*Bezirk*) parish
② (*Pfarramt*) parish office
③ (*Pfarrhaus*) vicarage; *in Schottland* manse; *katholisch* presbytery

Pfarrei <-, -en> *f* REL ① (*Gemeinde*) parish
② *s.* **Pfarramt**

Pfarrer(in) <-s, -> *m(f)* priest

Pfarrgemeinde *f s.* Pfarrei 1 **Pfarrhaus** *nt* (*katholisch*) presbytery; (*anglikanisch*) rectory, vicarage **Pfarrkirche** *f* parish church

Pfau <-[e]s *o* -en, -en> *m* ORN peacock
▶ WENDUNGEN: **ein eitler ~ sein** (*geh*) to be vain as a peacock

Pfauenauge *nt* peacock butterfly **Pfauenfeder** *f* peacock feather **Pfauenrad** *nt* peacock's fan

Pfd. *nt Abk von* Pfund lb

Pfeffer <-s, -> *m* KOCHK pepper; **grüner ~** green pepper
▶ WENDUNGEN: **hingehen [*o* bleiben], wo der ~ wächst** (*fam*) to go to hell *fam*

Pfefferfenchel *m* fennel seed

pfeff(e)rig *adj* peppery

Pfefferkorn *nt* peppercorn **Pfefferkuchen** *m* gingerbread **Pfefferkümmel** *m* cumin

Pfefferminz <-es, -[e]> *nt* peppermint

Pfefferminzbonbon *nt* peppermint

Pfefferminze *f kein pl* peppermint

Pfefferminzgeschmack *m* peppermint flavour [*or* AM -or]; **ein Bonbon mit ~** a peppermint-flavoured [*or* AM -ored] sweet **Pfefferminzöl** *nt* peppermint oil **Pfefferminzpastille** *f* mint pastille **Pfefferminztee** *m* peppermint tea

Pfeffermühle *f* pepper mill

pfeffern *vt* ① KOCHK ■**etw** ~ to season sth with pepper, to pepper sth
② (*fam: schleudern*) ■**etw irgendwohin** ~ to fling sth somewhere
▶ WENDUNGEN: **jdm eine ~** (*sl*) to give sb a smack in the face *fam; s. a.* **gepfeffert**

Pfeffersteak *nt* peppered steak, steak au poivre **Pfefferstrauch** *m* pepper [plant] **Pfefferstreuer** <-s, -> *m* pepper pot

pfeffrig *adj s.* **pfefferig**

Pfeife <-, -n> *f* ① (*Tabakspfeife*) pipe; **~ rauchen** to smoke a pipe; **sich** *dat* **eine ~ stopfen/anzünden** to fill/light a pipe
② (*Trillerpfeife*) whistle
③ (*Musikinstrument*) pipe; **die ~ blasen** to play the pipe
④ (*sl: Nichtskönner*) loser *sl*
▶ WENDUNGEN: **jdn/etw in der ~ rauchen können** (*fam*) to forget sb/sth; **nach jds ~ tanzen** to dance to sb's tune

pfeifen <pfiff, gepfiffen> I. *vi* ① (*Pfeiftöne erzeugen*) to whistle
② (*fam: verzichten*) ■**auf etw** *akk* ~ not to give a damn about sth; ***ich pfeife auf euer Mitleid!*** I don't need your sympathy!
II. *vt* ① (*Töne erzeugen*) whistle; ■**[jdm] etw** ~ to whistle sth [to sb]; **eine Melodie ~** to whistle a melody
② SPORT give, award, referee; ■**etw ~ ein Spiel** ~ to referee a game; **einen Elfmeter ~** to award a penalty

Pfeifenbesteck *nt* pipe tools *pl* **Pfeifenkopf** *m* bowl [of a pipe] **Pfeifenraucher(in)** *m(f)* pipe smoker; **~ sein** to smoke a pipe **Pfeifenreiniger** *m* pipe-cleaner **Pfeifenständer** *m* pipe stand [*or* rack] **Pfeifenstopfer** <-s, -> *m* tamper **Pfeifentabak** *m* pipe tobacco

Pfeifente *f* ORN wigeon

Pfeifer(in) <-s, -> *m(f)* ① (*Pfeifender*) whistler
② MUS piper, fifer

Pfeifkessel *m s.* **Flötenkessel** **Pfeifkonzert** *nt* chorus [*or* hail] of catcalls [*or* whistles]; **ein ~ veranstalten** to unleash a chorus of catcalls **Pfeifton** *m* whistle

Pfeil <-s, -e> *m* ① SPORT arrow; **~ und Bogen** bow and arrow; *s. a.* **Amor**
② (*Richtungspfeil*) arrow
▶ WENDUNGEN: **alle ~e verschossen haben** to have run out of arguments; **wie ein ~** like a shot

Pfeiler <-s, -> *m* ① ARCHIT pillar
② BAU pylon

pfeilgerade *adj inv* [as] straight as an arrow, dead straight **Pfeilgift** *nt* arrow poison **pfeilschnell** *adj inv* lightning fast, like a shot **Pfeilschwanz** *m* ZOOL king [*or* horseshoe] crab **Pfeilspitze** *f* arrowhead **Pfeiltaste** *f* INFORM arrow key **Pfeilwurm** *m* ZOOL arrow worm **Pfeilwurzmehl** *nt* arrowroot

Pfennig <-s, -e *o meist nach Zahlenangabe* -> *m* pfennig; **keinen ~ [Geld] haben** not to have a penny, to be penniless; **keinen ~ wert sein** to be worth nothing; **keinen ~** not a penny; (*Pfennigstück*) pfennig piece
▶ WENDUNGEN: **wer den ~ nicht ehrt, ist des Talers nicht wert** (*prov*) take care of the pennies and the pounds will look after themselves *prov;* **nicht für fünf ~** (*fam*) not an ounce; ***er hat nicht für fünf ~ Anstand*** he hasn't an ounce of decency; **jeden ~ umdrehen** (*fam*) to think twice about every penny one spends; **mit dem [*o* jedem] ~ rechnen müssen** to have to count every penny

Pfennigabsatz *m* MODE (*fam*) stiletto heel **Pfennigbetrag** *m* a few pfennigs; ***das sind doch nur Pfennigbeträge*** that's just chickenfeed **Pfennigfuchser(in)** <-s, -> [ks] *m(f)* (*fam*) miser, stinge *fam* **pfenniggroß** *adj inv* the size of a 1p piece BRIT, a little smaller than a dime AM **Pfennigstück**

nt pfennig piece

Pferch <-es, -e> *m* pen

pferchen *vt* ■**jdn/Tiere in etw** *akk* ~ to cram [*or* pack] sb/animals into sth

Pferd <-[e]s, -e> *nt* (1) (*Tier*) horse; **arbeiten** [*o fam* **schuften**] **wie ein** ~ to work like a horse *fam;* **zu ~e** (*geh*) on horseback
(2) SCHACH (*Springer*) knight
► WENDUNGEN: **das ~ beim** [*o* **am**] **Schwanz**[**e**] **aufzäumen** (*fam*) to put the cart before the horse *fam;* **jds bestes ~ im Stall** (*fam*) sb's best man; **aufs falsche/richtige ~ setzen** (*fam*) to back the wrong/right horse; **immer langsam** [*o* **sachte**] **mit den jungen ~en!** (*fam*) hold your horses! *fam;* **die ~e scheu machen** (*fam*) to put people off *fam;* **ein Trojanisches ~** (*geh*) a Trojan horse; **keine zehn ~e** (*fam*) wild horses; ***keine zehn ~e könnten mich je dazu bringen*** wild horses couldn't make me do that; **jdm gehen die ~e durch** (*fam*) sb blows their top *fam;* **das hält ja kein ~ aus** (*fam*) that's more than anyone would put up with; **mit jdm ~e stehlen können** (*fam*) sb is game for anything *fam;* **ich glaub' mich tritt ein ~!** (*fam*) well I'll be blowed! [*or* AM *fam* damned!]; **auf die ~e!** get moving! *fam*

Pferdeapfel *m meist pl* horse droppings *npl* **Pferdebahn** *f* horse-drawn tram [*or* AM streetcar] **Pferdebesitzer(in)** *m(f)* horse-owner **Pferdebohne** *f* broad bean **Pferdedieb(in)** *m(f)* horse thief **Pferdefleisch** *nt* horsemeat **Pferdefuhrwerk** *nt* horse and cart **Pferdefuß** *m* (1) LIT (*Huf*) cloven hoof (2) (*Haken*) catch; ***das Angebot klingt günstig, wo ist der ~?*** the offer sounds great, where's the catch? **Pferdegebiss**RR *nt* (*fam*) teeth like a horse **Pferdekutsche** *f* horse and carriage **Pferdemähne** *f* horse's mane **Pferdepolo** *nt* SPORT polo **Pferderennbahn** *f* racecourse [*or* -track] **Pferderennen** *nt* horse-racing **Pferderücken** *m* horseback **Pferdeschlitten** *m* horse-drawn sleigh **Pferdeschwanz** *m* (1) (*vom Pferd*) horse's tail (2) (*Frisur*) ponytail **Pferdestall** *m* stable **Pferdestärke** *f* (*veraltend*) horsepower **Pferdewagen** *m* carriage, horse-drawn buggy; *aus der US-Pionierzeit* wagon; *für Güter* cart **Pferdezucht** *f* horse breeding **Pferdezüchter(in)** *m(f)* horse breeder

Pfette <-, -n> *f* BAU purlin

pfiff *imp von* **pfeifen**

Pfiff <-s, -e> *m* (1) (*Pfeifton*) whistle
(2) (*fam: Reiz*) pizzazz, flair

Pfifferling <-[e]s, -e> *m* BOT, KOCHK chanterelle
► WENDUNGEN: **keinen ~ wert sein** to not be worth a thing; **keinen** [*o* **nicht einen**] ~ (*fam*) not a penny *fam*

pfiffig I. *adj* sharp, smart
II. *adv* sharply, smartly

Pfiffigkeit <-> *f kein pl* sharpness

Pfiffikus <-[ses], -se> *m* (*hum fam*) smart lad *masc* [*or fem* lass] BRIT

Pfingsten <-, -> *nt meist ohne art* Whitsun, Whit Sunday; (*Pfingstwochenende*) Whitsuntide; **an** [*o* **zu**] [*o* **über**] ~ at Whitsun

Pfingstferien *pl* Whitsun holidays [*or* AM vacation] **Pfingstfest** *nt* (*geh*) *s.* **Pfingsten** **Pfingstmontag** *m* Whit Monday **Pfingstrose** *f* peony **Pfingstsonntag** *m* Whit Sunday, Pentecost *spec* **Pfingsttag** *m* Whitsun, Whit Sunday **Pfingstwoche** *f* Whit week

Pfirsich <-s, -e> *m* BOT, KOCHK peach

Pfirsichanbau *m* peach cultivation **Pfirsichbaum** *m* peach tree **Pfirsichernte** *f* peach harvest **Pfirsichhaut** *f* peach skin **Pfirsichplantage** *f* peach plantation **Pfirsichsaft** *f* peach juice

Pflanze <-, -n> *f* plant; **~n fressend** herbivorous; **Fleisch fressende ~** carnivorous plant

pflanzen I. *vt* ■**etw** ~ to plant sth
II. *vr* (*fam*) ■**sich** *akk* **irgendwohin** ~ to plonk [*or* AM *a.* plunk] oneself somewhere *fam*

Pflanzenbestand *m* plant formation, phytome *spec* **Pflanzendecke** *f meist sing* plant [*or* vegetation] cover **Pflanzenextrakt** *nt* plant extract **Pflanzenfaser** *f* plant fibre [*or* AM -er] **Pflanzenfett** *nt* vegetable fat **Pflanzenfresser** *m* herbivore **Pflanzengesellschaft** *f* plant society **Pflanzengift** *nt* (1) (*Gift aus Pflanzen*) phytotoxin (2) (*giftig für Pflanzen*) phytotoxicant **Pflanzenkunde** *f* botany **Pflanzenöl** *nt* vegetable oil **Pflanzenreich** *nt kein pl* plant kingdom *no pl* **Pflanzenschädling** *m* [garden] pest **Pflanzenschauhaus** *nt* botanical conservatory **Pflanzenschutz** *m* AGR, CHEM pest control; **biologischer ~** biological pest control **Pflanzenschutzmittel** *nt* pesticide **Pflanzensoziologie** *f* phytosociology **Pflanzenwelt** *f* flora, plant life

Pflanzer(in) <-s, -> *m(f)* planter

pflanzlich I. *adj attr* (1) (*vegetarisch*) vegetarian
(2) (*aus Pflanzen gewonnen*) vegetable, plant-based
II. *adv* **sich** *akk* ~ **ernähren** to eat a vegetarian diet

Pflanzung <-, -en> *f* (1) *kein pl* (*das Pflanzen*) planting
(2) AGR *s.* **Plantage**

Pflaster <-s, -> *nt* (1) MED plaster
(2) BAU road [*or* paved] surface
► WENDUNGEN: **ein gefährliches** [*o* **heißes**] ~ (*fam*) a dangerous place; **ein teures ~** (*fam*) an expensive town [*or* area]

Pflasterer(in) <-s, -> *m(f)* road worker

Pflastermaler(in) *m(f)* pavement artist

pflastern I. *vt* ■**etw** [**mit etw**] ~ to surface sth [with sth]; **etw mit Steinplatten ~** to pave sth with flagstones
II. *vi* to pave

Pflasterstein ['pflastə] *m* paving stone

Pflasterung <-, -en> *f* BAU (1) *kein pl* (*das Pflastern*) paving
(2) (*gepflasterte Fläche*) paving

Pflaume <-, -n> *f* (1) KOCHK plum
(2) BOT, HORT plum tree
(3) (*fam: Pfeife*) twat *pej fam*

Pflaumenbaum *m* plum tree **Pflaumenkern** *m* plum stone **Pflaumenkompott** *nt* stewed plums *pl* **Pflaumenkuchen** *m* plum tart **Pflaumenmarmelade** *f* plum jam **Pflaumenmus** *nt* plum jam [*or* butter] **Pflaumenschale** *f* plum skin **Pflaumenschnaps** *m* plum schnapps **Pflaumenstängel**RR *m* plum stem

Pflege <-> *f kein pl* (1) (*kosmetische Behandlung*) care, grooming
(2) MED care, nursing; **jdn/ein Tier** [**bei jdm**] **in ~ geben** to have sb/an animal looked after [by sb]; **jdn/ein Tier** [**von jdm**] **in ~ nehmen** to look after [sb's] sb/animal
(3) HORT care, attention
(4) (*geh: Kultivierung*) cultivation, fostering
(5) (*Instandhaltung*) upkeep; ~ **und Wartung** upkeep and maintenance

Pflegeanweisung *f* care instructions *pl* **pflegebedürftig** *adj* (1) (*der Fürsorge bedürfend*) in need of care *pred;* ■~ **sein** to be in need of [permanent] care, to need looking after [*or* permanent care] (2) (*Versorgung erfordernd*) ■~ **sein** to need looking after, to be in need of care; ***die Instrumente sind sehr ~*** the instruments need a lot of looking after [*or* a lot of care and attention] [*or* need to be carefully looked after] **Pflegebedürftige(r)** *f(m) dekl wie adj* person in need of [permanent] nursing [*or* care] **Pflegedienst** *m* care [*or* nursing] service **Pflegeeltern** *pl* foster parents *pl* **Pflegefall** *m* nursing case, sb who needs constant [*or* permanent] nursing care; **jd ist ein ~** sb needs constant nursing care **Pflegegeld** *nt* care allowance **Pflegeheim** *nt* nursing home **Pflegehelfer(in)** *m(f)* nursing auxiliary **Pflegekasse** *f* nursing insurance company **Pflegekind** *nt* foster child **Pflegekosten** *pl* nursing fees *pl* **Pflegekraft** *f* carer, nurse **pflegeleicht** *adj* easy-care *attr;* that doesn't need much care [*or* looking after] *pred;* **ein ~es Tier/~er Mensch** an animal that/a person who is easy to cope with [*or* look after] **Pflegelinie** *f* skin-care range **Pflegemittel** *nt* (1) (*Kosmetika*) cosmetic product (2) (*Reinigungsmittel*) cleaning product **Pflegemutter** *f* foster mother

pflegen I. *vt* (1) (*umsorgen*) ■**jdn** ~ to care for [*or* look after] [*or* nurse] sb
(2) (*gärtnerisch versorgen*) ■**etw** ~ to tend sth
(3) (*schützend behandeln*) ■**etw** [**mit etw**] ~ to look after sth [with sth]
(4) (*kosmetisch behandeln*) ■**etw** [**mit etw**] ~ to treat sth [with sth]
(5) (*gewöhnlich tun*) ■**etw zu tun** ~ to usually do [*or* be in the habit of doing] sth; ***um diese Zeit pflege ich noch im Bett zu liegen*** I'm usually still in bed at this time; ***wie man zu sagen pflegt*** as they say
(6) (*geh: kultivieren*) ■**etw** ~ to cultivate sth; **eine Freundschaft/eine Kunst ~** to cultivate a friendship/an art; **Beziehungen/eine Kooperation ~** to foster relations/a cooperation; **ein Hobby ~** to keep up a hobby *sep*
II. *vr* ■**sich** *akk* ~ (1) (*Körperpflege betreiben*) to take care of one's appearance; ■**sich** *akk* **mit etw** ~ to treat oneself [with sth]; ***ich pflege mich regelmäßig mit Körperlotion*** I use body lotion regularly
(2) (*sich schonen*) to take it [*or* things] easy *fam;* ***du solltest dich mehr ~!*** you should take things easier!

Pflegenotstand *m* shortage of nursing staff **Pflegepersonal** *nt* nursing staff + *pl vb*

Pfleger(in) <-s, -> *m(f)* [male] nurse *masc,* nurse *fem*

Pflegereihe *f* skin-care range

pflegerisch I. *adj* nursing *attr;* **~e Öle** balsamic oils
II. *adv* as a nurse

Pflegesatz *m* hospital charges *pl,* daily rate [*or* charge] for a hospital bed **Pflegeserie** *f* range [*or* line] of cosmetic products **Pflegeshampoo** *nt* PHARM cosmetic shampoo **Pflegesohn** *m* foster son **Pflegespülung** *f* conditioner **Pflegetochter** *f* foster daughter **Pflegetücher** *pl* baby [cleansing] wipes *pl* **Pflegevater** *m* foster father **Pflegeversicherung** *f* private nursing insurance

pfleglich I. *adj* careful; ***ich bitte um ~e Behandlung!*** please handle with care
II. *adv* carefully, with care

Pflegling <-s, -e> *m* sb/sth being cared for; *child* charge; *baby* nursling

Pflegschaft <-, -en> *f* JUR curatorship, tutelage, wardship; (*von Minderjährigen*) guardianship

Pflegschaftssachen *pl* JUR wardship cases

Pflicht <-, -en> *f* (1) (*Verpflichtung*) duty, responsibility; ■**jds ~/~en als jd** sb's duty [*or* responsibility]/duties [*or* responsibilities] as sb; **jds verdammte ~ und Schuldigkeit sein, etw zu tun** (*sl*) sb damn [*or* BRIT *a.* bloody] well ought to do sth *sl;* **sich** *dat* **zur ~ machen, etw zu tun** to make it one's duty [*or* take it upon oneself] to do sth; **die ~ haben, etw zu tun** to have the duty to do sth; **eheliche ~en** conjugal duties; **jdn** [**durch etw**] **in die ~ nehmen** (*geh*) to remind sb of his duty [through sth], to insist on sb discharging his responsibility; **die ~ ruft** duty calls; **nur seine ~ tun** to only do one's duty; *s. a.* **Recht**
(2) SPORT compulsory section [*or* exercise]

Pflichtaktie *f* BÖRSE qualifying share **Pflichtbesuch** *m* (1) SCH compulsory attendance (2) (*moralisch*) obligatory visit **pflichtbewusst**RR *adj* conscientious; ■~ **sein** to be conscientious, to have a sense of duty **Pflichtbewusstsein**RR *nt* sense of duty *no pl* **Pflichteinlage** *f* FIN compulsory contribution of capital (*e.g. in a partnership*)

Pflichtenheft *nt* (1) (*Auflistung der zu erfüllenden Aufgaben*) duties record book (2) (*Beschreibung des Aufgabenfelds*) job description (3) INFORM system specification **Pflichtenkollision** *f* JUR conflicting duties *pl*

Pflichterfüllung *f kein pl* fulfilment [*or* AM *a.* fulfillment] [*or* performance] of one's duty **Pflichtexemplar** *nt* VERLAG deposit copy **Pflichtfach** *nt* compulsory subject **Pflichtgefühl** *nt kein pl s.* **Pflichtbewusstsein** **pflichtgemäß** I. *adj* dutiful
II. *adv* dutifully, in accordance with one's duty

pflichtgetreu I. *adj* dutiful II. *adv* dutifully **Pflichtlektüre** *f* compulsory [*or* required] reading *no pl, no indef art* **Pflichtmitglied** *nt in der Krankenversicherung* compulsory [*or* statutory] member **Pflichtschule** *f* (*form*) compulsory school **Pflichtteil** *m o nt* JUR statutory [minimum] portion (*of an inheritance*) **Pflichtteilsanspruch** *m* JUR claim to legal portion, entitlement to a compulsory portion **Pflichtteilsberechtigte(r)** *f(m)* JUR person entitled to a compulsory portion **Pflichtübung** *f* SPORT *s.* **Pflicht 2** **pflichtvergessen** *adj inv* negligent, neglectful of one's duty; ~ **handeln** to act negligently [*or* irresponsibly] **Pflichtverletzung** *f* JUR neglect [*or* breach] of duty [*or* dereliction]; **grobe** ~ gross breach of duty **Pflichtversäumnis** *nt* JUR default, neglect of duty **pflichtversichert** *adj* compulsorily insured **Pflichtversicherte(r)** *f(m) dekl wie adj* compulsorily insured person **Pflichtversicherung** *f* compulsory insurance *no pl, no art* **Pflichtverteidiger(in)** *m(f)* JUR court-appointed defence [*or* AM -se] counsel **Pflichtwidrigkeit** *f* JUR violation of duty

Pflock <-[e]s, Pflöcke> *m* stake; (*Zelt~*) peg

pflücken *vt* ■**etw** ~ to pick sth

Pflücker(in) <-s, -> *m(f)* picker

Pflug <-es, Pflüge> *m* plough, *esp* AM plow; **unter den ~ kommen/unter dem ~ sein** (*geh*) to come/be under the plough *form;* **etw unter den ~ nehmen** (*geh*) to put sth to the plough *form*

pflügen I. *vi* to plough, *esp* AM to plow II. *vt* ■**etw** ~ to plough [*or esp* AM plow] sth

Pflüger <-s, -> *m* (*veraltend*) ploughman, *esp* AM plowman

Pflugfalz *m* TYPO plow fold

Pflugschar <-, -en> *f* ploughshare, *esp* AM plowshare

Pflümli <-, -s> *nt* SCHWEIZ plum schnapps

Pfortader *f* ANAT portal vein

Pforte <-, -n> *f* ❶ (*Tor, bewachter Eingang*) gate ❷ GEOG gap; **die Burgundische** ~ the Belford Gap ▶ WENDUNGEN: **seine ~n schließen** (*geh*) to close one's doors for good [*or* down]

Pförtner <-s, -> *m* ANAT pylorus

Pförtner(in) <-s, -> *m(f)* porter BRIT, doorman AM; *Wohnblock* doorkeeper; *Tor* gatekeeper

Pförtnerloge [lo:ʒə] *f* doorkeeper's [*or* gatekeeper's] office, BRIT *a.* porter's lodge

Pfosten <-s, -> *m* ❶ (*Pfahl*) post ❷ (*Stützpfosten*) post; *Tür, Fenster* jamb ❸ SPORT post, upright

Pfötchen <-s, -> *nt dim von* **Pfote** [little] paw; [**gib**] ~! [give me a] paw!

Pfote <-, -n> *f* ❶ (*von Tieren*) paw ❷ KOCHK [pig's] trotter ❸ (*fam*) paw *fam,* mitt *sl;* **sich** *dat* **die ~n** [**an etw** *dat*] **verbrennen** (*fam*) to burn one's fingers [on/ with sth] *fam*

Pfriem <-[e]s, -e> *m* awl

Pfropf <-[e]s, -e *o* Pröpfe> *m* MED clot

pfropfen[1] *vt* ❶ (*hineindrücken*) ■**etw in etw** *akk* ~ to shove [*or* BRIT *a.* bung] sth into sth *fam* ❷ (*hineinzwängen*) ■**etw in etw** *akk* ~ to cram sth into sth

pfropfen[2] *vt* HORT ■**etw** ~ to graft sth

Pfropfen <-s, -> *m* stopper, plug

Pfropfung <-, -en> *f* HORT grafting

Pfründe <-, -n> *f* sinecure

Pfründenrecht *nt* JUR right to a benefice

Pfuhl <-s, -e> *m* (*veraltend*) [stagnant] pond

pfui *interj* tut tut; (*Ekel*) ugh, yuck; ~, **schäme dich!** tut tut, shame on you!; *s. a.* **Teufel, Deibel**

Pfund <-[e]s, -e *o nach Zahlenangabe* -> *nt* ❶ (*500 Gramm*) pound ❷ (*Währungseinheit*) pound; **in** ~ in pounds ▶ WENDUNGEN: **mit seinem ~e wuchern** (*geh*) to make the most of one's talent

pfundig *adj* (*fam*) great *fam,* fantastic *fam*

Pfundsangebot *nt* DIAL (*fam*) great offer *fam* **Pfundskerl** *m* DIAL (*fam*) great guy [*or* BRIT *a.* bloke] *fam*

pfundweise *adj inv* by the pound

Pfusch <-[e]s> *m kein pl* (*fam*) sloppy job, botch-up, bodge [*or* AM botch] [job] *fam*

Pfuscharbeit *f* (*fam*) *s.* **Pfusch**

pfuschen *vi* ❶ (*mogeln*) ■[**bei etw**] ~ to cheat [at/ in sth] ❷ (*schlampen*) to botch [up], BRIT *a.* to bodge *fam,* to be sloppy; *s. a.* **Handwerk**

Pfuscher(in) <-s, -> *m(f)* (*fam*) ❶ SCH cheat ❷ (*pfuschender Handwerker*) botcher, BRIT *a.* bodger *fam,* cowboy *fam*

Pfuscherei <-, -en> *f* bungling, botching

Pfütze <-, -n> *f* puddle

PGP *nt* INET (*Datenverschlüsselungsprogramm*) *Abk von* **Pretty Good Privacy** PGP

PH <-, -s> [pe:'ha:] *f Abk von* **Pädagogische Hochschule** teacher training college

Phage <-n, -n> *m* BIOL phage

Phagozytose <-> *f kein pl* BIOL phagocytosis

phagozytotisch *adj* MED phagocytic

Phalanx <-, -langen> *f* HIST, ANAT, MIL phalanx

Phallen, Phalli *pl von* **Phallus**

phallisch *adj* (*geh*) phallic

Phallus <-, -se *o* Phalli *o* Phallen> *m* (*geh*) phallus

Phalluskult *m* phallic cult

Phänomen <-s, -e> *nt* ❶ (*Erscheinung*) phenomenon ❷ (*außergewöhnlicher Mensch*) phenomenon; ***du bist ja ein ~!*** you're phenomenal!

phänomenal *adj* phenomenal

Phänomenologie <-> *f kein pl* PHILOS phenomenology

Phänotyp *m* BIOL phenotype

Phantasie <-, -n> ['zi:ən] *f s.* **Fantasie**[1]

phantasiebegabt *adj* (*geh*) *s.* **fantasievoll** **Phantasiegebilde** *nt s.* Fantasiegebilde **phantasielos** *adj s.* fantasielos **Phantasielosigkeit** <-> *f s.* Fantasielosigkeit **Phantasiepreis** *nt s.* **Fantasiepreis**

phantasieren* *s.* **fantasieren**

phantasievoll *adj s.* **fantasievoll**

Phantast(in) <-en, -en> *m(f) s.* **Fantast**

Phantasterei <-, -en> *f s.* **Fantasterei**

Phantastin <-, -nen> *f fem form von* **Fantast**

phantastisch *adj, adv s.* **fantastisch**

Phantom <-s, -e> *nt* phantom

Phantombild *nt* identikit® *[picture]* BRIT, composite sketch AM

Phantomschmerz *m* phantom [limb] pain

Pharao, Pharaonin <-s, Pharaonen> *m, f* Pharaoh

Pharaonendynastie *f* Pharaonic dynasty, dynasty of the Pharaohs **Pharaonengrab** *nt* Pharaonic tomb, tomb of a Pharaoh

Pharaonin <-, -nen> *f fem form von* **Pharao**

Pharisäer <-s, -> *m* ❶ HIST Pharisee ❷ (*geh*) hypocrite ❸ (*Getränk*) coffee with rum

Pharmaforschung *f* pharmaceutical research **Pharmahersteller** *m* drug manufacturer **Pharmaindustrie** *f* pharmaceutical industry

Pharmakologe, -login <-n, -n> *m, f* pharmacologist

Pharmakologie <-> *f kein pl* pharmacology *no pl, no art*

Pharmakologin <-, -nen> *f fem form von* **Pharmakologe**

pharmakologisch *adj* pharmacological

Pharmakonzern *m* pharmaceutical company **Pharmareferent(in)** *m(f)* pharmaceutical representative

Pharmazeut(in) <-en, -en> *m(f)* pharmacist

Pharmazeutik <-> *f kein pl* pharmaceutics + *sing vb,* pharmacy

pharmazeutisch *adj* pharmaceutical; **~-technischer Assistent** pharmaceutical assistant

Pharmazie <-> *f kein pl* pharmaceutics + *sing vb, no art,* pharmacy *no pl, no art*

Pharming <-[s]> *nt kein pl* pharming, pharmaceutical farming

Phase <-, -n> *f* ❶ (*geh: Abschnitt*) phase ❷ ELEK phase

phasengleich *adj* INFORM in phase

Phenol <-s, -e> *nt* phenol

Phenylketonurie <-e> *f kein pl* MED phenylketonuria

Pheromon <-s, -e> *nt* BIOL pheromone

Philanthrop(in) <-en, -en> *m(f)* (*geh*) philanthropist

philanthropisch *adj inv* (*geh*) philanthropic[al]

Philatelie <-> *f kein pl* philately *no pl*

Philatelist(in) <-en, -en> *m(f)* (*form*) philatelist

Philharmonie <-, -n> ['ni:ən] *f* ❶ (*Institution*) Philharmonia, Philharmonic [orchestra] ❷ (*Gebäude*) Philharmonic hall

Philharmoniker(in) <-s, -> *m(f)* member of a/the philharmonic orchestra; ***die*** ~ the Philharmonic [Orchestra]

philharmonisch *adj* philharmonic

Philippiner(in) <-s, -> *m(f)* Filipino; *s. a.* **Deutsche(r)**

philippinisch *adj* Philippine, Filipino; *s. a.* **deutsch**

Philister <-s, -> *m* ❶ HIST Philistine ❷ (*geh: Spießer*) philistine

philisterhaft <-er, -este> *adj* (*pej geh*) philistine *pej,* like a Philistine *pej*

Philodendron <-s, Philodendren> *m o nt* BOT philodendron

Philologe, -login <-n, -n> *m, f* philologist

Philologie <-, -n> ['gi:ən] *f* philology *no pl, no art*

Philologin <-, -nen> *f fem form von* **Philologe**

philologisch *adj* philological

Philosoph(in) <-en, -en> *m(f)* philosopher

Philosophie <-, -n> ['fi:ən] *f* philosophy

philosophieren* *vi* (*geh*) ■[**über etw** *akk*] ~ to philosophize [about sth]

Philosophin <-, -nen> *f fem form von* **Philosoph**

philosophisch *adj* philosophical

Phiole <-, -n> *f* phial, vial

Phlegma <-s> *nt kein pl* (*geh*) apathy *no pl,* torpidity *no pl form*

Phlegmatiker(in) <-s, -> *m(f)* phlegmatic person; (*träg*) lethargic [*or* apathetic] person

phlegmatisch *adj* (*geh*) apathetic, phlegmatic, torpid *form*

Phlox <-es, -e> *m* HORT phlox

pH-neutral *adj inv* pH-neutral

Phobie <-, -n> ['bi:ən] *f* phobia; ■**jds ~ vor etw/ einem Tier** sb's phobia about sth/an animal

Phon <-s, -s *o nach Zahlenangabe* -> *nt* phon

Phonem <-s, -e> *nt* phoneme

Phonetik <-> *f kein pl* phonetics + *sing vb*

phonetisch *adj* phonetic; **~e Schrift** phonetic composition [*or* typesetting]

Phönix <-[es], -e> *m* HIST, LIT phoenix ▶ WENDUNGEN: **wie ein ~ aus der Asche** [**auf**]**steigen** (*geh*) to rise like a phoenix from the ashes

Phönizier(in) <-s, -> *m(f)* Phoenician

phönizisch *adj* Phoenician

Phonologie <-> *f kein pl* phonology *no pl*

phonologisch *adj* phonological

Phonotypist(in) <-en, -en> *m(f)* audio typist

Phosphat <-[e]s, -e> *nt* phosphate

Phosphatdünger *m* phosphate fertilizer

phosphatfrei *adj inv* CHEM phosphate-free, [which is [*or* are]] free of phosphates *pred* **phosphathaltig** *adj inv* CHEM which contains phosphates *pred,* phosphatic *spec*

Phospholipid *nt* BIOL phospholipid

Phospholipide *pl* CHEM phospholipid, phosphatide

Phosphor <-s> *m kein pl* phosphorus *no pl, no indef art*

Phosphorbeschichtung *f* phosphor coating **Phosphoreinleitung** *f* phosphorous discharge

Phosphoreszenz <-> *f kein pl* phosphorescence

phosphoreszieren* *vi* to phosphoresce, to be phosphorescent

phosphoreszierend *adj inv* phosphorescent

P

Photo <-s, -s> *nt s.* **Foto**

Photoapparat *m s.* Fotoapparat **Photobiologie** *f* photobiology **Photochemie** *f* photochemistry **photochemisch** *adj* photochemical **Photoeffekt** *m* PHYS photoelectric effect **Photoelektrizität** *f s.* Fotoelektrizität **Photoelement** *nt* photoconductor

photogen *adj inv s.* **fotogen**

Photographie <-, -ien> *f s.* **Fotografie**

Photon <-s, -tonen> *nt* photon

Photophosphorylierung <-, -en> *f* BIOL photophosphorylation **Photosphäre** *f* ASTRON photosphere **Photosynthese** *f s.* Fotosynthese **Photovoltaik** <-> *f kein pl* photovoltaic conversion **Photozelle** *f* photoelectric cell, photocell

Phrase <-, -n> *f* ❶ (*pej: sinnentleerte Redensart*) empty [*or* hollow] phrase; **~n dreschen** (*pej fam*) to churn out hollow phrases
❷ (*Ausdruck*) phrase

Phrasendrescher(in) <-s, -> *m(f)* (*pej*) windbag

Phraseologie <-, -n> ['gi:ən] *f* phraseology

phraseologisch *adj* phraseological

pH-Wert [pe'ha:] *m* **reines Wasser hat einen ~ von 7** pure water has a pH of 7

Phylogenese <-, -n> *f* BIOL phylogeny

Physik <-> *f kein pl* physics + *sing vb, no art*

Physika *pl von* **Physikum**

physikalisch *adj* MED, PHYS physical; **~e Gesetze** physical laws, laws of physics; **~e Experimente** physics experiments

Physiker(in) <-s, -> *m(f)* physicist

Physiklehrer(in) *m(f)* physics teacher **Physiknote** *f* physics mark **Physiksaal** *m* physics lab[oratory]

Physikum <-s, -ka> *nt* SCH *intermediate examination for medical students*

Physiogeographie *f* physical geography

Physiognomie <-, -n> ['mi:ən] *f* (*geh*) physiognomy

Physiologe, -login <-n, -n> *m, f* physiologist

Physiologie <-> *f kein pl* physiology

Physiologin <-, -nen> *f fem form von* **Physiologe**

physiologisch *adj* physiological

Physiotherapeut(in) <-en, -en> *m(f)* physiotherapist, physical therapist; SPORT trainer

Physiotherapie *f kein pl* physiotherapy, physical therapy

physisch *adj* physical

Phytoplankton *nt* phytoplankton

Pi <-[s], -s> *nt* LING, MATH pi

Pianino <-s, -s> *nt* pianino, cottage piano

Pianist(in) <-en, -en> *m(f)* pianist

Piano <-s, -s> *nt* (*geh*) piano

Pianobar *f* piano bar

picheln I. *vi* DIAL (*fam*) to booze *fam*
II. *vt* ▶ WENDUNGEN: **einen ~** DIAL (*fam*) to knock 'em back; (*fam*) to have a drink [*or* BRIT *a. sl* bevvy] [or two]

Picke <-, -n> *f* icepick

Pickel <-s, -> *m* ❶ (*Hautunreinheit*) pimple, BRIT *a.* spot, AM zit
❷ (*Spitzhacke*) pickaxe; (*Eispickel*) icepick

Pickelhaube *f* HIST spiked helmet

Pickelhering *m* (*pej*) pizza-face, AM *a.* zit-face, BRIT *a.* spotty

pick(e)lig *adj* spotty BRIT, pimply AM

picken I. *vi* ❶ ORN ■**[nach jdm/etw] ~** to peck [at sb/sth]
❷ (*heraussuchen*) ■**etw aus etw ~** to pick sth out of sth
II. *vt* ■**etw ~** to pick sth

Picknick <-s, -s *o* -e> *nt* picnic; **~ machen** to have a picnic

picknicken *vi* to [have a] picnic

Picknickkoffer *m* picnic hamper

picobello *adv* (*fam*) spotlessly, immaculately, spick and span *fam*; ***ihre Küche ist stets ~ aufgeräumt*** her kitchen is always spick and span

Pictogramm *nt* pictogram

Piefe <-s, -s> *m* insignificant boaster, pompous fellow

Pieform ['paɪ-] *f* pie dish

pieken *vi* NORDD *Nadel* to prick; *Mücke* to bite

piekfein *adj* (*fam*) posh *fam*

pieksauber *adj inv* (*fam*) spotless

piep *interj* peep, tweet[-tweet], cheep[-cheep]; **~ machen** to peep; **nicht mehr ~ sagen können** (*fam*) to not be able to utter another peep

Piep <-s> *m* ▶ WENDUNGEN: **einen ~ haben** (*fam*) to be out of [*or* BRIT *a.* off] one's head *fam*, to have a screw loose *fam*; **keinen ~ von sich geben, keinen ~ sagen** (*fam*) to not make a sound *fam*; **keinen ~ mehr sagen** (*fam*) to have had it *fam*, to be a goner *fam*

piepe, piepegal *adj pred* (*fam*) ■**[jdm] ~ sein** to be all the same [to sb]; ***mir ist das ~!*** it's all the same to me!, I couldn't care less!

Piepen *pl* (*fam*) **keine ~ haben** to have no dough *fam* [*or* BRIT *a.* dosh], to not have any green stuff [*or* moolah] AM *fam*; ***ein paar hundert ~*** a couple of hundred marks

piepen *vi* ❶ (*leise Pfeiftöne erzeugen*) to peep; (*Maus*) to squeak
❷ (*hohe Töne erzeugen*) *Gerät* to bleep
❸ (*fam*) **bei jdm piept es** sb is off their head *fam*; **zum P~ sein** (*fam*) to be a scream *fam*

Pieper <-s, -> *m* ORN pipit

piepsen I. *vi* ❶ *s.* **piepen**
❷ (*mit hoher Stimme sprechen/singen*) to speak/sing in a high delicate voice, to pipe
II. *vt* ■**etw ~** to say/sing sth in a high delicate voice

Piepser <-s, -> *m* (*fam*) bleeper

piepsig *adj* (*fam*) ❶ (*hoch und leise*) **~e Stimme** squeaky voice
❷ (*klein und zart, winzig*) tiny

Pier[1] <-s, -s *o* -e> *m* pier, jetty

Pier[2] <-[e]s, -e> *m* lugworm

piercen [-sən] *vt* ■**etw ~** to pierce sth; **sich** *dat* **den Bauchnabel/die Nase/die Augenbraue ~ lassen** to get one's belly button/nose/eyebrow pierced

Piercing <-[s]> *nt kein pl* MODE piercing *no pl, no art*

piesacken *vt* (*fam*) ■**jdn ~** to pester sb

pieseln *vi* (*fam*) *Regen* to drizzle; *Urin* to pee *fam*

Pietät <-> [pie'tɛ:t] *f kein pl* (*geh: Ehrfurcht*) reverence *no pl*; (*Achtung*) respect *no pl*; (*Frömmigkeit*) piety *no pl*

pietätlos [pie'tɛ:t] *adj* (*geh*) irreverent, disrespectful, impious

Pietätlosigkeit <-, -en> [pie'tɛ:t] *f* (*geh*) ❶ *kein pl* (*pietätlose Einstellung*) irreverence *no pl*, lack of respect *no pl*, impiety *no pl*
❷ (*pietätlose Bemerkung*) irreverence, impiety

pietätvoll [pie'tɛ:t] *adj* (*geh*) reverent, respectful

Pietismus <-> [pie'tɪsmʊs] *m* REL, HIST ■**der ~** Pietism

Pietist(in) <-en, -en> [pie'tɪst] *m(f)* REL, HIST Pietist

pietistisch [pie'tɪstɪʃ] *adj* REL, HIST pietistic

Piezotechnik *f* PHYS piezo technique

Pigment <-s, -e> *nt* pigment

Pigmentfleck *m* pigmentation mark

Pigmentierung <-, -en> *f* MED pigmentation

Pigmentpapier *nt* carbon tissue, pigment paper

Pigmentzelle *f* BIOL pigment cell

Pik[1] *m* (*Bergspitze*) peak
▶ WENDUNGEN: **einen ~ auf jdn haben** (*fam*) to harbour [*or* AM -or] a grudge against sb

Pik[2] <-s, -> *nt* KARTEN ❶ (*Farbe*) spades *pl*
❷ (*Karte*) spade

pikant I. *adj* ❶ KOCHK piquant, spicy
❷ (*frivol*) racy, risqué
II. *adv* piquantly, spicily

Pikdame *f* KARTEN queen of spades

Pike <-, -n> *f* HIST pike
▶ WENDUNGEN: **von der ~ auf dienen** to rise from the ranks; **von der ~ auf lernen** to start at the bottom; **sich von der ~ auf hocharbeiten** to work one's way up

Pikee <-s, -s> *m* MODE piqué

piken I. *vt* (*fam*) ■**jdn [mit etw] ~** to prick sb [with sth]
II. *vi* (*fam*) to prickle

pikiert I. *adj* (*geh*) peeved, indignant, piqued; ■**[über etw** *akk*] **~ sein** to be peeved [*or* piqued] [*or* indignant] [about sth]
II. *adv* (*geh*) peevishly, indignantly

Pikkolo[1] <-s, -s> *m* ❶ (*Kellner*) trainee waiter
❷ (*fam*) mini bottle (*of champagne o sparkling wine*)

Pikkolo[2] <-s, -s> *nt* MUS piccolo **Pikkoloflasche** *f* mini bottle (*of champagne/sekt/sparkling wine*) **Pikkoloflöte** *f* MUS piccolo [flute]

piksen I. *vt* (*fam*) ■**jdn ~** to prick sb
II. *vi* (*fam*) to prick

Piksieben *f* KARTEN seven of spades
▶ WENDUNGEN: **wie ~ dastehen** (*fam*) to look completely bewildered, to stand [there] dumbfounded

Pikte, Piktin <-n, -n> *m, f* HIST Pict

Piktogramm <-s, -e> *nt* pictogram, icon, ikon

Pilger(in) <-s, -> *m(f)* pilgrim

Pilgerfahrt *f* pilgrimage **Pilgerhut** *m* pilgrim's hat

Pilgerin <-, -nen> *f fem form von* **Pilger**

Pilgermuschel *f* deep sea scallop

pilgern *vi sein* ■**irgendwohin ~** ❶ (*fam*) to wend one's way somewhere
❷ REL (*veraltend: wallfahren*) to make [*or* go on] a pilgrimage to somewhere

Pille <-, -n> *f* pill; ■**die ~** (*Antibabypille*) the pill; **die ~ nehmen** to be on the pill; **die ~ danach** the morning-after pill; **die ~ für den Mann** the male pill
▶ WENDUNGEN: **eine bittere ~ [für jdn] sein** (*fam*) to be a bitter pill [for sb] to swallow; **eine bittere ~ schlucken müssen** (*fam*) to have to swallow a bitter pill; **jdm eine bittere ~ versüßen** (*fam*) to sweeten the pill for sb

Pillendreher *m* ZOOL dung beetle, Egyptian sacred scarab **Pillenknick** *m* decline in the birth rate (*due to the pill*) **Pillenschachtel** *f* pillbox, BRIT *a.* packet of pills

Pilot <-en, -en> *m* MODE moleskin [twill]

Pilot(in) <-en, -en> *m(f)* ❶ LUFT pilot
❷ SPORT (*sl*) racing driver

Pilotabschluss[RR] *m* ÖKON, POL pilot agreement **Pilotanlage** *f* TECH pilot plant **Pilotballon** *m* METEO pilot balloon

Pilotenkoffer *m* pilot's case

Pilotfilm *m* pilot film

Pilotin <-, -nen> *f fem form von* **Pilot**

Pilotphase *f* pilot phase **Pilotprogramm** *nt* ÖKON pilot programme [*or* AM -am] **Pilotprojekt** *nt* pilot scheme [*or* project] **Pilotstudie** *f* pilot study **Pilotversuch** *m* pilot project [*or* BRIT *a.* scheme]

Pils <-, -> *nt* pils, pilsner

Pilz <-es, -e> *m* ❶ BOT fungus; (*Speise~*) mushroom; **in die ~e gehen** (*fam*) to go mushroom-picking [*or* mushrooming]
❷ MED fungal skin infection
▶ WENDUNGEN: **wie ~e aus dem Boden [*o* aus der Erde] schießen** to mushroom, to spring up like mushrooms

Pilzerkrankung *f* fungal disease

Pilzfaden *m* fungal filament, hypha *spec* **Pilzfreund(in)** *m(f)* mushroom-lover **Pilzgericht** *nt* mushroom dish **Pilzgift** *nt* mycotoxin *spec* **Pilzkopf** *m*, **Pilzkopffrisur** *f* (*veraltend fam*) Beatle [hair]cut **Pilzkrankheit** *f* fungal disease **Pilzkunde** *f* ❶ BOT mycology ❷ (*Buch über Pilze*) mushroom guide **Pilzsammler(in)** *m(f)* mushroom picker **Pilzvergiftung** *f* fungus poisoning *no art* **Pilzzucht** *f* mushroom culture

Piment <-s> *m kein pl* allspice, pimento

Pimentbeere *f* pimento berry

Pimmel <-s, -> *m* (*fam*) willie BRIT *fam*, weenie AM *fam*

Pimpf <-[e]s, -e> *m* ❶ (*fam*) squirt *fam*
❷ HIST (*jüngster Angehöriger der Jugendbewegung*) youngest member of the [German] Youth Movement [early 1900s]; (*Mitglied des Jungvolks [NS]*) member

of the junior section of the Hitler Youth [10–14-year-olds]
Pin *nt Abk von* **personal identification number** pin
pingelig *adj* (*fam*) fussy, finicky *fam,* pernickety *fam,* AM *a.* persnickety *fam*
Pingpong <-s, -s> *nt* ping-pong
Pinguin <-s, -e> *m* penguin
Pinie <-, -n> [niə] *f* BOT stone pine
Pinienkern *m* pine kernel [*or* nut]
pink *adj* pink
Pinke[1] <-, -n> *f* NORDD (*Segelschiff*) pink
Pinke[2], Pinkepinke <-> *f kein pl* (*fam*) dough *no pl sl,* BRIT *a.* dosh *no pl fam*
Pinkel[1] <-s, -> *m* **ein feiner** [*o* **vornehmer**] ~ (*fam*) dandy, BRIT *a.* a nob [*or* toff] *fam*
Pinkel[2] <-, -n> *f* KOCHK NORDD *spicy, smoked fatty pork/beef sausage* (*eaten with curly kale*)
pinkeln *vi* ❶ (*fam: urinieren*) to pee *fam,* to piddle *fam;* ■**irgendwohin** ~ to pee somewhere
❷ *impers* (*leicht regnen*) ***es pinkelt schon wieder*** it's drizzling [*or* spitting] again
Pinkelpause *f* (*fam*) pee stop *fam,* stop [*or* break] for a pee *fam*
pinkfarben *adj inv* pink
pinkompatibel *adj* INFORM pin compatible
Pinne <-, -n> *f* ❶ NAUT tiller; **die ~ in die Hand nehmen** to pick up the tiller; **die ~ loslassen** to let go of the tiller
❷ (*spitzer Stift, auf dem die Magnetnadel des Kompasses ruht*) centre [*or* AM -er] pin
❸ (*keilförmiges Ende eines Hammerkopfes*) peen, pein, hammer edge
❹ NORDD (*kleiner Nagel, Reißzwecke*) tack
Pinnwand *f* pinboard
Pinscher <-s, -> *m* ❶ (*Hund*) pinscher
❷ (*pej fam*) pipsqueak *pej fam*
Pinsel <-s, -> *m* ❶ (*Mal~*) brush
❷ (*pej fam*) twit *fam,* idiot *pej fam*
❸ JAGD tuft
❹ (*derb: Penis*) dick *fam!*
▸ WENDUNGEN: **auf den ~ drücken** [*o* **treten**] (*sl*) to step on it [*or* the gas] *fam*
pinseln I. *vt* ❶ (*streichen*) ■**etw** ~ to paint sth
❷ (*mit dem Pinsel auftragen*) ■**etw irgendwohin** ~ to daub sth somewhere
❸ MED ■**etw** ~ to paint sth
❹ (*fam: schreiben*) to pen
II. *vi* (*fam*) to paint
Pinselschwein *nt* ZOOL river hog
Pinte <-, -n> *f* (*fam*) pub BRIT, bar AM
Pin-up-Girl <-s, -s> [pɪnˈapgœel] *nt* pin-up [girl]
Pinzette <-, -n> *f* tweezers *npl*
Pionier(in) <-s, -e> *m(f)* ❶ (*geh: Wegbereiter*) pioneer
❷ MIL sapper, engineer
Pionierarbeit *f* pioneering work **Pioniererfindung** *f* JUR (*Patentrecht*) pioneer invention **Pioniergeist** *m kein pl* SOZIOL pioneering spirit **Pionierzeit** *f* pioneering time [*or* period] [*or* era]
Pipapo <-s> *nt kein pl* (*fam*) **mit allem** ~ with all the frills; **das ganze** ~ the whole [kit and] caboodle [*or* shebang] *fam,* the works *pl fam*
Pipeline <-, -s> [ˈpaiplain] *f* pipeline
Pipette <-, -n> *f* pipette
Pipi <-s, -s> *nt* (*Kindersprache*) wee BRIT, wee-wee AM; ~ **machen** to have [*or* do] a wee[-wee]
Pipifax <-s> *nt* (*fam*) nonsense
Piranha <-[s], -s> [piˈranja] *m* piranha
Pirat(in) <-en, -en> *m(f)* ❶ NAUT pirate
❷ (*Luftpirat*) hijacker
Piratenflagge *f* pirate['s] flag **Piratenkapitän** *m* pirate captain **Piratenschatz** *m* pirate treasure **Piratensender** *m* pirate station
Piraterie <-, -n> [ˈriːən] *f* piracy *no pl, no art*
Piratin <-, -nen> *f fem form von* **Pirat**
Pirol <-s, -e> *m* ORN oriole
Pirouette <-n, -n> [piˈruɛtə] *f* pirouette
Pirsch <-> *f kein pl* JAGD **auf die ~ gehen** to go stalking; **auf der ~ sein, sich** *akk* **auf der ~ befinden** to be stalking
pirschen I. *vi* JAGD ■[**auf Wild**] ~ to stalk [game]
II. *vr* ■**sich** *akk* **irgendwohin** ~ to creep [*or* steal] somewhere
Pisse <-> *f kein pl* (*derb*) piss *fam!*
pissen *vi* ❶ (*derb: urinieren*) to piss *fam!;* ■**irgendwohin** ~ to piss somewhere
❷ *impers* (*sl: stark regnen*) ***es pisst schon wieder*** it's pissing down again *fam!*
Pissoir <-s, -s *o* -e> [pɪˈsoaːɐ] *nt* urinal
Pistazie <-, -n> [pɪsˈtaːtsiə] *f* ❶ (*Baum*) pistachio tree
❷ (*Kern*) pistachio
Pistazienbaum *m* pistachio tree
Piste <-, -n> *f* ❶ (*Ski~*) piste, ski run
❷ (*Rennstrecke*) track
❸ (*unbefestigter Weg*) track
❹ (*Rollbahn*) runway
Pistenraupe *f* SPORT snowcat, piste basher *fam*
Pistensau *f* (*pej sl*) piste hog [*or* hooligan] *pej*
Pistenschreck *m* (*hum fam*) piste bandit *hum fam*
Pistill <-s, -e> *nt* ❶ MED, KOCHK pestle
❷ BOT (*Blütenstempel*) pistil
Pistole <-, -n> *f* pistol, gun
▸ WENDUNGEN: **jdm die ~ auf die Brust setzen** to hold a gun to sb's head; **wie aus der ~ geschossen** (*fam*) like a shot *fam*
Pistolengriff *m* pistol butt **Pistolenlauf** *m* gun [*or* pistol] barrel **Pistolenmagazin** *nt* pistol magazine **Pistolentasche** *f* gun [*or* pistol] holster
Pitahaya <-, -[s]> *f* BOT pitahaya
pitsch(e)nass[RR], pitschepatschenass *adj* (*fam*) soaking wet
pittoresk *adj* (*geh*) picturesque
Pixel <-s, -> *nt* INFORM *kurz für* **picture element** pixel
Pixelbildschirmdarstellung *f* INFORM pixel display **Pixeldarstellung** *f* INFORM pixel display; **gleichmäßige** ~ even pixel display **Pixelgrafik** *f* INFORM pixel graphics + *sing vb*
Pizza <-, -s> *f* pizza
Pizzalieferant(in) *m(f)* pizza deliverer, pizza delivery boy *masc* [*or fem* girl] [*or masc* man] [*or fem* woman] **Pizzapalette** *f* pizza board
Pjöngjang <-s> *nt* Pyongyang
Pkt. *m Abk von* **Punkt** pt
Pkw <-s, -s> [ˈpeːkaːveː, peːkaːˈveː] *m Abk von* **Personenkraftwagen**
Pkw-Produktion *f* car production
Placebo <-s, -s> [-ts-] *nt* MED, PSYCH placebo
Placeboeffekt *m* placebo effect
placken *vr* (*fam*) ■**sich** *akk* ~ to slave away *fam*
Placken <-s, -> *m* ❶ (*Flicken*) patch
❷ (*fladenförmiges Stück*) flake
❸ (*Fleck*) spot
Plackerei <-, -en> *f* (*fam*) slavery *no pl,* grind *no pl*
plädieren* *vi* ❶ JUR ■**auf etw** *akk* ~ to plead sth; **auf schuldig/unschuldig** ~ to plead guilty/not guilty
❷ (*geh*) ■**für etw** ~ to plead for sth; ■**dafür ~, dass ...** to plead, that ...
Plädoyer <-s, -s> [plɛdoaˈjeː] *nt* ❶ JUR [counsel's] summing-up BRIT, summation AM; **ein ~ halten** to give a summing-up, to sum up
❷ (*geh*) plea; ■**ein ~ für/gegen etw** a plea for/against sth
plafonieren* *vt* SCHWEIZ (*nach oben hin begrenzen*) ■**etw** ~ to fix a ceiling [*or* credit limit] to sth
Plage <-, -n> *f* plague, nuisance
Plagegeist *m* (*pej fam*) nuisance, pest
plagen I. *vt* ❶ (*behelligen*) ■**jdn** [**mit etw**] ~ to pester [*or* torment] sb [with sth]
❷ (*quälen*) ■**jdn** ~ to bother [*or* trouble] sb; ■**geplagt** troubled
II. *vr* ❶ (*sich abrackern*) ■**sich** *akk* [**mit etw**] ~ to slave away [over sth]
❷ (*sich herumplagen*) ■**sich** *akk* [**mit etw**] ~ to be bothered [*or* troubled] [by sth]; ***mit diesem Husten plage ich mich schon eine Woche*** I've been bothered by this cough for a week now
Plagiat <-[e]s, -e> *nt* ❶ (*Textstelle*) plagiarism
❷ (*Aneignung*) plagiarism *no pl, no art*
Plagiator, -torin <-s, -toren> *m, f* (*geh*) plagiarist
plagiieren* **I.** *vt* (*geh*) ■**jdn/etw** ~ to plagiarize sb/sth
II. *vi* (*geh*) to plagiarize
Plakat <-[e]s, -e> *nt* poster
Plakatfarbe *f* poster paint
plakatieren* *vt* ■**etw** ~ ❶ (*Plakate anbringen*) to placard sth, to put [*or* hang] up posters
❷ (*durch Plakate bekannt machen*) to announce sth with posters, to placard sth
❸ (*geh: herausstellen*) *Eigenschaften* to broadcast sth
plakativ *adj* ❶ (*wie ein Plakat wirkend*) poster-like *attr,* like a poster *pred*
❷ (*grell, bunt*) ~**e Farben** striking [*or* bold] colours [*or* AM -ors]
❸ (*betont auffällig, einprägsam*) pithy
Plakatkunst *f* poster art *no pl, no art* **Plakatmaler(in)** *m(f)* poster artist **Plakatsäule** *f* advertising column [*or* pillar] **Plakatwahlkampf** *nt* poster [election] campaign **Plakatwand** *f* [advertising] hoarding BRIT, billboard AM **Plakatwerbung** *f* poster advertising
Plakette <-, -n> *f* ❶ (*Abzeichen*) badge
❷ (*Aufkleber*) sticker
❸ KUNST plaque
plan *adj inv* (*geh*) ❶ (*eben*) *Landschaft* flat, level
❷ (*oberflächlich*) *Worte* superficial, shallow, empty, hollow
Plan <-[e]s, Pläne> *m* ❶ (*geplantes Vorgehen*) plan; **Pläne koordinieren/abstimmen** to coordinate/harmonize plans; **nach ~ laufen** [*o* **verlaufen**] to go according to plan
❷ *meist pl* (*Absicht*) plan; **jds Pläne durchkreuzen** to thwart sb's plans; **einen ~ fassen** to [make a] plan; **den ~ fassen, etw zu tun** to plan to do [*or* form the intention of doing] sth; **Pläne machen** [*o* **schmieden**] to make plans; **auf dem ~ stehen** to be planned [*or* on the agenda]
❸ (*zeichnerische Darstellung*) plan, blueprint
❹ GEOG, TRANSP map
❺ JUR **städtebaulicher** ~ urban development plan
▸ WENDUNGEN: **jdn auf den ~ bringen/rufen** to bring sb on to the scene; **auf dem ~ erscheinen, auf den ~ treten** to appear/arrive on the scene
Planabschnitt *m* FIN budget period **Planabweichung** *f* deviation from a/the plan **Planbestand** *m* ÖKON target inventory
Plane <-, -n> *f* tarpaulin, tarp *esp* AM *fam*
planen *vt* ■**etw** ~ to plan sth; ***für heute Abend habe ich bisher noch nichts geplant*** I haven't got anything planned yet for tonight; ■~**, etw zu tun** to be planning to do sth
Planer(in) <-s, -> *m(f)* planner
planerisch I. *adj* planning
II. *adv* in terms of planning; **etw ~ ausarbeiten** to devise plans for sth; **etw ~ durchdenken** to think through [*or* over] the planning for sth
Planet <-en, -en> *m* planet; **der blaue** ~ (*geh*) the blue planet, Earth
planetarisch *adj* planetary
Planetarium <-s, -tarien> [ˈtaːriən] *nt* planetarium
Planetenbahn *f* planetary orbit **Planetengetriebe** *nt* AUTO epicyclic gearbox BRIT, planetary transmission AM **Planetensystem** *nt* planetary system
Planetoid <-en, -en> *m* planetoid
Planfeststellung *f* JUR project approval **Planfeststellungsverfahren** *nt* public works planning procedure **Planfilm** *m* FOTO sheet film **Plangenehmigung** *f* JUR planning approval
planieren* *vt* ■**etw** ~ to level sth [off], to grade sth
Planierraupe *f* bulldozer
Plan-Ist-Vergleich *m* FIN comparison of estimates and results
Planke <-, -n> *f* plank
Plänkelei <-, -en> *f* MIL, HIST (*a. fig*) skirmish[ing] *a.*

P

fig
plänkeln *vi* MIL, HIST (*a. fig*) to skirmish *a. fig*
Plankosten *pl* FIN budgeted costs
Plankton <-s> *nt kein pl* plankton
Planlage *f* flat lying properties *pl*, flatness, flat position
planlos *adj* ❶ (*ziellos*) aimless
❷ (*ohne System*) unmethodical, unsystematic
Planlosigkeit <-> *f kein pl* lack of planning *no pl*, aimlessness *no pl*
planmäßig I. *adj* ❶ TRANSP scheduled
❷ (*systematisch*) systematic
II. *adv* ❶ TRANSP as scheduled, according to schedule
❷ (*systematisch*) systematically
Planmäßigkeit <-> *f kein pl* methodicalness *no pl*
plano *adv inv* (*ungefalzt*) *Druckbogen* flat
Planobogen *m* TYPO broadsheet, flat [*or* open] sheet
Planpreis *m* HANDEL estimated price
Planquadrat *nt* grid square
Planschbecken *nt* paddling [*or* AM kiddie] pool
planschen *vi* ■**[irgendwo]** ~ to splash about [somewhere]
Plansoll *nt* HIST (*in der früheren DDR*) planned [production] target, output target
Planstelle *f* post
Plantage <-, -n> [plan'taːʒə] *f* plantation
Plantagenwirtschaft *f kein pl* ÖKON plantation system
Planum <-s> *nt kein pl* BAU planed subgrade
Planumsatz *m* HANDEL estimated sales *pl*
Planung <-, -en> *f* ❶ (*das Planen*) planning; **in der ~ befindlich** in [*or* at] the planning stage; **in der ~ sein, sich** *akk* **in der ~ befinden** to be in [*or* at] the planning stage
❷ (*Plan*) plan
Planungsabteilung *f* planning department **Planungsausschuss**^RR *m* ÖKON planning committee **Planungsbehörde** *f* ÖKON planning authority **Planungsbüro** *nt* planning office **Planungsermessen** *nt kein pl* JUR discretionary planning power **Planungshoheit** *f* JUR planning competence **Planungskommission** *f* planning commission **Planungsleitlinie** *f* JUR planning guidelines **Planungsprozess**^RR *m* ÖKON planning process **Planungsrecht** *nt* JUR planning law, law concerning town and country planning **Planungsverband** *m* JUR planning group
planvoll *adj inv* systematic, methodical **Planwagen** *m* covered wagon **Planwirtschaft** *f kein pl* planned [*or* command] [*or* controlled] economy **Planziel** *nt* HIST (*in der früheren DDR*) target
Plappermaul *nt* (*bes pej fam*) chatterbox *esp pej fam*
plappern I. *vi* to chatter
II. *vt* (*undeutlich reden*) ■**etw** ~ to babble sth
plärren *vi* (*fam*) ❶ (*heulen*) to bawl, to howl
❷ (*blechern ertönen*) to blare [out]
Plasma <-s, Plasmen> *nt* MED, PHYS plasma *no pl, no indef art*
Plasmabildschirm *m* plasma screen, gas plasma display
Plasmaglukose <-> *f kein pl* plasma glucose
Plasmen *pl von* **Plasma**
Plasmid <-s, -e> *m* BIOL plasmid
Plasmolyse <-> *f kein pl* BOT plasmolysis *no pl*
Plastik¹ <-s> *nt kein pl* plastic; **aus ~** plastic
Plastik² <-, -en> *f* ❶ (*Kunstwerk*) sculpture
❷ *kein pl* (*Bildhauerkunst*) sculpture *no pl, no art*, plastic art *no pl, no art*
❸ MED plastic surgery *no pl, no indef art*
Plastikbecher *m* plastic cup **Plastikbeutel** *m* plastic bag **Plastikbindung** *f* (*Buch*) plastic [*or* comb] binding **Plastikbombe** *f* plastic bomb **Plastikeimer** *m* plastic bucket **Plastikflasche** *f* plastic bottle **Plastikfolie** *f* plastic film BRIT; (*für die Küche*) cling film BRIT, plastic wrap AM; AGR plastic sheeting **Plastikgehäuse** *nt* plastic shell [*or* casing] **Plastikgeld** *nt* (*fam*) plastic money **Plastikgeschoss**^RR *nt* plastic bullet **Plastikhülle** *f* plastic cover **Plastikmüll** *m* plastic waste **Plastiksack** *m* plastic sack; (*schwarzer ~*) black sack **Plastiksprengstoff** *m* plastic explosive **Plastiktüte** *f* plastic bag; (*Einkaufstüte*) shopping [*or* BRIT *a.* carrier] bag
Plastilin <-s, -e> *nt* plasticine® *no pl, no indef art*
plastisch I. *adj* ❶ (*formbar*) plastic, malleable, workable
❷ (*räumlich*) three-dimensional
❸ (*anschaulich*) vivid
❹ MED plastic
II. *adv* ❶ (*räumlich*) three-dimensional; ~ **hervortreten/wirken** to stand out
❷ (*anschaulich*) vividly
Plastizität <-> *f kein pl* ❶ (*Formbarkeit*) plasticity
❷ (*fig: Anschaulichkeit*) vividness, graphicness
Platane <-, -n> *f* plane tree
Plateau <-s, -s> [pla'toː] *nt* plateau
Plateauschuhe *pl* platform shoes *pl*
Plateausohle *f* MODE platform sole
Platin <-s> *nt kein pl* platinum *no pl, no indef art*
platinblond *adj* platinum blond[e]
Platine <-, -n> *f* ❶ TECH circuit board
❷ INFORM board, card; **auf der ~** on-board
Platinengehäuse *nt* INFORM card cage
Platinerweiterung *f* INFORM card extender
Platinschmuck *m* platinum jewellery *no pl, no indef art*
Platitüde <-, -n> *f* (*geh*) platitude
platonisch *adj* (*geh*) platonic; **~er Körper** MATH platonic solid
platsch *interj* splash; ~ **machen** to splash
platschen I. *vi sein* (*fam*) to splash; ■**~d** with a splash; ■**irgendwohin** ~ to splash somewhere; **ins Wasser** ~ to [go] splash into the water
II. *vi impers haben* (*fam*) to pour, BRIT *a.* to bucket down *fam*
plätschern *vi* ❶ *haben* (*Geräusch verursachen*) *Brunnen* to splash; *Bach* to splash, to babble, to burble; *Regen* to patter; ■**das P~** splashing, burbling, babbling, patter
❷ (*planschen*) to splash about
❸ *sein* (*platschend fließen*) to burble along
platt I. *adj* ❶ (*flach*) flat; **einen P~en haben** (*fam*) to have a flat [tyre [*or* AM tire]] [*or* a puncture]; *s. a.* **Land**
❷ (*geistlos*) flat, dull, boring
❸ (*fam: verblüfft*) ■ ~ **sein[, dass/als]** to be flabbergasted [that/when] *fam*
❹ (*ruiniert*) **jdn/etw ~ machen** (*sl*) to destroy [*or* ruin] sb/sth
II. *adv* flat; ~ **drücken/pressen/rollen/walzen** to flatten; **jdn ~ fahren** (*sl*) to flatten sb
Platt <-[s]> *nt kein pl* LING (*fam*) Low German; **auf ~** in Low German
Plättchen <-s, -> *nt* ❶ (*dünne Metallplatte*) metal chip
❷ (*kleiner, flacher Gegenstand*) thin plate
❸ MED platelet
❹ (*Schneekristall*) plate crystal
❺ BOT lamella
❻ MUS plectrum
plattdeutsch *adj* LING Low German
Plattdeutsch *nt dekl wie adj* Low German; ■**das P~e** Low German
Platte <-, -n> *f* ❶ (*Steinplatte*) slab
❷ (*Metalltafel*) sheet, plate
❸ (*Schallplatte*) record
❹ (*Servierteller*) platter, dish; (*Gericht*) platter; **kalte ~** cold platter, cold collation
❺ (*Kochplatte*) hotplate, BRIT *a.* hob
❻ INFORM (*Festplatte*) hard disk
❼ INFORM disk, plate, platter
❽ INFORM (*Magnetplatte*) [magnetic] disk; **magneto-optische ~** magneto-optical disk
❾ (*fam*) bald head [*or* pate]; **eine ~ haben** to be bald
► WENDUNGEN: **die alte ~ auflegen** (*fam*) to play the same old record, to talk about the same old thing; **eine neue ~ auflegen** (*fam*) to change the record; **die ~ schon kennen** (*fam*) to have heard that one before; **putz die ~!** (*fam*) clear off! [*or* AM out!] *fam*, BRIT *a.* hop it! *fam*
Plätteisen *nt*, **Platteisen** *nt* DIAL iron
plätteln *vt* ■**etw** ~ (*mit Platten auslegen*) to pave sth; (*mit Fließen auslegen*) to tile sth
plätten *vt* DIAL ■**etw** ~ to iron [*or* press] sth
Plattenbau <-s, -bauten> *m* BAU building made from prefabricated slabs **Plattencover** <-[s], -> *nt* MUS record sleeve **Plattenfirma** *f* MUS, ÖKON record company **Plattenkeil** *m* TYPO plate control wedge **Plattenkopie** *f* plate exposure, platemaking **Plattenlabel** *nt* MUS ❶ (*Schallplattenetikett*) record label ❷ (*Schallplattenfirma*) record label **Plattenlaufwerk** *nt* INFORM disk drive **Plattenleger(in)** <-s, -> *m(f)* *s.* Fliesenleger **Plattensammlung** *f* record collection **Plattensee** *m* Lake Balaton **Plattenspieler** *m* record player **Plattentektonik** *f kein pl* GEOL plate tectonics + *sing vb* **Plattenteller** *m* turntable **Plattenwechsler** <-s, -> [ks] *m* autochanger, record changer **Plattenweg** *m* paved path
Platterbse *f* BOT [wild] pea, vetchling **Plattfisch** *m* flatfish **Plattform** *f* ❶ (*begehbare Fläche*) platform ❷ (*geh*) basis; **eine gemeinsame ~ finden** to find common ground ❸ INFORM platform **Plattfuß** *m* ❶ MED flat foot; **Plattfüße haben** to have flat feet ❷ (*Reifenpanne*) flat *fam* **Plattfußindianer(in)** *m(f)* (*pej*) barefoot Indian **Plattheit** <-, -en> *f* ❶ *kein pl* (*Ebenheit*) flatness *no pl* ❷ *s.* **Platitüde**
plattieren* *vt* ❶ TECH ■**etw** ~ to plate sth
❷ KOCHK **Fleisch** ~ to flatten meat (*to tenderize it*)
Plattwurm *m* MED flatworm
Platz <-es, Plätze> *m* ❶ ARCHIT (*umgrenzte Fläche*) square; **der Rote ~** Red Square
❷ (*Sitzplatz*) seat; ***hältst du mir einen ~ frei?*** can you keep a seat for me?; ***behalten Sie doch* [*bitte*] *~!*** (*form*) please remain seated! *form;* **~ nehmen** (*geh*) to take a seat
❸ (*freier Raum*) space, room; **~ sparend** space-saving *attr;* ~ **sparend sein** to save space, to be compact; ~ **für jdn/etw bieten** to have room for sb/sth; ~ **brauchen** to need room [*or* space]; **[jdm/einer S.] ~ machen** to make room [*or* way] [for sb/sth]; ~ **[für jdn/etw] schaffen** to make room [for sb/sth]
❹ INFORM (*Einbauplatz*) **freier ~** empty slot
❺ (*üblicher Aufbewahrungsort*) place; **irgendwo einen festen ~ haben** to have a proper place somewhere
❻ SPORT (*Rang*) place; ***die Mannschaft liegt jetzt auf ~ drei*** the team is now in third place; **seinen ~ behaupten** to maintain [*or* hold] one's place; (*Sportplatz*) playing field; **jdn vom ~ stellen** to send sb off
❼ (*Möglichkeit an etw teilzunehmen*) *Kindergarten, Kurs, Krankenhaus, Reise* place
❽ (*Ort*) place, locality; **das beste Hotel am ~e** the best hotel in the place [*or* in town]
► WENDUNGEN: **ein ~ an der Sonne** a place in the sun; **[irgendwo] fehl am ~[e] sein** to be out of place [*or* inappropriate] [somewhere]; ***ich komme mir hier völlig fehl am ~e vor*** I feel totally out of place here; ***Mitleid ist hier völlig fehl am ~e*** this is not the place for sympathy; **in etw** *dat* **keinen ~ haben** to have no place for sth; ***in ihrer Planung hatten Rücklagen keinen ~*** their planning made no allowances for reserves; **jdn auf die Plätze verweisen** SPORT to beat sb; **auf die Plätze, fertig, los!** on your marks, get set, go!; **~ da!** (*fam*) out of the way!, make way there!; **~!** *Hund* sit!
Platzangst *f* ❶ (*fam*) claustrophobia; ~ **bekommen** to become [*or* get] claustrophobic ❷ (*Agoraphobie*) agoraphobia **Platzanweiser(in)** <-s, -> *m(f)* usher *masc*, usherette *fem*
Platzausnutzung *f kein pl* ÖKON utilization of space
Plätzchen <-s, -> *nt* ❶ *dim von* **Platz** spot, little place
❷ KOCHK biscuit BRIT, cookie AM
Platzdeckchen *nt* placemat
platzen *vi sein* ❶ (*zerplatzen*) to burst
❷ (*aufplatzen*) to split
❸ (*scheitern*) to fall through; ***das Fest ist geplatzt***

the party is off; ■**etw ~ lassen** to call sth off, to let sth fall through

❹ (*sich nicht mehr halten können*) to be bursting; **vor Ärger/Neid/Wut/Neugier ~** to be bursting with anger/envy/rage/curiosity

Platzerlaubnis *f* (*golf*) golfing permit (*official licence to play on a golf course*) **Platzgeschäft** *nt* JUR spot contract, local transaction **Platzhalter** *m* ❶ LING functor ❷ INFORM free variable [*or* definable] parameter ❸ (*selten: jd, der einen Platz freihält*) place-keeper **Platzhalterzeichen** *m* INFORM wild card character **Platzherren** *pl* SPORT home team

platzieren[RR]* **I.** *vt* ❶ FIN ■**etw irgendwo ~** to place [*or* put] sth somewhere; **sein Geld in Aktien ~** to put one's money into shares

❷ (*geh*) ■**jdn/etw irgendwo ~** to place [*or* put] [*or* position] sb/sth somewhere

❸ MEDIA (*setzen*) ■**etw irgendwo ~** to place sth somewhere; **eine Anzeige ~** to place an advert [*or* AM advertisement]

II. *vr* ❶ (*geh*) ■**sich** *akk* **irgendwo ~** to take a seat somewhere *form*

❷ SPORT ■**sich** *akk* ~ to be placed; (*Tennis*) to be seeded

Platzierung[RR] <-, -en> *f* ❶ FIN placing; **~ von ausländischen Wertpapieren** BÖRSE negotiation of foreign securities

❷ SPORT place, position; **eine ~ unter den ersten zehn** a place [*or* position] in the top ten

❸ TYPO placement, positioning

Platzkarte *f* BAHN seat reservation, reserved seat ticket **Platzkonzert** *nt* open-air concert **Platzkostenrechnung** *f* FIN workspace costing **Platzmangel** *m* lack of room [*or* space] **Platzmeister** *m* POL chief usher **Platzmiete** *f* ❶ THEAT season ticket [cost] ❷ SPORT ground [*or* AM field] [*or* court] hire BRIT [*or* AM rental] charge **Platzpatrone** *f* blank [cartridge] **Platzregen** *m* METEO cloudburst **Platzreservierung** *f* reservation [of a seat]; ***ohne vorherige ~ kriegt man dort wahrscheinlich keinen Tisch*** you probably won't get a table there without booking [one] [*or* reserving one] beforehand [*or* a reservation] **Platzscheck** *m* JUR local cheque, locally drawn cheque **Platzteller** *m* underplate **Platzverweis** *m* SPORT sending-off BRIT, ejection AM **Platzwart(in)** <-s, -e> *m(f)* SPORT groundsman *masc*, groundskeeper **Platzwette** *f* place bet **Platzwunde** *f* laceration, lacerated wound

Plauderbereich *m* INFORM chat area

Plauderei <-, -en> *f* chat

Plauderer, Plauderin <-s, -> *m, f* ❶ (*Gesprächspartner, Redner*) conversationalist

❷ (*Klatschbase*) gossip

plaudern *vi* ❶ (*sich gemütlich unterhalten*) ■**[mit jdm] [über etw** *akk*] ~ to [have a] chat [with sb/ about sth]

❷ (*fam: ausplaudern*) to gossip

Plauderstündchen *nt* [little] chat **Plaudertasche** *f* (*fam*) chatterbox *fam* **Plauderton** *m kein pl* chatty tone

Plausch <-[e]s, -e> *m* (*fam*) chat

plauschen *vi* (*fam*) ■**[mit jdm]** ~ to [have a] chat [with sb]

plausibel *adj* plausible; **jdm etw ~ machen** to explain sth [*or* make sth clear] to sb

Plausibilität <-, -en> *f* plausibility; JUR likelihood *no pl*

Plausibilitätskontrolle *f* INFORM plausibility test

Play-back[RR], **Playback** <-, -s> ['ple:bɛk] *nt* ❶ (*aufgenommene Musikbegleitung*) backing track ❷ (*komplette Film- o Gesangsaufnahme*) miming track

❸ *kein pl* MUS, TV, TECH recording

❹ *kein pl* (*getrennte Aufnahme von Orchester und Gesang*) double-tracking *no pl*

Playboy <-s, -s> ['ple:bɔy] *m* playboy **Playgirl** <-s, -s> ['ple:gœɐl] *nt* playgirl

Plazenta <-, -s *o* Plazenten> *f* placenta

Plazet <-s, -s> *nt* (*geh*) approval; **sein ~ [zu etw] geben** to give one's approval [for sth], to approve sth; **jds ~ haben** to have sb's approval

plazieren* *vr, vt s.* **platzieren**

Plazierung <-, -en> *f s.* **Platzierung**

Plebejer(in) <-s, -> *m(f)* plebeian, pleb *fam*

Plebiszit <-[e]s, -e> *nt* (*geh*) plebiscite

Plebs <-es> *m kein pl* (*pej geh*) plebs *pl pej*

pleite *adj* (*fam*) broke *fam;* ■**~ sein** to be broke

Pleite <-, -n> *f* (*fam*) ❶ (*Bankrott*) collapse, bankruptcy; **~ gehen** [*o* **machen**] to go bankrupt, to go bust *fam*

❷ (*Reinfall*) flop *fam;* **[mit jdm/etw] eine ~ erleben** to suffer a flop [with sb/sth]

Pleitegeier *m* (*fam*) threat [*or* spectre [*or* AM -er]] of bankruptcy; **über jdm/etw schwebt der ~** the vultures are hovering above sb/sth

Pleitier <-s, -s> [-'tie:] *m* ÖKON (*Bankrotteur*) bankrupt

Plektron <-s, -tren *o* -tra> *nt* MUS plectrum [*or* plectron]

plempern *vi* (*fam*) ❶ (*verspritzen*) to spill sth

❷ (*Zeit verschwenden*) to waste time

plemplem *adj* (*sl*) ■**~ sein** to be nuts *sl*

Plena *pl von* **Plenum**

Plenarsaal *m* chamber **Plenarsitzung** *f* plenary session **Plenarversammlung** *f* plenary session

Plenum <-s, Plena> *nt* plenum

Pleonasmus <-, -nasmen> *m* pleonasm

Plesiosaurus <-, Plesiosaurier> *m* (*ausgestorbenes Meeresreptil*) plesiosaur

Pleuel <-s, -> *m* AUTO connecting rod

Pleuelfuß *m* AUTO connecting rod big end **Pleuelfußlager** *nt* AUTO big end bearing **Pleuelkopf** *m* AUTO connecting rod small end **Pleuellager** *nt* AUTO (*kleines Lager*) small end bearing; (*größeres Lager*) big end bearing **Pleuelstange** *f* TECH connecting rod

Plexiglas® <-es> *nt kein pl* Plexiglas®

Plinse <-, -n> *f* KOCHK DIAL ❶ (*Pfannkuchen*) *yeast pancake filled with stewed fruit*

❷ (*Kartoffelpuffer*) potato [pan]cake [*or* fritter]

Plissee <-s, -s> *nt* pleats *pl*, pleating *no pl*

Plisseerock *m* pleated skirt

plissieren* *vt* MODE ■**etw ~** to pleat sth

PLO <-> *f kein pl Abk von* **Palestine Liberation Organization** PLO

PLO-Chef [-ʃɛf] *m* PLO-leader

Plockwurst *f smoked sausage made of beef, pork and fat*

Plombe <-, -n> *f* ❶ MED filling

❷ (*Bleisiegel*) lead seal

plombieren* *vt* ❶ MED to fill; **[jdm] einen Zahn ~** to fill a [/sb's] tooth

❷ (*amtlich versiegeln*) ■**etw ~** to give sth a lead seal, to seal sth

Plot <-s, -s> *m o nt* LIT, INFORM plot

Plotter <-s, -> *m* INFORM plotter

Plotter-Papier *nt* INFORM plotter paper **Plotterschreibkopf** *m* INFORM plotter pen **Plottertreiber** *m* INFORM plotter driving software

Plötze <-, -n> *f* ZOOL roach

plötzlich **I.** *adj* sudden

II. *adv* suddenly, all of a sudden; **[...] ~ kommen** (*fam*) to come suddenly; ***das kommt alles etwas/so ~*** it's all happening rather/so suddenly; **aber etwas ~!** (*fam*) [and] hurry up! [*or* jump to it]

Pluderhose *f* pantaloons *npl*, Turkish trousers *npl*, harem pants *npl;* HIST trunk hose

plump **I.** *adj* ❶ (*massig*) plump

❷ (*schwerfällig*) ungainly, awkward

❸ (*dummdreist*) obvious, crass; **ein ~er Annäherungsversuch** a very obvious advance; **eine ~e Lüge** a crass [*or* blatant] lie

II. *adv* ❶ (*schwerfällig*) clumsily, awkwardly

❷ (*dummdreist*) crassly, obviously

Plumpheit <-, -en> *f* ❶ *kein pl* (*Schwerfälligkeit*) clumsiness, awkwardness

❷ (*pej: plumpe Bemerkung, Handlung*) crudity

plumps *interj* thud, bump, plop; (*ins Wasser*) plop, splash; **~ machen** to thud, to go bump, to make a plop/splash

Plumps <-es, -e> *m* (*fam*) thud, bump, plop; (*ins Wasser*) plop, splash

plumpsen *vi sein* (*fam*) ❶ (*dumpf fallen*) ■**irgendwohin ~** to thud somewhere; ***der Sack plumpste auf den Boden*** the sack thudded onto the floor; ■**etw irgendwohin ~ lassen** to let sth fall somewhere with a thud

❷ (*fallen*) to fall; **aus/von etw ~** to fall out of/off sth; ■**sich** *akk* **irgendwohin ~ lassen** to plump [oneself] [*or* flop] down somewhere; **sich** *akk* **~ lassen** to plump [oneself] [*or* flop] down

Plumpsklo(sett) *nt* (*fam*) earth closet BRIT, outhouse AM

Plunder <-s> *m kein pl* junk *no pl, no indef art*

Plünderer, Plünderin <-s, -> *m, f* looter, plunderer

Plundergebäck *nt* Danish pastries *pl*

plündern **I.** *vt* ❶ (*ausrauben*) ■**etw ~** to plunder [*or* loot] sth; ■**das P~** plunder[ing], looting, pillage, pillaging

❷ (*leeren*) ■**etw ~** to raid sth *fam;* **den Kühlschrank ~** to raid the fridge

II. *vi* to plunder

Plünderung <-, -en> *f* plunder[ing] *no pl, no indef art*, looting *no pl, no indef art*, pillage *no pl, no indef art*

Plural <-s, -e> *m* plural

Pluralismus <-> *m kein pl* (*geh*) pluralism *no pl*

pluralistisch *adj* (*geh*) pluralistic

plus **I.** *präp* +*gen* plus

II. *adv* ❶ (*über 0°*) plus; ***die Temperaturen liegen bei ~ drei Grad C*** temperatures will be around three degrees C

❷ MATH plus

❸ ELEK plus, positive

III. *konj* MATH plus; **~/minus X** plus or minus X

Plus <-, -> *nt* ❶ (*Pluszeichen*) plus

❷ ÖKON surplus; **[mit etw] im ~ sein** to be in the black [with sth]; **[bei etw] ein ~ machen** to make a profit [in sth]

❸ (*Pluspunkt*) plus, [plus] point, advantage

Plüsch <-[e]s, -e> *m* plush

Plüschbezug *m* TYPO molleton [*or* plush] cover

Plüschtier *nt* [furry] soft-toy

Pluspol *m* positive pole **Pluspunkt** *m* ❶ (*Positivum*) bonus; ***durch seine Höflichkeit sammelte er [reichlich] ~e*** his politeness earned him [quite a few] brownie-points ❷ (*Wertungseinheit*) point

Plusquamperfekt <-s, -e> *nt kein pl* pluperfect, past perfect

Plusstunden *pl bei der Arbeitszeit* [time] credit

plustern **I.** *vt* ■**etw ~** to fluff up sth *sep*

II. *vr* ■**sich** *akk* ~ to fluff oneself up

Pluszeichen *nt* plus sign

Pluto <-s> *m* Pluto

Plutonium <-s> *nt kein pl* plutonium *no pl*

PLZ <-> *f Abk von* **Postleitzahl**

Pneu <-s, -s> [pnø:] *m bes* SCHWEIZ tyre BRIT, tire AM

pneumatisch *adj* pneumatic

Pneumokokkus <-, -i *o* -en> *m* MED (*Erreger der Lungenentzündung*) pneumococcus

Pneumothorax <-[es], -e> *m* MED pneumothorax, collapsed lung

Po <-s, -s> *m* (*fam*) bottom, BRIT *a.* bum *fam*

Pöbel <-s> *m kein pl* (*pej*) mob *pej*, rabble *pej*

Pöbelei <-, -en> *f* (*fam*) ❶ *kein pl* (*das Pöbeln*) loutishness *no pl*

❷ (*ausfallende Bemerkung*) swearing *no pl, no indef art*

pöbelhaft *adj* loutish, BRIT *a.* yobbish

pöbeln *vi* (*ausfallend reden*) to swear; (*sich ausfallend benehmen*) to behave yobbishly [*or* AM loutishly]

pochen *vi* ❶ (*anklopfen*) ■**[gegen/auf etw** *akk*] ~ to knock [against/on sth]

❷ (*klopfen*) *Herz, Blut* to pound

❸ (*bestehen*) ■**auf etw** *akk* **~** to insist on sth

pochieren* [pɔ'ʃi:rən] *vt* KOCHK ■**etw ~** to poach sth

Pocke <-, -n> *f* pock

P

Pocken *pl* smallpox *no art*
Pockenimpfung *f* smallpox vaccination **Pockennarbe** *f* pockmark **pockennarbig** *adj* pockmarked **Pocken(schutz)impfung** *f* smallpox vaccination
Pocketkamera ['pɔkɪt] *f* pocket camera
Podest <-[e]s, -e> *nt o m* rostrum
Podex <-[es], -e> *m (fam)* backside *fam,* posterior *hum,* AM *a.* rear end *hum*
Podium <-s, Podien> [diən] *nt* ❶ *(Bühne)* platform, stage, rostrum
❷ *(trittartige Erhöhung)* podium, rostrum
Podiumsdiskussion *f,* **Podiumsgespräch** *nt* panel discussion
Poesie <-> [poe'zi:] *f kein pl* poetry *no pl*
Poesiealbum [poe'zi:] *nt* poetry album *(made up of verses or sayings contributed by friends)*
Poet(in) <-en, -en> *m(f)* poet *masc o fem,* poetess *fem*
Poetik <-, -en> *f* poetics + *sing vb*
Poetin <-, -nen> *f fem form von* **Poet**
poetisch *adj* poetic[al]; *s. a.* **Ader**
pofen *vi (fam)* ❶ *(schlafen)* to kip BRIT *fam,* to sleep AM
❷ *(unaufmerksam sein)* to doze
Pogrom <-s, -e> *nt o m* pogrom
POI *m* INFORM *Abk von* **point of information** POI
Pointe <-, -n> ['poɛ̃:tə] *f Erzählung* point; *Witz* punch line
pointieren* [poɛ̃'ti:rən] **I.** *vt (geh: betonen)* ■**etw** ~ to emphasize [*or* stress] [*or* point up] sth
II. *vi (veraltend: bei einem Glücksspiel setzen)* to gamble
pointiert [poɛ̃'ti:ɐt] *adj (geh)* pointed, trenchant
Poisson-Verteilung *f (Statistik)* Poisson distribution
Pokal <-s, -e> *m* ❶ *(Trinkbecher)* goblet
❷ SPORT cup
Pokalendspiel *nt* SPORT cup final **Pokalinhaber(in)** *m(f)* SPORT cup-holder **Pokalsieger** *m* SPORT cup-winners *pl* **Pokalspiel** *nt* SPORT cup tie [*or* AM game] [*or* AM match] **Pokalwettbewerb** *m* SPORT cup competition
Pökelfisch *m* pickled [*or* salt[ed]] fish **Pökelfleisch** *nt* salt[ed] [*or* preserved] meat **Pökellake** *f* brine *no pl*
pökeln *vt Fleisch* to salt, to preserve; *Fisch* to pickle, to salt
Poker <-s> *nt kein pl* poker **Pokerface** <-, -s> [-feɪs] *nt* poker face **Pokergesicht** *nt,* **Pokermiene** *f* poker face
pokern *vi* ❶ KARTEN to play poker; ■[**um etw**] ~ to gamble [for sth]
❷ *(viel riskieren)* to stake a lot, to play for high stakes
Pol <-s, -e> *m* GEOG, ELEK, PHYS pole
▶ WENDUNGEN: **der ruhende** ~ the calming influence
polar *adj* polar
Polareis *nt* polar ice **Polarexpedition** *f* polar expedition **Polarforscher(in)** <-s, -> *m(f)* polar explorer **Polarfront** *f* METEO polar front **Polarfuchs** *m* arctic fox **Polargebiet** *nt* polar region
Polarisation <-, -en> *f* ❶ PHYS polarization
❷ CHEM polarization
❸ *(geh)* polarization
polarisieren* **I.** *vr (geh)* ■**sich** *akk* ~ to polarize, to become polarized BRIT
II. *vt* PHYS ■**etw** ~ to polarize sth
Polarisierung <-, -en> *f* polarization
Polarität <-, -en> *f* ❶ GEOG, PHYS polarity
❷ *(geh: Gegensätzlichkeit der Geschlechter)* polarity
Polarkoordinaten *pl* MATH polar coordinates *pl* **Polarkreis** *m* polar circle; **nördlicher/südlicher** ~ Arctic/Antarctic circle **Polarlicht** *nt* METEO *s.* **Nordlicht, Südlicht Polarmeer** *nt* polar sea **Polarmöwe** *f* ORN Iceland gull
Polaroidkamera® [-'rɔyt-] *f* Polaroid® *camera*
Polarstern *m* Pole Star
Polarzone *f* Frigid Zone, polar region
Polder <-s, -> *m* polder
Pole, Polin <-n, -n> *m, f* Pole; *s. a.* **Deutsche(r)**
Polemik <-, -en> *f (geh)* ❶ *kein pl (polemischer Gehalt)* polemic
❷ *(scharfe Attacke)* polemics + *sing vb*
polemisch I. *adj (geh)* polemical
II. *adv (geh)* **sich** *akk* ~ **äußern** to voice a polemic
polemisieren* *vi (geh)* to polem[ic]ize; ■[**gegen jdn/etw**] ~ to inveigh [against sb/sth]; ***in dem Artikel wurde scharf polemisiert*** the article was of a sharply polemic nature
Polen <-s> *nt* Poland; *s. a.* **Deutschland**
▶ WENDUNGEN: **noch ist ~ nicht verloren** *(prov)* all is not yet lost
Polente <-> *f kein pl (fam)* cops *pl fam*
Poleposition[RR] <-> *f kein pl* SPORT pole position
Police <-, -n> [po'li:sə] *f* policy
Polier(in) <-s, -e> *m(f)* [site] foreman *masc* [*or fem* forewoman]
polieren* *vt* ❶ *(glänzend reiben)* ■**etw** ~ to polish sth
❷ *(sl: malträtieren)* **jdm die Fresse/Schnauze/das Maul** ~ *(sl)* to smash sb's face in *sl*
Polierfeile *f* buffer **Poliermittel** *nt* polish **Poliertuch** *nt* polishing cloth **Polierwachs** *nt* wax polish
Poliklinik *f* outpatients' clinic
Polin <-, -nen> *f fem form von* **Pole**
Polio <-> *f kein pl* polio *no pl*
poliofrei *adj inv* polio-free, free of [*or* from] polio
Politbüro *nt* politburo
Politbüromitglied *nt* member of the politburo
Politesse <-, -n> *f* [female] traffic warden BRIT, meter maid AM
Political Correctness [pə'lɪtɪkəl kə'rektnəs] *f* political correctness, PC
Politik <-, -en> *f* ❶ *kein pl (die politische Welt)* politics + *sing vb, no art;* **in die ~ gehen** to go into politics
❷ *(politischer Standpunkt)* politics + *sing vb, no art;* ■**die/eine ~ einer S.** *gen* the politics of sth
❸ *(Strategie)* policy; **eine bestimmte ~ betreiben** [*o* **verfolgen**] to pursue a certain [*or* particular] policy; **eine ~ der kleinen Schritte** a step-by-step [*or* gradualist] policy
Politika *pl von* **Politikum**
Politiker(in) <-s, -> *m(f)* politician
Politikum <-s, Politika> *nt (geh Sache)* political issue; *(Ereignis)* political event
Politikverdrossenheit *f kein pl* political apathy *no pl* **Politikwissenschaft** *f s.* **Politologie**
politisch I. *adj* ❶ POL political; **~ Verfolgte** political persecutee
❷ *(geh)* politic
II. *adv* ❶ POL politically
❷ *(klug)* politicly, judiciously
Politische(r) *f(m) dekl wie adj* political prisoner
politisieren* **I.** *vi (geh)* to talk politics, to politicize
II. *vt (geh: etw ~)* to politicize sth; ■**jdn ~** to make sb politically aware
III. *vr* ■**sich** *akk* ~ to become politicized
Politisierung <-> *f kein pl* politicization
Politologe, -login <-n, -n> *m, f* political scientist
Politologie <-> *f kein pl* political science *no pl, no art*
Politologin <-, -nen> *f fem form von* **Politologe**
Politur <-, -en> *f* ❶ *(Poliermittel)* polish
❷ *(glänzende Schicht)* polish, shine
Polizei <-, -en> *f* ❶ *(Institution)* ■**die** ~ the police + *sing/pl vb;* **zur ~ gehen** to go to the police; **bei der ~ sein** to be in the police [force]
❷ *(Polizisten)* police + *sing/pl vb*
❸ *kein pl (Dienstgebäude)* police station
▶ WENDUNGEN: **dümmer als die ~ erlaubt** *(hum fam)* as thick as two short planks *fam*
Polizeiaktion *f* police operation
Polizeiangaben *pl* details released by the police; **nach** [*o* **laut**] **~ ...** according to details released by the police ... **Polizeiaufgebot** *nt* police presence *no pl* **Polizeiaufsicht** <-> *f kein pl* police supervision; **unter ~ stehen** to have to report regularly to the police **Polizeibeamte(r)** *f(m) dekl wie adj,* **Polizeibeamtin** <-, -nen> *f* police officer **Polizeibehörde** *f* police authority [*or* AM department] **Polizeibericht** *m* police report **Polizeibezirk** *m* JUR police precinct AM **Polizeibuße** *f* SCHWEIZ [police] fine **Polizeichef(in)** *m(f)* chief of police [*or* BRIT *a.* constable] **Polizeidienst** *m* police service **Polizeidienststelle** *f* police station **Polizeidirektion** *f* police authority **Polizeieinheit** *f* police force **Polizeieinsatz** *m* police operation **Polizeiführung** *f* police command **Polizeifunk** *m* police radio **Polizeigebäude** *nt* police building **Polizeigewahrsam** *m* [police] custody; **jdn in ~ nehmen** to take sb into custody **Polizeigewalt** *f kein pl* police powers *pl;* **die ~ ausüben** to use force [by the police]; **etw mit ~ verhindern** to prevent sth by the use of [police] force **Polizeigriff** *m* arm [*or* wrist] lock [*or* hold]; **jdn im ~ abführen** to frog-march sb away **Polizeihund** *m* police dog **Polizeikommissar(in)** <-s, -e> *m(f)* police superintendent, chief inspector
polizeilich I. *adj attr* police *attr; s. a.* **Führungszeugnis, Kennzeichen**
II. *adv* by the police; **~ gemeldet sein** to be registered with the police
Polizeiposten *nt* SCHWEIZ *s.* **Polizeirevier Polizeipräsenz** *f kein pl* JUR police presence *no pl* **Polizeipräsident(in)** *m(f)* chief constable BRIT, chief of police AM **Polizeipräsidium** *nt* police headquarters + *sing/pl vb* **Polizeirat, -rätin** <-[e]s, -räte> *m, f* member of a/the police commission **Polizeirevier** *nt,* **Polizeiposten** *nt* SCHWEIZ ❶ *(Dienststelle)* police station
❷ *(Bezirk)* [police] district [*or* AM precinct] **Polizeischutz** *m* police protection; **unter ~ stehen** to be under police protection; **jdn unter ~ stellen** to place sb under police protection **Polizeispitzel** *m* police informer **Polizeisprecher(in)** *m(f)* police spokesperson [*or masc* spokesman] [*or fem* spokeswoman] **Polizeistaat** *m* police state **Polizeistation** *f* police station **Polizeistreife** *f* police patrol **Polizeistunde** *f* closing time **Polizeiübergriffe** *pl* police excesses *pl* **Polizeivollzugsbeamte(r)** *f(m)* JUR police officer, law enforcement officer **Polizeiwache** *f* police station
Polizist(in) <-en, -en> *m(f)* policeman *masc,* policewoman *fem,* police officer
Polizze <-, -n> *f* ÖSTERR *(Police)* [insurance] policy
Polka <-, -s> *f* polka
Polkappe *f* polar ice cap
Pollack <-s, -en> *m* pollack, dover hake
Pollen <-s, -> *m* pollen
Pollenallergie *f* MED pollen allergy, allergy to pollen
Pollenflug *m kein pl* BOT, MED pollen dispersal *no pl*
Pollenflugkalender *m* BOT, MED, NATURMED pollen dispersal calendar **Pollenflugvorhersage** *f* pollen count forecast
Pollenkorn *nt* BOT pollen grain **Pollensack** *m* BOT pollen-sac **Pollenwarndienst** *m* MED, MEDIA, NATURMED pollen [level] warning service
Poller <-s, -> *m* bollard; *Schiffsdeck a.* bitt *spec*
Pollution <-, -en> *f* BIOL *(geh)* [nocturnal] emission
Polnisch *nt dekl wie adj* Polish; *s. a.* **Deutsch**
polnisch *adj* ❶ *(Polen betreffend)* Polish; *s. a.* **deutsch 1**
❷ LING Polish; *s. a.* **deutsch 2**
Polnische <-n> *nt* ■**das** ~ Polish, the Polish language; *s. a.* **Deutsche**
Polo <-s, -s> *nt* polo
Polohemd *nt* polo shirt
Polokragen *m* polo collar
Polonäse <-, -n> *f,* **Polonaise** <-, -n> *f* polonaise
Polonium <-s> *nt kein pl* polonium *no pl*
Polster <-s, -> *nt o* ÖSTERR *m* ❶ *(Polsterung)* upholstery *no pl, no indef art*
❷ MODE pad, padding
❸ BOT cushion plant
❹ FIN reserves *pl,* cushion
❺ ÖSTERR *(Kissen)* cushion
Pölsterchen <-s, -> *nt* small pad

Polsterer, Polsterin <-s, -> *m, f* upholsterer

Polstergarnitur *f* suite **Polstermaterial** *nt* padding *no pl, no indef art;* (*dicker*) cushioning *no pl, no indef art* **Polstermöbel** *nt meist pl* upholstered furniture *no pl*

polstern *vt* ❶ (*mit Polster versehen*) ■**etw** ~ to upholster sth; **eine Tür** ~ to pad a door; ■**gepolstert** upholstered, padded; **gut gepolstert sein** to be well padded
❷ (*fam: genügend Finanzen haben*) **gut gepolstert sein** to be comfortably off [*or* AM well-off]

Polstersessel *m* [upholstered] armchair, easy chair

Polsterung <-, -en> *f* ❶ (*Polster*) upholstery *no pl, no indef art*
❷ *kein pl* (*das Polstern*) upholstering *no pl, no indef art*

Polterabend *m party at the house of the bride's parents on the eve of a wedding, at which crockery is smashed to bring good luck* **Poltergeist** *m* poltergeist

poltern *vi* ❶ *haben* (*rumpeln*) to crash, to bang, to make a racket; ***da poltert es an der Tür*** there's a banging on the door; ■**das P~** banging [*or* crashing] [noise]
❷ *sein* (*krachend fallen*) ■**irgendwohin** ~ to go crashing somewhere; ***der Schrank polterte die Treppe hinunter*** the wardrobe went crashing down the stairs
❸ *sein* (*lärmend gehen*) ■**irgendwohin** ~ to stump [*or* AM stomp] [*or* clump] somewhere

Polyacrylfaser *f* CHEM polyacrylic fibre [*or* AM -er]

Polyalkohol *m* CHEM polyalcohol

Polyamid® <-[e]s, -e> *nt* CHEM, TECH polyamide

Polyäthylen <-s, -e> *nt* CHEM, TECH polyethylene, polythene

polychloriert *adj inv* polychlorinated

Polyester <-s, -> *m* polyester

Polyfonie^RR <-> *f kein pl s.* **Polyphonie**

polygam *adj* polygamous

Polygamie <-> *f kein pl* polygamy *no pl*

polyglott *adj* (*geh*) ❶ (*viele Sprachen sprechend*) polyglot
❷ (*mehrsprachig*) multilingual

Polymer <-s, -e> *nt,* **Polymere** <-n, -n> *nt meist pl* CHEM polymer

Polymerisierung <-> *f kein pl* CHEM, TECH polymerization

Polyneuropathie <-, ien> *f* polyneuropathy

Polynom <-s, -e> *nt* MATH polynomial

Polyp <-en, -en> *m* ❶ ZOOL polyp
❷ MED polyp; **~en in der Nase haben** to suffer from adenoids

Polypeptid <-s, -e> *nt* CHEM polypeptide

Polyphonie <-> *f kein pl* MUS polyphony

polyploid *adj* polyploid

Polyploidie <-> *f kein pl* BIOL polyploidy

Polypol <-s, -e> *nt* JUR polypoly

Polysemie <-> *f kein pl* LING polysemy

Polytechnikum <-s, -ka *o* -ken> *nt* polytechnic

Polytheismus <-> *m kein pl* polytheism

Polyurethan <-s, -e> *meist pl nt* CHEM polyurethane *no pl*

Polyvinylchlorid <-[e]s, -e> *nt* CHEM polyvinyl chloride, PVC

Pomade <-, -n> *f* pomade

Pomeranze <-, -n> *f* KOCHK Seville [*or* bitter] orange

Pomeranzenöl *nt* BOT Seville [*or* bitter] orange oil

Pommern <-s> *nt* Pomerania

Pommes ['pɔməs] *pl* (*fam*), **Pommes frites** [pɔm'frɪt] *pl* French fries *pl,* BRIT *a.* chips *pl*

Pommes-frites-Schneider *m* potato chipper BRIT, French fry slicer AM

Pomp <-[e]s> *m kein pl* pomp *no pl*

Pompeji <-> *nt* Pompeii

Pompon <-s, -s> [põ'põ:] *m* pompon, pompom

pompös **I.** *adj* grandiose
II. *adv* grandiosely, in a grandiose style

Poncho <-s, -s> ['pɔntʃo] *m* poncho

Pond <-s, -> *nt* PHYS gram-force

Pontifex <-, -fizes> [*pl* -tse:s] *m* REL pontiff

Pontifikat <-s, -e> *nt* REL pontificate, papacy

Pontius *m* ▶ WENDUNGEN: **von ~ zu Pilatus laufen** (*fam*) to run from pillar to post

Ponton <-s, -s> [põ'tõ:] *m* NAUT, MIL pontoon

Pontonbrücke [pɔn'tõ:, 'pɔntõ] *f* pontoon bridge

Pony[1] <-s, -s> ['pɔni] *nt* pony

Pony[2] <-s, -s> ['pɔni] *m* fringe BRIT, bangs *npl* AM

Ponyfrisur *f* hairstyle with a fringe [*or* AM with bangs]

Pool <-s, -s> [pu:l] *m* pool

Poolbillard ['pu:lbɪljart] *nt* pool

Pop <-s> *m kein pl* pop

Popanz <-es, -e> *m* ❶ (*Hanswurst*) clown, puppet
❷ (*Buhmann*) bogeyman

Pop-Art^RR *f,* **Pop-art** *f* pop art

Popballade *f* pop ballad

Popcorn <-s> *nt kein pl* popcorn *no pl, no indef art*

Pope <-n, -n> *m* priest

Popel <-s, -> *m* (*fam*) ❶ (*Stück Nasenschleim*) bogey BRIT *fam,* booger AM *fam*
❷ (*Durchschnittsbürger*) pleb *fam,* nobody

pop(e)lig *adj* (*fam*) ❶ (*lausig*) lousy
❷ (*gewöhnlich*) crummy

Popelin <-s, -e> *m,* **Popeline** <-, -> *f* poplin

popeln *vi* (*fam*) to pick one's nose

Popfarbe *f* brilliant colour [*or* AM -or] **Popfestival** <-s, -s> *nt* pop festival **Popgruppe** *f* pop group

poplig *adj s.* **popelig**

Popmusik *f* pop music

Popmusikmarkt *m* pop music market

Popo <-s, -s> *m* (*fam*) bottom, BRIT *a.* bum *fam*

Popper <-s, -> *m* (*in den 80er Jahren*) New Romantic

poppig *adj* (*fam*) trendy

Popsänger(in) <-s, -> *m(f)* pop singer **Popstar** *m* pop star **Popszene** *m* pop scene

populär *adj* popular; ■[**bei jdm**] ~ **sein** to be popular [with sb]

popularisieren* *vt* ■**etw** ~ to popularize sth

Popularität <-> *f kein pl* popularity *no pl*

Popularklage *f* JUR collective [*or* relator] action

populärwissenschaftlich **I.** *adj* popular scientific; **~e Literatur** popular literature
II. *adv* in popular scientific terms

Population <-, -en> *f* population

Populismus <-> *m kein pl* populism *no pl*

Populist(in) <-en, -en> *m(f)* populist

populistisch *adj* populist

Pop-up-Fenster [-ʌp-] *nt* INFORM pop-up window

Pop-up-Menü [-ʌp-] *nt* INFORM pop-up menu

Pore <-, -n> *f* pore; **aus allen ~n** from every pore; **~n verstopfend** pore-clogging

Porentiefe *f* pore depth

porenverstopfend *adj inv s.* **Pore**

porig *adj* porous, poriferous

Porno <-s, -s> *m* (*fam*) porn *fam*

Pornofilm *m* (*fam*) porn[o] film [*or fam* movie], skin flick *fam*

Pornographie <-> *f,* **Pornografie**^RR <-> *f kein pl* pornography *no pl, no indef art*

pornographisch *adj,* **pornografisch**^RR *adj* pornographic

Pornoheft *nt* (*fam*) porn[o] mag[azine] *fam*

Pornowelle *f* wave of pornography

porös *adj* porous

Porosität <-> *f kein pl* porosity

Porphyr <-s, -e> [pɔr'fy:ɐ̯] *m* GEOL porphyry

porphyrisch *adj inv* GEOL porphyritic

Porree <-s, -s> *m* leek

Pörschkohl *m* savoy cabbage

Port <-[s], -s> *m* INFORM port; **serieller** ~ serial port

Portable <-s, -s> ['pɔrtəbl] *m* TV, INFORM portable

Portal <-s, -e> *nt* ❶ (*große Tür*) portal
❷ INET homepage, portal

Portefeuille <-s, -s> [pɔrt'føːj] *nt* FIN portfolio

Portefeuille-Effekten *pl* FIN portfolio securities **Portefeuille-Strukturierung** *f* FIN portfolio breakdown **Portefeuille-Umschichtung** *f* FIN portfolio switching

Portemonnaie *nt s.* **Portmonee**

Portfolio *nt* BÖRSE portfolio

Porti *pl von* **Porto**

Portier <-s, -s> [pɔr'tie:] *m* porter BRIT, doorman AM

Portion <-, -en> *f* ❶ KOCHK portion
❷ (*fam*) portion, helping *fam*
❸ (*fam: Anteil*) amount
▶ WENDUNGEN: **eine halbe** ~ (*fam*) a puny [*or fam* weedy] specimen, a half-pint *fam*

Portmonee <-s, -s> [pɔrtmɔ'ne:, pɔrtmɔ'nɛ:] *nt* purse

Porto <-s, -s *o* Porti> *nt* postage *no pl, no indef art*

Portoausgabe *f* postage expenses *pl* **portofrei** *adj inv* post- [*or* AM postage-] free [*or* -paid], postage-prepaid **Portokasse** *f* petty cash (*for postage*) **portopflichtig** *adj inv* liable [*or* subject] to postage *pred*

Porträt <-s, -s> [pɔr'trɛ:] *nt* portrait

Porträtaufnahme [pɔr'trɛ:] *f* portrait photograph

porträtieren* *vt* ❶ (*als Porträt darstellen*) ■**jdn** ~ to paint/take a portrait of sb
❷ (*künstlerisch wiedergeben*) to portray; ■**jdn als jdn** ~ to portray sb as sb

Porträtist(in) <-en, -en> *m(f)* (*form*) portrait artist, portraitist

Porträtmaler(in) [pɔr'trɛ:] *m(f)* portrait painter

Portugal <-s> *nt* Portugal; *s. a.* **Deutschland**

Portugiese, -giesin <-n, -n> *m, f* Portuguese; *s. a.* **Deutsche(r)**

portugiesisch *adj* ❶ (*Portugal betreffend*) Portuguese; *s. a.* **deutsch 1**
❷ LING Portuguese; *s. a.* **deutsch 2**

Portugiesisch *nt dekl wie adj* ❶ LING Portuguese; *s. a.* **Deutsch 1**
❷ (*Fach*) Portuguese; *s. a.* **Deutsch 2**

Portulak <-s> *m kein pl* BOT purslane

Portwein *m* port

Porzellan <-s, -e> *nt* ❶ (*Material*) porcelain *no pl, no indef art,* china *no pl, no indef art*
❷ *kein pl* (*Geschirr*) china *no pl, no indef art*
▶ WENDUNGEN: ~ **zerschlagen** (*fam*) to cause a lot of trouble [*or* bother] [*or* damage]

Porzellanfigur *f* porcelain figure **Porzellangeschirr** *nt* china *no pl, no indef art* **Porzellanladen** *m* china shop ▶ WENDUNGEN: **wie ein Elefant im** ~ (*prov*) like a bull in a china shop *prov* **Porzellanmanufaktur** *f* porcelain [*or* china] factory **Porzellanschale** *f* porcelain dish

POS INFORM *Akr von* **point-of-sale** POS

POS-Applikation *f* INFORM POS application

Posaune <-, -n> *f* trombone; ~ **blasen** [*o* **spielen**] to play the trombone

posaunen* **I.** *vi* (*fam*) ❶ (*Posaune blasen*) to play the trombone
❷ (*tönen*) ■**von etw** ~ to yell [*or* shout] sth out
II. *vt* (*fam*) to yell; ■**etw irgendwohin** ~ to yell [*or* shout] sth out somewhere; **etw in alle Welt** ~ to trumpet sth forth, to broadcast sth to the whole world

Posaunenbläser(in) *m(f)* trombone player, trombonist

Posaunist(in) <-en, -en> *m(f)* (*form*) trombonist, trombone player

Pose <-, -n> *f* pose; [**bei jdm**] **nur** ~ **sein** sb is only posing [*or* putting it on]; **eine bestimmte** ~ **einnehmen** to take up a certain pose

posieren* *vi* (*geh*) ■[**als jd**] ~ to pose [as sb]

Position <-, -en> *f* ❶ (*geh: Stellung*) position; **sich jdm gegenüber in schwacher/starker** ~ **befinden** to be in weak/strong position with regard to sb
❷ (*geh: berufliche Stellung*) position
❸ (*Standpunkt*) position; **eine** ~ **beziehen** to take up a position, to take a stand
❹ BÖRSE, LUFT, NAUT position; **~en glattstellen** BÖRSE to liquidate positions
❺ ÖKON (*Posten*) item

positionieren* *vr* POL (*geh*) to take a stand

Positionsanzeiger *m* INFORM cursor **Positionsbereinigung** *f* BÖRSE position squaring **Positionsbestimmung** *f bei Satellitennavigation* positioning **Positionslicht** *nt* navigation light **Positionspapier** *nt* POL policy paper [*or* document]

positiv I. *adj* ❶ (*zustimmend*) positive; ■~ [**für jdn**] **sein** to be good news [for sb]
❷ (*geh*) concrete, definite; JUR **~e Forderungsverletzung** breach of an obligation other than by delay or impossibility; **~e Vertragsverletzung** special breach of contract
❸ MATH positive, plus
❹ PHYS, ELEK positive
II. *adv* positively; **etw ~ beeinflussen** to have a positive influence on sth; **etw ~ bewerten** to judge sth favourably [*or* AM favorably]; **einer Sache ~ gegenüberstehen** to take a positive view of a matter; **sich** *akk* **~ verändern** to change for the better

Positiv[1] <-s, -e> *nt* ❶ FOTO positive
❷ MUS positive [organ]

Positiv[2] <-s, -e> *m* LING positive

Positivattest *nt* JUR positive certification

Positivbeweis *m* JUR proof positive

Positivdarstellung *f* INFORM positive display

Positivismus <-> *m kein pl* PHILOS positivism; **logischer ~** logical positivism

Positivkennzeichnug *f bei Gentechnik* positive labelling [*or* AM labeling] **Positivumwandlung** *f* FOTO positive transposition

Positron <-s, Positronen> *nt* NUKL positron

Positur <-, -en> *f* posture; **sich** *akk* [**vor jdm/etw**] **in ~ setzen/stellen** to take up/adopt [*or* assume] a posture [*or* pose] [in front of sb/sth]

Posse <-, -n> *f* ❶ *meist pl* (*Streich*) prank, trick; **~ reißen** to play tricks, to fool around; **jdm eine ~ spielen** to play a trick [*or* prank] on sb
❷ THEAT farce

Possen <-s, -> *m meist pl* (*veraltend*) trick, prank, tomfoolery *no pl dated;* **mit jdm ~ treiben** to play tricks on sb; **~ reißen** to fool [*or* lark] about, to play tricks

possenhaft <-er, -este> *adj* farcical

Possessiva *pl von* **Possessivum**

Possessivpronomen *nt,* **Possessivum** <-s, Possessiva> [vʊm] *nt* possessive pronoun

possessorisch *adj* JUR possessory

possierlich <-er, -ste> *adj* sweet BRIT, cute AM

Post <-> *f kein pl* ❶ (*Institution*) postal service, Post Office; **etw mit der/durch die/per ~ schicken** to send sth by post [*or* AM mail]; (*Dienststelle*) post office; ***die ~ befindet sich am Ende dieser Straße rechts*** the post office is at the end of the street on the right; **auf die/zur ~ gehen** to go to the post office; **etw zur ~ bringen** to take sth to the post office
❷ (*Briefsendungen*) mail *no pl, indef art rare, esp* BRIT post *no pl, indef art rare;* **gelbe ~** postal service; **mit gleicher/getrennter ~** by the same post/under separate cover; ***heute ist keine ~ für dich da*** there's no post [*or* mail] for you today; **auf** [**die**] **~ warten** to wait for [the] post [to arrive]; **von jdm viel ~ bekommen** to get [*or* receive] a lot of letters from sb; **elektronische ~** electronic mail, e-mail; **mit getrennter ~** HANDEL under separate cover
▸ WENDUNGEN: [**und**] **ab geht die ~!** (*fam*) off we go!

postalisch I. *adj* postal; ***die Ware wird Ihnen auf ~em Weg zugestellt*** the goods will be sent by post
II. *adv* by post [*or* AM mail]

Postamt *nt* post office **Postanweisung** *f* ❶ (*Überweisungsträger*) postal [*or* AM money] order ❷ (*angewiesener Betrag*) *money paid in at a post office and delivered to the addressee* **Postausgang** *m* HANDEL outgoing mail; INFORM *a.* outtray **Postauto** *nt* postal [*or* post office] van **Postbank** *f* Post Office Giro Bank BRIT, postal bank AM **Postbarscheck** *m* Post Office Giro cheque BRIT, postal check AM **Postbeamte(r), -beamtin** *m, f* post office official **Postbedienstete(r)** *f(m)* postal worker

Postbezug *m* mail order **Postbote, -botin** *m, f* postman *masc,* AM *usu* mailman *masc,* postwoman BRIT *fem,* female mail carrier AM

Pöstchen <-s, -> *nt dim von* **Posten** (*iron fam*) little job [*or* number] *iron fam*

Postdienst *m* postal service **Postdienstleistung** *f* postal service [*or* operation] **Posteingang** *m* HANDEL incoming mail; INFORM *a.* in-tray

Posten <-s, -> *m* ❶ (*zugewiesene Position*) post, position
❷ (*Anstellung*) position, post, job
❸ (*Wache*) guard; **irgendwo ~ beziehen** to take up position [*or* position oneself] somewhere; **~ stehen** to stand guard
❹ ÖKON (*Position*) item; (*Menge*) lot, quantity; **budgetärer ~** budget item; **einen ~ belasten/gutschreiben** to debit/credit an item; **einen ~ nachtragen/stornieren** to book an omitted item/to cancel an item; **einen ~ umbuchen** to carry out a product
❺ JAGD buckshot
▸ WENDUNGEN: **auf verlorenem ~ kämpfen** [*o* **stehen**] to be fighting a lost cause [*or* losing battle]; [**noch**] **auf dem ~ sein** (*fam: fit sein*) to be [still] in good shape; (*wachsam sein*) to be on one's toes *fam;* **nicht ganz auf dem ~ sein** (*fam*) to be a bit under the weather [*or* off-colour [*or* AM -or]] *fam*

Postenentgelte *pl* FIN item-per-item charges

postenweise *adv* HANDEL in lots, by items

Poster <-s, -[s]> ['po:stɐ, 'pɔstɐ] *nt* poster

Postfach *nt* ❶ (*Schließfach*) post office [*or* PO] box
❷ (*offenes Fach*) pigeonhole

Postfachanlage *f* post office box service **Postfachmiete** *f* rent of a post office box **Postfachnummer** *f* post office [*or* PO] box number

postfeministisch *adj inv* SOZIOL post-feminist

postfertig *adv* ready for posting [*or* mailing] *pred* **Postgebühr** *f* postal charge [*or* rate], postage *no pl* **Postgeheimnis** *nt* JUR postal secrecy, confidentiality of the post [*or* AM mail] **Postgewerkschaft** *f* **Deutsche ~** *union of German postal workers* **Postgiroamt** [-ʒi:ro-] *nt* Girobank **Postgirokonto** *nt* giro [*or* National Girobank] [*or* AM postal checking] account

postglazial *adj inv* GEOL postglacial

posthum *adj* (*geh*) posthumous

postieren* *vt* ■**jdn/sich irgendwo ~** to position [*or* station] sb/oneself somewhere

Postille <-, -n> *f* MEDIA, VERLAG (*pej*) *newspaper* rag *pej; magazine* mag *pej*

Postkarte *f* postcard **Postkasten** *m* DIAL (*Briefkasten*) postbox BRIT, letterbox BRIT, pillar box BRIT, mailbox AM **Postkutsche** *f* HIST stagecoach **postlagernd** *adj* poste restante BRIT, general delivery AM **Postleitzahl** *f* postcode BRIT, zip code AM

Pöstler(in) <-s, -> *m(f)* SCHWEIZ, **Postler(in)** <-s, -> *m(f)* (*fam*) post office worker

Postminister(in) *m(f)* Minister of Post BRIT, postmaster general AM

postmodern *adj* postmodern

Postmoderne <-> *f kein pl* postmodernism

Postnachnahmesendung *f* HANDEL COD parcel **postnumerando** *adv* FIN at the end of the period; **~ zahlbar** payable later; **etw ~ zahlen** to pay sth on receipt **Postpaket** *nt* parcel, [postal] packet **Postsack** *m* mailbag, BRIT *a.* postbag **Postschalter** *m* post office counter

Postscheck *m* giro cheque [*or* AM check] **Postscheckamt** *nt* Girobank **Postscheckkonto** *nt* FIN [post-office] giro [*or* National Girobank] account BRIT **Postscheckverkehr** *m* FIN postal giro transfer system

Postscriptdatei *f* INFORM postscript file **Postscriptdrucker** *m* INFORM postscript printer **Postscriptfile** <-s, -s> ['poʊstskrɪptfaɪl] *nt* Postscript file **Postscriptprogramm** *nt* INFORM postscript program **Postscript-RIP** *m* INFORM postscript RIP **Postscriptseite** *f* INFORM postscript page **Postscripttreiber** *m* INFORM postscript printer driving software

Postsendung *f* postal [*or* AM mail] item

Postskript <-[e]s, -e> *nt,* **Postskriptum** <-s, -ta> *nt* (*geh*) postscript, PS

Postsortieranlage *f* sorting office

postsowjetisch *adj* post-soviet [*or* -communist] **Postsparbuch** *nt* Post Office savings [account] book **Postsparkasse** *f* Post Office Giro [*or* National Savings] [*or* AM postal savings] bank **Poststelle** *f* ❶ (*Sortierstelle*) mail [*or* post] room ❷ (*Ortsniederlassung*) [sub] post office **Poststempel** *m* ❶ (*Abdruck*) postmark ❷ (*Gerät*) postmark stamp[er] **Postüberweisung** *f* Girobank transfer

Postulat <-[e]s, -e> *nt* ❶ (*geh: Forderung*) postulate, demand
❷ PHILOS, SCI postulate
❸ REL postulancy
❹ POL SCHWEIZ *parliamentary instruction to the Upper House to review a bill or measure*

Postulationsfähigkeit *f* JUR [right of] audience, locus standi

postulieren* *vt* (*geh*) ■**etw ~** to postulate sth

postum *adj inv, attr* posthumous

Postverkehr *m kein pl* HANDEL postal service **Postvermerk** *m* HANDEL postmark **Postvertriebsstück** *nt* (*form*) postal item **Postweg** *m* (*veraltet*) post road **postwendend** *adv* by return [of post] [*or* AM mail] **Postwertzeichen** *nt* (*form*) postage stamp *form* **Postwesen** *nt kein pl* Post Office, postal service **Postwurfsendung** *f* mailshot, direct mail advertizing, unaddressed mailing **postzugelassen** *adj* authorized by the Post Office **Postzustellung** *f* postal delivery

Pot <-s> *nt kein pl* (*sl*) pot *dated sl*

potent *adj* ❶ (*sexuell fähig*) potent
❷ (*zahlungskräftig*) affluent

Potentat(in) <-en, -en> *m(f)* (*geh*) potentate

Potential <-s, -e> [potɛn'tsia:l] *nt s.* **Potenzial**

potentiell [potɛn'tsiɛl] *adj s.* **potenziell**

Potenz <-, -en> *f* ❶ MED (*Zeugungsfähigkeit*) potency
❷ (*geh: Möglichkeiten*) potential
❸ (*Leistungsfähigkeit*) strength, power
❹ MATH **zweite/dritte ~** square/cube; **etw in eine bestimmte ~ erheben** to raise sth to the power of ...
❺ (*Grad*) **Blödsinn in höchster ~** utter nonsense; **in höchster ~** (*geh*) to the highest degree, of the highest order

Potenzfunktion *f* MATH power function

PotenzialRR <-s, -e> [potɛn'tsia:l] *nt* ❶ (*geh: Möglichkeiten*) potential
❷ PHYS potential

potenziellRR [potɛn'tsiɛl] *adj* (*geh*) potential; **~er Kunde** potential [*or* prospective] customer, prospect

potenzieren* *vt* ❶ (*geh*) ■**etw ~** to multiply [*or* increase] sth
❷ MATH to raise to the power; **6 mit 4 potenziert** 6 to the power [of] 4

Potenzmenge *f* MATH power set **Potenzpille** *f* (*fam*) potency pill, Viagra® **Potenzstörung** *f* MED potency disorder [*or* dysfunction] [*or* problem], impotence

Potestativbedingung *f* JUR potestative condition

Potpourri <-s, -s> ['pɔtpʊri] *nt* potpourri, medley

Potsdam <-s> *nt* Potsdam

Potsdamer(in) <-s, -> *m(f)* ❶ *dekl wie adj* (*Einwohner von Potsdam*) sb from Potsdam
❷ *attr* ■**das ~ Abkommen** HIST the Potsdam Conference

Pott <-[e]s, Pötte> *m* (*fam*) ❶ (*Topf*) pot
❷ (*a. pej: Schiff*) ship, tub *pej fam*

Pottasche *f* potash *no pl, no indef art*

potthässlichRR *adj* (*fam*) [as] ugly as sin *pred,* plug-ugly *fam*

Pottwal *m* sperm whale

potz *interj* ▸ WENDUNGEN: **~ Blitz!** (*veraltet*) goodness gracious! *old*

Poulet <-s, -s> ['pule:] *nt* SCHWEIZ chicken

poussieren I. *vi* (*veraltend fam*) ■**mit jdm ~** to flirt with sb
II. *vt* (*veraltend*) ■**jdn ~** to curry favour [*or* AM -or] with sb, to butter up sb *sep fam*

Power <-> ['paʊɐ] *f kein pl* (*sl*) power *no pl, no indef art*

powern ['paʊɐn] *vi* (*sl*) ❶ (*sich voll einsetzen*) to give it all one's got *fam*
❷ (*fördern*) to promote heavily

Powerprozessor ['paʊɐ-] *m* power processor

Powidl <-s, -> *m* ÖSTERR plum jam; ■**jdm ~ sein** (*fam*) to be all the same to sb

Powidlknödel *m* ÖSTERR dumpling filled with plum jam

PP *nt Abk von* **Polypropylen** PP, polypropylene

pp *adj Abk von* **pianissimo** pp

pp. *Abk von* **perge, perge** pp.

pp(a). *Abk von* **per procura** pp

ppi *pl* INFORM *Abk von* **pixel per inch** ppi

ppm INFORM *Abk von* **pages per minute** ppm

PPP INFORM *Abk von* **point-to-point protocol** PPP

PR <-> *f kein pl s.* **Public Relations** PR

Präambel <-, -n> *f* preamble; (*Versicherung*) recital clause; **falsche ~** misrecital

PR-Abteilung *f* PR department

Pracht <-> *f kein pl* splendour [*or* AM -or] *no pl*, magnificence *no pl*; **in seiner/ihrer/etc. vollen** [*o* **ganzen**] **~** in all his/her/etc. splendour; **eine wahre ~ sein** (*fam*) to be [really] marvellous [*or fam* great]; **eine wahre ~ sein, etw zu tun** to be marvellous [*or* fantastic] to do sth; **dass es eine ~ ist** (*fam*) it's magnificent to see; ***die Rosen blühten, dass es eine ~ war*** it was magnificent to see the roses blooming

Prachtausgabe *f* luxury [*or* de luxe] edition **Prachtbau** *m* magnificent building **Prachtexemplar** *nt* fine [*or* magnificent] specimen; **wahre ~e von Kindern** really splendid children

prächtig *adj* ❶ (*prunkvoll*) splendid, magnificent
❷ (*großartig*) splendid, marvellous

Prachtkerl *m* (*fam*) great guy [*or* BRIT *a.* bloke] *fam*, fine specimen of a man; **ein ~ von einem Kind!** a terrific kid! *fam* **Prachtstück** *nt s.* Prachtexemplar **prachtvoll** *adj* (*geh*) *s.* **prächtig Prachtweib** *nt* (*fam*) fine specimen of a woman

prädestinieren* *vt* (*geh*) to predestine; ■**jdn zu etw ~** to predestine sb to sth; **für etw wie prädestiniert sein** to be predestined [*or* made] [*or* just right] for sth

Prädikat <-[e]s, -e> *nt* ❶ LING predicate
❷ SCH grade
❸ (*Auszeichnung*) rating
❹ (*Weinqualität*) title; ***Weine mit ~*** quality wines

prädikativ *adj inv* LING predicative

Prädikatsnomen *nt* LING predicative noun, complement **Prädikatswein** *m* top quality wine

Präfekt <-en, -en> *m* HIST, POL, REL prefect

Präfektur <-, -en> *f* ❶ (*Amt*) prefecture
❷ (*Räumlichkeiten*) prefecture

Präferenz <-, -en> *f* ❶ (*geh*) preference
❷ (*Vergünstigung*) privilege

Präferenzgefälle *nt* HANDEL preference margin **Präferenzraten** *pl* HANDEL preferential rates **Präferenzspanne** *f* HANDEL preference margin

Präfix <-es, -e> *nt* LING prefix

Prag <-s> *nt* Prague

prägen *vt* ❶ (*durch Prägung herstellen*) ■**etw ~** to mint sth; **Münzen ~** to mint [*or* strike] coins; **eine Medaille ~** to strike a medallion
❷ (*mit einer Prägung versehen*) to emboss sth; **geprägtes Briefpapier** embossed writing paper; **einen Bucheinband [blind] ~** to emboss [*or* [*spec* blind-]tool] a book cover; ■**etw auf/in etw** *akk* **~** to stamp [*or form* impress] sth on[to]/into sth; **sich** *dat* **etw ins Gedächtnis ~** (*fig*) to commit sth to memory, to engrave sth on one's mind
❸ (*fig: formen*) ■**jdn ~** to leave its/their mark [on sb]; **jdn für alle Zeiten ~** to leave its/their indelible mark [on sb]
❹ ZOOL **ein Tier auf etw/jdn ~** to imprint sth/sb on an animal
❺ (*schöpfen*) ■**etw ~** to coin sth; **ein Modewort ~** to coin an "in" expression *sl*

Pragmatik <-, -en> *f* ❶ *kein pl* (*geh*) pragmatism
❷ *kein pl* LING pragmatics + *sing vb*
❸ ADMIN ÖSTERR (*Dienstordnung*) official regulations *pl*

Pragmatiker(in) <-s, -> *m(f)* pragmatist

pragmatisch I. *adj* pragmatic
II. *adv* pragmatically; **~ eingestellt sein** to be pragmatic

Pragmatismus <-> *m kein pl* pragmatism *no pl*

prägnant I. *adj* (*geh*) succinct, concise; **~e Sätze** concise sentences
II. *adv* **~ antworten** to give a succinct [*or* concise] answer; **sich** *akk* **~ ausdrücken** to be succinct [*or* concise]; **etw ~ beschreiben/darstellen** to give a succinct [*or* concise] description/account of sth

Prägnanz <-> *f kein pl* (*geh*) conciseness *no pl*, succinctness *no pl*

Prägung <-> *f* ❶ (*Einprägen von Münzen*) minting, striking
❷ (*mit Muster versehen*) embossing; *Einband, Leder a.* tooling, incuse *spec;* (*Eingeprägtes*) embossing; *Einband, Leder a.* tooling
❸ BIOL, ZOOL imprinting
❹ LING coinage

prähistorisch *adj* prehistoric

prahlen *vi* ■**[mit etw] ~** to boast [*or pej fam* brag] [about sth]; ■**damit ~, dass ...** to boast [*or pej fam* brag] that ...

Prahler(in) <-s, -> *m(f)* (*pej*) boaster

Prahlerei <-, -en> *f* (*pej*) ❶ *kein pl* (*Angeberei*) boasting, bragging *pej fam*
❷ (*prahlerische Äußerung*) boast, boasting *no pl*, bragging *no pl pej fam*

Prahlerin <-, -nen> *f fem form von* **Prahler**

prahlerisch *adj* boastful, bragging *attr*

Prahlhans <-es, -hänse> *m* (*fam*) show-off *fam*, braggart *dated*

Präjudiz <-es, -e> *nt* JUR precedent

Präjudizienrecht *nt* JUR case law, law based on precedents

Präklusion <-, -en> *f* JUR (*Ausschließung*) preclusion, foreclosure

Präklusionswirkung *f* JUR preclusive effect

Präklusivfrist *f* JUR preclusive period

präkolumbinisch *adj inv* pre-Columbian

Praktik <-, -en> *f meist pl* practice, procedure; **undurchsichtige ~en** shady practices

Praktika *pl von* **Praktikum**

praktikabel *adj* practicable, feasible *form*

Praktikant(in) <-en, -en> *m(f)* [on-the-job AM] trainee, intern AM (*student or trainee working at a trade or occupation to gain work experience*)

Praktiken *pl von* **Praktik**

Praktiker(in) <-s, -> *m(f)* ❶ (*Mensch mit praktischer Erfahrung*) practical person [*or masc* man] [*or fem* woman]; SCI practitioner; **ein [reiner] ~ sein** to be a [purely] practical person
❷ (*fam: praktischer Arzt*) general practitioner, GP, family doctor

Praktikum <-s, Praktika> *nt* work placement, period of practical training, internship AM

praktisch I. *adj* ❶ (*wirklichkeitsbezogen*) practical; **~e Ausbildung** practical [*or* in-job] [*or* AM on-the-job] training; **~er Arzt** GP, family doctor; **~e Unterweisung** object lessons
❷ (*zweckmäßig*) practical; **ein ~es Gerät** a practical [*or* handy] device; **ein ~es Beispiel** a concrete example
❸ (*geschickt im Umgang mit Problemen*) practical[-minded], down-to-earth; **eine ~e Denkweise** practical thinking; **ein ~er Mensch** a practical person; **~ veranlagt sein** to be practical
II. *adv* ❶ (*so gut wie, im Grunde*) practically, virtually, basically; (*wirklich*) in practice
❷ (*wirklichkeitsbezogen*) **~ arbeiten** to do practical work; **eine Erfindung ~ erproben** to test an invention in real scenarios; **etw ~ umsetzen** to put sth into practice

praktizieren* I. *vt* ❶ (*in die Praxis umsetzen*) ■**etw ~** to put sth into practice; **seinen Glauben ~** to practise [*or* AM -ice] one's religion; **ein Verfahren ~** to follow a practised [*or* set] procedure
❷ (*fam: gelangen lassen*) ■**etw in etw** *akk* **~** to slip sth into sth; (*von Zauberer*) to conjure sth into sth
II. *vi* to practise [*or* AM *usu* -ice]; **~der Arzt** practising doctor

Prälat <-en, -en> *m* REL prelate

Praline <-, -n> *f*, **Praliné** <-s, -s> *nt*, **Pralinee** <-s, -s> *nt* ÖSTERR, SCHWEIZ chocolate [cream]

Pralinenförmchen *pl* chocolate mould [*or* AM mold]

pralinieren *vt* KOCHK ■**etw ~** to caramelize sth

prall *adj* ❶ (*sehr voll*) **~e Brüste/Hüften** well-rounded [*or hum* ample] breasts/hips; **eine ~ gefüllte Brieftasche** a bulging wallet; **ein ~er Euter** a swollen udder; **~e Segel** billowing [*or* full] sails; **~e Tomaten** firm tomatoes; **ein ~er Fußball/Luftballon** a hard football/balloon; **~e Schenkel/Waden** sturdy [*or* [big] strong] thighs/calves; **das ~e Leben** living life to the full; **etw ~ aufblasen** to inflate sth to bursting point; **etw ~ füllen** to fill sth to bursting
❷ (*ungehindert scheinend*) blazing; **in der ~en Sonne** in the blazing sun

prallen *vi sein* ❶ (*heftig auftreffen*) to crash; *Ball* to bounce; **[mit dem Wagen] gegen/vor etw ~** to crash [one's car] into sth; **mit dem Kopf gegen etw ~** to bang [*or* hit] one's head on [*or* against] sth
❷ (*ungehindert scheinen*) to blaze

Prallhang *m* GEOG cut [*or* outer] bank

Prallsack *m s.* **Airbag**

prallvoll *adj* (*form*) bulging, full to bursting, tightly packed; **ein ~er Kofferraum** a tightly packed boot [*or* AM trunk]

Präludium <-s, -ien> *nt* prelude

Prämie <-, -n> ['prɛːmiə] *f* ❶ (*zusätzliche Vergütung*) bonus, extra pay
❷ (*Versicherungsbeitrag*) [insurance] premium
❸ FIN [government] premium
❹ (*zusätzlicher Gewinn im Lotto*) extra dividend [*or* prize money]; **~n ausschütten** to distribute prizes

Prämienanleihe *f* FIN premium bond **prämienbegünstigt** *adj inv* FIN premium-aided *attr;* **~es Sparen** contractual saving **Prämienbond** *m* FIN premium bond **Prämiengeschäft** *nt* BÖRSE option dealing; **doppeltes/einfaches ~** compound/single option **Prämienlohn** *m* ÖKON premium [*or* incentive] pay **Prämienpfandbrief** *m* FIN lottery mortgage debenture **Prämiensparen** *nt* premium-aided savings scheme [*or* AM plan] **Prämienstaffelung** *f* FIN scale of premiums **Prämienzahlung** *f* [insurance] premium payment, payment of [insurance] premiums **Prämienzeitlohn** *m* ÖKON premium time wage

prämieren* *vt* ■**jdn/etw [mit etw] ~** to award sb/sth sth, to give [*or* grant] sb/sth an award [of sth]; **jdn/etw mit DM 50.000 ~** to award sb/sth a/the prize of DM 50,000; **ein prämierter Film/Regisseur** an award-winning film/director

Prämierung <-, -en> *f* granting of awards (+*gen* to); **die ~ eines Films** an award given to a film

Prämisse <-, -n> *f* (*geh*) ❶ (*Voraussetzung*) premise, condition, prerequisite *form;* **unabdingbare ~n** mandatory requirements; **unter diesen ~n** under these conditions; **unter der ~, dass ...** on condition that ...
❷ PHILOS premise, premiss

pränatal *adj* MED prenatal

prangen *vi* (*geh*) ❶ (*auffällig angebracht sein*) to be emblazoned, to be prominently displayed; ***der Titel prangte in großen Buchstaben auf dem Einband*** the title was emblazoned in big letters on the cover
❷ (*in voller Schönheit erstrahlen*) to be resplendent; ***an seiner Brust prangte der neue Orden*** the new decoration hung resplendently on his chest

Pranger <-s, -> *m* HIST pillory; **an den ~ kommen** (*fig*) to be pilloried; **am ~ stehen** (*fig*) to be in the pillory; **jdn/etw an den ~ stellen** (*fig*) to severely criticize sb/sth

Pranke <-, -n> *f* paw; (*hum a.*) mitt *sl*

Prankenhieb *m* swipe [*or* blow] from a paw

Präparat <-[e]s, -e> *nt* ❶ (*Arzneimittel*) preparation, medicament, medication
❷ BIOL, MED (*präpariertes Objekt*) specimen; (*für Mikroskop*) slide [preparation]

präparieren* **I.** *vt* ■**etw** ~ ❶ BIOL, MED (*konservieren*) to preserve sth; **ein Organ in Formalin** ~ to preserve an organ in formalin; (*sezieren*) to dissect sth
❷ (*geh: vorbereiten*) to prepare sth; **eine Leinwand** ~ to prepare a canvas
II. *vr* (*geh*) ■**sich** *akk* **[für etw]** ~ to prepare [oneself] [for sth], to do one's preparation [for sth]

Präposition <-, -en> *f* preposition

Prärie <-, -n> ['ri:ən] *f* prairie

Präriehund *m* ZOOL prarie dog **Präriewolf** *m* coyote, prairie wolf

Präsens <-, Präsentia *o* Präsenzien> [tsiən] *nt* ❶ (*Zeitform*) present tense
❷ (*Verb im Präsens 1*) present

präsent *adj* (*geh*) present; **etw ~ haben** to remember [*or* recall] sth; **etw ist jdm** ~ sb can remember [*or* recall] sth; ***der Name ist mir nicht*** ~ the name escapes me

Präsent <-[e]s, -e> *nt* (*geh*) present, gift

Präsentation <-, -en> *f* ❶ presentation *no pl*
❷ ÖKON (*Vorlegung eines fälligen Wechsels*) presentment, presentation

PräsentationsgrafikRR *f* INFORM presentation graphics + *sing vb*

Präsentationsprogramm *nt* INFORM presentation program

Präsentia *pl von* **Präsenz**

präsentieren* **I.** *vt* ■**[jdm] etw** ~ to present [sb with] sth; ■**jdn/sich [jdm]** ~ to present sb/oneself [to sb]; **sich** *akk* **als der Chef** ~ to introduce oneself as the boss
► WENDUNGEN: **sich** *akk* **von seiner besten Seite** ~ to present one's best side; *s. a.* **Gewehr**
II. *vi* MIL to present arms

Präsentierteller *m* salver
► WENDUNGEN: **auf dem ~ sitzen** (*fam*) to be exposed to all and sundry *fam*

Präsentkorb *m* gift hamper BRIT, basket of goodies AM

Präsenz <-> *f kein pl* (*geh*) presence
► WENDUNGEN: ~ **zeigen** to make one's presence felt

Präsenzbibliothek *f* (*geh*) reference library

Präsenzbörse *f* BÖRSE open-outcry market

Präsenzien *pl von* **Präsens**

Praseodym <-s> *nt kein pl* CHEM praseodymeum

Präser <-s, -> *m* (*sl*) *kurz für* **Präservativ** johnny BRIT *sl*, rubber AM *sl*

Präservativ [va] *nt* condom, [contraceptive] sheath BRIT *form*

Präsident(in) <-en, -en> *m(f)* ❶ (*Staatsoberhaupt*) president; **Herr ~/Frau** ~ Mister/Madam President
❷ (*Vorsitzende(r)*) president, chair[man/woman/person]

Präsidentenamt *nt* office of president, presidential office **Präsidentenanklage** *f* JUR impeachment proceedings against the president **Präsidentenwahl** *f* presidential election

Präsidentschaft <-, -en> *f* ❶ (*Amtszeit*) presidency, presidential term
❷ (*Amt des Präsidenten*) presidency, office of president

Präsidentschaftskandidat(in) *m(f)* presidential candidate, candidate for the presidency **Präsidentschaftswahl** *f* presidential elections *pl*

Präsidien *pl von* **Präsidium**

präsidieren* **I.** *vi* ■**etw** *dat* ~ to preside over sth; **einer Konferenz** ~ to preside over a conference
II. *vt* SCHWEIZ **einen Verein** ~ to be president of a society

Präsidium <-s, -Präsidien> [diən] *nt* ❶ (*Vorstand, Vorsitz*) chairmanship; (*Führungsgruppe*) committee; **im ~ sitzen** to be on the committee
❷ (*Polizeihauptstelle*) [police] headquarters + *sing/pl vb*

Präsidiumsmitglied *nt* member of the committee; HIST member of the pr[a]esidium

prasseln *vi* ❶ *sein o haben* (*mit trommelndem Geräusch auf etw prallen*) ■**gegen/auf etw** ~ to drum against/on sth; (*stärker*) to beat against/on sth; **~der Beifall** (*fig*) thunderous [*or* deafening] applause
❷ *haben* (*geräuschvoll brennen*) to crackle

prassen *vi* to live it up; (*schlemmen*) to pig out *fam*

Prasser(in) <-s, -> *m(f)* spendthrift, big spender; (*bei Essen*) glutton

Prätendent(in) <-en, -en> *m(f)* (*geh*) pretender (**auf** +*akk* to)

prätentiös <-er, -este> *adj* (*geh*) pretentious

Präteritum <-s, -ta> *nt* LING preterite

Pratze <-, -n> *f* SÜDD (*fam: Pranke*) paw

Prävarikation <-, -en> *f* JUR prevarication

Prävention <-, -en> *f* prevention

Präventionsprojekt *nt* prevention project

präventiv [vɛn] *adj* prevent[at]ive, prophylactic *spec*; **~e Maßnahmen ergreifen** to take preventative measures; **ein Medikament ~ einnehmen** to take medicine as a prophylactic

Präventivangriff *m* MIL pre-emptive strike **Präventivmaßnahme** *f* preventive [*or spec* prophylactic] measure **Präventivmittel** *nt* preventive **Präventivschlag** *m* MIL pre-emptive strike

Praxis <-, Praxen> *f* ❶ (*Arztpraxis*) practice, surgery BRIT, doctor's office AM; (*Anwaltsbüro*) office, practice
❷ *kein pl* (*praktische Erfahrung*) [practical] experience; **langjährige** ~ many years of experience
❸ *kein pl* (*praktische Anwendung*) practice *no art;* **in der** ~ in practice; **etw in die ~ umsetzen** to put sth into practice; *s. a.* **Mann**

Praxisbezug *m* practical orientation **praxisfern** *adj inv* impractical **praxisfremd** *adj* impracticable

Präzedenzentscheidung *f* JUR legal precedent **Präzedenzfall** *m* JUR [judicial] precedent *form*, test case; ~ **mit/ohne Verbindlichkeitscharakter** binding /persuasive precedent; **einen ~ anführen** to quote a precedent; **einen ~ schaffen** to set a precedent

präzis(e) *adj* (*geh*) precise; **eine ~e Beschreibung** an accurate [*or* exact] description; **eine ~e Uhr** an accurate clock; **sich** *akk* **~ ausdrücken** to express oneself precisely

präzisieren* *vt* (*geh*) ■**etw** ~ to state sth more precisely

Präzision <-> *f kein pl* (*geh*) precision

Präzisionsarbeit *f* precision work **Präzisionsinstrument** *nt* precision instrument **Präzisionswerkzeug** *nt* precision tool[s *pl*]

Präziswechsel *m* FIN fixed bill

PR-Chef *m* PR manager, head of PR

predigen **I.** *vt* ❶ (*verkünden*) to preach; **das Evangelium** ~ to preach the gospel
❷ (*empfehlen, ans Herz legen*) to preach; ■**[jdm] etw** ~ to lecture sb on sth; **Toleranz** ~ to preach [*or* call for] tolerance; *s. a.* **Ohr**
II. *vi* ❶ (*eine Predigt halten*) to preach; ■**gegen etw** ~ to preach against sth
❷ (*fam: mahnend vorhalten*) to tell; ***ich habe immer wieder gepredigt, dass sie keinen Alkohol trinken sollte*** I have told her again and again that she shouldn't drink alcohol

Prediger(in) <-s, -> *m(f)* preacher *masc*, [woman] preacher *fem*
► WENDUNGEN: **ein ~ in der Wüste** (*fig*) a voice [crying] in the wilderness

Predigt <-, -en> *f* (*a. fam*) sermon; **eine ~ [gegen/über etw] halten** to deliver [*or* preach] a sermon [on [*or* about] sth]

Preis <-es, -e> *m* ❶ (*Kaufpreis*) price (**für** +*akk* of); ***~e werden übertroffen*** prices are being topped; ***das ist ein stolzer*** ~ that's a lot of money; ***Schönheit hat ihren*** ~ (*fig*) beauty demands a price; ~ **ab Hersteller** price ex works, factory price; ~ **ab Lager/Werk** price ex warehouse/works [*or* factory price]; ~ **frei an Bord/Bestimmungshafen** price fob/landed price; ~ **pro Einheit** unit price; **erschwingliche ~e** affordable prices; ~ **freibleibend** price subject to change without notice; **hoch im ~ stehen** to fetch a good [*or* high] price; **bei sinkenden ~en** by declining prices; **scharf kalkulierter** ~ close price; **unverbindlicher** ~ price subject to alteration; **~e ausloten** to sound prices; **~e auszeichnen** to put a price tag on sth; **den ~ drücken** to force down the price; **im ~ fallen/steigen** to sag/increase in price; **~e ermitteln/taxieren** to arrive at/estimate prices; **jdm einen guten ~ machen** to give sb a good price; **die ~e verderben** to distort prices; **einen hohen ~ für etw zahlen** (*fig*) to pay through the nose for sth, to pay a high price for sth; **[weit] unter[m]** ~ at cut-prices/a cut-price; **zum ~ von ...** for ...; **zum erniedrigten** ~ at cut-prices [*or* AM *esp* cut-rate prices], at a cut-price [*or* AM *esp* cut-rate price]; **zum halben** ~ at half-price; **zum überteuerten** ~ at inflated prices, at an inflated price
❷ (*Gewinnprämie*) prize; **der erste/zweite** ~ [the] first/second prize; **einen ~ auf etw** *akk* **aussetzen** to put out a reward on sth; **einen ~ auf jds Kopf aussetzen** to put a price on sb's head; **der große ~ von Frankreich** the French Grand Prix; **der ~ der Nationen** Prix des Nations
❸ *kein pl* (*geh: Lob*) praise
► WENDUNGEN: **um jeden** ~ at all costs, cost what it may; **nicht um jeden ~, um keinen** ~ not at any price

Preisabbau *m* price reduction **Preisabkommen** *nt* JUR price agreement **Preisabrede** *f*, **Preisabsprache** *f* HANDEL price[-fixing] agreement; ~ **bei der Abgabe von Angeboten** collusive tendering; **heimliche** ~ collusive pricing **Preis-Absatz-Kurve** *f* HANDEL price-distribution curve **Preisabschlag** *m* discount; **jdm einen ~ gewähren** to give sb a discount (**von** +*dat* of) **Preisabsprache** *f* ÖKON price-fixing agreement **Preisangabe** *f* HANDEL price quotation, displayed [*or* listed] price **Preisangebot** *nt* HANDEL quotation, quote **Preisangleichung** *f*, **Preisanpassung** *f* HANDEL price adjustment, realignment of prices **Preisanstieg** *m* ÖKON rise [*or* increase] in prices, price increase [*or* rise] **Preisaufschlag** *m* additional [*or* extra] [*or* supplementary] charge, mark-up **Preisausgleich** *m* HANDEL price adjustment **Preisausschreiben** *nt* competition [to win a prize] [*or* contest] **Preisauszeichnung** *f* pricing **Preisauszeichnungsetikett** *nt* (*form*) price tag **Preisauszeichnungspflicht** *f* HANDEL obligation to mark goods with prices **preisbereinigt** *adj inv* HANDEL adjusted for price *pred* **preisbewusst**RR *adj* ÖKON price-conscious **Preisbildung** *f*, **Preisgestaltung** *f* HANDEL pricing, price formation; **freie/gebundene** ~ uncontrolled price formation/price fixing; **kostenorientierte/schädigende** ~ cost-based/detrimental pricing; **unbehinderte** ~ free adjustment of prices **Preisbindung** *f* [resale *form*] price fixing **Preisdiskriminierung** *f* ÖKON price discrimination **Preisdumping** *nt kein pl* ÖKON dumping of prices **Preiseinbruch** *m* collapse of prices **Preiselastizität** *f kein pl* ÖKON price elasticity *no pl;* ~ **der Nachfrage** price elasticity of demand

Preiselbeere *f* [mountain *spec*] cranberry

Preisempfehlung *f* recommended price; **[unverbindliche]** ~ RRP, recommended retail price **preisempfindlich** *adj inv* HANDEL price-sensitive

preisen <pries, gepriesen> *vt* (*geh*) ■**jdn/etw** ~ to praise [*or* extol] [*or form* laud] sb/sth; **sich** *akk* **glücklich ~ [können]** to [be able to] count [*or* consider] oneself lucky **preisentscheidend** *adj inv* HANDEL price-ruling *attr* **Preisentwicklung** *f* price trend **Preiserhöhung** *f* price increase [*or* rise], mark-up **Preisermäßigung** *f* price reduction, mark-down **Preisermittlung** *f* HANDEL pricing, price calculation **Preiseskalation** *f* ÖKON escalation of prices **Preisexplosion** *f* price explosion **Preisfestsetzung** *f* HANDEL pricing, price fixing **Preisfrage** *f* ❶ (*Quizfrage*) [prize] question, the big [*or* sixty-four thousand dollar] question; ***ob ich mir das leisten kann, ist noch die*** ~ the big question is whether I can afford that ❷ (*vom Preis abhängende Entscheidung*) question of price

Preisfreigabe *f* relaxation of price controls, deregulation of prices **Preisfreiheit** *f kein pl* HANDEL free pricing

Preisgabe *f kein pl* (*geh*) ❶ (*Enthüllung*) betrayal, divulgence; **die ~ eines Geheimnisses** giving away [*or* divulgence of] a secret
❷ (*das Ausliefern, Aussetzen*) abandonment
❸ (*Aufgabe*) relinquishment *form;* (*Gebiet*) surrender; **zur ~ einer S.** *gen* [*o* **von etw** *dat*] **gezwungen werden** to be forced to surrender [*or form* relinquish] [*or* into surrendering] [*or form* relinquishing] sth; ***die Ehe bedeutet nicht die ~ meiner Selbstständigkeit*** getting married does not mean surrendering [*or* giving up] my independence

Preisgarantie *f* HANDEL price guarantee

preis|geben *vt irreg* (*geh*) ❶ (*aufgeben*) ■**etw** ~ to relinquish sth *form;* **seine Freiheit** ~ to give up [*or form* relinquish] one's freedom; **ein Gebiet** ~ to surrender [*or* relinquish] a tract of land
❷ (*verraten*) ■**[jdm] etw** ~ to betray [*or* divulge] [*or* reveal] sth [to sb]; **ein Geheimnis** ~ to divulge [*or* give away] a secret
❸ (*überlassen*) ■**jdn/etw etw** *dat* ~ to expose sb/sth to sth; **jdn der Lächerlichkeit** ~ to expose sb [*or* hold sb up] to ridicule; **jdn dem Elend/Hungertod** ~ to condemn sb to a life of misery/to starvation; **die Haut der Sonne** ~ to expose one's skin to the sun; ***das Denkmal war sehr lange den Einflüssen der Umwelt preisgegeben*** the memorial was exposed to the elements for a long time

preisgebunden *adj inv* JUR fixed-price *attr* **Preisgefüge** *nt* price structure **preisgekrönt** *adj* award-winning *attr* **Preisgeld** <-[e]s, -er> *nt* prize money *no pl* **Preisgericht** *nt* (*Jury*) jury, judging panel **Preisgesetz** *nt* JUR price act **Preisgestaltung** *f* HANDEL pricing, price setting **Preisgleitklausel** *f* HANDEL escalation [*or* escalator] clause **Preisgrenze** *f* JUR price limit; **feste/obere/untere** ~ ceiling/maximum/minimum [*or* floor] price; **die ~ überschreiten** to exceed the price limit **preisgünstig** *adj* inexpensive, good value *attr;* **ein ~es Angebot** a reasonable offer; **etw ~ bekommen** to obtain sth at a low [*or* good] price; ***am ~sten kauft man in Supermärkten*** you can find the best prices in supermarkets **Preisindex** *m* ÖKON price index; ~ **für die Lebenshaltung** cost-of-living price index **Preisinflationsrate** *f* ÖKON price inflation rate **Preiskalkulation** *f* pricing, calculation of prices **Preiskampf** *m* price war **Preiskartell** *nt* ÖKON price cartel [*or* ring] **Preisklasse** *f* price range [*or* category]; **die untere/mittlere/gehobene** ~ the lower/mid/upper price range [*or* category]; **ein Auto der mittleren** ~ a medium-priced car **Preiskontrolle** *f* price control **Preiskonzeption** *f* HANDEL pricing system **Preiskorrektur** *f* HANDEL adjustment of prices; **eine ~ nach oben/unten vornehmen** to mark up/down prices **Preislage** *f* price range [*or* bracket]; **in jeder** ~ a price to suit every pocket; **in der unteren/mittleren/oberen** ~ in the lower/medium [*or* mid-]/upper price range, down-market/mid-market/up-market **Preis-Leistungs-Verhältnis, Preis-Leistungsverhältnis** *nt kein pl* cost effectiveness, price-performance ratio

preislich *adj attr* price, in price; **ein ~er Unterschied** a difference in price; **~e Vorstellungen haben** to have an idea of [the] price; **~e Wettbewerbsfähigkeit** price competitiveness; **~ niedrig[er]e/vergleichbare Artikel** low[er]-/comparably priced articles; **~ unterschiedlich sein** to differ in [the] price; ***der Kauf war ~ sehr günstig*** the purchase was a bargain

Preisliste *f* price list **Preis-Lohn-Spirale** *f* price-wage spiral **Preismissbrauch**[RR] *m* HANDEL pricing abuse; **Preis- und Konditionenmissbrauch** unfair pricing and terms **Preisnachlass**[RR] *m* HANDEL price reduction, discount; **einen ~ gewähren** to grant a reduction **Preisnebenabrede** *f* HANDEL ancillary pricing agreement **Preisniveau** *nt* price level **Preisniveaustabilität** *f* ÖKON stability of price levels **Preisnotierung** *f* HANDEL quotation [of prices] **Preisobergrenze** *f* JUR price ceiling **Preispolitik** *f* pricing policy **Preis-Profit-Rate** *f* FIN price-earnings ratio **Preisrätsel** *nt* puzzle competition **Preisrecht** *nt* JUR law of pricing **Preisregelung** *f* HANDEL regulation of prices, price system **Preisrichter(in)** *m(f)* judge [in a competition] **Preisrückgang** *m* fall [*or* drop] [*or* fallback] in prices **Preisschild** *nt* price tag [*or* ticket] **Preisschlacht** *f* HANDEL price war **Preisschlager** *m* (*fam*) unbeatable bargain **Preisschwankung** <-, -en> *f meist pl* price fluctuation **Preissenkung** *f* price reduction [*or* markdown], fall [*or* reduction] in prices **Preissicherung** *f* ÖKON safeguarding of prices **Preisspanne** *f* price margin **Preissprung** *m* ÖKON jump in prices **preisstabil** *adj inv* ÖKON stable in price *pred;* **~er Markt** stable market **Preisstabilität** *f* stability of prices **Preissteigerung** *f* price increase **Preissteigerungsrate** *f* ÖKON rate of price increases **Preisstellung** *f kein pl* ~ **frei Haus** freight allowed pricing **Preisstopp**[RR] *m* price freeze **Preisstoppverordnung**[RR] *f* ÖKON price freeze regulations *pl* **Preissturz** *m* ÖKON sudden fall in price **Preistafel** *f* price list **Preisträger(in)** *m(f)* prizewinner; *Auszeichnung* award winner **preistreibend** *adj inv* forcing prices higher, which drives up prices; **~e Wirkung** effect of forcing prices higher **Preistreiber(in)** <-s, -> *m(f)* (*pej*) *sb who deliberately forces up prices;* (*Wucherer*) profiteer *pej* **Preistreiberei** <-, -en> *f* (*pej*) forcing up of prices; (*Wucher*) profiteering *pej* **Preistreiberin** <-, -nen> *f fem form von* Preistreiber **Preisüberwachung** *f* price controls *pl,* price administration AM *form* **Preisungleichgewicht** *nt* ÖKON price fluctuation **Preisunterbietung** *f* HANDEL underselling, undercutting; **sittenwidrige** ~ unethical price cutting; ~ **unter das Kostenniveau** dumping **Preisunterschied** *m* ÖKON difference in price, price difference **Preisunterschreitung** *f* ÖKON undercutting prices **Preisvereinbarung** *f* HANDEL price-fixing arrangement; **ausdrückliche/stillschweigende** ~ express/implied pricing arrangement **Preisverfall** *m* drop [*or form* deterioration] in prices; **drastischer** ~ price collapse **Preisvergleich** *m* price comparison, comparison of prices; **~e machen** to shop around **Preisverhalten** *nt* HANDEL price behaviour [*or* AM -or] **Preisverleihung** *f* presentation [of awards/prizes] **Preisverordnung** *f* HANDEL price regulations *pl,* price directive **Preisverstoß** *m* HANDEL infringement of price regulations **Preisverzeichnis** *nt* price list **Preisvorbehalt** *m* HANDEL price reserve, reservation of prices **Preisvorbehaltsklausel** *f* HANDEL price reservation clause, clause reserving price **Preisvorteil** *m* price advantage

preiswert *adj s.* **preisgünstig**

Preiswettbewerb *m* HANDEL price competition **Preiswettbewerbsfähigkeit** *f kein pl* ÖKON price competitiveness *no pl* **Preiswucher** *f* profiteering

prekär *adj* (*geh*) precarious

Prellbock *m* BAHN buffer, buffer-stop, bumping post AM
► WENDUNGEN: **der ~ sein** to be the scapegoat [*or* AM *fam a.* fallguy]

prellen I. *vt* ❶ (*betrügen*) ■**jdn [um etw]** ~ to swindle [*or* cheat] sb [out of sth]; **jdn um seinen Gewinn** ~ to cheat sb out of his winnings; **die Zeche** ~ (*fam*) to avoid paying the bill
❷ SPORT **den Ball** ~ to bounce the ball; **einen Prellball** ~ to smash the ball
II. *vr* ■**sich** *akk* **[an etw** *dat*] ~ to bruise oneself; **sich** *akk* **am Arm** ~ to bruise one's arm; ■**sich** *dat* **etw** ~ to bruise one's sth; **sich** *dat* **das Knie** ~ to bruise one's knee

Prellerei <-, -en> *f* JUR swindle, fraud

Prellung <-, -en> *f* contusion *spec* (**an** +*dat* to), bruise (**an** +*dat* on); **~en erleiden** to suffer contusions *spec,* to suffer bruising [*or* bruises]

Premier <-s, -s> [prəˈmieː, preˈmieː] *m kurz für* **Premierminister**

Premiere <-, -n> *f* première, opening night; ~ **haben** to première; ***der Film hatte in London*** ~ the film premièred in London

Premierminister(in) [prəˈmieː, preˈmieː] *m(f)* prime minister

Presbyterianismus <-> *m kein pl* REL Presbyterianism

preschen *vi sein* (*fam*) to dash, to tear [along]; *Pferd* to gallop, to race; **[mit dem Wagen] über die Autobahn** ~ to tear down the motorway

Preselectionverfahren [priːsɪˈlɛkʃən-] *nt* TELEK preselection process

Pre-shave-Lotion [ˈpriːˈʃeɪv] *f* pre-shave lotion

Presse[1] <-> *f kein pl* ■**die** ~ the press; **eine gute/schlechte ~ haben** to have [a] good/bad press

Presse[2] <-, -n> *f* press; (*Fruchtpresse*) juice extractor

Presseagentur *f* press [*or* news] agency; **Deutsche Presse-Agentur** *leading German press agency* **Presseamt** *nt* press office **Presseausweis** *m* press card [*or* AM ID] **Pressebericht** *m* press report **Presseberichterstatter(in)** *m(f)* press correspondent **Presseberichterstattung** *f* press coverage **Pressebüro** *nt s.* Presseagentur **Pressechef(in)** <-s, -s> *m(f)* chief press officer **Pressedelikt** *nt* JUR offence by press publication **Pressedienst** *m* news agency service **Presseempfang** *m* press reception **Presseerklärung** *f* press release, statement to the press **Pressefotograf(in)** *m(f)* press photographer **Pressefreiheit** *f kein pl* freedom of the press **Pressegeheimnis** *nt* privilege of journalists (*not to disclose their sources*) **Presseinformation** *f* press release **Pressekampagne** *f* press campaign **Pressekarte** *f* press card [*or* pass] **Pressekommentar** *m* press commentary **Pressekonferenz** *f* press conference [*or* briefing] **Pressekorrespondent(in)** *m(f)* press correspondent **Pressemeldung** *f* press report **Pressemitteilung** *f* MEDIA press release

pressen I. *vt* ❶ (*durch Druck glätten*) ■**etw** ~ to press sth; **Blumen** ~ to press flowers
❷ (*drücken*) ■**jdn/etw an/auf/gegen etw** ~ to press sb/sth on/against [sb's] sth; **Obst durch ein Sieb** ~ to press fruit through a sieve; **etw mit gepresster Stimme sagen** (*fig*) to say sth in a strained voice; ***er presste mich ganz fest an sich*** he hugged me tightly
❸ (*auspressen*) **Obst** ~ to press [*or* squeeze] fruit; **Saft aus etw** ~ to press [*or* squeeze] the juice out of sth
❹ (*herstellen*) ■**etw** ~ to press sth; **Plastikteile** ~ to mould pieces of plastic; **Wein** ~ to press wine; **Schallplatten** ~ to press records
❺ (*zwingen*) ■**jdn zu etw** ~ to force sb to do [*or* into doing] sth; **Seeleute [gewaltsam] zum Dienst** ~ to press [*or* press-gang] sailors into service, to shanghai sailors
❻ (*veraltet: unterdrücken*) ■**jdn** ~ to repress sb
II. *vi* (*bei der Geburt*) to push; (*bei Verstopfung*) to strain oneself

Pressenotiz *f* short report in the press **Presseorgan** *nt* (*Zeitung*) newspaper; (*Zeitschrift*) journal, magazine **Presserecht** *nt* press law[s *pl*] **Pressereferent(in)** *m(f)* press [*or* public relations] officer **Presserummel** *m kein pl* MEDIA (*fam*) feeding-frenzy in the press **Presseschau** *f* ❶ ÖKON (*bei Messe, Modenschau*) press preview ❷ MEDIA (*Überblick über Pressestimmen*) press roundup, 'what the papers say' **Pressespiegel** *m* MEDIA press review **Pressesprecher(in)** *m(f)* press officer, [official] spokes[wo]man, spokesperson **Pressestelle** *f* press office **Pressestimme** *f* press commentary **Pressevertreter(in)** <-s, -> *m(f)* representative of the press **Pressewesen** <-s> *nt kein pl* press **Pressezensur** *f* censorship of the press **Pressezentrum** *nt* press centre

P

Pressglas[RR] *nt,* **Preßglas** *nt* pressed [*or* moulded] glass **Presshonig**[RR] *m,* **Preßhonig** *m* pressed honey

pressieren* I. *vi* SÜDD, ÖSTERR, SCHWEIZ (*dringlich sein*) to be pressing [*or* urgent]; ***die Angelegenheit pressiert sehr*** the matter is pressing; (*es eilig haben*) to be in a hurry; **beim Essen** ~ to bolt [down *sep*] one's food
II. *vi impers* SÜDD, ÖSTERR, SCHWEIZ ■**es pressiert** [**jdm**] it's urgent, sb is in a hurry; ***es pressiert nicht*** there's no hurry, it's not urgent

Pression <-, -en> *f meist pl* SOZIOL, POL (*geh*) pressure; ■**~en auf jdn ausüben** to pressurize sb, to put [*or* exert] pressure on sb

Presskohle[RR] *f* compressed coal [dust] **Presskuchen**[RR] *m* AGR oilseed cake, oilcake **Pressluft**[RR] *f kein pl,* **Preßluft** *f kein pl* compressed air; **mit ~ betrieben** pneumatic **Pressluftbohrer**[RR] *m* pneumatic drill, jackhammer AM **Presslufthammer**[RR] *m* pneumatic [*or* [compressed-]air] hammer **Pressteil**[RR] *nt* AUTO pressed panel **Presswehen**[RR] *pl* MED second stage contractions *pl*

Prestige <-s> [prɛsˈtiːʒə] *nt kein pl* (*geh*) prestige

Prestigedenken [prɛsˈtiːʒə] *nt kein pl* preoccupation with one's prestige **Prestigefrage** *f* question [*or* matter] of prestige **Prestigegewinn** *m kein pl* gain in prestige **Prestigegrund** *m* ■**Prestigegründe** reasons of prestige **Prestigeobjekt** *nt* object of prestige **Prestigeverlust** *m kein pl* loss of prestige

Pretiosen [preˈtsi̯oːzn] *pl s.* **Preziosen**

Pretoria <-s> *nt* Pretoria

Preuße, Preußin <-n, -n> *m, f* Prussian
▸ WENDUNGEN: **so schnell schießen die ~n nicht** (*fam*) things don't happen [quite] that fast

Preußen <-s> *nt kein pl* Prussia

Preußin <-, -nen> *f fem form von* **Preuße**

preußisch *adj* Prussian

Preziosen[RR] [preˈtsi̯oːzn] *pl* (*geh*) valuables

PR-Fachmann, -Fachfrau <-[e]s, -männer *o* -leute> *m, f* PR specialist

prickeln *vi* ❶ (*kribbeln*) to tingle, to prickle; **ein P~ in den Beinen** pins and needles in one's legs
❷ (*perlen*) *Champagner* to sparkle, to bubble
❸ (*fam: erregen, reizen*) to thrill; **der prickelnde Reiz des Verbotenen** the thrill of doing sth you know is wrong

prickelnd *adj Gefühl* tingling; *Humor* piquant; *Champagner* sparkling, bubbly *fam;* **ein ~er Reiz** a thrill

Priel <-[e]s, -e> *m* slough, narrow channel (*in North Sea shallows*)

Priem <-[e]s, -e> *m* quid [*or* plug] of tobacco

priemen *vi* to chew tobacco

pries *imp von* **preisen**

Priester(in) <-s, -> *m(f)* priest; **jdn zum ~ weihen** to ordain sb [as a] priest; [**heidnische**] **~in** [heathen] priestess; **Hoher ~** high priest

Priesteramt *nt* priesthood **Priestergewand** *nt* REL vestment

priesterlich *adj* priestly; **~es Gewand** clerical [*or spec* sacerdotal] vestment; **ein ~er Segen** a priest's blessing; **die ~en Weihen** a priest's ordination

Priesterseminar *nt* seminary (*for Roman Catholic priests*) **Priestertum** <-s> *nt kein pl* priesthood **Priesterweihe** *f* ordination [to the priesthood]

prim *adj inv* MATH prime

prima *adj inv* ❶ (*fam: gut, großartig*) great *fam;* ***es läuft alles*** ~ everything is going really well [*or fam* just great]; **ein ~ Kerl** a great guy *fam,* a brick *hum;* ***du hast uns ~ geholfen*** you have been a great help *fam*
❷ ÖKON (*veraltend*) first class; **~ Ware** HANDEL choice [*or* high-quality] goods, first class product; **~ Qualität** top [*or* best] quality

Primaballerina *f* prima ballerina **Primadonna** <-, -donnen> *f* prima donna *a. pej*

Prima-facie-Beweis [-ˈfaːtsi̯ə-] *m* JUR (*Anscheinsbeweis*) prima facie evidence

Primapapier *nt* FIN prime bankers' acceptance

primär I. *adj* (*geh*) ❶ (*vorrangig*) primary, prime *attr;* **~es Ziel** the primary goal [*or* aim]; ***die Kritik richtet sich ~ gegen die Politiker*** criticism is mainly directed at the politicians
❷ (*anfänglich*) initial; **~e Schwierigkeiten** initial difficulties, teething troubles
II. *adv* (*geh*) primarily, chiefly; **etw interessiert jdn** [**nicht**] ~ sb is [not] primarily [*or* chief] concerned with sth

Primärdatei *f* INFORM primary file **Primärdealer(in)** *m(f)* BÖRSE dealer in new issues **Primärenergie** *f* primary [source of] energy **Primärenergieverbrauch** *m* primary energy consumption **Primärfarbe** *f* primary colour [*or* AM -or] **Primärkreislauf** *m* primary [coolant] circuit **Primarlehrer(in)** <-s, -> *m(f)* primary school teacher **Primärliteratur** *f* primary literature, [primary] sources *pl* **Primärmarkt** *m* ❶ BÖRSE new issue market ❷ ÖKON primary market

Primarschule *f* SCHWEIZ (*Grundschule*) primary [*or* AM grammar] school

Primärspeicher *m* INFORM primary storage

Primas <-, -se *o* Primaten> *m* REL ❶ *kein pl* (*Ehrentitel*) primate
❷ (*Träger des Titels*) Primate
❸ MUS (*in Zigeunerkapelle*) leading fiddle player, first fiddler

Primat[1] <-en, -en> *m* primate

Primat[2] <-[e]s, -e> *m o nt* (*geh*) primacy, priority (**vor** +*dat* over); **den ~ haben** to have primacy

Primawechsel *m* JUR first of exchange

Primel <-, -n> *f* primrose; **wie eine ~ eingehen** (*sl*) to go to pot, to fade away

Primerate[RR] <-> [ˈpraɪmˈreɪt] *f kein pl* FIN prime rate, prime AM

Primetime <-, -s> [ˈpraɪmtaɪm] *f* TV, RADIO prime time

Primi *pl von* **Primus**

primitiv *adj* ❶ (*urtümlich*) primitive; **~e Kulturen/Kunst/Menschen** primitive cultures/art/people
❷ (*elementar*) basic; **~e Bedürfnisse** basic needs
❸ (*a. pej: simpel*) primitive *pej,* crude; **~e Hütte** primitive [*or liter* rude] hut; **~e Werkzeuge** primitive tools
❹ (*pej: geistig tief stehend*) primitive; **ein ~er Kerl** a lout, a yob[bo] BRIT *fam*

Primitive(r) [-və-] *f(m) dekl wie adj* primitive person

Primitivität <-, -en> [-vi-] *f* ❶ *kein pl* (*Einfachheit, primitive Beschaffenheit*) primitiveness, simplicity
❷ (*pej: Mangel an Bildung*) primitiveness
❸ (*pej: primitive Bemerkung, Vorstellung, Handlung*) crudity, primitive [*or* crude] remark

Primitivling <-s, -e> *m* (*pej fam*) peasant *pej fam*

Primus <-, -se *o* Primi> *m* (*veraltend*) top of the class [*or* form], top [*or* star] pupil

Primzahl *f* prime [number]

Primzahlzwilling *m* MATH twin prime

Printanzeige *f* [newpaper/magazine] advertisement; **doppelseitige ~** [double page] spread **Printmedien** *pl* [print] media

Printout <-s, -s> [ˈprɪntaʊt] *nt* INFORM printout

Printwerbung *f kein pl* advertising in printed media

Prinz, -zessin <-en, -en> *m, f* prince *masc* [*or* princess] *fem*

Prinzessbohne[RR] *f,* **Prinzeßbohne** *f* Lima bean

Prinzessin <-, -nen> *f fem form von* **Prinz** princess

Prinzip <-s, -ien> *nt* principle; (*Gesetzmäßigkeit*) principle; (*in den Wissenschaften a.*) law; **ein politisches ~** a political principle; **sich** *dat* **etw zum ~ machen** to make sth one's principle; **an seinen ~ien festhalten** to stick to one's principles; **ein Mann von ~ien sein** to be a man of principle; **aus ~** on principle; **im ~** in principle; **nach einem** [**einfachen**] **Prinzip funktionieren** to function according to a [simple] principle; **das ~ Hoffnung/Verantwortung** [the principle of] hope/responsibility

prinzipiell I. *adj* **~e Erwägungen** fundamental considerations; **eine ~e Möglichkeit** a fundamental possibility; **~e Unterschiede** fundamental differences
II. *adv* (*aus Prinzip*) on [*or* as a matter of] principle; **etw ~ ablehnen** to refuse [*or* reject] sth on principle; (*im Prinzip*) in principle; ***eine andere Interpretation ist ~ auch möglich*** in principle a different interpretation is also possible

Prinzipien *pl von* **Prinzip**

Prinzipienfrage [pi̯ən] *f* matter [*or* question] of principle; [**für jdn**] **eine ~ sein** to be a matter [*or* question] of principle [to sb] **Prinzipienreiter(in)** *m(f)* (*pej*) stickler for [one's] principles **prinzipientreu** *adj* PSYCH true to one's principles **Prinzipientreue** *f* PSYCH adherence to one's principles

Prinzregent *m* prince regent

Prior(in) <-s, Prioren> *m(f)* ❶ (*Klostervorsteher bei bestimmten Orden*) prior
❷ (*Stellvertreter des Abtes*) [claustral [*or spec* claustral]] prior

Priorität <-, -en> *f* ❶ (*geh*) priority, precedence; **~ [vor etw** *dat*] **haben** [*o* **genießen**] to have priority [over sth], to take precedence [over sth]; **~en setzen** [*o* **festlegen**] to set [one's] priorities; ***dem Umweltschutz muss absolute ~ eingeräumt werden*** environmental protection must be given top priority
❷ BÖRSE priority bond, first debenture

Prioritätenliste *f* list of priorities; **ganz oben auf der ~ stehen** to be the first of one's priorities, to be at the top of one's list

Prioritätsaufgabe *f* INFORM foreground task **Prioritätsbeleg** *m* (*Patent*) priority document **Prioritätserklärung** *f* (*Patent*) declaration of priority **Prioritätsprinzip** *nt* JUR priority principle **Prioritätsprogramm** *nt* INFORM foreground program **Prioritätsreihenfolge** *f* INFORM foreground sequence **Prioritätsstreitverfahren** *nt* JUR (*Patent*) interference proceedings *pl*

Prise <-, -n> *f* ❶ (*kleine Menge*) pinch; **eine ~ Salz** a pinch of salt; **eine ~ Sarkasmus** (*fig*) a touch [*or* hint] of sarcasm; **eine ~ nehmen** to have a pinch of snuff
❷ NAUT prize

Prisma <-s, Prismen> *nt* prism

Prismenfernglas *nt* prismatic binoculars *npl*

Pritsche <-, -n> *f* ❶ (*primitive Liege*) plank bed
❷ (*offene Ladefläche*) platform
❸ (*fig sl: sexuell leicht zu haben*) easy lay *sl*

Pritschenwagen *m* platform lorry [*or* truck] BRIT, flatbed [truck] AM

privat [-vaːt] I. *adj* ❶ (*jdm persönlich gehörend*) private; **~es Eigentum** private property
❷ (*persönlich*) personal; ***er hat alle Autos von ~ gekauft*** he bought all the cars from private individuals; ***ich möchte nur an ~ verkaufen*** I only want to sell to private individuals; **~e Angelegenheiten** private affairs; **~er Anleger** private investor; **~e Ausgaben** private expenditure *no pl;* **~e Unterbringung von ausländischen Wertpapieren** private negotiation of foreign securities; **~er Verbrauch** personal consumption; **~er Verkauf eines Aktienpakets** private sale of a block of shares
❸ (*nicht öffentlich*) private; **eine ~e Schule** a private [*or* BRIT *a.* public] school; **eine ~e Vorstellung** a private [*or* AM closed] performance
II. *adv* ❶ (*nicht geschäftlich*) privately; **jdn ~ sprechen** to speak to sb in private [*or* privately]; ***~ können Sie mich unter dieser Nummer erreichen*** you can reach me at home under this number; ***sie ist an dem Wohl ihrer Mitarbeiter auch ~ interessiert*** she is also interested in the welfare of her staff outside of office hours
❷ FIN, MED **~ behandelt werden** to have private treatment; **~ liegen** to be in a private ward; **sich** *akk* **~ versichern** to take out a private insurance; **etw ~ finanzieren** to finance sth out of one's own savings

Privatadresse *f* home address **Privatangelegenheit** *f* private matter; ***das ist meine ~*** that's my [own] affair [*or* business], that's a private matter **Privatanmelder(in)** *m(f)* (*Patent*) individual [*or* single] applicant **Privatanschluss**[RR] *m* private line [*or* number] **Privatanschrift** *f* private [*or* home] address **Privataudienz** *f* private [*or* AM closed] audience **Privatbahn** *f* private railway [*or* AM railroad] **Privatbank** *f* private [*or* commercial] bank **Privatbesitz** *m* private property [*or* ownership]; **in ~** privately owned [*or* in private ownership]; ***dieses Bild ist eine Leihgabe aus ~*** this picture is a loan from a private collection **Privatbetrieb** *m* ÖKON private enterprise **Privatdetektiv(in)** *m(f)* private detective, private investigator [*or fam* eye] **Privatdozent(in)** *m(f) title of a lecturer who is not a professor and not a civil servant at a university* **Privateigentum** *nt* private property; **etw in ~ überführen** to privatize sth, to denationalize sth **Privateigentumsrecht** *nt* JUR law of private property, private ownership **Privateinfuhren** *pl* HANDEL private imports **Privateinlage** *f* FIN private deposits *pl* **Privatentnahme** *f* FIN personal drawing **Privatfernsehanbieter** *m* TV private [*or* commercial] television broadcaster **Privatfernsehen** *nt* (*form*) commercial [*or* privately-owned] television *no art* **Privatgespräch** *nt* private conversation; (*am Telefon*) private [*or* AM personal] call **Privatgläubiger(in)** *m(f)* JUR private creditor **Privatgrundstück** *nt* private property [*or* premises *npl*] **Privathaftpflichtversicherung** *f* FIN personal liability insurance **Privathand** *f kein pl* **aus** [*o* **von**] **~** privately, from private hands; ***er hat das Auto aus/von ~ gekauft*** he bought the car privately [*or* in a private deal] [*or* from a private seller]; **in ~** in private hands [*or* ownership], privately owned **Privathaus** *nt* JUR private house [*or* dwelling] **Privathochschule** *f* private college [*or* university] **Privatinitiative** *f* private initiative [*or* enterprise] **Privatinteresse** *nt* personal interest

privatisieren* [va] *vt* ■**etw ~** to privatize sth, to denationalize sth

Privatisierung <-, -en> *f* ÖKON privatization *no pl*

Privatisierungserlös *m* proceeds of privatization

Privatklage *f* JUR private prosecution **Privatkläger(in)** *m(f)* JUR plaintiff **Privatklageverfahren** *nt* JUR private prosecution proceedings **Privatklinik** *f* private clinic [*or* hospital], nursing home BRIT **Privatkonto** *nt* ÖKON private account **Privatkunde, -kundin** *m, f* ÖKON private customer **Privatleben** *nt kein pl* private life; **sich** *akk* **ins ~ zurückziehen** to retire into private life **Privatlehrer(in)** *m(f)* private tutor **Privatleute** *pl von* Privatmann **Privatmann** <-leute> *m* private citizen [*or* individual] **Privatnummer** *f* home [*or* private] number **Privatpatient(in)** *m(f)* private patient **Privatperson** *f* private person; **als ~** as a private individual; MIL civilian, unauthorized person **Privatrecht** *nt* JUR private [*or* civil] law; **internationales ~** law of conflicts, private international law **privatrechtlich** *adj inv* JUR under private [*or* civil] law **privatrechtsfähig** *adj inv* JUR capable of suing and being sued **Privatrechtskodifikation** *f* JUR codification of private law **Privatrechtsordnung** *f* JUR private law regime **Privatrechtsvereinheitlichung** *f* JUR harmonization of private law **Privatsache** *f s.* Privatangelegenheit **Privatschulden** *pl* JUR private debts; **~ der Geschäftsinhaber** individual [*or* separate] debts **Privatschule** *f* private [*or* BRIT independent] school **Privatsekretär(in)** <-s, -e> *m(f)* private secretary **Privatsender** *m* RADIO, TV private commercial station **Privatsphäre** *f kein pl* **die ~ verletzen** to invade [*or* violate] sb's privacy; **die ~ schützen** to protect sb's privacy **Privatstunde** *f* private lesson; **~n nehmen** to have private lessons **Privat-TV-Anbieter** *m* TV private [*or* commercial] TV-broadcaster **Privatunternehmen** *nt* ÖKON private enterprise **Privatunterricht** *m kein pl* private tuition [*or* schooling] [*or pl* lessons] **Privatvergnügen** *nt* private pleasure [*or* amusement]; **jds ~ sein** (*fam*) to be sb's [own] business [*or* affair]; **zu jds ~** (*fam*) for sb's [own] pleasure [*or* amusement] *a. iron* **Privatvermögen** *nt* private [*or* personal] property [*or* assets] *pl;* **bewegliches ~** personal assets *pl* **Privatversicherung** *f* private insurance **Privatwagen** *m* private car **Privatweg** *m* private way [*or* road] **Privatwirtschaft** *f* ■**die ~** the private sector **privatwirtschaftlich** *adj inv* ÖKON private-sector **Privatwohnung** *f* private flat [*or* AM apartment]

Privileg <-[e]s, -ien> [vi, giən] *nt* (*geh*) privilege, prerogative *form*

privilegieren* [vi] *vt* (*geh*) ■**jdn ~** to grant privileges to sb

privilegiert [vi] *adj* (*geh*) privileged

Privilegium <-s, -ien> *nt* privilege

PR-Maßnahme *f* PR measure

pro I. *präp* per; **~ Jahr** per [*or* a] year, per annum *form;* **~ Minute/Sekunde** per [*or* a] minute/second; **~ Kopf** [**und Nase**] (*fam*) a head; **~ Person** per person; **~ Stück** each, apiece; ***ich gebe Ihnen 5 DM ~ Stück*** I will give you 5 marks a head
II. *adv* **~** [**eingestellt**] **sein** to be for [*or* in favour of] sth; ***sind Sie ~ oder kontra?*** are you for or against [*or* pro or anti] it?

Pro <-> *nt kein pl* [**das**] **~ und** [**das**] **Kontra** (*geh*) the pros and cons *pl;* ***wir müssen das ~ und Kontra gegeneinander abwägen*** we have to weigh up the pros and the cons

Proband(in) <-en, -en> *m(f)* ❶ (*Versuchsperson*) test person, guinea pig
❷ (*auf Bewährung Verurteilter*) offender on probation

probat *adj* (*geh*) proven, effective; **ein ~es Mittel** a tried and tested method; ■**~ sein, etw zu tun** to be advisable [from experience] to do sth; ***es ist ~, regelmäßig Obst zu essen*** it is advisable to eat fruit regularly

Probe <-, -n> *f* ❶ (*Warenprobe, Testmenge*) sample; JUR *a.* specimen; **eine ~ Urin/des Wassers** a urine/water sample; **kostenlose ~** free sample, freebie *fam;* **laut beiliegender ~** as per sample enclosed; **der ~ entsprechend** up to sample; **~n** [**von etw**] **ziehen** [*o* **nehmen**], **~n** [**aus etw**] **ziehen** [*o* **nehmen**] to take samples [from sth]; (*Beispiel*) example; **eine ~ seines Könnens geben** to show what one can do; **Kauf auf/nach ~** sale on approval/by sample; **zur ~** on trial
❷ MUS, THEAT rehearsal
❸ (*Prüfung*) test; **die ~ aufs Exempel machen** to put it to the test; **ein Auto ~ fahren** to take a car for a test drive, to test drive a car; ■[**mit etw**] **~ fahren** to go for a test drive [in sth]; ***mit dem Wagen bin ich schon ~ gefahren*** I have already been for a test drive in that car; **~ laufen** SPORT to go for a practice run, to have a trial [run]; TECH to do a test [*or* trial] run; **jdn auf die ~ stellen** to put sb to the test, to try sb; **etw auf die/eine harte ~ stellen** to put sth to the test; **jds Geduld auf eine harte ~ stellen** to sorely try sb's patience; **auf ~** on probation; **zur ~** for a trial, to try out

Probeabzug *m* proof **Probealarm** *m* practice alarm, fire drill **Probeanfertigung** *f* HANDEL sample **Probeangebot** *nt* ÖKON trial offer **Probearbeitsverhältnis** *nt* HANDEL probationary employment **Probeaufnahme** *f* ❶ (*Aufnehmen zur Probe*) screen test ❷ (*probehalber Aufgenommenes*) test take, screen test **Probeauftrag** *m* HANDEL trial [*or* sample] order **Probebilanz** *f* FIN trial balance **Probebohrung** *f* TECH test drill[ing] **Probebühne** *f* rehearsal stage **Probeentnahme** *f* sampling, taking of samples **Probeexemplar** *nt* specimen [copy [*or* issue]] **Probefahrt** *f* test drive; **eine ~ machen** [*o* **unternehmen** *geh*] to go for a test drive **Probejahr** *nt* probationary year, year of probation **Probekauf** *m* HANDEL sale on approval **Probelauf** *m* trial [*or* test] run **probe|laufen** *vi irreg, meist infin o pp sein s.* Probe 3 **Probelehrer(in)** *m(f)* ÖSTERR probationer **Probemuster** *nt* HANDEL reference sample

proben I. *vt* ■**etw** [**mit jdm**] **~** to rehearse sth [with sb]; **eine Szene ~** to rehearse a scene; *s. a.* **Aufstand, Ernstfall**
II. *vi* ■[**mit jdm**] [**für etw**] **~** to rehearse [with sb] [for sth]; ***der Komponist probte persönlich mit den Musikern*** the composer came in person to rehearse with the musicians

Probenbuch *nt* TYPO specimen collection

Probenummer *f* specimen [*or* trial] copy **Probepackung** *f* trial package **Probeseite** *f* specimen [*or* sample] page **Probesendung** *f* sample[s *pl*] sent on approval **Probespiel** *nt* ❶ MUS prepared piece (*to be performed by sb at an audition*) ❷ SPORT *friendly match to test ability and compatibility of players* **Probestück** *nt* HANDEL trial sample

probeweise *adv* on a trial basis; ***singen Sie uns ~ etwas vor!*** try singing sth for us; ***nehmen Sie ~ dieses Waschmittel*** try this washing powder, give this washing powder a try; *mit Verbalsubstantiven a attr* trial *attr;* **die ~ Verlängerung der Öffnungszeiten** extension of the opening hours on a trial basis; ***die Leitung will in dieser Abteilung die ~ Sonntagsarbeit einführen*** the management wants to introduce Sunday hours on a trial basis in this department

Probezeit *f* probationary [*or* trial] period

probieren* *vr* (*fam*) **sich** *akk* **als Dozent/Schreiner ~** to work as a lecturer/carpenter for a short time

probieren* I. *vt* ❶ (*kosten*) ■**etw ~** to try [*or* taste] [*or* sample] sth
❷ (*versuchen*) ■**es** [**mit etw**] **~** to try [*or* to have a go [*or* try] at] it [with sth]; ***ich habe es schon mit vielen Diäten probiert*** I have already tried many diets; ■**~, etw zu tun** to try to do sth; ***ich werde ~, sie zu überreden*** I will try to persuade her; ■**etw ~** to try sth out; **ein neues Medikament ~** to try out a new medicine
❸ (*anprobieren*) ■**etw ~** to try on sth *sep*
❹ THEAT to rehearse; **ein Stück ~** to rehearse a play
II. *vi* ❶ (*kosten*) ■[**von etw**] **~** to try some [*or* have a taste] [of sth]; ***willst du nicht wenigstens einmal ~*** won't you at least try it once
❷ (*versuchen*) ■**~, ob/was/wie ...** to try and see whether/what/how ...; ***ich werde ~, ob ich das alleine schaffe*** I'll see if I can do it alone
► WENDUNGEN: **P~ geht über Studieren** (*prov*) the proof of the pudding is in the eating *prov*
III. *vr* (*fam*) **sich** *akk* **als Dozent/Schreiner ~** to work as a lecturer/carpenter for a short time

probiotisch *adj inv* probiotic; **~e Milchprodukte** probiotic milk products

Problem <-s, -e> *nt* ❶ (*Schwierigkeit*) problem; **es gibt** [**mit jdm/etw**] **~e** I/we/they etc. are having problems [with sb/sth], sth is having problems; [**mit jdm/etw**] **ein ~/Probleme haben** to have a problem/be having problems [with sb/sth]; **vor ~en/einem ~ stehen** to be faced [*or* confronted] with problems/a problem; [**für jdn**] **zum ~ werden** to become a problem [for sb]
❷ (*geh: schwierige Aufgabe*) problem; **ein schwieriges ~** a difficult problem, a hard [*or* tough] nut to crack; **ein ungelöstes ~** an un[re]solved problem; **~e wälzen** to turn over problems in one's mind; [**nicht**] **jds ~ sein** to [not] be sb's business; **kein ~!** (*fam*) no problem!

Problemabfälle *pl* problem waste *no pl*

Problematik <-> *f kein pl* (*geh*) problematic nature, difficulty (*+gen* of), problems *pl* (*+gen* with); **die ~ erkennen** to recognize the problems; **auf eine ~ hinweisen** to point out difficulties; **von einer besonderen ~ sein** to be of a particularly problematic nature, to have [its/their [own]] particular problems

problematisch *adj* problematic[al], difficult, complicated; **ein ~es Kind** a difficult child

problematisieren* *vt* SCI (*geh*) ■**etw ~** expound [*or* discuss] the problems of sth

Problembereich *m* problem area **Problemfall** *m* (*geh*) problem; (*Mensch*) problem case **problemlos** I. *adj* problem-free, trouble-free, unproblematic *attr* II. *adv* without any problems [*or* difficulty]; **etw ~ meistern** to master sth easily; **nicht ganz ~** not quite without [its/their] problems [*or* difficulties]; **~ ablaufen** to run smoothly **problemorientiert** *adj* problem-oriented **Problemursache** *f* problem area **Problemzone** *f* prob-

P

lem area

Procedere <-, -> [-ts-] *nt* (*geh*) procedure

Prodekan <-s, -e> *m* vice dean

Productplacement^RR^ <-s, -s> ['prɔdakt 'pleːsmənt] *nt*, **Product placement** <-s, -s> *nt selten pl* product placement *no art*

Produkt <-[e]s, -e> *nt* product; MATH product; **fertiges/hochwertiges ~** finished/high-quality product; **landwirtschaftliche ~e** agricultural products [*or* produce]; **ein ~ beziehen** to buy a product; **~ der Einbildung/Fantasie** (*fig*) figment of the imagination

Produktanalyse *f* ÖKON product analysis **Produktdifferenzierung** *f* HANDEL product differentiation **Produkteigenschaft** *f* product feature, feature of a/the product **Produktenbörse** *f* ÖKON commodity exchange **Produktenhandel** *m* ÖKON trade in agricultural produce [*or* commodities] **Produktentwicklung** *f kein pl* ÖKON product development *no pl* **Produkterpressung** *f* product blackmail (*threatening to poison products or bomb premises*) **Produktfamilie** *f* HANDEL product family **Produktfehler** *m* JUR product defect **Produktgestaltung** *f kein pl* ÖKON product design **Produktgruppe** *f* ÖKON product group [*or* line] **Produkthaftpflicht** *f*, **Produkthaftung** *f* HANDEL product liability **Produkthaftpflichtversicherung** *f* FIN product liability insurance **Produkthaftung** *f* product [*or* producer's] liability **Produktinnovation** *f* HANDEL product innovation

Produktion <-, -en> *f* production; **die ~ drosseln** to restrict production; **die ~ einstellen/erhöhen** to stop/step up production; **~ unter Marktbedingungen** production geared to market conditions

Produktionsabfall *m kein pl* drop in production **Produktionsablauf** *m* production process **Produktionsabschnitt** *m* stage of production **Produktionsabteilung** *f* ÖKON production department **Produktionsanlage** *f meist pl* ÖKON production [*or* manufacturing] facility *usu pl* [*or* plant *no pl*] **Produktionsapparat** *m* production network [*or* facilities] *pl* **Produktionsassistent(in)** *m(f)* production assistant **Produktionsaufkommen** *nt* total production **Produktionsausfall** *m* shortfall in production, loss of output [*or* production] **Produktionsausstoß** *m* production output **produktionsbedingt** *adj inv* production-related **Produktionsbeginn** *m* start [*or* onset] of production **produktionsbezogen** *adj inv* production-based **Produktionsdrosselung** *f* production cutback **Produktionseinstellung** *f* termination of production **Produktionsfaktor** *m* factor of production **Produktionsfehler** *m* ÖKON production fault [*or* defect] **Produktionsfirma** *f* production company **Produktionsfluss**^RR^ *m* flow of production **produktionsfördernd** *adj inv* production-promoting *attr*, promoting production *pred* **Produktionsgang** *m* production process **Produktionsgemeinschaft** *f*, **Produktionsgenossenschaft** *f* ÖKON producers' cooperative, cooperative productive society **Produktionsgüter** *pl* ÖKON producer [*or* industrial] [*or* capital] goods *npl* **Produktionshalle** *f* production hall **Produktionskapazität** *f* production capacity **Produktionskartell** *nt* ÖKON production combination **Produktionskosten** *pl* production costs **Produktionskraft** *f* productive capacity **Produktionsleistung** *f kein pl* ÖKON manufacturing efficiency; (*Kapazität*) output; (*Rate*) rate of production **Produktionsmanager** *m* production manager **Produktionsmethode** *f* production method **Produktionsmittel** *pl* means of production, capital equipment *no pl* **Produktionsmittelbestand** *m* stock of capital equipment **Produktionsmonopol** *nt* ÖKON monopoly of production **produktionsnah** *adj* close to the site of production; **~e Dienstleistungsbetriebe** service companies situated close to the site of production **Produktionspotenzial**^RR^ *nt* productive capacity [*or* potential] **Produktionsprozess**^RR^ *m* production process **Produktionsreserven** *pl* idle capacity **Produktionsrückgang** *m* fall in output **Produktionssparte** *f* line of production **Produktionsstandard** *m* ÖKON production standard **Produktionsstandort** *m* production site **Produktionsstätte** *f* [production] site, production [*or* manufacturing] facilities *pl* **Produktionssteigerung** *f* rise [*or* increase] in production **Produktionsstockung** *f* ÖKON [production] stoppage **Produktionsstückzahl** *f* quantity produced **Produktionstechnik** *f kein pl* production engineering *no pl* **produktionstechnisch** *adj inv* production *attr* **Produktionsüberschuss**^RR^ *m* ÖKON surplus products *pl* **Produktionsumstellung** *f* rearrangement of production **Produktionsunterbrechung** *f* production downtime **Produktionsunternehmen** *nt* ÖKON manufacturing company **Produktionsverfahren** *nt* production methods *pl* **Produktionsverlagerung** *f* diversion of production **Produktionsvolumen** *nt* volume of output **Produktionswert** *m kein pl* production value **Produktionsziel** *nt* production target **Produktionsziffer** *f* ÖKON output figure **Produktionszweig** *m* ÖKON branch [*or* line] of production

produktiv *adj* (*geh*) productive; **~ arbeiten** to work productively; **~ zusammenarbeiten** to work together productively; **ein ~er Autor** a productive [*or* prolific] author; **~e Kritik** productive criticism

Produktivität <-> [vi] *f kein pl* productivity, productive capacity

Produktivitätsentwicklung *f* ÖKON trend of productivity **Produktivitätsfortschritt** *m* advance in productivity **Produktivitätsgefälle** *nt* ÖKON productivity differential **Produktivitätssteigerung** *f* ÖKON increase in productivity; **zum Ziel der ~** with the aim of boosting productivity **Produktivitätszuwachs** *m* ÖKON increase in productivity, productivity increase

Produktivkraft <-, -kräfte> *f meist pl* (*marxistisch*) productive force, force of production

Produktlebenszyklus *m* ÖKON product lifecycle **Produktlinie** [liːniə] *f* ÖKON product line **Produktmanagement** *nt kein pl* ÖKON product management *no pl* **Produktpalette** *f* ÖKON product range **Produktpiraterie** *f* [copyright] piracy **Produktreihe** *f* product line **Produktsicherheit** *f* HANDEL product reliability **Produktsicherheitsgesetz** *nt kein pl* product safety law **Produktspektrum** *nt* product spectrum **Produktwerbung** *f* ÖKON product advertizing

Produzent(in) <-en, -en> *m(f)* producer

Produzentenhaftpflicht *f*, **Produzentenhaftung** *f* ÖKON producer's [*or* product] liability

produzieren* **I.** *vt* ❶ (*herstellen*) ■**etw ~** to produce sth; (*bes viel*) to turn out sth; **einen Film ~** to produce a film; **~des Gewerbe** ÖKON manufacturing business
❷ (*hervorbringen*) ■**etw ~** to produce sth; ***wer hat denn das produziert?*** (*fam*) who's responsible for that?; **eine Entschuldigung ~** to come up with an excuse; **Lärm ~** to make noise; **Unsinn ~** to talk rubbish [*or* nonsense]
II. *vi* to produce; **billig ~** to produce goods cheaply, to have low production costs
III. *vr* (*pej fam*) ■**sich** *akk* **[vor jdm] ~** to show off [in front of sb]

Prof. *m Abk von* **Professor** Prof.

profan *adj* (*geh*) ❶ (*alltäglich*) mundane, prosaic *form*; **ganz ~e Probleme haben** to have very mundane problems
❷ (*weltlich*) secular, profane *form*; **~e Bauwerke/Kunst** secular buildings/art

Professionalität <-> *f kein pl* professionalism *no pl*

professionell *adj* professional

Professor, -sorin <-s, -soren> *m, f* ❶ *kein pl* (*Titel*) professor
❷ (*Träger des Professorentitels*) **Herr ~/Frau ~in** Professor; **außerordentlicher ~** extraordinary [*or* AM associate] professor; **ordentlicher ~** [full AM] professor; **~ sein** to be a professor; ***sie ist Professorin für Physik in München*** she is a professor of physics in Munich
❸ ÖSTERR (*Gymnasiallehrer*) master *masc*, mistress *fem*

professoral *adj* ❶ (*den Professor betreffend*) professorial; **die ~e Würde** professorial dignity
❷ (*pej: belehrend*) lecturing *attr pej*, know-[it-]all *pej fam attr*; ***am meisten stört mich seine ~e Art*** what gets me most is the way he thinks he knows it all

Professorin <-, -nen> *f fem form von* **Professor**

Professur <-, -en> *f* [professor's [*or* professorial]] chair (**für** +*akk* in/of); **eine ~ für Chemie haben** [*o* **innehaben** *geh*] to hold the chair in chemistry

Profi <-s, -s> *m* (*fam*) pro *fam*

Profil <-s, -e> *nt* ❶ (*Einkerbungen zur besseren Haftung*) *Reifen, Schuhsohlen* tread
❷ (*seitliche Ansicht*) profile; **jdn im ~ fotografieren** to photograph sb in profile
❸ (*geh: Ausstrahlung*) image; **~ haben** [*o* **besitzen** *geh*] to have an image [*or* a distinctive [*or* personal] image]; **an ~ gewinnen** to improve one's image; ***die Polizei konnte ein ziemlich gutes ~ des Täters erstellen*** the police were able to give a fairly accurate profile of the criminal; **~ zeigen** to take a stand

profilieren* **I.** *vt* ■**etw ~** to put a tread on sth; **Bleche ~** to contour sheets of metal
II. *vr* ■**sich** *akk* **[in etw** *dat***] [als jd] ~** to create an image for oneself [as sb] [in sth]; **sich** *akk* **politisch ~** to make one's mark as a politician; ***sie hat sich als Künstlerin profiliert*** she distinguished herself as an artist

profiliert *adj* (*geh*) **ein ~er Fachmann/Politiker** an expert/a politician who has made his mark; ■**~/~er sein** to have made one's mark/more of a mark

Profilierung <-> *f kein pl* (*geh*) making one's mark *no art*; ***durch seine ~ als Politiker hat er viel Ansehen bekommen*** by making his mark as a politician he has gained prestige

Profiliga *f* professional league

Profillosigkeit *f kein pl* POL lack of a distinct image

Profilneurose *f* PSYCH image complex

Profilsohle *f* sole with a tread, treaded sole

Profisportler(in) *m(f)* professional sportsman, pro *fam*

Profit <-[e]s, -e> *m* profit; **~ bringende Geschäfte** profitable deals; ***wo ist dabei für mich der ~?*** what do I get out of it?; **~ abwerfen/erwirtschaften** to yield a profit/to reap a profit; **mit ~ arbeiten** to work profitably; **von etw [keinen] ~ haben** [not] to profit from sth; **[bei/mit etw] ~ machen** to make a profit [with sth]; **aus etw ~ schlagen** [*o* **ziehen**] to make a profit from [*or* out of] sth, to reap the benefits from sth *fig*; **etw mit ~ verkaufen** to sell sth at a profit

profitabel *adj* (*geh*) profitable; (*stärker*) lucrative

Profitelefonierer(in) *m(f)* business caller

Profitgier <-> *f kein pl* (*pej*) money-grubbing *no pl*, greed for profit *no pl*

profitieren* *vi* (*geh*) **[bei/von etw] [mehr] ~** to make [*or* gain] [more of] a profit [from sth]; **viel ~** to make a large profit; ***davon habe ich kaum profitiert*** I didn't make much of a profit there; **von jdm/etw [mehr] ~** (*fig*) to profit [more] from [*or* by] sb/sth; ***dabei kann ich nur ~*** I only stand to gain from it, I can't lose

Profitjäger(in) <-s, -> *m(f)* (*pej*) profiteer

Profitverschleierung *f* JUR concealment of profits

pro forma *adv* (*geh*) pro forma *form*, as a matter of form, for appearances' sake; **etw ~ unterschreiben** to sign sth as a matter of form; **~ heiraten** to marry pro forma

Pro-forma-Rechnung *f* pro forma [invoice]

profund *adj* profound, deep

Progerie <-> *f kein pl* MED *s.* **Werner-Syndrom** progeria

Progesteron <-s> *nt kein pl* BIOL progesterone *no pl*

Prognose <-, -n> *f* ❶ (*geh: Vorhersage*) prediction, prognosis *form; Wetter* forecast; [**jdm**] **eine ~ stellen** to give [sb] a prediction [*or* prognosis], to make a prediction [*or* prognosis]; **eine ~ wagen** to venture a prediction

❷ MED prognosis (**für** *+akk* for)

prognostizieren* *vt* (*geh*) ■**etw ~** to predict [*or form* to prognosticate] sth; ***die Ärzte ~ eine rasche Genesung*** to doctors predict a speedy recovery

Programm <-s, -e> *nt* ❶ (*geplanter Ablauf*) programme [*or* AM -am]; (*Tagesordnung*) agenda; (*Zeitplan*) schedule; **ein volles ~ haben** to have a full day/week etc. ahead of one; **auf dem** [*o* **jds**] **~ stehen** to be on the [*or* sb's] programme/agenda/schedule; ***was steht für heute auf dem ~?*** what's the programme/agenda/schedule for today?; **nach ~** as planned, to plan

❷ RADIO, TV (*Sender*) channel; ***ich empfange 30 ~e*** I can get 30 channels

❸ (*festgelegte Darbietungen*) programme [*or* AM -am], bill; **im ~** in the programme, on the bill; ***das Kino hat viele neue Filme im ~*** the cinema has many new films on the bill

❹ (*Programmheft*) programme [*or* AM -am]

❺ (*Konzeption*) programme [*or* AM -am]; *Politiker* platform; *Partei* programme

❻ (*Sortiment*) product range, range of products; **etw im ~ haben** to have [*or* stock] sth in the range; **etw ins ~** [**auf**]**nehmen** to include sth in the collection

❼ INFORM [computer] program (**für** *+akk* for); **Probelauf eines ~s** desk check; **anwendungsspezifisches ~** application-oriented program; **~ beenden/starten** to exit/initiate a program; **übertragbares ~** portable software; **sprachgesteuertes ~** speech-driven program

Programmabbruch *m* INFORM [program] crash **Programmablauf** *m* INFORM program run **Programmabschnitt** *m* INFORM program sequence **Programmabsturz** *m* INFORM program crash **Programmänderung** *f* change of programme [*or* in the [scheduled] programme] **Programmanpassung** *f* INFORM program adaptation

Programmatik <-> *f kein pl* (*geh*) [political] objectives *pl*

programmatisch *adj inv* (*geh*) ❶ (*einem Programm gemäß*) *Vorgehen* programmatic

❷ (*Richtung weisend*) *Erklärung, Text* defining, direction-setting, mission *attr*

Programmaufsicht *f kein pl* television watchdog **Programmausführung** *f* INFORM program execution **Programmausrüstung** *f* INFORM software **Programmbaustein** *m* program module **Programmbefehl** *m* INFORM program instruction **Programmbeginn** *m* start of the daily programmes [*or* AM programs] **Programmbeschreibung** *f* INFORM program specification **Programmbibliothek** *f* INFORM program library **Programmdatei** *f* INFORM program file **Programmdirektor(in)** *m(f)* director of programmes **Programmdokumentation** *f* INFORM program documentation **Programm-Editor** *m* INFORM program editor **Programmentwicklung** *f* INFORM program development **Programmerstellung** *f* INFORM program development **Programmfehler** *m* INFORM program error; **verborgener ~** hidden bug in a program [*or* bug] **Programmfolge** *f* ❶ RADIO, TV order of programmes ❷ THEAT order of acts, running order ❸ INFORM suite of programs **programmgemäß I.** *adj* [as *pred*] planned **II.** *adv* [according] to plan; **~ verlaufen** to run according to plan **Programmgestaltung** *f* programme planning **programmgesteuert** *adj inv* INFORM programmable **Programmheft** *nt* programme [*or* AM -am] **Programmhinweis** *m* TV, RADIO, FILM programme [*or* AM -am] announcement

programmierbar *adj inv* INFORM programmable

programmieren* *vt* ❶ INFORM ■**etw ~** to program sth

❷ (*von vornherein festgelegt*) ■**programmiert sein** to be preprogrammed [*or* AM -amed]

Programmierer(in) <-s, -> *m(f)* programmer [*or* AM -amer]

Programmierfehler *m* INFORM programming [*or* AM -aming] error **Programmierneuling** *m* INFORM novice programmer **Programmierschnittstelle** *f* INFORM application program interface **Programmiersprache** *f* programming [*or* AM -aming] language, high-level language *spec;* **höhere ~** high-level language, HLL; **maschinenorientierte ~** low-level language, LLL

Programmierung <-, -en> *f* ❶ INFORM programming [*or* AM -aming] *no pl;* **lineare/modulare ~** linear/modular programming

❷ (*vorherige Festlegung auf etw*) setting *no pl;* (*eines Videorecorders*) programming [*or* AM -aming] *no pl,* setting *no pl;* (*eines Menschens*) conditioning *no pl*

Programmierungshilfe *f* INFORM programming aid

Programminstallation *f* INFORM program setup **Programmkarte** *f* INFORM program card **Programmkatalog** *m* catalogue of products **Programmkino** *nt* arts [*or* AM repertory] cinema **Programmkompatibilität** *f* INFORM program compatibility **Programmlauf** *m* INFORM program run **Programmmeldung**RR *f* INFORM dialogue box **Programmmodul**RR *nt* INFORM program module **Programmname** *m* INFORM program name **Programmpaket** *nt* TV, INFORM programme package **Programmplanung** *f* programme [*or* AM -am] planning **Programmprüfung** *f* INFORM program testing [*or* verification] **Programmpunkt** *m* item on the agenda; (*Show*) act **Programmrevision** *f* INFORM program update **Programmschluss**RR *m* close down **Programmschritt** *m* INFORM program step **Programmsegment** *nt* INFORM program segment **Programmspeicher** *m* INFORM program storage **Programmspezifizierung** *f* INFORM program specification **Programmsteuertaste** *f* INFORM programmable function key **Programmsteuerung** *f* INFORM program control **Programmstopp** *m* INFORM program stop; **bedingter ~** conditional breakpoint, dynamic stop **Programmstruktur** *f* INFORM program structure **Programmsystem** *nt* INFORM operating system **Programmteil** *m* INFORM program sequence **Programmübersetzung** *f* INFORM program compilation **Programmumfang** *m* range of products (*+gen* for) **Programmunterbrechung** *f* INFORM program interrupt **Programmverbindung** *f* INFORM program linkage [*or* connection] **Programmverbindungssoftware** *f* INFORM program linkage software **Programmvorschau** *f* trailer **Programmwahl** *f* choice of programmes; INFORM, TV *a.* channel selection **Programmwartung** *f* INFORM program maintenance **Programmwiederaufnahme** *f* INFORM fall back recovery **Programmzeile** *f* INFORM program line **Programmzeitschrift** *f* programme [*or* AM -am] guide; (*von Fernsehen a.*) TV [*or* television] guide **Programmzensor(in)** *m(f)* virtuecrat

Progression <-, -en> *f* ❶ (*geh*) progression

❷ FIN [tax] progression

progressiv *adj* ❶ (*geh: fortschrittlich*) progressive; **ein ~e Politik verfolgen** to follow a progressive policy; **~ eingestellt sein** to hold progressive views

❷ ÖKON progressive, sliding *attr;* **~e Abschreibung** sinking-fund method of depreciation; **~ ansteigend** to increase progressively

Prohibition <-, -en> *f* ❶ (*veraltet geh*) prohibition

❷ *kein pl* HIST Prohibition *no art, no pl*

Prohibitivsteuer *f* FIN penalty tax

Projekt <-[e]s, -e> *nt* project; **ein ~ ausarbeiten/durchführen** to plan/carry out a scheme; **ein ~ ausschreiben** to invite bids for a project; **~e in Vorbereitung** projects in the planning stages; **~ zur Bekämpfung der Jugendarbeitslosigkeit** youth unemployment scheme

Projektanalyse *f* project analysis **Projektbereich** *m* ADMIN scope of a project **Projektfinanzierung** *f* project financing *no pl* **Projektgruppe** *f* project team

projektieren* *vt* (*geh: entwerfen*) ■**etw ~** to draw up the plans for [*or* plan] sth

Projektil <-s, -e> *nt* (*form*) projectile

Projektingenieur(in) <-s, -in> *m(f)* ÖKON project engineer

Projektion <-, -en> *f* ❶ *kein pl* (*das Projizieren*) projection

❷ (*projiziertes Bild*) projection, projected image

Projektionsapparat *m* projector **Projektionsfläche** *f* projection surface **Projektionsgerät** *nt* projector **Projektleiter(in)** <-s, -> *m(f)* project leader [*or* manager] **Projektmanagement** <-s> *nt kein pl* ÖKON project management

Projektor <-s, -toren> *m* projector

Projektrealisierung *f* launching of a/the project

projizieren* *vt* ❶ FOTO ■**etw auf etw** *akk* **~** to project sth on[to] sth; **einen Film auf die Leinwand ~** to project a film onto a screen

❷ (*geh*) ■**etw auf jdn/etw ~** to project sth onto sb/sth; **seine Ängste auf die Mitmenschen ~** to infect others with one's fears; **seinen Hass auf andere ~** to project one's hate onto others

Prokaryo(n)t <-s, -en> *m* BIOL prokaryote

Prokaryonten *pl* BIOL prokaryotes *pl,* procaryotes *pl*

prokaryo(n)tisch *adj* prokaryotic

Proklamation <-, -en> *f* (*geh*) proclamation *liter*

proklamieren* *vt* (*geh*) ■**etw ~** to proclaim sth *liter;* **den Ausnahmezustand ~** to proclaim [*or* declare] a state of emergency

Proklamierung <-, -en> *f* proclamation

Pro-Kopf-Ausgaben *pl* ÖKON per capita expenditure *no pl* **Pro-Kopf-Einkommen** *nt* income per person, per capita income *form* **Pro-Kopf-Verbrauch** *m* per capita consumption *form*

Prokura <-, Prokuren> *f* (*form*) procuration *form;* JUR power of attorney; **jdm ~ erteilen** to give sb procuration, to confer procuration [up]on sb *form;* **~ haben** to have the general power of attorney; **per ~** per procurationem

Prokuraerteilung *f* JUR conferring power of attorney **Prokuraindossament** *nt* JUR proxy endorsement

Prokurist(in) <-en, -en> *m(f)* authorized signatory (*of a company*)

Prolet <-en, -en> *m* ❶ (*veraltend fam*) proletarian

❷ (*pej*) prole *fam,* pleb *pej fam*

Proletariat <-[e]s, -e> *nt* (*veraltend*) ■**das ~** the proletariat; **das akademische ~** (*fig*) the intellectual proletariat

Proletarier(in) <-s, -> ['taːriɐ] *m(f)* (*veraltend*) proletarian

proletarisch *adj* (*veraltend*) proletarian

Prolo <-s, -s> *m* (*pej sl*) pleb *pej fam*

Prolog <-[e]s, -e> *m* ❶ (*Vorrede, Vorspiel*) prologue [*or* AM *a.* prolog]; **den ~ sprechen** to speak the prologue

❷ SPORT *preliminary speed trial to decide starting positions*

Prolongation <-, -en> *f* ❶ ÖKON (*Hinausschieben eines Fälligkeitstermins*) extension, renewal; **~ beantragen** to ask for [*or* request] an extension; **~ erwirken** to get [*or* receive] an extension; **jdm ~ gewähren** to grant sb an extension

❷ ÖSTERR (*geh: Verlängerung*) extended run; ***er bat um eine ~ für die Abgabe seiner Doktorarbeit*** he asked for an extension to the deadline for handing in his doctorate thesis

Prolongationsgeschäft *nt* BÖRSE contango business, carryover **Prolongationskosten** *pl* FIN renewal charges **Prolongationswechsel** *m* ÖKON continuation [*or* renewal] bill

prolongieren* [prolɔŋ'giːrən] *vt* FIN to extend, to prolong; ■[**jdm**] **etw ~** to extend sth to sb; [**jdm**] **den Kredit ~** to extend sb's credit; [**jdm**] **den Wechsel ~** to extend sb's allowance

PROM INFORM *Abk von* **programmable read-only memory** PROM

Promenade <-, -n> *f* promenade

Promenadendeck *nt* promenade [deck] **Promenadenmischung** *f* (*hum fam*) mongrel, cross-

breed, mutt AM
promenieren* *vi sein o haben* to promenade
Promethium *nt kein pl* promethium
Promi <-s, -s> *m (sl) kurz für* **Prominente(r)** VIP
Promille <-[s], -> *nt* ❶ *(Tausendstel)* per mill[e]; **nach ~** in per mill[e]
❷ *pl (fam: Alkoholpegel)* alcohol level; ***0,5 ~*** 50 millilitres alcohol level; **ohne ~ fahren** to be sober when driving
Promillegrenze *f* legal [alcohol] limit **Promillemesser** *m* breathalyzer
prominent *adj* prominent; **eine ~e Persönlichkeit** a prominent figure; ■**~ sein** to be a prominent figure
Prominente(r) *f(m) dekl wie adj* prominent figure, VIP; *(Politiker)* star politician
Prominenz <-, -en> *f* ❶ *kein pl (Gesamtheit der Prominenten)* prominent figures *pl;* **die ~ aus Film und Fernsehen** the stars of film and TV
❷ *(geh: das Prominentsein)* fame; ***seine ~ schützt ihn nicht vor einer Verurteilung*** his fame does not protect him from being convicted
❸ *pl (Persönlichkeiten)* prominent figures; **sich** *akk* **mit ~ umgeben** to mix with the stars
promisk *adj* promiscuous
Promiskuität <-> *f kein pl (geh)* promiscuity, promiscuousness
promiskuitiv *adj inv (geh)* promiscuous
promoten* [prəˈmoʊtən] *vt* ÖKON ■**etw/jdn ~** to promote sth/sb
Promotion[1] <-, -en> *f* ❶ *(Verleihung des Doktorgrads)* doctorate, PhD
❷ SCHWEIZ *(Versetzung) moving up [into the next class]*
❸ ÖSTERR *(offizielle Feier mit Verleihung der Doktorwürde) ceremony at which one receives one's doctorate*
Promotion[2] <-> *f* promotion; ■**für etw ~ machen** to do a promotion for sth
promovieren* [ˈviː] **I.** *vt* ■**jdn ~** ❶ *(den Doktortitel verleihen)* to award sb a doctorate [*or* a PhD], to confer a doctorate [*or* a PhD] on sb; ■**[zu etw] promoviert werden** to be awarded a doctorate [*or* PhD] [in sth]
❷ *(veraltend geh: fördern)* to support
II. *vi* ❶ *(eine Dissertation schreiben)* ■**über etw/jdn ~** to do a doctorate [*or* doctor's degree] [*or* PhD] in sth/the works of sb
❷ *(den Doktorgrad erwerben)* ■**[zu/in etw] ~** to obtain [*or* get] [*or form* attain] a doctorate [*or* PhD] [in sth]; **zum Dr. rer. hort. ~** to obtain [*or* get] [*or form* attain] a [*or* the title of] Dr rer. hort.; ■**bei jdm ~** to obtain [*or* get] [*or form* attain] a doctorate [*or* PhD] under sb
promoviert **I.** *pp und 3. pers sing von* **promovieren**
II. *adj inv* with a doctorate [*or* PhD]; **zum Doktor der Medizin ~ werden** to be made a Doctor of Medicine
prompt *adj* ❶ *(unverzüglich, sofort)* prompt; **eine ~e Antwort** a prompt [*or* an immediate] answer; **~ antworten** to answer promptly [*or* like a shot]
❷ *(meist iron fam: erwartungsgemäß)* of course; ***er ist ~ auf den Trick hereingefallen*** naturally he fell for the trick; ***als ich eine Zigarette angezündet hatte, kam ~ der Bus*** just when I had lit my cigarette the bus arrived
Promptgeschäft *nt* BÖRSE prompt transaction
Promptheit <-> *f kein pl* promptness, promptitude *form; Antwort a.* readiness
Promptware *f* BÖRSE prompts *pl*
Pronomen <-s, – *o* Pronomina> *nt* pronoun
pronominal *adj* pronominal
Propaganda <-> *f kein pl* ❶ *(manipulierende Verbreitung von Ideen)* propaganda *a. pej;* **kommunistische ~** communist propaganda; **mit etw ~ machen** to make propaganda out of sth *a. pej*
❷ *(Werbung)* publicity; **mit etw ~ machen** to make publicity with sth, to make sth public, to spread sth around; **~ für etw machen** to advertise sth; ***er macht ~ für sein neues Stück*** he is publicizing his new play
Propagandaapparat *m (pej)* propaganda machine [*or* apparatus] *a. pej* **Propagandafeldzug** *m (pej)* propaganda campaign *a. pej*
Propagandist(in) <-en, -en> *m(f)* ❶ *(pej: jmd, der Propaganda betreibt)* propagandist *a. pej*
❷ *(Werbefachmann)* demonstrator
propagandistisch *adj* ❶ *(die Propaganda 1 betreffend)* propagandist[ic] *a. pej;* **~e Reden schwingen** *(fam)* to make propagandist speeches; **etw ~ ausnutzen/verwerten** to use sth as propaganda *a. pej*
❷ ÖKON *(Werbung betreffend)* ***wir wollen das neue Produkt ~ in das Bewusstsein der Menschen bringen*** using demonstrations we want to make people aware of the new product
propagieren* *vt (geh)* ■**etw ~** to propagate sth; ***die meisten Politiker ~ eine gemeinsame Währung*** most politicians are supporting a single currency
Propan <-s> *nt kein pl* propane
Propangas *nt kein pl* propane [gas]
Propeller <-s, -> *m* ❶ *(Luftschraube)* propeller, prop *fam,* airscrew *form*
❷ *(Schiffsschraube)* screw, propeller
Propellerflugzeug *nt* propeller-driven [*or form* airscrew-driven] plane
Propeller-Turbine *f* turboprop
proper *adj (fam)* trim, neat; **ein ~er junger Mann** a dapper *dated* [*or* neat] young man; **ein ~es Zimmer** a [neat and] tidy room; ***er hat die Arbeit ~ gemacht*** he has worked neatly
Propergeschäft *nt* HANDEL trade for one's own account
Prophage *m* BIOL prophage, temperate phage
Prophet(in) <-en, -en> *m(f)* prophet *masc,* prophetess *fem;* ***ich bin* [*doch*] *kein ~!*** *(fam)* I can't tell the future!; ***man muss kein ~ sein, um das vorauszusehen*** *(fam)* you don't have to be a mind reader to predict that
▶ WENDUNGEN: **wenn der Berg nicht zum ~en kommt, muss der ~ wohl zum Berg[e] kommen** if the mountain won't come to Muhammad the Muhammad must go to the mountain; **der ~ gilt nichts in seinem Vaterland** *(prov)* a prophet is without honour in his own country *prov*
prophetisch *adj (geh)* prophetic; **~e Bewegung** prophetic movement; **~es Wissen besitzen** to be prophetic about sth; **~ gemeint sein** to be meant as a prophecy; **sich** *akk* **~ äußern** to make prophecies/a prophecy
prophezeien* *vt* ■**etw ~** to prophesy sth; ***die Experten ~ einen heißen Sommer*** the experts predict a hot summer; **jdm ein langes Leben ~** to prophesy that sb will enjoy a long life; ■**jdm ~, dass er/sie etw tut** to predict [*or form* presage] that sb will do sth
Prophezeiung <-, -en> *f* prophecy
Prophylaktikum <-s, -laktika> *nt* MED prophylactic (**gegen** +*dat* against)
prophylaktisch *adj* ❶ MED prophylactic; **ein ~es Medikament** a prophylactic [medicine]; **etw ~ anwenden/einnehmen** to apply/take sth as a prophylactic measure
❷ *(geh: zur Sicherheit)* preventative, preventive; **~e Maßnahmen** preventative [*or* preventive] measures; **etw ~ machen/vornehmen** to do sth as a preventive [*or form* prophylactic] measure
Prophylaxe <-, -n> *f* MED prophylaxis *spec;* **ein Medikament zur ~ [gegen etw] nehmen** to take medicine as a prophylactic measure [against sth]
Proportion <-, -en> *f (geh)* proportion; ***sie hat beachtliche ~en*** *(hum)* she is pretty curvaceous *fam*
proportional *adj (geh)* proportional, proportionate, in proportion (**zu** +*dat* to); ***die Heizkosten steigen ~ zur Größe der Wohnung*** the heating costs increase in proportion to the size of the flat; **umgekehrt ~** in inverse proportion
Proportionalabstand *m* proportional spacing **Proportionalschrift** *f* proportional spacing
proportioniert *adj inv* proportioned; **gut/schlecht ~** well/badly proportioned
Proporz <-es, -e> *m* ❶ POL proportional representation *no art;* **konfessioneller ~** *proportional representation based on denominations;* **Ämter im [*o* nach dem] ~ besetzen [*o* vergeben]** to fill/award posts on the basis of proportional representation
❷ ÖSTERR, SCHWEIZ *(Verhältniswahl)* proportional representation
proppe(n)voll *adj (fam)* jam-packed *fam,* full to bursting *pred;* ■**~ sein** to be jam-packed *fam* [*or* full to bursting]
Propst, Pröpstin <-[e]s, Pröpste> *m, f* provost
Prorogation <-, -en> *f* JUR prorogation of jurisdiction
Prorogationsvertrag *m* JUR jurisdiction agreement
Prosa <-> *f kein pl* prose
prosaisch *adj* ❶ *(meist fig geh: nüchtern)* matter-of-fact, prosaic *form; (langweilig)* dull; **ein ~er Mensch** a matter-of-fact [*or* dull] person
❷ *(aus Prosa bestehend)* prose *attr,* in prose *pred;* **die ~e Zusammenfassung eines Gedichtes** a prose summary of a poem
Proselytenmacherei <-> *f kein pl* REL, SOZIOL, POL *(pej geh)* proselytizing [*or* BRIT *a.* -ising] *pej form*
Proseminar *nt* introductory seminar *(for first- and second-year students)*
prosit *interj (fam) s.* **prost**
Prosit <-s, -s> *nt (fam)* toast; **ein ~ auf jdn ausbringen** to toast [*or* drink to] sb, to drink to sb's health; **ein ~ der Gemütlichkeit** here's to a great evening; **~ Neujahr!** Happy New Year
Prospekt <-[e]s, -e> *m* ❶ *(Werbebroschüre)* brochure, pamphlet; *(Werbezettel)* leaflet
❷ THEAT backdrop, backcloth
❸ ÖKON prospectus
Prospekthaftung *f* FIN prospectus liability **Prospekthülle** *f* brochure cover, clear pocket **Prospektmaterial** *nt* MEDIA brochure *usu pl,* pamphlet *usu pl,* literature *no pl;* ***bitte schicken Sie mir ~ zu ihren Produkten*** could you please send me some brochures [*or* pamphlets] [*or* literature] on your products **Prospektprüfung** *f* FIN audit of prospectus **Prospektzusteller(in)** *m(f)* leaflet deliverer
Prosperität <-> *f kein pl (geh)* prosperity *no pl*
prost *interj* cheers; [***na***] ***dann*** [***mal***] ***~!*** *(iron)* [well] cheers to that, I say! *iron;* [***na dann***] ***~ Mahlzeit!*** *(iron fam)* we are going to have our work cut out!
Prostata <-, Prostatae> *f* prostate gland, prostata *spec*
Prostatakrebs <-es> *m kein pl* MED cancer of the prostate
Prostatavergrößerung *f* enlargement of the prostate gland, prostatic hypertrophy *spec*
prosten *vi* ❶ *(prost rufen)* to say cheers
❷ *(ein Prost ausbringen)* ■**auf jdn/etw ~** to toast [*or* drink to] sb/sth
prostituieren* *vr* ■**sich** *akk* **~** to prostitute oneself
Prostituierte(r) *f(m) dekl wie adj (form)* prostitute
Prostitution <-> *f kein pl (form)* prostitution
Protactinium <-s> *nt kein pl* protactinium
Protagonist(in) <-en, -en> *m(f) (geh)* ❶ *(zentrale Gestalt)* protagonist; **der ~ eines Stückes** the protagonist of a play
❷ *(Vorkämpfer)* champion, protagonist; **ein ~ im Kampf gegen die Sklaverei** a champion in the fight against slavery
Protegé <-s, -s> [proteˈʒeː] *m (geh)* protégé
protegieren* [proteˈʒiːrən] *vt (geh)* ■**jdn ~** to promote [*or* further] sb; **einen Künstler ~** to patronize an artist; ***sie wird vom Chef protegiert*** she's the boss's protégé
Protein <-s, -e> *nt* protein
Proteinbiosynthese *f* BIOL protein synthesis
Protektion <-, -en> *f (geh)* patronage; **jds ~ genießen** to enjoy sb's patronage
Protektionismus <-> *m kein pl* protectionism
Protektorat <-[e]s, -e> *nt* ❶ *(Schutzherrschaft über einen Staat)* protectorate; *(Staat unter*

Schutzherrschaft) protectorate
❷ (*geh: Schirmherrschaft*) patronage; **unter jds ~/dem ~ von jdm** under sb's patronage [*or* the patronage [*or* auspices] of sb]

Protest <-[e]s, -e> *m* ❶ (*Missfallensbekundung*) protest; ■**jds ~ gegen etw** sb's protest against sth; **aus ~** in [*or* as a] protest; **unter ~** under protest; **unter lautem ~** protesting loudly; **stummer ~** silent protest; **~ einlegen** [*o* **erheben**] to protest, to make a protest; **zu ~ gehen** to go to protest
❷ ÖKON to protest; **einen Wechsel zu ~ gehen lassen** to protest a bill; **den ~ auf den Wechsel setzen** to protest a bill; **~ mangels Zahlung** JUR protest refusal of payment; **rechtzeitiger/verspäteter ~** JUR due/retarded protest

Protestaktion *f* protest [activities *pl*]

Protestant(in) <-en, -en> *m(f)* Protestant

protestantisch *adj* Protestant; **die ~en Kirchen** the Protestant churches; **~ beerdigt werden** to be given a Protestant funeral; **~ denken** to think along Protestant lines; **[streng] ~ erziehen** to have a [strict] Protestant upbringing; **~ heiraten** to marry in a Protestant church

Protestantismus <-> *m kein pl* ■**der ~** Protestantism

Protestbewegung *f* protest movement

protestieren* *vi* ■**gegen jdn/etw ~** JUR to protest sb/sth; ■**[gegen etw] ~** to protest [*or* make a protest] [against [*or* about] sth]; ■**dagegen ~, dass jd/etw etw tut** to protest against [*or* about] sb['s]/sth['s] doing sth; ***er protestierte lautstark gegen seine Verurteilung*** he protested loudly against his conviction

Protestkundgebung *f* [protest] rally **Protestmarsch** *m* protest march **Protestnote** *f* letter [*or* note] of protest **Protestschreiben** *nt* letter of protest **Protestsong** *m* protest song **Protesturkunde** *f* FIN certificate of dishonour **Protestversammlung** *f* SOZIOL, POL protest meeting **Protestwähler(in)** *m(f)* protest voter **Protestwechsel** *m* FIN dishonoured [*or* protested] bill **Protestwelle** *f* wave of protest

Prothese <-, -n> *f* artificial limb, prosthesis *spec;* (*Gebiss*) false teeth *pl,* dentures *npl,* set of dentures *form,* prosthesis *spec;* **die ~ *herausnehmen/reinigen*** to take out/clean one's dentures [*or* false teeth]

Protokoll <-s, -e> *nt* ❶ (*Niederschrift*) record[s *pl*]; (*bei Gericht a.*) transcript; (*von Sitzung*) minutes *npl;* **ein ~ anfertigen** to prepare a transcript [*or* the minutes] [*or* a report]; **[das] ~ führen** (*bei einer Prüfung*) to write a report; (*bei Gericht*) to keep a record [*or* make a transcript] of the proceedings; (*bei einer Sitzung*) to take [*or* keep] the minutes; **etw [bei jdm] zu ~ geben** to have sb put sth on record, to have sth put on record; (*bei der Polizei*) to make a statement [in sb's presence], to have sb make a report of sth, to have a report made of sth; **zu ~ gegeben werden** to be put on record; **etw zu ~ nehmen** to put sth on record; (*von einem Polizisten*) to take down [a statement]; (*bei Gericht*) to enter [an objection/statement] on record *sep*
❷ DIAL (*Strafmandat*) ticket
❸ *kein pl* (*diplomatisches Zeremoniell*) ■**das ~** the protocol; **gegen das ~ verstoßen** to break with protocol

Protokollant(in) <-en, -en> *m(f)* (*form*) *s.* **Protokollführer**

protokollarisch *adj* ❶ (*im Protokoll fixiert*) recorded, on record *pred;* (*von Sitzung*) minuted, entered in the minutes *pred;* **~e Aufzeichnungen** recordings; **eine ~e Aussage** a statement taken down in evidence; **etw ~ festhalten** to take sth down in the minutes, to enter sth on record
❷ (*dem Protokoll 3 entsprechend*) ceremonial, according to protocol

Protokolldatei *f* INFORM journal file

Protokollführer(in) *m(f)* secretary; (*bei Gericht*) clerk [of the court]

protokollieren* I. *vt* ■**etw ~** to record sth; *Polizist* to take down sth *sep;* (*bei einer Sitzung*) to enter [*or* record] sth in the minutes, to minute sth
II. *vi* to keep the record[s]/the minutes

Proton <-s, Protonen> *nt* proton

Protonenbeschleuniger <-s, -> *m* NUKL proton accelerator **Protonensynchrotron** <-s, -e> *nt* NUKL proton synchroton

Protoplasma *nt kein pl* protoplasm **Protoplast** <-en, -en> *nt* BIOL protoplast **Protoplastenfusion** *f* BIOL protoplast fusion **Prototyp** *m* ❶ (*erstes Modell*) prototype ❷ (*geh: Inbegriff*) archetype; **der ~ einer Karrierefrau** the archetype of a [*or* an archetyp[ic]al] career woman ❸ (*Urform*) prototype; **der ~ des christlichen Sakralbaus** the prototype of the sacred christian building **Prototypfahrzeug** *nt* prototype vehicle

Protuberanz <-, -en> *f* ASTRON prominence

Protz <-es *o* -en, -e[n]> *m* (*fam*) ❶ (*jmd, der protzt*) show-off, poser *fam*
❷ *kein pl* (*Protzerei*) pomp, swank *fam*

protzen *vi* (*fam*) ■**[mit etw] ~** to show [sth] off, to flaunt sth *a. pej;* ***sie protzte mit ihrem Reichtum*** she flaunted her riches

Protzerei <-, -en> *f* (*fam*) ❶ *kein pl* (*ständiges Protzen*) showing off
❷ (*protzige Äußerung, Handlung*) pretentious [*or fam* posey] remark/action

protzig *adj* (*fam*) swanky *fam,* showy *fam,* posey *fam;* **ein ~es Auto** a fancy car; **sich** *akk* **~ mit Schmuck behängen** to drip with fancy jewellery *pej fam;* **etw ~ zur Schau tragen** to flaunt sth

Provenienz <-, -en> [ve] *f* (*geh*) origin, provenance *form*

Proviant <-s, *selten* -e> [-vi-] *m* provisions; MIL supplies; **~ für eine Reise mitnehmen** to take some food on a journey

Provider <-s, -> [pro'vaidɐ] *m* INET provider

Provinz <-, -en> [-'vɪnts] *f* ❶ (*Verwaltungsgebiet*) province
❷ *kein pl* (*kulturell rückständige Gegend*) provinces *pl a. pej;* **in der ~ leben** to live [out] in the sticks *fam;* **die hinterste** [*o* **finsterste**] **~** the backwater[s *pl*] [*or pej fam* sticks] *npl;* ***das ist doch hinterste ~!*** (*fam*) that's really going back to the Stone Age!

Provinzfürst *m* (*fig*) lord of the manor *fam*

provinziell [-vɪn-] *adj* provincial *a. pej,* backwater *attr pej;* **~e Ansichten** parochial views; ***in München galt er als ~er Außenseiter*** in Munich he was regarded as a country bumpkin

Provinzler(in) <-s, -> *m(f)* (*pej fam*) provincial *pej*

Provinzstadt *f* provincial town, one-horse [*or* hick] town AM *pej fam* **Provinztheater** *nt* provincial theatre **Provinzzeitung** *f* (*pej*) provincial newspaper

Provision <-, -en> [vi] *f* commission; **auf** [*o* **gegen**] **~ arbeiten** [*o* **tätig sein**] to work [*or* be employed] on a commission basis; **~ gewähren** to accord a commission

Provisionsanspruch *m* FIN accrued commission **Provisionsbasis** [-vi-] *f* commission basis; **auf ~** on a commission basis **Provisionseinnahmen** *pl* FIN commissions received **Provisionspflicht** *f* FIN obligation to pay a commission **provisionspflichtig** *adj inv* FIN commissionable, subject to commission *pred*

Provisorien *pl von* **Provisorium**

provisorisch [-vi-] I. *adj* (*vorläufig*) provisional, temporary; **eine ~e Regierung** a provisional [*or* caretaker] government; (*notdürftig*) makeshift, temporary; **eine ~e Unterkunft** temporary accommodation
II. *adv* temporarily, for the time being; ***das können wir ~ so lassen*** we can leave it like that for the time being; **etw ~ herrichten** to make makeshift repairs

Provisorium <-s, -rien> [vi, riən] *nt* (*geh*) provisional [*or* temporary] arrangement [*or* solution]

Provitamin *nt* BIOL provitamin

provokant [-vo-] *adj* (*geh*) provocative; **eine ~e Äußerung** a provocative remark; **etw bewusst ~ formulieren** to word sth as a deliberate provocation

Provokateur(in) <-s, -e> [provoka'tøːɐ] *m(f)* (*geh*) [agent] provocateur

Provokation <-, -en> [vo] *f* (*geh*) provocation

provokativ [vo] *adj* (*geh*) *s.* **provokant**

provokatorisch <-er, -ste> *adj* (*geh*) provocative

provozieren* [-vo-] I. *vt* ❶ (*herausfordern*) ■**jdn [zu etw] ~** to provoke sb [into [doing] sth]; ***ich lasse mich von ihm nicht ~*** I won't be provoked by him, I won't let him provoke me
❷ (*bewirken*) ■**etw ~** to provoke sth; **einen Streit ~** to cause an argument; ***durch deine kritischen Fragen hast du eine Diskussion provoziert*** your critical questions have sparked off a debate
II. *vi* to provoke; ***er möchte mit seinem Äußeren nur ~*** he just wants to get a reaction with his appearance

provozierend [-vo-] *adj* (*geh*) *s.* **provokant**

Prozedere <-, -> *nt* (*geh*) procedure

Prozedur <-, -en> *f* (*geh*) procedure; **eine furchtbare ~** an ordeal; **eine langwierige ~** a lengthy business

Prozent <-[e]s, -e> *nt* ❶ (*Hundertstel*) percent *no pl,* per cent *no pl*
❷ (*Alkoholgehalt*) alcohol content; ***wie viel ~ hat dieser Whisky?*** how much alcohol does this whisk[e]y have [*or* contain]?
❸ *pl* (*Rabatt*) discount, rebate; **[bei jdm] [auf etw** *akk*] **~e bekommen** (*fam*) to get [*or* receive] a discount [*or* rebate] [from sb]/[on sth]; **[jdm] [auf etw** *akk*] **~e geben** (*fam*) to give sb a discount [*or* rebate] [on sth]

Prozentpunkt *m* percentage, point **Prozentrechnung** *f* percentage calculation **Prozentsatz** *m* percentage

prozentual *adj* (*geh*) percentage *attr;* **~er Anteil/~e Beteiligung** percentage (**an** +*dat* of); **etw ~ ausdrücken** to express sth as a percentage [*or* in per[ ]cent]; **am Gewinn/Geschäft ~ beteiligt sein** to receive a percentage of the profit/percentage [share] in the business; ***unsere Partei hat ~ die meisten Stimmen dazugewonnen*** in terms of the percentage our party has gained the most votes

Prozess[RR] <-es, -e> *m,* **Prozeß** <-sses, -sse> *m* ❶ (*Gerichtsverfahren*) legal proceedings *npl,* action, litigation; **einen ~ anhängig machen** to institute legal proceedings; **einen ~ führen** to conduct legal proceedings; **schwebender ~** pending case; **seerechtlicher ~** admiralty action; **einen ~ gegen jdn anstrengen** to bring an action against sb; **einen ~ [gegen jdn] führen** to take sb to court, to bring [*or form* conduct] [*or* AM file] a [law]suit [against sb]; **jdm den ~ machen** to take sb to court; **[mit jdm/etw] kurzen ~ machen** (*fig fam*) to make short work of sb/sth [*or* short shrift of sth]; **einen ~ verhandeln** to try a case
❷ (*geh: Vorgang*) process; **ein chemischer ~** a chemical process

Prozessabweisung[RR] *f* JUR dismissal of an action **Prozessagent(in)**[RR] *m(f)* JUR law agent **Prozessakte**[RR] *f* case file[s *pl*] [*or* record[s *pl*]] **Prozessantrag**[RR] *m* JUR motion **Prozessbeteiligte(r)**[RR] *f(m) dekl wie adj* JUR party to a case **Prozessbetrug**[RR] *m* JUR collusion **Prozessbevollmächtigte(r)**[RR] *f(m) dekl wie adj* JUR plaintiff's counsel, attorney of record AM **Prozessdauer**[RR] *f* duration of proceedings [*or* a lawsuit] **Prozessenergie**[RR] *f* ÖKOL process energy **prozessfähig**[RR] *adj inv* JUR actionable, suable **Prozessfähigkeit**[RR] *f kein pl* JUR legal capacity of suing and being sued **prozessführend**[RR] *adj* JUR litigant **Prozessführung**[RR] *m* JUR litigation; (*als Anwalt*) conduct of a case **Prozessführungsbefugnis**[RR] *f* JUR locus standing **Prozessgebühr**[RR] *f* JUR general fee for court proceedings **Prozessgegenstand**[RR] *m* JUR subject of litigation **Prozessgegner**[RR] *m* adversary, opposing party **Prozessgericht**[RR] *nt* JUR trial court **Prozesshandlung**[RR] *f* step in the proceedings **prozesshängig**[RR] *adj inv* JUR litigious **prozesshindernd**[RR] *adj* JUR impeding [*or* barring] to an action **Prozesshindernis**[RR] *nt* JUR bar of trial, impediment to an action

Prozessieren <-s> *nt kein pl* JUR litigation

prozessieren* *vi* ■ [**gegen jdn**] ~ to go to law [*or* to litigate] [with sb]; ■ **mit jdm** ~ to bring a lawsuit against sb

Prozession <-, -en> *f* procession

Prozesskosten[RR] *pl* court [*or* legal] costs **Prozesskostenerstattung**[RR] *f* JUR refund of law costs **Prozesskostenhilfe**[RR] *f* legal aid **Prozesskostenhilfegesetz**[RR] *nt* JUR Legal Aid and Advice Act **Prozesskostenkaution**[RR] *f*, **Prozesskostensicherheit**[RR] *f* FIN security for costs **Prozesskostenvorschuss**[RR] *m* FIN advance payment of costs **Prozessökonomie**[RR] *f* JUR procedural economy

Prozessor <-s, -soren> *m* processor; **untergeordneter** ~ attached processor

Prozessorarchitektur *f* INFORM processor architecture **Prozessorbus** *m* INFORM local bus **Prozessorchipkarte** *f* smart [*or* chip] card **Prozessordnung**[RR] *f* legal procedure, code [*or pl* rules] of procedure **prozessorkompatibel** *adj* INFORM processor compatible **Prozessorsockel** *m* INFORM processor socket **Prozessortakt** *m* INFORM processor rate **Prozesspartei**[RR] *f* JUR litigant, party to a case **Prozesspfleger(in)**[RR] *m(f)* JUR guardian [*or* AM curator] ad litem **Prozessrecht**[RR] *nt* JUR law of procedure **Prozessschriftsätze**[RR] *pl* JUR pleadings **Prozessstandschaft**[RR] *f* JUR representative action **Prozessstandschaftsklage**[RR] *f* JUR class suit, AM derivative action **Prozesstrennung**[RR] *f* JUR severance of actions **prozessunerheblich**[RR] *adj* JUR irrelevant, immaterial [to the case] **prozessunfähig**[RR] *adj* JUR incapable of acting in legal proceedings **Prozessunfähigkeit**[RR] *f kein pl* JUR **aktive/passive** ~ incapacity to sue/to be sued **Prozessurteil**[RR] *nt* JUR judgment [on procedural grounds] **Prozessverbindung**[RR] *f* JUR joinder of actions **Prozessvergleich**[RR] *m* JUR court settlement, compromise in court **Prozessverschleppung**[RR] *f* JUR delaying the proceedings **Prozessvertretung**[RR] *f* JUR legal presentation in court **Prozessvollmacht**[RR] *f* JUR ① *kein pl* (*Vollmacht*) power of attorney ② (*Formular*) letter of attorney **Prozessvoraussetzung**[RR] *f* JUR procedural requirements **Prozesszinsen**[RR] *pl* JUR interest on claims during litigation

prüde *adj* (*a. pej*) prudish, straitlaced *pej*; **eine ~ Frau** a prudish woman; **ein ~s Zeitalter** a prudish age

Prüderie <-> *f kein pl* prudishness, prudery

Prüfanzeige *m* INFORM check indicator **Prüfbit** *nt* INFORM check [*or* parity] bit **Prüfdaten** *pl* INFORM test data

Prüfdruck *m* [off-press] proof

prüfen I. *vt* ① (*examinieren*) ■ **jdn** [**in etw** *dat*] ~ to examine sb [in sth]; **ein geprüfter Arzthelfer** a qualified doctor's assistant; **jdn im Hauptfach/Nebenfach** ~ to examine sb on his main/minor subject

② (*überprüfen, untersuchen*) ■ **etw** [**auf etw** *akk*] ~ to check sth [for sth], to examine sth [for sth]; **ein Angebot** ~ to check [out] an offer; **die Funktionstüchtigkeit** ~ to check that sth works; **jds Gesundheitszustand** ~ to give sb a checkup; **ein Material** ~ to test a material; *s. a.* **ewig**

③ (*testen*) ■ **etw** ~ to test sth; **Essen/Wein** ~ to taste [*or* sample] food/wine; ■ ~, **ob/wie ...** to check whether/how ...; ***könntest du bitte ~, ob das Wasser warm genug ist*** could you please check whether the water is warm enough; ■ **jdn** ~ to scrutinize sb; **jdn** [**durchdringend**] **mit den Augen** ~ to scrutinize sb carefully [*or* closely]; **jdn mit prüfenden Blicken ansehen** to scrutinize sb

④ (*auf Richtigkeit/Echtheit kontrollieren*) ■ **etw** [**auf etw** *akk*] ~ to study sth, to examine [sth of] sth; **die Angaben auf Korrektheit** ~ to examine the correctness of the details; **die Pässe** ~ to examine the passports; **eine Urkunde** ~ to verify a certificate

⑤ (*geh: übel mitnehmen*) **jdn** [**hart/schwer**] ~ to [sorely] try [*or* afflict] sb; **eine Leid geprüfte Mutter** a sorely tried [*or* afflicted] mother

▸ WENDUNGEN: **drum prüfe, wer sich ewig bindet ...** (*prov*) marry in haste, repent at leisure *prov*

II. *vi* SCH ■ [**in einem Fach**] ~ to examine pupils/students [in a subject]; [**in etw** *dat*] **streng** ~ to set a hard examination [in sth], to be a hard examiner [in sth]; ***prüft dieser Professor in Biologie?*** is this professor an examiner for Biology?

III. *vr* (*geh*) ■ **sich** *akk* ~ to examine oneself, to search one's conscience [*or liter* heart]; ■ **du musst dich ~, ob ...** you must decide [*or liter* enquire of yourself] whether ...; ***ich muss mich ~, ob ich das durchstehen kann*** I must decide whether I can get through that

Prüfer(in) <-s, -> *m(f)* ① (*Examinator*) examiner ② (*Prüfingenieur*) inspector ③ (*Betriebsprüfer*) auditor

Prüfgerät *nt* testing apparatus [*or* instrument]

Prüflampe *f* test lamp

Prüfling <-s, -e> *m* [examination] candidate, examinee *form*

Prüfliste *f* checklist **Prüfstand** *m* ① TECH test stand [*or* bed]; **auf dem ~ sein** [*o* **stehen**] to be in the process of being tested; (*fig*) to be under the microscope ② AUTO dynamometer **Prüfstein** *m* (*geh*) touchstone; **ein ~** [**für etw**] **sein** to be a touchstone for [*or* of] sth; ***die Aufgabe ist ein ~ für seine Belastbarkeit*** the task is a measure of his resilience **Prüfstempel** *m* ADMIN, ÖKON stamp of certification

Prüfung <-, -en> *f* ① (*Examen*) exam[ination]; (*für den Führerschein*) test; **schriftliche/mündliche ~** [**in etw** *dat*] written/oral exam[ination] [*or* viva voce] [in sth]; **eine ~** [**nicht**] **bestehen** to [not] pass [an exam[ination]]; **durch eine ~ fallen** to fail [an exam[ination]], to flunk an exam[ination] AM *fam*; **jdn durch eine ~ fallen lassen** to fail sb [in an exam[ination]]; **in eine ~ gehen** to go and take an exam[ination]; **eine ~** [**in etw** *dat*] **machen, eine ~** [**in etw** *dat*] **ablegen** to take an exam[ination] [in sth]

② (*Überprüfung*) checking; JUR examination; *Wasserqualität* test; ~ **durch Stichproben** HANDEL spot checks; **etw einer gründlichen ~ unterziehen** to give sth a thorough check [*or* going-over]; **etw hält einer ~ stand** sth stands up to [the rigours of] a test; **nach nochmaliger ~** after repeated tests [*or* checks]

③ (*geh: Heimsuchung*) trial, ordeal; ■ **~en** trials [and tribulations]

④ FIN (*Buchprüfung*) audit; ~ **der Bilanz** balance-sheet audit

⑤ INFORM (*Kontrolle*) check; **automatische ~** automatic checking

Prüfungsanforderung *f* examination requirement **Prüfungsangst** *f* exam nerves *npl* **Prüfungsantrag** *m* JUR request for examination **Prüfungsarbeit** *f* examination, exam[ination] paper **Prüfungsaufgabe** *f* exam[ination] question, question in an [*or* the] exam[ination] **Prüfungsausschuss**[RR] *m* board of examiners, examination board; (*Wirtschaftsprüfung*) auditing board **Prüfungsergebnis** *nt* exam[ination] results *pl* **Prüfungsfach** *nt* exam[ination] subject **Prüfungsfrage** *f* exam[ination] question **Prüfungsgebühr** *f* examination fee **Prüfungsgegenstand** *m* object of examination **Prüfungskommission** *f* board of examiners, examining board [*or* body] **Prüfungsordnung** *f* regulations for the conduct of an examination **Prüfungspflicht** *f* FIN statutory inspection [*or* audit] **prüfungspflichtig** *adj inv* FIN subject to inspection **Prüfungsstelle** *f* FIN auditing agency; SCH examining board **Prüfungssystem** *nt* INFORM checking-system; **automatisches ~** self checking-system **Prüfungstermin** *m* ① SCH date of an/the exam[ination] ② FIN audit date **Prüfungsunterlagen** *pl documents required on entering for an examination* **Prüfungsverfahren** *nt* FIN examination procedure **Prüfungsvermerk** *m* FIN audit certificate **Prüfungszeugnis** *nt* exam[ination] certificate

Prüfverfahren *nt* test[ing] procedure

Prüfzeichen *nt* JUR certification mark **Prüfzwecke** *pl* test purposes; **zu ~n** for test purposes

Prügel[1] *pl* beating *no pl*, thrashing *no pl*; **jdm eine Tracht ~ verabreichen** to give sb a [good] hiding; **~ austeilen** to hand out a beating [*or* thrashing]; [**von jdm**] **~ bekommen** [*o* **beziehen**] to get a beating [*or* thrashing] [from sb]; **~ einstecken müssen** to have to endure [*or* put up with] a beating

Prügel[2] <-s, -> *m* DIAL cudgel, club, bludgeon *form*

Prügelei <-, -en> *f* (*fam*) fight, punch-up *fam*; **eine wilde ~** a brawl

Prügelknabe *m* whipping boy, scapegoat; **den ~n für etw/jdn abgeben** [*o* **spielen**] (*fig*) to be the scapegoat for sth/sb

prügeln I. *vt* ■ **jdn** ~ to thrash [*or* beat] sb; **jdn windelweich ~** (*fam*) to beat the living daylights out of sb *fam*

II. *vi* to beat [*or* hit]; SCH to use corporal punishment; **~de Ehemänner** abusive [*or* wife-beating] husbands

III. *vr* ■ **sich** *akk* ~ to fight; ■ **sich** *akk* [**mit jdm**] ~ to fight [sb], to have a fight [with sb]; ■ **sich** *akk* [**mit jdm**] **um etw** ~ to fight [sb] [*or* have a fight [with sb]] over sth; ***sie ~ sich wegen jeder Kleinigkeit*** they fight over everything; ***sollen wir uns um die letzte Praline ~?*** (*hum fam*) shall we fight for the last sweet?

Prügelstrafe *f* ■ **die** ~ corporal punishment; (*in Schulen a.*) the cane, the birch

Prunk <-s> *m kein pl* magnificence, splendour [*or* AM -or]; *Saal a.* sumptuousness

Prunkbau <-s, -bauten> *m* magnificent [*or* splendid] edifice; ***neoklassische ~ten*** magnificent [*or* splendid] examples of Neoclassical architecture; **einen ~ errichten** to build a magnificent building

Prunkbohne *f* scarlet runner bean

prunken *vi* (*geh*) ① (*prächtig erscheinen*) to be resplendent; **ein prunkender Blumenschmuck** a magnificent floral decoration; ***auf seinem Haupt prunkte eine mit Juwelen besetzte Krone*** on his head a jewel-encrusted crown gleamed resplendently

② (*prahlen*) ■ **mit etw** ~ to make a great show of sth, to flaunt sth *a. pej*; ***er prunkte mit seinen sportlichen Leistungen*** he made a great show of his sporting prowess

Prunkgemach *nt* state room [*or* apartment] **Prunkgewand** *nt* magnificent [*or* splendid] vestment **Prunksaal** *m* state room **Prunkstück** *nt* showpiece; **das ~ der Ausstellung** the focal point of the exhibition **Prunksucht** *f kein pl* (*pej*) love of splendour [*or* grandeur] **prunksüchtig** *adj* (*pej*) with a love of grandeur [*or* splendour] *pred*; ■ **~ sein** to have a love of grandeur [*or* splendour] **Prunkvilla** *f* magnificent [*or* splendid] villa **prunkvoll** *adj* splendid, magnificent; **~e Kleidung** magnificent clothing; ***die Luxusvilla war ~ ausgestattet*** the luxury villa was fit for a king

prusten *vi* (*fam*) to snort; (*beim Trinken*) to splutter; **vor Lachen ~** to snort with laughter

PS <-, -> *nt* ① *Abk von* **Pferdestärke** hp ② *Abk von* **Postskript(um)** PS

Psalm <-s, -en> *m* psalm

Psalter <-s, -> *m* ① REL (*Buch des Psalmen*) Psalter; (*liturgisches Textbuch*) psalter ② ZOOL psalterium ③ MUS, HIST psaltery

pseudo- *in Komposita* pseudo-

pseudodemokratisch *adj* pseudo-democratic **pseudointellektuell** *adj* pseudo-intellectual **Pseudokrupp** <-s> *m* MED pseudo[-]croup

pseudonym *adj inv* pseudonymous

Pseudonym <-s, -e> *nt* pseudonym, nom de guerre *liter*; *von Autor a.* nom de plume, pen name; **unter einem ~ schreiben** to write using a pen name

pseudoreligiös *adj* pseudo-religious

pst [pst] *interj* pst

Psyche <-, -n> *f* psyche

psychedelisch *adj* psychedelic, mind-expanding;

eine ~e Droge a psychedelic [drug]; **~e Musik** psychedelic music; **eine ~e Erfahrung machen** to have a psychedelic experience

Psychiater(in) <-s, -> *m(f)* psychiatrist, shrink *fam*

Psychiatrie <-, -n> ['triːən] *f* ❶ *kein pl* (*medizinisches Fachgebiet*) psychiatry *no art*
❷ (*fam: psychiatrische Abteilung*) psychiatric ward; **jdn in die ~ einweisen** to have sb admitted to a psychiatric ward

psychiatrisch *adj* psychiatric; **eine ~e Behandlung/Untersuchung** psychiatric treatment/ examination; **sich** *akk* **~ behandeln/untersuchen lassen** to see a psychiatrist, to undergo psychiatric treatment/a psychiatric examination

psychisch ['psyːçɪʃ] *adj* ❶ (*seelisch*) emotional, psychological; **eine ~e Belastung** psychological strain; **eine ~e Ursache haben** to be psychological, to have a psychological cause; **unter großem ~en Druck stehen** to be under a great deal of emotional [*or* psychological] pressure; **~ bedingt/verursacht sein** to be psychological, to have psychological causes/a psychological cause; **jdn ~ belasten** to put sb under psychological pressure
❷ (*geistig*) mental; **~ gesund sein** to have all one's [mental] faculties [about one]

Psychoanalyse [psyːço] *f* psychoanalysis *no art* **Psychoanalytiker(in)** *m(f)* psychoanalyst **psychoanalytisch** *adj* psychoanalytic[al] **Psychodrama** *nt* ❶ LIT psychological drama ❷ PSYCH psychodrama **Psycho-Droge** *f* psychoactive [*or* psychotropic] drug **Psychoeffekt** *m* psychological effect

psychogen *adj inv* PSYCH, MED psychogenic, psychogenetic, psychogenous **Psychogramm** <-gramme> *nt* psychograph, [psychic] profile; **ein ~ von jdm erstellen** to create a psychic profile of sb **Psychokrieg** *m* psychological warfare **Psycholinguistik** *f kein pl* LING, PSYCH, SCH psycholinguistics + *sing vb*

Psychologe, -login <-n -n> [psyːço] *m, f* ❶ (*Spezialist der Psychologie*) psychologist, shrink *fam*
❷ (*Mensch mit Einfühlungsvermögen*) psychologist

Psychologie <-> [psyːço] *f kein pl* psychology

Psychologin <-, -nen> *f fem form von* **Psychologe**

psychologisch [psyːço] *adj* psychological; **ein ~es Gutachten** a psychological evaluation; **ein ~er Roman** a psychological novel; **~ falsch/richtig sein** to be wrong/right psychologically; **~ geschult werden/sein** to be trained in psychology; **~ erfahrene Mitarbeiter** staff experienced in psychology; ***das war ein ~ sehr geschickter Schachzug*** that was a clever psychological move; ***das war sehr ~ von dir*** (*fam*) that was a good psychological move on your part; *s. a.* **Kriegsführung**

Psychopath(in) <-en, -en> [psyːço] *m(f)* psychopath **psychopathisch** *adj inv* PSYCH psychopathic **Psychopharmaka** *pl von* **Psychopharmakon** **Psychopharmakon** <-s, -pharmaka> [psyːço] *nt meist pl* (*fachspr*) psychopharmaceutical [agent] *spec*

Psychose <-, -n> [psyːˈçoːzə] *f* (*fachspr*) psychosis

Psychosekte *f* (*pej fam*) psycho-sect

psychosomatisch [psyːço-] I. *adj* psychosomatic; **ein ~es Leiden** an illness of a psychosomatic nature; **~e Störungen** psychosomatic problems
II. *adv* psychosomatically; **~ bedingt/verursacht sein** to be psychosomatic/to have psychosomatic causes [*or* a psychosomatic cause]

psychosozial *adj* PSYCH *Ursache, Betreuung, Faktoren* psychosocial **Psychoterror** ['psyːço] *m* (*fam*) psychological terror **Psychotest** *m* psychological test **Psychotherapeut(in)** *m(f)* PSYCH, MED psychotherapist **psychotherapeutisch** *adj inv, attr* psychotherapeutic; **jdn ~ behandeln** to give sb psychotherapeutic treatment [*or* psychotherapy] **Psychotherapie** *f* psychotherapy **Psychothriller** *m* psychological thriller

PTA *m o f Abk von* **pharmazeutisch-technische(r) Assistent(in)** pharmaceutical laboratory assistant

PTT ['peːteːteː] *pl* SCHWEIZ *Abk von* **Post-, Telefon- und Telegrafenbetriebe:** ■**die ~** the P.T.T. (*Swiss postal, telephone, and telegram services*)

pubertär *adj* adolescent, of puberty *pred;* **~e Störungen** pubescent problems; **~es Verhalten** (*a. pej*) adolescent behaviour; **~ bedingt/verursacht** caused by adolescence [*or* puberty]

Pubertät <-> *f kein pl* puberty *no art;* **in der ~ sein/sich** *akk* **in der ~ befinden** to be in one's puberty [*or* adolescence]

Pubertätsakne *f* acne (*during one's adolescence/ puberty*) **Pubertätszeit** *f s.* **Pubertät**

pubertieren* *vi* (*geh*) to reach puberty; **~de Jugendliche** adolescents

Publicity <-> [paˈblɪsiti] *f kein pl* publicity

publicityscheu [paˈblɪsiti] *adj* publicity-shy *attr;* ■**~ sein** to shun publicity

Publicrelations ['pʌblɪkrɪleɪʃənz] *pl* ÖKON, POL public relations + *sing vb,* PR + *sing vb*

Public-Relations-Abteilung *f* public relations department

publik *adj pred* public, generally known; ■**~ sein/ werden** to be/become public knowledge [*or* generally known]; ***wenn ~ wird, dass er Alkoholiker ist, kann er seine Karriere vergessen*** when it becomes known that he's an alcoholic, he can wave goodbye to his career; ■**etw ~ werden lassen** to let sth become generally known, to publicize sth; ■**~ werden lassen, was/dass ...** to let it be known what/that ..., to publicize what/the fact that ...; **etw ~ machen** to make sth public, to publicize sth

Publikation <-, -en> *f* ❶ (*veröffentlichtes Werk*) publication; **elektronische ~** electronic publication
❷ *kein pl* (*das Veröffentlichen*) publication; ***meine Forschungsergebnisse sind zur ~ bereit*** the results of my research are ready for publication

Publikationshilfe *f bei Kulturförderung* [financial] help with publication

Publikum <-s> *nt kein pl* ❶ (*anwesende Besucher*) audience; (*im Theater a.*) house; (*beim Sport*) crowd; **sehr verehrtes ~** Ladies and Gentlemen; **vor versammeltem ~** in front of the whole audience; (*Zuhörerschaft*) audience; **ein kritisches ~** a critical audience
❷ (*geh: Lesergemeinde*) reading public, readers *pl;* ***er erreicht mit seinen Büchern immer ein großes ~*** he always reaches a large number of readers with his books
❸ (*ausgewählte Gäste*) clientele; ***hier verkehrt nur ein ganz exklusives ~*** there is a very exclusive clientele here; ***das ~ in unserem Restaurant ist sehr gemischt*** we have a very mixed clientele visiting our restaurant

Publikumserfolg *m* hit; (*Film*) box office hit; **~ haben** to be successful; ***seinen größten ~ hatte er in der Jugend*** he had his greatest success when he was young; ***der Film wird garantiert ein ~ werden*** the film will definitely be a box office hit **Publikumsfonds** *m* FIN public investment fund **Publikumsgeschmack** *m* popular [*or* public] taste; **sich** *akk* **am ~ orientieren** to cater to popular taste; **den ~ treffen** to satisfy public taste **Publikumsgesellschaft** *f* ÖKON public company [*or* AM corporation] **Publikumsinteresse** *nt* general [*or* public] interest **Publikumsliebling** *m* MEDIA public's darling [*or* favourite] **Publikumsmagnet** *m* crowd-puller BRIT, magnet AM **Publikumsreaktion** *f* public reaction **Publikumsresonanz** *f* public response (**auf** + *akk* to) **Publikumsverkehr** *m kein pl* ADMIN ***das Amt ist nur morgens für den ~ geöffnet*** the office is only open to the public in the morning[s] **Publikumsverlag** *m* popular publisher, publisher of popular titles **publikumswirksam** *adj* with public appeal **Publikumswirkung** *f* effect on the public

publizieren* I. *vt* ■**etw ~** to publish sth; ■**etw ~ lassen** to have sth published; ***ich werde den Aufsatz bald ~ lassen*** I'm going to have the essay published soon
II. *vi* ■**[in/bei etw** *dat*] **~** to have one's work [*or* to be] published [in sth]; (*in einem Verlag*) to have one's work [*or* to be] published [by sth]

Publizist(in) <-en, -en> *m(f)* journalist, *commentator* [*on current affairs and politics*]

Publizistik <-> *f kein pl* ■[**die**] **~** the science of the media; (*als Universitätsfach*) media studies *npl*

Publizistin <-, -nen> *f fem form von* **Publizist**

publizistisch I. *adj* ❶ MEDIA in journalism *pred;* **ein ~es Institut** institute for media studies; **eine ~e Studie** a media survey
❷ MEDIA journalistic, in journalism *pred;* **~e Werbung** media advertising
II. *adv* **etw ~ ausschlachten** to spread sth over the front page; **sich** *akk* **~ betätigen** to work as a journalist

Publizität <-> *f kein pl* ❶ ÖKON (*Offenlegung*) disclosure; **~ des Kartellregisters** disclosure of the cartel register
❷ JUR publicity, public disclosure; **negative ~** negative publicity

Publizitätsgesetz *nt* JUR disclosure act **Publizitätspflicht** *f* JUR compulsory disclosure **Publizitätsprinzip** *nt* JUR principle of public disclosure **publizitätsträchtig** *adj* (*geh*) **~ sein** to be a big hit [with the public]

Puck <-s, -s> *m* puck

Pudding <-s, -s> *m milk based dessert similar to blancmange*
► WENDUNGEN: **~ in den Beinen haben** (*fam*) to be lead-footed; **auf den ~ hauen** (*fam*) to paint the town red

Puddingform *f* pudding mould **Puddingpulver** *nt blancmange powder*

Pudel <-s, -> *m* ❶ (*Hundeart*) poodle
❷ (*fam: Fehlwurf beim Kegeln*) miss; **einen ~ werfen** to miss
► WENDUNGEN: **wie ein begossener ~ dastehen** (*fig fam*) to look thoroughly sheepish, to stand there with one's tail between one's legs; **wie ein begossener ~ abziehen** (*fig fam*) to slink off [*or* away] with one's tail between one's legs *a. pej;* **das also ist des ~s Kern** so that's what it's all about [*or* leading to]

Pudelmütze *f* bobble cap [*or* hat], pom-pom hat **pudelnackt** *adj inv* (*fam*) stark naked, BRIT *a.* starkers *pred fam* **pudelnass**[RR] *adj* (*fam*) ■**~ sein/werden** to be/get soaking wet [*or* drenched] **pudelwohl** *adj* (*fam*) **sich** *akk* **~ fühlen** to feel on top of the world [*or* like a million dollars [*or* AM bucks]]

Puder <-s, -> *m o fam nt* powder

Puderautomat *m* TYPO automatic spray powder device, powder sprayer **Puderdose** *f* [powder] compact **Puderkissen** *nt* powder puff **Puderlidschatten** *m* powder[y] eye shadow

pudern I. *vt* ■**[jdm/sich] etw ~** to powder sb's/ one's sth
II. *vr* ■**sich** *akk* **~** to powder oneself; ***ich möchte mich nur schnell ~*** I just want to powder my nose

Puderquaste *f* powder puff **Puderrouge** *nt* powder blusher **Puderzucker** *m* icing sugar

Puerto-Ricaner(in)[RR] <-s, -> *m(f)* Puerto Rican

puerto-ricanisch[RR] *adj inv* Puerto Rican

Puerto Rico *nt* Puerto Rico; *s. a.* **Sylt**

Puff[1] <-[e]s, Püffe> *m* (*fam*) ❶ (*Stoß*) thump, knock; (*in die Seite*) prod, poke; **jdm einen ~ geben** to give sb a nudge; **einen ~/einige Püffe vertragen können** (*fig*) to be able to take a few knocks *fig*
❷ (*dumpfes Zischen*) puff, swoosh *fam*

Puff[2] <-[e]s, -e *o* -s> *m* ❶ (*Wäschepuff*) linen basket
❷ (*Sitzpolster ohne Beine*) pouffe

Puff[3] <-[e]s, -e> *m* (*fam*) brothel, whorehouse AM, knocking shop *sl;* **in den ~ gehen** to go to a brothel

Puffärmel *m* puff[ed] sleeve **Puffbohne** *f* broad bean

puffen I. *vt* (*fam*) ■**jdn ~** to thump [*or* hit] sb; **jdn in die Rippen ~** to poke [*or* dig] [*or* prod] sb in the ribs; **jdn zur Seite ~** to push [*or* shove] sb aside
II. *vi* (*fam*) to puff, to chuff BRIT; ***die Dampflok puffte, als sie zum Stillstand kam*** the steam loco-

motive puffed as it came to a halt
III. *vr* (*selten fam*) ■**sich** *akk* ~ to push each other; ***die Kinder pufften und schubsten sich*** the children pushed and shoved each other
Pụffer <-s, -> *m* ① BAHN buffer, bumper AM
② INFORM *s.* **Pufferspeicher**
③ DIAL (*Reibekuchen*) potato fritter
Pụfferbestände *pl* HANDEL buffer stocks **Pụffergröße** *f* INFORM buffer size **Pụfferlagerung** *f von radioaktivem Material* buffer storage (*of compressed radioactive waste for up to 2 years*) **Pụfferlänge** *f* INFORM buffer length
pụffern *vt* TECH ■**etw** ~ to buffer sth; **Reibung** ~ to reduce friction
Pụfferspeicher *m* INFORM buffer memory, cache memory; **dynamischer** ~ dynamic buffer **Pụfferstaat** *m* buffer state **Pụfferzone** *f* buffer zone
Pụffmais *m* (*veraltend*) popcorn **Pụffmutter** *f* (*fam*) madam **Pụffotter** *f* ZOOL puff adder
puh *interj* ① (*Ausruf bei Ekel*) ugh
② (*Ausruf bei Anstrengung*) phew
pulen I. *vt bes* NORDD (*fam*) ■**etw [aus etw]** ~ to pick out sth *sep,* to pick sth out of sth; **Krabben/Nüsse [aus den Schalen]** ~ to shell shrimps/nuts; **Erbsen [aus den Schoten]** ~ to shell [*or* pod] peas; ■**etw von etw** ~ to pick [*or* peel] sth off sth; **ein Etikett von einer Flasche** ~ to peel a label off a bottle
II. *vi* (*fam*) ■**[an etw** *dat*] ~ to pick at sth; **an einer Narbe** ~ to pick a scab; ■**in etw** *dat* ~ to stick one's finger in sth; **in der Nase** ~ to pick one's nose
Pulitzerpreis *m* MEDIA Pulitzer prize
Pụlk <-s, -s *o selten* -e> *m* ① (*Ansammlung*) crowd, throng; **ein kleiner** ~ **von Fahrzeugen** a small number [*or* group] of vehicles; ***ich entdeckte sie in einem ~ von Menschen*** I found her in a crowd of people; SPORT (*Hauptfeld*) pack, bunch
② MIL group; *von Kampfflugzeugen* flight
Pulldown-Menü [-'daʊn-] *nt* INFORM pull-down menu
Pụlle <-, -n> *f* (*sl*) bottle; **eine** ~ **Bier** a bottle of beer; **ein Schluck aus der** ~ a mouthful out of the bottle
► WENDUNGEN: **volle** ~ **fahren** (*fig*) to drive flat out [*or* [at] full pelt] *fam*
Pụlli <-s, -s> *m* (*fam*) *kurz für* **Pullover** jumper
Pụllmanlimousine *f* stretch limo *fam*
Pullọver <-s, -> [-vɐ] *m* pullover, jersey, jumper
Pullụnder <-s, -> *m* tank top
Pụls <-es, -e> *m* pulse; **ein regelmäßiger/unregelmäßiger** ~ a steady [*or* regular]/an irregular pulse; **jds** ~ **fühlen** to feel sb's pulse; *Arzt a.* to take sb's pulse; **den** ~ **messen** to take sb's pulse
► WENDUNGEN: **jdm den** ~ **fühlen** to sound sb out; *s. a.* **Ohr**
Pụlsader *f* artery; **sich** *dat* **die ~n aufschneiden** to slash [*or* slit] one's wrists
Pulsar <-s, -e> *m* ASTRON pulsar
Pụlsfrequenz *f* pulse rate
pulsieren* *vi* to pulsate [*or* beat]; ***jetzt pulsiert das Blut wieder*** now the blood is circulating again; **eine pulsierende Stadt** (*fig*) a pulsating [*or* throbbing] city
Pụlsmesser *m* MED (*Gerät zum Messen des Pulsschlags*) pulsimeter **Pụlsschlag** *m* ① (*Puls*) pulse; ***der ~ ist noch spürbar*** there is still a faint pulse; (*Pulsfrequenz*) pulse rate; ***ihr ~ ist viel zu hoch*** her pulse rate is far too high ② (*einzelnes Pochen*) [pulse-]beat; ***72 Pulsschläge in der Minute*** a pulse of 72 in the minute **Pụlswärmer** *m* wristlet
Pụlt <-[e]s, -e> *nt* (*Rednerpult*) lectern; (*Dirigentenpult*) [conductor's] stand; (*Notenständer*) [music] stand; (*Schaltpult*) control desk; (*veraltend: Katheder, Lehrerpult*) teacher's desk; (*Schulbank*) desk
Pụltdach *nt* monopitch [*or* pent] roof
Pụlver <-s, -> ['pʊlfɐ, 'pʊlvɐ] *nt* ① (*pulverisiertes Material/Mittel*) powder; **etw zu einem** ~ **zerreiben/zerstoßen** to pulverize sth; **ein** ~ **gegen Kopfschmerzen** a powder for a headache
② (*Schießpulver*) [gun]powder; **rauchschwaches** ~ (*fachspr*) nitro powder *spec*
► WENDUNGEN: **das** ~ **[auch] nicht [gerade] erfunden haben** (*fam*) to be not exactly the brightest [*or hum* an Einstein]; **sein** ~ **verschossen haben** (*fam*) to have shot one's [last] bolt; **sein** ~ **trocken halten** (*fam*) to be prepared for anything
Pụlverfass^RR ['pʊlfɐ-, 'pʊlvɐ-] *nt* (*a. fig*) powder keg, [gun]powder barrel; **einem** ~ **gleichen** (*fam*) to be [like] a powder keg; ***Zypern gleicht einem ~*** Cyprus is like a powder keg; **auf dem [*o* einem] ~ sitzen** (*fig fam*) to be sitting on a powder keg
pụlv(e)rig *adj* powdery
pulverisieren* [-ve-] *vt* ■**etw** ~ to pulverize sth; **Arzneistoffe** ~ to pulverize [*or spec* triturate] medicinal substances
Pụlverkaffee ['pʊlfɐ, 'pʊlvɐ] *m* instant coffee
Pụlverschnee *m* powder[y] snow
pulvertrọcken *adj inv* ① *Erde* dry as dust, bone dry
② (*fig*) *Stimme* husky, hoarse
Pụma <-s, -s> *m* puma BRIT, mountain lion AM, cougar AM
Pụmmel <-s, -> *m* (*fam*), **Pụmmelchen** <-s, -> *nt* (*fam*) dumpling *fam,* pudding *fam*
pụmm(e)lig *adj* (*fam*) plump, chubby
Pụmp <-[e]s> *m kein pl* **[bei jdm] einen** ~ **aufnehmen** to cadge *fam* [*or* borrow] sth from sb; **auf** ~ (*fam*) on credit [*or fam* tick]; ***ich habe den Fernseher auf ~ gekauft*** I bought the TV on HP
Pụmpe <-, -n> *f* ① (*Fördergerät*) pump
② (*fam: Herz*) heart
③ (*sl: Rauschgiftspritze*) syringe, needle
pụmpen¹ I. *vt* ① TECH ■**etw in/aus etw** ~ to pump sth into/out of sth; **Luft in den Reifen** ~ to pump air into [*or* inflate] the tyres; **Wasser aus dem Keller** ~ to pump water out of the cellar
② (*fam: investieren*) ■**etw in etw** *akk* ~ to pump [*or* plough] sth into sth; ***ich habe mein ganzes Geld in die Firma gepumpt*** I have ploughed all my money into the firm
II. *vi* ① (*die Pumpe betätigen*) to pump
② (*fam: Liegestütze machen*) to do press-ups [*or* AM push-ups]
pụmpen² *vt* (*fam*) ① ■**jdm etw** ~ to lend sb sth; **jdm Geld** ~ to lend [*or* loan] sb money; ***kannst du mir dein Fahrrad ~?*** can you lend me your bike?
② ■**[sich** *dat*] **etw [bei/von jdm]** ~ to borrow sth [from [*or fam* off] sb]; ***könnte ich mir bei dir etwas Geld ~?*** could I borrow some money from you?
Pụmpenschwengel *m* pump handle
Pụmpernickel <-s, -> *m* pumpernickel
Pụmphose *f* knickerbockers *npl*
Pụmps <-, -> [pœmps] *m* court shoe BRIT, pump AM
Pụmpstation *f* pumping station **Pụmpzerstäuber** *m* pump atomizer [*or* spray]
pụncto *präp +gen o nom s.* **pụnkto**
Pụnk <-s> *m kein pl* ① (*Lebenseinstellung, Protestbewegung*) punk
② (*fam*) *s.* **Punkrock**
③ *s.* **Punker**
Punker(in) <-s, -> ['paŋkɐ] *m(f)* punk [rocker]
Punkrock <-s> *m kein pl* punk [rock]
Pụnkt <-[e]s, -e> *m* ① (*Satzzeichen*) full stop BRIT, period AM; (*auf i, Auslassungszeichen*) dot; **ohne** ~ **und Komma reden** (*fig*) to talk nineteen to the dozen BRIT, to rabbit on BRIT *fam;* **einen** ~ **machen [*o* setzen]** to put a full stop; **der** ~ **auf dem i** (*fig*) the final touch; ***nun mach aber mal einen ~!*** (*fam*) come off it! *fam*
② (*kreisrunder Fleck*) spot; (*in der Mathematik*) point, singularity *spec;* **ein dunkler** ~ **[in jds Vergangenheit]** a dark chapter [in sb's past]; **ein Hemd mit blauen ~en** a blue, spotted shirt; ***von hier oben sehen die Menschen aus wie winzige ~e*** from up here the people look like tiny dots
③ (*Stelle*) spot; (*genauer*) point; **bis zu einem gewissen ~e** up to a [certain] point; **der tote** ~ (*fig*) the low[est] point [*or* ebb]; *bei Verhandlungen* deadlock, impasse; **ein Fernglas auf einen** ~ **richten** to train a telescope on a point; **ein wunder** ~ (*fig*) a sore point; ***ich bin an einem ~ angelangt, wo es nicht mehr schlimmer werden kann*** I have reached the stage [*or* point] where it can't get any worse
④ (*Bewertungseinheit*) point; **einen** ~ **bekommen/verlieren** to score/lose a point; **nach ~en** (*beim Boxen*) on points
⑤ (*Argument*) point; (*auf der Tagesordnung*) item; ***kommen wir nun zu ~ zwei der Tagesordnung*** let's look at point two of the agenda; **ein strittiger** ~ a disputed point, a moot point, an area of dispute; **der springende** ~ (*fig*) the crucial point; **etw auf den** ~ **bringen** (*fig*) to put it in a nutshell, to get to the heart of sth; **sich** *dat* **in allen ~en einig sein** to agree on all points; **auf den** ~ **kommen** to get to the point; ~ **für** ~ point by point; **in einem bestimmten ~, in bestimmten ~en** on a certain point/on certain points
⑥ (*Zeitpunkt*) point; **einen** ~ **erreichen, wo ...** to reach the point, where ...; ~ **acht [Uhr]** at eight o'clock on the dot, on the stroke of eight; **auf den** ~ **genau kommen** to be punctual [*or* somewhere on the dot]
⑦ *kein pl* (*Maßeinheiten für Schriftarten*) point; **~e pro Inch** INFORM dots per inch, dpi
Pụnktaufbau *m* TYPO (*Repro*) dot structure
Pụnktbefehl *m* INFORM dot command
Pụ̈nktchen <-s, -> *nt dim von* **Punkt** little spot
Pụnktgewinn *m* SPORT number of points won
pụnktgleich *adj inv* SPORT tied, level on points BRIT; ~ **liegen** to be tied [*or* level [on points]]; ~ **ausgehen** to end in a draw [*or* tie], BRIT *a.* to end [up] level on points **Pụnkthof** *m* TYPO (*Repro*) dot halo
punktieren* *vt* ■**etw** ~ ① MED to puncture [*or spec* cannulate] sth; **das Rückenmark** ~ to do [*or form* perform] a spinal tap
② (*mit Punkten versehen*) to dot sth; **eine Fläche** ~ to stipple an area; **ein punktiertes Blatt** a spotted leaf; **eine punktierte Linie** a dotted line
③ MUS to dot; **eine Note** ~ to dot a note; **eine punktierte Halbe** a dotted quaver
Punktion <-, -en> *f* MED cannulation *spec; Rückenmark* tap; **eine** ~ **vornehmen** to carry out a cannulation
pụ̈nktlich I. *adj* punctual; ■~ **sein** to be punctual; ~ **auf die Minute** on the dot; ~ ***um 12 wird gegessen*** the meal is at 12 o'clock sharp; ***du bist nie ~!*** you're never punctual [*or* on time]; ~ **fertig sein** to be ready on time
II. *adv* punctually [*or* on time]; ***der Zug wird ~ ankommen*** the train will arrive on time
Pụ̈nktlichkeit <-> *f kein pl* punctuality
Pụnktlicht *nt* TYPO point light **Pụnktmassage** *f* acupressure, shiatsu **Pụnktniederlage** *f* defeat on points, points defeat
pụnkto *präp +gen o nom* **in** ~ **Arbeit** with regard to work, as far as work is concerned
Pụnktrichter(in) *m(f)* judge **Pụnktsieg** *m* win on points, points win **Pụnktsieger(in)** <-s, -> *m(f)* winner on points **Pụnktspiel** *nt* league game; (*Fußball a.*) league match **Pụnktstrahler** *m* TECH, ELEK spotlight
punktuẹll *adj inv* ① (*einzelne Aspekte betreffend*) *Ansatz* selective; ~ **vorgehen** to procede point by point ② (*vereinzelt*) *Kontrollen* spot *attr*
Pụnktverhältnis *nt difference in points scored*
Pụnktwertung *f* points system; ***in der ~ liegt er knapp vor seinem Rivalen*** he's a few points ahead of his rival **Pụnktzahl** *f* SPORT score, number of points **Pụnktzuwachs** *m* TYPO (*Repro*) dot gain
Pụnsch <-es, -e> *m* [hot] punch
Pup <-[e]s, -e> *m* (*fam*) *s.* **Pups**
pupen *vi* (*fam*) *s.* **pupsen**
Pupịlle <-, -n> *f* pupil; **weite ~n** dilated pupils
Pupịllenreaktion *m* MED (*Verkleinerung der Pupille als Reaktion auf Licht*) pupillary response
Pụ̈ppchen <-s, -> *nt dim von* **Puppe** [little] doll[y *childspeak*]
Pụppe <-, -n> *f* ① (*Spielzeug*) doll[y *childspeak*]; (*Marionette*) puppet; (*Schaufensterpuppe*) mannequin

❷ (*sl: Mädchen, Freundin*) chick, doll; **eine tolle** ~ a great chick; ***heute gehe ich mit meiner ~ ins Kino*** today I'm going to the cinema with my girl
❸ ZOOL pupa, chrysalis *spec*
▸ WENDUNGEN: **bis in die ~n** (*fam*) until the small hours of the morning; **bis in die ~n schlafen** to sleep till all hours; **die ~n tanzen lassen** (*fig fam: hart durchgreifen*) to raise [all] hell *fam;* (*hemmungslos feiern*) to have a hell of a party *fam,* to paint the town red

Puppenbett *m* doll's bed **Puppendoktor** *m* (*fam*) doll's repairer **Puppenhaus** *nt* doll's house BRIT, dollhouse AM **Puppenkleid** *nt* doll's dress **Puppenklinik** *f* (*fam*) repair shop for dolls **Puppenspiel** *nt* ❶ (*Form des Theaterspiels mit Puppen*) *s.* **Puppentheater** ❷ (*Theaterstück mit Puppen*) puppet show **Puppenspieler(in)** *m(f)* puppeteer **Puppenstadium** *nt* BIOL *von Insekten* pupal stage **Puppentheater** *nt* puppet theatre **Puppenwagen** *m* doll's pram [*or* AM carriage]

Pups <-es, -e> *m* (*fam*) fart *fam;* **einen ~ lassen** to fart *fam,* to break wind

pupsen *vi* (*fam*) to fart, to break wind

pur *adj* ❶ (*rein*) pure, sheer; **pures Gold** pure gold; **~er Alkohol** pure [*or spec* absolute] alcohol; **etw ~ anwenden** to apply sth in its pure form; **etw ~ trinken** to drink sth neat [*or* straight]; **eine ~e Lüge** (*fig*) a blatant lie; **die ~e Wahrheit** the plain [*or* naked] truth, nothing but the truth; **der ~e Wahnsinn** absolute [*or* sheer] madness
❷ (*fam: blank, bloß*) sheer; **ein ~er Zufall** a sheer [*or* mere] coincidence; ***aus dir spricht der ~e Neid*** what you are saying is pure envy

Püree <-s, -s> *nt* ❶ (*passiertes Gemüse/Obst*) purée
❷ (*Kartoffelbrei*) mashed [*or* creamed] potatoes *pl*

pürieren *vt* ■**etw** ~ KOCHK to purée sth

Pürierstab *m* KOCHK hand-held blender

Purismus <-> *m kein pl* KUNST, LING purism *no pl*

Purist(in) <-en, -en> *m(f)* (*geh*) purist

Puritaner(in) <-s, -> *m(f)* HIST Puritan, puritan *fig*

puritanisch *adj* ❶ HIST Puritan; **die ~e Revolution** the English Civil Wars
❷ (*a. pej*) puritanical; **eine ~e alte Jungfer** a puritanical old spinster

Purpur <-s> *m kein pl* ❶ (*Farbe*) purple
❷ (*geh: purpurner Stoff*) purple material (*used for cardinals' robes*); **nach dem ~ streben** (*fig*) to wish to wear the purple

purpurfarben, purpurfarbig *adj s.* **purpurrot**

purpurn *adj* (*geh*) *s.* **purpurrot**

purpurrot *adj* ❶ (*die Farbe des Purpurs aufweisend*) purple
❷ (*feuerrot*) scarlet, crimson; **~ vor Wut sein/werden** to be/become [*or* turn] purple [*or* crimson] with rage; ***er wurde ~ im Gesicht*** his face turned purple

Purzelbaum *m* (*fam*) somersault; **Purzelbäume/einen ~ machen** [*o* **schlagen**] to do [*or* turn] a somersault/somersaults

purzeln *vi sein a. Preise* to tumble; ***bei dem Sturm purzelte alles durcheinander*** in the storm everything was thrown higgledy-piggledy; ***die Tore purzelten nur so*** (*fig*) the goals were scored in quick succession; ■**von etw** *dat*/**in etw** *akk* ~ to tumble off/into sth; **vom Tisch** ~ to fall off the table; **in den Schnee** ~ to fall over in the snow

pushen, puschen ['pʊʃn] **I.** *vt* (*sl*) ❶ (*verstärkt Werbung machen*) ■**etw** ~ to push sth; **ein Produkt** ~ to push [*or* hype up] a product; ***wir müssen die Randsportarten etwas ~*** we need to hype up the lesser known sports; ■**etw** ~ to push forward sth *sep;* **den Absatz** ~ to boost sales; **den Tourismus** ~ to boost [*or* promote] tourism; (*zum Erfolg verhelfen, durchsetzen*) to push; ***seinen Anhängern ist es gelungen, ihn in den Vorsitz zu ~*** his supporters succeeded in pushing him through to the chairmanship; **sein Honorar auf DM 10.000** ~ to push [*or* force] up one's fee to DM 10,000
❷ (*drängen*) ■**jdn in etw** *akk* ~ to push sb into sth; **jdn in eine** [*o* **die**] **Ecke** ~ (*fig*) to push [*or* force] sb into a corner
❸ (*mit Drogen handeln*) ■**etw** ~ to push [*or* deal in] sth; **Heroin** ~ to deal in heroin
II. *vi* (*sl*) to push drugs, to deal

Pusher <-s, -> ['pʊʃɐ] *m* (*Rauschgifthändler*) pusher

Push-Technologie [pʊʃ-] *f kein pl* INET push technology

Puste <-> *f kein pl* (*fam*) breath, wind *fam;* **außer ~ sein** to be puffed out *fam,* to be out of breath [*or fam* puff]; **aus der ~ kommen** to get out of breath; ***mir geht sehr schnell die ~ aus*** (*a. fig*) I get out of breath very quickly, I run out of steam very quickly *fig*

Pusteblume *f* (*Kindersprache fam*) dandelion

Pustekuchen *m* [**ja**] **~!** (*fam*) not a chance!

Pustel <-, -n> *f* pimple, pustule *spec*

pusten I. *vt* (*fam*) ■**etw in etw** *akk*/**von etw** *dat* ~ to blow sth into/off sth; **die Haare aus dem Gesicht** ~ to blow one's hair out of one's face; ***der Wind pustet das Laub von den Bäumen*** the wind is blowing the leaves off the trees; **jdm ein Loch ins Gehirn** ~ (*sl*) to blow sb's brains out *sl*
▸ WENDUNGEN: **jdm etw** ~ to tell sb where to get off *sl*
II. *vi* (*fam*) ❶ (*blasen*) ■[**auf/in etw** *akk*] ~ to blow [on/into sth]; **auf eine Wunde** ~ to blow on a wound; **ins Horn/Feuer** ~ to blow a horn/onto a fire; **kräftig** ~ to give a big blow *fam;* ***das Essen ist noch zu heiß, du musst etwas ~*** the meal is still too hot, you'll have to blow on it; (*in Alkoholmessgerät*) ***ich musste bei einer Verkehrskontrolle ~*** I had to blow into the little bag when I was stopped by the police
❷ (*keuchen*) to puff [and pant], to wheeze; ***pustend kam er die Treppe herauf*** he came up the stairs puffing and panting

Putativnotstand *m* JUR imaginary necessity

Putativnotwehr *f* JUR imaginary self-defence

Pute <-, -n> *f* ❶ (*Truthenne*) turkey [hen]; **eine ~ braten** to roast a turkey
❷ (*fam: dümmliche Frau*) cow *pej fam;* ***du bist eine eingebildete, dumme ~*** you are an arrogant little cow

Putenfleisch <-[e]s> *nt kein pl* turkey [meat] *no pl*

Putenschnitzel *nt* turkey breast in breadcrumbs

Puter <-s, -> *m* turkey [cock]; (*~fleisch*) turkey

puterrot *adj* scarlet, bright red; **~ sein/werden** [*o* **anlaufen**] to be/become [*or* turn] scarlet [*or* bright red]

Putsch <-[e]s, -e> *m* coup [d'état], putsch; **ein missglückter ~** an unsuccessful [*or* failed] coup; **einen ~ anzetteln** to instigate a putsch

putschen *vi* ■[**gegen jdn/etw**] ~ to revolt [against sb/sth]

Putschist(in) <-en, -en> *m(f)* rebel, putschist

Putschversuch *m* attempted coup [d'état]; **ein gescheiterter ~** a failed coup [d'état]

Putte <-, -n> *f* KUNST cherub, putto *spec*

putten *vt* (*golf*) **den Ball** ~ to putt the ball

Putter <-s, -> *m* SPORT (*beim Golf*) putter

Putting <-s> *nt kein pl* SPORT (*beim Golf*) putting

Putz <-es, -e> *m* (*Wandverkleidung*) plaster; (*bei Außenmauern*) rendering; **auf/über ~** ELEK exposed; **unter ~** ELEK concealed; **Leitungen auf/unter ~ verlegen** to lay exposed/concealed cables; **etw mit ~ verkleiden** to plaster sth
▸ WENDUNGEN: **auf den ~ hauen** (*fam: angeben*) to show off; (*übermütig und ausgelassen sein*) to have a wild time [of it] *fam;* (*übermütig und ausgelassen feiern a.*) to have a rave-up *fam;* **~ machen** (*fam*) to cause aggro *fam;* ***er kriegt ~ mit seiner Frau*** he's in trouble with his wife

putzen I. *vt* ❶ (*säubern*) ■**etw** ~ to clean sth; (*polieren*) to polish sth; **seine Schuhe** ~ to clean [*or* polish] [*or* shine] one's shoes; **die Brille** ~ to clean one's glasses; **sich** *dat* **die Nase** ~ to blow one's nose; **ein Pferd** ~ to groom a horse; **die Treppe/Wohnung** ~ to clean the steps/flat; **sich** *dat* **die Zähne** ~ to clean one's teeth; (*Gemüse vorbereiten*) to prepare; **Spinat** ~ to wash and prepare spinach; ■**sich** *akk* ~ to wash itself; ***Katzen ~ sich sehr gründlich*** cats wash themselves thoroughly; *Vögel* to preen
❷ (*veraltend: schmücken*) ■**etw** ~ to decorate; **den Christbaum** ~ to decorate the Christmas tree; ***eine Urkunde putzte die Wand*** a certificate adorned the wall
❸ (*wischen*) ■**jdm/sich etw aus/von etw** ~ to wipe sth off sth; [**sich** *dat*] **etw aus den Mundwinkeln** ~ to wipe sth out of the corners of one's mouth; ***putz dir den Dreck von den Schuhen!*** wipe the mud off your shoes!
II. *vi* **~ gehen** to work as a cleaner

Putzerei <-, -en> *f* ❶ (*pej fam: lästige Putzarbeit*) [tiresome] cleaning, cleaning chores *pl*
❷ ÖSTERR (*chemische Reinigung*) dry cleaner's

Putzfimmel *m* (*pej fam*) **einen ~ haben** to be an obsessive cleaner *fam,* to be cleaning mad *fam*

Putzfrau *f* cleaner, cleaning lady, Mrs Mop *no art hum fam*

putzig *adj* (*fam*) ❶ (*niedlich*) cute, sweet; **ein ~es Tier** a cute animal
❷ (*merkwürdig*) funny, odd; **das ist ja ~!** that's really odd

Putzkelle *f* square trowel **Putzkolonne** *f* team of cleaners **Putzlappen** *m* [cleaning] cloth [*or* rag] **Putzmacherin** <-> *f* (*veraltet*) milliner **Putzmann** *m* cleaner, cleaning man **Putzmittel** *nt* cleaning things *pl,* cleaning agent *form* **putzmunter** *adj* (*fam*) full of beans *pred;* ***trink ein paar Tassen Kaffee, dann bist du bald wieder ~*** drink a few cups of coffee, and you'll soon perk up **Putzstück** *nt* BAU clean-out opening **Putzsucht** *f kein pl* ❶ (*veraltet: im Hinblick auf Kleidung*) obsession with dressing up ❷ (*zwanghaftes Reinigen*) obsession with cleaning **Putzteufel** *m* (*fam*) maniac for housework, housework maniac; **vom ~ besessen sein** [*o* **den ~ haben**] to have the cleaning bug; ***du bist ein richtiger ~!*** you're house-proud mad! BRIT **Putzträger** *m* BAU plaster-base, lath **Putztuch** *nt* ❶ (*Poliertuch*) cloth [for cleaning] ❷ *s.* **Putzlappen** **Putzwolle** *f* cotton waste **Putzwut** *f kein pl* (*fam*) cleaning frenzy; ***ihn hat die ~ gepackt*** he's in the grip of a cleaning fit, he's cleaning like a madman **putzwütig** *adj inv* (*fam*) in a cleaning frenzy, cleaning mad [*or* AM crazy] *fam* **Putzzeug** *nt kein pl* (*fam*) cleaning things *pl*

puzzeln ['pazln, 'pasln] *vi* to do a jigsaw [puzzle] [*or* puzzle]

Puzzle(spiel) <-s, -s> ['pazl, 'pasl] *nt* jigsaw [puzzle], puzzle

PVC <-, -s> [pe:fau'tse:] *nt Abk von* **Polyvinylchlorid** PVC

Pygmäe <-n, -n> *m* pygmy

pygmäenhaft *adj inv* pygmy-like, pygmy *attr*

Pygmäin <-, -nen> *f fem form von* **Pygmäe**

Pyjama <-s, -s> [py'dʒa:ma, pi'dʒa:ma] *m* pyjamas *npl* BRIT, pajamas *npl* AM; **im ~** in his/her pyjamas

Pyjamahose *f* pyjama trousers [*or fam* bottoms] *npl* BRIT, pajama pants *npl* AM

Pykniker(in) <-s, -> *m(f)* stockily-built [*or* stocky] person, pyknic *spec*

pyknisch *adj* stockily built, stocky, pyknic *spec*

Pylon <-en, -en> *m,* **Pylone** <-, -n> *f* ❶ ARCHIT (*Eingangstor eines Tempels*) pylon
❷ ARCHIT (*Brückenpfeiler*) [suspension bridge] tower
❸ TRANSP (*Straßenmarkierung*) [traffic] cone
❹ LUFT (*Flugzeugträger*) pylon

Pylonbrücke *f* suspension bridge

Pyramide <-, -n> *f* pyramid

pyramidenförmig *adj* pyramid-shaped, pyramidal

Pyrenäen *pl* ■**die ~** the Pyrenees *npl*

Pyrenäenhalbinsel *f* GEOG ■**die ~** the Iberian Peninsula

Pyrit <-s, -e> *m* GEOL pyrite

Pyrolyse <-, -n> [pyro'ly:zə] *f* pyrolysis **Pyromane, -manin** <-n, -n> *m, f* PSYCH pyromaniac

Pyromanie <-> *f kein pl* PSYCH, MED pyromania *no pl*

P

Pyromanin <-, -nen> *f fem form von* **Pyromane**
Pyrotechnik *f kein pl* pyrotechnics + *sing vb*
Pyrotechniker(in) *m(f)* pyrotechnist, pyrotechnician, fireworks expert **pyrotechnisch** *adj* pyrotechnic[al]
Pyrrhussieg *m (geh)* Pyrrhic victory
Python <-, -s> *f*, **Pythonschlange** *f* python

Q

Q, q <-, – *o fam* -s, -s> *nt* Q, q; ~ **wie Quasar** Q for Queenie BRIT, Q as in Queen AM; *s. a.* **A 1**
q SCHWEIZ, ÖSTERR *Abk von* **Zentner** 100 kg
quabbelig *adj* DIAL wobbly
quabbeln *vi* NORDD *(fam)* to wobble; **ein ~der Pudding** a wobbly pudding [*or* BRIT *a.* blancmange]
Quacksalber(in) <-s, -> *m(f) (pej)* quack [doctor] *pej*
Quacksalberei <-, -en> *f (pej)* quackery *no pl pej*
Quacksalberin <-, -nen> *f fem form von* **Quacksalber**
Quaddel <-, -n> *f* wheal, urticaria *spec;* ***auf Sonnenlicht reagieren manche Allergiker mit ~n*** many people who are allergic to sunlight react to it with a [heat] rash [*or* heat spots]
Quader <-s, -> *m* ① ARCHIT, BAU ashlar, ashler, hewn [*or* cut] stone
② MATH cuboid
Quaderstein *m* BAU ashlar [block], [rectangular] block of stone
Quadrant <-en, -en> *m* ASTRON, MATH quadrant
Quadrat <-[e]s, -e> *nt* square; **magisches ~** magic square; **etw ins ~ erheben** *(geh)* to square sth, to multiply sth by itself; ***was gibt 777 ins ~ erhoben? — 603.729*** what's 777 squared? — 603,729; ■... **im ~** ... square; ***das Grundstück hat eine Größe von 64 Metern im ~*** the plot [of land] is 64 metres square [in size]
▸ WENDUNGEN: **im ~** barefaced; ***das ist eine Frechheit/Lüge im ~*** that's a barefaced cheek/lie; ***das ist eine Unverschämtheit im ~!*** that's an absolute outrage!
quadratisch *adj* square; *s. a.* **Gleichung**
Quadratkilometer *m mit Maßangaben* square kilometre [*or* AM -er] **Quadratlatschen** *pl (fam)* ① *(riesige Schuhe)* clodhoppers *fam,* BRIT *fam a.* beetle-crushers ② *(riesige Füße)* dirty great feet BRIT *sl,* dirty great big feet AM **Quadratmeter** *m* square metre [*or* AM -er]; ***dieses Zimmer hat 50 ~*** this room has 50 square metres of floor space, the floor space in this room is 50 square metres **Quadratmetergewicht** *nt* TYPO grammage, grams per sqm **Quadratmeterpreis** *m* price per square metre [*or* AM -er] **Quadratschädel** *m (fam)* ① *(kantiger Kopf)* dirty great head [*or* great bonce] BRIT *sl,* dirty great big head AM ② *(Starrkopf)* [obstinate [*or* stubborn]] mule, pigheaded person *pej*
Quadratur <-, -en> *f* quadrature; **die ~ des Kreises** *(geh)* [the] squaring [of] the circle *fig*
Quadratwurzel *f* square root **Quadratzahl** *f* square number **Quadratzentimeter** *m* square centimetre [*or* AM -er]
quadrieren* *vt* MATH ■**etw ~** to square sth
Quadriga <-, Quadrigen> *f* quadriga
Quadrille <-, -n> [kva'drɪljə] *f* quadrille
quadrofon^RR *adj inv s.* **quadrophon**
quadrofonisch^RR *adj inv s.* **quadrophonisch**
quadrophon *adj inv* quadrophonic
Quadrophonie <-> *f*, **Quadrofonie**^RR <-> *f kein pl* quadrophony, quadraphonic sound, quadrophonics + *sing vb*
quadrophonisch *adj inv* quadrophonic
Quahogmuschel *f* Venus clam
Quai <-s, -s> [kɛ:, ke:] *m o nt* SCHWEIZ *(Kai)* quay
quak *interj Frosch* croak; *Ente* quack
quaken I. *vi* ① ZOOL *Frosch* to croak; *Ente* to quack
② *(fam: reden)* to natter *fam;* **mit jdm ~** to have a natter to sb; **jdm dazwischen~** to keep interrupting sb
II. *vt (fam)* ■**[über] etw ~** to waffle on [about sth] *pej*
quäken *vi (fam)* ① *(krächzend weinen)* to scream, to screech
② *(krächzen)* to crackle and splutter; ***stell doch endlich dieses ~de Radio ab!*** turn that crackly old radio off!
Quäker(in) <-s, -> *m(f)* Quaker
Qual <-, -en> *f* ① *(Quälerei)* struggle
② *meist pl (Pein)* agony *no pl*
▸ WENDUNGEN: **die ~ der Wahl haben** *(hum)* to be spoilt [*or* AM *usu* spoiled] for choice
quälen I. *vt* ① *(jdm zusetzen)* ■**jdn ~** to pester [*or* plague] sb
② *(misshandeln)* ■**jdn/etw ~** to be cruel to [*or* torture] sb/sth; *s. a.* **Tod**
③ *(peinigen)* ■**jdn ~** to torment sb *fig*
④ *(Beschwerden verursachen)* ■**jdn ~** to trouble sb; **durch etw** *akk* [*o* **von etw** *dat*] **gequält sein** to be troubled by sth; *s. a.* **gequält**
II. *vr* ① *(leiden)* ■**sich** *akk* **~** to suffer
② *(sich herumquälen)* ■**sich** *akk* **mit etw ~** *Gedanken, Gefühlen* to torment oneself with sth; *Hausaufgaben, Arbeit* to struggle [hard] with sth
③ *(sich mühsam bewegen)* ■**sich** *akk* **~** to struggle
quälend *adj attr* agonizing; *Gedanken, Gefühle a.* tormenting; **ein ~er Husten** a hacking cough; **~e Schmerzen** excruciating [*or* agonizing] pain
Quälerei <-, -en> *f* ① *kein pl (fam: qualvolle Anstrengung)* ordeal
② *(ständiges Zusetzen)* pestering *no pl*
quälerisch *adj attr* agonizing *fig*
Quälgeist *m (fam)* pest *fig fam*
Qualifikation <-, -en> *f* ① *pl selten (berufliche Befähigung)* qualifications *pl;* **fachliche ~** professional qualification
② SPORT qualification *no pl;* (*Wettkampf a.*) qualification round, qualifier; ***21 Mannschaften spielten um die ~ zur WM*** 21 teams played to qualify for the World Cup
Qualifikationsfreiheit *f kein pl* JUR freedom to construe **Qualifikationsnachweis** *m* JUR verification of qualifications **Qualifikationsprofil** *nt eines Arbeitnehmers* qualification profile **Qualifikationsspiel** *nt* SPORT qualifying match [*or* game], qualifier
qualifizieren* **I.** *vr* ■**sich** *akk* **[für/zu etw] ~** to qualify [for sth]
II. *vt (geh)* ① *(befähigen)* ■**jdn für/zu etw ~** to qualify sb for sth
② *(klassifizieren)* ■**etw als etw ~** to qualify [*or* describe] sth as sth
qualifiziert *adj* ① *(sachgerecht, kompetent)* qualified; ■**[für etw] ~ sein** to be qualified [for sth]; **~e Arbeitskraft** skilled worker; **~e Arbeit leisten** to do a professional job; **~e Beteiligung** BÖRSE choice investment; **~e Minderheit** JUR right-conferring minority
② POL *Mehrheit* requisite
Qualifizierung <-, *selten* -en> *f* ① *(Befähigung)* qualification
② *(Erwerben einer Qualifikation)* qualification *no pl;* **berufliche ~** occupational qualification
③ *(fachspr: Ausbildung)* training *no pl*
④ SPORT *(Ausscheidungswettbewerb)* qualification *no pl*
Qualität <-, -en> *f* ① *(Güte)* quality; **von bestimmter ~ sein** to be of [a] certain quality; **ausgesuchte** [*o* **beste**] **~** prime quality; ***dieses Leder ist von sehr guter/ausgezeichneter/besserer ~*** this leather is of [a] very good/[an] excellent/[a] better quality
② *(Beschaffenheit)* quality
③ *pl (gute Eigenschaften)* qualities *pl*
qualitativ I. *adj* qualitative
II. *adv* qualitatively; **~ *besser/schlechter sein*** to be [of [a]] better/worse quality
Qualitätsabweichung *f* HANDEL variation in quality **Qualitätsanforderung** *f meist pl* HANDEL exacting standard of quality **Qualitätsanspruch** *m* HANDEL standard of quality **Qualitätsarbeit** *f* ÖKON high-quality work[manship] *no pl* **Qualitätsbeanstandung** *f* HANDEL defect report **Qualitätsbeurteilung** *f* quality assessment [*or* evaluation] **qualitätsbewusst**^RR *adj* ÖKON quality-conscious **Qualitätsbewusstsein**^RR *nt* quality awareness **Qualitätserzeugnis** *nt* ÖKON [high-] quality product **Qualitätsklasse** *f* grade **Qualitätskontrolle** *f* ÖKON quality control **Qualitätskosten** *pl* ÖKON quality costs **Qualitätsmanagement** *nt* HANDEL quality management **Qualitätsmangel** *m* HANDEL defective quality, quality defect [*or* failure] **Qualitätsmarke** *f* JUR mark of quality **Qualitätsmaßstab** *m* quality standard **Qualitätsmerkmal** *nt* sign of quality **Qualitätsminderung** *f* ÖKON deterioration in [*or* impairment of] quality *no pl* **Qualitätsprobe** *f* HANDEL sample, pattern **Qualitätsprodukt** *nt* [high-]quality product **Qualitätsprüfung** *f* ÖKON quality test [*or* control]; **eine ~ vornehmen** to check the quality **Qualitätssicherung** *f* HANDEL quality assurance **Qualitätssiegel** *nt* seal of quality **Qualitätssteigerung** *f* quality improvement [*or* AM *a.* enhancement], upgrading **Qualitätsunterschied** *m* ÖKON difference in quality **Qualitätsverbesserung** *f* quality improvement [*or* AM *a.* enhancement], upgrading **Qualitätsware** *f* quality goods *pl* **Qualitätszertifikat** *nt* ÖKON certificate of quality
Qualle <-, -n> *f* jellyfish
Qualm <-[e]s> *m kein pl* [thick [*or* dense]] smoke
qualmen I. *vi* ① *(Qualm erzeugen)* ■**etw qualmt** sth smokes [*or* gives off smoke]; ***der Schornstein qualmt ganz fürchterlich*** the chimney is belching out smoke like nobody's business *fam*
② *(fam: rauchen)* ■**jd qualmt** sb smokes [*or fam* puffs away]
II. *vt (fam)* ■**jd qualmt etw** sb puffs away at *fam* [*or* smokes] sth
Qualmerei <-> *f kein pl (fam)* smoking, puffing away
qualmig *adj* smoky, smoke-filled
qualvoll I. *adj* agonizing
II. *adv* **~ sterben** [*o* **zugrunde gehen**] to die [*or* perish] in agony [*or* great pain]
Quant <-s, -en> *nt* NUKL quantum
Quäntchen^RR <-s, -> *nt* scrap; **ein ~ Glück** a little bit of luck; **ein ~ Hoffnung** a glimmer of hope; **kein ~** not a scrap [*or* jot], not one iota
Quanten *pl* ① *pl von* **Quant, Quantum**
② *(sl: Füße)* dirty great [*or* AM great big] feet *sl*
Quantenchromodynamik *f* NUKL quantum chromodynamics + *sing vb,* QCD + *sing vb* **Quanteneffekt** *m* PHYS quantum effect **Quantenelektrodynamik** *f* NUKL quantum electrodynamics + *sing vb,* QED + *sing vb* **Quantenelektronik** *f kein pl* quantum electronics + *sing vb* **Quantenfeldtheorie** *f* NUKL quantum field theory **Quantenmechanik** *f* NUKL quantum mechanics + *sing vb* **Quantenphysik** *f* NUKL quantum physics + *sing vb* **Quantensprung** *m* ① PHYS quantum leap ② *(enormer Fortschritt)* quantum leap *fig* **Quantentheorie** *f* NUKL quantum theory
Quantität <-, -en> *f (geh)* quantity; ***ausschlaggebend ist die Qualität, nicht die ~*** it's quality not quantity that counts; ***er nahm diese Drogen immer nur in geringen ~en ein*** he only ever took this drug in small quantities [*or* doses], he only ever took small amounts of this drug
quantitativ *adj inv (geh)* quantitative
Quantitätstheorie *f* ÖKON quantity theory
Quantum <-s, Quanten> *nt (geh)* quantum *form,* quantity; ***er braucht sein regelmäßiges ~ Schnaps am Tag*** he needs his regular daily dose of schnapps; ***eine dicke Zigarre enthält ein ordentliches ~ Nikotin*** a thick cigar contains a fair amount of nicotine; ***es gehört schon ein gewisses ~ an Mut dazu, das zu tun*** it takes a certain amount of courage to do that

Quappe <-, -n> *f* ❶ (*Aal~*) burbot ❷ (*Kaul~*) tadpole
Quarantäne <-, -n> [karan'tɛ:nə] *f* quarantine *no pl;* **unter ~ stehen** to be in quarantine; **über jdn/etw ~ verhängen, jdn/etw unter ~ stellen** to place sb/sth under [*or* put sb/sth in] quarantine, to quarantine sb/sth off
Quarantänestation [karan'tɛ:nə] *f* MED isolation [*or* quarantine] ward
Quark¹ <-s, -s> *nt* NUKL quark
Quark² <-s> *m kein pl* ❶ KOCHK fromage frais ❷ (*fam: Quatsch*) rubbish *fam,* AM *usu* nonsense ▶ WENDUNGEN: **einen ~** (*fam*) not one jot *fam;* ***das interessiert mich alles einen ~*** all that doesn't interest me in the slightest [*or* one jot]; ***das ist zu kompliziert, davon verstehst du einen ~*** it's too complicated, you'll understand next to nothing about it
Quarkspeise *f* quark dish **Quarkstrudel** *m* quark strudel **Quarktasche** *f* quark turnover
Quart <-, -en> *f* MUS *s.* **Quarte**
Quarta <-, -ten> *f* SCH ❶ (*veraltend: des Gymnasiums: 3.Klasse*) *third year of a Gymnasium* ❷ ÖSTERR (*des Gymnasiums: 4.Klasse*) *fourth year of a Gymnasium*
Quartal <-s, -e> *nt* quarter; **erstes/letztes ~** first/last quarter; ***es muss jedes ~ bezahlt werden*** payment is due quarterly [*or* every quarter]; ***die Zwischenberichte werden jeweils am Ende eines ~s fällig*** the interim reports are due at the end of [*or* after] every quarter [*or* three months]
Quartal(s)abschluss^RR^ *m* ❶ (*zeitlich*) end of the/a quarter ❷ ÖKON quarterly statement [*or* balance sheet] **Quartalsende** *nt kein pl* end of a/the quarter; ***er hat zum ~ gekündigt*** he's given [*or* handed in] his notice for the end of the quarter **Quartal(s)säufer(in)** *m(f)* (*fam*) periodic heavy drinker **Quartalsverrechnung** *f* FIN quarterly account **quartal(s)weise** I. *adj* quarterly II. *adv* **~ abrechnen/bezahlen/Bericht erstatten** to invoice/pay/compile a report quarterly [*or* every three months]
Quartaner(in) <-s, -> *m(f)* SCH ❶ (*veraltend*) *pupil in the third year of a Gymnasium* ❷ ÖSTERR *pupil in the fourth year of a Gymnasium*
Quartär <-s> *nt kein pl* GEOL Quaternary [period]
Quarte <-, -n> *f* MUS ❶ (*vierter Ton*) fourth ❷ (*Intervall*) interval
Quarten *pl von* **Quart**
Quartett¹ <-[e]s, -e> *nt* KARTEN ❶ (*Kartensatz*) *set of four matching cards in a game of Quartett* ❷ *kein pl* (*Kartenspiel*) Quartett, ≈ happy families + *sing vb* (*game of cards in which one tries to collect sets of four matching cards*); **~ spielen** to play Quartett
Quartett² <-[e]s, -e> *nt* ❶ MUS quartet ❷ (*vier zusammengehörige Leute*) quartet, group [of four]
Quartettspiel *nt* KARTEN ≈ pack of happy families playing cards
Quartier <-s, -e> *nt* ❶ (*Unterkunft*) accommodation *no indef art, no pl;* ***in der Hauptsaison ist in diesem Badeort kein ~ mehr zu bekommen*** it is impossible to find [any] accommodation in this coastal resort in the high season; ***ich suche ein ~*** I'm looking for accommodation [*or* somewhere [*or* a place] to stay]; **[bei jdm/irgendwo] ~ beziehen** [*o* **nehmen**] to move in [with sb/somewhere]; MIL to take up quarters [with sb/somewhere] ❷ SCHWEIZ (*Stadtviertel*) district, quarter
Quartil <-s, -e> *nt* quartile
Quarz <-es, -e> *m* quartz
Quarzglas <-es> *nt kein pl* TECH quartz glass *no pl*
Quarzit <-s, -e> *m* GEOL quartzite
Quarzsand <-[e]s> *m kein pl* quartz sand *no pl*
Quarzuhr *f* quartz clock [*or* watch]
Quasar <-s, -e> *m* ASTRON quasar
quasi *adv* (*geh*) almost; ***es ist doch ~ dasselbe*** it's more or less the same [thing]; ***nach ihrem Weggang hat er hier ~ das Sagen*** since her departure he is virtually in charge here
Quasigeld *nt* ÖKON near money **Quasikristall** *m* quasi-crystal **Quasimonopol** *nt* ÖKON quasi-monopoly **Quasisplitting** *nt* JUR splitting of spouses' future pension rights **Quasivertrag** *m* JUR quasi-contract
Quasselei <-, -en> *f* (*fam*) babbling *no pl,* gabbing *pej fam no pl*
quasseln I. *vi* (*fam*) to babble; ***hört endlich auf zu ~, ich will meine Ruhe haben!*** [will you] stop [your] babbling, I want a bit of peace and quiet! II. *vt* (*fam*) ■**etw ~** to babble on about [*or pej* spout] sth
Quasselstrippe <-, -n> *f* (*fam*) ❶ (*hum: Telefon*) **an der ~ hängen** to be on the phone [*or* BRIT *fam a.* blower] ❷ (*pej: jd, der unentwegt redet*) windbag *pej fam,* gasbag *fam*
Quaste <-, -n> *f* tassel
Quastenflosser <-s, -e> *m* BIOL coelocanth
Quästur <-, -en> *f* SCH bursary BRIT, scholarship AM
quatsch *interj* nonsense, BRIT *a.* rubbish; ***ich soll das gesagt haben? ~!*** I'm supposed to have said that? [what] rubbish!
Quatsch <-es> *m kein pl* (*fam*) ❶ (*dummes Gerede*) rubbish, AM *usu* nonsense; ***wer hat denn so einen/diesen ~ behauptet?*** who told you [*or* where did you hear] such rubbish?; ***das ist doch der letzte ~!*** what a load of absolute rubbish!; **~ reden** to talk rubbish; ***so ein ~!*** what [a load of] rubbish! ❷ (*Unfug*) nonsense; **~ machen** to mess around [*or* about] *pej;* ***was, du willst kündigen? mach doch keinen ~, Mensch, überlege dir das noch mal!*** what, you want to hand in your notice, don't be silly [*or fam* daft] [*or fam* talk daft], think it over!; **aus ~** for [*or* as] a joke
quatschen¹ I. *vt* (*fam*) ■**etw [von etw] ~** to spout *pej* [*or* say] sth [about sth]; ***quatsch kein dummes Zeug*** don't talk nonsense; ***er hat irgendwas von einem Unfall gequatscht, aber ich habe gedacht, er redet Unsinn*** he garbled something about an accident, but I thought he was talking rubbish II. *vi* (*fam*) ❶ (*sich unterhalten*) ■**[mit jdm] [über etw *akk*] ~** to natter [with sb] [about sth]; ***entschuldige, aber ich kann jetzt nicht mit dir ~*** I'm sorry, but I can't [have a] chat with you now; ■**von etw ~** to talk about sth; ***ich hab' kein Wort verstanden von dem, was sie da gequatscht hat*** I didn't understand a word of what she said ❷ (*etw ausplaudern*) to blab *fam;* ***er hat bei den Bullen gequatscht*** he's blabbed [*or sl* squealed] to the fuzz
quatschen² I. *vi* to squelch II. *vi impers* ■**es quatscht** it squelches [*or* makes a squelching sound]
Quatschkopf *m* (*pej fam*) babbling idiot *pej,* BRIT *pej sl a.* plonker
Quebec <-s> [ke'bɛk] *nt* Quebec
Quechua ['kɛtʃu:a] *nt* Quech[u]a; *s. a.* **Deutsch**
Quecke <-, -n> *f* couch grass
Quecksilber *nt* mercury, quicksilver
Quecksilbersäule *f* column of mercury **Quecksilberthermometer** *nt* mercury thermometer **Quecksilberverbindung** *f* CHEM mercury compound **Quecksilbervergiftung** *f* mercury poisoning
Quell <-[e]s, -e> *m* ❶ (*poet: Born*) spring ❷ (*geh: Ursprung*) source, fount *liter*
Quelldatei *f* INFORM source file **Quelldokument** *nt* source document
Quelle <-, -n> *f* ❶ GEOG (*Ursprung eines Wasserlaufes*) source ❷ (*ausgewerteter Text*) source ❸ (*Informant*) source ❹ (*Entstehungsort*) source ❺ (*Waren~*) **an der ~ sitzen** to be at the source of supply, to have direct access
quellen <quoll, gequollen> *vi sein* ❶ (*herausfließen*) ■**[aus etw] ~** to pour out [of sth]; ***was quillt da, ist das etwa Motoröl?*** what's that leaking there, is it engine oil?; ***aus dem Riss in der Tube quoll Zahnpasta*** toothpaste was oozing out of a split in the tube ❷ (*aufquellen*) to swell [up]
Quellen(abzugs)steuer *f* FIN tax deducted at source, withholding tax; **~ erheben** to tax at source, to withhold tax **Quellenabzugsverfahren** *f* FIN withholding scheme **Quellenangabe** *f* reference **Quellenbesteuerung** *f* FIN taxation [*or* withholding] at source **Quellenforschung** *f* research into sources **Quellenlage** *f* source **Quellenmaterial** *nt* source material **Quellensammlung** *f* collection of source material **Quellenschutzgebiet** *nt* ÖKOL nature reserve with springs **Quellensteuer** *f* FIN tax deducted at source **Quellenstudium** *nt* study of [the] sources **Quellentext** *m* LIT, SCH source text
Queller <-s, -> *m* BOT glasswort
Quellgebiet *nt* GEOG head **Quellprogramm** *nt* INFORM source program **Quelltext** *m* source text **Quellwasser** *nt* spring water
Quendel <-s> *m kein pl* BOT, KOCHK wild thyme
Quengelei <-, -en> *f* ❶ *kein pl* (*fam: lästiges Quengeln*) whining *no pl* ❷ (*quengelige Äußerungen*) whining *no pl;* ***hör auf mit den ewigen ~en*** stop your constant whining[, will you]
queng(e)lig *adj* whining, whinging *esp* BRIT; ***sei nicht so ~*** stop [your] whining, don't be such a whiner; ***das Kind ist heute so ~, ob es eine Erkältung bekommt?*** the child is very grizzly *fam* today, do you think he/she is coming down with a cold?
quengeln *vi* (*fam*) ❶ (*weinerlich sein*) to whine ❷ (*nörgeln*) ■**[über etw *akk*] ~** to moan [about sth] *fam*
Quengler(in) <-s, -> *m(f)* (*fam*) moaner, BRIT *a.* whinger *sl,* AM *a.* whiner
Quentchen <-s, -> *nt s.* **Quäntchen**
quer *adv* ❶ (*horizontal*) diagonally; ***der Kanal verläuft ~ zur Straße*** the canal runs diagonally [*or* at an angle] to the street; ***der Lkw geriet auf eisglatter Fahrbahn ins Schleudern und stellte sich ~*** the truck slid on the icy carriageway and ended up sideways across it; ***~ geht der Schrank nicht durch die Tür, nur längs*** the cupboard won't go [*or* fit] through the door sideways, only lengthways; **~ gestreift** horizontally striped; ***~ gestreifte Hemden stehen dir nicht*** shirts with horizontal stripes [*or* horizontally striped shirts] don't suit you; **~ durch/über etw** *akk* straight through/across sth; ***lauf doch bitte nicht ~ durch/über die Beete!*** please don't run through/across the flower-beds! ❷ (*fam*) **jdm ~ gehen** to go wrong for sb; ***heute geht mir aber auch alles ~!*** everything's really going wrong for me [*or* I can't get anything right] today!; **sich [bei etw] ~ legen** to make difficulties [concerning sth]; **~ schießen** (*sl*) to throw [*or* put] a spanner in the works, to throw a [monkey] wrench in sth AM
Querachse *f* transverse axis **Querbalken** *m* crossbeam **querbeet** *adv* (*fam*) all over; ***sie gingen einfach mal ~ durch die Landschaft*** they travelled all over [*or* the length and breadth of] the countryside **Querdenker(in)** *m(f)* awkward and intransigent thinker **querdurch** *adv* straight through; ***~ passt die Truhe nicht, nur der Länge nach*** the chest won't fit through sideways, only lengthways; ***wir müssen ~, es gibt keinen Weg ums Moor*** we'll have to go straight across [*or* over], there's no way round the moor
Quere <-> *f kein pl* ▶ WENDUNGEN: **jdm in die ~ kommen** to get in sb's way
Quereinsteiger(in) <-s, -> *m(f)* *sb entering a field of work different from their educational background*
Querele <-, -n> *f* (*geh*) argument
queren *vt* ■**etw ~** to cross sth
Querfalz *m* TYPO cross fold
querfeldein *adv* across country

Querfeldeinlauf m SPORT cross-country run **Querfeldeinrennen** nt SPORT cyclo-cross [race]
Querflöte f MUS transverse [or cross] flute **Querformat** nt ① (Format) landscape format; im ~ in landscape ② (Bild) picture/photo etc. in landscape format **Querheftung** f TYPO stabbing **Querkopf** m (fam) awkward customer; *warum willst du denn nicht auch zustimmen, du ~?* why won't you agree, you awkward cuss? pej **querköpfig** adj (fam) contrary, wrong-headed **Querlage** f MED transverse presentation [or lie]; (bei der Geburt) torso [or trunk] presentation **Querlatte** f ① (quer verlegte Holzlatte) horizontal slat ② SPORT (waagerechte Latte eines Tores) crossbar **Querleiste** f crosspiece, crossbar; (einer Tür) rail **Querlenker** m AUTO transverse link **Querrippe** f [abgedeckte] ~ KOCHK (vom Rind) thin [or flat] ribs **Querruder** nt LUFT aileron **Querschiene** f BAU diagonal rail **Querschiff** nt ARCHIT transept **Querschläger** m ricochet [shot] **Querschneider** m TYPO cross cutter, sheeter
Querschnitt m ① (Schnitt) cross-section
② ARCHIT, MATH (zeichnerische Darstellung) cross-section
③ (Überblick) cross-section fig
querschnitt(s)gelähmt adj paraplegic; ■~ sein to be [a] paraplegic **Querschnitt(s)gelähmte(r)** f(m) dekl wie adj paraplegic **Querschnitt(s)lähmung** f paraplegia no pl **Querstraße** f side-street, turning, turn-off; *nehmen Sie die dritte ~ rechts* take the third turning on the right **Querstreifen** m horizontal stripe **Querstrich** m horizontal line [or stroke] **Quersubventionierung** f ÖKON cross-subsidizing [or BRIT a. -ising] no pl **Quersumme** f MATH sum of the digits [in a number]; *die ~ von 3315 ist 12* the sum of the digits in 3,315 is 12 **Querträger** m AUTO crossmember **Quertreiber(in)** <-s, -> m(f) (pej) troublemaker
Querulant(in) <-en, -en> m(f) (geh) querulous person form, griper fam
Querverbindung f ① TRANSP (direkter Verbindungsweg) direct connection ② (gegenseitige Beziehung) connection, link **Querverweis** m cross-reference **Querverweisliste** f cross reference listing **Querweg** m path across sth, side-path
quetschen I. vt ■etw aus etw ~ to squeeze sth out of [or from] sth; ■jdn an [o gegen] etw akk ~ to crush sb against sth; *der herabstürzende Balken quetschte sie gegen den Schrank* the falling beam crushed [or pinned] her against the cupboard; sich akk gegen etw ~ to squeeze [oneself] against sth; *sie quetschte sich an die Wand, um die Leute vorbei zu lassen* she squeezed against the wall to allow people to pass
II. vr ① (durch Quetschung verletzen) ■sich akk ~ to bruise oneself; ■sich dat etw ~ to crush [or squash] one's sth; *ich habe mir den Fuß gequetscht* I've crushed my foot
② (fam: sich zwängen) ■sich akk durch/in etw akk ~ to squeeze [one's way] through/[oneself] into sth; *ich konnte mich gerade noch in die U-Bahn ~* I was just able to squeeze [myself] into the tube BRIT fam; *nur mit Mühe quetschte sie sich durch die Menge* she was only able to squeeze [her way] through the crowd with [some] difficulty
Quetschfalte f box [or pinch] pleat
Quetschung <-, -en> f MED ① kein pl (Verletzung durch Quetschen) crushing, squashing; *wie kam es zu der ~ der Hand?* how did you [come to] crush your hand?
② (verletzte Stelle) bruise, contusion spec
Quetschwunde f contused wound, contusion
Queue <-s, -s> [kø:] nt o m cue
quick adj NORDD (alert, rege) bright, lively
Quickie <-, -s> m (sl) quickie fam
quicklebendig adj (fam) full of beans fam; *zwar ist Großvater schon 85, aber noch immer ~* grandfather may have reached 85, but he's still very sprightly
quiek interj squeak
quieken vi ① (quiek machen) to squeak; *die Ferkel quiekten im Stall* the piglets squealed in their pen
② (schrille Laute ausstoßen) ■[vor etw dat] ~ to squeal [with sth]; vor Vergnügen ~ to squeal with pleasure
quietschen vi ① (ein schrilles Geräusch verursachen) to squeak; *mit ~den Bremsen/Reifen hielt der Wagen vor der roten Ampel an* the car pulled up at the red light with screeching [or squealing] brakes/tyres; ■das Quietschen [the] squeaking; *unter lautem Quietschen kam das Fahrzeug zum Stehen* the vehicle came to a halt with a loud screech
② ■[vor etw dat] ~ s. **quieken 2**
quietschfidel, quietschvergnügt adj (fam) full of the joys of spring BRIT pred, chipper AM pred
Quietschgeräusch nt squealing
Quinoa nt quinoa
Quinta <-, -ten> f SCH ① (veraltend: des Gymnasiums: 2.Klasse) second year of a Gymnasium
② ÖSTERR (des Gymnasiums: 5.Klasse) fifth year of a Gymnasium
Quintaner(in) <-s, -> m(f) SCH ① (veraltend) pupil in the second year of a Gymnasium
② ÖSTERR pupil in the fifth year of a Gymnasium
Quinte <-, -n> f MUS ① (fünfter Ton) fifth
② (Intervall) interval
Quintessenz f (geh) quintessence form no pl, essence no pl
Quintett <-[e]s, -e> nt ① MUS quintet
② (fünf zusammengehörige Leute) quintet, group [of five]
Quirl <-s, -e> m KOCHK whisk, beater
Quirlbesen m flat coil whisk
quirlen vt ■etw [mit etw] [zu etw] ~ to whisk [or beat] sth [into sth] [using sth]
quirlig adj lively, full of beans pred fam
quitt adj ■[mit jdm] ~ sein (mit jdm abgerechnet haben) to be quits [with sb] fam; (sich von jdm getrennt haben) to be finished [with sb]
Quitte <-, -n> f ① BOT (Obstbaum) quince [tree]
② (Frucht) quince
quittegelb I. adj [pale] yellow
II. adv sich akk ~ verfärben to [turn] yellow
quittieren* I. vt ① (durch Unterschrift bestätigen) ■[jdm] etw ~ to give [sb] a receipt for sth; sich dat etw ~ lassen to obtain a receipt for sth; (bestätigen) to acknowledge [or confirm] [the] receipt of sth
② (geh: beantworten) ■etw mit etw ~ to meet [or answer] sth with sth; s. a. **Dienst**
II. vi ■[jdm] ~ to acknowledge [or confirm] [the] receipt of sth [for sb]; *du hast ihm 5.000 DM bezahlt und dir [von ihm] nicht ~ lassen?* you paid him DM 5,000 and didn't [even] get a receipt [from him]?
Quittung <-, -en> f ① (Empfangsbestätigung) receipt; jdm eine ~ [für etw] ausstellen to issue sb with a receipt [for sth], to make out a receipt sep for sb; gegen ~ on production [or submission] of a receipt; laut ~ as per receipt
② (Zahlungsbeleg) receipt
③ (Folge) ■die ~ für etw [the just] deserts for sth; *diese Ohrfeigen sind die ~ für deine Frechheiten!* a thick ear is what you get for being cheeky!; *du wirst eines Tages noch die ~ dafür bekommen, dass du mich so anschreist!* one day you'll get your come-uppance hum fam for screaming at me like this!
Quittungsblock <-blöcke> m receipt book **Quittungsformular** nt receipt form
Quiz <-, -> [kvɪs] nt quiz
Quizmaster <-s, -> m MEDIA quiz master
quoll imp von **quellen**
Quorum <-s> nt kein pl quorum
Quote <-, -n> f ① (Anteil) proportion
② (Gewinnanteil) payout
③ (Rate) rate, quota
④ POL (fam: ~nregelung) quota system
Quotenabdeckung f JUR, FIN quota cover **Quotenabsprache** f ÖKON quota agreement **Quotenfrau** f (pej) ≈ token woman [appointee] pej (woman who is appointed to a position simply to increase the proportion of women in an organization) **Quotenkartell** nt ÖKON quota-fixing cartel **Quotenkonsolidierung** f ÖKON proportional consolidation **Quotenregelung** f quota regime, ≈ quota regulation (requirement for a sufficient number of female appointees in an organization) **Quotensystem** nt POL ≈ quota system (system which ensures that a [political] body or organization is made up of an equal number of men and women) **quotenträchtig** adj TV, RADIO promising high ratings **Quotenträger(in)** m(f) quota holder **Quotenüberprüfung** f quota review **Quotenübertragung** f quota transfer **Quotenurteil** nt distributive finding of the issue **Quotenvereinbarung** f quota agreement **Quotenvertrag** m quota-share treaty **Quotenzuteilung** f quota allocation
Quotient <-en, -en> [kvoˈtsiɛnt] m MATH quotient
quotieren* vt BÖRSE ■etw ~ to quote [or list] sth
Quotierung <-, -en> f ① BÖRSE (Notierung) quotation, listing
② (Verteilung nach Quoten) ≈ quota system (system requiring that a certain proportion of a certain number of posts in an organization be reserved for women)

R

R, r <-, – o fam -s, -s> nt R, r; ~ wie Richard R for Robert BRIT, R as in Roger AM; das ~ rollen to roll the r; s. a. **A 1**
Rabatt <-[e]s, -e> m discount; ~ [auf etw akk] bekommen to get a discount [on sth]; jdm ~ [auf etw akk] geben to give sb a discount [on sth]; ~ bei Großbestellung quantity discount
Rabatte <-, -n> f HORT border
Rabattgesetz nt JUR, HANDEL act on [trade] discounts **Rabattgesetzverstoß** m JUR infringement of discount and rebate regulations
rabattieren* vt ÖKON ■etw ~ to give a discount on sth **Rabattkartell** nt ÖKON discount cartel **Rabattkartellvertrag** m JUR discount cartel agreement **Rabattmarke** f trading stamp **Rabattrecht** nt JUR law on discounts
Rabatz <-es> m kein pl (sl) racket fam, din; ~ machen to kick up a fuss fam, to kick up [or create] [or raise] a stink fam
Rabauke <-n, -n> m (fam) lout fam, hooligan, BRIT fam a. yob[bo]
Rabbi <-[s], -s o Rabbinen> m, **Rabbiner** <-s, -> m REL rabbi
Rabbinat <-[e]s, -e> nt REL rabbinate
Rabe <-n, -n> m raven
▶ WENDUNGEN: schwarz wie ein ~ [o wie die ~n] (fam) as black as soot [or fam the ace of spades]; wie ein ~ stehlen [o klauen] (fam) to thieve like a magpie, to pinch anything one can lay one's hands on fam
Rabeneltern pl (pej fam) ≈ cruel parents pl; *das müssen ja ~ sein!* they're not fit to be parents! **Rabenkrähe** f ORN carrion [or hooded] crow **Rabenmutter** f (pej fam) ≈ cruel mother **rabenschwarz** adj jet-black; ~e Augen coal-black eyes **Rabenvater** m (pej fam) ≈ cruel father
rabiat I. adj ① (unverschämt) rude, impertinent, impudent; ein ~er Kerl an aggressive chap; ein ~er Rausschmeißer a violent [or rough] bouncer
② (aufgebracht) ■~ werden to become aggressive [or violent]
③ (rücksichtslos) ruthless
II. adv ruthlessly; *sie bahnten sich ~ ihren Weg zum Ausgang* they forced [or fought] their way [through] to the exit
Rache <-> f kein pl revenge; [für etw] [an jdm] ~

nehmen [*o geh* **üben**] to take [*or* exact] revenge [on sb] [for sth]; **auf ~ sinnen** (*geh*) to plot revenge; **aus ~** in [*or* as] [*or* out of] revenge; **die ~ der Enterbten** (*fam*) sweet revenge; **die ~ des kleinen Mannes** (*fam*) the revenge of the little man
► WENDUNGEN: **~ ist süß** (*fam*) revenge is sweet

Racheakt *m* act of revenge **Rachedurst** <-[e]s> *m kein pl* thirst for revenge [*or* vengeance] *no pl* **Racheengel** *m* avenging angel **Rachegedanke** *f meist pl* thought[s *pl*] of revenge, vindictive thought[s *pl*] **Rachegefühl** *nt meist pl* vengeful feeling

Rachen <-s, -> *m* ❶ (*Schlund*) throat, pharynx *spec*
❷ (*Maul*) jaws *pl*, mouth
► WENDUNGEN: **den ~ nicht voll [genug] kriegen können** (*fam*) to not be able to get enough; **jdm den ~ stopfen** (*fam*) to shut sb up; **jdm etw in den ~ werfen** [*o* **schmeißen**] (*fam*) to give sb sth to shut them up *fam*

rächen I. *vt* ❶ (*durch Rache vergelten*) ■**etw** [**an jdm**] ~ to take revenge [on sb] for sth
❷ (*jdm Sühne verschaffen*) ■**jdn** ~ to avenge [*or* take [*or* exact] revenge for] sb
II. *vr* ❶ (*Rache nehmen*) ■**sich** *akk* [**an jdm**] [**für etw**] ~ to take [*or* exact] one's revenge [*or* avenge oneself] [on sb] [for sth]
❷ (*sich nachteilig auswirken*) ■**sich** [**an jdm**] [**durch etw**] ~ to come back and haunt sb [as a result of sth]; ***früher oder später rächt sich das viele Rauchen*** sooner or later [the] heavy smoking will take its toll

Rachenblütler <-s, -> *m* BOT figwort **Rachenhöhle** *f* ANAT [cavity of the] pharynx *spec*, pharyngeal cavity *spec* **Rachenkatarrh** *m* pharyngitis **Rachenraum** *m* MED pharyngeal space *spec* **Rachenschleimhaut** *f* pharyngeal mucosa **Rachenspray** *nt* throat spray **Racheplan** *m* plan of [*or* for] revenge; **Rachepläne schmieden** to plot revenge

Rächer(in) <-s, -> *m(f)* (*geh: jd, der Rache nimmt*) avenger; **~ der Enterbten** (*hum*) righter of wrongs

Racheschwur *m* oath of revenge **Rachgier** *f kein pl* lust for revenge **rachgierig** *adj* vengeful

Rachitis <-> *f kein pl* MED rickets *no pl, no art*, rachitis *spec*

rachitisch *adj* MED rickety, rachitic *spec*

Rachsucht *f kein pl* (*geh*) vindictiveness *no pl, no indef art*

rachsüchtig *adj* (*geh*) vindictive

Racker <-s, -> *m* (*fam*) [little] rascal, scamp *dated*

Rackerei <-> *f kein pl* (*fam*) [real] grind *no pl fam*, slog *no pl fam*

rackern *vi* (*fam*) to slave away *fam*

Raclette <- *o* -s, -s> ['raklɛt, ra'klɛt] *f o nt* KOCHK raclette

RAD INFORM *Akr von* **rapid application development** RAD

rad <-, -> *nt Akr von* **radiation absorbed dosis** rad

Rad¹ <-[e]s, Räder> *nt* ❶ AUTO wheel; BAHN (*Laufrad*) bogie [*or* track] wheel
❷ TECH (*Zahnrad*) cog, gearwheel
❸ HIST (*Foltergerät*) wheel
❹ SPORT cartwheel; **ein ~ schlagen** [*o* **machen**] to do [*or* turn] a cartwheel
❺ ORN **ein ~ schlagen** to fan out [*or* spread] the tail
► WENDUNGEN: **das ~ der Geschichte** [*o* **Zeit**] (*geh*) the march of time; ***das ~ der Zeit lässt sich nicht anhalten/ zurückdrehen*** the march of time cannot be halted, one cannot turn the clock back, time and tide wait for no man; **das fünfte ~ am Wagen** (*fam*) to be superfluous [*or* in the way]; **ein ~ ab haben** (*sl*) to have a screw loose *hum fam;* **unter die Räder kommen** [*o* **geraten**] (*fam*) to fall into bad ways, to go off the rails

Rad² <-[e]s, Räder> *nt* bicycle, bike *fam;* **~ fahren** to cycle [*or* ride a bicycle] [*or fam* bike]; [**bei jdm/ irgendwo**] **~ fahren** (*pej fam*) to crawl [*or pej fam* suck up] [to sb]/to grovel [somewhere]; **mit dem ~** by bicycle [*or fam* bike]; ***er fährt jeden Tag 30 Kilometer mit dem ~*** he cycles 30 kilometres every day

Radachse *f* axle

Radar <-s> *m o nt kein pl* ❶ (*Funkmesstechnik*) radar
❷ (*Radargerät*) radar
❸ (*Radarschirm*) radar screen

Radaranflug *m* radar approach **Radaranlage** *f* radar [installation] **Radarantenne** *f* radar antenna [*or* BRIT *a.* aerial] **Radarbereich** *m* radar coverage **Radarbild** *nt* radar display [*or* trace] **Radarbildschirm** *m* radar screen **Radarblindlandung** *f* radar-controlled blind landing **Radarempfänger** *m* radar receiver **Radarerfassung** *f* radar detection **Radarerkennung** *f* radar identification **Radarfalle** *f* (*fam*) speed [*or* radar] trap; **in eine ~ geraten** to be caught in a speed [*or* radar] trap **Radargerät** *nt* radar [device [*or* unit]] **Radarkontrolle** *f* TRANSP [radar] speed check **Radarlandegerät** *nt* approach control radar **Radarlotse** *m* radar controller **Radarnavigation** *f* radar navigation **Radarnetz** *nt* radar network **Radarortung** *f* radiolocation **Radarreichweite** *f* range of radar **Radarschirm** *m* radar screen **Radarsender** *m* radar transmitter unit **Radarsicht** *f* radar visibility **Radarstation** *f* radar station **Radarsteuerung** *f* radar guidance [*or* control] **Radarstörung** *f* radar jamming [*or* interference] **Radarstrahl** *m* radar beam **Radarsuchgerät** *nt* search-radar set **Radarsystem** *nt* radar system **Radartechnik** *f* radar engineering **Radartechniker(in)** *m(f)* radar operator, radarman **Radarturm** *m* radar tower **Radarüberwachung** *f* radar surveillance [*or* monitoring] *no pl* **Radarwagen** *f* [police] radar car **Radarzeichen** *nt* radar trace, blip **Radarzeichnung** *f* radar plotting

Radau <-s> *m kein pl* (*fam*) racket *fam*, din, row; **~ machen** to make a racket [*or* din] [*or* row]

Radaubruder *m* (*fam o pej*) rowdy *pej*

Radaufhängung *f* AUTO wheel suspension

Rädchen *nt dim von* **Rad** ❶ (*kleines Zahnrad*) [small] cog
❷ (*Rändelschraube*) knurled screw
❸ (*runde, gezahnte Blechscheibe*) tracing wheel
► WENDUNGEN: **nur ein ~ im Getriebe sein** to be just a small cog in the works [*or* machine]

Raddampfer *m* paddle steamer

radebrechen *vi* ■[**auf etw** *dat*] ~ to speak [in] broken sth; **auf Deutsch/Englisch** ~ to speak [in] broken German/English

radeln *vi sein* (*fam*) ■[**irgendwohin**] ~ to cycle [somewhere]

rädeln *vt* ❶ TECH ■**etw auf etw** *akk* ~ to trace out sth *sep* on sth
❷ KOCHK **Teig in Streifen** ~ to cut pastry into strips with a fluted wheel

Rädelsführer(in) *m(f)* ringleader

RAD-Entwicklungspaket *nt* INFORM RAD program package

Räderfahrzeug *nt* wheeled vehicle

Räderkettenfahrzeug *nt* half-track vehicle

rädern *vt* HIST to break sb [up]on the wheel; *s. a.* **gerädert**

Rädertier *nt* ZOOL wheel animal

Räderwerk *nt* TECH gearing *no pl*, gear train; (*Uhr*) gear mechanism, clockwork

Rad|fahren *nt* ■[**das**] ~ cycling, riding a bicycle [*or fam* bike]

Radfahrer(in) *m(f)* ❶ SPORT cyclist ❷ (*pej fam: Kriecher*) crawler *pej fam* **Radfahrweg** *m* TRANSP (*geh*) *s.* **Radweg** **Radfelge** *f* wheel rim **Radgabel** *f* fork

Radi <-s, -> *m* KOCHK SÜDD, ÖSTERR (*Rettich*) radish

radial *adj* radial

Radialreifen *m* AUTO radial tyre [*or* AM tire], rad ti

Radiator <-s, -toren> *m* radiator

Radicchio <-s> [ra'dɪkio] *m kein pl* radicchio

Radien *pl von* **Radius** radii

radieren*¹ *vi* to rub out [*or* erase]; ■**das R~** rubbing out, erasing

radieren² *vi* KUNST to etch

Radierer <-s, -> *m* (*fam*) rubber BRIT, eraser AM

Radierer(in) <-s, -> *m(f)* KUNST etcher

Radiergummi <-s, -s> *m* rubber BRIT, eraser AM

Radierung <-, -en> *f* KUNST etching

Radieschen <-s, -> [ra'di:sçən] *nt* radish
► WENDUNGEN: **sich** *dat* **die ~ von unten ansehen** [*o* **besehen**] [*o* **betrachten**] **können** (*hum sl*) to be pushing up [the] daisies *hum*

Radikal <-s, -e> *nt* CHEM radical; **freie ~e** free radicals

radikal I. *adj* ❶ POL (*extremistisch*) radical
❷ (*völlig*) complete, total; **die ~e Beseitigung** [*o* **Entfernung**] the complete removal; **ein ~er Bruch** a complete break; **eine ~e Verneinung** a flat [*or* categorical] [*or* an outright] denial
❸ (*tief greifend*) radical, drastic; **eine ~e Forderung** an excessive [*or* unreasonable] demand
II. *adv* ❶ POL (*extremistisch*) radically
❷ (*völlig*) completely, totally; **~ beseitigen** [*o* **entfernen**] to remove completely; **mit etw ~ brechen** to break with sth completely; **~ verneinen** to deny flatly [*or* categorically]
❸ (*tief greifend*) radically, drastically; **~ gegen jdn vorgehen** to take drastic action against sb

Radikale(r) *f(m) dekl wie adj* POL radical, extremist

Radikalenerlass^RR *m* (*in Deutschland*) *decree prohibiting members of extremist organizations from becoming civil servants or teachers*

radikalisieren* I. *vt* POL ■**jdn/etw** ~ to radicalize sb/sth [*or* make sb/sth radical]
II. *vr* ■**sich** *akk* ~ to become radical

Radikalisierung <-, -en> *f* POL radicalization *no pl*

Radikalismus <-> *m kein pl* POL radicalism, extremism

Radikalität <-> *f kein pl* radicalness, radical nature

Radikalkur *f* ❶ MED (*drastische Behandlungsmethode*) drastic [*or* BRIT kill-or-cure] remedy
❷ (*tief greifende Maßnahmen*) drastic measures *pl*

Radio <-s, -s> *nt o* SCHWEIZ, SÜDD *m* (*Rundfunkgerät*) radio; (*Autoradio*) car radio; **~ hören** to listen to the radio; **im ~** on the radio

radioaktiv I. *adj* radioactive
II. *adv* **~ verseucht/verstrahlt** contaminated by radioactivity

Radioaktivität <-> [-vi-] *f kein pl* radioactivity *no pl, no indef art*

Radioantenne *f* [radio] aerial [*or* AM *usu* antenna] **Radioapparat** *m* RADIO, TECH radio [set] **Radioastronomie** *f kein pl* radio astronomy **Radiofrequenz** *f* radio frequency **Radiogalaxie** *f* ASTRON radio galaxy **Radiogerät** *nt* radio set **Radiografie^RR** <-> *f kein pl s.* **Radiographie** **Radiogramm** <-s, -e> *nt* ❶ MED radiograph ❷ TELEK (*hist*) radiogram **Radiographie** <-> *f kein pl* TECH radiography **Radioisotopenmethode** *f* BIOL radioisotope method **Radiokarbonmethode** *f* BIOL radiocarbon dating **Radiokompass^RR** *m* LUFT, NAUT radio compass

Radiologe, -login <-n, -n> *m, f* radiologist

Radiologie <-> *f kein pl* MED radiology *no pl, no art*

Radiometrie <-> *f kein pl* PHYS radiometry *no pl*

Radionuklid <-s, -e> *nt* radionuclide

Radioquelle *f* ASTRON, PHYS radio source

Radiorekorder, Radiorecorder <-s, -> *m* radio cassette recorder

Radiosender *m* (*Sendeanstalt*) radio station **Radiosender** *m* radio transmitter **Radiosonde** *f* METEO, PHYS radiosonde, radiometeorograph **Radiostation** *f* radio station **Radiotechnik** *f kein pl* radio technology *no pl* **Radioteleskop** *nt* radio telescope **Radiotherapie** *f* MED radiotherapy *no pl, no art* **Radiowecker** *m* radio alarm [clock], clock radio **Radiowelle** *f* radio wave

Radium <-s> *nt kein pl* CHEM radium *no pl, no art*

Radius <-, Radien> [-diən] *m* ❶ (*halber Durchmesser*) radius
❷ (*Aktionsradius*) radius [*or* range] [of action]

Radkappe *f* AUTO hub cap **Radkasten** *m* AUTO wheel housing [*or* casing] **Radkranz** *m* TECH ❶ *eines Rades* wheel rim ❷ *eines Zahnrades* toothed rim

Radlager *nt* wheel bearing
Radler(in) <-s, -> *m(f)* (*fam*) cyclist
Radler *nt* SÜDD, ÖSTERR (*Getränk aus Bier und Limonade*) shandy
Radlerhose *f* SPORT, MODE cycle [*or* cycling] shorts *npl* **Radlermaß** *f* SÜDD shandy
Radmutter *f* AUTO wheel nut
Radmutternkreuz *nt* AUTO 4-way lug wrench **Radmutternschlüssel** *m* AUTO lug wrench
Radnabe *f* AUTO [wheel] hub
Radon <-s> *nt kein pl* CHEM radon *no pl, no art*
Radrennbahn *f* cycle [racing] track, velodrome **Radrennen** *nt* cycle race **Radrennfahrer(in)** *m(f)* racing cyclist
Radscha <-s, -s> *m* rajah
Radschaufel *f* TECH wheel blade
Rad|schlagen *nt* ■**das** ~ doing [*or* turning] a cartwheel
Radschneeschläger *m* rotary whisk **Radschraube** *f* AUTO wheel bolt **Radsport** *m* cycling *no pl* **Radsportler(in)** *m(f)* cyclist **Radstand** *m* AUTO, BAHN wheelbase **Radsturz** *m* AUTO camber
Radtour [-tuːɐ] *f* bicycle [*or fam* bike] ride; [**mit jdm**] **eine** ~ **machen** [*o* **unternehmen**] to go for a bicycle [*or fam* bike] ride [with sb]; ***wir wollen eine ~ nach Dänemark machen*** we plan to go on a cycling [*or* cycle] tour to Denmark **Radwanderung** *f s.* **Radtour** **Radwechsel** [-ks-] *m* AUTO wheel change; **einen** ~ **machen** to change a wheel **Radweg** *m* TRANSP cycle path [*or* track] **Radzierblende** *f* AUTO wheel cover
RAF <-> [ɛr'aː'ɛf] *f Abk von* **Rote-Armee-Fraktion**
Raffel <-, -n> *f* flat grater
raffen *vt* ① (*eilig greifen*) ■**etw** [**an sich** *akk*] ~ to grab [*or* snatch [up *sep*]] sth
② (*in Falten legen*) ■**etw** ~ to gather sth; **ein Kleid** ~ to gather up a dress
③ (*kürzen*) ■**etw** ~ to shorten sth
④ (*sl: begreifen*) ■**etw** ~ to get it *fam*
Raffgier *f* greed *no pl,* avarice *form no pl,* rapacity *form no pl*
raffgierig *adj* greedy, grasping *pej,* rapacious *form*
Raffinade <-, -n> *f* refined sugar
Raffination <-> *f kein pl* refining
Raffinement <-s, -s> [rafinə'mãː] *nt* (*geh*) ① refinement
② *s.* **Raffinesse**
Raffinerie <-, -n> [-'riːən] *f* refinery
Raffinesse <-, -n> *f* ① *kein pl* (*Durchtriebenheit*) cunning, slyness, guile *form*
② (*Feinheit*) refinement; **mit allen ~n** with all the [latest] extras [*or hum* trimmings]
raffinieren* *vt* ① (*reinigen*) ■**raffiniert werden** to be refined
② (*destillieren*) ■[**zu etw**] **raffiniert werden** to be refined [*or* made] [into sth]
raffiniert I. *adj* ① (*durchtrieben*) cunning, sly
② (*ausgeklügelt*) clever *fam,* ingenious
③ (*geh: verfeinert*) refined, sophisticated
II. *adv* ① (*durchtrieben*) cunningly, slyly
② (*geh: verfeinert*) ~ **komponieren/würzen/zusammenstellen** to compose/season/put together with great refinement [*or* sophistication]
Raffiniertheit <-> *f kein pl s.* **Raffinesse**
Raffke <-s, -s> *m* (*fam*) money-grubber
Raffsucht <-> *f kein pl* avarice, cupidity **raffsüchtig** <-er, -ste> *adj* avaricious, greedy **Raffzahn** *m* (*pej*) greedy bastard
Rafting <-s> *nt kein pl* SPORT rafting *no pl*
Rage <-> ['raːʒə] *f kein pl* (*fam*) ① (*Wut*) rage, fury; **jdn in ~ bringen** [*o* **versetzen**] to enrage [*or* infuriate] sb, to make sb hopping mad *fam*
② (*Erregung*) agitation, annoyance; [**über etw** *akk*] **in ~ geraten** [*o* **kommen**] to get annoyed [about sth]; **in der** ~ in the excitement
ragen *vi* ① (*emporragen*) ■**aus etw** ~ to rise up out of sth; ***die Felsen ragten aus der Bergwand*** the rocks towered [*or* rose] up out of the cliff-face
② (*vorragen*) ■**irgendwohin** ~ to stick [*or* jut] out somewhere
Raglanärmel *m* raglan sleeve
Raglantasche *f* bold welt side pocket
Ragout <-s, -s> [ra'guː] *nt* KOCHK ragout
Ragtime <-[s]> ['rɛgtaim] *m kein pl* MUS ragtime
Rah <-, -en> *f,* **Rahe** <-, -n> *f* NAUT yard
Rahm <-[e]s> *m kein pl* SÜDD, SCHWEIZ (*Sahne*) cream; ÖSTERR (*saure Sahne*) sour cream
▶ WENDUNGEN: [**für sich** *akk*] **den ~ abschöpfen** (*fam*) to cream off the best [*or* take the pickings] [for oneself]
Rähmchen <-s, -> *nt dim von* **Rahmen** mount
rahmen *vt* ■**etw** ~ to frame sth; **ein Dia** ~ to mount a slide
Rahmen <-s, -> *m* ① (*Einfassung*) frame
② (*Fahrradgestell*) frame; AUTO (*Unterbau*) chassis [frame]
③ (*begrenzter Umfang o Bereich*) framework; **im ~ des Möglichen** within the bounds of possibility; **im ~ bleiben, sich** *akk* **im ~ halten** to keep within reasonable bounds; **über den ~ von etw hinausgehen, den ~** [**von etw**] **sprengen** to go beyond the scope [*or* limits *pl*] of sth; **im ~ einer S.** *gen* (*im Zusammenhang mit etw*) within the context of sth; (*innerhalb*) within the framework [*or npl* bounds] of sth; **in einem größeren/kleineren ~** on a large/small scale; ***die Gedenkfeier fand in entsprechendem ~ statt*** the memorial service was appropriate for the occasion; **sich** *akk* **in angemessenem ~ halten** to keep [*or* be kept] within reasonable limits; [**mit etw**] **aus dem ~ fallen** to stand out [because of sth]; [**mit etw**] **nicht in den ~ passen** to not fit in [with sth]
④ (*Atmosphäre*) atmosphere, setting
Rahmenabkommen *nt* basic [*or* skeleton] [*or* framework] agreement **Rahmenbedingung** *f meist pl* basic [*or* prevailing] conditions *pl;* (*Vorschriften*) regulatory framework; **rechtliche/wirtschaftliche ~** legal/economic framework; **~ schaffen** to create a positive setting **Rahmengebühr** *f* JUR sliding-scale fee **Rahmengesetz** *nt* framework [*or* skeleton] law (*Federal law establishing the framework for* [*more*] *detailed legislation*) **Rahmengesetzgebung** *f* JUR framework [*or* skeleton] legislation **Rahmenhandlung** *f* LIT framework [*or* background] story, basic plot **Rahmenholz** *nt* BAU frame timber **Rahmenkonstruktion** *f* BAU frame construction **Rahmenkredit** *m* FIN framework [*or* global] credit **Rahmenplan** *m* JUR framework [*or* outline] plan **Rahmenprogramm** *nt* supporting programme [*or* AM -am] **Rahmenrichtlinien** *pl* [general] guidelines *pl* **Rahmenträger** *m* AUTO frame member **Rahmenvereinbarung** *f* JUR basic [*or* outline] agreement **Rahmenvertrag** *m* JUR framework [*or* skeleton] agreement **Rahmenvorschrift** *f* JUR general regulation
Rahmkäse *m* cream cheese
Rahmsoße *f* cream[y] sauce
Rain <-[e]s, -e> *m* boundary [strip], margin of a field
Raine *f* casserole
Rainfarn *m* BOT tansy
Rakel <-, -n> *f* TYPO squeegee
Rakeldruck *m* (*Siebdruck*) screen printing
räkeln *vr s.* **rekeln**
Rakelstellung *f* blade position
Rakeltiefdruck *m* gravure process
Rakete <-, -n> *f* ① (*Flugkörper*) rocket; MIL missile
② (*Feuerwerkskörper*) rocket
Raketenabschussbasis[RR] *f* rocket/missile launching site [*or* pad] **Raketenabschussrampe**[RR] *f* rocket launching pad **Raketenabwehr** *f* MIL [anti-]missile defence [*or* AM -se] [system] **Raketenabwehrprogramm** *nt* missile-defence [*or* AM -se] programme [*or* AM -am] **Raketenabwehrsystem** *nt* MIL missile defence system **Raketenantrieb** *m* rocket propulsion [unit] **Raketenbasis** *f* MIL missile [launching] base **raketenbestückt** *adj inv* missile-carrying [*or* -equipped] **Raketenbrennkammer** *f* rocket combustion **Raketenflugzeug** *nt* rocket plane **Raketenoberstufe** *f* rocket's upper stage, upper stage of a rocket **Raketenstart** *m* rocket launch, launch of a/the rocket **Raketenstufe** *f* TECH rocket stage **Raketenstützpunkt** *m* MIL missile base **Raketentechnik** *f kein pl* rocketry **Raketentreibstoff** *nt* rocket propellant [*or* fuel] **Raketentriebwerk** *nt* rocket engine **Raketenversuchsgelände** *nt* ① MIL rocket range ② RAUM launch site **Raketenwaffe** *f* MIL missile **Raketenwerfer** *m* MIL rocket launcher **Raketenzeitalter** <-s> *nt kein pl* space age
Rallye <-, -s> ['rali, 'rɛli] *f* rally; ~ [*o* ~**s**] **fahren** to go rallying; **eine ~ fahren** to take part [*or* drive] in a rally
Rallyefahrer(in) ['rali, 'rɛli] *m(f)* rally driver
RAM <-, -s> [ram] *nt Akr von* **random access memory** RAM
Ramadan <-[s]> *m kein pl* REL Ramadan, Rhamadhan, Ramazan
Rambazamba <-s> *nt kein pl* (*fam*) fuss *no pl;* **~ machen** to kick up a fuss
Rambo <-s, -s> *m* (*sl*) Rambo *fam,* tough guy, hard man
Rambotyp *m* (*fam*) Rambo[type of person] *fam,* tough guy [*or fam* girl]
RAM-Chip *m* INFORM RAM chip
RAM DAC *nt* INFORM *Abk von* **random access memory digital to analog converter** RAM DAC
rammdösig *adj* DIAL (*fam*) dizzy, giddy
Ramme <-, -n> *f* BAU piledriver
rammeln *vi* ① JAGD (*sich paaren*) to mate
② (*sl*) to have it off BRIT *sl,* to get it on AM *sl,* to screw *vulg*
rammen *vt* ① (*stoßen*) ■**jdn/etw** ~ to ram sb/sth; ■**jdm etw in etw** *akk*/**durch etw** *akk* ~ to ram sth into sb's sth/through sb's sth
② (*schlagen*) ■**etw in etw** *akk* ~ to ram sth into sth
Rammler <-s, -> *m* buck
Rampe <-, -n> *f* ① (*schräge Auffahrt*) ramp; (*Laderampe*) loading ramp
② THEAT (*Bühnenrand*) apron
Rampenlicht *nt* THEAT (*Beleuchtung*) footlights *pl*
▶ WENDUNGEN: **im ~** [**der Öffentlichkeit**] **stehen** to be in the limelight
Rampenwinkel *m* AUTO ramp breakover angle
ramponieren* *vt* (*fam*) ■**etw** ~ to ruin sth; ■**ramponiert** ruined; ***für den ramponierten Schreibtisch wollen Sie noch 2800 Mark haben?*** you want DM 2,800 for this battered [*or fam* beat-up] [old] desk?; **ramponiert sein/aussehen** to be [*or* feel]/look the worse for wear [*or hum* fragile]
Ramsch <-[e]s> *m kein pl* (*fam*) rubbish *no pl,* AM *usu* garbage *no pl,* junk *no pl*
Ramschladen *m* (*pej fam*) junk shop **Ramschverkauf** *m* jumble [*or* AM rummage] sale **Ramschware** *f* HANDEL job lot
RAM-Speicher *m* INFORM RAM [*or* main] memory
RAM-Speichermodul *nt* INFORM RAM memory module
ran I. *interj* (*fam*) let's go!; ***jetzt aber ~, Leute*** come on guys[, get a move-on]!
II. *adv* (*fam*) *s.* **heran**
Rand <-es, Ränder> *m* ① (*abfallendes Ende einer Fläche*) edge
② (*obere Begrenzungslinie*) *von Glas, Tasse* top, brim; *von Teller* edge [*or* side]; *von Wanne* top [*or* rim]
③ (*äußere Begrenzung/Einfassung*) edge; *von Hut* brim; *von Wunde* lip; ***du hast dir die Hose unten am*** [***rechten/linken***] ***~ schmutzig gemacht*** you've dirtied the bottom [of the right/left leg] of your trousers; ***die Decke hatte einen mit einer Borte verzierten ~*** the quilt was bordered by a braid trimming [*or* had a braid trimming border]
④ (*Grenze*) **am ~e einer S.** *gen* on the verge [*or* brink] of sth; **sich** *akk* **am ~ einer S. bewegen** to border on sth
⑤ (*auf Papier*) margin; ***Trauerkarten haben einen schwarzen ~*** condolence cards have black edging [*or* a black border]
⑥ (*Schatten, Spur*) mark; [**dunkle/rote**] **Ränder**

um die Augen haben to have [dark/red] rings [a]round one's eyes; **ein [schmutziger] ~ um die Badewanne** a tidemark around [the rim of] the bath BRIT *fig*

► WENDUNGEN: **außer ~ und Band geraten** (*fam*) to be beside oneself; **halt den ~!** (*fam*) shut your mouth *fam* [*or sl* face] [*or sl* gob]; **[mit etw] zu ~e kommen** (*fam*) to cope [with sth]; **mit jdm zu ~e kommen** (*fam*) to get on with sb; **am ~e** in passing; ***das habe ich am ~e erwähnt*** I mentioned that in passing; ***das interessiert mich nur am ~e*** that's only of marginal interest to me

Randale <-> *f* (*sl*) rioting *no pl;* **~ machen** to riot

randalieren* *vi* to riot, to [go on the] rampage; ■ **~d** rampaging

Randalierer(in) <-s, -> *m(f)* hooligan

Randbemerkung *f* ❶ (*beiläufige Bemerkung*) passing comment; **etw in einer ~ bemerken** to mention sth in passing ❷ (*Notiz auf einer Schriftseite*) note in the margin, marginal note **Randbeschnitt** *m* TYPO edge trim[ming] **Randbreite** *f* TYPO margin width

Rande <-, -n> *f* SCHWEIZ (*rote Rübe*) beetroot

Randerscheinung *f* peripheral phenomenon; (*Nebenwirkung*) side effect **Randfigur** *f* minor figure **Randgebiet** *nt* ❶ GEOG outlying district ❷ (*Sachgebiet*) fringe area **Randgruppe** *f* SOZIOL fringe group **Randlinie** *f* TYPO border rule **Randlochung** *f* TYPO line hole punching **randlos** *adj* rimless **Randproblem** *nt* secondary problem **randscharf** *adj inv* TYPO with perfect edge definition **Randstein** *m s.* **Bordstein Randsteller** *m* TYPO margin stop **Randstreifen** *m* TRANSP, ADMIN verge; *Autobahn* hard shoulder **Randwelligkeit** *f* (*von Papier*) waviness **Randzone** *f s.* **Randgebiet 1**

rang *imp von* **ringen**

Rang <-[e]s, Ränge> *m* ❶ *kein pl* (*Stellenwert*) standing, status; *Entdeckung, Neuerung* importance; **von bestimmtem ~** of a certain importance; **von bedeutendem/hohem/künstlerischem ~** of significant/great/artistic importance; **ersten ~es** of the first order [*or* great significance]

❷ (*gesellschaftliche Position*) station *no pl,* [social] standing; **alles, was ~ und Namen hat** everybody who is anybody; **zu ~ und Würden kommen** to achieve a high [social] standing [*or* status]; **jdm [durch/mit etw] den ~ streitig machen** to [try and] challenge sb's position [with sth]; **einen bestimmten ~ bekleiden** [*o* **einnehmen**] to hold a certain position

❸ MIL (*Dienstgrad*) rank; **einen hohen ~ bekleiden** [*o* **einnehmen**] to hold a high rank, to be a high-ranking officer

❹ SPORT (*Platz*) place

❺ FILM, THEAT circle; **vor leeren/überfüllten Rängen spielen** to play to an empty/a packed house

❻ (*Gewinnklasse*) prize category

► WENDUNGEN: **jdm den ~ ablaufen** to outstrip [*or* steal a march on] sb

Rangabzeichen *nt* MIL (*veraltend*) insignia *npl* [of rank], badge of rank **Rangälteste(r)** *f(m) dekl wie adj* MIL (*veraltend*) most senior officer **Rangänderung** *f* JUR change in priority **Rangbestimmung** *f* ranking; **~ von Gläubigern** marshalling of creditors; **~ von Pfandrechten** ranking of liens

Range <-, -n> *f* DIAL (*lebhaftes Kind*) [little [*or* young]] rascal

ran|gehen *vi* (*fam*) ❶ (*herangehen*) ■ **[an etw** *akk*] **~** to go up [to sth]

❷ (*in Angriff nehmen*) ■ **[an etw** *akk*] **~** to get stuck in[to sth], to get cracking [on sth]; *s. a.* **Blücher**

Rangelei <-, -en> *f* (*fam*) scrapping *no pl;* ***es kam immer wieder zu ~en*** there were numerous [little] scraps

rangeln *vi* (*fam*) ■ **[mit jdm] ~** to scrap [with sb]

Rangfolge *f* order of priority **ranghöchste(r, s)** *adj* MIL highest-ranking *attr* **Ranghöchste(r)** *f(m) dekl wie adj* MIL highest-ranking officer/soldier

Rangierbahnhof [raŋˈʒiːɐ] *m* BAHN marshalling [*or* shunting] yard

rangieren* [rãˈʒiːrən] **I.** *vi* ❶ (*Stellenwert haben, eingestuft sein*) to rank, to be ranked; ***sie rangiert auf Platz drei der Weltrangliste*** she's ranked [number] three in the world, she's number three in the world rankings

❷ (*laufen*) ■ **unter etw** *dat* **~** to come under sth

II. *vt* BAHN ■ **etw irgendwohin ~** to shunt sth somewhere

Rangierer(in) <-s, -> *m(f)* BAHN shunter, switchman AM

Rangiergleis [raŋˈʒiːɐ] *nt* BAHN siding **Rangierlok(omotive)** *f* BAHN shunter, shunting locomotive **Rangiermanöver** *nt* TRANSP manoeuvre **Rangiermaschine** *f* shunting engine BRIT, [switching] track AM

Rangliste *f* SPORT ranking list [*or* rankings] **rangmäßig** *adv* (*hinsichtlich des Dienstgrades*) according to rank; (*hinsichtlich der Dienststellung*) according to seniority; **~ höher angesiedelt sein** to be higher ranking [*or* in rank] **Rangordnung** *f* hierarchy; **militärische ~** military [order of] ranks **Rangrücktritt** *m* (*im Grundbuch*) postponement of priority **Rangrücktrittserklärung** *f* JUR deed [*or* letter] of postponement **Rangstufe** *f* rank

Rangun <-s> [raŋˈguːn] *nt* Rangoon, Yangon

Rangunbohne *f* Lima bean

Rangunterschied *m* difference in status **Rangverhältnis** *nt* JUR rank, priority **Rangvorbehalt** *m* JUR [entry of] reservation of priority

ran|halten *vr irreg* (*fam*) ■ **sich** *akk* **~** to put one's back into it; ***haltet euch ran*** get a move on *fam*

rank *adj* **~ und schlank** (*geh*) slim and sylphlike *esp hum*

Ranke <-, -n> *f* BOT tendril

Ränke *pl* (*veraltet geh*) intrigues *pl,* plots *pl;* **~ schmieden** to intrigue

ranken I. *vr haben* ❶ HORT (*sich winden*) ■ **sich** *akk* **irgendwohin ~** to climb [*or* creep up] [*or* wind itself around] somewhere

❷ (*verbunden sein*) ■ **sich** *akk* **um jdn/etw ~** *Legenden, Sagen etc* to have grown up around sb/ developed around sth

II. *vi haben o sein* to put out tendrils

Rankengewächs *nt* BOT climber, creeper

Ränkeschmied(in) *m(f)* (*veraltet geh*) intriguer **Ränkespiel** *nt* (*veraltet geh*) intrigues *pl,* plots *pl*

Rankgewächs *nt* BOT creeper, climber, creeping [*or* climbing] plant

Ranking <-s, -s> [ˈrɛŋkɪŋ] *nt* quality assessment

ran|klotzen *vi* (*sl*) to get cracking [*or* BRIT stuck in] *fam,* to put one's back into making money

ran|kommen *vi irreg sein* (*fam*) ❶ (*drankommen*) ■ **[an etw** *akk*] **~** to [be able to] reach [sth]

❷ (*vordringen*) ■ **an jdn ~** to get hold of sb *fig;* ***man kommt an ihn einfach nicht ran*** it's impossible to get at him; ***an diese Frau kommt keiner ran*** nobody has a chance [*or* will get anywhere] with her

ran|kriegen *vt* (*fam*) ❶ (*zu anstrengender Arbeit verpflichten*) ■ **jdn [zu etw] ~** to get sb else to do [a difficult job]

❷ (*zur Rechenschaft ziehen*) ■ **jdn [wegen etw] ~** to bring sb to account [for sth]

ran|lassen *vt irreg* ❶ (*fam: heranlassen*) ■ **jdn [an jdn/sich] ~** to let sb near [sb/one]

❷ (*fam: versuchen lassen*) ■ **jdn ~** to let sb have a go

❸ (*sl: den Geschlechtsakt gestatten*) ■ **jdn [an sich** *akk*] **~** to let sb do it [with one] *fam;* ***den lasse ich bestimmt nicht an mich ran*** I'm definitely not letting him do it [*or hum* have his evil way] with me

ran|machen *vr* (*fam*) ■ **sich** *akk* **an jdn ~** to make a pass at sb, to [try to] chat up sb *sep* BRIT

ranmüssen *vi irreg haben* (*fam*) to have to muck in BRIT *fam,* to have to share the work AM

rann *imp von* **rinnen**

rannte *imp von* **rennen**

ran|schmeißen *vr irreg* (*sl*) ■ **sich** *akk* **an jdn ~** to throw oneself at sb *fam*

Ranunkel <-, -n> *f* BOT buttercup, ranunculus *spec*

Ranzen <-s, -> *m* ❶ SCH (*Schulranzen*) satchel

❷ (*fam: Bauch*) paunch, gut; **sich** *dat* **den ~ voll schlagen** (*sl*) to stuff oneself *fam* [*or fam* one's face]; **jdm den ~ voll hauen** (*veraltend fam*) to give sb a good hiding *dated* [*or* thrashing]

ranzig *adj* rancid; ■ **~ sein/werden** to be/turn rancid

Rap <-> [rɛp] *m kein pl* MUS rap

rapide *adj* rapid

Rapid Prototyping <-[s], -s> [ˈræpɪdprəʊtəʊˈtaɪpɪŋ] *nt* rapid prototyping

Rappe <-n, -n> *m* black [horse]

Rappel <-s, -> *m* **den/seinen ~ kriegen** (*fam*) to go completely mad; ***dabei kriegt man noch den ~!*** that's enough to drive you up the wall!, that's enough to drive you round the bend! [*or* twist]

rapp(e)lig *adj* DIAL (*fam*) jumpy, BRIT *a.* nervy; ***raus mit der Neuigkeit, wir sind alle schon ganz ~!*** come on, let's have [*or* out with] the news, we're all on tenterhooks [already]!

rappeln *vi* (*fam*) ❶ (*klappern*) to rattle

❷ (*veraltend: verrückt sein*) ■ **bei jdm rappelt's** sb has a screw loose *fam* [*or* is mad]

rappen [ˈræpn̩] *vi* MUS to rap

Rappen <-s, -> *m* [Swiss] centime, rappen

Rapper(in) <-s, -> [ˈræpɐ] *m(f)* rapper, rap artist [*or* musician]

Rapport <-[e]s, -e> *m* (*geh*) ❶ (*Bericht*) report; **jdn zum ~ bestellen** to ask sb to file [*or* submit] a report; **jdm ~ erstatten** to report to sb

❷ (*psychischer Kontakt*) rapport

Raps <-es, -e> *m* BOT rape[seed]

Rapshonig *m* rapeseed honey **Rapsöl** *nt* rape[seed] oil

Rapunzel <-, -n> *f* BOT corn salad, lamb's lettuce

Rapunzelsalat *m* corn [*or* lamb's] lettuce

rar *adj* rare; ■ **~ sein/werden** to be/become hard to find; **sich** *akk* **~ machen** (*fam*) to make oneself scarce

Rarität <-, -en> *f* ❶ (*seltenes Stück*) rarity

❷ (*etwas selten Anzutreffendes*) rarity, curio, curiosity

Raritätenkabinett *nt place displaying rare objects and curios*

rasant I. *adj* ❶ (*ausgesprochen schnell*) fast; **~e Beschleunigung** terrific acceleration; **~e Fahrt, ~es Tempo** breakneck [*or* [very] high] speed

❷ (*stürmisch*) rapid; **eine ~e Zunahme** a sharp increase

II. *adv* ❶ (*zügig*) **~ fahren** to drive at breakneck speed

❷ (*stürmisch*) rapidly; **~ zunehmen** to increase sharply

Rasanz <-> *f kein pl* (*geh*) [great] pace [*or* speed]

rasch I. *adj* quick, rapid; **eine ~e Entscheidung/ ein ~er Entschluss** a quick decision; **in ~em Tempo** at a fast [*or* rapid] speed; ***~es Handeln ist geboten*** we must act quickly

II. *adv* quickly; **~, *beeilt euch!*** come on, hurry up!; *s. a.* **Hand**

rascheln *vi* ❶ (*sich scharrend bewegen*) ■ **in etw** *dat* **~** to rustle in sth

❷ (*knistern*) ■ **[mit etw] ~** to rustle [sth]

Rascheln <-s> *nt kein pl* rustling *no pl*

rasen *vi* ❶ *sein* (*sehr schnell fahren*) to speed, to race along; ■ **gegen/in etw** *akk* **~** to crash into sth; ■ **über etw** *akk* **~** to race [*or* shoot] across [*or* over] sth; ■ **das R~** [the] speeding

❷ *sein* (*eilends vergehen*) to fly [by]; **die Zeit rast** time flies; *s. a.* **Puls**

❸ *haben* (*toben*) ■ **[vor etw** *dat*] **~** to go wild [with sth]; ***sie raste* [vor Wut]** she was beside herself [with rage]

Rasen <-s, -> *m* ❶ (*grasbewachsene Fläche*) lawn

❷ SPORT (*Rasenplatz*) field, BRIT *a.* pitch

rasend I. *adj* ❶ (*äußerst schnell*) breakneck, tremendous

❷ (*wütend*) furious; **eine ~e Menge/ein ~er Mob** an angry crowd/mob; ■ **~ sein vor etw** *dat* to be mad [*or* beside oneself] with sth; **~ vor Wut** to be beside oneself with rage; **jd könnte ~ werden,**

wenn ... sb could scream when ...; **jdn ~ machen [mit etw]** to drive sb mad [with sth]
③ (*furchtbar*) terrible; **~er Durst** raging thirst; **~e Eifersucht** a mad fit of jealousy; **ein ~er Schmerz** an excruciating pain; **eine ~e Wut** a blind [*or* violent] rage
④ (*tobend*) thunderous; **~er Beifall** thunderous applause
II. *adv* (*fam*) very; ***ich würde das ~ gern tun*** I'd be very [*or* more than] happy [*or* love] to do it

Rasende(r) *f(m) dekl wie adj* madman *masc,* madwoman *fem,* maniac

Rasenfläche *f* lawn **Rasenmäher** <-s, -> *m* lawnmower **Rasenplatz** *m* SPORT field, BRIT *a.* pitch **Rasensprenger** <-s, -> *m* [lawn-]sprinkler

Raser(in) <-s, -> *m(f)* (*fam*) speed merchant *fam*

Raserei <-, -en> *f* ① (*fam: schnelles Fahren*) speeding *no pl*
② *kein pl* (*Wutanfall*) rage, fury; **jdn zur ~ bringen** to send sb into a rage, to drive sb mad [*or* to distraction]

Raserin <-, -nen> *f fem form von* **Raser**

Rasierapparat *m* ① (*Elektrorasierer*) [electric] shaver [*or* razor] ② (*Nassrasierer*) [safety] razor **Rasiercreme** *f* shaving cream

rasieren* *vt* ① (*Bartstoppeln entfernen*) ■**sich** *akk* ~ to [have a] shave; **sich** *akk* **elektrisch** [*o* **trocken**] ~ to use a[n] [electric] shaver [*or* an electric razor]; **sich** *akk* **nass** ~ to [have a] wet shave; ■**sich** *akk* [**von jdm**] ~ **lassen** to get a shave [from sb]; ■**jdn** ~ to shave sb; ***ich habe mich beim Rasieren geschnitten*** I cut myself shaving
② (*von Haaren befreien*) ■[**jdm**] **etw** ~ *Beine, Nacken* to shave [sb's] sth; ■**jd rasiert sich** *dat* **etw** sb shaves one's sth

Rasierer <-s, -> *m* (*fam*) [electric] shaver, electric razor

Rasierklinge *f* razor blade **Rasiermesser** *nt* cut-throat [*or* AM straight] razor **Rasierpinsel** *m* shaving brush **Rasierschaum** *m* shaving foam **Rasierseife** *f* shaving soap **Rasierwasser** *nt* aftershave **Rasierzeug** *nt* shaving things *pl* [*or* kit]

Räson <-> [rɛˈzɔŋ, rɛˈzõ:] *f kein pl* **jdn zur ~ bringen** (*geh*) to bring sb to his/her senses; **~ annehmen** (*geh*) to come to one's senses

Raspel <-, -n> *f* rasp; KOCHK grater

raspeln *vt* ■**etw** ~ to grate sth; ■**geraspelt** grated

rass[RR] *adj,* **räss**[RR] *adj,* **raß** *adj,* **räß** *adj* SÜDD, SCHWEIZ, ÖSTERR ① (*scharf*) spicy, hot; **ein ~er Käse** a sharp[-tasting] cheese
② (*resolut*) determined

Rasse <-, -n> *f* ① (*Menschenrasse*) race
② (*Tierrasse*) breed; **~ haben** to have pedigree; (*fig*) to have spirit; ***dieses Pferd hat ~!*** this horse is a thoroughbred!

Rassehund *m* pedigree dog, purebred [dog]

Rassel <-, -n> *f* rattle

Rasselbande <-; -n> *f* (*fam*) bunch of [little] rascals *fam*

rasseln *vi* ① *haben* ■[**in etw** *dat*] ~ to rattle [in sth]; ■**das Rasseln** [the] rattling; ■**mit/an etw** *dat* ~ to rattle sth; **mit/an dem Schlüsselbund/den Schlüsseln** ~ to jangle [*or* jingle] one's bunch of keys/keys
② *sein* (*fam: durchfallen*) ■**durch etw** ~ to fail [*or* AM *a.* flunk] sth

Rassendiskriminierung *f* racial discrimination *no pl* **Rassenforschung** *m* racial research *no pl,* ethnology *no pl form* **Rassenhass**[RR] *m* racial hatred *no pl* **Rassenkonflikt** *m* SOZIOL, POL racial conflict **Rassenkrawall** *m* race riot **Rassenmerkmal** *nt* racial characteristic **Rassenmischung** *f* ① SOZIOL interbreeding *no pl* [of races], mixture of races, miscegenation *form no pl* ② ZOOL interbreeding *no pl,* crossbreeding *no pl* **Rassentrennung** *f kein pl* racial segregation **Rassenunruhe** *f meist pl* racial unrest *no pl, no indef art* **Rassenunterschied** *m* racial difference **Rassenwahn** *m* (*pej*) racial hatred

rasserein *adj s.* **reinrassig Rassetier** *nt* thoroughbred

rassig *adj* vivacious, spirited; **ein ~er Wein** a full-bodied wine

rassisch *adj* racial

Rassismus <-> *m kein pl* racism, racialism

Rassist(in) <-en, -en> *m(f)* racist, racialist

rassistisch *adj* racist, racialist

Rast <-, -en> *f* rest, break; [**irgendwo**] **~ machen** to stop for a rest [*or* break] [somewhere]; ***ohne ~ und Ruh*** (*geh*) without respite *form*

Raste <-, -n> *f* notch

rasten *vi* to [have a] rest [*or* take] a break]; **nicht ~ und nicht ruhen, bis ...** not to rest until ...
▶ WENDUNGEN: **wer rastet, der rostet** (*prov*) a rolling stone gathers no moss *prov*

Raster[1] <-s, -> *m* TYPO ① (*Glasplatte, Folie*) screen; **48er ~** 48 1/cm screen; **ein ~ hinterlegen** to lay a tint; **feiner ~** fine screen
② (*Rasterung*) raster

Raster[2] <-s, -> *nt* ① TV (*Gesamtheit der Bildpunkte*) raster
② (*geh: System von Kategorien*) category; ***man kann sie in kein ~ pressen*** she can't be pigeonholed

Rasterabtastung *f* INFORM raster scan **Rasteraufnahme** *f* TYPO halftone reproduction, screen exposure **Rasterauszug** *m* TYPO halftone separation **Rasterbild** *nt* TYPO halftone [image], screened image **Rasterbildverarbeiter** *m* INFORM raster image processor **Rasterdichte** *f* TYPO screen density **Rasterdruck** *m* halftone printing **Raster(elektronen)mikroskop** *nt* scanning electron microscope, SEM **Rasterfahndung** *f* ≈ computer search (*search for wanted persons by using computers to assign suspects to certain categories*) **Rasterfond** *m* TYPO [screen] tint, tinted background **Rastergrafik** *f* INFORM raster graphics + *sing vb* **Raster-Image-Prozessor** [-ˈɪmɪtʃ-] *m* TYPO raster image processor **Rasterkopie** *f* TYPO screen copying **Rasterkraftmikroskop** *nt* PHYS scanning electron microscope **Rasterlinienzähler** *m* TYPO screen indicator **Rasterprogramm** *nt* INFORM raster program **Rasterprozentwert** *m* TYPO percent dot area, screen percentage **Rasterpunkt** *m* TYPO dot **Rasterpunktzuwachs** *m* TYPO dot gain **Rastersteg** *m* TYPO cell wall **Rastertechnik** *f* INFORM raster technology **Rastertiefdruck** *m* halftone gravure [process] **Rastertonwert** *m* TYPO dot percentage, tint level

Rasterung <-, -en> *f* TYPO screening

Rasterwinkelung *f* TYPO screen angle

Rasthaus *nt* roadhouse; (*Autobahn*) motorway [*or* AM freeway] service area **Rasthof** *m* [motorway [*or* AM freeway]] service area **rastlos** *adj* ① (*unermüdlich*) tireless, unflagging ② (*unruhig*) restless **Rastlosigkeit** <-> *f kein pl* ① (*Unermüdlichkeit*) tirelessness ② (*Unruhe*) restlessness **Rastplatz** *m* TRANSP picnic area **Raststätte** *f s.* **Rasthof**

Rasur <-, -en> *f* ① (*das Rasieren*) shaving *no pl;* **nach/vor der ~** after/before shaving
② (*Resultat des Rasierens*) shave

Rat[1] <-[e]s> *m kein pl* advice; **mit ~ und Tat** with help and advice; **jdn um ~ fragen** to ask sb for advice [*or* sb's advice]; **jdm einen ~ geben** to give sb some advice; ***wenn ich dir einen ~ geben darf*** if I could give you some [*or* a bit of [*or* a piece of]] advice; **jdm den ~ geben, etw zu tun** to advise sb to do sth; **sich** *dat* [**bei jdm**] **~ holen** to get some advice [from sb]; **sich** *dat* **keinen ~** [**mehr**] **wissen** to be at one's wit's end; **sich** *dat* **keinen anderen ~ mehr wissen, als etw zu tun** not to know what to do other than to do sth; **jdn/etw zu ~e ziehen** to consult sb/sth; **auf jds ~** [**hin**] on [the strength of] sb's advice; **gegen** [*o* **entgegen**] **jds ~** against sb's advice; **da ist guter ~ teuer** it's hard to know what to do

Rat[2] <-[e]s, Räte> *m* POL council; ***er wurde in den ~ [der Gemeinde/Stadt] gewählt*** he was elected to the [parish/town] council; **der ~ der Weisen** ÖKON the German Expert Council on Overall Economic Development (*independent body of five experts who annually present a report on the economy and its likely future development*); **Großer ~** SCHWEIZ [Swiss] cantonal parliament; **im ~ sitzen** (*fam*) ≈ to be Councillor [*or* AM *a.* Councilor] (*to be a member of a* [*Swiss*] *cantonal parliament*)

Rat, Rätin <-[e]s, Räte> *m, f* ① POL (*Stadtrat*) councillor, AM *a.* councilor
② ADMIN (*fam*) senior official

Rate <-, -n> *f* FIN instalment [*or* AM -ll-]; **auf** [*o* **in**] **~n** in [*or* by] instalments; **überfällige ~** past-due instalment; **in ~n zahlbar** payable in instalments; **auf ~n kaufen** to buy on easy [*or* instalment] terms; **etw in ~n bezahlen** to pay for sth in [*or* by] instalments, to buy sth on hire purchase [*or* AM using an installment plan]; **mit seinen ~n im Rückstand bleiben** to fall behind with one's instalments

raten <rät, riet, geraten> **I.** *vi* ① (*Ratschläge geben*) ■[**jdm**] **zu etw ~** to advise [sb to do] sth, to recommend sth [to sb]; ***wenn Sie mich fragen, ich würde [Ihnen] zu einem Kompromiss ~*** if you ask me, I'd advise [you to] compromise; ■**jdm ~, etw zu tun** to advise sb to do sth; ■**sich** *dat* [**von jdm**] **~ lassen** to take advice [from sb]
② (*schätzen*) to guess; **mal ~** to have a guess; **falsch/richtig ~** to guess wrong/right; *s. a.* **dreimal, geraten**
II. *vt* ① (*als Ratschlag geben*) ■**jdm etw raten** to advise sb to do sth; ***was rätst du mir?*** what do you advise [me to do]?
② (*erraten*) ■**etw ~** to guess sth; **ein Rätsel ~** to solve a riddle

Ratenanleihe *f* FIN instalment loan **Ratenkauf** *m* hire purchase BRIT, installment plan AM **Ratenkauffinanzierung** *f* FIN hire purchase credit **ratenweise** *adv* in [*or* by] instalments **Ratenzahlung** *f* ① *kein pl* (*Zahlung in Raten*) payment in [*or* by] instalments ② (*Zahlung einer Rate*) payment of an instalment **Ratenzahlungsgeschäft** *nt* HANDEL hire purchase sale **Ratenzahlungsgesetz** *nt* JUR Hire Purchase Act BRIT **Ratenzahlungskauf** *m* FIN hire [*or* AM deferred payment] purchase

Räterepublik *f* HIST ≈ soviet republic (*republic governed by* [*workers'*] *councils*)

Ratespiel *nt* quiz

Ratgeber <-s, -> *m* ① (*Werk*) manual
② (*beratende Person*) adviser, advisor; **ein schlechter** [*o* **kein guter**] **~ sein** (*fig*) to be a shaky basis for a decision [*or* a doubtful motive]

Rathaus *nt* town hall

Ratifikation <-, -en> *f s.* **Ratifizierung**

Ratifikationsurkunde *f* JUR ratification instrument

ratifizieren* *vt* POL ■**etw ~** to ratify sth

Ratifizierung <-, -en> *f* POL ratification *no pl*

Ratifizierungsprozess[RR] *m* ratification process

Ratifizierungsurkunde *f* ratification document

Rätin <-, -nen> *f fem form von* **Rat**

Ratio <-> [ˈraːtsio] *f kein pl* (*geh*) reason *no art*

Ration <-, -en> [raˈtsi̯oːn] *f* ration; **eiserne ~** MIL iron rations *pl*

rational [ratsio-] *adj* (*geh*) rational

rationalisieren* [ratsio-] **I.** *vt* ■**etw ~** to rationalize [*or* AM *usu* streamline] sth
II. *vi* to rationalize, AM *usu* to streamline

Rationalisierung <-, -en> [ratsio-] *f* rationalization *no pl,* AM *usu* streamlining *no pl*

Rationalisierungseffekt *m* effect of rationalization, streamlining effect **Rationalisierungsinvestition** *f* FIN capital expenditure on rationalization *no pl* **Rationalisierungskartell** *nt* ÖKON rationalization cartel **Rationalisierungsmaßnahme** *f meist pl* ÖKON rationalization [*or* AM *usu* streamlining] measure

Rationalismus <-> *m kein pl* rationalism *no pl*

Rationalist(in) <-en, -en> [ratsio-] *m(f)* (*geh*) rationalist

Rationalität <-> *f kein pl* ① (*Vernunft*) rationality *no pl*
② (*Wirtschaftlichkeit*) efficiency

rationell [ratsio-] *adj* efficient

rationieren* [ratsio-] *vt* ■**etw** ~ to ration sth
Rationierung <-, -en> [ratsio-] *f* rationing *no pl*
ratlos *adj* helpless; ■~ **sein** to be at a loss; ***ich bin völlig*** ~ I'm completely at a loss
Ratlosigkeit <-> *f kein pl* helplessness
Rätoromane, -romanin <-n, -n> *m, f* GEOG Rhaetian
rätoromanisch *adj* LING Rhaeto-Romanic [*or* -Romance]; ■**das Rätoromanisch[e]** Rhaeto-Romanic [*or* -Romance]
ratsam *adj* prudent; ■~ **sein, etw zu tun** to be advisable to do sth; **etw für** ~ **halten** to think sth wise; **es für** ~ **halten, etw zu tun** to think it wise to do sth
Ratsbeschluss[RR] *m* JUR council resolution
ratsch *interj* rip
Ratsche <-, -n> *f*, **Rätsche** <-, -n> *f* ① MUS SÜDD, ÖSTERR rattle
② (*Werkzeug*) ratchet
ratschen *vi* SÜDD, ÖSTERR ① (*die Ratsche drehen*) to rattle
② (*fam: schwatzen*) ■[**mit jdm**] ~ to chat [*or fam* natter] [with sb]
Ratschenringschlüssel *m* ratchet ring spanner BRIT [*or* AM wrench]
Ratschlag <-s, Ratschläge> *m* advice *no pl, no indef art,* bit [*or* piece] of advice *no pl, no def art;* ***spar dir deine Ratschläge*** spare me your advice; **jdm [in etw** *dat*] **einen** ~ **geben** [*o geh* **erteilen**] to give sb a piece of [*or* some] advice [on sth]
Ratschluss[RR] *m* will *no pl*
Rätsel <-s, -> *nt* ① (*Geheimnis*) mystery; ***das ~ hat sich endlich aufgeklärt*** we finally solved that mystery; **jdm ein** ~ **sein/bleiben** to be/remain a mystery to sb; **es ist [jdm] ein** ~ **warum/wie ...** it is a mystery [to sb] why/how ...
② (*Denkaufgabe*) riddle, puzzle; **des ~s Lösung** the solution to the puzzle, the answer to the riddle; **jdm ein** ~ **aufgeben** to pose a riddle for sb; *Frage* to puzzle [*or* baffle] sb, to be a mystery to sb; **in ~n sprechen** to talk [*or* speak] in riddles; **vor einem** ~ **stehen** to be baffled
③ (*Kreuzworträtsel*) crossword [puzzle]
Rätselecke *f* (*fam*) puzzle corner **rätselhaft** *adj* mysterious, enigmatic; **eine ~e Erscheinung/ein ~es Phänomen/ein ~es Verschwinden** a mysterious appearance/phenomenon/disappearance; **auf ~e Weise** in a mysterious manner, mysteriously; ***sie ist unter bisher ~en Umständen ums Leben gekommen*** she lost her life under suspicious circumstances; ■**jdm** ~ **sein** to be a mystery to sb; ■**es ist jdm ~, warum/wie ...** it's a mystery to sb why/how ... **Rätselheft** *nt* puzzle magazine
rätseln *vi* to rack one's brains; ■**~, warum/was/wie ...** to rack one's brains as to [*or* try and work out] why/what/how ...; ***ich weiß es nicht genau, ich kann nur*** ~ I don't know exactly, I can only speculate [*or fam* hazard a guess]
Rätselraten <-s> *nt kein pl* ① (*das Lösen von Rätseln*) [the] solving [of] puzzles
② (*das Mutmaßen*) guessing game
Ratsherr *m* councillor, AM *a.* councilor **Ratskeller** *m* rathskeller, ratskeller (*restaurant in the cellar of a German town hall*) **Ratsmitglied** *nt* ADMIN councillor, AM *a.* councilor **Ratssitzung** *f* council meeting **Ratsversammlung** *f* council meeting
Rattan <-s, *selten* -e> *nt* BOT rattan
Ratte <-, -n> *f* ① ZOOL rat
② (*sl: Dreckskerl*) rat; ***du miese ~!*** you dirty rat!
▸ WENDUNGEN: **die ~n verlassen das sinkende Schiff** (*prov*) the rats are leaving [*or* deserting] the sinking ship
Rattenfalle *f* rat trap **Rattenfänger** *m* (*veraltet*) rat-catcher; **der** ~ **von Hameln** the Pied Piper of Hamelin **Rattenfraß** *m* damage caused by rats **Rattengift** *nt* rat poison *no pl* **Rattenschwanz** *m* ① ZOOL (*Schwanz einer Ratte*) rat's tail, rat-tail ② (*fam: verbundene Serie von Ereignissen*) string, series; ***das könnte einen ganzen ~ von Prozessen auslösen*** this could set off a whole string [*or* series] of cases ③ (*fam: Frisur*) pigtail
rattern *vi* ① *haben* (*klappernd vibrieren*) to rattle
② *sein* (*sich ratternd fortbewegen*) to rattle along
ratzekahl *adv* (*fam*) totally, completely; ~ **aufessen/auffressen** to gobble up [*or fam* polish off] the whole lot [*or* everything]; **das Haar** ~ **abrasieren** to shave off the hair completely
ratzen *vi* DIAL (*fam: schlafen*) to kip BRIT *fam,* to sleep; (*kleines Schläfchen halten*) to have a kip BRIT *fam* [*or* nap]
ratzeputz *adv* DIAL (*fam*) totally, completely; **den Teller** ~ **leer essen** to polish off everything on the plate *fam*
rau[RR] *adj* ① (*spröde*) rough; **~e Hände/Haut/~er Stoff** rough hands/skin/material; **~e Lippen** chapped lips; *s. a.* **Schale**
② (*heiser*) sore; **eine ~e Stimme** a hoarse [*or* husky] voice
③ (*unwirtlich*) harsh, raw; **eine ~e Gegend** a bleak [*or* an inhospitable] region
④ (*barsch*) harsh; **~es Benehmen/~e Sitten** uncouth behaviour [*or* AM -or]/manners
Raub <-[e]s, *selten* -e> *m kein pl* ① (*das Rauben*) robbery; **bewaffneter** ~ armed robbery; **schwerer** ~ robbery with aggravation
② (*das Geraubte*) booty, spoils *npl*
▸ WENDUNGEN: **ein** ~ **der Flammen werden** (*geh*) to be consumed by the flames
Raubbau *m kein pl* over-exploitation; ■~ **an etw** *dat* over-exploitation of sth; **der** ~ **am Tropenwald** the overfelling [*or* destruction] of the [tropical] rainforests; ~ **treiben** to overdo it, to burn the candle at both ends; ***du treibst ~ mit deiner Gesundheit*** you're ruining your health **Raubdruck** *m* pirate[d] edition [*or* copy]
Raubein[RR] *nt* (*fam*) rough diamond BRIT, diamond in the rough AM
raubeinig[RR] *adj* (*fam*) rough-and-ready
rauben I. *vt* ① (*stehlen*) ■[**jdm**] **etw** ~ to rob [sb of] sth, to steal sth [from sb]; ***sie raubten ihm das Radio aus dem Auto*** they robbed him of [*or* stole] his radio from his car
② (*entführen*) ■**jdn** ~ to abduct [*or* kidnap] sb
③ (*geh*) ■**jdm etw** ~ to deprive sb of sth; ***das hat mir viel Zeit geraubt*** this has cost me a lot of time; *s. a.* **Nerv**
II. *vi* to rob, to plunder
Räuber(in) <-s, -> *m(f)* robber; ~ **und Gendarm** cops and robbers
Räuberbande *f* band [*or* gang] of robbers, bunch of crooks **Räuber-Beute-Beziehung** *f* BIOL predator-prey relationship **Räuberhauptmann** *m* gang leader **Räuberhöhle** *f* (*veraltend*) robbers' den ▸ WENDUNGEN: **in einer** ~ **leben** to live in a pigsty *fig*
Räuberin <-, -nen> *f fem form von* **Räuber**
räuberisch *adj* ① (*als Räuber lebend*) predatory, rapacious *form*
② (*einen Raub bezweckend*) **ein ~er Überfall/eine ~e Unternehmung** a raid/robbery; *s. a.* **Erpressung**
Raubfisch *m* predatory fish **Raubgier** *f kein pl* rapacity *no pl* **raubgierig** *adj* rapacious **Raubgold** *nt kein pl* plundered gold (*by the Nazis*) **Raubgoldbestände** *pl* stocks *pl* of plundered gold **Raubkatze** *f* [predatory] big cat **Raubkopie** *f* pirate[d] copy; INFORM bootleg *fam* **raubkopieren*** *vt* INFORM, MEDIA ■**etw** ~ to pirate sth **Raubmord** *m* murder with robbery as a motive **Raubmörder(in)** *m(f)* robber who commits [*or* committing] murder, murderer and robber **Raubmöwe** *f* ORN skua **Raubpressung** *f* MUS, VERLAG (*Vorgang*) piracy; (*Kopie*) pirate[d] copy **Raubritter** *m* HIST robber baron **Raubtier** *nt* ZOOL predator, beast of prey **Raubüberfall** *m* robbery, hold-up; (*auf Geldtransport etc a.*) raid; ■**der/ein** ~ **auf jdn/etw** the/a hold-up of sb/sth; **einen** ~ **auf jdn/etw verüben** to hold up sb *sep*/to raid [*or sep* hold up] sth **Raubvogel** *m* ORN bird of prey, predatory bird, raptor *spec* **Raubzug** *m* raid
Rauch <-[e]s> *m kein pl* ① (*Qualm*) smoke; (*Tabakrauch*) [cigarette] smoke; **in** ~ **aufgehen** [*o* **sich** *akk* **in** ~ **auflösen**] to go up in smoke *fig*
② KOCHK (*Räucherkammer*) smokehouse, smoking chamber
Rauchabzug *m* BAU flue, smoke outlet **Rauchbelästigung** *f* bothering other people by smoking **Rauchbombe** *f* smoke bomb
rauchen I. *vi* ① (*Raucher sein*) to smoke; **sehr stark** [*o* **viel**] ~ to be a very heavy smoker; ***darf man hier/bei Ihnen ~?*** may I smoke [in] here/do you mind if I smoke?
② (*qualmen*) to smoke
▸ WENDUNGEN: **..., dass es [nur so] rauchte** (*fam*) like mad *fam;* ***er hat ihm die Leviten gelesen, dass es [nur so] rauchte*** he really read him the riot act; *s. a.* **Kopf**
II. *vt* ■**etw** ~ to smoke sth
Rauchentwicklung *f* build-up [*or* production] of smoke
Raucher <-s, -> *m* BAHN (*fam*) smoking compartment [*or* carriage] [*or* AM car], smoker *dated*
Raucher(in) <-s, -> *m(f)* smoker; ~ **sein** to be a smoker; **„~"** "smoking [area]"
Räucheraal *m* smoked eel
Raucherabteil *nt* BAHN smoking compartment [*or* carriage] [*or* AM car], smoker *dated* **Raucherbein** *nt* MED smoker's leg **Raucherecke** *f* smokers' corner
Räucherfisch *m* smoked fish
Raucherhusten *m* smoker's cough
Raucherin <-, -nen> *f fem form von* **Raucher**
Räucherkammer *f* KOCHK smokehouse, smoking chamber **Räucherkerze** *f* pastille, scented candle **Räucherlachs** *m* smoked salmon *no pl* [*or* AM lox] **Räuchermännchen** *m hand-carved wooden incense burner in the shape of a little figure*
räuchern I. *vt* ■**etw** ~ to smoke sth; ■**geräuchert** smoked; ■**das Räuchern** smoking
II. *vi* (*fam*) ① KOCHK (*gerade räuchern*) to smoke
② (*Räucherstäbchen abbrennen*) to burn incense [*or* joss sticks]
Räucherofen *m* smoke-oven **Räucherspeck** *m* smoked bacon **Räucherstäbchen** *nt* joss stick **Räucherwürstchen** *nt* smoked sausage
Raucherzone *f* smoking area
Rauchfahne *f* plume [*or* trail] of smoke **Rauchfang** *m* ① (*Abzugshaube*) chimney hood ② ÖSTERR (*Schornstein*) chimney **Rauchfangkehrer(in)** *m(f)* ÖSTERR (*Schornsteinfeger*) chimney sweep **Rauchfleisch** *nt* smoked meat **rauchfrei** *adj inv* **~e Zone** smokefree [*or* smokeless] area **Rauchgas** *nt* (*geh*) flue gas **Rauchgasentschwefelungsanlage** *f* flue gas desulphurization plant **Rauchgeruch** *m* smell of smoke **rauchgeschwärzt** *adj* smoke-blackened *attr,* blackened by smoke *pred* **Rauchglas** <-es> *nt kein pl* TECH smoked glass *no pl* **Rauchglocke** *f* pall of smoke
rauchig *adj* smoky
rauchlos *adj inv* smokeless **Rauchmelder** *m* smoke alarm [*or* detector] **Rauchsäule** *f* column of smoke **Rauchschwaden** <-s, -> *m meist pl* cloud of smoke **Rauchschwalbe** *f* ORN [common] swallow **Rauchsignal** *nt* smoke signal **Rauchverbot** *nt* ban on smoking; ***darf ich rauchen, oder besteht hier/bei euch ~?*** may I smoke, or do you prefer people not to smoke? **Rauchvergiftung** *f* MED fume [*or* smoke] poisoning **Rauchverzehrer** *m* smoke eater *fam,* air freshener
Rauchwaren[1] *pl* (*geh*) tobacco [products *pl*]
Rauchwaren[2] *pl* (*geh*) furs *pl*
Rauchwolke *f* cloud of smoke **Rauchzeichen** *nt* smoke signal **Rauchzimmer** *nt* smoking [*or* smoker's] room
Räude <-, -n> *f* mange *no pl*
räudig *adj* mangy; *s. a.* **Hund**
rauf- *adv* ① *s.* **herauf-**
② *s.* **hinauf-**
rauf I. *interj* (*fam*) up
II. *adv* (*fam*) ■**jd darf/ist/kann/muss/soll [auf etw** *akk*] ~ sb is allowed [to go] up/is up/can go up/has to go up/is supposed to go up [sth]
Raufasertapete[RR] *f* woodchip [wallpaper]

R

Raufbold <-[e]s, -e> *m* thug, ruffian *dated*
Raufe <-, -n> *f* [hay] rack
raufen I. *vi* ■[**mit jdm**] ~ to fight [[with] sb]
II. *vr* ■**sich** *akk* [**um etw**] ~ to fight [over sth]; *s. a.* Haar
Rauferei <-, -en> *f* fight, scrap *sl*
rauflustig *adj* looking [*or* spoiling] for a fight [*or sl* scrap] *pred,* pugnacious *form*
rauh *adj s.* **rau**
Rauhbein *nt s.* **Raubein**
rauhbeinig *adj s.* **raubeinig**
Rauheit <-> *f kein pl* ❶ (*Sprödigkeit*) roughness *no pl*
❷ (*Unwirtlichkeit*) harshness, rawness; *Gegend* bleakness, inhospitableness
Rauhfasertapete *f s.* Raufasertapete **Rauhputz** *m s.* Rauputz **Rauhreif** *m kein pl s.* **Raureif**
Rauke *f* BOT arugula, rocket, roquette
Raum <-[e]s, Räume> *m* ❶ (*Zimmer*) room
❷ *kein pl* (*Platz*) room *no art,* space *no art;* **auf engstem** ~ in a very confined space [*or* the most confined of spaces]; ~ [**für etw**] **schaffen** to make room [*or* create space] [for sth]; **rechtsfreier** ~ JUR legal vacuum
❸ *kein pl* PHYS space *no art;* ASTRON [outer] space *no pl, no art*
❹ GEOG (*Gebiet*) region, area; **im** ~ **Hamburg** in the Hamburg area
▶ WENDUNGEN: **im** ~[**e**] **stehen** to be unresolved; **etw in den** ~ **stellen** to raise [*or* pose] [*or sep* bring up] sth; **eine Hypothese/These in den** ~ **stellen** to put forward a hypothesis/theory
Raumakustik *f kein pl* ❶ PHYS room acoustics + *sing vb* ❷ (*Klangwirkung*) acoustic[s] *usu pl* **Raumanzug** *m* spacesuit **Raumaufteilung** *f* floor plan **Raumausstatter(in)** <-s, -> *m(f)* interior decorator **Raumbild** *nt* stereoscopic [*or* 3-D] picture **Räumboot** *m* minesweeper **Raumdeckung** *f* FBALL zonal marking
räumen I. *vt* ❶ (*entfernen*) ■**etw aus/von etw** ~ to remove [*or* clear] sth from sth; ***räum deine Unterlagen bitte vom Tisch*** clear your papers off [*or* remove your papers from] the table, please
❷ (*einsortieren*) ■**etw in etw** *akk* ~ to put away sth *sep* in sth
❸ (*frei machen*) ■**etw** ~ to vacate [*or* move out of] sth; **die Straße** ~ to clear the street; ■**etw** ~ **lassen** to have sth cleared
❹ (*evakuieren*) ■**geräumt werden** to be evacuated
II. *vi* DIAL (*umräumen*) to rearrange things
Raumersparnis *f kein pl* space-saving *no pl;* **aus Gründen der** ~ for reasons of space, to save space
Raumfähre *f* space shuttle **Raumfahrer(in)** *m(f)* (*veraltend*) *s.* **Astronaut**
Raumfahrt *f kein pl* space travel *no art;* (*einzelner Raumflug*) space flight; **bemannte/unbemannte** ~ manned/unmanned space travel
Raumfahrtagentur *f* space agency **Raumfahrtbehörde** *f* space agency [*or* authority] **Raumfahrtbiologie** *f* bioastronautics + *sing vb* **Raumfahrtindustrie** *f* aerospace industry **Raumfahrtingenieur(in)** *m(f)* aerospace engineer **Raumfahrtkonzern** *m* aerospace group **Raumfahrtmedizin** *f kein pl* space medicine *no pl, no indef art* **Raumfahrtprojekt** *nt* [aero]space project **Raumfahrttechnik** *f* space technology **Raumfahrtunternehmen** *nt* aerospace company, space venture **Raumfahrtzeitalter** *nt* space age **Raumfahrtzentrum** *nt* space centre [*or* AM -er], spaceport
Raumfahrzeug *nt* spacecraft
Räumfahrzeug *nt* bulldozer; (*für Schnee*) snowplough BRIT, snowplow AM
Raumflug *m* ❶ (*Flug in den Weltraum*) space flight
❷ *kein pl* (*Raumfahrt*) space travel **Raumflugtechnik** *f* space technology **Raumforscher(in)** *m(f)* space research expert **Raumforschung** *f kein pl* space research *no pl* **Raumgestaltung** *f* interior design **Raumgleiter** <-s, -> *m* space shuttle **Rauminhalt** *m* MATH volume **Raumkapsel** *f* ❶ (*Kabine einer Raumfähre*) space capsule ❷ *s.* **Raumsonde** **Raumklang** *m* sound **Raumklima** *nt* room climate **Räumkommando** *nt* clear-up squad BRIT, cleanup crew AM **Raumkosten** *pl* FIN premise expenses **Raumkrümmung** *f* MATH space curve **Raumlabor** *nt* space laboratory, spacelab, skylab **Raumlaster** *m* space truck **Raumlehre** *f* geometry
räumlich I. *adj* ❶ (*den Raum betreffend*) spatial; **in großer ~er Entfernung** a long way away; **~e Nähe** physical proximity; **~e Gegebenheiten** spacious conditions [*or* set-up]
❷ (*dreidimensional*) three-dimensional; **das ~e Sehvermögen** the ability to see things in three dimensions [*or* three-dimensionally]
II. *adv* ❶ (*platzmäßig*) spatially; ~ [**sehr**] **beengt** [*o* **beschränkt**] **sein** to be [very] cramped for space; **sich** *akk* ~ **beschränken** to limit oneself in terms of space
❷ (*dreidimensional*) three-dimensionally
Räumlichkeit <-, -en> *f* ❶ *kein pl* KUNST (*räumliche Wirkung, Darstellung*) spatiality *no pl,* three-dimensionality *no pl*
❷ *pl* (*geh: zusammengehörende Räume*) premises *npl*
Raummangel *m* lack of room [*or* space] *no pl* **Raummaß** *nt* cubic measure, unit of capacity [*or* volume] **Raummeter** *m o nt* cubic metre [*or* AM -er] (*of stacked wood*) **Raummiete** *f* space rental **Raumordnung** *f* ADMIN regional development planning **Raumordnungsgesetz** *nt* JUR Town and Country Planning Act BRIT **Raumordnungspolitik** *f in der Verkehrsplanung* area planning policy **Raumordnungsverfahren** *nt* JUR regional planning procedure **Raumpfleger(in)** *m(f)* (*euph: Putzhilfe*) cleaner **Raumpflegerin** <-, -nen> *f* (*form*) *fem form von* **Raumpfleger** cleaning lady, cleaner **Räumpflug** *m* snowplough BRIT, snowplow AM **Raumpilot(in)** *m(f)* space pilot **Raumplanung** *f s.* Raumordnung **Raumschiff** *nt* spaceship **Raumsonde** *f* space probe **raumsparend** *adj attr* space-saving *attr* **Raumstation** *f* space station **Raumteiler** *m* room divider, partition **Raumtransport** *m* aerospace transportation **Raumtransporter** *m* space shuttle **Raumtransportsystem** *nt* RAUM space transport[ation] system **Raumüberwachung** *f* room monitoring
Räumung <-, -en> *f* ❶ (*das Freimachen eines Ortes*) *Kreuzung, Unfallstelle* clearing, clearance; *Wohnung* vacation; (*zwangsweise*) eviction
❷ (*Evakuierung*) evacuation **Räumungsanspruch** *m* JUR eviction claim **Räumungsarbeiten** *pl* clearance work *no pl, no indef art,* clearance operations *pl* **Räumungsausverkauf** *m* clearance sale, AM *a.* closeout; (*mit Geschäftsaufgabe*) going out of business [*or* BRIT *a.* closing-down] sale **Räumungsbefehl** *m,* **Räumungsbeschluss**[RR] *m* JUR eviction order **Räumungsklage** *f* JUR eviction suit, AM ejectment action **Räumungsverfahren** *nt* JUR eviction proceedings *pl* **Räumungsvergleich** *m* JUR court settlement requiring tenant to vacate **Räumungsverkauf** *m* ÖKON clearance sale
Raumverschwendung *f* waste of space **Raumverteilungsplan** *m* BAU diagram of the layout [of a/the building/the rooms] **Raum-Zeit-Kontinuum** *nt* PHYS space-time [continuum] **raumzeitlich** *adj inv* spatiotemporal
raunen I. *vi* (*geh*) to murmur, to whisper; ***ein Raunen ging durch die Menge*** a murmur went through the crowd
II. *vt* (*geh*) ■**etw** ~ to murmur [*or* whisper] sth
Raupe[1] <-, -n> *f* ZOOL caterpillar
Raupe[2] <-, -n> *f* (*Planierraupe*) bulldozer
Raupe[3] <-, -n> *f* TECH *s.* **Raupenkette**
Raupenfahrzeug *nt* caterpillar® [*vehicle*] **Raupenkette** *f* caterpillar® *track* **Raupenschlepper** *m* caterpillar® *tractor* **Rauputz**[RR] *m* BAU roughcast *no pl* **Raureif**[RR] *m kein pl* hoar [*or* white] frost, rime
raus I. *interj* [get] out; ***schnell ~ hier!*** quick, get out of here!
II. *adv* (*fam*) out; ***Sie können da nicht ~*** you can't get out that way; ***aufmachen, ich will hier ~!*** let me out of here!; *s. a.* **heraus, hinaus**
raus|bekommen* *vt irreg* (*fam*) *s.* **herausbekommen**
raus|bringen *vt irreg* (*fam*) ■**etw** ~ ❶ **kein Wort** ~ to not [be able to] utter a word; *s. a.* **herausbringen**
❷ *Müll* to take out sth *sep; s. a.* **hinaustragen**
Rausch <-[e]s, Räusche> *m* ❶ (*Trunkenheit*) intoxication, inebriation; **im Zustand eines ~es** in a state of intoxication; **einen** ~ **bekommen** to get drunk, to become inebriated [*or* intoxicated] *form;* **einen** ~ **haben** to be drunk [*or form* inebriated] [*or form* intoxicated]; **seinen** ~ **ausschlafen** to sleep it off; **sich** *dat* **einen** ~ **antrinken** to get drunk
❷ (*geh: Ekstase*) ecstasy; **im** ~ **der Leidenschaft** intoxicated by [*or* inflamed with] passion; **der** ~ **der Geschwindigkeit/des Erfolges** the thrill [*or* exhilaration] of speed/success
rauscharm *adj* TECH low-noise
rauschen *vi* ❶ *haben* (*anhaltendes Geräusch erzeugen*) *Brandung, Meer, Wasser[fall], Verkehr* to roar; (*sanft*) to murmur; *Baum, Blätter* to rustle; *Lautsprecher* to hiss; *Rock, Vorhang* to swish
❷ *sein* (*sich geräuschvoll bewegen*) *Bach, Fluten, Wasser* to rush; *Vogelschwarm* to swoosh
❸ *sein* (*fam: zügig gehen*) to sweep; **sie rauschte aus dem/in das Zimmer** she swept out of/into the room
rauschend *adj* (*prunkvoll*) *Ballnacht, Fest* glittering; (*stark*) *Beifall* resounding
rauschfrei *adj* TELEK, MEDIA free of background noise; ***CDs sind völlig ~*** CDs are completely hiss-free [*or* free of background noise]; ***~e Wiedergabe*** hiss-free reproduction
Rauschgift *nt* drug, narcotic; ~ **nehmen** to take drugs; (*drogensüchtig sein*) to be on drugs
Rauschgiftdezernat *nt* ADMIN drug [*or* AM narcotics] squad **Rauschgiftfahnder(in)** *m(f)* drug squad officer BRIT, narcotics agent AM **Rauschgiftfahrt** *f* drug-influenced drive, driving under the influence of drugs **Rauschgifthandel** *m* drug trafficking **Rauschgifthändler(in)** <-s, -> *m(f)* drug dealer [*or* pusher]; (*international*) drug trafficker **Rauschgiftkriminalität** *f* drug-related crime **Rauschgiftring** *m* drugs [*or* AM drug] ring; **einen** ~ **sprengen** to break up a drugs ring **Rauschgiftschmuggel** *m* drug smuggling **Rauschgiftsucht** *f* drug addiction **rauschgiftsüchtig** *adj inv* addicted to drugs *pred* **Rauschgiftsüchtige(r)** <-n, -n> *dekl wie adj f(m)* drug addict **Rauschgoldengel** *m* angel (*made of Dutch metal/gold*) **Rauschmittel** *nt* (*geh*) drug, intoxicant *form* **Rauschtat** *f* JUR offence of intoxication
raus|drängen *vr* (*fam*) ■**sich** *akk* ~ to push one's way out
raus|ekeln *vt* (*fam*) ■**jdn** [**aus etw**] ~ to hound [*or* drive] sb [out of sth]; (*durch Schweigeterror*) to freeze sb out *sep* [of sth] *fam*
raus|fliegen *vi irreg sein* (*fam*) ❶ (*hinausgeworfen werden*) **aus der Schule** ~ to be chucked [*or* slung] [*or* AM kicked] out of school *fam;* **aus einem Betrieb** ~ to be given the boot [*or* the push] *fam*
❷ (*weggeworfen werden*) to get chucked out [*or* away]
raus|geben *vt irreg* (*fam*) **Geld** ~ to give change
raus|gehen *vi irreg sein* (*fam*) to go out, to leave; *Fleck, Korken* to come out; **aus sich** *dat* ~ to come out of one's shell
raus|gucken *vi* (*fam*) ■[**aus etw** *dat*] ~ ❶ (*heraussehen*) to look out [of sth]
❷ (*fig: hervorstrecken*) to peep out [of sth]
raus|kommen *vi irreg* (*fam*) *s.* **herauskommen, hinauskommen**
raus|kriegen *vt* (*fam*) ■**etw** ~ to cotton on to [*or* AM *a.* to] sth *fam;* ■~, **was/wer/wie/wo ...** to

find out what/who/how/where …; **ein Rätsel** ~ to figure out a puzzle *sep*

raus|nehmen *vt, vr irreg (fam) s.* **herausnehmen**

räuspern *vr* ■**sich** *akk* ~ to clear one's throat; ***durch wiederholtes Räuspern versuchte sie, die Aufmerksamkeit auf sich zu lenken*** by repeatedly clearing her throat, she tried to draw attention to herself

raus|rücken *vt s.* **herausrücken**

raus|schmeißen *vt irreg (fam)* ❶ ■**jdn** ~ to chuck [*or* sling] [*or* AM *usu* kick] out sb *sep fam;* ***er wurde aus der Schule rausgeschmissen*** he was chucked out of school; (*aus einer Firma*) to give sb the boot [*or* the push] *fam;* **jd aus dem Haus** ~ to sling [*or* kick] [*or* throw] sb out *sep fam*
❷ (*wegwerfen*) ■**etw** ~ to chuck sth out [*or* away] *fam*

Rausschmeißer <-s, -> *m (fam)* bouncer *fam*

Rausschmiss^RR <-es, -e> *m,* **Rausschmiß** <-sses, -sse> *m (fam)* booting [*or* chucking] [*or* slinging] [*or* AM *usu* throwing] out *fam;* ***mit dem ~ hat er rechnen müssen*** he had to expect the boot

Raute <-, -n> *f* MATH rhombus

rautenförmig *adj* MATH rhombic, diamond-shaped

Rave <-[s], -s> *nt* MUS rave *fam*

Ravioli [ra'vio:li] *pl* ravioli + *sing vb, no indef art*

Raygras *nt* BOT rye grass

Rayon <-s, -s> [rɛ'jõ:] *m* ÖSTERR, SCHWEIZ district

Razzia <-, Razzien> [-tsi̯ən] *f* raid, bust *fam;* **eine ~ veranstalten** [*o* **machen**] [*o* **durchführen**] to [make a] raid

RB *nt Abk von* **Radio Bremen** *regional public-service radio and TV broadcasting corporation based in Bremen*

RC-Papier *nt* RC [*or* resin-coated] paper

rd. *adv Abk von* **rund** approx.

Reagens <-, Reagenzien> *nt,* **Reagenz** <-es, -ien> [-tsi̯ən] *nt* CHEM reagent

Reagenzglas *nt* CHEM, PHYS, BIOL test tube

Reagenzpapier *nt* CHEM test paper

reagieren* *vi* ❶ (*eine Reaktion zeigen*) ■[**auf etw** *akk*] ~ to react [to sth]; ***ich habe ihn um eine Antwort gebeten, aber er hat noch nicht reagiert*** I have asked him for an answer but he hasn't come back to me yet; **empfindlich/sauer** [**auf etw** *akk*] ~ to be sensitive [to sth]/peeved [at sth]
❷ CHEM ■[**mit etw**] ~ to react [with sth]

Reaktion <-, -en> *f* reaction; ■**jds ~ auf etw** *akk* sb's reaction to sth

reaktionär I. *adj* POL (*pej: rückständig*) reactionary
II. *adv* in a reactionary way; ~ **eingestellt sein** to be a reactionary

Reaktionär(in) <-s, -e> *m(f)* POL (*pej*) reactionary

Reaktionsfähigkeit *f kein pl* reflexes *pl,* reactions *pl* **Reaktionsgeschwindigkeit** *f* CHEM reaction rate **reaktionsschnell** *adj* with quick reactions; ■~ **sein** to have quick reactions **Reaktionsvermögen** *nt kein pl* ability to react *no pl,* reactions *pl;* ***Alkohol schränkt das ~ ein*** alcohol slows one's [*or* the] reactions [*or* ability to react] **Reaktionszeit** *f* reaction time

reaktivieren* [-'vi:-] *vt* ■**jdn** ~ *beim Militär* to recall sb [to duty]; *im Zivilbereich* to recall sb [to work]

Reaktivierung <-, -en> [-'vi:-] *f* recalling [to duty/work]

Reaktor <-s, -toren> *m* PHYS reactor

Reaktorblock <-blöcke> *m* reactor block **Reaktorkern** *m* reactor core **Reaktorkühlung** *f* cooling of a/the reactor **Reaktorsicherheit** *f* reactor safety **Reaktorsicherheitskommission** *f* NUKL ■**die** ~ the German Commission on Reactor Safety **Reaktorunfall** *m* accident at a/the reactor, nuclear accident **Reaktorunglück** *nt* reactor accident, accident at a/the reactor

real I. *adj* ❶ (*wirklich vorhanden*) real
❷ ÖKON **~e Exportleistung** net export performance; **~es Austauschverhältnis** realistic terms of trade; **~es Bruttosozialprodukt** real value of the gross national product
II. *adv (geh)* **ein ~ denkender Mensch** a realistic thinker; ÖKON in real terms

Realeinkommen *nt* ÖKON real income

Realgewerbeberechtigung *f* JUR trade franchise attached to the land

Realia *pl* LING realia *pl*

Realisation <-, -en> *f (geh) s.* **Realisierung**

realisierbar *adj (geh)* realizable, feasible, viable; **schwer ~e Pläne/Projekte** plans/projects that are hard to accomplish; **sofort ~e Aktiva** FIN liquid assets

Realisierbarkeit <-> *f kein pl (geh)* feasibility, practicability, viability

realisieren* *vt* ❶ ■**etw** ~ (*verwirklichen*) to realize sth, to bring sth about
❷ (*erkennen*) to realize sth
❸ FIN (*in Geld umsetzen*) to realize sth; **Immobilien** ~ to sell property

Realisierung <-, *selten* -en> *f (geh)* realization; *Idee, Plan* implementation

Realismus <-> *m kein pl* realism *no pl*

Realist(in) <-en, -en> *m(f)* realist

realistisch *adj* realistic

Realität <-, -en> *f* ❶ (*Wirklichkeit*) reality; **der ~ ins Auge sehen** to have to face facts [*or fam* to get real]; ***das ist nun mal die ~*** we'll just have to face up to it; ~ **werden** to become [a] reality
❷ *pl* (*Gegebenheiten*) realities, facts
❸ *pl* ÖSTERR (*Immobilien*) real estate *no pl,* property *no pl*

Realitätenhändler(in) *m(f)* ÖSTERR (*Immobilienhändler*) [real] estate agent BRIT, real estate agent AM

realitätsfern *adj* unrealistic; **eine ~e Person** a person out of touch with reality **realitätsnah** *adj* realistic; **eine ~e Person** a person in touch with reality **Realitätssinn** *m kein pl* sense of reality *no pl*

Reality-TV <-[s]> *nt kein pl* TV reality [*or* fly-on-the-wall] TV *no pl*

Realkanzlei *f* ÖSTERR [real] estate agency BRIT, real estate office [*or* agency] AM **Realkapital** *nt* ÖKON real [*or* non-monetary] capital **Realkauf** *m* JUR executed sale [*or* purchase] **Realkosten** *pl* ÖKON actual costs **Realkredit** *m* ÖKON credit on real estate **Reallast** *f* JUR land charge **Reallohn** *m* ÖKON real wage **Reallohnabbau** *m* reduction [*or* cut] in real wages

Realo <-s, -s> *m* POL (*fam*) political realist (*of the Green Party*)

Realpolitik *f* practical politics + *sing vb,* political realism, realpolitik **Realpolitiker(in)** *m(f)* political realist **Realschule** *f type of secondary/junior high school for ages 10 to 16 where pupils can work towards the 'mittlere Reife'* **Realschüler(in)** *m(f)* ≈ secondary school pupil BRIT, ≈ junior high school student AM **Realsozialismus** *m* POL real socialism **realsozialistisch** *adj inv* realistic [*or* practical] socialist **Realstatut** *nt* JUR real statute, lex rei sitae **Realsteuer** *f* FIN property tax **Realteilung** *f* FIN (*Steuern*) de facto splitting **Realvermögen** *nt* JUR real estate **Realverzinsung** *f* FIN real interest rate **Realwachstumstempo** *f* ÖKON real growth rate **Realwert** *nt* ÖKON real value **realwirtschaftlich** *adj inv* ÖKON non-monetary **Realzins** *m* ÖKON real interest rate

Reanimation <-, -en> *f* MED resuscitation

reanimieren* *vt* ■**jdn** ~ MED to resuscitate sb

Rebe <-, -n> *f* [grape]vine

Rebell(in) <-en, -en> *m(f)* rebel

rebellieren* *vi* ■[**gegen jdn/etw**] ~ to rebel [against sb/sth]

Rebellin <-, -nen> *f fem form von* **Rebell**

Rebellion <-, -en> *f* rebellion; *Studenten* revolt

rebellisch *adj* rebellious; **jdn/etw ~ machen** (*fam*) to make sb/sth agitated

Rebensaft *m kein pl (geh)* wine, juice of the vine *liter*

Rebhuhn *nt* partridge **Rebkresse** *f* lamb's lettuce **Reblaus** *f* phylloxera *spec,* vine pest **Rebsorte** *f* type of grape **Rebstock** *m* vine

Rebus <-, -se> *m o nt* rebus, picture puzzle

Rechaud <-s, -s> [re'ʃo:] *m o nt* hotplate, réchaud *spec,* chafing dish *spec*

rechen *vt* ■**etw** ~ to rake sth

Rechen <-s, -> *m* rake

Rechenanlage *nt* INFORM computer system **Rechenart** *f* type of arithmetic[al] calculation **Rechenaufgabe** *f* arithmetic[al] problem **Rechenbefehl** *m* INFORM arithmetic instruction **Rechenbuch** *nt* SCH (*veraltend*) arithmetic book **Rechenexempel** *nt* sum, arithmetic[al] problem; ***das ist nur ein einfaches ~*** that's just simple arithmetic **Rechenfehler** *m* arithmetic[al] error [*or* mistake]; INFORM (*Berechnungsfehler*) computational error; [**einen**] **~ machen** to make a mistake in one's calculations [*or* miscalculation] **Rechenfunktion** *f* INFORM computational function **Rechengeschwindigkeit** *f* INFORM operating speed **Rechenhilfe** *f* MATH calculating device **Rechenkapazität** *f* INFORM computing efficiency **Rechenkünstler(in)** *m(f)* mathematical genius [*or fam* wizard] **Rechenleistung** *f* INFORM computing power **Rechenmaschine** *f* calculator; (*Abakus*) abacus

Rechenschaft <-> *f kein pl* account; [**jdm**] [**für etw**] **zur ~ verpflichtet sein** to be accountable [for sth] [to sb]; **jdm** [**über etw** *akk*] **~ schuldig sein, jdm** [**über etw** *akk*] **~ schulden** to be accountable [*or* have to account] to sb [for sth]; [**jdm**] **~** [**über etw** *akk*] **ablegen** to account [to sb] [for sth]; **sich** *dat* **über etw** *akk* **~ ablegen** to account [*or* answer] to oneself for sth; [**von jdm**] **~** [**über etw** *akk*] **verlangen** [*o* **fordern**] to demand an explanation [*or* account] [from sb] [about sth]; **jdn** [**für etw** *akk*] **zur ~ ziehen** to call sb to account [for sth]

Rechenschaftsbericht *m* report **Rechenschaftslegung** *f* JUR rendering of account **rechenschaftspflichtig** *adj inv* ÖKON accountable

Rechenschieber *m* slide rule **Rechenwerk** *nt* ❶ FIN book-keeping, accounting ❷ INFORM arithmetic [logic] unit, ALU **Rechenzeit** *f* INFORM computing time **Rechenzentrum** *nt* computer centre [*or* AM -er]

Recherche <-, -en> [re'ʃɛrʃə] *meist pl f (geh)* investigation, enquiry; **~n** [**über jdn/etw**] **anstellen** to make enquiries [about [*or* into] sb/sth], to investigate [sb/sth]; **die ~ einstellen** to end the investigation

Recherchenanfrage *f* request for investigation **Recherchenbericht** *m* search report **Recherchengebühr** *f* search fee

recherchieren* [reʃɛr'ʃi:rən] I. *vi (geh)* to investigate, to make enquiries
II. *vt (geh)* ■**etw** ~ to investigate [*or* make enquiries into] sth

rechnen I. *vt* ❶ (*mathematisch lösen*) ■**etw** ~ to calculate sth; *s. a.* **rund**
❷ (*zählen, messen*) ■**etw** ~ to work out sth *sep,* to calculate sth; **etw in Euro/DM/etc** ~ to calculate sth in Euros/German Marks; **die Entfernung in Lichtjahren** ~ to reckon the distance in light years *fam*
❸ (*ansetzen, berechnen*) **das Kilo/den Kilometer zu 90 Pfennig** ~ to reckon on 90 pfennigs a kilo/kilometre [*or* AM -er]
❹ (*veranschlagen*) ■**etw** [**für** [*o* **pro**] **jdn/etw**] ~ to reckon [*or* estimate] [sth for sb/sth]; ***wir müssen mindestens zehn Stunden*** ~ we must reckon on at least ten hours; **zu hoch/niedrig gerechnet sein** to be an over-/underestimate
❺ (*einbeziehen, miteinrechnen*) ■**etw** ~ to include sth, to take sth into account; ***das sind also vier Gepäckstücke, die Handtasche nicht gerechnet*** so that's four items of luggage, not including the handbag
❻ (*berücksichtigen*) ■**etw** ~ to take sth into account [*or* consideration]; ***das von mir Geleistete rechnet sehr wohl*** my input should be given due recognition
❼ (*einstufen, gehören*) ■**jdn/etw zu etw** *dat* [*o* **unter etw** *akk*] ~ to count sb/sth among [*or* rate

R

sb/sth as] sth; ***ich rechne sie zu meinen besten Freundinnen*** I count her amongst my best [girl]friends

II. *vi* ① (*Rechenaufgaben lösen*) to do arithmetic; ***ich konnte noch nie gut*** ~ I was never any good at arithmetic; ***in der Schule lernen die Kinder lesen, schreiben und*** ~ the children learn reading, writing and arithmetic at school; ***ich rechne gerade*** I'm just doing [*or* making] a calculation; ***dann rechne doch selbst, du wirst sehen, es stimmt!*** then work it out yourself and you'll see it's correct!; ■**an etw** *dat* ~ to do [*or* make] calculations on sth; **falsch/richtig** ~ to make a mistake [in one's calculations]/to calculate correctly [*or* get it right]; ***falsch gerechnet!*** that's wrong!

② (*sich verlassen*) ■**auf jdn/etw** ~ to count on sb/sth; ***auf sie kann ich*** ~ she is someone I can count on

③ (*einkalkulieren*) ■**mit etw** ~ to reckon on [*or* with] sth; **mit allem/dem Schlimmsten** ~ to be prepared for anything/the worst; ***für wann ~ Sie mit einer Antwort?*** when do you expect an answer?; ■**damit ~, dass ...** to reckon with it ..., to be prepared for the fact that ...; ***wir müssen damit ~, dass es schneit*** we must reckon on [*or* with] it snowing; ***wir haben nicht mehr damit gerechnet, dass du noch kommst*** we didn't expect you still to come; *s. a.* **schlimm**

④ (*fam: Haus halten*) ■[**mit etw**] ~ to economize [*or* budget carefully] [with sth]; ***wir müssen mit jedem Pfennig*** ~ we have to watch every penny

III. *vr* (*mit Gewinn zu kalkulieren sein*) ■**sich** ~ to be profitable; ***es rechnet sich einfach nicht*** it simply doesn't pay [*or* isn't profitable]

Rechnen <-s> *nt kein pl* ① (*Schulfach*) arithmetic ② (*das Ausrechnen*) working out; **am ~ sein** to be working [sth] out

Rechner <-s, -> *m* ① (*Taschenrechner*) calculator ② INFORM computer; **festprogrammierter** ~ fixed-program computer

Rechner(in) <-s, -> *m(f)* arithmetician; **ein guter/schlechter ~ sein** to be good/bad at figures [*or* arithmetic]; **ein eiskalter** [*o* **kühler**] **~ sein** (*fig*) to be coldly [*or* coolly] calculating

rechnergesteuert *adj inv* INFORM computer-controlled **rechnergestützt** *adj inv, meist attr* INFORM computer-aided

rechnerisch **I.** *adj* arithmetic[al]; **~er Gewinn** paper profit

II. *adv* ① (*kalkulatorisch*) arithmetically; **~ richtig** arithmetically correct

② (*durch Rechnen*) by calculation; **rein** ~ purely arithmetically, as far as the figures go

Rechnersimulation *f* computer simulation **rechnerunterstützt** *adj* computer-aided **Rechnerverbund** *m* INFORM [computer] network

Rechnung <-, -en> *f* ① (*schriftliche Abrechnung*) bill, AM *a.* check; JUR, ÖKON invoice, bill; ***darf ich bitte die ~ kassieren?*** would you like to pay now?; ***„~ beiliegend"*** "invoice enclosed"; **auf die ~ kommen** to be put on [*or* added to] the bill; **jdm die ~ machen** to make out the bill for sb; **etw auf die ~ setzen** to put sth on the bill; [**jdm**] **etw in ~ stellen** [*o* **setzen**] to charge [sb] for sth; **eine ~ ausstellen** to invoice; **eine ~ begleichen/stornieren** to settle/cancel an invoice; **die ~ beläuft sich auf** [*o* **macht**] [*o* **beträgt**]**...** the bill [*or* total] comes to ...; **laufende** ~ current account; **auf ~** [**bestellen/kaufen**] [to order/to buy] on account; **auf feste ~ kaufen** to buy firm; **laut** ~ as per invoice; **auf** [*o* **für**] **eigene** ~ out of one's own pocket; **auf Ihre** ~ to your account; **fällige** ~ bill for collection; **auf** [*o* **für**] **eigene ~** [**und Gefahr**] ÖKON at one's own expense [and risk]; ***ich arbeite auf eigene*** ~ I work for myself; **auf jds ~ gehen** (*von jdm bezahlt werden*) to go on sb's account; (*verantwortlich für etw sein*) to be down [*or* AM up] to sb; ***das geht auf meine*** ~ I'm paying for this

② (*Berechnung*) calculation; **die ~ stimmt nicht** [*o* **geht nicht auf**] the sum just doesn't work; **nach meiner** ~ according to my calculations; **etw außer ~ lassen** to leave sth out of the equation

▸ WENDUNGEN: **die ~ ohne den Wirt machen** to fail to reckon with [*or* on] sb/sth; ***wir haben die ~ ohne den Wirt gemacht*** there's one thing we didn't reckon with; **jds ~** [**bei jdm**] **geht/geht nicht auf** sb's plans [*or* intentions] [for sb] are/aren't working out; **mit jdm eine** [**alte**] **~ zu begleichen haben** to have a[n old] score to settle with sb; [**bei etw**] **auf seine ~ kommen** to get [*or* have] one's money's worth [out of sth], to get what one expected [from sth]; **jdm die ~** [**für etw**] **präsentieren** to bring sb to book [*or* make sb pay] [for sth]; ***dir wird eines Tages auch noch die ~ präsentiert werden*** one day you too will be called to account; **etw** *dat* **~ tragen** (*geh*) to take account of sth, to take sth into account, to bear sth in mind; **etw auf seine ~ nehmen** to take responsibility for sth

Rechnungsabgrenzung *f* FIN accruals and deferrals *pl* **Rechnungsabgrenzungsposten** *pl* FIN deferred items, accrued and deferred items, accruals and deferrals **Rechnungsabschluss**[RR] *m* FIN balance [*or* closing] of accounts **Rechnungsabteilung** *f* ÖKON (*selten*) accounting [*or* accounts] department, accounts *npl* **Rechnungsausstellung** <-> *f kein pl* ÖKON invoicing *no pl,* billing *no pl* **Rechnungsbetrag** *m* [total] amount of a/the bill [*or* AM *a.* check] [*or* invoice]; **fälliger** ~ balance due **Rechnungsbuch** *nt* account[s] book **Rechnungsdatum** *nt* billing date, date of invoice **Rechnungsführer(in)** <-s, -> *m(f)* ① (*Kassenwart*) treasurer ② AGR (*Buchhalter*) bookkeeper **Rechnungsführung** *f* ÖKON bookkeeping *no pl,* accounting *no pl,* accountancy *no pl* **Rechnungshof** *m* audit office, BRIT *a.* ≈ Auditor General's Department; **~ der Europäischen Gemeinschaft** European Community Auditor-General's Office **Rechnungsjahr** *nt* financial [*or* fiscal] year **Rechnungslegung** *f* JUR accounting, rendering of account; **~ eines Unternehmens** company reporting; **zur ~ verpflichtet** accountable **Rechnungslegungspflicht** *f* FIN accountability, reporting requirements *pl* **Rechnungslegungsvorschriften** *pl* JUR statutory accounting requirements **Rechnungsnummer** *f* HANDEL invoice number **Rechnungsprüfer(in)** <-s, -> *m(f)* auditor **Rechnungsprüfung** *f* FIN audit; **betriebliche** ~ internal audit **Rechnungsstellung** *f* FIN invoicing **Rechnungssumme** *f* total **Rechnungswesen** <-s> *nt kein pl* ÖKON accountancy *no pl,* accounting *no pl*

recht **I.** *adj* ① (*passend*) right; ***die richtige Person am ~en Ort*** the right person in the right place

② (*richtig*) right; **auf der ~en Spur sein** to be on the right track; **~ daran tun, etw zu tun** (*geh*) to be right to do sth; ***ganz ~!*** quite right!

③ (*wirklich*) real; **eine ~e Enttäuschung/ein ~er Mann** a real disappointment/a real man; ***ich habe heute keine ~e Lust*** I don't really feel up to it today

④ (*angenehm*) ■**jdm ist etw** ~ sth is all right with sb; **das soll mir ~ sein** that's fine [*or fam* OK] by me; ***dieser Kompromiss ist mir durchaus nicht*** ~ I'm not at all happy with this compromise; ***ist Ihnen der Kaffee so ~?*** is your coffee all right?; ■**jdm ist es ~, dass/wenn ...** it's all right with sb that/if ...; ***mir ist es keineswegs ~, dass ...*** I'm not at all happy that ...; (*in Ordnung*) all right, OK *fam;* **ist schon** ~ that's all right [*or fam* OK]; ***ja, ja, ist schon ~!*** (*fam*) yeah, yeah, OK! *fam;* (*angemessen*) right; **alles, was ~ ist** (*ich bitte Sie!*) fair's fair; (*alle Achtung!*) respect where it's due!

⑤ SCHWEIZ, SÜDD (*anständig*) decent, respectable; **bei jdm einen ~en Eindruck machen** to give sb the impression of being a respectable person; **etwas/nichts Rechtes** a proper/not a proper job; (*angemessen*) appropriate

▸ WENDUNGEN: **nicht mehr als ~ und billig sein** to be only right and proper; **was dem einen ~ ist, ist dem andern billig** (*prov*) what's sauce for the goose is sauce for the gander *prov;* **irgendwo nach dem Rechten sehen** [*o* **schauen**] to see that everything's all right somewhere; **das soll jdm ~ sein** to be fine with sb

II. *adv* ① (*richtig*) correctly; ***höre ich ~?*** am I hearing things?; ***ich sehe doch wohl nicht*** ~ I must be seeing things; ***versteh mich bitte*** ~ please don't misunderstand me; *s. a.* **Annahme, Trost**

② (*genau*) really; **nicht so** ~ not really; **nicht ~ wissen** to not really know [*or* be sure]

③ (*ziemlich*) quite, rather; (*gehörig*) properly; **jdn ~ loben/verprügeln** to highly praise sb/roundly beat sb

④ (*fam: gelegen*) **jdm gerade ~ kommen** [*o* **sein**] to come just in time [*or* at just the right time] [for sb]; (*iron*) to be all sb needs; ***du kommst mir gerade*** ~ you're all I need[ed]; (*zufriedenstellend*) right; **jdm nichts ~ machen können** to be able to do nothing right for sb; **man kann es nicht allen ~ machen** you cannot please everyone; **jdm ~ geschehen** to serve sb right

▸ WENDUNGEN: **jetzt** [*o* **nun**] **erst** ~ now more than ever; ***jetzt tue ich es erst*** ~ that makes me even [*or* all the] more determined to do it, now I'm definitely going to do it

Recht <-[e]s, -e> *nt* ① *kein pl* JUR (*Rechtsordnung*) law; **~ des Erfüllungsortes** lex loci solutionis; **~ des Gerichtsortes** lex fori; **~ der unerlaubten Handlungen** law of torts; **~ des Kaufvertrags** law of sales; **~ der belegenen Sache** lex situs [*or* rei sitae]; **das ~ des Stärkeren** the law of the jungle; **~ des Vertragsortes** lex loci contractus; **akzessorisches** ~ accessory right; **alleiniges/veräußerliches** ~ sole/alienable right; **ausländisches** ~ foreign law; **bürgerliches/kirchliches** [*o* **kanonisches**]**/öffentliches** ~ civil/canon/public law; **dispositives** ~ optional rules *pl,* flexible law; **formelles/materielles** ~ procedural/substantive law; **geltendes** ~ prevailing law; **objektives** ~ objective law; **positives** ~ positive law; **zwingendes** ~ cogent [*or* binding] law; **ein ~ ausüben/verlieren** to exercise/forfeit a right; **ein ~ begründen/genießen** to establish/enjoy a right; **das ~ brechen** to break the law; **~ sprechen** to dispense [*or* administer] justice [*or* the law]; **das ~ mit Füßen treten** to fly in the face of the law; **auf ein ~ verzichten** to relinquish a right; **nach geltendem ~** under existing law

② (*juristischer od. moralischer Anspruch*) right; ■**jds ~ auf jdn/etw** sb's right to sb/sth; **~ auf Ablehnung eines Richters** right of rejection; **das ~ auf einen Anwalt/auf Verweigerung der Aussage** the right to a lawyer/to remain silent; ***das ~ auf Arbeit*** the right to work; **~ auf Entnahme** FIN right of withdrawal; **~ auf** [**rechtliches**] **Gehör** right to be heard [*or* of audience [in court]]; **~ auf ungestörte Nutzung** right of quiet enjoyment; **~ auf Prüfung der Bücher** FIN right to inspect the books; **abgeleitetes** ~ derivative right; **dingliches** ~ right in rem, real right; **grundstücksgleiches** ~ full legal title to land; **subjektives** ~ [individual's] right; **subjektiv dingliches** ~ right ad [*or* in] rem; **wohlerworbenes** ~ vested right [*or* interest]; **~e und Pflichten** laws and duties; ***gleiche ~e, gleiche Pflichten*** equal rights mean equal obligations; **jds ~e beeinträchtigen/verletzen** to encroach/to trespass upon sb's rights; **sein ~ fordern** [*o* **verlangen**] to demand one's rights; **ein ~ auf jdn/etw haben** to have a right to sb/sth; **zu seinem ~ kommen** to get justice [*or* one's rights]; **auf sein ~ pochen** [*o* **bestehen**] to insist on one's rights; **von ~s wegen** (*fam*) by rights; **ein ~ darauf haben, etw zu tun** to have a right to do sth; **alle ~e vorbehalten** all rights reserved; **wohlerworbene ~e** acquired [*or* vested] rights

③ *kein pl* (*Befugnis, Berechtigung*) right; ***was gibt Ihnen das ~, ...?*** what gives you the right ...?; [**mit etw**] **~ behalten** to be [proved] right [about sth]; ***wo/wenn er ~ hat, hat er*** ~ when he's right, he's right; **auf seinem ~ beharren** to stand on one's rights; **sein ~ bekommen** [*o* **erhalten**] [*o fam* **kriegen**] to get one's rights [*or* justice] [*or* one's dues]; ***~ muss ~ bleiben*** the law is the law; **jdm ~**

geben to admit that sb is right, to agree with sb; ~ **haben** to be [in the] right; **zu etw kein ~ haben** to have no right to sth; **sich** *dat* **das ~ vorbehalten, etw zu tun** to reserve the right to do sth; **im ~ sein** to be in the right; **das ~ ist auf jds Seite** right is on sb's side; **jds gutes ~ sein, [etw zu tun]** to be sb's [legal] right [to do sth]; ***gleiches ~ für alle!*** equal rights for all!; **mit welchem ~?** by what right?; **mit** [*o* **zu**] **~** rightly, with justification; ***und das mit ~!*** and rightly so!

Rechte <-n, -n> *f* ❶ (*rechte Hand*) right [hand]; **zu jds ~n, zur ~n von jdm** (*geh*) to [*or* on] sb's right, to [*or* on] the right of sb; SPORT right
❷ POL right, Right; **ein Vertreter der radikalen ~n** a representative of the extreme right

rechte(r, s) *adj attr* ❶ (*Gegenteil von linke*) right; **die ~ Seite** the right-hand side; ***das ~ Fenster/Haus*** the window/house on the right; **an den ~n Rand schreiben** to write in the right-hand margin; **auf der ~n Fahrbahn** [*o* **Spur**] **fahren** to drive in the right-hand lane; *s. a.* **Masche**
❷ (*außen befindlich*) the right way round, right side out; **etw auf der ~n Seite tragen** to wear sth the right way round [*or* right side out]
❸ POL right[-wing]; **der ~ Flügel der Partei** the right wing of the party; **~ Kreise/ein ~r Politiker** right-wing circles/a right-wing politician
❹ MATH **ein ~r Winkel** a right angle

Rechte(r) *f(m) dekl wie adj* POL right-winger

Rechteck <-[e]s, -e> *nt* rectangle

rechteckig *adj* rectangular

Rechtens *adj inv s.* **rechtens**

rechtens *adv inv* (*geh*) ❶ (*von Rechts wegen*) legally, by law; ■**~ sein** to be legal; ***~ wäre er dazu verpflichtet*** he would be legally bound [*or* committed] to it/that
❷ (*zu Recht*) rightly; ***er hat ~ behauptet, dass ...*** he rightly maintained that ...

rechtfertigen I. *vt* ❶ (*als berechtigt begründen*) ■**etw [gegenüber** [*o* **vor**] **jdm] ~** to justify sth [to sb]; ■**es [gegenüber** [*o* **vor**] **jdm] ~, etw getan zu haben** to justify [to sb] having done sth
❷ (*als berechtigt erscheinen lassen*) ■**etw ~** to justify sth; ***die besonderen Umstände ~ besondere Maßnahmen*** special circumstances warrant special measures
II. *vr* (*sich verantworten*) ■**sich** *akk* **~** to justify oneself

Rechtfertigung *f* justification; ■**zu jds ~** in sb's defence [*or* AM -se]; ■**zur ~ einer S.** *gen* in justification of sth

Rechtfertigungsgrund *m* JUR legal justification

rechtgläubig *adj* orthodox **Rechtgläubigkeit** *f kein pl* orthodoxy

Rechthaber(in) <-s, -> *m(f)* (*pej*) self-opinionated person, dogmatist *form*; ***er ist so ein ~!*** he always thinks he's right, he's such a know-all!

Rechthaberei <-> *f kein pl* (*pej*) self-opinionatedness, dogmatism *form*

Rechthaberin <-, -nen> *f* (*pej*) *fem form von* **Rechthaber**

rechthaberisch *adj* (*pej*) self-opinionated, dogmatic

rechtlich I. *adj inv* JUR legal; (*rechtmäßig*) lawful; **~es Gehör** hearing in accordance with the law; **~e Verpflichtung** legal obligation
II. *adv* JUR legally; (*rechtmäßig*) lawfully; **~ und tatsächlich** in law and in fact; **~ zu etw verpflichtet sein** to be bound by law [*or* legally bound] to do sth; **~ begründet** established in law; **~ [nicht] zulässig** [not] permissible in law, [il]legal

rechtlos *adj* without rights *pred;* ■**~ sein** to be without [*or* have no] rights

Rechtlose(r) *f(m) dekl wie adj* person without [*or* with no] rights

Rechtlosigkeit <-> *f kein pl* lack of rights; **in völliger ~ leben** to have no rights at all

rechtmäßig *adj* ❶ (*legitim*) lawful, rightful, legitimate
❷ (*legal*) legal, in accordance with the law; **nicht ~** illegal, not in accordance with the law

Rechtmäßigkeit <-> *f kein pl* ❶ (*Legitimität*) legitimacy
❷ JUR lawfulness, legality

rechts I. *adv* ❶ (*auf der rechten Seite*) on the right; ***dein Schlüsselbund liegt ~ neben dir*** your keys are just to your right; **etw ~ von etw aufstellen** to put [*or* place] sth to the right of sth; ***etwa 50 Meter ~ vor uns*** about 50 metres ahead of us on the right; **~ oben/unten** at the top/bottom on the right; **nach ~** to the right; **von ~** from the right; ***~ um!*** MIL right turn! [*or* AM face!]
❷ TRANSP (*nach rechts*) [to the] right; **~ abbiegen** [*o* **einbiegen**] to turn [off to the] right; **sich** *akk* **~ einordnen** to get into the right-hand lane; **~ ranfahren** to pull over to the right; (*auf der rechten Seite*) on the right; ***halte dich ganz ~*** keep to the right; **~ vor links** right before left; *s. a.* **Auge, Mitte**
❸ POL right; **~ eingestellt sein** to lean to the right; **~ [von jdm/etw] stehen** [*o* **sein**] to be on the right [of sb/sth], to be right-wing
❹ (*richtig herum*) the right way round, right side out; **etw auf ~ drehen** [*o geh* **wenden**] to turn sth the right way round [*or* on its right side]
❺ (*beim Stricken*) **zwei ~, zwei links** knit two, purl two, two plain, two purl; **~ stricken** to knit plain
▶ WENDUNGEN: **nicht mehr wissen, wo ~ und links ist** (*fam*) to not know whether one is coming or going *fam;* **von ~ nach links** from right to left
II. *präp* (*geh*) **~ des Gebäudes** to the right of the building; **~ des Flusses** on the right bank of the river

Rechtsabbieger <-s, -> *m* car, bicycle, driver etc. turning right **Rechtsabbiegerspur** *f* lane for turning right **Rechtsabteilung** *f* JUR legal department **Rechtsakt** *m* JUR act of law **Rechtsallianz** *f* POL right-wing alliance **Rechtsangelegenheit** *f* JUR legal matter, matter of law **Rechtsangleichung** *f* JUR harmonization of laws [*or* legislation] **Rechtsanspruch** *m* legal right [*or* entitlement]; **einen ~ gerichtlich durchsetzen** to assert a legal right [*or* claim] [*or* entitlement] [through the courts]; **jds Rechtsansprüche vertreten** to protect [*or* safeguard] sb's legal right [*or* entitlement]; **von** [*o* **aus**] **etw** *dat* **einen ~ auf etw** *akk* **ableiten** to use sth to establish a legal right [*or* claim] [*or* entitlement] to sth

Rechtsanwalt, -anwältin *m, f* lawyer, solicitor BRIT, attorney AM; (*vor Gericht*) barrister BRIT, lawyer AM; **sich** *dat* **einen ~ nehmen** to get a lawyer

Rechtsanwaltsgebühren *pl* JUR lawyer's [*or* legal] fees **Rechtsanwaltskammer** *f* JUR chamber of lawyers **Rechtsanwaltskanzlei** *f* lawyer's office, BRIT *a.* chambers *pl*

Rechtsanwendung *f* JUR application of the law; **einheitliche/extraterritoriale ~** uniform/extra territorial application of the law **Rechtsauffassung** *f* conception of legality **Rechtsaufsicht** *f* JUR legal supervision **Rechtsauskunft** *f* [piece of] legal advice **Rechtsausleger(in)** <-s, -> *m(f)* SPORT southpaw **Rechtsausschuss**RR *m* judicial committee

Rechtsaußen <-, -> *m* ❶ FBALL right wing[er]
❷ POL (*fam*) extreme right-winger, sb on the far-right

Rechtsausübung *f kein pl* JUR exercise of a right; **Unzulässigkeit der ~** estoppel; **missbräuchliche ~** misuse of a legal right; **unzulässige ~** improper exercise of a right **Rechtsbegriff** *m* JUR legal concept; **unbestimmter ~** grey legal concept **rechtsbegründend** *adj inv* JUR constitutive, law-creating **Rechtsbehelf** *m* JUR legal remedy, appeal on a point of law; **außergerichtlicher ~** extrajudicial remedy; **~ einlegen** to lodge an appeal **Rechtsbehelfsbelehrung** *f* JUR advice on applicable [legal] remedies

Rechtsbeistand *m* ❶ (*juristisch Sachkundiger*) legal adviser ❷ *kein pl* (*juristische Sachberatung*) legal advice *no pl, no indef art* **Rechtsberater(in)** *m(f)* legal adviser **Rechtsberatung** *f* JUR ❶ (*Beratung in Rechtsangelegenheiten*) legal advice *no pl, no indef art;* **unentgeltliche ~** [free] legal aid ❷ (*Rechtsberatungsstelle*) legal advice *no pl, no art* **Rechtsberatungsmissbrauch**RR *m* JUR legal aid abuse **Rechtsbeschwerde** *f* JUR appeal on a point of law; **~ in Bußgeldsachen** to appeal against a fine; **~ einlegen** to lodge an appeal **Rechtsbeschwerdefrist** *f* JUR deadline for appeals **Rechtsbeschwerdeverfahren** *nt* JUR appellate procedure **Rechtsbeugung** *f* JUR perversion [*or* miscarriage] of justice; **eine ~ begehen** to pervert the course of justice **Rechtsbewusstsein**RR *nt* sense of right and wrong **Rechtsbeziehungen** *pl* JUR legal relations **Rechtsbindungswille** *m* JUR intention to create legal relations **Rechtsbrecher(in)** <-s, -> *m(f)* lawbreaker, criminal **Rechtsbruch** *m* breach of the law; **einen ~ begehen** to commit a breach of the law

rechtsbündig TYPO I. *adj* right justified, ranged [*or* AM flush] right
II. *adv* with right justification; **etw ~ ausdrucken** to print sth out with right justification; **~ anordnen/ausrichten** to right justify

rechtschaffen I. *adj* ❶ (*redlich*) honest, upright
❷ (*fam: ziemlich*) really; **~en Durst/Hunger haben** to be really thirsty/hungry
II. *adv* ❶ (*redlich*) honestly
❷ (*fam: ziemlich*) really; **~ durstig/hungrig etc** to be really thirsty/hungry etc; (*fam: nach Kräften*) really; **sich** *akk* **~ anstrengen/bemühen** to try really hard

Rechtschaffenheit <-> *f kein pl* honesty *no pl,* uprightness *no pl*

Rechtscharakter *m* JUR legal character, status in law

rechtschreiben *vi nur infin* to spell

Rechtschreiben <-s> *nt kein pl* spelling *no pl, no indef art;* **im ~ schwach/stark sein** to be poor/good at spelling

Rechtschreibfehler *m* spelling mistake; **~ machen** to make spelling mistakes; **einen ~ machen** to make a spelling mistake **Rechtschreibhilfe** *f* INFORM spell [*or* spelling] checker **Rechtschreibprogramm** *nt* INFORM spelling programm **Rechtschreibprüfprogramm** *nt* INFORM spellchecker, spelling checker; **automatisches ~** automatic error correction **Rechtschreibprüfung** *f* INFORM spell checker; **~ ausführen** to spellcheck **Rechtschreibreform** *f* spelling reform **Rechtschreibschwäche** *f* weak spelling

Rechtschreibung *f* spelling *no pl, no indef art*

Rechtsdrall *m eines Geschosses* clockwise spin; **einen ~ haben** POL (*fam*) to lean to the right **Rechtsdrehung** *f* turn to the right; PHYS dextrorotation **Rechtsdurchsetzung** *f* JUR law enforcement **Rechtseinheit** *f* JUR legal uniformity **Rechtseinwand** *m,* **Rechtseinwendung** *f* JUR demurrer [at law], objection; **~ erheben** to demur **Rechtsempfinden** *nt* sense of [what is] right and wrong; JUR sense of justice; **nach jds ~** by sb's sense of right and wrong **Rechtsentscheid** *m* JUR legal decision **Rechtsentwicklung** *f* JUR development of the law **rechtserheblich** *adj inv* JUR legally relevant, relevant in law *pred;* **~e Änderung** material alteration **Rechtserheblichkeit** *f kein pl* JUR relevance in law **rechtsextrem** *adj inv* extreme right-wing **Rechtsextremismus** <-> *m kein pl* POL right-wing extremism *no pl* **Rechtsextremist(in)** *m(f)* right-wing extremist **rechtsextremistisch** *adj* POL right-wing extremist **rechtsfähig** *adj inv, pred* JUR judicable, having legal capacity **Rechtsfähigkeit** <-> *f kein pl* JUR legal capacity *no pl,* juristic personality *no pl* **Rechtsfall** *m* JUR law [*or* court] case; **schwebender ~** pending case **Rechtsfehler** *m* JUR legal mistake, error in law **Rechtsfindung** *f kein pl* JUR legal finding; **die ~ behindern** to obstruct the course of justice **Rechtsfolge** *f* JUR legal consequence; **~n für Gläubiger/Schuldner** legal consequences for creditors/debtors; **~n ausschließen** to refuse to accept legal responsibility **Rechtsform** *f* JUR legal form **Rechtsformänderung** *f* JUR change of legal

R

form **Rẹchtsfrage** *f* JUR question of law, legal question [*or* issue] **rẹchtsfrei** *adj inv* JUR **~er Raum** area not regulated by law **Rẹchtsfrieden** *m* JUR law and order **Rẹchtsgebiet** *nt* JUR field of law, legal sphere **Rẹchtsgelehrte(r)** *f(m)* JUR legal scholar **Rechtsgemeinschaft** *f* JUR community of rights, legal community **rẹchtsgerichtet** *adj* POL right-wing **Rẹchtsgeschäft** *nt* JUR legal transaction; **einseitiges ~** unilateral transaction; **sittenwidriges ~** transaction contrary to public morality [*or* contra bonos mores]; **unwirksames ~** void and voidable transaction **Rẹchtsgewinde** *nt* TECH right-hand thread **Rẹchtsgrund** *m* JUR cause in law, legal basis **Rẹchtsgrundlage** *f* legal basis **Rẹchtsgrundsatz** *m* JUR principle of law; **allgemeine Rechtsgrundsätze** generally accepted legal principles **rẹchtsgültig I.** *adj inv* JUR legal, legally valid, in due form *pred;* **~ sein** to be in force [*or* good in law]; **~e Quittung** proper [*or* effectual] receipt **II.** *adv* valid in law; **etw für ~ erklären, etw ~ machen** to validate sth **Rẹchtsgültigkeit** *f kein pl* JUR legal force, validity in law **Rẹchtsgut** *nt* JUR legal asset, object of legal protection **Rẹchtsgutachten** *nt* JUR legal opinion [*or* expertise]; **ein ~ einholen** to take legal opinion **Rẹchtsgutsverletzung** *f* JUR violation [*or* infringement] of a legally protected matter

Rẹchtshänder(in) <-s, -> *m(f)* right-hander, right-handed person; **~ sein** to be right-handed **rẹchtshändig I.** *adj* right-handed **II.** *adv* right-handed, with one's right hand

Rẹchtshandlung *f* JUR legal act; **Widerruf einer ~** revocation of a legal act

rẹchtshängig *adj inv* JUR pending at law [*or* in court], sub judice

Rẹchtshängigkeit *f kein pl* JUR pendency, lis pendens; **vor ~** before pendency of the claim; **während ~** while proceedings are pending, pendente lite

rẹchtsherum *adv* [round] to the right; **etw ~ drehen** to turn sth clockwise

Rẹchtshilfe *f* JUR legal assistance [*or* redress]; **kostenlose ~** [free] legal aid; **~ leisten** to render legal assistance **Rẹchtshilfeabkommen** *nt* JUR agreement providing for mutual judicial assistance **Rẹchtshilfeersuchen** *nt* JUR request for judicial assistance, letters rogatory **Rẹchtsinhaber(in)** *m(f)* JUR holder of a right, entitled person **Rẹchtsinstitut** *nt* JUR legal institution **Rẹchtsinstrument** *nt* JUR legal instrument **Rẹchtsirrtum** *m* JUR judicial error, error in law **Rẹchtskollision** *f* JUR conflict of laws **Rẹchtskosten** *pl* JUR legal costs **Rechtskraft** *f kein pl* JUR res judicata, legal force; **formelle/materielle ~** non-appealability/res judicata **Rẹchtskraft** *f kein pl* legal force [*or* validity]; **vor ~ des Urteils** before the verdict becomes/became final; **~ erlangen** to become law, to come into force **rẹchtskräftig I.** *adj* having the force of law, legally valid; **~es Urteil** final verdict; ■ **~ sein** to be final; ■ **~ werden** to come into force **II.** *adv* with the force of law; **jdn ~ verurteilen** to pass a final sentence on sb **Rẹchtskraftwirkung** *f* JUR res judicata effect **Rẹchtskraftzeugnis** *nt* JUR certificate of indefeasibility **Rẹchtskunde** *f* legal studies *pl* **rẹchtskundig** *adj* familiar with [*or* versed in] the law *pred* **Rẹchtskurve** [-və] *f* right-hand bend; **eine ~ machen** to [make a] bend to the right **Rẹchtslage** *f* legal position [*or* situation] **rẹchtslastig** *adj* ❶ (*rechts zu sehr belastet*) **ein ~es Fahrzeug** a vehicle down at the right; **ein ~es Boot** a boat listing to the right [*or* starboard] ❷ POL (*pej*) rightist, right-wing **Rẹchtslastigkeit** <-> *f kein pl* POL right-wing tendency **rẹchtsläufig** *adj inv* running from left to right **Rẹchtslenker** <-s, -> *m* AUTO right-hand drive vehicle **Rẹchtslücke** *f* JUR deficiency [*or* gap] in the law **Rẹchtsmangel** *m* JUR deficiency in title **Rẹchtsmängelhaftung** *f* JUR warranty of title, liability for sound title **Rẹchtsmedizin** *f* forensic [*or* legal] medicine, medical jurisprudence

Rẹchtsmissbrauch[RR] *m* JUR abusive exercise of a right, abuse of the law

Rẹchtsmittel *nt* means of legal redress; JUR right of appeal; **[gegen etw] ein ~ einlegen** to lodge an appeal [against sth] **Rẹchtsmittelantrag** *m* JUR application to institute appeal proceedings **Rẹchtsmittelbegründung** *f* JUR appellant's brief to support the appeal **Rẹchtsmittelbelehrung** *f* instruction on rights of redress [*or* appeal] **Rẹchtsmitteleinlegung** *f* JUR lodging an appeal **Rẹchtsmittelfrist** *f* JUR period allowed for appeal **Rẹchtsmittelführer** *m* JUR appellant **Rẹchtsmittelinstanz** *f* JUR court of appeal, appellate court **Rẹchtsmittelrichtlinien** *pl* JUR appeal rules **Rẹchtsmittelschrift** *f* JUR petition for review (*appellant's pleadings supporting their appeal*) **Rẹchtsmittelverfahren** *nt* JUR appellate proceedings *pl* **Rẹchtsmittelverzicht** *m* JUR waiver of legal remedy

Rẹchtsnachfolge *m* JUR legal succession, succession in title **Rẹchtsnachfolger(in)** *m(f)* legal successor, assign[ee] *spec* **Rẹchtsnachteil** *m* JUR legal detriment **Rẹchtsnatur** *f* JUR legal nature [*or* status]; **~ der Beschlüsse/des Vertrags** legal status of the decision/contract **Rẹchtsnorm** *f* JUR legal rule, rule of law; **geltende ~en** law of the land **Rẹchtsobjekt** *nt* JUR legal object **Rẹchtsordnung** *f* legal system; **sich** *akk* **an die ~ halten** to observe the law **Rẹchtsperson** *f* JUR legal entity **Rẹchtspersönlichkeit** *f* JUR legal entity [*or* personality]; **Nachweis der ~** proof of legal status **Rẹchtspflege** *f* JUR administration of justice; **Organe der ~** law enforcement officers; **~ ausüben** to administer justice **Rẹchtspfleger(in)** <-s,> *m(f)* JUR registrar, BRIT *a.* master *spec* **Rẹchtspflicht** *f* JUR legal duty [*or* obligation] **Rẹchtspflichtmerkmal** *nt* JUR criterion of legal obligation **Rẹchtspflichtverletzung** *f* JUR infringement [*or* violation] of legal duties **Rẹchtsphilosophie** *f* JUR philosophy of law **rẹchtsprechend** *adj* JUR judicial; **~e Gewalt** judicial power

Rẹchtsprechung <-, *selten* -en> *f kein pl* dispensation of justice **Rẹchtsprechungsorgan** *nt* JUR court

Rẹchtsquellen *pl* JUR sources of the law; **steuerrelevante ~** tax-affecting sources of the law

rẹchtsradikal I. *adj* POL extreme right-wing **II.** *adv* with extreme right-wing tendencies; **~ *eingestellt sein*** to have a tendency to the far-right

Rẹchtsradikale(r) *f(m) dekl wie adj* right-wing extremist

Rẹchtsradikalismus *m kein pl* right-wing radicalism *no pl*

rẹchtsrheinisch I. *adj* to [*or* on] the right of the Rhine
II. *adv* to [*or* on] the right of the Rhine

Rẹchtsruck <-es, -e> *m* POL shift [*or* swing] to the right

rẹchtsrum *adv* (*fam*) *s.* **rechtsherum**

Rẹchtsrutsch *m* POL swing to the right **Rẹchtssache** *f* JUR case, legal matter; **vorliegende ~** case before the court; **eine ~ einer Kammer zuweisen** to assign a case to a court; **eine ~ zu späterer Entscheidung zurückstellen** to postpone a case for decision at a later date **Rẹchtsschein** *m* JUR colour [*or* AM -or] of law, prima facie entitlement **Rẹchtsscheinhaftung** *f* JUR prima facie liability **Rẹchtsscheinsanspruch** *m* JUR colourable [*or* AM -or-] title **Rẹchtsschöpfung** *f* lawmaking, creation of laws; **~ durch die Gerichte** judicial lawmaking

Rẹchtsschutz *m kein pl* JUR legal protection, protection of the law; **gewerblicher ~** protection of industrial property; **umfassender ~** comprehensive legal protection; **vorläufiger ~** temporary relief **Rẹchtsschutzbedürfnis** *nt* JUR legitimate interest to take legal action **Rẹchtsschutzbegehren** *nt* JUR petition for relief by the court **Rẹchtsschutzgarantie** *f* JUR guarantee [*or* assurance] of legal protection **Rẹchtsschutzinteresse** *nt* JUR legitimate interest in the proceedings **Rẹchtsschutzversicherung** *f* legal costs [*or* expenses] insurance

rẹchtsseitig I. *adj* MED of [*or* on] the right[-hand] side; **~e Armamputation** amputation of the right arm; **~e Blindheit/Lähmung** blindness in the right eye/paralysis of the right side **II.** *adv* on the right side; **~ gelähmt sein** to be paralysed [*or* AM -yzed] down the/one's right side **Rẹchtssetzung** *f* JUR legislation, lawmaking **rẹchtssicher** *adj* JUR legally secure **Rẹchtssicherheit** *f kein pl* JUR legal security, certainty of justice **Rẹchtsstaat** *m* state under [*or* founded on] the rule of law **rẹchtsstaatlich** *adj* founded on the rule of law *pred* **Rẹchtsstaatlichkeit** *f kein pl* rule of law *no pl, no indef art*

Rẹchtsstaatsgefährdung *f* JUR endangering the constitutional state **Rẹchtsstaatsprinzip** *nt* JUR principle of the due course of law **Rẹchtsstellung** *f* JUR legal position [*or* status]; **~ gegenüber Dritten** legal position vis-à-vis third parties **Rẹchtsstreit** *m* litigation, legal proceedings *pl,* lis *spec;* **anhängiger ~** pending action [*or* litigation]; **den ~ führen** to litigate **Rẹchtsstreitigkeit** *f* JUR litigation, legal dispute; **bürgerliche ~en** civil action **Rẹchtssystem** *nt* legal system **rẹchtstheoretisch** *adj* JUR, PHILOS jurisprudential, concerning the theory of law *pred* **Rẹchtstitel** *m* JUR [legal] title **Rẹchtsträger** *m* JUR legal entity, holder of a right **Rẹchtsübergang** *m* JUR subrogation, transfer of a title **Rẹchtsübertragung** *f* JUR transfer [*or* assignment] of a right **Rẹchtsübertretung** *f* JUR infringement of a right

rechtsụm *adv* to the right; **~ *kehrt!*** MIL right about turn! BRIT, about face! AM; **~ kehrtmachen** (*fam*) to turn right [*or* make a right turn]

rẹchtsunfähig I. *adj inv* JUR incapable, legally incapacitated **II.** *adv* JUR legally incapacitated; **jdn für ~ erklären** to incapacitate sb **Rẹchtsunfähigkeit** *f kein pl* JUR [legal] incapacity *no pl* **rẹchtsungültig, rẹchtsunwirksam** *adj inv* JUR [legally] invalid, void; **etw ~ machen** to annul sth **Rẹchtsungültigkeit** *f kein pl,* **Rẹchtsunwirksamkeit** *f* JUR *kein pl* [legal] invalidity *no pl* **Rẹchtsunkenntnis** *f kein pl* JUR ignorance of the law, ignoratia legis **rẹchtsverbindlich** *adj inv* JUR legally binding, binding in law **Rẹchtsverbindlichkeit** *f kein pl* JUR legal force, binding effect **Rẹchtsverdreher(in)** <-s, -> *m(f)* ❶ (*hum fam: Anwalt*) brief *sl,* legal eagle *fam* ❷ (*pej: dubioser Rechtsanwalt*) shyster *fam* **Rẹchtsvereinheitlichung** *f* JUR unification of the law

Rẹchtsverfolgung *f* JUR prosecution [of an action] **Rẹchtsverfolgungspflicht** *f* JUR duty to prosecute an action **Rẹchtsvergleichung** *f* JUR comparison of laws, comparative jurisprudence **Rẹchtsverhältnis** *nt* JUR legal relationship, relation; **vertragliches/vertragsähnliches ~** contractual/quasi-contractual relationship; **hinkende ~se** deficient legal relationships

Rẹchtsverkehr *m* driving on the right *no pl, no indef art*

Rẹchtsverletzung *f* JUR infringement of a right **Rẹchtsverlust** *m* JUR loss of a right **Rẹchtsvermutung** *f* JUR presumption of law **Rẹchtsverordnung** *f* statutory order, legal regulation **Rẹchtsvertreter(in)** *m(f)* JUR legal representative **Rẹchtsverweigerung** *f* JUR refusal [*or* denial] of justice **Rẹchtsverwirkung** *f* JUR forfeiture of a right, estoppel **Rẹchtsverzicht** *m* JUR disclaimer [*or* waiver] of a right **Rẹchtsvorgänger(in)** *m(f)* JUR predecessor in title, legal predecessor **Rẹchtsvorschrift** *f* JUR legal [*or* statutory] provision; **zwingende ~en** binding provisions

Rẹchtswahl *f,* **Rẹchtswahlmöglichkeiten** *pl* JUR choice of law **Rẹchtswahlklausel** *f* JUR choice-of-law clause **Rẹchtswahlvertrag** *m* JUR choice-of-law contract **Rẹchtswahrung** *f* JUR safeguarding of rights **Rẹchtsweg** *m kein pl* legal process; **jdm steht der ~ offen** sb has recourse to legal action [*or* the courts]; **den ~ beschreiten** (*geh*) to take legal action, to go to [the] court[s]; **ordentlicher ~** due course of law; **vorgeschriebener ~**

due process of law **Rechtswegentscheidung** *f* JUR decision as to the course of justice **Rechtsweggarantie** *f* JUR guarantee of access to the courts **rechtswidrig** *adj* illegal, unlawful; **~e Handlung** unlawful action; **~e Tat** unlawful act **Rechtswidrigkeit** *f kein pl* JUR unlawfulness, illegality **rechtswirksam** *adj inv* JUR legally effective, valid; **etw ~ machen** to validate sth **Rechtswirksamkeit** *f* JUR legal validity [*or* force] **Rechtswirkung** *f* JUR legal effect [*or* consequence]; **ohne ~** invalid **Rechtswissenschaft** *f kein pl* (*geh*) jurisprudence *no pl form* **Rechtswohltat** *f* **~ des Zweifels** JUR benefit of doubt **Rechtszug** *m* JUR recourse to legal process
rechtwink(e)lig *adj* right-angled
rechtzeitig I. *adj* punctual; **~ ankommen** to arrive [*or* be] just in time; **~e Anmeldung** to apply in good time BRIT, early [enough] AM **II.** *adv* on time; ***Sie hätten mich ~ informieren müssen*** you should have told me in good time [*or* given me fair [*or* due] warning] **Rechtzeitigkeit** *f* punctuality; **~ der Zahlung** readiness in paying
Reck <-[e]s, -e> *nt* SPORT high [*or* horizontal] bar
Recke <-n, -n> *m* (*geh*) warrior
recken I. *vt* ■**etw [irgendwohin] ~** to stretch sth [somewhere]; **den Hals/Kopf [nach oben] ~** to crane one's neck [upwards]; **seine Glieder ~** to [have a] stretch; **die Faust gegen jdn ~** to raise one's fist to sb
II. *vr* ■**sich** *akk* **[irgendwohin] ~** to stretch [oneself] [somewhere], to have a stretch; ***reck dich nicht so weit aus dem Fenster*** don't lean so far out of the window
Recorder <-s, -> *m* ❶ (*Kassettenrecorder*) cassette recorder
❷ (*Videorecorder*) video [recorder]
recycelbar [ri'saiklbaːɐ] *adj inv* ÖKOL recyclable
recyceln* [ri'saikln] *vt* ■**etw ~** to recycle sth; ■**recycelt werden** to be recycled; ■**recycelt werden können** to be able to be recycled, to be recyclable
Recycling <-s> [ri'saiklɪŋ] *nt kein pl* recycling
recyclinggerecht *adj* recyclable, suitable for recycling **Recyclingpapier** [ri'saiklɪŋ-] *nt* recycled paper
Redakteur(in) <-s, -e> [redak'tøːɐ] *m(f)* editor
Redaktion <-, -en> *f* ❶ (*redaktionelles Büro*) editorial department [*or* office[s]]
❷ (*Mitglieder eines redaktionellen Büros*) editorial staff
❸ *kein pl* (*das Redigieren*) editing
redaktionell I. *adj* editorial; **~e Bearbeitung** editing; ***die ~e Leitung hat Dr. Gerharz*** the editor is Dr. Gerharz
II. *adv* editorially; **etw ~ bearbeiten** [*o* **überarbeiten**] to edit [*or* revise] sth
Redaktionskonferenz *f* editorial conference **Redaktionsleiter(in)** *m(f)* head of the/an editorial department **Redaktionsmitglied** *nt* member of the/an editorial department **Redaktionsschluss**^RR^ *m* time of going to press
Rede <-, -n> *f* ❶ (*Ansprache*) speech; **eine ~ halten** to make a speech; **in freier ~** without notes; **große ~n führen** [*o fam* **schwingen**] to talk big *fam;* **direkte/indirekte ~** LING direct/indirect speech
❷ (*das [miteinander] Sprechen*) talk; **meine/seine/... ~ sein** to be my/his/... opinion; ***das war schon immer meine ~!*** that's what I've always said; **wovon ist die ~?** what's it [all] about?; **von jdm/etw ist die ~** there is talk [*or* mention] of sb/sth; ***es war gerade von dir die ~*** we/they were just talking about you; **die ~ kam auf jdn/etw** the conversation [*or* talk] turned to sb/sth
❸ *pl* (*Äußerungen*) language *no pl;* ***das sind nur ~n*** those are just words, that's just talk
► WENDUNGEN: **[jdm] [für etw] ~ und Antwort stehen** to account [to sb] [for sth]; ***der Minister wollte den Journalisten ~ und Antwort stehen*** the minister wanted to give the journalists a full explanation; **jdn [für etw] zur ~ stellen** to take sb to task [for [*or* about] sth]; **der langen ~ kurzer Sinn** (*prov*) the long and the short of it; **langer Rede kurzer Sinn** (*fam*) in short [*or* a word]; **nicht der ~ wert sein** to be not worth mentioning; ***das ist doch nicht der ~ wert!*** don't mention it!; **davon kann keine ~ sein** that's [*or* it's] out of the question, there can be no question of that
Redefluss^RR^ *m kein pl* flow of words; ***ich musste seinen ~ unterbrechen*** I had to interrupt him in mid-flow **Redefreiheit** *f kein pl* freedom of speech **redegewandt** *adj* (*geh*) eloquent **Redegewandtheit** <-> *f kein pl* eloquence *no pl* **Redekunst** *f kein pl* rhetoric *no pl*
reden I. *vi* ❶ (*sprechen*) to talk, to speak; ■**mit jdm [über jdn/etw] ~** to talk to sb [about sb/sth]; ■**mit sich** *dat* **selbst ~** to talk to oneself; **so nicht mit sich** *dat* **~ lassen** to not let oneself be talked [*or* spoken] to in such a way [*or* like that]; **du hast gut** [*o* **leicht**] **~** it's easy [*or* all very well] for you to talk; **mit jdm zu ~ haben** to need to speak to sb; ***die Chefin hat mit dir zu ~*** the boss would like to have a word with you; *s. a.* **Silber**
❷ (*sich unterhalten*) ■**[miteinander] [über jdn/etw] ~** to talk [about sb/sth] [*or* discuss [sb/sth]] [together]; ***über manche Themen wurde zu Hause nie geredet*** some topics were never discussed at home; ■**das Reden** talk; **~ wir nicht mehr davon** [*o* **darüber**] let's not talk [*or* speak] about it any more; **~ *Sie doch nicht!*** (*fam*) come off it! *fam;* **genug geredet** enough talk[ing]; *s. a.* **Wand**
❸ (*Gerüchte verbreiten*) ■**[über jdn/etw] geredet werden** to be said [of sb/sth], there is talk [about sb/sth]; ***es wird bereits über dich geredet*** you are already being talked about; ■**über jdn/etw ~** to talk about sb/sth
❹ (*eine Rede halten*) to speak; ■**über etw** *akk* **~** to speak about [*or* on] sth
❺ (*ausdiskutieren, verhandeln*) to talk, to discuss; **über etw** *akk* **lässt** [*o* **ließe**] **sich** *akk* **~** we can discuss sth; ***darüber lässt sich ~*** that's a possibility, we can certainly discuss that; **über etw** *akk* **lässt** [*o* **ließe**] **sich** *akk* **eher ~** to be more like it; **mit sich** *dat* **[über etw** *akk***] ~ lassen** (*sich umstimmen lassen*) to be willing to discuss [sth] [*or* open to persuasion]; (*mit sich verhandeln lassen*) to be open to offers; **nicht mit sich** *dat* **[über etw** *akk***] ~ lassen** (*bei seiner Entscheidung bleiben*) to be adamant [about sth]
❻ (*sl: etw verraten, gestehen*) to talk, to come clean *fam;* **jdn zum R~ bringen** to make sb talk; ***nun red' schon, was hat er gesagt?*** come on, spill the beans, what did he say? *fam*
► WENDUNGEN: **das ist ja mein R~** (*fam*) that's what I've been saying; **[viel] von sich** *dat* **~ machen** to be[come] [very much] a talking point; ***der Film, der so viel von sich ~ macht, hält nicht, was er verspricht*** the film which everyone is talking about doesn't live up to expectations
II. *vt* ❶ (*sagen*) ■**etw ~** to talk [*or* say] sth; **Unsinn** [*o fam* **Blödsinn**] **~** to talk nonsense; ***ich möchte gerne hören, was ihr redet*** I'd like to hear what you're saying; *s. a.* **Seele, Wort**
❷ (*klatschen*) ■**[über jdn/etw] geredet werden** to be said [about sb/sth]; ***es wird schon über uns geredet*** we're being talked about; ■**etw [über jdn/etw] ~** to say sth [about sb/sth]
III. *vr* (*sich durch Reden in einen Zustand steigern*) ■**sich** *akk* **in etw** *akk* **~** to talk oneself into sth; **sich** *akk* **in Rage/Wut ~** to talk oneself into a rage/fury; **sich** *akk* **in Begeisterung ~** to get carried away with what one is saying; **sich** *akk* **heiser ~** to talk oneself hoarse
Redensart *f* ❶ (*feststehender Ausdruck*) expression; ***das ist nur so eine ~*** it's just a figure of speech; **eine feste** [*o* **stehende**] **~** *a. pej* a stock phrase
❷ *pl* (*pej: leere Versprechung*) empty words [*or* talk]
Redenschreiber(in) *m(f)* speech writer
Redeschwall <-[e]s> *m kein pl* (*pej*) torrent of words **Redeverbot** *nt* ban on speaking; **jdm ~ erteilen** to ban sb from speaking **Redeweise** *f* manner [*or* style] of speaking **Redewendung** *f* idiom, idiomatic expression **Redezeit** *f* time [allotted] for speaking [*or* talking]; **die ~ auf 5 Minuten begrenzen** [*o* **festsetzen**] to restrict speakers to 5 minutes; ***Ihre ~ ist abgelaufen*** your time [for speaking] has run out
redigieren* *vt* ■**etw ~** to edit sth
rediskontfähig *adj inv* FIN rediscountable, eligible for rediscount *pred*
Rediskontierung *f* JUR rediscounting
Rediskontkredit *m* FIN rediscount credit
redlich I. *adj* ❶ (*aufrichtig*) honest, upright
❷ (*sehr groß*) real; ***es kostete mich ~e Anstrengungen, ihn zu überzeugen*** it took a real effort to convince him
II. *adv* really; ***wir werden uns ~ anstrengen müssen*** we'll really have to make an effort
Redlichkeit <-> *f kein pl* honesty *no pl*
Redner(in) <-s, -> *m(f)* speaker, orator *form;* ***ein guter/überzeugender ~ sein*** to be a good/convincing speaker; **kein guter/großer ~ sein** to not be a good speaker/to be no great orator
Rednerbühne *f* platform, rostrum
rednerisch I. *adj* oratorical, rhetorical
II. *adv* oratorically, rhetorically; **~ begabt sein** to be a gifted speaker [*or form* a great orator]
Rednerpult *nt* lectern
Redoxpotenzial^RR^ *nt* CHEM redox potential **Redoxreaktion** *f* CHEM redox reaction
redselig *adj* talkative
Redseligkeit <-> *f kein pl* talkativeness *no pl*
Reduktion <-, -en> *f* (*form*) reduction, diminution
Reduktionsmittel *nt* CHEM, PHYS reducing agent **Reduktionsteilung** *f* BIOL reductional division
redundant *adj inv* (*geh*) redundant
Redundanz <-, -en> *f* LING redundancy *no pl*
Reduplikation *f* LING reduplication
reduzierbar *adj inv* ■**auf etw** *akk* **~ sein** to be reducible to sth
reduzieren* *vt* ■**etw ~** to reduce sth
reduziert I. *pp und 3. pers. sing von* **reduzieren**
II. *adj inv* reduced; **stark ~e Ware** heavily discounted [*or* reduced] product [*or* goods]
Reduzierung <-, -en> *f* reduction; **eine ~ der Kosten** a reduction in costs
Reede <-, -n> *f* NAUT safe anchorage, road[s] [*or* roadstead] *spec;* **auf ~ liegen** to lie in the roads
Reeder(in) <-s, -> *m(f)* shipowner
Reederei <-, -en> *f* shipping company [*or* line]
Reederhaftung *f* JUR liability of shipowners
Reederin <-, -nen> *f fem form von* **Reeder**
reell *adj* ❶ (*tatsächlich*) real; **eine/keine ~e Chance haben** to stand a/no real [*or* fighting] chance
❷ (*anständig*) honest, straight; **ein ~es Angebot** a fair [*or* decent] offer; **ein ~er Preis** a realistic [*or* fair] price; **ein ~es Geschäft** a sound [*or* solid] business
❸ (*fam*) ■**[et]was R~es** the real thing
Reet <-s> *nt kein pl* NORDD (*Ried*) reeds *pl*
Reetdach *nt* thatched roof **reetgedeckt** *adj* thatched
Reexport *m* ÖKON re-export
REFA *f* ÖKON *Akr von* **Verband für Arbeitsgestaltung, Betriebsorganisation und Unternehmensentwicklung** REFA (*Association for Work Design/Work Structure, Industrial Organization and Corporate Development*)
REFA-Fachmann, -frau <-[e]s, -leute *o selten* -männer> *m, f* ÖKON REFA expert
Refektorium <-s, -rien> [-riən] *nt* refectory
Referat[1] <-[e]s, -e> *nt* [seminar] paper; (*in der Schule*) project; **ein ~ [über jdn/etw] halten** to present a paper/project [on sb/sth]
Referat[2] <-[e]s, -e> *nt* ADMIN department
Referendar(in) <-s, -e> *m(f)* *candidates for a higher post in the civil service who have passed the first 'Staatsexamen' and are undergoing practical training;* SCH student [*or* trainee] teacher; JUR articled

R

clerk BRIT
Referendariat <-[e]s, -e> *nt* traineeship; SCH teacher training; JUR [time in] articles BRIT
Referendarin <-, -nen> *f fem form von* **Referendar**
Referendarzeit *f s.* **Referendariat**
Referendum <-s, Referenden *o* Referenda> *nt* POL referendum; **ein ~ abhalten** to hold a referendum
Referent(in) <-en, -en> *m(f)* ❶ (*Berichterstatter*) speaker
❷ ADMIN head of an advisory department; **~ für Medienfragen** expert on media questions
❸ (*Gutachter*) examiner
Referenz <-, -en> *f* ❶ *meist pl* (*Beurteilung*) reference; **gute ~en aufzuweisen haben** to have [*or* be able to show [*or* provide]] good references; **~en über jdn einholen** to check sb's references
❷ (*Person*) referee; **jdn als ~ angeben** to give sb as a reference
❸ LING reference
Referenzliste *f* cross reference listing **Referenzperiode** *f*, **Referenzzeitraum** *m* FIN reference period
referieren* *vi* ■[**über jdn/etw**] ~ to present a paper/give a talk/report [on sb/sth]
Refertilisation <-, -en> *f* MED reverse sterilization, reverse vasectomy
refertilisieren* *vt* ■**jdn/etw** ~ to restore sb's/sth's fertility, to make sb/sth fertile again
refinanzieren* *vt* ÖKON ■**etw** ~ to re-finance sth
Refinanzierung <-, -en> *f* ÖKON refinancing
Refinanzierungsmöglichkeiten *pl* FIN refinancing options
Reflation <-, -en> *f* ÖKON reflation
reflationär *adj inv* ÖKON reflationary
reflektieren* I. *vt* ■**etw** ~ to reflect sth
II. *vi* ❶ (*zurückstrahlen*) to reflect; ■**~d** reflecting, reflective
❷ (*fam: interessiert sein*) ■**auf etw** *akk* ~ to be interested in [*or* have one's eye on] sth
❸ (*geh: kritisch erwägen*) ■[**über**] **etw** *akk* ~ to reflect on [*or* upon] [*or* ponder [on [*or* upon]]] sth
Reflektor <-s, Reflektoren> *m* (*Teleskop*) reflector, reflecting telescope
Reflex <-es, -e> *m* ❶ (*Nervenreflex*) reflex
❷ (*Lichtreflex*) reflection
Reflexbewegung *f* reflex [movement] **Reflexbogen** *m* BIOL, MED reflex arc [*or* circuit] **Reflexhandlung** *f* reflex action
Reflexion <-, -en> *f* ❶ (*das Nachdenken*) reflection
❷ PHYS reflection
reflexiv *adj* LING reflexive
Reflexivpronomen *nt* reflexive pronoun **Reflexivverb** *nt* LING reflexive verb
Reflexotherapie *f* NATURMED reflexology
Reflexzone *f* NATURMED reflex zone **Reflexzonenmassage** *f* reflexology **Reflexzonentherapie** *f* reflex-zone therapy
Reform <-, -en> *f* reform; **~ an Haupt und Gliedern** root-and-branch [*or* total] [*or* wide-reaching] reform; ***dieses Unternehmen braucht eine ~ an Haupt und Gliedern*** this company needs to be reformed, root and branch
reformatio in peius *f* JUR worsening of sentence on appeal
Reformation <-> *f kein pl* ■**die** ~ REL, HIST the Reformation *no pl*
Reformationsfest *nt* ■**das** ~ Reformation Day **Reformationskirchen** *pl* REL Reformed Churches *pl*
Reformator, -torin <-s, -toren> *m, f* ❶ REL Reformer
❷ (*geh*) *s.* **Reformer**
reformatorisch *adj inv* reformational, reformatory; *Eifer* reforming, reformative
reformbedürftig *adj* in need of reform *pred* **Reformbefürworter(in)** *m(f)* advocate of reform **Reformbestrebung** *f* striving for [*or* efforts towards] reform **Reformbewegung** *f* reform movement
Reformer(in) <-s, -> *m(f)* reformer
reformerisch *adj* reforming
reformfreudig *adj* eager for [*or* keen on] reform, welcoming [*or* in support of] reforms **Reformgegner(in)** *m(f)* opponent of reform
Reformhaus *nt* health food shop [*or* AM *usu* store]
reformieren* *vt* ■**etw** ~ to reform sth
reformiert I. *pp und 3. pers. sing von* **reformieren**
II. *adj inv* REL reformed; **R~e Kirche** Reformed Church
Reformierte(r) *f(m) dekl wie adj* REL member of the Reformed Church
Reformismus <-> *m kein pl* POL reformism *no pl*
reformistisch *adj inv* POL reformist
Reformkost *f* health food **Reformkraft** *f meist pl* POL reformists *pl* **Reformpolitik** *f* policy of reform **Reformprozess**[RR] *m* reform process, process of reform **Reformstau** *m* POL blocking of reforms **Reformwerk** *nt* POL series of reforms **reformwillig** *adj* willing to countenance reform *form* [*or* accept change]
Refrain <-s, -s> [re'frɛ̃:, rə-] *m* chorus, refrain
Refraktion <-, -en> *f* PHYS refraction
Refraktor <-s, Refraktoren> *m* (*Fernrohr*) refractor, refracting telescope
Refugium <-s, -gien> [-giən] *nt* (*geh*) refuge
Regal <-s, -e> *nt* shelves *pl*, shelving *no pl, no indef art*, rack; **etw aus dem ~ nehmen** to take sth off [*or* from] the shelf; **etw ins ~ zurückstellen** to put sth back on the shelf; **in/auf dem ~ stehen** to stand on the shelf
Regalfläche *f* ÖKON shelf space **Regalschild** *nt* ÖKON shelf wobbler
Regatta <-, Regatten> *f* regatta
Reg. Bez. *m Abk von* **Regierungsbezirk**
rege I. *adj* ❶ (*lebhaft*) lively; **~ Anteilnahme/Beteiligung** active interest/participation [*or* involvement]; **~*r Betrieb*** brisk trade; ***um 16 Uhr 30 herrscht ein ~r Verkehr*** traffic is very busy at 4.30; *s. a.* **Fantasie**
❷ (*rührig*) active; **ein ~r Geist** a lively soul; ■[**noch**] **~ sein** to be [still] active
❸ (*wach*) ■**in jdm ~ werden** to be awakened in sb
II. *adv* actively; **~ besucht werden** to be well attended
Regel[1] <-, -n> *f* ❶ (*Vorschrift*) rule, regulation
❷ (*Norm*) rule; ***eine ungeschriebene ~*** an unwritten rule
❸ (*Gewohnheit*) rule; **sich** *dat* **etw zur ~ machen** to make a habit [*or* rule] of sth; [**jdm**] **zur ~ werden** to become a habit [with sb]; **in der ~, in aller ~** as a rule
▶ WENDUNGEN: **keine ~ ohne Ausnahme** (*prov*) the exception proves the rule *prov*; **nach allen ~n der Kunst** with all the tricks of the trade; **etw nach allen ~n der Kunst erklären** to explain sth inside out [*or* thoroughly]; **jdn nach allen ~n der Kunst betrügen** to utterly deceive sb, to take sb for a ride *fam*
Regel[2] <-> *f kein pl* (*Menstruation*) period; ***meine ~ ist seit zehn Tagen ausgeblieben*** I'm [*or* my period is] ten days overdue; **seine ~ haben/bekommen** to have/get one's period
Regelarbeitszeit *f* core time
regelbar *adj* ❶ (*regulierbar*) adjustable
❷ (*zu regeln*) able to be sorted out; **eine nicht leicht ~e Frage** a question that cannot be easily settled
Regelblutung *f* menstruation
Regelfall *m kein pl* rule, norm; **im ~** as a rule; **der ~ sein** to be the rule; **die Ausnahme und nicht der ~ sein** to be the exception and not the rule
Regelkreis *m* BIOL closed-loop control circuit
regellos *adj* disorderly; (*unregelmäßig*) irregular; **ein ~es Durcheinander** a disorderly mess, a confused muddle; **in ~er Folge** at irregular intervals
regelmäßig I. *adj* ❶ (*ebenmäßig*) regular, well-proportioned
❷ (*in zeitlich gleicher Folge*) regular
❸ (*immer wieder stattfindend*) regular, persistent
II. *adv* ❶ (*in gleichmäßiger Folge*) regularly
❷ (*immer wieder*) always
Regelmäßigkeit <-> *f kein pl* ❶ (*Ebenmaß*) regularity, even proportions *pl*
❷ (*das regelmäßige Stattfinden*) regularity
regeln I. *vt* ■**etw** ~ ❶ (*in Ordnung bringen*) to settle [*or* see to] sth, to sort sth out; **ein Problem ~** to resolve a problem; ■**sich ~ lassen** to be able to be settled; ***mit etwas gutem Willen lässt sich alles ~*** everything can be sorted out with a bit of goodwill
❷ (*festsetzen*) to arrange sth; ***wie ist die gleitende Arbeitszeit in eurer Firma geregelt?*** how is flexitime arranged [*or* set up] in your company?
❸ (*regulieren*) to regulate [*or* control] sth
❹ JUR **etw außergerichtlich ~** to settle sth out of court; **etw gesetzlich ~** to lay sth down by law; **etw gütlich ~** to settle sth amicably; **etw vertraglich ~** to stipulate sth in writing [*or* by contract]
II. *vr* ■**sich** [**von selbst**] ~ to sort itself out, to take care of itself
regelrecht I. *adj* (*fam: richtiggehend*) proper, real; **eine ~e Schlägerei** a regular brawl; **eine ~e Frechheit** a downright [*or* an utter] cheek
II. *adv* (*fam: richtiggehend*) really; **jdn ~ zur Schnecke** [*o derb* SÜDD **Sau**] **machen** to give sb a good dressing down [*or* BRIT *a.* a real carpeting]; **~ betrunken sein** to be well and truly plastered
Regelsatz *m* ADMIN *basic rate for the calculation of employer's contribution set by the Länder* **Regelsatzsteuer** *f* ADMIN (*selten*) basic [*or* standard] tax rate **Regelsatzverordnung** *f* JUR *ordinance on regular maintenance payment amounts* **Regelschmerzen** *pl* period pains *pl* **Regelstörungen** *pl* irregularities in one's menstrual cycle **Regelstudienzeit** [-diən-] *f* SCH *number of terms prescribed for the completion of a course* **Regelsystem** *nt* TECH control system
Regelung <-, -en> *f* ❶ (*festgelegte Vereinbarung*) arrangement; (*Bestimmung*) ruling; JUR regulation, ruling
❷ *kein pl* (*das Regulieren*) regulation, control
Regelungstechnik *f kein pl* control engineering *no pl* **Regelwerk** *nt* set of rules and regulations **Regelwiderstand** *m* control resistance, variable resistor
regelwidrig I. *adj* SPORT against the rules *pred*, contrary to the regulations *pred*
II. *adv* against the rules; **~ spielen** [*o* **sich** *akk* **~ verhalten**] to play dirty *fam*, to foul
Regelwidrigkeit *f* breach of the rules [*or* regulations]
regen *vr* ■**sich** *akk* ~ ❶ (*sich bewegen*) to move, to stir; *s. a.* **Lüftchen, Segen**
❷ (*sich bemerkbar machen*) to stir; **jede sich ~de Opposition** every stirring [*or* whisper] of opposition
Regen <-s, -> *m* rain; ***sicher bekommen wir bald ~*** we are sure to get rain soon; **saurer ~** acid rain; **bei** [*o* **in**] **strömendem ~** in [the] pouring rain
▶ WENDUNGEN: **vom ~ in die Traufe kommen** [*o* **geraten**] (*prov*) to jump out of the frying pan into the fire *prov*; **ein warmer ~** (*fam*) a windfall; **jdn im ~ stehen lassen** (*fam*) to leave sb in the lurch
regenarm *adj* dry, with low precipitation *spec*, low rainfall *attr*
Regenbö(e) *f* rain squall
Regenbogen *m* rainbow
Regenbogenfarben *pl* colours [*or* AM -ors] *pl* of the rainbow; **in allen ~ schillern** to shimmer iridescently, to shine like all the colours of the rainbow **Regenbogenforelle** *f* ZOOL rainbow trout **Regenbogenhaut** *f* ANAT iris **Regenbogenpresse** *f* gossip magazines *pl*
Regeneration *f* ❶ (*geh: Erneuerung*) revitalization
❷ BIOL (*Wiederherstellung*) regeneration
regenerativ *adj* regenerative, renewable
regenerieren* I. *vr* ■**sich** *akk* ~ ❶ (*geh: sich erneuern*) to renew one's strength, to recuperate
❷ BIOL (*sich neu bilden*) to regenerate
II. *vt* TECH ■**etw** ~ to reclaim [*or* recover] sth

Regenfall *m* rainfall, [fall of] rain **Regenfallrohr** *nt* BAU downspout **Regenfront** *f* METEO rain front, band of rain **Regengebiet** *nt* area of high precipitation, high rainfall area **Regenguss**^RR *m* downpour **Regenjacke** *f* anorak, cagoule **Regenleiste** *f* AUTO drip molding **Regenmantel** *m* raincoat **Regenpfeifer** *m* ORN plover **Regenplane** *f* tarpaulin, cover **regenreich** *adj* wet, with high rainfall; ■~ **sein** to be wet **Regenrinne** *f s.* **Dachrinne**

Regensburg <-s> *nt* Regensburg

Regenschauer *m* shower [of rain] **Regenschirm** *m* umbrella

Regent(in) <-en, -en> *m(f)* ruler, [reigning] monarch; (*Vertreter des Herrschers*) regent

Regentag *m* day of rain, rainy day **Regentonne** *f* water butt BRIT, rain barrel AM **Regentropfen** *m* raindrop

Regentschaft <-, -en> *f* ❶ (*Herrschaft*) reign ❷ (*Amtszeit*) regency

Regenüberlaufbecken *nt* rainwater overflow-tank

Regenwald *m* rainforest; **tropischer** ~ tropical rainforest **Regenwasser** *nt* rainwater **Regenwetter** *nt* rainy [*or* wet] weather; *s. a.* **Gesicht** **Regenwolke** *f* rain cloud **Regenwurm** *m* earthworm **Regenzeit** *f* rainy season

Reggae <-[s]> [ˈrɛgeː] *m* MUS reggae

Regie <-, -n> [reˈʒiː, reˈʒiːən] *f* FILM, THEAT, TV direction; RADIO production; **jdn mit der ~ für etw beauftragen** to appoint sb [as] the director of sth; ***„~: Alan Parker"*** "Director: [*or* directed by] Alan Parker"; **[bei etw] die ~ haben** [*o* **führen**] to direct [sth], to be the director [of sth]; **unter jds ~, unter der ~ von jdm** under sb's direction [*or* the direction of sb], directed by sb
▸ WENDUNGEN: **in eigener ~** off one's own bat BRIT, on one's own AM; **in** [*o* **unter**] **jds ~** (*geh*) under sb's control

Regieanweisung [reˈʒiː-] *f* stage direction **Regieassistent(in)** *m(f)* assistant director

Regierbarkeit <-> *f kein pl* governability *no pl*

regieren* I. *vi* to rule, to reign; ■**über jdn/etw ~** to rule [*or* reign] over sb/sth; *s. a.* **Bürgermeister**
II. *vt* ❶ POL **ein Land ~** to rule [*or* govern] a country; *Monarch a.* to reign over a country
❷ LING ■**etw ~** to govern sth

Regierung <-, -en> *f* POL ❶ (*Kabinett*) government ❷ (*Herrschaftsgewalt*) rule, reign; **nach der ~ streben** to strive for power; **jdn an die ~ bringen** to put sb into power [*or* office]; **an der ~ sein** to be in power [*or* office]; **die ~ antreten** to take power [*or* office]

Regierungsabkommen *nt* POL governmental agreement **Regierungsanleihe** *f* FIN government loan **Regierungsantritt** *m* coming to power, taking of office; **zum ~** on taking power [*or* office] **Regierungsapparat** *m* POL ❶ (*Gesamtheit der Institutionen*) government machinery ❷ (*Herrschaftssystem*) regime, system of rule **Regierungsausschuss**^RR *m* government committee **Regierungsbank** <-bänke> *f* government benches *pl* **Regierungsbeamte(r)** *f(m) dekl wie adj* government official **Regierungsbeamtin** *f* government official (*female*) **Regierungsbeteiligung** *f* ❶ (*Beteiligung der Regierung an einem Projekt*) government involvement ❷ (*Beteiligung an der Regierung*) involvement [*or* participation] in government **Regierungsbezirk** *m* ≈ region BRIT, ≈ county AM (*primary administrative division of a Land*) **Regierungsbildung** *f* formation of a government **Regierungschef(in)** *m(f)* head of [a/the] government **Regierungsdirektor, -direktorin** *m, f* senior government official **Regierungsentwurf** *m* FIN government bill **Regierungserklärung** *f* government statement **regierungsfähig** *adj inv Mehrheit, Koalition* viable, able to govern **regierungsfeindlich** *adj* anti-government **Regierungsform** *f* form of government; **parlamentarische ~** parliamentary government **Regierungsgeschäfte** *pl* government business *no pl* **Regierungskoalition** *f* POL government coalition **Regierungskommission** *f* government commission **Regierungskonferenz** *f* government conference **Regierungskreise** *pl* government circles *pl* **Regierungskrise** *f* government crisis **Regierungsmaßnahme** *f* POL government measure **Regierungsmitglied** *nt* member of the government **Regierungspartei** *f* ruling [*or* governing] party, party in power **Regierungspolitik** *f* government policy **Regierungspräsident(in)** *m(f) chief administrator of a Regierungsbezirk;* SCHWEIZ *head of a canton government* **Regierungspräsidium** *nt* ≈ regional council BRIT (*highest authority of a Regierungsbezirk*) **Regierungsprogramm** *nt* government programme [*or* AM -am] [*or* agenda] **Regierungspropaganda** *f* government propaganda **Regierungsrat** *m kein pl* SCHWEIZ canton government **Regierungsrat, -rätin** *m, f* senior civil servant **Regierungssitz** *m* seat of government **Regierungssprecher(in)** *m(f)* government spokesperson **Regierungstruppe** *f* government troops *pl* **Regierungsumbildung** *f* cabinet reshuffle **Regierungsvertreter(in)** *m(f)* government representative **Regierungsviertel** *nt* government quarter **Regierungswechsel** *m* change of government **Regierungszeit** *f* period [*or* term] of office **Regierungszuschuss**^RR *m* FIN government grant

Regime <-s, -s> [reˈʒiːm] *nt* (*pej*) regime

Regimegegner(in) *m(f)* opponent of a/the regime **Regimekritiker(in)** *m(f)* critic of the regime, dissident **regimekritisch** *adj* POL dissident

Regiment[1] <-[e]s, -er> *nt* MIL regiment

Regiment[2] <-[e]s, -e> *nt* (*geh: Herrschaft*) rule; **ein ~ führen** to maintain a regime

Regimentsangehörige(r) *m dekl wie adj* member of the regiment **Regimentsfahne** *f* regimental colours [*or* AM -ors] *pl* **Regimentskommandeur** *m* regimental commander

Region <-, -en> *f* region
▸ WENDUNGEN: **in höheren ~en schweben** (*geh*) to have one's head in the clouds

regional I. *adj* regional
II. *adv* regionally; **~ unterschiedlich** [*o* **verschieden**] **sein** to vary [*or* differ] from one region to another [*or* region to region]

Regionalabgabe *f* FIN regional levy **Regionalbörse** *f* regional stock exchange **Regionalfernsehen** *nt* regional television **Regionalfunk** *m* local radio **Regionalliga** *f* SPORT regional league **Regionalplanung** *f* regional planning **Regionalprogramm** *nt* regional programme [*or* AM -am] **Regionalsender** *m* RADIO regional [*or* local radio] station; TV regional channel [*or* station]

Regisseur(in) <-s, -e> [reʒɪˈsøːɐ] *m(f)* FILM, TV, THEAT director; RADIO producer

Register <-s, -> *nt* ❶ (*alphabetischer Index*) index ❷ (*amtliches Verzeichnis*) register ❸ MUS register; (*einer Orgel*) stop ❹ TYPO register; **genaues ~** close [*or* hairline] register
▸ WENDUNGEN: **alle ~ spielen lassen, alle ~ ziehen** to pull out all the stops, to go all out; **andere ~ ziehen** to resort to other methods, to get tough

Registerabschrift *f*, **Registerauszug** *m* JUR extract from the register, certificate of registration **Registereintragung** *f* JUR entry in the register **Registergericht** *nt* JUR court of registration **Registerhalten** <-s> *nt kein pl* TYPO register maintenance **Registerlöschung** *f* JUR cancellation of an entry **Registerpfandrecht** *nt* JUR lien of record **Registersachen** *pl* JUR cases *pl* in a registry court **Registerschnitt** *m* (*Buch*) index tab cut **Registertonne** *f* NAUT register ton **Registervorschrift** *f* JUR registry rule **Registerzwang** *m* JUR compulsory registration

Registrator, Registratorin <-s, Registratoren> *m, f* (*veraltend*) registrar; HANDEL filing clerk

Registratur <-, -en> *f* ❶ ADMIN registry, records office ❷ MUS (*Orgel*) stop

registrieren* I. *vt* ■**etw ~** ❶ (*verzeichnen*) to register sth; (*wahrnehmen*) to note [*or* notice] sth ❷ TECH (*aufzeichnen*) to register sth
II. *vi* (*fam*) ■**~, dass/wie ...** to register that ..., to take note of ...

Registrierkasse *f* cash register

Registrierung <-, -en> *f* registration

Registrierungsland *nt* country of registration **Registrierungspflicht** *f* JUR duty to register

Reglement <-s, -s> [regləˈmãː] *nt* ❶ SPORT rules *pl* ❷ SCHWEIZ (*Vorschriften*) regulations *pl*

reglementieren* *vt* (*geh*) ❶ (*genau regeln*) ■**etw ~** to regulate sth ❷ (*gängeln*) ■**jdn ~** to regiment sb

Reglementierung <-, -en> *f* (*Regulierung*) regulation; (*Bevormundung*) regimentation

Regler <-s, -> *m* ELEK regulator, control; AUTO governor

reglos *adj s.* **regungslos**

Reglosigkeit <-> *f kein pl s.* **Regungslosigkeit**

regnen I. *vi impers* to rain; ■**es regnet** it's raining; ***für den Fall, dass es ~ sollte*** in case it rains, in case it should rain *form;* ■**auf etw** *akk*/**durch etw** *akk* ~ to rain on/through sth; *s. a.* **Strom**
II. *vt* ■**etw ~** to rain down sth; **es regnet Beschwerden/Proteste/Vorwürfe** complaints/protests/accusations are pouring in

regnerisch *adj* rainy

Regress^RR <-es, -e> *m*, **Regreß** <-sses, -sse> *m* JUR recourse, redress; **~ ersuchen** [*o* **geltend machen**] to seek recourse; **ohne ~** without recourse; **jdn [für etw] in ~ nehmen** to have recourse against sb [for sth]

Regressanspruch^RR *m* JUR right of recourse **Regressforderung**^RR *f* JUR claim [*or* demand] for compensation **Regresshaftung**^RR *f* JUR liability to recourse

Regression <-, -en> *f* ❶ (*geh*) regression; **eine Zeit der wirtschaftlichen ~** a time of economic recession ❷ PSYCH regression ❸ GEOL regression ❹ BIOL regression ❺ MATH regression

regressiv *adj inv* ❶ (*geh: rückschrittlich*) regressive ❷ PSYCH regressive ❸ PHILOS regressive ❹ JUR *Forderungen* redressable ❺ LING **~e Assimilation** regressive [*or* anticipatory] assimilation

Regressklage^RR *f* JUR recovery suit, action for recourse **Regresspflicht**^RR *f* JUR liability to recourse **regresspflichtig**^RR *adj* JUR liable for compensation; **jdn [für etw] ~ machen** to make sb liable [for compensation] [for sth] **Regressrecht**^RR *nt* JUR right of recourse

regsam <-er, -ste> *adj* lively, active; **geistig ~ sein** to be mentally alert, to have a lively [*or* an active] mind

Regsamkeit <-> *f kein pl* liveliness *no pl,* alertness *no pl*

regulär I. *adj* ❶ (*vorgeschrieben*) regular; **die ~e Arbeitszeit** normal [*or* regular] working hours; **das ~e Gehalt** the basic salary ❷ (*normal*) normal; **~e Truppen** regular troops, regulars *pl*
II. *adv* normally

Regulator <-s, -en> *m* ❶ (*fig: Regler*) regulator; **als ~ wirken** to act as a regulator, to have a regulating effect ❷ TECH regulator ❸ (*veraltet: Pendeluhr*) regulator ❹ HIST (*Revolutionär in den Südstaaten der USA*) regulator ❺ HIST (*USA: Farmer gegen Viehdiebstahl*) regulator

regulatorisch *adj inv* regulatory

regulierbar *adj* adjustable

regulieren* I. *vt* ❶ (*einstellen*) ■**etw [mit etw] ~** to regulate [*or* adjust] sth [with sth]

❷ (*geh:* [*ein Gewässer*] *begradigen*) ■etw ~ *Bach, Fluss* to straighten sth
II. *vr* ■**sich** *akk* (**von**) **selbst** ~ to regulate itself

Regulierung <-, -en> *f* ❶ (*Einstellung*) regulation, adjustment
❷ (*geh: Begradigung eines Gewässers*) straightening

Regung <-, -en> *f* ❶ (*Bewegung*) movement
❷ (*Empfindung*) feeling; **menschliche** ~ human emotion; ***folge immer der ~ deines Herzens*** always follow the promptings of your heart; **in einer ~ von Mitleid/Wehmut/Zorn** in a fit of compassion/nostalgia/anger

regungslos I. *adj* motionless; *Miene* impassive
II. *adv* motionless; ***sie lag ~ da*** she lay there motionless

Regungslosigkeit <-> *f kein pl* motionlessness, impassivity

Reh <-[e]s, -e> *nt* roe deer

Reha <-> *f kein pl* MED *kurz für* **Rehabilitation** rehab

Rehabilitation <-, -en> *f* ❶ SOZIOL rehabilitation
❷ (*geh*) rehabilitation, vindication

Rehabilitationszentrum *nt* rehabilitation [*or fam* rehab] centre [*or* AM -er]

rehabilitieren* *vt* ❶ SOZIOL ■**jdn** ~ to rehabilitate sb
❷ (*geh*) ■**jdn/etw/sich** ~ to clear [*or form* vindicate] [*or form* rehabilitate] sb/sth/oneself

Rehabilitierung <-, -en> *f s.* **Rehabilitation**

Rehabilitierungsantrag *m* JUR application for discharge **Rehabilitierungsbeschluss**[RR] *m* FIN (*Konkurs*) discharge order **Rehabilitierungsschein** *m* FIN (*Konkurs*) bankrupt's certificate

Rehaklinik *f* MED rehab [clinic] **Rehazentrum** *nt* MED rehab [centre]

Rehbock *m* [roe]buck, stag **Rehbraten** *m* (*Fleisch*) joint of venison; (*gebraten*) roast venison **Rehkalb** *nt* fawn **Rehkeule** *f* haunch of venison **Rehkitz** *nt* roe deer fawn **Rehkuh** *f* doe (*of the roe deer*) **Rehleder** *nt* deerskin **Rehrücken** *m* ❶ KOCHK saddle of venison ❷ (*Kuchen*) *long chocolate-covered cake spiked with almonds* **Rehschlegel** *m* haunch of venison **Rehwild** *nt* JAGD roe deer

Reibach <-s> *m kein pl* (*sl*) hefty profit; [**bei etw**] **einen ~ machen** to make a killing [at [*or* with] sth] *fam*

Reibe <-, -n> *f* grater

Reibebrett *nt* hawk **Reibeisen** *nt* ❶ DIAL (*veraltet: Reibe*) grater; **rau wie ein ~** (*fig fam*) as rough as sandpaper ❷ (*fam: zänkische Frau*) shrew

Reibekuchen *m* KOCHK DIAL (*Kartoffelpuffer*) ≈ potato fritter BRIT, ≈ latke AM (*grated raw potatoes fried into a pancake*) **Reibelaut** *m* LING fricative

reiben <rieb, gerieben> I. *vt* ❶ (*über etw hin- und herfahren*) ■**etw** ~ to rub sth; *s. a.* **Auge, blank, Hand**
❷ (*reibend verteilen*) ■**etw auf etw** *akk*/**in etw** *akk* **reiben** to rub sth onto/into sth
❸ (*durch Reiben entfernen*) ■**etw aus etw** *dat*/**von etw** *dat* ~ to rub sth out of/off sth
❹ (*mit der Reibe zerkleinern*) ■**etw** ~ to grate sth
II. *vr* ❶ (*sich kratzen*) ■**sich** *akk* [**an etw** *dat*] ~ to rub oneself [on [*or* against] sth]; ***die Katze rieb sich an meinen Beinen*** the cat rubbed itself against my legs; ***warum reibst du dich am Rücken?*** why are you rubbing your back?; *s. a.* **wund**
❷ ■**sich** *dat* **etw** ~ to rub one's sth; **sich** *dat* **die Augen/Hände** ~ to rub one's eyes/hands; **sich** *akk* **die Haut/die Hände wund reiben** to chafe one's skin/hands; **sich** *dat* **den Schlaf aus den Augen** ~ (*fig*) to still not be awake [*or* be half asleep]
❸ (*fig: sich mit jdm auseinandersetzen*) ■**sich** *akk* **an jdm** ~ to rub sb up the wrong way; ***ständig ~ sie sich aneinander*** they are constantly rubbing each other up the wrong way, there is always friction between them
III. *vi* ■[**an etw** *dat*] ~ to rub [on sth]; ***die Schuhe ~ an den Zehen*** my shoes are rubbing my toes

Reibereien *pl* (*fam*) friction *no pl;* **es kommt zu ~, es gibt ~** there's friction

Reibfläche *f der Streichholzschachtel* striking surface; *der Reibe* scraping surface **Reibstein** *m* mortar

Reibung <-, -en> *f* ❶ *kein pl* PHYS friction
❷ *pl s.* **Reibereien**

Reibungselektrizität *f kein pl* PHYS frictional electricity *no pl* **Reibungsfläche** *f* ❶ TECH frictional surface ❷ (*Grund zur Auseinandersetzung*) source of friction; **~n bieten** to present sources [*or* be a potential cause] of friction **Reibungskoeffizient** *m* PHYS coefficient of friction **Reibungskraft** *f* frictional force **reibungslos** I. *adj* trouble-free, smooth II. *adv* smoothly; ~ **verlaufen** to run smoothly **Reibungsverlust** *m* frictional loss **Reibungswiderstand** *m* SCI frictional resistance

reich I. *adj* ❶ (*sehr wohlhabend*) rich, wealthy; **aus ~em Haus[e] sein** to be from a wealthy family
❷ (*in Fülle habend*) ■**~ sein an etw** *dat* to be rich in sth; **~ an Erfahrung sein** to have a wealth of experience; **~ an Bodenschätzen sein** to be rich in minerals [*or* mineral resources]
❸ (*viel materiellen Wert erbringend*) wealthy; **eine ~e Erbschaft** a substantial inheritance; **eine ~e Heirat** a good catch; (*viel ideellen Wert erbringend*) rich
❹ (*kostbar*) costly; *Schmuck* expensive
❺ (*ergiebig*) rich; *Ernte* abundant; *Ölquelle* productive; *Mahlzeit* sumptuous, lavish; *Haar* luxuriant
❻ (*vielfältig*) rich, wide; *Möglichkeiten* rich; *Auswahl/Wahl* wide, large; *Bestände* copious; *Leben* varied
❼ (*viel von etw enthalten*) rich; ***dieser Saft ist ~ an Vitaminen*** this juice is rich in [*or* full of] vitamins; *s. a.* **Maß**
II. *adv* ❶ (*reichlich*) richly; **jdn ~ belohnen** to reward sb richly [*or* well], to give sb a rich reward; **jdn ~ beschenken** to shower sb with presents
❷ (*mit viel Gelderwerb verbunden*) **~ erben/heiraten** to come into/marry into money; **~ begütert** very well-off
❸ (*reichhaltig*) richly; **~ ausgestattet/geschmückt/illustriert** richly [*or* lavishly] furnished/decorated/illustrated

Reich <-[e]s, -e> *nt* ❶ (*Imperium*) empire; **das ~ Gottes** the Kingdom of God; **das ~ der Mitte** (*geh: China*) the Middle Kingdom; **das ~ der Schatten** (*liter*) the realm of shades *liter,* the underworld; **das ~ der Finsternis** the realm of darkness; **das Dritte ~** HIST the Third Reich; **das Großdeutsche ~** HIST the Greater German Reich, Greater Germany; **das Römische ~** HIST the Roman Empire; **das „Tausendjährige ~"** REL the "Thousand-year Reich"
❷ (*Bereich*) realm; ***das ist mein eigenes ~*** that is my [very] own domain; **das ~ der aufgehenden Sonne** (*geh*) the land of the rising sun; **das ~ der Frau/des Kindes/des Mannes** the woman's/man's/child's realm; **das ~ der Gedanken/der Träume** the realm of thought/of dreams

Reiche(r) *f(m) dekl wie adj* rich man/woman; **die ~n** the rich [*or* wealthy] [people]

reichen I. *vi* ❶ (*ausreichen*) to be enough [*or* sufficient]; ***die Vorräte ~ noch Monate*** the stores will last for months still; ■**es reicht** [**jdm**] that's enough [for sb]; ***noch etwas Püree? – danke, es reicht vollauf*** fancy any more mash? – no thanks, this plenty
❷ (*genug sein*) ■**es reicht** it's enough; ***es müsste eigentlich ~*** it really ought to be enough; **damit es reicht ...** for it to be enough ...; ■**es reicht** [**jdm**], **dass/wenn ...** it's enough [for sb] that/if ...; ***muss es jetzt sein, reicht es nicht, wenn ich es morgen mache?*** does it have to be now, won't tomorrow do?
❸ (*überdrüssig sein*) ■**etw reicht jdm** sth is enough for sb; ***mir reicht's!*** that's enough for me!, I've had enough!; ***es hat ihm einfach gereicht*** he had simply had enough; ***solche ständigen Frechheiten hätten mir schon lange gereicht*** if that was me, I wouldn't have put up with such cheek for all that time; ■**es reicht** [**jdm**], **dass/wie ...** it's enough [for sb] that/how ...; ***langsam reicht es mir, wie du dich immer benimmst!*** I'm beginning to get fed up with the way you always behave!; **jetzt reicht's** [**mir**] [**aber**]! [*o* **endlich**], **mir reicht's jetzt** [**aber**]! [right, [*or* AM all right,]] that's enough!, that's the last straw!
❹ (*sich erstrecken*) ■**bis zu etw** *dat*/**über etw** *akk* ~ to reach to sth/over sth; ***das Kabel reicht nicht ganz bis zur Steckdose*** the lead doesn't quite reach to the plug; ***das Seil reicht nicht ganz bis nach unten*** the rope doesn't quite reach the bottom; ***die Ärmel ~ mir nur bis knapp über die Ellenbogen*** the sleeves only just reach over my elbows; ***meine Ländereien ~ von hier bis zum Horizont*** my estates stretch from here to the horizon; *s. a.* **Auge**
❺ (*gelangen*) ■[**mit etw**] **bis irgendwohin ~** to reach somewhere [with sth]; ***wenn ich mich strecke, reiche ich mit der Hand gerade bis oben hin*** if I stretch I can just reach the top; ***ich reiche nicht ganz bis an die Wand*** I can't quite reach the wall
II. *vt* (*geh*) ❶ (*geben*) ■**jdm etw** ~ to give [*or* hand] [*or* pass] sb sth; ***würdest du mir bitte mal das Brot ~?*** would you be so kind as to pass me the bread please?
❷ ■**sich** *dat* [**gegenseitig** [*o geh* **einander**]] **etw** ~ to [each] reach out sth; **sich** *dat* **die Hand zur Begrüßung** ~ to shake hands; **sich** *dat* **die Hand zur Versöhnung** ~ to join hands in reconciliation
❸ (*anbieten*) ■[**jdm**] **etw** ~ to serve [sb] sth

reichhaltig *adj* ❶ (*vielfältig*) wide, large, extensive; *Programm* varied
❷ (*gut bestückt*) *Bibliothek, Sammlung, etc* well-stocked, extensive
❸ (*üppig*) rich; **eine ~e Mahlzeit** a substantial meal

Reichhaltigkeit <-> *f kein pl* ❶ (*Vielfältigkeit*) extensiveness *no pl,* wideness *no pl,* variety
❷ (*Üppigkeit*) richness *no pl*

reichlich I. *adj* large, substantial; *Belohnung* ample; *Trinkgeld* generous; **~es Angebot** ÖKON plentiful supply
II. *adv* ❶ (*überreich*) amply; **~ Geld/Zeit haben** to have plenty of money/time
❷ (*fam: mehr als ungefähr*) over; **~ drei Jahre/fünf Stunden** a good three years/five hours; **um ~ ...** [by] a good ...; ***er hat sich um ~ zwei Stunden verspätet*** he is a good two hours late
❸ (*ziemlich*) rather, pretty

Reichsadler *m* HIST imperial eagle **Reichsbahn** *f* HIST ❶ (*1920–1945*) German National Railway ❷ (*1945–1993*) East German State Railway **Reichsgrenze** *f* HIST imperial German border **Reichshauptstadt** *f* HIST imperial capital, capital of the Reich **Reichskanzler** *m* HIST ❶ (*1871–1918*) Imperial Chancellor ❷ (*1919–1933*) Chancellor of the Republic ❸ (*1933–1945*) Reich Chancellor **Reichskristallnacht** *f* HIST *the night of 9–10 Nov. 1938 on which Nazis in their pogrom against Jews destroyed Jewish property and synagogues in Germany and Austria* **Reichsmark** *f* HIST Reichsmark **Reichspräsident** *m* HIST German President [1919–1934] **Reichsregierung** *f* HIST German government [1919–1945] **Reichsstadt** *f* HIST free city [*or* town] [of the Holy Roman Empire] **Reichstag** *m* ❶ HIST (*vor 1871*) Imperial Diet ❷ HIST (*1871–1945*) Reichstag ❸ ARCHIT (*Gebäude in Berlin*) Reichstag **Reichstagsbrand** *m kein pl* POL (*hist*) burning of the Reichstag **Reichswehr** <-> *f kein pl* HIST ■**die ~** the German army [and navy] [1921–1935]

Reichtum <-[e]s, Reichtümer> *m* ❶ *kein pl* (*große Wohlhabenheit*) wealth; **zu ~ kommen** [*o* **gelangen**] to get rich, to come into money
❷ *pl* (*materieller Besitz*) riches *npl;* **damit kann man keine Reichtümer erwerben** you cannot get rich that way
❸ *kein pl* (*Reichhaltigkeit*) ■**der ~ an etw** *dat*/**von etw** *dat* the wealth [*or* abundance] of sth

Reichweite *f* ❶ (*Aktionsradius, Zugriff*) range; **Geschütze großer ~** long-range guns [*or* artillery]; **außer/in ~ [einer S. *gen*]** out of/within reach [*or* range] [of sth]; **außerhalb/innerhalb der ~ einer S. *gen*** outside the range/within range of sth
❷ RADIO range; **außerhalb/innerhalb der ~** outside the range/within range

reif *adj* ❶ AGR, HORT ripe; ■**~ sein** to be ripe; ■**~ werden** to ripen
❷ BIOL (*voll entwickelt*) mature, fully developed
❸ (*ausgereift*) mature; *Urteil* mature, wise
❹ (*älter*) mature; **eine ~e Persönlichkeit** a mature personality; **im ~[er]en Alter** in one's mature[r] years; **im ~en Alter von ...** at the ripe old age of ...; ***ich bin mehr für ~ere Jahrgänge*** I prefer a more mature vintage [*or* those of a more mature age]
❺ (*fam: im erforderlichen Zustand*) ■**~ für etw sein** to be ready [*or* ripe] for sth; **~ für die Klapsmühle sein** (*pej*) to be ready for the loony bin *pej;* **~ für die Verwirklichung** ready to be put into practice; **~ für die Insel sein** (*aussteigen wollen*) to want to drop out *fam*
❻ (*sl: dran*) ■**~ sein** to be in for it *fam*

Reif[1] <-[e]s> *m kein pl* METEO hoar frost

Reif[2] <-[e]s, -e> *m* (*Armreif*) bracelet, bangle; (*Stirnreif*) circlet

Reife <-> *f kein pl* ❶ (*das Reifen*) *Obst* ripening; (*Reifezustand*) ripeness
❷ (*Abschluss der charakterlichen Entwicklung*) maturity; **mittlere ~** SCH ≈ GCSEs BRIT, ≈ GED AM (*school-leaving qualification awarded to pupils leaving the 'Realschule' or year 10 of the 'Gymnasium'*); **die sittliche ~** moral maturity; *s. a.* **Zeugnis**

reifen I. *vi sein* ❶ AGR, HORT to ripen; BIOL to mature
❷ (*sich charakterlich entwickeln*) to mature; ■**gereift** mature
❸ (*gedeihen*) ■**[zu etw] ~** to mature [*or* develop] [into sth]; *s. a.* **Gewissheit**
II. *vt haben* (*geh: charakterlich entwickeln*) ■**jdn ~** to mature sb; *s. a.* **gereift**

Reifen <-s, -> *m* tyre BRIT, tire AM; **den ~ wechseln** to change the tyre; **runderneuerter ~** retread, BRIT *a.* remould

Reifenbezeichnung *f* AUTO tire [size] denomination **Reifendecke** *f* tyre [*or* AM tire] cover **Reifendruck** *m* tyre [*or* AM tire] pressure **Reifengröße** *f* AUTO tire size [designation] **Reifenpanne** *f* puncture, flat, flat tyre [*or* AM tire] **Reifenprofil** *nt* tread, tyre [*or* AM tire] tread **Reifenschaden** *m* tyre [*or* AM tire] defect [*or* damage], faulty tyre **Reifenwechsel** *m* tyre [*or* AM tire] change

Reifeprüfung *f* SCH (*geh*) *s.* **Abitur** **Reifeteilung** *f* BIOL maturation division **Reifezeit** *f* AGR, HORT ripening time **Reifezeugnis** *nt* SCH (*geh*) *s.* **Abiturzeugnis**

reiflich *adj* (*ausführlich*) thorough, [very] careful; **nach ~er Überlegung** after [very] careful consideration

Reifrock *m* HIST hoop skirt, farthingale dress

Reifung <-> *f kein pl* AGR, HORT ripening; BIOL maturing, maturation

Reigen <-s, -> *m* (*veraltend*) round dance
▸ WENDUNGEN: **den ~ beschließen** (*geh*) to bring up the rear; **den ~ eröffnen** (*geh*) to lead [*or* start] off

Reihe <-, -n> *f* ❶ (*fortlaufende Folge*) row; **arithmetische ~** arithmetic[al] series [*or* progression]; **geometrische ~** geometric[al] series [*or* progression]; **zufällige ~** random order; **in ~n antreten** to line up; **sich *akk* in ~n aufstellen** to line up in rows, to form lines; **aus der ~ treten** to step out of the line; **die ~n schließen** to close ranks; **außer der ~** out of [the usual] order; ***eine außer der ~ erfolgende Zahlung*** an unexpected payment; **der ~ nach** in order [*or* turn]; ***berichten Sie bitte der ~ nach*** please report events in chronological order
❷ (*Menge*) ■**eine ~ von jdm/etw** a number of sb/sth; **eine ~ von zusätzlichen Informationen** a lot of additional information; **eine ganze ~ [von Personen/S. *dat*]** a whole lot [of people/things]; **eine ganze ~ von Beschwerden/Fehlern/Leuten** a whole string of complaints/host of mistakes/list of people
❸ *pl* (*Gesamtheit der Mitglieder*) ranks *npl;* **die ~n lichten sich** (*fig*) the ranks are thinning out
❹ MIL, SCH, SPORT file; **in Reih und Glied** in rank and file; **in Reih und Glied antreten/Aufstellung nehmen** to line up/take up position in formation
▸ WENDUNGEN: **[mit etw] an der ~ sein** [*o* **an die ~ kommen**] to be next in line [for sth]; ***du bist an der ~*** it's your turn; ***ich war jetzt an der ~!*** I was next!; ***ich bin erst morgen mit der Untersuchung an der ~*** I am only due to be examined tomorrow; ***erst sind wir an der ~!*** we're first!; ***jeder kommt an die ~*** everyone will get a turn; **etw auf die ~ kriegen** (*fam: etw kapieren*) to get sth into one's head; (*in Ordnung bringen*) to put sth straight [*or* in order], to get sth together; **aus der ~ tanzen** (*fam*) to step out of line, to be different

reihen I. *vr* ■**sich *akk* an etw *akk* reihen** to follow [after] sth; ***ein Misserfolg reihte sich an den anderen*** one failure followed another
II. *vt* ■**etw auf etw *akk* ~** to string [*or* thread] sth on sth

Reihenfolge *f* order, sequence; **in chronologischer/alphabetischer ~** in chronological/alphabetical order, chronologically, alphabetically

Reihenhaus *nt* terraced [*or* row] house AM **Reihenhaussiedlung** *f* terraced [*or* AM row] house development, estate of terraced houses **Reihenmotor** *m* AUTO in-line engine **Reihenschaltung** *f* ELEK series connection [*or* system] **Reihenuntersuchung** *f* MED mass screening

reihenweise *adv* ❶ (*in großer Zahl*) by the dozen
❷ (*nach Reihen*) in rows [*or* lines]

Reiher <-s, -> *m* heron
▸ WENDUNGEN: **wie ein ~ kotzen** (*derb*) to puke one's guts out *sl*

Reiherente *f* ORN tufted duck

reihern *vi* (*sl*) to puke [*or* spew] [up] *sl*

reihum *adv* in turn; **~ gehen** to go [*or* be passed] round [*or* AM around]; **etw ~ gehen lassen** to pass sth round [*or* AM around]

Reim <-[e]s, -e> *m* ❶ (*Endreim*) rhyme
❷ *pl* (*Verse*) verse[s], poems *pl*
▸ WENDUNGEN: **sich *dat* einen** [*o* **seinen**] **~ auf etw *akk* machen** (*fam*) to draw one's own conclusions about [*or* have one's own opinions on] sth; **sich *dat* einen ~ darauf machen, warum/was ...** to be able to work out [*or* make sense of] why/what ...; **sich *dat* keinen ~ auf etw *akk* machen können** (*fam*) to see no rhyme or reason in [*or* not be able to make head or tail of] sth; **sich *dat* keinen ~ darauf machen können, warum/was ...** to be able to see no rhyme or reason why ..., to not be able to make head or tail of what ...

reimen I. *vr* ■**sich *akk* [auf etw *akk*/mit etw *dat*] ~** to rhyme [with sth]
II. *vt* ■**etw [auf etw *akk*/mit etw *dat*] ~** to rhyme sth [with sth]
III. *vi* to make up rhymes

Reimport ['reʔɪmpɔrt] *m* reimport

reimportieren* *vt* ÖKON ■**etw ~** to reimport sth

rein[1] *adv* (*fam*) get in; ***ich krieg' das Paket nicht in die Tüte ~*** I can't fit [*or* get] the packet into the carrier bag; ***„~ mit dir!"*** "come on, get in!"

rein[2] I. *adj* ❶ (*pur*) pure, sheer; **eine ~e Zeitverschwendung** a pure [*or* complete] waste of time; ***das ist doch ~er Blödsinn!*** that's sheer nonsense!; ***das ist doch der ~ste Unsinn!*** that is the most utter nonsense!; ***das ist die ~e Wahrheit*** that's the plain truth; **der/die/das ~ste ... sein** (*fam*) to be an absolute ...; ***das Kinderzimmer ist der ~ste Schweinestall!*** the children's room is an absolute pigsty!; *s. a.* **Freude, Vergnügen**
❷ (*ausschließlich*) purely; ***das ist ein ~es Industrieviertel*** this is purely an industrial quarter
❸ (*unvermischt*) pure; **~es Gold** pure gold; **~seiden** pure silk
❹ (*völlig sauber*) clean; **eine ~e Umwelt** a clean environment; ■**~ sein/werden** to be/become clean; ***der Kragen ist nicht ganz ~ geworden*** the collar isn't quite clean yet; **etw ~ halten** (*veraltend*) to keep sth clean; ***ich leihe dir mein Auto schon aus, aber nur, wenn du es auch ~ hältst*** I'll lend you my car, but only if you keep it clean; **etw ~ machen** to clean sth; **[irgendwo/bei jdm] ~ machen** [*o* **reinemachen**] to do the cleaning [somewhere/at sb's house]; ***im Haus ist seit Monaten nicht mehr ~ gemacht worden*** no cleaning has been done in the house for months; *s. a.* **Tisch**
❺ (*makellos*) *Teint, Haut* clear
❻ MUS (*unverfälscht*) pure
▸ WENDUNGEN: **etw [für jdn] ins R~e bringen** to clear up sth *sep* [for sb]; **mit sich *dat* [selbst]/etw ins R~e kommen** to get oneself/sth straightened out; **mit jdm/mit sich selbst im R~en sein** to have got things straightened out with sb/oneself; **etw ins R~e schreiben** to make a fair copy of sth
II. *adv* ❶ (*ausschließlich*) purely; **eine ~ persönliche Meinung** a purely personal opinion
❷ MUS (*klar*) in a pure manner; ***der Verstärker lässt die Musik klar und ~ erklingen*** the amplifier reproduces the music in a clear and pure form
❸ (*absolut*) absolutely; **~ alles/gar nichts** (*fam*) absolutely everything/nothing; ***er hat in der Schule ~ gar nichts gelernt*** he has learned absolutely nothing at school

Rein *f* casserole

Reineclaude <-, -n> *f* BOT, HORT *s.* **Reneklode**

Rein(e)machefrau *f* cleaning lady [*or* AM *a.* woman], cleaner BRIT; (*in großen Gebäuden*) custodian AM

Reinemachen <-s> *nt kein pl* (*fam*) cleaning *no pl*

reinerbig *adj* BIOL homozygous

Reinerlös *m s.* **Reingewinn** **Reinertrag** *m* ÖKON net yield

reineweg *adv* (*fam*) absolutely, completely; ***das ist ~ gelogen!*** that's a complete lie

Reinfall *m* (*fam*) disaster; ***„so ein ~, nichts hat geklappt!"*** "what a washout, nothing went right!"; **[mit jdm/etw] einen ~ erleben** to be a disaster; ***„kauf dir das Gerät nicht, du erlebst damit bloß einen ~"*** "don't buy the appliance, it'll just be a disaster"; **ein ~ sein** to be a disaster; ***die neue Mitarbeiterin war ein absoluter ~*** the new employee was a complete disaster

rein|fallen *vi irreg sein* (*fam*) ❶ (*eine schwere Enttäuschung erleben*) ■**[mit jdm/etw] ~** to be taken in [by sb/sth]; ***„ich habe den Versprechungen des Vertreters geglaubt und bin ganz schön reingefallen!"*** "I believed the rep's promises and was completely taken in"
❷ (*hereinfallen, hineinfallen*) ■**[irgendwo] ~** to fall in [somewhere]; ***„geh nicht zu nahe an den Brunnen, sonst fällst du womöglich rein!"*** "don't go too close to the fountain, or you might fall in!"; ***„die Brille ist mir da reingefallen"*** "my glasses have fallen down there"

Reinfektion [reʔɪn-] *f* reinfection

reingehen *vi* (*fam*) to go in

Reingewinn *m* HANDEL clear [*or* net] profit

rein|halten *vt irreg* ■**jdn/etw ~** to keep sb/sth clean [*or* pure] **Reinhaltung** *f kein pl* keeping clean; ***die ~ unserer Umwelt ist eine wichtige Aufgabe*** keeping our environment clean is an important task

rein|hauen (*fam*) I. *vt* (*fam: schlagen*) to bash *fam;* ■**jdm eine ~** to thump [*or* AM sock] sb [one], BRIT *fam a.* to give sb a thump
II. *vi* (*viel essen*) **ordentlich ~** to gorge, BRIT *fam a.* to tuck in

Reinheit <-> *f kein pl* ❶ (*frei von Beimengungen*) purity *no pl*
❷ (*Sauberkeit*) cleanness *no pl;* ***im Gebirge ist die Luft von größerer ~ als in der Stadt*** mountain air is cleaner than [the] air in the city

Reinheitsgebot *nt* [German] beer purity law (*whereby only hops, malt, water, and yeast are permitted to be added in the brewing process*) **Rein-**

heitsgrad *m* CHEM degree of purity
reinigen *vt* ■**etw** ~ to clean sth; ***wann ist dein Anzug zum letzten Mal gereinigt worden?*** when was your suit last [dry-]cleaned?
Reiniger *m* cleaner, cleanser
Reinigung <-, -en> *f* ❶ *kein pl* (*das Reinigen*) cleaning *no pl;* ***auf die ~ ihrer Fingernägel verwendet sie immer viel Zeit*** she always spends a lot of time cleaning her fingernails; ***Müllverbrennungsanlagen müssen nun alle Filter zur ~ der Abluft eingebaut haben*** waste incineration plants must all have filters installed to clean the waste air ❷ (*Reinigungsbetrieb*) cleaner's; **die chemische ~** the dry cleaner's
Reinigungscreme *f* cleansing cream **Reinigungsdiskette** *f* INFORM cleaning diskette **Reinigungskosten** *pl* cleaning costs **Reinigungslotion** *f* cleansing lotion **Reinigungsmaske** *f* purifying mask **Reinigungsmilch** *f* cleansing milk *no pl* **Reinigungsmittel** *nt* cleansing agent
Reinkarnation [re?ɪn-] *f* reincarnation *no pl*
reinkommen *vi* (*fam*) to come in; ***darf ich reinkommen?*** may I come in?
Reinkultur *f* pure culture; **in ~** unadulterated; ***das ist doch hirnverbrannter Blödsinn in ~!*** that is just hare-brained unadulterated nonsense!
rein|legen *vt* (*fam*) ❶ (*hineinlegen*) ■**etw ~** to put sth in sth; ***„leg mir das Geld in die Schublade da rein"*** "put the money in this drawer here for me" ❷ (*hintergehen*) ■**jdn ~** to take sb for a ride; ***er hat mich reingelegt, das Gemälde war gar nicht echt*** he took me for a ride, the picture wasn't genuine
reinlich *adj* ❶ (*sauberkeitsliebend, sauber*) clean; ***Katzen sind ~ere Tiere als Hunde*** cats are cleaner animals than dogs; **ein ~es Zimmer** a clean room ❷ (*klar*) clear; **eine ~e Unterscheidung** a clear distinction
Reinlichkeit <-> *f kein pl* ❶ (*Sauberkeitsliebe*) cleanliness *no pl;* ***Hunde müssen zur ~ erzogen werden*** dogs must be trained to be clean ❷ (*Sauberkeit*) cleanness *no pl*
Reinluftgebiet *nt* pollution-free zone **reinrassig** *adj* thoroughbred; ***mein Golden Retriever ist ein absolut ~es Tier*** my Golden Retriever is a real thoroughbred
Reinraum *m* clean room
rein|reiten *vt irreg* (*fam*) ■**jdn ~** to get sb into a mess, to drop sb in it BRIT *fam*
rein|schneien *vi haben o sein* (*fam*) ❶ (*schneien*) **es schneit rein** the snow's coming in ❷ (*hineingehen*) ■**[irgendwo] ~** to drop in [somewhere] *fam*
Reinschrift *f* fair copy **Reinvermögen** *nt* FIN net assets *pl* [*or* capital] [*or* worth]
reinvestieren* [reɪn-] *vt* FIN ■**etw [in etw** *akk*] ~ to reinvest sth [in sth]
Reinvestition <-, -en> [reɪn-] *f* FIN reinvestment **Reinvestitionsrücklage** *f* FIN reinvestment reserve
rein|waschen *irreg vt* (*exkulpieren*) ■**jdn [von etw] ~** to clear sb [of sth]; ***die Untersuchung hat ihn von allem Verdacht reingewaschen*** the investigation cleared him of all suspicion; ■**sich** *akk* **[von etw] ~** to clear oneself [of sth]
Reinwasser *nt* clean [*or* pure] water
reinweg *adv s.* **reineweg**
rein|würgen *vt* (*fam: widerwillig essen*) ■**[sich** *dat*] **etw ~** to force down sth; **jdm eine[n] ~** (*fig*) to teach sb a lesson
Reinzeichnung *f* final drawing, finished artwork
rein|ziehen *vr irreg* (*sl*) ❶ (*konsumieren*) ■**sich** *dat* **etw ~** to take sth; ***ich ziehe mir erst mal ein kaltes Bierchen rein*** the first thing I'm going to do is have a cold beer ❷ (*ansehen*) to watch sth
Reis[1] <-es, -e> *m* AGR, BOT rice *no pl;* **geschälter/ungeschälter ~** husked/unhusked rice; **grüner/roter/schwarzer ~** green/red/black rice
Reis[2] <-es, -er> *nt* ❶ (*Pfropf-*) scion ❷ (*veraltend geh: dünner Zweig*) sprig, twig
Reisbau <-s> *m kein pl* rice-growing, cultivation of rice **Reisbohne** *f* rice bean **Reisbrei** *m* rice pudding
Reise <-, -n> *f* (*längere Fahrt*) journey, voyage; ***wie war die ~ mit dem Zug?*** how was the journey by train?; ***die ~ mit dem Schiff nach Singapur war sehr angenehm*** the voyage by ship to Singapore was very pleasant; ***wir freuen uns auf die nächste ~ an die See*** we're looking forward to our next trip to the seaside; **gute** [*o* **angenehme**] [*o* **glückliche**] **~!** bon voyage!, have a good trip!; **eine ~ wert sein** to be worth going to; ***Prag ist sicher eine ~ wert*** Prague is certainly worth a visit; **auf ~n gehen** to travel; ***endlich kann ich es mir leisten, auf ~n zu gehen*** I can finally afford to travel; **viel auf ~n gehen** to do a lot of travelling [*or* AM traveling]; **die ~ geht nach ...** he/she/we etc. is/are off to ...; ***„du verreist? wohin geht denn die ~?"*** "you're going away? where are you off to?"; **eine ~ machen** to go on a journey; **auf ~n sein, sich** *akk* **auf ~n befinden** (*geh*) to be away; ***„bedauere, der Arzt ist derzeit auf ~n"*** "I'm sorry, the doctor is away at the moment"
► WENDUNGEN: **die letzte ~ antreten** (*euph geh*) to set out on one's final journey *euph;* **wenn einer eine ~ tut, so kann er was erzählen** (*prov*) journeys are full of incidents
Reiseandenken *nt* souvenir **Reiseantritt** *m* start of a/the journey **Reiseapotheke** *f* first aid kit **Reiseautobus** *m* tourist bus [*or* coach], touring bus, motor coach **Reisebedarf** *m* travel requisites *npl,* travelling necessaries *npl* **Reisebegleiter(in)** *m(f)* travelling [*or* AM traveling] companion **Reisebekanntschaft** *f* acquaintance made while travelling **Reisebericht** *m* account of a journey **Reisebeschreibung** *f* description of a journey; (*Buch*) travel account **Reisebilanz** *f* ÖKON balance of payments in tourism **Reisebranche** *f* [the] travel business [*or* trade] **Reisebüro** *nt* travel agency **Reisebürokaufmann, -kauffrau** *m, f* travel agent **Reisebus** *m* coach **Reisedauer** *f* journey time, length of a/the journey **Reisedecke** *f* travelling rug BRIT, lap robe AM **Reiseeindrücke** *pl* travelling impressions *pl* **Reiseerinnerungen** *pl* reminiscenses *pl* of one's travels **reisefertig** *adj* ready to go [*or* leave]; **sich** *akk* **~ machen** to get oneself ready to go [*or* leave] **Reisefieber** *nt kein pl* (*fam*) travel nerves *npl* **Reiseflughöhe** *m* cruising altitude **Reisefreiheit** *f* freedom to travel **reisefreudig** *adj* to like to travel **Reiseführer** *m* travel guide[book] **Reiseführer(in)** *m(f)* courier, guide
Reisegefährte, -gefährtin *m, f* travel[ling] companion; (*Mitreisender*) fellow passenger **Reisegepäck** *nt* luggage **Reisegepäckversicherung** *f* luggage [*or* AM baggage] insurance **Reisegeschwindigkeit** *f* (*geh*) cruising speed **Reisegesellschaft** *f* party of tourists **Reisegewerbekarte** *f* JUR licence for an itinerant trade **Reisegruppe** *f* tourist party **Reisehöhe** *f s.* Reiseflughöhe **Reisejournalist(in)** *m(f)* travel editor **Reisekasse** *f* FIN travel funds *pl* **Reisekleidung** *f* travelling [*or* AM *usu* traveling] clothes *npl* **Reisekoffer** *m* suitcase **Reisekosten** *pl* travelling expenses *pl* **Reisekostenabrechnung** *f* claim for travelling expenses; (*Formular*) claim form for travelling expenses **Reisekostenvorschuss**[RR] *m* FIN travel advance **Reisekostenzuschuss**[RR] *m* travel allowance **Reisekrankheit** *f kein pl* travel [*or* motion] sickness *no pl* **Reisekreditbrief** *m* FIN traveller's letter of credit **Reiseland** *nt* holiday destination **Reiseleiter(in)** *m(f)* courier, guide **Reiselektüre** *f* reading matter for a/the journey **Reiseliteratur** *f* travel books *pl* [*or* literature] **Reiselust** *f* fondness of travel **reiselustig** *adj* fond of travelling; ***meine ~e Schwester war dieses Jahr in Russland*** my sister, who is fond of travelling, has been to Russia this year **Reisemagazin** *nt* travel magazine **Reisemitbringsel** <-s, -> *nt* souvenir **reisemüde** *adj* travel-weary
reisen *vi sein* ❶ (*fahren*) to travel; ***wohin werdet ihr in eurem Urlaub ~?*** where are you going [to] on holiday? ❷ (*abreisen*) to leave ❸ (*als Vertreter unterwegs sein*) to travel as a rep; ***im Mai wird unser Vertreter wieder ~*** our representative will be on the road again in May; ***er reist in Sachen Damenbekleidung*** he travels as a rep selling ladies' clothing
Reisende(r) *f(m) dekl wie adj* passenger; ***alle ~n nach München werden gebeten, sich an Gleis 17 einzufinden*** all passengers for Munich are requested to go to platform 17 **Reisenecessaire** <-s, -s> *nt* sponge bag, washbag, toilet[ries] bag **Reiseomnibus** *m* tourist bus [*or* coach], touring bus, motor coach **Reisepass**[RR] *m* passport **Reisepläne** *pl* travel plans *pl;* **~ schmieden** to make travel plans [*or* BRIT *or form* plans for a journey] **Reiseprospekt** *m* travel brochure **Reiseproviant** *m kein pl* provisions *pl* for the journey **Reiseroute** *f* itinerary **Reiserücktrittsversicherung** *f* travel cancellation insurance **Reisescheck** *m* TOURIST ❶ (*bargeldloses Zahlungsmittel*) travel cheque BRIT, traveler's check AM ❷ (*hist: Berechtigung zu einer Ferienreise*) *certificate issued in the GDR, authorizing the travel to a designated place* **Reiseschreibmaschine** *f* portable typewriter **Reisespesen** *pl* travel expenses *pl*
Reisessig *m* rice vinegar
Reisestecker *m* [travel-]plug **Reisetagebuch** *nt* travel diary **Reisetasche** *f* holdall, travelling [*or* traveling] bag AM **Reiseunterlagen** *pl* travel documents *pl* **Reiseveranstalter(in)** *m(f)* tour operator
Reiseverkehr *m kein pl* holiday traffic *no pl* **Reiseverkehrsbilanz** *f* ÖKON balance of payments in tourism **Reiseverkehrskauffrau** *f fem form von* Reiseverkehrskaufmann travel agent [*or* consultant] **Reiseverkehrskaufmann** <-[e]s, -leute> *m* travel agent [*or* consultant]
Reisevertragsrecht *nt* JUR tourist travel law **Reisevorbereitung** *f meist pl* travel preparations *pl;* **~en treffen** to prepare for a/the journey **Reisewährungen** *pl* FIN traveller's payment media *no pl* **Reisewecker** *m* travelling alarm clock **Reiseweg** *m* route, itinerary **Reisewelle** *f* wave of holiday traffic **Reiseweltmeister** *pl* (*fam*) world champions *pl* in tourism **Reisewetter** *nt* weather for travelling **Reisewetterbericht** *m* holiday weather forecast **Reisezeit** *f* holiday period **Reiseziel** *nt* destination
Reisfeld *nt* paddy [field], rice paddy **Reisflocken** *pl* rice flakes *pl*
Reisig <-s> *nt kein pl* brushwood *no pl*
Reisigbesen *m* besom, AM *a.* twig broom **Reisigbündel** *nt* bundle of brushwood [*or* twigs]
Reiskoch *m* KOCHK rice pudding **Reiskorn** *nt* grain of rice **Reisnudeln** *pl* rice noodles *pl,* rice sticks *pl* **Reispapier** *nt* rice paper **Reisrand** *m,* **Reisring** *m* rice ring
Reißaus *m* **[vor jdm/etw] ~ nehmen** (*fam*) to run away [from sb/sth]; ***die Einbrecher nahmen ~, als die Bullen kamen*** the burglars scarpered when the cops arrived
Reißbrett *nt* drawing-board
Reisschleim *m* rice pudding
Reißen <-s> *nt kein pl* SPORT (*beim Gewichtheben*) snatch
reißen <riss, gerissen> **I.** *vi* ❶ *sein* (*einreißen*) ■**[an etw** *dat*] **~** to tear [at sth]; ***billiges Papier reißt leicht*** cheap paper tears easily; ***alte Hemden können an zerschlissenen Stellen ~*** old shirts can tear at the parts that are worn ❷ *sein* (*zerreißen*) to break, to tear; ***das Seil riss unter dem Gewicht dreier Bergsteiger*** the rope broke under the weight of three climbers; *s. a.* **Geduldsfaden, Strick** ❸ *haben* (*zerren*) ■**an etw** *dat* **~** to pull [on] sth, to tug at sth; ***wütend bellend riss der Hund an seiner Kette*** barking furiously the dog strained at its

lead; ***der Fallschirmspringer muss an dieser Leine*** ~ the parachutist has to pull [on] this cord

❹ *haben* SPORT (*das Reißen betreiben*) to snatch; ▪ **[das] Reißen** snatch; ***das Reißen ist nicht die Stärke dieses Gewichthebers*** the snatch is not one of this weightlifter's strengths

❺ *haben* SPORT (*bei der Übung abwerfen*) ***beim letzten Versuch im Hochsprung darf sie nicht*** ~ she musn't knock the bar off during her final attempt in the high jump; ***an diesem Hindernis hat noch fast jeder Reiter gerissen*** nearly every rider has knocked this fence down

II. *vt haben* ❶ (*runterreißen*) ▪ **etw von etw** ~ to tear sth from sth; ***sie rissen die alten Tapeten von den Wänden*** they tore the old wallpaper off the walls

❷ (*entreißen*) ▪ **etw von jdm** ~ to tear [*or* snatch] sth from sb; ***er riss ihr das Foto aus der Hand*** he snatched the photo out of her hand; ***der Mann wollte ihr das Kind aus den Armen*** ~ the man wanted to tear the child from her arms; ***pass auf, dass der Wind dir nicht den Hut vom Kopf reißt!*** watch out that the wind doesn't blow your hat off [your head]

❸ (*hineinreißen*) ▪ **[sich** *dat*] **etw in etw** *akk* ~ to tear sth in [one's] sth; ***verdammt, ich habe mir ein Loch in die Hose gerissen!*** blast! I've torn a hole in my trousers!

❹ (*willkürlich entnehmen*) ▪ **etw aus etw** ~ to take sth out of sth; ***die Bemerkung ist wahrscheinlich aus dem Zusammenhang gerissen worden*** the comment has probably been taken out of context

❺ (*hinunterreißen*) ▪ **jdn [mit sich** *dat*] **...** ~ to take sb [with one/it]; ***die Lawine riss mehrere der Wanderer mit sich zu Tale*** the avalanche took several of the hikers with it [down] into the valley; *s. a.* **Verderben**

❻ (*unversehens unterbrechen*) ▪ **jdn aus etw** ~ to rouse sb from sth; ***das Klingeln des Telefons riss sie aus ihren Gedanken*** the ringing of the telephone roused her from her thoughts

❼ (*gewaltsam übernehmen*) ▪ **etw an sich** *akk* ~ to seize sth; ***die Revolutionäre wollen die Herrschaft an sich*** ~ the revolutionaries are planning to seize power

❽ (*rasch an sich ziehen*) ▪ **jdn/etw an sich** *akk* ~ to clutch sb/sth to one; ***sie riss die Handtasche an sich*** she clutched her handbag to her

❾ SPORT (*durch Reißen hochbringen*) ▪ **etw** ~ to snatch sth; ***423 kg hat bisher noch kein Gewichtheber gerissen*** no weightlifter yet has been able to snatch 423 kg

❿ SPORT (*abwerfen*) ▪ **etw** ~ to knock down sth *sep*; ***die Reiterin hat eine Latte gerissen*** the rider knocked a pole down

⓫ (*anspringen und totbeißen*) ▪ **etw** ~ to kill sth; ***der Löwe verschlang die Antilope, die er gerissen hatte*** the lion devoured the antilope that it had killed

► WENDUNGEN: **hin und her gerissen sein/ werden** to be torn

III. *vr haben* ❶ (*sich losreißen*) ▪ **sich** *akk* **aus etw** ~ to tear oneself out of sth

❷ (*fam: sich intensivst bemühen*) ▪ **sich** *akk* **um jdn/etw** ~ to scramble to get sb/sth; *s. a.* **gerissen**

Reißen <-s> *nt kein pl* (*veraltend fam*) ache; **das ~ [in etw** *dat*] **haben** sb's sth is aching; ***was stöhnst du so, hast du wieder das ~ im Rücken?*** why are you groaning like that, is your back aching again?

reißend I. *adj* ❶ (*stark strömend*) raging, torrential; **die ~e Strömung** the raging current

❷ (*räuberisch*) rapacious; **ein ~es Tier** a rapacious animal

❸ ÖKON (*fam*) massive; ***die neuen Videospiele finden ~en Absatz*** the new video games are selling like hot cakes

II. *adv* (*fam*) in huge quantities; ***so ~ haben wir bisher noch nichts verkauft*** we've never sold anything in such huge quantities before

Reißer <-s, -> *m* (*fam*) ❶ (*Buch/Film*) thriller

❷ (*Verkaufserfolg*) big seller; ***diese Shorts sind der ~ der Saison!*** these shorts are the season's big sellers

reißerisch I. *adj* sensational

II. *adv* sensationally

Reißfeder *f* ruling pen **reißfest** *adj* tearproof **Reißfestigkeit** *f* tear resistance [*or* strength] **Reißlänge** *f* (*Papier*) tear length **Reißleine** *f* ripcord **Reißnagel** *m* drawing pin BRIT, thumbtack AM

Reisspinat *m* quinoa

Reißprobe *f* (*Papier*) tearing test **Reißschiene** *f* T-square **Reißverschluss**[RR] *m* zip BRIT, zipper AM **Reißverschlussprinzip**[RR] *nt kein pl* TRANSP principle of alternation **Reißverschlusssystem**[RR] *nt* TRANSP system of alternate filtering; **sich** *akk* **nach dem ~ einfädeln** to filter in [alternately] **Reißwolf** *m* TECH ❶ (*industrielles Gerät zum Zerkleinern*) devil ❷ (*Aktenvernichter*) shredder **Reißzahn** *m* fang, carnassial [tooth] *spec* **Reißzwecke** <-, -n> *f* drawing pin

Reistafel *f* rice platter **Reis-Timbale** *f* rice timbale **Reiswaffel** *f* rice cake **Reiswein** *m* rice wine

Reitanzug *m* riding outfit **Reitausrüstung** *f* riding equipment *no pl* **Reitbahn** *f* riding arena

reiten <ritt, geritten> **I.** *vi sein* ❶ (*auf einem Tier*) to ride; ***bist du schon mal geritten?*** have you ever been riding?; ***wissen Sie, wo man hier ~ lernen kann?*** do you know where it's possible to take riding lessons round here?; ▪ **auf etw** *dat* ~ to ride [on] sth; ***bist du schon mal auf einem Pony geritten?*** have you ever ridden a pony?; **im Galopp/Trab** ~ to gallop/trot; ***heute üben wir, im Schritt zu ~*** today we shall practice riding at walking pace; ***die Pferde wurden im Galopp geritten*** the horses were ridden at a gallop; ***das Reiten ist immer ihre ganz große Leidenschaft gewesen*** riding has always been her great passion; ▪ **geritten kommen** to come riding up

❷ (*schaukelnde Bewegungen machen*) ▪ **auf etw** *dat* ~ to ride [on] sth; ***das kleine Mädchen reitet auf ihrem Schaukelpferd*** the little girl is riding her rocking horse; ***„schau mal, da reitet jemand auf dem Dachfirst!"*** "look, there's someone sitting astride the ridge of the roof!"

II. *vt haben* ▪ **etw** ~ to ride sth; ***heute will ich den Rappen ~!*** I want to ride the black horse today; ***sie ritten einen leichten Trab*** they rode at a gentle trot; ***reite nicht solch ein Tempo, ich komme ja gar nicht mehr mit!*** don't ride so fast, I can't keep up any more!; *s. a.* **Boden, Haufen**

Reiter <-s, -> *m* (*Karteireiter*) index-tab

► WENDUNGEN: **spanischer** ~ barbed-wire barricade

Reiter(in) <-s, -> *m(f)* rider; ▪ ~ **sein** to be a rider; ***„Sie sind wohl auch ~in?"*** "I suppose you go riding too?"

Reiterei <-, -en> *f* MIL cavalry *no pl*

Reiterin <-, -nen> *f fem form von* **Reiter**

Reiterstandbild *nt* equestrian statue

Reitgerte *f* riding whip **Reithalle** *f* indoor riding arena **Reithose** *f* riding breeches *npl*, jodhpurs *npl* **Reitkappe** *f* riding cap **Reitlehrer(in)** *m(f)* riding instructor **Reitpeitsche** *f* riding whip [*or* crop] **Reitpferd** *nt* saddle-horse, mount **Reitschule** *f* riding school **Reitsitz** *m* riding position; **im ~** astride **Reitsport** *m kein pl* equestrianism *no pl*, horse-riding *no pl*; ~ **betreiben** to go horse-riding **Reitstall** *m* riding-stable **Reitstiefel** *m* riding-boot **Reitstunde** *f* riding lesson **Reittier** *nt* mount **Reitturnier** *nt* showjumping event **Reitunterricht** *m* riding lessons *pl* **Reitweg** *m* bridle-path

Reiz <-es, -e> *m* ❶ (*Verlockung*) appeal, attraction; **[für jdn] den ~ [einer S.** *gen*] **erhöhen** to add to the appeal [*or* attraction] [of a thing] [for sb]; ***Spannung ist etwas, das den ~ einer S. erhöht*** suspense is something that adds to the appeal of a thing; **[für jdn] einen [o seinen] ~ haben** to appeal [to sb]; ***spazieren gehen hat seinen ~ für Naturliebhaber*** going for a walk appeals to nature lovers; **[auf jdn] einen bestimmten ~ ausüben** to hold a particular attraction [for sb]; ***verbotene Dinge üben auf Kinder immer einen besonderen ~ aus*** forbidden things always hold a special attraction for children; **[für jdn] seinen [o den] ~ verlieren** to lose its appeal [for sb]

❷ (*Stimulus*) stimulus; ***äußere ~e werden über das Nervensystem zum Gehirn befördert*** external stimuli are transmitted to the brain via the nervous system

❸ *pl* (*sl: nackte Haut*) charms *npl*

reizbar *adj* irritable; ▪ **[leicht] ~ sein** to be [extremely] irritable

Reizbarkeit <-> *f kein pl* irritability *no pl*

reizen I. *vt* ❶ (*verlocken*) ▪ **jdn** ~ to appeal to sb, to tempt sb; ***diese Frau reizt mich schon irgendwie*** I'm quite attracted to this woman; ***die Herausforderung reizt mich sehr*** I find this challenge very tempting; ▪ **es reizt jdn, etw zu tun** sb is tempted to do sth

❷ MED (*stimulieren*) ▪ **etw** ~ to irritate sth; ***ätzender Rauch reizt die Lunge*** acrid smoke irritates the lungs

❸ (*provozieren*) ▪ **jdn/ein Tier [zu etw]** ~ to provoke sb/an animal [into sth]; ***reiz ihn besser nicht, er ist leicht aufbrausend*** better not provoke him, he's got a short fuse; ▪ **jdn [dazu] reizen, etw zu tun** to provoke sb into doing sth; *s. a.* **Weißglut**

II. *vi* ❶ (*herausfordern*) ▪ **zu etw** ~ to invite sth; ***der Anblick reizte zum Lachen*** what we saw made us laugh; ***ihre Arroganz reizt zur Opposition*** her arrogance invites opposition

❷ MED (*stimulieren*) to irritate; **zum Husten** ~ to make one cough

❸ KARTEN (*hochtreiben*) to bid; ***will noch jemand ~?*** any more bids?; *s. a.* **hoch**

reizend *adj* ❶ (*attraktiv*) attractive; ***vom Turm aus hat man einen ~en Blick auf das Tal*** you have a delightful view of the valley from the tower

❷ (*iron: unschön*) charming *iron*; **das ist ja ~** that's charming! *iron*; ***was für eine ~e Überraschung!*** what a lovely surprise! *iron*

❸ (*veraltend*) charming, kind; ***Sie haben wirklich einen ~en Mann!*** you really have a charming husband; ***ach, ist die Kleine aber ~!*** oh, what a charming [*or* delightful] little girl!; ***danke, das ist aber sehr ~ von Ihnen*** thank you, that is really very kind of you

Reizgas *m* irritant gas **Reizhusten** *m kein pl* dry cough

Reizker <-s, -> *m* BOT orange agaric

Reizklima *nt* ❶ MED, METEO bracing climate ❷ (*konfliktgeladene Atmosphäre*) tense atmosphere **reizlos** *adj* dull, unattractive **Reizschwelle** *f* ❶ MED, PSYCH stimulus threshold ❷ ÖKON sales resistance **Reizstoff** *m* irritant **Reizstrom** *m* stimulating current **Reizthema** *nt* emotive subject **Reizüberflutung** *f* PSYCH overstimulation *no pl*

Reizung <-, -en> *f* irritation

reizvoll *adj* attractive **Reizwäsche** *f kein pl* (*fam*) sexy underwear *no pl fam* **Reizwort** <-wörter> *nt* emotive word

rekapitulieren* *vt* (*geh*) ▪ **etw** ~ to recapitulate sth

rekeln *vr* ▪ **sich** *akk* **[auf/in etw** *dat*] ~ to stretch out [on/in sth]

Reklamation <-, -en> *f* complaint

Reklamationsabteilung *f* ÖKON (*selten*) complaints department **Reklamationsfrist** *f* JUR time for complaint **Reklamationspflicht** *f* HANDEL duty to file a complaint **Reklamationsrecht** *nt* JUR, HANDEL right of complaint **Reklamationsstelle** *f* HANDEL complaint's department **Reklamationsverfahren** *nt* HANDEL complaints procedure

Reklame <-, -n> *f* ❶ (*Werbeprospekt*) advertising brochure

❷ ÖKON (*veraltend: Werbung*) advertising *no pl*; ***dieses Poster ist eine alte ~ für Nudeln*** this poster is an old advertisement for pasta; **keine gute ~ für jdn sein** to not be a good advert [*or* AM advertisement] for sb; **für jdn/etw ~ machen** to adver-

R

tise [*or* promote] sb/sth; **mit jdm/etw ~ machen** to show off sth/sb *sep;* ***mit so einer miserablen Leistung lässt sich nicht ~ machen*** a pathetic effort like that is nothing to show off about

Reklamebeilage *f* bumf BRIT, bumph BRIT, stuffer AM **Reklamerummel** *m* (*a. pej fam*) [advertising] hype *also pej fam* **Reklameschild** *nt* advertising sign **Reklametafel** *f* HANDEL advertisement hoarding BRIT, AM billboard **Reklametrick** *m* advertising gimmick

reklamieren* I. *vi* ■**[bei jdm] [wegen etw]** ~ to make a complaint [to sb] [about sth]
II. *vt* ① ÖKON (*bemängeln*) ■**etw [bei jdm]** ~ to complain [to sb] about sth
② (*geh: beanspruchen*) ■**etw [bei jdm]** ~ to claim sth [from sb]
③ (*geh: in Anspruch nehmen*) ■**etw für sich** *akk* ~ to lay claim to sth, to claim sth as one's own [*or* for oneself]; ■**jdn für sich** *akk* ~ to monopolize sb

Rekombination <-, -en> *f* BIOL recombination

Rekonfiguration *f* INFORM reconfiguration

rekonfigurieren *vt* INFORM ■**etw** ~ to reconfigure sth

rekonstruieren* *vt* ■**etw [aus etw]** ~ ① (*nachbilden*) to reconstruct sth [from sth]; ***der Schädel dieses Vormenschen wurde aus Bruchstücken rekonstruiert*** the skull of this primitive man was reconstructed from fragments
② (*modernisieren*) **ein Gebäude** ~ to modernize [*or* renovate] a building
③ (*rückblickend darstellen*) to reconstruct sth [from sth]

Rekonstruktion *f* ① *kein pl* (*das Nachbilden*) reconstruction *no pl*
② *kein pl* (*rückblickende Darstellung*) reconstruction *no pl*
③ (*Modernisierung*) modernization, renovation

Rekonvaleszent(in) <-en, -en> [-va-] *m(f)* convalescent

Rekonvaleszenz <-> [-va-] *f kein pl* (*geh*) convalescence *no pl*

Rekord <-s, -e> *m* record; ***gratuliere, Sie sind ~ geschwommen!*** congratulations, you've swum a record time; ***die Besucherzahlen stellten alle bisherigen ~e in den Schatten*** the number of visitors has beaten all previous records; **ein trauriger ~** a poor showing; *s. a.* **aufstellen, brechen, halten**

Rekordbesuch *m* record attendance [*or* number of visitors]

Rekorder <-s, -> *m* ① (*Kassettenrekorder*) cassette recorder
② (*Videorekorder*) video [recorder]

Rekordergebnis *nt* record result **Rekordgewinn** *m* HANDEL record profit; **einen ~ erzielen** to notch up a record profit **Rekordhalter(in)** <-s, -> *m(f)* SPORT record-holder **Rekordhoch** *nt* record high **Rekordinhaber(in)** *m(f)* record holder **Rekordjahr** *nt* record year **Rekordleistung** *f* record [performance] **Rekordmarke** *f* ① SPORT (*bestehender Rekord*) record; ***der Sprung ging über die bisherige ~ von 8,49 m*** the jump beat the previous record of 8.49 m ② (*Höchststand*) record level; ***die Absätze haben eine ~ erreicht*** sales have reached record levels **Rekordtief** *nt* record low **Rekordverlust** *m* ÖKON record loss **Rekordverschuldung** *f* record debt[s] **Rekordversuch** *m* attempt at the record **Rekordweite** *f* record distance **Rekordzahlen** *pl* record numbers *pl* **Rekordzeit** *f* record time; **in ~** in record time

Rekrut(in) <-en, -en> *m(f)* MIL recruit

rekrutieren* I. *vt* ■**jdn** ~ to recruit sb
II. *vr* ■**sich aus etw** ~ to consist of sth

Rekrutierung <-, -en> *f* recruitment *no pl*

Rekrutin <-, -nen> *f fem form von* **Rekrut**

Rekta *pl von* **Rektum**

Rektakonnossement *nt* HANDEL straight bill of lading

rektal *adj* (*geh*) rectal

Rektapapier *nt* FIN nonnegotiable instrument

Rektawechsel *m* FIN nonnegotiable bill of exchange

Rektion <-, -en> *f* LING government

Rektor, Rektorin <-s, -toren> *m, f* SCH ① (*Repräsentant einer Hochschule*) vice-chancellor BRIT, president AM
② (*Leiter einer Schule*) head teacher BRIT, principle AM

Rektorat <-[e]s, -e> *nt* SCH ① (*Amtsräume: Universität*) vice-chancellor's office BRIT, vice-president's office AM; (*Schule*) head teacher's study BRIT, principle's office AM
② (*Amtszeit: Universität*) vice-chancellor's [*or* AM vice-president's] term of office; (*Schule*) headship BRIT

Rektorin <-, -nen> *f fem form von* **Rektor**

Rektum <-s, Rekta> *nt* (*geh*) rectum

Rekultivierung <-, -en> *f* AGR recultivation

rekuperativ *adj inv* BAHN **~es Bremsen** regenerative braking

rekurrieren* *vi* SCHWEIZ ■**[gegen etw]** ~ (*Beschwerde einlegen*) to register a complaint [against sth]; (*Berufung einlegen*) to appeal [against sth]

Relais <-, -> [rəˈlɛː] *nt* ELEK relay

Relaisstation [rəˈlɛː-] *f* TELEK relay station

Relation <-, -en> *f* (*geh*) ① (*Verhältnismäßigkeit*) appropriateness *no pl*, proportion; ***Sie müssen die ~ im Auge behalten*** you must keep a sense of proportion; ***58 DM für ein Paar Socken? da kann doch die ~ nicht stimmen!*** 58 DM for a pair of socks? the price is out of all proportion!; **in ~ zu etw stehen** to bear relation [*or* be proportional] to sth; ***der Preis eines Artikels muss in ~ zur Qualität stehen*** the price of an item must be commensurate with its quality; **in keiner ~ zu etw stehen** to bear no relation to sth
② (*wechselseitige Beziehung*) relation, relationship; ***diese Phänomene stehen in einer bestimmten ~ zueinander*** there is a certain relationship between these two phenomena

relativ *adj* relative; **ein ~er Wert** a relative value; **alles ist ~** everything is relative; ***ich wohne in ~ er Nähe zum Zentrum*** I live relatively close to the city centre; *s. a.* **Luftfeuchtigkeit, Mehrheit**

relativieren* [-ˈviː-] I. *vt* (*geh*) ■**etw** ~ to qualify sth, to relativize [*or* BRIT *a.* -ise] sth
II. *vi* (*geh*) to think in relative terms; ***das Angebot gilt nur unter bestimmten Voraussetzungen, relativierte er*** he qualified his statement by saying that the offer only applied under certain preconditions

Relativismus <-> *m kein pl* PHILOS relativism *no pl*

Relativität <-, -en> *meist sing f* (*geh*) relativity

Relativitätstheorie <-> [-vi-] *f kein pl* ■**die** ~ the theory of relativity

Relativpronomen *nt* relative pronoun **Relativsatz** *m* relative clause **Relativspringen** *nt* SPORT (*Fallschirmspringen*) formation skydiving, relative work

Relaunch <-s, -es> [riːlɔntʃ] *m* ÖKON (*wirtschaftlicher Neubeginn*) relaunch

relaxen* *vi* to relax

relegieren* *vt* SCH (*geh*) ■**jdn** ~ to expel sb

relevant [-ˈva-] *adj* (*geh*) relevant

Relevanz <-> [-ˈva-] *f kein pl* (*geh*) relevance *no pl;* **von einiger/wenig** ~ of some/little relevance

Relief <-s, -s *o* -e> *nt* ① KUNST (*erhabenes oder vertieftes Bildwerk*) relief
② GEOG (*plastische Nachbildung*) plastic relief model

Reliefbild *nt* TYPO embossed picture **Reliefdruck** *m* raised [*or* relief] printing **Reliefkarte** *f* relief map

Religion <-, -en> *f* ① (*Glaubensbekenntnis*) religion *no pl*
② (*Glaubensgemeinschaft*) religion
③ SCH (*Religionsunterricht*) religion *no pl*, religious education [*or* instruction] *no pl;* ***wir haben zwei Stunden ~ in der Woche*** we have two hours RE [*or* RI] a week

Religionsbekenntnis *nt* denomination **Religionsfreiheit** *f* freedom *no pl* of worship **Religionsgemeinschaft** *f* (*geh*) religious community **Religionsgeschichte** *f* ① *kein pl* (*Entwicklung*) history of religion ② (*Werk*) religious historical work **Religionskrieg** *m* religious war **Religionslehrer(in)** *m(f)* religious instruction [*or* education] teacher **religionslos** *adj inv* irreligious, not religious **Religionsstifter(in)** *m(f)* founder of a religion **Religionsstreit** *m* religious dispute **Religionsunterricht** *m* religious education [*or* instruction] **Religionszugehörigkeit** <-, -en> *f meist sing* religion, denomination

religiös I. *adj* religious; **eine ~ Erziehung** a religious upbringing; **aus ~en Gründen** for religious reasons
II. *adv* ① (*im Sinne einer Religion*) in a religious manner; ***die mittelalterliche Kunst ist stark ~ geprägt*** mediaeval art is characterized by strong religious themes
② (*mit religiösen Gründen*) for religious reasons

Religiosität <-> *f kein pl* religiousness *no pl*

Relikt <-[e]s, -e> *nt* (*geh*) relic

Reling <-, -s *o* -e> *f* NAUT rail

Reliquie <-, -n> [reˈliːkviə] *f* REL relic

Reliquienschrein *m* reliquary

Rem <-s, -s> *nt Akr von* **Roentgen equivalent man** rem

Remailing <-s> [rɪˈmeɪlɪŋ] *nt* remailing

Remake <-s, -s> [riˈmeɪk] *nt* remake

Remanenz <-> *f kein pl* PHYS remanence

Rembours <-s> [rãˈbuːɐ̯] *m* FIN reimbursement

Remboursakkreditiv *nt* FIN documentary acceptance credit **Remboursauftrag** *m* FIN order to open a documentary acceptance credit **Remboursbank** *f* FIN accepting bank **Rembourserмächtigung** *f* FIN reimbursement authorization **Remboursgeschäft** *nt* FIN documentary credit transaction **Rembourskredit** *m* FIN documentary acceptance credit **Rembourslinie** *f* FIN acceptance credit line **Remboursregress**[RR] *m* FIN reimbursement recourse **Rembourssschuldner(in)** *m(f)* FIN documentary credit debtor **Rembourstratte** *f* FIN documentary acceptance [*or* bill] **Remboursverbindlichkeit** *f* FIN indebtedness on documentary acceptance credit **Rembourszusage** *f* FIN agreement to reimburse

Reminiszenz <-, -en> *f* (*geh*) reminiscence, memory

remis [rəˈmiː] I. *adj inv* SCHACH drawn; ***„~!" — „einverstanden!"*** "a draw!" — "agreed!"; ***die Partie ist ~*** the game is drawn
II. *adv* SCHACH in a draw; ***„wie ist die Partie ausgegangen?" — „~"*** "how did the game finish?" — "it ended in a draw"

Remis <-, – *o* -en> [rəˈmiː] *nt* SCHACH draw; **[gegen jdn] ein ~ erzielen** to achieve a draw [against sb]

Remissionsrecht *nt* HANDEL right of return

Remittende <-, -n> *f* TYPO return

Remittent(in) *m(f)* FIN payee

Remix <-es, -e *o* -es> [riˈmɪks] *m* MUS remix

remixen* *vt* MUS, TECH ■**etw** ~ *Musikstück* to remix sth

Remmidemmi <-s> *nt kein pl* (*veraltend sl*) commotion *no pl*, racket *no pl sl;* **~ machen** to make a racket

Remonstration *f* JUR remonstrance, formal protest

Remoulade <-, -n> [remuˈlaːdə] *f*, **Remouladensoße** *f* tartar sauce

rempeln I. *vi* (*fam*) to push, to jostle; ***es wurde viel gerempelt, als die Fahrgäste einstiegen*** there was a lot of jostling when the passengers boarded; ***he, ~ Sie nicht so!*** hey, stop pushing like that!
II. *vt* SPORT ■**jdn** ~ to push sb

REM-Phase *f* MED, PSYCH REM sleep

Ren <-s, -e> *nt* ZOOL *s.* **Rentier**[2]

Renaissance <-, -en> [rənɛˈsãːs] *f* ① *kein pl* KUNST, HIST (*kulturelle Bewegung*) Renaissance *no pl*
② (*geh: Wiederbelebung*) renaissance

Renaissance-Antiqua *f* TYPO Old Face **Renaissancebau** *m* renaissance building **Renaissancefassade** *f* renaissance façade **Renaissancekirche** *f* renaissance church **Renais-**

sanceschloss[RR] *nt* renaissance palace
renaturieren* *vt* ÖKOL ■**etw** ~ to restore sth to its natural state
Renaturierung <-, -en> *f* ÖKOL restoring to nature
Rendezvous <-, -> [rãde'vu:, 'rã:devu] *nt* ❶ (*Verabredung*) rendezvous *a. hum,* date; **sich** *dat* **irgendwo ein ~ geben** (*geh*) to meet up [*or* come together] somewhere
❷ RAUM (*Kopplung*) rendezvous
Rendite <-, -n> *f* return, yield; **~ bringen** to yield
Renditengefälle *nt* FIN yield differential [*or* gap]
Renditespanne *f* FIN yield spread
Renegat(in) <-en, -en> *m(f)* (*geh*) renegade
Reneklode <-, -n> *f* greengage
renitent *adj* (*geh*) awkward
Renitenz <-> *f kein pl* (*geh*) awkwardness *no pl*
Renke <-, -n> *f* pollan, freshwater herring
Rennbahn *f* racetrack
rennen <rannte, gerannt> **I.** *vi* *sein* ❶ (*schnell laufen*) to run; *s. a.* **Unglück, Verderben**
❷ (*fam: hingehen*) ■**zu jdm ~** to run [off] to sb; ***dann renn' doch zu deiner Mama*** why don't you run off to your mummy; ***sie rennt bei jeder Kleinigkeit zur Geschäftsleitung*** she's always going up to management with every little triviality; ***die arme Frau rennt dauernd zur Polizei*** that poor woman's always running to the police
❸ (*stoßen*) ■**an etw** *akk*/**gegen etw** *akk*/**vor etw** *akk* ~ to bump into sth; ***sie ist mit dem Kopf vor einen Dachbalken gerannt*** she banged her head against a roof joist; *s. a.* **Kopf**
II. *vt* ❶ *haben o sein* SPORT ■**etw ~** to run sth; ***er rennt die 100 Meter in 11 Sekunden*** he runs the 100 metres in 11 seconds
❷ *haben* (*im Lauf stoßen*) ■**jdn ... ~** to knock sb ...; ***„weg da, sonst wirst du beiseite gerannt!"*** "out the way, or you'll be knocked aside!"; ***er rannte mehrere Passanten zu Boden*** he knocked several passers-by over; *s. a.* **Haufen**
❸ *haben* (*stoßen*) ■**etw in jdn/etw ~** to run sth into sth; ***er rannte ihm ein Schwert in den Leib*** he ran a sword into his body
Rennen <-s, -> *nt* race; ***das ~ ging über 24 Runden*** the race was over 24 laps; ***Ascot ist das bekannteste ~ der Welt*** Ascot is the most famous racing event in the world; **ein totes ~** SPORT a dead heat; **... im ~ liegen** SPORT to be ... placed; **gut im ~ liegen** to be well placed; **schlecht im ~ liegen** to be badly placed, to be having a bad race
▶ WENDUNGEN: **[mit etw] ... im ~ liegen** to be in a ... position [with sth]; ***wir liegen mit unserem Angebot gut im ~*** we are in a good position with our offer; ***nach dem Vorstellungsgespräch lag er schlechter im ~*** he was in a worse position after the interview; **ins ~ gehen** to take part in [sth]; **das ~ ist gelaufen** (*fam*) the show is over; **[mit etw] das ~ machen** (*fam*) to make the running [with sth]; ***die Konkurrenz macht wieder mal das ~*** the competition is making the running again; **jdn ins ~ schicken** to put forward sb *sep;* **jdn aus dem ~ werfen** (*fam*) to put sb out of the running
Renner <-s, -> *m* (*fam*) big seller
Rennfahrer(in) *m(f)* ❶ (*Autorennen*) racing driver BRIT, racecar driver AM ❷ (*Radrennen*) racing cyclist **Rennkuckuck** *m* ORN roadrunner **Rennpferd** *nt* racehorse; *s. a.* **Ackergaul Rennplatz** *m* racecourse **Rennrad** *nt* racing bike **Rennreiter(in)** <-s, -> *m(f)* jockey **Rennsport** *m* SPORT ❶ (*Motorrennen*) motor racing *no pl* ❷ *s.* **Radrennsport** ❸ *s.* **Pferderennsport Rennstall** *m* racing stable **Rennstrecke** *f* SPORT course, racetrack **Rennwagen** *m* racing [*or* AM race] car **Rennwettsteuer** *f* FIN betting tax [*or* levy] **Rennwett- und Lotteriegesetz** *nt* JUR racing bets and lotteries act
Renommee <-s, -s> *nt* (*geh*) reputation; **von ... ~** of ... reputation; ***er ist ein Nachtklubbesitzer von zweifelhaftem ~*** he is a nightclub owner of doubtful reputation
renommieren* *vi* (*geh*) ■**[mit etw] ~** to show off [with sth]; **mit seinem Wissen ~** to flaunt one's knowledge
Renommierobjekt *nt* showpiece
renommiert *adj* (*geh*) renowned; ■**~ [wegen etw] sein** to be renowned [for sth]
renovieren* [-'vi:-] *vt* ■**etw ~** to renovate [*or* refurbish] sth
renoviert I. *pp und 3. pers. sing von* **renovieren**
II. *adj inv* renovated; **neu ~** newly renovated, newly [*or* freshly] redecorated
Renovierung <-, -en> [-'vi:-] *f* renovation
rentabel I. *adj* profitable
II. *adv* profitably
Rentabilität <-> *f kein pl* profitability *no pl*
Rentabilitätsberechnung *f* HANDEL cost accounting, profitability estimate, calculation of profitability **Rentabilitätsgrenze** *f* HANDEL margin of profitableness, break-even point **Rentabilitätsprüfung** *f* HANDEL break-even analysis **Rentabilitätssteigerung** *f* gain in profitability
Rente <-, -n> *f* ❶ (*Altersruhegeld*) pension; **in ~ gehen** to retire; **lohnbezogene ~** earnings-related pension
❷ (*regelmäßige Geldzahlung*) annuity; **~ auf Lebenszeit** annuity for life
Rentenalter *nt* retirement age **Rentenanleihe** *f* perpetual [*or* annuity] bond **Rentenanpassung** *f* indexation of pensions **Rentenanspruch** *m* right to a pension **Rentenanwartschaft** *f* JUR accrued future pension rights *pl* **Rentenbasis** *f* annuity basis **Rentenbeitrag** *m* pension contribution **Rentenbeitragslast** *f* pension entitlement **Rentenbemessungsgrundlage** *f* pension assessment basis **rentenberechtigt** *adj inv* JUR pensionable, entitled to a pension *pred* **Rentenbescheid** *m* notice of the amount of one's pension **Rentenbestand** *m* FIN bond holdings *pl* **Rentenempfänger(in)** *m(f)* (*geh*) pensioner **Rentenfinanzierung** *f* financing of pensions **Rentenfonds** *m* fixed-interest fund **Rentenhandel** *m kein pl* BÖRSE dealing [*or* trading] in bonds **Rentenhöhe** *f* level of pension, pension amount **Rentenkasse** *f* FIN pension fund **Rentenkurs** *m* FIN bond price **Rentenmarkt** *m* FIN bond market, fixed-interest securities market; **~ in Anspruch nehmen** BÖRSE to tap the bond market **Rentenpapiere** *pl* FIN fixed-interest securities *pl,* bonds *pl* **Rentenplan** *m* pension plan **Rentenreform** *f* reform of pensions **Rentenschein** *m* JUR annuity certificate **Rentenschuld** *f* JUR annuity [land] charge **Rentenschuldbrief** *m* JUR annuity-charge certificate **Rentenschuldgläubiger(in)** *m(f)* JUR holder of an annuity charge **Rentensystem** *nt* ÖKON pension scheme; **gestaffeltes ~** graduated pension scheme **Rentenüberleitungsgesetz** *nt* law governing the transfer of pensions **Rentenverpflichtung** *f* JUR pension commitment
Rentenversicherung *f* pension scheme BRIT, retirement insurance AM
Rentenversicherungsbeitrag *m* pension contribution **Rentenversicherungssystem** *nt* pension scheme [*or* AM plan] **Rentenversicherungsträger** *m* pension scheme [*or* AM plan] provider
Rentenwert <-[e]s, -e> *m* FIN fixed-interest security, bond
Rentier[1] *nt* reindeer
Rentier[2] <-s, -s> [rɛn'tie:] *m* (*veraltend*) person of independant means
rentieren* *vr* ■**sich [für jdn] ~** to be worthwhile [for sb]; ***für uns würde sich ein Auto nicht ~*** it wouldn't be worthwhile our having a car; ***so eine Maschine rentiert sich nicht für unseren kleinen Betrieb*** it doesn't pay to get that kind of machinery for a small business like ours
Rentner(in) <-s, -> *m(f)* pensioner, senior citizen
Renvoi <-> [rã'vo̯a] *m kein pl* ÖKON (*Rücksendung*) renvoi
Reorganisation <-, -en> *meist sing f* reorganization [*or* BRIT *a.* -isation]
reorganisieren* [re:ɔr-] *vt* (*geh*) ■**etw ~** to reorganize [*or* BRIT *a.* -ise] sth
Rep <-s, -s> *m* POL *kurz für* **Republikaner** republican (*member of the German right-wing Republican Party*)
reparabel *adj* (*geh*) repairable; ***der Schaden ist noch/nicht mehr ~*** the damage can still be/can't be repaired
Reparation <-, -en> *f* reparations *pl*
Reparationszahlungen *pl* reparation payments *pl*
Reparatur <-, -en> *f* repair; **etw in [*o* zur] ~ geben** to have sth repaired, to take sth in to have it repaired; ***ich gebe den Computer beim Hersteller in ~*** I'm taking the computer to the manufacturer's to have it repaired; **eine ~ an etw** *dat* **haben** to have to have sth repaired; ***bisher hatte ich noch keinerlei ~ an meinem Auto*** I've not had to have my car repaired at all up to now; **in ~ sein** being repaired; ***mein Wagen ist diese Woche in ~*** my car's being repaired this week; **eine ~ [*o* ~en] [an etw** *dat*] **vornehmen** (*geh*) to undertake repairs [on sth] *form*
reparaturanfällig *adj* prone to breaking down *pred* **reparaturbedürftig** *adj* in need of repair *pred* **Reparaturfahrzeug** *nt* breakdown van [*or* vehicle] BRIT, tow truck AM **Reparaturkosten** *pl* repair costs *pl* **Reparaturmaterial** *nt* TECH repair materials *pl* **Reparaturmechanismen** *pl des Körpers* [body's] repair mechanisms *pl* **Reparaturschulungsprogramm** *nt* [car] mechanics' training programme [*or* AM -am] **Reparaturwerkstatt** *f* ❶ (*Werkstatt*) repair workshop ❷ AUTO garage
reparieren* *vt* ■**[jdm] etw ~** to repair sth [for sb]
repatriieren* *vt* ❶ (*erneut heimführen*) ■**jdn [in ein Land] ~** to repatriate sb; ***das Abkommen sah vor, die im Gebiet der Sowjetunion lebenden Polen nach Polen zu ~*** the agreement provided for the repatriation of Poles living in the Soviet Union
❷ (*erneut einbürgern*) ■**jdn ~** to restore sb's citizenship
Repatriierung <-, -en> *f* repatriation *no pl*
Repertoire <-s, -s> [repɛr'toa:ɐ] *nt* repertoire
Repertoiretheater *nt* repertory theatre
repetieren* *vt* (*geh*) ■**etw ~** to revise sth
Repetitor, Repetitorin <-s, -toren> *m, f* SCH coach, private tutor
Replik <-, -en> *f* (*geh*) reply
Replikation <-, -en> *f* BIOL [DNA] replication
Report <-[e]s, -e> *m* MEDIA report
Reportage <-, -n> [repɔr'ta:ʒə] *f* MEDIA report; (*live*) live report [*or* coverage]
Reporter(in) <-s, -> *m(f)* reporter
Reportgeschäft *nt* BÖRSE carryover business **Reportsatz** *m* BÖRSE carryover rate
Repräsentant(in) <-en, -en> *m(f)* representative
Repräsentantenhaus <-es> *nt kein pl* (*in den USA*) House of Representatives
Repräsentanz <-, -en> *f* ❶ *kein pl* (*geh: Interessenvertretung*) representation
❷ ÖKON (*Vertretung eines größeren Unternehmens*) representative office [*or* branch]
❸ *kein pl* (*geh: das Repräsentativsein*) representativeness, representative nature
Repräsentation <-, -en> *f* ❶ (*geh*) prestige *no pl;* **zur ~** for prestige
❷ (*Darstellung*) representation
repräsentativ I. *adj* ❶ (*aussagekräftig*) representative; **ein ~er Querschnitt** a representative cross-section
❷ (*etwas Besonderes darstellend*) prestigious
II. *adv* imposingly
Repräsentativerhebung *f* representative survey **Repräsentativumfrage** *f* SOZIOL representative survey
repräsentieren* **I.** *vt* (*geh*) ■**etw ~** to represent sth
II. *vi* (*geh*) to perform official and social functions
Repressalie <-, -n> [-'sa:liə] *f* (*geh*) reprisal *usu pl;* **~n ergreifen [*o* anwenden]** to resort to oppressive measures, to take reprisals; **gegen jdn zu ~n greifen** to take reprisals [against sb]; **aus Angst vor**

R

~n for fear of reprisal[s]
Repression <-, -en> *f* (*geh*) repression
repressiv *adj* (*geh*) repressive
reprivatisieren* [-va-] *vt* ■**etw** ~ to reprivatize [*or* BRIT *a.* -ise] sth, to return sth to private ownership
Reprivatisierung <-, -en> [-va-] *f* reprivatization [*or* BRIT *a.* -isation], return to private ownership
Reproanstalt *f* repro shop [*or* studio]
Reproduktion <-, -en> *f* reproduction
Reproduktionsmedizin *f kein pl* reproduction medicine
Reproduzierbarkeit <-> *f kein pl* reproducibility; (*Wiederholbarkeit*) repeatability
reproduzieren* *vt* ■**etw** ~ to reproduce sth
reprofähig *adj inv* camera-ready, reproducible
Reprographie <-, -n> *f*, **Reprografie**^RR <-, -n> *f* TYPO ❶ (*Verfahren*) reprography *no pl*
❷ (*Produkt*) reprography
Reprovorlage *f* repro copy [*or* original]
Reptil <-s, -ien> *nt* reptile
Reptilienfonds [rɛp'tiːliənfõː] *m* slush fund
Republik <-, -en> *f* republic
Republikaner(in) <-s, -> *m(f)* POL ❶ (*in den USA*) Republican
❷ (*in Deutschland*) member of the German Republican Party
republikanisch *adj* republican
Republik Korea *f* ÖSTERR South Korea; *s. a.* **Deutschland**
Republik Moldau *f* Moldavia; *s. a.* **Deutschland**
Reputation <-, -en> *f* (*veraltend geh*) *s.* **Renommee**
Requiem <-s, Requien> ['reːkviɛm, -viən] *nt* requiem
requirieren* *vt* MIL ■**etw** [**bei jdm**] ~ to commandeer [*or* requisition] sth [from sb]
Requisit <-[e]s, -en> *nt* ❶ *meist pl* THEAT prop *usu pl*, property *form*
❷ (*geh: Zubehör*) requisite; **ein unentbehrliches** ~ an indispensable piece of equipment
Requisite <-, -e> *f* THEAT props room [*or* store]
Requisiteur(in) <-s, -e> [-tøːɐ̯] *m(f)* THEAT, FILM props master *masc* [*or fem* mistress], property manager *form*
resch *adj* ÖSTERR ❶ (*knusprig*) crispy; ~**e Semmeln** crusty rolls
❷ (*resolut*) determined
Reservat <-[e]s, -e> [-'vaːt-] *nt* reservation
Reserve <-, -n> [-və-] *f* ❶ (*Rücklage*) reserve; **eiserne** ~ emergency reserve; **auf die ~n zurückgreifen** to draw on reserves; **stille ~n** FIN hidden reserves; (*fam*) reserve fund; **liquide/offene ~n** FIN liquid/official reserves; [**noch**] **jdn/etw in** [*o* **auf**] ~ **haben** to have sb/sth in reserve
❷ (*aufgespeicherte Energie*) energy reserves *pl*, reserves *pl* of energy
❸ MIL (*Gesamtheit der Reservisten*) reserves *npl*; **Offizier der** ~ MIL reserve officer
❹ (*geh: Zurückhaltung*) reserve; ***ob er wohl mal seine ~ aufgibt*** I wonder if he'll come out of his shell eventually; **jdn** [**durch/mit etw**] **aus der ~ locken** (*fam*) to bring sb out of his/her shell [with sth]
Reservebank [-və-] *f* SPORT [substitutes'] bench **Reservebestand** *m* FIN reserve holding **Reservebildung** *f* FIN creation of reserves **Reservebrille** *f* spare pair of glasses **Reservefonds** *m* FIN reserve fund **Reservekanister** *m* spare can **Reservemittel** *nt* MED drug held in reserve (*like the antibiotic Vancomycine*) **Reserveoffizier** *m* reserve officer **Reservepackung** *f* spare packet **Reserverad** *nt* spare wheel **Reserveradmulde** *f* AUTO spare wheel well **Reservereifen** *m* spare tyre [*or* AM tire] **Reservespieler(in)** *m(f)* SPORT reserve, substitute **Reserveübung** *f* MIL exercises *pl* for the reserves
reservieren* [-'viː-] *vt* ■[**jdm** [*o* **für jdn**]] **etw** ~ to reserve sth [for sb]; ***ich möchte drei Plätze reservieren*** I'd like to book [*or* reserve] three seats
reserviert [-'viː-] *adj* (*geh*) reserved; **ein ~er Mensch** a reserved person
Reserviertheit <-> [-'viː-] *f kein pl* (*geh*) reserve *no pl*, reservedness *no pl*
Reservierung <-, -en> [-'viː-] *f* reservation
Reservist(in) <-en, -en> [-'vɪst] *m(f)* reservist
Reservoir <-s, -e> [rezɛr'voaːɐ] *nt* (*geh*) ❶ (*Vorrat*) store
❷ (*Becken*) reservoir; **die städtischen ~e** the municipal reservoirs
❸ (*Tinten~*) reservoir
Resettaste^RR ['riːsɛt-] *f*, **Reset-Taste** *f* INFORM reset button
Residenz <-, -en> *f* ❶ (*repräsentativer Wohnsitz*) residence
❷ HIST (*Residenzstadt*) royal seat
Residenzpflicht *f* JUR residence requirement
Residenzstadt *f* HIST royal seat
residieren* *vi* (*geh*) ■**in etw** *dat* ~ to reside in sth; **im Ausland** ~ to reside abroad
Residualgestein *nt* GEOL residual rocks *pl*
Resignation <-, *selten* -en> *f* (*geh*) resignation
resignieren* *vi* (*geh*) ■[**wegen etw**] ~ to give up [because of sth]
resigniert *adj* (*geh*) with resignation *pred*, resigned
resistent *adj* MED resistant; ■**gegen etw ~ sein** to be resistant to sth
Resistenz <-, -en> *f* MED resistance *no pl*; **eine ~ gegen etw entwickeln** to develop a resistance to sth
resolut I. *adj* determined, resolute
II. *adv* resolutely
Resolution <-, -en> *f* POL resolution; **gemeinsame** ~ joint resolution
Resolvente <-, -n> *f* MED resolvent
Resonanz <-, -en> *f* ❶ (*geh: Entgegnung*) response; ■**die ~ auf etw** *akk* the response to sth; **eine bestimmte ~ finden, auf eine bestimmte ~ stoßen** to meet with a certain response
❷ MUS resonance *no pl*
Resonanzboden *m* MUS soundboard **Resonanzkörper** *m* MUS soundbox
Resopal® <-s, -e> *nt* Formica® *no pl*
resorbieren* *vt* MED ■**etw** ~ to absorb sth
Resorption <-, -en> *f* MED absorption
Resorptionsstörungen *pl* MED absorption disorders *pl*
resozialisieren* *vt* ■**jdn** ~ to reintegrate sb into society
Resozialisierung <-, -en> *f* reintegration *no pl* into society
resp. *adv Abk von* **respektive**
Respekt <-s> *m kein pl* respect *no pl*; ***vor dieser ausgezeichneten Leistung muss man einfach ~ haben*** you simply have to respect this outstanding achievement; **ohne jeden** ~ disrespectfully; **voller** ~ respectful; **mit vollem** ~ respectfully; [**jdm**] ~ **einflößen** to command [sb's] respect; **vor jdm/etw ~ haben** to have respect for sb/sth; ***vor seinem Großvater hatte er als Kind großen ~*** as a child he was in awe of his grandfather; ***die heutige Jugend hat keinen ~ vor dem Alter!*** young people today have no respect for their elders; **den ~ vor jdm verlieren** to lose respect for sb; **sich** *dat* [**bei jdm**] ~ **verschaffen** to earn [sb's] respect; **bei allem ~!** with all due respect!; ***bei allem ~, aber da muss ich doch energisch widersprechen!*** with all due respect I must disagree most strongly; **bei allem ~ vor jdm/etw** with all due respect to sb/sth; **allen/meinen ~!** well done!, good for you!
respektabel *adj* (*geh*) ❶ (*beachtlich*) considerable
❷ (*zu respektieren*) estimable
❸ (*ehrbar*) respectable
respektieren* *vt* ■**etw/jdn** ~ to respect sth/sb
respektive [rɛspɛk'tiːvə] *adv* (*geh*) or rather; ***er hat mich schon darüber informiert, ~ informieren lassen*** he has already informed me about it, or rather he had someone tell me
respektlos *adj* disrespectful
Respektlosigkeit <-, -en> *f* ❶ *kein pl* (*respektlose Art*) disrespect *no pl*, disrespectfulness *no pl*
❷ (*respektlose Bemerkung*) disrespectful comment
Respektsperson *f* (*geh*) person commanding respect; ***Lehrer, Ärzte und Pfarrer waren ~en*** teachers, doctors and vicars were people who used to command respect
respektvoll *adj* respectful
Respiration <-> *f kein pl* BIOL, MED respiration
respiratorischer Quotient MED respiratory quotient
Ressentiment <-s, -s> [rɛsãti'mãː] *nt* (*geh*) resentment *no pl*
Ressort <-s, -s> [rɛ'soːɐ] *nt* ❶ (*Zuständigkeitsbereich*) area of responsibility; **in jds** *akk* ~ **fallen** to come within sb's area of responsibility
❷ (*Abteilung*) department
Ressortprinzip *nt* JUR principle of departmental responsibility
Ressortverantwortlichkeit *f* area of responsibility
Ressource <-, -n> [rɛ'sʊrsə] *f* ❶ (*Bestand an Geldmitteln*) resources *npl*
❷ (*natürlich vorhandener Bestand*) resource; *Energie* reserves *pl*; [**neue**] **~n erschließen** to tap [*or* develop] [new] resources; ***die ~n sind erschöpft*** all resources are exhausted
Ressourcenbedarf *m* ÖKON resource requirements *pl* **Ressourcenfreisetzung** *f* ÖKON tapping resources **Ressourcen-Transfer** *m* ÖKON transfer from resources **Ressourcenverwaltung** *f* INFORM resource management
Rest <-[e]s, -e *o* SCHWEIZ *a.* -en> *m* ❶ (*Übriggelassenes*) rest; *Essen* leftovers *npl*; ***„ist noch Käse da?" — „ja, aber nur noch ein kleiner ~"*** "is there still some cheese left?" — "yes, but only a little bit"; ***heute Abend gibt es ~e*** we're having leftovers tonight; ***iss doch noch den ~ Bratkartoffeln*** won't you eat the rest of the roast potatoes; **~e machen** NORDD to finish up what's left; ***mach doch ~e mit den Kartoffeln*** do finish up the potatoes; **der letzte** ~ the last bit; *Wein* the last drop; ***den Kuchen haben wir bis auf den letzten ~ aufgegessen*** we ate the whole cake down to the last crumb
❷ (*Endstück*) remnant; ***ein ~ des Leders ist noch übrig*** there's still a bit of leather left over
❸ (*verbliebenes Geld*) remainder, rest; ***den ~ werde ich dir in einer Woche zurückzahlen*** I'll pay you back the rest in a week; ***das ist der ~ meiner Ersparnisse*** that's all that's left of my savings; (*Wechselgeld*) change; ***„hier sind 200 DM, behalten Sie den ~"*** "here are 200 marks, keep the change"
▶ WENDUNGEN: **der letzte ~ vom Schützenfest** (*hum*) the last little bit; **jdm den ~ geben** (*fam*) to be the final straw for sb; ***diese Nachricht gab ihr den ~*** this piece of news was the final straw for her
Restauflage *f* VERLAG remaindered stock
Restaurant <-s, -s> [rɛsto'rãː] *nt* restaurant
Restauration[1] <-, -en> *f* ❶ (*geh: Restaurieren*) *Antiquitäten* restoration
❷ POL (*Wiederherstellung*) *einer alten Ordnung* restoration; **die Zeit der ~** (*hist*) the Restoration
Restauration[2] <-, -en> *f* ÖSTERR (*veraltet: Gastwirtschaft*) restaurant
Restaurator, -torin <-s, -toren> *m, f* restorer
restaurieren* *vt* ■**etw** ~ to restore sth
Restaurierung <-, -en> *f* restoration
Restbestand *m* remaining stock **Restbetrag** *m* FIN balance; **geschuldeter/unbezahlter** ~ balance due/arrearage **Restbuchwert** *m* FIN net [*or* residual] [*or* remaining] book value
Resteverkauf *m* remnants sale
Restforderung *f* FIN outstanding amount **Restgesellschaft** *f* HANDEL residual [*or* rump] company
Restguthaben *nt* FIN remaining credit balance
restitutio in integrum *f* JUR restoration to the previous condition
Restitution <-, -en> *f* JUR restitution, refund
Restitutionsanspruch *m* JUR restitutory right [*or* claim] **Restitutionsberechtigte(r)** *f(m) dekl wie adj* JUR person entitled to restitution **Restitutionsklage** *f* JUR action for a retrial **Restitu-**

tionsrecht *nt* JUR restitutory right **Restitutionsverfahren** *nt* JUR restitution proceedings *pl*
Restkapital *nt* FIN principal outstanding, remaining investment **Restlaufzeit** *f* FIN remaining term
restlich *adj* remaining; ***wo ist das ~e Geld?*** where is the rest of the money?
restlos I. *adj* complete, total
II. *adv* ❶ (*ohne etwas übrig zu lassen*) completely, totally; ***dieser Fleck lässt sich nicht ~ entfernen*** this stain can't be completely removed
❷ (*fam: endgültig*) finally
Restposten *pl* ÖKON remaining stock; *der Zahlungsbilanz* residual items
Restriktion <-, -en> *f* (*geh*) restriction; **jdm ~en auferlegen** to impose restrictions on sb
Restriktionsenzym *nt* BIOL restriction enzyme
restriktiv *adj* (*geh*) restrictive
Restrisiko *nt* residual risk
Restrukturierung <-, -en> *f* ÖKON restructuring
Restsaldo *m* FIN remaining balance **Restschuld** *f* FIN residual debt **Reststoff** *m* remnant **Reststoffwirtschaft** *f kein pl* ÖKON recycling sector
Reststrafe *f* remainder of the sentence **Restsumme** *f* balance, amount remaining **Restsüße** <-> *f kein pl im Wein* residual sweetness *no pl*
Resturlaub *m* remaining holiday **Restwärme** *f* residual heat [*or* warmth] **Restwasser** *nt* residual water; **verseuchtes ~** contaminated residue water (*in the cask for storage and transport of radioactive material*) **Restwert** *m* FIN residual value **Restwertabschreibung** *f* FIN reducing value depreciation **Restzahlung** *f* balance
Resultante <-, -n> *f* PHYS resultant
Resultat <-[e]s, -e> *nt* result; **zu einem ~ kommen** [*o* **gelangen**] to come to a conclusion; **zu dem ~ kommen** [*o* **gelangen**], **dass** to come to the conclusion that
resultieren* *vi* (*geh*) ❶ (*folgen*) ■**aus etw ~** to result from sth, to be the result of sth; ■**aus etw resultiert, dass** the conclusion to be drawn from sth is that, sth shows that
❷ (*sich auswirken*) ■**in etw** *dat* **~** to result in sth
Resümee <-s, -s> *nt* (*geh*) ❶ (*Schlussfolgerung*) conclusion; **das ~ [aus etw] ziehen** to conclude [*or* infer] [from sth]
❷ (*zusammenfassende Darstellung*) summary
resümieren* **I.** *vi* (*geh: zusammenfassend darstellen*) to summarize [*or* BRIT *a.* -ise]; ***ich resümiere also noch einmal, indem ich die wesentlichen Punkte kurz wiederhole*** I'll sum up once again by briefly repeating the essential points
II. *vt* (*geh*) ■**etw ~** to summarize sth [*or* BRIT *a.* -ise]
Retardkapsel *f* MED, PHARM retard [*or* slow [*or* modified] [*or* sustained] release] capsule
Retardpräparat [ra'ta:ɐ-] *nt* MED, PHARM retarder
Retentionsrecht *nt* JUR right of retention
Retikulum <-s, Retikula> *nt* ZOOL reticulum
Retorsion <-, -en> *f* JUR (*Vergeltung*) retaliation, reprisal
Retorte <-, -n> *f* CHEM retort; **aus der ~** (*fam*) artificially produced
Retortenbaby [-be:bi] *nt* (*sl*) test-tube baby *fam*
retour [re'tu:ɐ] *adv* SCHWEIZ, ÖSTERR (*geh*) back; ***„eine Fahrkarte nach Wien und wieder ~!"*** "a return ticket to Vienna, please"; ***„alles ~, wir haben uns verfranzt!"*** "back everybody! we've lost our bearings!"; **etw ~ gehen lassen** to send sth back
Retourbillett ['rətu:ɐbɪlje:t] *nt* SCHWEIZ (*Rückfahrkarte*) return ticket
Retouren *pl* ❶ HANDEL returned sales
❷ FIN bills and cheques returned unpaid
Retourgeld *nt* SCHWEIZ (*Wechselgeld*) change *no pl*
Retourkutsche *f* (*fam*) retort
retournieren* [retʊr'ni:rən] *vt* ❶ SCHWEIZ (*zurücksenden o -geben*) ■**etw ~** to return sth
❷ SPORT **den Ball ~** to return the ball
Retourspiel ['ratu:ɐ-] *nt* ÖSTERR, SCHWEIZ (*Rückspiel*) return match **Retourwechsel** *m* FIN returned bill
retro *adj* (*sl*) retro
retrospektiv *adj inv* JUR retrospective
Retrospektive <-, -n> *f* (*geh*) ❶ (*Blick in die Vergangenheit, Rückblick*) retrospective *form*
❷ KUNST (*Präsentation*) retrospective
Retrovirus [-vi:-] *nt* retrovirus
retten I. *vt* ❶ (*bewahren*) ■**jdn/etw [vor jdm/etw] ~** to save sb/sth [from sb/sth]; ***ein geschickter Restaurator wird das Gemälde noch ~ können*** a skilled restorer will still be able to save the painting; ***sie konnte ihren Schmuck durch die Flucht hindurch ~*** she was able to save her jewellery while fleeing
❷ (*den Ausweg weisend*) ■**~d** which saved the day; ***das ist der ~de Einfall!*** that's the idea that will save the day!; *s. a.* **Leben**
► WENDUNGEN: **bist du noch zu ~?** (*fam*) are you out of your mind?
II. *vr* ■**sich** *akk* **[vor etw** *dat*] **~** to save oneself [from sth]; ***sie konnte sich gerade noch durch einen Sprung in den Straßengraben retten*** she was just able to save herself by jumping into a ditch at the side of the road; ***sie rettete sich vor der Steuer nach Monaco*** she escaped the taxman by moving to Monaco; ***er konnte sich gerade noch ans Ufer ~*** he was just able to reach the safety of the bank; **rette sich, wer kann!** (*fam*) run for your lives!; **sich** *akk* **vor jdm/etw nicht mehr zu ~ wissen, sich** *akk* **vor jdm/etw nicht mehr ~ können** to be swamped by sth/mobbed by sb
rettend *adj inv, attr* saving; **ein ~er Gedanke** a brilliant thought
Retter(in) <-s, -> *m(f)* rescuer, saviour [*or* AM -or] *liter;* **der ~ in der Not** the helper in my/our etc hour of need
Rettich <-s, -e> *m* radish
Rettung <-, -en> *f* ❶ (*das Retten*) rescue; ***das Boot wird für die ~ von Menschen in Seenot eingesetzt*** the boat is used for rescuing people in distress at sea; **jds [letzte] ~ [vor jdm/etw] sein** (*fam*) to be sb's last hope [of being saved from sb/sth]; ***du bist meine letzte ~*** you're my last hope [of salvation]; **für jdn gibt es keine ~ mehr** there is no saving sb, sb is beyond help [*or* salvation]; *s. a.* **Gesellschaft**
❷ (*das Erhalten*) preservation *no pl*
Rettungsanker *m* sheet-anchor ► WENDUNGEN: **jds ~ sein** to be sb's anchor **Rettungsarbeit** *f meist pl* rescue work *no pl;* ***die ~en schreiten gut voran*** the rescue operations are progressing well **Rettungsboot** *nt* lifeboat **Rettungsdienst** *m* rescue service **Rettungsflugwacht** *f* air rescue service **Rettungshubschrauber** *m* emergency rescue helicopter **Rettungsinsel** *f* inflatable life-raft **Rettungskosten** *pl* JUR salvage costs *pl* **Rettungsleiter** *f* rescue ladder **rettungslos** *adj* hopeless **Rettungsmannschaft** *f* rescue party **Rettungsmedaille** [-medaljə] *f* life-saving medal **Rettungsring** *m* ❶ NAUT lifebelt ❷ (*hum fam: Fettpolster*) spare tyre [*or* AM tire] *hum fam* **Rettungssanitäter(in)** <-s, -> *m(f)* paramedic **Rettungsschuss**RR *m* **finaler ~** *final and fatal shot fired by the police to save lives* **Rettungsschwimmen** *nt kein pl* life-saving *no pl, no art* **Rettungsschwimmer(in)** *m(f)* life-guard **Rettungsstation** *f* rescue centre [*or* AM -er] **Rettungsversuch** *m* rescue attempt **Rettungswache** *f* rescue service **Rettungswagen** *m* ambulance **Rettungsweste** *f* life jacket
Return-Taste [ri'tø:ɐn] *f* INFORM return key
Retusche <-, -n> *f* FOTO, TYPO retouching
retuschieren* *vt* FOTO, TYPO ■**etw [auf etw** *dat*] **~** to retouch sth [on sth]
Reue <-> *f kein pl* remorse *no pl,* repentance; **tätige ~** active regret [*or* repentance]
Reuegeld *nt* JUR forfeit money
reuelos *adj inv* unrepentant
reuen *vt* (*geh*) ■**jdn ~** to be of regret to sb; ***meine Aussage reut mich*** I regret my statement; ■**es reut jdn, etw getan zu haben** sb regrets having done sth
reuig *adj* repentant, remorseful
reumütig I. *adj* remorseful, repentant; **~e Sünder** repentant sinners
II. *adv* remorsefully; **~ zu jdm zurückkommen** to come crawling back to sb *fam*
Reuse <-, -n> *f* fish trap
reüssieren* *vi* (*geh*) ■**[mit etw** *dat*] **~** to succeed [in doing sth]
revalorisieren* *vt* FIN ■**etw ~** to revalorize sth
Revanche <-, -n> [re'vã:ʃə, re'vaŋʃə] *f* ❶ (*Revanchespiel*) return match BRIT, rematch AM; **jdm ~ geben** to give sb a return match
❷ (*Vergeltung*) revenge *no pl;* **als ~** as a return favour [*or* AM -or]; ***danke für die Einladung, als ~ lade ich dich am nächsten Samstag ins Kino ein*** thanks for the invitation, in return I'll invite you to the cinema next Saturday
Revanchepartie [re'vã:ʃə, re'vaŋʃə] *f* SPORT return match BRIT, rematch AM **Revanchespiel** *nt* SPORT return match
revanchieren* [revã'ʃi:rən, revaŋ'ʃi:rən] *vr* ❶ (*sich erkenntlich zeigen*) ■**sich** *akk* **[bei jdm] [für etw] ~** to return [sb] a favour [*or* AM -or] [for sth]; ***danke für deine Hilfe, ich werde mich dafür ~*** thanks for your help, I'll return the favour
❷ (*sich rächen*) ■**sich** *akk* **[an jdm] [für etw] ~** to get one's revenge [on sb] [for sth]
Revanchismus <-> [revã'ʃɪsmʊs, revaŋ'ʃɪsmʊs] *m kein pl* POL revanchism *no pl*
revenieren *vt* **Fleisch ~** to sear meat
Revers[1] <-, -> [re've:ɐ, re'vɛ:ɐ, rə] *nt o m* MODE lapel
Revers[2] <-es, -e> *m* declaration
reversibel [-vɛr-] *adj* (*geh*) reversible; **nicht ~ sein** to be irreversible
revidieren* [-vi-] *vt* (*geh*) ❶ (*rückgängig machen*) ■**etw ~** to reverse sth; **eine Entscheidung ~** to reverse a decision
❷ (*abändern*) ■**etw [in etw** *dat*] **~** to revise sth [in sth]; ***die Vorschriften wurden in mehreren Punkten revidiert*** the regulations were revised in several points; **ein revidierter Paragraph** a revised paragraph
Revier <-s, -e> [re'vi:ɐ] *nt* ❶ (*Polizeidienststelle*) police station; ***keinen Führerschein? Sie müssen mit aufs ~!*** no driving licence? you'll have to accompany me to the station!
❷ (*Jagdrevier*) preserve, shoot
❸ MIL sick-bay
❹ (*Zuständigkeitsbereich*) area of responsibility, province
❺ *kein pl* (*fam: Industriegebiet*) coalfield; ■**das ~** the Ruhr/Saar mining area
Revierverhalten *nt* BIOL territorial behaviour BRIT [*or* AM -or]
Revirement <-s, -s> [revirə'mã:] *nt* POL cabinet reshuffle
revisibel *adj inv* JUR (*anfechtbar*) reversible, appealable
Revisibilität <-> *f kein pl* JUR (*Anfechtbarkeit*) reversibility, appealability
Revision <-, -en> [-vi-] *f* ❶ FIN, ÖKON audit; **interne ~** internal audit
❷ JUR appeal; **~ einlegen** to appeal, to lodge an appeal; **einer ~ stattgeben** to uphold an appeal; **die ~ zurückweisen** to dismiss an appeal
❸ TYPO final proofreading *no pl*
❹ (*geh: Abänderung*) revision; ***ich bin zu einer ~ meiner Entscheidung bereit*** I am prepared to revise my decision
Revisionismus <-> *m kein pl* POL revisionism *no pl*
revisionistisch *adj inv* revisionist **Revisionsabteilung** *f* audit department **Revisionsantrag** *m* JUR motion for judgment in an appeal; **~ abgelehnt** leave to appeal denied **Revisionsbegründung** *f*, **Revisionsgrund** *m* JUR grounds [*or* reasons] for appeal **Revisionsbegründungsfrist** *f* JUR time for filing grounds for appeal **Revisionsbeschwerde** *f* JUR appeal [on points of law] against a court order **Revisionsbogen** *m* TYPO clean [*or* final] proof **Revisionsentscheidung** *f* JUR appellate decision on points of law **Revisionsfall** *m* JUR

R

appealed case **Revisionsfrist** *f* JUR time for appeal, statutory period for lodging an appeal **Revisionsgericht** [-vi-] *nt* final court of appeal, final appeals court BRIT

Revisionsgrund *m* JUR reversible error; **absoluter ~** fundamental error **Revisionsinstanz** *f* JUR court of appeal **Revisionskläger(in)** *m(f)* JUR appellant **Revisionsklausel** *f* JUR re-opener clause **Revisionsrichter(in)** *m(f)* JUR appellate [*or* appeal court] judge

Revisionsschrift *f* JUR notice of appeal on points of law **Revisionsurteil** *nt* JUR judgment on appeal **Revisionszulassung** *f*, **Revisionszulassungsbeschluss**[RR] *m* JUR order granting leave to appeal

Revisor, **Revisorin** <-s, -soren> [-ˈviː-] *m, f* auditor

Revokation <-, -en> *f* JUR (*geh: Widerruf*) revocation

Revolte <-, -n> [-ˈvɔl-] *f* revolt

revoltieren* [-vɔl-] *vi* (*geh*) ■[**gegen jdn/etw**] ~ to rebel [*or* revolt] [against sb/sth]

Revolution <-, -en> [-vo-] *f* revolution; **die Französische ~** the French Revolution; **eine wissenschaftliche ~** a scientific revolution

revolutionär [-vo-] *adj* ❶ (*bahnbrechend*) revolutionary; **eine ~e Entdeckung** a revolutionary discovery
❷ POL (*eine Revolution bezweckend*) revolutionary

Revolutionär(in) <-s, -e> [-vo-] *m(f)* ❶ POL revolutionary
❷ (*radikaler Neuerer*) revolutionist

revolutionieren* [-vo-] *vt* ■**etw** ~ to revolutionize [*or* BRIT *a.* -ise] sth

Revolutionsführer(in) [-vo-] *m(f)* revolutionary leader **Revolutionstribunal** *nt* revolutionary tribunal

Revoluzzer(in) <-s, -> [-vo-] *m(f)* (*pej*) would-be revolutionary *pej*

Revolver <-s, -> [reˈvɔlvɐ] *m* revolver

Revolverabzug *m* trigger [of a revolver] **Revolverblatt** *nt* MEDIA (*fam*) sensationalist newspaper **Revolvergriff** *m* revolver handle **Revolverheld** *m* (*iron*) gunfighter, gunslinger **Revolverlauf** *m* barrel of a/the revolver **Revolvertrommel** *f* breech

Revue <-, -n> [reˈvyː, rəˈvyː, ˈvyːən] *f* THEAT revue
► WENDUNGEN: **jdn/etw ~ passieren lassen** (*geh*) to recall sb/to review sth

Revuetänzer(in) *m(f)* THEAT dancer in a revue

Reykjavik <-s> [ˈraikjaviːk, -vɪk] *nt* Reykjavik

Rezensent(in) <-en, -en> *m(f)* reviewer

rezensieren* *vt* ■**etw** ~ to review sth

Rezension <-, -en> *f* review, write-up *fam*

Rezensionsexemplar *nt* review copy

rezent <er, -este> *adj* ❶ BIOL *Tiere, Pflanzen* living
❷ *Kulturen* surviving
❸ DIAL (*säuerlich pikant*) *Speise* tart, sour

Rezept <-[e]s, -e> *nt* ❶ KOCHK recipe
❷ MED prescription; **auf ~** on prescription; ***diese Tabletten bekommen Sie nur auf ~*** these tablets are only available on prescription
❸ (*fig: Verfahren*) remedy; ***ich kenne leider kein ~ gegen Langeweile*** unfortunately I don't know of any remedy for boredom

Rezeptblock *m* prescription pad **Rezeptbuch** *nt* KOCHK recipe book, cookbook **Rezeptformular** *nt* prescription form **rezeptfrei** I. *adj* without prescription *after n;* **~e Medikamente** over-the-counter medicines, medicines available without prescription; ■**~ sein** to be available without prescription II. *adv* without prescription, over-the-counter; **~ zu bekommen sein** to be available without prescription

Rezeption <-, -en> *f* reception

Rezeptionist(in) <-en, -en> *m(f)* receptionist

Rezeptor <-s, -en> *m* BIOL receptor

Rezeptpflicht *f kein pl* prescription requirement; **der ~ unterliegen** (*geh*) to be available only on prescription **rezeptpflichtig** *adj inv* available only on prescription; **nicht ~** OTC, over-the-counter **Rezeptprüfung** *f* examination of prescriptions

Rezeptur <-, -en> *f* ❶ (*Zubereitung von Arzneimitteln nach Rezept*) dispensing
❷ (*Arbeitsraum in einer Apotheke*) prescriptions *pl*
❸ CHEM formula
❹ KOCHK recipe

Rezession *f* ÖKON recession; **die ~ bekämpfen** to fight against recession; **die ~ in den Griff bekommen** to buck the recession

rezessionsbedingt *adj inv* ÖKON recessional, recession-induced; **~es Defizit** recession-induced deficit; **~er Nachfragerückgang** recessional slump **Rezessionserscheinung** *f* ÖKON symptom of recession **rezessionsgeschädigt** *adj* ÖKON badly affected by the recession *pred;* **~er Wirtschaftszweig** industry badly affected by the recession **rezessionssicher** *adj* ÖKON recession-resistant **Rezessionstendenz** *f* ÖKON recessionary tendency

rezessiv *adj* ❶ BIOL, MED recessive
❷ ÖKON recessionary; **~e Tendenzen** recessionary trends

Rezipient(in) <-en, -en> *m(f)* ❶ (*geh*) *eines Textes, Musikstücks u. ä.* percipient *form*
❷ PHYS vacuum jar [*or* tube]

reziprok *adj* MATH reciprocal

Reziprozität <-> *f* (*fachspr: Wechselseitigkeit*) reciprocity

Rezitation <-, -en> *f* recitation

Rezitativ <-s, -e> *nt* MUS recitative

Rezitator, **Rezitatorin** <-s, -toren> *m, f* reciter

rezitieren* I. *vt* ■**jdn/etw** ~ to recite sb/sth; ***er konnte Schiller in ganzen Passagen ~*** he was able to recite whole passages of Schiller
II. *vi* ■[**aus jdm/etw**] ~ to recite [from sb/sth]

R-Gespräch [ˈɛr-] *nt* reverse charge [*or* AM collect] call

rh *m Abk von* **Rhesusfaktor negativ** rh

Rh[1] *m Abk von* **Rhesusfaktor positiv** Rh

Rh[2] *nt* CHEM *Abk von* **Rhodium** Rh

Rhabarber <-s, -> *m* rhubarb

Rhabarberkuchen *m* rhubarb crumble *no pl* **Rhabarberpflanze** *f* rhubarb plant **Rhabarberstängel**[RR] *m* stalk of rhubarb

Rhapsodie <-, -n> [-ˈdiːən] *f* MUS rhapsody

Rhein <-s> *m* ■**der ~** the Rhine; **am Rhein** on the Rhine

Rheinfall *m* Rhine falls *npl;* ■**der ~** [**von Schaffhausen**] the Rhine Falls [at Schaffhausen]

rheinisch *adj attr* ❶ (*des Rheinlandes*) Rhenish, Rhineland; **eine ~e Spezialität** a Rhineland speciality
❷ LING Rhenish, Rhineland; ***er spricht ~en Dialekt*** he speaks with a Rhineland dialect

Rheinland <-[e]s> *nt* Rhineland

Rheinländer(in) <-s, -> *m(f)* Rhinelander

rheinländisch *adj* ❶ (*rheinisch*) Rhenish, Rhineland
❷ LING Rhenish, Rhineland

Rheinland-Pfalz *kein art* Rhineland-Palatinate

Rheinsalm *m* KOCHK, ZOOL Rhine salmon **Rheinwein** *m* Rhine wine

Rhenium <-s> *nt kein pl* CHEM rhenium *no pl*

Rhesusaffe *m* rhesus monkey **Rhesusfaktor** *m* rhesus factor; **~ positiv/negativ** rhesus positive/negative **Rhesusunverträglichkeit** *f* rhesus [*or* Rh] factor incompatability

Rhetorik <-, -en> *f* ❶ *kein pl* (*Lehre*) rhetoric *no pl;* ***die ~ ist die Kunst der Rede*** rhetoric is the art of speaking
❷ (*Redegabe*) rhetoric *no pl,* eloquence *no pl*

rhetorisch I. *adj* rhetorical
II. *adv* rhetorically; **rein ~** purely rhetorically; *s. a.* **Frage**

Rheuma <-s> *nt kein pl* (*fam*) rheumatism *no pl;* **~ haben** to have rheumatism

Rheumabehandlung *f* treatment against rheumatism **Rheumafaktoren** *pl* rheumatic factors *pl* **Rheumamittel** *nt* preparation [*or* remedy] for rheumatism **Rheumapflaster** *nt* belladonna plaster [*or* AM bandage] **Rheumapräparat** *nt* preparation against rheumatism **Rheumasalbe** *f* rheumatism ointment

Rheumatiker(in) <-s, -> *m(f)* rheumatic, person with rheumatism

rheumatisch *adj* rheumatic

Rheumatismus <-> *m kein pl* rheumatism *no pl*

Rheumatologe, **-login** <-n, -n> *m, f* rheumatologist

Rhinoplastik <-, -en> *f* MED rhinoplasty

Rhinozeros <-[ses], -se> *nt* ❶ (*Nashorn*) rhinoceros
❷ (*fam: Dummkopf*) twit *pej fam*

Rhizom <-s, -e> *nt* BOT rhizome, rootstock

Rhodium <-s> *nt kein pl* CHEM rhodium *no pl*

Rhododendron <-s, -dendren> *m o nt* rhododendron

Rhodos *nt* Rhodes; *s. a.* **Sylt**

Rhombus <-, Rhomben> *m* rhombus

Rhönrad *nt* SPORT gyro-wheel

Rhythmen *pl von* **Rhythmus**

rhythmisch *adj* rhythmic[al]; **~e Bewegungen** rhythmical movements

Rhythmus <-, -Rhythmen> *m* rhythm

Riad <-s> *nt* Riyadh

RIAS <-> *m kein pl* HIST *Abk von* **Rundfunk im amerikanischen Sektor** American Sector Radio (*radio station in the American sector of West Berlin*)

Ribisel <-, -n> *f* DIAL, ÖSTERR *rote* redcurrant; *schwarze* blackcurrant

Ribonukleinsäure *f* ribonucleic acid

Ribosom <-s, -en> *nt* BIOL ribosome

Ricambio *m s.* **Rikambio**

Richtantenne *f* directional aerial [*or* AM *a.* antenna], beam antenna

richten I. *vr* ❶ (*bestimmt sein*) ■**sich** *akk* **an jdn** ~ to be directed [*or* aimed] at sb; ***dieser Vorwurf richtet sich an dich*** this reproach is aimed at you; ***an wen richtet sich diese Frage?*** who is this question directed at?; ■**sich** *akk* **gegen jdn/etw** ~ (*abzielen*) to direct sth at sb/sth; ***diese Attacke richtete sich gegen die Steuerpläne der Regierung*** this attack was directed at the government's tax plans; ■**sich** *akk* **an jdn/etw** ~ to consult sb/sth; ***an welche Dienststelle muss ich mich ~?*** which department do I have to ask?
❷ (*sich orientieren*) ■**sich** *akk* **nach jdm/etw** ~ to comply with sb/sth; ***wir richten uns ganz nach Ihnen*** we'll fit in with you
❸ (*abhängen von*) ■**sich** *akk* **nach etw** ~ to be dependent on sth; ***der Preis eines Artikels richtet sich nach der Qualität*** the price of an item depends on the quality; ■**sich** *akk* **danach ~, ob/wie viel …** to depend on whether/how much …; ***das richtet sich danach, ob Sie mit uns zusammenarbeiten oder nicht*** that depends on whether you co-operate with us or not
II. *vt* ❶ (*lenken*) ■**etw auf jdn/etw** ~ to direct sth towards [*or* at] sb/sth; **seinen Blick auf etw ~** to [have a] look at sth, to observe sth *form;* **eine Schusswaffe auf jdn ~** to point a gun at sb; ***die Kanonen wurden auf das Regierungsgebäude gerichtet*** the guns were trained on the government building
❷ (*adressieren*) ■**etw an jdn/etw** ~ to address [*or* send] sth to sb/sth; ***Anträge müssen an das Ministerium gerichtet werden*** applications must be addressed to the ministry
❸ (*reparieren*) ■[**jdm**] **etw** ~ to fix sth [for sb] *fam*
❹ (*bereiten*) ■[**jdm**] **etw** ~ to prepare sth [for sb]; ***~ Sie mir doch bitte das Bad*** would you run the bath for me please
III. *vi* (*veraltend*) ■[**über jdn/etw**] ~ to pass judgement [on sb/sth]

Richter(in) <-s, -> *m(f)* judge; **sich** *akk* **zum ~** [**über jdn/etw**] **aufwerfen** (*pej*) to sit in judgement [on sb/sth] *a. pej;* **~ an etw** *dat* judge at sth; ***er ist ~ am Verwaltungsgericht*** he is a judge at the administrative court; **~ kraft Auftrags** commissioned judge; **~ auf Lebenszeit** judge for life; **~ auf Probe** judge on probation; **ehrenamtlicher ~** lay judge; **ersuchter** ~ requested judge; **gesetzlicher** ~ legally competent judge; **vorsitzender** ~ presiding judge

Richteramt *nt* judicial office, office of judge
Richteranklage *f* JUR judicial prosecution **Richterdienstgericht** *nt* JUR disciplinary tribunal for judges **Richtergesetz** *nt* JUR Law on the Judiciary
Richterin <-, -nen> *f fem form von* **Richter**
richterlich *adj attr* judicial; **~es Prüfungsrecht** judicial review
Richterrat *m* JUR council of judges **Richterrecht** *nt* JUR case [*or* judge-made] law **Richterschaft** <-> *f kein pl* judiciary *no pl* **Richterskala**[RR] *f kein pl*, **Richter-Skala** *f kein pl* GEOL Richter scale *no pl* **Richterspruch** *m* ❶ (*Urteil*) judgement, judge's verdict ❷ (*Strafe*) sentence **Richtervorbehalt** *m* JUR requirement of judicial authority **Richterwahlausschuss**[RR] *m* JUR electoral committee for judges
Richtfest *nt* topping out [ceremony] **Richtfunk** *m* directional radio **Richtfunksender** *m* directional transmitter **Richtgeschwindigkeit** *f* recommended speed limit
richtig I. *adj* ❶ (*korrekt*) correct, right; **die ~e Antwort** the right [*or* correct] answer; **die ~e Lösung** the correct solution
❷ (*angebracht*) right; **die ~e Handlungsweise** the right course of action; **zur ~en Zeit** at the right time; ***es war ~, dass du gegangen bist*** you were right to leave
❸ (*am richtigen Ort*) ■**irgendwo/bei jdm ~ sein** to be at the right place/address; ***„ja, kommen Sie rein, bei mir sind Sie genau ~"*** "yes, come in, you've come to [exactly] the right place"; ***ist das hier ~ zu/nach ...?*** is this [*or* am I going] the right way to ...?
❹ (*echt, wirklich*) real; ***ich bin nicht deine ~e Mutter*** I'm not your real mother
❺ (*fam: regelrecht*) real; ***du bist ein ~er Idiot!*** you're a real idiot!
❻ (*passend*) right; ***sie ist nicht die ~e Frau für dich*** she's not the right woman for you
❼ (*ordentlich*) real, proper; ***es ist lange her, dass wir einen ~en Winter mit viel Schnee hatten*** it's been ages since we've had a proper winter with lots of snow
❽ (*fam: in Ordnung*) all right, okay; ■**~ sein** to be all right [*or* okay]; ***unser neuer Lehrer ist ~*** our new teacher is okay; *s. a.* **Kopf**
II. *adv* ❶ (*korrekt*) correctly; ***Sie haben irgendwie nicht ~ gerechnet*** you've miscalculated somehow; **~ gehend** accurate; **eine ~ gehende Uhr** an accurate watch; **höre ich ~?** did I hear right?, are my ears deceiving me? *fig;* **ich höre doch wohl nicht ~?** excuse me? *fam,* you must be joking!; [**mit etw** *dat*] **~ liegen** (*fam*) to be right [*or* correct] [with sth]; ***mit seinen Prophezeiungen hat er bisher immer ~ gelegen*** his predictions have always proved to be right; ***mit Ihrer Annahme liegen Sie genau ~*** you are quite correct in your assumption; **bei jdm ~ liegen** to have come to the right person; ***bei mir liegen Sie genau ~*** you've come to just the right person; ***bei Herrn Müller liegen Sie in dieser Angelegenheit genau ~*** Mr Müller is exactly the right person to see in this matter; **etw ~ stellen** to correct sth; **sehr ~!** quite right!
❷ (*angebracht*) correctly; (*passend a.*) right; ***der Blumentopf steht da nicht richtig*** the flowerpot is not in the right place there; ***irgendwie sitzt die Bluse nicht richtig*** somehow the blouse doesn't fit properly
❸ (*fam: regelrecht*) really; ***ich fühle mich von ihr ~ verarscht*** I feel she has really taken the piss out of me; ***er hat sie ~ ausgenutzt*** he has really used her; **~ gehend** (*fam*) real, really
❹ (*tatsächlich*) **~, *das war die Lösung*** right, that was the solution
Richtige(r) *f(m) dekl wie adj* ❶ (*der passende Partner*) right person; ***schade, dieser Mann wäre für mich der ~ gewesen*** pity, he would have been the right man for me
❷ (*Treffer*) right numbers/hits; ***wie viel ~ haben wir diesmal im Lotto?*** how many right numbers did we get in the lottery this time?
▶ WENDUNGEN: **du bist mir der/die ~!** (*iron*) you're a fine one, you are! *iron;* [**bei jdm**] **an den ~n/die ~ geraten** (*iron*) to pick the wrong person; ***mit der Frage gerätst du bei mir an den ~n!*** I'm the wrong person to ask
Richtige(s) *nt dekl wie adj* ❶ (*Zusagende(s)*) ■**das ~/etwas ~s** the right one/something suitable; ***„gefällt Ihnen die Vase?" — „nein, das ist nicht ganz das ~e"*** "do you like the vase?" — "no, it's not quite right"; ***ich habe immer noch nichts ~s gefunden*** I still haven't found anything suitable
❷ (*Ordentliches*) ■**etwas/nichts ~s** something/nothing decent; ***gib doch lieber 2000 Mark mehr aus, dann hast du wenigstens etwas ~s!*** why don't you spend another 2,000 marks, then at least you'll have something decent!; ***„ich habe den ganzen Tag nichts ~s gegessen!"*** "I haven't had a proper meal all day!"
Richtigkeit <-> *f kein pl* ❶ (*Korrektheit*) accuracy *no pl,* correctness *no pl;* **mit etw hat es seine ~** sth is right; ***das wird schon seine ~ haben*** I'm sure that'll be right ❷ (*Angebrachtheit*) appropriateness *no pl* **Richtigstellung** *f* correction
Richtkranz *f wreath used in a topping-out ceremony*
Richtlinie [-li:niə] *f meist pl* guideline *usu pl;* **~n erlassen** to issue guidelines; **~n beachten** [*o* **einhalten**] to adhere to guidelines; **sich** *akk* **nicht an die ~n halten** not to keep to [*or* follow] the guidelines **Richtlinienbestimmung** *f* ÖKON directive provision **Richtlinienkompetenz** *f* ÖKON authority to establish guidelines
Richtmikrofon[RR] *nt* directional microphone **Richtplatz** *m* place of execution **Richtpreis** *m* ÖKON recommended price; **unverbindlicher ~** basis price **Richtpreisspanne** *f* HANDEL basis price spread **Richtpunkt** *m* target **Richtschnur** *f* ❶ BAU plumb-line ❷ *kein pl* (*Grundsatz*) guiding principle; ■**die ~ einer S.** *gen*/**für etw** *akk* the guiding principle of/for sth **Richtstrahler** *m* beam [*or* directional] aerial [*or* AM *a.* antenna]
Richtung <-, -en> *f* ❶ (*Himmelsrichtung*) direction; ***aus welcher ~ kam das Geräusch?*** which direction did the noise come from?; **eine ~ einschlagen** [*o* **nehmen**] to go in a direction; ***welche ~ hat er eingeschlagen?*** which direction did he go in?; **in ~ einer S.** *gen* in the direction of sth; ***wir fahren in ~ Süden/Autobahn*** we're heading south/in the direction of the motorway; **in alle ~en, nach allen ~en** in all directions
❷ (*Tendenz*) movement, trend; ***sie vertritt politisch eine gemäßigte ~*** she takes a politically moderate line; **etw** *dat* **eine andere ~ geben** to steer sth in another direction; ***ich versuchte, dem Gespräch eine andere ~ zu geben*** I tried to steer the conversation in another direction; ***die Labourpartei hat ihrer Politik eine andere Richtung gegeben*** the Labour Party have changed course with their policies; **irgendwas in der** [*o* **dieser**] **~** something along those lines; *Betrag* something around that mark; **in dieser ~** in this direction
Richtungsänderung *f* change of [*or* in] direction **Richtungskampf** *m* factional conflict **Richtungsstreit** *m kein pl* factional dispute
richtungweisend *adj* pointing the way [ahead]; ***der Parteitag fasste einen ~en Beschluss*** the party conference took a decision that pointed the way ahead; ■**~ sein** to point the way [ahead]; ***das neue Fertigungsverfahren wird ~ für die industrielle Produktion sein*** the new manufacturing process will point the way ahead for industrial production
Richtwert *m* guideline
Ricke <-, -n> *f* ZOOL doe
rieb *imp von* **reiben**
riechen <roch, gerochen> I. *vi* ❶ (*duften*) to smell; (*stinken a.*) to stink *pej,* to reek *pej;* ***das riecht hier ja so angebrannt*** there's a real smell of burning here; ■**nach etw ~** to smell of sth; ***er riecht immer so nach Schweiß*** there's always such a sweaty smell about him; ***das riecht nach Korruption*** (*fig*) that smells [*or* reeks] of corruption
❷ (*schnuppern*) ■**an jdm/etw ~** to smell sb/sth; ***„hier, riech mal an den Blumen!"*** "here, have a sniff of these flowers"
II. *vt* ■**etw ~** to smell sth; ***riechst du nichts?*** can't you smell anything?; ***es riecht hier ja so nach Gas*** there's real stink of gas here; **etw ~ können** [*o* **mögen**] to like the smell of sth; ***ich mag den Tabakrauch gern ~*** I like the smell of tobacco smoke; ***iss doch nicht immer Zwiebeln, du weißt doch, dass ich das nicht ~ kann!*** stop eating onions all the time, you know I can't stand that
▶ WENDUNGEN: **etw ~ können** (*fam*) to know sth; ***das konnte ich nicht riechen!*** how was I supposed to know that!; ***ich rieche doch, dass da was nicht stimmt!*** I have a feeling that there's something funny about it; **jdn nicht ~ können** (*fam*) not to be able to stand sb; ***die beiden können sich nicht ~*** the two of them can't stand each other; *s. a.* **Braten, Lunte**
III. *vi impers* ■**es riecht irgendwie** there's a certain smell; ***es riecht ekelhaft*** there's a disgusting smell; ■**es riecht nach etw** *dat* there's a smell of sth; ***es riecht nach Gas*** there's a smell of gas; ***wenn er kocht, riecht es immer sehr lecker in der Küche*** there's always a delicious smell in the kitchen when he's cooking; ***wonach riecht es hier so köstlich?*** what's that lovely smell in here?
Riecher <-s, -> *m* **einen guten** [*o* **den richtigen**] **~** [**für etw**] **haben** (*fam*) to have the right instinct [for sth]
Riechkolben *m* (*hum fam*) nose, a big schnozz AM, conk BRIT *sl* **Riechnerv** *m* olfactory nerve **Riechorgan** *nt* olfactory organ **Riechsalz** *nt* smelling salts *pl*
Rieddach *nt* thatched roof
rief *imp von* **rufen**
Riege <-, -n> *f* ❶ SPORT team
❷ (*pej: Gruppe*) clique *pej;* ***sie hat sich in die ~ der Abtreibungsgegner eingeordnet*** she has joined the anti-abortionist camp
Riegel <-s, -> *m* ❶ (*Verschluss*) bolt; **den ~** [**an etw** *dat*] **vorlegen** to bolt sth; ***vergiss nicht, den ~ vorzulegen!*** don't forget to bolt the door
❷ (*Schoko~*) bar
▶ WENDUNGEN: **etw** *dat* **einen ~ vorschieben** to put a stop to sth
Riemen[1] <-s, -> *m* (*schmaler Streifen*) strap
▶ WENDUNGEN: **den ~ enger schnallen** (*fam*) to tighten one's belt; **sich** *akk* **am ~ reißen** (*fam*) to get a grip on oneself, to pull one's socks up BRIT
Riemen[2] <-s, -> *m* NAUT, SPORT oar; **sich** *akk* **in die ~ legen** (*a. fig*) to put one's back into it
Ries <-es, -e *o mit Zahlwort* -> *nt* (*Papiermaß*) ream
Riese, Riesin <-n, -n> *m, f* giant; **ein ~ von** [**einem**] **Mann** [*o* **Mensch**[**en**]] [*o fam* **Kerl**] a giant of a man; **roter ~** ASTRON red giant; *s. a.* **Adam**
Rieselfeld *nt* sewage farm
rieseln *vi sein* ❶ (*rinnen*) ■**auf etw** *akk* **~** to trickle onto sth
❷ (*bröckeln*) ■**von etw ~** to flake off sth
Riesenameise *f* (*fam*) carpenter ant **Riesenauftrag** *m* giant [*or* outsize] order **Riesenbohne** *f* soisson, jack bean **Riesenchance** *f* (*fam*) huge opportunity **Riesenerfolg** *m* (*fam*) huge success **Riesenerlebnis** *nt* (*fam*) tremendous experience **Riesenexemplar** *nt* (*fam*) huge [*or* BRIT *fam* ginormous] specimen **Riesengarnele** *f* tiger prawn **Riesengebirge** *nt* GEOG Sudeten mountains *pl* **Riesengestalt** *f* ❶ (*Größe*) gigantic figure ❷ (*Hüne*) giant **Riesengewinn** *m* huge profit
riesengroß *adj* (*fam*) ❶ (*sehr groß*) enormous, gigantic, huge ❷ (*außerordentlich*) colossal, enormous; **eine ~e Dummheit** colossal stupidity; **eine ~e Überraschung** an enormous surprise; ***der Urlaub war eine ~e Enttäuschung*** the holiday was a huge disappointment

R

riesenhaft *adj* ❶ (*gigantisch*) gigantic
❷ (*geh*) enormous, huge
Riesenhunger *m* (*fam*) enormous appetite; **einen ~ haben** to be famished [*or fam* starving] **Riesenlärm** *m* (*fam*) *kein pl* tremendous racket *no pl fam* **Riesenrad** *nt* Ferris wheel **Riesenschildkröte** *f* ZOOL giant tortoise **Riesenschlange** *f* (*fam*) boa **Riesenschritt** *m* giant stride; **~e machen** to take giant strides; **mit ~en** approaching fast; ***der Termin für die Prüfung nähert sich mit ~en*** the date of the exam is fast approaching **Riesenslalom** *m* giant slalom **Riesentrara** *nt* (*fam*) *kein pl* big fuss *no pl* **Riesenwuchs** *m* MED *kein pl* giantism *no pl*
riesig I. *adj* ❶ (*ungeheuer groß*) gigantic
❷ (*gewaltig*) enormous, huge; **eine ~e Anstrengung** a huge effort; ***zu meiner ~en Freude übergab er mir das Geld*** to my great joy he handed me the money; ***ich habe ~en Durst*** I'm terribly thirsty
❸ *pred* (*fam: gelungen*) great, terrific; ***die Party bei euch war einfach ~*** the party at your place was really terrific
II. *adv* (*fam*) enormously; ***das war ~ nett von Ihnen*** that was terribly nice of you
Riesin <-, -nen> *f fem form von* **Riese**
Riesling <-s, -e> *m* Riesling
riet *imp von* **raten**
Riff <-[e]s, -e> *nt* reef
Rift *nt* rift
rigide *adj* (*geh*) rigid
rigoros *adj* rigorous; ***vielleicht sollten Sie in dieser Frage weniger ~ sein*** perhaps you ought to be less adamant on this issue
Rigorosum <-s, Rigorosa *o* ÖSTERR *bes* Rigorosen> *nt* SCH viva (*oral component of an exam for a doctorate*)
Rikambio *m* FIN redrafted bill, redraft **Rikambiowechsel** *m* FIN redrafted bill, redraft
Rikscha <-, -s> *f* rickshaw
Rille <-, -n> *f* groove
Rimesse <-, -n> *f* FIN remittance
Rind <-[e]s, -er> *nt* ❶ (*geh: Kuh*) cow
❷ (*Rindfleisch*) beef *no pl*
Rinde <-, -n> *f* ❶ (*Borke*) bark *no pl*
❷ *kein pl* KOCHK crust; *Käse, Speck* rind *no pl*
❸ ANAT cortex
Rinderbouillon *m* beef bouillon [*or* broth] **Rinderbraten** *m* roast beef *no pl* **Rinderbrust** *f* beef brisket **Rinderfett** *nt* beef dripping [*or* tallow] **Rinderfilet** *nt* fillet of beef *no pl* **Rinderfleck** *m* *dish made of beef offal* **Rinderhack** *nt* minced [*or* AM ground] beef **Rinderherde** *f* herd of cattle **Rinderhorn** *nt* cow horn **Rinderkamm** *m* neck of beef **Rinderkraftbrühe** *f* beef bouillon [*or* broth] **Rinderkraftschinken** *m* beef topside ham **Rindermagen** *m* beef stomach **Rindermark** *nt* beef marrow **Rindermett** *nt* beef sausage meat **Rindernierenfett** *nt* ox kidney fat **Rinderroulade** *f* roll of beef **Rindertalg** *m* beef tallow **Rinderwahnsinn** *m kein pl* mad cow disease *no art, no pl fam*, BSE *no art, no pl* BRIT **Rinderzucht** *f* cattle breeding [*or* rearing] [*or* farming] *no art, no pl* **Rinderzunge** *f* ox [*or* AM cow] tongue
Rindfleisch *nt* beef *no art, no pl* **Rindfleischsuppe** *f* beef soup
Rindsfett *nt s.* **Rinderfett Rindsleder** *nt* cowhide, leather **rindsledern** *adj* cowhide, leather **Rindswurst** *f* beef sausage
Rindvieh <-viecher> *nt* ❶ *kein pl* (*Rinder*) cattle *no art, + pl vb;* ***der Bauer besitzt 45 Stück ~*** the farmer owns 45 head of cattle
❷ (*sl: Dummkopf*) ass, pillock BRIT *fam*
Ring <-[e]s, -e> *m* ❶ (*Finger~*) ring; **einen ~ am Finger tragen** to wear a ring on one's finger; **die ~e tauschen** [*o geh* **wechseln**] to exchange rings
❷ (*Öse*) ring
❸ (*Kreis*) circle; **einen ~ um jdn bilden** to form a circle round sb; **dunkle ~e [unter den Augen]** dark rings [under one's eyes]
❹ (*Syndikat*) *Händler, Dealer, Hehler* ring; *Lebensmittelhändler, Versicherungen* syndicate
❺ (*~straße*) ring road BRIT, AM *usu* beltway
❻ (*Box~*) ring; **~ frei!** seconds out!
❼ (*Kreis in einer Schießscheibe*) ring
❽ *pl* (*Turngerät*) rings *npl*
Ringanker *m* BAU peripheral tie beam **Ringbuch** *nt* ring binder **Ringbucheinlage** *f* loose sheets *pl* for a ring binder **Ringdrossel** *f* ORN ring ouzel [*or* ousel]
Ringel <-s, -> *m* [small] ring; (*Locke*) ringlet
Ringelblume *f* marigold **Ringelgans** *f* ORN brent goose **Ringellocke** *f* ringlet
ringeln I. *vt* ■**etw [um etw]** ~ to wind sth [around sth]; ***die Python ringelte ihren Leib um den Ast*** the python coiled its body around the branch
II. *vr* ■**sich** *akk* ~ to coil up
Ringelnatter *f* grass snake **Ringelreihen** <-s, -> *m kein pl* ring-a-ring o' roses **Ringelschwanz** *m* curly tail **Ringelspiel** *nt* ÖSTERR (*Karussell*) merry-go-round, BRIT *a.* roundabout, AM *a.* carousel **Ringeltaube** *f* ❶ ORN wood pigeon, ringdove ❷ DIAL (*günstige Gelegenheit*) bargain, snip BRIT *fam;* ***eine ~ für nur 10 DM*** a snip at only 10 DM **Ringelwurm** *m* ZOOL annelid
ringen <rang, gerungen> I. *vi* ❶ (*im Ringkampf kämpfen*) ■**[mit jdm]** ~ to wrestle [with sb]
❷ (*mit sich kämpfen*) ■**mit sich** *dat* ~ to wrestle with oneself; *s. a.* **Tod, Träne**
❸ (*schnappen*) **nach Atem** [*o* **Luft**] ~ to struggle for breath
❹ (*sich bemühen*) ■**um etw** ~ to struggle for sth; **um Worte ~d** struggling for words
II. *vt* ■**jdm etw aus etw** ~ to wrench [*or form* wrest] sth from sb's sth; ***ich habe ihm die Pistole aus der Hand gerungen*** I wrested the pistol from his hand *form; s. a.* **Hand**
Ringen <-s> *nt kein pl* ❶ SPORT wrestling *no art, no pl*
❷ (*geh*) struggle
Ringer(in) <-s, -> *m(f)* wrestler
Ringfahndung *f* manhunt [over an extensive area]; **eine ~ einleiten** to launch a manhunt **Ringfinger** *m* ring finger **Ringform** *f* ring-shaped baking tin **ringförmig** I. *adj* ring-like, circular, annular *spec;* **eine ~e Autobahn** a circular motorway II. *adv* in the shape of a ring; ***die Umgehungsstraße führt ~ um die Ortschaft herum*** the bypass encircles the town **ringhörig** *adj* SCHWEIZ poorly sound-proofed
Ringkampf *m* fight, wrestling match **Ringkämpfer(in)** *m(f) s.* **Ringer Ringleitung** *f* ring main **Ringlotte** <-, -n> *f* ÖSTERR greengage **Ringmuskel** *m* BIOL, MED circular muscle **Ringordner** *m* ring binder **Ringrichter(in)** *m(f)* referee
rings *adv* [all] around; ***sie hatten das Grundstück ~ mit einem Zaun umgeben*** they had surrounded the property with a fence; ***~ von Feinden umgeben*** completely surrounded by enemy forces
Ringschlüssel *m* ring spanner [*or* AM wrench]
ringsherum *adv s.* **ringsum**
Ringstraße *f* ring road BRIT, AM *usu* beltway
ringsum *adv* [all] around **ringsumher** *adv* (*geh*) *s.* **ringsum**
Rinne <-, -n> *f* ❶ (*Rille*) channel; (*Furche*) furrow
❷ (*Dach~*) gutter
rinnen <rann, geronnen> *vi sein* ❶ (*fließen*) to run, to flow
❷ (*rieseln*) to trickle; *s. a.* **Finger**
Rinnenplatte *f* BAU gutter stone **Rinnenprofil** *nt* BAU groove
Rinnsal <-[e]s, -e> *nt* ❶ (*winziger Wasserlauf*) rivulet *liter* ❷ (*rinnende Flüssigkeit*) trickle **Rinnstein** *m* ❶ (*Gosse*) gutter ❷ *s.* **Bordstein**
RIP *nt* INFORM *Akr von* **raster image processor** RIP
R.I.P. *Abk von* **requiescat in pace** RIP
Rippchen <-s, -> *nt* smoked rib [of pork]
Rippe <-, -n> *f* ❶ ANAT rib, costa *spec*
❷ (*Blattader*) rib, costa *spec*
❸ KOCHK **flache** ~ fore rib, top [*or* AM short] rib
❹ TECH fin
❺ (*Webstreifen*) rib
❻ ARCHIT (*Gewölbeträger*) rib
► WENDUNGEN: **nichts auf den ~n haben** (*fam*) to be just skin and bone; **etw auf die ~n kriegen** (*fam*) to put a bit of weight on; **es sich** *dat* **nicht aus den ~n schneiden können** (*fam*) to not be able to produce sth out of thin air [*or* out of nothing] [*or* from nowhere]; ***er kann es sich nicht aus den Rippen schneiden!*** he can't produce it out of thin air!
Rippenbruch *m* broken [*or* fractured] rib **Rippenfell** *nt* [costal] pleura *spec* **Rippenfellentzündung** *f* pleurisy **Rippengewölbe** *nt* ribbed vault[ing] **Rippenspeer** *m* spare ribs *pl* **Rippenstoß** *m* nudge [*or* dig] in the ribs; **jdm einen ~ geben** [*o geh* **versetzen**] to give sb a dig in the ribs
Rippli <-s, -> *nt* KOCHK SCHWEIZ salted rib [of pork]
Rips <-es, -e> *m* rep[p], ribbed fabric
RISC *m* INFORM *Akr von* **reduced instruction set computer** RISC **RISC-Architektur** *f* INFORM RISC architecture **RISC-Befehl** *m* INFORM RISC instruction **RISC-Computer** *m* INFORM RISC computer **RISC-CPU** *f* INFORM RISC-based CPU **RISC-Prozessor** *m* INFORM RISC-based processor
Risiko <-s, -s *o* Risiken *o* ÖSTERR *a.* Risiken> *nt* risk, hazard *form;* JUR *a.* peril; **berufliches ~** occupational hazard; **unternehmerisches ~** risk of an undertaking; **ein gewisses ~ bergen** to involve a certain risk; **[bei etw] das ~ eingehen** [*o* **laufen**][**, etw zu tun**] to run the risk [of doing sth] [with sth]; ***bei dieser Unternehmung laufen Sie das ~, sich den Hals zu brechen*** you run the risk of breaking your neck with this venture; **ein ~ übernehmen** to assume a risk; **auf jds** *akk* **~** at sb's own risk; ***nun gut, ich kaufe die Wertpapiere, aber auf Ihr ~*** very well, I'll buy the securities, but on your head be it!; **ohne ~** without risk; **~ des Spediteurs** carrier risk; **~ des zufälligen Untergangs der Ware** HANDEL risk of accidental destruction of the goods; **versicherbares/nicht versicherbares ~** FIN insurable/prohibited class risk
Risikoabsicherung *f* covering a risk **Risikoabwälzung** *f* shifting of a risk **Risikoanalyse** *f* risk analysis **Risikoaufschlag** *m* JUR danger money **Risikoausgleich** *m kein pl* ÖKON ❶ (*Zuschlag für risikoreiches Arbeiten*) spreading of risk ❷ (*zusätzliches Versicherungsentgelt*) balancing of portfolio **Risikoausschluss**[RR] *m* FIN exclusion of risks **Risikobegrenzung** *f* FIN risk limitation **risikobehaftet** *adj inv* with inherent risks, risk-encumbered **risikobereit** *adj* ÖKON prepared to take a risk *pred* **Risikobereitschaft** *f* willingness to take [high] risks **Risikobeteiligung** *f* FIN retained [*or* uninsured] percentage of loss; **~ des Auftragnehmers/Garantienehmers** contractor's/insured's retention **Risikobewertung** *f* risk evaluation **Risikoerhöhung** *f* JUR added peril **Risikofaktor** *m* risk factor **risikofrei** *adj inv* risk-free, AM riskless, safe, secure; **~es Kapital** ÖKON secure investment **Risikofreude** *f* (*fam*) love of risks; **politische ~** love of political risks; **durch finanzielle ~ gekennzeichnet sein** to love taking financial risks **risikofreudig** *adj* prepared to take risks *pred,* venturesome *form;* **~er Anleger** ÖKON speculative investor **Risikogebiet** *nt* area of risk **Risikogeburt** *f* difficult [*or* complicated] birth **Risikogeschäft** *nt* FIN speculative undertaking **Risikogruppe** *f* [high-]risk group **Risikokapital** *nt* FIN risk [*or* venture] capital **risikolos** *adj* safe, risk-free, without [any] risk *pred;* **ein ~er Kauf** a safe buy; ■**[für jdn] ~ sein** to be without risk [for sb] **Risikomarkt** *m* risk market **Risikomischung** *f* ÖKON risk spreading **risikoreich** *adj inv* risky, high-risk, hazardous *form;* **~e Transaktionen** FIN high-risk transactions **Risikorücklage** *f* FIN contingency reserve **risikoscheu** *adj* ÖKON averse to risk *pred;* **~er Anleger** careful investor **Risikoschwangerschaft** *f* high-risk pregnancy **Risikostreuung** *f* ÖKON risk spreading **Risikoübergang** *m* FIN transfer [*or* passage] of risk **Risikoübernahme** *f kein pl* FIN, JUR assumption of risk **Risikoversicherung** *f* ÖKON ❶ (*Lebensversicherung*) term insurance ❷ (*Versicherung gegen spezielle Risiken*) contingent policy **Risikovertei-**

lung *f* FIN sharing of risks **Risikovorsorge** *f* ❶ ÖKON provision for risks ❷ FIN provision for contingent loan losses
riskant *adj* risky, chancy *fam;* ▪ [jdm] [zu] ~ **sein** to be [too] risky [*or fam* chancy] [for sb]; ▪ **es ist** ~, **etw zu tun** it is risky doing sth
riskieren* *vt* ❶ (*aufs Spiel setzen*) ▪ **etw** [**bei etw**] ~ to risk sth [with sth]; **seinen** [*o* **den**] **guten Ruf** ~ to risk one's good reputation
❷ (*ein Risiko eingehen*) ▪ **etw** ~ to risk sth; ***beim Versuch, dir zu helfen, habe ich viel riskiert*** I've risked a lot trying to help you
❸ (*wagen*) ***ich riskiere es!*** I'll chance it [*or* my arm]!; ▪ **es** ~, **etw zu tun** to risk doing sth; ***riskiere es nicht, dich mit ihm auf einen Kampf einzulassen!*** don't risk getting into a fight with him!
Rispe <-, -n> *f* BOT panicle
Rispengras *nt* BOT meadow grass
riss[RR], **riß** *imp von* **reißen**
Riss[RR] <-es, -e> *m*, **Riß** <Risses, Risse> *m* ❶ (*eingerissene Stelle*) crack; ▪ **ein/der** ~ **in etw** *dat* (*Papier*) a/the tear in sth
❷ (*Knacks*) rift; ***wir haben uns zerstritten, die Risse sind nicht mehr zu kitten*** we fell out and the rift between us can no longer be mended
❸ (*Umrisszeichnung*) [outline] sketch
rissig *adj* ❶ (*mit Rissen versehen*) cracked
❷ (*aufgesprungen*) chapped; ~**e Hände** chapped hands
❸ (*brüchig*) brittle, cracked
rissolieren *vt* KOCHK ▪ **etw** ~ to roast sth until caramelized
Rist <-[e]s, -e> *m* ❶ (*Fußrücken*) instep
❷ ZOOL withers *npl spec*
ristornieren* *vt* FIN ▪ **etw** ~ to cancel sth by making a contra entry
Ristorno <-s, -s> *m o nt* ❶ ÖKON cancellation
❷ FIN reverse of a contra entry
Riten *pl von* **Ritus**
Ritscherl *m kein pl* DIAL (*Feldsalat*) lamb's lettuce
ritt *imp von* **reiten**
Ritt <-[e]s, -e> *m* ride; **einen** ~ **machen** to go for a ride
► WENDUNGEN: **in scharfem** ~ at a swift pace; **in einem** [*o* **auf einen**] ~ (*fam*) without a break
Rittberger <-s, -> *m* loop jump
Ritter <-s, -> *m* ❶ (*Angehöriger des ~standes*) knight; **fahrender** ~ knight-errant; **jdn zum** ~ **schlagen** to knight sb, to dub sb knight
❷ (*Panzerreiter*) chevalier *hist*
❸ (*Adelstitel*) ***Lanzelot ~ von Camelot*** Sir Lancelot of Camelot
❹ (*Mitglied*) ***der ~ des Malteserordens*** Knight of Malta
► WENDUNGEN: **arme** ~ KOCHK French toast (*bread soaked in milk and egg and fried*)
Ritterburg *f* HIST knight's castle **Rittergut** *nt* manor *spec* **Ritterkreuz** *nt* MIL Knight's Cross
ritterlich *adj* ❶ (*höflich zu Damen*) chivalrous
❷ HIST knightly *liter*
Ritterlichkeit *f kein pl* chivalry, chivalrousness
Ritterorden *m* HIST order of knights; **der Deutsche** ~ the Teutonic Order **Ritterroman** *m* knightly romance, romance of chivalry **Ritterrüstung** *f* knight's armour [*or* AM -or] **Ritterschlag** *m* HIST dubbing *no art, no pl;* **den** ~ **empfangen** to be knighted [*or* dubbed knight]
Rittersmann <-leute> *m* (*poet*) knight
Rittersporn *m* BOT delphinium, larkspur **Ritterstand** *m kein pl* HIST knighthood
rittlings *adv* astride
Ritual <-s, -e *o* -ien> *nt* ritual
Ritualisierung <-, -en> *f* BIOL ritualization [*or* BRIT a. -isation]
Ritualmord *m* ritual murder
rituell *adj* ritual
Ritus <-, Riten> *m* REL rite
Ritz <-es, -e> *m* ❶ (*Kratzer*) scratch
❷ *s.* **Ritze**
Ritze <-, -n> *f* crack
Ritzel <-s, -> *nt* TECH pinion
ritzen I. *vt* ❶ (*einkerben*) ▪ **etw auf/in etw** *akk* ~ to carve sth on/in sth
❷ (*kratzen*) ▪ **etw** ~ to scratch sth
► WENDUNGEN: **geritzt sein** (*sl*) to be okay *fam*
II. *vr* ▪ **sich** *akk* [**an etw** *dat*] ~ to scratch oneself [on sth]
Ritzer <-s, -> *m* (*fam*) *s.* **Ritz**
Rivale, Rivalin <-n, -n> [-va-] *m, f* rival (**um** + *dat* for)
rivalisieren* [-va-] *vi* (*geh*) ▪ **mit jdm** [**um etw**] ~ to compete with sb [for sth]; ▪ ~**d** rival *attr,* competing *attr*
Rivalität <-, -en> [-va-] *f* (*geh*) rivalry
Riviera <-> [ri'vie:ra] *f* riviera; ▪ **die** ~ the Riviera
Rizinus <-, - *o* -se> *m* ❶ (*Pflanze*) castor-oil plant
❷ *kein pl* (*fam:* ~*öl*) castor oil *no art, no pl*
Rizinusöl *nt* castor oil *no art, no pl*
RNS <-> [ɛrʔɛnˈʔɛs] *f kein pl Abk von* **Ribonukleinsäure** RNA *no art, no pl spec*
Roadmovie[RR] ['roʊdmu:vi] *m* FILM roadmovie
Roadshow <-, -s> ['roʊdʃoʊ] *f* road show
Roastbeef <-s, -s> ['ro:stbi:f] *nt* roast beef *no indef art, no pl*
Robbe <-, -n> *f* seal
robben *vi sein* to crawl; ▪ **irgendwohin/durch etw** ~ to crawl somewhere/through sth
Robe <-, -n> *f* ❶ (*langes Abendkleid*) evening gown; **in großer** ~ (*geh*) in evening dress
❷ (*Talar*) robe[s *pl*], gown
Robinie <-, -n> *f* BOT robinia *spec*
Robodoc <-[s], -s> *m* (*operierender Roboter*) robodoc, robot surgeon
Robot <-s, -s> *m* INET (*WWW-Suchprogramm*) robot
Robotbild *nt* SCHWEIZ Photofit® *[picture]* BRIT, composite photograph AM
Roboter <-s, -> *m* robot
Robotertechnik *f kein pl* robotics + *sing vb*
Robotfahrzeug *nt* RAUM robot vehicle
robust *adj* ❶ (*strapazierfähig*) robust, tough
❷ (*widerstandsfähig*) robust
Robustheit <-> *f kein pl* ❶ (*Strapazierfähigkeit*) robustness *no art, no pl,* toughness *no art, no pl*
❷ (*Widerstandsfähigkeit*) robustness *no art, no pl*
roch *imp von* **riechen**
röcheln *vi* to breathe stertorously *form liter; Sterbender* to give the death rattle *liter*
Röcheln <-s> *nt kein pl* stertorous breathing *no art, no pl form liter; Sterbender* death rattle *liter*
Rochen <-s, -> *m* ray
Rock[1] <-[e]s, Röcke> *m* ❶ (*Damen~*) skirt
❷ SCHWEIZ (*Kleid*) dress, frock *dated*
❸ SCHWEIZ (*Jackett*) jacket; *s. a.* **König**
Rock[2] <-[s], -[s]> *m kein pl* MUS rock *no art, no pl*
Rockband [-bænd] *f* rock band
Röckchen <-s, -> *nt dim von* **Rock** little [*or* short] skirt
rocken *vi* to play rock music, to rock
Rocker(in) <-s, -> *m(f)* rocker
Rockerbande *f* rocker [*or* AM motorcycle] gang, gang of bikers AM **Rockerbraut** *f* rocker's old lady BRIT, biker chick AM *sl*
Rockfestival *nt* rock festival **Rockgruppe** *f* rock group
rockig *adj inv* MUS rock, rocky
Rockmusik *f* rock [music] **Rockstar** <-s, -s> *m* rock star **Rockzipfel** *m* ► WENDUNGEN: **jdn** [**gerade**] **noch am** [*o* **beim**] ~ **erwischen** to [just] manage to catch sb; **an jds** *dat* ~ **hängen** (*fam*) to cling to sb's apron strings *pej*
Rodel <-s *o* SÜDD, ÖSTERR -, - *o* SÜDD, ÖSTERR -n> *m o* SÜDD, ÖSTERR *f* sledge, toboggan
Rodelbahn *f* toboggan run
rodeln *vi sein o haben* to sledge, to toboggan
rödeln *vi haben* (*fam*) to toil [away], to work one's backside *fam* off; ***ich habe den ganzen Tag gerödelt ohne Ende*** I worked my backside off all day; ***er hat den ganzen Nachmittag im Garten gerödelt*** he toiled away in the garden all afternoon
Rodelschlitten *m* DIAL *s.* **Schlitten**
roden *vt* ❶ (*herausreißen*) ▪ **etw** ~ to clear sth; **Gestrüpp** ~ to clear undergrowth
❷ (*vom Bewuchs befreien*) ▪ **etw** ~ to clear sth
Rodler(in) <-s, -> *m(f)* tobogganer, tobogganist
Rodung <-, -en> *f* ❶ (*gerodete Fläche*) clearing
❷ *kein pl* (*das Roden*) clearance *no art, no pl,* clearing *no art, no pl*
Rogen <-s, -> *m* roe *no art, no pl*
Roggen <-s> *m kein pl* rye *no art, no pl*
Roggenbrot *nt* rye bread *no pl* **Roggenmehl** *nt* rye flour **Roggenvollkornbrot** *nt* wholegrain rye bread *no pl*
roh I. *adj* ❶ (*nicht zubereitet*) raw; ~**es Gemüse** raw vegetables
❷ (*unbearbeitet*) crude; **ein** ~**er Holzklotz** a rough log; **ein** ~**er Marmorblock** an unhewn [*or spec* undressed] block of marble
❸ (*brutal*) rough; **ein** ~**er Kerl** a rough fellow, a tough[ie] *esp* AM *fam; s. a.* **Gewalt**
❹ (*rüde*) coarse
II. *adv* ❶ (*in rohem Zustand*) raw, in a raw state; ***er schluckte das Ei ~ hinunter*** he swallowed the egg raw
❷ (*ungefüge*) roughly, crudely; ~ **behauene Steinblöcke** rough[ly]-hewn stone blocks
Rohanalyse *f* rough analysis **Rohaufwand** *m* FIN gross expenses *pl* **Rohausbeute** *f* raw results *pl*
Rohbau <-bauten> *m* ❶ BAU shell, carcass *spec;* **im** ~ structurally complete; ***unser Haus befindet sich noch im ~*** the structure of our house has yet to be finished
❷ AUTO body-in-white
Rohbilanz *f* FIN trial balance **Rohbogen** *m* TYPO (*unbeschnitten*) untrimmed sheet **Rohdecke** *f* BAU unfinished floor **Roheinnahmen** *pl* FIN gross receipts **Roheisen** *nt* BERGB pig iron
Roheit <-, -en> *f s.* **Rohheit**
Rohentwurf *m* rough draft **Rohertrag** *m* ÖKON gross proceeds *npl* **Roherz** *nt* BERGB virgin ore **Rohfußboden** *m* BAU unfinished floor **Rohgewicht** *nt* gross weight **Rohgewinn** *m* ÖKON gross profit **Rohgummi** *m o nt* raw rubber *no pl*
Rohheit[RR] <-, -en> *f* ❶ *kein pl* (*Brutalität*) brutality *no art, no pl,* roughness *no art, no pl*
❷ *kein pl* (*Rauheit*) coarseness *no art, no pl;* **von gefühlloser** ~ **sein** to be coarse and insensitive
❸ (*brutale Handlung*) brutal act
Rohkarosserie *f* AUTO body-in-white **Rohkost** *f* uncooked vegetarian food *no art, no pl,* raw fruit and vegetables + *pl vb* **Rohkostplatte** *f* crudités platter, platter of raw vegetables **Rohkostraffel** *f* flat vegetable grater
Rohling <-s, -e> *m* ❶ (*brutaler Kerl*) brute
❷ (*unbearbeitetes Werkstück*) blank
Rohmaterial *nt* raw material **Rohmetall** *nt* raw metal **Rohmilchsieb** *nt* milk sieve **Rohöl** *nt* crude oil **Rohpapier** *nt* TYPO base paper
Rohr[1] <-[e]s, -e> *nt* ❶ TECH pipe; (*mit kleinerem Durchmesser, flexibel*) tube
❷ (*Lauf*) barrel; **aus allen** ~**en feuern** to open up with all guns
❸ SÜDD, ÖSTERR (*Backofen*) oven
Rohr[2] <-[e]s, -e> *nt* ❶ *kein pl* (*Ried*) reed
❷ *kein pl* (*Röhricht*) reed bed, reeds *pl*
► WENDUNGEN: [**wie**] **ein** [**schwankendes**] ~ **im Winde sein** (*geh*) to be like a reed in the wind
Rohrabschneider *m* tube cutter **Rohrammer** <-, -n> *f* ORN reed bunting *spec* **Rohrbruch** *m* burst pipe **Rohrbrücke** *f* pipe bridge (*12m-wide, steel or concrete pipe anchored 25m under the surface of a Norwegian fjord to carry two lanes of traffic*)
Röhrchen <-s, -> *nt dim von* **Röhre** ❶ PHARM small tube
❷ (*Reagenzglas*) test tube
❸ (*für Alkoholtest*) breathalyzer® *tube;* **ins** ~ **blasen** (*fam*) to take [*or* have] a breathalyser test, to blow in the bag BRIT *fam*
Rohrdommel <-, -n> *f* ORN bittern
Röhre <-, -n> *f* ❶ (*Hohlkörper*) tube; ***~n aus Ton*** clay pipes
❷ (*Leuchtstoff~*) neon tube

3 (*Backofen*) oven
► WENDUNGEN: **in die ~ gucken** (*fam*) to be left out
Rohreis *m* paddy [*or* unhusked] rice
röhren *vi* 1 JAGD (*brüllen*) to bellow, to bell *spec;* **das R~ der Hirsche** the bellowing [*or spec* belling] of stags
2 (*fam: heiser grölen*) to bawl
3 (*laut dröhnen*) to roar
Röhrenfernsehprojektor *m* TV tube TV-projector **röhrenförmig** *adj inv* tubular; **~e Jeans** drainpipe [*or* AM cigarette leg] jeans **Röhrenhose** *f* (*fam*) drainpipe trousers *npl* BRIT, drainpipes *pl* BRIT *fam,* straight-leg pants AM **Röhrenknochen** *m* long [*or* tubular] bone **Röhrenpilz** *m s.* **Röhrling** **Röhrenverstärker** *m* tube [*or spec* thermionic] amplifier
Rohrfernleitungen *pl* pipelines **Rohrgeflecht** *nt* wickerwork *no art, no pl* **Rohrgraben** *m* BAU pipe trench
Röhricht <-s, -e> *nt* (*geh*) reed bed, reeds *pl*
Rohrkolben *m* BOT great reed mace, bulrush **Rohrkonstruktion** *f* BAU pipe construction **Rohrkrepierer** <-s, -> *m* 1 MIL barrel burst 2 (*Reinfall*) flop **Rohrleger(in)** <-s,-> *m(f)* pipe layer, pipefitter **Rohrleitung** *f* pipe, conduit
Röhrling <-s, -e> *m* BOT boletus *spec*
Rohrmatte *f* rush [*or* reed] mat **Rohrmöbel** <-s, -> *nt meist pl* cane furniture *no pl* **Rohrnaht** *f* BAU pipe seam **Rohrnetz** *nt* network of pipes, mains network **Rohrpost** *f* pneumatic dispatch system **Rohrrahmen** *m* AUTO tabular frame **Rohrsänger** *m* ORN warbler **Rohrschelle** *f* BAU pipe clamp **Rohrspatz** *m* ► WENDUNGEN: **wie ein ~ schimpfen** (*fam*) to swear like a trooper [*or* AM sailor], to curse loudly **Rohrstock** *m* cane **Rohrstuhl** *m* cane chair **Rohrweihe** *f* ORN marsh harrier
Rohrzange *f* pipe [*or* cylinder] wrench
Rohrzucker *m* cane sugar *no art, no pl*
Rohschätzung *f* rough estimate
Rohseide *f* raw silk *no art, no pl*
Rohstoff *m* raw material
Rohstoffabkommen *nt* HANDEL commodity agreement [*or* pact] **Rohstoffausbeute** *f* yield from raw material **Rohstoffbestände** *pl* raw materials inventory
Rohstoffe *pl* **Roh-, Hilfs- und Betriebsstoffe** raw materials and supplies
Rohstoffmangel *m* shortage [*or* lack] of raw materials **Rohstoffpreis** *m* price of raw materials, commodity price **Rohstoffpreisindex** *m* ÖKON commodity price index **Rohstoffreserve** *f meist pl* [natural] reserves *pl* of raw materials **Rohstoffrückgewinnung** *f* ÖKON recovery of raw materials; (*Konservierung*) resource conservation **Rohstoffverarbeitung** *f kein pl* processing *no pl* of raw materials **Rohstoffverknappung** *f* shortage of raw materials
Rohwolle *f* raw wool **Rohzucker** *m* cane sugar **Rohzustand** *m* **im ~** in an/the unfinished state
Rokoko <-[s]> ['rɔkoko, roko'ko] *nt kein pl*
1 (*Stil*) rococo *no art, no pl*
2 (*Zeitalter*) Rococo period *no indef art, no pl*
Rolladen <-s, Rolläden *o* -> *m s.* **Rollladen**
Rolladenkasten *m s.* **Rollladenkasten**
Rollback <-[s], -s> ['roʊlbæk] *nt* (*geh: Rückgang*) rollback AM; **ein ~ im Tourismus** a rollback in tourism
Rollbahn *f* LUFT runway **Rollbraten** *m* KOCHK rolled joint **Rollbrett** *nt* 1 (*Montage~*) [mechanic's] creeper 2 (*Skateboard*) skateboard
Röllchen *nt* KOCHK roulade
Rollcontainer *m* roller container
Rolle[1] <-, -n> *f* 1 (*aufgewickeltes Material*) roll; **eine ~ Draht** a roll of wire
2 (*Garn~*) reel
3 (*zu einer Röhre verpackte Gegenstände*) roll, tube; **eine ~ Markstücke/Zitronendrops** a roll of one mark pieces/tube of lemon drops
4 (*Laufrad*) roller; (*Möbel~*) castor, caster
5 (*Spule*) reel; *Flaschenzug, Seilwinde* pulley
6 (*Turnübung*) roll; **eine ~ vorwärts/rückwärts** a forward/backward roll; **eine ~ machen** to do a roll
Rolle[2] <-, -n> *f* 1 (*Film~, Theater~*) role, part; **mit verteilten ~n** with each role cast; **sich** *dat* **in einer bestimmten ~ gefallen** to like playing a certain role; ***sie gefiel sich in der ~ der Heldin*** she liked playing the role of the heroine
2 (*Part*) role, part; ▪**jds ~ bei etw** sb's role [*or* part] in sth; ***ich sehe meine ~ bei diesem Projekt als Organisatorin*** I see my role in this project as an organizer; **eine ~ verteilen** to allocate a roll; [**bei/in etw** *dat*] [**für jdn**] **eine ~ spielen** to play a role [*or* part] [in sth] [for sb]; ***das Alter spielt natürlich eine wichtige*** ~ of course, age plays an important part [*or* role]; **es spielt keine ~, ob/wie ...** it doesn't matter whether/how ...
3 (*sozialer Verhaltenstypus*) role
► WENDUNGEN: **seine ~ ausspielen/ausgespielt haben** to be finished [*or* through]; **aus der ~ fallen** to behave badly; **sich** *akk* **in jds** *akk* **~ versetzen** to put oneself in sb's place
rollen I. *vi sein* to roll; *Fahrzeug* to roll [along]; *Flugzeug* to taxi; *Lawine* to slide; ▪**irgendwohin ~** to roll/taxi/slide somewhere; *s. a.* **Auge**
► WENDUNGEN: **etw ins R~ bringen** to set sth in motion, to get sth underway; **ein Verfahren ins R~ bringen** to get proceedings underway; *s. a.* **Lawine, Stein**
II. *vt* 1 (*zusammen~*) ▪**etw ~** to roll [up *sep*] sth
2 (*~d fortbewegen*) ▪**etw irgendwohin ~** to roll sth somewhere
3 (*sich ein~*) ▪**sich** *akk* **in etw** *akk* **~** to curl up in sth; ***sie rollte sich in die Bettdecke*** she curled up in the blanket; *s. a.* **R**
III. *vr* ▪**sich** *akk* **~** to curl up; **sich an den Ecken ~** to roll up at the corners
Rollenarbeit *f* elaboration of a role **Rollenbesetzung** *f* casting **Rollenbild** *nt* SOZIOL role model
rollend *adj inv* **~e Fracht** wheeled cargo
Rollendruck *m* web printing **Rollendruckmaschine** *f* web[-fed] press **Rollenfigur** *f* character **Rollenhülse** *f* TYPO reel core **Rolleninterpretation** *f* interpretation of a part **Rollenklischee** *nt* role clichée **Rollenkonflikt** *m* role conflict, conflict of roles **Rollenoffset** *m* rotary [*or* web] offset **Rollenspiel** *nt* SOZIOL role play **Rollenstudie** *f* analysis of the role **Rollentausch** *m kein pl* SOZIOL role reversal **Rollentyp** *m* character type **Rollenverhalten** *nt kein pl* SOZIOL role[-specific] behaviour **Rollenverständnis** *nt* SOZIOL, PSYCH understanding of one's role in society **Rollenverteilung** *f* 1 FILM, THEAT casting 2 SOZIOL role allocation **Rollenwechsel** *m* TYPO reelchange **Rollenzwang** *m* SOZIOL role compulsion
Roller <-s, -> *m* 1 (*Kinderfahrzeug*) scooter; (*Motor~*) [motor] scooter; **~ fahren** to ride a/one's scooter
2 ÖSTERR (*Rollo*) [roller] blind, shade AM
3 ORN canary
Rollerblades ['roʊləbleɪds], **Roller-Blades**[RR] *pl* Rollerblades® *pl*
Rollerbse *f* yellow split pea
Rolle/Rolle-Verarbeitung *f* TYPO reel-to-reel production
Rollerskate <-s, -s> ['roʊləbleɪd] *nt* roller skate
Rollfeld *nt* LUFT runway **Rollfilm** *m* roll film **Rollfuhr** *f* cartage **Rollfuhrdienst** *m* cartage service **Rollgabelschlüssel** *m* adjustable spud wrench **Rollgeld** *nt* freight charge, cartage *no pl spec* **Rollkommando** *nt* heavy mob **Rollkragen** *m* roll [*or* polo] neck, AM *usu* turtleneck **Rollkragenpullover** [-vɐ] *m* roll [*or* polo] neck, AM *usu* turtleneck, polo-neck[ed] jumper **Rollkur** *f* MED (*hist*) *treatment where patient takes medicine and then lies five minutes each on his side, back and stomach* **Rollladen**[RR] <-s, Rollläden *o* -> *m* shutter *usu pl* **Rollladenkasten**[RR] *m* roller blind housing **Rollmops** *m* rolled pickled herring, rollmop BRIT
Rollo <-s, -s> ['rɔlo, rɔ'lo:] *nt* [roller] blind, shade AM
Rollschiene *f* [roller] rail **Rollschinken** *m* [rolled] smoked ham **Rollschrank** *m* shutter cabinet, roll-fronted cupboard
Rollschuh *m* roller skate; **~ laufen** [*o* **fahren**] to roller-skate **Rollschuhlaufen** *nt kein pl* roller-skating *no art, no pl* **Rollschuhläufer(in)** *m(f)* roller skater **Rollsplitt** *m* loose chippings *npl* **Rollsteg** *m* travolator
Rollstuhl *m* wheelchair **Rollstuhlfahrer(in)** *m(f)* wheelchair user **rollstuhlgerecht** *adj* suitable for wheelchairs [*or* wheelchair access] *pred*
Rolltreppe *f* escalator; [**mit der**] **~ fahren** to take the escalator
ROM <-[s], -[s]> *nt* INFORM *Abk von* **read-only memory** ROM; **programmierbares ~** programmable ROM
Rom <-s> *nt kein pl* Rome *no art, no pl; s. a.* **Weg**
Roma *pl* Roma *pl*
Roman <-s, -e> *m* LIT novel
► WENDUNGEN: [**jdm**] **einen** [**ganzen**] **~ erzählen** (*fam*) to go on for ever [*or* on and on]; **erzähl keine ~e!** (*fam: fass es kurz*) make it short!; (*lüg nicht*) stop telling stories! *fam;* **ich könnte einen ~ schreiben!** I could write a book about it!
Romancier <-s, -s> [romã'sie:] *m* (*geh*) novelist
Romane, Romanin <-n, -n> *m, f* neo-Latin *spec,* person speaking a Romance language
Romanfigur <-, -en> *f* character in a novel
romanhaft *adj inv* like a novel
Romanik <-> *f kein pl* ▪**die ~** the Romanesque period *spec*
Romanin <-, -nen> *f fem form von* **Romane**
romanisch *adj* 1 LING, GEOG Romance; **die ~en Sprachen** the Romance languages; **die ~en Länder** the Romance countries
2 HIST Romanesque *spec*
3 SCHWEIZ (*rätoromanisch*) Rhaetian *spec,* Rhaeto-Romanic *spec*
Romanist(in) <-en, -en> *m(f)* scholar/student/teacher of Romance languages and literature [*or* studies]
Romanistik <-> *f kein pl* Romance languages and literature + *sing vb,* Romance studies
Romanistin <-, -nen> *f fem form von* **Romanist**
Romanschriftsteller(in) <-s, -> *m(f)* novelist
Romantik <-> *f kein pl* 1 (*künstlerische Epoche*) ▪**die ~** the Age of Romanticism, the Romantic period
2 (*gefühlsbetonte Stimmung*) romanticism *no art, no pl;* [**einen**] **Sinn für ~ haben** to have a sense of romance
3 (*das Schwärmerische*) ▪**die ~ einer S.** *gen* the romance [*or* romanticism] of a thing
Romantiker(in) <-s, -> *m(f)* 1 (*Künstler der Romantik*) Romantic writer/composer/poet
2 (*gefühlsbetonter Mensch*) romantic
romantisch I. *adj* 1 (*zur Romantik gehörend*) Romantic
2 (*gefühlsbetont*) romantic
3 (*gefühlvoll*) romantic; **~es Kerzenlicht** romantic candlelight
4 (*malerisch*) picturesque
II. *adv* picturesquely; ***das Gut liegt sehr*** ~ the property is situated in a very picturesque location
Romanverfilmung *f* TV, FILM film adaptation of a novel
Romanze <-, -n> *f* LIT romance; (*Liebesbeziehung*) romantic affair
Römer <-s, -> *m* rummer *spec*
Römer(in) <-s, -> *m(f)* 1 GEOG Roman
2 HIST Roman; **die alten ~** the ancient Romans
Römersalat *m* romaine [*or* cos] lettuce **Römertopf** *m* ≈ cooking brick (*oval earthenware casserole*)
römisch *adj* Roman; **~e Ziffern** Roman numerals; **römische Antiqua** TYPO Roman face [*or* type]
römisch-katholisch *adj* Roman Catholic, RC
Rommé <-s> *nt,* **Rommee** <-s> *nt kein pl* rummy *no art, no pl*
ROM-Speicher *m* ROM [store]
Rondo <-s, -s> *nt* MUS rondo *spec*

röntgen *vt* ■ **jdn/etw** ~ to x-ray sb/sth; ■ **sich** *akk* [**von jdm**] ~ **lassen** to have an X-ray taken [*or* be x-rayed] [by sb]

Röntgen <-s> *nt kein pl* x-raying *no art, no pl*

Röntgenarzt, -ärztin <-es, -ärzte> *m, f* radiologist, roentgenologist *hist* **Röntgenaufnahme** *f* X-ray [photograph], radiograph, roentgenogram **Röntgenbild** *nt* X-ray [photograph], radiograph, roentgenogram

röntgenisieren* *vt* ÖSTERR ■ **jdn** ~ to x-ray sb

Röntgenologe, -login <-n, -n> *m, f* radiologist

Röntgenologie <-> *f kein pl* radiology *no art, no pl*

Röntgenologin <-, -nen> *f fem form von* **Röntgenologe**

RöntgenpassRR *m* X-ray registration card **Röntgensatellit** *m* X-ray satellite **Röntgenschirm** *m* X-ray screen **Röntgenstrahlen** *pl* X-rays *pl* **Röntgentherapie** *f kein pl* X-ray therapy **Röntgenuntersuchung** *f* X-ray examination

Rooming-in <-[s], -s> ['ru:mɪŋ 'ɪn] *nt* MED rooming in

rosa *adj inv* ❶ (*pink*) pink
❷ KOCHK (*Garstufe*) medium rare

Rosa <-s, -s> *nt* pink *no art, no pl*

rosafarben, rosafarbig *adj* pink[-coloured [*or* AM -ored]] **rosarot** *adj* rose pink; *s. a.* **Brille**

rösch *adj* KOCHK (*fachspr*) crisp

Rösche *f kein pl* KOCHK (*fachspr*) crispness

Röschen <-s, -> *nt dim von* **Rose** ❶ (*kleine Rosenblüte*) [little] rose
❷ KOCHK sprout, florets *pl*

Rose <-, -n> *f* ❶ (*Strauch*) rose bush
❷ (*Blüte*) rose
► WENDUNGEN: **keine ~ ohne Dornen** (*prov*) there's no rose without a thorn *prov;* **man ist nicht auf ~n gebettet** life isn't a bed of roses

rosé *adj inv* pink; **in ~** [in] pink; ***Hosen in* ~** pink trousers

Rosé <-s, -s> *m* rosé

Rosengarten *m* rose garden **Rosenholz** *nt* rosewood *no art, no pl* **Rosenkohl** *m* [brussels [*or* BRIT *a.* brussel]] sprouts *pl* **Rosenkranz** *m* REL rosary; **den ~ beten** to say a rosary **Rosenmontag** *m Monday before Shrove Tuesday, climax of the German carnival celebrations* **Rosenmontagszug** *m carnival procession on the Monday before Shrove Tuesday* **Rosenöl** *nt* attar *no art, no pl* of roses **Rosenquarz** *m* rose quartz *spec* **rosenrot** *adj* (*geh*) *s.* **rosig 1** **Rosenspitz** *m* KOCHK boiled beef topside, prime beef topside **Rosenstock** <-[e]s, -stöcke> *m* rose tree, standard rose **Rosenstrauch** *m* rose bush **Rosenwasser** *nt* rose water **Rosenwirsing** *m s.* **Rosenkohl** **Rosenzucht** *f* rose-growing

Rosette <-, -n> *f* ❶ (*Fenster*) rose window
❷ (*Schmuck~*) rosette

Roséwein *m* (*geh*) *s.* **Rosé**

rosig *adj* ❶ (*sehr rot*) rosy *liter;* **~e Lippen** rosy lips
❷ (*erfreulich*) rosy; **nicht gerade/nicht ~ sein** to not be looking/to not look too good; *s. a.* **Farbe**

Rosine <-, -n> *f* raisin
► WENDUNGEN: **~n im Kopf haben** (*fam*) to have wild [*or* big] ideas; **sich** *dat* **die** [**besten** [*o* **größten**]] **~n aus dem Kuchen picken** [*o* **herauspicken**] (*fam*) to pick out the best, to take the pick of the bunch AM

Rosmarin <-s> *m kein pl* rosemary *no art, no pl*

Rosmarinhonig *m* rosemary honey **Rosmarinöl** *nt* rosemary oil

RossRR <-es, -e *o* Rösser> *nt*, **Roß** <Rosses, Rosse *o* Rösser> *nt* ❶ (*liter: Reitpferd*) steed *liter;* **sein edles ~** one's noble [*or* fine] steed *liter;* **hoch zu ~** (*geh*) on horseback, astride one's steed *liter*
❷ SÜDD, ÖSTERR, SCHWEIZ (*Pferd*) horse
❸ (*fam: Dummkopf*) idiot, dolt *pej,* twit *fam*
► WENDUNGEN: **~ und Reiter nennen** (*geh*) to name names; **sich** *akk* **aufs hohe ~ setzen** to get on one's high horse; **auf dem** [*o* **einem**] **hohen ~ sitzen** to be on one's high horse; **von seinem hohen ~ heruntersteigen** [*o* **kommen**] to get down off one's high horse

RossapfelRR *m* SÜDD, ÖSTERR, **Rossbollen** <-s, -> *m* SCHWEIZ horse manure *no art, no pl* [*or* droppings] *npl*

Rösselsprung *m* ❶ (*Schachzug*) knight's move
❷ (*Silbenrätsel*) *game where a knight is moved across a board, picking up syllables to form words*

RosshaarRR *nt kein pl* horsehair *no art, no pl* **Rosshaarmatratze**RR *f* horsehair mattress **Rosskastanie**RR [-kasta:niə] *f* [horse] chestnut, *esp* BRIT conker **Rosskur**RR *f* (*hum*) drastic cure

RösslispielRR *nt* SCHWEIZ merry-go-round, BRIT *a.* roundabout, AM *a.* carousel

Rost¹ <-[e]s> *m kein pl* ❶ TECH rust *no art, no pl;* **~ ansetzen** to begin [*or* start] to rust
❷ BOT rust *no art, no pl*

Rost² <-[e]s, -e> *m* ❶ (*Gitter*) grating; (*Schutz~*) grille
❷ (*Grill~*) grill
❸ (*Bett~*) base, frame

rostanfällig *adj inv* AUTO prone to rusting **Rostbildung** *f* AUTO rust formation **Rostbraten** *m* ❶ (*Braten*) roast beef *no art, no pl* ❷ (*Steak*) grilled steak **Rostbratwurst** *f* grilled [*or* barbecue] sausage

rostbraun *adj* **~es Haar** auburn hair; **ein ~es Kleidungsstück/Fell** a russet garment/fur

Röstbrot *nt* toast

rosten *vi sein o haben* to rust; *s. a.* **Liebe, rasten**

rösten *vt* ■ **etw** ~ to roast sth; **Brot ~** to toast bread

Rostentferner <-s, -> *m* AUTO rust remover

Rösterei <-, -en> *f* roast[ing] house, roasting establishment; **frisch aus der ~** fresh from the roast, freshly roasted

rostfarben, rostfarbig *adj s.* **rostbraun** **Rostfleck** *m* spot [*or* patch] of rust **Rostfraß** *m kein pl* rust *no art, no pl,* corrosion *no art, no pl;* **durch ~ angegriffen sein** to be corroded **rostfrei** *adj* stainless; **~er Stahl** stainless steel

röstfrisch *adj inv* freshly roasted

Rösti *pl* SCHWEIZ [sliced] fried potatoes *pl*

rostig *adj* rusty; ■ **~ werden** to go rusty

Röstkartoffeln *pl* fried potatoes *pl*

Rostlaube *f* (*hum fam*) rust bucket *hum fam* **rostrot** *adj s.* **rostbraun** **Rostschutz** *m kein pl* [anti]rust protection *no art, no pl* **Rostschutzfarbe** *f* antirust[ing] paint **Rostschutzmittel** *nt* rust prevention agent, rustproofer, rust inhibitor *spec* **Rostumwandler** <-s, -> *m* rust converter

rot <-er *o* röter, -este *o* röteste> **I.** *adj* ❶ (*Farbe*) red
❷ (*Körperteile bezeichnend*) red; **eine ~e Nase** a red nose; ■ **~ werden** to go [*or* turn] red; (*aus Scham a.*) to blush
❸ (*Ampel*) red; ■ **es ist ~** it's red
❹ (*politisch linksstehend*) left-wing, left of centre [*or* AM -ers] *pred;* (*kommunistisch*) *esp pej* Red; ***lieber tot als* ~** better dead than Red; *s. a.* **Armee, Halbmond, Kreuz, Meer, Platz, Wurst, Tuch**
II. *adv* ❶ (*mit roter Farbe*) red; **etw ~ unterstreichen** to underline sth in red
❷ (*in roter Farbe*) red; ***vor Scham lief er im Gesicht* ~ an** his face went red with shame; **~ glühend** red-hot; [**bei etw**] **~ sehen** (*fig fam*) to see red [as a result of sth]
❸ POL **~ angehaucht sein** (*fam*) to have left-wing leanings, to be leftish

Rot <-s, -s *o* -> *nt* ❶ (*rote Farbe*) red
❷ *kein pl* (*rote Karten-, Roulettefarbe*) red; **auf ~ setzen** to put one's money/chips [*or* to bet] on red; ***ich setze zur Abwechslung mal auf* ~** I'm betting on red for a change
❸ (*Ampelfarbe*) red; **die Ampel ist** [*o* **steht**] **auf ~** the traffic lights are [at] red [*or* against us/them etc.]; **bei ~** at red; **bei ~ durchfahren** to go through a red light, to jump the [traffic] lights

Rotalge *f* BOT red alga [*or* algae]

Rotation <-, -en> *f* rotation

Rotationsachse [-aksə] *f* axis of rotation **Rotationsdruck** *m kein pl* TYPO rotary [machine] printing *no art, no pl spec* **Rotationsgeschwindigkeit** *f* ❶ PHYS speed of rotation ❷ LUFT rotation speed **Rotationskolbenmotor** *m* AUTO rotary piston engine **Rotationsmaschine** *f* TYPO rotary press [*or* machine] *spec* **Rotationsprinzip** *nt* POL rota system BRIT, *system in which political office-holders voluntarily pass on their duties to the next in the line before the end of their term of office* **Rotationssystem** *f* system of rotation

Rotauge *nt* ZOOL roach **rotbackig, rotbäckig** *adj* rosy-cheeked; ■ **~ sein** to have rosy cheeks **Rotbarbe** *f* ZOOL red mullet **Rotbarsch** *m* ❶ ZOOL rosefish ❷ KOCHK rosefish *no art, no pl* **rotbärtig** *adj* red-bearded; ■ **~ sein** to have a red beard **rotblond** *adj* sandy; **eine ~e Frau** a strawberry blonde; **ein ~er Mann** a sandy-haired man; ■ **~ sein** to be sandy-haired, to have sandy hair **Rotbrasse** *f* red sea-bream **rotbraun** *adj* reddish brown **Rotbuche** *f* [common] beech **Rotdorn** *m* [pink] hawthorn **Rotdrossel** *f* ORN redwing

Rote <-n, -> *f* KOCHK (*fam*) red sausage

Rote(r) *f(m) dekl wie adj* POL Red *esp pej*

Röte <-> *f kein pl* (*geh*) red[ness]; ***ihre Wangen waren vor Scham von brennender* ~** her cheeks burned red with shame

Rote-Armee-Fraktion *f* ■ **die ~** the Red Army Faction

Roteisenstein *m* GEOL red h[a]ematite

Rötel <-s, -> *m* red chalk *no art, no pl*

Rote Liste Red List

Rote-Liste Art *f* Red List species

Röteln *pl* German measles *no art, + sing vb,* rubella *no art, no pl spec*

Röteln-Impfstoff *m* German measles [*or* rubella] vaccine

Rötelzeichnung *f* drawing in red chalk

röten **I.** *vr* ■ **sich ~** to turn [*or* become] red; *Wangen a.* to flush
II. *vt* ■ **etw ~** to redden sth, to turn sth red

Rotes Kreuz *nt* **Deutsches ~** German Red Cross

Rotes Meer *nt* Red Sea

Rotfeder *f* ZOOL rudd **Rotfilter** *m* FOTO red filter **Rotfuchs** *m* chestnut **rotgrün** *adj inv* POL red-green; **ein ~es Bündnis** a red-green alliance (*an alliance of Socialists and Greens*) **rothaarig** *adj* red-haired; ■ **~ sein** to have red hair **Rothaut** *f* (*fam*) redskin *dated or pej* **Rothirsch** *m* ZOOL red deer **Rothuhn** *nt* red-legged partridge

rotieren* *vi haben o sein* ❶ (*sich um die eigene Achse drehen*) to rotate; **um seine Achse ~** to rotate about its axis; ■ **das R~** [**einer S.** *gen* [*o* **von etw** *dat*]] the rotation [of sth], rotating [sth]
❷ (*fam: hektische Aktivität entfalten*) to rush around like mad *fam;* ***unsere Sekretärin muss unheimlich* ~** our secretary has to work like crazy *fam;* ***du bringst mich wirklich zum R~!*** you're really getting me into a flap!
❸ POL to rotate

Rotkäppchen <-s> *nt kein pl* Little Red Riding-hood *no art, no pl* **Rotkehlchen** <-s, -> *nt* robin [redbreast *liter*] **Rotkohl** *m,* **Rotkraut** *nt* SÜDD, ÖSTERR red cabbage *no art, no pl*

rötlich *adj* reddish

Rotlicht *nt kein pl* red light *no art, no pl*

Rotlichtmilieu *nt* demi-monde *liter;* **aus dem ~ kommen** to be one of the demi-monde *liter* **Rotlichtviertel** *nt* red-light district

Rotor <-, -en> *m* rotor

Rotorflügel *m* LUFT *Hubschrauber* rotor [blade]; *Flugzeug* rotor wing *spec*

Rotschenkel *m* ORN (*Tringa totanus*) redshank

Rotschwanz *m* ORN (*Phoenicurus*) redstart

Rotstift *m* red pencil/crayon/pen ► WENDUNGEN: **dem ~ zum Opfer fallen** to be scrapped; *Arbeitsplätze a.* to be axed; [**bei etw**] **den ~ ansetzen** to make cutbacks [in sth] **Rottanne** *f* Norway spruce

Rotte <-, -n> *f* (*pej*) mob *fam*

Rotunde <-, -n> *f* ❶ ARCHIT rotunda
❷ (*fam o veraltet: öffentliche Toilette*) roundhouse *hist,* public convenience [*or* AM restroom]

Rötung <-, -en> *f* reddening *no pl*

R

rotviolett *adj inv* reddish-violet **rotwangig** *adj* (*geh*) *s.* **rotbackig Rotwein** *m* red wine
Rotwelsch *nt dekl wie adj* LING ■**das ~e** underworld slang
Rotwild *nt* red deer
Rotz <-es> *m kein pl* ❶ (*fam: Nasenschleim*) snot *fam*
❷ (*sl: Krempel*) stuff *no indef art, no pl,* shit *no art, no pl pej fam!*
► WENDUNGEN: ~ **und Wasser heulen** (*fam*) to cry one's eyes out, to blubber, to blub BRIT *fam*
rotzen *vi* (*fam*) to blow one's nose; ***da hat schon wieder jemand auf den Bürgersteig gerotzt!*** someone's gobbed on the pavement again!; (*schnüffeln*) to sniff; ***dieses ständige R~ ist ja ekelhaft!*** this constant sniffing is disgusting!
Rotzfahne *f* (*sl*) snot-rag *pej fam* **rotzfrech** *adj* (*fam*) cocky *fam*
rotzig <-er, -ste> *adj* ❶ (*derb*) *Nase, Taschentuch* snotty *fam*
❷ (*pej fam: unverschämt frech*) cheeky *fam*
❸ *inv* ZOOL, MED glandered, glanderous
Rotzjunge *m* (*fam o pej*) snotty little brat *pej*
Rotzlümmel *m* (*sl*) snotty-nosed [*or* BRIT cheeky] brat *pej fam* **Rotznase** *f* (*fam*) ❶ (*schleimige Nase*) runny [*or fam* snotty] nose ❷ (*freches Kind*) snotty-nosed brat *pej fam*
Rotzunge *f* witch flounder *spec*
Rouge <-s, -s> [ru:ʒ] *nt* ❶ (*rotes Make-up*) rouge *no art, no pl dated*
❷ (*Roulettefarbe*) rouge *no art, no pl*
Rougepinsel [ru:ʃ-] *m* blusher brush
Roulade <-, -n> [ru'la:də] *f* KOCHK roulade *spec*
Rouleau <-s, -s> [ru'lo:] *nt* [roller] blind; **die ~s hochziehen** to raise [*or* pull up] the blinds; **die ~s herablassen** to lower [*or* let down] the blinds
Roulette <-s, – *o* -s> [ru'lɛt] *nt* roulette *no art, no pl;* ~ **spielen** to play roulette; **russisches** ~ Russian roulette
Route <-, -n> ['ru:tə] *f* route
Routenempfehlung *f* TRANSP recommended route
Routine <-> [ru'ti:nə] *f kein pl* (*Erfahrung*) experience *no art, no pl;* (*Gewohnheit*) routine *no pl;* [**jdm**] **zur ~ erstarren** [*o* **werden**] to become a routine [for sb]
Routineanruf *m* routine call **Routinearbeit** *f* routine work **routinemäßig I.** *adj* routine **II.** *adv* as a matter of routine **Routineuntersuchung** *f* routine examination
Routinier <-s, -s> [ruti'nie:] *m* experienced person; **ein ~ in etw** *dat* **sein** to be an old hand at [*or* have a lot of experience in] sth
routiniert [ruti'ni:ɐt] **I.** *adj* ❶ (*mit Routine erfolgend*) routine
❷ (*erfahren*) experienced
II. *adv* in a practised [*or* AM *usu* -iced] manner
Rowdy <-s, -s> ['raudi] *m* hooligan
royalblau *adj inv* royal blue
Royalist(in) <-en, -en> [roaja'lɪst] *m(f)* royalist
rpm INFORM *Abk von* **rotations per minute** rpm
RSI *f* PSYCH *Abk von* **Repetive Strain Injury** RSI
RSK *f* NUKL *Abk von* **Reaktorsicherheits-Kommission** nuclear safety commission
RT *f Abk von* **Registertonne** reg.tn.
Ruanda <-s> *nt,* **Rwanda** <-s> *nt* SCHWEIZ Rwanda; *s. a.* **Deutschland**
Ruander(in) <-s, -> *m(f)* Rwandan; *s. a.* **Deutsche(r)**
ruandisch *adj* BRD, ÖSTERR Rwandan; *s. a.* **deutsch**
Rubbellos *nt* [lottery] scratch-card
rubbeln I. *vt* ■**etw** ~ to rub sth hard
II. *vi* ❶ (*kräftig reiben*) ■[**mit etw**] ~ to rub hard [with sth]; ■**sich** *akk* [**mit etw**] ~ to give oneself a rub-down [with sth]
❷ (*an einem Rubbelspiel teilnehmen*) to play scratch cards; ~ ***Sie doch auch mal, Ihnen winken schöne Gewinne*** why don't you too buy a scratch card, there are wonderful prizes to be won
Rübe <-, -n> *f* ❶ KOCHK, BOT turnip; **Gelbe** ~ SÜDD, SCHWEIZ carrot; **Rote** ~ beetroot
❷ (*sl: Kopf*) nut *fam,* bonce BRIT *fam;* **seine ~ hinhalten müssen** to have to take the rap for sth *esp* AM *fam;* [**von jdm**] **eins auf die ~ kriegen** to get a clip [*or fam* clout] round the ear [from sb]
Rubel <-s, -> *m* rouble, Rubel AM
► WENDUNGEN: **der ~ rollt** (*fam*) there's a lot of money around
Rübenkraut *nt* sugar beet syrup *no art, no pl*
Rübenschwanz *m* beet tail
Rubensfigur *f* (*hum*) Rubenesque figure *hum*
Rübenzucker *m* beet sugar
rüber *adv* (*fam*) *s.* **herüber, hinüber** over, across
rüber|bringen *vt irreg* (*fam*) ■[**jdm**] **etw** ~ to get across sth *sep* [to sb]
rüber|kommen *vi irreg sein* (*sl*) ■[**zu jdm**] ~ to come [*or* get] across [to sb]
rüber|schieben *vt* (*sl*) **jdm Geld** ~ to hand over *sep* money to sb, to cough up *sep* [money] *sl*
Rubidium <-s> *nt kein pl* rubidium *no art, no pl spec*
Rubin <-s, -e> *m* ruby
rubinrot *adj* ruby[-red]
Rubrik <-, -en> *f* ❶ (*Kategorie*) category
❷ (*Spalte*) column
rubrizieren* *vt* JUR ■**etw** ~ to rubricate sth
Rubrum *nt* JUR recitals *pl,* title reference
ruchbar *adj* ■~ **werden**[, **dass ...**] to become known [that ...]
ruchlos *adj* (*geh*) heinous *form;* (*niederträchtig a.*) dastardly *liter*
Ruchlosigkeit <-, -en> *f* (*geh*) ❶ *kein pl* (*Niederträchtigkeit*) dastardliness *no art, no pl liter*
❷ (*ruchlose Tat*) dastardly deed *liter*
ruck *interj* ~, **zuck** (*fam*) in no time, in a jiffy; ***langsam! das geht nicht ~, zuck!*** slowly now, you can't rush it!; ***das muss ~, zuck gehen*** it must be done quickly; **etw ~, zuck erledigen** to do sth in no time at all; *s. a.* **hau**
Ruck <-[e]s, -e> *m* ❶ (*ruckartige Bewegung*) jolt
❷ POL swing, shift
► WENDUNGEN: **sich** *dat* **einen ~ geben** (*fam*) to pull oneself together; **mit einem** ~ suddenly, in one go; ***er erhob sich mit einem*** ~ he got up suddenly
Rückabwicklung *f* reversed transaction
Rückansicht *f* rear [*or* back] view
Rückantwort *f* reply, answer; *s. a.* **Telegramm**
ruckartig I. *adj* jerky, jolting *attr;* **eine ~e Bewegung** a jerk[y movement], a jolt; ***du hast mich aber erschreckt durch dein ~es Aufstehen!*** you startled me by jumping to your feet like that!; ***nur durch das ~e Herumwerfen des Lenkrades konnte sie dem Reh ausweichen*** only by jerking the steering wheel round was she able to avoid the deer
II. *adv* with a jerk
Rückäußerung *f* (*geh*) *s.* **Rückantwort Rückbesinnung** *f* recollection; ■~ **auf etw** *akk* recollection of sth **rückbezüglich** *adj* LING *s.* **reflexiv Rückbildung** *f* ❶ (*Abheilung*) regression *no pl;* **spontane ~ von Tumoren** the spontaneous regression of tumours [*or* AM -ors] ❷ (*Verkümmerung*) atrophy *no art, no pl* ❸ LING back-formation *spec* ❹ BIOL degeneration *no pl spec* **Rückblende** *f* flashback **Rückblick** *m* look *no pl* back, retrospective view; ■**ein ~ auf etw** *akk* a look back at [*or* retrospective view of] sth; **einen ~ auf/in etw** *akk* **werfen** [*o* **halten**] to look back on [*or* at] sth; **im ~ auf etw** *akk* looking back at [*or* on] sth **rückblickend I.** *adj* retrospective **II.** *adv* in retrospect **Rückbuchung** *f* FIN reversing entry **Rückbürgschaft** *f* JUR counter-security **rückdatieren*** *vt* ■**etw** [**auf/um etw** *akk*] ~ to backdate sth [to/by sth]
ruckeln *vi* ■**an etw** *dat* ~ to tug at sth
rucken *vi* to jerk, to jolt
rücken I. *vi sein* ❶ (*weiter~*) ■[**irgendwohin**] ~ to move [somewhere]; **zur Seite** ~ to move aside [*or* to one side]; (*auf einer Bank a.*) to budge up BRIT *fam,* to slide down AM; *s. a.* **Pelle, Pelz**
❷ (*gelangen*) ***ein bemannter Raumflug zum Mars ist in den Bereich des Wahrscheinlichen gerückt*** a manned space flight to Mars is now within the bounds of probability; **in den Mittelpunkt des Interesses** ~ to become the centre [*or* AM -er] of interest; *s. a.* **Ferne**
II. *vt* ❶ (*schieben*) ■**etw irgendwohin** ~ to move sth somewhere; *s. a.* **Stelle**
❷ (*zurecht~*) ■[**jdm**] **etw irgendwohin** ~ to move sth somewhere [for sb]; ***er rückte den Hut in die Stirn*** he pulled his hat down over his forehead; **seine Krawatte gerade** ~ to straighten one's tie
Rücken <-s, -> *m* ❶ ANAT back, dorsum *spec;* (*Nasen~*) ridge; (*Hand~*) back; **jdm den ~ decken** MIL to cover sb's back; **auf den ~ fallen** to fall on one's back; **den Wind im ~ haben** to have the wind at one's back; **jdm den ~ zudrehen** [*o geh* **zukehren**] to turn one's back on sb; **~ an ~** back to back; **auf dem** ~ on one's back, supine *form;* **hinter jds** *dat* ~ (*a. fig*) behind sb's back *a. fig;* **mit dem ~ zu jdm/etw** with one's back to sb/sth
❷ KOCHK saddle
❸ (*Buch~*) spine
❹ (*Messer~*) blunt edge
► WENDUNGEN: **mit dem ~ zur Wand stehen** to have one's back to the wall; **jdm läuft es [eis]kalt über den ~** cold shivers run down sb's spine; **der verlängerte ~** (*hum fam*) one's posterior *hum;* **jdm den ~ decken** to back up sb *sep;* **jdm in den ~ fallen** to stab sb in the back; **jdm/sich den ~ freihalten** to keep sb's/one's options open; **jdn/etw im ~ haben** to have sb/sth behind one; **jdm den ~ [gegen jdn] stärken** to give sb moral support [against sb]; **mit jdm/etw im ~** with sb/sth behind one
Rückendeckung *f* backing *no art, no pl;* **finanzielle ~** financial backing; **jdm ~ geben** to give sb one's backing; MIL (*jds Rücken decken*) to give sb rear cover, to cover sb's rear **Rückenflosse** *f* dorsal fin *spec* **Rückenlage** *f* supine position *form;* **in ~** lying on one's back, in a supine position *form;* **in ~ schlafen** to sleep on one's back **Rückenlehne** *f* back rest BRIT, seat back AM
Rückenmark *nt* spinal cord *no pl*
Rückenmarkentzündung *f* MED myelitis
Rückenmarksanästhesie *f* MED spinal anaesthesia [*or* AM anesthesia] **Rückenmarkverletzung** *f* injury to the spinal cord
Rückenmuskulatur *f* back [*or spec* dorsal] muscles *pl* [*or* musculature] *no pl* **Rückenrundung** *f* (*Buch*) spine rounding **Rückenschmerzen** *pl* back pain *nsing,* backache *nsing;* **~ haben** to have back pain [*or* backache] **Rückenschwimmen** *nt* backstroke *no pl* **Rückenschwimmer** *m* ZOOL backswimmer, boat bug AM
Rückenteignung *f* JUR retro expropriation
Rückentitel *m* (*Buch*) back title, spine lettering
Rückentrage *f* baby backpack **Rückenwind** *m* tail [*or* BRIT following] wind; **~ haben** to have a tail [*or* BRIT following] wind
Rückerinnerung *f* reminiscence, recollection, memory **Rückersatz** *m* FIN reimbursement
Rückersatzpflicht *f* FIN obligation to reimburse
rückerstatten* *vt nur infin und pp* ■[**jdm**] **etw** ~ to refund [sb's] sth; **jdm seine Verluste** ~ to reimburse sb for his/her losses *form* **Rückerstattung** *f* refund; *von Verlusten* reimbursement *form* **Rückerstattungsanspruch** *m* HANDEL claim for reimbursement, right to refund **Rückerwerb** *m* HANDEL repurchase **Rückerwerbsrecht** *nt* HANDEL right of repurchase **Rückfahrkarte** *f* return ticket; ***eine ~ nach München*** a return [ticket] to Munich
Rückfahrscheinwerfer *m* reversing [*or* AM back-up] light **Rückfahrt** *f* return journey; **auf der** ~ on the return journey
Rückfall *m* ❶ MED relapse *form;* **einen ~ erleiden** to suffer a relapse *form*
❷ JUR subsequent offence [*or* AM *usu* -se] [*or* AM *a.* second offense]; **im ~** in case of a repeated offence, repeated; ***im ~ begangene Straftaten*** repeated offences
❸ (*geh: erneutes Aufnehmen*) ■**ein ~ in etw** *akk* a relapse into sth *form;* ***ein ~ in die Diktatur*** a return to a dictatorship
❹ (*das Zurückfallen*) **~ der Ordertätigkeit** falling

off of orders; ~ **der Preise** fall in prices; ~ **in den Reserven** decline in reserves; **einen ~ hinnehmen** to suffer a setback

rückfällig *adj* JUR recidivist *attr,* recidivous *spec;* **ein ~er Täter** a repeat offender, a recidivist; ▪**~ sein** to commit a second offence [*or* AM *usu* -se]

Rückfällige(r) *f(m) dekl wie adj* JUR recividist, repeat [*or* subsequent] offender

Rückfalltäter(in) *m(f)* JUR (*geh*) *s.* **Rückfällige(r)**

Rückfenster *nt* rear window **rückfettend** *adj inv* moisturizing **Rückflug** *m* return flight; **auf dem ~** on the return flight **Rückflugticket** *nt* return air [*or* AM roundtrip plane] ticket **Rückfluss**RR *m* FIN return; ~ **des spekulativen Kapitals** return on venture capital **Rückforderung** *f* reclaim *spec;* (*Gegenforderung*) counterclaim *spec*

Rückforderungsrecht *nt* JUR right to restitution

Rückfracht *f* HANDEL homeward freight **Rückfrage** *f* question (**zu** +*dat* regarding), query (**zu** +*dat* regarding); [**bei jdm**] **eine ~ stellen** to raise a query [*or* to query sth] [with sb]

rück|fragen *vi nur infin und pp* to enquire BRIT, to inquire AM, to check

Rückführung *f* ❶ (*Rückzahlung*) repayment ❷ (*Repatriierung*) repatriation *no pl* ❸ (*Zurückführen*) return; (*Reduzierung*) reduction

Rückführungsabkommen *nt* POL *bei Abschiebung* repatriation agreement

Rückgabe *f* return **Rückgabepflicht** *f* JUR obligation to refund **Rückgaberecht** *nt* right of return **Rückgabeverfahren** *nt* JUR restitution proceedings *pl*

Rückgang *m* ▪**der/ein ~ einer S.** *gen* the/a fall [*or* drop] in sth; **ein ~ der Zinsen** a drop in interest rates; **im ~ begriffen sein** (*geh*) to be falling [*or* dropping]

rückgängig *adj* **etw ~ machen** to cancel sth; **eine Verlobung ~ machen** to break off *sep* an engagement

Rückgängigmachung *f* JUR cancellation, rescission

Rückgebäude *nt* rear annex **Rückgewähr** *f* FIN refund, return of premium **Rückgewähranspruch** *m* JUR claim to restitution; FIN claim to reimbursement **Rückgewinnung** *f* recovery *no pl*

Rückgrat <-[e]s, -e> *nt* ❶ (*Wirbelsäule*) spine, backbone, spinal column *spec* ❷ *kein pl* (*geh: Stehvermögen*) spine, backbone; ***mit mehr ~ hätte er sich durchsetzen können*** if he'd had more backbone [*or* spine] he could have asserted himself ▸ WENDUNGEN: **jdm das ~ brechen** to break sb; (*jdn ruinieren*) to ruin sb; **ohne ~** spineless *pej,* gutless *fam* **Rückgriff** *m* recourse *no indef art, no pl;* ▪**ein ~ auf etw** *akk* recourse to sth **Rückgriffsrecht** *nt* JUR right of recourse **Rückhalt** *m* support *no art, no pl,* backing *no art, no pl;* **an jdm einen ~ haben** to receive support from sb, to find [a] support in sb ▸ WENDUNGEN: **ohne ~** without reservation, unreservedly **rückhaltlos** I. *adj* ❶ (*bedingungslos*) unreserved, unqualified ❷ (*schonungslos*) unsparing; **~e Kritik** ruthless [*or* scathing] criticism; **~e Offenheit** complete frankness II. *adv* unreservedly **Rückhand** *f kein pl* SPORT backhand; **mit der ~** on one's backhand **Rückindossament** *nt* FIN endorsement to prior endorser **Rückkanal** *m* TV reverse channel **Rückkauf** *m* HANDEL repurchase, reacquisition; *einer Lebensversicherung* surrender **Rückkaufsrecht** *nt* right of repurchase; (*für ein Pfand*) right of redemption *spec*

Rückkaufswert *m* JUR surrender value

Rückkehr <-> *f kein pl* ❶ (*das Zurückkommen*) ▪**jds ~** sb's return; ***rechnen Sie heute nicht mehr mit meiner ~*** don't expect me back today; **bei/nach/vor jds ~** on/after/before sb's return ❷ (*erneutes Auftreten*) comeback

Rückkehrer(in) *m(f)* home-comer, returnee

Rückkopp(e)lung *f* ELEK feedback *no pl* **Rückkopplungseffekt** *m* TECH feedback effect **Rückkreuzung** *f* BIOL (*Standardtest der Züchtungsgenetik*) testcross **Rücklage** *f* ❶ (*Ersparnisse*) savings *npl* ❷ FIN (*Reserve*) reserve fund, reserves *pl;* **gesetzliche ~** statutory reserve fund; **~n** [**für etw**] **bilden** (*geh*) to create a reserve fund [for sth]; ~ **für Ersatzbeschaffung/Wertminderung** reserve for replacements/deprecation; **freie/offene/stille ~n** uncommitted/open/undisclosed reserves; **gesetzliche ~n** legal reserves *pl;* **in der Satzung festgelegte ~** reserve provided by the articles; **~n stärken** to replenish one's reserves

Rücklagenzuweisung *f* FIN allocation to reserve

Rücklauf <-[e]s> *m kein pl* ❶ TECH return pipe; *Maschine* return stroke, return travel, reverse motion; *Fernsehgerät, Oszillograph* flyback; *Propeller* thrust astern ❷ (*Gegenströmung*) return flow, countercurrent ❸ *Aufnahmegerät* rewind ❹ *Schusswaffe* recoil ❺ *von Pfandgut, Fragebögen* returns *pl;* **einen guten ~ haben** to have a good number of returns **rückläufig** *adj* declining, falling; **~es Angebot an Arbeitsplätzen** ÖKON decline in jobs; **~e Konjunktur** ÖKON declining economy; **~e Umsatzentwicklung** ÖKON falling sales; *s. a.* **Wörterbuch Rücklaufquote** *f* HANDEL return[s] [*or* response] rate **Rücklauftaste** *f* INFORM carriage return **Rücklicht** *nt* tail light; *eines Fahrrads a.* back light **Rücklieferung** *f* JUR return delivery

rücklings *adv* ❶ (*von hinten*) from behind ❷ (*verkehrt herum*) the wrong way round, AM around ❸ (*nach hinten*) backwards ❹ ▪**~ an/zu etw** *dat* with one's back against/to sth; ***sie lehnte ~ am Baum*** she was leaning with her back against the tree; **~ zur Wand stehen** to stand with one's back to the wall

Rückmarsch *m* ❶ (*Rückweg*) march back ❷ MIL (*Rückzug*) retreat

Rückmeldefrist *f* SCH re-registration period

Rückmeldegebühr *f* SCH re-registration fee

rück|melden *vr* SCH ▪**sich** *akk* ~ to re-register BRIT, to register AM (*used of continuing students*)

Rückmeldung *f* ❶ SCH (*erneute Registrierung*) re-registration ❷ (*Reaktion*) reaction, response

Rücknahme <-, -n> *f* ▪**die ~** [**einer S.** *gen* [*o* **von etw** *dat*]] taking back sth *sep;* ***wir garantieren die anstandslose ~ der Ware*** we guarantee to take back the goods without objection; JUR ~ **der Klage** withdrawal of the action; ~ **des Strafantrags** withdrawal of charges

Rücknahmefrist *f* HANDEL take-back deadline

Rücknahmegarantie *f* HANDEL repurchase guarantee **Rücknahmepflicht** *f* ÖKOL obligation to take back **Rücknahmeverpflichtung** *f* HANDEL repurchase obligation **Rücknahmewert** *m* HANDEL repurchase value

Rückporto *nt* return postage *no indef art, no pl*

Rückprall *m* ricochet; *eines Balls a.* rebound; **beim ~** on the rebound **Rückprämie** *f* BÖRSE put premium **Rückprojektor** *m* TV back projector

Rückreise *f* return journey; **auf der ~** on the return journey **Rückreiseverkehr** *m kein pl* homebound traffic **Rückreisewelle** *f* [homebound] holiday traffic

Rückruf *m* ❶ (*Anruf als Antwort*) return call; ***soll ich ihn um ~ bitten?*** shall I ask him to return your call? ❷ ÖKON (*das Einziehen*) recall **Rückrufaktion** *f* recall action *no pl,* call-back campaign

Rückrufautomatik *f* TELEK automatic call-back

Rückrufsrecht *nt* ~ **wegen Nichtausübung** JUR right of revocation by reason of non-exercise

Rucksack *m* rucksack, AM *usu* backpack

Rucksacktourist(in) [-turɪst] *m(f)* backpacker

Rücksand <-[e]s> *m kein pl* SCHWEIZ (*Zurücksenden*) return; (*Zurückgesandtes*) returns *pl,* returned items *pl* **Rückschau** <-> *f kein pl* ❶ (*Rückblick*) look back, reflection; ~ **auf die letzten Jahre halten** to look back over the last few years ❷ MEDIA review **rückschauend** *adj inv* retrospective, in retrospect **Rückscheck** *m* HANDEL returned cheque [*or* AM check] **Rückschein** *m* return [*or form* recorded delivery] receipt [*or* slip]; *s. a.* **Einschreiben Rückschlag** *m* ❶ (*Verschlechterung*) setback; **einen** [**schweren**] ~ **erleben/erleiden** to experience/suffer a [serious] setback ❷ (*Rückstoß*) recoil *no pl* **Rückschläger(in)** *m(f)* TENNIS receiver **Rückschlagventil** *nt* TECH non-return [*or* check] valve **Rückschluss**RR *m* conclusion (**aus** +*akk* from); **einen ~ auf etw** *akk* **erlauben** to allow a conclusion to be drawn about sth; [**aus etw**] [**bestimmte/seine**] **Rückschlüsse ziehen** to draw [certain/one's] conclusions [from sth]; [**aus etw**] **den ~ ziehen, dass ...** to conclude [*or form* infer] [from sth] that ...

Rückschritt *m* step backwards, retrograde step *form* **rückschrittlich** *adj* ❶ (*einen Rückschritt bedeutend*) retrograde ❷ *s.* **reaktionär**

Rückseite *f* ▪**die ~** ❶ (*rückwärtige Seite*) the reverse [side]; **siehe ~** see overleaf ❷ (*hintere Seite*) the rear; **auf der/die ~** at/to the rear

rückseitig I. *adj* on the back [*or* reverse [side]] *pred* II. *adv* on the back [*or* reverse [side]]; ***der Text geht ~ noch weiter*** the text continues overleaf; ***Briefmarken sind ~ mit einem Klebefilm versehen*** stamps have an adhesive film on the reverse side

Rücksendung *f* return; ~ **des Akzepts** FIN return of the acceptance

Rücksetztaste *f* INFORM reset key

Rücksicht1 <-, -en> *f* ❶ (*Nachsicht*) consideration *no art, no pl;* **ohne ~ auf Verluste** (*fam*) regardless of [*or* without regard to] losses; **keine ~ kennen** to be ruthless; **~** [**auf jdn**] **nehmen** to show consideration [for sb]; **~ auf etw** *akk* **nehmen** to take sth into consideration; **aus** [*o* **mit**] **~ auf jdn/etw** out of consideration for sb/sth; **ohne ~ auf jdn/etw** with no consideration for sb/sth ❷ *pl* (*Rücksichtnahme*) considerations *pl;* **aus moralischen ~en** for moral reasons

Rücksicht2 *f kein pl* rear view, rear[ward AM] visibility *no indef art, no pl;* ***das winzige Heckfenster schränkt die ~ ein*** the tiny rear window restricts the rear view [*or* one's view out the back]

Rücksichtnahme <-> *f kein pl* consideration *no art, no pl*

rücksichtslos I. *adj* ❶ (*keine Rücksicht kennend*) inconsiderate, thoughtless; **ein ~er Autofahrer** an inconsiderate driver, a road hog *pej fam* ❷ (*schonungslos*) ruthless; **mit ~er Offenheit** with ruthless candour [*or* AM -or] II. *adv* ❶ (*ohne Nachsicht*) inconsiderately ❷ (*schonungslos*) ruthlessly

Rücksichtslosigkeit <-, -en> *f* inconsiderateness *no art, no pl,* thoughtlessness *no art, no pl*

rücksichtsvoll *adj* considerate, thoughtful; ▪**~ zu** [*o geh* **gegenüber**] **jdm sein** to be considerate [*or* thoughtful] [towards sb]

Rücksitz *m* AUTO rear [*or* back] seat **Rücksitzbank** *f* AUTO rear seat bench **Rückspiegel** *m* AUTO rear [view] [*or* BRIT driving] mirror; **abblendbarer ~** dipping [*or* anti-dazzle] mirror **Rückspiel** *nt* return match BRIT, rematch AM **Rücksprache** *f* consultation; **~** [**mit jdm**] **nehmen** [*o* **halten**] to consult [*or* confer] [with sb] **Rückspulautomatik** *f eines Aufnahmegerätes* automatic rewind **Rückspulgeschwindigkeit** *f* TECH playback speed

Rückstand1 *m* ❶ (*Zurückbleiben hinter der Norm*) backlog *no pl;* **bei etw einen ~ haben** to have a backlog of sth ❷ *pl* FIN (*fällige Beträge*) outstanding payments *pl;* **mit etw in ~ sein/kommen** to be/fall behind with sth; ***ich bin derzeit gegenüber meinen Zahlungsverpflichtungen mit 35.000 DM im ~*** I'm currently 35,000 DM in arrears with my payment obligations ❸ SPORT (*Zurückliegen in der Wertung*) deficit (**von** +*dat* of); [**gegenüber jdm**] **mit etw im ~ sein** [*o* **liegen**] to be behind [sb] by sth; ***sie liegt gegenüber ihren Konkurrentinnen mit 5 Punkten im ~*** she's five points behind her rivals ❹ (*Zurückliegen in der Leistung*) inferior position; **seinen ~ aufholen** to make up lost ground

Rückstand2 *m* ❶ (*Bodensatz*) remains *npl* ❷ (*Abfallprodukt*) residue *form*

rụckständig¹ *adj* (*überfällig*) overdue; **die ~e Miete** the overdue rent, the rent arrears *npl*
rụckständig² *adj* (*zurückgeblieben*) backward
Rụckständigkeit <-> *f kein pl* backwardness *no art, no pl*
Rụckstau *m* ① (*zunehmender Stau*) *esp* BRIT tailback, traffic jam AM ② (*rückwirkende Anstauung*) backwater **Rụckstellmoment** *nt* AUTO self-aligning torque **Rụckstellung** *f* ① *meist pl* FIN reserve [fund], provision; **~en für Pensionen und ähnliche Verpflichtungen** provisions for pensions and similar allowances; **~ im Kreditgeschäft** provision for possible loan losses; **~en für etw machen** to make provisions for sth ② (*Verschiebung*) postponement **Rụckstoß** *m* ① *s.* **Rückschlag 2** ② (*Antriebskraft*) thrust *no pl* **Rụckstrahler** <-s, -> *m* reflector **Rụckstufung** *f* downgrading **Rụcktaste** *f* backspace [*or* BS] [key] *spec*
Rụcktritt *m* ① (*Amtsniederlegung*) resignation, retirement from office; **mit seinem ~ drohen** to threaten to resign
② JUR withdrawal, rescission, revocation (**von** +*dat* from); **~ der Gläubiger** cancellation by creditors; **den ~ vom Vertrag erklären** to rescind a contract
③ (*~bremse*) back-pedal [*or* coaster] brake
Rụcktrittbremse *f s.* **Rücktritt 3**
Rụcktrittserklärung *f* ① (*vom Amt*) [announcement of one's] resignation; **seine ~ bekannt machen** to announce one's resignation ② (*aus Vertrag*) notice of cancellation **Rụcktrittsfrist** *f* JUR cooling off period **Rụcktrittsgesuch** *nt* [offer of] resignation; **das ~ einreichen** to hand in [*or form* tender] one's resignation **Rụcktrittsgrund** *m* JUR (*bei Vertrag*) ground for rescission **Rụcktrittsklage** *f* JUR rescissory action **Rụcktrittsklausel** *f* JUR cancellation [*or* withdrawal] clause [*or* escape] **Rụcktrittsrecht** *nt* JUR right of withdrawal [*or spec* rescission] [from a contract] **Rụcktrittsvorbehalt** *m* JUR escape clause, reservation of the right to rescind
rụck|übersetzen* *vt nur infin und pp* ■**etw ~** to translate sth back into the source language, to back-translate sth *spec* **Rụckübersetzung** *f* LING ① *kein pl* (*das Rückübersetzen*) translation back into the original language, back-translation *no art, no pl spec* ② (*rückübersetzte Fassung*) back-translation *spec* **Rụckübertragung** *f* JUR reassignment; (*von Grundbesitz*) reconveyance; **~ von Vermögenswerten** re-transfer of assets **Rụckübertragungsanspruch** *m* JUR claim to re-transfer **Rụckumschlag** *m* self-addressed stamped envelope, s.a.s.e. **Rụckumsetzung** *f* INFORM decompilation **rụck|vergüten*** *vt nur infin und pp* ■**jdm etw ~** to refund sb's sth **Rụckvergütung** *f* refund **Rụckverpachtung** *f* JUR re-lease; **~ an den Verkäufer** re-lease to the seller **rụck|versichern*** *vr nur infin und pp* ■**sich** *akk* [**bei jdm/etw**] **~** to check [up [*or* back]] [with sb/sth] **Rụckversicherung** *f* ① (*Absicherung*) checking up *no art, no pl*; ***dieses Vorgehen kann nicht ohne vorherige ~ beim Einsatzleiter empfohlen werden*** this action cannot be recommended without first checking with the head of operations ② (*Versicherungstyp*) reinsurance *no indef art, no pl spec* **Rụckversicherungsgeschäft** *nt* FIN reinsurance business; (*Transaktion*) reinsurance transaction **Rụckversicherungsvertrag** *m* FIN reinsurance contract **Rụckverweis** *m,* **Rụckverweisung** *f* JUR, FIN renvoi, cross-reference; **versteckte ~** hidden cross-reference **Rụckwand** *f* ① (*rückwärtige Mauer*) back wall ② (*rückwärtige Platte*) back [panel] **Rụckwaren** *pl* HANDEL returned goods, returns
rụckwärtig *adj* ① (*an der hinteren Seite liegend*) back *attr,* rear *attr;* **der ~e Ausgang** the rear exit
② MIL (*im Rücken der Front befindlich*) behind the lines *pred;* **die ~en Verbindungen** the lines of communication
rụckwärts *adv* ① (*rücklings*) backwards; ***da die Sackgasse keinen Wendeplatz hatte, musste sie ~ fahren*** as there was nowhere in the cul-de-sac to turn around, she had to reverse out; **~ einparken** to reverse into a parking space
② (*nach hinten*) backward; **ein Salto ~** a backward somersault; **es geht** [**mit jdm/etw**] **~** (*fam*) sb/sth is deteriorating
③ ÖSTERR (*hinten*) at the back; **von ~** SÜDD, ÖSTERR (*von hinten*) from behind; **von ~ kommen** to come [up] from behind
Rụckwärtsfahren *nt* reversing *no art, no pl;* [***das***] ***~ bereitet ihr Schwierigkeiten*** she has difficulties reversing **Rụckwärtsgang** *m* AUTO reverse [gear]; **den ~ einlegen** to engage [*or* change into] reverse [gear] [*or* AM to shift into]; **im ~** in reverse [gear]; **im ~ fahren** to [drive in] reverse **Rụckwärtsschritt** *m* INFORM backspace
Rụckwechsel *m* FIN redrafted bill, redraft; JUR re-exchange **Rụckweg** *m* way back; **sich** *akk* **auf den ~ machen, den ~ antreten** (*geh*) to head back; **auf dem ~** on the way back
rụckweise *adv inv* jerkily; **sich** *akk* **~ bewegen** to move jerkily, to jerk
rụckwirkend I. *adj* retrospective; **eine ~e Gehaltserhöhung** a backdated wage increase, retroactive pay *form* II. *adv* retrospectively; ***die Erhöhung des Kindergeldes gilt ~ zum 1.1.*** the increase in family allowances is backdated to 1 January **Rụckwirkung** *f* repercussion; *von Vertrag* retroactive effect; ■**~en haben auf** to have repercussions on/for; ***das Gesetz hat keine ~*** the law is not retroactive; ■**mit ~ vom** with retroactive [*or* retrospective] effect from **Rụckwirkungsverbot** *nt* JUR exclusion of retroactive effects **rụckzahlbar** *adj* repayable **Rụckzahlung** *f* FIN repayment; **~ eines Kredits** repayment of a loan; **~ vor Fälligkeit** redemption before due date **Rụckzahlungsfrist** *f* FIN deadline for repayment **Rụckzahlungsklausel** *f* payback clause **Rụckzieher** <-s, -> *m* **einen ~ machen** (*fam: eine Zusage zurückziehen*) to back [*or* pull] out; (*nachgeben*) to climb down **Rụckzug** *m* ① MIL (*das Zurückweichen*) retreat *no pl;* **ein geordneter/ungeordneter ~** an orderly retreat/a headlong flight; [**mit etw**] **den ~ antreten** to retreat [with sth]; **auf dem ~** during the retreat; **auf dem ~ sein** to be retreating [*or* on the retreat] ② SCHWEIZ (*Abhebung von einem Konto*) withdrawal
Rụckzugsgebiet *nt* MIL area of retreat, reserve; *für Tiere* refuge
rüde *adj* (*geh*) coarse, uncouth; **~s Benehmen** uncouth behaviour [*or* AM -or]; ■**~** [**zu jdm**] **sein** to be uncouth [*or* coarse] [to sb]
Rüde <-n, -n> *m* [male] dog
Rudel <-s, -> *nt* herd; *von Wölfen* pack; *von Menschen* swarm, horde; **in ~n** in herds/packs/swarms [*or* hordes]; **in einem ~ auftreten** to go around in a herd/pack/swarm [*or* horde]
Ruder <-s, -> *nt* ① (*langes Paddel*) oar; **die ~ auslegen/einziehen/streichen** to put out/take in/strike the oars; **sich** *akk* **in die ~ legen** to row strongly
② (*Steuer~*) helm; *eines kleineren Bootes a.* rudder; **am ~** at the helm
► WENDUNGEN: **am ~ bleiben/sein** (*fam*) to remain/be at the helm *fig;* **das ~ herumwerfen** to change course [*or* tack]; **ans ~ kommen** (*fam*) to come to power; **aus dem ~ laufen** to get out of hand; **sich** *akk* **in die ~ legen** to put one's back into it
Ruderboot *nt* rowing boat, rowboat AM
Ruderer, Ruderin <-s, -> *m, f* rower, oarsman *masc,* oarswoman *fem*
Ruderhaus *nt* wheelhouse
Ruderin <-, -nen> *f fem form von* **Ruderer**
rudern I. *vi* ① *haben o sein* (*durch Ruder bewegen*) to row; ■[**das**] **R~** rowing
② *haben* (*paddeln*) to paddle; **gegen die Strömung ~** to paddle against the current; *s. a.* **Arm**
II. *vt* ① *haben* (*im Ruderboot befördern*) ■**jdn/etw irgendwohin ~** to row sb/sth somewhere
② *haben o sein* (*~d zurücklegen*) ■**etw ~** to row sth; ***vier Kilometer mussten gerudert werden*** a distance of four kilometres had to be rowed
Ruderregatta *f* rowing regatta
Rudiment <-[e]s, -e> *nt* ① (*geh: Überbleibsel*) remnant
② BIOL (*verkümmertes Organ*) rudiment *spec*
rudimentär *adj inv* (*fig*) rudimentary
Rüebli <-s, -> *nt* SCHWEIZ (*Karotte*) carrot
Ruf <-[e]s, -e> *m* ① (*Aus~*) shout, cry; (*an jdn gerichtet*) call; **der ~ des Muezzin** the call of the muezzin
② *kein pl* (*Ansehen*) reputation; ■**jds** [**guter**] **~** sb's good reputation; **ein Mann/eine Frau/eine Firma von ~** (*geh*) a man/woman/firm of repute; **einen guten ~ genießen** to enjoy a good reputation; **einen guten/schlechten ~ als jd/etw haben** [*o geh* **genießen**] to have a good/bad reputation as sb/sth; **jdn** [**bei jdm**] **in schlechten ~ bringen** to get sb a bad reputation [with sb]
③ SCH (*Berufung*) offer of a chair [*or* professorship]; **sich** *dat* **einen ~ als jd/etw erwerben** to make a name for oneself as sb/sth
④ (*veraltend: Telefonnummer*) telephone number
Rufanlage *f* BAU intercom system **Rufausbeutung** *f* **sittenwidrige ~** JUR unethical exploitation of sb's reputation
Rüfe <-, -n> *f* GEOG SCHWEIZ (*Schlamm- und Geröllawine*) landslide; (*Steinlawine*) rockfall
rufen <rief, ge-> I. *vi* ① (*aus~*) to cry out
② (*jdn kommen lassen*) ■[**nach jdm**] **~** to call [for sb]
③ (*nach Erfüllung drängen*) to call; ***die Pflicht ruft*** duty calls
④ (*durch ein Signal auffordern*) ■[**zu etw**] **~** to call [to sth]; ***nach der Mittagspause rief die Werkssirene wieder zur Arbeit*** after the lunch break the works siren called the employees back to work
⑤ (*verlangen*) ■**nach jdm/etw ~** to call for sb/sth; **nach der Todesstrafe ~** to call for the death penalty; *s. a.* **Hilfe**
II. *vi impers* ■**es ruft** [**jd/etw**] sb/sth is calling
III. *vt* ① (*aus~*) ■**etw ~** to shout [*or* cry out] sth; *s. a.* **Gedächtnis, Ordnung, Waffe**
② (*herbestellen*) ■**jdn/etw ~** to call sb/sth; ■**jdn zu sich** *dat* **~** to summon sb [to one]; ■**jdn ~ lassen** to send for sb; ***der Direktor lässt Sie ~*** the director is asking for you; ***Sie haben mich ~ lassen?*** you sent for me?; [**jdm**] **wie ge~ kommen** to come just at the right moment; *s. a.* **Hilfe**
Rufen <-s> *nt kein pl* calling *no pl,* shouting *no pl;* ***was ist das draußen für ein ~?*** what's all that shouting [going on] out there?
Rufer(in) <-s, -> *m(f)* (*geh*) person calling
► WENDUNGEN: **~ in der Wüste** voice [crying] in the wilderness
Rüffel <-s, -> *m* (*fam*) telling [*or* BRIT *fam* ticking] off
rüffeln *vt* (*fam: zurechtweisen*) ■**jdn** [**wegen etw**] **~** to tell [*or* BRIT *fam* tick] off sb *sep* [about sth]
Ruffrequenz *f* calling frequency **Rufmord** *m* character assassination **Rufname** *m* first name [by which a person is known], [fore]name **Rufnummer** *f* [tele]phone number **Rufsäule** *f special pillar-mounted telephone for certain services* **Rufschädigung** *f* JUR disparagement **Rufumleitung** *f* call diversion **Rufweite** *f* **außer/in ~** out of/[with]in earshot [*or* calling distance] **Rufzeichen** *nt* ① TELEK (*Freizeichen*) ringing tone ② ÖSTERR (*Ausrufungszeichen*) exclamation mark [*or* AM point]
Rugby <-> ['rakbi] *nt kein pl* rugby *no art, no pl*
Rüge <-, -n> *f* (*geh*) reprimand, reproach; **jdm eine ~** [**wegen etw**] **erteilen** to reprimand [*or* reproach] sb [for sth] **Rügeberechtigung** *f* JUR right of complaint **Rügefrist** *f* JUR period for claims [*or* complaints] **rügen** *vt* (*geh*) ■**etw ~** to censure sth; ■**jdn** [**wegen** [*o* **für**] **etw**] to reprimand sb [for sth]
Rügen *nt* Rügen
Rügeobliegenheit *f* JUR requirement to give notice of defects **Rügepflicht** *f* HANDEL requirement to give notice of defects **Rügerecht** *nt* JUR right to make a claim

Ruhe <-> *f kein pl* ❶ (*Stille*) quiet *no art, no pl,* silence *no art, no pl;* **~!** quiet!; ***zu dieser Arbeit brauche ich absolute ~*** I need absolute quiet for this work; **~ geben** to be quiet; (*locker lassen*) to relax; ***meinst du, dass die Kleinen ~ geben, wenn ich ihnen jetzt die gewünschte Geschichte vorlese?*** do you think the kids will settle down when I read them the story they want?; **~ halten** to keep quiet
❷ (*Frieden*) peace *no art, no pl;* **~ und Frieden/Ordnung** peace and quiet/law and order + *sing vb;* **jdm keine ~ gönnen** [*o* **lassen**] to not give sb a minute's peace; **jdn** [**mit etw**] **in ~ lassen** to leave sb in peace [with sth]; *s. a.* **Seele**
❸ (*Erholung*) rest; ***die drei Stunden ~ haben mir gut getan*** the three hours' rest has done me good; **angenehme ~!** (*geh*) sleep well!; **sich** *akk* **zur ~ begeben** (*geh*) to retire [to bed] *form;* **sich** *dat* **keine ~ gönnen** to not allow oneself any rest; **jdm keine ~ lassen** to not give sb a moment's rest
❹ (*Gelassenheit*) calm[ness] *no pl;* **~ ausstrahlen** to radiate calmness; [**die**] **~ bewahren** to keep calm [*or fam* one's cool]; **jdn aus der ~ bringen** to disconcert [*or* BRIT *fam* wind up *sep*] sb; ***er ist durch nichts aus der ~ zu bringen*** nothing can wind him up; **sich** *akk* [**von jdm/etw**] **nicht aus der ~ bringen lassen** to not let oneself get worked up [by sb/sth]; **die ~ weg haben** (*fam*) to be unflappable; **die ~ selbst sein** to be calmness itself; **in** [**aller**] **~** [really] calmly; **immer mit der ~!** (*fam*) take things easy!
▶ WENDUNGEN: **die ~ vor dem Sturm** the calm before the storm; **jdn zur letzten ~ betten** (*geh*) to lay sb to rest; **die letzte ~ finden** (*geh*) to be laid to rest; **keine ~ geben, bis ...** to not rest until ...; **sich zur ~ setzen** to retire
Ruhebedürfnis *nt kein pl* need *no pl* for peace [*or* quiet]/rest **ruhebedürftig** *adj* in need of peace [*or* quiet]/rest *pred* **Ruhegehalt** *nt* (*geh*) [retirement] pension, BRIT *a.* superannuation *no pl* **Ruhekissen** *nt* (*iron fam*) safety net **ruheliebend** *adj inv* fond of peace and quiet [*or* the quiet life] **ruhelos** *adj* restless **Ruhelosigkeit** <-> *f kein pl* restlessness *no art, no pl*
ruhen *vi* ❶ (*geh: aus~*) to [have a] rest; [**ich**] **wünsche, wohl geruht zu haben!** (*geh*) I trust you had a good night's sleep?; **nicht eher ~ werden, bis ..., nicht ~ und rasten, bis ...** to not rest until ...
❷ (*geh: sich stützen*) ■**auf etw** *dat* **~** to rest on sth
❸ (*geh: verweilen*) ■**auf jdm/etw ~** to rest on sb/sth; ***sein Blick ruhte auf ihr*** his gaze rested on her; **etw ~ lassen** to let sth rest; **ein Projekt ~ lassen** to drop a project; **die Vergangenheit ~ lassen** to forget the past
❹ (*haften*) ■**auf jdm/etw ~** to be on sth; ***ein Fluch ruht auf ihm*** a curse is on him
❺ (*eingestellt sein*) to be suspended; ***am Samstag ruht in den meisten Betrieben die Arbeit*** most firms don't work on a Saturday; *s. a.* **Verkehr**
❻ (*geh: begraben sein*) to lie, to be buried; **„hier ruht** [**in Gott**] **...“** "here lies ..."; *s. a.* **Frieden, sanft**
Ruhen *nt* JUR suspension; **~ des Verfahrens** suspension of the proceedings
Ruhepause *f* break **Ruhepotenzial**[RR] *nt* BIOL (*Normalzustand der nicht erregten Nervenzelle*) resting potential **Ruhesitz** *m* retirement home **Ruhestand** *m kein pl* retirement *no art, no pl;* **in den ~ gehen** [*o geh* **treten**] to retire, to go into retirement; **jdn in den ~ versetzen** (*geh*) to retire sb; **im ~** retired; ***ein Arzt im ~*** a retired doctor; JUR **einstweiliger ~** provisional retirement; **vorgezogener ~** early retirement **Ruheständler(in)** <-s, -> *m(f)* retired person **Ruhestatt** <-, -stätten> *f* [last [*or* final]] resting-place **Ruhestätte** *f* **letzte ~** (*geh*) final [*or* last] resting-place **Ruhestellung** *f* ❶ *einer Maschine* off [*or* stand-by] [*or* neutral] position ❷ *eines Körpers, Pendels* resting position ❸ MED immobile position; ***das Bein muss in ~ bleiben*** the leg must be kept immobile ❹ MIL position behind the lines **ruhestörend** *adj* disturbing the peace *pred;* ■**~ sein** to disturb the peace; ***das ~e Gehämmere lasse ich mir nicht länger gefallen*** I'm not going to put up any more with having my peace disturbed by this hammering **Ruhestörung** *f* disturbance [*or* breach] *no pl* of the peace **Ruhetag** *m* (*arbeitsfreier Tag*) day off; (*Feiertag*) day of rest; **„Donnerstag ~“** "closed all day Thursday" **Ruhezone** *f* rest area
ruhig I. *adj* ❶ (*still, sich still verhaltend*) quiet; **eine ~e Gegend** a quiet area; **ein ~er Mieter** a quiet tenant
❷ (*geruhsam*) quiet; **sich** *dat* **einen ~en Abend machen** to have a quiet evening
❸ (*keine Bewegung aufweisend*) calm; **eine ~e Flamme** a still flame
❹ (*störungsfrei*) smooth; ***ein Achtzylinder hat einen ~en Lauf*** an eight-cylinder engine runs smoothly; **eine ~e Überfahrt** a smooth crossing
❺ (*gelassen*) calm; **ganz ~ sein können** to not have to worry; ***ich werde das schon regeln, da können Sie ganz ~ sein*** I'll sort that out, you don't have to worry; *s. a.* **Gewissen**
❻ (*sicher*) steady; **ein ~er Blick** a steady gaze
II. *adv* ❶ (*untätig*) idly; **~ dastehen** to stand idly by; **etw ~ stellen** MED *Körperteil* to immobilize [*or* BRIT *a.* -ise] sth
❷ (*gleichmäßig*) smoothly
❸ (*gelassen*) calmly
❹ (*beruhigt*) with peace of mind; ***jetzt kann ich ~ nach Hause gehen und mich ausspannen*** now I can go home with my mind at rest and relax; **jdn ~ stellen** MED to sedate sb; (*beruhigen*) to calm sb
III. *part* (*fam*) really; ***geh ~, ich komme schon alleine zurecht*** don't worry about going, I can manage on my own; ***du kannst ~ ins Kino gehen, ich passe schon auf die Kinder auf*** you just go to the cinema, I'll keep an eye on the children
ruhig|stellen *vt s.* **ruhig II 1,4**
Ruhm <-es> *m kein pl* fame *no art, no pl,* glory *no art, no pl*
▶ WENDUNGEN: **sich** *akk* **nicht** [**gerade**] **mit ~ bekleckert haben** (*iron fam*) to have not [exactly] covered oneself in glory *iron*
rühmen I. *vt* ■**jdn/etw ~** to praise sb/sth
II. *vr* ■**sich** *akk* **einer S.** *gen* **~** to boast about sth; ■**sich** *akk* **~, etw getan zu haben** to boast about having done sth; **ohne mich ~ zu wollen** [*o* **zu ~**] without wishing to boast
Ruhmesblatt *nt* glorious chapter; [**für jdn**] **kein ~ sein** to not reflect any credit on sb
rühmlich *adj* praiseworthy; *s. a.* **Ende**
ruhmlos <-er, -este> *adj* inglorious
ruhmreich *adj* (*geh*) glorious **Ruhmsucht** *f kein pl* thirst for glory **ruhmsüchtig** *adj* glory-seeking; **~ sein** to be thirsting for glory [*or* after fame] **ruhmvoll** <-er, -ste> *adj* glorious
Ruhr[1] <-> *f* ■**die ~** the Ruhr
Ruhr[2] <-> *f kein pl* MED ■**die ~** dysentery
Rührbesen *m* whisk **Rührei** *nt* scrambled eggs *pl*
rühren I. *vt* ❶ (*um~*) ■**etw ~** to stir sth
❷ (*erweichen*) ■**jdn/etw ~** to move sb/to touch sth; **jds Gemüt/Herz ~** to touch sb/sb's heart; **das kann mich nicht ~** that doesn't bother me; ■**gerührt** moved *pred; s. a.* **Schlag, Träne**
❸ (*veraltend: bewegen*) ■**etw ~** to move sth; *s. a.* **Finger, Handschlag**
II. *vi* ❶ (*um~*) to stir
❷ (*die Rede auf etw bringen*) ■**an etw** *akk* **~** to touch on sth
❸ (*geh: her~*) ■**von etw ~** to stem from sth; ■**daher ~, dass ...** to stem from the fact that ...
III. *vr* ❶ (*sich bewegen*) ■**sich** *akk* **~** to move; ***rührt euch!*** MIL at ease!; *s. a.* **Stelle**
❷ (*sich bemerkbar machen*) ■**sich** *akk* **~** to be roused
❸ (*fam: sich melden*) ■**sich** *akk* [**auf etw** *akk*] **~** to do sth [about sth]; ***die Firmenleitung hat sich nicht auf meinen Antrag gerührt*** the company management hasn't done anything about my application
Rühren <-s> *nt kein pl* (*das Um~*) stirring *no art, no pl*
▶ WENDUNGEN: **ein menschliches ~** [**fühlen**] (*hum*) [to have to answer] the [*or* a] call of nature *usu hum*
rührend I. *adj* ❶ (*ergreifend*) touching, moving; **ein ~er Anblick** a touching [*or* moving] sight
❷ (*reizend*) ■**~** [**von jdm**] **sein** to be sweet [of sb]
II. *adv* touchingly; ***danke, dass Sie sich während meiner Krankheit so ~ um mich gekümmert haben*** thanks for having taken care of me during my illness, it was really touching
Ruhrgebiet *nt kein pl* ■**das ~** the Ruhr [Area]
rührig *adj* active
Rührlöffel *m* mixing spoon
Rührmichnichtan <-, -> *nt* BOT touch-me-not
▶ WENDUNGEN: **ein Fräulein** [*o* **Pflänzchen**] **~** (*pej fam*) a tender plant *pej fam*
Ruhrpott *m* (*fam*) *s.* **Ruhrgebiet**
Rührschüssel *f* mixing bowl
rührselig *adj* (*pej*) tear-jerking *fam;* **ein ~er Film/ein ~es Buch** a tear jerker *fam*
Rührseligkeit <-> *f kein pl* (*pej*) sentimentality *no art, no pl pej*
Rührstück *nt* melodrama
Rührteig *m* cake [*or* sponge] mixture
Rührung <-> *f kein pl* emotion *no art, no pl;* **vor ~ weinen** to cry with emotion
Ruin <-s> *m kein pl* ruin *no pl*
Ruine <-, -n> *f* ❶ (*zerfallenes Gemäuer*) ruin[s *pl*]
❷ (*fam: körperlich verfallener Mensch*) wreck *fam*
ruinieren* *vt* ❶ (*zugrunde richten*) ■**jdn/etw ~** to ruin sb/sth; ■**sich** *akk* [**für jdn/etw**] **~** to ruin oneself [on account of sb/sth]
❷ (*verderben*) ■[**jdm**] **etw ~** to ruin [sb's] sth
ruinös *adj* (*geh*) ruinous, cutthroat; **~e Konkurrenz** ÖKON cutthroat competition
rülpsen *vi* to belch, to burp; ■**das R~** belching, burping
Rülpser <-s, -> *m* (*fam*) belch, burp
rum *adv* (*fam*) *s.* **herum** around, BRIT *a.* round
Rum <-s, -s> *m* rum *no art, no pl*
Rumäne, Rumänin <-n, -n> *m, f* Romanian; *s. a.* **Deutsche(r)**
Rumänien <-s> *nt* Romania; *s. a.* **Deutschland**
Rumänin <-, -nen> *f fem form von* **Rumäne**
Rumänisch *nt dekl wie adj* Romanian; *s. a.* **Deutsch**
rumänisch *adj* Romanian; *s. a.* **deutsch**
Rumänische <-n> *nt dekl wie adj* ■**das ~** Romanian, the Romanian language; *s. a.* **Deutsche**
Rumba <-s, -s> *m* rumba
rum|kriegen *vt* (*sl*) ❶ (*zu etw bewegen*) ■**jdn** [**zu etw**] **~** to talk sb into sth; ■**jdn dazu ~, etw zu tun** to talk sb into doing sth
❷ (*verbringen*) ■**etw ~** to get through sth; **einen Tag irgendwie ~** to get through a day somehow
Rummel <-s> *m kein pl* ❶ (*fam: Aufhebens*) [hustle and] bustle *no art, no pl*
❷ (*Betriebsamkeit*) commotion *no pl*
❸ DIAL (*~platz*) fair
Rummelplatz *m* (*fam*) fairground
rumoren* I. *vi* ❶ (*herumhantieren*) to tinker around, to potter about *esp* BRIT
❷ (*sich bewegen*) to go around
II. *vi impers* ***in meinem Magen rumort es so*** my stomach's rumbling so much
Rumpelkammer *f* (*fam*) junk room
rumpeln *vi* ❶ *haben* (*dröhnen*) to rumble; (*klappern*) to clatter
❷ *sein* (*mit Dröhnen fortbewegen*) to rumble; (*klappernd fortbewegen*) to clatter
Rumpelstilzchen <-s> *nt* LIT Rumpelstiltskin *no art, no pl*
Rumpf <-[e]s, Rümpfe> *m* ❶ (*Torso*) trunk, torso
❷ TECH *eines Flugzeugs* fuselage; *eines Schiffes* hull
Rumpfbelegschaft *f* skeleton staff
Rumpfbeuge *f* SPORT forward bend; **~n/eine ~ machen** to do forward bends/a forward bend
rümpfen *vt* **die Nase** [**über etw** *akk*] **~** to turn up *sep* one's nose [at sth]; (*etw verachten*) to sneer [at sth]
Rumpfgeschäftsjahr *nt* FIN abbreviated financial

R

year

Rumpsteak ['rʊmpste:k, -ʃte:k] *nt* rump steak

Rumtopf *m* rumpot (*a rum and sugar mixture with fruit*)

rum|treiben *vr* (*fam*) ■ irreg, ■ **sich** *akk* [**irgendwo**] ~ to hang out [somewhere] *fam*

Rumtreiber(in) <-s, -> *m(f)* (*fam*) loiterer *pej*, layabout BRIT *pej fam*, goof-off AM *pej fam*

Run <-s, -s> [rʌn] *m* run; ■ **der/ein ~ auf etw** *akk* the/a run on sth; ~ **auf Kurzläufer** ÖKON run on shorts

rund I. *adj* 1 (*kreisförmig*) round, circular
2 (*rundlich*) plump
3 FIN (*überschläglich*) round *attr*; **eine ~e Summe** a round sum; **~e fünf Jahre** a good five years + *sing vb*
4 (*gleichmäßig*) full; **ein ~er Geschmack** a full taste
II. *adv* 1 (*im Kreis*) ■ ~ **um etw** around sth; ***wir können ~ um den Block spazieren*** we can walk around the block; *s. a.* **Uhr**
2 (*überschläglich*) around, about; ***ein neues Dach würde Sie ~ 28.000 DM kosten*** a new roof would cost you around [*or* about] 28,000 DM
3 (*kategorisch*) flatly; **etw ~ abschlagen** to flatly reject sth; *s. a.* **rundgehen**
4 (*gleichmäßig*) smoothly

Rundbau <-bauten> *m* circular building, rotunda **Rundblick** *m* panorama **Rundbogen** *m* ARCHIT round [*or spec* full-centre [*or* AM -er]] arch **Rundbrief** *m* circular

Runde <-, -n> *f* 1 (*Gesellschaft*) company; ***es war eine sehr gemütliche ~*** the company was very convivial; ***wir haben in kleiner ~ gefeiert*** it was a small [*or* an intimate] celebration
2 (*Rundgang*) rounds *pl; eines Polizisten* beat *no pl; eines Briefträgers* round; **eine ~ [um etw] drehen** AUTO to drive/ride around [sth]; LUFT to circle [over sth]; **seine ~ machen** to do one's rounds; *Polizist* to be on [*or* walking] one's beat
3 SPORT lap; ***vier ~n sind noch zu fahren*** there are another four laps to go; BOXEN round; KARTEN rubber, round; **eine ~ Bridge** a rubber [*or* round] of bridge
4 (*Stufe*) round; **die nächste ~ der Tarifgespräche** the next round of wage talks
5 (*Bestellung*) round; ***eine ~ für alle!*** a round [of drinks] for everyone!; **[jdm** [*o* **für jdn**]] **eine ~ spendieren** [*o* **ausgeben**], **[für jdn] eine ~ schmeißen** (*sl*) to get in a round [for sb]
► WENDUNGEN: **etw über die ~n bringen** (*fam*) to get sth done; **jdm über die ~n helfen** to help sb get by; **[mit etw] über die ~n kommen** (*fam*) to make ends meet [with sth]; **[irgendwo] die ~ machen** *Gerücht* to go around [somewhere]; **die ~ machen** (*herumgegeben werden*) to be passed around; **in die/der ~** around; ***was schaust du so erwartungsvoll in die ~?*** what are you looking around so expectantly for?

runden (*geh*) I. *vr* ■ **sich** *akk* ~ 1 (*rundlich werden*) to become [*or* grow] round; (*von Gesicht*) to become full, to fill out
2 (*konkreter werden*) to take shape
II. *vt* **die Lippen ~** to round one's lips; **Daumen und Zeigefinger [zu etw] ~** to curl one's thumb and forefinger [to sth]

runderneuern* *vt* AUTO ■ **etw ~** to retread sth; **die Profile ~** to remould [*or* AM remold] the tread; **runderneuerte Reifen** remoulds **Rundfahrt** *f* [sightseeing] tour **Rundflug** *m* [short] circular [sightseeing] flight **Rundfrage** *f* survey (**zu** +*dat* of)

Rundfunk *m* 1 (*geh*) radio, wireless BRIT *dated*; **im ~** (*veraltend*) on the radio [*or* BRIT *dated* wireless]
2 ■ **der ~** (*die Sendeanstalten*) broadcasting; (*die Organisationen*) the broadcasting companies [*or* corporations]

Rundfunkanstalt *f* (*geh*) broadcasting company [*or* corporation] **Rundfunkempfang** <-[e]s> *m kein pl* radio reception **Rundfunkempfänger(in)** <-s, -> *m(f)* 1 (*Person*) [radio] listener 2 (*Gerät*) radio receiver **Rundfunkgebühr** *f meist pl* radio licence [*or* AM -se] fee **Rundfunkgerät** *nt* (*geh*) radio [set], wireless BRIT *dated* **Rundfunkhörer(in)** <-s, -> *m(f)* [radio] listener **Rundfunkprogramm** *nt* radio programme [*or* AM -am] **Rundfunkrat** *m* broadcasting council **Rundfunksender** *m* radio station **Rundfunksendung** *f* radio programme [*or* AM -am] **Rundfunksprecher(in)** *m(f)* radio announcer **Rundfunkstation** *f* radio station **Rundfunkteilnehmer(in)** *m(f)* (*geh*) listener **Rundfunkübertragung** *f* [radio] broadcast **Rundfunkwerbung** *m* radio advertising

Rundgang *m* walk; (*zur Besichtigung*) tour, round; **einen ~ [durch etw] machen** to go for a walk [through sth]; (*zur Besichtigung*) to do a tour [*or* round] of sth

rund|gehen *irreg* I. *vi sein* 1 (*herumgereicht werden*) to be passed around; ■ **etw ~ lassen** to pass around sth *sep*
2 (*herumerzählt werden*) to do the rounds; **wie der Blitz ~** to spread like wildfire
II. *vi impers sein* 1 (*fam: was los sein*) to go full tilt; ***es geht rund im Büro*** it's all happening at the office
2 (*fam: Ärger geben*) ***jetzt geht es rund!*** now there'll be [all] hell to pay! *fam*

rundheraus *adv* bluntly, point-blank **rundherum** *adv* 1 (*rings herum*) ■ ~ **[um etw]** all round [sth] 2 (*fam*) *s.* **rundum Rundholz** *nt* round wood **Rundkornreis** *m* short grain rice

rundlich *adj* plump; **~e Hüften** well-rounded hips; **~e Wangen** chubby [*or* plump] cheeks; ■ ~ **sein/werden** to be/be getting plump/well-rounded/chubby

Rundreise *f* tour; ■ **eine/jds ~ durch etw** a/sb's tour of sth **Rundruf** *m* series of calls; **bei all seinen Freunden einen ~ machen** to call all one's friends **Rundschreiben** *nt* (*geh*) *s.* **Rundbrief Rundsendung** *f* circular **Rundstahl** *m* BAU tubular steel **Rundstricknadel** *f* circular [knitting] needle

rundum *adv* 1 (*ringsum*) all round [*or* AM around] 2 (*völlig*) completely [*or* totally] **Rundumbeschnitt** *m* TYPO all-around square [*or* angular] trim **Rundumschlag** *m* sweeping [*or* devastating] blow **Rundumschutz** *m* FIN, MED all-risks cover

Rundung <-, -en> *f* 1 (*Wölbung*) curve
2 *pl* (*fam*) curves, curvature *no pl*

rundungsbedingt *adj inv* MATH **~e Differenzen** anomalies caused by rounding up or down

Rundwanderweg *m* circular walk

rundweg *adv* flatly, point-blank; **sich** *akk* ~ **weigern** to flatly refuse, to refuse point-blank

Rundwurm *m* ZOOL roundworm

Rune <-, -n> *f* rune

Runenschrift *f* runic writing [*or* script] [*or* alphabet] **Runenzeichen** *nt* runic character, rune

Rungenwagen *m* BAHN (*offener Güterwagen*) flat car

Runkelrübe *f*, **Runkel** *f* ÖSTERR, SCHWEIZ mangelwurzel

runter *interj* (*fam: weg*) ~ ***mit dem Zeug von meinem Schreibtisch!*** get [*or* clear] that stuff off my desk!; ~ ***vom Baum/von der Leiter!*** get out of that tree/get [down] off that ladder!

runter|fallen *vi* (*fam*) ■ **[etw] ~** to fall down [sth] **runter|hauen** *vt* (*fam*) 1 (*ohne Sorgfalt schreiben*) **einen Text ~** (*pej*) to bang out [*or fam* dash off] a text 2 (*Ohrfeige geben*) **jdm eine** [*o* **ein paar**] ~ to give sb a clip [*or* a couple of clips] round the ear BRIT, to slap sb in the kisser AM **runter|holen** *vt* 1 (*herunternehmen*) ■ **jdn/etw [von etw** *dat*] ~ to fetch sb/sth [from sth] 2 (*sl*) ■ **sich** *dat* **einen ~** to [have a] wank BRIT *sl*, to choke one's chicken AM *sl*; ■ **jdm/sich einen ~** to jerk [*or* toss] sb/oneself off *sl* **runter|kommen** *vi irreg sein* 1 (*fam: herunterkommen*) ■ **[von etw/zu jdm] ~** to get down [off sth]/to come down [to sb] 2 (*sl: clean werden*) ■ **von etw** *dat* ~ to come off sth **runterladen** *vt* ■ **[sich** *dat*] **etw ~** INET to download sth **runter|lassen** *vt irreg* (*fam*) ■ **etw ~** to let down sth *sep*; **die Hose ~** to lower [*or sep* pull down] one's pants **runter|springen** *vi* (*fam*) to jump down

Runzel <-, -n> *f* wrinkle, furrow

runz(e)lig <-er, -ste> *adj* wrinkled, shrivelled; *Stirn* lined, furrowed; ~ **sein [im Gesicht]** to have a wrinkled face

runzeln I. *vt* ■ **etw ~** to wrinkle [*or* crease] sth; **die Brauen/die Stirn ~** to knit one's brows/to wrinkle one's brow; **gerunzelte Brauen/eine gerunzelte Stirn** knitted brows/a wrinkled brow; (*ärgerlich*) a frown *no pl*
II. *vr* ■ **sich** *akk* ~ to become wrinkled

runzlig *adj s.* **runz(e)lig**

Rüpel <-s, -> *m* lout, yob[bo] BRIT *fam*

Rüpelei <-, -en> *f* insolent [*or* loutish] act/remark

rüpelhaft *adj* loutish; **~er Kerl** lout, yob[bo] BRIT *fam*; ■ ~ **sein** to be loutish [*or* a lout] [*or* BRIT *fam* a yob[bo]]

Rupfen <-s> *nt kein pl* TYPO (*Papier*) picking

rupfen *vt* 1 (*von den Federn befreien*) ■ **etw ~** to pluck sth
2 (*zupfen*) ■ **etw [aus etw** *dat*] ~ to pull up sth *sep* [out of sth]
3 (*sl: finanziell übervorteilen*) ■ **jdn ~** to fleece sb *fam*, to take sb to the cleaner's *fam*; *s. a.* **Hühnchen**

Rupffestigkeit *f* (*Papier*) picking resistance, sizing strength

Rupie <-, -n> *f* rupee

ruppig I. *adj* gruff; **eine ~e Antwort** an abrupt [*or* a gruff] [*or* a terse] answer; ■ ~ **[zu jdm] sein** to be gruff [*or* rough] [with sb]
II. *adv* gruffly; **jdn ~ behandeln** to treat sb gruffly [*or* roughly]; **sich** *akk* ~ **verhalten** to be gruff

Rüsche <-, -n> *f* ruche, frill

rüschen *vt* MODE ■ **etw ~** *Kleid, Bluse* to ruche sth

Rüschenbluse *f* frilly blouse **Rüschenhemd** *nt* frilly shirt

Ruß <-es> *m kein pl* soot; *Dieselmotor* particulate; *Kerze* smoke; *Lampe* lampblack

Rußbildung *f* build-up [*or* formation] of soot

Russe, Russin <-n, -n> *m, f* Russian [man/boy/woman/girl]; ~ **sein** to be Russian; **die ~n** the Russian; *s. a.* **Deutsche(r)**

Rüssel <-s, -> *m* 1 (*Tier~*) snout, proboscis *spec*; *Elefant a.* trunk
2 (*Saug~*) *Insekt* proboscis *spec*
3 (*sl: Mund*) trap *sl*, gob BRIT *sl*

Rüsselkäfer *m* ZOOL weevil **Rüsseltier** *nt* ZOOL elephant

Rußemissionen *pl* AUTO particulate emission *no pl*

rußen I. *vi* to produce soot; *Fackel, Kerze* to smoke
II. *vt* SCHWEIZ, SÜDD (*entrußen*) ■ **etw ~** to clean the soot out of sth; **den Kamin ~** to sweep the chimney

Rußfilter *m* smoke [*or* flue-gas] filter; AUTO diesel [particulate *form*] filter **Rußflocke** *f* soot particle, smut

rußig *adj* blackened [with soot *pred*]; (*verschmutzt a.*) sooty

Russin <-, -nen> *f fem form von* **Russe**

russisch *adj* 1 (*Russland betreffend*) Russian, in/of Russia *pred*; *s. a.* **deutsch 1, Roulette**
2 (*ling*) Russian; **die ~e Sprache** Russian, the Russian language; ■ **auf R~** in Russian; *s. a.* **deutsch 2**

Russisch *nt dekl wie adj* 1 LING Russian; ■ **das ~e** Russian, the Russian language; *s. a.* **Deutsch 1**
2 (*Fach*) Russian; *s. a.* **Deutsch 2**

Russische Föderation *f* ÖSTERR Russia; *s. a.* **Deutschland**

RusslandRR <-s> *nt*, **Rußland** <-s> *nt* Russia; *s. a.* **Deutschland**

Russlanddeutsche(r)RR *f(m) dekl wie adj* ethnic German from Russia, Russo-German; **die ~n** the Russo-Germans; ~ **sein** to be [a] Russo-German; *s. a.* **Deutsche(r)**

Rußpartikel *nt* soot [*or* smut] particle, particle of soot [*or* smut], particulate

rüsten I. *vi* to arm, to build up arm[ament]s
II. *vr* (*geh*) ■ **sich** *akk* **zu etw** *dat* ~ to prepare [*or* get ready] for sth
III. *vt* SCHWEIZ (*vorbereiten*) ■ **etw ~** to get together

sth *sep*

Rüster <-, -n> *f* BOT elm

rüstig *adj* sprightly; ■~ **sein** to be sprightly

Rüstigkeit <-> *f kein pl* sprightliness

rustikal I. *adj* rustic; ~**er Stil** rustic [*or* farmhouse] [*or* country] style; *s. a.* **Eiche**
II. *adv* **sich** *akk* ~ **einrichten**/~ **wohnen** to furnish one's home in a rustic [*or* farmhouse] [*or* country] style

Rüstung <-, -en> *f* ❶ *kein pl* (*das Rüsten*) [re]armament
❷ (*Ritter~*) armour [*or* AM -or]

Rüstungsabbau *m* reduction in arm[ament]s **Rüstungsanleihe** *f* FIN defence loan **Rüstungsbegrenzung** *f* arms limitation, restriction of arm[ament]s, arm[ament]s reduction **Rüstungsbeschränkung** *f* arms limitation **Rüstungsbetrieb** *m* armaments [*or form* ordnance] company **Rüstungsetat** *m* arms [*or* armaments] budget **Rüstungsexport** *m* export of arms [*or* armaments] **Rüstungsgegner(in)** *m(f)* supporter of disarmament **Rüstungsindustrie** *f* defence [*or* armament[s]] industry **Rüstungskontrolle** *f* arms control, control of armaments **Rüstungskontrollvereinbarung** *f* arms control agreement **Rüstungskontrollverhandlungen** *pl* arms control talks *pl* **Rüstungskonzern** *m* armaments [*or form* ordnance] company **Rüstungsmüll** *m kein pl* arms waste *no pl* **Rüstungsunternehmen** *nt* MIL, ÖKON armaments concern **Rüstungswettlauf** *m* arms race

Rüstzeiten *pl* TYPO change-over times *pl*

Rüstzeug *nt kein pl* ❶ (*Werkzeug*) equipment *no pl, no indef art,* tools *pl*
❷ (*Know-how*) know-how, skills *pl;* (*Qualifikationen*) qualifications *pl*

Rute <-, -n> *f* ❶ (*Gerte*) switch
❷ (*Angel~*) [fishing] rod
❸ (*Wünschel~*) divining [*or* dowsing] rod

Rutengänger(in) <-s, -> *m(f)* diviner, dowser

Ruthenium <-s> *nt kein pl* CHEM ruthenium *no pl, no indef art*

Rütlischwur *m kein pl* HIST ■**der** ~ *oath taken on the Rütli mountain by the founders of Switzerland*

Rutsch <-es, -e> *m* landslide; **in einem** ~ (*fig fam*) in one go; ***guten ~!*** (*fam*) happy New Year!

Rutschbahn *f* ❶ (*Kinder~*) slide
❷ (*Straße*) slippery slope
❸ (*Rummelplatz*) helter-skelter

Rutsche <-, -n> *f* ❶ TECH chute, slideway
❷ (*fam*) *s.* **Rutschbahn 1**

rutschen *vi sein* ❶ (*aus~*) to slip
❷ (*fam: rücken*) ■[**mit etw** *dat*] [**nach links/zur Seite etc.**] ~ to move [*or fam* shove] [sth] [to the left/side etc.]; **auf dem Stuhl hin und her** ~ to fidget [*or* shift around] on one's chair; ***rutsch mal!*** move [*or fam* shove] over [*or* up]
❸ (*gleiten*) ■[**auf etw** *dat*] ~ to slide [on sth]
❹ (*auf Rutschbahn*) ■[**auf der Rutschbahn**] ~ to play on the slide
❺ (*von Erde, Kies*) **ins R~ geraten** [*o* **kommen**] to start slipping

rutschfest *adj inv* non-slip; (*strapazierfähig*) hard-wearing

Rutschgefahr *f kein pl* danger of slipping; (*von Auto*) danger [*or* risk] of skidding

rutschig *adj* slippery, slippy *fam*

Rutschpartie *f* (*fam*) series of slides; *Auto* series of skids; ***die Fahrt war die reinste*** ~ the roads were like an ice-rink

rutschsicher *adj* non[-]slip

Rüttelmaschine *f* TYPO jogging machine

rütteln I. *vt* ■**jdn** [**an etw** *dat*] ~ to shake sb [by sth]/sb['s sth]
II. *vi* ■**an etw** *dat* ~ to shake sth; **an feststehenden Tatsachen** ~ to upset the apple[-]cart; ***daran ist nicht zu ~, daran gibt es nichts zu ~*** there's nothing one/you/we can do about it, there's no doubt about it

Rüttelsieb *nt* ❶ TECH vibrating screen
❷ KOCHK flour sifter

Rwander(in) <-s, -> *m(f) s.* **Ruander**

rwandisch *adj* SCHWEIZ *s.* **ruandisch**

S

S, s <-, -> *nt* S, s; (*Mehrzahl*) S[']s, s's; ~ **wie Siegfried** S for [*or* AM as in] Sugar; *s. a.* **A 1**

s. *Abk von* **siehe**

S *Abk von* **Süden** S[.], So. AM

S. *Abk von* **Seite** p[.]; (*Mehrzahl*) pp[.]

s. a. *Abk von* **sine anno** s.a.

Sa. *m Abk von* **Samstag** Sat.

SA <-> [ɛs'ʔaː] *f kein pl* (*hist*) *Abk von* **Sturmabteilung:** ■**die** ~ the SA

Saal <-[e]s, Säle> *m* hall

Saaldiener *m* POL usher **Saalschlacht** *f* (*fam*) brawl, fighting *no pl*

Saar <-> *f* ■**die** ~ the Saar

Saarbrücken <-s> *nt* Saarbrücken

Saargebiet *nt,* **Saarland** *nt* ■**das** ~ the Saarland

Saarländer(in) <-s, -> *m(f)* Saarlander

saarländisch *adj* [of/in the] Saarland

Saat <-, -en> *f* ❶ *kein pl* (*das Säen*) ■**die** ~ sowing; **bei der** ~ **sein** to be sowing
❷ (*~gut*) seed[s *pl*]
❸ (*gesprießte Halme*) young crop[s *pl*], seedlings *pl*

Saatgans *f* ORN bean goose **Saatgut** *nt kein pl* (*geh*) seed[s *pl*] **Saatkartoffel** *f* seed potato **Saatkorn** *nt* ❶ (*zum Aussäen*) seed corn [*or* AM grain] ❷ BOT *s.* **Samenkorn Saatkrähe** *f* rook

Sabbat <-s, -e> *m* ■**der** ~ the Sabbath

Sabbatjahr *nt kein pl* ÖKON sabbatical year

sabbeln *vi* DIAL (*sabbern*) to slobber

Sabber <-s> *m kein pl* DIAL slaver, saliva, slobber *pej*

Sabberlätzchen *nt* DIAL bib

sabbern I. *vi* (*fam*) ■[**auf etw** *akk*] ~ to slaver [*or pej* slobber] on [*or* over] sth
II. *vt* DIAL (*fam*) ■**etw** ~ to blather *fam* [*or pej* spout] sth; **unverständliches Zeug** ~ to [talk] drivel

Säbel <-s, -> *m* (*leicht gebogenes Schwert*) sabre BRIT, saber AM; (*Krumm~*) scimitar
► WENDUNGEN: **mit dem** ~ **rasseln** to rattle one's sabre [*or* AM -er]

Säbelfechten *nt* sabre fencing

säbeln I. *vt* (*fam*) ■**etw** [**von etw**] ~ to saw sth off sth, to saw away at sth
II. *vi* (*fam*) ■[**an etw** *dat*] ~ to saw away [at sth]

Säbelrasseln <-s> *nt kein pl* sabre-rattling **Säbelschnäbler** <-s, -> *m* ORN avocet

Sabot <-[s], -s> [za'boː] *m* MODE sabot

Sabotage <-, -n> [zabo'taːʒə] *f* sabotage; ~ [**an etw** *dat*] **begehen** to perform acts/an act of sabotage, to sabotage sth; ~ **treiben** to practise sabotage

Sabotageakt [zabo'taːʒə] *m* act of sabotage; **einen** ~/~**e** [**an etw** *dat*] **begehen** [*o* **verüben**] to perform an act/acts of sabotage, to sabotage sth

Saboteur(in) <-s, -e> [zabo'tøːɐ] *m(f)* saboteur; (*kommunistisch a.*) diversionist

sabotieren* I. *vt* ■**etw** ~ to sabotage sth
II. *vi* to practise sabotage

Saccharimeter *nt* saccharometer

Sa(c)charin <-s> [zaxa'riːn] *nt kein pl* saccharin

Sachanlagen *pl* FIN tangible assets **Sachausgaben** *pl* FIN marterial expenses

Sachbearbeiter(in) *m(f)* specialist; (*in einer Behörde*) official in charge; (*im Sozialamt*) caseworker **Sachbereich** *m* [specialist] area **Sachbeschädigung** *f* JUR [criminal] damage to property, vandalism; ~ **begehen** to commit [an act of] vandalism **sachbezogen I.** *adj* relevant, pertinent, germane *pred form* **II.** *adv* ~ **argumentieren/jdn** ~ **befragen** to use relevant [*or* pertinent] arguments/to ask relevant [*or* pertinent] questions of sb **Sachbezüge** *pl* FIN payment in kind **Sachbuch** *nt* non[-]fiction book [*or* work] **sachdienlich** *adj* (*form*) ❶ (*nützlich*) relevant, pertinent; **ein** ~**er Tipp** a useful tip; ~**e Hinweise** relevant information, helpful hints, information relevant to the case ❷ (*relevant*) pertinent, relevant; **etw für** ~ **halten** to think sth is pertinent; ■~ **sein** to be relevant [*or* pertinent] [*or form* germane] ❸ (*geeignet*) suitable, appropriate **Sachdienlichkeit** *f* JUR expediency, pertinency

Sache <-, -n> *f* ❶ (*Ding*) thing; (*im Laden a.*) article; **scharfe** ~**n** (*fam: Spirituosen*) hard stuff *fam* [*or* AM liquor] *sing; s. a.* **Natur**
❷ (*Angelegenheit*) matter, affair; **eine aussichtslose** ~ a lost cause; **in eigener** ~ on one's own behalf; ***das ist eine andere*** ~ that's another matter [*or* something else]; **beschlossene** ~ **sein** to be [all] settled [*or* a foregone conclusion]; **eine gute** ~ (*angenehm*) a good thing; (*wohltätig*) a good cause; ***das ist so eine*** ~ (*fam*) that's a bit tricky [*or* bit of a problem]; ~***n gibt's***[, ***die gibt's gar nicht***]! (*fam*) [well] would you credit it?, isn't it amazing?; ***es ist eine*** ~ ***seiner Abstammung*** it's a question of his origins; ■**jds** ~ **sein** to be sb's affair [*or* business]; **nicht jedermanns** ~ **sein** to be not everyone's cup of tea; ■**eine** ~ **für sich sein** to be a matter apart [*or* chapter in itself]; **mit jdm gemeinsame** ~ **machen** to make common cause with sth; **geschäftliche** ~ ÖKON business matter
❸ (*Aufgabe*) **keine halben** ~**n machen** to not do things by halves, to not deal in half-measures; ***er macht seine*** ~ ***gut*** he's doing well; (*beruflich*) he's doing a good job
❹ *pl* (*Eigentum*) ■**jds** ~**n** sb's things [*or* belongings] [*or* goods] [*or fam nsing* stuff]; (*Kleidung*) things, clothes, togs *fam;* **warme** ~**n** warm clothes [*or nsing* clothing]
❺ *pl* (*fam: Werke, Stücke*) pieces
❻ *pl* (*Vorfall*) things; ***mach keine ~n!*** (*fam: was du nicht sagst*) [what] you don't say?; (*tu das bloß nicht*) don't be daft! *fam;* ***was machst du bloß für ~n!*** (*fam*) the things you do!; ***was sind denn das für ~n?*** what's going on here?; ***das sind doch keine ~n!*** (*fam*) he/she/you etc. shouldn't do that
❼ JUR (*Ding*) thing, physical object; (*Fall*) case, cause; **bewegliche/unbewegliche** ~**n** personal property [*or* chattels] [*or* movables]/things immovable [*or* immovables]; **eingebrachte** ~ contributed item; **herrenlose** ~ derelict property, res nullius; **verbrauchbare** ~ consumable; **vertretbare** ~ fungible; **in** ~**n** [*o* **in der** ~] **Meier gegen Müller** in the case [of] [*or form* in re] Meier versus Müller; **zur** ~ **vernommen werden** to be questioned; **sich** *akk* **zur** ~ **äußern** to refer to the merits of the case; **eine** ~ **verhandeln/vertreten/verweisen** to hear/uphold/remit a case
❽ *pl* (*fam: Stundenkilometer*) **mit 255** ~**n** at 255 [kph [*or* AM *sl* klicks]]
❾ (*Sachlage*) **sich** *dat* [**bei jdm/etw**] **seiner** ~ **sicher** [*o geh* **gewiss**] **sein** to be sure of one's ground; **bei der** ~ **bleiben** to keep to the point; ***die*** ~ ***ist die, dass …*** (*es geht darum, dass …*) the matter so far is that …; (*einschränkend*) the thing is [that] …; **zur** ~ **kommen** to come to the point; **neben der** ~ **liegen** (*fam*) to be beside the point; ***was*** ~ ***ist*** (*fam*) what's what *fam;* [**bei etw** *dat*] **bei der** ~ **sein** to give one's full attention [to sth]; ***er war nicht bei der Sache*** his mind was wandering; ***die*** ~ ***steht gut*** things are going [*or* shaping] well; ***die*** ~ ***steht unentschieden*** things are undecided; **nichts zur** ~ **tun** to be irrelevant, to not matter; **seine** ~ **verstehen** to know what one is doing [*or fam* is about]; ***zur ~!*** come to the point; (*in Parlament a.*) [the] question!

Sacheinlage *f* FIN contribution in kind, non-cash contribution

Sachenmehrheit *f* JUR plurality of things **Sachenrecht** *nt* JUR law of property, real law **Sachentscheidung** *f* decision on the merits

Sachertorte *f* Sacher torte

Sachfahndung *f* JUR tracing of stolen property **Sachfrage** *f meist pl* factual question **sachfremd** *adj* irrelevant **Sachfrüchte** *pl* JUR fruits *pl*

S

of a thing **Sachgebiet** *nt* [specialized] field **sachgemäß** I. *adj* proper; **bei ~er Verwendung** when properly used II. *adv* properly **sachgerecht** *adj s.* sachgemäß **Sachhaftung** *f* JUR liability for risks arising from property **Sachinbegriff** *m* JUR aggregate of things **Sachkatalog** *m* subject index **Sachkenner(in)** *m(f)* expert, authority (**auf/in** *+dat* on) **Sachkenntnis** *f* expert knowledge *no pl* **Sachkonto** *nt* FIN inventory [*or* nominal] account **Sachkosten** *pl* FIN material expenses, costs of materials; **Sach- und Dienstleistungskosten** costs of materials and services **Sachkunde** *f kein pl* ① (*geh*) *s.* **Sachkenntnis** ② SCH (*fam*) *s.* Sachkundeunterricht **Sachkundeunterricht** *m* ■**der ~** General Knowledge **sachkundig** I. *adj* [well-]informed; ■**~/~er sein** to be [well]/better informed; **sich** *akk* **[auf/in etw** *dat*] **~ machen** to inform oneself [on sth]; **sich laufend ~ machen** to keep oneself informed, to keep on the ball II. *adv* **~ antworten/erklären** to give an informed answer/explanation **Sachkundige(r)** *f(m) dekl wie adj s.* Sachkenner **Sachlage** *f kein pl* situation, state of affairs, lie of the land *fam* **Sachlegitimation** *f* JUR legitimacy as the proper party **Sachleistung** *f* FIN payment in kind; (*Versicherung*) in-kind [*or* non-cash] benefit

sachlich I. *adj* ① (*objektiv*) objective; ■**~ bleiben** to remain objective, to keep to the point; ■**~ sein** to be objective
② (*in der Angelegenheit begründet*) factual; **ein ~er Unterschied** a factual [*or* material] difference
③ (*schmucklos*) functional; **sich** *akk* **~ kleiden** to dress businesslike
II. *adv* ① (*objektiv*) objectively; **sich ~ verhalten** to be objective
② (*inhaltlich*) factually

sächlich *adj* LING neuter

Sachlichkeit <-> *f kein pl* ① (*Objektivität*) objectivity
② KUNST, LIT **die Neue ~** new realism, neo-realism

Sachmangel *m meist pl* JUR material deficiency **Sachmängelausschluss**[RR] *m* JUR caveat emptor, all faults **Sachmängelhaftung** *f* JUR warranty of quality, liability for defects **Sachpatent** *nt* product patent **Sachregister** *nt* subject index **Sachschaden** *m* damage to property, property damage *no indef art, no pl*

Sachse, Sächsin <-n, -n> [-ks-] *m, f* Saxon

sächseln [-ks-] *vi* (*fam*) to speak with a Saxon accent/in the Saxon dialect

Sachsen <-s> [-ks-] *nt* Saxony

Sachsen-Anhalt <-s> [-ks-] *nt* Saxony-Anhalt

Sächsin <-, -nen> *f fem form von* **Sachse**

sächsisch [-ks-] *adj* Saxon, of Saxony *pred;* ■**das S~e** Saxon

Sachspende *f* donation in kind

sacht(e) I. *adj* ① (*sanft*) gentle; ***nun mal ~e!, ~e, ~e!*** (*fam*) take it easy!
② (*geringfügig*) gentle, gradual
II. *adv* ① (*sanft*) gently
② (*leicht*) gently, gradually, by degrees

Sach- und Streitstand *m* JUR position of the stage of the proceedings

Sachurteil *nt* JUR judgment on the merits [of the case] **Sachverhalt** <-[e]s, -e> *m* facts *pl* [of the case] **Sachvermögen** *nt* FIN tangible assets *pl* **Sachverstand** *m kein pl* expertise *no pl, no indef art* **sachverständig** *adj* competent, professional, expert *attr;* **~er Zeuge** expert witness **Sachverständige(r)** *f(m) dekl wie adj* expert; (*vor Gericht*) expert witness; (*für Versicherung*) surveyor, appraiser; **gerichtlich/öffentlich bestellter ~** court-appointed/publicly appointed expert; **einen ~n beauftragen/bestellen/hinzuziehen** to commission/appoint/consult an expert; **die Begutachtung durch einen ~n vornehmen lassen** to ask for an expert opinion **Sachverständigenausschuss**[RR] *m* committee of experts **Sachverständigenbeweis** *m* JUR expert evidence **Sachverständigengutachten** *nt* JUR expert's report, expertise, expert opinion **Sachverständigenrat** *m* expert advisory council, council [*or* panel] of experts **Sachvortrag** *m* JUR factual submissions *pl* **Sachwalter(in)** *m(f)* JUR agent, private attorney, trustee **Sachwert** *m* ① *kein pl* FIN commodity [*or* real] value; **bilanzierbarer ~** tangible assets ② *meist pl* (*Wertgegenstände*) tangible assets *spec* **Sachwertabfindung** *f* FIN non-cash compensation **Sachwertverfahren** *nt* FIN asset value method **Sachwörterbuch** *nt* specialist [*or* technical] dictionary; **~ der Gesteinskunde** dictionary of geology [*or* geological terms] **Sachwucher** *m kein pl* JUR predatory dealing **Sachzusammenhang** *m* JUR factual connection **Sachzwang** *m meist pl* SOZIOL material [*or* practical] constraint; **Sachzwängen unterliegen** to be constrained by circumstances; **unter ~ stehen** to be constrained by circumstances; **frei von Sachzwängen sein** to be unconstrained by circumstances

Sack <-[e]s, Säcke> *m* ① (*großer Beutel*) sack; **drei ~ Kartoffel/Kohlen** three sacks of potatoes/sacks [*or* bags] of coal; **etw in Säcke füllen** to put sth into sacks, to sack sth *spec*
② SÜDD, ÖSTERR, SCHWEIZ (*Hosentasche*) [trouser [*or* AM pants]] pocket; **etw im ~ haben** (*sl*) to have sth safely in one's pocket
③ (*vulg: Hoden~*) balls *npl sl*
④ (*pej fam: Kerl*) bastard *sl,* cunt *vulg*
⑤ (*Tränen~*) bag, sac[cus] *spec*
▶ WENDUNGEN: **in ~ und Asche gehen** (*fig geh*) to wear [*or* be in] sackcloth and ashes *liter;* **den ~ schlagen und den Esel meinen** (*prov*) to kick the dog and mean the master *prov;* **es ist leichter, einen ~ Flöhe zu hüten** (*fam*) I'd rather climb Mount Everest *fam;* **mit ~ und Pack** (*fam*) with bag and baggage; **wie ein nasser ~** (*sl*) as if poleaxed, like a limp rag; **jdn in den ~ stecken** (*fig fam*) to knock [the] spots off sb BRIT *fam*

Sackbahnhof *m s.* **Kopfbahnhof**

Säckchen *nt dim von* **Sack** small sack, bag

Säckel <-s, -> *m* SÜDD (*veraltend: Hosentasche*) pocket; **tief in den ~ greifen müssen** to have to dig deep [into one's pockets]

sacken *vi sein* ① (*sich senken*) to sink, to subside; (*zur Seite*) to lean
② (*sinken*) to sink; *Kopf a.* to droop

säckeweise *adj* by the sack/bag

Sackgasse *f* (*a. fig*) cul-de-sac, blind alley, dead end *a. fig;* **in einer ~ stecken** to have come to a dead end [*or* an impasse] **Sackgut** *nt* bagged cargo **Sackhüpfen** *nt kein pl* sack race; **~ machen** to have a sack race **Sackkarre** *f* barrow, handcart **Sackleinen** *nt* sackcloth, sacking, burlap AM **Sacktuch** *nt* ① SÜDD, ÖSTERR, SCHWEIZ (*Taschentuch*) handkerchief, hankie *fam* ② *s.* **Sackleinen**

Sadduzäer <-s, -> *m* (*Mitglied einer alten jüdischen Gemeinschaft*) Sadducee

Sadismus <-, Sadismen> *m* ① *kein pl* (*Veranlagung*) sadism
② *pl* sadism *no pl,* sadistic acts

Sadist(in) <-en, -en> *m(f)* sadist

sadistisch I. *adj* sadistic; ■**~ sein** to be sadistic
II. *adv* sadistically

Sadomasochismus *m kein pl* sadomasochism, SM *no pl*

SAD-Syndrom *nt* SAD, seasonal affective disorder

säen I. *vt* ■**etw ~** ① (*aus~*) to sow sth
② (*geh: erzeugen*) to sow [the seeds of] sth
II. *vi* to sow; *s. a.* **dünn**
▶ WENDUNGEN: **Wind ~ und Sturm ernten** to sow the wind and reap the whirlwind *dated*

Safari <-, -s> *f* safari; **eine ~ machen** to go on safari

Safarihelm *m* safari hat **Safarihemd** *nt* safari jacket **Safaripark** *m* safari park

Safe <-s, -s> [se:f] *m* safe; **einen ~ aufbrechen** to break open a safe

Safersex[RR], **Safer Sex** ['seɪfə 'sɛks] *m* safe sex

Saffian *m,* **Saffianleder** <-s> *nt kein pl* morocco [leather]

Safloröl *nt* safflower oil

Safran <-s, -e> *m* ① BOT saffron [crocus]
② (*Gewürz*) saffron

Saft <-[e]s, Säfte> *m* ① (*Frucht~*) [fruit] juice *no pl*
② (*Pflanzen~*) sap *no pl;* **ohne ~ und Kraft** (*fig: von Rede*) wishy-washy, insipid; (*von Mensch: lustlos*) listless
③ (*fam: Strom*) juice *fam*
▶ WENDUNGEN: **im eigenen ~ schmoren** (*fig fam*) to be up against a brick wall; **jdn im eigenen ~ schmoren lassen** (*fam*) to let sb stew in their own juice

Saftbräter *m* oval-shaped casserole (*with a perforated insert in the lid for channeling basting liquids to the meat*)

saftig *adj* ① (*viel Saft enthaltend*) juicy, succulent
② (*üppig*) lush
③ (*fam: in unangenehmer Weise berührend*) **ein ~er Brief** one hell of a letter, a snorter BRIT *sl;* **ein ~er Preis/eine ~e Rechnung** a steep [*or* an exorbitant] price/bill

Saftladen *m* (*pej fam*) dump *pej* **saftlos** *adj* insipid, wishy-washy **Saftpresse** *f* fruit press, juice extractor **Saftsack** *m* (*pej sl*) stupid bastard *sl* [*or* BRIT *vulg* twat] **Saftzentrifuge** *f* juice extractor

Saga <-, -s> *f* saga

Sage <-, -n> *f* legend

Säge <-, -n> *f* ① (*Werkzeug*) saw
② ÖSTERR (*Sägewerk*) sawmill

Sägebauch *m* sawfish **Sägeblatt** *nt* saw blade [*or spec* web] **Sägebock** *m* ① (*Holzbock*) sawhorse, AM *a.* sawbuck ② ZOOL tile-horned prionus, Prionus coriarius *spec* **Sägefisch** *m* sawfish **Sägemehl** *nt* sawdust **Sägemesser** *nt* serrated knife **Sägemühle** *f* SÜDD (*Sägewerk*) sawmill

sagen I. *vt* ① (*äußern*) ■**etw [zu jdm] ~** to say sth [to sb]; ***warum haben Sie das nicht gleich gesagt?*** why didn't you say [*or* tell me] that [*or* so] before?; ■**~/jdm ~, dass/ob ...** to say/tell sb [that]/whether ...; ■**~/jdm ~, wann/wenn/wie/warum ...** to say/tell sb when/how/why ...; ***könnten Sie mir ~, ...?*** could you tell me ...?; **schnell gesagt sein** to be easily said; ***ich will nichts gesagt haben*** forget everything I just said; **was ich noch ~ wollte, ...** just one more thing, ...; **gesagt, getan** no sooner said than done; **leichter gesagt als getan** easier said than done
② (*mitteilen*) ■**jdm etw ~** to tell sb sth; ***das hätte ich dir gleich ~ können*** I could have told you that before; **sich** *dat* **~ lassen haben, [dass] ...** to have been told [that] ...; ***wem ~ Sie das!/wem sagst du das!*** (*fam*) who are you trying to tell that?, you don't need to tell me that!
③ (*befehlen*) ■**jdm ~, dass er/man etw tun soll/muss** to tell sb to do sth/that one should/has to do sth; ■**jdm ~, wie/was ...** to tell sb how/what ...; **etwas/nichts zu ~ haben** to have the say/to have nothing to say, to call the shots *fam*/to be [a] nobody *pej;* ***das ist nicht gesagt*** that is by no means certain; ***lass dir das [von mir] gesagt sein[, ...]*** let me tell you [*or* take it from me] [...]
④ (*meinen*) ***was ~ Sie dazu?*** what do you say to it [*or* think about it]?; ***dazu sage ich lieber nichts*** I prefer not to say anything on that point; ***das kann man wohl ~*** you can say that again; ***da soll noch einer ~, [dass] ...*** never let it be said [that] ...; ***ich sag's ja immer, ...*** I always say [*or* I've always said] ...
⑤ (*bedeuten*) ■**jdm etwas/nichts/wenig ~** to mean something/to not mean anything/to mean little to sb; ***sagt dir der Name etwas?*** does the name mean anything to you?; **nichts zu ~ haben** to not mean anything; ***das will nichts/nicht viel ~*** that doesn't mean anything [*or* much]
II. *vi imper* ■**sag/~ Sie, ...** tell me [*or* say], ...; **genauer gesagt** or [to put [*or* putting] it] more precisely; **ich muss schon ~!** I must say!; **unter uns gesagt** between you and me, between you, me and the gatepost *hum;* **sag bloß!** (*fam*) you don't say!, get away [with you]! *fam;* ■**um nicht zu ~ ...** not to say ...; **wie [schon] gesagt, wie ich schon sagte** as I've [just [*or* already]] said [*or* mentioned]

III. *vr* ■ **sich** *dat* ~, [dass] … to tell oneself [that] …

sägen I. *vt* ■ **etw** ~ to saw sth; ***er sägte den Ast in kleine Stücke*** he sawed the branch into little bits
II. *vi* ① (*mit der Säge arbeiten*) to saw; ■ **an etw** *dat* ~ to saw sth, to saw away at sth *iron*
② (*fam: schnarchen*) to snore, to saw wood AM

sagenhaft I. *adj* ① (*fam: phänomenal*) incredible; **~es Aussehen** stunning looks *npl*
② (*fam: unvorstellbar*) incredible; **ein ~er Preis/~er Reichtum** a staggering price/staggering wealth
③ (*geh: legendär*) legendary; **eine ~e Gestalt** a legendary figure, a figure from legend
II. *adv* (*fam*) incredibly

Sägespäne *pl* sawdust; (*gröber*) wood shavings *pl*

Sägewerk *nt* sawmill, lumbermill AM **Sägezahn** *m* saw tooth

Sago <-s> *m o nt kein pl* sago

Sagopalme *f* sago palm

sah *imp von* **sehen**

Sahara <-> [za'ha:ra, 'za:hara] *f kein pl* ■ **die** ~ the Sahara [Desert]

Sahelzone *f* GEOG [the] Sahel

Sahne <-> *f kein pl* cream; **saure/süße** ~ sour cream/[fresh] cream; ■ **mit** ~ with cream; ~ **zum Schlagen** whipping cream; **allererste** ~ (*sl*) great *fam*, wicked *fam*

Sahneeis *nt* ice cream **Sahnemeerrettich** *m* horseradish cream sauce **Sahnesoße** *f* cream sauce **Sahnetorte** *f* cream gateau

sahnig *adj* creamy; **etw ~ schlagen** to whip [*or* beat] sth until creamy

Saibling <-s, -e> *m* arctic char[r]

Saison <-, -s *o* SÜDD, ÖSTERR -en> [zɛ'zõ:, zɛ'zɔŋ] *f* season; **außerhalb der** ~ in [*or* during] the off-season

saisonal [zɛzo'na:l] I. *adj* seasonal; **~e Belastungen** seasonal strains; **~e Schwankungen** ÖKON seasonal variations
II. *adv* seasonally; ~ **bedingt sein** to be due to seasonal factors

Saisonarbeit *f* seasonal work **Saisonarbeiter(in)** [zɛ'zõ:, zɛ'zɔŋ] *m(f)* seasonal worker **Saisonartikel** *m* HANDEL seasonal article **saisonbedingt** *adj* seasonal; ■ ~ **sein** to be seasonal [*or* due to seasonal factors]; **~e Ermäßigung** ÖKON seasonal reductions **Saisonbeginn** *m* start of the season **saisonbereinigt** *adj inv* ÖKON seasonally adjusted; **~e Angaben** seasonally adjusted figures; **saison- und kalenderbereinigt** ÖKON seasonally adjusted **Saisonbereinigung** *f* ÖKON seasonal adjustment **Saisonbeschäftigte(r)** *f(m) dekl wie adj* seasonal worker **Saisonbeschäftigung** *f* seasonal work **Saisonbetrieb** *m kein pl* seasonal business **Saisonende** *nt* end of season **Saisoneröffnung** *f* opening of the season **Saisonfaktoren** *pl* ÖKON seasonal factors **saisongemäß** *adj* ÖKON seasonal **Saisonschwankung** *f* ÖKON seasonal variation **saisonüblich** *adj inv* ÖKON seasonal; **~e Zunahme** seasonal gain **Saisonware** *f* ÖKON seasonal goods *pl* **Saisonzuschlag** *m* in-season [*or* seasonal] [*or* high-season] supplement

Saite <-, -n> *f* MUS string; **die ~n einer Gitarre stimmen** to tune [the strings of] a guitar
▶ WENDUNGEN: **andere** [*o* **strengere**] **~n aufziehen** (*fam*) to get tough

Saiteninstrument *nt* string[ed] instrument **Saitenwurst** *f* frankfurter

Sake <-> *m kein pl* (*japanischer Reiswein*) sake, saki

Sakko <-s, -s> *m o nt* sports jacket

sakral *adj* (*geh*) sacred, religious; **ein ~er Akt** a sacred [*or liter* sacral] act; **~e Kunst** religious [*or liter* sacral] art

Sakralbau *m* sacred [*or* ecclesiastical] building **Sakralkunst** *f* religious [*or liter* sacral] art

Sakrament <-[e]s, -e> *nt* sacrament; **das ~ der Taufe** the sacrament of baptism; ~ [***noch mal***]! SÜDD (*sl*) Jesus [H. *hum*] Christ! *sl*

Sakrileg <-s, -e> *nt* (*geh*) sacrilege; **ein ~ begehen** to commit [a] sacrilege

Sakristei <-, -en> *f* sacristy, vestry

sakrosankt *adj* ① (*geh: unantastbar*) sacrosanct, inviolable
② HIST (*geheiligt*) sacrosanct

säkular *adj* ① (*weltlich, zeitlich*) secular
② ASTRON secular
③ (*außergewöhnlich*) exceptional, outstanding

Säkularisation <-, -en> *f* secularization

säkularisieren* *vt* ■ **etw** ~ to secularize sth

Salamander <-s, -> *m* salamander

Salami <-, -s> *f* salami

Salamitaktik *f* (*fam*) policy of small steps (*to achieve what cannot be done in one go*), salami tactics *spec sl*

Salär <-s, -e> *nt* ÖSTERR, SCHWEIZ (*geh: Honorar*) salary

Salat <-[e]s, -e> *m* ① (*Pflanze*) lettuce; ~ **pflanzen** to plant [*or* set] lettuce
② (*Gericht*) salad; **grüner** ~ green [*or* lettuce] salad; **gemischter** ~ mixed salad
▶ WENDUNGEN: **da** [*o* **jetzt**] **haben wir den ~!** (*fam*) now we're in a fine mess, now we've had it *fam*

Salatbesteck *nt* salad servers *pl* **Salatdressing** *nt* [salad] dressing **Salatgurke** *f* cucumber **Salatkartoffel** *f* waxy potato **Salatkopf** *m* [head of] lettuce **Salatmajonäse** *f*, **Salatmayonnaise** *f* mayonnaise **Salatöl** *nt* salad oil **Salatplatte** *f* ① (*Teller*) salad dish ② (*Gericht aus Salaten*) [mixed] salad **Salatsauce** *f* salad dressing **Salatschleuder** *m* salad drainer **Salatschüssel** *f* salad bowl **Salatseiher** *m* colander **Salatsoße** *f* [salad] dressing **Salatteller** *m* salad dish **Salatzange** *f* salad tongs *npl*

Salbe <-, -n> *f* ointment, salve

Salbei <-s> *m kein pl* sage *no pl*

Salbeihonig *m kein pl* sage honey *no pl*

salben *vt* ■ **jdn** ~ to anoint sb

salbenartig *adj inv* ointment-like **Salbenform** *f* ointment form **Salbentopf** *m* ointment pot, gallipot *spec*

Salböl *nt* REL consecrated oil

Salbung <-, -en> *f* anointing, unction

salbungsvoll I. *adj* (*pej*) unctuous *pej*
II. *adv* (*pej*) unctuously *pej*, with unction *pej*

Salchow <-s, -s> ['zalço] *m* (*im Eiskunstlauf*) salchow

Salden *pl von* **Saldo**

Saldenbestätigungsaktion *f* FIN verification of a/the statement **Saldenbilanz** *f* FIN trial balance sheet

Saldi *pl von* **Saldo**

saldieren* *vt* FIN ■ **etw** ~ to balance sth

Saldierungsverbot *nt* FIN prohibition to net debit with credit balances

Saldo <-s, -s *o* Saldi *o* Salden> *m* FIN balance, bottom line; **einen ~ ausgleichen** to balance an account; ~ **der Kapitalbilanz** balance of capital transactions; ~ **der laufenden Posten** balance of current items; ~ **der statistisch erfassten Transaktionen** statistical balance of transactions; **aktiver/passiver** ~ credit/debit balance; ~ **ziehen/feststellen** to [strike a] balance/to establish a balance; ~ **zu Ihren Gunsten/Lasten** your credit/debit balance

Saldoanerkenntnis *f* JUR confirmation of balance **Saldoanspruch** *m* JUR claim to the balance **Saldoausgleich** *m* FIN settlement of an account **Saldopfändung** *f* JUR sequestration of the balance **Saldoverfügung** *f* JUR decree concerning the balance **Saldovortrag** *m* FIN balance brought [*or* carried] forward **Saldowechsel** *m* FIN balance bill

Säle *pl von* **Saal**

Saline <-, -n> *f* ① (*Gradierwerk*) salt collector, saltern *spec*
② (*Salzwerk*) saltworks + *sing/pl verb*, saltern *spec*

Salizylpräparat *nt* salicylic preparation **Salizylsäure** *f* salicyclic acid

Salm <-[e]s, -e> *m* (*Lachs*) salmon

Salmiak <-s> *m o nt kein pl* ammonium chloride, sal ammoniac *spec*

Salmiakgeist <-s> *m kein pl* [household] [liquid [*or spec* aqua]] ammonia

Salmler <-s, -> *m* ZOOL characin

Salmonelle <-, -n> *f meist pl* salmonella

Salmonellenvergiftung *f* salmonella poisoning

Salmonellose <-, -n> *f* MED salmonellosis

Salomonen *pl*, **Salomoninseln** *pl* SCHWEIZ, BRD (*fam*) ■ **die** ~ the Solomon Islands *pl*; *s. a.* **Falklandinseln**

Salomoner(in) <-s, -> *m(f)* Solomon Islander; *s. a.* **Deutsche(r)**

salomonisch *adj* ① GEOG Solomon Islander [*or* Islands], Solomon; *s. a.* **deutsch**
② REL [worthy] of Solomon *pred*

Salomonssiegel *m* BOT Solomon's seal

Salon <-s, -s> [za'lõ:, za'lɔŋ] *m* (*geh*) drawing room, salon

salonfähig [za'lõ:, za'lɔŋ] *adj* socially acceptable; ■ **nicht ~ sein** to be not socially acceptable; (*von Witz*) to be risqué [*or* objectionable]; **etw ~ machen** to make sth socially acceptable **Salonlöwe** *m* (*pej*) society man, social lion *dated*

Salonwagen *m* BAHN Pullman [carriage]

salopp I. *adj* ① (*leger*) casual
② (*ungezwungen*) slangy
II. *adv* ① (*leger*) casually; ~ **angezogen gehen** to go/go around in casual clothing
② (*ungezwungen*) **sich ~ ausdrücken** to use slang[y] expressions [*or* language]

Salpeter <-s> *m kein pl* saltpetre [*or* AM -er] *no pl*, nitre [*or* AM -er] *no pl spec*

Salpetersäure *f kein pl* nitric acid *no pl*

Salto <-s, -s *o* Salti> *m* somersault; (*beim Turmspringen a.*) turn; **ein doppelter** ~ a double somersault/turn; ~ **mortale** (*im Zirkus*) death-defying leap; (*riskantes Unternehmen*) wildcat enterprise; **ein** [**dreifacher**] ~ **vorwärts/rückwärts** a [triple] forwards/backwards somersault; **einen ~ machen** (*turnen*) to [do [*or* perform] a] somersault; (*sich überschlagen*) to somersault, to flip over

Salut <-[e]s, -e> *m* salute; ~ **schießen** to fire a/the salute

salutieren* *vi* MIL to [give a] salute

SalutschussRR *m* MIL [gun] salute

Salvadorianer(in) <-s, -> *m(f)* Salvadoran, Salvadorean; *s. a.* **Deutsche(r)**

salvadorianisch *adj* Salvador[e]an; *s. a.* **deutsch**

salvatorisch *adj* **~e Klausel** JUR saving [*or* supplementary] clause

Salve <-, -n> [-və] *f* salvo, volley; (*Ehren~*) [gun] salute; **eine ~ abgeben** [*o* **abfeuern**] to fire [*or* give] a [gun] salute; **eine ~ auf jdn abgeben** [*o* **abfeuern**] to fire a salvo [*or* volley] at sb

Salz <-es, -e> *nt* salt; **zu viel ~ an etw** *akk* **tun** to put too much salt in [*or* to oversalt] sth; **etw in ~ legen** to salt down [*or* away] sth *sep*, to pickle sth
▶ WENDUNGEN: **jdm nicht das ~ in der Suppe gönnen** (*fam*) to begrudge sb the [very] air they breathe

salzarm I. *adj* low-salt *attr*, with a low salt content *pred*; ■ ~ **sein** to have a low-salt content II. *adv* ~ **essen/kochen/leben** to eat low-salt food/to cook low-salt fare/to live on a low-salt diet **Salzbergbau** *m* salt mining

Salzbergwerk *nt* salt mine **Salzbrezel** *f* pretzel

Salzburg <-s> *nt* Salzburg

salzen <salzte, gesalzen *o selten* gesalzt> I. *vt* ■ [**jdm/sich**] **etw** ~ to salt [sb's/one's] sth
II. *vi* to add salt; ***du brauchst nicht noch extra zu*** ~ you don't need to add any more salt

SalzfässchenRR *nt* salt cellar BRIT, [salt] shaker AM **Salzfisch** *m* salt fish **Salzfleisch** *nt kein pl* salted meat *no pl* **Salzgebäck** *nt kein pl* savoury [*or* AM -ory] biscuits *pl* **Salzgehalt** *m* salt content **Salzgewinnung** *f* salt production [*or* manufacture] **Salzgurke** *f* pickled gherkin **salzhaltig** *adj* salty, saline *spec* **Salzhering** *m* salted [*or* pickled] herring

salzig *adj* ① (*gesalzen*) salty
② (*salzhaltig*) salty, saline *spec*

Salzkartoffeln *pl* boiled potatoes **Salzkorn** *nt* grain of salt **Salzlagerstätte** *f* salt [*or spec* saline] deposit **Salzlake** *f* brine, souse **salzlos** I. *adj* salt-free II. *adv* ~ **essen** to eat no salt; ~ **kochen/zubereiten** to use no salt in cooking [food]/preparing food; ~ **leben** to live on a salt-free diet **Salzlösung** *f* saline [solution] *spec* **Salzmandeln** *pl* salted almonds **Salzpflanze** *f* BOT halophyte **Salzsäule** *f* pillar of salt; **zur ~ erstarren** to stand rooted to the spot **Salzsäure** *f kein pl* hydrochloric acid **Salzsee** *m* salt lake **Salzstange** *f* salt[ed] stick **Salzstock** *m* salt mine, [mined] salt deposit; GEOL salt dome *spec* **Salzstreuer** <-s, -> *m* salt cellar BRIT, [salt] shaker AM **Salztektonik** *f kein pl* GEOL salt tectonics + *sing vb* **Salzwasser** *nt kein pl* salt [*or* sea] water **Salzwüste** *f* salt desert [*or* flat]

SA-Mann <-Leute> [ɛsˈʔaː-] *m* stormtrooper, SA man

Samariter <-s, -> *m* Samaritan; **ein barmherziger** ~ (*geh*) a good [*or* Good] Samaritan

Samarium <-s> *nt kein pl* samarium *no pl*

Samba <-s, -s> *m* samba

Sambia <-s> *nt* Zambia; *s. a.* **Deutschland**

Sambier(in) <-s, -> *m(f)* Zambian; *s. a.* **Deutsche(r)**

sambisch *adj* Zambian; *s. a.* **deutsch**

Same <-ns, -n> *m* (*geh*) *s.* **Samen**

Samen <-s, -> *m* ❶ (*Pflanzen~*) seed
❷ *kein pl* (*Sperma*) sperm, semen *no pl;* ~ **ausstoßen** to ejaculate

Samenanlage *f* BOT ovule **Samenbank** *f* sperm bank **Samenblase** *f* seminal vesicle, spermatocyst *spec* **Samenerguss**^RR *m* ejaculation, seminal discharge *form* **Samenfaden** *m* spermatozoon *spec* **Samenflüssigkeit** *f* seminal fluid **Samenhandlung** *f* seed shop **Samenkapsel** *f* seed capsule **Samenkorn** *nt* seed **Samenleiter** <-s, -> *m* seminal duct, vas deferens *spec* **Samenpflanze** *f* BOT seed plant, spermatophyte **Samenschale** *f* BOT seed coat **Samenspender** *m* sperm donor **Samenstrang** *m* MED spermatic cord **Samenzelle** *f* sperm cell

Sämereien *pl* seeds *pl*

sämig *adj* thick, creamy; **etw ~ kochen** to reduce sth until creamy

Sämischleder *nt* chamois leather

Sammelaktie *f* FIN multiple share certificate **Sammelalbum** *nt* [collector's] album **Sammelanschluss**^RR *m* TELEK private [branch] exchange **Sammelband** *m* anthology **Sammelbecken** *nt* ❶ (*Behälter*) collecting tank ❷ (*Anziehungspunkt*) melting pot (+*gen*/**von** +*dat* for) **Sammelbegriff** *m* LING collective name [*or* term] **Sammelbehälter** *m* collection bin **Sammelbestellung** *f* collective [*or* joint] order **Sammelbezeichnung** *f s.* Sammelbegriff **Sammelbüchse** *f* collecting [*or* AM collection] box [*or* BRIT *esp* tin] **Sammelbuchung** *f* FIN compound journal entry **Sammeleinbürgerung** *f* JUR group naturalization **Sammelfahrkarte** *f* (*für mehrere Personen*) group ticket; (*für mehrere Fahrten*) multiple ticket **Sammelfrucht** *f* BOT multiple fruit **Sammelgenehmigung** *f* HANDEL collective authorization **Sammelkasse** *f* kitty *fam* **Sammelkonnossement** *nt* HANDEL grouped [*or* collective] bill of lading **Sammelkonto** *nt* FIN collation account **Sammelladung** *f* HANDEL consolidated shipment **Sammellager** *nt* refugee camp **Sammellinse** *f* TECH convex [*or* convergent] lens **Sammelmappe** *f* file

sammeln I. *vt* ❶ (*pflücken*) ■**etw** ~ to pick [*or* gather] sth
❷ (*auf~*) ■**etw** ~ to gather sth; **etw von der Erde** ~ to pick up sth *sep* [off the ground]
❸ (*an~*) ■**etw** ~ to collect sth
❹ (*ein~*) ■**etw** ~ to collect sth [in]
❺ (*zusammentragen*) ■**etw** ~ to gather sth [in]; **Belege** ~ to retain [*or* keep] receipts
❻ (*um sich scharen*) ■**jdn [um sich** *akk*] ~ to gather [*or* assemble] sb; **Truppen** ~ to gather [*or* assemble] [*or* rally] troops
❼ (*aufspeichern*) ■**etw** ~ to gain [*or* acquire] sth; **Erinnerungen** ~ to gather memories
II. *vr* ❶ (*zusammenkommen*) ■**sich** *akk* [**an/auf/vor etw** *dat*] ~ to assemble [at/on/in front of sth]
❷ (*sich anhäufen*) ■**sich** *akk* **in etw** *dat* ~ to collect [*or* accumulate] in sth
❸ (*geh: sich konzentrieren*) ■**sich** ~ to collect [*or* compose] one's thoughts [*or* oneself]
III. *vi* ■[**für jdn/etw**] ~ to collect [for sb/sth]

Sammelnummer *f* TELEK private exchange number **Sammelplatz** *m* assembly point **Sammelproduktion** *f* collect-run production **Sammelpunkt** *m* ❶ (*Treffpunkt*) assembly point ❷ (*Brennpunkt*) focal point **Sammelschiene** *f* busbar **Sammelstelle** *f* ❶ *Gegenstände* collection [*or* collecting] point ❷ *Menschen* meeting point **Sammelsurium** <-s, -rien> [-ri̯ən] *nt* hotchpotch, hodgepodge AM **Sammeltaxi** *nt* [collective] taxi (*for several fares*) **Sammeltermin** *m* JUR *date for court hearing of several cases* **Sammelvermögen** *nt* JUR combined assets *pl* **Sammelverwahrung** *f* JUR collective centralized custody of securities **Sammelwaggon** *m* consolidated car **Sammelwerk** *nt* JUR compilation **Sammelwut** *f* collecting mania

Sammler(in) <-s, -> *m(f)* ❶ (*von Gegenständen*) collector
❷ (*von Beeren, Pilzen etc*) picker, gatherer

Sammlerstück *nt* collector's item **Sammlerwert** *m* value to collectors

Sammlung <-, -en> *f* ❶ (*Ansammlung, Kollektion*) collection
❷ *kein pl* (*geh: innere Konzentration*) composure *no pl*

Samoa <-s> *nt* Samoa; *s. a.* **Deutschland**

Samoaner(in) <-s, -> *m(f)* Samoan; *s. a.* **Deutsche(r)**

samoanisch *adj* Samoan; *s. a.* **deutsch**

Samowar <-s, -e> *m* samovar

Sample <-s, -s> [sɛmpl] *nt* [random] sample

Sampler <-s, -> *m* sampler

Sampling <-s, -s> [ˈsɑːmplɪŋ] *nt* sampling

Samstag <-[e]s, -e> *m* Saturday; **verkaufsoffener** ~ (*hist*) late-closing Saturday; *s. a.* **Dienstag**

Samstagabend^RR *m* Saturday evening; *s. a.* **Dienstag samstagabends**^RR *adv* [on] Saturday evenings

samstägig *adj* on Saturday

samstäglich *adj* [regular] Saturday *attr;* ***wir machen heute unseren ~en Einkauf*** we're doing our [regular] Saturday shopping today

Samstagmittag^RR *m* [around] noon on Saturday; *s. a.* **Dienstag samstagmittags**^RR *adv* [around] noon on Saturdays **Samstagmorgen**^RR *m* Saturday morning; *s. a.* **Dienstag samstagmorgens**^RR *adv* [on] Saturday mornings **Samstagnachmittag**^RR *m* Saturday afternoon; *s. a.* **Dienstag samstagnachmittags**^RR *adv* [on] Saturday afternoons **Samstagnacht**^RR *m* [on] Saturday night; *s. a.* **Dienstag samstagnachts**^RR *adv* [on] Saturday nights

samstags *adv* [on] Saturdays; ~ **abends/nachmittags/vormittags** [on] Saturday evenings/afternoons/mornings

Samstagvormittag^RR *m* Saturday morning; *s. a.* **Dienstag samstagvormittags**^RR *adv* [on] Saturday mornings

samt I. *präp* ■~ **jdm/etw** along [*or* together] with sb/sth
II. *adv* ~ **und sonders** all and sundry; ***sie/die Mitglieder wurden ~ und sonders verhaftet*** the whole bunch of them were [*or* was]/every one of the members was arrested

Samt <-[e]s, -e> *m* velvet

samtartig *adj* velvety, like velvet *pred*

samten *adj* (*geh*) velvet

Samtente *f* ORN velvet scooter **Samthandschuh** *m* velvet glove; **jdn mit ~en anfassen** (*fig fam*) to handle sb with kid gloves

samtig *adj s.* **samtweich**

sämtlich I. *adj* ❶ (*alle*) all; **~e Anwesenden** all those present; ***~e Unterlagen wurden vernichtet*** every one of the documents was destroyed, the documents were all destroyed
❷ (*ganze*) ■**jds ~e(r, s)** ... all [of] sb's ...; ***ihr ~er Besitz*** all their possessions
II. *adv* all; ***sie sind ~ verschwunden*** they have all disappeared

samtweich *adj* velvety, velvet *attr,* [as] soft as velvet *pred;* ■~ **sein** to be [as] soft as velvet

Samurai <-[s], -[s]> *m* HIST samurai

Sanaa, San'a, Sana <-s> *nt* Sana'a, Sanaa

Sanatorium <-, -rien> [-ri̯ən] *nt* sanatorium, sanitarium AM

Sand <-[e]s, -e> *m* sand *no pl*
► WENDUNGEN: **jdm ~ in die Augen streuen** to throw dust in sb's eyes; ~ **ins Getriebe streuen** to put a spanner [*or* AM wrench] in the works; **das/die gibt es wie ~ am Meer** (*fam*) there are heaps of them *fam,* they are thick on the ground *fam;* **auf ~ gebaut sein** to be built [up]on sandy ground; **etw in den ~ setzen** (*fam*) to blow sth [to hell *fam*]; **im ~e verlaufen** to peter [*or* fizzle] out, to come to nothing [*or liter* naught]

Sandale <-, -n> *f* sandal; **offene ~n** open-toed sandals

Sandalette <-, -n> *f* high-heeled sandal

Sandbank <-bänke> *f* sandbank; (*in Flussmündung a.*) sandbar **Sandblattfeile** *f* emery board **Sandboden** *m* sandy soil **Sanddorn** *m* BOT sea buckthorn **Sanddüne** *f* [sand] dune

Sandelholz *nt* sandalwood

sandfarben, sandfarbig *adj* sand-coloured [*or* AM -ored] **Sandfelchen** *nt* whitefish **Sandgebäck** *nt kein pl* ≈ shortbread *no pl* **Sandgrube** *f* sandpit **Sandhaufen** *m* pile of sand

sandig *adj* ❶ (*Sand enthaltend*) sandy, arenaceous *spec*
❷ (*mit Sandkörnern verschmutzt*) sandy, full of sand *pred*

Sandkasten *m* ❶ (*Kinderspielplatz*) sandpit BRIT, sandbox AM ❷ MIL sand table *spec* **Sandkastenfreund(in)** *m(f)* [early] childhood friend **Sandkastenspiel** *nt* theoretical manoeuvrings [*or* AM maneuverings] **Sandkorn** *nt* grain of sand; ■**Sandkörner** sand **Sandkuchen** *m* KOCHK plain cake (*with lemon flavouring or chocolate coating*) **Sandmann** *m* sandman **Sandmännchen** *nt* ■**das** ~ the sandman **Sandpapier** *nt* sandpaper **Sandplatz** *m* clay court **Sandregenpfeifer** *m* ORN ringed plover **Sandsack** *m* ❶ (*in Boxen*) punchbag ❷ (*zum Schutz*) sandbag **Sandstein** *m* sandstone, freestone; **roter** ~ red sandstone, brownstone AM **sandstrahlen** *vt* BAU ■**etw** ~ to sandblast sth **Sandstrahlgebläse** *nt* sandblaster **Sandstrand** *m* sandy beach **Sandsturm** *m* sandstorm

sandte *imp von* **senden**[1]

Sanduhr *f* hourglass, egg timer

Sandwich <-[s], -[e]s> [ˈzɛntvɪtʃ] *nt o m* sandwich, sarnie BRIT *fam*

Sandwüste *f* [sandy] desert

sanft I. *adj* ❶ (*sacht*) gentle; **eine ~e Berührung** a gentle [*or* soft] touch
❷ (*gedämpft*) gentle; **~e Beleuchtung/Farben** soft [*or* subdued] lighting/colours [*or* AM -ors]; **eine ~e Lautstärke** a soft level; **~e Musik** soft music; **eine ~e Stimme** a gentle [*or* soft] voice
❸ (*leicht*) gentle, gradual
❹ (*schwach*) gentle, soft
❺ (*zurückhaltend*) gentle; *s. a.* **Gewalt**
II. *adv* gently; ~ **entschlafen** (*euph geh*) to pass away peacefully *euph;* ***ruhe ~!*** rest eternal, rest in peace, R[.]I[.]P[.]

Sänfte <-, -n> *f* litter; (*17., 18. Jh.*) sedan [chair]

Sanftheit <-> *f kein pl* ❶ (*sanfte Wesensart*) gentleness
❷ (*sanfte Beschaffenheit*) *Stimme a., von Musik* softness; *Blick* tenderness

Sanftmut <-> *f kein pl* (*geh*) gentleness, sweetness [of temper]

sanftmütig *adj* (*geh*) gentle

sang *imp von* **singen**

Sang <-[e]s, Sänge> *m* (*geh*) song

► WENDUNGEN: **mit ~ und Klang** (*fam*) with drums drumming and pipes piping; (*iron*) disastrously; **ohne ~ und Klang** (*fam*) quietly

Sänger <-s, -> *m* (*geh*) songbird, songster

Sänger(in) <-s, -> *m(f)* singer

Sangria <-, -s> [zaŋ'gri:a] *f* KOCHK sangria

Sanguiniker(in) <-s, -> [zaŋ'gui:nikɐ] *m(f)* sanguine type [*or* person]

sanguinisch [zaŋ'gui:nɪʃ] *adj* sanguine

sang- und klanglos *adv* (*fam*) without any [*or* great] ado, unwept and unsung *a. iron*

sanieren* **I.** *vt* ■**etw** ~ ❶ (*renovieren*) to redevelop [*or sep* clean up] sth
❷ (*wieder rentabel machen*) to rehabilitate sth, to put sth back on an even keel
II. *vr* ❶ (*fam: sich gesundstoßen*) ■**sich** *akk* [**bei etw** *dat*] ~ to line one's pockets [with sth] *fam*
❷ (*wirtschaftlich gesunden*) ■**sich** *akk* ~ to put itself [back] on an even keel

Sanierung <-, -en> *f* ❶ (*Renovierung*) redevelopment
❷ ÖKON *einer Firma, eines Industriezweiges etc.* rescue operation, turnround; FIN *eines Kontos* nursing
❸ (*fam: Bereicherung*) self-enrichment
❹ ÖKOL *Boden* remediation

Sanierungsarbeiten *pl* redevelopment [*or* renovation] work *no pl* **sanierungsbedürftig** *adj* MED needing treatment *pred* **Sanierungsbilanz** *f* FIN reconstruction balance sheet **Sanierungsgebiet** *nt* redevelopment area **Sanierungsgewinn** *m* FIN recapitalization gains *pl*, reorganization surplus **Sanierungskonzept** *nt* ÖKON recovery strategy, reconstruction package **Sanierungskosten** *pl* FIN costs of redevelopment **Sanierungsmaßnahme** *f* ❶ BAU redevelopment measure ❷ FIN rehabilitation measure **Sanierungsplan** *m* ÖKON redevelopment [*or* financial rescue] plan **Sanierungsprogramm** *nt* redevelopment programme [*or* AM -am] **Sanierungsrücklage** *f* FIN reserve for rescue operations

sanitär *adj attr* sanitary; **~e Anlagen** sanitation *no pl*, sanitation facilities *pl*, sanitary facilities

Sanität <-, -en> *f* ❶ *kein pl* ÖSTERR (*Gesundheitsdienst*) ■**die** ~ the medical service
❷ SCHWEIZ (*Ambulanz*) ambulance
❸ ÖSTERR, SCHWEIZ (*~struppe*) medical corps

Sanitäter(in) <-s, -> *m(f)* ❶ first-aid attendant, paramedic
❷ MIL [medical] orderly

Sanitätsdienst *m* MIL ■**der** ~ the medical corps **Sanitätsflugzeug** *nt* air ambulance, flying doctor's aircraft **Sanitätsoffizier** *m* MIL medical officer, M[.]O[.] **Sanitätswagen** *m* ambulance **Sanitätswesen** *nt kein pl* medical service[s] **Sanitätszug** *m* hospital train

sank *imp von* **sinken**

Sankt *adj inv* Saint, St[.]

Sankt Gotthard <-[s], -> *m* Saint Gotthard

Sanktion <-, -en> *f* (*fig geh*) sanction, penalty (**von** +*dat* from/by); **gegen jdn/etw ~en aufheben/verhängen** to lift/impose [*or* apply] sanctions against sb/sth; **finanzielle ~en** pecuniary sanctions; **strafrechtliche ~en** penal sanctions; **wirtschaftliche ~en** economic sanctions

sanktionieren* *vt* ■**etw** [**durch etw**] ~ ❶ (*geh: gutheißen*) to sanction [*or* approve] sth [with sth]
❷ JUR (*rechtlich bestätigen*) to sanction sth [with sth]

Sanktionsmaßnahmen *pl* sanctions **Sanktionsrecht** *nt* JUR power [*or* right] to impose sanctions

Sankt Moritz <-> *nt* Saint Moritz

Sankt-Nimmerleins-Tag *m* ■**am** ~ (*fam*) never ever *fam;* ■**bis zum** ~ (*fam*), ■**auf den** ~ (*fam*) till doomsday

Sankt Petersburg <-s> *nt* Saint Petersburg

Sanmarinese, Sanmarinesin <-n, -n> *m, f* Sammarinese, San Marinese; *s. a.* **Deutsche(r)**

sanmarinesisch *adj* San Marinese, AM *a.* Sammarinese; *s. a.* **deutsch**

San Marino <-s> *nt* San Marino; *s. a.* **Deutschland**

sann *imp von* **sinnen**

Santafé de Bogotá, Santa Fé de Bogotá <-s> *nt* [Santa Fe de] Bogotá

Santiago de Chile <-s> [-'tʃi:le] *nt* Santiago

Santomeer(in) <-s, -> *m(f)* Säotomese, AM *a.* São Tomean; *s. a.* **Deutsche(r)**

santomeisch *adj* Säotomese, AM *a.* São Tomean; *s. a.* **deutsch**

Saphir <-s, -e> ['za:fɪr, 'zafi:ɐ, za'fi:ɐ] *m* sapphire

Sappeur <-s, -e> *m* MIL SCHWEIZ sapper

Saprophyten *pl* BOT saprophytes *pl*

Sarajewo <-s> *nt* Sarajevo

Sarde, Sardin <-n, -> *m, f* Sardinian

Sardelle <-, -n> *f* anchovy

Sardellenpaste *f* anchovy paste

Sardin <-, -nen> *f fem form von* **Sarde**

Sardine <-, -n> *f* sardine

Sardinenbüchse, Sardinendose *f* tin [*or* AM can] of sardines; (*leer*) sardine tin

Sardinien <-s> [-niən] *nt* Sardinia

sardinisch, sardisch *adj* Sardinian, of Sardinia *pred*

Sardisch *nt dekl wie adj* Sardinian; *s. a.* **Deutsch**

Sardische <-n> *nt* ■**das** ~ Sardinian, the Sardinian language; *s. a.* **Deutsche**

Sarg <-[e]s, Särge> *m* coffin, casket AM, box *fam*

Sargdeckel *m* coffin [*or* AM casket] lid **Sargtischler(in)** *m(f)* coffin [*or* AM casket] maker **Sargträger** *m* pall-bearer

Sari <-[s], -s> *m* MODE sari, saree

Sarkasmus <-, -men> *m* ❶ *kein pl* (*Hohn*) sarcasm
❷ (*sarkastische Bemerkung*) sarcastic remark; ■**Sarkasmen** sarcastic remarks, sarcasm *no pl*

sarkastisch **I.** *adj* sarcastic, sarky BRIT *fam*
II. *adv* sarcastically

Sarkom <-s, -e> *m* sarcoma

Sarkophag <-[e]s, -e> *m* sarcophagus

Sarkosin *nt* sarcosine

Sarong <-[s], -s> *m* MODE sarong

Saroszyklus *m* ASTRON saros

saß *imp von* **sitzen**

Satan <-s, -e> *m* ❶ *kein pl* (*Luzifer*) ■[**der**] ~ Satan, the Devil
❷ (*fam: teuflischer Mensch*) fiend
❸ (*fam: Kind*) [little] terror [*or* devil]

satanisch **I.** *adj attr* satanic, diabolical, fiendish
II. *adv* diabolically, fiendishly; ~ **lächeln** to give a diabolical [*or* fiendish] grin

Satansbraten *m* (*hum fam*) little [*or* BRIT young] devil *hum fam* **Satansjünger** *m* apostle of Satan **Satanskult** *m* ■**der** ~ the Satan cult, the Cult of Satan **Satansmesse** *f* black mass **Satanspilz** *m* Satan's mushroom, Boletus [*or* boletus] satanas *spec*

Satellit <-en, -en> *m* satellite

Satellitenantenne *f* satellite dish **Satellitenbild** *nt* satellite picture **Satellitendecoder** *m* satellite decoder **Satellitenempfang** *m* satellite reception *no art* **Satellitenfernsehen** *nt kein pl* satellite television *no pl* **Satellitenfoto** *nt* satellite photo [*or* picture] **satellitengestützt** *adj inv* satellite-based **Satellitenhandy** *nt* satellite mobile [phone] (*i.e. with direct access to satellites*) **Satellitenkamera** *f* satellite camera **Satellitenkommunikation** *f kein pl* satellite communication **Satellitennavigation** *f* TRANSP satellite navigation, navigation by satellite **Satellitennavigationssystem** *nt* Global Positioning System **Satellitenschüssel** *f* satellite dish **Satellitenstaat** *m* satellite state **Satellitenstadt** *f* satellite town [*or* suburb] **Satellitenstart** *m* satellite launch **Satellitenüberwachung** *f* satellite surveillance

Satin <-s, -s> [za'tɛ̃:] *m* satin; (*aus Baumwolle*) sateen

Satinage <-, -n> [zati'na:ʒə] *f* TYPO calendering, glazing

Satinbluse *f* satin blouse

satinieren *vt* ■**etw** ~ to satinize sth

Satire <-, -n> *f* ❶ *kein pl* ■[**die**] ~ satire
❷ (*Werk*) satire (**auf** +*akk* on)

Satiriker(in) <-s, -> *m(f)* satirist

satirisch *adj* satirical

satt **I.** *adj* ❶ (*gesättigt*) full [BRIT up] *pred fam*, replete *pred form*, sated *form;* ■~ **sein** to have had enough [to eat], to be full [BRIT up] *fam* [*or form* replete] [*or form* sated]; **jdn ~ bekommen** [*o fam* **kriegen**] to fill sb's belly *fam;* **er ist kaum ~ zu kriegen** he's insatiable; **sich** *akk* [**an etw** *dat*] ~ **essen** (*bis zur Sättigung essen*) to eat one's fill [of sth]; (*überdrüssig werden*) to have had one's fill of sth; ~ **machen** to be filling; **etw ~ bekommen** [*o fam* **kriegen**] to get fed up with sth; **jdn/etw ~ haben** [*o* **sein**] to have had enough of sb/sth, to be fed up with sb/sth *fam;* **jdn/etw gründlich ~ haben** [*o* **sein**] to be thoroughly fed up with sb/sth *fam*, to be fed up to the back teeth with sb/sth BRIT *fam*
❷ (*kräftig*) rich, deep, full
❸ (*geh: übersättigt*) sated *form;* (*selbstzufrieden*) complacent
❹ (*fam: groß, reichlich*) cool *fam;* **eine ~e Mehrheit** a comfortable majority
❺ (*fam: voll, intensiv*) rich, full; **~er Applaus** resounding applause; **ein ~es Selbstvertrauen** unshak[e]able self-confidence
II. *adv* (*fam*) ❶ (*reichlich*) ***sie verdient Geld*** ~ she earns [more than] enough money, she's raking it in *fam*
❷ (*genug*) **~/nicht ~ zu essen haben** to have/to not have enough to eat

Sattel <-s, Sättel> *m* ❶ (*für Reittier*) saddle; **den ~ auflegen** to put on the saddle, to saddle the horse; **ohne ~ reiten** to ride bareback [*or* without a saddle]; **sich in den ~ schwingen** to leap [*or* swing oneself] into the saddle; **fest im ~ sitzen** (*a. fig*) to be firmly in the saddle; **sich im ~ halten** (*a. fig*) to stay in the saddle
❷ (*Fahrrad~*) saddle; **sich auf den ~ schwingen** to jump on[to] one's bicycle [*or fam* bike]
❸ (*Bergrücken*) saddle
❹ KOCHK saddle

Satteldach *nt* gable [*or* saddle] [*or spec* double pitch] roof **sattelfest** *adj* experienced; ■**in** [*o* **auf**] **etw** *dat* ~ **sein** (*fig*) to have a firm grasp of [*or* be well-versed in] sth; **in** [*o* **auf**] **etw** *dat* **nicht ganz ~ sein** (*fig*) to be a little [*or* bit] shaky in sth **Sattelkissen** *nt* saddle cushion

satteln *vt* ■**ein Tier** ~ to saddle an animal, to put the saddle on an animal

Sattelnase *f* MED saddle[-back]nose **Sattelrock** *m* yoke skirt **Sattelschlepper** <-s, -> *m* (*Zugmaschine*) truck [*or* AM semi-trailer] [tractor]; (*Sattelzug: Zugmaschine und Aufleger*) articulated lorry BRIT, artic BRIT *fam*, semi-trailer [truck] AM, semi AM *fam* **Sattelstütze** *f* saddle support **Satteltasche** *f* saddlebag **Sattelzug** *m s.* **Sattelschlepper**

Sattheit <-> *f kein pl* ❶ (*Sättigung*) repletion *form*, satiety *liter;* **ein Gefühl der ~** a feeling of repletion *form* [*or* being full]
❷ (*Saturiertheit*) complacency
❸ (*Intensität*) richness, fullness

sättigen **I.** *vt* ❶ (*geh: satt machen*) ■**jdn** ~ to satiate sb *form;* ■**sich** ~ to eat one's fill
❷ (*voll sein*) ■[**mit** [*o* **von**] **etw** *dat*] **gesättigt sein** to be saturated [with sth]; *s. a.* **Markt**
II. *vi* to be filling

sättigend *adj* filling, satiating *form*

Sättigung <-, *selten* -en> *f* ❶ (*das Sättigen*) repletion *form;* **ein Gefühl der ~** a feeling of repletion *form;* **der ~ dienen** to serve to satisfy [one's] hunger
❷ (*Saturierung*) saturation (+*gen* of), glut (+*gen* in/on)

Sättigungsgrad *m* ❶ ÖKON (*eines Marktes*) saturation point ❷ KOCHK (*eines Lebensmittels*) repletion point *form* **Sättigungskurve** *f* SCI S-shaped curve **Sättigungswert** *m* SCI saturation value

Sattler(in) <-s, -> *m(f)* saddler; (*Polsterer*) upholsterer

Sattlerei <-, -en> *f* saddler's; (*von Polsterer*)

upholsterer's

Sattlerin <-, -nen> *f fem form von* **Sattler**

sattsam *adv* amply, sufficiently; ~ **bekannt** sufficiently [well-]known

saturiert *adj* (*geh*) complacent

Saturn <-s> *m kein pl* ■ **der** ~ Saturn

Satyr <-s *o* -n, -n *o* -e> *m* satyr

Satz[1] <-es, Sätze> *m* ① LING sentence; (*Teil~*) clause; **keinen ~ miteinander sprechen** to not speak a word to each other; **mitten im** ~ in mid-sentence
② JUR (*Unterabschnitt*) clause
③ MUS movement
④ (*Set*) set; **ein ~ Schraubenschlüssel** a set of spanners [*or* AM wrenches]; **ein ~ von 24 Stück** a 24-piece set
⑤ TYPO (*Schrift~*) setting; (*das Gesetzte*) type [matter] *no pl;* **in den ~ gehen** to be sent [*or* go] in for setting; **im ~ sein** to be [in the process of] being set
⑥ (*festgelegter Betrag*) rate
⑦ SPORT set; (*Tischtennis*) game
⑧ MATH theorem; **der ~ des Pythagoras/Thales** Pythagoras'/Thales' theorem

Satz[2] <-es, Sätze> *m* leap, jump; ■ **mit einem ~** in one leap [*or* bound]; **sich** *akk* **mit einem ~ retten** to leap to safety; **in großen Sätzen davonlaufen** to bound away; **einen ~ machen** [*o* **tun**] to leap, to jump

Satz[3] <-es> *m kein pl* dregs *npl;* (*Kaffee~*) grounds *npl;* (*Tee~*) leaves *pl*

Satzanweisung *f* TYPO instructions for the typesetter **Satzball** *m* SPORT set point; (*Tischtennis*) game point **Satzband** *nt* TYPO tape of [type]setting instructions **Satzbau** <-s> *m kein pl* LING sentence construction **Satzbefehl** *m* TYPO typographical [*or* typesetting] command **Satzbreite** *f* TYPO image width, line length [*or* measure] **Satzelektronik** *f* TYPO typesetting electronics + *sing vb* **Satzfahne** *f* TYPO proof **Satzfehler** *m* TYPO compositor's [*or* keyboarding] error **satzfertig** *adj* TYPO ready for setting *pred* **Satzgefüge** *nt* LING complex [*or* compound] sentence **Satzherstellung** *f* TYPO typesetting **Satzkonstruktion** *f* LING construction of a/the sentence, syntax *no pl spec* **Satzlehre** *f kein pl* LING syntax **Satzparameter** *m* typesetting parameters **Satzrechner** *m* TYPO typesetting computer **Satzspiegel** *m* TYPO type area **Satztechnik** *f* TYPO typesetting technology **Satzteil** *m* LING part [*or* constituent] of a/the sentence

Satzung <-, -en> *f* constitution, statutes *npl;* ~ **der Gesellschaft** memorandum [and articles] of association, AM articles of incorporation; *Verein* [standing] rules *pl* [of procedure]

Satzungsänderung *f* JUR amendment of the statutes, alteration of the articles of association **Satzungsautonomie** *f* JUR autonomous regional legislation **Satzungsbestimmung** *f* JUR provision of the articles **satzungsgemäß** I. *adj* statutory, constitutional, according to [*or* in accordance with] the statutes/the articles/the rules *pred;* **~e Rücklagen** statutory reserves **II.** *adv* as set down in the statutes/articles/rules **Satzungsrecht** *nt* JUR statutory law **satzungswidrig** *adj inv* JUR, ADMIN unconstitutional **Satzvorbereitung** *f* TYPO copy preparation

Satzvorlage *f* TYPO [text] copy, manuscript **Satzzeichen** *nt* LING punctuation mark **Satzzusammenhang** *m* LING context [of a/the sentence]

Sau <-, Säue> *f* ① <*pl a.* Sauen> (*weibliches Schwein*) sow
② (*pej sl: schmutziger Mensch*) filthy pig *fam* [*or sl* bastard] *pej;* (*Frau*) disgusting cow BRIT *pej sl;* (*Schweinehund*) bastard *pej sl;* (*gemeine Frau*) bitch *pej sl,* cow BRIT *pej sl*
▶ WENDUNGEN: **wie eine gesengte ~** (*sl*) like a lunatic [*or* maniac]; **..., dass es der ~ graust** (*sl*) ..., it makes me/you want to puke *sl;* **jdn [wegen einer S.** *gen*] **zur ~ machen** (*sl*) to bawl sb out *fam* [because of sth], to give sb a bollocking [about sth] BRIT *sl,* to chew somebody out [about sth] AM *sl;* **die ~ rauslassen** (*sl: über die Stränge schlagen*) to let it all hang out *sl,* to party till one pukes *sl;* (*seiner Wut freien Lauf lassen*) to give him/her/them etc. what for; **unter aller ~** (*sl*) it's enough to make me/you puke *sl;* **keine ~** not a single bastard *sl*

sauber I. *adj* ① (*rein*) clean; ■ **~ sein** to be clean; **etw ~ machen** to clean sth; **jdn ~ machen** to wash sb; **jdm/sich etw ~ machen** to wash sb's/one's sth; (*wischen*) to wipe sb's/one's sth; **sich die Fingernägel ~ machen** to clean one's fingernails; ***hier/ in meinem Zimmer müsste mal wieder ~ gemacht werden*** this place/my room needs to be cleaned again
② (*unkontaminiert*) clean, unpolluted; **~es Wasser** clean [*or* pure] water
③ (*stubenrein*) ■ **~ sein** to be house-trained
④ (*sorgfältig*) neat; **eine ~e Arbeit** neat [*or* a decent job of] work
⑤ (*perfekt*) neat
⑥ (*iron fam*) fine *iron*
⑦ (*anständig*) ***bleib ~!*** (*hum fam*) keep your nose clean *fam;* **nicht ganz ~ sein** (*sl*) to have [got] a screw loose *hum fam;* ***~, ~!*** (*fam*) that's the stuff [*or* what I like to see]! *fam*
II. *adv* ① (*sorgfältig*) **etw ~ abfegen/ausspülen** to sweep/rinse sth clean; **etw ~ flicken/reparieren/schreiben** to patch/repair/write sth neatly; **etw ~ halten** to keep sth clean; **etw ~ harken** to rake sth clear [*or* neatly]; **etw ~ kratzen** to scour sth clean; **etw ~ putzen** to wash sth [clean]; (*fegen*) to sweep sth clean; **etw [mit etw** *dat*] **~ scheuern** to scrub [*or* scour] sth clean [with sth]; **[sich** *dat*] **etw ~ schrubben** to wash [*or* scrub] one's sth; **etw ~ spülen** to wash [up *sep*] sth
② (*perfekt*) neatly

Sauberkeit <-> *f kein pl* ① (*Reinlichkeit*) clean[li]ness; **vor ~ strahlen** to be clean and shining
② (*Reinheit*) cleanness; (*von Wasser, Luft a.*) purity

Sauberkeitsfimmel *m* (*pej fam*) mania for cleaning, thing about cleaning *fam*

säuberlich I. *adj* neat; **~e Ordnung** neat and tidy [*or hum* regimental] order
II. *adv* neatly; **etw ~ aufräumen** to tidy up sth *sep; s. a.* **fein**

Saubermann, -frau <-männer> *m, f* (*iron fam*) moral crusader *a. iron;* (*Mann a.*) Mr[.] Clean *fam*

säubern *vt* ① (*geh: reinigen*) ■ **[jdm/sich] etw ~** to clean [sb's/one's] sth; **etw wieder ~** to get sth clean
② (*euph: befreien*) ■ **etw von etw** *dat* **~** to purge sth of sth

Säuberung <-, -en> *f* (*euph*) purge; **ethnische ~** ethnic cleansing

saublöd(e) *adj* (*sl*) *s.* **saudumm** **Saubohne** *f* broad bean

Sauce <-, -n> ['zo:sə] *f s.* **Soße**

Saucenkelle *f* gravy ladle

Sauciere <-, -n> [zo'sie:rə, zo'siɛ:rə] *f* sauce boat; (*bes mit Fleischsoße*) gravy boat

Saudi-Araber(in) <-s, -> *m(f)* Saudi, Saudi-Arabian; *s. a.* **Deutsche(r)**

Saudi-Arabien [-biən] *nt* Saudi Arabia, Saudi *sl*

saudi-arabisch *adj* Saudi, Saudi-Arabian; *s. a.* **deutsch**

saudumm I. *adj* (*sl*) damn stupid *fam;* (*von Mensch a.*) as thick as pigshit [*or* two short planks] *pred* BRIT *fam*
II. *adv* (*sl*) **~ fragen** to ask stupid questions; **sich ~ verhalten** to behave like a stupid idiot *fam*

sauen *vi* (*sl*) ■ **[mit etw** *dat*] **~** to mess up the place [with sth], to make a mess

sauer I. *adj* ① (*nicht süß*) sour; **saure Drops** acid drops; **saure Früchte** sour [*or* tart] fruit *no pl;* **saurer Wein** sour [*or* BRIT rough] wine; ■ **~ sein** to be sour/tart/BRIT rough
② (*geronnen*) **saure Milch** sour milk; ■ **~ sein/werden** to be [*or* have turned]/turn sour; ***die Milch ist ~*** the milk is [*or* has turned] sour [*or* is off]; *s. a.* **Sahne**
③ (*~ eingelegt*) pickled; **etw ~ einlegen** to pickle sth
④ (*Humussäure enthaltend*) acidic
⑤ (*Säure enthaltend*) acid[ic]; **saurer Regen** acid rain
⑥ (*fam: übel gelaunt*) mad *fam,* pissed off *pred,* pissed *pred* AM *sl;* **ein saures Gesicht machen** to look mad *fam* [*or* AM *sl* pissed]; ■ **~ [auf jdn/etw] sein/werden** to be/be getting mad *fam* [*or* AM *sl* pissed] [at sb/sth], to be pissed off [with sb/sth] *sl;* ■ **~ sein, dass/weil ...** to be mad *fam* [*or* AM *sl* pissed] that/because ...
II. *adv* ① (*mühselig*) the hard way; **~ erworbenes Geld** hard-earned money
② (*fam: übel gelaunt*) **~ antworten** to snap out an answer; **~ reagieren** to get mad *fam* [*or* AM *sl* pissed]

Sauerampfer <-, -n> *m* sorrel **Sauerbraten** *m* *beef roast marinated in vinegar and herbs,* sauerbraten AM

Sauerei <-, -en> *f* (*sl*) ① (*sehr schmutziger Zustand*) God-awful mess *fam*
② (*unmögliches Benehmen*) [downright [*or* BRIT *fam* bloody]] disgrace
③ (*Obszönität*) filthy joke/story

Sauerkirsche *f* sour cherry **Sauerkirschmarmelade** *f* sour cherry jam **Sauerklee** *m* BOT wood sorrel **Sauerkraut** *nt,* **Sauerkohl** *m* DIAL sauerkraut, pickled cabbage **Sauerland** <-[e]s> *nt* Sauerland

säuerlich I. *adj* ① (*leicht sauer*) [slightly] sour; **~e Früchte** [slightly] sour [*or* tart] fruit *no pl*
② (*übellaunig*) annoyed; **ein ~es Lächeln** a sour [*or* bitter] smile; ■ **~ sein** to be annoyed [*or fam* mad]
II. *adv* ① (*leicht sauer*) **~ schmecken** to taste sour/tart
② (*übellaunig*) sourly; **~ reagieren** to get mad *fam*

Sauermilch *f* sour [*or* curdled] milk

säuern I. *vt* ■ **etw [mit etw] ~** to sour sth [*or* make sth sour] [with sth]; (*konservieren*) to pickle sth [with sth]
II. *vi* to [turn [*or* go]] sour

Sauerrahm *m* sour[ed BRIT] cream

Sauerstoff *m kein pl* oxygen *no pl*

Sauerstoffapparat *m* oxygen [*or* breathing] apparatus **sauerstoffarm** *adj* low in oxygen *pred;* (*zu wenig*) oxygen-deficient; **~e Luft** stale air; ■ **~ sein/werden** (*von Luft in größeren Höhen*) to be/become thin **Sauerstoffatom** *nt* oxygen atom **Sauerstoffbedarf** *m* oxygen demand **Sauerstoffflasche**[RR] *f,* **Sauerstofflasche** *f* oxygen cylinder; (*kleiner a.*) oxygen bottle [*or* flask] **Sauerstoffgehalt** *m* oxygen content **Sauerstoffgerät** *nt* ① (*Atemgerät*) breathing apparatus
② MED (*Beatmungsgerät*) respirator **sauerstoffhaltig** *adj* containing oxygen *pred,* oxygenous *spec,* oxygenic *spec;* ■ **~ sein** to contain oxygen, to be oxygenous [*or* oxygenic] *spec* **Sauerstoffmangel** *m kein pl* lack of oxygen; **ein akuter ~** oxygen deficiency *no pl* **Sauerstoffmaske** *f* oxygen mask **Sauerstoffmessfühler**[RR] *m* AUTO oxygen sensor, lambda probe [*or* sensor] **sauerstoffreich** *adj* rich in oxygen *pred,* oxygen-rich *attr;* ■ **~ sein** to be rich in oxygen **Sauerstoffschuld** *f* BIOL oxygen debt **Sauerstofftherapie** *f* MED oxygen therapy **Sauerstoffverbrauch** *m* oxygen consumption, consumption of oxygen **Sauerstoffzelt** *nt* oxygen tent; **unter einem ~** in an oxygen tent

Sauerteig *m* sourdough, leaven[ing]

Saufbold <-[e]s, -e> *m* (*pej sl*) drunk[ard], pisshead BRIT *pej sl,* piss artist BRIT *sl*

saufen <säuft, soff, gesoffen> I. *vt* ■ **etw ~**
① (*sl*) to drink sth; (*schneller*) to knock back sth *sep fam*
② (*Tiere*) to drink sth
II. *vi* ① (*sl: trinken*) to drink, to [be/go on the] booze *fam,* to be/go on the piss BRIT *sl*
② (*sl: Alkoholiker sein*) to drink, to take to the bottle; ■ **das S~** drinking
③ (*Tiere*) to drink; (*zu Wasser geführt*) to be

watered; *s. a.* **Loch**

Säufer(in) <-s, -> *m(f)* (*sl*) drunk[ard], boozer *fam*, pisshead BRIT *pej sl*, piss artist BRIT *sl*

Sauferei <-, -en> *f* (*sl: Besäufnis*) booze-up *fam*, piss-up BRIT *sl*; (*übermäßiges Trinken*) drinking *no art, no pl*, boozing *no art, no pl fam*

Säuferin <-, -nen> *f fem form von* **Säufer**

Säuferleber *f* (*fam*) gin drinker's liver *fam* **Säufernase** *f* (*fam*) whisky [*or* brandy] nose

Saufgelage *nt* (*pej fam*) booze-up *fam*, piss-up BRIT *sl* **Saufkumpan(in)** *m(f)* (*sl*) drinking pal [*or* AM buddy], fellow drinker

säuft *3. pers. pres von* **saufen**

saugen <sog *o* saugte, gesogen *o* gesaugt> **I.** *vi* ① (*Staub* ~) to vacuum, to hoover BRIT
② (*ein~*) ■[**an etw** *dat*] ~ to suck [[on] sth]
II. *vt* ① (*Staub* ~) ■**etw** ~ to vacuum [*or* BRIT hoover] sth
② (*ein~*) ■**etw** [**aus etw**] ~ to suck sth [from sth]; *s. a.* **Finger**

säugen *vt* ① (*veraltend: stillen*) ■**jdn** ~ to suckle [*or* breast-feed] [*or old* give the breast to] sb
② (*Tier*) ■**sein Junges** ~ to suckle its young

Sauger <-s, -> *m* ① (*auf Flasche*) teat, nipple AM
② (*fam: Staub~*) vac *fam*, vacuum cleaner [*or* hoover] *fam*

Säuger <-s, -> *m* (*geh*), **Säugetier** *nt* mammal[ian *spec*]

saugfähig *adj* absorbent; ■~ **sein** to be absorbent

Saugfähigkeit *f kein pl* absorbency **Saugflasche** *f* feeding [*or* baby['s]] bottle **Saugglockengeburt** *f* suction [*or* ventouse] delivery **Saugheber** *m* siphon **Saugkraft** *f kein pl* absorbency, absorbent properties

Säugling <-s, -e> *m* baby, infant *form*

Säuglingsalter *nt* ■**das** ~ babyhood, infanthood *form* **Säuglingsbekleidung** *f* baby clothes *npl*, babywear *no pl* **Säuglingsheim** *nt* home for babies **Säuglingsnahrung** *f* baby food **Säuglingspflege** *f kein pl* baby [*or form* infant] care *no pl* **Säuglingsschwester** *f* baby [*or* infant] nurse **Säuglingsstation** *f* baby ward [*or* unit] **Säuglingssterblichkeit** *f kein pl* infant mortality *no pl*

Saugmotor *m* AUTO naturally aspirated engine **Saugnapf** *m* suction cup, sucker BRIT **Saugreflex** *m* BIOL suckling reflex **Saugrohr** *nt* AUTO induction pipe **Saugrüssel** *m* ① (*von Insekt*) proboscis *spec* ② (*an Tankstelle*) suction tube **Saugwurm** *m* ZOOL trematode

Sauhaufen *m* (*pej sl*) bunch of [useless] layabouts [*or* BRIT *pej fam* piss artists] [*or* AM lazy bums]

säuisch *adj* (*sl*) ① (*abwertend*) filthy; **ein ~er Typ** a bastard *sl*; **ein ~er Witz** a filthy joke
② (*stark, groß*) ~ **Kälte/~es Glück** bloody cold/luck *sl*
③ (*intensivierend*) ***er fühlte sich ~ wohl*** he felt bloody good *sl*

saukalt *adj* (*sl*) ■~ **sein** to be damn *fam* [*or* BRIT *sl* bloody] cold, to be freezing cold, to be brass monkey weather BRIT *sl* **Saukälte** *f* (*sl*) damn *fam* [*or* BRIT *sl* bloody] cold weather, freezing weather, brass monkey weather *no art* BRIT *sl* **Saukerl** *m* (*sl*) bastard *sl*, cunt *vulg*

Säule <-, -n> *f* ① ARCHIT column, pillar; **die ~n des Herkules** the Pillars of Hercules
② (*Bild~*) statue
③ (*geh: Stütze*) pillar; **die ~n der Gesellschaft** the pillars [*or* backbone] of society
④ (*fam: Zapf~*) petrol [*or* AM gas] pump

Säulendiagramm *nt* ÖKON bar chart

säulenförmig **I.** *adj* column-shaped, columnar *spec* **II.** *adv* ~ **wachsen** to grow in a column/columns **Säulenfuß** *m* base, plinth **Säulengang** *m* colonnade; (*mit Innenhof*) peristyle *spec* **Säulenhalle** *f* columned hall **Säulenkapitell** *nt* capital [of a/the column] **Säulenschaft** *m* shaft [of a/the column] **Säulentempel** *m* colonnaded temple; (*rundförmig*) monopteros *spec*

Saulus <-> *m* ■[**der**] ~ Saul
► WENDUNGEN: **vom ~ zum Paulus werden** (*geh*) to have seen the light *a. hum*

Saum <-[e]s, Säume> *m* ① (*umgenähter Rand*) hem
② (*geh: Rand*) edge, margin, marge *old liter*

saumäßig **I.** *adj* (*sl*) ① (*unerhört*) bastard *attr sl*
② (*miserabel*) lousy *fam*, shitty *sl*
II. *adv* (*sl*) like hell *fam*; ~ **bluten** to bleed like hell *fam*; (*von Mensch a.*) to bleed like a [stuck] pig; ~ **kalt/schwer** bastard [*or* BRIT *sl* bloody] cold/heavy; **etw ~ schlecht machen** to make a pig's ear of sth BRIT *fam*, to screw sth up royally AM; ***die Prüfung war ~ schwer*** the exam was a [real] bastard *sl*

säumen **I.** *vt* ■**etw** ~ ① (*Kleidung*) to hem sth
② (*geh: zu beiden Seiten stehen*) to line sth; (*zu beiden Seiten liegen*) to skirt sth
II. *vi* (*geh*) to tarry *liter*; ■**ohne zu ~**, ■**ohne S~** without delay

säumig *adj* FIN (*geh*) **ein ~er Schuldner/Zahler** a slow [*or* defaulting] debtor, a defaulter; **ein ~er Zahler sein** to be behind[hand BRIT] with one's payments

Säumigkeit *f* JUR dilatoriness

Säumnis <-, -se *o wenn nt* -ses, -se> *f o nt* JUR default, delay; ~ **im Termin** failure to appear in court, non-appearance at a trial

Säumnisgebühr *f* JUR, FIN default fine **Säumnisurteil** *nt* JUR default judgment **Säumnisverfahren** *nt* JUR default proceedings *pl* **Säumniszinsen** *pl* FIN interest on arrears **Säumniszuschlag** *m* ADMIN surcharge on overdue payment

Saumpfad *m* mountain trail, bridle path **Saumtier** *nt* pack animal

Sauna <-, -s *o* Saunen> *f* sauna; **in die ~ gehen** to go for a sauna; **gemischte** ~ mixed[-sex] sauna

saunieren* *vi* to have [*or* take] a sauna, to sauna

Saure(s) *nt dekl wie adj* **etwas/nichts ~s** something/nothing sour; ***gib ihm ~s!*** (*fig sl*) let him have it! *fam*

Säure <-, -n> *f* ① CHEM acid
② (*saure Beschaffenheit*) sourness, acidness, acidity

säurebeständig *adj inv* acid-resistant **Säureblocker** <-s, -> *m* MED, PHARM anti-acid **säurefrei** *adj Papier* acid-free

Saure-Gurken-ZeitRR *f*, **Sauregurkenzeit** *f* (*fam*) silly season

säurehaltig *adj inv* acid[ic] **Säurehemmer** *m* MED acid inhibitor **Säureschutzmantel** *m* protective layer of the skin **Säurestrom** *m* ÖKOL flow of acid

Saurier <-s, -> [-riɐ] *m* dinosaur, saurian *spec*

Saus *m* **in ~ und Braus leben** to live it up, to live like a lord [*or* AM king]

Sause <-, -n> *f* (*sl: Feier*) piss-up BRIT *sl*; (*Zechtour*) pub crawl BRIT *fam*, bar hopping AM; **eine ~ machen** to go on a pub crawl BRIT, to go bar-hopping AM

säuseln **I.** *vi* ① (*leise sausen*) ■[**in etw** *dat*] ~ to sigh [*or* whisper] [in sth]; **in den Blättern** ~ to rustle the leaves
② (*geh: schmeichelnd sprechen*) to purr
II. *vt* (*geh*) ■**etw** ~ to purr sth; *s. a.* **Ohr**

sausen *vi* ① *haben* (*von Wind*) to whistle, to whine; (*von Sturm*) to roar; ■**das S~** the whistling/whining/roaring
② *sein* (*von Kugel, Peitsche*) to whistle; **die Peitsche ~ lassen** to strike out with the whip
③ *sein* (*fam: sich schnell bewegen*) ■**irgendwohin** ~ to dash somewhere
④ *sein* (*schnell fahren*) ■**irgendwohin** ~ to roar [*or* zoom] [off] somewhere
⑤ (*sl*) **einen ~ lassen** to let off [a fart] *sl*, to let one off *sl*
⑥ (*nicht bestehen*) **durch ein Examen** ~ to fail [*or fam* flunk] an exam
⑦ (*fam: sein lassen*) **etw ~ lassen** to forget sth
⑧ (*fam: gehen lassen*) **jdn ~ lassen** to drop sb

Sauser <-s, -> *m* SCHWEIZ (*neuer Wein*) fermented grape juice

Sauseschritt *m* (*fig fam*) **im** ~ (*äußerst rasch, geschwind*) double-quick *fam*, in double-quick time *fam*

Saustall *m* (*sl*) pigsty *fam*

saustark *adj* (*sl*) wicked *fam*

sautieren *vt* ■**etw** ~ to sauté sth

Sauwetter *nt* (*sl*) bloody awful [*or sl* bastard] weather *no indef art* BRIT

sauwohl *adj* ■**jd fühlt sich** ~ (*sl*) ■**jdm ist ~ zumute** (*sl*) sb feels really [*or* BRIT *sl* bloody] good [*or* AM *fam* like a million bucks]

Savanne <-, -n> [-va-] *f* savanna[h]

Saxophon <-[e]s, -e> *nt*, **Saxofon**RR <-[e]s, -e> *nt* saxophone, sax *fam*

Saxophonist(in) <-en, -en> *m(f)*, **Saxofonist(in)** <-en, -en> *m(f)* saxophone [*or fam* sax] player, saxophonist

SB *f Abk von* **Selbstbedienung** self-service

S-Bahn ['ɛs-] *f* suburban train

S-Bahnhof *m* S-bahn station (*suburban station*)

S-Bahn-Linie *f* suburban line **S-Bahn-Netz** *nt* suburban rail[way] network **S-Bahn-Zug** *m* suburban train

SBB ['ɛsbe:be:] *f Abk von* **schweizerische Bundesbahn** ≈ BR BRIT, ≈ Amtrak AM

SB-Bank *f* self-service bank

s.Br. *Abk von* **südlicher Breite** S; *s. a.* **Breite 5**

SB-Tankstelle *f* self-service petrol [*or* filling] [*or* AM gas] station

sc. ① *Abk von* **scilicet** sc.
② *Abk von* **sculpsit** sc.

Scad-Diving <-s> ['skɛd daɪvɪŋ] *nt kein pl* SPORT scad diving (*unattached free fall into a net-like device from a height of around 50 metres*)

Scampi *m* scampi

Scanfunktion *f* INFORM scanning function **Scanleiste** *f* INFORM scanning bar

scannen ['skɛnən] *vt* ■**etw** ~ to scan sth

Scanner <-s, -> ['skɛnɐ] *m* INFORM scanner; **etw mit dem ~ einlesen/in den Computer einlesen** to scan in sth *sep*/to scan sth into the computer

Scannerkasse *f* electronic checkout **Scannerprogramm** *nt* INFORM scanner program

Scanning <-[s]> ['skɛnɪŋ] *nt kein pl* INFORM scanning *no pl, no indef art*

Schabe <-, -n> *f* cockroach, roach AM *fam*

Schabefleisch *nt* DIAL (*Rindergehacktes*) minced steak BRIT, ground beef AM

schaben *vt* ■**etw** ~ to scrape sth; **Bartstoppeln** ~ to scrape off stubble *sep*; **ein Fell** ~ to shave [*or spec* flesh] a hide

Schaber <-s, -> *m* scraper

Schabernack <-[e]s, -e> *m* (*veraltend*) prank, practical joke; **jdm einen ~ spielen** to play a prank [*or* practical joke] on sb; **aus** ~ for a laugh

schäbig *adj* ① (*unansehnlich*) shabby
② (*gemein*) mean, rotten *fam*; ■~ [**von jdm**] **sein** to be mean [*or fam* rotten] [of sb]; ***wie ~!*** that's mean [*or fam* rotten] of him/her/you etc.
③ (*dürftig*) paltry; **ein ~er Lohn** peanuts *npl fam*, chickenshit BRIT *sl*; ***das hier ist der ~e Rest*** that's all that's left of it

Schablone <-, -n> *f* ① (*Vorlage*) stencil; **nach** ~ (*fig fam*) according to pattern; **nach ~ arbeiten** (*fam*) to work mechanically; **nach ~ vor sich gehen** (*fam*) to follow the same routine
② (*Klischee*) cliché; **in ~n denken** to think in a stereotyped way [*or* in stereotypes]

schablonenhaft **I.** *adj* (*pej*) hackneyed *pej*, cliché *pred*; **~es Denken** stereotyped thinking
II. *adv* (*pej*) **sich ~ ausdrücken** to use hackneyed expressions *pej* [*or* clichés]; ~ **denken** to think in a stereotyped way

Schabracke <-, -n> *f* ① (*Fensterbehang*) pelmet
② (*Satteldecke*) saddlecloth
③ (*pej fam: alte Frau*) hag
④ BAU valance

Schach <-s> *nt kein pl* (*Spiel*) chess *no art, no pl*; (*Stellung*) check!; **eine Partie** ~ a game of chess; ***~ und matt!*** checkmate!, [check and] mate *fam*; **jdm ~ bieten** to put sb in check, to check sb; ~ **spielen** to play chess; **im ~ stehen** [*o* **sein**] to be in check; **jdm/etw ~ bieten** (*fig geh*) to thwart [*or* foil] sb/sth; **jdn** [**mit etw**] **in ~ halten** (*fig*) to keep sb in check [*or* at bay] [with sth]; **jdn mit einer Schuss-**

S

waffe in ~ halten to cover sb [*or* keep sb covered] [with a firearm]

Schachblume *f* BOT snake's head fritillary **Schachbrett** *nt* chessboard **schachbrettartig** I. *adj* chequered BRIT, checkered AM II. *adv* ~ **gemustert sein** to have a chequered pattern **Schachbrettmuster** *nt* chequered [*or* AM check[ered]] pattern **Schachcomputer** *m* chess computer

Schacher <-s> *m kein pl* (*pej*) ■**der** ~ [**um etw**] haggling [over sth]; POL horse-trading [over sth] *pej;* ~ **um etw treiben** to haggle over sth; POL to horse-trade over sth *pej*

Schacherer, Schacherin <-s, -> *m, f* (*pej*) haggler

schachern *vi* (*pej*) ■[**mit jdm**] **um etw** ~ to haggle [with sb] over sth; POL to horse-trade [with sb] over sth *pej*

Schachfigur *f* ❶ (*Spielfigur*) chess piece, chessman ❷ (*Mensch*) pawn **Schachgroßmeister** *m* chess grand master **schachmatt** *adj* ❶ (*Stellung in Schach*) checkmate, mate *fam;* **jdn** ~ **setzen** (*a. fig*) to checkmate [*or fam* mate] sb; *~!* checkmate, [check and] mate *fam* ❷ (*erschöpft*) ■~ **sein** (*fig*) to be exhausted [*or fam* dead beat] **Schachpartie** *f* game of chess **Schachspiel** *nt* ❶ (*Brett und Figuren*) chess set ❷ (*das Schachspielen*) ■**das** ~ chess **Schachspieler(in)** *m(f)* chess player; ~ **sein** to play chess

Schacht <-[e]s, Schächte> *m* ❶ BERGB shaft; *Brunnen* well

❷ (*Papiernachfüllmagazin*) paper tray

Schachtel <-, -n> *f* ❶ (*kleine Packung*) box; **eine** ~ **Zigaretten** a packet [*or* AM pack] of cigarettes

❷ (*Frau*) **alte** ~ (*sl*) old bag *pej sl*

Schachtelbeteiligung *f* FIN intercompany [*or* AM intercorporate] participation **Schachtelertrag** *m* FIN intercompany [*or* AM intercorporate] income **Schachtelgesellschaft** *f* JUR interlocking company, AM consolidated corporation

Schachtelhalm *m* BOT horsetail, mare's tail

Schachtelprivileg *nt* FIN affiliation [*or* AM intercorporate] privilege **Schachtelunternehmen** *nt* HANDEL interrelated company BRIT, consolidated corporation AM

schächten *vt* ■**ein Tier** ~ to slaughter an animal (*in accordance with Jewish rites*); ■**das S~** kosher butchering

Schachturnier *nt* chess tournament **Schachzug** *m* ❶ SCHACH move, half-move *spec* ❷ (*fig: Manöver*) move, manoeuvre BRIT, maneuver AM

schade *adj pred* ❶ (*bedauerlich*) [**das ist aber**] *~!*, *wie ~!* what a pity [*or* shame], that's too bad; ***ich finde es ~, dass ...*** [I think] that's a shame [*or* pity]/it's a shame [*or* pity] that; ■[**wirklich/zu**] ~, **dass ...** it's [really] a pity [*or* a shame] [*or* too bad] that ..., it's a [real [*or* great]] pity [*or* shame] that ..., it's [just] too bad that ...; ■**es ist ~ um jdn/etw** it's a shame [*or* pity] about sb/sth

❷ (*zu gut*) ■**für jdn/etw zu ~ sein** to be too good for sb/sth; ■**sich** *dat* **für etw** *akk* **zu ~/nicht zu ~ sein** to think [*or* consider] oneself too good for sth/to not think [*or* consider] sth [to be] beneath one; ■**sich** *dat* **für nichts zu ~ sein** to consider nothing [to be] beneath one, to take on anything

Schädel <-s, -> *m* ❶ (*Totenkopf, Tier~*) skull; (*von Mensch a.*) cranium *spec*

❷ (*fam: Kopf*) head, bonce BRIT *fam;* [**mit etw** *dat*] **eins auf den ~ bekommen** to get one over [*or fam* round] the head [from sth]; **jdm den ~ einschlagen** to smash sb's skull [*or* head] in; [**von etw** *dat*] **einen dicken ~ haben** (*fam*) to have a hangover [*or* be hung-over] [from sth]; **jdm brummt der ~** (*fam: Kopfschmerzen haben*) sb's head is throbbing; (*nicht mehr klar denken können*) sb's head is buzzing [*or* going round and round]; **sich** *dat* [**an etw** *dat*] **den ~ einrennen** (*fam*) to crack one's skull [against sth]; (*wiederholt*) to beat one's head [against sth]

Schädelbasis *f* MED skull base, base of the skull, cranial floor *spec* **Schädelbasisbruch** *m* fracture of the skull base, base [*or spec* basilar] skull fracture **Schädelbruch** *m* fractured skull, fracture of the skull **Schädeldecke** *f* MED roof [*or* top] of the skull, skullcap, calvaria *spec* **Schädelform** *f* shape of the skull **Schädelgröße** *f* size of the skull **Schädelknochen** *m* skull [*or spec* cranial] bone **Schädelnaht** *f* MED suture

schaden *vi* ■**jdm/sich** ~ to do harm to sb/oneself; ■**etw** *dat*/**etw** *dat* **sehr** ~ to damage/to do great damage to sth; ***Arbeit hat noch keinem geschadet*** (*fam*) work never did [*or* has never done] anybody any harm; **es kann nichts ~, wenn jd etw tut** it would do no harm if sb does sth [*or* for sb to do sth]; **schadet das was?** (*fam*) so what?

Schaden <-s, Schäden> *m* ❶ (*Sach~*) damage *no indef art, no pl* (**durch** *+akk* caused by); (*Verlust*) loss; **absichtlich herbeigeführter** ~ wilful damage; **eingetretener** ~ detriment incurred; **ideeller** ~ non-pecuniary damage; **immaterieller** ~ intangible damage; **mittelbarer** ~ consequential [*or* indirect] damage; **einen ~** [*o* **Schäden**] [**in Höhe von etw** *dat*] **verursachen** to cause damage [amounting to sth]; **jdm/etw ~ zufügen** to harm sb/sth to harm [*or* damage] sth; **es soll jds ~ nicht sein** it will not be to sb's disadvantage, sb won't regret it; ~ **anrichten/erleiden** to cause/suffer damage; **für einen ~ haften** to be liable for a loss; ~ **nehmen** to suffer damage

❷ (*Verletzung*) injury; [**bei etw** *dat*] **zu ~/nicht zu ~ kommen** (*geh*) to be hurt [*or* injured] [in sth]/to not come to any harm [in sth]; **Schäden aufweisen** MED to exhibit lesions *spec;* (*fehlerhaft sein*) to be defective [*or* damaged]

▶ WENDUNGEN: **wer den ~ hat, braucht für den Spott nicht zu sorgen** (*prov*) don't mock the afflicted; **aus** [*o* **durch**] **~ wird man klug** (*prov*) once bitten twice shy *prov,* you learn by [*or* from] your mistakes

Schadenersatz, Schadensersatz *m* JUR compensatory damages, compensation [for damages]; ~ **wegen Nichterfüllung** damages for non-performance; **auf ~ erkennen** to award damages; ~ **fordern** to claim damages; [**jdm**] [**für etw** *dat* [*o* **wegen einer S.** *gen*]] ~ **leisten** to pay [sb] damages [for sth]; **jdn auf ~ verklagen** to sue sb for damages; ~ **zuerkennen** to award damages **Schadenersatzanspruch** *m* JUR claim for damages [*or* compensation]; **Schadenersatzansprüche geltend machen** to claim damages **Schadenersatzklage** *f* JUR suit [*or* action] for damages; ~ **wegen eines Verkehrsunfalls** action to recover accident damages; ~ **wegen Nichterfüllung** action for damages due to non-performance **Schadenersatzpflicht** *f* JUR liability for damages; **die ~ ablehnen** to disclaim liability **schadenersatzpflichtig** *adj inv* liable for damages **Schadenersatzrecht** *nt* JUR civil damages law **Schadenersatzurteil** *nt* JUR damage award

Schadenfeststellung *f* JUR assessment of damages **Schadenfolgekosten** *pl* FIN consequential costs **schadenfrei** I. *adj* damage-free *attr,* claim-free *attr* BRIT II. *adv* ~ **fahren** to have never had an accident when driving **Schadenfreiheitsrabatt** *m* (*geh*) no-claim[s] bonus BRIT

Schadenfreude *f* malicious joy, gloating, schadenfreude *liter*

schadenfroh I. *adj* malicious, gloating; **eine ~e Stimme** a voice full of gloating; ■~ **sein** to delight in others' misfortunes

II. *adv* ~ **grinsen** to grin with gloating

Schadenhöhe *f* JUR extent [*or* amount] of damage **Schadenrechnung** *f* FIN claims statement **Schadensabteilung** *f* ÖKON (*selten*) claims department **Schadensabwicklung** *f* FIN claims settlement [*or* adjustment] **Schadensanzeige** *f* notice of a claim, notification of a loss **Schadensbegrenzung** *f* loss [*or* damage] limitation; ■**zur** ~ to limit the losses [*or* damage] **Schadensbemessung** *f,* **Schadensberechnung** *f* assessment of damage **Schadensbesichtigung** *f* damage survey **Schadenseintritt** *m* occurrence of damage [*or* loss] **Schadenseintrittsort** *m* place where the damage was incurred **Schadensermittlung** *f* ascertainment of damages **Schadensersatz** *m s.* Schadenersatz **Schadensersatzanspruch** *m s.* Schadenersatzanspruch **Schadensersatzpflicht** *f s.* Schadenersatzpflicht **Schadensfall** *m* case of damage; (*Versicherung*) claim; Schadensfälle **bearbeiten** to handle claims; **im ~** in the event of damage **Schadensfeststellung** *f* assessment of damages **Schadensfolgen** *pl* consequential damages **Schadenshaftung** *f* JUR liability for losses [*or* damages] **Schadenshäufung** *f* loss cumulation **Schadensherabsetzung** *f,* **Schadensminderung** *f* minimizing a loss **Schadenshöhe** *f* extent of damage, amount of loss; **durchschnittliche ~** loss ratio **Schadensmeldung** *f* FIN (*Versicherung*) notice of claim [*or* damage] **Schadensminderungspflicht** *f* duty to reduce the damage **Schadenspauschalierung** *f* FIN lump-sum loss arrangement **Schadensregulierer** *m* claims adjuster **Schadensregulierung** *f* claims settlement [*or* adjustment] **Schadenssumme** *f* [financial] damage **Schadensumfang** *m* extent of damage [*or* loss] **Schadensverhütung** *f* damage prevention **Schadensversicherung** *f* FIN insurance against losses **Schadensverursachung** *f* perpetration of damage **Schadenszufügung** *f* causing damage **Schadenszurechnung** *f* loss [*or* damage] allocation

Schadenversicherungssumme *f* FIN insurance cover

schadhaft *adj* faulty, defective; (*beschädigt*) damaged

Schadhaftigkeit <-> *f kein pl* defectiveness

schädigen *vt* ❶ (*beeinträchtigen*) ■**jdn/etw** [**durch etw** *akk*] **~/sehr ~** to harm sb/sth/to do sb/sth great harm [with sth]

❷ (*finanziell belasten*) ■**jdn** [**um etw** *akk*] [**durch etw** *akk*] ~ to cause sb losses [of sth] [with sth]

❸ (*beschädigen*) ■**etw** [**durch etw** *akk*] ~ to damage sth [with sth]

schädigend *adj* damaging

Schädigung <-, -en> *f* ❶ (*das Schädigen*) ■~ **einer S.** *gen* damage done to sth

❷ (*Schaden*) harm *no indef art, no pl* (*+gen* to); (*organisch*) lesion *spec* (*+gen* of)

Schädigungsabsicht *f* JUR intent to cause damage, actual malice

schädlich *adj* harmful, injurious *form;* (*giftig*) noxious *form;* ■~ [**für jdn/etw**] **sein** to be harmful, to be bad for sb's health/for sth, to be damaging to sth

Schädlichkeit <-> *f kein pl* harmfulness (**für** *+akk* to), harmful [*or* detrimental] effect[s *pl*] (**für** *+akk* on)

Schädling <-s, -e> *m* pest

Schädlingsbekämpfung *f* pest control; **biologische ~** biological pest control **Schädlingsbekämpfungsmittel** *nt* pesticide; (*gegen Insekten a.*) insecticide

schadlos *adj* **sich** *akk* [**für etw** *akk*] **an jdm ~ halten** to make sb pay [for sth]; **sich** *akk* **an etw** *dat* **~ halten** (*hum fam*) to do justice to sth *hum;* (*als Ersatz nehmen*) to make up for it on sth *a. hum* **Schadlosbürge, -bürgin** *m, f* JUR collection guarantor **Schadlosbürgschaft** *f* JUR deficiency guarantee, indemnity bond **Schadloshaltung** *f* JUR indemnification, indemnity

Schador <-s, -s> *m s.* **Tschador**

Schadstoff *m* harmful substance; (*in der Umwelt*) pollutant

Schadstoffanalyse *f* analysis of harmful pollutants **schadstoffarm** *adj* containing [*or* producing] a low level of harmful substances *pred;* **~es Auto/~er Motor** low-emission car/engine **Schadstoffausstoß** *m* [pollution] emissions *pl* **Schadstoffbelastung** *f* pollution; **zulässige ~ der Luft** air pollution allowance **Schadstofffilter**[RR] *m* pollution filter **schadstoffgeprüft** *adj inv* tested for harmful substances *pred* **Schad-**

stoffgrenzwert *m* AUTO emission standard **schadstoffhaltig** *adj inv* containing pollutants, polluting, contaminating **Schadstoffilter** *m s.* Schadstofffilter **schadstoffintensiv** *adj* high-polluting

Schaf <-[e]s, -e> *nt* ❶ (*Tier*) sheep; (*Mutter~*) ewe; **das schwarze ~ sein** (*fig*) to be the black sheep (**in** +*dat*/+*gen* of)
❷ (*fam: Dummkopf*) idiot, dope *fam*, twit BRIT *fam*; ***ich ~!*** what an idiot [*or* a dope] [*or* BRIT a twit] I am [*or* I've been] *fam*

Schafbock *m* ram, tup BRIT

Schäfchen <-s, -> *nt* ❶ *dim von* **Schaf** lamb, little sheep
❷ *pl* (*Gemeindemitglieder*) flock
▸ WENDUNGEN: **sein ~ ins Trockene bringen** (*fig fam*) to see oneself all right *fam*; **sein ~ im Trockenen haben** (*fig fam*) to have feathered one's own nest

Schäfchenwolken *pl* fleecy [*or* cotton-wool] clouds

Schäfer(in) <-s, -> *m(f)* shepherd *masc*, shepherdess *fem*

Schäferdichtung *f* LIT ■**die ~** pastoral poetry **Schäferhund** *m* Alsatian [dog], German shepherd [dog] AM

Schäferin <-, -nen> *f fem form von* **Schäfer** shepherdess

Schäferstündchen *nt* (*hum veraltend*) [lovers'] tryst *hum*, bit of hanky-panky *dated fam*

Schaffell *nt* sheepskin, fleece

schaffen[1] <schaffte, geschafft> *vt* ❶ (*bewältigen*) ■**etw ~** to manage [to do] sth; **ein Examen ~** to pass an exam; **eine Hürde ~** to manage [*or* clear] a hurdle; **einen Termin ~** to make a date; ***ich schaffe es nicht mehr*** I can't manage [*or* cope] any more, I can't go on; ***wie schaffst du das nur?*** how do you [manage to] do it [all]?; ***wir ~ das schon*** we'll manage; ***wie soll ich das bloß ~?*** how am I supposed to do [*or* manage] that?; ***das hätten wir/das wäre geschafft!*** [there,] that's done; ***du schaffst es schon*** you'll do [*or* manage] it; ***schaffst du es noch?*** can you manage?; ***es ist geschafft*** it's done
❷ (*fam: fertig bringen*) ■**es ~, etw zu tun** to manage to do sth; ***das hast du wieder mal geschafft*** you've [gone and] done it again; ***ich habe es nicht mehr geschafft, dich anzurufen*** I didn't get round to calling you
❸ (*gelangen*) ***wie sollen wir das auf den Berg ~?*** how are we supposed [*or* will we manage] to get that up the mountain?; ***wir müssen es bis zur Grenze ~*** we've got to get to the border; ***schaffe ich es bis zum Flughafen?*** will I get to the airport on time [*or* in good time]?
❹ (*fam: verzehren können*) ■**etw ~** to manage sth *fam*; ***ich habe es nicht geschafft*** I couldn't manage it all
❺ (*bringen*) ■**jdn/etw in etw** *dat*/**zu etw** *dat* **etc. ~** to bring sb/sth in sth/to sth etc.; **etw in etw ~** to put sth in sth
❻ (*sl: erschöpfen*) ■**jdn ~** to take it out of sb, to knacker sb BRIT *sl*; ■**geschafft sein** to be exhausted [*or fam* shattered] [*or* BRIT *sl* knackered]

schaffen[2] <schuf, geschaffen> *vt* ■**etw ~** ❶ (*herstellen*) to create sth; **eine Methode/ein System ~** to create [*or* develop] a method/system; ***dafür bist du wie ge~*** you're just made for it
❷ (*geh: er~*) to create sth
❸ (*verursachen*) to cause [*or* create] sth; **Frieden ~** to make peace; **Versöhnung [zwischen ihnen] ~** to bring about reconciliation [between them], to reconciliate them

schaffen[3] <schaffte, geschafft> *vi* SÜDD, ÖSTERR, SCHWEIZ (*arbeiten*) ■**irgendwo/bei jdm ~ [gehen]** [to go] to work somewhere/for sb; **nichts mit jdm/etw zu ~ haben** to have nothing to do with sb/sth; ***ich habe damit nichts zu ~*** that has nothing to do with me; ***was hast du mit ihm zu ~?*** what got you mixed up with him?; ***was hast du/haben Sie da zu ~?*** what do you think you're doing there?, lost something? *iron*; ***daran hast du/haben Sie nichts zu ~!*** (*fam*) there's nothing for you there, you'll find nothing of interest there; **jd macht jdm [mit etw] zu ~** sb annoys [*or* irritates] sb [with sth], sb['s sth] gets on sb's wick BRIT *fam*; **jdm [mit etw** *dat*] **zu ~ machen** to cause sb [a lot of] trouble [with sth]; ***mein Herz macht mir noch zu ~*** my heart's still giving me trouble [*or* BRIT *sl* gyp]; **sich** *dat* **an etw** *dat* **zu ~ machen** to start tampering/fumbling with sth

Schaffen <-s> *nt kein pl* (*geh*) creative activity; (*einzelne Werke*) work[s *pl*]

Schaffensdrang *m kein pl* creative urge **Schaffensfreude** *f kein pl* creative enthusiasm **Schaffenskraft** *f kein pl* creative power, creativity *no pl*

Schaffer(in) <-s, -> *m(f)* SÜDD, SCHWEIZ (*fleißiger Mensch*) hard worker, workaholic

Schaffhausen <-s> *nt* Schaffhausen

schaffig *adj* SÜDD, SCHWEIZ (*fleißig*) hard-working

Schaffleisch *nt* mutton

Schaffner(in) <-s, -> *m(f)* (*im Zug*) guard BRIT, conductor AM; (*in der Straßenbahn*) conductor

Schaffung <-> *f kein pl* creation; (*einer Methode/eines Systems a.*) development

Schafgarbe <-, -n> *f* BOT [common] yarrow **Schafherde** *f* flock of sheep **Schafhirt(in)** *m(f)* shepherd *masc*, shepherdess *fem*; *s. a.* **Schäfer**

Schäflein <-s, -> *nt* (*poet*) *s.* **Schäfchen 1**

Schafmaul *nt* lamb's lettuce *no pl*

Schafott <-[e]s, -e> *nt* scaffold; **das ~ besteigen** to mount the scaffold; **auf dem ~ enden** to die on the scaffold

Schafschur *f* [sheep-]shearing *no art* **Schafskäse** *m* sheep's milk cheese **Schaf(s)kopf** *m* ❶ KARTEN sheepshead, schaf[s]kopf (*a simplified form of skat*) ❷ (*pej: Dummkopf*) idiot **Schafsmilch** *f* sheep's [*or* ewe's] milk **Schafspelz** *m* sheepskin; *s. a.* **Wolf**

Schafstall *m* sheepfold

Schafstelze *f* ORN yellow wagtail

Schaft <-[e]s, Schäfte> *m* ❶ (*lang gestreckter Teil*) shaft
❷ (*Gewehrlauf*) stock
❸ (*astfreier Teil*) stalk, [main] stem
❹ (*Stiefel~*) leg

Schaftstiefel *pl* high boots

Schafwolle *f* sheep's wool **Schafzüchter** *m* sheep breeder, sheep farmer

Schah <-s, -s> *m* shah

Schakal <-s, -e> *m* jackal

Schäkel <-s, -> *m* NAUT shackle

Schäker(in) <-s, -> *m(f)* flirt; (*Spaßvogel*) joker

schäkern *vi* (*veraltet*) ■**[mit jdm] ~** to flirt [with sb]

schal *adj* ❶ (*abgestanden*) flat, stale; **~es Wasser** stale water
❷ (*inhaltsleer*) meaningless, vapid

Schal <-s, -s *o* -e> *m* scarf

Schälchen <-s, -> *nt dim von* **Schale**[2] [small] bowl

Schale[1] <-, -n> *f* ❶ (*Nuss~*) shell
❷ (*Frucht~*) skin; (*abgeschält*) peel; **die ~ einer S.** *gen*/**von etw** *dat* **abziehen** to peel sth
❸ (*Tier*) shell; *Muscheln a.* valve *spec*
▸ WENDUNGEN: **eine raue ~ haben** to be a rough diamond; **sich in ~ werfen** *fam* [*o sl* **schmeißen**] to get dressed up; (*von Frau a.*) to get dolled up BRIT *fam*

Schale[2] <-, -n> *f* bowl; (*flacher*) dish

schälen I. *vt* ❶ (*von der Schale befreien*) ■**etw ~** to peel sth; **Getreide ~** to husk grain
❷ (*wickeln*) ■**etw aus etw** *dat* **~** to unwrap sth [from sth]; **ein Ei aus der Schale ~** to shell an egg, to peel the shell off an egg
II. *vr* ❶ (*sich pellen*) ■**sich** *akk* **~** to peel; ***diese Apfelsine schält sich aber gut*** this orange is easy to peel
❷ (*eine sich ~de Haut haben*) ■**sich** *akk* **[an etw** *dat*] **~** one['s sth] is peeling
❸ (*fam: sich von etwas befreien*) ■**sich** *akk* **aus etw** *dat* **~** to slip off sth *sep*

Schalenkoffer *m* shell suitcase **Schal(en)obst** *nt* [edible] nuts *pl* **Schalensitz** *m* AUTO bucket seat **Schalentier** *nt* shellfish, crustacean **Schalenwild** *nt* hoofed game

Schalerbse *f* yellow split pea

Schalk <-[e]s, -e *o* Schälke> *m* (*veraltend*) rogue, rascal, scoundrel
▸ WENDUNGEN: **jdm schaut der ~ aus den Augen** sb has got a mischievous gleam in his/her eye; **jdm sitzt der ~ im Nacken** sb is a real rogue [*or* rascal]

schalkhaft I. *adj* mischievous, rascally
II. *adv* mischievously

Schalkragen *m* shawl collar

Schall <-s, -e *o* Schälle> *m* ❶ (*Laut*) sound; **der ~ der Glocken/Trompeten** the sound of the bells/trumpets
❷ *kein pl* PHYS sound *no art*
▸ WENDUNGEN: **etw ist ~ und Rauch** sth signifies nothing; **etw ist leerer ~** sth is without substance

schalldämmend *adj* noise-reducing, sound-absorbing **Schalldämmung** *f* noise-reduction, sound-absorption; (*Abdichtung*) sound insulation **Schalldämpfer** <-s, -> *m einer Schusswaffe* silencer; *eines Auspuffs a.* muffler AM **schalldicht** I. *adj* soundproof; **~e Abdichtung** soundproofing II. *adv* ***diese Fenster lassen sich ~ verschließen*** these windows are soundproof when closed

schallen *vi* to resound, to echo

schallend I. *adj* ❶ (*hallend*) resounding; **mit ~em Gelächter** with a gale of laughter
❷ (*knallend*) resounding; ***sie gab ihm eine ~e Ohrfeige*** she gave him a hearty [*or* hefty] clip round the ear
II. *adv* ❶ (*lauthals*) resoundingly; **~ lachen** to roar with laughter
❷ (*mit lautem Knall*) resoundingly

Schallgeschwindigkeit *f kein pl* PHYS speed [*or* velocity] of sound; **mit doppelter ~ fliegen** to fly at twice the speed of sound **Schallgrenze** *f s.* Schallmauer **Schallisolierung** *f* soundproofing **Schallmauer** *f* sound [*or* sonic] barrier; **die ~ durchbrechen** to break the sound [*or* sonic] barrier **Schallpegel** *m* noise level **Schallplatte** *f* record **Schallplattensammlung** *f* record collection **schallschluckend** I. *adj s.* **schalldämmend** II. *adv* in a way which reduces noise level; **~ beschichtet sein** to have a sound-absorbing layer **Schallschutz** *m* soundproofing **Schallschutzfenster** *nt* sound-absorbing [*or* noise-reducing] window **Schallschutzwall** *m* sound-absorbing barrier **Schallwelle** *f* PHYS sound wave

Schalmei <-, -en> *f* MUS shawm

Schälmesser *nt* peeling knife

Schalotte <-, -n> *f* shallot

Schälrippe *f* KOCHK cured belly of pork

schalt *imp von* **schelten**

Schaltanlage *f* switchgear **Schaltbild** *nt s.* Schaltplan **Schaltbrett** *nt* switchboard, control panel

schalten I. *vi* ❶ AUTO to change gear
❷ (*fam: begreifen*) to get it *fam*, to catch on *fam*
❸ (*sich einstellen*) to switch to
▸ WENDUNGEN: **~ und walten** to manage things as one pleases; ***sein Vorgesetzter lässt ihn frei ~ und walten*** his boss gives him a completely free hand
II. *vt* ❶ (*einstellen*) ■**etw auf etw** *akk* **~** to switch [*or* turn] sth to sth, to put sth on sth *fam*, to turn [*or fam* put] the switch on sth to sth; **die Heizung auf Handbetrieb ~** to switch the heating [*or* AM heater] to manual; **die Herdplatte auf Stufe 3 ~** to turn [*or* switch] the ring [*or* AM knob] to three
❷ AUTO ■**etw ~** to change gear; ■**sich ~ lassen** ***der Wagen lässt sich auch von Anfängern problemlos ~*** even beginners can change gear in this car without any problems
❸ ELEK ■**etw ~** to switch [*or* turn] on sth *sep*; ***die Treppenhausbeleuchtung ist so geschaltet, dass sie nach 2 Minuten automatisch ausgeht*** the light on the stairs switches off automatically after two minutes
❹ (*einfügen*) ■**etw ~** to insert sth; **eine Anzeige ~** to place an advert [*or* AM ad]

S

III. *vr* ■**sich** ~ ***der Wagen schaltet sich sehr einfach*** it is very easy to change gear in the car

Schalter <-s, -> *m* ① ELEK switch; **einen ~ betätigen** to operate a switch; **einen ~ umlegen** to throw a switch; (*zum Unterbrechen*) circuit breaker ② ADMIN, BAHN counter; (*mit Sichtfenster*) window ③ INFORM **elektronischer ~** latch

Schalterbeamte(r), -beamtin *m, f dekl wie adj* clerk; (*bei der Eisenbahn*) ticket clerk **Schalterhalle** *f* main hall; BAHN travel centre [*or* AM -er], booking [*or dated* ticket] hall **Schalterraum** *m* counter room; (*im Bahnhof*) ticket office **Schalterschluss**[RR] *m* close of business **Schalterstunden** *pl* opening hours *pl*

Schaltfläche *f* INFORM button **Schaltgetriebe** *nt* manual gearbox [*or* transmission] **Schalthebel** *m* AUTO gear lever ► WENDUNGEN: **an den ~n [von etw] sitzen** to sit at the [steering] wheel [*or* to be in the driving seat] [of sth]; **an den ~n der Macht sitzen** to hold the reins of power, to have the reins of power in one's hands **Schaltjahr** *nt* leap year **Schaltkasten** *m* fuse box **Schaltknüppel** *m* gearstick **Schaltkreis** *m* circuit; **integrierter ~** integrated circuit; **bistabiler ~** bistable circuit, multivibrator **Schaltplan** *m* diagram of a wiring system; INFORM, ELEK circuit diagram **Schaltpult** *nt* control desk [*or* panel], controls *npl* **Schaltstelle** *f* control centre [*or* AM -er] **Schalttafel** *f* control panel **Schalttag** *m* leap day

Schaltung <-, -en> *f* ① AUTO gears *pl* ② ELEK circuit; **integrierte ~** integrated circuit

Schalung *f* BAU form[work], shuttering

Schalungsbrett *nt* form board

Schaluppe <-, -n> *f* NAUT ① (*hist: kleineres Frachtschiff*) sloop ② (*Beiboot eines Seglers*) dinghy

Scham <-> *f kein pl* ① (*Beschämung*) shame; **~ empfinden** to be ashamed; **kein bisschen ~ im Leibe haben** to be [completely] barefaced [*or* shameless] [*or* brazen] ② (*Schüchternheit*) **aus falscher ~** out of a false sense of modesty; **nur keine falsche ~!** (*fam*) don't be shy! ③ (*Verlegenheit*) embarrassment; **vor ~ glühen/rot werden** to go red [*or* blush] with embarrassment; **vor ~ vergehen/in den Boden versinken** to die of embarrassment *fig* ④ (*Schamröte*) blush; ***ihm stieg die ~ ins Gesicht*** he blushed ⑤ (*veraltend geh*) shame *old liter,* private parts

Schamane <-n, -n> *m* shaman

Schamanismus <-> *m kein pl* REL shamanism

Schambein *nt* pubic bone **Schamberg** *m* MED mount of Venus, mons veneris; (*selten*) *eines Mannes* mons pubis

schämen *vr* ① (*Scham empfinden*) ■**sich** *akk* **einer S.** *gen* ~ to be ashamed of sth; ■**sich [wegen etw] ~** to be [*or* feel] ashamed [of sth/sb]; ■**sich für etw/jdn ~** to be [*or* feel] ashamed of sth/for sb; ■**sich vor jdm ~** to be [*or* feel] ashamed in front of sb; (*einem peinlich werden in jds Gegenwart*) to be [*or* feel] embarrassed in front of sb; **sich in Grund und Boden ~** to be utterly ashamed; **jd sollte sich [was] ~** sb should be ashamed of himself/herself; ***schäm dich!*** shame on you! ② (*sich scheuen*) ■**sich ~, etw zu tun** to stop at [*or* to shrink from] doing sth, to be embarrassed to do sth; ***ich schäme mich, ihn schon wieder um einen Gefallen zu bitten*** I'm ashamed [*or* embarrassed] to ask him to do me yet another favour

Schamgefühl *nt kein pl* sense of shame, modesty; ***hast du denn gar kein ~?*** haven't you got any [sense of] shame? **Schamgegend** *f* pubic region, pubes *spec* **Schamhaar** *nt* pubic hair **schamhaft** *adj* (*geh*) shy, bashful, modest **Schamhaftigkeit** *f* modesty

Schamlippen *pl* labia *pl;* **die kleinen/großen ~** labia minora/majora **schamlos** *adj* ① (*keine Scham kennend*) shameless, rude; **eine ~e Gebärde** a rude [*or* indecent] gesture ② (*unverschämt*) **eine ~e Dreistigkeit** sheer audacity *no pl;* **eine ~e Frechheit** brazen [*or* barefaced] impudence *no pl;* **eine ~e Lüge** a barefaced [*or* blatant] [*or* downright] lie **Schamlosigkeit** <-, -en> *f* ① *kein pl* (*mangelndes Schamgefühl*) shamelessness *no pl,* impudence *no pl,* shameless behaviour [*or* AM -or] ② (*schamlose Bemerkung*) rude remark

Schamottestein *m* firebrick

schamottieren *vt* ■**etw ~** to line sth with firebrick

Schampus <-s> *m kein pl* (*fam*) bubbly *fam,* champers *fam + sing vb* BRIT

schamrot *adj* red-faced; ■**~ sein/werden** to blush [*or* go red] with shame/embarrassment

Schamröte *f* blush of embarrassment; **jdm steigt die ~ ins Gesicht** sb blushes [*or* goes red] with shame/embarrassment **Schamteile** *pl* private parts *pl,* privates *pl fam*

Schande <-> *f kein pl* ignominy, disgrace, shame; **~ über jdn bringen** to bring disgrace on [*or* upon] sb, to bring shame on [*or* to] [*or* upon] sb; **jdn vor ~ bewahren** to save sb from disgrace; **in ~ geraten** (*veraltet: ein uneheliches Kind bekommen*) to become pregnant out of wedlock; **eine [wahre] ~ sein!** to be a[n utter [*or* absolute]] disgrace!; **eine [wahre] ~ sein, [dass]/wie ...** to be a[n utter [*or* absolute]] disgrace [that]/how ...; **keine ~ sein, dass ...** to not be a disgrace that ...; **mach mir [nur] keine ~!** (*hum*) don't let me down!; **jdm/einer S. ~ machen** to disgrace [*or* to be a disgrace to] sb/sth, to call [*or* bring] down disgrace [*or form* ignominy] on sb/sth; **jdm/einer S. keine ~ machen** to not be a disgrace to sb/sth; **zu jds [bleibenden] ~** to sb's [everlasting] shame; ***ich muss zu meiner großen ~ gestehen, dass ich unsere Verabredung völlig vergessen habe*** I'm deeply ashamed to have to admit that I had completely forgotten our engagement; *s. a.* **Schimpf**

schänden *vt* ① (*verächtlich machen*) ■**etw ~** to discredit [*or* dishonour] sth; **jds Ruf ~** to sully sb's name ② (*selten: verschandeln*) ■**etw ~** to defile [*or* ruin] sth ③ (*entweihen*) ■**etw ~** *Grab, Leichnam, Denkmal* to desecrate [*or* defile] sth ④ (*veraltend: vergewaltigen*) ■**jdn ~** to rape [*or form* violate] sb

Schandfleck *m* blot [on the landscape], disgrace

schändlich I. *adj* ① (*niederträchtig*) disgraceful, shameful; **ein ~es Verbrechen** a despicable crime ② (*fam: schlecht*) dreadful, appalling; **in einem ~en Zustand sein** to be in a disgraceful state II. *adv* ① (*gemein*) shamefully, disgracefully, dreadfully, appallingly ② (*sehr*) outrageously; **~ teuer** outrageously dear

Schändlichkeit <-, -en> *f* ① (*niederträchtige Tat*) shameful [*or* ignominious] deed [*or* action] ② *kein pl* (*Abscheulichkeit*) shamefulness *no pl,* infamy, baseness *no pl form*

Schandmal *nt* (*geh*) *s.* **Schandfleck Schandmaul** *nt* (*pej*) ① (*sl: Maul*) malicious [*or* poisonous] tongue, gob BRIT *fam;* ***halt dein ~!*** shut your face! *fam sl* ② (*geh: lästernde Person*) gossiper, scandalmonger **Schandtat** *f* abomination, iniquity; **zu jeder ~ bereit sein** (*hum fam*) to be ready [*or* game] for anything

Schändung <-, -en> *f* desecration, defilement; (*Vergewaltigung*) violation

Schänke[RR] <-, -n> *f* pub; (*Gastwirtschaft auf dem Land*) inn

Schanker <-s, -> *m* chancroid, chancre; **harter/weicher ~** hard/soft chancre

Schankerlaubnis *f* licence [*or* AM -se] [to sell alcohol] **Schankkonzession** *f* JUR liquor licence **Schanktisch** *m* bar **Schankwirt(in)** *m(f)* publican BRIT, barkeeper AM **Schankwirtschaft** *f* pub[lic house] BRIT, bar AM

Schanze <-, -n> *f* ski jump

Schar[1] <-, -en> *f von Vögeln* flock; *von Menschen* crowd, horde, *fam* gang; **in [hellen] ~en** in droves [*or* swarms]

Schar[2] <-, -en> *f* ploughshare BRIT, plowshare AM

Scharade <-, -n> *f* charade; **~n spielen** to play charades

Scharbockskraut <-[e]s> *nt kein pl* BOT lesser celandine, pilewort

Schäre <-, -n> *f* skerry, small rocky island

scharen I. *vt* ■**Dinge/Menschen um sich ~** to gather things/people around oneself II. *vr* ■**sich um jdn/etw ~** (*sich versammeln*) to gather [*or* flock together] around sb/sth; (*sich eifrig bewegen*) to swarm about sb/sth; (*schützend*) to rally around sb/sth

scharenweise *adv* in hordes [*or* droves]; ***die Fans sammelten sich ~ um den Star herum*** the fans swarmed around the star

scharf <schärfer, schärfste> I. *adj* ① (*gut geschliffen*) *Messer, Klinge* sharp, keen *form;* **~e Krallen** sharp claws; **~e Zähne** sharp teeth; **etw ~ machen** to sharpen sth ② (*spitz zulaufend*) sharp; **~e Gesichtszüge** sharp features; **eine ~e Kante** a sharp edge; **eine ~e Kurve/Kehre** a hairpin bend; **eine ~e Nase** a sharp nose ③ KOCHK (*stark gewürzt*) hot; **~e Gewürze/~er Senf** hot spices/mustard; (*sehr würzig*) highly seasoned; **~er Käse** strong cheese; **ein ~er Geruch** a pungent odour [*or* AM -or]; (*hochprozentig*) strong; **einen S~en trinken** to knock back some of the hard stuff ④ (*ätzend*) aggressive, caustic [*or* strong]; *s. a.* **Sache** ⑤ (*schonungslos, heftig*) harsh, severe, tough; **~e Ablehnung** fierce [*or* strong] opposition; **~e Aufsicht/Bewachung/Kontrolle** rigorous [*or* strict] supervision/surveillance/control; **~e dirigistische Eingriffe** POL drastic state interference; **ein ~er Gegner** a fierce opponent; **~e Konkurrenz** fierce [*or* keen] competition; **~e Kritik** biting [*or* fierce] criticism; **~e Maßnahmen ergreifen** to take drastic [*or* harsh] measures; **ein ~er Polizist** a tough policeman; **ein ~er Prüfer** a strict examiner; **~er Protest** strong [*or* vigorous] protest; **ein ~es Urteil** a harsh [*or* scathing] judgement ⑥ (*bissig*) fierce, vicious *pej;* **~e Auseinandersetzungen** bitter altercations; **etw in schärfster Form verurteilen** to condemn sth in the strongest possible terms; **ein ~er Verweis** a strong reprimand; **~er Widerstand** fierce [*or* strong] resistance; **eine ~e Zunge haben** to have a sharp tongue; **sehr ~ gegen jdn werden** to be very sharp with sb ⑦ *inv* (*echt*) real; **mit ~en Patronen schießen** to shoot live bullets; **~e Schüsse abfeuern** to shoot with live ammunition; **eine ~e Bombe** a live bomb ⑧ (*konzentriert, präzise*) careful; **~e Betrachtung** careful [*or* thorough] examination; **~e Beobachtung** astute [*or* keen] observation; **~er Blick** close [*or* thorough] inspection; **ein ~er Analytiker** a careful [*or* thorough] analyst; **eine ~e Auffassungsgabe haben** to have keen powers of observation; **ein ~es Auge für etw haben** to have a keen eye for sth; **ein ~er Beobachter** a keen [*or* perceptive] observer; **~e Intelligenz** keen intelligence; **ein ~er Verstand** a keen [*or* sharp] mind ⑨ FOTO sharp; **~e Augen** keen [*or* sharp] eyes; **eine ~e Brille/Linse** strong [*or* powerful] glasses/a strong [*or* powerful] lens; **~e Umrisse** sharp outlines; ***das Foto ist gestochen ~*** the photo is extremely sharp ⑩ (*schneidend*) biting; **ein ~er Frost** a sharp frost; **~e Kälte** biting [*or* fierce] cold; **~e Luft** raw air; **eine ~e Stimme** a sharp voice; **ein ~er Ton** a shrill sound; **ein ~er Wind** a biting wind ⑪ (*forciert*) hard, fast; **in ~em Galopp reiten** to ride at a furious gallop; **in ~em Tempo** at a [fast and] furious pace; **ein ~er Ritt** a hard ride ⑫ (*sl: aufreizend*) spicy *fam,* naughty *fam,* sexy *fam;* ■**auf jdn ~ sein** (*geil*) to fancy sb *fam,* to be turned on by sb *fam,* to be keen on sb, to have the hots for sb AM; (*jdm übel wollen*) to have it in for sb; ■**auf etw ~ sein** to [really] fancy sth *fam,* to be keen on sth ⑬ (*sl: fantastisch*) great *fam,* fantastic *fam,* terrific; **ein ~es Auto** a cool car; **[das ist] ~!** [that is] cool!;

das ist das Schärfste! (*sl*) that [really] takes the biscuit [*or* AM cake]! *fig*
⑭ FBALL (*kraftvoll*) fierce
⑮ (*aggressiv*) fierce; **ein ~er** [**Wach**]**hund** a fierce [watch]dog
II. *adv* ① (*in einen scharfen Zustand*) **etw ~ schleifen** to sharpen sth; **~ gebügelte Hosen** sharply ironed trousers [*or* AM pants]
② (*intensiv gewürzt*) ***ich esse/koche gerne*** ~ I like eating/cooking spicy/hot food; **~ schmecken** to taste hot; **etw ~ würzen** to highly season sth
③ (*heftig*) sharply; **etw ~ ablehnen** to reject sth outright [*or* out of hand], to flatly reject sth; **etw ~ angreifen** [*o* **attackieren**] to attack sth sharply [*or* viciously]; **etw ~ kritisieren** to criticize sth sharply [*or* harshly] [*or* severely]; **gegen etw ~ protestieren** to protest strongly [*or* vigorously] against sth; **etw ~ verurteilen** to condemn sth strongly [*or* harshly]
④ (*konzentriert, präzise*) carefully; **ein Problem ~ beleuchten** to get right to the heart of a problem; **~ analysieren** to analyze carefully [*or* painstakingly] [*or* thoroughly]; **~ aufpassen** to take great [*or* extreme] care; **~ beobachten** to observe [*or* watch] carefully [*or* closely]; **~ hinsehen** to look good and hard; **etw ~ unter die Lupe nehmen** to investigate sth carefully [*or* thoroughly], to take a careful [*or* close] look at sth; **~ sehen** to have keen [*or* sharp] eyes; **etw ~ umreißen** to define sth clearly [*or* sharply]
⑤ (*in forciertem Tempo*) fast, like the wind [*or* devil]; **~ reiten** to ride hard
⑥ (*streng*) carefully, closely; **etw ~ bekämpfen** to fight hard [*or* strongly] against sth; **jdn ~ bewachen** to keep a close guard on sb; **gegen etw ~ durchgreifen** [*o* **vorgehen**] to take drastic [*or* vigorous] action [*or* to take drastic steps] against sth
⑦ (*abrupt*) abruptly, sharply; **~ links/rechts abbiegen/einbiegen** to take a sharp left/right, to turn sharp left/right; **~ bremsen** to brake sharply, to slam on the brakes; **Fleisch ~ anbraten** to sear meat
⑧ (*gefährlich*) **~ geladen sein** to be loaded [with live ammunition]; **~ schießen** to shoot [with live ammunition]; (*aufhetzen*) **jdn/einen Hund ~ machen** to incite sb/a dog, to egg on *sep* sb/a dog
⑨ TECH (*klar*) sharply; **das Bild/den Sender ~ einstellen** to sharply focus the picture/tune in the station
⑩ (*geil*) **jdn ~ machen** to turn sb on *fam*, to make sb feel horny *sl*
► WENDUNGEN: **es ~ auf jdn haben** ÖSTERR to have it in for sb
Scharfblick *m kein pl* astuteness *no pl*, perspicacity *no pl form*, shrewdness *no pl*
Schärfe <-, -n> *f* ① (*guter Schliff*) sharpness, [sharp] edge; **die ~ einer Axt** the sharpness of an axe
② KOCHK spiciness; *eines Käses* sharpness, strength; *von Senf/Chilis/Pfeffer* hotness; *einer Zitrone* tanginess
③ (*Heftigkeit*) *einer Ablehnung* severity; *der Konkurrenz* keenness, strength; *der Kritik* severity, sharpness; *von Worten* harshness; **in aller ~ kritisieren** to criticize severely [*or* sharply]; **in aller ~ zurückweisen** to refuse/reject outright, to flatly refuse, to reject out of hand
④ (*Präzision*) sharpness, keenness; *der Augen/des Gehörs/des Verstandes* keenness
⑤ FOTO sharpness; *einer Brille/eines Brillenglases* strength
⑥ (*ätzende Wirkung*) causticity
⑦ (*schneidend sein*) *des Windes* bitterness; *des Frosts* sharpness
⑧ FBALL **ein Schuss von unheimlicher ~** an incredibly hard shot
schärfen *vt* ① (*scharf schleifen*) ■**etw ~** to sharpen sth
② (*verfeinern*) ■**etw ~** to make sth sharper [*or* keener]; **den Verstand ~** to sharpen the intellect
Schärfeneinstellung *f* focus[ing] control **Schärfentiefe** *f* FILM depth of field [*or* focus]
scharfkantig *adj* sharp-edged **scharf|machen** *vt s.* scharf II 8 **Scharfmacher(in)** *m(f)* (*pej fam*) hellraiser *fam*, agitator, rabble-rouser **Scharfrichter** *m* HIST executioner **Scharfschütze, -schützin** *m, f* marksman *masc*, markswoman *fem* **scharfsichtig** *adj inv* sharp-[*or* keen-]sighted; (*fig*) perspicacious **Scharfsinn** *m kein pl* astuteness *no pl*, perspicacity *no pl form* **scharfsinnig** **I.** *adj* astute, perceptive, perspicacious *form* **II.** *adv* astutely, perceptively, perspicaciously *form*
Scharia <-> *f kein pl* sharia [*or* shariat] [*or* sheria] [*or* sheriat]
Scharlach[1] <-s> *m kein pl* MED scarlet fever
Scharlach[2] <-> *nt kein pl* scarlet
scharlachrot *adj* scarlet
Scharlatan <-s, -e> *m* ① (*großsprecherischer Betrüger*) fraud, con man *fam*
② (*Kurpfuscher*) charlatan, quack *fam*
Scharm[RR] <-s> *m kein pl s.* **Charme**
scharmant[RR] *adj, adv s.* **charmant**
Scharmützel <-s, -> *nt* (*veraltend: kleines Gefecht*) skirmish
Scharnier <-s, -e> *nt* hinge
Scharniergelenk *nt* ANAT hinge joint
Schärpe <-, -n> *f* sash
scharren **I.** *vi* ■[**mit etw**] **~** to scratch [with sth]; **mit den Krallen ~** to claw [*or* scratch]; **etw mit der Pfote ~** to paw [at] sth; **etw mit einem Huf ~** to paw [*or* scrape] [at] sth with a hoof
II. *vt* ■**jdn/etw in etw** *akk* **~** to bury sb/sth in a shallow grave
Scharte <-, -n> *f* ① (*Einschnitt*) nick, notch; **eine ~ auswetzen** to grind out a nick
② HIST (*Schießscharte*) embrasure
► WENDUNGEN: **eine ~ auswetzen** to make good [*or* rectify] a mistake, to make amends
schartig *adj* jagged, ragged
scharwenzeln* *vi sein o haben* (*fam*) ■[**um jdn/vor jdm**] **~** to dance attendance [on sb] BRIT, to kowtow [to sb], to suck up [to sb] *fam*
Schaschlik <-s, -s> *nt* [shish] kebab
schassen *vt* (*fam*) ■**jdn ~** ① (*entlassen*) to fire [*or* sack] sb, to kick sb out
② (*der Schule verweisen*) to expel sb
Schatten <-s, -> *m* ① (*schattige Stelle*) shade; **30 im ~** 30 degrees in the shade; **~ spendend** shady; **~ spenden** [*o* **geben**] to afford shade *form*; **im ~ liegen** to be in the shade; **lange ~ werfen** to cast long shadows
② (*schemenhafte Gestalt*) shadow; **nur noch ein ~ seiner selbst sein** to be a shadow of one's former self *form* [*or* of what one used to be]; **sich vor seinem eigenen ~ fürchten** to be afraid of one's own shadow; **einem ~ nachjagen** to chase phantoms
③ (*dunkle Stelle*) shadow; **~ unter den Augen** [dark] shadows [*or* rings] under the eyes
④ (*geh*) **in das Reich der ~ hinabsteigen** (*euph: sterben*) to descend into the realm of the shades
⑤ (*Observierer*) shadow
► WENDUNGEN: **im ~ bleiben** to stay in the shade; **einen ~ haben** to be crazy; **über seinen ~ springen** to force oneself to do sth; **nicht über seinen** [**eigenen**] **~ springen können** to be unable to act out of character; **in jds ~ stehen** to be in sb's shadow [*or* to be overshadowed by sb]; **jdn/etw in den ~ stellen** to put sb/sth in the shade *fig*; **seinen ~ vorauswerfen** to cast one's shadow before one *fig*, to make oneself felt; **einen ~** [**auf etw** *akk*] **werfen** to cast [*or* throw] a shadow [over sth] *fig*
Schattenblume *f* BOT May lily **Schattendasein** *nt* **ein ~ fristen** [*o* **führen**] (*geh: am Rande der Existenz leben*) to lead a miserable existence; (*nicht real existieren*) to lead a shadowy existence **Schattenfuge** *f* BAU shadow groove
schattenhaft **I.** *adj* shadowy; **~e Umrisse** vague outlines
II. *adv* **sich ~ abzeichnen** to loom in a shadowy fashion; **etw ~ ausmachen/erkennen** to just be able to make sth out
Schattenkabinett *nt* shadow cabinet **Schattenmorelle** *f* ① (*Sauerkirschbaum*) morello tree, morello cherry tree ② (*Baum*) morello, morel, morello cherry **Schattenriss**[RR] *m* silhouette
Schattenseite *f* negative side [*or* aspect], dark side, drawback **Schattenspiel** *nt* ① *kein pl* THEAT (*Schattentheater*) shadow play [*or* show] ② THEAT (*Stück für das Schattentheater*) shadow play ③ *meist pl* (*Schattenbild mit Händen*) shadow play
Schattenwirtschaft *f kein pl* POL black economy
schattieren* *vt* KUNST ■**etw ~** to shade sth [in]
schattiert *adj inv* **~e Schrift** TYPO shaded type
Schattierung <-, -en> *f* ① KUNST shading
② *pl* (*geh: Richtungen*) shade; **alle** [**verschiedenen**] **Meinungs~en** all [different] shades of opinion
Schattierungseffekt *m* shading
schattig *adj* shady
Schatulle <-, -n> *f* (*geh*) casket
Schatz <-es, Schätze> *m* ① (*Ansammlung kostbarer Dinge*) treasure
② (*fam: Liebling*) darling, sweetheart, love; **ein ~ sein** (*fam*) to be a dear [*or* a love] [*or* a treasure]
Schatzamt *nt* ÖKON treasury, BRIT Exchequer, AM Treasury Department
Schatzanweisung *f* government [*or* treasury] bond
schätzbar *adj inv* (*geh*) **nicht leicht/schwer ~ sein** to be not easy/difficult to assess [*or* estimate]; **etw ist nur annähernd** [*o* **ungefähr**] **~** one can only make a rough assessment [*or* an approximate estimate] of sth; **etw ist genau ~** one can make a precise assessment [*or* estimate] of sth; **gut/schlecht ~ sein** to be easy/difficult to assess [*or* estimate]
Schätzchen <-s, -> *nt* (*fam*) *dim von* **Schatz 2**
schätzen **I.** *vt* ① (*einschätzen*) ■**jdn/etw** [**auf etw** *akk*]**~** to guess [*or* reckon] that sb/sth is sth; **jdn/etw auf ein bestimmtes Alter ~** to guess sb's/sth's age; ***meistens werde ich jünger geschätzt*** people usually think I'm younger; **jdn auf eine bestimmte Größe/etw auf eine bestimmte Höhe ~** to guess the height of sb/sth; ***ich schätze sein Gewicht auf ca. 100 kg*** I reckon he weighs about 100 kilos; **grob geschätzt** at a rough guess [*or* estimate]
② (*wertmäßig einschätzen*) ■**etw auf etw** *akk* **~** to assess the value of sth, to assess sth at sth; ***der Schaden wird auf 100.000 DM geschätzt*** the damage is estimated at 100,000 marks
③ (*würdigen*) ■**jdn** [**als jdn**] **~** to value sb [*or* to regard sb highly] [as sb]; ■**jdn ~** to hold sb in high esteem [*or form* regard]; ■**etw ~** to appreciate [*or form* treasure] sth; ■**es ~, etw zu tun** to enjoy doing sth; ■**es ~, dass etw getan wird** to appreciate the fact that sth is being done; ***ich schätze es nicht sehr, wenn man mir immer ins Wort fällt*** I don't appreciate/enjoy being constantly interrupted; **jdn/etw ~ lernen** to come [*or* learn] to appreciate [*or* value] sb/sth; **etw zu ~ wissen** to appreciate sth; *s. a.* **glücklich, wissen**
II. *vi* (*fam*) to guess; **richtig ~** to guess [*or form* estimate] correctly; **man kann nur ~ ...** it's anybody's guess ...; **schätz mal** guess, have [*or* take] a guess
schätzenswert *adj inv* estimable; *Verhalten* commendable
Schätzer(in) <-s, -> *m(f)* assessor
Schatzgräber(in) <-s, -> *m(f)* treasure seeker [*or* hunter] **Schatzkammer** *f* treasure-house **Schatzkanzler(in)** *m(f)* ÖKON, POL Chancellor of the Exchequer BRIT, Secretary of the Treasury AM, minister of finance, finance minister **Schatzkästchen** *nt* (*veraltend o hum*) casket **Schatzmeister(in)** *m(f)* treasurer
Schätzung <-, -en> *f* ① *kein pl* (*wertmäßiges Einschätzen*) assessment [*or* estimate] of the value, valuation
② (*Anschlag*) estimate; **nach einer groben ~** at a rough estimate [*or* guess]; **~ anhand von ...** estimate based on ...; **bei vorsichtiger ~** at a conservative estimate; **nach jds ~** sb would say; ***wann wird sie denn nach deiner ~ wieder zurück sein?*** when would you say she'll be back?

schätzungsweise *adv* about, approximately, roughly

Schatzwechsel *m* FIN treasury bill, T-bill *fam* **Schatzwechseldiskontsatz** *m* FIN treasury's discount rate **Schatzwechseltilgungen** *pl* FIN discharge of treasury bills **Schatzwechselzinssatz** *m* FIN interest rate on treasury bills

Schätzwert *m* estimated value

Schau <-, -en> *f* ❶ (*Ausstellung*) exhibition; **etw zur ~ stellen** to display [*or* to exhibit] sth, to put sth on display; **Emotionen/Gefühle zur ~ tragen** to make a show of one's emotions/feelings
❷ (*Vorführung*) show
▸ WENDUNGEN: **jdm [mit etw] die ~ stehlen** (*fam*) to steal the show from sb [with sb] *fig; s. a.* **Show**

Schaubild *nt* diagram **Schaubude** *f* [show] booth **Schaubühne** *f* (*veraltend*) theatre BRIT [*or* AM -er]

Schauder <-s, -> *m* (*geh*) shiver, shudder

schauderhaft *adj* ❶ (*grässlich*) ghastly, horrific, terrible
❷ (*fam: furchtbar*) awful, dreadful

schaudern I. *vt impers* ■**es schaudert jdn bei etw** sth makes sb shudder [*or* shiver]
II. *vi* ❶ (*erschauern*) to shudder; ■**[vor etw** *dat***] ~** to shake [with sth]
❷ (*frösteln*) to shiver

schauen I. *vi* SÜDD, ÖSTERR, SCHWEIZ ❶ (*blicken*) to look; **auf die Uhr ~** to look at the clock; ■**auf jdn/etw ~** to look at sb/sth; ■**um sich ~** to look around, to have a look around; **wohin man schaut, ...** wherever you look, ...; *s. a.* **Auge**
❷ (*aussehen*) to look; ***schau nicht so verbittert/traurig!*** don't look so bitter/sad!
❸ (*darauf achten*) ■**auf etw ~** to pay attention to sth; **auf Sauberkeit ~** to be concerned about [*or* pay attention to] cleanliness
❹ (*sich kümmern*) ■**nach jdm/etw ~** to have [*or* take] a look at sb/sth, to check up on sb/sth; ***wenn ich in Urlaub bin, schaut mein Freund nach den Blumen*** my friend is going to look after my flowers while I'm on holiday
❺ (*suchen*) ■**[nach etw] ~** to look [for sth]
❻ (*ansehen*) to look, to watch; **~ *Sie, die Tür wurde aufgebrochen!*** look! the door has been broken open!
❼ (*fam: zusehen*) ■**~, dass/wie ...** ***schau, dass du pünktlich bist*** see [*or* make sure] [*or* mind] that you are on time
▸ WENDUNGEN: **da schaust du aber!** (*fam*) how about that!, what do you think of that?; **[ja,] da schau her!** (*schau, schau*) well, well; **~ mal, ...** well [*or* look] ...; **schau, schau!** (*fam*) well, well
II. *vt* ■**etw ~** ❶ (*geh: visionär erblicken*) to behold sth
❷ *s.* **gucken**

Schauer <-s, -> *m* ❶ (*Regenschauer*) shower
❷ *s.* **Schauder**

Schauergeschichte *f* (*fam*) *s.* **Schauermärchen**

schauerlich *adj* ❶ (*grässlich*) ghastly, horrific, terrible ❷ (*fam*) *s.* **schauderhaft 2** **Schauermann** <-[e]s, -leute> *m* NAUT stevedore **Schauermärchen** *nt* (*fam*) horror story, blood-curdling tale

schauern I. *vi* ■**[vor etw** *dat***] ~** to shiver [with sth]
II. *vt impers* ■**jdn [o jdm] schauert [es] [bei etw]** sth makes sb shudder

Schauerroman *m* ❶ (*Horrorroman*) horror story
❷ (*des 18. Jahrhunderts*) gothic novel

Schaufel <-, -n> *f* ❶ (*Werkzeug*) shovel; (*für Mehl o.Ä.*) scoop; (*für Kehrricht*) dustpan; (*Spielzeug~*) spade
❷ (*eine ~ voll*) shovel, shovelful; **~ um ~** by the shovelful
❸ (*Geweihende*) antlers *pl*
❹ (*am Bagger*) shovel
❺ NAUT (*fachspr: Blatt von Ruder und Paddel*) paddle
❻ (*von Turbine*) blade, vane

schaufeln I. *vi* to shovel, to dig
II. *vt* ■**etw ~** ❶ (*graben*) to dig sth; *s. a.* **Grab**
❷ (*verlagern*) to shovel sth

Schaufelstück *nt* KOCHK [beef] clod [*or* shoulder]

Schaufenster *nt* shop window; **~ gucken** (*fam*) to go window-shopping

Schaufensterauslage *f* [shop] window display **Schaufensterbummel** *m* window-shopping *no pl, no indef art;* **einen ~ machen** to go window-shopping **Schaufensterdekorateur(in)** <-s, -e> *m(f)* window-dresser **Schaufensterdekoration** *f* [shop] window display **Schaufensterpuppe** *f* mannequin, shop dummy BRIT **Schaufensterwerbung** *f kein pl* advertising in shop windows

Schaukampf *m* SPORT exhibition fight **Schaukasten** *m* display cabinet, showcase

Schaukel <-, -n> *f* swing

schaukeln I. *vi* ❶ (*die Schaukel benutzen*) to [go on the] swing
❷ (*auf und ab wippen*) ■**[mit etw] ~** to rock [sth]; **im Schaukelstuhl sitzen und ~** to sit in the rocking chair and rock backwards and forwards
❸ (*schwanken*) to roll [from side to side]; (*hin und her schwingen*) to swing [backwards and forwards]
II. *vt* ❶ (*hin und her bewegen*) ■**jdn ~** to push sb [on the swing], to swing sb
❷ (*bewerkstelligen*) ■**etw ~** to manage sth; ***wie hat er das nur geschaukelt?*** how on earth did he manage that?; *s. a.* **Kind, Sache**

Schaukelpferd *nt* rocking horse **Schaukelpolitik** *f kein pl* POL (*pej*) seesaw policy, opportunistic and unprincipled politics *pl;* **eine ~ betreiben** to pursue a seesaw policy **Schaukelstuhl** *m* rocking chair

schaulustig *adj* curious, gawping *pej fam;* **ein ~er Mensch** a [curious] onlooker

Schaulustige(r) *f(m) dekl wie adj* onlooker, spectator

Schaum <-s, Schäume> *m* ❶ (*blasige Masse*) foam; (*auf einer Flüssigkeit*) froth
❷ (*Seifenschaum*) lather; (*auf einer Flüssigkeit*) foam
❸ (*Geifer*) foam [*or* froth]; **~ vor dem Mund haben** to foam [*or* froth] at the mouth
❹ (*Schaumspeise*) mousse; **etw zu ~ schlagen** to beat sth [until frothy]
▸ WENDUNGEN: **~ schlagen** (*sl*) to talk big

Schaumbad *nt* bubble bath **Schaumblase** *f* bubble [in the foam [*or* froth]]

schäumen *vi* ❶ (*in Schaum übergehen*) to lather; *Motoröl* to froth, to foam
❷ (*aufschäumen*) to froth
❸ (*geh: rasen*) to fume, to seethe; *s. a.* **Wut**

Schaumfestiger *m* setting mousse **Schaumgummi** *m* foam rubber **Schaumgummipolster** *nt* [foam rubber] pad

schaumig *adj* frothy; **etw ~ schlagen** to beat sth until it is frothy; **Butter und Zucker ~ schlagen** to beat butter and sugar until fluffy

Schaumkelle *f* skimming ladle **Schaumkrone** *f* ❶ (*auf Wellen*) white crest ❷ (*auf einem Bier*) head **Schaumlöffel** *m s.* **Schaumkelle** **Schaumschläger** *m* ❶ (*Schneebesen*) whisk ❷ (*pej: Angeber*) boaster, hot-air artist *dated* **Schaumschlägerei** *f kein pl* (*fam*) big talk *fam,* hot air *fam* **Schaumspeise** *f* mousse **Schaumstoff** *m* foam **Schaumstoffpolster** *nt* foam pad [*or* upholstery] *no pl, no indef art* **Schaumwein** *m* sparkling wine **Schaumweinsteuer** *f* FIN tax on sparkling wines **Schaumzikade** *f* ZOOL froghopper, spittlebug

Schauobjekt *nt* exhibit **Schauplatz** *m* scene **Schauprozess**[RR] *m* show trial

schaurig *adj* ❶ (*unheimlich*) eerie, weird, scary
❷ (*gruselig*) macabre, scary
❸ (*fam*) *s.* **schauderhaft 2**

schaurig-schön *adj* ❶ (*unheimlich, aber anziehend*) weird and wonderful
❷ (*gruselig, aber anziehend*) wonderfully macabre [*or* scary], scary and wonderful

Schauspiel *nt* ❶ THEAT play, drama *no indef art*
❷ (*geh*) spectacle

Schauspieler(in) *m(f)* actor *masc,* actress *fem a. fig*

Schauspielerei *f kein pl* ❶ (*fam: Beruf*) acting *no art, no pl*
❷ (*Verstellung*) acting, pretence; ***lass die ~*** stop acting [*or* pretending]

Schauspielerensemble *nt* acting [*or* actors'] ensemble

Schauspielerin <-, -nen> *f fem form von* **Schauspieler** actress

schauspielerisch I. *adj* acting; **~e Arbeit** work as an actor/actress; **~e Begabung/~es Können** talent/ability as an actor/actress, acting talent/ability; **eine ~e Leistung** a piece of acting
II. *adv* **~ *war dieses Debüt wirklich bemerkenswert*** this really was a remarkable acting debut; ***die Leistung in diesem Stück war ~ schwach*** the acting in this play was weak

schauspielern *vi* ❶ (*sich verstellen*) to act, to play-act
❷ THEAT to act

Schauspielhaus *nt* theatre [*or* AM -er], playhouse **Schauspielkarriere** *f* stage career **Schauspielkunst** *f kein pl* dramatic art, drama **Schauspiellehrer(in)** *m(f)* acting coach [*or* teacher] **Schauspielschule** *f* drama school **Schauspielschüler(in)** *m(f)* drama student **Schauspieltraining** *nt* training **Schauspielunterricht** *m* drama lesson, acting class; **[bei jdm] ~ nehmen** to take drama lessons [with sb]

Schausteller(in) <-s, -> *m(f)* fairman *masc,* fairwoman *fem*

Schautafel *f* chart

Scheck <-s, -s> *m* cheque BRIT, check AM; ■**ein ~ über etw** *akk* a cheque for sth; **gekreuzter ~** crossed cheque; **gesperrter/girierter ~** stopped/endorsed cheque; **ungedeckter ~** uncovered cheque; **vorausdatierter ~** post-dated cheque; **[jdm] einen ~ [über etw** *akk***] ausstellen** to write [sb] a cheque [for sth]; **mit [einem] ~ bezahlen** to pay by cheque; **einen ~ einlösen** to cash a cheque; **auf den Überbringer lautender ~** cheque [payable] to bearer; **einen ~ auf ein Guthaben ziehen** to draw a cheque upon an account

Scheckabkommen *nt* FIN cheque agreement **Scheckabrechnung** *f* FIN cheque clearing **Scheckaussteller(in)** *m(f)* drawer [*or* maker] of a cheque **Scheckbetrug** *m* cheque fraud **Scheckbuch** *nt* chequebook **Scheckbürgschaft** *f* JUR cheque guarantee **Scheckduplikat** *nt* JUR duplicate cheque

Schecke[1] <-n, -n> *m* piebald

Schecke[2] <-, -n> *f* female piebald

Scheckeinlösung *f* FIN cashing of a/the cheque **Scheckeinlösungsbestätigung** *f* FIN credit slip, cheque [*or* AM check] paying-in slip **Scheckeinlösungsgebühr** *f* FIN exchange collection charges **Scheckempfänger(in)** *m(f)* FIN payee of a cheque **Scheckgesetz** *nt* JUR Cheques Act **Scheckheft** *nt* chequebook

scheckig *adj* patched, mottled; *Gesicht* blotchy; **ein ~es Pferd** a piebald [horse]
▸ WENDUNGEN: **sich [über jdn/etw] ~ lachen** (*sl*) to laugh oneself silly [*or fig* to split one's sides laughing] [over sb/sth]

Scheckinhaber(in) *m(f)* FIN bearer of a/the cheque **Scheckinkasso** *nt* FIN cheque collection **Scheckkarte** *f* cheque card **Scheckmahnbescheid** *m* JUR *default summons based on a cheque* **Schecknummer** *f* cheque number **Scheckprotest** *m* JUR protesting a cheque **Scheckrecht** *nt* JUR law of cheques; **Scheck-, Wechsel- und Transportrecht** law on cheques, bills of exchange and transport **Scheckrückgabe** *f* FIN return of unpaid cheques; **~ mangels Deckung** return of cheque for lack of funds **Scheckvordruck** *m* cheque

scheel I. *adj* (*fam*) ❶ (*geringschätzig*) contemptuous
❷ (*missbilligend*) disapproving
❸ (*missgünstig*) malevolent

❹ (*misstrauisch*) suspicious
❺ (*neidisch*) envious, jealous
II. *adv* **jdn ~ ansehen** to eye sb [contemptuously/disapprovingly/malevolently/ suspiciously/enviously/jealously]

Scheffel <-s, -> *m* scoop, bushel *old; s. a.* **Licht**

scheffeln *vt* ■**etw** ~ to accumulate sth, to amass sth *form;* **Geld** ~ to rake in money

scheibchenweise *adv* ❶ (*Scheibchen für Scheibchen*) slice for slice
❷ (*nach und nach*) bit by bit

Scheibe <-, -n> *f* ❶ (*dünnes Glasstück*) [piece of] glass; (*eckig/rechteckig*) [pane of] glass; (*Fensterscheibe*) window[pane]
❷ (*Autofenster*) [car] window; (*Windschutzscheibe*) windscreen, windshield AM
❸ KOCHK slice; **etw in ~n schneiden** to slice sth, to cut sth into slices
❹ (*kreisförmiger Gegenstand*) disc
❺ MUS (*fam: Schallplatte*) disc, record
▶ WENDUNGEN: **sich** *dat* **von jdm eine ~ abschneiden können** (*fam*) to [be able to] take a leaf out of sb's book *fig,* to [be able to] learn a thing or two from sb

Scheibenbremse *f* disc brake **Scheibengardine** *f* net [*or* glass] curtain **Scheibenheber** *m* AUTO (*manuell*) window winder; (*elektrisch*) window switch **Scheibenrad** *nt* disc wheel **Scheibenschießen** *nt* target shooting; (*als Übung*) target practice **Scheibenwaschanlage** *f* windscreen [*or* AM windshield] washer system

scheibenweise *adv* in slices

Scheibenwischer <-s, -> *m* windscreen wiper

Scheich <-s, -e> *m* ❶ (*arabischer Potentat*) sheikh, sheik
❷ (*fam: Typ*) bloke BRIT, guy AM

Scheichtum <-[e]s, -tümer> *nt* sheikhdom [*or* sheikdom]

Scheide <-, -n> *f* ❶ (*Schwert-/Dolch~*) scabbard, sheath
❷ ANAT (*Vagina*) vagina

scheiden <schied, geschieden> I. *vt haben* ❶ (*eine Ehe lösen*) ■**jdn ~** to divorce sb; ■**sich [von jdm] ~ lassen** to get divorced [from sb]; ■**geschieden** divorced; ***wir sind geschiedene Leute*** (*fig*) it's all over between us
❷ (*rechtlich auflösen*) ■**etw ~** to dissolve sth
❸ (*trennen*) ■**etw von etw ~** to separate sth from sth
❹ CHEM ■**etw ~** to separate [out] [*or* refine] sth
II. *vi* (*geh*) ❶ *sein* (*sich trennen*) ■**voneinander ~** to separate, to go one's separate ways
❷ *sein* (*aufgeben*) ■**aus etw ~** to leave [*or sep* give up] sth; **aus einem Amt ~** to retire from a position [*or* post]; **aus einem Dienst ~** to retire from a service; *s. a.* **Leben**
III. *vr haben* (*verschieden sein*) ■**sich** *akk* **[an etw** *dat*] **~** to diverge [*or* divide] [at sth]; ***an diesem Punkt ~ sich die Ansichten*** opinions diverge at this point; *s. a.* **Geist, Weg**

Scheidenausfluss[RR] *m* MED vaginal discharge **Scheidenkrampf** *m* MED vaginismus **Scheidenmuschel** *f* razor clam **Scheidenzäpfchen** *nt* MED vaginal suppository

Scheidewand *f* partition

Scheidewasser *nt* CHEM nitric acid, aqua fortis *hist*

Scheideweg *m* **am ~ stehen** (*fig*) to stand at a crossroads [*or* before an important decision]

Scheidung <-, -en> *f* divorce; **in eine ~ einwilligen** to agree to a divorce; **in ~ leben** to be separated; **die ~ einreichen** to file a petition for divorce, to start divorce proceedings

Scheidungsantrag *m* JUR petition for divorce **Scheidungsanwalt, -anwältin** *m, f* divorce lawyer **Scheidungsfolgesachen** *pl* JUR ancillary consequential matters *pl* of a divorce **Scheidungsgrund** *m* JUR grounds *npl* for divorce; (*hum*) *person one is leaving one's spouse for* **Scheidungsklage** *f* JUR divorce petition, petition for divorce **Scheidungsprozess**[RR] *m* divorce proceedings *pl* **Scheidungsrate** *f* divorce rate **Scheidungsrecht** *nt* divorce laws *pl* **Scheidungsverfahren** *nt* JUR divorce proceedings *pl*

Schein <-[e]s, -e> *m* ❶ *kein pl* (*Lichtschein*) light
❷ *kein pl* (*Anschein*) appearance; **sich vom [äußeren] ~ täuschen lassen** to be blinded [*or* taken in] by [external] appearances; **der ~ spricht gegen jdn** appearances are against sb; **der ~ trügt** appearances are deceptive; **den ~ wahren** [*o* **aufrechterhalten**] to keep up appearances; **dem ~ nach** on the surface [of things]; **etw zum ~ tun** to pretend to do sth
❸ (*Banknote*) [bank]note
❹ (*fam: Teilnahmebescheinigung*) certificate [of participation]
❺ (*fam: Bescheinigung*) certificate

Scheinargument *nt* spurious [*or* bogus] [*or* hollow] argument

scheinbar *adj* apparent, seeming

Scheinbonität *f kein pl* JUR, FIN sham soundness, ostensible credit standing **Scheinbuchung** *f* JUR, FIN imputed entry, ostensible booking

Scheinehe *f* sham marriage

scheinen¹ <schien, geschienen> *vi* ❶ (*leuchten*) to shine
❷ (*strahlen*) to shine

scheinen² <schien, geschienen> *vi* ❶ (*den Anschein haben*) ■**etw zu sein ~** to appear [*or* seem] to be sth; ■**es scheint, dass/als [ob] ...** it appears [*or* seems] that/as if ...; ***wie es scheint, hast du recht*** it appears [*or* seems] [that] you are right
❷ (*so vorkommen*) ■**jdm ~, dass ...** to appear [*or* seem] to sb that ...; ***mir scheint, dass es heute kälter ist als gestern*** it appears [*or* seems] to me that it's colder today than it was yesterday

Scheinerbe, -erbin *m, f* JUR presumptive heir **Scheinfirma** *f,* **Scheingesellschaft** *f* HANDEL bogus [*or* sham] [*or* fictitious] company [*or* firm], AM dummy corporation **Scheingefecht** *nt* mock battle **Scheingeschäft** *nt* ÖKON fictitious transaction **Scheingesellschafter(in)** *m(f)* HANDEL nominal partner **Scheingewinn** *m* ÖKON paper [*or* fictitious] profit **Scheingewinnbesteuerung** *f* FIN taxation of fictitious profits **Scheingrund** *m* pretext

scheinheilig I. *adj* (*pej*) hypocritical, sanctimonious; (*unschuldig erscheinend*) innocent, goody-goody *fam;* **~ tun** to play the innocent
II. *adv* (*pej*) hypocritically, sanctimoniously; (*unschuldig erscheinend*) innocently, in a goody-goody way *fam*

Scheinheirat *f* marriage on paper **Scheinkaufmann, -kauffrau** *m, f* JUR ostensible merchant **Schein-KG** *f* JUR bogus limited partnership **Scheinklage** *f* JUR sham plea **Scheinlösung** *f* apparent [*or* not a real] solution **Scheinprozess**[RR] *m* JUR mock trial, fictitious action **Scheinrendite** *f* JUR, FIN non-existent earnings *pl,* sham [*or* bogus] yield **Scheinschwangerschaft** *f* phantom [*or* AM false] pregnancy **Scheinselbständige(r)** *f(m) dekl wie adj* falsely designated self-employed person **Scheinsitz** *m* JUR non-existent base, sham domicile **Scheintatbestand** *m* JUR ostensible facts *pl* **Scheintod** *m* MED apparent death

scheintot *adj* apparently [*or* seemingly] dead; **sich ~ stellen** to pretend to be dead ▶ WENDUNGEN: **der ist doch schon ~** (*pej*) he has one foot in the grave

scheint's *adv* SÜDD, SCHWEIZ (*anscheinend*) seemingly

Scheinurteil *nt* JUR sham judgment **Scheinverhandlung** *f* ❶ JUR sham trial [*or* proceedings] *pl*
❷ ÖKON bogus [*or* fictitious] [*or* sham] transaction **Scheinverkauf** *m* JUR, ÖKON fictitious [*or* sham] [*or* pro forma] sale **Scheinwelt** *f* make-believe [*or* fairy-tale] [*or* unreal] world

Scheinwerfer *m* ❶ (*Strahler*) spotlight; (*Licht zum Suchen*) searchlight
❷ AUTO headlight; **die ~ aufblenden** to turn the headlights on full [*or* AM high beam]; **die ~ kurz aufblenden** to flash one's headlights; **aufgeblendete ~** full headlights BRIT, high beams AM; **die ~ abblenden** to dip one's headlights BRIT, to click on one's low beams AM

Scheinwerfereinstellung *f* AUTO headlight beam setting **Scheinwerferlicht** *nt* spotlight; ***der Zaun war in helles ~ getaucht*** the fence was lit by bright spotlights ▶ WENDUNGEN: **im ~ [der Öffentlichkeit] stehen** to be in the public eye, to have the spotlight on one *fig,* to be under public scrutiny **Scheinwerferwaschanlage** *f* AUTO headlights washer [system]

Scheinwert *m* ÖKON apparent value, fictitious value **Scheinzusammenschluss**[RR] *m* HANDEL bogus merger

Scheiß <-> *m kein pl* (*sl*) ❶ (*Quatsch*) crap *fam!,* garbage *fam,* rubbish; ***he, was soll der ~!*** hey, what [the bloody *fam* [*or vulg* fucking] hell] are you doing!; ***lass doch den ~*** [bloody well] stop it *fam,* stop farting [*or* AM *vulg* fucking] around; **~ machen** to make a complete mess [*or* pig's ear] [*or* cock-up] of things; **mach/macht keinen ~!** stop farting around! *vulg,* don't be so bloody *fam* [*or vulg* fucking] stupid!, *fam* don't be such a bloody fool/bloody fools [*or vulg* a fucking idiot/fucking idiots]!
❷ (*Fluchwort*) **so ein ~!** shit! *fam,* bloody *fam* [*or vulg* fucking] hell!

Scheißdreck *m* (*sl*) (*Mist*) crap *fam!,* garbage *fam,* rubbish
▶ WENDUNGEN: **jdn einen ~ angehen** to be none of sb's [damn [*or fam* bloody] [*or vulg* fucking]] business; **sich einen ~ um jdn/etw kümmern** to not give a shit about sb/sth *fam!;* **einen ~ tun** to do fuck all [*or* sweet f. all] [*or* bugger all] BRIT *vulg;* **wegen jedem ~** for every little thing; **~!** shit! *fam,* damn! *fam,* bugger! BRIT *vulg,* fuck [it]! *vulg,* fucking hell! *vulg*

Scheiße <-> *f kein pl* ❶ (*fam!: Darminhalt*) shit *fam!*
❷ (*sl: Mist*) **~!** shit! *fam,* damn! *fam,* bugger! BRIT *vulg,* fuck [it]! *vulg,* fucking hell! *vulg;* **~ reden** to talk rubbish [*or fam!* shit] [*or* AM *fam* garbage], to talk a load of crap *fam!;* ***verdammte ~!*** (*sl*) damn it! *fam,* shit! *fam!,* bloody BRIT *fam!* [*or vulg* fucking] hell!; **~ sein** (*sl*) to be [complete] garbage *fam* [*or fam!* crap], to be a load of crap *fam!;* **~ sein, dass ...** it's a [great] pity [*or fam* pain] [that] ...; **~ verbrechen/bauen** to make a [complete] mess [*or fam* cock-up] [of sth]
▶ WENDUNGEN: **in der ~ sitzen** (*sl*) to be in the shit *fam!,* to be up to one's eyes [*or* AM neck] in it *fam*

scheißegal *adj* (*sl*) ■**jdm ist es ~** sb couldn't give a damn *fam* [*or fam!* a shit]; ■**es ist ~, ob/wann/was/wie ...** it does not matter a damn *fam* [*or* at all] if/when/what/how ...

scheißen <schiss, geschissen> I. *vi* ❶ (*vulg*) to shit *vulg,* to have [*or* AM take] a shit *fam!*
❷ (*sl: verzichten können*) ■**auf jdn/etw ~** to not give a damn *fam* [*or fam!* shit] about sb/sth
II. *vr* (*vulg*) ■**sich** *dat* **irgendwohin ~** to shit on one's sth *vulg*

Scheißer(in) <-s, -> *m(f)* (*fam!*) shit *sl,* arsehole BRIT *vulg,* asshole AM *vulg,* bastard *fam!*

scheißfreundlich *adj* (*sl*) ■**~ [zu jdm] sein** to be as nice [*or* sweet] as pie to sb *pej* **Scheißhaus** *nt* (*vulg*) bog BRIT *sl,* john AM *sl;* **auf dem ~ sitzen** to sit in the bog **Scheißkerl** *m* (*sl*) *s.* **Scheißer**

Scheit <-[e]s, -e *o* ÖSTERR, SCHWEIZ -er> *m* log [of wood]

Scheitan <-s> [-əɪ'-] *m kein pl* REL Shaitan

Scheitel <-s, -> *m* ❶ (*Teilung der Frisur*) parting; **jdm einen ~ machen** [*o* **ziehen**] to give sb a parting
❷ ASTRON (*Zenit*) zenith, apex
❸ MATH (*Schnittpunkt eines Winkels*) vertex
▶ WENDUNGEN: **vom ~ bis zur Sohle** from head to foot [*or* toe]

scheiteln *vt* ■**etw ~** to part sth; ■**jdm das Haar ~** to give sb a parting; ■**gescheitelt** parted

Scheitelpunkt *m* ❶ (*höchster Punkt*) highest point, vertex *form*
❷ (*Zenit*) highest point, zenith *form*

S

Scheiterhaufen *m* pyre; (*für zum Tode Verurteilte*) stake; **auf dem ~ sterben** to die [*or* be burnt] at the stake

scheitern *vi sein* ■[**an jdm/etw**] ~ to fail [*or* be unsuccessful] [because of sb/sth]; ■**etw scheitert an etw** sth flounders [*or* runs aground] on sth *fig;* **kläglich** ~ to fail miserably

Scheitern <-s> *nt kein pl* failure; **das ~ der Verhandlungen** the breakdown of the talks [*or* negotiations]; **etw zum ~ bringen** to thwart [*or* frustrate] [*or form* foil] sth; **zum ~ verurteilt sein** to be doomed [to failure]

Scheitholz *nt* firewood

Schellack <-[e]s, -e> *m* shellac

Schelle <-, -n> *f* ❶ (*Rohrschelle*) clamp

❷ DIAL (*Türklingel*) [door]bell

schellen I. *vi* (*klingeln*) ■[**bei jdm**] ~ to ring sb's [*or* the] bell

II. *vi impers* to ring; ***es hat geschellt*** the bell's rung, the doorbell's gone

Schellen *pl* KARTEN (*bayerische Spielkartenfarbe, entspricht Karo*) diamonds *pl*

Schellenbaum *m* MUS bell tree, Turkish [*or* Chinese] crescent, Jingling John[ny]

Schellente *f* ORN goldeneye **Schellfisch** *m* haddock

Schelm <-[e]s, -e> *m* rascal

Schelmenroman *m* LIT picaresque novel

schelmisch *adj* ❶ (*schalkhaft*) mischievous, wicked

❷ (*unartig*) naughty

Schelte <-, -n> *f* ❶ (*Schimpfe*) reprimand *form,* trouble, telling-off, ticking-off *fam;* **von jdm ~ bekommen** to get into trouble with sb [*or* a telling-off from sb]

❷ (*massive Kritik*) tongue-lashing *with art,* reprimand *with art form*

schelten <schilt, schalt, gescholten> **I.** *vt* (*veraltend*) ❶ (*schimpfen*) ■**jdn** [**für** [*o* **wegen**] **etw**] ~ to scold sb *dated* [*or form* reprimand sb] [for sth/doing sth], to tell sb off [for sth/doing sth], to give sb a dressing-down *fam;* (*ewig schimpfen*) to nag [at] sb [for sth/doing sth]

❷ (*pej: nennen*) ■**jdn etw** ~ to call sb sth

II. *vi* (*veraltend: schimpfen*) ■**mit jdm** ~ to scold sb *dated,* to tell sb off, to reprimand sb *form,* to give sb a dressing-down *fam;* (*ewig schimpfen*) to nag [at] sb

Schema <-s, -ta *o* Schemen> *nt* ❶ (*gedankliches Konzept*) scheme, concept; **nach einem ~** according to a scheme [*or* concept]; **nach einem festen ~ vorgehen** to work according to [*or* to follow] a fixed scheme [*or* concept]; **in kein ~ passen** to not fit into a mould

❷ (*schematische Darstellung*) chart/diagram/plan

► WENDUNGEN: **nach ~ F** (*fam*) ***in Behörden läuft alles nach ~ F*** in the local government offices they always follow the rules and regulations

schematisch I. *adj* schematic; **ein ~er Abriss** a plan

II. *adv* schematically; **~ arbeiten** to work according to a scheme [*or* plan]; **etw ~ bearbeiten** to process sth according to a scheme [*or* plan]; **etw ~ darstellen** to show sth in the form of a plan/chart/diagram, to represent sth schematically *form*

schematisieren* *vt* ❶ (*schematisch darstellen*) ■**etw** ~ to make a plan/chart/diagram of sth; ■**schematisiert** in the form of a plan/chart/diagram

❷ (*pej: zu stark vereinfachen*) ■**etw** ~ to [over]simplify sth

Schemel <-s, -> *m* stool

Schemen[1] *pl von* **Schema**

Schemen[2] <-s, -> *m* (*geh*) shadowy figure, shadow

schemenhaft I. *adj* (*geh*) shadowy

II. *adv* (*geh*) **etw ~ erblicken/sehen** to make out the outline [*or* silhouette] of sth; ***die Türme der Burg hoben sich gegen den nächtlichen Himmel nur ~ ab*** the towers of the castle rose shadowy against the night sky

Schengener Abkommen *nt kein pl* Schengen Agreement

Schenke <-, -n> *f* pub; (*Gastwirtschaft auf dem Land*) inn

Schenkel <-s, -> *m* ❶ (*Oberschenkel*) thigh; **einem Pferd die ~ geben** to urge on a horse; **sich** *dat* **auf die ~ klopfen** [*o* **schlagen**] to slap one's thighs

❷ MATH side

❸ (*Griff*) arm

Schenkelbruch *m* broken femur *form* [*or* thigh bone] **Schenkelhals** *m* head of the femur *form* [*or* thigh bone] **Schenkelhalsbruch** *m* fractured head of the femur *form,* broken [*or* fractured] hip

schenken I. *vt* ❶ (*als Geschenk geben*) ■**jdm etw** [**zu etw**] ~ to give sb sth as a present [*or* gift] [for sth]; *zu einem Anlass, Jubiläum* to present sb with sth [on the occasion of sth] *form;* **jdm etw zum Geburtstag** ~ to give sb sth for their birthday [*or* as a birthday present]; ■**sich** *dat* [**gegenseitig**] **etw** ~ to give each other sth, to exchange presents; **etw** [**von jdm**] [**zu etw** *dat*] **geschenkt bekommen** to get [*or* be given] sth [from sb] [for sth]; [**von jdm**] **nichts geschenkt haben wollen** to not want any presents [*or* gifts] [from sb]; (*nicht bevorzugt werden wollen*) to not want any preferential treatment [from sb]; **einem Tier die Freiheit** ~ to set an animal free; **jdm das Leben** ~ to spare sb's life; ■**etw ist geschenkt** (*fam*) sth is a present; **geschenkte Sachen** presents; **geschenkt ist geschenkt!** a present is a present!; ***sie schenkte ihm ein Lächeln*** (*geh*) she favoured him with a smile; ***sie schenkte ihm einen Sohn*** (*geh*) she bore him a son *fam; s. a.* **Gaul**

❷ (*erlassen*) ■**jdm etw** ~ to give sb sth; **jdm eine Reststrafe** ~ to spare sb the rest of their punishment/prison sentence

❸ (*geh: widmen*) ■**jdm etw** ~ to give sb sth; **jdm Aufmerksamkeit/Beachtung** ~ to pay attention to sb, to give sb one's attention; **jdm Liebe** ~ to love sb, to give sb one's love; **jdm Vertrauen** ~ to trust sb, to place one's trust in sb *form*

❹ (*geh: ausschenken*) *Wein* to serve; *Kaffee* to pour

► WENDUNGEN: [**das ist**] **geschenkt** (*sl*) don't bother; **etw ist** [**fast** [*o* **halb**]] **geschenkt** (*sehr billig*) sth is a real bargain; (*sehr einfach*) sth is an easy task [*or* BRIT *fam* a doddle]; **etw nicht** [**mal**] **geschenkt haben wollen** to not want to accept sth [even] as a present; **jdm wird nichts geschenkt** sb is spared nothing; ***im Leben ist mir nichts geschenkt worden*** I've had a hard time [*or* I haven't had it easy] [in life]

II. *vi* to give presents

III. *vr* ❶ (*sich sparen*) ■**sich** *dat* **etw** ~ to spare oneself sth, to save oneself sth, to give sth a miss *fam*

❷ (*geh: hingeben*) ■**sich jdm** ~ *Frau* to give oneself to sb; *s. a.* **Mühe**

Schenkung <-, -en> *f* JUR donation, gift; **~ unter Auflage** gift subject to a condition; **~ unter Lebenden** gift inter vivos, lifetime gift; **~ von Todes wegen** donatio mortis causa, testamentary gift; **mittelbare ~** indirect donation

Schenkungsempfänger(in) *m(f)* JUR donee **Schenkungssteuer** *f* capital transfer tax BRIT **Schenkungsversprechen** *nt* JUR promise to make a gift, executory donation **Schenkungsvertrag** *m* JUR deed of gift, contract of donation **Schenkungswiderruf** *m* JUR revocation of a gift [*or* donation]

scheppern I. *vi* ❶ (*fam: lose Gegenstände*) to rattle, to clank

❷ (*fam: einen Autounfall geben*) ***auf der Kreuzung hat es ganz schön gescheppert*** there was an almighty bang at the crossroads

❸ DIAL (*schippern*) to sail

II. *vt* DIAL (*fam: jdn ohrfeigen*) ■**jdm eine** ~ to box sb's ears, to clip sb round the ear

Scherbe <-, -n> *f* [sharp] piece [*or form* fragment]; **in ~n gehen** to smash to pieces

► WENDUNGEN: **~n bringen Glück** (*prov*) broken glass/china is lucky

Scherbenhaufen *m* ► WENDUNGEN: **jd steht vor einem** ~ sb's life is in ruins [*or* is a shambles], sb is in a [right] mess

Schere <-, -n> *f* ❶ (*Werkzeug*) scissors *npl,* pair *sing* of scissors

❷ ZOOL claw

❸ SPORT scissors hold

scheren[1] <schor, geschoren> *vt* ❶ (*abrasieren*) **ein Tier** ~ to shear an animal

❷ (*stutzen*) **sich den Bart ~ lassen** to have one's beard cropped [*or* sheared]; **jdm eine Glatze** ~ to shave sb's head; **die Hecke** ~ to prune [*or* trim] the hedge; **den Rasen** ~ to mow the lawn

scheren[2] **I.** *vr* ❶ (*sich kümmern*) ■**sich** [**um etw**] ~ to bother [about sth]; ■**sich nicht** [**um etw**] ~ to not bother [*or fam* give a damn [*or fam!* shit]] [about sth]

❷ (*fam: abhauen*) **scher dich** [**weg**]! get out [of here]!; **jd kann/soll sich zum Teufel** ~ sb can go to hell *fam*

II. *vt* ■**jdn schert etw nicht** sb couldn't care less [*or* does not care at all] [*or* give a damn] about sth; ***was schert es mich, was er von mir hält!*** what the hell do I care what he thinks of me! *fam*

Scherengitter *nt* [folding] fence; **mit einem ~ umgeben sein** to be fenced off **Scherenschleifer(in)** <-s, -> *m(f)* knife-grinder **Scherenschnitt** *m* silhouette [out of paper]

Schererei <-, -en> *f meist pl* (*fam*) trouble *sing;* [**wegen etw**] [**mit jdm**] **~en bekommen** [*o fam* **kriegen**]**/haben** to get into/be in trouble [with sb] [because of sth]

Scherflein <-s, -> *nt* mite; **sein ~ beitragen** [*o* **beisteuern**] (*geh*) to make one's contribution, to do one's bit

Scherge <-n, -n> *m* (*pej geh*) thug *pej,* henchman *pej*

Scherkopf *m* ELEK head [of an electric razor]

Scherung <-, -en> *f* ❶ PHYS, TECH shear[ing]

❷ MATH shear

Scherwind *m* sudden change of wind direction

Scherz <-es, -e> *m* ❶ (*Spaß*) joke; **aus** [*o* **zum**] ~ as a joke, for fun, for a laugh *fam;* **im** ~ as a joke, for [*or* in] fun, in jest *liter,* for a laugh *fam;* ***es war nur ein*** ~ it was just a joke

❷ *pl* (*fam: Blödheiten*) tomfoolery *no art, no pl,* jokes *pl iron;* **einen ~ machen, ~e machen** to joke; **mach keine ~e!** (*fam*) you're joking [*or* not serious]! *fam;* **keine ~e** [**mit so etwas**] **machen** to not joke [about things like that], to not make a joke [of things like that]; [**ganz**] **ohne ~!** (*fam*) no kidding! *fam,* no joke! *fam;* **sich** *dat* **einen ~** [**mit jdm**] **erlauben** to have sb on *sl,* to take sb for a ride *sl*

Scherzartikel *m meist pl* joke article

scherzen *vi* (*geh*) ■[**mit jdm**] ~ to crack a joke/jokes [with sb], to tell [sb] a joke; ■**über jdn/etw** ~ to joke about sb/sth; **Sie belieben zu ~!** (*geh*), **Sie ~ wohl!** you must be joking!; **mit jdm/etw ist nicht zu** ~ sb/sth is not to be trifled with

Scherzfrage *f* riddle

scherzhaft I. *adj* (*aus Spaß erfolgend*) jocular, joke *attr fam*

II. *adv* jocularly, in a jokey fashion; ***nicht böse sein, das war doch nur ~ gemeint!*** don't be angry, it was only a joke [*or* I only meant it as a joke]!

Scherzkeks *m* (*fam*) ❶ (*Witzemacher*) comedian

❷ (*hum: Witzbold*) [practical] joker

Scherzo <-s, -s *o* Scherzi> ['skɛrtso] *nt* MUS scherzo

scheu *adj* ❶ (*menschenscheu*) shy; (*vorübergehend ~*) bashful; **ein ~es Tier** a shy [*or* timid] animal

❷ (*schüchtern*) shy, self-conscious; **ein ~er Blick** a shy [*or* sidelong] [*or* furtive] glance; **ein ~es Wesen** a shy [*or* self-conscious] creature; *s. a.* **Pferd**

Scheu <-> *f kein pl* shyness *no pl;* (*vorübergehend*) bashfulness; **ohne jede** ~ without holding back [*or* [any] inhibitions]; **sich jdm ohne jede ~ anvertrauen** to confide in sb unreservedly, to open one's heart to sb

scheuchen *vt* ❶ (*treiben*) **Rindvieh/Pferde/Schafe** ~ to drive cattle/horses/sheep; **das Vieh**

aus dem Stall/von der Weide ~ to shoo the cattle out of the shed/off the pasture
❷ (*fam: jagen*) ■**jdn** ~ to chase sb; **jdn aus dem Bett** ~ to chase sb out of bed [*or* BRIT *sl* his/her scratcher]

scheuen I. *vt* ■[**etw**] ~ to fight shy [of sth] BRIT, to shrink [from sth]; **keine Unannehmlichkeiten** ~ to spare no trouble; *s. a.* **Mühe**
II. *vr* ■**sich** *akk* [**vor etw** *dat*] ~ to fight shy [of sth] BRIT, to shrink [from sth]; ■**sich** [**davor**] ~[, **etw zu tun**] to fight shy [of doing sth] BRIT, to shrink [from doing sth], to not want to [do sth]
III. *vi* ■[**vor etw** *dat*] ~ to shy [at sth]

Scheuer <-, -n> *f* barn

Scheuerbürste *f* scrubbing brush **Scheuerfestigkeit** *f* (*Farbe*) abrasion resistance **Scheuerlappen** *m* floorcloth **Scheuerleiste** *f* ❶ (*Fußleiste*) skirting board BRIT, baseboard AM ❷ NAUT rubbing strake

scheuermannsche Krankheit <-n -> *f kein pl* MED Scheuermann's disease

Scheuermittel *nt* scouring agent

scheuern I. *vt* ■**etw** ~ ❶ (*sauber reiben*) to scour sth, to scrub sth; **etw blank** ~ to scour [*or* scrub] sth clean
❷ (*reiben*) to scour [*or* scrub] [*or* rub] sth; **etw aus einer Pfanne/einem Topf** ~ to get [*or* clean] sth out of a pan/saucepan
▶ WENDUNGEN: [**von jdm**] **eine gescheuert bekommen** [*o* **kriegen**] (*sl*) to get a clout [round the ears] [from sb] BRIT *fam*, to get hit [up alongside the head] AM; **jdm eine** ~ (*sl*) to give sb a clout [round the ears] BRIT *fam*, to hit somebody [up alongside the head] AM
II. *vi* to rub, to chafe
III. *vr* ■**sich** *akk* **an etw** *dat* ~ to rub one's sth; **sich an etw wund** ~ to rub one's sth raw; *s. a.* **wund**

Scheuklappe *f* blinkers *pl* BRIT, blinders *pl* AM
▶ WENDUNGEN: ~**n aufhaben** [*o* **tragen**] to have a blinkered attitude BRIT, to have a closed mind AM

Scheune <-, -n> *f* barn

Scheunenboden *m* floor of a barn **Scheunendach** *nt* roof of a barn, barn roof **Scheunendrescher** <-s, -> *m* **wie ein** ~ **essen** (*fam*) to eat like a horse BRIT *fig*, to be a bottomless pit AM *fig* **Scheunentor** *nt* barn door

Scheusal <-s, -e> *nt* beast, monster

scheußlich I. *adj* ❶ (*abstoßend*) repulsive
❷ (*ekelhaft*) disgusting, revolting
❸ (*fam*) dreadful, awful, terrible
II. *adv* ❶ (*widerlich*) in a disgusting [*or* revolting] manner [*or* way]; ~ **riechen/schmecken** to smell/taste disgusting [*or* revolting]
❷ (*gemein*) **jdn** ~ **behandeln** to treat sb appallingly [*or* cruelly]; **sich** ~ **benehmen** [*o* **verhalten**] to behave disgracefully
❸ (*fam*) dreadfully, terribly; **sich** ~ **erbrechen** to be dreadfully [*or* awfully] [*or* horribly] [*or* terribly] sick; ~ **weh tun/schmerzen** to hurt/ache dreadfully [*or* awfully] [*or* horribly]

Scheußlichkeit <-, -en> *f* ❶ *kein pl* (*Abscheulichkeit*) dreadfulness *no pl*; *Gewalttat* barbarity, hideousness *no pl*
❷ (*abscheuliche Tat*) barbarity, monstrosity
❸ (*grausame Tat*) atrocity

Schi <-s, -er *o* -> *m s.* **Ski**

Schicht[1] <-, -en> *f* ❶ (*aufgetragene Lage*) layer; **eine** ~ **Farbe/Lack** a coat of paint/varnish; (*eine dünne Lage*) film
❷ (*eine von mehreren Lagen*) layer
❸ ARCHÄOL, GEOL stratum, layer
❹ (*Gesellschaftsschicht*) class, stratum; **die herrschende** ~ the ruling classes; **alle** ~**en der Bevölkerung** all levels of society

Schicht[2] <-, -en> *f* shift; ~ **arbeiten** to do shift work; **die** ~ **wechseln** to change shifts

Schichtarbeit *f kein pl* shift work *no pl* **Schichtarbeiter(in)** *m(f)* shift worker **Schichtarbeitsplan** *m* shift-work plan; **flexibler** ~ flexible shift working

schichten *vt* ■**etw** [**auf etw** *akk*] ~ to stack [*or* pile] [up *sep*] sth [on/on top of sth]; **etw zu einem Stapel** ~ to stack [*or* pile] sth up

schichtenweise *adv* in shifts

Schichtfläche *f* stratification [*or* bedding] [*or* deposition] plane **Schichtseite** *f* (*Film*) emulsion side **Schichtwechsel** [-vεksl] *m* change of shift

schichtweise *adv inv* ❶ (*in Schichten, Schicht bei Schicht*) in layers, layer upon layer ❷ (*Gruppe für Gruppe*) *s.* **schichtenweise** **Schichtzulage** *f* ÖKON shift premium

schick I. *adj* ❶ (*modisch elegant*) chic, fashionable, stylish, trendy *fam*; (*gepflegt*) smart; ***du bist heute wieder so*** ~ you look very smart again today
❷ (*fam*) super, fabulous, terrific *fam*, cool *sl*, wicked *sl*
II. *adv* (*modisch elegant*) fashionably, stylishly; (*gepflegt*) smartly

Schick <-s> *m kein pl* style; ~ **haben** to have style, to be chic

schicken I. *vt* ❶ (*senden*) ■[**jdm**] **etw** ~ to send [sb] sth; ÖKON to dispatch [*or* despatch] sth [to sb]; **etw mit der Post** ~ to send sth by post [*or* AM mail], to post [*or* AM mail] sth; ■**etw** [**von jdm**] **geschickt bekommen** to get [*or* receive] sth from sb
❷ (*kommen/gehen lassen*) ■**jdn** [**zu jdm/irgendwohin**] ~ to send sb [to sb/somewhere]
❸ (*zu tun heißen*) ■**jdn etw tun** ~ to send sb to do sth; **jdn einkaufen** ~ to send sb to the shops BRIT, to send sb shopping AM
II. *vi* (*geh*) ■**nach jdm** ~ to send for sb
III. *vr* ❶ (*geziemen*) ■**etw schickt sich** [**für jdn**] sth befits [*or* becomes] [sb], sth is suitable [*or form* fitting] [*or* proper] [for sb]
❷ (*veraltend: anpassen*) ■**sich** *akk* [**in etw** *akk*] ~ to reconcile [*or* resign] oneself [to sth]
IV. *vr impers* ■**es schickt sich nicht** [**für jdn**], **etw zu tun** it is not right [*or* fitting] [*or* proper] [*or dated form* seemly] [for sb] to do sth

Schickeria <-> *f kein pl* (*pej*) jet set *pej*, in-crowd

Schickimicki <-s, -s> *m* (*pej fam*) jet-setter, one of the in-crowd *fam*

schicklich *adj* (*veraltend geh*) seemly *dated form*, proper

Schicksal <-s, -e> *nt* destiny, fate; **Ironie des** ~**s** irony [*or* trick] of fate; **ein hartes** ~ a cruel fate; **das** ~ **nimmt seinen Lauf** fate takes its course; **jds** ~ **ist besiegelt** (*geh*) sb's fate is sealed; **sich in sein** ~ **ergeben** to be reconciled [*or* resigned] to one's fate; **jd ist vom** ~ **geschlagen** fate has been unkind to sb; **jdn seinem** ~ **überlassen** to leave sb to their fate; **etw dem** ~ **überlassen müssen** to leave sth to fate; [**das ist**]/**das nenne ich** ~! (*fam*) it's [just] fate!
▶ WENDUNGEN: ~ **spielen** (*fam*) to pull strings, to play God

schicksalhaft *adj* ❶ (*folgenschwer*) fateful, portentous *liter*
❷ (*unabwendbar*) fated, inevitable

Schicksalsfrage *f* vital [*or* fateful] question **Schicksalsgemeinschaft** *f group of people who have been thrown together by fate* **Schicksalsschlag** *m* stroke of fate; **ein harter** ~ a cruel stroke of fate

Schickschuld *f* JUR debt to be discharged by remittance

Schiebedach *nt* sunroof **Schiebefenster** *nt* sliding window

Schiebe-Hebe-Dach *nt* AUTO tilt [*or* slide] sunroof

Schiebekopie *f* TYPO multiple plate burns *pl*

schieben <schob, geschoben> I. *vt* ❶ (*vorwärts rollen*) ■**etw** [**irgendwohin**] ~ to push sth [somewhere]; ***er schob den Einkaufswagen durch den Supermarkt*** he wheeled the shopping trolley through the supermarket
❷ (*rücken*) ■**jdn/etw** ~ to push [*or fam* shove] sb/sth; ***lass uns den Schrank in die Ecke*** ~ let's shift the cupboard into the corner
❸ (*antreiben*) ■**jdn** ~ to push sb
❹ (*stecken*) ■**etw irgendwohin** ~ to put [*or* push] [*or fam* stick] sth somewhere; **sich etw in den Mund** ~ to put [*or fam* stick] sth in one's mouth; **die Pizza in den Ofen** ~ to stick [*or* shove] the pizza into the oven *fam*
❺ (*zuweisen*) ■**etw auf jdn** ~ to lay [*or* put] [*or* place] sth on sb; **die Schuld auf jdn** ~ to lay the blame on sb [*or* at sb's door]; **die Verantwortung auf jdn** ~ to place [*or* put] the responsibility on sb['s shoulders]; ■**etw auf etw** ~ to put sth down to sth, to blame sth for sth; ***sie schob ihre Müdigkeit aufs Wetter*** she put her tiredness down to the weather
❻ (*abweisen*) ■**etw von sich** *dat* ~ to reject sth; **den Verdacht von sich** ~ to not accept the blame; **die Schuld/Verantwortung von sich** ~ to refuse to take the blame/[the] responsibility
❼ (*sl*) ■**etw** ~ to do sth *fam*; **Kohldampf** ~ to be starving *fig*; **eine ruhige Kugel** ~ to take it easy; **eine Nummer** ~ to get laid *sl*; **Rauschgift** ~ to traffic in drugs; **eine Schicht** ~ to work a shift; **Wache** ~ to be on sentry duty [*or* guard]
II. *vi* ❶ (*vorwärts rollen*) to push
❷ (*fam: unlautere Geschäfte machen*) **mit Zigaretten/Drogen** ~ to traffic cigarettes/drugs
III. *vr* ❶ (*sich vorwärts bewegen*) ■**sich irgendwohin** ~ to push [*or* force] [*or* elbow] one's way somewhere
❷ (*sich drängen*) ■**sich** ~ to shove one's way; **sich nach vorn** ~ to shove one's way to the front

Schieber <-s, -> *m* ❶ (*Absperrvorrichtung*) bolt; (*an einer Rohrleitung*) slide valve
❷ DIAL (*Bettpfanne*) bedpan
❸ (*veraltend: Tanz*) **einen** ~ **tanzen** to dance a shuffle

Schieber(in) <-s, -> *m(f)* (*Schwarzhändler*) black marketeer; (*illegaler Waffenhändler*) gunrunner; (*Drogenhändler*) [drug] pusher

Schiebermütze *f large, soft-peaked cap*

Schiebetür *f* sliding door

Schiebetürenschrank *m* sliding-door cupboard

Schieblehre <-, -n> *f* TECH slide gauge

Schiebung <-> *f kein pl* (*pej*) ❶ (*Begünstigung*) pulling strings
❷ (*unehrliches Geschäft*) shady deal, fixing
❸ POL rigging; ***bei der Wahl war*** ~ ***im Spiel*** the election was rigged
❹ SPORT fixing; ~! fixed!

schied *imp von* **scheiden**

Schiedsabrede *f* JUR arbitration [*or* arbitral] clause **Schiedsausschuss**[RR] *m* HANDEL arbitration committee [*or* panel] **Schiedsfähigkeit** *f kein pl* JUR arbitrability *no pl* **Schiedsgericht** *nt* ❶ JUR arbitration tribunal [*or* panel] ❷ SPORT *highest authority which can rule on a point of dispute* **schiedsgerichtlich** I. *adj inv* JUR arbitral, by arbitration *pred* II. *adv* **etw** ~ **entscheiden** to decide sth by arbitration **Schiedsgerichtsbarkeit** *f* JUR arbitration, arbitral jurisdiction; **internationale** ~ international arbitration **schiedsgerichtsfähig** *adj inv* JUR arbitrable **Schiedsgerichtshof** *m* JUR court of arbitration **Schiedsgerichtsklausel** *f* JUR arbitration clause **Schiedsgerichtsvereinbarung** *f* JUR arbitration agreement **Schiedsgerichtsverfahren** *nt* JUR arbitration [*or* arbitral] proceedings *pl* **Schiedsgerichtsvertrag** *m* JUR arbitration agreement **Schiedsgutachten** *nt* JUR arbitrator's award **Schiedskommission** *f* HANDEL arbitration committee **Schiedsmann, -frau** <-[e]s, -leute> *m, f* arbitrator **Schiedsordnung** *f* arbitration statutes *pl* **Schiedsrichter(in)** *m(f)* ❶ SPORT referee; (*bei Tennis, Baseball, Federball*) umpire ❷ JUR arbitrator **schiedsrichterlich** I. *adj inv* ❶ JUR arbitral, arbitrational; ~**es Verfahren** arbitration proceedings *pl* ❷ SPORT umpiring II. *adv* **einen Fall** ~ **entscheiden** JUR to arbitrate a case **Schiedssache** *f* JUR arbitration matter **Schiedsspruch** *m* JUR arbitrator's award, arbitration; **einen** ~ **fällen/aufheben** to pronounce [*or* render]/set aside an award; **einen** ~ **für nichtig erklären** to annul an award; **sich** *akk* **einem** ~ **unterwerfen** to submit to arbitration; **einen** ~ **gegen eine Partei geltend machen** to invoke an award against a party **Schiedsstelle** *f* arbitration [*or* arbitrative] board

S

Schiedstätigkeit *f* arbitration service **Schiedsvereinbarung** *f* arbitration agreement **Schiedsverfahren** *nt* arbitration proceedings *pl,* arbitral procedure **Schiedsvergleich** *m* JUR settlement in arbitration proceedings **Schiedsvertrag** *m* JUR arbitration agreement

schief I. *adj* ① (*schräg*) crooked, not straight *pred,* lopsided *fam;* **~e Absätze** worn[-down] heels; **ein ~er Baumstamm** a leaning tree trunk; *s. a.* **Bahn, Ebene, Turm**
② (*entstellt*) distorted; **ein völlig ~es Bild von etw haben** to have a wholly false impression of sth; **eine ~e Darstellung** a distorted account; **ein ~er Eindruck** a false impression; *s. a.* **Vergleich**
③ (*fig: scheel*) wry; **jdm einen ~en Blick zuwerfen** to look askance at sb; **sich in einer ~en Lage befinden** to find oneself in an awkward position
II. *adv* ① (*schräg*) crooked, not straight, lopsided; **etw ~ aufhaben/aufsetzen** to not have/put sth on straight, to have/put sth on crooked; **etw ~ halten** to not hold sth straight, to hold sth crooked; **den Kopf ~ halten** to have one's head cocked to one side; **etw ~ hinstellen** to put sth at an awkward angle; **die Absätze ~ laufen** to wear one's heels down on one side; **etw ~ treten** to wear sth down on one side; **~ wachsen** to grow crooked, to not grow straight
② (*fig: scheel*) wryly; **~ gewickelt sein** to be seriously [*or* very much] mistaken; **jdn ~ ansehen** to look askance at sb; **~ gehen** (*fam*) to go wrong, to misfire, to come to grief *fam;* **~ laufen** (*fam*) to go wrong; **~ liegen** (*fam*) to be on the wrong track [*or* wide of the mark] [*or fam* barking up the wrong tree]
► WENDUNGEN: **[es] wird schon ~ gehen!** (*iron*) it'll be [*or* turn out] OK! *fam*

Schiefer <-s, -> *m* slate

Schieferdach *nt* slate roof **Schieferfassade** *f* slate front [*or form* facade] **Schiefertafel** *f* slate

schief|lachen *vr* (*fam*) ■**sich ~** to crack up *fam,* to laugh one's head off *fam*

Schieflage *f* (*fig*) disturbing situation

schielen *vi* ① MED to squint, to be cross-eyed; *s. a.* **Auge**
② (*haben wollen*) ■**auf etw** *akk* **~** to look at sth out of the corner of one's eye; ■**nach etw ~** to steal a glance at sth; (*fig*) to have one's eye on sth
③ (*verstohlen schauen*) ■**zu jdm rüber~** to glance across at sb [*or* to look at sb] out of the corner of one's eye; **durchs Schlüsselloch ~** to peek through the keyhole
④ (*im Blick haben*) ■**auf etw** *akk* **~** to have sth in one's sights, to have one's eye on sth

Schielen <-s> *nt kein pl* squint[ing], strabismus *spec*

schielend *adj inv* squinting, cross-eyed, strabismal *spec*

Schieler(in) <-s, -> *m(f)* squinter

Schieltraining *nt* squint training

schien *imp von* **scheinen**

Schienbein *nt* shin bone, tibia *spec;* **jdm gegen [*o* vor] das ~ treten** to kick sb in the shin

Schiene <-, -n> *f* ① BAHN, TRANSP rail *usu pl;* ***bitte die ~ nicht überqueren*** please do not cross the rails [*or* railway lines]; ■**die ~** the railway; **aus den ~n springen** to come off the rails *a. fig*
② TECH (*Führungsschiene*) rail, runner; *Backofen* shelf
③ MED splint
④ (*Stoßkante*) runner
⑤ (*fam*) [line of] approach; ***ich bin beruflich so eingespannt, dass auf der privaten ~ wenig läuft*** I'm so busy with my job that I don't have much [of a] private life
⑥ (*Verbindung*) contact
⑦ (*Hauptübertragungsleitung*) main transmission line; (*Sammelschiene*) busbar
⑧ TECH fishplate; (*in der Weberei*) lease rod

schienen *vt* MED ■**etw ~** to splint sth, to put sth in a splint/splints

Schienenanbindung *f* rail link **Schienenausbau** *m kein pl* BAHN extension of a/the railway **Schienenbahn** *f* track railway [*or* AM railroad] **Schienenbus** *m* rail bus [*or* car] **Schienenfahrzeug** *nt* BAHN (*geh*) track vehicle **Schienenfernverkehr** *m* TRANSP rail traffic **schienengebunden** *adj inv, attr* rail-borne [*or* -bound]; **~er Personennahverkehr** local passenger rail traffic **schienengleich** *adj inv, attr* **~er Bahnübergang** level [*or* AM grade] crossing **Schienennahverkehr** *m* local rail traffic **Schienennetz** *nt* BAHN rail network **Schienenräumer** *m* rail guard, track clearer **Schienenstoss[RR]** *m* rail joint **Schienenstrang** *m* BAHN [railway] line, track **Schienentransport** *m* rail transport, railage, carriage by rail **Schienenverkehr** *m kein pl* TRANSP rail traffic *no pl* **Schienenverkehrsprojekt** *nt* rail [traffic] project **Schienenweg** *m* **auf dem ~** by train [*or* rail]

Schiene-Straße-Verkehr *m* rail-road transport [*or* traffic]

schier[1] *adj inv, attr* ① (*pur*) pure, unadulterated; (*perfekt*) perfect, flawless
② (*bloß*) sheer

schier[2] *adv* almost, well-nigh *form;* **~ unglaublich/nicht zu fassen** [almost] incredible; **~ endlos erscheinen** to seem almost an eternity; **~ unendlich dauern** to take [almost] an eternity; **~ unmöglich** [almost] impossible

Schierling <-s, -e> *m* BOT hemlock

Schießbefehl *m* order[s] to shoot; ■**~ haben** to have orders to shoot **Schießbude** *f* shooting gallery **Schießbudenfigur** *f* (*pej fam*) clown **Schießeisen** *nt* (*hum sl*) gun, shooting iron AM, rod AM

schießen <schoss, geschossen> I. *vi* ① *haben* (*feuern*) ■**[mit etw] ~** to shoot [with sth]; ■**auf jdn/etw ~** to shoot at sb/sth; **~ [*o* zum S~] gehen** to go shooting
② *haben* FBALL ■**[an [*o* auf] etw** *akk***/in etw** *akk***] ~** to shoot [at/into sth]; ***daneben, genau an die Latte geschossen!*** missed, it hit the crossbar!; **aufs Tor ~** to shoot [for goal]; **neben das Tor ~** to miss the goal
③ *sein* BOT to shoot; (*zu schnell sprießen*) to bolt; *s. a.* **Höhe, Kraut**
④ *sein* (*fam*) to shoot, to come flying *fam;* ***das Auto kam um die Ecke geschossen*** the car came flying round the corner; **jdm durch den Kopf ~** to flash through sb's mind
⑤ *sein* (*spritzen*) to shoot; ***das Blut schoss aus der Wunde*** the blood shot out of the wound
► WENDUNGEN: **wie das Hornberger S~ ausgehen** to come to nothing; **[das ist] zum S~** (*fam*) [that's] crazy *fam*
II. *vt haben* ① (*etw feuern*) ■**etw ~** to shoot sth
② FBALL ■**etw [irgendwohin] ~** to shoot sth [somewhere]; **den Ball ins Netz ~** to put the ball in the net; **den Ball ins Tor ~** to score [*or* shoot] a goal; *s. a.* **Krüppel**
III. *vr* ■**sich ~** to have a shoot-out

Schießerei <-, -en> *f* ① (*meist pej: andauerndes Schießen*) shooting
② (*wiederholter Schusswechsel*) shooting, gunfight, shoot-out

Schießgewehr *nt* (*kindersprache*) rifle **Schießhund** *m* gun [*or* AM hunting] dog ► WENDUNGEN: **wie ein ~ aufpassen** (*fam*) to be on one's toes, to keep one's eyes peeled [*or* BRIT skinned] **Schießplatz** *m* [firing [*or* shooting] [*or* rifle]] range **Schießpulver** *nt* gunpowder **Schießscharte** *f* embrasure *form,* slit **Schießscheibe** *f* target; **das Schwarze der ~** the bull['s eye] **Schießsport** *m kein pl* shooting *no art, no pl* **Schießstand** *m* shooting range

Schiff[1] <-[e]s, -e> *nt* ① (*Wasserfahrzeug*) ship; **ab/per ~** HANDEL ex/by ship
② TYPO galley
③ DIAL (*veraltet: im Kohleherd*) boiler
► WENDUNGEN: **das ~ des Staates** the ship of the state; **das ~ der Wüste** the ship of the desert; **klar ~ machen** (*fam: etw säubern*) to clear the decks *fam;* (*etw bereinigen*) to clear the air [*or* things up]

Schiff[2] <-[e]s, -e> *nt* ARCHIT (*Mittel~*) nave; (*Seiten~*) aisle; (*Quer~*) transept

Schiffahrt *f kein pl, getrennt: Schiff·fahrt s.* **Schifffahrt**

Schiffahrtsgesellschaft *f s.* Schifffahrtsgesellschaft **Schiffahrtskonferenz** *f s.* Schifffahrtskonferenz **Schiffahrtslinie** *f s.* Schifffahrtslinie **Schiffahrtsstraße** *f s.* **Schifffahrtsstraße**

schiffbar *adj* navigable

Schiffbau *m kein pl* shipbuilding *no indef art, no pl* **Schiffbauer** *m s.* Schiff(s)bauer **Schiffbruch** *m* shipwreck; **~ erleiden** to be shipwrecked ► WENDUNGEN: **[mit etw] ~ erleiden** to fail **schiffbrüchig** *adj* shipwrecked; ■**~ werden** to be shipwrecked **Schiffbrüchige(r)** *f(m) dekl wie adj* shipwrecked person

Schiffchen <-s, -> *nt* ① *dim von* **Schiff[1]**
② MODE, MIL forage cap

schiffen I. *vi* ① *sein* (*veraltend: mit dem Schiff fahren*) to ship *old,* to travel by ship, to sail
② *haben* (*sl: urinieren*) to go for a whizz *sl,* to go for [*or* have] [*or* AM take] a pee [*or esp* BRIT wee], to spend a penny BRIT *fam*
II. *vi impers haben* (*sl: regnen*) ■**es schifft** it's raining cats and dogs, it's bucketing [*or* BRIT chucking it] down *fam,* it's pissing with rain BRIT *fam!*

Schiffer(in) <-s, -> *m(f)* skipper

Schifferklavier [-vi:-] *nt* accordion **Schifferknoten** *m* sailor's [*or* seaman's] knot **Schiffermütze** *f* sailor's cap

Schifffahrt[RR] *f* shipping *no indef art, no pl*

Schifffahrtsgesellschaft[RR] *f* shipping company; *s. a.* Schifffahrtslinie 1 **Schifffahrtskonferenz[RR]** *f* freight conference **Schifffahrtslinie[RR]** *f* NAUT ① (*Reederei*) shipping line ② (*Route*) shipping route **Schifffahrtsstraße[RR]** *f,* **Schifffahrtsweg** *m* ① (*Route*) shipping route [*or* lane] ② (*Wasserstraße*) waterway **Schiffsabfahrtsliste** *f* sailing list

Schiffsagentur *f* HANDEL shipping agency **Schiffsapotheke** *f* ship's pharmacy **Schiffsarzt, -ärztin** *m, f* ship's doctor **Schiffsausrüster** *m* ① (*Reeder*) shipowner ② (*jd, der ein Schiff versorgt*) [ship['s]] chandler **Schiff(s)bauer(in)** <-s, -> *m(f)* shipwright, shipbuilder **Schiffsbauregister** *nt* JUR ship construction register **Schiffsbefrachter** *m* HANDEL charterer, freighter **Schiffsbefrachtung** *f* HANDEL chartering, freighting **Schiffsbesatzung** *f* [ship's] crew **Schiffsbug** *m* bow [of a ship]

Schiffschaukel *f* swingboat

Schiffseigner(in) *m(f)* (*geh*) shipowner **Schiffsflagge** *f* [ship's] flag **Schiffsfracht** *f* [ship's] freight [*or* cargo] **Schiffsführer(in)** *m(f)* NAUT skipper **Schiffsglocke** *f* [ship's] bell **Schiffsgut** *nt* cargo, freight **Schiffshaut** *f* [ship's] hull **Schiffshebewerk** *nt* canal lift **Schiffsheck** *nt* [ship's] stern **Schiffshypothek** *f* JUR mortgage of a vessel **Schiffshypothekenforderung** *f* JUR ship mortgage claim **Schiffshypothekengläubiger(in)** *m(f)* JUR ship mortgagee **Schiffsjunge** *m* ship['s] boy **Schiffskabine** *f* [ship's] cabin **Schiffskoch, -köchin** *m, f* ship's cook **Schiffsküche** *f* galley **Schiffsladung** *f* [ship's] cargo, shipload; **die ~ deklarieren** to enter a cargo **Schiffslandeplatz** *m* berth **Schiffslaterne** *f* ship's lantern **Schiffsmakler(in)** *m(f)* HANDEL shipbroker **Schiffsmannschaft** *f* [ship's] crew **Schiffsmiete** *f* HANDEL charter [money] **Schiffsmotor** *m* [ship's] engine **Schiffspapiere** *f* [ship's] papers [*or* documents] *pl* **Schiffsraum** *m kein pl* HANDEL shipping space, ship's hold; **leerer/verfügbarer ~** waste stowage/shipping space **Schiffsrumpf** *m* [ship's] hull **Schiffsschraube** *f* ship's propeller [*or* screw] **Schiffstaufe** *f* launch [of a ship] **Schiffsunfall** *m* NAUT shipping accident **Schiffsverbindung** *f* [sea] communications *pl, no art* **Schiffsverkehr** *m* shipping *no indef art, no pl* **Schiffszwieback** *m* ship's biscuit, hard tack

Schiismus <-> *m kein pl* Shiism

Schiit(in) <-en, -en> *m(f)* Shiite, Shia[h]

schiitisch *adj inv* Shiite

Schikane <-, -n> *f* ❶ (*kleinliche Quälerei*) harassment *no indef art;* **aus [reiner]** ~ [just] to harass sb
❷ SPORT chicane
► WENDUNGEN: **mit allen ~n** (*fam*) with all the modern conveniences [*or* all the extras] [*or* BRIT *fam* mod cons]

schikanieren* *vt* ■**jdn [durch etw** *akk* [*o* **mit etw** *dat*]] ~ to harass sb [with sth/by doing sth], to mess sb about [with sth/by doing sth] BRIT *fam*

schikanös I. *adj* harassing, vexatious *form;* **eine ~e Behandlung/Maßnahme** a harassing treatment/measure; **eine ~e Person** a bully
II. *adv* blood-mindedly BRIT; **jdn ~ behandeln** to bully sb, to mess sb around

Schikoree^RR <- *o* -s> *m kein pl s.* **Chicorée**

Schild¹ <-[e]s, -er> *nt* ❶ (*Hinweisschild*) sign
❷ (*fam*) price tag

Schild² <-[e]s, -e> *m* shield
► WENDUNGEN: **jdn auf den ~ erheben** (*geh*) to make sb one's leader; **etw gegen jdn/etw im ~e führen** to plot sth against sb/sth; **etw im ~e führen** to be up to sth

Schildbürger(in) *m(f)* (*pej*) simpleton, fool *fam*

Schildbürgerstreich *m* (*pej*) act of stupidity, disastrously ill-advised measure

Schilddrüse *f* thyroid [gland]

Schilddrüsenfunktion *f* functioning of the thyroid [gland] **Schilddrüsenhormon** *nt* thyroxin **Schilddrüsenkrebs** *m* MED thyroid cancer **Schilddrüsenoperation** *f* thyroid operation; (*Entfernung der Schilddrüse*) thyroidectomy **Schilddrüsenüberfunktion** *f* overactive [*or* hyperactive] thyroid [gland] **Schilddrüsenunterfunktion** *f* underactive [*or* hypoactive] thyroid [gland] **Schilddrüsenvergrößerung** *f* enlargement of the thyroid [gland]

Schildermaler(in) *m(f)* sign painter

schildern *vt* ■**[jdm] etw** ~ to describe [*or liter* portray] sth [to sb]; **etw in allen Einzelheiten** ~ to give an exhaustive account of sth; **etw plastisch** ~ to describe sth vividly

Schilderung <-, -en> *f* description, portrayal *liter; Ereignisse* account, description, report

Schilderwald *m* (*hum fam*) forest of signs

Schildkröte *f* tortoise; (*See~*) turtle

Schildkrötenfleisch *nt* turtle [meat] **Schildkrötenpanzer** *m* tortoiseshell **Schildkrötensuppe** *f* turtle soup **Schildlaus** *f* scale insect **Schildmütze** *f* peaked cap **Schildpatt** <-s> *nt kein pl* tortoiseshell

Schilf <-[e]s, -e> *nt* BOT ❶ (*Pflanze*) reed
❷ (*bewachsene Fläche*) reeds *pl*

Schilfdach *nt* thatched roof **Schilfgras** *nt* reed **Schilfmaterial** *nt* reeds *pl* **Schilfrohr** *nt s.* **Schilf**

Schill <-s, -en> *m* KOCHK, ZOOL pikeperch

Schillerlocke *f* KOCHK ❶ (*Fisch*) *strip of smoked belly of dogfish*
❷ (*Gebäck*) cream horn

schillern *vi* to shimmer; **in allen Farben** ~ to shimmer in all the colours [*or* AM -ors] of the rainbow

schillernd *adj* shimmering, resplendent; **~er Charakter** a many-sided [*or* multifaceted] character; **~e Persönlichkeit** flamboyant personality

Schilling <-s, -e *o bei Preisangaben* -> *m* schilling

schilpen *vi* ORN *s.* **tschilpen**

schilt *imper sing von* **schelten**

Schimäre <-, -n> *f* (*geh*) [wild] fancy, flight of fancy, pipe dream, chimera *form*

Schimmel¹ <-s> *m kein pl* mould [*or* AM mold]

Schimmel² <-s, -> *m* ZOOL white horse, grey, AM gray

schimm(e)lig *adj* mouldy; **~es Leder/Buch** mildewed leather/book

schimmeln *vi sein o haben* to go mouldy

Schimmelpilz *m* mould

Schimmer <-s> *m kein pl* ❶ (*matter Glanz*) lustre [*or* AM -er], shimmer
❷ (*kleine Spur*) slightest trace (+*gen*/**von** +*dat* of); **ein ~ von Anstand** a scrap of decency; **ein ~ von Hoffnung** a glimmer [*or* spark] of hope; **kein ~ eines Verdachtes** not the slightest suspicion
► WENDUNGEN: **keinen blassen** [*o* **nicht den geringsten**] [*o* **nicht den leisesten**] ~ **[von etw] haben** (*fam*) to not have the faintest [*or* slightest] [*or* foggiest] idea [about sth]

schimmern *vi* to shimmer, to gleam

Schimpanse <-n, -n> *m* chimpanzee

Schimpf <-[e]s> *m kein pl* affront *dated form,* abuse *no indef art, no pl;* **mit ~ und Schande** (*geh*) in disgrace; **jdm einen ~ antun** (*veraltend geh*) to affront sb *dated form*

schimpfen I. *vi* ❶ (*sich ärgerlich äußern*) ■**[auf** [*o* **über] jdn/etw]** ~ to grumble [about sb/sth]
❷ (*fluchen*) to [curse and] swear; **wie ein Rohrspatz** ~ to curse like a washerwoman [*or* AM sailor]
❸ (*ärgerlich zurechtweisen*) to grumble; ■**mit jdm** ~ to scold sb, to tell sb off, to slap sb's wrists *fig*
II. *vr* (*fam*) ■**sich etw** ~ to call oneself sth; ***die schießen jeden Ball daneben, und so was schimpft sich Nationalelf!*** they couldn't score in a brothel *fam!* and they call themselves the national team!; **sich selbst einen Esel** ~ to call oneself an ass

Schimpfkanonade *f* (*fam*) shower [*or* stream] of abuse

schimpflich I. *adj* (*geh*) disgraceful, shameful; **eine ~e Niederlage** a humiliating [*or* ignominious] [*or* shameful] defeat
II. *adv* (*geh*) disgracefully, shamefully; **jdn ~ verjagen** to throw sb out in disgrace

Schimpfname *m* abusive nickname

Schimpfwort *nt* swear word

Schindel <-, -n> *f* shingle

Schindeldach *nt* shingle roof

schinden <schindete, geschunden> I. *vr* ■**sich [mit etw]** ~ to work oneself to death [at/over sth], to slave [away] [at sth], to work like a Trojan [at sth] BRIT
II. *vt* ❶ (*grausam antreiben*) ■**jdn** ~ to work [*or* treat] sb like a slave, to work sb into the ground; **ein Tier** ~ to ill-treat an animal, to work an animal to death
❷ (*veraltet: abhäuten*) **ein Tier** ~ to flay an animal
❸ (*fam*) ■**etw [bei jdm]** ~ to get sth [from sb]; **einen Aufschub** ~ to get a postponement; **Applaus** [*o* **Beifall**] ~ to fish for applause; **Eindruck** ~ to play to the gallery; **Erfolg** ~ to score a spurious success; **Zeit** ~ to play for time; **bei jdm ein paar Zigaretten** ~ to cadge [*or* AM bum] a few cigarettes off sb

Schinder(in) <-s, -> *m(f)* ❶ (*Ausbeuter*) slave-driver, hard taskmaster
❷ (*veraltet: Abhäuter*) knacker BRIT

Schinderei <-, -en> *f* grind, hard work [*or* graft], bloody hard work [*or* graft] BRIT; **Jahre der** ~ years of slavery [*or* hard graft]

Schindluder *nt* ► WENDUNGEN: **mit jdm/etw ~ treiben** (*fam*) to gravely abuse [*or* misuse] sb/sth

Schinken <-s, -> *m* ❶ KOCHK ham; **Prager/Schwarzwälder** ~ Prague/Black Forest ham
❷ (*pej o hum fam*) big awful painting; **ein alter** ~ (*Buch*) a big awful book; (*Film*) a dismal film

Schinkenbein *nt* KOCHK *s.* **Eisbein** **Schinkenspeck** *m* bacon **Schinkenstück** *nt* KOCHK gammon piece **Schinkenwurst** *f* ham sausage [meat]

Schippe <-, -n> *f* ❶ *bes* NORDD (*Schaufel*) shovel
❷ KARTEN NORDD spades *npl;* **~ König** king of spades
► WENDUNGEN: **jdn auf die ~ nehmen** (*fam*) to pull sb's leg *fig,* to make fun of sb; **etw auf die ~ nehmen** (*fam*) to make fun of [*or* poke fun at] [*or* ridicule] sth

schippen *vt* NORDD ■**etw** ~ to shovel sth

schippern *vi sein* to sail [*or* cruise]

Schiri <-s, -s> *m* SPORT (*sl*) referee, zebra *sl; baseball* umpire

Schirm <-[e]s, -e> *m* ❶ (*Regenschirm*) umbrella, brolly BRIT *fam*
❷ (*Sonnenschirm*) sunshade; (*tragbar*) parasol
❸ (*Mützenschirm*) peak
❹ (*fam*) [TV] screen; **über den ~ gehen** (*gesendet werden*) to be shown on TV
❺ (*Lampenschirm*) lampshade
❻ BOT cap

Schirmbildaufnahme *f* (*fachspr*) X-ray **Schirmherr(in)** *m(f)* patron **Schirmherrschaft** *f* patronage; **unter der ~ von jdm/etw** under the patronage of sb/sth **Schirmhülle** *f* [umbrella] cover **Schirmmütze** *f* peaked cap **Schirmpilz** *m* parasol mushroom **Schirmständer** *m* umbrella stand

Schirokko <-s, -s> *m* sirocco

schiss^RR, **schiß** *imp von* **scheißen**

Schiss^RR <-es> *m kein pl,* **Schiß** <-sses> *m kein pl* ~ **[vor jdm/etw] haben** [*o* **kriegen**] (*sl*) to be shit-scared [*or* scared shitless] [of sb/sth] *sl*

Schisser <-s, -> *m* (*derb o pej*) chickenshit *pej sl*

schizophren *adj* ❶ MED schizophrenic
❷ (*geh: absurd*) neurotic, irrational, absurd; ***das ist ~!*** that's absurd!

Schizophrenie <-, *selten* -n> [-'niːən] *f* ❶ MED (*Spaltungsirresein*) schizophrenia
❷ (*pej: Widersinn*) schizophrenia *pej,* absurdity, irrationality

schlabberig *adj* (*fam*) ❶ (*dünn*) watery, thin; ***diese ~e Brühe nennst du Bier?*** you call this dishwater beer?
❷ (*schlaff*) loose[-fitting]

schlabbern I. *vi* (*fam*) ❶ (*Essen aussabbern*) to dribble
❷ (*weit fallen*) to fit loosely; **eine ~de Jacke** a loose[-fitting] jacket
❸ DIAL (*pej: schwatzen*) to blether BRIT *fam*
II. *vt* (*fam*) ■**etw** ~ to lap sth [up]

Schlacht <-, -en> *f* battle; **jdm eine ~ liefern** (*geh*) to join [*or* do] battle with sb *form;* **in die ~ ziehen** (*geh*) to go into battle; **die ~ bei** *dat*/**in** *dat* **...** the battle of/in ...; **die ~ bei Waterloo** the Battle of Waterloo

Schlachtbank *f* ► WENDUNGEN: **jdn zur ~ führen** (*geh*) to lead sb like a lamb to the slaughter; *s. a.* **Lamm**

schlachten I. *vt* ■**ein Tier** ~ to slaughter an animal; *s. a.* **Sparschwein**
II. *vi* to slaughter; ■**das S~** the slaughter

Schlachtenbummler(in) *m(f)* SPORT (*fam*) away [*or* visiting] supporter

Schlachter(in) <-s, -> *m(f)* ❶ (*Metzger*) butcher *a. fig*
❷ (*Schlachthofsangestellter*) slaughterman
❸ (*Fleischerladen*) butcher's [shop]

Schlächter(in) <-s, -> *m(f)* ❶ NORDD (*Schlachter*) butcher
❷ (*brutaler Mörder*) butcher

Schlachterei <-, -en> *f s.* **Schlachter 3**

Schlächterei <-, -en> *f* ❶ NORDD *s.* **Schlachterei** ❷ (*Metzelei*) slaughter **Schlächterin** *f s.* **Schlächter**

Schlachtfeld *nt* battlefield, battleground; **wie ein ~ aussehen** to look like a battlefield; ***das Zimmer sah aus wie ein ~*** the room looked as though a bomb had hit it **Schlachthaus** *nt* slaughterhouse, abattoir **Schlachthof** *m s.* **Schlachthaus** **Schlachtplan** *m* ❶ MIL plan of battle, battle plan
❷ (*Plan für ein Vorhaben*) plan of action; **einen ~ machen** to draw up a plan of action **Schlachtross^RR** *nt* charger, warhorse **Schlachtruf** *m* HIST battle [*or* war] cry **Schlachtschiff** *nt* battleship

Schlachtung <-, -en> *f meist sing* slaughter[ing]

Schlachtvieh *nt animals kept for meat production*

Schlacke <-, -n> *f* ❶ (*Verbrennungsrückstand aus dem Hochofen*) slag; (*aus dem Haushaltsofen*) cinders *npl,* ashes *pl*
❷ (*Ballaststoffe*) roughage
❸ NATURMED waste products
❹ GEOL scoria

schlackern *vi* NORDD (*schlottern*) ■**[gegen/um etw]** ~ to flap [against/around sth]; ***der weite Rock***

S

schlackerte ihr um die Knie her wide skirt flapped loosely around her knees; *s. a.* **Ohr**

Schlaf¹ <-[e]s> *m kein pl* sleep *no pl;* **sich** *dat* **den ~ aus den Augen reiben** to rub the sleep out of one's eyes; **jdn um den** [*o* **seinen**] **~ bringen** to keep sb awake at night; **aus dem ~ fahren** to wake up with a start; **in einen tiefen/traumlosen ~ fallen** to fall into a deep/dreamless sleep; **keinen ~ finden** (*geh*) to be unable to sleep; **einen festen ~ haben** to sleep deeply, to be a deep sleeper; **halb im ~[e]** half asleep; **einen leichten ~ haben** to sleep lightly, to be a light sleeper; **um seinen ~ kommen** to be unable to sleep; **im tiefsten ~ liegen** to be fast [*or* sound] asleep; **versäumten ~ nachholen** to catch up on one's sleep; **im ~ reden** to talk in one's sleep; **jdm den ~ rauben** to keep sb awake; **aus dem ~ gerissen werden** to wake up suddenly, to jerk out of one's sleep; **aus dem ~ schrecken** to wake up with a start; **jdn in den ~ singen** to sing sb to sleep; **in ~ sinken** (*geh*) to fall into a deep sleep; **sich in den ~ weinen** to cry oneself to sleep
► WENDUNGEN: **den ~ des Gerechten schlafen** to sleep the sleep of the just; **nicht im ~ an etw denken etc.** to not dream of [doing] sth; **etw im ~ können** [*o* **beherrschen**] (*fam*) to be able to do sth in one's sleep [*or* with one hand tied behind one's back] *fig; s. a.* **seine(r, s)**

Schlaf² <-[e]s, Schläfe> *m* (*veraltet: Schläfe*) temple

Schlafanzug *m* pyjamas *npl*

Schläfchen <-s, -> *nt* nap, snooze, lie-down; **ein ~ machen** to have forty winks [*or* a nap] [*or* a snooze] [*or* a lie-down]

Schlafcouch *f* sofa bed, studio couch

Schläfe <-, -n> *f* temple; **graue ~n haben** to have grey [*or* AM gray] hair at the temples

schlafen <schlief, geschlafen> **I.** *vi* ① (*nicht wach sein*) to sleep, to be asleep; ***bei dem Lärm kann doch kein Mensch ~!*** nobody can sleep with that noise [going on]!; ***darüber muss ich erst ~*** I'll have to sleep over that; **schlaf gut** [*o geh* **schlafen Sie wohl**] sleep well; **etw lässt jdn nicht ~** sth keeps sb awake; **ein Kind ~ legen** to put a child to bed; **~ gehen, sich ~ legen** to go to bed; **sich ~d stellen** to pretend to be asleep; **noch halb ~d** to still be half asleep; **gut/schlecht ~** to sleep well/badly; **fest/tief ~** to sleep deeply/soundly, to be deeply/sound asleep; **leicht ~** to sleep lightly
② (*zum Schlafen auf etw liegen*) **hart ~** to sleep on something hard; ***bloß keine weiche Matratze, ich schlafe lieber hart*** don't give me a soft mattress, I prefer a hard one
③ (*nächtigen*) ■**bei jdm ~** to stay with sb, to sleep at sb's; ***du kannst jederzeit bei uns ~*** you can sleep at our place [*or* stay with us] any time; **im Freien ~** to sleep in the open [*or* outdoors]
④ (*unaufmerksam sein*) ■[**bei** [*o* **während**] **etw**] **~** to doze [*or* to snooze] [during sth]; ***die Konkurrenz hat geschlafen*** our competitors were asleep
⑤ (*euph fam: koitieren*) ■**mit jdm ~** to sleep with sb *euph; s. a.* **Hund, Murmeltier**
II. *vr* ① *impers* (*ruhen*) ■**es schläft sich gut/schlecht irgendwo** it is comfortable/not comfortable to sleep somewhere; ***auf dem neuen Sofa schläft es sich ausgesprochen gut*** you can get an excellent night's sleep on the new sofa; **sich gesund ~** to get better by sleeping
② (*fam: koitieren*) **sich nach oben ~** to sleep one's way up through the hierarchy [*or* AM to the top]

Schläfenbein *nt* ANAT temporal bone

schlafend I. *adj inv* sleeping
II. *adv inv* asleep; **sich ~ stellen** to pretend to be asleep

Schlafengehen *nt kein pl* going to bed; ***ich habe noch keine Lust zum ~*** I don't feel like going to bed yet

Schlafenszeit *f* bedtime, time for bed

Schläfer(in) <-s, -> *m(f)* sleeper

Schläferzelle *f* [terrorist] sleeper cell

schlaff I. *adj* ① (*locker fallend*) slack; **eine ~e Fahne** a drooping flag
② (*nicht straff*) sagging, flabby; **ein ~er Händedruck** a limp handshake
II. *adv* ① (*locker fallend*) slackly
② (*kraftlos*) feebly

Schlaffheit <-> *f kein pl* ① **der Haut** looseness, slackness
② **der Muskulatur** flabbiness
③ (*fig: Trägheit*) listlessness, limpness

Schlaffi <-s, -s> *m* (*pej*) weed

Schlafforschung *f* MED research into sleep **Schlafgelegenheit** *f* bed [for the night], place to sleep

Schlafittchen <-s> *nt* ► WENDUNGEN: **jdn am** [*o* **beim**] **~ nehmen** [*o fam* **kriegen**] [*o fam* **packen**] to collar [*or* grab] [*or* nab] sb

Schlafkrankheit *f* sleeping sickness **Schlaflied** *nt* lullaby

schlaflos I. *adj* sleepless; MED insomniac
II. *adv* sleeplessly

Schlaflosigkeit <-> *f kein pl* sleeplessness *no pl;* MED insomnia *no pl*

Schlafmittel *nt* sleep-inducing medication; (*als Tablette*) sleeping tablet **Schlafmütze** *f* ① (*Kopfbedeckung*) nightcap ② (*fam: verschlafene Person*) sleepy head *fam,* dope *fam* **Schlafperiode** *f* period of sleep

schläfrig *adj* sleepy, drowsy; ■**~ sein** to be [*or* feel] sleepy [*or* drowsy]; ■**etw macht jdn ~** sth makes sb [feel] sleepy [*or* drowsy]

Schläfrigkeit <-> *f kein pl* sleepiness, drowsiness

Schlafrock *m* ① MODE dressing gown ② KOCHK **Äpfel im ~** apples baked in [short-crust *or* puff] pastry; **Würstchen im ~** ≈ sausage roll **Schlafsaal** *m* dormitory **Schlafsack** *m* sleeping bag **Schlafstadt** *f* dormitory town **Schlafstelle** *f* place to sleep **Schlafstörungen** *pl* insomnia *form,* sleeplessness, sleeping disorder; **unter ~ leiden** to suffer from insomnia **Schlaftablette** *f* sleeping pill

schlaftrunken I. *adj* (*geh*) [still] half asleep, drunk with sleep *liter,* sleepy **II.** *adv* sleepily **Schlafwagen** *m* sleeper, sleeping car **Schlafwagenplatz** *m* sleeper berth **schlafwandeln** *vi sein o haben* to sleepwalk, to walk in one's sleep **Schlafwandeln** <-s> *nt kein pl* sleepwalking *no pl* **Schlafwandler(in)** <-s, -> *m(f)* sleepwalker **schlafwandlerisch** *adj inv* somnambulistic; **mit ~er Sicherheit** with instinctive assurance **Schlafzimmer** *nt* ① (*Raum*) bedroom ② (*Einrichtung*) bedroom suite [*or* furniture] **Schlafzimmerblick** *m* (*hum fam*) come-to-bed look *fam,* bedroom eyes *pl fam* **Schlafzimmereinrichtung** *f* bedroom furniture [*or* suite]

Schlag <-[e]s, Schläge> *m* ① (*Hieb*) blow, wallop *fam;* (*mit der Faust*) punch; (*mit der Hand*) slap; SPORT stroke; **~ mit der Axt** blow [*or* stroke] of the axe; **ein ~ auf den Kopf** a blow on the head; **~ mit der Peitsche** lash of the whip; **jdm Schläge androhen** to threaten sb with a beating; **jdm Schläge verabreichen** [*o* **verpassen**] to give sb a beating; **gern Schläge austeilen** to be fond of one's fists; [**von jdm**] **Schläge kriegen** [*o* **bekommen**] to get a beating [*or fam* beaten up] [*or fam* clobbered]; **jdm einen ~** [**irgendwohin**] **versetzen** to deal sb a blow [*or fam* to give sb a clout [*or* wallop]] [somewhere]; **ein tödlicher ~** a fatal blow
② (*dumpfer Hall*) thud; **ein ~ an der Tür** a bang on the door
③ (*rhythmisches Geräusch*) **die Schläge des Herzens** the beats of the heart; **der ~ der Nachtigall** the song of the nightingale; **der** [**unregelmäßige**] **~ des Pulses** the [irregular] pulse [beat]; **der ~ einer Uhr** the striking of a clock; ***die Uhr schlug vom Kirchturm, er zählte zwölf Schläge*** the church clock struck, he counted twelve; **~ Mitternacht/8 Uhr** on the stroke of midnight/at 8 o'clock sharp
④ (*Schicksals~*) blow; ***seine Entlassung war ein schrecklicher ~ für ihn*** being made redundant was a terrible blow to him; **etw versetzt jdm einen ~** sth comes as a blow to sb
⑤ (*fam: Menschen~*) type; **vom alten ~[e]** from the old school; **vom gleichen ~ sein** to be made of the same stuff, to be birds of a feather
⑥ (*Tauben~*) pigeon loft
⑦ KOCHK (*fam: Portion*) helping; **ein ~ Kartoffelpüree** a portion of mashed potatoes
⑧ ÖSTERR (*fam: Schlagsahne*) [whipped] cream; **Kuchen mit ~** cake with whipped cream
⑨ (*veraltend: Wagentür*) door
⑩ (*Stromstoß*) shock; **einen ~ kriegen** to get an electric shock
⑪ MIL (*Angriff*) attack; **zum entscheidenden ~ ausholen** to make ready [*or* to prepare] for the decisive blow [*or* attack]
⑫ (*fam: Schlaganfall*) stroke; **einen ~ bekommen/haben** to suffer/have a stroke
⑬ FORST clearing
⑭ AGR plot
⑮ (*beim Segeln*) tack
⑯ NAUT stroke
⑰ MODE **eine Hose mit ~** flared trousers
► WENDUNGEN: **ein ~ ins Gesicht** a slap in the face; **ein ~ unter die Gürtellinie** (*fam*) a blow [*or* hit] below the belt *fig;* **ein ~ ins Kontor** (*fam*) a real blow; ***es war für ihre Ambitionen ein ~ ins Kontor*** it was a [hammer] blow to her ambitions; **ein ~ ins Wasser** (*fam*) a [complete] washout [*or fam* flop]; **jd hat bei jdm ~** (*sl*) sb is well-in [*or* popular] [*or* [as] thick as thieves] [*or fam* matey] with sb; **etw hat bei jdm ~** sth is popular with sb; ***dieser Wein hat keinen ~ bei mir*** this wine leaves me cold; **jdn rührt** [*o* **trifft**] **der ~** (*fam*) sb is flabbergasted *fam* [*or* dumbfounded] [*or* thunderstruck] [*or sl* gobsmacked]; ***mich trifft der ~!*** well, blow me down [*or* I'll be blowed] [*or* strike me pink]! *fam;* ***ich dachte, mich trifft der ~, als ich die Unordnung in dem Zimmer sah*** I couldn't believe it when I saw what a mess the room was in; **wie vom ~ getroffen** [*o* **gerührt**] **sein** to be thunderstruck; **etw auf einen ~ tun** (*gleichzeitig*) to get things done all at once; **keinen ~ tun** (*fam*) to not do a stroke of work [*or* lift a finger]; **~ auf ~** in rapid succession; ***alles geht ~ auf ~*** everything's going [*or* happening] so fast; ***~ auf ~ kamen die Botschaften aus der Krisenregion*** the news came thick and fast from the crisis area; **mit einem ~[e]** [*o* **auf einen ~**] (*fam*) suddenly, all at once

Schlagabtausch *m* ① (*Rededuell*) exchange of words, clash; **einen heftigen ~ haben** to have a sharp exchange of words, to go at it hammer and tongs BRIT ② (*beim Boxen*) exchange of blows ③ MIL conflict, combat **Schlagader** *f* artery **Schlaganfall** *m* stroke; **einen ~ haben** [*o* **erleiden**] to have [*or* suffer] a stroke **schlagartig I.** *adj* sudden, abrupt, swift; **eine ~e Veränderung** an abrupt change **II.** *adv* suddenly, abruptly, without warning, in the twinkling of an eye *fam;* **~ zu der Einsicht kommen, dass ...** to suddenly come to realize that ... **Schlagball** *m* SPORT ① *kein pl* (*Spiel*) ≈ rounders + *sing vb* BRIT ② (*Ball*) ≈ rounders ball BRIT **schlagbar** *adj* beatable; ■**nicht ~ sein** to be unbeatable

Schlagbaum *m* barrier; **den ~ hochgehen/heruntergehen lassen** to raise/lower the barrier

Schlagbohrer *m* hammer drill **Schlagbohrmaschine** *f* hammer drill

Schlägel^RR <-s, -> *m* ① MUS [drum]stick
② TECH mallet

schlagen <schlug, geschlagen>

I. TRANSITIVES VERB **II.** INTRANSITIVES VERB
III. REFLEXIVES VERB

I. TRANSITIVES VERB

① *haben* (*hauen*) ■**jdn ~** to hit [*or form* strike] sb; **die Hände vors Gesicht ~** to cover one's face with one's hands; **mit der Faust auf den Tisch ~** to hammer on the table with one's fist; **jdn mit der Faust ~** to punch sb; **jdn mit der Hand ~** to slap sb; **jdm das Heft um die Ohren ~** to hit sb over the head with the magazine; **jdn mit der Peitsche**

~ to whip sb; **jdn mit einem Schlagstock** ~ to club [*or* hit] [*or* beat] sb with a stick; **jdm [wohlwollend] auf die Schulter** ~ to give sb a [friendly] slap on the back; **etw in Stücke** [*o* **Scherben**] ~ to smash sth to pieces
2 *haben* (*prügeln*) ■**jdn** ~ to beat sb; **jdn bewusstlos** ~ to beat sb senseless [*or* unconscious]; **jdn blutig** ~ to leave sb battered and bleeding; **jdn halb tot** ~ to leave sb half dead; **jdn zum Krüppel** ~ to cripple sb; **den Gegner zu Boden** ~ to knock one's opponent down; **eine ~de Verbindung** a duelling [*or* AM dueling] fraternity
3 *haben* (*besiegen*) ■**jdn** ~ to defeat sb; SPORT to beat sb; ■**jdn [in etw** *dat*] ~ to beat sb [in/at sth]; **den Feind mit Waffengewalt** ~ to defeat the enemy with force of arms; **den Gegner vernichtend** ~ to inflict a crushing defeat on one's opponent; **jd ist nicht zu** ~ sb is unbeatable; **sich ge~ geben** to admit defeat
4 *haben* (*fällen*) ■**etw** ~ to fell sth; **einen Baum** ~ to fell a tree
5 *haben* (*durch Schläge treiben*) ■**etw [irgendwohin]** ~ to hit sth [somewhere]; **einen Nagel in die Wand** ~ to knock [*or* hammer] a nail into the wall; **den Ball ins Aus** ~ to kick the ball out of play
6 *haben* (*Eliminieren von Spielfiguren*) ■**etw** ~ to take sth; ***Läufer schlägt Bauern!*** bishop takes pawn!
7 *haben* MUS (*zum Erklingen bringen*) ■**etw** ~ to beat sth; **die Harfe/Laute** ~ to play the harp/lute; **die Saiten** ~ to pluck the strings; **den Takt** ~ to beat time
8 *haben* KOCHK ■**etw** ~ to beat sth; **Sahne** ~ to whip cream; **Eiweiß steif** [*o* **zu Schnee**] ~ to beat the egg white until stiff; **Eier in die Pfanne** ~ to crack eggs into the pan; **die Soße durch ein Sieb** ~ to pass the gravy through a sieve
9 *haben* (*geh: eindringen lassen*) *Raubtier* **die Fänge/Krallen/Zähne in die Beute** ~ to dig [*or* sink] its claws/talons/teeth into the prey
10 *haben* JAGD (*reißen*) ■**ein Tier** ~ to take an animal
11 *haben* (*wickeln*) ■**etw/jdn in etw** *akk* ~ to wrap sth/sb in sth; **das Geschenk in Geschenkpapier** ~ to wrap the present; **das Kind in die Decke** ~ to wrap the child in the blanket
12 *haben* POL, ÖKON (*hinzufügen*) **die Unkosten auf den Verkaufspreis** ~ to add the costs to the retail price; **ein Gebiet zu einem Land** ~ to annex a territory to a country; *s. a.* **Schlacht**
13 *haben* (*veraltend: prägen*) **Münzen** ~ to mint coins
14 *haben* (*ausführen*) **einen Bogen um das Haus** ~ to give the house a wide berth; **mit dem Zirkel einen Kreis** ~ to describe a circle with compasses; **das Kreuz** ~ to make the sign of the cross; ***ein Kleidungsstück schlägt Falten*** a garment gets creased
15 *haben* (*legen*) ■**etw irgendwohin** ~ to throw sth somewhere; **die Arme um jdn** ~ to throw one's arms around sb; **ein Bein über das andere** ~ to cross one's legs; **die Decke zur Seite** ~ to throw off the blanket
16 *haben* (*austragen*) **eine Mensur** ~ to fight a duel
17 *haben* (*geh: heimsuchen*) **ein vom Schicksal geschlagener Mensch** a man dogged by ill-fate; **mit einer Krankheit geschlagen sein** to be afflicted by an illness
▶ WENDUNGEN: **ehe ich mich** ~ **lasse!** (*hum fam*) oh all right [*or* go on] then!, before you twist my arm!; *s. a.* **Alarm, Bogen, Funken, Krach, kurz, Profit, Purzelbaum, Rad**

II. INTRANSITIVES VERB

1 *haben* (*hauen*) ■**[mit etw] irgendwohin** ~ to hit sth [with sth]; **gegen ein Tor** ~ to knock at the gate/door; **mit der Faust gegen eine Tür** ~ to beat at a door with one's fist; **[jdm] [mit der Hand] ins Gesicht** ~ to slap sb's face; **jdm in die Fresse** ~ to punch sb in the face *fam;* ■**[mit etw] um sich** ~ to lash [*or* thrash] about [with sth]; ■**nach jdm** ~ to hit out at sb
2 *sein* (*explodieren*) to strike; ***ein Blitz ist in den Baum geschlagen*** the tree was struck by lightning
3 *sein* (*auftreffen*) ■**an** [*o* **gegen**] **etw** *akk* ~ to land on sth, to strike against sth; ***die schweren Brecher schlugen gegen die Hafenmauer*** the heavy breakers broke [*or* crashed] against the harbour wall
4 *haben* (*pochen*) to beat; ***nach dem Lauf hier hoch schlägt mein Herz/Puls ganz heftig*** my heart's pounding after running up here
5 *haben* (*läuten*) ■**etw schlägt** sth is striking; ***hör mal, das Glockenspiel schlägt*** listen, the clock is chiming; *s. a.* **Stunde**
6 *sein o haben* (*emporlodern*) ■**etw schlägt aus etw** sth is shooting up from sth; ***aus dem Dach schlugen die Flammen*** the flames shot up out of the roof
7 *haben* ORN *Nachtigalle, Fink* to sing; ***der Vogel schlug mit den Flügeln*** the bird beat its wings
8 *sein* (*fam: ähneln*) ■**nach jdm** ~ to take after sb; ***er schlägt überhaupt nicht nach seinem Vater*** he doesn't take after his father at all
9 *sein* (*in Mitleidenschaft ziehen*) ■**jdm [auf etw** *akk*] ~ to affect sb['s sth]; ***das schlechte Wetter schlägt mir langsam aufs Gemüt*** the bad weather is starting to get me down
10 *haben* (*sich wenden*) ■**sich irgendwohin** ~ to strike out; **sich nach rechts** ~ to strike out to the right; **sich in die Büsche** ~ to slip away *hum,* to go behind a tree *hum;* **sich auf jds Seite** ~ to take sb's side; (*die Fronten wechseln*) to go over to sb; *s. a.* **Art, Blitz, Blindheit, Dummheit, Gemüt, Ohr**

III. REFLEXIVES VERB

haben 1 (*sich prügeln*) ■**sich** ~ to have a fight, to fight each other; ■**sich [mit jdm]** ~ to fight [sb]
2 (*rangeln*) ■**sich [um etw]** ~ to fight [over sth]; ***das Konzert ist ausverkauft, die Leute haben sich um die Karten geradezu geschlagen*** the tickets went like hot cakes and the concert is sold out
3 (*sich anstrengen*) ■**sich [irgendwie]** ~ to do somehow; **sich gut** ~ to do well

schlagend I. *adj* forceful, compelling, convincing; **ein ~er Beweis** conclusive proof
II. *adv* ~ **beweisen/widerlegen** to prove/disprove convincingly; *s. a.* **Verbindung, Wetter²**
Schlager <-s, -> *m* MUS 1 (*Lied*) [pop] song
2 (*Erfolg*) [big] hit, great success
Schläger <-s, -> *m* SPORT 1 (*Tennis-, Squashschläger*) racquet, racket; **Tischtennis~** table tennis paddle
2 (*Stock~*) stick, bat; **Golf~** golf club; **Cricket~** cricket bat
3 *s.* **Schlagholz**
Schläger(in) <-s, -> *m(f)* 1 (*Raufbold*) thug, hoodlum
2 SPORT batsman *masc,* batswoman *fem,* hitter; (*beim Baseball*) batter
Schlägerbande *f* gang of thugs
Schlägerei <-, -en> *f* fight, brawl, punch-up BRIT *fam*
Schlagerfestival *nt* pop [music] festival
Schlägerin <-, -nen> *f fem form von* **Schläger**
Schlägermütze *f* (*fam*) [peaked] cap
Schlagersänger(in) *m(f)* pop singer
schlagfertig I. *adj* quick-witted; *Antwort a.* clever
II. *adv* quick-wittedly; ~ **antworten** to be quick with an answer
Schlagfertigkeit *f kein pl* quick-wittedness; *Antwort* cleverness
schlagfest *adj inv* impact-resistant
Schlagholz *nt* SPORT bat **Schlaghose** *f* MODE flares *pl,* bell-bottoms *npl,* bell-bottomed trousers *pl* **Schlaginstrument** *nt* MUS percussion instrument **Schlagkraft** *f kein pl* 1 MIL strike power 2 (*Wirksamkeit*) effectiveness **schlagkräftig** *adj* 1 (*kampfkräftig*) powerful [in combat] 2 (*wirksam*) **ein ~es Argument** a forceful [*or* compelling] [line of] argument; **ein ~er Beweis** compelling proof *no pl* **Schlaglicht** *nt* KUNST, FOTO highlight ▶ WENDUNGEN: **ein [kennzeichnendes]** ~ **auf jdn/etw werfen** to put sb/sth into a characteristic/particular light **Schlagloch** *nt* pothole **Schlagmann** *m* SPORT stroke **Schlagmesser** *nt* Chinese cleaver **Schlagrahm** *m,* **Schlagobers** *nt* KOCHK SÜDD, ÖSTERR, SCHWEIZ (*Schlagsahne*) whipping cream **schlagreif** *adj* **ein ~er Baum** tree ready for felling **Schlagring** *m* knuckleduster, brass knuckles AM **Schlagsahne** *f* KOCHK cream; (*flüssig*) whipping cream; (*geschlagen*) whipped cream **Schlagseite** *f kein pl* NAUT list; ~ **haben** [*o* **bekommen**] to develop a list; ***der Tanker hatte bereits schwere*** ~ the tanker had already developed a heavy list [*or* was listing badly] ▶ WENDUNGEN: ~ **haben** (*hum fam*) to be three sheets to the wind *fam,* to be legless BRIT *sl* **Schlagstock** *m* club, cudgel; (*Gummiknüppel*) truncheon **Schlagstockeinsatz** *m* baton charge **Schlagwerk** *nt kein pl* striking mechanism **Schlagwetter** *pl* BERGB firedamp **Schlagwort** *nt* 1 <-worte> (*Parole*) slogan, catchphrase, cliché *pej* 2 <-wörter> (*Stichwort*) keyword, headword **Schlagwortkatalog** *m* library catalogue [*or* AM catalog] of keywords
Schlagzeile *f* MEDIA headline; **~n machen** [*o* **für ~n sorgen**] to make headlines [*or* the front page]
schlagzeilen *vt* (*sl: als Schlagzeile bringen*) ***„Diana verlässt Charles", schlagzeilten die Boulevardblätter*** "Diana leaves Charles" was [*or* screamed] the headline in the tabloids
Schlagzeug <-[e]s, -e> *nt* drums *pl;* (*im Orchester*) percussion *no pl*
Schlagzeuger(in) <-s, -> *m(f)* (*fam*), **Schlagzeugspieler(in)** <-s, -> *m(f)* drummer; (*im Orchester*) percussionist
schlaksig *adj* (*fam*) gangling, lanky, gawky; **~e Bewegungen** clumsy and awkward movements
Schlamassel <-s, -> *m o nt* (*fam*) 1 (*Durcheinander*) mess, muddle
2 (*ärgerliche Situation*) ***jetzt haben wir den ~!*** now we're in a [right] mess [*or fam* pickle]!
Schlamm <-[e]s, -e *o* Schlämme> *m* mud; (*breiige Rückstände*) sludge *no indef art, no pl,* residue *form,* gunge *fam no indef art, no pl* BRIT
Schlammbad *nt* mud bath **Schlammerde** *f* (*als Heilerde*) mud **Schlammfaulung** *f* slude digestion **Schlammfieber** *nt* swamp [*or* harvest] fever **Schlammfracht** *f* cargo of slurry
schlammig *adj* muddy; **~es Wasser** muddy [*or* sludgy] water
Schlammpackung *f* mud pack **Schlammschicht** *f* layer of mud **Schlammschlacht** *f* 1 (*Fußballspiel*) mudbath 2 (*fig: Streit*) mud-slinging *no pl, no indef art* **Schlammspringer** *m* ZOOL mudskipper
Schlampe <-, -n> *f* (*pej fam*) slut, tart *sl;* **diese alte** ~ that old witch [*or* bag]
schlampen *vi* (*fam*) ■**[bei etw]** ~ to do a sloppy job [of sth] *fam*
Schlamper(in) <-s, -> *m(f)* slovenly fellow *fam*
Schlamperei <-, -en> *f* (*fam*) 1 (*Nachlässigkeit*) sloppiness *fam*
2 (*Unordnung*) mess, untidiness
Schlampermäppchen *nt* [*soft*] *small pencil bag*
schlampig I. *adj* 1 (*nachlässig*) sloppy *fam;* (*liederlich*) slovenly
2 (*ungepflegt*) unkempt, bedraggled
II. *adv* 1 (*nachlässig*) sloppily *fam*
2 (*ungepflegt*) in a slovenly [*or* unkempt] way
schlang *imp von* **schlingen¹, ²**
Schlange <-, -n> *f* 1 ZOOL (*a. fig*) snake
2 (*lange Reihe*) queue, line AM; *Fahrzeuge a.* tailback BRIT, traffic jam AM; **[irgendwo]** ~ **stehen** to queue up [somewhere], to stand in line [somewhere] AM
3 (*pej: hinterlistige Frau*) Jezebel; **eine falsche** ~ (*pej*) a snake in the grass *fig*
4 TECH (*Heiz~*) heating coil; (*Kühl~*) cooling spiral [*or* coil]
▶ WENDUNGEN: **eine** ~ **am Busen nähren** (*geh*) to cherish a viper in one's bosom; **sich winden wie eine** ~ to go through all sorts of contortions

schlängeln *vr* ❶ ZOOL (*sich winden*) ■**sich** ~ to crawl, to coil its way
❷ (*kurvenreich verlaufen*) ■**sich** ~ to snake [*or* wind] [one's way]; *Fluss, Straße* to meander
❸ (*sich winden*) ■**sich** ~ to wind one's way; ***sie schlängelte sich durch die Menschenmenge*** she wormed her way through the crowd; *s. a.* **Linie**

Schlangenadler *m* short-toed eagle **Schlangenbeschwörer(in)** <-s, -> *m(f)* snake charmer **Schlangenbiss**[RR] *m* snake bite **Schlangenbohrer** *m* auger bit **Schlangengift** *nt* snake poison **Schlangengurke** *f* long cucumber **Schlangenleder** *nt* snakeskin **Schlangenlinie** *f* wavy line; **in ~n fahren** to weave [one's way] [from side to side] **Schlangenmensch** *m* contortionist **Schlangenstern** *m* ZOOL brittlestar

Schlangestehen <-s> *nt kein pl* queu[e]ing [up], lining up, standing in a queue [*or* AM line]

schlank *adj* ❶ (*dünn*) slim; ~ **machen** *Essen* to be good for losing weight; *Kleidung* to be slimming, to make sb look slim; **sich ~ machen** to breathe in, to hold oneself in
❷ (*schmal*) slender, slim; **ein ~er Baum** a slender tree; **von ~em Wuchs** of slender shape; *s. a.* **Linie**

Schlankheit <-> *f kein pl* slimness, slenderness **Schlankheitsdiät** *f* slimming diet **Schlankheitskur** *f* diet; **eine ~ machen/anfangen** to be/go on a diet

schlankweg *adv* (*fam*) [**etw**] ~ **ablehnen** to flatly refuse [sth], to refuse [sth] outright [*or* point-blank]; **etw ~ abstreiten** [*o* **bestreiten**] to flatly deny sth; **jdm etw ~ ins Gesicht sagen** to say sth straight to sb's face, to come right out with sth and tell sb

schlapp *adj* ❶ *pred* (*fam: erschöpft*) worn out; (*nach einer Krankheit*) washed out; **jdn ~machen** (*fam*) to wear sb out
❷ (*fam: ohne Antrieb*) feeble, weak, listless
❸ (*fam: mager*) measly; **für ~e 10 DM** for a measly 10 marks *fam;* **ein ~er Betrag** a measly amount *fam*

Schlappe <-, -n> *f* (*fam*) setback, upset; [**bei etw**] **eine ~ einstecken müssen, eine ~** [**in etw** *dat*] **erleiden** to suffer a setback

Schlappen <-s, -> *m* DIAL (*fam*) slipper

Schlappheit <-> *f kein pl* listlessness

Schlapphut *m* floppy hat **schlapp|machen** *vi* (*fam*) ❶ (*erschöpft aufgeben*) to give up ❷ (*erschöpft langsamer machen*) to flag [*or* droop] ❸ (*erschöpft umkippen*) to pass [*or* BRIT *fam* flake] out **Schlappohr** *nt* ❶ ZOOL (*hum*) lop-ear; **~en** floppy ears *fam* ❷ *s.* **Schlappschwanz** **Schlappschwanz** *m* (*pej fam*) wimp *pej fam*

Schlaraffenland *nt* ❶ LIT Cockaigne *form*
❷ (*geh: Land des Überflusses*) land of milk and honey

schlau I. *adj* ❶ (*clever*) clever, shrewd; ***du bist ein ~es Bürschlein!*** what a clever clogs you are! BRIT
❷ (*gerissen*) crafty, wily; **ein ~er Fuchs** a sly fox; **eine ~e Idee** an ingenious [*or fam* bright] idea *a. iron;* **ein ~er Plan/Vorschlag** an ingenious plan/suggestion; **aus jdm/etw ~ werden** to understand sb/sth, to understand what sb/sth is about *fam;* ***ich werde nicht ~ aus der Bedienungsanleitung*** I can't make head nor tail of the operating instructions; **ein ganz S~er/eine ganz S~e** (*iron fam*) a clever clogs BRIT *iron fam; s. a.* **Kopf**
II. *adv* cleverly, shrewdly, craftily, ingeniously

Schlauberger(in) <-s, -> *m(f)* (*fam*) ❶ (*pfiffiger Mensch*) clever one
❷ (*iron: Besserwisser*) clever clogs [*or* Dick] BRIT *iron,* smart alec *iron*

Schlauch <-[e]s, Schläuche> *m* ❶ (*biegsame Leitung*) hose
❷ (*Reifenschlauch*) [inner] tube
❸ (*fam: Strapaze*) grind *fam,* hard labour [*or* AM -or] *no indef art, no pl;* ***die Wanderung war ein echter*** ~ the hike was a real slog
▶ WENDUNGEN: **auf dem ~ stehen** (*fam: ratlos sein*) to be at a loss

Schlauchboot *nt* rubber [*or* inflatable] dinghy

schlauchen I. *vt* (*fam*) ■**jdn** ~ to [almost] finish sb off, to take it out of sb; ■**geschlaucht sein** to be worn out
II. *vi* (*fam*) to wear sb out, to take it out of sb *fam;* ***das schlaucht ganz schön!*** that really takes it out of you!

schlauchlos *adj* AUTO tubeless **Schlauchreifen** *m* AUTO tube-type tyre **Schlauchwagen** *m* [garden] hose trolley

Schläue <-> *f kein pl* ❶ (*clevere Art*) shrewdness
❷ (*Gerissenheit*) craftiness, cunning

Schlaufe <-, -n> *f* loop; (*aus Leder*) strap

Schlauheit <-> *f kein pl s.* **Schläue**

Schlaukopf *m,* **Schlaumeier** *m* (*fam*) *s.* **Schlauberger**

Schlawiner(in) <-s, -> *m(f)* (*hum fam*) rascal

schlecht I. *adj* ❶ KOCHK (*verdorben*) bad, poor; ■~ **sein** to be bad [*or* BRIT off]; ***ich fürchte das Fleisch ist ~ geworden*** I'm afraid the meat has gone off [*or* is off]
❷ (*mindere Qualität aufweisend*) bad, poor; **von ~er Qualität** of poor quality; **~e Verarbeitung** poor workmanship
❸ (*unzureichend*) poor; **noch zu ~** still not good enough; ***deine Aussprache ist noch zu ~*** your pronunciation is still not good enough
❹ FIN (*gering*) poor; **ein ~es Gehalt** a poor salary
❺ (*moralisch verkommen*) bad, wicked, evil; **ein ~es Gewissen haben** to have a bad conscience; **einen ~en Ruf haben** [*o* **in ~em Ruf stehen**] to have a bad reputation; **jdm etwas S~es nachsagen** to say sth bad about sb, to speak disparagingly about sb, to cast aspersions on sb *form*
❻ (*unangenehm*) bad; **~es Benehmen** bad manners *pl*
❼ (*ungünstig*) bad; **~e Zeiten** hard times
❽ MED (*nicht gut funktionierend*) bad, poor; **eine ~e Entwässerung** water retention; **~e Augen** poor [*or* weak] eyesight, weak eyes; **ein ~es Herz** a bad heart
❾ (*übel*) ■**jdm ist** [*o* **wird**] [**es**] ~ sb feels sick
▶ WENDUNGEN: **es** [**bei jdm**] ~ **haben** to not be doing well [*or* to be doing badly] [with sb]; **jdn aber ~ kennen** to not know sb [very well]; **es sieht ~ aus** it doesn't [*or* things don't] look good; **es sieht ~ aus mit jdm/etw** the prospects [*or* things] don't look good for sb/sth
II. *adv* ❶ KOCHK (*nicht gut*) badly; ***so ~ habe ich selten gegessen*** I've rarely had such bad food
❷ (*ungenügend*) badly, poorly; ***die Geschäfte gehen*** ~ business is bad
❸ (*nicht hinreichend*) badly; **etw ~ beschreiben** to describe sth superficially [*or* badly]; ~ **konzipiert/geplant** badly [*or* poorly] conceived/planned; ***es ist ~ vorstellbar*** it's difficult to imagine
❹ (*gering*) poorly; ~ **bezahlt** badly [*or* poorly] paid; ~ **gehen** to be badly off, to be doing badly; ~ **zahlen** to pay badly; ~ **honoriert** badly paid
❺ MED (*nicht mit aller Kapazität*) badly, poorly; ~ **gehen** to not feel [*or* be] well; (*sich übel fühlen*) to feel sick; ~ **hören** to be hard of hearing; ~ **sehen** to have poor [*or* weak] eyesight
❻ (*unangenehm*) badly; ~ **gehen** (*fam*) to be [in] for it [*or* be in trouble]; **jdn ~ machen** to run sb down, to vilify sb, to make disparaging remarks about sb; [**jdm**] **etw ~ machen** to run sth down [in front of sb], to spoil sth [for sb]; **über jdn ~ reden** to say bad things about sb, to speak disparagingly about sb, to cast aspersions on sb
❼ (*nicht gut*) ~ **beraten** ill-advised; ~ **gelaunt** [*o* **drauf**] bad-tempered, ill-tempered, in a bad mood *pred;* ~ **mit jdm auskommen** to not get on [well] with sb; ***wir kommen ~ miteinander aus*** we don't get on well together; ~ **zusammenpassen** to not get on well together
❽ (*schwerlich*) not really; ***du wirst ~ anders können*** you can't really do anything else
▶ WENDUNGEN: ~ **und recht** [*o* **mehr ~ als recht**] (*hum fam*) after a fashion, more or less; **auf jdn/etw ~ zu sprechen sein** to not want anything to do with sb/sth; **nicht ~** (*fam*) ***in dem Restaurant speist man nicht*** ~ you can eat [quite] well in that restaurant; **nicht ~ staunen** to be astonished; **nicht ~ verwundert sein** to be amazed

schlechterdings *adv inv* ❶ (*ganz und gar*) absolutely; ***es war mir ~ unmöglich*** it was utterly [*or* simply] impossible for me
❷ (*nahezu*) virtually; ~ **alles** virtually [*or* practically] everything

Schlechterfüllung *f* JUR defective performance **Schlechterstellung** *f* JUR discrimination

Schlechtheit *f kein pl* badness

schlechthin *adv* ❶ (*in reinster Ausprägung*) **etw ~ sein** to be the epitome of sth
❷ (*geradezu*) just, absolutely; ***das dürfte ~ unmöglich sein*** that is completely impossible

Schlechtigkeit <-, -en> *f* ❶ *kein pl* (*üble Beschaffenheit*) badness, wickedness, evil
❷ (*üble Tat*) wicked [*or* bad] deed

Schlechtleistung *f* JUR insufficient performance, poor workmanship **Schlechtwettergeld** *nt* bad-weather allowance

schlecken I. *vt* ■**etw** ~ to lick sth; *Katze* to lap up sth *sep*
II. *vi* ❶ SÜDD, ÖSTERR, SCHWEIZ (*naschen*) to nibble (*esp sweet things*)*;* **etwas zum S~** sth to nibble
❷ (*lecken*) ■**an etw** *dat* ~ to lick sth

Schleckerei <-, -en> *f* ÖSTERR, SÜDD (*Süßigkeit*) sweet, nibble *usu pl*

Schleckermaul *nt* (*hum fam*) *s.* **Leckermaul**

Schlegel <-s, -> *m* ❶ MUS *s.* **Schlägel**
❷ TECH *s.* **Schlägel**
❸ KOCHK SÜDD, ÖSTERR, SCHWEIZ (*Hinterkeule*) drumstick

Schlehdorn <-[e]s, -e> *m* blackthorn, sloe

Schlehe <-, -n> *f* sloe

schleichen <schlich, geschlichen> I. *vi sein* ❶ (*leise gehen*) ■[**irgendwohin**] ~ to creep [*or liter* steal] [*or pej* sneak] [somewhere]
❷ (*auf Beutejagd*) to prowl
❸ (*langsam gehen, fahren*) to crawl along; *s. a.* **Katze**
II. *vr haben* ❶ (*leise gehen*) ■**sich irgendwohin** ~ to creep [*or liter* steal] [*or pej* sneak] somewhere; **sich aus dem Haus** ~ to steal away softly *form*
❷ (*auf Beutejagd*) ■**sich irgendwohin** ~ to prowl somewhere
▶ WENDUNGEN: **schleich dich!** SÜDD, ÖSTERR (*sl*) get lost [*or* AM out of here]!; *s. a.* **Vertrauen**

schleichend I. *adj attr* MED (*langsam fortschreitend*) insidious; **~e Inflation** creeping inflation
II. *adv* insidiously

Schleicher(in) <-s, -> *m(f)* (*pej*) sycophant, crawler BRIT *fam,* brown-noser AM, arse-licker BRIT *vulg,* ass-kisser AM *vulg*

Schleichhandel *m* JUR smuggling, illicit trade [*or* traffic]; **der ~ mit Waffen** gunrunning **Schleichhändler(in)** *m(f)* trafficker, black marketeer **Schleichware** *f* JUR contraband [goods *pl*], illicit goods *pl* **Schleichweg** *m* back way; (*geheimer Weg*) secret path **Schleichwerbung** *f* plug

Schleie <-, -n> *f* ZOOL tench

Schleier <-s, -> *m* ❶ (*durchsichtiges Gewebe*) veil; **den ~ nehmen** REL (*veraltend geh: Nonne werden*) to take the veil
❷ (*Dunst*) [veil of] mist
▶ WENDUNGEN: **den ~ des Vergessens über etw** *akk* **breiten** (*geh*) to draw a veil over sth *fig;* **den ~ lüften** to reveal all *iron* [*or* the secret]

Schleiereule *f* barn owl

Schleierfahndung *f* stop and search [*or* AM and frisk] **schleierhaft** *adj* (*fam*) ■[**jdm**] ~ **sein** to be a mystery [to sb]

Schleierkraut *nt* BOT gypsophila, baby's breath

Schleifblatt *nt* abrasive disc

Schleife <-, -n> *f* ❶ MODE bow
❷ GEOG *Fluss* oxbow; *Straße* horseshoe bend
❸ LUFT (*Kehre*) loop

schleifen[1] I. *vt haben* ❶ (*über den Boden ziehen*) ■**etw/jdn** ~ to drag sth/sb
❷ (*hum fam: mitschleppen*) ■**jdn** ~ to drag sb
❸ (*niederreißen*) ■**etw** ~ to raze sth to the ground, to tear sth down
II. *vi* ❶ *haben* (*reiben*) ■[**an etw** *dat*] ~ to rub [*or*

scrape] [against sth]; **die Kupplung ~ lassen** AUTO to slip the clutch
② *sein o haben* (*gleiten*) ■[**über etw** *dat*] ~ to slide [*or* drag] [over sth]; *Schleppe* to trail
► WENDUNGEN: **etw ~ lassen** (*fam*) to let sth slide; *s. a.* **Zügel**
III. *vr* (*fam*) ■**sich irgendwohin** ~ to drag oneself somewhere

schleifen[2] <schliff, geschliffen> *vt* ① (*schärfen*) ■**etw** ~ to sharpen [*or* grind] sth
② (*in Form polieren*) ■**etw** ~ to polish sth; (*mit Sandpapier*) to sand sth; **Edelsteine** ~ to cut precious stones
③ MIL (*fam: brutal drillen*) ■**jdn** ~ to drill sb hard

Schleifer(in) <-s, -> *m(f)* ① (*Facharbeiter, der Steine schleift*) grinder; (*von Edelsteinen*) cutter
② MIL (*sl*) slave-driver, martinet *form*

Schleiflack *m* polishing varnish [*or* lacquer] **Schleifmaschine** *f* sander, sanding machine **Schleifpapier** *nt* sandpaper **Schleifstein** *m* grindstone; *s. a.* **Affe**

Schleim <-[e]s, -e> *m* ① MED (*Schleimdrüsenabsonderung*) mucus; (*in Bronchien oder Hals*) phlegm
② (*klebrige Masse*) slime
③ (*Brei*) gruel; **Hafer~** porridge

Schleimbeutel *m* MED bursa *spec* **Schleimdrüse** *f* mucous gland

schleimen *vi* (*pej fam*) to crawl *pej fam;* ■**jdn** ~ to butter sb up, to suck up to sb *fam,* to soft-soap sb BRIT

Schleimer(in) <-s, -> *m(f)* (*pej fam*) crawler BRIT *fam,* brown-noser AM

Schleimhaut *f* ANAT mucous membrane

schleimig I. *adj* ① MED mucous
② (*glitschig*) slimy, sticky
③ (*pej: unterwürfig*) slimy *pej fam,* obsequious *pej form*
II. *adv* (*pej*) in a slimy way *pej,* obsequiously *pej*

Schleimpilz *m* BOT slime mould [*or* AM mold] **Schleimscheißer(in)** <-s, -> *m(f)* (*pej derb*) crawler BRIT *fam,* brown-noser AM, slimy git BRIT *sl,* slimeball *sl*

schlemmen I. *vi* to have a feast
II. *vt* ■**etw** ~ to feast on sth

Schlemmer(in) <-s, -> *m(f)* gourmet

Schlemmerei <-, -en> *f* KOCHK ① (*dauerndes Schlemmen*) feasting, indulgences *pl*
② (*Schmaus*) feast

schlendern *vi sein* ■[**irgendwohin**] ~ to stroll [*or* amble] along [somewhere]

Schlendrian <-[e]s> *m kein pl* (*fam*) ① (*Trott*) rut
② (*Schlamperei*) sloppiness

Schlenker <-s, -> *m* ① TRANSP (*Ausweichmanöver*) swerve; **einen ~ machen** to swerve
② (*kleiner Umweg*) detour

schlenkern *vi* ① (*pendeln*) to dangle; ■**etw ~ lassen** to let sth dangle [*or* swing]; **mit den Beinen** ~ to swing one's legs
② (*schlackern*) to flap; ***der lange Rock schlenkerte ihr um die Beine*** the long skirt flapped around her legs
③ (*vom Weg abkommen*) to swerve

Schlepp *m* **etw im ~ haben** to have sth in tow, to tow sth; **jdn/etw ~ nehmen** to take sb/sth in tow *a. fig*

Schleppdampfer *m* NAUT (*geh*) tug

Schleppe <-, -n> *f* MODE train

schleppen I. *vt* ① (*schwer tragen*) ■**jdn/etw** [**irgendwohin**] ~ to carry [*or fam* lug] sb/sth
② (*zerren*) ■**jdn/etw** ~ to drag sb/sth
③ (*abschleppen*) ■**etw** [**irgendwohin**] ~ to tow sth [somewhere]; **das Auto in die Werkstatt ~ lassen** to have the car towed to the garage
④ (*fam: schleifen*) ■**jdn** [**irgendwohin**] ~ to drag sb [somewhere]
⑤ (*fam: tragen*) ■**etw** [**mit sich**] [**herum**]~ to lug sth around [with one]
II. *vr* ① (*sich mühselig fortbewegen*) ■**sich** [**irgendwohin**] ~ to drag oneself somewhere
② (*sich hinziehen*) ■**sich** ~ to drag on

schleppend I. *adj* ① (*zögerlich*) slow; **~e Bearbeitung** delayed processing
② (*schwerfällig*) shuffling, shambling; **~e Schritte** dragging steps; **~er Absatz** ÖKON sluggish market; **~e Nachfrage** ÖKON slack demand
③ (*gedehnt*) [long-]drawn-out; **~es Sprechen** slow speech
II. *adv* ① (*zögerlich*) slowly; **~ in Gang kommen** to be slow in getting started
② (*schwerfällig*) **~ gehen, sich ~ bewegen** to shuffle along
③ (*gedehnt*) in a [long] drawn-out way [*or* fashion], slowly

Schlepper <-s, -> *m* ① NAUT *s.* **Schleppdampfer**
② (*veraltend: Zugmaschine*) tug [and tow]

Schlepper(in) <-s, -> *m(f)* (*sl*) ① (*Fluchthelfer*) *sb who organizes illegal entry into a country*
② (*Kundenfänger*) tout

Schlepperkriminalität *f* transporting of illegal immigrants

Schleppfischerei *f* trawling

Schleppkahn *m* NAUT lighter, barge **Schlepplift** *m* ski tow **Schleppnetz** *nt* trawl [net] **Schleppnetzfahndung** *f* JUR dragnet technique **Schlepptau** *nt* towline, tow rope; **im** ~ in tow; **etw ins ~ nehmen** to take sth in tow; **jdn ins ~ nehmen** (*fig fam*) to take sb under one's wing [*or* in tow]; **mit jdm im** ~ (*fam*) with sb in one's wake [*or* in tow] *fig*

Schlesien <-s> [ʃleːziən] *nt kein pl* Silesia

Schlesier, Schlesierin <-s, -> [ʃleːziɐ] *m, f* Silesian

schlesisch *adj* Silesian

Schleswig-Holstein <-s> *nt* Schleswig-Holstein

Schleuder <-, -n> *f* ① (*Waffe*) catapult
② (*Wäsche~*) spin drier [*or* dryer]

Schleuderball *m* SPORT ① (*Ball*) *leather ball with a throwing strap to gain distance* ② (*Spiel*) *team game played with such a ball* **Schleudergefahr** *f kein pl* risk of skidding **Schleudergussverfahren[RR]** *nt* TECH centrifugal casting **Schleuderhonig** *m* KOCHK extracted honey, centrifuged honey

schleudern I. *vt haben* ① (*werfen*) ■**etw** [**irgendwohin**] ~ to hurl [*or* fling] sth [somewhere]; *s. a.* **Gesicht**
② TECH (*zentrifugieren*) ■**etw** ~ to spin sth; **Salat** ~ to dry [the] lettuce
II. *vi sein* ■[**irgendwohin**] ~ to skid [somewhere]; **ins S~ geraten** [*o* **kommen**] to go into a skid; (*fig*) to find one is losing control of a situation

Schleuderpreis *m* knock-down price; **etw zum ~ verkaufen** to sell sth at a knock-down price **Schleudersitz** *m* LUFT ejector seat; (*fig*) hot seat **Schleuderspur** *f* skid mark *usu pl*

schleunig I. *adj attr* (*geh*) rapid, swift, speedy; **~stes Eingreifen** immediate measures
II. *adv* (*geh*) rapidly, swiftly

schleunigst *adv* straight away, without delay, at once

Schleuse <-, -n> *f* lock; (*Tor*) sluice gate
► WENDUNGEN: **der Himmel hat seine ~n geöffnet** the heavens opened

schleusen *vt* (*fam*) ① (*heimlich leiten*) ■**jdn** [**irgendwohin**] ~ to smuggle sb in [somewhere]
② (*geleiten*) ■**jdn** [**durch etw** *akk* [*o* **über etw** *akk*]] ~ to escort sb [through [*or* across] sth]
③ NAUT (*durch eine Schleuse bringen*) ■**etw** ~ to take [*or* pass] [*or* send] sth through a lock

Schleusenbeamter, -beamtin *m, f* NAUT, ADMIN lock-keeper **Schleusenkammer** *f* lock basin [*or* chamber] **Schleusenmeister(in)** *m(f)* lock-keeper **Schleusenöffnung** *f* NAUT opening of lock gate[s] **Schleusenstraße** *f* series of locks **Schleusentor** *nt* sluice gate **Schleusenwärter(in)** <-s, -> *m(f)* lock-keeper

Schleuserkriminalität *f* smuggling of illegal immigrants

schlich *imp von* **schleichen**

Schlich <-[e]s, -e> *m* ① GEOL schlich
② (*List*) ■**~e** *pl* tricks *pl;* **jdm auf die ~e kommen, hinter jds ~e kommen** to find sb out, to get wise to sb, to rumble sb BRIT *fam,* to suss sb out BRIT *fam*

schlicht I. *adj* ① (*einfach*) *Einrichtung, Feier, Form, Kleidung, Mahlzeit* simple, plain *esp pej;* **~e Eleganz** understated elegance; **in ~e Verhältnisse leben** to live in modest circumstances
② (*wenig gebildet*) simple, unsophisticated
③ *attr* (*bloß*) plain; ***das ist eine ~e Tatsache*** it's a simple fact
► WENDUNGEN: **~ um ~ handeln** (*geh*) to barter
II. *part* (*ganz einfach*) simply; ***das ist ~ gelogen/falsch*** that's a barefaced lie/just plain wrong; **~ und einfach** (*fam*) [just] plain; **~ und ergreifend** (*hum fam*) plain and simple; ***das ist ~ und ergreifend falsch!*** that's just plain wrong!

schlichten I. *vt* ■**etw** ~ to settle sth; [**in etw** *akk*] **~d eingreifen** to act as mediator [in sth]
II. *vi* ■[**in etw** *dat*] ~ to mediate [*or* arbitrate] [in sth]

Schlichter(in) <-s, -> *m(f)* arbitrator, mediator; **einen ~ einschalten** to go to arbitration

Schlichtheit <-> *f kein pl* simplicity, plainness

Schlichtung <-, -en> *f* mediation, settlement, arbitration

Schlichtungsausschuss[RR] *m* arbitration committee **Schlichtungsklausel** *f* arbitration clause **Schlichtungskomitee** *nt* JUR arbitration board [*or* tribunal] **Schlichtungskommission** *f s.* Schlichtungsausschuss **Schlichtungsstelle** *f* arbitration [*or* conciliation] board **Schlichtungsverfahren** *nt* JUR, ÖKON arbitration proceedings *pl* **Schlichtungsverhandlung** *f meist pl* arbitration [negotiations]; **~en aufnehmen** to go to arbitration **Schlichtungsvertrag** *m* JUR arbitration agreement **Schlichtungswesen** *nt* arbitral jurisdiction

Schlick <-[e]s, -e> *m* silt

schliddern *vi haben o sein* NORDD (*schlittern*) to slide

schlief *imp von* **schlafen**

Schliere <-, -n> *f* smear

Schließe <-, -n> *f* fastener, clasp

schließen <schloss, geschlossen> I. *vi* ① (*zugehen*) to close [properly]; ***die Tür schließt nicht richtig*** the door doesn't close properly
② ÖKON (*Geschäftsstunden unterbrechen*) to close, to shut
③ ÖKON (*Betrieb aufgeben*) to close [*or* shut] [down]
④ (*enden*) ■[**mit etw**] ~ to close [*or* end] [with sth]
⑤ (*schlussfolgern*) ■[**aus** [*o* **von**] **etw** *dat*] [**auf etw** *akk*] ~ to conclude [*or* infer] [sth] [from sth]; ■**von jdm auf jdn** ~ to judge sb by one's/sb's standards; ***du solltest nicht immer von dir auf andere ~!*** you shouldn't project your character on others; **von Besonderen auf das Allgemeine** ~ to proceed inductively; **etw lässt auf etw** *akk* ~ (*hindeuten*) sth indicates [*or* suggests] sth/that sth …
⑥ BÖRSE (*bei Börsenschluss notieren*) to close, to be at the close; **fest/flau/schwächer** ~ to finish higher/to leave off flat/to finish lower; ***die Börse schloss heute freundlich*** the stock exchange closed up on the day
II. *vt* ① (*geh: zumachen*) ■**etw** ~ to close sth; **eine geschlossene Anstalt** a top-security mental hospital; **ein hinten geschlossenes Kleid** a dress that fastens at the back; **eine Grenze** ~ to close a border
② (*geh: beenden*) ■**etw** ~ to close [*or* conclude] sth, to bring sth to a close *form,* to wind sth up; ***die Verhandlung ist geschlossen!*** the proceedings are closed!
③ (*eingehen*) [**mit jdm**] **ein Abkommen** ~ to come to an agreement on sth [with sb]; **ein Bündnis** ~ to enter into [*or* form] an alliance; **eine Ehe** ~ to get married; **Freundschaft** ~ to become friends; **Frieden** ~ to make peace; **einen Kompromiss** ~ to reach a compromise; **einen Pakt** ~ to make a pact
④ (*auffüllen*) ■**etw** ~ to fill sth; **eine Lücke** ~ to fill a gap; **die Reihen** ~ MIL to close ranks
⑤ (*schlussfolgern*) ■**etw** [**aus etw**] ~ to conclude [*or* infer] sth [from sth]; ■[**aus etw**] **~, dass …** to conclude [*or* infer] [from sth] that …

S

❻ (*geh: beinhalten*) ■**etw** [**in sich** *dat*] ~ to contain sth [within it]
❼ (*befestigen*) ■**etw** [**an etw** *akk*] ~ to lock sth [up to sth]; ***er schließt das Fahrrad immer mit einer Kette an einen Baum*** he always chains his bike to a tree
❽ (*umfassen*) **jdn in die Arme** ~ to take sb in one's arms; **jdn** [**mit**] **ins Gebet** ~ to include sb in one's prayers; *s. a.* **Arm, Herz**
III. *vr* ❶ (*zugehen*) ■**sich** ~ to close, to shut; ***die Türen ~ sich automatisch*** the doors close automatically
❷ (*sich anschließen*) ■**sich an etw** ~ to follow sth; ***an die Filmvorführung schloss sich eine Diskussion mit dem Regisseur an*** after the showing there was a discussion with the film's director

Schließfach *nt* ❶ (*Gepäck~*) locker ❷ (*Bank~*) safe-deposit box ❸ (*Postfach*) post-office [*or* PO] box **Schließfrucht** *f* BOT indehiscent fruit **Schließkorb** *m* hamper

schließlich *adv* ❶ (*endlich*) at last, finally; ~ **und endlich** in the end, ultimately
❷ (*immerhin*) after all

Schließmuskel *m* sphincter **Schließstange** *f* BAU locking bar

Schließung <-, -en> *f* ❶ (*Betriebsaufgabe*) closure
❷ (*geh: Beendigung*) close

Schließzylinder *m* BAU locking cylinder

schliff *imp von* **schleifen²**

Schliff <-[e]s, -e> *m* ❶ *kein pl* (*das Schleifen*) sharpening, grinding
❷ *kein pl* (*das Polieren von Edelsteinen*) cutting; (*das Polieren von Glas*) cutting and polishing
❸ (*geschliffener Zustand*) edge
❹ (*polierter Zustand*) cut
❺ (*fig: Umgangsformen*) polish, sophistication; **jdm ~ beibringen** to give sb polish; **keinen ~ haben** to be without refinement; **etw** *dat* **den letzten ~ geben** to put the finishing touches to sth

schlimm **I.** *adj* ❶ (*übel*) bad, dreadful; **eine ~e Entwicklung** an ugly development; **eine ~e Tatsache** a dreadful fact; **ein ~er Fall** a nasty case [*or* instance]; **eine ~e Geschichte** an ugly [*or* a bad] business; **eine ~e Nachricht/~e Neuigkeiten** bad news *pl;* **ein ~er Vorfall** an ugly incident; **ein ~er Vorwurf** a serious reproach; **eine ~e Zeit** a terrible [*or* dreadful] time; ■**es ist ~, dass ...** it is dreadful [*or* terrible] that ...; ■**es wird** [**für jdn**] ~ [**mit etw**] sth is dreadful [*or* terrible] [for sb]; ***mit der Hitze wird es auch von Jahr zu Jahr ~er*** the heat gets worse from year to year; ■**etwas S~es/S~eres** sth dreadful [*or* terrible]/worse; **etw viel S~eres** sth much worse; ■**das S~ste** the worst; ■**das S~e ist,** [**dass**] ... the worst [of it] is [that] ...; **es gibt S~eres** there are worse things; **es gibt nichts S~eres als ...** there's nothing worse than ...; **wenn es nichts S~eres ist!** as long as it's nothing more serious than that!, if that's all it is!; **~, ~!** that's dreadful [*or* terrible]!
❷ (*gravierend*) bad, serious, grave *form;* **eine ~e Tat** a grave misdeed *form;* **ein ~es Verbrechen begehen** to commit a serious crime; **ein ~es Versäumnis** a glaring omission; ■**nicht** [**so**] ~ **sein** to be not [so] bad [*or* terrible]; ■**es ist ~, dass ...** it is dreadful [*or* terrible] that ...
❸ (*fam: ernst*) serious; **eine ~e Operation** a major operation; **eine ~e Wunde** a serious [*or* severe] [*or* bad] [*or* nasty] wound
❹ (*moralisch schlecht*) bad, wicked
▶ WENDUNGEN: **etw ist halb so** ~ sth is not as bad as all that; **ist nicht ~!** no problem!, don't worry!
II. *adv* ❶ (*gravierend*) seriously; **sich ~ irren/täuschen/vertun** to make a serious mistake
❷ (*äußerst schlecht*) dreadfully; **sich ~ benehmen** to behave badly; **jdn ~ verprügeln** to beat sb up badly; **jdn ~ zurichten** to give sb a severe beating; **~ dran sein** (*fam*) to be in a bad way *fam;* **wenn es ganz ~ kommt** if the worst comes to the worst; **es hätte ~er kommen können** it could have been worse; **es steht ~** [**mit etw**] things look bad [for sth]; **es steht ~** [**um jdn**] things look bad for sb; **~ genug, dass ...** it's bad enough that ...; **um so** [*o* **desto**] **~er** so much the worse
❸ MED badly
❹ (*sehr*) badly; ***die Scheidung hat sie ~ mitgenommen*** she's had a rough time with her divorce

Schlimme(r) *f(m) dekl wie adj* ❶ (*übler Mensch*) nasty person [*or* piece of work]
❷ (*hum fam*) naughty boy/girl *hum fam*

schlimmstenfalls *adv* if the worst comes to the worst

Schlinge <-, -n> *f* ❶ (*gebundene Schlaufe*) loop; (*um jdn aufzuhängen*) noose
❷ (*Falle*) snare; **~n legen** [*o* **stellen**] to lay out [*or* set] a snare
❸ MED sling; *s. a.* **Kopf**

Schlingel <-s, -> *m* (*fam*) [little] rascal

schlingen¹ <schlang, geschlungen> **I.** *vt* (*geh*) ■**etw** [**um etw**] ~ to wind sth [about sth]; **etw zu einem Knoten** ~ to tie [*or* knot] sth; **die Arme um jdn** ~ to wrap one's arms around sb
II. *vr* ■**sich** [**um etw**] ~ ❶ (*geh: sich winden*) to wind [*or* coil] itself [around sth]
❷ BOT to creep [around sth], to twine itself [around sth]

schlingen² <schlang, geschlungen> *vi* (*fam*) to gobble [*or* BRIT bolt] one's food

schlingern *vi* NAUT to roll [from side to side]

Schlingpflanze *f* creeper

Schlips <-es, -e> *m* tie; **in** [*o* **mit**] **~ und Kragen** (*fam*) in [*or* with] a collar and tie
▶ WENDUNGEN: **sich** [**durch jdn/etw**] **auf den ~ getreten fühlen** (*fam*) to feel offended by sb; **jdm auf den ~ treten** (*fam*) to put sb out, to upset sb, to tread on sb's toes

Schlitten <-s, -> *m* ❶ (*Rodel*) sledge, sled; (*Rodel~*) toboggan; (*mit Pferden*) sleigh; **~ fahren** to go tobogganing
❷ (*sl: Auto*) wheels *sl pl*
❸ TECH (*einer Schreibmaschine*) carriage
▶ WENDUNGEN: **mit jdm ~ fahren** (*pej fam*) to bawl sb out, to give sb a hard time *fam* [*or sl* hell]

Schlittenfahren <-s> *nt kein pl* sledging; (*mit Rodelschlitten*) tobogganing; (*mit Pferdeschlitten*) sleighing **Schlittenfahrt** *f* sleigh ride

Schlitterbahn *f* NORDD slide

schlittern *vi* ❶ *sein o haben* (*rutschen*) ■[**irgendwohin**] ~ to slide [somewhere]
❷ *sein* (*ausrutschen*) to slip; *Wagen* to skid
❸ *sein* (*fam: unversehens geraten*) ■[**in etw** *akk*] ~ to slide [*or* slither] [into sth]; **in die Pleite** ~ to slide into bankruptcy

Schlittschuh *m* SPORT skate; **~ fahren** [*o* **laufen**] to skate **Schlittschuhbahn** *f* ice [*or* skating] rink **Schlittschuhlaufen** <-s> *nt kein pl* SPORT skating **Schlittschuhläufer(in)** *m(f)* skater

Schlitz <-es, -e> *m* ❶ (*Einsteck~*) slot
❷ (*schmale Öffnung*) slit
❸ MODE slit; (*fam: Hosen~*) flies *pl*

Schlitzauge *nt* (*pej*) ❶ (*Augenform*) slant [*or pej* slit] eye, Chinky eyes *pej* ❷ (*Person*) Chink *pej* **schlitzäugig** *adj* almond-eyed, slant-eyed

schlitzen *vt* ■**etw/jdn** ~ to slit [open] sth/sb

Schlitzohr *nt* (*fam*) rogue, wily fox, shifty sod BRIT, weasel AM **schlitzohrig** *adj* (*fam*) cunning, crafty **Schlitzperforation** *f* TYPO slot perforation

Schlögel <-s, -> *m* ÖSTERR leg; *vom Wild* haunch

schlohweiß *adj Haare* snow-white

schlossRR, **schloß** *imp von* **schließen**

SchlossRR <-es, Schlösser> *nt,* **Schloß** <-sses, Schlösser> *nt* ❶ (*Palast*) palace
❷ (*Tür~*) lock; **ins ~ fallen** to snap [*or* click] shut; (*laut*) to slam shut; **die Tür ins ~ fallen lassen** to let the door close
❸ (*Verschluss*) catch; (*an einer Handtasche*) clasp; (*an einem Rucksack*) buckle
❹ (*Vorhänge~*) padlock
▶ WENDUNGEN: **jdn hinter ~ und Riegel bringen** to put sb behind bars; **hinter ~ und Riegel sitzen** to be behind bars [*or* doing time]

Schloße <-, -n> [ˈʃloːsə] *f meist pl* DIAL (*Hagelkorn*) hailstone

Schlosser(in) <-s, -> *m(f)* locksmith; (*Metall~*) metalworker; (*Auto~*) mechanic; (*Maschinen~*) fitter

Schlosserausbildung *f* apprenticeship as a fitter/locksmith/mechanic

Schlosserei <-, -en> *f s.* **Schlosserwerkstatt**

Schlossergeselle *m* journeyman fitter/[lock]smith/mechanic **Schlosserhammer** *m* engineer's hammer **Schlosserhandwerk** *nt* fitter's/[lock]smith's/mechanic's trade

Schlosserin <-, -nen> *f fem form von* **Schlosser**

Schlosserlehre *f s.* **Schlosserausbildung**

Schlosserlehrling *m* apprentice to a fitter/[lock]smith/mechanic **Schlosserwerkstatt** *f* (*für Metallarbeit*) smith's shop; (*für Maschinenreparaturen*) fitter's shop; (*für Schlösser*) locksmith's shop; (*für Autoreparaturen*) car workshop

SchlossgartenRR *m* castle garden **Schlossherr(in)**RR <-en, -en> *m(f)* owner of a/the castle

SchlosshundRR *m* ▶ WENDUNGEN: **heulen wie ein ~** (*fam*) to cry [*or fam* bawl] one's eyes out

Schlosskasten *m* BAU lock case **Schlosspark**RR *m* castle grounds *pl,* estate **Schlossterrasse**RR *f* palace terrace **Schlossturm**RR *m* palace tower

Schlot <-[e]s, -e> *m* ❶ (*langer Schornstein*) chimney
❷ GEOL vent, chimney
❸ NAUT funnel
❹ (*pej fam: Nichtsnutz*) good-for-nothing
▶ WENDUNGEN: **rauchen wie ein ~** (*fam*) to smoke like a chimney

schlott(e)rig *adj* (*fam*) ❶ (*zittrig*) shaky; *Knie* trembling
❷ (*schlaff herabhängend*) baggy

schlottern *vi* ❶ (*zittern*) ■[**vor etw** *dat*] ~ to tremble [with sth]; **vor Angst/Erschöpfung ~** to shake with fear/exhaustion; **vor Kälte ~** to shiver with cold; **am ganzen Körper ~** to shake all over
❷ (*schlaff herabhängen*) ■[**um etw**] ~ to flap [around sth]

Schlucht <-, -en> *f* gorge, ravine

schluchzen *vi* to sob

Schluchzer <-s, -> *m* sob

Schluck <-[e]s, -e> *m* ❶ (*geschluckte Menge*) mouthful; **einen ~** [**von etw**] **nehmen** to have a sip [of sth], to try [sth]; **ein ~ zu trinken** [a drop of] something to drink; **~ für ~** sip by sip; **in** [*o* **mit**] **einem ~** at one go, in one swallow; **drei ~**[**e**] **Milch** three mouthfuls of milk
❷ (*das Schlucken*) swallow; (*größer*) gulp; (*kleiner*) sip

Schluckauf <-s> *m kein pl* hiccup; **den** [*o* **einen**] **~ haben** to have hiccups

Schluckbeschwerden *pl* difficulties in swallowing

Schlückchen <-s, -> *nt dim von* **Schluck** [small] sip, drop; **ein ~** [**von etw**] **nehmen** to have a drop of sth

schlucken **I.** *vt* ■**etw** ~ ❶ (*hinunterschlucken*) to swallow sth
❷ (*sl: trinken*) to drink sth
❸ AUTO (*fam*) to guzzle sth; ***der alte Wagen schluckt 14 Liter*** the old car guzzles 14 litres for every 100 km
❹ (*fam: hinnehmen, glauben*) to swallow sth
❺ ÖKON (*fam: übernehmen*) to swallow sth; **etw ganz ~** to swallow sth [lock, stock and barrel]
❻ (*dämpfen*) ■**etw schluckt etw** sth absorbs sth
II. *vi* ❶ (*Schluckbewegungen machen*) to swallow; (*größer*) to gulp
❷ (*sl: Alkohol konsumieren*) to booze *sl*
▶ WENDUNGEN: [**erst mal**] **~ müssen** (*fam*) to [first] take a deep breath

Schlucker <-s, -> *m* ▶ WENDUNGEN: **armer ~** (*fam*) poor blighter [*or* BRIT *fam!* sod] [*or* AM devil]

Schluckimpfstoff *m* oral vaccine **Schluckimpfung** *f* oral vaccination **Schluckspecht** *m* (*fam*) drinker, boozer *sl*

schluckweise *adv* in sips; **etw ~ genießen** [*o*

trinken] to sip sth

Schluderei <-, -en> *f* (*fam*) *s.* **Schlamperei**

schlud(e)rig *adj* (*fam*) *s.* **schlampig**

schludern *vi* (*fam*) *s.* **schlampen**

schludrig *adj* (*fam*) *s.* **schlampig**

schlug *imp von* **schlagen**

Schlummer <-s> *m kein pl* (*geh*) slumber *liter;* (*Schläfchen*) doze, catnap; **in einen tiefen ~ sinken** to sink into a deep sleep [*or liter* slumber]

Schlummermodus *m* INFORM standby, sleep mode

schlummern *vi* (*geh*) to slumber *liter;* (*ein Schläfchen halten*) to doze

schlummernd *adj inv* ❶ (*schlafend*) slumbering
❷ (*unentfaltet*) *Kräfte, Talent, Energien* latent, dormant
❸ (*latent*) *Krankheit* latent

Schlund <-[e]s, Schlünde> *m* ❶ ANAT throat, pharynx *form;* (*eines Tiers*) maw
❷ (*geh*) abyss, chasm; **der ~ des Meeres** the depths of the sea, the deep; **der ~ des Vulkans** the pit of the volcano

Schlupf <-[e]s, -e *o* Schlüpfe> *m* AUTO slip

schlüpfen *vi sein* ❶ ORN, ZOOL ■**[aus etw] ~** to hatch out [of sth]
❷ (*rasch kleiden*) ■**[aus etw] ~** to slip out of sth; ■**[in etw** *akk*] ~ to slip into sth, to slip on sth *sep*
❸ (*rasch bewegen*) ■**[irgendwohin] ~** to slip somewhere; **unter die Decke ~** to slide under the blanket

Schlüpfer <-s, -> *m* MODE (*veraltend*) ❶ (*Damen- und Kinderunterhose*) panties *npl,* knickers *npl* BRIT
❷ (*weiter Herrenmantel*) raglan

Schlupflid *nt* receding [*or* inverted] eyelid

Schlupfloch *nt* ❶ (*Öffnung*) opening, hole
❷ (*fig*) loophole ❸ *s.* **Schlupfwinkel**

schlüpfrig *adj* ❶ (*unanständig*) lewd, suggestive
❷ (*glitschig*) slippery

Schlüpfrigkeit <-, -en> *f* ❶ *kein pl* (*Unanständigkeit*) lewdness, coarseness
❷ (*schlüpfrige Bemerkung*) lewd [*or* coarse] [*or* suggestive] remark

Schlupfwespe *f* ZOOL ichneumon fly

Schlupfwinkel *m* (*Versteck*) hiding place; (*von Gangstern*) hideout

Schluppe *f* NORDD loop

schlurfen *vi sein* to shuffle; (*absichtlich*) to scuff [one's feet]

schlürfen I. *vt* ■**etw ~** to slurp sth; ***er schlürfte genüsslich seine Suppe*** he lapped up his soup with relish
II. *vi* to slurp, to drink noisily

Schluss^RR <-es, Schlüsse> *m,* **Schluß** <Schlusses, Schlüsse> *m* ❶ *kein pl* (*zeitliches Ende*) end; **mit etw ist** ~ sth is over with; ***mit dem Rauchen ist jetzt ~!*** (*an andere gerichtet*) right! that's enough smoking now!; (*an sich selbst gerichtet*) I'm going to stop smoking right now!; **irgendwo ist** ~ somewhere is the end; **zum ~ kommen** (*geh*) to finish, to bring one's remarks/speech to a conclusion; **[mit etw] ~ machen** (*fam*) to stop [sth]; **mit der Arbeit ~ machen** to knock off, to stop work; **keinen ~ finden können** to go on endlessly; ~ **für heute!** that's enough [*or* that'll do] for today!; ~ **damit!** stop it!; ~ **[jetzt]!** that's enough [*or* that'll do]!; **jetzt [ist] aber ~!** that's enough [*or* that'll do]!; **kurz vor** ~ just before closing time; **zum [*o* am] ~** at the end
❷ *kein pl* (*hinterster Teil*) end, back; **am ~ des Zuges** at the back [*or* rear] of the train
❸ (*abschließender Abschnitt*) end, last part; **der krönende ~ [einer S.** *gen*] climax, culmination; **der ~ einer Geschichte** the end of a story
❹ (*Folgerung*) conclusion; **aus etw den ~ ziehen, dass ...** to draw from sth the conclusion [*or* to reach the conclusion] that ...; **einen ~/bestimmte Schlüsse [aus etw] ziehen** to draw [*or* reach] a conclusion/particular conclusions from sth; **zu dem ~ kommen, dass ...** to come to the conclusion that ...
❺ MUS conclusion
❻ *kein pl* (*dichtes Schließen*) fit; ***die Türen haben guten*** ~ the doors fit well
❼ *kein pl* (*beim Reiten*) seat
❽ BÖRSE closing
▶ WENDUNGEN: **mit jdm/etw ist** ~ sb/sth has had it; **[mit dem Leben] ~ machen** to finish it all; **[mit jdm] ~ machen** to break it off [*or* to finish] [with sb]

Schlussabrechnung^RR *f* final statement **Schlussakte**^RR *f* final communiqué **Schlussantrag**^RR *m* JUR conclusion, submission **Schlussbemerkung**^RR *f* final [*or form* concluding] remark [*or* comment] **Schlussbesteuerung**^RR *f* ultimate transaction **Schlussbetrachtung**^RR *f* (*abschließende Bemerkung*) closing remarks *pl* **Schlussbilanz**^RR *f* FIN final balance **Schlussdividende**^RR *f* BÖRSE final dividend; FIN *einer Versicherung* terminal bonus

Schlüssel <-s, -> *m* ❶ (*Türöffner*) key
❷ (*fam: Schrauben~*) spanner, wrench AM
❸ (*Mittel zur Erschließung*) ■**der ~ zu etw** the key to sth; **der ~ zum Erfolg** the key to [*or* the secret of] success
❹ (*Verteilungsschema*) scheme [*or* plan] [of distribution]
❺ (*Lösung*) key
❻ (*Code~*) code

Schlüsselanhänger *m* [key] fob **Schlüsselanhängerformat** *nt* ■**im ~** having the size of a keyring pendant **Schlüsselaufgabe** *f* key function **Schlüsselbein** *nt* collarbone, clavicle **Schlüsselblume** *f* cowslip **Schlüsselbrett** *nt* key hooks *pl* **Schlüsselbund** *m o nt* bunch of keys **Schlüsseldaten** *pl* ÖKON key data + *sing/pl vb* **Schlüsseldienst** *m* security key [*or* locksmith] service **Schlüsselerlebnis** *nt* crucial experience **Schlüsseletui** *nt* key case **schlüsselfertig** I. *adj* ready to move into [*or* for immediate occupancy] *pred,* turnkey *form* II. *adv* ***die Wohnungen werden ~ zum Kauf angeboten*** the flats are offered for sale ready for immediate occupancy **Schlüsselfigur** *f* key [*or* central] figure **Schlüsselindustrie** *f* ÖKON key industry **Schlüsselkind** *nt* latchkey child **Schlüsselloch** *nt* keyhole **Schlüssellochchirurgie** *f* MED keyhole surgery **Schlüsselposition** *f* key position; **eine ~ einnehmen/[inne]haben** to take up/hold a key position **Schlüsselqualifikation** *f* key qualifications *pl* **Schlüsselreiz** *m* BIOL key stimulus **Schlüsselring** *m* key ring **Schlüsselrolle** *f* key [*or* crucial] role; **jdm/etw kommt [*o* fällt] eine ~ zu** sb/sth assumes [*or* takes on] a key role **Schlüsselroman** *m* roman-à-clef **Schlüsselsektor** *m* key sector **Schlüsselstellung** *f* key position; ***er hat in der Firma eine ~ inne*** he has a key position in the firm **Schlüsselszene** *f* key [*or* central] scene **Schlüsseltechnologie** *f* key technology **Schlüsselwort** *nt* keyword

schlussendlich^RR *adv,* **schlußendlich** *adv inv* DIAL finally, in conclusion

schlussfolgern^RR *vt,* **schlußfolgern** *vt* (*ableiten*) ■**etw [aus etw] ~** to deduce sth [from sth]; ■**[aus etw] ~, dass ...** to deduce [*or* conclude] [from sth] that ...

Schlussfolgerung^RR <-, -en> *f,* **Schlußfolgerung** <-, -en> *f* deduction, conclusion; ■**eine ~ aus etw** a conclusion [*or* deduction] drawn from sth; **eine ~ [aus etw] ziehen** to draw a conclusion [*or* to deduce sth] [from sth]; **[aus etw] die ~ ziehen, dass ...** to draw the conclusion [*or* to deduce] [from sth] that ...; **übereilte ~en ziehen** to jump to conclusions **Schlussformel**^RR *f in Briefen* conventional ending [*or* close]

schlüssig *adj* ❶ (*folgerichtig*) logical; JUR (*eindeutig*) conclusive; **~e Beweisführung** conclusive evidence; **~es Verhalten** conduct from which the intention may be implied
❷ (*im Klaren*) ■**sich** *dat* **[über etw** *akk*] **~ sein/werden** to have made up/make up one's mind [about sth]; **sich über die Hintergründe einer Sache/eine Taktik ~ sein** to have made up one's mind about the reasons for sth/a strategy [to pursue]; ***sie sind sich immer noch nicht ~*** they still haven't made up their minds, they are still undecided; **sich** *dat* **darüber ~ sein, dass/ob/wie ...** to make [*or* have made] up one's mind that/whether/how ...

Schlusskapitel^RR *nt* last [*or* final] chapter **Schlusskommunikee**^RR *nt,* **Schlusskommuniqué**^RR *nt s.* Schlussakte **Schlusskurs** *m* BÖRSE closing price **Schlussleuchte**^RR *f* AUTO tail light [*or* lamp] **Schlusslicht**^RR *nt* AUTO rear [*or* AM tail] light ▶ WENDUNGEN: **das ~ [einer S.** *gen*] **sein** [*o* **bilden**] to bring up the rear [of sth] **Schlussnote**^RR *f* BÖRSE contract note **Schlussnotierung**^RR *f* BÖRSE closing quotation **Schlusspfiff**^RR *m* final whistle **Schlussphase**^RR *f* final stage **Schlusspunkt**^RR *m* ❶ LING full stop ❷ (*Abschluss*) conclusion; *einer Feier* finale ▶ WENDUNGEN: **einen ~ unter [*o* hinter] etw setzen** to put an end to sth **Schlussrunde**^RR *f* SPORT ❶ (*eines Rennens*) final lap ❷ (*eines Box-, Ringkampfes*) final round **Schlusssatz**^RR *m* ❶ (*Abschluss eines Textes*) concluding *form* [*or* last] sentence ❷ MUS last movement **Schlusssitzung**^RR *f* closing session **Schlussstrich**^RR *m* (*Strich am Ende*) line at the end of sth; **einen ~ unter die Rechnung ziehen** to draw a line under the bill ▶ WENDUNGEN: **einen ~ [unter etw** *akk*] **ziehen** (*etw erledigt sein lassen*) to draw a line [under sth], to put an end to sth; (*einen Streit beenden*) to bury the hatchet [over sth] **Schlussurteil** *nt* JUR final judgement **Schlussverkauf**^RR *m* sales *pl* **Schlussvortrag** *m* JUR final address, summing-up; **~ in der Hauptverhandlung** summing-up in a trial **Schlusswort**^RR *nt* final word

Schmach <-> *f kein pl* (*geh*) humiliation, ignominy *form no indef art, no pl;* **jdm [eine] ~ antun** to bring shame on sb; *s. a.* **Schande**

schmachten *vi* (*geh*) ❶ (*leiden*) **im Kerker ~** to languish in a dungeon; ■**jdn ~ lassen** to let sb suffer [with sth], to leave sb languishing [for sth] *hum;* **jdn vor Sehnsucht [*o* Verlangen] ~ lassen** to let sb stew
❷ (*sich sehnen*) ■**[nach jdm] ~** to crave [*or* desire] [sb]; **vor Sehnsucht nach etw ~** to yearn [*or* pine] [*or* long] for sth; **vor Verlangen nach etw ~** to crave sth

schmachtend *adj* soulful; **~er Blick** longing [*or* soulful] look

schmächtig *adj* slight, weedy BRIT *pej;* **ein ~er Mensch** a person of slight build

schmachvoll *adj* (*geh*) *s.* **schmählich**

schmackhaft *adj* (*geh: wohlschmeckend*) tasty; **~er Wein** delicious wine
▶ WENDUNGEN: **jdm etw ~ machen** to make sth tempting to sb; ***ich konnte ihm eine Beteiligung nicht ~ machen*** I couldn't tempt him to take part

Schmäh <-s, -[s]> *m* ÖSTERR (*fam*) ❶ (*Schwindel, Trick*) trick
❷ *kein pl* (*Sprüche und Scherze*) banter

Schmähbrief *m* nasty letter

schmähen *vt* (*geh: herabsetzen*) ■**jdn/etw ~** to malign [*or form* vilify] sb/sth

schmählich I. *adj* (*geh*) shameful, ignominious *form*
II. *adv* shamefully; ***er hat seine Familie ~ im Stich gelassen*** he abandoned his family in the most disgraceful manner

Schmährede *f* invective *form,* diatribe *form* **Schmähschrift** *f* lampoon *form* **Schmähsucht** *f* strong tendency to disparage **schmähsüchtig** *adj* always happy to malign [*or* vilify]

Schmähung <-, -en> *f* (*geh*) ❶ *kein pl* (*das Schmähen*) vilification *form*
❷ (*Schmährede*) abuse, invective

schmal <-er *o* schmäler, -ste *o* schmälste> *adj* ❶ (*nicht breit*) narrow; **ein ~es Gesicht** a narrow [*or* thin] face; **~e Hände/Lippen** narrow [*or* thin] hands/lips; **~e Hüfte/Taille** narrow [*or* slim] hips/waist; **ein ~er Mensch** a slim person; **ein ~er Baum** a slender tree; **ein ~es Büchlein** a slim volume; **das ~e Ende eines Tisches** the short end of a

table; ~**e Schrift** TYPO condensed typeface
❷ (*dürftig*) meagre [*or* AM -er]; **eine ~e Auswahl/ ein ~es Angebot** a limited choice; *s. a.* **Kost**

Schmalbahn *f* (*Papier*) long grain **schmalbrüstig** *adj* narrow-chested

schmälern *vt* (*heruntermachen*) ■**etw** ~ to run sth down, to belittle sth

Schmälerung <-, -en> *f* belittlement; ~ **der Gewinnmargen** ÖKON narrowing of profit margins

Schmalfilm *m* 8/16mm [cine] film **Schmalfilmkamera** *f* 8/16mm [cine] camera **Schmalhans** *m* ▸ WENDUNGEN: **bei jdm ist ~ Küchenmeister** (*veraltend fam*) sb is on short rations **Schmalseite** *f* **die ~ eines Gegenstandes** the short side of an object **Schmalspur** *f* BAHN narrow gauge **Schmalspurakademiker** *m* (*pej*) small-town [*or* minor] academic *pej* **Schmalspurbahn** *f* BAHN narrow gauge railway **Schmalspurdenken** *nt kein pl* (*pej*) narrow thinking *pej* **Schmalspurgleis** *nt* BAHN narrow-gauge platform

Schmalz[1] <-es, -e> *nt* KOCHK dripping; (*vom Schwein*) lard

Schmalz[2] <-es> *m kein pl* (*pej fam*) schmaltz *fam*, sentimentality

schmalzig *adj* (*pej fam*) schmaltzy *fam*, slushy *fam*, gushing *fam*

Schmankerl <-s, -n> *nt* SÜDD, ÖSTERR ❶ (*süßes tütenförmiges Gebäck aus dünn ausgebackenem Teig*) thin, sweet, cone-shaped pastry
❷ (*Leckerbissen*) delicacy, treat

schmarotzen* *vi* ❶ (*pej: ausnutzend leben*) ■[**bei jdm**] ~ to sponge [off [*or* on] [*or* from] sb] *pej fam*
❷ BIOL (*parasitieren*) to live as a parasite [in/on sth]

Schmarotzer <-s, -> *m* BIOL parasite

Schmarotzer(in) <-s, -> *m(f)* (*pej*) sponger BRIT *pej*, freeloader *pej*

Schmarr(e)n <-s, -> *m* SÜDD, ÖSTERR ❶ KOCHK *pancake torn into small pieces*
❷ (*fam: Quatsch*) rubbish *fam*, nonsense, bollocks BRIT *vulg*; ***so ein ~!*** what a load of rubbish!; **einen ~** (*fam*) a damn, two pins BRIT *fam*, a monkey's BRIT *vulg*

schmatzen *vi* ❶ (*geräuschvoll essen*) to eat/drink noisily; (*mit Genuss ~*) to smack one's lips; ***musst du beim Essen immer so ~?*** do you have to make such a noise when you're eating?; ***wirst du wohl das laute S~ sein lassen!*** would you please stop making that noise!
❷ (*mit schmatzendem Laut*) ***er küsste sie laut ~d auf die Wange*** he gave her a smacker [*or* loud kiss] on the cheek

Schmaus <-es, Schmäuse> *meist sing m* (*veraltend o hum*) feast

schmausen *vi* (*geh*) to eat with relish

schmecken **I.** *vi* ❶ (*munden*) ***hat es geschmeckt?*** did you enjoy it?, was it OK?, was everything to your satisfaction? *form*; ***so, ich hoffe, es schmeckt!*** so, I hope you enjoy it!; ***na, schmeckt's? — klar, und wie!*** well, is it OK? — you bet!; ***das schmeckt aber gut*** that tastes wonderful; **es sich** *dat* ~ **lassen** (*mit Appetit essen*) to enjoy one's food; ***lasst es euch ~!*** tuck in!; **nach nichts** ~ to not taste of anything [much], to be tasteless; **das schmeckt nach mehr!** (*fam*) it's moreish! BRIT
❷ (*Geschmack haben*) ■[**nach etw**] ~ to taste [of sth]; ***hier schmeckt das Wasser nach Chlor*** the water here tastes of chlorine
❸ (*fam: gefallen*) ■**jdm** [**irgendwie**] ~ ***na, wie schmeckt*** [***dir***] ***der neue Job?*** well, how do you like [*or* are you enjoying] the new job?; ***das schmeckt mir gar nicht!*** I don't like the sound of that at all
❹ SÜDD, ÖSTERR, SCHWEIZ (*riechen*) smell
▸ WENDUNGEN: **jdn nicht ~ können** to not be able to stand sb
II. *vt* ■**jd schmeckt etw** sb tastes [*or* has a taste of] [*or* tries] sth

Schmeichelei <-, -en> *f* flattery *no pl, no indef art*; (*übertriebenes Lob*) sweet talk *no pl, no indef art*, soft soap *fam no pl, no indef art* BRIT

schmeichelhaft *adj* flattering, complimentary; ~**e Worte** kind words; ■~ [**von jdm**] **sein** to be [very] kind [of sb]; ■**wenig** ~ [**für jdn/etw**] **sein** to be not very flattering [*or* complimentary] [for sb]

schmeicheln **I.** *vi* ❶ (*übertrieben loben*) ■[**jdm**] ~ to flatter [*or* BRIT *fam* soft-soap] sb, to butter sb up
❷ (*jds Selbstwertgefühl heben*) ■**es schmeichelt jdm, dass ...** sb/sth is flattered [*or* finds it flattering] that ...
❸ (*günstig darstellen*) ■**jdm/einer S.** ~ to flatter sb/sth, to put sb/sth in a good light; ***die neue Frisur schmeichelt Ihnen*** [***wirklich sehr***] your new hairstyle suits you [very well] [*or* is very flattering]; ■**etw ist geschmeichelt** sth is flattering; ***es ist sehr durchschnittlich und das ist noch geschmeichelt!*** it's very average and that's putting it mildly!
❹ (*kosen*) to cuddle up; ***na, Kätzchen, du schmeichelst? willst wohl was zu fressen!*** you're cuddling up, eh, kitty? I suppose you want some food!
II. *vr* (*geh: sich etw auf etw einbilden*) ■**sich** ~[, **dass ...**] to flatter oneself [that ...]

Schmeichler(in) <-s, -> *m(f)* flatterer, sweet-talker, soft-soaper BRIT *fam*

schmeichlerisch *adj* ❶ (*pej: lobhudelnd*) flattering; ~**e Worte** honeyed words
❷ *s.* **schmeichelhaft 1**

schmeißen <schmiss, geschmissen> **I.** *vt* (*fam*) ❶ (*werfen*) ■**etw** [**irgendwohin/nach jdm**] ~ to throw [*or fam* chuck] sth [somewhere/at sb]; (*mit Kraft*) to hurl [*or* fling] sth [somewhere/at sb]
❷ (*sl: spendieren*) ■**etw** [**für jdn**] ~ to stand sth [for sb]; **eine Party** ~ to throw a party; **eine Runde** [**Schnaps**] ~ to stand a round [of schnapps]
❸ (*sl: managen*) ■**etw** ~ to run sth; ***kein Problem, wir werden das Ding schon*** ~ don't worry, we'll manage it
❹ (*fam: hinausweisen*) ■**jdn aus etw** ~ to throw sb out of sth; **jdn aus der Schule/dem Haus** ~ to throw sb out of school/the house
❺ (*fam: abbrechen*) ■**etw** ~ to pack sth in; **das Studium** ~ to pack [*or* BRIT *fam* jack] in one's studies
❻ THEAT, TV (*sl: verderben*) ■**etw** ~ to make a mess of sth; **eine Szene** ~ to make a mess of a scene
II. *vi* (*fam*) ❶ (*werfen*) ■**mit etw** [**nach jdm/nach einem Tier**] ~ to throw [*or fam* chuck] sth [at sb/at an animal]; (*mit Kraft*) to fling [*or* hurl] sth [at sb/at an animal]
❷ (*etw sehr häufig gebrauchen*) ■**mit etw um sich** ~ to be always using sth; ***diese Politikerin schmeißt gerne mit lateinischen Zitaten um sich*** this politician is always using Latin quotations; (*mit etw verschwenderisch umgehen*) to throw sth about [*or* AM around]
❸ (*ausgeben*) ■**mit etw um sich** ~ to throw sth around; ***er schmeißt mit seinem Geld nur so um sich*** he just throws his money around
III. *vr* ❶ (*sich fallen lassen*) ■**sich** *akk* [**auf etw** *dat*] ~ to throw oneself onto sth; (*mit Kraft*) to fling [*or* hurl] oneself onto sth; **sich auf ein Bett/Sofa** ~ to stretch out on the bed/sofa; **sich vor einen Zug** ~ to throw oneself in front of a train
❷ (*sich kleiden*) ■**sich in etw** ~ to get togged [*or* AM dressed] up [in sth]; **sich in einen Smoking/den besten Anzug** ~ to get togged up in a dinner jacket/one's best suit; **sich in Schale** ~ to put on one's glad rags; ***sieh an, du hast dich heute aber in Schale geschmissen!*** well, you're all dolled up today, aren't you!
❸ (*bewerfen*) ■**sich mit etw** ~ to throw sth at each other; *s. a.* **Hals**

Schmeißfliege *f* blowfly, bluebottle, greenbottle

Schmelz <-[e]s, -e> *m* ❶ (*Zahn~*) enamel
❷ (*geh: Glasur*) glaze
❸ *kein pl* (*Ausdruck*) sweetness; **der ~ der Stimme** the softness of voice; **der ~ der Farben** the glowing of colour [*or* AM -or]; **verblasster ~ der Jugend** faded sweetness of youth

Schmelze <-, -n> *f* ❶ (*geschmolzenes Metall*) molten metal, melt
❷ (*Magma*) magma

schmelzen <schmolz, geschmolzen> **I.** *vi sein* ❶ (*weich werden*) to melt; **jds Herz zum S~ bringen** to melt sb's heart
❷ (*schwinden*) to melt; ***ihre Zweifel schmolzen schnell*** her doubts were soon dissipated
II. *vt haben* (*zergehen lassen*) ■**etw** ~ to melt sth; **Metall** ~ to smelt metal

Schmelzhütte *f* smelting works + *sing/pl vb* **Schmelzkäse** *m* KOCHK ❶ (*in Scheiben/Stücken*) processed cheese ❷ (*streichfähig*) cheese spread; *s. a.* **Streichkäse** **Schmelzofen** *m* smelting furnace **Schmelzpunkt** *m* melting point **Schmelzschweißen** <-s> *nt kein pl* butt welding **Schmelztiegel** *m* melting pot **Schmelzwasser** *nt* GEOG meltwater

Schmerbauch *m* (*fam*) paunch, pot belly; (*Mensch*) person with a paunch [*or* pot belly]

Schmerle <-, -n> *f* ZOOL loach, groundling

Schmerz <-es, -en> *m* ❶ (*körperliche Empfindung*) pain; (*anhaltend und pochend*) ache; ~**en haben** to be in pain; **unter ~en** in pain; **vor ~en** in pain
❷ *kein pl* (*Kummer*) [mental] anguish *no indef art, no pl*; (*über den Tod eines Menschens*) grief *no indef art, no pl*
❸ (*Enttäuschung*) heartache; **jdn mit ~ erfüllen** (*Kummer*) to fill sb with sorrow
▸ WENDUNGEN: **hast du sonst noch ~en?** (*iron fam*) [have you got] any other problems? *iron fam*; **geteilter ~ ist halber ~** (*prov*) a problem shared is a problem halved

schmerzbetäubend **I.** *adj* painkilling **II.** *adv* ~ **wirken** to have a painkilling effect **schmerzempfindlich** *adj* ❶ (*leicht Schmerzen empfindend*) sensitive [to pain *pred*] ❷ (*leicht schmerzend*) sensitive, tender

schmerzen **I.** *vi* ❶ (*weh tun*) to hurt; (*anhaltend und pochend*) to ache; ■~**d** painful, aching
❷ (*geh: Kummer bereiten*) ■**es schmerzt, dass/wenn ...** it hurts [*or form* pains sb] that/if/when ...
II. *vt* (*geh: Kummer bereiten*) ■**jdn** ~ to hurt sb; ■**es schmerzt jdn, etw zu tun** it hurts [sb] to do sth

Schmerzensgeld *nt* compensation **Schmerzensgeldanspruch** *m* claim for damages sustained on account of pain and suffering **Schmerzenslaut** *m* (*geh*) cry [*or* shout] of pain; **ein leiser/unterdrückter ~** a moan of pain **Schmerzensschrei** *m* scream of pain

Schmerzgrenze *f* (*fam: absolutes Limit*) bottom line *fam*; (*Grenze des Erträglichen*) limit

schmerzhaft *adj* ❶ (*Schmerzen verursachend*) painful
❷ ÖKON (*fig*) ~ **hohe Zinsen** exorbitant interest
❸ (*geh*) *s.* **schmerzlich**

schmerzlich **I.** *adj* (*geh*) painful, distressing, distressful
II. *adv* ❶ (*vor Schmerz*) painfully
❷ (*bitter*) cruelly, painfully; ***ich habe dich ~ vermisst*** I missed you such a lot

schmerzlindernd **I.** *adj* pain-relieving; ■~ **sein** to be pain-relieving [*or* a pain-reliever] **II.** *adv* ~ **wirken** to relieve pain **schmerzlos** *adj* painless; ■[**für jdn**] ~ **sein** to be painless [for sb]; ***seien Sie unbesorgt, der Eingriff wird völlig ~ sein*** don't worry, the operation won't hurt a bit ▸ WENDUNGEN: **kurz und ~** short and sweet **Schmerzmediziner(in)** *m(f) doctor who specializes in pain relief* **Schmerzmittel** *nt* analgesic, painkiller, pain-reliever **schmerzstillend** *adj* painkilling; ■~ **sein** to be a painkiller **Schmerztablette** *f* painkiller, analgesic [*or* painkilling] [tablet] **Schmerztherapeut(in)** <-en, -en> *m(f)* pain [management] therapist **Schmerztherapie** *f* pain [management] therapy, pain relief therapy **schmerzverzerrt** *adj* twisted in [*or* with] pain *pred* **schmerzvoll** *adj* (*geh*) *s.* **schmerzlich**

Schmetterball *m* smash

Schmetterling <-s, -e> *m* butterfly

Schmetterlingsblütler <-s, -> *m* BOT papilionaceous plant/tree **Schmetterlingsschwimmen** *nt* SPORT butterfly **Schmetterlingsstil** *m* butterfly style

schmettern I. *vt haben* ❶ (*schleudern*) ■**etw [irgendwohin]** ~ to fling [*or* hurl] sth [somewhere]
❷ SPORT ■**etw** ~ to smash sth; **einen Ball** ~ to smash a ball
❸ MUS ■**etw** ~ to blare sth out; **ein Lied** ~ to bawl out a song
II. *vi* ❶ *sein* (*aufprallen*) ■**irgendwohin** ~ to crash somewhere, to smash against sth
❷ *haben* SPORT to smash
❸ *haben* MUS to blare [out]

Schmied(in) <-[e]s, -e> *m(f)* smith; **Huf~** blacksmith; **Silber~/Gold~** silversmith/goldsmith; *s. a.* **Glück**

Schmiede <-, -n> *f* forge, smithy

Schmiedearbeit *f* metalwork **Schmiedeeisen** *nt* wrought iron **schmiedeeisern** *adj* wrought-iron **Schmiedehammer** *m* forging [*or* blacksmith's] hammer

schmieden *vt* ❶ (*glühend hämmern*) ■**etw** ~ to forge sth
❷ (*aushecken*) **Intrige** [*o* **Ränke**] **[gegen jdn]** ~ to hatch out a plan [*or* to intrigue] [*or* to plot] [against sb]; **einen Plan** ~ to hammer out a plan
❸ (*festmachen*) ■**jdn [an etw/jdn]** ~ to chain sb [to sth/sb]; *s. a.* **Eisen, Kette**

Schmiedestahl *m* forged steel

Schmiedin <-, -nen> *f fem form von* **Schmied**

schmiegen I. *vr* ❶ (*sich kuscheln*) ■**sich [an jdn]** ~ to cuddle [*or* snuggle] up [to sb]
❷ (*eng anliegen*) ■**sich** *akk* **[an etw** *akk*] ~ to hug [sth]; ***das Kleid schmiegte sich an ihren Körper*** the dress was figure-hugging
II. *vt* (*selten: eng anlehnen*) ■**etw [an etw** *akk*] ~ to press sth close [to sth]

schmiegsam *adj* supple

Schmiere <-, -n> *f* (*schmierige Masse*) grease; (*schmieriger Schmutz*) slimy mess, ooze
► WENDUNGEN: ~ **stehen** (*fam*) to keep watch, to act as [*or* to keep a] lookout

schmieren I. *vt* ❶ (*streichen*) ■**etw** ~ to spread sth; **Butter aufs Brot** ~ to butter [a slice of] bread; **Salbe auf eine Wunde** ~ to apply cream to a wound; **sich Creme ins Gesicht** ~ to rub [*or pej* smear] cream into one's face
❷ (*fetten*) ■**etw** ~ to lubricate [*or* grease] sth
❸ (*pej: malen*) ■**etw** ~ to scrawl sth; **politische Parolen an die Häuser** ~ to daub political slogans on the walls of houses
❹ (*fam: bestechen*) ■**jdn** ~ to grease sb's palm
► WENDUNGEN: **jdm eine** ~ (*fam*) to give sb a [good] thump [*or* a clout] *fam;* **wie geschmiert** (*fam*) without a hitch, like clockwork [*or* a dream]; *s. a.* **Brot**
II. *vi* ❶ (*pej: schmierend verbreiten*) ■**[mit etw]** ~ to smear sth about
❷ (*pej: unsauber schreiben*) to smudge; ***der Kuli schmiert*** this biro smudges
❸ (*Gleitmittel auftragen*) to grease, to lubricate
❹ (*fam: bestechen*) ***wenn man einen Auftrag an Land ziehen will, da muss man schon mal*** ~ if you want to land a contract, you have to [be ready to] grease a few palms

schmierend *adj inv* **nicht ~er Lippenstift** smudge-[*or* smear-]proof lipstick

Schmiererei <-, -en> *f* (*pej fam*) [smudgy] mess *pej*

Schmierfett *nt* grease **Schmierfilm** *m* AUTO lubrication film **Schmierfink** *m* (*pej*) ❶ (*schmutziges Kind*) mucky pup BRIT *pej fam,* dirty kid AM ❷ (*fam: unsauberer Mensch*) [slobbish and] dirty-minded person ❸ (*Wandschmierer*) graffiti artist ❹ (*Journalist*) muckraker, scandalmonger **Schmiergeld** *nt* (*fam*) bribe, kickback *fam* **Schmiergeldzahlung** *f* POL payment of bribe money **Schmierheft** *nt* rough book

schmierig *adj* ❶ (*nass und klebrig*) greasy
❷ (*pej: schleimig*) slimy *pej,* smarmy BRIT *pej;* ***was für ein ~er Typ!*** what a smarmy guy!

Schmiermittel *nt* lubricant **Schmieröl** *nt* lubricating oil **Schmierpapier** *nt* rough paper **Schmierseife** *f* soft soap **Schmierstoff** *m* lubricant

Schmierung <-, -en> *f* lubrication

Schmierzettel *m* notepaper

Schminke <-, -n> *f* make-up

schminken *vt* ❶ (*Schminke auftragen*) ■**jdn** ~ to put make-up on sb, to make sb up; ■**sich** ~ to put on make-up, to make up [one's face], to do one's face; **stark/dezent geschminkt sein** to be heavily/discreetly made up
❷ (*mit Schminke bestreichen*) ■**etw** ~ to put make-up on sth, to make sth up; **die Lippen** ~ to put on lipstick *sep;* ■**sich** *dat* **[etw]** ~ to make up one's sth; **sich die Lippen/den Mund** ~ to put on [some] lipstick *sep*
❸ (*fig: beschönigen*) ■**etw ist geschminkt** sth is sanitized

Schminkkoffer *m* cosmetic case **Schminktäschchen** *nt* make-up bag **Schminktisch** *m* make-up table

schmirgeln I. *vt* ■**etw** ~ to sand sth down; ■**etw [von etw]** ~ to remove sth [from sth] with sandpaper
II. *vi* to sand [down]

Schmirgelpapier *nt* sandpaper; (*für die Nägel*) emery board

schmiss[RR], **schmiß** *imp von* **schmeißen**

Schmiss[RR] <-es, -e> *m,* **Schmiß** <-sses, -sse> *m* ❶ (*Narbe*) duelling [*or* AM dueling] scar
❷ (*veraltend: Schwung*) bounce, drive, whoomp[h] *fam;* ~ **haben** to be bouncy, to have a lot of drive [*or fam* whoomp[h]]

schmissig *adj* (*veraltend: schwungvoll*) bouncy, foot-tapping

Schmitzring *m* TYPO bearer ring, cylinder bearer

Schmöker <-s, -> *m* (*fam*) *longish escapist book*

schmökern I. *vi* (*fam: genüsslich lesen*) ■**[in etw** *dat*] ~ to bury oneself in sth
II. *vt* (*fam: etw genüsslich lesen*) ■**etw** ~ to devour sth

Schmollecke *f* (*fam*) **sich in die ~ zurückziehen** to go off into a corner to sulk; **in der ~ sitzen** to have the sulks *fam*

schmollen *vi* to sulk, to be in a huff

Schmollmund *m* **einen ~ machen** to pout

schmolz *imp von* **schmelzen**

Schmorbraten *m* pot roast, braised beef

schmoren I. *vt* ■**etw** ~ to braise sth
II. *vi* ❶ KOCHK to braise
❷ (*fam: schwitzen*) to swelter; **am Strand/in der Sonne** ~ to roast [*or* swelter] on the beach/in the sun
❸ (*fam: unbearbeitet liegen*) to sit [*or* lie] [around]
► WENDUNGEN: **jdn ~ lassen** (*fam*) to let sb stew [in their own juice] [for a bit]; *s. a.* **Saft**

Schmorpfanne *f,* **Schmortopf** *m* shallow braising pan

Schmu <-s> *m kein pl* (*fam*) ❶ (*Unsinn*) rubbish BRIT, trash AM, claptrap *fam,* twaddle *sl;* ***erzähl mir keinen ~!*** don't give me that rubbish!
❷ (*Betrug*) trick; **[bei etw] ~ machen** to cheat [when doing sth], to work a fiddle

schmuck *adj* (*veraltend geh: hübsch*) handsome; **ein ~es Kleidungsstück** a smart piece of clothing

Schmuck <-[e]s> *m kein pl* ❶ (*Schmuckstücke*) jewellery BRIT, jewelry AM *no indef art, no pl,* piece of jewellery
❷ (*Verzierung*) decoration, ornamentation

schmücken I. *vt* ❶ (*Schmuck anlegen*) ■**sich [mit etw]** ~ to put on [*or* wear] sth, to adorn *liter* oneself [with sth], to deck oneself out [in sth]
❷ (*dekorieren*) ■**etw [mit etw]** ~ to decorate sth [with sth]; ***die Stadt war mit bunten Lichterketten geschmückt*** the town was illuminated [*or* decorated] with strings of coloured lights; *s. a.* **Beiwerk**
II. *vr* (*Schmuck anlegen*) ■**sich** ~ to wear jewellery [*or* AM jewelry]; *s. a.* **Feder**

Schmuckgegenstand *m s.* **Schmuckstück 1** **Schmuckkästchen** *nt* jewellery box

schmucklos *adj* bare; **~e Fassade** plain facade [*or* front] **Schmucklosigkeit** <-> *f kein pl* plainness *no pl,* simplicity *no pl,* bareness *no pl* **Schmucksachen** *pl* jewellery *no indef art, no pl,* pieces of jewellery **Schmuckstück** *nt* ❶ (*Schmuckgegenstand*) piece of jewellery BRIT [*or* AM jewelry] ❷ (*fam: Prachtstück*) jewel, masterpiece, gem **Schmuckwaren** *pl* jewellery *no indef art, no pl*

Schmuddel *m* NORDD (*fam*) muck, filth

Schmuddelfassade *f* grimy facade [*or* front]

schmudd(e)lig *adj* grimy, dirty; (*etwas dreckig*) grubby *fam;* (*sehr dreckig*) filthy; (*schmierig*) grimy; **eine ~e Tischdecke** a greasy tablecloth; **ein ~es Lokal** a grotty pub BRIT *sl,* a real dive AM *sl*

Schmuddelkind *nt* ❶ (*Schmutzfink*) mucky pup BRIT, grubby urchin AM ❷ (*Straßenkind*) urchin **Schmuddelklamotten** *pl* dirty clothes [*or* BRIT togs], filthy rags **Schmuddellook** *m* grubby look *fam* **Schmuddelwetter** *nt* dirty [*or* foul] weather

Schmuggel <-s> *m kein pl* smuggling *no art, no pl*

Schmuggelei <-, -en> *f* smuggling *no indef art, no pl*

Schmuggelgut *nt* JUR contraband [goods *pl*]

schmuggeln *vt* ■**jdn/etw** ~ to smuggle sb/sth

Schmuggelorganisation *f* smuggling organization **Schmuggelware** *f* smuggled goods *pl,* contraband *no pl*

Schmuggler(in) <-s, -> *m(f)* smuggler

Schmugglerring *m* smuggling ring

schmunzeln *vi* ■**[über jdn/etw]** ~ to grin quietly to oneself [about sb]

Schmunzeln <-s> *nt kein pl* grin

Schmus <-es> *m kein pl* (*fam*) ❶ (*leeres Gerede*) waffle *no pl fam*
❷ (*Schöntun*) soft soap *no pl fam*

Schmusekurs *m* line of least resistance; **sich für den ~ entscheiden** to take the line of least resistance

schmusen *vi* (*fam*) ■**[mit jdm]** ~ to cuddle [sb], to cuddle up [to sb], to kiss and cuddle [*or sl* to neck] [with sb]; ■**[miteinander]** ~ to kiss and cuddle [*or dated* canoodle], to have a cuddle, to neck

Schmusepuppe *f* cuddly toy

Schmutz <-es> *m kein pl* ❶ (*Dreck*) dirt
❷ (*Schlamm*) mud
► WENDUNGEN: ~ **und Schund** trash and muckraking, scandalmongering; **jdn mit ~ bewerfen** to sling mud at sb, to cast aspersions on sb *form;* **jdn/etw in den ~ ziehen** to blacken [*or form* sully] sb's name/sth's reputation, to vilify sb/sth

schmutzabweisend *adj inv* dirt-resistant

schmutzen *vi* ■**[leicht]** ~ to get [slightly] dirty

Schmutzfahne *f von Schadstoffen* trail of pollution **Schmutzfink** *m* (*fam*) ❶ (*pej*) *s.* **Schmierfink 1, 2** ❷ (*unmoralischer Mensch*) dirty bastard *fam!* **Schmutzfleck** *m* dirt stain, dirty mark; ~ **in der Landschaft** blot on the landscape **Schmutzgeier** *m* ORN Egyptian vulture **Schmutzhäufchen** *nt* pile of dirt

schmutzig *adj* ❶ (*dreckig*) dirty; **sich** *dat* **etw [bei etw** *dat*] ~ **machen** to get [*or* make] sth dirty [doing sth]
❷ (*obszön*) smutty, dirty, lewd; **~e Witze** dirty jokes
❸ (*pej: unlauter*) shady, dubious, crooked; **~es Geld** dirty money; **~e Geschäfte** shady deals
❹ (*pej: frech*) insolent; *s. a.* **Finger**

Schmutzkampagne [-kamˈpanʒə] *f* SOZIOL, POL, MEDIA (*pej*) smear campaign *pej* **Schmutzlöser** *m* cleaning agent **Schmutzschicht** *f* layer of dirt **Schmutztitel** *m* TYPO bastard [*or* fly] [*or* half] [*or* mock] title **Schmutzwäsche** *f* dirty laundry [*or* BRIT *a.* washing] **Schmutzwasser** *nt* ❶ (*schmutziges Wasser*) dirty water ❷ (*Abwasser*) sewage *no pl,* waste water AM

Schnabel <-s, Schnäbel> *m* ❶ ORN (*Vogel~*) beak, bill
❷ (*lange Tülle*) spout; ~ **eines Krugs** lip of a jug
❸ (*fam: Mund*) trap *sl,* gob BRIT *sl,* kisser *sl;* **halt**

den [*o* **deinen**] **~!** (*fam*) shut up! *fam,* shut your trap [*or* BRIT gob]! *sl,* button it! *sl*

▸ WENDUNGEN: **reden, wie der ~ gewachsen ist** (*fam*) to say what one thinks, to not mince words

schnäbeln *vi* to bill

Schnabelschuh *m* crakow **Schnabeltasse** *f* feeding cup **Schnabeltier** *nt* ZOOL duck-billed platypus

Schnake <-, -n> *f* ZOOL ❶ (*Weberknecht*) crane fly, daddy-long-legs *fam*

❷ DIAL (*fam: Stechmücke*) midget, gnat

Schnalle <-, -n> *f* ❶ (*Schließe*) buckle

❷ (*pej derb: Frau*) ***blöde ~!*** stupid bitch! *fam!*

schnallen *vt* ❶ (*durch eine Schnalle befestigen*) ■**etw ~** to do [*or* buckle] sth up, to fasten sth; **etw enger/weiter ~** to tighten/loosen sth

❷ (*aufschnallen*) ■[**jdm/sich**] **etw** [**auf etw** *akk*] **~** to strap sth on[to sth]; **sich einen Rucksack auf den Rücken ~** to strap a rucksack onto one's back

❸ (*losschnallen*) ■**etw** [**von etw**] **~** to unstrap [*or* undo] sth [from sth]

❹ (*fam: kapieren*) ■**etw ~** to get sth *fam,* to cotton on to sth BRIT *fam*

Schnallenschuh *m* buckle shoe **Schnallenverschluss**^RR^ *m* buckle

schnalzen *vi* **mit den Fingern ~** to snap one's fingers; **mit der Zunge ~** to click one's tongue

Schnäppchen <-s, -> *nt* (*fam*) bargain; [**bei etw**] **ein ~ machen** to make [*or* get] a bargain [with sth]

Schnäppchenadresse *f* INET *online shopping web sites with especially low prices* **Schnäppchenführer** *m guidebook to the best outlet and bargain stores* **Schnäppchenjagd** *f* (*fam*) bargain hunting **Schnäppchenjäger(in)** *m(f)* (*fam*) bargain hunter

schnappen **I.** *vi* ❶ *haben* (*greifen*) ■[**nach etw**] **~** to grab [for sth], to snatch [at sth]; *s. a.* **Luft**

❷ *haben* (*mit den Zähnen*) ■[**nach jdm/etw**] **~** to snap [at sb/sth]

❸ *sein* (*klappen*) ■**etw schnappt** sth snaps; ***der Riegel schnappte ins Schloss*** the bolt snapped to the holder

II. *vt haben* (*fam*) ❶ (*ergreifen*) ■[**sich** *dat*] **etw/jdn ~** to grab sth/sb

❷ (*fassen*) ■**etw/jdn ~** to catch [*or* get] [*or* grab] sth/sb; **etwas frische Luft ~** to get a gulp of fresh air

❸ (*festnehmen*) ■**jdn ~** to catch [*or fam* nab] sb

▸ WENDUNGEN: **etw geschnappt haben** (*fam*) to have understood [*or fam* got] sth; **jdn hat es geschnappt** sb has copped it BRIT *fam*

III. *vr* (*fam: abpassen*) ■**sich** *dat* **jdn ~** to catch sb

Schnapper *m* snapper

Schnappmesser *nt* flick knife BRIT, switchblade AM **Schnappschloss**^RR^ *nt* spring lock **Schnappschuss**^RR^ *m* snapshot

Schnaps <-es, Schnäpse> *m* schnapps

Schnapsbrennerei <-, -en> *f* ❶ *kein pl* (*das Brennen*) distilling *no pl*

❷ (*Betrieb*) distillery

Schnäpschen <-s, -> [-çən] *nt dim von* **Schnaps 2**

Schnapsfahne *f* (*fam*) smell of schnapps on one's/sb's breath; **eine ~ haben** to stink of schnapps **Schnapsflasche** *f* bottle of schnapps, schnapps bottle **Schnapsglas** *nt* schnapps glass **Schnapsidee** *f* (*fam*) daft *fam* [*or fam* hare-brained] [*or fam* crackpot] idea **Schnapsnase** *f* (*fam*) drinker's nose **Schnapszahl** *f* (*hum fam*) *a figure consisting of identical digits*

schnarchen *vi* to snore; ■**das S~** snoring

Schnarcher <-s, -> *m* (*Geräusch*) snore

Schnarcher(in) <-s, -> *m(f)* (*Mensch*) snorer; ■**~ sein** to snore

schnarren *vi* (*dumpf surren*) to buzz

schnattern *vi* ❶ ORN (*klappernde Laute erzeugen*) to cackle

❷ (*fam: schwatzen*) to chatter [*or* BRIT *fam* natter]

schnauben <schnaubte *o veraltet* schnob, geschnaubt *o veraltet* geschnoben> **I.** *vi* ❶ (*außer sich sein*) ■[**vor etw** *dat*] **~** to snort [with sth]; **vor Wut ~** to snort with rage

❷ (*durch die Nase pusten*) to snort; **wütend ~d** snorting with rage

❸ (*sich schnäuzen*) to blow one's nose

II. *vr* **sich** *dat* **die Nase ~** to blow one's nose

schnaufen *vi* ❶ *haben* (*angestrengt atmen*) to puff [*or* pant]

❷ *haben bes* SÜDD (*atmen*) to breathe

❸ *sein* (*fam: sich keuchend bewegen*) ■[**irgendwohin**] **~** to puff [somewhere]; ***schwer beladen schnaufte sie den Gang entlang*** heavily laden, she puffed along the corridor

Schnauferl <-s, - *o* -n> *nt* ÖSTERR (*hum fam*) vintage [*or* veteran] car

Schnauz <-es, Schnäuze> *m* SCHWEIZ (*Schnauzbart*) moustache

Schnauzbart *m* ❶ (*großer Schnurrbart*) large moustache; **hängender ~** walrus moustache; **nach oben gezogener ~** handlebar moustache

❷ (*Schnauzbartträger*) man with a large moustache

Schnauze <-, -n> *f* ❶ ZOOL (*Maul*) snout

❷ (*sl: Mund*) gob BRIT *sl,* kisser *sl,* trap *fam,* chops *sl;* **eine große ~ haben** (*sl*) to have a big mouth *fam;* [**über etw** *akk*] **die** [*o* **seine**] **~ halten** (*sl*) to keep quiet [about sth], to keep sth under one's hat, to keep one's trap shut *sl* [about sth]; **~!** (*sl*) shut up! *fam,* shut your trap *fam*!; **immer mit der ~ voran** [*o* **vorneweg**] **sein** to have a big mouth

❸ (*fam: Motorhaube*) front

❹ (*fam: Bug*) nose

▸ WENDUNGEN: **frei** [**nach**] **~** (*fam*) as one thinks fit [*or* best]; **die ~** [**von etw**] [**gestrichen**] **voll haben** (*sl*) to be fed up to the [back] teeth [with sth] BRIT, to be sick to death [of sth]; [**mit etw**] **auf die ~ fallen** (*sl*) to fall flat on one's face [with sth] *fig*

schnauzen *vi* (*fam: barsch reden*) to bark [*or* snarl]

schnäuzen^RR^ *vr* **sich** *akk* [**in ein Taschentuch**] **~** to blow one's nose [with a handkerchief]; *s. a.* **Nase**

Schnauzer <-s, -> *m* ❶ ZOOL schnauzer

❷ (*fam*) *s.* **Schnauzbart**

Schnäuzer <-s, -> *m* DIAL (*Schnauzbart*) moustache

Schnecke <-, -n> *f* ❶ ZOOL snail; (*Nackt~*) slug

❷ *meist pl* KOCHK snails *pl*

❸ (*Gebäck*) Chelsea bun

❹ ANAT cochlea

▸ WENDUNGEN: **jdn** [**wegen etw**] **zur ~ machen** (*fam*) to give sb what for [for sth] *fam,* to give sb a dressing-down

schneckenförmig *adj inv* spiral **Schneckengehäuse** *nt* (*geh*) *s.* **Schneckenhaus** **Schneckenhaus** *nt* snail shell ▸ WENDUNGEN: **sich in sein ~ zurückziehen** to retreat into one's shell **Schneckenpfanne** *f* snail pan **Schneckentempo** *nt* **im ~** (*fam*) at a snail's pace **Schneckenzange** *f* snail tongs *npl*

Schnee <-s> *m kein pl* ❶ METEO snow

❷ (*sl: Kokain*) snow *sl*

▸ WENDUNGEN: **~ von gestern** [*o* **vorgestern**] (*fam*) stale [news], [ancient] history; *s. a.* **Eiweiß**

Schneeammer *f* ORN snow bunting **Schneeanzug** *m* snow suit **Schneeball** *m* ❶ (*Schneekugel*) snowball ❷ BOT snowball tree, guelder rose **Schneeballeffekt** *m kein pl* snowball effect **Schneeballschlacht** *f* snowball fight; **eine ~ machen** to have a snowball fight **Schneeballsystem** *nt* FIN, ÖKON pyramid selling *no art, no pl*

schneebedeckt *adj* snow-covered, snowy **Schneebesen** *m* whisk **schneeblind** *adj* snow-blind **Schneeblindheit** *f* snow blindness **Schneebrille** *f* snow goggles **Schneedecke** *f* blanket of snow; ***die ~ schmolz rasch dahin*** the snow melted quickly **Schneefall** *m* snowfall, fall of snow; ***gegen 15 Uhr setzte ~ ein*** around 3 pm snow began to fall **Schneeflocke** *f* snowflake **Schneefräse** *f* snowblower **schneefrei** *adj* free of snow *pred;* **~ haben** SCH to have time [*or* a day] off school because of snow **Schneegans** *f* snow goose **Schneegestöber** *nt* snowstorm **schneeglatt** *adj* slippery with packed snow *pred* **Schneeglätte** *f* slippery surface of packed snow; ***auf den bezeichneten Streckenabschnitten tritt verbreitet ~ auf*** the marked stretches of road are prone to be slippery because of packed snow **Schneeglöckchen** <-s, -> *nt* snowdrop **Schneegrenze** *f* snowline **Schneehemd** *nt* MIL white camouflage suit **Schneehuhn** *f* ORN ptarmigan **Schneekanone** *f* snow gun [*or* cannon] **Schneekette** *f meist pl* snow chain[s *pl*] **Schneekönig** *m* ▸ WENDUNGEN: **sich wie ein ~ freuen** (*fam*) to be as pleased as Punch, to be tickled pink, to be over the moon BRIT *fam* **Schneemann** *m* snowman **Schneematsch** *m* slush **Schneemobil** *nt* snowmobile **Schneepflug** *m* snowplough, snowplow AM **Schneeraupe** *f* snowcat, piste basher *fam* **Schneeregen** *m* sleet **Schneeschauer** *m* snow shower **Schneeschaufel** *f* snow shovel **Schneeschippe** *f* DIAL snow shovel **Schneeschmelze** *f* thaw **Schneeschuh** *m* ❶ (*wasserdichter, warmer Schuh*) snow shoe ❷ (*veraltet: Rahmen, der unter den Schuh geschnallt wird*) snowshoe ❸ (*veraltet: Ski*) ski **schneesicher** *adj* **ein ~es Gebiet** an area where snow is assured **Schneesturm** *m* snowstorm **Schneetreiben** *nt* snowstorm, driving snow; ***urplötzlich setzte ein munteres ~ ein*** a brisk snowstorm set in all of a sudden **Schneeverhältnisse** *pl* snow conditions *pl* **Schneeverwehung** *f* snowdrift **Schneewehe** *f* snowdrift **schneeweiß** *adj* as white as snow *pred,* snow-white; ■**~** [**im Gesicht**] **sein** [*o* **werden**] to be [*or* go] as white as a sheet **Schneewittchen** <-s> *nt* Snow White **Schneezaun** *m* drift fence

Schneid <-[e]s> *m kein pl* (*fam*) guts *npl fam,* bottle BRIT *sl,* balls *vulg;* **~ haben** to have guts; [**nicht den**] **~ haben, etw zu tun** to [not] have the guts [*or* balls] [*or* BRIT bottle] to do sth

▸ WENDUNGEN: **jdm den ~ abkaufen** to put sb off, to unnerve sb, to intimidate sb

Schneidabfall *m* TYPO trim waste, waste trim **Schneidbrenner** <-s, -> *m* oxyacetylene torch, blowtorch

Schneide <-, -n> *f* ❶ ([*Kante*] *der Klinge*) edge, blade

❷ GEOG steep ridge; *s. a.* **Messer**

Schneidebohne *f* runner bean **Schneidemarke** *f* TYPO cutting mark **Schneidemaschine** *f* ❶ TYPO cutter ❷ KOCHK slicer **Schneidemesser** *nt* carving knife

schneiden <schnitt, geschnitten> **I.** *vt* ■**etw ~** ❶ (*zerteilen*) to cut sth; **Wurst in die Suppe ~** to slice sausage into the soup

❷ (*kürzen*) to cut [*or* trim] sth; **einen Baum ~** to prune a tree; **das Gras ~** to cut [*or* mow] the grass; **jdm die Haare ~** to cut sb's hair; ***sie hat sich die Haare ganz kurz ~ lassen*** she has had her hair cut really short

❸ (*gravieren*) to carve sth; **ein markant geschnittenes Gesicht** craggy features; **mit mandelförmig geschnittenen Augen** almond-eyed

❹ (*einschneiden*) to cut sth; **ein Loch in den Stoff ~** to cut a hole in the material

❺ AUTO (*knapp einscheren*) to cut sth; ■**jdn ~** to cut sb

❻ (*kreuzen*) to cut [*or* intersect] [*or* cross] sth

❼ FILM (*cutten*) to edit sth

❽ (*fam: operieren*) ■**jdn/etw ~** to cut sb/sth open *fam,* to operate [on sb/sth]; **einen Furunkel/Karbunkel ~** to lance a boil/carbuncle

❾ MODE (*zuschneiden*) to cut sth out; **zu eng/zu weit geschnitten sein** to be cut too tight/too loose; **eine gut geschnittene Wohnung** a well-designed flat [*or* AM apartment]

❿ (*meiden*) ■**jdn ~** to cut [*or* snub] sb; *s. a.* **Fratze, Grimasse, Kurve, Luft**

II. *vr* ❶ (*sich mit einer Schneide verletzen*) ■**sich ~** to cut oneself; **sich in den Finger ~** to cut one's finger; **sich an einer Glasscherbe ~** to cut oneself on a piece of broken glass; *s. a.* **Fleisch**

❷ (*sich kreuzen*) ■**sich ~** to intersect [*or* cross]

▸ WENDUNGEN: **sich** [**gründlich**] **geschnitten haben** (*fam*) to have made a [big] mistake

III. *vi* ❶ MED (*operieren*) to operate
❷ (*zerteilen*) to cut; ***das Messer schneidet gut*** the knife cuts well
❸ (*geh: schneidend sein*) ■**etw schneidet** sth is biting; ■**jdm** [**irgendwohin**] ~ to hit sb [somewhere]; ***der eisige Wind schnitt ihr ins Gesicht*** the icy wind hit her in the face; *s. a.* **Herz**
schneidend *adj* ❶ (*durchdringend*) biting
❷ (*scharf*) sharp
Schneider(in) <-s, -> *m(f)* ❶ MODE tailor
❷ KARTEN *score of under 30 points in skat;* **im ~ sein** *to have less than 30 points in skat;* **aus dem ~ sein** *to have more than 30 points in skat*
► WENDUNGEN: **frieren wie ein ~** (*fam*) to freeze [almost] to death *fig*, to be frozen stiff; **aus dem ~ sein** (*fam*) to be over the worst of it [*or* be in the clear]
Schneiderärmel *m* tailored sleeve
Schneiderei <-, -en> *f* ❶ *kein pl* (*Handwerk*) *für Damenkleidung* dressmaking; *für Herrenkleidung* tailoring
❷ (*Werkstatt*) tailor's [shop]
Schneiderin <-, -nen> *f fem form von* **Schneider**
Schneiderkragen *m* tailored collar
schneidern I. *vi* to work as a tailor; (*als Hobby*) to do [some] dressmaking
II. *vt* (*zuschneiden*) ■[**jdm/sich**] **etw ~** to make sth [for sb/oneself]; **selbst geschneidert** homemade
Schneiderpuppe *f* tailor's [*or* dressmaker's] dummy **Schneidersitz** *m* **im ~** cross-legged
Schneidezahn *m* incisor
schneidig *adj* smart, dashing
schneien I. *vi impers* to snow; ***es hat geschneit*** it has been snowing
II. *vt impers* ❶ ■**es schneit etw** it is snowing sth; ***es schneite dicke Flocken*** it was snowing thick flakes, thick snowflakes were falling
❷ (*herabfallen*) sth is raining down; ***es schneite Konfetti*** there was a shower of confetti
Schneise <-, -n> *f* path, aisle
schnell I. *adj* ❶ TRANSP (*eine hohe Geschwindigkeit erreichend*) fast
❷ (*zügig*) prompt, rapid
❸ *attr* (*baldig*) swift, speedy; **ein ~er Abschluss** a swift end; **eine ~e Genesung** a speedy recovery; **eine ~e Mark machen** (*fam*) to make a fast buck *fam;* **ein ~er Tod** a quick death
II. *adv* ❶ (*mit hoher Geschwindigkeit*) fast; **~/~er fahren** to drive fast/faster
❷ (*zügig*) quickly; **~ verderblich** highly perishable; **~ verkäuflich** HANDEL fast-selling; **~ verschleißend** TECH fast-wearing; **~ gehen** to be done quickly; ***geht das ~/wie ~ geht das?*** will it take long/how long will it take?; **~ machen** to hurry up; **nicht so ~!** not so fast!, slow down!
Schnellanalyse *f* rapid [*or* instant] analysis
Schnelläufer(in) <-s, -> *m(f) s.* **Schnellläufer**
Schnellbahn *f* high-speed railway **Schnellbahnnetz** *nt* high-speed train network **Schnellbauweise** *f* high-speed building methods *pl* **Schnellboot** *nt* speedboat **Schnellbratpfanne** *f* sauté pan **Schnelldampfer** *m* express liner **Schnelldrucker** *m* INFORM high-speed printer **Schnelldruckmodus** *m* INFORM draft mode **Schnelldruckqualität** *f* INFORM draft quality
Schnelle <-> *f kein pl* ❶ (*Schnelligkeit*) speed
❷ (*fam*) **auf die ~** quickly, at short notice; ***haben Sie etwas zu essen, was auf die ~ geht?*** do you have anything quick to eat?; **etw auf die ~ machen** to do sth at short notice
schnellebig *adj s.* **schnelllebig**
Schnelleingreiftruppe *f* rapid reaction force
schnellen *vi sein* ❶ (*federnd hochspringen*) **in die Höhe** [*o* **nach oben**] **~** to shoot up
❷ (*federn*) ■[**von etw** *dat*/**irgendwohin**] **~** to shoot [from sth/somewhere]; ***der Pfeil schnellte vom Bogen in die Zielscheibe*** the arrow shot from the bow and hit the target; ■**etw** [**irgendwohin**] **~ lassen** to flick sth [somewhere]
Schnellfeuergewehr *nt* automatic pistol **Schnellfeuerwaffe** *f* rapid-fire weapon **Schnellgaststätte** *f* fast-food restaurant **Schnellgericht**[1] *nt* ready-made meal **Schnellgericht**[2] *nt* JUR summary court **Schnellhefter** *m* loose-leaf binder
Schnelligkeit <-, *selten* -en> *f* ❶ (*Geschwindigkeit*) speed
❷ (*Zügigkeit*) speediness; *Ausführung* promptness
SchnellimbissRR *m* takeaway **Schnellkochplatte** *f* high-speed ring **Schnellkochtopf** *m* pressure cooker **Schnellkurs** *m* crash course
Schnellläufer(in)RR <-s, -> *m(f)* ❶ SPORT sprinter ❷ TECH high-speed machine ❸ ASTRON high-velocity star **schnelllebig**RR *adj* fast-moving **Schnellpaket** *nt* express parcel **Schnellreinigung** *f* express cleaner's **Schnellrestaurant** *nt* fast-food restaurant
schnellstens *adv* as soon [*or* quickly] as possible
schnellstmöglich *adj* quickest possible *attr*
Schnellstraße *f* expressway **Schnellsuchlauf** <-[e]s> *m kein pl* rapid search **Schnelltaste** *f* INFORM shortcut **Schnelltriebwagen** *m* fast rail car **schnelltrocknend** *adj inv* quick-drying **schnellverderblich** *adj s.* **schnell II Schnellverfahren** *nt* ❶ JUR summary trial [*or* proceedings] *pl;* **im ~** summarily ❷ (*fam*) **im ~** in a rush; **im ~ duschen** to have a quick shower **schnellverkäuflich** *adj* HANDEL *s.* **schnell II Schnellverkehr** *m* rapid [*or* express] traffic **schnellverschleißend** *adj* TECH *s.* **schnell II Schnellzug** *m* (*veraltend*) fast train
Schnepfe <-, -n> *f* ❶ ORN snipe
❷ (*pej fam*) stupid [*or* silly] cow *sl*
schnetzeln *vt* KOCHK ■**etw ~** to cut sth into fine strips, to shred sth
schneuzen *vr s.* **schnäuzen**
Schnibbelbohne *f* DIAL runner bean
Schnickschnack <-s> *m kein pl* (*fam*)
❶ (*Krimskrams*) junk *no pl*
❷ (*dummes Geschwätz*) twaddle *no pl,* poppycock *no pl*
schniefen *vi* to sniffle, to sniff
Schnippchen <-s> *nt* ► WENDUNGEN: **jdm ein ~ schlagen** (*fam*) to put one over on sb *fam; s. a.* **Tod**
Schnippel <-s, -> *m o nt* DIAL (*fam: Schnipsel*) shred
schnippeln I. *vi* (*fam*) ■[**an etw** *dat*] **~** to snip [at sth]
II. *vt* (*fam*) ■**etw ~** to cut sth
schnippen I. *vi* **mit den Fingern ~** to snap one's fingers
II. *vt* ■**etw** [**von etw** *dat*] **~** to flick sth [off sth]
schnippisch I. *adj* saucy, cocky *fam*
II. *adv* saucily, cockily
Schnipsel <-s, -> *m o nt* (*fam*) shred
schnipseln *vi* (*fam*) *s.* **schnippeln**
schnipsen *vi* **mit den Fingern ~** to snap one's fingers
schnitt *imp von* **schneiden**
Schnitt <-[e]s, -e> *m* ❶ (*Schnittwunde*) cut
❷ (*Haarschnitt*) cut
❸ MODE (*Zuschnitt*) cut
❹ FILM (*das Cutten*) editing
❺ ARCHIT, MATH (*Darstellung in der Schnittebene*) section; **im ~** ARCHIT in section; (*durchschnittlich*) on average; **der goldene ~** MATH the golden section
► WENDUNGEN: [**bei etw** *dat*] **einen** [*o* **seinen**] **bestimmten ~ machen** (*fam*) to make a certain profit [on sth]
Schnittblumen *pl* cut flowers *pl*
Schnittbohnen *pl* runner beans *pl*
Schnitte <-, -n> *f* ❶ KOCHK slice
❷ (*belegtes Brot*) open sandwich
► WENDUNGEN: [**bei jdm/etw**] **keine ~ haben** (*fam*) to have no chance [with sb/sth]
Schnittfläche *f* ❶ cut surface
❷ MATH *s.* **Schnitt 5**
schnittig *adj* stylish, streamlined
Schnittkanten *pl* TYPO cutting edges *pl*
Schnittkäse *m* hard cheese **Schnittlauch** *m kein pl* chives *npl* **Schnittmenge** *f* MATH intersection **Schnittmuster** *nt* MODE ❶ [paper] pattern ❷ *s.* Schnittmusterbogen **Schnittmusterbogen** *m* MODE pattern chart **Schnittpunkt** *m* ❶ MATH point of intersection ❷ (*Kreuzung*) intersection **Schnittsalat** *m* mixed salad leaves *pl* **Schnittstelle** *f* ❶ INFORM interface; **parallele/serielle ~** parallel/serial interface ❷ (*vermittelnde Instanz*) go-between **Schnittstellenanschluss**RR *m* INFORM interface, port **Schnittverletzung** *f* cut **Schnittwunde** *f* cut
Schnitz <-es, -e> *m* DIAL slice [of fruit]
Schnitzel[1] <-s, -> *nt* KOCHK pork escalope; **Wiener ~** Wiener schnitzel
Schnitzel[2] <-s, -> *nt o m* shred
Schnitzeljagd *f* paperchase
schnitzeln *vt* ■**etw ~** to shred sth
schnitzen I. *vt* ❶ (*aus Holz schneiden*) ■**etw** [**aus etw** *dat*] **~** to carve sth [out of sth]
❷ (*in Holz einschneiden*) ■**etw** [**in etw** *akk*] **~** to carve sth [into sth]
II. *vi* ■[**an etw** *dat*] **~** to carve [sth], to whittle [at sth]; ■**das S~** carving; (*Holz*) woodcarving
Schnitzer <-s, -> *m* (*fam*) blunder, cock-up BRIT *sl,* screw-up AM *sl;* **einen ~ machen** to commit a blunder, to cock up *sl*
Schnitzer(in) <-s, -> *m(f)* woodcarver
Schnitzerei <-, -en> *f* woodcarving
Schnitzerin <-, -nen> *f fem form von* **Schnitzer**
Schnitzmesser *nt* woodcarving knife
schnob (*veraltet*) *imp von* **schnauben**
schnodd(e)rig *adj* (*pej fam*) impudent, cheeky BRIT *fam*
schnöde I. *adj* (*pej geh*) despicable, mean, vile; ■**etw ist ~** [**von jdm**] sth is despicable [*or* mean] [of sb]
II. *adv* (*pej geh*) despicably, vilely, in a despicable [*or* vile] manner; *s. a.* **Mammon**
Schnorchel <-s, -> *m* snorkel
schnorcheln *vi* ■[**irgendwo**] **~** to go snorkelling [*or* AM snorkeling] [somewhere]
Schnörkel <-s, -> *m* scroll, squiggle *hum*
schnörkelig *adj* full of flourishes *pred,* squiggly *hum*
schnörkellos *adj* simple, plain, without frills; **~ formuliert** put simply, in simple [*or* plain] words
schnorren I. *vi* (*fam*) ■[**bei jdm**] **~** to scrounge [from sb] *fam*
II. *vt* (*fam*) ■**etw ~** to scrounge sth *fam*
Schnorrer(in) <-s, -> *m(f)* (*fam*) scrounger *fam*
Schnösel <-s, -> *m* (*fam*) snotty[-nosed] little git *fam*
schnuckelig *adj* (*fam*) ❶ (*herzig*) cute
❷ (*nett*) cute, nice
Schnüffelei <-, -en> *f* (*fam*) ❶ (*ständiges Schnüffeln*) sniffing
❷ (*das Hinterherspionieren*) snooping *fam*
schnüffeln *vi* ❶ (*schnuppern*) ■[**an jdm/etw**] **~** to sniff [sb/sth]
❷ (*fam: spionieren*) ■[**in etw** *dat*] **~** to nose around [in sth]
❸ (*sl: Klebstoff etc ~*) to sniff glue; **das S~** glue-sniffing
Schnüffler(in) <-s, -> *m(f)* ❶ (*fam: Detektiv*) detective, snooper BRIT *fam*
❷ (*sl: Süchtiger*) glue-sniffer
Schnuller <-s, -> *m* dummy
Schnulze <-, -n> *f* (*fam*) schmaltz, schmalz *fam*
Schnulzensänger(in) <-s, -> *m(f)* MUS (*pej fam*) singer of schmaltzy *fam* songs
schnulzig *adj* (*fam*) schmaltzy, schmalzy *fam,* corny *fam*
schnupfen I. *vi* ❶ (*Schnupftabak nehmen*) to take snuff
❷ (*schniefen*) to sniff *fam,* to sniffle *fam;* ■[**in etw** *akk*] **~** to sniffle [in sth]; ***sie schnupfte ins Taschentuch*** she sniffled in her hanky
❸ (*selten: unter wiederholtem Schnupfen äußern*) to sniff [*or* sniffle] *fam*
II. *vt* ■**etw ~** to take a sniff of sth, to snort sth *sl;*

S

Tabak ~ to take snuff; **Kokain** ~ to snort *sl* cocain
III. *vr* **sich** *akk* **zu Tode** ~ to die snorting cocain

Schnupfen <-s, -> *m* MED cold; **[einen] ~ bekommen, sich** *dat* **[irgendwo/bei jdm] einen ~ holen** (*fam*) to get a cold [somewhere/from sb]; **[einen] ~ haben** to have a cold

Schnupfenmittel *nt* cold remedy

Schnupftabak *m* snuff **Schnupftabak(s)dose** *f* snuff box

schnuppe *adj* (*fam*) ■**es/jd/etw ist [jdm] ~** sb does not care less [about it]/about sb/sth, sb does not give a stuff [about it]/about sb/sth BRIT *fam;* ■**es ist [jdm] ~, ob/was/wie/wo …** sb does not care less whether/what/how/where …

Schnupperfahrt *f* test drive **Schnupperkurs** *m* taster course **Schnupperlehre** <-, -n> *f* SCHWEIZ (*Praktikum*) [period of] practical training, AM *a.* internship

schnuppern **I.** *vi* ■**[an jdm/etw] ~** to sniff [at sb/sth]
II. *vt* ■**etw ~** to sniff sth

Schnupperwoche *f* taster week

Schnur <-, Schnüre> *f* cord

Schnürband <-[e]s, -bänder> *nt* DIAL lace

Schnürchen <-s, -> *nt dim von* **Schnur** thin cord ▸ WENDUNGEN: **wie am ~** (*fam*) like clockwork *fam*

schnüren **I.** *vt* ① (*verschnüren*) ■**etw [zu etw** *dat***] ~** to tie sth together [in sth]
② (*mit einer Schnur befestigen*) ■**etw [auf etw** *akk***] ~** to tie sth [onto sth]; ***er schnürte sich den Rucksack auf den Rücken*** he fastened the rucksack to his back
③ (*zubinden*) ■**[jdm/sich] etw ~** to tie [sb's/one's] sth [up]; **seine/jds Schuhe ~** to lace up one's/sb's shoes
II. *vi* (*fam*) *Hose, Kleider* to be tight
III. *vr* ■**sich** *akk* **[in etw** *akk***] ~** to lace oneself up [in sth]

schnurgerade **I.** *adj* dead straight
II. *adv* ① (*völlig gerade*) in a straight line
② (*fam*) *s.* **schnurstracks**

Schnurkeramik *f* ARCHÄOL string ceramics *pl,* corded ware

schnurlos *adj* cordless

Schnurlostechnik *f* TELEK wireless [*or* cordless] technology

Schnurrbart *m* moustache; ■**einen ~ haben** [*o* **tragen**] to have [*or dated* wear] a moustache

schnurrbärtig *adj* ■**~ sein** to have a moustache

schnurren *vi* ① (*Katze*) to purr; **vor Zufriedenheit ~** to purr with contentment
② (*surren*) to whirr

Schnurrhaare *pl* whiskers *pl*

schnurrig <-er, -ste> *adj* (*veraltend*) amusing, funny, droll; **ein ~er alter Kauz** a funny old bird [*or* cove]

Schnürschuh *m* lace-up shoe **Schnürsenkel** *m* shoelace **Schnürstiefel** *m* laced [*or* lace-up] boot

schnurstracks *adv* straight; **~ nach Hause gehen** to go straight home

schnurz *adj* (*sl*) ■**es ist [jdm] ~** to be all the same [to sb]; ***das ist mir ~*** I couldn't care less

Schnute <-, -n> *f* NORDD (*Mündchen*) pout; **eine ~ ziehen** (*fam*) to pout

schob *imp von* **schieben**

Schober <-s, -> *m* AGR SÜDD, ÖSTERR ① (*Heuhaufen*) haystack
② *s.* **Heuschober**

Schock <-[e]s, -s> *m* shock; ■**der ~ einer S.** *gen* the shock [*or* trauma] of sth; **einen ~ bekommen** [*o geh* **erleiden**] [*o fam* **kriegen**] to receive [*or fam* get] a shock; **unter ~ stehen** to be in [a state of] shock; **[jdm] einen ~ versetzen** to shock [sb]

schocken *vt* (*sl*) ■**jdn [mit etw** *dat***] ~** to shock sb [with sth]

Schocker <-s, -> *m* FILM (*sl*) film designed to shock

Schockfarbe *f* violent colour [*or* AM -or]

schockieren* *vt* ■**jdn [mit etw** *dat***] ~** to shock sb [with sth]; ■**etw schockiert jdn** sth shocks sb; ■**[über etw** *akk***] schockiert sein** to be shocked [about sth]

Schockschaden *m* JUR impairment of health due to shock **Schocktherapie** *f* shock therapy **Schockwelle** *f* shock wave **Schockwirkung** *f* shock effect; **unter ~ stehen** to be in a state of [*or* be suffering from] shock

schofel, schof(e)lig *adj* DIAL (*sl*) ① (*schäbig*) *Verhalten* mean, rotten, beastly; *Ausrede* miserable, mean; **~ [zu jdm] sein** to be rotten [*or* mean] [to sb]; **~ [von jdm] sein, etw zu tun** to be rotten [of sb] to do sth
② (*geizig*) **sich ~ zeigen** to show oneself to be mean [*or* stingy]

Schöffe, Schöffin *m, f* JUR *lay assessor in criminal cases*

Schöffenamt *nt* JUR *position of lay assessor in court* **Schöffengericht** *nt* JUR *court of first instance for criminal matters consisting of one judge and two lay judges* **Schöffenwahlausschuss** *m* JUR interior redecoration

Schöffin <-, -nen> *f fem form von* **Schöffe**

schoflig *adj s.* **schof(e)l(ig)**

Schoko *f* (*fam*) chocolate, choc *fam*

Schokolade <-, -en> *f* ① (*Kakaomasse*) chocolate
② (*geh: Kakaogetränk*) hot chocolate; (*kalt*) chocolate milk

Schokoladencreme *f* chocolate cream **Schokoladeneis** *nt* chocolate ice cream **Schokoladenfigur** *f* figure made of chocolate **Schokoladenpudding** *m* chocolate pudding **Schokoladenpulver** *nt* chocolate powder **Schokoladenriegel** *m* chocolate bar, bar of chocolate **Schokoladenseite** *f* (*fam*) the good part[s]; **sich von seiner ~ zeigen** to show oneself at one's best **Schokoladenüberzug** *m* chocolate coating

Schokoriegel *m* chocolate bar

Scholastik <-> *f kein pl* scholasticism *no pl*

Scholastiker(in) <-s, -> *m(f)* scholastic

scholl *imp von* **schallen**

Scholle[1] <-, -n> *f* ZOOL, KOCHK plaice

Scholle[2] <-, -n> *f* ① (*flacher Erdklumpen*) clod [of earth]
② (*Eisbrocken*) [ice] floe
③ (*geh: Ackerland*) arable land

Scholli *m* ▸ WENDUNGEN: **mein lieber ~!** (*fam: na warte!*) just you wait! *fam;* (*na so was!*) my goodness!

Schöllkraut *nt* BOT greater celandine

schon **I.** *adv* ① (*bereits*) already, yet; ***sind wir ~ da?*** are we there yet?; ***hast du ~ gehört?*** have you heard?; ***du willst ~ gehen?*** you want to leave already?; ■**es ist ~ …** it is already …; ***es ist ~ spät*** it is already late, it is late already; **~ damals/gestern/jetzt** even at that time/yesterday/now; **~ lange** for a long time; **~ mal** ever; ***hast du ~ mal Austern gegessen?*** have you ever eaten oysters?; **~ oft** several times already
② (*allein*) ■**~ …** alone …; **~ darum/aus dem Grunde** for that reason alone; **~ die Tatsache, dass …** the fact alone that …, the very fact that …; **~ Grund genug sein** to be already reason enough; *s. a.* **allein**
③ (*irgendwann*) in the end, one day; ***es wird ~ noch*** [***mal***] ***klappen*** it will work out in the end [*or* one day]
④ (*durchaus*) well; ***so was kann ~ mal vorkommen*** that can happen
⑤ (*denn*) ***was macht das*** ~ what does it matter
⑥ (*fam: nun mal*) ***es ist ~ wahr*** it's true all right; *s. a.* **gut**
⑦ (*irgendwie*) all right; ***danke, es geht*** ~ thanks, I can manage; ***es wird ~ klappen*** it will work out all right
⑧ (*ja*) ***ich sehe ~, …*** I can see, …; **~ immer** always; ***ich sagte es ja ~ immer*** I've always said it/so; **~ längst** for ages, ages ago; ***das wusste ich doch ~ längst*** I've known that for ages; **~ wieder** [once] again; **[ja] ~, aber …** (*fam*) [well] yes, but …; **und [*o* na] wenn ~!** so what?
II. *part* ① (*endlich*) ***jetzt komm ~!*** hurry up!; ***hör ~ auf damit!*** will you stop that!
② (*auffordernd*) ■**… ~!** go on, …!; ***geh ~!*** go on!; ***gib ~ her!*** come on, give it here!; **mach ~!** (*fam*) hurry up!; **[*nun*] *sag ~!*** go on, tell me!
③ (*nur*) ***wenn ich das ~ rieche/sehe!*** (*fam*) the mere smell/sight of that!; ***wenn ich das ~ höre!*** just hearing about it!; *s. a.* **ja, möglich**

schön **I.** *adj* ① (*hübsch*) beautiful; (*ansprechend*) lovely, nice
② (*angenehm*) good, great, nice, splendid; ***ich wünsche euch ~e Ferien*** have a good holiday; ***heute war ein ~er Tag*** today was a lovely [*or* splendid] day; ***~es Wochenende*** have a good weekend!; ■**etwas S~es** something lovely; ***es gibt nichts S~eres, als …*** there could be nothing nicer than …; ■**[irgendwo [*o* bei jdm]] ist es ~** it is nice [somewhere [*or* at sb's house]]; **nicht ~ [von jdm] sein** not to be very nice [of sb]; **zu ~, um wahr zu sein** (*fam*) too good to be true; **~, dass …** (*fam*) it's good that …, I'm pleased that …; *s. a.* **Kunst, Literatur**
③ (*iron: unschön*) great, nice; ***das sind ja ~e Aussichten!*** what wonderful [*or* great] prospects!; ***das wird ja immer ~er!*** (*iron fam*) things are getting worse and worse!; ■**etwas S~es** (*iron*) a fine mess; ■**das S~ste** the best of it *iron;* ***das S~ste kommt erst noch*** the best of it is yet to come; **das S~ste [daran] ist, dass …** the worst thing [about it] is [that] …, the worst of it is [that] …; *s. a.* **Bescherung**
④ (*iron: verblüffend*) astonishing; ***mit ~er Regelmäßigkeit fehlt sie immer dann, wenn man sie am dringendsten braucht*** she always manages with astonishing regularity to be away when she's needed most
⑤ (*beträchtlich*) great, good; **eine ~e Erbschaft** a good [*or* sizeable] inheritance; **ein ~er Erfolg** a great success; **ein ~es Sümmchen** a nice bit of cash *fam;* **ein ~es Stück Arbeit/eine ~e Strecke** quite a bit of work/quite a stretch; **[das ist ja alles] ~ und gut, aber …** that's all very well, but …, that may well be, but …; **~, ~** (*fam*), **[also] ~** (*fam*), **na ~** (*fam*) all right [*or* okay] then, fine; *s. a.* **Stange, Stück**
II. *adv* ① (*ansprechend*) well; **sich ~ anziehen** to get dressed up; **sich ~ schminken/frisieren** to get dolled up/do one's hair nicely; **~ malen/musizieren/singen/spielen** to paint/play music/sing/play well [*or* nicely]
② (*fam: genau*) thoroughly
③ (*fam: besonders*) **~ groß/kalt/langsam/süß** nice and big/cold/slow/sweet
④ (*gut*) **sich ~ amüsieren** to have a good time; **sich ~ ausschlafen/ausspannen/ausruhen** to have a good lie-in/break/rest; **es ~ [irgendwo] haben** to live well [somewhere]; ***wir wollen es in unserem Urlaub ~ haben*** we want to have a good time on holiday
⑤ (*fam: ganz*) nicely; ***sei ~ brav*** be a good boy/girl
⑥ (*iron fam: ziemlich*) really; ***das hat ganz ~ wehgetan!*** that really hurt!; *s. a.* **ganz**

Schonauflage *f* protective cover **Schonbezug** *m* protective cover

Schöndruck *m* one-[*or* single-]sided printing

Schöne <-n, -n> *f* beauty; **die ~ und das Biest** Beauty and the Beast

schonen **I.** *vt* ① (*pfleglich behandeln*) ■**etw ~** to look after sth, to take care of sth
② (*nicht überbeanspruchen*) ■**etw ~** to be kind to sth, to go easy on sth; **seine Leber mehr ~** to be kinder to one's liver; **seine Gesundheit/sein Herz etwas ~ müssen** to have to go a bit easy on one's health/heart; ***das schont die Gelenke*** it is easy on the joints
③ (*vorsichtig einwirken*) ■**etw ~** to be kind to sth; ***dieses Waschmittel schont das Gewebe/die Hände*** this detergent is kind to the fabric/your hands
④ (*Rücksicht nehmen*) ■**jdn/etw ~** to spare sb/sth; **jds Gefühle ~** to spare sb's feelings
⑤ (*verschonen*) ■**jdn ~** to spare sb
II. *vr* ■**sich ~** to take things easy

schönen *vt* (*veraltend*) ■**etw ~** to embellish sth, to dress sth up

schonend I. *adj* ❶ (*pfleglich*) careful
❷ (*rücksichtsvoll*) considerate
❸ (*nicht strapazierend*) gentle, kind
II. *adv* ❶ (*pfleglich*) carefully, with care
❷ (*rücksichtsvoll*) **jdm etw ~ beibringen** to break sth to sb gently

Schoner¹ <-s, -> *m* NAUT schooner

Schoner² <-s, -> *m* (*fam*) *s.* **Schonbezug**

schön|färben *vt* (*iron*) ■**etw** ~ to whitewash sth *iron*

Schönfärberei <-, -en> *f* (*iron*) whitewash *iron;* ~ **betreiben** to whitewash things, to gloss over things

Schonfrist *f* period of grace **Schongang** *m* ❶ AUTO, TECH (*Gang*) overdrive ❷ TECH (*Waschprogramm*) gentle action wash

Schöngeist *m* aesthete, esthete AM

schöngeistig *adj* aesthetic, esthetic AM; *s. a.* **Literatur**

Schönheit <-, -en> *f* ❶ *kein pl* (*schönes Äußeres*) beauty
❷ (*schöne Frau*) beauty

Schönheitschirurg(in) *m(f)* cosmetic [*or* plastic] surgeon **Schönheitschirurgie** *f* cosmetic [*or* plastic] surgery **Schönheitschirurgin** *f fem form von* Schönheitschirurg **Schönheitsfarm** *f* beauty farm **Schönheitsfehler** *m* ❶ (*kosmetische Beeinträchtigung*) blemish ❷ (*geringer Makel*) flaw **Schönheitsideal** *nt* ideal of beauty **Schönheitskönigin** *f* beauty queen **Schönheitsoperation** *f* cosmetic operation **Schönheitspflästerchen** <-s, -> *nt* beauty patch **Schönheitspflege** *f* beauty care **Schönheitswettbewerb** *nt* beauty contest

Schonkost *f* (*Spezialdiät*) special diet; (*Nahrung einer Spezialdiät*) special diet foods *pl*

Schönling <-s, -e> *m* (*pej*) pretty boy *fam*

schön|machen *vr* (*fam*) ■**sich** *akk* [**für jdn**] ~ to make oneself up [for sb]; (*sich schön kleiden*) to dress oneself up [for sb], to get dressed up [for sb]

Schonprogramm *nt* delicates programme [*or* AM -am]

Schönschreibdrucker *m* letter-quality printer

Schönschrift *f* ❶ (*ordentliche Schrift*) tidy handwriting; **in** ~ in one's best handwriting
❷ INFORM near letter quality, NLQ

schön|tun *vi irreg* ■[**jdm**] ~ to flatter [*or* BRIT *fam* soft-soap] [sb]; (*vor jdm kriechen*) to suck up to sb *fam*

Schön- und Widerdruck *m* TYPO face and back printing, perfecting

Schönung <-, -en> *f* (*trübe Flüssigkeiten, bes Wein, künstlich klar machen*) fining

Schonung¹ <-> *f kein pl* ❶ (*das pflegliche Behandeln*) care
❷ MED (*Entlastung*) care; ***du solltest das zur ~ deiner Gelenke tun*** you should do that to take care of [*or* look after] your joints
❸ (*Schutz*) protection; ***die Gartenhandschuhe dienen der ~ der Hände*** gardening gloves serve to protect the hands
❹ (*Rücksichtnahme*) consideration
❺ (*Verschonung*) mercy

Schonung² <-, -en> *f* FORST forest plantation area

schonungsbedürftig *adj* in need of rest; ■[**noch**] ~ **sein** to [still] need to convalesce **schonungslos I.** *adj* blunt, merciless; **~e Kritik** savage criticism; **~e Offenheit** unabashed openness **II.** *adv* bluntly, mercilessly **Schonungslosigkeit** <-> *f kein pl* bluntness, savageness, mercilessness

Schönwetterlage *f* fine weather conditions *pl*

Schonzeit *f* JAGD close season

Schopf <-[e]s, Schöpfe> *m* ❶ (*Haarschopf*) shock of hair
❷ ORN tuft, crest
► WENDUNGEN: **die Chance** [*o* **Gelegenheit**] **beim Schopf packen** to seize [*or* grasp] the opportunity with both hands

schöpfen *vt* ❶ (*mit einem Behältnis entnehmen*) ■[**sich** *dat*] **etw** [**aus etw** *dat*] ~ to scoop sth [from sth]; **Suppe/Eintopf** [**aus etw** *dat*] ~ to ladle soup/stew [from sth]; **Wasser aus einem Boot** ~ to bale out a boat; *s. a.* **Atem, Luft**
❷ (*gewinnen*) ■**etw** ~ to draw sth; **Mut/Kraft** ~ to summon [up] courage/strength; *s. a.* **Verdacht**
❸ (*kreieren*) ■**etw** ~ to create sth; (*Ausdruck, Wort*) to coin sth

Schöpfer(in) <-s, -> *m(f)* ❶ (*Gott*) ■**der** ~ the Creator; **jd dankt seinem ~, dass ...** sb thanks their Maker [*or* Creator] that ...
❷ (*geh: Erschaffer*) creator

schöpferisch I. *adj* creative
II. *adv* creatively; *s. a.* **Augenblick, Pause**

Schöpfkelle *f* ladle **Schöpflöffel** *m* ladle

Schöpfung <-, -en> *f* ❶ *kein pl* (*Erschaffung*) creation
❷ (*Kreation*) creation; (*Ausdruck, Wort*) coinage
❸ *kein pl* REL ■**die** ~ the Creation; *s. a.* **Herr, Krone**

Schöpfungsgeschichte *f kein pl* REL ■**die** ~ the story of the Creation

Schoppen <-s, -> *m* ❶ (*Viertelliter*) quarter-litre [*or* AM -er]
❷ SÜDD, SCHWEIZ (*Babyfläschchen*) bottle

Schöps <-es, -e> *m* ÖSTERR (*Hammel*) mutton

schor *imp von* **scheren¹**

Schorf <-[e]s, -e> *m* scab

Schorle <-, -n> *f* spritzer

Schornkehrer *m* DIAL chimney sweep **Schornstein** *m* (*Schlot*) chimney ► WENDUNGEN: **etw in den ~ schreiben** (*fam*) to write off sth *sep,* to forget [about] sth **Schornsteinfeger(in)** <-s, -> *m(f)* chimney sweep **Schornsteinfegerhandwerk** *nt* **Bundesverband des ~s** national chimney sweep association **Schornsteinkopf** *m* BAU chimney top

schoss^RR^, schoß *imp von* **schießen**

Schoß <-es, Schöße> *m* ❶ ANAT lap; **jdn auf den ~ nehmen** to take sb on one's lap
❷ (*geh: Mutterleib*) womb
❸ MODE (*veraltend: Rockschoß*) tail
► WENDUNGEN: **der ~ der Erde** (*geh*) the bowels of the earth; **im ~ der Familie** in the bosom of the family; **etw fällt jdm in den ~** sth falls into sb's lap; **im ~ einer S.** *gen* (*geh*) in the close circle of a thing; *s. a.* **Abraham, Hand**

Schoßhund *m* lapdog

Schössling^RR^ <-s, -e> *m,* **Schößling** <-s, -e> *m* shoot

Schösslingsvermehrung^RR^ *f* BOT shoot propagation

Schoßrock *m* frock coat

Schote <-, -n> *f* pod

Schott <-[e]s, -e> *nt* NAUT bulkhead

Schotte, Schottin <-n, -n> *m, f* Scot, Scotsman *masc,* Scotswoman *fem; s. a.* **Deutsche(r)**

Schottenkaro *nt,* **Schottenmuster** *nt* tartan **Schottenrock** *m* ❶ (*Rock mit Schottenmuster*) tartan skirt ❷ (*Kilt*) kilt

Schotter <-s, -> *m* gravel

Schotterdecke *f* gravel surface, road metal [*or* macadam] surface *spec*

schottern *vt* ■**etw** ~ to gravel over sth

Schotterstraße *f* gravel road

Schottin <-, -nen> *f fem form von* **Schotte** Scotswoman

schottisch *adj* ❶ (*Schottland betreffend*) Scottish; *s. a.* **deutsch 1**
❷ LING Scottish; *s. a.* **deutsch 2**

Schottland *nt* Scotland; *s. a.* **Deutschland**

schraffieren* *vt* ■**etw** ~ to hatch sth

Schraffierung <-, -en> *f* ❶ *kein pl* (*das Schraffieren*) hatching
❷ *s.* **Schraffur**

Schraffur <-, -en> *f* hatching

schräg I. *adj* ❶ (*schief*) sloping; (*Position, Wuchs*) slanted; (*Linien, Streifen*) diagonal, oblique; (*Kante*) bevelled, beveled AM
❷ TYPO (*kursiv*) italic
❸ (*fam: unharmonisch*) strident, untuneful
❹ (*fam: von der Norm abweichend*) offbeat *fam; s. a.* **Vogel**
II. *adv* ❶ (*schief*) at an angle, askew, at a slant; **einen Hut ~ aufsetzen** to put a hat on at a slant [*or* an angle]; **etw ~ schraffieren** to hatch sth with diagonal [*or* oblique] lines; ***das Bild hängt ~*** the picture is hanging askew; *s. a.* **Auge**
❷ TYPO (*kursiv*) in italics
❸ TRANSP (*im schiefen Winkel*) **links/rechts ~ abbiegen** to bear to the left/right; **~ abknicken** to fork off; **~ überqueren** to cross diagonally
► WENDUNGEN: **jdn ~ ansehen** (*fam*) to look askance at sb

Schräge <-, -n> *f* ❶ (*schräge Fläche*) slope, sloping surface
❷ (*Neigung*) slant; **die ~ eines Dachs** the pitch [*or* slope] of a roof; **die ~ einer Wand** the slant of a wall

Schrägheck *nt* fastback, hatchback **Schrägrohr** *nt* BAU inclined pipe **Schrägschrift** *f* TYPO italics *npl* **Schrägstreifen** *m* ❶ (*beim Nähen*) bias binding ❷ (*Muster*) diagonal stripe **Schrägstrich** *m* oblique

Schramme <-, -n> *f* ❶ (*längliche Schürfwunde*) graze
❷ (*länglicher Kratzer*) scratch

Schrammelmusik *f* MUS ÖSTERR *Viennese folk music for violins, guitar and accordion*

Schrammeln *pl* MUS ÖSTERR *quartet playing Schrammelmusik*

schrammen I. *vi* ■[**über etw** *akk*] ~ to scrape [across sth]
II. *vr* ■**sich** *akk* ~ to scratch oneself; **sich** *dat* **die Haut** ~ to scratch one's skin

Schrank <-[e]s, Schränke> *m* cupboard; *s. a.* **Tasse**

Schrankbett *nt* foldaway bed

Schränkchen <-s, -> *nt dim von* **Schrank** small cupboard

Schranke <-, -n> *f* ❶ BAHN barrier, gate
❷ (*Grenze*) limit; **keine ~n kennen** to know no limits [*or* bounds]; **jdn in seine ~n weisen** [*o* **verweisen**] to put sb in their place

Schranken <-s, -> *m* BAHN ÖSTERR (*Schranke 1*) [railway] gate, [railway] barrier

schrankenlos *adj* unlimited, boundless; ■~ [**in etw** *dat*] **sein** to be boundless [*or* unlimited] [in sth]

Schrankenwärter(in) *m(f)* BAHN level-crossing attendant

Schrankfach *nt* shelf **Schrankkoffer** *m* wardrobe trunk **Schrankwand** *f* wall unit

Schrat <-[e]s, -e> *m* forest goblin

Schraubdeckel *m* screw lid; *Flasche* screw top **Schraubdeckelglas** *nt* screw-top jar **Schraubdeckelöffner** *m* screw-top opener **Schraubdeckelzange** *f* screw-top tongs *pl*

Schraube <-, -n> *f* ❶ TECH screw
❷ NAUT propeller
❸ SPORT twist
► WENDUNGEN: **eine ~ ohne Ende sein** to be an endless circle; **bei jdm ist eine ~ locker** (*fam*) sb has a screw loose *fam*

schrauben I. *vt* ❶ (*mit Schrauben befestigen*) ■**etw** [**an** [*o* **auf**] **etw** *akk*] ~ to screw sth [into/onto sth]
❷ (*drehen*) **etw höher/niedriger** ~ to raise/lower sth; **etw fester/loser** ~ to tighten/loosen sth; **eine Glühbirne aus der Fassung** ~ to unscrew a light bulb; **einen Schraubdeckel vom Glas** ~ to unscrew a jar
❸ (*steigen lassen*) **Ansprüche/Erwartungen höher** ~ to raise demands/expectations; ■**etw** [**auf etw** *akk*] ~ to push sth up [to sth]; *s. a.* **Höhe**
II. *vr* **sich** *akk* **nach oben** [*o* **in die Höhe**] ~ to spiral upwards [*or* into the air]

Schraubenbolzen *m* bolt; (*mit Ansatz*) shoulder bolt **Schraubendreher** <-s, -> *m* (*geh*) *s.* Schraubenzieher **schraubenförmig** *adj inv* **~e Bakterien** spiral bacteria **Schraubengewinde** *nt* screw thread **Schraubenkopf** *m* screw head **Schraubenschlüssel** *m* spanner [*or* AM wrench] **Schraubenzieher** <-s, -> *m* screwdriver

Schraubfassung *f* screw fixture **Schraubglas**

S

nt screw-top jar **Schraubstock** *m* vice; **jdn wie in einem ~ umklammern** to hold sb in a vice-like grip **Schraubverschluss**^RR^ *m* screw top **Schraubzwinge** *f* TECH screw clamp

Schrebergarten *m* allotment

Schreck <-s> *m kein pl* fright *no pl;* **jdm fährt der ~ in alle Glieder** [*o* **Knochen**] sb's legs turn to jelly *fam;* **jdm sitzt** [*o* **steckt**] **der ~ noch in allen Gliedern** [*o* **Knochen**] sb's legs are still like jelly *fam;* **einen ~ bekommen** [*o fam* **kriegen**] to take fright *form,* to get a fright *fam;* **jdm** [**mit etw** *dat*] **einen ~ einjagen** to give sb a fright [with sth]; **~ lass nach!** (*hum fam*) for goodness sake!; **auf den ~** [**hin**] to get over the fright; **vor ~** with fright

schrecken I. *vt* <schreckte, geschreckt> *haben* ■**etw schreckt jdn** sth frightens [*or* scares] sb
II. *vi* <schrak, geschrocken> *sein* ■[**aus etw** *dat*] ~ to be startled [out of sth]

Schrecken <-s, -> *m* (*Entsetzen*) fright, horror; (*stärker*) terror; **~ erregend** terrifying, horrifying, horrific; **mit dem ~ davonkommen** to escape with no more than a fright; **etw** *dat* **den ~ nehmen** to take the fright out of sth, to make sth less frightening; **mit ~** with horror; **zu jds ~** to sb's horror; *s. a.* **Angst, Ende**

schreckensbleich *adj* as white as a sheet **Schreckensbotschaft** *f* horrific news **Schreckensherrschaft** *f* reign of terror **Schreckensnachricht** *f* horrifying news **Schreckensvision** *f* terrifying vision

Schreckgespenst *nt* bogey

schreckhaft *adj* jumpy *fam* [*or* easily startled]

Schreckhaftigkeit <-> *f kein pl* nervousness *no pl,* jumpiness *no pl fam*

schrecklich I. *adj* ❶ (*entsetzlich*) terrible, dreadful; ■**etwas S~es** something dreadful [*or* terrible]
❷ (*hum fam: schlimm*) terrible; ■**~ sein** to be terrible; ***du bist ~!*** you're terrible!
II. *adv* ❶ (*entsetzlich*) terribly, awfully, dreadfully
❷ (*fam: sehr*) awfully, terribly; **~ *gern!*** I'd simply love to!

Schreckschraube *f* (*pej fam*) old bag *pej fam* **Schreckschuss**^RR^ *m* warning shot; **einen ~** [**auf jdn**] **abgeben** to fire a warning shot [at sb] **Schreckschusspistole**^RR^ *f* blank gun **Schrecksekunde** *f* moment of shock **Schreckstoff** *m* ZOOL alarm substance

schreddern *vt* BAU, TECH ■**etw ~** to shred sth

Schrei <-[e]s, -e> *m* ❶ (*lautes Aufschreien*) scream, cry; **ein ~ der Empörung** (*geh*) a cry of indignation; **ein spitzer ~** a [piercing] shriek; **einen ~ ausstoßen** to utter a cry, to shriek; **mit einem ~** with a yell
❷ ORN, ZOOL cry; (*Esel*) bray
▶ WENDUNGEN: **der letzte ~** MODE (*fam*) the latest thing *fam,* the latest style

Schreibarbeit *f meist pl* paperwork *no pl* **Schreibblock** <s, -blöcke> *m* writing pad **Schreibdichte** *f* TYPO density; **einfache/doppelte ~** single/double density

Schreibe <-> *f kein pl* (*fam*) writing

schreiben <schrieb, geschrieben> I. *vt* ❶ (*verfassen*) ■**etw ~** to write sth
❷ (*ausstellen*) ■[**jdm**] **etw** [**über etw** *akk*] ~ to write [sb] sth [for sth]; ***ich schreibe Ihnen einen Scheck über 200 DM*** I'll write you a cheque for 200 DM
❸ (*schriftlich darstellen*) to spell; **etw falsch/richtig/klein/groß ~** to spell sth wrongly/right/with small/capital letters
❹ (*geh: verzeichnen*) ***was ~ wir heute für ein Datum/für einen Tag?*** what date/day is it today?; ***man schrieb das Jahr 1822*** it was the year 1822; **rote Zahlen ~** to be in the red; ***dies ist das erste Jahr, in dem wir Gewinne ~*** this is the first year we have recorded a profit; *s. a.* **Gesicht, krank, Rechnung, Stern**[1]**, stehen, Stirn**
II. *vi* ❶ (*Schrift erzeugen*) to write; **schnell/langsam/mit links/rechts ~** to write quickly/slowly/left-handed/right-handed; **jd schreibt falsch/richtig** sb's spelling is wrong/correct, sb cannot/can spell correctly; ■[**mit etw** *dat*] ~ to write [with/in sth]; ■**etwas zum S~** something to write with
❷ (*schreibend arbeiten*) ■[**an etw** *dat*] ~ to be working on sth, to be writing [sth]
❸ (*einen Brief schicken*) ■**jdm** [**zu etw** *dat*] ~ to write to sb [on sth]; ***du könntest ihm eigentlich zum Geburtstag ~*** you might write to him on his birthday
❹ (*schriftlich mitteilen*) ■**~, dass ...** to write that ...; ***in dem Artikel schreibt man, dass ...*** the article says that ..., it is written in the article that ...; ■[**jdm**] **~, dass ...** to tell [sb] in a letter that ..., to write and tell [sb] that ...
❺ (*Verfasser sein*) ■[**für jdn/etw**] ~ to write [for sb/sth]
III. *vr* (*geschrieben werden*) ■**sich** [**irgendwie**] ~ to be spelt [in a certain way]; ***wie schreibt sich das Wort?*** how do you spell that word?, how is that word spelt?
▶ WENDUNGEN: **sich „von** [**und zu**]**" ~** (*fam*) to have a handle to one's name *fam*

Schreiben <-s, -> *nt* (*geh*) letter

Schreiber <-s, -> *m* (*fam*) pen

Schreiber(in) <-s, -> *m(f)* (*Verfasser*) author, writer

Schreiberling <-s, -e> *m* (*pej*) scribbler

schreibfaul *adj* ■**~ sein** to be a bad letter writer, to be lazy about letter writing **Schreibfeder** *f* quill *old* **Schreibfehler** *m* spelling mistake **Schreibgerät** *nt* writing implement **schreibgeschützt** *adj* INFORM write-protected **Schreibheft** *nt* exercise book, jotter BRIT **Schreibkopf** *m* INFORM record [*or* write] head **Schreibkraft** *f* (*geh*) typist **Schreibkrampf** *m* writer's cramp

Schreib-Lese-Kopf *m* INFORM read-write head **Schreib-Lese-Speicher** *m* INFORM read-write memory **Schreib-Lese-Zyklus** *m* INFORM read-write cycle

Schreibmappe *f* writing case **Schreibmaschine** *f* typewriter; **~ schreiben können** to be able to type; **etw auf** [*o* **mit**] **der ~ schreiben** to type sth [up] **Schreibmaschinenpapier** *nt* typing paper **Schreibmodus** *m* INFORM writing **Schreibpapier** *nt* letter paper, writing paper **Schreibposition** *f* writing position **Schreibpult** *nt* [writing] desk **Schreibschrank** *m* bureau, escritoire, secretaire **Schreibschrift** *f* script, cursive writing **Schreibschutz** *m* INFORM write protection, read only **Schreibschutzetikett** *nt* INFORM write-protect tab **Schreibschutzring** *m* INFORM write-protect ring **Schreibstube** *f* ADMIN, MIL orderly room **Schreibtisch** *m* desk **Schreibtischlampe**, **Schreibtischleuchte** *f* desk lamp [*or* light] **Schreibtischtäter(in)** *m(f)* (*pej*) mastermind behind a crime; **~ sein** to mastermind a crime **Schreibübung** *f* writing exercise

Schreibung <-, -en> *f* spelling

Schreibunterlage *f* desk pad

Schreibwaren *pl* stationery *no pl*

Schreibwarengeschäft *nt* stationer's **Schreibwarenhändler(in)** *m(f)* stationer **Schreibwarenhandlung** *f* stationer's

Schreibweise *f* ❶ (*Rechtschreibung*) spelling
❷ (*Stil*) style [of writing]

Schreibzeug *nt* writing utensils *pl*

schreien <schrie, geschrie[e]n> I. *vi* ❶ (*brüllen*) to yell
❷ (*fam: laut reden*) ■[**mit jdm**] ~ to shout [at sb]
❸ ORN, ZOOL (*rufen*) to cry; (*Eule*) to screech
❹ (*laut rufen*) ■[**nach jdm**] ~ to shout [for sb]
❺ (*heftig verlangen*) ■[**nach jdm/etw**] ~ to cry out [for sb/sth]; ***das Kind schreit nach der Mutter*** the child is crying out for its mother
❻ (*lächerlich*) **zum S~** (*fam*) a scream *fam,* a hoot *fam;* ***du siehst in dem Anzug einfach zum S~ aus*** you look ridiculous in that suit; *s. a.* **Hilfe, Spieß**
II. *vt* (*etw brüllen*) ■**etw ~** to shout [out] sth; *s. a.* **Gesicht**
III. *vr* **sich in Rage/Wut ~** to get into a rage/become angry through shouting; **sich in den Schlaf ~** to cry oneself to sleep; *s. a.* **heiser**

schreiend *adj* ❶ (*grell*) garish, loud
❷ (*flagrant*) flagrant, glaring

Schreier(in) <-s, -> *m(f)* (*fam*) ❶ (*lauter Mensch*) rowdy, bawler BRIT
❷ (*laut fordernder Mensch*) noisy troublemaker

Schreierei <-, -en> *f* (*fam*) yelling

Schreierin <-, -nen> *f fem form von* **Schreier**

Schreihals *m* (*fam*) rowdy, bawler BRIT *fam* **Schreikrampf** *m* screaming fit; **einen ~ bekommen** [*o geh* **erleiden**] [*o fam* **kriegen**] to have [*or* throw] a screaming fit

Schrein <-[e]s, -e> *m* (*geh*) ❶ (*Schränkchen*) shrine
❷ (*Sarg*) coffin

Schreiner(in) <-s, -> *m(f)* DIAL carpenter

Schreinerei <-, -en> *f* TECH, BAU DIAL ❶ (*Tischlerei*) carpenter's workshop
❷ (*das Tischlern*) carpentry

schreinern *vi, vt* DIAL to do carpentry; ■**etw ~** to make sth

schreiten <schritt, geschritten> *vi sein* ❶ (*geh: gehen*) ■[**irgendwohin**] ~ to stride [somewhere]
❷ (*geh: etw in Angriff nehmen*) ■[**zu etw** *dat*] ~ to proceed [with sth]; **zur Tat ~** to get down to action [*or* work]; **zur Abstimmung ~** to go to a vote; *s. a.* **äußerste(r,s), Urne, Wahlurne**

schrickt *3. pers. sing von* **schrecken**

schrie *imp von* **schreien**

schrieb *imp von* **schreiben**

Schrieb <-s, -e> *m* (*fam*) missive *fam*

Schrift <-, -en> *f* ❶ (*Handschrift*) [hand]writing
❷ (*Schriftsystem*) script
❸ TYPO (*Druckschrift*) type; (*Computer*) font; **~ in negativ** lettering reversed white on black
❹ (*Abhandlung*) paper; **die nachgelassenen ~en eines Autors** an author's posthumous writings [*or* works]; **die Heilige ~** REL the [Holy] Scriptures *pl*

Schriftart *f* font, type, typeface **Schriftbild** *nt* (*von Handschrift*) script; (*von Druckschrift*) typeface **Schriftdeutsch** *nt* standard German **Schriftdicke** *f* TYPO character [*or* font] width **Schriftform** *f* JUR writing, written form; **gesetzliche/gewillkürte ~** statutory/mutually agreed written form; **in der ~** in writing **Schriftformaufhebung** *f* JUR waiver of written form **Schriftformerfordernis** *f* JUR statutory written form **Schriftformklausel** *f* JUR stipulation requiring the written form **Schriftführer(in)** *m(f)* secretary **Schriftgelehrte(r)** *f(m) dekl wie adj* REL scribe **Schriftgrad** *m,* **Schriftgröße** *f* type size; (*Computer*) font size **Schriftgrößenabstufung** *f* character sizing increments *pl* **Schriftkontur** *f* character outlines *pl* **Schriftleitung** *f* (*veraltend: Funktion*) editorship; (*Abteilung*) editorial department

schriftlich I. *adj* ❶ (*geschrieben*) written; ■**etwas S~es** something in writing
❷ (*fam: die ~e Prüfung*) ■**das S~e** the written exam [*or* test]
II. *adv* (*durch geschriebene Mitteilung*) in writing; ***ich habe mich ~ für all die Geschenke bedankt*** I have written to say thank you for all the presents; **jdn ~ einladen** to send out a written invitation to sb; **etw ~ niederlegen** to put sth down in writing; **jdm etw ~ geben** to give sb sth in writing; ***das kann ich dir/Ihnen ~ geben*** (*iron fam*) do you want that in writing? *iron fam*

Schriftlinie *f* baseline, type line **Schriftmustersammlung** *f* TYPO type specimen collection **Schriftprägung** *f* TYPO type embossing **Schriftsache** *f* written matter **Schriftsachverständige(r)** *f(m) dekl wie adj* handwriting expert **Schriftsatz** *m* JUR brief, written pleading; **bestimmender ~** procedural brief, substantive pleading; **nachgereichter ~** subsequent filed brief; **vorbereitender ~** pleading **Schriftschablone** *f* writing template **Schriftschnitt** *m* TYPO design, typeface, type style, weight **Schriftsetzer(in)** *m(f)* typesetter **Schriftsprache** *f* standard lan-

guage
Schriftsteller(in) <-s, -> *m(f)* author, writer
Schriftstellerei <-> *f kein pl* writing
Schriftstellerin <-, -nen> *f fem form von* **Schriftsteller**
schriftstellerisch I. *adj* literary
II. *adv* as a writer; ~ **begabt sein** to have talent as a writer
schriftstellern *vi* (*fam*) to try one's hand as an author *fam*; ■**das S~** writing
Schriftstellername *m* pen-name, nom de plume **Schriftstellerverband** *m* authors' [*or* writers'] association
Schriftstil *m* INFORM, TYPO type style **Schriftstück** *nt* JUR document **Schriftverkehr** *m* (*geh*) correspondence; [**mit jdm**] **in ~ treten** to take up correspondence [with sb] **Schriftwechsel** *m s.* Schriftverkehr **Schriftweite** *f* TYPO character width, set [*or* width] of type **Schriftzeichen** *nt* character **Schriftzug** *m* (1) (*geschriebenes Wort*) hand[writing] (2) *meist pl* (*Charakteristik*) stroke
schrill I. *adj* (1) (*durchdringend hell*) shrill; (*Klang*) jarring
(2) (*nicht moderat*) brash; (*Farbe*) garish
II. *adv* shrilly; ~ **auflachen** to shriek with laughter
schrillen *vi* to shrill, to shriek
schritt *imp von* **schreiten**
Schritt[1] <-[e]s, -e> *m* (1) (*Tritt*) step; **auf ~ und Tritt** everywhere one goes, every move one makes; ***er wurde auf ~ und Tritt von ihr beobachtet*** she watched his every move; **die ersten ~e machen** [*o* **tun**] to take one's first steps; **ein paar ~e** [**weit**] a short walk [away]; ***ich gehe nur ein paar ~e spazieren*** I'm only going for a short walk; **jds ~e beflügeln** to hasten sb's step; **seinen ~** [*o* **seine ~e**] **beschleunigen** (*geh*) to quicken one's step [*or* pace], to walk faster; **einen ~** [**irgendwohin**] **gehen** [*o geh* **treten**] to take a step [somewhere]; ***er trat einen ~ von der Bahnsteigkante zurück*** he took a step back from the edge of the platform; [**mit jdm/etw**] **~ halten** to keep up [with sb/sth]; **lange** [*o* **große**] **~e machen** to take long [*or* big] strides; **langsame/schnelle ~e machen** to walk slowly/quickly; **~ für ~** step by step; **mit großen/kleinen ~en** in big strides/small steps; **mit schleppenden ~en** dragging one's feet; **mit langsamen/schnellen ~en** slowly/quickly; **eines beschwingten ~es** (*geh*) with a spring [*or* bounce] in one's step; **eines würdevollen ~es** (*geh*) with dignity in one's step; *s. a.* **Politik**
(2) *kein pl* (*Gang*) walk, gait; **einen bestimmten ~ am Leibe haben** (*fam*) to walk in a certain way; ***der hat aber auch einen ~ am Leibe!*** he seems to be in a bit of a hurry!; **einen flotten** [*o* **ziemlichen**] **~ am Leibe haben** to be walking quickly [*or* at a fair pace]
(3) MODE crotch
(4) (*Konsequenzen*) **gerichtliche ~e einleiten** JUR to institute judicial proceedings
► WENDUNGEN: **den zweiten ~ vor dem ersten tun** to run before one can walk
Schritt[2] <-> *m kein pl* (*fam*) walking speed; [**im**] **~ fahren** to drive at walking speed; **„~ fahren"** "dead slow"
Schritt[3] <-[e]s, -e> *m* measure, step; **~e in die Wege leiten** to arrange for steps [*or* measures] to be taken; **der erste ~** the first step; **den ersten ~** [**zu etw** *dat*] **tun** to take the first step [in sth]; **~e** [**gegen jdn/etw**] **unternehmen** to take steps [against sb/sth]
Schrittempo *nt s.* Schritttempo **Schrittgeschwindigkeit** *f* walking speed **Schrittlänge** *f* length of one's stride **Schrittmacher** <-s, -> *m* pacemaker
Schritttempo[RR] *nt* walking pace [*or* speed]; **im ~ fahren** to drive at walking speed; **„~"** "dead slow"
schrittweise I. *adj* gradual
II. *adv* gradually
schroff I. *adj* (1) (*barsch*) curt, brusque
(2) (*abrupt*) abrupt
(3) (*steil*) steep
II. *adv* (1) (*barsch*) curtly, brusquely
(2) (*steil*) steeply
Schroffheit <-, -en> *f* (1) *kein pl* (*barsche Art*) curtness, brusqueness
(2) (*schroffe Äußerung*) brusque comment, curt comment
schröpfen *vt* (1) (*fam: ausnehmen*) ■**jdn** [**um etw** *akk*] ~ to cheat [*or* BRIT *fam* diddle] sb [out of sth]
(2) MED (*mit dem Schröpfkopf behandeln*) ■**jdn** ~ to bleed [*or* cup] sb
Schröpfkopf *m* MED cupping glass
Schrot[1] <-[e]s, -e> *m o nt kein pl* AGR coarsely ground wholemeal
► WENDUNGEN: **von altem** [*o* **echtem**] **~ und Korn** (*veraltend*) of the old school
Schrot[2] <-[e]s, -e> *m o nt* JAGD shot
Schrotbrot *nt* [coarse] wholemeal bread
schroten *vt* ■**etw** ~ to grind sth coarsely; ■**geschrotet** coarsely ground
Schrotflinte *f* shotgun **Schrotkugel** *f* pellet **Schrotladung** *f* round of shot **Schrotpatrone** *f* shot cartridge
Schrott <-[e]s> *m kein pl* (1) (*Metallmüll*) scrap metal
(2) (*fam: wertloses Zeug*) rubbish *no pl*, junk *no pl*; **etw zu ~ fahren** AUTO (*fam*) to write sth off
Schrottauto *nt* write-off **Schrottfahrzeug** *nt* AUTO junk car, scrap vehicle **Schrottfahrzeugteil** *nt* vehicle scrap **Schrotthalde** *f* scrap heap **Schrotthändler(in)** *m(f)* scrap dealer [*or* merchant] **Schrotthaufen** *m* scrap heap **Schrottplatz** *m* scrapyard **schrottreif** *adj* fit for the scrap heap; **etw ~ fahren** (*fam*) to write sth off **Schrottwert** *m* scrap value
schrubben I. *vt* ■[**jdm/sich**] **etw** ~ to scrub [sb's/one's] sth
II. *vr* ■**sich** *akk* ~ to scrub oneself
III. *vi* to scrub
Schrubber <-s, -> *m* scrubbing brush
Schrulle <-, -n> *f* (*fam*) quirk
schrullig *adj* (*fam*) quirky
schrump(e)lig *adj* (*fam*) wrinkled *fam*
Schrumpfbanderolierung <-, -en> *f* shrink sleeving
schrumpfen *vi sein* (1) (*einschrumpfen*) ■[**auf etw** *akk*] ~ to shrink [to sth]; (*Ballon*) to shrivel up; (*Frucht*) to shrivel, to get wrinkled; (*Muskeln*) to waste
(2) (*zurückgehen*) ■[**um/auf etw** *akk*] ~ to shrink [*or* dwindle] [by/to sth]
schrumpfend *adj inv* shrinking, diminishing; **~er Marktanteil** ÖKON diminishing share of the market
Schrumpfkopf *m* shrunken head **Schrumpfleber** *f* cirrhosis of the liver **Schrumpfniere** *f* cirrhosis of the kidney
Schrumpfung <-, -en> *f* (1) (*das Schrumpfen*) shrinking, contraction
(2) (*das Zurückgehen*) shrinking, dwindling
(3) TYPO shrinkage
schrumplig *adj s.* **schrumpelig**
Schrunde <-, -n> *f* (1) MED (*Riss*) crack
(2) GEOG (*Spalte*) crevasse
schrundig *adj* cracked; (*durch Kälte*) chapped
Schub <-[e]s, Schübe> *m* (1) PHYS (*Vortrieb*) thrust
(2) MED (*einzelner Anfall*) phase
(3) (*Antrieb*) drive
(4) (*Gruppe*) batch
(5) (*fam: Schubfach*) drawer
(6) HANDEL push, shove
Schubbetrieb *m* AUTO deceleration
Schuber <-s, -> *m* slip case
Schubfach *nt* drawer **Schubfachprinzip** *nt* pigeon-hole principle **Schubhaft** *f* JUR, POL detention prior to deportation **Schubhäftling** *m* JUR, POL deportee **Schubkarre** *f*, **Schubkarren** *m* wheelbarrow **Schubkasten** *m* drawer **Schubkraft** *f* PHYS *s.* Schub 1 **Schublade** <-, -n> *f* drawer ► WENDUNGEN: **für die ~** for nothing; **in der ~** not acted upon **Schublehre** *f* vernier calliper
Schubs <-es, -e> *m* (*fam*) shove *fam*; **jdm einen ~ geben** to give sb a shove [*or* push]
schubsen *vt* (*fam*) (1) (*anstoßen*) ■**jdn** ~ to shove *fam* [*or* push] sb
(2) (*stoßen*) ■**jdn** [**irgendwohin/von etw** *dat*] ~ to shove *fam* [*or* push] sb [somewhere/from sth]
schubweise *adv* (1) MED in phases
(2) (*in Gruppen*) in batches
schüchtern *adj* (1) (*gehemmt*) shy
(2) (*zaghaft*) timid; (*Versuch*) half-hearted
Schüchternheit <-> *f kein pl* shyness
schuf *imp von* **schaffen**[1]
Schufa <-> *f kein pl Akr von* Schutzgemeinschaft **für allgemeine Kreditsicherung** credit investigation bureau
Schufa-Auskunft *f* FIN *confidential information on a potential borrower's credit standing*
Schuft <-[e]s, -e> *m* (*pej*) rogue *pej*, villain *pej*
schuften *vi* (*fam*) ■[**für jdn/an etw** *dat*] ~ to slave away [for sb/at sth]; ■**das S~** slaving away, drudgery
Schufterei <-, -en> *f* (*fam*) drudgery, hard graft *fam*
schuftig <-er, -ste> *adj* (*fam o pej*) mean, despicable; **sich ~ jdm gegenüber verhalten** to behave vilely [*or* despicably] to sb
Schuftigkeit <-, -en> *f* (*fam o pej*) (1) *kein pl* (*das Schuftigsein*) meanness
(2) (*schuftige Handlung*) mean [*or* despicable] thing
Schuh <-[e]s, -e> *m* shoe
► WENDUNGEN: **umgekehrt wird ein ~ draus** (*fam*) it's quite the opposite; **jd weiß, wo jdn der ~ drückt** (*fam*) sb knows what's bothering sb *fam*; **wo drückt der ~?** (*fam*) what's bothering you? *fam*; **jdm etw in die ~e schieben** (*fam*) to put the blame for sth on sb
Schuhabsatz *m* heel [of a/one's shoe] **Schuhabteilung** *f* shoe department **Schuhanzieher** <-s, -> *m s.* **Schuhlöffel**
Schuhband <-[e]s, -bänder> *nt*, **Schuhbändel** <-s, -> *m* SÜDD, SCHWEIZ shoelace **Schuhbürste** *f* shoe brush **Schuhcreme** *f* shoe polish **Schuheinlage** *f* insole, inner sole **Schuhfabrik** *f* shoe factory **Schuhgeschäft** *nt* shoe shop **Schuhgröße** *f* shoe size **Schuhhersteller** *f* shoe manufacturer **Schuhladen** *m* shoe shop **Schuhlöffel** *m* shoehorn **Schuhmacher(in)** <-s, -> *m(f)* shoemaker **Schuhmacherei** <-, -en> *f* (1) *kein pl* (*Handwerk*) shoemaking *no pl* (2) (*Betrieb*) cobbler's, shoemaker's **Schuhnummer** *f* shoe size **Schuhplattler** <-s, -> *m* ÖSTERR, SÜDD *Bavarian folk dance, involving alternate slapping of the knees, shoe heels and Lederhosen* **Schuhproduktion** *f* shoe production **Schuhputzer(in)** <-s, -> *m(f)* shoeshine boy/girl **Schuhputzmittel** *nt* shoe polish **Schuhputzzeug** <-[e]s, -e> *nt meist sing* shoe cleaning kit **Schuhriemen** *m s.* **Schnürsenkel** **Schuhschrank** *m* shoe cupboard **Schuhsohle** *f* sole [of a/one's shoe] **Schuhspanner** *m* shoe tree **Schuhwerk** <-[e]s> *nt kein pl* footwear
Schukostecker® *m* safety plug
Schulabbrecher(in) *m(f)* SCH high school dropout **Schulabgänger(in)** <-s, -> *m(f)* (*geh*) school-leaver **Schulabschluss**[RR] *m* school-leaving qualification BRIT, high school diploma AM **Schulalter** *nt* school age; **ins ~ kommen** to reach school age; **im ~** school-age **Schulamt** *nt* education authority **Schulanfang** *m* beginning of term **Schulanfänger(in)** *m(f) child who has just started school* **Schularbeit** *f* SCH (1) *meist pl* (*Hausaufgaben*) homework *no pl*; **die/seine ~en machen** to do one's homework (2) ÖSTERR (*Klassenarbeit*) [class] test **Schularzt, -ärztin** *m, f* school doctor **Schulaufgabe** *f* (1) *pl s.* **Schularbeit 1** (2) SÜDD *s.* Schularbeit 2 **Schulausflug** *m* school trip [*or* outing] **Schulbank** *f* school desk; **die ~ drücken** (*fam*) to go to school **Schulbeginn** *m s.* Schulanfang **Schulbehörde** *f* education authority **Schulbeispiel** *nt* ■**ein ~** [**für etw** *akk*] a classic example [of sth]; ■**ein ~ dafür, wie ...** a classic example of how ... **Schulbesuch** *m* (*geh*) school

attendance **Schulbildung** *f kein pl* school education *no pl* **Schulbuch** *nt* school book, textbook **Schulbuchverlag** *m* educational publisher **Schulbus** *m* school bus

schuld *adj* ■[an etw *dat*] ~ **sein** to be to blame [for sth]; ■**jd ist ~, dass/wenn etw geschieht** sb is to blame [*or* it is sb's fault] that/when sth happens

Schuld¹ <-> *f kein pl* ❶ (*Verschulden*) fault *no pl*, blame *no pl;* (*im Strafrecht*) guilt; (*im Zivilrecht*) liability; ■**die ~ [an etw** *dat*] the blame [for sth]; ***beide trifft die ~ am Scheitern der Ehe*** both carry the blame for the break-up of the marriage; **jdm/etw [die] ~ [an etw** *dat*] **geben** to blame sb/sth [for sth], to put the blame [for sth] on sb/sth, to blame sb/sth [for sth]; ~ **[an etw** *dat*] **haben** to be [the one] to blame [for sth]; **jdm die ~ [an etw** *dat*] **zuschieben** to blame sb [for sth]; **jdm/einer S. die ~ [daran] geben, dass ...** to blame sb/sth that ...; **es ist jds ~, dass/wenn etw geschieht** it is sb's fault that/when sth happens; ~ **auf sich** *akk* **laden** (*geh*) to burden oneself with guilt; **die ~ [für etw** *akk*] **liegt bei jdm** sb is to blame [for sth]; **die ~ [an etw** *dat*] **auf sich** *akk* **nehmen** to take [*or* accept] the blame [for sth]; **jdn trifft keine ~ [an etw** *dat*] sb is not to blame [for sth]
❷ (*verschuldete Missetat*) ~ **und Sühne** guilt and atonement; **durch jds ~** due to sb's fault; ***nur durch deine ~ habe ich den Zug verpasst*** it's your fault that I missed the train; ***durch wessen ~ das passiert ist, lässt sich schwer sagen*** it's difficult to say whose fault it was; **in jds** *dat* ~ **stehen** (*geh*) to be indebted to sb

Schuld² <-, -en> *f meist pl* FIN ❶ (*Zahlungsverpflichtung*) debt, indebtedness; **~en abtragen/abzahlen** to redeem/discharge one's debts; **~en bedienen** to service debts; **~en eintreiben** to call in [*or* collect] debts; **~en haben** to have debts, to be in debt; **~en machen** to build up debts, to go into debt; **eine ~ tilgen** to pay off a debt; **fällige ~** debt due [*or* owing]; **frei von ~** free from debts; (*Immobilien*) unencumbered; **~en gegenüber jdm** indebtedness to sb
❷ JUR guilt, fault *no pl,* blame *no pl;* **durch ein Urteil festgestellte ~, gerichtlich anerkannte ~** judgment debt
▶ WENDUNGEN: **mehr ~en als Haare auf dem Kopf haben** (*fam*) to be up to one's ears in debt *fam*

Schuldabtretung *f* JUR transfer of a/the debt, expromission **Schuldanerkenntnis** *nt* JUR acknowledgement of a debt **Schuldausschließungsgrund** *m* JUR lawful excuse **Schuldbefreiung** *f* FIN discharge of debt **Schuldbeitritt** *m* JUR cumulative assumption of debts **Schuldbekenntnis** *nt* confession; **ein ~ [gegenüber jdm] ablegen** to confess [to sb] **Schuldbeweis** *m* JUR proof of guilt, inculpatory evidence **schuldbewusst**^RR^ **I.** *adj* (*Mensch*) guilt-ridden; (*Gesicht, Miene, Schweigen*) guilty; ■~ **sein** to have a guilty conscience **II.** *adv* guiltily **Schuldbewusstsein**^RR^ *nt* guilty conscience **Schuldbuch** *nt* debt register **Schuldbuchforderung** *f* debt register claim **Schuldeintreibung** *f* FIN recovery [*or* collection] of debts

schulden *vt* ❶ (*zahlen müssen*) ■**jdm etw [für etw** *akk*] ~ to owe sb sth [for sth]
❷ (*verpflichtet sein*) ■**jdm etw ~** to owe sb sth

Schuldenabtragung *f* FIN paying off debts **Schuldenaufnahme** *f* JUR contraction of debts **Schuldenbegleichung** *f* FIN settlement [*or* clearing] of a debt **Schuldenberg** *m* JUR mountain [*or* pile] of debts **Schuldendienst** *m* debt service **Schuldeneintreibung** *f* JUR debt collection **Schuldenerlass**^RR^ *m* FIN remission of [*or* release from] debts **Schuldenexplosion** *f* exploding debts **schuldenfrei** *adj* ■~ **sein** to be free of debt; (*Besitz*) to be unmortgaged **Schuldenkrise** *f* debt crisis **Schuldenlast** *f* JUR indebtedness; (*von Immobilien*) encumbrance **Schuldenmasse** *m* FIN total of indebtedness, liabilities *pl* **Schuldennachweis** *m* FIN proof of debt **Schuldensaldo** *m* FIN debt balance **Schuldenstand** *m* level of debt **Schuldentilgung** *f* FIN clearing of a debt, liquidation of debts, debt repayment [*or* redemption] **Schuldfähigkeit** *f* JUR criminal capacity; **verminderte ~** diminished criminal responsibility **Schuldfrage** *f* JUR question of guilt **Schuldgefühl** *nt* feeling of guilt **Schuldgeständnis** *nt* JUR plea of guilty, confession of guilt; **ein ~ ablegen** to plead guilty **Schuldhaft** *f* JUR detention for debts **schuldhaft I.** *adj* JUR culpable **II.** *adv* culpably

Schuldienst *m kein pl* schoolteaching *no pl;* **in den ~ gehen** to go into schoolteaching; **im ~ [tätig] sein** to be a teacher [*or* in the teaching profession]

schuldig I. *adj* ❶ (*verantwortlich*) to blame; ■**der an etw** *dat* **~e Mensch** the person to blame for sth
❷ JUR guilty; ■**[einer S.** *gen*] ~ **sein** to be guilty [of sth]; **sich ~ bekennen** to plead guilty; **jdn einer S.** *gen* **für ~ befinden [***o* **erklären]** JUR to find sb guilty of sth; **sich** *akk* **einer S.** *gen* **~ machen** JUR to be guilty of sth; **jdn ~ sprechen** JUR to find sb guilty
❸ (*geh: gebührend*) due; **jdm die ihm ~e Anerkennung geben** to give sb his/her due recognition
❹ (*zahlungspflichtig*) ■**jdm etw ~ sein** to owe sb sth
❺ (*verpflichtet*) ■**jdm/einer S. etw ~ sein** to owe sb/sth sth
▶ WENDUNGEN: **jdm nichts ~ bleiben** to give [sb] as good as one gets
II. *adv* JUR (*hist*) **~ geschieden sein/werden** to be/become the guilty party in a divorce

Schuldige(r) *f(m) dekl wie adj* guilty person

Schuldigkeit <-> *f kein pl* duty; **seine ~ getan haben** to have met one's obligations; **seine ~ tun** to do one's duty; *s. a.* **Pflicht**

Schuldinterlokut *nt* JUR separate finding of guilt **schuldlos I.** *adj* blameless; ■~ **[an etw** *dat*] **sein** to be blameless, to have no blame in sth **II.** *adv* blamelessly; **~ geschieden werden/sein** JUR (*hist*) to become/be the blameless party in a divorce **Schuldlosigkeit** <-> *f kein pl* innocence *no pl,* blamelessness *no pl*

Schuldner(in) *m(f)* debtor, obligor; **flüchtiger ~** absconding debtor; **gepfändeter ~** attached debtor; **säumiger ~** debtor in arrears [*or* default]

Schuldnerbegünstigung *f* JUR unlawful preference for a debtor **Schuldnerberater(in)** <-s, -> *m(f)* debt counsellor [*or* AM counselor] **Schuldnerland** *nt* ÖKON debtor nation **Schuldnerstaat** *m* debtor nation **Schuldnerverzeichnis** *nt* JUR list of insolvent debtors **Schuldnerverzug** *m* JUR debtor's delay, default of the debtor **Schuldnerwechsel** *m* JUR assignment of liabilities, assumption of an obligation

Schuldrecht *nt* JUR law of obligations **schuldrechtlich** *adj* JUR contractual, under the law of obligation *pred* **Schuldschein** *m* promissory note **Schuldscheininhaber(in)** *m(f)* JUR noteholder, bondholder **Schuldspruch** *m* JUR conviction, verdict of guilty; **einen ~ aufheben** to quash a conviction; **einen ~ fällen** to return a verdict **Schuldtitel** *m* JUR instrument of indebtedness **Schuldübergang** *m* JUR **gesetzlicher ~** statutory devolution of debts **Schuldübernahme** *f* JUR assumption of debts [*or* liabilities] **Schuldunfähigkeit** *f kein pl* JUR automatism *no pl,* criminal incapacity **Schuldverhältnis** *nt* JUR contractual obligation **Schuldverschreibung** *f* FIN debenture bond; ***~en werden lebhaft gehandelt*** debentures are enjoying a brisk trade; **öffentliche ~** bond issued by a public authority; **staatliche ~en** public [*or* government] bonds; **~en der öffentlichen Hand** public securities *pl;* **~en privater Unternehmen** corporate bonds; **~ auf den Inhaber** bearer bond **Schuldversprechen** *nt* JUR promissory note, promise to pay a debt **Schuldvertrag** *m* JUR debt contract **Schuldvertragsrecht** *nt* JUR law of debt contracts **Schuldwechsel** *m* FIN bills [*or* AM notes] payable *pl* **Schuldzinsenabzug** *m* FIN tax relief on loan interest **Schuldzuweisung** *f* accusation

Schule <-, -n> *f* ❶ SCH (*Lehranstalt*) school; **höhere ~** grammar school; **hohe ~** haute école; **zur [***o* **auf die] [***o* **in die] ~ gehen** to go to school; **von der ~ abgehen** to leave school; **an der ~ sein** (*fam*) to be a schoolteacher; **in die ~ kommen** to start school; **auf [***o* **in] der ~** at [*or* in] school
❷ (*Schulgebäude*) school
❸ (*Unterricht*) school; ***morgen ist keine ~*** there is no school tomorrow; ***die ~ ist aus*** school is out
❹ (*Schüler und Lehrer*) school
❺ (*geh: bestimmte Richtung*) school; **der alten ~** of the old school
▶ WENDUNGEN: **durch eine harte ~ gehen** (*geh*) to learn the hard way; **die hohe ~ einer S.** *gen* (*geh*) the perfected art of a thing; **~ machen** to catch on *fam;* **aus der ~ plaudern** to spill the beans *sl*

schulen I. *vt* ■**jdn/etw ~** to train sb/sth
II. *vi* to give lessons

Schulentlassung *f* school-leaving

Schüler(in) <-s, -> *m(f)* ❶ SCH schoolboy *masc,* schoolgirl *fem*
❷ (*Adept*) pupil

Schüleraustausch *m* school exchange **Schülerausweis** *m* school identity card

Schülerin <-, -nen> *f fem form von* **Schüler** schoolgirl

Schülerkarte *f* schoolchild's season ticket **Schülerlotse, -lotsin** *m, f* lollipop man *masc* BRIT, lollipop lady *fem* BRIT, crossing guard AM **Schülermitverwaltung** *f* school council **Schülerschaft** <-, -en> *f* (*geh*) pupils *pl* **Schülersprache** *f* school slang **Schülerzahl** *f* number of pupils **Schülerzeitung** *f* school newspaper

Schulfach *nt* [school] subject **Schulferien** *pl* school holidays *pl,* summer vacation AM **Schulfernsehen** *nt* schools' programmes BRIT [*or* AM programs] *pl* **Schulflugzeug** *nt* training plane **schulfrei** *adj* ■**an [***o* **am] ... ist ~** there is no school on ...; ***an Feiertagen ist ~*** there is no school on puplic holidays; **[an [***o* **am]] ... ~ haben** not to have school [on ...] **Schulfreund(in)** *m(f)* school friend **Schulfunk** *m* schools' radio **Schulgebäude** *nt* school building **Schulgebrauch** *m* **für den ~** for use in schools **Schulgeld** *nt* SCH school fees *pl* ▶ WENDUNGEN: **jd kann sich** *dat* **sein ~ wiedergeben lassen** (*fam*) school was a waste of time for sb *fam* **Schulheft** *nt* exercise book **Schulhof** *m* school playground

schulisch I. *adj* ❶ (*die Schule betreffend*) school *attr;* **~e Angelegenheiten** school matters
❷ (*den Unterricht betreffend*) at school; **~e Leistungen/~es Verhalten** performance/behaviour [*or* AM -or] at school
II. *adv* at school; **~ versagen** to fail [*or* be a failure] at school

Schuljahr *nt* SCH ❶ (*Zeitraum*) school year
❷ (*Klasse*) year **Schuljunge** *m* (*veraltend: Schüler*) schoolboy ▶ WENDUNGEN: **jd behandelt jdn wie einen [dummen] ~n** sb treats sb like a little boy **Schulkamerad(in)** *m(f)* (*veraltend*) school friend **Schulkenntnisse** *pl* SCH school knowledge *no pl* **Schulkind** *nt* schoolchild **Schulkindergarten** *m* pre-school playgroup **Schulklasse** *f* (*geh*) [school] class **Schullandheim** *nt state-run boarding school in the country used for school trips* **Schulleiter(in)** *m(f)* (*geh*) headmaster/headmistress BRIT, principal AM **Schulleitung** *f* SCH school administration **Schulmädchen** *nt* (*veraltend*) schoolgirl **Schulmappe** *f* satchel **Schulmedizin** *f* orthodox medicine **Schulmeinung** *f* received opinion **Schulmeister** *m* (*veraltet*) schoolmaster *dated* **schulmeisterlich** *adj* (*pej*) schoolmasterish **schulmeistern** *vt* (*pej*) ■**jdn ~** to lecture sb **Schulpflicht** *f kein pl* compulsory school attendance **schulpflichtig** *adj* school-age, of school age; **~ sein** to be required to attend school **Schulranzen** *m* satchel **Schulrat, -rätin** *m, f* schools inspector **Schulreform** *f* educational reform **Schulschiff** *nt* NAUT training ship **Schulschluss**^RR^ *m kein pl* end of school **Schulsenator(in)** *m(f)* education minister, minister for education (*in Berlin, Bremen, Hamburg*)

Schulspeisung *f kein pl* school meals *pl* **Schulsprecher(in)** *m(f)* head boy BRIT **Schulstress**RR *m* stress at school **Schulstunde** *f* period, lesson **Schulsystem** *nt* school system **Schultag** *m* schoolday **Schultasche** *f s.* **Schulmappe**

Schulter <-, -n> *f* ❶ ANAT shoulder; **mit gebeugten/hängenden ~n** with hunched shoulders/with a slouch; **mit gebeugten/hängenden ~n gehen/dasitzen** to slouch; **jdm auf die ~ klopfen** to tap sb on the shoulder; (*anerkennend*) to give sb a slap on the shoulder; **die ~n hängen lassen** to let one's shoulders droop; (*niedergeschlagen*) to hang one's head; **mit den ~n zucken** to shrug one's shoulders
❷ MODE (*Schulterpartie*) shoulder
❸ KOCHK shoulder
► WENDUNGEN: **jd zeigt jdm die kalte ~** (*fam*) sb gives sb the cold shoulder; **jd nimmt etw auf die leichte ~** (*fam*) sb takes sth very lightly, sb doesn't take sth very seriously; **etw ruht auf jds ~n** sth rests on sb's shoulders; **~ an ~** shoulder to shoulder; (*gemeinsam*) side by side

Schulterblatt *nt* shoulder blade **schulterfrei** *adj* off the shoulder *pred* **Schultergelenk** *nt* shoulder joint **Schultergurt** *m* shoulder strap **Schultergürtel** *m* ANAT pectoral girdle **Schulterhöhe** *f* **bis** [**in**] **~** up to shoulder height; **in ~** to shoulder height **Schulterklappe** *f* epaulette **schulterlang** I. *adj* shoulder-length II. *adv* shoulder-length; **das Haar ~ tragen** to wear one's hair shoulder-length

schultern *vt* **etw ~** to shoulder sth

Schulterpolster *nt* shoulder pad **Schulterriemen** *m* shoulder strap **Schulterschluss**RR *m* SCHWEIZ solidarity **Schultersieg** *m* SPORT fall **Schulterstück** *nt* ❶ MIL epaulette ❷ KOCHK piece of shoulder

Schultes *m* POL (*iron fam: Bürgermeister*) mayor

Schulträger *m* (*geh*) *institution supporting a public or private school* **Schultüte** *f colourfully decorated cardboard cone filled with sweets and small gifts, given to children on their very first day of school*

Schulung <-, -en> *f* training; (*von Gedächtnis, Auffassungsgabe*) schooling

Schulunterricht *m kein pl* (*geh*) school lessons *pl* **Schulunterrichtsstunde** *f* school lesson **Schulversagen** *nt* failure at school **Schulversager(in)** <-s, -> *m(f)* failure at school **Schulwanderung** *f* school hike **Schulweg** *m* way to/from school; **auf dem ~** on the way to school **Schulweisheit** *f* book learning **Schulwesen** *nt kein pl* school system **Schulzeit** *f kein pl* schooldays *pl* **Schulzentrum** *nt* school complex **Schulzeugnis** *nt* (*geh*) school report BRIT, report card AM

schummeln *vi* (*fam*) to cheat; **bei einem Spiel/einer Klassenarbeit ~** to cheat at a game/in a test

schumm(e)rig *adj* ❶ (*schwaches Licht gebend*) weak
❷ (*schwach beleuchtet*) dim

Schund <-[e]s> *m kein pl* (*pej*) trash *no pl*, rubbish *no pl*; ***das ist wirklich der letzte ~*** that really is a load of rubbish [*or* trash]

Schund- *in Komposita* (*pej*) trashy; **~literatur/-roman** trash, trashy literature/novel, pulp fiction

Schundroman *m* trashy [*or* pulp] novel

schunkeln *vi* to sway rhythmically with linked arms

Schupfer <-s, -> *m* ÖSTERR, SCHWEIZ, SÜDD shove

Schuppe <-, -n> *f* ❶ ZOOL scale
❷ *pl* MED dandruff *no pl*
► WENDUNGEN: **jdm fällt es wie ~n von den Augen** the scales fall from sb's eyes

schuppen I. *vt* KOCHK **etw ~** to remove the scales from sth
II. *vr* ❶ (*unter schuppender Haut leiden*) **sich ~** to peel [*or* be peeling]
❷ (*sich abschuppen*) **sich ~** to flake

Schuppen <-s, -> *m* ❶ (*Verschlag*) shed
❷ (*fam: Lokal*) joint *sl*, dive *pej sl*

schuppenartig *adj inv* scale-like; **die Scheiben ~ aufeinanderlegen** to arrange the slices like overlapping scales **Schuppenflechte** *f* MED psoriasis **Schuppentier** *nt* scaly anteater

schuppig I. *adj* ❶ (*Schuppen aufweisend*) scaly; (*Haut*) flaky
❷ (*Kopfschuppen aufweisend*) **~e Haare haben** to have dandruff
II. *adv* **sich ~ ablösen/~ abblättern** to flake [off]

Schur <-, -en> *f* shearing

schüren *vt* ❶ (*anfachen*) **etw ~** to poke sth
❷ (*anstacheln*) **etw** [**bei jdm**] **~** to stir sth up in sb, to fan the flames of sth [in sb]

schürfen I. *vi* ❶ (*graben*) [**nach etw** *dat*] **~** to dig [for sth]
❷ (*schleifen*) **über etw** *akk* **~** to scrape across sth
II. *vt* **etw ~** to mine sth
III. *vr* **sich** *dat* **etw ~** to graze one's sth; **sich** *akk* **~** to graze oneself; **sich** *akk* **am Knie ~** to graze one's knee

Schürfung <-, -en> *f* ❶ (*Verletzung*) graze, abrasion
❷ BERGB, BAU open cut

Schürfwunde *f* graze

Schürhaken *m* poker

Schurke <-n, -n> *m* (*veraltend*) scoundrel *dated*

Schurkenstreich <-[e]s, -e> *m* (*pej veraltend*) dirty trick

Schurkin <-, -nen> *f fem form von* **Schurke**

schurkisch *adj* (*veraltend*) despicable

Schurwolle *f* virgin wool; **„reine ~"** "pure new wool"; **aus ~** made from pure new wool

Schurz <-es, -e> *m* apron

Schürze <-, -n> *f* MODE apron; (*mit Latz*) pinafore, pinny BRIT *fam*
► WENDUNGEN: **jd hängt jdm an der ~** (*fam*) sb is tied to sb's apron strings

schürzen *vt* (*geh*) **etw ~** to gather sth up

Schürzenjäger *m* (*fam*) philanderer

SchussRR <-es, Schüsse> *m*, **Schuß** <-sses, Schüsse> *m* ❶ (*Ab- o Einschuss*) shot; **ein scharfer ~** a shot using live ammunition; **einen ~** [*o* **Schüsse**] **auf jdn/etw abgeben** to fire a shot [*or* shots] at sb/sth
❷ (*Patrone*) round; **zehn ~** [*o* **Schüsse**] ten shots [*or* rounds]
❸ (*Spritzer*) splash; ***Cola mit einem ~ Rum*** cola with a splash of rum
❹ FBALL (*geschossener Ball*) shot
❺ (*sl: Drogeninjektion*) shot; **sich** *dat* **den goldenen ~ setzen** to OD *sl* [*or* overdose]; **sich** *dat* **einen ~ setzen** to give oneself a shot, to shoot up *sl*
► WENDUNGEN: **ein ~ vor den Bug** a warning signal; **einen ~ vor den Bug bekommen** to receive a warning signal; **jdm einen ~ vor den Bug setzen** [*o* **geben**] to give sb a warning signal; **ein ~ in den Ofen** (*sl*) a dead loss *sl*; **keinen ~ Pulver wert sein** (*fam*) not to be worth tuppence [*or* AM a dime] *fam*; **ein ~ ins Schwarze** (*fam*) a bull's eye *fam*; **weit vom ~ sein** [*o* **weitab vom ~ liegen**] (*fam*) to be miles away; **zum ~ kommen** (*fig*) to have a chance to do sth, to get a look-in; **in ~** (*fam*) in top shape; **mit ~** with a shot (*of alcohol*)

schussbereitRR *adj inv* ❶ (*feuerbereit*) *Waffe* ready to fire *pred*, ready for firing *pred*, cocked
❷ (*zum Schießen bereit*) ready to fire *pred*; **sich ~ machen** to prepare [*or* get ready] to fire

Schussel <-s, -> *m* (*fam*) clumsy clot [*or* AM oaf] *fam*

Schüssel <-, -n> *f* ❶ (*große Schale*) bowl, dish; **etw aus dem Kochtopf in eine ~ umfüllen** to transfer sth from a saucepan into a bowl; **eine ~ Reis** a bowl of rice; **vor leeren ~n sitzen** to have nothing to eat
❷ (*Wasch~*) washbasin
❸ (*Satelliten~*) [satellite] dish
❹ (*WC-Becken*) toilet bowl [*or* pan]

schusselig *adj s.* **schusslig**

Schusseligkeit <-, -en> *f* ❶ *kein pl* (*fam: Fahrigkeit*) daftness *no pl*
❷ (*fahrige Handlung*) clumsiness *no pl*

SchussfahrtRR *f* SKI schuss

schussligRR *adj* (*fam*) scatterbrained

SchusslinieRR [-li:niə] *f* line of fire; **sich in die ~ begeben** to put oneself in the firing line *fig*; **in jds** *akk* **~ geraten** to come under fire from sb *fig* **Schussrichtung**RR *f* direction of fire **Schussverletzung**RR *f* MED gunshot [*or* bullet] wound **Schusswaffe**RR *f* firearm[s *pl*]; **von der ~ Gebrauch machen** to use a firearm **Schusswaffengebrauch**RR *m* (*geh*) use of firearms **Schusswechsel**RR *m* exchange of fire **Schussweite**RR *f* range [of fire]; **sich in/außer ~ befinden** to be within/out of range **Schusswunde**RR *f s.* **Schussverletzung**

Schuster(in) <-s, -> *m(f)* (*Schuhmacher*) shoemaker, cobbler *esp dated*
► WENDUNGEN: **~, bleib bei deinen Leisten!** (*prov*) cobbler, keep [*or* stick] to your last! *prov*; **auf ~s Rappen** (*hum*) on Shanks's pony

Schusterjunge *m* TYPO orphan

schustern *vi* ❶ (*veraltet fam: Schuhe machen oder flicken*) to cobble *old*
❷ (*fam o pej: pfuschen*) to cobble [together] *sep*

Schutt <-[e]s> *m kein pl* rubble *no indef art*; ***„~ abladen verboten"*** "no tipping [*or* dumping]"
► WENDUNGEN: **etw in ~ und Asche legen** to reduce sth to rubble [*or* raze sth to the ground]; **in ~ und Asche liegen** to be [*or* lie] in ruins

Schuttabladeplatz *m* [rubbish [*or* AM garbage]] dump [*or* BRIT tip]

Schüttelfrost *m* MED [violent] shivering fit **Schüttellähmung** *f* Parkinson's disease

schütteln I. *vt* ❶ (*rütteln*) ■**etw/jdn ~** to shake sth/sb; **das Obst vom Baum ~** to shake fruit from a tree; *s. a.* **Hand, Kopf**
❷ (*erzittern lassen*) ■**etw schüttelt jdn** sth makes sb shiver; ***das Fieber schüttelte sie*** she was racked with fever
II. *vi* to shake; **verneinend mit dem Kopf ~** to shake one's head; **verwundert mit dem Kopf ~** to shake one's head in amazement
III. *vr* ■**sich** *akk* [**vor etw** *dat*] **~** to shudder at the thought [of sth]; **sich vor Kälte ~** to shake [*or* shiver] with [the] cold; **sich vor Lachen ~** to laugh one's head off
IV. *vi impers* ■**es schüttelt jdn** sb shudders; ***es schüttelte sie vor Ekel*** she shuddered with disgust

Schüttelreim *m* ≈ deliberate spoonerism **Schüttelrutsche** *f* TECH shaking chute

schütten I. *vt* ❶ (*kippen*) ■**etw** [**irgendwohin**] **~** to tip sth [somewhere]; ***sie schüttete das Mehl in eine Schüssel*** she poured the flour into a bowl
❷ (*gießen*) ■**etw** [**irgendwohin**] **~** to pour sth [somewhere]
❸ (*fam: begießen*) ■**jdm/sich etw irgendwohin schütten** to pour sb/oneself sth somewhere; **sich Wein ins Glas schütten** to pour wine into one's glass *fam*
II. *vi* ■**es schüttet** *impers* (*fam*) it's pouring [down] [*or* BRIT bucketing down], it's tipping [it] down BRIT *fam*

schütter *adj* ❶ (*nicht dicht*) **~es Haar** thin, sparse hair
❷ (*schwach*) weak, puny; **mit ~er Stimme** in a thin voice

Schüttgewicht *nt kein pl* HANDEL piled weight **Schüttgüter** *pl* HANDEL bulk material, bulk goods *pl* **Schüttgutladung** *f* bulk cargo **Schüttguttarif** *m* bulk load rate **Schüttguttransporter** *m* bulk carrier

Schutthalde *f* pile [*or* heap] of rubble **Schutthaufen** *m* pile [*or* heap] of rubble

Schüttstein *m* SCHWEIZ sink

Schutz <-es, -e> *m* ❶ *kein pl* (*Sicherheit gegen Schaden*) protection; ■**~ vor etw** *dat*/**gegen etw** *akk* protection against/from sth; **~ vor dem Regen suchen** to seek shelter from the rain; **irgendwo ~ suchen** to seek refuge [*or* shelter] somewhere; **im ~[e] der Dunkelheit** under cover of darkness; **zum ~ der Augen** to protect the eyes; **zum ~ gegen** [*o* **vor**] **Ansteckung** to protect from [*or* against] infec-

S

tion, as a safeguard against infection; MIL cover; **unter dem ~ des Artilleriefeuers** under artillery cover
② *kein pl* (*Absicherung*) protection; ■**der ~ von Personen/Sachen [vor jdm/etw]** the protection of people/things [against [*or* from] sb/sth]; **den ~ des Gesetzes genießen** to enjoy the protection of law; **zu jds ~** for sb's own protection; **~ Dritter** protection of third parties; **~ geistigen Eigentums** protection of intellectual property; **~ eines Patents** scope of a patent; **urheberrechtlicher ~** copyright protection
③ *kein pl* (*Beistand*) protection; **~ suchend** seeking refuge *pred;* **jdn jds** *dat* **~ anvertrauen** to entrust sb to sb's care; **sich** *akk* **in jds** *akk* **~ begeben** to place oneself under the protection of sb [*or* sb's protection]; **~ bieten** [*o* **gewähren**] to offer protection; **jdn um [seinen] ~ bitten** to ask sb for protection; **jdn [vor jdm/etw] in ~ nehmen** to defend sb [against sb/sth], to protect sb [from [*or* against] sb/sth], to stand up for sb [against sb/sth]; **unter jds** *dat* **~ stehen** to be under the protection of sb [*or* sb's protection]; **jdn unter polizeilichen ~ stellen** to put sb under police protection; **jdm ~ zusichern** to guarantee sb protection
④ TECH protector, protecting device; (*Panzer*) armour [*or* AM -or]

Schutzabkommen *nt* JUR protection agreement **Schutzanstrich** *m* protective coat[ing *no pl*] **Schutzanzug** *m* protective clothes *npl* [*or* clothing *no indef art, no pl*] **schutzbedürftig** *adj* in need of protection *pred* **Schutzbefohlene(r)** *f(m)* JUR ward, charge **Schutzbehauptung** *f* self-serving declaration **Schutzblech** *nt* mudguard; *Mähdrescher, Rasenmäher* guard plate **Schutzbrief** *m* [international] travel insurance **Schutzbrille** *f* protective goggles *npl* **Schutzdach** *nt* BAU shelter; *Hauseingang* porch **Schutzdauer** *f* (*Patent*) time of protection

Schütze, Schützin <-n, -n> *m, f* ① (*Mitglied eines Schützenvereins*) member of a shooting [*or* rifle] club
② SPORT (*Schießsportler*) marksman/markswoman; (*beim Fußball*) scorer
③ JAGD hunter
④ MIL private, rifleman
⑤ *kein pl* ASTROL Sagittarius; **[ein] ~ sein** to be a Sagittarian

schützen I. *vt* ① (*beschirmen*) ■**jdn [vor jdm/etw] ~** to protect sb [against [*or* from] sb/sth]; ■**sich** *akk* **[vor etw** *dat* [*o* **gegen etw** *akk*]**] ~** to protect oneself [against sth]; **Gott schütze dich!** may the Lord protect you!
② (*geschützt aufbewahren*) ■**etw [vor etw** *dat*] **~** to keep sth away from sth; ***das Öl ist vor Sonnenlicht zu ~*** this oil must be kept away from [*or* out of] [direct] sunlight
③ (*unter Naturschutz stellen*) ■**etw/Tiere ~** to place a protection order on sth/animals [*or* protect sth/animals by law]; **geschützte Pflanzen** protected plants
④ (*patentieren*) ■**etw ~** to patent sth [*or* protect sth by patent]; **ein Firmensignet ~ lassen** to copyright [*or* register] a company logo [*or* protect a company logo by copyright]; **gesetzlich geschützt** registered [as a trade mark]; **patentrechtlich** [*o* **durch das Patentrecht**] **geschützt** protected by patent, patented; **urheberrechtlich** [*o* **durch das Urheberrecht**] **geschützt** protected by copyright, copyright[ed]
II. *vi* ■**[vor etw** *dat* [*o* **gegen etw** *akk*]**] ~** to provide [*or* offer] [*or* give] protection [from [*or* against] sth]

schützend *adj* protective; ***vor dem Gewitter suchten die Wanderer Zuflucht unter einem ~en Baum*** the walkers sheltered [*or* sought shelter] from the storm under a tree; *s. a.* **Hand**

Schützenfest *nt* rifle [*or* shooting] club['s] festival
Schützenfisch *m* ZOOL archerfish
Schutzengel *m* REL guardian angel; **einen [guten] ~ haben** to have a [special] guardian angel looking over one

Schützengraben *m* MIL trench **Schützenhaus** *nt* rifle [*or* shooting] club clubhouse **Schützenhilfe** *f* support; **jdm [bei etw] ~ geben** to support sb [*or* back sb up] [in sth] **Schützenkönig(in)** *m(f)* champion marksman/markswoman [at a Schützenfest] **Schützenpanzer** *m* MIL armoured [*or* AM -ored] personnel carrier **Schützenverein** *m* rifle [*or* shooting] club

Schutzfarbe *f* protective coat[ing] **Schutzfärbung** *f* ZOOL protective coloration, camouflage **Schutzfilm** *m* protective coat **Schutzfrist** *f* JUR term [*or* period] of copyright, copyright term [*or* period]; (*Patent*) life of a patent, period of protection **Schutzgebiet** *nt* ① POL (*Protektorat*) protectorate ② (*Natur~*) [nature] reserve **Schutzgebühr** *f* ÖKON token [*or* nominal] charge [*or* fee] **Schutzgeld** *nt* (*euph*) protection money *no pl* **Schutzgelderpressung** *f* JUR extortion [*or* protection] racket, racketeering **Schutzgemeinschaft** *f* ≈ shareholders' association **Schutzgesetz** *nt* JUR protective law **Schutzgitter** *nt* protective grille **Schutzhaft** *f* ① POL (*Vorbeugehaft*) preventive detention ② JUR (*Schutzgewahrsam*) detention, protective custody; **jdn in ~ nehmen** to take sb into [protective] custody **Schutzhandschuh** *m* protective glove **Schutzhaube** *f* protective cover **Schutzheilige(r)** *f(m)* REL patron saint **Schutzhelm** *m* protective [*or* safety] helmet, hard hat **Schutzhülle** *f s.* **Schutzumschlag** **Schutzhütte** *f* shelter **schutzimpfen** *vt* MED ■**jdn [gegen etw] ~** to vaccinate [*or* inoculate] sb [against sth] **Schutzimpfstoff** *m* protective vaccine **Schutzimpfung** *f* MED vaccination, inoculation

Schützin <-, -nen> *f fem form von* **Schütze**

Schutzkappe *f* [protective] cap **Schutzklausel** *f* JUR protective [*or* safeguard] clause; **verfassungsrechtliche ~** entrenchment clause **Schutzkontakt** *m* ELEK protective [*or* BRIT earthing] contact, ground AM **Schutzlackierung** *f* protective varnishing **Schutzleiste** *f* protective strip; (*um Maschine*) guard rail

Schützling <-s, -e> *m* ① (*Protegé*) protégé ② (*Schutzbefohlene*) charge

schutzlos I. *adj* defenceless [*or* AM -seless]
II. *adv* **jdm ~ ausgeliefert** [*o* **preisgegeben**] **sein** to be at the mercy of sb, to be at sb's mercy

Schutzmacht *f* POL protecting power **Schutzmann** <-[e]s, -männer *o* -leute> *m* ① (*fam o veraltet: Polizist*) police officer, BRIT *a.* [police] constable, copper *fam;* **eiserner ~** (*hum*) emergency [police] telephone ② SPORT defender **Schutzmarke** *f* trademark **Schutzmaske** *f* protective mask **Schutzmaßnahme** *f* precautionary measure (**vor** *+dat*/**gegen** *+akk* against), precaution (**vor** *+dat*/**gegen** *+akk* against) **Schutzmechanismus** *m* protective mechanism **Schutzmittel** *nt* ① (*äußerlich*) means of protection ② (*innerlich*) protective substance **Schutzpatron(in)** <-s, -e> *m(f)* REL patron saint **Schutzpolizei** *f* (*geh*) police force, constabulary BRIT **Schutzraum** *m* [fallout] shelter **Schutzrecht** *nt* JUR property [*or* protective] right; **~ am geistigen Eigentum** intellectual property right; **gewerbliches ~** industrial property right; **vorläufiges ~** right of provisional protection **Schutzrechte** *pl* JUR patent rights **Schutzrechtsüberschreitung** *f*, **Schutzrechtsverletzung** *f* JUR industrial property right infringement **Schutzreflex** *m* BIOL protective reflex **Schutzschicht** *f* protective layer; (*Überzug*) protective coating **Schutzschrift** *f* JUR caveat **Schutzstreifen** *m* protective strip **Schutztruppe** *f* ① (*Friedenstruppe*) peacekeeping force ② (*hist*) colonial force [*or* army] **Schutzumfang** *m* JUR scope of protection **Schutzumschlag** *m* ① (*vom Buch*) dust jacket, dust cover ② (*von CD*) sleeve **Schutzumschlagklappe** *f* jacket flap **Schutzvorrichtung** *f* safety device **Schutzvorschrift** *f* safety [*or* protective] regulation **Schutzwald** *m forest for absorbing the impact of avalanches* **Schutzwall** *m* protective wall **Schutzweg** *m* TRANSP ÖSTERR pedestrian crossing **schutzwürdig** *adj* JUR worthy of [*or* meriting] protection **Schutzzoll** *m* ÖKON protective duty [*or* tariff] **Schutzzone** *f* protected zone [*or* area]

Schwa <-[s], -[s]> *nt kein pl* LING schwa
schwabbelig *adj* (*fam*) flabby, wobbly
schwabbeln *vi* (*fam*) to wobble
Schwabe, Schwäbin <-n, -n> *m, f* GEOG Swabian
schwäbeln *vi* (*fam*) to speak in [the] Swabian dialect
Schwaben <-s> *nt* GEOG Swabia
Schwabenstreich <-[e]s, -e> *m* (*hum*) piece of folly
Schwäbin <-, -nen> *f fem form von* **Schwabe**
schwäbisch *adj* Swabian
Schwäbische Alb *f* ■**die ~** the Swabian Mountains *pl*

schwach <schwächer, schwächste> I. *adj* ① (*nicht stark*) weak; ■**für etw zu ~ sein** to not be strong enough for sth; ■**der Schwächere/Schwächste** the weaker/weakest person; **ein ~er Charakter/Gegner/Wille** a weak character/opponent/will; **~er Widerstand** weak resistance; **krank und ~** weak and ill
② (*wenig leistend*) weak; **ein ~er Mitarbeiter/Sportler** a poor worker/sportsman; **ein ~er Schüler** a poor [*or* weak] pupil; ***in Rechtschreibung ist er ziemlich ~*** his spelling is rather poor
③ (*gering*) weak; **ein ~es Anzeichen** a faint [*or* slight] indication; **ein ~er Bartwuchs** a sparse [growth of] beard; **eine ~e Beteiligung** [*o* **Teilnahme**] poor participation; **ein ~es Interesse** [very] little interest; **eine ~e Resonanz** a lukewarm response
④ (*leicht*) weak; **~e Atmung** faint breathing; **eine ~e Bewegung** a slight [*or* faint] movement; **~er Druck** light pressure; **ein ~er Herzschlag** a faint heartbeat; **ein ~er Luftzug/Wind** a gentle [*or* light] breeze/wind; **eine ~e Strömung** a light current; ■**schwächer werden** to become fainter
⑤ (*eine geringe Leistung aufweisend*) low-powered; **eine ~e Ladung/ein ~es Magnetfeld** a weak charge/magnetic field; ***die Batterie muss aufgeladen werden, sie ist ~*** the battery needs recharging, it is low; ***dieser Motor ist zu ~*** this engine is not powerful enough; ■**schwächer werden** ***das Licht wird schwächer*** the light is fading [*or* failing]
⑥ (*dünn*) thin; **ein ~es Kettenglied** a weak chain-link
⑦ (*dürftig*) weak, poor; **ein ~es Argument** a weak argument; **eine ~e Leistung** a poor performance; **ein ~er Trost** little comfort; **~es Ergebnis** poor result
⑧ MED (*unzureichend*) weak; **ein ~es Sehvermögen/Gehör** poor [*or* weak] eyesight/hearing; ■**schwächer werden** to become weaker; ***im Alter wird das Gehör schwächer*** one's hearing becomes poorer in old age
⑨ CHEM (*gering konzentriert*) weak
► WENDUNGEN: **jdn ~ machen** to lead sb into temptation; ***die Aussicht, ihn dort zu treffen, hat mich ~ gemacht*** I was unable to resist the prospect of seeing him there; ***ihr schmachtender Blick macht mich jedesmal ~*** her languishing look always makes me go weak at the knees; **[bei jdm/etw] ~ werden** (*fam*) to be unable to refuse [sb/sth]; ***nur nicht ~ werden!*** (*standhaft bleiben!*) don't weaken!; (*durchhalten!*) don't give in!; ***bei Schokoladentorte werde ich immer ~*** I can never resist chocolate gateau; ***bei dem Gehalt würde wohl jeder ~ werden*** this salary would weaken anybody's resolve, anybody would be tempted by a salary like that; **jdm wird ~ [zumute]** (*fam*) sb feels faint; *s. a.* **Augenblick, Bild, Stelle, Trost**
II. *adv* ① (*leicht*) faintly; ***das Herz schlug nur***

noch ~ the heartbeat had become faint; ***er hat sich nur ~ gewehrt*** he did't put up much resistance
② (*spärlich*) sparsely; ***nachts sind die Grenzübergänge ~ besetzt*** the border crossings aren't very heavily [*or* well] manned at night; ***mit Nachschlagewerken sind wir nun wirklich nicht ~ bestückt*** we really have got quite a few [*or* lot of] reference works; ***die Ausstellung war nur ~ besucht*** the exhibition wasn't very well [*or* was poorly] attended
③ (*geringfügig*) ~ **applaudieren** to applaud sparingly; ***Ihre Tochter beteiligt sich in den letzten Monaten nur noch ~ am Unterricht*** your daughter has hardly been participating in class in recent months; ***dieses Problem hat mich immer nur ~ interessiert*** this problem has never been of any great interest to me
④ KOCHK (*mild*) slightly; ***der Arzt hat mir geraten, ~ gesalzen zu essen*** my doctor has advised me not to add [too] much salt to my food; ***das Essen ist für meinen Geschmack zu ~ gewürzt*** the food isn't spicy enough for my liking [*or* palate]; ***den Tee bitte nur ganz ~ gesüßt!*** not too much sugar in my tea, please!
⑤ (*dürftig*) feebly; ***die Mannschaft spielte ausgesprochen*** ~ the team put up a feeble performance; **eine ~e Erinnerung an etw haben** to vaguely remember sth

Schwäche <-, -n> *f* ① *kein pl* (*geringe Stärke*) weakness; **die militärische ~ des Gegners** the enemy's military weakness; **jds ~ ausnutzen** to exploit sb's vulnerability
② *kein pl* (*Unwohlsein*) [feeling of] faintness
③ *kein pl* (*Vorliebe*) ■**eine/jds ~ für jdn/etw** a/sb's weakness for sb/sth
④ (*Unzulänglichkeit*) weakness

Schwächeanfall *m* MED sudden feeling of faintness

schwächen I. *vt* ① (*entkräften*) ■**jdn/ein Tier ~** to weaken sb/an animal; ■**geschwächt** weakened; [**das**] ***Fieber hat sie geschwächt*** the fever weakened her
② (*in der Wirkung mindern*) ■**jdn/etw ~** to weaken sb/sth
II. *vi* to have a weakening effect

Schwachheit <-, -en> *f kein pl* weakness; (*physisch a.*) frailty
▶ WENDUNGEN: **~, dein Name ist Weib!** (*prov*) frailty, thy name is woman; **bilde dir bloß keine ~en ein!** (*fam*) don't get your hopes up [*or* kid yourself] *fam*

Schwachkopf *m* (*fam*) idiot, bonehead *sl*, blockhead *sl*

schwächlich *adj* weakly, feeble; ***er war immer etwas*** ~ he had always been a bit weakly [*or* delicate]

Schwächlichkeit <-, -en> *f meist sing* weakness, sickliness, delicateness

Schwächling <-s, -e> *m* weakling

Schwachpunkt *m* weak spot; **jds ~ treffen** to hit upon sb's weak spot [*or* weakness]

Schwachsinn *m kein pl* ① MED mental deficiency, feeble-mindedness
② (*fam: Quatsch*) rubbish *no art* BRIT, garbage AM; ***so ein ~!*** what a load of rubbish!

schwachsinnig *adj* ① MED mentally deficient, feeble-minded
② (*fam: blödsinnig*) idiotic, daft

Schwachsinnige(r) *f(m) dekl wie adj* MED mentally defective [*or* feeble-minded] person, idiot *a. fig*

Schwachstelle *f* ① (*Problemstelle*) weak spot [*or* point]
② (*undichte Stelle*) leak

Schwachstrom *m* ELEK weak [*or* low-voltage] current

Schwachstromanlage *f* ELEK weak-current [*or* low-voltage current] system **Schwachstromleitung** *f* ELEK weak-current line **Schwachstromtechnik** *f* ELEK light-current [*or* weak-current] engineering

Schwächung <-, -en> *f* weakening; *Abwehrkraft, Gesundheit, Immunsystem a.* impairment

Schwaden <-s, -> *m meist pl* cloud

Schwadron <-, -en> *f* MIL, HIST squadron

schwadronieren* *vi* to bluster; ■**von etw ~** to hold forth on [*or* sound off about] sth

Schwafelei <-, -en> *f* (*pej fam*) drivel *fam*, waffle BRIT *fam*, twaddle BRIT *fam*

schwafeln *vi* (*pej fam*) ① (*faseln*) to talk drivel [*or* BRIT twaddle] *fam*, to waffle [on] BRIT *fam*, to ramble on AM
② (*unsinniges Zeug reden*) ■[**von etw**] ~ to drivel [*or* waffle] [*or* twaddle] [*or* AM ramble] [on] [about sth] *fam*; ***was schwafelst du da?*** don't talk such rubbish!

Schwafler(in) <-s, -> *m(f)* (*pej fam*) waffler BRIT *fam*

Schwager, Schwägerin <-s, Schwäger> *m, f* brother-in-law *masc*, sister-in-law *fem*

Schwalbe <-, -n> *f* ORN swallow
▶ WENDUNGEN: **eine ~ macht noch keinen Sommer** (*prov*) one swallow doesn't make a summer

Schwalbennest *nt* ① ORN swallow's nest ② *pl* KOCHK bird's nest soup ③ NAUT (*hist*) sponson ④ MIL, MUS [bandman's] epaulette **Schwalbenschwanz** *m* ZOOL swallowtail [butterfly]

Schwall <-[e]s, -e> *m* ① (*Guss*) stream, gush; ***ein ~ von abgestandenem Rauch schlug ihm entgegen*** a wave of stale smoke hit him
② (*Flut*) torrent *fig*; ***sie begrüßte ihn mit einem ~ unverständlicher Worte*** she greeted him with an incoherent flood of words

schwamm *imp von* **schwimmen**

Schwamm <-[e]s, Schwämme> *m* ① (*zur Reinigung*) sponge
② ZOOL sponge
③ (*Hausschwamm*) dry rot *no indef art, no pl*; **den ~ haben** to have dry rot
④ SÜDD, ÖSTERR, SCHWEIZ (*essbarer Pilz*) mushroom
▶ WENDUNGEN: **~ drüber!** (*fam*) let's forget it!

Schwämmchen <-s, -> *nt dim von* **Schwamm**

schwammig I. *adj* ① (*weich und porös*) spongy
② (*aufgedunsen*) puffy, bloated
③ (*vage*) vague, woolly
④ (*vom Schwamm befallen*) affected by dry rot
II. *adv* vaguely; **sich ~ ausdrücken** to not make oneself clear

Schwan <-[e]s, Schwäne> *m* ORN swan
▶ WENDUNGEN: **mein lieber ~!** (*fam: wehe!*) woe betide sb!; (*Donnerwetter!*) my goodness!; ***mein lieber ~! eine reife Leistung!*** oh, damn *fam* [it]! what a performance!

schwand *imp von* **schwinden**

schwanen *vi* **jdm schwant nichts Gutes/Ungutes/Unheil** sb has a sense of foreboding; ■**jdm schwant, dass ...** sb has a feeling [*or* senses] that ...

schwang *imp von* **schwingen**

Schwang *m* ▶ WENDUNGEN: **im ~e sein** to be in vogue

schwanger *adj* pregnant; ***sie ist im sechsten Monat*** ~ she's six months pregnant, she's in the sixth month [of her pregnancy]; ■[**von jdm**] **~ sein** to be pregnant [by sb]
▶ WENDUNGEN: **mit etw ~ gehen** to be full of sth

Schwangere *f dekl wie adj* pregnant woman, expectant mother

Schwangerenkonfliktberatung *f advice for pregnant women who have got into a conflict through their pregnancy*

schwängern *vt* ① (*ein Kind zeugen*) ■**jdn ~** to get [*or* make] sb pregnant, to impregnate sb *form*
② (*erfüllen*) ■**mit** [*o* **von**] **etw geschwängert sein** to be thick with sth; **mit Weihrauch geschwängert sein** to be heavy [*or* impregnated] with incense

Schwangerschaft <-, -en> *f* MED pregnancy

Schwangerschaftsabbruch *m* abortion, termination of [a] pregnancy **Schwangerschaftsberatung** *f* MED pregnancy advice **Schwangerschaftsberatungsschein**[RR] *m* SOZIOL, JUR *proof relating to pregnancy advice* **Schwangerschaftsfrühtest** *m* early pregnancy test **Schwangerschaftsgymnastik** *f* MED antenatal exercises **Schwangerschaftskonfliktberatung** *f* MED counselling of pregnant women in conflict situations **Schwangerschaftsmonat** *m* MED month [of pregnancy] **Schwangerschaftsstreifen** *m meist pl* MED stretch marks *pl* **Schwangerschaftstest** *m* MED pregnancy test **Schwangerschaftsunterbrechung** *f* MED abortion, termination of [a] pregnancy **Schwangerschaftsurlaub** *m* maternity leave **Schwangerschaftsverhütung** *f* MED contraception *no indef art, no pl* **Schwangerschaftszucker** *m* gestational diabetes

Schwank <-[e]s, Schwänke> *m* ① THEAT farce
② (*Schwankerzählung*) comical [*or* merry] tale
③ (*lustige Begebenheit*) amusing [*or* funny] story

schwanken *vi* ① *haben* (*schwingen*) to sway; **ins S~ geraten** to begin to sway [*or* swaying]
② *sein* (*wanken*) to stagger [*or* reel]; ■**irgendwohin ~** to stagger [*or* reel] somewhere; ***der Betrunkene schwankte über die Straße*** the drunk tottered over the road
③ *haben* (*nicht stabil sein*) to fluctuate [*or* vary]; ***seine Stimme schwankte*** his voice wavered
④ *haben* (*unentschlossen sein*) ■[**noch**] ~ to be [still] undecided; ■**zwischen zwei Dingen ~** to be torn between two things; ■**das S~** indecision, indecisiveness; **jdn ~[d] machen** to weaken sb's resolve; **ein ~der Charakter** a hesitant character

schwankend *adj* ① (*sich biegend*) *Baum* swaying
② (*schaukelnd*) *Boot* rocking; (*heftiger*) rolling
③ (*bebend*) *Boden* shaking; **auf ~em Boden stehen** to be on shaky ground
④ (*unstet*) *Charakter* wavering, vacillating; (*zögernd*) hesitant; ~ **werden** to [begin to] waver; ***er ist immer sehr ~ in seinen Entschlüssen*** he can never make up his mind
⑤ (*wankend*) staggering; *Schritte* unsteady, wavering; *Gang* rolling; **mit ~en Schritten** with wavering steps
⑥ (*veränderlich*) *Kurs, Preis, Zahl* fluctuating, variable, floating; *Gesundheit* unstable; *Stimme* wavering

Schwankung <-, -en> *f* ① (*Schwingung*) swaying *no pl*; **etw in ~en versetzen** to make sth sway
② (*ständige Veränderung*) fluctuation, variation; **~en der Zinssätze auf dem Geld- und Kapitalmarkt** fluctuations in money- and capital-market interest rates; **jahreszeitliche** [*o* **saisonale**]**/konjunkturelle ~en** seasonal/market fluctuations; **~en ausschalten** to eliminate fluctuations

Schwankungsbereich *m* ÖKON range **Schwankungsbreite** *f kein pl* ÖKON fluctuation margin; (*in der Statistik*) range

Schwanz <-es, Schwänze> *m* ① (*Verlängerung der Wirbelsäule*) tail
② ORN train, trail
③ (*sl: Penis*) cock *vulg*, dick *vulg*, prick *vulg*
▶ WENDUNGEN: **einen ~ bauen** to have to repeat an exam; **den ~ einziehen** (*fam*) to climb down; **jd lässt den ~ hängen** (*fam*) sb's spirits droop; **jdm auf den ~ treten** (*fam*) to tread on sb's toes *fig*; **kein ~** (*sl*) not a bloody *fam* [*or vulg* fucking] soul

schwänzeln *vi* to wag one's tail

schwänzen I. *vt* SCH (*fam*) ■**etw ~** to skive off sth BRIT *sl*, to cut sth *fam*; **die Schule ~** to skive off [from] [*or* cut] school, to play truant, to play hooky AM
II. *vi* SCH (*fam*) to skive off BRIT *sl*, to play truant

Schwanzfeder *f* ORN tail feather **Schwanzflosse** *f* ZOOL tail [*or* caudal] fin **Schwanzlurch** *m* ZOOL caudate **Schwanzmeise** *f* ORN long-tailed tit **Schwanzrolle** *f* KOCHK beef topside steak **Schwanzstück** *nt* beef silverside

schwappen *vi* ① *sein* (*sich im Schwall ergießen*) ■**irgendwohin ~** to splash [*or fam* splosh] somewhere; ***das Wasser schwappte über den Rand des Swimmingpools*** the water splashed over the edge of the swimming pool
② *haben* (*sich hin und her bewegen*) to slosh

S

around
③ *sein* (*fam: sich verbreiten*) ■**irgendwohin** ~ to have spread somewhere; ***eine Welle des Unmuts schwappte über Europa*** a wave of dissatisfaction spread over Europe

Schwäre <-, -n> *f* (*veraltend geh*) festering sore

Schwarm[1] <-[e]s, Schwärme> *m* ① ZOOL swarm; *Fische* shoal
② (*Menschenmenge*) swarm

Schwarm[2] <-[e]s> *m* ① (*fam: schwärmerisch verehrter Mensch*) heart-throb *fam;* ***der Englischlehrer war immer mein [geheimer] ~ gewesen*** I always had a [secret] crush *sl* on the English teacher
② (*selten: Vorliebe*) [secret] passion

schwärmen[1] *vi sein* ① ZOOL to leave the nest [in swarms]
② (*im Schwarm fliegen*) ■**irgendwo** [*o* **irgendwohin**] ~ to swarm somewhere
③ (*sich in Mengen bewegen*) ■**irgendwohin** ~ to swarm somewhere *fig*

schwärmen[2] *vi* ① *haben* (*begeistert reden*) ■[**von etw**] ~ to go into raptures [about [*or* over] sth]; [**über etw** *akk*] **ins S~ geraten** to go into raptures [about [*or* over] sth]
② (*begeistert verehren*) ■**für jdn** ~ to be mad [*or* crazy] about sb
③ (*sich begeistern*) ■**für etw** ~ to have a passion for sth

Schwärmer <-s, -> *m* ① (*Schmetterling*) hawkmoth, sphinx moth
② (*Feuerwerkskörper*) ≈ serpent, ≈ jumping jack

Schwärmer(in) <-s, -> *m(f)* ① (*sentimentaler Mensch*) sentimentalist
② (*Begeisterter*) enthusiast
③ (*Fantast*) dreamer; ***er ist und bleibt ein ~*** he's a dreamer and always will be

Schwärmerei <-,-en> *f* ① (*Wunschtraum*) [pipe] dream
② (*Passion*) passion
③ (*Begeisterungsreden*) **sich** *akk* **in ~en** [**über jdn/etw**] **ergehen** (*geh*) to go into raptures [about [*or* over] sb/sth]

Schwärmerin <-, -nen> *f fem form von* **Schwärmer**

schwärmerisch *adj* impassioned; **~e Leidenschaft** enraptured passion

Schwarte <-, -n> *f* ① KOCHK rind
② (*pej fam*) thick old book
▸ WENDUNGEN: **arbeiten, dass** [*o* **bis**] [**einem**] **die ~ kracht** (*sl*) to work until one drops, to work [*or* sweat] one's guts out *fam*

Schwartenmagen *m* KOCHK brawn

schwarz <schwärzer, schwärzeste> **I.** *adj* ① (*eine tiefdunkle Färbung aufweisend*) black; ***es geschah in ~er Nacht*** it happened in the dead of night; **~er Kaffee** black coffee; **~ von Menschen** crowded out, packed
② (*fam: sehr schmutzig*) black [as an old boot]; **~e Fingernägel haben** to have grimy fingernails; ***wo bist du denn so ~ [am Hemd/ an der Jacke] geworden?*** where did you manage to get [your shirt/jacket] so dirty?
③ *attr* (*fam: illegal*) illicit; **~es Geld** untaxed money; **die ~e Benutzung von Software** the illegal [*or* illicit] use of software; ***der ~e Besitz/ Erwerb einer Schusswaffe ist strafbar*** ownership of/buying a firearm without [holding] a licence is a criminal offence; ***er unterhält neben dem offiziellen noch ein ~es Konto*** in addition to his official account he also has another [*or* a separate] one for [all] his shady deals
④ (*selten fam: katholisch*) Catholic and conservative; ***ihre Eltern waren so ~, dass …*** her parents were such staunch Catholics that …; **~ wählen** (*fam*) to vote for the Christian Democrats [in Germany]
⑤ (*unglücklich*) black; **der S~e Freitag** FIN Black Friday
⑥ (*abgründig*) black; **~er Humor** black humour; **~e Gedanken** evil thoughts
⑦ (*negrid*) black; **der S~e Erdteil** the Dark Continent
▸ WENDUNGEN: ~ **auf weiß** in black and white [*or* writing]; **sich ~ ärgern** (*fam*) to be hopping mad *fam,* to be [really] pissed off *sl;* ~ **werden** KARTEN (*fam*) to get whitewashed *fam,* to lose every trick; **bis jd ~ wird** (*fam*) till the cows come home; *s. a.* **Brett, Erdteil, Gold, Kaffee, Liste, Magie, Mann, Markt, Meer, Messe, Peter, Schaf, Seele, Tee, Tod, Witwe**
II. *adv* ① (*mit ~er Farbe*) black
② (*fam: auf illegale Weise*) illicitly; **etw ~ kaufen** to buy sth illicitly [*or* on the black market]; **etw ~ verdienen** to earn sth without paying tax on it [*or fam* on the side]; ~ **über die Grenze gehen** to cross the border illegally
③ (*düster*) ~ **malen** to be pessimistic; **etw ~ malen** to take a pessimistic view [*or* paint a black [*or* gloomy] picture] of sth; ***er malt immer alles ~*** he always looks on the gloomy side; [**für jdn/etw**] ~ **sehen** to be pessimistic about sb/sth; **etw** [**zu**] ~ **sehen** to be [too] pessimistic about sth, to take a pessimistic view [*or* too pessimistic a view] of sth, to paint a black [*or* gloomy] [*or* too black a] picture

Schwarz <-[es]> *nt kein pl* black; **in ~** in black; **in ~ gehen** [*o* **sein**] to wear black

Schwarzafrika *nt* GEOG Black Africa, sub-Saharan Africa

Schwarzafrikaner(in) *m(f)* Black African

schwarzafrikanisch *adj inv* Black African

Schwarzarbeit *f kein pl* JUR illicit work; **in ~ bauen** [*o* **errichten**] to build using illicit workers [*or* workers paid cash in hand] **schwarz|arbeiten** *vi* to do illicit work, to work cash in hand **Schwarzarbeiter(in)** *m(f)* person doing illicit work [*or* working [for] cash in hand]; **~ sein** to work illicitly [*or* [for] cash in hand] **schwarzäugig** *adj* black-eyed; ■**~ sein** to have black eyes, to be black-eyed **Schwarzbär** *m* ZOOL Asian black bear **schwarzblau** *adj* blackish blue **Schwarzblech** *nt* black plate **schwarzbraun** *adj* blackish brown **Schwarzbrot** *nt* KOCHK brown [*or* rye] bread

Schwarze(r) *f(m) dekl wie adj* ① (*Mensch*) black
② POL (*pej fam: Christdemokrat*) [German] Christian Democrat

Schwarze(s) *nt dekl wie adj* ① (*schwarze Masse*) ■**etwas ~s** sth black, a black thing
② (*schwarze Stelle*) ■**das ~** the bull's eye; [**mit etw**] **ins ~ treffen** to hit the bull's eye [with sth] *a. fig,* to hit the nail on the head *fig*
▸ WENDUNGEN: **jdm nicht das ~ unter den Fingernägeln gönnen** to begrudge sb the [very] air he/she breathes; **das kleine ~** sb's little black number

Schwärze <-, -n> *f kein pl* ① (*Dunkelheit*) darkness; **in der ~ der Nacht** (*geh*) in the dead of night
② (*Farbe*) black; **das Gesicht mit ~ einschmieren** to blacken one's face

schwärzen *vt* ① (*schwarz machen*) ■[**jdm/sich**] **etw ~** to blacken [sb's/one's] sth
② SÜDD, ÖSTERR (*fam*) ■**etw ~** to smuggle sth

Schwarzes Meer *nt* Black Sea **schwarz|fahren** *vi irreg sein* ① (*ohne zu zahlen*) to travel without buying a ticket, to dodge paying one's fare ② (*ohne Führerschein*) to drive without a licence [*or* AM -se] **Schwarzfahrer(in)** *m(f)* ① (*Fahrgast ohne Fahrausweis*) fare-dodger ② (*Fahrer ohne Führerschein*) driver without a licence **Schwarzgeld** <-[e]s, -er> *nt* (*fam*) illegal earnings *npl;* POL illegal contributions **schwarzhaarig** *adj* black-haired; ■**~ sein** to have black hair **Schwarzhaarige(r)** *f(m) dekl wie adj* person with black hair **Schwarzhandel** *m kein pl* black market (**mit** +*dat* for); ~ [**mit etw**] **treiben** to deal in the black market [in sth] **Schwarzhändler(in)** *m(f)* black marketeer **schwarz|hören** *vi* RADIO to use a radio without a licence **Schwarzhörer(in)** *m(f)* RADIO [radio] licence-dodger, sb who listens to the radio without a licence **Schwarzkauf** *m* black-market [*or* illicit] purchase **Schwarzkonto** *nt* illicit account

schwärzlich *adj* blackish **Schwarzmaler(in)** *m(f)* (*fam*) pessimist, doom-merchant *fam,* doom-monger *fam,* merchant of doom *fam* **Schwarzmalerei** *f* (*fam*) pessimism, doom-mongering *fam* **Schwarzmalerin** *f fem form von* Schwarzmaler **Schwarzmarkt** *m* black market; **auf dem ~** on the black market **Schwarzmarktpreis** *m* ÖKON black market price **Schwarzpulver** *nt* black powder **Schwarz-Rot-Gold** *nt* black-red-and-gold (*colours of the German flag*) **schwarz-rot-golden**[RR] *adj,* **schwarzrotgolden** *adj* black-red-and-gold (*colours of the German flag*); **die ~e Fahne** the black-red-and-gold [German] flag **schwarz|sehen** *irreg vi* TV to watch television without a licence **Schwarzseher(in)** *m(f)* ① (*Pessimist*) pessimist ② TV [television] licence-[*or* AM -se-]dodger, person who watches television without a licence **Schwarzseherei** <-> *f kein pl* (*fam*) pessimism, doom-mongering *fam* **Schwarzseherin** <-, -nen> *f fem form von* Schwarzseher **Schwarzsender** *m* pirate [radio] station [*or* transmitter] **Schwarzspecht** *m* ORN black woodpecker **Schwarztee** *m* black tea

Schwärzung <-, -en> *f* blackening *no pl*

Schwärzungskurve *f* (*Repro*) density gradation curve

Schwarzwald *m* GEOG ■**der ~** the Black Forest

Schwarzwälder *adj inv, attr* GEOG Black Forest *attr;* **~ Kirschtorte** Black Forest gateau; **~ Kirschwasser** Black Forest kirsch[wasser]; **eine ~ Spezialität** a Black Forest speciality

Schwarzwälder(in) <-s, -> *m(f)* GEOG person from [*or* inhabitant of] the Black Forest

schwarz-weiß[RR], **schwarzweiß** **I.** *adj* FILM, FOTO, MODE black-and-white *attr,* black and white *pred*
II. *adv* ① MODE **ein ~ gemusterter/gestreifter Rock** a skirt with a black-and-white pattern/stripes [*or* black-and-white striped skirt]
② FILM, FOTO ~ **filmen/fotografieren** to film/ photograph in black and white
③ (*fig*) ~ **malen** to depict in black and white [*or* black-and-white terms]; **etw ~ malen** to depict sth in black and white [*or* black-and-white terms]

Schwarzweißaufnahme *f* black-and-white photograph **Schwarzweißbild** *nt* black-and-white picture **Schwarzweißbildschirm** *m* monochrome screen **Schwarzweißfernsehen** *nt* black-and-white television [*or* TV] **Schwarzweißfernseher** *m* black-and-white television [*or* TV] [set] **Schwarzweißfilm** *m* FILM, FOTO black-and-white film **Schwarzweißfoto** *nt s.* Schwarzweißaufnahme **Schwarzweißmalerei** *f kein pl* depiction in black and white; **~ betreiben** to depict in black and white

Schwarzwild *nt* JAGD wild boars *pl*

Schwarzwurzel *f* KOCHK black salsify

Schwatz <-es, -e> *m* (*fam*) chat, natter BRIT *fam;* **einen** [**kleinen**] **~ mit jdm halten** to have a [little [*or* BRIT *fam* wee]] chat with sb

schwatzen, schwätzen SÜDD, ÖSTERR **I.** *vi* ① (*sich lebhaft unterhalten*) to talk [*or* chat] [*or* BRIT *fam* natter]
② (*sich wortreich auslassen*) to talk a lot
③ (*pej: etw ausplaudern*) to blab
④ (*im Unterricht reden*) to talk [out of turn] in class
▸ WENDUNGEN: **es wird viel geschwatzt, wenn der Tag lang ist** (*prov*) you can't believe everything you hear
II. *vt* ■**etw ~** to talk sth; **dummes Zeug ~** to talk rubbish [*or* AM trash]; **Unsinn ~** to talk nonsense

Schwätzer(in) <-s, -> *m(f)* (*pej*) ① (*Schwafler*) windbag *fam,* bletherer BRIT *fam*
② (*Angeber*) boaster
③ (*Klatschmaul*) gossip, waffler BRIT

schwatzhaft *adj* (*pej*) talkative, garrulous; ***erzähl ihm nicht zu viel, er ist sehr ~ und kann nichts für sich behalten*** you shouldn't tell him everything, he's a gossip and won't keep anything to himself

Schwatzhaftigkeit <-> *f kein pl* talkativeness, garrulousnous

Schwebe <-> *f kein pl* **etw in der ~ halten** to balance sth; **sich in der ~ halten** to be balanced; **in der ~ sein** to be in the balance; **etw in der ~ lassen** to leave sth undecided; **in vollkommener ~** CHEM in full teeter

Schwebebahn *f* TRANSP ❶ (*an Schienen*) overhead [*or* suspension] railway ❷ *s.* **Seilbahn** **Schwebebalken** *m* SPORT [balance] beam **Schwebeflug** *m* ❶ *von Insekten* hovering ❷ *eines Hubschraubers* hover flight ❸ (*Segelflug*) soaring

schweben *vi* ❶ *haben* (*in der Luft gleiten*) ■[**irgendwo**] ~ to float [somewhere]; *Drachenflieger, Vogel* to hover [somewhere]; **in Lebensgefahr ~** to be in danger of one's life; (*Patient*) to be in a critical condition; *s. a.* **Gefahr, Angst**
❷ *sein* (*durch die Luft gleiten*) ■[**irgendwohin**] ~ to float [somewhere]; (*an einem Seil*) to dangle [somewhere]
❸ *haben* (*unentschieden sein*) ■[**noch**] ~ to [still] be in the balance; **~des Verfahren** lawsuit which is pending [*or* BRIT sub justice]

schwebend *adj inv* ❶ TECH, CHEM suspended; **~e Fähre** suspension ferry
❷ (*fig: offen*) *Frage* unresolved, outstanding
❸ JUR *Verfahren* pending; (*unterbrochen*) suspended; **~e Schuld** floating debt
❹ ÖKON *Geschäft* outstanding
❺ FIN *Schulden* floating
❻ LIT *Betonung* hovering

Schwebezeit *f* pendency **Schwebezustand** *m* state of uncertainty; **sich im ~ befinden** to be in a state of uncertainty

Schwebfliege *f* ZOOL hoverfly **Schwebstoff** <-[e]s, -e> *m meist pl* CHEM suspended matter *no pl*

Schwede, Schwedin <-n, -n> *m, f* (*Nationalität*) Swede; *s. a.* **Deutsche(r)**
▶ WENDUNGEN: **alter ~** NORDD (*fam*) my old mucker [*or* mate] [*or* AM buddy] *fam*

Schweden <-s> *nt* Sweden; *s. a.* **Deutschland**

Schwedenstahl *m* Swedish steel

Schwedin <-, -nen> *f fem form von* **Schwede**

schwedisch *adj* ❶ GEOG Swedish; *s. a.* **deutsch 1**
❷ LING Swedish; *s. a.* **deutsch 2**
▶ WENDUNGEN: **hinter ~en Gardinen sitzen** (*fam*) to be behind bars *fam* [*or* BRIT *sl* banged up] [*or* AM *sl* locked up]

Schwedisch *nt dekl wie adj* ❶ LING Swedish; *s. a.* **Deutsch 1**
❷ (*Fach*) Swedish; *s. a.* **Deutsch 2**

Schwefel <-s> *m kein pl* CHEM sulphur
▶ WENDUNGEN: **wie Pech und ~ sein** to be inseparable

Schwefeldioxid *nt* CHEM sulphur dioxide

schwefelhaltig *adj inv* sulphur[e]ous; **~ sein** to contain sulphur

schwefelig *adj s.* **schweflig**

Schwefelkohlenstoff *m* CHEM carbon disulphide

schwefeln *vt* ■**etw ~** to sulphurize sth

Schwefelpuder *nt* CHEM sulphur powder

Schwefelsäure *f* CHEM sulphuric acid

Schwefelung <-, -en> *f* (*zur Haltbarmachung des Weins*) sulphurization

Schwefelwasserstoff *m* CHEM hydrogen sulphide

schweflig *adj* sulphurous; **~ riechen** to smell of sulphur; *s. a.* **Säure**

Schweif <-[e]s, -e> *m* tail

schweifen **I.** *vi sein* (*geh*) to roam, to wander; **durch die Wälder ~** to roam [*or* wander] through the woods; **seine Blicke ~ lassen** to let one's gaze wander; *s. a.* **Ferne**
II. *vt* (*fachspr*) **ein Brett ~** to cut a curve into a board

Schweigeanruf *m* silent call **Schweigegeld** *nt* hush money **Schweigemarsch** *m* silent [protest] march **Schweigeminute** *f* minute's silence; **eine ~ einlegen** to hold a minute's silence

schweigen <schwieg, geschwiegen> *vi* ❶ (*nicht sprechen*) to remain silent [*or* keep quiet]; ***schweig, ich will kein Wort mehr hören*** [that's] enough, I don't want to hear another word [from you]; ***er schwieg betroffen, als er das hörte*** he was so shocked he couldn't say anything; **in ~der Anklage** in silent reproach
❷ (*nicht antworten*) ■**auf** [*o* **zu**] **etw ~** *akk* to say nothing in [*or* make no] reply to sth
❸ (*aufhören*) to stop; ***endlich ~ die Waffen*** the weapons have finally fallen [*or* are finally] silent
▶ WENDUNGEN: **ganz zu ~ von etw, von etw ganz zu ~** quite apart from sth; *s. a.* **Grab**

Schweigen <-s> *nt kein pl* ❶ silence; **das ~ brechen** to break the silence; **jdn zum ~ bringen** (*jdn mundtot machen*) to silence sb; (*euph: jdn liquidieren*) to liquidate sb
❷ JUR silence; **~ als Annahme/Nichtannahme** silence interpreted as acceptance/non-acceptance
▶ WENDUNGEN: **~ im Walde** (*aufgrund von Angst*) no volunteers; **sich** *akk* [**über etw** *akk*] **in ~ hüllen** to maintain one's silence [*or* remain silent] [*or* keep quiet] [about sth]

schweigend **I.** *adj* silent; *s. a.* **Mehrheit**
II. *adv* in silence; **~ verharren** to remain silent; **~ zuhören** to listen in silence [*or* silently]

Schweigepflicht *f* obligation to [preserve] secrecy; **die ärztliche/priesterliche ~** a doctor's/priest's duty to maintain confidentiality; **der ~ unterliegen** to be bound to maintain confidentiality **Schweigepflichtklausel** *f* zipper clause AM *fam* **Schweigerecht** *nt* JUR right to silence

schweigsam *adj* ❶ (*wortkarg*) taciturn
❷ (*wenig gesprächig*) ■**~ sein** to be quiet

Schweigsamkeit <-> *f kein pl* quietness, reticence

Schwein <-s, -e> *nt* ❶ ZOOL pig
❷ *kein pl* KOCHK (*fam: Schweinefleisch*) pork *no indef art, no pl*
❸ (*pej fam: gemeiner Kerl*) swine *esp dated,* bastard *fam*
❹ (*fam: unsauberer Mensch*) pig *fam*
❺ (*fam: obszöner Mensch*) lewd person, dirty bugger BRIT *fam!*
❻ (*fam: ausgelieferter Mensch*) [**ein**] **armes ~** (*fam*) [a] poor devil [*or* BRIT *fam!* sod]
▶ WENDUNGEN: **faules ~** (*fam*) lazy devil [*or* BRIT *fam!* sod]; **wie ein ~ bluten** (*fam*) to bleed like a [stuck] pig; **ein ~ haben** (*fam*) to be a lucky devil [*or* BRIT *fam!* sod]; [**großes**] **~ haben** (*fam*) to be lucky; **ein ~ haben** (*fam*) to be a lucky devil [*or* BRIT *fam!* sod]; **kein ~** (*fam*) nobody, not a [damn *fam*] soul; **wie die ~e** (*fam*) like pigs *fam*

Schweinchen <-s, -> *nt dim von* **Schwein** little pig, piggy [*or* piggie]

Schweinebauch *m* belly of pork **Schweinebraten** *m* joint of pork, pork joint **Schweinefett** *nt* lard, pork fat **Schweinefleisch** *nt* pork *no indef art, no pl* **Schweinefraß** *m* (*pej fam*) pigswill, muck **Schweinefuß** *m* pig's trotter [*or* AM foot] **Schweinefutter** *nt* pig feed, pigswill **Schweinegeld** *nt kein pl* (*fam*) packet *no def art fam* **Schweinehasen** *m* KOCHK *larded pork filet in a creamy mushroom sauce* **Schweinehund** *m* (*sl*) swine *esp dated,* bastard *fam!* ▶ WENDUNGEN: **den/seinen inneren ~ überwinden** (*fam*) to overcome one's weaker self **Schweinekotelett** *nt* pork chop [*or* cutlet] **Schweinemagen** *m* pig's stomach **Schweinemaske** *f* KOCHK pig's head **Schweinemast** *f* pig feed **Schweinemastbetrieb** *m* pig-fattening operation **Schweinenetz** *nt* KOCHK pig's mesentery **Schweinepest** *f* ZOOL swine fever

Schweinerei <-, -en> *f* (*fam*) ❶ (*unordentlicher Zustand*) mess; ***wer ist verantwortlich für die ~ im Bad?*** who is responsible for that bloody mess in the bathroom? *fam*
❷ (*Gemeinheit*) mean [*or* dirty] trick; ***~!*** what a bummer! *sl*
❸ (*Skandal*) scandal; ***ich finde, es ist eine ~, dass …*** I think it's scandalous [*or* a scandal] that …
❹ (*fig: Obszönität*) smut

Schweinerne(s) *nt kein pl, decl wie adj* KOCHK (*fam*) pork *no indef art*

Schweinerücken *m* saddle of pork **Schweineschmalz** *nt* lard, dripping **Schweinestall** *m* [pig]sty, pigpen ▶ WENDUNGEN: **etw sieht aus wie ein ~** (*fam*) sth looks like a pigsty; **es sieht irgendwo aus wie im** [*o* **in einem**] **~** (*fam*) sth looks [*or* is] like a pigsty; ***hier sieht es ja aus wie in einem ~!*** good heavens, this place looks like a pigsty! **Schweinesülze** *f* pork in aspic

Schweinigel *m* (*pej fam*) ❶ (*obszöner Mensch*) dirty pig *fam*
❷ (*Ferkel*) mucky pup BRIT *fig*

schweinisch **I.** *adj* (*fam*) smutty, dirty
II. *adv* (*fam*) **sich ~ aufführen/benehmen** to behave like a pig; **sich ~ hinflegeln** to loll around like a slob

Schweinkram *m* (*fam*) smut *no indef art, on pl,* filth *no indef art, no pl;* ***so einen ~ sehe ich mir doch nicht an*** I'm not going to watch such smut [*or* filth]

Schweinsäuglein *pl* (*fam*) [little] piggy eyes **Schweinsborste** *f* pig's bristle **Schweinshaxe, Schweinshachse** *f* SÜDD knuckle of pork, pork knuckle **Schweinsjungfer** *f* ÖSTERR (*Schweinefilet*) pork filet [*or* AM fillet] **Schweinskäse** *m pork sausage meat baked in an oblong tin* **Schweinsknöckel** *pl* KOCHK *dish of cured pig's mouth, neck, ears, trotters and spine* **Schweinsleder** *nt* pigskin **schweinsledern** *adj* pigskin **Schweinsohr** *nt* ❶ ZOOL (*Schweineohr*) pig's ear
❷ KOCHK (*Gebäck*) pastry [shaped like a pig's ear]
❸ (*Pilz*) cantharellus clavatus

Schweiß <-es> *m kein pl* sweat, perspiration *form;* **kalter ~** cold sweat; **jdm bricht der ~ aus** sb breaks out in a sweat; **in ~ gebadet sein** to be bathed in [*or* dripping with] sweat
▶ WENDUNGEN: **im ~e seines Angesichts** (*geh*) in [*or* by] the sweat of one's brow; **viel ~ kosten** to be really hard work

Schweißausbruch *m* [profuse] sweating *no indef art, no pl* **schweißbedeckt** *adj* covered [*or* bathed] in sweat *pred*

Schweißbrenner *m* TECH welding torch **Schweißbrille** *f* TECH welding goggles *npl*

Schweißdrüse *f* ANAT sweat gland

schweißen **I.** *vt* ■**etw ~** TECH to weld sth
II. *vi* TECH to weld

Schweißen <-s> *nt kein pl* welding *no indef art, no pl*

Schweißer(in) <-s, -> *m(f)* welder

Schweißfleck *m* sweat stain **Schweißfuß** *m meist pl* sweaty foot; **Schweißfüße haben** to have sweaty [*or fam* smelly] feet **schweißgebadet** *adj* bathed in sweat *pred* **Schweißgeruch** *m* smell of sweat, body odour [*or* AM -or], BO **schweißhemmend** *adj inv* **~es Mittel** antiperspirant **Schweißnaht** *f* TECH weld [seam [*or* joint]] **schweißnass**[RR] *adj inv* dripping with sweat *pred,* [very] sweaty **Schweißperle** *f meist pl* (*geh*) bead of sweat [*or form* perspiration] **Schweißstelle** *f* TECH weld, welding **schweißtreibend** *meist inv adj* MED sudorific *spec,* causing perspiration; (*fig, hum*) arduous **schweißtriefend** *adj* dripping with sweat *pred,* bathed in sweat *pred* **Schweißtropfen** *m* bead [*or* drop] of sweat [*or form* perspiration]

Schweiz <-> *f* Switzerland; **die französische/italienische ~** French-speaking/Italian-speaking Switzerland; *s. a.* **Deutschland**

Schweizer *adj attr* Swiss; ***Bern ist die ~ Hauptstadt*** Berne is the Swiss capital [*or* capital of Switzerland]

Schweizer(in) <-s, -> *m(f)* ❶ GEOG Swiss; *s. a.* **Deutsche(r)**
❷ (*Melker*) dairyman
❸ (*päpstlicher Leibgardist*) Swiss Guard

schweizerdeutsch *adj* LING Swiss-German; *s. a.* **deutsch 2**

Schweizerdeutsch <-[s]> *nt dekl wie adj* LING Swiss German; *s. a.* **Deutsch 1**

Schweizergarde *f kein pl* Swiss Guard

Schweizerin <-, -nen> *f* GEOG *fem form von* **Schweizer**

schweizerisch *adj* GEOG *s.* **Schweizer**

S

Schwelbrand *m* smouldering fire
schwelen I. *vi* to smoulder
II. *vt* TECH ■**etw** ~ to burn sth slowly
schwelgen *vi* (*geh*) ❶ (*sich gütlich tun*) to indulge oneself
❷ (*übermäßig verwenden*) ■**in etw** *dat* ~ to over-indulge in sth; **in Erinnerungen** ~ to wallow in memories
schwelgerisch *adj* (*geh*) sumptuous
Schwelle <-, -n> *f* ❶ (*Tür~*) threshold; (*aus Stein*) sill; **jds ~ betreten, seinen Fuß über jds ~ setzen** to set foot in sb's house
❷ (*Bahn~*) sleeper
❸ PSYCH (*Reizschwelle*) threshold
❹ GEOG rise
❺ BAU joist
▸ WENDUNGEN: **an der ~ stehen** [*o* **sich befinden**] to be on the threshold; ***wir stehen an der ~ eines neuen Jahrtausends*** we are on the threshold of a new millenium; **auf der ~ zu etw stehen** to be on the verge of sth
schwellen[1] <schwoll, geschwollen> *vi sein* ❶ MED (*anschwellen*) to swell [up]; ***der Knöchel ist ja ganz geschwollen*** the ankle is very swollen
❷ (*sich verstärken*) to grow
▸ WENDUNGEN: **jdm schwillt der Kamm** (*fam*) sb gets too big for their boots *fam*, sb gets cocky
schwellen[2] *vt* (*geh*) to swell out [*or* BRIT belly [out]]; **mit geschwellter Brust** [with] one's breast swelled [*or* filled] with pride
Schwellenangst *f* PSYCH fear of entering a place; ***du willst noch immer nicht mit dem PC arbeiten? das ist nur ~, das lernst du schnell*** you are still reluctant to use the PC? once you get started, you'll soon get used to it; **die ~ vor dem Kauf von etw** the fear of buying sth **Schwellenland** *nt* threshold country, fast-developing nation (*a developing nation which is on the way to becoming a developed nation*) **Schwellenpreis** *m* ÖKON threshold [*or* trigger] price **Schwellenwert** *m* PHYS, PSYCH threshold value **Schwellenwertvereinbarung** *f* HANDEL agreement on threshold values
Schweller <-s, -> *m* AUTO sill
Schwellkörper *m* ANAT corpus cavernosum *spec*, erectile tissue **Schwellkörpermuskulatur** *f* erectile tissue
Schwellung <-, -en> *f* ❶ *kein pl* (*das Anschwellen*) swelling
❷ (*geschwollene Stelle*) swelling
Schwemme <-, -n> *f* ❶ (*Überangebot*) glut
❷ (*Bad für Tiere*) watering place
❸ (*Kneipe*) bar
schwemmen *vt* to wash ashore; **an Land/an den Strand/ans Ufer ~** to wash ashore/onto the beach/onto the riverbank; **Tiere ~** to water cattle; **Pelze ~** to soak hides
Schwemmland <-[e]s> *nt kein pl* alluvial land *no pl*
Schwengel <-s, -> *m* ❶ (*an Pumpe*) handle
❷ (*Klöppel*) clapper
Schwengelpumpe *f* handle pump
Schwenk <-[e]s, -s> *m* ❶ TV (*Schwenkbewegung*) pan, panning movement
❷ (*Richtungsänderung*) wheeling about [*or* round] [*or* AM around] *no indef art, no pl*
❸ (*Änderung der Politik*) about-face, U-turn
Schwenkarm *m* TECH swivel arm
schwenkbar I. *adj* swivelling, swiveling AM; **eine ~e Kamera** a swivel-mounted camera; **eine ~e Lampe** a swivel lamp
II. *adv* **etw ~ befestigen** to set up *sep*/mount sth so that it can swivel
schwenken I. *vt haben* ❶ (*mit etw wedeln*) ■**etw** ~ to wave [*or* flourish] sth
❷ (*die Richtung verändern*) ■**etw** ~ to swivel sth; *Kamera* to pan sth; *Mikrofon* to swing round [*or* AM around] sth *sep*
❸ (*spülen*) ■**etw [in etw** *dat*] ~ to rinse sth [in sth]; **den Pullover in handwarmem Wasser ~** to rinse the pullover in hand-hot water
❹ KOCHK (*hin und her bewegen*) ■**etw [in etw** *dat*] ~ to toss sth [in sth]; **das Gemüse in Butter ~** to toss the vegetables in butter; *s. a.* **Arm**
II. *vi* ❶ *sein* (*zur Seite bewegen*) to wheel [about [*or* round]] [*or* AM around]
❷ *haben* (*sich richten*) to pan
❸ MIL **links/rechts schwenkt, marsch!** left/right wheel, march!
Schwenker <-s, -> *m* brandy [*or* BRIT balloon] glass
Schwenkflügel *m* TECH swing-wing, variable geometry wing **Schwenkkasserolle** *f*, **Schwenkpfanne** *f* sauté pan
Schwenkung <-, -en> *f s.* **Schwenk**
schwer <schwerer, schwerste> I. *adj* ❶ (*nicht leicht*) heavy; ■**20/30 kg ~ sein** to weigh 20/30 kg; **~ wie Blei** as heavy as lead; ***ihm ist ~ ums Herz*** he is heavy-hearted ❷ (*beträchtlich*) serious; **~e Bedenken** strong [*or* serious] reservations; **eine ~e Enttäuschung** a deep [*or* great] [*or* bitter] disappointment; **ein ~er Fehler** [*o* **Irrtum**] a serious [*or* bad] mistake; **ein ~er Mangel** an acute shortage; **~e Mängel aufweisen** to be faulty, to be badly defective; **ein ~er Schaden** extensive [*or* serious] [*or* severe] damage; **ein ~es Unrecht** a blatant [*or* gross] [*or* rank] injustice; **eine ~e Verletzung** a serious [*or* bad] [*or* severe] injury; **~e Verluste erleiden** to suffer severe [*or* bitter] losses; **eine ~e Verwundung** a serious [*or* severe] wound; **~e Verwüstung[en] anrichten** to cause utter [*or* complete] [*or* total] devastation ❸ (*hart*) hard; **ein ~es Amt** a difficult [*or* hard] task; **eine ~e Bürde** a heavy burden; **ein ~es Schicksal** a cruel fate; **eine ~e Strafe** a harsh [*or* severe] punishment; **eine ~e Zeit** a hard [*or* difficult] time ❹ (*körperlich belastend*) serious, grave; **eine ~e Geburt/Operation** a difficult [*or* complicated] birth/operation; **ein ~es Leiden** a terrible affliction [*or* illness]; **ein ~er Tod** a painful death; **ein ~er Unfall** a bad [*or* serious] accident; **S~es mitmachen** [*o* **durchmachen**] to live through hard [*or* difficult] times ❺ (*schwierig*) hard, difficult; ***die Rechenaufgaben sind heute besonders*** ~ today's sums are particularly tricky; **ein ~er Moment** a difficult moment; **eine ~e Lektüre/[eine] ~e Musik** heavy reading/music ❻ *attr* (*fam: heftig*) heavy; **ein ~es Gewitter/ein ~er Sturm** a violent [*or* severe] [*or* heavy] thunderstorm/storm; **eine ~e Welle** a high [*or* tall] wave ❼ *attr* (*stürmisch*) **eine ~e See** a heavy [*or* rough] [*or* stormy] sea ❽ *attr* AUTO (*groß*) big, large; **ein ~er Lkw** a heavy truck ❾ *attr* MIL (*große Kaliber aufweisend*) heavy ❿ (*gehaltvoll*) *Essen* heavy; *Likör, Wein, Zigarre* strong ⓫ (*intensiv*) strong; **ein ~er Duft/ein ~es Parfüm** a pungent scent/perfume ⓬ (*lehmig*) **~er Boden** heavy [*or* hard] soil ⓭ (*fam: reich*) ■**1/2/... Millionen ~ sein** to be worth 1/2/... million ⓮ (*massiv*) solid; **aus ~em Gold** [made of] solid gold; **ein ~er Stoff** a heavy cloth; **ein ~er Boden** rich soil ⓯ (*feucht*) **~e Luft** oppressively humid air; *s. a.* **Geschütz, Schlag, Wasser**
II. *adv* ❶ (*hart*) hard; **~ arbeiten** to work hard; **etw ~ büßen müssen** to pay a heavy price [*or* penalty] for sth; **sich etw ~ erkämpfen müssen** to have to fight hard for sth; **es ~ haben** to have it hard [*or* a hard time [of it]]; **es ~ [mit jdm] haben** to have a hard time [of it] [with sb]; **jdm ~ zu schaffen machen** to give sb a hard time; **~ [an etw] zu tragen haben** to have a heavy cross to bear [as a result of sth] ❷ (*mit schweren Lasten*) heavily; **~ bepackt** [*o* **beladen**] **sein** to be heavily laden; **~ zu tragen haben** to have a lot [*or* a heavy load] to carry ❸ (*fam: sehr*) deeply; **sich ~ in Acht nehmen** [*o* **hüten**] to take great care; **~ beleidigt sein** to be deeply offended; **~ betrunken** dead drunk; **etw ~ missbilligen** to strongly disapprove of [*or* object to] sth; **etw ~ nehmen** to take sth hard [*or* [too much] to heart]; **das Leben ~ nehmen** to take life [too] seriously ❹ (*mit Mühe*) with [great] difficulty; **~ abbaubare Materialien/Verpackungen** materials/packaging which do/does not decompose [*or* degrade] very easily; **~ erarbeitet** hard-earned; **~ erziehbar** maladjusted, recalcitrant; **ein ~ erziehbares Kind** a problem child; **~ löslich** not easily dissoluble; **~ verdaulich** [*o* **verträglich**] indigestible, difficult [*or* hard] to digest; (*fig: schwierig, düster*) indigestible, heavy-going *attr*, heavy going *pred*; **~ zu begreifen/verstehen** difficult to understand; ***du musst lauter sprechen, sie hört*** ~ you'll have to speak up, she's [very] hard of hearing ❺ (*fam: umfänglich*) **jdn ~ zur Kasse bitten** to hit sb hard in the [back] pocket *fig*; **jdn ~ schröpfen** to fleece sb big time *sl*; **~ verdienen** to earn a packet *fam* ❻ (*ernstlich*) seriously; **~ behindert** [*o* **beschädigt**] severely handicapped [*or* disabled]; **sich ~ erkälten** to catch a bad [*or* heavy] cold; **~ erkrankt sein** to be seriously [*or* desperately] [*or* gravely] ill; **~ gestürzt sein** to have had a bad fall; **~ krank** MED seriously [*or* desperately] [*or* gravely] ill; **~ verletzt** seriously [*or* badly] [*or* severely] injured; **sich ~ verletzen** to seriously [*or* badly] [*or* severely] injure oneself; **~ verunglückt sein** to have had a bad [*or* serious] accident; **~ wiegend** serious; **~ wiegende Bedenken** strong [*or* serious] reservations; **eine ~ wiegende Entscheidung, ein ~ wiegender Entschluss** a momentous decision; **ein ~ wiegender Grund** a sound [*or* convincing] [*or* compelling] reason ❼ (*schwierig*) difficult, not easy; **~ verständlich** (*kaum nachvollziehbar*) scarcely comprehensible; (*kaum zu verstehen*) hard [*or* difficult] to understand *pred*; **es fällt [jdm] ~, etw zu tun** it is difficult [*or* hard] for sb to do sth; **etw fällt jdm ~** sth is difficult [*or* hard] for sb [to do], sb has difficulty doing sth; ***diese Entscheidung ist mir sehr ~ gefallen*** this was a very difficult decision for me to make; **sich etw zu ~ machen** to make sth too difficult for oneself [*or* more difficult than it need be]; **[jdm] etw ~ machen** to make sth difficult [for sb]; **es [jdm] ~ machen, etw zu tun** to make it difficult [for sb] to do sth; **jdm das Herz ~ machen** to make sb's heart heavy [*or* sad]; **jdm das Leben ~ machen** to make life difficult for sb; **sich** *akk* **bei** [*o* **mit**] **etw** *dat* **~ tun** to have trouble with sth, to make heavy weather of sth *fam*; **sich mit jdm ~ tun** to have trouble [getting along] with sb ❽ (*hart*) severely; **~ bewaffnet sein** to be heavily armed; *s. a.* **Ordnung Schwerarbeit** *f kein pl* heavy work, heavy labour [*or* AM -or] **Schwerarbeiter(in)** *m(f)* heavy worker, heavy labourer [*or* AM -orer] **Schwerathlet(in)** *m(f) sportsman/sportswoman who is active in the fields of weightlifting, wrestling or any other sport requiring great strength* **Schwerathletik** *f weightlifting, wrestling or any other sport requiring great strength* **Schwerathletin** *f fem form von* **Schwerathlet Schwerbehinderte(r)** *f(m) dekl wie adj* severely handicapped [*or* disabled] person
Schwerbehindertenarbeitsplatz *m* job for a severely handicapped person **Schwerbeschädigte(r)** <-n, -n> *f(m) dekl wie adj* MED, ADMIN (*veraltet*) seriously disabled person
Schwere <-> *f kein pl* ❶ JUR (*Härte*) seriousness, gravity; **die ~ der Strafe** the severity of the punishment; **~ der Tat** gravity of the offence
❷ MED (*ernste Art*) seriousness, severity
❸ (*Schwierigkeit*) difficulty; *einer Aufgabe a.* complexity
❹ (*Gewicht*) heaviness, weight; **das Gesetz der ~** the law of gravity
❺ (*Intensität*) *eines Parfüms* pungency
❻ (*Gehalt*) *von Wein* body
❼ (*Luftfeuchtigkeit*) heaviness
Schwerefeld *nt* PHYS gravitational field, field of gravity
schwerelos *adj* PHYS weightless
Schwerelosigkeit <-> *f kein pl* PHYS weightlessness
Schwerenöter <-s, -> *m* (*veraltend geh*) lady-killer, Casanova
schwerfällig <-er, -ste> I. *adj* ❶ (*ungeschickt*) awkward, clumsy
❷ (*umständlich*) pedestrian, ponderous
II. *adv* awkwardly, clumsily
Schwerfälligkeit <-> *f kein pl* ❶ (*körperlich*) heaviness, ponderousness, cumbersomeness

❷ (*geistig*) dullness, ponderousness ❸ (*Ungeschicktheit*) clumsiness, awkwardness **Schwergewicht** *nt* ❶ (*Gewichtsklasse*) heavyweight ❷ (*Sportler*) heavyweight ❸ (*Schwerpunkt*) emphasis **schwergewichtig** *adj inv* heavy **Schwergewichtler(in)** <-s, -> *m(f) s.* Schwergewicht **Schwergut** *nt* HANDEL deadweight cargo **Schwergutfracht** *f* heavy[-lift] cargo **schwerhörig** *adj inv* hard of hearing *pred;* **sich ~ stellen** to turn a deaf ear *fig* **Schwerhörigkeit** *f kein pl* MED hardness of hearing **Schwerindustrie** *f* heavy industry **Schwerkraft** *f kein pl* PHYS gravity **Schwerkranke(r)** *f(m) dekl wie adj* MED seriously [*or* desperately] [*or* gravely] ill person **Schwerkriminelle(r)** *f(m) dekl wie adj* criminal, felon *spec*

schwerlich *adv* hardly, scarcely

schwerlöslich <schwerer, am schwersten löslich> *adj s.* schwer II 4 **Schwermetall** *nt* CHEM heavy metal **schwermetallfrei** *adj inv* free of heavy metals *pred*

Schwermut <-> *f kein pl* melancholy

schwermütig <-er, -ste> *adj* melancholic *form,* melancholy

Schweröl *nt* CHEM heavy oil [*or* fuel] **Schwerpunkt** *m* ❶ (*Hauptgewicht*) main emphasis; **auf etw** *akk* **den ~ legen** to put the main emphasis [*or* stress] on sth; **~e setzen** to establish [*or* set] priorities; **den ~ [auf etw** *akk*] **verlagern** to shift the emphasis [onto sth] ❷ PHYS centre [*or* AM -er] of gravity **schwerpunktmäßig I.** *adj inv, attr* **ein ~er Streik** a pinpoint [*or* selective] strike **II.** *adv* selectively; **etw ~ abhandeln** to focus on sth **Schwerpunktstreik** *m* pinpoint [*or* selective] strike **Schwerpunktthema** *nt* focal theme [*or* subject]

schwerreich *adj inv, attr* (*fam*) stinking [*or* AM filthy] rich *fam*

Schwerstabhängige(r) *f(m) dekl wie adj* most heavily dependent addict

Schwerstkriminalität *f* very serious crime

Schwert <-[e]s, -er> *nt* ❶ (*Hieb- und Stichwaffe*) sword; **einschneidiges/zweischneidiges ~** single-edged/double-edged [*or* two-edged] sword; **das ~ ziehen** [*o geh* **zücken**] to draw one's sword
❷ NAUT centreboard [*or* AM -er]
▶ WENDUNGEN: **das ~ des Damokles hängt** [*o* **schwebt**] **über jdm** the sword of Damocles is hanging above sb's head; **ein zweischneidiges ~ sein** to be a double-edged sword *fig* [*or* cut two ways]

Schwertblatt *nt* blade [of a sword] **Schwertbohne** *f* broad bean **Schwertfisch** *m* ZOOL swordfish **Schwertlilie** *f* BOT iris

Schwertransport *m* HANDEL carriage of heavy goods

Schwertscheide *f* sheath [for a sword] **Schwertschlucker(in)** <-s, -> *m(f)* sword-swallower **Schwertspitze** *f* point [of a sword]

Schwertwal *m* ZOOL killer whale

Schwerverbrecher(in) *m(f)* JUR serious offender **Schwerverkehrsabgabe** *f* road-user charge for trucks, truck tolls **Schwerverletzte(r)** *f(m) dekl wie adj* MED seriously [*or* badly] [*or* severely] injured person **Schwerverwundete(r)** *f(m) dekl wie adj* MIL seriously wounded person **Schwerwasserreaktor** *m* heavy-water reactor

Schwester <-, -n> *f* ❶ (*weibliches Geschwisterteil*) sister
❷ (*Krankenschwester*) nurse
❸ (*weibliches Gemeindemitglied*) sister
❹ REL (*Nonne*) nun

Schwesterchen <-s, -> *nt dim von* Schwester 1 little [*or* baby] sister

Schwesterfirma *f* sister [*or* associate] firm [*or* company] **Schwestergesellschaft** *f* sister [*or* associate] company **Schwesterherz** *nt* (*fam*) dear sister; ***hallo, ~, schön, dich mal wieder zu sehen!*** hello, sister dear, it's [so] lovely to see you again! **Schwesterlein** <-s, -> *nt* (*liter*) *s.* Schwesterchen **schwesterlich I.** *adj* sisterly **II.** *adv* **sich ~ lieben/~ verbunden sein/zusammenhalten** to love each other in a sisterly way [*or* be like [*or* as close as] sisters]/have a sisterly relationship/stick together like sisters

Schwesternhelferin *f* nursing auxiliary BRIT **Schwesternorden** *m* REL sisterhood **Schwesternwohnheim** *nt* nurses' home [*or* hostel]

Schwesterpartei *f* sister party **Schwesterschiff** *nt* NAUT sister ship

schwieg *imp von* **schweigen**

Schwiegereltern *pl* parents-in-law *pl* **Schwiegermutter** *f* mother-in-law **Schwiegersohn** *m* son-in-law **Schwiegertochter** *f* daughter-in-law **Schwiegervater** *m* father-in-law

Schwiele <-, -n> *f* ❶ (*verdickte Hornhaut*) callus; **~n an den Händen haben** to have calluses on one's hands
❷ MED (*Vernarbung*) weal, callus

schwielig *adj* callous

schwierig I. *adj* ❶ (*nicht einfach*) difficult, hard; **eine ~e Prüfung** a difficult exam
❷ (*verwickelt*) complicated; **eine ~e Situation** a tricky situation
❸ (*problematisch*) complex; **ein ~er Fall sein** to be a problematic[al] case; **ein ~er Mensch** a difficult person
II. *adv* with difficulty

Schwierigkeit <-, -en> *f* ❶ *kein pl* (*Problematik*) difficulty; *eines Falles* problematical nature; *einer Lage, eines Problems* complexity; *einer Situation* trickiness; **mit [einiger] ~** with [some] difficulty
❷ *pl* (*Probleme*) problems *pl;* **finanzielle ~en** financial difficulties *pl;* **jdn in ~en bringen** to get sb into trouble; **in ~en geraten** [*o* **kommen**] to get into difficulties [*or* trouble] [*or fam* hot water]; **[jdm] ~en machen** [*o* **bereiten**] to make trouble [for sb], to give sb trouble; **[jdm] keine ~en machen** [*o* **bereiten**] to be no trouble [for sb]; **ohne ~en** without any difficulty [*or* problems]

Schwierigkeitsgrad *m* degree of difficulty; SCH level of difficulty

schwill *imper sing von* **schwellen**

Schwimmbad *nt* swimming pool, swimming bath[s *pl*] BRIT; **ins ~ gehen** to go swimming **Schwimmbassin** [-ba'sɛ̃] *nt,* **Schwimmbecken** *nt* [swimming] pool **Schwimmblase** *f* ZOOL air bladder, swimming bladder **Schwimmbrille** *f* goggles *npl* **Schwimmdock** *nt* floating dock

schwimmen <schwamm, geschwommen> **I.** *vi* ❶ *sein* (*sich im Wasser fortbewegen*) to swim; ***ich kann nicht ~*** I can't swim; **~ gehen** to go swimming
❷ *haben* (*fam: sich in einer Flüssigkeit bewegen*) ■ **auf etw** *dat* [*o* **in etw** *dat*] **~** to float on/in sth; ***auf*** [*o* ***in***] ***der Suppe schwimmt eine Fliege*** there's a fly [floating] in the soup
❸ *haben* (*unsicher sein*) to be at sea, to flounder
❹ *haben* (*nass sein*) to be awash [*or* flooded]; ***pass auf, dass nicht wieder der ganze Boden schwimmt, wenn du gebadet hast!*** mind you don't drench the bathroom floor again when you have your bath!
❺ *haben s.* **verschwimmen**
▶ WENDUNGEN: **in Geld ~** to be rolling in money *fam* [*or fam* it]; **mit/gegen den Strom ~** to swim with/against the current *usu fig; s. a.* **Auge**
II. *vt sein o haben* ■ **etw ~** to swim sth; ***in welcher Zeit schwimmst du die 100 Meter?*** how fast can you [*or* how long does it take you to] swim [the] 100 metres?

Schwimmen <-s> *nt kein pl* swimming *no art*
▶ WENDUNGEN: **ins ~ geraten** [*o* **kommen**] to get out of one's depth *fig*

schwimmend *adj inv* ❶ (*im Wasser*) floating; **~e Brücke** floating [*or* pontoon] bridge; **~e Ladung** floating cargo
❷ KOCHK **~es Fett** deep fat; **etw in ~em Fett ausbacken** to deep-fry sth

Schwimmer <-s, -> *m* TECH float

Schwimmer(in) <-s, -> *m(f)* (*schwimmender Mensch*) swimmer; **~ sein** to be a swimmer [*or* able to swim]

Schwimmer <-s, -> *m* (*Schwimmkörper*) float

Schwimmerbecken *nt* swimmers' pool

Schwimmerin <-, -nen> *f fem form von* **Schwimmer**

Schwimmflosse *f* flipper **Schwimmflügel** *m* SPORT water wing, float **Schwimmfuß** *m* ZOOL *meist pl* web-foot, webbed foot, palmiped[e] *spec* **Schwimmgewächs** *nt* BOT waterweed[s] **Schwimmgürtel** *m* swimming belt **Schwimmhalle** *f* indoor [swimming] pool, swimming bath[s *pl*] BRIT **Schwimmhaut** *f* ORN web, palama *spec* **Schwimmkäfer** *m* ZOOL water beetle **Schwimmlehrer(in)** *m(f)* swimming instructor **Schwimmsport** *m* swimming *no indef art* **Schwimmstil** *m* stroke **Schwimmunterricht** *m* swimming lessons *pl* [*or* instruction] **Schwimmvogel** *m* ORN waterbird, waterfowl, palmiped[e] *spec* **Schwimmweste** *f* life jacket

Schwindel <-s> *m kein pl* ❶ (*Betrug*) swindle, fraud; ***es war alles ~*** it was all a [big] swindle [*or* fraud]; ***alles ~!*** it's all lies!
❷ MED dizziness, giddiness, vertigo; **in ~ erregender Höhe** high enough to cause dizziness [*or* giddiness] [*or* vertigo] [*or* to make one [feel] dizzy [*or* giddy]], at a vertiginous height *form;* **mit ~ erregender Geschwindigkeit** at breathtaking speed; **~ erregend** (*fig*) astronomical
▶ WENDUNGEN: **der ganze ~** (*pej fam*) the whole lot [*or sl* caboodle] [*or* BRIT *sl* shoot]

Schwindelanfall *m* MED attack of dizziness [*or* giddiness] [*or* vertigo], dizzy turn *fam*

Schwindelei <-, -en> *f* (*fam*) ❶ (*kleine Lüge*) lying *no indef art, no pl;* **eine kleine ~** a fib [*or* little lie] ❷ (*kleine Betrügerei*) fiddle **schwindelfrei** *adj inv* ■ **~ sein** to have a [good] head for heights [*or* not suffer from vertigo] **Schwindelgefühl** *nt* feeling of dizziness [*or* giddiness] [*or* vertigo] **Schwindelgeschäft** *nt* JUR, ÖKON fraudulent [*or* bogus] transaction

schwind(e)lig *adj pred* ❶ ■ **[von etw] ~ werden/sein** to get [*or* become]/be dizzy [*or* giddy] because of sth
❷ *s.* **Schwindel 2**

schwindeln I. *vi* ❶ (*fam: lügen*) to lie; ***das glaube ich nicht, du schwindelst!*** I don't believe it, you're having me on! *fam;* ■ **das S~** lying
❷ (*schwindlig sein*) to be dizzy; **in ~der Höhe** at a dizzy height; **jdn ~ machen** to make sb feel dizzy [*or* giddy]
II. *vt* (*fam*) ❶ (*etw Unwahres sagen*) ■ **etw ~** to lie about sth; ■ **etw ist geschwindelt** sth is a pack of lies
❷ (*schmuggeln*) **etw durch den Zoll ~** to smuggle sth through customs
III. *vr* (*fam*) ■ **sich [durch etw] ~** to wangle one's way [through sth] *fam;* **sich durch eine Kontrolle/den Zoll ~** to kid one's way through a checkpoint/customs; **sich durchs Leben ~** to con [*or* BRIT kid] one's way through life
IV. *vi impers* ■ **jdm schwindelt [es]** sb feels dizzy [*or* giddy]

Schwindelunternehmen *nt* JUR fraudulent device

schwinden <schwand, geschwunden> *vi sein* ❶ (*geh: abnehmen*) to run out, to dwindle; **im S~ begriffen sein** to be running out [*or* dwindling]
❷ (*vergehen*) ■ **etw schwindet** sth is fading away; *Effekt,* [*schmerzstillende*] *Wirkung* to be wearing off; *Erinnerung, Hoffnung* to be fading [away]; *Interesse* to be flagging [*or* waning]; *Kräfte* to be fading [away] [*or* failing]; *Lebensmut, Mut, Zuversicht* to be failing; **die Sinne ~ jdm** sb feels faint
❸ (*geh: dahingehen*) *Jahre* to pass
❹ (*fachspr*) to contract, to shrink, to decrease; ELEK to fade

Schwindler(in) <-s, -> *m(f)* ❶ (*Betrüger*) swindler, con man *fam*
❷ (*fam: Lügner*) liar

schwindlig *adj s.* **schwindelig**

Schwindsucht *f* MED (*veraltend: Tuberkulose*) consumption, pulmonary tuberculosis; **die ~ haben**

to have consumption [*or* pulmonary tuberculosis], to be consumptive
schwindsüchtig *adj* MED (*veraltend*) consumptive
Schwingboden *m* BAU resilient floor
Schwinge <-, -n> *f* ❶ (*geh*) wing, pinion *poet*
❷ TECH (*im Getriebe*) tumbler lever; (*in der Mechanik*) crank
schwingen <schwang, geschwungen> **I.** *vt haben* ❶ (*mit etw wedeln*) ■**etw schwingen** to wave sth
❷ (*mit etw ausholen*) ■**etw** ~ to brandish sth; ***er schwang die Axt*** he brandished the axe
❸ (*hin und her bewegen*) ■**jdn/etw** ~ to swing sb/sth; ***der Dirigent schwingt seinen Taktstock*** the conductor flourishes his baton; **Fahnen** ~ to wave flags; **das Tanzbein** ~ to shake a leg *fig*
❹ AGR **Flachs** ~ to poken [*or* swingle] flax; *s. a.* **Becher**
II. *vi haben o sein* ❶ (*vibrieren*) to vibrate; *Brücke* to sway; **etw zum S~ bringen** to make sth [*or* cause sth to] vibrate
❷ (*pendeln*) ■[**an etw** *dat*] [**irgendwohin**] ~ to swing [somewhere] [on sth]; ***im Sport mussten wir heute an die Ringe und*** ~ we had to swing on the rings in PE today
❸ (*geh: mitschwingen*) ■**etw schwingt** [**in etw** *dat*] sth can be heard [*or* detected] [in sth]; ***in seinen Worten schwang eine gewisse Bitterkeit*** his words hinted at a certain bitterness
❹ PHYS *Wellen* to oscillate
❺ SCHWEIZ (*ringen*) wrestle; *s. a.* **Rede**
III. *vr haben* ❶ (*sich schwungvoll bewegen*) ■**sich** *akk* **auf/in etw** *akk* ~ to jump [*or* leap] onto/into sth; **sich aufs Fahrrad** ~ to hop on one's bike; **sich auf den Thron** ~ (*fig*) to usurp the throne
❷ (*schwungvoll überspringen*) ■**sich** *akk* **über etw** *akk* ~ to jump [*or* leap] over sth; *Turner* to vault [sth]
❸ (*geh: sich ausgedehnt erstrecken*) ■**sich** ~ to stretch out; *s. a.* **Luft**
Schwinger <-s, -> *m* ❶ (*beim Boxen*) swinging blow, haymaker *sl*
❷ SCHWEIZ *s.* **Ringer**
Schwingkreis *m* oscillatory circuit **Schwingtür** *f* swing door
Schwingung <-, -en> *f* ❶ PHYS oscillation; **kontinuierliche** ~ continuous wave; **in** ~ **geraten** to begin to vibrate; [**etw**] **in** ~ **versetzen** to set [sth] swinging
❷ (*Regung*) stirring; **seelische ~en** inner stirrings
Schwingungsverlauf *m* PHYS waveform
Schwips <-es, -e> *m* (*fam*) tipsiness *no indef art, no pl*; **einen** ~ **haben/bekommen** to be/get tipsy
schwirren *vi sein* ❶ (*surren*) *Mücken, Bienen* to buzz; *Vogel* to whir[r]; *s. a.* **Kopf**
❷ (*sich verbreiten*) to buzz, to fly about, AM around
❸ (*fam: sich begeben*) ■**irgendwohin** ~ to whizz [*or* pop] [*or* BRIT nip] somewhere *fam*; ***sie kam ins Zimmer geschwirrt*** she popped into the room
Schwitzbad *nt* steam bath, sweating bath
Schwitze <-, -n> *f* KOCHK roux
schwitzen **I.** *vi* ❶ (*Schweiß absondern*) to sweat [*or form* perspire]
❷ (*Kondenswasser absondern*) to steam [*or* become steamed] up
❸ (*brüten*) to sweat over sth; ***er schwitzt noch immer über der schwierigen Rechenaufgabe*** he's still sweating over the difficult sums
II. *vr* **sich nass** ~ to get soaked with [*or* bathed in] sweat
III. *vt* KOCHK **Mehl in Butter** ~ to brown flour in hot butter
► WENDUNGEN: **Blut und Wasser** ~ to sweat blood
Schwitzen <-s> *nt kein pl* sweating *no indef art*, perspiring *no indef art esp form*; **ins** ~ **geraten** [*o* **kommen**] to start to sweat [*or form* perspire]
Schwitzfleck *m* sweat mark **Schwitzkasten** *m* (*Griff*) headlock ► WENDUNGEN: **jdn im** ~ **haben** to have sb in a headlock; **jdn in den** ~ **nehmen** to get sb in a headlock [*or* put a headlock on sb]
Schwitzwasser *nt kein pl* condensation *no pl*
Schwof <-[e]s, -e> *m* (*fam*) dance, bop BRIT *fam*, hop *dated fam*
schwofen *vi* (*fam*) ■[**mit jdm**] ~ to dance [*or* BRIT *fam* bop] [with sb]
schwoll *imp von* **schwellen**
schwor *pret von* **schwören**
schwören <schwor, geschworen> **I.** *vi* ❶ (*einen Eid leisten*) to swear; **auf die Verfassung** ~ to swear on the constitution
❷ (*fam: verfechten*) ■[**auf jdn/etw**] ~ to swear [by sb/on [*or* by] sth]; ***er schwört auf Vitamin C*** he swears by vitamin C
II. *vt* ❶ (*etw beeiden*) ■**etw** ~ to swear sth; ***ich könnte ~/ich hätte ~ können, dass ich das Fenster zugemacht habe/hatte*** I could have sworn [that] I closed the window
❷ (*fest versichern*) ■**jdm etw** ~ to swear sth to sb; ■**jdm ~, etw zu tun** to swear [to sb] to do sth
III. *vr* (*fam: sich vornehmen*) ■**sich** *dat* **etw geschworen haben** to have sworn sth [to oneself]
schwul *adj* (*fam*) gay *fam*, queer *pej sl*
schwül *adj* ❶ METEO sultry, close, muggy *fam*
❷ (*beklemmend*) *Stimmung, Atmosphäre* oppressive
❸ (*geh: betörend*) **~er Duft/~e Träume** sultry [*or* sensual] scent/dreams
Schwüle <-> *f kein pl* METEO sultriness, closeness, mugginess *fam*
Schwule(r) *m dekl wie adj* (*fam*) gay *fam*, queer *pej sl*, shirtlifter BRIT *pej sl*, faggot AM
Schwulenszene *f* gay scene *fam*
Schwulität <-, -en> *f meist pl* (*fam*) ❶ (*Schwierigkeiten*) difficulty, trouble *no pl*; **jd in ~en bringen** to get sb into trouble, to land sb in it BRIT *fam*; **in ~en geraten** [*o* **kommen**] to get into a fix *fam* [*or* trouble]
❷ *kein pl* DIAL (*Erregung*) fury
Schwulst <-[e]s> *m kein pl* (*pej*) [over-]ornateness, floridity, floridness
schwulstig *adj* ❶ (*geschwollen*) swollen, puffed up
❷ ÖSTERR (*schwülstig*) [over-]ornate, florid
schwülstig **I.** *adj* (*pej*) [over-]ornate, florid; **eine ~e Formulierung** bombastic [*or* pompous] wording; **eine ~e Redeweise/ein ~er Stil** a bombastic [*or* pompous] manner of speaking/style
II. *adv* (*pej*) bombastically, pompously
Schwund <-[e]s> *m kein pl* ❶ (*Rückgang*) decline, decrease; *Bestände, Vorräte* dwindling
❷ (*Gewichtsverringerung*) weight loss; (*Schrumpfung*) shrinkage
❸ MED *der Muskulatur* atrophy
❹ RADIO (*Fading*) fading
Schwung <-[e]s, Schwünge> *m* ❶ (*schwingende Bewegung*) swing[ing movement]; ~ **holen** to build up [*or* gain] momentum
❷ *kein pl* (*Antriebskraft*) drive, verve; **etw in** ~ **bringen** (*fam*) to knock [*or* whip] sth into shape; **in** ~ **kommen** (*fam*) to get going; [**richtig**] **in** ~ **sein** (*fam: in Fahrt*) to be in full swing; (*reibungslos funktionieren*) to be doing really well
❸ (*Linienführung*) sweep
❹ (*fam: größere Anzahl*) stack *fam*, pile *fam*, sackful; *Besucher, Gäste, Touristen* batch, bunch
Schwungfeder *f* ORN wing feather
schwunghaft **I.** *adj* flourishing, booming, thriving; **~er Handel** flourishing [*or* roaring] trade
II. *adv* **sich** ~ **entwickeln** to be booming
Schwungrad *nt* TECH flywheel **Schwungscheibe** *f* AUTO flywheel **schwungvoll** **I.** *adj* ❶ (*weit ausholend*) sweeping ❷ (*mitreißend*) lively; **eine ~e Ansprache/Rede** a passionate [*or* rousing] [*or* stirring] speech; **das ~e Spiel eines Orchesters** the invigorating playing of an orchestra; **~er Markt** ÖKON lively market **II.** *adv* lively
Schwur <-[e]s, Schwüre> *m* ❶ (*feierliches Versprechen*) vow
❷ (*Eid*) oath; **einen** ~ **leisten** to take [*or* make] a vow
Schwurgericht *nt* JUR *criminal court composed of three professional and two lay judges that deals with the most serious crimes*
Schwyz <-> ['ʃviːts] *nt* GEOG Schwyz
SciencefictionRR *f*, **Science-fiction** <-, -s> ['saɪəns'fɪkʃən] *f* LIT science fiction, sci-fi *fam*
SciencefictionfilmRR *m*, **Science-fiction-Film** ['saɪəns'fɪkʃən-] *m* science-fiction [*or fam* sci-fi] film **Sciencefictionroman**RR *m*, **Science-fiction-Roman** ['saɪəns'fɪkʃən-] *m* science-fiction [*or fam* sci-fi] novel
Scientologe, -login <-n, -n> [saɪən'tɔlɔːgə] *m, f* Scientologist
Scientology(-Kirche) <-> *f kein pl* [Church of] Scientology *no pl*
sc(il). *Abk von* **scilicet** sc.
Scooter <-s, -> ['skuːtɐ] *m* scooter
Scrapie-Erkrankung ['skreɪpiː-] *f* MED scrapie
Screenshot <-s, -s> *m* FILM (*fachspr*) screenshot
SCSI *nt* INFORM *Abk von* **small computer systems interface** SCSI
SCSI-Adapter *m* INFORM SCSI adapter **SCSI-Festplatte** *f* INFORM SCSI disk **SCSI-Hostadapter** ['skasɪ-] *m* INFORM SCSI host adapter **SCSI-Schnittstelle** *f* INFORM SCSI port **SCSI-Schnittstellenkarte** *f* INFORM SCSI interface board
Scylla <-> *f kein pl s.* **Szylla**
SDI <-> *Akr von* **Strategic Defense Initiative** SDI
SDR *m Abk von* **Süddeutscher Rundfunk** South German Radio
Seal <-s, -s> *m o nt* seal[skin]
Séance <-, -n> [se'ãːsə] *f* seance; **eine** ~ **abhalten** to hold [*or* conduct] a seance
sec *f Abk von* **Sekunde** sec
sechs *adj* six; *s. a.* **acht**[1]
Sechs <-, -en> *f* ❶ (*Zahl*) six
❷ KARTEN six; *s. a.* **Acht**[1] **4**
❸ (*auf Würfel*) **lauter ~en würfeln** to throw nothing but sixes
❹ (*Verkehrslinie*) ■**die** ~ the [number] six
❺ SCH (*schlechteste Zensur*) bottom [*or* lowest] mark [*or* AM grade]
❻ SCHWEIZ (*beste Zensur*) top [*or* highest] mark [*or* AM grade]
Sechseck *nt* hexagon **sechseckig** *adj* hexagonal **sechseinhalb** *adj* ❶ (*Bruchzahl*) six and a half ❷ (*fam: 6500 DM*) six and a half grand *sl*
Sechser <-s, -> *m* ❶ SCH (*fam: die Note Ungenügend*) unsatisfactory [mark [*or* AM grade]]
❷ (*6 Richtige*) six [winning] numbers
sechserlei *adj inv* six [different]; *s. a.* **achterlei**
Sechserpack *m* pack of six, six-pack AM
sechsfach, 6fach **I.** *adj* **die ~e Menge nehmen** to take six times the amount
II. *adv* six times, sixfold
Sechsfache, 6fache *nt dekl wie adj* **das** ~ **verdienen** to earn six times as much; *s. a.* **Achtfache**
sechshundert *adj* six hundred; *s. a.* **hundert**
sechshundertjährig *adj* six-hundred-year-old *attr*, [of] six hundred years *pred*; **das ~e Bestehen von etw feiern** to celebrate the sexcentenary *form* of sth **sechsjährig, 6-jährig**RR *adj* ❶ (*Alter*) six-year-old *attr*, six years old *pred*; *s. a.* **achtjährig 1** ❷ (*Zeitspanne*) six-year *attr*; *s. a.* **achtjährig 2** **Sechsjährige(r), 6-Jährige(r)**RR *f(m) dekl wie adj* six-year-old **Sechskantschlüssel** *m* BAU Allen wrench **Sechskantschraube** *f* BAU hexagonal bolt **sechsköpfig** *adj* six-person; *s. a.* **achtköpfig**
sechsmal, 6-malRR *adv* six times; *s. a.* **achtmal**
sechsmalig *adj* six times; *s. a.* **achtmalig** **sechsstellig** *adj* six-figure **sechsstöckig** *adj inv* six-storey [*or* AM -story] *attr*, with six storeys *pred* **sechsstündig, 6-stündig**RR *adj* six-hour *attr*; *s. a.* **achtstündig**
sechst *adv* ■**zu** ~ **sein** to be a party of six
Sechstagerennen *nt* six-day [cycling] race
sechstausend *adj* ❶ (*Zahl*) six thousand; *s. a.* **tausend**
❷ (*fam: 6000 DM*) six grand, six thou *sl*, six G's [*or* K's] + *sing/pl vb* AM *sl*
Sechstausender <-s, -> *m* a mountain over

6,000 metres [*or* AM meters]

sechste(r, s) *adj* ① *(nach dem fünften kommend)* sixth; *s. a.* **achte(r, s) 1**
② *(Datum)* sixth, 6th; *s. a.* **achte(r, s) 2, Sinn**

Sechste(r) *m dekl wie adj* ① *(Person)* sixth; *s. a.* **Achte(r) 1**
② *(bei Datumsangaben)* **der ~/am ~en** *(geschrieben:)*, **der 6./am 6.** the sixth/on the sixth; *(geschrieben:)* the 6th/on the 6th; *s. a.* **Achte(r) 2**
③ *(als Namenszusatz)* **Ludwig der ~** *(geschrieben:)*, **Ludwig VI.** Louis the Sixth; *(geschrieben:)* Louis VI

sechstel *adj* sixth

Sechstel <-s, -> *nt* sixth; *s. a.* **Achtel**

sechstens *adv* sixthly, in sixth place

Sechszylinder *m* AUTO ① *(Auto)* six-cylinder car
② *(Motor)* six-cylinder engine

sechzehn *adj* sixteen; *s. a.* **acht**[1]

sechzehnte(r, s) *adj* sixteenth; *s. a.* **achte(r, s)**

Sechzehntelnote *f* MUS semiquaver BRIT, sixteenth note AM

sechzig *adj* sixty

Sechzig <-, -en> *f* sixty

sechziger, 60er *adj attr, inv* **die ~ Jahre** the sixties [*or* 60s]; *s. a.* **achtziger**

Sechziger[1] <-s, -> *m* *(Wein)* a 1960 [*or* '60] vintage

Sechziger[2] *pl* ■ **die ~** the sixties [*or* 60s]; ■ **in den ~n sein** to be in one's sixties; *s. a.* **Achtziger**[3]

Sechziger(in) <-s, -> *m(f)* ① *(Mensch in den Sechzigern)* sexagenarian
② *s.* **Sechzigjährige(r)**

Sechzigerjahre *pl* ■ **die ~** the sixties [*or* 60s] *npl*

sechzigjährig, 60-jährig[RR] *adj attr* ① *(Alter)* sixty-year-old *attr,* sixty years old *pred*
② *(Zeitspanne)* sixty-year *attr* **Sechzigjährige(r), 60-Jährige(r)**[RR] *f(m) dekl wie adj* sixty-year-old

sechzigste(r, s) *adj* sixtieth; *s. a.* **achte(r, s)**

Secondhandartikel *m* second-hand item/goods *npl* **Secondhandkleidung** *f* second-hand clothes *npl* **Secondhandladen** ['sɛkəndhɛnd] *m* second-hand shop **Secondhandmarkt** *m* ÖKON second-hand market **Secondhandshop** *m* second-hand [clothes] shop

SED <-> [ɛsʔeː'deː] *f* HIST *Abk von* **Sozialistische Einheitspartei Deutschlands** *state party of the former GDR*

Sedativum <-s, -tiva> [-vʊm] *nt* PHARM sedative

sedezimal *adj* MATH hexadecimal

Sediment <-[e]s, -e> *nt* sediment

Sedimentgestein *nt* GEOL sedimentary rock

See[1] <-s, -n> *m* lake; **der ~ Genezareth** REL the Sea of Galilee [*or* Lake of Genesaret]; **der Genfer ~** Lake Geneva; **die Großen ~n** the Great Lakes; **ein künstlicher ~** an artificial lake

See[2] <-, -n> *f* ① GEOG *(Meer)* sea; **an der ~** at the seaside, by the sea, on the coast
② NAUT *(Meer)* sea; **auf ~** at sea; **auf hoher** [*o* **offener**] **~** on the high seas; **auf ~ bleiben** *(euph)* to die at sea; **in ~ gehen** [*o* **stechen**] to put to sea; **zur ~ fahren** to be a sailor [*or* [merchant] seaman]; **zur ~ gehen** to go to sea, to become a sailor
③ NAUT *(Seegang)* heavy sea, swell
④ NAUT *(Sturzwelle)* [high [*or* tall]] wave

Seeaal *m* KOCHK flake *no indef art* **Seeadler** *m* ORN sea eagle **Seeanemone** *f* ZOOL sea anemone **Seebad** *nt* TOURIST seaside [health] resort **Seebär** *m* ① *(hum fam: erfahrener Seemann)* sea dog, old salt ② ZOOL fur seal **Seebarsch** *m* ZOOL sea bass **Seebeben** *nt* GEOL seaquake, waterquake **Seebrasse** *f* ZOOL sea bream **Seeelefant**[RR] *m,* **See-Elefant** *m* ZOOL sea elephant, elephant seal **Seefahrer** *m* NAUT *(veraltend)* seafarer **Seefährschiff** *nt* seagoing ferryboat, train ferry **Seefahrt** *f* NAUT ① *kein pl (Schifffahrt)* sea travel, seafaring *no art;* **die christliche ~** *(hum)* seafaring *no art,* a life on the ocean waves ② *(veraltend) s.* **Seereise Seefahrt(s)buch** *nt* discharge book BRIT, seaman's passport AM **Seefahrt(s)schule** *f* naval college **seefest** *adj* ① *Ladung* secured for sea transport ② *Schiff* seaworthy ③ **~ sein** *Mensch* to have one's sea legs **Seefisch** *m* ① ZOOL saltwater fish, sea fish ② *kein pl* KOCHK *(Fleisch von Seefischen)* sea fish *no art,* saltwater fish *no art* **Seeflieger(in)** *m(f)* naval [*or* seaplane] pilot **Seeflughafen** *m* seadrome **Seeflugzeug** *nt* seaplane **Seeforelle** *f* lake [*or* BRIT grey] trout **Seefracht** *f* sea freight *no indef art* **Seefrachtbrief** *m* bill of lading **Seefrachtgeschäft** *nt* carriage by sea **Seefrachtrecht** *nt* HANDEL law of carriage by sea **Seefrachtversicherung** *f* cargo insurance **Seefrachtvertrag** *m* JUR maritime contract of affreightment **Seefrau** *f fem form von* **Seemann Seefunk** *m* marine radio **Seefunkdienst** *m* marine radio service **Seegang** *m kein pl* swell; **schwerer** [*o* **hoher**] [*o* **starker**] **~** heavy [*or* rough] seas [*or* swell] **Seegebiet** *nt* sea territory, territorial waters *pl* **Seegefahr** *f* sea [*or* maritime] risk **Seegefecht** *nt* MIL naval [*or* sea] battle **Seegerichtsbarkeit** *f kein pl* JUR maritime jurisdiction **seegestützt** *adj* sea-based **Seegras** *nt* BOT seagrass, eelgrass, grass wrack **Seegrenze** *f* sea frontier **seegrün** *adj inv* sea green **Seegurke** *f* ZOOL sea cucumber **Seegüterversicherung** *f* marine cargo insurance **Seehafen** *m* ① NAUT *(Gegenteil von Binnenhafen)* harbour [*or* AM -or], [sea]port ② GEOG *(Küstenstadt mit Hafen)* seaport **Seehaftpflichtversicherung** *f* FIN marine liability insurance **Seehandel** *m* sea [*or* maritime] trade **Seehandelsgesellschaft** *f* sea trading company **Seehandelsgüter** *pl* seaborne goods *npl* **Seehandelsrecht** *nt kein pl* merchant shipping law **Seehecht** *m* ZOOL hake **Seeherrschaft** *f kein pl* maritime [*or* naval] supremacy **Seehund** *m* ZOOL common seal **Seeigel** *m* ZOOL sea urchin, sea hedgehog, echinoid *spec* **Seekarte** *f* NAUT sea [*or* nautical] chart **Seekartensystem** *nt* NAUT series of sea charts; **elektronisches ~** electronic charts *pl* **Seekaskoversicherung** *f* FIN [marine] hull insurance **seeklar** *adj* NAUT ready to put to sea *pred,* ready to sail *pred;* **etw ~ machen** to prepare sth to put to sea [*or* to sail] **Seeklima** *nt* METEO maritime climate **Seekonnossement** *nt* HANDEL ocean bill of lading **seekrank** *adj* MED seasick **Seekrankheit** *f kein pl* MED seasickness **Seekrieg** *m* MIL naval warfare **Seekuh** *f* ZOOL sea cow, manatee, sirenian *spec* **Seekunde** *f* ① *(Schifffahrt)* navigation ② *(Wissenschaft)* nautical science ③ *(Lehrfach)* nautics + *sing vb* **Seelachs** *m* coalfish, saithe, coley

Seelchen <-s, -> *nt dim von* **Seele** *(pej)* dear soul

Seele <-, -n> *f* ① REL soul; **die armen ~n** the souls of the dead; **die ~ aushauchen** to breathe one's last
② PSYCH *(Psyche)* mind; **mit Leib und ~** wholeheartedly; **Schaden an seiner ~ nehmen** to lose one's moral integrity; **mit ganzer ~** heart and soul, with complete dedication; **aus tiefster** [*o* **innerster**] **~** *(zutiefst)* from the bottom of one's heart; *(aus jds Innerem)* from the heart; **eine kindliche ~ haben** to be a simple soul; **eine schwarze ~ haben** to be a bad lot; **jdm tut etw in der ~ weh** sth breaks sb's heart
③ *(Mensch)* soul; **eine durstige ~** *(fam)* a thirsty soul; **eine treue ~** a faithful soul; **ein Dorf mit 500 ~n** *(veraltend)* a village of 500 souls
④ *(an Waffen)* bore
⑤ *eines Seils* core; *eines Kabels* core
▶ WENDUNGEN: **ein Herz und eine ~ sein** to be inseparable; **sich** *dat* **die ~ aus dem Leibe brüllen** *(fam)* to shout [*or* scream] one's head off; **sich die ~ aus dem Leib husten** to cough one's guts up *sl;* **eine ~ von Mensch** [*o* **einem Menschen**] **sein** to be a good[-hearted] soul; **dann hat die liebe** [*o* **arme**] **~ Ruh** *(fam)* now sb has got what they want, perhaps we'll have some peace; **etw brennt jdm auf der ~** *(fam)* sb is dying to do sth; ***dieses Problem brennt mir schon lange auf der ~*** this problem's been on my mind for some time [now]; **es brennt jdm auf der ~, etw zu tun** sb can't wait to do sth; **jdm auf der ~ knien** to plead with sb to do sth; **die ~ einer S.** *gen* **sein** to be the heart and soul of sth; **etw liegt** [*o* **lastet**] **jdm auf der ~** sth is [weighing] on sb's mind; **sich** *dat* **etw von der ~ reden** to get sth off one's chest; **jdm aus der ~ sprechen** *(fam)* to say exactly what sb is thinking; ***du sprichst mir aus der ~!*** I couldn't have put it better myself!; **meiner Seel!** *(veraltet)* upon my sword *old; s. a.* **Teufel**

Seelenfriede(n) *m (geh)* peace of mind **Seelengröße** *f (geh)* magnanimity **seelengut** *adj inv* kind-hearted **Seelenheil** *nt* REL ■ **jds ~** the salvation of sb's soul [*or* spiritual welfare] **Seelenlage** *f* state [*or* frame] of mind **Seelenleben** *nt kein pl (geh)* inner [*or* spiritual] life **Seelenmassage** *f (fam)* gentle persuasion, comforting words *pl* **Seelenqual** *f meist pl (geh)* mental anguish [*or* torment] *no pl* **Seelenruhe** *f* **in aller ~** as cool as you please [*or* calm as you like] **seelenruhig** *adv inv* calmly **Seelenverkäufer** *m* ① NAUT coffin ship, floating death trap ② *(skrupelloser Mensch)* the kind of person who would sell his own granny *(unscrupulous, avaricious and exploitative person)* **seelenverwandt** *adj* kindred; **~e Menschen** [people who are] kindred spirits; ■ **~ sein** to be kindred spirits **Seelenwanderung** *f* REL transmigration of souls, metempsychosis

Seeleute *pl von* **Seemann**

seelisch I. *adj* psychological; **~e Belastungen/Nöte** emotional stress/trouble; **~e Erschütterung/Qual** emotional upset/mental ordeal; **~es Gleichgewicht** mental balance; **das ~e Gleichgewicht verlieren** to lose one's mental balance; *s. a.* **Grausamkeit**
II. *adv* **~ bedingt sein** to have psychological causes

Seelöwe, -löwin <-n, -n> *m, f* sea lion

Seelsorge *f kein pl* REL spiritual welfare

Seelsorger(in) <-s, -> *m(f)* REL pastor

seelsorgerisch I. *adj* REL pastoral
II. *adv* REL **~ tätig sein** to carry out pastoral duties

Seeluft *f kein pl* sea air **Seemacht** *f* POL naval [*or* sea] [*or* maritime] power **Seemakler(in)** *m(f)* HANDEL shipbroker **Seemann** <-leute> *m* sailor, seaman **seemännisch** *adj* nautical; **~e Tradition** seafaring tradition

Seemannsausdruck <-ausdrücke> *m* nautical term **Seemannsbar** *f* sailors' pub [*or* AM bar] **Seemannschaft** *f* seamanship **Seemannsgarn** *nt kein pl (fam)* sailor's yarn *fam;* **~ spinnen** *(fig)* to spin a [sailor's] yarn *fig* **Seemannslied** *nt* [sea] shanty **Seemannssprache** *f* nautical jargon, sailor's slang

seemäßig I. *adj inv* seaworthy, seaproof; **~e Verpackung** cargopack
II. *adv* seaworthy, seaproof; **~ verpackt** seaworthy-packed, packed seaworthy

Seemeile *f* nautical [*or* sea] mile **Seemine** *f* [sea] mine **Seenadel** *f* ZOOL pipefish

Seengebiet *nt* lake district

Seenot *f kein pl* distress [at sea] *no pl;* **in ~ sein, sich in ~ befinden** to be in distress [at sea]; **in ~ geraten** to get into difficulties

Seenotrettungsdienst *m* sea rescue service, coast guard AM **Seenotrettungsflugzeug** *nt* sea rescue aircraft **Seenotrettungskreuzer** *m* lifeboat **Seenotruf** *m* nautical distress signal [*or* call] **Seenotwelle** *f* distress frequency [*or* wave] **Seenotzeichen** *nt* distress signal

Seenplatte *f* GEOG *larger lowland plain comprising several lakes;* **die Mecklenburgische ~** the Mecklenburg Lakes

Seepassagevertrag *m* ÖKON sea passage contract **Seepfandrecht** *nt* maritime lien **Seepferd(chen)** *nt* sea horse **Seequappe** *f* rockling **Seeraub** *m* piracy **Seeräuber(in)** *m(f)* pirate **Seeräuberei** *f kein pl* piracy **Seeräuberin** *f fem form von* **Seeräuber Seeräuberschiff** *nt* pirate ship **Seeräuberspelunke** *f* pirates' den **Seeräubertum** *nt* piracy **Seerecht** *nt kein pl* JUR maritime law, law of the seas **seerechtlich** *adj inv, attr* under maritime law **Seereederei** *f* HANDEL ① *(Firma)* shipping company ② *(Handel)* shipping business [*or* trade] **Seereise** *f* voyage; *(Kreuzfahrt)* cruise **Seereisende(r)** *f(m) dekl wie adj* sea

S

voyager **Seerose** *f* ❶ BOT water lily ❷ ZOOL sea anemone **Seeroute** *f* sea route **Seesack** *m* sailor's kitbag, seabag AM **Seeschaden** *m* JUR average **Seeschadenberechnung** *f* adjustment of average **Seeschiff** *nt* seagoing vessel, sea boat **Seeschifffahrt**RR *f kein pl* maritime [*or* ocean] shipping **Seeschlacht** *f* sea battle **Seeschlange** *f* sea snake **Seeschlepper** *m* seagoing tug **Seeschleuse** *f* sea lock **Seeschwalbe** *f* ORN tern **Seespediteur** *m* HANDEL ocean carrier **Seestadt** *f* ❶ (*Stadt am Meer*) seaside town ❷ (*Seehafen*) seaport **Seestern** *m* starfish **Seestraße** *f* sea lane **Seestraßenordnung** *f* international regulations for preventing collisions at sea **Seestreitkräfte** *pl* naval forces *pl* **Seetang** *m* seaweed **Seetestament** *nt* JUR nuncupative will in distress at sea **Seeteufel** *m* ZOOL monkfish, anglerfish **Seetransport** *m* sea transport, shipment [*or* carriage] by sea **Seetransportgeschäft** *nt* HANDEL shipping business [*or* trade], marine transport **Seetransportversicherung** *f* JUR marine insurance **seetüchtig** *adj* seaworthy **Seetüchtigkeit** *f kein pl* seaworthiness **Seeufer** *nt* lakeside, shore of a lake

See- und Landtransport *m* sea and land carriage, carriage by land and sea

Seeunfall *m* sea accident, accident at sea **seeuntüchtig** *adj inv* unseaworthy **Seeuntüchtigkeit** *f kein pl* unseaworthiness **Seeverbindung** *f* HANDEL sea route, shipping line **Seeverkehr** *f kein pl* HANDEL ocean traffic **seeverpackt** *adj inv* HANDEL packed for ocean shipment *pred* **Seeverpackung** *f* HANDEL seaworthy packaging **Seeversicherer** *m* marine [*or* AM ocean] insurer **Seeversicherung** *f* marine [*or* AM ocean] insurance **Seeversicherungsgesellschaft** *f* marine [*or* AM ocean] insurance company **Seeversicherungspolice** *f* marine [*or* AM ocean] insurance policy **Seevogel** *m* seabird **Seevolk** *nt* maritime nation, seafaring people **Seevölkerrecht** *nt* JUR law of the sea **Seewarte** *f* naval [*or* marine] observatory

seewärts *adv* seaward[s], towards the sea; ***der Wind weht*** ~ the wind is blowing out to sea

Seewasser *nt* sea water, salt water **Seeweg** *m* sea route; **auf dem** ~ by sea **Seewetterbericht** *m* shipping forecast **Seewetterdienst** *m* marine weather service **Seewind** *m* onshore wind **Seewolf** *m* ZOOL wolf fish **Seezeichen** *nt* navigational sign **Seezollgrenze** *f* maritime customs border **Seezollhafen** *m* port of entry, *within customs territory* **Seezunge** *f* sole

Segel <-s, -> *nt* NAUT sail; **mit vollen ~n** (*a. fig*) under full sail, full speed ahead *a. fig*; **die ~ hissen** to hoist the sails; **[die] ~ setzen [*o* aufziehen]** to set sail [*or* the sails]; **die ~ reffen [*o* streichen]** to lower [*or* reef] the sails; **unter ~** under sail; ***das Schiff verließ unter ~ den Hafen*** the ship sailed out of the harbour

▸ WENDUNGEN: **[vor jdm/etw] die ~ streichen** (*geh*) to give in [to sb], to throw in the towel

Segelanweisung *f* sailing directions *pl* [*or* instruction] **Segelboot** *nt* sailing boat, sailboat AM **Segelfahrt** *f* sailing voyage [*or* trip], sail **segelfliegen** *vi nur infin* to glide; ~ **lernen** to learn to fly a glider **Segelfliegen** *nt* gliding **Segelflieger(in)** *m(f)* glider pilot **Segelfliegerei** *f* gliding, glider flying **Segelfliegerschein** *m* glider pilot's licence [*or* AM -se] **Segelflug** *m* ❶ (*Flug mit einem Segelflugzeug*) glider flight ❷ *kein pl s.* Segelfliegen **Segelflugdauerrekord** *m* endurance record for sailplanes **Segelflugplatz** *m* gliding field **Segelflugsport** *m* gliding **Segelflugzeug** *nt* glider **Segeljacht** *f* [sailing] yacht **Segelkarte** *f* sailing [*or* track] chart **segelklar** *adj inv* ready to sail **Segelklub** *m* yacht[ing] [*or* sailing] club **Segelkurs** *m* sailing course **Segelmacher(in)** <-s, -> *m(f)* sailmaker

segeln I. *vt sein o haben* ■**etw ~** to sail sth; **eine Regatta ~** to sail in a regatta; **eine Wende ~** to go about **II.** *vi* ❶ *sein* (*mit einem Segelschiff fahren*) ■**[irgendwo/irgendwohin] ~** to sail [somewhere]; ~ **gehen** to go sailing

❷ *sein* (*fliegen*) ■**[durch etw] ~** to sail [through sth]; **durch die Luft ~** to sail through the air

❸ *sein* (*fig fam: durchfallen*) ■**durch etw ~** to fail sth, to flop in sth

❹ (*fam: fallen*) **auf den Boden ~** to fall to the ground

▸ WENDUNGEN: **von der Schule ~** to be thrown out of school

Segeln <-s> *nt kein pl* sailing; **zum ~ gehen** to go sailing

Segelohren *pl* (*pej fam*) mug [*or* trophy] ears *fam* **Segelregatta** *f* sailing [*or* yachting] regatta **Segelschiff** *nt* sailing ship **Segelschifffahrt**RR, **Segelschiffahrt** *f* sail navigation **Segelschule** *f* sailing school **Segelschulschiff** *nt* training sailing boat **Segelsport** *m* sailing *no art* **Segeltörn** *m* yacht cruise **Segeltour** *f* sailing [*or* yacht] cruise **Segeltuch** *nt* sailcloth, canvas **Segeltuchplane** *f* canvas **Segelyacht** *f s.* **Segeljacht**

Segen <-s, -> *m* ❶ *kein pl* REL (*religiöser Glückwunsch*) blessing; **jdm den ~ erteilen [*o* spenden]** to give sb a blessing, to bless sb; **den ~ sprechen** to say the benediction; (*Beistand*) blessing

❷ (*fam: Zustimmung*) blessing; **seinen ~ [zu etw] geben** to give one's blessing [to sth]; **jds ~ haben** to have sb's blessing; **mit jds ~** with sb's blessing

❸ (*Wohltat*) blessing, godsend; **ein ~ für die Menschheit** a benefit for mankind; **ein wahrer ~ sein** to be a real godsend

❹ (*Menge, Fülle*) yield; **der ganze ~** (*iron fam*) the whole lot *fam*

▸ WENDUNGEN: **sich regen bringt ~** (*prov*) hard work brings its own reward

segensreich *adj* (*geh*) beneficial; *Erfindung, Entdeckung* heaven-sent, blessed; *Tätigkeit, Wirken, Schaffen* worthwhile; (*materiellen Gewinn bringend*) prosperous

Segge <-, -n> *f* BOT sedge

Segler(in) <-s, -> *m(f)* yachtsman/yachtswoman

Segler <-s, -> *m* ❶ (*Segelboot*) sailing boat, sailboat AM

❷ (*Segelflugzeug*) glider

❸ (*geh: segelnder Vogel*) gliding bird; ~ **der Lüfte** bird sailing on currents of air

❹ ZOOL swift

Segment <-[e]s, -e> *nt* ❶ (*geh: Teilstück*) segment

❷ MATH, MED, ZOOL segment

Segmentierung <-, -en> *f* ZOOL segmentation

segnen *vt* ❶ REL (*mit einem Segen bedenken*) ■**jdn/etw ~** to bless sb/sth; **mit ~der Gebärde** in blessing; **segnend die Hände heben** to raise one's hands in blessing; *s. a.* **Gott**

❷ (*geh: reich bedenken, beglücken*) ■**jdn [mit etw] ~** to bless sb [with sth]; ■**[mit etw] gesegnet sein** to be blessed with sth; **ein gesegnetes Alter erreichen** to reach a venerable age; **einen gesegneten Appetit haben** to have a healthy appetite; **einen gesegneten Schlaf haben** (*fam*) to sleep like a log

❸ (*veraltend: preisen*) ■**etw ~** to bless sth

Segnung <-, -en> *f* ❶ REL (*das Segnen*) blessing

❷ *meist pl* (*Vorzüge, segensreiche Wirkung*) benefits, advantages; **die ~en der modernen Forschung** the benefits [*or* advantages] of modern research

Segregation <-, -en> *f* ❶ BIOL segregation

❷ (*Trennung*) segregation

sehbehindert *adj* (*geh*) visually impaired, partially sighted

Sehbehinderte(r) *f(m)* *dekl wie adj* partially sighted [*or* visually handicapped [*or* impaired]] person

sehen <sah, gesehen>

I. TRANSITIVES VERB II. INTRANSITIVES VERB III. REFLEXIVES VERB

I. TRANSITIVES VERB

❶ (*erblicken, bemerken*) ■**jdn/etw ~** to see sb/sth; ***man darf dich bei mir nicht*** ~ you can't be seen with me; **etw nicht gerne ~** to not like sth; **es nicht gern ~, dass [*o* wenn] ...** to not like it when ...; ***man sieht es nicht gern, wenn Frauen sich betrinken*** it is frowned upon if women get drunk; **jdn/etw zu ~ bekommen** to get to see sb/sth; ***hat man so was schon ge~!*** did you ever see [*or* have you ever seen] anything like it!; **gut/schlecht zu ~ sein** to be well/badly visible; **etw kommen ~** to see sth coming; ***ich sehe es schon kommen, dass wir wieder die Letzten sein werden*** I can see it coming that we are going to be last again; **jdn/etw nicht mehr ~ können** (*fam*) to not be able to stand [*or* bear] the sight of sb/sth; ***ich kann kein Blut ~*** I can't stand the sight of blood; ***ich kann nicht ~, wie schlecht du sie behandelst*** I can't bear to see how badly you treat her; **sich ~ lassen können** to be something to be proud of; ***diese Leistung kann sich wirklich ~ lassen*** you can be proud of what you've achieved; ***in diesem Kostüm kannst du dich wirklich ~ lassen*** you look terrific in that suit; ***mit dieser Frisur kannst du dich nicht ~ lassen!*** you can't go around with your hair like that!; **sich [bei jdm] ~ lassen** (*fam*) to show one's face [at sb's house] *fam*; ***ich möchte den ~, der in der Lage ist, diese Leistung zu überbieten*** (*fam*) I'd like to see someone do better; ***das muss man ge~ haben*** one has to see it to believe it; ***das wollen wir [doch] erst mal ~!*** (*fam*) [well,] we'll see about that!; **so ge~** from that point of view, looking at it that way; ***da sieht man es mal wieder!*** (*fam*) it's the same old story, that's just typical! *fam*

❷ (*ansehen*) ■**etw ~** to see sth; **eine Fernsehsendung ~** to watch a television programme; ***hast du gestern Abend die Übertragung des Spiels ge~?*** did you watch [*or* see] the game last night?; ***ich hätte Lust, ein Ballett zu ~*** I quite fancy going to see a ballet; ***es gibt hier nichts zu ~*** there's nothing to see here

❸ (*treffen*) ■**jdn ~** to see sb; ***wann sehe ich dich das nächste Mal?*** when will I see you again?; ■**sich [*o* einander] ~** to see each other

❹ (*einschätzen*) ■**etw [irgendwie] ~** to see sth [somehow]; ***ich sehe die Aussichten wenig rosig*** the prospects look less than rosy to me; **ich sehe das so: ...** the way I see it, ...; ***ich sehe mich in dieser Angelegenheit als unparteiische Vermittlerin*** I consider myself a neutral intermediary in this situation; ■**jdn [in jdm] ~** to see sb [in sb]; ***sie sieht in jeder Frau gleich die Rivalin*** she sees every woman as a rival

II. INTRANSITIVES VERB

❶ (*ansehen*) to look; ***lass mal ~*** let me see [*or* have a look]

❷ (*Sehvermögen haben*) to see; **gut/schlecht ~** to be/not be able to see very well, to have good/bad eyesight; ***mit der neuen Brille sehe ich viel besser*** I can see much better with my new glasses; ***er sieht nur noch auf einem Auge*** he can only see out of one eye

❸ (*blicken*) to look; **durch die Brille ~** to look through one's glasses; **aus dem Fenster ~** to look out of the window; **auf das Meer ~** to look at the sea; ***sieh doch nur, die schönen Blumen*** (*fam*) look at the pretty flowers; ***ich sehe sehr positiv in die Zukunft*** I'm very optimistic about the future; **auf die [*o* nach der] Uhr ~** to look at one's watch

❹ (*feststellen, [be]merken*) to see; ~ **Sie [wohl]!, siehste!** (*fam*) you see!; ***sie wird schon ~, was sie davon hat*** (*fam*) she'll soon get her just desserts; ***na siehst du, war doch nicht schlimm*** (*fam*) see, it wasn't that bad; ***ich sehe sehr wohl, was hier los ist*** I can see very well what is happening here

❺ (*sich kümmern um*) ■**nach jdm ~** to go [*or* come] and see sb; ■**nach etw ~** to check on sth; **nach dem Essen ~** to check [on] the meal; **nach der Post ~** to see if there is any post; ***ich werde***

~, was ich für Sie tun kann I'll see what I can do for you; (*nachsehen*) to see; ***ich werde ~, wer da klopft*** I'll see who is at the door; (*abwarten*) to wait and see; **mal ~!** (*fam*) wait and see!; ***wir müssen ~, was die Zukunft bringt*** we'll have to wait and see what the future holds

⑥ DIAL (*achten*) ■**auf etw/jdn** ~ to pay attention to sth/sb; **auf den Preis** ~ to pay attention to the price; **auf Sauberkeit** ~ to check sth is clean; ***könntest du bitte auf die Kinder*** ~ could you please keep an eye on the children; ***du solltest mehr auf dich selbst*** ~ you should think more about yourself; ***wir müssen darauf ~, dass wir nicht gegen das Gesetz verstoßen*** we'll have to watch out that we don't break the law; (*dafür sorgen*) to look after; ***jeder muss ~, wo er bleibt*** every man for himself; ***heutzutage muss man ~, wo man bleibt*** (*fam*) nowadays you've got to make the most of your chances; ***sieh, dass du schnell fertig wirst*** make sure [*or* see to it that] you're finished quickly

⑦ (*geh: herausragen*) ■**etw sieht aus etw** *dat* sth sticks out of sth; ***eine Weinflasche sah aus ihrer Einkaufstasche*** a wine bottle was sticking out of her shopping bag

III. REFLEXIVES VERB

① **sich** [**irgendwo**] ~ **lassen** to show up [somewhere]

② (*beurteilen, einschätzen*) ■**sich** ~ to consider oneself; **sich betrogen/enttäuscht/verlassen** ~ to consider oneself cheated/disappointed/deserted; (*sich fühlen*) to feel; **sich veranlasst ~, etw zu tun** to feel it necessary to do sth; **sich gezwungen** [*o* **genötigt**] **~, etw zu tun** to feel compelled to do sth

Sehen <-s> *nt kein pl* seeing; **jdn nur vom ~ kennen** to only know sb by sight

sehenswert *adj* worth seeing; **eine wirklich ~e Ausstellung** an exhibition well worth seeing

sehenswürdig *adj s.* **sehenswert**

Sehenswürdigkeit <-, -en> *f* sight; **~en besichtigen** to do [*or* see] the sights

Seher(in) <-s, -> *m(f)* (*veraltend*) seer, prophet

Seherblick *m kein pl* prophetic eye, visionary powers *pl*

Seherin <-, -nen> *f fem form von* **Seher**

seherisch *adj attr* prophetic

Sehfarbstoff *m* BIOL retinol **Sehfehler** *m* visual defect **Sehfeld** *nt* BIOL, MED field of vision, visual field **Sehkraft** *f kein pl* [eye]sight **Sehleistung** *f* eyesight

Sehne <-, -n> *f* ① ANAT tendon, sinew

② (*Bogensehne*) string

③ MATH chord

sehnen *vr* ■**sich nach jdm/etw** ~ to long for sb/sth

Sehnen <-s> *nt kein pl* (*geh*) longing, yearning

Sehnenriss[RR] *m* torn tendon **Sehnenscheide** *f* ANAT tendon sheath **Sehnenscheidenentzündung** *f* MED tendovaginitis *spec*, inflammation of a/the tendon's sheath **Sehnenzerrung** *f* pulled tendon

Sehnerv *m* optic nerve

sehnig *adj* ① KOCHK sinewy, stringy

② (*drahtig, ohne überflüssiges Fett*) sinewy, stringy; **~e Beine** wiry legs

sehnlich *adj* ardent, eager; **in ~er Erwartung** in eager expectation; **etw ~** [**herbei**]**wünschen** to long for sth [to happen]

sehnlichst *adj Wunsch* dearest, keenest, most ardent

Sehnsucht <-, -süchte> *f* longing, yearning; **~ nach Liebe** yearning to be loved; **~** [**nach jdm/etw**] **haben** to have a longing [*or* yearning] [for sb/sth]; **vor ~** with longing; ***du wirst schon mit ~ erwartet*** (*fam*) they are longing [*or* can't wait] to see you

sehnsüchtig *adj attr* longing, yearning; **ein ~er Blick** a wistful gaze [*or* look]; **~e Erwartung** eager expectation; **~es Verlangen** ardent longing; **ein ~er Wunsch** an ardent wish

sehnsuchtsvoll *adj* (*geh*) *s.* **sehnsüchtig**

sehr <[noch] mehr, am meisten> *adv* ① *vor vb* (*in hohem Maße*) very much, a lot; **danke ~!** thanks a lot; ***bitte ~, bedienen Sie sich*** go ahead and help yourself; ***das will ich doch ~ hoffen*** I very much hope so; ***das freut/ärgert mich*** [***aber***] ~ I'm very pleased/annoyed about that

② *vor adj, adv* (*besonders*) very; **jdm ~ dankbar sein** to be very grateful to sb; ***das ist aber ~ schade*** that's a real shame; *s. a.* **nicht, so, wie, zu**

Sehschärfe *f* visual acuity

Sehschärfeprüfung *f* AUTO eye test **Sehstörung** *f* visual [*or* sight] defect **Sehtest** *m* eye test **Sehtraining** *nt* eye exercises **Sehvermögen** *nt kein pl* strength of vision, sight **Sehweise** *f* way of seeing things **Sehzelle** *f* BIOL photoreceptor

sei *imper, 1. und 3. pers sing Konjunktiv von* **sein**

seicht *adj* ① (*flach*) shallow; **~es Gewässer** shallow stretch of water

② (*pej: oberflächlich, banal*) shallow, superficial

seid *2. pers. pl pres von* **sein**

Seide <-, -n> *f* silk

Seidel <-s, -> *nt* ① (*Bierkrug*) beer mug

② (*veraltet: Flüssigkeitsmaß*) half-litre [*or* AM -er]

Seidelbast *m* BOT daphne

seiden *adj attr* silk; **~e Bettwäsche** silk sheets; **~ glänzen** to gleam silkily

Seidenglanz *m* silky sheen **Seidenpapier** *nt* tissue paper **Seidenprotein** *nt* silk protein **Seidenraupe** *f* silkworm **Seidenraupenzucht** *f* sericulture **Seidenreiher** *m* ORN egret **Seidenschwanz** *m* ORN waxbill **Seidenspinner** *m* silk moth **Seidenstraße** *f* HIST Silk Road **Seidenstrumpf** *m* MODE (*veraltend*) silk stocking **Seidentuch** *nt* silk scarf **Seidenwaren** *pl* silk goods [*or* wares] *npl* **seidenweich** *adj* silky soft; ■**~ sein** to be soft as silk

seidig *adj* silky

Seife <-, -n> *f* soap

seifen *vt* DIAL to soap; ■**jdm etw** ~ to soap sb's sth; **jdm die Haare/den Kopf** ~ to shampoo sb's hair

Seifenblase *f* soap bubble; **~n machen** to blow [soap] bubbles; **wie eine ~ zerplatzen** to burst like a bubble **Seifenfabrik** *f* soap factory **Seifenlauge** *f* soapy water, soapsuds *npl* **Seifenoper** *f* TV (*sl*) soap opera **Seifenpulver** *nt* soap powder **Seifenschale** *f* soap dish **Seifenschaum** *m* [soapy] lather **Seifenspender** *m* soap dispenser **Seifenwasser** *nt kein pl* soapy water *no pl*, suds *npl*

seifig *adj* soapy; **ein ~er Geschmack** a soapy taste

seihen *vt* ■**etw** ~ to strain [*or* sieve] sth

Seiher <-s, -> *m bes* SÜDD, ÖSTERR strainer, colander

Seihlöffel *m* disk skimmer

Seil <-[e]s, -e> *nt* ① (*dünnes Tau*) rope; **in den ~en hängen** (*a. fig*) to be on the ropes, to be shattered *fig*

② (*Drahtseil*) cable; **auf dem ~ tanzen** to dance on the high wire

Seilakrobat(in) *m(f)* tightrope acrobat **Seilbahn** *f* ① TRANSP cable railway, funicular ② (*Drahtseilbahn*) cable car **Seilbrücke** *f* rope bridge

Seiler(in) <-s, -> *m(f)* rope-maker

Seilerwaren *pl* rope goods *npl*

Seilfähre *f* rope [*or* cable] ferry **seil|hüpfen** *vi nur infin und pp sein s.* **seilspringen**

Seilschaft <-, -en> *f* ① (*Gruppe von Bergsteigern*) roped party

② ([*in der Politik*] *zusammenarbeitende Gruppe*) working party

Seilschwebebahn *f* cable railway **seil|springen** *vi irreg, nur infin und pp sein* to skip [rope] **Seilspringen** *nt* [rope-]skipping **Seiltanz** *m* (*akrobatischer Akt*) tightrope act ▶ WENDUNGEN: [**wahre**] **Seiltänze vollführen** (*fam*) to bend over backwards **Seiltänzer(in)** *m(f) s.* **Seilakrobat** **Seilwinde** *f* winch **Seilzug** *m* cable

Seimhonig *m* pressed honey

sein[1] <bin, bist, ist, sind, seid, war, gewesen>

I. INTRANSITIVES VERB
II. UNPERSÖNLICHES INTRANSITIVES VERB
III. AUXILIARVERB

I. INTRANSITIVES VERB

sein ① (*existieren*) to be; **nicht mehr** ~ (*fam*) to be no more, to no longer be with us; ***wenn du nicht gewesen wärest, wäre ich jetzt tot*** if it hadn't been for you I'd be dead now; ***es ist schon immer so gewesen*** it's always been this way; ***was nicht ist, kann noch werden*** there's still hope; ***es kann nicht ~, was nicht ~ darf*** some things just aren't meant to be

② (*sich befinden*) ■[**irgendwo**] ~ to be [somewhere]; ***ich bin wieder da*** I'm back again; ***ist da jemand?*** is somebody there?

③ (*stimmen, zutreffen*) ■**irgendwie** ~ to be somehow; **dem ist so** that's right; **dem ist nicht so** it isn't so, that's not the case; ***es ist so, wie ich sage*** it's like I say

④ (*sich* [*so*] *verhalten, Eigenschaft haben*) **böse/lieb/dumm/klug etc.** ~ to be angry/nice/stupid/clever etc.; ***sie ist kleiner als er*** she is smaller than him; ***es ist bitter kalt*** it's bitter cold; **freundlich/gemein/lieb zu jdm** ~ to be friendly/mean/kind to sb; **jdm zu dumm/gewöhnlich/primitiv** ~ to be too stupid/common/primitive for sb [to bear]; **was ist mit jdm?** what is the matter with sb?, what's up with sb? *fam;* ***er war so freundlich und hat das überprüft*** he was kind enough to check it out; ***sei so lieb und störe mich bitte nicht*** I would be grateful if you didn't disturb me

⑤ (*darstellen*) ■**etw** ~ to be sth; **wer immer sie auch ~ möge** whoever she might be; ***und der/die/das wäre/wären?*** namely?; ***es ist nicht mehr das, was es einmal war*** it isn't what it used to be; ***ich will ja nicht so*** ~ I won't be a spoilsport

⑥ (*in eine Klassifizierung eingeordnet*) ■**jd** ~ to be sb; ***sie ist Geschäftsführerin*** she is a company director; **etw** [**beruflich**] ~ to do sth [for a living]; **ein Kind** ~ to be a child; **der Schuldige** ~ to be guilty [*or* the guilty party]; **wer** ~ (*fam*) to be somebody; ***wir sind wieder wer*** aren't we important? *iron;* **nichts** ~ to be nothing [*or* a nobody]; ***ohne Geld bist du nichts*** without money you are nothing; **Deutscher/Däne/Franzose** ~ to be German/Danish/French; **aus gutem Hause** ~ to come from a good family; ***sie ist aus Rumänien*** she is [*or* comes] from Romania

⑦ (*gehören*) ***das Buch ist meins*** the book is mine; ***er ist mein Cousin*** he is my cousin

⑧ (*zum Resultat haben*) to be sth; ***zwei mal zwei ist*** [*o* ***sind***] ***vier*** two times two is four

⑨ (*sich ereignen*) to be, to take place; ***die Party war gestern*** the party was [*or* took place] yesterday; **ist etwas?** what's up?, what's the matter?; **was ist** [**denn schon wieder**]? what is it [now]?; **ist was** [**mit mir**]? (*fam*) is there something the matter [with me]?, have I done something?; **was war?** what was that about?; **ist was?** what is it?; **war was?** (*fam*) did anything [*or* something] happen?

⑩ (*etw betreiben*) ***wir waren schwimmen*** we were swimming

⑪ (*hergestellt ~*) ■**aus etw** ~ to be [made of] sth; ***das Hemd ist aus reiner Seide*** the shirt is [made of] pure silk

⑫ + *comp* (*gefallen*) **etw wäre jdm lieber/angenehmer** [**gewesen**] sb would prefer [*or* have preferred] sth; ***ein Eis wäre mir lieber gewesen als Schokolade*** I would have preferred an ice cream to chocolate

⑬ (*sich fühlen*) **jdm ist heiß/kalt** sb is hot/cold; **jdm ist komisch zumute/übel** sb feels funny/sick

⑭ (*Lust haben auf*) ***mir ist jetzt nicht danach*** I don't feel like it right now; ***mir ist jetzt nach einem Eis*** I feel like having an ice cream

⑮ (*vorkommen*) ***mir ist, als habe ich Stimmen gehört*** I thought I heard voices; ***ihm ist, als träu-***

S

me er he thinks he must be dreaming

⓰ *meist mit modalem Hilfsverb* [*passieren*] **etw kann/darf/muss ~** sth can/might/must be; **sei's drum** (*fam*) so be it; ***das darf doch nicht wahr ~!*** that can't be true!; **kann es ~, dass ...?** could it be that ...?, is it possible that ...?; **etw ~ lassen** (*fam*) to stop [doing sth]; ***lass das ~!*** stop it!; ***ich lasse es besser ~*** perhaps I'd better stop that; ***muss das ~?*** do you have to?; ***es braucht nicht sofort zu ~*** it needn't be done straight away; ***das kann doch nicht ~, dass er das getan hat!*** he can't possibly have done that!; ***es hat nicht ~ sollen*** it wasn't [meant] to be; ***was ~ muss, muss ~*** (*fam*) what will be will be, that's the way the cookie crumbles *fig*

⓱ *mit infin + zu* [*werden können*] to be; ***sie ist nicht zu sehen*** she cannot be seen; ***mit bloßem Auge ist er nicht auszumachen*** you cannot see him with the naked eye; ***sie ist nicht ausfindig zu machen*** she cannot be found; ***etw ist zu schaffen*** sth can be done; ***die Schmerzen sind kaum zu ertragen*** the pain is almost unbearable

⓲ *mit infin + zu* [*werden müssen*] **es ist zu bestrafen/zu belohnen/zu überprüfen** it should be punished/rewarded/checked out; **etw ist zu erledigen/auszuführen/zu befolgen** sth must [*or* is to] be done/carried out/followed; *s. a.* **mehr, nicht, wie, wollen**

II. UNPERSÖNLICHES INTRANSITIVES VERB

❶ [*bei Zeitangaben*] **es ist Januar/Frühling/hell/Nacht** it is January/spring/daylight/night; ***es ist jetzt 9 Uhr*** the time is now 9 o'clock, it is now 9 o'clock

❷ [*sich ereignen*] **mit etw ist es nichts** (*fam*) sth comes to nothing; ***war wohl nichts mit eurer Ehe*** your marriage didn't come to anything, did it

❸ [*das Klima betreffend*] **jdm ist es zu kalt/feucht** sb is too cold/wet

❹ [*mit Adjektiv*] **jdm ist es peinlich/heiß/kalt** sb is embarrassed/hot/cold; **jdm ist es übel** sb feels sick

❺ [*tun müssen*] ■**es ist an jdm, etw zu tun** it is for [*or* up to] sb to do sth; ***es ist an dir, zu entscheiden*** it is up to [*or* for] you to decide

❻ [*der Betreffende ~*] ■**jd ist es, der etw tut** it is sb who does sth; ***immer bist du es, der Streit anfängt*** it's always you who starts a fight, you are always the one to start a fight

❼ [*vorziehen*] ***es wäre klüger gewesen, die Wahrheit zu sagen*** it would have been wiser to tell the truth

❽ [*der Fall ~*] **sei es, wie es wolle** be that as it may; **sei es, dass ..., sei es, dass ...** whether ... or whether ...; ***sei es, dass sie log, oder sei es, dass sie es nicht besser wusste*** whether she lied or whether she didn't know [any] better; **es sei denn, dass ...** unless ...; **wie wäre es mit jdm/etw?** how about sb/sth?; ***heute ist es wohl nichts mit Schwimmbad*** (*fam*) looks like the pool is out today *fam*; **es war einmal ...** once upon a time ...; **wie dem auch sei** be that as it may, in any case; **es ist so, [dass] ...** it's just that ..., you see, ..., it's like this: ...; ***die Geschäfte machen hier um 6 zu, das ist [einfach] so*** the shops here close at 6 — that's just the way it is

III. AUXILIARVERB

❶ *+ pp* ■**etw gewesen/geworden ~** to have been/become sth; ***sie ist lange krank gewesen*** she was [*or* has been] ill for a long time; ***er ist so misstrauisch geworden*** he has become so suspicious; ***das Auto ist früher rot gewesen*** the car used to be red

❷ *+ pp, passiv* **jd ist gebissen/vergiftet/erschossen/verurteilt worden** sb has been bitten/poisoned/shot dead/convicted

❸ *bei Bewegungsverben zur Bildung des Perfekts* **jd ist gefahren/gegangen/gehüpft** sb drove/left/hopped

sein² *pron poss, adjektivisch* ❶ (*einem Mann gehörend*) his; (*zu einem Gegenstand gehörend*) its; (*einem Mädchen gehörend*) her; (*zu einer Stadt, einem Land gehörend*) its

❷ *auf man bezüglich* one's; *auf ‚jeder' bezüglich* his, their *fam*; ***jeder bekam ~ eigenes Zimmer*** everyone got his own room

❸ *auf m und nt Nomen bezüglich* (*fam: gut und gerne*) ■**~e** definitely; ***er trinkt ~e 5 Tassen Kaffee am Tag*** he regularly drinks 5 cups of coffee a day

Sein <-s> *nt kein pl* PHILOS existence; **~ und Schein** appearance and reality

Seine <-> ['zɛːn(ə)] *f* Seine

seine(r, s) *pron poss, substantivisch* (*geh*) ❶ *ohne Substantiv* (*jdm gehörender Gegenstand*) his; ■**der/die/das ~** his; ***ist das dein Schal oder der ~?*** is that your scarf or his?

❷ (*jds Besitztum*) ■**das S~** his [own]; **das S~ tun** (*geh*) to do one's bit; **jedem das S~** each to his own

❸ (*Angehörige*) ■**die S~n** his family

seiner *pron pers* (*veraltend*) *gen von* **er, es¹** him; ***wir wollen ~ gedenken*** we will remember him

seinerseits *adv* on his part, as far as he is concerned; **ein Missverständnis ~** a misunderstanding on his part

seinerzeit *adv* in those days, back then *fam*

seines *pron poss s.* **seine(r, s)**

seinesgleichen *pron inv* ❶ (*Leute seines Standes*) people of his [own] kind, his equals

❷ (*jd wie er*) someone like him

❸ (*etw wie dies*) **~ suchen** to be unparalleled, to have no equal; ***das ist ein Gefühl, das ~ sucht*** that feeling is without equal [*or* unique]

seinethalben *adv* (*veraltend geh*), **seinetwegen** *adv* on his account, because of him; ***~ kamen wir zu spät*** because of him we were late

seinetwillen *adv* **um ~** for his sake, for him

seinige *pron poss* (*veraltend geh*) *s.* **seine(r, s)**

seins *pron poss s.* **seine(r, s)**

seismisch *adj inv* GEOL seismic; **~e Welle** seismic wave

SeismografRR <-en, -en> *m* GEOL *s.* **Seismograph**

Seismogramm <-s, -e> *nt* GEOL seismogram

Seismograph <-en, -en> *m* GEOL seismograph

Seismologie <-> *f kein pl* GEOL seismology

Seismometer *nt* seismometer

seit I. *präp + dat* (*Anfangspunkt*) since; (*Zeitspanne*) for; ***diese Regelung ist erst ~ kurzem/einer Woche in Kraft*** this regulation has only been effective [for] a short while/a week; **~ einiger Zeit** for a while; **~ damals** since then; **~ neuestem** recently; **~ wann?** since when?

II. *konj* (*seitdem*) since

seitdem I. *adv* since then; ***~ hat sie kein Wort mehr mit ihr gesprochen*** she hasn't spoken a word to her since [then]

II. *konj* since

Seite <-, -n> *f* ❶ (*Fläche eines Körpers*) side; **die vordere/hintere/untere/obere ~** the front/back/bottom/top

❷ (*rechts oder links der Mitte*) **jdn von der ~ ansehen** (*a. fig*) to look at sb from the side, to look askance at sb *fig*; **auf die andere ~ gehen** to cross the street; **zur ~ gehen** [*o geh* **treten**] to step aside; **[etw/jdn] auf die ~ legen** to lie [sth/sb] on its side; **jdn zur ~ nehmen** to take sb aside; **zur ~ sprechen** THEAT to make an aside; **zur ~** beside; ***sieh doch mal zur ~*** look beside you

❸ (*sparen*) **etw auf die ~ legen** to put sth on one side [*or* aside]

❹ (*fig: auf nicht ganz legale Weise*) **etw auf die ~ schaffen** (*fam*) to pocket sth

❺ (*Papierblatt*) page; **gelbe ~n** MEDIA Yellow Pages; **eine ~ aufschlagen** to open at a page; (*Seite eines Papierblattes*) side; **~n pro Minute** pages per minute; **nummerierte ~** folio

❻ (*Fläche eines flachen Gegenstandes*) side; **die A-/B-~ einer Schallplatte** A-/B-side of a record; ***die bedruckte ~ des Stoffes kommt nach oben*** the printed side of the material must face upwards; ***das ist die andere ~ der Medaille*** (*fig*) that's the other side of the coin *fig*; **alles hat [seine] zwei ~n** there's two sides to everything

❼ ANAT (*seitlicher Teil*) side

❽ (*Unterstützung, Beistand*) **[jdm] nicht von der ~ gehen** [*o* **weichen**] to not leave [sb's] side; **jdm zur ~ springen** (*fam*) to jump to sb's assistance [*or* aid]; **jdm zur ~ stehen** to stand by sb; **jdn [jdm] an die ~ stellen** to give sb [to sb] as support; ***sie lebte sehr glücklich an der ~ ihres Mannes*** she was very happy living with her husband; **~ an ~** side by side

❾ (*Aspekt*) side; **sich von seiner besten ~ zeigen** to show oneself at one's best, to be on one's best behaviour; **von dritter ~** from a third party; **auf der einen ~..., auf der anderen [~] ...** on the one hand, ..., on the other [hand], ...; **etw von der heiteren ~ sehen** to look on the bright side [of sth]; **etw** *dat* **eine komische ~ abgewinnen** to see the funny side of sth; **von jds ~ aus** as far as sb is concerned; ***das ist ja eine ganz neue ~ an dir*** that's a whole new side to you; **neue ~n [an jdm] entdecken** to discover new sides [to sb]; **jds schwache ~ sein** (*jds Schwachstelle sein*) to be sb's weakness, to be sb's weak point; (*fam: einen starken Reiz darstellen*) to be tempting for sb; **jds starke ~ sein** (*fam*) to be sb's forte [*or* strong point]

❿ (*Partei, Gruppe, Instanz*) side; ***beide ~n zeigten sich verhandlungsbereit*** both sides showed they were prepared to negotiate; **jdn auf seine ~ bringen** [*o* **ziehen**] to get sb on one's side; **sich** *akk* **auf jds** *dat* **~ schlagen** to change over to sb's side; **auf jds ~** *dat* **stehen** [*o* **sein**] to be on sb's side; **die ~n wechseln** SPORT to change ends; (*zu jdm übergehen*) to change sides; **von allen ~n** from everywhere, from all sides; ***es wurde von allen ~n bestätigt*** it was confirmed by all; ***man hört es von allen ~n*** it can be heard from all sides [*or* everywhere]; **von bestimmter ~** from certain circles; **von kirchlicher/offizieller ~** from ecclesiastical/official sources

⓫ (*Richtung*) side; ***die Bühne ist nur nach einer ~ offen*** the stage is only open on one side; **nach allen ~n** in all directions

⓬ (*genealogische Linie*) side; ***von mütterlicher ~ her*** from the maternal side

► WENDUNGEN: **an jds grüner ~ sitzen** (*hum*) to sit by sb

Seiten *präp* ■**auf ~** [*o* **aufseiten**] **einer S./eines Menschen** on the part of sth/sb; ***auf ~ der Wähler gab es viele Proteste*** from the voters came many protests; ■**von ~** [*o* **vonseiten**] **einer S./eines Menschen** from the part of sth/sb

Seitenairbag [-ærbɛg] *m* AUTO lateral [*or* side] airbag **Seitenaltar** *m* side altar **Seitenanfang** *m* top of a/the page, head of a/the form **Seitenangabe** *f* page reference **Seitenanlagemarke** *f* TYPO side lay **Seitenansicht** *f* side view; INFORM page preview **Seitenarm** *m* GEOG branch **Seitenaufprallschutz** *m kein pl* AUTO side-impact protection **Seitenausgang** *m* side exit **Seitenauslinie** *f* SPORT sideline; (*Fußball*) touchline **Seitenbeschreibungssprache** *f* INFORM page description language, PDL **Seitenbewegung** *f* LUFT, NAUT lateral movement **Seitenblick** *m* sidelong glance, glance to the side; **jdm einen ~ zuwerfen** to glance at sb from the side **Seitenbordmotor** *m* outboard motor **Seitenbreite** *f* page width **Seitendrucker** *m* INFORM page printer, page-at-a-time printer **Seiteneingang** *m* side entrance **Seiteneinsteiger(in)** <-s, -> *m(f)* (*sl*) *sb who got in through the back door* **Seitenende** *nt* end of page **Seitenendfilm** *m* TYPO final page film **Seitenflügel** *m* ❶ ARCHIT (*seitlicher Teil eines Gebäudes*) side wing ❷ REL (*Flügel eines Flügelaltars*) wing **Seitengang** *m* ❶ BAHN corridor; (*in einem Gebäude*) corridor ❷ NAUT lateral drift; **~ haben** to be drifting sideways; ***das Schiff hat ~*** the ship is drifting sideways ❸ NAUT (*Schiffsbau*) side strake ❹ (*beim Reiten*) sidestep **Seitengasse** *f* side street [*or* alley] **Seitengebäude** *nt* side building, annex; *eines Bauernhofs* outbuilding **seitenglatt** *adj inv* **~er Film** TYPO final page [*or* full-page] film **Seitengleis** *nt* siding **Seitenhieb** *m* sideswipe; **jdm einen ~ versetzen** to sideswipe sb; **~e [auf jdn] verteilen** to make sideswipes [at sb] **Seitenkanal** *m* lateral [*or* side] canal **Seitenlage** *f* side position; **in ~ schlafen/ruhen/schwimmen** to sleep/rest/swim on one's side; **in der ~** on one's side; **stabile ~** stable side position **seitenlang** I. *adj* comprising several pages, several pages long; ■**~ sein** to be several pages long; **~e Briefe schreiben** to write endless letters II. *adv* in several pages **Seitenlänge** *f* ❶ (*Länge einer Seite*) length of a side ❷ (*Umfang einer Manuskriptseite*) page length **Seitenlehne** *f* armrest **Seitenleitwerk** *nt* rudder assembly **Seitenlicht** *nt* LUFT, NAUT sidelight **Seitenlinie** *f* ❶ ZOOL lateral line ❷ FBALL touchline ❸ TENNIS sideline ❹ (*Nebenlinie im Stammbaum*) offset, offshoot ❺ BAHN branch line **Seitenlinienorgan** *nt* ZOOL lateral-line organ **Seitennummerierung** *f* folios *pl*, paging **seitenorientiert** *adj* page-oriented; **~er Drucker** page printer **Seitenrand** *m* TYPO margin **seitenrichtig** *adv inv* TYPO right-reading, emulsion side up **Seitenruder** *nt* LUFT rudder

seitens *präp +gen* (*geh*) on the part of

Seitenscheitel *m* side parting **Seitenschiff** *nt* side aisle **Seitenschlitz** *m* side slit **Seitenschneider** *m* cutter, diagonal cutting pliers *npl* **Seitensprung** *m* (*fam*) bit on the side *fam;* **einen ~ machen** to have a bit on the side [*or* an affair] **Seitenstechen** *nt kein pl* stitch; **~ haben** to have a stitch **Seitensteuer** *nt* LUFT rudder **Seitenstraße** *f* side street **Seitenstreifen** *m* (*Notspur*) hard shoulder; (*Bankett*) verge BRIT; **„~ nicht befahrbar"** "do not drive on the verge [*or* AM shoulder]" **Seitentasche** *f* side pocket **Seitentrakt** *m* side wing **Seitenumbruch** *m* TYPO page break **Seitenumfang** *m* number of pages, page count, pagination **seitenverkehrt** *adj* back to front, the wrong way around; TYPO laterally reversed, mirror image **Seitenwagen** *m* sidecar **Seitenwand** *f* AUTO side panel **Seitenwechsel** *m* SPORT changeover, change of ends; TYPO page change **Seitenweg** *m* byway **Seitenwind** *m* crosswind **Seitenwindempfindlichkeit** *f* AUTO crosswind sensitivity **Seitenzahl** *f* ❶ (*Anzahl der Seiten*) number of pages ❷ (*Ziffer*) page number

seither *adv* since then

seitlich I. *adj* side *attr;* **~er Wind** crosswind; **~ Streifen an der Hose** stripes on the sides of the trousers [*or* AM pants]; **die ~e Begrenzung der Fahrbahn** the side boundaries of the lane
II. *adv* at the side; **~ stehen** to stand sideways; **~ gegen etw prallen** to crash sideways into sth
III. *präp +gen* ■**~ eines Menschen/einer S.** at the side of [*or* beside] sb/sth; ***der Straße verläuft ein Graben*** a ditch runs along the side of the road

Seitpferd *nt* SPORT pommel horse

seitwärts I. *adv* ❶ (*zur Seite*) sideways; **den Körper etwas ~ wenden** to turn one's body a little to the side
❷ (*auf der Seite*) on one's side
II. *präp +gen* (*geh*) beside; **~ des Weges** on the side of the path

Seitwärtsgang *m* SPORT *im Reitsport* sideways gait

SEK *nt Abk von* **Sondereinsatzkommando** Special Branch BRIT

sek. *f*, **Sek.** *f Abk von* **Sekunde** sec.

Sekante <-, -n> *f* secant

sekkieren* *vt* ÖSTERR (*geh*) ■**jdn ~** to pester [*or* badger] sb

Sekret <-[e]s, -e> *nt* secretion

Sekretär <-s, -e> *m* bureau BRIT, secretaire BRIT, secretary AM

Sekretär(in) <-s, -e> *m(f)* ❶ (*Assistent*) secretary
❷ (*leitender Funktionär*) secretary
❸ (*Schriftführer*) secretary
❹ (*Beamter des mittleren Dienstes*) middle-ranking civil servant
❺ ORN secretary bird

Sekretariat <-[e]s, -e> *nt* ❶ (*Abteilung für Verwaltung*) secretary's office
❷ (*Räumlichkeit*) office

Sekretärin <-, -nen> *f fem form von* **Sekretär**

Sekretion <-, -en> *f* secretion

Sekretolytikum <-s, -ka> *nt* MED secretagogue

Sekt <-[e]s, -e> *m* sparkling wine

Sekte <-, -n> *f* sect

Sektempfang *m* champagne reception

Sektenanhänger(in) *m(f)* member of a sect **Sektenführer(in)** *m(f)* sect leader **Sektenmitglied** *nt* member of a sect **Sektenzentrale** *f* headquarters of a sect

Sektfrühstück *nt* champagne breakfast **Sektglas** *nt* champagne [*or* sekt] glass

Sektierer(in) <-s, -> *m(f)* ❶ REL (*Sektenanhänger*) sectarian
❷ (*geh: Abweichender einer Richtung*) deviationist

sektiererisch *adj inv* ❶ (*zu einer Sekte gehörend*) sectarian
❷ (*im Kommunismus*) deviationist

Sektion <-, -en> *f* ❶ (*Abteilung*) section
❷ MED autopsy, post mortem [examination]
❸ (*fachspr: vorgefertigtes Bauteil*) section

Sektionschef(in) *m(f)* ADMIN ÖSTERR head of a/the ministry BRIT, section chief AM

Sektkelch *m* champagne flute **Sektkorken** *m* champagne cork **Sektkühler** *m* champagne [*or* sekt] cooler **Sektlaune** *f kein pl* (*hum*) champagne flush

Sektor <-s, -toren> *m* ❶ (*Fachgebiet*) sector, field; **primärer/sekundärer ~** primary/secondary sector; **staatlicher ~** public sector
❷ MATH (*Kreisausschnitt*) sector
❸ (*hist: Besatzungszone in Berlin*) sector
❹ INFORM (*Bereich der Magnetplatte*) sector; **fehlerhafter ~** bad [*or* faulty] sector

Sektquirl *m* swizzle stick

Sekundant(in) <-en, -en> *m(f)* HIST, SPORT second

sekundär *adj* (*geh*) secondary

Sekundararzt, -ärztin <-es, -ärzte> *m, f* junior doctor, houseman BRIT, intern AM **Sekundärboykott** *m* secondary boycott **Sekundärenergie** *f* secondary energy **Sekundärinfektion** *f* secondary infection **Sekundärkreislauf** *m von Kühlkreisläufen* secondary cycle

Sekundarlehrer(in) *m(f)* SCH SCHWEIZ secondary school teacher

Sekundärliteratur *f* secondary literature **Sekundärmarkt** *m* ÖKON secondary market **Sekundärprodukt** *nt* HANDEL secondary product **Sekundärrecht** *nt* secondary law **Sekundärrohstoffe** *pl* secondary raw materials *pl*

Sekundarschule *f* SCH SCHWEIZ secondary school **Sekundarstufe** *f* SCH secondary school level; **~ I** *classes with students aged 10 to 15;* **~ II** *fifth and sixth form classes*

Sekundärtugend *f* PHILOS secondary virture **Sekundärvertrag** *m* secondary contract

Sekundawechsel *m* JUR second of exchange

Sekunde <-, -n> *f* ❶ (*Zeiteinheit*) second; **auf die ~ genau** to the second
❷ (*fam: Augenblick*) second; **[eine] ~!** hang on a second! *fam;* ***wir dürfen keine ~ verlieren*** we haven't got a moment to lose
❸ MUS, MATH second

Sekundenbruchteil *m* fraction of a second **Sekundenkleber** *m* instant adhesive **sekundenlang** I. *adj* a few seconds; ***nach ~em Zögern*** after hesitating for a few seconds II. *adv* for a few seconds; ***ihre Unentschlossenheit dauerte nur ~*** her indecision lasted only a few seconds **Sekundenschnelle** *f kein pl* **in ~** in a matter of seconds **Sekundenzeiger** *m* second hand

sekundieren* *vi* ❶ (*geh: unterstützen*) to second, to back up; ■**jdm [bei/in etw *dat*] ~** to back sb up [in sth]
❷ (*bei Wettkämpfen o Duellen betreuen*) ■**jdm [bei etw] ~** to be sb's second [in sth]

selbe(r, s) *pron* ■**der/die/das ~ …** the same …; **im ~n Haus** in the same house; **am ~n Ort** at the same place; **an der ~n Stelle** on the [very] same spot; **zur ~n Zeit** at the same time; **~ Zeit, ~r Ort** same time, same place

selber *pron dem* (*fam*) myself/yourself/himself etc.; ***ich geh lieber ~*** I'd better go [by] myself

Selbermachen <-s> *nt kein pl* do-it-yourself, DIY *fam;* **zum ~** build-your-own, make-your-own

selbig *pron dem* (*veraltend geh*) the same; **am ~en Tag** on that same [*or* very] day

selbst I. *pron dem* ❶ (*persönlich*) myself/yourself/himself etc.; **mit jdm ~ sprechen** to speak to sb oneself; ***„wie geht es dir?" — „gut! und ~?"*** "how are you?" — "fine, and [how are] you?"; ***das möchte ich ihm lieber ~ sagen*** I'd like to tell him that myself; (*an sich*) itself; ***er ist nicht mehr er ~*** (*fam*) he is not himself anymore; **~ eine(r, s)!** (*fam*) so are you!
❷ (*ohne Hilfe, alleine*) by oneself; **etw ~ machen** to do sth by oneself; **von ~** automatically; **etw versteht sich von ~** it goes without saying; ***der Rest kommt dann ganz von ~*** the rest will take care of itself
❸ (*fam: verkörpern*) ■**etw ~ sein** to be sth in person [*or* itself]; ***er ist die Ruhe ~*** he is calmness itself [*or* personified]; *s. a.* **Frau, kommen, Mann, um, von**
II. *adv* ❶ (*eigen*) self; **~ ernannt** self-appointed; **~ gemacht** home-made; **~ gestrickt** hand-knitted; (*fig: selbst erfunden*) homespun; **~ verdient** earned by oneself
❷ (*sogar*) even; **~ *der Direktor war anwesend*** even the director was present; **~ wenn** even if

Selbst <-> *nt kein pl* (*geh*) self; ■**jds ~** sb's self

Selbstabholer *m person collecting his/her own furniture etc* **Selbstablehnung** *f* JUR self-disqualification of a judge **Selbstachtung** *f* self-respect **Selbstähnlichkeit** *f* MATH self-similarity

selbständig *adj* ❶ (*eigenständig*) independent; **~ arbeiten** to work on one's own [*or* independently]
❷ (*beruflich unabhängig*) self-employed; ■**~/~ als jd sein** to be self-employed/a self-employed sb; **sich ~ machen** to start up one's own business
► WENDUNGEN: **etw macht sich ~** (*hum fam*) sth grows legs *hum fam*

Selbständigenquote *f* number [*or* quota] of self-employed people

Selbständige(r) *f(m) dekl wie adj s.* **Selbstständige(r)**

Selbständigkeit <-> *f kein pl s.* **Selbstständigkeit**

Selbständigkeitsbestrebungen *pl* PSYCH self-confidence training *no pl*

Selbstanzeige *f* JUR self-denunciation; **eine ~ erstatten** to report oneself to the police/Inland Revenue **Selbstauflösung** *f einer Gruppierung* voluntary disbanding **Selbstaufopferung** *f* (*geh*) self-sacrifice; **bis zur [völligen] ~** [right] down to self-sacrifice **Selbstauslöser** *m* FOTO delayed-action shutter release **Selbstbaubranche** *f* DIY, do-it-yourself **Selbstbedienung** *f* self-service **Selbstbedienungsladen** *m* self-service shop **Selbstbedienungsrestaurant** *nt* self-service restaurant **Selbstbefriedigung** *f* masturbation **Selbstbefruchtung** *f* self-fertilization **Selbstbehauptung** *f kein pl* self-assertion **Selbstbeherrschung** *f* self-control; **die ~ wahren** [*o* **behalten**] to keep one's self-control; **die ~ verlieren** to lose one's self-control [*or* temper] **Selbstbelieferung** *f* HANDEL self-supply **Selbstbelieferungsvorbehalt** *m* HANDEL reservation as to oneself obtaining the supplies **Selbstbeschränkung** *f* HANDEL self-restraint; **~ im Export** voluntary export restraint **Selbstbestätigung** *f* self-affirmation **Selbstbestäubung** *f* self-pollination **selbstbestimmt** *adj* self-determined **Selbstbestimmung** *f kein pl* self-determination **Selbstbestimmungsrecht** *nt kein pl* ❶ POL right to self-determination ❷ (*Recht, selbst zu entscheiden*) right of self-determination **Selbstbeteiligung** *f* FIN [percentage] excess **Selbstbe-**

S

trug *m kein pl* self-deception **Selbstbeweihräucherung** *f* (*pej fam*) self-adulation **selbstbewusst**RR *adj* self-confident **Selbstbewusstsein**RR *nt* (*Selbstsicherheit*) self-confidence; (*Selbstkenntnis*) self-awareness **Selbstbezichtigung** *f* JUR self-incrimination **Selbstbildnis** *nt* self-portrait **Selbstbindung** *f* JUR self-engagement **Selbstbräuner** *m* self-tanning lotion [*or* cream] **Selbstbräunungscreme** *f* self-tanning [*or* autobronzing] cream **Selbstbräunungsmilch** *f* self-tanning milk **Selbstdarsteller(in)** *m(f)* SOZIOL showman **Selbstdarstellung** *f* ① (*Selbstbeschreibung*) description of oneself; (*Imagepflege*) image ② KUNST *s.* **Selbstbildnis** **Selbstdisziplin** *f kein pl* self-discipline **Selbsteintritt** *m* JUR self-contracting, self-dealing **Selbsteintrittsrecht** *nt* JUR right to enter into contract with oneself **Selbstentsorger(in)** *m(f)* ÖKOL independent disposer of waste **Selbsterfahrung** *f kein pl* self-awareness **Selbsterfahrungsgruppe** *f* self-awareness group **Selbsterhaltung** *f kein pl* self-preservation *no pl*, survival *no pl* **Selbsterhaltungstrieb** *m* survival instinct **Selbsterkenntnis** *f kein pl* self-knowledge ▸ WENDUNGEN: ~ **ist der erste Schritt zur Besserung** (*prov*) self-knowledge is the first step to self-improvement **selbst erstellt** *adj inv* self-generated; **~e Anlagen** self-constructed assets **Selbstfinanzierung** *f* FIN self-financing **Selbstfindung** *f kein pl* self-discovery *no pl* **Selbstgebrauch** *m kein pl* personal use; JUR personal consumption **Selbstgedrehte** *f dekl wie adj* (*fam*) roll-up *fam*; ~ **rauchen** to roll one's own **Selbstgefährdung** *f* self-endangering **selbstgefällig** *adj* (*fig*) self-satisfied, smug *fam* **Selbstgefälligkeit** *f kein pl* self-satisfaction, smugness *fam* **selbstgenügsam** *adj* modest **selbstgerecht** *adj* (*pej*) self-righteous **Selbstgespräch** *nt* monologue [*or* AM -og]; **Selbstgespräche führen** [*o* **halten**] to talk to oneself **selbstgestrickt** *adj inv, attr* (*fam*) *s.* **selbst II 1** **selbsthaftend** *adj inv* self-adhesive **Selbsthass**RR *m* PSYCH self-hatred **Selbstheilungskraft** *f* self-healing power **Selbstheilungsmechanismen** *pl des Körpers* self-healing mechanism

selbstherrlich *adj* (*pej*) high-handed; *Anführer* autocratic

Selbstherrlichkeit *f kein pl* (*pej*) high-handedness

Selbsthilfe *f kein pl* self-help; **zur ~ greifen** to take matters into one's own hand; **Hilfe zur ~ leisten** to help sb to help himself/herself **Selbsthilfegruppe** *f* self-help group **Selbsthilferecht** *nt* JUR right of self-redress **Selbsthilfeverkauf** *m* JUR self-help sale **Selbstinduktion** *f* ELEK self-induction **Selbstinszenierung** *f* self-aggrandizement *pej* **Selbstironie** *f* self-mockery **selbstironisch** *adj* self-ironic **Selbstjustiz** *f* JUR vigilantism; ~ [**an jdm**] **üben** to take the law into one's own hand [with regards to sb] **Selbstklebeetikett** *nt* self-adhesive label **selbstklebend** *adj* self-adhesive **Selbstkontrahent(in)** *m(f)* JUR self-contracting party **Selbstkontrahieren** *nt kein pl* JUR self-contracting, self-dealing **Selbstkontrolle** *f kein pl* ① PSYCH self-restraint, self-control ② (*eigenverantwortliche Kontrollinstitution*) self-regulation

Selbstkosten *pl* FIN cost of sales, cost price, prime cost; **niedrige ~** low prime costs; **~ veranschlagen** to cost

Selbstkostenberechnung *f* FIN cost accounting, costing, prime cost calculation **Selbstkostenbeteiligung** *f* excess **Selbstkostendeckung** *f* covering one's costs **Selbstkostenpreis** *m* cost price BRIT, cost AM; **zum ~** at cost price **Selbstkostenwert** *m* HANDEL cost price

Selbstkritik *f kein pl* self-criticism; **~ üben** to criticize oneself **selbstkritisch** *adj* self-critical **Selbstlaut** *m* vowel **Selbstlerner(in)** *m(f)* self-taught person, autodidact *spec*

selbstlos *adj* selfless, unselfish

Selbstlosigkeit <-> *f kein pl* selflessness **Selbstmedikation** *f* MED self-medication **Selbstmitleid** *nt* self-pity

Selbstmord *m* suicide; **~ begehen** to commit suicide

Selbstmordanschlag *m*, **Selbstmordattentat** *nt* suicide attack, suicide bombing **Selbstmordattentäter(in)** *m(f)* suicide bomber [*or* attacker]

Selbstmörder(in) *m(f)* suicidal person; ***ich bin doch kein ~!*** (*fam*) I'm not about to commit suicide *fam*

selbstmörderisch *adj* suicidal

Selbstmordkandidat(in) *m(f)* potential suicide **Selbstmordkommando** *nt* suicide squad **Selbstmordversuch** *m* suicide attempt, attempted suicide; **einen ~ machen/verhindern** to make/prevent a suicide attempt

Selbstporträt *nt* self-portrait **selbstprüfend** *adj inv* introspective **Selbstprüfung** *f* INFORM self test, auto verify; **automatische ~** automatic checking, built-in check **selbstredend** *adv* of course **Selbstregulierung** *f* self-regulation, self-adjustment **Selbstreinigung** *f* self-purification **Selbstreinigungskraft** *f* self-purifying power **Selbstschneideschraube** *f* BAU self-tapping screw **selbstschuldnerisch** *adj* JUR directly liable [*or* suable], owing as a principal debtor *pred*; **~e Bürgschaft** personal guarantee **Selbstschussanlage**RR *f* automatic firing system **Selbstschutz** *m* self-protection; **zum ~** for self-protection **Selbstschutztrupp** *m* MIL self-protection unit **selbstsicher** *adj* self-assured, self-confident **Selbstsicherheit** *f kein pl* self-assurance, self-confidence

selbstständigRR *adj* ① (*eigenständig*) independent; **~ arbeiten** to work on one's own [*or* independently]
② (*beruflich unabhängig*) self-employed; **■~/~ als jd sein** to be self-employed/a self-employed sb; **sich ~ machen** to start up one's own business
▸ WENDUNGEN: **etw macht sich ~** (*hum fam*) sth grows legs *hum fam*

Selbstständige(r)RR *f(m) dekl wie adj* self-employed person

SelbstständigkeitRR <-> *f kein pl* ① (*Eigenständigkeit*) independence
② (*selbständige Stellung*) self-employment

Selbststudium *nt* self-study, private study; **etw im ~ lernen** to learn sth by studying on one's own **Selbstsucht** *f kein pl* selfishness *no pl*, egoism *no pl* **selbstsüchtig** <-er, -ste> *adj* selfish, egoistic; **~ handeln** to act selfishly [*or* egoistically] **selbsttätig** **I.** *adj* automatic **II.** *adv* automatically **Selbsttäuschung** *f* self-deception [*or* -delusion] **Selbsttest** *m* INFORM self test **selbsttragend** *adj inv* ① TECH monocoque, unitized; **~e Karosserie** monocoque, unitized body ② FIN *Verein, Organisation* self-financing, financially independent; **sich ~er Aufschwung** boom **Selbstüberschätzung** *f* over-estimation of one's [own] abilities; **an ~ leiden** to have an exaggerated opinion of oneself **Selbstüberwindung** *f* self-discipline; **etw kostet jdn ~** sth takes will power for sb **Selbstveranlagung** *f* FIN self-assessment **Selbstverbrauch** *m kein pl* JUR personal consumption **Selbstverbrennung** *f* setting fire [*or* light] to oneself **Selbstverlag** *m* **ein Buch im ~ herausgeben** to publish a book at one's own expense; **im ~ erschienen** published at one's own expense **Selbstverleugnung** *f kein pl* (*geh*) self-denial; **bis zur** [**völligen**] **~** [right] down to self-denial **Selbstverpflichtung** *f* self-commitment **Selbstverschulden** *nt* one's [own] fault; **bei ~** if the claimant himself is at fault **selbstverschuldet** *adj* due to one's [own] fault **Selbstversorger(in)** *m(f)* self-sufficient person; **~ sein** to be self-sufficient

selbstverständlich **I.** *adj* natural; **■~ sein** to be a natural course of action; ***das ist doch ~*** don't mention it; **etw ~ finden, etw für ~ halten** to take sth for granted
II. *adv* naturally, of course; **wie ~** as if it were the most natural thing in the world; [**aber**] **~!** [but] of course!

Selbstverständlichkeit <-, -en> *f* naturalness, matter of course BRIT; **etw als ~ ansehen** to regard sth as a matter of course BRIT; **etw mit der größten ~ tun** to do sth as if it were the most natural thing in the world; **eine ~ sein** to be the least that could be done; **für jd eine ~ sein** to be the least that sb could do; **mit einer ~, die …** with a naturalness that …

Selbstverständnis *nt kein pl* **■jds ~** the way sb sees himself **Selbstverstümmelung** *f* self-mutilation **Selbstversuch** *m* experiment on oneself **Selbstverteidigung** *f a.* JUR self-defence [*or* AM -se]; **individuelle/kollektive ~** individual/collective self-defence **Selbstverteidigungskurs** *m* class in self-defence [*or* AM -se] **Selbstvertrauen** *nt* self-confidence; **ein gesundes ~ haben** to be reasonably confident; **jds ~ heben** [*o* **stärken**] to increase [*or* raise] sb's self-confidence **selbstverwaltet** *adj* self-governed **Selbstverwaltung** *f* JUR self-administration, self-government; **kommunale ~** local government **Selbstverwaltung** *f* self-government **Selbstverwirklichung** *f* self-fulfilment, self-realization **Selbstwahrnehmung** *f* PSYCH introspection; **■seine ~** the way one sees oneself **Selbstwertgefühl** *nt* [sense of] self-esteem **Selbstzensur** *f der Medien* self-regulation **Selbstzerfleischung** *f* self-laceration **selbstzerstörerisch** *adj* self-destructive **Selbstzerstörung** *f* self-destruction **Selbstzweck** *m kein pl* end in itself; **etw ist reiner ~** sth is really only an end in itself **Selbstzweifel** *m* self-doubt

selchen *vt* KOCHK SÜDD, ÖSTERR **■etw ~** to smoke sth

Selchfleisch *nt* KOCHK SÜDD, ÖSTERR (*Rauchfleisch*) smoked meat

selektieren* *vt* **■etw/jdn ~** to select [*or* pick out] sth/sb

Selektion <-, -en> *f* (*geh*) ① *kein pl* (*geh: Auswahl*) selection
② BIOL ([*natürliche*] *Auslese*) selection

Selektionsdruck *m* BIOL selection pressure

selektiv *adj* (*geh*) selective

Selen <-s> *nt* selenium

Selfmademan <-s, -men> ['sɛlfme:d'mən] *m* self-made man

selig *adj* ① (*überglücklich*) overjoyed, ecstatic; **jdn ~ machen** to make sb ecstatic [*or* extremely happy]; ***er war ~ über die gute Nachricht*** he was ecstatic about the good news
② (*fam: leicht betrunken*) merry, tipsy; ***nach einem Glas Wein ist er bereits ~*** he's already tipsy after one glass of wine
③ REL (*von irdischen Übeln erlöst*) **bis an jds ~es Ende** until sb's dying day; ***Gott habe ihn ~*** God rest his soul; **jdn ~ sprechen** to bless [*or* beatify] sb
④ (*veraltend geh: verstorben*) late; **die ~e Frau Schmidt** the late Mrs Schmidt
▸ WENDUNGEN: **wer's glaubt, wird ~** (*iron fam*) that's a likely story *iron fam*; *s. a.* **Angedenken, Ende, Gott**

Selige(r) *f(m) dekl wie adj* ① (*verstorbener Ehepartner*) dear departed husband/wife; ***um finanzielle Angelegenheiten hat sich immer mein ~r gekümmert*** my dear departed husband dealt with all the finances
② *pl* (*geh: Tote im Reich Gottes*) blessed spirit; **das Reich der ~n** the spirit world
③ REL (*Seliggesprochene(r)*) blessed

Seligkeit <-> *f kein pl* ① REL salvation; **die** [**ewige**] **~ erlangen** [*o* **gewinnen**] to attain a state of [eternal] salvation
② (*geh: Glücksgefühl*) bliss, ecstasy

Seligsprechung <-, -en> *f* beatification

Sellerie <-s, -[s]> *m* (*Knollen~*) celeriac; (*Stangen~*) celery

selten *adj* ① (*kaum vorkommend, nicht häufig*) rare; **ein ~es Schauspiel** a rare event; **höchst ~** very [*or* extremely] rare; **~ *so gelacht!*** (*iron fam*) very funny, I don't think! *iron*
② (*besonders*) exceptional; **ein ~ schönes Exemplar** an exceptionally beautiful specimen; *s. a.* **Gast**

Seltenheit <-, -en> *f* ❶ *kein pl* (*seltenes Vorkommen*) rare occurrence
❷ (*seltene Sache*) rarity; ***bei ihm ist das keine ~*** that's not unusual for him
Seltenheitswert *m kein pl* rarity value; **~ haben** to possess a rarity value, to be very rare; **etw von ~** sth very rare
Selters <-, -> *nt* (*fam*), **Selterswasser** *nt* DIAL soda [water]
seltsam *adj* strange; *Mensch a.* odd; *Geschichte, Sache, Umstände a.* peculiar; **ein ~es Gefühl haben** to have an odd feeling; **sich ~ benehmen** to behave in an odd way; ***mir ist heute ganz ~ zumute*** I'm in an odd mood today
seltsamerweise *adv* strangely [*or* oddly] enough
Seltsamkeit <-, -en> *f* ❶ *kein pl* (*seltsame Art*) strangeness, peculiarity
❷ (*seltsame Erscheinung*) oddity
Semantik <-> *f kein pl* semantics + *sing vb*
semantisch I. *adj* semantic
II. *adv* semantically
Semasiologie <-> *f kein pl* LING semasiology
Semester <-s, -> *nt* ❶ SCH (*akademisches Halbjahr*) semester, term (*lasting half of the academic year*); ***ich bin im sechsten ~*** I'm in the third year [*or* sixth semester]
❷ SCH (*sl: Student*) **ein siebtes ~** a fourth-year; **ein älteres** [*o* **höheres**] **~** (*fam*) a senior student
► WENDUNGEN: **ein älteres ~** (*hum fam*) no spring chicken *hum fam*
Semesterferien [-riən] *pl* [university] vacation; ÖSTERR *a.* (*Schulferien*) school holiday [*or* AM vacation]
Semifinale *nt* semi-final
Semikolon <-s, -s *o* -kola> *nt* semicolon
Semikonduktor <-s, -oren> *m* semiconductor
Seminar <-s, -e *o* ÖSTERR -ien> [-riən] *nt* ❶ SCH (*Lehrveranstaltung an der Universität*) seminar
❷ SCH (*Universitätsinstitut*) department; **das historische ~** the History Department
❸ REL (*fam*) seminary
❹ (*Lehrgang für Referendare*) *course for student teachers prior to the second state examination*
Seminararbeit *f* seminar paper
Seminarist(in) <-en, -en> *m(f)* seminarist
Seminarschein *m certificate of successful attendance at a seminar*
Semiologie <-> *f kein pl* LING semiology
Semiotik <-> *f kein pl* LING semiology
semipermeabel *adj* semipermeable
Semit(in) <-en, -en> *m(f)* Semite
semitisch *adj* Semitic
Semmel <-, -n> *f* KOCHK DIAL [bread] roll
► WENDUNGEN: **weggehen wie warme ~n** (*fam*) to go [*or* sell] like hot cakes *fam*
Semmelbrösel *pl* ÖSTERR, SÜDD breadcrumbs **Semmelknödel** *m* SÜDD, ÖSTERR bread dumpling **Semmelmehl** *nt* fine breadcrumbs *pl*
sen. *adj Abk von* **senior**
Senat <-[e]s, -e> *m* ❶ HIST, POL, SCH senate
❷ JUR appellate court division
Senator, -torin <-s, -toren> *m, f* senator
Senatsausschuss[RR] *m* senate committee **Senatsbeschluss**[RR] *m* senate decision **Senatskanzlei** *f* office of the senate **Senatssitzung** *f* senate session **Senatssprecher(in)** *m(f)* senate speaker **Senatsverwaltung** *f* senate administration
Sendeanlage *f* transmitter, transmitting installation **Sendeanstalt** *f* broadcasting institution **Sendeantenne** *f* transmission aerial [*or* dish] **Sendebereich** *m* transmission area **Sendebetrieb** *m* RADIO, TV **den ~ aufnehmen** to start transmitting [*or* broadcasting] **Sendeeinrichtung** *f* broadcasting equipment, transmitting facility **Sendefolge** *f* ❶ (*Reihenfolge der Sendungen*) sequence of programmes [*or* AM -ams] ❷ (*selten: Fortsetzungssendung*) episode **Sendegebiet** *nt s.* Sendebereich **Sendegerät** *nt* transmission set **Sendeleiter(in)** <-s, -> *m(f)* producer **Sendeminute** *f* TV, RADIO broadcast minute

Senden <-s> *nt kein pl* INFORM dispatch [*or* despatch]
senden[1] I. *vt* to broadcast; **ein Fernsehspiel ~** to broadcast a television play; **ein Signal/eine Botschaft ~** to transmit a signal/message
II. *vi* to be on the air
senden[2] <sandte *o* sendete, gesandt *o* gesendet> I. *vt* (*geh*) ■**jdn/etw ~** to send sb/sth; **Truppen ~** to despatch troops; ■**jdm etw ~,** ■**etw an jdn ~** to send sth to sb
II. *vi* (*geh*) ■**nach jdm ~** to send for sb
Sendepause *f* [programme [*or* AM -am]] interval; **~ haben** (*fig fam*) to keep silent, to stop talking; ***es herrscht ~*** (*fam*) there is deadly silence **Sendeplatz** *m* TV, RADIO channel
Sender <-s, -> *m* ❶ (*Sendeanstalt*) *TV* channel, station; *Radio* station; **einen ~ gut/schlecht empfangen** to have [*or* get] good/poor reception of a station/channel
❷ TELEK (*Sendegerät*) transmitter
Senderaum *m* studio **Sendereihe** *f* series + *sing vb* **Sendersuchlauf** *m* automatic station search, search tuning **Sendersuchsystem** *nt* automatic station search [system], search tuning [system] **Sendeschluss**[RR] *m* close-down **Sendezeichen** *nt* call sign **Sendezeit** *f* broadcasting time, airtime; **zur besten ~** at prime time
Sendung[1] <-, -en> *f* TV, RADIO ❶ (*Ausstrahlung*) broadcasting; *Signal* transmission; **auf ~ gehen/sein** to go/be on the air
❷ (*Rundfunk-, Fernsehsendung*) programme [*or* AM -am]; **eine ~ ausstrahlen** to broadcast a programme; **eine ~ hören** to listen to a programme
Sendung[2] <-, -en> *f* ❶ (*etw Gesandtes: Briefsendung*) letter; (*Paketsendung*) parcel; **den Empfang einer ~ bestätigen** to confirm receipt of a parcel; (*Warensendung*) consignment; **postlagernde ~** poste restante, AM general delivery
❷ (*das Senden*) sending *no pl*
❸ *kein pl* (*geh: Mission*) mission
Sendungsbewusstsein[RR] *nt* SOZIOL, REL, POL sense of mission
Senegal <-s> *nt kein pl* ❶ (*Fluss in Westafrika*) Senegal [River]
❷ (*Repubik Senegal*) Senegal; *s. a.* **Deutschland**
Senegalese, Senegalesin <-n, -n> *m, f* Senegalese; *s. a.* **Deutsche(r)**
senegalesisch *adj inv* Senegalese; *s. a.* **deutsch 1, 2**
Senf <-[e]s, -e> *m* ❶ KOCHK mustard; **scharfer/mittelscharfer/süßer ~** hot/medium-hot/sweet mustard
❷ BOT mustard
► WENDUNGEN: **seinen ~ [zu etw] dazugeben** (*fam*) to get one's three ha'p'orth in [sth] BRIT *hum fam,* to add one's 2 cents [to sth] AM, to have one's say [in sth] *fam*
senffarben *adj,* **senffarbig** *adj* mustard[-coloured] **Senfgas** *nt* mustard gas **Senfgurke** *f* gherkin (*pickled with mustard seeds*) **Senfkorn** *nt,* **Senfsamen** *m meist pl* mustard seed **Senfpulver** *nt* mustard powder **Senfsoße** *f* mustard sauce
sengen I. *vt* ■**etw ~** to singe sth
II. *vi* to scorch
sengend *adj* scorching; **~e Hitze** scorching heat
senil *adj* (*geh*) senile; **~e Demenz** senile dementia
Senilität <-> *f kein pl* (*geh*) senility
senior *adj* senior
Senior <-s, Senioren> *m* ❶ *meist pl* (*ältere Menschen*) senior citizen, OAP BRIT
❷ (*Seniorchef*) [senior] boss; (*hum: Vater*) the old man *hum*
❸ *pl* SPORT ■**die ~en** the seniors
❹ (*hum fam: Ältester einer Gruppe*) **der ~ einer Mannschaft sein** to be the granny/grandad of a team
Seniorchef(in) [-ʃɛf] *m(f)* senior boss
Seniorenheim *nt* old people's home, home for the elderly **Seniorenkarte** *f* senior citizen's ticket **Seniorenknast** *m* (*fam*) prison for people over 60 **Seniorenmannschaft** *f* SPORT senior team **Seniorenpass**[RR] *m* senior citizen's travel pass **Seniorenstudium** *nt* university course for senior citizens **Seniorentanztee** *m* senior citizens' tea dance
Seniorpartner(in) *m(f)* senior partner
Senkblei *nt* BAU plumb [bob]
Senke <-, -n> *f* depression
Senkel <-s, -> *m* (*fam*) lace
► WENDUNGEN: **jdm auf den ~ gehen** (*fam*) to get on sb's nerves *fam*
senken I. *vt* ■**etw ~** ❶ (*ermäßigen*) to lower [*or* decrease] sth; **die Preise ~** to reduce [*or* lower] prices; (*niedriger machen*) to lower sth; **den Blutdruck/das Fieber ~** to lower the blood pressure/reduce fever; **den Grundwasserspiegel ~** to lower the groundwater level
❷ (*geh: abwärts bewegen*) to lower sth; **den Kopf ~** to bow one's head; **ein Boot ins Wasser ~** to lower a boat into the water; **die Stimme ~** (*fig*) to lower one's voice
II. *vr* ❶ (*niedriger werden*) to sink; ■**sich [um etw] ~** to drop [*or* subside] [by sth]; ***das Grundstück senkt sich leicht zu einer Seite*** the property subsides slightly to one side
❷ (*sich niedersenken*) ■**sich [auf jdn/etw] ~** to lower itself/oneself [onto sb/sth]; ***die Nacht senkt sich über das Land*** (*liter*) night is falling over the land *liter*
Senkfuß *m* MED fallen arches *pl spec,* flat feet *pl;* **Senkfüße haben** to have flat feet **Senkgrube** *f* cesspit, cesspool **Senkhonig** *m* liquid honey **Senkkopfschraube** *f* BAU countersunk screw
senkrecht *adj* vertical
► WENDUNGEN: **immer schön ~ bleiben!** (*fam*) stay cool! *fam;* **halt dich ~!** (*fam*) keep out of trouble!
Senkrechte <-n, -n> *f dekl wie adj* ❶ MATH perpendicular
❷ (*senkrechte Linie*) vertical line
Senkrechtstart *m* vertical take-off
Senkrechtstarter *m* LUFT vertical take-off aircraft
Senkrechtstarter(in) *m(f)* (*fig fam*) whizz kid *fam;* ***der Film entpuppte sich als ~*** the film turned out to be an instant sell-out
Senkung <-, -en> *f* ❶ *kein pl* (*Ermäßigung*) decrease, lowering; *der Preise* reductions; *Gelder, Löhne, Subventionen* cut; *Steuern a.* decrease
❷ (*das Senken*) drop, subsidence; *des Fiebers* subsidence; *der Stimme* lowering
❸ MED (*Blutsenkung*) sedimentation of the blood
❹ GEOL subsidence
❺ (*selten: Senke*) depression, hollow
Senn <-[e]s, -e> *m* SÜDD, ÖSTERR, SCHWEIZ *s.* **Senner**
Senne <-, -n> *f* SÜDD, ÖSTERR Alpine pasture
Senner(in) <-s, -> *m(f)* SÜDD, ÖSTERR Alpine dairyman
Sennerei <-, -en> *f* SÜDD, ÖSTERR, SCHWEIZ Alpine dairy
Sennerin <-, -nen> *f fem form von* **Senner**
Sennhütte *f* Alpine hut
Sensation <-, -en> *f* sensation
sensationell *adj* sensational
Sensationsbericht *f* sensational report **Sensationsblatt** *nt* MEDIA (*pej*) sensationalist newspaper **Sensationsfotograf(in)** *m(f)* sensation-seeking photographer, paparazzo **Sensationsgier** *f kein pl* (*pej*) sensationalism *pej* **Sensationslust** *f* desire for sensation **sensationslüstern** *adj* (*fig*) sensation-seeking **Sensationsmache** *f* (*pej*) sensationalism **Sensationsmeldung** *f* sensational news + *sing vb* **Sensationsnachricht** *f* sensational news + *sing vb,* scoop **Sensationsprozess**[RR] *m* sensational trial
Sense <-, -n> *f* scythe
► WENDUNGEN: **jetzt ist aber ~!** (*sl*) that's enough!
Sensenmann <-männer> *m* (*euph*) ■**der ~** the [Grim] Reaper *liter*
sensibel *adj* sensitive
Sensibelchen <-s, -> *nt* (*fam*) softy *fam*
sensibilisieren* *vt* (*geh*) ■**jdn [für etw] ~** to sen-

S

sitize sb [for sth], to make sb aware [of sth]
Sensibilisierung <-, -en> *f* (*geh*) sensitization
Sensibilität <-, -en> *f* (*geh*) sensitivity
Sensor <-s, -soren> *m* sensor
Sensorauge *nt* sensor eye **Sensorbildschirm** *m* INFORM touch screen **Sensortaste** *f* sensor control
Sentenz <-, -en> *f* (*geh*) aphorism
sentimental *adj* sentimental
Sentimentalität <-, -en> *f* sentimentality
separat *adj* separate; **ein ~er Eingang** a separate entrance
Separatismus <-> *m kein pl* separatism
Separatist(in) <-en, -en> *m(f)* separatist
separatistisch *adj* separatist
Séparée <-s, -s> *nt*, **Separee** <-s, -s> *nt* private room
Sepia <-, Sepien> [-piən] *f* ❶ ZOOL cuttlefish
❷ *kein pl* (*Farbstoff*) sepia
Sepiatinte *f* sepia ink **Sepiazeichnung** *f* sepia drawing
Sepsis <-, Sepsen> *f* MED (*geh*) sepsis
September <-[s], -> *m* September; *s. a.* **Februar**
Septett <-[e]s, -e> *nt* septet, septette BRIT
Septim <-, -en> *f*, **Septime** <-, -n> *f* MUS seventh
septisch *adj* (*geh*) septic
sequentiell *adj inv s.* **sequenziell**
Sequenz <-, -en> *f* ❶ (*geh: Aufeinanderfolge von etwas Gleichartigem*) sequence
❷ MUS (*Wiederholung eines musikalischen Motivs*) sequence
❸ MUS, REL (*hymnusartiger Gesang*) sequence
❹ FILM (*kleinere filmische Einheit*) sequence
❺ KARTEN (*Serie gleicher Karten*) run, flush
❻ INFORM (*Folge von Befehlen/Daten*) sequence
sequenziell^RR *adj inv* INFORM sequential
Sequenzierautomat *f* BIOL sequencing machine
sequenzieren* *vt* BIOL, MUS ■**etw** ~ to sequence sth
Sequenzierverfahren *nt* BIOL [shotgun] sequencing
Sequenzmodus *m* TECH sequential mode
Sequester(in) *m(f)* JUR sequestrator
Sequestration *f* JUR sequestration
Sera *pl von* **Serum**
Serbe, Serbin <-n, -n> *m, f* Serb, Serbian; *s. a.* **Deutsche(r)**
Serbien <-s> ['zɛrbiən] *nt* Serbia; *s. a.* **Deutschland**
Serbin <-, -nen> *f fem form von* **Serbe**
serbisch *adj* Serbian; *s. a.* **deutsch 1, 2**
Serbokroatisch *nt dekl wie adj* Serbo-Croat; *s. a.* **Deutsche**
Seren *pl von* **Serum**
Serenade <-, -n> *f* serenade
Serie ['ze:riə] *f* ❶ (*Reihe*) series + *sing vb*; **eine ~ Briefmarken** a set of stamps; **eine ~ von Unfällen/Anschlägen** a series of accidents/attacks
❷ ÖKON line; ***diese ~ läuft bald aus*** this line will soon be discontinued; **in ~ gehen** to go into production; **etw in ~ produzieren** to mass-produce sth; **in ~** mass-produced
❸ MEDIA, TV series + *sing vb*; *s. a.* **Gesetz**
seriell *adj* ❶ (*als Reihe*) series; **~ herstellbar** mass-produced
❷ INFORM serial; **~e Schnittstelle** serial interface
Serienanlauf *m kein pl* HANDEL start of series production **Serienartikel** *m* HANDEL mass-produced article **Serienausführung** *f* HANDEL standard design **Serienausstattung** *f* standard fittings *pl* **Serienbrief** *m* personalized circular [letter] **serienmäßig** *adj* ❶ (*in Serienfertigung*) mass-produced; **etw ~ anfertigen** [*o* **herstellen**] to mass-produce sth ❷ (*bereits eingebaut sein*) standard; ■**~ sein** to be a standard feature **Serienmörder(in)** *m(f)* serial killer [*or* murderer] [*or fem* murderess], serial *spec sl* **Seriennummer** *f* serial number **Serienproduktion** *f* mass production **Serienreife** *f* readiness to go into production; **bis zur ~** until the start of production **Serienschaltung** *f* ELEK series connection **serienweise** ['ze:riən-] *adv* ❶ (*als Serien*) in series; **etw [nur] ~ verkaufen** to [only] sell sth in a set; **ein Produkt ~ herstellen** to mass-produce a product ❷ (*fam: in Mengen*) one after the other
serifenbetont *adj inv* TYPO **~e Antiqua** Slab Serif, Mechanistics *pl*
serifenlos *adj inv* TYPO **~e Antiqua** Sans Serif, Lineals *pl*
seriös I. *adj* ❶ (*ordentlich, gediegen*) respectable; **ein ~er Herr** a respectable gentleman; (*ernst zu nehmend*) serious; **~e Absichten** honourable [*or* AM -orable] intentions
❷ ÖKON (*vertrauenswürdig*) respectable, reputable; **ein ~es Unternehmen** a reputable business
II. *adv* respectably
Seriosität <-> *f kein pl* ❶ (*seriöse Art*) respectability; (*Ernsthaftigkeit*) seriousness
❷ ÖKON (*Vertrauenswürdigkeit*) repute
Sermon <-s, -e> *m* ❶ (*pej fam: langweiliges Gerede*) sermon *pej*, lecture *pej*
❷ (*veraltet: Rede, Predigt*) sermon
seropositiv *adj* seropositive
Serpentine <-, -n> *f* ❶ (*schlangenförmige Straße*) winding road
❷ (*steile Kehre, Windung*) sharp bend; **in ~n** in winds; ***der Weg führte in ~n um den Berg herum*** the road wound [*or* zigzagged] its way around the hill
Serum <-s, Seren *o* Sera> *nt* serum
Server <-s, -> ['sœ:rvɐ] *m* INFORM server
Service[1] <-, -s> ['sœrvɪs] *m* ❶ *kein pl* (*Bedienung, Kundendienst*) service
❷ TENNIS serve
Service[2] <-[s], -> [zɛr'vi:s] *nt* dinner/coffee service
Servicecenter^RR, **Service Center** <-s, -> ['sœrvɪs ˌsentʔəʳ] *nt* service centre [*or* AM -er] **Servicehotline**^RR, **Service-Hotline** ['sœrvɪs 'hɔtlaɪn] *f* TELEK customer service hotline **Servicemarkt** *m* INFORM service market **Servicemodul** *nt* TECH service module **Servicepersonal** *nt* service personnel [*or* staff] **Serviceprovider** <-[s], -> *m* TELEK service provider **Serviceunternehmen** *nt* service company
Servierbrett *nt* tray
servieren* [-vi:-] I. *vt* ■**[jdm] etw ~** to serve sth [to sb]; ***was darf ich Ihnen ~?*** what can I offer you?; ■**sich** *dat* **etw [von jdm] ~ lassen** to have sth served [by sb]
II. *vi* ❶ (*auftragen*) to serve; ***zu Tisch, es ist serviert!*** dinner is served!; ***nach 20 Uhr wird nicht mehr serviert*** there is no waiter service after 8 pm
❷ TENNIS to serve
Serviertisch *m* serving table **Servierwagen** [-vi:-] *m* trolley
Serviette <-, -n> [-vi-] *f* napkin, serviette
Serviettenring [-vi-] *m* napkin ring
servil [zɛr'vi:l] *adj* (*pej geh*) servile
Servilität <-> [-vi-] *f kein pl* (*pej geh*) servility
Servitut *nt* JUR servitude, easement
Servobremse *f* servo [*or* power-assisted] brake **Servolenkung** *f* power steering **Servomotor** *m* servomotor **servounterstützt** *adj inv* AUTO power-assisted
servus *interj* ÖSTERR, SÜDD (*hallo*) hello; (*tschüs*) [good]bye
Sesam <-s, -s> *m* ❶ BOT sesame
❷ (*Samen des ~s*) sesame seed
► WENDUNGEN: **~ öffne dich** (*hum fam*) open sesame
Sesamkrokant *m* sesame brittle
Sessel <-s, -> *m* ❶ (*Polstersessel*) armchair
❷ ÖSTERR (*Stuhl*) chair
Sessellehne *f* [chair] arm **Sessellift** *m* chairlift **Sesselpolsterung** *f* chair upholstery
sesshaft^RR *adj*, **seßhaft** *adj* ❶ (*bodenständig*) settled
❷ (*ansässig*) ■**~ sein** to be resident; ■**~ werden** to settle down; **~e Stämme** settled tribes
Session <-, -s> ['sɛʃən, zɛ'sɪ̯o:n] *f* session
Set <-s, -s> *m o nt* set
Set point <-[s], -s> ['sɛtpɔ̯ynt] *m* MED set point
Set-point-Theorie *f* MED set point theory
Setting <-s, -s> ['setɪŋ] *nt* setting
Set-Top-Box *f* TV (*Decoder für digitales Fernsehen*) set-top box
setzen I. *vt haben* ❶ (*platzieren*) ■**etw ~** to put [*or* place] sth; ■**jdn/etw irgendwohin ~** to put [*or* place] sb/sth somewhere; **ein Gericht auf die Speisekarte ~** to put a dish on the menu; **das Glas an den Mund ~** to put the glass to one's lips; **ein Komma ~** to put a comma; **jdn auf die Liste ~** to put sb on the list; **etw auf die Rechnung ~** to put sth on the bill; **den Topf auf den Herd ~** to place the pot on the stove; **eine Unterschrift unter etw ~** to put a signature to sth, to sign sth
❷ (*festlegen*) ■**etw ~** to set sth; **etw** *dat* **ein Ende ~** to put a stop to sth; **eine Frist ~** to set a deadline; **jdm/etw Grenzen ~** to set limits for sb/sth; **ein Ziel ~** to set a goal
❸ JAGD **einen Hund auf die Fährte ~** to put a dog on a trail
❹ (*bringen*) **etw in Betrieb ~** to set sth in motion; **jdn auf Diät ~** to put sb on a diet; **keinen Fuß vor die Tür ~** to not set foot out of the door
❺ HORT (*pflanzen*) ■**etw ~** to plant [*or* set] sth
❻ (*errichten*) ■**etw ~** to set [*or* put] up sth, to build sth; **[jdm] ein Denkmal ~** to set [*or* put] up [*or* build] a monument [to sb]; **einen Mast ~** to put up a mast; **die Segel ~** to set the sails
❼ (*wetten*) ■**etw [auf jdn/etw] ~** to put [*or* place] [*or* stake] sth [on sb/sth]; **Geld auf jdn/etw ~** to stake [*or* put] money on sb/sth; **seine Hoffnung in [*o* auf] jdn ~** to put [*or* pin] one's hopes on sb; **ein Pfand ~** to pledge sth; **auf ein Pferd ~** to place a bet on a horse; **Zweifel in etw ~** to call sth into question
❽ SPORT **jdn auf 1./2./3. Platz ~** to seed sb first/second/third; **gesetzte Spieler** seeded players; ***die auf Platz 1 gesetzte Spielerin*** the no. 1 seeded player
❾ TYPO ■**etw ~** to set sth
❿ (*sl: spritzen*) ■**etw ~** to inject [*or sl* shoot] sth; **Heroin ~** to shoot Heroin; **einen Schuss ~** (*fam*) to shoot up *fam*; **jdm/sich eine Spritze ~** to give sb/oneself an injection
► WENDUNGEN: **es setzt was** (*fam*) there'll be trouble; *s. a.* **Fall, Kopf, Land, Tagesordnung**
II. *vr haben* ❶ (*sich niederlassen*) ■**sich ~** to sit [down]; **sich ins Auto ~** to get into the car; ***bitte ~ Sie sich doch!*** please sit down!; ■**sich zu jdm ~** to sit next to sb; ***wollen Sie sich nicht zu uns ~?*** won't you join us?; ***setz dich!*** sit down!; (*zu einem Hund*) sit!
❷ (*sich senken*) ■**sich ~** to settle; ***langsam setzt sich der Kaffeesatz*** the coffee grounds are slowly settling; (*durchdringen*) to penetrate; ***der Rauch setzt sich in die Kleider*** smoke gets into your clothes
III. *vi* ❶ *haben* (*wetten*) ■**auf jdn/etw ~** to bet on sb/sth; (*sich auf jdn verlassen*) to rely on sb/sth
❷ *sein o haben* (*springen*) ■**über etw** *akk* **~** to jump over sth
❸ (*überschiffen*) ■**über etw ~** to cross sth; **über den Rhein ~** to cross the Rhine
Setzer(in) <-s, -> *m(f)* typesetter
Setzerei <-, -en> *f* composing room
Setzerin <-, -nen> *f fem form von* **Setzer**
Setzfehler *m* typeset error **Setzkasten** *m* ❶ HORT seed box ❷ TYPO case
Setzling <-s, -e> *m* ❶ HORT seedling
❷ (*junger Fisch*) fry
Setzmaschine *f* typesetting machine, typesetter
Setzriss^RR *m* BAU settlement crack
Setzstufe *f* BAU riser
Seuche <-, -n> *f* ❶ MED (*Epidemie*) epidemic
❷ (*fig: Plage*) plague
Seuchenbekämpfung *f* epidemic control **Seuchenerreger** *m* epidemic agent **Seuchengebiet** *nt* epidemic zone **Seuchenherd** *m* centre [*or* AM -er] of an epidemic **Seuchenmediziner(in)** *m(f)* epidemiologist
seufzen *vi* to sigh; **erleichtert ~** to heave a sigh of

relief
Seufzer <-s, -> *m* sigh; **einen ~ ausstoßen** to heave [*or* to sigh] a sigh; **seinen letzten ~ tun** (*fig fam*) to breathe one's last sigh *fig*
Sevilla <-s> [ze'vɪlja] *nt* Seville
Sex <-[es]> *m kein pl* ❶ (*Sexualität*) sex; **~ zur Kunstform erheben** to elevate sex to an art form ❷ (*sexuelle Anziehungskraft*) sexiness, sex appeal; **~ haben** to be sexy ❸ (*Geschlechtsverkehr*) sex; **~ haben** (*fam*) to have sex
SexappealRR <-s> [-əpi:l] *m*, **Sex-Appeal** <-s> *m kein pl* sex appeal **Sexbombe** *f* bombshell, sex bomb **Sexclub** *m* sex club **Sexfilm** *m* sex film
Sexismus <-> *m kein pl* sexism *no pl*
Sexist(in) <-en, -en> *m(f)* sexist
sexistisch I. *adj* sexist
II. *adv* sexist
Sexobjekt *nt* sex object **Sexorgie** [-ɔrgiə] *f* (*fam*) [sex] orgy **Sexperte** <-n, -n> *m* (*hum*) sexpert **Sexshop** <-s, -s> [-ʃɔp] *m* sex shop
Sexta <-, -ten> *f* SCH (*veraltend*) ❶ (*1. Klasse des Gymnasiums*) *first year of a Gymnasium* ❷ ÖSTERR (*6. Klasse des Gymnasiums*) *sixth year of a Gymnasium*
Sextaner(in) <-s, -> *m(f)* SCH ❶ (*veraltend*) *pupil in the first year of a Gymnasium* ❷ ÖSTERR *pupil in the sixth year of a Gymnasium*
Sextant <-en, -en> *m* sextant
Sexte <-, -n> *f* MUS sixth
Sextelefon *nt kein pl* sex chatline
Sextett <-[e]s, -e> *nt* sextet, sextette BRIT
Sextourismus [-turɪsmʊs] *m* (*fam*) sex tourism
Sexualdelikt *nt* sexual offence, sex crime **Sexualerziehung** *f* sex education **Sexualforscher(in)** *m(f)* sexologist **Sexualforschung** *f* sexology **Sexualhormon** *nt* sex hormone
Sexualität <-> *f kein pl* sexuality
Sexualkunde *f kein pl* sex education **Sexualkundeunterricht** *m* sex education lesson **Sexualleben** *nt kein pl* sex[ual] life **Sexuallockstoff** *m* ZOOL sexual attractant **Sexualmoral** *f* sex morals *pl* **Sexualmord** *m* sex killing [*or* murder] **Sexualobjekt** *nt* sex object **Sexualpartner(in)** *m(f)* SOZIOL sex partner, lover **Sexualstraftat** *f* sexual offence, sex crime **Sexualtäter(in)** *m(f)* sex offender **Sexualtonikum** *nt* sex tonic **Sexualtrieb** *m* sex[ual] drive **Sexualverbrechen** *nt* sex crime **Sexualverbrecher(in)** *m(f)* sex offender **Sexualverhalten** *nt* sexual [*or* mating] behaviour [*or* AM -or] **Sexualwissenschaft** *f kein pl* sexology
sexuell *adj* sexual; **~e Belästigung** sexual harassment
sexy ['sɛksi] *adj inv* (*fam*) sexy *fam*
Seychellen <-> [ze'ʃɛlən] *pl* ■**die ~** the Seychelles *npl*; *s. a.* **Falklandinseln**
Seycheller(in) <-s, -> [ze'ʃɛlɐ] *m(f)* Seychellois; *s. a.* **Deutsche(r)**
seychellisch [ze'ʃɛlɪʃ] *adj* Seychellois, Seychelles AM; *s. a.* **deutsch**
Sezession <-, -en> *f* ❶ POL (*Abspaltung*) secession ❷ KUNST (*Abspaltung einer Künstlergruppe*) disaffiliation
Sezessionskrieg *m* HIST (*in den USA*) ■**der ~** the American Civil War
sezieren* I. *vt* ■**jdn/etw ~** to dissect sb/sth; **eine Leiche ~** to dissect a corpse
II. *vi* to dissect
Seziersaal *m* dissecting room
SFB *m Abk von* **Sender Freies Berlin** Radio Free Berlin
SFOR *f* MIL *Abk von* **Stabilization Force** SFOR
S-förmig *adj* S-shaped
sFr *Abk von* **Schweizer Franken** SFr
SGML INFORM *Abk von* **standard generalized markup language** SGML
SGML-Editor *m* INFORM SGML editor
Sgraffito <-s, -s *o* Sgraffiti> *nt s.* **Graffito**
Shampoo <-s, -s> ['ʃampu, 'ʃampo] *nt* shampoo
shampoonieren* [ʃɛmpu-, ʃampo-] *vt* ■**jdn/etw ~** to shampoo sb/sth; **jdm/sich das Haar ~** to shampoo sb's/one's hair
Shareware <-, -s> ['ʃeə'weə] *f* INFORM shareware
Sheriff <-s, -s> ['ʃɛrɪf] *m* sheriff
Sherry <-s, -s> ['ʃɛri] *m* sherry
Sherryessig *m* sherry vinegar
Shetlandpony ['ʃɛtlænd-] *nt* Shetland pony, sheltie
Shiitakepilz *m* BOT (*japanischer Zuchtpilz*) shiitake [mushroom]
Shirt <-s, -s> [ʃøːɐ̯t] *nt* shirt
Shooting <-s, -s> ['ʃu:tɪŋ] *nt* (*Fototermin*) photocall
shoppen *vi* (*sl*) to shop
Shopping <-s> ['ʃɔpɪŋ] *nt kein pl* shopping
ShoppingmallRR <-, -s> [ʃɔpɪŋmɔ:l] *f* shopping mall
Shorts [ʃo:ɐ̯ts, ʃɔrts] *pl* pair of shorts, shorts *npl*
Show <-, -s> [ʃo:] *f* show; **eine ~ abziehen** (*sl*) to put on a show *fam*; **eine ~ machen** to make a show [of sth]; **jdm die ~ stehlen** (*fam*) to steal the show from sb
ShowbusinessRR <-> ['ʃo:'bɪznɪs] *nt kein pl* show business
Showdown <-[s], -s> *m* showdown
Showeinlage ['ʃo:-] *f* supporting show; (*Zwischenspiel*) interlude **Showfigur** *f* (*pej*) plaything of the media **Showgeschäft** *nt kein pl* show business **Showmaster** <-s, -> [-ma:stɐ] *m* compère BRIT **Showprogramm** *nt* THEAT show **Showroom** <-s, -s> [-ru:m] *m* showroom
Shuttle <-s, -s> [ʃʌtl] *nt* shuttle
Siam <-s> *nt* Siam
siamesisch *adj* Siamese; *s. a.* **Zwilling**
Siamkatze *f* Siamese cat
Sibirer(in) <-s, -> *m(f)* Siberian
Sibirien <-s> [zi'bi:riən] *nt* Siberia
sibirisch *adj* Siberian; *s. a.* **Kälte**
sibyllinisch *adj* (*geh*) sibylline, sibyllic
sich *pron refl* ❶ *im akk* oneself; ■**er/sie/es ... ~** he/she/it ... himself/herself/itself; ■**Sie ... ~** you ... yourself/yourselves; ■**sie ... ~** they ... themselves; ***er sollte ~ da heraushalten*** he should keep out of it; ***man fragt ~, was das soll*** one asks oneself what it's all about; **~ freuen** to be pleased; **~ gedulden** to be patient; **~ schämen** to be ashamed of oneself; **~ wundern** to be surprised ❷ *im dat* one's; **~ etw einbilden** to imagine sth; **~ etw kaufen** to buy sth for oneself; ***die Katze leckte ~ die Pfote*** the cat licked its paw; *s. a.* **an, kommen, von** ❸ *pl* (*einander*) each other, one another; **~ lieben/hassen** to love/hate each other; **~ küssen** to kiss each other; **~ prügeln** to beat each other ❹ *unpersönlich* ***hier arbeitet es ~ gut*** it's good to work here; ***das Auto fährt ~ prima*** the car drives well; ***das lässt ~ schlecht in Worten ausdrücken*** that's difficult to put into words ❺ *mit Präposition* **die Schuld bei ~ suchen** to blame oneself; **wieder zu ~ kommen** (*fam*) to regain consciousness, to come round; **jdn mit zu ~ nehmen** to take sb to one's house; **nicht ganz bei ~ sein** (*fam*) to not be quite with it *fam*; **etw von ~ aus tun** to do sth of one's own accord; **etw für ~ tun** to do sth for oneself; ***er denkt immer nur an ~*** he only ever thinks of himself; ***er hat etwas an ~, das mir nicht gefällt*** (*fam*) there's something about him that I don't like
Sichel <-, -n> *f* ❶ AGR sickle ❷ (*sichelförmiges Gebilde*) crescent; **die ~ des Mondes** the crescent of the moon
sichelförmig *adj inv* crescent-[*or* sickle-]shaped
Sichelzellenanämie *f* MED (*krankhafte Veränderung der roten Blutkörperchen*) sickle-cell anaemia
sicher I. *adj* ❶ (*gewiss*) certain, sure; **ein ~er Gewinn/Verlust** a sure [*or* certain] win/loss; **eine ~e Zusage** a definite confirmation; ■**~ sein** to be certain, to be for sure, to be a sure thing; ■**~ sein, dass/ob ...** to be certain that/as to whether ...; ■**etwas S~es** something certain; ■**sich** *dat* **~ sein, dass ...** to be sure [*or* certain] that ...; ■**sich** *dat* **einer S./seiner Sache** *gen* **~ sein** to be sure of sth/of what one is doing/saying; ■**sich** *dat* **seiner selbst ~ sein** to be sure of oneself; **so viel ist ~** that much is certain ❷ (*ungefährdet*) safe; **eine ~e Anlage** a secure investment; **ein ~er Arbeitsplatz** a steady job; ■**~ [vor jdm/etw] sein** to be safe [from sb/sth]; **~ ist ~** you can't be too careful ❸ (*zuverlässig*) reliable; **~er Beweis** definite [*or* reliable] proof; **eine ~e Methode** a foolproof method; **etw aus ~er Quelle haben** [*o* **wissen**] to have [*or* know] sth from a reliable source ❹ (*geübt*) competent; **ein ~es Händchen für etw haben** (*fam*) to have a knack for sth; **ein ~er Autofahrer** a safe driver; **ein ~es Urteil** a sound judgement; **ein ~er Schuss** an accurate [*or* good] shot ❺ (*selbstsicher*) self-confident, self-assured; **ein ~es Auftreten haben** to appear/be self-confident; *s. a.* **Quelle**
II. *adv* surely; ***du hast ~ recht*** you are certainly right, I'm sure you're right; ***es ist ~ nicht das letzte Mal*** this is surely not the last time; [**aber**] **~!** [*o* **~ doch!**] (*fam*) of course!, sure!
sicher|gehen *vi irreg sein* to make sure; ■**~, dass ...** to make sure that ...; ***um sicherzugehen, dass ich da bin, ruf vorher an!*** ring me first to be [*or* make] sure that I'm there
Sicherheit <-, -en> *f* ❶ *kein pl* (*gesicherter Zustand*) safety; **die öffentliche ~** public safety; **soziale ~** social security; **etw/jdn/sich in ~ bringen** to get sth/sb/oneself to safety; [**irgendwo**] **in ~ sein** to be safe [somewhere]; **sich in ~ wiegen** [*o* **wähnen**] to think oneself safe; **jdn in ~ wiegen** to lull sb into a false sense of security; **der ~ halber** to be on the safe side, in the interests of safety ❷ *kein pl* (*Gewissheit*) certainty; **mit an ~ grenzender Wahrscheinlichkeit** almost certainly; **mit ~** for certain; ***ich kann es nicht mit letzter ~ sagen*** I can't be one hundred per cent sure about that ❸ *kein pl* (*Zuverlässigkeit*) reliability; **von absoluter ~ sein** to be absolutely reliable; *eines Urteils* soundness ❹ *kein pl* (*Gewandtheit*) skilfulness, competence; **~ im Auftreten** assured manner ❺ FIN (*Kaution*) surety, security, collateral; **dingliche ~** security in rem; **ursprüngliche/zusätzliche ~** original/additional security; **eine ~ freigeben** to release a security; **~ leisten** [*o* **geben**] to offer security; JUR to stand bail; **~ für eine Forderung** security for a debt; **Darlehen gegen ~** loan against collateral
Sicherheitsabstand *m* safe distance **Sicherheitsalarm** *m* security alarm **Sicherheitsarrest** *m* JUR preventive custody **Sicherheitsausschuss**RR *m* (*selten*) security committee **Sicherheitsbeamte(r)**, **-beamtin** *m, f* security officer **Sicherheitsbehörde** *f* security service **Sicherheitsbelange** *pl* security interests *pl* **Sicherheitsberater(in)** *m(f)* safety advisor **Sicherheitsbescheid** *m* JUR security clearance **Sicherheitsbestimmung** *f* safety regulation **Sicherheitsbindung** *f* safety binding **Sicherheitsdienst** *m* security service **Sicherheitsexperte, -expertin** *m, f* safety expert **Sicherheitsgarantie** *f* safety guarantee **Sicherheitsglas** *nt* safety glass **Sicherheitsgründe** *pl* **aus ~n** for safety reasons **Sicherheitsgurt** *m* safety [*or* seat] belt **sicherheitshalber** *adv* to be on the safe side **Sicherheitskette** *f* safety chain **Sicherheitsklausel** *f* JUR escape [*or* savings] clause **Sicherheitskontrolle** *f* security check **Sicherheitskonzept** *nt* safety concept **Sicherheitskopie** *f* INFORM security copy, back-up **Sicherheitskraft** *f meist pl* member of security; ■**Sicherheitskräfte** security [staff] + *sing/pl vb*; ■**eine ~/Sicherheitskräfte sein** to be [from] security **Sicherheitsleistung** *f* JUR (*Kaution*) bail, judicial bond; **~ im Zivilprozess** civil bail; **eine ~ anordnen/ablehnen** to grant/refuse bail; **eine ~ verfallen lassen** to abscond bail **Sicherheitslücke** *f* security breach,

S

gap [*or* loophole] in security **Sicherheitsmann** <-s, -leute *o* -männer> *m* security man; ■**Sicherheitsleute** security [staff] + *sing/pl vb;* ■**ein ~ sein** to be a security man [*or* [from] security] **Sicherheitsmarge** *f* safety margin **Sicherheitsmaßnahme** *f* safety [*or* security] measure [*or* precaution] **Sicherheitsmechanismus** *m* safety mechanism **Sicherheitsnadel** *f* safety pin **Sicherheitspedal** *nt* safety pedal **Sicherheitspolitik** *f kein pl* security policy **sicherheitspolitisch** *adj* relating to security policy *pred,* security policy *attr* **Sicherheitsrat** *m kein pl* security council **Sicherheitsriegel** *m* BAU safety latch **Sicherheitsrisiko** *nt* security risk **Sicherheitsrücklage** *f* FIN contingency reserve **Sicherheitsschloss**RR *nt* safety lock **Sicherheitssoftware** *f* security software **Sicherheitsstandard** *m* safety standard **Sicherheitssystem** *nt* security system, system of security **Sicherheitstürgitter** *nt* safety gate **Sicherheitsüberprüfung** *f* safety [*or* security] check **Sicherheitsventil** *nt* safety valve **Sicherheitsverschluss**RR *m* safety catch **Sicherheitsvorkehrung** *f* security [*or* safety] precaution **Sicherheitsvorschrift** *f meist pl* safety regulation **Sicherheitswacht** *f meist sing* security *no pl* **Sicherheitswächter, -wächterin** *m, f* security guard **Sicherheitszone** *f* security [*or* safety] zone

sicherlich *adv* surely

sichern *vt* ❶ (*schützen*) ■**etw [durch** [*o* **mit**] **etw]** [**gegen etw**] ~ to safeguard sth [with sth] [from sth]; **die Grenzen/den Staat** ~ to safeguard the borders/state
❷ (*mit der Sicherung versehen*) **eine Schusswafe** ~ to put on a safety catch on a firearm; **die Tür/Fenster** ~ to secure the door/windows
❸ (*absichern*) ■**jdn/etw** ~ to protect sb/sth; ■**sich [durch etw] [gegen etw]** ~ to protect oneself [with sth] [against sth]; **einen Bergsteiger mit einem Seil** ~ to secure [*or* belay] a climber with a rope; **den Tatort** ~ to secure the scene of the crime; ■**gesichert sein** to be protected
❹ (*sicherstellen, verschaffen*) ■**etw** ~ to secure sth; **ein Vorkaufsrecht** ~ to secure an option to buy; **einen Sieg** ~ to secure a victory
❺ INFORM ■**etw** ~ to save sth; **Daten** ~ to save data
❻ (*sicherstellen, garantieren*) ■[**jdm/sich**] **etw** ~ to secure sth [for sb/oneself]; ***die Verfassung sichert allen Bürgern die Menschenrechte*** the constitution guarantees all citizens human rights

sicher|stellen *vt* ❶ (*in Gewahrsam nehmen*) ■**etw** ~ to safekeep [*or* confiscate] sth; **die Beute** ~ to confiscate the loot
❷ (*garantieren*) ■**etw** ~ to guarantee [*or* safeguard] sth

Sicherstellung *f* ❶ (*das Sicherstellen*) safekeeping, confiscation
❷ (*das Garantieren*) guarantee, safeguard
❸ JUR security, safeguarding

Sicherung <-, -en> *f* ❶ (*das Sichern, Schützen*) securing, safeguarding; **zur ~ meiner Existenz** to safeguard my existence; ~ **des Friedens** safeguarding peace; ~ **des Unfallortes** securing the scene of the accident; ~ **der Arbeitsplätze** ÖKON safe working conditions
❷ ELEK fuse; ***die ~ ist durchgebrannt/herausgesprungen*** the fuse has blown
❸ (*Schutzvorrichtung*) safety catch
❹ INFORM back-up; ~ **auf Band** tape back-up
▶ WENDUNGEN: **jdm brennt die ~ durch** (*fam*) sb blows a fuse

Sicherungsabtretung *f* JUR assignment for security **Sicherungsarbeiten** *pl* work on safeguarding **Sicherungsbeschlagnahme** *f* JUR attachment by way of security **Sicherungseigentum** *nt* ownership by way of security, equitable lien **Sicherungsgegenstand** *m* FIN, JUR collateral **Sicherungsgrundschuld** *f* JUR land charge serving as collateral **Sicherungsgut** *nt* JUR property serving as security **Sicherungshaft** *f kein pl* JUR precautionary detention, remand in custody **Sicherungshypothek** *f* FIN covering [*or* claim-securing] mortgage **Sicherungskasten** *m* fuse box **Sicherungskauf** *m* BÖRSE hedge buying, hedging operation **Sicherungskäufe** *pl* BÖRSE hedge buying **Sicherungskopie** *f* INFORM back-up [*or* AM dump] copy; ~ **einer Datei erstellen** to back-up a file **Sicherungsrecht** *nt* JUR charging lien **Sicherungsscheibe** *f* internal tooth lock washer **Sicherungssystem** *nt* back-up system **Sicherungstreuhand** *f* JUR trust for purpose of security **sicherungsübereignen*** *vt* JUR ■**jdm etw** ~ to assign sth to sb as security **sicherungsübereignet** *adj* JUR pledged [as security] **Sicherungsübereignung** *f* JUR collateral assignment, chattel mortgage; **die ~ aufheben** to release from trust **Sicherungsübereignungsvertrag** *m* JUR (*Vereinbarung*) security agreement; (*Dokument*) bill of sale BRIT, trust receipt AM **Sicherungsübergang** *f* FIN devolution [*or* transfer] of security **Sicherungsverfahren** *nt* JUR confinement proceedings *pl* **Sicherungsverwahrung** *f* JUR preventive detention [*or* custody]; **Unterbringung in der ~** commitment to an institution of protective custody **Sicherungsvollstreckung** *f* JUR provisional attachment **Sicherungszession** *f* JUR fiduciary assignment **Sicherungszieher** <-s, -> *m* fuse puller

Sicht <-, *selten* -en> *f* ❶ (*Aussicht*) view; **eine gute/schlechte ~ haben** to have a good/poor view; ***du nimmst mir die ~*** you're in my way, you're blocking my view; (*klare Sicht*) visibility; ***die ~ beträgt heute nur 20 Meter*** visibility is down to 20 metres today; **auf kurze/mittlere/lange ~** (*fig*) in the short term/midterm/long term; **nach ~ fliegen** to fly without instruments; **außer ~ sein** to be out of sight; **in ~ sein** to be in [*or* come into] sight; ***Land in ~!*** land ahoy!; **etw ist in ~** (*fig*) sth is on the horizon *fig*
❷ (*Ansicht, Meinung*) [point of] view; **aus jds ~** from sb's point of view
❸ ÖKON (*Vorlage*) **auf** [*o* **bei**] [*o* **nach**] ~ at sight; **bei ~ fällig werden** to mature upon presentation; **bei ~ zahlen** to pay at sight

sichtbar *adj* (*mit den Augen wahrnehmbar*) visible; **gut/nicht/kaum/schlecht ~ sein** to be well/not/hardly/poorly visible; (*erkennbar, offensichtlich*) apparent; ■[**für jdn**] ~ **sein** to be apparent [to sb]

Sichtbeton *m* BAU exposed concrete **Sichtblende** *f* screen; (*Jalousie*) blind **Sichteinlage** *f* FIN demand [*or* sight] deposit

sichten *vt* ❶ (*ausmachen*) ■**etw** ~ to sight sth; **die Küste/einen Eisberg** ~ to sight the coast/an iceberg; **Wild** ~ to spot game; ■**jdn** ~ to spot sb *fam*
❷ (*durchsehen*) ■**etw** ~ to look through sth; **die Akten** ~ to look through [*or* inspect] the files

Sichtfenster *nt* TECH [observation] window; **ein Backofen mit ~** an oven with a glass[-panelled [*or* AM paneled]] door **Sichtflug** *m* contact flight **Sichtfuge** *f* BAU exposed joint **Sichtgerät** *nt* monitor **Sichtgrenze** *f* limit of visibility **Sichthülle** *f* clear plastic pocket

sichtlich *adj* obvious, visible; ~ **beeindruckt sein** to be visibly impressed **Sichtmappe** *f* clear plastic folder **Sichtmauerwerk** *nt* BAU exposed masonry **Sichtschutz** *m kein pl* partition (*ensuring privacy*); (*zwischen Bürotischen a.*) modesty panel **Sichtschutzgitter** *nt* BAU protective screen **Sichttratte** *f* FIN sight draft

Sichtung <-, -en> *f* ❶ *kein pl* (*das Sichten*) sighting ❷ (*Durchsicht*) looking through, sifting; **die ~ des Materials** sifting through the material **Sichtverbindlichkeiten** *pl* FIN sight [*or* demand] liabilities **Sichtverhältnisse** *pl* visibility *no pl;* **gute / schlechte ~** good/poor visibility **Sichtvermerk** *m* (*geh*) visa [stamp]; *Wechsel* endorsement **Sichtwechsel** *m* FIN demand bill **Sichtweise** *f* way of looking at things, point of view **Sichtweite** *f* visibility; **außer/in ~ sein** to be out of/in sight; ***die ~ beträgt 100 Meter*** visibility is 100 metres

Sickbuildingsyndrom ['sɪkbɪldɪŋ-] *nt* MED sick building syndrome

Sickergrube *f* soakaway BRIT, recharge basin AM

sickern *vi sein* (*rinnen*) ■**aus etw** *akk*/**durch etw** *akk* ~ to seep from sth/through sth; ***das Wasser sickert in den Boden*** water seeps into the ground; ***vertrauliche Informationen ~ immer wieder in die Presse*** (*fig*) confidential information is constantly leaked out to the press

Sickerschacht *m* soakaway **Sickerwasser** *nt kein pl surface water seeping through the ground* **Sickerwassertank** *m* seepage tank

Sideboard <-s, -s> *nt* sideboard

sie *pron pers, 3. pers.* ❶ <*gen* **ihrer,** *dat* **ihr,** *akk* **sie**> *sing* she; ~ ***ist es!*** it's her!; (*weibliche Sache bezeichnend*) it; ***ich habe meine Jacke gesucht, konnte ~ aber nicht finden*** I looked for my jacket but couldn't find it; (*Tier bezeichnend*) it; (*bei weiblichen Haustieren*) she
❷ <*gen* **ihrer,** *dat* **ihnen,** *akk* **sie**> *pl* they; ~ ***wollen heiraten*** they want to get married

Sie1 <*gen* **Ihrer,** *dat* **Ihnen,** *akk* **Sie**> *pron pers, 2. pers. sing o pl, mit 3. pers. pl vb gebraucht* ❶ (*förmliche Anrede*) you; ***könnten ~ mir bitte die Milch reichen?*** could you pass me the milk, please?
❷ (*förmliche Aufforderung*) ***kommen ~, ich zeige es Ihnen!*** come on, I'll show you!; ***~! was fällt Ihnen ein!*** Sir/Madam! what do you think you're doing!

Sie2 <-s> *nt kein pl* ***die Anrede mit „~"*** polite form of address using "Sie"; **jdn mit ~ anreden** to address sb "Sie"; **zu etw muss man ~ sagen** (*hum fam*) *sth is so good that it must be treated with respect*

Sie3 *f kein pl* (*fam*) ■**eine ~** a female; ***der Hund ist eine ~*** the dog is female

Sieb <-[e]s, -e> *nt* ❶ (*Küchensieb*) sieve; (*größer*) colander; (*Kaffeesieb, Teesieb*) strainer
❷ BAU riddle
❸ TECH (*Filtersieb*) filter; *s. a.* **Gedächtnis**

Siebdeckel *m* perforated pan lid (*for straining cooking liquids off food*) **Siebdruck** *m* ❶ *kein pl* (*Druckverfahren*) [silk-]screen printing ❷ (*Druckerzeugnis*) [silk-]screen print **Siebeinsatz** *m* KOCHK steamer insert

sieben1 *adj* seven; *s. a.* **acht**1, **Weltwunder**

sieben2 **I.** *vt* ❶ (*durchsieben*) ■**etw** ~ to sieve sth, to pass sth though a sieve; **nach Gold** ~ to screen for gold
❷ (*fam: aussortieren*) ■**jdn/etw** ~ to pick and choose sth/sb; **Material** ~ to select material; **Bewerber** ~ to weed out applicants
II. *vi* (*fam*) to pick and choose *fam,* to be selective

Sieben <-, – *o* -en> *f* ❶ (*Zahl*) seven
❷ KARTEN seven; *s. a.* **Acht**1 **4**
❸ (*Verkehrslinie*) ■**die ~** the [number] seven

Siebenbürgen <-s> *nt* Transylvania

siebeneinhalb *adj* ❶ (*Bruchzahl*) seven and a half, seven-and-a-half *attr*
❷ (*fam: 7500 DM*) seven-and-a-half grand *fam* [*or* AM *sl* G's] + *sing vb; s. a.* **anderthalb**

siebenerlei *adj inv, attr* seven [different]; *s. a.* **achterlei**

siebenfach, 7fach I. *adj* sevenfold; **die ~e Menge nehmen** to take seven times the amount; **in ~er Ausfertigung** in septuplicate *form*
II. *adv* seven times, sevenfold

Siebenfache, 7fache *nt dekl wie adj* seven times the amount; *s. a.* **Achtfache**

Siebengebirge <-s> *nt* Siebengebirge

Siebengestirn <-[e]s> *nt kein pl* ASTRON Seven Sisters *npl,* Pleiades *npl*

siebenhundert *adj* seven hundred; *s. a.* **hundert**

siebenhundertjährig *adj* seven-hundred-year-old *attr;* **~es Bestehen/~e Herrschaft** seven hundred years' [*or* years of] existence/rule **siebenjährig, 7-jährig**RR *adj* ❶ (*Alter*) seven-year-old *attr,* seven years old *pred; s. a.* **achtjährig 1**
❷ (*Zeitspanne*) seven-year *attr; s. a.* **achtjährig 2** **Siebenjährige(r), 7-Jährige(r)**RR *f(m) dekl wie adj* seven-year-old **siebenköpfig** *adj* seven-person

attr; s. a. **achtköpfig siebenmal** *adv* seven times; *s. a.* **achtmal siebenmalig** *adj* seven times; *s. a.* **achtmalig Siebenmeilenstiefel** *pl* ▶ WENDUNGEN: ~ **anhaben** to have got one's seven-league boots on; **mit ~n gehen** to walk with giant strides **Siebenmeter** *m* SPORT penalty **Siebenmeterbrett** *nt* seven-metre [*or* AM -er] [diving] platform **Siebenmonatskind** *nt* MED seven-month baby **Siebensachen** *pl* (*fam*) things, belongings, stuff *fam;* ■**jds** ~ sb's things [*or* belongings] [*or fam* stuff] **Siebenschläfer** *m* ❶ ZOOL fat [*or* edible] dormouse ❷ (*veraltend fam*) late riser **siebentausend** *adj* ❶ (*Zahl*) seven thousand; *s. a.* **tausend 1** ❷ (*fam: 7000 DM*) seven grand *no pl,* seven thou *no pl sl,* seven G's [*or* K's] *no pl* AM *sl* **Siebentausender** *m* mountain over 7,000 metres [*or* AM meters]

siebente(r, s) *adj* (*geh*) *s.* **siebte(r, s)**

Siebentel <-s, -> *nt s.* **Siebtel**

siebentens *adv* (*geh*) *s.* **siebtens**

Siebseite *f* (*Papier*) wire side

siebte(r, s) *adj* ❶ (*nach dem sechsten kommend*) seventh; *s. a.* **achte(r, s) 1**
❷ (*Datum*) seventh, 7th; *s. a.* **achte(r, s) 2**

Siebte(r) *f(m) dekl wie adj* ❶ (*Person*) seventh; *s. a.* **Achte(r) 1**
❷ (*bei Datumsangaben*) **der ~/am Siebten** (*geschrieben:*), **der 7./am 7.** the seventh/on the seventh; (*geschrieben:*) the 7th/on the 7th; *s. a.* **Achte(r) 2**
❸ (*Namenszusatz*) **Karl der** ~ (*geschrieben:*), **Karl VII.** Charles the Seventh; (*geschrieben:*) Charles VII

Siebtel <-s, -> *nt* seventh

siebtens *adv* seventhly

Siebtuch *nt* cheese [*or* straining] cloth

siebzehn *adj* seventeen; *s. a.* **acht**[1]

siebzehnte(r, s) *adj* seventeenth; *s. a.* **achte(r, s)**

Siebzehntel <-s, -> *nt* seventeenth; *s. a.* **Achtzehntel**

siebzig *adj* seventy; *s. a.* **achtzig 1, 2**

Siebzig <-, -en> *f* seventy

siebziger, 70er *adj attr, inv* **der ~ Bus** the number seventy bus; ■**die ~ Jahre** the seventies [*or* 70s]; *s. a.* **achtziger**

Siebziger[1] <-s, -> *m* 1970/1870 vintage

Siebziger[2] <-, -> *f* (*fam: Briefmarke*) seventy-pfennig stamp

Siebziger[3] *pl* ■**die** ~ the seventies [*or* 70s]; **in den ~n sein** to be in one's seventies; *s. a.* **Achtziger**[3]

Siebziger(in) <-s, -> *m(f)* ❶ (*Mensch in den Siebzigern*) septuagenarian *form*
❷ *s.* **Siebzigjährige(r)**

Siebzigerjahre *pl* (*Jahrzehnt*) **in den ~n** in the seventies; ■**die** ~ (*Lebensjahrzehnt*) one's seventies **siebzigjährig, 70-jährig**[RR] *adj attr* ❶ (*Alter*) seventy-year-old *attr,* seventy [years old] *pred*
❷ (*Zeitspanne*) seventy-year **Siebzigjährige(r), 70-Jährige(r)**[RR] *f(m) dekl wie adj* seventy-year-old, septuagenarian *form*

siebzigste(r, s) *adj* seventieth; *s. a.* **achte(r, s)**

Siebzigstel <-s, -> *nt* seventieth; *s. a.* **Achtzigstel**

siech *adj* (*geh*) ailing *attr;* (*von Mensch a.*) infirm; ■~ **sein/werden** to be/become infirm

Siechtum <-[e]s> *nt kein pl* (*geh*) infirmity, lingering illness, malady *dated form*

siedeln *vi* to settle

sieden <siedete *o* sott, gesiedet *o* gesotten> *vi* to boil; **etw zum S~ bringen** to bring sth to the boil ▶ WENDUNGEN: **jdn [mit etw** *dat*] **zum S~ bringen** to drive sb mad [with sth]; **~d heiß** (*fam*) boiling [*or* scalding] hot; ***es ist mir ~ heiß eingefallen, dass ...*** (*fig fam*) I remembered in a flash that ... *fam*

siedend *adj inv* **~e Hitze** scalding heat; ~ **heiß** boiling hot

Siedepunkt *m* (*Kochpunkt*) boiling point; (*Höhepunkt*) boiling point **Siedewasserreaktor** *m* boiling-water reactor, BWR

Siedfleisch *nt* DIAL boiling meat

Siedler(in) <-s, -> *m(f)* settler

Siedlung <-, -en> *f* ❶ (*Wohnhausgruppe*) housing estate
❷ (*Ansiedlung*) settlement

Siedlungsgebiet *nt* HIST area of settlement, settled region **Siedlungsgesellschaft** *f* HANDEL housing association [*or* cooperative]

Sieg <-[e]s, -e> *m* ❶ (*Erfolg*) victory, triumph (**über** +*akk* over); **etw** *dat* **zum ~ verhelfen** to help sth to triumph, to make sth triumph
❷ (*militärischer Erfolg*) victory (**über** +*akk* over); **den ~ davontragen** [*o geh* **erringen**] to be victorious
❸ (*sportlicher Erfolg*) win, victory (**über** +*akk* over); **jdn um den ~ bringen, jdn den ~ kosten** to cost sb his/her victory [*or* win]; **den ~ [in etw** *dat*] **davontragen** [*o geh* **erringen**] to be the winner/winners [in sth]; **um den ~ kämpfen** to fight for victory

Siegel <-s, -> *nt* seal; *Behörde* stamp, seal; (*privates a., kleineres*) signet; **das ~ aufbrechen** to break the seal; **das ~ auf etw** *akk* **setzen** to affix the/one's seal to sth; **das ~ am Schluss von etw setzen** to append the/one's seal to sth; **etw mit einem ~ versehen** to affix a seal to sth, to seal sth ▶ WENDUNGEN: **unter dem ~ der Verschwiegenheit** under pledge [*or* the seal] of secrecy; *s. a.* **Brief, Buch**

Siegelbruch *m* JUR breaking official seals **Siegellack** *m* sealing wax

siegeln *vt* ■**etw** ~ to affix a seal to sth, to seal sth

Siegelring *m* signet ring

siegen *vi* ❶ ■[**bei etw** *dat*/**in etw** *dat*] ~ to be the victor [at sth/in sth] *form;* MIL to triumph [*or* be victorious] [at/in sth]; ■**über jdn** ~ to vanquish [*or* triumph over] sb
❷ SPORT to win [sth]; **bei einem Wettbewerb** ~ to win a competition, to carry the day *form;* **haushoch** ~ to have a crushing victory, to win hands down; **nur knapp** ~ to scrape a win; ■**über jdn** ~ to beat [*or* win against] sb

Sieger(in) <-s, -> *m(f)* ❶ MIL victor; **als ~ aus etw hervorgehen** to emerge victorious [*or* as the victor[s]] from sth
❷ SPORT winner; **der zweite** ~ the runner-up; ~ **sein** to be the winner, to have won; ~ **nach Punkten/durch K.o.** (*Boxen*) to win on points/by a knockout; **[in etw** *dat*] ~ **bleiben** to remain the winner [*or* champion] [of sth]; (*Boxen a.*) to have successfully defended one's title [in sth]; **als ~ aus etw** *dat* **hervorgehen** to win sth, to be the winner of sth

Siegerehrung *f* SPORT presentation ceremony

Siegerin <-, -nen> *f fem form von* **Sieger**

Siegermacht *f* victorious power **Siegerpodest** *nt* winners' [*or* victory] rostrum **Siegerpose** *f* victory pose **Siegerstraße** *m* road to victory **Siegertreppchen** *nt* [medallists' [*or* AM medalists']] podium **Siegerurkunde** *f* SPORT winner's certificate

siegesbewusst[RR] *adj s.* **siegessicher Siegesfreude** *f* joy over a/the victory **siegesgewiss**[RR] *adj* (*geh*) *s.* **siegessicher Siegesgöttin** *f* goddess of victory, Victory *no art liter* **Siegeskranz** *m* victor's wreath [*or* laurels] *npl* **Siegesrausch** *m* thrill of victory **siegessicher I.** *adj* certain [*or* assured] [*or* sure] of victory *pred;* **ein ~es Lächeln** a confident smile; ■~ **sein** to be certain [*or* assured] [*or* sure] of victory [*or* winning] **II.** *adv* certain [*or* assured] [*or* sure] of victory; ~ **lächelnd** with a confident smile **Siegeszug** *m* MIL triumphal march; (*fig: gewaltiger Erfolg*) triumph

siegreich I. *adj* ❶ MIL victorious, triumphant
❷ SPORT winning *attr,* successful
II. *adv* in triumph; ~ **heimkehren** to return triumphant [*or* in triumph]; ~ **aus etw** *dat* **hervorgehen** to emerge triumphant from sth

sieh, siehe (*geh*) *imper sing von* **sehen**

Siel <-[e]s, -e> *nt o m* NORDD sluice, floodgate

Sierra Leone <-s> *nt* Sierra Leone; *s. a.* **Deutschland**

Sierra-Leoner(in) <-s, -> *m(f)* Sierra Leonean; *s. a.* **Deutsche(r)**

sierra-leonisch *adj* Sierra Leonean; *s. a.* **deutsch**

Sievert <-s, -> *nt* PHYS sievert, Sv

siezen *vt* ■**jdn/sich** ~ to use the formal term of address to sb/each other, to address sb/each other as "Sie"

Sigel <-s, -> *nt* ❶ (*beim Stenographieren*) grammalogue [*or* AM -og] *spec,* logogram *spec*
❷ (*Abkürzung für Buchtitel*) short form, abbreviation

sigeln *vt* (*fachspr*) ■**etw** ~ to give sth an abbreviation; ■**etw mit etw** ~ to give sth the abbreviation sth

Sightseeing <-s> ['saitsi:ɪŋ] *nt* sightseeing *no art;* ~ **machen** to do some sightseeing

Sigle <-, -n> *f s.* **Sigel**

Signal <-s, -e> *nt* ❶ (*Zeichen*) signal; **das ~ zum Angriff/Start** the signal for the attack/start; **[mit etw** *dat*] **[ein] ~ geben** to give a/the signal [with sth]; **mit der Hupe [ein] ~ geben** to sound the horn [as a/the signal]; **~e aussenden** to transmit signals
❷ BAHN signal; **ein ~ überfahren** to pass a signal at danger, to overrun a signal
❸ *pl* (*geh: Ansätze*) signs; **[durch etw** *akk* [*o* **mit etw** *dat*]] **~e [für etw** *akk*] **setzen** (*geh*) to blaze a trail [for sth] [with sth]
❹ TELEK signal; **analoges** ~ analogue [*or* AM -og] signal

Signalanlage *f* signals *pl* **Signalarm** *m* BAHN signal [*or* semaphore] arm **Signalball** *m* NAUT signal ball **Signalfarbe** *f* bright, easily visible colour [*or* AM -or] **Signalfeuer** *nt* signal fire, balefire **Signalflagge** *f* signal flag

signalisieren* *vt* ❶ (*durch Signale übermitteln*) ■[**jdm**] **etw** ~ to signal sth [to sb]
❷ (*geh: zu verstehen geben*) ■**jdm ~, dass ...** to give sb to understand that ...

Signallampe *f* ❶ (*Taschenlampe*) signalling [*or* AM signaling] lamp ❷ BAHN signal lamp **Signalleuchte** *f* signal lamp **Signallicht** *nt* signal [*or* warning] light **Signalmast** *m* signal mast [*or* post] **Signalpfeife** *f* signalling [*or* AM signaling] whistle **Signalpistole** *f* Very pistol **Signalrakete** *f* signal rocket **Signalscheibe** *f* BAHN signal disc **Signalschuss**[RR] *m* signal shot **Signalstab** *m* BAHN signalling [*or* AM signaling] disc **Signaltechnik** *f* signalling BRIT, signaling AM **Signalton** *m* signal tone; (*Warnton*) warning tone **Signaltuch** *nt* LUFT signal panel **Signalwirkung** *f* signal

Signatar(in) <-s, -e> *m(f)* JUR (*veraltet geh*) signatory (+*gen* to)

Signatur <-, -en> *f* ❶ (*in der Bibliothek*) shelf mark, classification number
❷ (*Kartenzeichen*) symbol
❸ (*geh: Unterschrift*) signature
❹ INFORM signature

Signaturschlüssel *m* INFORM signature key

Signet <-s, -s> [zɪn'je:, zɪ'gnɛt] *nt* ❶ VERLAG printer's [*or* publisher's] mark; (*allgemein*) logo
❷ INFORM signet

signieren* *vt* ■**etw** ~ to sign sth; (*bei einer Autogrammstunde*) to autograph sth; ■**signiert** signed, autographed

Signierung <-, -en> *f* signing; (*bei einer Autogrammstunde*) autographing

signifikant *adj* (*geh*) ❶ (*bedeutsam*) significant
❷ (*charakteristisch*) characteristic, typical

Sikh <-s, -s> *m* Sikh

Silbe <-, -n> *f* syllable; **eine kurze/lange** ~ a short/long syllable; **auf etw** *akk* **mit keiner ~ eingehen** to not go into sth, to not say a word about sth; **etw mit keiner ~ erwähnen** not to mention sth at all, not to breathe [*or* say] a word about sth; **keine** ~ not one word; ***ich verstehe keine*** ~ I can't hear a word

Silbenkreuzworträtsel *nt puzzle involving combining syllables to form words* **Silbenrätsel** *nt word game in which words are made up from a given list of syllables* **Silbentrennprogramm** *nt* hyphenation program **Silbentrennung** *f* LING syllabification; TYPO hyphenation; **falsche** ~ bad break

Silber <-s> *nt kein pl* ❶ (*Metall*) silver *no pl*
❷ (*Tafelsilber*) silver[ware]

S

❸ SPORT (*sl*) silver [medal]; ~ **holen** to win a silver [medal]

Silberbarren *m* silver bullion **Silberbesteck** *nt* silver cutlery **Silberblick** *m* (*hum fam*) **einen ~ haben** (*fam*) to have a cast, to [have a] squint **silberfarben, silberfarbig** *adj* silver[-coloured] **Silberfischchen** *nt* silverfish **Silberfuchs** *m* ❶ (*Tierart*) silver fox ❷ (*Pelz*) [fur of the] silver fox **Silbergehalt** *m* silver content **Silbergeld** *nt kein pl* silver *no pl* **Silbergeschirr** *nt kein pl* silver[ware] **silbergrau** *adj* silvery [*or* silver-]grey [*or* AM gray] **silberhaltig** *adj inv* silver-bearing, argentiferous *spec* **silberhell** *adj inv Stimme, Lachen* silvery **Silberhochzeit** *f* silver wedding [anniversary]

silberig *adj* silvery

Silberlachs *m* salmon trout BRIT **Silberlöwe** *m s.* Puma **Silbermedaille** *f* silver medal **Silbermöwe** *f* ORN herring gull **Silbermünze** *f* silver coin

silbern *adj* ❶ (*aus Silber bestehend*) silver; **~es Besteck** silverware
❷ (*Farbe*) silver[y]

Silbernotierung *f* price of silver **Silberpapier** *nt* silver paper **Silberpappel** *f* white poplar, abele *spec* **Silberschmied(in)** *m(f)* silversmith **Silberstimme** *f* silvery voice **Silberstreif(en)** *m* silver line [*or* strip] ► WENDUNGEN: **ein ~ am Horizont** (*geh*) a ray of hope **silberweiß** *adj* silver-white, silvery white

silbrig I. *adj* silver[y]
II. *adv* **~ glänzen/schimmern** to have a silvery lustre [*or* AM -er]/sheen

Silhouette <-, -n> [zi'luɛtə] *f* silhouette; *Stadt* skyline, outline[s *pl*]; **sich** *akk* **als ~ gegen etw** *akk* **abheben** to be silhouetted against sth

Silicium <-s> *nt s.* **Silizium**

Silikat <-[e]s, -e> *nt* silicate

Silikon <-s, -e> *nt* silicone

Silikonimplantat *nt* silicone implant **Silikonspritze** *f* silicone injection

Silikose <-, -n> *f* MED silic[at]osis

Silizium <-s> *nt kein pl* silicon *no pl*

Siliziumchip *m* INFORM silicon chip **Siliziumscheibe** *f* ELEK silicon wafer

Silo <-s, -s> *m* silo

Silvaner <-s, -> [-'va:-] *m* ❶ (*Rebsorte*) Sylvaner [grape]
❷ (*Wein*) Sylvaner [wine]

Silvester <-s, -> [-'vɛstɐ] *m o nt* New Year's Eve; (*in Schottland*) Hogmanay

Silvesterabend *m* New Year's Eve; (*in Schottland*) Hogmanay **Silvesterfeier** [-'vɛste-] *f* New Year['s Eve] party **Silvesternacht** *f* night of New Year's Eve; (*in Schottland*) night of Hogmanay **Silvesterparty** *f* New Year's Eve party [*or* celebration]; (*in Schottland*) Hogmanay party

Simbabwe <-s> *nt* Zimbabwe; *s. a.* **Deutschland**

Simbabwer(in) <-s, -> *m(f)* Zimbabwean; *s. a.* **Deutsche(r)**

simbabwisch *adj* BRD, ÖSTERR Zimbabwean; *s. a.* **deutsch**

SIMD INFORM *Abk von* **single instruction multiple data stream** SIMD

SIMD-Verfahren *nt* INFORM SIMD procedure

Similistein *m* imitation stone

SIM-Karte *f Abk von* **subscriber identification module** SIM card

simpel I. *adj* ❶ (*einfach*) simple; **eine simple Erklärung/Lösung/Methode** a simple [*or* straightforward] explanation/solution/method; ■ **[ganz] ~ sein** to be [really] simple [*or* straightforward]; ■ **[jdm] zu ~ sein** to be too simple [for sb]
❷ (*schlicht*) simple, plain [old *fam*]
II. *adv* simply

Simpel <-s, -> *m* (*fam*) simpleton, fool

simplifizieren* *vt* (*geh*) ■ **etw ~** to simplify sth

Sims <-es, -e> *m o nt* (*Fenster~: innen*) [window] sill; (*Fenster~: außen*) [window] ledge; (*Ge~*) ledge; (*Kamin~*) mantelpiece

simsalabim *interj* hey presto

Simulant(in) <-en, -en> *m(f)* malingerer

Simulation <-, -en> *f* simulation

Simulationsprogramm *nt* INFORM simulating program

Simulator <-s, -toren> *m* simulator; LUFT, RAUM flight simulator

simulieren* I. *vi* to malinger, to pretend to be ill, to sham *pej*, to feign illness *liter*
II. *vt* ❶ (*vortäuschen*) **eine Krankheit ~** to pretend to be ill, to feign *liter* [*or pej* sham] illness; **Blindheit ~** to pretend to be blind, to feign blindness *liter*
❷ SCI ■ **etw ~** to [computer- *form*]simulate sth

simultan I. *adj* (*geh*) simultaneous
II. *adv* (*geh*) simultaneously, at the same time; **~ dolmetschen** to interpret simultaneously

Simultandolmetschen <-s> *nt kein pl* simultaneous interpreting **Simultandolmetscher(in)** *m(f)* simultaneous interpreter **Simultanhaftung** *f* JUR simultaneous liability

sin. *Abk von* **Sinus** sin

Sinai <-[s]> ['zi:nai] *m*, **Sinaihalbinsel** <-> *f* Sinai, Sinai Peninsula

sind *1. u. 3. pers. pl von* **sein**

sine tempore *adv* SCH (*geh*) punctually

Sinfonie <-, -n> [-'ni:ən] *f* symphony

Sinfoniekonzert *nt* symphony concert **Sinfonieorchester** *nt* symphony orchestra

sinfonisch *adj inv* MUS symphonic

Singapur <-s> ['zɪŋgapu:ɐ] *nt* Singapore

Singapurer(in) <-s, -> *m(f)* Singaporean; *s. a.* **Deutsche(r)**

singapurisch *adj* Singaporean; *s. a.* **deutsch**

Singdrossel *f* ORN song thrush

singen <sang, gesungen> I. *vi* ❶ MUS to sing; (*Vögel a.*) to carol *liter*; ■ **zu etw ~** to sing to sth
❷ (*sl: gestehen*) to squeal *sl*, to sing *sl*
II. *vt* ■ **etw ~** to sing sth; ***das kann ich schon ~*** (*fig fam*) I know it [all] backwards

Singen[1] <-s> *nt kein pl* singing

Singen[2] <-s> *nt* (*Stadt*) Singen

Singerei <-> *f kein pl* (*fam*) singing *no pl*

Singhalese, Singhalesin <-n, -n> *m, f* Sin[g]halese

Singhalesisch *nt dekl wie adj* Sinhalese, Sinhala; *s. a.* **Deutsch**

Singhalesische <-n> *nt* ■ **das ~** Sinhalese, the Sinhalese language, Sinhala; *s. a.* **Deutsche**

Single[1] <-, -[s]> ['sɪŋgl] *f* (*Schallplatte*) single

Single[2] <-s, -s> ['sɪŋgl] *m* (*Ledige[r]*) single person

Single[3] <-, -[s]> *nt* SPORT singles + *sing vb*

Singleclub ['sɪŋl-] *m* single club **Singleparty** *f* single party

Singsang <-s, -s> *m* [monotonous] singing [*or* chanting] [*or pej a.* droning]

Singschwan *m* ORN whooper swan **Singspiel** *nt* Singspiel *spec* **Singstimme** *f* vocal part, voice

Singular <-s, -e> *m* LING singular **Singularsukzession** *f* JUR singular succession

Singvogel *m* songbird, passerine *spec*

sinister *adj* (*geh*) sinister

sinken <sank, gesunken> *vi sein* ❶ (*versinken*) to sink; *Schiff* to go down, to founder; **auf den Grund ~** to sink to the bottom; **sich** *akk* **~ lassen** to sink
❷ (*herabsinken*) to descend; **sich** *akk* **~ lassen** (*geh*) *Sonne* to go down
❸ (*niedersinken*) to drop, to fall; **ins Bett ~** to fall into bed; **zu Boden/auf ein Sofa ~** to sink [*or* drop] to the ground/on[to] a sofa; **sich** *akk* **in den Sessel/in den Schnee ~ lassen** to sink into the armchair/snow; **die Hände ~ lassen** to let one's hands fall, to drop one's hands; **den Kopf ~ lassen** to hang [*or* droop] one's head; *s. a.* **Arm, Schlaf**
❹ (*abnehmen*) to go down, to abate; *Fieber* to fall; *Wasserpegel, Verbrauch* to go down; ***die Temperatur sank auf 2°C*** the temperature went down to 2°C; *Kurs, Preis* to fall, to drop, to be on the decline; ■ **~d** falling; **~de Produktion** ÖKON falling production; **~der Dollar** BÖRSE sagging dollar
❺ (*schwinden*) to diminish, to decline; *Hoffnung* to sink; **den Mut ~ lassen** to lose courage
❻ (*schlechter werden*) **in jds Achtung/Ansehen ~** to go down [*or* sink] in sb's estimation [*or* esteem], to lose sb's favour [*or* AM -or]; *s. a.* **tief**

Sinkstoff <-[e]s, -e> *m meist pl* settleable solid *usu pl*

Sinn <-[e]s, -e> *m* ❶ *meist pl* (*Organ der Wahrnehmung*) sense; **die fünf ~e** the five senses; **seine fünf ~e nicht beisammen haben** (*fam*) to not have [all] one's wits about one, to be not all there *fam*; **der sechste ~** the sixth sense; **einen sechsten ~ für etw haben** to have a sixth sense for sth; ***bist du noch bei ~en?*** (*geh*) have you taken leave of your senses?, are you out of your mind?; **wie von ~en sein** (*geh*) to behave as if one were demented; **nicht mehr bei ~en sein, von ~en sein** (*geh*) to be out of one's [*fam* tiny] mind [*or* one's senses]
❷ *kein pl* (*Bedeutung*) meaning; (*von Wort a.*) sense; **im wahrsten/besten ~e des Wortes** in the true/best sense of the word; **im eigentlichen ~e** in the real [*or* literal] sense, literally; **im engeren/weiteren ~e** in a narrower/wider [*or* broader] sense; **der tiefere/verborgene ~** the deeper/hidden sense [*or* implication]; **im übertragenen ~e** in the figurative sense, figuratively; **keinen ~ [er]geben** not to make [any] sense, to make no sense; **~ machen** to make sense; **in gewissem ~e** in a certain sense, in a way; **in diesem ~e** in that respect
❸ (*Zweck*) point; **der ~ des Lebens** the meaning of life; **einen bestimmten ~ haben** to have a particular purpose; **es hat keinen ~[, etw zu tun]** there's no point [in doing sth]; **etw ohne ~ und Verstand tun** to do something without rhyme or reason; **ohne ~ und Verstand sein** to make no sense at all, to be pointless
❹ *kein pl* (*Verständnis*) ■ **jds ~ für etw** sb's appreciation of sth; **~ für etw haben** to appreciate sth; **keinen ~ für etw haben** to have no appreciation of sth, to fail to appreciate sth
❺ (*Intention, Gedanke*) inclination; **in jds** *dat* **~ handeln** to act according to sb's wishes [*or* as sb would have wished]; **jdn im ~ haben** to have sb in mind; **etw [mit jdm/etw] im ~ haben** to have sth in mind [with sb/sth]; ***sie hat irgendetwas im ~*** she's up to something; **sich** *dat* **etw aus dem ~ schlagen** (*fam*) to put [all idea of] sth out of one's mind, to forget all about sth; **jdm in den ~ kommen** to come [*or* occur] to sb; **es will jdm nicht in den ~, dass man/jd etw tut** sb doesn't even think about doing/sb's doing sth; ***so etwas will mir nicht in den ~!*** I won't even think about such a thing!; **anderen ~es sein** (*geh*) to have changed one's mind; **seinen ~ ändern** (*geh*) to change one's mind; **mit jdm eines ~es sein** (*geh*) to be of one mind *form*, to be of the same mind [as sb] *form*; **in jds** *dat* **~ sein** to be what sb would have wished

Sinnbild *nt* symbol

sinnbildlich I. *adj* symbolic
II. *adv* symbolically; **etw ~ verstehen** to understand sth as being [*or* to be] symbolic

sinnen <sann, gesonnen> *vi* (*geh*) ❶ (*nachgrübeln*) ■ **[über etw** *akk*] **~** to brood [*or* muse] [over sth], to ponder [[on] sth], to reflect [on sth]; ■ **~d** brooding/broodingly, musing/musingly, pondering/ponderingly
❷ (*trachten*) ■ **auf etw** *akk* **~** to devise [*or* think of [*or sep* up]] sth; **auf Mord/Vergeltung/Verrat ~** to plot murder/retribution/treason; **auf Rache ~** to plot [*or* scheme] revenge; **jds S~ und Trachten** all sb's thoughts and energies

Sinnenlust *f kein pl* sensuality

sinnentleert *adj inv* empty [*or* bereft] of content **sinnentstellend** I. *adj* distorting [the meaning *pred*]; ■ **~ sein** to distort the meaning II. *adv* **etw ~ übersetzen** to render a distorted translation of sth, to render a translation which distorts the meaning of sth; **etw ~ wiedergeben** to give a distorted account of sth; **etw ~ zitieren** to quote sth out of context

Sinnesänderung *f* change of mind [*or* heart] **Sinneseindruck** *m* sensory impression, impression on the senses **Sinnesorgan** *nt* sense [*or* sensory] organ **Sinnesstörung** *f* sensory disorder **Sin-**

nestäuschung *f* (*Illusion*) illusion; (*Halluzination*) hallucination **Sinneswahrnehmung** *f* sensory perception *no pl* **Sinneswandel** *m* change of heart [*or* mind] **Sinneszelle** *f* BIOL receptor cell

sinnfällig *adj inv* (*geh: einleuchtend*) *Vergleich* obvious, meaningful **sinngemäß I.** *adj* **eine ~e Wiedergabe einer Rede** an account giving the gist [*or* general sense] of a speech **II.** *adv* in the general sense; **etw ~ wiedergeben** to give the gist [*or* general sense] of sth **sinngetreu** *adj inv* true to the sense [*or* meaning]; *Übersetzung* faithful; **etw ~ wiedergeben** to describe [*or* report] [*or* repeat] sth faithfully

sinnieren* *vi* ■**[über etw** *akk*] ~ to brood [*or* muse] [over sth], to ponder [[on] sth], to ruminate [about sth]

sinnig *adj* appropriate; **sehr ~** (*iron*) how apt *iron*

sinnlich I. *adj* ❶ (*sexuell*) sexual, carnal *form;* **~e Liebe** sensual [*or form* carnal] love
❷ (*sexuell verlangend*) sensual; (*stärker*) voluptuous
❸ (*gern genießend*) sensuous, sensual
❹ (*geh: die Sinne ansprechend*) sensory, sensorial; *s. a.* **Wahrnehmung**
II. *adv* ❶ (*sexuell*) sexually
❷ (*mit den Sinnen*) sensuously

Sinnlichkeit <-> *f kein pl* sensuality *no pl, no art,* sensuousness *no pl, no art*

sinnlos *adj* ❶ (*unsinnig*) senseless; **~e Bemühungen** futile efforts; **~es Geschwätz** meaningless [*or* idle] gossip; ***das ist doch ~!*** that's futile!
❷ (*pej: maßlos*) frenzied; **~er Hass** blind hatred; **~e Wut** blind [*or* frenzied] rage; *s. a.* **betrunken**

Sinnlosigkeit <-, -en> *f* senselessness *no pl,* meaninglessness *no pl,* futility *no pl*

sinnreich <-er, -ste> *adj* ❶ (*zweckmäßig*) *Erfindung, Einrichtung* useful
❷ (*tiefsinnig*) *Spruch* profound, meaningful

Sinnspruch *m* LIT aphorism **Sinnsuche** *f kein pl* search for a deeper meaning **sinnverwandt** *adj* synonymous **sinnvoll I.** *adj* ❶ (*zweckmäßig*) practical, appropriate ❷ (*Erfüllung bietend*) meaningful ❸ (*eine Bedeutung habend*) meaningful, coherent **II.** *adv* sensibly **sinnwidrig** *adj inv* nonsensical; *Verhalten* absurd

Sinologe, -login <-n, -n> *m, f* sinologist

Sinologie <-> *f kein pl* sinology *no pl*

Sinologin <-, -nen> *f fem form von* **Sinologe**

Sintflut *f* ■**die ~** the Flood [*or form* Deluge]
▶ WENDUNGEN: **nach mir die ~** (*fam*) who cares when I'm gone [*or* after I've gone]?

sintflutartig *adj* torrential

Sinti *pl* Manush, Sinti

Sinus <-, – *o* -se> *m* MATH sine

Sinusitis <-, Sinusitiden> *f* MED sinusitis

Siphon <-s, -s> ['zi:fõ, zi'fõ:, zi'fo:n] *m* ❶ TECH (*Geruchsverschluss*) odour [*or* AM -or] trap
❷ (*Sodawasser herstellend*) [soda] siphon [*or* syphon]

Sippe <-, -n> *f* ❶ SOCIOL [extended] family
❷ (*hum fam: Verwandtschaft*) family, relations *pl,* clan *fam*

Sippenhaft *f liability of a family for the* (*usu political*) *crimes or activities of one of its members*

Sippschaft <-, -en> *f* (*pej fam*) ❶ (*Sippe 2*) clan *fam,* tribe *hum fam,* relatives *pl*
❷ (*Pack*) bunch *fam*

Sirene <-, -n> *f* siren

Sirenengeheul *nt* wail of a siren/the siren/sirens

sirren *vi* ❶ *haben* (*hell surren*) to buzz; ■**das S~** the buzzing
❷ *sein* (*sirrend fliegen*) to buzz; (*von Geschoss*) to whistle

Sirup <-s, -e> *m* ❶ (*Rübensaft*) syrup, treacle BRIT, molasses + *sing vb* AM
❷ (*dickflüssiger Fruchtsaft*) syrup

Sisal <-s> *m kein pl* sisal *no pl*

Sisalagave *f* sisal

SISD INFORM *Abk von* **single instruction stream single data stream** SISD

SISD-Rechner *nt* INFORM SISD computer

sistieren* *vt* ❶ JUR (*festnehmen*) ■**jdn ~** to arrest [*or* apprehend] sb
❷ (*geh: unterbinden*) ■**etw ~** to suspend [*or form* stay] sth

Sisyphusarbeit ['zi:zyfʊs] *f* never-ending task [*or liter* Sisyphean task]

Sitcom <-, -s> *f* situation comedy, sitcom *fam*

Site <-, -s> ['saɪt] *m* INFORM *kurz für* **Website** site

Sitte <-, -n> *f* ❶ (*Gepflogenheit*) custom; [**bei jdm**] [**so**] **~ sein** to be the custom [for sb]; ***es ist bei uns ~, ...*** (*geh*) it is our custom [*or* it is customary with us] ...; **nach alter ~** traditionally
❷ *meist pl* (*Manieren*) manners *npl;* ***was sind denn das für ~n?*** (*veraltend*) what sort of a way is that to behave?; **gute ~n** good manners; ***das sind ja schöne ~n*** (*iron*) that's a nice way to behave *iron;* (*moralische Normen*) moral standards *pl*
❸ JUR ■**~n** customs; **ein Verstoß gegen die guten ~n sein** to be contra bonos mores, to offend against common decency
❹ (*sl: Sittendezernat*) vice squad
▶ WENDUNGEN: **andere Länder, andere ~n** other countries, other customs

Sittenapostel *m* (*iron*) moralizer [*or* BRIT *a.* -iser] *pej* **Sittendezernat** *nt* vice squad **Sittengeschichte** *f* history of customs **Sittenlehre** *f* ethics + *sing vb* **sittenlos** <-er, -este> *adj* immoral **Sittenlosigkeit** <-, -en> *f* immorality **Sittenpolizei** *f kein pl* vice squad **sittenstreng** *adj* (*veraltend*) highly moral, having high moral standards **Sittenstrolch** *m* (*pej veraltend*) sex fiend *pej* **Sittenverfall** *m kein pl* decline in moral standards **Sittenverstoß** *m* JUR infringement of ethical principles **sittenwidrig** *adj* immoral, unethical, contra bonos mores *spec* **Sittenwidrigkeit** *f kein pl* JUR violation of bonos mores [*or* morality]

Sittich <-s, -e> *m* parakeet

sittlich *adj* (*geh*) moral; **~e Verwahrlosung** moral depravity

Sittlichkeit <-> *f kein pl* (*veraltend geh*) morality; **öffentliche ~** public decency

Sittlichkeitsverbrechen *nt* sex crime

sittsam <-er, -ste> *adj* (*veraltend*) ❶ (*wohlerzogen*) *Benehmen* decorous; *Kind* well-mannered
❷ (*züchtig*) demure; **~ die Augen niederschlagen** to lower one's eyes demurely

Sittsamkeit <-> *f kein pl* decorousness *no pl,* demureness *no pl*

Situation <-, -en> *f* situation; (*persönlich a.*) position; **sich** *akk* **in einer schwierigen ~ befinden** to be in a difficult situation [*or* position]

Situationskomödie *f* sitcom

situiert *adj pred* (*geh*) **entsprechend ~ sein** to have the means; **gut/schlecht ~ sein** to be comfortably off [*or* well-off]/badly off

Sitz <-es, -e> *m* ❶ (*~gelegenheit*) seat; (*auf einem Holzstamm a.*) perch
❷ (*~fläche*) seat; **den ~** [**eines Stuhls**] **neu beziehen** to reseat a chair
❸ (*Amts~*) seat; *Gesellschaft, Verwaltung* headquarters + *sing/pl vb; Unternehmen* head office; *Universität* seat; (*Hauptniederlassung*) principal establishment
❹ *kein pl* (*Passform*) sit; (*bezüglich Größe*) fit; **einen bequemen/richtigen ~ haben** to sit comfortably/correctly/to be a comfortable/correct fit

Sitzbad *nt* hip bath; MED sitz-bath; **ein ~ nehmen** to wash [oneself] in a hip bath [*or* sitz-bath] **Sitzbadewanne** *f* hip bath; MED sitz-bath **Sitzbank** *f* (*geh*) bench **Sitzbezug** *m* AUTO seat cover **Sitzblockade** *f* sit-in **Sitzecke** *f* seating corner

sitzen <saß, gesessen> *vi haben o* SÜDD, ÖSTERR, SCHWEIZ *sein* ❶ (*sich gesetzt haben*) to sit; (*von Insekt*) to be; (*von Vogel*) to perch; **gut ~** to be comfortable [*or* sitting comfortably]; ■**das S~** sitting; **im S~** when seated, sitting down, in/from a sitting position; [***bitte***] ***bleib/bleiben Sie ~!*** [please] don't get up; (*stärker, a. form*) [please] remain seated; *s. a.* **Ferse**
❷ (*~d etw tun*) **beim Essen ~** to be having a meal; **beim Kartenspiel/Wein ~** to sit playing cards/over a glass of wine
❸ (*beschäftigt sein*) ■**an etw** *dat* **~** to sit [*or* pore] over sth; **an einer Arbeit ~** to sit over a piece of work
❹ (*beschäftigt sein*) to have a seat (**in** +*dat* on); ***er sitzt im Vorstand*** he has a seat on the management board
❺ (*fam: inhaftiert sein*) to do time *fam,* to be inside *fam;* **vier Jahre ~** to do four years *fam*
❻ (*seinen Sitz haben*) to have its headquarters; (*von Gericht*) to sit
❼ (*angehören*) ■**in etw** *dat* **~** to be, to sit (**in** +*dat* on); **in der Regierung ~** to be with the government
❽ (*angebracht o befestigt sein*) to be [installed]; (*von Bild*) to be [hung]; **locker/schief ~** to be loose/lopsided
❾ (*stecken*) ■**in etw** *dat* **~** to be in sth; ***ihr sitzt der Schreck noch in den Gliedern*** (*fig*) her knees are still like jelly
❿ (*Passform haben*) to sit; ***sitzt die Fliege korrekt?*** is my bow tie straight?
⓫ MED (*von etw ausgehen*) to be [located [*or* situated]]
⓬ (*treffen*) to hit [*or* strike] home
⓭ SCH [**in Mathe/Englisch**] **~ bleiben** (*fam*) to repeat a year [in maths [*or* AM math]/English], to stay down [a year] [in maths/English] BRIT; **jdn ~ lassen** (*fam*) to keep sb down [a year], to hold sb back [a year] AM
⓮ (*nicht absetzen können*) **auf etw** *dat* **~ bleiben** to be left with [*or fam* be sitting on] sth
▶ WENDUNGEN: **einen ~ haben** (*fam*) to have had one too many; **jdn ~ lassen** (*fam: im Stich lassen*) to leave sb in the lurch; (*versetzen*) to stand sb up *fam;* (*nicht heiraten*) to jilt [*or* walk out on] sb; **etw nicht auf sich** *dat* **~ lassen** not to take [*or* stand for] sth

sitzend I. *adj attr* sedentary; **~e Lebensweise** sedentary life
II. *adv* sitting [down], in/from a sitting position

Sitzfläche *f* AUTO seat squab **Sitzfleisch** *nt kein pl* ❶ (*hum fam: Gesäß*) backside *fam,* derrière *hum* ❷ (*fam: Beharrlichkeit*) ability to sit still [*or fam* on one's backside]; **kein ~ haben** to be restless, to be constantly rushing [*or* BRIT *fam* faffing] about [*or* AM around]; **~ haben** *Gäste* to be eager to stay a long time **Sitzgelegenheit** *f* seats *pl,* seating [accommodation]; (*Stein, Kiste*) seat, perch **Sitzkissen** *nt* ❶ (*Auflage*) [seat] cushion ❷ (*Sitzmöbel*) [floor] cushion **Sitzladefaktor** *m* passenger load factor **Sitzmöbel** *pl* seating furniture *no pl* **Sitzordnung** *f* seating plan **Sitzplatz** *m* seat **Sitzpolster** *nt* AUTO seat bolster **Sitzreihe** *f* row [of seats]; (*in Theater*) tier **Sitzstreik** *m* sit-in

Sitzung <-, -en> *f* ❶ (*Konferenz*) meeting, conference; **zu einer ~ zusammentreten** to gather for a meeting, to meet; (*im Parlament*) [parliamentary] session; (*Gericht*) session, hearing; **außerordentliche ~** special session; **eine ~ anberaumen** to fix a date [*or* to appoint a day] for a [parliamentary] session; **eine ~ vertagen** to adjourn a meeting; **in öffentlicher/nicht öffentlicher ~** in open court/chambers [*or* camera]; **öffentliche ~ des Gerichtshofes** public sitting of the court
❷ MED (*Behandlung*) visit
❸ (*Porträtstunde*) sitting
❹ (*spiritistische ~*) seance
❺ INFORM session; **die ~ eröffnen/schließen** to log in/off

Sitzungsbericht *m* report of the hearing; (*Gerichtsverhandlung*) written proceedings *pl* **Sitzungsgeld** *nt* attendance fee **Sitzungsperiode** *f* POL [parliamentary] session; JUR term **Sitzungsprotokoll** *nt* JUR minutes *pl* of proceedings **Sitzungssaal** *m* conference hall

Sitzverlegung *f* JUR transfer of the place of business

Sitzverstellung *f* AUTO seat adjustment **Sitzverteilung** *f* POL distribution of seats

SI-Virus *nt* MED SI virus

Sixpack <-s, -s> ['sɪkspɛk] *m* six-pack; **etw im ~ kaufen** to buy a six-pack of sth; *(öfter)* to buy sth in six-packs

Sizilianer(in) <-s, -> *m(f)* Sicilian; *s. a.* **Deutsche(r)**

sizilianisch *adj* ❶ *(Sizilien betreffend)* Sicilian; *s. a.* **deutsch 1**
❷ LING Sicilian; *s. a.* **deutsch 2**

Sizilien <-s> [zi'tsi:liən] *nt* Sicily; *s. a.* **Deutschland**

Skabiose <-, -n> *f* BOT scabious

Skala <-, Skalen *o* -s> *f* ❶ *(Maßeinteilung)* scale; **runde ~** dial
❷ *(geh: Palette)* range, gamut *no indef art*

Skalar <-s, -e> *m* MATH scalar

Skalarprodukt *nt* MATH scalar product

Skaleneinteilung *f* graduation **Skalenerträge** *pl* FIN returns to scale **Skalenstrich** *m* grading line

skalieren *vt* INFORM ■**etw ~** to scale sth

Skalp <-s, -e> *m* scalp

Skalpell <-s, -e> *nt* scalpel

skalpieren* *vt* ■**jdn ~** to scalp sb

Skandal <-s, -e> *m* scandal; ***das ist ja ein ~!*** that's scandalous [*or* a scandal]!; **einen ~ machen** *(fam)* to kick up a fuss [*or* BRIT *fam* row]

skandalös I. *adj* scandalous, outrageous, shocking
II. *adv* outrageously, shockingly

skandalträchtig *adj* potentially scandalous

skandieren* *vt (geh)* ■**etw ~** to chant sth; **Verse ~** to scan verse

Skandinavien <-s> [-'na:viən] *nt* Scandinavia

Skandinavier(in) <-s, -> [-'na:viɐ] *m(f)* Scandinavian

skandinavisch [-'na:vɪʃ] *adj* Scandinavian

Skarabäus <-, Skarabäen> *m* ❶ ZOOL dung beetle, scarab [beetle] *spec*
❷ *(Nachbildung des ~)* scarab[aeus *spec*]

Skat <-[e]s, -e> *m* KARTEN skat; **~ spielen** to play skat

Skateboard <-s, -s> ['ske:tbɔ:d] *nt* skateboard; **~ fahren** to skateboard

skaten ['ske:tn] *vi (fam)* to blade *fam*

Skater *m* skat player

Skatspiel *nt* pack of skat cards **Skatspieler(in)** *m(f)* skat player

Skeetschießen <-s> ['ski:t-] *nt kein pl* SPORT skeet [shooting]

Skelett <-[e]s, -e> *nt* skeleton; **zum ~ abgemagert sein** *(fig)* to be nothing but skin and bone; **das reinste** [*o* **nur noch ein**] **~ sein** *(fig fam)* to be little more than a skeleton

Skelettbürste *f* vent brush

Skepsis <-> *f kein pl* scepticism BRIT, skepticism AM; **mit/voller ~** sceptically; **etw** *dat* **mit ~ begegnen** to be very sceptical about sth

Skeptiker(in) <-s, -> *m(f)* sceptic BRIT, skeptic AM; **eingefleischter ~** confirmed sceptic

skeptisch I. *adj* sceptical BRIT, skeptical AM; ■**~ sein[, ob …]** to be sceptical [whether …]
II. *adv* sceptically BRIT, skeptically AM

Skeptizismus <-> *m kein pl* PHILOS scepticism *no pl*

Sketch <-[es], -e[s]> [skɛtʃ] *m* sketch

Ski <-s, - *o* -er> [ʃi:, 'ʃi:ɐ] *m* ski; **~ laufen** [*o* **fahren**] to ski

Skianzug *m* ski suit **Skiausrüstung** *f* ski equipment **Skibrille** *f* ski goggles *npl*

Skier ['ʃi:ɐ] *pl von* **Ski**

Skifahren ['ʃi:-] *nt kein pl* skiing *no pl, no art;* [**zum**] **~ gehen** to go skiing **Skifahrer(in)** *m(f)* skier **Skigebiet** *f* ski[ing] area **Skigymnastik** *f kein pl* skiing exercises *pl* **Skihaserl** <-s, -[n]> *nt* SÜDD, ÖSTERR *(hum)* girl skier **Skihose** *f* pair of ski pants, ski pants *pl* **Skikurs** *m* skiing course [*or* lessons *pl*] **Skilanglauf** *m kein pl* cross-country skiing *no pl, no art* **Skilauf** <-s> *m,* **Skilaufen** <-s> *nt kein pl* skiing *no pl, no art* **Skiläufer(in)** *m(f)* skier **Skilehrer(in)** *m(f)* ski instructor **Skilift** *m* ski lift **Skimütze** *f* ski cap

Skinhead <-s, -s> ['skɪnhɛd] *m* skinhead, skin *fam*

SkinnerboxRR *f,* **Skinner-Box** *f* BIOL, PSYCH Skinner box

SkipassRR *m* ski pass **Skipiste** *f* ski run **Skischule** *f* ski school **Skisport** *m kein pl* skiing *no pl, no art* **Skispringen** *nt kein pl* ski jumping *no pl, no art* **Skispringer(in)** *m(f)* ski jumper **Skistiefel** *m* ski boot **Skistock** *m* ski stick **Skiträger** *m* AUTO ski rack [*or* carrier] **Skiurlaub** *m* skiing holiday **Skizirkus** *m* ski circus

Skizze <-, -n> *f* ❶ *(knappe Zeichnung)* sketch, rough drawing [*or* plan]
❷ *(kurze Aufzeichnung)* sketch

Skizzenblock <-blöcke> *m* sketch[ing] pad

skizzenhaft I. *adj* ❶ *(einer Skizze ähnelnd)* roughly sketched
❷ *(in Form einer Skizze)* rough
II. *adv* **etw ~ beschreiben/festhalten/zeichnen** to give a rough description of sth/to put sth down in outline/to sketch sth roughly

skizzieren* *vt* ❶ *(umreißen)* ■[**jdm**] **etw ~** to outline sth [for sb]; **etw knapp ~** to give the bare bones of sth
❷ *(als Skizze 1 darstellen)* ■**etw ~** to sketch sth

Skizzierung <-, *selten* -en> *f* ❶ *(Umreißung)* outlining
❷ *(skizzenhaftes Darstellen)* sketching

Sklave, Sklavin <-n, -n> [-və] *m, f* slave; **~n halten** to keep slaves; **jdn zum ~ machen** to make a slave of [*or* to enslave] sb; ■**~ einer S.** *gen* **sein** to be a slave to sth; ■**zum ~n einer S.** *gen* **werden** to become a slave to sth; ■**sich** *akk* **zum ~ einer S.** *gen* **machen** to become a slave to sth

Sklavenarbeit *f* ❶ *(pej fam: Schufterei)* slave labour [*or* AM -or], drudgery ❷ *(von Sklaven geleistete Arbeit)* slave labour [*or* AM -or] **Sklavenhalter(in)** *m(f)* *(hist)* slave keeper; *(pej, fig: herrschsüchtiger Mensch)* tyrant **Sklavenhandel** [-vən-] *m kein pl* slave trade *no pl* **Sklavenhändler(in)** *m(f)* slave trader, slaver **Sklaventreiber(in)** *m(f)* *(pej fam)* slave-driver *pej fam*

Sklaverei <-, -en> [-və-] *f* slavery *no art;* **jdn in die ~ führen** to enslave sb, to make sb a slave; **jdn in die ~ verkaufen** to sell sb into slavery

Sklavin <-, -nen> *f fem form von* **Sklave**

sklavisch [-vɪʃ] *(pej)* I. *adj* slavish, servile
II. *adv* slavishly, with servility

Sklerose <-, -n> *f* sclerosis; **multiple ~** multiple sclerosis, MS

Skonto <-s, -s *o* Skonti> *nt o m* [cash] discount, discount [for cash]; [**jdm**] **~** [**auf etw** *akk*] **geben** [*o geh* **gewähren**] to give [*or* award] sb a [cash] discount [*or* discount for cash] [on sth]; **5 % ~ gewähren** *(geh)* to allow a 5 % discount, to take 5 % off the price

Skorbut <-[e]s> *m kein pl* scurvy *no pl,* scorbutus *no pl spec*

Skorpion <-s, -e> *m* ❶ ZOOL scorpion
❷ ASTROL *(Tierkreiszeichen)* Scorpio; *(im ~ Geborener)* Scorpion; **ein ~ sein** to be a Scorpio

Skote, Skotin <-n, -n> *m, f* HIST Scot

Skript <-[e]s, -en> *nt* ❶ SCH set of lecture notes, lecture notes *pl*
❷ *(schriftliche Vorlage)* transcript
❸ FILM [film] script

Skrotum <-s, Skrota> *nt* MED *(fachspr)* scrotum

Skrupel <-s, -> *m meist pl* scruple, qualms *pl;* **~ haben** to have [one's] scruples, to have qualms; **keine ~ haben** [*o* **kennen**] to have [*or* know] no scruples, to have no qualms; [**keine**] **~ haben, etw zu tun** to have [no] qualms about doing sth; **ohne** [**jeden**] [*o* **den geringsten**] **~** without any qualms [*or* the slightest scruple]

skrupellos *(pej)* I. *adj* unscrupulous
II. *adv* without scruple

Skrupellosigkeit <-> *f kein pl (pej)* unscrupulousness

Skua <-, -s> *f* ORN skua

Skulptur <-, -en> *f* ❶ *(Plastik)* [piece of] sculpture
❷ *kein pl (Bildhauerkunst)* sculpture

Skunk <-s, -s *o* -e> *m* skunk

skurril *adj (geh)* bizarre

S-Kurve ['ɛskʊrvə] *f* S-bend, double bend; **scharfe ~** double hairpin bend [*or* AM turn]

SkysurfingRR, **Sky Surfing** ['skaɪsœrfɪŋ] *nt* SPORT sky surfing

s.l. *Abk von* **sine loco** s.l.

Slalom <-s, -s> *m* slalom; **~ fahren** *(fam)* to career [from side to side]

Slang <-s> [slɛŋ] *m kein pl* LING ❶ *(saloppe Umgangssprache)* slang *no art*
❷ *(Fachjargon)* jargon

Slapstick <-s, -s> *m* slapstick [comedy]

Slawe, Slawin <-n, -n> *m, f* Slav; *s. a.* **Deutsche(r)**

slawisch *adj* Slav[on]ic; *s. a.* **deutsch 1, 2**

Slawist(in) <-en, -en> *m(f)* Slav[onic]ist

Slawistik <-> *f kein pl* Slavonic studies + *sing vb*

Slawistin <-, -nen> *f fem form von* **Slawist**

Slide Show <-, -s> ['slaɪdʃo:] *f* INET slide show

slimmen *vi* to slim

Slingpumps [-pœmps] *m* slingback shoe

Slip <-s, -s> *m* panties *pl*

Slipeinlage *f* panty liner

Slipper <-s, -> *m* slip-on [shoe]

Slogan <-s, -s> ['slo:gn] *m* slogan; *(einer Partei a.)* catchword

Slowake, Slowakin <-n, -n> *m, f* Slovak; *s. a.* **Deutsche(r)**

Slowakei <-> *f* ■**die ~** Slovakia; *s. a.* **Deutschland**

Slowakin <-, -nen> *f fem form von* **Slowake**

slowakisch *adj* Slovak[ian]; *s. a.* **deutsch 1, 2**

Slowakisch *nt dekl wie adj* Slovak; *s. a.* **Deutsch**

Slowakische <-n> *nt* ■**das ~** Slovak, the Slovak language; *s. a.* **Deutsche**

Slowene, Slowenin <-n, -n> *m, f* Slovene; *s. a.* **Deutsche(r)**

Slowenien <-s> [slo've:niən] *nt* Slovenia; *s. a.* **Deutschland**

Slowenin <-, -nen> *f fem form von* **Slowene**

slowenisch *adj* Slovenian, Slovene; *s. a.* **deutsch**

Slowenisch *nt dekl wie adj* Slovene; *s. a.* **Deutsch**

Slowenische <-n> *nt* ■**das ~** Slovene, the Slovene language; *s. a.* **Deutsche**

Slum <-s, -s> [slam] *m* slum

sm *f Abk von* **Seemeile** sm

Smalltalk, Small Talk <-> ['smɔ:ltɔ:k] *m kein pl* *(geh)* small talk *no pl*

Smaragd <-[e]s, -e> *m* emerald, smaragd *spec*

Smaragdarmband *nt* emerald bracelet **Smaragdbrosche** *f* emerald brooch **Smaragdcollier** *nt* emerald necklace

smaragden *adj (geh)* emerald *attr,* of emeralds *pred*

smaragdgrün I. *adj* emerald [green]
II. *adv* like emerald

smart *adj* ❶ *(elegant)* chic
❷ *(clever)* smart

Smartcard <-, -s> *f,* **Smartkarte** <-, -n> [smart-] *f* smart card

Smiley <-s, -s> ['smaɪl?i] *m* smiley, smilie

Smog <-[s], -s> *m* smog

Smogalarm *m* smog alert; **~ Stufe II** smog warning level 2

Smoking <-s, -s> *m* dinner jacket, dj *fam,* tuxedo AM, tux AM *fam*

SM-Papier *nt* typing paper

SMV *f Abk von* **Schülermitverwaltung/-verantwortung** school [*or* student] council

Snack <-s, -s> ['snæk] *m* KOCHK *(fam)* snack

Snob <-s, -s> *m (pej)* snob *pej*

Snobismus <-> *m kein pl (pej)* snobbery *pej,* snobbishness *no pl pej*

snobistisch *adj (pej)* snobby *pej,* snobbish *pej*

Snowboard <-s, -s> ['sno:bɔ:d] *nt* snowboard

snowboarden ['sno:bɔ:dɪŋ] *vi* to snowboard

Snowboarding <-[s]> ['snoʊbɔ:dɪŋ] *nt kein pl* SKI snowboarding

so I. *adv* ❶ *mit adj und adv (derart)* so; **~ viel** as much; **~ viel wie** as much as; **~ viel wie nötig** as much as is necessary; **~ viel wie etw sein** to be tantamount [*or* to amount] to sth; **~ weit** *(fam)* on the

whole, as far as it goes; *das ist ~ weit richtig, aber …* on the whole that is right, but …, that is right as far as it goes, but …; ~ **weit sein** (*fam*) to be ready; *das Essen ist gleich ~ weit* dinner will soon be ready [*or* served]; ~ *weit das Auge reicht* as far as the eye can see; *es war ~ kalt/spät, dass …* it was so cold/late that …; *du bist ~ alt/groß wie ich* you are as old/big as me [*or* I am]; ~ **wenig wie möglich** as little as possible; *es ist ~, wie du sagst* it is [just] as you say; *mach es ~, wie ich es dir sage* [just] do what I tell you; *dass es ~ lange regnen würde, …* that it could rain for so long …; *s. a.* **halb, doppelt**
❷ *mit vb* (*derart*) *sie hat sich darauf so gefreut* she was so [very] looking forward to it; *es hat so geregnet, dass …* it rained so heavily that …; *ich habe mich ~ über ihn geärgert!* I was so angry with him; ~ **sehr, dass …** to such a degree [*or* an extent] that …
❸ (*auf diese Weise*) [just] like this/that, this/that way, thus *form;* ~ *musst du es machen* this is how you must do it [*or* how to do it]; *es ist [vielleicht] besser ~* [perhaps] it's better that way; *das war sehr klug ~* that was very clever of you/him/her etc.; ~ *ist das eben [o nun mal]* (*fam*) that's [*or* you'll just have to accept] the way things are; ~ *ist das [also]!* so that's your/his/her etc. game[, is it]!; *ist das ~?* is that so?; ~ *ist es* that's right; *~, als ob …* as if …; *mir ist ~, als ob …* I think [*or* feel] [that] …; ~ **oder** ~ either way, in the end; **und** ~ **weiter [und ~ fort]** et cetera[, et cetera], and so on and so forth; *…, ~ der Bundeskanzler in seiner Rede* according to the Federal Chancellor in his speech, …; ~ **genannt** so-called; *s. a.* **doch, gut, nur**
❹ (*solch*) ■~ **ein(e)** … such a/an …; ~ *eine blöde Gans!* what a silly goose!; ~ *etwas Dummes/Peinliches, ich habe es vergessen* how stupid of/embarrassing for me, I've forgotten it; ~ *etwas Dummes habe ich noch nie gehört!* I've never heard of such a stupid thing; ~ **etwas** such a thing; ~ *etwas sagt man nicht* you shouldn't say such things [*or* such a thing]; **[na] ~ [et]was!** (*fam*) well I never!; (*als Erwiderung a.*) [what] you don't say! *a. iron,* really? *a. iron;* ~ **manche(r)** a number of [*or* quite a few] people
❺ (*fam: etwa*) *wir treffen uns ~ gegen 7 Uhr* we'll meet at about 7 o'clock [*or* at 7 o'clock or so [*or* thereabouts]]
❻ (*fam*) **und/oder** ~ or so; *wir gehen was trinken und ~* we'll go and have a drink or something; *ich fahre um 5 oder ~* I'm away at 5 or so
❼ (*wirklich*) *ich habe solche Kopfschmerzen — ~?* I have such a headache — have you [*or* really]?; *er kommt bestimmt! — ~, meinst du?* he must be coming! — you think so?
❽ (*fam: umsonst*) for nothing
II. *konj* ❶ (*konsekutiv*) ■~ **dass,** ■**sodass** ÖSTERR so that; *er versetzte ihm einen schweren Schlag, ~ dass er taumelte* he dealt him a heavy blow, causing him to stagger
❷ (*obwohl*) ~ *Leid es mir auch tut* as sorry as I am; ~ *peinlich ihr das auch war, …* as embarrassing as it was to her, …
III. *interj* ❶ (*also*) so, right; *~, jetzt gehen wir …* right [*or* well], let's go and …
❷ (*siehst du*) [well] there we/you have it
❸ (*ätsch*) so there!
❹ **~, ~!** (*fam*) [what] you don't say! *a. iron,* is that a fact? *iron; s. a.* **ach**
IV. *part* ❶ (*nachdrücklich*) ~ *komm doch endlich!* do get a move on[, will you]!
❷ (*beiläufig*) *was machst du ~ den ganzen Tag?* so what are you doing all day?

s.o. *Abk von* **siehe oben** see above
SO *Abk von* **Südosten** SE
sobald *konj* as soon as
Söckchen <-s, -> *nt dim von* **Socke**
Socke <-, -n> *f* sock
► WENDUNGEN: **sich auf die ~n machen** (*fam*) to get a move on *fam;* **von den ~n sein** (*fam*) to be flabbergasted [*or* BRIT *fam* gobsmacked]; *da bist du von den ~n!* that's knocked you for six!
Sockel <-s, -> *m* ❶ (*Pedestal*) plinth, pedestal, socle *spec*
❷ (*von Gebäude*) plinth, base course AM *spec*
❸ (*Schraubteil*) holder
Sockelbetrag *m* ÖKON basic amount [*or* sum] **Sockelleiste** *f* skirting [board], baseboard **Sockeltarif** *m* ÖKON base rate
Socken <-s, -> *m* SÜDD, ÖSTERR, SCHWEIZ (*Socke*) sock
Soda <-s> *nt kein pl* ❶ CHEM soda, sodium carbonate *spec*
❷ (*Sodawasser*) soda [water]
sodann *adv inv* (*veraltend*) ❶ (*dann, darauf, danach*) thereupon *old form*
❷ (*ferner, außerdem*) further
sodass[RR] *konj* ÖSTERR (*so*) so that
Sodawasser *nt* soda [water]
Sodbrennen *nt* heartburn, [gastric] pyrosis *spec*
Sode <-, -n> *f* sod, [piece of] turf
Sodomie <-> *f kein pl* sodomy *no pl, no art*
soeben *adv* (*geh*) ❶ (*gerade zuvor*) just [this minute [*or* moment]]; *er hat ~ das Haus verlassen* he has just [this minute [*or* moment]] left the building
❷ (*gerade*) just; *es ist ~ 20 Uhr* it has just turned eight
Sofa <-s, -s> *nt* sofa, settee *esp* BRIT
Sofakissen *nt* sofa cushion
sofern *konj* if, provided that; ~ *es dir keine/nicht zu viel Mühe macht* provided it's no/if it isn't too much trouble to you
soff *imp von* **saufen**
Sofia <-s> *nt* Sofia
sofort *adv* immediately, forthwith *form,* at once, [right] now, this instant; *komm ~ her!* come here this instant!
Sofortabschreibung *f* FIN initial allowance, immediate charge-off [*or* write-off] **Sofortbildkamera** *f* instant camera, instamatic *fam* **Sofortdruck** *m* instant [*or* express] printing **Soforthilfe** *f* emergency relief [*or* aid] *no art* **Soforthilfeprogramm** *nt* emergency relief [*or* aid] programme [*or* AM -am]
sofortig *adj* immediate, instant; **~e Bestrafung** summary punishment; **mit ~er Wirkung** immediately effective
Sofortlieferung *f* immediate delivery **Sofortmaßnahme** *f* immediate measure [*or* action]; **~n ergreifen** to take immediate action **Sofortprogramm** *nt* emergency programme [*or* AM -am] **Sofortwirkung** *f* immediate effect **Sofortzahlung** *f* HANDEL down payment
Softdrink <-s, -s> *m* soft drink **Softeis** *nt* soft [*or* BRIT whipped] ice cream
Softie <-s, -s> *m* (*fam*) softie *fam,* softy *fam*
Softporno ['sɔft-] *m* TV (*Erotikfilm*) soft[-core] porn [film]
Software <-, -s> ['sɔftvɛːɐ] *f* software; **benutzerfreundliche/integrierte** ~ user-friendly/integrated software; ~ **übertragen** to transfer software
Softwarebibliothek *f* INFORM software library **Softwaredecoder** *m* INFORM software decoder **Softwarefehler** *m* program [*or* software] error [*or* fault]; ~ **bereinigen** to troubleshoot **Softwarehaus** *nt* software house **Softwarehersteller** ['zɔftvɛːɐ-] *m* software manufacturer [*or* house] [*or* company] **Softwarekonfiguration** *f* INFORM software configuration **Softwarelizenz** *f* INFORM software licence **Softwarepaket** *nt* software package **Softwarepirat(in)** ['sɔftweə-] *m(f)* software pirate **Softwareplattform** *f* INFORM software platform **Softwareportabilität** *f* INFORM software portability **Softwareschnittstelle** *f* INFORM application program interface **Softwareversion** *f* INFORM software version; **die neueste ~** the latest software version **Softwarewartung** *f* INFORM software maintenance
sog *imp von* **saugen**
sog. *adj Abk von* **so genannt** so-called
Sog <-[e]s, -e> *m* suction; (*von Flugzeug*) slipstream; (*von Brechern*) undertow
sogar *adv* (*emph*) even, no less; *danach war mir ~ noch schlechter* after that I felt even more sick; ~ *mein Bruder kam* even my brother came; *die zweite Prüfung war ~ schwerer als die erste* the second exam was even more difficult than the first; *er ist krank, ~ schwer krank* he is ill, in fact seriously so
sogleich *adv* (*geh*) *s.* **sofort**
Sohle <-, -n> *f* ❶ (*Schuh~*) sole; **~n aus Leder** leather soles; **sich** *akk* **an jds ~n heften** [*o fam* **hängen**] to dog sb's heels [*or* every step]
❷ (*Fuß~*) sole [of the/one's foot], planta *spec;* **mit nackten ~n** barefoot; **sich** *akk* **die ~n nach etw** *dat* **ablaufen** (*fam*) to walk one's legs off looking for sth
❸ (*Einlege~*) insole
❹ (*eines Tals o.Ä.*) bottom
► WENDUNGEN: **eine kesse** [*o* **tolle**] ~ **aufs Parkett legen** (*hum fam*) to trip the light fantastic BRIT *hum;* **auf leisen ~n** noiselessly, softly
sohlen I. *vt* (*besohlen*) ■**etw** ~ *Schuhe* to sole sth
II. *vi* DIAL (*lügen*) to lie
Sohn <-[e]s, Söhne> *m* son; **na, mein ~** (*fam*) well, son[ny]; **der ~ Gottes** the Son of God; **der verlorene ~** the prodigal son
Söhnchen <-s, -> *nt* (*fam*) *dim von* **Sohn**
❶ (*kleiner Sohn*) baby son
❷ (*Bürschchen*) ■**[mein]** ~ sonny
Sohnemann <-s> *m kein pl* DIAL (*fam*) son
Soja <-s, -jen> *f meist sing* soy *no pl,* soya *no pl* BRIT
Sojabohne *f* soybean, soya bean BRIT **Sojabohnenkeime** *pl* bean sprouts *pl* **Sojamehl** *nt* soy [*or* BRIT *a.* soya] flour **Sojamilch** *f kein pl* soy milk *no pl* **Sojaöl** *nt* soy [*or* BRIT soya] oil **Sojasoße** *f* soy[a BRIT] sauce **Sojaspross**[RR] *m* [soya] bean sprout
Sojen *pl von* **Soja**
solang(e) *konj* as [*or* so] long as; ~ *wir noch hier sind …* so long as we're still here …; ~ *sie noch zur Schule geht …* while she still goes to school …
solar *adj inv* ASTRON, METEO, PHYS solar
Solaranlage *f* solar equipment **Solarenergie** *f* solar energy **Solarfarm** *f s.* **Sonnenfarm**
Solarium <-s, -ien> [-riən] *nt* solarium
Solarkollektor *m* solar panel **Solarkraftwerk** *nt* solar power station **Solarmobil** <-s, -e> *nt* AUTO solar car **Solarplexus** <-, -> *m* solar [*or spec* coeliac] plexus **Solarrechner** *m* solar[-powered] calculator **Solarstrom** *m* solar[-generated] electricity **Solartechnik** *f* solar [cell] technology **Solarzeitalter** *nt kein pl* solar age **Solarzelle** *f* solar cell
Solawechsel *m* FIN promissory note
Solbad *nt* ❶ (*Badeort*) saltwater spa
❷ (*medizinisches Bad*) saltwater [*or* brine] bath
Solberfleisch *nt* KOCHK *dish of cured pig's mouth, neck, ears, trotters and spine*
solch *adj inv* (*geh*) such; ~ *ein Mann* such a man, a man like this/that/yours etc.; ~ *ein Luder!* what a brat!; ~ *feiner Stoff* material as fine as this
solche(r, s) *adj* ❶ *attr* such; **~e Frauen** such women, women like that; **eine ~e Frechheit** such impertinence; *sie hatte ~ Angst …* she was so afraid …
❷ *substantivisch* (~ *Menschen*) such people, people like that; (*ein ~r Mensch*) such a person, a person like this/that; ~ *wie wir* people like us; *~, denen man nichts recht machen kann* people for whom one can do nothing right; **nicht ein ~r/eine ~ sein** not to be like that, not to be of that ilk *a. pej;* **als ~(r, s)** as such, in itself; *der Mensch als ~r* man as such; *es gibt ~ und ~ Kunden* there are customers and customers
solcherart I. *adj* such
II. *adv* thus
solcherlei *adj attr, inv* (*geh*) such; ~ **Dinge** such things, things like that
Sold <-[e]s> *m kein pl* MIL pay; **in jds ~ stehen** (*geh*) to be in sb's pay
Soldat(in) <-en, -en> *m(f)* soldier; ■~ **sein** to be a

S

soldier [*or* in the army]; ■~ **werden** to join the army, to join up *fam*, to become a soldier; ~ **auf Zeit** *soldier serving for a set time;* ~ **spielen** to play [at] soldiers *a. pej*

Soldatenfriedhof *m* military cemetery

Soldateska <-, -tesken> *f* (*pej*) band of soldiers

Soldatin <-, -nen> *f fem form von* **Soldat**

soldatisch I. *adj* military
II. *adv* like a [true] soldier

Soldbuch *nt* HIST military paybook

Söldner(in) <-s, -> *m(f)* mercenary

Sole <-, -n> *f* brine, salt water

Solei *nt* pickled [hard-boiled] egg

Solequelle *f* saltwater spring

Soli *pl von* **Solo**

solid *adj s.* **solid(e)**

solid(e) I. *adj* ① (*haltbar, fest*) solid; **~e Kleidung** durable [*or* hard-wearing] clothes *npl;* **~es Möbel** solid [*or* sturdy] furniture
② (*fundiert*) sound, thorough; **eine ~e Ausbildung** a sound education
③ (*untadelig*) respectable, steady-going; **ein ~es Leben** a steady life
④ (*finanzkräftig*) solid, sound, well-established *attr;* (*zuverlässig, seriös*) sound
II. *adv* ① (*haltbar, fest*) ~ **gebaut** solidly constructed
② (*untadelig*) respectably; ~ **leben** to lead a steady life, to live respectably

Solidarbeitrag *m* contribution to social security **Solidarbürgschaft** *f* JUR joint and several guarantee **Solidargemeinschaft** *f* mutually supportive group; (*die Gesellschaft*) caring society

solidarisch I. *adj* **eine ~e Haltung** an attitude of solidarity; **jds ~es Verhalten** sb's show of solidarity; **sich** *akk* **[mit jdm/etw] ~ erklären** to declare one's solidarity [with sb/sth]; **sich** *akk* **mit jdm ~ fühlen** to feel solidarity with sb
II. *adv* in solidarity; **sich** *akk* **~ verhalten** to show one's solidarity

solidarisieren* *vr* ■**sich** *akk* **[mit jdm/etw]** ~ to show [one's] solidarity [with sb/sth]

Solidarität <-> *f kein pl* solidarity; **aus ~** out of solidarity

Solidaritätsbeitrag *m* POL *s.* **Solidaritätszuschlag** **Solidaritätsstreik** *m* sympathy strike **Solidaritätszuschlag** *m* POL *additional pay deduction to finance the economic rehabilitation of former East Germany*

Solidarpakt *m* POL solidarity pact, solidarity agreement

Solidität <-> *f kein pl* (*geh*) solidness, soundness

Solist(in) <-en, -en> *m(f)* MUS soloist

Solitär <-s, -e> *m* ① (*Edelstein*) solitaire [diamond], diamond solitaire
② (*Gehölz*) specimen [bush]
③ *kein pl* (*Brettspiel*) solitaire

Solitärring *m* solitaire ring

Soll <-[s], -[s]> *nt* ① (*~seite*) debit side; ~ **und Haben** (*veraltend*) debit and credit; **[mit etw** *dat*] **[hoch] im ~ sein/ins ~ geraten** to be [deep] in/to go [*or* slide] [deeply] into the red [by sth]
② (*Produktionsnorm*) target; **[X %] unter dem/seinem ~ bleiben** to fall short of the/one's target [by X %]; **ein/sein ~ erfüllen** to reach a/one's target

Sollaufkommen *nt* FIN budgeted yield **Sollbesteuerung** *f* FIN imputed taxation **Sollbuchung** *f* FIN debit entry **Solleinnahmen** *pl* FIN estimated receipts

sollen

I. AUXILIARVERB

<sollte, -> ① *etw zu tun haben* ***du sollst herkommen, habe ich gesagt!*** I said [you should] come here!; ***sag ihm, dass er sich in Acht nehmen soll*** tell him to watch out; ***soll er/sie doch!*** (*pej fam*) [just] let him/her!; ***das soll sie erst mal tun!*** just let her try!; ***man hat mir gesagt, ich soll Sie fragen*** I was told to ask you; ***du sollst morgen früh anrufen*** you're to give her/him a ring tomorrow morning; ***was ~ wir machen?*** what shall we do?
② *modal, optativisch* *mögen* ***Sie ~ sich ganz wie zu Hause fühlen!*** [just] make yourself at home; ***du sollst dir deswegen keine Gedanken machen*** you shouldn't worry about it; ***soll ich/sie dir noch etwas Wein nachgießen?*** shall [*or* can] I/should she give you some more wine?
③ *modal, konditional* *falls* ***sollte das passieren, …*** if that should happen …, should that happen …
④ *modal, konjunktivisch* *eigentlich müssen* ***du sollst dich schämen!*** you should [*or* ought to] be ashamed [of yourself]; ***was hätte ich tun ~?*** what should I [*or* ought I to] have done?; ***da solltest du mitfahren*** you ought to come along; ***das solltest du unbedingt sehen*** you have to see this, come and look at this; ***so soll es sein*** that's how it ought to be; (*als Wunsch eines Königs*) so shall it be *liter*
⑤ *modal* *angeblich sein* ■**etw sein/tun** ~ to be supposed to be/do sth; ***er soll sehr reich sein/gewesen sein*** he is said to be/have been very rich, they say he is/was very rich; ***der Sommer soll heiß werden*** they say we're going to have a hot summer; ***soll das [schon] alles [gewesen] sein?*** is that [supposed to be] all?; ***das/so etwas soll es geben*** these things happen; ***was soll das heißen?*** what's that supposed to mean?, what are you/is he/she etc. getting at?; ***wer soll das sein?*** who's that [supposed to be]?; ***was soll schon sein?*** what do you expect?
⑥ *modal* *dürfen* ***du hättest ihr das nicht erzählen ~*** you should not have told her that; ***das hätte nicht vorkommen ~*** it should not have [*or* ought not to have] happened
⑦ *modal, in Fragen* *mochte* ***sollte er mich belogen haben?*** does that mean [*or* are you/is he/she etc. saying] [that] he lied to me?; ***sollte ich mich so getäuscht haben?*** could I have been so wrong?; ***sollte das wahr sein?*** is that true?
⑧ *modal* *geh: würde* ***dieser Schicksalsschlag sollte nicht der letzte sein/gewesen sein*** this stroke of fate was not to be the last; ***es sollten Jahrhunderte vergehen, bevor …*** centuries were to pass before … *liter*
⑨ *modal* **es hat nicht sein** ~ it wasn't to be; ***es hat nicht sein ~, dass die beiden sich je wiedertreffen*** the two were destined never to meet again

II. INTRANSITIVES VERB

<sollte, gesollt> ① *eine Anweisung befolgen* ***soll er reinkommen? — ja, er soll*** should he come in? — yes, he should; ***er hätte das zwar nicht gesollt, aber …*** [he knows] he should not have done so, but …; ***immer soll ich!*** it's always me [who has to do it]!; ***du solltest ins Bett*** you should go to bed
② *müssen* ***du sollst sofort nach Hause*** you should go home at once; ***sie hätte eigentlich in die Schule gesollt*** she should have gone to school
③ *nützen, bedeuten* ***was soll der Quatsch?*** (*fam*) what are you/is he/she etc. playing at? *fam;* ***was soll der Blödsinn?*** (*fam*) what's all this nonsense about?; ***was soll das?*** (*fam*) what's that supposed to mean?; ***was soll's?*** (*fam*) who cares?, what the heck? *fam*

Söller <-s, -> *m* (*balkonartiger Anbau*) balcony; (*veraltend: Dachboden*) attic; **auf den/dem ~** into/in the attic

Sollertrag *m* ÖKON estimated [*or* budgeted] receipts *pl* **Sollfertigungszeit** *f* ÖKON standard labour [*or* AM -or] time **Sollgewicht** *nt kein pl* MED recommended [*or* required] weight **Sollkaufmann, -kauffrau** *m, f* businessman by registration **Sollkosten** *pl* ÖKON budget costs **Sollsaldo** *m* FIN debit balance **Sollseite** *f* FIN, ÖKON debit side **Sollstärke** *f* MIL required strength, authorized strength **Sollvorschrift** *f* JUR directory provision **Sollzahlen** *pl* ÖKON target figures **Sollzeit** *f* ÖKON required time **Sollzinsen** *pl* debit interest *no pl,* interest receivable [*or* owing] *no pl*

solo *adj inv* ① MUS solo
② (*fam: ohne Begleitung*) ■~ **sein** to be alone, to be on one's own [*or* BRIT *fam* tod]; ~ **kommen** to come alone [*or* by oneself]

Solo <-s, Soli> *nt* MUS solo

Soloalbum *nt* MUS solo album **Soloexistenz** *f* life as a single

Solothurn <-s> *nt* Solothurn

solvent [-ˈvɛnt] *adj* FIN solvent; ■~ **sein** to be solvent [*or* in the black]

Solvenz <-, -[i]en> *f* FIN solvency

Somali *nt* Somali; *s. a.* **Deutsch**

Somalia <-> *nt* Somalia; *s. a.* **Deutschland**

Somalier(in) <-s, -> *m(f)* Somali; *s. a.* **Deutsche(r)**

somalisch *adj inv* Somali; *s. a.* **deutsch 1, 2**

somit *adv* therefore, consequently, hence *form*

Sommer <-s, -> *m* summer; **im nächsten ~** next summer; ***es ist/wird ~*** it is/will soon be summer; **im ~** in summer; **~ wie Winter** [*o* **im ~ und im Winter**] all [the] year round; **den ganzen ~ über** throughout the whole summer

Sommeranfang *m* beginning of summer **Sommeranzug** *m* summer suit **Sommerfahrplan** *m* summer timetable **Sommerferien** *pl* summer holidays *pl* [*or* AM vacation]; **es gibt** [*o* **wir haben**] ~ it's the summer holidays; ***wann gibt es ~?*** when are the summer holidays?; ~ **haben** to have one's summer holidays **Sommerfest** *nt* summer [*or* open-air] festival **Sommerfrische** *f* (*veraltet*) ① (*Sommerurlaub*) summer holiday; **in die ~ gehen/fahren** to go away for a summer holiday
② (*Urlaubsort*) summer [holiday] resort **Sommerhalbjahr** *nt* summer semester **Sommerkleid** *nt* summer dress **Sommerkleidung** *f* summer clothing [*or* clothes]; (*Marktartikel*) summerwear **Sommerkollektion** *f* summer collection

sommerlich I. *adj* ① (*im Sommer vorherrschend*) summer *attr;* **~es Wetter** summer[-like] [*or* summery] weather
② (*dem Sommer entsprechend*) summer *attr*
II. *adv* ① (*wie im Sommer*) like in summer; **~ warme Temperaturen** warm summer-like temperatures
② (*dem Sommer entsprechend*) **sich** *akk* **~ kleiden** to wear summer clothes

Sommerloch *nt* POL (*sl*) silly season BRIT *fam* **Sommermantel** *m* summer coat, coat for summer **Sommermonat** *m* summer month **Sommerolympiade** *f* ■**die ~** the Summer Olympics *npl* **Sommerpause** *f* POL summer recess **Sommerreifen** *m* normal [*or* summer] tyre [*or* AM tire]

sommers *adv* (*geh*) in [the] summer; **~ wie winters** all [the] year round

Sommersachen *f* summer clothes [*or* things] **Sommersaison** *f* summer season **Sommerschlussverkauf**[RR] *m* summer sale[s *pl*] **Sommersemester** *nt* SCH summer semester, ≈ summer term BRIT **Sommersmog** *m* summer smog **Sommerspiel** *nt* summer [*or* open-air] play [*or* festival] **Sommerspiele** *pl* ■**die [Olympischen] ~** the Summer Olympics [*or* Olympic Games] **Sommersprosse** *f meist pl* freckle; **~n haben** to have [got] freckles **sommersprossig** *adj* freckled, freckly; **ein [stark] ~es Gesicht haben** to have a face full of freckles, to be freckle-faced **Sommertag** *m* summer['s] day **Sommertheater** *nt* summer [*or* open-air] theatre [*or* AM -er] **Sommerzeit** *f* summertime; ***wann wird auf ~ umgestellt?*** when are the clocks changed to summertime [*or* put forward]?; **zur ~** (*geh*) in summertime

Sonate <-, -n> *f* sonata

Sonde <-, -n> *f* ① MED (*Schlauch~*) tube; (*Operations~*) probe
② (*Raum~*) probe
③ (*Radio~*) sonde *spec*

Sondenspitze *f* probe tip

Sonderabfall *m* hazardous [*or* toxic] waste **Sonderabnehmer** *m* HANDEL special-rate consumer **Sonderabnehmervertrag** *m* HANDEL special-rate supply contract **Sọnderabschreibung** *f meist pl* FIN, ÖKON extraordinary [*or* accelerated] depreciation **Sọnderanfertigung** *f* special model [*or* edition]; (*Auto a.*) custom car **Sọnderangebot** *nt* special offer; **etw im ~ haben** to have sth on special offer **Sọnderarbeitsverhältnis** *nt* ÖKON *für Langzeitarbeitslose* special working regulation[s] (*governing the long-term unemployed*) **Sọnderausführung** *f* custom-built [*or* special] model **Sọnderausgabe** *f* ❶ MEDIA, VERLAG (*zusätzliche, einmalige Ausgabe*) special edition ❷ *kein pl* ÖKON additional [*or* contingent] expenses *pl* ❸ *pl* FIN extras **Sọnderausschüttung** *f* FIN extra distribution **Sọnderausstattung** *f* AUTO optional equipment **Sọnderausstellung** *f* special exhibition

sọnderbar I. *adj* peculiar, strange, odd; **unter ~en Umständen** in strange circumstances; **~es Verhalten** strange behaviour [*or* AM -or]
II. *adv* strangely

sọnderbarerweise *adv* strangely [enough], strange to say

Sọnderbeauftragte(r) *f(m) dekl wie adj* POL special emissary **Sọnderbedingungen** *pl* special terms [*or* conditions] **Sọnderbeilage** *f* MEDIA, TYPO, VERLAG special supplement **Sọnderberechnung** *f* HANDEL **gegen ~** at extra cost **Sọnderbestimmungen** *pl* special terms [*or* conditions] **Sọnderbetriebsausgaben** *pl* FIN extraordinary operating expenditure [*or* costs] **Sọnderbetriebseinnahmen** *pl* FIN extraordinary operating receipts [*or* income] **Sọnderbetriebsvermögen** *nt* FIN special property **Sọnderbilanz** *f* FIN special-purpose financial statement **Sọnderbus** *m* extra [*or* special] bus **Sọnderdelikt** *nt* JUR special statutory offence **Sọnderdeponie** *f* depository for hazardous waste **Sọndereigentum** *nt* JUR separate property **Sọndereinheit** *f* special force [*or* unit] **Sọndereinlagen** *pl* ÖKON, BÖRSE special deposits *pl* **Sọndereinsatz** *m* special operation [*or* action] **Sọnderentgelt** *nt* FIN extra pay **Sọnderermäßigung** *f* HANDEL special price reduction **Sọnderermittler** *m* (*bei der Polizei*) special investigator; POL special envoy **Sọndererziehungsrechte** *pl* special drawing rights *pl*, SDR **Sọnderfahrt** *f* excursion, [special] trip **Sọnderfahrzeug** *nt* special-purpose vehicle **Sọnderfall** *m* special case; **in Sonderfällen** in special [*or* exceptional] cases **Sọnderfarbe** *f* TYPO house [*or* special] colour [*or* AM -or] **Sọnderflug** *m* special flight **Sọnderforschungsbereich** *m* special research area **Sọnderfunktion** *f* TECH special function **Sọndergebühr** *f* special [*or* extraordinary] charge **Sọndergefahren** *pl* FIN (*Versicherung*) extraneous perils **Sọndergenehmigung** *f* special authorization *no art;* **eine ~ haben** to have special authorization **Sọndergericht** *nt* JUR, POL special court [*or* tribunal] **Sọndergerichtsbarkeit** *f* JUR jurisdiction of special tribunals **Sọndergewinnsteuer** *f* windfall tax

sọndergleichen *adj inv* (*geh*) **eine Frechheit/Rücksichtslosigkeit ~** the height of cheek BRIT / inconsideration; **mit einer Frechheit/Rücksichtslosigkeit ~** with unparalleled cheek BRIT / inconsideration

Sọndergut *nt* JUR (*bei Gütergemeinschaft*) separate property **Sọnderkommando** *nt* MIL, POL special unit **Sọnderkommission** *f* special commission **Sọnderkonditionen** *pl* special conditions [*or* terms] *pl* **Sọnderkonto** *nt* special [*or* separate] account **Sọnderlackierung** *f* AUTO premium paint **Sọnderlehrstunde** *f für Behinderte* special needs lesson **Sọnderleistung** *f* extra performance [*or* contribution]

sọnderlich I. *adj* ❶ *attr* (*besonders*) particular; **ohne ~es Interesse** without much [*or* any particular] interest
❷ (*seltsam*) strange, peculiar, odd
II. *adv* particularly; **nicht ~ begeistert** not particularly [*or* very] enthusiastic

Sọnderling <-s, -e> *m* queer bird BRIT *fam*, oddball *fam*

Sọndermarke *f* special issue [*or* stamp] **Sọndermaschine** *f* special aircraft **Sọndermeldung** *f* TV, RADIO special announcement **Sọndermüll** *m* hazardous waste **Sọndermülldeponie** *f* hazardous [*or* toxic] waste depot

sọndern *konj* but; ***nicht sie war es, ~ er*** it wasn't her, but him; ***ich fahre nicht mehr zurück, ~ bleibe lieber da*** I won't be driving back now, I would rather stay here [instead]; ***ich habe keine Kartoffeln mitgebracht, ~ Reis*** I didn't bring any potatoes, but rice [instead]

Sọndernachlass[RR] *m* JUR special rebate [*or* discount] **Sọndernummer** *f* ❶ (*Spezialausgabe*) special edition [*or* issue] ❷ (*zusätzliche Nummer*) extra edition **Sọndernutzung** *f* special use **Sọnderparteitag** *m* special party conference **Sọnderposten** *m* ÖKON exceptional item **Sọnderpreis** *m* special [reduced] price **Sọnderprogramm** *nt* special programme [*or* AM -am] **Sọnderrabatt** *m* special discount **Sọnderrecht** *nt* [special] privilege; (*von Ämtern*) [special] immunity; **ein ~ [*o* ~e] haben** to have a special privilege [*or* special privileges] **Sọnderregelung** *f* special provision [*or* arrangement]

sọnders *adv* **samt und ~** all and sundry

Sọnderschule *f* special school; (*für geistig Behinderte a.*) school for the mentally handicapped **Sọnderschullehrer(in)** *m(f)* teacher at a special school/a school for the mentally handicapped **Sọndersendung** *f* special [programme [*or* AM -am]] **Sọndersitzung** *f* special session [*or* meeting] **Sọnderstaatsanwalt, -anwältin** *m, f* special prosecutor **Sọnderstellung** *f* special [*or* privileged] position **Sọnderstempel** *m* (*bei der Post*) special [*or* commemorative] postmark **Sọndersubvention** *f* FIN supplementary aid **Sọndertarif** *m* special rate [*or* tariff] **Sọndertaste** *f* INFORM special key **Sọndertisch** *m* bargain counter **Sọnderurlaub** *m* special leave; (*im Todesfall*) compassionate leave BRIT **Sọnderveranstaltung** *f* special event **Sọndervergütung** *f* ÖKON fringe [*or* supplementary] benefits *pl*, extra pay **Sọnderverkauf** *m* JUR special sale **Sọndervermögen** *nt* FIN special [*or* separate] assets *pl* **Sọnderverwahrung** *f* FIN separate safe custody **Sọndervollmacht** *f* JUR special authority, special power of attorney **Sọndervollversammlung** *f* special plenary session, extraordinary general meeting **Sọnderweg** *m* special [*or* extra] path

Sọnderwunsch *m meist pl* special request [*or* wish]; **Sonderwünsche haben** to have special requests **Sọnderzeichen** *nt* INFORM special character **Sọnderzug** *m* special train **Sọnderzuwendung** *f* JUR special grant

sondieren* I. *vt* (*geh*) ■**etw ~** (*erkunden*) to sound out sth *sep;* MED to probe sth
II. *vi* (*geh*) ■**[für jdn] ~** to sound things out [for sb]

Sondierung <-, -en> *f* ❶ (*geh: Erkundung*) sounding out *no pl*
❷ MED probe
❸ NAUT sounding
❹ *meist pl* POL exploratory talks *pl*

Sonẹtt <-[e]s, -e> *nt* sonnet

Sọng <-s, -s> *m* (*fam*) song

Sọnnabend *m* DIAL (*Samstag*) Saturday

sọnnabends *adv* DIAL (*samstags*) on Saturday[s]

Sọnne <-, -n> *f* ❶ *kein pl* ■**die ~** the sun, Sol *spec;* ***die ~ steht hoch am Himmel*** the sun is high in the sky; ***die ~ geht auf/ unter*** the sun rises/sets; **der glücklichste Mensch unter der ~ sein** (*liter*) to be the happiest person alive
❷ (*Stern*) star; (*mit Planeten a.*) sun; **schwarze ~** ASTRON total eclipse [*or* shadow]
❸ *kein pl* (*Sonnenlicht*) sun[light]; ***geh mir aus der ~!*** (*fig fam*) get out of my [*or* the] light!; **in der ~ sitzen/liegen** to sit/lie in the sun; ***das Zimmer hat viel/ wenig ~*** the room gets a lot of/doesn't get much sun[light]

sọnnen *vr* ❶ (*sonnenbaden*) ■**sich** *akk* **~** to sun oneself, to sunbathe
❷ (*geh: genießen*) ■**sich** *akk* **in etw** *dat* **~** to bask in sth

sọnnenabgewandt *adj inv* turned away [*or* averted] from the sun *pred* **Sọnnenaktivität** *f* solar activity **Sọnnenanbeter(in)** <-s, -> *m(f)* sun worshipper **Sọnnenanbeterin** *f* ❶ (*fam*) sun worshipper ❷ ZOOL praying mantis **Sọnnenaufgang** *m* sunrise, sunup AM; **bei/nach/vor ~** at/after/before sunrise [*or* AM sunup] **Sọnnenbad** *nt* sunbathing *no art, no pl;* **ein ~ nehmen** to sunbathe, to bask in the sun **sọnnenbaden** *vi nur infin und pp* to sunbathe **Sọnnenbank** *f* sunbed BRIT, tanning bed AM **sọnnenbeschienen** *adj inv* (*geh*) sunlit **Sọnnenbestrahlung** *f* **direkte ~** direct sunlight **Sọnnenblocker** <-s, -> *m* sunblock

Sọnnenblume *f* sunflower

Sọnnenblumenhonig *m* sunflower honey **Sọnnenblumenkern** *m* sunflower seed **Sọnnenblumenöl** *nt* sunflower oil

Sọnnenbrand *m* sunburn *no art;* **einen ~ bekommen/haben** to get sunburnt/have got sunburn **Sọnnenbräune** *f* suntan **Sọnnenbrille** *f* pair of sunglasses [*or fam* shades], sunglasses *npl*, shades *npl* **Sọnnencreme** *f* suncream **Sọnnendach** *nt* ❶ (*Sonnenschutz*) awning ❷ AUTO (*veraltend*) sunroof **Sọnnendeck** *nt* sun deck **Sọnneneinstrahlung** *f* insolation **Sọnnenenergie** *f* solar energy **Sọnnenfackeln** *pl* ASTRON solar flares *pl*, faculae *pl* **Sọnnenfarm** *f* solar farm **Sọnnenfinsternis** *f* solar eclipse, eclipse of the sun; **eine partielle/totale ~** a partial/total eclipse of the sun **Sọnnenfleck** *m meist pl* ASTRON sunspot **sọnnengebräunt** *adj* suntanned **Sọnnengeflecht** *nt* ANAT solar [*or spec* coeliac] plexus **Sọnnengel** *nt* sun gel **Sọnnengott** *m* sun god **Sọnnenhitze** *f* heat [of the sun] **sọnnenhungrig** *adj* sun-seeking **sọnnenklar** *adj* (*fam*) crystal-clear, clear as daylight *pred;* ■**[jdm [*o* für jdn]] ~ sein** to be crystal-clear [*or* clear as daylight] [to sb]; ■**[jdm] ~ sein, dass/was/wie ...** to be crystal-clear [*or* clear as daylight] [to sb] that/what/how ... **Sọnnenkollektor** *m* solar panel **Sọnnenkönig** *m kein pl* HIST ■**der ~** the Sun King, the Roi Soleil *liter* **Sọnnenkraftwerk** *nt* solar power station **Sọnnenlicht** *nt kein pl* sunlight *no pl* **Sọnnenmilch** *f* suntan lotion **Sọnnenöl** *nt* suntan oil **Sọnnenpaddel** *nt* RAUM solar paddle **Sọnnenschein** *m* sunshine; **bei strahlendem [*o* im strahlenden] ~** in brilliant sunshine **Sọnnenschirm** *m* sunshade; (*bes. hist: für Frauen a.*) parasol

Sọnnenschutz *m* ❶ (*Maßnahme*) protective measure against sunburn
❷ (*Konstruktion*) sunshade

Sọnnenschutzcreme *f* suntan cream [*or* lotion] **Sọnnenschutzfaktor** *m* protection factor **Sọnnenschutzmittel** *nt* sun protection product

Sọnnensegel *nt* ❶ (*Schutzdach*) awning ❷ RAUM solar sail [*or* panel] **Sọnnenseite** *f* side facing the sun, sunny side; (*fig: positive Seite*) sunny [*or* bright] side **Sọnnenstich** *m* sunstroke *no art*, heatstroke *no art;* **einen ~ bekommen/haben** to get/have sunstroke; ***du hast wohl einen ~!*** (*fig*) the sun must have addled *sl* [*or fam* got to] your brain! **Sọnnenstrahl** *m* sunbeam, ray of sunshine **Sọnnensystem** *nt* solar system **Sọnnentau** *m* BOT sundew **Sọnnentempler(in)** <-s, -> *m(f)* (*Mitglied einer Sekte*) Sun Templar **Sọnnenuhr** *f* sundial **Sọnnenuntergang** *m* sunset; **bei/nach/vor ~** at/after/before sunset [*or* AM sundown] **Sọnnenwende** *f* solstice **Sọnnenwind** *m* ASTRON solar wind **Sọnnenzyklus** *m* ASTRON solar cycle

sọnnig *adj* sunny

Sọnnseite *f* ÖSTERR, SCHWEIZ, SÜDD (*Sonnenseite*) side facing the sun, sunny side

Sọnntag *m* ■**[der] ~** Sunday; *bes* REL the Sabbath; **Weißer [*o* der Weiße] ~** Low Sunday; *s. a.* **Dienstag**

Sọnntagabend[RR] *m* Sunday evening; *s. a.* **Dienstag** **sọnntagabends**[RR] *adv* [on] Sunday evenings

S

sonntäglich *adj* [regular] Sunday *attr*
SonntagmittagRR *m* [around] noon on Sunday; *s. a.* Dienstag **sonntagmittags**RR *adv* [around] noon on Sundays **Sonntagmorgen**RR *m* Sunday morning; *s. a.* **Dienstag sonntagmorgens**RR *adv* [on] Sunday mornings **Sonntagnachmittag**RR *m* Sunday afternoon; *s. a.* **Dienstag sonntagnachmittags**RR *adv* [on] Sunday afternoons **Sonntagnacht**RR *m* Sunday night; *s. a.* **Dienstag sonntagnachts**RR *adv* [on] Sunday nights
sonntags *adv* on Sundays, on a Sunday
Sonntagsarbeit *f* Sunday working, work[ing] on Sundays **Sonntagsausflug** *m* Sunday outing **Sonntagsausflügler(in)** <-s, -> *m(f)* Sunday tripper **Sonntagsblatt** *nt* Sunday paper **Sonntagsbraten** *m* Sunday roast **Sonntagsdienst** *m* (*von Polizist*) Sunday duty, duty on Sunday; (*von Apotheker*) opening on Sundays *no art;* ~ **haben** (*von Polizist*) to be on duty on a Sunday; (*von Apotheker*) to be open on a Sunday **Sonntagsessen** *nt* Sunday meal **Sonntagsfahrer(in)** *m(f)* (*pej*) Sunday driver *pej* **Sonntagsfrage** *f* POL Sunday poll **Sonntagskind** *nt* child of fortune; **ein ~ sein** to be born under a lucky star, to be born with a silver spoon in one's mouth **Sonntagsrede** *f* (*pej*) turgid [*or* BRIT *pej* drivelling] [*or* AM *pej* driveling] speech; **eine ~ halten** to deliver a turgid [*or pej* drivelling] speech; **~n halten** (*fam*) to drivel *pej* [*or pej fam* babble] [on] **Sonntagsrückfahrkarte** *f* weekend ticket **Sonntagsruhe** *f* ❶ (*sonntägliche Arbeitsruhe*) Sunday observance ❷ (*sonntägliche Ruhe*) peace and quiet on a Sunday **Sonntagsstaat** <-[e]s> *m kein pl* (*fam o veraltend*) Sunday best; **im ~** in one's Sunday best **Sonntagszeitung** *f* Sunday [news]paper
SonntagvormittagRR *m* Sunday morning; *s. a.* Dienstagvormittag **sonntagvormittags**RR *adv* [on] Sunday mornings
Sonn- und Feiertage *pl* Sundays and bank [*or* public] holidays *pl*
sonn- und feiertags *adv* on Sundays and bank [*or* public] holidays
Sonnwendfeier *f* midsummer/midwinter celebrations *pl*
Sonographie <-, -n> *f*, **Sonografie**RR <-, -n> *f* MED sonography
sonor *adj* sonorous
sonst *adv* ❶ (*andernfalls*) or [else], [for *liter*] otherwise; [***aber***] **~ *geht's dir gut?*** (*sl*) are you feeling all right? *iron*
❷ (*gewöhnlich*) usually; ***warum zögerst du, du hast doch ~ keine Bedenken?*** why do you hesitate? you don't usually have any doubts; **freundlicher/kälter als ~** more friendly/colder than usual
❸ (*früher*) before; ***fuhr er ~ nicht immer einen anderen Wagen?*** didn't he always drive a different car before [*or* always used to drive a different car]?; ***das war ~, jetzt ist es anders*** that was then [*or* before], now it's different
❹ (*außerdem*) ***wer war ~ anwesend?*** who else was present?; **~ *noch Fragen?*** any more [*or* further] questions?; ***wenn ~ keine Fragen mehr sind, …*** if there are no more [*or* further] questions …; ***kann ich Ihnen ~ noch behilflich sein?*** can I help [*or* be of help to] you in any other way?; ■**~ noch etwas** something else; ■**~ keine(r, s)** nothing/nobody else; **~ nichts** nothing else; ***es gab ~ nichts Neues*** other than [*or* apart from] that, there was nothing new; **~ [*willst du*] *nichts?*, ~ *noch was?*** (*iron fam*) anything else you'd like? *iron;* **~ *noch etwas?*** will that be all?, will there be anything else?; ***wer weiß, was ~ noch alles passiert wäre, wenn …*** (*fam*) goodness knows what would have happened if …; ***was/wer/wie*** [***denn***] **~*?*** (*fam*) what/who/how else?; **~ was** whatever; ***von mir aus können Sie ~ was machen*** as far as I'm concerned you can do whatever you like; **~ was für …** all sorts of …; **~ wer** [*o* **jemand**] (*fam*) somebody else; ***es könnte ja ~ wer sein*** it could be anybody; ***erzähl das ~ wem!*** [go [and]] tell that to the marines! *fam;* **denken** [*o* **meinen**] [*o* **sich einbilden**], **man sei ~ wer** to think that one is something else *iron fam;* **~ wie** (*fam*) [in] some other way; **~ wo** (*fam*) somewhere else; **~ wohin** (*fam*) somewhere else
sonstig *adj attr* ❶ (*weitere[s]*) [all/any] other; **~e Auskünfte** [all/any] other [*or* further] information *no pl;* **keine ~en Beschwerden** no other complaints; **„S~es"** "other"; **~e betriebliche Aufwendungen** FIN other operational expenditure; **~e betriebliche Erträge** FIN other operating earnings; **~e Gläubigerforderungen/Vermögensgegenstände** FIN other creditor claims/assets
❷ (*anderweitig*) ***und wie sind ihre ~en Leistungen?*** and how is her performance otherwise?; ***aber sein ~es Verhalten ist tadellos*** otherwise his conduct is impeccable
sooft *konj* whenever; **~ *ich kann*** whenever [*or* as often as] I can
Soor <-[e]s, -e> *m* MED thrush *no art,* soor *no art spec*
Sophist(in) <-en, -en> *m(f)* (*pej geh*) sophist *liter;* PHILOS Sophist
Sopran <-s, -e> *m* ❶ *kein pl* (*Stimmlage*) soprano; (*von Kind a.*) treble
❷ (*Sänger*) soprano [singer]; (*Kind a.*) treble [singer]
Sopranist(in) <-en, -en> *m(f)* soprano [singer]; (*Kind a.*) treble [singer]
Sorbe, Sorbin <-n, -n> *m, f* Sorb, Wend
Sorbet <-s, -s> [ˈzɔrbɛt, zɔrˈbeː] *m o nt* sherbe[r]t
Sorbin <-, -nen> *f fem form von* **Sorbe**
Sorbinsäure *f* sorbic acid
sorbisch *adj* Sorbian
Sorbisch *nt dekl wie adj* Sorbian, Lusatian, Wendish, Wend; *s. a.* **Deutsch**
Sorbische <-n> *nt* ■**das ~** Sorbian, the Sorbian language, Lusatian, Wendish; *s. a.* **Deutsche**
Sorge <-, -n> *f* ❶ (*Gefühl der Unruhe*) worry (**um** +*dat* for); ***das ist meine geringste ~*** that's the least of my worries; **eine große ~** a serious worry; **~n mit sich herumtragen** to be worried, to be weighed down with problems; **jdn in ~ versetzen** to worry sb; **~n haben** to have problems; **ständig/nur/nichts als ~n** [**mit jdm/etw**] **haben** to have constant/nothing but trouble [with sb/sth]; **in ~ sein**[**, dass …**] to be worried [that …]; **jdm ~n machen** [*o* **bereiten**] to cause sb a lot of worry, to worry sb; **es macht jdm ~n, dass …** it worries sb that …; ***dass …, macht mir ~n*** it worries me that …, [the fact] that … worries me; **sich** *dat* [**jds/einer S. wegen**] **~n machen** to worry [about sb/sth]; ***wir haben uns solche ~n gemacht!*** we were so worried; ***machen Sie sich deswegen keine ~n!*** don't worry about that; ***sei/seien Sie ohne ~!*** (*geh*) do not fear *liter* [*or* worry]; **mit ~** with concern; ***du hast/ihr habt ~n!, ~n hast du/habt ihr!*** (*iron fam*) you call that worries [*or* problems]? *fam or iron,* you think you've got troubles [*or* problems]! *iron fam;* ***deine ~n möchte ich haben!*** (*iron fam*) I wish I had your problems! *iron fam;* [**keine**] **~ haben, dass/ob/wie …** [not] to be worried that/as to whether/as to how …; ***lassen Sie das meine ~ sein!*** let me worry about that; **für etw** *akk* **~ tragen** (*geh*) to attend [*or* see] to sth, to take care of sth; **dafür ~ tragen, dass …** (*geh*) to see to it [*or* to ensure] that …; ***keine ~!*** (*fam*) don't [you] worry; **eine ~ weniger** one less thing to worry about; ***diese ~ bist du los!*** you're rid of that worry
❷ *kein pl* JUR care; **die elterliche ~ ausüben** to exercise parental care and custody
sorgeberechtigt *adj* entitled to custody *pred*
sorgen I. *vi* ❶ (*aufkommen, sich kümmern*) ■**für jdn ~** to provide for sb, to look after sb
❷ (*besorgen*) ■**für etw ~** to get sth; ***ich sorge für die Getränke*** I'll get [*or* take care of] the drinks
❸ (*sich kümmern*) **für gute Stimmung/die Musik ~** to create a good atmosphere/attend [*or* see] to the music; ■**dafür ~, dass …** to see to it [*or* to make sure] that; ***dafür ist gesorgt*** that's taken care of
❹ (*bewirken*) **für Aufsehen/Unruhe ~** to cause a sensation/disturbance; ■**dafür ~, dass …** to ensure that …
II. *vr* ■**sich** *akk* **um jdn/etw ~** to be worried [*or* to worry] about sb/sth
sorgenfrei I. *adj* carefree, free of care [*or* worry] *pred* II. *adv* free of care [*or* worry] **Sorgenkind** *nt* (*fam*) problem child **sorgenlos** *adj s.* **sorgenfrei**
sorgenvoll I. *adj* ❶ (*besorgt*) worried; **mit ~er Stirn** with a worried frown ❷ (*viele Probleme bietend*) full of worries [*or* troubles] *pred* II. *adv* worriedly, anxiously; ***er sah mich ~ an*** he looked at me anxiously
Sorgerecht *nt kein pl* JUR custody [right]; **gemeinsames ~** joint custody **Sorgerechtsverfahren** *nt* JUR custody proceedings *pl*
Sorgfalt <-> *f kein pl* care; JUR *a.* circumspection; **mit mehr/größter/der erforderlichen ~** with more/the greatest/due care; **mangelnde ~** want [*or* lack] of care; **verkehrsübliche ~** due care and attention
sorgfältig I. *adj* careful; **eine ~e Arbeit** a conscientious piece of work
II. *adv* carefully, with care
Sorgfaltspflicht *f* JUR duty of care; **Vernachlässigung der beruflichen ~** professional negligence; **die ~ verletzen** to be negligent **Sorgfaltspflichtverletzung** *f* JUR negligence, infringement of the duty to exercise due care **sorgfaltswidrig** *adj* JUR careless, negligent
sorglos I. *adj* ❶ (*achtlos*) careless
❷ *s.* **sorgenfrei**
II. *adv* ❶ (*achtlos*) carelessly
❷ (*sorgenfrei*) free of care
Sorglosigkeit <-> *f kein pl* carelessness; (*ohne Sorge*) carefreeness
sorgsam *adj* (*geh*) *s.* **sorgfältig**
Sorte <-, -n> *f* ❶ (*Art*) kind, variety; ***welche ~*** [***von***] ***Tomaten?*** what kind [*or* sort] of tomatoes? ❷ (*Marke*) brand ❸ (*fam*) ***was für eine ~ Mensch ist er?*** what's he like?; ***diese Werbeleute sind eine komische ~*** these admen are a funny bunch *fam* ❹ *pl* FIN foreign currency **Sortenabteilung** *f* FIN foreign currency department **Sortenkurs** *m* BÖRSE exchange rate for notes and coin **Sortenschutz** *m* JUR (*Patent*) plant varieties protection
sortieren* *vt* ❶ (*ordnen*) **etw** [**nach Farbe/Größe/Qualität**] **~** to sort [*or* grade] sth [according to colour/size/quality]; **die Post** [**nach Rechnungen und Werbung**] **~** to sort the post [into bills and advertisements]; **etw** [**alphabetisch**] **~** to arrange sth in alphabetical order; (*von Computeralgorithmus a.*) to sort sth [alphabetically]
❷ (*einordnen*) ■**etw in etw** *akk* **~** to sort sth and place it in sth; **Dias in einen Kasten ~** to sort slides and place them in a box
❸ INFORM (*Daten zusammentragen*) ■**etw ~** to collate sth
Sortierer <-s, -> *m* INFORM collator
Sortierlauf *m* INFORM sort run, sorting pass **Sortiermaschine** *f* sorting machine, sorter
Sortiment <-[e]s, -e> *nt* range [of goods]
Sortimentsanpassung *f* HANDEL adapted product line **Sortimentsbreite** *f* HANDEL product range **Sortimentserweiterung** *f* product diversification
SOS <-, -> [ɛsʔoːˈʔɛs] *nt Abk von* **save our souls** SOS; **~ funken** to put out an SOS
sosehr *konj* ■**~** [**… auch**] however much …, no matter how much …; ***…, ~ ich es*** [***auch***] ***bedaure*** …, however much I regret it; ***er schaffte es nicht, ~ er sich auch anstrengte*** he couldn't manage it, no matter how hard he tried
soso I. *interj* [what] you don't say?
II. *adv* (*fam*) so-so *fam,* middling *fam;* ***wir kommen ~ zurecht*** we're just about managing, we'll muddle through somehow
Soße <-, -n> *f* ❶ KOCHK sauce; (*Braten~*) gravy; (*Salat~*) dressing
❷ (*pej sl*) ooze, gunge
Soßenlöffel *m* sauce spoon [*or* ladle]
sott (*veraltend*) *imp von* **sieden**
Soufflé, SouffleeRR <-s, -s> [zuˈfleː] *nt* KOCHK

soufflé
Souffleur <-s, -e> [zu'flø:ɐ] *m*, **Souffleuse** <-, -n> [zu'flø:zə] *f* THEAT prompter
Souffleurkasten [zu'flø:ɐ-] *m* THEAT prompt[er's] box
Souffleuse <-, -n> [zu'flø:zə] *f fem form von* **Souffleur**
soufflieren* [zu'fli:rən] I. *vi* THEAT ■[**jdm**] ~ to prompt sb
II. *vt* (*geh*) ■**jdm etw** ~ to prompt sb by repeating sth
Sounddatei ['saʊnd-] *f* INFORM sound file **Soundfile** <-s, -s> ['saʊndfaɪl] *nt* INET sound file **Soundkarte** ['saʊnd-] *f* INFORM sound board
soundso I. *adv* (*fam*) such and such; ~ **breit/groß** of such and such a width/size; ~ **oft** a hundred times *fam*, umpteen times *fam*; ~ **viele** so and so many
II. *adj* so-and-so; **auf Seite** ~ on page so-and-so [*or* such-and-such]
Soundso <-s, -s> *m* ■**Frau/Herr** ~ (*fam*) M[r]s/Mr what's-her/his-name [*or* what-do-you-call-her/him]
soundsovielte(r, s) *adj* (*fam*) such and such; ***wir treffen uns am ~n August*** we're meeting on such and such a date in August; ***sie kam als ~, ich glaube als 37.*** she finished in such and such a place, I think 37th
Soundtrack <-s, -s> ['saʊndtræk] *m* soundtrack
Soutane <-, -n> [zu'ta:nə] *f* REL cassock, soutane *spec*
Souterrain <-s, -s> [sutɛ'rɛ̃:, 'zu:tɛrɛ̃] *nt* basement
Souvenir <-s, -s> [zuvə'ni:ɐ] *nt* souvenir
Souvenirladen *m* souvenir shop
souverän [zuvə'rɛ:n] I. *adj* ❶ (*unabhängig*) sovereign *attr*; ■~ **sein/werden** to be [*or* become] a sovereign state
❷ (*geh: überlegen*) superior
II. *adv* (*geh*) with superior ease; **etw** ~ **beherrschen** to have a commanding knowledge of sth; **etw** ~ **machen** [*o* **meistern**] to do sth with consummate ease [*or* have complete mastery of [*or* over] sth]
Souverän <-s, -e> [zuvə'rɛ:n] *m* ❶ SCHWEIZ ■**der** ~ the voting public [*or* voters] *pl*
❷ (*veraltend: Herrscher*) sovereign
Souveränität <-> [zuvərɛni'tɛ:t] *f kein pl* sovereignty *no pl*; (*geh: Überlegenheit*) superior ease (+*gen*/**von** +*dat* in)
soviel *konj* as [*or* so] far as; ~ ***ich weiß*** as far as I know; ~ ***ich auch trinke ...*** no matter how much I drink ...
sovielmal *konj* ■~ ... **auch** no matter how many times ..., however many times ...
soweit *konj* as [*or* so] far as; ~ ***ich sehe/weiß*** as [*or* so] far as I can see [*or* tell]/as [*or* so] far as I know
sowenig *konj* ■~ ... **auch** however little ..., as little ...; ~ ***du auch damit zu tun haben willst, ...*** however little you claim to have to do with it, ...
sowie *konj* ❶ (*sobald*) as soon as, the moment [that]
❷ (*geh*) as well as
sowieso *adv* anyway, anyhow; ***du bist ~ eingeladen*** you're invited anyway [*or* anyhow]; ***das war ~ klar*** that was clear from the start; ***das ~!*** (*fam*) of course!, does a bear shit in the woods? AM *iron sl*
Sowjet <-s, -s> *m* soviet; **der Oberste** ~ the Supreme Soviet
Sowjetbürger(in) *m(f)* POL (*hist*) Soviet citizen
sowjetisch, sowjetisch *adj* Soviet **Sowjetrepublik** *f* (*hist*) Soviet Republic **Sowjetunion** *f* (*hist*) ■**die** ~ the Soviet Union
sowohl *konj* ■~ ... **als auch** ... both ... and ..., ... as well as ...
Sozi <-s, -s> *m* (*fam*) *s.* **Sozialdemokrat** Socialist, pinko *pej*
Sozia <-, -s> *f fem form von* **Sozius**
sozial I. *adj* ❶ (*gesellschaftlich*) social; **~e Verhältnisse/Stellung** social conditions/status; **~es Gefüge** POL social fabric
❷ (*für Hilfsbedürftige gedacht*) social security *attr*, by social security *pred*; **~e Leistungen** social security [*or* welfare] payments
❸ (*gesellschaftlich verantwortlich*) public-spirited; **eine ~e Ader** a streak of [the] public spirit; **~es Handeln** acting in a public-spirited way
II. *adv* ~ **schwach** socially deprived; ~ **denken** to be socially [*or* social-]minded; ~ **handeln** to act for the good of all; *s. a.* **Friede, Jahr, Wohnungsbau**
Sozialabbau *m kein pl* cuts in social services **Sozialabgaben** *pl* social security contributions [*or* payments] **Sozialamt** *nt* social security office BRIT, welfare department AM **Sozialarbeit** *f kein pl* social [*or* welfare] work *no pl* **Sozialarbeiter(in)** *m(f)* social worker **Sozialausgaben** *pl* public expenditure **Sozialausschuss**[RR] *m* social committee **Sozialbehörde** *f* welfare authority **Sozialbereich** *m* social services sector, area of social services **Sozialberuf** *m* caring profession **Sozialbilanz** *f* ÖKON social-economic balance sheet **Sozialdemokrat(in)** *m(f)* social democrat; ■**die ~en** the Social Democrats **Sozialdemokratie** *f kein pl* social democracy *no pl, no art* **Sozialdemokratin** *f fem form von* **Sozialdemokrat** **sozialdemokratisch** *adj* social-democratic **Sozialdezernent** *m* head of social services **Sozialdienste** *pl* welfare services *pl* **Sozialdumping** *nt flouting of the laws governing the minimum wage, working hours, and health and safety income support* **Sozialeinrichtung** *f meist pl* ÖKON welfare institution **Sozialexperte** *m* social services [*or* welfare] expert **Sozialfall** *m* (*geh*) hardship case **Sozialforschung** *f* social research **Sozialgeheimnis** *nt* JUR confidential nature of social insurance data **Sozialgericht** *nt* [social] welfare tribunal **Sozialgerichtsbarkeit** *f* JUR jurisdiction for social security litigation **Sozialgerichtsgesetz** *nt* JUR *law concerning social security tribunals and their procedure* **Sozialgeschichte** *f* social history **Sozialgesetzbuch** *nt* code of social law (*covering laws on social security and services, vocational training, finding employment and other matters*) **Sozialgesetzgebung** *f* welfare [*or* social] legislation **Sozialhilfe** *f kein pl* income support, [social] welfare AM **Sozialhilfeempfänger(in)** *m(f)* person receiving income support [*or* supplementary benefit] **Sozialhilfeleistung** *f* income support, supplementary benefit **Sozialhilferecht** *nt* JUR public welfare law **Sozialhilfesatz** *m* social security [*or* BRIT supplementary benefit] [*or* AM welfare] rate
Sozialisation <-> *f kein pl* SOZIOL, PSYCH socialization
sozialisieren* *vt* ❶ POL (*verstaatlichen*) ■**etw** ~ to nationalize sth
❷ SOZIOL, PSYCH ■**jdn** ~ to socialize sb; **jdn wieder** ~ to reintroduce sb into society
Sozialisierung <-, -en> *f* ❶ POL nationalization
❷ SOZIOL, PSYCH socialization
Sozialismus <-> *m kein pl* ■**der** ~ socialism
Sozialist(in) <-en, -en> *m(f)* socialist
sozialistisch *adj* ❶ (*Sozialismus betreffend*) socialist, leftist *a. pej*
❷ ÖSTERR (*sozialdemokratisch*) social-democratic
Sozialkampagne *f* social welfare campaign **Sozialklausel** *f* JUR social hardship clause **Sozialleben** *nt* social life **Sozialleistungen** *pl* (*des Staates*) social services; (*aus Sozialversicherung*) social security benefits **Sozialleistungsmissbrauch**[RR] *m* benefit abuse **sozialliberal** *adj* liberal socialist; *Koalition* social democrat, social-ist-liberal **Sozialmieter(in)** *m(f)* receiver of housing benefit BRIT, subsidized [*or* Section 8] tenant AM; ■**ein ~/eine ~in sein** to receive housing benefit BRIT, to be a subsidized [*or* Section 8] tenant AM **Sozialminister, -ministerin** *m, f* Social Services Minister BRIT, Secretary of Social Services AM **Sozialministerium** *f* Social Services Ministry BRIT, Department of Social Services AM **Sozialpädagoge, -pädagogin** *m, f* social education worker **Sozialpädagogik** *f* ■**die** ~ social education **Sozialpädagogin** *f fem form von* **Sozialpädagoge** **sozialpädagogisch** *adj* relating to social education **Sozialpakt** *m* social pact **Sozialpartner** *pl* unions and management, both sides of industry **Sozialplan** *m* redundancy payments scheme BRIT, severance scheme AM **Sozialpolitik** *f kein pl* social policy **Sozialpolitiker** *m politician who specializes in social welfare or person concerned with social policy* **sozialpolitisch** *adj inv* POL socio-political **Sozialprestige** *nt* social standing **Sozialprodukt** *nt* ÖKON [gross] national product **Sozialrecht** *nt kein pl* social legislation **Sozialrente** *f* (*geh*) state pension **Sozialrentner(in)** *m(f)* (*geh*) social insurance pensioner **sozialschwach** *adj s.* **sozial II** **Sozialsenator(in)** *m(f)* social services minister, minister for social services (*in Berlin, Bremen, Hamburg*) **Sozialstaat** *m* welfare state **Sozialstaatsprinzip** *nt* JUR principle of social justice and the welfare state **Sozialstation** *f* health and advice centre [*or* AM -er] **Sozialsystem** *nt* social [welfare] system **Sozialtherapie** *f* social therapy **Sozialunion** *f* unified social welfare system **Sozialverhalten** *nt* social behaviour [*or* AM -or]
Sozialversicherung *f* National Insurance BRIT, Social Security AM
Sozialversicherungsausweis *m* National Insurance card BRIT **Sozialversicherungsbeitrag** *m* FIN National Insurance contribution BRIT, Social Security contribution [*or* AM tax] **Sozialversicherungsgesetz** *nt* JUR, FIN National Insurance Act BRIT, Federal Insurance Contribution Act AM **Sozialversicherungsgesetzgebung** *nt* social security legislation **sozialversicherungspflichtig** *adj inv* ÖKON subject to social insurance *pred*, within the scope of National Insurance
sozialverträglich *adj* reconcilable with a welfare state **Sozialwesen** *nt kein pl* social welfare *no pl* **Sozialwissenschaften** *pl* social sciences **Sozialwissenschaftler** *m* social scientist **sozialwissenschaftlich** *adj* social science, socio-scientific **Sozialwohnung** *f* council house [*or* flat] BRIT, [housing] project AM
Sozietätsvertrag *m* partnership agreement
Soziobiologie *f* sociobiology **soziokulturell** *adj* sociocultural **Soziolekt** <-[e]s, -e> *m* LING, SOZIOL sociolect **Soziolinguistik** *f* ■**die** ~ sociolinguistics + *sing vb* **soziolinguistisch** *adj inv* LING sociolinguistic **Soziologe, -login** <-n, -n> *m, f* sociologist **Soziologie** <-> *f kein pl* ■**die** ~ sociology **Soziologin** <-, -nen> *f fem form von* **Soziologe** **soziologisch** *adj* sociological **sozioökonomisch** *adj inv* socio-economic
Sozius, Sozia[1] <-, Sozii> *m, f* ❶ ÖKON (*Teilhaber einer Sozietät*) partner
❷ (*veraltend o hum fam: Kumpan*) mate BRIT *fam*, buddy AM *fam*, partner-in-crime *fam or hum*
Sozius, Sozia[2] <-, -se> *m, f* ❶ (*Beifahrer*) pillion rider [*or* passenger]; **als ~ mitfahren** to ride pillion
❷ *s.* **Soziussitz**
Soziussitz *m* pillion [seat]
sozusagen *adv* as it were, so to speak
Spachtel[1] <-s, -> *m* (*Werkzeug*) spatula; KUNST palette knife
Spachtel[2] <-s> *m kein pl* (*Kitt*) filler, screed *spec*
Spachtelmasse *f s.* **Spachtel**[2]
spachteln I. *vt* ■**etw** ~ *Wand, Gips* to fill [in *sep*] [*or sep* smooth over] [*or* stop] sth
II. *vi* ❶ (*mit Spachtel*[2] *arbeiten*) to do some filling [*or* smoothing over]
❷ DIAL (*fam: reichlich essen*) to tuck in
Spagat <-[e]s, -e> *m o nt* the splits *npl*; [**einen**] ~ **machen, in den ~ gehen** to do the splits; (*schwierige Position*) balancing act
Spagetti *pl*, **Spaghetti** *pl* spaghetti + *sing vb*
Spagettiheber *m*, **Spaghettiheber** *m* spaghetti spoon **Spagettitopf** *m*, **Spaghettitopf** *m* pasta pan **Spagettiträger**[RR] *m* spaghetti strap **Spagettizange** *f*, **Spaghettizange** *f* spaghetti tongs *npl*
spähen *vi* ❶ (*suchend blicken*) **aus dem Fenster** ~ to peer out of the window; ■**aus etw** *dat* ~ to peer out of sth; (*schnell*) to [quickly] peep out of sth;

S

■**durch etw** *akk* [**auf/in etw** *akk*] ~ to peep [*or* peek] [at/in[to] sth] through sth; (*schnell*) to take a quick peep [*or* peek] [at/in sth] through sth
② (*Ausschau halten*) ■**nach jdm/etw** ~ to look out [*or* keep a lookout] for sb/sth

Späher(in) <-s, -> *m(f)* MIL scout

Spähtrupp *m* MIL reconnaissance [*or* scouting] party, patrol

Spalier <-s, -e> *nt* ① (*Gittergestell*) trellis; (*für Obst a.*) espalier; **etw an ~en ziehen** to trellis/espalier sth, to train sth [on a trellis/an espalier]
② (*Gasse aus Menschen*) row, line; **ein ~ bilden, ~ stehen** to form a line; (*Ehrenformation*) to form a guard of honour [*or* AM -or]

Spalt <-[e]s, -e> *m* gap; (*im Vorhang a.*) chink; ***kannst du den Vorhang einen ~ offen lassen?*** can you leave the curtains open slightly?; (*Riss*) crack; (*Fels~*) crevice, fissure; (*Gletscher~*) crevasse; **die Tür einen ~ öffnen/offen lassen** to open the door slightly/leave the door ajar

spaltbar *adj* NUKL fissionable, fissile *spec;* **ein ~er Atomkern** a fissile nucleus *spec*

spaltbreit *adj* narrow; **ein ~er Schlitz/eine ~e Öffnung** a crack

Spaltbreit <-> *m kein pl* gap; **die Tür einen ~ öffnen** to open the door slightly

Spalte[1] <-, -n> *f* (*Öffnung*) fissure; (*Fels~ a.*) cleft, crevice; (*Gletscher~*) crevasse; **eine ~ in der Hauswand** a crack in the wall of the house

Spalte[2] <-, -n> *f* TYPO, MEDIA column; **in ~n** columnar

spalten I. *vt* <*pp* **gespalten** *o* **gespaltet**> ① (*zerteilen*) ■**etw** ~ to split [*or liter* cleave] sth; **Holz** ~ to chop wood (**in** +*akk* into)
② (*trennen*) **etw** ~ to rend [*or* divide] sth; **die Partei** ~ to split [*or* divide] the party; ■**gespalten sein** to be divided
③ CHEM to split, to break down
④ NUKL ■**etw** ~ to split [*or spec* fission] sth
II. *vr* <*pp* **gespalten**> ① (*der Länge nach reißen*) ■**sich** *akk* ~ to split
② (*sich teilen o trennen*) ■**sich** *akk* [**in etw** *akk*] ~ to divide [into sth]; (*von Partei a.*) to split [into sth]

Spaltenausgabe *f* TYPO galley exposure [*or* output]

Spaltfrucht *f* BOT (*Frucht, die sich bei der Samenreife öffnet*) dehiscent fruit **Spaltgesellschaft** *f* HANDEL break-up company **Spaltleder** *nt* split leather **Spaltmaterial** *nt* NUKL fissile material **Spaltöffnung** *f* BOT stoma *spec* **Spaltprodukt** *nt* NUKL fission product **Spaltprozess**[RR] *m* fission [process]

Spaltung <-, -en> *f* ① NUKL splitting, fission
② (*Aufspaltung in Fraktionen*) division; (*von Partei a.*) split (+*gen* into)
③ PSYCH split; **die ~ des Bewusstseins** [*o* **der Persönlichkeit**] the split in one's mind [*or* personality], schizophrenia
④ FIN splitting

Spamming <-s> ['spæmɪŋ] *nt kein pl* INET (*Versenden elektronischer Sendungen*) spamming

Span <-[e]s, Späne> *m* (*Holz~*) shaving, [wood]chip, wood chipping; (*Bohr~*) boring, swarf *no pl spec*
▶ WENDUNGEN: **wo gehobelt wird, [da] fallen Späne** (*prov*) you can't make an omelette without breaking eggs *prov*

Spanferkel *nt* sucking pig

Spange <-, -n> *f* ① (*Haar~*) hairslide BRIT, barrette AM
② (*Armreif*) bracelet; (*um den Oberarm a.*) bangle
③ (*Zahn~*) [dental] brace

Spangenschuh *m* strap shoe

Spanien <-s> [-iən] *nt* Spain

Spanier(in) <-s, -> [-iɐ] *m(f)* Spaniard; ■**die** ~ the Spanish; **stolz wie ein ~ sein** to be as proud as a peacock, to be puffed up with pride

spanisch *adj* Spanish; ***das kommt mir ~ vor*** (*fig fam*) I don't like the look of it/this, there's something fishy [going on] here *fam*

Spanisch *nt dekl wie adj* Spanish; ■**das ~e** Spanish; **auf ~** in Spanish

Spanische Fliege *f* ZOOL blister beetle; *kein pl* (*Aphrodisiakum a.*) Spanish fly

spann *imp von* **spinnen**

Spann <-[e]s, -e> *m* ANAT instep

Spannanker *m* BAU turnbuckle **Spannbeton** *m* prestressed concrete **Spannbetttuch**[RR] *nt* fitted sheet **Spannbreite** *f kein pl* spectrum **Spanndraht** *m* BAU bracing wire

Spanne <-, -n> *f* ① ÖKON (*Handels~*) [trade] margin; (*Gewinn~*) [profit] margin; (*Zins~*) margin [of interest]; **~ in den Zinssätzen** gap in interest rates; **~ zwischen Geld und Brief** difference between asked and bid
② (*geh: Zeit~*) span, space; **eine ~ [Zeit]** a span [*or* space] of time

spannen I. *vt* ① (*straffen*) ■**etw** ~ to tighten sth, to make sth taut; **die Zügel** ~ to pull [back] on the reins
② (*auf~*) **eine Hängematte/Wäscheleine über/zwischen etw** *akk* ~ to put [*or* hang] up a hammock/washing line *sep* over/between sth; **ein Seil über/zwischen etw** *akk* ~ to stretch a rope over/between sth
③ (*an~*) ■**ein Tier vor etw** *akk* ~ to harness an animal to sth; ■**etw** ~ *Muskeln* to flex [*or* tense] sth; *Gewehr* to cock sth; *s. a.* **Bogen**
④ (*straff befestigen*) **einen Bogen in die Schreibmaschine** ~ to insert [*or* put] a sheet in the typewriter; **eine Leinwand zwischen die Bretter** ~ to stretch a canvas between the boards; **ein Werkstück in/zwischen etw** *akk* ~ to clamp a workpiece in/between sth
⑤ DIAL (*sl: merken*) ■**~, dass ...** to catch on that ...
II. *vr* ① (*sich straffen*) ■**sich** *akk* ~ *Seil* to become taut
② (*geh: sich wölben*) ■**sich** *akk* **über etw** *akk* ~ to span [*or* stretch across] sth
III. *vi* ① (*zu eng sitzen*) **im Schnitt/unter den Armen/an den Schultern** ~ to be too close-fitting/[too] tight under the arms/at the shoulders
② (*zu straff sein*) ■[**an/in etw** *dat*] ~ to be [*or* feel] taut [on/in sth]; ***meine Haut spannt von der Sonne/an den Schultern/im Gesicht*** the sun has made my skin taut/my skin is taut on my shoulders/face
③ (*fam*) ***die Erben ~ darauf, dass sie endlich stirbt*** the heirs can't wait for her to die

spannend I. *adj* exciting; (*stärker*) thrilling; ***mach's nicht so ~!*** (*fam*) don't keep us/me in suspense
II. *adv* **etw ~ darstellen** to bring across sth as exciting; **sich** *akk* **~ lesen** to be an exciting/thrilling read; **~ schreiben** to write in an exciting manner

Spanner[1] <-s, -> *m* (*Schuh~*) shoe tree

Spanner[2] <-s, -> *m* (*Falter*) geometer [*or spec* geometrid] [moth]

Spanner(in) <-s, -> *m(f)* (*sl: Voyeur*) peeping Tom

Spannkanal *m* TYPO cylinder [*or* lock-up] gap **Spannkraft** *f kein pl* buoyancy; (*von Muskeln*) tone, tonus *spec;* (*von Haar*) elasticity; PHYS tension force **Spannrolle** *f* AUTO tensioner, jockey pulley; (*am Förderband*) jockey wheel **Spannschraube** *f* clamp bolt; *Hobel* frog-adjustment screw; *Kesselpauke* tie rod **Spannteppich** *m* SCHWEIZ [wall-to-wall] carpet

Spannung[1] <-, -en> *f* ① *kein pl* (*fesselnde Art*) tension, suspense
② *kein pl* (*gespannte Erwartung*) suspense; **jds/die ~ bis zur letzten Minute aufrechterhalten** to keep sb in suspense/maintain the suspense until the [very] last minute; **mit/voller ~** with/full of excitement; **etw** *akk* **mit ~ erwarten** to await sth full of suspense
③ *meist pl* tension; (*zwischen Volksgruppen a.*) strained relations *pl*
④ *kein pl* (*straffe Beschaffenheit*) tension, tautness; TECH stress

Spannung[2] <-, -en> *f* ELEK voltage; **unter ~ stehen** to be live

Spannungsänderung *f* change [*or* fluctuation] in voltage **Spannungsebene** *f* ELEK voltage level **Spannungsfeld** *nt* area of tension; (*fig*) ■**im ~ von etw** in the tense atmosphere of sth **Spannungsgebiet** *nt* POL area of tension **Spannungsmesser** <-s, -> *m* ELEK voltmeter **Spannungsprüfer** *m* voltage detector **Spannungssprung** *m* ELEK voltage transient **Spannungswandler** *m* ELEK voltage regulator

Spannweite *f* ① ORN, ZOOL wingspan
② BAU span

Spanplatte *f* chipboard *no pl*

Sparanleihe *f* FIN savings bond **Sparbeschluss**[RR] *m* savings resolution, resolution to make savings [*or* cuts] **Sparbrief** *m* savings certificate **Sparbuch** *nt* savings book **Sparbüchse** *f* piggy bank **Spardose** *f* piggy bank **Spareinlage** *f* FIN savings deposit; **~n mit gesetzlicher/vereinbarter Kündigungsfrist** savings deposits at statutory/agreed notice; **befristete/jederzeit rückzahlbare ~** time deposit/savings deposit redeemable on demand

sparen I. *vt* ① FIN (*zurücklegen*) ■**etw** ~ to save sth
② (*einsparen*) ■**etw** ~ to save sth; **Arbeit/Energie/Strom/Zeit** ~ to save work/energy/electricity/time
③ (*ersparen*) ■**jdm/sich etw** ~ to spare sb/oneself sth; **jdm/sich die Mühe/Ärger** ~ to spare sb/oneself the effort/trouble; ***den Weg hätten wir uns ~ können*** we could have saved ourself that journey
④ (*verzichten*) ■**sich** *dat* **etw** ~ to keep sth to oneself; ***deinen Ratschlag hättest du dir ~ können*** you could have kept your advice to yourself
II. *vi* ① FIN (*Geld zurücklegen*) to save; ■**auf** [*o* **für**] **etw** ~ to save up for sth
② (*sparsam sein*) ■[**an etw** *dat*] ~ to economize [on sth]; **nicht mit Anerkennung/Lob ~** to be unstinting [*or* generous] in one's recognition/praise

Sparer(in) <-s, -> *m(f)* saver; **ein ~ sein** to be a saver **Sparerfreibetrag** *m* FIN savers' tax-free amount **Sparerfreibetrag** *m* ÖKON saver's tax allowance

Sparflamme *f* ▶ WENDUNGEN: **auf ~ kochen** (*fam*) to go easy [*or* BRIT keep things ticking over] *fam;* **auf ~** just ticking over BRIT *fam*

Spargel <-s, -> *m* BOT, KOCHK asparagus *no pl*

Spargelbohne *f* bird's trefoil

Spargelder *pl* FIN savings deposits

Spargelerbse *f* asparagus pea **Spargelheber** *m* asparagus server **Spargelkohl** *m* broccoli **Spargelsalat** *m* asparagus salad **Spargelschäler** *m* asparagus peeler **Spargelspitze** *f* asparagus tip

Sparguthaben *nt* FIN savings *npl* **Sparheft** *nt* SCHWEIZ (*Sparbuch*) savings account **Sparkapital** *nt* FIN savings capital **Sparkapitalbildung** *f* FIN accumulation of savings **Sparkasse** *f* FIN bank (*supported publicly by the commune or district*) **Sparkassengesetz** *nt* JUR, FIN Trustee Savings Bank Act BRIT **Sparkassenverband** *m* JUR association of savings banks **Sparkonto** *nt* savings account **Sparkurs** *m* policy of cutbacks

spärlich I. *adj* (*Haarwuchs, Vegetation*) sparse; **~e Ausbeute/Reste** meagre [*or* scanty] spoil/scraps
II. *adv* sparsely; **~ bekleidet** scantily clad [*or* dressed]; **~ besucht** poorly attended; **~ bevölkert** sparsely populated

Sparmaßnahme *f* cost-cutting measure **Sparpackung** *f* economy pack **Sparpaket** *nt* government cutbacks package, budget tightening package **Sparplan** *m* savings plan **Sparpolitik** *f* cost-cutting policy **Sparprämie** *f* savings premium **Sparpreis** *m* budget [*or* economy] price **Sparprogramm** *nt* ① POL programme [*or* AM -am] of economy measures ② ÖKOL economy programme [*or* AM -am] [*or* cycle] **Sparquote** *f* ÖKON national income savings ratio

Sparren <-s, -> *m* BAU rafter

Sparring <-s> *nt kein pl* SPORT sparring *no pl*

Sparringspartner *m* sparring partner

sparsam I. *adj* ① (*wenig verbrauchend*) thrifty
② (*ökonomisch*) economical; ■**~ [in etw** *dat*] **sein** to be economical [in sth]; ***dieses Waschmittel ist sehr ~ im Verbrauch*** this washing powder is very economical

II. *adv* ① *(wenig verbrauchend)* thriftily; ***mit diesem Balsamico muss man ~ umgehen*** this balsamico should be used sparingly
② *(ökonomisch)* sparingly
Sparsamkeit <-> *f kein pl* thriftiness *no pl*
Sparschäler *m* swivel-bladed peeler **Sparschwein** *nt* piggy bank
Spartaner(in) <-s, -> *m(f)* HIST Spartan
spartanisch I. *adj* ① HIST *(Sparta betreffend)* Spartan
② *(sehr bescheiden)* spartan
II. *adv* in a spartan fashion
Sparte <-, -n> *f* ① *(Branche)* line of business
② *(Spezialbereich)* area, branch
③ MEDIA *(Rubrik)* section, column
Spartenkanal *m* TV speciality channel
Sparversion *f* TECH cut-down version **Sparvertrag** *m* FIN savings agreement **Sparvorschlag** *m* savings suggestion **Sparzertifikat** *nt* FIN treasury savings certificate **Sparzins** *m meist pl* interest *no pl (on savings)* **Sparzwang** *m* ÖKON compulsory saving
spasmisch *adj* MED spasmic
Spasmolytikum <-s, -ka> *nt* MED antispasmodic, spasmolytic
Spaß <-es, Späße> *m* ① *kein pl (Vergnügen)* fun *no pl;* ~ **haben** to have fun; ~ **an etw** *dat* **haben** to enjoy sth [*or* get fun out of doing sth]; **[nur]** ~ **machen** to be [just [*or* only]] kidding; **[jdm]** ~ **machen** to be fun [for sb]; ***mir würde das viel ~ machen*** I'd really enjoy that, that'd be a lot of fun; **es macht jdm ~, etw zu tun** sb enjoys doing sth; ***es macht mir keinen ~, das zu tun*** it's no fun doing it; **sich** *dat* **einen ~ daraus machen, etw zu tun** to get pleasure [*or fam* a kick] out of doing sth; **jdm den ~ verderben** to spoil sb's fun; **„viel ~!"** "have fun [*or* a good time]!", "enjoy yourself/yourselves!"
② *(Scherz)* joke; ***aus [dem] ~ wurde Ernst*** the fun took a serious end; **irgendwo hört [für jdn] der ~ auf** that's going beyond a joke [for sb]; **~ muss sein** *(fam)* there's no harm in a joke; **etw aus [*o* zum] ~ sagen** to say sth as a joke [*or* in jest] [*or fam* for a laugh]; **keinen ~ verstehen** to not stand for any nonsense, to not have a sense of humour [*or* AM -or]; **~ beiseite** *(fam)* seriously, joking apart [*or* aside]
▶ WENDUNGEN: **ein teurer ~ sein** *(fam)* to be an expensive business
Späßchen <-s, -> *nt dim von* **Spaß** little joke
spaßen *vi (geh)* to joke [*or* jest]; **mit jdm ist nicht zu ~, jd lässt nicht mit sich ~** sb doesn't stand for any nonsense; **mit etw ist nicht zu ~** sth is no joking [*or* laughing] matter
spaßeshalber *adv* for fun, for the fun [*or sl* heck] of it
spaßhaft I. *adj* joking; ***das war doch nur ~!*** it was only a joke!
II. *adv* jokingly
spaßig *adj* funny
Spaßmacher(in) *m(f) (veraltend)* joker, jester **Spaßverderber(in)** <-s, -> *m(f)* spoilsport *fam* **Spaßvogel** *m* joker
Spastiker(in) <-s, -> *m(f)* MED spastic
spastisch *adj* MED spastic; *s. a.* **gelähmt**
Spat <-[e]s, -e> *m* spar
spät I. *adj* ① *(zeitlich nicht früh)* late; **am ~en Abend/Morgen/Nachmittag** in the late evening/morning/afternoon; ■ ~ **sein/werden** to be/be getting late
② *(ausgehend)* late; **das ~e Mittelalter** the late Middle Ages
③ *(verspätet)* belated; *s. a.* **Mädchen**
II. *adv* ① *(nicht früh)* late
② *(verspätet)* late; ***du kommst zu ~*** you're too late; **~ dran sein** to be late; **zu ~** too late
▶ WENDUNGEN: **wie ~** what time; ***wie ~ kommst du heute nach Hause?*** what time are you coming home today?
Spätaussiedler(in) *m(f) German emigrant who returned to Germany long after the end of World War II* **Spätbucher(in)** *m(f)* TOURIST holidaymaker with a late [*or* last-minute] booking
Spatel <-s, -> *m* ① MED spatula
② *s.* **Spachtel¹**
Spaten <-s, -> *m* ① *(Gartenwerkzeug)* spade
② KOCHK angled spatula
Spatenstich *m* cut of the spade
▶ WENDUNGEN: **der erste ~** the first cut of the spade
Spätentwickler(in) *m(f)* MED, PSYCH late developer
später I. *adj* later
II. *adv* ① *(zeitlich danach)* later [on]; ***sehen/treffen/sprechen wir uns ~ noch?*** will we see each other/meet/talk later [on]?; **bis ~!** see you later!; **nicht ~ als** not later than
② *(die Zukunft)* the future; ***jeder Mensch sollte für ~ vorsorgen*** every person should make provisions for the future; **jdn auf ~ vertrösten** to put sb off; ~ **[ein]mal** at a later date; ***weißt du denn schon, was du ~ einmal werden willst?*** do you know what you want to be when you grow up?
spätestens *adv* at the latest; ***der Kredit muss ~ bis zum 31. Mai zurückgezahlt sein*** the loan has to be paid back by 31 May at the latest
Spätfolge <-, -n> *f meist pl* long-term consequence, delayed effect; MED late sequela *usu pl* **Spätgeburt** *f* post-term [*or* post-mature] birth **Spätgotik** <-> *f* ARCHIT late Gothic **Spätheimkehrer** *m late returnee from a prisoner-of-war camp* **Spätherbst** *m* late autumn *no pl* **Spätlese** *f* AGR late vintage **Spätobst** *nt kein pl* late fruit **Spatprodukt** *nt* MATH parallelepipedal [*or* triple scalar] product **Spätschaden** <-s, -schäden> *m meist pl* long-term damage *no pl, no indef art* **Spätschicht** *f* late shift **Spätsommer** *m* late summer *no pl* **Spätstadium** *nt* advanced stadium **Spätvorstellung** *f* late show[ing] **Spätwerk** *nt* KUNST late work
Spatz <-en *o* -es, -en> *m* ① ORN sparrow
② *(fam: Kosewort: Schatz)* darling, sweetie
▶ WENDUNGEN: **das pfeifen die ~en von den Dächern** *(fam)* everybody knows that; **besser ein ~ in der Hand als eine Taube auf dem Dach** *(prov)* a bird in the hand is worth two in the bush *prov*
Spätzchen <-s, -> *nt dim von* **Spatz** *(fam)* cutiepie *fam*
Spatzenhirn *nt (pej fam)* birdbrain *fam*
Spätzle *pl* SÜDD, spaetzle + *sing/pl vb,* spätzle + *sing/pl vb;* **handgeschabte ~** handmade spaetzle
Spätzlepresse *f* KOCHK spaezle press
Spätzli *pl* SCHWEIZ *s.* **Spätzle**
Spätzünder *m (hum fam)* slow person *fam;* ***ich bin leider ein ~*** I'm a bit slow [on the uptake] unfortunately **Spätzündung** *f* AUTO *(verzögerte Zündung)* retarded ignition *no pl* ▶ WENDUNGEN: ~ **haben** *(fam)* to be a bit slow *fam*
spazieren* *vi sein* to stroll [*or* walk]; **[auf und ab] ~** to stroll [up and down]; **jdn/etw ~ führen** to take sb/sth for a walk; **~ fahren** to go for a drive; **jdn ~ fahren** to take sb out for a drive; **das Baby im Kinderwagen ~ fahren** to take the baby out for a walk in the pram [*or* AM carriage]; **[mit jdm] ~ gehen** to go for a walk [with sb]; **~ sein** to be taking a stroll
spazieren|führen *vt s.* **spazieren**
Spazierfahrt *f* drive; **eine ~ machen** to go for a drive **Spaziergang** <-gänge> *m* walk, stroll; **~ im All** walk in space; **einen ~ machen** to go for a stroll [*or* walk] ▶ WENDUNGEN: **kein ~ sein** to be no child's play [*or* BRIT doddle] **Spaziergänger(in)** <-s, -> *m(f)* stroller **Spazierstock** *m* walking stick **Spazierweg** *m* walk, path
SPD <-> [ɛspeːˈdeː] *f kein pl* POL *Abk von* **Sozialdemokratische Partei Deutschlands** *the largest popular party in Germany*
Specht <-[e]s, -e> *m* woodpecker
Specialeffects [ˈspɛʃəlɪˈfɛkt] *pl* special effects *pl*
Speck <-[e]s, -e> *m* ① *(durchwachsener Schweinespeck)* bacon *no pl;* *(weißer ~)* bacon fat
② *(fam: Fettpolster)* fat *no pl;* **~ ansetzen** *(fam)* to get fat *fam* [*or* put on weight]
▶ WENDUNGEN: **mit ~ fängt man Mäuse** *(prov)* you have to throw a sprat to catch a mackerel *prov;* **ran an den ~!** *(fam)* let's get stuck in! *fam*
Speckbauch *m (fam)* pot belly *fam* **Speckbohne** *f* broad bean
speckig *adj* greasy
Speckmantel *m* **im ~** KOCHK rolled in bacon **Speckschwarte** *f* bacon rind *no pl* **Speckseite** *f* side of bacon **Speckstein** *m* soapstone, steatite
Spediteur(in) <-s, -e> [ʃpediˈtøːɐ] *m(f) (Transportunternehmer)* haulage [*or* AM shipping] contractor; *(Umzugsunternehmer)* removal firm BRIT, moving company AM
Spediteurbescheinigung *f* carrier receipt **Spediteurhaftpflichtversicherung** *f* carrier's insurance **Spediteurhaftung** *f* carrier's liability **Spediteurrechnung** *f* cartage note
Spedition <-, -en> *f* ÖKON, TRANSP *(Transportunternehmen)* haulage company; *(Umzugsunternehmen)* removal firm
Speditionsauftrag *m* HANDEL forwarding order **Speditionsbetrieb** *m* carriers *pl* **Speditionsgeschäft** *nt* carrying business [*or* trade] **Speditionsgewerbe** *nt* HANDEL forwarding industry **Speditionskosten** *pl* haulage costs *pl,* carrying charges *pl* **Speditionsunternehmen** *nt* carriers *pl* **Speditionsvertrag** *m* JUR forwarding contract
speditiv *adj* SCHWEIZ *(geh: zügig)* speedy, swift
Speed¹ <-s, -s> *nt* PHARM speed
Speed² <-s, -s> *m* SPORT speed
Speedgolf <-s> *nt kein pl* SPORT speed golf *(where the aim is to get round the golf course in as fast a time as possible)* **Speedskating** [spiːdskeɪtɪŋ] *nt* speed skating **Speedskiing** <-s> *nt kein pl* SPORT speed skiing
Speer <-[e]s, -e> *m* ① SPORT javelin
② HIST *(Waffe)* spear
Speerspitze *f* ① *(Spitze eines Speers)* spearhead
② *(Vorreiter und Verfechter)* spearhead **Speerwerfen** *nt kein pl* SPORT the javelin *no pl;* **im ~** in the javelin **Speerwerfer(in)** *m(f)* ① SPORT javelin thrower ② HIST spear carrier
Speiche <-, -n> *f* ① TECH spoke
② ANAT radius
Speichel <-s> *m kein pl* saliva *no pl*
Speicheldrüse *f* ANAT salivary gland **Speichelfluss**^RR <-sses> *m kein pl* salivation **Speichellecker(in)** <-s, -> *m(f) (pej)* bootlicker BRIT *fam,* toady BRIT, wussy AM *sl* **Speichelleckerei** *f (pej)* bootlicking *no pl pej fam*
Speichenrad *nt* AUTO wire wheel
Speicher <-s, -> *m* ① *(Dachboden)* attic, loft; **auf dem ~** in the attic [*or* loft]
② *(Informationsspeicher)* memory, store BRIT; **externer/interner/dauerhafter ~** external/internal/permanent memory
③ *(Lagerhaus)* storehouse
Speicherauszug *m* INFORM memory dump **Speicherbaustein** *m* INFORM memory module **Speicherbedarf** *m* INFORM storage requirement **Speicherbereich** *m* INFORM storage area; **hoher ~** upper memory **Speicherchip** *m* INFORM memory chip **Speichereinteilung** *f* INFORM storage partitioning **Speichererweiterung** *f* TECH memory expansion **Speicherfunktion** *f* INFORM memory function **Speichergröße** *f* INFORM memory capacity **speicherintensiv** *adj* memory-hogging **Speicherkapazität** *f* ① INFORM memory [*or* storage] capacity ② *(Lagermöglichkeit)* storage capacity **Speicherkarte** *f* INFORM memory board [*or* card]
speichern I. *vt* ① *(in den Speicher übertragen)* ■ **etw [auf etw** *akk*] ~ to save sth [on[to] sth] [*or* store sth [on sth]]; ***die Texte sollen auf Diskette gespeichert werden*** the texts should be saved on disc [*or* on[to] a disc]; **etw ~ unter ...** to save sth as ...; ***die Anlage speichert bis zu zehn Sender*** the system stores up to ten stations
② *(aufbewahren)* ■ **etw ~** to store sth
II. *vi* to save
Speicherplatte *f* ① KOCHK, ELEK storage hotplate ② INFORM storage disk; **optische ~** optical storage disk **Speicherplatz** *m* INFORM memory [*or* stor-

S

age] space; (*auf Festplatte*) disk space; ***100 MB freier*** ~ 100 MB free **speicherprogrammierbar** *adj inv* with programmable memory **Speicherschreibmaschine** *f* memory typewriter **Speicherschutz** *m* INFORM memory protection

Speicherung <-, -en> *f* INFORM storage *no pl*, storing *no pl*; **magnetische** ~ magnetic storage

Speichervermögen *nt* INFORM memory capacity **Speicherzelle** *f* INFORM storage cell

speien <spie, gespie[e]n> *vt* ❶ (*ausspeien*) ■**etw [auf etw** *akk*] ~ to spew sth [onto sth]
❷ (*geh: spucken*) ■**etw [irgendwohin]** ~ to spit sth [somewhere]; *s. a.* **Gift**

Speis[1] <-, -en> *f* ÖSTERR (*Speisekammer*) pantry

Speis[2] <-es> *m kein pl* BAU DIAL mortar *no pl*

Speise <-, -n> *f* ❶ *meist pl* (*geh: Gericht*) meal
❷ (*Nahrung*) food *no pl*; ***vielen Dank für Speis und Trank*** (*geh*) thank you for your hospitality

Speisebrei *m* MED chyme **Speiseeis** *nt* (*geh*) ice cream **Speisehonig** *m* honey **Speisekammer** *f* larder, pantry **Speisekarte** *f* menu

speisen I. *vi* (*geh*) to dine *form*, to eat; ***haben Sie/die Herrschaften bereits gespeist?*** will you be dining, sir/madam?
II. *vt* ❶ (*geh: etw essen*) ■**etw** ~ to eat sth; ***haben Sie schon etwas zu Abend gespeist?*** have you dined?
❷ SCI (*versorgen*) ■**etw** ~ to feed sth

Speisenaufzug *m* dumb waiter **Speisenfolge** *f* menu, order of the courses

Speiseöl *nt* culinary oil; (*zum Braten*) cooking oil **Speisequark** *m* quark (*with a dry fat content of 40%*) **Speiseraum** *m der Besatzung* mess room **Speisereste** *pl* ❶ (*Reste einer Mahlzeit*) leftovers *pl* ❷ (*Essensreste zwischen den Zähnen*) food particles *pl*, bits *pl* of food *fam* **Speiseröhre** *f* ANAT gullet **Speisesaal** *m* dining room; (*Refektorium*) refectory; (*auf einem Schiff*) dining saloon **Speisesalz** *nt* table salt **Speisewagen** *m* restaurant car

Speisung <-, -en> *f* ❶ (*geh: Beköstigung*) feeding *no pl*
❷ SCI (*Versorgung*) supply, feeding *no pl*

speiübel *adj* ■**jdm ist/wird** ~ **[von etw]** sb feels sick [from sth]; ***bei solchen Horrorfilmen kann einem wirklich ~ werden*** these horror films are enough to make you feel sick

Spektakel[1] <-s, -> *m* (*fam*) ❶ (*Lärm*) racket *no pl fam*, rumpus *no pl fam*
❷ (*Ärger*) palaver *no pl fam*, fuss *no pl fam*

Spektakel[2] <-s, -> *nt* (*geh*) spectacle

spektakulär *adj* spectacular

Spektra *pl von* **Spektrum**

Spektralanalyse *f* spectrum analysis **Spektralfarbe** *f* colour [*or* AM -or] of the spectrum **Spektralklasse** *f* PHYS spectral type [*or* class] **Spektrallinie** *f* PHYS spectral line

Spektrometer <-s, -> *nt* spectrometer **Spektroskop** <-s, -e> *nt* PHYS spectroscope **Spektroskopie** *f* PHYS spectroscopy

Spektrum <-s, Spektren *o* Spektra> *nt* spectrum

Spekulant(in) <-en, -en> *m(f)* BÖRSE speculator

Spekulation <-, -en> *f* ❶ (*geh: Mutmaßung*) speculation; **[über etw** *akk*] **~en anstellen** (*geh*) to speculate [*or* make speculations] [about sth]; **~en anstellen, ob …** to speculate as to whether …
❷ BÖRSE (*das Spekulieren*) speculation; ~ **mit Aktien** speculation in shares; ~ **an der Börse** speculation on the stock market

Spekulationsfieber *nt* BÖRSE speculative frenzy **Spekulationsgeschäft** *nt* speculative transaction [*or* dealing] **Spekulationsgewinn** *m* speculative profit [*or* gain] **Spekulationsinteresse** *nt* BÖRSE speculative interest **Spekulationsobjekt** *nt* object of speculation **Spekulationstätigkeit** *f* BÖRSE speculation

spekulativ *adj* FIN speculative; **~e Kapitalbewegungen** speculative capital transactions

spekulieren* *vi* ❶ (*fam: auf etw rechnen*) ■**auf etw** *akk* ~ to speculate on sth; ■**darauf ~, dass …** to speculate that …
❷ BÖRSE (*Spekulant sein*) ■**[mit etw]** ~ to speculate [in sth]

Spelunke <-, -n> *f* (*pej fam*) dive *fam*

spendabel *adj* (*fam*) generous

Spende <-, -n> *f* donation; **~n für gemeinnützige Zwecke** donations to charity; **bitte [um] eine kleine ~!** please spare a small donation!

spenden I. *vt* ❶ (*kostenlos zur Verfügung stellen*) ■**etw [für jdn/etw]** ~ to donate sth [to sb/sth] [*or* contribute sth [to sth]]; ■**jdm etw** ~ to donate sth to sb
❷ MED (*sich entnehmen lassen*) ■**etw** ~ to donate sth; **Blut** ~ to give blood
❸ (*geh: abgeben*) ■**etw** ~ to give sth
II. *vi* (*Geld schenken*) ■**[für jdn/etw]** ~ to donate [to sb/sth]

Spendenaffäre *f scandal involving undeclared donations to the CDU* **Spendenaufruf** *m* donation appeal **Spendengeld** *nt* money from donations **Spendenkonto** *nt* donations account **Spendenregister** *nt bei Organspende* organ donors' register, register of organ donors **Spendensammler(in)** *m(f)* POL *politician who collects party donations from lobbyists* **Spendenwaschanlage** *f* money-laundering facility

Spender <-s, -> *m* (*Dosierer*) dispenser

Spender(in) <-s, -> *m(f)* ❶ (*jd, der spendet*) donator
❷ MED donor

Spenderausweis *m* donor card **Spenderblut** *nt* donated blood; **verseuchtes** ~ contaminated blood donation **Spenderbox** *f* collection box

spendieren* *vt* (*fam*) ■**[jdm] etw** ~ to get [*or* buy] [sb] sth; ***das Essen spendiere ich [dir]*** the dinner's on me; ***das spendiere ich dir*** it's on me

Spendierhosen *pl* ► WENDUNGEN: **seine ~ anhaben** (*fam*) to be in a generous mood [*or* feeling generous]

Spengler(in) <-s, -> *m(f)* SÜDD, ÖSTERR (*Klempner*) plumber

Spenzer <-s, -> *m* spencer

Sperber <-s, -> *m* sparrowhawk

Sperenzchen, Sperenzien [-tsiən] *pl* (*fam*) fuss *no pl*; ~ **machen** to play up

Sperling <-s, -e> *m* sparrow

Sperma <-s, Spermen *o* -ta> ['ʃp-, 'sp-] *nt* sperm

Spermatozoon <-s, Spermatozoen> *nt* BIOL spermatozoon

spermizid *adj inv* spermicidal

sperrangelweit *adv* ~ **offen stehen** [*o* **sein**] (*fam*) to be wide open

Sperrauftrag *m* BÖRSE stop order **Sperrbetrag** *m* FIN frozen [*or* blocked] amount **Sperrbezirk** *m* ADMIN *area of town where prostitution is prohibited* **Sperrdepot** *nt* FIN blocked [security] deposit **Sperrdifferenzial**[RR] *nt* AUTO limited-slip differential

Sperre <-, -n> *f* ❶ (*Barrikade*) barricade
❷ (*Kontrollstelle*) control barrier
❸ (*Sperrvorrichtung*) barrier
❹ SPORT (*Spielverbot*) ban
❺ INFORM lock-up

Sperreingang *m* INFORM inhibiting input

sperren I. *vt* ❶ SÜDD, ÖSTERR (*schließen*) ■**etw [für jdn/etw]** ~ to close sth off [to sb/sth]
❷ (*blockieren*) to block; **jdm das Konto** ~ to freeze sb's account; **einen Scheck** ~ to stop a check
❸ (*einschließen*) ■**jdn/ein Tier in etw** *akk* ~ to lock sb/an animal up in sth
❹ SPORT (*ein Spielverbot verhängen*) ■**jdn** ~ to ban sb
❺ (*verbieten*) **jdm den Ausgang** ~ to confine sb; **einem Kind den Ausgang** ~ to ground a child; **jdm den Urlaub** ~ to stop sb's [*or* sb from taking his/her] holiday
II. *vr* ■**sich [gegen etw]** ~ to back away [from sth] [*or* jib [at sth]]; ***sperr dich nicht länger, sag ja*** stop pussyfooting, just say yes

Sperrerklärung *f* JUR instruction to stop payment **Sperrfeuer** *nt* MIL barrage; **ins ~ der Kritik geraten** (*fig*) to run into a barrage of criticism **Sperrflug** *m* interception flight **Sperrfrist** *f* JUR, FIN qualifying [*or* blocking] period [*or* waiting] **Sperrgebiet** *nt* prohibited [*or* no-go] area **Sperrgut** *nt* (*geh*) bulky freight *no pl* **Sperrholz** *nt* plywood *no pl*

sperrig *adj* ❶ (*unhandlich*) unwieldy, bulky
❷ (*wenig kooperativ*) uncooperative
❸ (*komplex und schwer zu erklären*) unwieldy

Sperrklausel *f* JUR restrictive [*or* exclusion] clause **Sperrkonto** *nt* blocked account **Sperrminderheit** *f* JUR blocking minority **Sperrminorität** *f* POL, ÖKON blocking [*or* vetoing] minority **Sperrmüll** *m* skip refuse *no pl*; ***die Matratze gebe ich jetzt zum*** ~ I'm going to put that mattress on the skip **Sperrmüllabfuhr** *f* skip collection **Sperrpatent** *nt* blocking patent **Sperrsitz** *m kein pl* FILM, THEAT back seats *pl* **Sperrstunde** *f* closing time

Sperrung <-, -en> *f* ❶ (*Schließung*) closing off *no pl*
❷ (*Blockierung*) blocking *no pl*; *eines Schecks* stopping *no pl*; *eines Kontos* freezing *no pl*

Sperrvermerk *m* JUR blocking note, restriction notice **Sperrwirkung** *f* JUR blocking [*or* freezing] effect

Spesen *pl* expenses *npl*; **auf** ~ on expenses

Spesenabrechnung *f* FIN expenses report **Spesenaufstellung** *f* statement of expenses **Spesenkonto** *nt* FIN expense account

Spessart <-s> *m* Spessart

Speyer <-s> *nt* Speyer

Spezi[1] <-s, -s> *m* SÜDD (*fam: Kumpel*) pal, mate BRIT *fam*

Spezi[2] <-, -s> *nt* (*Mixlimonade*) cola and orangeade

Spezialambulanz *f* special [*or* paramedic] ambulance **Spezialanfertigung** *f* customized design; (*Auto*) custom car **spezialangefertigt** *adj inv* custom-built **Spezialausbildung** *f* special[ized] training **Spezialausführung** *f* special model **Spezialbank** *f* ÖKON specialized bank **Spezialbeschichtung** *f* special coating **Spezialeffekt** *m* FILM special effect **Spezialeinheit** *f* special unit **Spezialfahrzeug** *nt* special-purpose vehicle **Spezialfall** *m* special case **Spezialgebiet** *nt* special field, speciality **Spezialhandlungsvollmacht** *f* special power of attorney **Spezialhandschuh** *m* SPORT special [protective] glove

spezialisieren* *vr* ■**sich** *akk* **[auf etw** *akk*] ~ to specialize [in sth]

Spezialisierung <-, -en> *f* specialization **Spezialisierungskartell** *nt* ÖKON specialization cartel

Spezialist(in) <-en, -en> *m(f)* specialist

Spezialität <-, -en> *f* speciality

Spezialitätsprinzip *nt* JUR *principle that rights in rem are specifically attached to a thing*

Spezialprävention *f* JUR *deterrent effect on a particular offender* **Spezialrechner** *m* dedicated [*or* special-purpose] computer **Spezialvollmacht** *f* special authorization

speziell I. *adj* (*spezialisiert: Beschäftigung, Tätigkeit*) specialized; (*Wunsch, Interessen*) special
► WENDUNGEN: **auf dein/Ihr [ganz] S~es!** to your good health!
II. *adv* especially, specially

Spezies <-, -> ['ʃpeːtsiɛs, 'sp-] *f* ❶ (*Art*) species + *sing vb* ❷ (*fam: Sorte Mensch*) species + *sing vb*

Spezieskauf *m* JUR sale of ascertained goods **Speziesschuld** *f* JUR specific [*or* determinate] obligation

spezifieren* *vt* ■**etw** ~ ❶ (*genauer darlegen*) *Aussage* to specify sth
❷ (*einzeln aufführen*) *Rechnungsposten* to itemize sth, to break down sth

Spezifik <-> *f kein pl* (*geh*) specific aspect; **die ~ eines Falles/Problems** the specific aspects of a case/problem

Spezifikation <-, -en> *f* ❶ TECH (*spezifiziertes Verzeichnis*) specifications *pl* ❷ (*geh: das Spezifizieren*) specification **Spezifikationskauf** *m* HANDEL sale to specification [*or* by description] **Spe-**

zifikationspflicht *f* obligation to specify items
spezifisch I. *adj* ❶ (*charakteristisch*) specific; *s. a.* **Gewicht**
❷ (*speziell*) specific
II. *adv* typically
spezifizieren* *vt* ■**etw** ~ to specify sth
Spezifizierung <-, -en> *f* (*geh*) specification
Sphäre <-, -n> *f* (*geh*) (*Bereich*) sphere
▶ WENDUNGEN: **in höheren ~n schweben** to have one's head in the clouds
sphärisch *adj* MATH spherical
Sphinx <-, -e *o* Sphingen> *f* sphinx
Spickaal *m* smoked eel
spicken *vt* ❶ KOCHK ■**etw** [**mit etw**] ~ to lard sth [with sth]; **einen Braten mit Knoblauchzehen** ~ to insert garlic cloves into a roast
❷ (*fam: durchsetzen*) ■**etw mit etw** ~ to lard sth with sth; ■**gespickt** larded
❸ (*fam: abschreiben*) to crib *fam*
Spickgans *f* smoked goose breast **Spickmesser** *nt* lardoning knife **Spickzettel** *m* SCH (*fam*) crib *fam*
spie *imp von* **speien**
Spiegel <-s, -> *m* mirror
▶ WENDUNGEN: **jdm den ~ vorhalten** to hold up a mirror to sb; ***unser Kind hält uns den ~ vor*** seeing our child is like looking in the mirror
Spiegelbild *nt* mirror image **spiegelbildlich** *adj* mirror-image **spiegelblank** I. *adj* gleaming, shining; ■~ **sein** to gleam [*or* shine] II. *adv* **bis etw ~ ist** until sth is shining like a mirror **Spiegelei** *nt* fried egg **Spiegelfechterei** <-, -en> *f* shadow-boxing *no pl* **Spiegelfläche** *f* mirror surface **spiegelglatt** *adj* slippery, smooth as glass **spiegelgleich** *adj inv* symmetrical **Spiegelkarpfen** *m* mirror carp
spiegeln I. *vi* ❶ (*spiegelblank sein*) to gleam [*or* shine]
❷ (*stark reflektieren*) to reflect [*or* mirror]
II. *vr* ■**sich** *akk* **in/auf etw** *dat* ~ to be reflected [*or* mirrored] in/on sth
Spiegelreflexkamera *f* reflex camera **Spiegelschrank** *m* mirrored cabinet/wardrobe **Spiegelschrift** *f* mirror writing; ***sie kann ~ schreiben*** she can write backwards **Spiegelteleskop** *nt* reflexive telescope
Spiegelung <-, -en> *f* ❶ MED endoscopy
❷ (*Luftspiegelung*) mirage
spiegelverkehrt *adj inv* mirror-image
Spiel <-[e]s, -e> *nt* ❶ (*Gesellschafts-, Kinder-, Glücksspiel*) game
❷ (*Kartenspiel*) game of cards
❸ SPORT match; TENNIS (*Teil eines Matches*) game; **die Olympischen ~e** the Olympic Games
❹ THEAT play
❺ MUS piece
❻ KARTEN pack [*or* AM deck] of cards
❼ TECH (*Spielraum*) clearance *no pl*, play *no pl*
▶ WENDUNGEN: **etw ist ein ~ mit dem Feuer** [*o* **ein gefährliches ~**] that's playing with fire; **ein ~ des Schicksals** [*o* **Zufalls**] a whim of fate; **ein abgekartetes ~** (*fam*) a set-up; **ein doppeltes** [*o* **falsches**] **~** [**mit jdm**] **spielen** to play a double game [with sb]; **leichtes ~** [**mit** [*o* **bei**] **jdm**] **haben** to have an easy job of it [with sb]; **etw** [**mit**] **ins ~ bringen** to bring sth up; **das ~ verloren geben** to throw in the towel; **das ~ ist aus** the game is up; [**bei etw**] **im ~ sein** to be at play [*or* involved] [in sth]; **jdn/etw aus dem ~ lassen** to keep sb/sth out of it; **etw aufs ~ setzen** to put sth on the line [*or* at stake]; **ein bestimmtes ~ spielen** to play [at] a certain game; **auf dem ~ stehen** to be at stake; **jdm das ~ verderben** (*fam*) to ruin sb's plans
Spielanzug *m* playsuit **Spielart** *f* variety **Spielautomat** *m* gambling machine, fruit machine BRIT **Spielball** *m* TENNIS game point ▶ WENDUNGEN: **ein ~ einer S.** *gen* **sein** (*geh*) to be at the mercy of sth **Spielbank** *f s.* Spielkasino **Spielbankabgabe** *f* FIN gambling casino levy **Spielbeginn** *m* start of play **Spielbetrieb** *m* matches, games **Spielbrett** *nt* game board
Spielchen <-s, -> *nt* ❶ *dim von* **Spiel** little game
❷ (*fam: Trick*) little games *pl*
Spielcomputer [-kɔmpju:tɐ] *m* game computer [*or* console], PlayStation® (*computer designed primarily for playing computer games*) **Spieldose** *f* MUS musical box **Spielekonsole** *f* INFORM games console
spielen I. *vt* ❶ MUS ■**etw** ~ to play sth; ■[**für jdn**] **etw** ~ to play sth [for sb]
❷ (*beherrschen*) ■**etw** ~ to play sth
❸ (*mit einem Spiel beschäftigt sein*) ■**etw** ~ to play sth; **Lotto** ~ to play the lottery
❹ SPORT ■**etw** ~ to play sth; ■**etw irgendwohin/irgendwie** ~ to play sth somewhere/somehow
❺ FILM, THEAT (*darstellen*) ■**jdn/etw** ~ to play sb/sth
❻ (*vortäuschen*) ■**jdn** ~ to act [*or* play] sb; ***spiel doch nicht den Nichtsahnenden*** don't play the ignorant
❼ (*eine bestimmte Rolle übernehmen*) ■**etw** ~ to act [*or* play] sth; **den Gastgeber** ~ to play [*or* act] the host, to put on the host act
▶ WENDUNGEN: **was wird hier gespielt?** (*fam*) what's going on here?; *s. a.* **Streich, Vordergrund**
II. *vi* ❶ (*sich mit Kinderspielen beschäftigen*) ■[**irgendwo**] ~ to play [somewhere]
❷ FILM, THEAT (*auftreten*) ■**in etw** *dat* ~ to star in sth; **gut/schlecht** ~ to play well/badly; ***er hat wieder einmal hervorragend gespielt*** he gave another marvellous performance
❸ FILM, LIT, THEAT (*als Szenario haben*) ■**irgendwann/irgendwo** ~ to be set in some time/place; ***Macbeth spielt im Schottland des 11.Jahrhunderts*** Macbeth is set in 11th-century Scotland
❹ SPORT (*ein Match austragen*) ■**irgendwann/irgendwo** [**gegen jdn**] ~ to play [against sb] in some time/place; **gut/schlecht/unentschieden** ~ to play well/badly/to draw
❺ (*Glücksspiel betreiben*) to gamble; **um Geld** ~ to play for money
❻ (*nicht ernst nehmen*) ■**mit jdm/etw** ~ to play [around] with sb/sth
❼ (*übergehen*) ■**in etw** *akk* ~ to have a tinge of sth; ***das Grün spielt ins Türkis*** this green has a turquoise tinge
III. *vr impers* **sich gut/schlecht** ~ it's good/not very good to play on; ***auf einem nassen Platz spielt es sich sehr schlecht*** a wet pitch isn't very good to play on
spielend *adv* easily
Spielende *nt kein pl* SPORT end of play
Spieleprogramm *nt* INFORM gameplaying program
Spieler(in) <-s, -> *m(f)* ❶ (*Mitspieler*) player
❷ (*Glücksspieler*) player, gambler
Spielerei <-, -en> *f* ❶ *kein pl* (*leichte Beschäftigung*) doddle *no pl* BRIT *fam*, child's play *no pl*
❷ *meist pl* (*Kinkerlitzchen*) knick-knacks *pl*
Spielerin <-, -nen> *f fem form von* **Spieler**
spielerisch I. *adj* ❶ (*unbekümmert*) playful
❷ SPORT (*durch Spieler erbracht*) playing
II. *adv* (*mit unbekümmerter Leichtigkeit*) playfully; ***seine Aufgaben bewältigt er mit ~er Leichtigkeit*** he manages his duties with consummate ease; ***~ war unsere Mannschaft den Gegnern weit überlegen*** our team outshone the opponents in terms of playing skill
Spielernatur *f* ■**jds** ~ sb's hang towards gambling
Spielerwechsel *m* SPORT substitution
Spielfeld *nt* playing field; FBALL *a.* pitch **Spielfilm** *m* film **Spielfilmhit** *m* top [*or* successful] feature film, blockbuster [movie] **Spielgefährte, -gefährtin** *m, f* playmate **Spielgeld** *nt* play money *no pl* **Spielgerätesteuer** *f* FIN gambling duty **Spielhalle** *f* amusement arcade **Spielhinweis** *m* INFORM walk-through **Spielhölle** *f* (*fam*) gambling den **Spielhöschen** <-s, -> *nt* rompers *pl* **Spielkamerad(in)** *m(f) s.* Spielgefährte **Spielkarte** *f* (*geh*) playing card **Spielkartensteuer** *f* FIN tax on playing cards **Spielkasino** *nt* casino **Spielklasse** *f* division **Spielkonsole** *f* games console **Spielleidenschaft** *f* gambling passion **Spielleiter(in)** <-s, -> *m(f)* ❶ TV, FILM, THEAT director ❷ SPORT organizer ❸ (*Conférencier*) quizmaster, master of ceremonies, MC **Spielmacher(in)** *m(f)* key player **Spielmann** <-leute> *m* HIST minstrel **Spielmarke** *f* chip **Spielminute** *f* minute [of play]
Spielothek *f* ❶ (*Spieleverleih*) games library ❷ (*Spielhalle*) amusement arcade **Spielplan** *m* THEAT, FILM programme [*or* AM -am] **Spielplatz** *m* playground **Spielraum** *m* free play *no pl*, leeway *no pl*, scope *no pl* **Spielregel** *f* ❶ *meist pl* (*bei einem Spiel*) rules *pl* ❷ *pl* (*Verhaltenskodex*) rules *pl* **Spielsachen** *pl* toys *pl* **Spielschuld** *f meist pl* gambling debts *pl* **Spielsoftware** *f* INFORM game software, gameware **Spielstand** *m* score **Spielstätte** *f* THEAT stage **Spielsucht** *f* compulsive gambling *no pl* **Spielsüchtige(r)** *dekl wie adj f(m)* compulsive gambler **Spieltag** *m* day [of play] **Spieltheorie** *f* game theory **Spieltisch** *m* gambling table **Spieltrieb** <-[e]s> *m kein pl* play instinct **Spieluhr** *f* musical box **Spielverbot** *nt* SPORT ban; ~ **haben** to be banned **Spielverderber(in)** <-s, -> *m(f)* spoilsport; **ein ~ sein** to be a spoilsport **Spielwaren** *pl* (*geh*) toys *pl* **Spielwarengeschäft** *nt* toy shop **Spielweise** *f* way of playing, play **Spielwiese** *f* ❶ SPORT playing field ❷ (*bevorzugter Tummelplatz*) playground **Spielzeit** *f* ❶ FILM (*Dauer der Vorführung*) run ❷ THEAT (*Saison*) season ❸ SPORT (*festgesetzte Zeit für ein Match*) playing time
Spielzeug *nt* toy
Spielzeugeisenbahn *f* toy train set **Spielzeugrevolver** *m* toy pistol
Spieß <-es, -e> *m* ❶ (*Bratspieß*) spit; (*kleiner*) skewer; (*Cocktailspieß*) cocktail skewer
❷ MIL (*sl: Kompaniefeldwebel*) sarge *sl*
❸ HIST (*Stoßwaffe*) spike
▶ WENDUNGEN: **wie am ~ brüllen** [*o* **schreien**] (*fam*) to squeal [*or* scream] like a stuck pig; **den ~ umdrehen** [*o* **umkehren**] (*fam*) to turn the tables
Spießbraten *m* spit roast
Spießbürger(in) *m(f) s.* **Spießer**
spießbürgerlich *adj s.* **spießig**
spießen *vt* ■**etw auf etw** *akk* ~ to spit [*or* skewer] sth on sth; (*auf einer Nadel*) to pin sth on sth
Spießente *f* ORN pintail
Spießer(in) <-s, -> *m(f)* (*fam*) pedant, petit-bourgeois person, middle-class person
Spießgeselle *m* (*pej: Mittäter*) accomplice
spießig *adj* (*fam*) conventional, pedantic
Spießrute *f* ▶ WENDUNGEN: **~n laufen** to run the gauntlet
Spikes [ʃpaiks, sp-] *pl* (*an Schuhen*) spikes *pl*; (*an Reifen*) studs *pl*
Spin <-s, -s> [spɪn] *m* NUKL spin
Spinat <-[e]s> *m kein pl* BOT, KOCHK spinach *no pl*
Spind <-[e]s, -e> *m* MIL, SPORT locker
Spindel <-, -n> *f* spindle
spindeldürr *adj* (*pej fam*) thin as a rake, spindly; ■~ **sein** to be [as] thin as a rake
Spindeltreppe *f* BAU spiral staircase
Spinett <-s, -e> *nt* MUS spinet
Spinnaker <-s, -> *m* NAUT spinnaker
Spinne <-, -n> *f* spider
▶ WENDUNGEN: **wie die ~ im Netz sitzen** to prey like a hawk
spinnefeind *adj pred* ■**sich** *dat* [*o* **einander**] ~ **sein** (*fam*) to be arch-enemies
spinnen <spann, gesponnen> I. *vt* ❶ (*am Spinnrad verarbeiten*) to spin; **Wolle** ~ to spin wool
❷ (*ersinnen*) to invent [*or* concoct] [*or* spin]; **eine Geschichte/Lüge** ~ to spin [*or* invent] a story/lie
II. *vi* ❶ (*am Spinnrad tätig sein*) to spin
❷ (*fam: nicht bei Trost sein*) to be mad [*or* crazy], to be off one's head BRIT *sl* [*or* AM *sl* out of one's mind]; ***sag mal, spinnt der?*** is he off his head?; ***spinn doch nicht!*** don't talk such rubbish!; ***du spinnst wohl!*** you must be mad!
Spinnennetz *nt* spider's web **Spinnentier** *nt* ZOOL arachnid
Spinner(in) <-s, -> *m(f)* ❶ (*fam*) idiot, nutcase

fam
② (*Beruf*) spinner

Spinnerei <-, -en> *f* ① MODE spinning
② *kein pl* (*fam: Blödsinn*) nonsense *no pl*, tomfoolery *no pl*

Spinnerin <-, -nen> *f fem form von* **Spinner**

Spinngewebe *nt* spider's web **Spinnmaschine** *f* spinning machine **Spinnrad** *nt* spinning wheel **Spinnrocken** <-s, -> *m* distaff **Spinnwebe** <-, -n> *f* cobweb

Spin-off <-s, -s> ['spɪnɔf] *m* spin-off

Spion <-s, -e> *m* (*fam*) spyhole, peephole

Spion(in) <-s, -e> *m(f)* spy

Spionage <-> [ʃpio'na:ʒə] *f kein pl* espionage *no pl;* ~ [**für jdn**] **treiben** to spy [*or* carry out espionage] [for sb]

Spionageabwehr *f* counter-intelligence [*or* counter-espionage] [service] **Spionagenetz** *nt* spy [*or* espionage] network **Spionagering** *m* spy ring **Spionagesatellit** *m* spy satellite **Spionagezweck** *m* **zu ~en** for spying

spionieren* *vi* ① (*als Spion tätig sein*) ■[**für jdn**] ~ to spy [for sb]
② (*fam: heimlich lauschen*) to spy [*or* snoop]

Spionin <-, -nen> *f fem form von* **Spion**

Spiralblock *m* spiral-bound notebook [*or* pad] **Spiralbohrer** *m* twist drill

Spirale <-, -n> *f* ① (*gewundene Linie*) spiral
② MED (*Intrauterinpessar*) coil

Spiralfeder *f* coil spring, hairspring **spiralförmig** *adj* spiral **Spiralhefter** *m* spiral binder **Spiralnebel** *m* ASTRON spiral nebular

Spiritismus <-> [sp-, ʃp-] *m kein pl* spiritualism *no pl*

Spiritist(in) <-en, -en> [sp-, ʃp-] *m(f)* spiritualist

spiritistisch [sp-, ʃp-] *adj* spiritualistic

Spiritualismus <-> *m kein pl* PHILOS spiritualism

spirituell *adj* (*geh*) spiritual

Spirituosen *pl* (*geh*) spirits *pl*

Spiritus <-> *m kein pl* spirit *no pl;* **etw in ~ legen** to put sth in alcohol

Spiritusbrenner *m* spirit [*or* alcohol] burner **Spirituskocher** *m* spirit stove **Spirituslampe** *f* spirit lamp

Spital <-s, Spitäler> *nt* MED ÖSTERR, SCHWEIZ (*Krankenhaus*) hospital

spitz I. *adj* ① (*mit einer Spitze versehen*) pointed, sharp; *s. a.* **Bleistift, Finger**
② (~ *zulaufend*) tapered; **eine ~e Nase/ein ~es Kinn/Gesicht/ein ~er Ellbogen** a pointy nose/chin/face/elbow
③ (*schrill*) shrill
④ (*stichelnd*) sharp, curt; *s. a.* **Zunge**
⑤ (*veraltend fam: scharf*) keen; ■**auf jdn/etw ~ sein** to be keen on sb/sth [*or* fancy sb/sth]
II. *adv* ① (*fam: sexuell anreizen*) **jdn ~ machen** to turn sb on
② (*V-förmig*) tapered
③ (*spitzzüngig*) sharply
▶ WENDUNGEN: ~ **rechnen** [*o* **kalkulieren**] to miscalculate [*or* soft-pedal]

Spitz <-[e]s, -e> *m* ① (*Hund*) spitz, Pomeranian
② DIAL (*leichter Rausch*) slight inebriation

Spitzbart *m* ① (*spitz zulaufender Bart*) goatee
② (*Mann mit ~ 1*) man with a goatee **Spitzbauch** *m* pot belly *fam* **Spitzbein** *nt* KOCHK pig's trotter [*or* AM foot] **spitz|bekommen*** *vt irreg* (*sl*) ■**etw** ~ to cotton [*or* AM catch] on to sth *fam;* ■~, **dass ...** to cotton on to the fact that ... **Spitzbergen** *nt* ① (*Spitzbergen*) Spitsbergen ② (*Svalbard*) Svalbard **Spitzbogen** *m* ARCHIT pointed arch **Spitzbube** *m* (*fam*) scallywag *fam* **spitzbübisch** I. *adj* cheeky BRIT, roguish, mischievous II. *adv* mischievously, cheekily BRIT

Spitze¹ <-, -n> *f* ① (*spitzes Ende o spitze Ecke*) point; *Schuh* pointed toe
② (*vorderster Teil*) front
③ SPORT (*erster Platz*) top; **an der ~ liegen** [*o* **stehen**] to be at the top; **sich an die ~ setzen, die ~ übernehmen** to move into [*or* take [over]] first place, to take over at the top [of the table [*or* division] [*or* league]]
④ (*Höchstwert*) peak; ***die Temperaturen erreichten im August ~n von 35, 36° C*** the temperature peaked at 35–36° C in August
⑤ (*Höchstgeschwindigkeit*) top speed; ***bei einer ~ von 250 km/h*** with a top speed of 250 km/h
⑥ *pl* (*führende Leute*) ■**die ~n** the leaders *pl; Gesellschaft* the top; *Unternehmen* the heads; *Wirtschaft* the leaders
⑦ (*fam: Zigarettenspitze*) holder
⑧ (*spitze Bemerkung*) dig; ***diese ~ war gegen dich gezielt*** that was a dig at you
▶ WENDUNGEN: **nur die ~ des Eisbergs sein** to be only the tip of the iceberg; ~ **sein** (*fam*) to be great; ~! great!; **etw** *dat* **die ~ nehmen** (*geh*) to take the sting out of sth; **etw auf die ~ treiben, es** [**mit etw**] **auf die ~ treiben** to take sth to extremes

Spitze² <-, -en> *f* MODE lace *no pl*

Spitzel <-s, -> *m* ① (*Polizeispitzel*) police informer
② (*Informant*) informer, spy

spitzeln *vi* ■[**für jdn**] ~ to spy [*or* act as an informer] [for sb]

spitzen *vt* ■**etw** ~ to sharpen sth; *s. a.* **Mund, Ohr**

Spitzenaktien *pl* BÖRSE leading stock **Spitzenangebot** *nt* ÖKON marginal supply **Spitzenanlage** *f* state-of-the-art [*or* BRIT top-of-the-range] stereo **Spitzenbeamte(r), -beamtin** *m, f dekl wie adj* top official **Spitzenbedarf** *m kein pl* ÖKON peak demand **Spitzenbelastung** *f* ① ÖKON peak load; ***in Zeiten der ~*** in peak periods ② TECH maximum load ③ ELEK peak load **Spitzenbetrag** *m* FIN residual amount

Spitzenbluse *f* lace blouse **Spitzenerzeugnis** *nt* top-quality product **Spitzengehalt** *nt* top salary **Spitzengeschwindigkeit** *f* top [*or* peak] speed **Spitzengespräch** *nt* POL top-level discussions [*or* talks] *pl* **Spitzengremium** *nt* top echelon **Spitzengruppe** *f* SPORT leading group **Spitzenhaube** *f* MODE lace bonnet **Spitzenjahr** *nt* exceptionally good year **Spitzenkandidat(in)** *m(f)* POL top candidate **Spitzenklasse** *f* top class; ~ **sein** (*fam*) to be top-class [*or* first-rate] **Spitzenkleid** *nt* lace dress **Spitzenkraft** *f* first-rate professional **Spitzenkragen** *m* lace collar **Spitzenleistung** *f* top [*or* first-rate] performance; AUTO peak power [output] **Spitzenlohn** *m* top wage **Spitzenmanager(in)** *m(f)* top-flight manager **spitzenmäßig** I. *adj* (*sl*) ace *sl*, brilliant II. *adv* (*sl*) brilliantly **Spitzenpapier** *nt* BÖRSE leading stock **Spitzenplatz** *m* leading place **Spitzenpolitiker(in)** *m(f)* top [*or* senior] politician **Spitzenposition** *f* top [*or* leading] position **Spitzenqualität** *f* top quality *no pl* **Spitzenqualitätsausrüstung** *f* top-of-the-line equipment **Spitzenreiter** *m* top seller, hit **Spitzenreiter(in)** *m(f)* leader, front runner; ~ **sein** to be on top; (*in der Hitparade*) to be top of the pops, to be number one [in the charts] **Spitzenspiel** *m* top match [*or* game] **Spitzensportler(in)** *m(f)* top sportsperson **Spitzensteuersatz** *m* FIN top [income] tax rate **Spitzentechnologie** *f* state-of-the-art technology **Spitzentemperatur** *f* peak temperature **Spitzenumsatz** *m* HANDEL record sales *pl* **Spitzenverband** *m* central association, umbrella association **Spitzenverdiener(in)** <-s, -> *m(f)* top earner **Spitzenverdienst** *m* top income **Spitzenverkehr** *m* peak traffic **Spitzenvertreter(in)** *m(f)* leading representative **Spitzenwein** *m* top-quality wine **Spitzenwert** *m* ① MATH, ÖKON peak value ② BÖRSE leading share **Spitzenzeit** *f* ① SPORT (*beste Zeit*) best time; (*hervorragende Zeit*) outstanding [*or* excellent] time ② (*Zeit der Höchstbelastung*) ■**~en** *pl* peak [*or* rush] hours *pl*

Spitzer <-s, -> *m* (*fam*) sharpener

spitzfindig I. *adj* hair-splitting, nit-picking *fam*
II. *adv* ~ **argumentieren/auslegen** [*o* **interpretieren**] to split hairs

Spitzfindigkeit <-, -en> *f* ① (*spitzfindige Art*) hair-splitting nature
② (*spitzfindige Äußerung*) hair-splitting *no pl*

Spitzhacke *f* pickaxe **Spitzkehre** *f* ① TRANSP hairpin bend ② SKI kick-turn

spitz|kriegen *vt* (*fam*) *s.* **spitzbekommen**

Spitzmaus *f* shrew

Spitzname *m* nickname; ***sie gaben ihm den ~n ...*** they nicknamed him ...

Spitzsieb *nt* chinois **Spitzwegerich** *m* ribwort **spitzwink(e)lig** I. *adj Dreieck* acute-angled; *Ecke* sharp[-cornered] II. *adv* sharply **Spitzzange** *f* needle-nose pliers *npl*

Spleen <-s, -s> [ʃpli:n, sp-] *m* (*fam*) strange habit, eccentricity; **einen ~ haben** to be off [*or* AM out of] one's head

spleenig ['ʃpli:nɪç] *adj* (*fam*) nutty *fam*, eccentric

spleißen <spliss, gesplissen> *vi* to split

Splint <-[e]s, -e> *m* ① TECH split pin
② *kein pl* FORST sapwood *no pl*

Splitt <-[e]s, -e> *m* stone chippings *pl*

Splitter <-s, -> *m* splinter

Splitterbombe *f* MIL fragmentation bomb

splitter(faser)nackt I. *adj* (*fam*) stark naked, starkers BRIT *fam*
II. *adv* (*fam*) stark naked, starkers

Splittergruppe *f* POL splinter group

splitt(e)rig *adj* ① (*leicht splitternd*) splintering
② (*mit Splittern bedeckt*) splintered

splittern *vi sein o haben* to splinter

Splitterpartei *f* POL *s.* **Splittergruppe Splittersiedlung** *f* JUR scattered housing

Splitting <-s, -s> ['ʃp-, 'sp-] *nt* ① FIN, ADMIN (*Ehebesteuerung*) splitting (*separate taxing of husband and wife*) ② POL splitting *no pl* **Splittingtarif** *m kein pl* FIN, ADMIN ■**der ~** *tax rate for separate taxing of husband and wife* **Splittingverfahren** *nt* FIN splitting procedure

SPÖ <-> [ɛspe:'ʔø:] *f kein pl* POL *Abk von* **Sozialdemokratische Partei Österreichs:** ■**die ~** the Austrian Socialist Party

Spoiler <-s, -> ['ʃpɔylɐ, 'sp-] *m* spoiler

sponsern ['ʃpɔnzɐn, 'sp-] *vt* ■**jdn/etw** ~ to sponsor sb/sth

Sponsor, -sorin <-s, -soren> ['ʃpɔnzɐ, ʃpɔn'zo:rɪn, 'sp-] *m, f* sponsor

Sponsoring <-s> ['ʃpɔnzorɪŋ, 'sp-] *nt kein pl* sponsoring *no pl*

spontan *adj* spontaneous

Spontaneität <-> [ʃpɔntanei'tɛ:t] *f kein pl* (*geh*) sponteneity *no pl*

Spontankauf *m* HANDEL impulse buy

sporadisch *adj* sporadic

Spore <-, -n> *f* BIOL spore

Sporentier *nt* ZOOL sporozoan

Sporn <-[e]s, Sporen> *m* ① *meist pl* spur; **einem Reittier die Sporen geben** to spur a mount
② BOT spur
▶ WENDUNGEN: **sich** *dat* **die** [**ersten**] **Sporen verdienen** to win one's spurs

Sport <-[e]s, *selten* -e> *m* ① SPORT sport *no pl;* ~ **treiben** to do sport
② SCH games *pl*
③ MEDIA sports news; ~ **sehen** to watch [the] sport
④ (*Zeitvertreib*) pastime, hobby; **etw aus** [*o* **zum**] ~ **betreiben** to do sth for fun
▶ WENDUNGEN: **sich** *dat* **einen ~ daraus machen, etw zu tun** (*fam*) to get a kick out of doing sth *fam*

Sportabzeichen *nt* sports certificate **Sportanlage** *f* sports complex **Sportanzug** *m* sports clothes *npl;* (*Trainingsanzug*) tracksuit **Sportart** *f* discipline, kind of sport **Sportartikel** *m meist pl* sports equipment; ■**ein ~** a piece of sports equipment **Sportarzt, -ärztin** <-es, -ärzte> *m, f* sports doctor **Sportbericht** *m* sports report **Sportblatt** *nt* sports paper **Sportbogen** *m* SPORT (*beim Bogenschießen*) target bow **Sportbrille** *f* sports glasses **Sportbund** *m* sports association; **Deutscher ~** *German umbrella organization for sports* **Sportfest** *nt* sports festival **Sportflugzeug** *nt* sports aircraft **Sportgerät** *nt* piece of sports equipment **Sportgeschäft** *nt* sports shop **Sportgetränk** *nt* isotonic drink **Sporthalle** *f* sports hall **Sporthemd** *nt* casual shirt

Sporthochschule *f* SCH college of physical education

sportiv *adj* MODE sporty

Sportjacke *f* sports jacket **Sportkleidung** *f* sportswear **Sportklub** *m s.* Sportverein **Sportlehrer(in)** *m(f)* SCH PE teacher **Sportlenkrad** *nt* AUTO sports-car-style steering wheel

Sportler(in) <-s, -> *m(f)* sportsman *masc,* sportswoman *fem*

sportlich I. *adj* ❶ (*den Sport betreffend*) sporting ❷ (*trainiert*) sporty, athletic ❸ (*fair*) sporting, sportsmanlike ❹ MODE (*flott*) casual ❺ AUTO (*rasant*) sporty

II. *adv* ❶ SPORT (*in einer Sportart*) in sports; **sich ~ betätigen** to do sport ❷ (*flott*) casually ❸ AUTO (*rasant*) sportily

Sportlichkeit <-> *f kein pl* ❶ (*Trainiertheit*) sportiness *no pl* ❷ (*Fairness*) sportsmanship *no pl*

Sportmedizin *f* sports medicine *no pl* **Sportmeldung** *f* sports report [*or usu + sing vb* news] **Sportnachrichten** *pl* sports news **Sportplatz** *m* sports field **Sportreportage** *f* sports report **Sportschuh** *m* SPORT trainer; MODE casual shoe **Sportschütze, -schützin** *m, f* rifleman *masc,* riflewoman *fem* (*in a sports club*); (*Bogenschütze*) archer

Sportsfreund *m* (*fam*) sport *fam*

Sportstätte *f* sports complex **Sportübertragung** *f* TV, RADIO ❶ (*Senden*) sport[s] transmission [*or* broadcasting] ❷ (*Sendung*) sport[s] programme [*or* AM -am] [*or* broadcast] **Sportübertragungsrechte** *pl* TV sport broadcasting rights *pl* **Sportunfall** *m* sporting accident **Sportveranstaltung** *f* sports event **Sportverband** *m* sports association **Sportverein** *m* sports club **Sportwagen** *m* ❶ AUTO sports car ❷ (*offener Kinderwagen*) buggy **Sportzeitung** *f* sports paper

Spot <-s, -s> [spɔt, ʃp-] *m* ❶ MEDIA (*kurzer Werbefilm*) commercial, ad *fam* ❷ ELEK (*Punktstrahler*) spot

Spotgeschäft *nt* BÖRSE spot transaction **Spotmarkt** *m* ÖKON spot market

Spott <-[e]s> *m kein pl* ridicule *no pl,* mockery *no pl;* **seinen ~ mit jdm treiben** (*geh*) to make fun of sb

Spottbild *nt* (*veraltet*) travesty, mockery; **ein ~ seiner selbst** a caricature of oneself

spottbillig I. *adj* (*fam*) dirt cheap

II. *adv* (*fam*) dirt cheap

Spottdrossel *f* ORN mockingbird

Spöttelei <-, -en> *f* teasing *no pl*

spötteln *vi* ■[**über jdn/etw**] ~ to make fun [of sb/sth]

spotten *vi* ❶ (*höhnen*) to ridicule [*or* mock]; ■[**über jdn/etw**] ~ to make fun [of sb/sth] [*or* tease sb] ❷ (*geh: missachten*) **einer Gefahr/Warnung** ~ to scorn [*or* dismiss] a danger/warning; *s. a.* **Beschreibung**

Spötter *m* ORN warbler

Spötter(in) <-s, -> *m(f)* mocker

spöttisch *adj* mocking

Spottpreis *m* ridiculously low price, snip BRIT *fam;* **für einen ~** dirt cheap

sprach *imp von* **sprechen**

Sprachatlas *m* LING linguistic atlas **Sprachausgabe** *f* INFORM voice output **Sprachbarriere** *f* language barrier **sprachbegabt** *adj* linguistically talented; ■~ **sein** to be good at languages **Sprachbegabung** *f* linguistic talent *no pl* **Sprachblockade** *f* language barrier **Sprachcomputer** *m* voice computer **Sprachdefizit** *nt* lack of linguistic ability

Sprache <-, -n> *f* ❶ (*Kommunikationssystem*) language; **lebende/tote ~** living/extinct language; **die neueren ~n** modern languages; **eine ~ sprechen** to speak a language ❷ *kein pl* (*Sprechweise*) way of speaking ❸ *kein pl* (*Ausdrucksweise*) form of expression, language *no pl* ❹ *kein pl* (*das Sprechen*) speech *no pl;* **etw zur ~ bringen, die ~ auf etw** *akk* **bringen** to bring sth up; **zur ~ kommen** to come up

▶ WENDUNGEN: **jetzt** [*o* **auf einmal**] **eine ganz andere ~ sprechen** to change one's tune; **die gleiche ~ sprechen** to be on the same wavelength; **eine klare** [*o* **deutliche**] **~ sprechen** to speak for itself; **jdm bleibt die ~ weg, jd verliert die ~** sb is speechless, the cat got sb's tongue; **die ~ wiederfinden** to find one's tongue again; **mit der ~ herausrücken** [*o* **herauskommen**] (*fam*) to come out with it; **jds ~ sprechen** to speak sb's language; **jdm die ~ verschlagen** to leave sb speechless; **nicht mit der ~ herauswollen** to not want to talk; ***sie wollte nicht mit der ~ heraus*** she didn't want to talk; **heraus mit der ~!** (*fam*) out with it!

Sprachebene *f* LING stylistic level **Spracheingabe** *f* INFORM voice entry **Spracheingabedaten** *pl* INFORM voice data entry

Spracherkennung *f* INFORM voice [*or* speech] recognition *no pl* **Spracherkennungsprogramm** *nt* INFORM speech [*or* voice] recognition program **Spracherkennungssoftware** *f* INFORM speech recognition software

Spracherwerb *m* language acquisition *no pl* **Sprachfamilie** *f* language family **Sprachfehler** *m* speech impediment; **einen ~ haben** to have a speech impediment **Sprachforscher(in)** *m(f) s.* Sprachwissenschaftler **Sprachforschung** *f kein pl s.* Sprachwissenschaft **Sprachführer** *m* phrase book **Sprachgebrauch** *m* language usage *no pl* **Sprachgefühl** *nt kein pl* feel for language *no pl;* **ein bestimmtes ~ haben** to have a certain feel for language **Sprachgenie** *nt* linguistic genius **Sprachgeschichte** *f* ❶ LING linguistic history *no pl* ❷ (*Buch*) linguistic history **sprachgesteuert** *adj* INFORM speech-driven **Sprachgrenze** *f* LING linguistic boundary **Sprachkenntnisse** *pl* language skills *pl;* **gute ~ haben** to have proficient language skills **Sprachkompetenz** *f* linguistic competence **sprachkundig** *adj* proficient in a language; ■~ **sein** to be proficient in [*or* good at] a language **Sprachkurs** *m* language course **Sprachlabor** *nt* language laboratory [*or fam* lab] **Sprachlehre** *f* grammar **Sprachlehrer(in)** <-s, -> *m(f)* language teacher

sprachlich I. *adj* linguistic

II. *adv* ❶ LING grammatically; **~ falsch/korrekt sein** to be grammatically incorrect/correct ❷ (*stilistisch*) stylistically

sprachlos *adj* speechless

Sprachlosigkeit <-> *f kein pl* speechlessness *no pl*

Sprachmodul *nt* INFORM speech chip **Sprachnachricht** *f* **digitale ~** digital voicemail **Sprachraum** *m* LING language area **Sprachregelung** *f* official version **Sprachreise** *f* language holiday **Sprachrohr** *nt* megaphone ▶ WENDUNGEN: **sich** *akk* **zum ~ einer S.** *gen*/**zu jds ~ machen** to become a mouthpiece for [*or* of] sth/sb **Sprachschule** *f* language school **Sprachstörung** *f* speech disorder **Sprachstudium** *nt* course of study [*or* degree] in languages **Sprachsynthese** *f* INFORM speech synthesis **Sprachsystem** *nt* language system **Sprachtest** *m* language test **Sprachtherapeut(in)** *m(f)* speech therapist **Sprachtherapie** *f* speech therapy **Sprachtrainingsphase** *f* speech training phase **Sprachübung** *f* [oral] language exercise **Sprachunterricht** *m* language instruction *no pl;* (*in der Schule*) language lesson **Sprachurlaub** *m* language-learning holiday **Sprachwandel** *m kein pl* change in language **Sprachwissenschaft** *f* linguistics + *sing vb;* **allgemeine ~** linguistics; **vergleichende ~en** comparative linguistics **Sprachwissenschaftler(in)** *m(f)* linguist **sprachwissenschaftlich** *adj* linguistic **Sprachwitz** *m kein pl* way with words **Sprachzentrum** *nt* ❶ MED, PSYCH speech centre [*or* AM -er] ❷ LING (*Sprachschule*) language centre [*or* AM -er]

sprang *imp von* **springen**

Spray <-s, -s> [ʃpreː, spreː] *m o nt* spray

Spraydose [ˈʃpreː-, ˈspreː-] *f* aerosol, spray

sprayen [ˈʃpreːən, ˈsp-] I. *vi* to spray; ■[**mit etw**] ~ to spray [with sth]

II. *vt* ■**etw** [**auf etw** *akk*] ~ to spray sth [on sth]

Sprayer <-s, -> [ˈʃpreːɐ] *m* sprayer

Sprechanlage *f* intercom **Sprechblase** *f* speech bubble, balloon **Sprechchor** *m* chorus; ***der ~ der Umweltschützer brachte seine Ablehnung von Atomkraft zum Ausdruck*** the chorus of environmentalists voiced their opposition to nuclear power; **im ~ rufen** to chorus

sprechen <spricht, sprach, gesprochen> I. *vi* ❶ (*reden*) to speak, to talk; ***kann das Kind schon ~?*** can the baby talk yet?; ***ich konnte vor Aufregung kaum ~*** I could hardly speak for excitement; ***nun sprich doch endlich!*** go on, say something!; ***sprich doch nicht so laut*** don't talk so loud; ***dabei bleibt's, ich habe gesprochen!*** what I say goes!; ***Schluss damit, jetzt spreche ich!*** enough of that, now it's my turn!; ***Achtung, hier spricht die Polizei!*** attention, this is the police!; ***hier können wir nicht ~*** we can't talk here; ■**über etw** *akk* ~ to talk [*or* speak] about sth, to discuss sth; ***über Sex wurde bei uns zu Hause nie gesprochen*** sex was never talked about [*or* discussed] in our house; ■**mit jdm** [**über etw** *akk*] ~ to talk to sb [about sth]; ***sprich nicht in diesem Ton mit mir!*** don't speak to me like that!; ■**von etw** ~ to talk about sth; ***von was ~ Sie eigentlich?*** what are you talking about?; ■**zu jdm** ~ to speak [*or* talk] to sb; **auf jdn/etw zu ~ kommen** to come to talk about sb/sth; ***jetzt, wo wir gerade darauf zu ~ kommen, ...*** now that we've come to mention it, ...; **für sich** [**selbst**] ~ to speak for itself; **über etw** *akk* **spricht man nicht** sth is not talked about; **~ wir nicht mehr darüber** [*o* **davon**] let's not talk about it anymore [*or* change the subject]; **mit sich selbst ~** to talk to oneself; **sprich!/~ Sie!** (*geh*) speak!, speak away!; *s. a.* **sprich** ❷ TELEK (*telefonieren*) ■**mit jdm** ~ to speak with sb; ***mit wem möchten Sie ~?*** who would you like to speak to?; ***hallo, wer spricht denn da?*** hello, who's speaking? ❸ (*tratschen*) ■**über jdn** ~ to talk about sb [behind their back] ❹ (*empfehlen*) ■**für jdn/etw** ~ to be in favour [*or* AM -or] of [*or* speak well for] sb/sth; ***seine Pünktlichkeit spricht sehr für ihn*** his punctuality is very much a point in his favour; ■**für jdn/etw ~, dass ...** it says something for sb/sth that ...; ■**gegen jdn/etw** ~ to speak against sb/sth [*or* not be in sb's/sth's favour] ❺ (*erkennbar sein*) **aus jdm/etw spricht Angst/Entsetzen/Hass** *etc* sb/sth expresses [*or* speaks] fear/horror/hate *etc;* ***aus diesen Worten sprach der blanke Hass*** these words expressed pure hate

II. *vt* ❶ (*können*) ■**etw** ~ to speak sth; ***~ Sie Chinesisch?*** can you speak Chinese? ❷ (*aussprechen*) ■**etw** ~ to say sth; ***sie konnte keinen vernünftigen Satz ~*** she couldn't say a single coherent sentence; ***wie spricht man dieses Wort?*** how do you pronounce this word? ❸ (*verlesen*) ■**etw** ~ to say sth; **ein Gedicht ~** to recite a poem; ***heute spricht Pfarrer W. die Predigt*** today, prayer will be taken by Father W. ❹ (*sich unterreden*) ■**jdn** ~ to speak to sb

▶ WENDUNGEN: **nicht gut auf jdn zu ~ sein, schlecht auf jdn zu ~ sein** to be on bad terms with sb; ***darauf ist sie nicht gut zu ~*** she doesn't like that; **für jdn/niemanden zu ~ sein** to be available for sb/not be available for anyone; ***Sie können eintreten, der Herr Professor ist jetzt zu ~*** you can come in, the Professor will see you now; **wir ~ uns noch** [*o* **wieder**]**!** you haven't heard the last of this!

Sprechen <-s> *nt kein pl* ❶ (*die menschliche Sprache*) speech *no pl;* **das ~ lernen** to learn to speak [*or* talk] ❷ (*das Reden*) speaking *no pl,* talking *no pl;* **jdn**

S

zum ~ bringen to make sb talk
sprechend *adj* ❶ (*menschliche Laute von sich gebend*) talking
❷ (*beredt*) eloquent
Sprecher(in) <-s, -> *m(f)* ❶ (*Wortführer*) spokesperson; **sich zum ~ von jdm/etw machen** to become the spokesperson for [*or* voice of] sb/sth
❷ ADMIN (*Beauftragter*) speaker
❸ RADIO, TV announcer; (*Nachrichten~*) newsreader, newscaster
❹ LING (*Muttersprachler*) native speaker
Sprecherziehung *f kein pl* speech training *no pl, no indef art,* elocution *no pl, no indef art*
Sprechfunk *m* radio; **über ~** over radio **Sprechfunkgerät** *nt* walkie-talkie **Sprechfunkverkehr** *m kein pl* local radio traffic *no pl* **Sprechgesang** *m* MUS Sprechgesang, speech song **Sprechmuschel** *f* mouthpiece **Sprechstunde** *f* MED surgery; **~ halten** to hold surgery **Sprechstundenhilfe** *f* receptionist (*in a doctor's or dentist's surgery*) **Sprechübung** *f* speech [*or* elocution] exercise **Sprechweise** *f* way of speaking **Sprechzeit** *f* ❶ MED *Arzt* surgery [hours *pl*], practice opening hours *pl* ❷ (*Zeit für Gespräche*) consulting hours *pl* ❸ TELEK (*Dauer eines Gesprächs*) call time **Sprechzimmer** *nt* MED consultation room
Spreizdübel *m* expansion bolt
spreizen I. *vt* ■**etw ~** to spread sth; **die Beine ~** to open [*or* spread] one's legs
II. *vr* ❶ (*sich zieren*) ■**sich [gegen etw] ~** to make a fuss [*or* hesitate] [about sth]; ***jetzt spreize dich nicht erst lange!*** don't be silly [*or* shy]!
❷ (*sich sträuben*) ■**sich gegen etw ~** to be reluctant about sth
Spreizfuß *m* MED spread-foot, splay-foot
Sprengbombe *f* MIL high-explosive bomb
Sprengel <-s, -> *m* ❶ REL parish
❷ ÖSTERR (*veraltend: Verwaltungsbezirk*) administrative district
sprengen[1] I. *vt* ■**etw ~** ❶ (*zur Explosion bringen*) to blow sth up
❷ (*bersten lassen*) to burst sth; *s. a.* **Kette**
❸ (*gewaltsam auflösen*) to break sth up
II. *vi* to blast
sprengen[2] *vt* ■**etw ~** ❶ (*berieseln*) to water sth [*or* spray sth with water]
❷ (*benetzen*) to sprinkle sth with water
sprengen[3] *vi sein* (*geh*) ■**irgendwohin ~** to thunder somewhere
Sprenggelatine *f* gelignite, gelly *fam* **Sprengkommando** *nt* demolition squad; (*zur Bombenentschärfung*) bomb disposal squad **Sprengkopf** *m* warhead **Sprengkörper** *m* explosive device **Sprengkraft** *f kein pl* explosive force *no pl* **Sprengladung** *f* explosive charge **Sprengmeister(in)** *m(f)* demolition expert **Sprengsatz** *m* explosive device **Sprengstoff** *m* ❶ (*Substanz zum Sprengen*) explosive ❷ (*Thema*) explosive material *no pl* **Sprengstoffanschlag** *m* bomb attack; **einen ~ [auf jdn/etw] verüben** to launch a bomb attack [on sb/sth]; ***auf den Politiker wurde ein ~ verübt*** the politician was the subject of a bomb attack **Sprengstoffgesetz** *nt* JUR Explosive Substances Act
Sprengung <-, -en> *f* ❶ *kein pl* (*das Sprengen*) blasting *no pl,* blowing-up *no pl*
❷ (*Explosion*) explosion, blasting *no pl*
Sprengwagen *m* street sprinkler **Sprengwirkung** *f* explosive effect
Sprenkel <-s, -> *m* spot; (*Schmutzfleck*) mark
Spreu <-> *f kein pl* AGR chaff *no pl*
► WENDUNGEN: **die ~ vom Weizen trennen** to separate the wheat from the chaff *fig*
sprich namely, in other words, that is, i.e.; ***wir müssen schon bald, ~ in drei Stunden, aufbrechen*** we have to leave soon, i.e. in three hours; ***sie hat das Klassenziel nicht erreicht, ~, sie ist durchgefallen*** she didn't meet the class goal, in other words [*or* that is], she failed; ***das wird eine Menge Geld, ~ etwa 1000 Mark, kosten*** it will cost a lot of money, namely 1000 marks
Sprichwort <-wörter> *nt* proverb, saying
sprichwörtlich *adj* proverbial
sprießen <spross *o* sprießte, gesprossen> *vi sein* BOT to spring up [*or* shoot]; *Bart, Brüste, Haare* to grow
Springbock *m* ZOOL springbok
Springbrunnen *m* fountain
springen[1] <sprang, gesprungen> *vi sein* to shatter; (*einen Sprung bekommen*) to crack
springen[2] <sprang, gesprungen> I. *vi sein* ❶ (*hüpfen*) to jump [*or* leap]; ***die Kinder sprangen hin und her*** the children leapt [*or* jumped] about; ***der Hase sprang über die Wiese*** the rabbit leapt [*or* bounded] across the meadow
❷ (*hinunterspringen*) to jump
❸ SPORT (*durch die Luft schnellen*) to jump
❹ (*fam: Anordnungen eilends ausführen*) to jump; ***jeder hat zu ~, wenn der Chef es verlangt*** everyone has to jump at the boss's request
❺ DIAL (*eilen*) ■**[irgendwohin] ~** to nip [*or* pop] [*or* AM pop in] [somewhere] *fam;* ***springst du mal eben zum Metzger?*** can you nip round [*or* out] to the butcher's for me?
❻ (*fliegen*) to fly; ***ihm sprang ein Funke ins Gesicht*** a spark flew into his face; ***der Knopf sprang ihm von der Hose*** the button flew off his trousers
❼ (*wegspringen*) ■**aus etw ~** to jump out of sth; ***beim Zählen sprang ihr eine Münze aus der Hand*** while she was counting a coin jumped out of her hand
❽ (*ruckartig vorrücken*) ■**auf etw** *akk* **~** to jump to sth; ***die Ampel sprang auf rot*** the traffic light jumped to red
► WENDUNGEN: **etw ~ lassen** (*fam*) to fork out sth
II. *vt haben* SPORT, SKI ■**etw ~** to jump sth; **einen Rekord ~** to make a record jump; ***sie sprang die größte Weite*** she jumped the furthest distance
Springen <-s> *nt kein pl* SPORT jumping *no pl;* (*ins Wasser*) diving *no pl*
springend *adj inv* **der ~e Punkt** the crucial [*or* salient] point
Springer <-s, -> *m* SCHACH knight
Springer(in) <-s, -> *m(f)* SPORT, SKI jumper
Springerstiefel *pl* army boots *pl*
Springflut *f* spring tide **Springform** *f* spring-clip tin BRIT, spring-form pan AM **Springkraut** *nt* BOT balsam **Springmaus** *f* ZOOL jumping mouse **Springreiten** *nt* showjumping *no pl* **Springrollo** *nt* roller blind **Springschwanz** *m* ZOOL springtail **Springseil** *nt* skipping [*or* AM jumping] rope
Sprinkler <-s, -> *m* TECH sprinkler
Sprinkleranlage *f* sprinkler system
Sprint <-s, -s> *m* SPORT sprint
sprinten I. *vi sein* to sprint
II. *vt haben* SPORT **400 m ~** to sprint 400 m, to do the 400 m sprint
Sprinter(in) <-s, -> *m(f)* sprinter
Sprit <-[e]s> *m kein pl* ❶ (*fam: Benzin*) petrol *no pl*
❷ (*fam: Schnaps*) booze *no pl fam*
❸ (*Äthylalkohol*) pure spirit *no pl*
Spritzbesteck *nt* shooting kit *sl* (*equipment used by a drug addict to take his/her drugs*)
Spritzbeutel *m* piping bag
Spritze <-, -n> *f* ❶ MED (*Injektionsspritze*) syringe
❷ MED (*Injektion*) injection, jab *fam;* **eine ~ bekommen** to have an injection [*or fam* a jab]; **jdm eine ~ geben** to give sb an injection
❸ (*Motorspritze*) hose
spritzen I. *vi* ❶ *haben* (*in Tropfen auseinander stieben*) *Regen, Schlamm* to spray; *Fett* to spit
❷ *sein* (*im Strahl gelangen*) *Wasser* to spurt; (*aus einer Wasserpistole*) to squirt
❸ *haben* MED (*injizieren*) to inject; (*sl: mit Drogen*) to shoot [up] *sl*
II. *vt haben* ❶ (*im Strahl verteilen*) ■**etw [auf etw] ~** to squirt sth [onto sth]; **jdm/sich etw ins Gesicht ~** to squirt sth into sb's/one's face
❷ (*bewässern*) ■**etw ~** to sprinkle [*or* water] sth
❸ MED (*injizieren*) ■**etw ~** to inject sth; ■**[jdm/sich] etw ~** to give [sb/oneself] an injection; ***die Pfleger spritzten ihr ein starkes Beruhigungsmittel*** the nurses injected her with a tranquillizer; **sich** *dat* **Heroin ~** (*sl*) to shoot [up] heroin
❹ KOCHK **Sahne/Zuckerguss auf etw ~** to pipe cream/icing onto sth
❺ (*mit Bekämpfungsmittel besprühen*) ■**etw [gegen etw] ~** to spray sth [against sth]
❻ AUTO (*mit der Spritzpistole lackieren*) ■**etw ~** to spray sth
Spritzenhaus *nt* fire station
Spritzer <-s, -> *m* ❶ (*gespritzte Tropfen*) splash
❷ (*kleine Flüssigkeitsmenge*) splash; *Whisky* small drop
spritzfertig *adj inv* ❶ (*zum Spritzen bereit*) ready to be sprayed [*or* injected]
❷ KOCHK *Creme, Masse* ready to be piped
spritzig *adj* ❶ (*prickelnd*) tangy
❷ (*flott*) lively, sparkling; **~es Auto** quick [*or* BRIT nippy] car
Spritzkuchen *m* KOCHK [sweet] fritter, doughnut BRIT, donut AM, cruller AM **Spritzlackierung** *f* spraying **Spritzpistole** *f* spray gun **Spritztour** *f* (*fam*) spin **Spritztüte** *f* piping bag
spröde *adj* ❶ (*unelastisch*) brittle
❷ (*rau*) rough; *Haar* brittle; *Lippen* chapped
❸ (*abweisend*) aloof
Sprödigkeit <-> *f kein pl Glas* brittleness *no pl; Haar* dryness *no pl; Stimme* harshness *no pl,* roughness *no pl; Thema* unwieldiness *no pl; Wesen* aloofness *no pl*
spross[RR], **sproß** *imp von* **sprießen**
Spross[RR] <-es, -e> *m,* **Sproß** <-sses, -sse> *m* ❶ BOT (*Schössling*) shoot
❷ (*geh: Nachkomme*) scion *form*
Sprossachse[RR] *f* BOT stem axis
Sprosse <-, -n> *f* ❶ (*Leitersprosse*) step
❷ BAU (*Fenstersprosse*) mullion
sprossen *vi sein* BOT (*geh*) to shoot, to sprout
Sprossenfenster *nt* BAU muntin window **Sprossenkohl** *m kein pl* ÖSTERR (*Rosenkohl*) Brussel[s] sprout **Sprossenwand** *f* SPORT wall bars *pl*
Sprosser <-s, -> *m* ORN thrush nightingale
Sprössling[RR] <-s, -e> *m,* **Sprößling** <-s, -e> *m* (*hum*) offspring
Sprotte <-, -n> *f* sprat
Spruch <-[e]s, Sprüche> *m* ❶ (*Ausspruch*) saying, aphorism, slogan; ***die Wände waren mit Sprüchen beschmiert*** slogans had been scrawled on the walls; ***das ist doch nur wieder einer dieser dummen Sprüche*** it's all just empty talk [*or fam* meaningless prattle]
❷ (*einstudierter Text*) quotation
❸ JUR (*Schiedsspruch*) award, verdict, [arbitration] award; **der ~ der Geschworenen** the [jury's] verdict; **einen ~ fällen** to pronounce a sentence; *Schiedsrichter* to make an award
► WENDUNGEN: **Sprüche machen** [*o* **klopfen**] (*fam*) to drivel [*or* BRIT waffle]
Spruchband <-bänder> *nt* banner
Sprücheklopfer(in) *m(f)* (*fam*) prattle-monger BRIT *fam,* big talker AM *fam*
Spruchkörper *m* JUR panel of judges
Sprüchlein <-s, -> *nt dim von* **Spruch** ► WENDUNGEN: **sein ~ sagen** to say one's little piece
spruchreif *adj* (*fam*) ■**~/noch nicht ~ sein** to be/not be definite
Spruchreife *f kein pl* JUR ripeness for a court decision
Sprudel <-s, -> *m* ❶ (*Mineralwasser*) sparkling mineral water
❷ ÖSTERR (*Erfrischungsgetränk*) fizzy drink
sprudeln *vi* ❶ *haben* (*aufschäumen*) to bubble, to effervesce, to fizz
❷ *sein* (*heraussprudeln*) to bubble
Sprudeltablette *f* effervescent tablet
Sprudler <-s, -> *m* ÖSTERR whisk
Sprühdose *f s.* **Spraydose**
sprühen I. *vt haben* to spray; ■**etw auf/über etw**

akk ~ to spray sth onto/over sth
II. *vi* ① *haben* (*schwach spritzen*) to spray
② *sein* (*als Aerosol spritzen*) ▪**aus etw/irgendwohin** ~ to spray from sth/somewhere
③ *sein* (*umherfliegen*) ▪[**irgendwohin**] ~ to fly [somewhere]; ***die Funken des Feuers ~ überall hin*** the sparks of the fire spray everywhere
④ *haben* to flash
⑤ *haben* (*lebhaft sein*) to sparkle; **vor Begeisterung** ~ to sparkle with excitement

sprühend *adj* sparkling

Sprühflasche *f* spray bottle, atomizer **Sprühkleber** *m* spray adhesive **Sprühnebel** *m* spray, mist **Sprühregen** *m* drizzle *no pl* **Sprühwachs** *nt* AUTO spray wax

Sprung¹ <-[e]s, Sprünge> *m* crack

Sprung² <-[e]s, Sprünge> *m* ① (*Satz*) leap, jump, bound; **einen ~ [irgendwohin/über etw** *akk*] **machen** to leap [*or* jump] [somewhere/over sth]; ***der Bock machte einen ~ in die Luft*** the ram bounded into the air; **zum ~ ansetzen** to get ready to jump
② SPORT vault, jump
▸ WENDUNGEN: **einen ~ in der Schüssel haben** to not be quite right in the head; **ein großer ~ nach vorn** a giant leap forwards; [**mit etw**] **keine großen Sprünge machen können** (*fam*) to not be able to live it up [with sth]; **jdm auf die Sprünge helfen** to give sb a helping hand; ***wir müssen dir wohl erst auf die Sprünge helfen, was?*** looks like we need to help things along a bit; **immer auf dem ~ sein** (*fam*) to be always on the go; **auf dem ~ sein** to be about to leave [*or* go]; **nur einen ~ entfernt von etw sein** to be only a stone's throw away from sth; **jdm auf die Sprünge kommen** (*fam*) to get on to sb; ***na warte, wenn ich dir erst auf die Sprünge komme!*** just wait until I get a hold of you!; **auf einen ~** [**bei jdm**] **vorbeikommen** (*fam*) to pop in [*or* by] to see sb *fam*

Sprungbefehl *m* INFORM jump instruction **sprungbereit** *adj inv* ready to jump [*or* spring]; *Katze* ready to pounce **Sprungbrett** *nt* ① SPORT diving board ② SPORT (*Turngerät*) springboard ③ (*geh: gute Ausgangsbasis*) springboard **Sprungfeder** *f* spring **Sprunggelenk** *nt* ankle [joint] **Sprunggrube** *f* pit

sprunghaft I. *adj* ① (*in Schüben erfolgend*) rapid
② (*unstet*) volatile, fickle
③ ÖKON spasmodic, erractic; **~er Umsatzanstieg** jump in sales
II. *adv* in leaps and bounds

Sprunghaftigkeit <-> *f kein pl* fickleness *no pl*, volatile nature

Sprungrevision *f* JUR leapfrog appeal **Sprungschanze** *f* ski jump **Sprungstab** *m* vaulting pole **Sprungtemperatur** *f* PHYS critical [*or* transformation] temperature **Sprungtuch** *nt* jumping blanket [*or* sheet] **Sprungturm** *m* diving platform

SPS *nt* NUKL *Abk von* **Superprotonensynchrotron** SPS, super proton synchrotron

Spucke <-> *f kein pl* (*fam*) (*Speichel*) spit *no pl*
▸ WENDUNGEN: **jdm bleibt die ~ weg** sb is flabbergasted; ***da bleibt mir die ~ weg*** I'm [totally] flabbergasted

spucken I. *vi* ① (*ausspucken*) to spit
② DIAL (*sich übergeben*) to throw up *fam*, to vomit
③ (*fam: Maschine*) to sputter
II. *vt* ▪**etw** ~ to spit sth out; ▪**etw** [**auf etw** *akk*] ~ (*gezielt*) to spit sth [onto sth]; *s. a.* **Hand**

Spucknapf *m* spittoon

Spuk <-[e]s, -e> *m* ① (*Geistererscheinung*) [ghostly] apparition, spook *fam*
② (*schreckliches Erlebnis*) nightmare

spuken *vi impers* ① (*nicht geheuer sein*) to haunt; ▪**irgendwo spukt es** somewhere is haunted; ***hier spukt's*** this place is haunted
② (*fam: nicht ganz bei Trost sein*) ▪**bei jdm spukt es** sb is out of his/her mind; ***ich glaube, bei ihr spukt's*** I think she must be out of her mind

Spukgeschichte *f* ghost story **Spukschloss**^RR^ *nt* haunted castle

Spülbecken *nt* sink

Spule <-, -n> *f* ① (*Garnrolle*) bobbin
② FILM spool, reel
③ ELEK (*Schaltelement*) coil

Spüle <-, -n> *f* [kitchen] sink

spulen I. *vt* ▪**etw** [**von etw** *dat*] **auf etw** *akk* ~ to wind [*or* spool] sth [from sth] onto sth
II. *vi* to wind [on]

spülen I. *vi* ① (*Geschirr abwaschen*) to wash up
② (*die Toilette abziehen*) to flush
II. *vt* ① (*abspülen*) ▪**etw** ~ to wash up sth *sep*
② (*schwemmen*) ▪**etw irgendwohin** ~ to wash sth somewhere; ***das Meer spülte die Leiche an Land*** the sea washed the body ashore

Spülkasten *m* cistern **Spüllappen** *m* dishcloth **Spülmaschine** *f* dishwasher **spülmaschinenfest** *adj* dishwasher-safe **Spülmittel** *nt* washing-up liquid, dish soap AM **Spülprogramm** *nt* rinse cycle **Spülstein** *m* DIAL sink

Spülung <-, -en> *f* ① (*gegen Mundgeruch*) rinsing *no art*
② (*Wasserspülung*) flush; **die ~ betätigen** to flush [the toilet]
③ (*Haarspülung*) conditioner

Spülwasser *nt* dishwater, washing-up water BRIT

Spulwurm *m* roundworm, ascarid *spec*

Spund¹ <-[e]s, Spünde *o* Spunde> *m* bung, spigot

Spund² <-[e]s, -e> *m* ▪**junger ~** (*fam*) stripling, young pup *fam*

Spundloch *nt* bunghole

Spundwand *f* BAU sheet piling

Spur <-, -en> *f* ① (*hinterlassenes Anzeichen*) trace; *Verbrecher a.* clue; **~en der Verwüstung** signs [*or* marks] of devastation; **jdn auf die** [**richtige**] **~ bringen** to put sb on[to] the right track [*or* the scent]; ***dieses Beweisstück brachte die Polizei auf die ~ des Täters*** this piece of evidence helped the police [to] trace [*or* track down] the culprit; **~en/keine ~en/seine ~en hinterlassen** to leave traces/no trace[s]/one's traces; *Schicksal a.* to leave its/no/its mark; *Verbrecher a.* to leave clues/no clue[s]/clues; **jdm auf der ~ sein** to be on sb's trail [*or* the trail of sb]; **andere ~en verfolgen** to follow up other leads; **auf der falschen/richtigen ~ sein, die falsche/richtige ~ verfolgen** to be on the wrong/right track; **eine heiße ~** a firm lead; **jdm auf die ~ kommen** to get onto sb
② (*Fuß~en*) track[s *pl*], trail *no pl*; **die ~ aufnehmen** to pick up the trail
③ (*kleine Menge*) trace; *Knoblauch, Pfeffer* touch, soupçon *a. hum*; **eine ~ salziger/süßer** a touch saltier/sweeter; ***die Suppe könnte eine ~ salziger sein*** this soup could do with a touch more salt; **eine ~ zu salzig/süß** a touch too salty/sweet; **keine ~, nicht die ~** (*fam*) not at all
④ (*Fünkchen*) scrap, shred; ***hätte er nur eine ~ mehr Verstand gehabt, wäre dies nicht geschehen*** if he'd had just an ounce more common sense this wouldn't have happened
⑤ (*Fahrstreifen*) lane; **die linke/rechte ~** the left-hand/right-hand lane; **aus der ~ geraten** to move [*or* swerve] out of lane; **~ halten** to keep in lane
⑥ AUTO (*Spurweite*) track [*or* AM tread] width; (*Radstellung*) tracking *no pl, no indef art*
⑦ TECH, INFORM track; ***das Tonbandgerät hat acht ~en*** the tape recorder has eight tracks, this is an 8-track tape recorder; **fehlerhafte ~** defect track
⑧ SKI course, track

Spurabweichung *f* TRANSP lane deviation, weaving

spürbar *adj* perceptible, noticeable

Spurbus *m* bus (*driving on its own special lane*)

Spureinstellung *f* AUTO front-end aligment

spuren *vi* (*fam*) ▪[**bei jdm**] ~ to do as one is told, to obey [sb], to toe the line *fam*

spüren I. *vt* ▪**etw** ~ ① (*körperlich wahrnehmen*) to feel sth; **den Alkohol ~** to feel the effects of the alcohol; ***einen Schnaps spürt er sofort im Kopf*** just one schnapps makes him feel heady; **die Peitsche zu ~ bekommen** to be given a taste of the whip
② (*merken*) to sense sth; ***sie wird jetzt sein Missfallen zu ~ bekommen*** she will get to feel his displeasure now; ▪**jdn seine Verärgerung ~ lassen** to let [*or* make] sb feel one's annoyance, to let sb know that one is annoyed, to make no attempt to hide one's annoyance [at sb]; **etw zu ~ bekommen** to feel the [full] force of sth; [**es**] **zu ~ bekommen, dass ...** to be made conscious [*or* aware] of the fact that ...
II. *vi* ▪**~, dass/ob/wie ...** to sense [*or* notice] that/whether/how ...; ▪**jdn** [**deutlich**] **~ lassen, dass ...** to leave sb in no doubt that ...

Spurenelement *nt* trace element **Spurenelementetherapie** *f* NATURMED trace element therapy, therapy with trace elements **Spurengas** *nt* trace gas **Spurensicherung** *f* securing of evidence *no pl, no indef art* **Spurensuche** *f kein pl* tracking *no pl, no indef art* **Spurensucher** *m* forensic detective

Spürhund *m* tracker dog; (*fig*) sleuth

spurlos I. *adj* without [a] trace *pred*
II. *adv* ① (*keine Spuren hinterlassend*) without [leaving a] trace
② (*keine Eindrücke hinterlassend*) **an jdm ~/nicht ~ vorübergehen** to not leave/to leave its/their mark on sb

Spürnase *f* ① (*detektivischer Scharfsinn*) flair *no pl*, intuition *no pl*
② (*ausgeprägter Geruchssinn*) [good] nose [*or* sense of smell]

Spurrille *f* rut

Spürsinn *m kein pl* nose; **einen** [**feinen/unfehlbaren**] **~ für etw haben** to have a [fine]/a[n infallible] nose for sth

Spurstange *f* BAHN tie bar [*or* rod], gauge

Spurt <-s, -s *o* -e> *m* sprint, spurt; **zum ~ ansetzen** to make a final spurt

spurten *vi sein* to sprint, to spurt

Spürtrupp *m* NUKL radiac [detection] squad [*or* team]

Spurverengung *f* gauge narrowing **Spurwechsel** *m* AUTO lane change

sputen *vr* DIAL ▪**sich ~** to hurry [up]; ***spute dich!*** hurry up!, look sharp!

Sputnik <-s, -s> *m* sputnik

Squash <-> [skvɔʃ] *nt* squash

Squashhalle *f* squash courts *pl*

Squids *pl* PHYS SQUIDS *pl*, superconducting quantum interference devices *pl*

SR *m Abk von* **Saarländischer Rundfunk** Saarland Radio

Sri Lanka <-s> *nt* Sri Lanka

Sri-Lanker(in) <-s, -> *m(f)* Sri Lankan; *s. a.* **Deutsche(r)**

sri-lankisch *adj* Sri Lankan; *s. a.* **deutsch**

SS¹ *f* HIST *Abk von* **Schutzstaffel** SS

SS² *f Abk von* **Sommersemester** summer semester [*or* BRIT *a.* term]

SS. *Abk von* **Sante, Santi** Saints

SSK *f* NUKL *Abk von* **Strahlenschutzkommission** commission for radiation protection

SSV *m Abk von* **Sommerschlussverkauf** summer sales

s.t. *adv* SCH *Abk von* **sine tempore**

St. ① *Abk von* **Stück** pce[.], pcs[.] *pl*
② *Abk von* **Sankt** St, SS *pl*

Staat <-[e]s, -en> *m* ① (*Land*) country
② (*staatliche Institutionen*) state; **eine Einrichtung des ~es** a state institution; **beim ~ arbeiten** [*o* **sein**] (*fam*) to be employed by the government [*or* state]; **ein ~ im ~e** a state within a state
③ (*Insekten~*) colony
④ *pl* (*USA*) ▪**die ~en** the States; **die Vereinigten ~en** [**von Amerika**] the United States [of America], the US[A], the U.S. of A. *hum*
⑤ (*Ornat*) finery; **in vollem ~** in all one's finery
▸ WENDUNGEN: **damit ist kein ~ zu machen** [*o* **damit kann man keinen ~ machen**] that's nothing to write home about *fam*; ***mit diesem alten Anzug kannst du*** [***beim Fest***] ***keinen ~ machen***

S

you'll hardly be a great success [at the celebrations] in [*or* with] that old suit; ***mit diesem verwilderten Garten ist kein ~ zu machen*** this overgrown garden won't impress anyone; **viel ~ machen** to make a big [*or* lot of] fuss; **von ~s wegen** on the part of the [state] authorities, on a governmental level

Staatenbund <-bünde> *m* confederation [of states], staatenbund *spec* **Staatengemeinschaft** *f* community of states **Staatengemeinschaftsrecht** *nt* JUR *(EU)* Community law **staatenlos** *adj* stateless; ■**~ sein** to be stateless, to be stateless persons/a stateless person **Staatenlose(r)** *f(m) dekl wie adj* stateless person **staatenübergreifend** *adj inv* POL international

staatlich **I.** *adj* ❶ *(staatseigen)* state-owned; (~ *geführt*) state-run; **~e Einrichtungen** state [*or* government] facilities; **~e Schuldenverwaltung** management of the national debt; **~e Schuldtitel/Stellen** government bonds/agencies

❷ *(den Staat betreffend)* state *attr,* national; **~e Anreize** POL government incentives

❸ *(aus dem Staatshaushalt stammend)* government *attr,* state *attr;* **~e Förderung** government promotion; **~e Mittel** public funds; *(Stipendium)* grant; **~e Unterstützung** ÖKON government support

II. *adv* **~ anerkannt** state-[*or* government-]approved; **~ gefördert** FIN government-sponsored; **~ geprüft** [state-]certified; **~ subventioniert** state-subsidized, subsidized by the state *pred*

staatlicherseits *adv* POL *(geh)* on the part of the government

Staatsabgaben *pl* FIN state [*or* government] taxes **Staatsaffäre** *f* POL affair of state ► WENDUNGEN: **eine ~ aus etw machen** to make [such] a fuss about [*or pej fam* a song and dance out of] sth **Staatsakt** *m* ❶ *(Festakt)* state ceremony [*or* occasion] ❷ *(Rechtsvorgang)* act of state **Staatsaktion** *f* POL major operation ► WENDUNGEN: **aus etw eine ~ machen** *(iron fam)* to make a song and dance out of sth **Staatsangehörige(r)** *f(m) dekl wie adj* citizen, national *form;* **britische ~** British citizens [*or form* nationals] [*or* subjects] **Staatsangehörigkeit** *f* nationality, national status *form* **Staatsangehörigkeitsgesetz** *nt* JUR Nationality Act **Staatsanleihe** *f* government [*or* state] [*or* public] loan [*or* bond[s *pl*]] **Staatsanwalt, -anwältin** *m, f* public prosecutor BRIT, district attorney AM **Staatsanwaltschaft** <-, -en> *f* public prosecutor's office, prosecuting attorney's office AM **Staatsapparat** *m* apparatus of state, government [*or* state] machinery **Staatsarchiv** *nt* national [*or* state] archives *pl,* Public Record Office BRIT **Staatsaufsicht** *f* government [*or* state] supervision **Staatsauftrag** *m* POL appointment of the government; **im ~ handeln** to act by appointment of the government **Staatsausgaben** *pl* public expenditure *no pl* **Staatsbank** *f* state bank **Staatsbankett** *nt* state banquet **Staatsbeamte(r), -beamtin** *m, f* public [*or* civil] servant **Staatsbegräbnis** *nt* state [*or* AM national] funeral **Staatsbesitz** *m kein pl* public ownership **Staatsbesuch** *m* state visit **Staatsbetrieb** *m* state-owned enterprise, nationalized enterprise **Staatsbibliothek** *f* national library **Staatsbürger(in)** *m(f) (geh)* national *form,* citizen; **britische ~** British nationals *form* [*or* citizens] [*or* subjects] **staatsbürgerlich** *adj attr (geh)* civic, public; **~e Rechte** civil rights **Staatsbürgerschaft** *f* nationality; **doppelte ~** dual nationality **Staatsbürgerschaftsrecht** *nt* POL ■**das ~** ≈ the Immigrants Act *(German law dealing with nationality and citizenship of immigrants)* **Staatschef(in)** *m(f) (fam)* head of state **Staatsdarlehen** *nt* FIN state loan **Staatsdefizit** *nt* FIN budget deficit **Staatsdiener** *m* public servant **Staatsdienst** *m* government service *no art,* civil service; **in den ~ übernommen werden** to become a civil servant **Staatsduma** *nt* national [*or* state] duma **staatseigen** *adj inv* ÖKON state-owned; **~er Betrieb** state-owned enterprise **Staatseigentum** *nt* state ownership **Staatseinnahmen** *pl* ÖKON state [*or* government] revenue **Staatsempfang** *m* state reception; **einen ~ geben** to give [*or* hold] a state reception **Staatsexamen** *nt* state exam[ination]; *(zur Übernahme in den Staatsdienst)* civil service examination **Staatsfeind(in)** *m(f)* enemy of the state **staatsfeindlich** *adj* subversive, hostile to the state *pred* **Staatsfinanzen** *pl* public finances *pl* **Staatsflagge** *f* national flag **Staatsform** *f* form [*or* system] of government; **die ~ der Monarchie** monarchism, monarchical government *form* **Staatsführung** *f* government **Staatsgebiet** *nt* national territory **staatsgefährdend** *adj* POL seditious **Staatsgeheimnis** *nt* state [*or* official] secret **Staatsgewalt** *f kein pl* state [*or* government[al]] authority; **Widerstand gegen die ~** resistance to state authority **Staatsgrenze** *f* [national [*or* state]] border **Staatshaftung** *f* JUR public [*or* government] liability **Staatshaushalt** *m* national budget **Staatshoheit** *f kein pl* POL sovereignty, sovereign power **Staatskanzlei** *f* state chancellery, minister president's office **Staatskarosse** *f* ❶ *(Staatskutsche)* state coach [*or* carriage] ❷ *(fam: Dienstwagen)* government car **Staatskasse** *f* treasury, public purse BRIT **Staatskirche** *f* state church **Staatsknete** *f (sl)* government handout[s *pl*] *a. pej fam* **Staatskosten** *pl* public expenses; ■**auf ~** at [the] public expense **Staatsmacht** *f* power of the state [*or* government] **Staatsmann** *m (geh)* statesman **staatsmännisch** *adj (geh)* statesmanlike **Staatsminister(in)** <-s, -> *m(f)* secretary [*or* BRIT *a.* minister] of state **Staatsnotwehr** *f kein pl* JUR national self-defence **Staatsoberhaupt** *nt* head of state **Staatsobligation** *f* FIN government bond [*or* security] **Staatsoper** *f* state opera **Staatsorgan** *nt* ADMIN state institution, government agency **Staatspapier** *nt* FIN government bond [*or* security] **Staatspartei** *f* government party **Staatspräsident(in)** *m(f)* president [of a/the state] **Staatsprüfung** *f (geh) s.* **Staatsexamen** **Staatsquote** *f* ÖKON ratio of public spending to GNP **Staatsräson** *f* POL reasons *pl* of state

Staatsrat *m* ❶ *(Organ)* council of state; SCHWEIZ cantonal government ❷ *(Person)* state councillor [*or* AM -lor]; SCHWEIZ member of a/the cantonal government ❸ *kein pl (Titel)* councillor of state **Staatsratsvorsitzende** *m* head of state **staatsrechtlich** *adj inv, attr* constitutional **Staatsregierung** *f* [state [*or* national]] government

Staatsschuld *f* FIN, POL national debt **Staatsschuldbuch** *nt* JUR national debt ledger **Staatsschulden** *pl* ÖKON national debt

Staatsschutz *m* protection of the state **Staatsschutzdelikt** *nt* JUR security-related offence

Staatssekretär(in) *m(f)* state [*or* BRIT permanent] secretary, undersecretary AM; **parlamentarischer ~** parliamentary secretary

Staatssicherheit *f* state [*or* national] security **Staatssicherheitsdienst** *m kein pl* POL *(hist)* state security service

Staatsstreich *m* coup [d'état] **Staatstheater** *nt* state [*or* national] theatre [*or* AM -er] **staatstheoretisch** *adj* POL, PHILOS concerning theory of state **staatstragend** *adj* representing the interests of the state *pred;* **die ~en Parteien** the established parties **Staatstrauer** *f kein pl* national mourning *no pl, no indef art;* **~ anordnen** to declare a period of national mourning **Staatsunternehmen** *nt* state-owned enterprise **Staatsverbrauch** *m kein pl* ÖKON national consumption *no pl* **Staatsverdrossenheit** *f* political apathy *no pl* **Staatsverschuldung** *f* state [*or* government] indebtedness, national debt *no pl, no indef art;* **innere ~** internal national debt **Staatsvertrag** *m* ❶ *(international)* [international] treaty ❷ *(zwischen Gliedstaaten)* interstate treaty [*or* agreement] **Staatsverwaltung** *f* JUR public administration **Staatswesen** *nt (geh)* state [system]

Stab <-[e]s, Stäbe> *m* ❶ *(runde Holzlatte)* rod, staff

❷ *(Gitter~)* bar

❸ SPORT *(Stabhochsprung~)* pole; *(Staffel~)* baton

❹ MUS *(Taktstock)* baton

❺ *(beigeordnete Gruppe)* staff; *Experten* panel

❻ MIL staff

► WENDUNGEN: **den ~ über jdn brechen** *(geh)* to roundly condemn sb

Stäbchen <-s, -> *nt* ❶ *(Ess~)* chopstick

❷ *(beim Mikado)* jackstraw, spillikin, pick-up [*or* picka-]stick [*or* styk]

❸ *(Häkelmasche)* treble [crochet]

❹ ANAT *(Augensinneszelle)* rod

❺ *(fam: Zigarette)* cigarette, fag BRIT *fam,* ciggy BRIT *fam*

Stäbchenbakterium <-s, -rien> *nt* BIOL bacillus **stabförmig** *adj* rod-shaped; MED *a.* bacilliform *spec* **Stabheuschrecke** *f* ZOOL stick insect, AM *a.* walking stick **Stabhochspringer(in)** *m(f)* pole-vaulter **Stabhochsprung** *m* pole vault

stabil *adj* ❶ *(strapazierfähig)* sturdy, stable

❷ *(beständig)* stable

❸ *(nicht labil)* steady; **~e Gesundheit/Konstitution** sound health/constitution

Stabilisator <-s, -toren> *m* ❶ AUTO stabilizer [*or* BRIT *a.* -iser] [bar], anti-roll bar

❷ CHEM stabilizer [*or* BRIT *a.* -iser], stabilizing agent

stabilisieren **I.** *vt* ❶ *(geh: standfester machen)* ■**etw ~** to stabilize sth, to make sth stable

❷ *(kräftigen)* ■**jdn ~** to stabilize sb

II. *vr* ■**sich ~** ❶ *(beständig werden)* to stabilize, to become stable

❷ *(sich festigen)* to stabilize, to become stable [*or* steady]

Stabilisierung <-, -en> *f* stabilization **Stabilisierungsanleihe** *f* FIN stabilization loan

Stabilität <-> *f kein pl* ❶ *(Festigkeit)* stability, solidity

❷ *(Beständigkeit)* stability

Stabilitätsgesetz *nt* JUR stabilization law **Stabilitätsimporte** *pl* HANDEL stabilizing imports **stabilitätsorientiert** *adj inv* ÖKON stability-oriented **Stabilitätspakt** *m* ÖKON stability pact **Stabilitätspolitik** *f kein pl* ÖKON stabilization policy **Stabilitätsprogramm** *nt* AUTO **elektronisches ~** electronic stability program, ESP

Stablampe *f* [electric] torch BRIT, flashlight AM **Stabmagnet** *m* bar magnet **Stabmixer** *m* hand-held blender

Stabreim *m* alliteration

Stabsarzt, -ärztin *m, f* MIL captain in the medical corps **Stabschef, -chefin** *m, f* MIL chief of staff **Stabsfeldwebel** *m* MIL warrant officer 2nd class **Stabsoffizier** *m* MIL field officer

Stabwechsel *m* SPORT baton change, changeover

stach *imp von* **stechen**

Stachel <-s, -n> *m* ❶ *(spitzer Dorn: von Rose)* thorn; *(von Kakteen)* spine; **kleiner ~** prickle, spinule *spec*

❷ *(von Igel, Seeigel)* spine; *(kleiner)* prickle, spiculum *spec; (von ~schwein)* quill

❸ *(Giftstachel)* sting, AM *a.* stinger, aculeus *spec*

❹ *(spitzes Metallstück) Zaun, Halsband* spike; *Stacheldraht* barb

► WENDUNGEN: **ein ~ im Fleisch** *(geh)* a thorn in the flesh [*or* side]; **wider den ~ löcken** to kick against the pricks BRIT

Stachelbeere *f* gooseberry **Stachelbeerstrauch** *m* gooseberry bush **Stacheldraht** *m* barbed wire; **hinter ~** *(fig a.)* behind barbed wire, behind bars, locked up

Stacheldrahtverhau *m* barbed-wire entanglement **Stacheldrahtzaun** *m* barbed wire fence; **elektrisch geladene Stacheldrahtzäune** live [*or* electrically charged] barbed wire fencing *no pl, no indef art* **Stachelhäuter** <-s, -> *m* ZOOL echinoderm

stach(e)lig *adj Rosen* thorny; *Kakteen, Tier* spiny, spinous *spec; (mit kleineren Stacheln)* prickly

Stachelradwalze *f* TYPO sprocket [wheel] **Stachelschnecke** *f* sting winkle **Stachelschwein** *nt* porcupine

Stadel <-s, -> *m* SÜDD, ÖSTERR, SCHWEIZ barn
Stadien *pl von* **Stadion, Stadium**
Stadion <-s, Stadien> [-diən] *nt* stadium, AM *a.* bowl
Stadium <-s, Stadien> [-diən] *nt* stage; **im letzten** ~ MED at a [*or* the] terminal stage
Stadt <-, Städte> *f* ❶ (*Ort*) town; (*Groß~*) city; **am Rande der** ~ on the edge of [the] town, on the outskirts of the city; **im Zentrum der** ~ in the centre [*or* AM -er] of town, in the city/town centre; **in** ~ **und Land** (*geh*) throughout the land, the length and breadth of the land
❷ (*fam: ~verwaltung*) [city/town] council; (*von Groß~ a.*) corporation; **bei der** ~ **arbeiten** [*o* **sein**] to work for the council/corporation
städt. *adj Abk von* **städtisch**
Stadtarchiv *nt* town/city archives *pl* **stadtauswärts** *adv* out of town/the city **Stadtauto** *nt* town [*or* city] car (*with very low fuel consumption*) **Stadtautobahn** *f* urban motorway [*or* AM freeway] **Stadtbahn** *f* suburban [*or* metropolitan] railway, city railroad AM **Stadtbauamt** *nt* town planning department **stadtbekannt** *adj* well-known, known all over town *pred* **Stadtbezirk** *m* municipal district, borough **Stadtbibliothek** *f* town/city [*or* municipal] library **Stadtbild** *nt* cityscape/townscape **Stadtbücherei** *f* municipal [*or* city/town] [lending] library **Stadtbummel** *m* stroll in the [*or* through] town; **einen** ~ **machen** to go for a stroll through town
Städtchen <-s, -> *nt dim von* Stadt small [*or* little] town
Stadtdirektor(in) *m(f)* chief executive of a city/town, city/town manager AM
Städtebau *m kein pl* urban development *no pl* **Städtebauförderung** *f* promotion of urban renewal **städtebaulich I.** *adj* in/of urban development *pred;* **~er Entwicklungsbereich** urban development area; **~e Entwicklungsmaßnahme** urban development programme; **~e Sanierungsmaßnahme** urban renewal programme **II.** *adv* in terms of urban development
stadteinwärts *adv* [in]to town, downtown AM
Städtemarketing *nt* marketing of towns
Stadtentwicklung *f* urban development **Stadtentwicklungssenator(in)** *m(f)* minister for urban development (*of Berlin, Bremen, Hamburg*)
Städtepartnerschaft *f* partnership between cities/towns, town twinning BRIT
Städter(in) <-s, -> *m(f)* ❶ (*Einwohner einer Stadt*) city/town dweller
❷ (*Stadtmensch*) city/town dweller, townie *pej fam*
Stadterneuerung *f* urban regeneration [*or* renewal]
Städtetag *m* congress of municipalities **Städtetourismus** *m* TOURIST city tourism
Stadtflitzer *m* AUTO (*fam*) city nipper *fam,* runabout *fam* **Stadtflucht** *f kein pl* exodus from the cities, urban outmigration AM **Stadtführer(in)** <-s, -> *m(f)* ❶ (*Person*) town/city guide ❷ (*Buch*) town/city guidebook **Stadtführung** *f* guided tour [through the city/town] **Stadtgebiet** *nt* municipal area; (*von Großstadt a.*) city zone **Stadtgeschichte** *f* history of the town/city **Stadtgespräch** *nt* [**das**] ~ **sein** to be the talk of the town **Stadtgrenze** *f* municipal border; (*von Großstadt a.*) city limits *pl* **Stadthalle** *f* city [*or* civic] [*or* municipal] hall **Stadthaus** *nt* ❶ (*Verwaltungsgebäude*) council office building ❷ (*Wohnhaus*) town house
städtisch *adj* ❶ (*kommunal*) municipal, city/town *attr*
❷ (*geh: urban*) urban, city/town *attr,* of the city/town *pred;* **~er Mittelstand** urban middle class
Stadtkämmerer, -kämmerin *m, f* city/town treasurer **Stadtkasse** *f* city/town [*or* municipal] treasury **Stadtkern** *m* city/town centre [*or* AM -er] **Stadtkommandant** *m* MIL military governor [of a town/city] **Stadtmauer** *f* city/town wall **Stadtmensch** *m* city/town person, townie *pej fam* **Stadtmitte** *f* city/town centre; **bis** [**zur**] ~ to the [city/town] centre, to the centre of town **Stadtmuseum** *nt* town/city museum **Stadtoberhaupt** *m* head of a/the town/city **Stadtpark** *m* municipal [*or* city/town] park **Stadtparlament** *nt* city council **Stadtplan** *m* [street] map [of a/the city/town], A to Z [of a/the city/town] BRIT **Stadtplaner** *m* town planner **Stadtplanung** *f* town/city planning **Stadtrand** *m* edge of [the] town/outskirts *npl* of the city; **am/an den** ~ on/to the edge of town/the outskirts of the city **Stadtrandsiedlung** *f* settlement on the outskirts of a/the town/city, BRIT *a.* suburban housing scheme **Stadtrat** *m* [city/town [*or* municipal]] council **Stadtrat, -rätin** *m, f* [city/town] councillor [*or* AM councilor] **Stadtratsfraktion** *f* party [*or* faction] on the town/city council **Stadtregierung** *f* town/city government **Stadtreinigung** *f* town/city environmental and operational services **Stadtrundfahrt** *f* sightseeing tour [of a/the city/town]; **eine** ~ **machen** to go on a [sightseeing] tour of a/the city/town **Stadtsparkasse** *f* town/city savings bank **Stadtstaat** *m* city state **Stadtstreicher(in)** *m(f)* city/town tramp [*or esp* AM vagrant] **Stadtteil** *m* district, part of town **Stadttheater** *nt* municipal theatre [*or* AM -er] **Stadttor** *nt* city/town gate **Stadtväter** *pl* city fathers *pl* **Stadtverband** *m* town/city association **Stadtverkehr** *m* city/town traffic **Stadtverordnete** *m o f* town/city councillor [*or* AM councilor] **Stadtverordnetenversammlung** *f* [town/city] council meeting **Stadtverwaltung** *f* [city/town] council **Stadtviertel** *nt* district, part of town **Stadtwappen** *nt* municipal coat of arms **Stadtwerbung** *f* city/town advertising **Stadtwerke** *pl* [city's/town's] department of [*or* AM public] works + *sing vb,* municipal [*or* council] services *pl* **Stadtwohnung** *f* city/town apartment [*or* BRIT flat] **Stadtzentrum** *nt* city/town centre; ■**im** ~ in the city/town centre, downtown AM
Stafette <-, -n> *f* HIST courier, [express] messenger
Staffage <-, -n> [-ʒə] *f* ❶ KUNST staffage
❷ (*Nebensächliches*) accessories *pl*
❸ (*Ausstattung*) decoration, window dressing *no pl*
Staffel <-, -n> *f* ❶ MIL (*Luftwaffeneinheit*) squadron; (*Formation*) echelon
❷ SPORT (*~lauf*) relay [race]; (*Mannschaft*) relay team
❸ TV season; ***die 3. Staffel von „Deep Space Nine"*** the 3rd season of "Deep Space Nine"
Staffelbesteuerung *f* FIN graduated taxation
Staffelei <-, -en> *f* easel
Staffellauf *m* relay [race] **Staffelläufer(in)** <-s, -> *m(f)* relay runner/skier **Staffellohn** *m* ÖKON differential wage; (*nach Leistung*) incentive wage **Staffelmiete** *f* JUR step-up lease, graduated rent
staffeln *vt* ❶ (*einteilen*) ■**etw** ~ to grade [*or* graduate] sth
❷ (*formieren*) ■**etw** ~ to stack [up *sep*] sth [in a pyramid shape]
❸ SPORT **gestaffelte Abwehr/Startzeiten** staggered defence [*or* AM -se]/starting times
Staffelpreis *m* HANDEL graduated price **Staffelschwimmen** *nt* relay swimming *no pl, no indef art* **Staffeltarif** *m* differential tariff
Staff(e)lung <-, -en> *f* ❶ (*Einteilung*) graduation, grading
❷ (*Formierung*) stacking [in the shape of a pyramid]
❸ SPORT *Startzeiten* staggering *no pl, no indef art*
Stagflation <-, -en> *f* ÖKON stagflation
Stagnation <-, -en> *f* stagnation, stagnancy
Stagnationsperiode *f* ÖKON period of stagnation
stagnieren* *vi* to stagnate; **~de Börse** stagnant market
Stagnierung <-, -en> *f* ÖKON stagnation; **geschäftliche** ~ stagnation of trade
stahl *imp von* **stehlen**
Stahl <-[e]s, -e *o* Stähle> *m* ❶ (*legiertes Eisen*) steel; **rostfreier** ~ stainless steel
❷ *kein pl* (*poet: Stichwaffe*) blade
Stahlarbeiter *m* steelworker
Stahlbau[1] *m kein pl* (*Bautechnik*) steel construction *no art,* structural steel engineering *no art*
Stahlbau[2] <-bauten> *m* (*Bauwerk*) steel structure, steel-girder construction
Stahlbeton *m* reinforced concrete, R/C, ferroconcrete *spec* **Stahlblech** *nt* sheet steel; (*Stück*) steel sheet
stählen *vt* ■**etw** ~ to harden [*or* toughen] sth
stählern *adj* ❶ (*aus Stahl hergestellt*) steel, of steel *pred*
❷ (*fig geh*) iron *attr,* of iron *pred*
Stahlfeder *f* ❶ (*Schreibfeder*) steel nib ❷ (*Sprungfeder*) steel spring **Stahlgerüst** *nt* [tubular] steel scaffolding *no pl, no indef art* **stahlhart** *adj* (*a. fig*) [as] hard as steel *pred,* iron-hard *fig;* ■~ **sein** to be [as] hard as steel; **ein ~er Händedruck** a crushing [*or* an iron] grip **Stahlhelm** *m* MIL steel helmet **Stahlindustrie** *f kein pl* steel industry **Stahlkammer** *f* strongroom, steel vault **Stahlkocher** *m* steelworker **Stahlproduktion** *f* steel production **Stahlrohr** *nt* steel tube [*or* pipe] **Stahlrohrmöbel** *pl* tubular steel furniture *no pl* **Stahlross**[RR] <-es, -rösser> *nt* (*Dampflokomotive*) iron horse *liter,* steamer *fam* **Stahlstab** *m* BAU steel rod **Stahlstich** *m* die-stamping, relief stamping, steel engraving **Stahlträger** *m* steel girder **Stahlunternehmen** *nt* steel company **Stahlwaren** *pl* steelware *no pl* **Stahlwerk** *nt* steel mill, steelworks + *sing/pl verb*
stak *imp von* **stecken I**
Stake <-n, -n> *f,* **Staken** <-s, -> *m* DIAL [punt] pole, bargepole
staken I. *vt Floß, Kahn* to pole, to punt
II. *vi sein* (*staksen*) to stalk
Staketenzaun *m* paling, BRIT *a.* palings *pl,* picket fence
Stakkato <-s, -s *o* Stakkati> *nt* staccato
staksen *vi sein* (*fam*) to stalk; (*mühselig*) to hobble; (*unsicher*) to teeter
staksig I. *adj* awkward, clumsy
II. *adv* ~ **gehen** to hobble, to move clumsily; (*unsicher*) to teeter [*or* wobble]
Stalagmit <-en *o* -s, -en> *m* stalagmite
Stalaktit <-en *o* -s, -en> *m* stalactite
Stalinismus <-> *m kein pl* Stalinism *no art*
Stalinist(in) <-en, -en> *m(f)* Stalinist
stalinistisch *adj* Stalinist
Stalinorgel *f* (*fam*) multiple rocket launcher
Stall <-[e]s, Ställe> *m* ❶ AGR (*Hühner~*) coop, hen house; (*Kaninchen~*) hutch; (*Kuh~*) cowshed, [cow] barn AM, byre BRIT *liter;* (*Pferde~*) stable; (*Schweine~*) [pig]sty, [pig]pen AM ❷ SPORT (*sl: Rennstall*) [racing] team ► WENDUNGEN: **ein** [**ganzer**] ~ **voll** (*fam*) a [whole] bunch [*or* load] *fam;* ***ein ganzer ~ voll Kinder*** a whole herd of kids **Stallaterne** *f s.* Stalllaterne **Stallbursche** *m* stable lad, groom **Stallgeruch** *m kein pl* ❶ (*Geruch in einem Viehstall*) stable smell ❷ SOZIOL (*hum fam*) reputation **Stallhase** *m* (*hum fam*) rabbit (*kept in a hutch by breeders*) **Stallknecht** *m* (*veraltend: für Pferde*) stable hand [*or* lad], groom; (*für Kühe*) cow hand **Stalllaterne**[RR] *f* stable lamp **Stallmeister** *m* head groom; **königlicher** ~ equerry
Stallung <-, -en> *f meist pl* stables *pl,* stabling *no pl, no indef art*
Stamm <-[e]s, Stämme> *m* ❶ (*Baumstamm*) [tree] trunk, bole *liter; s. a.* **Apfel**
❷ BIOL (*Kategorie*) phylum; (*von Bakterien, Pflanzen-, Tierzüchtung*) strain
❸ LING stem
❹ (*Volksstamm*) tribe
❺ (*feste Kunden*) regulars *pl,* regular customers *pl;* (*Mitglieder*) regular members *pl;* (*Belegschaft*) permanent staff + *sing/pl verb*
► WENDUNGEN: **vom ~e Nimm sein** (*hum, pej a. fam*) to be a great one for accepting gifts *hum fam,* to be out for what one can get *pej fam*
Stammaktie [-aktsiə] *f* ordinary share, common stock AM **Stammaktionär(in)** *m(f)* BÖRSE ordinary shareholder [*or* AM stockholder] **Stamm-**

S

baum *m* family [*or* genealogical] tree, phylogenetic tree *spec* **Stammbelegschaft** *f* permanent [*or* regular] staff + *sing/pl verb* **Stammbetrieb** *m* ÖKON parent company **Stammbuch** *nt* family register ► WENDUNGEN: **jdm etw ins ~ schreiben** to make sb take note of sth [*or* take sth to heart] **Stammdatei** *f* INFORM master file **Stammeinlage** *f* FIN capital contribution

stammeln I. *vi* to stammer; ■**das S~** stammering **II.** *vt* ■**etw ~** to stammer [out] sth

stammen *vi* ① (*gebürtig sein*) **von Berlin/aus dem Ausland ~** to come from Berlin/abroad [*or* overseas]; ***woher ~ Sie?*** where are you [*or* where do you come] from [originally]?
② (*herrühren*) **von jdm/aus dem 16. Jahrhundert ~** to [originally] belong to sb/to date from [*or* back to] the 16th century; ***diese Unterschrift stammt nicht von mir*** this signature isn't mine

Stammesbrauch *m* tribal custom **Stammesentwicklung** *f* BIOL phylogeny **Stammesfürst** *m* tribal chief, chief of a/the tribe **Stammeshäuptling** *m* chieftain, head of a/the tribe, head honcho AM *fam*

Stammform *f* LING base [*or spec* cardinal] form **Stammfunktion** *f* MATH original [function] **Stammgast** *m* regular [guest], habitué *liter* **Stammgut** *nt* JUR family estate **Stammhalter** *m* son and heir **Stammhaus** *nt* ÖKON parent company **Stammholzproduktion** *f* round timber production

stämmig *adj* stocky, sturdy, thickset

Stammkapital *nt* ordinary [*or* equity] share capital **Stammkneipe** *f* local [*or* usual] pub [*or* AM bar], local BRIT *fam* **Stammkunde, -kundin** *m, f* regular [customer] **Stammkundschaft** *f* regulars *pl*, regular customers *pl* **Stammlokal** *nt* favourite [*or* AM favorite] [*or* usual] café/restaurant/bar; (*Kneipe a.*) local BRIT *fam* **Stammmutter**RR *f* ancestress, progenitrix *form* **Stammplatz** *m* regular [*or* usual] seat, regular place **Stammsitz** *m* ancestral seat; *Firma* headquarters + *sing/pl verb* **Stammtisch** *m* ① (*Tisch für Stammgäste*) table reserved for the regulars ② (*Stammgäste am ~ 1*) [group of] regulars; [**seinen**] **~ haben** to meet [[up] with *fam*] one's fellow regulars **Stammutter** *f s.* **Stammmutter** **Stammvater** *m* ancestor, progenitor *form* **stammverwandt** *adj inv* related; *Wörter* cognate **Stammverzeichnis** *nt* INFORM root directory **Stammvokal** *m* LING root [*or* stem] vowel **Stammwähler(in)** *m(f)* staunch supporter, loyal voter; *s. a.* **Wechselwähler** **Stammwerk** *nt* principal factory **Stammzelle** *f* stem cell **Stammzellenforschung** *f* stem cell research

stampfen I. *vi* ① *haben* (*auf~*) [**mit dem Fuß** [**auf den Boden**]] **~** to stamp [one's foot]; [**mit den Hufen**] **~** to paw the ground [with its hooves]
② *sein* (*~d gehen*) ■**irgendwohin ~** to stamp off somewhere; (*schweren Schrittes a.*) to tramp somewhere; (*mühselig*) to trudge [*or* plod] somewhere
③ *haben* (*von Maschine*) to pound
④ *haben* (*von Schiff*) to pitch
II. *vt haben* ① (*fest~*) ■**etw ~** to tamp [down *sep*] sth; **gestampfter Lehm** tamped [*or spec* pugged] clay
② (*zer~*) ■**etw** [**zu etw**] **~** to mash sth [to sth]; **Kartoffeln** [**zu Kartoffelbrei**] **~** to mash potatoes; **Trauben mit den** [**nackten**] **Füßen ~** to tread grapes

Stampfer <-s, -> *m* ① (*Kartoffel~*) [potato] masher
② (*für Sand/Schotter*) tamper

stand *imp von* **stehen**

Stand <-[e]s, Stände> *m* ① (*das Stehen*) standing [position]; **keinen festen/sicheren ~ auf der Leiter haben** to not have a firm/safe [*or* secure] foothold on the ladder; **aus dem ~** from a standing position [*or* start]; **den Motor im ~ laufen lassen** to let the engine idle
② (*Verkaufsstand*) stand; (*Messe~ a.*) booth; (*Markt~ a.*) stall BRIT; (*Taxen~*) rank
③ (*Anzeige*) reading; **laut ~ des Barometers** according to the barometer [reading]
④ *kein pl* (*Zustand*) state, status; **der ~ der Forschung** the level of research; **der neueste ~ der Forschung/Technik** state of the art; **der ~ der Dinge** the [present] state of things [*or* affairs]; **beim gegenwärtigen ~ der Dinge** at the present state of affairs, the way things stand [*or* are] at the moment; **sich auf dem neuesten ~ befinden** to be up-to-date; **etw auf den neuesten ~ bringen** to bring sth up-to-date
⑤ BÖRSE, ÖKON (*Kurs*) rate, quotation; **~ der Aktiva und Passiva** statement of assets and liabilities
⑥ (*Spielstand*) score
⑦ SCHWEIZ (*Kanton*) canton
⑧ (*Gesellschaftsschicht*) station, status; (*Klasse*) class, rank; **der geistliche ~** the clergy
► WENDUNGEN: **in den ~ der Ehe treten** (*geh*) to be joined in matrimony *form;* **der dritte ~** the third estate; **einen/keinen festen ~ unter den Füßen haben** to be settled/unsettled; [**bei jdm**] **einen schweren** [*o* **keinen leichten**] **~ haben** to have a hard time of it [with sb]; **aus dem ~ verreisen** to go away on an impromptu journey; **aus dem ~** [**heraus**] off the cuff

Standard <-s, -s> ['ʃtandart, 'st-] *m* ① (*Grundausstattung*) standard [equipment]; (*Grundeinrichtung*) standard [facility]
② (*Norm*) standard
③ (*gesetzlicher Feingehalt in Münzen*) standard [for coins]

Standardabweichung *f in der Statistik* standard deviation **Standardanwendung** *f* TECH standard application **Standardartikel** *m* ÖKON standard article, stock item **Standardatmosphäre** *f* standard atmosphere **Standardausführung** *f* standard design [*or* model] **Standardausrüstung** *f* standard equipment **Standardausstattung** *f* standard facilities *pl* **Standardbauweise** *f* HANDEL standard design **Standardbrief** *m* standard letter **Standardeinstellung** *f* standard setting **Standarderzeugnis** *nt* HANDEL standard product **Standardformat** *nt* TECH standard format **Standardformulierung** *f* standard wording *no pl, no indef art* **Standardgebühr** *f* standard fee **Standardgröße** *f* standard size

standardisieren* ['ʃtandardi'zi:rən, 'st-] *vt* ■**etw ~** to standardize sth; ■**standardisiert** standardized

Standardisierung <-, -en> *f* standardization

standardmäßig *adj* standard **Standardmodell** ['ʃtandart, 'st-] *nt* standard model **Standardmuster** *nt* HANDEL standard pattern **Standard-PC** *m* INFORM standard PC **Standardschnittstelle** *f* INFORM standard interface **Standardselbstkosten** *pl* HANDEL standard cost price **Standardsoftware** *f* INFORM standard software **Standardsortiment** *nt* HANDEL standard range of products **Standardtanz** *m* set-pattern dance **Standardtarif** *m* ÖKON standard rate **Standardtextprogramm** *nt* INFORM standard text program **Standardtyp** *m* HANDEL stock model **Standardverfahren** *nt* ADMIN standard procedure **Standardvertrag** *m* JUR standard form contract **Standardverzeichnis** *nt* INFORM standard directory **Standardwerk** *nt* core literature; ***das ~ der deutschen Literaturgeschichte ist …*** the book that everyone needs to have [read] on German literature is … **Standardwerte** *pl* BÖRSE leaders **Standardzahlungssystem** *nt* FIN standard system of payment

Standarte <-, -n> *f* ① (*Fahne*) standard, banner; *Auto* pennant
② HIST [SA/SS] unit

Standbein *m* standing [*or* support] leg; SPORT (*beim Basketball*) pivot leg; (*Eislauf*) tracing leg; (*Fechten*) rear leg **Standbild** *nt* statue; **jdm ein ~ errichten** to erect [*or* raise] a statue to sb

Stand-by-Betrieb *m* standby mode; ■**im ~** in standby mode **Stand-by-Kredit** *m* FIN standby credit **Stand-by-Modus** *m* INFORM standby mode **Stand-by-Taste** *f* standby button

Ständchen <-s, -> *nt* serenade; **jdm ein ~ bringen** to serenade sb

Stander <-s, -> *m* pennant

Ständer <-s, -> *m* ① (*Gestell*) stand; (*Stempel~*) [stamp] rack
② (*sl: erigierter Penis*) hard-on *sl;* **einen ~ bekommen/haben** (*sl*) to get/have [got] a hard-on *sl*

Ständerat *m* SCHWEIZ upper chamber (*of the Swiss parliament*)

Ständerat, -rätin *m, f* SCHWEIZ member of the upper chamber (*of the Swiss parliament*)

Ständerboden *m* BAU raised floor **Ständerbohrmaschine** *f* drill press

Standesamt *nt* registry office *esp* BRIT **standesamtlich I.** *adj* civil; **eine ~e Bescheinigung** a certificate from the registry office; **eine ~e Heirat** a registry office [*or* civil] wedding; **~e Urkunde** document issued by a registrar's office **II.** *adv* **sich ~ trauen lassen** to get married in a registry office, to have a registry office [*or* civil] wedding, to be married by the Justice of the Peace AM **Standesbeamte(r), -beamtin** *m, f* registrar **standesgemäß I.** *adj* befitting one's social status [*or* standing] *pred;* **~e Heirat** marriage within one's social class; ■**~ sein** to befit one's social status [*or* standing] **II.** *adv* in a manner befitting one's social status [*or* standing]; **~ heiraten** to marry within one's social class

standfest *adj* stable, steady **Standfestigkeit** *f kein pl* ① (*Stabilität*) stability *no pl* ② *s.* **Standhaftigkeit** **Standflügel** *m* BAU fixed wing **Standgeld** *nt* stallage, stall rent **Standgenauigkeit** *f* TYPO positioning [*or* register] accuracy **Standgericht** *nt* MIL summary [*or spec* drumhead] court martial; **jdn vor ein ~ stellen** to try sb by martial law, to court-martial sb

standhaft I. *adj* steadfast; ■**~ sein** to be steadfast, to stand firm
II. *adv* steadfastly; **sich ~ weigern** to steadfastly [*or* staunchly] refuse

Standhaftigkeit <-> *f kein pl* steadfastness

stand|halten *vi irreg* ① (*widerstehen*) ■[**etw** *dat*] **~** to hold out against [*or* withstand] sth, to hold out; **der Belastung von etw** *dat* **~** to put up with the strain of sth; **einer näheren Prüfung/einer kritischen Prüfung ~** to bear [*or* stand up to] closer/a critical examination
② (*aushalten*) ■**etw** *dat* **~** to endure sth; *Brücke* to hold [*or* bear] sth

Standheizung *f* AUTO parking heater

ständig I. *adj* ① (*dauernd*) constant; **~er Regen** constant [*or* continual] rain
② (*permanent*) permanent
II. *adv* ① (*dauernd*) constantly, all the time; ***mit ihr haben wir ~ Ärger*** she's a constant nuisance [to us], we're constantly having trouble with her; ***musst du mich ~ kritisieren?*** do you always have to criticize me?, must you constantly criticize me?, must you keep [on] criticizing me?
② (*permanent*) **sich irgendwo ~ niederlassen** to find a permanent home somewhere

Standingovations, Standing Ovations ['stændiŋoʊveɪʃənz] *pl* standing ovation

Standküchenmaschine *f* food processor **Standleitung** *f* INFORM leased line **Standlicht** *nt kein pl* sidelights *pl* BRIT, parking lights *pl* AM **Standmiete** *f* ÖKON stall rent, market dues *pl;* (*auf Messe*) stand rent **Standmixer** *m* blender

Standort <-[e]s, -e> *m* ① (*Unternehmenssitz*) site, location
② (*Standpunkt*) position
③ MIL garrison, post
④ (*von Pflanzen*) site

Standortanalyse *f* ÖKON location analysis **standortangepasst**RR *adj* **~e Nutzpflanzen** habitat-adapted crops **standortbedingt** *adj inv* caused by the location *pred* **Standorterkundung** *f* site [*or* location] reconnaissance [*or* survey] **Standortfaktor** *m* locational factor **Standortoptimierung** *f* optimization of location **Standortpolitik** *f kein pl* ÖKON location policy **Standortsicherung** *f kein pl eines Betriebs* protection of a location **standortunabhängig** *adj inv* regardless of location *pred* **Standortwahl** *f* choice of location

Standpauke *f* (*fam*) telling-off, lecture *fam;* **jdm eine ~ halten** to give sb a telling-off [*or fam* lecture]; (*stärker*) to read the Riot Act to sb *hum fam* **Standplatz** *m* (*am Campingplatz*) pitch; (*für Taxis*) [taxi] rank **Standpunkt** *m* ❶ (*Meinung*) [point of] view, viewpoint, standpoint; ***wie ist Ihr ~, was diese Angelegenheit angeht?*** what's your view of this matter?; **etw von einem anderen ~ aus betrachten** to see sth from a different angle [*or* point of view]; **[in etw** *dat***] auf einem anderen ~ stehen, [in etw** *dat***] einen anderen ~ vertreten** to take a different [point of] view [of [*or* on] sth]; **auf dem ~ stehen, dass ..., den ~ vertreten, dass ...** to take the view [*or form* be of the opinion] that ...
❷ (*Beobachtungsplatz*) vantage point, viewpoint

Standrecht <-[e]s> *nt kein pl* MIL martial [*or* military] law **standrechtlich** *adv* summarily; **~ erschossen werden** MIL to be put [straight] before a firing squad **Standrohr** *nt* BAU standpipe **Standseilbahn** *f* funicular railway **Standspur** *f* hard shoulder BRIT, shoulder AM **Stand-still-Klausel** *f* JUR standstill clause **Standuhr** *f* grandfather clock

Stange <-, -n> *f* ❶ (*langer, runder, dünner Stab*) pole; (*kürzer*) rod
❷ (*Metall~*) bar
❸ *Gewürz* stick
❹ *Zigaretten* carton
❺ (*Ballett*) barre
❻ (*Vogel~*) perch; (*Hühner a.*) roost
❼ (*zylindrisches Glas*) tall glass
❽ (*Geweihteil*) beam
❾ (*Kandareteil*) bit
❿ (*sl: erigierter Penis*) rod *sl*, hard-on *sl*
► WENDUNGEN: **eine [schöne] ~ Geld** (*fam*) a pretty penny, a packet BRIT *fam;* ***das ist eine ~ Geld!*** (*fam*) that must have cost [you/them etc.] a pretty penny [*or fam* a packet]!; **bei der ~ bleiben** (*fam*) to stick at it *fam;* **jdm die ~ halten** (*fam*) to stand [*or fam* stick] up for sb; **jdn bei der ~ halten** (*fam*) to keep sb at it *fam;* **von der ~** (*fam*) off the peg [*or* AM rack]; **Kleider von der ~ kaufen** to buy clothes off the peg, to buy off-the-peg [*or* ready-to-wear] clothes

Stängel[RR] <-s, -> *m* stalk, stem
► WENDUNGEN: **[jdm] vom ~ fallen** to collapse [*or fam* pass out] [on sb]; **vom ~ fallen** to be floored [*or* bowled over] [*or fam* gobsmacked]

Stängelgemüse[RR] *nt* stalk [*or* stem] vegetables *npl*

Stangenbohne *f* runner bean **Stangenbrot** *nt* (*geh*) French loaf **Stangensellerie** *f* celery *no pl* **Stangenspargel** *m* asparagus spears *pl*

stank *imp von* **stinken**

Stänkerei <-, -en> *f* (*fam*) troublemaking *no pl, no indef art*

Stänkerer, Stänkerin <-s, -> *m, f* (*fam*) troublemaker, stirrer BRIT

stänkern *vi* (*fam*) to make [*or* stir up] trouble, to stir things up *fam*

Stanniol <-s, -e> *nt* silver [*or* tin] [*or* BRIT aluminium] [*or* AM aluminum] foil

Stanniolpapier *nt* silver paper

Stanze <-, -n> *f* [blanking *spec*] press, stencil

stanzen *vt* ❶ (*aus~*) ■**etw ~** to press sth
❷ (*ein~*) ■**etw in etw** *akk* **~** to cut sth in sth; **Löcher in etw** *akk* **~** to punch holes in sth

Stapel <-s, -> *m* ❶ (*geschichteter Haufen*) stack; (*unordentlicher Haufen*) pile; *Wäsche* mound
❷ NAUT stocks *pl;* **etw vom ~ lassen** to launch sth; **vom ~ laufen** to be launched, to take the water *form*
❸ INFORM (*Daten- oder Programmeinheit*) batch
► WENDUNGEN: **etw vom ~ lassen** (*fam*) to come out with sth *fam;* **Flüche vom ~ lassen** to rain down curses, to rail; **Verwünschungen gegen jdn/etw vom ~ lassen** to launch into a tirade against sb/sth; **einen Witz vom ~ lassen** to crack a joke

Stapelartikel *m* HANDEL staple [commodity] **Stapeldatei** *f* INFORM sequential [*or* batch] file **Stapelgut** *nt* HANDEL staples *pl,* staple commodities *pl* **Stapellauf** *m* NAUT launch[ing]

stapeln I. *vt* ■**etw [auf/in etw** *akk***] ~** to stack sth [on/in sth]; **Holz ~** to stack [up *sep*] wood
II. *vr* ■**sich** *akk* **[auf/in etw** *dat***] ~** to pile up [on/in sth]

Stapelverarbeitung *f* INFORM batch processing **Stapelverarbeitungsprogramm** *nt* INFORM batch processing program **Stapelverarbeitungssystem** *nt* INFORM batch system

stapfen *vi sein* ■**durch etw ~** to tramp through sth; (*mühseliger*) to trudge [*or* plod] through sth

Stapfen <-s, -> *m* footprint

Staphylokokkeninfektion *f* MED staphylococcal infection

Staphylokokkus <-, Staphylokokken> *m* staphylococcus, staph

Star[1] <-[e]s, -e> *m* (*Vogelart*) starling

Star[2] <-[e]s, -e> *m* MED cataract; **grauer ~** grey [*or* AM gray] [*or spec* lenticular] cataract; **grüner ~** glaucoma
► WENDUNGEN: **jdm den ~ stechen** (*fam*) to tell sb some home truths *fam*

Star[3] <-s, -s> [ʃtaːɐ, st-] *m* ❶ (*berühmte Person*) star
❷ (*berühmter Vertreter seines Fachs*) leading light

Starallüren *pl* (*pej*) airs and graces *pl pej;* **~ zeigen** [*o* **haben**] to put on airs and graces, to act like a prima donna *pej;* **~ an den Tag legen** to put on [*or* give oneself] airs [and graces] **Staranwalt, -anwältin** [ˈʃtaːɐ, st-] *m, f* star lawyer, legal eagle *fam* **Stararchitekt(in)** *m(f)* (*fam*) leading [*or* top] architect

starb *imp von* **sterben**

Stardirigent(in) *m(f)* (*fam*) leading [*or* star] conductor

stark <stärker, stärkste> **I.** *adj* ❶ (*kräftig*) strong; **~e Muskeln** strong muscles, brawn
❷ (*mächtig*) powerful, strong
❸ (*dick*) thick; **ein ~er Ast** a thick branch, a bough *liter*
❹ (*euph: korpulent*) large, well-built *euph*
❺ (*heftig*) **~er Frost** severe [*or* heavy] frost; **~e Hitze/Kälte** intense [*or* severe] heat/cold; **~e Regenfälle/Schneefälle** heavy rainfall *no pl/* snowfall[s]; **~e Schwüle** oppressive sultriness; **~e Strömung** strong [*or* forceful] current; **~er Sturm** violent storm; ■**~ sein/stärker werden** to be severe/heavy etc./to become [*or* get] severer/heavier etc.
❻ (*erheblich*) **~e Entzündung/Vereiterung** severe inflammation/suppuration; **eine ~e Erkältung** a bad [*or* heavy] cold; **ein ~es Fieber** a bad [*or* high] fever; **eine ~e Grippe/Kolik** a bad case of [the *fam*] flu/colic
❼ (*kräftig*) **~er Applaus** hearty [*or* loud] applause; **ein ~er Aufprall/Schlag/Stoß** a hard [*or* heavy] impact/blow/knock; **~er Druck** high pressure; **ein ~er Erdstoß** a heavy seismic shock; **ein ~es Geräusch** a loud noise; **ein ~er Händedruck** a powerful grip; **ein ~es Rauschen** a [loud] roar[ing]
❽ (*beträchtlich*) intense; **~e Bedenken** considerable reservations; **~e Gefühle** strong [*or* intense] feelings; **~e Krämpfe** bad [*or* severe] cramps; **~e Liebe** deep [*or* profound] love; **~er Schmerz** severe [*or* intense] pain
❾ (*leistungsfähig*) powerful
❿ (*wirksam*) strong; **~e Drogen/~er Schnaps** strong [*or* hard] drugs/schnapps; **~e Medikamente** strong [*or* potent] medicines; ***das ist ~!*** (*fig fam*) that's a bit much! *fam; s. a.* **Stück**
⓫ (*zahlenstark*) large; **120 Mann ~** 120 strong; **120 Mann ~ sein** to be 120 strong, to number 120; **ein 500 Seiten ~es Buch** a book of 500 pages
⓬ (*sl: hervorragend*) great *fam*
II. *adv* ❶ (*heftig*) a lot; **~ regnen/schneien** to rain/snow heavily [*or* a lot]; ***gestern hat es ~ gestürmt*** there was a heavy [*or* violent] storm yesterday
❷ (*beträchtlich*) badly; **~ beschädigt** badly [*or* considerably] damaged
❸ (*erheblich*) severely; **~ bluten** to bleed profusely; **~ erkältet sein** to have a bad [*or* heavy] cold
❹ (*kräftig*) hard; **~ applaudieren** to applaud loudly [*or* heartily]
❺ (*eine große Menge verwendend*) strongly; **~ gewürzt** highly spiced; **zu ~ gesalzen** too salty
❻ (*in höherem Maße*) greatly, a lot; ***die Ausstellung war ~ besucht*** there were a lot of visitors to the exhibition; **sich** *akk* **an etw** *dat* **~ beteiligen** to be heavily involved in sth, to play a big part in sth; **~ gekauft werden** to sell extremely well [*or fam* like hot cakes]; **sich ~ langweilen** to be bored stiff [*or* BRIT rigid] *fam;* **~ übertreiben** to greatly [*or* grossly] exaggerate; **~ vertreten** strongly represented
❼ (*in großem Maßstab*) greatly
❽ (*sl: hervorragend*) great; **sich ~ aufmotzen** (*fam*) to tart [*or* AM do] oneself up *fam,* to get heavily dolled up *fam*
► WENDUNGEN: **sich für jdn/etw ~ machen** (*fam*) to stand up for sb/sth

Starkbier *nt* strong beer

Stärke[1] <-, -n> *f* ❶ (*Kraft*) strength
❷ (*Macht*) power; **militärische ~** military strength [*or* might]
❸ (*Dicke*) thickness
❹ (*zahlenmäßiges Ausmaß*) size; *Armee* strength; *Partei* numbers *pl*
❺ (*Fähigkeit*) **jds ~ sein** to be sb's forte [*or* strong point]

Stärke[2] <-, -n> *f* ❶ CHEM starch, amylum *spec*
❷ (*Wäschestärke*) starch

stärkehaltig *adj* starchy; **~e Pflanzen** plants containing starch

Stärkemehl *nt* thickening agent, ≈ cornflour BRIT, ≈ cornstarch AM

stärken I. *vt* ■**etw ~** ❶ (*kräftigen*) to strengthen sth; **die Konzentrationsfähigkeit ~** to improve concentration; *s. a.* **Rücken**
❷ (*verbessern*) to strengthen [*or* consolidate] sth
❸ (*steif machen*) **ein Hemd ~** to starch a shirt
II. *vi* ■**~d** fortifying, restorative; **~des Mittel** tonic, restorative
III. *vr* ■**sich ~** to take some refreshment

Starkstrom *m* ELEK heavy [*or* power] current; ***„Vorsicht ~!“*** "danger! — high-voltage lines"

Starkstromkabel *nt* power cable **Starkstromleitung** *f* power line

Stärkung <-, -en> *f* ❶ *kein pl* (*das Stärken*) strengthening *no pl,* consolidation *no pl;* **~ der Währungsreserven** ÖKON bolstering of the currency reserves
❷ (*Kräftigung*) refreshment

Stärkungsmittel *nt* tonic, restorative

Starmodell *nt* (*fam*) top model **Staroperation** *f* MED cataract operation [*or* extraction]

starr I. *adj* ❶ (*steif*) rigid
❷ (*erstarrt*) stiff, paralysed; ■**~ vor etw** *dat* paralysed with sth; **~ vor Kälte** numb with cold; **~ vor Schreck** paralysed with fear [*or* terror]; **~ vor Staunen/Verblüffung** dumbfounded, gobsmacked BRIT
❸ (*reglos*) **~e Augen** glassy eyes; **~er Blick** [fixed] stare; **ein ~es Grinsen** a forced grin
❹ (*rigide*) inflexible, rigid; **eine ~e Haltung** an unbending [*or* BRIT *form* intransigent] attitude
II. *adv* ❶ (*bewegungslos*) **jdn/etw ~ ansehen** to stare at sb/sth; **~ lächeln** to force a smile, to give a forced smile
❷ (*rigide*) **~ an etw** *dat* **festhalten** to hold rigidly to sth

Starrachse *f* AUTO rigid axle

Starre <-> *f kein pl* immovability *no pl; Leiche* rigidity *no pl,* stiffness *no pl*

starren *vi* ❶ (*starr blicken*) ■**an/in etw** *akk* **~** to stare at/into sth
❷ (*bedeckt sein*) **von/vor Dreck ~** to be thick [*or* covered] with dirt; **von Waffen ~** to bristle [*or* BRIT be stiff] with weapons

Starrheit <-> *f kein pl* intransigence *no pl form*

Starrkopf *m* pig-headed [*or* obstinate] person;

S

einen ~ haben to be pig-headed **starrköpfig** *adj s.* starrsinnig **Starrkrampf** *m* MED tetanus, lockjaw **Starrsinn** *m* stubbornness *no pl,* pig-headedness *no pl* **starrsinnig** *adj* stubborn, pig-headed

Start <-s, -s> *m* ❶ LUFT take-off; **zum ~ freigeben** to give clearance to start; ***die Maschine kann noch nicht zum ~ freigegeben werden*** the plane cannot be cleared for take-off yet; RAUM lift-off, launch
❷ SPORT start; **am ~ sein** (*von Läufern*) to be on [*or* at] the starting line; (*von Fahrern/Rennwagen*) to be on the starting grid; **fliegender/stehender ~** flying [*or* rolling]/standing start
❸ (*Beginn*) start; *Projekt* launch[ing]; **automatischer ~** TECH auto-start

Startauflage *f kein pl* VERLAG first printing **Startautomatik** *f* AUTO automatic choke **Startbahn** *f* LUFT [take-off] runway **Startbatterie** *f* AUTO start-up battery **startbereit** *adj* ❶ LUFT ready for take-off *pred;* RAUM ready for lift-off *pred* ❷ SPORT ready to start [*or* to go] [*or* BRIT *fam* for the off] *pred* **Startbit** *nt* INFORM start bit [*or* element] **Startblock** *m* SPORT starting block; (*Schwimmen*) starting platform **Startdiskette** *f* INFORM start-up [*or* boot] disk **Startdividende** *f* BÖRSE initial dividend

starten I. *vi sein* ❶ LUFT to take off; RAUM to lift [*or* blast] off, to be launched
❷ SPORT ■**[zu etw]** ~ to start [[on] sth]; ***die Läufer sind gestartet!*** the runners have started [*or* are off]!; ■**für jdn/etw** ~ to participate [*or* take part] for sb/sth
❸ (*beginnen*) to start; *Projekt* to be launched
II. *vt haben* ■**etw** ~ ❶ (*anlassen*) to start sth; **ein Auto** ~ to start a car; **einen Computer** ~ to initialize a computer, to boot [up *sep*] a computer *spec;* **ein Programm** ~ INFORM to start [*or* run] a program
❷ (*abschießen*) to launch sth; **einen Wetterballon** ~ to send up *sep* a weather balloon; *s. a.* **Versuchsballon**
❸ (*beginnen lassen*) to launch [*or* start] sth; **eine Expedition** ~ to get an expedition under way; *s. a.* **Versuch**

Starter <-s, -> *m* AUTO starter, starting motor

Starter(in) <-s, -> *m(f)* SPORT (*Startsignalgeber, Wettkampfteilnehmer*) starter

Starterlaubnis *f* LUFT clearance for take-off; **jdm die ~ erteilen** [*o* **geben**] to clear sb for take-off; **~ haben** to be cleared for take-off **Startflagge** *f* starting flag **Startfreigabe** *f s.* Starterlaubnis **Startgeld** *nt* SPORT (*vom Wettkampfteilnehmer*) entry fee; (*an Sportler gezahlt*) appearance money [*or* fee] **Startgeschwindigkeit** *f* take-off [*or* lift-off] speed **Starthilfe** *f* ❶ (*Zuschuss*) initial aid, start-up grant, pump-priming ❷ AUTO jump-start; **jdm ~ geben** to give sb a jump-start **Starthilfekabel** *nt* jump leads *pl,* jumper cables *pl* AM **Startkapital** *nt* starting [*or* initial] capital, seed money [*or* capital]

startklar *adj s.* **startbereit**

Startkommando *nt* launching command **Startleiste** *f* INFORM task bar **Startleitzentrum** *nt* RAUM ground control **Startlinie** *f* starting line **Startliste** *f* starting list **Startloch** *nt* SPORT starting hole (*used before the advent of starting blocks*) ▶ WENDUNGEN: **schon in den Startlöchern <u>sitzen</u>** [*o* **<u>stehen</u>**] (*fig fam*) to be on one's blocks BRIT, to be ready and waiting **Startnummer** *f* [starting] number **Startphase** *f* start-up phase **Startplattform** *f* RAUM launching platform, launch pad **Startprogramm** *nt* INFORM bootstrap routine **Startrakete** *f* RAUM booster rocket, launch vehicle **Startrampe** *f* RAUM launch[ing] pad **Startschub** *m* RAUM take-off thrust **Startschuss**^RR *m* SPORT starting signal ▶ WENDUNGEN: **den ~ [für etw] <u>geben</u>** (*fig*) to give [sth] the green light [*or* the go-ahead] **Startsignal** *nt* starting signal **Startstrecke** *f* RAUM take-off distance [*or* run] **Startstufe** *f* RAUM launcher stage **Starttriebwerk** *nt* RAUM booster engine

Startup <-s, -s> ['sta:tʌp] *nt* INET, ÖKON start-up

Startupfirma^RR, **Startup-Firma** ['sta:tʌp-] *f* start-up

Startverbot *nt* ❶ SPORT ban; **jdn mit einem ~ belegen** to ban [*or* bar] sb [from the sport]; **jdn mit einem befristeten ~ belegen** to suspend sb [from the sport] ❷ LUFT ban on take-off; **~ haben** to be grounded **Startzeichen** *nt* starting signal **Startzeit** *f* take-off time

Stasi[1] <-> *f kein pl kurz für* **Staatssicherheit(sdienst)** *state security service of the former GDR*

Stasi[2] <-s, -s> *m* (*fam: Angehöriger des Stasi*[1]) state security man

Statement <-s, -s> ['ste:tmənt] *nt* statement

Statik <-, -en> *f* ❶ *kein pl* (*Stabilität*) stability *no pl*
❷ *kein pl* PHYS statics + *sing verb*
❸ (*statische Berechnung*) static [*or* structural] calculation

Statiker(in) <-s, -> *m(f)* TECH structural engineer

Station <-, -en> *f* ❶ (*Haltestelle*) stop
❷ (*Aufenthalt*) stay, stopover; **~ machen** to make a stop, to have a rest; **in einem Rasthaus ~ machen** to stopover [*or* stay] in a motel
❸ (*Klinikabteilung*) ward; **innere ~** medical ward; **auf ~ 1 liegen** to be on ward 1
❹ (*Sender*) station
❺ METEO, MIL, SCI station
❻ REL station [of the cross]

stationär I. *adj* ❶ MED in-patient *attr;* **ein ~er Aufenthalt** a stay in [AM the] hospital; **~e Einweisung** admission to hospital, hospitalization
❷ (*örtlich gebunden*) fixed, stationary; ***unser ~es Labor befindet sich in Hamburg*** our main [*or* permanent] laboratory is in Hamburg
II. *adv* MED in [AM the] hospital; **jdn ~ aufnehmen** [*o* **einweisen**] to admit sb to hospital, to hospitalize sb; **jdn ~ behandeln** to treat sb in hospital, to give sb in-patient treatment

stationieren* *vt* MIL ❶ (*installieren*) ■**jdn/etw irgendwo ~** to station [*or* post] sb/sth somewhere
❷ (*aufstellen*) ■**etw irgendwo ~** to deploy sth somewhere

Stationierung <-, -en> *f* MIL ❶ (*das Installieren*) stationing, posting
❷ (*Aufstellung*) deployment

Stationsarzt, -ärztin *m, f* ward doctor [*or* physician] **Stationsschwester** *f* ward sister BRIT, senior nurse AM **Stationsvorsteher(in)** *m(f)* BAHN stationmaster

statisch *adj* ❶ BAU static; **~e Zeichnung** structural drawing
❷ ELEK static
❸ (*keine Entwicklung aufweisend*) in abeyance *pred,* at a standstill *pred*

Statist(in) <-en, -en> *m(f)* FILM extra; THEAT supernumerary *spec*

Statistik <-, -en> *f* ❶ SCI statistics + *sing verb*
❷ (*statistische Aufstellung*) statistics *pl;* ■**eine ~** a set of statistics; ■**~en** statistics *pl*

Statistiker(in) <-s, -> *m(f)* statistician

Statistin <-, -nen> *f fem form von* **Statist**

statistisch I. *adj* statistical; **~e Berechnung** structural analysis; **~e Daten** statistics + *pl vb;* **~e Erhebung** statistical investigation; **~e Zahlen** statistics
II. *adv* statistically; **etw ~ erfassen** to make a statistical survey of sth, to record the statistics of sth; **~ nicht aufgliederbare Transaktionen** transactions not included in the statistics

Stativ <-s, -e> *nt* tripod

statt I. *präp +gen* ■**~ jds/einer S.** instead of sb/sth, in sb's/sth's place
II. *konj* (*anstatt*) ■**~ etw zu tun** instead of doing sth

Statt <-> *f kein pl* ■**an jds ~** in sb's place [*or geh* stead]; *s. a.* **Eid, Kind**

stattdessen^RR *adv* instead; ***der Film läuft nicht mehr — wollen wir ~ in den anderen?*** the film isn't showing anymore — shall we see the other one instead?

Stätte <-, -n> *f* (*geh*) place

statt|finden *vi irreg* ❶ (*abgehalten werden*) to take place; *Veranstaltung a.* to be held ❷ (*sich ereignen*) to take place, to happen **statt|geben** *vi irreg* (*geh*) ■**etw** *dat* ~ to grant sth; **einem Antrag/Einspruch ~/nicht ~** to sustain/overrule a motion/an objection; **einer Beschwerde ~** to allow [*or* grant] an appeal

statthaft *adj pred* ■**~ sein** to be allowed [*or* permitted] **Statthalter(in)** *m(f)* HIST governor

stattlich *adj* ❶ (*imposant*) imposing; **ein ~er Bursche** a strapping [*or* powerfully built] young man; **ein ~es Gebäude** a stately [*or* an imposing] [*or* a magnificent] building; **ein ~es Auto/Tier** a magnificent [*or* splendid] car/animal; **ein ~er Fisch** a whopper *fam;* ***ist er nicht ~?*** isn't he a hunk? *fam*
❷ (*beträchtlich*) handsome, considerable; **eine ~e Größe** a considerable height

Statue <-, -n> ['ʃta:tuə, 'st-] *f* statue; (*kleiner*) statuette

Statuengruppe *f* group of statues

statuieren* *vt* (*geh*) **aus etw ein Exempel ~** to make an example out of sth

Statur <-, -en> *f* (*geh*) build, physique; **von imposanter/kräftiger ~ sein** to be of imposing/powerful stature

Status <-, -> *m* ❶ (*Stellung*) status, position; **~ quo/~ quo ante** status quo/status quo ante
❷ JUR status
❸ MED state, status
❹ INFORM state; **aktiver ~** active state

Statussymbol *nt* status symbol **Statuszeile** *f* INFORM status line

Statut <-[e]s, -en> *nt meist pl* statute; *Verein a.* standing rules *pl;* ■**die ~en aufstellen** to draw up the statutes/standing rules

Statutenwechsel *m* JUR change of jurisdiction

Stau <-[e]s, -e *o* -s> *m* ❶ (*Verkehrsstau*) traffic jam, congestion; **ein ~ von 10 km** a 10 km tailback BRIT [*or* AM traffic jam]
❷ (*von beweglichen Massen*) build-up

Staub <-[e]s, -e *o* Stäube> *m* ❶ *kein pl* (*Dreck*) dust *no pl, no indef art;* **~ saugen** to vacuum, to hoover BRIT; **~ wischen** to dust; **zu ~ werden** [*o* **zerfallen**] (*geh*) to turn to dust; *Mumie, archäologische Fundstücke* to crumble into dust
❷ *meist pl* SCI dust *no pl*
▶ WENDUNGEN: **den ~ [eines Ortes/Landes] von den <u>Füßen</u> schütteln** to shake the dust [of a place/country] off one's feet; **~ <u>aufwirbeln</u>** (*fam*) to kick up a lot of dust; (*in der Öffentlichkeit*) to make [*or* create] a [big] stir; **vor jdm im ~e <u>kriechen</u>** (*veraltet*) to grovel before sb [*or* at sb's feet]; **sich aus dem ~[e] <u>machen</u>** (*fam*) to clear [*or* make] off *fam;* **sich vor jdm in den ~ <u>werfen</u>** (*veraltet*) to throw oneself at sb's feet

Staubblatt *nt* BOT stamen, stamina **Staubblüte** *f* BOT androecium **Staubbecken** *nt* [catchment [*or* storage] *spec*] reservoir [*or* AM basin]

stauben *vi impers* (*Staub aufwirbeln*) **bei etw** *dat* **staubt es sehr** sth makes a lot of dust
▶ WENDUNGEN: **pass auf, <u>sonst</u> staubt's!** watch it, or there'll be trouble!

stäuben *vt* ■**etw auf/über etw** *akk* ~ to sprinkle sth on/over sth; **Mehl/Puderzucker auf/über etw** *akk* ~ to dust sth with flour/icing sugar

Staubfaden *m* BOT filament **Staubfänger** <-s, -> *m* (*pej*) dust collector **Staubflocke** *f* piece of fluff, fluff *no indef art, no pl* **Staubgefäß** *nt* BOT stamen

staubig *adj* dusty; ■**~ sein/werden** to be/get dusty

Staubkorn <-körner> *nt* speck [*or liter* mote] of dust, dust particle **Staublunge** *f* MED black lung, pneumo[no]coniosis *spec* **Staubpartikel** *f meist pl* dust particle **staubsaugen** <*pp* staubgesaugt>, **Staub saugen** <*pp* Staub gesaugt>
I. *vi* to vacuum, to hoover BRIT
II. *vt* ■**etw** ~ to vacuum [*or* BRIT hoover] sth

Staubsauger *m* vacuum [cleaner], hoover BRIT, vac BRIT *fam* **Staubscheibe** *f* ASTRON dust disk **Staubschicht** *f* layer of dust **Staubschweif** *m* ASTRON *eines Kometen* dust tail

staubtrocken *adj* (*überaus trocken*) as dry as a

bone; *Lack* touch-dry **Staubtuch** *nt* duster, dust cloth **Staubwand** *f* BAU dust partition **Staubwolke** *f* cloud of dust **Staubzucker** *m* icing sugar, confectioner's sugar AM

stauchen *vt* ❶ (*zusammendrücken*) ■**etw** ~ to compress sth; TECH *Metall* to upset sth
❷ (*verstauchen*) ■[**sich** *dat*] **etw** ~ to sprain one's sth
❸ (*fam: zusammen~*) ■**jdn** ~ to tear sb off a strip *fam*

Staudamm *m* dam

Staude <-, -n> *f* HORT perennial [plant]; **winterharte** ~ hardy perennial

Staudensellerie *m kein pl* celery *no pl, no indef art*

stauen I. *vt* ■**etw** ~ ❶ BAU to dam [up *sep*] sth; **einen Fluss** ~ to dam [up] a river
❷ NAUT to stow sth
II. *vr* ❶ (*sich anstauen*) ■**sich** *akk* [**in/hinter etw** *dat*] ~ to collect [*or* accumulate] [in/behind sth]; (*von Wasser a.*) to rise [in/behind sth]
❷ (*Schlange bilden*) ■**sich** *akk* [**vor etw** *dat*] ~ to pile up [*or* become congested] [at [the site of] sth]; ***vor der Unfallstelle stauten sich die Fahrzeuge auf eine Länge von acht Kilometern*** the accident caused an 8 km tailback

Staufach *nt* storage compartment

Staugefahr *f* risk of congestion; **„~"** "delays likely" **staugeplagt** *adj* TRANSP prone to tailbacks [*or* traffic jams] **Staumauer** *f* dam wall **Staumeldung** *f* traffic news + *sing vb,* traffic jam information [*or* report]

staunen *vi* ■[**über jdn/etw**] ~ to be astonished [*or* amazed] [at sb/sth]; (*mit Bewunderung a.*) to marvel at sb/sth; **mit offenem Mund** ~ to gape in astonishment [*or* amazement]; ■~, **dass ...** to be astonished [*or* amazed] that ...; (*mit Bewunderung a.*) to marvel that ...; ■~, **wie jd etw tut** to be astonished [*or* amazed]/to marvel at sb's ability to do sth; **da staunst du, was?** (*fam*) you weren't expecting that, were you?, that's shocked you, hasn't it?; *s. a.* **Bauklotz**

Staunen <-s> *nt kein pl* astonishment *no pl,* amazement *no pl;* **jdn in ~ versetzen**[, **dass/wie ...**] to astonish [*or* amaze] sb [that/how ...], to fill sb with astonishment [*or* amazement]; **voller** ~ struck [dumb] with astonishment [*or* amazement]

Staupe[1] <-, -n> *f* (*Hundekrankheit*) distemper *no pl, no art*

Staupe[2] <-, -n> *f* HIST (*öffentliche Züchtigung*) public beating [*or* birching/caning]

Stauraum *m* TRANSP, NAUT cargo space, storage capacity; NAUT stowage, stow space **Stausee** *m* reservoir, artificial lake

Stauung <-, -en> *f* ❶ (*Verkehrsstau*) traffic jam, congestion *no indef art, no pl;* **eine lange** ~ a long tailback [*or* AM traffic jam]
❷ *kein pl* (*das Anstauen*) build-up
❸ MED congestion *no pl,* engorgement, stasis *spec*

Std. *f Abk von* **Stunde** hr[.]

Steak <-s, -s> [ste:k, ʃte:k] *nt* steak

Steakmesser *nt* steak knife

Stearin <-s, -e> *nt* stearin

Stechapfel *m* BOT thorn apple, AM *a.* jimson weed **Stechbecken** *nt* MED (*veraltet*) bedpan **Stechbeitel** *m* firmer chisel

stechen <sticht, stach, gestochen> **I.** *vi* ❶ (*pieksen*) to prick; *Werkzeug* to be sharp
❷ (*von Insekten*) to sting; *Mücken, Moskitos* to bite
❸ (*mit spitzem Gegenstand eindringen*) ■[**mit etw** *dat*] **durch/in etw** *akk* ~ to stick sth through/into sth
❹ (*brennen*) **auf der Haut/in den Augen/in der Nase** ~ to sting one's skin/eyes/nose; ***die Sonne sticht in den Augen*** the sun hurts one's eyes
❺ KARTEN ■[**mit etw**] ~ to take the trick [with sth]; **mit einem Trumpf** ~ to trump
❻ (*spielen*) **ins Gelbliche** ~ *Farbe* to have a yellowish tinge [*or* tinge of yellow]
II. *vt* ❶ (*durch etwas Spitzes verletzen*) ■**jdn** [**mit etw**] ~ to stab sb [with sth]
❷ (*pieksen*) ■**jdn** ~ to prick sb; ■**sich** *akk* **in etw** *akk* ~ to prick one's sth
❸ (*von Insekt*) ■**jdn/ein Tier** ~ to sting sb/an animal; (*von Mücken, Moskitos*) to bite sb/an animal
❹ KARTEN ■**etw** [**mit etw**] ~ to take sth [with sth]
❺ (*gravieren*) ■**etw** [**in etw** *akk*] ~ to engrave sth [in sth]; **wie gestochen** very easy to read; **wie gestochen schreiben** to write a clear hand; *s. a.* **Auge, Spargel, Torf**
III. *vr* ■**sich** *akk* [**an etw** *dat*] ~ to prick oneself [on sth]
IV. *vi impers* **es sticht** [**jdm** [*o* **jdn**]] **in der Seite** sb has a sharp [*or* stabbing] pain in his/her side

Stechen <-s, -> *nt* ❶ (*stechender Schmerz*) sharp [*or* stabbing] pain, stitch
❷ (*beim Reiten*) jump-off

stechend *adj* ❶ (*scharf*) sharp, stabbing
❷ (*durchdringend*) piercing, penetrating
❸ (*beißend*) acrid; **ein ~er Geruch** an acrid [*or* a pungent] smell

Stechginster *m* BOT gorse, furze **Stechhygrometer** *nt* TYPO sword-type hygrometer **Stechkarte** *f* time [*or* BRIT clocking] card **Stechmücke** *f* gnat, midge; ([*sub*]*tropisch*) mosquito **Stechpalme** *f* holly, ilex *spec* **Stechuhr** *f* time clock, telltale BRIT **Stechzirkel** *m* pair of dividers, dividers *pl*

Steckbrief *m* "wanted" poster **steckbrieflich** *adv* ~ **gesucht werden** to be wanted [by the police], to be on the wanted list; **jdn ~ verfolgen** to put up "wanted" posters of sb **Steckdose** *f* [wall] socket, power point, electrical outlet AM **Steckdosenschutz** *m* safety socket cover **Steckeinheit** *f* TECH plug-in unit **Steckeisen** *nt* BAU iron dowel

stecken I. *vi* <steckte *o geh* stak, gesteckt> ❶ (*festsitzen*) ■[**in etw** *dat*] ~ *Dorn, Splitter* to be [sticking] in sth; ■**zwischen/in etw** *dat* ~ to be stuck between/in sth; [**in etw** *dat*] ~ **bleiben** to be stuck [fast]/to get stuck [in sth]
❷ (*eingesteckt sein*) ■**hinter/in/zwischen etw** *dat* ~ to be behind/in/among sth; ***der Schlüssel steckt im Schloss*** the key is in the lock; [**in etw** *dat*] ~ **bleiben** to stick in sth; *Kugel* to lodge [*or* be lodged] in sth; ■**etw** [**in etw** *dat*] ~ **lassen** to leave sth [in sth]; **den Schlüssel ~ lassen** to leave the key in the lock; ***lass*** [***dein Geld***] ***~!*** leave your money where it is [*or* in your pocket]!, let me pay for this; ***lass ~!*** leave your money where it is [*or* in your pocket]!, let me pay for this
❸ (*verborgen sein*) ■[**in etw** *dat*] ~ to be [in sth]; (*von Kindern a.*) to be hiding [in sth]; ■**hinter etw** *dat* ~ (*verantwortlich für etw sein*) to be behind [*or* at the bottom of] sth
❹ (*verwickelt sein in*) [**tief**] **in der Arbeit** ~ to be bogged down in [one's] work; **in einer Krise** ~ to be in the throes of a crisis; **in der Scheiße** ~ (*sl*) to be in the shit BRIT *sl,* to be up shit creek [AM without a paddle] *hum sl;* **in Schwierigkeiten/**[**tief**] **in Ärger** ~ to be in difficulties/in [deep] trouble
❺ (*stocken*) [**in etw** *dat*] ~ **bleiben** to falter [in sth]; **in einem Gedicht ~ bleiben** to get stuck in [reciting] a poem; *s. a.* **Hals**
II. *vt* <steckte, gesteckt> ❶ (*schieben*) ■**etw hinter/in/unter etw** *akk* ~ to put sth behind/in[to]/under sth; **ein Abzeichen an den Kragen** ~ to pin a badge to one's collar; **einen Brief unter die Tür/einen Zehnmarkschein in die Tasche** ~ to slip a letter under the door/a 10 mark note into one's pocket; **sich** *dat* **einen Ring an den Finger** ~ to slip a ring on one's finger, to slip [*or* put] on a ring *sep;* ***das kannst du dir irgendwohin ~!*** (*fam*) you can stick that where the sun don't shine! *pej fam*
❷ (*fam: befördern*) ■**jdn in etw** *akk* ~ to put [*or fam* stick] sb in sth; **jdn ins Bett** ~ to put sb to bed *fam;* **jdn ins Gefängnis** ~ to stick sb in prison *fam,* to put sb away [*or* inside] *fam*
❸ (*von Kleidungsstück*) ■**etw** ~ to pin sth [together]; **den Saum** ~ to pin up the hem *sep*
❹ (*fam: investieren*) ■**etw in etw** *akk* ~ to put sth into sth; **viel Zeit in etw** *akk* ~ to devote a lot of time to sth
❺ (*sl: verraten*) ■**jdm etw** ~ to tell sb sth; ■**jdm ~, dass ...** to tell sb that ...

Stecken <-s, -> *m* DIAL, SCHWEIZ stick; (*flexibler a.*) switch

Steckenpferd *nt* (*fig a.*) hobby horse, hobby

Stecker <-s, -> *m* plug; **den ~ herausziehen** to unplug; **einheitlicher** ~ standard plug

Steckerbuchse *f* socket **steckerkompatibel** *adj* plug-to-plug compatible

Steckkarte *f* INFORM pluggable board, adapter card

Steckkontakt *m* ELEK plug

Steckling <-s, -e> *m* HORT cutting

Steckmodul *nt* INFORM pluggable module **Stecknadel** *f* pin ▶ WENDUNGEN: **eine ~ im Heuhaufen suchen** to look for a needle in a haystack **Steckplatz** *m* INFORM slot; **freier** ~ empty slot **Steckrübe** *f* BOT DIAL swede, rutabaga AM **Steckschlüssel** *m* box [*or* BRIT socket] spanner [*or* AM wrench] **Steckschuss**[RR] *m* **ein ~ im Kopf** a bullet [lodged] in the/one's head **Steckverbindung** *f* TECH plug socket

Steeldrum <-, -s> [sti:ldrʌm] *f* MUS steel drum

Steg <-[e]s, -e> *m* ❶ (*schmale Holzbrücke*) footbridge
❷ (*Boots~*) landing stage, jetty
❸ MUS bridge, chevalet *spec*
❹ (*Brillen~*) bridge, nosepiece
❺ *an Hosen* foot strap

Steghose *f* stirrup pants *npl*

Stegreif *m* ■**etw aus dem ~ tun** to do sth off the cuff [*or* just like that]; **eine Rede aus dem ~ halten** to make an impromptu [*or* off-the-cuff] [*or* ad-lib] speech

Stegspangenschuh *m* T-strap shoe

Stehaufmännchen *nt* ❶ (*Spielzeug*) tumbler
❷ (*Mensch, der sich immer wieder erholt*) somebody who always bounces back; ***er ist ein richtiges ~*** he always bounces back

Stehbildkamera *f* stills camera **Stehbordkragen** *m* stand-up collar **Stehbündchen** *nt* turtleneck; **Pullover mit** ~ turtleneck [sweater] **Stehcafé** *nt* stand-up cafe

stehen <stand, gestanden>

I. INTRANSITIVES VERB **II.** REFLEXIVES VERB
III. UNPERSÖNLICHES INTRANSITIVES VERB

I. INTRANSITIVES VERB

haben o SÜDD, ÖSTERR, SCHWEIZ *sein* ❶ (*in aufrechter Stellung sein*) ■[**in/auf etw** *dat*] ~ (*von Menschen*) to stand [in/on sth]; (*warten a.*) to wait [in/on sth]; (*ungeduldig*) to stand around [in/on sth]; (*von länglichen Gegenständen a.*) to be [placed] upright; **einen ~ haben** (*sl*) to have a hard-on *sl*
❷ (*hingestellt sein*) ■[**hinter/in etw** *dat*] ~ to be [behind/in sth]; (*von Auto a.*) to be parked [behind/in sth]; ~ **bleiben** to be left [behind]; **etw** [**in etw** *dat*] ~ **lassen** to leave sth [in sth]; (*nicht anfassen*) to leave sth where it is; (*vergessen*) to leave sth behind [in sth]; **alles ~ und liegen lassen** to drop everything
❸ (*gedruckt sein*) ■[**auf/in etw** *dat*] ~ to be [on/in sth]; ***wo steht das?*** where does it say that?; (*fig*) who says so?; ***was steht in der Zeitung/seinem Brief?*** what does the paper/his letter say?, what does it say in the paper/his letter?; ***das steht bei Goethe*** that comes from Goethe; ***in der Bibel steht,*** [***dass***] ... it is written [in the Bible] [*or* it says in the Bible] that ...; **im Gesetz** ~ to be [embodied in *form*] the law; ~ **bleiben** to be left [in]
❹ (*nicht mehr in Betrieb sein*) to have stopped; (*von Fließband, Maschine a.*) to be at a standstill; **zum S~ kommen** to come to a stop
❺ (*geparkt haben*) ■**auf/in etw** *dat* ~ to be parked on/in sth; (*von Fahrer*) to have parked on/in sth; ~ **bleiben** to stop; *Kraftfahrzeug, Zug a.* to come to a stop [*or* halt] [*or* standstill]; ***in welcher Zeile waren wir ~ geblieben?*** where did we get to [in the book]?, where did I/we stop reading?

S

❻ *(nicht verzehren)* ~ **bleiben** to be left untouched; **etw ~ lassen** to leave sth untouched
❼ *(von etw betroffen sein)* **unter Alkohol/Drogen** ~ to be under the influence of alcohol/drugs; **unter Schock** ~ to be in a state of shock; **unter der Wirkung einer schlimmen Nachricht** ~ to be suffering from [the effects of] bad news
❽ LING *(verbunden werden)* ■ **mit etw** ~ to take [*or spec* govern] sth; **mit dem Dativ** ~ to be followed by [*or* to take] the dative; ■ **in etw** *dat* ~ to be in sth
❾ *(passen zu)* **jdm [gut/nicht]** ~ to suit sb [well] [*or form* to become sb]/to not suit [*or form* become] sb
❿ *(geahndet werden)* ***auf Mord steht Gefängnis*** the penalty for murder is imprisonment, murder is punishable by imprisonment
⓫ *(ausgesetzt sein)* ***auf die Ergreifung der Terroristen steht eine Belohnung*** there is a reward [*or* a reward has been offered] for the capture of the terrorists
⓬ *(einen bestimmten Spielstand haben)* ***wie steht das Spiel?*** what's the score?
⓭ *(einen bestimmten Wechselkurs haben)* ■ **bei etw** ~ to be [*or* stand] at sth; ***wie steht das Pfund?*** how does the pound stand?, what's the rate for the pound?, how's the pound doing? *fam;* **besser/sehr tief** ~ to be stronger/very low [*or* down a lot]
⓮ *(allein lassen)* **jdn** ~ **lassen** to leave sb [alone]; **jdn einfach** ~ **lassen** to walk off and leave sb, to leave sb standing [there], to walk out on sb
⓯ *(fam: fest sein)* to be [*or* have been] finally settled; ***die Mannschaft steht noch nicht*** the team hasn't been picked [*or* selected] yet; *(fertig sein)* to be ready
⓰ *(an etw festhalten)* ■ **zu etw** ~ to stand by sth; **zu einer Abmachung** ~ to stand by [*or* keep to] an agreement; **zu seinem Versprechen** ~ to stand by [*or* keep] one's promise
⓱ *(zu jdm halten)* ■ **zu jdm** ~ to stand [*or fam* stick] by sb
⓲ *(stellvertretend eingesetzt sein)* ■ **für etw** ~ to stand for sth
⓳ *(eingestellt sein)* ***wie ~ Sie dazu?*** what are your views on [*or* what is your opinion on [*or* of]] it?; **negativ/positiv zu etw** ~ to have a negative/positive opinion [*or* view] of sth
⓴ *(unterstützen)* ■ **hinter jdm/etw** ~ to be behind sb/sth
㉑ *(anzeigen)* ■ **auf etw** *dat* ~ to be at sth; *(von Nadel a.)* to point to sth; **im roten Bereich** ~ to be in the red; ***die Ampel steht auf Rot*** the traffic light is red
㉒ *(sl: gut finden)* ■ **auf jdn/etw** ~ to be mad [*or* crazy] about sb/sth *fam;* ***stehst du auf Techno?*** are you into techno? *sl*
► WENDUNGEN: **mit jdm/etw ~ und fallen** to depend on sb/sth; **jdm steht etw bis hier/oben/zum Hals[e]** *(fam)* sb has a surfeit of sth, sb is fed up with sth *fam;* ***es steht mir bis hier/oben/zum Hals*** I'm fed up [to the back teeth] with it; ***die Schulden ~ ihr bis zum Hals*** she's up to her neck in debt *fam*

II. REFLEXIVES VERB

❶ *(gestellt sein)* **sich besser/gut/schlecht [bei etw]** ~ to be better/well off/badly off [with sth]
❷ *(auskommen)* ■ **sich gut/schlecht mit jdm** ~ to get on [well]/badly with sb

III. UNPERSÖNLICHES INTRANSITIVES VERB

❶ *(sich darstellen)* ***es steht gut/schlecht*** it's looking good/bad; ***die Dinge ~ nicht gut*** things are looking bad; ***wie steht es bei euch?*** how are things with you?
❷ *(bestellt sein)* **es steht gut/schlecht um jdn/etw** things look [*or* it looks] good/bad for sb/sth, sb/sth is doing well/badly; *(gesundheitlich)* sb is doing well/badly; ***wie steht es um deine Gesundheit?*** how are you feeling?, how is your health?; **es steht mit jdm/etw gut/schlecht** sb/sth is faring well/badly; ***[wie geht's,] wie steht's?*** [how are you,] how are [*or* how's] things [*or* how's life]? *fam*
❸ *(geh)* **es steht zu befürchten/erwarten, dass ...** it is to be feared/expected that ...

Stehen <-s> *nt kein pl* ■ **das** ~ standing; **gerades** [*o* **aufrechtes**] ~ standing upright; **etw im ~ tun** to do sth standing up; **im ~ essen** to have a stand-up meal, to eat standing up

stehend *adj attr* stagnant; **~es Gewässer** stretch of standing [*or* stagnant] water

Steherrennen *nt* *(Rad- und Motorradsport)* motor-paced race

Stehgeiger(in) *m(f)* cafe violinist **Stehkneipe** *f* stand-up bar **Stehkragen** *m* stand-up collar, choker *fam* **Stehlampe** *f* floor [*or* standard] lamp **Stehleiter** *f* stepladder

stehlen <stahl, gestohlen> **I.** *vt* ■ **[jdm] etw** ~ to steal [*or hum* purloin] [sb's] sth
► WENDUNGEN: **jdm die Zeit** ~ to take up [*or* waste] sb's time; **dem lieben Gott die Zeit** ~ to laze the time away; **das/er/sie usw. kann mir gestohlen bleiben!** *(fam)* to hell with it/him/her etc.! *fam,* he/she etc. can go take a running jump! *fam;* **woher nehmen und nicht ~?** *(hum)* where on earth am I going to find that/them etc.?
II. *vi* to steal; ***es wird dort viel gestohlen*** there's a lot of stealing there; ■ **das S~** stealing
III. *vr* ❶ *(sich heimlich schleichen)* ■ **sich** *akk* **von etw** *dat* ~ to steal [*or* sneak] away from sth
❷ *(sich drücken vor)* ■ **sich** *akk* **aus etw** ~ to sneak out of sth

Stehmontage *f* TYPO assembly for reuse, standing forme [*or* AM form] **Stehplatz** *m* **24 Stehplätze** standing room for 24; ***es gab nur noch Stehplätze*** there was standing room only; ***ich bekam nur noch einen*** ~ I had to stand **Stehpult** *nt* high desk **Stehsatzverwaltung** *f* TYPO long-term data management **Stehvermögen** *nt kein pl* staying power *no pl, no indef art,* stamina *no pl, no indef art;* **[großes]** ~ **haben** to have [a lot of] staying power [*or* stamina]

Steiermark <-> *f* ■ **die** ~ Styria

steif *adj* ❶ *(starr)* stiff; **ein ~er Kragen** a stiff collar; ~ **vor Kälte** stiff [*or* numb] with cold; ~ **wie ein Brett** as stiff as a board
❷ *(schwer beweglich)* stiff; **ein ~es Bein** a stiff leg; **einen ~en Hals haben** to have a stiff neck; ■ ~ **sein/werden** to be/grow stiff; **sich ~ machen** to go rigid, to lock one's muscles
❸ *(förmlich)* stiff, starchy BRIT *pej fam;* **ein ~er Empfang/eine ~e Begrüßung** a [rather] formal [*or pej fam* starchy] reception/greeting
❹ *(erigiert)* erect; **ein ~er Penis** an erect [*or* a hard] [*or* a stiff] penis, an erection; ■ ~ **sein/werden** to be/become erect
❺ *(fam: alkoholische Getränke)* stiff; **ein ~er Grog** a tot [*or* AM shot] of strong grog, a stiff tot of grog
❻ NAUT **ein ~es Boot** a stiff boat; **eine ~e Brise/See** a stiff breeze/heavy sea
► WENDUNGEN: **die Ohren** [*o* **den Nacken**] ~ **halten** to keep one's chin up; ~ **und fest** obstinately, stubbornly, categorically; **sich ~ und fest einbilden, dass ...** to have got it into one's head that ...

steifen *vt* ■ **etw** ~ to stiffen sth; *Wäsche* to starch sth

Steifheit <-> *f kein pl* ❶ *(Festigkeit)* stiffness *no pl,* hardness *no pl,* erectness *no pl*
❷ *(körperliche Unbeweglichkeit)* stiffness *no pl*
❸ *(fig: geistige Unbeweglichkeit)* stiffness *no pl,* starchiness *no pl*
❹ *(fig: Förmlichkeit)* stiffness *no pl,* formality

Steigbügel *m* stirrup; MED *a.* stapes *spec* **Steigbügelhalter(in)** *m(f)* *(pej)* backer, supporter; **jds ~ sein** to help sb [to] come to power

Steige <-, -n> *f* DIAL ❶ *(steile Straße)* steep track
❷ *s.* **Stiege**

Steigeisen *nt* ❶ *(für Schuhe)* climbing iron; *(Bergsteigen)* crampon
❷ *(an Mauern)* step iron, rung [set into a wall]

steigen <stieg, gestiegen> **I.** *vi sein* ❶ *(klettern)* to climb; **durchs Fenster** ~ to climb through the window; ■ **auf etw** *akk* ~ to climb [up] sth
❷ *(be~)* ■ **auf etw** *akk* ~ to get on[to] sth; **auf ein Pferd/aufs Fahrrad** ~ to get on[to] [*or* to mount] a horse/to get on one's bike
❸ *(ein~)* ■ **in etw** *akk* ~ to get [*or* step] into sth; **in einen Zug** ~ to get on [*or* board] a train, to entrain *liter*
❹ *(aus~)* ■ **aus etw** ~ to get [*or* step] out of sth; **aus dem Bett** ~ to get out of bed; **aus einem Bus** ~ to get off [*or* BRIT *form* alight from] a bus; **aus einem Zug** ~ to get off [*or form* alight from] a train, to detrain *liter*
❺ *(ab~)* ■ **von etw** ~ to get off sth; **vom Fahrrad** ~ to get off one's bike; **von einer Leiter** ~ to come down off a ladder; **von einem Pferd** ~ to get off a horse, to dismount
❻ *(sich aufwärts bewegen)* to rise [up]; ***die Tränen stiegen ihr in die Augen*** her eyes welled up with tears; ***das Blut stieg ihm ins Gesicht*** the blood rushed to his face, he blushed; ***der Sekt ist mir zu Kopf gestiegen*** the sekt has gone to my head; **in die Luft** ~ to rise [*or* soar] into the air; *Flugzeug* to climb [into the air]; *Nebel* to lift; ■ **etw ~ lassen** to fly sth; **Drachen/Luftballons ~ lassen** to fly kites [*or* go kite-flying]/to release balloons into the air
❼ *(fam: sich begeben)* ■ **in etw** *akk* ~ to get into sth; **ins Examen** ~ to take one's exam
❽ *(sich erhöhen)* ■ **[auf etw** *akk***/um etw** *akk***]** ~ *Achtung* to rise [to/by sth]; *Einkommen* to mount [to/by sth]; *Ergebnisse* to grow [to/by sth]; *Flut* to swell [*or* rise] [to/by sth]; *Preis, Wert* to increase [*or* rise] [to/by sth]; *Temperatur a.* to climb [to/by sth]; **weiter** ~ to continue to rise; **das S~ und Sinken der Kurse** the rise and fall of prices [*or* rates]
❾ *(sich intensivieren)* to increase, to grow; *(von Spannung, Ungeduld, Unruhe a.)* to mount
❿ *(fam: stattfinden)* ■ **[bei jdm]** ~ to be [*or fam* go down] [at sb's place]; ***heute Abend steigt das Fest des Sportvereins*** the sport club's having a party tonight
II. *vt sein* ■ **Treppen/Stufen** ~ to climb [up] stairs/steps

steigend *adj inv* ❶ *Preise, Löhne* rising, increasing, escalating
❷ *Spannung, Ungeduld* rising, increasing, mounting, escalating
❸ *Straße* climbing, rising

Steiger <-s, -> *m* BERGB pit foreman, overman

steigern **I.** *vt* ❶ *(erhöhen, verstärken)* ■ **etw [auf etw** *akk***/um etw** *akk***]** ~ to increase sth [to/by sth]; **die Geschwindigkeit** ~ to increase speed, to accelerate; **die Produktion** ~ to increase [*or sep* step up] production
❷ *(verbessern)* ■ **etw** ~ to add to [*or* improve] sth; **die Qualität** ~ to improve [*or* enhance] the quality
❸ LING ■ **etw** ~ to compare sth, to form the comparative of sth
II. *vr* ❶ *(sich erhöhen)* ■ **sich** *akk* **[auf etw** *akk***/um etw** *akk***]** ~ to increase [*or* rise] [to/by sth]
❷ *(sich intensivieren)* ■ **sich** ~ to increase, to grow; *a. Spannung, Ungeduld, Unruhe, Wind* to mount; **gesteigertes Interesse/Misstrauen** great interest/deep[ening] mistrust
❸ *(seine Leistung verbessern)* ■ **sich** ~ to improve
❹ *(sich hineinsteigern)* ■ **sich** *akk* **in etw** *akk* ~ to work oneself [up] into sth; **sich in Wut** ~ to work oneself [up] into a rage

Steigerung <-, -en> *f* ❶ *(Erhöhung)* increase (+*gen* in), rise (+*gen* in); **eine ~ der Beschleunigung** an increase in [the] acceleration
❷ *(Verbesserung)* improvement (+*gen* to)
❸ LING comparative/superlative
❹ HANDEL run-up; ~ **der Einfuhren** ÖKON increase in imports; **eine ~ um 5 % gegenüber dem Vorjahr** a 5 % improvement over last year

Steigerungsform *f* LING comparative/superlative form **Steigerungsrate** *f* rate of increase

Steigflug *m* LUFT climb, ascent; **in den ~ übergehen** to go into a climb

Steigung <-, -en> *f* ❶ *(ansteigende Strecke)* ascent, acclivity *spec*

❷ (*Anstieg*) slope; **eine ~ von 10 %** a gradient of one in ten [*or* of 10 %]

steil I. *adj* ❶ (*stark abfallend*) steep; **~e Klippen** steep [*or* precipitous] [*or* sheer] cliffs; **ein ~es Ufer** a steep bank, a bluff

❷ (*eine starke Steigung aufweisend*) steep; ■ **~ sein/~er werden** to be steep/to become [*or* get] steeper

❸ (*sehr rasch*) rapid; **ein ~er Aufstieg** a rapid [*or* meteoric] rise

❹ SPORT **ein ~er Pass/eine ~e Vorlage** a through ball [*or* pass]

II. *adv* steeply, precipitously; **sich ~ aufrichten** to stand up to one's full height

Steilhang *m* steep slope; (*von Klippe a.*) precipice **Steilheck** *nt* hatchback **Steilheit** <-> *f kein pl* steepness **Steilküste** *f* steep coast, bluff **Steilpass**RR *m* through ball [*or* pass] **Steilufer** *nt* steep bank **Steilwand** *f* steep face, precipice

Stein <-[e]s, -e> *m* ❶ (*Gesteinsstück*) stone, rock AM; (*größer*) rock; **mit ~en gepflastert** paved with stone

❷ *kein pl* (*Natur~*) stone *no pl;* (*~schicht in der Erde*) rock *no pl;* **zu ~ erstarren/werden** to turn to stone, to petrify *spec*

❸ (*Bau~*) stone; **ein Haus aus ~** a house [made] of stone, a stone house; (*Ziegel~*) brick; (*Pflaster~*) paving stone, flag[stone]; (*Kopf~pflaster*) cobblestone

❹ (*Grab~*) gravestone

❺ (*Edel~*) [precious] stone, jewel; (*Diamant a.*) rock AM *fam;* (*in Uhr*) jewel; **imitierte/unechte ~e** paste [jewellery [*or* AM jewelry]] + *sing verb*

❻ (*Obstkern*) stone

❼ (*Spiel~*) piece, counter

❽ MED stone, calculus *spec*

► WENDUNGEN: **der/ein ~ des Anstoßes** (*geh*) the/a thorn in sb's eye; (*umstritten*) the/a bone of contention; (*in Vertrag a.*) the/a stumbling block; **es friert ~ und Bein** (*fam*) it's freezing cold, it's brass monkey weather BRIT *sl;* **~ und Bein schwören, etw getan zu haben** (*fam*) to swear by all that's holy [*or fam* all the gods] that one did sth; **bei jdm einen ~ im Brett haben** (*fam*) to be well in with sb *fam;* **mir fällt ein ~ vom Herzen!** that's [taken] a load off my mind!; **es fällt dir kein ~ aus der Krone!** it won't hurt [*or* kill] you!; **den/einen ~ ins Rollen bringen** (*fam*) to start [*or* set] the ball rolling; **jdm ~e in den Weg legen** to put a spoke in sb's wheel BRIT, to put obstacles in sb's way; **jdm alle ~e aus dem Weg räumen** to remove all obstacles from sb's path, to smooth sb's path, to pave the way for sb; **keinen ~ auf dem anderen lassen** to leave no stone standing; ***es blieb kein ~ auf dem anderen*** there wasn't a stone left standing; **wie ein ~ schlafen** (*fam*) to sleep like a log *fam*

Steinadler *m* golden eagle **steinalt** *adj* ancient, as old as Methuselah *pred hum;* ■ **~ sein/werden** to be/become [*or* grow] as old as Methuselah *hum* **Steinbock** *m* ❶ ZOOL ibex ❷ ASTROL Capricorn; **[ein] ~ sein** to be a Capricorn **Steinbohrer** *m* masonry drill **Steinbrech** <-s> *m kein pl* BOT saxifrage **Steinbruch** *m* quarry **Steinbutt** *m* turbot **Steindattel** *f* date shell **Steindruck** *m* lithography, stone printing **Steineiche** *f* holm [*or* holly] oak

steinern *adj* stone *attr,* [made] of stone *pred*

Steinerweichen *nt* ■ **zum ~** heartbreakingly, fit to break your heart *fam*

Steinfliege *f* ZOOL stonefly **Steinfraß** *m* stone erosion *no pl, no indef art* **Steinfrucht** *f* stone fruit **Steinfußboden** *m* stone floor **Steingut** *nt kein pl* earthenware *no pl, no indef art;* (*Steinzeug*) stoneware *no pl, no indef art* **Steingutgeschirr** *nt* stoneware crockery *no pl, no indef art* **steinhart** *adj* rock-hard, [as] hard as [a] rock *pred;* ■ **~ sein/werden** to be/become rock-hard [*or* [as] hard as [a] rock] **Steinhaus** *nt* stone house

steinig *adj* stony; ■ **~ sein** to be stony [*or* full of stones]

steinigen *vt* ■ **jdn ~** to stone sb

Steinkauz *m* ORN little owl **Steinklee** *m* BOT sweet clover, melilot

Steinkohle *f kein pl* hard [*or spec* glance] coal

Steinkohleeinheit *f* (*frühere Energievergleichseinheit*) coal unit

Steinkohlenbergbau *m* coal mining *no pl, no art* **Steinkohlenbergwerk** *nt* coal mine, colliery, pit **Steinkohlenförderung** *f* hard-[*or spec* glance-]coal extraction **Steinkohlenlager** *nt* coal bed **Steinkohlenzeche** *f* coal mine, colliery, pit

Steinkrug *m* earthenware mug [*or* jug]; (*für Bier*) [beer] stein **Steinleiden** *nt* MED calculosis **Steinmarder** *m* ZOOL stone [*or* beech] marten **Steinmetz(in)** <-en, -en> *m(f)* stonemason **Steinobst** *nt* stone fruit[s *pl*] **Steinpilz** *m* BOT cep, boletus edulis *spec* **Steinplatte** *f* stone slab **steinreich** *adj* (*fam*) stinking [*or pej a.* filthy] rich *fam;* ■ **~ sein/werden** to be rolling in it/to make loads of money *fam* **Steinsalz** *nt* rock [*or spec* mineral] salt **Steinsarg** *m* sarcophagus

Steinschlag *m* rockfall[s *pl*]; **„Achtung ~"** "danger — falling [*or* fallen] rocks" **Steinschlagschäden** *pl* AUTO stone chippings *pl* **Steinschlagschutzgrund** *m* AUTO anti-chip coating

Steinschleuder *f* catapult BRIT, slingshot AM **Steinschmätzer** <-s, -> *m* ORN wheatear **Steintafel** *f* stone tablet, [stone] plaque **Steinwälzer** *m* ORN turnstone **Steinwolle** *f* rock [*or* mineral] wool **Steinwurf** *m* [thrown] stone; **einen ~ weit [entfernt]** (*fig*) a stone's throw [away] *fig* **Steinwüste** *f* stony desert, desert of stones **Steinzeit** *f kein pl* ■ **die ~** the Stone Age; **der Mensch der ~** Stone Age man; **ältere/mittlere/jüngere ~** Palaeolithic [*or* AM Paleolithic]/Mesolithic/Neolithic period; **aus der ~** ancient, antediluvian *hum,* from before the Flood *pred hum* **steinzeitlich** *adj* ❶ (*aus der Steinzeit stammend*) Stone Age *attr,* from/of the Stone Age *pred* ❷ (*völlig veraltet*) ancient, antediluvian *hum* **Steinzeitmensch** *m* BIOL, ARCHÄOL Stone Age man **Steinzertrümmerer** <-s, -> *m* MED *für Blasensteine* lithotrite; *für Nierensteine* lithotripter

Steiß <-es, -e> *m* ❶ (*fam*) bum, bottom BRIT *fam,* fanny AM *fam*

❷ ANAT coccyx

Steißbein *nt* ANAT coccyx **Steißhuhn** *nt* tinamou **Steißlage** *f* MED breech presentation

Stele <-, -n> ['ste:lə, 'ʃte:lə] *f* ARCHÄOL stele

Stellage <-, -n> [-'la:ʒə] *f* BÖRSE put and call

stellar [ʃtɛ'la:ɐ, st-] *adj* stellar

Stelldichein <-[s], -[s]> *nt* (*veraltet*) rendezvous, tryst *old liter;* **sich ein ~ geben** to come together

Stelle <-, -n> *f* ❶ (*Platz*) place; (*genauer*) spot; **an dieser ~** in this place; (*genauer*) on this spot; (*fig*) at this point; **eine ~ im Wald** a place [*or* an area] in the woods; **etw von der ~ bekommen** [*o fam* **kriegen**] to be able to move [*or* shift] sth; **auf der ~ laufen** to run on the spot; **sich nicht von der ~ rühren** to not move [*or fam* budge], to stay where one is; ***rühren Sie nicht von der Stelle!*** (*von Polizei*) freeze!; **schwache ~** (*fig*) weak point; **eine undichte ~** (*fig fam*) a leak, a mole BRIT *fam;* **an anderer ~** elsewhere, at another place

❷ (*umrissener Bereich*) spot; **fettige/rostige ~** grease/rust spot; ANAT (*fam: Fleck auf der Haut*) mark, spot

❸ (*im Buch*) place; (*Verweis*) reference; (*Abschnitt*) passage

❹ MUS passage

❺ MATH digit, figure; **eine Zahl mit sieben ~n** a seven-digit[*or* -figure] number; **etw auf 5 ~n hinter dem Komma berechnen** to calculate sth to 5 decimal places

❻ (*Posten*) place; **an jds** *akk* **~ treten** to take sb's place; (*eines Spielers*) to sub sb; (*in einem Amt*) to succeed sb; **etw an jds ~** [*o* **an ~ einer Person**] **tun** to do sth for sb; ***ich gehe an Ihrer ~*** I'll go in your place; **an ~ von etw** instead of sth; (*Lage*) position; ***an deiner ~ würde ich …*** in your position [*or* if I were you] I would …; ***ich möchte nicht an ihrer Stelle sein*** I wouldn't like to be in her shoes [*or* place]

❼ (*in der Reihenfolge*) **an erster/zweiter ~** first[ly] [*or* first and foremost]/secondly, in the first/second place [*or* instance]; **[für jdn** [*o* **bei jdm**]] **an erster/zweiter ~ kommen/sein/stehen** to come/be first/second [for sb]; (*in der Wichtigkeit*) to come first/second [for sb]; (*in der Hitparade*) to reach/be [*or* be at] number one/two; ***an wie vielter ~ auf der Liste taucht der Name auf?*** where does the name come [up] on the list?; ***er ging an 25./ letzter ~ durchs Ziel*** he was 25th/the last to cross the line [*or* to finish]

❽ (*Arbeitsplatz*) job, post *form;* **eine freie** [*o* **offene**] **~** a vacancy; **offene ~n** (*in der Zeitung*) situations vacant; **ohne ~** jobless, without a job

❾ (*Abteilung*) office; (*Behörde*) authority; **höhere/höchste ~** higher/the highest[-ranking] authority; **sich an höherer ~ beschweren** to complain to sb higher up [*or* to a higher authority]; ***Sie sind hier/ bei mir/ bei ihm an der richtigen ~*** (*fam*) you've come/you went to the right place; ***Mitleid? da bist du bei mir aber nicht an der richtigen ~*** sympathy? you won't get any out of me [*or iron fam* you're knocking at the wrong door]

► WENDUNGEN: **sich zur ~ melden** MIL to report [for duty]; ***zur ~!*** reporting!, present!; **zur ~ sein** to be on the spot [*or* on hand]; **auf der ~ treten** [*o* **nicht von der ~ kommen**] to not make any progress [*or* headway], to not get anywhere; MIL *a.* to mark time; **auf der ~** at once, forthwith *form;* ***er war auf der ~ tot*** he died immediately; *s. a.* **Ort**[1]

stellen I. *vt* ❶ (*hin~, ab~*) **[jdm] etw [wieder] an/auf/in etw** *akk* **~** to put sth [back] against/on/in[to] sth [for sb]; **das Auto in die Garage ~** to put the car in the garage; **ein Kind in die Ecke ~** to put [*or* stand] a child [*or* make a child stand] in the corner; **den Wein kalt ~** to chill the wine, to put the wine in the fridge

❷ (*aufrecht hin~*) ■ **etw ~** to stand [up *sep*] sth; **den Schwanz/die Ohren ~** *Tier* to stick up *sep* its tail/prick up *sep* its ears

❸ (*ein~*) **das Badewasser heißer/kälter ~** to run more hot/cold water in the bath; **die Heizung höher/kleiner ~** to turn up/down *sep* the heating [*or* AM heater]; **den Fernseher lauter/leiser ~** to turn up/down the television *sep;* **etw auf volle Lautstärke ~** to turn sth up [at] full blast; ■ **etw auf etw** *akk* **~** to set sth at [*or* to] sth; **die Kochplatte auf Stufe zwei ~** to turn up/down the heat *sep* to level two; **den Wecker auf 7 Uhr ~** to set the alarm for 7 o'clock

❹ (*zur Aufgabe zwingen*) ■ **jdn ~** to hunt down sb *sep*

❺ (*zur Aussage zwingen*) ■ **jdn ~** to corner [*or* buttonhole] sb; *s. a.* **Rede**

❻ (*vorgeben*) **[jdm] eine Aufgabe/ein Thema ~** to set [sb] a task/subject; **[jdm] Bedingungen ~** to make [*or form* stipulate] conditions, to set sb conditions; **[jdm] eine Frage ~** to ask [sb] a question

❼ (*richten*) **einen Antrag [an jdn] ~** to put forward [*or* to table] a motion [to sb]; **Forderungen [an jdn] ~** to make demands on [*or form* of] sb

❽ (*überlassen*) **etw in jds** *akk* **Belieben/Ermessen ~** to leave sth to sb's discretion, to leave sth up to sb

❾ (*konfrontieren*) ■ **jdn vor etw** *akk* **~** to confront sb with sth; **jdn vor ein Rätsel ~** to baffle sb

❿ (*arrangieren*) ■ **etw ~** to set up sth *sep;* ***dieses Foto wirkt gestellt*** this photo looks posed

⓫ (*er~*) ■ **[jdm] etw ~** to provide [sb with] sth, to make sth [for sb]; **jdm sein Horoskop ~** to cast [*or sep* draw up] sb's horoscope

⓬ (*zur Verfügung ~*) ■ **[jdm] jdn/etw ~** to provide [*or* supply] [*or* furnish] [sb with] sb/sth; **einen Zeugen ~** to produce a witness

⓭ (*situiert sein*) **gut/schlecht gestellt sein** to be well/badly off; **entsprechend gestellt sein** to have the means

► WENDUNGEN: **auf sich** *akk* **selbst gestellt sein** to have to fend for oneself

II. *vr* ❶ (*sich hin~*) ■ **sich an/neben etw/neben**

S

jdn ~ to take up position at/by sth/at sb's side; *s. a.* **Weg, Zehenspitze**
❷ (*entgegentreten*) ■**sich jdm/einer S.** ~ to face sb/sth; **sich einem Herausforderer/einer Herausforderung** ~ to take on [*or* face] a challenger/to take up [*or* face] a challenge; **sich den Journalisten/den Fragen der Journalisten** ~ to make oneself available to the reporters/to be prepared to answer reporters' questions
❸ (*etw von etw halten*) **sich negativ/positiv zu etw** ~ to have a negative/positive attitude to[wards] sth; ***wie ~ Sie sich dazu?*** what do you think of it?, what's your opinion [of [*or* on] it]?
❹ (*Position ergreifen*) ■**sich gegen jdn/etw/zu jdm/etw** ~ to oppose/support sb/sth; ■**sich hinter jdn/etw** ~ to support [*or* back] [*or* stand by] sb/sth; ■**sich vor jdn** ~ to stand up for sb
❺ (*sich melden*) ■**sich [jdm]** ~ to turn oneself in [*or* give oneself up] [to sb]
❻ (*sich als etw erscheinen lassen*) **sich ahnungslos** ~ to play [*or* act] the innocent; **sich dumm** ~ to act stupid [*or* AM dumb]; **sich taub/verständnislos** ~ to pretend not to hear/understand; **sich schlafend/tot** ~ to pretend to be asleep/dead; ***sie stellt sich nur so*** she's only pretending
❼ (*sich präsentieren*) ■**sich [jdm]** ~ to arise [for sb], to confront sb

Stellenabbau *m* downsizing *no pl*, personnel cutbacks *pl*, job cuts *pl* **Stellenangebot** *nt* offer of employment, job offer; (*offene Stelle*) vacant position; **„~e"** "situations vacant"; **ein ~ [von jdm/etw] bekommen** to be offered a job [from sb/sth]; **jdm ein ~ machen** to offer sb a job **Stellenanzeige** *f* job advertisement [*or fam* ad] [*or* BRIT advert]; **„~n"** "job advertisements" **Stellenausschreibung** *f* job advertisement **Stellenbewerbung** *f* job application **Stellengesuch** *nt* ÖKON (*geh*) "employment wanted" advertisement **Stellensuche** *f kein pl* job search, job-hunt *fam*; **auf ~ sein** to be looking for a job, to be on the job-hunt *fam* **Stellenüberhang** *m* surplus of jobs [*or* places] **Stellenvermittlung** *f* ÖKON ❶ (*das Vermitteln einer Arbeitsstelle*) finding of jobs ❷ (*Einrichtung zur Vermittlung von Arbeitsstellen*) employment agency [*or* bureau] **Stellenvermittlungsbüro** *f* employment agency [*or* bureau] [*or* office], job centre BRIT **stellenweise** *adv* in [some] places; ~ ***gibt es Nebel*** there is some patchy fog **Stellenwert** *m* ❶ MATH [place] value ❷ (*Bedeutung*) status *no art, no pl*, standing *no art, no pl*; ***wie hoch der ~ der Qualität in dieser Firma ist, kann man an der strengen Qualitätskontrolle erkennen*** one can see what emphasis is laid on quality in this company by looking at the strict quality control; **[für jdn] einen bestimmten ~ haben** (*geh*) to be of particular importance [*or* value] to sb

Stellplatz *m* AUTO parking space; (*für Wohnwagen*) site, pitch BRIT **Stellring** *m* rubber-ringed base (*for mixing bowls*) **Stellschraube** *f* adjusting [*or* regulating] screw, set screw *spec*

Stellung <-, -en> *f* ❶ (*Arbeitsplatz*) job, position; **ohne ~ sein** to be unemployed [*or* without a job]
❷ (*Rang*) position; **eine führende ~ einnehmen** to rank high
❸ (*Körperhaltung*) position; (*beim Geschlechtsakt*) position; **in einer gebückten ~** bending [over]
❹ (*Position*) position; **in bestimmter ~** in a particular position; **etw in ~ bringen** MIL to put sth into position; **in ~ gehen** to take up position; **die ~ [gegen jdn/etw] halten** MIL to hold the position [against sb/sth]; **die ~ halten** (*hum*) to hold the fort
❺ (*Standpunkt*) **~ zu etw beziehen** to take a stand [*or* take up a definite position] on sth; **~ zu etw nehmen** to express an opinion on [*or* to state one's view about] sth; **~ für jdn/etw nehmen** [*o* **beziehen**] to take sb's/sth's side; **~ gegen jdn/etw nehmen** [*o* **beziehen**] to come out [*or* take sides] against sb/sth; ***ich beziehe weder für noch gegen irgendwen ~*** I'm not taking sides

Stellungnahme <-, -n> *f* ❶ *kein pl* (*das Beziehen einer Position*) ■**jds/eine ~ zu etw** sb's/a view [*or* sb's/an opinion] of [*or* sb's position on] sth
❷ (*Meinungsäußerung*) statement; **eine ~ [zu etw] abgeben** to make a statement [about sth]

Stellungsbefehl *f* MIL call-up papers *pl* BRIT, draft card AM **stellungslos** *adj inv* unemployed, jobless **Stellungssuchende(r)** *f(m) dekl wie adj* job seeker **Stellungswechsel** *m* (*Wechsel des Arbeitsplatzes*) change of job

stellvertretend I. *adj attr* (*vorübergehend*) acting *attr*; (*zweiter*) deputy *attr*; JUR vicarious, acting, deputizing
II. *adv* ❶ (*an jds Stelle*) ■~ **für jdn** on sb's behalf; ***wegen einer Erkrankung des Ministers führte der Staatssekretär ~ die Verhandlungen*** the secretary of state deputized for the minister during the negotiations because he was ill
❷ (*etw ersetzend*) ■~ **für etw sein** to stand for sth

Stellvertreter(in) *m(f)* deputy

Stellvertretung *f* ❶ (*Stellvertreter*) deputy; (*beim Arzt*) *esp* BRIT locum; **die ~ von jdm übernehmen** to act [*or* stand in] for sb, to deputize for sb; **in ~ einer Person** *gen*, **in jds** *dat* ~ on sb's behalf
❷ JUR agency, representation; **gewillkürte ~** agency by private act; **mittelbare ~** indirect agency

Stellwerk *nt* BAHN signal box [*or* AM tower]

Stelze <-, -n> *f* ❶ (*hölzerne ~*) stilt; **auf ~n gehen** to walk on stilts
❷ ORN wagtail
❸ *meist pl* KOCHK ÖSTERR (*Schweinsfüße*) pig's trotters BRIT [*or* AM feet] *pl*

stelzen *vi sein* ■**[irgendwohin]** ~ (*auf Stelzen gehen*) to walk [somewhere] on stilts; (*staksen*) to stalk [*or* strut] [somewhere]

Stelzvogel *m* ORN wader

Stemmbogen *m* SKI stem turn **Stemmeisen** *nt* crowbar; **etw mit einem ~ aufbrechen** to crowbar sth [open]; (*Meißel*) [mortise *spec*] chisel

stemmen I. *vt* ❶ (*hochdrücken*) ■**jdn/etw [irgendwohin]** ~ to lift sb/sth [somewhere]; **jdn/etw nach oben** ~ to lift [up *sep*] sb/sth
❷ (*meißeln*) ■**etw [in etw** *akk*] ~ to chisel sth [into sth], to make sth [in sth]; **Löcher in eine Wand** ~ to knock [*or* make] holes in a wall; (*mit einem Bohrer*) to drill holes in a wall
❸ (*stützen*) **die Arme in die Seiten** ~ to put one's hands on one's hips, to stand with arms akimbo; **den Rücken/die Füße gegen etw** ~ to brace one's back/feet against sth
II. *vr* ■**sich gegen etw** ~ ❶ (*sich drücken*) to brace oneself [*or* push] against sth
❷ (*sich sträuben*) to be against sth; ***er wird sich nicht gegen die neue Umgehungsstraße ~*** he won't stand in the way of the bypass

Stemmschwung *m* SKI stem turn

Stempel[1] <-s, -> *m* ❶ (*Gummi~*) [rubber] stamp
❷ (*~abdruck*) stamp; ***der Brief trägt den ~ vom 23.5.*** the letter is stamped [*or* postmarked] 23/5
❸ (*Punzierung*) hallmark; **den ~ von etw** *dat* [*o* **einer S.** *gen*] **tragen** to bear [*or* have] the hallmark of sth
► WENDUNGEN: **jdm/etw den/seinen ~ aufdrücken** to leave one's mark on sb/sth; **jds ~/den ~ von etw** *dat* [*o* **einer S.** *gen*] **tragen** to bear [*or* have] sb's mark/the mark of sth

Stempel[2] <-s, -> *m* BOT pistil *spec*

Stempelaufdruck *m* stamp; (*Poststempelaufdruck*) postmark **Stempelblüte** *f* BOT gynoecium **Stempelfarbe** *f* [stamp-pad [*or* stamping]] ink **Stempelgebühr** *f* stamp duty **Stempelgeld** *nt kein pl* ÖKON (*veraltend fam*) dole [money] BRIT *fam* **Stempelkissen** *nt* stamp pad, ink-pad

stempeln I. *vt* ■**etw** ~ to stamp sth; (*frankieren*) to frank sth; **einen Briefumschlag** ~ to postmark/frank a letter/an envelope
II. *vi* (*fam*) to stamp sth; ***ich habe den ganzen Tag nur gestempelt!*** I've been stamping things all day
► WENDUNGEN: ~ **gehen** (*veraltend fam*) to be on the dole BRIT *fam*

Stempeluhr *f* time clock

Stengel <-s, -> *m s.* **Stängel**

Steno <-> *f kein pl* (*fam*) *Abk von* **Stenografie** shorthand *no art, no pl*, stenography *no art, no pl* AM

Stenoblock <-[e]s, -s> *m* shorthand pad **Stenogramm** <-gramme> *nt* text in shorthand; **ein ~ aufnehmen** to take down sth in shorthand **Stenogrammblock** <-blöcke> *m* shorthand pad

Stenograph(in), **Stenograf(in)**[RR] <-en, -en> *m(f)* shorthand typist BRIT, stenographer AM

Stenographie, **Stenografie**[RR] <-, -n> *f* shorthand *no art, no pl*, stenography *no art, no pl* AM

stenographieren*, **stenografieren**[RR]* I. *vt* ■**etw** ~ to take down sth *sep* in shorthand
II. *vi* to do shorthand; (*etw ~*) to take down sth *sep* in shorthand

Stenographin <-, -nen> *f*, **Stenografin**[RR] <-, -nen> *f fem form von* **Stenograph**

stenographisch, **stenografisch**[RR] *adj inv* shorthand *attr*, stenographic

Stenotypist(in) <-en, -en> *m(f)* shorthand typist BRIT, stenographer AM

Stepp[RR] <-s, -s> *m* tap [dance]; **~ tanzen** to tap-dance

Steppdecke *f esp* BRIT duvet, comforter AM, [BRIT *a.* continental] quilt

Steppe <-, -n> *f* GEOG steppe

steppen[1] ['ʃt-] *vt* (*mit Steppnaht nähen*) ■**etw** ~ to backstitch sth

steppen[2] ['ʃt-, 'st-] *vi* to tap-dance

Steppenklima *nt* steppe-prairie climate

Stepptanz[RR] ['ʃt-, 'st-] *m*, **Steptanz** *m* ❶ (*Tanzart*) tap[-dancing] *no art, no pl*
❷ (*Vorführung*) tap dance

Sterbebegleiter(in) <-s, -> *m(f)* carer for the terminally ill **Sterbebegleitung** *f kein pl* care for the terminally ill **Sterbebett** *nt* deathbed *old*; **auf dem ~ liegen** to be on one's deathbed *old*; **auf dem ~** on one's deathbed *old*; ***das musste ich ihm auf dem ~ schwören*** I had to promise him that when he was on his deathbed *old* **Sterbebuch** *nt* JUR register of deaths **Sterbefall** *m* death, fatality; *in der Familie a.* bereavement **Sterbegeld** *nt kein pl* death benefit, burial expenses *npl* **Sterbehilfe** *f kein pl* euthanasia *no art, no pl*; ***sie hat ihren Arzt um ~ gebeten*** she asked her doctor to help her to die; **jdm ~ geben** to help sb [to] die **Sterbekasse** *f* burial [*or* death benefit] fund

sterben <starb, gestorben> *vi sein* ❶ (*aufhören zu leben*) ■**[an etw** *dat*] ~ to die [of sth]; ***mein Großonkel ist schon lange gestorben*** my great uncle died a long time ago [*or* has been dead for years]; **daran wirst du [schon] nicht ~!** (*hum fam*) it won't kill you! *fam*; **als Held ~** to die a hero['s death]; *s. a.* **Tod**
❷ (*vergehen*) ■**[fast] vor etw** *dat* ~ to be [nearly] dying of sth
► WENDUNGEN: **gestorben sein** (*aufgegeben worden sein*) to be shelved, to have died a death; **für jdn ist jd/etw gestorben** sb is finished with sb/sth

Sterben <-s> *nt kein pl* death *no art, no pl*, dying *no art, no pl*; **im ~ liegen** to be dying
► WENDUNGEN: **zum ~ langweilig** (*fam*) deadly boring, [as] boring as hell *fam*; **zum ~ elend** [*o* **übel**] [as] sick as a pig [*or* AM dog] *fam*

Sterbende(r) *f(m) dekl wie adj* dying person

sterbenselend *adj pred* (*fam*) ■**jdm ist ~**, ■**jd fühlt sich ~** sb feels wretched [*or* terrible] [*or* lousy] **sterbenskrank** *adj* mortally [*or* severely] ill **Sterbenswort** *nt*, **Sterbenswörtchen** *nt* **kein** [*o* **nicht ein**] ~ not a [single] word; ***nicht ein ~ kam über meine Lippen!*** not a word crossed my lips!

Sterberate *f* death [*or* mortality] rate **Sterberegister** *nt* register of deaths **Sterbesakramente** *pl* last rites *pl*, sacraments *pl*; **jdm die ~ spenden** to give sb the last rites **Sterbeurkunde** *f* death certificate **Sterbezimmer** *nt* ■**jds ~** room in which [*or* where] sb died, sb's death chamber *liter form*

sterblich *adj* (*geh*) mortal *a. liter*; *s. a.* **Hülle,**

Überrest

Sterbliche(r) *f(m) dekl wie adj (geh)* mortal *liter or a. hum*

Sterblichkeit <-> *f kein pl* ① *(Rate der Todesfälle)* mortality rate; **die ~ bei Frühgeburten** the number of deaths [*or* the mortality rate] amongst premature babies
② *(Gegenteil von Unsterblichkeit)* mortality

Sterblichkeitsziffer *f* mortality rate

stereo ['ʃt-, 'st-] *adj pred* [in *pred*] stereo[phonic *form*]

Stereo <-> ['ʃt-, 'st-] *nt kein pl* stereo *no art, no pl;* **in ~** in stereo

Stereoanlage ['ʃt-, 'st-] *f* stereo [system] **Stereoaufnahme** *f* stereo recording **Stereochemie** *f* stereochemistry **Stereoempfang** *m* stereo reception **stereofon**[RR] *adj inv s.* **stereophon** **Stereofonie** *f s.* **Stereophonie** **Stereoklang** *m* stereo sound **stereophon, stereofon**[RR] *adj inv* stereophonic **Stereophonie, Stereofonie**[RR] <-> *f kein pl (geh)* stereophony *no art, no pl spec,* stereophonics *no art, + sing vb spec* **Stereosendung** *f* programme [*or* AM -am] broadcast in stereo

Stereoskop <-s, -e> *nt* stereoscope *spec*

stereotyp I. *adj* stereotype *attr pej,* stereotyped *pej,* stereotypical *pej*
II. *adv* stereotypically *pej;* ***„kein Kommentar!" sagte er ~*** "no comment!" was his stereotype answer

Stereotyp <-s, -e> *nt* PSYCH stereotype

steril *adj* ① *(keimfrei)* sterile
② *(unfruchtbar)* infertile, sterile

Sterilisation <-, -en> *f* sterilization

Sterilisierbox *f für Babyfläschchen* sterilizing unit

sterilisieren* *vt* ■**jdn/ein Tier ~** to sterilize sb/an animal; ■**sich/ein Tier ~ lassen** to get [oneself]/an animal sterilized

Sterilisierung <-, -en> *f* sterilization

Sterilität <-> *f kein pl* ① *(Keimfreiheit)* sterility *no art, no pl*
② *(Unfruchtbarkeit)* infertility *no art, no pl,* sterility *no art, no pl*

Sterlet <-te, -ten> *m* KOCHK sterlet

Sterlingblock *m kein pl* POL sterling bloc **Sterlingblock-Land** *nt* POL sterling nation

Stern <-[e]s, -e> *m* star
▶ WENDUNGEN: **jdm** [*o* **für jdn**] **die ~e vom Himmel holen** to go to the ends of the earth and back again for sb; ***er wollte die ~e vom Himmel holen*** he wanted the moon; **jds ~ ist im Sinken** [*o* **Untergehen**] sb is on the [*or* his/her] way out; **unter einem/keinem glücklichen** [*o* **guten**] **~ stehen** to have a promising start/to be ill-starred; *Mensch meist* to be born under a lucky/an unlucky star; **jds ~ geht auf** sb is a rising star; **nach den ~en greifen** *(geh)* to reach for the stars; **~e sehen** *(fam)* to see stars; **[noch] in den ~en [geschrieben] stehen** to be written in the stars; **es steht noch in den ~en[geschrieben], ob...** whether ... is still written in the stars [*or* is still a matter of speculation]

Sternanis *m* star anise, star aniseed **Sternbild** *nt* constellation

Sternchen <-s, -> *nt dim von* **Stern** ① *(kleiner Stern)* little [*or* small] star
② TYPO asterisk, star

Sterne-Hotel *nt* graded hotel

Sternenbanner *nt* ■**das ~** the Star-spangled Banner, the Stars and Stripes *+ sing vb* **sternenbedeckt** *adj (geh)* starry, star-studded *attr liter* **Sternenexplosion** *f* stellar explosion **Sternenhimmel** *m* starry sky **sternenklar** *adj inv* starry *attr,* starlit **Sternenzelt** <-[e]s> *nt kein pl (geh)* canopy of stars *poet,* starry firmament *no pl liter*

Sternfahrt *f* rally **sternförmig** *adj* star-shaped, stellate *spec* **Sternfrucht** *f* starfruit **sternhagelblau, sternhagelvoll** *adj (sl: völlig betrunken)* plastered *fam,* pissed BRIT *fam!* **Sternhaufen** *m* cluster of stars, star cluster **sternhell** *adj (geh)* starlit, starry **Sternkarte** *f* star map **sternklar** *adj* starlit, starry **Sternkunde** *f kein pl* astronomy *no pl, no art* **Sternmarsch** *m s.* **Sternfahrt** **Sternschnuppe** <-, -n> *f* shooting star **Sternsinger(in)** *m(f)* REL DIAL carol singer **Sternstunde** *f (geh)* ■**jds ~** sb's great moment [*or* moment of glory]; ***deine ~ wird kommen*** your time [*or* moment of glory] will come **Sternsystem** *nt* star [*or* stellar] system, galaxy **Sterntülle** *f* piping bag **Sternwarte** *f* observatory **Sternzeichen** *nt* [star] sign **Sternzeit** *f* ASTRON sidereal time *no pl, no indef art*

Steroid <-s, -e> *nt* steroid *usu pl*

Stertspitz *m* prime boiled beef

Sterz[1] <-es, -e> *m* ① *(Griff)* handle
② ZOOL rump

Sterz[2] <-es, -e> *m* SÜDD, ÖSTERR *(Mehlspeise)* dumpling portions *pl*

stet *adj attr (geh) s.* **stetig**

Stethoskop <-s, -e> *nt* stethoscope

stetig *adj* steady, constant; **~es Wachstum** ÖKON steady growth

Stetigkeit <-> *f kein pl* ① *(Beständigkeit)* steadiness *no pl,* constancy *no pl*
② MATH continuousness *no pl*

stets *adv* always, at all times

Steuer[1] <-s, -> *nt* ① AUTO [steering] wheel; **jdn ans ~ lassen** to let sb drive [*or* get behind the wheel]; **am** [*o* **hinterm**] **~ sitzen** *(fam)* to drive, to be behind the wheel
② NAUT [ship's] wheel, helm; **am ~ stehen** [*o* **sein**] to be at the helm [*or* wheel]
▶ WENDUNGEN: **das ~ herumwerfen** POL to change course

Steuer[2] <-, -n> *f* ÖKON tax; **fällige/kommunale ~n** matured taxes/community charge; **progressive ~** graduated tax; **~n abführen** [*o* **entrichten**] to pay taxes; **etw von der ~ absetzen** to set off sth *sep* against tax; **eine ~ auf etw erheben** to impose a tax on sth; **jdn zur ~ heranziehen** to tax sb; **der ~ unterliegen** to be subject to taxation, to be taxable; **~n zahlen** to pay tax[es]; **nach ~n** after tax, net of tax; **~n vom Einkommen** taxes on income; **vor ~** before tax [*or* pre-tax]

Steuer[3] <-> *f kein pl (fam: Finanzamt)* ■**die [Leute von der] ~** the taxman

Steuerabzug *m* tax deduction

steuerabzugsfähig *adj inv* FIN tax-deductible, eligible for tax relief *pred*

Steuerangleichung *f* FIN *(EU)* tax harmonization **Steueranmeldung** *f* FIN tax return **Steueranpassung** *f* FIN coordinating taxation, tax harmonization [*or* adaptation] [*or* adjustment] **Steueranrechnung** *f* FIN tax imputation [*or* AM credit] **Steueranreiz** *m* FIN tax incentive **Steueranspruch** *m* FIN tax claim **Steuerarrest** *m* JUR attachment for tax debts **Steueraufkommen** *nt* tax revenue[s *pl*], revenue[s *pl*] from tax; **~ pro Kopf der Bevölkerung** pro capita tax revenue **Steueraufwendungen** *pl* FIN tax expenditure **Steuerausfall** *m* FIN shortfall in [*or* loss of] tax revenue **Steuerausgleich** *m* FIN equalizing valuation of taxes, revenue sharing **Steuerbeamte(r), -beamtin** *m, f* tax official **steuerbefreit** *adj inv* FIN tax-exempt, tax-free **Steuerbefreiung** *f kein pl* FIN tax exemption **steuerbegünstigt** *adj inv* FIN tax-privileged, tax-advantaged, enjoying tax relief *pred;* ■**~ sein** to have tax privileges; **~es Sparen** tax-privileged saving **Steuerbegünstigung** *f* FIN tax concession [*or* privilege], favourable tax treatment **Steuerbehörde** *f* FIN tax authorities *pl,* BRIT Inland Revenue, AM Internal Revenue Service **Steuerbelastung** *meist sing f* tax burden **Steuerbelastungsquote** *f* FIN tax load ratio **Steuerbemessungsgrundlage** *f* FIN tax base, taxable amount; **individuelle Ermittlung der ~** case-by-case ascertainment of the tax base **Steuerbenachteiligung** *f* FIN tax disadvantage **Steuerberater(in)** *m(f)* tax consultant **Steuerberechnung** *f* FIN tax assessment **Steuerbescheid** *m* tax assessment note **Steuerbetrag** *m* FIN tax amount **Steuerbetragsermäßigung** *f* FIN tax reduction [*or* sheltering] **Steuerbetrug** *m kein pl* FIN tax evasion [*or* fraud] **Steuerbevollmächtigte(r)** *f(m) dekl wie adj* tax consultant **Steuerbilanz** *f* FIN tax balance sheet [*or* statement] **Steuerbilanzgewinn** *m* FIN taxable income **Steuerbilanzrecht** *nt* JUR, FIN tax accounting law **Steuerbilanzwert** *m* FIN tax accounting value

steuerbord *adv inv* LUFT, NAUT starboard

Steuerbord *nt kein pl* starboard *no art, no pl*

Steuerbus *m* INFORM control bus **Steuerdebatte** *f* POL tax debate **Steuerdefizit** *m* FIN tax deficit **Steuerdelikt** *nt* JUR tax [*or* revenue] offence [*or* AM -se] **Steuerdiskriminierung** *f* FIN tax discrimination **steuerehrlich** *adj* honest to the Inland Revenue *pred* **Steuereinheit** *f* unit of tax **Steuereinnahmen** *pl* FIN taxation revenue **Steuereinziehung** *f* FIN tax collection [*or* gathering] **Steuerelektronik** *f* INFORM control electronics *+ sing vb* **Steuererhebung** *f* FIN tax collection [*or* gathering]; **~ an der Quelle, ~ nach dem Quellenprinzip** deduction of tax at source **Steuererhebungsverfahren** *nt* FIN tax collection procedure **Steuererhöhung** *f* increase in tax, tax increase **Steuererklärung** *f* FIN tax return [*or* declaration]; **gemeinsame/vereinfachte ~** joint/simplified return **Steuererlass**[RR] *m* FIN remission of tax **Steuererleichterung** *f* FIN tax relief [*or* concession]; **~en für kleine Einkommen** small income relief; **~ für kinderreiche Familien** tax privileges for large families; **~ für gewerbliche Unternehmen** business relief **Steuerermäßigung** *f* FIN tax reduction [*or* sheltering]; **~ beantragen** to claim tax relief; **~ erhalten** to receive tax shelter **Steuerersparnis** *f* FIN tax saving **Steuererstattung** *f* FIN tax refund **Steuerertragshoheit** *f* FIN revenue-raising power **Steuerfachgehilfe, -gehilfin** <-n, -n> *m, f* articled clerk **Steuerfahndung** *f (Verfahren)* tax investigation; *(Abteilung)* office for tax investigation **Steuerfestsetzung** *f* FIN tax assessment **Steuerflucht** *f* JUR, FIN *(Veruntreuung)* tax evasion *(by transferring assets or headquarters abroad); (Vermeidung)* tax avoidance **Steuerflüchtige(r)** *f(m) dekl wie adj* FIN tax exile [*or* dodger] **Steuerflüchtling** *m sb who avoids tax by transferring assets abroad;* ■**ein ~ sein** to avoid tax by transferring assets abroad; ***die US-Firma will deutsche ~e anpeilen*** the US firm wants to target capital from tax-plagued German investors **Steuerformular** *nt* tax form **steuerfrei** I. *adj* tax-exempt *attr,* exempt from tax *pred* II. *adv* without paying tax **Steuerfreibetrag** *m* tax-free allowance [*or* amount] **Steuerfreigrenze** *f* FIN exemption [*or* tax-free] limit **Steuerfreijahre** *pl* FIN tax holidays **Steuerfreistellung** *f* FIN tax exemption **Steuerfuß** *m* SCHWEIZ *(Steuersatz)* tax rate **Steuergeheimnis** *nt* FIN tax secret **Steuergehilfe, -gehilfin** *m, f* articled clerk **Steuergelder** *pl* taxes *pl,* tax revenue[s *pl*], taxpayers' money *no art, nsing usu pej*

Steuergerät *nt* ① TECH controller, control unit
② RADIO receiver

Steuergerechtigkeit *f kein pl* FIN tax equity, equitable tax burden **Steuergesetz** *nt* JUR, FIN tax law, Finance [*or* AM Revenue] Act **Steuergesetzbuch** *nt* JUR, FIN Tax Code **Steuergesetzentwurf** *m* JUR, FIN tax bill **Steuergesetzgebung** *f* JUR, FIN tax [*or* fiscal] legislation [*or* revenue] [*or* laws *pl*], ≈ Internal Revenue Code AM **Steuergläubiger(in)** *m(f)* FIN tax creditor **Steuergrundlage** *f* FIN tax base **Steuerguthaben** *nt* BÖRSE tax credit **Steuergutschrift** *f* BÖRSE tax credit [*or* voucher]; **Dividende pro Aktie vor ~** dividend per share before tax credit **Steuerharmonisierung** *f* FIN fiscal [*or* tax] harmonization *no art, no pl spec;* ***die Europaminister sind noch zu keiner Regelung in der ~ gekommen*** the EU ministers have still not managed to harmonize the different tax systems **Steuerhehlerei** *f* JUR purchasing [*or* handling] tax-evaded goods **Steuerhinterziehung** *f* tax evasion *no art, no pl* **Steuerhöchstgrenze** *f* FIN tax limit **Steuerhöchstsatz** *m* FIN maximum tax rate **Steuerhoheit** *f* FIN fiscal sovereignty **Steu-**

S

erinländer *m* FIN resident taxpayer **Steuerjahr** *nt* FIN tax [*or* fiscal] year **Steuerkarte** *f* tax card **Steuerkette** *f* AUTO timing chain **Steuerklasse** *f* tax category [*or* group]; (*für Einkommenssteuer a.*) income-tax bracket *form*

Steuerknüppel *m* LUFT joystick, control lever [*or* column]

Steuerlast *f* FIN tax [*or* fiscal] burden **Steuerlastquote** *f* FIN tax load ratio; ~ **pro Kopf der Bevölkerung** per capita tax burden **Steuerlastverschiebung** *f* FIN tax shift **Steuerlastverteilung** *f* FIN distribution of the tax burden **Steuerleitung** *f* ELEK control panel wiring

steuerlich I. *adj* tax *attr;* **~e Anreize** tax incentives; **~e Vergünstigungen/Vorteile** tax privileges/advantages
II. *adv* ~ **absetzbar** tax-deductible; **etw ~ belasten** to tax sth; ~ **entlasten** to provide tax relief; **etw ~ berücksichtigen** to provide tax allowance on sth; ~ **berücksichtigt werden** to receive tax allowance; ~ **günstig** tax-supported, with low tax liability *pred;* ~ **priviligiert** tax-privileged; ~ **ungünstig** tax-ridden, with high tax liability *pred;* ~ **vorteilhaft** tax-incentive *attr,* carrying tax benefits *pred;* ~ **zulässige Jahresabschreibung** annual tax write-offs

steuerlos *adj* out of control

Steuermann <-männer *o* -leute> *m* ❶ NAUT helmsman; (*in der Handelsmarine a.*) mate; (*in der Kriegsmarine a.*) navigating boatswain
❷ SPORT cox[swain] *form*

Steuermarke *f* stamp BRIT, [revenue] stamp AM; (*für einen Hund*) dog licence [*or* AM -se] disk (*attached to a dog's collar*) **Steuermessbescheid**RR *f* FIN tax assessment notice **Steuermessbetrag**RR *m* FIN tentative tax **Steuermesszahl**RR *f* basic rate of tax

steuern I. *vt* ❶ AUTO, LUFT (*lenken*) ■**etw ~** to steer sth
❷ LUFT (*lotsen*) ■**etw ~** to fly [*or* pilot] sth
❸ (*regulieren*) ■**etw ~** to control sth
❹ (*in eine gewünschte Richtung bringen*) ■**etw in eine bestimmte Richtung ~** to steer sth in a particular direction
II. *vi* ❶ AUTO to drive
❷ NAUT ■**irgendwohin ~** to go [*or* sail] somewhere

Steuernachforderung *f* FIN additional tax demand **Steuernachlass**RR *m* tax abatement [*or* relief] **Steuernachzahlung** *f* FIN payment of tax arrears **Steuernummer** *f* FIN, ADMIN tax [office reference] number **Steueroase** *f* tax haven **Steuerobjekt** *nt* FIN taxable unit **Steuerordnungswidrigkeit** *f* FIN fiscal violation, breach of tax regulations **Steuerparadies** *nt* tax haven **Steuerpauschale** *f* FIN lump-sum taxation **Steuerpauschalierung** *f* FIN lump-sum taxation **Steuerpauschalsatz** *m* FIN lump-sum tax rate **Steuerperiode** *f* FIN fiscal [taxable] period **Steuerpflicht** *f* tax liability *no art, no pl,* liability to [pay] tax; **der ~ unterliegen** (*geh*) to be liable to [pay] tax **steuerpflichtig** *adj inv* FIN taxable, liable to [pay] tax *pred;* **~es Einkommen/~er Gewinn** taxable income/profit; **nicht ~** non-taxable **Steuerpflichtige(r)** *f(m) dekl wie adj* FIN [legal] taxpayer; **inländischer ~** resident taxpayer; **im Ausland wohnhafter ~** non-resident taxpayer **Steuerpflichtigkeit** *f kein pl* FIN taxability, liability for tax **Steuerpolitik** *f kein pl* fiscal policy **steuerpolitisch I.** *adj inv, attr* FIN fiscal, tax[-policy] *attr* **II.** *adv* FIN fiscally **Steuerprivileg** *nt* FIN tax privilege **Steuerprogramm** *nt* INFORM control program **Steuerprogression** *f* progressive taxation *no art, no pl spec,* tax progression *no art, no pl spec* **Steuerprüfer(in)** *m(f)* tax inspector [*or* AM auditor] **Steuerprüfung** *f* tax inspection [*or* AM audit] **Steuerpult** *nt* control desk **Steuerquote** *f* FIN taxation ratio

Steuerrad *nt* ❶ NAUT wheel, helm
❷ AUTO (*veraltend*) *s.* **Lenkrad** driving wheel BRIT *old*

Steuerrecht *nt kein pl* tax [*or* revenue] law
steuerrechtlich *adj* JUR relating to tax law *pred;* ~ **festgelegte Nutzungsdauer** deemed tax life

Steuerrechtsänderung *f* FIN change of tax law **Steuerrechtsangleichung** *f* FIN adjustment [*or* harmonization] of the tax law **Steuerrechtsordnung** *f* FIN tax regime **Steuerrechtsperson** *f,* **Steuerrechtssubjekt** *nt* FIN taxpayer **Steuerrechtssprechung** *f* FIN court rulings in tax matters

Steuerreform *f* tax reform **Steuerregression** *f* FIN tax regression **Steuerrückerstattung** *f* FIN tax refund [*or* rebate] **Steuerrückerstattungsantrag** *m* FIN refund claim; **einen ~ stellen** to file a refund claim **Steuerrückstellungen** *pl* FIN provisions for taxation

Steuerruder *nt* rudder

Steuersatz *m* rate of tax[ation], tax rate **Steuersatzermäßigung** *f* FIN reduction of the tax rate **Steuerschaltung** *f* control console **Steuerschätzung** *f* tax estimate **Steuerschlupfloch** *nt* tax loophole **Steuerschraube** *f* ▶ WENDUNGEN: **die ~ anziehen, an der ~ drehen** (*fam*) to squeeze the taxpayer *fam* **Steuerschuld** *f* tax[es *pl*] owing [*or* due] *no art,* tax liability *no art,* AM a. tax delinquency *no art, no pl* **Steuerschuldner(in)** *m(f)* FIN tax debtor **Steuerschuldverhältnis** *nt* FIN government-taxpayer relationship **Steuersenkung** *f* cut [*or* reduction] in taxes, tax cut [*or* reduction] **Steuersignal** *nt* control signal **Steuerstrafrecht** *nt* JUR law on criminal prosecution for tax offenders **Steuerstraftat** *f* JUR tax offence [*or* AM -se] **Steuerstrafverfahren** *nt* JUR criminal prosecution of a tax offence **Steuersystem** *nt* tax[ation] system **Steuertarif** *m* FIN tax scale [*or* rate] **Steuertaste** *f* INFORM navigation key **Steuertatbestand** *m* FIN taxable event **Steuertilgung** *f* FIN tax payment **Steuerträger(in)** *m(f)* FIN taxpayer **Steuerumgehung** *f s.* **Steuervermeidung**

Steuerung[1] <-> *f kein pl* (*Regulierung*) control *no indef art, no pl;* ***die ~ des Produktionsprozesses erfolgt von diesem Raum aus*** the production process is steered [*or* controlled] from this room; ~ **der Geldmenge** ÖKON control of the money supply

Steuerung[2] <-, -en> *f* ■**die ~ [einer S.** *gen* [*o* **von etw** *dat*]] ❶ LUFT piloting [*or* flying] [sth] *no art, no pl;* **die ~ übernehmen** to take over control
❷ NAUT steering [sth] *no art, no pl*

Steuerungssignal *nt* INFORM control signal **Steuerungstaste** *f* INFORM control key **Steuerveranlagung** *f* FIN tax assessment, assessment for tax purposes **Steuerverbindlichkeiten** *pl* FIN tax liabilities **Steuervereinbarung** *f* FIN tax convention **Steuervereinfachung** *f* FIN tax simplification **Steuerverfahrensrecht** *nt* JUR tax procedural law **Steuervergleich** *m* FIN tax comparison **Steuervergünstigung** *f* FIN tax allowance [*or* relief] **Steuervergütung** *f* FIN tax rebate [*or* refund] **Steuerverkürzung** *f* JUR tax evasion [*or* reduction] **Steuervermeidung** *f* FIN tax avoidance [*or* evasion]; **legale ~** tax avoidance **Steuervorauszahlung** *f* FIN advance tax payment; **~en leisten** to pay taxes in advance **Steuervorteil** *m* FIN tax benefit [*or* advantage] **Steuerwerk** *nt* INFORM control unit **Steuerzahler(in)** *m(f)* taxpayer **Steuerzahlerbund** *m* JUR association of taxpayers **Steuerzeichen** *nt* ❶ INFORM control character ❷ (*form: Banderole*) revenue stamp [*or* seal] **Steuerzuschlag** *m* FIN additional tax

Steven <-s, -> *m* NAUT **Vorder~** stem *spec;* **After~** stern[post] *spec*

Steward <-s, -s> ['stju:ɐt, 'ʃt-] *m* steward

StewardessRR <-, -en> ['stju:ɐdɛs, stju:ɐ'dɛs] *f,* **Stewardeß** <-, -ssen> *f fem form von* **Steward** steward/stewardess

St. Gallen <-s> *nt* St[.] Gallen

StGB <-[s]> [ɛste:ge:'be:] *nt Abk von* **Strafgesetzbuch**

stibitzen* *vt* (*hum fam*) ■**[jdm] etw ~** to swipe [*or* pinch] [*or* nick] [sb's] sth *hum fam*

stich *imper sing von* **stechen**

Stich <-[e]s, -e> *m* ❶ (*~wunde*) stab wound; ■**ein ~ durch/in etw** *akk* a stab through/in sth; **jdm einen ~ [mit etw** *dat*] [**in etw** *akk*] **versetzen** to stab sb [in sth] [with sth]; ***sie versetzte ihm mit der Hutnadel einen ~ ins Gesicht*** she stabbed him in the face with her hatpin
❷ (*Insekten~*) sting; (*Mücken~*) bite
❸ (*stechender Schmerz*) stabbing [*or* sharp] pain; **~e haben** to have [*or* experience] a stabbing [*or* sharp] pain/stabbing [*or* sharp] pains
❹ (*Nadel~*) stitch; ~ **um** ~ stitch by stitch
❺ (*Radierung*) engraving
❻ (*Farbschattierung*) ■**ein ~ in etw** *akk* a tinge of sth; **ein ~ ins Rote** a tinge of red; **einen ~ in etw** *akk* **bekommen** to get a tinge of sth, to go a bit sth *fam*
❼ KARTEN trick; ~ **auf** ~ trick by trick, one trick after the other; **einen ~ machen** to get [*or* win] a trick
▶ WENDUNGEN: **einen ~ haben** (*fam: verdorben sein*) to have gone [*or* to be] off; (*sl: übergeschnappt sein*) to be out to lunch, to be off one's rocker *fam,* to be nuts *fam;* **jdn im ~ lassen** (*jdn verlassen*) to abandon sb; (*jdn in einer Notlage lassen*) to fail [*or* let down] sb; ***mit zunehmendem Alter ließ sie ihr Gedächtnis immer mehr im*** ~ her memory got worse [*or* became more and more unreliable] as she got older

Stichart *f* (*Buchmacherei*) stitch type

Stichel <-s, -> *m* KUNST graver, burin *spec*

Stichelei <-, -en> *f* (*pej fam*) ❶ (*ständiges Sticheln*) needling *no art, no pl fam;* ***sie ließ keine Gelegenheit zu einer ~ aus*** she never missed a chance to get at him/her etc.
❷ (*stichelnde Bemerkung*) jibe, AM *usu* gibe, dig, cutting remark

sticheln *vi* (*pej fam*) ■**[gegen jdn] ~** to make nasty [*or* cutting] [*or* snide] remarks [about sb]

Stichentscheid *m* SCHWEIZ [president's] casting vote

stichfest *adj inv* (*nicht flüssig*) *Jogurt* solid; **hieb- und ~** (*fig*) watertight, cast-iron

Stichflamme *f* flash, jet [*or liter* tongue] of flame

stichhaltig *adj,* **stichhältig** *adj* ÖSTERR (*überzeugend*) **ein ~es Alibi** an unassailable [*or* airtight] alibi; **eine ~e Argumentation** a sound argument, sound reasoning; **ein ~er Beweis** conclusive evidence; ■**[nicht] ~ sein** to [not] hold water

Stichhaltigkeit <-> *f kein pl Begründung* soundness *no pl; Argument, Grund, Antwort* validity *no pl; Beweis* conclusiveness *no pl*

Stichling <-s, -e> *m* ZOOL stickleback

Stichprobe *f* (*die Probe aufs Exempel*) spot check, random sample [*or* survey]; (*Kontrollen*) spot check; **~n machen** [*o* **vornehmen**] to carry out a spot check [*or* random sample] **Stichprobenauswahl** *f kein pl* random sampling **Stichpunkt** *m* note, keyword; **sich ~e machen** to make notes **Stichsäge** *f* compass saw *spec* **Stichtag** *m* (*maßgeblicher Termin*) fixed [*or* qualifying] date; (*letzter Möglichkeit*) deadline **Stichtagsprinzip** *nt* FIN cut-off date principle **Stichwaffe** *f* stabbing weapon **Stichwahl** *f* POL final ballot, run-off AM **Stichwort** *nt* ❶ (*Haupteintrag*) entry, reference, headword *form* ❷ *meist pl* (*Wort als Gedächtnisstütze*) cue; (*Schlüsselwort*) keyword; ~ ***Geld, ich wollte mit Ihnen über eine Gehaltserhöhung reden*** speaking of [*or form* apropos] money, I wanted to talk to you about a rise; **jdm das [vereinbarte** [*o* **verabredete**]] **~ geben** (*das Zeichen zum Beginn von etw*) to give sb the [pre-arranged] lead-in [*or* cue]; THEAT to cue in sb *sep;* ***du sprichst von Geld? damit lieferst du mir das*** ~ money? now that's something I wanted to talk about; ***warum musstest du das sagen? jetzt hast du ihr das ~ gegeben*** what did you have to say that for? now you've started her off; **sich** *dat* **~e machen** to make notes **stichwortartig** *adv* briefly **Stichwortkatalog** *m* classified catalogue [*or* AM -og] **Stichwortsuche** *f* INFORM index word search **Stichwortverzeichnis** *nt* index

Stichwunde *f* stab wound

sticken I. *vt* (*durch S~ herstellen*) ■**etw [auf etw**

akk] ~ to embroider sth [on[to] sth]; ***das Tischtuch wies am Rand gestickte Verzierungen auf*** the tablecloth had an embroidered edge; ■**etw** ~ to embroider sth
II. *vi* ■[**an etw** *dat*] ~ to embroider [sth], to do embroidery; ■**das S~** embroidery; ***man braucht viel Geduld zum S~ eines Blumenmotifs*** it requires a lot of patience to embroider a flower motif
Sticker <-s, -> [st-, ʃt-] *m* sticker
Sticker <-s, -> [ˈstɪkɐ] *m* (*fam*) sticker
Stickerei <-, -en> *f* embroidery *no art, no pl*
Stickgarn *nt* embroidery thread, crewel *no art, no pl spec*
stickig *adj* stuffy; **~e Luft** stale air
Stickmuster *nt* embroidery pattern **Sticknadel** *f* embroidery [*or spec* crewel] needle
Stickoxid, Stickoxyd *nt* CHEM nitrogen oxide [*or spec* nitric oxide] *no art, no pl*
Stickrahmen *m* embroidery frame
Stickstoff *m kein pl* nitrogen *no art, no pl*
Stickstoffdünger *m* nitrogen[ous] fertilizer
stieben <stob *o* stiebte, gestoben *o* gestiebt> *vi* (*geh*) ❶ *haben o sein* (*sprühen*) to spray; ***Funken stiebten von dem rot glühenden Eisen*** sparks flew from the glowing iron
❷ *sein* (*rennen*) ■**irgendwohin** ~ to rush [*or* dash] [off] somewhere; **nach allen Seiten** ~ to scatter in all directions; **von dannen** ~ to rush [*or* dash] off
Stiefbruder *m* stepbrother
Stiefel <-s, -> *m* ❶ (*Schuhwerk*) boot; **ein Paar** ~ a pair of boots; ~ **aus Gummi** wellingtons BRIT, wellington boots BRIT
❷ (*Trinkgefäß*) large, boot-shaped beer glass; **einen ~ [Bier] trinken** ≈ to drink a yard BRIT; **er verträgt einen [ordentlichen]** ~ he can take his drink
Stiefelette <-, -n> *f* ankle boot
Stiefelknecht *m* bootjack
stiefeln *vi sein* (*fam*) ■**irgendwohin** ~ to march [*or* stride] somewhere
Stiefelschaft *m* leg of a/the boot
Stiefeltern *pl* step-parents *pl* **Stiefgeschwister** *pl* stepbrother[s] and sister[s] + *pl vb* **Stiefkind** *nt* stepchild **Stiefmutter** *f* stepmother **Stiefmütterchen** *nt* BOT pansy **stiefmütterlich** **I.** *adj* poor, shabby **II.** *adv* in a poor fashion, shabbily; **jdn/etw ~ behandeln** to pay little attention to sb/sth **Stiefschwester** *f* stepsister **Stiefsohn** *m* stepson **Stieftochter** *f* stepdaughter **Stiefvater** *m* stepfather
stieg *imp von* **steigen**
Stiege <-, -n> *f* narrow staircase [*or npl* stairs]
Stiegenhaus *nt* SÜDD, ÖSTERR (*Treppenhaus*) staircase
Stieglitz <-es, -e> *m* ORN goldfinch *spec*
stiehl *imper sing von* **stehlen**
Stiel <-[e]s, -e> *m* ❶ (*Handgriff, langer Stab*) handle; (*Besen~*) broom handle, broomstick
❷ (*Blumen~*) stem, stalk
❸ (*Stück zwischen Fuß und Kelch*) stem
Stielaugen *pl* ▶ WENDUNGEN: ~ **kriegen** [*o* **machen**] (*fam*) to look goggle-eyed *fam*, BRIT *a.* to have one's eyes out on stalks; ***die Nachbarn haben ~ gemacht*** the neighbours' eyes almost popped out of their heads *fam* **stieläugig** *adj inv* goggle-eyed, with eyes popping **Stieleiche** *f* BOT common oak **Stielkamm** *m* tail comb **Stielkotelett** *nt* loin chop **Stieltopf** *m* saucepan
stier **I.** *adj* (*starr*) vacant, glassy, fixed
II. *adv* vacantly, glassily, fixedly; ~ **irgendwohin blicken** to look somewhere with a vacant [*or* glassy] stare
Stier <-[e]s, -e> *m* ❶ (*junger Bulle*) bull; (*kastriert*) steer, bullock; **wie ein ~ brüllen** to scream like a stuck pig
❷ ASTROL Taurus
▶ WENDUNGEN: **den ~ bei den Hörnern packen** [*o* **fassen**] to get [*or* take] the bull by the horns
stieren *vi* ■**irgendwohin** *akk* ~ to stare vacantly [*or* glassily] [*or* fixedly] somewhere; **zu Boden** ~ to stare vacantly [*or* glassedly] [*or* fixedly] at the floor; ■**auf jdn/etw** ~ to stare vacantly [*or* glassedly] [*or* fixedly] at sb/sth
Stierkampf *m* bullfight **Stierkampfarena** *f* bullring **Stierkämpfer(in)** *m(f)* bullfighter, matador **Stiernacken** *m* thick neck **stiernackig** *adj* bull-necked, with a thick neck *pred;* ■~ **sein** to be bull-necked, to have a thick neck
stieß *imp von* **stoßen**
Stift[1] <-[e]s, -e> *m* ❶ (*Stahl~*) tack, pin
❷ (*zum Schreiben*) pen/pencil; ***haben Sie einen ~?*** do you have something to write with [*or* a pen/pencil]?
❸ ELEK stylus
Stift[2] <-[e]s, -e> *nt* ❶ (*Heim*) home
❷ REL (*christliches Internat*) church boarding school, seminary *dated;* (*christliches Internat für Mädchen*) convent
❸ REL ÖSTERR (*Männerkloster*) monastery; (*Frauenkloster*) convent
Stift[3] <-[e]s, -e> *m* (*fam: Lehrling im handwerklichen Beruf*) apprentice
Stiftcomputer *m* pen-based computer
stifteln *vt* ■**etw** ~ KOCHK to shred sth
stiften *vt* ❶ (*spenden*) ■[**jdm**] **etw** ~ to donate sth [to sb]; [**jdm**] **eine Seelenmesse** ~ to pay for mass to be said [for sb's soul]
❷ (*verursachen*) ■**etw** ~ to create [*or* cause] sth; **Ärger** ~ to cause trouble; **Unruhe** ~ to create unrest
❸ (*gründen*) ■**etw** ~ to found sth
❹ (*fam: abhauen*) ~ **gehen** to scram *fam*, to do a bunk BRIT *fam*, to scarper BRIT *fam*
Stifter(in) <-s, -> *m(f)* ❶ (*Spender*) don[at]or
❷ (*Gründer*) founder
Stiftplotter *m* INFORM pen plotter **Stiftschlüssel** *m* TECH pin spanner; (*Sechskant~*) socket screw key
Stiftskirche *f* collegiate church
Stiftung *f* JUR foundation; ~ **des öffentlichen Rechts** foundation under public law
Stiftung <-, -en> *f* ❶ JUR (*gestiftete Organisation*) foundation, institute; **gemeinnützige** ~ charitable foundation
❷ (*Schenkung*) donation
❸ (*Gründung*) foundation; ***die ~ dieser Universität datiert in das Jahr 1960*** this university was founded in 1960
Stiftungsbeirat *f* board of trustees **Stiftungsgeschäft** *nt* endowment transaction **Stiftungsgesetz** *nt* JUR endowments and foundations act **Stiftungskapital** *nt* FIN settlement capital **Stiftungsrat** *m* JUR board of trustees **Stiftungsrecht** *nt* JUR law on foundations and endowments **Stiftungsvermögen** *nt* FIN endowment [*or* trust] fund, estate trust **Stiftungsvorstand** *m* board of trustees
Stiftzahn *m* post crown *spec*
Stil <-[e]s, -e> *m* ❶ LIT style
❷ (*Verhaltensweise*) ■**jds** ~ sb's conduct [*or* manner], sb's way of behaving [*or* behaviour]; ***das ist nicht unser ~*** that's not the way we do things [here]; **der ~ des Hauses** (*a. euph*) the way of doing things in the company; ***das verstößt gegen den ~ des Hauses*** that is not the way things are done in this company, that violates the company's code of conduct *form*
❸ (*charakteristische Ausdrucksform*) style
▶ WENDUNGEN: **im großen ~, großen ~s** on a grand scale
Stilblüte *f* (*hum*) stylistic blunder, howler **Stilbruch** *m* inconsistency in style; KUNST, LING stylistic incongruity **Stilebene** *f* style level **stilecht** **I.** *adj* period *usu attr* **II.** *adv* in period style
Stilett <-s, -e> *nt* stiletto
Stilfehler *m* flaw in style **Stilgefühl** *nt kein pl* sense of style, feeling for style, stylistic sense *no pl* **stilgetreu** *adj* true to the original style
stilisieren* *vt* (*geh*) ■**etw** ~ to stylize sth
stilisiert **I.** *adj* stylized
II. *adv* in a stylized fashion [*or* way]
Stilisierung <-, -en> *f* stylization
Stilistik <-, -en> *f* ❶ *kein pl* (*Stilkunde*) stylistics + *sing vb, no art*
❷ (*Anleitung*) guide to stylistics
stilistisch (*geh*) **I.** *adj* stylistic
II. *adv* stylistically; ~ **gesehen** from a stylistic standpoint [*or* point of view]
Stilkunde *f* ❶ LIT style *no art, no pl*
❷ MEDIA (*Werk*) book on style
still *adj* ❶ (*ruhig, verschwiegen*) quiet, peaceful, still *liter;* **ein ~er Mensch** a quiet [*or* calm] person; ■~ **sein/werden** to be/go [*or* grow] quiet; **etw ~ halten** to keep sth still; **sei ~!** be quiet!
❷ (*beschaulich*) quiet; **in ~em Gedenken** in silent memory; ***wir wollen uns jetzt des seligen Bischofs in ~em Gedenken erinnern*** now we will keep a moment's silence in memory of the late bishop; **eine ~e Stunde** a quiet time
❸ (*heimlich*) secret; **in ~em Einvernehmen** in secret; **jds ~e Zustimmung voraussetzen** to assume sb's approval [*or* agreement]; **ein ~er Vorwurf** a silent reproach; **mit einem ~en Seufzen** with a silent [*or* an inner] sigh; **im S~en** in secret; **im S~en hoffen** to secretly hope
❹ JUR *Gesellschafter, Partnerschaft, Teilhaber* dormant [*or* AM silent]; **~e Rücklagen** hidden assets
▶ WENDUNGEN: **es ist um jdn ~ geworden** you don't hear much about sb anymore; *s. a.* **Stunde, Wasser**
Stille <-> *f kein pl* ❶ (*Ruhe*) quiet *no art, no pl;* ***die ~ nach der Hektik des Tages war sehr angenehm*** the peace [and quiet] after the day's rush and tumble was very pleasant; (*ohne Geräusch*) silence *no art, no pl;* **es herrschte** ~ there was silence/peace and quiet; **in aller** ~ quietly; **jdn in aller ~ beisetzen** to bury sb quietly, to have a quiet funeral [for sb]; ***die Trauung wird in aller ~ stattfinden*** it will be a quiet wedding; ***er hat sich in aller ~ davongemacht, ohne mir ein Sterbenswörtchen zu sagen!*** he left [*or* slipped out] without saying a word!
❷ (*Abgeschiedenheit*) peace *no art, no pl,* calm *no art, no pl*
Stilleben *nt s.* **Stillleben**
stillegen <stillgelegt> *vt s.* **stilllegen**
Stillegung <-, -en> *f s.* **Stilllegung**
stillen **I.** *vt* ❶ (*säugen*) ■**jdn** ~ to breastfeed [*or* suckle] sb
❷ (*befriedigen*) ■**etw** ~ to satisfy [*or liter* still] sth; **den Durst** ~ to quench [*or* slake] sb's thirst
❸ ■**etw** ~ (*aufhören lassen*) to stop sth; (*etw erleichtern*) to relieve [*or* ease] sth; **den Blutverlust** ~ to staunch [*or* AM *a.* stanch] the flow of blood
II. *vi* to breastfeed
Stillen <-s> *nt kein pl* breastfeeding
Stillhalteabkommen *nt* moratorium *form*
still|halten *vi irreg* to keep [*or* stay] still
stilliegen <stillgelegen> *vi s.* **stillliegen**
Stillleben[RR] *nt* still life
stilllegen[RR] <stillgelegt> *vt* ■**etw** ~ to close [*or* shut] [down *sep*] sth; ■**stillgelegt** closed [*or* shut] [down]
Stilllegung[RR] <-, -en> *f* closure, shutdown
stillliegen[RR] <stillgelegen> *vi sein o haben* to be closed [*or* shut] [down]; ***seit diese Bahnlinie stillliegt, kommen kaum mehr Touristen*** since the closure of the railway line there have been hardly any tourists
stillos *adj* lacking [*or* without] any definite style *pred;* ■~ **sein** to lack [a definite] [*or* have no [definite]] style
still|schweigen *vi irreg* (*geh*) to be [*or* keep] quiet [*or* silent], to keep quiet [*or* stay silent] [*or form* maintain silence] about sth; ***schweig still!*** be quiet!, silence!
Stillschweigen *nt* silence *no art, no pl;* **jdn [in etw *dat*] zu strengstem ~ auffordern** to ask sb to maintain the strictest silence [about sth] *form;* **über jdn/etw ~ bewahren, jdn/etw mit ~ übergehen** to keep quiet [*or* stay silent] [*or form* maintain silence] about sb/sth
stillschweigend **I.** *adj* tacit; **ein ~es Einverständnis** a tacit understanding; ***ich setze auf Ihr***

~*es Einverständnis* I [will] assume you are in agreement
II. *adv* tacitly; **etw ~ billigen** to give sth one's tacit approval
still|sitzen *vi irreg sein o haben* to sit still [*or* quietly]; ***er kann einfach nicht ~!*** he just can't sit still!
Stillstand *m kein pl* standstill *no pl;* **etw zum ~ bringen** to bring sth to a standstill; **eine Blutung zum ~ bringen** to staunch a flow of blood; **zum ~ kommen** (*zum Erliegen*) to come to a standstill; (*aufhören*) to stop
Stillstandsperiode *f* ÖKON period of stagnation **Stillstandszeit** *f* stop period; **störungsbedingte ~** down time
still|stehen *vi irreg sein o haben* ❶ (*außer Betrieb sein*) to be at a standstill, to stand idle
❷ ■**stillgestanden!** MIL attention!; (*von Polizei*) stop!
stillvergnügt *adj inv* inwardly contented; **~ in sich hinein grinsen** (*fam*) to grin contentedly [*or* with inner contentment]
Stilmöbel *nt meist pl* period furniture *no pl* **stilprägend** *adj* **~ sein** to promote a particular style **stilvoll** *adj* stylish
Stilvorlage *f* style sheet
Stimmabgabe *f* POL vote, voting *no art, no pl* **Stimmband** *nt meist pl* ANAT vocal c[h]ord **Stimmbandentzündung** *f* MED inflammation of the vocal cords, chorditis *spec* **stimmberechtigt** *adj* entitled to vote *pred;* ■**[bei etw] ~ sein** to be entitled to vote [*or* have a vote] [in sth] **Stimmberechtigte(r)** *f(m) dekl wie adj* voter, person entitled to vote; ■**die ~n** the voters *pl,* the electorate + *sing/pl vb* **Stimmbeteiligung** *f* SCHWEIZ (*Wahlbeteiligung*) poll **Stimmbezirk** *m* constituency **Stimmbildung** *f* voice training **Stimmbindungsvertrag** *m* JUR voting trust agreement **Stimmbindungszertifikat** *nt* JUR voting trust certificate **Stimmbruch** *m* ***der ~ setzt zwischen dem 11. und 14. Lebensjahr ein*** the voice breaks between the ages of 11 and 14; ***er war mit 12 im ~*** his voice broke when he was 12 **Stimmbürger(in)** *m(f)* POL SCHWEIZ voter; **die gesamten ~** the electorate + *sing/pl vb*
Stimme <-, -n> *f* ❶ (*Art des Sprechens*) voice; ***du hast heute so eine heisere ~*** you are [*or* your voice is] very hoarse today; **mit bestimmter ~ sprechen** to speak in a particular [tone of] voice; ***sprich nicht mit so lauter ~, man könnte uns hören!*** don't speak so loudly, someone might hear us!; ***er sprach mit erstickter Stimme*** there was a catch in his voice; **mit leiser ~ sprechen** to speak in a quiet [tone of] voice [*or* quietly]; **mit honigsüßer ~ sprechen** to speak in honeyed tones
❷ (*sprechender Mensch*) voice; ***da rief doch eben eine ~!*** there was [*or* I heard] a voice calling!
❸ POL vote; **die entscheidende ~** the deciding vote; **ungültige ~** invalid vote; **sich der ~ enthalten** to abstain; **seine ~ [für jdn/etw] abgeben** to vote [for sb/sth]; **eine/keine ~ haben** to have/not have a vote
❹ (*Meinungsäußerung*) voice; ***es werden ~n laut, die sich gegen das Projekt aussprechen*** voices are being raised against the project; ***die ~n, die mit dieser Politik nicht einverstanden sind, mehren sich*** the number of voices not in favour of this policy is increasing
❺ (*Gefühl*) ■**die ~ einer S.** *gen* the voice of sth; **die ~ des Herzens/der Vernunft/des Gewissens** the voice of one's heart/of reason/of one's conscience; ***höre auf die ~ deines Herzens*** listen to [the voice of] your heart
stimmen¹ *vi* ❶ (*zutreffen*) to be right [*or* correct]; ■**es stimmt, dass jd etw ist/tut** it is true that sb is/does sth; **stimmt!** (*fam*) right!; ***habe ich nicht völlig Recht? — stimmt!*** don't you think I'm right? — yes, I do!
❷ (*korrekt sein*) to be correct; ***diese Rechnung stimmt nicht!*** there's something wrong with this bill!; **etwas stimmt mit jdm nicht** something must be wrong with sb; **da [*o* hier] stimmt was nicht!** (*fam*) there's something wrong [*or fam* funny [going on]] here!; **stimmt so!** (*fam*) that's [*or* the rest is] for you, keep the change!
stimmen² *vt* MUS ■**etw ~** to tune sth
stimmen³ *vi* ■**für/gegen jdn/etw ~** to vote for/against sb/sth
Stimmenabgabe *f* vote; **zur ~ schreiten** to move to a vote **Stimmenanteil** *m* share of the vote **Stimmenauszählung** *f* vote count, count of votes, counting the votes; **eine ~ verlangen** to call a count **Stimmenfänger(in)** *m(f)* POL (*fam*) canvasser, vote-getter *fam* **Stimmengewinn** *m* gain of votes; **einen ~ verzeichnen [*o* verbuchen]** to record a gain of votes **Stimmengewirr** *nt* babble of voices **Stimmengleichheit** *f* tie[d vote] **Stimmenmehrheit** *f* majority of votes; **jdn durch ~ besiegen** to outvote sb; **über eine ~ verfügen** to have the majority [of votes] on one's side **Stimmenthaltung** *f* abstention; **~ üben** to abstain
Stimmenverlust *m* loss of votes; **einen ~ hinnehmen müssen** to suffer a loss of votes; ***die Umfrage sagte einen ~ von ca. 6% voraus*** the survey prophesied a loss of 6% of the votes **Stimmenwägung** *f* weighting of votes
Stimmerkennung *f* INFORM voice recognition
Stimmgabel *f* MUS tuning fork
stimmhaft LING I. *adj* voiced *spec*
II. *adv* **~ ausgesprochen werden** to be voiced *spec*
stimmig *adj* ■**[in sich] ~ sein** to be consistent [*or* coherent]
Stimmigkeit <-> *f kein pl* coherence
Stimmlage *f* MUS voice
stimmlich *adj* vocal
stimmlos LING I. *adj* voiceless *spec*
II. *adv* **~ ausgesprochen werden** to be voiceless *spec*
Stimmpflicht *f* duty to cast one's vote
Stimmrecht *nt* right to vote; **[das] ~ haben** to have the right to vote; **Aktie mit/ohne ~** voting/non-voting share [*or* AM stock]; **von seinem ~ Gebrauch machen** to exercise one's voting rights; **sein ~ verlieren** to forfeit one's voting right
Stimmrechtsaktie *f* FIN voting share [*or* AM stock] **Stimmrechtsausschluss**[RR] *m* exclusion of voting rights **Stimmrechtsausübung** *f* exercise of a voting right **Stimmrechtsbeschränkung** *f* restriction of a voting right **Stimmrechtsbindung** *f* voting commitment **stimmrechtslos** *adj inv* BÖRSE non-voting; **~e Aktie** non-voting share **Stimmrechtsmissbrauch**[RR] *m* abuse of voting rights **Stimmrechtsträger(in)** *m(f)* voter, elector **Stimmrechtsübertragung** *f* transfer of voting rights **Stimmrechtsvollmacht** *f* FIN shareholder's [*or* AM stockholder's] proxy **Stimmritze** *f* ANAT glottis, rima glottidis *spec*
Stimmung <-, -en> *f* ❶ (*Gemütslage*) mood; **jdn in ~ akk bringen** to get [*or* put] sb in a good/the right mood; ■**in der ~ [zu etw] sein** (*fam*) to be in the mood [for sth]; ■**in der ~ sein, etw zu tun** to be in the mood for doing sth; **in ~ kommen** (*fam*) to get in the [right] mood, to liven up
❷ (*Atmosphäre*) atmosphere; **eine geladene ~** a tense [*or* charged] atmosphere
❸ (*öffentliche Einstellung*) public opinion *no art, no pl;* **~ für/gegen jdn/etw machen** to stir up [public] opinion for/against sb/sth
❹ (*geh: Ambiente*) atmosphere *no pl,* ambience *no pl liter*
stimmungsaufhellend *adj* emotionally elevating **Stimmungsbarometer** *nt* mood [of [public] opinion], barometer of public opinion; **das ~ steigt/steht auf Null** (*fam*) the mood [of [public] opinion] is improving/pessimistic **Stimmungskanone** *f* (*fam: Unterhalter*) entertainer; **eine ~ sein** to be the life and soul of the party **Stimmungslage** *f* mood; **eine gereizte ~** a tense atmosphere **Stimmungsmache** *f* (*pej*) [cheap] propaganda *no art, no pl pej* **Stimmungsumschwung** *m* POL change of mood [*or* atmosphere] **stimmungsvoll** *adj* sentimental *usu pej;* ***das ~e Gedicht gibt die Atmosphäre der beeindruckenden Gebirgslandschaft gelungen wieder*** the poem aptly reflects the atmosphere of the impressive mountain landscape **Stimmungswandel** *m* ❶ (*allgemein*) change of atmosphere ❷ POL change in [public] opinion
Stimmverlust *m kein pl* loss of [one's] voice **Stimmwechsel** *m s.* Stimmbruch **Stimmzettel** *m* voting slip, ballot [paper]
Stimulans <-, Stimulantia *o* Stimulanzien> *nt*
❶ PHARM stimulant
❷ (*geh: aufreizende Darstellung*) stimulation *no pl*
Stimulation <-, -en> *f* (*geh: sexuelle Reizung*) stimulation
stimulieren* *vt* ❶ (*geh: anspornen*) ■**jdn [zu etw] ~** to spur [*or* urge] on sb *sep* [to sth], to encourage sb [to do sth]; **jdn sehr ~** to be a great encouragement to sb
❷ (*geh: sexuell reizen*) ■**jdn/etw ~** to stimulate sb/sth
❸ MED (*auslösen*) ■**etw ~** to stimulate sth
Stimulus <-, -li> *m* ❶ PSYCH stimulus
❷ (*geh: Antrieb*) stimulus
Stinkbombe *f* stink bomb
Stinkefinger *m* (*fam*) **jdm den ~ zeigen** to tell sb to fuck off *fam! sl,* to flip sb the bird AM
Stinkefuß *m* smelly feet *pl*
stinken <stank, gestunken> I. *vi* ❶ (*unangenehm riechen*) ■**[nach etw] ~** to stink [*or* reek] [of sth]
❷ (*fam: verdächtig sein*) to stink; ***die Sache stinkt*** the whole business stinks [*or* is [very] fishy]
❸ (*sl: zuwider sein*) ■**jdm stinkt etw** sb is fed up [to the back teeth] [*or* is sick to death] with sth *fam;* ■**etw [an jdm/etw] stinkt jdm** sth [about sb/sth] sickens sb, sb is fed up with sth about sb/sth; ■**jdm stinkt es, etw tun zu müssen** sb is fed up [to the back teeth] with having to do sth *fam;* **mir stinkt's!** I'm fed up [to the back teeth] with it! *fam; s. a.* **Himmel, Pest**
II. *vi impers* **es stinkt [nach etw]** it stinks [of sth]
stinkend *adj* stinking
stinkfaul *adj* (*fam*) bone lazy, bone idle BRIT; ***du bist wirklich ~*** you really are bone idle [*or pej fam* a lazy slob] **Stinkfinger** *m meist pl* sticky [*or* dirty] fingers *pl* **stinklangweilig** *adj* (*fam*) dead boring, deadly boring, boring as hell *pred fam,* [as] dull as ditchwater *pred fam;* ***es war ein ~er Vortrag*** the lecture was as boring as hell *fam* **Stinkmorchel** *f* BOT stinkhorn *spec,* carrion fungus *spec* **stinknormal** *adj* (*fam*) perfectly normal [*or* ordinary]; **wie ein ~er Mensch** like an ordinary mortal *hum* **stinkreich** *adj* (*fam*) rolling in it *pred fam,* stinking rich *pred pej fam* **stinksauer** *adj inv* (*fam*) **~ auf etw/jdn sein** to be pissed off *sl* with sth/sb **Stinktier** *nt* skunk **Stinkwut** *f* (*fam*) towering rage *no pl,* savage fury *no pl;* ■**eine ~ haben** to seethe with rage, to be livid [*or* in a raging temper]; ■**eine ~ auf jdn haben** to be in a raging temper [*or* be livid] with sb
Stint <-[e]s, -e> *m* ZOOL smelt *no indef art, no pl*
Stipendiat(in) <-en, -en> *m(f)* person receiving a stipend/scholarship
Stipendium <-s, -dien> [-diən] *nt* (*für den Klerus*) stipend; (*für Studenten*) scholarship
stippen *vt* DIAL (*tunken*) ■**etw in etw** *akk* **~** to dunk [*or* dip] sth in sth
Stippvisite [-vi-] *f* (*fam*) quick [*or* BRIT flying] visit; **bei jdm eine ~ machen** to pay sb a flying visit
stirb *imper sing von* **sterben**
Stirn <-, -en> *f* forehead, brow *liter;* **die ~ runzeln [*o* kraus ziehen]** to frown; **über jdn/etw die ~ runzeln** to frown over sb's doings/sth
► WENDUNGEN: **mit eiserner ~** (*unverschämt*) brazenly; (*unerbittlich*) resolutely; **jdm etw an der ~ ablesen** to read sth [plainly] in [*or* all over] sb's face; **jdm/einer S. die ~ bieten** (*geh*) to face [*or* stand] up to sb/sth; **da fasst man sich** *dat* **an die ~** you wouldn't believe it, would you?; **auf der ~ geschrieben stehen** (*geh*) to be written on sb's

face; **die ~ haben** [*o* **besitzen**]**, etw zu tun** to have the nerve [*or* BRIT cheek] to do sth

Stirnband <-bänder> *nt* headband **Stirnbein** *nt* ANAT frontal bone **Stirnfalte** *f* wrinkle [*or* line] [on the forehead] **Stirnglatze** *f* receding hairline; **eine ~ haben** to have a receding hairline

Stirnhöhle *f* ANAT [frontal *spec*] sinus

Stirnhöhlenentzündung *f* MED sinusitis *no art, no pl spec* **Stirnhöhlenvereiterung** *f* MED sinusitis *no art, no pl spec* **Stirnrad** *nt* TECH spur gear [*or* wheel] **Stirnrunzeln** <-s> *nt kein pl* frown **Stirnseite** *f* [narrow] side; *eines Hauses* end wall, gable end; ***der Hausherr pflegte immer an der ~ des Esstisches Platz zu nehmen*** the head of the household always liked to sit at the head of the table **Stirnwand** *f* ARCHIT end wall, side

stob *imp von* **stieben**

stöbern *vi* ■**in etw** *dat* [**nach etw** *dat*] ~ to rummage in sth [for sth]

stochern *vi* ■[**mit etw** *dat*] **in etw** *dat* ~ to poke [*or* prod] [around in] sth [with sth]

Stock¹ <-[e]s, Stöcke> *m* ❶ (*lange Holzstange*) stick
❷ HORT (*Topfpflanze*) plant
❸ (*Bienen~*) [bee]hive
▶ WENDUNGEN: **über ~ und Stein** across country; **am ~ gehen** (*fam*) to be worn out [*or* worn to a shadow] [*or* BRIT *fam!* knackered]

Stock² <-[e]s, -> *m* floor, storey BRIT, story AM; **der 1. ~** the ground [*or* AM first] floor, the first storey; **im 2. ~** on the first [*or* AM second] floor, on the second storey

stockbesoffen *adj* (*fam*) stinking [*or* dead] [*or* BRIT blind] drunk *fam*, pie-eyed *fam*, plastered *fam*

Stockbett *nt* bunk bed

Stöckchen <-s, -> *nt dim von* **Stock 1** little stick

stockdumm *adj* (*fam*) thick *fam*, [as] thick as two short planks [*or* as a brick] *fam* **stockdunkel** *adj* (*fam*) pitch-black [*or* -dark]

Stöckelabsatz *m* high heel

stöckeln *vi sein* (*fam*) ■**irgendwohin** ~ to strut [*or* stalk] somewhere; (*unsicher gehen*) to totter somewhere; (*affektiert gehen*) to trip [*or* BRIT mince] somewhere *pej*

Stöckelschuh *m* high-[*or* stiletto-]heeled shoe, high heel, stiletto

stocken *vi* ❶ (*innehalten*) ■[**in etw** *dat*] ~ to falter [in sth]
❷ (*zeitweilig stillstehen*) to come to a [temporary] halt [*or* stop], to be held up; ***immer wieder stockte der Verkehr*** there were constant hold-ups in the [flow of] traffic; **ins S~ geraten** [*o* **kommen**] to stop, to grind to a halt
❸ KOCHK (*gerinnen*) to thicken; *Milch* to curdle; *Eier* to set

stockend *adj inv* ❶ (*mit Pausen*) *Unterhaltung* flagging, faltering, hesitant
❷ (*stehend*) *Verkehr* stop-start
❸ ÖKON stagnant; **~e Wirtschaft** stagnant economy

Stockente *f* ORN mallard

stockfinster *adj* (*fam*) *s.* **stockdunkel**

Stockfisch *m* dried cod, stockfish *spec* **Stockfleck** *m* mildew *no art, no pl*, mould [*or* AM mold] spot **Stockhieb** *m* blow [with [*or* from] a stick]

Stockholm <-s> *nt* Stockholm *no art, no pl*

stockkonservativ *adj* (*fam*) ultraconservative, diehard conservative, arch-conservative *pej*, stick-in-the-mud *pej fam*, fuddy-duddy BRIT *pej*

Stock-Option ['sta:k'apʃᵊn] *f* BÖRSE stock option

Stock-Option-Modell ['sta:k'apʃᵊn-] *nt* BÖRSE stock option model

Stockrose *f* HORT hollyhock

stocksauer *adj* (*fam*) foaming at the mouth *pred fam*, pissed off *pred* BRIT *fam!*; ■**~** [**auf jdn**] **sein** to be sore [at sb], to be pissed off [with sb] BRIT *fam!* **Stockschirm** *m* stick [*or* walking-length] umbrella **stocksteif** **I.** *adj* (*fam*) [very] stiff, [as] stiff as a poker *pred*; **in ~er Haltung** [as] stiff as a poker/as pokers **II.** *adv* [very] stiffly, as stiff as a poker **stocktaub** *adj* (*fam*) [as] deaf as a post *pred*, stone deaf *fam*

Stockung <-, -en> *f* hold-up (+*gen* in); **ohne ~** without a hold-up; **ohne ~ zu Ende gehen/verlaufen** to finish [*or* end]/continue without a hold-up

Stockwerk *nt s.* **Stock²**

Stoff <-[e]s, -e> *m* ❶ (*Textil*) material, cloth
❷ (*Material*) material
❸ CHEM substance
❹ (*thematisches Material*) material *no indef art, no pl*
❺ (*Lehr~*) subject material *no indef art, no pl*
❻ *kein pl* (*sl: Rauschgift*) dope *no art, no pl fam*, shit *no art, no pl sl*

Stoffbahn *f* length of material **Stoffballen** *m* roll of material [*or* cloth] **Stoffbezug** *m* cloth cover

Stoffel <-s, -> *m* (*fam: Tölpel*) boor, booby *fam*

StoffetzenRR *m*, **Stoffetzen** *m* scrap [*or* shred] of material [*or* cloth]

stofflich *adj inv* ❶ (*das Thema betreffend*) *Unterschiede* with regard to subject matter
❷ PHILOS (*materiell*) material

Stoffpuppe *f* rag doll **Stoffrest** *m* remnant

Stoffschuh *m* cloth shoe **Stoffserviette** *f* [cloth] napkin [*or* BRIT *a.* serviette] **Stofftier** *nt* soft [*or* BRIT *a.* cuddly] toy

Stoffwechsel [-ks-] *m* metabolism *no art, no pl spec*

Stoffwechselkrankheit [-ks-] *f* metabolic disease [*or* disorder] *spec*, disease of the metabolism *spec* **Stoffwechselprodukt** *nt* product of metabolism

stöhnen *vi* to moan; (*vor Schmerz*) to groan

Stöhnen <-s> *nt kein pl* moan; (*vor Schmerz*) groan; **unter ~ sprechen** to moan/groan, to speak through one's moans/groans; **etw unter ~ hervorstoßen** to moan/groan out sth *sep*

stöhnend **I.** *adj* moaning *no art, no pl*; (*vor Schmerz*) groaning *no art, no pl*; **~e Laute** moans/groans; **mit ~er Stimme** moaning/groaning
II. *adv* with a moan/groan; **etw ~ hervorpressen** to gasp [out *sep*] sth with a groan, to groan out sth *sep*

stoisch ['ʃt-, 'st-] *adj* (*geh*) stoic[al] *a. form*

Stola <-, Stolen> ['ʃt-, 'st-] *f* ❶ MODE shawl; (*aus Pelz*) stole *form*
❷ REL stole *spec*

Stolle <-, -n> *f* KOCHK (*Weihnachtsgebäck*) stollen

Stollen¹ <-s, -> *m* BERGB tunnel; **senkrechter/waagrechter ~** shaft/gallery

Stollen² <-s, -> *m* KOCHK stollen (*sweet bread made with dried fruit often with marzipan in the centre, eaten at Christmas*)

Stolperdraht *m* tripwire

stolpern *vi sein* ❶ (*zu fallen drohen*) to trip, to stumble; ■**über etw** *akk* ~ to trip [*or* stumble] over sth
❷ (*als auffallend bemerken*) ■**über etw** *akk* ~ to be puzzled by [*or* to wonder at] sth
❸ (*seine Stellung verlieren*) ■**über jdn/etw** ~ to come to grief [*or* come unstuck] [*or* BRIT *fam* come a cropper] over sb/sth

stolz *adj* ❶ (*sehr selbstbewusst*) proud, arrogant; (*pej*) cocky *fam*, conceited *pej*
❷ (*hocherfreut*) proud, delighted; **der ~e Vater** the proud father; ■**~ auf jdn/etw sein** to be proud of [*or* delighted with] sb/sth
❸ (*geh: erhebend*) proud, great, glorious
❹ (*imposant*) proud; **eine ~e Burg** a lofty [*or* majestic] [*or* splendid] castle
❺ (*beträchtlich*) high, stiff, steep *fam*; **eine ~e Summe** a tidy sum *fam*

Stolz <-es> *m kein pl* ❶ (*starkes Selbstwertgefühl*) pride *no art, no pl*; **jds ganzer ~ sein** to be sb's pride and joy; *Sohn/Tochter a.* to be the apple of sb's eye
❷ (*freudige Zufriedenheit*) pride *no art, no pl*

stolzieren* *vi sein* ■**irgendwohin** ~ to strut [*or* prance] somewhere

Stop *m* SPORT *s.* **Stopp**

stop *interj s.* **stopp**

Stop <-s, -s> *m s.* **Stopp**

Stop-and-go[-Verkehr] <-s> ['stɔpʔənd'go:-] *nt kein pl* stop-and-go traffic *no art, no pl* AM

Stopfei *nt* darning egg [*or* mushroom]

stopfen **I.** *vt* ❶ (*hineinzwängen*) ■[**sich** *dat*] **etw in etw** *akk* ~ to push [*or* stuff] [*or fam* cram] sth into sth; **Essen in den Mund** ~ to stuff [*or* cram] food into one's mouth [*or* face] *fam*; **sich** *dat* **Watte in die Ohren** ~ to put wool in one's ears
❷ (*mit etw füllen*) ■**etw** [**mit etw**] ~ to fill sth [with sth]; ***zu prall gestopft*** overstuffed; **eine Pfeife mit etw** ~ to fill [*or* pack] a pipe with sth; **ein Loch mit etw** ~ to fill [*or* pack] [*or fam* stuff] a hole with sth; *s. a.* **Loch**
❸ (*mit Nadel und Faden ausbessern*) ■**etw** ~ to darn sth
II. *vi* ❶ (*flicken*) to darn, to do darning
❷ (*sättigen*) to be filling, to fill up one/sb *sep*
❸ (*fam: hineinschlingen*) to stuff oneself *fam*
❹ (*die Verdauung hemmen*) to cause constipation

Stopfen <-s, -> *m* DIAL (*Stöpsel*) stopper; (*für Badewanne*) plug; (*Fassstöpsel*) bung; (*Korken*) cork

Stopfgarn *nt* darning thread [*or* wool] [*or* cotton] *no art, no pl* **Stopfleber** *f* KOCHK *liver of a specially fattened goose* **Stopfnadel** *f* darning needle

Stop-Loss-Order *f* BÖRSE stop-loss order

stoppRR *interj* stop; **~ mal!** (*fam*) just a moment!

StoppRR <-s, -s> *m* ❶ (*Halt*) stop; **ohne ~** without stopping
❷ FIN (*Einfrieren*) freeze; ***die Regierung erwägt einen ~ für Löhne/Gehälter und Preise*** the government is considering freezing wages/salaries and prices
❸ SPORT drop shot; (*Volley*) stop volley

Stoppbefehl *m* stop instruction **Stoppbit** *nt* INFORM stop bit [*or* element]

Stoppel¹ <-, -n> *f meist pl* ❶ AGR (*Getreide~*) stubble *no art, no pl*
❷ (*Bart~*) stubble *no art, no pl*; (*gegen Abend a.*) five o'clock shadow *no pl*

Stoppel² <-s, -> *m* ÖSTERR (*Stöpsel*) plug

Stoppelbart *m* (*stoppeliges Kinn*) stubble [on one's/sb's chin]; (*gegen Abend a.*) five o'clock shadow *no pl*; (*kurzer Bart*) stubbly beard **Stoppelfeld** *nt* AGR stubble *no art, no pl*, stubble field, field of stubble

stopp(e)lig *adj* stubbly

stoppen **I.** *vt* ❶ (*anhalten*) ■**jdn/etw** ~ to stop sb/sth
❷ (*zum Stillstand bringen*) ■**etw** ~ to stop [*or* put a stop to] sth, to bring sth to a halt [*or* stop] [*or* standstill]; ***die Verhandlungsgespräche sind gestoppt worden*** the negotiations have broken down; **die Ausführung ~** INFORM, TECH to abort the execution
❸ SPORT (*Zeit nehmen*) ■**jdn/etw** ~ to time sb/sth
II. *vi* ■[**vor etw** *dat*] ~ to stop [at [*or* in front of] [*or form* before] sth]

Stopper <-s, -> *m* (*Bremse am Rollschuh*) brake stop

stopplig *adj s.* **stoppelig**

StoppschildRR <-schilder> *nt* stop [*or* BRIT *a.* halt] sign **StoppstraßeRR** *f* stop street AM (*road with stop signs*) **StoppuhrRR** *f* stopwatch

Stopschild <-schilder> *nt s.* **Stoppschild**

Stöpsel <-s, -> *m* ❶ (*Pfropfen*) stopper; (*für Badewanne/Waschbecken*) plug; (*Fass~*) bung
❷ (*hum fam: Knirps*) [little] nipper *fam*, kid *fam*, sprog BRIT *fam*

stöpseln *vt* ■**etw in etw** *akk* ~ to put [*or* insert] sth in sth, to plug in sth *sep*; ***den Fernsehstecker in die Steckdose*** ~ to plug in the TV *sep* **Stopstraße** *f s.* Stoppstraße **Stopuhr** *f s.* **Stoppuhr**

Stör <-[e]s, -e> *m* ZOOL sturgeon

störanfällig *adj* liable to break down *pred*; **~e Elektronik** interference-prone electronics *spec*

Storch <-[e]s, Störche> *m* stork

Storchenbeine *pl* long thin legs *pl* **Storchennest** *nt* stork's nest

Störchin *f fem form von* **Storch** female stork

Storchschnabel *m* BOT cranesbill

S

Store <-s, -s> ['ʃtoːɐ, 'st-] *m* net curtain
stören I. *vt* ❶ (*beeinträchtigend unterbrechen*) ■**jdn** [**bei etw**] ~ to disturb sb [when he/she is doing sth]; **jdn bei der Arbeit** ~ to disturb sb at his/her work; **lass dich/lassen Sie sich nicht** ~! don't let sb/sth disturb you!; (*allgemein*) don't let anybody/anything disturb you!
❷ (*im Fortgang unterbrechen*) ■**etw** [**durch etw**] ~ to disrupt sth [by sth/by doing sth]
❸ (*beeinträchtigen*) ■**jdn** ~ to bother [*or* disturb] sb
❹ (*unangenehm berühren*) ■**etw** [**an jdm/etw**] **stört jdn,** ■**etw stört jdn an jdm/etw** sth [about sb/sth] upsets [*or* bothers] sb, sb doesn't like [*or* dislikes] sth [about sb/sth]; ■**es stört jdn, wenn jd etw tut** sb minds [*or* it bothers sb] when sb does sth; ***stört es Sie, wenn ich …?*** does it bother you [*or* do you mind] if I …?; ***das stört mich nicht*** that doesn't bother me; ***ich würde gern das Fenster aufmachen — stört dich das?*** I'd like to open the window — do [*or* would] you mind?; ***hör bitte auf! das stört mich!*** please stop! that's annoying me [*or* getting on my nerves] !
II. *vi* ❶ (*bei etw unterbrechen*) to disturb sb/sth; ***ich will nicht ~, aber …*** I hate to disturb [*or* bother] you, but …
❷ (*lästig sein*) ■[**bei etw**] ~ to be irritating [*or* annoying] [when sb is doing sth]; *Geräusch, Dröhnen, Musik* to be too loud [to do sth [*or* for doing sth]]; ***könntest du die Musik etwas leiser machen, das stört bei der Arbeit*** could you turn down the music a bit, I can't [*or* it's too loud to] work; **etw als ~d empfinden** to find sth annoying [*or* irritating]; **es als ~d empfinden, wenn jd etw tut** to find it annoying [*or* irritating] when sb does sth, to find sb's doing sth annoying [*or form* irritating]; ***empfinden Sie es als ~d, wenn ich rauche?*** do you mind [*or* does it bother you] if I smoke?
III. *vr* ■**sich** *akk* **an etw** *dat* ~ to let sth bother [*or* annoy] [*or* irritate] one
störend <-er, -ste> *adj Lärm* disturbing, intrusive; *Umstand* annoying; *Begleiterscheinung* troublesome; *Besucher* unwelcome; **etw als ~ empfinden** to find sth irritating [*or* annoying]
Störenfried <-[e]s, -e> *m* (*fam*) troublemaker, mischief-maker
Störer(in) <-s, -> *m(f)* nuisance, pest *fam;* JUR *a.* intruder, troublemaker
Störfaktor *m* disruptive element [*or* factor]/pupil **Störfall** *m* (*technischer Defekt*) fault; (*Fehlfunktion*) malfunction; **im ~** in case [*or* the event] of malfunction **Störgeräusch** *nt* interference *no art, no pl* **Störmanöver** *nt* attempt to disrupt sth, disruptive action *no pl*
Storni *pl s.* **Storno**
stornieren* *vt* ■**etw** ~ to cancel sth; **eine Buchung** ~ to reverse an entry
Stornierung <-, -en> *f* ❶ HANDEL *eines Auftrags* cancellation; ~ **einer Bestellung** order cancellation
❷ FIN *einer Buchung* reversal, correcting entry
Storno <-s, Storni> *m o nt Reise, Auftrag* cancellation; *einer Buchung* reversal
Stornogebühr *f* HANDEL cancellation fee [*or* charge]
störrisch I. *adj* ❶ (*widerspenstig*) obstinate, stubborn
❷ (*schwer zu kämmen*) stubborn, unmanageable
II. *adv* obstinately, stubbornly
Störsender *m* jammer, jamming transmitter
Störung <-, -en> *f* ❶ (*Unterbrechung*) interruption, disruption, disturbance; ~ **der öffentlichen Sicherheit** [*o* **Ordnung**] disturbance of the peace
❷ METEO **eine atmosphärische** ~ atmospheric disturbance
❸ (*Störsignale*) interference *no art, no pl*
❹ (*technischer Defekt*) fault; (*Fehlfunktion*) malfunction
❺ MED (*Dysfunktion*) disorder, dysfunction *spec*
► WENDUNGEN: **eine atmosphärische** ~ a tense atmosphere
Störungsdienst *m* TELEK faults service BRIT, repair service AM **störungsfrei** *adj inv* TV, RADIO free from interference; **~er Empfang** distortion-free reception **Störungsstelle** *f* TELEK faults department *hist,* customer hotline, customer service AM
Story <-, -s> ['stoːri, 'stɔri] *f* (*fam*) story
Stoß[1] <-es, Stöße> *m* ❶ (*Schubs*) push, shove; (*mit dem Ellbogen*) dig; (*schwächer*) nudge; (*mit der Faust*) punch; (*mit dem Fuß*) kick; (*mit dem Kopf*) butt; **jdm einen ~ versetzen** (*geh*) to give sb a push/kick/nudge etc., to push/kick/nudge etc. sb
❷ (*das Zustoßen*) *einer Waffe* thrust
❸ (*Anprall*) bump, jolt
❹ (*Erschütterung*) bump
❺ (*Erdstoß*) tremor
► WENDUNGEN: **sich** *dat* **einen ~ geben** to pull oneself together
Stoß[2] <-es, Stöße> *m* (*Stapel*) pile, stack
Stoßband <-bänder> *nt* MODE edging [*or* reinforcement] band [*or* tape] *spec* **Stoßdämpfer** *m* AUTO shock absorber, shock *spec fam*
Stößel <-s, -> *m* pestle
stoßen <stößt, stieß, gestoßen> I. *vt* ❶ (*schubsen*) ■**jdn** ~ to push [*or* shove] sb; ■**jdn in/vor etw** *akk* ~ to push [*or* shove] sb into/in front of sth; ■**jdn aus/von etw** ~ to push [*or* shove] sb out of/off sth; ■**jdn mit etw** ~ to knock sb with sth; **jdn mit der Faust/dem Fuß/dem Kopf** ~ to punch/kick/butt sb; **jdn in die Seite mit dem Ellbogen** ~ to dig sb in the ribs
❷ SPORT **die Kugel** ~ (*in Athletik*) to put the shot; (*in Billard*) to hit [*or* strike] the ball
❸ (*aufmerksam machen*) ■**jdn auf etw** *akk* ~ to point out sth *sep* to sb
II. *vr* ❶ (*sich verletzen*) ■**sich** *akk* [**an etw** *dat*] ~ to hurt [*or* knock] oneself [on sth]; ■[**sich** *dat*] **etw** [**an etw** *dat*] ~ to bang [*or* bump] [*or* hurt] one's sth [on sth]; [**sich** *dat*] **den Kopf** [**an etw** *dat*] ~ to bang [*or* bump] one's head [on sth]
❷ (*Anstoß nehmen*) ■**sich an jdm/etw** ~ to take exception [*or* objection] to sth; **sich** *akk* **an jds** *dat* **Aussehen** ~ to find fault with sb's appearance
III. *vi* ❶ *sein* (*aufschlagen*) ■**an etw** *akk* ~ to knock [*or* bang] [*or* bump] against sth; **mit dem Kopf an etw** *akk* ~ to bang one's head on [*or* against] sth; ■**gegen jdn/etw** ~ to knock [*or* bump] into sb/sth; *Auto* to crash into sb/sth
❷ *haben* (*zu~*) ■[**mit etw**] **nach jdm** ~ to thrust at sb [with sth]; ***er stieß immer wieder mit dem Stock nach mir*** he tried again and again to hit me with the stick; ***der Stier stieß [mit den Hörnern] nach dem Torero*** the bull charged the matador [with lowered horns]
❸ *sein* (*grenzen*) ■**an etw** *akk* ~ to be bordered by sth; ***mein Grundstück stößt im Süden an einen Bach*** my plot is bordered to the south by a stream, a stream borders my plot to the south
❹ *sein* (*direkt hinführen*) ■**auf etw** *akk* ~ to lead to [*or* meet] sth
❺ *sein* (*treffen*) ■**zu jdm** ~ to join sb
❻ *sein* (*finden*) ■**auf jdn/etw** ~ to find [*or* come across [*or* upon]] sb/sth; **auf Erdöl** ~ to strike oil
❼ *sein* (*konfrontiert werden*) ■**auf etw** *akk* ~ to meet with sth
❽ SCHWEIZ (*schieben*) to push, to shove; (*drücken*) to push
Stoßfänger *m* AUTO bumper **stoßfest** *adj* shockproof; ***angeblich soll es sich um kratzfeste und ~e Gläser handeln*** apparently you can't scratch or break these glasses; **~e Verpackung** padded packaging **Stoßfuge** *f* BAU butt joint **Stoßgebet** *nt* [quick [*or* hurried]] prayer; **ein ~ zum Himmel schicken** to send up a [quick [*or* hurried]] prayer **Stoßseufzer** *m* deep sigh **Stoßstange** *f* bumper; **~ an ~** bumper to bumper **Stoßtrupp** *m* MIL shock troops *pl* **Stoßverkehr** *m* TRANSP rush hour [traffic] *no art, no pl* **Stoßwaffe** *f* HIST stabbing weapon, weapon for stabbing
stoßweise *adv* ❶ (*ruckartig*) spasmodically, in fits and starts, fitfully; ~ **atmen** (*hecheln*) to pant; (*unregelmäßig*) to breathe irregularly
❷ (*in Stapeln*) in piles; ***auf diese Anzeige kamen ~ Bewerbungen*** there were piles of applications in answer to the advert *fam*
Stoßzahn *m* tusk **Stoßzeit** *f* ❶ (*Hauptverkehrszeit*) rush hour *no art, no pl* ❷ (*Hauptgeschäftszeit*) peak [*or* busy] time; ***kommen Sie doch bitte außerhalb der üblichen ~en*** please don't come [*or* it's better not to come] at peak time
Stotterei <-, -en> *f* (*fam*) stuttering *no art, no pl;* (*aus Verlegenheit a.*) stammering *no art, no pl*
Stotterer, Stotterin <-s, -> *m, f* stutterer; (*aus Verlegenheit a.*) stammerer
stottern I. *vi* ❶ (*stockend sprechen*) to stutter; (*aus Verlegenheit a.*) to stammer; ■**das S~** stuttering/stammering; **ins S~ geraten** [*o* **kommen**] to start [*or* begin] stuttering/stammering
❷ *Motor* to splutter
II. *vt* ■**etw** ~ to stammer [out *sep*] sth
Stövchen <-s, -> *nt* [teapot/coffee pot] warmer (*small stand with candle, used for keeping a teapot/coffee pot hot*)
Stoxx <-> *m kein pl* (*europäischer Aktienindex*) Stoxx
StPO <-> *f Abk von* **Strafprozessordnung**
Str. *Abk von* Straße St, AM *a.* St.
stracks *adv* straight; ***jetzt aber ~ nach Hause!*** home with you, straight away!
Strafänderung *f* JUR change of penalty **Strafandrohung** *f* JUR warning of criminal proceedings, commination; **jdn unter ~ vorladen** to subpoena sb **Strafanstalt** *f* penal institution, prison, jail **Strafantrag** *m* petition *form* (*for a particular penalty or sentence*); **den/seinen ~ stellen** to institute [*or* initiate] criminal proceedings *form;* **einen ~ gegen jdn stellen** to start [*or form* institute] legal proceedings against sb, to take sb to court **Strafanzeige** *f* [criminal] charge; ~ [**gegen jdn**] **erstatten** to bring [*or form* prefer] a criminal charge against sb **Strafarbeit** *f* SCH [written] punishment; (*geschrieben a.*) lines *pl* BRIT, extra work AM; **jdm eine ~ aufgeben** to punish sb/to give sb lines; ***die Lehrerin gab ihm eine ~ [in Form eines Aufsatzes] auf*** the teacher gave him an extra essay to do **Strafarrest** *m* JUR *short-term military imprisonment* **Strafaufhebungsgrund** *m* JUR reason for withdrawal of punishment **Strafaufschub** *m* JUR deferment [*or* deferral] of sentence **Strafausschließungsgrund** *m* JUR legal reason for exemption from punishment **Strafaussetzung** *f* JUR suspension of sentence; ~ **zur Bewährung** suspension of sentence on probation **Strafausstand** *m* JUR unserved portion of a sentence **Strafbank** *f* SPORT (*beim Handball, Eishockey*) penalty bench, sin bin *fam;* **die ~ drücken** (*fam o fig*) to be on the penalty bench [*or fam* in the sin bin]
strafbar *adj* punishable [by law], liable to prosecution *pred;* **~e Handlung** criminal act; **sich** [**mit etw**] ~ **machen** to make oneself liable to prosecution; **sich ~ machen, wenn man etw tut** to make oneself liable to prosecution if one does sth
Strafbarkeit <-> *f kein pl* JUR punishability, penal liability
Strafbefehl *m* JUR order of summary punishment (*on the application of the public prosecutor's office*)
Strafbefehlsverfahren *nt* JUR summary punishment **Strafbemessung** *f* JUR assessment of punishment **Strafbestimmungen** *pl* JUR penalty provisions, penal statutes
Strafe <-, -n> *f* ❶ (*Bestrafung*) punishment *no pl;* JUR *a.* penalty, sentence; **Absehen von ~** exemption from punishment; **eine gerechte** [*o* **verdiente**] ~ a just punishment; ***er hat seine verdiente ~ bekommen!*** (*fam*) he got what was coming to him! *fam;* **das ist die ~** [**dafür**]! (*fam*) that's what you get [for doing it]!; **die ~ dafür sein, etw getan zu haben** to be the punishment for doing sth; ***er hat einen Unfall gehabt, das war die ~ dafür, bei Glatteis Auto zu fahren*** he had an accident, that's what happens when you drive in icy conditions; **eine ~ sein** (*fam*) to be a pest [*or* a real pain in the neck] *fam;* **eine ~ sein, etw tun zu müssen** (*fam*)

to be a pain having to do sth; ~ **muss sein!** discipline is necessary!; ***ab in dein Zimmer, ~ muss sein!*** go to your room, you'll have to be punished; **zur** ~ as a punishment
❷ (*Geld~*) fine; ~ **zahlen** to pay a fine; (*Haft~*) sentence; **seine** ~ **abbüßen** [*o* **absitzen**] [*o fam* **abbrummen**] to serve [out] one's [*or* a] sentence, to do porridge BRIT *sl*, to do time AM; ***sie wird ihre acht Jahre ~ abbrummen müssen*** she'll have to go behind bars for eight years [*or* BRIT *fam* to do eight years' porridge]; **es ist bei ~ verboten, etw zu tun** it is forbidden on pain of punishment to do sth *form*
► WENDUNGEN: **die ~ folgt auf dem Fuße** [the] punishment follows swiftly

strafen *vt* ❶ (*geh: be~*) ■**jdn [für etw]** ~ to punish sb [for sth]; ***das Leben/Schicksal hat sie für ihre früheren Missetaten gestraft*** life/fate has been hard on her for her earlier misdeeds; **mit jdm/etw gestraft sein** to suffer under sb/sth, to be stuck with sb/sth *fam*; ***mit dieser Arbeit bin ich wirklich gestraft*** this work is a real pain *fam*
❷ (*behandeln*) ■**jdn mit etw** ~ to punish sb with sth; ***sie strafte meine Warnungen nur mit Hohn*** she greeted my warnings with derision; **jdn mit Verachtung** ~ to treat sb with contempt; *s. a.* **Lüge**

strafend I. *adj attr* punitive, punishing *attr*; **mit einem ~en Blick/~en Worten** with a withering look/sharp words; **jdn mit ~en Worten tadeln** to speak sharply to sb
II. *adv* punishingly; **jdn ~ ansehen** to give sb a withering look

Strafentlassene(r) *f(m) dekl wie adj* ex-convict, ex-prisoner

Straferlass[RR] *m* remission [of a/the sentence]; **ein vollständiger** ~ a pardon

straff I. *adj* ❶ (*fest gespannt*) taut, tight
❷ (*nicht schlaff*) firm
❸ (*aufrecht*) erect
❹ (*eng anliegend*) tight; **einen ~en Sitz haben** to fit tightly
❺ (*streng*) strict
II. *adv* ❶ (*fest gespannt*) tightly
❷ (*eng anliegend*) tightly
❸ (*streng*) severely; ~ **gescheiteltes Haar** severely parted hair
❹ (*strikt*) strictly

straffällig *adj* JUR punishable, culpable *form*, criminal *attr*; **ein ~er Mensch** a criminal; **ein ~er Jugendlicher** a young offender; ■~ **sein/werden** to have committed/commit a criminal offence [*or* AM -se], to be/become a criminal [*or* an offender]; ***mehrfach ~ gewordene Täter*** those with previous convictions

straffen I. *vt* ❶ (*straff anziehen*) ■**etw** ~ to tighten sth
❷ (*kürzen*) ■**etw** ~ to shorten sth; **einen Artikel/Text** ~ to shorten an article/text; (*präziser machen*) to tighten up an article/text *sep*
❸ MED (*straffer machen*) ■**[jdm] etw** ~ to make sb's sth firmer, to tighten up sb's sth *sep*; ■**sich** *dat* **etw ~ lassen** to have one's sth made firmer [*or* tighter]; **sich** *dat* **das Gesicht ~ lassen** to have a facelift
II. *vr* ■**sich** ~ to tighten; *Segel* to fill with wind

Straffheit <-> *f kein pl* ❶ *der Haut* firmness
❷ *eines Seils* tautness, tightness
❸ (*fig*) *einer Ordnung* strictness

straffrei I. *adj* unpunished; ~ **bleiben** [*o* **ausgehen**] to go unpunished, to get off scot-free; *Kronzeuge* to be immune from criminal prosecution
II. *adv* with impunity

Straffreiheit *f kein pl* immunity from criminal prosecution

Straffungscreme *f* lifting cream

Strafgefangene(r) *f(m) dekl wie adj* prisoner

Strafgericht *nt* (*geh*) punishment; **Gottes** ~ divine judgement; **ein ~ abhalten** to hold a trial **Strafgesetz** *nt* criminal [*or* penal] law **Strafgesetzbuch** *nt* penal [*or* criminal] code **Strafjustiz** *f kein pl* criminal [*or* penal] justice *no pl, no art* **Strafkammer** *f* JUR criminal court [*or* division] (*of a district court*) **Strafklageverbrauch** *m* JUR ne bis in idem **Strafklausel** *f* JUR penalty clause **Straflager** *nt* prison [*or* detention] camp; POL (*euph: KZ*) concentration camp

sträflich *adj* criminal *attr*

Sträfling <-s, -e> *m* prisoner; (*condemned to do forced labour*) convict

Sträflingskleidung *f* prison clothing *no pl, no indef art*, prison clothes *npl*

straflos *adj inv* unpunished; ~ **bleiben** [*o* **ausgehen**] to go unpunished [*or fam* get off scot-free]

Strafmakel *m* JUR taint of a previous conviction **Strafmandat** *nt* ticket; (*Strafgebühr*) fine; **[für etw] ein ~ bekommen** to get a ticket/fine [for sth] **Strafmaß** *nt* sentence; **das höchste** ~ the maximum penalty [*or* sentence]; **das ~ bestimmen** to fix the penalty **Strafmaßnahme** *f* JUR sanction, punative measure **strafmildernd** *adj inv* JUR mitigating **Strafmilderung** *f* JUR mitigation of punishment; **für** [*o* **auf**] ~ **plädieren** to plead in mitigation **strafmündig** *adj inv* of the age of criminal responsibility **Strafporto** *nt* excess postage, surcharge **Strafpredigt** *f* (*fam*) sermon *pej*; **jdm eine ~ halten** to lecture sb; ***jetzt hör aber auf, mir ~en zu halten!*** stop lecturing [*or pej* preaching at [*or* to]] me! **Strafprozess**[RR] *m* trial, criminal proceedings *pl* **Strafprozessordnung**[RR] *f* code of criminal procedure **Strafprozessrecht**[RR] *nt* JUR law of criminal procedure **Strafpunkt** *m* SPORT penalty point **Strafrahmen** *m* JUR range of punishment[s]; **gesetzlicher** ~ statutory range of punishment **Strafraum** *m* FBALL penalty area

Strafrecht *nt kein pl* JUR criminal [*or* penal] law *no art, no pl*; **internationales** ~ international criminal law; **Straf- und Ordnungswidrigkeitenrecht** criminal law

Strafrechtler(in) <-s, -> *m(f)* criminal lawyer

strafrechtlich *adj* criminal *attr*; **eine ~e Frage/Problematik** a question/problem concerning criminal law; **jdn [wegen etw] ~ belangen** to prosecute sb [for sth], to bring [*or form* prefer] a criminal charge against sb

Strafrechtspflege *f* JUR administration of penal justice

Strafregister *nt* criminal [*or* police] records *pl*; ***sein Name erscheint nicht im*** ~ he doesn't have a criminal record **Strafrichter(in)** *m(f)* [criminal court] judge **Strafsache** *f* criminal case [*or* matter] **Strafschärfung** *f* JUR aggravation of sentence **Strafsenat** *m* JUR high criminal court (*of the Court of Appeal/Federal Supreme Court*) **Strafstoß** *m* FBALL, SPORT penalty [kick] **Straftat** *f* [criminal] offence [*or* AM -se], criminal act; **politische** ~ political offence; **eine ~ begehen/verfolgen** to commit/prosecute an offence **Straftatbestand** *m* JUR facts constituting an offence; **angenommener** ~ construed offence **Straftäter(in)** *m(f)* criminal, offender **Strafunmündigkeit** *f* JUR age below criminal responsibility **Strafurteil** *nt* JUR conviction and sentence **Strafverbüßung** *f* JUR serving a sentence **Strafverfahren** *nt* criminal proceedings *pl*; **ein ~ einleiten** to institute criminal proceedings; **ein ~ einstellen** to dismiss [*or* withdraw] the charge, to drop the case

Strafverfolger(in) *m(f)* JUR public prosecutor BRIT, district attorney AM

Strafverfolgung *f* JUR [criminal] prosecution; **die ~ veranlassen** to authorize prosecution; **die ~ einstellen** to drop the charge, to discontinue the prosecution

Strafverfolgungsbehörde *f* prosecution service **Strafverlangen** *nt kein pl* JUR request for punishment **strafverschärfend** *adj inv Umstand* aggravating **strafversetzen*** *vt nur infin und pp* ■**[irgendwohin] strafversetzt werden** to be transferred [somewhere] for disciplinary reasons [*or* on disciplinary grounds] **Strafversetzung** *f* disciplinary transfer, transfer for disciplinary reasons [*or* on disciplinary grounds] **Strafverteidiger(in)** *m(f)* defence [*or* AM -se] lawyer, counsel for the defence BRIT, defending counsel AM **Strafvollstreckung** *f* JUR penal execution **Strafvollzug** *m* execution of a sentence **Strafvollzugsanstalt** *f* (*geh*) penal institution, prison **Strafvollzugsgesetz** *nt* JUR ■**das** ~ the laws *pl* of prison administration **Strafvorbehalt** *m* JUR reserved punishment **Strafwurf** *m* SPORT penalty throw **Strafzettel** *m* (*fam*) [parking/speeding] ticket **Strafzumessung** *f* JUR award [*or* assessment] of punishment

Strahl <-[e]s, -en> *m* ❶ (*Licht~*) ray [of light]; (*Sonnen~*) sunbeam BRIT, sunray AM; (*konzentriertes Licht*) beam
❷ *pl* PHYS (*Wellen*) rays *pl*
❸ (*Wasser~*) jet

Strahlbreite *f* beam spread

Strahlemann *m* (*fam*) sunny boy

strahlen *vi* ❶ (*leuchten*) ■**irgendwohin** ~ to shine somewhere; **auf jdn** ~ to shine on sb; **jdm ins Gesicht/auf jds Gesicht** ~ to shine [straight] into sb's eyes
❷ (*Radioaktivität abgeben*) to be radioactive
❸ (*ein freudiges Gesicht machen*) ■**[vor etw** *dat*] ~ to beam [*or* be radiant] [with sth]; **vor Gesundheit** ~ to radiate [good] health; **über das ganze Gesicht** ~ to beam all over one's face
❹ (*glänzen*) ■**[vor etw** *dat*] ~ to shine [with sth]

Strahlenbehandlung *f* radiotherapy *no art, no pl* **strahlenbelastet** *adj* radioactive **Strahlenbelastung** *f* radiation *no art, no pl*, radioactive contamination *no pl* **Strahlenbiologie** *f kein pl* radiobiology **Strahlenbrechung** *f* refraction **Strahlenbündel** *nt* pencil of rays

strahlend I. *adj* ❶ (*sonnig*) glorious
❷ (*freude~*) beaming
❸ (*radioaktiv verseucht*) radioactive
II. *adv* **jdn ~ ansehen** to beam [*or* smile happily] at sb

Strahlendosis *f* dose of radiation, radiation [*or* exposure] dose **strahlenexponiert** *adj inv* exposed to radiation *pred* **strahlengeschädigt** *adj* suffering from radiation sickness, damaged by radiation **Strahlenkrankheit** *f* MED radiation sickness *no art, no pl*; ***viele Tausende litten nach der Reaktorkatastrophe an der*** ~ thousands of people suffered from the effects of radiation after the reactor disaster **Strahlenmesser** *m* actinometer *spec* **Strahlenopfer** *nt* victim of radioactivity **strahlenresistent** *adj inv* resistant to radiation *pred* **Strahlenrisiko** *nt* risk of radiation **Strahlensatz** *m* MATH intercept theorem **Strahlenschäden** *pl* radiation injuries *pl* [*or no pl, no indef art* damage] **Strahlenschutz** *m kein pl* radiation protection [*or* shielding] *no art, no pl*, protection against radioactivity **Strahlenschutzkommission** *f* NUKL ■**die** ~ the German Commission on Radiation Protection **Strahlentherapie** *f s.* **Strahlenbehandlung** **Strahlenverbrennung** *f* radiation burn **strahlenverseucht** *adj* contaminated with radioactivity *pred*

Strahler <-s, -> *m* (*Leuchte*) spotlight, spot *fam*; NUKL radiation emitter *spec*

Strahltriebwerk *nt* LUFT jet engine

Strahlung <-, -en> *f* PHYS radiation *no art, no pl*; **elektromagnetische** ~ electromagnetic radiation; **radioaktive** ~ radioactivity

strahlungsarm *adj* low-radiation **Strahlungsenergie** *f* radiant energy **Strahlungsgrill** *m* radiator grille **Strahlungsgürtel** *m* PHYS radiation belt **Strahlungsintensität** *f* intensity of radiation **Strahlungswärme** *f* radiant heat

Strähnchen <-s, -> *nt* streak; (*ein Ton heller*) highlight; ~ **machen lassen** to have streaks done

Strähne <-, -n> *f* strand; ***dir fallen die ~n in die Stirn*** your hair's falling in your eyes; ***als Erinnerung an sie bewahrte er eine ~ ihres Haares auf*** he kept a lock of her hair as a souvenir of her; **eine weiße** ~ a white streak; ***sie hat sich blonde ~n in die Haare machen lassen*** she had blond streaks put in her hair, she had her hair streaked blond

Strähnenkamm *m* Afro pick

strähnig *adj* straggly; **~es Haar** straggly hair, hair in

S

rat's tails
stramm I. *adj* ❶ (*straff*) tight; ■**etw ~ ziehen** to pull sth tight, to tighten sth; **seinen Gürtel ~ ziehen** to cinch [*or* tighten] one's belt
❷ (*eng anliegend*) tight
❸ (*kräftig*) strong, brawny, strapping *hum fam;* **ein ~es Baby** a bouncing baby
❹ (*drall*) taut; **~ Beine/Waden** sturdy legs/calves
❺ (*fam: intensiv*) intensive; **~e Arbeit** hard work; **ein ~er Marsch** a brisk march
❻ (*aufrecht*) erect, upright
❼ (*linientreu*) staunch; **ein ~er Katholik** a strict [*or* dyed-in-the-wool] Catholic
❽ KOCHK **~er Max** *ham and fried eggs on toast*
II. *adv* ❶ (*eng anliegend*) tightly
❷ (*fam: intensiv*) intensively; **~ arbeiten** to work hard; **~ marschieren** to march briskly
stramm|stehen *vi irreg* ■**[vor jdm] ~** to stand to attention [in front of [*or form* before] sb]
stramm|ziehen *vt irreg s.* **stramm 1**
Strampelanzug *m* romper suit **Strampelhöschen** [-hø:sçən] *nt* romper suit, rompers *npl,* Babygro BRIT
strampeln *vi* ❶ *haben* (*heftig treten*) [**mit den Beinen**] ~ to kick [[about *sep*] one's legs], to kick about
❷ *sein* (*fam: Rad fahren*) to cycle; **ganz schön ~** to pedal like mad [*or* AM crazy] *fam*
❸ *haben* (*fam: sich abmühen*) to struggle, to slave [away]; ***ich muss ziemlich ~, um die Miete zahlen zu können*** it's a struggle to pay the rent
Strampler <-s, -> *m* crawler, rompers *npl*
Strand <-[e]s, Strände> *m* beach, seashore; **am ~** on the beach [*or* seashore]; *eines Sees* shore
Strandbad *nt* bathing beach **Stranddistel** *f* BOT sea holly
stranden *vi sein* ❶ (*auf Grund laufen*) ■**irgendwo ~** to run aground somewhere
❷ (*geh: scheitern*) ■**[in/mit etw** *dat*] ~ to fail [in sth]
► WENDUNGEN: **irgendwo gestrandet sein** to be stranded somewhere
Strandgut *nt kein pl* (*geh*) flotsam and jetsam + *sing vb* **Strandhafer** *m* BOT beach grass *no art, no pl spec* **Strandhotel** *nt* beach [*or* seaside] hotel, hotel on the beach **Strandkorb** *m* beach chair **Strandkrabbe** *f* ORN common shore crab, harbour [*or* AM -or] crab **Strandläufer** *m* ORN sandpiper **Strandmatte** *f* beach mat **Strandpromenade** *f* promenade **Strandschnecke** *f* ZOOL periwinkle, whelk
Strang <-[e]s, Stränge> *m* ❶ (*dicker Strick*) rope
❷ (*Bündel von Fäden*) hank, skein
► WENDUNGEN: **am gleichen** [*o* **an demselben**] **~ ziehen** (*fam*) to [all] pull together [*or* in the same direction]; **über die Stränge hauen** [*o* **schlagen**] (*fam*) to run riot, to kick over the traces *dated;* **wenn alle Stränge reißen** if all else fails, as a last resort
Strangentlüfter *m* BAU vent stack **stranggepresst**RR *adj inv* BAU extruded
Strangulation <-, -en> *f* strangulation *no art, no pl*
strangulieren* *vt* ■**jdn ~** to strangle sb; ■**sich ~** to strangle oneself
Strapaze <-, -n> *f* stress *no art, no pl,* strain *no art, no pl,* stresses and strains *pl*
strapazfähig *adj* ÖSTERR (*strapazierfähig*) robust
strapazieren* I. *vt* ❶ (*stark beanspruchen*) ■**etw ~** to wear sth; (*abnutzen*) to wear out sth *sep;* ***man darf diese Seidenhemden nur nicht zu sehr*** [*o* ***stark***] **~** you can't put too much wear [and tear] on these silk shirts; ***bei fünf Kindern werden die Sitzmöbel ziemlich strapaziert*** with five children the furniture takes a lot of punishment [*or* a lot of wear and tear]; ***das Leder kann beliebig strapaziert werden*** you can be as hard as you like on this leather
❷ (*jds Nerven belasten*) ■**jdn [mit etw] ~** to get on sb's nerves [*or* to put a strain on sb's nerves] [with sth]
❸ (*überbeanspruchen*) ■**etw ~** to wear out sth *sep;* **jds Geduld ~** to tax sb's patience; **jds Nerven ~** to get on sb's nerves; **jds Nerven über Gebühr ~** to wear sb's nerves to a shred BRIT
❹ (*fam: zu häufig verwenden*) ■**etw ~** to flog [*or* do] sth to death *fam*
II. *vr* ■**sich [bei etw] ~** to overdo it/things [when doing sth], to wear oneself out [doing sth]; ***ich habe mich beim Umzug zu sehr strapaziert*** I overdid it/things when we were moving
strapazierfähig *adj* hard-wearing, durable
strapaziert *adj inv* **~e Haut** stressed skin
strapaziös *adj* (*geh*) strenuous, exhausting
Straps <-es, -e> *m meist pl* suspender[s *pl*] BRIT, garter AM, suspender [*or* AM garter] belt
Straßburg <-s> *nt* Strasbourg
Straße <-, -n> *f* ❶ (*Verkehrsweg*) road; (*bewohnte* ~) street; (*enge ~ auf dem Land*) lane; ***schicken Sie bitte einen Abschleppwagen, ich liege auf der ~ fest*** please send a breakdown lorry, I've broken down; **auf die ~ gehen** to demonstrate; **auf der ~ sitzen** [*o* **stehen**] (*fam*) to be [out] on the streets; **die ~ von Dover/Gibraltar/Messina** the Straits of Dover/Gibraltar/Messina
❷ (*das Volk*) ■**die ~** the mob + *sing/pl vb pej*
► WENDUNGEN: **auf offener ~** (*vor aller Augen*) in broad daylight; **auf der ~ liegen** (*arbeitslos sein*) to be on the dole BRIT [*or* AM unemployment [insurance]] *fam;* **jdn auf die ~ setzen** (*fam: jdn fristlos kündigen*) to throw out sb
Straßenabschnitt *m* road section **Straßenanzug** *m* lounge [*or* AM business] suit **Straßenarbeiten** *pl* roadworks *pl* BRIT, roadwork *no art, no pl* AM **Straßenarbeiter(in)** *m(f)* [road] construction worker **Straßenaufsicht** *f* JUR traffic surveillance
Straßenbahn *f* ❶ *kein pl* (*Verkehrsmittel*) ■**die ~** the tram BRIT [*or* AM streetcar]; **mit der ~ fahren** to go by tram ❷ (*~wagen*) tram[car] BRIT, streetcar AM, AM *a.* trolley **Straßenbahndepot** *nt* tram depot BRIT, car barn AM, barnyard AM
Straßenbahner(in) <-s, -> *m(f)* tramwayman BRIT, tramway [*or* AM streetcar-line] employee
Straßenbahnfahrer(in) *m(f)* ❶ (*Führer einer Straßenbahn*) tram BRIT [*or* AM streetcar] driver ❷ (*Fahrgast*) tram BRIT [*or* AM *usu* streetcar] passenger; **~ sein** (*regelmäßig mit der Straßenbahn fahren*) to travel regularly by tram, to be a regular user of the tram **Straßenbahnhaltestelle** *f* tram stop **Straßenbahnlinie** *f* tram route BRIT, streetcar line AM **Straßenbahnnetz** *nt* tram network **Straßenbahnschaffner(in)** *m(f)* tram [*or* AM streetcar] conductor **Straßenbahnschiene** *f* tram[line] BRIT, streetcar rail AM **Straßenbahnwagen** *m* tramcar BRIT, streetcar AM
Straßenbau *m kein pl* road building [*or* construction] *no art;* ***drei Firmen des ~s*** three road-building firms [*or* road-construction companies] **Straßenbauamt** *nt* highways [*or* roads] department, road commission AM **Straßenbauarbeiten** *pl* road construction work **Straßenbaubehörde** *f* road construction authorities *pl* **Straßenbauingenieur(in)** *m(f)* road [*or* highway] engineer **Straßenbaumaschinen** *pl* road construction machinery **Straßenbaustelle** *f* road construction site **Straßenbelag** *m* road surface [*or* surfacing] **Straßenbeleuchtung** *f* street lighting **Straßenbenutzer(in)** *m(f)* road user **Straßenbenutzungsabgabe** *f,* **Straßenbenutzungsgebühr** *f* FIN road toll; **~ für LKW** truck toll rate **Straßenbiegung** *f* road bend [*or* curve], turning **Straßenbild** *nt* street scene **Straßenbrücke** *f* road [*or* highway] bridge **Straßendamm** *m* road embankment **Straßendecke** *f s.* Straßenbelag **Straßendreieck** *nt* triangular road junction **Straßenecke** *f* street corner **Straßeneinmündung** *f* road junction **Straßenfahrzeug** *nt* AUTO road vehicle **Straßenfeger(in)** <-s, -> *m(f)* road sweeper, street cleaner AM **Straßenfest** *nt* street party **Straßenflucht** *f* road building line **Straßenfront** *f* street front **Straßenführung** *f* route **straßengebunden** *adj inv* road-bound **Straßenglätte** *f* slippery road surface **Straßengraben** *m* [roadside] ditch **Straßengüterfernverkehr** *m* TRANSP long-distance road haulage **Straßengüternahverkehr** *m* TRANSP local road haulage **Straßengüterverkehrssteuer** *f,* **Straßen(güter)verkehrsabgabe** *f* FIN road haulage tax **Straßenhaftung** *f kein pl* roadholding, road adhesion **Straßenhandel** *m* street trading **Straßenhändler(in)** *m(f)* street trader [*or* vendor] **Straßeninstandhaltung** *f* road maintenance **Straßeninstandsetzung** *f* road repair [work] **Straßenjunge** *m* (*pej*) street urchin **Straßenkampf** *m meist pl* street fight[ing]; ***ihr Sohn wurde bei Straßenkämpfen tödlich verletzt*** her son was fatally injured in a street fight [*or* during street fighting] **Straßenkarte** *f* road map [*or* atlas] **Straßenkehrer(in)** <-s, -> *m(f)* DIAL (*Straßenfeger*) road sweeper **Straßenkehrmaschine** *f* street sweeper **Straßenkind** *nt* street urchin **Straßenkontrolle** *f* road [*or* street] check **Straßenkontrollpunkt** *m* checkpoint **Straßenkreuzer** <-s, -> *m* (*fam*) limousine, limo *fam* **Straßenkreuzung** *f* crossroads + *sing vb,* intersection AM **Straßenkriminalität** *f kein pl* street crime *no pl* **Straßenlage** *f* roadholding *no indef art;* ***das Cabrio hat eine gute ~*** the convertible holds the road well **Straßenlärm** *m* street [*or* road] noise **Straßenlaterne** *f* street lamp, street light **Straßenmädchen** *nt* streetwalker, prostitute **Straßenmarkierung** *f* road markings *pl*
Straßenmeisterei <-, -en> *f* road [*or* highway] maintenance department **Straßenmusikant(in)** *m(f)* street musician, busker BRIT **Straßenname** *m* street name, name of the/a street **Straßennetz** *nt* road network [*or* system] **Straßenpflaster** *nt* pavement **Straßenplaner(in)** *m(f)* traffic planner **Straßenrand** *m* roadside, side of the road **Straßenrecht** *nt* JUR law of public streets and roads **Straßenreinigung** *f* street [*or* road] cleaning **Straßenrennen** *nt* road race **Straßenrinne** *f* gutter **Straßensammlung** *f* street collection **Straßensänger(in)** *m(f)* street singer **Straßenschild** *nt* street sign **Straßenschlacht** *f* street riot **Straßenschlucht** *f* (*fam*) street (*between high-rise buildings*) **Straßenschmutz** *m* dirt in the streets **Straßenschotter** *m* road metal **Straßenseite** *f* ❶ (*Seite einer Straße*) roadside, side of a/the street [*or* road] ❷ (*Seite eines Gebäudes*) side next to the road/street, street side **Straßensperre** *f* roadblock **Straßensperrung** *f* closing [off] of a/the street [*or* road]; ***wegen eines Unfalls war eine vorübergehende ~ erforderlich geworden*** the street had had to be temporarily closed off because of an accident **Straßenstrich** *m* (*fam*) red-light district, prostitutes' [*or* streetwalkers'] patch BRIT; ***er/sie arbeitet auf dem ~*** he/she works on the street [as a prostitute]; **auf den ~ gehen** to go on the game BRIT *fam,* to become a streetwalker AM **Straßenszene** *f* street scene [*or* culture] **straßentauglich** *adj inv* roadworthy **Straßentauglichkeitsprüfung** *f* road test **Straßentransport** *m* road transport [*or* haulage] **Straßentunnel** *m* road tunnel, underpass **Straßenüberführung** *f* overbridge, road bridge; *für Fußgänger* footbridge; *für Fahrzeuge* flyover BRIT, overpass AM **Straßenübergang** *m* pedestrian crossing **Straßenumleitung** *f* diversion
Straßen- und Wegerecht *nt kein pl* JUR law of public streets and roads
Straßenunterführung *f für Fahrzeuge* underpass; *für Fußgänger* [pedestrian] subway, underpass *esp* AM **Straßenverengung** *f* road bottleneck **Straßenverhältnisse** *pl* road conditions *pl* **Straßenverkauf** *m* HANDEL street sale
Straßenverkehr *m* [road] traffic; **Gefährdung des ~s** JUR endangering road traffic
Straßenverkehrsamt *nt* Road Traffic Licensing Department BRIT, Department [*or* Bureau] of Motor Vehicles AM **Straßenverkehrsgesetz** *nt* JUR road traffic law **Straßenverkehrslage** *f* traffic

conditions *pl* **Straßenverkehrsordnung** *f* road traffic regulations, ≈ Highway Code BRIT **Straßenverkehrsrecht** *nt* JUR traffic law

Straßenverkehrs-Zulassungs-Ordnung *f* JUR Road Traffic Licensing Regulations *pl*

Straßenverzeichnis *nt* street index **Straßenwacht** *f* road maintenance **Straßenwalze** *f* roadroller **Straßenzoll** *m* road toll **Straßenzug** *m* street of houses **Straßenzustand** *m* road conditions *pl* **Straßenzustandsbericht** *m* road report, report on road conditions

Stratege, **Strategin** <-n, -n> [ʃtraˈteːgə, st-] *m, f* strategist

Strategie <-, -en> [ʃtrateˈgiː, st-, -ˈgiːən] *f* strategy

Strategiepapier *nt* strategy document

Strategin <-, -nen> *f fem form von* **Stratege**

strategisch [ʃtra-, st-] *adj* strategic

Stratosphäre [ʃtra-, st-] *f kein pl* stratosphere

sträuben I. *vr* ① (*sich widersetzen*) ■**sich** [**gegen etw**] ~ to resist [sth]; **sich gegen einen Plan** ~ to fight against a plan
② (*sich aufrichten*) ■**sich** ~ to stand on end; ***dem Hund sträubte sich das Fell*** the dog raised its hackles; *s. a.* **Haar**
II. *vt* ■**etw** ~ to raise [*or* ruffle] sth [up]; ***die Katze sträubte das Fell*** the cat raised its hackles

Strauch <-[e]s, Sträucher> *m* shrub, bush

Strauchbohne *f*, **Straucherbse** *f* pigeon pea

straucheln *vi sein* (*geh*) ① (*stolpern*) ■[**über etw** *akk*] ~ to stumble [*or* trip] [over sth]
② (*straffällig werden*) to go astray; **gestrauchelte Jugendliche** young people who have gone astray

Strauß[1] <-es, Sträuße> *m* bunch [of flowers]

Strauß[2] <-es, -e> *m* ostrich

Straußenei *nt* ostrich egg **Straußenfeder** *f* ostrich feather

Strauß(en)wirtschaft *f* SÜDD *temporary bar selling new home-grown wine, often signalled by a bunch of twigs hanging above the door*

Streamer <-s, -> [ˈstriːmɐ] *m* INFORM streamer

Streamerkassette *f* INFORM streamer tape

Strebe <-, -n> *f* brace, strut

Strebebogen *m* ARCHIT flying buttress

streben *vi* ① *haben* (*sich bemühen*) ■**nach etw** ~ to strive [*or* try hard] for sth; ■**danach** ~, **etw zu tun** to strive [*or* try hard] to do sth
② *sein* (*geh: sich hinbewegen*) to make one's way purposefully; **zum Ausgang/zur Tür/an den Strand** ~ to make [*or* head] for the exit/door/beach

Streben <-s> *nt kein pl* (*geh*) striving; ■~ **nach etw** striving for sth; ~ **nach Geld und Ruhm** aspirations to fame and fortune

Strebepfeiler *m* ARCHIT buttress

Streber(in) <-s, -> *m(f)* (*pej fam*) swot BRIT *pej fam*, grind AM *fam*

Streberei <-> *f kein pl* SCH swotting BRIT *fam*, grinding AM *fam*

streberhaft <-er, -este> *adj* (*pej*) ① (*ehrgeizig*) pushy *pej*
② SCH swotty BRIT *fam or pej*

Strebertum <-[e]s> *nt kein pl* (*pej*) ① (*Ehrgeizigkeit*) pushiness *pej*
② SCH swotting BRIT *fam or pej*

strebsam *adj* assiduous, industrious

Strebsamkeit <-> *f kein pl* assiduousness, assiduity, industriousness

Strecke <-, -n> *f* ① (*Weg~*) distance; **eine** ~ **von zehn Kilometern zurücklegen** to cover [*or* do] a distance of ten kilometres; ***bis zur Berghütte ist es noch eine ziemliche ~ zu gehen*** it's still quite a [long] way to the mountain hut; ***die ~ bis zur Hütte führt von jetzt an ziemlich steil bergan*** the next stretch up to the hut is rather steep; ***ich kann doch nicht die ganze ~ zwei schwere Koffer mitschleppen*** I can't carry two heavy suitcases all that way; ***ich habe auf der ganzen ~ geschlafen*** I slept the whole way; **auf halber** ~ halfway; **über weite ~n** [**hin**] for long stretches; ***in nur 20 Jahren wird das Gebiet über weite ~n zur Steppe geworden sein*** large parts of the region will have turned to steppe in just 20 years
② BAHN (*Abschnitt*) [section of] line; **auf freier** [*o* **offener**] ~ between stations, on the open line
③ SPORT (*zurückzulegende Entfernung*) distance
▶ WENDUNGEN: **auf der** ~ **bleiben** (*fam*) to fall by the wayside, to drop out of the running; **jdn zur** ~ **bringen** to hunt sb down, to apprehend sb

strecken I. *vt* ① (*recken*) to stretch; **den Arm/die Beine** ~ to stretch one's arm/legs; **den Kopf** ~ to crane one's neck; **den Finger** ~ to raise [*or* stick up] one's finger; *s. a.* **Boden**
② (*fam: ergiebiger machen*) ■**etw** ~ to stretch sth, to make sth go further; *Drogen etc.* to thin down [*or* dilute]
③ (*fam: länger ausreichen lassen*) ■**etw** [**um etw**] ~ to eke sth out [for a certain time]
II. *vr* ■**sich** ~ to [have a] stretch

Streckenabschnitt *m* BAHN section of the line

Streckenarbeiter(in) <-s, -> *m(f)* BAHN trackman, platelayer BRIT, track worker AM **streckenbezogen** *adj inv* ~**e Autobahngebühr** distance-related motorway toll **Streckenfracht** *f* HANDEL distance freight **Streckengeschäft** *nt* HANDEL transfer orders **Streckennetz** *nt* BAHN rail network **Streckennetzplan** *m* BAHN map of a/the railway [*or* AM railroad] network, railway [*or* AM railroad] map **Streckenstilllegung**[RR] *f*, **Streckenstillegung** *f* BAHN line closure **Streckenwärter(in)** *m(f)* BAHN line[s]man *masc*, track walker AM

streckenweise *adv* in parts [*or* places]

Streckmuskel *m* ANAT extensor [muscle]

Streckung <-, -en> *f* MATH dilation

Streckungswachstum *nt* BOT (*zweite Phase des Wachstums einer Zelle*) enlargement

Streckverband *m* MED extension [*or* traction] bandage

Streetball <-s> [ˈstriːtbɔːl] *m kein pl* streetball

Streethockey [ˈstriːt-] *nt* street hockey

Streetworker(in) <-s, -> [ˈstriːtwœrkɐ] *m(f)* street [*or* community] worker

Streich <-[e]s, -e> *m* ① (*Schabernack*) prank; **ein böser** [*o* **bösartiger**] ~ a nasty trick; **jdm einen** ~ **spielen** to play a trick on sb; ***dein Gedächtnis spielt dir einen*** ~ your memory is playing tricks on you
② (*geh: Schlag*) blow; **jdm einen** ~ **versetzen** (*geh*) to strike sb, to deal [*or* fetch] sb a blow

Streichanlage *f* TYPO coating plant

Streicheleinheiten *pl* (*Zärtlichkeit*) tender loving care, TLC *fam;* **ein paar** ~ a bit of tender loving care; (*Lob*) praise and appreciation; **ein paar** ~ a little [*or* a few words of] praise and appreciation

streicheln *vt* ■**jdn/etw** ~ to stroke [*or* caress] sb/sth; ■**jdm etw** ~ to stroke [*or* caress] sb's sth

streichen <strich, gestrichen> I. *vt haben* ① (*mit Farbe bestreichen*) ■**etw** [**mit etw**] ~ to paint sth [with sth]
② (*schmieren*) ■**etw** [**auf etw** *akk*] ~ to spread sth [on sth]; [**sich**] **die Butter aufs Brot** ~ to put butter on one's bread, to butter one's bread
③ (*ausstreichen*) ■**etw** ~ to delete sth
④ (*zurückziehen*) ■[**jdm**] **etw** ~ to cancel sth, to withdraw sth [from sb]
II. *vi* ① *haben* (*darüberfahren*) ■**über etw** *akk* ~ to stroke sth; **jdm über die Haare** ~ to stroke sb's hair
② *sein* (*streifen*) to prowl

Streicher(in) <-s, -> *m(f)* MUS string player; **die** ~ the strings, the string section

streichfähig *adj inv* easy to spread, spreadable

Streichfähigkeit *f* spreading property **Streichholz** *nt* match **Streichholzschachtel** *f* matchbox **Streichinstrument** *nt* string[ed] instrument **Streichkäse** *m* cheese spread **Streichmusik** *f* music for strings, string music **Streichorchester** *nt* string orchestra **Streichquartett** *nt* string quartet **Streichquintett** *nt* string quintet **Streichtrio** *nt* string trio

Streichung <-, -en> *f* ① (*das Streichen*) deletion, cancellation; ~ **einer Rechtssache im Register** removal of a case from the register
② (*das Zurückziehen*) *Auftrag, Projekt* cancellation; *Unterstützung, Zuschüsse* withdrawal
③ (*gestrichene Textstelle*) deletion

Streichungsmeldung *f von Flug* cancellation message

Streichwurst *f* sausage for spreading

Streifband <-[e]s, -bänder> *nt* wrapper (*for sending printed papers at a reduced rate*) **Streifbandzeitung** *f* [*partially*] *wrapped newspaper sent at a reduced rate*

Streife <-, -n> *f* patrol; **auf** ~ **sein** [*o* **gehen**] to be [*or* go] on patrol

streifen I. *vt haben* ① (*flüchtig berühren*) ■**jdn** ~ to touch [*or* brush against] sb; ***der Schuss streifte ihn nur*** the shot just grazed him
② (*flüchtig erwähnen*) ■**etw** [**nur**] ~ to [just] touch [up]on sth
③ (*überziehen*) ■**etw auf etw** *akk*/**über etw** *akk* ~ to slip sth on/over sth; ***der Bräutigam streifte der Braut den Ring auf den Finger*** the groom slipped the ring onto the bride's finger; ***streife dir den Pullover über den Kopf*** slip the pullover over your head; ***er streifte sich die Mütze über die Ohren*** he pulled his cap down over his ears; **sich die Handschuhe über die Hände** ~ to pull on one's gloves
④ (*abstreifen*) ■**etw von etw** ~ to slip sth off sth; **sich** *dat* **den Schmutz von den Schuhen** ~ to wipe the dirt off one's shoes
II. *vi sein* (*geh*) to roam [*or* wander]

Streifen <-s, -> *m* ① (*schmaler Abschnitt*) stripe
② (*schmales Stück*) strip
③ FILM (*fam*) film, flick *fam*

Streifenbarbe *f* black sea bream **Streifenbildung** *f* TYPO streaking **Streifendienst** *m* patrol duty **Streifeneinschießer** *m* TYPO tape inserter **streifenfrei** *adj inv* streak-free **Streifenfundament** *nt* BAU strip foundation **Streifenhörnchen** <-s, -e> *nt* ZOOL chipmunk **Streifenkarte** *f* ticket strip **Streifenmuster** *nt* striped [*or* stripy] pattern; **Krawatten mit** ~ striped [*or* stripy] ties

Streifenpolizist(in) *m(f)* policeman/policewoman on patrol **Streifenwagen** *m* patrol car

streifig *adj* stripy, streaky; **ein ~es Muster** a stripy pattern; **ein ~er Spiegel/~es Fenster** a streaky mirror/window; ■~ **sein** to be stripy/streaky; ***die Fenster sind ja ganz*** ~ the windows are all streaky

Streiflicht *nt* ① (*schmaler Lichtstreifen*) streak [*or* beam] of light
② (*kurze Darlegung*) highlight

Streifschuss[RR] *m* graze

Streifzug *m* ① (*Bummel*) expedition; **ein** ~ **durch die Antiquitätengeschäfte/über die Flohmärkte** a trip [*or* tour] round [*or* AM to] the antique shops/flea markets; **einen** ~ **durch etw machen** to take a wander through sth; **einen** ~ **durch die Kneipen machen** to go on a pub crawl BRIT, to go bar hopping AM
② HIST (*Raubzug*) raid
③ (*Exkurs*) digression; **ein musikalischer** ~ **durch die Barockzeit** a brief musical survey of the baroque period

Streik <-[e]s, -s *o selten* -e> *m* strike; **mit** ~ **drohen** to threaten strike action [*or* to [go on] strike]; **in den** ~ **treten** to come out [*or* go] on strike; **wilder** ~ wildcat strike; **einen** ~ **beschließen** to call [out] a strike; **einen** ~ **brechen** to break a strike

Streikabstimmung *f* POL, ÖKON strike ballot

Streik(an)drohung *f* strike warning, threat of strike; **die** ~ **zurücknehmen** to lift the strike threat

Streikankündigung *f* JUR strike notice **Streikaufruf** *m* strike call, call for strike action **Streikausschuss**[RR] *m* strike committee; **überbetrieblicher** ~ umbrella strike committee **streikbedingt** *adj inv* strike-induced **Streikbrecher(in)** *m(f)* strike-breaker, blackleg BRIT *pej*, scab *pej fam*

streiken *vi* ① (*die Arbeit niederlegen*) to come out [*or* go] on strike
② (*nicht arbeiten*) to be on strike, to strike; ■**für etw** ~ to strike for sth

S

③ (*hum fam: nicht funktionieren*) to pack up *fam*
④ (*fam: sich weigern*) to go on strike
Streikende(r) *f(m) dekl wie adj* striker
Streikgeld *nt* strike pay **Streikkasse** *f* FIN strike fund **streiklustig** *adj* ÖKON strike-prone **Streikposten** *m* picket; ~ **stehen** to picket, to be [*or* stand] on the picket line; ~ **aufstellen** to mount a picket [*or* set up a picket line] **Streikrecht** *nt kein pl* right to strike **Streikwelle** *f* wave [*or* series] of strikes
Streit <-[e]s, -e> *m* ① (*Auseinandersetzung*) argument, dispute, quarrel, row BRIT; **[mit jdm] ~ [wegen etw] bekommen** to get into an argument [with sb] [about sth]; **[mit jdm] ~ [wegen etw] haben** to argue [*or* quarrel] [*or* row] [with sb] [about sth], to have an argument [*or* a quarrel] [*or* row]; ~ **suchen** to be looking for an argument [*or* a quarrel]; **einen ~ schlichten** JUR to settle a dispute; **keinen ~ [mit jdm] wollen** not to want an argument [*or* a row] [with sb]; ***ich will wirklich keinen ~ mit dir*** I really don't want to argue [*or* quarrel] with you; **im ~** during an argument [*or* a quarrel]
② (*Kontroverse*) argument, dispute
Streitaxt *f* battleaxe
▸ WENDUNGEN: **die ~ begraben** to bury the hatchet
streitbar *adj* ① (*streitlustig*) pugnacious
② (*veraltend: kampfbereit*) combative, valiant
streitbefangen *adj* JUR in litigation *pred;* **~e Sache** pending case
Streitbeilegung *f* JUR settlement of a dispute
streiten <stritt, gestritten> **I.** *vi* ① (*einen Streit haben*) ■**[mit jdm] ~** to argue [*or* quarrel] [with sb]
② (*diskutieren*) ■**mit jdm über etw** *akk* ~ to argue with sb about sth; ***darüber lässt sich ~*** that's open to argument [*or* debatable]
II. *vr* ① (*einen Streit haben*) ■**sich [miteinander] ~** to quarrel [*or* argue] [with each other]; ***habt ihr euch wieder gestritten?*** have you quarrelled [*or* been fighting] again?; ***wegen jeder Kleinigkeit ~ sie sich*** they argue [*or* quarrel] about every little thing [*or* the slightest thing]; ***streitet euch nicht mehr [miteinander]!*** stop quarrelling [*or* squabbling] [with each other]!; ■**sich um etw ~** to argue [*or* fight] over sth; ***die Kinder ~ sich um das neue Spielzeug*** the children are squabbling over the new toy; ■**sich mit jdm [wegen etw] ~** to argue with sb [about sth]
② (*diskutieren*) ■**sich [darüber] ~, ob/wer/wie …** to argue [over] whether/who/how …
Streiter(in) <-s, -> *m(f)* (*geh*) fighter; ~ **für eine gerechte Sache** champion of a just cause
Streiterei <-, -en> *f* (*fam*) arguing [*or* quarrelling] [*or* AM quarreling] [*or* rowing] *no indef art, no pl*
Streiterin <-, -nen> *f fem form von* **Streiter**
Streitfall *m* dispute, conflict; ***das ist ein ~*** that is a point of dispute; **im ~** in case of dispute [*or* conflict] **Streitfrage** *f* [disputed] issue **Streitgegenstand** *m* JUR subject matter of the proceedings **Streitgehilfe, -gehilfin** *m, f* JUR party intervening on the side of a litigant **Streitgenosse, -genossin** *m, f* JUR joint litigant [*or* plaintiff]; **notwendige ~n** necessary parties **Streitgenossenschaft** *f* JUR joinder of parties **Streitgespräch** *nt* debate, disputation *form* **Streithammel** *m* (*fam*) quarrelsome so-and-so *fam* **Streithelfer(in)** *m(f)* JUR intervener, intervening party; **Antrag auf Zulassung als ~** application to intervene **Streithilfe** *f* JUR intervention **Streithilfeantrag** *f* JUR application to intervene; **einen ~ ablehnen** to dismiss an application to intervene **Streithilfeschriftsatz** *m* JUR statement in intervention
streitig *adj* disputed, contentious; JUR contentious, litigious, controversial; **~es Verfahren** litigious proceedings *pl;* **~e Verhandlung** adversarial hearing; **nicht ~** non-contentious; **jdm etw ~ machen** to challenge sb's sth; **jdm eine Stellung ~ machen** to challenge sb's position; **einem Land das Anrecht auf ein Gebiet ~ machen** to contest [*or* dispute] a country's right to a territory
Streitigkeit *f meist pl* quarrel, argument, dispute; **öffentlich-rechtliche ~** JUR public-law dispute
Streitkräfte *pl* [armed] forces *pl* **streitlustig** *adj s.* streitbar **Streitmacht** *f* (*veraltend*) troops *pl* **Streitpartei** *f* JUR party to the litigation **Streitpunkt** *m* POL disputed point, contentious issue, point at issue **Streitregelungsverfahren** *nt* JUR disputes settlement machinery **Streitsache** *f* ① (*Konflikt*) [matter in] dispute ② JUR (*Rechtsstreit*) litigation, lawsuit **Streitschlichtungsverfahren** *nt* JUR disputes settlement machinery **Streitschrift** *f* written polemic **streitsüchtig** *adj* quarrelsome, argumentative **Streitsumme** *f* JUR sum in dispute **Streitverkündung** *f* JUR third-party notice **Streitwagen** *m* chariot
Streitwert *m* JUR sum [*or* amount] in dispute
Streitwertfestsetzung *f* JUR assessment of the value in dispute **Streitwertherabsetzung** *f* JUR reduction of the amount in dispute **Streitwertrevision** *f* JUR change of the amount in dispute
streng **I.** *adj* ① (*auf Disziplin achtend*) strict; ■~ **[zu jdm] sein** to be strict [towards [*or* with] sb]; **eine ~e Erziehung** a strict education
② (*unnachsichtig*) severe; **ein ~er Verweis** a severe reprimand; **~e Disziplin** strict [*or* stern] discipline; **~e Kontrolle** strict [*or* stringent] control
③ (*strikt*) strict; **~e Einhaltung der Vorschriften** strict observance of the rules; **~e Anweisung** strict instructions; **eine ~e Diät/Überprüfung** a strict diet/rigorous examination; **~e Bettruhe** complete [*or* absolute] [bed] rest
④ (*durchdringend*) pungent
⑤ (*extrem kalt*) severe; **~er Frost/Winter** sharp [*or* severe] frost/severe winter; **~e Kälte** intense cold
⑥ (*konsequent*) strict; ***ich bin ~er Antialkoholiker/ Vegetarier/ Katholik/ Moslem*** I am a strict teetotaller/vegetarian/Catholic/Muslim
⑦ SCHWEIZ (*anstrengend*) strenuous, demanding
II. *adv* ① (*unnachsichtig*) strictly; ***wir wurden sehr ~ erzogen*** we were brought up very strictly; **~ durchgreifen** to take rigorous action; ***kontrollieren Sie nächstens ~er*** make a more rigorous check next time
② (*strikt*) strictly; ***ich verbiete Ihnen ~stens, so etwas noch einmal zu machen!*** I strictly forbid you to do anything like that again!; **~ genommen** strictly speaking; **es mit etw ~ nehmen** to be strict on [*or* about] sth; ***du solltest es mit seiner Erziehung ~er nehmen*** you should take his education more seriously
③ (*durchdringend*) pungently; ***was riecht hier so ~?*** what's that strong [*or* pungent] smell?; ***der Käse schmeckt mir doch etwas zu ~*** the cheese is rather too strong [*or* sharp] for me
Strenge <-> *f kein pl* ① (*Unnachsichtigkeit*) strictness *no pl;* **mit unnachsichtiger ~** with unrelenting severity; **mit besonderer ~ darauf achten, dass …** to take especially strict care that …
② (*Härte*) severity; ***die Kontrollen waren von äußerster ~*** the checks were extremely rigorous
③ (*Ernsthaftigkeit*) *Gesichtszüge, Stil* severity
④ (*extreme Kälte*) *Winter, Frost* severity ⑤ (*Intensität*) *Geschmack* sharpness, intensity; *Geruch* pungency **strenggläubig** *adj* strict; ■~ **sein** to be strictly [*or* deeply] religious [*or* a strict believer]
Streptokokkus <-, -ken> [ʃtrɛp-, st-] *meist pl m* streptococcus
Streptomyzin <-s> *nt kein pl* PHARM streptomycin
Stress[RR] <-es, -e> [ʃtrɛs, strɛs] *m,* **Streß** <-sses, -sse> *m* stress; **~ haben** to experience stress; **im ~ sein/unter ~ stehen** to be under stress; ***ich bin voll im ~*** I am completely stressed out *fam*
Stressbewältigung[RR] *f* stress management
Stressbewältigungstraining[RR] *nt* stress-management training
stressen *vt* ■**jdn ~** to put sb under stress; ■**sich gestresst fühlen** to feel under stress; ■**[durch etw] gestresst sein** to be under stress [because of sth]; ***bist du durch deine Arbeit gestresst?*** is your work putting you under stress?
Stressfaktor[RR] *m* stress factor **stressfrei**[RR] *adj* stress-free **stressgeplagt**[RR] *adj* highly stressed, under stress *pred,* stressed-out *fam;* ■~ **sein** to be suffering from stress; **~er Manager** highly stressed manager
stressig *adj* stressful
Stressor <-s, -en> *m* PSYCH (*fachspr*) stressor *spec*
Stresssituation[RR] *f* stress situation
Stretch <-[e]s, -es> [strɛtʃ] *m* stretch fabric
Stretchhose *f* stretch [*or* elastic] trousers *npl*
Stretching <-, -> *nt* SPORT, MED stretching
Streu <-> *f kein pl* litter
Streubüchse, Streudose *f* shaker; *für Mehl* dredger; *für Zucker* caster, dredger
streuen **I.** *vt* ① (*hinstreuen*) ■**etw auf etw** *akk* ~ to scatter [*or* spread] [*or* sprinkle] sth on sth; **Futter/Samen ~** to scatter food/seed; **Dünger ~** to spread fertilizer; **etw auf einen Kuchen/ein Gericht ~** to sprinkle sth on a cake/a dish
② (*gegen Glätte*) ■**etw ~** to grit/salt sth
③ (*verbreiten*) ■**etw ~** to spread sth; **Gerüchte ~** to spread rumours [*or* AM -ors]; **die Opposition ließ ~, [dass] …** the opposition put it about that …
II. *vi* ① (*Streumittel anwenden*) to grit BRIT, to put down salt
② (*Geschosse verteilen*) to scatter
③ PHYS to scatter
Streuer <-s, -> *m* shaker; **der ~ mit dem Salz/Pfeffer** the salt cellar [*or* AM shaker]/pepper pot [*or* AM shaker]; *Mehl* dredger; *Zucker* dredger, caster [*or* castor]
Streufahrzeug *nt* gritter BRIT, gritting lorry BRIT
Streugut *nt* TRANSP (*geh*) grit BRIT, salt
streunen *vi* ① *haben o sein* (*umherstreifen*) to roam about [*or* around]; **durch die Stadt ~** to roam about the town; **~de Hunde/Katzen** stray dogs/cats
② *sein* (*ziellos umherziehen*) to wander around; **durch die Straßen ~** to roam [*or* wander] the streets
Streusalz *nt* road salt **Streusand** <-[e]s> *m kein pl* ① *für Straße* grit *no pl, no indef art* ② (*veraltet: feiner Sand*) fine sand *no pl, no indef art* **Streuscheibe** *f* AUTO lens
Streusel <-s, -> *nt* streusel *esp* AM, crumble [topping]
Streuselkuchen *m* streusel [cake] *esp* AM, crumble
Streuung <-, -en> *f* ① MIL (*Abweichung*) dispersion
② MEDIA (*Verbreitung*) distribution
③ (*Verteilung*) spread[ing]; **bei einer ~ seiner Anlagen/des Risikos** by spreading one's investments/the risk
④ MED metastasis
strich *imp von* **streichen**
Strich <-[e]s, -e> *m* ① (*gezogene Linie*) line; **einen ~ [unter etw** *akk***] ziehen** to draw a line [under sth]
② (*Skaleneinteilung*) line
③ (*fam: Gegend mit Prostitution*) red-light district; **auf den ~ gehen** to go on the game BRIT *fam,* to become a streetwalker AM; **auf dem ~** on the game *fam*
▸ WENDUNGEN: **nach ~ und Faden** (*fam*) good and proper *fam,* well and truly; **ein ~ in der Landschaft sein** (*hum fam*) to be as thin as a rake; **jd/etw macht jdm einen ~ durch die Rechnung** sb/sth messes up [*or* wrecks] sb's plans, sb/sth throws a spanner [*or* AM wrench] in the works, sb puts a spoke in sb's wheel; **jdm gegen den ~ gehen** (*fam*) to go against the grain, to rub sb up the wrong way; **einen ~ unter etw** *akk* **machen** [*o* **ziehen**] to put sth behind one, to put an end to sth; **jdm einen ~ durch etw machen** (*fam*) to mess up [*or* wreck] sb's plans for sth; ***der Regen machte uns einen ~ durch alles*** the rain wrecked all our plans; ***ich werde einen ~ durch ihren sauberen Plan machen*** I will foil [*or* thwart] her nice little plan; **unterm ~** (*fam*) at the end of the day, all things considered
Strichabbildung *f* TYPO line illustration [*or* reproduction] **Strichaufnahme** *f* TYPO line exposure

[*or* reproduction] **Strichcode** [-ko:t] *m* bar code
stricheln *vt* ■**etw** ~ to sketch sth in; ■**gestrichelte Linie** dotted line; *Straße* broken line
Stricher <-s, -> *m* (*sl*) rent boy BRIT *fam*, young male prostitute AM
Strichjunge *m* (*fam*) rent boy *fam* **Strichkode** *f s.* **Strichcode**
strichlieren* *vt* ÖSTERR (*stricheln*) ■**etw** ~ to hatch [*or sep* sketch in] sth
Strichliste *f* list **Strichmädchen** *nt* (*fam*) streetwalker *fam*, hooker AM *sl* **Strichmännchen** <-s, -> *nt* matchstick man, stick figure **Strichpunkt** *m s.* Semikolon **Strichumsetzung** *f* TYPO conversion to line art, line conversion **Strichvogel** *m* flocking bird
strichweise *adv* METEO here and there, in places
Strichzeichnung *f* line drawing
Strick <-[e]s, -e> *m* rope
▶ WENDUNGEN: **jdm aus etw einen ~ drehen** (*fam*) to use sth against sb; **da kann ich mir gleich einen ~ nehmen** [*o* **kaufen**] (*fam*) I may as well end it all now; **wenn alle ~e reißen** (*fam*) if all else fails
Strickbündchen <-s, -> *nt* knitted welt
stricken I. *vi* to knit
II. *vt* ■**etw** ~ to knit sth
Strickgarn *nt* knitting wool [*or* yarn] **Strickhemd** *nt* knit[ted] shirt **Strickjacke** *f* cardigan **Strickleiter** *f* rope ladder **Strickmaschine** *f* knitting machine **Strickmuster** *nt* ❶ (*gestricktes Muster*) knitting pattern; **nach ~** from a pattern ❷ (*hum: Machart*) formula **Strickmütze** *f* woollen hat **Stricknadel** *f* knitting needle **Strickwaren** *pl* knitware *no pl* **Strickweste** *f* cardigan **Strickzeug** *nt* knitting
Striegel <-s, -> *m* curry-comb
striegeln *vt* (*fam*) ■**etw** ~ to groom [*or spec* curry] sth
Striemen <-s, -> *m*, **Strieme** <-, -n> *f* (*selten*) weal
strikt I. *adj* strict; **eine ~e Ablehnung/Weigerung** a point-blank rejection
II. *adv* strictly; ~ **gegen etw sein** to be totally against sth; **auf das S~este befolgt werden** to be followed to the letter; **sich ~ gegen etw aussprechen** to reject sth point-blank
stringent <-er, -este> *adj* (*geh*) *Schluss, Beweisführung* compelling
Strip <-s, -s> [ʃtrɪp, st-] *m* (*sl*) strip[tease]
Strippe <-, -n> *f* (*fam*) ❶ (*Schnur*) string
❷ (*Leitung*) cable
▶ WENDUNGEN: **jdn an die ~ bekommen** to get [*or* reach] sb on the phone; **jdn an der ~ haben** to have sb on the line [*or* phone] [*or* BRIT *fam* blower]
strippen ['ʃtrɪ-, 'st-] *vi* to strip, to do a strip[tease]
Stripper(in) <-s, -> ['ʃtrɪ-, 'st-] *m(f)* (*fam*) stripper
Striptease <-> ['ʃtrɪpti:s, 'st-] *m o nt kein pl* striptease
Stripteaselokal *nt* striptease club [*or fam* joint] **Stripteasetänzer(in)** ['ʃtrɪpti:s-, 'strɪp-] *m(f)* striptease artist
stritt *imp von* **streiten**
strittig *adj* contentious; **ein ~er Fall** a controversial case; **eine ~e Grenze** a disputed border; **der ~e Punkt** the point at issue; ■**~ sein** to be in dispute [*or* at issue]
Stroh <-[e]s> *nt kein pl* straw
▶ WENDUNGEN: [**nur**] **~ im Kopf haben** (*fam*) to be dead from the neck up [*or* BRIT have sawdust between one's ears] *fam;* **~ dreschen** (*fam*) to waffle [*or* AM ramble] [on] *fam;* **wie ~ brennen** to go up like dry tinder
Strohballen *m* bale of straw, straw bale **strohblond** *adj Mensch* flaxen-haired; *Haare* straw-coloured [*or* AM -ored], flaxen **Strohblume** *f* strawflower **Strohdach** *nt* thatched roof, roof thatched with straw **strohdumm** *adj* (*fam*) brainless, thick *fam;* ■**~ sein** to have nothing between the ears **Strohfeuer** *nt* ▶ WENDUNGEN: **nur ein ~ sein** to be a flash in the pan, to be just a passing fancy **Strohfrau** *f fem form von* Strohmann **Strohhalm** *m* straw ▶ WENDUNGEN: **nach jedem ~ greifen, sich an jeden ~ klammern** to clutch at any straw **Strohhut** *m* straw hat
strohig <-er, -ste> *adj* ❶ *Gemüse* tough; *Orangen* dried-up
❷ *Haar* strawy, like straw
Strohkopf *m* (*fam*) blockhead *fam* **Strohlager** *nt* bed of straw **Strohmann, -frau** *m, f* front man *masc*, front woman *fem* **Strohmatte** *f* straw mat **Strohpuppe** *f* straw doll **Strohsack** *m* palliasse ▶ WENDUNGEN: **heiliger ~!** (*veraltend fam*) Great Scott! *dated fam*, holy mackerel [*or* AM *esp* cow]! *fam* **Strohwitwer, -witwe** *m, f* (*hum fam*) grass widower *masc*, grass widow *fem*
Strolch <-[e]s, -e> *m* ❶ (*fam: Schlingel*) rascal
❷ (*veraltend: übler Bursche*) ruffian *dated*
Strom[1] <-[e]s, Ströme> *m* ELEK electricity *no indef art, no pl;* **~ führen** to be live; **elektrischer ~** electric current; **~ führend** live; **unter ~ stehen** (*elektrisch geladen sein*) to be live; (*überaus aktiv sein*) to be a live wire *fig fam*
Strom[2] <-[e]s, Ströme> *m* ❶ (*großer Fluss*) [large] river
❷ (*fließende Menge*) river; **Ströme von Blut** rivers of blood; **ein ~ von Schlamm** a torrent of mud; **in Strömen fließen** to flow freely [*or* like water]; ***das Blut floss in Strömen*** there were rivers of blood, there was heavy bloodshed
❸ (*Schwarm*) stream; **Ströme von Fans/Besuchern/Kunden** streams of fans/visitors/customers
▶ WENDUNGEN: **in Strömen gießen** [*o* **regnen**] to pour [down] [with rain]; **mit dem/gegen den ~ schwimmen** to swim with/against the current, to swim with/against the tide [*or* go with/against the flow] *fig fam*
Stromabnehmer(in) <-s, -> *m(f)* ❶ TECH current collector ❷ (*Verbraucher*) electricity user [*or* consumer] **Stromabschaltung** *f* power off; **automatische ~** automatic power off
stromabwärts *adv* downstream
Stromanschluss[RR] *m* power connector **stromaufwärts** *adv* upstream
Stromausfall *m* power cut [*or* failure], power outage AM **Strombezugswahl** *f kein pl* choice of electricity provider **Stromeinspeisung** *f* electricity feed
strömen *vi sein* ❶ (*in Mengen fließen*) ■[**aus etw**] ~ to pour [out of sth]; ***Gas strömte durch die Pipeline*** gas flowed through the pipeline
❷ (*in Scharen eilen*) ■[**aus etw** *akk*] ~ to stream [out of sth]; ***die Touristen strömten zu den Pforten des Palasts*** the tourists flocked to the gates of the palace; *s. a.* **Regen**
Stromentgelt *nt* electricity price, price of electricity, charge for electricity
Stromer <-s, -> *m* ❶ (*Herumtreiber*) roamer, rover, gadabout *fam*
❷ (*Landstreicher*) tramp, vagabond, AM *a.* hobo
Stromerzeuger *m* [electricity] generator **Stromerzeugung** *f* generation of electricity **Stromgebiet** *nt* river basin **Stromkabel** *nt* electric[ity] [*or* power] cable **Stromkonzern** *m* electricity company **Stromkosten** *pl* electricity costs *pl* **Stromkreis** *m* [electric[al]] circuit **Stromleitung** *f* electric cable [*or* cabling] [*or* wiring] **Stromlieferant** *m* HANDEL supplier of electricity **Stromlieferungsvertrag** *m* contract for the supply of electricity **Stromlinienform** [-li:niən-] *f* streamlined shape **stromlinienförmig** [-li:niən-] *adj* streamlined
Strommast *m* ELEK pylon **Stromnetz** *nt* electricity [*or* power] supply system, mains supply **Strompreis** *m* electricity price, price of electricity **Stromquelle** *f* power source, source of electricity **Stromrechnung** *f* electricity [*or* AM electric] bill **Stromschiene** *f* live [*or* third] rail; (*für Elektrobus*) busbar **Stromschlag** *m* electric shock **Stromschnelle** *f meist pl* rapids *npl* **Stromsperre** *f* power cut **Stromstärke** *f* current [strength] **Stromstoß** *m* electric shock, jolt of electricity
Strömung <-, -en> *f* ❶ (*stark fließendes Wasser*) current
❷ (*Tendenz*) trend; ***es gibt verschiedene ~en innerhalb der Partei*** there are various tendencies within the party
Stromunterbrechung *f* power interruption **Stromverbrauch** *m* electricity [*or* power] consumption; **einen geringen ~ haben** to not use a lot of electricity **Stromverbund** *m* electricity trade association (*of mainland European countries*), European electricity grid **Stromversorger** *m* electricity supplier **Stromversorgung** *f* electricity [*or* power] supply **Stromversorgungseinheit** *f* power supply unit **Stromzähler** *m* electricity meter
Strontium <-s> ['ʃtrɔntsiʊm, 'st-] *nt kein pl* strontium *no pl*
Strophe <-, -n> *f* ❶ (*Lieder~*) verse
❷ (*Gedicht~*) stanza
strotzen *vi* ❶ (*überschäumen*) ■**von** [*o* **vor**] **etw** ~ to be bursting with sth
❷ (*besonders viel von etw haben*) ■**vor etw** *dat* ~ to be covered in [*or* with] sth, to be full of sth; **vor** [*o* **von**] **Gesundheit ~** to be bursting with health
strotzend *adj inv* bursting; **vor** [*o* **von**] **Energie ~** bursting with energy
strubb(e)lig *adj* (*fam*) tousled; **~es Fell** tangled fur
Strubbelkopf *m* (*fam*) ❶ (*Haar*) tousled hair, mop [of hair], mop-top *fam*
❷ (*Mensch*) tousle-head, mop-top *fam*
Strudel[1] <-s, -> *m* ❶ (*Wasserwirbel*) whirlpool; **kleiner ~** eddy
❷ (*geh: rascher Lauf*) **der ~ der Ereignisse** the whirl of events
Strudel[2] <-s, -> *m* (*Gebäck*) strudel
strudeln *vi* to swirl; (*sanfter*) to eddy
Strudelwurm *m* ZOOL turbellarina
Struktur [ʃtrʊ-, strʊ-] *f* ❶ (*Aufbau*) structure
❷ (*von Stoff usw.*) texture
Strukturalismus <-> *m kein pl* structuralism *no pl*
Strukturanpassungsprogramm *nt* ÖKON restructuring programme [*or* AM -am]
Struktureinheit *f* ÖKON structural unit
strukturell *adj inv* ❶ (*geh: eine bestimmte Struktur aufweisend*) structural; **~e Arbeitslosigkeit** ÖKON structural unemployment
❷ LING structural
Strukturformel [ʃtrʊ-, st-] *f* CHEM structural formula **strukturgewandelt** *adj inv* ÖKON, SOZIOL *Land, Gebiet* having a modernized [*or* BRIT *a.* -ised] structure **Strukturglas** *nt* BAU patterned glass **Strukturhilfe** *f* subsidy for infrastructure renewal/development
strukturieren* [ʃtrʊ-, st-] *vt* ■**etw** ~ to structure sth [*or* put sth together]
strukturiert *adj* structured; (*von Stoffen*) textured
Strukturierung <-, -en> [ʃtrʊ-, st-] *f* ❶ *kein pl* (*das Strukturieren*) structuring
❷ (*Struktur*) structure; (*von Stoff usw.*) texture
Strukturkrise [ʃtrʊ-, st-] *f* structural crisis **Strukturpolitik** *f* economic development [*or* structural] policy **Strukturreform** *f* ÖKON structural reform **strukturschwach** *adj* economically underdeveloped **Strukturschwäche** *f* economic underdevelopment **strukturverändernd** *adj inv* ÖKON causing structural changes *pred* **Strukturveränderung** *f* structural change, change in structure **Strukturverschiebung** *f* structural displacement **Strukturwandel** *m* structural change
Strumpf <-[e]s, Strümpfe> *m* ❶ (*Knie~*) knee-high; (*Socke*) sock
❷ (*Damen~*) stocking
Strumpfband <-bänder> *nt,* **Strumpfhalter** <-s, -> *m* suspender, garter AM **Strumpfhaltergürtel** *m* suspender belt, garter belt AM **Strumpfhose** *f* tights *npl*, pantyhose AM; ■**eine ~** a pair of tights **Strumpfmaske** *f* stocking mask **Strumpfwaren** *pl* hosiery *no pl*
Strunk <-[e]s, Strünke> *m* stalk
struppig *adj Haare* tousled, tangled, windswept;

S

Fell shaggy, tangled

Struwwelpeter *m* ❶ LIT ■**der ~** Struwwelpeter, Shock-headed Peter

❷ (*fam: Kind mit Strubbelkopf*) tousle-head *fam*, mop-head *fam*

Strychnin <-s> *nt kein pl* strychnine

Stube <-, -n> *f* ❶ DIAL (*Wohnzimmer*) living room; **die gute ~** the front room, the parlour [*or* AM parlor] *dated*

❷ MIL [barrack] room

Stubenarrest *m* **~ bekommen/haben** (*fam*) to be confined to one's room, to be grounded *fam* **Stubenfliege** *f* housefly **Stubengelehrte(r)** *f(m) dekl wie adj* (*pej*) armchair academic *pej* **Stubenhocker(in)** <-s, -> *m(f)* (*pej fam*) house mouse *fam* **stubenrein** *adj* ❶ (*zur Sauberkeit erzogen*) *Haustier* house-trained, housebroken AM ❷ (*hum fam: nicht verdorben*) *Witz usw.* clean

Stück <-[e]s, -e *o nach Zahlenangaben* -> *nt*

❶ (*einzelnes Teil*) piece; **ein ~ Kuchen** a piece [*or* slice] of cake; **ein ~ Papier** a piece [*or* scrap] of paper; **sechs ~ Käsekuchen** six pieces [*or* portions] of cheesecake; **in ~e gehen** [*o* **zerbrechen**] [*o* **zerspringen**] to break [*or* shatter] into pieces; **etw in ~e reißen** to tear sth to pieces [*or* shreds]; **aus einem ~** from one [*or* a single] piece; **~ für ~** piece by piece, bit by bit; **im** [*o* **am**] **~** in one piece; **geschnitten oder am ~?** sliced or unsliced?; **das** [*o* **pro**] **~** each; **vier Mark das** [*o* **pro**] **~** four marks each

❷ (*besonderer Gegenstand*) piece, item; **ein wertvolles ~** a valuable item

❸ (*Teil*) bit, piece; **etw in ~e schlagen** to smash sth to pieces; **in tausend ~e schlagen** to smash to smithereens

❹ (*Abschnitt*) part; ***ich begleite dich noch ein ~*** [***Weges***] I'll come part of the way with you; ***die Straße war auf einem ~ von 500 Metern Länge aufgerissen worden*** a 500 metre stretch of the road had been ripped up; **mein ~ Garten** my bit of garden; **ein ~ Acker/Land** part of a field/a plot of land

❺ THEAT play

❻ MUS piece

❼ (*pej fam: Subjekt*) so-and-so *pej fam*; ***du mieses ~!*** you rotten [*or* lousy] bastard!; ***sie ist ein ganz niederträchtiges ~*** she's a really nasty piece of work; **ein ~ Dreck** [*o* **Scheiße**] (*pej sl*) a piece of shit *pej sl*; (*Mann*) a bastard *pej sl*; (*Frau*) a bitch *pej sl*

► WENDUNGEN: **ein ~ Arbeit** (*fam*) a job; **ein ziemliches/hartes ~ Arbeit** quite a job/a tough job; **ein schönes ~ Geld** (*fam*) a pretty penny; **jds bestes ~** (*hum fam: liebste Sache*) sb's pride and joy; (*Mensch*) the apple of sb's eye; **aus freien ~en** of one's own free will, voluntarily; **große ~e auf jdn halten** (*fam*) to think highly [*or* the world] of sb; **ein gutes** [*o* **schönes**] **~** a good bit; **ein gutes ~ weiterkommen** to get a good bit further [*or* make considerable progress]; **ein starkes ~ sein** (*fam*) to be a bit much [*or* thick]; **sich für jdn in ~e reißen lassen** (*fam*) to do anything [*or* go through fire and water] for sb; **sich lieber in ~e reißen lassen, als ...** (*fam*) to rather die than ...; **kein ~** (*sl*) not a bit, not at all

Stuck <-[e]s> *m kein pl* stucco, cornices *pl*

Stückaktie *f* BÖRSE unit share (*without a nominal value*)

Stückaktiengesetz *nt* BÖRSE, JUR *law allowing unit shares*

Stuckarbeit *f* stucco [work] *no indef art, no pl*

Stückchen <-s, -> *nt dim von* **Stück 1, 3, 4**

❶ (*kleines Teil*) little piece [*or* bit]

❷ (*kleine Strecke*) little way

Stuckdecke *f* stucco[ed] ceiling

stückeln *vt* FIN ■**etw ~** to split sth into denominations

Stückelung <-, -en> *f* ❶ FIN denomination; ***in welcher ~ hätten Sie die 1000 Mark gern?*** how would you like your [*or* the] 1000 marks?

❷ BÖRSE *von Aktien* division into shares

Stückeschreiber(in) *m(f)* playwright

Stückgut *nt* HANDEL single item sent, individually packaged goods; **als ~ versenden** to convey by goods train

Stückgutbefrachtung *f* berth freighting **Stückgutfracht** *f* general cargo **Stückgutfrachter** *m* cargo ship **Stückgutladung** *f* HANDEL general [*or spec* break-bulk] cargo **Stückgutlieferung** *f* less-than-carload delivery **Stückgutsendung** *f* less-than-carload consignment **Stückgutverkehr** *m kein pl* less-than-carload traffic

Stückkosten *pl* HANDEL unit cost **Stücklohn** *m* piecework wage, piece rate **Stücklohnarbeit** *f* ÖKON piecework **Stückpreis** *m* unit price **Stückschuld** *f* JUR, FIN specific [*or* determinate] obligation **Stückvermächtnis** *nt* JUR bequest of an individual object

stückweise *adv* individually, separately

Stückwerk *nt kein pl* ► WENDUNGEN: [**nur**] **~ sein** [*o* **bleiben**] to be [*or* remain] incomplete **Stückzahl** *f* HANDEL number of pieces [*or* units]; **Herstellung in großer ~** large-scale production

stud. *m Abk von* studiosus: **~ med./phil.** student of medicine/philosophy

Student(in) <-en, -en> *m(f)* student

Studentenausweis *m* student card **Studentenberatung** *f* student counselling [*or* AM counseling] [*or* advice] **Studentenbewegung** *f* student movement **Studentenbude** *f* student's room [*or* BRIT *fam* digs] **Studentenfutter** *nt* nuts and raisins **Studentenheim** *nt* student hostel; (*auf dem Campus*) hall of residence **Studentenkneipe** *f* student pub [*or* AM bar] **Studentenleben** *nt kein pl* student life, life as a student *no pl*

Studentenschaft <-, *selten* -en> *f* students *pl*, student body

Studentenunruhen *f* student unrest **Studentenverbindung** *f* students' society; *für Männer* fraternity AM; *für Frauen* sorority AM **Studentenwerk** *nt* student union **Studentenwohnheim** *nt* hall of residence, student hostel BRIT, residence hall AM

Studentin <-, -nen> *f fem form von* **Student**

studentisch *adj attr* student *attr*

Studie <-, -n> ['ʃtu:diə] *f* ❶ (*wissenschaftliche Abhandlung*) study; **eine ~ über Möglichkeiten** a feasibility study

❷ KUNST study, sketch

Studien ['ʃtu:diən] *pl von* **Studium**

Studienabbrecher(in) <-s, -> *m(f)* dropout *fam* (*student who fails to complete his/her course of study*) **Studienabschluss**[RR] *m* SCH degree **Studienanfänger(in)** *m(f)* first-year student, fresher BRIT, freshman AM **Studienaufenthalt** *m* study visit **Studienbeihilfe** *f* educational [*or* study] grant **Studienberater(in)** <-s, -> *m(f)* course adviser, tutor **Studienberatung** *f* course guidance and counselling [*or* AM counseling] service **Studienbewerber(in)** *m(f)* university applicant **Studienbewerbung** *f* university application **Studienbuch** *nt* study record BRIT (*detailing courses/lectures attended*), academic transcript AM **Studiendirektor(in)** *m(f)* deputy head teacher, vice-principal AM **Studieneinstieg** *m kein pl* start of higher education studies **Studienfach** *nt* subject **Studienfahrt** *f* study trip **Studienfreund(in)** *m(f)* university/college friend **Studiengang** *m* course [of study] **Studiengebühren** *pl* tuition fees *pl* **studienhalber** *adv inv* for study purposes [*or* the purpose of studying] **Studieninhalt** *m* course contents *pl* **Studienjahr** *nt* academic year **Studienplatz** *m* university/college place; **ein ~ in Mikrobiologie** a place to study microbiology **Studienrat, -rätin** *m, f* secondary-school teacher (*with the status of a civil servant*) **Studienreferendar(in)** *m(f)* student teacher **Studienreform** *f* course reform **Studienreise** *f* educational trip **Studienzeit** *f* student days *pl*, time as a student **Studienzeitbegrenzung** *f* limitation on a/the period of study **Studienzweck** *m* **zu ~en** for study purposes [*or* the purposes of study]; ***er hielt sich zu ~en in Edinburgh auf*** he was studying in Edinburgh

studieren* I. *vi* to study; ***sie studiert noch*** she is still a student; **~ wollen** to want to go to [AM a] university/college; ***ich studiere derzeit im fünften/sechsten Semester*** I'm in my third year [at university/college]; *s. a.* **probieren**

II. *vt* ❶ (*als Studium haben*) ■**etw ~** to study [*or* BRIT *form* read] sth

❷ (*genau betrachten*) ■**etw ~** to study sth

Studierende(r) *f(m) dekl wie adj* (*geh*) student

studiert *adj* (*fam*) educated; ■**~ sein** to have been to [AM a] university/college, to have had a university education

Studierzimmer *nt* (*veraltend*) study

Studio <-s, -s> *nt* ❶ FILM, KUNST, RADIO, TV studio

❷ ARCHIT studio, studio flat [*or* AM apartment]

❸ SPORT fitness studio, gym

Studioaufnahme *f* studio production

Studiosus <-, -si> *m* (*hum*) student

Studiosystem *nt* studio system

Studium <-, -Studien> [-diən] *nt* ❶ SCH studies *pl*; **ein ~ aufnehmen** to begin one's studies; **das ~ der Medizin/Chemie** the medicine/chemistry course

❷ (*eingehende Beschäftigung*) study; [**seine**] **Studien machen** [*o* **treiben**] to study

❸ *kein pl* (*genaues Durchlesen*) study; ***das ~ der Akten ist noch nicht abgeschlossen*** the files are still being studied

Stufe <-, -n> *f* ❶ (*Treppenabschnitt*) step; **~ um ~** step by step

❷ (*geh: Niveau*) level; **auf der gleichen** [*o* **auf einer**] **~ stehen** to be on the same [*or* on a] level; **sich mit jdm auf die gleiche** [*o* **auf eine**] **~ stellen** to put [*or* place] oneself on the same level [*or* on a level [*or* par]] with sb

❸ (*Abschnitt*) stage, phase

❹ ELEK position

❺ (*Raketen~*) stage

stufen *vt* ■**etw ~** ❶ *Preise* to graduate sth

❷ *Haare* to layer sth

❸ *Gelände* to terrace [*or* step] sth

Stufenbarren *m* SPORT asymmetric bars *pl* **stufenförmig** *adj inv* ❶ (*stufig*) stepped, terraced; **etw ~ anlegen** to terrace sth ❷ (*fig: schrittweise*) gradual, in stages **Stufenführerschein** *m* [graded] motorcycle licence [*or* AM -se] **Stufengründung** *f* HANDEL *company formation by incorporators and subscribers* **Stufenheck** *nt* AUTO notchback **Stufenklage** *f* JUR action by stages **Stufenleiter** *f* ladder *fig*; **die ~ des Erfolgs** the ladder of success; **die gesellschaftliche** [*o* **soziale**] **~ erklimmen** to climb the social ladder **stufenlos** I. *adj Regelung, Schaltung* continuously variable II. *adv* smoothly; ***die Geschwindigkeit der Scheibenwischer kann ~ geregelt werden*** the wipers can be adjusted to any speed you like **Stufenmodell** *nt* phased model **Stufenplan** *m* phased plan **Stufenrakete** *f* multistage rocket **Stufenschalter** *m* sequence switch **Stufenschnitt** *m* (*Frisur*) layered cut

stufenweise I. *adj* phased

II. *adv* step by step

stufig I. *adj Haarschnitt* layered

II. *adv* in layers; **~ schneiden** to layer

Stuhl[1] <-[e]s, Stühle> *m* chair; **elektrischer ~** electric chair; **auf dem elektrischen ~** in the electric chair; **der Heilige ~** the Holy See

► WENDUNGEN: **jdm den ~ vor die Tür setzen** (*fam*) to kick sb out *fam*; **jdn vom ~ hauen** (*sl*) to knock sb sideways [*or* bowl sb over] *fam*; **sich zwischen zwei Stühle setzen** to fall between two stools; **zwischen zwei Stühlen sitzen** to have fallen between two stools

Stuhl[2] <-[e]s, Stühle> *m* MED (*geh*) stool *form*

Stuhlaufsatz *m* booster seat **Stuhlbein** *nt* chair leg

Stuhlgang *m kein pl* MED (*geh*) bowel movement[s]; **~ haben** to have a bowel movement; **keinen ~ haben** not to have any bowel movements

Stuhllehne *f* chair back

Stukkateur(in) <-s, -e> *m(f)* stucco plasterer
Stulle <-, -n> *f* NORDD piece [*or* slice] of bread and butter; (*belegt*) sandwich
Stulpe <-, -n> *f am Ärmel* [wide] cuff; *am Handschuh* cuff, gauntlet; *am Stiefel* [boot] top
stülpen *vt* ① (*überziehen*) ■**etw auf etw** *akk*/**über etw** *akk* ~ to put sth on/over sth
② (*wenden*) ■**etw** ~ to turn sth [inside] out
Stulpenhandschuh *m* gauntlet **Stulpenstiefel** *m* top boot
stumm I. *adj* ① (*nicht sprechen könnend*) dumb; *s. a.* **Diener, Kreatur**
② (*schweigend*) silent; ■~ **werden** to go silent
③ LING mute, silent
④ THEAT non-speaking
► WENDUNGEN: **jdn [für immer]** ~ **machen** (*sl*) to silence sb [for good]; **jdn** ~ **[vor etw** *dat*] **machen** to render sb speechless [with sth]
II. *adv* silently
Stumme(r) *f(m) dekl wie adj* dumb person, mute *dated*
Stummel <-s, -> *m Glied* stump; *Bleistift, Kerze* stub
Stummfilm *m* silent film [*or* movie]
Stumpen <-s, -> *m* cheroot
Stümper(in) <-s, -> *m(f)* (*pej*) bungler, incompetent
Stümperei <-, -en> *f* (*pej*) ① *kein pl* (*stümperhaftes Vorgehen*) bungling *no pl,* incompetence
② (*stümperhafte Leistung*) bungled [*or* botched] job
stümperhaft I. *adj* (*pej*) amateurish; **eine ~e Arbeit/Leistung** a botched job/botch-up; **~es Vorgehen** incompetence
II. *adv* incompetently; ~ **vorgehen** to act [*or form* proceed] amateurishly
Stümperin <-, -nen> *f fem form von* **Stümper**
stümpern *vi* (*pej*) ■**[bei etw]** ~ to be incompetent [at sth], to bungle
stumpf *adj* ① (*nicht scharf*) blunt; ■~ **werden** to go/become blunt; **eine ~e Nase** a snub nose; **ein Tisch mit ~en Ecken** a table with rounded corners
② MATH **ein ~er Winkel** an obtuse angle; **ein ~er Kegel** a truncated cone
③ (*glanzlos*) dull
④ (*abgestumpft*) lifeless, impassive, apathetic
Stumpf <-[e]s, Stümpfe> *m* stump
► WENDUNGEN: **mit ~ und Stiel** root and branch BRIT; **etw mit ~ und Stiel beseitigen/vernichten** to eliminate/eradicate sth root and branch; **etw mit ~ und Stiel aufessen** to polish off sth *sep,* to eat up every last scrap *sep*
Stumpfheit *f kein pl* ① (*Nichtscharfsein*) bluntness
② (*Abgestumpftheit*) apathy, impassiveness; *der Sinne* dullness
Stumpfsinn *m kein pl* ① (*geistige Trägheit*) apathy
② (*Stupidität*) mindlessness, tedium; **eine Tätigkeit voller** ~ a mindless [*or* tedious] activity
③ (*fam: Blödsinn*) nonsense **stumpfsinnig** *adj* ① (*geistig träge*) apathetic ② (*stupide*) mindless, tedious **stumpfwink(e)lig** *adj* MATH obtuse
Stündchen <-s, -> *nt dim von* **Stunde**: **ein** ~ an hour or so
Stunde <-, -n> *f* ① (*60 Minuten*) hour; **in den nächsten ~n** in the next few hours; **nur noch eine knappe** ~ just under an hour to go; **in der** ~ **der Not** in sb's hour of need; **die** ~ **der Wahrheit** the moment of truth; **jds große** ~ sb's big moment; **jds letzte** ~ **ist gekommen** [*o* **hat geschlagen**] sb's hour has come; **in einer schwachen** ~ in a moment of weakness; **zu später** [*o geh* **vorgerückter**] ~ at a late hour; **in einer stillen** ~ in a quiet moment; **eine Viertel~** a quarter of an hour; **eine halbe** ~ half an hour; **eine Dreiviertel~** three-quarters of an hour; **anderthalb ~n** an hour and a half, one and a half hours; **volle** ~ on the hour; ***die Kirchturmuhr schlägt die vollen ~n*** the church clock strikes on the hour; ***der Zug fährt jede volle*** ~ the train departs every hour on the hour; ~ **um** ~, **~n um ~n** [for] hour after hour; ~ ***um*** ~ ***verging*** hour after hour went by; ***ich wartete ~n um ~n*** I waited for hour after hour; **von** ~ **zu** ~ from hour to hour, hourly; ***es wird jetzt von*** ~ ***zu*** ~ ***klarer*** it's becoming clearer by the hour; **zu dieser** ~ (*geh*) at the present time; **zu jeder** ~, **jede** ~ [at] any time; ***die Nachricht kann zu jeder*** ~ ***eintreffen*** the news may arrive at any time; ***die Polizei kann jede*** ~ ***hier sein!*** the police may be here [at] any moment!; **zu jeder** ~ **bereit sein** to be ready at a moment's notice; **jede** [*o* **alle**] **[halbe]** ~ every [half an] hour; ***um diese Zeit verkehrt die S-Bahn nur noch alle halbe*** ~ [*o* ***halben ~n***] at this time of day/night there's only one [S-Bahn] train every half an hour
② *kein pl* (*festgesetzter Zeitpunkt*) time, hour *form;* **jds** ~ **ist gekommen** sb's hour [*or* time] has come; **bis zur** ~ up to the present moment, as yet
③ (*Unterrichts~*) lesson, period; **~n geben** to teach; **~n nehmen** to have [*or* take] lessons
④ *meist pl* (*Zeitraum von kurzer Dauer*) times *pl;* **sich nur an die angenehmen ~n erinnern** to remember only the pleasant times
► WENDUNGEN: **die** ~ **Null** zero hour, the new beginning; **die** ~ **X** the appointed hour; **der ersten** ~ original, pioneering; **ein Mann/eine Frau der ersten** ~ a prime mover; **jdm schlägt die** ~ sb's time is up [*or* hour has come]; **wissen, was die** ~ **geschlagen hat** to know what's coming [*or* how things stand]
stunden *vt* ■**jdm etw** ~ to give sb time to pay sth; ***wir sind bereit, Ihnen den Betrag bis zum 1.9./noch weitere sechs Wochen zu*** ~ we are prepared to give you until Sept. 1st/another six weeks to repay the amount
Stundengeschwindigkeit *f* speed per hour; ***bei einer*** ~ ***von 80 km*** at a speed of 80 kph **Stundenhotel** *nt* sleazy hotel (*where rooms are rented by the hour*) **Stundenkapazität** *f* ÖKON output per hour **Stundenkilometer** *pl* kilometres [*or* AM -ers] *pl* per hour **stundenlang** I. *adj* lasting several hours *pred;* **nach ~em Warten** after hours of waiting; **~e Telefonate** hour-long phone calls, hours on the phone II. *adv* for hours **Stundenleistung** *f* TECH output per hour **Stundenlohn** *m* hourly wage [*or* rate]; **einen** ~ **bekommen** [*o* **erhalten**] to be paid by the hour **Stundenplan** *m* SCH timetable, schedule AM **Stundensatz** *m* hourly rate **Stundentakt** *m* ■**im** ~ at hourly intervals **Stundenverpflichtung** *f* SCH obligation to teach a certain number of lessons
stundenweise I. *adv* for an hour or two [at a time]
II. *adj* for a few hours *pred;* ~ **Beschäftigung** part-time job; ***„~ Aushilfe im Büro gesucht"*** "part-time temp required"
Stundenzeiger *m* hour hand
Stündlein <-s, -> *nt dim von* **Stunde 1**: ■**ein** ~ an hour or so, a [short] while; **jds letztes** ~ **hat geschlagen** (*hum fam*) sb's last hour has come
stündlich I. *adj* hourly
II. *adv* hourly, every hour; **jdn** ~ **erwarten** to expect sb at any moment
Stundung <-, -en> *f* deferment of payment
Stundungsantrag *m,* **Stundungsgesuch** *nt* FIN request for a respite; **einen** ~ **stellen** to apply for a respite **Stundungsfrist** *f* JUR respite; FIN period of grace [*or* deferral] **Stundungsmöglichkeit** *f* FIN option to respite **Stundungszinsen** *pl* FIN moratorium interest, interest for delayed payment
Stunk <-s> *m kein pl* (*fam*) trouble; ***es wird*** ~ ***geben*** there will be trouble; ~ **machen** to make [*or* cause] a stink *fam*
Stunt <-s, -s> [stant] *m* stunt
Stuntman, -woman <-s, -men> ['stantmɛn, -wumən] *m, f* stuntman *masc,* stuntwoman *fem*
Stuntshow ['stantʃoː] *f* stunt show
Stupa <-s, -s> *m* REL, ARCHIT (*buddhist. Sakralbau für Reliquien*) stupa, tope
stupend *adj* (*geh*) amazing
stupfen *vt bes* SÜDD, SCHWEIZ (*stupsen*) ■**jdn** ~ to nudge sb; **jdn zur Seite** ~ to push sb aside
stupid(e) [ʃtu-, st-] *adj* (*pej geh*) ① (*monoton*) mindless; ■**[jdm] zu** ~ **sein** to be too boring [*or* monotonous] [for sb]
② (*beschränkt*) mindless, moronic; ■**etwas S~es** sth mindless [*or* idiotic]
Stups <-es, -e> *m* (*fam*) nudge
stupsen *vt* (*fam*) ■**jdn** ~ to nudge sb
Stupsnase *f* snub [*or* turned-up] nose
stur I. *adj* stubborn, obstinate; **eine ~e Verweigerung** an obdurate refusal
II. *adv* ① (*ohne abzuweichen*) doggedly; ~ **geradeaus gehen** to keep going straight on regardless; ~ **nach Vorschrift arbeiten** to work strictly to [the] regulations
② (*uneinsichtig*) obstinately; ~ **auf seinem Standpunkt beharren** to stick obstinately [*or* doggedly] to one's point of view; ~ **weitermachen** to carry on regardless; **sich** ~ **stellen** (*fam*) to dig one's heels in; *s. a.* **Bock**
Sturheit <-> *f kein pl* stubbornness, obstinacy
Sturm <-[e]s, Stürme> *m* ① (*starker Wind*) storm, gale; *s. a.* **Barometer**
② FBALL forward line; **im** ~ **spielen** to play in attack [*or* up front]
③ (*heftiger Andrang*) ■**ein** ~ **auf etw** *akk* a rush for sth; **ein** ~ **auf Karten/Plätze/das Flugzeug** a rush for tickets/seats/the plane; **ein** ~ **auf die Bank** a run on the bank
④ MIL (*Angriff*) **im** ~ by storm; **der** ~ **auf die Bastille** the storming of the Bastille
► WENDUNGEN: ~ **und Drang** LIT Sturm und Drang, Storm and Stress; **die Menschen** [*o* **die Herzen**] **im** ~ **erobern** [*o* **nehmen**] to take people by storm [*or* capture people's hearts]; **gegen etw** ~ **laufen** to be up in arms against sth; ~ **läuten** to lean on the [door]bell
Sturmabteilung <-,> *f kein pl* POL (*hist*) Storm Troops *pl,* SA **Sturmangriff** *m* MIL assault
Sturmbö *f* squall, [heavy] gust of wind
stürmen I. *vi impers haben* ■**es stürmt** a gale is blowing
II. *vi* ① *haben* SPORT to attack
② *sein* (*rennen*) ■**[irgendwohin]** ~ to storm somewhere; **aus dem Haus** ~ to storm out of the house
III. *vt haben* ① MIL ■**etw** ~ to storm sth
② (*fam: auf etw eindringen*) ■**etw** ~ to storm sth; **die Bühne** ~ to storm the stage
Stürmer(in) <-s, -> *m(f)* forward; FBALL striker
Sturmflut *f* storm tide **sturmgepeitscht** *adj inv* (*geh*) storm-lashed; **auf ~er See** on the storm-tossed sea
stürmisch I. *adj* ① METEO blustery; (*mit Regen*) stormy
② (*vom Sturm aufgewühlt*) rough; **~e See** rough sea
③ (*vehement*) tumultuous; **eine ~e Begrüßung** a tumultuous welcome; **~er Beifall/Jubel** tumultuous [*or* frenzied] applause/cheering; **ein ~er Mensch** an impetuous person; **nicht so ~!** take it easy!
④ (*leidenschaftlich*) passionate
II. *adv* tumultuously; ***die Kinder begrüßten ihre Tante*** ~ the children gave their aunt a tumultuous welcome
Sturmmöwe *f* ORN common gull **Sturmschaden** *m meist pl* storm damage *no indef art, no pl* **Sturmschritt** *m* **im** ~ at the double **Sturmstärke** *f* storm force **Sturmtaucher** *m* ORN shearwater **Sturmtief** *nt* storm front, trough of low pressure **Sturm-und-Drang-Zeit** *f kein pl* LIT Sturm und Drang period, Storm and Stress period **Sturmvogel** *m* ORN fulmar **Sturmwarnung** *f* gale warning
Sturz[1] <-es, Stürze> *m* ① (*Hinfallen*) fall; ■**ein** ~ **aus/von etw** a fall out of/from [*or* off] sth
② (*drastisches Absinken*) [sharp] fall, drop; **ein** ~ **des Dollars** a slump in [*or* collapse of] the dollar; ***ein beträchtlicher*** ~ ***der Preise für diesen Artikel*** a considerable drop in the price of this article; **ein** ~ **der Temperaturen um 15° C** a drop in temperature of 15° C
③ (*erzwungener Rücktritt*) fall, removal; *Regierung, Regime* fall, overthrow, removal from power

S

Sturz² <-es, Stürze> *m* ❶ BAU lintel
❷ AUTO (*Achs~*) camber
❸ ÖSTERR, SCHWEIZ, SÜDD (*Käseglocke*) cheese cover
Sturzbach *m* torrent
sturzbesoffen *adj* (*sl*) pissed as a newt BRIT *sl*, drunk as a skunk *fam*
stürzen I. *vi sein* ❶ (*plötzlich fallen*) ■**[irgendwie]** ~ to fall [somehow]; **schwer** ~ to fall heavily; ***ich wäre fast gestürzt*** I nearly fell [down [*or* over]]; ■**[aus [*o* von] etw]** ~ to fall [out of [*or* from] [*or* off] sth]; **vom Dach/Tisch/Fahrrad/Pferd** ~ to fall off the roof/table/bicycle/horse
❷ POL ■**[über etw** *akk*] ~ *Regierung* to fall [*or* collapse] [over sth]; *Mensch* to be forced to resign [over sth]
❸ (*rennen*) ■**[irgendwohin [*o* irgendwoher]]** ~ to rush [*or* dash] [somewhere]; ***wohin ist der denn so eilig gestürzt?*** where did he rush [*or* dash] off to in such a hurry?; **ins Zimmer** ~ to burst into the room
II. *vt haben* ❶ (*werfen*) ■**jdn/sich [aus etw** *dat*/ **vor etw** *akk*] ~ to throw [*or* hurl] sb/oneself [out of [*or* from] [*or* off]/in front of sth]
❷ POL (*absetzen*) ■**jdn/etw** ~ to bring sb/sth down; *Minister* to make sb resign; *Diktator* to overthrow sb; *Regierung* to topple sb/sth; (*mit Gewalt*) to overthrow sb/sth
❸ KOCHK (*aus der Form kippen*) ■**etw** ~ to turn sth upside down; **den Kuchen** ~ to turn out the cake
❹ (*kippen*) ■**etw** ~ to turn sth upside down [*or* over]; **„[bitte] nicht ~!“** "this way [*or* side] up!"
III. *vr* ❶ (*sich werfen*) ■**sich [auf jdn]** ~ to pounce [on sb]; ■**sich** *akk* **[auf etw** *akk*] ~ to fall on sth; ***die Gäste stürzten sich aufs kalte Büfett*** the guests fell on the cold buffet
❷ (*sich mit etw belasten*) ■**sich** *akk* **[in etw** *akk*] ~ to plunge into sth; **sich in Schulden** ~ to plunge into debt; **sich in solche Unkosten** ~ to go to such expense; *s. a.* **Unglück, Verderben, Vergnügen**
Sturzflug *m* LUFT nosedive; ORN steep dive; **im** ~ in a nosedive/steep dive **Sturzgüter** *pl* bulk goods *npl* **Sturzgüterbefrachtung** *f* bulk loading **Sturzgütersendung** *f* bulk shipment **Sturzhelm** *m* crash helmet
Stürzpudding *m* nap pudding
Sturzsee *f* NAUT breaker, breaking [*or* heavy] sea **Sturzwelle** *f* breaker
Stuss^RR^ <-es> *m kein pl*, **Stuß** <-sses> *m kein pl* (*fam*) rubbish *fam*, twaddle *fam*, garbage AM, codswallop BRIT *sl*
Stute <-, -n> *f* mare
Stuttgart <-s> *nt* Stuttgart
Stützbandage *f* support bandage
Stütze <-, -n> *f* ❶ (*Stützpfeiler*) support [pillar], strut, prop
❷ (*Halt*) support, prop
❸ (*Unterstützung*) support; ***sie war ihm nach dem Tod seiner Eltern eine große*** ~ she was a great support [to him] following the death of his parents
❹ (*sl: finanzielle Hilfe vom Staat*) dole BRIT *fam*, welfare *esp* AM; **von der** ~ **leben** to live on the dole [*or* on welfare]
stutzen¹ *vi* to hesitate [*or* pause], to stop short
stutzen² *vt* ❶ HORT ■**etw** ~ to prune [*or* trim] sth
❷ ZOOL ■**[einem Tier] etw** ~ to clip [an animal's] sth; **die Ohren** ~ to clip the ears; **gestutzte Flügel** clipped wings; **einem Hund den Schwanz** ~ to dock a dog's tail
❸ (*kürzen*) ■**jdm/sich [etw]** ~ to trim sb's/one's sth; **sich den Bart vom Friseur** ~ **lassen** to get the hairdresser [*or* AM barber] to trim one's beard
Stutzen <-s, -> *m* ❶ (*Gewehr*) carbine
❷ (*Rohrstück*) short piece of connecting pipe; *Zapfsäule* nozzle
❸ SPORT stirrup sock
stützen I. *vt* ❶ (*Halt geben*) ■**jdn/etw** ~ to support sb/sth
❷ BAU ■**etw** ~ to support sth, to prop sth up
❸ (*aufstützen*) ■**etw [auf etw** *akk*] ~ to rest sth [on sth]; **die Ellbogen auf den Tisch** ~ to rest [*or* prop] one's elbows on the table; **das Kinn in die Hand** ~ to cup one's chin in one's hand; **den Kopf auf die Hände** ~ to hold one's head in one's hands; **den Kopf auf die Hände gestützt** head in hands
❹ (*gründen*) ■**etw [auf etw** *akk*] ~ to base sth [on sth]
❺ (*untermauern*) ■**etw** ~ to back sth up; **die Theorie/Beweise** ~ to support the theory/evidence
❻ (*verstärken*) ■**etw** ~ to increase sth; **jds Motivation/Vertrauen** ~ to increase sb's motivation/ reinforce sb's trust
❼ FIN ■**etw** ~ to support sth; **den Dollar** ~ BÖRSE to back the dollar
II. *vr* ❶ (*sich aufstützen*) ■**sich [auf jdn/etw]** ~ to lean [*or* support oneself] [on sb/sth]
❷ (*basieren*) ■**sich** *akk* **[auf etw** *akk*] ~ to be based on sth; **sich auf Tatsachen/Indizien** ~ to be based on facts/circumstantial evidence
Stützgewebe *nt* supporting tissue
stutzig *adj* **jdn** ~ **machen** to make sb suspicious; ~ **werden** to get suspicious, to begin to wonder
Stützkurs *m special course for weaker pupils* **Stützlast** *f* AUTO tongue load **Stützmauer** *f* retaining [*or* supporting] wall **Stützpfeiler** *m* supporting pillar; (*eines Staudamms*) buttress; (*einer Brücke*) pier **Stützpunkt** *m* ❶ MIL base ❷ ÖKON [service] centre [*or* AM -er], dealer **Stützstrumpf** *m* surgical [*or* support] stocking
Stützung <-, -en> *f* support; ~ **der konjunkturellen Kräfte** ÖKON underpinning economic forces
Stützungskäufe *pl* ❶ BÖRSE backing ❷ FIN support buying **Stützungspreis** *m* support price
Stützverband *m* support bandage
stv. *adj Abk von* **stellvertretend** deputy *attr*; (*vorübergehend*) acting *attr*
StVO [ɛste:fau'ʔo:] *Abk von* **Straßenverkehrsordnung**
stylen ['stailən] *vt* ■**etw** ~ to design sth; *Haar* to style
Styling <-s> ['stailɪŋ] *nt kein pl* styling
Styropor® <-s> *nt kein pl* polystyrene
s.u. *Abk von* **siehe unten** see below
Suaheli *nt dekl wie adj* Swahili; *s. a.* **Deutsch**
subaltern *adj* (*pej geh*) ❶ (*untergeordnet*) subordinate
❷ (*devot*) obsequious
Subcomputer [sʌb-] *m* subcomputer
Subdominante *f* MUS subdominant; (*Dreiklang*) subdominant chord
Subduktion <-, -en> *f* subduction
Subduktionszone *f* GEOL subduction zone
Subjekt <-[e]s, -e> *nt* ❶ LING subject
❷ (*pej: übler Mensch*) creature; **ein übles** ~ a nasty character [*or* customer] *fam*
subjektiv *adj* subjective
Subjektivität <-> [-vi-] *f kein pl* (*geh*) subjectivity *no pl*
Subjektsteuern *pl* FIN personal taxes
Subkontinent *m* subcontinent; **der indische** ~ the Indian subcontinent
Subkultur *f* subculture
subkutan *adj* MED subcutaneous
Sublimation <-, -en> *f* CHEM sublimation
Sublimierung <-, -en> *f* PSYCH sublimation
Submissionsabsprache *f* HANDEL collusive tendering **Submissionskartell** *nt* ÖKON bidding cartel
Subnetz *nt* subnetwork
subsidiär *adj* JUR, POL (*geh*) subsidiary
Subsidiarität <-, -en> *f* JUR, POL subsidiarity
Subsidiaritätsprinzip *nt* JUR subsidiarity principle
Subskribent(in) <-en, -en> *m(f)* subscriber
subskribieren* *vt* ■**etw** ~ to subscribe to sth
Subskription <-, -en> *f* subscription; ***bei** ~ **der Enzyklopädie*** by subscribing to the encyclopedia
Subskriptionspreis *m* subscription price
substantiell *adj inv s.* **substanziell**
substantiiert *adj* JUR substantiated; ~**es Bestreiten** substantiated denial
Substantiv <-s, -e *o selten* -a> *nt* noun, substantive *rare*
Substanz <-, -en> *f* ❶ (*Material*) substance
❷ *kein pl* (*geh: Essenz*) essence; **[jdm] an die** ~ **gehen** (*fam*) to take it out of sb
❸ FIN capital; **von der** ~ **leben** to live on [*or* off] one's capital [*or* assets]
Substanzertragssteuer *f* FIN property yield tax
substanziell^RR^ *adj inv* ❶ PHILOS (*stofflich*) material
❷ (*geh: wesentlich*) essential
❸ (*nahrhaft*) substantial, solid
substanzlos *adj* insubstantial
substanzreich *adj* solid
Substanzverlust *m* FIN real-asset loss **Substanzverschleiß** *m* FIN real-asset loss **Substanzwert** *m* ÖKON net asset value, real asset **Substanzwertzusatz** *m* ÖKON real asset growth
Substitution <-, -en> *f* substitution
Substitutionswettbewerb *m* ÖKON substitute competition
substiuieren *vt* (*geh*) ■**etw [durch etw]** ~ to substitute sth for sth, to replace sth with sth; ***er substituierte das Buch durch eine Zeitschrift*** he substituted a magazine for the book, he replaced the book with a magazine
Substrat <-[e]s, -e> *nt* substratum
Subsumtion *f* JUR subsumption
Subsumtionsirrtum *m* JUR error of subsumption
Subsystem *nt* TECH subsystem
subtil *adj* (*geh*) subtle
Subtilität <-,-en> *f* subtlety
Subtrahend <-en, -en> *m* MATH subtrahend
subtrahieren* I. *vt* ■**etw [von etw]** ~ to subtract sth [from sth]
II. *vi* to subtract
Subtraktion <-, -en> *f* subtraction
Subtraktionszeichen *nt* subtraction sign
Subtropen *pl* ■**die** ~ the subtropics *pl*
subtropisch *adj* subtropical
Subunternehmen *nt* HANDEL subcontractor; **einen Vertrag mit einem** ~ **abschließen** to subcontract sth to a firm
Subunternehmer(in) *m(f)* HANDEL subcontractor; **einen** ~ **verpflichten** to bind a subcontractor
Subunternehmervertrag *m* HANDEL subcontract
Subvention <-, -en> [-vɛn-] *f* subsidy
subventionieren* [-vɛn-] *vt* ■**etw** ~ to subsidize sth
Subventionierung <-, -en> *f* ÖKON subsidization
Subventionsbetrug *m* JUR fraudulent acquisition of subsidies **Subventionskontrolle** *f* FIN subsidy controls *pl* **Subventionspolitik** *f* subsidy policy, policy of granting subsidies **Subventionsrecht** *nt* JUR law on subsidies **Subventionsverbot** *nt* JUR prohibition of subsidies
subversiv [-vɛr-] I. *adj* (*geh*) subversive
II. *adv* (*geh*) subversively; **sich** ~ **betätigen** to engage in subversive activities
Subwoofer <-s, -> *m* MUS, TECH subwoofer
Succanat *m* raw cane sugar
Suchaktion *f* organized search **Suchbegriff** *m* target word; INFORM search key [*or* word] **Suchbereich** *m* INFORM seek area **Suchdienst** *m* missing persons tracing service
Suche <-, -n> *f* search (**nach** +*dat* for); **trotz intensiver** ~ despite an intensive search; **auf die** ~ **[nach jdm/etw] gehen, sich auf die** ~ **[nach jdm/etw] machen** to go in search [of sb/sth], to start looking [for sb/sth]; **auf der** ~ **[nach jdm/etw] sein** to be looking [for sb/sth]; **rückwärts gerichtete** ~ INFORM retrospective search
suchen I. *vt* ❶ (*zu finden versuchen*) ■**jdn/etw** ~ to look for sb/sth; (*intensiver, von Computer a.*) to search for sb/sth; ■**sich jdn/etw** ~ to look for sb/sth; **irgendwo nichts zu** ~ **haben** to have no business to be somewhere; ***du hast hier nichts zu ~!*** you have no right [*or* business] to be here!
❷ (*nach etw trachten*) ■**etw** ~ to seek sth; **den Nervenkitzel** ~ to be looking for thrills
▶ WENDUNGEN: **etw sucht ihresgleichen/seinesgleichen** (*geh*) sth is unparalleled [*or* unequalled] [*or* AM unequaled]

II. *vi* ▪[**nach jdm/etw**] ~ to search [*or* be looking] [for sb/sth]; ***such!*** seek!, find!
Sucher <-s, -> *m* viewfinder
Suchfunktion *f* INFORM search function **Suchgerät** *nt* locating equipment **Suchlauf** *m* INFORM search process; RADIO, TV search **Suchmannschaft** *f* search party **Suchmaschine** *f* INET search engine **Suchmethode** *f* INFORM search method **Suchprofil** *nt* INFORM search profile **Suchscheinwerfer** *m* searchlight
Sucht <-, Süchte> *f* ① (*krankhafte Abhängigkeit*) addiction; ~ **erzeugend** addictive
② (*unwiderstehliches Verlangen*) obsession; ▪**die/jds** ~ **nach etw** the/sb's craving for sth; **eine** ~ **nach Süßem** a craving for sweet things; ▪**eine/jds** ~**, etw zu tun** an/sb's obsession with doing sth; ***im Lotto zu spielen kann manchmal eine*** ~ ***sein*** playing the lottery can sometimes be obsessive [*or* an obsession]
Suchtbeauftragte(r) *f(m) dekl wie adj* addiction counsellor [*or* AM counselor] **Suchtberater(in)** *m(f)* addiction counsellor **suchterzeugend** *adj inv s.* **Sucht 1** **Suchtforscher(in)** *m(f)* researcher on addiction **Suchtgefahr** *f* danger of addiction
süchtig *adj* ① MED (*abhängig*) addicted *pred;* ~**e Menschen** addicts; ▪~ **sein/werden** to be/become [*or* get] addicted; ***von einer Marihuanazigarette wird man nicht*** ~ one joint won't make you an addict; ~ **machen** to be addictive
② (*begierig*) ▪[**nach etw**] ~ **sein** to be hooked [on sth]; ~ **nach Anerkennung sein** to be desperate for acceptance [*or* recognition]
Süchtige(r) *f(m) dekl wie adj* addict
Süchtigkeit <-> *f kein pl* addiction
Suchtkranke(r) <-n, -n> *f(m) dekl wie adj* addict **Suchtpotenzial**[RR] *nt* MED, PSYCH potential addiction
Sud <-[e]s, -e> *m* ① KOCHK stock
② PHARM decoction
Süd <-[e]s, -e> *m* ① *kein pl, kein art bes* NAUT south; *s. a.* **Nord 1**
② *pl selten* NAUT (*Südwind*) south wind
Südafrika *nt* South Africa **Südafrikaner(in)** *m(f)* South African **südafrikanisch** *adj* South African **Südamerika** *nt* South America **Südamerikaner(in)** *m(f)* South American **südamerikanisch** *adj* South American
Sudan <-> *m* [the] Sudan
Sudaner <-s, -> *m*, **Sudanese, -sin** <-n, -n> *m, f* Sudanese
sudanesisch *adj* Sudanese
Südasien <-s> *nt* southern Asia, the south of Asia **Südchinesisches Meer** *nt* South China Sea **süddeutsch** *adj* South German
Süddeutsche(r) *f(m) dekl wie adj* South German **Süddeutschland** *nt* South[ern] Germany
Sudelei <-, -en> *f* (*fam o pej*) ① (*Schmiererei*) making a mess; *beim Schreiben* scrawl[ing]; *beim Malen* daubing
② (*Schlamperei*) botch[-up]
sudeln *vi* ① (*mit Matsch usw. schmieren*) ▪[**mit etw**] ~ to make a mess, to mess about with sth; **mit Farbe** ~ to daub with paint
② (*nachlässig schreiben*) ▪[**irgendwohin**] ~ to scribble [somewhere]
Süden <-s> *m kein pl, kein indef art* ① (*Himmelsrichtung*) south; *s. a.* **Norden 1**
② (*südliche Gegend*) south; **gen** ~ **ziehen** to fly [*or* migrate] south; *s. a.* **Norden 2**
Südengland *nt* southern England, the south of England
Sudeten *pl* ▪**die** ~ the Sudeten Mountains [*or* Highlands] *npl*
Sudetendeutsche(r) *f(m)* German from the Sudetenland **Sudetenland** *nt kein pl* ▪**das** ~ the Sudetenland
Südeuropa <-s> *nt* southern Europe **Südfrankreich** *nt* southern France, the south of France **Südfrucht** *f meist pl* [sub]tropical fruit **Südhalbkugel** *f* southern hemisphere **Südhang** *m* southern slope **Süditalien** *nt* southern Italy, the south of Italy **Südjemen** *nt* South Yemen **Süd-korea** *nt*, **(Süd-)Korea** *nt* (*fam*) South Korea; *s. a.* **Deutschland Südkoreaner(in)** *m(f)* South Korean; *s. a.* **Deutsche(r) südkoreanisch** *adj* South Korean; *s. a.* **deutsch 1, 2 Südküste** *f* south[ern] coast **Südlage** *f* southern aspect; **Grundstücke in** ~ plots with a southern aspect **Südländer(in)** <-s, -> *m(f)* Southern European; ***sie bevorzugt*** ~ she prefers Mediterranean types; ▪~ **sein *mein Mann ist*** ~ my husband comes from southern Europe **südländisch** *adj* Southern European; **ein ~es Temperament** a Latin temperament
südl. Br. *Abk von* **südliche Breite** S.lat.
südlich I. *adj* ① (*in ~er Himmelsrichtung befindlich*) southern; *s. a.* **nördlich I 1**
② (*im Süden liegend*) southern; *s. a.* **nördlich I 2**
③ (*von/nach Süden*) southwards, southerly; *s. a.* **nördlich I 3**
④ (*für den Süden charakteristisch*) southern
II. *adv* ▪~ **von etw** [to the] south of sth
III. *präp +gen* [to the] south of sth
Südlicht *nt* southern lights *pl*, aurora australis *sing* **Südostasien** *nt* South-East Asia **Südostasienpakt** *m* South-East Asia Treaty Organization, SEATO **Südosten** *m kein pl, kein indef art* ① (*Himmelsrichtung*) south-east; *s. a.* **Norden 1**
② (*südöstliche Gegend*) south-east; *s. a.* **Norden 2** **Südosteuropa** *nt* South-East[ern] Europe **südöstlich** I. *adj* ① (*im Südosten gelegen*) south-eastern; *s. a.* **nördlich 2** ② (*von/nach Südosten*) south-eastwards, south-easterly; *s. a.* **nördlich 3**
II. *adv* ▪~ [**von etw**] [to the] south-east [of sth]
III. *präp +gen* [to the] south-east of sth; *s. a.* **nördlich III Südpol** *m* ▪**der** ~ the South Pole **Südsee** *f kein pl* ▪**die** ~ the South Seas *pl*, the South Pacific **Südseite** *f* south[ern] side **Südstaaten** *pl* (*in den USA*) ▪**die** ~ Southern States **Südstaatler(in)** <-s, -> *m(f)* (*in USA*) Southerner **Südtirol** *nt* South Tyrol; *s. a.* **Deutschland Südtiroler(in)** *m(f)* South Tyrolean; *s. a.* **Deutsche(r)** **Südvietnam** *nt* South Vietnam; *s. a.* **Deutschland Südvietnamese, -vietnamesin** *m, f* South Vietnamese; *s. a.* **Deutsche(r) südvietnamesisch** *adv* South Vietnamese; *s. a.* **deutsch 1, 2**
südwärts *adv* southwards; ~ **blicken/fahren** to look/drive south; ***der Wind dreht*** ~ the wind is moving round to the south
Südwein *m* southern wine
Südwesten *m kein pl, kein indef art* ① (*Himmelsrichtung*) south-west; ▪**nach** ~ (*geh*) to[wards] the south-west, south-westwards; *s. a.* **Norden 1**
② (*südwestliche Gegend*) south-west; *s. a.* **Norden 2**
Südwester <-s, -> *m* sou'wester BRIT
südwestlich I. *adj* ① (*in ~er Himmelsrichtung befindlich*) south-western
② (*im Südwesten liegend*) south-western; *s. a.* **nördlich 2**
③ (*von/nach Südwesten*) south-westwards, south-westerly; *s. a.* **nördlich 3**
II. *adv* [to the] south-west; ▪~ **von etw** [to the] south-west of sth
III. *präp +gen* ▪~ **einer S.** south-west of sth; *s. a.* **nördlich III**
Südwestrundfunk *m* RADIO *radio broadcasting corporation in South-West Germany*
Südwind *m* south wind
Sueskanal *m* ▪**der** ~ the Suez Canal
Suff <-[e]s> *m kein pl* (*fam*) boozing *fam no pl, no indef art;* **dem** ~ **verfallen** to hit the bottle; **zum** ~ **finden** to hit the bottle *fam;* **im** ~ while under the influence; ***das kann ich nur im*** ~ ***gesagt haben*** I can only have said that when I was under the influence [*or fam* plastered]
süffeln *vt* (*fam*) ▪**etw** ~ to sip on sth
süffig *adj* very drinkable; ~**er sein als ...** to be easier to drink than ...; ***zu gegrilltem Fleisch eignen sich ~e Weine besser*** light wines are a better accompaniment to grilled meat
süffisant *adj* (*geh*) smug
Suffix <-es, -e> *nt* ① (*Nachsilbe*) suffix
② INFORM (*Dateikennung*) file extension
Suffixschreibweise *f* INFORM suffix notation
Suffragette <-, -n> [zʊfra'gɛtə] *f* suffragette
Sufi <-[s], -s> *m* (*islamischer Mystiker*) Sufi
Sufi-Orden *m* Sufic order
Sufismus <-> *m kein pl* (*Mystik des Islams*) Sufism
suggerieren* *vt* (*geh*) ▪[**jdm**] **etw** ~ to suggest sth [to sb], to put sth into sb's mind
Suggestion <-, -en> *f kein pl* (*geh*) suggestion
suggestiv *adj* (*geh*) suggestive
Suggestivfrage *f* (*geh*) leading question
Suhle <-, -n> *f* wallow
suhlen *vr* ① (*geh: sich ergehen*) ▪**sich** *akk* [**in etw** *dat*] ~ to revel [*or* wallow] [in sth]
② ZOOL (*sich wälzen*) ▪**sich** *akk* [**in etw** *dat*] ~ to wallow [in sth]
Sühne <-, -n> *f* (*geh*) atonement *form*, expiation *form*
sühnen *vt* (*geh*) ▪**etw** [**durch** [*o* **mit**] **etw**] ~ to atone for sth [with sth] *form*
Sühneversuch *m* JUR attempt at reconciliation
Suite <-, -n> ['svi:tə, zu'i:tə] *f* ① (*Zimmerflucht*) suite
② MUS suite
Suizid <-[e]s, -e> *m* (*geh*) suicide
Suizidgefahr *f kein pl* PSYCH suicidal tendency
Sujet <-s, -s> [zy'ʒe:] *nt* (*geh*) subject
Sukkoth *pl* REL (*Laubhüttenfest*) Sukkoth, Succoth, Feast of Tabernacles
sukkulent *adj* BOT succulent
Sukkulent <-en, -en> *m* BOT succulent [plant]
Sukzessionsprinzip *nt* JUR succession principle
sukzessiv *adj inv* (*geh*) gradual
Sukzessivlieferung *f* HANDEL multiple delivery **Sukzessivlieferungsvertrag** *m* HANDEL multi-delivery contract, continuing sales contract
Sulfat <-[e]s, -e> *nt* sulphate BRIT, sulfate AM
Sulfid <-[e]s, -e> *nt* sulphide BRIT, sulfide AM
Sulfit <-s, -e> *nt* sulphite BRIT, sulfite AM
Sulfonamid <-[e]s, -e> *nt* PHARM sulphanomide BRIT, sulfanomide AM
Sultan, Sultanin <-s, -e> *m, f* sultan *masc*, sultana *fem*
Sultanat <-[e]s, -e> *nt* sultanate
Sultanin <-, -nen> *f fem form von* **Sultan**
Sultanine <-, -n> *f* sultana
Sülze <-, -n> *f* ① (*Fleisch*) brawn; (*Fisch*) diced fish in aspic
② (*Aspik*) aspic
sülzen I. *vi* (*fam*) ▪[**über etw** *akk*] ~ to rabbit [*or* AM ramble] on [about sth] *fam*
II. *vt* (*fam*) ▪**etw** ~ to spout sth *fam;* **den absoluten Blödsinn** ~ to spout absolute nonsense; ***was sülzt der da?*** what's he blethering [*or* spouting] on about?
summa cum laude *adv* SCH summa cum laude (*with the utmost distinction*)
Summand <-en, -en> *m* MATH summand
summarisch I. *adj* summary; **eine ~e Zusammenfassung** a brief summary
II. *adv* summarily; **etw** ~ **darstellen** [*o* **zusammenfassen**] to summarize sth
summa summarum *adv* altogether, in all
Sümmchen <-s> *nt dim von* **Summe 2: ein hübsches** [*o* **nettes**] ~ (*hum fam*) a tidy little sum *fam*
Summe <-, -n> *f* ① (*Additionsergebnis*) sum, total
② (*Betrag*) sum, amount; ~ **der Einnahmen** total receipts *pl;* **ausstehende/geschuldete** ~ sum receivable/sum payable
③ (*geh: Gesamtheit*) sum total
summen I. *vi* ① MUS to hum
② (*leise surren*) *Biene* to buzz [*or* hum]; *Motor* to hum
II. *vi impers* ▪**es summt** there's a buzzing/hum[ming]
III. *vt* ▪**etw** ~ to hum sth
Summenbilanz *f* FIN turnover balance **Summenformel** *f* CHEM molecular formula **Summenverwahrung** *f* JUR deposit on fungible securities

S

Summer <-s, -> *m* buzzer
summieren* I. *vt* ■**etw** ~ ❶ (*zusammenfassen*) to summarize sth, to sum up sth *sep*
❷ (*addieren*) to add sth up
II. *vr* ■**sich** *akk* [**auf etw** *akk*] ~ to mount up [*or* amount] to sth
Sumo <-> *nt kein pl* SPORT sumo
Sumoringer(in) *m(f)* sumo [wrestler]
Sumpf <-[e]s, Sümpfe> *m* ❶ (*Morast*) marsh, bog; (*in den Tropen*) swamp
❷ (*Abgrund übler Zustände*) quagmire
Sumpfblüte *f* (*fam*) low life **Sumpfboden** *m* marshy ground, bog **Sumpfdotterblume** *f* marsh marigold **Sumpffieber** *nt* malaria, AM swamp fever **Sumpfgebiet** *nt* marsh[land]; *in den Tropen* swamp[land] **Sumpfhuhn** *nt* (*pej*) moorhen
sumpfig *adj* marshy, boggy; (*in den Tropen*) swampy
Sumpfkuh *f* (*sl*) slob *fam or pej* **Sumpfland** *nt kein pl* marsh[land]; (*in den Tropen*) swamp[land] **Sumpfmeise** *f* ORN marsh tit **Sumpfohreule** *f* ORN short-eared owl **Sumpfotter** *m* mink **Sumpfpflanze** *f* marsh plant **Sumpfvogel** *m* marshbird, wader
Sund <-[e]s, -e> *m* GEOG sound
Sünde <-, -n> *f* ❶ REL sin; **eine ~ begehen** to commit a sin, to sin
❷ (*Missgriff*) error of judgement, mistake; **es ist eine ~ und Schande** (*fam*) it's a crying shame; **es ist eine ~** (*fam*) it's sinful [*or* a sin] *fam*
Sündenbock *m* (*fam*) scapegoat; **jdn zum ~ [für etw] machen** to make sb the scapegoat [for sth] **Sündenfall** *m kein pl* REL ■**der ~** the Fall [of Man] **Sündenregister** *nt* ■**jds ~** sb's list of sins [*or* catalogue [*or* AM catalog] of misdeeds]
Sünder(in) <-s, -> *m(f)* REL sinner
sündhaft *adj* ❶ (*exorbitant hoch*) outrageous
❷ REL sinful; *s. a.* **teuer**
sündig *adj* ❶ REL sinful; ■**~ werden** to sin
❷ (*lasterhaft*) dissolute, salacious, wanton; *s. a.* **Meile**
sündigen *vi* ❶ REL to sin; **in Gedanken ~** to have sinful thoughts; **mit Worten/Taten ~** to say/do sinful things
❷ (*hum fam*) to transgress *hum*
sündteuer *adj* ÖSTERR (*fam*) extremely [*or fam* wickedly] expensive
Sunna <-> *f kein pl* (*Richtschnur islam. Lebensweise*) Sunna
Sunnit(in) <-en, -en> *m(f)* (*Anhänger der orthodoxen Hauptrichtung des Islams*) Sunnite
sunnitisch *adj inv* Sunnite
Sunshinetarif[RR], **Sunshine Tarif** ['sʌnʃaɪn-] *m* sunshine tariff
super I. *adj inv* (*fam*) super *fam*, great *fam*
II. *adv* (*fam*) great *fam*; ***sie kann [wirklich] ~ singen/tanzen*** she's a [really] great singer/dancer; ***dieser Wagen fährt sich ~/~ leicht*** this car is great to drive/handles really easily
Super <-s> *nt kein pl* AUTO four-star BRIT, premium AM; **~ bleifrei** four-star [*or* premium] unleaded; **~ verbleit** four-star [*or* premium] leaded
Super-8-Film [su:pɐ'ʔaxt-] *m* super 8 film **Super-8-Kamera** *f* super 8 camera
Superauto *nt* (*fam*) great car *fam* **Superbenzin** *nt* super, AM *a.* premium **Superchip** *m* superchip **Supercomputer** *m* supercomputer **Superding** *nt* (*fam*) terrific thing *fam*, super job *fam* **Superdividende** *f* FIN superdividend, surplus dividend **supereinfach** *adj* (*fam*) dead easy [*or* simple] BRIT *fam*, super easy AM **superfein** *adj inv* superfine **supergeil** *adj* (*fam*) dead good, [dead] wicked BRIT *fam*, dead cool AM *fam* **supergünstig** *adj inv* super value **supergut** *adj* (*fam*) dead good BRIT *fam* **Superhaufen** *m* ASTRON supercluster **Superheld(in)** *m(f)* superhero
Superior, -riorin *m, f* REL [Father/Mother] Superior
Superioritätskomplex *m* superiority complex
superklug *adj* (*iron fam*) brilliant *iron*, smart-alec[k BRIT] *pej*; ***du hältst dich wohl für ~*** you think you're brilliant, don't you?
Superlativ <-[e]s, -e> *m* superlative
superleicht *adj* (*fam*) dead easy BRIT *fam*, super easy AM **Supermacht** *f* superpower **Supermann** *m* (*fam*) ❶ *kein pl* (*Comicfigur*) Superman *no pl* ❷ (*Mann*) superman **Supermarkt** *m* supermarket **Supernova** *f* ASTRON supernova **Superpreis** *m* (*fam*) terrific price *fam* **Superqualität** *f* (*fam*) brilliant quality *fam*; ***der neue Fernseher hat eine ~*** the new TV is a real humdinger *fam* **Superrestaurant** *nt* (*fam*) super [*or* BRIT brilliant] restaurant *fam* **Superstar** *m* superstar **superstark** *adj* (*fam*) really great *fam* **Superstern** *m* supergiant [star] **Supertanker** *m* supertanker **Superweib** *nt* (*iron*) superwoman **Superwein** *m* (*fam*) top-quality [*or* excellent] wine
Suppe <-, -n> *f* ❶ KOCHK soup; **klare ~** consommé
❷ (*fam: Nebel*) pea-souper BRIT *fam*, pea soup AM *fam*
► WENDUNGEN: **die ~ auslöffeln müssen** (*fam*) to have to face the music *fam*; ***jetzt musst du die ~, die du dir eingebrockt hast, schon selbst auslöffeln*** you've made your [own] bed, [and] now you must lie on it *prov*; **jdm die ~ versalzen** (*fam*) to put a spoke in sb's wheel BRIT *fam*, to screw up sb's plans AM, to queer sb's pitch BRIT *fam*; *s. a.* **Haar**
Suppeneinlage *f solid ingredients added to a soup* **Suppenfleisch** *nt* meat for making soup/stews **Suppengemüse** *nt* vegetables for making soup **Suppengewürz** *nt* soup seasoning (*herbs for flavouring stock*) **Suppengrün** *nt* herbs and vegetables for making soup **Suppenhuhn** *nt* boiling chicken [*or* fowl] **Suppenkelle** *f* soup ladle **Suppenküche** *f* (*veraltend*) soup kitchen ► WENDUNGEN: **das ist ja die reinste ~** it's a pea-souper [*or* AM like pea soup] out there **Suppenlöffel** *m* soup spoon **Suppennudel** *f meist pl* soup noodles *pl* **Suppenschüssel** *f* soup tureen **Suppenteller** *m* soup plate **Suppenterrine** *f* KOCHK ❶ (*Terrine*) soup tureen ❷ (*Suppen-, Eintopfgericht*) soup **Suppenwürfel** *m* stock cube
Supplementband <-bände> *m* supplement[ary volume]
Suppositorium <-s, -torien> *nt* MED (*geh*) suppository
supraleitend *adj inv* PHYS superconducting, superconductive
Supraleiter *m* PHYS superconductor
Supraleitfähigkeit *f* PHYS superconductivity
supranational *adj inv* ÖKON supranational
Sure <-, -n> *f* REL sura
Surfbrett ['sœrf-] *nt* ❶ (*zum Windsurfen*) windsurfer
❷ (*zum Wellensurfen*) surfboard
Surfen <-s> ['sə:fn̩] *nt kein pl* surfing *no pl, no indef art*
surfen ['sœrfn] *vi* ❶ (*windsurfen*) to windsurf
❷ (*wellensurfen*) to surf
❸ (*in Datennetzen*) to surf; **im Internet ~** to surf [*or* browse] the Internet
Surfer(in) <-s, -> ['sœrfɐ] *m(f)* ❶ (*Windsurfer*) windsurfer
❷ (*Wellensurfer*) surfer
❸ INET Internet surfer
Surfing <-s> ['sœrfɪŋ] *nt kein pl* ❶ (*Windsurfen*) windsurfing
❷ (*Wellensurfen*) surfing
Suriname <-s> *nt* Surinam[e]; *s. a.* **Deutschland**
Surinamer(in) <-s, -> *m(f)* Surinamese, Surinamer; *s. a.* **Deutsche(r)**
surinamisch *adj* Surinamese; *s. a.* **deutsch**
Surplus <-, -> ['sɜ:pləs] *nt* ÖKON surplus
Surplusprodukt *nt* ÖKON surplus product **Surplusprofit** *m* HANDEL surplus [profit]
surreal *adj* surreal
Surrealismus <-> [zʊrea'lɪsmʊs, zʏr-] *m kein pl* ■**der ~** surrealism
surrealistisch [zʊrea'lɪstɪʃ, zʏr-] *adj* **ein ~er Autor/Maler** a surrealist writer/painter; **ein ~er Film/~es Buch** a surrealistic film/book
surren *vi* ❶ *haben* (*leise brummen*) *Insekt* to buzz [*or* hum]; *Motor, Hochspannungsleitung* to hum; *Kamera, Ventilator* to whirr
❷ *sein* (*sich ~d bewegen*) ■[**irgendwohin**] ~ to buzz/hum [somewhere]
Surrogat <-[e]s, -e> *nt* surrogate
Surrogation <-> *f kein pl* JUR surrogation, substitution
Surrogationsprinzip *nt* JUR surrogation principle **Surrogationsrecht** *nt* JUR right of substitution
Sushi <-s, -s> [su:ʃi] *nt* KOCHK sushi
suspekt *adj* (*geh*) suspicious; ■**jdm ~ sein** to look suspicious to sb
suspendieren* *vt* ❶ (*vorübergehend des Amtes entheben*) ■**jdn [von etw] ~** to suspend sb [from sth]
❷ (*geh: von der Pflicht zur Teilnahme befreien*) ■**jdn [von etw] ~** to excuse [*or* exempt] sb [from sth]
Suspendierung <-, -en> *f* suspension; **~ von Vertragspflichten** suspension of contractual obligations
Suspendierungsklausel *f* JUR suspensory clause
Suspension <-, -en> *f* PHARM suspension
Suspensiveffekt *m*, **Suspensivwirkung** *f* JUR (*aufschiebende Wirkung*) suspensory effect
süß I. *adj* sweet
II. *adv* ❶ (*mit Zucker zubereitet*) with sugar; ***ich esse nicht gern ~*** I don't like [*or* I'm not fond of] sweet things; ***ich trinke meinen Kaffee nie ~*** I never take sugar in coffee; ***sie bereitet ihre Kuchen immer viel zu ~ zu*** she always makes her cakes far [*or* much] too sweet
❷ (*lieblich*) sweetly; **~ duften** to give off a sweet scent
Süße <-> *f* ❶ *kein pl* (*geh: süßer Geschmack*) sweetness *no pl*
❷ (*Süßstoff*) sweetener
Süße(r) *f(m) dekl wie adj* sweetie *fam*, poppet BRIT *fam*; **[mein] ~r/[meine] ~** (*fam*) my sweet *fam*, sweetheart [*or fam* sweetie]
süßen I. *vt* ■**etw [mit etw] ~** to sweeten sth [with sth]; ***Joghurt und Müsli süße ich nicht noch extra*** I don't add [any] sugar to yoghurt or muesli
II. *vi* ■[**mit etw**] ~ to sweeten things [with sth]; ***ich bin Diabetikerin, ich darf nur mit künstlichem Süßstoff ~*** I am a diabetic, I am only allowed to use artificial sweeteners
Süßholz *nt kein pl* liquorice [*or* AM licorice] [root]
► WENDUNGEN: **~ raspeln** (*fam*) to be full of sweet talk, to be honey-tongued
Süßigkeit <-, -en> *f* ❶ *meist pl* (*etw Süßes zum Essen*) sweet, candy AM
❷ *pl selten* sweetness
Süßkartoffel *f* sweet potato, yam AM **Süßkirsche** *f* sweet cherry
süßlich *adj* ❶ (*unangenehm süß*) sickly sweet; **~es Parfüm** cloying perfume [*or* scent]
❷ (*übertrieben liebenswürdig*) terribly sweet; **~es Lächeln** sugary smile; **~e Miene** ingratiating [*or* BRIT smarmy] expression; **~er Tonfall** ingratiating [*or* BRIT wheedling] tone of voice; **~e Worte** honeyed words
Süßmost *m* unfermented fruit juice
süßsauer I. *adj* ❶ KOCHK sweet-and-sour; **Schweinefleisch ~** sweet-and-sour pork ❷ (*fig*) artificially friendly; **süßsaures Lächeln** forced smile; **ein süßsaures Gesicht machen** to make [*or* BRIT pull] a wry face II. *adv* ❶ KOCHK in a sweet-and-sour sauce ❷ (*fig*) **~ lächeln** to smile wryly **Süßspeise** *f* sweet, dessert **Süßstoff** *m* sweetener
Süßungsmittel *nt* [natural] sweetener [*or* sweetening]
Süßwaren *pl* confectionery *no pl*, AM *a.* candy *no pl* **Süßwarengeschäft** *nt* confectionery [*or* chocolate] [*or* BRIT *fam* sweetie] shop **Süßwarenindustrie** *f kein pl* HANDEL sugar confectionery industry
Süßwasser *nt* fresh water
Süßwasserfisch *m* freshwater fish

Süßwein *m* sweet wine
SW *Abk von* **Südwesten**
Swahili *nt dekl wie adj s.* **Suaheli**
Swap[1] <-s, -s> *m o nt kurz für* Swapgeschäft swap
Swap[2] <-s, -s> *m* INFORM (*Auslagerung*) swap
Swapgeschäft <-[e]s, -e> *nt* ÖKON, BÖRSE swap [deal] **Swapsatz** *m* ÖKON, BÖRSE swap rate, forward margin
Swasi <-, -> *m fem form gleich* BRD Swazi; *s. a.* **Deutsche(r)**
Swasiland <-s> *nt* Swaziland; *s. a.* **Deutschland**
Swasiländer(in) <-s, -> *m(f)* ÖSTERR *s.* **Swasi**
swasiländisch *adj* Swazi; *s. a.* **deutsch**
Sweatshirt <-s, -s> ['svɛtʃœrt] *nt* sweatshirt
Swimmingpool, Swimming-pool <-s, -s> ['svɪmɪŋpu:l] *m* swimming pool
Swing <-[s]> [swɪŋ] *m kein pl* ÖKON swing
SWR *m* RADIO *Abk von* **Südwestrundfunk** *radio broadcasting corporation in South-West Germany*
Sydney <-s> ['sɪdnɪ] *nt* Sydney
Sylt *nt* Sylt; **auf ~** on Sylt; **nach ~ fahren** to go [*or* travel] to Sylt; **von ~ kommen** to come from Sylt; **auf ~ leben** to live on Sylt
Symbiont <-en, -en> *m* BIOL symbiont
Symbiose <-, -n> *f* symbiosis; **eine ~ eingehen** to form a symbiotic relationship
Symbol <-s, -e> *nt* symbol
Symbolfigur *f* symbol[ic figure]
Symbolik *f* symbolism
symbolisch *adj* symbolic
symbolisieren* *vt* ■**etw ~** to symbolize sth
Symbolismus <-> *m kein pl* ■**der ~** Symbolism
Symbolleiste *f* INFORM toolbar
Symmetrie <-, -n> [-'tri:ən] *f* symmetry
Symmetrieachse *f* MATH axis of symmetry
symmetrisch *adj* symmetrical
Sympathie <-, -en> [-'ti:ən] *f* sympathy; (*Zuneigung*) affection; **jds ~ haben** to have sb's approval [*or* support]; ***die Aktion hat meine volle*** ~ I sympathize completely with the campaign
Sympathiebekundung *f* expression of sympathy [*or* support] **Sympathiekundgebung** *f* demonstration [*or* show] of support **Sympathiestreik** *m* JUR sympathy strike
Sympathikus <-> *m kein pl* MED sympathic nervous system
Sympathisant(in) <-en, -en> *m(f)* sympathizer
Sympathisantenszene *f* sympathizers' scene [*or* circuit]
sympathisch *adj* nice, pleasant, likeable; ■**jdm ~ sein** to appeal to sb; ***sie war mir gleich*** ~ I liked her [*or* took to her] at once, I took an immediate liking to her; ■**[jdm] nicht ~ sein** to be not very appealing [to sb]; ***es ist mir nicht gerade*** ~ it doesn't really [*or* exactly] appeal to me
sympathisieren* *vi* ■**mit jdm/etw ~** to sympathize with sb/sth
Symphonie <-, -en> *f s.* **Sinfonie**
Symposium <-s, Symposien> *nt* symposium
Symptom <-s, -e> *nt* symptom; **ein ~ für etw** a symptom of sth
symptomatisch *adj* (*geh*) symptomatic; ■**~ für etw sein** to be symptomatic of sth
Synagoge <-, -n> *f* synagogue
Synapse <-, -n> *f* BIOL (*Verknüpfung zweier Nervenzellen*) synapse
synchron [zyn'kro:n] **I.** *adj* ① (*geh: gleichzeitig*) synchronous, simultaneous
② LING *s.* **synchronisch**
II. *adv* ① (*geh*) synchronously, simultaneously
② LING *s.* **synchronisch**
Synchroneinrichtung *f* AUTO synchronizer
Synchronisation <-, -en> *f* ① FILM, TV dubbing
② (*Abstimmung*) synchronization
synchronisieren* *vt* ① FILM, TV ■**etw ~** to dub sth
② (*geh: zeitlich abstimmen*) ■**etw ~** to synchronize sth
Synchronisierung <-, -en> *f* ① FILM dubbing
② TECH (*Gleichlauf*) synchronization
③ (*geh: zeitliches Abstimmen*) synchronization
④ AUTO synchronizer
Synchrotron <-s, Synchrotrone> *nt* NUKL synchrotron
Synchrotronstrahlung *f* PHYS synchrotron radiation
Syndetseife *f* syndet (*synthetic detergent*)
Syndikalismus <-> *m kein pl* ÖKON syndicalism
Syndikat <-[e]s, -e> *nt* syndicate
Syndikus <-, -se *o* -izi> *m* JUR (*ständiger Rechtsbeistand*) legal adviser, company secretary BRIT, corporation lawyer AM
Syndikusanwalt, -anwältin *m, f* JUR permanently employed legal adviser
Syndrom <-s, -e> *nt* MED, SOZIOL syndrome
Synergie <-, -n> [-'gi:ən] *f* synergy
Synergieeffekt *m* synergetic effect
Synode <-, -n> *f* REL synod
synonym *adj inv* synonym
Synonym <-s, -e> *nt* synonym
Synonymwörterbuch *nt* dictionary of synonyms, thesaurus; ■**Synonymwörterbücher** *pl* thesauruses [*or form* thesauri]
syntagmatisch *adj inv* LING syntagmatic, syntagmic
syntaktisch *adj* syntactic
Syntax <-, -en> *f* syntax
Syntaxfehler *m* ① LING (*Grammtikfehler*) syntax error
② INFORM (*Softwarefehler*) syntax error
Synthese <-, -n> *f* synthesis
Synthesegas *nt* ÖKOL syngas
Synthesizer <-s, -> ['zyntəsaizɐ] *m* MUS synthesizer
Synthetik <-> *nt kein pl* synthetic [*or* man-made] fibre [*or* AM -er]; ***das Hemd ist aus*** ~ the shirt is made of artificial fibres
synthetisch *adj* synthetic; **eine ~e Faser** a manmade fibre
synthetisieren* *vt* CHEM ■**etw ~** to synthesize sth
Syphilis <-> *f kein pl* syphilis *no pl*
Syphiliserreger *m* MED syphilitic pathogen[e]
Syrer(in) <-s, -> *m(f)* Syrian; *s. a.* **Deutsche(r)**
Syrien <-s> *nt* Syria; *s. a.* **Deutschland**
syrisch *adj* Syrian; *s. a.* **deutsch 1**
System <-s, -e> *nt* system; **~ in etw** *akk* **bringen** to bring some order into sth; **nach einem bestimmten ~ vorgehen** to proceed according to a fixed system; **mit ~** systematically; **duales ~** *refuse recycling system implemented in Germany;* **das kommunistische ~** the communist system; **ein ~ beenden** INFORM to quit a system
Systemabschaltung *f* TECH system break **Systemabsturz** *m* INFORM system crash **Systemanalyse** *f* systems analysis **Systemanalytiker(in)** *m(f)* systems analyst **Systemanbieter** *m* TECH system provider
Systematik <-, -en> *f* ① (*geh: Ordnungsprinzip*) system
② *kein pl* BIOL systematology
systematisch *adj* systematic
systematisieren* *vt* (*geh*) ■**etw ~** to systemize sth
Systemauslastung *f* TECH, INFORM full system capacity **Systembedarf** *m* INFORM, TECH system requirements *pl* **systembedingt** *adj inv* determined by the system **Systembeschreibung** *f* INFORM, TECH system specifications *pl* **Systembetreuer(in)** *m(f)* INFORM computer systems supervisor **Systembibliothek** *f* INFORM system library **Systembus** *m* INFORM system bus **Systemdatei** *f* INFORM system file **Systemeinheit** *f* INFORM system unit **Systemerweiterung** *f* INFORM system extension **Systemfehler** *m* TECH, INFORM system error **Systemfehlerbehebung** *f* TECH system diagnostics + *sing/pl vb* **Systemhaus** *nt* INFORM systems house [*or* company] **Systemkomponente** *f* system components *pl* **Systemkritiker(in)** *m(f)* critic of the system **systemkritisch** **I.** *adj inv* critical of the system **II.** *adv* **sich ~ äußern** to speak critically of the system, to openly criticize the system **systemlos** <-er, -este> *adj* unsystematic **Systemmenü** *nt* INFORM system menu **Systemoptimierung** *f* INFORM, TECH system optimization **Systempflege** *f* systematic care **Systemplaner(in)** <-s, -> *m(f)* system[s] planner [*or* designer] **Systemplatine** *f* INFORM system disk **Systemprogramm** *nt* systems program **Systemprompt** *nt* INFORM system prompt **Systemprüfung** *f* system check **Systemregelung** *f* TECH system control **Systemsicherheit** *f* INFORM system security **Systemsoftware** *f* INFORM system[s] software **systemspezifisch** *adj* INFORM system-specific **Systemstart** *m* INFORM system start **Systemtechnik** *f kein pl* systems technology **Systemzwang** *m* system-induced pressure [to conform]
Systole <-, -n> ['zystolə, zy'sto:lə] *f* MED systole
systolisch *adj inv* ANAT systolic
Szenario <-s, -s> *nt* (*a. geh*) scenario
Szenarium <-s, -ien> *nt* (*a. fig*) scenario
Szene <-, -n> *f* ① THEAT, FILM scene; **in ~ gehen** to be staged; ***die ~ spielt in Estland*** the scene is set in Estonia; **[etw] in ~ setzen** (*a. fig*) to stage sth; **sich in ~ setzen** (*fig*) to play to the gallery, to draw attention to oneself; **auf offener ~** during the performance
② (*fam: Krach*) scene; ***wenn er angetrunken nach Hause kommt, gibt es jedes Mal eine*** ~ whenever he comes home drunk there is always a scene; **[jdm] eine ~ machen** (*fam*) to make a scene [in front of sb] *fam;* ***bitte, mach mir nicht schon wieder eine*** ~ please let's not have another scene
③ *kein pl* (*fam: Milieu*) scene *sl;* ■**die ~** the scene *sl* [*or* subculture]; **sich in der ~ auskennen** to know one's way around the scene; **die literarische ~** the literary scene; **die ~ beherrschen** to dominate the scene; (*fig*) to keep things under control
Szene-Bar *f* (*fam*) fashionable [*or* trendy] bar [*or* pub], bar for the in-crowd **Szene-Insider** [-'ɪnsaɪdə] *m* scenester **Szene-Kid** *nt* (*fam*) [young] scenester **Szenekneipe** *f* fashionable [*or* trendy] pub [*or* bar], bar frequented by the in-crowd
szenemäßig *adj inv* in the subculture
Szenenwechsel *m* change of scene
Szeneparty <-, -s> *f* party for the in-crowd
Szenerie <-, -n> [-'ri:ən] *f* ① (*geh: landschaftliche Umgebung*) scenery
② FILM, LIT setting
③ (*Bühnendekoration*) set
Szenevolk *nt* scenesters *pl*
szenisch *adj inv* THEAT scenic
Szientismus <-> *m kein pl* PHILOS scientism
SZR *pl Abk von* **Sonderziehungsrechte** special drawing rights, SDR
Szylla <-> ['stsyla] *f* ▶ WENDUNGEN: **zwischen ~ und Charybdis** (*geh*) between the devil and the deep blue sea *fam,* between Scylla and Charybdis *liter*

T

T, t <-, – *o fam* -s, -s> *nt* T, t; **~ wie Theodor** T for Tommy BRIT, T as in Tare; *s. a.* **A 1**
t *Abk von* **Tonne**
Tabak <-s, -e> ['ta:bak, 'tabak] *m* tobacco; **leichter/starker ~** mild/strong tobacco
Tabakanbau <-s>, **Tabakbau** *m kein pl* tobacco growing [*or* cultivation] **Tabakernte** *f* tobacco crop **Tabakhändler(in)** <-s, -> *m(f)* tobacco merchant, tobacconist **Tabakindustrie** *f,* **Tabakindustrie** *f* ÖSTERR tobacco industry **Tabakkonsum** *m* consumption of tobacco **Tabakladen** *m* tobacconist's **Tabakmosaikvirus** *nt* BIOL tobacco mosaic virus **Tabakplantage** *f* tobacco plantation **Tabaksbeutel** *m* tobacco pouch **Tabaksdose** *f* tobacco tin **Tabakspfeife** *f* pipe **Tabaksteuer** *f* duty on tobacco **Tabakwaren** *pl* tobacco products *pl* **Tabakwerbung** *f*

tobacco advertising
tabellarisch I. *adj* tabular
II. *adv* in tabular form
tabellarisieren* *vt* ■**etw** ~ to tabulate sth
Tabellarisierung <-, -en> *f* (*fachspr*) tabulation
Tabelle <-, -n> *f* table; FBALL *a.* league [table]
Tabellenform *f* **in** ~ in the form of a table [*or* chart]
Tabellenführer(in) *m(f)* SPORT league leaders *pl*, top of the league; ~ **sein** to be at the top of the league **Tabellenführung** *f* SPORT top of the [league/championship] table; ***Werder Bremen hat die ~ übernommen*** Werder Bremen has taken over at [*or* gone to the] the top of the table **Tabellenkalkulation** *f* INFORM spreadsheet **Tabellenkalkulationsprogramm** *nt* INFORM spreadsheet program **Tabellenplatz** *m* SPORT league position, position in the league **Tabellensatz** *m* TYPO tabbing, tabular composition [*or* matter] **Tabellenspitze** *f* top of the league **Tabellenstand** <-[e]s> *m kein pl* SPORT [sport]league-position
Tabernakel <-s, -> *nt o m* tabernacle
Tablar <-s, -e> *nt* SCHWEIZ (*Schrank-, Regalbrett*) shelf
Tablett <-[e]s, -s *o* -e> *nt* tray
▸ WENDUNGEN: **[jdm] etw auf einem silbernen ~ servieren** to hand [sb] sth on a plate [*or* platter]
Tablette <-, -n> *f* pill, tablet
Tablettenmissbrauch[RR] *m kein pl* pill abuse
Tablettensucht *f kein pl* addiction to pills **tablettensüchtig** *adj* addicted to pills **Tablettensüchtige(r)** *f(m) dekl wie adj* person addicted to pills
tablieren *vt* KOCHK **Zucker** ~ to tablet sugar
Tabtaste *f s.* **Tabulatortaste**
tabu *adj inv* taboo; ■**[für jdn]** ~ **sein** to be taboo [for sb]
Tabu <-s, -s> *nt* (*geh*) taboo [subject]; **[für jdn] ein ~ sein** to be a taboo subject [for sb]
tabuisieren* [tabuiˈziːrən] *vt* ■**etw** ~ to make sth a taboo subject
Tabula rasa[RR] *f kein pl*, **tabula rasa** *f kein pl*
▸ WENDUNGEN: ~ ~ **machen** (*fam*) to make a clean sweep of sth
Tabulator <-s, -toren> *m* tabulator, tab *fam*
Tabulatortaste *f* INFORM tab key
Tach(e)les ▸ WENDUNGEN: **[mit jdm] ~ reden** (*fam*) to do some straight talking [to sb] *fam*
Tacho <-s, -s> *m* (*fam*) *kurz für* **Tachometer** speedometer
Tachometer *m o nt* speedometer
Tachometerstand *m* speedometer-reading
Tachowelle *f* AUTO speedometer cable
Tadel <-s, -> *m* ❶ (*Verweis*) reprimand; **jdm einen ~ wegen einer S.** *gen* **erteilen** to reproach sb for sth
❷ (*Makel*) **ohne ~** impeccable, faultless; **Ritter ohne Furcht und ~** a most perfect gentle knight
tadellos I. *adj* (*einwandfrei*) perfect
II. *adv* perfectly
tadeln *vt* ❶ (*zurechtweisen*) ■**jdn [für etw** *akk* [*o* **wegen einer S.** *gen*]] ~ to reprimand [*or* rebuke] sb [for sth], to scold sb [*or esp childspeak* tell sb off] [for sth]; **jdn scharf** ~ to sharply rebuke sb
❷ (*missbilligen*) ■**etw** ~ to express one's disapproval; ■**~d** reproachful; **~de Bemerkungen** reproachful remarks
tadelnd *adj inv Blick, Worte* reproachful
tadelnswert *adj inv Verhalten* reprehensible
Tadschike, Tadschikin <-n, -n> *m, f* Tajik; *s. a.* **Deutsche(r)**
tadschikisch *adj* Tajik[istani]; *s. a.* **deutsch**
Tadschikistan <-s> *nt* Tajikistan, Tadzhikistan; *s. a.* **Deutschland**
Tafel <-, -n> *f* ❶ (*Platte*) board; **eine ~ Schokolade** a bar of chocolate; **Anzeige~** board; **Gedenk~** plaque; **Schul~** [black]board; **Schreib~** slate
❷ ELEK panel; **Schalt~** control panel [*or* console]
❸ MEDIA (*Bild~*) plate
❹ (*geh: festlicher Esstisch*) table; **[jdn] zur ~ bitten** to ask [sb] to the table
❺ *kein pl* (*geh: feine Küche*) cuisine
Tafelberg *m kein pl* GEOL table mountain **Tafelbesteck** *nt* cutlery; (*wertvolles Besteck*) [best] silver **Tafelente** *f* ORN common pochard **tafelfertig** *adj inv, pred* KOCHK ready to serve **Tafelgeschäft** *nt* over-the-counter transaction **Tafelgeschirr** *nt* tableware **Tafelhonig** *m* processed honey **Tafelleuchter** *m* candelabra
tafeln *vi* (*geh*) to feast *form*
täfeln *vt* ■**etw** ~ to panel sth; ■**getäfelt** panelled [*or* AM paneled]
Tafelobst *nt kein pl* dessert fruit **Tafelrunde** *f* (*geh*) company at a table **Tafelsilber** *nt* silver **Tafelspitz** *m* KOCHK boiled beef topside, prime boiled beef
Täfelung <-, -en> *f* panelling [*or* AM paneling]
Tafelwasser *nt* (*geh*) table water, mineral water *fam* **Tafelwein** *m* (*geh*) table wine
Taft <-[e]s, -e> *m* taffeta
Taftkleid *nt* taffeta dress
Tag[1] <-[e]s, -e> *m* ❶ (*Abschnitt von 24 Stunden*) day; **das Neueste vom ~e** the latest [news]; ***weißt du schon das Neueste vom ~e? Hans und Inge wollen doch endlich heiraten*** have you heard the latest? Hans and Inge are finally going to get married; **ein freier ~** a day off; **sich** *dat* **einen faulen** [*o* **schönen**] **~ machen** to take things easy for the day; **den ganzen ~ [lang]** all day long, the whole day; **[s]einen guten/schlechten ~ haben** to have a good/bad day; ***gestern hatte ich [m]einen schlechten ~, da ist alles schief gegangen*** yesterday just wasn't my day — everything went wrong; ***wenn ich einen schlechten ~ habe, geht alles schief*** when I have an off day everything goes wrong; **guten ~!** good day! *form*, hello!, good afternoon/morning!; **~!** (*fam*) morning! *fam*, alright! *fam*; **nur guten ~ sagen wollen** to just want to say hallo; ***willst du nicht zum Essen bleiben? — nein, ich wollte nur schnell guten ~ sagen*** won't you stay and have something to eat? — no, I just wanted to pop in and say hallo; **den lieben langen ~** all day long, [all] the livelong day *form*; **seinen ... ~ haben** to feel ... today; ***da hast du 20 Mark, ich habe heute meinen großzügigen ~*** here's 20 marks for you, I'm feeling generous today; **das war heute wieder ein ~!** (*fam*) what a day that was!; **~ für ~** every day; ***~ für ~ erreichen uns neue Hiobsbotschaften*** every day there's more terrible news; **von einem ~ auf den anderen** overnight; ***sie mussten ihr Haus von einem ~ auf den anderen räumen*** they had to vacate their house overnight; **von ~ zu ~** from day to day, every day; ***die Wechselkurse ändern sich von ~ zu ~*** the exchange rates change from day to day; **alle ~e** (*fam*) every day; **eines [schönen] ~es** one day, one of these [fine] days; ***eines [schönen] ~es klingelte es und ihre alte Jugendliebe stand vor der Tür*** one fine day there was a ring at the door and her old flame was standing at the door; ***eines schönen ~es wirst du auf die Schnauze fallen*** you'll come a cropper one of these days! *fam;* **jeden ~** every day, at any time, any day now; ***der Vulkan kann jetzt jeden ~ ausbrechen*** the volcano could errupt at any time; ***der Brief muss jeden ~ kommen*** the letter should arrive any day now
❷ (*Datum*) day; ***lass uns also ~ und Stunde unseres Treffens festlegen*** let's fix a day and a time for our meeting; **~ der offenen Tür** open day; **der ~ X** D-day; **bis zum heutigen ~** up to the present day; **am ~[e] einer S.** *gen* on the day of sth; **auf den ~ [genau]** [exactly] to the day; ***ich kann es Ihnen nicht auf den ~ genau sagen*** I can't tell you to the exact day; **dieser ~e** (*fam*) in the next [*or* last] few days
❸ (*Gedenk~*) ■**der ~ des/der ... ...day; der ~ des Kindes** Children's Day; ***der 4. Juli ist der ~ der Unabhängigkeit Amerikas*** 4th July is America's Independence Day; **der ~ der Arbeit** Labour Day; ***der 1. Mai ist traditionell der ~ der Arbeit*** 1st May is traditionally Labour Day; **der ~ des Herrn** (*geh*) the Lord's Day
❹ (*Tageslicht*) light; ***es ist noch nicht ~*** it's not light yet; ***im Sommer werden die ~e länger*** the days grow longer in summer; **am ~** during the day; ***am ~ bin ich immer im Büro*** I'm always in the office during the day; **bei ~[e]** while it's light; ***wir reisen besser bei ~e ab*** we had better leave while it's light; **[bei] ~ und Nacht** night and day; ***in den letzten Wochen habe ich ~ und Nacht geschuftet*** I've been grafting away night and day for these last few weeks; **~ sein/werden** to be/become light; ***sobald es ~ wird, fahren wir los*** we'll leave as soon as it's light; ***im Sommer wird es früher ~ als im Winter*** it gets light earlier in summer than in winter
❺ *pl* (*fam: Menstruation*) period; ■**jds ~e** sb's period; **sie hat ihre ~e [bekommen]** it's that time of the month for her
❻ *pl* (*Lebenszeit*) days; ***die ~e der Jugend*** one's salad days *old;* **auf seine/ihres alten ~e** at his/her time of life; ***auf seine alten ~e hat er noch ein Studium angefangen*** despite his advanced years he has begun some serious studies; **bis in unsere ~e [hinein]** up to the present day; **in unseren ~en** nowadays
▸ WENDUNGEN: **es ist noch nicht aller ~e Abend** it's not all over yet; **man soll den ~ nicht vor dem Abend loben** (*prov*) one shouldn't count one's chickens before they're hatched *prov;* **schon bessere ~e gesehen haben** to have seen better days; ***na, dein Auto hat auch schon bessere ~e gesehen!*** well, your car has seen better days, hasn't it?; **ewig und drei ~e** (*hum fam*) for ever and a day; **der Jüngste ~** REL the Day of Judgement; **viel reden** [*o* **erzählen**], **wenn der ~ lang ist** (*fam*) to tell somebody anything; **etw an den ~ bringen** to bring sth to light; **etw kommt an den ~** sth comes to light; **in den ~ hinein leben** to live from day to day; **etw an den ~ legen** *Interesse* to show interest; *Aufmerksamkeit* to pay attention, they showed great interest in the latest machines; **über/unter ~e** above/below ground
Tag[2] <-[s], -s> [tæg] *nt* INFORM tag
Tagalisch *nt* Tagalog; *s. a.* **Deutsch**
Tagalische <-n> *nt* ■**das** ~ Tagalog; *s. a.* **Deutsche**
tagaus *adv* **~, tagein** day after day [*or* day in, day out]
Tagebau *m kein pl* open-cast mining; **im ~** by open-cast mining; ***Braunkohle wird im ~ gefördert*** lignite is mined by the open-cast method
Tagebauprojekt *nt* BERGB opencast mine **Tagebuch** *nt* ❶ (*tägliche Aufzeichnungen*) diary; **ein ~ führen** to keep a diary ❷ (*Terminkalender*) appointments diary **Tagedieb(in)** *m(f)* (*pej veraltet*) idler, wastrel **Tagegeld** *nt* ❶ (*tägliches Krankengeld*) daily invalidity pay ❷ (*tägliche Spesenpauschale*) daily allowance
tagein *adv s.* **tagaus**
tagelang I. *adj* lasting for days; **nach ~em Warten** after days of waiting II. *adv* for days; ***nachdem es ~ geregnet hatte, kam endlich mal wieder die Sonne heraus*** after it had rained for days the sun finally came out again **Tagelohn** *m* daily wage; **im ~ stehen/arbeiten** to be paid by the day **Tagelöhner(in)** <-s, -> *m(f)* (*veraltend*) day labourer [*or* AM -orer]
tagen[1] *vi impers* (*geh*) ***es tagt!*** day is breaking! *form*
tagen[2] *vi* to meet; ***in Berlin tagt zur Zeit ein Ärztekongress*** there is a medical congress currently meeting in Berlin
Tagesablauf *m* daily routine **Tagesabschluss**[RR] *m* FIN daily balance **Tagesanbruch** *m* dawn, daybreak; **bei/nach/vor ~** at/after/before daybreak [*or* after] [*or* before] **Tagesausflug** *m* day trip **Tagesbefehl** *m* MIL order of the day **Tagescreme** *f* day cream **Tagesdecke** *f* bedspread **Tageseinnahmen** *pl* day's takings *npl* **Tagesfahrt** *f* day-trip **Tagesgeld** *nt* FIN overnight money **Tagesgericht** *nt* KOCHK dish of the day **Tagesgeschäft** *nt* BÖRSE day order **Tagesgeschehen** *nt* daily events *pl* **Tagesgespräch**

nt talking point of the day **Tagesgewinn** *m* HANDEL day's profit **Tageshälfte** *f* half of the day **Tageshoch** *nt* high of the day **Tageshöchstkurs** *m* BÖRSE day's highest price **Tageshöchstsatz** *m* HANDEL day's highest rate **Tageskarte** *f* ① (*Speisekarte*) menu of the day ② (*einen Tag gültige Eintrittskarte*) day ticket **Tageskasse** *f* ① (*tagsüber geöffnete Kasse*) box-office open during the day; ***die ~ hat zwischen 10 und 13 Uhr geöffnet*** the box-office is open during the day between 10 a.m. and 1 p.m. ② (*Tageseinnahmen*) day's takings *npl* **Tageskauf** *m* BÖRSE day order **Tageskurs** *m* FIN current rate **Tageslicht** *nt kein pl* daylight *no pl;* **bei ~** by [*or* in] daylight; ***das müssen wir uns morgen mal bei ~ ansehen*** we'll have to have a look at it tomorrow in daylight; (*vor Einbruch der Dunkelheit*) before dark; ***ich muss mich beeilen, ich will noch bei ~ zu Hause sein*** I must hurry, I want to be home before dark ▶ WENDUNGEN: **etw ans ~ bringen** to bring sth to light; **etw kommt ans ~** sth comes to light; **das ~ scheuen** to shun the light of day **Tageslichtprojektor** *m* overhead projector **Tagesmarsch** *m* day's march **Tagesmutter** *f* childminder **Tagesnachrichten** *pl* daily news *usu + sing vb* **Tagesniedrigstkurs, Tagestiefstkurs** *m* BÖRSE day's lowest price **Tagesordnung** *f* agenda; **etw auf die ~ setzen** to put sth on the agenda; **auf der ~ stehen** to be on the agenda; ***dieses Thema steht für morgen auf der ~*** this topic is on tomorrow's agenda ▶ WENDUNGEN: **an der ~ sein** to be the order of the day; **[wieder] zur ~ übergehen** to carry on as usual **Tagesordnungspunkt** *m* item on the agenda **Tagespreis** *m* ÖKON current price **Tagesproduktion** *f* daily production **Tagesration** *f* daily ration **Tagesreise** *f* ① (*eintägiger Ausflug*) day trip ② (*Strecke*) day's journey **Tagessatz** *m* ① (*tägliche Kosten*) daily rate ② (*Geldstrafe*) *fine calculated from the daily rate of income* **Tagesschau** *f kein pl* TV news + *sing vb* (*daily TV news show of the ARD*), bulletin; ■**die ~** the news **Tagesschwankungen** *pl* BÖRSE intraday fluctuations **Tagessoll** *nt* HANDEL day's target **Tagessuppe** *f* soup of the day **Tagestief** *nt* low of the day **Tagesumsatz** *m* daily sales returns *pl* **Tagesverbrauch** *m* daily consumption **Tageswert** *m* HANDEL going price **Tageszeit** *f* time [of day]; **zu jeder Tages- und Nachtzeit** (*fam*) at any hour of the night or day **Tageszeitung** *f* daily [paper]

Tagetes <-> *f kein pl* HORT marigold

tageweise *adv* on a daily basis

Tagewerk *nt kein pl* (*geh*) day's work

Tagfalter *m* butterfly **Taggeld** *nt* ÖSTERR, SCHWEIZ (*Tagegeld*) daily allowance

taghell *adj* as bright as day

täglich I. *adj attr* daily; *s. a.* **Brot**
II. *adv* daily, every day

tags *adv* by day; **~ darauf** the following day; **~ zuvor** the day before

Tagschicht *f* ① (*Arbeitszeitraum*) day shift; **~ haben** to be on day shift
② (*personelle Besetzung*) day shift workers *pl*

tagsüber *adv* during the day

tagtäglich I. *adj* daily II. *adv* on a daily basis, every day **Tagtraum** *m* daydream **Tagundnachtgleiche** <-, -n> *f* equinox

Tagung <-, -en> *f* ① (*Fach~*) conference
② (*Sitzung*) meeting

Tagungsbeginn *m* beginning of a conference **Tagungsbüro** *nt* conference office **Tagungsdauer** *f* duration of a conference **Tagungsgeld** *nt* ADMIN attendance [*or* sitting] fee **Tagungsort** *m* conference venue **Tagungsraum** *m* conference room **Tagungsteilnehmer(in)** *m(f)* participant at a conference

Tahiti *nt* Tahiti; *s. a.* **Sylt**

Tai Chi (Chuan) <-> [-tʃi] *nt kein pl* t'ai chi [ch'uan]

Taifun <-s, -e> *m* typhoon

Taiga <-> *f kein pl* ■**die ~** the taiga

Taille <-, -n> ['taljə] *f* waist

taillenbetont *adj inv* figure-hugging **Taillenweite** *f* waist measurement

tailliert [ta'ji:ɐt] *adj* fitted at the waist

Taipeh <-s> *nt* Taipei

Taiwan <-s> *nt* Taiwan

Taiwaner(in) <-s, -> *m(f)* Taiwanese

taiwanisch *adj inv* Taiwanese

Takelage <-, -n> [takə'la:ʒə] *f* NAUT rigging

takeln *vt* NAUT ■**etw ~** to rig sth

Takt <-[e]s, -e> *m* ① MUS bar; **den ~ [zu etw] schlagen** to beat time to sth
② *kein pl* (*Rhythmus*) rhythm; **den ~ angeben [*o* schlagen]** to beat time; **jdn aus dem ~ bringen** to make sb lose their rhythm, to disconcert sb; **jd kommt aus dem ~** to lose one's rhythm [*or* the beat]; **im ~** in time to sth
③ *kein pl* (*Taktgefühl*) tact; **etw mit ~ behandeln** to deal tactfully with sth; **keinen ~ [im Leib] haben** (*fam*) not to have an ounce of tact in one; **gegen den ~ verstoßen** to behave tactlessly
④ AUTO stroke; **4-~-Motor** 4-stroke [engine]
⑤ *kein pl* LING foot
⑥ TECH phase
▶ WENDUNGEN: **ein paar ~e** (*fam*) a few words; **ein paar ~e mit jdm reden** to have a word with sb

Taktfrequenz *f* INFORM clock frequency **Taktgeber** *m* TECH clock; **externer ~** external clock **Taktgeberrate** *f* TECH clock rate **Taktgefühl** *nt* ① (*Feingefühl*) sense of tact; **~ haben** to have a sense of tact ② MUS sense of rhythm

taktieren* *vi* to use tactics; **klug/geschickt ~** to use clever/skilful tactics

Taktik <-, -en> *f* tactics *pl;* **[mit etw] eine bestimmte ~ verfolgen** to pursue certain tactics [with sth]; ***wir müssen herausbekommen, welche ~ die Konkurrenz verfolgt*** we must find out what tactics our competitors are pursuing

Taktiker(in) <-s, -> *m(f)* tactician

taktisch I. *adj* tactical
II. *adv* tactically

taktlos *adj* tactless

Taktlosigkeit <-, -en> *f* ① *kein pl* (*taktlose Art*) tactlessness ② (*taktlose Aktion*) piece of tactlessness

Taktrate *f* INFORM clock rate [*or* speed] **Taktsignal** *nt* INFORM clock pulse **Taktstock** *m* baton **Taktstrich** *m* MUS bar [line] **taktvoll** *adj* tactful

Tal <-[e]s, Täler> *nt* valley; **zu ~** (*geh*) down into the valley; (*flussabwärts*) downstream

talabwärts *adv* down the valley

Talar <-s, -e> *m* JUR robe, gown; REL cassock; SCH gown

TA-Lärm *f kein pl* JUR Technical Directive on Noise Pollution Control

talaufwärts *adv* up the valley, upstream

Tal des Todes *nt* Death Valley

Talent <-[e]s, -e> *nt* ① (*Begabung*) talent; ■**jds ~ für [*o* zu] etw** sb's talent for sth; **~ [für [*o* zu] etw] haben** to have a talent [for sth]
② (*begabter Mensch*) talent *no pl;* ***Ihr Sohn ist ein wirkliches ~*** your son is a real talent; **junge ~e** young talents

talentiert I. *adj* talented
II. *adv* in a talented way

Taler <-s, -> *m* HIST thaler

Talfahrt *f* ① (*Fahrt ins Tal*) descent [into the valley [*or* down a valley]], journey downstream
② (*fig: starke Verluste*) steep decline; **die Konjunktur ist in der ~** there's a downtrend in economic activity

Talg <-[e]s, -e> *m* ① (*festes Fett*) suet
② (*Absonderung der Talgdrüsen*) sebum

Talgdrüse *f* sebaceous gland

Talgdrüsenüberfunktion *f* seborrhoea BRIT, seborrhea AM

Talisman <-s, -e> *m* talisman, lucky charm, mascot

Talk[1] <-[e]s> *m kein pl* (*Mineral*) talc

Talk[2] <-s, -s> ['tɔ:k] *m* (*Plauderei*) talk

talken ['tɔ:kn] *vi* SOZIOL, MEDIA to chat, to talk

Talkessel *m* basin, hollow

Talkmaster(in) <-s, -> ['tɔ:kma:stɐ] *m(f)* chat show host BRIT, talk show host AM

Talkpuder *m o nt s.* **Talkum**

Talkshow[RR] <-, -s> *f,* **Talk-Show** <-, -s> ['tɔ:kʃo:] *f* chat show BRIT, talk show AM

Talkum <-s> *nt kein pl* talcum powder

Tallinn <-s> *nt* Tallin[n]

Talmi <-s> *nt kein pl* (*veraltend*) pinchbeck *form,* cheap rubbish [*or* AM garbage]; (*unechter Schmuck*) imitation jewellery [*or* AM jewelery]

Talmigold *nt* pinchbeck gold

Talmud <-[e]s, -e> *m kein pl* REL Talmud

Talmulde *f* basin, hollow

Talon [ta'lõ:] *m* JUR renewal coupon

Talschaft <-, -en> *f* SCHWEIZ (*Territorium*) valley area; (*politische Einheit*) valley community

Talsohle *f* ① (*Boden eines Tales*) bottom of a valley ② (*fig: Tiefstand*) rock bottom; (*Wirtschaft*) trough

Talsperre *f* TECH *s.* **Staudamm** **Talstation** *f* valley station

TA-Luft *f kein pl* JUR Technical Directive on Air Pollution Control, air quality directive

talwärts *adv inv* down to the valley

Tamagotchi® <-[s], -[s]> [-tʃi] *nt* tamagotchi

Tamarillo <-, -[s]> *f* BOT tamarillo, tree tomato

Tamarinde <-, -n> *f* tamarind

Tamariske <-, -n> *f* tamarisk

Tambour <-en, -en> ['tambu:ɐ, tam'bu:ɐ] *m* SCHWEIZ (*Trommler*) drummer

Tamburin <-s, -e> *nt* tambourine

Tamil *nt* Tamil; *s. a.* **Deutsch**

Tamile, Tamilin <-n, -n> *m, f* Tamil; *s. a.* **Deutsche(r)**

Tampon <-s, -s> ['tampɔn, tam'po:n, tã'põ:] *m* tampon

Tamtam <-s, -s> *nt* ① (*asiatisches Becken*) tomtom
② *kein pl* (*fam: großes Aufheben*) fuss; **ein [großes] ~ [um jdn/etw] machen** (*fam*) to make a [big] fuss [about [*or* over] sb/sth]

Tand <-[e]s> *m kein pl* (*veraltend geh*) knick-knacks *pl*

Tändelei <-, -en> *f* (*geh*) ① (*Liebelei*) dalliance *liter*
② (*Spielerei*) trifle

tändeln *vi* (*veraltend geh*) ■**[mit etw] ~** to dally with sth; ■**[mit jdm] ~** to trifle [with sb] *dated*

Tandem <-s, -s> *nt* tandem; **~ fahren** to ride a tandem

Tandler(in) <-s, -> *m(f)* ÖSTERR (*fam*) ① (*Trödler*) junk dealer
② (*Charmeur*) flirt, philanderer

Tang <-[e]s, -e> *m* seaweed

Tanga <-s, -s> *m* tanga

Tangens <-, -> ['taŋgɛns] *m* tangent

Tangente <-, -n> [taŋ'gɛntə] *f* ① MATH tangent
② TRANSP bypass, ring road

tangential *adj inv* MATH tangential

Tanger <-s> *nt* Tangier[s]

tangieren* [taŋ'gi:rən] *vt* ① (*geh: streifen*) ■**jdn/etw ~** to touch upon sb/sth; ***in unserer Besprechung wurde dieses Problem nur tangiert*** this problem was only touched upon in our discussion
② (*geh: betreffen*) ■**jdn/etw ~** to affect sb/sth; **jdn nicht ~** (*fam*) not to bother sb
③ MATH ■**etw ~** to be tangent to

Tango <-s, -s> ['taŋgo] *m* tango

Tank <-s, -s> *m* TECH, MIL tank

Tankdeckel *m* fuel [*or* BRIT *a.* filler] cap [*or* BRIT *a.* petrol]

tanken I. *vi* (*den Tank füllen*) *Auto* to fill up with [*or* get some] petrol [*or* AM gas]; *Flugzeug* to refuel
II. *vt* ① (*als Tankfüllung*) ■**etw ~** to fill up with sth; ***ich tanke nur noch Super bleifrei*** I only fill up with Super lead-free
② (*fam: in sich aufnehmen*) ■**etw ~** to get sth; **frische Luft/Sonne ~** to get some fresh air/sun; ***ich fahre an die See, um neue Kräfte zu ~*** I'm going to the seaside to recharge my batteries *fig*
▶ WENDUNGEN: **[ganz schön [*o* reichlich] [*o* ziemlich]] getankt haben** (*fam*) to have downed a fair amount

Tanker <-s, -> *m* NAUT tanker

Tankfahrt *f* NAUT tanker shipping **Tankfüllstutzen** *m* filler pipe **Tankfüllung** *f* a tankful **Tankinhalt** *m* tank capacity **Tanklager** *nt* petrol [*or* AM oil] depot **Tanklaster** *m* tanker **Tanklastzug** *m* tanker **Tanksäule** *f* petrol [*or* AM gas] pump **Tankstelle** *f* garage, filling [*or* AM gas] [*or* BRIT petrol] station **Tankstellenshop** *m* service [*or* BRIT petrol] [*or* AM gas] station shop **Tankuhr** *f* fuel [*or* petrol] gauge **Tankverschluss**RR *m* ① (*Verschluss eines Tanks 2*) tank lid ② AUTO (*geh*) *s.* **Tankdeckel Tankwagen** *m* tanker **Tankwart(in)** *m(f)* petrol pump attendant BRIT, gas station attendant AM **Tankzug** *m* petrol train

Tanne <-, -n> *f* fir; (*Weiß~*) silver fir

Tannenbaum *m* ① (*Weihnachtsbaum*) Christmas tree ② (*fam: Tanne*) fir-tree **Tannenhäher** *m* ORN nutcracker **Tannenholz** *nt* pine-wood **Tannenhonig** *m* pine honey **Tannenmeise** *f* ORN coal tit **Tannennadel** *f* fir needle **Tannenwald** *m* pine forest **Tannenzapfen** *m* fir cone

Tannin <-s> *nt kein pl* tannin

Tansania <-> *nt* Tanzania; *s. a.* **Deutschland**

Tansanier(in) <-s, -> *m(f)* Tanzanian; *s. a.* **Deutsche(r)**

tansanisch *adj inv* Tanzanian; *s. a.* **deutsch 1, 2**

Tantal <-s> *nt kein pl* CHEM tantalum

Tantalusqualen *pl* ▸ WENDUNGEN: **~ leiden** (*geh*) to suffer the torments of Tantalus *liter*

Tante <-, -n> *f* ① (*Verwandte*) aunt, auntie *fam* ② (*pej fam: Frau*) old dear *pej fam* ③ (*kindersprache*) lady; ***sag der ~ schön guten Tag!*** say hello nicely to the lady!

Tante-Emma-Laden *m* (*fam*) corner shop

Tantieme <-, -n> [tã'tie:mə, tã'tiɛ:me] *f* ① (*Absatzhonorar*) royalty ② *meist pl* (*Gewinnbeteiligung*) percentage of the profits

Tantiemenabrechnung *f* HANDEL royalty statement **Tantiemensteuer** *f* FIN royalty tax **Tantiemenvergütung** *f* FIN royalty payment

Tanz <-es, Tänze> *m* ① MUS dance; **jdn zum ~ auffordern** to ask sb to dance ② *kein pl* (*Tanzveranstaltung*) dance ③ (*fam: Auseinandersetzung*) song and dance; **einen ~ [wegen etw] machen** [*o* **aufführen**] (*fam*) to make a song and dance [about sth] *fam* ▸ WENDUNGEN: **der ~ ums Goldene Kalb** worship of the golden calf [*or* of Mammon]; **ein ~ auf dem Vulkan** (*geh*) playing with fire

Tanzabend *m* evening's dancing, ball **Tanzbein** *nt* **das ~ schwingen** (*hum fam*) to take to the floor *fam* **Tanzcafé** *nt* coffee house with a dance floor

Tänzchen <-s, -> *nt dim von* **Tanz** dance; **ein ~ wagen** (*hum*) to venture onto the dance floor

tänzeln *vi* ① *haben* (*auf und ab federn*) *Boxer* to dance; *Pferd* to prance ② *sein* (*sich leichtfüßig fortbewegen*) to skip

tanzen I. *vi* ① *haben* (*einen Tanz ausführen*) to dance; ***wollen wir ~?*** shall we dance?; **~** [*o* **zum T~**] **gehen** to go dancing; *s. a.* **Pfeife** ② *sein* (*sich tanzend fortbewegen*) to dance; **auf dem Seil ~** to walk the tightrope [*or* high wire] ③ *haben* (*hüpfen*) *Gläser, Würfel* to jump in the air; ***das kleine Boot tanzte auf den Wellen*** the little boat bobbed up and down on the waves; ***ihm tanzte alles vor den Augen*** the room was spinning before his eyes
II. *vt haben* **einen Tango/ein Solo ~** to dance the tango/a solo
III. *vr* ■ **sich ... ~** to dance oneself into a certain state; **sich in Ekstase ~** to dance oneself into a state of ecstasy; **sich müde/heiß ~** to dance oneself into a state of exhaustion/a sweat

Tänzer(in) <-s, -> *m(f)* ① (*Tanzpartner*) dancer, [dancing] partner; **ein guter/schlechter ~ sein** to be a good/bad dancer; **kein ~ sein** to be no dancer ② (*Ballett~*) ballet dancer

tänzerisch I. *adj* dancing; ***die Paare zeigten ihr ~es Können*** the couples showed their dancing ability
II. *adv* in terms of dancing; ***die Kür war ~ ausgezeichnet*** the dancing in the free section was excellent

Tanzfläche *f* dance floor **Tanzgruppe** *f* dance group **Tanzkapelle** *f* dance band **Tanzkurs(us)** *m* ① (*Lehrgang für* [*Gesellschafts*]*tanzen*) dancing lessons ② (*Teilnehmer eines Tanzkurses*) dance class **Tanzlehrer(in)** *m(f)* dance [*or* dancing] teacher **Tanzlokal** *nt* café with a dance floor **Tanzmusik** *f* dance music **Tanzorchester** *nt* dance orchestra **Tanzpartner(in)** *m(f)* dancing partner **Tanzschritt** *m* dance step **Tanzschule** *f* dancing school, school of dancing **Tanzstunde** *f* ① *kein pl* (*Kurs*) dancing class ② (*Unterrichtsstunde*) dancing lesson; **~n nehmen** to have dancing lessons **Tanztee** *m* tea-dance **Tanztheater** *nt* dance theatre [*or* AM -er] **Tanzturnier** *nt* dance tournament

tanzwütig *adj* dance-crazy [*or* -mad]

Tanzwütige(r) *f(m) dekl wie adj* dance addict *hum;* (*bei Techno a.*) raver; ■ **eine ~/ein ~r sein** to be dance-crazy [*or* -mad]

Tao <-> *nt kein pl* PHILOS Tao

Taoismus <-> *m kein pl* REL (*chin. Religion und Philosphie*) Taoism

Tapenade *f* KOCHK tapenade

Tapet *nt* ▸ WENDUNGEN: **etw aufs ~ bringen** (*fam*) to bring up sth *sep;* **aufs ~ kommen** (*fam*) to come up

Tapete <-, -n> *f* wallpaper *no pl* ▸ WENDUNGEN: **die ~n wechseln** to have a change of scenery; **einen ~nwechsel brauchen** to need a change of scenery

Tapetenbahn *f* strip of wallpaper **Tapetenfarbe** *f* colour [*or* AM -or] of the wallpaper **Tapetengeschäft** *nt* wallpaper shop [*or* AM store] **Tapetenmuster** *nt* ① (*Design*) wallpaper pattern ② (*Probe*) wallpaper sample **Tapetenrolle** *f* roll of wallpaper **Tapetentür** *f* concealed door **Tapetenwechsel** *m* (*fam*) change of scene

tapezieren* *vt* ■ **etw ~** to wallpaper sth

Tapezierer(in) <-s, -> *m(f)* decorator

Tapeziertisch *m* wallpapering-table

tapfer *adj* ① (*mutig*) brave, courageous ② (*fam: munter*) heartily; ***greif' nur ~ zu!*** just help yourself to as much as you like!

Tapferkeit <-> *f kein pl* bravery, courage

Tapferkeitsmedaille *f* bravery medal

Tapioka <-> *nt kein pl* (*Stärkemehl aus Maniokknollen*) tapioca

Tapir <-s, -e> *m* ZOOL tapir

tappen *vi* ① *sein* (*schwerfällig gehen*) ■ [**irgendwohin**] **~** to walk hesitantly; ***schlaftrunken tappte er zum Telefon*** he shuffled drowsily to the phone ② *haben* (*tasten*) ■ [**nach etw**] **~** to grope [*or* fumble] [for sth]; *s. a.* **dunkel, Falle**

täppisch <-er, -ste> *adj* clumsy, awkward

tapsen *vi sein* (*fam*) *Kleinkind* to toddle; *Bär* to lumber

tapsig *adj* (*fam*) awkward, clumsy

Tara <-, Taren> *f* tare

Tarantel <-, -n> *f* ZOOL tarantula ▸ WENDUNGEN: **wie von der ~ gestochen** (*fam*) as if one had been stung

Taren *pl von* **Tara**

tarieren* *vt* HANDEL ■ **etw ~** to tare sth

Tarif <-[e]s, -e> *m* ① (*festgesetzter Einheitspreis*) charge ② (*gewerkschaftliche Gehaltsvereinbarung*) pay scale; **nach/über/unter ~** according to/above/below **~ the negotiated rate; geltender/gestaffelter ~** rate in force/differential tariff ③ ÖKON (*Preis*) tariff, rate; **~ für Durchgangsgüter** transit rate; **~ für Großkunden** bulk tariff; **~e angleichen/senken** to standardize/cut rates; **~e festsetzen** to tariff, to fix a tariff; **laut ~** as per tariff

Tarifabbau *m kein pl* ÖKON cut in rates **Tarifabkommen** *nt* JUR trade agreement, wage settlement, AM labor pact **Tarifabschluss**RR *m* wage agreement **Tarifauseinandersetzung** *f* wage bargaining **Tarifautonomie** *f* right to free collective bargaining **Tarifbelastung** *f* FIN tariff rate [*or* tax rate] burden **tarifbesteuert** *adj inv* FIN fully taxed, taxed according to scale *pred* **Tarifbezirk** *m* ÖKON, ADMIN tariff area **Tarifbindung** *f* JUR tariff commitment **Tarifbindung** *f* obligation to pay in line with a collective pay agreement **Tariffähigkeit** *f kein pl* pay negotiating capacity **Tarifgefüge** *nt* JUR wage bargaining structure **Tarifgehalt** *nt* standard salary **Tarifgestaltung** *f* rate making **Tarifgruppe** *f* ÖKON wage bracket [*or* group]; **jdn in eine höhere/niedrigere ~ einstufen** to upgrade/downgrade sb

tarifieren* *vt* ■ **etw ~** to rate [*or* classify] sth

Tarifkommission *f* ÖKON, ADMIN joint working party on wages **Tarifkonklikt** *m* pay [*or* wage] dispute **Tariflandschaft** *f* current pay situation

tariflich I. *adj* negotiated; **der ~e Stundenlohn** the negotiated hourly wage rate
II. *adv* by negotiation; ***in den meisten Branchen sind Löhne und Gehälter ~ festgelegt*** in most sectors wages and salaries are determined by negotiation

Tariflohn *m* standard wage **tarifmäßig I.** *adj inv* in accordance with the tariff **II.** *adv* tariff-wise **Tarifpartei, Tarifpartner** *f meist pl* ÖKON labour and management, unions and management; **die ~en des Einzelhandels** bargaining agents for retail traders **Tarifpartner(in)** *m(f)* party to a wage agreement **Tarifpolitik** *f kein pl* ÖKON pay policy **Tarifrecht** *nt kein pl* JUR collective bargaining law **tarifrechtlich** *adj* JUR under collective bargaining law **Tarifrunde** *f* pay round, round of collective bargaining **Tarifspanne** *f* HANDEL rate range **Tarifstaffelung** *f* HANDEL rate scale **Tarifstreit** *m* wage dispute **Tarifsystem** *nt* collective wage system **Tariftabelle** *f* scale of rates **Tarifunterschied** *m* ÖKON wage differential; **örtlich bedingte ~e** regional wage differential **Tarifurlaub** *m* JUR collectively agreed holiday **Tarifvereinbarung** *f* ÖKON (*für Löhne*) wage settlement, collective bargaining [*or* wage] agreement **Tarifverhandlung** *f meist pl* collective wage negotiations *pl* **Tarifvertrag** *m* JUR (*für Löhne*) collective wage agreement [*or* bargaining contract]; **unternehmensspezifischer ~** house agreement; **einen ~ aushandeln** to negotiate a settlement **tarifvertraglich** *adj* JUR collectively agreed, under the collective wage agreement

Tarifvertragsparteien, Tarifvertragspartner *pl* ÖKON *s.* **Tarifparteien Tarifvertragspolitik** *f* collective bargaining policy **Tarifvertragsrecht** *nt* JUR law governing collective bargaining **Tarif(vertrags)system** *nt* collective pay agreements system, wage-rate system

Tarifvorschrift *f* JUR tariff regulation **Tarifwert** *m* ÖKON tariff value **Tarifwert** *m* BÖRSE public utility **Tarifwesen** *nt kein pl* ÖKON collective agreement system **Tarifzone** *f* fare zone

Tarnanstrich *m* camouflage **Tarnanzug** *m* camouflage battledress, battle dress uniform AM

tarnen *vt* ① MIL (*unkenntlich machen*) ■ **sich ~** to camouflage oneself; ■ **etw [gegen etw] ~** to camouflage sth [against sth] ② (*Identität wechseln*) ■ **etw [durch** [*o* **als**] **etw] ~** to disguise sth [by doing sth]; ■ **sich [als jd] ~** to disguise oneself [as sb]; ***der Privatdetektiv hatte sich als Mitarbeiter getarnt*** the private detective had disguised himself as an employee

Tarnfarbe *f* camouflage paint **Tarnfirma** *f* camouflage organization **Tarnkappe** *f* magic cap of invisibility **Tarnkappenbomber** *m* MIL Stealth bomber **Tarnname** *m* cover name

Tarnung <-, -en> *f* ① *kein pl* (*das Tarnen*) camouflage ② MIL camouflage ③ (*tarnende Identität*) cover

Tarock <-s, -s> *m o nt* DIAL tarot

Täschchen <-s, -> *nt dim von* **Tasche** small bag

Tasche <-, -n> *f* ① (*Hand~*) [hand]bag; (*Einkaufs~*) [shopping] bag; (*Akten~*) briefcase ② (*in Kleidungsstücken*) pocket; (*Hosen~*) pocket;

nimm die Hände aus der ~! take your hands out of your pockets!; **etw in der ~ haben** to have sth in one's pocket
❸ (*Hohlraum*) pouch; (*Backen~*) cheek pouch
▸ WENDUNGEN: **tief in die ~ greifen müssen** (*fam*) to have to dig deep into one's pocket; **[etw] aus der eigenen ~ bezahlen** (*fam*) to pay for sth out of one's own pocket; **sich die [eigenen] ~n füllen** to feather one's own nest; **etw in der ~ haben** to have sth in the bag *fig;* **jdm auf der ~ liegen** (*fam*) to live off sb; **sich** *dat* **in die eigene ~ lügen** to fool [*or* kid] oneself; **etw in die eigene ~ stecken** (*fam*) to pocket sth; **jdn in die ~ stecken** (*fam*) to be head and shoulders above sb; **in die eigene ~ wirtschaften** (*fam*) to line one's own pocket[s]; **jdm das Geld aus der ~ ziehen** (*fam*) to con money out of sb

Taschenausgabe *f* pocket edition **Taschenbuch** *nt* paperback **Taschenbuchausgabe** *f* paperback edition **Taschencomputer** *m* hand-held computer **Taschendieb(in)** *m(f)* pickpocket **Taschenfalz** *m* TYPO buckle fold **Taschenformat** *nt* pocket size; **~ haben** to be pocket size[d]; **im ~** pocket-size; **eine Videokamera im ~** a pocket-size video camera **Taschengeld** *nt* pocket money **Taschengeldparagraph** *m* JUR pocket money rule for minors **Taschenkalender** *m* pocket diary **Taschenkamm** *m* pocket comb **Taschenkrebs** *m* [common] crab **Taschenlampe** *f* torch **Taschenmesser** *nt* penknife **Taschenrechner** *m* pocket calculator **Taschenschirm** *m* telescopic [*or* collapsible] umbrella **Taschenspiegel** *m* pocket mirror **Taschenspielertrick** *m* (*pej*) trick, sleight of hand **Taschentuch** *nt* handkerchief **Taschenuhr** *f* pocket watch **Taschenwörterbuch** *nt* pocket dictionary **Taschenzerstäuber** *m* pocket atomizer

Taschkent <-s> *nt* Tashkent

Taskleiste *f* INFORM task bar **Tasksteuerung** *f* INFORM task management **Taskwechsel** *m* INFORM task switch

Tasmansee *f* Tasman Sea

TässchenRR <-s, -> *nt*, **Täßchen** <-s, -> *nt dim von* Tasse ❶ (*kleine Tasse*) little cup
❷ (*Menge*) drop *fig*

Tasse <-, -n> *f* ❶ (*Trinkgefäß*) cup
❷ (*Menge einer ~*) cup; **eine ~ Tee** a cup of tea
▸ WENDUNGEN: **nicht alle ~n im Schrank haben** (*fam*) not to be right in the head *fam;* **trübe ~** (*fam*) a drip *fam;* **hoch die ~n!** (*prov fam*) bottoms up! *fam*

tassenfertig *adj inv* KOCHK ready to serve in a cup

Tastatur <-, -en> *f* keyboard; **ergonomische/alphanumerische ~** ergonomic/alphanumeric keyboard

Tastaturabdeckung *f* keyboard cover **Tastaturanschluss**RR *m* INFORM keyboard pin [*or* connection] **Tastaturbefehl** *m* INFORM key command **Tastatureingabe** *f* INFORM key in **tastaturgesteuert** *adj* INFORM keyboard-driven **Tastaturkabel** *nt* INFORM keyboard cable **tastaturkompatibel** *adj* INFORM keyboard compatible **Tastaturprozessor** *m* INFORM keyboard processor **Tastaturschablone** *f* INFORM keyboard template **Tastaturtreiber** *m* INFORM keyboard driver

tastbar *adj inv* palpable; **eine deutlich ~e Verhärtung** a hardening that can be easily felt

Tastbildschirm *m* INFORM touch-screen terminal

Taste <-, -n> *f* (*Tastatur, Schreibmaschine*) key; (*Telefon, Sprechfunkgerät*) button; **programmierbare ~** programmable key; **~ zum Rückwärtsblättern/Vorwärtsblättern** page down/up key; **~ zum Entfernen** delete [*or* cancel] key; **[mächtig] in die ~n greifen** to strike up a tune; **auf die ~n hauen** [*o* **hämmern**] (*hum fam*) to hammer away at the keyboard *hum fam*

tasten I. *vi* (*fühlend suchen*) ■**[nach etw] ~** to feel [*or* grope] [for sth]; **~de Fragen** tentative questions; **ein erster ~der Versuch** a first tentative attempt
II. *vr* (*sich vortasten*) ■**sich irgendwohin ~** to grope one's way to somewhere
III. *vt* ❶ (*fühlend wahrnehmen*) ■**etw ~** to feel sth
❷ (*per Tastendruck eingeben*) ■**etw ~** to enter sth; ***taste eine 9*** press 9

Tastenanschlag *m* keystroke **Tastenblock** *m* keypad **Tastenfeld** *nt* key pad **Tasteninstrument** *nt* keyboard instrument **Tastenkappe** *f* keycap **Tastenkombination** *f* key sequence **Tastenreihe** *f* key row **Tastentelefon** *nt* push-button telephone

Tastorgan *nt* tactile organ, organ of touch **Tastsinn** *m kein pl* sense of touch

tat *imp von* **tun**

Tat <-, -en> *f* ❶ (*Handlung*) act, deed *form;* **eine gute ~** a good deed; **eine verhängnisvolle ~** a fateful deed *form;* **zur ~ schreiten** (*geh*) to proceed to action; **etw in die ~ umsetzen** to put sth into effect
❷ JUR (*Straf~*) crime, offence [*or* AM -se], act, deed; **Schwere der ~** gravity [*or* seriousness] of the offence; **jdn auf frischer ~ ertappen** to catch sb in the very act [*or fig* red-handed]
▸ WENDUNGEN: **jdm mit Rat und ~ beistehen** to support sb in word and deed [*or* in every way possible]; **in der ~** indeed; *s. a.* **Mann**

Tatar <-s> *nt kein pl* KOCHK tartare

Tatar(in) <-en, -en> *m(f)* Tartar

Tatbestand *m* ❶ (*Sachlage*) facts [of the matter]
❷ JUR elements of an offence [*or* AM -se], facts of the case *pl;* ***sein Verbrechen erfüllt den ~ der vorsätzlichen Tötung*** his offence constitutes premeditated murder; **objektiver/subjektiver ~** physical/mental elements *pl* of an offence

Tatbestandsaufnahme *f* JUR fact finding **Tatbestandselement** *nt* JUR constituent element **Tatbestandsirrtum** *m* JUR factual mistake **Tatbestandsmerkmal** *nt* JUR constituent fact of an offence [*or* AM -se]; **subjektives ~** mental element

Tateinheit <-> *f kein pl* JUR coincidence (*commission of two or more offences in one act*)**; in ~ mit** concomitantly with

Tatendrang *m kein pl* (*geh*) thirst for action [*or* enterprise] **tatenlos** *adj inv* idle; **~ zusehen** to stand and watch, to stand idly by

Täter(in) *m(f)* JUR perpetrator, offender; **mittelbarer/unmittelbarer ~** indirect perpetrator/actual offender

Täter(in) <-s, -> *m(f)* culprit, offender, perpetrator; **unbekannte ~** unknown culprits; **~ einer unerlaubten Handlung** (*fachspr*) tortfeasor *spec*

Täterschaft <-> *f kein pl* commission of the offence; **mittelbare ~** perpetration of an offence using an innocent agent

tätig *adj* ❶ (*beschäftigt*) employed; ■**[irgendwo] ~ sein** to work [somewhere]; ***sie ist als Abteilungsleiterin in der pharmazeutischen Industrie ~*** she works as a departmental head in the pharmaceutical industry
❷ *attr* (*tatkräftig*) active
❸ (*aktiv*) active; JUR *a.* in active practice *pred;* **~e Reue** active regret; **unentwegt ~ sein** to be always on the go *fam;* ■**[in etw** *dat*] **~ werden** (*geh*) to take action [in sth]

tätigen *vt* (*geh*) ■**etw ~** to carry out sth, to effect sth; **einen Abschluss ~** to conclude a deal

Tätigkeit <-, -en> *f* ❶ (*Beruf*) job, occupation; ***das ist eine recht gut bezahlte ~*** that's a really well paid occupation; **eine ~ ausüben** to practise a profession; **berufliche/geschäftliche ~** professional occupation/business activity; **bisherige ~** previous career; **freiberufliche ~** freelance work; **gewerbliche ~** commercial activity, pursuit of a trade; **industrielle ~** industrial employment; **einer geregelten ~ nachgehen** to have a regular occupation
❷ *kein pl* (*Aktivität*) activity; **außer ~ gesetzt** put out of action; **in ~ sein** to be operating [*or* running]; **in ~ treten** to intervene; *Alarmanlage, Überwachungskamera* to come into operation; *Vulkan* to become active

Tätigkeitsbereich *m* field of activity **Tätigkeitsbericht** *m* ÖKON activity [*or* progress] report **Tätigkeitsdelikt** *nt* JUR offence by commission **Tätigkeitsform** *f* LING active [voice] **Tätigkeitsmerkmale** *pl* occupational characteristics *pl* **Tätigkeitsvergütung** *f* FIN consideration for labour, wage **Tätigkeitswort** *nt* LING verb

Tatirrtum *m* JUR mistake of fact

Tatkraft *f kein pl* drive *no pl*

tatkräftig *adj* active, energetic

tätlich *adj* violent; **[gegen jdn] ~ werden** to become violent [towards sb]

Tätlichkeit <-, -en> *f meist pl* violence *no pl;* **es kam zu ~en** there was violence

Tatmehrheit *f* JUR plurality of acts **Tatmotiv** *nt* JUR motive

Tatort *m* scene of the crime

tätowieren* *vt* ■**jdn ~** to tattoo sb; ■**[jdm] etw [irgendwohin] ~** to tattoo sth [on sb] [somewhere]; ■**tätowiert** tattooed

Tätowierung <-, -en> *f* ❶ (*eingeritztes Motiv*) tattoo
❷ *kein pl* (*das Tätowieren*) tattooing

Tatsache *f* fact; **auf dem Boden der ~n stehen** to be realistic; **unter Vorspiegelung falscher ~n** under false pretences [*or* AM -ses]; **offenkundige ~** JUR obvious fact; **etw beruht auf ~n** sth is based on facts; **den ~n entsprechen** to be consistent with [*or* to fit] the facts; **die ~n verdrehen** to distort [*or* twist] the facts; **~ ist [aber], dass** the fact of the matter is [however] that; **das ist [eine] ~** (*fam*) that's a fact; **~?** (*fam*) really? *fam;* **~!** (*fam: zur Bekräftigung*) it's a fact!, it's true!
▸ WENDUNGEN: **den ~n ins Auge sehen** to face the facts; **nackte ~n** (*die ungeschminkte Wahrheit*) the naked facts; (*nackte Körper[teile]*) bare facts; **vollendete ~n schaffen** to create a fait accompli; **jdn vor vollendete ~n stellen** to present sb with a fait accompli; **vor vollendeten ~n stehen** to be faced with a fait accompli

Tatsachenbehauptung *f* JUR allegation of fact, factual claim **Tatsachenbericht** *m* factual report **Tatsachenbeweis** *m* JUR factual evidence **Tatsachenfeststellung** *f* JUR conclusion of fact **Tatsachenvortrag** *m* JUR allegations, narratio

tatsächlich ['taːtzɛçlɪç, taːt'zɛçlɪç] **I.** *adj inv, attr* (*wirklich*) actual *attr,* real; JUR *a.* factual; ***der Bericht basiert auf ~en Begebenheiten*** the report is based on actual events; **~e Feststellung** JUR ascertainment of facts
II. *adv* ❶ (*in Wirklichkeit*) actually, really, in fact
❷ (*in der Tat*) really; ***er hat das ~ gesagt?*** did he really say that?; **~?** (*wirklich?*) really?; ***er will auswandern — ~?*** he wants to emigrate — are you serious?; **~!** really!

tätscheln *vt* ■**jdn/etw ~** to pat sb/sth

Tattergreis(in) <-es, -e> *m(f)* (*pej*) old dodderer *pej*

Tatterich *m* **den ~ haben/bekommen** (*fam*) to have/get the shakes *fam*

tatt(e)rig *adj* (*fam*) doddery BRIT, shaky AM; ■**~ sein/werden** to be/become doddery; **eine ~e Schrift** shaky handwriting

Tattoo <-s, -s> [tɛ'tuː] *nt* tattoo

Tatumstand <-[e]s, -stände> *m meist pl* JUR circumstance[s] pertaining to an incident **Tatverdacht** *m* suspicion; **es besteht ~** there are grounds for suspicion; **dringender/hinreichender ~** strong/reasonable suspicion of an offence; **unter [dringendem] ~ stehen** (*geh*) to be under [strong] suspicion **tatverdächtig** *adj* suspected, under suspicion; ■**~ sein** to be a suspect **Tatverdächtige(r)** *f(m) dekl wie adj* suspect **Tatwaffe** *f* murder weapon, weapon [used in the crime]

Tatze <-, -n> *f* ❶ (*Pranke*) paw
❷ (*pej fam: große Hand*) paw *fam;* ***nimm deine ~ da weg!*** hands off!, get your hands off that!
❸ DIAL (*Stockschlag auf die Hand*) stroke with the cane [on the hand]

Tatzeit *f* time of the crime [*or* incident] **Tatzeuge, -zeugin** *m, f* JUR incident-witness

Tau[1] <-[e]s> *m kein pl* (*Tautropfen*) dew
▸ WENDUNGEN: **vor ~ und Tag** (*geh*) at the crack of dawn

Tau² <-[e]s, -e> *nt* rope

taub *adj* ① (*gehörlos*) deaf; ■ ~ **sein** to be deaf; **bist du ~?** (*iron*) are you deaf? *iron;* **sich ~ stellen** to turn a deaf ear
② (*gefühllos*) numb
③ (*ignorant*) ■ **[gegen** [*o* **für**] **etw]** ~ **sein** to be deaf [to sth]; ***... aber du bist ja ~ für alle gut gemeinten Ratschläge ...*** but you never listen to any well-intended advice
④ (*unfruchtbar*) **eine ~e Nuss** an empty nut; **~er Boden** GEOL barren ground; **~es Metall** dull metal; **~es Erz** base [*or* low-grade] metal; *s. a.* **Ohr**

Täubchen <-s, -> *nt dim von* **Taube** ① (*kleine Taube*) little dove
② (*Schatz*) little cherub

Taube <-, -n> *f* ORN dove, pigeon; **sanft wie eine ~** gentle as a dove
▸ WENDUNGEN: **~n und Falken** POL (*fam*) doves and hawks; **die gebratenen ~n fliegen einem nicht ins Maul** (*prov fam*) you can't expect things to be handed to you on a plate

Taube(r) <Tauben, Taube> *f(m) dekl wie adj* deaf person

taubenblau *adj* bluey-grey [*or* AM gray] **Taubenei** *nt* pigeon's [*or* dove's] egg **taubengrau** *adj* dove grey [*or* AM gray] **Taubenhaus** *nt* dovecot **Taubenschlag** *m* (*Verschlag für Tauben*) pigeon loft
▸ WENDUNGEN: **[hier geht es zu] wie im ~** (*fam*) [it's] like Piccadilly Circus

Täuber <-s, -> *m* cock pigeon

Tauberich, Täuberich <-s, -e> *m* ORN male dove

Taubheit <-> *f kein pl* ① (*Gehörlosigkeit*) deafness *no pl*
② (*Gefühllosigkeit*) numbness *no pl*

Täubling <-s, -e> *m* BOT, KOCH russula

Taubnessel *f* dead-nettle **taubstumm** *adj* deaf and dumb **Taubstumme(r)** *f(m) dekl wie adj* deaf mute

Taubstummensprache *f* language for deaf-mutes

tauchen **I.** *vi* ① *haben o sein* (*untertauchen*) to dive; ■ **[nach jdm/etw]** ~ to dive [for sb/sth]; **nach Perlen ~** to dive for pearls; *U-Boot* to dive, to submerge
② *sein* (*auftauchen*) ■ **[aus etw]** ~ to appear, to emerge, to surface
II. *vt haben* ① (*eintauchen*) ■ **etw [in etw** *akk*] ~ to dip sth [in sth]; **in [gleißendes] Licht getaucht** bathed in [glistening] light
② (*untertauchen*) ■ **jdn/etw** ~ to duck sb/sth

Tauchen <-s> *nt kein pl* diving

Taucher(in) <-s, -> *m(f)* ① (*Tauchender*) diver
② ORN diver

Taucheranzug *m* diving suit **Taucherausrüstung** *f* diving equipment **Taucherbrille** *f* diving goggles *npl* **Taucherflosse** *f* flipper **Taucherglocke** *f* diving bell **Taucherhelm** *m* diver's [*or* diving] helmet

Taucherin <-, -nen> *f fem form von* **Taucher**

Taucherkrankheit *f* deep-sea sickness **Tauchermaske** *f* diving mask

Tauchfarbwerk *nt* TYPO dip-roller [*or* immersion-type] inking unit **Tauchsieder** <-s, -> *m* immersion heater **Tauchstation** *f* NAUT **auf ~ gehen** to dive ▸ WENDUNGEN: **auf ~ gehen** (*fam*) to make oneself scarce; ***ich habe Urlaub, ich gehe jetzt für drei Wochen auf ~*** I'm on holiday, I'm going to disappear for three weeks **Tauchtiefe** *f* ① *beim Tauchen* diving depth ② NAUT (*Tiefgang*) *Fluss* depth

tauen **I.** *vi* ① *haben* (*Tauwetter setzt ein*) ■ **es taut** it is thawing
② *sein* (*schmelzen*) to melt
③ *sein* (*abschmelzen*) ■ **[von etw]** ~ to melt [*or* thaw] [on sth]
II. *vt* ■ **etw** ~ to melt sth; ***die Sonne hat den Schnee getaut*** the sun has melted the snow

Taufbecken *nt* font

Taufe <-, -n> *f* (*christliches Aufnahmeritual*) baptism, christening; **jdn aus der ~ heben** to be a godparent to sb
▸ WENDUNGEN: **etw aus der ~ heben** (*hum fam*) to launch sth

taufen *vt* ① (*die Taufe vollziehen*) ■ **jdn** ~ to baptize sb, to christen sb; ■ **sich ~ lassen** to be baptized; **ein getaufter Jude** a converted Jew
② (*in der Taufe benennen*) ■ **jdn** ~ to christen sb
③ (*fam: benennen*) ■ **etw** ~ to christen sth; **ein Schiff ~** to christen a ship

Täufer <-s, -> *m* REL baptist; **Johannes der ~** John the Baptist

Taufkapelle *f* christening chapel **Taufkleid** *nt* christening robe

Taufliege *f* ZOOL fruit fly

Täufling <-s, -e> *m* child [*or* person] to be baptized

Taufname *m* Christian name **Taufpate, -patin** *m, f* godfather *masc*, godmother *fem* **Taufregister** *nt* baptismal register

taufrisch *adj inv* dewy; **~e Blumen** fresh flowers; **eine ~e Wiese** a meadow covered in dew
▸ WENDUNGEN: **nicht mehr [ganz] ~ sein** (*fam*) to be [a bit] over the hill *fam*, to be no spring chicken *fam*

Taufschein *m* certificate of baptism **Taufstein** *m* font

taugen *vi* ① (*wert sein*) ■ **etwas/viel/nichts** ~ to be useful/very useful/useless; ■ **jd taugt etwas/nichts** to be of use/no use; ***der Kerl taugt nichts*** the bloke's useless [*or* no good]
② (*geeignet sein*) ■ **als** [*o* **zu**] [*o* **für**] **etw** ~ to be suitable for; ***er taugt dazu wie der Esel zum Lautespielen*** he's like a pig with a fiddle

Taugenichts <-[es], -e> *m* (*veraltend*) good-for-nothing

tauglich *adj* ① (*geeignet*) suitable; ■ **[für etw]** ~ **sein** to be suitable [for sth]
② MIL (*wehrdienst~*) fit [for military service]; ■ ~ **sein** to be fit [for military service]; **jdn ~ schreiben** to declare sb fit for military service

Tauglichkeit <-> *f kein pl* ① (*Eignung für einen Zweck*) suitability
② MIL (*Wehrdienst~*) fitness [for military service]

Tauglichkeitsprüfung *f* ÖKON examination of serviceableness **Tauglichkeitszeugnis** *nt* JUR certificate of fitness

Taumel <-s> *m kein pl* (*geh*) ① (*Schwindelgefühl*) dizziness, giddiness; **wie im ~** in a daze
② (*geh: Überschwang*) frenzy; **ein ~ des Glücks** a frenzy of happiness; **im ~ der Leidenschaft** in the grip of passion

taum(e)lig *adj* ① (*schwankend*) dizzy, giddy
② (*benommen*) ■ ~ **sein/werden** to be/become dizzy [*or* giddy]; ***gib mir deinen Arm, ich bin etwas ~*** give me your arm, I feel a little dizzy

taumeln *vi sein* to stagger; ***was hast du? du taumelst ja!*** what's the matter? why are you staggering?; ***die Maschine begann zu ~ und stürzte ab*** the plane began to roll and then crashed

Taunus *m* Taunus

Tauon <-s, Tauonen> *nt* NUKL tauon

Tauonneutrino *nt* NUKL tau neutrino

Tausch <-[e]s, -e> *m* exchange, swap; **jdm etw zum** [*o* **im**] ~ **[für etw] anbieten** to offer sth to sb in exchange [for sth]; **[etw] in ~ geben** to give [sth] in exchange; **einen guten/schlechten ~ machen** to make a good/bad exchange; ***ich habe einen guten ~ gemacht*** I've made a good exchange; **[etw] in ~ nehmen** to take [sth] in exchange; **im ~ gegen** [*o* **für**] **[etw]** in exchange for [sth]

Tauschabkommen *nt* ÖKON barter agreement [*or* arrangement] **Tauschbörse** *f* INET on-line exchange service

tauschen **I.** *vt* ① (*gegeneinander einwechseln*) ■ **etw [gegen etw]** ~ to exchange [*or* swap] sth [for sth]; ■ **[etw] mit jdm** ~ to swap [sth] with sb; ***würden Sie den Platz mit mir ~?*** would you swap places with me?
② (*geh: austauschen*) ■ **etw** ~ to exchange sth; ***mir ist aufgefallen, dass die beiden Blicke tauschten*** I noticed that the two of them were exchanging glances; **die Rollen ~** to swap parts [*or* roles]; **Zärtlichkeiten ~** to exchange caresses
II. *vi* to swap; ***wollen wir ~?*** shall we swap?
▸ WENDUNGEN: **mit niemandem** [*o* **jdm nicht**] ~ **wollen** not to wish to change places with sb; ***ich möchte nicht mit ihr ~*** I wouldn't want to change places with her [*or fig* like to be in her shoes]

täuschen **I.** *vt* (*irreführen*) ■ **jdn** ~ to deceive sb; **durch jds Verhalten/Behauptung getäuscht werden** to be deceived by sb's behaviour [*or* AM -or]/assertion; ■ **sich [von jdm** [*o* **etw**]] **nicht ~ lassen** not to be fooled [by sb [*or* sth]]; **wenn mich nicht alles täuscht** if I'm not completely mistaken; **wenn mich mein Gedächtnis nicht täuscht** unless my memory deceives me
II. *vr* (*sich irren*) ■ **sich** ~ to be mistaken [*or* wrong]; ***du musst dich getäuscht haben*** you must be mistaken; ***ich kann mich natürlich ~*** of course I could be mistaken; ■ **sich [in jdm/etw]** ~ to be mistaken [*or* wrong] [about sb/sth]; ***darin täuschst du dich*** you're wrong about that; ■ **sich** *akk* **[in etw** *dat*] **getäuscht sehen** to be mistaken [*or* wrong] [about sth]
III. *vi* ① (*irreführen*) to be deceptive; **der Schein täuscht** appearances are deceptive
② SPORT to feint, to sell sb a dummy BRIT
③ SCH (*geh: schummeln*) to cheat

täuschend **I.** *adj inv* (*trügerisch*) deceptive; (*zum Verwechseln*) apparent; **~e Ähnlichkeit** remarkable [*or* striking] resemblance [*or* similarity]
II. *adv* (*trügerisch*) deceptively; (*zum Verwechseln*) remarkably, strikingly; ***sie sieht ihrer Mutter ~ ähnlich*** she bears a striking resemblance to her mother

Tauschgeschäft *nt* exchange, swap; **[mit jdm] ein ~ machen** to exchange [*or* swap] sth [with sb]

Tauschhandel *m* ① *kein pl* ÖKON barter; **~ treiben** to [practise [*or* AM -ce]] barter ② *s.* **Tauschgeschäft** **Tauschmotor** *m* AUTO rebuilt engine **Tauschobjekt** *nt* **ein begehrtes ~** a sought after object for bartering

Täuschung <-, -en> *f* ① (*Betrug*) deception; JUR *a.* fraudulent misrepresentation; **arglistige ~** JUR malicious deceit
② (*Irrtum*) error, mistake; **optische ~** optical illusion; **einer ~ erliegen** [*o* **unterliegen**] to be the victim of a delusion *form;* **sich** *akk* **einer ~ hingeben** (*geh*) to delude oneself

Täuschungsabsicht *f* JUR intention to deceive **Täuschungsgefahr** *f* JUR threat of deception **Täuschungshandlung** *f* JUR act of deception **Täuschungsmanöver** [-və] *nt* ploy, ruse **Täuschungsversuch** *m* attempt to deceive

Tauschvertrag *m* JUR barter agreement **Tauschverwahrung** *f* JUR exchangeable custody **Tauschwert** *m* ÖKON exchange value **Tauschwirtschaft** *f kein pl* ÖKON barter [*or* non-monetary] economy

tausend *adj* ① (*Zahl*) a [*or* one] thousand; ***ich wette mit dir ~ zu eins, dass er verliert*** I'll bet you any money [*or* a thousand to one] that he loses; **~ Jahre alt sein** to be a [*or* one] thousand years old; **einige ~ Mark** several thousand marks; ***auf die paar ~ Leute kommt es nicht drauf an*** those few thousand people won't make a difference; **einer von ~ Menschen** one in every thousand people; **in ~ Jahren** in a thousand years [from now]
② (*fam: sehr viele*) thousands of [*or* a thousand] ...; ***ich muss noch ~ Dinge erledigen*** I've still got a thousand and one things to do; **~ *Grüße auch an deine Kinder*** my very best wishes to your children too; **~ Ausreden** a thousand excuses; **~ Ängste ausstehen** to be terribly worried; *s. a.* **Dank**
▸ WENDUNGEN: **~ Tode sterben** to be worried to death

Tausend¹ <-s, -e> *nt* ① (*Einheit von 1000 Dingen*) a thousand; **ein halbes ~** five hundred; **einige** [*o* **mehrere**] ~ several thousand; **[zehn/zwanzig etc] von ~** [ten/twenty etc] per thousand [*or* out of every thousand]
② *pl, auch kleingeschrieben* (*viele tausend*) thousands *pl;* **einige ~e ...** several thousand ...; **~e von ...** thousands of ...; ***~e von Menschen, ~er Menschen*** thousands of people; **einer von** [*o* **unter**] ~

one in a thousand; **in die ~e gehen** *Kosten, Schaden* to run into the thousands; **zu ~en** by the thousands; ~ **und Abertausend …** thousands and thousands of …

Tausend[2] <-, -en> *f* thousand

Tausender <-s, -> *m* ❶ *(fam: Tausendmarkschein)* thousand-mark note ❷ *(1000 als Bestandteil einer Zahl)* thousands ❸ *(fam: Berg) mountain over 1,000 m*

tausenderlei *adj inv (fam)* a thousand [different]; ***ich habe ~ zu tun heute*** I've a thousand and one things to do today

tausendfach, 1000fach I. *adj* thousandfold; **ein ~ bewährtes Mittel** *(fam)* a well-established cure, a cure tried a thousand times; *s. a.* **achtfach** **II.** *adv* thousandfold, a thousand times over

Tausendfache, 1000fache *nt dekl wie adj* a thousand times the amount, the thousandfold *rare; s. a.* Achtfache

Tausendfüßler <-s, -> *m* centipede

Tausendjahrfeier *f* millenium [celebrations *pl*]

tausendjährig, 100-jährig[RR] *adj* ❶ *(Alter)* thousand-year-old *attr,* one thousand years old *pred; s. a.* **achtjährig 1** ❷ *(Zeitspanne)* thousand year *attr; s. a.* **Reich**

tausendmal, 1000-mal[RR] *adv* ❶ a thousand times; *s. a.* **achtmal** ❷ *(fam: sehr viel, sehr oft)* a thousand times, thousands of times; ***bitte ~ um Entschuldigung!*** *(fam)* a thousand apologies!; *s. a.* **hundertmal 2** **Tausendmarkschein** *m* thousand-mark note **Tausendsas(s)a** <-s, -[s]> *m* ❶ *(vielseitig begabter Mensch)* jack of all trades ❷ *(veraltet: Schwerenöter)* philanderer **Tausendschönchen** <-s, -> *nt* daisy

tausendste(r, s) *adj* [one] thousandth; *s. a.* **achte(r, s)**

Tausendste(r, s) *nt* the [one] thousandth; *s. a.* **achte(r, s)**

Tausendstel <-s, -> *nt o* SCHWEIZ *m* thousandth

tausendundeine(r, s) *adj* a thousand and one; *s. a.* **Nacht** **tausend(und)eins** *adj* one thousand and one

Tautologie <-, -ien> [-'giːən] *f* tautology

tautologisch *adj inv (geh)* tautological, tautologous

Tautropfen *m* dewdrop **Tauwasser** <-s, -wasser> *nt* melt [*or* defrosted] water **Tauwerk** <-[e]s> *nt kein pl* NAUT rigging **Tauwetter** *nt* ❶ *(Schneeschmelze)* thaw; ~ **haben** [*o* **sein**] to be thawing; ***wir haben ~*** a thaw has set in; **bei ~** during a thaw, when it thaws ❷ *(fig: politisch versöhnlichere Zeit)* thaw

Tauziehen *nt kein pl* ❶ *(Seilziehen)* tug-of-war ❷ *(fig geh: Hin und Her)* tug-of-war; ***nach langem ~ einigte man sich auf einen Kompromiss*** after a lengthy tug-of-war a compromise was agreed

Taverne <-, -n> *f* tavern

Taxameter <-s, -> *m* taximeter, clock *fam*

Taxator, -torin <-s, -toren> *m, f* ÖKON *(Schätzer)* valuer, appraiser

Taxcard <-, -s> *f* SCHWEIZ *(Telefonkarte)* telephone card

Taxe <-, -n> *f* ❶ *(Kurtaxe)* charge ❷ *(Schätzwert)* estimate, valuation ❸ DIAL *(Taxi)* taxi

Taxi <-s, -s> *nt* cab, taxi; ~ **fahren** *(als Fahrgast)* to go by taxi; *(als Chauffeur)* to drive a taxi; **sich** *dat* **ein ~ nehmen** to take a taxi [*or* cab]; **~! taxi!**

taxieren* *vt* ❶ *(schätzen)* ■**etw [auf etw** *akk*] ~ to estimate [*or* value] sth [at sth] ❷ *(fam: abschätzen)* ■**jdn** ~ to look sb up and down ❸ *(geh: einschätzen)* ■**etw** ~ to assess

Taxierung <-, -en> *f* ÖKON appraisal, valuation

Taxifahrer(in) *m(f)* taxi [*or* cab] driver, cabby *sl* **Taxifahrt** *f* taxi [*or* cab] journey

Taxis <-, Taxen> *f* BIOL taxis

Taxistand *m* taxi [*or* cab] rank

Taxol <-s> *nt kein pl* PHARM Taxol

Taxpreis *m* ÖKON estimated price **Taxwert** *m* ÖKON estimated value

Taybeere *f* tayberry

Tb(c) <-, -s> [teː'beː, teːbeː'tseː] *f Abk von* **Tuberkulose** TB; ~ **haben** to have TB

Tb(c)-krank [teː'beː-, teːbeː'tseː-] *adj* to have TB

Tbit *nt* INFORM *Abk von* **Terabit** Tbit

Tbyte *nt* INFORM *Abk von* **Terabyte** Tbyte

Teakholz ['tiːk-] *nt* teak

Team <-s, -s> [tiːm] *nt* team; **im ~** as a team; ***er arbeitet nicht gerne im ~*** he's not a team player

Teamarbeit ['tiːm-] *f* teamwork; **in ~** by teamwork **teamfähig** *adj* PSYCH able to work in [*or* as part of] a team **Teamfähigkeit** *f kein pl* team spirit; ~ **haben** to have team spirit, to work well in a team **Teamgeist** *m kein pl* team spirit **Teamwork** <-s> *nt kein pl s.* **Teamarbeit**

Technetium <-s> *nt kein pl* CHEM technetium, Tc

Technik <-, -en> *f* ❶ *kein pl (Technologie)* technology; **auf dem neuesten Stand der ~** state-of-the-art technology ❷ *kein pl (technische Ausstattung)* technical equipment; **mit modernster ~ ausgestattet** equipped with the most modern technology ❸ *kein pl (technische Konstruktion)* technology ❹ *(besondere Methode)* technique; ***jeder Hochspringer hat seine eigene ~*** every high jumper has his own technique ❺ *inv (fam: technische Abteilung)* technical department ❻ ÖSTERR *(technische Hochschule)* college of technology

Technika *pl von* **Technikum**

technikbesessen *adj* obsessed with technology

Techniken *pl von* **Technikum**

Techniker(in) <-s, -> *m(f) (Fachmann der Technik 1)* engineer; *(der Technik 2,3,4)* technician; **Fernseh~** TV engineer

technikfeindlich *adj* technophobic **Technikfolgenabschätzung** *f* technology assessment

Technikum <-s, Technika> *nt* college of technology

technisch I. *adj* ❶ *attr (technologisch)* technical; ***die ~en Einzelheiten finden Sie in der beigefügten Bedienungsanleitung*** you'll find the technical details in the enclosed operating instructions; **~e Anlagen und Maschinen** plant and machinery ❷ *(~es Wissen vermittelnd)* technical; **~e Hochschule** college [*or* university] of technology; *s. a.* **Chemie, Medizin** ❸ *(Ausführungsweise)* technical; **~es Können** technical ability; **unvorhergesehene ~e Probleme** unforeseen technical problems **II.** *adv (auf ~em Gebiet)* technically; **ein ~ fortgeschrittenes Land** a technologically advanced country; ***er ist ~ begabt*** he is technically gifted; *s. a.* **Zeichner, unmöglich, Unmöglichkeit**

technisieren* *vt* ■**etw** ~ to mechanize

Technisierung <-, -en> *f* ÖKON mechanization

Technisierungsgrad *m* TECH level of technology

Techno <-[s]> *m o nt kein pl* MUS techno

Technokrat(in) <-en, -en> *m(f) (geh)* technocrat

Technokratie <-> *f kein pl (geh)* technocracy *form*

Technokratin <-, -nen> *f fem form von* **Technokrat**

technokratisch <-er, -ste> *adj* TECH, ÖKON ❶ *(die Technokratie betreffend)* technocratic ❷ *(pej: ohne Rücksicht auf Individuelles)* technocratic

Technologe, -login <-n, -n> *m, f* technologist

Technologie <-, -n> *f* technology; **fortgeschrittene/veraltete ~** advanced/defunct technology; **neueste ~** state-of-the-art technology

Technologiepark *m* technology park **Technologietransfer** *m* transfer of technology **Technologieunternehmen** *nt* technology company **Technologiezentrum** *nt* technology centre [*or* AM -er]

Technologin <-, -nen> *f fem form von* **Technologe**

technologisch *adj* technological

Technophilie <-> *f kein pl* technophilia

Technophobie <-> *f kein pl* technophobia

Techtelmechtel <-s, -> *nt (fam)* affair; **ein ~ [mit jdm] haben** to have an affair [with sb]

Teddy, Teddybär ['tɛdi-] *m* teddy [bear]

TEE *m Abk von* **Trans-Europ-Express** TEE, Trans-Europe-Express

Tee <-s, -s> *m* ❶ *(Getränk)* tea; **eine Tasse ~** a cup of tea; *(aus Heilkräutern)* herbal tea; **schwarzer/grüner ~** black/green tea; **jdn zum ~ einladen** to invite sb to tea; ~ **kochen** to make some tea ❷ *(Pflanze)* tea ▸ WENDUNGEN: **abwarten und ~ trinken** *(fam)* to wait and see; **einen im ~ haben** *(fam)* to be tipsy *fam*

Teeautomat *m* tea urn **Teebeutel** *m* tea bag **Teeblatt** *nt meist pl* tea leaf **Teebrühlöffel** *m* spoon tea infuser **Teeei**[RR], **Tee-Ei** *nt* tea infuser **Teefilter** *m* tea-strainer **Teegebäck** *nt* tea biscuits **Teeglas** *nt* tea-glass **Teekanne** *f* teapot **Teekessel** *m* kettle **Teelicht** *nt* small candle, tea warmer candle **Teelöffel** *m* ❶ *(Löffel)* teaspoon ❷ *(Menge)* teaspoon[ful]

Teen <-s, -s> [tiːn] *m,* **Teenager** <-s, -> ['tiːneːdʒɐ] *m* teenager

Teenie <-s, -s> ['tiːni] *m (fam)* young teenager

Teeny <-s, -s> *m (fam) s.* **Teenie**

Teer <-[e]s, -e> *m* tar

teeren *vt* ■**etw** ~ to tar sth; **jdn ~ und federn** HIST to tar and feather sb

Teerfarbe *f meist pl* aniline dyes *pl*

Teerose *f* tea rose

Teerpappe *f* bituminous roofing felt **Teerseife** *f* coal tar soap

Teeservice [-zɛrviːs] *nt* tea service **Teesieb** *nt* tea strainer **Teestrauch** *m* tea bush **Teestube** *f* tearoom **Teetasse** *f* teacup **Teewagen** *m* tea trolley **Teewurst** *f smoked sausage spread*

Teflon® <-s> *nt kein pl* teflon®

Teich <-[e]s, -e> *m* pond; **der große ~** *(fam)* the pond *fam*

Teichhuhn *nt* ORN moorhen **Teichmolch** *m* ZOOL smooth newt **Teichmuschel** *f* ZOOL freshwater mussel **Teichrose** *f* yellow water lily

Teig <-[e]s, -e> *m (Hefe-, Rühr-, Nudelteig)* dough; *(Mürbe-, Blätterteig)* pastry; *(flüssig)* batter; *(in Rezepten)* mixture; ~ **kneten** to knead dough

Teigfladen *m* flat bread **Teigförmchen** *pl* cake tins and moulds [*or* AM molds]

teigig *adj* ❶ *(nicht ausgebacken)* doughy ❷ *(mit Teig bedeckt)* covered in dough [*or* pastry] ❸ *(fahl)* pasty; **ein ~er Teint** a pasty complexion

Teigkneter *m* dough kneading machine **Teigrädchen** *nt* pastry wheel **Teigroller** *m* rolling pin **Teigwaren** *pl (geh)* pasta + *sing vb*

Teil[1] <-[e]s, -e> *m* ❶ *(Bruchteil)* part; **in zwei ~e zerbrechen** to break in two [*or* half]; **zu einem bestimmten ~** for the … part; ***sie waren zum größten ~ einverstanden*** for the most part they were in agreement; **zum ~ …, zum ~ …** partly…, partly…; **zum ~** partly; ***du hast zum ~ recht*** you're partly right; *(gelegentlich)* on occasion ❷ *(Anteil)* share; **zu gleichen ~en** equally, in equal shares; **seinen ~ zu etw beitragen** to contribute one's share to sth, to make one's contribution to sth; **seinen ~ dazu beitragen, dass etw geschieht** to do one's bit to ensure that sth happens; **seinen ~ bekommen** to get what is coming to one ❸ *(Bereich) einer Stadt* district; *(einer Strecke)* stretch; *(eines Gebäudes)* section, area; *(einer Zeitung, eines Buches)* section ❹ JUR *(Seite)* party ▸ WENDUNGEN: **ein gut ~** *(fam)* quite a bit; ***ich habe ein gut ~ dazu beigetragen*** I've contributed quite a bit to it; **sich** *dat* **seinen ~ denken** *(fam)* to draw one's own conclusions; **ich** [*o* **wir**] **für meinen** [*o* **unseren**] **~** I, [*or* we] for my [*or* our] part; ***tu, was du für richtig hältst, ich für meinen ~ habe mich bereits entschieden*** do what you think is right, I, for my part, have already decided

Teil[2] <-[e]s, -e> *nt* ❶ *(Einzelteil)* component, part ❷ *(sl: Ding)* thing

Teilabnahme *f* HANDEL partial acceptance **Teilab-**

T

schnitt *m* section **teil|ab|schreiben*** *vt* ÖKON, FIN ■**etw ~** to write sth down; ■**teilabgeschrieben** partly written off **Teilabschreibung** *f* ÖKON, ADMIN writedown **Teilabtretung** *f* JUR partial assignment **Teilakkreditiv** *nt* FIN divisible credit **Teilaktie** *f* FIN stock scrip **Teilamortisation** *f* FIN partial amortization **Teilamortisationsvertrag** *m* JUR partial amortization contract **Teilanmeldung** *f* (*Patent*) divisional application **Teilansicht** *f* partial view **Teilaspekt** *m* aspect **Teilauflage** *f* VERLAG a part-publication

teilbar *adj* ❶ (*aufzuteilen*) ■**[in etw** *akk*] **~ sein** which can be divided [into sth]
❷ MATH (*dividierbar*) ■**[durch etw] ~ sein** to be divisible [by sth]
❸ JUR separable, severable; **~e Leistung** severable performance

Teilbarkeit *f* divisibility **Teilbereich** *m* section, sub-area **Teilbesitz** *m kein pl* JUR part possession **Teilbetrag** *m* instalment, AM installment, part-payment **Teilbetriebsaufgabe** *f* HANDEL partial closure **Teilbetriebsergebnis** *nt* FIN surplus on interest and commission earnings; JUR divisional result, partial operating result **Teilbetriebsveräußerung** *f* FIN partial disposal [*or* sell-off] **Teilbeweis** *m* JUR partial evidence

Teilchen <-s, -> *nt dim von* **Teil**[1] 1 ❶ (*Partikel*) particle
❷ NUKL nuclear particle
❸ KOCH DIAL pastries *pl*

Teilchenbeschleuniger <-s, -> *m* particle accelerator **Teilchenphysik** *f* PHYS particle physics + *sing vb*

Teildienstfähigkeit *f eines Beamten* partial fitness for work **Teileigentum** *nt* JUR part ownership **Teileigentumsgrundbuch** *nt* JUR *land title register for commercial condominium units*

teilen I. *vt* ❶ (*aufteilen*) ■**etw [mit jdm] ~** to share sth [with sb]
❷ MATH (*dividieren*) ■**etw [durch etw] ~** to divide sth [by sth]
❸ (*an etw teilhaben*) ■**etw [mit jdm]** to share sth [with sb]; ***wir ~ Ihre Trauer*** we share your grief; **jds Schicksal ~** to share sb's fate; *s. a.* **Meinung**
❹ (*gemeinsam benutzen*) ■**etw [mit jdm] ~** to share sth [with sb]
❺ (*trennen*) ■**etw ~** to divide [*or* separate] sth
► WENDUNGEN: **Freud und Leid miteinander ~** to share the rough and the smooth; **geteiltes Leid ist halbes Leid** (*prov*) a trouble shared is a trouble halved
II. *vr* ❶ (*sich aufteilen*) ■**sich** *akk* **[in etw** *akk*] **~** to split up [into sth]
❷ (*sich gabeln*) ■**sich** *akk* **[in etw** *akk*] **~** to fork [*or* branch] [into sth]; ***da vorne teilt sich die Straße*** the road forks up ahead
❸ (*unter sich aufteilen*) ■**sich** *dat* **etw [mit jdm] ~** to share sth [with sb]; ***sie teilten sich die Kosten*** they split the costs between them
❹ (*gemeinsam benutzen*) ■**sich** *dat* **etw ~** (*geh*) to share sth
III. *vi* (*abgeben*) to share; ***sie teilt nicht gern*** she doesn't like to share

Teiler <-s, -> *m* MATH *s.* **Divisor**

Teilerfolg *m* partial success **Teilerfüllung** *f* JUR part performance **Teilergebnis** *nt* partial result **Teilerzeugnis** *nt* ÖKON subproduct **Teilforderung** *f* JUR part claim **Teilfrachtführer** *m* HANDEL part-carrier **Teilfusion** *f* HANDEL partial merger **Teilgebiet** *nt* branch **teilgedeckt** *adj inv* BÖRSE partly paid[-up]; **~e Aktien** partly paid[-up] shares **Teilgeschäftsfähigkeit** *f* HANDEL partial capacity **Teilgewinnabführungsvertrag** *m* FIN agreement to transfer [a] part of the profits **Teilhabe** *f* participation **teil|haben** *vi irreg* (*geh: partizipieren*) ■**[an etw** *dat*] **~** to participate [in sth]; **an jds Aktionen ~** to participate in sb's activities; **an jds Freude ~** to share in sb's joy **Teilhaber(in)** <-s, -> *m(f)* partner, associate; **als ~ eintreten** to join a partnership; **jdn zum ~ machen** to take sb into partnership; **beschränkt/unbeschränkt haftender ~** limited [*or* special]/unlimited [*or* general] partner; **geschäftsführender/stiller ~** acting/dormant partner **teilhaberähnlich** *adj* HANDEL partner-like *attr* **Teilhaberschaft** <-> *f kein pl* ÖKON partnership, participation; **eine ~ begründen** to organize a partnership; **eine ~ auflösen/eingehen** to dissolve/enter into a partnership **Teilhabersteuer** *f* FIN partnership tax **Teilhabervergütung** *f* FIN partner's remuneration **Teilhafter(in)** *m(f)* JUR limited [*or* special] partner **Teilhaftung** *f* JUR limited [*or* partial] liability **Teilindossament** *nt* JUR partial endorsement **Teilkapitaldeckung** *f kein pl* FIN partial capital cover **teilkaskoversichert** *adj* covered by partially comprehensive insurance **Teilkaskoversicherung** *f* partially comprehensive insurance **Teilklage** *f* JUR action for a part of the claim **Teilkündigung** *f* FIN *einer Anleihe* part redemption **Teilladung** *f* HANDEL part shipment; **in ~en zum Versand bringen** to deliver goods by instalments **Teilleistung** *f* JUR part[ial] performance **Teillieferung** *f* ÖKON partial delivery, delivery by instalments; (*Übersee*) partial shipment **Teilmenge** *f* MATH subset **teilmöbliert** *adj inv* partly furnished

Teilnahme <-, -en> *f* ❶ (*Beteiligung*) participation (**an** +*dat* in); JUR *a.* complicity (**an** +*dat* in); **~ an einer Straftat** complicity in a criminal offence
❷ (*geh: Mitgefühl*) sympathy
❸ (*geh: Interesse*) interest

Teilnahmebedingung *f* entry condition **teilnahmeberechtigt** *adj inv* eligible

teilnahmslos *adj* apathetic, indifferent; ***aus ihrem ~en Gesicht schloss ich völliges Desinteresse*** I could tell she couldn't care less by the indifferent look on her face

Teilnahmslosigkeit <-> *f kein pl* apathy, indifference **teilnahmsvoll** *adv* compassionately

teil|nehmen *vi irreg* ❶ (*anwesend sein*) ■**[an etw** *dat*] **~** to attend [sth]; **am Gottesdienst ~** to attend a service
❷ (*sich beteiligen*) ■**[an etw** *dat*] **~ an einem Wettbewerb ~** to participate [*or* take part] in a contest; **an einem Kurs** [*o* **Unterricht**] **~** to attend a class [*or* lessons]; **an einem Krieg ~** to fight in a war
❸ (*geh: Anteil nehmen*) ■**[an etw** *dat*] **~** to share [in sth]

Teilnehmer(in) <-s, -> *m(f)* ❶ (*Anwesender*) person present; ***alle ~ fanden diese Vorlesung äußerst interessant*** everyone present found this lecture extremely interesting
❷ (*Beteiligte*) participant; ■**ein ~ an etw ~ an einem Wettbewerb** contestant [*or* participant in a contest]; **~ an einem Kurs** person attending a class [*or* lessons], student; **~ an einem Krieg** combatant
❸ (*Telefoninhaber*) subscriber

Teilnehmergebühr *f* HANDEL attendance fee **Teilnichtigkeit** *f kein pl* JUR partial nullity, severability **Teilnichtigkeitsklausel** *f* JUR severability clause **Teilrücktritt** *m* JUR partial cancellation [*or* recision] **Teilrückzug** *m* partial retreat

teils *adv* in part, partly; **~, ~** (*fam*) yes and no; **~ …, ~ …** (*fam*) partly…, partly…; ***im Tagesverlauf ist es ~ heiter, ~ bewölkt*** during the day it will be cloudy with sunny intervals

Teilschaden *m* (*Versicherung*) partial loss **Teilschuldner(in)** *m(f)* JUR joint debtor, part-debtor **Teilsendung** *f* part-consignment **Teilstrecke** *f* ❶ TRANSP stretch; *einer Reise* stage ❷ SPORT leg, stage **Teilstrich** *m* secondary graduation line **Teilstück** *nt* part, stretch

Teilung <-, -en> *f* division

Teilungsanordnung *f* JUR [testator's] instructions *pl* to apportion the estate **Teilungsartikel** *m* LING partitive article **Teilungsgenehmigung** *f* JUR permission for a partition [of land] **Teilungsklage** *f* JUR action for partition **Teilungsmasse** *f* JUR estate to be apportioned **Teilungsplan** *m* JUR scheme of partition **Teilungssache** *f* JUR partition matter **Teilungsvertrag** *m* JUR deed of separation

Teilurteil *nt* JUR partial verdict **Teilverurteilung** *f* JUR verdict on a part of the charge **Teilverweisung** *f* JUR partial referral **Teilvollstreckung** *f* JUR execution in part

teilweise I. *adv* partly
II. *adj attr* partial; **~r Erfolg** partial success

Teilweiterbehandlung *f* continuation in part **Teilwert** *m* HANDEL part [*or* fractional] value **Teilwertabschreibung** *f* FIN write-down to going-concern value **Teilwertberichtigung** *f* FIN readjustment of part values; **~ von Anlagegegenständen** adjustment of fixed-asset part values

Teilzahlung *f* (*Ratenzahlung*) instalment, AM installment, part payment; **auf ~** on hire purchase

Teilzahlungsgeschäft *nt* HANDEL hire purchase business **Teilzahlungskauf** *m* HANDEL BRIT hire purchase, instalment [*or* AM -ll-] plan **Teilzahlungskredit** *m* FIN instalment credit **Teilzahlungspreis** *m* hire purchase price **Teilzahlungsverpflichtung** *f* JUR hire purchase commitment **Teilzahlungswechsel** *m* FIN instalment sale financing bill

Teilzeit *f* part-time; **~ beschäftigt** employed part-time **Teilzeitarbeit** *f* part-time work **Teilzeitbeschäftigte(r)** *f(m) dekl wie adj* part-time worker **Teilzeitbeschäftigung** *f* part-time employment **Teilzeitkraft** *f* ÖKON part-timer

Tein <-s> *nt kein pl* thein BRIT

Teint <-s, -s> [tɛ̃:] *m* complexion

T-Eisen *nt* tee-iron

Tekkno <-[s]> *nt o m kein pl s.* **Techno**

Tektit <-s, -e> *m* GEOL tektite

tektonisch *adj inv* GEOL tectonic

Telearbeit *f kein pl* teleworking **Telearbeitsplatz** *m* workstation **Telebanking** *nt* home banking **Telebrief** *m* telemessage **Telefax** *nt* ❶ (*Gerät*) fax ❷ (*gefaxte Mitteilung*) fax **Telefaxanlage** *f* fax installation **Telefaxanschluss**[RR] *m* fax connection **telefaxen** *vt, vi* (*geh*) *s.* **faxen** **Telefaxgerät** *nt* fax machine **Telefaxübertragung** *f* fax transmission

Telefon <-s, -e> ['te:lefo:n, tele'fo:n] *nt* telephone, phone *fam;* **~ haben** to be on the [tele]phone; **am ~ verlangt werden** to be wanted on the phone

Telefonanlage *f* telefone [*or* AM telephone] system **Telefonanruf** *m* telephone call **Telefonanrufbeantworter** *m* telephone answering-machine **Telefonansage** *f* telephone information service **Telefonanschluss**[RR] *m* telephone connection **Telefonapparat** *m* telephone

Telefonat <-[e]s, -e> *nt* (*geh*) telephone call; **ein ~ führen** to make a telephone call

Telefonauskunft *f* directory enquiries *pl* **Telefonbanking** *nt kein pl* FIN telephone banking **Telefonbuch** *nt* telephone book [*or* directory] **Telefongebühr** *f meist pl* telephone charge[s *pl*] **Telefongespräch** *nt* telephone call; **ein ~ nach Tokio** a telephone call to Tokyo; **ein ~ führen** to make a telephone call **Telefonhäuschen** [-hɔysçən] *nt* call [*or* phone] box BRIT, pay phone AM **Telefonhörer** *m* telephone receiver

telefonieren* *vi* (*das Telefon verwenden*) ■**[mit jdm] ~** to telephone [sb]; ***mit wem hast du eben so lange telefoniert?*** who have you just been on the phone to for so long?; ■**[irgendwohin] ~** to telephone [somewhere]

Telefonieserver *m* INFORM, TELEK telephony server **Telefoniesoftware** *f* INFORM, TELEK telephony software

telefonisch I. *adj* telephone; **~e Anfrage** telephone enquiry; **~e Beratung** advice over the telephone
II. *adv* by telephone, over the telephone; ***der Auftragseingang wurde ~ bestätigt*** reception of the order was confirmed by telephone

Telefonist(in) <-en, -en> *m(f)* switchboard operator, telephonist

Telefonkabel *nt* telephone cable **Telefonkarte** *f* phonecard **Telefonkette** *f* telephone chain **Telefonkonferenz** *f* telephone conference **Telefonleitung** *f* telephone line; **freie ~** free line **Telefonmarketing** *nt* telephone marketing **Telefonnetz** *nt* telephone network **Telefonnummer** *f*

telephone number; **geheime** ~ ex-directory number
Telefonrechnung *f* [tele]phone bill **Telefonregister** *nt* telephone register **Telefonseelsorge** *f* Samaritans *pl* **Telefonsex** *m* telephone sex **Telefonsystem** *nt* telephone system **Telefontarif** *m* telephone rental **Telefonüberwachung** *f* telephone surveillance [*or* monitoring] [*or* tapping] **Telefonverbindung** *f* telephone connection **Telefonverzeichnis** *nt* telephone list **Telefonzelle** *f* call [*or* phone] box BRIT, pay phone AM **Telefonzentrale** *f* switchboard

telegen *adj* telegenic

Telegraf <-en, -en> *m* telegraph

Telegrafenamt *nt* telegraph office **Telegrafenleitung** *f* telegraph cable **Telegrafenmast** *m* telegraph pole [*or* mast]

Telegrafie <-> *f kein pl* telegraphy

telegrafieren* I. *vi* (*telegrafisch kommunizieren*) ▪[**jdm**] ~ to telegraph [sb]
II. *vt* (*telegrafisch übermitteln*) ▪[**jdm**] **etw** ~ to telegraph [sb] sth

telegrafisch *adj* telegraphic

Telegramm <-gramme> *nt* telegram

Telegrammadresse *f* telegraphic address **Telegrammformular** *nt* telegram form **Telegrammgebühr** *f* telegram charge **Telegrammstil** *m kein pl* abrupt style; **im** ~ in an abrupt style

Telegraph *m s.* **Telegraf**

Teleheimarbeit *f* teleworking [from home]

Telekarte *f* phone card

Telekinese <-> *f kein pl* telekinesis

Telekolleg *nt* Open University BRIT

Telekom <-> *f kein pl kurz für* **Deutsche Telekom AG:** ▪**die** ~ *German Telecommunications company*

Telekommunikation *f* telecommunication

Telekommunikationsanbieter *m* telecoms provider **Telekommunikationsmarkt** *m* telecommunications market **Telekommunikationsnetz** *nt* telecommunications network **Telekommunikationssatellit** *m* telecommunications satellite **Telekommunikationssystem** *nt* telecommunications system

Telekonferenz *f* teleconference **Telekopie** *f* (*veraltend*) fax **Telekopierer** *m* (*veraltend*) fax machine **Telelearning** <-[s]> ['ləːnɪŋ] *nt kein pl* telelearning *no pl, no indef art* **Telemedizin** *f kein pl* telemedicine **Teleobjektiv** *nt* telephoto lens

Telepathie <-> *f kein pl* telepathy

telepathisch *adj* telepathic

Telepathologie *f kein pl* telepathology **Teleprompter** <-s, -> *m* autocue, teleprompter AM

Teleshopping <-s> ['teːleʃɔpɪŋ] *nt kein pl* teleshopping

Teleskop <-s, -e> *nt* telescope

Telespiel *nt* (*veraltend*) video game

Telespielkonsole *f* video game console

Teletex <-> *nt kein pl* teletex *no pl*

Telex <-, -e> *nt* telex

Telexanschluss[RR] *m* telex-connection

telexen *vt* ▪[**jdm**] **etw** ~ to telex [sb] sth

Teller <-s, -> *m* ❶ (*Geschirrteil*) plate; **flacher** ~ dinner plate; **tiefer** ~ soup plate
❷ (*Menge*) plateful; **ein** ~ **Spaghetti** a plateful of spaghetti

Tellerbesen *m* flat whisk **Tellerbrett** *nt* shelf for plates **Tellergericht** *nt* KOCHK one-course meal **Tellermine** *f* MIL flat anti-tank mine **Tellerrand** *m* ▸ WENDUNGEN: **über den** ~ **hinausschauen** (*fam*) to not be restricted in one's thinking; **über den** ~ **nicht hinausschauen** (*fam*) to not see further than [the end of] one's nose **Tellerwärmer** <-s, -> *m* plate warmer **Tellerwäscher(in)** *m(f)* dishwasher; ***die klassische amerikanische Erfolgsstory: vom ~ zum Millionär*** the classic American success story: from rags to riches

Tellur <-s> *nt kein pl* CHEM tellurium

Telnet <-s> *nt kein pl* INFORM telnet

Telomer <-s, -e> *nt* BIOL telomere

Telomerabschnitt *m* telomere band

Telomerase <-> *f kein pl* (*Enzym*) telomerase

Tempel <-s, -> *m* temple

Tempeltänzerin *f* temple dancer

Tempera <-, -s> *f* tempera

Temperafarbe *f* tempera colour [*or* AM -or]

Temperament <-[e]s, -e> *nt* ❶ (*Wesensart*) temperament, character; ***sein ~ ist mit ihm durchgegangen*** he lost his temper; **ein feuriges/sprudelndes** ~ a fiery/bubbly *fam* character
❷ *kein pl* (*Lebhaftigkeit*) vitality, vivacity; ~ **haben** to be very lively
▸ WENDUNGEN: **seinem** ~ **die Zügel schießen lassen** to lose control over one's feelings; **die vier** ~**e** the four humours [*or* AM -ors]

temperamentlos *adj* lifeless, spiritless

Temperamentssache *f* **das** [*o* **etw**] **ist eine** ~ this [*or* sth] is a matter of temperament

temperamentvoll I. *adj* lively, vivacious
II. *adv* in a lively manner, vivaciously

Temperatur <-, -en> *f* ❶ (*Wärmegrad*) temperature
❷ (*Körpertemperatur*) temperature; [**seine/die**] ~ **messen** to take one's temperature; **erhöhte** ~ temperature higher than normal; [**erhöhte**] ~ **haben** to have [*or* be running] a temperature

Temperaturanstieg *m* rise in temperature **Temperaturausgleich** *m* temperature equalizing **temperaturausgleichend** *adj inv* temperature equalizing **Temperaturfühler** *m* TECH temperature sensor **Temperaturregler** *m* thermostat **Temperaturrückgang** *m* drop [*or* fall] in temperature **Temperaturschwankung** *f* fluctuation [*or* variation] in temperature **Temperatursturz** *m* plunge in temperature, sudden drop in temperature

temperieren* *vt* ▪**etw** ~ ❶ (*wärmen*) to bring sth to the correct temperature; ▪**temperiert** at the right temperature; **angenehm temperierte Räume** rooms at a pleasant temperature
❷ (*geh: mäßigen*) to curb, to moderate; **seine Gefühle** ~ to curb one's feelings

Tempi ❶ *pl von* **Tempo**
❷ (*geh*) ~ **passati** (*vergangene Zeiten*) bygone times

Tempo[1] <-s, -s *o fachspr* Tempi> *nt* ❶ (*Geschwindigkeit*) speed; ~ **des Konjunkturauftriebs** ÖKON pace of prosperity; **mit** [*o* **in**] **einem bestimmten** ~ at a certain speed; **mit hohem** ~ at high speed; **das erlaubte** ~ **fahren** to stick to the speed limit; ~**!** (*fam*) get a move on! *fam*
❷ (*musikalisches Zeitmaß*) tempo; **das** ~ **angeben** to set the tempo

Tempo®[2] <-s, -s> *nt* (*fam: Papiertaschentuch*) [paper] tissue, kleenex®

Tempo-30-Zone [-'draisɪg-] *f* restricted speed zone **Tempolimit** *nt* speed limit

Tempomat *m* AUTO cruise control

Tempora *pl von* **Tempus**

temporal *adj* LING temporal

Temporalsatz *m* temporal clause

temporär *adj* (*geh*) temporarily

Temposünder(in) <-s, -> *m(f)* speeder

Tempotaschentuch® *nt* paper-handkerchief, tissue

Tempus <-, Tempora> *nt* LING tense

Tendenz <-, -en> *f* ❶ (*Trend*) trend, tendency; **fallende/steigende** ~ **haben** to have a tendency to fall/rise; **kurserholende** ~ rallying tendency; **sinkende** ~ *der Kurse* downward trend
❷ (*Neigung*) ▪**eine** [*o* **jds**] ~ **zu etw** a [*or* sb's] tendency to sth; **die** ~ **haben, [etw zu tun]** to have a tendency [to do sth]
❸ *meist pl* (*Strömung*) trend; **neue** ~**en in der Kunst** new trends in art
❹ *kein pl* (*meist pej: Parteilichkeit*) bias, slant

Tendenzbetrieb *m* HANDEL enterprise serving political purposes

tendenziell *adj inv* ***es zeichnet sich eine ~e Entwicklung zum Besseren ab*** trends indicate a change for the better

tendenziös <-er, -este> *adj* (*pej*) tendentious

Tendenzstück *nt* tendentious play **Tendenzwende** *f* ÖKON turnround

Tender <-s, -> *m* BAHN, NAUT tender

tendieren* *vi* ❶ (*hinneigen*) ▪[**zu etw**] ~ to tend [towards sth]; ▪**dazu ~, etw zu tun** to tend to do sth; **dazu** ~ **abzulehnen/zuzustimmen** to tend to say no/yes; **dazu ~, zu unterschreiben/bestellen** to be moving towards signing/ordering
❷ (*sich entwickeln*) ▪[**irgendwohin**] ~ to have a tendency [to move in a certain direction]; ***die Aktien tendieren schwächer*** shares are tending to become weaker

Tendron <-s, -s> *nt* KOCHK sliced veal breast

Teneriffa *nt* Tenerife; *s. a.* **Sylt**

Tenne <-, -n> *f* AGR threshing floor

Tennis <-> *nt kein pl* tennis; ~ **spielen** to play tennis

Tennisarm *m* MED tennis elbow **Tennisball** *m* tennis ball **Tennishalle** *f* indoor tennis court **Tennisklub** *m* tennis club **Tennisplatz** *m* SPORT ❶ (*Spielfeld*) tennis court ❷ (*Anlage*) outdoor tennis complex **Tennisschläger** *m* tennis racket **Tennisspiel** *nt* ❶ (*Sportart*) tennis ❷ (*Einzelspiel*) game of tennis **Tennisspieler(in)** *m(f)* tennis player **Tennisturnier** *nt* tennis tournament [*or* championship]

Tenor <-s, Tenöre> *m* ❶ MUS tenor
❷ *kein pl* JUR tenor; ~ **eines Urteils** operative provisions of a judgement

Tenorstimme *f* tenor

Tensid <-[e]s, -e> *nt* CHEM surfactant

Tensoranalysis *f* MATH tensor analysis

Tentakel <-s, -> *m o nt* tentacle

Tenue <-s, -s> ['təny:] *nt* SCHWEIZ (*Bekleidung*) style of dress; MIL (*Uniform*) prescribed style of dress, uniform

Teppich <-s, -e> *m* ❶ (*Fußbodenbedeckung*) carpet; **Wand~** tapestry, wall hanging; **einen** ~ **klopfen** to beat a carpet
❷ (*Öl~*) slick
▸ WENDUNGEN: **auf dem** ~ **bleiben** (*fam*) to keep one's feet on the ground *fam;* **etw unter den** ~ **kehren** (*fam*) to sweep sth under the carpet

Teppichboden *m* fitted carpet; **etw mit** ~ **auslegen** to fit sth with wall-to-wall carpeting **Teppichfliese** *f* carpet tile **Teppichgeschäft** *nt* carpet shop **Teppichgröße** *f* size of carpet **Teppichkehrer** <-s, -> *m* carpet sweeper **Teppichkehrmaschine** *f* carpet sweeper **Teppichklopfer** <-s, -> *m* carpet-beater **Teppichmuschel** *f* carpet shell **Teppichmuster** *nt* carpet design **Teppichreiniger** *m* carpet cleaner **Teppichschaum** *m* carpet foam cleaner **Teppichstange** *f frame used for carpet beating*

Terabit *nt* INFORM terabit

Terabyte *nt* INFORM terabyte

Terbium <-s> *nt kein pl* CHEM terbium

Term <-s, -e> *m* MATH term

Termin *m* JUR date, appointed time; ~ **zur mündlichen Verhandlung** date of hearing

Termin <-s, -e> *m* ❶ (*verabredeter Zeitpunkt*) appointment; **einen** ~ [**bei jdm**] [**für etw**] **haben** to have an appointment [with sb] [for sth]; **sich** *dat* **einen** ~ [**für etw** *akk*] **geben lassen** to make an appointment [for sth]; **einen** ~ **vereinbaren** to arrange an appointment; **einen** ~ **verpassen** [*o* **versäumen**] to miss an appointment; **etw auf einen späteren** ~ **verschieben** to postpone sth
❷ (*festgelegter Zeitpunkt*) deadline; **zu einem bestimmten** ~ **fällig werden** to mature on a particular date; **an feste** ~ **gebunden sein** to have fixed dates; ***der ~ für die Veröffentlichung steht schon fest*** the deadline for publishing has already been fixed; **der letzte** ~ the deadline [*or* latest date]; SPORT fixture
❸ JUR (*Verhandlungs~*) hearing

Terminablauf *m* ❶ JUR (*Fristende*) expiry of a/the term [*or* deadline]
❷ (*Tagesverlauf*) course of the day

Terminal[1] <-s-, -s> ['tœrminl] *nt* INFORM terminal

Terminal[2] <-s, -s> ['tœrminl] *nt o m* LUFT, TRANSP terminal

Terminalprogramm *nt* INFORM terminal program **Terminbörse** *f* FIN futures market **Termindruck** *m kein pl* time pressure; **unter ~ stehen** to be under time pressure **Termineinlage** *f* FIN time deposit **Termingeld** *nt* fixed-term deposit **termingemäß** *adj inv* on schedule *pred* **termingerecht** I. *adj* according to schedule II. *adv* on time [*or* schedule]; **~ liefern** HANDEL to deliver on schedule **Termingeschäft** *nt* BÖRSE futures trading; **bedingtes/festes ~** option/fixed-date deal; **~e in Aktienindices** stock index futures trading

Termini *pl von* **Terminus**

Terminjäger *m* deadline chaser **Terminkalender** *m* [appointments] diary [*or* AM calender]; **einen vollen ~ haben** to have a full appointments diary **Terminkauf** *m* HANDEL forward buying **Terminkäufer** *m* BÖRSE forward buyer **Terminkontrakt** *m* FIN forward [*or* futures] contract

terminlich I. *adj inv, attr* with regard to the schedule; **~e Verpflichtungen** commitments
II. *adv* as far as the schedule is concerned; ***ja, das kann ich ~ einrichten!*** yes, I can fit that into my schedule!

Terminlieferung *f* HANDEL future delivery **Terminmarkt** *m* ÖKON forward market

Terminologie <-, -n> [-'giːən] *f* terminology

terminologisch *adj inv, attr* terminological

Terminplan *m* schedule **Terminplaner** <-s, -> *m* ❶ (*Kalender*) schedule, diary BRIT, Filofax®, personal organizer ❷ TECH, INFORM (*elektronischer Kleincomputer*) electronic diary [*or* AM organizer] **Terminplanung** *f* scheduling **Terminschwierigkeiten** *pl* schedule difficulties *pl*

Terminus <-, Termini> *m* term; **~ technicus** technical term; **ein medizinischer ~ technicus** a specialized medical term

Terminverkauf *m* BÖRSE forward sale **Terminverlegung** *f* JUR adjournment of trial **Terminversäumnis** *nt* HANDEL, JUR non-appearance, failure to appear **Terminverwaltung** *f* calendar management

Termite <-, -n> *f* termite

Termitenhügel *m* termites' nest **Termitenstaat** *m* termite colony

ternär *adj inv* PHYS ternary

Terpentin <-s, -e> *nt o* ÖSTERR *m* CHEM ❶ (*flüssiges Harz*) turpentine, turps *fam*
❷ (*fam*) *s.* **Terpentinöl**

Terpentinöl *nt* oil of turpentine

Terrain <-s, -s> [tɛ'rɛ̃ː] *nt* ❶ MIL, GEOG (*Gelände*) terrain
❷ (*a. fig:* [*Bau*]*grundstück*) site; **das ~ sondieren** (*geh*) to see how the land lies; **sich auf unbekanntem ~ bewegen** to be on unknown territory

Terrakotta <-, -kotten> *f kein pl* terracotta

Terrakottatopf *m* terracotta pot

Terrarium <-s, -rien> [-riən] *nt* terrarium

Terrasse <-, -n> *f* ❶ (*Freisitz*) terrace; (*Balkon*) [large] balcony
❷ (*Geländestufe*) terrace

Terrassendach *nt* roof terrace **terrassenförmig** *adj* terraced **Terrassenhaus** *nt* split-level house

Terrazzo <-s, Terrazzi> *m* terrazzo

terrestrisch *adj* terrestrial

Terrier <-s, -> [-iɐ] *m* terrier

Terrine <-, -n> *f* tureen

territorial *adj* territorial

Territorialanspruch *m* POL territorial claim (an *+akk* on) **Territorialheer** *nt* territorial army **Territorialitätsprinzip** *nt*, **Territorialitätsrecht** *nt* JUR principle of territoriality, BRIT jus soli **Territorialverhalten** *nt* territorial behaviour BRIT [*or* AM -or]

Territorium <-s, -rien> [-riən] *nt* territory

Terroir <-[s], -s> [tɛr'ʀwa] *nt* AGR terroir *spec* (*combination of soil, climate and location for wine-growing*)

Terror <-s> *m kein pl* ❶ (*terroristische Aktivitäten*) terrorism
❷ (*Furcht und Schrecken*) terror; **die Verbreitung von ~** the spreading of terror
❸ (*Schreckensregime*) reign of terror; **blutiger ~** terror and bloodletting
❹ (*fam: Stunk*) huge fuss; **~ machen** to make a huge fuss

Terrorakt *m* act of terrorism **Terroranschlag** *m* terrorist attack **Terrorgruppe** *f* terrorist group **Terrorherrschaft** *f kein pl* reign of terror

terrorisieren* *vt* ❶ (*fam: schikanieren*) ■**jdn ~** to intimidate sb
❷ (*in Angst und Schrecken versetzen*) ■**jdn/etw ~** to terrorize sb/sth

Terrorismus <-> *m kein pl* terrorism

Terrorismusbekämpfung *f* fight against terrorism **Terrorismusexperte** *m* expert on terrorism

Terrorist(in) <-en, -en> *m(f)* terrorist

terroristisch *adj* terrorist *attr;* **~e Aktivitäten** terrorist activities; **~e Organisation** [*o* **Vereinigung**] terrorist organization

Terrorkommando *nt* terrorist commando **Terrorwelle** *f* wave of terror

tertiär *adj inv* tertiary

Tertiär <-s> [tɛr'tsiɛːɐ] *nt kein pl* GEOL tertiary

Terz <-, -en> *f* MUS third

Terzett <-[e]s, -e> *nt* MUS trio

Tesafilm® *m* Sellotape® BRIT, Scotch tape® AM

Tessin <-s> *nt* ■**das ~** Ticino

Test <-[e]s, -s *o* -e> *m* ❶ (*Versuch*) test; **einen ~ machen** to carry out a test
❷ PHARM test; **einen ~ machen** to undergo a test
❸ SCH test

Testament <-[e]s, -e> *nt* ❶ JUR [last] will, testament, last will and testament; **anfechtbares ~** voidable will; **eigenhändiges ~** holographic will; **gemeinschaftliches ~** joint will; **jüngeres ~** later will; **öffentliches ~** notarial will; **ein ~ aufsetzen** to draft [*or* draw up *sep*] a will; **ein ~ eröffnen/vollstrecken** to open/administer a will; **ein ~ errichten** to testate, to write [*or* execute] a will; **sein ~ machen** to make one's will
❷ REL **Altes/Neues ~** Old/New Testament
► WENDUNGEN: **dann kann jd sein ~ machen** (*fam*) then sb had better make a will

testamentarisch I. *adj* testamentary; **eine ~e Verfügung** an instruction in the will
II. *adv* in the will; **jdn ~ bedenken** to include sb in one's will; **etw ~ festlegen** to write sth in one's will; **etw ~ verfügen** to dispose of sth by will; **jdm etw** *akk* **~ vermachen** to leave sb sth in one's will

Testamentsanfechtung *f* JUR contesting a will **Testamentsauslegung** *f* JUR construction of a will **Testamentsausschlagung** *f* JUR disclaimer [of a testamentary gift] **Testamentseröffnung** *f* reading [*or* opening] of the will **Testamentsvollstrecker(in)** *m(f)* executor **Testamentsvollstreckung** *f* JUR execution of a will

Testat <-[e]s, -e> *nt* JUR testimonial, attestation

Testator(in) *m(f)* JUR testator

Testbild *nt* TV test card BRIT, test pattern AM

testen *vt* ■**jdn/etw** [**auf etw** *akk*] **~** to test sb/sth [for sth]

Testergebnis *nt* test result **Testfahrer(in)** *m(f)* test driver **Testfrage** *f* test question

testieren* I. *vt* (*geh*) ■**jdm etw ~** to certify [*or* testify] sth for sb; ■**jdm ~, dass ...** to give sb written proof that ...
II. *vi* JUR (*geh*) to make a will

testierfähig *adj* JUR testable, capable of making a will; **~ sein** to have testamentary capacity, to be of sound and disposing mind AM; **nicht ~** intestable **Testierfähigkeit** *f kein pl* JUR testamentary capacity, AM disposing capacity **testierunfähig** *adj* JUR incapable of making a will **Testierunfähigkeit** *f kein pl* JUR testamentary incapacity

Testikel <-s, -> *m* MED testicle

Testlauf *m* TECH test run

Testosteron <-s, -e> *nt* testosterone

Testperson *f* subject **Testpilot(in)** *m(f)* test pilot **Testprogramm** *nt* test programme [*or* AM -am] **Testreaktor** *m* test ractor **Testreihe** *f* series of tests **Teststrecke** *f* test track **Teststreifen** *m* test strip **Testzwecke** *pl* ■**zu ~n** for test purposes

Tetanus <-> *m kein pl* tetanus *no pl*

Tetraeder <-s, -> *nt* MATH tetrahedron

Tetrazyklin <-s, -e> *nt kein pl* PHARM tetracycline

teuer I. *adj* ❶ (*viel kostend*) expensive; ■**jdm zu ~ sein** to be too expensive [*or* dear] for sb; **ein teures Vergnügen** an expensive bit of fun
❷ (*hohe Preise verlangend*) expensive
❸ (*geh: geschätzt*) dear; ■**jdm** [**lieb und**] **~ sein** to be dear to sb; **mein Teurer/meine Teure, mein T~ster/meine T~ste** (*hum*) my dearest; (*unter Männern*) my dear friend
II. *adv* (*zu einem hohen Preis*) expensively; ***das hast du aber zu ~ eingekauft*** you paid too much for that; **sich** *dat* **etw ~ bezahlen lassen** to demand a high price for sth
► WENDUNGEN: **etw ~ bezahlen müssen** to pay a high price for sth; **~ erkauft** dearly bought; **jdn ~ zu stehen kommen** to cost sb dear, sb will pay dearly

Teuerung <-, -en> *f* price rise [*or* increase], rise [*or* increase] in price

Teuerungsrate *f* rate of price increase **Teuerungszuschlag** *m* surcharge

Teufel <-s, -> *m* ❶ *kein pl* (*Satan*) ■**der ~** the Devil, Satan
❷ (*teuflischer Mensch*) devil, evil person
► WENDUNGEN: **den ~ durch** [*o* **mit dem**] **Beelzebub austreiben** to jump from the frying pan into the fire; **der ~ steckt im Detail** it's the little things that cause big problems; **jdn/sich in ~s Küche bringen** (*fam*) to get sb/oneself into a hell of a mess *fam;* **in ~s Küche kommen** (*fam*) to get into a hell of a mess; **ein/der ~ in Menschengestalt** a/the devil in disguise; **den ~ an die Wand malen** to imagine the worst; **jdn/etw wie der ~ das Weihwasser fürchten** (*hum fam*) to avoid sb/sth like the plague *fam;* **ja bist du denn des ~s?** have you lost your senses [*or* mind]?, are you mad [*or* AM crazy]?; **geh zum ~!** (*fam*) go to hell!, fam; **soll jdn** [**doch**] **der ~ holen** (*fam*) to hell with sb *fam;* **irgendwo ist der ~ los** (*fam*) all hell is breaking loose somewhere; ***in der Firma war gestern der ~ los*** all hell broke loose in the firm yesterday; **jdn zum ~ jagen** [*o* **schicken**] (*fam*) to send sb packing *fam;* **auf ~ komm raus** (*fam*) come hell or high water; ***die Termine müssen auf ~ komm raus eingehalten werden*** the dates have to be met, come hell or high water; **sich den ~ um etw kümmern** [*o* **scheren**] (*fam*) to not give a damn about sth *sl;* **jdn reitet der ~** (*fam*) sb is feeling his oats *fam;* **scher dich zum ~!** (*fam*) go to hell! *sl;* **wenn man vom ~ spricht**[**, kommt er**] (*prov*) speak [*or* talk] of the devil [and he appears]; **den ~ tun werden, etw zu tun** (*fam*) to be damned *sl* if one does sth; ***sie wird den ~ tun, das zu machen*** she'll be damned if she does that; **weiß der ~** (*fam*) who the hell knows, fam; **den ~ werde ich** [**tun**]! (*fam*) like hell I will! *fam;* **jdn zum ~ wünschen** (*fam*) to wish sb in hell; **es müsste mit dem ~ zugehen, wenn ...** (*fam*) hell would have to freeze over, before ...; **~ noch mal** [*o* **aber auch**]! (*fam*) well, I'll be damned! *sl;* **wie der ~** (*fam*) like hell [*or* the devil] *fam;* **zum ~!** (*fam*) damn [it]! *sl,* blast [it]! *sl or dated;* **... zum ~ ...?** (*fam*) ... the devil [*or* hell] ...?; ***wer zum ~ ist Herr Müller?*** who the heck [*or* hell] is Mr. Müller? *fam*

Teufelei <-, -en> *f* evil trick

Teufelsaustreibung *f kein pl* exorcism

Teufelsfratze *f* devil's face **Teufelskerl** *m* (*fam*) amazing fellow **Teufelskreis** *m* vicious circle

teuflisch I. *adj* devilish, diabolical
II. *adv* ❶ (*diabolisch*) diabolically, devilishly
❷ (*fam: höllisch*) hellishly, like hell

Teutone, Teutonin <-n, -n> *m, f* Teuton

teutonisch *adj* Teutonic

Text <-[e]s, -e> *m* ❶ (*schriftliche Darstellung*) *a.* INFORM text; **verborgener ~** hidden text
❷ (*Lied*) lyrics
❸ (*Wortlaut*) text; *Rede* script
► WENDUNGEN: **jdn aus dem ~ bringen** (*fam*) to

confuse sb; **aus dem ~ kommen** (*fam*) to become confused; **weiter im ~!** (*fam*) let's get on with it *fam*

Textabrufsystem *nt* TYPO text retrieval system **Textanfang** *m* start-of-text **Textaufgabe** *f* MATH problem **Textbaustein** *m* text block **Textbearbeitung** *f* text manipulation **Textbuch** *nt* song book, libretto **Textdatei** *f* INFORM text file **Textdichter(in)** *m(f)* songwriter, librettist **Textdokument** *m* text document **Texteditor** *m* INFORM text editor **Texteingabe** *f* INFORM text input

texten I. *vt* ■**etw ~** to write sth
II. *vi* to write songs; (*in der Werbung*) to write copy

Textende *nt* end-of-text

Texter(in) <-s, -> *m(f)* songwriter; (*in der Werbung*) copywriter

Texterfasser(in) <-s, -> *m(f)* galley typist, keyboard operator **Texterfassung** *f* INFORM text input **Texterkennung** *f* INFORM text recognition **Textform** *f* TYPO shape of text matter **Textformatierer** *m* INFORM text formatter **Textformatierung** *f* INFORM text formatting

textil *adj* fabric

Textilarbeiter(in) <-s, -> *m(f)* textile worker **Textilbranche** *f* textile industry **Textilfabrik** *f* textile factory **Textilfaser** *f* textile fibre [*or* AM -er] **Textilgeschäft** *nt* (*fam*) *shop that sells linen and clothing* **Textilhersteller** *m* textile manufacturer

Textilien *pl* fabrics *pl*

Textilindustrie *f* textile industry

Textkritik *f* textual criticism **Textmodus** *m* INFORM text mode **Textmontage** *f* TYPO text assembly **Textpassage** *f* extract [*or* passage] from the text **Textstelle** *f* passage **Textsystem** *nt s.* **Textverarbeitungssystem** **Textumstellung** *f* cut and paste

Textverarbeitung *f* word processing

Textverarbeitungsanlage *f* INFORM word processor, word processing system **Textverarbeitungsprogramm** *nt* word processing programme [*or* AM -am], word processor **Textverarbeitungssystem** *nt* word processor, word processing system

Tezett *nt* ▸ WENDUNGEN: **bis ins ~** (*fam*) inside out *fam*

TH <-, -s> *f Abk von* **Technische Hochschule** training college providing degree courses in technical and scientific subjects

Thai *nt* Thai; *s. a.* **Deutsch**

Thailand *nt* Thailand

Thallium <-s> *nt kein pl* CHEM thallium

THC *nt Abk von* **Tetrahydrocannabinol** THC

Theater <-s, -> *nt* ❶ (*Gebäude*) theatre [*or* AM -er]
❷ (*Schauspielkunst*) theatre [*or* AM -er]; **zum ~ gehen** to go on the stage; **~ spielen** to put on a show, to act; **nur ~ sein** (*fam*) to be only an act *fam*
❸ (*fam: Umstände*) drama, fuss *fam*; **[ein] ~ machen** to make [*or* create] a fuss *fam*

Theaterabonnement *nt* theatre [*or* AM -er] subscription **Theateraufführung** *f* theatre performance, play **Theaterbesuch** *m* theatre visit **Theaterbesucher(in)** <-s, -> *m(f)* theatregoer **Theaterdirektor(in)** <-s, -en> *m(f)* theatre manager **Theaterferien** *pl* theatre-season holidays *pl* **Theatergruppe** *f* theatrical group **Theaterkarte** *f* theatre ticket **Theaterkasse** *f* theatre box office **Theaterkritiker(in)** *m(f)* theatre critic **Theatermacher(in)** *m(f)* theatre maker; (*Theaterregisseur a.*) stage director; (*Theaterintendant a.*) theatre manager **Theaterprobe** *f* rehearsal **Theaterpublikum** *nt* theatre audience **Theaterregisseur(in)** <-s, -e> *m(f)* theatre director **Theaterstück** *nt* play **Theatervorstellung** *f* theatre performance

theatralisch *adj* theatrical

Theismus <-> *m kein pl* theism *no pl*

Theke <-, -n> *f* counter; (*in einem Lokal*) bar

T-Helfer-Gedächtniszelle *f* BIOL T helper cell

Thema <-s, Themen *o* -ta> *nt* ❶ (*Gesprächs~*) subject, topic; **ein ~ ist [für jdn] erledigt** (*fam*) a matter is closed as far as sb is concerned; **beim ~ bleiben** to stick to the subject [*or* point]; **jdn vom ~ abbringen** to get sb off the subject; **vom ~ abschweifen** to wander [*or fam* get] off the subject; **~ Nr.1 sein** to be the main subject of discussion; **das ~ wechseln** to change the subject
❷ (*schriftliches ~*) subject
❸ (*Bereich*) subject area
❹ MUS theme
▸ WENDUNGEN: **wir wollen das ~ begraben** (*fam*) let's not talk about that anymore; **ein/kein ~ sein** to be/not be an issue; **etw zum ~ machen** to make an issue out of sth

Thematik <-> *f kein pl* topic

thematisch I. *adj* regarding subject matter
II. *adv* as far as the subject is concerned

thematisieren* *vt* ■**etw ~** to make sth subject of discussion, to discuss sth

Themen *pl von* **Thema**

Theologe, -login <-n, -n> *m, f* theologian

Theologie <-, -n> *f* theology

Theologin <-,-nen> *f fem form von* **Theologe**

theologisch I. *adj* theological
II. *adv* ❶ (*in der Theologie*) in theological matters
❷ (*für die Theologie*) theologically, from a theological point of view

Theorem <-s, -e> *nt* (*geh*) theorem

Theoretiker(in) <-s, -> *m(f)* theoretician, theorist

theoretisch I. *adj* theoretical
II. *adv* theoretically; **~ betrachtet** in theory, theoretically

theoretisieren* *vi* ■[**über etw** *akk*] **~** to theorize [about sth]

Theorie <-, -n> *f* theory; **allumfassende ~** PHYS theory of everything; **große vereinheitlichte ~** PHYS grand unified theory; **graue ~ sein** to be all very well in theory; **nur ~ sein** to only be hypothetical; **in der ~** in theory; *s. a.* **Freund**

Therapeut(in) <-en, -en> *m(f)* therapist

Therapeutik <-> *f kein pl* therapeutics + *sing vb*

Therapeutin <-, -nen> *f fem form von* **Therapeut**

therapeutisch I. *adj* therapeutic
II. *adv* as therapy

Therapie <-, -n> *f* therapy

Therapiemöglichkeit *f* possibility of treatment

therapieren *vt* MED ■**jdn ~** to treat [*or* give therapy to] sb; ■**etw ~** to treat sth

therapieren *vt* MED ■**jdn ~** to treat [*or* give therapy to] sb; ■**etw ~** to treat sth

Thermalbad *nt* ❶ (*Hallenbad*) thermal baths *pl*
❷ MED (*Heilbad*) thermal bath, hot springs *npl*
❸ (*Kurort*) spa resort **Thermalquelle** *f* thermal [*or* hot] spring

Thermen ❶ *pl von* **Therme**
❷ HIST ■**die ~** the thermal baths

thermisch *adj attr* thermal

Thermobildgebung *f* thermal imaging **Thermodrucker** *m* thermal printer **Thermodynamik** *f kein pl* PHYS thermodynamics + *sing vb* **thermodynamisch** *adj inv* thermodynamical **thermoelektrisch** *adj inv* thermoelectrical **Thermohose** *f* thermal [*or* quilted] trousers *npl* **Thermolumineszenz** <-, -en> *f* GEOL thermoluminescence

Thermometer <-s, -> *nt* thermometer

Thermometerstand *m* temperature

thermonuklear *adj* thermonuclear **Thermopapier** *nt* thermal paper **Thermopause** *f* METEO thermopause

Thermosflasche® *f* Thermos® [*flask* [*or* bottle]], vacuum flask

Thermosphäre *f* METEO thermosphere

Thermostat <-[e]s, -e *o* -en, -en> *m* thermostat

Thermostatventil *nt* AUTO exhaust manifold heat control valve

Thermotransferdrucker *m* thermal transfer printer

thesauriert *adj* FIN accumulated; **~er Gewinn** accumulated profit

Thesaurierung <-, -en> *f* ÖKON accumulation

Thesaurus <-, -ren *o* -ri> *m* thesaurus

These <-, -n> *f* (*geh*) thesis

Thesenpapier *nt* theory paper

Thon <-s> *m kein pl* SCHWEIZ (*Tunfisch*) tuna [fish] *no pl*

Thora <-> *f kein pl* REL Torah, [the] Pentateuch

Thorium <-s> *nt kein pl* CHEM thorium *no pl*

Thrill <-s> [θrɪl] *m kein pl* (*sl*) thrill

Thriller <-s, -> *m* thriller

Thrombose <-, -n> *f* thrombosis

Thron <-[e]s, -e> *m* throne
▸ WENDUNGEN: **jds ~ wackelt** sb's throne is shaking

Thronbesteigung *f* accession [to the throne]

thronen *vi* to sit enthroned

Thronerbe, -erbin <-n, -n> *m, f* heir to the throne **Thronfolge** *f* line of succession **Thronfolger(in)** <-s, -> *m(f)* heir [*or* successor] to the throne **Thronrede** *f* Monarch's speech [at the opening of parliament]

Thulium <-s> *nt kein pl* CHEM thulium *no pl*

Thunfisch *m s.* **Tunfisch**

Thurgau <-s> *nt* Thurgau

Thüringen <-s> *nt* Thuringia

Thüringer(in) <-s, -> *m(f)* Thuringian

thüringisch *adj inv* Thuringian

THW *nt Abk von* **Technisches Hilfswerk** technical support/breakdown service

Thymian <-s, -e> *m* thyme

Thyroxin <-s, -e> *nt* MED thyroxine

Tiara <-, Tiaren> *f* REL triple crown

Tibet[1] <-s> *nt* Tibet; *s. a.* **Deutschland**

Tibet[2] <-[e]s, -e> *m* (*Wollart*) Tibetan wool

Tibetaner(in) <-s, -> *m(f) s.* **Tibeter**

Tibeter(in) <-s, -> *m(f)* Tibetan; *s. a.* **Deutsche(r)**

tibetisch *adj* Tibetan; *s. a.* **deutsch**

Tibetisch *nt dekl wie adj* Tibetan; *s. a.* **Deutsch**

Tibetische <-n> *nt* ■**das ~** Tibetan, the Tibetan language; *s. a.* **Deutsche**

Tick <-[e]s, -s> *m* (*fam*) ❶ (*Marotte*) quirk *fam*; **einen ~ haben** to have a quirk
❷ (*geringe Menge*) tad; ***kannst du das einen ~ leiser stellen?*** can you turn it down a tad?

ticken *vi* (*ein klickendes Geräusch machen*) to tick
▸ WENDUNGEN: **nicht richtig ~** (*sl*) to be off one's head, to not be in one's right mind, to be out of one's mind AM *sl*

Ticket <-s, -s> *nt* ticket

ticktack *interj* tick-tock!

Ticktack <-, -s> *f* (*kindersprache: Uhr*) tick-tock

Tiebreak[RR] <-s, -s> *m o nt*, **Tie-Break** <-s, -s> *m o nt* tie-break

tief I. *adj* ❶ (*eine große Tiefe aufweisend*) deep; ■**ein Meter/Kilometer ~** two metres [*or* AM -ers]/ kilometres [*or* AM -ers] deep
❷ (*eine große Dicke aufweisend*) deep; ■**drei Meter/Zentimeter ~** three metres [*or* AM -ers]/ centimetres [*or* AM -ers] deep
❸ (*niedrig*) low
❹ MUS (*tief klingend*) low; **eine ~ Stimme** a deep voice
❺ (*intensiv empfunden*) deep, intense
❻ (*tiefgründig, ins Wesentliche dringend*) profound
❼ (*mitten in etw liegend*) deep; ***im ~en Wald*** in the depths of the forest, deep in the forest; ■**~ in etw** *dat* in the depths of sth, deep in sth, deep; **im ~sten Winter** in the depths of winter
❽ (*weit hineinreichend*) deep; (*Ausschnitt*) low; *s. a.* **Herz, Nacht, Teller**
II. *adv* ❶ (*weit eindringend*) deep; **~ greifend** [*o* **schürfend**] far-reaching, extensive
❷ (*vertikal weit hinunter*) deep; ***er stürzte 350 Meter ~*** he fell 350 metres [deep]
❸ (*dumpf tönend*) low; **zu ~ singen** to sing flat; **~ sprechen** to talk in a deep voice
❹ (*zutiefst*) deeply; **~ betrübt** deeply distressed; **~ bewegt** deeply moved; **etw ~ bedauern** to regret sth profoundly; **jdn ~ erschrecken** to frighten sb terribly
❺ (*intensiv*) deeply; **~ schlafen** to sleep soundly; **~ erröten** to deeply redden, to go bright red *fam*
❻ (*niedrig*) low; **~ liegend** low-lying; **~ stehend**

T

(*fig*) low-level
▸ WENDUNGEN: **zu tief ins Glas geblickt haben** to have had too much to drink; ~ **blicken lassen** to be very revealing; ~ **fallen** to go downhill; ~ **sinken** to sink low

Tief <-[e]s, -e> *nt* ❶ METEO (*Tiefdruckgebiet*) low, low pressure system, depression
❷ (*depressive Phase*) low [point], depression

Tiefätzung *f* deep etching **Tiefbau** *m kein pl* civil engineering *no pl* **Tiefbauamt** *nt authority in charge of planning, design, construction and maintenance of fixed structures and ground facilities* **tiefbetrübt** *adj inv s.* **tief II 4 tiefblau** *adj* deep blue

Tiefdruck[1] *m kein pl* TYPO gravure *no pl*

Tiefdruck[2] *m kein pl* METEO low pressure *no pl*

Tiefdrucker *m* gravure printer

Tiefdruckgebiet *nt* low pressure area **Tiefdruckkeil** *m* METEO trough of low pressure

Tiefe <-, -n> *f* ❶ (*Wasser~*) depth
❷ (*vertikal hinabreichende Ausdehnung*) depth; ***der Schacht führt hinab bis in 1200 Meter*** ~ the shaft goes 1200 metres deep
❸ (*horizontal hineinreichende Ausdehnung*) depth
❹ *kein pl* (*Intensität*) intensity
❺ (*Tiefgründigkeit*) depth
❻ (*dunkle Tönung*) ***die ~ des Blaus*** the depth of blue
❼ (*dunkler Klang*) deepness

Tiefebene *f* lowland plain; **die Nordddeutsche** ~ the North German Lowlands *pl;* **die Oberrheinische** ~ the Upper Rhine Valley

Tiefen *pl* (*Repro*) shadow area *no pl,* shadows *pl*

Tiefengrund *m* BAU deep solvent primer **Tiefenmassage** *f* deep massage **Tiefenpsychologe, -psychologin** *m, f* psychoanalyst **Tiefenpsychologie** *f* psychoanalysis **Tiefenpsychologin** *f fem form von* Tiefenpsychologe **Tiefenschärfe** *f kein pl* FOTO depth of field *no pl* **Tiefenwirkung** *f* ❶ (*räumliche Tiefe*) effect of depth
❷ MODE *eines Kosmetikums* deep action; ■**mit** ~ deep-acting

tiefer *adj, adv superl von* **tief**: ~ **gelegt** AUTO lowered

tiefergelegt *adj inv* AUTO *s.* **tiefer**

Tiefflieger *m* low-flying aircraft **Tiefflug** *m* low-altitude flight; **im** ~ at low altitude; **etw im** ~ **überfliegen** to fly over sth at low altitude **Tiefgang** *m* NAUT draught BRIT, draft AM ▸ WENDUNGEN: ~ **haben** to have depth, to be profound **Tiefgarage** *f* underground car park BRIT, underground parking lot AM **Tiefgefrieren** <-s> *nt kein pl* freezing *no pl, no indef art* **tiefgefrieren** *vt irreg* ■**etw** ~ to freeze sth **tiefgefroren, tiefgekühlt** *adj* frozen **tiefgestellt** *adj inv* **~es Zeichen** TYPO inferior character **tiefgreifend** *adj* far-reaching, extensive

Tiefkühlfach *nt* freezer compartment **Tiefkühlkost** *f* frozen foods *pl* **Tiefkühlschrank** *m* freezer **Tiefkühltruhe** *f* freezer chest

Tieflader <-s, -> *m* low-loading vehicle **Tiefland** *nt* lowlands *pl* **Tiefprägung** *f* TYPO deep embossing **Tiefpunkt** *m* low point; **einen** ~ **haben** to feel worn out, to suffer a low; (*deprimiert sein*) to go through a low patch **Tiefschlag** *m* ❶ SPORT hit below the belt ❷ (*schwerer Schicksalsschlag*) body blow **tiefschwarz** *adj inv Haar* jet black; *Nacht* pitch-black

Tiefsee *f* deep sea

Tiefseeanglerfisch *m* deep-sea angler [fish] **Tiefseefauna** *f* deep-sea fauna **Tiefseefisch** *m* deep-sea fish **Tiefseeforschung** *f kein pl* deep-sea research **Tiefseegraben** *m* deep-sea ditch **Tiefseekabel** *nt* deep-sea cable **Tiefseetaucher(in)** *m(f)* deep-sea diver

Tiefsinn <-[e]s> *m kein pl* ❶ (*grüblerisches Nachdenken*) profundity; **in** ~ **verfallen** to become depressed
❷ (*tiefere Bedeutung*) essence, fundamental nature

tiefsinnig *adj* profound **Tiefstand** *m* low; ***der Dollar ist auf einen neuen ~ gesunken*** the dollar has sunk to a new low **Tiefstapelei** <-> *f kein pl* understatement **tiefstapeln** *vi* to understate the case, to be modest **tiefstehend** <tiefer stehend, am tiefsten stehend> *adj s.* **tief II 6**

Tiefstpreis *m* lowest [*or fam* rock-bottom] price **Tiefsttemperatur** *f* lowest temperature **Tiefstwert** *m* lowest value

Tieftöner <-s, -> *m* RADIO woofer **Tieftönerausgang** *m* woofer outlet **tieftraurig** *adj* extremely sad

Tiegel <-s, -> *m* ❶ (*flacher Kochtopf*) [sauce] pan
❷ (*Cremebehälter*) jar
❸ (*Schmelz~*) pot

Tier <-[e]s, -e> *nt* animal; **wie ein** ~ like an animal
▸ WENDUNGEN: **ein großes** [*o* **hohes**] ~ (*fam*) big shot *fam,* bigwig

Tierart *f* animal species + *sing vb* **Tierarzt, -ärztin** *m, f* vet, veterinary surgeon *form* **tierärztlich** *adj inv, attr* veterinary **Tierbändiger(in)** <-s, -> *m(f)* animal tamer

Tierchen <-s, -> *nt dim von* **Tier** little creature
▸ WENDUNGEN: **jedem ~ sein Pläsierchen** each to his own

Tierfreund(in) *m(f)* animal lover **Tiergarten** *m* zoo **Tierhalter(in)** *m(f)* pet owner **Tierhalterhaftung** *f* JUR liability for animals **Tierhaltung** *f* (*Haustiere*) pet ownership; AGR animal husbandry; *s. a.* **artgerecht Tierhandlung** *f* pet shop **Tierheim** *nt* animal home

tierisch **I.** *adj* ❶ (*bei Tieren anzutreffend*) animal *attr*
❷ (*sl: gewaltig*) deadly *fam,* terrible; **einen ~en Durst/Hunger haben** to be thirsty/hungry as hell *sl*
❸ (*grässlich*) bestial, brutish
II. *adv* (*sl*) loads *fam;* ~ **schuften/schwitzen** to work/sweat like hell *sl;* ~ **wehtun** to hurt like hell *sl*

Tierklinik *f* animal hospital **Tierkreis** *m kein pl* zodiac **Tierkreiszeichen** *nt* sign of the zodiac, zodiacal sign **Tierkunde** *f* zoology **tierlieb** *adj* animal-loving *attr,* pet-loving *attr;* ■~ **sein** to be fond of animals **Tierliebe** *f* love of animals **Tiermast** *f* animal feed **Tiermedizin** *f* veterinary medicine **Tiernahrung** *f* animal food **Tierpark** *m* zoo **Tierpfleger(in)** *m(f)* zoo-keeper **Tierquäler(in)** <-s, -> *m(f)* person who is cruel to animals **Tierquälerei** *f* animal cruelty, cruelty to animals **Tierschutz** *m* protection of animals **Tierschützer(in)** *m(f)* animal conservationist **Tierschutzgesetz** *nt* JUR Prevention of Cruelty to Animals Act **Tierschutzverein** *m* society for the prevention of cruelty to animals **Tierseuchengesetz** *nt* JUR Epizootic Diseases Act **Tierversuch** *m* animal experiment **Tierzucht** *f kein pl* live-stock breeding *no pl,* animal husbandry *no pl* **Tierzüchter(in)** <-s, -> *m(f)* animal breeder

Tiffanylampe *f* tiffany lamp

Tiflis, Tbilisi <-> *nt* Tbilisi

Tiger <-s, -> *m* tiger

Tigerauge *nt* tiger's-eye

tigern *vi sein* (*fam*) to mooch [about] BRIT, fam, to loiter AM; ■**durch etw** *akk* ~ to traipse [*or* BRIT mooch] through sth

Tigre *f* Tigré, Tigray

Tilde <-, -n> *f* tilde

tilgbar *adj* FIN *Schulden* redeemable, repayable; **nicht** ~ irredeemable

tilgen *vt* (*geh*) ■**etw** ~ ❶ FIN (*abtragen*) to pay sth off
❷ (*beseitigen*) to wipe out sth *sep;* ■**etw von etw** *dat* ~ to erase sth from sth

Tilgung <-, -en> *f* (*geh*) ❶ FIN (*das Tilgen*) repayment; ~ **der Verpflichtungen** discharge of liabilities; **teilweise** ~ partial extinction
❷ (*Beseitigung*) erasure, deletion

Tilgungsanleihe *f* FIN redemption loan **Tilgungsfonds** *m* FIN sinking fund **tilgungsfrei** *adj* FIN free of amortization, redemption-free *attr* **Tilgungsleistung** *f* FIN redemption payment; **~en einstellen** to suspend payments **Tilgungsrate** *f* FIN repayment instalment **Tilgungsrecht** *nt* FIN right of redemption **Tilgungsschuld** *f* FIN redemption loan **Tilgungsschuldverschreibung** *f* FIN redemption bond **Tilgungssumme** *f* FIN payoff **Tilgungsverpflichtung** *f* FIN redemption commitment; **den ~en nachkommen** to meet repayments **Tilgungszeitraum** *m* FIN payback [*or* repayment] period, period for redemption

Timbre <-s, -s> *nt* (*geh*) timbre [*or* AM -er]

timen *vt* ■**etw** ~ to time sth

Timesharing[RR] <-s> *nt kein pl,* **Time-sharing** <-s> *nt kein pl* ❶ INFORM (*gemeinsame Benutzung eines Großrechners*) time-sharing
❷ (*gemeinsamer Besitz von Ferienwohnungen*) time share

Timing <-s> *nt* timing

tingeln *vi sein* (*fam*) to gig around *fam*

Tinktur <-, -en> *f* tincture

Tinnef <-s> *m kein pl* (*pej fam*) ❶ (*wertloses Zeug*) trash
❷ (*Unsinn*) nonsense, BRIT *a.* rubbish

Tinte <-, -n> *f* ink
▸ WENDUNGEN: **in der ~ sitzen** (*fam*) to be in the soup *fam,* to be in a scrape *fam*

Tintenfass[RR] *nt* inkpot **Tintenfestigkeit** *f* (*Papier*) ink-resistance **Tintenfisch** *m* squid **Tintenfleck** *m* ink blot; (*auf Kleidung*) ink stain **Tintengummi** *m* ink rubber **Tintenklecks** *m* ink blot **Tintenpatrone** *f* ink cartridge **Tintenradiergummi** *m* ink eraser **Tintenstift** *m* indelible pencil **Tintenstrahldrucker** *m* ink-jet printer

Tipp[RR] <-s, -s> *m,* **Tip** <-s, -s> *m* ❶ (*Hinweis*) tip, hint; **jdm einen ~ geben** to give sb a tip
❷ SPORT (*gewettete Zahlen*) tip

tippeln *vi sein* (*fam*) ❶ (*zu Fuß gehen*) to foot it
❷ (*kleine Schritte machen*) to trip

tippen[1] **I.** *vi* ❶ (*Wettscheine ausfüllen*) to fill in one's coupon; **im Lotto/Toto** ~ to play the lottery/pools
❷ (*fam: etw vorhersagen*) to guess; ■**auf jdn/etw** ~ to put one's money on sb/sth; ■**darauf ~, dass jd etw tut/dass etw geschieht** to bet that sb does sth/that sth happens
II. *vt* ■**etw ~ eine Zahl** ~ to play a number

tippen[2] **I.** *vi* ❶ (*fam: Schreibmaschine schreiben*) to type
❷ (*kurz anstoßen*) ■**an/auf etw** *akk* ~ to tap on sth; ■**gegen etw** *akk* ~ to tap against sth
II. *vt* (*fam*) to type; ■**[jdm] etw** ~ to type sth [for sb]

Tipp-Ex® <-> *nt kein pl* Tipp-Ex® BRIT, Liquid Paper® AM, whiteout

Tippfehler *m* typing mistake [*or* error] **Tippschein** *m* lottery coupon

Tippse <-, -n> *f* (*pej fam*) typist

tipptopp (*fam*) **I.** *adj* tip-top *fam,* perfect, immaculate
II. *adv* immaculately

Tippzettel *m* (*fam*) lottery ticket

Tirade <-, -n> *f meist pl* (*pej geh*) tirade

Tirana <-s> *nt* GEOG Tirana, Tirane

Tirol <-s> *nt* Tyrol

Tiroler(in) <-s, -> *m(f)* Tyrolese, Tyrolean

Tirolerhut *m* Tyrolean hat

Tirolerin <-, -nen> *f fem form von* **Tiroler**

Tisch <-[e]s, -e> *m* ❶ (*Esstisch*) table; **jdn zu ~ bitten** to ask sb to take their place [at the table]; **etw auf den ~ bringen** (*fam*) to serve sth; **zu ~ gehen** (*geh*) to go to lunch/dinner; **zu ~ sein** (*geh*) to be having one's lunch/dinner; **am** [*o geh* **bei**] [*o geh* **zu**] ~ **sitzen** to sit at the table; **bei** ~ (*geh*) at the table; **vor/nach** ~ (*geh*) before/after the meal; **zu ~!** (*geh*) lunch/dinner is served
❷ (*an einem Tisch sitzende Personen*) table
▸ WENDUNGEN: **am grünen ~, vom grünen ~ aus** in theory; **reinen ~ machen** to sort things out, to get things straight; **am runden ~** among equals; **jdn an einen ~ bringen** to get sb round [*or* AM around] the table; **unter den ~ fallen** (*fam*) to go by the board *fam;* **jdn unter den ~ trinken** [*o sl* **saufen**] to drink sb under the table *fam;* **vom ~ sein** to be cleared up; **vom ~ müssen** to need clearing up;

sich *akk* **[mit jdm] an einen ~ setzen** to get round the table [with sb]; **etw vom ~ wischen** to strike sth off the roll, to dismiss sth; **jdn über den ~ ziehen** (*fam*) to lead sb up the garden path *fam*

Tischbein *nt* table-leg **Tischcomputer** *m* desktop computer **Tischdame** *f fem form von* Tischherr **Tischdecke** *f* tablecloth **Tischende** *nt* end of a/the table; **am oberen/unteren ~ sitzen** to sit at the top/bottom of a/the table **tischfertig** *adj inv* KOCHK ready to serve **Tischfeuerzeug** *nt* table lighter **Tischfußball** *nt* table-top football **Tischgebet** *nt* grace **Tischgesellschaft** *f* dinner party **Tischgespräch** *nt* table talk **Tischgrill** *m* table-top [*or* portable] grill **Tischherr, -dame** *m, f* dinner partner **Tischkante** *f* table-edge **Tischkarte** *f* place card **Tischkreissäge** *f* table saw **Tischlampe** *f* table lamp

Tischler(in) <-s -> *m(f)* joiner, carpenter, cabinet maker

Tischlerei <-, -en> *f* joiner's [*or* carpenter's] workshop

Tischlerin <-, -nen> *f fem form von* **Tischler**

tischlern I. *vi* (*fam*) to do woodwork
II. *vt* (*fam*) ■**etw ~** to make sth

Tischlerplatte *f* wood core plywood **Tischlerwerkstatt** *f* joiner's [*or* carpenter's] workshop

Tischnachbar(in) <-n, -n> *m(f)* table partner, neighbour [at table] **Tischordnung** *f* seating plan **Tischplatte** *f* tabletop **Tischplotter** *m* INFORM plotter table **Tischrechner** *m* desk calculator **Tischrede** *f* after-dinner speech; **eine ~ halten** to hold an after-dinner speech **Tischsitte** *f* ❶ ■**~n** (*Manieren*) table manners *pl* ❷ (*Brauch*) custom [at table]

Tischtennis *nt* table tennis, Ping-Pong® *fam*

Tischtennisball *m* table-tennis ball **Tischtennisplatte** *f* table-tennis [*or fam* Ping-Pong®] table **Tischtennisschläger** *m* table-tennis [*or fam* Ping-Pong®] bat

Tischtuch <-tücher> *nt s.* **Tischdecke Tischwäsche** *f kein pl* table linen **Tischwein** *m* table wine

Titan¹ <-en, -en> *m* Titan

Titan² <-s> *nt kein pl* CHEM titanium

Titel <-s, -> *m* ❶ (*Überschrift*) heading; **laufender ~ in der Kopfzeile/Fußzeile** INFORM running header/footer
❷ (*Namenszusatz*) [academic] title
❸ (*Adels~*) title
❹ MEDIA ([*Name einer*] *Publikation*) title
❺ MUS (*Schlager*) song
❻ SPORT (*sportlicher Rang*) title
❼ JUR (*vollstreckbarer Rechtsanspruch*) section, title, enforceable instrument; **vollstreckbarer ~** enforceable legal document; **einen ~ erwirken** to obtain judgment

Titelanwärter(in) <-s, -> *m(f)* contender for the title **Titelbild** *nt* cover [picture] **Titelblatt** *nt* ❶ (*Buchseite mit dem Titel*) title page ❷ (*einer Zeitung*) front page; *Zeitschrift* cover **Titelbogen** *m* (*Buch*) preliminary page, prelims *pl*

Titelei <-, -en> *f* (*Buch*) preliminary matter

Titelhalter(in) <-s, -> *m(f)* titleholder **Titelheld(in)** *m(f)* eponymous hero *masc,* eponymous heroine *fem liter* **Titelkampf** *m* title fight

titeln *vt* ■**etw ~** to headline sth

Titelrolle *f* title role **Titelschutz** *m* JUR copyright, protection of title **Titelseite** *f* front page; (*einer Zeitschrift*) cover **Titelstück** *nt* MUS title-track **Titelträger(in)** *m(f)* title bearer **Titelverteidiger(in)** *m(f)* title holder **Titelvorspann** *m* opening title [*or* credit]

Titte <-, -n> *f* (*derb*) tit *sl,* boob *fam*

Titularprokura *f* nominal power of attorney **Titularrang** *m* nominal rank

titulieren* *vt* (*geh*) ■**jdn irgendwie ~** to call sb sth; ■**jdn als etw** [*o* **mit etw** *dat*] **~** to address sb as sth

tja *interj* well

TNT *nt Abk von* **Trinitrotoluol** TNT

Toast¹ <-[e]s, -e> *m* ❶ *kein pl* (*Toastbrot*) toast
❷ (*Scheibe Toastbrot*) ■**ein ~** a slice [*or* piece] of toast

Toast² <-[e]s, -e> *m* toast; **einen ~ auf jdn/etw ausbringen** to propose a toast to sb/sth

Toastbrot *nt* toasting bread

toasten¹ *vt* ■**etw ~** to toast sth

toasten² *vi* (*geh*) ■**[auf jdn/etw] ~** to toast [to sb/sth]

Toaster <-s, -> *m* toaster

Tobak *m* ► WENDUNGEN: **das ist starker ~!** (*veraltend fam*) that's a bit much! *fam; s. a.* **Anno**

toben *vi* ❶ *haben* (*wüten*) ■**[vor etw** *dat*] **~** to be raging [*or* to go wild] [with sth]; **wie ein Wilder/wie eine Wilde ~** to go berserk
❷ *haben* (*ausgelassen spielen*) to romp [around [*or* about]]
❸ *sein* (*fam: sich ausgelassen fortbewegen*) ■**irgendwohin ~** to romp somewhere

Tobsucht *f kein pl* rage, raving madness *no pl*

tobsüchtig *adj* raving mad, maniacal

Tobsuchtsanfall *m* (*fam*) fit of rage, raving madness; **einen ~ bekommen/haben** to blow one's top *fam,* to go through/have a tantrum

Tochter <-, Töchter> *f* ❶ (*weibliches Kind*) daughter; **die ~ des Hauses** (*geh*) the young lady of the house *form*
❷ ÖKON (*Tochterfirma*) subsidiary; **Töchter der Großbanken** subsidiaries of the big three

Töchterchen <-s, -> *nt dim von* **Tochter 1** little daughter

Tochterfirma *f s.* **Tochtergesellschaft Tochtergeschwulst** *f* MED secondary growth **Tochtergesellschaft** *f* subsidiary [firm [*or* company]] **Tochtergesellschafter** *m* HANDEL partner in a subsidiary partnership **Tochterplatine** *f* INFORM daughterboard **Tochterunternehmen** *nt* HANDEL subsidiary, allied company **Tochterzelle** *f* secondary cell

Tod <-[e]s, -e> *m* (*Lebensende*) death; ■**der ~** (*liter*) Death, the Grim Reaper *liter;* ■**~ durch etw** *akk* death by sth; **~ durch Erschießen** execution by firing squad; **~ durch Ertrinken** death by drowning; **~ durch Fahrlässigkeit** negligent homicide; **~ durch Unfall** accidental death; **von ~es wegen** on account of death; **eines friedlichen ~es sterben** to die a peaceful death; **etw mit dem ~e bezahlen** (*geh*) to pay for sth with one's life; **jdn ereilt der ~** (*geh*) sb is overtaken by death; **den ~ finden** (*geh*) to meet one's death, to perish; **jdm in den ~ folgen** (*geh*) to follow sb to the grave; **[für jdn/etw] in den ~ gehen** (*geh*) to die [for sb]; **bis dass der ~ uns scheidet** 'til death do us part; **des ~es sein** (*geh*) to be doomed; **bis in den ~** until death
► WENDUNGEN: **jdn/etw auf den ~ nicht ausstehen können** [*o* **leiden**] (*fam*) to be unable to stand sb/sth *fam;* **sich** *dat* **den ~ holen** (*fam*) to catch one's death [of cold] *fam;* **sich** *akk* **zu ~e langweilen** to be bored to death; **sich** *akk* **zu ~e schämen** to be utterly ashamed; **zu ~e betrübt sein** to be deeply despaired; *s. a.* **Kind, Leben**

todbringend *adj inv* deadly, lethal **todernst I.** *adj* deadly [*or* absolutely] serious **II.** *adv* in a deadly serious manner, dead earnest

Todesangst *f* ❶ (*fam: entsetzliche Angst*) mortal fear; **Todesängste ausstehen** (*fam*) to be scared to death, to be frightened out of one's wits ❷ (*Angst vor dem Sterben*) fear of death **Todesanzeige** *f* MEDIA obituary **Todesdrohung** *f* death threat; **gegen jdn eine ~ aussprechen** to threaten sb with death **Todeserklärung** *f* [official] declaration of death **Todesfall** *m* death **Todesfalle** *f* death-trap **Todesgefahr** *f* mortal danger **Todeskampf** *m* death throes **Todeskandidat(in)** *m(f)* doomed man, goner *sl* **Todeskommando** *nt* death squad **Todeslager** *nt* death camp **todesmutig I.** *adj* [completely] fearless **II.** *adv* fearlessly **Todesopfer** *nt* casualty; **die Zahl der ~** the death toll **Todesschuss**[RR] *m* ■**der/ein ~ auf jdn** the fatal shot which killed sb; **gezielter ~** JUR shot to kill **Todesschütze, -schützin** *m, f* assassin **Todesschwadron** *f* death squad **Todesstoß** *m* deathblow; **jdm den ~ versetzen** to deal sb the deathblow; **etw** *dat* **den ~ versetzen** (*fig*) to deal the deathblow to sth *fig* **Todesstrafe** *f* death penalty; **auf etw** *akk* **steht die ~** sth is punishable by death **Todesstunde** *f* hour of death **Todestag** *m* anniversary [*or* day] of sb's death **Todestrakt** *m* ■**der ~** death row; **im ~ sitzen** to be on death row **Todestrieb** *m* PSYCH death wish **Todesursache** *f* cause of death **Todesurteil** *nt* death sentence; **jds ~ bedeuten** to be sb's sure death; **das ~ fällen** to pass the death sentence **Todesverachtung** *f* ❶ (*Furchtlosigkeit*) fearlessness, defiance of death ❷ (*fam: starke Abneigung*) disgust; **mit ~** (*fam*) with complete and utter disgust *fam* **Todeswillige(r)** *f(m) dekl wie adj* terminally ill patient who wants to die **Todeszelle** *f* death cell

Todfeind(in) *m(f)* deadly [*or* mortal] enemy **todgeweiht** *adj* (*geh*) doomed **todkrank** *adj* terminally ill **todlangweilig** *adj inv* deadly boring

tödlich I. *adj* ❶ (*den Tod verursachend*) deadly; **~es Gift** lethal [*or* deadly] poison; **~e Dosis** lethal [*or* deadly] dose
❷ (*lebensgefährlich*) mortal, deadly
❸ (*fam: absolut*) deadly; ***das ist mein ~er Ernst*** I'm deadly [*or* absolutely] serious
❹ (*fam: fatal*) fatal
II. *adv* ❶ (*mit dem Tod als Folge*) **~ verunglücken** to be killed in an accident; **~ abstürzen** to fall to one's death
❷ (*fam: entsetzlich*) **sich** *akk* **~ langweilen** to be bored to death; **jdm ist ~ übel** sb feels horribly [*or* BRIT *fam* dead] sick

todmüde *adj* (*fam*) dead tired *fam* **todschick** *adj* (*fam*) dead smart BRIT *fam,* snazzy *fam* **todsicher I.** *adj* (*fam*) dead certain [*or fam* sure]; **eine ~e Methode** a sure-fire Method *fam* **II.** *adv* (*fam*) for sure *fam* **Todsünde** *f* deadly [*or* mortal] sin **todunglücklich** *adj* (*fam*) deeply [*or* dreadfully] unhappy

Tofu *m* tofu

Toga <-, Togen> *f* toga

Togo <-s> *nt* Togo; *s. a.* **Deutschland**

Togoer(in) <-s, -> *m(f)* Togolese; *s. a.* **Deutsche(r)**

togoisch *adj* Togolese; *s. a.* **deutsch**

Togolese, Togolesin <-n, -n> *m, f s.* **Togoer**

Tohuwabohu <-[s], -s> *nt* chaos

Toilette <-, -n> *f* toilet, loo BRIT *fam;* ***ich muss mal auf die ~*** I need to go to the toilet [*or fam* loo]; **öffentliche ~** public toilet

Toilettenartikel *pl* toiletries *pl* **Toilettenbürste** *f* toilet [*or* lavatory] brush **Toilettengarnitur** *f* toilet [*or* bathroom] set **Toilettenmann, -frau** *m, f* toilet attendant **Toilettenpapier** *nt* toilet paper **Toilettenseife** *f* toilet soap **Toilettensitz** *f* toilet [*or* lavatory] seat **Toilettentisch** *m* dressing table

toi, toi, toi *interj* (*fam*) ❶ (*ich drücke die Daumen*) good luck, I'll keep my fingers crossed ❷ (*hoffentlich auch weiterhin*) touch [*or* AM knock on] wood

Token <-s, -> ['toʊkən] *m* INFORM token

Tokio <-s> *nt* Tokyo

Tokioter *adj attr* Tokyo

Töle <-, -n> *f* DIAL (*fam*) mutt *fam*

tolerant *adj* tolerant; ■**~ [gegen jdn** [*o* **gegenüber jdm**]] **sein** to be tolerant [of [*or* towards] sb]

Toleranz¹ <-> *f kein pl* (*geh*) tolerance; ■**jds ~ gegen jdn** [*o* **gegenüber jdm**] sb's tolerance of [*or* towards] sb

Toleranz² <-, -en> *f* SCI tolerance

Toleranzgrenze *f* TECH tolerance limit; **obere/untere ~** upper/lower tolerance limit **Toleranzklausel** *f* JUR minor merger [*or* deviation] clause

tolerieren* *vt* (*geh*) ■**etw ~** to tolerate sth; ■**~, dass jd etw tut** to tolerate, that sb does sth

toll I. *adj* (*fam*) great *fam,* fantastic, terrific
II. *adv* ❶ (*wild*) wild, crazy; **irgendwo geht es ~ zu** things are pretty wild somewhere *fam;* ***ihr treibt es manchmal wirklich zu ~!*** you really go too far sometimes!

❷ (*fam: sehr gut*) very well
Tolle <-, -n> *f* quiff
tollen *vi* ❶ *haben* (*umhertoben*) to romp around [*or* about]
❷ *sein* (*ausgelassen laufen*) to charge about
Tollkirsche *f* deadly nightshade, belladonna **tollkühn** *adj* daring, daredevil *attr* **Tollkühnheit** *f kein pl* daring *no pl*
TollpatschRR <-es, -e> *m* (*fam*) clumsy fool *fam*
tollpatschigRR **I.** *adj* clumsy **II.** *adv* **sich** *akk* ~ **anstellen** to act clumsily **Tollwut** *f* rabies **tollwütig** *adj* ▪ ~ **sein** ❶ ZOOL (*von Tollwut befallen*) to be rabid, to have rabies ❷ (*rasend*) to be raving mad
Tolpatsch <-es, -e> *m s.* **Tollpatsch**
tolpatschig *adj, adv s.* **tollpatschig**
Tölpel <-s, -> *m* (*fam*) fool
tölpelhaft I. *adj* silly
II. *adv* foolishly
Tomate <-, -n> *f* (*Frucht o Strauch*) tomato
▶ WENDUNGEN: **~n auf den Augen haben** (*fam*) to be blind; **du treulose ~!** (*fam*) you're a fine friend! *iron*
TomatenketschupRR *nt*, **Tomatenketchup** *nt* [tomato] ketchup [*or* AM *a.* catsup] **Tomatenmark** *nt* tomato puree **Tomatensaft** *m* tomato juice **Tomatensalat** *m* tomato salad **Tomatensauce, Tomatensoße** *f* tomato sauce **Tomatensuppe** *f* tomato soup
Tombola <-, -s *o* Tombolen> *f* raffle
Tomograph <-en, -en> *m*, **Tomograf**RR <-en, -en> *m* tomograph
Tomographie <-, -n> *f*, **Tomografie**RR <-, -n> *f* tomography
Ton[1] <-[e]s, -e> *m* clay
Ton[2] <-[e]s, Töne> *m* ❶ (*hörbare Schwingung*) sound; **halber/ganzer ~** MUS semitone/tone
❷ FILM, RADIO, TV (*Laut*) sound
❸ (*fam: Wort*) sound; ***ich will keinen ~ mehr hören!*** not another sound!; **große Töne spucken** (*sl*) to brag about *fam;* **keinen ~ herausbringen** [*o* **hervorbringen**] to not be able to utter a word; **keinen ~ sagen** [*o* **von sich** *dat* **geben**] (*geh*) to not utter a sound
❹ (*Tonfall*) tone; **einen ~ am Leibe haben** (*fam*) to be [very] rude; **einen schärferen/vorsichtigeren ~ anschlagen** to strike a harsher/softer note; **einen anderen ~ anschlagen** to change one's tune; **sich** *dat* **diesen ~ verbitten** to not be spoken to like that; ***ich verbitte mir diesen ~!*** I will not be spoken to like that!
❺ (*Farb~*) shade, tone; **~ in ~** tone in tone
▶ WENDUNGEN: **der ~ macht die Musik** (*prov*) it's not what you say but the way you say it; **der gute ~** etiquette; **jdn/etw in den höchsten Tönen loben** (*fam*) to praise sb/sth to the skies; **den ~ angeben** to set the tone; **hast du Töne!** (*fam*) you're not serious! *fam*
tonangebend *adj* setting the tone *pred;* ▪ ~ **sein** to set the tone
Tonarchiv *nt* sound archives *pl* **Tonarm** *m* pick-up arm **Tonarmlift** *m* pick-up arm (*on a record player*) **Tonart** *f* ❶ MUS key ❷ (*Typ von Ton*[1]) type of clay **Tonaufnahme** *f* sound recording **Tonband** <-bänder> *nt* tape; **digitales ~** digital audiotape, DAT; **etw auf ~ aufnehmen** to tape sth **Tonbandaufnahme** *f* tape recording; **eine ~ [von etw** *dat*] **machen** to record [sth] on tape **Tonbandgerät** *nt* tape recorder
Tonen <-s> *nt kein pl* TYPO scumming
tönen[1] *vi* ❶ (*klingen*) to sound, to ring
❷ (*großspurig reden*) to boast
tönen[2] *vt* ▪ **etw** ~ to tint sth; [**sich** *dat*] **die Haare ~** to colour [*or* AM -or] [one's] hair; ▪ **getönt** tinted; (*Haar*) coloured [*or* AM -ored]
Toner <-s, -> *m* toner
Tonerde *f kein pl* alumina, aluminium [*or* AM aluminum] oxide; **essigsaure ~** aluminium acetate
tönern *adj attr* clay; *s. a.* **Fuß**
Tonerpatrone *f* toner cartridge
Tonfall *m* tone of voice, intonation **Tonfilm** *m* sound film **Tonfolge** *f* sequence of notes
Tonga <-s> *nt* Tonga; *s. a.* **Sylt**
Tongaer(in) <-s, -> *m(f)* Tongan; *s. a.* **Deutsche(r)**
tongaisch *adj* Tongan; *s. a.* **deutsch**
Tongefäß <-es, -e> *nt* earthenware vessel **Tongeschirr** *nt* earthenware **Tonhöhe** *f* pitch
Tonic <-[s], -s> ['tɔnɪk] *nt* tonic, pick-me-up
Tonicwater <-[s], -> ['tɔnɪkwɔːtə] *nt* tonic water
Tonikum <-s, Tonika> *nt* tonic
tonisieren* *vt* ▪ **etw** ~ to tonicize sth
Tonkamera *f* FILM sound camera **Tonkopf** *m* recording head **Tonkrug** *m* earthenware jug **Tonlage** *f* pitch **Tonleiter** *f* scale **tonlos** *adj* flat
Tonnage <-, -n> *f* tonnage
Tonnagesteuer *f* NAUT tonnage tax
Tonne <-, -n> *f* ❶ (*zylindrischer Behälter*) barrel, cask
❷ (*Müll~*) bin BRIT, AM *usu* can; **gelbe ~** recycling bin for plastic; **grüne ~** recycling bin for paper
❸ (*Gewichtseinheit*) ton
❹ NAUT (*Bruttoregister~*) [register] ton
❺ NAUT (*zylindrische Boje*) buoy
❻ (*fam: fetter Mensch*) fatty *fam*
▶ WENDUNGEN: **etw in die ~ treten** [**können**] (*sl*) to kiss sth goodbye *sl*
Tonnengewölbe *nt* ARCHIT barrel vaulting
Tonregler *m* sound control **Tonsignal** *nt* TELEK dial tone **Tonspur** *f s.* **Tonstreifen Tonstörung** *f* sound interference **Tonstreifen** *m* soundtrack
Tonsur <-, -en> *f* tonsure
Tontaube *f* clay pigeon **Tontaubenschießen** *nt* clay pigeon shooting
Tontechniker(in) *m(f)* sound technician **Tonträger** *m* sound carrier
Tönung <-, -en> *f* ❶ (*das Tönen*) tinting
❷ (*Produkt für Haare*) hair colour [*or* AM -or]
❸ (*Farbton*) shade, shading
Tonverarbeitung *f* sound processing **Tonwert** *m* (*Repro*) tonal [*or* tone] value **tonwertrichtig** *adj inv* with correct tonal value **Tonwiedergabe** *f* sound playback
Tool <-s, -s> [tuːl] *nt* INFORM tool
top- *in Komposita* top
Top <-s, -s> *nt* top
Topagent(in) <-en, -en> *m(f)* top agent
topaktuell *adj inv* completely up-to-date
Topas <-es, -e> *m* topaz
Topf <-[e]s, Töpfe> *m* ❶ (*Koch~*) pot, sauce pan
❷ (*Nacht~*) potty *fam*, bedpan
❸ (*sl: Toilette*) loo BRIT *fam*, can AM *sl*
❹ (*~ für Kleinkinder*) potty *fam;* **auf den ~ gehen** to use the potty
▶ WENDUNGEN: **alles in einen ~ werfen** to lump everything together
Topfahrer(in) *m(f)* SPORT top racer
Topfblume *f* potted flower
Töpfchen <-s, -> *nt dim von* **Topf** ❶ (*kleiner Kochtopf*) small pot [*or* [sauce] pan]
❷ HORT (*kleiner Blumentopf*) small pot
❸ (*Toilettentopf für Kinder*) potty *fam*
Topfen <-s, -> *m* SÜDD, ÖSTERR quark (*soft cheese made from skimmed milk*)
Töpfer(in) <-s, -> *m(f)* potter
Töpferei <-, -en> *f* pottery
Töpferin <-, -nen> *f fem form von* **Töpfer**
töpfern I. *vi* to do pottery
II. *vt* ▪ **etw** ~ to make sth from clay
Töpferscheibe *f* potter's wheel **Töpferwaren** *pl* pottery
Topfgucker *m* ❶ (*hum*) *person who looks into pots to see what is up for dinner*
❷ (*pej: neugieriger Mensch*) nosey parker
topfit *adj* (*fam*) ▪ ~ **sein** to be as fit as a fiddle [*or* in top form]
Topfkuchen *m s.* **Napfkuchen Topflappen** *m* ovencloth BRIT, pot holder AM **Topfpflanze** *f* potted plant, pot plant BRIT **Topfuntersetzer** *m* pot mat
Topmanagement *nt kein pl* ADMIN top management **Topmanager(in)** *m(f)* top manager **topmodisch** *adj inv* fashionable
Topographie <-, -n> *f*, **Topografie**RR <-, -n> *f* topography
topographisch *adj*, **topografisch**RR *adj* topographic[al]
Topologie <-> *f kein pl* MATH topology
toppen *vt* (*sl*) ▪ **jdn/etw** ~ to top sb/sth
Topspin <-s, -s> *m* SPORT (*im Tennis*) topspin
Tor <-[e]s, -e> *nt* ❶ (*breite Tür*) gate; *Garage* door; **seine ~e schließen** (*fig fam*) to close its gates for the last time
❷ ARCHIT (*Torbau*) gateway
❸ SPORT goal; **es fällt ein ~** a goal is scored; **ein ~ schießen** to score [*or* shoot] a goal; **im ~ stehen** to be goalkeeper
❹ SKI (*Durchgang*) gate
Tor, Törin <-en, -en> *m, f* (*veraltend geh*) fool
Torbogen *m* archway **Toreinfahrt** *f* entrance gate, gateway
Torero <-[s], -s> *m* torero **Tor(es)schluss**RR *m* ▶ WENDUNGEN: **kurz vor ~** at the eleventh hour [*or* last minute]
Torf <-[e]s, -e> *m* peat; **~ stechen** to cut peat
Torfboden *m* peat **Torfgewinnung** *f* peat-harvesting
torfig *adj* peaty
Torflügel *m* gate (*one of a double gate*)
Torfmoor *nt* peat bog **Torfmoos** *nt* sphagnum [moss] **Torfmull** *m* garden peat
Torfrau *fem von* **Tormann**
Torheit <-, -en> *f* (*geh*) ❶ *kein pl* (*Unvernunft*) foolishness, folly
❷ (*unvernünftige Handlung*) foolish action
Torhüter(in) *m(f) s.* **Torwart**
töricht I. *adj* (*geh*) foolish, unwise
II. *adv* (*geh*) foolishly
törichterweise *adv* (*geh*) stupidly, foolishly
Törin <-, -nen> *f fem form von* **Tor**
Torjäger *m* [on form] striker [*or* goalscorer]
torkeln *vi sein* ❶ (*taumeln*) to reel
❷ (*irgendwohin taumeln*) to stagger; ***er torkelte aus der Kneipe auf die Straße*** he staggered out of the bar onto the street
Torlinie *f* goal-line
Törn <-s, -s> *m* NAUT cruise
Tornado <-s, -s> *m* tornado, AM *a.* twister
Tornister <-s, -> *m* ❶ MIL knapsack
❷ DIAL (*Schulranzen*) satchel
torpedieren* *vt* ▪ **etw** ~ ❶ NAUT (*mit Torpedos beschießen*) to torpedo sth
❷ (*geh: zu Fall bringen*) to sabotage sth
Torpedo <-s, -s> *m* torpedo
Torpedoboot *nt* torpedo-boat
Torpfosten *m* goalpost
Torraum *m* goal-mouth **Torschluss**RR <-schlusses> *m kein pl* last minute **Torschlusspanik**RR *f* (*fam*) **~ haben** to be afraid of missing the boat, BRIT to be left on the shelf *fam* **Torschuss**RR *m* FBALL [shot at] goal **Torschütze, -schützin** *m, f* scorer
Torsion <-, -en> *f* torsion
Torsionsstab *m* AUTO torsion bar
Torso <-s, -s *o* Torsi> *m* ❶ KUNST (*Statue ohne Gliedmaßen*) torso
❷ (*geh: unvollständiges Ganzes*) skeleton
❸ (*menschlicher Rumpf*) torso
Törtchen <-s, -> *nt dim von* **Torte** [small] tart, tartlet BRIT
Torte <-, -n> *f* gâteau, [fancy] cake; (*Obstkuchen*) flan
Tortenbelag *m* flan topping **Tortenboden** *m* flan case, base **Tortendiagramm** *nt* pie chart **Tortenguss**RR *m* glaze **Tortenheber** <-s, -> *m* cake slice **Tortenplatte** *f* cake plate
Tortur <-, -en> *f* (*geh*) torture
Torverhältnis *nt* score **Torwart(in)** *m(f)* goalkeeper, goalie *fam* **Torweg** *m* gateway
tosen *vi* ❶ *haben* (*brausen*) to roar; *Wasserfall* to foam; *Sturm* to rage
❷ *sein* (*sich brausend bewegen*) to roar, to foam; *Sturm* to rage
tosend *adj* thunderous, raging; ***~er Beifall ertönte***

there was a thunderous applause
Toskana <-> *f* Tuscany
tot *adj* ① (*gestorben*) dead; ~ **geboren werden** to be stillborn; **sich ~ stellen** to play dead, to feign death; ~ **umfallen** to drop dead; ~ **zusammenbrechen** to collapse and die
② (*abgestorben*) dead
③ (*nicht mehr genutzt*) disused
④ (*fam: völlig erschöpft*) dead *fam,* beat *fam,* whacked BRIT *fam;* **mehr ~ als lebendig** (*fam*) more dead than alive
⑤ AUTO **~er Winkel** blind spot
► WENDUNGEN: **für jdn ~ sein** to be dead as far as sb is concerned; **ich will ~ umfallen[, wenn das nicht wahr ist]** (*fam*) cross my heart and hope to die[, if it isn't true] *fam; s. a.* **Briefkasten, Flussarm, Gleis, Kapital, Meer, Punkt, Rennen, Sprache, Winkel**
total *adj* total, complete
Totalausfall *m* catastrophic failure **Totalentnahme** *f* FIN total withdrawal **Totalgewinn** *m* FIN total profit
totalitär I. *adj* totalitarian
II. *adv* in a totalitarian manner
Totalitarismus <-> *m kein pl* totalitarianism *no pl*
Totalität <-, -en> *f* ① PHILOS entirety
② POL totality
Totaloperation *f* extirpation; *Gebärmutter* hysterectomy; *Brust* masectomy **Totalschaden** *m* write-off **Totalverlust** *m* total loss
tot|arbeiten *vr* (*fam*) ■**sich ~** to work oneself to death **tot|ärgern** *vr* (*fam*) ■**sich** *akk* **[über jdn/etw] ~** to be/become livid [about sb/sth], to get really annoyed [about sb/sth] *fam,* to be hopping mad [about sb/sth] *fam*
Tote(r) *f(m) dekl wie adj* (*toter Mensch*) dead person, dead man/woman, [dead] body; (*Todesopfer*) fatality
Totem <-s, -s> *nt* totem
Totempfahl *m* totem pole
töten *vt* ■**jdn/etw ~** to kill sb/sth; *s. a.* **Blick, Nerv**
Totenbett *nt s.* Sterbebett **totenblass^RR^** *adj s.* leichenblass **Totenblässe** *f s.* Leichenblässe **totenbleich** *adj s.* leichenblass **Totenfeier** *f* funeral [*or* burial] ceremony **Totenglocke** *f* knell, death bell **Totengräber** <-s, -> *m* ZOOL burying [*or* sexton] beetle **Totengräber(in)** <-s, -> *m(f)* gravedigger **Totenhemd** *nt* shroud **Totenkopf** *m* ① ANAT (*Knochenschädel*) skull ② (*Zeichen*) skull and crossbones, death's head **Totenmaske** *f* death mask **Totenmesse** *f* requiem mass **Totenschädel** *m s.* Totenkopf 1 **Totenschein** *m* death certificate **Totensonntag** *m protestant church holiday on the last Sunday of the church year commemorating the dead* **Totenstarre** *f* rigor mortis **totenstill** *adj* ■**es/alles ist ~** it/everything is deadly silent [*or* quiet] **Totenstille** *f* dead[ly] silence **Totentanz** *m* dance of death **Totenwache** *f* **die ~ halten** to hold the wake
tot|fahren *irreg vt* (*fam*) ■**jdn/etw ~** to run over and kill sb/sth *fam* **Totgeburt** *f* stillbirth **Totgeglaubte(r)** *f(m) dekl wie adj* person believed to be dead **tot|gehen** *vi irreg sein bes* NORDD (*fam*) to die **Totgesagte(r)** *f(m) dekl wie adj* person declared dead
totipotent *adj inv* BIOL fully viable **tot|kriegen** *vt* (*fam*) **jd ist nicht totzukriegen** you can't get the better of sb; (*äußerst strapazierfähig*) sb can go on for ever **tot|lachen** *vr* (*fam*) ■**sich** *akk* **[über etw/jdn] ~** to kill oneself laughing [about sth/sb] *fam,* to split one's sides laughing [about sth/sb]; **zum T~ sein** to be too funny for words, to be dead funny *fam* **tot|laufen** *vr irreg* (*fam*) ■**sich ~** to peter away [*or* out] **tot|machen I.** *vt* (*fam*) ■**jdn/etw ~** to kill sb/sth **II.** *vr* (*fam*) ■**sich** *akk* **[für jdn/bei etw** *dat*] ~ to bend over backwards [for sb/sth] *fam,* to go out of one's way [for sb/sth] *fam*
Toto <-s, -s> *nt o m* pools *npl* BRIT, pool AM; **[im] ~ spielen** to do the pools BRIT, to be in a [football] pool AM
Totoschein *m* pool[BRIT -s] ticket
Totpunkt *m* TECH dead centre [*or* AM -er]
tot|sagen *vt* ■**jdn/etw ~** to declare sb/sth as dead **tot|schießen** *vt irreg* (*fam*) ■**jdn/etw ~** to shoot sb/sth dead **Totschlag** *m kein pl* JUR manslaughter *no pl* **tot|schlagen** *vt irreg* (*fam*) ■**jdn/etw ~** to beat sb/sth to death; **du kannst mich ~, [aber] ..., ..., und wenn du mich totschlägst** (*fig fam*) for the life of me ..., ... for the life of me *fam* **Totschläger** *m* cosh BRIT, blackjack AM **Totschläger(in)** *m(f)* JUR person convicted of manslaughter **tot|schweigen** *vt irreg* ① (*über etw nicht sprechen*) ■**etw ~** to hush up sth; ■**totgeschwiegen** hushed-up ② (*über jdn nicht sprechen*) ■**jdn ~** to keep quiet about sb **Tottaste** *f* INFORM dead key **tot|treten** *vt irreg* ■**jdn ~** to trample sb to death
Tötung <-, *selten* -en> *f* killing; JUR *a.* homicide; ~ **auf Verlangen** assisted suicide, euthanasia; **fahrlässige ~** negligent homicide, culpable manslaughter; **vorsätzliche ~** wilful homicide
Tötungsabsicht *f* JUR intention to kill
Totzeit *f* INFORM dead time
Touch <-s, -s> *m* touch
tough [tʌf] *adj* (*sl*) tough; ***sie war permanent bemüht, ~ zu wirken*** she was always trying to act hard *sl*
Toupet <-s, -s> *nt* toupée
toupieren* *vt* ■**jdm/sich die Haare ~** to backcomb sb's/one's hair
Toupierkamm [tu'piːɐ̯-] *m* teaser comb
Tour <-, -en> [tuːɐ̯] *f* ① (*Geschäftsfahrt*) trip; **auf ~ gehen** (*fam*) to go away on a trip, to take to the road *fam;* **auf ~ sein** (*fam*) to be away on a trip, to be on the road *fam*
② TOURIST (*Ausflugsfahrt*) tour, outing, excursion; **eine ~/~en machen** to go on a tour [*or* outing]/tours [*or* outings]
③ TECH (*Umdrehung*) revolution; **auf ~en kommen** to reach top speed; **auf vollen ~en** at top speed
④ (*fam: Vorhaben*) ploy, wheeling and dealing *fam;* **auf die langsame ~** slowly, in a slow way; **jdm auf die dumme/linke ~ kommen** to try to cheat sb; ***sie versucht es immer auf die krumme ~*** she always tries to wheel and deal
► WENDUNGEN: **jdn auf ~en bringen** (*fam*) to get sb going *fam;* (*jdn wütend machen*) to get sb worked up *fam;* **auf ~en kommen** (*fam*) to get into top gear; (*wütend werden*) to get worked up; **in einer ~** (*fam*) non-stop *fam*
Tour de France <-> [turdəfrãs] *f kein pl* SPORT ■**die ~** the Tour de France
touren [tuːrən] *vi* to [be [*or* go] on] tour
Tourenrad [tuːrən-] *nt* tourer **Tourenski** *m* cross country ski **Tourenwagenmeisterschaft** *f* SPORT touring car championship **Tourenzahl** *f* number of revolutions **Tourenzähler** *m* revolution counter
Touri <-s, -s> *m* (*pej fam*) [mass] tourist
Tourismus <-> *m kein pl* tourism *no pl;* **sanfter ~** eco-tourism
Tourismusbranche *f,* **Tourismusgewerbe** *nt* tourist industry [*or* trade]
Tourist(in) <-en, -en> *m(f)* tourist
Touristenführer(in) <-s, -> *m(f)* tourist guide **Touristenklasse** *f* tourist class **Touristenverkehr** *m* tourist traffic, tourism **Touristenvisum** *nt* tourist visa **Touristenzentrum** *nt* tourist centre [*or* AM -er]
Touristik <-> *f kein pl* tourism *no pl,* tourist industry
Touristikunternehmen *nt* tourist company
Touristin <-, -nen> *f fem form von* **Tourist**
touristisch *adj inv* touristic *attr*
Tournee <-, -n *o* -s> *f* tour; **auf ~ gehen, eine ~ machen** to go on tour; **auf ~ sein** to be on tour
Tower <-s, -> *m* control tower
Toxikologe, -login <-n, -n> *m, f* toxicologist
Toxikologie <-> *f kein pl* toxicology
Toxikologin <-, -nen> *f fem form von* **Toxikologe**
toxikologisch *adj* toxicological
toxisch *adj* toxic
Toxoplasmose <-, -n> *f* MED toxoplasmosis
TPI *f* INFORM *Abk von* **tracks per inch** TPI
Trab <-[e]s> *m kein pl* (*Gangart*) trot; **im ~** at a trot
► WENDUNGEN: **jdn auf ~ bringen** (*fam*) to make sb get a move on *fam;* **jdn in ~ halten** (*fam*) to keep sb on the go *fam;* **auf ~ kommen** (*fam*) to get a move on *fam;* **auf ~ sein** (*fam*) to be on the go *fam;* **sich** *akk* **in ~ setzen** (*fam*) to get cracking *fam*
Trabant <-en, -en> *m* satellite
Trabantenstadt *f* satellite town
traben *vi* ① *haben o sein* (*im Trab laufen o reiten*) to trot
② *sein* (*sich im Trab irgendwohin bewegen*) to trot
Traber <-s, -> *m* trotter
Trabrennbahn *f* trotting course **Trabrennen** *nt* trotting race
Tracht <-, -en> *f* ① (*Volks~*) [traditional [*or* national]] costume
② (*Berufskleidung*) garb, dress, uniform
► WENDUNGEN: **eine ~ Prügel** (*fam*) a thrashing *fam,* a good hiding *fam*
Trachten *pl von* **Tracht**
trachten *vi* (*geh*) ■**nach etw** *dat* ~ to strive for [*or* after] sth; ■**danach ~, etw zu tun** to strive to do sth; *s. a.* **Leben**
Trachtenjacke *f* traditionally styled woollen jacket **Trachtenkostüm** *nt* traditional costume
trächtig *adj* ZOOL pregnant
Trackball <-s, -s> ['trækbɔːl] *m* trackball
Trader <-s, -> ['treɪdɐ] *m* trader
tradieren* *vt* (*geh*) ■**etw ~** to hand down sth *sep*
Tradition <-, -en> *f* tradition; **[bei jdm] ~ haben** to be a tradition [with sb]; **aus ~** traditionally, by tradition
Traditionalismus <-> *m kein pl* traditionalism
Traditionalist(in) <-en, -en> *m(f)* traditionalist
traditionell *adj meist attr* traditional
traditionsbewusst^RR^ *adj* traditional; ■**~ sein** to be conscious of tradition **traditionsgemäß** *adv* traditionally **Traditionspapier** *nt* JUR negotiable document of title **traditionsreich** *adj* rich in tradition
traf *imp von* **treffen**
Trafik <-, -en> *f* ÖSTERR tobacconist's [shop], tobacco shop
Trafikant(in) <-en, -en> *m(f)* ÖSTERR tobacconist
Trafo <-[s], -s> *m kurz für* **Transformator** ELEK (*fam*) transformer
Tragbahre *f* stretcher
tragbar *adj* ① (*portabel konstruiert*) portable; *Computer* hand-held
② (*akzeptabel*) acceptable
Trage <-, -n> *f* stretcher
träge I. *adj* ① (*schwerfällig*) lethargic; (*faul und schlapp*) sluggish; **jdn ~ machen** to make sb lethargic [*or* sluggish]
② ÖKON sluggish, dull; **~r Markt** sluggish market
③ PHYS, CHEM (*im Zustand der Trägheit befindlich*) inert
II. *adv* lethargically, sluggishly
Tragegurt *m* carrying strap **Tragekorb** *m* pannier, AM panier
tragen <trägt, trug, getragen> **I.** *vt* ① (*schleppen*) ■**jdn/etw ~** to carry [*or* take] sb/sth
② (*mit sich führen*) ■**etw bei sich ~** to carry [*or* have] sth on [*or* with] one; ***er trug eine Pistole bei sich*** he had a gun on him, he carried a gun
③ (*anhaben*) ■**etw ~** to wear sth
④ (*in bestimmter Weise frisiert sein*) ■**etw ~** to have sth; **einen Bart ~** to have a beard; **das Haar lang/kurz ~** to have long/short hair
⑤ (*stützen*) ■**etw ~** to support sth
⑥ AGR, HORT (*als Ertrag hervorbringen*) ■**etw ~** to produce sth, to bear sth; ***der Birnbaum trägt diesmal nur wenige Früchte*** the pear tree has only grown a few fruits this time
⑦ (*ertragen*) ■**etw ~** to bear sth; **Leid ~** to endure

T

suffering
❽ (*für etw aufkommen*) ■**etw** ~ to bear sth; **die Kosten** ~ to bear [*or* to carry] the costs; **Verlust** ~ to defray loss; **die Folgen/das Risiko** ~ to bear [*or* be responsible for] the consequences/risk
❾ (*versehen sein mit*) ■**etw** ~ to bear [*or* have] sth; ***er trägt einen Doktortitel*** he has a PhD
II. *vi* ❶ AGR, HORT (*als Ertrag haben*) to crop
❷ (*trächtig sein*) to be pregnant, to be with young
❸ (*das Begehen aushalten*) to withstand weight
❹ MODE (*in Kleidung bestimmten Sitzes gekleidet sein*) to wear; ***sie trägt lieber kurz*** she likes to wear short clothes
► WENDUNGEN: **an etw** *dat* **schwer zu ~ haben** to have a heavy cross to bear with sth; **zum T~ kommen** to come into effect
III. *vr* ❶ (*sich schleppen lassen*) **sich leicht/schwer** ~ to be light/heavy to carry
❷ MODE ■**sich** ~ to wear; ***die Hose trägt sich bequem*** the pants are comfortable
❸ (*geh: in Erwägung ziehen*) ■**sich mit etw** ~ to contemplate sth
❹ FIN (*sich allein unterhalten*) ■**sich** ~ to pay for itself
tragend *adj* ❶ ARCHIT, BAU, TECH (*stützend*) supportive; **~e Wand** bearing wall
❷ (*zugrunde liegend*) fundamental
Träger <-s, -> *m* ❶ *meist pl* MODE strap; *Hose* braces *npl* BRIT, suspenders *npl* AM
❷ BAU (*Stahl~*) girder
Träger(in) <-s, -> *m(f)* ❶ (*Lasten~*) porter
❷ (*Inhaber*) bearer
❸ ADMIN (*verantwortliche Körperschaft*) responsible body; JUR agency, legally and economically responsible body; ***die Kommunen sind die ~ der öffentlichen Schulen*** the local authorities are responsible for public schools; ~ **öffentlicher Gewalt** agencies in whom state power is vested
Trägergesellschaft *f* ÖKON, POL participating company (*in a job-creation scheme*) **Trägerhemd** *nt* sleeveless top **Trägerhemd** *nt* singlet **Trägerhose** *f* trousers *npl* with straps, pants *npl* with suspenders AM
Trägerin <-, -nen> *f fem form von* **Träger**
Trägerkleid *nt* pinafore dress **trägerlos** *adj inv* strapless **Trägerrakete** *f* carrier [*or* satellite launch] rocket **Trägerrock** *m* pinafore dress
Trägerschaft *f* maintenance
Trägertop *nt* pinafore top
Tragetasche *f* [carrier] bag
tragfähig *adj* BAU *Putz* non-crackling; (*fig*) able to take weight [*or* a load] **Tragfähigkeit** *f kein pl* load-bearing capacity **Tragfläche** *f* wing **Tragflächenboot** *nt* hydrofoil **Tragflügelboot** *nt* hydrofoil
Trägheit <-, *selten* -en> *f* ❶ (*Schwerfälligkeit*) sluggishness, lethargy; (*Faulheit*) laziness
❷ PHYS inertia
Trägheitsgesetz *nt kein pl* PHYS law of inertia **Trägheitsmoment** *nt* PHYS moment of inertia
Tragik <-> *f kein pl* tragedy; ■**die ~ einer S.** *gen* the tragedy of sth
Tragikomik *f* (*geh*) tragicomedy
tragikomisch *adj* (*geh*) tragicomical
Tragikomödie *f* tragicomedy
tragisch **I.** *adj* tragic; ■**etwas T~es** [something] tragic, a tragic affair; **es ist nicht** [**so** [*o* **weiter**]] ~ (*fam*) it's not the end of the world *fam*
II. *adv* tragically; **etw ~ nehmen** (*fam*) to take sth to heart *fam;* **nimm's nicht so ~!** (*fam*) don't take it to heart! *fam*
Tragkraft *f kein pl* weight-bearing capacity **Traglast** *f* (*geh*) load **Traglufthalle** *f* air [*or* AM supported] hall
Tragödie <-, -n> *f* ❶ LIT, THEAT tragedy
❷ (*tragisches Ereignis*) tragedy; **eine/keine ~ sein** (*fam*) to be/not to be the end of the world *fam,* to be a/no great tragedy *fam;* **eine ~ aus etw** *dat* **machen** (*fam*) to make a mountain out of a molehill *fam*
Tragriemen *m* strap; *Gewehr* sling **Tragschicht** *f* BAU base [*or* bearing] course **Tragweite** *f* scale; (*einer Entscheidung, Handlung*) consequence; **von großer ~ sein** to have far-reaching consequences
Tragwerk *nt* wing assembly
Trailer <-s, -> ['treːlɐ] *m* FILM trailer
Trailerschiff *nt* trailer
TraincouplingRR <-[s], -s> ['treɪnkʌplɪŋ] *nt* BAHN train coupling (*coupling together of two or more individual trains*)
Trainee <-s, -s> [treɪ'niː] *m* trainee
Trainer <-s, -> *m* SCHWEIZ track-suit
Trainer(in) <-s, -> *m(f)* coach
trainieren* **I.** *vt* SPORT ❶ (*durch Training üben*) ■**etw** ~ to practice sth
❷ (*durch Training auf Wettkämpfe vorbereiten*) ■**jdn** ~ to coach [*or* train] sb
II. *vi* ❶ (*üben*) to practice; ■**mit jdm** ~ to practice with sb
❷ (*sich auf Wettkämpfe vorbereiten*) to train
Training <-s, -s> *nt* SPORT training, practice; **autogenes** ~ PSYCH relaxation through self-hypnosis
Trainingsanzug *m* tracksuit **Trainingseinheit** *f* training unit **Trainingshose** *f* track-suit trousers *npl* [*or fam* bottoms *npl*], track pants *npl* AM **Trainingsjacke** *f* track-suit top **Trainingslager** *nt* training camp **Trainingsmaßnahme** *f* training measure
TrainsharingRR <-[s]> ['treɪnʃeərɪŋ] *nt kein pl* BAHN train sharing (*splitting a train into two independent parts*)
Trakt <-[e]s, -e> *m* wing
Traktanden *pl von* **Traktandum**
Traktandenliste *f* SCHWEIZ agenda
Traktandum <-s, -den> *nt* SCHWEIZ agenda item
Traktat <-[e]s, -e> *m o nt* (*geh*) tract
traktieren* *vt* (*fam*) ❶ (*schlecht behandeln*) ■**jdn/etw** ~ to ill-treat sb/sth
❷ (*misshandeln*) ■**jdn/ein Tier** ~ to abuse sb/an animal; **jdn mit Stockschlägen** ~ to beat sb with a stick
Traktor <-s, -toren> *m* tractor
trällern **I.** *vi* to warble
II. *vt* ■**etw** ~ to warble sth
Tram <-s, -s> *f o nt* SCHWEIZ tramway
Trampdampfer *m* tramp steamer
Trampel <-s, -> *m o nt* (*fam*) clumsy oaf *fam*
trampeln **I.** *vi* ❶ *haben* (*stampfen*) **mit den Füßen** ~ to stamp one's feet
❷ *sein* (*sich ~d bewegen*) to stomp along; ***sie trampelten die Treppe hinunter*** they stomped down the stairs
II. *vt haben* ❶ (*durch Trampeln entfernen*) ■**etw von etw** *dat* ~ to stamp sth from sth; *s. a.* **Tod**
❷ (*durch T~ herstellen*) ■**etw** ~ to trample sth
Trampelpfad *m* track, path **Trampeltier** *nt* ❶ ZOOL (*zweihöckriges Kamel*) camel ❷ (*fam: unbeholfener Mensch*) clumsy oaf *fam*
trampen *vi sein* to hitch-hike, to hitch *fam*
Tramper(in) <-s, -> *m(f)* hitch-hiker, hitcher *fam*
Trampolin <-s, -e> *nt* trampoline
Trampreeder(in) *m(f)* tramp owner **Trampschiff** *nt* HANDEL tramp **Trampschifffahrt**RR, **Trampschiffahrt** *f* tramp shipping, tramping **Trampverkehr** *m* tramping trade
Tramway <-, -s> *f* ÖSTERR (*Straßenbahn*) tram[way]
Tran <-[e]s, -e> *m* train [*or* fish] oil
► WENDUNGEN: **im ~** (*fam*) dopey *fam;* ***das habe ich im ~ ganz vergessen*** it completely slipped my mind; **wie im ~** (*fam*) in a daze
Trance <-, -n> *f* trance; **in ~ fallen** to fall [*or* go] into a trance; **jdn/sich in ~ versetzen** to put sb/oneself in[to] a trance
Trancezustand *m* [state of] trance
Tranche <-, -n> ['trãːʃə] *f* BÖRSE tranche
Tranchierbesteck *nt* carving cutlery
tranchieren* *vt* ■**etw** ~ to carve sth
Tranchiermesser *nt* carving-knife
Träne <-, -n> *f* tear, teardrop; **in ~n aufgelöst** in tears; **den ~n nahe sein** to be close to tears; **jdm kommen die ~n** sb is starting to cry; **~n lachen** to laugh until one cries; **jdm/etw keine ~ nachweinen** to not shed any tears over sb/sth; **mit den ~n ringen** (*geh*) to fight [to hold back] one's tears; **jdn zu ~n rühren** to move sb to tears; **~n weinen** to shed tears; **unter ~n** in tears
tränen *vi* to water; **jdm ~ die Augen** sb's eyes are watering
Tränendrüse *f meist pl* lachrymal gland ► WENDUNGEN: [**mit etw** *dat*] **auf die ~ drücken** to get the waterworks going [with sth] *fam;* ***mit dem Film will der Regisseur auf die ~ drücken*** the director wants the film to be a real tear-jerker **Tränengas** *nt* tear gas **Tränensack** *m* lachrymal sac **tränentriefend** *adj inv* tearful, reduced to tears
Tranfunzel <-, -n> *f* (*pej*) slow-coach
tranig *adj* ❶ (*nach Tran schmeckend*) tasting of train oil
❷ (*fam: träge*) sluggish, slow
trank *imp von* **trinken**
Trank <-[e]s, Tränke> *m* (*geh*) beverage *form,* drink
Tränke <-, -n> *f* watering place
tränken *vt* ❶ (*durchnässen*) ■**etw** [**mit etw** *dat*] ~ to soak sth [with sth]; ***er tränkte den Schwamm mit Wasser*** he soaked the sponge in water
❷ AGR (*trinken lassen*) ■**ein Tier** ~ to water an animal
Transaktion <-, -en> *f* ÖKON transaction; **geschäftliche** ~ trade transaction; **~en im militärischem Bereich** military transactions; **unsichtbare** ~ invisible transaction
Transaktionswert *m* FIN transaction value; **alternativer** ~ substitute value
Transatlantikflug *m* transatlantic flight
transatlantisch *adj* (*geh*) transatlantic
transchieren* *vt* ÖSTERR *s.* **tranchieren**
Transfer <-s, -s> *m* transfer
Transfergenehmigung *f* ÖKON transfer permit **Transfergeschwindigkeit** *f* INFORM transfer rate
transferierbar *adj inv* transferable
transferieren* *vt* ■**etw** ~ to transfer sth; **Geld auf ein Konto** ~ to transfer money [on BRIT]to an account; **etw ins Ausland** ~ to transfer sth abroad
Transferleistungen *pl* FIN transfers; **hohe** ~ high transfers **Transferleitung** *f* ÖKON transfer line **Transfermodus** *m* INFORM transfer mode; **asynchroner/synchroner** ~ asynchronous/synchronous transfer **Transferrate** *f* ❶ INFORM transfer rate ❷ FIN transfer charge **Transferzahlung** *f* ÖKON transfer
transfinit *adj inv* MATH transfinite; **~e Zahl** transfinite number
Transformation <-, -en> *f* transformation
Transformationsgesetz *nt* JUR transformation act
Transformator <-s, -toren> *m* transformer
Transformatorenhäuschen *nt* transformer installation
transformieren* *vt* PHYS ■**etw** ~ to transform sth
Transfusion <-, -en> *f* transfusion
transgen *adj* transgenetic
Transistor <-s, -toren> *m* transistor; **bipolarer** ~ bipolar transistor
Transistorradio *nt* transistor radio **Transistorzündung** *f* AUTO transistor ignition, transistorized ignition [system]
Transit <-s, -e> *m* transit
Transitabkommen *nt* transit agreement **Transitgebühr** *f* transit fee **Transitgüter** *pl* transit goods *pl* **Transithandel** *m* ÖKON transit trade
transitiv *adj* LING transitive
transitorisch *adj* FIN deferred, transitory; **~e Aktiva** prepaid expenses
Transitraum *m* transit lounge **Transitreisende(r)** *f(m) dekl wie adj* transit passenger **Transitverkehr** *m* transit traffic **Transitvisum** *nt* transit visa **Transitzoll** *m* transit customs *npl*
transkribieren* *vt* ■**etw** ~ ❶ (*in andere Schrift umschreiben*) to transcribe sth
❷ MUS (*für andere Instrumente umschreiben*) to arrange

transkutan *adj inv* transcutaneous
Transliteration <-, -en> *f* LING transliteration
transliterieren* *vt* LING ■**etw** ~ to transliterate sth
Transmission <-, -en> *f* TECH, PHYS transmission
Transmutation <-, -en> *f* ❶ (*geh: Verwandlung*) transmutation
❷ (*fachspr: Umwandlung*) transmutation
Transmutationsanlage *f* ÖKOL, PHYS transmutation plant
transnuklear *adj* transnuclear
transparent *adj* (*durchscheinend*) transparent
▸ WENDUNGEN: **etw [für jdn]** ~ **machen** (*geh*) to make sth lucid [*or* transparent] [for sb]
Transparent <-[e]s, -e> *nt* banner
Transparentpapier *nt* tracing paper **Transparentpuder** *nt* translucent powder
Transparenz <-> *f kein pl* (*geh*) transparency, lucidity *no pl*
Transpiration <-> *f kein pl* (*geh*) perspiration *no pl*
transpirieren* *vi* (*geh*) to perspire
Transplantat <-[e]s, -e> *nt* transplant
Transplantation <-, -en> *f* MED transplant; *Haut* graft
Transplantatreserven *pl* MED reserves *pl* of organ transplants
transplantieren* *vt* ■**[jdm] etw** ~ to transplant [sb's] sth; **jdm die Haut** ~ to graft sb's skin
Transport <-[e]s, -e> *m* transport
transportabel *adj* (*geh*) transportable
Transportarbeiter(in) *m(f)* transport worker **Transportaufkommen** *nt* ÖKON total transports *pl* **Transportband** *nt* conveyer belt **Transportbedarf** *m* transport requirement **Transportbehälter** *m* transport container (*for nuclear waste*)
Transporter <-s, -> *m* AUTO ❶ (*Lieferwagen*) transporter, van
❷ LUFT (*Transportflugzeug*) transport plane
Transporteur <-s, -e> *m* haulage contractor
transportfähig *adj* MED movable, transportable; HANDEL ready for transport *pred* **Transportfähigkeit** *f* transportability **Transportfahrzeug** *nt* transport [*or* carrier] vehicle **Transportfirma** *f* transport company [*or* agency], carrier, hauler, haulier **Transportflugzeug** *nt* transport plane **Transportgebühr** *f* transport charge [*or* fee], carriage **Transportgefahr** *f* JUR transport hazard, risk of conveyance **Transportgeschäft** *nt* ❶ *kein pl* (*Gewerbe*) carrying trade ❷ (*Firma*) transport company [*or* agency], carrier, hauler, AM *a.* transport corporation **Transportgewerbe** *nt* carrying trade **Transportgut** *nt* cargo **Transporthaftpflichtgesetz** *nt* Carrier's Liability Act BRIT **Transporthubschrauber** *m* cargo helicopter
transportierbar *adj inv* transportable
transportieren* *vt* ❶ (*befördern*) ■**etw** ~ to transport [*or* carry] sth; ■**jdn** ~ to move sb
❷ FOTO **den Film** ~ to wind the film
Transportkolonne *f* motor transport column [*or* convoy] **Transportkosten** *pl* transport[ation] costs *pl* **Transportleistungen** *pl* carryings *pl* **Transportmittel** *nt* means [*or* mode] of transport[ation] **Transportmöglichkeit** *f* transport facility **Transportpanzer** *m* MIL armoured [*or* AM armored] personnel carrier **Transportpapiere** *pl* HANDEL shipping documents **Transportpflicht** *f* HANDEL transport obligation **Transportraum** *m* ❶ (*Kapazität*) transport capacity ❷ (*Räumlichkeit*) cargo space **Transportrecht** *nt* JUR [public] transport law **Transportschaden** *m* damage [on goods] in transit **Transportschäden** *pl* HANDEL damage in transit, transport loss [*or* damage] **Transportschiff** *nt* cargo ship [*or* vessel]; MIL transport ship **Transportunternehmen** *nt* haulage contractor, forwarding agent **Transportunternehmer** *m* haulage contractor **Transportunternehmerhaftung** *f* carrier's liability **Transportverpackung** *f* cargo packaging **Transportversicherung** *f* transport [*or* shipping] insurance **Transportvolumen** *nt* ÖKON total transports *pl* **Transportvorschriften** *pl* HANDEL forwarding instructions **Transportweg** *m* HANDEL (*Route*) transport route; (*Entfernung*) distance, haul **Transportwesen** *nt kein pl* ÖKON transport *no pl*, transportation *no pl*
Transrapid® <-[s]> *m kein pl* [German] *high-speed magnetic train*
transsexuell *adj* transsexual
Transsexuelle(r) *f(m) dekl wie adj* transsexual
Transvestit <-en, -en> *m* transvestite
transzendent *adj inv* ❶ PHILOS transcendent
❷ MATH transcendental
transzendental *adj* transcendental
Transzendenz <-> *f kein pl* (*geh*) transcendence, transcendency
Trapez <-es, -e> *nt* ❶ MATH trapezium BRIT, trapezoid AM
❷ (*Artistenschaukel*) trapeze
Trapezakt *m* trapeze act **Trapezflügel** *m* tapered wing
Trappist <-en, -en> *m* REL Trappist [monk]
Trapschießen <-s> *nt kein pl* SPORT (*Tontaubenschießen*) trapshooting
Trara <-s, -s> *nt* (*fam*) hoo-ha *fam*; **ein** ~ **[um jdn/etw] machen** to create a hoo-ha [about sb/sth]
Trash-TV <-> [træʃ,ti:'vi:, -te:'fau] *nt* trash TV
Trassant(in) <-en, -en> *m(f)* FIN drawer
Trassat(in) <-en, -en> *m(f)* FIN drawee
Trasse <-, -n> *f* ❶ (*abgesteckter Verkehrsweg*) marked route
❷ (*Bahn~*) railway line
Trassenführung *f* BAU pipe route
trassieren* *vt* ■**etw** ~ ❶ ARCHIT (*eine Trasse ziehen*) to draw a route through sth
❷ ÖKON (*einen Wechsel auf jdn ziehen*) to draw sth
Trassierung <-, -en> *f* laying of rail beds
trat *imp von* **treten**
Tratsch <-[e]s> *m kein pl* (*fam*) gossip *no pl*
tratschen *vi* (*fam*) ■**[über jdn/etw]** ~ to gossip [about sb/sth]
Tratscherei <-, -en> *f* (*fam*) gossiping *no pl*, scandalmongering *no pl*
Tratte <-, -n> *f* FIN bill; **eine** ~ **akzeptieren/ausstellen/einlösen** to honour/negotiate/discharge a bill
Trattenankündigung *f* FIN advice of draft **Trattenavis** *m o nt* FIN advice of draft
Traualtar *m* altar; **[mit jdm] vor den** ~ **treten** (*geh*) to stand at the altar [with sb], to walk down the aisle [with sb]
Traube <-, -n> *f* ❶ *meist pl* (*Weintraube*) grape *usu pl*
❷ BOT (*Büschel von Beeren*) bunch of grapes
❸ BOT (*büschelförmiger Blütenstand*) raceme
❹ (*Ansammlung*) cluster; **eine** ~ **von Menschen** a cluster of people
traubenförmig *adj inv* grape-shaped **Traubenlese** *f* grape harvest **Traubensaft** *m* grape juice **Traubenzucker** *m* glucose, dextrose
trauen[1] *vt* ■**jdn** ~ to marry sb, to join sb in marriage; ■**sich** *akk* ~ **lassen** to get married, to marry
trauen[2] **I.** *vi* ❶ (*vertrauen*) ■**jdm** ~ to trust sb
❷ (*Glauben schenken*) ■**etw** *dat* ~ to believe [*or* trust] sth; *s. a.* **Auge, Ohr, Weg**
II. *vr* ■**sich** *akk* ~, **etw zu tun** to dare to do sth; ***er traute sich nicht, das zu tun*** he didn't have the courage to do that; ■**sich** *akk* **zu jdm** ~ to dare to go to sb
Trauer <-> *f kein pl* sorrow *no pl*, grief *no pl*
▸ WENDUNGEN: ~ **tragen** to be in mourning
Traueranzeige *f* obituary, death notice **Trauerarbeit** *f* mourning, grieving **Trauerbinde** *f* black armband **Trauerbrief** *m* letter informing of sb's death **Traueressen** *nt* SCHWEIZ funeral meal **Trauerfall** *m* bereavement, death **Trauerfamilie** *f* SCHWEIZ bereaved family **Trauerfeier** *f* funeral service **Trauerflor** *m* black ribbon **Trauergottesdienst** *m* funeral service **Trauerjahr** *nt* year of mourning **Trauerkleidung** *f* mourning **Trauerkloß** *m* (*fam*) wet blanket *fam* **Trauermarsch** *m* funeral march **Trauermiene** *f* (*fam*) long face *fam*; **eine** ~ **aufsetzen** to make a long face; **mit einer** ~ with a long face
trauern *vi* ■**um jdn** ~ to mourn [for] sb
Trauerrand *m* ❶ (*schwarze Einrahmung*) black border ❷ *pl* (*fam: schwarze Fingernägel*) dirty fingernails **Trauerspiel** *nt* fiasco; **es ist ein** ~ **mit jdm** (*fam*) sb is really pathetic **Trauerweide** *f* weeping willow **Trauerzirkular** <-[e]s, -e> *f* SCHWEIZ obituary **Trauerzug** *m* funeral procession
Traufblech *nt* BAU eaves flashing **Traufbrett** *nt* BAU fascia board
Traufe <-, -n> *f* eaves *npl*; *s. a.* **Regen**
träufeln I. *vt haben* ■**etw** ~ to drip sth; **Medizin** ~ to apply drops of medicine
II. *vi haben o sein* (*geh*) to trickle
Traum <-[e]s, Träume> *m* dream; ***es war nur ein*** ~ it was only a dream; **ein böser** ~ a bad dream; (*furchtbares Erlebnis*) nightmare; **nicht in meinen kühnsten Träumen** not in my wildest dreams; ***es war immer mein ~, mal so eine Luxuslimousine zu fahren*** I've always dreamed of being able to drive a limousine like that; **ein** ~ **von etw** *dat* a dream sth; **ein Traum von einem Mann** a dream man
▸ WENDUNGEN: **Träume sind Schäume** (*prov fam*) dreams are but shadows; **etw fällt jdm im** ~ **nicht ein** sb wouldn't dream of it; ***es fällt mir doch im ~ nicht ein, das zu tun*** I wouldn't dream of doing that; **aus der** ~! it's all over!, so much for that!
Trauma <-s, Traumen *o* -ta> *nt* trauma
traumatisch *adj* traumatic
traumatisiert *adj* traumatized
Traumatisierung <-, -en> *f* PSYCH traumatization
Traumberuf *m* dream job **Traumdeutung** *f* interpretation of dreams, dream interpretation
Traumen *pl von* **Trauma**
träumen I. *vi* ❶ (*Träume haben*) to dream; ■~, **dass jd etw tut/dass etw geschieht** to dream that sb does sth/that sth happens; **schlecht** ~ to have bad dreams [*or* nightmares]
❷ (*Wünsche*) ■**von jdm/etw** ~ to dream about sb/sth; ***sie hat immer davon geträumt, Ärztin zu werden*** she had always dreamt of becoming a doctor; **jd hätte sich** *dat* **etw nicht/nie** ~ **lassen** sb would not/never have dreamed of sth, sb would not/never have thought sth possible; **jd hätte sich** *dat* **nicht/nie** ~ **lassen, dass ...** sb would not/never have thought it possible, that...
❸ (*abwesend sein*) to daydream, to be on another planet *fam*, to be in a reverie *form*
▸ WENDUNGEN: **und wovon träumst du nachts?** (*fam*) not in a million years!; **du träumst wohl!** (*fam*) you must be dreaming [*or* joking]!
II. *vt* ■**etw** ~ to dream sth
Träumer(in) <-s, -> *m(f)* [day]dreamer
Träumerei <-, -en> *f meist pl* dream *usu pl*; ***das sind alles ~en*** that's building castles in the air
Träumerin <-, -nen> *f fem form von* **Träumer**
träumerisch *adj* dreamy
traumhaft *adj* (*fam*) dreamlike, fantastic
Traumhaus *nt* dream house **Traumjob** *m* dream job **Traumlandschaft** *f* dream landscape **Traumnote** *f* SCH, SPORT (*euph fam*) perfect score **Traumurlaub** *m* dream holiday [*or* AM vacation] **traumverloren** *adj inv* dreamy; ~ **dasitzen** to sit there in a dream-like state **traumwandlerisch** *adj* somnambulistic; **[sich** *akk*] **mit ~er Sicherheit [bewegen]** to move with the certainty of a sleepwalker
traurig I. *adj* ❶ (*betrübt*) sad, down, unhappy; ■~ **[über jdn/etw] sein** to be sad [*or* in a sad mood] [about sb/sth]; ■~ **sein, dass/weil ...** to be sad that/because ...
❷ (*betrüblich*) sorry; ***das sind ja ~e Verhältnisse*** that's a sorry state of affairs; **die ~e Tatsache ist, dass ...** it's a sad fact that ...; **in ~en Verhältnissen leben** to live in a sorry state
❸ (*sehr bedauerlich*) ■**[es ist]** ~, **dass ...** it's unfortunate [*or* sad] that ...
II. *adv* (*betrübt*) sadly, sorrowfully; ***warum siehst du mich so ~ an?*** why are you looking at me in such a sad way?

T

▸ WENDUNGEN: **mit etw** *dat* **sieht es ~ aus** sth doesn't look too good; ***damit sieht es ~ aus*** it doesn't look too good, it looks pretty bad

Traurigkeit <-> *f kein pl* sadness *no pl*

Trauring *m* wedding ring [*or* AM *a.* band] **Trauschein** *m* marriage certificate

traut *adj* (*geh*) dear; **in ~em Kreise** among family and friends, in **~er Runde,** among good friends

▸ WENDUNGEN: **~es Heim, Glück allein** (*prov*) home sweet home *prov*

Trauung <-, -en> *f* marriage ceremony, wedding

Trauzeuge, -zeugin *m, f* best man, [marriage] witness

Travestie <-, -n> *f* travesty

Trawler <-s, -> ['trɔːlə] *m* NAUT trawler

Treck <-s, -s> *m* trail, trek

Trecker <-s, -> *m* (*fam*) tractor

Trecking <-s, -s> *nt s.* **Trekking**

Treff <-s, -s> *m* (*fam*) ❶ (*Treffen*) meeting, get-together *fam,* rendezvous
❷ (*Treffpunkt*) meeting point, rendezvous

treffen <trifft, traf, getroffen> **I.** *vt haben* ❶ (*mit jdm zusammenkommen*) ■**jdn ~** to meet [up with *fam*] sb
❷ (*antreffen*) ■**jdn ~** to find sb; ***ich habe ihn zufällig in der Stadt getroffen*** I bumped into him in town
❸ (*mit einem Wurf, Schlag etc. erreichen*) ■**jdn/etw [mit etw** *dat*] **~** to hit [*or* strike] sb/sth [with sth]; ***ins Ziel getroffen!*** it's a hit!
❹ (*innerlich bewegen*) ■**jdn mit etw** *dat* **~** to hit a sore spot with sth; ■**jdn ~** to affect sb; **sich** *akk* **getroffen fühlen** to take it personally; ***fühlst du dich da etwa getroffen?*** is that a sore point?; **sich** *akk* **durch etw** *akk* **getroffen fühlen** to take sth personally
❺ (*in die Wege leiten*) ■**etw ~** to take sth; **Maßnahmen/Vorkehrungen ~** to take measures/precautions
❻ (*abmachen*) **eine Entscheidung ~** to make a decision; **eine Abmachung ~** to have an agreement
❼ (*wählen*) **den richtigen Ton ~** to strike the right note; ***damit hast du genau meinen Geschmack getroffen*** that's exactly my taste; ***mit dem Geschenk hat sie das Richtige getroffen*** her present was just the thing; **gut getroffen sein** to be a good photo [*or fam* shot] [*or* picture] of sb; ***auf dem Foto bis du wirklich gut getroffen*** that's a good photo [*or fam* shot] [*or* picture] of you; **es [mit jdm/etw] gut/schlecht getroffen haben** to be fortunate [*or* lucky]/unlucky [to have sb/sth]; ***mit seinem Chef hat er es wirklich gut getroffen*** he's really fortunate to have a boss like that; ***du hättest es auch schlechter ~ können*** you could have been worse off; **getroffen!** bingo!
II. *vi* ❶ *sein* (*antreffen*) ■**auf jdn ~** to meet sb, to bump into sb *fam*
❷ *haben* (*sein Ziel erreichen*) to hit
❸ *haben* (*verletzen*) to hurt
III. *vr haben* ■**sich** *akk* **[mit jdm] ~** to meet [sb], to meet up [with sb] *fam;* **das trifft sich [gut]** that's [very] convenient; **es trifft sich [gut], dass ...** it is [very] convenient, that ...

Treffen <-s, -> *nt* (*Zusammenkunft*) meeting
▸ WENDUNGEN: **etw ins ~ führen** (*geh*) to put sth forward

treffend *adj* appropriate, striking

Treffer <-s, -> *m* ❶ (*ins Ziel gegangener Schuss*) hit; **einen ~ landen** to have a hit
❷ SPORT (*Tor*) goal
❸ SPORT (*Berührung des Gegners*) hit
❹ (*Gewinnlos*) winner

Trefferquote *f* hit rate

Treffgenauigkeit *f* exact precision, accuracy

trefflich <-er, -ste> *adj attr* (*geh o veraltend*) splendid

Treffpunkt *m* meeting point, rendezvous **treffsicher** *adj* accurate; **eine ~e Bemerkung** an apt remark; **ein ~es Urteil** a sound judgement **Treffsicherheit** *f kein pl* ❶ (*sicher treffende Schussweise*) accuracy *no pl* ❷ (*das präzise Zutreffen*) accuracy *no pl,* soundness *no pl,* aptness *no pl*

Treibeis *nt* drift ice

treiben <trieb, getrieben> **I.** *vt haben* ❶ (*durch Antreiben drängen*) ■**jdn/etw ~** to drive [*or* push] sb/sth
❷ (*fortbewegen*) ■**jdn/etw [irgendwohin] ~** (*durch Wasser*) to wash [*or* carry] sb/sth [somewhere]; (*durch Wind*) to blow [*or* carry] sb/sth [somewhere]; ***der Wind treibt mir den Schnee ins Gesicht*** the wind is blowing snow in my face
❸ (*bringen*) ■**jdn zu etw ~** to drive sb to sth; ***du treibst mich noch dazu, das zu tun*** you'll end up making me do that; **jdn in den Wahnsinn ~** to drive sb mad; **jdn in den Tod/Selbstmord ~** to drive sb to sb's death/to commit suicide
❹ (*einschlagen*) ■**etw in etw** *akk* **~** to drive sth into sth; ***er trieb den Nagel mit einem Schlag in das Holz*** with one blow he drove the nail into the wood
❺ TECH (*antreiben*) ■**etw ~** to propel sth
❻ (*zum schnellen Handeln antreiben*) **jdn zur Eile ~** to rush sb, to make sb hurry [up]; **jdn zum Handeln ~** to rush sb into doing something
❼ (*fam: anstellen*) ■**etw ~** to be up to sth; ***dass ihr mir bloß keinen Blödsinn treibt!*** don't you get up to any nonsense!
❽ (*Tiere treiben*) ■**ein Tier/Tiere durch/in etw ~** to drive an animal/animals through/into sth
❾ BOT (*hervorbringen*) to sprout
❿ (*betreiben*) ■**etw ~** to do sth; **Gewerbe ~** to carry out; **Handel ~** to trade
⓫ (*fam*) **es zu bunt/wild ~** to go too far; **es zu toll ~** to overdo it
⓬ (*sl: Sex haben*) **es [mit jdm] ~** to do it [with sb]; *s. a.* **Verzweiflung, Wahnsinn**
II. *vi* ❶ *sein* (*sich fortbewegen*) to drift; **im Wasser ~** to drift [*or* float] in the water; ■**sich [von etw] ~ lassen** to drift [with sth]
❷ *haben* BOT (*austreiben*) to sprout
❸ *haben* KOCHK (*aufgehen*) to rise
❹ *haben* (*diuretisch wirken*) to have a diuretic effect
▸ WENDUNGEN: **sich ~ lassen** to drift

Treiben <-s> *nt kein pl* ❶ (*pej: üble Aktivität*) ■**jds ~** sb's dirty tricks
❷ (*geschäftige Aktivität*) hustle and bustle

treibend I. *part pres von* **treiben**
II. *adj inv* driving; **die ~e Kraft bei einer Sache sein** to be the driving force behind sth

Treiber <-s, -> *m* INFORM driver

Treiber(in) <-s, -> *m(f)* JAGD beater

Treibersoftware *f* INFORM driving software

Treibgas *nt* propellant [*or* AM -ent] **Treibgut** *nt kein pl* flotsam and jetsam *pl*

Treibhaus *nt* HORT greenhouse, hothouse

Treibhauseffekt *m kein pl* ÖKOL ■**der ~** the greenhouse effect **Treibhausluft** *f kein pl* hothouse [atmosphere]; ***lüftet mal, hier herrscht ja eine richtige ~!*** can't you open a window, it's like an oven in here! **Treibhauspflanze** *f* HORT hothouse plant

Treibholz *nt kein pl* driftwood *no pl* **Treibjagd** *f* JAGD battue **Treibladung** *f* propelling charge **Treibmittel** *nt* ❶ CHEM propellant ❷ KOCHK raising agent **Treibnetz** *nt* drift-net **Treibnetzfischerei** *f* driftnet fishing **Treibriegelschloss**[RR] *nt* BAU bolt lock **Treibsand** *m kein pl* quicksand **Treibsatz** *m* TECH explosive substances *pl* **Treibstoff** *m* fuel **Treibstoffrückstände** *pl* fuel residue *no pl* **Treibstoffverbrauch** *m kein pl* fuel consumption

Trekking <-s, -s> *nt* trekking

Trekkingbike [-bajk] *nt,* **Trekkingrad** *nt* trekking bike

Trema <-s, -s *o* -ta> *nt* LING, MED dieresis

Tremolo <-s, -s *o* Tremoli> *nt* MUS tremolo

Trenchcoat <-[s], -s> ['trɛntʃkoːt] *m* trench coat

Trend <-s, -s> *m* trend; ***der ~ in der Mode geht wieder in Richtung längere Röcke*** the latest fashion trend is towards long[er] skirts again, long[er] skirts are coming back into fashion; **ganz groß der [vorherrschende] ~ sein** to be very much the [current] trend [*or fam* very trendy] [*or* very much in [fashion]]; **den ~ haben, etw zu tun** to have a tendency to do sth; **mit etw** *dat* **[voll] im ~ liegen** (*fam*) to have the very latest sth; ***mit diesen Hemden lag der Hersteller voll im ~*** the manufacturer had the very latest [in] fashion shirts; ***das Buch liegt voll im ~*** the book is very of the moment

Trendbar *f* fashionable [*or* trendy] bar [*or* pub], bar for the in-crowd **Trendfarbe** *f* fashionable colour [*or* AM -or]

trendig *adj* (*fam*) trendy

Trendsetter(in) <-s, -> *m(f)* trendsetter **Trendwende** *f* change [of direction]

trendy ['trendi] *adj* (*fam*) trendy

trennbar *adj* ❶ LING (*zu trennen*) separable ❷ (*voneinander zu trennen*) ■**[voneinander] ~ sein** to be detachable [from each other]; ***Jacke und Kapuze sind ~*** the hood is detachable [*or* can be detached [*or* removed]] from the jacket; ***Mantel und Futter sind leicht [voneinander] ~*** the lining is easily detachable [*or* can be easily detached [*or* removed]] from the coat **Trennbit** *nt* INFORM fence bit **Trennblatt** *nt* subject divider

trennen I. *vt* ❶ (*abtrennen*) ■**etw von etw ~** to cut sth off sth; (*bei einem Unfall*) to sever sth from sth; ***vor dem Reinigen müssen die Lederknöpfe vom Mantel getrennt werden*** the leather buttons have to removed from [*or* taken off] the coat before cleaning
❷ (*ablösen*) ■**etw aus etw/von etw ~** to take sth out of [*or* remove sth from sth] sth/detach sth from sth; **die Knöpfe von etw ~** to remove the buttons from [*or* take the buttons off] sth
❸ (*auseinander bringen*) ■**[voneinander/von jdm] ~** to separate [people from each other [*or* one another]/sb from sb]; ***es kann gefährlich sein, bei einer Prügelei die Streitenden zu ~*** it can be dangerous to separate people in a fight; ***im Krieg werden Kinder oft von ihren Eltern getrennt*** children are often separated from their parents in war; ■**[voneinander] ~** to separate [*or* split up] [from each other [*or* one another]]
❹ (*teilen*) ■**etw [von etw] ~** to separate [*or* divide] sth [from sth]
❺ (*deutlich unterscheiden*) ■**[voneinander] ~** to differentiate [*or* distinguish] between sb/each other [*or* one another]; ***die unterschiedliche Herkunft kann Menschen ~*** people can be distinguished by their different backgrounds
❻ LING (*durch Silbentrennung zerlegen*) ■**etw ~** to divide [*or* split up *sep*] sth; *s. a.* **getrennt**
II. *vr* ❶ (*getrennt weitergehen*) ■**sich ~** to part [from each other [*or* one another]], to part company; ***hier ~ wir uns*** this is where we part company [*or* go our separate ways]
❷ (*die Beziehung lösen*) ■**sich [voneinander] ~** to split up [with each other [*or* one another]], to separate; ■**sich von jdm ~** to split up with sb
❸ (*von etw lassen*) ■**sich von etw ~** to part with sth
❹ (*euph: kündigen*) ■**sich von jdm ~** to part [company] with sb
❺ SPORT (*mit einem Spielstand beenden*) to finish somehow; ***Schalke 04 und der Hertha trennten sich mit 5:3*** [the game between] Schalke 04 and Hertha finished 5–3, the final score [in the game] between Schalke 04 and Hertha was 5–3; *s. a.* **Weg**
III. *vi* ■**[zwischen ihnen] ~** to differentiate [*or* distinguish] [between them]; ***Kommunismus und Sozialismus sind zwei verschiedene Konzepte — man sollte zwischen ihnen ~*** communism and socialism are two different concepts — a distinction should be drawn [*or* made] between them

Trennfuge *f* INFORM soft hyphen **Trennkost** *f* Hay's diet **Trennlinie** *f* dividing line **Trennschärfe** *f kein pl* TV, TECH selectivity **Trennschnitt** *m* TYPO center [*or* split] cut

Trennung <-, -en> *f* ❶ (*Scheidung*) separation; ***seit unserer ~ habe ich nichts mehr von ihm***

gehört I haven't heard anything from him since our separation [*or* we separated] [*or* split up]; **in ~ leben** to be separated; ***wir leben seit einem Jahr in ~*** we've been separated for a year
② (*Unterscheidung*) differentiation, distinction; ***die ~ einiger Begriffe fällt nicht immer leicht*** differentiating [*or* distinguishing] [*or* making [*or* drawing] a distinction] between some terms is not always easy
③ (*das Auseinanderbringen*) separation, splitting up
④ LING (*Silben~*) division, splitting up

Trennungsentschädigung *f*, **Trennungsgeld** *nt* separation allowance **Trennungsstrich** *m* LING hyphen

Trennverbot *nt* TYPO forbid hyphenation **Trennwand** *f* partition [wall] **Trennzeichen** *nt* INFORM separator, guide bar

Trense <-, -n> *f* snaffle[-bit]

Trepanation <-, -en> *f* MED trepanation, trephination

treppab *adv inv* **treppauf**, ~ up and down the stairs

treppauf *adv* upstairs, up the stairs; **~, treppab** up and down stairs

Treppe <-, -n> *f* stairs *pl*, staircase; **eine steile ~** a steep staircase [*or* flight of stairs]; **eine steinerne ~** stone steps *pl*; ***der Fahrstuhl ist ausgefallen, wir werden einige ~n steigen müssen*** the lift is broken, we'll have to use [*or* climb] the stairs; ***bis zu Müllers sind es fünf ~n*** it's five more flights [of stairs] to the Müllers; ***Gehwege und ~n müssen im Winter rechtzeitig gestreut werden*** pavements and steps must be gritted [*or* salted] in good time in [the] winter

Treppenabsatz *m* landing **Treppenflur** *m* (*Hausflur*) hall **Treppengeländer** *nt* ban[n]ister[s *pl*] **Treppenhaus** *nt* stairwell **Treppenstufe** *f* step

Tresen <-s, -> *m* ① (*Theke*) bar
② (*Ladentisch*) counter

Tresor <-s, -e> *m* ① (*Safe*) safe
② *s.* **Tresorraum**

Tresorraum *m* strongroom, vault

Tresse <-, -n> *f meist pl* MODE braid *no pl*, strip[s *pl*] of braid

Tretauto *nt* pedal-car **Tretboot** *nt* NAUT pedalboat, pedalo **Treteimer** *m* pedal bin

treten <tritt, trat, getreten> **I.** *vt haben* ① (*mit dem Fuß stoßen*) ■**jdn/etw [mit etw] ~** to kick sb/sth [with sth]; **jdn mit dem Fuß/Schuh/Stiefel ~** to kick sb/kick sb with one's shoe/boot
② (*mit dem Fuß betätigen*) ■**etw ~** to step on sth, to press [*or* depress] sth with one's foot; **die Bremse ~** to brake [*or* apply [*or* step on] the [*or* one's] brakes]; **die Kupplung ~** to engage the clutch
③ (*fam: antreiben*) ■**jdn ~** to give sb a kick up the backside [*or fam* in the pants]
II. *vi* ① *haben* (*mit dem Fuß stoßen*) ■**[mit etw] ~** to kick; ***sie trat mit den Füßen und schlug mit den Fäusten nach ihm*** she kicked and punched out at him; ■**nach jdm ~** to kick out [*or* aim a kick] at sb; ■**jdm an etw** *akk*/**gegen etw** *akk*/**in etw** *akk*/**vor etw** *akk* **~** to kick sb on/in/in/on sth; ***sie trat mir ans Bein/vors Schienbein*** she kicked my [*or* me on the] leg/shin; ***sie trat ihm in den Bauch*** she kicked him in the stomach
② *sein* (*einen Schritt machen*) to step; **~ *Sie bitte zur Seite*** please step [*or* move] aside; ***er trat aus der Tür*** he walked out [of] the door; ***bevor du ins Haus trittst, mach dir bitte die Schuhe sauber*** before you come into [*or* enter] the house, wipe your shoes [first], please; ***pass auf, wohin du trittst*** watch where you tread [*or* step] [*or* you're treading]; *s. a.* **Hintergrund, Stelle, Vordergrund**
③ *sein o haben* (*den Fuß setzen*) ■**auf etw** *akk* **~** to tread [*or* step] on sth; *s. a.* **Schlips**
④ *sein o haben* (*betätigen*) ■**auf etw** *akk* **~** to step on sth, to press [*or* depress] sth with one's foot; **die Bremse ~** to brake [*or* apply [*or* step on] the [*or* one's] brakes]; **die Kupplung ~** to engage the clutch; *s. a.* **Pedal**
⑤ *sein* (*hervorkommen*) ■**aus etw ~** to come out of sth; ***der Schweiß trat ihm aus allen Poren*** he was sweating profusely; ***die Feuchtigkeit tritt aus den Wänden*** the dampness was coming out of the walls; ***aus der Wunde trat Blut*** blood poured from [*or* out of] the wound; ***aus der undichten Stelle im Rohr trat Gas*** gas was escaping from the leak in the pipe; ***der Fluss trat über seine Ufer*** the river broke [*or* burst] its banks; ***Schweiß trat ihm auf die Stirn*** sweat appeared on his forehead
III. *vr* ■**sich** *dat* **etw in etw** *akk* **~** to get sth in one's sth; ***sie trat sich einen Nagel in den Fuß*** she stepped onto a nail [*or* ran a nail into her foot]

Treter <-s, -> *m* (*fam*) comfortable shoe

Tretlager *nt* bottom bracket bearing **Tretmine** *f* MIL anti-personnel mine **Tretmühle** *f* (*fam*) treadmill **Tretroller** *m* pedalscooter

treu I. *adj* ① (*loyal*) loyal, faithful; **~e Dienste/Mitarbeit** loyal service/assistance; **~ ergeben** devoted; ■**jdm ~ sein/bleiben** to be/remain loyal [*or* faithful] to sb; **etw** *dat* **~ bleiben** to remain true to a thing; **sich** *dat* **selbst ~ bleiben** to remain true to oneself
② (*verlässlich*) loyal
③ (*keinen Seitensprung machend*) faithful; ■**[jdm] ~ sein/bleiben** to be/remain faithful [to sb]; ***ich weiß, dass mein Mann mir ~ ist*** I know my husband is [*or* has been] faithful to me
④ (*treuherzig*) trusting
⑤ (*fig*) ■**jdm ~ bleiben** to continue for sb; ***der Erfolg blieb ihm ~*** his success continued; ***hoffentlich bleibt dir das Glück auch weiterhin treu*** hopefully your luck will continue to hold [out]; *s. a.* **Gold**
II. *adv* ① (*loyal*) loyally
② (*treuherzig*) trustingly, trustfully

Treubruch *m* breach of faith

treudoof *adj* (*pej fam*) trusting and naïve, gullible

Treue <-> *f kein pl* ① (*Loyalität*) loyalty, faithfulness *no pl*, fidelity *no pl*; *eines Mitarbeiters/Untertans/Vasalls* loyalty
② (*Verlässlichkeit*) loyalty
③ (*monogames Verhalten*) faithfulness *no pl*, fidelity *no pl*; **jdm die ~ brechen** to be unfaithful to sb; **jdm die ~ halten** to be [*or* remain] faithful to sb
► WENDUNGEN: **auf Treu und Glauben** in good faith

Treueid *m* oath of allegiance [*or* loyalty]

Treueprämie [-miə] *f* loyalty bonus **Treuerabatt** *m* HANDEL loyalty [*or* patronage] rebate **Treuerabattkartell** *nt* ÖKON loyalty discount cartel **Treueschwur** *m* ① (*Schwur, jdm treu zu sein*) vow to be faithful [*or* of fidelity] ② HIST (*Eid*) oath of allegiance [*or* loyalty]

Treueverhältnis *nt* JUR fiduciary relation

Treugut *nt* FIN trust property [*or* capital]

Treuhand(anstalt) *f* Treuhand[anstalt], Treuhand agency (*organization which was charged with managing and, if possible, privatizing the property of the former GDR*)

Treuhänder(in) *m(f)* JUR trustee, fiduciary *form*; **mutmaßlicher ~** constructive trustee **Treuhänderhaftung** *f* JUR trustee's liability **treuhänderisch** *adj inv* JUR fiduciary *form*, in trust *pred*; **etw ~ verwalten** to hold sth in escrow

Treuhandfolge *f* post-'Treuhand' period **Treuhandgeschäft** *nt* HANDEL trust transaction **Treuhandgesellschaft** *f* HANDEL trust company **Treuhand-KG** *f* HANDEL trustee limited partnership **Treuhandkonto** *nt* FIN escrow [*or* trust] account **Treuhandnachfolgeeinrichtung** *f* organization set up as the successor to the 'Treuhand' **Treuhandrat** *m der UNO* Trusteeship Council **Treuhandschaft** <-, -en> *f* JUR trusteeship **Treuhandvermögen** *nt* JUR trust property [*or pl* assets] **Treuhandvertrag** *m* JUR trust agreement, deed of trust

treuherzig I. *adj* [naïvely] trusting [*or* trustful]
II. *adv* trustingly, trustfully

Treuherzigkeit <-> *f kein pl* [naïve] trust; ***sie ist von großer ~*** she's very trusting

treulos I. *adj* ① (*nicht treu*) unfaithful; **ein ~er Ehemann** an unfaithful husband
② (*ungetreu*) disloyal, unfaithful; **ein ~er Vassal** a disloyal vassal
II. *adv* disloyally

Treulosigkeit <-> *f kein pl* disloyalty, unfaithfulness *no pl*

Treu und Glauben *f* JUR trust, good faith; **gegen ~ verstoßen** to act in breach of good faith; **nach ~** bona fide, in good faith; **wider ~** in breach of good faith

Triangel <-s, -> *m o* ÖSTERR *nt* MUS triangle

Triathlet(in) <-en, -en> *m(f)* SPORT triathlete

Triathlon <-n, -s> *m* SPORT triathlon

Tribun <-s *o* -en, -e[n]> *m* HIST tribune

Tribunal <-s, -e> *nt* (*geh*) tribunal

Tribüne <-, -n> *f* SPORT stand

Tribut <-[e]s, -e> *m* HIST (*Abgabe von Besiegten*) tribute; **etw** *dat* **~ zollen** (*fig*) to pay tribute to a thing

tributpflichtig *adj inv* obliged to pay tribute

Trichine <-, -n> *f* ZOOL trichina, trichinella

Trichter <-s, -> *m* ① (*Einfüll~*) funnel
② (*Explosionskrater*) crater
► WENDUNGEN: **jdn auf den [richtigen] ~ bringen** (*fam*) to get sth over [*or* across] to sb *fam*; **auf den ~ kommen** (*fam*) to get it *fam*

Trichterfalz *m* TYPO former fold **trichterförmig** *adj* funnel-shaped

Trick <-s, -s *o selten* -e> *m* ① (*Täuschungsmanöver*) trick; **keine faulen ~s!** (*fam*) no funny business! *fam*
② (*Kunstgriff*) trick, dodge; ***es ist ein ~ dabei*** there's a trick to [doing] it; **den ~ raushaben[, wie etw gemacht wird]** (*fam*) to have [got] the knack [of doing sth]

Trickaufnahme *f* FILM special effect **Trickbetrug** *m* JUR confidence trick **Trickbetrüger(in)** *m(f)* JUR confidence trickster **Trickfilm** *m* cartoon [film] **Trickkiste** *f* box of tricks **trickreich** *adj* (*fam*) clever, cunning

tricksen I. *vi* (*fam*) to do a bit of wangling *fam*
II. *vt* (*fam*) ■**etw ~** to wangle sth *fam*

Tricktrack <-s, -s> *nt* trictrac, tricktrack

trieb *imp von* **treiben**

Trieb[1] <-[e]s, -e> *m* BOT (*Spross*) shoot

Trieb[2] <-[e]s, -e> *m* ① BIOL, PSYCH (*innerer Antrieb*) drive, impulse; ***das Beschützen eines Kindes scheint ein natürlicher ~ zu sein*** protecting a child seems to be a natural instinct
② (*Sexual~*) sex[ual] drive, libido *form*

Triebabfuhr *f* sexual gratification **Triebfeder** *f* motivating force; ***bei diesem Verbrechen war Eifersucht die ~*** jealousy was the motive for this crime

triebhaft *adj* driven by physical urges [*or* desires] *pl*, *pred*; ■**~ sein** to be driven by one's physical urges [*or* desires]

Triebhaftigkeit <-> *f kein pl* domination by one's physical urges [*or* desires]; ***ihre ~ kennt keine Grenzen*** her physical urges [*or* desires] know no bounds **Triebhandlung** *f* act motivated by physical urges **Triebkraft** *f* ① (*fig*) driving force ② BOT germinating power **Triebtäter(in)** *m(f)* JUR sex[ual] offender **Triebverbrechen** *nt* JUR sex[ual] crime **Triebverbrecher(in)** *m(f)* *s.* **Triebtäter** **Triebwagen** *m* BAHN railcar **Triebwerk** *nt* engine

Triefauge *nt* MED watering eye

triefäugig *adj* MED bleary-eyed

triefen <triefte *o geh* troff, getrieft *o selten* getroffen> *vi* ① (*rinnen*) to run; (*Auge*) to water; ***ich habe Schnupfen, meine Nase trieft nur so!*** I've got a cold, and it's given me such a runny nose!; ■**aus [*o* von] etw** *dat* **~** to pour from sth
② (*tropfend nass sein*) ■**[von etw** *dat*] **~** to be dripping wet [from sth]; **vor Nässe ~** to be dripping wet
③ (*geh: strotzen*) ■**von [*o* vor] etw** *dat* **~** to be dripping with sth *fig*; ***diese Schnulze trieft ja von Schmalz und Sentimentalität*** this slushy song just oozes schmaltz and sentimentality

Triel <-s, -e> *m* ORN stone curlew

Trier <-> [triːɐ] *nt* GEOG Trier
triezen *vt* (*fam*) ■**jdn** ~ to crack the whip over sb
trifft *3. pers. sing von* **treffen**
Trifoiling ['traɪfɔɪlɪŋ] *nt* SPORT tri-foiling
triftig I. *adj* good; **ein ~es Argument** a convincing [*or* valid] argument; **eine ~e Entschuldigung** an acceptable [*or* good] [*or* valid] excuse; **ein ~er Grund** a convincing [*or* good] [*or* sound] [*or* valid] reason
II. *adv* convincingly; **[jdm etw] ~ begründen** to offer [sb] a sound argument in favour [*or* AM -or] of sth, to make a valid case for sth [to sb]
Trigonometrie <-> *f kein pl* MATH trigonometry *no indef art*
trigonometrisch *adj inv* MATH trigonometric
Trikolore <-, -n> *f* tricolour [*or* AM -or]
Trikot[1] <-s> [tri'koː, 'trɪko] *m o nt kein pl* MODE (*dehnbares Gewebe*) tricot
Trikot[2] <-s, -s> [tri'koː, 'trɪko] *nt* MODE shirt, jersey; ***das Basketballteam tritt in dunklen ~s an*** the basketball team played in dark shirts [*or* jerseys] [*or* a dark strip]; **das gelbe/grüne/rosa ~** SPORT the yellow/green/pink jersey
Trikotage <-, -n> [triko'taːʒə] *f meist pl* cotton jersey underwear *no pl*
Trikotwerbung *f* shirt advertising
Triller <-s, -> *m* ❶ ORN trill, warble
❷ MUS (*rasch wechselnde Tonwiederholung*) trill
trillern *vi* ❶ ORN (*zwitschern*) to trill, warble
❷ (*singen*) to trill
Trillerpfeife *f* [shrill-sounding] whistle
Trilliarde <-, -n> *f* (*10 hoch 21*) billion trillion
Trillion <-, -en> *f* trillion BRIT, quintillion AM
Trilogie <-, -n> [-'giːən] *f* LIT, FILM trilogy
Trimester <-s, -> *nt* SCH trimester, [three-month] term
Trimm-dich-Pfad *m* keep-fit trail
trimmen I. *vt* ❶ (*trainieren*) ■**jdn [auf etw** *akk*] ~ to train [*or* prepare] sb [for sth]
❷ (*in einen bestimmten Zustand bringen*) ■**jdn auf etw** *akk* ~ to teach sb [*or* school sb in] sth; ***sie hatten ihre Kinder auf gute Manieren getrimmt*** they had taught their children [*or* schooled their children in] good manners
❸ (*scheren*) ■**etw** ~ to clip sth; **einen Hund** ~ to clip a dog
II. *vr* ■**sich** *akk* **[durch etw** *akk*] ~ to keep fit [with sth]; **sich durch Radfahren/Schwimmen/Waldläufe** ~ to keep fit by cycling/[going] swimming/going for runs in the forest; ***er trimmt sich jeden Morgen durch Yogaübungen*** he keeps fit with [*or* by doing] yoga exercises every morning
Trimmpfad *m* keep-fit trail
Trinidad und Tobago <-s> *nt* Trinidad and Tobago; *s. a.* **Sylt**
trinkbar *adj* drinkable; ***für den Preis ist das ein gut ~er Wein*** that's not a bad[-tasting] wine for the price
trinken <trank, getrunken> **I.** *vt* ❶ (*Flüssigkeit schlucken*) ■**etw** ~ to drink sth; **Wasser** ~ to drink [*or* have] some water; ***kann ich bei Ihnen wohl ein Glas Wasser ~?*** could you give [*or* spare] me a glass of water [to drink]?; ***möchten Sie lieber Kaffee oder Tee ~?*** would you prefer coffee or tea [to drink]?; ***ich trinke gerne Orangensaft*** I like drinking orange juice; ■**etw zu** ~ sth to drink; **gern [mal] einen** ~ (*fam*) to like a[n occasional] drink; **[mit jdm] einen ~ gehen** (*fam*) to go for a drink [with sb]
❷ (*anstoßen*) ■**auf jdn/etw** ~ to drink to sb/sth; ***sie tranken alle auf sein Wohl*** they all drank to his health
II. *vi* ❶ (*Flüssigkeit schlucken*) to drink, to have a drink
❷ (*alkoholische Getränke zu sich nehmen*) to drink; ***er ist eigentlich ein netter Mensch, leider trinkt er*** he's a nice person really, but he likes his drink
Trinker(in) <-s, -> *m(f)* drunkard; (*Alkoholiker*) alcoholic
Trinkerheilanstalt *f* (*veraltet*) detoxification centre [*or* AM -er]
trinkfest *adj* ■~ **sein** to be able to hold one's drink; ***seine ~e Freundin trank ihn unter den Tisch*** his hard-drinking girlfriend drank him under the table
Trinkgefäß *nt* drinking-vessel; ***ich habe keine sauberen ~e*** I haven't got anything clean to drink out of **Trinkgelage** *nt* drinking session **Trinkgeld** *nt* tip; ***der Rest ist*** ~ keep the difference [*or* change]; ~ **bekommen** to receive tips [*or* a tip]; ~ **geben** to give tips [*or* a tip] **Trinkglas** *nt* [drinking-]glass **Trinkhalle** *f* ❶ (*Kur*) pump-room, tap-room AM ❷ (*Kiosk*) *kiosk that sells alcohol, which can be consumed there and then* **Trinkhalm** *m* [drinking-]straw **Trinkkur** *f* mineral water cure; **eine ~ machen** to take the waters **Trinklerntasse** *f* beaker cup **Trinkspruch** *m* toast; **einen ~ auf jdn/etw ausbringen** to propose a toast to sb/sth
Trinkwasser *nt* drinking-water; ***„kein ~!“*** "[this water is] not for drinking"
Trinkwasseraufbereitung *f* drinking-water purification, purification of drinking-water **Trinkwasseraufbereitungsanlage** *f* drinking water treatment plant **Trinkwassergewinnung** *f* recovery of drinking-water **Trinkwasserknappheit** *f* drinking-water shortage **Trinkwasserversorgung** *f* drinking-water supply
Trio <-s, -s> *nt* ❶ MUS trio
❷ (*dreiköpfige Gruppe*) trio, triumvirate *form*
Trip <-s, -s> *m* ❶ (*fam: Ausflug*) trip
❷ (*sl: Drogenrausch*) trip *fam;* **auf einem ~ sein** to be tripping *fam*
► WENDUNGEN: **auf einem bestimmten ~ sein** (*sl*) to be going through a certain phase
Tripitaka <-> *nt kein pl* REL (*Sammlung von buddhistischen Texten*) Tripitaka
Tripolis <-s> *nt* Tripoli
trippeln *vi sein* to patter; ***leichtfüßig trippelte die Primaballerina auf die Bühne*** the prima ballerina tiptoed lightly across the stage
Tripper <-s, -> *m* MED gonorrhoea [*or* AM -hea] *no art;* ***ich habe mir im Puff den ~ geholt!*** (*fam*) I got [*or* picked up] a dose of the clap in that brothel! *sl*
Trisomie <-, -n> *f* MED trisomy
trist *adj* (*geh*) dismal, dreary, dull
Tritium <-s> *nt kein pl* tritium
tritt *3. pers. sing von* **treten**
Tritt <-[e]s, -e> *m* ❶ (*Fußtritt*) kick; **einen ~ bekommen** [*o* **kriegen**] to be kicked; ***er bekam einen ~ in den Hintern*** he got [*or* received] a kick up the backside [*or* in the pants]; **jdm/etw einen ~ geben** [*o geh* **versetzen**] to kick sb/sth [*or* give sb/sth a kick]; ***beim Thaiboxen darf man dem Gegner ~e versetzen*** one is allowed to kick one's opponent in Thai boxing
❷ *kein pl* (*Gang*) step, tread
❸ (*Stufe*) step
► WENDUNGEN: **[wieder] ~ fassen** to get [back] into a routine
Trittblech *nt* step **Trittbrett** *nt* TRANSP step **Trittbrettfahrer(in)** *m(f)* (*fam*) freerider *fam,* fare-dodger BRIT; (*fig: Nachahmer*) copycat *fam* **Tritthocker** *m* stepping-stool **Trittleiter** *f* step-ladder **Trittstufe** *f* BAU tread
Triumph <-[e]s, -e> *m* ❶ (*großartiger Erfolg*) triumph; ***ich gratuliere dir zu diesem ~*** congratulations on your success; **~e** [*o* **einen ~ nach dem anderen**] **feiern** to have [*or* enjoy] great success [*or* success after success] [*or* a string of successes]
❷ *kein pl* (*triumphierende Freude*) triumph
❸ (*Triumphzug*) triumphal procession; **im ~** in a triumphal procession; **irgendwo im ~ einziehen** to make a triumphal entrance somewhere
triumphal I. *adj* ❶ (*im Triumph erfolgend*) triumphal, triumphant
❷ (*überragend*) **ein ~er Erfolg** a tremendous [*or* brilliant] [*or* great] [*or* huge] success; **ein ~er Sieg** a glorious victory
II. *adv* triumphally, triumphantly
Triumphator <-s, -oren> *m* victor
Triumphbogen *m* ARCHIT triumphal arch **Triumphgeschrei** *nt* triumphant shouts *pl*
triumphieren* *vi* (*geh*) ❶ (*frohlocken*) to rejoice [*or* exult]; **höhnisch** ~ to gloat
❷ (*erfolgreich sein*) ■**über jdn** ~ to triumph over sb; ■**über etw** *akk* ~ to overcome [*or* triumph over] sth
triumphierend I. *adj* triumphant
II. *adv* triumphantly
Triumphzug *m* triumphal procession; **im ~** in a triumphal procession
Triumvirat <-[e]s, -e> [-vi-] *nt* HIST triumvirate
trivial [-vi-] *adj* banal, trite
Trivialität <-, -en> *f* (*geh*) ❶ *kein pl* (*das Trivialsein*) triviality
❷ (*triviale Äußerung, Idee*) triviality
Trivialliteratur *f kein pl* MEDIA, LING, VERLAG light [*or pej* pulp] fiction
Trizeps <-[es], -e> *m* BIOL triceps
trocken I. *adj* ❶ (*ausgetrocknet*) dry; **~er Boden** dry [*or* arid] ground; **~e Erde** dry [*or* arid] soil
❷ (*nicht mehr nass*) dry; ■~ **sein/werden** to be/become dry; ***dieser Lack wird nach dem Verstreichen rasch*** ~ this paint dries very quickly [*or* is dry very soon] after being applied; **auf dem T~en** on dry land [*or* terra firma]; **im T~en** in the dry
❸ METEO (*wenig Niederschlag aufweisend*) dry; **ein ~es Gebiet/~er Landstrich/eine ~e Wüste** a dry [*or* arid] region/area/wilderness; ***infolge des Treibhauseffektes soll das Klima ~er werden*** the climate is expected to become drier as a result of the greenhouse effect
❹ KOCHK (*herb*) dry
❺ (*nüchtern*) dry, dull; **ein ~es Buch** a dull book; **~e Zahlen** dry [*or* bare] figures; (*lapidar*) dry
❻ (*hart*) dry
❼ (*fam: vom Alkoholismus geheilt*) ■~ **sein** to be on the wagon *sl*
► WENDUNGEN: **auf dem ~en sitzen** (*fam*) to be broke *fam* [*or* BRIT *sl* skint]; *s. a.* **Auge, Fuß**
II. *adv* ~ **aufbewahren** [*o* **lagern**] to keep [*or* store] in a dry place; **sich** *akk* ~ **rasieren** to use an electric razor [*or* a[n electric] shaver]
Trockenautomat *m* tumble dryer **Trockenbeerenauslese** *f* KOCHK *a sweet* [*German*] *white wine made from selected grapes affected by noble rot* **Trockendock** *nt* NAUT dry dock **Trockeneis** *nt* dry ice **Trockeneisnebel** *m* MUS, THEAT dry ice fog **Trockenerbse** *f* dried pea **Trockenfracht** *f* HANDEL dry cargo **Trockengestell** *nt* clothes-horse **Trockengewicht** *nt kein pl* HANDEL dry weight **Trockengut** *nt* dry cargo **Trockenhaube** *f* [salon] hair-dryer
Trockenheit <-, *selten* -en> *f* METEO ❶ (*Dürreperiode*) drought
❷ (*trockene Beschaffenheit*) dryness *no pl; eines Gebietes, eines Landstrichs, einer Wüste* dryness *no pl,* aridness *no pl,* aridity *no pl*
Trockenkochbohne *f* dried cooking bean **Trockenkurs** *m* beginners' course (*taking place outside the actual environment where the activity normally takes place*) **Trockenladung** *f* dry cargo **trocken|legen** *vt* ❶ (*windeln*) **ein Baby** ~ to change a baby's nappy [*or* AM diaper] ❷ (*durch Drainage entwässern*) ■**etw** ~ to drain sth ❸ (*fam: jdm den Alkohol entziehen*) ■**jdn** ~ to put sb on the wagon *sl* [*or* help sb dry out] **Trockenmasse** *f* KOCHK dry weight **Trockenmilch** *f* dried [*or* powdered] milk **Trockenobst** *nt kein pl* dried fruit **Trockenplatz** *m* drying area **Trockenrasierer** *m* electric razor [*or* shaver] **Trockenrasur** *f* dry shave **trocken|reiben** *vt irreg* ■**jdn/etw** ~ to rub sb/sth dry **Trockenreinigung** *f* dry-cleaning **Trockenschleuder** *f* tumble dryer [*or* drier], spindryer **Trockenshampoo** *nt* dry shampoo **Trockenspiritus** *m* fire lighter **Trockenstoff** *m* (*Farbe*) dryer, drying agent, siccative **Trockenwäsche** *f* dry-weight (*of washing*) **Trockenzeit** *f* dry season
trocknen I. *vi sein* to dry; ***hänge die nasse Wäsche zum T~ auf die Leine*** hang the wet

washing [out] on the line to dry; ■**etw ~ lassen** to let sth dry; ***die Sonne ließ die nasse Straße rasch wieder*** ~ the sun soon quickly dried the wet road again
II. *vt haben* ① (*trocken machen*) ■**etw** ~ to dry sth; ■**jdm/sich etw** ~ to dry sb's/one's sth; ***er trocknete sich/ der Patientin die schweißige Stirn*** he dried [*or* mopped] his/the patient's sweaty brow
② KOCHK (*dörren*) ■**etw** ~ to dry [*or* desiccate] sth
③ (*abtupfen*) ■[**jdm**] **etw** [**von etw** *dat*] ~ to dab up [sb's] sth *sep* [*or* sth [from [sb's] sth]]; ***sie trocknete ihm den Schweiß*** [***von der Stirn***] she dabbed up his sweat [*or* [the sweat from his brow]]; ***komm, ich trockne dir die Tränen*** come and let me dry [*or* wipe away] your tears
Troddel <-, -n> *f* tassel
Trödel <-s> *m kein pl* (*fam*) junk *no indef art, no pl*
Trödelei <-, -en> *f* (*fam*) dawdling *no pl, no indef art*, dilly-dallying *no pl, no indef art fam*
Trödelheini <-s, -s> *m* (*pej*) dawdling idiot **Trödelkram** *m* (*pej fam*) junk **Trödelmarkt** *m s.* **Flohmarkt**
trödeln *vi* ① *haben* (*langsam sein*) to dawdle [*or fam* dilly-dally]
② *sein* (*langsam schlendern*) to [take a] stroll
Trödler(in) <-s, -> *m(f)* ① (*Altwarenhändler*) second-hand dealer
② (*fam: trödelnder Mensch*) dawdler, dilly-dallier, slowcoach BRIT *fam*
troff *imp von* **triefen**
trog *imp von* **trügen**
Trog <-[e]s, Tröge> *m* trough
trojanisch *adj inv* Trojan; INFORM (*beim Hacken*) **T~e Pferde** Trojan horse
Troll <-s, -e> *m* troll
Trollblume *f* BOT globeflower
trollen *vr* (*fam*) ■**sich** *akk* ~ to push off *sl*; ***ich werd mich jetzt nach Hause*** ~ I think I'll push off home now *sl*
Trolleybus ['trɔli-] *m* trolley bus
Trommel <-, -n> *f* MUS, TECH, INFORM drum; **die ~ schlagen** to beat the drum, to play the drum[s]; ***im Orchester schlägt er die*** ~ he plays the drum[s] in the orchestra
Trommelbremse *f* drum brake **Trommeldatei** *f* INFORM drum file **Trommeldrucker** *m* drum printer **Trommelfell** *nt* ANAT ear-drum; ***da platzt einem ja das*** ~ (*fam*) the noise is [almost] ear-splitting **Trommelfeuer** *nt* MIL drumfire; (*fig*) heavy barrage; **unter ~ liegen** to be under drumfire
trommeln **I.** *vi* ① MUS (*die Trommel schlagen*) to drum, play the drum[s *pl*]
② (*laut klopfen*) ■**an** [*o* **auf**] [*o* **gegen**] **etw** *akk* ~ to drum on sth; **gegen die Tür** ~ to bang on the door; ***sie trommelte mit den Fingern auf den Schreibtisch*** she drummed her fingers on the desk
③ (*rhythmisch auftreffen*) ■**an** [*o* **auf**] [*o* **gegen**] **etw** *akk* ~ to beat on [*or* against] sth
II. *vt* MUS ■**etw** ~ to beat out sth *sep*; *s. a.* **Schlaf**
Trommelplotter *m* TYPO, INFORM drum plotter **Trommelrevolver** [-re'vɔlvɐ] *m* revolver **Trommelspeicher** *m* INFORM drum memory [*or* storage] **Trommelstock** *m* drumstick **Trommelwirbel** *m* MUS drum-roll
Trommler(in) <-s, -> *m(f)* drummer
Trompete <-, -n> *f* trumpet; **~ spielen** [*o* **blasen**] to play the trumpet; *s. a.* **Pauke**
trompeten* **I.** *vi* ① MUS (*Trompete spielen*) to play the trumpet
② (*trompetenähnliche Laute hervorbringen*) to trumpet; **ins Taschentuch ~** (*fam*) to blow one's nose loudly; **~de Elefanten** trumpeting elephants
II. *vt* (*fam*) ■**etw** ~ to shout sth from the roof-tops
Trompetenbaum *m* BOT catalpa
Trompeter(in) <-s, -> *m(f)* trumpeter
Tropen *pl* GEOG ■**die** ~ the tropics *pl*
Tropenanzug *m* safari suit **Tropenhelm** *m* sun-helmet, pith helmet, topee **Tropenholz** *nt* wood from tropical trees *pl* **Tropeninstitut** *nt* MED, SCI tropical disease unit **Tropenkrankheit** *f* tropical disease **Tropenpflanze** *f* tropical plant **Tropenwald** *m* tropical rain forest
Tropf[1] <-[e]s, -e> *m* MED drip; **am ~ hängen** (*fam: eine Tropfinfusion erhalten*) to be on a drip; (*fam: subventioniert werden*) to be subsidized
Tropf[2] <-[e]s, Tröpfe> *m* ▶ WENDUNGEN: **armer ~** (*fam*) poor devil
Tropfblech *nt* BAU dripping pan
tröpfchenweise *adv* in [small] drops
tröpfeln **I.** *vi* ① *haben* (*ständig tropfen*) to drip
② *sein* (*rinnen*) ■**aus etw** *dat* ~ to drip from sth
II. *vi impers* to spit [with rain]
III. *vt* ■**etw auf etw** *akk*/**in etw** *akk* ~ to put sth onto/into sth
tropfen *vi* ① *haben* (*Tropfen fallen lassen*) to drip; (*Nase*) to run
② *sein* (*tropfenweise gelangen*) ■**aus** [*o* **von**] **etw** *dat* [**irgendwohin**] ~ to drip [somewhere] from sth
Tropfen <-s, -> *m* ① (*kleine Menge Flüssigkeit*) drop; (*an der Nase*) dewdrop *euph*; (*Schweiß~*) bead; **bis auf den letzten ~** [down] to the last drop; **~ für ~** drop after drop
② *pl* PHARM, MED (*in Tropfen verabreichte Medizin*) drops *pl*; ***haben Sie das Mittel auch als ~?*** do you also have this medicine in the form of drops [*or* drop-form]?
③ (*fam*) drop *no pl*
▶ WENDUNGEN: **steter ~ höhlt den Stein** (*prov*) constant dropping wears [*or* will wear] away a stone *prov*; **ein ~ auf den heißen Stein** (*fam*) a [mere] drop in the ocean; **ein guter** [*o* **edler**] **~** (*fam*) a good drop [of wine]
Tropfenfänger <-s, -> *m* drip-catcher
tropfenweise *adv* in drops; ***dieses hochwirksame Präparat darf nur ~ verabfolgt werden*** this extremely potent preparation should only be administered drop by drop
Tropfhonig *m* liquid honey **Tropfinfusion** *f* MED intravenous drip **tropfnass**[RR] *adj* dripping wet
Tropfstein *m* GEOL ① (*Stalaktit*) stalactite ② (*Stalagmit*) stalagmite **Tropfsteinhöhle** *f* GEOL stalactite cavern [*or* cave]
Trophäe <-, -n> [tro'fɛːə] *f* SPORT, JAGD trophy
tropisch *adj* GEOG tropical
Tropopause *f* METEO tropopause **Troposphäre** *f* troposphere
Tross[RR] <-es, -e> *m*, **Troß** <-sses, -sse> *m*
① (*Zug*) procession of followers
② MIL (*Nachschubeinheit*) baggage-train
③ HIST (*Gefolge*) retinue
Trosse <-, -n> *f* NAUT hawser
Trost <-[e]s> *m kein pl* ① (*Linderung*) consolation; ***sie fand in der Kirche*** ~ she found comfort in the church; **ein schwacher** [*o* **schlechter**] **~ sein** to be of little consolation [*or* pretty cold comfort]; **das ist ein schöner ~** (*iron*) some comfort that is *iron*; **ein/jds ~ sein** to be a consolation/sb's comfort; **als ~** as a [*or* by way of] consolation; ***der Hauptgewinner erhielt 50.000 DM, die nächsten zehn Gewinner als ~ je 100 DM*** the main prize winner received DM 50,000 and the next ten winners DM 100 each as a consolation prize
② (*Zuspruch*) words of comfort; **jdm ~ spenden** to console [*or* comfort] sb; **zum ~** as a comfort [*or* consolation]; ***zum ~ strich er der Weinenden über die Haare*** he comforted the crying girl by stroking her hair
▶ WENDUNGEN: **nicht** [**ganz** [*o* **recht**]] **bei ~ sein** (*fam*) to have taken leave of one's senses, not to be [quite] all there
trösten **I.** *vt* (*jds Kummer lindern*) ■**jdn** ~ to comfort [*or* console] sb; ***sie war von nichts und niemandem zu ~*** she was utterly inconsolable; ■**etw tröstet jdn** sth is of consolation to sb
II. *vr* ■**sich** *akk* [**mit jdm/etw**] ~ to find consolation [with sb]/console oneself [with sth], to find solace [in sth] *form*; **~ Sie sich, ...** console yourself with the thought that ...
tröstend **I.** *adj* comforting, consoling, consolatory
II. *adv* **jdm ~ über die Haare streichen** to stroke sb's hair in a comforting [*or* consoling] [*or* consolatory] manner; **jdn ~ umarmen** to give sb a comforting [*or* consoling] [*or* consolatory] hug
Tröster(in) <-s, -> *m(f)* comforter
tröstlich *adj* comforting; ■**etw ist ~ zu hören/sehen/wissen, ...** sth is comforting to hear/see/know ...; ■**es ist ~** [**zu hören/sehen/wissen**], **dass ...** it's comforting [to hear/see/know] that ...; ***dass du dem endlich einmal zugestimmt hast, ist*** ~ it's comforting to know that you've finally agreed to it
trostlos *adj* ① (*deprimierend*) miserable, wretched; ***bei diesem ~en Regenwetter habe ich zu nichts Lust*** I don't feel like doing anything in this miserable rainy [*or* wet] weather
② (*öde und hässlich*) desolate; **eine ~e Landschaft** a bleak landscape
Trostlosigkeit <-> *f kein pl* ① (*deprimierende Art*) miserableness *no pl*, wretchedness *no pl*; (*Wetter*) miserableness *no pl*
② (*triste Beschaffenheit*) desolateness *no pl*
Trostpflaster *nt* consolation; **als ~** as a [*or* by way of] consolation
Trostpflästerchen *nt* (*hum*) *dim von* Trostpflaster some consolation **Trostpreis** *m* consolation prize
trostreich *adj inv Worte* comforting
Tröstung <-, -en> *f* (*geh*) comfort
Trott <-s> *m kein pl* routine; **in einen bestimmten ~ verfallen** to get into a certain rut
Trottel <-s, -> *m* (*fam*) idiot, bonehead *sl*, blockhead *sl*, plonker BRIT *sl*
trottelig **I.** *adj* (*fam*) stupid; ***dieser ~e Kerl*** this stupid [*or* idiot of a] guy [*or* BRIT bloke] [*or* BRIT plonker] *sl*; ***sei nicht so*** ~ don't be so stupid [*or* BRIT *sl* such a plonker]
II. *adv* (*fam*) **sich** *akk* **~ anstellen** [*o* **benehmen**] to act [*or* behave] stupidly [*or* like an idiot] [*or sl* a bonehead] [*or sl* a blockhead] [*or* BRIT *sl* a plonker]
Trottellumme *f* ORN common guillemot
trotten *vi sein* to trudge [*or* plod] [along]
Trotteur <-s, -s> [trɔ'tøːɐ] *m* casual [shoe]
Trottinett <-s, -e> *nt* SCHWEIZ (*Kinderroller*) [children's] scooter
Trottoir <-s, -s *o* -e> [trɔ'toaːɐ] *nt* SÜDD, ÖSTERR, SCHWEIZ (*Bürgersteig*) pavement
trotz *präp +gen* in spite of, despite
Trotz <-es> *m kein pl* defiance; ***dass die Kleine so widerspenstig ist, ist nichts als*** ~ the child's rebelliousness is nothing more than contrariness; ■**jds ~ gegen jdn/etw** sb's defiance of sb/sth; **aus ~** [**gegen jdn/etw**] out of spite [for sb/sth]; **jdm/einer S. zum ~** in defiance of sb/a thing
Trotzalter *nt* difficult age; **im ~ sein** to be going through [*or* be at] a difficult age
trotzdem *adv* nevertheless; (*aber*) still; ***der ist aber teuer — ~! ich finde ihn schön*** it sure is expensive — still! I think it's gorgeous
trotzen *vi* ■**jdm/einer S.** ~ (*die Stirn bieten*) to resist sb/brave a thing; **einer Herausforderung ~** to meet a challenge; (*sich widersetzen*) to defy sb/a thing
trotzig *adj* difficult, awkward
Trotzkopf *m* (*fam*) (*trotziges Kind*) awkward [*or* BRIT *fam* bolshie] little so-and-so ▶ WENDUNGEN: **einen ~ haben** to be awkward [*or* BRIT *fam* bolshie]; **seinen ~ durchsetzen** to have [*or* get] one's way **Trotzreaktion** *f* act of defiance; ***das war doch nur eine ~ von ihr*** she merely acted like that out of defiance
Troubadour <-s, -s *o* -e> ['truːbaduːɐ, truba'duːɐ] *m* HIST troubabour
trübe *adj* ① (*unklar*) murky; **~s Bier/~r Saft/~r Urin** cloudy beer/juice/urine; **~s Glas/eine ~ Fensterscheibe/ein ~r Spiegel** dull glass/a dull window/mirror
② (*matt*) dim; **~s Licht** dim light
③ METEO (*dunstig*) dull; **ein ~r Himmel** a dull [*or* overcast] [*or* grey] sky [*or* AM gray]
④ (*deprimierend*) bleak; **~ Erfahrungen** unhappy experiences; **eine ~ Stimmung** a gloomy mood
▶ WENDUNGEN: **im T~n fischen** (*fam*) to fish in troubled waters; [**mit**] **etw** *dat* **sieht** [**es**] **~ aus** the

T

prospects are [looking] bleak [for sth]; *s. a.* **Tasse**

Trubel <-s> *m kein pl* hurly-burly, hustle and bustle

trüben I. *vt* ■**etw** ~ ❶ (*unklar machen*) to make sth murky; **Bier/Saft** ~ to make beer/juice cloudy
❷ (*beeinträchtigen*) to cast a cloud over sth; **Beziehungen/ein Verhältnis** ~ to strain [*or* put a strain on] relations/a relationship
II. *vr* ■**sich** *akk* ~ ❶ (*unklar werden*) to go murky
❷ (*geh: unsicher werden*) to become clouded; ***sein Gedächtnis trübte sich im Alter*** his memory deteriorated [*or* became hazy] in his old age

Trübsal *f kein pl* (*geh*) ❶ (*Betrübtheit*) grief
❷ (*Leid*) suffering, misery
► WENDUNGEN: ~ **blasen** (*fam*) to mope

trübselig *adj* ❶ (*betrübt*) gloomy, miserable, melancholy; **ein ~es Gesicht/eine ~e Miene** a gloomy [*or* miserable] face/expression
❷ (*trostlos*) bleak, dreary

Trübsinn *m kein pl* gloom[iness *no pl*], melancholy

trübsinnig *adj* gloomy, miserable, melancholy; **ein ~er Gesichtsausdruck/eine ~e Miene** a gloomy [*or* miserable] expression

Trübung <-, -en> *f* ❶ (*Veränderung zum Unklaren*) clouding; ***bei zu starkem Algenwachstum kann eine ~ des Teichwassers eintreten*** excessive algae growth can lead to the pond water becoming murky
❷ (*Beeinträchtigung*) straining; ***sein Betrug führte zu einer ~ unseres Einvernehmens*** his deception put a strain on our friendly relationship

Truck <-s, -s> [trʌk] *m* truck

Trucker <-s, -> ['trʌkɐ] *m* trucker

trudeln *vi sein o haben* LUFT to spin; ***die Maschine begann zu Boden zu ~*** the plane went into a [tail]spin; **ins T~ geraten** to go into a [flat] spin

Trüffel¹ <-, -n> *f* BOT (*Pilz*) truffle

Trüffel² <-s, -> *m* KOCHK (*gefüllte Praline*) truffle

Trüffelhobel *f* truffle grater **Trüffelöl** *nt* truffle oil

Trug <-[e]s> *m kein pl* ❶ (*Betrug*) delusion; **Lug und ~** lies and deception
❷ (*Sinnestäuschung*) illusion

trug *imp von* **tragen**

Trugbild *nt* (*veraltend geh*) illusion, hallucination

trügen <trog, getrogen> I. *vt* (*täuschen*) ■**jdn ~** (*geh*) to deceive sb; **wenn mich nicht alles trügt** unless I'm very much mistaken
II. *vi* (*täuschen*) to be deceptive

trügerisch *adj* deceptive

Trugschluss^RR *m* fallacy; **ein ~ sein, etw zu tun** to be a fallacy to do sth; **einem ~ unterliegen** to labour [*or* AM -or] under a misapprehension

Truhe <-, -n> *f* chest

Trümmer *pl* rubble; *eines Flugzeugs* wreckage; **in ~n liegen** to lie in ruins *pl*

Trümmerfeld *nt* expanse of rubble **Trümmerfrau** *f* POL (*hist*) *woman who helped clear debris after WWII* **Trümmerhaufen** *m* heap [*or* pile] of rubble **Trümmerteil** *nt* piece of rubble, debris

Trumpf <-[e]s, Trümpfe> *m* ❶ KARTEN (*Trumpfkarte*) trump [card]; ~ **sein** to be trumps
❷ (*fig: entscheidender Vorteil*) trump card *fig*; **den ~ aus der Hand geben** to waste [*or* give up] one's trump card; **noch einen ~ in der Hand haben** to have another ace [*or* card] up one's sleeve; **seinen ~/den entscheidenden ~/seinen letzten ~ ausspielen** to play one's/the decisive/one's last trump card

trumpfen *vi* KARTEN ■[**mit etw** *dat*] ~ to trump [with sth]

Trumpfkarte *f* KARTEN trump [card]

Trunk <-[e]s, Trünke> *m* (*geh*) drink, beverage *form*; **dem ~ verfallen** [*o* **ergeben**] **sein** to be a victim of the demon drink [*or* have taken to drink]

trunken *adj* (*geh*) ■~ **vor etw** *dat* **sein** to be intoxicated [*or* drunk] with sth

Trunkenbold <-[e]s, -e> *m* (*pej*) drunkard *pej*

Trunkenheit <-> *f kein pl* drunkenness *no pl*, intoxication; ~ **am Steuer,** ~ **im Verkehr** JUR drunken driving, driving [whilst] under the influence of alcohol

Trunksucht <-> *f kein pl* (*geh*) alcoholism *no indef art*

trunksüchtig *adj* (*geh*) ■~ **sein** to be an alcoholic

Trupp <-s, -s> *m* group; MIL squad, detachment; ***die Wanderer lösten sich in kleinere ~s auf*** the walkers split up into smaller groups

Truppe <-, -n> *f* ❶ *kein pl* MIL (*Soldaten an der Front*) combat [*or* front-line] unit; ■**die ~** (*fam*) the army
❷ MIL (*Soldatenverband mit bestimmter Aufgabe*) squad
❸ (*gemeinsam auftretende Gruppe*) troupe, company; ***er ist Schauspieler in einer bekannten ~*** he's an actor with a famous company
► WENDUNGEN: **von der** [**ganz**] **schnellen ~ sein** (*fam*) to be a fast worker [*or pl* fast workers]; ***Sie sind aber von der ganz schnellen ~!*** you're a fast worker!, you don't hang about[, do you?] *fam*; **nicht von der schnellen ~ sein** (*fam*) to be a bit slow, to not exactly be the brain of Britain BRIT *fam*

Truppenabbau *m* POL, MIL reduction of troops **Truppenabzug** *m* MIL withdrawal of troops, troop withdrawal **Truppenansammlung** *f* gathering of troops **Truppenbewegung** *f meist pl* MIL troop movement[s *pl*] **Truppendienstgericht** *nt* JUR court martial **Truppenführer** *m* MIL commander **Truppengattung** *f* MIL an arm of the services; ***die Kavallerie ist eine ~ der Vergangenheit*** the cavalry was formerly an arm of the services **Truppenkontingent** *nt* POL, MIL contingent **Truppenparade** *f* military parade [*or* review] **Truppenstärke** *f* troop strength **Truppenteil** *m* MIL unit **Truppenübung** *f* military exercise **Truppenübungsplatz** *m* MIL military training area **Truppenverschiebung** *f* troop displacement

Trüsche <-, -n> *f* ZOOL burbot, eelpout

Trust <-[e]s, -s *o* -e> [trʌst] *m* trust

Trute <-, -n> *f* SCHWEIZ (*Truthenne*) turkey[hen]

Truthahn *m* turkey[cock]; ***viele englische Familien essen zu Weihnachten ~*** many English families eat turkey at Christmas **Truthenne** *f* turkey[hen]

Tschad <-s> *nt* Chad; *s. a.* **Deutschland**

Tschader(in) <-s, -> *m(f)* Chadian; *s. a.* **Deutsche(r)**

tschadisch *adj* Chadian; *s. a.* **deutsch**

Tschador <-s, -s> *m* chador

Tschadsee *m* Lake Chad

tschau *interj* (*fam*) cheerio BRIT *fam*, see you *fam*, so long *fam*, ciao *fam*

Tscheche, Tschechin <-n, -n> *m, f* GEOG Czech; *s. a.* **Deutsche(r)**

Tschechei <-> *f* ■**die ~** the Czech Republic; *s. a.* **Deutschland**

Tschechin <-, -nen> *f fem form von* **Tscheche**

tschechisch *adj* ❶ GEOG Czech; *s. a.* **deutsch 1**
❷ LING Czech; *s. a.* **deutsch 2**

Tschechisch *nt dekl wie adj* Czech; *s. a.* **Deutsch**

Tschechische <-n> *nt* ■**das ~** Czech, the Czech language; *s. a.* **Deutsche**

Tschechische Republik *f* Czech Republic; *s. a.* **Deutschland**

tschilpen *vi* to chirp

tschüs *interj,* **tschüss^RR** *interj* (*fam*) bye *fam*, cheerio BRIT *fam*, see you *fam*, so long *fam*; **jdm ~ sagen** to say bye [*or* cheerio] to sb

Tsd. *nt Abk von* **Tausend**

Tsetsefliege *f* tsetse fly

T-Shirt <-s, -s> ['tiːʃœrt] *nt* T-shirt, tee-shirt

T-Träger ['teː-] *m* BAU T-girder

TU <-, -s> [teː'ʔuː] *f* SCH *Abk von* **technische Universität** technical university

tu(e) *imper sing von* **tun**

Tuareg *pl* (*Volk in der Sahara*) Tuareg

Tuba <-, Tuben> *f* MUS tuba

Tube <-, -n> *f* tube
► WENDUNGEN: **auf die ~ drücken** (*fam*) to step on it, to put one's foot down

Tuben *pl von* **Tube, Tuba, Tubus**

Tuberkelbazillus *m* MED tubercle [*or* Koch's] bacillus

tuberkulös *adj* MED (*geh*) tubercular, tuberculous

Tuberkulose <-, -n> *f* MED tuberculosis *no indef art, no pl*

tuberkulosekrank *adj* MED tubercular, tuberculous; ■~ **sein** to be tubercular [*or* tuberculous], to have tuberculosis

Tuberkulosekranke(r) *f(m) dekl wie adj* MED person suffering from tuberculosis

Tuch¹ <-[e]s, Tücher> *nt* ❶ (*Kopf~*) [head]scarf; (*Hals~*) scarf
❷ (*dünne Decke*) cloth
► WENDUNGEN: **wie ein rotes ~ auf jdn wirken** to be like a red rag to a bull to sb; ***so was wirkt wie ein rotes ~ auf ihn*** that sort of thing is like a red rag to a bull to him [*or* [really] makes him see red]

Tuch² <-[e]s, -e> *nt* (*textiles Gewebe*) cloth, fabric

Tuchballen *m* bale of cloth **Tuchfühlung** *f*
► WENDUNGEN: **auf ~ bleiben** (*fam*) to stay in touch [*or* contact]; **mit jdm auf ~ sein** [*o* **sitzen**] (*fam*) to sit close to sb; ***ich mag es nicht, wenn man mit mir auf ~ sitzt*** I don't like it when somebody sits [too] close to me **Tuchhandel** *m* ÖKON (*hist*) ■**der ~** the cloth trade **Tuchhändler(in)** <-s, -s> *m(f)* cloth merchant

tüchtig I. *adj* ❶ (*fähig*) capable, competent; **~, ~!** well done!
❷ (*fam: groß*) sizeable, big; **eine ~e Tracht Prügel** a good hiding [*or* beating]; *s. a.* **Welt**
II. *adv* (*fam*) ❶ (*viel*) ~ **anpacken/mithelfen** to muck in BRIT, to share [tasks/accomodations] AM; ~ **essen** to eat heartily; ~ **sparen** to save hard
❷ (*stark*) ~ **regnen** to rain hard; ~ **schneien** to snow hard [*or* heavily]; ***es stürmt ~*** the [*or* a] storm is raging

Tüchtigkeit <-> *f kein pl* competence, efficiency

Tücke <-, -n> *f* ❶ *kein pl* (*Heimtücke*) malice; (*einer Tat*) maliciousness
❷ *kein pl* (*Gefährlichkeit*) dangerousness; (*von Krankheiten*) perniciousness
❸ (*Unwägbarkeiten*) ■**~n** *pl* vagaries *pl*; **seine ~n haben** to be temperamental
► WENDUNGEN: **das ist die ~ des Objekts** these things have a will of their own!

tuckern *vi* ❶ *haben* (*blubbernde Geräusche machen*) to chug
❷ *sein* (*mit blubbernden Geräuschen fahren*) to chug

tückisch *adj* ❶ (*hinterhältig*) malicious; **ein ~er Mensch** a malicious [*or* spiteful] person
❷ (*heimtückisch*) pernicious
❸ (*gefährlich*) treacherous

Tüftelei <-, -en> *f* (*fam*) complicated and awkward [*or* BRIT fiddly] job *fam*

tüfteln *vi* (*fam*) to fiddle about *fam*; ■**an etw** *dat* ~ to fiddle about [*or* tinker] with sth *fam*

Tugend <-, -en> *f* ❶ (*wertvolle Eigenschaft*) virtue
❷ *kein pl* (*moralische Untadeligkeit*) virtue; *s. a.* **Not**

tugendhaft *adj* virtuous

Tugendhaftigkeit <-> *f kein pl* virtuousness *no pl*

Tukan <-s, -e> *m* ORN toucan

Tüll <-s, -e> *m* MODE tulle

Tülle <-, -n> *f* ❶ (*Ausguss*) spout
❷ TECH (*Ansatzstück*) attachment; (*Dichtungsring*) grommet

Tulpe <-, -n> *f* ❶ BOT tulip
❷ (*konisches Bierglas*) tulip-glass

Tulpenzwiebel *f* BOT tulip-bulb

tumb *adj* (*pej*) naive *pej*; (*einfältig*) slow

Tumbler <-s, -s> *m* SCHWEIZ (*Wäschetrockner*) tumble-drier [*or* AM dryer]

tummeln *vr* ■**sich** *akk* ~ ❶ (*froh umherbewegen*) to romp [about]
❷ (*sich beeilen*) to hurry [up]

Tummelplatz *m* (*geh*) play area

Tümmler <-s, -> *m* porpoise

Tumor <-s, Tumoren> *m* tumour [*or* AM -or]

Tumorentnahme *f* tumour removal, removal of a/the tumour **Tumormarker** <-s, -> *m* MED tumour marker **Tumorsuchsystem** *nt* tumour search system, system that searches for tumours **Tumor-**

zelle *f* tumour cell
Tümpel <-s, -> *m* [small] pond
Tumult <-[e]s, -e> *m* ❶ *kein pl* (*lärmendes Durcheinander*) commotion, tumult
❷ *meist pl* (*Aufruhr*) disturbance

tun <tat, getan>

I. TRANSITIVES VERB
II. UNPERSÖNLICHES REFLEXIVES VERB
III. INTRANSITIVES VERB IV. MODALVERB

I. TRANSITIVES VERB

❶ (*machen*) ■**etw** ~ (*mit unbestimmtem Objekt*) to do sth; ***was sollen wir bloß ~?*** whatever shall we do?; ***was tust du da?*** what are you doing [there]?; **etw noch ~ müssen** to have still got sth to do; ***was tut er nur den ganzen Tag?*** what does he do all day?; **noch viel ~ müssen** to have still got a lot to do; ■**etw [mit etw] ~** to do sth [with sth]; ***das Klopfen tut er mit dem Fuß*** he's making that tapping noise with his foot; ■**etw mit jdm ~** to do sth with sb; ***was haben sie mit dir getan, dass du so verängstigt bist?*** what have they done to you to make you so frightened?; ■**etw aus etw ~** to do sth out of sth; **etw aus Liebe ~** to do sth out of [*or* for] love; **nichts ~, als ...** (*fam*) to do nothing but ...; ***er tut nichts, als sich zu beklagen*** he does nothing but complain; **~ und lassen können, was man will** to do as one pleases [*or* likes]; **was jd zu ~ und zu lassen hat** what sb can and can't [*or* should and shouldn't] do; **~, was man nicht lassen kann** (*fam*) to do sth if one must; **das eine ~, und das andere nicht lassen** to do one thing without neglecting the other; ***so etwas tut man nicht!*** you just don't do things like that!; **etw nicht unter etw** *dat* **~** (*fam*) not to do sth for less than sth; ***das Radio muss repariert werden — der Techniker tut es nicht unter 100 Mark*** the radio needs repairing — the electrician won't do it for less than 100 marks; **was ~?** what's to be done?; ***~ Sie wie zu Hause*** make yourself feel at home
❷ (*arbeiten*) ■**etw [für jdn/etw] ~** to do sth [for sb/sth]; ***auch im Urlaub tue ich einige Stunden pro Tag [für die Firma]*** I even put in [*or* do] a couple of hours[' work] [for the company] when I'm on holiday
❸ (*unternehmen*) ■**etwas/nichts/einiges ~** to do something/nothing/quite a lot [*or* bit]; ***in dieser Angelegenheit wird derzeit einiges von uns getan*** we're currently undertaking a number of things in this matter; ■**etwas/nichts/einiges für jdn ~** to do something/nothing/quite a lot [*or* bit] for sb; ***der Arzt kann nichts mehr für ihn ~*** the doctor can't do anything [*or* can do nothing] more for him; ***was tut man nicht alles für seine Nichten und Neffen!*** the things we do for our nephews and nieces!; **etwas/nichts/einiges für etw ~** to do something/nothing/quite a lot [*or* bit] for sth; ***ich muss etwas/ mehr für meine schlanke Linie ~*** I must do something/more for my figure; **etw gegen etw ~** *Beschwerden, Pickel, Belästigungen, Unrecht* to do sth about sth; **etwas für jdn ~ können** to be able to do something for sb; ***was kann ich für Sie ~?*** (*im Geschäft*) can I help you?, what can I do for you?; **man tut, was man kann** one does what one can; **was sich ~ lässt** what can be done; ***ich will versuchen, was sich da ~ lässt*** I'll see what I can do [*or* can be done] [about it]; **etwas für sich ~ müssen** to need to do something for one's health
❹ (*an~*) ■**[jdm] etwas/nichts ~** to do something/nothing [to sb]; ***keine Angst, der Hund tut Ihnen nichts*** don't worry, the dog won't hurt you; ***dein Hund tut doch hoffentlich nichts?*** your dog won't bite, will it?
❺ (*fam: legen o stecken*) ■**etw irgendwohin ~** to put sth somewhere
❻ (*fam: funktionieren*) ■**es noch/nicht mehr ~** to be still working [*or* going]/broken [*or sl* kaputt] [*or fam* have had it]; ***tut es dein altes Tonbandgerät eigentlich noch?*** is your old tape recorder still working?
❼ (*fam: ausmachen*) ■**etwas/nichts ~** to matter/ not to matter; **das tut nichts** it doesn't matter; **was tut's** (*fam*) what difference does it make?, what does it matter?; ***macht es dir was aus, wenn ich das mache? — ja, das tut es*** does [*or* would] it matter to you if I do this? — yes, it does [*or* would]
❽ (*fam: ausreichen*) ■**es [für etw] ~** to do [for sth]; ***für heute tut's das*** that'll do for today; ***tut es das?*** will that do?; **mit etw [noch] nicht getan sein** sth isn't enough
❾ (*sl: Geschlechtsverkehr haben*) ■**es [mit jdm] ~** to do it [with sb] *sl; s. a.* **Gefallen, Sache**

II. UNPERSÖNLICHES REFLEXIVES VERB

■**etwas/nichts/einiges tut sich** something/nothing/quite a lot [*or* bit] is happening; **da tut sich nichts** (*fam*) it doesn't make any difference

III. INTRANSITIVES VERB

❶ (*sich benehmen*) to act; **albern/dumm ~** to play dumb; **informiert/kompetent ~** to pretend to be well-informed/competent; **so ~, als ob** to pretend that; ***er schläft doch gar nicht, er tut nur so, als ob*** he's not asleep at all, he's only pretending [to be]; ***ich tue jetzt so, als ob ich ginge*** I'll pretend to be [*or* that I'm] going now; **nur so ~** to be only pretending; ***er ist doch gar nicht wütend, er tut nur so*** he's not angry at all, he's [just] pretending [to be]; ***der Fußballspieler war gar nicht verletzt, er hat nur so getan*** the footballer wasn't injured at all, he was just play-acting; ***tu doch nicht so!*** (*fam: stell dich nicht so an*) stop pretending!; (*reg dich doch nicht auf*) don't make such a fuss!
❷ (*Dinge erledigen*) ■**zu ~ haben** to be busy; ***störe mich jetzt nicht, ich habe [noch] zu ~*** don't disturb me now, I'm busy; ***am Samstag habe ich noch in der Stadt/im Garten/Keller zu ~*** I've got [some] things to do in town/in the garden/cellar on Saturday
▸ WENDUNGEN: **es mit jdm zu ~ bekommen** [*o* **kriegen**] (*fam*) to get into trouble with sb; ***pass auf, sonst kriegst du es mit mir zu ~*** watch it, or you'll have me to deal with [*or* answer to]; **es mit jdm zu ~ haben** to be dealing with sb; **es mit sich selbst zu ~ haben** to have problems of one's own [*or* enough on one's own plate]; **mit wem habe ich es zu ~?** who might you be [*or* are you]?; **etwas/ nichts mit jdm/etw zu ~ haben** to have something/nothing to do with sb/sth; **jdm es um jdn/ etw zu ~ sein** sb is concerned [*or* worried] about sb/sth; **es jdm sehr darum zu ~ sein** (*geh*) to be very important to sb; **mit jdm/etw nichts zu ~ haben wollen** to want to have nothing to do with sb/ sth

IV. MODALVERB

❶ *mit vorgestelltem Infinitiv* ***mögen tu ich wohl, nur darf ich es nicht*** I'd like to [do it], but I'm not allowed [to]; ***singen tut sie ja gut*** she's a good singer, she sings well
❷ *mit nachgestelltem Infinitiv* DIAL ■**~ ...-en** to do sth; ***ich tu nur schnell den Braten anbraten*** I'll just brown the joint [off]; ***tust du die Kinder ins Bett bringen?*** will you put the children to bed?; ***er tut sich schrecklich ärgern*** he's really getting worked up
❸ *konjunktivisch mit vorgestelltem Infinitiv* DIAL ■**etw täte jdn ...-en** sb would ... sth; ***deine Gründe täten mich schon interessieren*** I would be interested to hear [*or* know] your reasons; ***er täte zu gerne wissen, warum ich das nicht gemacht habe*** he would love to know why I didn't do it

Tun <-s> *nt kein pl* action; ***ihr ganzes ~ und Trachten*** everything she does [*or* did]; **jds ~ und Treiben** what sb does; ***berichte mal über euer ~ und Treiben in den Ferien*** (*hum*) tell me what you did during the holidays
Tünche <-, -n> *f* whitewash *no pl*
tünchen *vt* ■**etw ~** to whitewash sth
Tundra <-, Tundren> *f* GEOG tundra *no pl*
tunen ['tju:nən] *vt* ■**etw ~** to tune sth; **einen CD-Player ~** to tune a CD player
Tuner <-s, -> ['tju:nɐ] *m* TV, RADIO tuner
Tunesien <-s> [tu'ne:ziən] *nt* Tunisia; *s. a.* **Deutschland**
Tunesier(in) <-s, -> [tu'ne:ziɐ] *m(f)* Tunisian; *s. a.* **Deutsche(r)**
tunesisch *adj* ❶ (*Tunesien betreffend*) Tunisian; *s. a.* **deutsch 1**
❷ LING Tunisian; *s. a.* **deutsch 2**
TunfischRR *m* tuna [fish]
Tunichtgut <-[e]s, -e> *m* good-for-nothing, ne'er-do-well *dated*
Tunika <-, Tuniken> *f* MODE, HIST tunic
Tunke <-, -n> *f* KOCHK sauce; (*Braten~*) gravy
tunken *vt* ■**etw in etw** *akk* **~** to dip [*or* dunk] sth into sth
tunlich *adj* possible, feasible; (*ratsam*) advisable
tunlichst *adv* if possible; ***du solltest ~ von einem so gefährlichen Unterfangen Abstand nehmen*** you would be well-advised to steer clear of such a dangerous venture; ***wir sollten das aber ~ geheim halten*** we should do our best to keep it a secret
Tunnel <-s, – *o* -s> *m* tunnel; (*für Fußgänger*) subway
Tunnelbohrmaschine *f* tunnel excavator **Tunneleffekt** *m* PHYS tunnel effect
Tunte <-, -n> *f* (*fam*) queen *pej sl*, fairy *pej sl*
tuntig *adj* (*pej fam*) fairy-like *pej*
Tüpfel <-s, -> *m* BOT pit
Tüpfelchen <-s, -> *nt* (*kleiner Tupfen*) dot
▸ WENDUNGEN: **das ~ auf dem i** the final [*or* finishing] touch; **nicht ein ~** not a single thing, nothing whatsoever
tüpfeln *vt* ■**etw ~** to spot sth
tupfen *vt* ■**etw von etw** *dat* **~** to dab sth from sth; ■**sich** *dat* **etw ~** to dab one's sth
Tupfen <-s, -> *m* dot
tupfengleich I. *adj* SÜDD, SCHWEIZ (*genau gleich*) exactly the same, selfsame *attr;* ***ich habe mir gestern das ~e Kleid gekauft*** I bought exactly the same [*or* the selfsame] dress yesterday
II. *adv* SÜDD, SCHWEIZ (*genau gleich*) in exactly the same way
Tupfer <-s, -> *m* MED swab
Tupperware® <-> *f kein pl* Tupperware®
Tür <-, -en> *f* door; **an die ~ gehen** to go to the door; **jdm die ~ weisen** (*geh*) to show sb the door; **~ an ~** next door to one another [*or* each other] [*or* sb]; **in der ~** in the door[way]
▸ WENDUNGEN: **zwischen ~ und Angel** (*fam*) in passing; ***sie fertigte den Vertreter zwischen ~ und Angel ab*** she dealt with the sales rep as quickly as she could; **mit der ~ ins Haus fallen** (*fam*) to blurt it [straight] out; **jdm die ~ vor der Nase zumachen/zuschlagen** (*fam*) to slam the door in sb's face; ***als sie sah, dass es der Gerichtsvollzieher war, schlug sie ihm rasch die ~ vor der Nase zu*** when she saw [that] it was the bailiff, she quickly slammed the door in his face; **etw** *dat* **~ und Tor öffnen** to open the door to a thing; **[bei jdm] [mit etw** *dat*] **offene ~en einrennen** to be preaching to the converted [with sth]; **hinter verschlossenen ~en** behind closed doors, in camera *form;* **jdm [fast] die ~ einrennen** (*fam*) to pester sb constantly; **du kriegst die ~ nicht zu!** (*fam*) well, I never!; **vor der ~ sein** to be just [a]round the corner; **jdn vor die ~ setzen** (*fam*) to kick [*or* throw] sb out
Türangel *f* [door-]hinge
Turban <-s, -e> *m* turban
Turbine <-, -n> *f* turbine
Turbinenantrieb *m* turbine drive
Turbo <-s, -s> *m* AUTO ❶ (*Turbolader*) turbocharger
❷ (*Auto mit Turbomotor*) car [*or* model] with a turbocharged engine, turbocharged car; ***die verbesserte Version der Limousine ist jetzt als ~ herausgekommen*** the improved version of this saloon is now available as a turbocharged model [*or* with a turbocharger]

T

Turbo(auf)ladung *f* AUTO turbo-charging **Turbodiesel** *m* car [*or* model] with a turbocharged diesel engine, turbodiesel car **Turbogymnasium** *nt* turbo-grammar school (*in which pupils attain the equivalent of A-levels in 12 rather than 13 years*) **Turbolader** <-s, -> *m* AUTO turbocharger **Turboloch** *nt* AUTO turbo lag **Turbomotor** *m* AUTO turbocharged engine **Turbo-Prop-Maschine** *nt* LUFT turboprop [aircraft]

turbulent I. *adj* turbulent, tempestuous; ***wir haben ausgiebig gefeiert, es war ein ~es Wochenende*** we celebrated long and hard, it was a riotous [*or* tumultuous] weekend; ***die Wochen vor Weihnachten waren reichlich ~*** the weeks leading up to Christmas were really chaotic
II. *adv* turbulently; ~ **verlaufen** to be turbulent [*or* stormy]; ***auf der Aktionärsversammlung ging es sehr ~ zu*** the shareholders' meeting was [a] very stormy [*or* tempestuous] [one]

Turbulenz <-, -en> *f* ❶ METEO (*Luftwirbel*) turbulence *no pl*
❷ *meist pl* (*geh: turbulentes Ereignis*) turbulence *no pl*, turmoil *no pl*

Türdichtung *f* AUTO door seal **Türdrücker** *m* automatic [*or* electric] door-opener

Türe <-, -n> *f* DIAL (*Tür*) door

Türfalle *f* SCHWEIZ (*Türklinke*) door-handle **Türflügel** *m* one of the doors in a double door **Türfüllung** *f* door panel

Turgor <-s> *m kein pl* BIOL turgor

Türgriff *m* (*außen*) door handle; (*innen*) door release handle

Türgriffsicherung *f* door handle safety-catch [*or* lock]

Türke <-n, -n> *m* (*sl*) cock-and-bull story

Türke, Türkin <-n, -n> *m, f* Turk; *s. a.* **Deutsche(r)**

Türkei <-> *f* ■**die** ~ Turkey; *s. a.* **Deutschland**

türken *vt* (*sl*) ■**etw** ~ to fabricate [*or sep* make up] sth

Türkenbundlilie *f* BOT Turk's-cap [lily], martagon *spec* **Türkentaube** *f* ORN collard dove

Türkin <-, -nen> *f fem form von* **Türke**

türkis *adj* turquoise

Türkis¹ <-es, -e> *m* GEOL turquoise

Türkis² <-> *nt kein pl* (*Farbe*) turquoise; *s. a.* **in**

türkisch *adj* ❶ (*die Türkei betreffend*) Turkish; *s. a.* **deutsch 1**
❷ LING Turkish; *s. a.* **deutsch 2**

Türkisch *nt dekl wie adj* Turkish; *s. a.* **Deutsch**

Türkische <-n> *nt* ■**das** ~ Turkish, the Turkish language; *s. a.* **Deutsche**

türkisfarben *adj* turquoise

Türklinke *f* door-handle **Türklopfer** *m* door-knocker

Turkmene, Turkmenin <-n, -n> *m, f* Turkmen; *s. a.* **Deutsche(r)**

Turkmenien <-s> *nt* Turkmenistan

turkmenisch *adj* Turkmen; *s. a.* **deutsch**

Turkmenisch *nt dekl wie adj* Turkmen; *s. a.* **Deutsch**

Turkmenische <-n> *nt* ■**das** ~ Turkmen, the Turkmen language; *s. a.* **Deutsche**

Turkmenistan <-s> *nt* Turkmenistan; *s. a.* **Deutschland** **Türknauf** *m* doorknob

Türknopf *m* AUTO door lock

Turm <-[e]s, Türme> *m* ❶ ARCHIT tower; (*spitzer Kirchturm*) spire, steeple
❷ SPORT (*Sprung~*) diving-platform
❸ SCHACH castle, rook

Turmalin <-s, -e> *m* GEOL tourmaline

Türmchen <-s, -> *nt* ARCHIT *dim von* **Turm** turret

türmen¹ I. *vt haben* ■**etw [auf etw *akk*]** ~ to pile up sth *sep* [on sth], to stack [up *sep*] sth [on sth]; ***wegen Platzmangels müssen wir die Bücher schon ~*** we're already having to stack the books on top of each other due to a lack of space
II. *vr* ■**sich** *akk* **[auf etw *dat*]** ~ to pile up [on sth]

türmen² *vi sein* (*fam*) to clear off *fam*, to do a bunk BRIT *sl*, to scarper BRIT *sl*; **aus dem Knast** ~ to break out of jail [*or* prison]

Turmfalke *m* kestrel **turmhoch** *adj inv* towering **Turmspringen** *nt kein pl* high diving *no indef art, no pl* **Turmuhr** *f* [tower] clock

Turnanzug *m* leotard

Turnaroundzeit ['tɜːnər'aʊnd-] *f* LUFT turnaround time

Turnbeutel *m* gymnastics bag

turnen I. *vi haben* ❶ SPORT (*Turnen betreiben*) to do gymnastics; **am Pferd/Boden/Balken** ~ to do exercises on the horse/floor/beam
❷ *sein* (*sich flink bewegen*) to dash; ***er turnte durch die engen Gänge*** he dashed along the narrow corridors *fam*
II. *vt haben* SPORT ■**etw** ~ to do [*or* perform] sth; ***für diese fehlerfrei geturnte Übung erhielt er 9,9 Punkte*** he received 9.9 points for this flawlessly performed exercise

Turnen <-s> *nt kein pl* ❶ SPORT gymnastics + *sing vb*
❷ SCH (*Unterrichtsfach*) physical education *no pl, no art*, PE *no pl, no art*

Turner(in) <-s, -> *m(f)* gymnast

turnerisch I. *adj* gymnastic
II. *adv* gymnastically

Turngerät *nt* gymnastic apparatus **Turnhalle** *f* gymnasium, gym *fam* **Turnhemd** *nt* gym shirt [*or* vest] **Turnhose** *f* gym shorts

Turnier <-s, -e> *nt* ❶ SPORT (*längerer Wettbewerb*) tournament; *der Springreiter* show-jumping competition
❷ HIST tournament

Turnierpferd *nt* show horse **Turnierreiter(in)** *m(f)* show-jumper **Turniertänzer(in)** *m(f)* competitive ballroom dancer

Turnlehrer(in) *m(f)* SCH PE [*or* gym] teacher **Turnschuh** *m* trainer BRIT, sneaker AM **Turnschuhfirma** *f* sports footwear company **Turnschuhgeneration** *f* kids of the '80s **Turnschuhheld(in)** *m(f)* (*pej*) *sb who always goes around in trainers*; ■**ein ~/eine ~in sein** to always go around in trainers [*or* AM sneakers]; ***bis auf ~en lässt der Türsteher sonst alle durchgehen*** the doorman lets everyone through if they're not wearing trainers **Turnstunde** *f* PE [*or* Physical Education] [*or* gym] lesson **Turnübung** *f* gymnastic exercise **Turnunterricht** *m kein pl* SCH gymnastics + *sing vb*, PE *no pl, no art*

Turnüre <-, -n> *f* MODE bustle

Turnus <-, -se> *m* ❶ (*regelmäßige Abfolge*) regular cycle; ***für die Kontrollgänge gibt es einen festgesetzten ~*** there is a set rota for the tours of inspection; **im [regelmäßigen] ~ [von etw *dat*]** at regular intervals [of sth], regularly
❷ MED ÖSTERR internship, residency

turnusmäßig *adj* regular, at regular intervals

Turnverein *m* gymnastics club **Turnzeug** *nt* gym [*or* PE] kit

Türöffner *m* automatic [*or* electric] door-opener **Türpfosten** *m* doorpost **Türrahmen** *m* doorframe **Türriegel** *m* doorbolt **Türschild** *nt* doorplate, name-plate **Türschließer** *m* BAU door closer **Türschloss**RR *nt* door-lock **Türschnalle** *f* ÖSTERR (*Türklinke*) door-handle **Türschwelle** *f* threshold **Türspalt** *m space between door frame and door* **Türsteher** *m* doorman, bouncer *fam* **Türsturz** *m* BAU lintel

turteln *vi* ■**[miteinander]** ~ to whisper sweet nothings [to one another [*or* each other]], to bill and coo [with one another [*or* each other]] BRIT

Turteltaube *f* ❶ ORN turtle-dove
❷ *pl* (*fam: turtelnde Verliebte*) **~n** love-birds

Türvorleger *m* doormat

Tusch <-es, -e> *m* MUS fanfare, flourish

Tusche <-, -n> *f* Indian ink

tuscheln *vi* (*heimlich reden*) ■**[über jdn/etw]** ~ to gossip secretly [about sb/sth]

tuschen¹ *vt* ❶ (*malen*) ■**etw** ~ to paint sth in water colours
❷ (*schminken*) **sich** *dat* **die Wimpern** ~ to put [one's] mascara on

tuschen² *vt* DIAL (*zum Schweigen bringen*) ■**jdn** ~ to silence sb

Tuschkasten *m* paintbox **Tuschzeichnung** *f* pen-and-ink drawing

Tussi <-, -s> *f* (*pej sl*) chick *sl*, girl, bird BRIT *sl*; (*Freundin*) bird *sl*, chick *sl*, girl

Tute <-, -n> *f* ❶ (*fam: Hupe*) toot
❷ DIAL (*Tüte*) bag

Tüte <-, -n> *f* bag; ***tun Sie mir die Einkäufe doch bitte in eine ~*** can you put the shopping in a [carrier] bag, please?; ***ich esse heute eine Suppe aus der ~*** I'm going to eat a packet soup today; **eine ~ Popcorn** a bag of popcorn
▸ WENDUNGEN: **[das] kommt nicht in die ~!** (*fam*) not on your life! *fam*, no way! *fam*

tuten *vi* (*ein Horn o eine Hupe ertönen lassen*) to hoot, to sound one's [*or* the] horn, to toot one's horn; ***es hat getutet, das Taxi ist da*** I heard a hoot, the taxi is here; *Schiff* to sound its fog-horn
▸ WENDUNGEN: **von T~ und Blasen keine Ahnung haben** (*fam*) not to have a clue [*or* have the faintest idea [about sth]]

Tütensuppe *f* packet soup

Tutor, Tutorin <-s, Tutoren> *m, f* SCH ❶ (*Leiter eines Universitätstutoriums*) *seminar conducted by a post-graduate student*
❷ (*Mentor*) tutor

TÜV <-s, -s> *m Akr von* **Technischer Überwachungsverein** Technical Inspection Agency (*also performing MOTs on vehicles*); ***ich muss noch beim ~ anrufen und einen Termin ausmachen*** I must ring up for the car to be MOT'd; ***ich muss in der nächsten Woche [mit dem Wagen] zum ~*** I've got to get the car MOT'd next week; **jds/der ~ läuft ab** sb's/the MOT BRIT is about to run out; **[noch] eine bestimmte Zeit ~ haben** to have a certain amount of time left on the MOT; **durch den ~ kommen** to get [a [*or* the] vehicle] through its [*or* the] MOT; ***mit diesem Wagen komme ich bestimmt nicht durch den ~*** I definitely won't get this car through its [*or* the] MOT

Tuvalu <-s> *nt* Tuvalu; *s. a.* **Sylt**

Tuvaluer(in) <-s, -> *m(f)* Tuvaluan; *s. a.* **Deutsche(r)**

tuvaluisch *adj* Tuvaluan; *s. a.* **deutsch**

TÜV-Plakette *f* MOT certificate BRIT (*disc on numberplate showing that a car has a technical seal of approval*)

TV¹ *m Abk von* **Turnverein** gymnastics club

TV² *f Abk von* **Television** tv

TV-Anstalt [teː'fau-] *f* TV station [*or* company] **TV-Duell** *f* [head-to-head] debate on TV **TV-Hoppen** <-s> *nt kein pl* zapping **TV-Kamera** *f* TV camera **TV-Moderator(in)** <-s, -oren> *m(f)* TV [*or* television] presenter **TV-Positionierung** *f* [TV-channel] tuning **TV-Spot** [teː'fauspɔt] *m* TV short TV advertising film **TV-Veranstalter** *m* TV-promoter **TV-Zeitschrift** *f* TV programme [*or* AM -am] guide

Tweed <-s, -s *o* -e> [twiːt] *m* MODE tweed

Tweedjacke *f* tweed jacket

Twen <-[s], -s> *m* (*veraltend*) person in their twenties

Twill <-s, -s> *m* twill

Twinset <-[s], -s> *nt o m* MODE twin set

Twist¹ <-es, -e> *m* (*Stopfgarn*) twist

Twist² <-s, -s> *m* (*Tanz*) twist *no pl*

Typ <-s, -en> *m* ❶ ÖKON (*Ausführung*) model; ■**der ~ einer S.** *gen* this model of a thing [*or* sth model]; ***dieser ~ Computer*** this model of computer [*or* computer model]; ***dieser ~ Sportwagen*** this sports car model
❷ (*Art Mensch*) type [*or* sort] [of person] *fam*; ***was ist er für ein ~, dein neuer Chef?*** what type [*or* sort] of person is your new boss?; **jds ~ sein** (*fam*) to be sb's type; ■**der ~ ... sein, der ...** to be the type of ... who ...; ***dein ~ ist nicht gefragt*** (*fam*) we don't want your sort here; ***dein ~ wird verlangt*** (*fam*) you're wanted
❸ (*sl: Kerl*) fellow *fam*, guy *sl*, bloke BRIT *fam*
❹ (*sl: Freund*) guy *sl*, man, boyfriend, bloke BRIT *fam*

Type <-, -n> *f* ❶ TYPO (*Druck~*) type
❷ (*fam: merkwürdiger Mensch*) character; ***was ist denn das für eine ~?*** what a weirdo!
Typen *pl von* **Typus**
Typenbezeichnung *f* TECH model designation **Typenrad** *nt* TYPO daisy wheel, printwheel **Typenraddrucker** *m* TYPO daisy-wheel printer **Typenradschreibmaschine** *f* daisy-wheel typewriter **Typenreihe** *f* case; **obere/untere ~** upper/lower case **Typenwalzendrucker** *m* TYPO barrel printer
Typhus <-> *m kein pl* MED typhoid [fever] *no pl*
typisch I. *adj* typical; ■**~ für jdn sein** to be typical of sb; [***das ist***] **~!** (*fam*) [that's] [just] typical!
II. *adv* ■**~ jd** [that's] typical of sb, that's sb all over; **~ *Frau/Mann!*** typical woman/man!; ■**~ etw** typically sth; **~ britisch/deutsch** typically British/German; ***sein unterkühlter Humor ist ~ hamburgisch*** his dry humour is typical of a person from [*or* the people of] Hamburg
typisieren* *vt* (*geh*) ■**etw ~** ❶ (*einem Typ zuordnen*) to type sth
❷ (*das Typische hervorheben*) to typify sth
Typisierung <-, -en> *f* (*geh*) typification
Typist(in) <-en, -en> *m(f)* typist
Typographie <-, -n> *f*, **Typografie**[RR] <-, -n> *f* typography
typographisch *adj*, **typografisch**[RR] *adj* typographic[al]
Typologie <-, -ien> *f* PSYCH typology
typologisch *adj inv* PSYCH typologic[al]
Typoskript <-s, -e> *nt* typescript
Typprüfung *f* AUTO type approval test
Typus <-, Typen> *m* ❶ (*Menschenschlag*) race [*or* breed] [of people]
❷ (*geh: Typ 2*) type
Tyrann(in) <-en, -en> *m(f)* tyrant
Tyrannei <-, -en> *f* tyranny
Tyrannin <-, -nen> *f fem form von* **Tyrann**
tyrannisch I. *adj* tyrannical
II. *adv* **sich** *akk* **~ aufführen/herrschen** to behave/rule tyranically [*or* like a tyrant]
tyrannisieren* *vt* ■**jdn ~** to tyrannize sb; ■**sich** *akk* **[von jdm/etw] ~ lassen** to [allow oneself to] be tyrannized [by sb/sth]
Tyrannosaurus <-, -saurier> *m* ARCHÄOL tyrannosaur[us]
Tyrrhenisches Meer *nt* Tyrrhenian Sea
T-Zone *f* (*Stirn, Nase, Kinn*) T-zone

U

U, u <-, - *o fam* -s, -s> *nt* U, u; **~ wie Ulrich** U for [*or* AM as in] Uncle; *s. a.* **A 1**
u. *konj Abk von* **und**
u. ä. *Abk von* **und ähnliches** and things like that
u. a. ❶ *Abk von* **und andere(s)** and other things
❷ *Abk von* **unter anderem** among other things
UB *f Abk von* **Universitätsbibliothek**
UBA *nt Abk von* **Umweltbundesamt** ≈ DoE BRIT
U-Bahn *f* TRANSP ❶ (*Untergrundbahn*) underground BRIT, tube BRIT *fam*, subway AM; **mit der ~ fahren** to go [*or* travel] on the [*or* by] underground [*or* tube]
❷ (*U-Bahn-Zug*) [underground [*or* BRIT *fam* tube]] train
U-Bahnhof *m* TRANSP underground [*or* BRIT *fam* tube] [*or* AM subway] station
U-Bahn-Netz *nt* underground system [*or* network] BRIT, subway system AM **U-Bahn-Schacht** *m* access to the underground station **U-Bahn-Station** *f* underground station
U-Bar *f* U-bar
übel I. *adj* ❶ (*schlimm*) bad, nasty; **eine üble Affäre** a sordid [*or* an ugly] affair; **in einer üblen Klemme stecken** to be in a bit of a tight spot
❷ (*unangenehm*) nasty, unpleasant
❸ (*ungut*) bad, wicked; ***er ist gar kein so übler Kerl*** he's not such a bad bloke BRIT *fam* really
❹ (*verkommen*) low; **ein übles Stadtviertel** a bad area of town
❺ (*schlecht*) ■**jdm ~ sein/werden** sb feels sick; ***ist dir ~? du siehst so bleich aus*** are you not feeling well [*or* feeling all right [*or* OK]]? you look so pale; **es kann einem ~ werden, wenn …, kann es einem ~ werden** it's enough to make you feel sick when …; **gar nicht so ~ [sein]** [to be] not too [*or* so] bad at all
II. *adv* ❶ (*geh: unangenehm*) ***was riecht hier so ~?*** what's that nasty [*or* unpleasant] smell [in] here?; ***bäh, das Zeug schmeckt aber ~!*** ugh, that stuff tastes awful!; ***das fette Essen scheint mir ~ zu bekommen*** the fatty food seems to have disagreed with me; **nicht ~** not too [*or* so] bad [at all]; ***ihr wohnt ja gar nicht mal so ~*** you live quite comfortably
❷ (*schlecht*) **sich ~ fühlen** to feel bad; **es geht jdm ~** sb feels bad; **jdm ist es ~ zumute** sb feels bad; **~ dran sein** (*fam*) to be in a bad way
❸ (*gemein*) badly; **jdn ~ behandeln** to treat sb badly [*or* ill-treat sb]; **~ über jdn reden** to speak badly [*or* ill] of sb
❹ (*nachteilig*) **jdm etw ~ auslegen** [*o* **vermerken**] to hold sth against sb; ***ich habe es dir ~ vermerkt, was du damals angerichtet hast*** I've not forgotten what you did back then
Übel <-s, -> *nt* (*Missstand*) evil
► WENDUNGEN: **das kleinere** [*o* **geringere**] **~** the lesser evil; **ein notwendiges ~** a necessary evil; **von ~ sein** to be a bad thing [*or* bad]; **von ~ sein, etw zu tun** to be a bad thing to do sth; **ein ~ kommt selten allein** (*prov*) misfortunes never come singly *prov*, it never rains but it pours *prov*; **zu allem ~** to cap [*or* crown] it all
Übelkeit <-, -en> *f* nausea, queasiness
übellaunig *adj* ill-humoured [*or* AM -ored] *attr*, ill humoured *pred*, ill-tempered *attr*, ill tempered *pred*, bad-tempered *attr*, bad tempered *pred*; ***der ist heute vielleicht ~!*** he's in such a foul mood today!
Übellaunigkeit <-> *f kein pl* ■**jds ~** sb's ill humour [*or* AM -or] [*or* temper]
Übelstand *m* (*geh*) evil, ill **Übeltat** *f* (*geh*) evil act, wicked deed **Übeltäter(in)** *m(f)* wrongdoer
üben I. *vt* ❶ (*durch Übung verbessern*) ■**etw ~** to practise [*or* AM -ice] sth
❷ SPORT (*trainieren*) ■**etw ~** to practise [*or* AM -ice] sth
❸ MUS ■**etw ~** to practise [*or* AM -ice] [playing] [*or* [on]] sth; ***ich übe 20 Stunden in der Woche Klavier/Flöte*** I practise [playing] [*or* [on]] the piano/flute for 20 hours every week
II. *vr* ■**sich** *akk* **in etw** *dat* **~** to practise sth; *s. a.* **Geduld**
III. *vi* ❶ (*sich durch Übung verbessern*) ■**[mit jdm] ~** to practise [*or* AM -ice] [with sb]
❷ *s.* **geübt**
über I. *präp* ❶ **+dat** (*oberhalb von etw*) above; ***~ der Plane sammelt sich Regenwasser an*** rainwater collects on top of the tarpaulin
❷ **+akk** (*quer hinüber*) over; ***reichst du mir mal den Kaffee ~ den Tisch?*** can you pass me the coffee across the table?; ***die Brücke führt ~ den Fluss*** the bridge goes over [*or* across] the river; ***mit einem Satz sprang er ~ den Graben*** with a single leap he jumped over [*or* across] [*or* cleared] the ditch
❸ **+akk** (*höher als etw*) above, over; **bis ~ die Knöchel im Dreck versinken** to sink ankle-deep in mud; ***das Schloss ragte ~ das Tal empor*** the castle towered above the valley
❹ **+akk** (*etw erfassend*) over; **ein Blick ~ etw** a view of [*or* over] sth; **ein Überblick ~ etw** an overview of sth; ***der Scheinwerferstrahl strich ~ die Mauer und den Gefängnishof*** the spotlight swept over [*or* across] the wall and the prison courtyard
❺ **+akk** (*quer darüber*) over; ***er strich ihr ~ das Haar/die Wange*** he stroked her hair/cheek
❻ **+akk** (*jdn/etw betreffend*) about; **ein Buch ~ etw schreiben** to write a book about [*or* on] sth; ***ich darf Ihnen keine Auskunft ~ diese Sache geben*** I can't give you any information about [*or* on] this affair
❼ **+dat** (*zahlenmäßig größer als*) above
❽ **+akk** (*zahlenmäßig entsprechend*) for; ***ich gebe Ihnen einen Scheck ~ DM 5.000*** I'm giving you a cheque for DM 5,000
❾ **+dat** (*in Beschäftigung mit etw*) in; ***vergiss ~ dem ganzen Ärger aber nicht, dass wir dich lieben*** don't forget in the midst of all this trouble that we love you; ***irgendwie muss ich ~ diesem Gedanken wohl eingeschlafen sein*** I must have somehow fallen asleep [whilst] thinking about it
❿ (*durch jdn/etw*) through; ***ich habe diese Stelle ~ Beziehungen bekommen*** I got this position through being well connected
⓫ TRANSP (*etw durchquerend*) via; ***seid ihr auf eurer Tour auch ~ München gekommen?*** did you go through Munich on your trip?
⓬ (*während*) over; ***habt ihr ~ die Feiertage/das Wochenende schon was vor?*** have you got anything planned for [*or* over] the holiday/weekend?
⓭ RADIO, TV (*etw benutzend*) on; ***~ Satellit empfange ich 63 Programme*** I can receive 63 channels via [*or* on] satellite
► WENDUNGEN: **~ alles** more than anything; **… ~ …** nothing but …; ***Fehler ~ Fehler!*** nothing but mistakes!, mistake after [*or* upon] mistake!; **Reden ~ Reden** speech after speech; ***es waren Vögel ~ Vögel, die über uns hinwegrauschten!*** [what seemed like] an endless stream of birds flew over us!; *s. a.* **ganz, kommen, Sieg, stehen, Verstand**
II. *adv* ❶ (*älter als*) over
❷ (*mehr als*) more than; ***bei ~ 40° C …*** at a temperature [*or* temperatures] of more than [*or* temperatures over] 40° C …
► WENDUNGEN: **~ und ~** all over, completely; **~ und ~ verdreckt sein** to be absolutely filthy; ***ihr seid ~ und ~ mit Schlamm verschmiert!*** you're completely covered [*or* covered all over] in mud!; ***er ist ~ und ~ von einer Schicht Sand bedeckt!*** he's completely covered [*or* covered all over] in a layer of sand!; *s. a.* **Gewehr**
III. *adj* (*fam*) ❶ (*übrig*) ■**~ sein** to be left; *Essen* to be left [over]; **etw [für jdn] ~ haben** to have sth left [for sb]; *Essen* to have sth left [over] [for sb]
❷ (*überlegen*) ■**jdm [in etw** *dat***/auf etw** *dat***] ~ sein** to be better than [*or fam* have the edge on] sb [in sth]; **jdm auf einem bestimmten Gebiet ~ sein** to be better than sb in a certain field
überall *adv* ❶ (*an allen Orten*) everywhere; (*an jeder Stelle*) all over [the place]; ***sie hatte ~ am Körper blaue Flecken*** she had bruises all over her body; **~ wo** wherever
❷ (*wer weiß wo*) anywhere
❸ (*in allen Dingen*) everything; ***er kennt sich ~ aus*** he knows a bit about everything
❹ (*bei jedermann*) everyone; ***er ist ~ beliebt/verhasst*** everyone likes/hates him
überallher *adv* from all over; ■**von ~** from all over
überallhin *adv* all over; ***sie kann ~ verschwunden sein*** she could have disappeared anywhere
überaltert *adj* having a disproportionately high percentage [*or* number] of old people
Überalterung <-> *f kein pl* increase in the percentage [*or* number] of elderly people
Überangebot *nt* ÖKON surplus; ■**das/ein ~ an etw** *dat* the/a surplus of sth **überängstlich** *adj* over-anxious; ■**[in etw** *dat***] ~ sein** to be over-anxious [about sth] **überanstrengen*** *vt* ❶ ■**jdn/sich [bei etw** *dat***] ~** to over-exert [*or* overtax] sb/oneself [doing sth] ❷ ■**etw [durch etw** *akk***] ~** to put too great a strain on sth [by doing sth]; ■**etw ~** to put too great a strain on sth **Überanstrengung** *f* ❶ *kein pl* (*das Überbeanspruchen*) overstraining *no pl* ❷ (*zu große Beanspruchung*) overexertion
überantworten* *vt* (*geh*) ❶ (*übergeben*) ■**etw jdm/einer S. ~** to entrust sth to sb/a thing, to entrust sb/a thing with sth

U

❷ (*veraltend: übergeben*) ■**jdn jdm/einer S.** ~ to hand over sb *sep* to sb/a thing

überarbeiten* I. *vt* MEDIA (*bearbeiten*) ■**etw** ~ to revise [*or* rework] sth; ■**überarbeitet** revised
II. *vr* ■**sich** *akk* ~ to overwork oneself

überarbeitet *adj* ❶ (*bearbeitet*) *Schriftstück* revised, reworked
❷ (*gestresst*) *Mensch, Tier* overworked

Überarbeitung¹ <-, -en> *f* MEDIA ❶ *kein pl* (*das Bearbeiten*) revision, reworking
❷ (*bearbeitete Fassung*) revised version [*or* edition]

Überarbeitung² <-, *selten* -en> *f* (*überarbeitete Körperverfassung*) overwork *no pl*

überaus *adv* (*geh*) extremely

überbacken* *vt irreg* KOCHK ■**etw** [**mit etw** *dat*] ~ to top sth [with sth] and brown it

Überbau <-[e]s, -ten *o* -e> *m* ❶ *meist sing* POL (*fachspr: Gesamtheit von Vorstellungen*) superstructure
❷ *meist sing* JUR (*Bauen jenseits der Grundstücksgrenze*) encroachment upon adjoining land
❸ BAU superstructure

überbauen* *vt* BAU ■**etw** [**mit etw** *dat*] ~ to build [sth] over sth

Überbaurente *f* JUR *periodic compensation for having built over the boundary line*

überbeanspruchen* *vt* ❶ (*zu sehr in Anspruch nehmen*) ■**jdn** ~ to overtax sb; ■**etw** ~ to put too great a strain on sth; ■**überbeansprucht sein** to be overtaxed ❷ (*zu stark beanspruchen*) ■**etw** ~ to over-stress [*or* overload] [*or* over-strain] sth; **das Sofa** ~ to overload the sofa **Überbeanspruchung** *f* ❶ (*die zu große Inanspruchnahme einer Person*) overtaxing *no pl* ❷ (*das zu starke Belasten*) over-stressing *no pl,* overloading *no pl,* over-straining *no pl; von Sofa* overloading **Überbein** *nt* MED ganglion **über|bekommen*** *vt irreg* (*fam*) ■**jdn/etw** ~ to be fed up [to the back teeth] with sb/sth *fam,* to be sick of sb/sth *fam* **überbelasten*** *vt* ■**jdn/etw** ~ to overload sb/sth **Überbelastung** *f* overload[ing] **überbelegen*** *vt* ■**etw** ~ to overcrowd sth **überbelegt** *adj* overcrowded **Überbelegung** *f kein pl* overcrowding *no pl* **überbelichten*** *vt* FOTO ■**etw** ~ to overexpose sth; ■**überbelichtet** overexposed **Überbelichtung** *f* FOTO overexposure **Überbeschäftigung** *f kein pl* over-employment **überbesetzt** *adj* overstaffed **Überbesetzung** *f kein pl* overstaffing *no pl* **überbetonen*** *vt* ■**etw** ~ ❶ (*zu große Bedeutung beimessen*) to overemphasize [*or* overstress] sth ❷ MODE (*zu stark betonen*) to overaccentuate sth **überbevölkert** *adj* overpopulated **Überbevölkerung** *f kein pl* overpopulation *no pl* **überbewerten*** *vt* ❶ (*zu gut bewerten*) ■**etw** ~ to overvalue [*or* overrate] sth; (*Schularbeit*) to mark sth too high [*or* give sth too high a mark] ❷ (*überbetonen*) ■**etw** ~ to overestimate [*or* overrate] sth; ***du überbewertest diese Äußerung*** you're attaching too much importance [*or* significance] to this comment **Überbewertung** *f* ❶ *kein pl* (*das Überbewerten*) attaching too much importance [*or* significance] to ❷ (*überbewertende Aussage*) overestimation, overrating, overvaluation **überbezahlen*** *f* ■**jdn** ~ to overpay sb [*or* pay sb too much]; ■**etw** ~ to pay too much for sth; ■**überbezahlt sein** to be overpaid [*or* paid too much] **Überbezahlung** *f* overpayment

überbietbar *adj* ■**nicht** [**mehr**] [*o* **kaum noch**] ~ which would take some beating [*or* could not be beaten]; ■[**an etw** *dat*] **nicht** [**mehr**] [*o* **kaum noch**] ~ **sein** sth could not be beaten [*or* would take some beating] [as far as [its] sth is concerned]

überbieten* *irreg vt* ❶ SPORT (*übertreffen*) ■**etw** [**um etw** *akk*] ~ to beat [*or* better] sth [by sth]; **einen Rekord** ~ to break a record
❷ (*durch höheres Gebot übertreffen*) ■**jdn/etw** [**um etw** *akk*] ~ to outbid sb/sth [by sth]
❸ (*sich übertreffen*) ■**sich** *akk* [**gegenseitig**] [**an etw** *dat*] ~ to vie with one another [*or* each other] [for sth]

Überbietung <-, -en> *f* SPORT beating; *von Leistung* improvement [on]; *von Rekord* breaking; ***er will eine ~ des Weltrekordes versuchen*** he intends to try and break [*or* to make an attempt on] the world record

überbinden *vt irreg* SCHWEIZ (*auferlegen*) ■**jdm etw** ~ to impose sth [up]on sb

über|bleiben *vi irreg sein* (*fam*) ■[**für jdn/etw**] ~ to be left [over] [for sb/sth]

Überbleibsel <-s, -> *nt meist pl* ❶ (*Relikt*) relic
❷ (*Reste*) remnant, left-over[s *pl*]

über|blenden¹ *vi* TV, FILM ■~ [**zu etw**] to fade [to sth]

überblenden² *vt* (*überlagern*) ■**etw** ~ to superimpose sth

Überblendung *f* FILM dissolve, fade, fading

Überblick *m* (*Rundblick*) view; ■**ein** ~ **über etw** *akk* a view of sth
► WENDUNGEN: **jdm fehlt der** ~ [**über etw** *akk*] sb does not have a very good idea [about sth]; **einen** ~ [**über etw** *akk*] **haben** to have an overview [of sth]; [**von etw** *dat*] **einen** [**bestimmten**] ~ **haben** to have a [certain] view [of sth]; **den** ~ [**über etw** *akk*] **verlieren** to lose track [of sth]; **sich** *dat* **einen** ~ [**über etw** *akk*] **verschaffen** to gain an overview [of sth]

überblicken* *vt* ❶ (*überschauen*) ■**etw** [**von etw** *dat* **aus**] ~ to be able to see [out over] sth [from sth]
❷ (*in der Gesamtheit einschätzen*) ■**etw** ~ to have an overview of sth; **Verwüstungen** ~ to assess the damage[s] [*or* devastation]; ***können Sie schon ~, wie lange Sie dafür brauchen werden?*** do you have an idea of how long you will need to do it?; **Kosten** ~ to estimate costs

überbordend *adj* excessive; **~e Defizite/Kosten/Schulden** excessive shortfalls/costs/debts; **~e Produktion** excessive production levels; **~er Verkehr** excessive levels of traffic

überbreit *adj* of above-average width *pred;* ***der Schrank ist ~, er passt nicht durch die Tür*** the cupboard is too wide to fit through the door

Überbreite *f* above-average width; ~ **haben** to be of above-average width; **mit** ~ of above-average width

überbringen* *vt irreg* ■[**jdm**] **etw** ~ to deliver sth [to sb]; ***er ließ ihr die Nachricht durch einen Boten ~*** he sent her the news via [*or* through] a messenger

Überbringer(in) <-s, -> *m(f)* bringer, bearer

Überbringerscheck *m* FIN cheque [*or* AM check] to bearer

überbrückbar *adj* reconcilable

überbrücken* *vt* ❶ (*notdürftig bewältigen*) ■**etw** ~ to get through sth; **eine Krise** ~ to ride out a crisis
❷ (*ausgleichen*) ■**etw** [**durch etw** *akk*] ~ to reconcile sth [by means of sth]; ■**sich** *akk* ~ **lassen** to be reconcilable

Überbrückung <-, -en> *f* ❶ (*das Überbrücken*) getting through
❷ (*das Ausgleichen*) reconciliation; ■**zur** ~ **von etw** *dat* to reconcile [sth]

Überbrückungsbeihilfe *f* interim financial aid **Überbrückungsgelder** *pl für Arbeitslose* interim aid, seed money from the state **Überbrückungskredit** *m* FIN bridging [*or* interim] loan **Überbrückungsregelung** *f* JUR interim arrangement

über|brühen *vt* KOCHK ■**etw** ~ to scald sth

überbuchen* *vt* ■**etw** ~ to overbook sth

überdachen* *vt* BAU ■**etw** ~ to roof over sth *sep;* ■**überdacht** covered

Überdachung <-, -en> *f* BAU canopy

überdauern* *vt* ■**etw** ~ to survive sth

über|decken¹ *vt* (*fam: auflegen*) ■**jdm etw** ~ to cover [up *sep*] sb with sth

überdecken*² *vt* (*verdecken*) ■**etw** ~ to cover [over *sep*] sth; **einen schlechten Geruch/Gestank** ~ to mask [*or sep* cover up] a bad smell; **einen bestimmten Geschmack** ~ to mask a certain taste

überdehnen* *vt* ■**etw** [**bei etw** *dat*] ~ to over-stretch sth [[when] doing sth]; **Bänder/Gelenke** [**bei etw** *dat*] ~ to put too great a strain on one's ligaments/joints [[when] doing sth]

überdenken* *vt irreg* ■**etw** [**noch einmal**] ~ to think over sth *sep* [*or* [re]consider sth] [again]

überdeutlich I. *adj* perfectly clear, only too clear *pred*
II. *adv* only too clearly

überdies *adv* (*geh*) moreover, furthermore, what is more

überdimensional *adj* colossal, oversize[d] **Überdividende** *f* FIN superdividend, surplus dividend **überdosieren*** *vt* to overdose; ■**etw** ~ to overdose sth **Überdosis** *f* PHARM overdose, OD *sl;* ■**eine** ~ **einer S.** *gen* [*o* **an etw** *dat*] an overdose of a thing [*or* of sth] **überdrehen*** *vt* ■**etw** ~ ❶ AUTO to over-rev [*or* overspeed] sth ❷ TECH (*zu stark hineinschrauben*) to over-tighten sth; **eine Uhr** ~ to overwind a clock **überdreht** *adj* (*fam*) over-excited **Überdruck** *m* ❶ PHYS excess pressure *no pl,* over-pressure *no pl* ❷ TYPO imprint, overprint **Überdruckventil** *nt* TECH pressure-relief valve

Überdruss^RR <-es> *m kein pl,* **Überdruß** <-sses> *m kein pl* aversion; **aus** ~ [**an etw** *dat*] out of an aversion [to sth]; **bis zum** ~ until it comes out of one's ears *fam;* ***ich habe das nun schon bis zum ~ gehört*** I've heard that ad nauseum [by now]

überdrüssig *adj* ■**jds/einer S.** ~ **sein/werden** to be/grow tired of sb/a thing

überdüngen* *vt* ■**etw** ~ to over-fertilize sth

Überdüngung *f* over-fertilization

überdurchschnittlich I. *adj* above-average *attr,* above average *pred*
II. *adv* above average; ***dieser Sommer war ~ heiß/feucht*** this summer was hotter/damper than the average [one]

übereck *adv* across the [*or* a] corner

Übereifer *m* overeagerness *no pl,* overzealousness *no pl;* **in jds ~, etw zu tun** in sb's overeagerness [*or* overzealousness] to do sth

übereifrig *adj* (*pej*) overeager, overzealous

übereignen* *vt* (*geh*) ■**jdm etw** ~ to transfer [*or sep* make over] sth to sb

Übereignung *f* JUR transfer of ownership, conveyance; ~ **eines Grundstücks** conveyance of property; ~ **im Todesfall** transfer on death

Übereignungsurkunde *f* JUR deed of assignment [*or* conveyance]

übereilen* *vt* ■**etw** ~ to rush sth; ~ ***Sie Ihre Unterschrift nicht*** don't rush into signing [*or* be too hasty to sign] it, take your time before you sign

übereilt I. *adj* overhasty, rash, precipitate *form,* precipitous *form;* **eine ~e Abreise** an overhasty departure
II. *adv* overhastily, rashly; ***sage nicht ~ zu*** don't rush into [*or* be overhasty in] agreeing, take your time before agreeing

übereinander *adv* ❶ (*eins über dem anderen/das andere*) one on top of the other, on top of each other [*or* one another]; **etw ~ legen** to lay [*or* put] sth one on top of the other, to lay [*or* put] sth on top of each other [*or* one another]; ~ **liegen** to lie one on top of the other, to lie on top of each other [*or* one another]; **etw ~ schlagen** to fold [*or* cross] sth; **die Arme/Beine ~ schlagen** to fold one's arms/cross one's legs
❷ (*über sich*) about each other [*or* one another]; ~ **sprechen** to talk about each other [*or* one another]

Übereinanderbelichtung *f* TYPO overlay exposure [*or* setting]

überein|kommen *vi irreg sein* ■**mit jdm** [**darin**] ~, **etw zu tun** to agree with sb to do sth

Übereinkommen <-s, -> *nt* agreement, settlement; ~ **über den Zivilprozess** JUR civil procedure agreement; **stillschweigendes** ~ implicit agreement; [**in etw** *dat*] **ein** ~ **erzielen** to reach [*or* come to] an agreement [on sth]; [**mit jdm**] **ein** ~ **treffen** to enter into an agreement [with sb]

Übereinkunft <-, -künfte> *f* agreement, arrangement, understanding *no pl;* [**in etw** *dat*] **eine** ~ **erzielen** to reach [*or* come to] an agreement [*or* arrangement] [*or* understanding] [on sth]; **eine** ~ [**über etw** *akk*] **haben** to have an agreement [*or*

arrangement] [*or* understanding] [on sth]

überein|stimmen *vi* ❶ (*der gleichen Meinung sein*) ■**in etw** *dat* [*o* **hinsichtlich einer S.** *gen*] ~ to agree on sth [*or* a thing]; ■**mit jdm darin ~, dass** to agree [*or* be in agreement] with sb that; ■**mit jdm insoweit ~, dass** to agree [*or* be in agreement] with sb insofar as [*or* inasmuch as]
❷ (*sich gleichen*) ■[**mit etw** *dat*] ~ to match [sth]; ***die Unterschriften stimmen überein*** the signatures match

übereinstimmend I. *adj* ❶ (*einhellig*) unanimous
❷ (*sich gleichend*) concurrent, corresponding; ■~ **sein** to be concurrent [with each other [*or* one another]], to correspond [to each other [*or* one another]], to match [each other [*or* one another]]
II. *adv* ❶ (*einhellig*) unanimously
❷ (*in gleicher Weise*) concurrently

Übereinstimmung *f* agreement; [**in etw** *dat*] ~ **erzielen** to reach [*or* come to] an agreement [on sth]; **in ~ mit jdm/etw** with the agreement of sb/in accordance with sth

überempfindlich I. *adj* ❶ (*allzu empfindlich*) over-sensitive, touchy ❷ MED (*allergisch*) hypersensitive; ■~ **gegen etw** *akk* **sein** to be hypersensitive to sth; **~e Haut** hypersensitive skin **II.** *adv* ❶ (*überempfindlich*) over-sensitively, touchily ❷ MED (*allergisch*) hypersensitively **Überempfindlichkeit** *f* ❶ (*zu große Empfindlichkeit*) over-sensitivity, touchiness *no pl* ❷ *kein pl* MED (*Neigung zu Allergien*) hypersensitivity **Überernährung** *f kein pl* overnutrition *no pl,* hypernutrition *no pl,* overeating *no pl,* hyperalimentation *no pl*

über|essen¹ *vt irreg* (*bis zum Überdruss verzehren*) ■**sich** *dat* **etw** ~ to gorge oneself on sth

überessen² <überaß, übergessen> *vr* (*von etw zuviel essen*) ■**sich** *akk* **an etw** *dat* ~ to eat too much of sth

über|fahren*¹ *vt irreg* ❶ (*niederfahren*) ■**jdn/etw** ~ to run over [*or* knock down] sb/sth *sep*
❷ (*als Fahrer nicht beachten*) ■**etw** ~ to go through sth; **eine rote Ampel** ~ to go through a red light
❸ (*fam: übertölpeln*) ■**jdn** ~ to railroad sb [into doing sth]

über|fahren² *vt irreg* (*über einen Fluss befördern*) ■**jdn/etw** ~ to ferry [*or* take] sb/sth across

Überfahrt *f* NAUT crossing

Überfall <-s, Überfälle> *m* (*Raub~*) robbery; (*Bank~*) raid, hold-up; **hinterlistiger** ~ JUR perfidious assault
▶ WENDUNGEN: **einen ~ auf jdn vorhaben** (*hum fam*) to be planning to descend [up]on sb

überfallen* *vt irreg* ❶ (*unversehens angreifen*) ■**jdn** ~ to mug [*or* attack] sb; ■**etw** ~ *Bank* to rob [*or* hold up *sep*] sth, to carry out a raid on; *Land* to attack [*or* invade] sth; MIL to raid sth
❷ (*überkommen*) ■**jdn** ~ to come over sb, to overcome sb; ***Heimweh überfiel sie*** she was overcome by homesickness
❸ (*hum fam: überraschend besuchen*) ■**jdn** ~ to descend [up]on sb
❹ (*hum: bestürmen*) ■**jdn** [**mit etw** *dat*] ~ to bombard sb [with sth]

überfällig *adj* ❶ TRANSP (*ausstehend*) delayed; ■[**seit einer bestimmten Zeit**] ~ **sein** to be [a certain amount of time] late; ***der Zug ist seit 20 Minuten*** ~ the train is 20 minutes late
❷ FIN (*längst zu zahlen*) overdue; ■[**seit einem bestimmten Zeitpunkt/Zeitraum**] ~ **sein** to be [a certain amount of time] overdue [*or* overdue [since a certain time]]
❸ (*längst zu tätigen*) overdue, long-overdue *attr,* long overdue *pred;* ■~ **sein** to be [long] overdue

Überfall(s)kommando *nt,* **Überfallskommando** *nt* ÖSTERR (*fam*) flying squad, sweeney [todd] BRIT *no indef art, no pl sl*

überfischen* *vt* ■**etw** ~ to overfish sth

überfliegen* *vt irreg* ■**etw** ~ ❶ LUFT (*über etw hinweg fliegen*) to fly over [*or rare* overfly] sth
❷ (*flüchtig ansehen*) to take a quick look [*or* glance] at sth; (*Text a.*) to skim through sth

Überflieger(in) <-s, -> *m(f)* (*fig*) high-flyer

Überflieger-Mentalität *f* high-flyer mentality

über|fließen *vi irreg sein* ❶ (*überlaufen*) to overflow
❷ (*geh: überschwenglich sein*) ■**vor etw** *dat* ~ to overflow with sth

Überflug *m* overflight

überflügeln* *vt* ■**jdn** ~ to outstrip [*or* outdo] sb

Überfluss^RR *m kein pl,* **Überfluß** *m kein pl* (*überreichliches Vorhandensein*) [super]abundance; **im ~ vorhanden sein** to be in plentiful [*or* abundant] supply; **etw im ~ haben** to have plenty [*or* an abundance] of sth [*or* sth in abundance]
▶ WENDUNGEN: **zu allem** [*o* **zum**] ~ to cap [*or* crown] it all

Überflussgesellschaft^RR *f* SOCIOL affluent society

überflüssig *adj* superfluous; **~e Anschaffungen/Bestellungen** unnecessary purchases/orders; **eine ~e Bemerkung/ein ~er Kommentar** an unnecessary remark/comment; ***ich bin hier ~, ihr schafft das auch ohne mich*** [I can see that] I'm surplus to requirements here, you'll manage [it] [quite well] without me; ■~ **sein, dass jd etw tut** to be unnecessary for sb to do sth

überflüssigerweise *adv* unnecessarily; ***du machst dir wirklich ~ Sorgen*** you're really worrying unnecessarily [*or* needlessly], there's really no need for you to worry

überfluten* *vt* ■**etw** ~ ❶ (*überschwemmen*) to flood sth
❷ (*über etw hinwegströmen*) to come over the top of sth
❸ (*geh: in Mengen hereinbrechen*) to flood sth *fig*

Überflutung <-, -en> *f* flooding *no pl*

überfordern* *vt* ■**jdn/sich** [**mit etw** *dat*] ~ to overtax [*or* ask too much of] sb/oneself [with sth], to push sb/oneself too hard [with sth]; ■**jdn** ~ to be too much for sb; ■[**mit etw** *dat*/**in etw** *dat*] **überfordert sein** to be out of one's depth [with/in sth]

überfordert *adj* overtaxed; ***damit bin ich*** ~ that's too much for me, that's asking too much of me

Überforderung <-, -en> *f* ❶ (*zu hohe Anforderung*) excessive demand
❷ *kein pl* (*das Überfordern*) overtaxing *no pl*

Überforderungssyndrom *nt* MED, PSYCH overstrain syndrome

überfrachten* *vt* ❶ (*veraltend: überladen*) ■**etw** ~ to overload sth
❷ (*spicken*) ■**mit etw überfrachtet sein** to be fraught with sth; **mit Zitaten überfrachtet** fraught with quotations

überfragen* *vt* ■**jdn** ~ sb doesn't know [the answer to sth]; ■[**mit/in etw** *dat*] **überfragt sein** not to know [[the answer to] sth/about sth]; ***in diesem Punkt bin ich leider überfragt*** I'm afraid I don't know about that [*or* can't help you on that point]; ***da bin ich überfragt*** I don't know [[the answer to] that], you've got [*or* stumped] me there

überfremden* *vt* (*pej*) ■**etw** ~ to foreignize sth [*or* swamp sth with foreign influences]

Überfremdung <-, -en> *f* (*pej*) foreignization, overrun by foreign influences; ***die irrationale Angst vor ~ wächst in ganz Europa*** the irrational fear of foreignization [*or* being foreignized [*or* swamped by foreign influences]] is growing throughout the whole of Europe

überfressen* *vr irreg* ■**sich** *akk* [**an etw** *akk*] ~ to gorge oneself [on sth]

überfrieren *vi* to freeze over

überführen*¹ *vt* (*woandershin transportieren*) ■**jdn** [**irgendwohin**] ~ to transfer sb [somewhere]; **eine Leiche** [**irgendwohin**] ~ to transport a corpse [somewhere]; ■**etw** [**irgendwohin**] ~ to transport sth [somewhere]

überführen*² *vt* JUR (*jdm eine Schuld nachweisen*) ■**jdn** [**durch etw** *akk*] ~ to convict sb [*or* find sb guilty] [on account of sth]; ■**jdn einer S.** *gen* ~ to convict sb [*or* find sb guilty] of a thing

Überführung¹ *f* TRANSP (*überquerende Brücke*) bridge; (*über eine Straße*) bridge, overpass; (*für Fußgänger*) [foot-]bridge

Überführung² *f* (*das Überführen*) transferring *no pl,* transferral; (*einer Leiche*) transportation *no pl*

Überführung³ *f* JUR (*Überlisten*) conviction

Überführungsstück *nt* JUR exhibit (*proving guilt*)

Überfülle <-> *f kein pl* profusion, superabundance

überfüllen* *vt* ■**etw** ~ to overfill sth, to fill sth to overflowing

überfüllt *adj* overcrowded; **ein ~er Kurs** an oversubscribed course; **~e Schulen** overcrowded schools

Überfüllung <-, -en> *meist sing f* ❶ (*mit Menschen*) overcrowding *no pl;* **wegen ~ geschlossen** closed due to overcrowding
❷ (*Repro*) spread and choke exposure

Überfunktion *f* MED hyperactivity; *von Schilddrüse* hyperactivity, hyperthyroidism

überfüttern* *vt* ■**jdn/etw** ~ to overfeed sb/sth

Übergabe *f* ❶ (*das Übergeben*) handing over *no pl*
❷ MIL (*Kapitulation*) surrender

Übergabe-Einschreiben *nt* ÖKON registered post [*or* AM mail], [return receipt requested] **Übergabeort** *m* place of delivery **Übergabeprotokoll** *nt* certificate of delivery **Übergabesurrogat** *nt* substitute for delivery

Übergang¹ <-gänge> *m* ❶ (*Grenz~*) border crossing[-point], checkpoint
❷ *kein pl* (*das Überqueren*) crossing

Übergang² <-gänge> *m* ❶ *kein pl* (*Übergangszeit*) interim; ***für den*** ~ in the interim [period]
❷ (*Wechsel*) ■**der ~** [**von etw** *dat*] **zu etw** *dat* the transition [from sth] to sth
❸ (*eine Zwischenlösung*) interim [*or* temporary] solution
❹ JUR (*Übertragung*) devolution, transmission; ~ **auf Dritte** devolution to third parties; ~ **von Forderungen** devolution of claims; ~ **von Vermögen** transfer of property

Übergangsbereich *m* INFORM transient [program] area **Übergangsbestände** *pl* HANDEL temporary stock **Übergangsbestimmung** *f* interim [*or* transitional] provision, temporary regulation **Übergangsbestimmungen** *pl* JUR transitional provisions **Übergangserscheinung** *f* temporary phenomenon **Übergangsfrist** *f* ADMIN, POL transition period **Übergangsgeld** *nt* ADMIN retirement bonus, severance pay, bridging benefits *pl* **übergangslos** *adv* seamless, without any transition **Übergangslösung** *f* temporary solution **Übergangsmantel** *m* between-seasons coat **Übergangsmaßnahme** *f* transitional measure **Übergangsperiode** *f* transition, transitional period **Übergangsrecht** *nt* JUR interim law **Übergangsregelung** *f* JUR transitional [*or* interim] arrangement **Übergangsregierung** *f* interim [*or* caretaker] government **Übergangsstadium** *nt* transitional stage **Übergangsstichtag** *m* ÖKON [stipulated] date of transfer **Übergangsvorschriften** *pl* JUR transitional provisions **Übergangswirtschaft** *f kein pl* ÖKON transitional period of the economy **Übergangszeit** *f* ❶ (*Zeit zwischen zwei Phasen, Epochen*) transition, interim [*or* transitional] period ❷ (*Zeit zwischen Hauptjahreszeiten*) in-between [*or* AM off] season

Übergardine *f* curtain

übergeben*¹ *vt irreg* ❶ (*überreichen*) ■[**jdm**] **etw** ~ to hand over sth *sep* [to sb], to hand sb sth [*or* sth to sb]
❷ (*ausliefern*) ■**jdn jdm** ~ to hand over sb *sep* to sb
❸ MIL (*überlassen*) ■[**jdm**] **etw** [*o* **etw** [**an jdn**]] ~ to surrender sth [to sb]

übergeben*² *vr irreg* (*sich erbrechen*) ■**sich** *akk* ~ to be sick [*or* vomit] [*or* throw up]

Übergebot *nt* JUR higher bid, outbidding *no art, no pl*

über|gehen¹ *vi irreg sein* ❶ (*überwechseln*) ■**zu etw** *dat* ~ to move on to sth; ■**dazu ~, etw zu tun** to go over to doing sth
❷ (*übertragen werden*) **in anderen Besitz** [*o* **in das Eigentum eines anderen**] ~ to become sb else's property

U

❸ (*einen anderen Zustand erreichen*) ■**in etw** *akk* ~ to begin to do sth; **in Fäulnis/Gärung/Verwesung** ~ to begin to rot [*or* decay]/ferment/decay
❹ (*verschwimmen*) ■**ineinander** ~ to merge [*or* blend] into one another [*or* each other], to blur *fig*

übergehen*[2] *vt irreg* ❶ (*nicht berücksichtigen*) ■**jdn** [**bei** [*o* **in**] **etw** *dat*] ~ to pass over sb [in sth]
❷ (*nicht beachten*) ■**etw** ~ to ignore sth
❸ (*auslassen*) ■**etw** ~ to skip [over] sth

übergenau *adj* [over-]meticulous, over-precise, pernickety BRIT *fam*; ■[**bei** [*o* **in**] **etw** *dat*] ~ **sein** to be [over-]meticulous [*or* over-precise] [in sth] **übergenug** *adv* more than enough; ~ **von jdm/etw haben** to have had more than enough of sb/sth **übergeordnet** *adj* ❶ (*vorrangig*) paramount; **ein ~es Problem** a [most] pressing problem ❷ ADMIN (*vorgesetzt*) higher **Übergepäck** *nt* LUFT excess luggage [*or* baggage]

übergeschnappt *adj* (*fam*) crazy; ***bist du ~?*** are you crazy [*or* mad] [*or sl* off your rocker]?

Übergewand *nt* SCHWEIZ (*Arbeitsoverall*) overall

Übergewicht *nt kein pl* ❶ (*zu hohes Körpergewicht*) overweight *no pl;* ~ **haben** to be overweight
❷ (*vorrangige Bedeutung*) predominance; **irgendwo/für jdn ein ~ haben** to be predominant [*or* predominate] somewhere/for sb ▸ WENDUNGEN: ~ **bekommen** [*o fam* **kriegen**] to lose one's balance [*or* overbalance] **übergewichtig** *adj* overweight

übergießen* *vt irreg* ■**jdn/sich/etw mit etw** *dat* ~ to pour sth over sb/oneself/sth

überglücklich *adj* extremely happy, overjoyed *pred;* ■~ **sein** to be overjoyed [*or* extremely happy] [*or* over the moon]

über|greifen *vi irreg* ■[**auf etw** *akk*] ~ to spread [to sth]

übergreifend *adj* comprehensive

Übergriff *m* infringement of [one's/sb's] rights

übergroß *adj* oversize[d], enormous; **~e Kleidung** outsize[d] clothing

Übergröße *f* outsize, extra large size; ~ **haben** to be oversize[d]; **Anzüge in ~n** oversize[d] suits

über|haben *vt irreg* (*fam*) ❶ (*satt haben*) ■**jdn/etw** ~ to be fed up with [*or* sick [and tired] of] sb/sth *fam;* **jdn/etw gründlich** ~ to be fed up to the back teeth with sb/sth *fam*
❷ (*übergehängt haben*) ■**etw** ~ to have on sth *sep*

überhand *adv* ~ **nehmen** to get out of hand

Überhang <-s, Überhänge> *m* ❶ (*überhängende Felswand*) overhang[ing ledge [*or* rock *no pl*]]
❷ (*die Nachfrage übersteigender Bestand*) ■~ [**an etw** *dat*] surplus [of sth]; ~ **an Aufträgen** backlog of [unfulfilled] orders
❸ TYPO kern

über|hängen[1] *vi irreg haben o sein* ❶ (*hinausragen*) to hang over; **drei Meter weit** ~ to hang over [by] three metres
❷ (*vorragen*) ■[**nach vorn**] ~ to project [out]

über|hängen[2] *vt* ■**jdm/sich etw** ~ to put [*or* hang] sth round sb's/one's shoulders; **sich** *dat* **ein Gewehr** ~ to sling a rifle over one's shoulder; **sich** *dat* **eine Tasche** ~ to hang a bag over one's shoulder

überhasten* *vt* ■**etw** ~ to rush sth

überhastet I. *adj* overhasty, hurried
II. *adv* overhastily; **etw ~ durchführen** to make a rush job of sth *fam,* to rush sth; **sich ~ entschließen** to make hasty decisions/a hasty decision; ~ **sprechen** to speak too fast

überhäufen* *vt* ■**jdn mit etw** ~ ❶ (*überreich bedenken*) to heap sth [up]on sb; **jdn mit Ehrungen** ~ to shower sb with honours [*or* honours [up]on sb]
❷ (*in sehr großem Maße konfrontieren*) to heap sth [up]on sb['s head]; **jdn mit Beschwerden** ~ to inundate sb with complaints

überhaupt I. *adv* ❶ (*zudem*) ***„das ist ~ die Höhe!"*** "this is insufferable!"
❷ (*in Verneinungen*) ■~ **kein(e, r)** nobody/nothing/none at all; ~ **kein Geld haben** to have no money at all, to not have any money at all; ■~ **nicht** not at all; ~ **nicht kalt/heiß** not at all cold/hot, not cold/hot at all; ***es hat ~ nicht weh getan*** it didn't hurt at all; ■~ **nichts** nothing at all; ~ **nichts** [**mehr**] **haben** to have nothing [*or* not have anything] at all; ■~ [**noch**] **nie** never [at all [*or hum a.* ever]]; ■**und ~, ...?** and anyway, ...?; ■**wenn** ~ if at all; ***Sie bekommen nicht mehr als DM 4.200, wenn*** ~ you'll get no more than DM 4,200, if that
II. *part* (*eigentlich*) ***was soll das ~?*** what's that supposed to mean?; ***wissen Sie ~, wer ich bin?*** do[n't] you know [*or* realize] who I am?

überheblich *adj* arrogant

Überheblichkeit <-, *selten* -en> *f* arrogance *no pl*

überheizen* *vt* ■**etw** ~ to overheat sth **überhitzen*** *vt* ■**etw** ~ to overheat sth **überhitzt** *adj* overheated **Überhitzung** <-, *selten* -en> *f* ÖKON overheating; ~ **der Konjunktur** overheating of the boom **Überhitzungsschutz** *m* TECH overheat protect **überhöht** *adj* exorbitant, excessive; **mit ~er Geschwindigkeit** over the speed limit; **mit ~er Geschwindigkeit fahren** to drive over [*or* exceed] the speed limit; **ein ~er Preis** an excessive [*or* a prohibitive] [*or* exorbitant] price

überholen*[1] I. *vt* ■**jdn/etw** ~ ❶ (*schneller vorbeifahren*) to pass [*or* BRIT overtake] sb/sth
❷ (*übertreffen*) to outstrip [*or* surpass] sb/sth
II. *vi* to pass, to overtake BRIT

überholen*[2] *vt* ■**etw** ~ to overhaul [*or* recondition] sth

über|holen[3] *vi* NAUT ■[**nach Backbord/Steuerbord**] ~ to keel [*or* heel] over [to port/starboard]

Überholen[1] <-s> *nt kein pl* ❶ TRANSP *im Verkehr* overtaking
❷ (*Reparieren*) *einer Maschine* overhauling

Überholen[2] <-s> *nt kein pl* NAUT keeling over

Überholmanöver *nt* overtaking manoeuvre, takeover manoeuvre BRIT, passing maneuver AM **Überholspur** *f* fast [*or* BRIT overtaking] lane

überholt *adj* outdated, antiquated *a. hum,* outmoded *a. pej*

Überholverbot *nt* restriction on passing [*or* BRIT overtaking]; (*Strecke*) no passing [*or* BRIT overtaking] zone

überhören* *vt* ■**etw** ~ (*nicht hören*) to not [*or form* fail to] hear sth; (*nicht hören wollen*) to ignore sth; ***das möchte ich überhört haben!*** [I'll pretend] I didn't hear that!

Überich[RR] <-[s], -[s]> *nt* PSYCH superego

überinterpretieren* *vt* ■**etw** ~ to overinterpret sth

überirdisch *adj* celestial *poet;* **~e Schönheit** divine beauty

überkandidelt *adj* (*veraltend fam*) ❶ (*exzentrisch*) eccentric
❷ (*überspannt*) highly-strung

Überkapazität *f* overcapacity; **seine ~ loswerden** to work off excess capacity

Überkapitalisierung <-, -en> *f* ÖKON overcapitalization

überkauft *adj* ÖKON overbought

überkleben* *vt* ■**etw** [**mit etw**] ~ to paste over sth [with sth]; **etw mit Tapete** ~ to wallpaper over sth

über|kochen *vi sein* to boil over

überkommen*[1] *irreg vt* ■**etw überkommt jdn** sb is overcome with sth; ***es überkam mich plötzlich*** it suddenly overcame me

überkommen[2] *adj* traditional; **~e Traditionen** traditions

überkreuzen* I. *vt* ■**etw** ~ ❶ (*überqueren*) to cross sth; **einen Platz** ~ to cross a square
❷ (*verschränken*) to cross sth; **die Arme/Beine** ~ to cross [*or* fold] one's arms/one's legs
II. *vr* ■**überschneiden** ■**sich** ~ to cross [*or* intersect]; **sich ~de Linien** intersecting lines

Überkreuzwerbung *f* cross-promotion

überkrustet *adj* covered with a crust *pred;* ■**mit etw** ~ encrusted with sth

überladen*[1] *vt irreg* ■**etw** ~ to overload sth

überladen[2] *adj* ❶ (*zu stark beladen*) overloaded, overladen
❷ (*geh: überreich ausgestattet*) over-ornate; **ein ~er Stil** a florid [*or* an over-ornate] style

überlagern* *vt* ■**etw** ~ to eclipse sth; TECH, INFORM ■**etw** [**mit etw**] ~ to superimpose sth [on sth] [*or* overlay sth [with sth]]

Überlagerung[1] *f* ❶ *von Problemen, Themen* eclipsing
❷ RADIO *von Sendern* overlapping
❸ PHYS overload

Überlagerung[2] <-> *f kein pl* (*zu lange Lagerung*) *Wein* over-maturing

Überlandbus *m* country bus **Überlandbusfahrt** *f* coach tour **Überlandleitung** *f* overhead power cable **Überlandomnibus** *m* country omnibus

überlang *adj* ❶ (*Überlänge besitzend*) extra long, overlong
❷ (*zu lang*) too long

Überlänge *f* extra length; *Film* exceptional length; ~ **haben** to be overlong; *Film* to have an exceptional length; **Hemden mit ~** extra long shirts

überlappen* I. *vi* to overlap; **einen Zentimeter ~** to overlap by one centimetre
II. *vr* ■**sich** ~ to overlap

Überlappung <-, -n> *f* BAU overlap

überlassen* *vt irreg* ❶ (*zur Verfügung stellen*) ■**jdm etw** ~ to let sb have sth; **jdm das Haus** ~ to leave one's house in sb's hands
❷ (*verkaufen*) ■**jdm etw** [**für etw**] ~ to let sb have sth [for sth], to sell sth to sb [for sth]
❸ (*lassen*) ■**jdm etw** ~ to leave sth to sb; ***ich überlasse dir die Wahl*** it's your choice; ■**es jdm ~, etw zu tun** to leave it [up] to sb to do sth; **jdm ~ sein** [*o* **bleiben**] to be up to sb; **das/solche Dinge müssen Sie schon mir** ~ you must leave that/these things to me
❹ (*preisgeben*) ■**jdn jdm/etw** ~ to leave sb to sb/to abandon [*or* leave] sb to sth; **sich** *dat* **selbst ~ sein** [*o* **bleiben**] to be left to one's own resources [*or* devices]; **jdn sich** *dat* **selbst** ~ to leave sb to his/her own resources [*or* devices]

Überlassung <-, -en> *f* (*geh*) ❶ (*das Überlassen*) ***die ~ des Autos erfolgte kostenlos*** the car was handed over free of charge
❷ *kein pl* (*das Anheimstellen*) **die ~ der Wahl an jdn** leaving the choice to sb

Überlassungsvertrag *m* JUR agreement of transfer of possession

überlasten* *vt* ❶ (*zu stark in Anspruch nehmen*) ■**jdn** ~ to overburden sb; ■**etw** ~ to put too great a strain on sth, to overstrain sth; ■[**mit etw**] **überlastet sein** to be overburdened [*or* overtaxed] [with sth]
❷ (*zu stark belasten*) ■**etw** ~ to overload sth; ■**überlastet sein** to be overloaded

Überlastung <-, -en> *f* ❶ (*Zustand zu starker Inanspruchnahme*) overstrain *no pl;* **bei nervlichen ~en** when there is too great a strain on the nerves
❷ (*zu starke Belastung*) overloading *no pl*
❸ TRANSP *des Verkehrs* congestion

Überlastungsschutz *m kein pl* protection from overloading

Überlauf *m* TECH (*Bereichsüberschreitung*) overflow

überlaufen*[1] *vt irreg* ■**etw überläuft jdn** sb is seized [*or* overcome] with sth; ***es überlief mich kalt*** a cold shiver ran down my back [*or* up and down my spine]

über|laufen[2] *vi irreg sein* ❶ (*über den Rand fließen*) to overflow; *Tasse a.* to run over *a. poet*
❷ (*überkochen*) to boil over
❸ MIL (*überwechseln*) ■[**zu jdm/etw**] ~ to desert [*or* go over] [to sb/sth]

überlaufen[3] *adj* overcrowded, overrun

Überläufer(in) *m(f)* MIL deserter

Überläuferkartell *nt* ÖKON relinquishment contract

überleben* I. *vt* ❶ (*lebend überstehen*) ■**etw** ~ to survive sth; ***du wirst es*** ~ (*iron fam*) it won't kill you, you'll survive *iron*
❷ (*lebend überdauern*) ■**etw** ~ to last sth, to live

out [*or* through] sth

③ (*über jds Tod hinaus leben*) ■**jdn** [**um etw**] ~ to outlive [*or* survive] sb [by sth]

II. *vi* to survive

III. *vr* ■**sich** [**bald**] ~ to [soon] be[come] a thing of the past

Überlebende(r) *f(m) dekl wie adj* survivor; **der/die einzige** ~ the only survivor

Überlebenschance *f* chance of survival **überlebensfähig** *adj* able to survive *pred*

überlebensgroß I. *adj* larger-than-life

II. *adv* larger than life

Überlebensgröße *f* ■**in** ~ larger than life

Überlebenskampf *m* fight for survival, struggle to survive **Überlebenstraining** *nt* survival training **überlebenswichtig** *adj* vital, important for survival *pred*

überlebt *adj* outdated, antiquated *a. hum,* outmoded *a. pej*

überlegen*[1] **I.** *vi* to think [about it]; **nach kurzem/langem Ü~** after a short time of thinking/after long deliberation; ***was gibt es denn da zu ~?*** what's there to think about?; ■[**sich** *dat*] ~, **dass ...** to think that ...; **ohne zu** ~ without thinking; ***überleg* [*doch*] *mal!*** just [stop and] think about it!

II. *vt* ■**sich** *dat* **etw** ~ to consider [*or* think about] sth, to think sth over; **sich etw reiflich** ~ to give serious thought [*or* consideration] to sth; ***ich will es mir noch einmal*** ~ I'll think it over again, I'll reconsider it; **es sich** [**anders**] ~ to change one's mind, to have second thoughts about it; ***das wäre zu*** ~ it is worth considering; ***wenn ich es mir recht*** [*or* genau] ***überlege*** on second thoughts [*or* AM thought], come [*or* BRIT coming] to think about it; **sich etw hin und her** ~ (*fig*) to consider sth from all angles

über|legen[2] *vt* ■**jdm etw** ~ to put [*or* lay] sth over sb; **sich** *dat* **etw** ~ to put on sth *sep*

überlegen[3] **I.** *adj* ① (*jdn weit übertreffend*) superior; **ein ~er Sieg** a good [*or* convincing] victory; ■**jdm** [**auf/in etw** *dat*] ~ **sein** to be superior to sb [in sth], to be sb's superior [in sth]; **dem Feind im Verhältnis von 3:1** ~ **sein** to outnumber the enemy by 3 to 1

② (*herablassend*) superior, supercilious *pej;* **mit ~er Miene** with an expression of superiority, with a supercilious look [on one's face] *pej*

II. *adv* ① (*mit großem Vorsprung*) convincingly

② (*herablassend*) superciliously *pej*

Überlegenheit <-> *f kein pl* ① (*überlegener Status*) superiority *no pl* (**über** +*akk* over)

② (*Herablassung*) superiority *no pl,* superciliousness *no pl pej*

überlegt I. *adj* [well-]considered; ■~/~**er sein** to have been given good/better consideration

II. *adv* with consideration, in a considered way

Überlegung <-, -en> *f* ① *kein pl* (*das Überlegen*) consideration *no pl, no indef art,* thought *no pl, no indef art;* **eine** ~ **wert sein** to be worth considering [*or* consideration] [*or* thinking about] [*or* some thought]; **bei/nach eingehender/nüchterner/sorgfältiger** ~ on/after close examination/ reflection/careful deliberation

② *pl* (*Erwägungen*) considerations; (*Bemerkungen*) observations; ~**en** [**zu etw**] **anstellen** to think [about sth], to consider [sth], to draw observations [from sth]

über|leiten *vi* ■**zu etw** ~ to lead to sth

Überleitung *f* ① (*das Überleiten*) transition; **ohne** ~ seamlessly

② JUR transition, transfer; ~ **von Verträgen** transfer of contracts

Überleitungsgesetz *nt* JUR transition act **Überleitungsvertrag** *m* JUR transition agreement

überlesen* *vt irreg* ① (*übersehen*) ■**etw** ~ to overlook [*or* miss] sth

② (*überfliegen*) ■**etw** ~ to glance through [*or* skim over] sth

überliefern* *vt* ■**jdm etw** ~ to hand down sth *sep* to sb; ■**überliefert sein/werden** to have come down/to be being handed down

überliefert *adj* ① (*althergebracht*) traditional, handed down through the centuries *pred*

② (*tradiert*) bequeathed; ~**e Zeugnisse früherer Zeiten** testimonial handed down [*or* come down to us] from earlier times

Überlieferung *f* ① *kein pl* (*das Überliefern*) **im Laufe der** ~ in the course of being passed down from generation to generation [*or* through the ages]; **mündliche** ~ oral tradition

② (*überliefertes Brauchtum*) tradition; **an alten ~en festhalten** to hold on [*or pej* cling] to tradition; **nach** [**ur**]**alter** ~ according to [ancient] tradition

Überliquidität *f kein pl* FIN excess liquidity

überlisten* *vt* ① (*durch eine List übervorteilen*) ■**jdn** ~ to outwit [*or* outsmart] sb

② (*gewieft umgehen*) ■**etw** ~ to outsmart sth

überm = **über dem** (*fam*) ~ **Berg** over the mountain

Übermacht *f kein pl* ① (*überlegene Macht*) superiority *no pl,* superior strength [*or liter* might] *no pl;* **in der** ~ **sein** to have the greater strength

② POL superiority, supremacy; **wirtschaftliche** ~ economic supremacy

übermächtig *adj* ① (*die Übermacht besitzend*) superior; **ein ~er Feind** a superior [*or* strong] [*or* powerful] enemy, an enemy superior in strength [*or* numbers]

② (*geh: alles beherrschend*) overpowering; **ein ~es Verlangen** an overwhelming desire

übermalen*[1] *vt* ■**etw** ~ to paint over sth

über|malen[2] *vi* (*fam*) ■**etw** ~ to paint over sth; **den Rand** ~ to paint over the edge

übermannen* *vt* (*geh*) ■**jdn** ~ to overcome sb

Übermaß *nt kein pl* ■**das** ~ **einer S.** *gen* the excess[ive amount] of sth; **unter dem** ~ **der Verantwortung** under the burden of excessive responsibility; ■**ein** ~ **an etw** *dat*/**von etw** *dat* an excess[ive amount] of sth; **ein** ~ **von Freude** excessive joy; **im** ~ in [*or* to] excess

übermäßig I. *adj* excessive; ~**e Einnahmen** FIN surplus receipts; ~**e Freude/Trauer** intense joy/mourning; ~**er Schmerz** violent pain; ***das war nicht*** ~ that was nothing special *a. iron*

II. *adv* ① (*in zu hohem Maße*) excessively; **sich** ~ **anstrengen** to overdo things, to try too hard

② (*unmäßig*) excessively, to excess, too much; ~ **rauchen** to smoke too much, to overindulge in smoking *form*

Übermaßverbot *nt* JUR prohibition of excessiveness, rule of reasonableness

Übermensch *m* PHILOS superman

übermenschlich *adj* superhuman; ~**e Leistungen** superhuman [*or liter* herculean] achievements; **Ü~es leisten** to perform superhuman feats

übermitteln* *vt* (*geh*) ① (*überbringen*) ■**jdm etw** ~ to bring [*or* deliver] sth to sb

② (*zukommen lassen*) ■[**jdm**] **etw** ~ to convey sth [to sb] *form*

Übermitt(e)lung <-, -en> *f* (*geh*) *eines Briefs, einer Nachricht* delivery; *einer Aufforderung a.* conveyance *form;* ***„vergiss nicht die*** ~ ***meiner Grüße!"*** "don't forget to give [*or form* convey] my regards!"

Übermittlungsirrtum *m* JUR error of transmission

übermorgen *adv* the day after tomorrow, in two days' time; ■~ **Abend/Früh** the day after tomorrow in the evening/morning, in the evening/morning in two days' time

übermüdet *adj* overtired; (*erschöpft a.*) overfatigued *form*

Übermüdung <-> *f kein pl* overtiredness *no pl;* (*Erschöpfung a.*) overfatigue *no pl form*

Übermut *m* high spirits *npl,* boisterousness *no pl;* **aus** ~ out of wantonness *form,* [just] for kicks [*or* the hell of it] *fam*

► WENDUNGEN: ~ **tut selten gut** (*prov*) pride goes [*or* comes] before a fall *prov;* (*zu Kind*) it'll [all] end in tears

übermütig I. *adj* high-spirited, boisterous; (*zu dreist*) cocky *fam*

II. *adv* boisterously; ~ **herumhopsen** to romp about

übern = **über den** (*fam*) ~ **Fluss/Graben/See** over the river/ditch/lake

übernächste(r, s) *adj attr* ~**s Jahr/**~ **Woche** the year/week after next, in two years'/weeks' time; ■**der/die/das** ~ the next but one; **die** ~ **Tür** the next door but one, two doors down

übernachten* *vi* ■**irgendwo/bei jdm** ~ to spend [*or* stay] the night [*or* to stay overnight] somewhere/at sb's place; **in einer Scheune/bei einem Freund** ~ to spend the night in a barn/at a friend's

übernächtig *adj* ÖSTERR, **übernächtigt** *adj* worn out [from lack of sleep] *pred;* (*a. mit trüben Augen*) bleary-eyed

Übernachtung <-, -en> *f* ① *kein pl* (*das Übernachten*) spending the/a night

② (*verbrachte Nacht*) overnight stay; ***mit zwei ~en in Bangkok*** with two nights in Bangkok; ~ **mit Frühstück** bed and breakfast

Übernachtungsmöglichkeit *f* overnight accommodation *no pl,* place/bed for the night

Übernachtungszahl *f* TOURIST, ÖKON *number of overnight stays over a specific period or in a particular region*

Über(nagel)lack *m* top coat

Übernahme <-, -n> *f* ① (*Inbesitznahme*) taking possession *no pl*

② (*das Übernehmen*) assumption *no pl; von Verantwortung a.* acceptance *no pl*

③ ÖKON takeover; **feindliche/freundliche** ~ hostile/friendly takeover

Übernahmeangebot *nt* takeover bid **Übernahmebeschluss** *m* JUR takeover resolution **Übernahmegeier** *m* JUR takeover vulture **Übernahmegewinn** *m* FIN takeover gain **Übernahmehaftung** *f* JUR taker's liability **Übernahmeklage** *f* JUR takeover suit [*or* action] **Übernahmekonnossement** *nt* HANDEL received bill of lading **Übernahmekonsortium** *nt* ① ÖKON takeover consortium ② JUR (*Versicherung*) underwriting syndicate **Übernahmekurs** *m* ① ÖKON takeover price ② JUR underwriting price **Übernahmeobjekt** *nt* takeover target **Übernahmerecht** *nt* JUR law on takeovers **Übernahmeschlacht** *f* takeover battle **Übernahmeverlust** *m* FIN loss on takeover **Übernahmeversuch** *m* attempted takeover, takeover attempt **Übernahmevertrag** *m* ① ÖKON takeover agreement ② JUR underwriting agreement **Übernahmewert** *m* ÖKON takeover price **Übernahmezeitraum** *m* takeover period

übernational *adj* supranational *form*

übernatürlich *adj* ① (*nicht erklärlich*) supernatural; ~**e Erscheinungen** supernatural phenomena

② (*die natürliche Größe übertreffend*) larger than life

übernehmen* *irreg* **I.** *vt* ① (*in Besitz nehmen*) ■**etw** ~ to take [possession of *form*] sth; (*kaufen*) to buy sth; **enteigneten Besitz/ein Geschäft** ~ to take over expropriated property/a business

② (*auf sich nehmen, annehmen*) ■**etw** ~ to accept sth; ***lassen Sie es, das übernehme ich*** let me take care of it; **einen Auftrag** ~ to take on a job *sep,* to undertake a job *form;* **die Kosten** ~ [to agree] to pay the costs; **die Verantwortung** ~ to take on *sep* [*or form* assume] [*or form* adopt] the responsibility; **die Verpflichtungen** ~ to assume [*or* enter into] obligations *form;* ■**es** ~, **etw zu tun** to take on the job of doing sth, to undertake to do sth; **den Vorsitz** ~ to take [*or* assume] the chair

③ (*fortführen*) ■**etw** [**von jdm**] ~ to take over sth *sep* [from sb]; **das Steuer** ~ to take the wheel; **die Verfolgung** ~ to take up pursuit *sep*

④ (*verwenden*) ■**etw** ~ to take [*or* borrow] sth; **ein übernommenes Zitat** a citation taken [*or* borrowed] from another work [*or* source]; **eine Sendung in sein Abendprogramm** ~ to include a broadcast in one's evening programmes

⑤ (*weiterbeschäftigen*) ■**jdn** ~ to take over sb; **jdn ins Angestelltenverhältnis** ~ to employ sb on a permanent basis; **jdn ins Beamtenverhältnis** ~ to enter sb in the civil service

II. *vr* (*sich übermäßig belasten*) ■**sich** [**mit etw**] ~ to take on [*or form* undertake] too much [of sth]; ***übernimm dich*** [***nur***] ***nicht!*** (*iron fam*) [mind you] don't strain yourself! *iron*

III. *vi* to take over; ***ich bin zu müde, um weiterzufahren, kannst du mal ~?*** I'm too tired to drive any more, can you take the wheel?

übernervös [-vøːs] *adj* highly strung BRIT, high-strung AM **Übernutzung** *f kein pl* overuse (+*gen* of, **von** +*dat* of)

über|ordnen *vt* ❶ (*Vorgesetzter*) ■**jdn jdm** ~ to place sb over sb

❷ (*Prioritäten setzen*) ■**etw einer Sache** ~ to give sth precedence over sth

❸ (*hierarchisiert sein*) ■**etw** *dat* **übergeordnet sein** to have precedence over sth

überparteilich *adj* POL non-partisan, non-party

Überpfändung *f* JUR excessive distraint

Überproduktion *f* ■**die** ~ overproduction, surplus production; **die landwirtschaftliche** ~ agricultural overproduction, surplus agricultural production

überproportional I. *adj* disproportionately large [*or* high], out of proportion *pred*

II. *adv* **ein** ~ **großer Anteil von etw** a disproportionately high number of sth

überprüfbar *adj* verifiable; **leicht/schwer** ~ **sein** to be easy/difficult to verify

überprüfen* *vt* ❶ (*durchchecken*) ■**jdn** ~ to screen [*or* vet] sb; ■**jdn auf etw** *akk* ~ to check sb for sth, to investigate sb's sth [*or* sth of sb]; ■**etw** ~ to verify [*or* check] sth; **jds Papiere/die Rechnung** ~ to check [*or* examine] sb's papers/the invoice; ■**etw auf etw** *akk* ~ to check sth for sth; **etw auf seine Richtigkeit** ~ to check [*or* verify] [[*or* form] the correctness of] sth, to check [*or* verify] that sth is correct

❷ (*die Funktion von etw nachprüfen*) ■**etw** ~ to examine [*or* inspect] [*or* check] sth; ■**etw auf etw** *akk* ~ to check sth of sth; **die Anschlüsse auf festen Sitz** ~ to check the firm fits of the connections, to check that the connections fit firmly

❸ (*erneut bedenken*) ■**etw** ~ to examine [*or* review] sth; **seine Haltung** ~ to reconsider one's view; ■**etw auf etw** *akk* ~ to examine sth of [*or* for] sth; **eine Entscheidung auf Zulässigkeit** ~ to examine a decision for its admissibility, to examine the admissibility of a decision; **etw erneut** ~ to re-examine sth

Überprüfung *f* ❶ *kein pl* (*das Durchchecken*) screening *no pl*, vetting *no pl*; (*das Kontrollieren*) verification *no pl*, check; **eine nochmalige** ~ a re[-]check; ~ **der Bestände** HANDEL inventory control

❷ (*Funktionsprüfung*) examination, inspection, check; **eine** ~ **der Funktion** a function check *spec*

❸ (*erneutes Bedenken*) review, examination; **eine erneute** ~ a re-examination

überprüfungspflichtig *adj* subject to inspection

Überqualifikation <-, -en> *f* overqualification

über|quellen *vi irreg sein* ❶ (*übervoll sein*) ■[**vor etw** *dat*] ~ to overflow [with sth]

❷ (*überkochen*) to boil over; *Teig* to rise over the edge

überqueren* *vt* ■**etw** ~ ❶ (*sich über etw hinweg bewegen*) to cross [over] sth; **einen Fluss** ~ to cross [over] [*or form* traverse] a river

❷ (*über etw hinwegführen*) to lead over sth

Überquerung <-, -en> *f* crossing

überragen*[1] *vt* ❶ (*größer sein*) ■**jdn** [**um etw**] ~ to tower above [*or* over] sb [by sth]; (*um ein kleineres Maß*) to be [sth] taller than sb, to be taller than sb [by sth]; **jdn um einen Kopf** ~ to be a head taller than sb; ■**etw** [**um etw**] ~ to tower above [*or* over] [*or* rise above] sth [by sth]; (*um ein kleineres Maß*) to be [sth] higher than sth, to be higher than sth [by sth]

❷ (*über etw vorstehen*) ■**etw** [**um etw**] ~ to jut out [*or* project] over sth [by sth]

❸ (*übertreffen*) ■**jdn** ~ to outshine [*or* outclass] sb; ■**etw** ~ to outclass sth

über|ragen[2] *vi* to jut out, to project

überragend *adj* outstanding; **von ~er Bedeutung** of paramount importance; **von ~er Qualität** of superior quality

überraschen* *vt* ❶ (*unerwartet erscheinen*) ■**jdn** ~ to surprise sb; **jdn mit einem Besuch** ~ to surprise sb with a visit, to give sb a surprise visit

❷ (*ertappen*) ■**jdn bei etw** ~ to surprise [*or* catch] sb doing sth; ■**jdn dabei ~, wie jd etw tut** to catch sb doing sth

❸ (*überraschend erfreuen*) ■**jdn mit etw** ~ to surprise sb with sth; ***lassen wir uns ~!*** (*fam*) let's wait and see [what happens]

❹ (*erstaunen*) ■**jdn** ~ to surprise sb; (*stärker*) to astound sb; ***du überrascht mich!*** you surprise me!, I'm surprised at you!

❺ (*unerwartet überfallen*) ■**jdn** ~ to take sb by surprise; **vom Regen überrascht werden** to get caught in the rain

überraschend I. *adj* unexpected; ■~ **sein** to come as a surprise

II. *adv* unexpectedly; **jdn** ~ **besuchen** to pay sb a surprise visit; [**für jdn**] **völlig** ~ **kommen** to come as a complete surprise [to sb]

überraschenderweise *adv* surprisingly, to my/his/her/etc. surprise

überrascht I. *adj* surprised; (*stärker*) astounded; ■~ **sein, dass/wie ...** to be surprised that/at how ...

II. *adv* **jdn** ~ **ansehen** to look at sb in surprise; ~ **aufsehen** to look up surprised [*or* in surprise]; **etw** ~ **fragen** to ask sth in surprise

Überraschung <-, -en> *f* ❶ *kein pl* (*Erstaunen*) surprise *no pl*; (*stärker*) astonishment *no pl*; **voller** ~ completely surprised, in complete surprise; **zu jds** [**größter**] ~ to sb's [great] surprise, [much] to sb's surprise

❷ (*etwas Unerwartetes*) surprise; **eine** ~ **für jdn kaufen** to buy something as a surprise for sb; ■[**für jdn**] **eine** ~ **sein** to come as a surprise [to sb]; ***was für eine ~!, ist das eine ~!*** (*fam*) what a surprise!

Überraschungseffekt *m* surprise effect [*or* element]; *von Plan* element of surprise **Überraschungsmoment** *nt* moment of surprise

Überreaktion *f* overreaction *no pl*; **zu ~en neigen** to tend to overreact

überreden* *vt* ■**jdn** ~ to persuade [*or sep* talk round] sb; ■**jdn zu etw** ~ to talk sb into sth; ■**jdn** [**dazu**] **~, etw zu tun** to persuade sb to do sth, to talk sb into doing sth; ■**sich** ~ **lassen, etw zu tun** to let oneself be talked [*or* persuaded] into doing sth

Überredung <-, *selten* -en> *f* persuasion *no pl*

Überredungskunst *f* persuasiveness *no pl*, power[s *pl*] of persuasion

überregional *adj* national; **~e Konkurrenz** ÖKON national competition; **ein ~er Sender/eine ~e Zeitung** a national [*or* nationwide] transmitter/newspaper

überreich *adv* ❶ (*überaus aufwendig*) richly, lavishly

❷ (*überaus reich*) **jdn** ~ **beschenken** to lavish [*or* shower] gifts [up]on sb

überreichen* *vt* (*geh*) ■**jdm etw** ~ to hand over sth *sep* to sb; (*feierlich*) to present sth to sb [*or* sb with sth]; **den Behörden etw** ~ to submit sth to [*or form* before] the authorities

überreichlich I. *adj* [more than] ample

II. *adv* ~ **speisen/trinken** to eat/drink more than ample; **jdn** ~ **bewirten** to provide sb with [more than] ample fare

Überreichung <-, -en> *f* presentation

überreif *adj* overripe

überreizen* *vt* ■**jdn** ~ to overexcite sb; ■**etw** ~ to overstrain sth

überreizt *adj* ❶ (*überanstrengt*) overstrained; **~e Nerven** overstrained [*or* overwrought] nerves

❷ (*übererregt*) overexcited

Überreizung <-, -en> *f* overexcitement

überrennen* *vt irreg* ■**etw** ~ to overrun sth

überrepräsentiert *adj* overrepresented

Überrest *m meist pl* remains *npl*; **jds sterbliche ~e** (*geh*) sb's [mortal] remains *form*

Überriese *m* ASTRON supergiant; **roter** ~ red supergiant

überrieseln* *vt* ■**etw überrieselt jdn** sth runs down sb's spine

Überrollbügel *m* AUTO rollover bar BRIT, roll bar AM

überrollen* *vt* ■**jdn/etw** ~ to run over sb/sth; *Panzer* to roll over sb/sth

überrumpeln* *vt* ■**jdn** ~ ❶ (*fam: unerwartet passieren*) to take sb by surprise, to catch sb unawares; ***lass dich nicht ~!*** don't get caught out!

❷ (*überraschend angreifen und überwältigen*) to take sb by surprise, to surprise sb

Überrump(e)lung <-, -en> *f* ❶ (*unerwartetes Ereignis*) ■**die** ~ **von jdm** catching sb unawares

❷ (*unerwartete Überwältigung*) surprise attack (+*gen* on)

überrunden* *vt* ■**jdn** ~ ❶ SPORT to lap sb

❷ (*leistungsmäßig übertreffen*) to outstrip sb; *Schüler* to run rings round sb

übers = **über das** (*fam*) *s.* **über**

übersät *adj* covered; **ein mit Sommersprossen ~es Gesicht** a freckled face; ■**mit** [*o* **von**] **etw** ~ **sein** to be covered with sth; *Straße, Boden* to be littered [*or* covered] with sth; **mit** [*o* **von**] **Blüten** ~ **sein** to be carpeted [*or* strewn] with blossoms

übersättigen* *vt* ❶ (*zu viel von etw haben*) ■**jdn/etw** ~ to satiate sb/sth; **den Markt** ~ to oversaturate the market; **eine übersättigte Gesellschaft** a society sated with luxuries

❷ CHEM ■**etw** ~ to supersaturate sth

übersättigt *adj* sated *form*, satiated *form*

Übersättigung *f* satiety *no pl form*, satiation *no pl form*

Überschallflug *m* supersonic flight **Überschallflugzeug** *nt* supersonic aircraft **Überschallgeschwindigkeit** *f kein pl* supersonic speed; ■**mit** ~ at supersonic speed[s]; **mit** ~ **fliegen** to fly supersonic [*or* at supersonic speed[s]] **Überschalljäger** *m* supersonic jet fighter **Überschallknall** *m* sonic boom **überschallschnell** I. *adj* supersonic II. *adv* at supersonic speed[s]; ~ **fliegen** to fly supersonic [*or* at supersonic speed[s]]

überschatten* *vt* (*geh*) ■**etw** ~ to cast a shadow [*or* cloud] over sth

überschätzen* *vt* ■**etw** ~ ❶ (*zu hoch schätzen*) to overestimate sth; **die Steuern** ~ to overassess taxes

❷ (*zu hoch einschätzen*) ■**etw/sich** ~ to overestimate [*or* overrate] sth/oneself; ■**sich** ~ (*von sich zu viel halten*) to think too highly of oneself

Überschätzung *f* overestimation *no pl*; **in ~ einer S.** *gen* overestimating [*or* overrating] sth

überschaubar *adj* ❶ (*abschätzbar*) **eine ~e Größe** a manageable size; **~e Kosten/ein ~er Preis** a clear cost/price structure; **ein ~es Risiko** a contained [*or* containable] risk

❷ (*einen begrenzten Rahmen habend*) tightly structured

Überschaubarkeit <-> *f kein pl von Projekt* comprehensibility *no pl*, clarity *no pl*; *von Risiko* containability *no pl*; **die** ~ **der Kosten/vom Preis** the clear cost/price structure

überschauen* *vt* (*geh*) *s.* **überblicken**

über|schäumen *vi sein* ❶ (*mit Schaum überlaufen*) to froth [*or* foam] over; **~der Badeschaum** foaming bubble bath

❷ (*fig: ganz ausgelassen sein*) ■**vor etw** *dat* ~ to brim [*or* bubble] [over] with sth; ■**~d** bubbling, exuberant, effervescent

überschlafen* *vt irreg* ■**etw** [**bis morgen**] ~ to sleep on sth

Überschlag *m* ❶ SPORT handspring; **einen** ~ **machen** to do a handspring

❷ (*überschlägliche Berechnung*) [rough] estimate; [**jdm**] **einen** ~ **machen** to make [*or* frame] sb an estimate

überschlagen*[1] *irreg* I. *vt* ■**etw** ~ ❶ (*beim Lesen auslassen*) to skip [over] sth

❷ (*überschläglich berechnen*) to [roughly] estimate sth, to make a rough estimate of sth

II. *vr* ❶ (*eine vertikale Drehung ausführen*) ■**sich** ~

Mensch to fall head over heels; *Fahrzeug* to overturn
② (*rasend schnell aufeinanderfolgen*) ■**sich** ~ to come thick and fast, to follow in quick succession
③ (*besonders beflissen sein*) **sich** *akk* [**vor Freundlichkeit/Hilfsbereitschaft**] ~ to fall over oneself to be friendly/helpful; ***nun überschlag dich mal nicht!*** (*fam*) don't get carried away!
④ (*schrill werden*) ■**sich** ~ to crack
über|schlagen² *irreg* I. *vt haben* **die Beine** ~ to cross one's legs; **mit ~en Beinen sitzen** to sit cross-legged
II. *vi sein* ■**in etw** *akk* ~ ① (*fig*) to turn into sth
② (*brechen*) to overturn; ***die Wellen schlugen über*** the waves broke
③ (*übergreifen*) to spread; ***die Funken schlugen auf die Tischdecke über*** the sparks landed on the table cloth
überschlägig *adj* approximate
überschläglich I. *adj* rough, approximate
II. *adv* roughly, approximately; **etw ~ schätzen** to roughly estimate sth, to give a rough estimate of sth
über|schnappen *vi sein* (*fam*) ① (*verrückt werden*) to crack [up] *fam*, to be cracked [*or* crazy] *fam*
② (*schrill werden*) to crack, to break
überschneiden* *vr irreg* ① (*sich zeitlich überlappen*) ■**sich** [**um etw**] ~ to overlap [by sth]
② (*sich mehrfach kreuzen*) ■**sich** ~ to intersect
Überschneidung <-, -en> *f* overlapping *no pl*
überschreiben* *vt irreg* ① (*betiteln*) ■**etw mit etw** ~ to head sth with sth
② (*darüberschreiben*) ■**etw** ~ to write over sth; INFORM to overwrite sth
③ (*übertragen*) ■**jdm etw** ~, ■**etw auf jdn** ~ to make [*or* sign] over sth *sep* to sb
Überschreibmodus *m* INFORM replace mode
überschreien* *vt irreg* ■**jdn** ~ to shout down sb; ■**etw** ~ to shout over sth, to drown out sth *sep* by shouting
überschreiten* *vt irreg* ① (*geh: zu Fuß überqueren*) ■**etw** ~ to cross [over] sth
② (*über etw hinausgehen*) ■**etw** [**um etw**] ~ to exceed sth [by sth]
③ (*sich nicht im Rahmen von etw halten*) ■**etw** [**mit etw**] ~ to overstep [*or form* transgress] sth [with sth]
④ (*geh: über etw hinaussein*) ■**etw** ~ to pass sth
Überschreitung <-, -en> *f* ① (*Überquerung*) crossing
② (*das Überschreiten*) exceeding; ~ **des Liefertermins** exceeding the delivery deadline, late delivery
③ JUR (*Verletzung*) exceeding, transgression; ~ **der Kompetenzen** acting ultra vires; ~ **der Machtbefugnisse** exceeding one's powers [*or* authority]
④ TECH (*Überschuss*) overrange
Überschrift <-, -en> *f* title, heading; *einer Zeitung* headline; **eine/keine ~ haben** to be titled/untitled, to have a/no title
Überschuh *m* overshoe; ■**~e** overshoes, galoshes *dated*
überschuldet *adj* FIN overindebted, deep in debt *pred; Immobilien* encumbered
Überschuldung <-, -en> *f* overindebtedness *no pl*, excessive debts *pl*
ÜberschussRR *m*, **Überschuß** *m* ① ÖKON (*Reingewinn*) profit, surplus; **buchmäßiger** ~ book surplus; ~ **abwerfen** to yield a profit; **einen ~ erwirtschaften** to make a surplus
② (*überschüssige Menge*) surplus *no pl;* ■**ein ~ an etw** *dat* a surplus [*or* glut] of sth
ÜberschusseinkünfteRR *pl* FIN surplus receipts
überschüssig *adj* surplus *attr;* **~e finanzielle Mittel** surplus funds
ÜberschussmaterialRR *nt* surplus material **Überschussproduktion**RR *f* surplus production **Überschussrechnung**RR *f* FIN cash receipts and disbursements method **Überschussreserve**RR *f* FIN surplus reserve **Überschusssituation**RR *f* ÖKON surplus situation
überschütten* *vt* ① (*übergießen*) ■**jdn/sich/etw mit etw** ~ to pour sth over sb/oneself/sth
② (*bedecken*) ■**etw mit etw** ~ to cover sth with sth
③ (*überhäufen*) ■**jdn mit etw** ~ to inundate sb with sth; **jdn mit Geschenken/Komplimenten** ~ to shower sb with presents/compliments; **jdn mit Vorwürfen** ~ to heap accusations on sb
Überschwang <-[e]s> *m kein pl* exuberance *no pl;* **im ersten** ~ in the first flush of excitement; **im ~ der Freude/Gefühle** in one's joyful exuberance/one's exuberance
überschwänglichRR I. *adj* effusive, gushing *pej*
II. *adv* effusively, gushingly *pej;* **jdn ~ begrüßen** to greet sb effusively [*or* with great effusion]
ÜberschwänglichkeitRR <-> *f kein pl* effusiveness *no pl*
über|schwappen *vi sein* ① (*über den Rand schwappen*) to spill [over the edge]
② (*vor übervieler Flüssigkeit überlaufen*) to slop [*or* splash] over
überschwemmen* *vt* ① (*überfluten*) ■**etw** ~ to flood sth
② (*in Mengen hineinströmen*) ■**etw** ~ to pour into sth
③ (*mit großen Mengen eindecken*) ■**etw mit etw** ~ to flood [*or* inundate] sth with sth
Überschwemmung <-, -en> *f* flood[ing *no pl*]
Überschwemmungsgebiet *nt* flood area **Überschwemmungskatastrophe** *f* flood disaster
überschwenglich *adj, adv s.* **überschwänglich**
Überschwenglichkeit <-> *f kein pl s.* **Überschwänglichkeit**
Übersee *kein art* ■**aus** ~ from overseas [*or hum* the other side of the pond]; ■**in** ~ overseas, on the other side of the pond *hum;* ■**nach** ~ overseas, to the other side of the pond *hum*
Überseedampfer *m* ocean[-going] liner **Überseehafen** *m* international [*or* transatlantic] port **Überseehandel** *m* overseas trade
überseeisch [-ze:ɪʃ] *adj* overseas *attr*
Überseekabel *nt* TELEK transoceanic cable **Überseelinie** *f* transocean line **Überseemarkt** *m* overseas market **Überseeverkehr** *m* overseas traffic
übersehbar *adj* ① (*abschätzbar*) **~e Auswirkungen** containable effects; **eine ~e Dauer/~e Kosten/Schäden** an assessable period/assessable costs/damage; **~e Konsequenzen** clear consequences; ■**etw ist ~/noch nicht** ~ sth is in sight/sth is still not known
② (*mit Blicken erfassen*) visible; **schwer ~es Gelände** terrain offering no clear view; ***von hier aus ist das Gelände nicht*** ~ you can't get a good view of the terrain from here
übersehen*1 *vt irreg* ■**etw** ~ ① (*versehentlich nicht erkennen*) to overlook [*or* miss] sth, to fail to see [*or* notice] sth
② (*abschätzen*) to assess sth; ■**etw lässt sich** ~ sth can be assessed
③ (*mit Blicken erfassen*) to have a view of sth; ***von hier oben lässt sich das Umland besser*** ~ there's a better view of the surroundings from up here
über|sehen² *vr irreg* ■**sich** *akk* **an etw** *dat* ~ to get [*or* grow] tired [*or* to tire] of seeing sth
übersenden* *vt irreg* (*geh*) ■**jdm etw** ~ to send sb sth, to forward sth to sb *form*, to dispatch sth to sb
Übersendung *f* (*geh*) sending *no pl*, forwarding *no pl*, dispatch
Übersendungsbericht *m* JUR prosecution's report upon criminal appeal
übersetzbar *adj* translatable; **nicht** ~ untranslatable; **leicht/schwer** ~ easy/difficult [*or* hard] to translate *pred;* **etw ist** [**kaum/leicht**] ~ sth can be translated [only with great difficulty]/[easily] translated
übersetzen*1 I. *vt* ■**etw** ~ to translate sth; **etw nur schwer/annähernd** ~ to translate sth only with difficulty/to do [*or form* render] an approximate translation of sth; **etw** [**aus dem Polnischen**] [**ins Französische**] ~ to translate sth [from Polish] [into French], to render sth [into French] [from Polish] *form*
II. *vi* ■[**aus etw**] [**in etw**] ~ to translate [from sth] [into sth]
über|setzen² I. *vt haben* ■**jdn** ~ to ferry [*or* take] across sb *sep*
II. *vi sein* ■[**auf/in etw** *dat*] ~ to cross [over] [on/in sth]
Übersetzer(in) *m(f)* translator
Übersetzerprogramm *nt* INFORM interpreter [*or* translator] programme [*or* AM -am]
übersetzt *adj* ① *Text* translated
② TECH **hoch/niedrig/anders ~ sein** to have a high/low/different transmission ratio
Übersetzung¹ <-, -en> *f* TECH transmission [*or* gear] ratio; AUTO gear ratio step up
Übersetzung² <-, -en> *f* ① (*übersetzter Text*) translation, rendition *form*
② *kein pl* (*das Übersetzen*) translation *no pl*
Übersetzungsbüro *nt* translation agency [*or* bureau] **Übersetzungsfehler** *m* translation error
Übersicht <-, -en> *f* ① *kein pl* (*Überblick*) overall view, general idea; **die ~ verlieren** to lose track of things [*or* of what's going on]
② (*knappe Darstellung*) outline, summary
übersichtlich I. *adj* ① (*rasch erfassbar*) clear; **wenig** ~ confused; ■**~ sein** to be clear[ly structured], to have [*or form* exhibit] a clear structure
② (*gut zu überschauen*) open *attr;* ■**~ sein** to offer a clear view [on all sides]; (*wenig Deckung bietend*) to be exposed; ■**nicht ~ sein** to impede the/one's view [on all sides]
II. *adv* ① (*rasch erfassbar*) clearly
② (*gut überschaubar*) **etw ~ anlegen** to give sth an open layout; **etw ~ planen** to plan sth with a clear structure
Übersichtlichkeit <-> *f kein pl* ① (*rasche Erfassbarkeit*) clarity *no pl*
② (*übersichtliche Anlage*) openness *no pl*
Übersichtskarte *f* general [*or* outline] map
über|siedeln *vi sein* (*irgendwohin umziehen*) ■**in etw** *akk*/**nach etw** *akk* ~ to move to sth, to take up residence in sth *form;* **ins Ausland** ~ to emigrate
Übersied(e)lung <-, -en> *f* move (**an/in** +*akk* to), removal *form* (**an/in** +*akk* to)
Übersiedler(in) *m(f)* migrant; (*Einwanderer*) immigrants; (*Auswanderer*) emigrants
übersinnlich *adj* paranormal, supernatural
überspannen*1 *vt* ① (*beziehen*) **etw mit Seide/Leder** ~ to cover sth with silk/leather, to stretch silk/leather over sth
② (*über etw hinwegführen*) ■**etw** ~ to span sth
überspannen² *vt* ■**etw** ~ ① (*zu stark spannen*) to overstrain sth, to put too much strain on sth; *s. a.* **Bogen**
② (*über ein vernünftiges Maß hinausgehen*) to push sth too far
überspannt *adj* ① (*übertrieben*) extravagant, wild
② (*exaltiert*) eccentric; ■**~ sein** to be [an] eccentric
③ (*überanstrengt*) overexcited, overwrought
Überspannung *f* ELEK power surge
Überspannungsschutz *m* ELEK over-voltage protection
überspielen*1 *vt* ① (*audiovisuell übertragen*) ■**etw** [**von etw** *akk*] [**auf etw** *akk*] ~ to record sth [from sth] [on[to] sth], to transfer sth [from sth] to sth, to transfer sth from sth [to sth]; **etw auf Kassette** ~ to tape sth, to put [*or* record] sth on[to] [*or* transfer sth to] tape
② INFORM ■**etw** ~ to export sth; **Daten** ~ to export data
überspielen*2 *vt* (*verdecken*) ■**etw** [**durch etw**] ~ to cover up sth *sep* [with sth]
überspitzen* *vt* (*übertreiben*) ■**etw** ~ to carry sth too far, to exaggerate sth
überspitzt I. *adj* exaggerated
II. *adv* in an exaggerated fashion; **etw ~ darstellen** to exaggerate the depiction of sth
überspringen*1 *vt irreg* ■**etw** ~ ① (*über etw hin-*

wegspringen) to jump [*or* clear] sth; **eine Mauer** ~ to vault [*or* jump] [*or* clear] a wall
❷ (*auslassen*) to skip [over] sth; **eine Seite/ein Kapitel** ~ to skip [over] [*or* leave out *sep*] a page/chapter
❸ SCH **eine Klasse** ~ to skip [*or* miss out *sep*] a class

über|springen² *vi irreg sein* ❶ (*sich übertragen*) ■ [**auf jdn**] ~ to spread [to sb]
❷ (*infizieren*) ■ **auf jdn/etw** ~ to spread [to sb/sth]
❸ (*plötzlich übergreifen*) ■ [**von etw** *akk*] **auf etw** *akk* ~ to spread quickly [from sth] [to sth]

über|sprudeln *vi sein* to bubble over; (*beim Kochen*) to boil over

überspülen* *vt* ■ **etw** ~ to overflow sth; *Welle* to wash over sth; ■ **überspült werden** to be flooded

überstaatlich *adj* supranational *form*

überstehen*¹ *vt* (*durchstehen*) ■ **etw** ~ to come [*or* get] through sth; **die Belastung** ~ to hold out under the stress; **eine Krankheit/Operation** ~ to get over [*or* recover from] an illness/operation; **die nächsten Tage** ~ to live through [*or* live out *sep*] [*or* to last] the next few days; **es überstanden haben** (*euph*) to have passed away [*or* on] *euph;* ***jetzt haben wir es überstanden*** (*fam*) thank heavens that's over now

über|stehen² *vi irreg haben o sein* (*herausragen*) to jut [*or* stick] out, to project; **40 cm** [**weit**] ~ to jut [*or* stick] out [*or* to project] [by] 40 cm

übersteigen* *vt irreg* ■ **etw** ~ ❶ (*über etw klettern*) to climb over sth; **eine Mauer** ~ to scale [*or* climb over] a wall
❷ (*über etw hinausgehen*) to go beyond [*or* exceed] sth; **jds Erwartungen** ~ to exceed sb's expectations
❸ (*größer als etw sein*) to be beyond [*or* exceed] sth

übersteigern* *vt* **seine Forderungen** ~ to go too far with one's demands, to push one's demands too far; **die Preise** ~ to force up prices

übersteigert *adj* ❶ (*übernormal verstärkt*) exaggerated, excessive; **ein ~es Selbstbewusstsein** an exaggerated sense of one's own importance
❷ (*zu hoch geschraubt*) excessive, exorbitant; **~e Erwartungen** highly-pitched [*or* lofty] expectations
❸ ÖKON excessive; **~es Anziehen der Preise** rocketing prices

Übersteigerung *f* ❶ (*das Übersteigern*) **die ~ der Mieten/Preise** forcing up rents/prices
❷ (*Zustand der übernormalen Verstärkung*) excess; **etw zur ~ treiben** to push sth to excess

überstellen* *vt* ■ **jdn jdm** [*o* **an jdn**] ~ to hand over *sep* [*or form* commit] sb to sb

übersteuern* **I.** *vi* AUTO to oversteer
II. *vt* ELEK ■ **etw** ~ to overmodulate sth

überstimmen* *vt* ❶ (*mit Stimmenmehrheit besiegen*) ■ **jdn** ~ to outvote sb
❷ (*mit Stimmenmehrheit ablehnen*) ■ **etw** ~ to defeat [*or* vote down *sep*] sth

überstrahlen* *vt* (*fig*) ■ **etw** ~ to outshine sth

überstrapazieren* *vt* ■ **etw** ~ ❶ (*zu sehr ausnutzen*) to abuse sth
❷ (*zu oft verwenden*) to wear out sth *sep;* ■ **überstrapaziert** worn out; **überstrapazierte Ausreden** tired excuses *pej*

überstreichen* *vt irreg* ■ **etw** [**mit etw**] ~ to paint over sth *sep* [with sth]; **etw mit frischer Farbe** ~ to give sth a fresh coat of paint

über|streifen *vt* ■ [**sich** *dat*] **etw** ~ to slip on sth *sep*

überströmen* *vt* ■ **etw** ~ to overflow sth; ***Schweiß überströmte sein Gesicht*** sweat poured down his face, his face was bathed in sweat

über|stülpen *vt* ■ **jdm/sich etw** ~ to slip sth over sb's/one's head

Überstunde *f* ÖKON hour of overtime, extra hour; ■ **~n** overtime *no pl;* **~n machen** to do [*or* work] overtime; **geleistete ~n** overtime worked

Überstundenabbau *m* overtime reduction, cutback in overtime **Überstundenlohn** *m* overtime pay **Überstundentarif** *m* overtime rate **Überstundenverbot** *nt* overtime ban **Überstundenzuschlag** *m* overtime allowance [*or* bonus]

überstürzen* **I.** *vt* ■ **etw** ~ to rush into sth; **eine Entscheidung** ~ to rush [into] a decision; **man soll nichts ~, nur nichts** ~ don't rush into anything, look before you leap
II. *vr* ■ **sich** ~ to follow in quick [*or* rapid] succession; *Nachrichten a.* to come thick and fast

überstürzt I. *adj* overhasty, rash, precipitate *form*
II. *adv* overhastily, rashly, precipitately *form;* ~ **handeln** to go off at half cock *fam,* to go off half-cocked AM *fam*

Überstürzung <-> *f kein pl* rashness *no pl,* precipitation *no pl form*

übertariflich I. *adj* above [*or* in excess of] the agreed [*or* union] rate *pred,* in excess of the collectively agreed scale *pred;* **~e Bezahlung** payment over and above the collectively agreed scale
II. *adv* above [*or* in excess of] the agreed [*or* union] rate

überteuert *adj* overexpensive, too expensive [*fam* by half] *pred,* overpriced *a. pej;* **ein ~er Preis** an excessive [*or* exorbitant] [*or* inflated] price; ■ [**um etw**] ~ **sein** to be too expensive [by sth]

übertölpeln* *vt* ■ **jdn** ~ to put [a fast] one over on sb, to dupe sb; ■ **sich** [**von jdm**] ~ **lassen** to let oneself be duped [by sb]

Übertölpelung <-, -en> *f* taking-in *no pl*

übertönen* *vt* ■ **jdn** ~ to drown [out *sep*] sb['s words/screams/etc.]; **etw** ~ to drown [out *sep*] sth

Übertopf *m* flower pot holder

Übertrag <-[e]s, Überträge> *m* FIN carryover, amount carried over [*or* forward]; **einen** ~ [**auf/in etw** *akk*] **machen** to carry over [to sth]

übertragbar *adj* ❶ (*durch Infektion weiterzugeben*) communicable *form* (**auf** +*akk* to), infectious; (*durch Berührung*) contagious, catching *pred fam;* ■ [**auf jdn**] ~ **sein** to be communicable [to sb] *form,* to be infectious [*or fam* catching]; (*durch Berührung*) to be contagious [*or fam* catching]; ■ **etw ist von jdm/dem Tier auf jdn/das Tier** ~ sth can be passed from sb/animal to sb/animal
❷ (*anderweitig anwendbar*) ■ **auf etw** *akk* ~ **sein** to be applicable to sth
❸ (*von anderen zu benutzen*) ■ ~ **sein** to be transferable
❹ INFORM (*transferierbar*) portable

Übertragbarkeit <-> *f kein pl* ❶ JUR transferability, assignability
❷ BÖRSE *von Aktien* negotiability

übertragen*¹ *irreg* **I.** *vt* ❶ (*senden*) ■ **etw** ~ to broadcast sth
❷ (*geh: übersetzen*) ■ **etw** ~ to translate sth; **etw wortwörtlich** ~ to translate sth word for word, to do a literal translation of sth; ■ **etw aus etw** ~ to translate [*or form* render] sth from sth; ■ **etw in etw** *akk* ~ to translate [*or form* render] sth into sth
❸ (*infizieren*) ■ **etw** [**auf jdn**] ~ to communicate [*or form* pass on *sep*] sth [to sb]; ■ **etw wird von jdm/dem Tier auf jdn/das Tier** ~ sth is communicated *form* [*or* passed on] from sb/animal to sb/animal
❹ (*von etw woanders eintragen*) ■ **etw auf** *akk*/**in etw** *akk* ~ to transfer sth to/into sth; **eine Zwischensumme als Übertrag auf etw** *akk* ~ to carry over to sth
❺ (*mit etw ausstatten*) ■ **jdm etw** ~ to vest sb with sth *form;* ■ **jdm die Verantwortung** ~ to entrust sb with the responsibility
❻ (*in den Besitz von etw setzen*) ■ **jdm etw** ~, ■ **etw auf jdn** ~ to transfer sth to sb; ■ **jdm ein Recht** ~ to assign sb a right, to transfer a right to sb
❼ (*überspielen*) ■ **etw auf etw** *akk* ~ to record sth on sth; **etw auf eine Kassette** ~ to tape sth, to record sth on tape [*or* cassette]
❽ (*anwenden*) ■ **etw auf etw** *akk* ~ to apply sth to sth
❾ TECH ■ **etw auf etw** *akk* ~ to transmit [*or* transfer] sth to sth
II. *vr* ❶ MED ■ **sich** [**auf jdn**] ~ to be communicated *form* [*or* passed on] [*or* transmitted] [to sb]
❷ (*ebenfalls beeinflussen*) ■ **sich auf jdn** ~ to spread [*or form* communicate itself] to sb

übertragen² I. *adj* figurative; (*durch Metapher*) transferred; **im ~en Sinn** in a/the figurative sense
II. *adv* figuratively; ■ **etw** ~ **meinen** to mean sth in a [*or* the] figurative/transferred sense

Überträger(**in**) *m(f)* MED carrier

Übertragung <-, -en> *f* ❶ (*das Senden*) broadcasting *no pl,* transmission *no pl;* (*übertragene Sendung*) broadcast, transmission
❷ (*geh: das Übersetzen*) translation *no pl;* ■ **die ~ in etw** the translation [*or form* rendition] into sth; (*Übersetzung*) translation
❸ (*das Infizieren*) communication *no pl,* transmission *no pl*
❹ (*das Eintragen an andere Stelle*) carryover
❺ (*das Ausstatten*) vesting *no pl form* (+*gen* with); *von Verantwortung* entrusting *no pl* (+*gen* with)
❻ JUR transfer; *von Rechten a.* assignment *no pl*
❼ (*das Anwenden*) application *no pl* (**auf** +*akk* to)
❽ *kein pl* TECH transmission *no pl* (**auf** +*akk* to)

Übertragungsbilanz *f* ❶ ÖKON (*Bilanz*) balance of transfers ❷ FIN (*Betrag*) net transfer payments *pl* **Übertragungsbilanzdefizit** *nt* FIN balance-of-payments deficit **Übertragungseinrichtung** *f* TELEK transmission unit **Übertragungsende** *nt* INFORM end of transmission **Übertragungsfehler** *m* TECH transmission error **Übertragungsfenster** *nt* INFORM, TELEK transmission window **Übertragungsgeschwindigkeit** *f* TELEK transmission [*or* transfer] speed **Übertragungsgewinn** *m* FIN transfer gain **Übertragungskapazität** *f* TECH transmission capacity **Übertragungsleitung** *f* TELEK transmission cable **Übertragungsmodus** *m* TELEK transmission mode **Übertragungsnetz** *nt* TELEK broadcasting network, transmission system **Übertragungsrate** *f* ❶ TELEK transfer rate; **maximale** ~ maximum transmission rate ❷ INET bandwidth **Übertragungssteuerung** *f* INFORM transmission control **Übertragungstechnik** *f* TELEK transmission technology **Übertragungsurkunde** *f* JUR [deed of] conveyance, transfer deed **Übertragungswagen** *m* mobile [broadcast] unit **Übertragungszeit** *f* TELEK transfer time

übertreffen* *vt irreg* ❶ (*besser sein*) ■ **jdn** [**an/auf/in etw** *dat*] ~ to do better than [*or* to surpass] [*or* to outdo] [*or* to outstrip] sb [in sth]; ■ **sich selbst** [**mit etw**] ~ to surpass [*or* excel] oneself [with sth]
❷ (*über etw hinausgehen*) ■ **etw** [**um etw**] ~ to exceed sth [by sth]; **jds Erwartungen** ~ to exceed [*or* surpass] sb's expectations
❸ (*größer sein*) ■ **etw** [**an etw** *dat*] ~ to surpass sth [in sth]

übertreiben* *irreg* **I.** *vi* to exaggerate
II. *vt* ■ **etw** ~ to overdo sth; ■ **es mit etw** ~ to carry [*or* take] sth too far; ***man kann es auch ~/mit etw*** ~ (*fam*) you can overdo things/sth, you can go too far/too far with sth; ■ **ohne zu** ~ no exaggeration, I'm not joking [*or fam* kidding], no shit [now] *fam!*

Übertreibung <-, -en> *f* ❶ *kein pl* (*das Übertreiben*) exaggeration *no pl;* ■ **die ~ von etw** *dat*/**der S.** *gen* exaggerated sth; **die ~ der Sauberkeit** taking cleanliness too far [*or* to extremes]
❷ (*übertreibende Äußerung*) exaggeration; **zu ~en tendieren** *neigen,* to tend to exaggeration [*or* exaggerate]

über|treten¹ *vi irreg sein* ❶ (*konvertieren*) ■ **zu etw** ~ to go over [*or* convert] to sth
❷ SPORT to overstep
❸ (*übergehen*) ■ [**von etw** *dat*] **in etw** *akk* ~ to pass [from sth] into sth; *Krebszellen a.* to metastasize to sth

übertreten*² *vt irreg* ■ **etw** ~ to break [*or* violate] [*or form* infringe] [*or form* contravene] sth

Übertretung <-, -en> *f* ❶ (*das Übertreten*) violation *no pl,* infringement *no pl form,* contravention *no pl form*
❷ (*strafbare Handlung*) misdemeanour [*or* AM -or]

übertrieben I. *adj* extreme, excessive; **~e Vorsicht** excessive caution, overcaution; **stark** ~ greatly exaggerated
II. *adv* extremely, excessively; ~ **vorsichtig** excessively cautious, overly cautious

Übertritt *m* ■ **der/ein/jds** ~ **zu etw** the/a/sb's

conversion to sth

übertrumpfen* *vt* ■**jdn/etw** [**mit etw**] ~ to outdo sb [with sth]/surpass sth [with sth]

übertünchen* *vt* ■**etw** ~ to whitewash over sth; (*anders als weiß*) to paint over sth

überübermorgen *adv* (*fam*) in three days[' time], the day after the day after tomorrow

überverkauft *adj* ÖKON oversold

überversichern* *vt* ■**jdn/sich** ~ to overinsure sb/oneself

überversichert *adj* overinsured

übervölkert *adj* overpopulated

Übervölkerung <-> *f kein pl* overpopulation

übervoll *adj* ❶ (*mehr als voll*) full to the brim [*or* to overflowing] *pred;* **ein ~er Teller** a heaped[-up] plate
❷ (*überfüllt*) crowded; ■ ~ **sein** to be overcrowded [*or fam* crammed]

übervorsichtig *adj* over[ly]cautious

übervorteilen* *vt* ■**jdn** [**durch etw**] ~ to cheat sb [with sth]; (*bei einem Kauf*) to overcharge [*or fam* sting] sb [with sth]

überwachen* *vt* ❶ (*heimlich kontrollieren*) ■**jdn/etw** ~ to keep sb/sth under surveillance, to keep a watch on [*or* to watch] sb/sth; **jdn/etw rund um die Uhr** ~ to keep sb/sth under 24-hour surveillance; **jdn/etw genau** ~ to keep a careful eye on sb/sth; **jds Telefon** ~ to monitor sb's calls, to bug sb's telephone
❷ (*durch Kontrollen sicherstellen*) ■**etw** ~ to supervise sth; *Kamera* to monitor sth

Überwachung <-, -en> *f* ❶ (*das heimliche Kontrollieren*) surveillance *no pl; eines Telefons* monitoring *no pl,* bugging *no pl*
❷ (*das Überwachen*) supervision *no pl;* (*durch eine Kamera*) monitoring *no pl;* **elektronische** ~ electronic surveillance

Überwachungsapparat *m* surveillance apparatus **überwachungsbedürftig** *adj* JUR requiring supervision; **~e Anlage** installation requiring surveillance **Überwachungskamera** *f* security [*or* surveillance] camera, CCTV **Überwachungskonzept** *nt* monitoring programme [*or* AM -am] **Überwachungsrecht** *nt* JUR right of inspection **Überwachungsstaat** *m* police state **Überwachungssystem** *nt* surveillance [*or* monitoring] system **Überwachungsverfahren** *nt* inspection procedure **Überwachungsverfügung** *f* JUR supervision order

überwältigen* *vt* ❶ (*bezwingen*) ■**jdn/etw** ~ to overpower sb/sth
❷ (*geh: übermannen*) ■**etw überwältigt jdn** sth overcomes [*or* overwhelms] sb, sb is overcome [*or* overwhelmed] by sth

überwältigend *adj* overwhelming; **ein ~es Gefühl** an overwhelming [*or* overpowering] feeling; **~e Schönheit** stunning beauty; **ein ~er Sieg** a crushing victory, a whitewash BRIT *fam,* a shutout AM *fam;* ■**nicht gerade** ~ (*iron*) nothing to write home about *fam*

Überwältigung <-, -en> *f* overpowering *no pl*

Überwälzung <-> *f kein pl* FIN shifting, passing; *von Steuern* shifting [of taxes]

Überwasserfahrzeug *nt* surface vessel [*or* craft]

über|wechseln *vi sein* ❶ (*sich jd anderem anschließen*) ■**auf/in etw** *akk*/**zu etw** *dat* ~ to go over to/into/to sth; ■**zu jdm** ~ to go over to sb's side
❷ (*ausscheren*) ■**auf etw** *akk* ~ to move [in]to sth
❸ (*umsatteln*) ■**von etw zu etw** ~ to chance from sth to sth

Überweg *m* pedestrian bridge

Überweidung <-, -en> *f* AGR overgrazing

überweisen* *vt irreg* ❶ (*durch Überweisung gutschreiben lassen*) ■[**jdm**] **etw** [**auf etw** *akk*] ~ to transfer sth [to [sb's] sth]
❷ (*durch Überweisung hinschicken*) ■**jdn** [**an jdn/in etw** *akk*] ~ to refer sb [to sb/sth]

Überweisung <-, -en> *f* ❶ (*Anweisung von Geld*) [credit *form*] transfer
❷ (*das Überweisen*) ■**die/eine** ~ **an jdn/in etw** *akk* the/a referral to sb/sth; (*Überweisungsformular*) referral form

Überweisungsauftrag *m* banker's order, [*form* credit] transfer order **Überweisungsbeschluss** *m* JUR transfer order **Überweisungsformular** *nt* [credit *form* [*or* bank]] transfer form **Überweisungsscheck** *m* FIN transfer cheque [*or* AM check] **Überweisungsschein** *m* MED letter of referral **Überweisungsverfahren** *nt* FIN transfer process

Überweite *f* large size; ~ **haben** to be oversize[d]; **Kleider in** ~ outsize dresses, dresses in the larger sizes [*or euph* for the fuller figure]

über|werfen[1] *vt irreg* ■**sich** *dat* **etw** ~ to wrap sth around one's shoulders; (*schneller*) to throw on sth *sep;* ■**jdm etw** ~ to wrap sth round sb's shoulders

überwerfen*[2] *vr irreg* ■**sich** ~ to fall out, to break with each other; ■**sich mit jdm** ~ to fall out [*or* break] with sb

überwiegen* *irreg* **I.** *vi* ❶ (*hauptsächlich vorkommen*) to be predominant, to predominate
❷ (*vorherrschen*) ■**es überwiegt** [**bei jdm**] [sb's] sth prevails [*or* gains the upper hand]
II. *vt* ■**etw überwiegt etw** sth outweighs sth

überwiegend **I.** *adj* predominant; **die ~e Mehrheit** the vast [*or* overwhelming] majority
II. *adv* predominantly, mainly; ***Ihre Antworten waren ~ richtig*** most of your answers were correct

überwinden* *irreg* **I.** *vt* ❶ (*nicht länger an etw festhalten*) ■**etw** ~ to overcome sth; **ein Vorurteil** ~ to outgrow a prejudice
❷ (*im Kampf besiegen*) ■**jdn** ~ to defeat sb
❸ (*ersteigen*) ■**etw** ~ to get over [*or* surmount] sth
II. *vr* ■**sich** ~ to overcome one's feelings/inclinations etc.; ■**sich zu etw** ~, ■**sich dazu** ~, **etw zu tun** to force oneself to do sth

Überwindung <-> *f kein pl* ❶ (*das Überwinden*) overcoming *no pl,* surmounting *no pl; Minenfeld* negotiation *no pl*
❷ (*Selbst~*) conscious effort; **jdn ~ kosten**[**, etw zu tun**] to be an effort of will for sb [to do sth], to take sb a lot of will power [to do sth]

überwintern* *vi* ■[**in etw** *dat*] ~ to [spend the] winter [in sth]; *Pflanzen* to overwinter [in sth]; (*Winterschlaf halten*) to hibernate [in sth]

Überwinterungsorgan *nt* BOT perennating organ

überwuchern* *vt* ■**etw** ~ to overgrow sth; **Blumen** ~ to choke flowers

Überwurf <-s, Überwürfe> *m* counterpane; (*Bett~*) cover

Überzahl *f kein pl* ■**die** [**große**] ~ **einer S.** *gen* (*Mehrzahl*) the greatest number of sth, most of sth; ■**in der** ~ **sein** to be in the majority; *Feind* to be superior in number

überzahlen* *vt* ■**etw** ~ to pay too much for sth; ■**etw ist** [**mit etw**] **überzahlt** [at sth] sth costs too much

überzählig *adj* (*überschüssig*) surplus *attr,* excess *attr;* (*übrig*) spare, odd

überzeichnen* *vt* ❶ BÖRSE *Aktie* oversubscribe
❷ (*geh: überspitzt dargestellt*) ■**etw/jdn** ~ to overdraw sth/sb

Überzeichnung <-, -en> *f* BÖRSE oversubscription

überzeugen* **I.** *vt* ■**jdn** ~ to convince sb; (*umstimmen a.*) to persuade sb; **den Richter** ~ to satisfy the judge; ■**jdn von etw** ~ to convince sb of sth; ■**jdn davon** ~**, dass ...** to convince sb that ...; ■**sich** [**von etw**] ~ **lassen** to be[come] convinced [of sth]; **sich gern** [**von etw**] ~ **lassen** to be willing to listen [to sth]
II. *vi* ❶ (*überzeugend sein*) ■[**als jd/in einer Rolle**] ~ to be convincing [*or* carry conviction] [as sb/in a role]; **sie kann nicht** ~ she is unconvincing [*or* not convincing]
❷ (*eine überzeugende Leistung zeigen*) ■[**bei/mit/in etw** *dat*] ~ to prove oneself [in/with/in sth]
III. *vr* ■**sich** [**selbst**] ~ to convince oneself; ~ ***Sie sich selbst!*** [go and] convince [*or* see for] yourself; ■**sich von etw** ~ to convince oneself of sth, to satisfy oneself as to sth; ■**sich** [**selbst**] ~**, dass ...** to be convinced that ...

überzeugend **I.** *adj* convincing; (*umstimmend a.*) persuasive; ■[**als jd**] ~ **sein** to be convincing [*or* carry conviction] [as sb]
II. *adv* convincingly; ~ **argumentieren** to argue convincingly, to bring forward convincing arguments

überzeugt *adj* ❶ (*an die Richtigkeit von etw glaubend*) convinced, dedicated; **ein ~er Christ/Katholik** a convinced [*or* devout] Christian/Catholic; ■**von etw** ~ **sein** to be convinced [*or* be [*or* feel] sure] of sth; ■[**davon**] ~ **sein, dass ...** to be convinced that ...
❷ (*selbstbewusst*) [**sehr**] **von sich** ~ **sein** to be [very] sure [*or pej* full] of oneself

Überzeugung <-, -en> *f* ❶ (*Meinung*) convictions *npl,* principles *pl;* **religiöse** ~ religious beliefs [*or* convictions] *npl;* **zu der** ~ **gelangen** [*o* **kommen**]**, dass ...** to become convinced that ..., to arrive at [*or* reach] the conviction that ...; **der** ~ **sein** to share the conviction; **der** [**festen**] ~ **sein, dass ...** to be [firmly] convinced [*or* of the [firm] conviction] that ...; **nicht der** ~ **sein, dass ...** to not be convinced that ...; **jds** ~ **nach** [*o* **nach jds** ~] [**...**] sb is convinced [that ...]; *s. a.* **Brustton**
❷ JUR (*das Überzeugen*) conviction; **freie** ~ **des Gerichts** independent conviction of the court

Überzeugungsarbeit *f* convincing; **einige** ~ **kosten** to take some convincing; ~ **leisten** to do some convincing **Überzeugungskraft** *f kein pl* persuasiveness *no pl,* persuasive power **Überzeugungstäter(in)** *m(f)* JUR offender by conviction; (*politisch*) political[ly motivated] criminal; (*religiös*) religious[ly motivated] criminal

überziehen*[1] *irreg* **I.** *vt* ❶ (*bedecken*) ■**etw** ~ to cover sth; *Belag* to coat sth
❷ (*ins Debet bringen*) ■**etw** [**um etw**] ~ to overdraw sth [by sth]; ***er hat sein Konto*** [***um DM 1.000***] ***überzogen*** he has overdrawn his account [by DM 1,000], he is [DM 1,000] overdrawn; **den Kreditrahmen** ~ to exceed one's credit limit
❸ (*über das zustehende Maß in Anspruch nehmen*) ■**etw** [**um etw**] ~ to overrun sth [by sth]
❹ (*zu weit treiben*) ■**etw** ~ to carry sth too far; ■**überzogen** exaggerated, over the top *pred fam*
❺ (*übermäßig versehen*) **ein Land mit Krieg** ~ to invade a country; **ein mit Krieg überzogenes Land** a war-stricken [*or* -torn] country; **jdn mit immer neuen Forderungen** ~ to demand more and more from sb; **jdn mit einem Prozess** ~ to bring legal action against sb
II. *vi* ❶ (*Kredit auf dem Girokonto in Anspruch nehmen*) ■[**um etw**] ~ to overdraw an/the/one's account [*or* to be overdrawn] [by sth]
❷ (*über die eingeteilte Zeit hinaus*) to overrun [one's allotted time]

über|ziehen[2] *vt irreg* ❶ (*anlegen*) ■[**sich**] **etw** ~ to put [*or* slip] on sth *sep;* ■**jdm etw** ~ to put [*or* slip] sth on sb
❷ (*fam*) **jdm eins** [**mit etw**] ~ to clobber [*or* clout] sb [one] [with sth] *fam,* to give sb a clout [with sth] *fam*

Überzieher <-s, -> *m* ❶ (*veraltend: leichter Herrenmantel*) greatcoat
❷ (*fam: Präservativ*) condom

Überziehschuh *m* galosh

Überziehung <-, -en> *f* overdraft

Überziehungskredit *m* loan on overdraft, overdraft provision [*or* facility] **Überziehungsprovision** *f* FIN overdraft commission **Überziehungszinsen** *pl* overdraft interest *no pl*

überzogen *adj* ❶ (*bedeckt*) covered; *Himmel* overcast
❷ *Konto* overdrawn
❸ (*übertrieben*) *Vorstellungen* excessive

überzüchtet *adj* overbred; AUTO overdeveloped

Überzug <-s, Überzüge> *m* ❶ (*überziehende Schicht*) coat[ing]; (*dünner*) film; (*Zuckerguss*) icing, frosting AM
❷ (*Hülle*) cover

Überzugsmaterial *nt* TYPO covering [*or* lining] material

übler *adj comp von* **übel**
üblich *adj* ❶ (*normalerweise angewandt*) usual; ***es ist bei uns hier*** [***so***] ~ that's the custom with us here; **wie** ~ as usual
❷ (*gängig*) customary, usual
Übliche(s) *nt dekl wie adj* ■**das** ~ the usual [thing[s *pl*]]
üblicherweise *adv* usually, generally, normally
U-Boot *nt* submarine, sub *fam;* (*während der beiden Weltkriege a.*) U-boat
U-Booting <-s> *nt kein pl* SPORT human powered submarine racing
U-Boot-Krieg *m* submarine warfare **U-Boot-Stützpunkt** *m* submarine base
übrig *adj* ❶ (*restlich*) remaining, rest of *attr;* (*andere a.*) other *attr;* ■**die Ü~en** the remaining ones, the rest of them, the others; ■**das Ü~e** the rest, the remainder; ■**alles Ü~e** all the rest, everything else; **ein Ü~es tun** (*geh*) to go a step further; [**von etw**] **etw** ~ **behalten** to have sth left over [from sth]; **etw vom Geld** ~ **behalten** to keep sth [over] of the money; [**von etw**] ~ **bleiben** to be left [over], to be left [of sth]; **für jdn** ~ **bleiben** to be left for sb; ***es wird ihm gar nichts anderes ~ bleiben*** he won't have any choice [*or* any other alternative]; [**jdm**] **etw** [**von etw**] ~ **lassen** to leave sth [[*or* over] of sth] [for sb]; **etw vom Geld** ~ **lassen** to keep sth [over] of the money; ■~ **sein** to be left [over]; **die ~e Welt** the rest of the world
❷ (*fig*) **für jdn etwas/nichts/viel** ~ **haben** to have a soft spot for [*or* be fond of] sb/to not care much [*or* have little time] for sb/to be very fond of [*or* have a great liking for] sb; **für etw etwas/nichts/viel** ~ **haben** to be interested [*or* have an interest] in sth/to be not at all interested in [*or* have no time at all for] sth/to be very interested in [*or* keen on] sth
übrigens *adv* ❶ (*nebenbei bemerkt*) incidentally, by the way
❷ (*außerdem*) ■[**und**] ~ [and] besides
Übung[1] <-> *f kein pl* (*das Üben*) practice *no pl;* **in** ~ **bleiben** to keep in practice, to keep one's hand in; **aus der** ~ **sein** to be out of practice; ***das ist alles nur*** ~ it's [all] a question of practice, it [all] comes with practice; **aus der** ~ **kommen** to get out of practice; (*von Geschicklichkeit*) to lose touch; **zur** ~ for practice
▶ WENDUNGEN: ~ **macht den Meister** (*prov*) practice makes perfect *prov*
Übung[2] <-, -en> *f* ❶ (*propädeutische Lehrveranstaltung*) seminar (**zu** +*akk* on)
❷ (*~sstück*) exercise
❸ SPORT exercise (**an** +*dat* on)
❹ (*Gelände~*) exercise
❺ (*Probeeinsatz*) exercise, drill
Übungsarbeit *f* SCH practice [*or* mock] test **Übungsaufgabe** *f* SCH exercise **Übungsbuch** *nt* SCH book of exercises
Übungsgelände *nt* MIL training ground [*or* area]
u.d.M. *Abk von* **unter dem Meeresspiegel** below sea-level
ü.d.M. *Abk von* **über dem Meeresspiegel** above sea-level
UdSSR <-> [u:de:ʔɛsʔɛsˈʔɛr] *f Abk von* **Union der Sozialistischen Sowjetrepubliken** HIST ■**die** ~ the USSR [*or* U.S.S.R.]
u.E. *Abk von* **unseres Erachtens** in our opinion
UEFA-Cup <-s, -s> [uˈe:fakap] *m,* **UEFA-Pokal** [uˈe:fa-] *m* ■**der** ~ the UEFA Cup
U-Eisen *nt* U-iron
Ufer <-s, -> *nt* (*Fluss~*) bank; (*See~*) shore, strand *liter;* **das rettende** [*o* **sichere**] ~ **erreichen** to reach dry land [*or* the shore in safety]; **an das** [*o* **ans**] ~ **schwimmen** to swim ashore/to the bank; **über die** ~ **treten** to break [*or* burst] its banks; **an das** [*o* **ans**] ~ to the bank/shore; **an dem** [*o* **am**] ~ on the waterfront, on [*or* at] the water's edge
Uferbefestigung *f* ❶ *kein pl* (*das Befestigen*) bank reinforcement *no pl,* protection of banks/shore
❷ (*befestigende Bepflanzung*) bank reinforcement **Uferböschung** *f* embankment **Uferdamm** *m* embankment **Uferlandschaft** *f* land on each side of a/the river/lake *no indef art, no pl,* riparian landscape *liter*
uferlos *adj* endless; **ins U~e gehen** (*zu keinem Ende führen*) to go on forever [*or* on and on]; (*jeden Rahmen übersteigen*) to go up and up
Uferpromenade *f* [riverside/seaside] promenade **Uferschnepfe** *f* ORN godwit **Uferschwalbe** *f* ORN sand martin **Uferstraße** *f* lakeside/riverside road
uff *interj* (*fam*) phew *fam,* whew *fam;* ~, ***das hätten wir geschafft!*** phew, that's that done!
Ufo, UFO <-[s], -s> *nt Abk von* **Unbekanntes Flugobjekt** UFO
u-förmig[RR], **U-förmig** *adj* U-shaped
Uganda <-> *nt kein pl* Uganda; *s. a.* **Deutschland**
Ugander(in) <-s, -> *m(f)* Ugandan; *s. a.* **Deutsche(r)**
ugandisch *adj* Ugandan; *s. a.* **deutsch**
U-Haft *f* JUR (*fam*) *s.* **Untersuchungshaft**
Uhr <-, -en> *f* ❶ (*Instrument zur Zeitanzeige*) clock, timepiece *form;* **die** ~ **in der Küche** the clock in the kitchen, the kitchen clock; (*Armband~*) watch; ■**nach jds** ~ by sb's watch; **auf die** ~ **sehen** to look at the clock/one's watch; **die ~en** [**auf Sommer-/Winterzeit**] **umstellen** to set the clock/one's watch [to summer/winter time]; ***diese ~ geht nach/vor*** this watch is slow/fast; (*allgemein*) this watch loses/gains time; **jds** ~ **geht nach dem Mond** (*fam*) sb's watch can't tell the time [*or fam* is way out]; **jds innere** ~ sb's biological clock; ■**rund um die** ~ round the clock, 24 hours a day; ■**gegen die** ~ against time
❷ (*Zeitangabe*) o'clock; **7** ~ 7 o'clock [in the morning], 7 am [*or* a.m.]; MIL O seven hundred [*or written* 0700] hours; **15** ~ 3 o'clock [in the afternoon], 3 pm [*or* p.m.]; MIL fifteen hundred [*or written* 1500] hours; **9** ~ **15** quarter past nine [in the morning/evening], nine fifteen [*or written* 9.15] [am/pm], 15 minutes past 9 [in the morning/evening] *form;* **7** ~ **30** half past 7 [in the morning/evening], seven thirty [*or written* 7:30] [am/pm]; **8** ~ **23** 23 minutes past 8 [in the morning/evening], eight twenty-three [am/pm] *form;* **10** ~ **früh** [*o* **morgens**]/**abends**/**nachts** ten [o'clock] in the morning/in the evening/at night; ***wie viel ~ ist es?, wie viel ~ haben wir*** what time is it?; ***um wie viel ~?*** [at] what time?; **um 10** ~ at ten [o'clock] [in the morning/evening]
▶ WENDUNGEN: **jds** ~ **ist abgelaufen** (*geh*) the sands of time have run out for sb *form liter*
Uhrenindustrie *f* watch-and-clock[-making] industry **Uhrenvergleich** *m* comparison of watch [*or* clock] times; **einen** ~ **machen** to synchronize watches
Uhrglas *nt* watch-glass **Uhrkette** *f* watch chain, fob [chain] **Uhrmacher(in)** *m(f)* watchmaker/clockmaker, horologist *spec* **Uhrwerk** *nt* ❶ (*Antrieb einer mechanischen Uhr*) clockwork mechanism, works *npl* [of a watch/clock], movements *pl*
❷ (*Antrieb eines Spielzeugs*) clockwork mechanism; **von einem** ~ **angetrieben** clockwork *attr,* driven by clockwork *pred* **Uhrzeiger** *m* hand [of a clock/watch]; **der große/kleine** ~ the big [*or* minute]/small [*or* hour] hand **Uhrzeigersinn** *m* ■**im** ~ clockwise; ■**entgegen dem** ~ anticlockwise, counterclockwise AM **Uhrzeit** *f* time [of day]; ***was haben wir für eine ~?*** what time [of day] is it?
Uhrzeitgeber *m* INFORM real-time clock
Uhu <-s, -s> *m* eagle owl
UIP *f Abk von* **United International Press** UIP
Ukas <-ses, -se> *m* decree
Ukelei <-, -en> *f* (*Fischart*) bleak
Ukraine <-> [ukraˈi:nə, uˈkrainə] *f* ■**die** ~ [the] Ukraine; *s. a.* **Deutschland**
Ukrainer(in) <-s, -> [ukraˈi:nɐ, uˈkrainɐ] *m(f)* Ukrainian; *s. a.* **Deutsche(r)**
ukrainisch [ukraˈi:nɪʃ, uˈkrainɪʃ] *adj* ❶ (*die Ukraine betreffend*) Ukrainian; *s. a.* **deutsch 1**
❷ LING Ukrainian; *s. a.* **deutsch 2**
Ukrainisch [ukraˈi:nɪʃ, uˈkrainɪʃ] *nt dekl wie adj* Ukrainian; *s. a.* **Deutsch**
Ukrainische <-n> *nt* ■**das** ~ Ukrainian, the Ukrainian language; *s. a.* **Deutsche**
UKW <-> [u:ka:ˈve:, ˈu:ka:ve:] *nt kein pl Abk von* **Ultrakurzwelle** ≈ VHF *no pl;* **auf** ~ on VHF; **auf** ~ **umschalten** to switch to VHF
UKW-Empfang [u:ka:ˈve:-] *m* VHF reception
UKW-Sender *m* VHF transmitter
Ulan-Bator <-s> *nt* Ulan Bator
Ulk <-[e]s, -e> *m* (*fam*) joke; **aus** ~ as a joke, for a lark *fam*
ulken *vi* (*fam*) to joke; (*herumkaspern*) to clown around
ulkig *adj* (*fam*) ❶ (*lustig*) funny
❷ (*seltsam*) peculiar, strange, odd
Ulme <-, -n> *f* elm
Ulmenkrankheit *f* ■**die** ~ Dutch elm disease
Ultimaten *pl von* **Ultimatum**
ultimativ **I.** *adj* ■**eine ~e Forderung/ein ~es Verlangen** an ultimatum
II. *adv* in the form of an ultimatum; **jdn** ~ **auffordern, etw zu tun** to give sb an ultimatum to do sth; *Streitmacht* to deliver [*or* issue] an ultimatum to sb to do sth
Ultimatum <-s, -s *o* Ultimaten> *nt* ultimatum; **jdm ein** ~ **stellen** to give sb an ultimatum; *Streitmacht* to deliver [*or* issue] an ultimatum to sb
Ultimo <-s, -s> *m* ÖKON end [*or* last [day]] of the month; **bis/vor** ~ till [*or* until]/before the end [*or* last [day]] of the month
Ultimoabrechnung *f* FIN month-end accounts *pl* **Ultimoabschluss**[RR] *m* FIN end-of-month settlement **Ultimogeld** *nt* BÖRSE end-of-month settlement loan
Ultra <-s, -s> *m* extremist
Ultrakurzwelle *f s. a.* **UKW** ❶ (*elektromagnetische Welle*) ultrashort [*or spec* metric] wave
❷ (*Empfangsbereich*) ≈ very high frequency [*or* VHF] **Ultrakurzwellenempfänger** *m* VHF receiver **Ultrakurzwellensender** *m* VHF station
ultraleicht *adj* ultralight *spec*
Ultraleichtflugzeug *nt* microlight, microlite
ultralinks *adj* extreme leftist *a. pej*
Ultramarin <-s> *nt kein pl* ultramarine *no pl*
ultraorthodox *adj* extremely orthodox **ultrarechts** *adj* extreme[ly] right-wing **ultrarot** *adj* PHYS infra-red
Ultraschall *m* ultrasound *no pl*
Ultraschallaufnahme *f* ultrasound picture, scan **Ultraschallbehandlung** *f* ultrasound treatment **Ultraschallbild** *nt* ultrasound picture **Ultraschalldiagnostik** *f* ultrasound [*or* ultrasonic] diagnosis **Ultraschallgerät** *nt* [ultrasound] scanner **Ultraschalluntersuchung** *f* ultrasound, scan **Ultraschallwellen** *pl* ultrasonic waves *pl*
ultraviolett [-vi-] *adj* ultraviolet
um **I.** *präp* +*akk* ❶ (*etw umgebend*) ■~ **etw** [**herum**] around [*or* BRIT round] sth; **ganz um etw** [**herum**] all around [*or* BRIT round] sth
❷ (*gegen*) ~ **Ostern/den 15./die Mitte des Monats** [**herum**] around Easter/the 15th/the middle of the month; ~ **fünf Uhr** [**herum**] at [*or* around] about five o'clock; *s. a.* **Uhr**
❸ (*im Hinblick auf etwas*) about; ~ **etw streiten** to argue about sth; *s. a.* **bitten, gehen**
❹ *Unterschiede im Vergleich ausdrückend* ~ **einiges** [*o* **manches**] **besser** quite a bit better; ~ **nichts enger/breiter** no narrower/wider; ~ **einen Kopf größer/kleiner** a head taller/shorter by a head; ~ **10 cm länger/kürzer** 10 cm longer/shorter
❺ (*wegen*) ■~ **jdn/etw** for sb/sth; ■~ **jds/einer S. willen** for the sake of sb [*or* for sb's sake]/for the sake of sth; ~ **meinetwillen** for my sake; *s. a.* **Gott, Himmel**
❻ (*für*) **Minute** ~ **Minute** minute by minute; **Zentimeter** ~ **Zentimeter** centimetre by [*or* after] centimetre [*or* AM -er]
❼ (*nach allen Richtungen*) ~ **sich schlagen/treten** to hit/kick out in all directions

❸ (*vorüber*) ■ ~ **sein** to be over; *Zeit* to be up; *Frist* to expire
II. *konj* ■ ~ **etw zu tun** [in order] to do sth; *s. a.* **so**
III. *adv* ~ **die 80 Meter** about 80 metres [*or* AM -ers], 80 metres [*or* AM -ers] or thereabouts
umladressieren* *vt* ■ **etw** ~ to readdress sth; (*nachsenden*) to redirect sth
umländern *vt* ■ **etw** ~ to alter sth
umlarbeiten *vt* ❶ (*umgestalten*) ■ **etw** ~ to rework [*or* revise] sth; **ein Buch** ~ to rewrite a book; **ein Drehbuch/Manuskript** ~ to rewrite [*or* rework] a script/manuscript
❷ *s.* **umändern**
umarmen* *vt* ■ **jdn** ~ to embrace sb; (*fester*) to hug sb; (*zum Grüßen a.*) to give sb a hug; ***„lass dich ~!"*** "give me a hug!"
Umarmung <-, -en> *f* embrace/hug; **die/eine** ~ **zweier Liebenden** two lovers embracing
Umatzsteuerprüfung *f* FIN sales tax audit
Umbau[1] *m kein pl* rebuilding *no pl*, renovation *no pl*; (*zu etw anderem a.*) conversion *no pl*; **sich im** ~ **befinden** to be being rebuilt/renovated/converted
Umbau[2] <-bauten> *m* renovated/converted building; (*Teil von Gebäude*) renovated/converted section
umlbauen[1] I. *vt* ■ **etw** ~ to convert [*or* make structural alterations to] sth
II. *vi* to renovate
umbauen*[2] *vt* ■ **etw** [**mit etw**] ~ to enclose sth [with sth]; *s. a.* **Raum**
umlbenennen* *vt irreg* ■ **etw** [**in etw** *akk*] ~ to rename sth [sth]
Umbenennung *f* ■ **die/eine** ~ **von etw** *dat*/ **einer S.** *gen* renaming sth; **Tausende von ~en von Straßen** renaming thousands of streets
Umberfisch *m* croaker, dumbfish
umlbesetzen* *vt* ❶ FILM, THEAT ■ **etw** ~ to recast sth
❷ POL ■ **etw** ~ to reassign sth
Umbesetzung *f* ❶ FILM, THEAT recasting *no pl*; **eine** ~ **vornehmen** to alter the cast
❷ POL reassignment; *vom Ministerium* ministry shake-up; *vom Kabinett* reshuffle; **~en vornehmen** to reshuffle the cabinet
umlbestellen* I. *vt* ❶ (*zu einem anderen Zeitpunkt bestellen*) ■ **jdn** [**auf etw** *akk*] ~ to give another [*or* a new] appointment to sb [for sth]
❷ (*ändern*) ■ **etw** ~ to change one's/the order/orders for sth
II. *vi* to change the/one's order/orders
umlbetten *vt* ❶ (*in ein anderes Bett legen*) ■ **jdn** ~ to move [*or* transfer] sb [to another bed]; ■ **jdn** [**in/auf etw** *akk*] ~ to move [*or* transfer] sb [to sth]
❷ (*euph: woanders beerdigen*) ■ **etw** ~ to transfer sth [to another grave], to rebury sth
umlbiegen *irreg* I. *vt haben* ❶ (*durch Biegen krümmen*) ■ **etw** ~ to bend sth
❷ (*auf den Rücken biegen*) **jdm den Arm** ~ to twist sb's arm [behind sb's back]; **mit umgebogenem Arm** with one's arm twisted behind one's back
II. *vi sein* ❶ (*kehrtmachen*) to turn back [*or* round]
❷ (*abbiegen*) **nach links/rechts** ~ to take the left/right road/path/etc.; *Pfad, Straße* to turn [*or* bend] to the left/right
umlbilden *vt* ■ **etw** ~ to reshuffle [*or* shake up *sep*] sth
Umbildung *f* reshuffle, shake-up
umlbinden *vt irreg* ■ **jdm etw** ~ to put [*or* wrap] sth around sb's neck; (*mit Knoten a.*) to tie sth around sb's neck; ■ **sich** *dat* **etw** ~ to put on sth *sep*; (*mit Knoten a.*) to tie on sth *sep*
umlblättern *vi* to turn over; **ein paarmal** ~ to turn over a few pages; (*ohne Interesse*) to flip through a few pages
umlblicken *vr* ❶ (*nach hinten blicken*) ■ **sich** ~ to look back; ■ **sich nach jdm/etw** ~ to turn round to look at sb/sth
❷ (*zur Seite blicken*) **sich nach links/rechts** ~ to look to the left/right; (*vor Straßenüberquerung a.*) to look left/right; **sich nach allen Seiten** ~ to look in all directions
Umbra <-> *f kein pl* umber *no pl*
umlbrechen[1] *irreg* I. *vt haben* ■ **etw** ~ ❶ (*umknicken*) to break down sth *sep*
❷ (*geh: umpflügen*) to turn over [*or* break up] sth *sep*
II. *vi sein* to break
umbrechen*[2] *vt irreg* TYPO ■ **etw** ~ *Seite* to make up sth *sep*, to assemble [*or* compose] sth
umlbringen *irreg* I. *vt* ■ **jdn** ~ to kill sb; (*vorsätzlich a.*) to murder sb; **jdn mit/durch Gift** ~ to kill/murder sb with poison [*or* by poisoning]; **jdn mit einem Messer/durch Messerstiche** ~ to stab sb to death
► WENDUNGEN: **es wird mich noch ~!** (*fig fam*) it'll be the death of me! *fam*; **nicht umzubringen sein** (*fam*) to be indestructible
II. *vr* (*Selbstmord begehen*) ■ **sich** ~ to kill oneself; **sich mit Gift** ~ to kill oneself by taking poison [*or* with poison]; **sich mit einem Messer** ~ to stab oneself to death
► WENDUNGEN: **sich** [**fast**] **vor Freundlichkeit/Höflichkeit** ~ to [practically] fall over oneself to be friendly/polite; **bringen Sie sich nur nicht um!** (*fig fam*) [mind you] don't kill yourself! *iron*; (*als Appell an die Vernunft*) you'll kill yourself [if you go [*or* carry] on like that]!
Umbruch <-s, Umbrüche> *m* ❶ (*grundlegender Wandel*) radical change, upheaval; **sich in einem** ~ **befinden** to be going through a radical change, to be in upheaval
❷ *kein pl* TYPO page make-up [*or* assembly] [*or* composition]; **beim** ~ **sein** to be being made up; (*umbrochener Satz*) make-up
Umbruchgestaltung *f* TYPO pagination layout
Umbruchphase *f* POL, SOZIOL, ÖKON upheaval phase **Umbruchprogramm** *nt* TYPO page break program
umlbuchen I. *vt* ❶ (*auf einen anderen Termin verlegen*) ■ **etw** [**auf etw** *akk*] ~ to alter [*or* change] one's booking/reservation for sth [to sth]; **den Flug auf einen anderen Tag** ~ to change one's flight reservation to another day
❷ (*auf ein anderes Konto buchen*) ■ **etw** [**von etw** *dat*] [**auf etw** *akk*] ~ to transfer sth [from sth] [to sth]
II. *vi* ■ [**auf etw** *akk*] ~ to alter [*or* change] one's booking/reservation [to sth]
Umbuchung *f* ❶ (*umgebuchter Termin*) changed [*or* altered] booking/reservation, change [*or* alteration] to a/the booking/reservation; **eine** ~ [**auf etw** *akk*] **vornehmen** to change [*or* alter] one's booking/reservation [to sth]
❷ (*Überweisung*) transfer
umlcodieren *vt* INFORM, TECH ■ **etw** ~ to recode sth
umdeklarieren* *vt* ÖKON, JUR ■ **etw** ~ *Ware, Ladung* to avoid declaring sth
umldenken *vi irreg* ■ [**in etw** *dat*] ~ to change [*or* modify] one's ideas/views [of sth]
umldirigieren* *vt* ■ **etw** [**nach/zu etw**] ~ to redirect sth [to sth]
umldisponieren* *vi* to change one's plans [*or* arrangements], to make new arrangements
umdrehen I. *vt haben* ❶ (*auf die andere Seite drehen*) ■ **jdn/etw** ~ to turn over sb/sth *sep*; *s. a.* **Arm, Hals**
❷ (*herumdrehen*) ■ **etw** ~ to turn sth
► WENDUNGEN: **jdm jedes Wort im Mund** ~ to twist sb's every word
II. *vr haben* (*in die andere Richtung wenden*) ■ **sich** [**nach jdm/etw**] ~ to turn round [to look at sb/sth]; *s. a.* **Magen**
► WENDUNGEN: **sich im Grab**[**e**] ~ to turn in one's grave
III. *vi haben o sein* to turn round; *Mensch a.* to turn back
Umdrehen <-s> *nt kein pl* TYPO work and twist
Umdrehung *f* AUTO revs *pl*, revolutions *pl form*; **~en pro Minute** revolutions per minute; **3100 ~en** 3100 rpm
Umdrehungsgeschwindigkeit *f* TECH rotation speed **Umdrehungszahl** *f* number of revolutions per minute/second
umeinander *adv* about each other [*or* one another]; ***wir haben uns nie groß ~ gekümmert*** we never really had much to do with each other
umlerziehen* *vt irreg* ■ **jdn** ~ to re-educate sb
umlfahren[1] *irreg vt* (*fam*) ❶ (*überfahren*) ■ **jdn** ~ to knock down [*or* run over] sb *sep*
❷ (*anfahren und abknicken*) ■ **etw** ~ to hit sth; ■ **umgefahren werden** to be hit by a vehicle
umfahren*[2] *vt irreg* ■ **etw** ~ ❶ (*vor etw ausweichen*) to circumvent sth *form*; *Auto a.* to drive around sth
❷ (*Umweg fahren*) to make a detour around sth
Umfahrung <-, -en> *f* ÖSTERR, SCHWEIZ bypass
Umfall *m* POL (*pej fam*) turnaround *a. pej*
umlfallen *vi irreg sein* ❶ (*umkippen*) to topple [*or* fall] over; *Baum a.* to fall [down]
❷ (*zu Boden fallen*) to fall over [*or* down], to fall [*or* drop] to the floor/ground; (*schwerfällig*) to slump to the floor/ground; **tot** ~ to drop [down] dead
❸ (*fam: die Aussage widerrufen*) to retract one's statement
Umfang <-[e]s, Umfänge> *m* ❶ (*Perimeter*) circumference; *eines Baums a.* girth
❷ (*Ausdehnung*) area; **einen** ~ **von 5 Hektar haben** to cover an area of 5 hectares
❸ (*Ausmaß*) **in begrenztem** ~ on a limited scale; **in großem** ~ on a large scale; **in vollem** ~ completely, entirely, fully; **in vollem** ~ **freigesprochen werden** to be found not guilty on all points; **eine Katastrophe in vollem** ~ **erkennen** to recognize the full scale of a disaster; ~ **der Steuersenkung** extent of tax cuts
umfangen* *vt irreg* (*geh*) ■ **jdn** ~ to embrace sb; **jdn/sich** ~ **halten** to hold sb/each other in one's/their arms
umfangreich *adj* ❶ (*voluminös*) extensive; **ein ~es Buch** a thick book
❷ (*ein erhebliches Ausmaß besitzend*) extensive; **~e internationale Beziehungen** extensive international connections; **~es Ersatzteillager** extensive parts depot; **~e Verkäufe** heavy sales
umlfärben *vt* ■ **etw** ~ to dye sth a different colour [*or* AM -or]
umfassen* *vt* ❶ (*umschließen*) ■ **jdn/etw/sich** ~ to clasp sb/sth/each other; (*umarmen*) to embrace sb/sth/[each other]
❷ (*aus etw bestehen*) ■ **etw** ~ to comprise sth; **vier Seiten/zwei Spalten** ~ to have four pages/cover two columns
umfassend I. *adj* ❶ (*weitgehend*) extensive; **~e Vollmachten/Maßnahmen** sweeping [*or* extensive] powers/measures
❷ (*alles enthaltend*) full; **ein ~er Bericht/ein ~es Geständnis** a full report/confession
II. *adv* **etw** ~ **berichten** to report all the details of sth, to cover sth thoroughly; ~ **gestehen** to admit to everything; **jdn** ~ **informieren** to keep sb informed of everything
Umfassungswand *f* BAU perimeter [*or* exterior] wall **Umfassungszarge** *f* BAU U-shaped frame
Umfeld *nt* sphere
umfinanzieren* *vt* ÖKON ■ **etw** ~ to refinance sth
umfliegen* *vt irreg* ❶ (*um etw herumfliegen*) ■ **etw** ~ to fly around [*or* BRIT round] sth
❷ (*um etw kreisen*) ■ **jdn/etw** ~ to fly [in circles] around [*or* BRIT round] sb/sth
umlformatieren *vt* ■ **etw** ~ to reformat sth
umlformen *vt* ■ **jdn** ~ to transform sb
Umformer <-s, -> *m* ELEK convertor
umformulieren* *vt* ■ **etw** ~ to redraft sth; *Satz* to reword sth
Umformung <-, -en> *f* INFORM conversion, remodelling BRIT, AM -eling; ~ **von Daten** data conversion
Umfrage *f* survey; POL [opinion] poll; **eine** ~ [**zu etw** *dat*/**über etw** *akk*] **machen** to hold [*or* carry out *sep*] [*or form* conduct] a survey [on sth]
Umfragewerte *pl* SOZIOL ■ **jds** ~ public opinion of sb
umfried(**ig**)**en*** *vt* (*geh*) ■ **etw** ~ to enclose sth; (*mit Zaun*) to fence in sth *sep*; (*mit Mauer*) to wall

U

in sth *sep*

Umfriedung <-, -en> *f* ① (*Einfriedigung*) enclosing fence/wall/hedge etc.
② *kein pl* (*das Einzäunen*) ■ **die ~ von etw** *dat/* **einer S.** *gen* [**mit etw** *dat*] enclosing sth [with sth]; **die ~ von etw mit einem Zaun/einer Mauer** fencing/walling in sth

ụm|füllen *vt* ■ **etw** [**von etw** *dat*] [**in etw** *akk*] ~ to transfer sth [from sth] into sth; **Wein in eine Karaffe** ~ to decant wine

ụm|funktionieren* *vt* ■ **etw** [**zu etw**] ~ to remodel sth [into sth], to change [*or* turn] sth [into sth]

Ụmfunktionierung <-, -en> *f* ■ **die ~ von etw** *dat/***einer S.** *gen* [**in etw** *akk*] remodelling sth [into sth], changing sth [into sth], turning sth into sth

Ụmgang <-gänge> *m* ① (*gesellschaftlicher Verkehr*) ■ **jds** ~ sb's dealings *pl;* ~ **mit jdm haben** (*geh*) to associate with sb, to have dealings with sb; **kein ~ für jdn sein** (*fam*) to be not fit [*or* be no] company for sb
② (*Beschäftigung*) ■ **jds ~ mit etw** sb's having to do [*or* deal] with sth *form*

ụmgänglich *adj* sociable, friendly; (*entgegenkommend*) obliging

Ụmgangsformen *pl* [social] manners *pl;* **keine ~ haben** to have no manners **Ụmgangsrecht** *nt kein pl* JUR right of access (*to children*) **Ụmgangssprache** *f* ① LING colloquial language [*or* speech] *no pl;* **die griechische ~** colloquial Greek ② (*übliche Sprache*) ***in dieser Schule ist Französisch die*** ~ the language spoken at this school is French **ụmgangssprachlich** *adj* colloquial; **ein ~er Ausdruck/ein ~es Wort** a colloquial expression/word, a colloquialism *spec;* ■ ~ **sein** to be a colloquial expression/word [*or spec* a colloquialism] **Ụmgangston** *m* tone, way of speaking

umgarnen* *vt* (*geh*) ■ **jdn** ~ to ensnare [*or* beguile] sb; ■ **sich** [**von jdm/etw**] ~ **lassen** to let oneself be ensnared [*or* beguiled] [by sb]/beguiled [by sth]

umgeben* *irreg* **I.** *vt* ① (*einfassen*) ■ **etw mit etw** ~ to surround sth with sth; **mit einer Mauer/einem Zaun ~ sein** to be walled/fenced in, to be surrounded [*or* enclosed] by a fence/wall
② (*sich rings erstrecken*) ■ **etw** ~ to lie to all sides of sth; **etw von drei Seiten** ~ to lie to three sides of sth
③ (*in Gesellschaft von*) ■ **von jdm ~ sein** to be surrounded by sb
II. *vr* ■ **sich mit jdm/etw** ~ to surround oneself with sb/sth

Umgebung <-, -en> *f* ① (*umgebende Landschaft*) environment, surroundings *pl; einer Stadt a.* environs *npl,* surrounding area; (*Nachbarschaft*) vicinity, neighbourhood; **in nächster** ~ in the direct [*or* close] vicinity
② (*jdn umgebender Kreis*) people around one

Umgebungsstrahlung *f* background radiation; **natürliche** ~ naturally occurring background radiation **Umgebungstemperatur** *f* BAU ambient air temperature

Ụmgegend *f* (*fam*) surrounding area

ụm|gehen¹ *vi irreg sein* ① (*behandeln*) **mit jdm vorsichtig/rücksichtslos** ~ to treat [*or* handle] sb carefully [*or* with care]/inconsiderately [*or* with inconsideration]; **mit jdm umzugehen wissen** to know how to handle [*or* deal with] sb, to have a way with sb; **mit jdm nicht ~ können** to not know how to handle [*or* deal with] sb; **mit etw gleichgültig/vorsichtig** ~ to handle sth indifferently [*or* with indifference]/carefully [*or* with care]; *s. a.* **Geld**
② (*kolportiert werden*) to circulate, to go about [*or* around]
③ (*spuken*) to walk [abroad *liter*]; ***im Schloss geht ein Gespenst um*** the castle is haunted [by a ghost]

umgehen*² *vt irreg* ■ **etw** ~ ① (*vermeiden*) to avoid sth
② (*an etw vorbei handeln*) to circumvent sth *form*

ụmgehend I. *adj* immediate; **eine ~e Antwort** an immediate [*or* a prompt] reply; ***ich bitte um ~e Antwort*** please inform me at your earliest convenience *form*
II. *adv* immediately; **jdm ~ antworten** to reply [to sb] at one's earliest convenience *form*

Umgehung¹ <-, -en> *f* ① (*das Vermeiden*) avoidance *no pl*
② (*das Umgehen*) circumvention *no pl form;* **unter ~ einer S.** *gen* by getting round [*or form* circumventing] sth

Umgehung² <-, -en> *f,* **Umgehungsstraße** *f* bypass

Umgehungsgeschäft *f* JUR transaction for the purpose of evading the law **Umgehungshandlung** *f* JUR evasion, avoidance **Umgehungsverbot** *nt* JUR exclusion of evading action

Umgehungsverkehr *m kein pl* re-directed traffic

ụmgekehrt I. *adj* reversed, reverse *attr;* **in ~er Reihenfolge** in reverse order; (*rückwärts*) backwards; **die ~e Richtung** the opposite direction; **in ~em Verlauf** in reverse; [***es ist***] ***gerade ~!*** just the opposite!, quite the contrary!; *s. a.* **Vorzeichen**
II. *adv* ① (*anders herum*) the other way round
② (*in der entgegengesetzten Reihenfolge*) **einen Film ~ abspielen** to run a film backwards; ***es hat sich genau ~ abgespielt*** just the opposite happened

ụm|gestalten* *vt* ■ **etw** ~ to reorganize sth; **die Anordnung von etw** ~ to rearrange sth; **ein Gesetzeswerk/die Verfassung** ~ to reform a body of laws/the constitution; **einen Park/ein Schaufenster** ~ to redesign a park/shop window

Ụmgestaltung <-, -en> *f* reorganization *no pl; von Gesetzeswerk, Verfassung* reformation *no pl; eines Parks, Schaufensters* redesign *no pl; Anordnung* rearrangement *no pl*

ụm|gewöhnen* *vr* ■ **sich** ~ to re-adapt, to adapt to a/the new situation

ụm|gießen *vt irreg* ① (*umfüllen*) ■ **etw in etw** ~ to pour [out *sep*] sth into sth
② (*schmelzen*) ■ **etw** ~ *Metall* to recast sth
③ (*fam: verschütten*) ■ **etw** ~ to spill sth

Ụmgliederung <-, -en> *f* rearrangement, regrouping

ụm|graben *vt irreg* ■ **etw** ~ to dig over sth *sep;* **die Erde** ~ to turn [over *sep*] the soil

ụm|greifen *vt irreg* ■ **etw** ~ ① (*umschließen*) to take hold of sth
② (*fig: beinhalten*) to comprise sth

umgrenzen* *vt* ■ **etw** ~ to surround sth; **ein klar umgrenztes Aufgabengebiet** (*fig*) a clearly defined area of responsibility

ụm|gruppieren* *vt* ■ **jdn/etw** ~ to regroup sb/sth; **die Möbel/Skulpturen** ~ to rearrange the furniture/sculptures

ụmgucken *vr* (*fam*) *s.* **umsehen**

ụm|haben *vt irreg* (*fam*) ■ **etw** ~ to have on sth *sep*

Ụmhang <-[e]s, Ụmhänge> *m* cape

Ụmhängegurt *m* shoulder strap

ụm|hängen¹ *vt* (*umlegen*) ■ **sich** *dat* **etw** ~ to put on sth *sep;* ■ **jdm etw** ~ to wrap [*or* drape] sth around sb; **jdm/sich Decken** ~ to wrap blankets around sb/oneself, to wrap sb/oneself in blankets

ụm|hängen² *vt* (*woanders hinhängen*) ■ **etw** ~ to rehang sth, to hang sth somewhere else

Ụmhängetasche *f* shoulder bag

ụm|hauen *vt irreg* (*fam*) ① (*fällen*) ■ **etw** ~ to chop [*or* cut] down sth *sep;* **Bäume** ~ to fell trees, to chop [*or* cut] down *sep*
② (*völlig verblüffen*) ■ **jdn** ~ to stagger sb, to bowl over sb *sep fam*
③ (*lähmen*) ■ **jdn** ~ to knock out sb *sep*

umhegen* *vt* (*geh*) ■ **jdn/etw** ~ to look after sb/sth with loving care; **jdn ~ und umpflegen** to look after sb's every [little] wish; **etw ~ und umpflegen** to look after sth as if it were the apple of one's eye

umher *adv* around, about; **überall** ~ everywhere; **weit** ~ all around, as far as you can see

umher|blicken *vi* to glance around **umher|fahren** *vi irreg sein* to drive around **umher|gehen** *vi irreg sein* ■ **in etw** *dat* ~ to walk about [*or* around] sth **umher|irren** *vi sein* to wander about [*or* around] **umher|laufen** *vi irreg sein* ■ [**in etw** *dat*] ~ to walk around [*or* about] [sth]; (*rennen*) to run around [*or* about] [sth] **umher|liegen** *vi irreg* (*selten*) to lie around **umher|schlendern** *vi* to stroll around **umher|wandern** *vi sein* ■ [**in etw** *dat*] ~ to wander [*or* roam] around [*or* about] [sth] **umher|ziehen** *vi irreg sein* to wander [*or* roam] about [*or* around]

umhin|kommen *vi irreg* (*selten*) to be unable to avoid **umhin|können** *vi irreg* **jd kann nicht umhin, etw zu tun** sb cannot avoid doing sth

ụm|hören *vr* ■ **sich** [**nach jdm/etw**] ~ to ask around [about sb/for sth]; ■ **sich** [**irgendwo**] ~ to ask around [somewhere]

umhüllen* *vt* ■ **jdn/etw** [**mit etw**] ~ to wrap [up *sep*] sb/sth [in sth]

umjubeln* *vt* ■ **jdn** ~ to cheer sb

umkämpft *adj* disputed; **ein ~es Gebiet** a disputed area, a war zone; ■ ~ **sein** to be disputed [*or* the centre of a dispute]

Ụmkehr <-> *f kein pl* turning back

ụmkehrbar *adj* reversible; ■ **nicht** ~ irreversible

ụm|kehren I. *vi sein* to turn back; **nach Hause/zum Ausgangspunkt** ~ to go back home/back to where one started [out]
II. *vt haben* (*geh*) ■ **etw** ~ to reverse sth

Ụmkehrschluss[RR] *m* inversion of an argument; JUR argumentum e contrario

Ụmkehrung <-, -en> *f* (*geh*) reversal

ụm|kippen I. *vi sein* ① (*seitlich umfallen*) to tip [*or* fall] over; ■ [**mit etw** *dat*] ~ *Stuhl, Fahrrad, Roller* to fall over [with sth]
② (*fam: bewusstlos zu Boden fallen*) to pass out
③ (*sl: die Meinung ändern*) to come round
④ ÖKOL to become polluted; ***durch die Mülldeponie in Ufernähe ist der See umgekippt*** the balance in the lake has been upset by the rubbish tip near the riverbank
⑤ (*ins Gegenteil umschlagen*) to change course [*or* tack], to do a U-turn [*or* an about-face]; ■ **in etw** *akk* ~ to turn into sth; ***seine Laune kann von einer Minute auf die andere*** ~ his mood can blow hot and cold from one minute to the next
II. *vt haben* ■ **etw** ~ to tip [*or* knock] over sth *sep*

umklammern* *vt* ① (*sich an jdm festhalten*) ■ **jdn** ~ to cling [on] to sb, to hold on tightly to sb
② (*fest umfassen*) ■ **etw** ~, ■ **etw umklammert halten** to hold sth tight

Umklammerung <-, -en> *f* ① *kein pl* (*Umarmung*) embrace
② (*umklammernder Griff*) clutch; SPORT clinch

Umklammerungsreflex *m eines Neugeborenen* embracing reflex

ụm|klappen *vt* ■ **etw** ~ to fold down sth *sep*

Ụmkleidekabine *f* changing cubicle [*or* AM stall]

ụm|kleiden *vt* (*geh*) ■ **sich** ~ to change, to get changed

Ụmkleideraum *m* changing room

ụm|knicken I. *vi sein* ① (*brechen*) *Stab, Zweig* to snap
② (*zur Seite knicken*) [**mit dem Fuß**] ~ to twist one's ankle
II. *vt haben* ■ **etw** ~ to snap sth; (*Papier, Pappe*) to fold over; (*Pflanze, Trinkhalm*) to bend sth [over]

ụm|kommen *vi irreg sein* ① (*sterben*) to be [*or* get *fam*] killed, to die; **bei** [*o* **in**] **einem Verkehrsunfall/Flugzeugabsturz/etc** ~ to be killed in a traffic accident/plane crash
② (*fam: verderben*) to go off [*or* bad] *fam*
③ (*fam: es nicht mehr aushalten*) to be unable to stand sth [any longer]; **vor Langeweile** ~ to be bored to death

Ụmkreis *m* ■ **im ~** [**einer S.** *gen*] in the vicinity [*or* surroundings] [of sth], within the environs [of sth] BRIT; ***im ~ von 100 Metern/Kilometern*** within a radius of 100 metres/kilometres

umkreisen* *vt* ■ **etw** ~ ① ASTRON (*um etw kreisen*) to revolve around sth, to orbit sth
② RAUM (*in einer Umlaufbahn sein*) to orbit sth, to circle sth

Umkreisung <-, -en> *f* ASTRON (*das Umkreisen*) orbiting; ASTRON, RAUM (*Vollendung einer Umlauf-*

bahn) orbit

um|krempeln *vt* ❶ (*aufkrempeln*) ■**sich** *dat* **etw** ~ to roll up sth *sep;* (*Hosenbein*) to turn up sth *sep*
❷ (*fam: gründlich durchsuchen*) ■**etw** ~ to turn sth upside down *fam*
❸ (*fam: grundlegend umgestalten*) ■**etw/jdn** ~ to turn sth/sb inside out, to shake up sth/sb *sep,* to give sth/sb a good shake up *fam*

Umladebahnhof *m* reloading [*or* transfer] [*or* transshipment] station **Umladegut** *nt* HANDEL goods for transshipment **Umladehafen** *m* HANDEL port of transshipment **Umladekonnossement** *nt* HANDEL transshipment bill of lading **Umladekosten** *pl* HANDEL reloading charges

um|laden *vt irreg* ■**etw** ~ to reload sth

Umladeplatz *m* place of transshipment, transfer point, rehandling yard

Umlage *f* ❶ FIN share of the cost
❷ KOCHK garnish

Umlagebefreiung *f kein pl* JUR exemption from tax, BRIT derating **Umlagefinanzierung** *f* ÖKON, FIN *im Generationsvertrag* shared financing **Umlagegrundlage** *f* FIN levy base **umlagepflichtig** *adj* JUR assessable; FIN rate[a]ble

umlagern* *vt* ■**jdn** ~ to surround sb

Umland *nt kein pl* surrounding area

Umlauf <-s, Umläufe> *m* ❶ ASTRON (*Umkreisung*) rotation
❷ ADMIN (*internes Rundschreiben*) circular; **etw in ~ bringen** [*o* **setzen**] to circulate sth, to put sth into circulation; *Gerücht, Lüge, Parole* to spread sth, to put about sth *sep;* ÖKON (*etw kursieren lassen*) *Banknoten, Geld, Falschgeld* to put into circulation; **im ~ sein** to be in circulation *a. fig*
❸ TECH rotation; **Umläufe pro Minute** rotations per minute, rpm

Umlaufbahn *f* ASTRON, RAUM (*Kreisbahn, Orbit*) orbit; **die ~en um die Sonne** solar orbits

um|laufen I. *vi sein irreg* ❶ ÖKON (*zirkulieren*) to be in circulation
❷ (*weitererzählt werden*) to go round, to be circulating
II. *vt haben* (*fam: umrennen*) ■**jdn/etw** ~ to knock sb/sth over

Umlauffähigkeit *f kein pl* ÖKON marketability *no pl;* (*von Aktien*) negotiability *no pl* **Umlaufgeschwindigkeit** *f* ÖKON rate of turnover **Umlaufkapital** *nt* FIN circulating capital **Umlaufrendite** *f* FIN running yield **Umlaufsatellit** *m* orbital satellite **Umlaufvermögen** *nt* FIN current assets *pl,* circulating capital *no pl*

Umlaut *m* LING umlaut, vowel mutation

um|lauten *vt* LING ■[**zu etw** *dat*] **umgelautet werden** to be modified [into sth]

Umlegekragen *m* reversible collar

um|legen *vt* ❶ (*auf andere Seite kippen*) ■**etw** ~ to turn sth; **einen Schalter** ~ to turn a switch
❷ (*um Körperteil legen*) ■**jdm/sich etw** ~ to put [*or* wrap] sth around sb/oneself
❸ (*flachdrücken*) ■**etw** ~ to flatten sth
❹ (*fällen*) ■**etw** ~ to bring down sth *sep*
❺ (*sl: umbringen*) ■**jdn** [**mit etw** *dat*] ~ to do in sb [with sth] *sep;* (*mit Pistole*) to bump sb off *sep;* ■**jdn** [**von jdm**] ~ **lassen** to have sb done in [by sb]
❻ FIN (*anteilig verteilen*) ■**etw auf jdn/etw** ~ to split sth between sb/sth
❼ ([*auf einen anderen Zeitpunkt*] *verlegen*) ■**etw** [**auf etw** *akk*] ~ to change sth [to sth], to reschedule sth [for sth]

Umlegung <-, -en> *f* ÖKON apportionment; ~ **von Kosten** allocation of costs

Umleimer <-s, -> *m* BAU edge strip

um|leiten *vt* BAU, TRANSP (*um etw herum leiten*) ■**etw** [**irgendwohin**] ~ to divert sth [somewhere]

Umleitung <-, -en> *f* TRANSP ❶ (*Strecke für umgeleiteten Verkehr*) diversion, detour
❷ *kein pl* (*das Umleiten*) diversion, re-routing

Umleitungsempfehlung *f* TRANSP recommended diversion [*or* alternative route] **Umleitungsschild** *nt* diversion [*or* AM detour] sign **Umleitungsstraße** *f* diversion BRIT, detour AM

um|lernen *vi* to rethink, to change one's attitudes

umliegend *adj* surrounding

Umluft *f kein pl* TECH recirculating air

Umluftbetrieb *m* AUTO recirculation mode **Umluftherd** *m* ELEK fan-assisted [*or* convection] oven

Umma <-> *f kein pl* REL (*die moslemische Gemeinde weltweit*) Ummah

ummanteln* *vt* (*fachspr*) ■**etw** ~ to coat sth

ummauern* *vt* ■**etw** ~ to wall [in] sth *sep;* ■**ummauert** walled; (*von Gefängnisbereich*) walled in

um|melden *vt* ADMIN **jdn/sich an einen anderen Wohnort** ~ to register sb's/one's change of address

Ummeldung <-, -en> *f* ADMIN registration of [one's] change of address

um|modeln *vt* (*fam*) ■**etw/jdn** ~ to change sth/sb

umnachtet *adj* **geistig** ~ [**sein**] (*geh*) [to be] mentally deranged

Umnachtung <-, -en> *f* **geistige** ~ (*geh*) mental derangement

Umorganisation *f* reorganization

um|organisieren* *vt* ■**etw** ~ to reorganize sth

um|packen¹ *vt* ■**etw** ~ to repack sth

umpacken*² *vt* (*umfassen*) ■**jdn/etw** ~ to embrace sb/sth

um|pflanzen *vt* AGR, HORT ❶ (*woandershin pflanzen*) ■**etw** ~ to transplant sth
❷ (*umtopfen*) ■**etw** [**in etw** *akk*] ~ to repot sth [into sth]

um|pflügen *vt* AGR ■**etw** ~ to plough [*or* AM plow] up sth *sep*

um|polen *vt* ❶ PHYS, ELEK ■**etw** ~ to reverse the polarity of sth
❷ (*fam: völlig ändern*) ■**jdn** ~ to convert sb

umprogrammieren *vt* ■**etw** ~ *Steuerung, Computer, System* to reprogramme [*or* AM -am]

um|quartieren* *vt* ■**jdn** ~ to relocate [*or* move] sb

umrahmen* *vt* ❶ (*einrahmen*) ■**etw** ~ to frame sth
❷ HORT (*einfassen*) ■**etw** [**mit etw** *dat*] ~ to border sth [with sth]

Umrahmung <-, -en> *f* ❶ (*Bilderrahmen*) frame
❷ *kein pl* (*das Einrahmen*) framing

umranden* *vt* ■**etw** [**rot/mit einem Stift**] ~ to mark [*or* circle] sth [in red/with a pen]

Umrandung <-, -en> *f* ❶ (*einfassender Rand*) border; (*Markierung einzelner Wörter*) marking
❷ *kein pl* (*das Umranden*) marking

umranken* *vt* ■**etw** ~ to twine [*or* climb] around sth

um|räumen I. *vi* to rearrange
II. *vt* ❶ (*woandershin räumen*) ■**etw** [**irgendwohin**] ~ to move sth [somewhere]
❷ (*die Möblierung umordnen*) ■**etw** ~ to rearrange sth

um|rechnen *vt* ❶ MATH (*in andere Zahleneinheiten übertragen*) ■**etw** [**in etw** *akk*] ~ to convert sth [into sth]
❷ FIN (*in andere Währung übertragen*) ■**etw in etw** *akk* ~ to convert sth into sth; ***wie viel ist das, umgerechnet in Pfund?*** how much is that in pounds?

Umrechnung <-, -en> *f* conversion

Umrechnungskurs *m* BÖRSE exchange rate; **amtlicher** ~ official exchange rate; **zum ~ von …** at the parity of …

umreißen* *vt irreg* ■[**jdm**] **etw** ~ (*Situation, Lage*) to outline sth [to sb]; (*Ausmaß, Kosten*) to estimate sth [for sb]

um|rennen *vt irreg* ■**jdn/etw** ~ to [run into and] knock sb/sth over

umringen* *vt* ■**jdn/etw** ~ to surround sb/sth; (*drängend umgeben*) to crowd around sb/sth

Umriss^RR *m meist pl,* **Umriß** *m meist pl* contour[s *pl*], outline[s *pl*]; **in Umrissen** in outline

umrissen *adj* well defined; **fest ~e Vorstellungen von etw haben** to have a clear-cut impression of sth

um|rühren *vi, vt* ■[**etw**] ~ to stir [sth]

umrunden* *vt* ■**etw** ~ to round-up sth

um|rüsten I. *vi* MIL ■**auf etw** *akk* ~ to rearm with sth
II. *vt* ❶ MIL (*anders ausrüsten*) ■**etw auf etw** *akk* ~ to rearm sth with sth
❷ TECH (*für etw umbauen*) ■**etw auf etw** *akk* ~ to re-equip sth with sth

Umrüstung <-, -en> *f* ❶ MIL (*Ausrüsten*) re-equipping
❷ TECH (*Umbauen*) conversion

ums = **um das** (*fam*) *s.* **um**

um|satteln *vi* (*fam*) [**auf einen anderen Beruf**] ~ to change jobs, to switch from one job to another

Umsatz *m* ÖKON turnover; ~ **machen** (*fam*) to be earning; **1.000 DM ~ machen** to do 1,000 DMs worth of business; **gut behaupteter** ~ BÖRSE steady trading

Umsatzabgabe *f* JUR transaction duty **Umsatzanalyse** *f* sales analysis **Umsatzanstieg** *m kein pl* HANDEL increase in turnover **Umsatzanteil** *m* sales share **Umsatzaufwendungen** *pl* FIN sales expenditure *no pl* **Umsatzbelebung** *f* HANDEL increase in turnover **Umsatzbericht** *m* sales report **Umsatzbeteiligung** *f* ÖKON commission **Umsatzbonus** *m* HANDEL annual quantity discount **Umsatzhäufigkeit** *f* ÖKON *s.* **Umschlagshäufigkeit** **Umsatzkapital** *nt* FIN sales investment capital **Umsatzkostenverfahren** *nt* FIN cost-of-sales accounting format **Umsatzkurve** *f* ÖKON sales curve **Umsatzplus** *nt* increase in turnover, sales plus **Umsatzprognose** *f* ÖKON sales projection, turnover forecast **Umsatzprovision** *f* HANDEL sales commission **Umsatzrendite** *f* FIN percentage return on sales **Umsatzrückgang** *m* HANDEL decline in sales, drop in turnover

umsatzschwach *adj* ÖKON slow-selling, low-volume **Umsatzschwankung** *f meist pl* HANDEL sales fluctuation **Umsatzspitzenreiter** *m* BÖRSE volume leader **Umsatzstatistik** *f* ÖKON sales analysis [*or pl* statistics] **Umsatzsteigerung** *f* ÖKON sales increase, increase in turnover

Umsatzsteuer *f* FIN sales tax **Umsatzsteuererhöhung** *f* FIN sales tax increase **Umsatzsteuererklärung** *f* FIN sales [*or* turnover] tax return; **eine ~ einreichen** to submit a sales tax return **umsatzsteuerfrei** *adj* FIN zero-rated, exempted from sales tax *pred* **Umsatzsteuerharmonisierung** *f* FIN harmonization of turnover tax **Umsatzsteueridentifikationsnummer** *f* sales tax identification number **umsatzsteuerpflichtig** *adj* FIN liable to sales tax **Umsatzsteuerrecht** *nt* JUR, FIN sales tax law **Umsatzsteuerrückerstattung** *f,* **Umsatzsteuerrückvergütung** *f* FIN sales [*or* turnover] tax refund

Umsatzvolumen *nt* HANDEL sales volume **Umsatzwachstum** *nt* HANDEL growth in sales **Umsatzzahlen** *pl* HANDEL turnover figures **Umsatzzunahme** *f,* **Umsatzzuwachs** *m* HANDEL growth in sales **Umsatzzuwachs** *m* increase in sales [*or* turnover]

umsäumen* *vt* (*geh*) ■**etw** ~ to line sth

um|schalten I. *vi* ❶ RADIO, TV, INFORM (*andere Verbindung herstellen*) to switch over; **auf einen anderen Kanal/Sender** ~ change the channel/station
❷ TRANSP (*Anzeigenfarbe ändern*) to change; **auf Rot/Orange/Grün** ~ to turn [*or* go] red/amber [*or* AM yellow]/green
❸ (*fam: sich einstellen*) ***Ich brauche ein bisschen Zeit umzuschalten*** I need a little time to shift gears; ■**auf etw** *akk* ~ to adapt to sth
II. *vt* RADIO, TV (*auf anderen Sender wechseln*) ■**etw auf etw** *akk* ~ to switch sth to sth; **das Fernsehgerät/Radio** [*o* SÜDD, ÖSTERR, SCHWEIZ **den Radio**] ~ to change the television channel/radio station

Umschalter <-s, -> *m* ❶ TECH change-over switch
❷ INFORM (*bei der Tastatur*) shift-key

Umschalttaste *f* INFORM case change, shift key

Umschaltung <-, -en> *f* TV change of channel; RADIO change of station

Umschaltzeichen *nt* INFORM shift character

Umschau *f* **nach jdm/etw ~ halten** to look out for sb/sth, to keep an eye out for sb/sth

um|schauen *vr (geh) s.* **umsehen**
um|schichten *vt* ① *(anders aufschichten)* ▪**[jdm] etw** ~ to restack sth [for sth]
② *(anders verteilen)* ▪**etw** ~ to redistribute sth
Umschichtung <-, -en> *f* ① *(Umgruppierung)* regrouping, shifting; ÖKON, SOZIOL restructuring
② *(Umverteilung)* redistribution
Umschichtungshandel *m* FIN reorganization business **Umschichtungsprozess**[RR] *m* ① FIN *von Kapital, Vermögen* redistribution process, process of redistribution ② SOZIOL *in der Bevölkerung* restructuring process, process of restructuring
umschiffen* *vt* NAUT ▪**etw** ~ to sail around sth; *Kap a.* to round, to double; *s. a.* **Klippe**
Umschlag[1] <-[e]s> *m kein pl* ÖKON transfer, transshipment
Umschlag[2] <-[e]s, -schläge> *m* ① *(Kuvert)* envelope; **selbstklebender** ~ self-adhesive envelope
② *(Buchumschlag)* jacket
③ MED *(Wickel)* compress
Umschlagbahnhof *m* trade station **Umschlagbetrieb** *m* HANDEL transshipment point
um|schlagen[1] *irreg* **I.** *vt haben (wenden)* ▪**etw** ~ *(Kragen, Ohrenklappe)* to turn down sth *sep*; *(Ärmelaufschlag)* to turn up sth *sep*
II. *vi sein* METEO *(Wechseln der Wetterlage)* to change
um|schlagen[2] *vt irreg* ÖKON ▪**etw** ~ *(umladen)* to transfer [*or* trans-ship] sth
Umschlagen <-s> *nt kein pl* TYPO work and turn
Umschlaghafen *m* ÖKON, NAUT entrepot port, port of transshipment **Umschlagplatz** *m* ÖKON place of transshipment **Umschlagshäufigkeit** *f* ÖKON rate of turnover **Umschlagskosten** *pl* HANDEL handling charges **Umschlagsvermögen** *nt* HANDEL handling capacity **Umschlagszeit** *f* HANDEL turnover period; *(Transport)* transit time **Umschlagtarif** *m* HANDEL handling rate
umschließen* *vt irreg* ① *(umgeben, umzingeln)* ▪**etw** ~ to enclose sth
② *(geh: umarmen)* **jdn/etw mit den Händen/Armen** ~ to take sb/sth in one's hands/arms
③ *(eng anliegen)* ▪**jdn/etw** ~ to fit sb/sth closely [*or* tightly]
④ *(einschließen)* ▪**etw** ~ to include [*or* comprise] sth
umschlingen* *vt irreg* ① *(geh: eng umfassen)* ▪**jdn** ~ to embrace sb; **jdn mit den Armen** ~ to hold sb tightly in one's arms, to clasp sb in one's arms *liter*
② BOT *(rankend umgeben)* ▪**etw** ~ to twine around sth
umschlungen *adj* **eng** ~ with one's arms tightly around one another; **jdn [fest]** ~ **halten** *(geh)* to hold sb [tightly] in one's arms, to embrace sb [tightly]
umschmeicheln* *vt* ① *(jdm schöntun)* ▪**jdn** ~ to flatter sb
② *(geh: sanft berühren)* ▪**etw umschmeichelt jdn/etw** sth is caressing sb/sth
um|schmeißen *vt irreg (fam)* ① *(umwerfen)* ▪**[jdm] etw** ~ to knock [sb's] sth over
② *(zunichte machen)* ▪**etw** ~ *Planung, Plan* to mess up sth *sep*
um|schnallen *vt* ▪**[jdm/sich] etw** ~ to buckle on *sep* [sb's/one's] sth
um|schreiben[1] *vt irreg* ① MEDIA *(grundlegend umarbeiten)* ▪**etw** ~ to rewrite sth
② JUR *(im Grundbuch übertragen)* ▪**etw auf jdn** ~ to transfer sth to sb [*or* sb's name]; ▪**etw auf jdn** ~ **lassen** to have sth transferred to sb [*or* sb's name]
umschreiben*[2] *vt irreg* ▪**etw** ~ ① *(indirekt ausdrücken)* to talk around sth, to skate over [*or* around] sth, to gloss over sth
② *(beschreiben)* to outline [*or* describe] sth; *(in andere Worten fassen)* to paraphrase sth
Umschreibung[1] <-, -en> *f* ① *(indirektes Ausdrücken)* glossing-over, dodging
② *(das Beschreiben)* outline, description, paraphrase
Umschreibung[2] <-, -en> *f* JUR *(Ummeldung)* transcription, change of registration
Umschrift *f* ① LING *(Transkription)* transcription, transliteration; **phonetische** ~ phonetic transcription
② *(kreisförmige Beschriftung)* circumscription
um|schulden ÖKON **I.** *vt* ▪**etw** ~ to refinance [*or* reschedule] [*or* roll over] sth
II. *vi* to refinance; **einen Kredit** ~ to convert [*or* fund] a loan
Umschuldung <-, -en> *f* FIN funding *no pl*
um|schulen *vt* ① *(für andere Tätigkeit ausbilden)* ▪**jdn [zu etw** *dat*] ~ to retrain sb [as sth]; ▪**sich** *akk* ~ **lassen** to undergo retraining
② SCH *(auf andere Schule schicken)* ▪**jdn** ~ to transfer sb to another school
Umschüler(in) *m(f)* retrainee
Umschulung *f* ① *(Ausbildung für andere Tätigkeit)* retraining
② SCH *(das Umschulen)* transfer
Umschulungskurs *m* SCH, ÖKON retraining course
um|schütten *vt* ▪**etw** ~ ① *(verschütten)* to spill sth
② *(umwerfen)* to upset sth
③ *(umfüllen)* to pour [out *sep*] sth into sth
umschwärmen* *vt* ▪**jdn** ~ to idolize sb; *(bedrängen)* to swarm around sb
umschwärmt *adj* idolized
Umschweife *pl* beating about [*or* AM around] the bush; **ohne** ~ without mincing one's words, straight up; **keine** ~! stop [*or* no] beating about the bush!
um|schwenken *vi sein o haben* ① *(zur Seite schwenken) exerzierende Rekruten* to do an about-face [*or* about-turn]; **nach links/rechts** ~ to swing [out] to the left/right
② *(seine Meinung ändern)* ▪**[auf etw** *akk*] ~ to swing round [to sth]
umschwirren* *vt* ▪**jdn/etw** ~ to buzz around sb/sth
Umschwung *m* ① *(plötzliche Veränderung)* drastic change; **ein politischer/wirtschaftlicher** ~ a political/economic U-turn; ~ **in der Leistungsbilanz** FIN reversal of the current account balance
② SCHWEIZ *(umgebendes Gelände)* surrouding property
umsegeln* *vt* NAUT ▪**etw** ~ to sail around sth
Umsegelung <-, -en> *f* circumnavigation
um|sehen *vr irreg* ① *(in Augenschein nehmen)* ▪**sich** *akk* **irgendwo/bei jdm** ~ to have [*or esp* AM take] a look around somewhere/in sb's home
② *(nach hinten blicken)* ▪**sich** ~ to look back [*or* BRIT round]; ▪**sich** *akk* **nach jdm/etw** ~ to turn to look at sb/sth, to look back [*or* BRIT round] at sb/sth
③ *(zu finden suchen)* ▪**sich** *akk* **nach jdm/etw** ~ to look around for sb/sth
umseitig **I.** *adj* overleaf; **der Text zur ~en Abbildung** the text to the illustration overleaf
II. *adv* overleaf; ***die Lösung ist ~ erwähnt*** the solution is given overleaf
um|setzen[1] *vt* ① *(an anderen Platz setzen)* ▪**jdn** ~ to move sb
② *(nutzbringend anwenden)* ▪**etw [in etw** *akk*] ~ to convert sth [to sth]; **etw in die Praxis** ~ to put sth to practice, to translate sth into practice; **etw in Geld** ~ to sell sth, to turn sth into cash [*or* money]; *s. a.* **Tat**
um|setzen[2] *vt* ÖKON *(verkaufen)* ▪**etw** ~ to turn over sth, to have a turnover of sth
Umsetzung <-, -en> *f* ① *(Übertragung)* transfer; ~ **von Daten** INFORM data transfer
② JUR *(Versetzung)* transfer of duties, transfer to a different position; ~ **eines Beamten** transfer of an official to a different position
③ *(Umpflanzung) Pflanze* transplant[ing]; *(in einen anderen Topf)* repotting
④ *(Verwirklichung)* realization; *eines Plans* implementation
⑤ *(Umformung)* transformation
⑥ TECH, PHYS conversion
⑦ ÖKON turnover
⑧ *(Umsiedelung) in eine andere Wohnung* rehousing
Umsicht *f kein pl* prudence, circumspection *form*
umsichtig **I.** *adj* level-headed, prudent, circumspect *form*
II. *adv* prudently, circumspectly *form*
um|siedeln **I.** *vt haben* ▪**jdn [irgendwohin]** ~ to resettle [*or* relocate] sb [somewhere]
II. *vi sein* ▪**irgendwohin** ~ to resettle somewhere
Umsied(e)lung <-, -en> *f* resettlement
Umsiedler(in) *m(f)* resettler, resettled person
Umsiedlung <-, -en> *f* resettlement
um|sinken *vi irreg* to sink to the ground
umsonst *adv* ① *(gratis)* for free, free of charge; ▪~ **sein** to be free [of charge]; *(Pröbchen, Werbegeschenk)* to be complimentary; **etw** ~ **[dazu] bekommen** to receive sth free of charge [*or* for free]; **etw** ~ **[dazu] geben** to give sth free of charge [*or* for free]
② *(vergebens)* in vain; ▪~ **sein** to be pointless; **nicht** ~ not without reason, not for nothing *fam*
umsorgen* *vt* ▪**jdn** ~ to look after sb, to care for sb
umspannen* *vt* ① *(umfassen)* to clasp; ▪**etw mit den Armen/Händen** ~ to get [*or* put] one's arms/hands around sth
② *(zeitlich einschließen)* ▪**etw** ~ *Zeitraum* to span sth
Umspannstation *f* ELEK transformer [station]
Umspannwerk *nt* ELEK transformer station
umspielen* *vt (geh: andeutungsweise zu sehen sein)* ▪**etw** ~ to have a hint [*or* suggestion] of sth; ***ein leises Lächeln umspielte ihre Lippen*** a faint smile played about her lips
um|springen *vi irreg sein* ① *(grob behandeln)* ▪**mit jdm schlecht [o grob]** ~ to treat sb badly [*or* roughly]; ***so lasse ich nicht mit mir ~!*** I won't be treated like that!
② METEO *(rasch die Richtung wechseln)* to veer round
③ TRANSP *(plötzlich umschalten)* to change **(auf** +*akk* to); **auf Rot/Orange/Grün** ~ to change to red/amber [*or* AM yellow]/green
um|spulen *vt* to rewind; **ein Tonband auf eine andere Spule** ~ to wind a tape onto another spool
umspülen* *vt (geh)* ▪**etw** ~ to wash around [*or* BRIT round] sth
Umstand <-[e]s, -stände> *m* ① *(wichtige Tatsache)* fact; **mildernde Umstände** JUR mitigating circumstances; **den Umständen entsprechend [gut]** [as good] as can be expected under the circumstances; **unter Umständen** possibly, maybe, perhaps; ***unter diesen Umständen hätte ich das nie unterschrieben*** I would never have signed this under these circumstances; **unter allen Umständen** at all costs
② *pl (Schwierigkeiten)* bother, trouble; **[jdm] Umstände machen** [*o geh* **bereiten**] to put [sb] out, to cause trouble [*or* bother] [*or* inconvenience] [for sb]; **[jdm] Umstände machen** [*o geh* **bereiten**], **etw zu tun** to be a bother [to sb] to do sth; **nicht viel Umstände [mit jdm/etw] machen** to not waste any time [with sb/sth], to make short work [of sb/sth]; **ohne [große] Umstände** without any [great deal of] fuss [*or* bother]; **bitte keine Umstände!** please don't put yourself out!, please don't go to any bother!
③ *pl (Förmlichkeiten)* fuss; ***wozu die Umstände?*** why are you making such a fuss?, what's this fuss all about?
▶ WENDUNGEN: **in anderen Umständen sein** *(geh: schwanger sein)* to be expecting *form*
umständehalber *adv* due [*or* owing] to circumstances
umständlich **I.** *adj* ① *(weitschweifig: Erklärung, Formulierung)* long-winded, ponderous
② *(mit großem Aufwand verbunden)* laborious; *(Anweisung, Beschreibung)* elaborate, involved; *(Aufgabe, Reise)* complicated, awkward; *(Erklärung, Anleitung)* long-winded; ▪~ **sein** to be a [lot of] bother, to be inconvenient; *(Erklärung, Anleitung)* to be long-winded; ▪~ **sein, etw zu tun** to be a [real [*or* a lot of]] bother [*or* inconvenience] to do sth; ▪**etw ist jdm zu** ~ sth's too much [of a] bother for

sb
③ (*unpraktisch veranlagt*) ■~ **sein** to be awkward [*or* fussy], to have a ponderous manner *form*
II. *adv* ① (*weitschweifig*) long-windedly, ponderously *form*
② (*mühselig und aufwändig*) laboriously, with some bother

Umständlichkeit <-> *f kein pl* ① (*Weitschweifigkeit*) long-windedness, awkwardness, ponderousness *form*
② (*Aufwändigkeit*) laboriousness, awkwardness

Umstandsbestimmung *f* LING *s.* **Adverbialbestimmung** **Umstandskleid** *nt* maternity dress **Umstandskleidung** *f* maternity wear **Umstandskrämer** *m* (*fam o fig*) pedant, fusspot *fam* **Umstandsmode** *f* maternity wear **Umstandswort** *nt* LING *s.* **Adverb**

umstehen*[1] *vt irreg* ■**jdn/etw** ~ to surround sb/sth; **von Bäumen umstanden** surrounded by trees

um|stehen[2] *vi irreg* DIAL ① (*verenden*) *Tier* to perish
② (*verderben*) *Milch* to go off

umstehend **I.** *adj attr* ① (*ringsum stehend*) standing round, surrounding
② (*geh*) *s.* **umseitig**
II. *adv* (*geh*) *s.* **umseitig**

Umsteigefahrschein *m* transfer ticket

um|steigen *vi irreg sein* ① TRANSP to change; ***in Mannheim müssen Sie nach Frankfurt*** ~ in Mannheim you must change for Frankfurt
② (*überwechseln*) ■**auf etw** *akk* ~ to switch [*or* change] [over] to sth

Umsteiger(in) <-s, -> *m(f)* TRANSP passenger needing to change; (*im Flughafen*) transfer passenger, passenger in transit

um|stellen[1] **I.** *vt* ① (*anders hinstellen*) ■**etw** ~ to move sth
② (*anders anordnen*) ■**etw** ~ to change sth round, to reorder sth
③ (*anders einstellen*) ■**etw** [**auf etw** *akk*] ~ to switch sth over [to sth]; **die Uhr** ~ to turn [*or* put] the clock back/forward
④ (*zu etw anderem übergehen*) ■**etw auf etw** *akk* ~ to convert [*or* switch] sth to sth; **die Ernährung** ~ to change one's diet
II. *vi* (*zu etw anderem übergehen*) ■**auf etw** *akk* ~ to change over to sth
III. *vr* (*sich veränderten Verhältnissen anpassen*) ■**sich** *akk* [**auf etw** *akk*] ~ to adapt [*or* adjust] [to sth]

umstellen*[2] *vt* (*umringeln*) ■**jdn/etw** ~ to surround sb/sth; ■**umstellt sein** to be surrounded

Umstellung *f* ① (*Übergang*) ■**die** ~ [**von etw** *dat*] [**auf etw** *akk*] the switch [*or* change] [from sth] [to sth]; (*Beheizung, Ernährung*) the conversion [from sth] [to sth]; ~ **auf neue Erzeugnisse** ÖKON switching over production to new products; ~ **der Produktion** ÖKON conversion of production
② (*Anpassung an veränderte Verhältnisse*) adjustment

Umstellungkosten *pl* ÖKON changeover costs; *beim Datum* cost of changing the date (*at the millennium*) **Umstellungssache** *f* JUR currency conversion litigation

um|stimmen *vt* ■**jdn** ~ to change sb's mind, to win sb over *sep*, to win sb [a]round *sep*; ■**sich** *akk* [**von jdm**] ~ **lassen** to let oneself be persuaded [by sb]

um|stoßen *vt irreg* ■**etw** ~ ① (*durch Anstoßen umkippen*) to knock sth over
② (*wieder rückgängig machen*) to change sth; (*Plan*) to upset sth

umstritten *adj* ① (*noch nicht entschieden*) disputed; ■[**bei jdm/in etw** *dat*] ~ **sein** to be disputed [amongst sb/in sth]
② (*in Frage gestellt*) controversial; ■[**als jd**] ~ **sein** to be [a] controversial [sb]; ***sie ist als Politikerin*** ~ she's a controversial politician

um|strukturieren* *vt* ■**etw** ~ to restructure sth

Umstrukturierung *f* restructuring

Umstrukturierungsprozess[RR] *m* ÖKON restructuring process

um|stülpen *vt* ■**etw** ~ ① (*das Innere nach außen kehren*) to turn sth out
② (*auf den Kopf stellen*) to turn sth upside down

Umstülpen <-s> *nt kein pl* TYPO work and tumble

Umsturz *m* POL putsch, coup [d'état]

um|stürzen **I.** *vi sein* to fall
II. *vt haben* ■**etw** ~ to knock sth over, to overturn sth; (*politisches Regime etc*) to overthrow, to topple

umstürzlerisch *adj* POL subversive

Umsturzversuch *m* POL attempted putsch [*or* coup [d'état]]

um|taufen *vt* ■**etw** [**auf etw** *akk*] ~ to rename [*or* rechristen] sth [sth]

Umtausch *m* ÖKON ① (*das Umtauschen eines Kaufobjektes*) exchange; **im** ~ **gegen etw** *akk* in exchange for sth
② FIN exchange

um|tauschen *vt* ① ÖKON (*im Tausch gegen etw zurückgeben*) ■**etw** ~ to exchange sth; ■**etw in** [*o* **gegen**] **etw** *akk* ~ to exchange sth for sth
② (*im Umtausch geben*) ■**jdm etw** ~ to exchange sth for sb
③ FIN (*in andere Währung wechseln*) ■**etw** [**in etw** *akk*] ~ to change sth [into sth]

Umtauschrecht *nt* FIN (*bei Optionsanleihe*) conversion right, option to convert

um|topfen *vt* BOT ■**etw** ~ to repot sth

Umtrieb *m* ① *pl* (*pej: Aktivitäten*) activities *pl*
② SCHWEIZ (*Mühe, Aufwand*) bother

umtriebig *adj* dynamic, go-getting

Umtrunk *m* drink

um|tun *vr irreg* (*fam*) ① (*sich um etw bemühen*) ■**sich** *akk* [**nach etw** *dat*] ~ to look around [for sth]
② (*sich umsehen*) ■**sich** *akk* [**irgendwo/nach jdm**] ~ to have a look around [somewhere/for sb]

U-Musik ['u:-] *f kurz für* **Unterhaltungsmusik** easy-listening [music]

Umverpackung *f* wholesale packaging

um|verteilen* *vt* ÖKON ■**etw** ~ to redistribute sth

Umverteilung <-, -en> *f* ÖKON redistribution; ~ **von Haushaltsmitteln** reappropriation of budgetary funds

um|wälzen *vt* ■**etw** ~ to circulate sth

umwälzend <-er, -este> *adj* radical; **eine ~e Veränderung** a sweeping change; **~e Ereignisse** revolutionary events

Umwälzpumpe *f* circulating pump

Umwälzung <-, -en> *f* ① *kein pl* TECH (*das Zirkulieren*) circulation
② (*grundlegende Veränderung*) revolution, radical change

Umwandelbarkeit *f* JUR convertibilty, commutability; ~ **des Erfolgsortes** convertibilty of the profit centre; ~ **des Güterstandes** convertibilty of the matrimonial property regime

um|wandeln *vt* (*die Bestimmung verändern*) ■**etw** [**in etw** *akk*] ~ to convert sth [into sth]; **wie umgewandelt sein** to be a changed person, to be like a completely different person

Umwandlung *f* ① (*Veränderung*) change
② ÖKON conversion, transformation; ~ **der Exporterlöse** conversion of the proceeds from exports; ~ **einer Gesellschaft** reorganization of a company; ~ **einer Strafe** commutation of a sentence; **formwechselnde** ~ transformation of a company

Umwandlungsantrag *m* request for conversion **Umwandlungsbeschluss**[RR] *m* resolution approving the reorganization **Umwandlungsbilanz** *f* FIN reorganization balance sheet **Umwandlungsgebühr** *f* FIN (*Patent*) conversion fee **Umwandlungsgesetz** *nt* JUR Conversion Law **Umwandlungsverfahren** *nt* transformation procedure **Umwandlungsverkehr** *m kein pl* (*Zoll*) processing under customs control

um|wechseln [-ks-] *vt* ■[**jdm**] **etw** [**in etw** *akk*] ~ to change sth [into sth] [for sb]; ***können Sie mir wohl 5.000 Mark in Dollar ~?*** could you give me 5,000 marks in dollars please?

Umweg *m* detour, long way round; **ein großer** [*o* **weiter**] [*o* **ziemlicher**] ~ **sein** to be completely out of the way; **einen** ~ **machen/gehen/fahren** to make a detour, to go the long way round; **etw auf ~en erfahren** to find out about sth indirectly; **auf ~en sein Ziel erreichen** to achieve one's goal the roundabout way; **auf dem** ~ **über jdn** indirectly through [*or* via] sb

Umwelt *f kein pl* ① ÖKOL environment
② (*Menschen in jds Umgebung*) environment

Umweltabgaben *pl* FIN environmental levy **Umweltanalyse** *f* analysis of the environment **Umweltauflage** *f meist pl* JUR environmental [protection] regulations *pl* **Umweltausschuss**[RR] *m* JUR environmental panel **Umweltauswirkungsabschätzung** *f* assessment of environmental effects **Umweltbedingungen** *pl* environmental conditions *pl* **Umweltbehörde** *f* environment[al protection] agency **umweltbelastend** *adj* damaging to the environment *pred*, environmentally harmful **Umweltbelastung** *f* environmental damage [*or* costs *pl*] **umweltbewusst**[RR] *adj* environmentally [*or* ecologically] aware **Umweltbewusstsein**[RR] *nt kein pl* environmental consciousness **umweltbezogen** *adj* **~e Prüfung** environmental auditing **Umweltbilanz** *f* environmental audit [*or* balance sheet] **Umweltbundesamt** *nt* Federal Environmental Agency, Federal Environment Office **Umweltdezernent(in)** *m(f)* head of a/the environmental department **Umwelteinflüsse** *pl* environmental influences *pl* **Umweltengel** *nt* ≈ eco-label (*symbol on packaging denoting a product that is environmentally friendly*) **Umwelterhaltung** *f kein pl* preservation of the environment, environmental conservation **Umweltfaktor** *m* environmental factor **umweltfeindlich** *adj* harmful to the environment **Umweltforschung** *f kein pl* ① ÖKOL, BIOL (*Ökologie*) ecology ② SOZIOL (*Erforschung der Umwelt*) environmental research **Umweltfragen** *pl* green issues *pl* **umweltfreundlich** *adj* environmentally friendly, eco-friendly *fam*; **~es Auto** clean [*or* low pollution] car **Umweltfreundlichkeit** *f kein pl* greenness *fam* **Umweltgefahr** *f* endangering the environment **umweltgefährdend** *adj* endangering [*or* harmful to] the environment *pred* **Umweltgefährdung** *f* environmental threat **umweltgerecht** *adj* environmentally suitable **Umweltgift** *nt* environmental pollution **Umwelthaftungsgesetz** *nt* JUR law relating to environmental issues **Umweltkatastrophe** *f* ecological disaster **Umweltkriminalität** *f* environmental crime **Umweltmaßnahme** *f* environmental measure, measure to protect the environment **Umweltminister(in)** *m(f)* POL environment minister BRIT, Minister for the Environment BRIT, Environmental Secretary AM **Umweltministerium** *nt* POL ■**das** ~ the Ministry for the Environment BRIT, Department of the Environment AM **Umweltorganisation** *f* environmental organization **Umweltpapier** *nt* recycled paper **Umweltplanung** *f* environmental planning **Umweltpolitik** *f* environmental policy **umweltpolitisch** *adj* relating to environmental policy **Umweltproblem** *nt* ecological [*or* environmental] problem **Umweltprogramm** *nt* environmental programme [*or* AM -am] **Umweltqualität** *f* quality of life **Umweltschäden** *pl* environmental damage, damage to the environment **umweltschonend** *adj* environmentally friendly, eco-friendly *fam*

Umweltschutz *m* conservation, environmental protection **Umweltschutzbewegung** *f* Environmental Protection Movement **Umweltschützer(in)** *m(f)* environmentalist, conservationist **Umweltschutzgesetz** *nt* environmental protection law **Umweltschutzmaßnahme** *f* environmental protection measure **Umweltschutzorganisation** *f* environmental [*or* conservation] organization **Umweltschutzpapier** *nt* recycled paper **Umweltschutzpolitik** *f* environmental protection policy **Umweltschutzrecht** *nt* JUR environmental law **Umweltschutztechnik** *f*

U

conservation technology **Umweltschutzvorgaben** *pl* environmental protection guidelines *pl* **Umweltsekretariat** *nt der UNO* environment secretariat **Umweltsenator(in)** *m(f)* POL environment minister (*in Berlin, Bremen, Hamburg*) **Umweltsonderabgaben** *pl* FIN special environmental levy **Umweltsteuer** *f* FIN ecology [*or fam* green] tax **Umweltstrafrecht** *nt* JUR environmental penal law **Umweltsünder(in)** *m(f)* (*fam*) *s.* Umweltverschmutzer 1 **Umwelttechnik** *f* environmental technology **Umwelttechnologie** *f* environmental technology **Umweltterrorismus** *m kein pl* environmental terrorism **Umwelttoxizität** *f kein pl* ecotoxity **Umweltverband** *m* environmental [*or* ecological] association, ecology group **Umweltvergehen** *nt* environmental offence [*or* AM -se] **Umweltvergiftung** *f* poisoning of the environment **Umweltverschmutzer(in)** <-s, -> *m(f)* ① (*die Umwelt verschmutzender Mensch*) **ein ~ sein** to be environmentally irresponsible ② (*Quelle der Umweltverschmutzung*) pollutant **Umweltverschmutzung** *f* pollution **umweltverträglich** *adj* environmentally friendly

Umweltverträglichkeit *f kein pl* environmental tolerance [*or* compatibility] **Umweltverträglichkeitsanalyse** *f* analysis of environmental acceptability **Umweltverträglichkeitsprüfung** *f* environmental assessment, EA, assessment of environmental impact, environmental auditing **Umweltverträglichkeitsprüfung** *f* environmental compatibility control, ecotest

Umweltzeichen *nt s.* Umweltengel **Umweltzerstörung** *f* destruction of the environment, environmental destruction **Umweltziele** *pl* environmental targets *pl*

um|wenden *vr irreg* ■**sich** *akk* [**nach jdm/etw**] ~ to turn around [to face sb/sth]

umwerben* *vt irreg* ■**jdn** [**mit etw** *dat*] ~ to woo [*or* court] sb [with sth]

um|werfen *vt irreg* ① (*zum Umfallen bringen*) ■**etw/jdn** ~ to knock sth/sb over
② (*fam: fassungslos machen*) ■**jdn** ~ to bowl sb over, to stun sb
③ (*zunichte machen*) ■**etw** ~ (*Ordnung, Plan*) to upset sth; (*Vorhaben*) to knock sth on the head
④ (*rasch umlegen*) ■**sich** *dat* **etw** ~ to throw on one's sth; ■**jdm etw** ~ to throw sth on sb; ***er warf seinen Mantel um*** he threw on his coat

umwerfend *adj* incredible, fantastic

umwickeln* *vt* ■**etw mit etw** *dat* ~ to wrap sth around sth

um|widmen *vt* (*geh: anderer Nutzung zuführen*) ■**etw** [**zu etw** *dat*/**in etw** *akk*] ~ to convert sth [into sth]

umwölkt *adj* shrouded in clouds

umzäunen* *vt* ■**etw** ~ to fence around sth, to fence in sth

umzäunt *adj* fenced round [*or* in]

Umzäunung <-, -en> *f* ① *kein pl* (*das Umzäunen*) fencing round
② (*umgebender Zaun*) fence, fencing

um|ziehen¹ *vi irreg sein* to move [house]; ***sie ziehen am Wochenende um*** they're moving house at the weekend

um|ziehen² *vt irreg* ■**sich** ~ to get changed, to change

umzingeln* *vt* ■**jd/etw** ~ to surround sb/sth; (*durch die Polizei*) to cordon off sth *sep*

Umzingelung <-, -en> *f* ① (*das Umzingeln*) surrounding
② (*umzingelter Zustand*) encirclement; (*durch die Polizei*) cordon

Umzug *m* ① (*das Umziehen*) move
② (*gemeinsames Umherziehen*) procession, parade

Umzugskarton *m* removal [*or* AM moving] box **Umzugskosten** *pl* removal [*or* AM moving] costs *pl*

UN <-> [uː'ʔɛn] *pl* POL *Abk von* **Vereinte Nationen** UN

unabänderlich *adj* unchangeable; (*Tatsache*) well-established; (*Entschluss*) irrevocable, irreversible

unabdingbar *adj* indispensable; ■[**für jdn**] ~ **sein** to be indispensable [for sb]

Unabdingbarkeit <-> *f kein pl* JUR indispensability, unchangeability

unabhängig *adj* ① POL (*souverän*) independent; ■~ **werden** to become independent, to gain independence
② (*von niemandem abhängig*) independent; ■[**von jdm/etw**] ~ **sein** to be independent [of sb/sth]; ■[**von jdm/etw**] ~ **werden** to become independent [of sb/sth]; **sich** *akk* ~ **machen** to become self-employed
③ (*ungeachtet*) ■~ **von etw** *dat* regardless [*or* irrespective] of sth, disregarding sth; ~ **davon, ob/wann/was/wie ...** regardless [*or* irrespective] of whether/when/what/how ...; ~ **voneinander** separately

Unabhängigkeit *f kein pl* ① POL (*Souveränität*) independence
② (*Eigenständigkeit*) ■**jds** ~ [**von jdm/etw**] sb's independence [of sb/sth]
③ JUR independence; **richterliche** ~ judicial independence

Unabhängigkeitserklärung *f* POL declaration of independence

unabkömmlich *adj* ■~ **sein** to be unavailable [*or* engaged] *form*

unablässig I. *adj* umremitting, continual; (*Lärm*) incessant; (*Versuche, Bemühungen*) unceasing, unremitting
II. *adv* incessantly, unremittingly

unabsehbar *adj* unforeseeable; (*Schäden*) incalculable, immeasurable, not yet known *pred*

unabsichtlich I. *adj* unintentional; (*Beschädigung*) accidental
II. *adv* unintentionally, accidentally

unabwendbar *adj* inevitable

unachtsam *adj* careless; (*unsorgsam*) thoughtless; (*unaufmerksam*) inattentive

Unachtsamkeit *f* carelessness

unähnlich *adj* dissimilar; ■**jdm** ~ **sein** to be unlike sb; ■**jdm nicht** ~ **sein** to be not unlike [*or* dissimilar to] sb

Unähnlichkeit <-, -en> *f* dissimilarity

Unaids <-> *nt kein pl* Unaids, UN Aids programme [*or* AM -am]

unanfechtbar *adj* ① JUR (*nicht anfechtbar*) incontestable
② (*unbestreitbar*) irrefutable; (*Tatsache*) indisputable

Unanfechtbarkeit *f kein pl* JUR incontestability, non-appealability

unangebracht *adj* ① (*nicht angebracht*) misplaced, uncalled-for; ***Bescheidenheit ist hier ganz ~*** there's no need to be modest here
② (*unpassend*) inappropriate, uncalled-for

unangefochten I. *adj* unchallenged, uncontested
II. *adv* without challenger; ***er liegt ~ an der Spitze*** he remains unchallenged at the top

unangemeldet I. *adj* unexpected, unannounced; (*Patient*) without an appointment
II. *adv* unexpectedly, unannounced; (*Patient*) without an appointment

unangemessen I. *adj* ① (*überhöht*) unreasonable
② (*nicht angemessen*) inappropriate
II. *adv* unreasonably, inappropriately

unangenehm I. *adj* ① (*nicht angenehm*) unpleasant
② (*unerfreulich*) unpleasant, disagreeable, unfortunate *a. iron;* **wie ~!** how unfortunate! *a. iron*
③ (*peinlich*) ■**jdm ist etw** ~ sb feels bad about sth; ■**jdm ~ sein, etw tun zu müssen** sb feels bad [*or* awkward] about having to do sth; **jdn ~ berühren** to embarrass sb
④ (*unsympathisch*) disagreeable, unpleasant; ~ **werden** to get nasty; ~ **werden können** to be able to get nasty; ***sie kann ganz schön ~ werden*** she can get quite nasty
II. *adv* unpleasantly

unangepasstRR *adj* non-conformist

unangetastet *adj* ~ **bleiben** to remain unviolated, to not be violated

unangreifbar *adj* irrefutable, unassailable

unannehmbar *adj* ■[**für jdn**] ~ [**sein**] [to be] unacceptable [to sb]

Unannehmlichkeit *f meist pl* trouble *no pl;* ~**en bekommen** [*o fam* **kriegen**]/**haben** to get into/be in trouble; **jdm ~en machen** [*o* **bereiten**] to create trouble for sb

unansehnlich *adj* ① (*unscheinbar*) unprepossessing, unsightly
② (*heruntergekommen*) shabby

unanständig I. *adj* ① (*obszön*) dirty, rude, indecent
② (*rüpelhaft*) rude, ill-mannered *form*
II. *adv* rudely

Unanständigkeit <-, -en> *f* ① *kein pl* (*obszöne Art*) rudeness, bad manners *pl*
② (*Obszönität*) dirt, smut *pej*

unantastbar *adj* inviolable, sacrosanct

unappetitlich *adj* ① (*nicht appetitlich*) unappetizing
② (*ekelhaft*) disgusting, vile

Unart *f* terrible [*or* bad] habit

unartig *adj* naughty, misbehaving; ■~ **sein/werden** to be/become naughty, to misbehave/to start misbehaving

unartikuliert *adj* inarticulate

unästhetisch *adj* unappetizing, unsavoury [*or* AM -ory]

unattraktiv *adj* unattractive

unaufdringlich *adj* ① (*dezent*) unobtrusive; (*Duft*) delicate, unobtrusive
② (*nicht aufdringlich*) unobtrusive, discrete

Unaufdringlichkeit *f kein pl* ① (*dezente Beschaffenheit*) delicateness
② (*zurückhaltende Art*) unobtrusiveness, discretion

unauffällig I. *adj* ① (*nicht auffällig*) inconspicuous, discrete
② (*unscheinbar*) not very noticeable, unobtrusive, discrete
II. *adv* ① (*ohne Aufsehen zu erregen*) inconspicuously, discreetly
② (*zurückhaltend*) unobtrusively, discretely

unauffindbar *adj* nowhere to be found; (*Person*) untraceable, missing

unaufgebbar *adj* JUR *Forderung* non-negotiable

unaufgefordert I. *adj* unsolicited; (*Kommentar, Bemerkung*) uncalled-for
II. *adv* without having been asked; ~ **eingesandte Manuskripte** unsolicited manuscripts

unaufgeklärt *adj* unsolved

unaufhaltsam I. *adj* unstoppable, inexorable *form*
II. *adv* without being able to be stopped

unaufhebbar *adj* JUR non-appealable

unaufhörlich I. *adj* constant, incessant
II. *adv* ① (*fortwährend*) constantly
② (*ununterbrochen*) incessantly

Unauflösbarkeit <-> *f kein pl* JUR indissolubility *no pl*

unauflöslich *adj* ① CHEM indissoluble
② MATH insoluble
③ *Widerspruch, Bindung* insoluble

unaufmerksam *adj* ① (*nicht aufmerksam*) inattentive
② (*nicht zuvorkommend*) thoughtless, inconsiderate; ■~ **von jdm sein** to be thoughtless [*or* inconsiderate] of sb

Unaufmerksamkeit *f kein pl* ① (*unaufmerksames Verhalten*) inattentiveness
② (*unzuvorkommende Art*) thoughtlessness

unaufrichtig *adj* insincere; ■~ **gegen jdn** [*o* **gegenüber jdm**] **sein** to be insincere towards sb

Unaufrichtigkeit *f* insincerity

unaufschiebbar *adj* urgent; ■~ **sein** to be urgent, to not be able to be delayed [*or* postponed]

unausbleiblich *adj s.* **unausweichlich**

unausdenkbar *adj* unimaginable, unthinkable

unausführbar *adj* unfeasible; ■[**für jdn**] ~ **sein** to be impracticable [for sb]

Unausführbarkeit <-> *f kein pl* JUR impracticability *no pl,* unfeasibility *no pl*

unausgefüllt *adj* ① (*nicht ausgefüllt*) blank; ■~ **sein/bleiben** to be/be left blank
② (*nicht voll beansprucht*) unfulfilled

unausgeglichen *adj* unbalanced; (*Mensch*) moody, unevenly tempered; (*Wesensart*) uneven; **~e Zahlungsbilanz** ÖKON imbalance in payments

Unausgeglichenheit *f* moodiness, imbalance

unausgegoren *adj* raw, half-baked *fam*

unausgereift *adj* not properly thought out *pred,* half-baked *pej fam*

unausgeschlafen I. *adj* tired; ■~ **sein** to not have had enough sleep
II. *adv* not having slept long enough, not having had enough sleep

unausgesprochen *adj* unspoken; ~ **bleiben** to be left unsaid

unausgewogen *adj* unbalanced

Unausgewogenheit *f* imbalance

unauslöschlich *adj* (*geh*) indelible

unausrottbar *adj* deep-rooted, ineradicable

unaussprechbar *adj* unpronounceable; ■~ **sein** to be impossible to pronounce

unaussprechlich *adj* ① (*unsagbar*) inexpressible
② *s.* **unaussprechbar**

unausstehlich *adj* intolerable; *Mensch, Art a.* insufferable

unausweichlich I. *adj* unavoidable, inevitable
II. *adv* unavoidably, inevitably

unbändig I. *adj* ① (*ungestüm*) unruly, boisterous
② (*heftig*) enormous; (*Hunger*) huge; (*Wut*) unbridled
II. *adv* ① (*ungestüm*) boisterously
② (*überaus*) enormously

unbar I. *adj* HANDEL *Zahlungsmittel, Zahlungsverkehr* noncash
II. *adv* HANDEL noncash; **etw ~ bezahlen** to not pay sth in cash

unbarmherzig I. *adj* merciless; ■~ **sein** to be merciless, showing little [*or* no] mercy
II. *adv* mercilessly

Unbarmherzigkeit *f* mercilessness

unbeabsichtigt I. *adj* (*versehentlich*) accidental; (*nicht beabsichtigt*) unintentional
II. *adv* accidentally, unintentionally

unbeachtet I. *adj* overlooked *pred,* unnoticed; ~ **bleiben** to remain [*or* go] unnoticed; **etw ~ lassen** to overlook sth; (*absichtlich*) to ignore sth, to not take any notice of sth
II. *adv* without any notice [*or* attention]

unbeanstandet I. *adj* not objected to; ~ **bleiben** to be allowed to pass; **etw ~ lassen** to let sth go [*or* pass]
II. *adv* without objection

unbeantwortet I. *adj* unanswered; ~ **bleiben** to remain unanswered; **etw ~ lassen** to leave sth unanswered
II. *adv* ■**etw ~ zurückgehen lassen** to send sth back unanswered

unbearbeitet *adj* undealt [work]

unbeaufsichtigt *adj* unattended

unbebaut *adj* (*Land*) undeveloped; (*Grundstück*) vacant

unbedacht I. *adj* thoughtless; (*Handlung*) hasty; ■~ **[von jdm] sein** to be thoughtless [of sb]
II. *adv* thoughtlessly; (*handeln*) hastily

unbedarft *adj* (*fam*) simple-minded

unbedeckt *adj* bare

unbedenklich I. *adj* harmless, inoccuous; (*Situation, Vorhaben*) acceptable, admissable
II. *adv* quite safely

Unbedenklichkeit <-> *f kein pl* harmlessness
Unbedenklichkeitsbescheinigung *f,* **Unbedenklichkeitserklärung** *f* FIN clearance certificate, certificate of non-objection **Unbedenklichkeitserklärung** *f* declaration of no impediment [*or* no conflict of interest] **Unbedenklichkeitsvorbehalt** *m* FIN qualified certificate of non-objection

unbedeutend I. *adj* ① (*nicht bedeutend*) insignificant, unimportant, inconsiderable
② (*geringfügig*) minimal; (*Änderung, Modifikation*) minor
II. *adv* insignificantly, minimally

unbedingt I. *adj attr* absolute
II. *adv* (*auf jeden Fall*) really; ***erinnere mich ~ daran, sie anzurufen*** you mustn't forget to remind me to call her; **nicht ~** not necessarily; **~!** absolutely!, definitely!

unbeeindruckt I. *adj* unimpressed, indifferent; (*Gesicht, Miene*) unaffected; ■**[von etw** *dat***] ~ sein** to be unimpressed [by sth], to be not impressed [by sth]; **[von etw** *dat***] ~ bleiben** to remain indifferent [to sth], to not raise an eyebrow [at sth]; **etw lässt jd ~** sth doesn't impress sb, sth leaves sb cold *fam*
II. *adv* indifferently

unbeeinflussbar[RR] *adj* unswayable, uninfluenceable

unbefahrbar *adj* impassable; ■~ **sein** to be impassable

unbefangen I. *adj* ① (*unvoreingenommen*) objective, impartial; (*Ansicht*) unbiased
② (*nicht gehemmt*) natural, uninhibited
II. *adv* ① (*unvoreingenommen*) objectively, impartially; **etw ~ betrachten** to look at sth objectively; **etw ~ beurteilen** to judge sth impartially
② (*nicht gehemmt*) uninhibitedly

Unbefangenheit *f kein pl* ① (*Unvoreingenommenheit*) objectiveness, impartiality
② (*ungehemmte Art*) uninhibitedness, naturalness

unbefleckt *adj* ① (*selten: fleckenlos*) spotless, untarnished
② (*geh: sittlich makellos, rein*) undefiled; **~e Empfängnis** REL Immaculate Conception

unbefriedigend I. *adj* unsatisfactory; ■**[für jdn] ~ sein** to be unsatisfactory [to sb]
II. *adv* in an unsatisfactory way

unbefriedigt *adj* ① (*nicht zufriedengestellt*) unsatisfied; (*Gefühl, Mensch*) dissatisfied; ■**[von etw** *dat***] ~ [sein]** [to be] unsatisfied [*or* dissatisfied] [with sth]
② (*sexuell nicht befriedigt*) unsatisfied, frustrated

unbefristet I. *adj* lasting for an indefinite period; (*Aufenthaltserlaubnis, Visum*) permanent; ■~ **sein** to be [valid] for an indefinite period; *Arbeitsverhältnis, Vertrag* undated, unlimited
II. *adv* indefinitely, permanently; ~ **gelten** to be valid indefinitely, unlimited in time

unbefugt I. *adj* unauthorized, ultra vires *form*
II. *adv* without authorization

Unbefugte(r) *f(m) dekl wie adj* unauthorized person

unbegabt *adj* untalented; ■**[für etw** *akk***] ~ sein** to be untalented [*or* useless [at sth] *fam*] [in sth]; ***für Mathematik bin ich einfach ~*** I'm absolutely useless at maths; **handwerklich ~ sein** to be no handyman, to have two left hands *fam or hum*

unbegehbar *adj* inaccessible

unbeglichen *adj* unsettled; **eine ~e Rechnung** an unpaid bill

unbegreiflich *adj* incomprehensible; (*Dummheit, Leichtsinn*) inconceivable; ■**jdm ~ sein** to be incomprehensible [*or* inconceivable] [*or* inexplicable] to sb

unbegreiflicherweise *adv* inexplicably

unbegrenzt I. *adj* unlimited; (*Vertrauen*) boundless, infinite; *s. a.* **Zeit**
II. *adv* indefinitely; ~ **gültig sein** to be valid indefinitely; **etw ~ erlauben/einräumen** to allow/grant sth for an indefinite period

unbegründet *adj* ① (*grundlos*) unfounded; (*Kritik, Maßnahme*) unwarranted
② JUR (*nicht begründet*) unfounded; **eine Klage als ~ abweisen** to dismiss a case as being unfounded

unbehaart *adj* hairless; (*Kopf*) bald; ■~ **sein** to be hairless [*or* bald], to have no hair

Unbehagen *nt* uneasiness, apprehension, disquiet *form;* **mit ~** with apprehension [*or* an uneasy feeling]; **mit ~ feststellen** [*o* **sehen**] [*o* **verfolgen**], **dass ...** to be concerned to find that ...

unbehaglich I. *adj* uneasy; **sich** *akk* **~ fühlen** to feel uneasy [*or* uncomfortable]
II. *adv* uneasily, uncomfortably; *s. a.* **zumute**

unbehelligt I. *adj* undisturbed; (*von Mücken*) unplagued; **[von jdm/etw] ~ bleiben** to remain undisturbed [by sb/sth]; **jdn ~ lassen** to leave sb alone [*or* be]
II. *adv* freely; ~ **passieren dürfen** to be allowed to pass [freely]; ~ **schlafen** to sleep undisturbed

unbeherrscht I. *adj* uncontrolled, lacking self-control, intemperate *form;* ■~ **sein** to lack self-control
II. *adv* ① (*ohne Selbstbeherrschung*) in an uncontrolled manner [*or* way], without self-control, intemperately *form*
② (*gierig*) greedily

unbehindert *adj s.* **ungehindert**

unbeholfen I. *adj* (*schwerfällig*) clumsy; (*wenig gewandt*) awkward
II. *adv* ① (*schwerfällig*) clumsily
② (*wenig gewandt*) awkwardly, clumsily

Unbeholfenheit <-> *f kein pl* ① (*schwerfällige Art*) clumsiness, awkwardness
② (*fehlende Gewandtheit*) clumsiness, helplessness

unbeirrbar I. *adj* unwavering, enduring, unfaltering
II. *adv* perseveringly

unbeirrt *adv s.* **unbeirrbar**

unbekannt *adj* ① (*nicht bekannt*) unknown; **ein jdm ~er Mensch/Sachverhalt/etc** a person/fact unknown to sb; ■**jdm ~ sein** to be unknown to sb; (*Gesicht, Name, Wort*) to be unfamiliar to sb; ***der Name ist mir ~*** I have never come across that name before; ***sie dürfte dir nicht ganz ~ sein*** you may have met her before, you may know her; **nicht ~ sein, dass...** to be aware, that ...; ~ **verzogen** moved — address unknown; ***er ist ~ verzogen*** he has moved to an unknown address
② (*nicht berühmt*) unknown; **[noch] eine ~e Größe sein** up-and-coming
③ (*fam: fremd*) ■**irgendwo ~ sein** to be not from somewhere; *s. a.* **Anzeige, Ziel**

Unbekannte <-n, -n> *f* MATH unknown

Unbekannte(r) *f(m) dekl wie adj* (*unbekannte Person*) stranger; **der große ~** the mystery man; **kein ~r mehr sein** to be known to everyone

unbekannterweise *adv* **jdn ~ von jdm grüßen** to give sb sb's regards (*without knowing him/her*)

unbekleidet I. *adj* (*geh*) unclothed, bare; ■~ **sein** to have no clothes [*or* nothing] on
II. *adv* (*geh*) without any clothes on

unbekümmert I. *adj* carefree; **sei/seien Sie [ganz] ~** don't upset yourself [*or* worry] [*or esp* BRIT fret]
II. *adv* in a carefree manner

Unbekümmertheit <-> *f kein pl* carefree mind [*or* manner], light-heartedness; **voller ~** full of light-heartedness, in high spirits

unbelastet I. *adj* ① (*frei*) ■**von etw** *dat* **~ [sein]** [to be] free of [*or* from] sth, [to be] unhampered [*or form* unencumbered] [*or* AM *a.* unincumbered] by sth
② FIN (*nicht mit Grundschulden belastet*) unencumbered, AM *a.* unincumbered
II. *adv* freely; ***er fühlt sich wieder frei und ~*** he feels free and easy again

unbelebt *adj* quiet; (*stärker*) deserted

unbelehrbar *adj* obstinate, stubborn, headstrong; **jd ist und bleibt [einfach] ~** sb [just] won't be told by anyone, sb [just] will not learn

Unbelehrbarkeit <-> *f kein pl* ■**jds ~** sb's stubbornness, sb's refusal to listen [to anyone]

unbeleuchtet I. *adj* unlit; (*Fahrzeug*) without lights switched [*or esp* AM turned] on; ■~ **sein** to be unlit; (*Fahrzeug*) to have no light[s] on
II. *adv* without any light[s]; **etw ~ abstellen/parken** to leave sth standing/park sth without any lights on

unbelichtet *adj* unexposed

unbeliebt *adj* (*nicht beliebt*) unpopular; ■**[irgendwo/bei jdm] ~ sein** to be unpopular [somewhere/with sb]; **sich** *akk* **[bei jdm] [durch etw** *akk***/mit etw** *dat***] ~ machen** to make oneself

U

unpopular [with sb] [by doing [*or* with] sth]

Unbeliebtheit *f kein pl* ■**jds** ~ sb's unpopularity

unbemannt *adj* ❶ RAUM (*nicht bemannt*) unmanned
❷ (*hum fam: ohne Partner*) ■~ **sein** to be single, to not have a partner [*or hum* man]

unbemerkt I. *adj* unnoticed; ~ **bleiben** to remain [*or* go] unnoticed
II. *adv* unnoticed

unbemittelt *adj* without means

unbenommen *adj pred* (*geh*) **es bleibt** [*o* **ist**] **jdm ~, etw zu tun** sb's free [*or* at liberty] to do sth; **etw bleibt** [*o* **ist**] **jdm** ~ sb's free [*or* at liberty] to do so

unbenutzbar *adj* unusable, useless

unbenutzt I. *adj* unused; (*Bett*) not slept in; (*Kleidung*) unworn
II. *adv* unused, unworn

unbeobachtet *adj* unnoticed, unobserved; (*Gebäude, Platz*) unwatched; **sich** *akk* ~ **fühlen** [*o* **glauben**] to think that nobody is looking; *s. a.* **Augenblick, Moment**

unbequem *adj* ❶ (*nicht bequem*) uncomfortable, *esp* BRIT uncomfy *fam*
❷ (*lästig*) awkward, bothersome; ■**jdm** ~ **sein/werden** to be/become awkward [*or* a bother] to sb

Unbequemlichkeit <-, -en> *f* ❶ *kein pl* (*unbequeme Art*) uncomfortableness, discomfort, lack of comfort
❷ *meist pl* (*unangenehme Umstände*) unpleasantness, awkwardness, bother

unberechenbar *adj* ❶ (*nicht einschätzbar: Gegner, Mensch*) unpredictable
❷ (*nicht vorhersehbar*) unforeseeable

Unberechenbarkeit *f kein pl* unpredictability

unberechtigt *adj* unfounded; (*Vorwurf*) unwarranted, unjustified

unberechtigterweise *adv* without permission

unberücksichtigt *adj* unconsidered; ~ **bleiben** to be not taken into consideration, to be ignored; **jdn/etw ~ lassen** to not take sb/sth into consideration, to leave sb/sth out of consideration

Unberührbare(r) *f(m) dekl wie adj* (*a. fig*) untouchable; ■**die ~n** REL the Untouchables

unberührt *adj* ❶ (*im Naturzustand erhalten*) unspoiled
❷ (*nicht benutzt*) untouched, unused; ***ihr Bett war morgens*** ~ in the morning her bed had not been slept in; **etw ~ lassen** (*nicht anrühren*) to not touch sth
❸ (*fig*) [**von etw** *dat*] ~ **bleiben** (*das seelische Gleichgewicht bewahren*) to remain unmoved [*or* unaffected] [by sth]

unbeschadet *präp +gen* (*geh*) regardless of, disregarding

unbeschädigt I. *adj* undamaged
II. *adv* undamaged, without damage; **etw ~ zurückgeben** to return sth undamaged

unbeschäftigt *adj* ❶ (*müßig*) idle
❷ (*arbeitslos*) not working

unbescheiden *adj* bold, presumptuous

Unbescheidenheit *f* presumptuousness, boldness

unbeschnitten *adj* ❶ *Mann, Junge* not circumcised
❷ TYPO **~es Format** untrimmed size

unbescholten *adj* upstanding, upright

unbeschrankt *adj* BAHN without barriers [*or* gates]; ■~ **sein** to have no barriers [*or* gates]; **~er** [**Eisen**]**bahnübergang** ungated level crossing

unbeschränkt I. *adj* unlimited, unrestricted; (*Macht*) limitless, absolute; (*Möglichkeiten*) unlimited, limitless
II. *adv* fully; ~ **für etw haften** to be fully liable for sth, to have unlimited liability for sth

unbeschreiblich I. *adj* ❶ (*maßlos*) tremendous, enormous
❷ (*nicht zu beschreiben*) indescribable, incredible, unimaginable
II. *adv* **sich** *akk* ~ **freuen** to be enormously [*or* tremendously] happy; **sich** *akk* ~ **ärgern** to be terribly angry; ***sie war einfach ~ schön*** she was indescribably [*or* incredibly] beautiful

unbeschrieben *adj* blank; *s. a.* **Blatt**

unbeschwert *adj* carefree

unbesehen *adv* ❶ (*ungeprüft*) without checking
❷ (*ohne weiteres*) without hesitation [*or* thinking twice], unquestioningly; ***und das soll ich Ihnen so einfach ~ abnehmen?*** and you expect me to believe it just like that?

unbesetzt *adj* empty; *Platz* vacant, unoccupied, free; *Schalter* closed, unmanned

unbesiegbar *adj* ❶ MIL (*a. fig: nicht zu besiegen*) invincible
❷ SPORT (*unschlagbar*) unbeatable

unbesiegt *adj* ❶ MIL (*nicht besiegt*) undefeated
❷ SPORT (*ungeschlagen*) unbeaten, undefeated; ■[**in etw** *dat*] ~ **sein** to be undefeated [*or* unbeaten] [in sth]

unbesoldet *adj* unpaid, unsalaried

unbesonnen *adj* ❶ (*nicht besonnen: Entschluss*) rash, hasty; (*Wesensart*) impulsive, impetuous
❷ (*unbedacht*) rash, hasty, unthinking

Unbesonnenheit <-,-en> *f* ❶ *kein pl* (*unbesonnene Art*) impetuosity, impulsiveness
❷ (*unbesonnene Äußerung*) hasty remark
❸ (*unbesonnene Handlung*) rashness

unbesorgt I. *adj* unconcerned; ***da bin ich ganz*** ~ I'm very confident of that
II. *adv* without worrying; ***die Pilze kannst du ~ essen*** you needn't worry about eating the mushrooms

unbeständig *adj* ❶ METEO (*nicht beständig*) unsettled, changeable
❷ (*wankelmütig*) fickle, changeable
❸ ÖKON **~e Exporte** irregular exports

Unbeständigkeit *f* ❶ METEO (*unbeständige Beschaffenheit*) unsettledness
❷ PSYCH (*Wankelmut*) changeability, fickleness

unbestätigt *adj* unconfirmed

unbestechlich *adj* ❶ (*nicht bestechlich*) incorruptible
❷ (*nicht zu täuschen*) unerring

Unbestechlichkeit *f* ❶ (*nicht zu bestechende Mensch*) incorruptibility
❷ (*nicht zu täuschende Art*) unerring

unbestimmbar *adj* indeterminable

unbestimmt *adj* ❶ (*unklar*) vague
❷ (*noch nicht festgelegt*) indefinite; (*Alter*) uncertain; (*Anzahl, Menge*) indeterminate; (*Grund, Zeitspanne*) unspecified, indefinite

Unbestimmtheit <-> *f kein pl* uncertainty

unbestreitbar I. *adj* (*nicht zu bestreiten*) indisputable, unquestionable; ■~ **sein, dass ...** to be unquestionable [*or* without [a shadow of a] doubt ...] that ..., to be no doubt that ...
II. *adv* unquestionably, unarguably

unbestritten I. *adj* ❶ (*nicht bestritten*) undisputed, undenied, unquestionable; (*Argument*) irrefutable; ■~ **sein, dass ...** to be an undisputed fact that ..., to be without doubt that ...; ~ **ist doch wohl, dass ...** one/you cannot deny that ...
❷ JUR (*nicht streitig*) uncontested
II. *adv* ❶ (*wie nicht bestritten wird*) unquestionably, indisputably
❷ (*unstreitig*) unarguably, irrefutably

unbeteiligt *adj* ❶ (*an etw nicht beteiligt*) uninvolved, non-participating; ■**an etw** *dat* ~ **sein** to be uninvolved in sth
❷ (*desinteressiert*) indifferent; (*in einem Gespräch*) uninterested; [**innerlich**] ~ **sein** to be absent-minded

Unbeteiligte(r) *f(m) dekl wie adj* non-participant; ***bei Attentaten kommen oft auch ~ zu Schaden*** innocent bystanders are often hurt during assassinations

unbetont *adj* LING unstressed

unbeträchtlich *adj* insignificant; (*Problem*) minor; (*Preisänderung*) slight; ***im letzten Jahr war die Inflationsrate relativ*** ~ last year's inflation rate was relatively insignificant; **nicht** ~ not insignificant

unbeugsam *adj* ❶ (*nicht zu beeinflussen*) uncompromising
❷ (*unerschütterlich*) unshakable, unflagging, tireless

unbewacht *adj* (*nicht bewacht: Person*) unguarded; (*Parkplatz*) unattended; **etw/jdn ~ lassen** to leave sth/sb unguarded; (*Gepäck*) unattended; ~ **abgestellt sein/liegen/stehen** to be left/left lying/standing unguarded; *s. a.* **Augenblick**

unbewaffnet *adj* unarmed

unbewältigt *adj* unresolved; (*Aufgabe*) unmastered; **jds ~e Vergangenheit** sb's unresolved past

unbeweglich *adj* ❶ (*starr*) fixed, rigid; (*Konstruktion, Teil*) immovable; **~er Preis** rigid price; **~e Sachen** (*Immobilien*) immovables; **~es Vermögen** immovable property
❷ (*unveränderlich*) inflexible; (*Gesichtsausdruck*) rigid; (*esp fig*) unmoved

Unbeweglichkeit <-> *f kein pl* ❶ (*sich nicht bewegen lassen*) stiffness, inflexibility
❷ (*Starre des Gesichtsausdrucks*) rigidity
❸ (*unbeweglicher Zustand*) immovability

unbewegt *adj* ❶ (*glatt*) fixed; (*Oberfläche eines Gewässers*) motionless, still, unruffled *liter*
❷ *s.* **unbeweglich 2**

unbewiesen *adj* unproven

unbewohnbar *adj* uninhabitable

unbewohnt *adj* ❶ (*nicht besiedelt*) uninhabited
❷ (*nicht bewohnt*) unoccupied

unbewusst[RR] I. *adj a.* PSYCH (*nicht bewusst gesteuert*) unconscious
II. *adv* (*unwissentlich*) unconsciously

Unbewusste(s)[RR] *nt kein pl, dekl wie adj* PSYCH ■**das** ~ the unconscious

unbezahlbar *adj* ❶ (*nicht aufzubringen*) totally unaffordable, prohibitively expensive, extortionate; ■[**für jdn**] ~ **sein** to be unaffordable [for sb]
❷ (*äußerst nützlich*) invaluable; ■[**für jdn**] ~ **sein** to be invaluable [to sb]
❸ (*immens wertvoll*) priceless

unbezahlt *adj* ❶ (*noch nicht beglichen*) unsettled, outstanding
❷ ÖKON, ADMIN (*nicht entlohnt*) unpaid; **~er Urlaub** unpaid leave

unbezähmbar *adj* irrepressible; (*Lust, Zorn*) uncontrollable

unbezweifelbar *adj* undeniable, undisputable; (*Tatsache*) irrefutable, undisputable

unbezwingbar *adj*, **unbezwinglich** *adj* (*geh*) ❶ (*uneinnehmbar: Festung*) impregnable
❷ (*unbezähmbar*) uncontrollable
❸ *s.* **unüberwindlich**

Unbilden *pl* (*geh*) rigours [*or* AM -ors] *pl*

unbillig *adj* ❶ (*geh: unangemessen*) unreasonable
❷ JUR (*unberechtigt*) unfair; **~e Härte** undue hardship

Unbilligkeit <-> *f kein pl* ❶ (*geh: Unangemessenheit*) unreasonableness
❷ FIN iniquity
❸ JUR inequity; **grobe** ~ gross inequity

UN-Blauhelm *m* UN soldier

unblutig I. *adj* ❶ (*ohne Blutvergießen*) bloodless, without bloodshed
❷ MED (*nicht chirurgisch*) non-invasive
II. *adv* ❶ (*ohne Blutvergießen*) without bloodshed
❷ MED (*nicht chirurgisch*) non-invasively

unbotmäßig I. *adj* (*geh*) unruly, recalcitrant *form;* (*Untertan, Verhalten*) riotous, unruly, insubordinate; (*Kind*) unruly, rebellious, obstreperous; (*Mitarbeiter*) uncooperative
II. *adv* (*geh*) in a recalcitrant *form* [*or* unruly] manner

Unbotmäßigkeit <-> *f kein pl* (*geh*) unruliness, recalcitrance *form*

unbrauchbar *adj* useless, [of] no use; ■[**für jdn/etw**] ~ **sein/werden** to be/become useless [*or* of no use] [to sb/for sth]

Unbrauchbarmachung *f* JUR rendering unserviceable

Unbuntreproduktion *f* TYPO achromatic reproduction

unbürokratisch I. *adj* unbureaucratic

II. *adv* unbureaucratically, avoiding [*or* without] [the] red tape *fam*

unchristlich I. *adj* ❶ REL (*nicht christlich*) unchristian
❷ (*fig fam: unüblich*) unearthly, ungodly; ***wer ruft denn zu dieser ~en Stunde an?*** who is that calling at such an ungodly hour?
II. *adv* REL uncharitably, in an unchristian way

uncool ['ʊnku:l] *adj* (*sl*) uncool *sl*

und *konj* ❶ *verbindend* (*dazu*) and; ***sie redeten ~ redeten, aber taten nichts*** they talked and talked, but did nothing; ***es regnete ~ regnete*** it kept on [and on] raining
❷ *konsekutiv* (*mit der Folge*) and
❸ *konzessiv* (*selbst*) ■ **~ wenn jd etw tut** even if sb does sth; **~ *wenn es auch stürmt und schneit, wir müssen weiter*** we must continue our journey, come storm or snow
❹ *elliptisch* (*dann*) and
❺ *fragend* (*aber*) and; ~ ***dann?*** [and] what then?, then what?; ~ **warum/~ warum nicht?** and [*or* but] why/why not?; ~ ***was hat er dann gesagt?*** and what did he say next?; **~?** (*nun*) well?; *herausfordend;* **na ~?** (*was soll's*) so what?; *s. a.* **noch, so**

Undank *m* (*geh*) (*undankbares Verhalten*) ingratitude; **grober** ~ JUR gross ingratitude; **[für etw** *akk*] **~ ernten** to receive no [*or* little] thanks [for sth], to meet only with ingratitude for sth
► WENDUNGEN: ~ **ist der Welt Lohn** (*prov*) that's all the thanks one gets, [one should] never expect any thanks for anything

undankbar *adj* ❶ (*nicht dankbar*) ungrateful
❷ (*nicht lohnend*) thankless

Undankbarkeit *f* ungratefulness, ingratitude *form*

undatiert *adj* undated

undefinierbar *adj* ❶ (*nicht eindeutig bestimmbar*) indescribable, indefinable, indeterminate
❷ KOCHK (*fam: hinsichtlich der Konsistenz unbestimmbar*) indefinable, difficult to make out

undeklariert *adj* JUR undeclared

undeklinierbar *adj* LING indeclinable

undemokratisch *adj* POL undemocratic

undenkbar *adj* unimaginable, inconceivable, unthinkable; ■ **~ sein, dass etw geschieht/dass jd etw tut** to be inconceivable [*or* unthinkable], that sth happens/that sb does sth

undenklich *adj* **seit ~en Zeiten** since time immemorial

Undercoveragent(in) ['ʌndəkʌvə-] *m(f)* undercover agent

Underdog <-s, -s> ['andədɔg] *m* underdog

Understatement <-s, -s> [andə'ste:tmənt] *nt* understatement

undeutlich I. *adj* ❶ (*nicht deutlich vernehmbar*) unclear
❷ (*nicht klar sichtbar*) blurred; (*Schrift*) illegible
❸ (*vage*) vague, hazy
II. *adv* ❶ (*nicht deutlich vernehmbar*) unclearly; **~ sprechen** to mumble
❷ (*nicht klar*) unclearly
❸ (*vage*) vaguely

undicht *adj* (*luftdurchlässig*) not airtight; (*wasserdurchlässig*) not watertight, leaking; ■ **~ sein/werden** to be leaking/start to leak; ***die Fenster sind*** ~ the windows let in draught; *s. a.* **Stelle**

Undichtigkeit <-> *f kein pl* BAU leak

Unding *nt kein pl* **ein ~ sein[, etw zu tun]** to be absurd [*or* preposterous] [to do sth]

undiplomatisch I. *adj* undiplomatic
II. *adv* undiplomatically

undiszipliniert I. *adj* (*geh*) undisciplined
II. *adv* in an undisciplined manner

undogmatisch *adj* (*geh*) undogmatic

unduldsam I. *adj* intolerant (**gegen** +*akk* of)
II. *adv* intolerantly

Unduldsamkeit *f* intolerance; ■ **jds ~ [gegen jdn** [*o* **gegenüber jdm**]] sb's intolerance [of sb [*or* towards sb]]

undurchdringlich *adj* ❶ (*kein Durchdringen ermöglichend*) impenetrable, dense
❷ (*verschlossen*) inscrutable

undurchführbar *adj* impracticable, unfeasible; (*Vorhaben*) impracticable, unviable; (*Plan*) unworkable, unviable

undurchlässig *adj* impermeable

undurchschaubar *adj* (*schwer zu durchschauen*) unfathomable, inexplicable; (*Verbrechen*) baffling; (*Wesensart*) enigmatic, inscrutable; (*Miene, Lächeln*) enigmatic

undurchsichtig *adj* ❶ (*nicht transparent*) nontransparent; (*Glas*) opaque
❷ (*fig: zwielichtig: Geschäfte*) shadowy, devious, shady
❸ (*fig: zweifelhaft*) obscure; (*Motive*) obscure, shady

uneben *adj* ❶ (*nicht eben*) uneven; (*Straße*) uneven, bumpy
❷ GEOG (*Bodenerhebungen aufweisend*) rough, uneven

Unebenheit <-, -en> *f* ❶ *kein pl* (*unebene Beschaffenheit*) unevenness
❷ GEOG (*gegliederte Bodenbeschaffenheit*) roughness, unevenness
❸ (*unebene Stelle*) bump
❹ GEOG (*Bodenerhebung*) uneven patch, bump

unecht *adj* ❶ (*imitiert*) fake *usu pej;* **~er Schmuck/~es Leder** imitation [*or* fake] jewellery [*or* AM jewelry]/leather; **~er Pelz** fake fur; **~es Haar** artificial [*or* imitation] hair; **~e Zähne** artificial [*or* false] teeth
❷ (*unaufrichtig*) fake, false, artificial; *s. a.* **Bruch**

unediert *adj* INFORM unedited

unehelich *adj* illegitimate

unehrenhaft I. *adj* ❶ (*geh: unlauter*) dishonourable [*or* AM -or-]
❷ MIL (*aufgrund eines Verstoßes*) dishonourable [*or* AM -or-]; **~e Entlassung** dishonourable discharge
II. *adv* ❶ (*unlauter*) dishonourably [*or* AM -or-]
❷ MIL (*aufgrund eines Verstoßes*) dishonourably [*or* AM -or-]; **jdn ~ entlassen** to discharge sb for dishonourable [*or* AM dishonorable] conduct

unehrlich I. *adj* dishonest
II. *adv* dishonestly

Unehrlichkeit *f* dishonesty

uneidlich *adj* JUR unsworn, not on oath

uneigennützig *adj* selfless, unselfish

uneinbringlich, uneinbringbar *adj* FIN irrecoverable, uncollectible; **~e Forderung** irrecoverable debt

Uneinbringlichkeit <-> *f kein pl* FIN uncollectibility; ~ **der Kaufpreisforderung** uncollectibility of the demand for payment of the purchasee price

uneingelöst *adj* unredeemed

uneingeschränkt I. *adj* absolute, total; (*Handel*) free, unrestricted; (*Lob*) unreserved
II. *adv* absolutely, unreservedly, one hundred percent [*or* fam]

uneingeweiht *adj* uninitiated; ■ **~ sein** to be in the dark, to have no idea

uneinheitlich *adj* non-uniform, varied, different; BÖRSE varied, mixed, irregular, unsteady

uneinig *adj* disagreeing; ■ **[sich** *dat*] **[in etw** *dat*/**über etw** *akk*] **~ sein** to disagree [*or* be in disagreement] [on sth/about sth]; ■ **[sich** *dat*] **mit jdm [in etw** *dat*/**über etw** *akk*] **~ sein** to disagree [*or* be in disagreement] with sb [on sth/about sth]

Uneinigkeit *f* disaccord, disagreement; **[über etw** *akk*] **herrscht** [*o* **besteht**] ~ there are sharp divisions [over sth]

uneinnehmbar *adj* impregnable

uneins *adj pred s.* **uneinig**

uneinsichtig *adj* unreasonable; **~ sein/bleiben** to be/remain unreasonable

unempfänglich *adj* impervious; ■ **für etw** *akk* **~ sein** to be impervious [*or* unsusceptible] to sth

unempfindlich *adj* unsusceptible, insensitive; (*durch Erfahrung*) inured; (*Pflanze*) hardy; (*Material*) practical; ■ **[gegen etw** *akk*] **~ sein** to be insensitive [to sth]

Unempfindlichkeit *f kein pl* unsusceptibility, hardiness

unendlich I. *adj* ❶ (*nicht überschaubar*) infinite
❷ (*unbegrenzt*) endless, infinite, boundless
❸ (*überaus groß*) infinite, immense; **mit ~er Liebe/Geduld/Güte** with infinite [*or* endless] love/patience/goodness; **~e Strapazen** immense [*or* endless] strain
❹ FOTO (*Einstellung für Entfernung*) **etw auf ~ einstellen** to focus sth at infinity
II. *adv* (*fam*) endlessly, infinitely; **~ viele Leute** heaven [*or* god] knows how many people; **~ froh sein, sich** *akk* **~ freuen** to be terribly [*or* immensely] happy

Unendlichkeit *f kein pl* infinity; **eine ~** (*fam: ewig lange*) ages *pl fam*

unentbehrlich *adj* ❶ (*unbedingt erforderlich*) essential; ■ **[für jdn/etw] ~ sein** to be essential [for [*or* to] sb/for sth]; **sich** *akk* **[irgendwo/bei jdm] ~ machen** to make oneself indispensable [somewhere/to sb]
❷ (*unverzichtbar*) indispensable

unentgeltlich I. *adj* free of charge; **die ~e Benutzung von etw** *dat* free use of sth; **~e Leistungen/Übertragungen** gratuitous services/transfers
II. *adv* free of charge, for free; **~ arbeiten** to work on a voluntary basis, to work for free

unentrinnbar *adj* (*geh*) inescapable; **das ~e Schicksal** the inescapable fate

unentschieden I. *adj* ❶ SPORT (*gleicher Punktstand*) drawn
❷ (*noch nicht entschieden*) undecided; ■ **noch ~ sein** to be still [*or* as yet] undecided
II. *adv* SPORT **~ ausgehen** [*o* **enden**] to end in a draw; **~ spielen** to draw

Unentschieden <-s, -> *nt* SPORT draw; ***das Spiel endete mit einem*** ~ the game ended in a draw

unentschlossen I. *adj* indecisive, irresolute; ■ **~ sein [darüber], was jd tun soll** to be torn over what to do
II. *adv* indecisively

Unentschlossenheit *f* indecision, undecidedness

unentschuldbar *adj* inexcusable; ■ **~ sein, dass jd etw getan hat** to be inexcusable of sb, to do sth

unentschuldigt I. *adj* unexcused
II. *adv* unexcused, without an excuse; **~ fehlen** [*o* **dem Unterricht fernbleiben**] to play truant, to be missing from class, AM *usu* to cut class *fam*

unentwegt I. *adj* persevering; **~er Einsatz/Fleiß** untiring commitment/efforts, perseverance
II. *adv* constantly, incessantly

Unentwegte(r) *f(m) dekl wie adj* stalwart

unentwirrbar *adj Geflecht, Knäuel* tangled; **eine ~e politische Lage** a complex political situation

unerbittlich *adj* ❶ (*nicht umzustimmen*) unrelenting, merciless, inexorable
❷ (*gnadenlos*) pitiless, merciless

Unerbittlichkeit <-> *f kein pl* (*nicht umzustimmende Art*) mercilessness, inexorableness

unerfahren *adj* inexperienced, *fam* green; ■ **[auf/in etw** *dat*] **~ sein** to be inexperienced [in sth]

Unerfahrene(r) *f(m) dekl wie adj* unexperienced person

Unerfahrenheit *f* lack of experience, inexperience

unerfindlich *adj* (*geh*) incomprehensible, unfathomable; ■ **[jdm] ~ sein, warum/wie ...** to be incomprehensive [*or* inexplicable] [*or* unfathomable] [to sb], why/how ...; *s. a.* **Grund**

unerfreulich I. *adj* unpleasant; *Neuigkeiten, Nachrichten* bad; *Zwischenfall* unfortunate; ■ **[für jdn] ~ sein** to be unfortunate [for sb]; ■ **etwas U~es** bad news
II. *adv* unpleasantly

unerfüllbar *adj* unattainable, unviable, unrealizable; (*Forderungen, Träume*) unfulfillable; (*Wünsche*) unattainable

unerfüllt *adj* unattained, unrealized; *Traum* unfulfilled

unergiebig *adj* unproductive, unrewarding; (*Ernte*) poor; (*Produkt*) uneconomical

unergründbar *adj*, **unergründlich** *adj* obscure, unfathomable, puzzling; (*Blick, Lächeln*) enigmatic

unerheblich I. *adj* insignificant, minor; ■ **~ sein, ob ...** to be irrelevant whether ...; **nicht ~** not insig-

nificant, considerable
II. *adv* insignificantly; **nicht** ~ not insignificantly, considerably
unerhört I. *adj attr* ❶ (*pej: skandalös*) outrageous; [**das ist ja**] ~! that's [simply] outrageous!
❷ (*außerordentlich*) incredible, enormous, outrageous *hum*
II. *adv* ❶ (*skandalös*) outrageously
❷ (*außerordentlich*) incredibly
unerkannt *adv* unrecognized; ***bitte keine Namen, ich will ~ bleiben*** please, no names, I want to remain incognito
unerklärbar *adj*, **unerklärlich** *adj* inexplicable; ■**jdm ist ~, warum/was/wie ...** sb cannot understand why/what/how ...
unerlässlichRR *adj*, **unerläßlich** *adj* essential, imperative; ■[**für jdn/etw**] ~ **sein** to be imperative [*or* essential] [for sb/for sth]
unerlaubt I. *adj* ❶ (*nicht gestattet*) unauthorized
❷ JUR (*ungesetzlich*) illegal; ~**e Handlung** tort, tortious [*or* wrongful] act; ~**e Werbung** illicit advertising
II. *adv* without permission
unerledigt I. *adj* unfinished; (*Antrag*) incompleted; (*Post*) unanswered, not seen to
II. *adv* unfinished; ~ **liegen bleiben** to be left unfinished
Unerledigtes *nt dekl wie adj, kein pl s.* **unerledigt: Ablage für ~s** pending tray
unermesslichRR, **unermeßlich** I. *adj* (*geh*)
❶ (*schier unendlich*) immeasurable
❷ (*gewaltig*) immense, vast; (*Wert, Wichtigkeit*) inestimable; (*Zerstörung*) untold
II. *adv* (*geh*) immensely
unermüdlich I. *adj* untiring, tireless
II. *adv* tirelessly, ceaselessly
unerquicklich *adj* (*geh*) unedifying *form*, dismal, disagreeable
unerreichbar *adj* unattainable; (*telefonisch nicht zu erreichen*) unavailable
unerreicht *adj* unequalled BRIT, AM *usu* unequaled; (*Anforderungen, Ziel*) unattained
unersättlich *adj* ❶ (*nicht zu stillen*) insatiable; (*Wissensdurst*) unquenchable
❷ (*gierig*) insatiable, voracious
unerschlossen *adj* ❶ *Gebiet* undeveloped
❷ ÖKON *Markt* untapped
❸ GEOL *Bodenschätze* unexploited
unerschöpflich *adj* ❶ (*ein reiches Reservoir bietend*) inexhaustible
❷ (*schier nicht zu erschöpfen*) inexhaustible
unerschrocken I. *adj* courageous, fearless
II. *adv* courageously, fearlessly
unerschütterlich I. *adj* unshakable
II. *adv* unshakably, ceaselessly
unerschwinglich *adj* exorbitant; ■**für jdn ~ sein** to be beyond sb's means; *s. a.* **teuer**
unersetzlich *adj* indispensable; (*Wertgegenstand*) irreplaceable; (*Schaden*) irreparable; ■[**für jdn**] ~ **sein** to be indispensable [to sb]
unersprießlich *adj* (*geh*) *s.* **unerfreulich**
unerträglich I. *adj* ❶ (*nicht auszuhalten*) unbearable, intolerable
❷ (*pej: unmöglich*) impossible, intolerable
II. *adv* ❶ (*nicht auszuhalten*) unbearably
❷ (*pej: unmöglich*) impossibly
unerwähnt *adj* unmentioned
unerwartet I. *adj* unexpected; ~**er Gewinn** HANDEL windfall [profit]
II. *adv* unexpectedly
unerwidert *adj* ❶ (*nicht beantwortet*) *Brief* unanswered
❷ *Liebe* unrequited; *Sympathie* one-sided
unerwünscht *adj* ❶ (*nicht willkommen*) unwelcome
❷ (*lästig*) undesirable
unerzogen *adj* ill-mannered, badly behaved
UNESCO <-> [u'nɛsko] *f Akr von* **United Nations Educational, Scientific and Cultural Organization** UNESCO; ■**die** ~ UNESCO
unfähig *adj* ❶ (*inkompetent*) incompetent
❷ (*nicht imstande*) incapable; ■**zu etw** *dat* ~ [**sein**] [to be] incapable of sth; ■~ **sein, etw zu tun** to be incapable of doing sth
Unfähigkeit *f kein pl* incompetence
unfair [-fɛːɐ] I. *adj* unfair; ■~ [**gegen jdn** [*o* **jdm gegenüber**]] **sein** to be unfair [to [*or* towards] sb]
II. *adv* unfairly
Unfall *m* accident, mishap *hum;* **einen ~ haben** to have an accident
Unfallabteilung *f* casualty [*or* emergency] ward **Unfallanzeige** *f* accident report **Unfallarzt, -ärztin** *m, f* [medical] specialist for accident injuries **Unfallbericht** *m* accident report **Unfallbeteiligte(r)** <-n, -n> *dekl wie adj f(m)* person involved in an accident **Unfallchirurgie** *f* casualty surgery **Unfallfahrer(in)** *m(f)* driver at fault in an accident **Unfallflucht** *f* failure to stop after being involved in an accident; (*mit Verletzten*) hit-and-run [driving] **Unfallfolge** *f meist pl* consequence of an accident; MED (*Verletzung*) injury resulting from an/the accident **unfallfrei** I. *adj* accident-free; ~**es Fahren** accident free driving II. *adv* without an accident; ~ **fahren** to drive without having caused an accident **Unfallgefahr** *f* accident risk, danger of accident **unfallgefährdet** *adj Personen* accident-prone **unfallgeneigt** *adj* accident-prone **Unfallgeschädigte(r)** *f(m) dekl wie adj* victim of an accident **Unfallhaftpflicht** *f kein pl* JUR accident liability; (*auf Grundstück*) occupier's liability **Unfallhaftpflichtversicherung** *f* third-party accident insurance **Unfallhäufigkeit** *f* accident frequency **Unfallhäufigkeitsziffer** *f* accident rate **Unfall-Hinterbliebenenversorgung** *f* JUR care for surviving dependants of accident victims **Unfallklinik** *f*, **Unfallkrankenhaus** *nt* accident [*or* casualty] hospital (*hospital dealing solely with accidents and emergencies*) **Unfallmeldung** *f* accident notification **Unfallneigung** *f* accident proneness **Unfallopfer** *nt* accident victim **Unfallort** *m* scene of an/the accident; **unerlaubtes Entfernen vom ~** unauthorized removal from the scene of the accident **Unfallquote** *f* accident quota **Unfallrate** *f* accident rate **Unfallrisiko** *nt* accident hazard [*or* risk] **Unfallschaden** *m* accident damage *no pl* **Unfallschutz** *m kein pl* (*Maßnahmen*) accident protection, prevention of accidents **Unfallschutzvorrichtung** *f* safety [*or* protective] device **Unfallschwerpunkt** *m* accident black spot **unfallsicher** *adj* accident-proof **Unfallstation** *f* casualty [*or* accident] ward **Unfallstatistik** *f* accident statistics *pl* **Unfallstelle** *f* place of the accident **Unfalltag** *m* accident date **Unfalltod** *m* accidental death **Unfalltote(r)** *f(m) dekl wie adj* road casualty **unfallträchtig** <-er, -ste> *adj* ❶ *Fahrer* accident-prone, prone to accidents *pred* ❷ *Strecke* hazardous **Unfallursache** *f* cause of a/the accident **Unfallursachenforschung** *f* accident analysis
Unfallverhütung *f kein pl* prevention of an accident, accident prevention **Unfallverhütungsprogramm** *nt* accident programme [*or* AM -am] **Unfallverhütungsvorschriften** *pl* JUR safety regulations
Unfallverletzte(r) *f(m)* casualty **Unfallverletzung** *f* injury caused by an accident, accidental injury **Unfallversicherung** *f* accident insurance **Unfallwagen** *m* car involved in an accident **Unfallzeuge, -zeugin** *m, f* witness of an/the accident **Unfallziffer** *f* accident frequency rate
unfassbarRR *adj*, **unfaßbar** *adj*, **unfasslich**RR *adj*, **unfaßlich** *adj* ❶ (*unbegreiflich*) incomprehensible; (*Phänomen*) incredible; ■**jdm** [*o* **für jdn**] ~ **sein, was/wie ...** to be incomprehensible to sb, what/how ...
❷ (*unerhört*) outrageous
unfehlbar I. *adj* infallible, unfailing; (*Geschmack*) impeccable; (*Gespür, Instinkt*) unerring
II. *adv* without fail
Unfehlbarkeit <-> *f kein pl* infallibility; ~ **des Papstes** REL papal infallibility
unfein *adj* unrefined
unfertig *adj* ❶ (*noch nicht fertig gestellt*) unfinished, incomplete; ~**e Arbeiten** unfinished work; ~**e Erzeugnisse** unfinished products
❷ (*unreif*) immature
unflätig I. *adj* (*geh*) uncouth, crude; (*Ausdrucksweise*) obscene; (*Verhaltensweise*) coarse
II. *adv* crudely, in an uncouth manner, coarsely
unformatiert *adj* INFORM unformatted
unförmig I. *adj* shapeless; (*groß*) cumbersome; (*Gesicht*) misshapen; (*Bein*) unshapely
II. *adv* shapelessly; **sich** *akk* ~ **vergrößern** to grow unshapely
Unförmigkeit <-> *f kein pl* unshapeliness, shapelessness, cumbersomeness
UNFPA <-> *f kein pl Akr von* **United Nations Fund for Population Activities** UNFPA
unfrankiert I. *adj* unstamped
II. *adv* without a stamp
unfrei *adj* ❶ (*nicht frei*) not free; (*gehemmt*) inhibited; ■~ **sein** *a.* HIST to be a slave [*or* serf]
❷ *s.* **unfrankiert**
Unfreie(r) *f(m) dekl wie adj* HIST serf
Unfreiheit *f kein pl* lack of freedom; *a.* HIST slavery *no indef art, no pl*, bondage *no indef art, no pl form*
unfreiwillig I. *adj* ❶ (*gezwungen*) compulsory
❷ (*unbeabsichtigt*) unintentional
II. *adv* ■**etw ~ tun** to be forced to do sth
unfreundlich I. *adj* ❶ (*nicht liebenswürdig*) unfriendly; ■**zu jdm ~ sein** to be unfriendly to sb
❷ (*unangenehm*) unpleasant; (*Wetter*) unpleasant, inclement *form;* (*Klima*) inhospitable, disagreeable; (*Jahreszeit, Tag*) dreary; (*Raum*) cheerless
II. *adv* **sich** *akk* **jdm gegenüber ~ benehmen** to be unfriendly [*or* cold] to sb; **jdn ~ behandeln** to treat sb in an unfriendly [*or* cold] manner, to be unfriendly [*or* cold] to sb
Unfreundlichkeit *f* unfriendliness
Unfriede(n) *m kein pl* trouble, strife *no pl, no indef art*, conflict; **in ~n** on bad terms; ~**n stiften** to cause trouble [*or* strife]; **in ~n leben** to live in conflict; **in ~n auseinander gehen** to part unamicably
unfruchtbar *adj* ❶ MED (*steril*) infertile, sterile
❷ AGR (*nicht ertragreich*) infertile, barren
Unfruchtbarkeit *f kein pl* ❶ MED (*Sterilität*) infertility, sterility
❷ AGR (*fehlende Bodenfruchtbarkeit*) barrenness
Unfug <-s> *m kein pl* nonsense; ~ **machen** to get up to mischief; ***mach keinen ~!*** stop that nonsense!; **grober ~** JUR public nuisance
Ungar(in) <-n, -n> *m(f)* Hungarian; *s. a.* **Deutsche(r)**
ungarisch *adj* ❶ GEOG Hungarian; *s. a.* **deutsch 1**
❷ LING Hungarian; *s. a.* **deutsch 2**
Ungarisch *nt dekl wie adj* Hungarian; *s. a.* **Deutsch**
Ungarische <-n> *nt* ■**das ~** Hungarian, the Hungarian language; *s. a.* **Deutsche**
Ungarn <-s> *nt* Hungary; *s. a.* **Deutschland**
ungastlich *adj* uninviting, inhospitable *form*
ungeachtet *präp +gen* (*geh*) despite sth, in spite of sth; ■~ **dessen, dass ...** in spite of [*or* despite] the fact that ...
ungeahnt *adj* undreamed [*or* [*or* Brit] undreamt] of
ungebärdig *adj* unruly
ungebeten I. *adj* ❶ (*nicht eingeladen*) uninvited, unwelcome
❷ (*ohne Aufforderung erfolgt*) unwelcome
II. *adv* ❶ (*ohne eingeladen zu sein*) without being invited
❷ (*ohne aufgefordert zu sein*) without an invitation
ungebildet *adj* uneducated
ungeboren *adj* unborn
ungebräuchlich *adj* uncommon, not in use *pred;* (*Methode, Verfahren*) [out]dated
ungebraucht I. *adj* unused; ■~ **sein** to have never been used, to be unused
II. *adv* unused
ungebremst *adj* ❶ PHYS ~**e Neutronen** free neutrons
❷ (*endlos*) unchecked; **mit ~em Eifer** with

unchecked [*or* unbridled] enthusiasm

ungebrochen I. *adj* unbroken
II. *adv* ~ **weiterkämpfen/weitermachen** to carry on fighting/carry on incessantly

ungebührlich I. *adj* (*geh*) ❶ (*ungehörig*) improper
❷ (*nicht angemessen*) unreasonable
II. *adv* (*geh*) ❶ (*ungehörig*) improperly
❷ (*über Gebühr*) **sich** *akk* ~ **ärgern** [*o* **aufregen**] to overreact, to make a mountain out of a molehill

ungebunden *adj* ❶ (*nicht gebunden*) unattached, [fancy-]free; **ein ~es Leben führen** to lead a fancy-free life; ■ ~ **sein** (*unliiert*) to be unattached, to be footloose and fancy-free
❷ VERLAG **~es Buch** book in sheets, unbound copy of book

ungedeckt *adj* ❶ FIN uncovered; **~er Kredit** open [*or* unsecured] credit
❷ (*noch nicht gedeckt*) unlaid

Ungeduld *f* impatience; **voller** ~ impatiently; **vor** ~ with impatience

ungeduldig I. *adj* impatient
II. *adv* impatiently

ungeeignet *adj* unsuitable; ■ [**für etw** *akk*] ~ **sein** to be unsuited [for sth]

ungefähr I. *adv* ❶ (*zirka*) approximately, roughly, about *fam;* **um** ~ **...**, ~ **um ...** by about ...; (*Zeit*) at about [*or* around] ...
❷ (*etwa*) ~ **da** [*o* **dort**] around there, [*or esp* Brit] thereabouts; ~ **hier** around here; ~ **so** something like this/that
❸ (*in etwa*) more or less; ***das dürfte ~ hinkommen*** that's more or less it, that's near enough right
▶ WENDUNGEN: **von** ~ by chance, by the by *fam;* **nicht von** ~ not without good reason [*or* cause], not for nothing
II. *adj attr* approximate, rough

ungefährdet I. *adj* safe
II. *adv* safely

ungefährlich *adj* harmless; ■ ~ **sein, etw zu tun** to be safe to do sth

ungefällig *adj Mensch* unobliging

ungefärbt *adj* undyed, natural

ungefragt *adv* without being asked

ungehalten I. *adj* (*geh*) indignant; ■ ~ [**über etw** *akk*] **sein/werden** to be/become indignant [about sth]
II. *adv* (*geh*) indignantly

ungeheizt *adj* unheated

ungehemmt I. *adj* uninhibited
II. *adv* uninhibitedly

ungeheuer I. *adj* ❶ (*ein gewaltiges Ausmaß besitzend*) enormous
❷ (*größte Intensität besitzend*) tremendous; (*Schmerz, Leiden*) dreadful
❸ (*größte Bedeutung besitzend*) tremendous
II. *adv* ❶ (*äußerst*) terribly
❷ (*ganz besonders*) enormously, tremendously

Ungeheuer <-s, -> *nt* monster, ogre

ungeheuerlich *adj* ❶ (*unerhört*) outrageous, preposterous; **das ist ja ~!** that's outrageous!
❷ *s.* **ungeheuer 1**

Ungeheuerlichkeit <-, -en> *f* ❶ *kein pl* (*empörende Art*) outrageousness
❷ (*unerhörte Bemerkung*) outrageous remark; ***das ist ja eine ~!*** how outrageous!
❸ (*unerhörte Handlung*) monstrosity; (*Verbrechen*) atrocity

ungehindert I. *adj* unhindered
II. *adv* without hindrance

ungehobelt *adj* ❶ (*schwerfällig*) uncouth, boorish; (*grob*) coarse
❷ (*nicht glatt gehobelt*) unplaned

ungehörig I. *adj* impertinent
II. *adv* impertinently

Ungehörigkeit <-, -en> *f kein pl* impertinence *no pl*

ungehorsam *adj* disobedient; ■ [**jdm gegenüber**] ~ **sein** to be disobedient [towards sb]

Ungehorsam *m kein pl* disobedience, insubordination; **ziviler** ~ civil disobedience

ungehört *adv* unheard

Ungeist *m kein pl* (*geh*) ■ **der** ~ **einer S.** *gen* the demon of sth

ungekämmt I. *adj* (*nicht gekämmt*) uncombed; (*nicht frisiert*) unkempt
II. *adv* unkempt

ungeklärt I. *adj* ❶ (*nicht aufgeklärt*) unsolved; ■ [**noch**] ~ **sein** to be [yet] unsolved; *s. a.* **Ursache**
❷ ÖKOL (*nicht geklärt*) untreated
II. *adv* ÖKOL untreated

ungekündigt *adj* **ein ~es Arbeitsverhältnis/eine ~e Stellung haben** to not be under notice of resignation; ■ ~ **sein** to not be under notice of resignation

ungekünstelt <-er, -este> *adj* natural, unaffected

ungekürzt I. *adj* MEDIA unabridged; (*FILM*) uncut
II. *adv* in its unabridged version; FILM in its uncut version

ungeladen *adj* ❶ (*nicht geladen*) unloaded
❷ (*nicht eingeladen*) uninvited

ungelegen *adj* inconvenient; [**jdm**] ~ **kommen** to be inconvenient [for sb], to be an inconvenience [for sb]; (*zeitlich*) to be an inconvenient time [for sb]

Ungelegenheiten *pl* inconvenience; **jdm** ~ **machen** [*o geh* **bereiten**] to inconvenience sb

ungelehrig *adj* unteachable

ungelenk I. *adj* clumsy, awkward
II. *adv* clumsily, awkwardly

ungelenkig *adj* inflexible, unsupple

ungelernt *adj attr* unskilled

ungeliebt *adj* ❶ (*nicht geliebt*) unloved
❷ (*nicht gemocht*) loathed
❸ *s.* **unbeliebt**

ungelogen *adv* (*fam*) honestly, honest *fam;* ***das ist die Wahrheit, ~!*** honestly, it's the truth!

ungelöst *adj* unsolved; (*Fragen*) unresolved

Ungemach <-s> *nt kein pl* (*geh*) inconvenience

ungemahlen *adj* unground

ungemein I. *adv* immensely, terribly; ***das freut mich ganz ~*** I'm immensely happy about that
II. *adj* immense, tremendous

ungemütlich *adj* ❶ (*nicht gemütlich*) uninviting
❷ (*unerfreulich*) uncomfortable, disagreeable
▶ WENDUNGEN: ~ **werden**, ~ **werden können** (*fam*) to become nasty, to be able to become nasty

Ungemütlichkeit *f* uncomfortableness, unpleasantness

ungenannt *adj* unnamed

ungenau I. *adj* ❶ (*nicht exakt*) vague, inexact; ■ ~ [**in etw** *dat*] **sein** to be vague [in sth]
❷ (*nicht korrekt*) inaccurate
II. *adv* ❶ (*nicht exakt*) vaguely, inexactly
❷ (*nicht korrekt*) incorrectly

Ungenauigkeit <-, -en> *f* ❶ *kein pl* (*nicht exakte Beschaffenheit*) vagueness
❷ *kein pl* (*mangelnde Korrektheit*) inaccuracy
❸ (*ungenaues Zitat*) inaccuracy

ungeniert ['ʊnʒeniːɐt] I. *adj* uninhibited, unembarrassed, unconcerned
II. *adv* uninhibitedly, freely

Ungeniertheit <-> ['ʊnʒeniːɐt-] *f kein pl* lack of inhibition

ungenießbar *adj* ❶ (*nicht zum Genuss geeignet*) inedible; (*Getränke*) undrinkable
❷ (*schlecht schmeckend*) unpalatable
❸ (*fam: unausstehlich*) unbearable, loathsome, horrid

ungenügend I. *adj* ❶ (*nicht ausreichend*) insufficient; *Information* inadequate
❷ SCH (*schlechteste Zensur*) unsatisfactory (*the lowest mark*)
II. *adv* insufficiently, inadequately

ungenutzt, **ungenützt** I. *adj* unused; (*materielle/personelle Ressourcen*) unexploited; (*Gelegenheit*) missed; ~ **bleiben** to not be taken advantage of; **etw** ~ **lassen** to not take advantage of sth
II. *adv* **eine Chance** ~ **verstreichen lassen** [*o* **vorübergehen**] to miss a chance, to let a chance go by [*or* slip]

ungeordnet *adj* disordered; ~ **herumliegen** to lie about in disorder

ungepflegt *adj* ❶ (*nicht gepflegt*) ungroomed, unkempt; (*Hände*) neglected, uncared-for
❷ (*vernachlässigt*) neglected, not very well looked after

ungeplant *adj* unplanned, unexpected; **~er Gewinn** windfall [profit]

ungeprüft I. *adj* unchecked
II. *adv* without checking

ungerade *adj* odd; **eine** ~ **Zahl** an odd number

ungerechnet *adj attr* not including; ~ **der zusätzlichen Unkosten** excluding additional costs

ungerecht I. *adj* unjust, unfair; **~e Behandlung** unjust treatment; **ein ~er Richter** a partial judge; ■ ~ [**gegen jdn** [*o* **jdm gegenüber**]] **sein** to be unfair [to sb]; ■ ~ [**von jdm**] **sein, etw zu tun** to be unfair [of sb] to do sth
II. *adv* unjustly, unfairly; **sich** ~ **verhalten** to behave unfairly

ungerechterweise *adv* unjustly, unfairly

ungerechtfertigt *adj* unjustified; JUR unjust; **~e Bereicherung** unjust enrichment; **~e Kündigung** unfair dismissal

Ungerechtigkeit <-, -en> *f* ❶ *kein pl* (*ungerechte Art*) injustice, unfairness; **die** ~ **der Beurteilung** the injustice of the judgement; **so eine ~!** how unjust! [*or* unfair!]
❷ (*ungerechte Handlung*) injustice, unfairness

ungeregelt *adj* ❶ (*unregelmäßig*) unsettled, disordered
❷ (*selten: nicht erledigt*) unsettled
▶ WENDUNGEN: **~er Katalysator** open-loop catalyst

ungereimt *adj* ❶ (*verworren*) muddled; ***er redet völlig ~es Zeug*** he is talking a load of nonsense
❷ (*keinen Reim aufweisend*) unrhymed; **~e Verse** blank verse

Ungereimtheit <-, -en> *f* ❶ *kein pl* (*verworrene Art*) muddle
❷ (*ungereimte Äußerung*) inconsistency; ***der Bericht weist viele ~en auf*** there are many inconsistencies in the report

ungern *adv* reluctantly; **etw** ~ **tun** to do sth reluctantly; [**höchst**] **~!** with [the greatest of] reluctance!

ungerührt I. *adj* unmoved; **mit ~er Miene** with a deadpan expression [*or* face]
II. *adv* unmoved

ungesalzen *adj* unsalted

ungesättigt *adj* ❶ (*geh: noch hungrig*) unsatisfied
❷ CHEM unsaturated

ungeschält I. *adj Frucht, Obst* unpeeled; *Getreide, Reis* unhusked
II. *adv* unpeeled

ungeschehen *adj* undone; **etw** ~ **machen** to undo sth

Ungeschehenmachen <-s> *nt kein pl* PSYCH undoing

Ungeschick <-[e]s> *nt kein pl* (*geh*) *s.* **Ungeschicklichkeit**

Ungeschicklichkeit <-, -en> *f* ❶ *kein pl* (*ungeschickte Art*) clumsiness
❷ (*ungeschicktes Verhalten*) clumsiness

ungeschickt *adj* ❶ (*unbeholfen*) clumsy; **eine ~e Bewegung** a clumsy movement; (*unbedacht*) careless, inept; **eine ~e Äußerung** a careless comment; ■ ~ [**von jdm**] **sein** to be inept [of sb]
❷ DIAL, SÜDD (*selten: unhandlich*) unwieldy; **ein ~es Werkzeug** an unwieldy tool; (*ungelegen*) awkward; **etw kommt** ~ sth happens at an awkward time

Ungeschicktheit *f s.* **Ungeschicklichkeit**

ungeschlacht *adj* (*pej geh*) *Mensch* hulking great

ungeschlagen *adj* unbeaten

ungeschlechtlich *adj* BIOL asexual; **~e Fortpflanzung** asexual reproduction

ungeschliffen *adj* ❶ (*nicht geschliffen*) uncut; *Messer, Klinge* blunt; **~e Diamanten** uncut diamonds
❷ (*pej: grob, ohne Manieren*) uncouth; **~es Benehmen** uncouth behaviour [*or* Am -or]; **ein ~er Kerl** an uncouth man

ungeschminkt *adj* ❶ (*nicht geschminkt*) without make-up

U

❷ (*unbeschönigt*) unvarnished; **die ~e Wahrheit** the unvarnished truth; **jdm ~ die Wahrheit sagen** to tell sb the unvarnished truth

ungeschnitten *adj* FILM, TV *Film* unedited

ungeschoren I. *adj* unshorn; **~e Schafe** unshorn sheep
II. *adv* unscathed; **~ davonkommen** to get away with it

ungeschrieben *adj pred* unwritten; **~ bleiben** to be left unwritten; **etw ~ lassen** not to write sth; *s. a.* **Gesetz**

ungesehen I. *adj* (*selten*) unseen
II. *adv* unseen, without being seen

ungesellig *adj* unsociable

ungesetzlich *adj* unlawful, illegal

ungesetzt *adj* SPORT unseeded

ungesichert *adj* JUR unsecured; **~er Gläubiger** unsecured creditor

ungestempelt *adj* unstamped; **eine ~e Briefmarke** an unfranked stamp

ungestillt *adj* (*geh*) unstilled

ungestört I. *adj* undisturbed; **~ sein wollen** to want to be left alone
II. *adv* without being disturbed

ungestraft *adv* with impunity; **~ davonkommen** to get away scot-free

ungestüm I. *adj Art, Temperament* impetuous; *Wind* gusty; *Meer* rough, turbulent; **eine ~e Begrüßung** an enthusiastic greeting
II. *adv* enthusiastically, passionately

Ungestüm <-[e]s> *nt kein pl* impetuosity; **jugendliches ~** youthful impetuosity; **voller ~** passionately, boisterously

ungesühnt *adj* unatoned, unexpiated

ungesund I. *adj* ❶ (*der Gesundheit abträglich*) unhealthy; **ein ~es Klima** an unhealthy climate
❷ (*nicht gesund, kränklich*) unhealthy; **ein ~es Aussehen** an unhealthy appearance
II. *adv* unhealthily; **sich ~ ernähren** to not have a healthy diet

ungesüßt *adj* unsweetened

ungeteilt *adj* ❶ *Besitz* complete
❷ (*ganz*) **mit ~er Freude** with total pleasure; **jds ~e Aufmerksamkeit finden** to receive sb's undivided attention

ungetrübt *adj Freude, Glück* unclouded; *Tage, Zeit* perfect

Ungetüm <-[e]s, -e> *nt* ❶ (*veraltend: monströses Wesen*) monster
❷ (*fam: riesiger Gegenstand*) monster *fam;* ***dieses ~ von Schrank passt nicht durch die Haustür*** this monster of a cupboard won't go through the front door

ungeübt *adj* unpractised [*or* AM -ced]; **~e Lehrlinge** inexperienced apprentices; ■**[in etw** *dat*] **~ sein** to be out of practice [at sth]

ungewandt *adj* awkward

ungewissRR *adj,* **ungewiß** *adj* ❶ (*nicht feststehend*) uncertain; **eine ~e Zukunft** an uncertain future; ■**noch ~ sein, ob/wie ...** to be still uncertain, whether/how ...; **Sprung ins U~e** a leap into the unknown
❷ (*unentschlossen*) uncertain, unsure; ■**sich noch ~ sein** to be still uncertain; **sich** *akk* **über etw** *akk* **im Ungewissen sein** to be uncertain [*or* unsure] about sth; **jdn [über etw** *akk*] **im Ungewissen lassen** to leave sb in the dark [about sth] *fam;* **etw im Ungewissen lassen** to leave sth vague [*or* indefinite]
❸ (*geh: unbestimmbar*) undefinable; **Augen von ~er Farbe** eyes of an indefinable colour [*or* AM -or]

UngewissheitRR <-, -en> *f* uncertainty

ungewöhnlich I. *adj* ❶ (*vom Üblichen abweichend*) unusual; **eine ~e Bitte** an unusual request; ■**etwas/nichts U~es** something/nothing unusual
❷ (*außergewöhnlich*) unusual, remarkable; **eine ~e Leistung** a remarkable achievement
II. *adv* ❶ (*äußerst*) exceptionally; **~ schön/klein** exceptionally beautiful/small; **~ begabt** unusually gifted
❷ (*in nicht üblicher Weise*) unusually; **sich ~ benehmen** to behave unusually [*or* strangely]

ungewohnt *adj* unusual; **ein ~er Anblick** an unusual sight; **~e Freundlichkeit** unusual friendliness; ■**jdm ~ sein** to be unfamiliar to sb

ungewollt I. *adj* unintentional, inadvertent; **eine ~e Schwangerschaft** an unwanted pregnancy
II. *adv* unintentionally, inadvertently; ***ich musste ~ grinsen*** I couldn't help grinning

ungezählt *adj* ❶ (*selten: unzählig*) innumerable, countless
❷ (*nicht nachgezählt*) uncounted

Ungeziefer <-s> *nt kein pl* pests *pl,* vermin

ungezogen I. *adj Kind* naughty, badly-behaved; *Bemerkung* impertinent; ■**~ [von jdm] sein** to be ill-mannered [of sb]
II. *adv* impertinently, naughtily; **sich ~ benehmen** to behave badly

Ungezogenheit <-, -en> *f* ❶ *kein pl* (*ungezogene Art*) naughtiness, bad behaviour [*or* AM -or]
❷ (*ungezogene Äußerung*) impertinent remark; (*ungezogene Handlung*) bad manners *npl*

ungezügelt *adj* unbridled

ungezwungen *adj* casual, informal; **eine ~e Atmosphäre** an informal atmosphere; **frei und ~** without restraint

Ungezwungenheit *f* casualness, informality

ungiftig *adj* non-poisonous

ungiriert [-ʒi-] *adj* FIN unendorsed

Unglaube *m* ❶ (*Zweifel*) disbelief, scepticism
❷ (*Gottlosigkeit*) unbelief, lack of faith

unglaubhaft I. *adj* unbelievable, incredulous; **~ wirken** to appear to be implausible
II. *adv* unbelievably, incredulously

ungläubig *adj* ❶ (*etw nicht glauben wollend*) disbelieving, incredulous; **ein ~es Gesicht machen** to raise one's eyebrows in disbelief; **ein ~es Kopfschütteln** an incredulous shake of the head
❷ (*gottlos*) unbelieving, irreligious; **~e Menschen bekehren** to convert the unbelievers

Ungläubige(r) *f(m) dekl wie adj* unbeliever, infidel

unglaublich I. *adj* ❶ (*nicht glaubhaft*) unbelievable, incredible
❷ (*unerhört*) outrageous; **ein ~es Benehmen** outrageous behaviour [*or* AM -or]; **~e Zustände** outrageous conditions
II. *adv* (*fam: überaus*) incredibly, extremely

unglaubwürdig I. *adj* implausible, dubious; **eine ~e Geschichte** an implausible story; **ein ~er Zeuge** an unreliable witness; **sich ~ machen** to lose credibility
II. *adv* implausibly, dubiously; ***seine Aussage klingt ~*** his statement sounds dubious [*or* fishy] *fam*

Unglaubwürdigkeit *f* implausibility, unreliability

ungleich I. *adj* ❶ (*unterschiedlich*) *Bezahlung* unequal; *Belastung* uneven; *Paar* odd; *Gegenstände, Waffen* different, dissimilar, unalike; **mit ~en Mitteln kämpfen** to fight using different methods
❷ (*unterschiedliche Voraussetzungen aufweisend*) unequal; **ein ~er Kampf** an unequal fight
II. *adv* ❶ (*unterschiedlich*) unequally; **~ stark sein** to be unevenly matched
❷ *vor comp* (*weitaus*) far
III. *präp mit dat* (*geh*) unlike

Ungleichbehandlung *f kein pl* inequal treatment, discrimination

Ungleichgewicht *nt* ÖKON imbalance; **~ in der Außenhandelsbilanz** foreign trade imbalance

Ungleichheit <-, -en> *f* dissimilarity, difference, inequality

ungleichmäßig I. *adj* ❶ (*unregelmäßig*) irregular; **ein ~er Puls** an irregular pulse
❷ (*nicht zu gleichen Teilen*) uneven; **eine ~e Belastung** an uneven load; **eine ~e Verteilung** an uneven distribution
II. *adv* ❶ (*unregelmäßig*) irregularly; **~ atmen** to breathe irregularly
❷ (*ungleich*) unevenly

Ungleichmäßigkeit <-, -en> *f* ❶ (*Unregelmäßigkeit*) irregularity
❷ (*Ungleichheit*) unevenness

Ungleichung *f* MATH inequation

Unglück <-glücke> *nt* ❶ *kein pl* (*Pech*) bad luck, misfortune; **[jdm] ~ bringen** to bring [sb] bad luck; **in sein ~ rennen** (*fam*) to rush headlong into disaster; **jdn ins ~ stürzen** (*geh*) to be sb's undoing; **zu allem ~** to make matters worse
❷ (*katastrophales Ereignis*) disaster, tragedy; **ein ~ verhindern** to prevent a disaster
❸ *kein pl* (*Elend*) unhappiness
▶ WENDUNGEN: **~ im Spiel, Glück in der Liebe** (*prov*) unlucky at cards, lucky in love; **ein ~ kommt selten allein** (*prov*) it never rains but it pours *prov*

unglücklich I. *adj* ❶ (*betrübt*) unhappy; **ein ~es Gesicht machen** to make [*or* BRIT pull] an unhappy face; **sich ~ machen** to bring misfortune on oneself; **jdn ~ machen** to make sb unhappy
❷ (*ungünstig*) unfortunate; **ein ~er Zufall** an unfortunate incident; **eine ~e Liebe** unrequited love
❸ (*einen Unglücksfall verursachend, ungeschickt*) unfortunate, unlucky; **eine ~e Figur abgeben** (*fig*) to cut a sorry figure; **eine ~e Bewegung machen** to move awkwardly
II. *adv* ❶ (*ohne glücklichen Ausgang*) ungünstig, unfortunately; **~ verliebt sein** to be crossed in love
❷ (*ungeschickt*) unluckily, unfortunately

unglücklicherweise *adv* unfortunately

Unglücksbote, -botin *m, f* bearer of bad news **Unglücksbotschaft** *f* bad news + *sing vb*

unglückselig *adj* ❶ (*vom Unglück verfolgt*) unfortunate
❷ (*unglücklich [verlaufend]*) disastrous, unfortunate

Unglücksfall *m* ❶ (*Unfall*) accident ❷ (*unglückliche Begebenheit*) mishap **Unglücksrabe** *m* (*fam*) unlucky person **Unglücksreaktor** *m* reactor which caused a/the nuclear accident (*at Chernobyl*) **Unglückstag** *m* ❶ (*fam: unglücklich verlaufener Tag*) bad day ❷ (*Tag eines Unglücks*) day of the accident **Unglückszahl** *f* (*fam*) unlucky number

Ungnade *f* disgrace, disfavour [*or* AM -or]; **[bei jdm] in ~ fallen/sein** to be out of favour [with sb]; **sich** *dat* **jds ~ zuziehen** to fall out of favour with sb

ungnädig I. *adj* ❶ (*gereizt, unfreundlich*) ungracious, bad-tempered
❷ (*geh: verhängnisvoll*) fated; **ein ~es Schicksal** a cruel fate
II. *adv* bad temperedly, ungraciously; **jdn ~ ansehen** to look at sb with little enthusiasm

ungültig I. *adj* [null and] void, invalid; **~ sein** to stand void; **ein ~er Pass** an invalid passport; **ein ~es Tor** a disallowed goal; **ein ~er Sprung** a no-jump; **eine ~e Stimme** a spoiled ballot-paper
II. *adv* [null and] void; **etw ~ machen, etw für ~ erklären** to invalidate sth, to declare sth null and void; **eine Ehe für ~ erklären** to annul a marriage

Ungültigkeit *f* (*fehlende Gültigkeit*) invalidity; (*Nichtigkeit*) invalidity, voidness

Ungültigkeitserklärung *f* JUR annulment, invalidation, rescission; **~ eines Vermächtnisses** annulment of a legacy **Ungültigmachung** *f* JUR vitiation

Ungunst *f* ❶ (*geh: Unwillen*) disgrace; *Wetter* inclemency; **sich jds ~ zuziehen** to get into sb's bad books BRIT *fam,* to get on sb's bad side AM
❷ (*Nachteil*) **zu jds ~en** to sb's disadvantage

ungünstig *adj Augenblick, Zeit, Zeitpunkt* inopportune, inconvenient; *Wetter* inclement; **in einem ~en Licht** (*fig*) to appear in an unfavourable [*or* AM -or-] light *fig;* ***Sie kommen in einem ~en Augenblick*** you've come at a very inopportune moment; ■**[für jdn/etw] ~ sein** to be inconvenient [for sb]/unfavourable [for sth]; *s. a.* **Fall**

ungut *adj* bad; *Verhältnis* strained; **ein ~es Gefühl bei etw haben** to have an uneasy [*or* bad] feeling about sth
▶ WENDUNGEN: **nichts für ~!** no offence [*or* AM -se]!

unhaltbar *adj* ❶ (*haltlos*) untenable; **eine ~e Theorie** an untenable theory
❷ (*unerträglich*) intolerable; **eine ~e Situation** an intolerable situation; **~e Zustände** intolerable con-

ditions

❸ SPORT (*fam*) unstoppable; **ein ~er Ball** an unstoppable ball

unhandlich *adj* unwieldy

unharmonisch *adj* ❶ (*nicht harmonisch, in Einklang*) unharmonious

❷ (*in Farbe, Form o. ä. nicht zusammenstimmend*) unharmonious

Unheil *nt* (*geh*) disaster; **~ anrichten** (*fam*) to get up to mischief; **jdm droht ~** sth spells disaster for sb; **großes/viel ~ anrichten** to wreak havoc

unheilbar I. *adj* incurable

II. *adv* incurably; **~ krank sein** to be terminally ill

unheilvoll *adj* fateful, ominous; **eine ~ Botschaft** a fateful message; **ein ~er Blick** an ominous look

unheimlich I. *adj* ❶ (*Grauen erregend*) eerie, sinister; **eine ~e Begegnung** an eerie encounter; ■ **etw/jd ist jdm ~** sth/sb gives sb the creeps

❷ (*fam: unglaublich, sehr*) incredible; ***du hattest ~es Glück*** you're incredibly lucky

❸ (*fam: sehr groß, sehr viel*) terrific, terrible; **~en Hunger haben** to die of hunger *fig*; ***es hat ~en Spaß gemacht*** it was terrific fun

II. *adv* (*fam*) incredibly; **~ dick/groß sein** to be incredibly fat/tall

UN-Hilfsflug *m* UN relief flight

unhöflich *adj* impolite

Unhöflichkeit *f* ❶ *kein pl* (*unhöfliche Art*) impoliteness

❷ (*unhöfliche Bemerkung*) discourteous remark; (*unhöfliche Handlung*) rudeness

Unhold <-[e]s, -e> *m* fiend, monster

unhörbar *adj* inaudible; ■ **[für jdn] ~ sein** to be inaudible [to sb]

unhygienisch [-gie:nɪʃ] *adj* unhygienic

uni ['yni, y'ni:] *adj* plain; **ein ~ gefärbtes Hemd** a plain shirt

Uni[1] <-, -s> *f* (*fam*) *kurz für* **Universität** university, uni BRIT

Uni[2] <-s, -s> ['yni, y'ni:] *nt* MODE plain colour [*or* AM -or]

UNICEF <-> ['u:nitsɛf] *f kein pl Akr von* **United Nations International Children's Emergency Fund**: ■ **[die] ~** UNICEF

unidiomatisch *adj* unidiomatic

unifarben ['yni-, y'ni:-] *adj* plain

Uniform <-, -en> *f* uniform

uniformiert *adj* uniformed; ■ **~ sein** to be in uniform; **~e Polizisten** uniformed policemen

Uniformierte(r) *f(m) dekl wie adj* person in uniform

Unika *pl von* **Unikum**

Unikat <-[e]s, -e> *nt* ❶ (*geh: einzigartiges Exemplar*) unique specimen

❷ (*einzigartige Ausfertigung eines Schriftstücks*) unicum

Unikum <-s, -s *o* Unika> *nt* ❶ (*geh: einzigartiges Exemplar*) unique thing

❷ (*fam: merkwürdiger Mensch*) real character *fam*

unilateral I. *adj* POL unilateral

II. *adv* POL unilaterally; **einen Vertrag ~ kündigen** to revoke a contract

uninteressant *adj* ❶ ÖKON (*nicht interessant*) of no interest; ■ **[für jdn] ~ sein** to be of no interest [to sb]; **ein ~es Angebot** an offer that is of no interest

❷ (*nicht interessant*) uninteresting; **ein ~es Buch** an uninteresting [*or* boring] book

uninteressiert *adj* disinterested; **ein ~es Gesicht machen** to appear disinterested; ■ **[an etw *dat*] ~ sein** to not be interested [in sth]

Union <-, -en> *f* ❶ (*Bund*) union; **die Europäische ~** the European Union; **die Westeuropäische ~** the Western European Union

❷ *kein pl* POL (*fam: die CDU/CSU*) ■ **die ~** the CDU and CSU; **die Junge ~** the young CDU and CSU members

Unionsfraktion *f CDU and CSU parliamentary parties*

unisono *adv* ❶ MUS (*einstimmig*) in unison; **~ singen** to sing in unison

❷ (*geh: übereinstimmend*) unanimously

universal I. *adj* (*geh*) universal; **ein ~es Werkzeug** an all-purpose tool; **~es Wissen** broad knowledge

II. *adv* (*geh*) universally; ***das Gerät ist ~ verwendbar*** the appliance can be used for all purposes

Universalbank *f* ÖKON general bank **Universaldünger** *m* universal fertilizer **Universalerbe, -erbin** [-vɛr-] *m, f* sole heir *masc*, sole heiress *fem* **Universalgenie** *nt* allround genius

Universalienstreit *m* PHILOS universal dispute

Universalkleber *m* all-purpose glue **Universalmesser** *nt* general-purpose knife, slicing knife **Universalmittel** *nt* universal remedy **Universalprogramm** *nt* INFORM general programme [*or* AM -am] **Universalrechner** *m* INFORM general purpose computer **Universalreiniger** *m* general-purpose cleaner **Universalschnittstellenbus** *m* INFORM general purpose interface bus **Universalspender(in)** *m(f)* MED universal donor **Universalsukzession** *f* JUR universal succession **Universalwerkzeug** *nt* all-purpose tool

universell [-vɛr-] *adj s.* **universal**

universitär *adj* university *attr*

Universität <-, -en> [-vɛr-] *f* university; **die ~ München** the University of Munich; **an der ~ studieren** to study at university; **die ~ besuchen** to attend university; **auf die ~ gehen** (*fam*) to go to university

Universitätsangestellte(r) *(f)m* university employee **Universitätsbibliothek** *f* university library **Universitätsbuchhandlung** *f* university bookshop [*or* AM bookstore] **Universitätsinstitut** *nt* university institute **Universitätskarriere** *f* university career **Universitätsklinik** *f* university hospital [*or* clinic] **Universitätslaufbahn** *f* university career **Universitätsprofessor, -professorin** *m, f* university professor **Universitätsstadt** *f* university town [*or* city] **Universitätsstudium** *nt* course of study at university; **mit/ohne ~** with/without a university education

Universum <-s, *selten* -sen> [-'vɛr-] *nt* universe; ■ **das ~** the universe

unkameradschaftlich I. *adj* unfriendly; **~es Verhalten** unfriendly behaviour [*or* AM -or]

II. *adv* in an unfriendly way

Unke <-, -n> *f* ❶ (*Kröte*) toad

❷ (*fam: Schwarzseher*) prophet of doom, Jeremiah

unken *vi* (*fam*) to prophesy doom

unkenntlich *adj* unrecognizable, indecipherable; **eine ~e Eintragung** an indecipherable entry; **etw ~ machen** to make sth unrecognizable; **sich [mit etw] ~ machen** to disguise oneself [with sth]

Unkenntlichkeit <-> *f* unrecognizable state, indecipherability; **bis zur ~** beyond recognition

Unkenntnis *f kein pl* ignorance; **in ~ über etw *akk* sein** to be ignorant of sth; **jdn in ~ über etw *akk* lassen** not to keep sb informed about sth, to keep sb in the dark about sth *fam*; **aus ~** out of ignorance; ***~ des Gesetzes schützt vor Strafe nicht*** ignorance of the law is no excuse for a crime; **fahrlässige/schuldhafte ~** negligent/culpable ignorance; **sich *akk* auf ~ [des Gesetzes] berufen** to plead ignorance [of the law]

► WENDUNGEN: **~ schützt vor Strafe nicht** (*prov*) ignorance of the law is no excuse

Unkenruf *m* ❶ (*fam: pessimistische Äußerung*) prophecy of doom

❷ ZOOL croak

unklar I. *adj* ❶ (*unverständlich*) unclear

❷ (*ungeklärt*) unclear; **eine ~e Situation** an unclear situation; ■ **~ sein, warum/was/wie/ob ...** to be unclear [as to] why/what/how/whether ...; **[sich *dat*] im ~en [über etw *akk*] sein** to be uncertain [about sth]; **jdn [über etw *akk*] im U~en lassen/halten** to leave/keep sb in the dark [about sth]

❸ (*verschwommen*) indistinct; *Wetter* hazy; **~e Umrisse** blurred outlines; **~e Erinnerungen** vague memories

II. *adv* ❶ (*verschwommen*) **nur ~ zu erkennen sein** to be difficult to make out

❷ (*unverständlich*) unclearly; **sich ~ ausdrücken** to express oneself unclearly

Unklarheit <-, -en> *f* ❶ *kein pl* (*Ungewissheit*) uncertainty

❷ (*ungeklärter Tatbestand*) unclarified point

Unklarheitenregel *f* JUR rule concerning uncertainty

unklug *adj* imprudent, unwise; **ein ~er Entschluss** an unwise decision

unkollegial I. *adj unaccommodating towards one's colleagues*

II. *adv in an unaccommodating way towards one's colleagues*

unkompliziert *adj* straightforward, simple, uncomplicated; **ein ~er Vorgang** a straightforward process; **ein ~er Fall** a simple case; **ein ~es Gerät** a straightforward appliance; **ein ~er Mensch** an uncomplicated [*or* straightforward] person

unkontrollierbar *adj* uncontrollable

unkontrolliert I. *adj* (*keiner Kontrolle unterliegend*) unsupervised; **das ~e Betreten des Labors** unsupervised entry to the laboratory; (*ohne kontrolliert zu werden*) unchecked; (*ungehemmt*) uncontrolled; **ein ~er Wutanfall** an uncontrolled fit of anger

II. *adv* without being checked

unkonventionell [-vɛn-] *adj* (*geh*) unconventional

UN-Konvoi *m* UN convoy

unkonzentriert *adj* unconcentrated

Unkosten *pl* [additional] expense, costs *npl*; **[mit etw] ~ haben** to incur expense [with sth]; **sich *akk* in ~ stürzen** (*fam*) to go to a lot of expense; **abzüglich der ~** less charges; ***die Einnahmen decken nicht einmal die ~*** the takings don't even cover the costs

Unkostenbeitrag *m* contribution towards expenses [*or* costs] **Unkostendeckung** *f* JUR reimbursement of expenses **Unkosteneinsparung** *f* FIN cost economies *pl* **Unkostenrechnung** *f* FIN expense invoice **Unkostenverteilung** *f* ÖKON allocation of expenses

Unkraut *nt* weed

► WENDUNGEN: **~ vergeht nicht** (*prov*) it will take more than that to finish me/him etc. off

Unkrautbekämpfung *f* weed control **Unkrautbekämpfungsmittel** *nt*, **Unkrautvertilgungsmittel** *nt*, **Unkrautvernichter** <-s, -> *m* herbicide, weed killer *fam*

unkritisch *adj* uncritical

unkultiviert [-vi:-] I. *adj* (*pej*) uncultured

II. *adv* (*pej*) in an uncultured manner; **sich ~ benehmen** to behave badly

Unkultur *f* (*pej: Mangel an kultivierten Umgangsformen*) lack of culture, plebianism, philistinism

unkündbar *adj Stellung* not subject to notice; *Vertrag* not subject to termination, binding

Unkündbarkeit <-> *f kein pl* irredeemability

unkundig *adj* (*geh*) ignorant; **der ~e Leser** the uninformed reader; ■ **einer S. *gen* ~ sein** to have no knowledge of a thing

unlängst *adv* (*geh*) recently

unlauter *adj* JUR dishonest; **~e Absichten** dishonourable [*or* AM -or-] intentions; **~er Wettbewerb** unfair competition

Unlauterkeitsrecht *nt* HANDEL law on unfair competition

unleidlich *adj* ❶ (*schlecht gelaunt*) bad-tempered

❷ (*unerträglich*) intolerable; **ein ~er Zustand** an intolerable situation

unleserlich *adj* illegible

unleugbar *adj* undeniable, indisputable; **eine ~e Tatsache** an indisputable fact

unlieb *adj* ■ **jdm nicht ~ sein** to be rather glad of sth

unliebsam I. *adj* unpleasant

II. *adv* **~ auffallen** to make a bad impression

unlini(i)ert *adj Papier* unruled, unlined

unlogisch *adj* illogical

unlösbar, unlöslich *adj* ❶ (*nicht zu lösen*) insol-

uble; **ein ~es Problem** an unsolvable problem; **ein ~er Widerspruch** an irreconcilable contradiction
❷ CHEM insoluble

Unlust *f kein pl* reluctance, lack of enthusiasm; **~ verspüren** to feel a lack of enthusiasm; **etw mit ~ tun** to do sth with reluctance

unmanierlich *adj* (*veraltend*) unmannerly

unmännlich *adj* unmanly

Unmaß <-es> *nt kein pl* (*selten*) excessiveness; **ein ~ an Arbeit** an excess of work

Unmasse *f* (*fam*) *s.* **Unmenge**

unmaßgeblich *adj* inconsequential; **nach meiner ~en Meinung** in my humble opinion *hum*

unmäßig I. *adj* excessive, immoderate; **~er Alkoholgenuss** excessive consumption of alcohol; **~ in seinen Forderungen sein** to make excessive demands
II. *adv* excessively, immoderately; **~ essen/trinken** to eat/drink to excess [*or* far too much]

Unmäßigkeit *f* excessiveness, immoderation; **jds ~ im Rauchen** sb's excessive smoking

Unmenge *f* enormous amount [*or* number]; ▪**eine ~/~n an etw** *akk*/**von etw** *dat* an enormous amount/enormous amounts of sth; **eine ~ an Post** an enormous amount of post [*or* AM mail]

Unmensch *m* (*übler Mensch*) monster, brute; [**doch** [*o* **ja**] [*o* **schließlich**]] **kein ~ sein** (*fam*) not to be a monster [*or* ogre]; ***sei kein ~!*** don't be a brute!

unmenschlich *adj* ❶ (*grausam*) inhuman[e], brutal; **ein ~er Diktator** a brutal [*or* inhuman] dictator; **~e Grausamkeit** inhuman cruelty
❷ (*inhuman*) appalling; **~e Bedingungen** appalling conditions
❸ (*fam: mörderisch, unerträglich*) tremendous, terrible; **~e Hitze** tremendous heat

Unmenschlichkeit *f* ❶ *kein pl* (*unmenschliche Art*) inhumanity
❷ (*unmenschliche Tat*) inhuman act

unmerklich *adj* imperceptible

unmethodisch *adj* unmethodical

unmissverständlichRR, **unmißverständlich** I. *adj* unequivocal, unambiguous; **eine ~e Antwort** a blunt answer
II. *adv* unequivocally

unmittelbar I. *adj* ❶ *a.* JUR (*direkt*) direct
❷ (*räumlich/zeitlich nicht getrennt*) immediate; **in ~er Nähe des Bahnhofs** in the immediate vicinity of the station; **ein ~er Nachbar** a next-door neighbour [*or* AM -or]
II. *adv* ❶ (*sofort*) immediately
❷ (*ohne Umweg*) directly, straight
❸ (*direkt*) imminently; **etw ~ erleben** to experience sth at first hand

unmöbliert *adj* unfurnished

unmodern I. *adj* old-fashioned; ▪**~ sein/werden** to be unfashionable/go out of fashion
II. *adv* in an old-fashioned way; **sich ~ kleiden** to wear old-fashioned clothes

unmöglich I. *adj* ❶ (*nicht machbar*) impossible; **~e Bedingungen** impossible conditions; **ein ~es Vorhaben** an unfeasible plan; **es jdm etw ~ machen** to make sth impossible for sb; **jdm ~ machen, etw zu tun** to make it impossible for sb to do sth; **jdn/sich** [**bei jdm/irgendwo**] **~ machen** to make a fool of sb/oneself [in front of sb/somewhere]; ▪**etwas/nichts U~es** something/nothing that's impossible; **das U~e möglich machen** to make the impossible happen
❷ (*pej fam: nicht tragbar/lächerlich*) ridiculous, impossible *pej*; ***sie hatte einen ~en Hut auf*** she was wearing a ridiculous hat; (*seltsam*) incredible; ***du hast manchmal die ~sten Ideen!*** sometimes you have the most incredible ideas!
II. *adv* (*fam*) not possibly; ***das geht ~*** that's out of the question

Unmöglichkeit <-> *f kein pl a.* JUR impossibility; **~ der Erfüllung** impossibility of performance; **nachträgliche/rechtliche ~** supervening/legal impossibility; **objektive/subjektive ~** absolute/relative impossibility; **teilweise ~** partial impossibility; **~ der Leistung einwenden** to put in a plea of impossibility; *s. a.* **Ding**

Unmoral *f* immorality

unmoralisch *adj* immoral

unmotiviert [-vi:-] I. *adj* unmotivated; **ein ~er Wutausbruch** an unprovoked outburst [*or* fit] of anger
II. *adv* without motivation; **~ loslachen** to start laughing for no reason

unmündig *adj* ❶ (*noch nicht volljährig*) underage; **~e Jugendliche** young people who are underage; **sie hat vier ~e Kinder** she has four underage children; **jdn für ~ erklären** to declare sb to be a minor [*or* underage]
❷ (*geistig unselbstständig*) dependent

Unmündigkeit <-> *f* sheepishness

unmusikalisch *adj* unmusical

Unmut *m* (*geh*) displeasure, annoyance; **seinem ~ freien Lauf lassen** to give vent to one's displeasure; **sich jds ~ zuziehen** to be in sb's bad books BRIT *fam*, to be on sb's bad side AM

unmutig *adj* (*geh*) annoyed, irritated

unnachahmlich *adj* inimitable

unnachgiebig I. *adj* intransigent, inflexible
II. *adv* in an intransigent way; **sich ~ zeigen** to show oneself to be intransigent

Unnachgiebigkeit *f* intransigence, inflexibility

unnachsichtig I. *adj* strict, severe; **eine ziemlich ~e Chefin** a fairly strict boss; **ein ~er Kritiker** a severe critic
II. *adv* mercilessly; **jdn ~ bestrafen** to punish sb unmercifully

Unnachsichtigkeit *f* strictness, severity

unnahbar *adj* unapproachable

unnatürlich *adj* ❶ (*nicht natürlich*) unnatural; **ein ~er Tod** an unnatural death; ▪**~ sein, etw zu tun** to be unnatural to do sth; (*abnorm*) abnormal; **eine ~e Länge** an abnormal length
❷ (*gekünstelt*) artificial; **ein ~es Lachen** a forced laugh

Unnatürlichkeit *f* unnaturalness

unnormal *adj* ❶ (*geistig nicht normal*) abnormal
❷ (*entgegen der Norm, ungewöhnlich*) abnormal; **~es Wetter** abnormal weather

unnötig *adj* unnecessary, needless

unnötigerweise *adv* unnecessarily, needlessly

unnütz I. *adj* useless, pointless
II. *adv* needlessly

UNO <-> *f kein pl Akr von* **United Nations Organization**: ▪**die ~** the UN

UNO-Friedenstruppen *pl* UN peacekeeping forces *npl*

unordentlich I. *adj* ❶ (*nachlässig*) untidy, disorderly
❷ (*nicht aufgeräumt*) untidy; **ein ~es Zimmer** an untidy room
II. *adv* untidily; **~ arbeiten** to work carelessly; **sich ~ kleiden** to dress carelessly

Unordentlichkeit *f* untidiness

Unordnung *f kein pl* disorder, mess; **etw in ~ bringen** to get sth in a mess [*or* muddle]; **in ~ geraten** to get into a mess; **~ machen** to make a mess

unorthodox *adj* (*geh*) unorthodox

Unpaarhufer <-s, -> *m* ZOOL odd-toed ungulate, perissodactyl

unparteiisch *adj* impartial

Unparteiische(r) *f(m) dekl wie adj* ❶ (*neutrale Person*) ▪**ein ~r/eine ~** an impartial [*or* neutral] person
❷ (*fam: Schiedsrichter*) ▪**der/die ~** the referee

Unparteilichkeit *f* impartiality

unpassend *adj* ❶ (*unangebracht*) inappropriate; **eine ~e Bemerkung** an inappropriate remark; **~e Kleidung** unsuitable clothing
❷ (*ungelegen*) inconvenient, inopportune; **ein ~er Augenblick** an inopportune moment

unpassierbar *adj* impassable

unpässlichRR *adj*, **unpäßlich** *adj* (*geh*) indisposed *form*; **sich ~ fühlen** to feel unwell; **~ sein** to be indisposed

UnpässlichkeitRR <-, *selten* -en> *f* indisposition *form*

unpersönlich *adj* ❶ (*distanziert*) *Mensch* distant, aloof; *Gespräch, Art* impersonal
❷ LING impersonal

unpfändbar *adj* JUR unseizable, non-leviable, exempt from seizure *pred*; **~e Bezüge** earnings exempt from garnishment; **~e Forderung** ungarnishable third-party debts; **~e Sache** non-attachable item

Unpfändbarkeit *f* JUR immunity [*or* exemption] from seizure

unplugged [ʌn'plʌgd] *adj* unplugged

unpolitisch *adj* unpolitical

unpopulär *adj* unpopular

unpraktisch *adj* ❶ (*nicht handwerklich veranlagt*) unpractical
❷ (*nicht praxisgerecht*) impractical; **ein ~es Gerät** an impractical appliance; ▪**~ sein, etw zu tun** to be impractical to do sth

unproblematisch I. *adj* unproblematic
II. *adv* without problem

unproduktiv *adj* ❶ ÖKON (*keine Werte schaffend*) unproductive
❷ (*nichts erbringend, unergiebig*) unproductive

unprofessionell *adj* unprofessional; (*unpassend*) unsuitable

Unprofor-Einheit *f* POL UNPROFOR unit

unpünktlich I. *adj* (*generell nicht pünktlich*) unpunctual; (*verspätet*) late; **eine ~e Zahlung** a late payment
II. *adv* late

Unpünktlichkeit *f* ❶ (*unpünktliche Art*) unpunctuality; ***ich hasse deine ~*** I hate you always being late
❷ (*verspätetes Eintreffen*) late arrival

unqualifiziert I. *adj* ❶ (*keine Qualifikation besitzend*) unqualified; ▪**~** [**für etw**] **sein** to be unqualified [for sth]; **~e Arbeit** unskilled work
❷ (*pej: inkompetent*) incompetent; **eine ~e Bemerkung** an inept remark
II. *adv* incompetently

unrasiert *adj* unshaven

Unrast <-> *f kein pl* (*geh*) restlessness; **von ~ getrieben sein** to be driven by restlessness

Unrat <-[e]s> *m kein pl* (*geh*) refuse; **~ wittern** (*fig*) to smell a rat

unrationell *adj* inefficient

unrealistisch I. *adj* unrealistic; ▪**etwas U~es** something unrealistic
II. *adv* unrealistically

unrecht *adj* ❶ (*geh: nicht rechtmäßig*) wrong; ▪**~ sein , etw zu tun** to be wrong to do sth; **jdm ~ tun** to do sb wrong [*or* an injustice]; **~ daran tun** to make a mistake; (*falsch*) wrong; **zur ~en Zeit** at the wrong time
❷ (*nicht angenehm*) ▪**jdm ~ sein** to disturb sb; ***es ist mir nicht ~, dass sie heute nicht kommt*** I don't really mind if she doesn't come today

Unrecht *nt kein pl* ❶ (*unrechte Handlung*) wrong, injustice; **ein großes ~** a great injustice; **ein ~ begehen** to commit a wrong; **jdm ein ~ antun** to do sb an injustice
❷ (*dem Recht entgegengesetztes Prinzip*) **jdm ~ geben** to contradict sb; **~ haben** to be wrong; **nicht ~ haben** not to be so wrong; **im ~ sein** to be [in the] wrong; **jdn/sich** [**durch etw**] **ins ~ setzen** to put sb/oneself in the wrong [as a result of sth]; **zu ~** wrongly; **~ bekommen** to be shown to be in the wrong; JUR to lose a case; **jdm ~ geben** to disagree with sb; **nicht zu ~** not without good reason

unrechtmäßig *adj* illegal; **der ~e Besitzer** the unlawful owner

UnrechtsbewusstseinRR *nt kein pl* awareness of wrongdoing; JUR guilty knowledge **Unrechtsvereinbarung** *f* JUR wrongful agreement [*or* sentence]

unredlich *adj* dishonest

Unredlichkeit *f* JUR dishonesty

unreell *adj* unfair

unregelmäßig *adj* irregular; *s. a.* **Abstand**

Unregelmäßigkeit <-, -en> *f* irregularity

Unregierbarkeit <-> *f kein pl* ungovernableness

unreif I. *adj* ❶ AGR, HORT (*noch nicht reif*) unripe
❷ (*noch nicht gereift*) immature; **~e Schüler** immature pupils
II. *adv* AGR, HORT (*in nicht reifem Zustand*) unripe

unrein *adj* impure; *Haut* bad; *Teint* poor; *Wasser* foul; **~e Gedanken** (*fig*) impure thoughts; **~e Haut** blemished skin; **~er Kai-Empfangsschein** HANDEL foul dock receipt; **ein ~er Ton** poor sound quality; **ins U~e sprechen** (*hum fam*) to talk off the top of one's head; **etw ins U~e schreiben** to write out sth in rough

unrentabel *adj* unprofitable

unrettbar *adv s.* **rettungslos**

unrichtig *adj* incorrect, inaccurate

Unrichtigkeit *f* JUR inaccuracy, incorrectness; **offenbare ~** obvious mistake

Unruh <-, -en> *f* TECH balance spring

Unruhe *f* ❶ (*Ruhelosigkeit*) restlessness *no pl;* **in** [*o* **voller**] **~ [wegen etw] sein** to be anxious [about sth]; **eine innere ~** inner disquiet; (*fehlende Ruhe*) restlessness; **die ~ der Großstadt** the restlessness of the city; (*Lärm*) noise
❷ (*ständige Bewegung*) agitation
❸ (*erregte Stimmung*) agitation *no pl;* **~ stiften** to cause trouble, disquiet *no pl;* (*hektische Betriebsamkeit*) hustle and bustle *no pl*
❹ (*Aufstand*) ■**~n** *pl* riots *pl;* **politische ~n** political unrest

Unruhestifter(in) <-s, -> *m(f)* (*pej*) troublemaker *pej*

unruhig I. *adj* ❶ (*ständig gestört*) restless; *Zeit* troubled; **eine ~e Nacht** a restless night; (*ungleichmäßig*) uneven; **ein ~er Herzschlag** an irregular heartbeat
❷ (*laut*) noisy
❸ (*ruhelos*) agitated; *Leben* eventful, busy; **~e Bewegungen** agitated movements; **ein ~er Geist** a restless spirit; **ein ~er Schlaf** fitful sleep
II. *adv* ❶ (*ruhelos*) anxiously, agitatedly
❷ (*unter ständigen Störungen*) restlessly; **~ schlafen** to sleep fitfully, to have a restless night

unrühmlich *adj* ignominious

uns I. *pron pers* ❶ *dat von* **wir** [to/for] us; ■**bei ~** at our house [*or* place]; ***er hat den Tag mit ~ verbracht*** he spent the day with us; ■**von ~** from us
❷ *akk von* **wir** us
II. *pron refl* ❶ *akk, dat von* **wir** ourselves; ***wir haben ~ die Entscheidung nicht leicht gemacht*** we've made the decision difficult for ourselves
❷ (*einander*) each other; ***wir sollten ~ immer gegenseitig helfen*** we always ought to help each other; *s. a.* **unter**

unsachgemäß I. *adj* improper; **der ~e Umgang [mit etw]** the improper use [of sth]
II. *adv* improperly

unsachlich *adj* unobjective

Unsachlichkeit <-, -en> *f* ❶ *kein pl* (*mangelnde Objektivität*) lack of objectivity, unobjectiveness
❷ (*unsachliche Bemerkung*) irrelevance

unsagbar *adj,* **unsäglich** *adj* (*geh*) ❶ (*unbeschreiblich, sehr groß/stark*) indescribable
❷ (*übel, albern*) awful

unsanft I. *adj* rough; **ein ~er Stoß** a hard push; **ein ~es Erwachen** a rude awakening
II. *adv* roughly; **~ geweckt werden** to be rudely awoken; **jdn ~ zurechtweisen** to reprimand sb curtly

unsauber I. *adj* ❶ (*schmutzig*) dirty; **~e Hände** dirty hands; **~e Geschäfte** (*fig*) shady deals; (*nicht reinlich*) dirty; **ein ~er Mensch** a dirty person
❷ (*unordentlich, nachlässig*) careless, untidy; (*unpräzise*) unclear; **eine ~e Definition** a woolly definition
II. *adv* carelessly, untidily; **etw ~ zeichnen** to draw sth carelessly; **~ singen** to sing unclearly

unschädlich *adj* harmless; **etw ~ machen** to render sth harmless; **jdn ~ machen** (*euph fam*) to eliminate sb, to take care of sb *sl*

Unschädlichkeitszeugnis *nt* JUR clearance certificate

unscharf I. *adj* ❶ (*keine klar umrissenen Konturen aufweisend*) blurred, fuzzy; **ein ~es Foto** a blurred photo
❷ (*nicht scharf*) out of focus; **eine ~e Brille** glasses that are out of focus
❸ (*nicht präzise*) imprecise, woolly
II. *adv* ❶ (*nicht präzise*) out of focus
❷ (*nicht exakt*) imprecisely, unclearly; **~ formuliert** not clearly formulated

Unschärfe *f* blurredness, fuzziness

Unschärferelation *f* PHYS uncertainty [*or* indeterminacy] principle; **die heisenbergsche ~** the Heisenberg uncertainty principle

unschätzbar *adj* inestimable; **etw ist von ~em Wert** sth is priceless

unscheinbar *adj* inconspicuous, nondescript; **eine ~e Person** an inconspicuous person

unschicklich *adj* (*geh*) improper

unschlagbar *adj* unbeatable; ■**[in etw** *dat*] **~ sein** (*fam*) to be unbeatable [at sth]

unschlüssig *adj* ❶ (*unentschlossen*) indecisive; **eine ~e Miene** an indecisive expression; ■**sich** *dat* **~ [über etw** *akk*] **sein** to be undecided [about sth]; ■**sich** *dat* **~ sein, was man tun soll** to be undecided what to do
❷ (*selten: nicht schlüssig*) undecided; ***die Argumentation ist in sich ~*** the argumentation is itself tenative

Unschlüssigkeit *f* indecision

unschön *adj* ❶ (*unerfreulich*) unpleasant; **eine ~e Szene** an ugly scene; ■**~ von jdm sein [, etw zu tun]** to be unkind of sb [to do sth]
❷ (*nicht zusagend, hässlich*) *Farbe* unsightly; *Musik* unattractive; *Wetter* unpleasant; **~ aussehen/klingen** to look/sound unpleasant

Unschuld *f* ❶ (*Schuldlosigkeit*) innocence
❷ (*Reinheit*) purity; (*Naivität*) innocence; **in aller ~** in all innocence; **~ vom Lande** (*hum fam*) an innocent young girl
❸ (*veraltend: Jungfräulichkeit*) virginity; **jdm die ~ rauben** to rob sb of their virginity; **die ~ verlieren** to lose one's virginity

unschuldig I. *adj* ❶ (*nicht schuldig*) innocent; **~ verurteilt sein** to be found innocent; ■**an etw** *dat* **~ sein** not to be responsible [*or* without blame] for sth
❷ (*arglos*) innocent; **ein ~es Gesicht haben** [*o* **machen**] to have an innocent [*or* angelic] face; **~ tun** (*fam*) to act the innocent
II. *adv* ❶ JUR dispite sb's/one's innocence
❷ (*arglos*) innocently; **jdn ~ anschauen** to look at sb innocently

Unschuldige(r) *f(m) dekl wie adj* innocent person

Unschuldsbeteuerung *f meist pl* protestation of innocence **Unschuldsengel** *m* (*iron*), **Unschuldslamm** *nt* (*iron*) little innocent *iron;* **kein ~ sein** to be no angel **Unschuldsmiene** *f kein pl* innocent expression [*or* face]; **mit ~** with an air of innocence **Unschuldsvermutung** *f* JUR presumption of innocence

unschwer *adv* easily; **~ zu sehen sein** to be easy to see

unselbständig *adj* (*von anderen abhängig*) dependent on others; (*angestellt*) employed; **~e Arbeit** paid employment

Unselbständigkeit *f* lack of independence, dependence

unselbstständigRR *adj* (*von anderen abhängig*) dependent on others; (*angestellt*) employed; **~e Arbeit** paid employment

UnselbstständigkeitRR *f* lack of independence, dependence

unselig *adj* (*geh*) ❶ (*beklagenswert*) **ein ~es Schicksal** a cruel fate
❷ (*verhängnisvoll*) ill-fated; **ein ~er Plan** an ill-fated plan

unser I. *pron poss* ❶ (*das uns gehörende*) our; ***auf ~em Schulweg liegt ein Bäcker*** there's a bakery on our way to school
❷ (*uns betreffend*) **~er Meinung nach** in our opinion
II. *pron pers gen von* **wir** (*geh*) of us; ***in ~ aller Interesse*** in all our interests

uns(e)re(r, s) *pron poss, substantivisch* (*geh*) ours; ■**der/die/das unsere** ours; ■**das Unsere** what is ours; **wir tun das Unsere** we're doing our part

unsereiner *pron indef,* **unsereins** *pron indef* (*fam*) ❶ (*jemand, wie wir*) the likes of us
❷ (*ich*) people like me

unser(er)seits *adv* (*von uns*) on our part; ***~ bestehen keinerlei Bedenken*** there are no misgivings whatsoever on our part; *s. a.* **ganz**

uns(e)resgleichen *pron indef, inv* people like us

unseretwegen *adv s.* **unsertwegen**

unseretwillen *adv s.* **unsertwillen**

uns(e)rige(r, s) *pron poss* ❶ (*veraltend*) ■**der/die/das ~** *s. a.* **unsere**
❷ (*geh: unsere Familie*) ■**die U~n** our family

unseriös *adj Firma, Geschäftsmann* untrustworthy, shady; *Angebot* dubious

unsertwegen *adv* ❶ (*wegen uns*) because of us, on our account
❷ (*von uns aus*) as far as we are concerned; ***~ kannst du das Auto gerne leihen*** as far as we are concerned you're welcome to borrow the car

unsertwillen *adv* **um ~** for our sake

unsicher I. *adj* ❶ (*gefährlich*) unsafe, dangerous; **ein ~er Reaktor** an unsafe reactor; **eine ~e Gegend** a dangerous area; **die Kneipen ~ machen** (*fam o hum*) to live it up in the pubs [*or* AM bars]; **die Stadt ~ machen** (*fam o hum*) to paint the town red
❷ (*gefährdet*) insecure, at risk *pred;* **ein ~er Arbeitsplatz** an insecure job
❸ (*nicht selbstsicher*) unsure, uncertain; **ein ~er Blick** an uncertain [*or* hesitant] look; **jdn ~ machen** to make sb uncertain, to put sb off
❹ (*unerfahren, ungeübt*) **sich ~ fühlen** to feel unsure of oneself; **noch ~ sein** to still be uncertain
❺ (*schwankend*) unsteady; *Hand* shaky; **ein ~er Gang** an unsteady gait; **auf ~en Beinen** on unsteady legs
❻ (*ungewiss*) uncertain; **eine ~e Zukunft** an uncertain future; **ein ~er Ausgang** an uncertain outcome
❼ (*nicht verlässlich*) unreliable; **eine ~e Methode** an unreliable method; ***das ist mir zu ~*** that's too dodgy for my liking *fam*
II. *adv* ❶ (*schwankend*) unsteadily
❷ (*nicht selbstsicher*) **~ fahren** to drive with little confidence

Unsicherheit *f* ❶ *kein pl* (*mangelnde Selbstsicherheit*) lack of assurance, insecurity
❷ *kein pl* (*mangelnde Verlässlichkeit*) unreliability, uncertainty
❸ *kein pl* (*Ungewissheit*) uncertainty
❹ (*Gefährlichkeit*) dangers *pl*
❺ *meist pl* (*Unwägbarkeit*) uncertainty

Unsicherheitsfaktor *m* uncertainty factor

unsichtbar *adj* invisible; **für das menschliche Auge ~ sein** to be invisible to the human eye; **sich ~ machen** (*hum fam*) to make oneself invisible; **~e Transaktionen** HANDEL invisible transactions

Unsichtbarkeit *f* invisibility

Unsinn *m kein pl* nonsense, rubbish; ***lass den ~!*** stop fooling around! [*or* about], stop messing about! [*or* around]; **~ machen** to mess about, to get up to mischief; ***mach kein ~!*** don't do anything stupid!; **~ reden** (*fam*) to talk nonsense [*or* rubbish] [*or* AM trash]; **so** [*o* **was für**] **ein ~!** (*fam*) what nonsense! [*or* rubbish!]; **~!** (*fam*) nonsense!, rubbish!

unsinnig I. *adj* ❶ (*absurd*) absurd, ridiculous; **ein ~er Plan** a ridiculous plan; ■**~ sein, etw zu tun** to be ridiculous to do sth
❷ (*fam: sehr stark*) terrible *fam;* **~en Hunger haben** to be terribly hungry, to be dying of hunger *fam*
II. *adv* (*fam: unerhört*) terribly; **~ hohe Preise** ridiculously high prices

Unsitte *f* (*fig*) bad habit; **eine ~ [von jdm] sein, etw zu tun** to be a bad habit [of sb's] to do sth

unsittlich I. *adj* ❶ (*unmoralisch*) indecent; **ein**

~er Antrag an indecent proposal
② JUR immoral, indecent
II. *adv* indecently; **jdn ~ berühren** to indecently assault sb

unsolide *adj* dissolute, loose; *Arbeit* shoddy; *Bildung* superficial; *Möbel* flimsy; **ein ~s Leben** a dissolute life

unsortiert *adj* unsorted

unsozial *adj* anti-social; **eine ~e Gesetzgebung** anti-social legislation; **~es Verhalten** anti-social behaviour [*or* AM -or]; *Arbeitszeit* unsocial

unspektakulär *adj* unspectacular

unsportlich *adj* ① (*nicht sportlich*) unathletic
② (*nicht fair*) unsporting

Unsportlichkeit *f* lack of sporting prowess, lack of sportsmanship

unsre *pron s.* **unser**

unsrerseits *adv s.* **unsererseits**

unsresgleichen *pron indef s.* **unseresgleichen**

unsretwegen *adv s.* **unsertwegen**

unsretwillen *adv s.* **unsertwillen**

unsrige(r, s) *pron s.* **unserige(r, s)**

unstatthaft *adj* (*geh*) inadmissible *form,* not allowed; ■ **~ sein, etw zu tun** not to be allowed to do sth

unsterblich I. *adj* ① (*ewig lebend*) immortal; **die ~e Seele** the immortal soul; **jdn ~ machen** to immortalize sb
② (*unvergänglich*) undying; **eine ~e Liebe** an undying love; **der ~e Goethe** the immortal Goethe
II. *adv* (*fam: über alle Maßen*) incredibly; **sich ~ blamieren** to make a complete fool of oneself; **sich ~ verlieben** to fall madly in love

Unsterblichkeit *f* immortality

unstet *adj* ① (*unbeständig*) unstable
② (*rastlos*) restless; *Leben* unsettled

unstillbar *adj* (*geh*) *Wissensdurst* unquenchable; *Sehnsucht, Verlangen* insatiable

Unstimmigkeit <-, -en> *f* ① *meist pl* (*Meinungsverschiedenheit/Differenz*) differences *pl*
② (*Ungenauigkeit*) discrepancy, inconsistency

unstreitig I. *adv* indisputable; **eine ~e Tatsache** an indisputable fact
II. *adv* indisputably; **~ feststehen** to be indisputable

Unsummen *pl* vast sums *pl* [of money]; **etw verschlingt ~** sth consumes vast sums of money

unsymmetrisch *adj* asymmetric

Unsympath(in) <-en, -en> *m(f)* (*selten*) disagreeable person

unsympathisch *adj* ① (*nicht sympathisch*) unpleasant, disagreeable; **ein ~er Mensch** a disagreeable person; ■ **jd ist ~** sb finds sb disagreeable
② (*nicht gefallend*) unpleasant; **ein ~er Gedanke** an unpleasant thought; ■ **jdm ~ sein** to be disagreeable to sb

unsystematisch *adj* unsystematic

untad(e)lig I. *adj* (*geh*) impeccable; **ein ~es Verhalten** irreproachable behaviour [*or* AM -or]
II. *adv* impeccably; **~ gekleidet sein** to be impeccably dressed

Untat *f* atrocity

untätig I. *adj* (*müßig*) idle; ■ **nicht ~ sein** to be busy; **~ bleiben** to do nothing; **nicht ~ bleiben** to not be idle
II. *adv* idly; **~ zusehen** to stand idly by

Untätigkeit *f kein pl* inaction, inactivity; (*Müßiggang*) idleness; **~ der Unternehmensführung** management inertia

Untätigkeitsbeschwerde *f* complaint about inaction **Untätigkeitseinspruch** *m* opposition on the grounds of inaction **Untätigkeitsklage** *f* JUR *court action on the grounds of administrative inaction*

untauglich *adj* ① (*ungeeignet*) unsuitable
② MIL (*nicht tauglich*) unfit

Untauglichkeit *f kein pl* unsuitability

unteilbar *adj* indivisible

Unteilbarkeit <-> *f kein pl* indivisibility

unten *adv* ① (*an einer tieferen Stelle*) down; **dort ~** (*fam*) down there; **hier ~** down here; **weiter ~** further down; **nach ~ zu** further down; **von ~** from down below; **von ~ [her]** from the bottom up[wards]; **bis ~ [an etw** *akk*] down [to sth]; **~ an etw** *dat*/**in etw** *dat* at/in the bottom of sth; ***das Buch steht weiter ~ im Bücherschrank*** the book is lower down in the bookcase; **~ in etw** *akk* down [below] in sth; ***ich habe die Bücher ~ ins Regal gelegt*** I've put the books down below on the shelf; **~ links/rechts** [at the] bottom left/right
② (*Unterseite*) bottom
③ (*in einem tieferen Stockwerk*) down below, downstairs; **nach ~** downstairs; ***der Aufzug fährt nach ~*** the lift is going down; **nach ~ gehen** to go downstairs; **~ in etw** *dat* down in sth
④ (*in sozial niedriger Position*) bottom; **ganz ~** (*fam*) right at the bottom; ***sie hat sich von ganz ~ hochgearbeitet*** she has worked her way up right from the bottom
⑤ (*hinten im Text*) bottom; **~ erwähnt** [*o* **genannt**] [*o* **stehend**] mentioned below *pred;* **siehe ~** see below
⑥ (*am hinteren Ende*) at the bottom; **~ an etw** *dat* at the bottom of sth
⑦ (*fam: im Süden*) down
► WENDUNGEN: **bei jdm ~ durch sein** (*fam*) to be through with sb

untendrunter *adv* (*fam*) underneath; **etw ~ legen** to put sth underneath; **eine lange Unterhose ~ anhaben** to have long underwear on underneath

untenherum *adv* (*fam*) down below; (*im Intimbereich a.*) one's nether regions *fam*

unter I. *präp* ① +*dat* (*unterhalb von etw*) under, underneath; **~ freiem Himmel** in the open air; **etw ~ dem Mikroskop betrachten** to look at sth under the microscope
② +*akk* (*in den Bereich unterhalb von etw*) under; **sich ~ die Dusche stellen** to have a shower
③ +*dat* (*zahlenmäßig kleiner als*) below; ***die Temperaturen liegen hier immer ~ null*** the temperatures here are always below zero; **etw ~ Wert verkaufen** to sell sth at less than its value; **~ dem Durchschnitt liegen** to be below average
④ +*dat* (*inmitten*) among[st]; (*von*) among; **~ sich** *dat* **sein** to be by themselves; **~ uns gesagt** between you and me; **~ anderem** amongst other things [*or spec* inter alia]; **sich ~ das Volk mischen** (*fam*) to mix with the people; **~ Menschen gehen** to get out [of the house]
⑤ +*dat* (*unterhalb eines Kleidungsstückes*) under
⑥ +*dat* (*begleitet von, hervorgerufen durch*) under; **~ Zwang** under duress; **~ Lebensgefahr** at risk to one's life; **~ der Bedingung, dass ...** on condition that ...; **~ Umständen** possibly
⑦ +*dat o akk* (*zugeordnet sein*) under; **etw ~ ein Motto stellen** to put sth under a motto; **~ jds Schirmherrschaft** under sb's patronage; **jdn ~ sich haben** to have sb under one
⑧ +*dat* (*in einem Zustand*) under; **~ Druck/Strom stehen** to be under pressure; **~ einer Krankheit leiden** to suffer from an illness
⑨ +*dat* SÜDD (*während*) during; **~ der Woche** during the week; **~ Mittag** in the morning
II. *adv* ① (*jünger als*) under; ***er ist noch ~ 30*** he's not yet turned 30
② (*weniger als*) less than

Unterabteilung *f* subdivision **Unteranspruch** *m* JUR subordinate [*or* dependent] claim **Unterarm** *m* forearm **Unterart** *f* subspecies + *sing vb*

Unterauftrag *m* HANDEL subcontract, order unit; **Unteraufträge vergeben** to subcontract [*or* outsorce] **Unterauftragnehmer(in)** *m(f)* HANDEL subcontractor

Unterbau *m* ① (*Fundament*) foundations *pl;* **theoretischer ~** (*fig*) the theoretical substructure *fig*
② BAU (*Tragschicht*) substructure; *Straße* road-bed, base course **Unterbegriff** *m* subsumed concept

unterbelegt *adj* not full **unterbelichten*** *vt* ■ **etw ~** to underexpose sth; ■ **unterbelichtet** underexposed; **geistig unterbelichtet** (*fam*) to be a bit dim *fam* **unterbelichtet** *adj Foto* underexposed **Unterbelichtung** *f kein pl* underexposure

Unterbeschäftigung *f* ÖKON underemployment

unterbesetzt I. *pp von* **unterbesetzen** II. *adj* **personell ~** understaffed **Unterbeteiligung** *f* ÖKON indirect holding, subparticipation **unterbewerten*** *vt* ■ **etw ~** to undervalue [*or* underrate] sth **Unterbewertung** *f* undervaluation, underrating **unterbewusst**^RR *adj,* **unterbewußt** *adj* subconscious; ■ **das U~e** the subconscious **Unterbewusstsein**^RR *nt* ■ **das/jds ~** the/sb's subconscious; **im ~** subconsciously **unterbezahlt** *adj* underpaid; ■ **[mit etw] ~ sein** to be underpaid [at sth] **Unterbezahlung** *f* ① *kein pl* (*das Unterbezahlen*) underpaying ② (*das Unterbezahltsein*) underpayment **Unterbezirk** *m* subdistrict **unterbieten*** *vt irreg* ① (*billiger sein*) ■ **jdn/etw [um etw] ~** to undercut sb/sth [by sth] ② SPORT (*durch bessere Leistung deklassieren*) ■ **jdn/etw [um etw] ~** to improve on sb's/sth's sth [by sth]; **einen Rekord ~** to beat a record **Unterbietungswettbewerb** *m* HANDEL cutthroat competition

unterbinden* *vt irreg* (*geh*) ■ **etw ~** to stop sth

unterbleiben* *vi irreg sein* (*geh*) ① (*aufhören*) to stop [*or* cease]
② (*nicht geschehen*) not to happen

Unterboden *m* BAU subfloor **Unterbodenschutz** *m* underseal **Unterbodenwäsche** *f* AUTO underbody wash

unterbrechen* *vt irreg* ① (*vorübergehend beenden*) ■ **etw ~** to interrupt sth; **seine Arbeit ~** to interrupt one's work; **eine Reise ~** to break a journey; **eine Schwangerschaft ~** to terminate a pregnancy; ■ **jdn ~** to interrupt sb; ***unterbrich mich nicht immer!*** don't keep interrupting me!
② (*vorübergehend aufheben*) ■ **etw ~** to interrupt sth
③ (*räumlich auflockern*) ■ **etw ~** to break up sth *sep*

Unterbrechung <-, -en> *f* ① (*das Unterbrechen, Störung*) interruption; **maskierbare ~** INFORM maskable interrupt
② (*vorübergehende Aufhebung*) interruption, suspension; **~ der Beziehungen** POL to suspend relations; JUR **~ der Hauptverhandlung** adjournment of the trial; **~ des Kausalzusammenhangs** novus actus interveniens; **~ der Verjährung** interruption of the Statute of Limitations
③ (*Pause*) interruption; **mit ~en** with breaks; **ohne ~** without a break

Unterbrechungssymbol *nt* INFORM break symbol

Unterbrechungstaste *f* INFORM break [*or* attention] key

unterbreiten* *vt* (*geh*) ① (*vorlegen*) ■ **jdm etw ~** to present [*or* put] sth to sb
② (*informieren*) ■ **jdm ~, dass** to advise sb that

unter|bringen *vt irreg* ① (*Unterkunft verschaffen*) ■ **jdn ~** to put sb up, to accommodate sb *form;* ■ **untergebracht sein** to be housed, to have accommodation; ***die Kinder sind gut untergebracht*** (*fig*) the children are being well looked after; ***er konnte ihr Gesicht nicht ~*** (*fig fam*) he couldn't place her face
② (*abstellen*) ■ **etw ~** to put sth somewhere
③ (*fam: eine Anstellung verschaffen*) ■ **jdn ~** to get sb a job

Unterbringung <-, -en> *f* ① (*das Unterbringen*) accommodation; JUR placement, commitment; **einstweilige ~** provisional commitment; **~ im psychiatrischen Krankenhaus** confinement in a psychiatric hospital
② (*Unterkunft*) accommodation *no indef art*

Unterbruch *m* SCHWEIZ (*Unterbrechung*) interruption

unter|buttern *vt* (*fam*) ■ **jdn ~** to ride roughshod over sb; **sich [von jdm] ~ lassen** to allow oneself to be pushed around [by sb]

Unterdeck *nt* lower deck; **im ~** below deck

unterderhand *adv s.* **Hand 5**

unterdessen *adv* (*geh*) in the meantime, meanwhile

Unterdruck <-drücke> *m* ① PHYS negative pressure, vacuum
② *kein pl* (*niedriger Blutdruck*) low blood pressure

unterdrücken* *vt* ① (*niederhalten*) ■**jdn** ~ to oppress sb; ■**etw** ~ to suppress sth, to put down sth *sep*
② (*zurückhalten*) ■**etw** ~ to suppress sth, hold back; **ein Gähnen** ~ to suppress a yawn; **Kritik** ~ to hold back criticism
Unterdrücker(in) <-s, -> *m(f)* oppressor
Unterdrückung <-, -en> *f* ① *kein pl* (*das Unterdrücken*) *Bürger, Einwohner, Volk* oppression; *Aufstand, Unruhen* suppression
② (*das Unterdrücktsein*) oppression, repression
③ JUR (*Verbergen*) suppression; ~ **von Beweismaterial** suppression of evidence; ~ **von technischen Aufzeichnungen/Urkunden** suppression of technical records/documents; ~ **von Vermögenswerten** concealment of assets
unterdurchschnittlich I. *adj* below average; **ein ~es Gehalt** a below average salary; ■**U~es** below average
II. *adv* below the average; ~ **intelligente Kinder** children of below average intelligence
untere(r, s) <unterste(r, s)> *adj attr* ① (*unten befindlich*) lower; **das ~ Ende** the lower end; **die unterste Schicht** the lowerest layer
② (*rangmäßig niedriger*) lower; **die ~n Gehaltsklassen** the lower income groups
③ GEOG (*im Unterlauf befindlich*) lower; **der ~ Rhein** the lower part [*or* stretch] of the Rhine
untereinander *adv* ① (*miteinander*) among yourselves/themselves etc; **sich ~ helfen** to help each other [*or* one another]
② (*eines unterhalb des anderen*) one below the other
unterentwickelt *adj* ① (*nicht genügend entwickelt*) underdeveloped; **geistig** ~ mentally retarded; **körperlich** ~ physically underdeveloped ② (*ökonomisch zurückgeblieben*) underdeveloped; **ein ~es Land** an underdeveloped country **unterernährt** *adj* undernourished **Unterernährung** *f* malnutrition
unterfangen* *vt* BAU ■**etw** ~ to underpin sth
Unterfangen <-s, -> *nt* undertaking; **ein gefährliches** ~ a dangerous undertaking
unter|fassen *vt* (*fam*) ① (*stützen*) ■**jdn** ~ to take sb's arm
② (*einhaken*) ■**jdn** ~ to link arms with sb
unterfinanzieren* *vt* ■**jdn/etw** ~ to underfund sb/sth
unterfinanziert *adj* underfunded, underfinanced
Unterfinanzierung *f kein pl* POL, FIN underfinancing, underfunding
unterfordern* *vt* ■**jdn** ~ to not challenge sb enough
Unterfrachtvertrag *m* HANDEL subcharter
Unterführung *f* underpass; *Fußgänger* subway
Unterfunktion *f* hypofunction
Unterfütterung *f* BAU shim
Untergang <-gänge> *m* ① (*das Versinken*) sinking; **der ~ der Titanic** the sinking of the Titanic
② (*Sinken unter den Horizont*) setting; **der ~ der Sonne** the setting of the sun
③ (*Zerstörung*) destruction; **der ~ einer Zivilisation** the decline of civilization; **vom ~ bedroht sein** to be threatened by destruction; **etw/jd geht seinem ~ entgegen** sth/sb is heading for disaster; **der ~ des Römischen Reiches** the fall of the Roman Empire
④ (*Verlust*) loss; ~ **eines Pfandes** extinguishment of lien; ~ **von Waren** loss of goods; **zufälliger** ~ accidental loss
Untergangsstimmung *f* feeling of doom
untergeben *adj* subordinate; ■**jdm ~ sein** to be subordinate to sb
Untergebene(r) *f(m) dekl wie adj* subordinate
unter|gehen *vi irreg sein* ① (*versinken*) to sink, to go down *fam;* ■**untergegangen** sunken; ***ihre Worte gingen in dem Lärm unter*** (*fig*) her words were drowned [*or* lost] in the noise
② (*unter den Horizont sinken*) to set
③ (*zugrunde gehen*) to be destroyed; ■**untergegangen** extinct, lost; **untergegangene Kulturen** lost civilizations; *s. a.* **Welt**
untergeordnet *adj* ① (*zweitrangig*) secondary; **von ~er Bedeutung sein** to be of secondary importance ② (*subaltern*) subordinate; **eine ~e Stellung** a subordinate position **Untergeschoss**[RR] *nt* basement **Untergestell** *nt* ① (*Fahrgestell*) base ② (*hum fam: Beine*) pins *npl fam* **Untergewicht** *nt* underweight; ~ **haben** to be underweight **untergewichtig** *adj* underweight **untergliedern*** *vt* (*gliedern*) ■**etw** [**in etw** *akk*] ~ to subdivide sth [into sth]
untergraben*[1] *vt irreg* ■**etw** ~ to undermine sth
unter|graben[2] *vt irreg* ■**etw** ~ to dig sth into the soil
Untergrund *m* ① GEOL (*Bodenschicht*) subsoil; **ein fester, sandiger** ~ a firm, sandy subsoil; (*Boden*) bottom; **der ~ des Meeres** the bottom of the sea [*or* ocean]
② *kein pl* (*politische Illegalität*) underground; **in den ~ gehen** to go underground; **im ~** underground
③ KUNST, MODE (*tragende Fläche*) background; (*unterste Farbschicht*) undercoat
Untergrundbahn *f* underground **Untergrundbewegung** *f* underground movement **Untergrundorganisation** *f* POL underground organization; **sich einer ~ anschließen** to join an underground organization; **einer ~ angehören** to belong to an underground organization
unter|haken *vt* (*fam: einhaken*) ■**jdn** ~ to link arms with sb; ■**sich bei jdm** ~ to link arms with sb; [**mit jdm**] **untergehakt gehen** to walk arm in arm [with sb]
unterhalb I. *präp* (*darunter befindlich*) below; ■~ **einer S.** *gen* below sth
II. *adv* (*tiefer gelegen*) below; *Fluss* downstream; ■~ **von etw** below sth
Unterhalt <-[e]s> *m kein pl* ① (*Lebens~*) keep, maintenance, subsistence; **für jds ~ aufkommen** to pay for sb's keep
② JUR (*Unterhaltsgeld*) maintenance, alimony; **angemessener** ~ reasonable maintenance, appropriate support; ~ **gewähren** to provide maintenance; [**für jdn**] ~ **zahlen** to pay maintenance [for sb]
③ (*Instandhaltung*) upkeep, maintenance
unterhalten*[1] *vt irreg* ① (*für jds Lebensunterhalt sorgen*) ■**jdn** ~ to support sb; ***er muss vier Kinder*** ~ he has to support four children
② (*instand halten, pflegen*) ■**etw** ~ to maintain sth
③ (*betreiben*) ■**etw** ~ to run sth
④ (*innehaben*) ■**etw** ~ to have sth; **ein Konto** ~ (*geh*) to have an account
⑤ (*aufrechterhalten*) ■**etw** ~ to maintain sth
unterhalten[2] *irreg* I. *vt* (*die Zeit vertreiben*) ■**jdn** ~ to entertain sb
II. *vr* ① (*sich vergnügen*) ■**sich** ~ to keep oneself amused, to have a good time; ***die Kinder können sich alleine*** ~ the children can amuse themselves alone
② (*sprechen*) ■**sich** [**mit jdm**] [**über jdn/etw**] ~ to talk [to sb] [about sb/sth]; ***wir müssen uns mal*** ~ we must have a talk
unterhalten[3] *vt* (*fam*) ■**etw** ~ to hold sth underneath
unterhaltend *adj,* **unterhaltsam** *adj* entertaining; **ein ~er Abend** an entertaining evening
Unterhalter(in) <-s, -> *m(f)* ① (*Entertainer*) entertainer
② (*Geldverdiener*) breadwinner
Unterhaltsabfindung *f* FIN maintenance settlement **Unterhaltsanspruch** *m* ADMIN, SOZIOL, ÖKON entitlement to maintenance, maintenance claim **Unterhaltsbeitrag** *m* JUR allowance **unterhaltsberechtigt** *adj* entitled to maintenance; ■[**jdm gegenüber**] ~ **sein** to be entitled to maintenance [from sb] **Unterhaltsberechtigte(r)** *f(m) dekl wie adj* JUR person entitled to maintenance payments **Unterhaltsgeld** *nt* maintenance money **Unterhaltsklage** *f* action for maintenance **Unterhaltskosten** *pl* ① JUR maintenance ② (*Instandhaltungskosten*) maintenance costs *npl* ③ (*Betriebskosten*) running costs *pl* **Unterhaltspflicht** *f* JUR maintenance obligation, obligation to pay maintenance **unterhaltspflichtig** *adj* under obligation to provide maintenance; ■[**jdm gegenüber**] ~ **sein** to be under obligation to provide maintenance [for sb] **Unterhaltspflichtige(r)** *f(m) dekl wie adj* person liable to provide maintenance **Unterhaltspflichtverletzung** *f* JUR violation of maintenance obligation **Unterhaltsrecht** *nt* JUR maintenance law **Unterhaltsrente** *f* JUR maintenance assistance pension **Unterhaltssache** *f* JUR (*bei Vaterschaft*) affiliation [*or* AM bastardy] case **Unterhaltssicherung** *f* JUR providing security for maintenance obligations **Unterhaltsstreitigkeiten** *pl* disputes *pl* over maintenance **Unterhaltsverfahren** *nt* JUR maintenance proceedings *pl;* (*bei Vaterschaft*) affiliation [*or* AM bastardy] proceedings **Unterhaltsverfügung** *f* JUR (*bei Vaterschaft*) affiliation [*or* AM bastardy] order **Unterhaltsverletzung** *f* JUR breach of maintenance obligation **Unterhaltsverpflichtung** *m* JUR obligation to provide maintenance [*or* AM support] **Unterhaltszahlung** *f* maintenance payment
Unterhaltung[1] <-> *f kein pl* ① (*Instandhaltung*) maintenance, upkeep
② (*Betrieb*) running
Unterhaltung[2] <-, -en> *f* ① (*Gespräch*) talk, conversation; **eine ~ mit jdm führen** [*o* **haben**] to have a conversation with sb
② *kein pl* (*Zeitvertreib*) entertainment; **gute** [*o* **angenehme**] **~!** enjoy yourselves!, have a good time!
Unterhaltungsarbeiten *pl* HANDEL maintenance [work] **Unterhaltungsbranche** *f* entertainment industry **Unterhaltungselektronik** *f* (*Industrie*) consumer electronics; (*Geräte*) audio and video systems *pl* **Unterhaltungsindustrie** *f* entertainment industry **Unterhaltungskonzern** *m* entertainment concern **Unterhaltungskosten** *pl* FIN maintenance costs **Unterhaltungskunst** *f* art of entertainment **Unterhaltungsliteratur** *f kein pl* light fiction **Unterhaltungsmusik** *f* light music **Unterhaltungsprogramm** *nt* light entertainment programme [*or* AM -am] **Unterhaltungswert** *m* entertainment value
unterhandeln* *vi* ■[**mit jdm**] ~ to negotiate [with sb]
Unterhändler(in) *m(f)* negotiator
Unterhaus *nt* POL lower house; **das britische** ~ the House of Commons BRIT, the Lower House BRIT
Unterhauswahl *f* Commons vote BRIT
Unterhaut *f* MED hypodermis
unter|heben *vt* ■**etw** ~ KOCHK to fold in sth
Unterhemd *nt* vest
Unterhitze *f* bottom heat
unterhöhlen* *vt* ① (*durch Auswaschung aushöhlen*) ■**etw** ~ to hollow out sth *sep*
② *s.* **unterminieren**
Unterholz *nt kein pl* undergrowth
Unterhose *f* [under]pants; **kurze ~[n]** pants *npl;* **lange ~[n]** long johns *npl*
unterirdisch I. *adj* underground, subterranean; **ein ~es Kabel** an underground cable; **ein ~er Fluss** a subterranean river
II. *adv* underground; ~ **verlegte Stromkabel** electricity cables laid underground
Unterjacke *f* under-jacket
unterjochen* *vt* ■**jdn** ~ to subjugate sb
Unterjochung <-, -en> *f* subjugation
unter|jubeln *vt* (*sl*) ① (*andrehen*) ■**jdm etw** ~ to palm sth off on sb; ■**sich** *akk* [**von jdm**] **etw ~ lassen** to allow sb to palm sth off on[to] one
② (*anlasten*) ■**jdm etw** ~ to pin sth on sb
unterkapitalisiert *adj* ÖKON undercapitalized
Unterkapitalisierung *f* ÖKON undercapitalization
unterkellern* *vt* ■**etw** ~ to build sth with a cellar; ■**unterkellert** with a cellar; **ein unterkellertes Haus** a house with a cellar; ■**unterkellert sein** to have a cellar

Unterkiefer *m* lower jaw; **jds ~ fällt** [*o* **klappt**] **herunter** (*fam*) sb's jaw drops [open]

Unterkleid *nt* underskirt, slip

Unterkleidung <-, -en> *f* underwear

unter|kommen *vi irreg sein* ① (*eine Unterkunft finden*) ■**bei jdm/irgendwo ~** to find accommodation at sb's house/somewhere
② (*fam: eine Anstellung bekommen*) ■[**irgendwo/bei jdm**] [**als etw**] **~** to find employment [*or fam* a job] [somewhere/with sb] [as sth]
③ DIAL (*begegnen*) ■**jdm ~** to come across sth/sb; ***so einer ist mir ja noch nie untergekommen!*** I've never come across anyone like him before
④ DIAL (*erleben*) ■**jdm ~** to experience; ***ein so wundersame Gelegenheit kommt einem nicht alle Tage unter*** you don't get such a wonderful opportunity like that every day

Unterkonto *nt* FIN subsidiary account

Unterkörper *m* lower part of the body

unter|kriegen *vt* (*fam*) ■**jdn ~** to bring sb down; ***die Konkurrenz will uns ~*** our competitors want to bring us down; ***ein guter Mann ist nicht unterzukriegen*** you can't keep a good man down; ■**sich** [**von jdm/etw**] **~ lassen** to allow sb/sth to get one down; ***von einem kleinen Rückschlag darf man sich nicht ~ lassen*** you shouldn't allow a trivial setback to get you down

unterkühlen* **I.** *vt* ■**jdn ~** to reduce sb's body temperature
II. *vr* (*fam*) ■**sich ~** to get cold; ***ich muss mich im Schatten unterkühlt haben*** I must have got cold standing in the shade

unterkühlt *adj* ① (*mit niedriger Körpertemperatur*) suffering from hypothermia; **stark ~ sein** to be suffering from advanced hypothermia; ***in dem ~en Zustand konnte sie sich kaum bewegen*** she was so cold she could scarcely move
② (*distanziert*) cool, reserved; **~e Beziehungen** cool relations

Unterkühlung *f* hypothermia

Unterkunft <-, -künfte> *f* ① (*Unterbringung*) accommodation; **eine ~ suchen** to look for accommodation; **~ mit Frühstück** bed and breakfast; **~ und Verpflegung** board and lodging
② MIL (*Kaserne*) quarters *npl;* (*privat*) billet; ***die Soldaten kehrten in ihre Unterkünfte zurück*** thesoldiers returned to their billets [*or* quarters]

Unterlage *f* ① (*flacher Gegenstand zum Unterlegen*) mat, pad; ***bei der Notoperation diente eine Decke als ~*** during the emergency operation a blanket was used for the patient to lie on; ***lege bitte eine ~ unter den Topf!*** please put the pot on a mat!; (*Bett~*) drawsheet
② *meist pl* (*Beleg, Dokument*) document *usu pl;* **geschäftliche ~n** commercial documents

Unterlagsscheibe *f* BAU washer

Unterlass[RR] *m,* **Unterlaß** *m* **ohne ~** (*geh*) incessantly, continuously

unterlassen* *vt irreg* ① (*nicht ausführen*) ■**etw ~** not to carry out sth, to omit [*or* fail] to do sth; ***die letzte Untersuchung wurde ~*** the final examination was not carried out; ■**es ~, etw zu tun** to fail to do sth; ***warum haben Sie es ~, mich zu benachrichtigen?*** why did you fail to inform me?; **~e Hilfeleistung** JUR failure to lend assistance
② (*mit etw aufhören*) ■**etw ~** to refrain from doing sth; ***diese dumme Bemerkung hättest du auch ~ können*** you could have refrained from making this stupid remark; **etw nicht ~ können** not to be able to refrain from doing sth; ***scheinbar kann er diese Dummheiten nicht ~*** apparently, he can't stop doing these silly things; **unterlass/~ Sie das!** stop that!; *s. a.* **Hilfeleistung**

Unterlassen <-s> *nt kein pl* JUR omission, nonfeasance

Unterlassung <-, -en> *f* ① (*das Unterlassen*) omission, failure [to do sth]; ***ich bestehe auf sofortiger ~ dieser Lärmbelästigung*** I insist that this noise pollution be stopped immediately
② JUR failure, negligence; **fahrlässige ~** passive negligence; **auf ~ klagen** to apply for an injunction

Unterlassungsanordnung *f* JUR prohibitive injunction BRIT, cease and desist order AM **Unterlassungsanspruch** *m* JUR claim to a forbearance **Unterlassungsdelikt** *nt* JUR default [*or* crime] by omission **Unterlassungsfall** <-s> *m kein pl* JUR injunction proceedings *pl;* **im ~** (*geh*) in case of default **Unterlassungsklage** *f* JUR action for injunction, injunction suit; **vorbeugende ~** prohibitory suit **Unterlassungsurteil** *nt* JUR **endgültiges/vorbeugendes ~** final/preventive injunction

Unterlauf <-s, Unterläufe> *m* ① *eines Flusses* lower reaches *pl*
② INFORM (*Bereichsunterschreitung*) underflow

unterlaufen* *irreg* **I.** *vt* ① *haben* (*umgehen*) ■**etw ~** to evade [*or* circumvent] sth; **die Zensur/ein Embargo ~** to evade a censure/an embargo
② SPORT **einen Spieler ~** *to charge a player who is in the air and knock him down*
II. *vi sein* ① (*versehentlich vorkommen*) ■**jdm unterläuft etw** sth happens to sb; ***da muss mir ein Fehler ~ sein*** I must have made a mistake
② (*fam: begegnen*) ■**jdm ~** to happen to sb; ***so etwas Lustiges ist mir selten ~*** something as funny as that has rarely happened to me

unter|legen[1] *vt* ① (*darunter platzieren*) ■[**jdm**] **etw ~** to put sth under[neath] [sb]
② (*abweichend interpretieren*) ■**etw** *dat* **etw ~** to read another meaning into sth

unterlegen*[2] *vt* ① (*mit Untermalung versehen*) ■**etw mit etw ~** to use sth to form the background to sth; **einem Film Musik ~** to put music to a film; ***die Modenschau wurde mit Musik unterlegt*** music formed the background to the fashion show
② (*mit einer Unterlage versehen*) ■**etw mit etw** *dat* **~** to underlay sth with sth

unterlegen[3] *adj* ① (*schwächer als andere*) inferior; **~e Kräfte** inferior forces; ■**jdm ~ sein** to be inferior to sb; **zahlenmäßig ~ sein** to be outnumbered
② SPORT (*schwächer*) defeated; ■**jdm ~ sein** to be defeated by sb

Unterlegene(r) *f(m) dekl wie adj* loser

Unterlegenheit <-, *selten* -en> *f* inferiority

Unterlegscheibe *f* TECH washer

Unterleib *m* [lower] abdomen

Unterleibsbeschwerden *f pl* abdominal complaint [*or* pain]

Unterlieferung <-, -en> *f* TYPO underdelivery, underrun

unterliegen* *vi irreg sein* ① (*besiegt werden*) ■[**jdm**] **~** to lose [to sb], to be defeated [*or* beaten] [by sb]
② (*unterworfen sein*) ■**etw** *dat* **~** to be subject to sth; **einer Täuschung ~** to be the victim of a deception; **der Schweigepflicht ~** to be bound to maintain confidentiality; ***Sie ~ offensichtlich einem Irrtum*** you have obviously made a mistake; *s. a.* **Zweifel**

Unterlippe *f* bottom [*or* lower] lip

unterm (*fam*) = **unter dem** *s.* **unter**

untermalen* *vt* ① (*mit Musik begleiten*) ■**etw** [**mit etw**] **~** to provide sth as a background to sth; ***der Gedichtvortrag wurde leise mit Musik untermalt*** soft music was provided as a background to the poetry reading
② KUNST ■**etw ~** to prime sth

Untermalung <-, -en> *f* background music

untermauern* *vt* ■**etw** [**mit etw**] **~** to support sth [with sth]; BAU to underpin sth with sth; ***seine Theorie ist wissenschaftlich gut untermauert*** his theory is scientifically well supported

Untermenü *nt* INFORM submenu

Untermiete *f* ① (*Mieten eines Zimmers*) subtenancy; **in** [*o* **zur**] **~ wohnen** *to rent a room from an existing tenant*
② (*das Untervermieten*) sublease; **jdn in ~ nehmen** to take in sb as a lodger; ***wir mussten jemanden in ~ nehmen*** we had to take in a lodger

Untermieter(in) *m(f)* subtenant

unterminieren* *vt* ■**etw ~** to undermine sth

unter|mischen *vt* (*mit etw vermengen*) ■**etw ~** to add [*or sep* mix in] sth

untern (*fam*) = **unter den** *s.* **unter**

Unter(nagel)lack *m* base coat, undercoat

unternehmen* *vt irreg* ① (*in die Wege leiten*) ■**etw/nichts** [**gegen jdn/etw**] **~** to take action/no action [against sb/sth]; **Schritte gegen etw ~** to take steps against sth
② (*Vergnügliches durchführen*) ■**etw** [**mit jdm**] **~** to do sth [with sb]; ***wollen wir nicht etwas zusammen ~?*** why don't we do something together?
③ (*geh: machen*) ■**etw ~** to do sth; **einen Ausflug ~** to go on an outing; **eine Reise ~** to go on a journey; **einen Versuch ~** to make an attempt
④ (*geh: auf sich nehmen*) ■**es ~, etw zu tun** to take it upon oneself to do sth

Unternehmen <-s, -> *nt* ① ÖKON (*Firma*) firm, company, enterprise; **gemeinnütziges ~** JUR public institution; **verbundene ~** affiliated enterprises
② (*Vorhaben*) undertaking, venture; **ein gewagtes ~** a risky venture

Unternehmensabsprache *f* HANDEL **wettbewerbsbeschränkende ~** anti-competitive agreement in restraint of trade **Unternehmensaufspaltung** *f* HANDEL operational split **Unternehmensbeihilfen** *pl* FIN operating subsidies **Unternehmensberater(in)** *m(f)* management consultant **Unternehmensberatung** *f* ÖKON ① *kein pl* (*Consulting, Betriebsberatung*) management [*or* business] consultancy *no pl* ② (*Firma*) management consultancy firm **Unternehmensberatungsfirma** *f* HANDEL management consultancy **Unternehmensbereich** *m* ADMIN division of a/the company **Unternehmensbesteuerung** *f* FIN (*Besteuerung*) company [*or* AM corporation] taxation; (*Steuerbetrag*) corporation tax **Unternehmensbewertung** *f* FIN business appraisal, operations audit **Unternehmensbilanzstatistik** *f* FIN business statistics + *pl vb* **Unternehmensbuchführung** *f* FIN business [*or* corporate] accounting **Unternehmensdaten** *pl* company data + *sing/pl vb* **Unternehmenseinheit** *f* HANDEL corporate unit **Unternehmenserträge** *pl* FIN company earnings **Unternehmensfernsehen** *nt* TV company [*or* business] TV **Unternehmensform** *f* HANDEL type of business organization, form of enterprise **Unternehmensforschung** *f* ÖKON operational research **Unternehmensfortführung** *f* HANDEL continuation of the business as a going concern, continued plant operation **unternehmensfremd** *adj* not related to the company *pred* **Unternehmensführung** *f* ÖKON ① *kein pl* (*Management*) management ② (*Führungskräfte in einem Unternehmen*) management **Unternehmensfusion** *f* ÖKON company merger **Unternehmensgesetz** *nt* JUR companies act **Unternehmensgewinn** *m* FIN corporate [*or* business] profit **Unternehmensgründung** *f* HANDEL business start-up [*or* formation] **Unternehmensgruppe** *f* group [of companies], consortium **Unternehmenskauf** *m* HANDEL acquisiton [of a company] **Unternehmenskaufvertrag** *m* JUR acquisiton contract **Unternehmenskonzentration** *f* ÖKON integration of companies **Unternehmensleiter(in)** *m(f)* ADMIN top manager [*or* executive] **Unternehmensleitung** *f* ADMIN ① *kein pl* (*Leitung, Führung eines Unternehmens*) management ② (*Führungskräfte eines Unternehmens*) management **Unternehmensliquidation** *f* HANDEL winding-up of a company **Unternehmensliquidität** *f* FIN corporate liquidity **Unternehmensmitbestimmung** *f* HANDEL codetermination at company [*or* enterprise] level **Unternehmensneugründung** *f* HANDEL new business start-up, formation of a new company **Unternehmenspachtvertrag** *m* JUR company lease agreement **Unternehmensplan** *m* corporate plan **Unternehmensplanung** *f* corporate planning **Unternehmenspolitik** *f* ÖKON business [*or* company] [*or* corporate] policy **Unternehmensrecht** *nt* JUR company [*or* AM corporate] law

Unternehmensrestitution *f* HANDEL company [*or* AM corporate] restitution **Unternehmenssanierung** *f* HANDEL company reorganization **Unternehmenssatzung** *f* JUR articles of [*or* AM incorporation] association **Unternehmensspitze** *f* top management, executive level **Unternehmenssteuer** *f* FIN company [*or* AM corporate] taxation **Unternehmenssteuerrecht** *nt* JUR company [*or* AM corporate] tax law **Unternehmensstruktur** *f* corporate structure **Unternehmenstätigkeit** *f* HANDEL company's operational [*or* corporate] activities *pl* **Unternehmensteil** *m* ÖKON business operations; **~e abstoßen** to spin off operations **Unternehmensträger** *m* HANDEL proprietary [*or* holding] company **Unternehmensübernahme** *f* ÖKON company take-over **Unternehmensumwandlung** *f* HANDEL company reorganization **Unternehmensverband** *m* HANDEL association of undertakings [*or* enterprises] **Unternehmensverbindlichkeiten** *pl* FIN company [*or* AM corporate] debts **Unternehmensverbindungen** *pl* HANDEL interlocking relationships **Unternehmensvereinigung** *f* HANDEL association of undertakings [*or* enterprises] **Unternehmensverfassung** *f* HANDEL company [*or* AM corporate] structure, company constitution **Unternehmensvertrag** *m* HANDEL affiliation [*or* intercompany] agreement **Unternehmensziel** *nt* HANDEL business [*or* corporate] objective, company aim **Unternehmenszusammenschluss**[RR] *m* ÖKON ❶ (*Fusion*) merger, AM consolidation ❷ (*Kombination*) combine

Unternehmer(in) <-s, -> *m(f)* employer, entrepreneur; **privater/selbständiger ~** private/independent trader

Unternehmerfreiheit *f* HANDEL free enterprise **unternehmerfreundlich** *adj* POL employer-friendly **Unternehmergewinn** *m* ÖKON [corporate] profit **Unternehmerhaftpflicht** *f*, **Unternehmerhaftung** *f* JUR company [*or* AM corporate] liability

unternehmerisch I. *adj* entrepreneurial
II. *adv* in a business-like manner; **~ denken** to think in a business-like manner

Unternehmerkreise *pl* POL industrial circles; **in ~ wird behauptet, dass ...** industrialists are claiming that ... **Unternehmerlohn** *m* employer's renumeration **Unternehmerpfandrecht** *nt* JUR artisan's lien **Unternehmerrisiko** *nt* JUR entrepreneurial [*or* management] risk

Unternehmerschaft <-, *selten* -en> *f* business men *pl*, entrepreneurs *pl*

Unternehmertätigkeit *f* HANDEL entrepreneurial activities *pl*

Unternehmertum *nt kein pl* ÖKON enterprise, entrepreneurship; ***das freie ~ wird nicht genug gefördert*** there is too little encouragement of free enterprise

Unternehmerverband *m* employer's association

Unternehmung <-, -en> *f* (*geh*) *s.* **Unternehmen 2**

Unternehmungsform *f* ÖKON form of business organization **Unternehmungsgeist** *m kein pl* enterprise, entrepreneurial spirit **Unternehmungslust** *f kein pl* enterprise, initiative **unternehmungslustig** *adj* enterprising, adventurous **Unternehmungszusammenlegung** *f* ÖKON corporate merger

Unteroffizier *m* non-commissioned officer; **Offiziere und ~e** officers and other ranks; **~ vom Dienst** duty NCO

unter|ordnen I. *vt* ❶ (*vor etw hintanstellen*) ■**etw etw** *dat* **~** to put sth before sth; ***die meisten Mütter ordnen ihre eigenen Bedürfnisse denen ihrer Kinder unter*** most mothers put the needs of their children before their own
❷ (*jdm/einer Institution unterstellen*) ■**jdm/einer S. untergeordnet sein** to be [made] subordinate to sb/sth
II. *vr* ■**sich [jdm] ~** to take on a subordinate role [to sb]

Unterordnungskonzern *m* HANDEL subordinated [*or* vertical] group

unterprivilegiert *adj* (*geh*) underprivileged

Unterprogramm *nt* INFORM subprogramme [*or* AM -am] [*or* subroutine]

unterproportional I. *adj* disproportionately low
II. *adv* **~ vertreten** having a disproportionately low representation

Unterpunkt *m* sub-point

Unterredung <-, -en> *f* discussion; **eine ~ mit jdm haben** [*o* **führen**] to have a discussion with sb

unterrepräsentiert *adj* under-represented; **in einem Ausschuss ~ sein** to be under-represented on a committee

Unterricht <-[e]s, *selten* -e> *m* lesson; **theoretischer/praktischer ~** theoretical/practical classes; ***im Sommer beginnt der ~ um zehn vor acht*** in summer lessons begin at ten to eight; **dem ~ fernbleiben** to play truancy [*or* AM hooky]; **[jdm] ~ [in etw** *dat***] geben** to give [sb] lessons [in sth]; **bei jdm ~ haben** to have lessons with sb; ***bei wem haben wir nächste Stunde ~?*** who's our next lesson with?; **im ~ sein** to be in a lesson; ***heute fällt der ~ in Mathe aus*** there will be no maths lesson today

unterrichten* I. *vt* ❶ (*als Lehrer unterweisen*) ■**jdn/etw [in etw** *dat***] ~** to teach sb/sth [sth]; **eine Klasse in Französisch ~** to teach a class French; ***ich habe ihn früher in Mathematik unterrichtet*** I used to teach him mathematics
❷ (*ein Fach lehren*) ■**etw ~** to teach sth; **Chemie ~** to teach Chemistry
❸ (*geh: informieren*) ■**jdn [über etw** *akk***/von etw** *dat***] ~** to inform [*or* advise] sb [about sth]; ***ich bin unterrichtet*** I have been informed
II. *vi* (*als Lehrer tätig sein*) ■**[in etw** *dat***] ~** to teach [at sth]; **in einem Fach ~** to teach a subject; ***an welcher Schule ~ Sie?*** which school do you teach at?
III. *vr* (*sich informieren*) ■**sich** *akk* **über etw** *akk* **~** to obtain information about sth; ■**sich** *akk* **von jdm über etw** *akk* **~ lassen** to be informed by sb about sth

unterrichtet *adj* informed; **gut ~ sein** to be well-informed

Unterrichtserfahrung *f* SCH teaching experience **Unterrichtsfach** *nt* subject **Unterrichtsgegenstand** *m* topic **Unterrichtsstoff** *m* SCH subject matter **Unterrichtsstunde** *f* lesson, period

Unterrichtung <-, -en> *f* (*geh*) information

Unterrichtungspflicht *f* JUR duty to inform

Unterrock *m* petticoat, slip *dated*

Unterroutine *f s.* **Unterprogramm**

unter|rühren *vt* ■**etw ~** to stir in sth

unters (*fam*) = **unter das** *s.* **unter**

untersagen* *vt* ■**jdm etw ~** to forbid sb to do sth, to prohibit sb from doing sth; ■**jdm ~, etw zu tun** to forbid sb to do sth; ***ich untersage Ihnen, sich den Medien gegenüber zu äußern*** I forbid you to make statements to the media; ■**[irgendwo] untersagt sein** to be prohibited [somewhere]; ***das Rauchen ist in diesen Räumen untersagt*** smoking is prohibited in these rooms

Untersagung <-, -en> *f* prohibition, injunction; **~ von Zusammenschlüssen** prohibition of mergers

Untersagungsverfügung *f* JUR prohibitive order, negative injunction

Untersatz *m* (*untergesetzter Gegenstand*) mat, coaster; **die Tasse auf einen ~ stellen** to put the cup on a mat; **fahrbarer ~** (*hum fam*) wheels *pl hum fam*

Unterschale *f* KOCHK (*Rind*) beef silverside; (*Schwein*) gammon piece

unterschätzen* *vt* ■**jdn ~** to underestimate sb; **nicht zu ~** not to be underestimated; (*beträchtlich*) not inconsiderable; **ein nicht zu ~der Konkurrent** a rival who is not to be underestimated; **sich in nicht zu ~de Schwierigkeiten begeben** to get oneself into not inconsiderable difficulties

Unterschätzung <-, -en> *f meist sing* underestimation

unterscheidbar *adj* distinguishable

unterscheiden* *irreg* I. *vt* ❶ (*durch Unterschiede differenzieren*) ■**etw ~** to distinguish [*or* make a distinction] between sth; ***der Botaniker unterscheidet Fichten und Kiefern*** the botanist makes a distinction between firs and pines; ■**etw [von etw] ~** to tell sth from sth
❷ (*auseinander halten*) ■**[voneinander/an etw** *dat***] ~** to tell the difference [between things/by sth], to tell things apart; ***ich kann die beiden nie ~*** I can never tell the difference between the two; ***Ulmen und Linden kann man leicht ~*** you can easily tell elm trees from lime trees; ***er kann ein Schneeglöckchen nicht von einer Schlüsselblume ~*** he can't tell the difference between a snowdrop and a cowslip
❸ (*als anders erscheinen lassen*) ■**jdn von jdm ~** to distinguish sb from sb; ***was sie so sehr von ihrer Schwester unterscheidet, ist ihre musikalische Begabung*** what distinguishes her so much from her sister is her musical talent
II. *vi* **[zwischen Dingen] ~** to differentiate [*or* make a distinction] [between things]; **zwischen ... und ... nicht ~ können** to not be able to distinguish [*or* tell the difference] between ... and ...
III. *vr* ■**sich voneinander/von jdm/etw ~** to differ from sb/sth; ***er unterscheidet sich von seiner Kollegin in seiner Gelassenheit*** he differs from his colleague in that he is much more relaxed; ***ihr unterscheidet euch echt nicht voneinander!*** you're as bad as each other!

Unterscheidung *f* distinction, differentiation; **eine ~/~en treffen** to make a distinction/distinctions

Unterschenkel *m* ANAT lower leg; KOCHK [chicken] drumstick

Unterschicht *f* lower class

unterschieben*[1] *vt irreg* (*fam*) ■**jdm etw ~** to attribute sth falsely to sb; ***diese Äußerung unterschiebt mir die Presse*** this statement has been falsely attributed to me by the press; ■**jdm ~, dass jd etw tut** to imply that sb does sth; ***wollen Sie mir etwa ~, dass ich beabsichtigt habe, Sie zu hintergehen?*** are you trying to imply that it was my intention to deceive you?

unter|schieben[2] *vt irreg* ■**jdm etw ~** to push sth under[neath] sb; ***schiebst du mir noch ein Kissen unter?*** will you push another cushion under me?

Unterschied <-[e]s, -e> *m* difference, distinction; **ein feiner/großer ~** a slight/large difference; ***ich sehe keinen ~ zum Original*** I can't see a difference to the original; **einen/keinen ~** [*o* **~e**] **[zwischen Dingen] machen** to draw a/no distinction [between things]; **einen/keinen ~ machen** to make a/no difference; ***es macht keinen ~, ob du heute bezahlst oder morgen*** it makes no difference whether you pay today or tomorrow; **im ~ zu jdm** unlike sb, in contrast to sb; ***im ~ zu dir bin ich aber vorsichtiger*** unlike you I'm more careful; **[nur] mit dem ~, dass** [only] the difference is that; ***sicher tut ihr die gleiche Arbeit, mit dem ~, dass sie das Doppelte verdient*** of course you do the same work, only the difference is that she earns double what you do; **ohne ~** indiscriminately; **ein ~ wie Tag und Nacht** (*fam*) as different as chalk and cheese [*or* AM night and day]; ***vergleiche mal diese mit der ursprünglichen Version — das ist ein ~ wie Tag und Nacht*** just you compare this to the original version — they are worlds apart!; **der kleine ~** (*iron fam*) la petite différence (*distinguishing men and women*)

unterschiedlich I. *adj* different; **~er Auffassung sein** to have different views; ***das Klima in Australien ist sehr ~*** the climate in Australia varies a lot
II. *adv* differently

unterschiedslos *adv* indiscriminately

unterschlagen* *vt irreg* ❶ (*unrechtmäßig für sich behalten*) ■**etw ~** to misappropriate; **Geld ~** to embezzle money; **einen Brief/Beweise ~** to withhold a letter/evidence; **eine Nachricht ~** to keep

U

quiet about sth
② (*vorenthalten*) ■**jdm etw** ~ to withhold sth from sb; ***warum hat man mir diese Information ~?*** why was this information withheld from me?

Unterschlagung <-, -en> *f* ① *von Geld, Werten* misappropriation, embezzlement; ~ **im Amt** embezzlement in office; ~ **von Geldern** conversion of funds to one's own use
② (*etw Wichtiges verschweigen*) withholding, suppression; ~ **von Beweismaterial** suppression of evidence

Unterschlupf <-[e]s, -e> *m* hideout, cover; **bei jdm ~ suchen/finden** to look for/find shelter with sb

unter|schlupfen *vi* SÜDD (*fam*), **unter|schlüpfen** *vi sein* (*fam*) ■**[bei jdm]** ~ to find shelter [at sb's house]; (*verstecken*) to hide [out] [in sb's house]; (*hum*) to stay [at sb's house]; ***ich habe keine Ahnung, wo der Kerl untergeschlüpft ist*** I've no idea where the guy's staying at

Unterschneiden <-s> *nt kein pl* TYPO (*Satz*) [character] kerning, pair kerning

Unterschrank *m* BAU base cabinet

unterschreiben* *irreg* **I.** *vt* ■**[jdm] etw** ~ to sign sth [for sb]; **eine Meinung/Ansicht ~ können** (*fig*) to be able to subscribe to an opinion/point of view *fig*
II. *vi* ■**[auf etw** *dat*] ~ to sign [sth]; **eigenhändig** ~ to sign in one's own hand

unterschreiten* *vt irreg* ① (*unterbieten*) ■**etw [um etw]** ~ to undercut sth [by sth]
② (*unter einer Grenze liegen*) ■**etw [um etw]** ~ to fall below sth [by sth]; **die Zollsätze** ~ ÖKON to be less than the agreed rates; ***ihr tatsächliches Einkommen unterschreitet deutlich ihre Schätzungen*** her actual income falls well short of her estimates

unterschrieben *adj* JUR signed; ~ **und besiegelt** signed and sealed

Unterschrift *f* ① (*eigene Signatur*) signature; **seine ~ leisten** to give one's signature; **seine ~ unter etw** *akk* **setzen, etw mit seiner ~ versehen** to put one's signature to sth, to sign sth
② (*Bildunterschrift*) caption

Unterschriftenliste *f* POL, SOZIOL petition

Unterschriftensammlung *f* collection of signatures

unterschriftsberechtigt *adj* authorized to sign

unterschriftsreif *adj Vertrag* ready to be signed

Unterschriftszeichnung *f* signature

unterschwellig *adj* subliminal

Unterseeboot *nt* submarine

unterseeisch *adj* underwater

Unterseekabel *nt* underwater cable

Unterseite *f* underside, bottom

unter|setzen[1] *vt* ■**etw [jdm/etw]** ~ to put sth underneath [sb/sth]

untersetzen*[2] **I.** *vt* ■**etw** ~ ① ELEK *elektronische Signale* to slow down sth *sep*
② TECH *Motorendrehzahl* to decrease sth
II. *vi* (*mischen*) ■**mit etw untersetzt sein** to be mixed with sth

Untersetzer <-s, -> *m s.* **Untersatz 1**

untersetzt *adj Person* stocky

unterspülen* *vt* ■**etw** ~ to wash away the bottom of sth

Unterstand *m* ① (*Platz zum Unterstellen*) shelter
② MIL dugout

unterste(r, s) *adj superl von* **untere(r, s)**: **das U~ zuoberst kehren** (*fam*) to turn everything upside down; ***die Einbrecher hatten das U~ zuoberst gekehrt*** the burglars had turned everything upside down

unterstehen*[1] *irreg* **I.** *vi* ■**jdm/einer S.** ~ to be subordinate to sb/sth, to come under sb's/sth's control; ***der Abteilungsleiterin ~ 17 Mitarbeiter*** seventeen employees report to the departmental head; **jds Befehl** ~ to be under sb's command; **ständiger Kontrolle** ~ to be subject to constant checks
II. *vr* ■**sich ~, etw zu tun** to have the audacity to do sth; ***er hat sich tatsächlich unterstanden, uns zu drohen?*** he actually dared to threaten us?; ***untersteh dich!*** don't you dare!; ***was ~ Sie sich!*** how dare you!

unter|stehen[2] *vi irreg haben* SÜDD, ÖSTERR, SCHWEIZ to take shelter [*or* cover]; ***es hat so stark geregnet, dass wir eine ganze Weile ~ mussten*** it rained so heavily that we had to take shelter for quite a while

unterstellen*[1] **I.** *vt* ① (*unterordnen*) ■**jdm jdn/etw** ~ to put sb in charge of sb/sth; ***wir unterstellen Ihnen vier Abteilungen*** we're putting you in charge of four departments; ■**jdm/etw unterstellt sein** to be under sb/sth; ***Sie sind ab sofort der Redaktion III unterstellt*** as from now you report to editorial department III
② (*unterschieben*) ■**jdm etw** ~ to imply [*or* insinuate] that sb has said/done sth; ~ ***Sie mir Nachlässigkeit?*** are you implying that I have been negligent?
II. *vi* ■ ~, **[dass] ...** to suppose [*or* assume] [that] ...; ***ich unterstelle einfach einmal, dass Sie recht haben*** I'm just supposing for once that you are right

unter|stellen[2] **I.** *vt* ① (*abstellen*) ■**etw irgendwo/bei jdm** ~ to store sth somewhere/at sb's house; **ein Auto bei jdm** ~ to leave one's car at sb's house; ***er stellt ein paar Möbelstücke bei uns unter*** he's storing a few items of furniture at our place
② (*darunter stellen*) ■**etw** ~ to store sth underneath; **einen Eimer** ~ to put a bucket underneath
II. *vr* ■**sich** ~ to take shelter [*or* cover]

Unterstellmöglichkeit *f* (*Überdachung*) bus shelter

Unterstellung *f* ① (*falsche Behauptung*) insinuation
② *kein pl* (*Unterordnung*) subordination; ■**die/jds ~ unter jdn/etw** the/sb's subordination to sb/sth

untersteuern* *vi* AUTO to understeer

unterstreichen* *vt irreg* ■**etw** ~ ① (*markieren*) to underline sth; ***sein Name war rot unterstrichen*** his name was underlined in red
② (*betonen*) to emphasize sth; **seine Worte mit Gesten** ~ to emphasize one's words with gestures; ***Herbstfarben ~ Ihren Hauttyp*** autumn colours enhance your skin type
③ (*zustimmen*) ***das kann ich nur ~*** there's no doubt about that

Unterstreichung <-, -en> *f* ① (*das Unterstreichen*) underlining; **~en vornehmen** (*geh*) to underline
② *kein pl* (*das Betonen*) emphasizing

Unterströmung *f* undercurrent

Unterstufe *f* lower school

unterstützen* *vt* ① (*durch Hilfe fördern*) ■**jdn [bei etw** *dat*/**in etw** *dat*] ~ to support sb [in sth]; **die Heilung** ~ to assist sb's recovery
② (*materiell/finanziell fördern*) ■**jdn/etw [mit etw]** ~ to support sb/sth [with sth]; ***wirst du noch von deinen Eltern finanziell unterstützt?*** do your parents still financially support you?
③ (*sich dafür einsetzen*) ■**etw** ~ to back [*or* support] sth; ***diesen Plan kann ich voll*** ~ I'm fully behind [*or* supportive of] this plan
④ INFORM ■**etw** ~ to support sth

Unterstützer(in) <-s, -> *m(f)* supporter, backer

Unterstützung *f* ① *kein pl* (*Hilfe*) support; ***ich möchte Sie um Ihre ~ bitten*** I should like to ask you for your support; **zur ~ einer S.** *gen* in support of sth
② (*finanzielle Hilfeleistung*) income support; (*Arbeitslosen~*) benefit; ***nimm die 1.000 Mark als kleine*** ~ take the 1,000 Marks to help you out a bit; **eine ~ beantragen** to apply for assistance; **eine ~ beziehen** to be on income support/[unemployment] benefit

Unterstützungszahlung *f* benefit payment

Untersuch <-s, -e> *m* SCHWEIZ (*Untersuchung*) examination, investigation

untersuchen* *vt* ① (*den Gesundheitszustand überprüfen*) ■**jdn** ~ to examine sb; ■**jdn auf etw** *akk* ~ to examine sb for sth; ***hat man Sie auf Allergien untersucht?*** have you been examined for allergies?; ■**sich [von jdm] ~ lassen** to be examined [by sb]; ***manche Frauen wollen sich nur von Ärztinnen ~ lassen*** some women only want to be examined by a woman doctor; ■**etw [auf etw** *akk*] ~ (*medizinisch überprüfen*) to examine sth [for sth]; ***wir schicken das Blut ein, um es auf Krebszellen ~ zu lassen*** we're sending the blood in to have it examined for cancer cells
② (*überprüfen*) ■**etw/jdn** ~ to investigate [*or* look into] sth/sb; **einen Plan auf Schwachstellen hin** ~ to check a plan for weaknesses; **ein Fahrzeug** ~ to check a vehicle
③ (*genau betrachten*) ■**etw/jdn** ~ to scrutinize sth/sb; **die sozialen Verhältnisse** ~ to examine the social conditions; **jds Lebensgewohnheiten** ~ to scrutinize sb's habits
④ (*durchsuchen*) ■**jdn/etw [auf etw** *akk*] ~ to search sb/sth [for sth]; ***die Zollbeamten ~ das Gepäck auf Sprengstoff*** the customs officers search the luggage for explosives
⑤ (*aufzuklären suchen*) ■**etw** ~ to investigate sth; ***die Polizei untersucht den Vorfall*** the police are investigating the incident

Untersuchung <-, -en> *f* ① (*Überprüfung des Gesundheitszustandes*) examination; **jdn einer ~ unterziehen** (*geh*) to give sb a medical examination; **sich** *akk* **einer ~ unterziehen** (*geh*) to undergo a medical examination; (*medizinische Überprüfung*) examination
② (*Durchsuchung*) search; ***die ~ des Busses förderte Sprengstoff zutage*** the search of the coach unearthed explosives
③ JUR (*Überprüfung*) enquiry, examination, investigation; ***die ~ der Unfallursache ergab, dass die Bremsen versagt hatten*** the investigation into the cause of the accident revealed that the brakes had failed; ***die ~ des Wagens war ergebnislos*** an inspection of the car proved fruitless; **eine ~ einleiten** to institute investigations
④ (*analysierende Arbeit*) investigation, survey; **eine ~ veröffentlichen** to publish an investigation [*or* survey]

Untersuchungsausschuss[RR] *m* JUR committee of enquiry, investigating committee **Untersuchungsbeamte(r)** *f(m) dekl wie adj*, **Untersuchungsbeamtin** *f* ADMIN, JUR investigator **Untersuchungsbefund** *m* examination report **Untersuchungsergebnis** *nt* ① JUR findings *pl* ② MED (*Befund*) results *pl*, findings *pl* **Untersuchungsfrist** *f* JUR period of inspection **Untersuchungsgefangene(r)** *f(m) dekl wie adj* prisoner on remand **Untersuchungsgefängnis** *nt* remand prison **Untersuchungsgrundsatz** *m* JUR inquisitorial system **Untersuchungshaft** *f kein pl* JUR custody, remand, AM pre-trial detention, detention pending trial; **in ~ sein** [*o fam* **sitzen**] to be on remand; **Anrechnung der** ~ *making allowance for the time of pre-trial custody;* ~ **anrechnen** to make allowance for the pre-trial confinement; **jdn in ~ nehmen** to commit sb for trial **Untersuchungshäftling** *m* prisoner awaiting trial **Untersuchungskommission** *f* investigating [*or* inquiry] committee, commission of inquiry **Untersuchungsmethode** *f* examination [*or* investigation] [*or* research] method **Untersuchungspflicht** *f* JUR inspection duty **Untersuchungsrecht** *nt* JUR right of search **Untersuchungsrichter(in)** *m(f)* examining magistrate **Untersuchungszimmer** *nt* examination room

Untertagebau *m kein pl* ① (*Abbau*) underground mining
② (*Grube*) coal mine

untertags *adv* ÖSTERR, SCHWEIZ, SÜDD (*tagsüber*) during the day

untertan *adj* **sich** *dat* **jdn/etw ~ machen** (*geh*) to subjugate sb/dominate sth

Untertan(in) <-en, -en> *m(f)* subject

untertänig <-er, -ste> *adj* (*pej*) subserviant, submissive *pej*; **Ihr ~ster Diener** (*alt*) your humble [*or* most obediant] servant

untertariflich **I.** *adj* JUR below agreed wages *pred;*

~**e Bezahlung/Einstufung** subminimum payment/downgrade
II. *adv* JUR below agreed wages; ***viele Frauen werden ~ bezahlt*** many women receive subminimum wages
Untertasse *f* saucer; **fliegende ~** (*fam*) flying saucer *fam*
unter|tauchen I. *vt haben* ■**jdn ~** to duck [*or* AM dunk] sb's head under water, BRIT to give sb a ducking *fam*
II. *vi sein* ① (*tauchen*) to dive [under]; *U-Boot* to submerge
② (*sich verstecken*) to disappear, to go underground; ■**bei jdm ~** to hide out at sb's place; **im Ausland ~** to go underground abroad
③ (*verschwinden*) ■**irgendwo ~** to disappear somewhere; ***der Taschendieb war bereits in der Menschenmenge untergetaucht*** the pickpocket had already disappeared into the crowd
Unterteil *nt o m* bottom [*or* lower] part
unterteilen* *vt* ① (*einteilen*) ■**etw [in etw** *akk*] ~ to subdivide sth [into sth]; ***das Formular war in drei Spalten unterteilt*** the form was subdivided into three columns
② (*aufteilen*) ■**etw [in etw** *akk*] ~ to partition [*or* divide] sth [into sth]; ***das große Zimmer war in zwei kleinere Räume unterteilt*** the large room was partitioned into two smaller rooms
Unterteilung <-, -en> *f* subdivision
Unterteller *m* SCHWEIZ, SÜDD (*Untertasse*) saucer
Untertemperatur *f* low body temperature
Untertitel *m* ① (*eingeblendete Übersetzung*) subtitle ② (*zusätzlich erläuternder Titel*) subheading **Unterton** *m* undertone **untertourig** [-tu:rɪç] *adj* at low revs; ***eine ~e Fahrweise schadet Motor und Getriebe*** driving at low revs damages the engine and gears
untertreiben* *irreg* I. *vt* (*etw geringer darstellen*) ■**etw ~** to understate sth; ***musst du immer ~?*** do you always have to understate everything?
II. *vi* to play sth down; ***manche Menschen neigen dazu zu ~*** some people have a tendency to play things down
Untertreibung <-, -en> *f* understatement
untertunneln* *vt* ■**etw ~** to tunnel under sth; **der untertunnelte Ärmelkanal** the Channel Tunnel, the Chunnel *fam*
Untertunnelung *f* tunnelling [*or* AM -eling]
Untervergabe *f* sub-allocation
untervermieten* I. *vt* ■**etw ~** to sublet sth
II. *vi* to sublet; ***laut Mietvertrag darf ich nicht ~*** according to the lease I am not allowed to sublet
Untervermietung *f* HANDEL subletting, sublease; **~ zu kommerziellen Zwecken** commercial sublease
Unterverpachtung *f* HANDEL sublease
unterversichert *adj* underinsured
Unterversicherung *f* JUR underinsurance
Untervertreter(in) *m(f)* HANDEL sub-agent
Unterverzeichnis *nt* INFORM subdirectory
Untervollmacht *f* substitute power of attorney, delegated authority
unterwandern* *vt* ■**etw ~** to infiltrate sth
Unterwanderung *f* infiltration
Unterwäsche <-, -n> *f* ① *kein pl* MODE underwear *no pl*
② AUTO (*fam: Unterbodenwäsche*) underbody cleaning
Unterwasserkamera *f* underwater camera **Unterwassermassage** *f* underwater massage **Unterwassersport** *m* underwater sport
unterwegs *adv* ① (*auf dem Weg*) on the way; ***wir müssen los, ~ können wir dann Rast machen*** we must be off, we can have a break on the way; ■**[irgendwohin/zu jdm] ~ sein** to be on the way [to somewhere/sb]; ***Herr Müller ist gerade nach München ~*** Mr. Müller is on his way to Munich at the moment; **für ~** for the journey; ***nehmt ein paar belegte Brote für ~ mit!*** take a few sandwiches for the journey; **von ~** from our/your trip [*or* outing]; ***wir haben ein paar Blumen von ~ mitgebracht*** we've brought a few flowers back from our outing; ***er hat mich von ~ angerufen*** he phoned me while he was on his way; **~ befindliche Waren** HANDEL goods in transit
② (*fam: schwanger*) ***ein Kind ist ~*** a child is on the way, she is/they/we are expecting a child
unterweisen* *vt irreg* (*geh*) ■**jdn [in etw** *dat*] ~ to instruct sb [in sth] *form*; ***ich werde Sie in der Benutzung des Computers ~*** I will instruct you how to use the computer
Unterweisung *f* (*geh*) instruction *form*
Unterwelt *f kein pl* underworld
unterwerfen* *irreg* I. *vt* ① (*unterjochen*) ■**jdn/etw ~** to subjugate [*or* conquer] sb/sth; ***die Conquistadores haben weite Teile Südamerikas unterworfen*** the Conquistadores subjugated large parts of South America
② (*unterziehen*) ■**jdn etw** *dat* ~ to subject sb to sth; ***die Zollbeamten unterwarfen die Einreisenden endlosen Prozeduren*** the customs officers subjected the people entering the country to endless procedures
II. *vr* ① (*sich fügen*) **sich jds Willkür ~** to bow to sb's will; **sich einem Herrscher ~** to obey a ruler
② (*sich unterziehen*) ■**sich** *akk* **etw** *dat* ~ to submit to sth; **sich einer Prüfung ~** to do a test
Unterwerfung <-, -en> *f* subjugation
Unterwerfungserklärung *f* FIN *eines Schuldners* statement of judgment clause **Unterwerfungsklausel** *f* FIN confession of judgment clause; (*in Wechsel*) cognovit clause
unterworfen *adj* ■**jdm/etw ~ sein** to be subject to sb/sth; ***die vorherrschende Mode ist vielen Strömungen ~*** the prevailing fashion is subject to many trends
unterwürfig *adj* (*pej*) servile; ***manche meiner Kollegen sind ~ in Gegenwart des Chefs*** some of my colleagues grovel in the presence of the boss
Unterwürfigkeit <-> *f kein pl* (*pej*) servility
unterzeichnen* *vt* (*geh*) ■**etw ~** to sign sth
Unterzeichner(in) *m(f)* (*geh*) signatory
Unterzeichnerstaat *m* signatory state
Unterzeichnung *f* (*geh*) signing; **~ des Kaufvertrags** JUR (*form*) to sign a sales contract
Unterzeug *nt* (*fam*) underclothes *npl*
unterziehen*[1] *irreg* I. *vt* ■**jdn/etw etw** *dat* ~ to subject sb/sth to sth; ***der Arzt unterzog mich einer gründlichen Untersuchung*** the doctor examined me thoroughly; ***das Fahrzeug muss noch einer Generalinspektion unterzogen werden*** the vehicle still has to undergo a general inspection
II. *vr* ■**sich** *akk* **etw** *dat* ~ to undergo sth; **sich einer Operation ~** to have an operation; **sich einem Verhör ~** to undergo a hearing; **sich einer Aufgabe ~** to take on a task
unter|ziehen[2] *vt irreg* ■**[sich** *dat*] **etw ~** to put on sth *sep* underneath; ***Sie sollten sich einen Pullover ~*** you ought to put a pullover on underneath
Unterziehhemd *nt* vest **Unterziehpulli** *m thin pullover worn underneath normal clothes for added protection;* (*als Skiunterwäsche*) long-sleeved thermal T-shirt
Unterzuckerung <-, -en> *f* low blood sugar level
Unterzug *m* BAU downstand beam, bearer
Untiefe *f* ① (*seichte Stelle*) shallow *usu pl*
② (*geh: große Tiefe*) depth *usu pl*; **in den ~n des Ozeans** in the depths of the ocean
Untier *nt* monster
untilgbar *adj* FIN (*geh*) irredeemable, unsinkable
untragbar *adj* ① (*unerträglich*) unbearable
② (*nicht tolerabel*) intolerable; ■**[für jdn] ~ sein/werden** to be/become intolerable [to sb]; ***dieser Politiker ist/wird für seine Partei ~*** this politician is/is becoming a liability to his party
untrainiert *adj* untrained
untrennbar *adj* LING inseparable
untreu *adj* unfaithful; ■**jdm ~ sein/werden** to be unfaithful to sb; (*hum*) to forget all about sb; ***wir hatten schon gedacht, du wolltest uns ~ werden*** we were beginning to think that you'd forgotten all about us; **sich** *dat* **~ werden** (*geh*) to be untrue to oneself; **etw** *dat* **~ werden** to be disloyal to sth
Untreue *f* ① (*untreues Verhalten*) unfaithfulness
② JUR (*finanzieller Missbrauch*) embezzlement
untröstlich *adj* inconsolable; ■**~ sein, dass** to be inconsolable [*or* so [very] sorry] that
untrüglich *adj* unmistakable, sure
Untugend *f* bad habit; ***ihre größte ~ ist das Kettenrauchen*** her worst vice is [her] chain-smoking; **eine ~ [von jdm] sein** to be a bad habit [of sb's]
untypisch *adj* untypical; ■**~ [für jdn] sein** to be untypical [of sb]
unübel *adj* **[gar] nicht [so] ~** (*fam*) not bad [at all], not so bad; ***er ist gar nicht so ~, wenn man ihn näher kennt*** he's not so bad [*or* BRIT *fam* such a bad bloke [*or* sort]] when you get to know him better
unüberbrückbar *adj* irreconcilable
unüberhörbar *adj* ① (*nicht zu überhören*) ■**~ sein** to be clearly audible; ***das Läuten des Telefons muss ~ gewesen sein*** you could hardly [*or* [surely] couldn't] have missed the phone ringing
② (*deutlich herauszuhören*) unmistakable
unüberlegt I. *adj* rash
II. *adv* rashly
Unüberlegtheit <-, -en> *f* ① *kein pl* (*unüberlegte Art*) rashness
② *kein pl* (*Übereiltheit*) rashness
③ (*unüberlegte Äußerung*) rash [*or* ill-considered] comment
④ (*unüberlegte Handlung*) rash act
unübersehbar *adj* ① (*nicht zu übersehen*) obvious; **ein ~er Fehler** an obvious [*or* glaring] mistake; **ein ~er Unterschied** an obvious [*or* striking] difference
② (*nicht abschätzbar*) incalculable, inestimable; **~e Konsequenzen** unforeseeable consequences
unübersetzbar *adj* untranslatable
unübersichtlich *adj* ① (*nicht übersichtlich*) confusing
② (*schwer zu überblicken*) unclear; **eine ~e Kurve** a blind bend [*or* curve]
Unübertragbarkeit <-> *f kein pl* non-transferability, inalienability
unübertrefflich I. *adj* unsurpassable, matchless; **ein ~er Rekord** an unbeatable record
II. *adv* superbly, magnificently; ***ein ~ gutes/gelungenes Design*** an unsurpassably good/unsurpassable [*or* matchless] design
unübertroffen *adj* unsurpassed, unmatched; **ein ~er Rekord** an unbroken record; ■**~ sein** to be unsurpassable [*or* unmatchable]; ***dieser Rekord ist noch/seit Jahren ~*** this record is still unbroken/hasn't been broken for [some] years
unüberwindlich *adj* ① (*nicht abzulegen*) deep[-rooted]; **eine ~e Antipathie** a deep [*or* strong] antipathy; **ein ~er Hass** an implacable [*or* a deep-rooted] hatred; **~e Vorurteile** deep[-rooted] [*or* ingrained] prejudices
② (*nicht zu meistern*) insurmountable, insuperable *form*
③ (*unbesiegbar*) invincible
unüblich I. *adj* uncustomary; ■**~ sein** to be unusual, not to be customary
II. *adv* unusually; **~ lange dauern** to take an unusually long time
unumgänglich *adj* unavoidable, inevitable; ■**~ sein/werden** to be/become inevitable; (*dringend notwendig*) ***ein baldiger Abschluss des Vertrages wird ~*** it's imperative that the contract is concluded soon
unumschränkt I. *adj* absolute, unlimited
II. *adv* **~ herrschen** to have absolute rule [*or* power]
unumstößlich I. *adj* irrefutable, incontrovertible; **ein ~er Entschluss** an irrevocable [*or* irreversible] decision
II. *adv* irrefutably, incontrovertibly; ***die Entscheidung des Gerichts steht ~ fest*** the court's decision is irrevocable [*or* irreversible]
unumstritten I. *adj* undisputed, indisputable; ■**~ sein, dass** to be undisputed [*or* indisputable] that

II. *adv* undisputedly, indisputably; ***das ist ~ einer der besten Rotweine der Welt*** this is without doubt one of the best red wines in the world

unumwunden *adv* frankly, openly

ununterbrochen I. *adj* ① (*unaufhörlich andauernd*) incessant, constant
② (*nicht unterbrochen*) unbroken, uninterrupted
II. *adv* constantly, incessantly; ~ **laufen lassen** INFORM soak tested

unveränderlich *adj* ① (*gleich bleibend*) unchanging, unvarying
② (*feststehend*) constant, invariable, unchanging

unverändert I. *adj* ① (*keine Änderungen aufweisend*) unrevised; ***bis auf einige Korrekturen ist der Text*** ~ apart from a few corrections there are no revisions to the text
② (*gleich bleibend*) unchanged; **~er Einsatz/Fleiß** unchanging [*or* unvarying] dedication/hard work; ***mein Großvater ist weiterhin bei ~er Gesundheit*** my grandfather's health is still unchanged
II. *adv* ***trotz dieser Meinungsverschiedenheiten begegnete sie uns ~ freundlich*** her greeting was as friendly as ever, despite our [little] difference of opinion; ***ihr ~ gutes Befinden verdankt sie diesen Knoblauchpillen*** she puts her continued good health down to these garlic pills; ***auch morgen ist es wieder ~ heiter/ kalt/ kühl*** it will remain [just as] clear/cold/cool [*or* be clear/cold/ cool again] tomorrow; ***auch für den neuen Auftraggeber arbeitete er ~ zuverlässig*** his work was just as reliable for his new client

unverantwortlich I. *adj* irresponsible; ***in ihrem ~en Leichtsinn ließ sie ihr Auto unverschlossen stehen*** in her irresponsible recklessness she left her car unlocked
II. *adv* irresponsibly; ***du hast ~ viel getrunken*** it was irresponsible of you to drink so much

unverarbeitet *adj* ① *Material* raw
② PSYCH *Erlebnis, Eindruck* undigested

unveräußerlich *adj inv* ① (*geh: nicht zu entäußern*) inalienable
② (*selten: unverkäuflich*) unmarketable, unsaleable

unverbesserlich *adj* incorrigible; **ein ~er Optimist/Pessimist** an incurable optimist/pessimist

unverbindlich I. *adj* ① (*nicht verpflichtend*) not binding *pred;* **ein ~es Angebot machen** to make a non-binding offer [*or* an offer without commitment]
② (*distanziert*) detached, impersonal; ***meine ~en Geschäftspartner wollten sich wohl ein Hintertürchen offen halten*** my non-committal business partners obviously wanted to leave themselves a way out
II. *adv* without obligation; **jdm einen Preis ~ ausrechnen** to calculate a price for sb that is not binding

Unverbindlichkeit <-, -en> *f* ① *kein pl* (*Distanziertheit*) detachment, impersonality
② (*unverbindliche Äußerung*) non-committal remark

unverbleit *adj* unleaded, lead-free

unverblümt I. *adj* blunt
II. *adv* bluntly, in plain terms

unverbraucht *adj* fresh, unused; ***sie wurde durch eine junge, ~e Mitarbeiterin ersetzt*** she was replaced by a fresh, young colleague; ■**[noch] ~ sein** to be [still] fresh; ***mit 40 war sie noch voller Energie und ~*** as a 40-year-old she was still full of youthful energy

unverdächtig I. *adj* ① (*nicht unter Verdacht stehend*) unsuspected; ***der Einzige, der hier ~ ist, ist das zweijährige Kind*** the only person who is above suspicion here is the two-year-old
② (*nicht verdächtig*) unsuspicious; ***legen Sie bitte ein ganz ~es Verhalten an den Tag*** please try not to arouse any suspicion [with your behaviour]; ***sein Auftreten selbst ist völlig ~*** he doesn't look suspicious at all
II. *adv* **~ auftreten/sich ~ benehmen** to behave in a way which won't arouse suspicion, not to behave in a way which will arouse suspicion

unverdaulich *adj* indigestible

unverdaut I. *adj* undigested
II. *adv* **etw ~ wieder ausscheiden** to pass sth in an undigested state

unverdient I. *adj* ① (*nicht durch Verdienst erfolgend*) unearned
② (*unberechtigt*) undeserved, unmerited
II. *adv* undeservedly

unverdientermaßen *adv,* **unverdienterweise** *adv* undeservedly

unverdorben *adj* unspoilt

unverdrossen *adv* undauntedly

unverdünnt I. *adj* undiluted; **~er Alkohol** neat alcohol
II. *adv* **etw ~ anwenden/auftragen/trinken** to use/apply/drink sth in an undiluted state; ***ich trinke meinen Whisky ~*** I like [to drink] my whisky neat

unvereinbar *adj* incompatible; **~e Gegensätze** irreconcilable differences; ■**[mit etw] ~ sein** to be incompatible [with sth]

Unverfallbarkeit <-> *f kein pl* non-forfeitability, non-forfeiture

unverfälscht *adj* unadulterated

unverfänglich *adj* harmless; ***auf die Trickfragen hat er mit ~en Antworten reagiert*** he gave non-committal answers to the trick questions; ■**~ sein, etw zu tun** to be perfectly harmless to do sth

unverfroren *adj* insolent, impudent

Unverfrorenheit <-, -en> *f* ① (*Dreistigkeit*) audacity, impudence
② (*Äußerung*) insolent remark; ***solche ~en muss ich mir nicht anhören*** I don't have to listen to such insolent remarks [*or* insolence]
③ (*dreistes Benehmen*) insolence *no pl;* ***also ehrlich, mir sowas zu sagen, ist schon eine ~*** well really, you've got a cheek saying something like that to me

unvergänglich *adj* ① (*bleibend*) abiding; **ein ~er Eindruck** a lasting [*or* an indelible] impression; **eine ~e Erinnerung** an abiding [*or* enduring] memory
② (*nicht vergänglich*) immortal

unvergessen *adj* unforgotten; **jd/etw bleibt [jdm] ~** sb/sth will always be remembered [by sb], sb will always remember [*or* never forget] sb/sth

unvergesslich[RR] *adj,* **unvergeßlich** *adj* unforgettable; ***die schönen Stunden mit dir bleiben mir [auf ewig] ~*** I'll never [ever] forget [*or* I will always remember] the wonderful hours I spent with you; ■**[jdm] ~ bleiben** sb will always remember [*or* never forget] sth; ***die Eindrücke von meiner Weltreise sind immer noch ~*** the impressions of my round-the-world trip are still with me as if they happened yesterday

unvergleichbar *adj* incomparable; ■**~ [miteinander] sein** to be incomparable [to [*or* with] each other [*or* one another]]; ***diese Fälle sind ~ [miteinander]*** these cases can't be compared [*or* are incomparable] to [*or* with] each other [*or* one another]

unvergleichlich I. *adj* incomparable, unique
II. *adv* incomparably

unverhältnismäßig *adv* excessively; ***wir alle litten unter dem ~ heißen/ kalten Wetter*** we are all suffering as a result of the unusually [*or* exceptionally] hot/cold weather; ***das Essen in diesem Restaurant ist zwar erstklassig, aber ~ teuer*** the food in this restaurant is first-rate, but extremely expensive

unverheiratet *adj* unmarried, single

unverhofft I. *adj* unexpected
II. *adv* (*unerwartet*) unexpectedly; ***sie besuchten uns ~*** they paid us an unexpected visit; ***manchmal kommt die glückliche Wende ganz ~*** sometimes a turn for the better happens quite unexpectedly [*or* is quite unexpected [when it comes]]
▸ WENDUNGEN: **~ kommt oft** (*prov*) the nicest things happen when you don't expect them, life is full of surprises

unverhohlen I. *adj* undisguised, unconcealed
II. *adv* openly

unverhüllt <-er, -este> *adj* unveiled, undisguised

unverkäuflich *adj* not for sale *pred;* **ein ~es Muster** a free sample

unverkennbar *adj* unmistakable; ■**~ sein/ werden, dass** to be/become clear that

unverkrampft *adj* relaxed

unverlässlich[RR] *adj,* **unverläßlich** *adj* unreliable

Unverletzlichkeit *f* JUR inviolability; **~ der Wohnung** inviolability of the home

unverletzt *adj* uninjured, unhurt; *Körperteil* undamaged

unvermeidbar *adj s.* **unvermeidlich**

unvermeidlich *adj* unavoidable; **sich ins U~e fügen** to [have to] accept the inevitable, to bow to the inevitable

unvermindert I. *adj* undiminished
II. *adv* unabated

unvermittelt I. *adj* sudden, abrupt
II. *adv* suddenly, abruptly; **~ bremsen** to brake suddenly [*or* sharply]

Unvermögen *nt kein pl* powerlessness; ■**jds ~, etw zu tun** sb's inability to do sth

unvermögend *adj* (*geh*) without means *pred;* **nicht ~** [quite] well-to-do; ***sie hat einen nicht ~en Mann geheiratet*** she['s] married [quite] a well-to-do man

unvermutet I. *adj* unexpected
II. *adv* unexpectedly; ***sie haben mich gestern ~ besucht*** they paid me an unexpected visit yesterday

Unvernunft *f* stupidity; ***so eine ~!*** what [*or* such] stupidity!; ***es ist/ wäre eine ~, dieses günstige Angebot abzulehnen*** it's/it would be sheer stupidity [*or* madness] [*or* folly] to turn down this good offer

unvernünftig *adj* stupid, foolish; ***so etwas U~es, wagt sich allein in die Höhle des Löwen!*** how foolish [*or* what madness [*or* folly]], to [dare] enter the lion's den alone!; ***tu nichts U~es*** don't do anything foolish [*or* stupid]

unveröffentlicht *adj* unpublished; ■**[noch] ~ sein** to be [as yet] unpublished

unverpackt *adj* without packaging *pred;* **ein ~es Geschenk** an unwrapped present; **~e Waren** bulk commodities; ■**~ sein** to be unpackaged; ***auf dem Markt verkauftes Obst ist in aller Regel ~*** fruit at a market is generally sold loose

unverputzt *adj* BAU unplastered

unverrichtet *adj* **~er Dinge** without having achieved anything; ***ihr bringt mir das Geld mit, kommt bloß nicht ~er Dinge zurück!*** [you must] bring me the money back with you, don't [[you] dare] come back empty handed!

unverrückbar *adj* unshakable, firm, unalterable

unverschämt I. *adj* ① (*dreist*) impudent; **eine ~e Antwort/Bemerkung/ein ~es Grinsen** an insolent [*or* impudent] answer/remark/grin; **ein ~er Bursche/Kerl/Mensch** an impudent [*or* insolent] fellow/chap/person
② (*unerhört*) outrageous
II. *adv* ① (*dreist*) insolently, impudently; **~ lügen** to tell barefaced [*or* blatant] lies
② (*fam: unerhört*) outrageously

Unverschämtheit <-, -en> *f* ① *kein pl* (*Dreistigkeit*) impudence, insolence; ***wer so dreist lügen kann, muss eine gehörige Portion ~ besitzen*** anybody who can tell such blatant lies must have a fair amount of front; **die ~ besitzen** [*o* **haben**]**, etw zu tun** to have the impudence [*or* brazenness] to do sth
② (*unverschämte Bemerkung*) impertinent [*or* insolent] remark, impertinence *no pl* [*or* insolence] *no pl;* **[das ist eine] ~!, so eine ~!** that's outrageous!
③ (*unverschämte Handlung*) impertinence *no pl*

unverschlossen *adj* ① (*nicht abgeschlossen*) unlocked; **ein ~es Fenster** an open window [*or* window which is off the latch]
② (*nicht zugeklebt*) unsealed; ***Drucksachen zu ermäßigter Gebühr müssen ~ sein*** printed matter sent at a reduced rate must be left unsealed

unverschuldet I. *adj* through no fault of one's own
II. *adv* through no fault of one's own

unversehens *adv s.* **unvermutet II**
unversehrt *adj* undamaged; (*Mensch*) unscathed
unversöhnlich *adj* irreconcilable
Unversöhnlichkeit *f* irreconcilability
unversorgt *adj* unprovided for *pred*
Unverstand *m* (*geh*) foolishness; ***so ein ~!*** what foolishness!
unverstanden *adj* not understood; **sich ~ fühlen** to feel misunderstood
unverständig *adj* (*geh*) ignorant; ***du darfst ihm das nicht übel nehmen, er ist eben noch ein ~es Kind*** don't be too hard on him, he's still too young to understand
unverständlich *adj* ❶ (*akustisch nicht zu verstehen*) unintelligible; ■ **[jdm] ~ sein** to be unintelligible [to sb]
❷ (*unbegreifbar*) incomprehensible; ■ **[jdm] ~ sein, warum/wie ...** to be incomprehensible [to sb] why/how ...
Unverständnis *nt kein pl* lack of understanding; ***ich bin ja nun leider an ~ für meine Ideen gewöhnt*** unfortunately, I'm used to my ideas not being understood
unversteuert *adj* FIN untaxed
unversucht *adj* **nichts ~ lassen** to leave no stone unturned [*or* try everything]; **nichts ~ lassen, um etw zu tun** to leave no stone unturned in trying to do sth
unverteilt *adj* FIN undistributed, undivided; **~er Gewinn** retained earnings
unverträglich *adj* ❶ (*sich mit keinem vertragend*) cantankerous, quarrelsome
❷ (*nicht gut bekömmlich*) indigestible; ***ich habe solche Magenbeschwerden, vielleicht habe ich etwas U~es gegessen*** I've got [a] really bad stomach-ache, perhaps I've eaten something that didn't agree with me
unverwandt *adv* (*geh*) intently, steadfastly; **jdn/etw ~ anschauen/anstarren** to look/stare at sb/sth with a fixed [*or* steadfast] gaze [*or* fixedly] [*or* steadfastly]
unverwechselbar [-ks-] *adj* unmistakable, distinctive
unverwertbar *adj* unusable
unverwundbar *adj* invulnerable
unverwüstlich *adj* tough, hard-wearing; **[eine] ~e Gesundheit** robust health
unverzagt I. *adj* undaunted; **sei ~** don't lose heart [*or* be discouraged]
II. *adv* undauntedly
unverzeihlich *adj* inexcusable, unpardonable, unforgivable; ■ **~ sein, dass** to be inexcusable [*or* unpardonable] [*or* unforgiveable] that
unverzichtbar *adj* essential, indispensable; ■ **[für jdn] ~ sein** to be essential [*or* indispensable] [to [*or* for] sb]
unverzinslich *adj* ÖKON interest-free
unverzollt *adj* duty-free
unverzüglich I. *adj* immediate, prompt
II. *adv* immediately, at once, without delay; **~ gegen jdn vorgehen** to take immediate action against sb; ***da die Polizei ~ eingegriffen hat, konnte Schlimmeres verhindert werden*** thanks to prompt intervention by the police, an escalation of the situation was avoided
Unverzüglichkeit <-> *f kein pl* JUR promptness
unvollendet *adj* unfinished
unvollkommen *adj* incomplete; ***jeder Mensch ist ~*** nobody is perfect
Unvollkommenheit *f* imperfection
unvollständig I. *adj* incomplete
II. *adv* incompletely; ***Sie haben das Formular leider ~ ausgefüllt*** I'm afraid [that] you haven't finished filling out [*or* completed] the form; ***das gesamte Mobiliar ist in dieser Aufstellung noch ~ verzeichnet*** not all the furnishings are included on this list
Unvollständigkeit *f* incompleteness
unvorbereitet I. *adj* unprepared; **eine ~e Rede** an impromptu speech; ■ **[auf etw *akk*] ~ sein** not to be prepared [for sth]; ***auf diesen Besuch sind wir völlig ~*** we're not prepared for this visit at all [*or* totally unprepared for this visit]
II. *adv* ❶ (*ohne sich vorbereitet zu haben*) without any preparation
❷ (*unerwartet*) unexpectedly
unvoreingenommen I. *adj* unbiased, impartial
II. *adv* impartially
Unvoreingenommenheit *f* impartiality
unvorhergesehen I. *adj* unforeseen; **ein ~er Besuch** an unexpected visit
II. *adv* unexpectedly; **jdn ~ besuchen** to pay sb an unexpected visit; ***das ist völlig ~ passiert*** that was quite unexpected [*or* happened quite unexpectedly]
unvorschriftsmäßig I. *adj* contrary to [the] regulations *pred*
II. *adv* contrary to [the] regulations; **~ geparkt** illegally parked
unvorsichtig I. *adj* ❶ (*unbedacht*) rash; **eine ~e Äußerung/Bemerkung** a rash [*or* an indiscreet] comment/remark
❷ (*nicht vorsichtig*) careless; **~es Fahren/eine ~e Fahrweise** reckless driving/a reckless way of driving
II. *adv* ❶ (*unbedacht*) rashly; **sich ~ äußern** to make a rash [*or* an indiscreet] comment [*or* rash [*or* indiscreet] comments]
❷ (*nicht vorsichtig*) carelessly; **~ fahren** to drive recklessly
unvorsichtigerweise *adv* carelessly; ***er verplapperte sich ~, nachher tat es ihm dann Leid*** he blabbed it out without thinking, but was sorry afterwards; ***dieses Wort ist mir ~ entschlüpft*** this word just [kind of] slipped out
Unvorsichtigkeit <-, -en> *f* ❶ *kein pl* (*unbedachte Art*) rashness; ***ihre Fahrweise ist von ~ gekennzeichnet*** she's doesn't pay attention when she's driving
❷ (*unbedachte Bemerkung*) rash [*or* indiscreet] comment; ***so eine ~!*** how rash [*or* indiscreet]!
❸ (*unbedachte Handlung*) rash act; ***es war eine ~ [von dir], so etwas zu tun*** it was rash of you to do something like that
unvorstellbar I. *adj* ❶ (*gedanklich nicht erfassbar*) inconceivable; ■ **~ sein, dass** to be inconceivable that
❷ (*unerhört*) unimaginable, inconceivable
II. *adv* unimaginably, inconceivably
unvorteilhaft I. *adj* ❶ (*nicht vorteilhaft aussehend*) unflattering, unbecoming
❷ (*nachteilig*) disadvantageous, unfavourable [*or* AM -orable]; **ein ~es Geschäft** an unprofitable business
II. *adv* unattractively, unflatteringly; **sich ~ kleiden** not to dress in a very flattering way; **[mit** [*o* **in] etw** *dat*] **~ aussehen** sth doesn't look very flattering [*or* becoming] [on sb], sth doesn't flatter [*or* become] sb
unwägbar *adj* incalculable; **~e Konsequenzen** unforeseeable consequences; **~e Kosten** incalculable [*or* inestimable] costs
Unwägbarkeit <-, -en> *f* unpredictability
unwahr *adj* untrue, false; ■ **~ sein, dass** to be untrue that, not to be true that
Unwahrheit *f* untruth; **die ~ sagen** to lie, to tell untruths
unwahrscheinlich I. *adj* ❶ (*kaum denkbar*) improbable, unlikely; **ein ~er Zufall** a remarkable coincidence; ■ **~ sein, dass** to be improbable [*or* unlikely] that
❷ (*fam: unerhört*) incredible *fam;* **~es Glück/Pech** incredible [*or* incredibly good] luck/incredibly bad luck; **eine ~e Intrigantin/ein ~er Intrigant** an unbelievable schemer; **ein ~er Mistkerl** an absolute [*or* a real] bastard *sl*
II. *adv* (*fam*) incredibly *fam;* ***ich habe mich ~ darüber gefreut*** I was really pleased about it; ***letzten Winter haben wir ~ gefroren*** we were incredibly cold last winter; ***du hast ja ~ abgenommen!*** you've lost a hell of a lot [*or* an incredible amount] of weight! *fam*
Unwahrscheinlichkeit <-, -en> *f* unlikeliness
unwandelbar *adj* (*geh*) ❶ (*gleich bleibend*) unalterable
❷ (*stetig*) *Liebe, Treue* unwavering
unwegsam *adj* [almost] impassable
unweiblich *adj* unfeminine
unweigerlich I. *adj attr* inevitable
II. *adv* inevitably
unweit I. *präp* ■ **~ einer S.** *gen* not far from a thing
II. *adv* ■ **~ von etw** not far from sth; ***die Fähre lief ~ vom Ufer auf eine Sandbank*** the ferry ran aground on a sandbank not far from [*or* close to] the shore
Unwesen *nt kein pl* dreadful state of affairs; ***es wird Zeit, dass dem ~ der Korruption ein Ende bereitet wird*** it's time that an end was put to this dreadful [*or* disgraceful] corruption; **[irgendwo] sein ~ treiben** to ply one's dreadful trade [somewhere]; ***dieser Anschlag zeigt, dass die Terroristen ihr [verbrecherisches] ~ noch treiben*** this attack proves that the terrorists are still plying their murderous trade; ***in gewissen Horrorfilmen treiben die Vampire bevorzugt in Transsilvanien ihr ~*** in certain horror films Transylvania is the place vampires prefer to terrorize
unwesentlich I. *adj* insignificant
II. *adv* slightly, marginally; ***es unterscheidet sich nur ~ von der ursprünglichen Fassung*** there are only insignificant [*or* very slight [*or* marginal]] differences between it and the original [version]; ***er hat sich in den letzten Jahren nur ~ verändert*** he's hardly changed at all over the last few years
Unwetter *nt* violent [thunder]storm
unwichtig *adj* unimportant, trivial; ■ **~ sein** to be unimportant, not to be important
unwiderlegbar *adj* irrefutable
unwiderruflich I. *adj* irrevocable, irreversible
II. *adv* irrevocably; **sich ~ entscheiden** [*o* **entschließen**] to make an irrevocable [*or* irreversible] decision; ***steht der Termin nun ~ fest?*** is that a firm date now?
unwidersprochen *adj* unchallenged, undisputed; **eine ~e Meldung** an uncontradicted report
unwiderstehlich *adj* irresistible
unwiederbringlich *adj* (*geh*) irretrievable
Unwille, Unwillen <-s> *m* (*geh*) displeasure; **voller ~n** with evident displeasure; **jds ~ erregen** to incur sb's displeasure
unwillig I. *adj* ❶ (*verärgert*) angry
❷ (*widerwillig*) reluctant, unwilling; **ein ~es Kind** a contrary child
II. *adv* reluctantly, unwillingly; ***ich bat sie um ihre Hilfe, aber sie zeigte sich ~*** I asked her for [her] help, but she was reluctant to give it
unwillkommen *adj* unwelcome; ■ **[bei jdm/irgendwo] ~ sein** to be unwelcome [at sb's [sth]/somewhere], not to be welcome [at sb's [sth]/somewhere]; ***Ihre Anwesenheit ist ~*** you're not welcome here
unwillkürlich I. *adj* instinctive, involuntary; ***er konnte sich ein ~es Grinsen nicht verkneifen*** he couldn't help grinning
II. *adv* instinctively, involuntarily; **~ grinsen/lachen** not to be able to help grinning/laughing
unwirklich *adj* unreal; ■ **[jdm] ~ sein** to seem unreal [to sb]
unwirksam *adj* ❶ (*unwirksam*) ineffective
❷ JUR (*nichtig*) [null and] void, not binding in law; **~ werden** to lapse [*or* become ineffective]; **etw für ~ erklären** to declare sth [null and] void
Unwirksamkeit <-> *f kein pl* JUR (*Nichtigkeit*) voidness, ineffectiveness; (*Ungültigkeit*) invalidity; **~ eines Rechtsgeschäfts** voidness of a transaction; **~ eines Vermächtnisses** extinguishment of legacy; **schwebende/teilweise ~** pending/partial voidness **Unwirksamkeitserklärung** *f* JUR annulment, declaration of ineffectiveness **Unwirksamkeitsklausel** *f* JUR ineffectiveness clause
unwirsch <-er, -[e]ste> *adj* curt, *esp* BRIT brusque
unwirtlich *adj* inhospitable
unwirtschaftlich *adj* uneconomic[al]; **ein ~es Auto/eine ~e Fahrweise** an uneconomical car/way of driving

Unwissen *nt s.* **Unwissenheit**
unwissend *adj* (*über kein Wissen verfügend*) ignorant; ***der Vertreter hat so manchen ~en Kunden hereingelegt*** the sales rep tricked many an unsuspecting customer; (*ahnungslos*) unsuspecting
Unwissenheit <-> *f kein pl* (*mangelnde Erfahrung*) ignorance; ***gewiefte Vertreter haben schon die ~ manch eines Interessenten ausgenutzt*** crafty sales reps have exploited the innocence of many an interested party
► WENDUNGEN: ~ **schützt vor Strafe nicht** ignorance is no excuse
unwissenschaftlich *adj* unscientific
unwissentlich *adv* unwittingly, unknowingly
unwohl *adj* ■**jdm ist ~,** ■**jd fühlt sich ~** ❶ (*gesundheitlich nicht gut*) sb feels unwell [*or* AM *usu* sick]
❷ (*unbehaglich*) sb feels uneasy [*or* ill at ease]
Unwohlsein *nt* [slight] nausea; **ein [leichtes] ~ verspüren** to feel [slightly] ill [*or* queasy] [*or esp* AM sick]
unwohnlich *adj* unhomely, cheerless
Unwort *nt* ~ **des Jahres** taboo [*or* worst] word of the year
Unwucht *f* TECH imbalance
unwürdig *adj* ❶ (*nicht würdig*) unworthy; ■**[einer S. *gen*] ~ sein** to be unworthy [of a thing]; ■**[jds] ~ sein** to be unworthy [of sb], not to be worthy [of sb]
❷ (*schändlich*) disgraceful, shameful
Unzahl *f* ■**eine ~ [von etw]** a huge [*or* an enormous] number [of sth], multitude; ***wie soll ich aus dieser ~ von verschiedenen Schrauben die passende herausfinden?*** how am I supposed to find the right one amongst all these different screws?; ***die surrende, schwarze Wolke bestand aus einer ~ von Heuschrecken*** the buzzing black cloud consisted of a multitude of locusts
unzählbar *adj* countless
unzählig *adj* innumerable, countless; **~e Anhänger/Fans** huge [*or* enormous] numbers of supporters/fans; **~e Bekannte/Freunde** a [very] wide circle of acquaintances/friends; **~e Mal** time and again, over and over again
Unze <-, -n> *f* ounce
Unzeit *f* ■**zur ~** (*geh*) at an inopportune moment
unzeitgemäß *adj* old-fashioned, outmoded
unzerbrechlich *adj* unbreakable
unzerkaut **I.** *adj* unchewed
II. *adv* unchewed; ~ **hinunterschlucken** to swallow whole
unzerstörbar *adj* indestructible
unzertrennlich *adj* inseparable
unzivilisiert [-vi-] **I.** *adj* uncivilized
II. *adv* **sich ~ benehmen** to behave in an uncivilized manner
Unzucht *f kein pl* (*veraltend*) illicit sexual relations *pl;* ~ **mit Abhängigen** JUR illicit sexual relations with dependants
unzüchtig *adj* ❶ (*veraltend: unsittlich*) immoral, indecent
❷ JUR (*pornografisch*) pornographic, obscene
unzufrieden *adj* dissatisfied, discontent[ed], disgruntled; ■**[mit jdm/etw] ~ sein** to be dissatisfied [with sb/sth], not to be happy [with sb/sth]
Unzufriedenheit *f* dissatisfaction, discontent[ment]
unzugänglich *adj* ❶ (*schwer erreichbar*) inaccessible
❷ (*nicht aufgeschlossen*) unapproachable
Unzukömmlichkeit <-, -en> *f* SCHWEIZ (*Unzulänglichkeit*) shortcoming[s *pl*], inadequacy
unzulänglich **I.** *adj* inadequate; **~e Erfahrungen/Kenntnisse** insufficient experience/knowledge
II. *adv* inadequately; ~ **unterstützt sein** to have inadequate [*or* insufficient] support
Unzulänglichkeit <-, -en> *f* ❶ *kein pl* (*Mangelhaftigkeit*) inadequacy
❷ *meist pl* (*mangelhafter Zug*) shortcoming[s *pl*], inadequacy
unzulässig *adj* inadmissible; **~e Maßnahmen/Methoden** improper measures/methods
Unzulässigkeit <-> *f kein pl* JUR inadmissibility
unzumutbar *adj* unreasonable; ■**~ sein, dass [jd etw tut]** to be unreasonable [for sb to do sth]; **~e Härte** JUR unreasonable hardship
Unzumutbarkeit <-> *f kein pl* JUR unreasonableness
unzurechnungsfähig *adj* MED of unsound mind *pred,* not responsible for one's actions *pred;* **jdn für ~ erklären** JUR, MED to certify sb insane
Unzurechnungsfähigkeit *f* JUR, MED mental incapacity, unsoundness of mind, insanity
unzureichend *adj s.* **unzulänglich**
unzusammenhängend *adj* incoherent
unzuständig *adj* ADMIN, JUR incompetent; ■**[für etw] ~ sein** not to be competent [for sth]; **für eine Klage ~ sein** to have no jurisdiction to take cognizance of an action; **sich *akk* für ~ erklären** to decline jurisdiction
Unzuständigkeit <-> *f kein pl* JUR incompetence *no pl,* lack of competence *no pl*
unzustellbar *adj* undeliverable
unzutreffend *adj* incorrect; ■**~ sein, dass** to be untrue that; **„U~es bitte streichen"** "please delete if [*or* where] not applicable"
unzuverlässig *adj* unreliable
Unzuverlässigkeit *f* unreliability
unzweckmäßig *adj* ❶ (*nicht zweckdienlich*) inappropriate; ■**~ sein, etw zu tun** to be inappropriate to do sth
❷ (*nicht geeignet*) unsuitable
Unzweckmäßigkeit *f* inappropriateness, unsuitableness
unzweideutig **I.** *adj* unambiguous, unequivocal
II. *adv* unambiguously, unequivocally; ***er gab ihm ~ zu verstehen, dass er verschwinden möge*** he told him in no uncertain terms to make himself scarce
unzweifelhaft **I.** *adj* (*geh*) unquestionable, undoubted
II. *adv* (*geh*) *s.* **zweifellos**
Up <-s, -s> [ʌp] *nt* NUKL up
Update <-s, -s> ['apdeːt] *m o nt* INFORM update
Upload <-s, -s> ['apləʊd] *m* INET upload
up|loaden ['ʌploʊd-] *vt* INFORM ■**etw ~** to upload sth
üppig *adj* ❶ (*schwellend*) voluptuous; **~e Brüste** an ample bosom, ample [*or* large] [*or* voluptuous] breasts
❷ (*reichhaltig*) sumptuous
❸ (*geh: in großer Fülle vorhanden*) luxuriant, lush
Üppigkeit <-> *f kein pl* (*geh*) luxuriance, lushness
U-Profil *nt* AUTO U section, chassis channel
up to date ['ʌp tə 'deɪt] *adj pred* up to date
Ur <-[e]s, -e> *m* ZOOL aurochs
Urabstimmung *f* POL ballot [vote] **Uradel** *m* ancient nobility, ancienne noblesse **Urahn, -ahne** *m, f* ancestor [*or* forefather]
Ural <-s> *m* GEOG ■**der ~** ❶ (*Gebirge*) the Urals *pl,* the Ural Mountains *pl*
❷ (*Fluss*) the [river] Ural
uralt *adj* ❶ (*sehr alt*) very old
❷ (*schon lange existent*) ancient, age-old
❸ (*fam: schon lange bekannt*) ancient *fam;* **ein ~es Problem** a perennial problem
Uran <-s> *nt kein pl* CHEM uranium
Uranbergwerk *nt* uranium mine **Uranerz** *nt* uranium ore **Urankonversion** *nt* uranium conversion
Uranus <-s> *m kein pl* Uranus *no art*
Uranvorkommen *nt* uranium deposits
uraufführen *vt nur infin und pp* FILM, THEAT ■**etw ~ [wollen]** [to plan] to première sth, to perform sth for the first time; **einen Film ~ [wollen]** [to plan] to première a film, to show a film for the first time
Uraufführung *f* FILM, THEAT première, first night [*or* performance]; *Film* première, first showing
urban *adj* (*geh*) ❶ (*städtisch*) urban
❷ (*weltmännisch*) urbane
Urbanität <-> *f kein pl* (*geh*) urbanity
urbar *adj* **etw ~ machen** to cultivate sth; (*Wald*) to reclaim sth
Urbayer(in) *m(f)* typical [*or* [*or* BRIT] dyed in the wool] Bavarian **Urbevölkerung** *f* native population [*or* inhabitants] *pl* **Urbild** *nt* ❶ (*Protoyp*) *eines Romans etc* original transcript ❷ (*Inbegriff*) **ein ~ an Kraft** an epitome of vigour [*or* AM -or]
urchig *adj* SCHWEIZ (*urig*) original
Urdbohne *f* urd bean, black gram
Urdu *nt* Urdu; *s. a.* **Deutsch**
ureigen *adj* very own; ***das sind meine ~en Angelegenheiten*** these matters are of concern to me, and me alone [*or* only of concern to me]; ***es ist in Ihrem ~en Interesse*** it's in your own best interests
Ureinwohner(in) *m(f)* native [*or* original] inhabitant **Urenkel(in)** *m(f)* great-grandchild, great-grandson *masc,* great-granddaughter *fem*
urgemütlich *adj* (*fam*) really cosy; ■**es ist [irgendwo] ~** it is really cosy [somewhere]
Urgeschichte *f kein pl* prehistory **urgeschichtlich** *adj* prehistoric **Urgestein** *nt* GEOL primitive [*or* primary] rocks *pl* **Urgewalt** *f* (*geh*) elemental force
Urgroßeltern *pl* great-grandparents *pl* **Urgroßmutter** *f* great-grandmother **Urgroßvater** *m* great-grandfather
Urheber(in) <-s, -> *m(f)* ❶ (*Autor*) author
❷ (*Initiator*) originator; **der geistige ~** the spiritual father
Urheberpersönlichkeitsrecht *nt* JUR copyright
Urheberrecht *nt* JUR ❶ (*Recht des Autors*) copyright; ■**~ an etw *dat*** copyright on sth ❷ (*Gesamtheit der urheberrechtlichen Bestimmungen*) copyright law
urheberrechtlich **I.** *adj* JUR copyright *attr*
II. *adv* JUR by copyright; ~ **geschützt** protected by copyright, copyright[ed]
Urheberrechtsgesetz *nt* JUR Copyright Act **Urheberrechtsverletzung** *f* JUR copyright infringement **Urheberrechtsvertrag** *m* JUR copyright contract
Urheberschaft <-, -en> *f* JUR ■**jds ~** sb's authorship
Urheberschutz *m kein pl* copyright
Uri <-s> *nt* Uri
urig *adj* (*fam*) ❶ (*originell*) eccentric; **ein ~er Kauz** a queer [*or* an odd] bird [*or* strange character]
❷ (*Lokalkolorit besitzend*) with a local flavour [*or* AM -or] *pred;* ***dieses Lokal ist besonders ~*** this pub has a real local flavour
Urin <-s, -e> *m* (*Harn*) urine
► WENDUNGEN: **etw im ~ haben** (*sl*) to feel sth in one's bones [*or* BRIT *fam* water], to have a gut feeling *fam*
Urinal <-s, -e> *nt* urinal
urinieren* *vi* (*geh*) to urinate; ■**das U~** urinating
Urinstinkt *m* PSYCH primary [*or* basic] instinct
Urinzucker <-> *m kein pl* MED urinal sugar
Urknall *m* ASTRON big bang
urkomisch *adj* (*fam*) hilarious, side-splittingly funny
Urkraft *f* NUKL elemental force
Urkunde <-, -n> *f* JUR document, instrument, certificate; **notarielle ~** notarial instrument; **öffentliche ~** official [*or* public] document; **unechte ~** fabricated document; **verfälschte ~** forged instrument; **vollstreckbare ~** [directly] enforceable instrument
Urkundenbeweis *m* JUR documentary [*or* written] evidence **Urkundenfälschung** *f* JUR forgery [*or* falsification] of a document [*or pl* documents] **Urkundenmahnbescheid** *m* JUR default summons based on documents **Urkundenprozess**[RR] *m* JUR trial by the record **Urkundensprache** *f* JUR official language of notarial documents **Urkundenunterdrückung** *f* JUR suppression of documents **Urkundenvorlage** *f* JUR production [*or* submission] of documents
urkundlich **I.** *adj* documentary
II. *adv* ~ **belegen [*o* beweisen] [*o* bezeugen]** to prove [*or* support] by documents [*or* documentary

evidence]

Urkundsbeamter, -beamtin *m, f* JUR authenticating official; ~ **der Geschäftsstelle** clerk of the court **Urkundsperson** *f* JUR authenticator

URL *m* INET *Abk von* **Uniform Resource Locator** URL

Urladeprogramm *nt* INFORM bootstrap loader **Urlader** *m* INFORM bootstrap [loader]; **automatischer** ~ initial program loader, IPL **Urlandschaft** *f* GEOG primeval landscape

Urlaub <-[e]s, -e> *m* holiday BRIT, AM vacation; ***wir verbringen unseren ~ auf Jamaika*** we're going to spend our holiday[s] in Jamaica; **bezahlter/unbezahlter** ~ paid/unpaid leave; **in ~ fahren** to go on holiday [*or* AM vacation]; ~ **haben** to be on holiday [*or* AM vacation]; ~ **machen** to go on holiday [*or* AM vacation]; ***sie machten ~ von dem ganzen Stress im Büro*** they took a holiday to get away from all the stress at the office; **in** [*o* **auf**] ~ **sein** (*fam*) to be on holiday [*or* AM vacation]; [**irgendwo**] ~ **machen** to go on holiday [*or* AM vacation] [to somewhere], to take a holiday [*or* AM vacation] [somewhere], to holiday [*or* AM vacation] [somewhere]

Urlauber(in) <-s, -> *m(f)* holiday-maker BRIT, vacationer AM, vacationist AM

Urlaubsabgeltung *f* JUR payment in lieu of vacation **Urlaubsanspruch** *m* holiday [*or* AM vacation] entitlement **Urlaubsfeeling** [-fi:lɪŋ] *nt* (*fam*) holiday feeling [*or* mood] **Urlaubsgeld** *nt* holiday pay [*or* money] **Urlaubsort** *m* [holiday] resort, [holiday] destination **urlaubsreif** *adj* (*fam*) ■~ **sein** to be ready for a holiday **Urlaubsreise** *f* holiday [trip]; ***wohin soll denn eure ~ gehen?*** where are you going on holiday, then? **Urlaubsschein** *m* MIL pass **Urlaubsstimmung** *f* holiday mood; **in ~ sein** to be in a holiday mood **Urlaubstag** *m* ❶ (*Tag eines Urlaubes*) day of one's holiday; ***ich verlebte in dieser reizvollen Gegend erholsame ~e*** I spent some relaxing days in this charming region ❷ (*Tag, an dem jd beurlaubt ist*) day of annual leave **Urlaubsvertretung** *f* ÖKON ❶ *kein pl* (*stellvertretende Übernahme von Arbeit*) temporary replacement ❷ (*Person*) temporary replacement **Urlaubswoche** *f* week of one's holiday; ***wir können uns im Jahr nur zwei ~n leisten*** we can only afford to go away for two weeks each year **Urlaubszeit** *f* holiday season [*or* period]

Urmensch *m* prehistoric [*or* primitive] man

Urne <-, -n> *f* ❶ (*Grab~*) urn ❷ (*Wahl~*) ballot-box; **zu den ~n gehen** POL to go to the polls

Urnenfriedhof *m* urn cemetary, cinerarium **Urnengang** *m* POL going to the polls, election; ***der diesjährige ~ dürfte für einige Überraschungen sorgen*** this year's election should be good for a few surprises; ***in drei Monaten ist die Bevölkerung wieder zum ~ aufgerufen*** in three months [time] the people will be asked to go to the polls again **Urnengrab** *nt* urn grave **Urnenhalle** *f* columbarium

Urologe, Urologin <-n, -n> *m, f* MED urologist

Urologie <-> *f kein pl* MED urology

Urologin <-, -nen> *f fem form von* **Urologe**

urologisch *adj* MED urological

Uroma *f* (*fam*) great-grandma *fam*, great-granny *childspeak*, great-grandmother **Uropa** *m* (*fam*) great-granddad *fam*, great-grandpa *childspeak*, great-grandfather **Urplasma** *nt* primordial plasma

urplötzlich I. *adj attr* (*fam*) very sudden
II. *adv* very suddenly

Ursache *f* (*Grund*) reason; ***das war zwar der Auslöser für diesen Streit, aber nicht dessen eigentliche ~*** that may have been what triggered this dispute, but it wasn't its actual cause; ***ich suche immer noch die ~ für das Flackern der Lampen*** I'm still trying to find out why the lights are flickering; ~ **und Wirkung** cause and effect; **alle/keine ~** [**zu etw**] **haben** to have good/no cause [*or* every/no reason] [for sth]; **alle/keine ~ haben, etw zu tun** to have good/no cause [*or* every/no reason] to do [*or* for doing] sth; **die ~** [**für etw** *akk* [*o* **einer S.** *gen*]] **sein** to be the cause [of sth [*or* a thing]] [*or* reason [for sth]]; ***defekte Bremsen waren die ~ für den Unfall*** the accident was caused by faulty brakes; **aus einer bestimmten ~** for a certain reason; ***das Flugzeug raste aus noch ungeklärter ~ gegen einen Berg*** the plane crashed into a mountain for an as yet unknown reason; **ohne** [**jede**] **~** without any real reason; ***er kann doch nicht ohne ~ so wütend sein*** there must be a [*or* some] reason why he's so angry
▶ WENDUNGEN: **keine ~!** don't mention it, you're welcome; **kleine ~, große Wirkung** (*prov*) great oaks from little acorns grow *prov*

ursächlich *adj* causal; ■[**für etw**] ~ **sein** to be the cause [of sth] [*or* reason [for sth]]; *s. a.* **Zusammenhang**

Urschrift *f* JUR original [text [*or* copy]]

Ursprung <-s, Ursprünge> *m* origin; **seinen ~** [**in etw** *dat*] **haben** to originate [in sth] [*or* have its origins in sth]; **bestimmten ~s sein** to be of a certain origin; ***das Wort „Wolf" ist indogermanischen ~s*** the word "wolf" is of Indo-Germanic extraction [*or* origin] [*or* is Indo-Germanic in origin]

ursprünglich I. *adj* ❶ *attr* (*anfänglich*) original, initial
❷ (*im Urzustand befindlich*) unspoiled, BRIT unspoilt
❸ (*urtümlich*) ancient, [age-]old
II. *adv* originally, initially

Ursprünglichkeit <-> *f kein pl* ❶ (*ursprüngliche Beschaffenheit*) unspoiled [*or* BRIT unspoilt] nature
❷ (*Urtümlichkeit*) originality

Ursprungsbesteuerung *f* FIN taxation in the country of origin **Ursprungsbezeichnung** *f* JUR mark [*or* designation] of origin **Ursprungsdatei** *f* INFORM source file **Ursprungsdaten** *pl* INFORM raw data **Ursprungsdrittland** *nt* POL (*Zoll*) non-member country of origin **Ursprungserzeugnis** *nt* HANDEL (*Zoll*) originating product **Ursprungsflughafen** *m* airport of [original] departure; ***die Polizei konnte herausfinden, dass die Bombe vom ~ Athen stammte*** the police were able to ascertain that the bomb was put on board in Athens [*or* at Athens airport] **Ursprungsformat** *nt* INFORM native format **Ursprungsland** *nt* country of origin **Ursprungsnachricht** *f* INFORM source message **Ursprungsort** *m* GEOG place of origin **Ursprungsvermerk** *m* JUR mark of origin **Ursprungsvermerk** *m* HANDEL statement of origin **Ursprungszeugnis** *nt* JUR certificate of origin

Ursüße *f* raw cane sugar

Urteil <-s, -e> *nt* ❶ JUR judgement, verdict, decision [of the court]; **ein ~ fällen** JUR to pronounce [*or* pass] [*or* deliver] a judgement; (*Straf~*) sentence; (*Scheidungs~*) decree; **einstimmiges ~** unanimous verdict; **rechtskräftiges ~** final [and absolute] judgement; (*bei Scheidung*) absolute decree; **vorläufiges ~** provisional decree; **vorläufig vollstreckbares ~** provisionally enforceable judgment; **~, bei dem die Kosten in jedem Fall gezahlt werden** 'cost-in-any-event' order; **ein ~ gegen den Beklagten erwirken** to recover judgment against the defendant; **ein ~ abändern/bestätigen** to alter/uphold a judgment; **ein ~ anfechten/aufheben** to appeal against/reverse a judgment
❷ (*Meinung*) opinion; **zu einem ~ kommen** to arrive at [*or* reach] a decision; ***dein ~ ist etwas vorschnell*** you've made a rather hasty decision; **sich** *dat* **ein ~** [**über etw** *akk*] **bilden** to form an opinion [about sth]; ***ich bilde mir lieber selber ein ~*** [***über den Fall***] I'll form my own opinion [*or sep* make up my own mind] [about the case]; **sich** *dat* **ein ~** [**über etw** *akk*] **erlauben** to be in a position to judge [sth]; **ein ~** [**über jdn/etw**] **fällen** to pass [*or* pronounce] judgement [on sb/sth]; **nach jds ~** in sb's opinion; **nach dem ~ von jdm** in the opinion of sb

urteilen *vi* ■[**über jdn/etw**] ~ to judge [sb/sth] [*or* pass judgement [on sb/sth]]; ■[**irgendwie**] ~ to judge [somehow]; ***du neigst aber dazu, voreilig zu ~*** you [do] like to make hasty judgements[, don't you?]; **nach etw zu ~** to take sth as a yardstick; ***nach seinem Gesichtsausdruck zu ~, ist er unzufrieden mit dem Ergebnis*** judging by his expression he is dissatisfied with the result

Urteilsaufhebung *f* JUR quashing of a judgment **Urteilsausfertigung** *f* JUR court-sealed copy of a judgment **Urteilsauslegung** *f* JUR construction of a sentence **Urteilsbegründung** *f* JUR reasons *pl* [*or* grounds *pl*] for [a/the] judgement, opinion **Urteilsbildung** *f* JUR formation of a judgement **Urteilsergänzung** *f* JUR supplementation of the judgment **Urteilserschleichung** *f* JUR subreption of a judgment **Urteilsfindung** *f* JUR judgment **Urteilsforderung** *f* JUR judgment debt [*or* claim] **Urteilsformel** *f* JUR operative part of the judgment [*or* provisions] *pl* **Urteilskraft** *f kein pl* faculty [*or* power] of judgement **Urteilsspruch** *m* JUR judgement, verdict **Urteilsverkündung** *f* JUR pronouncement [*or* passing] [*or* delivering] of [a] judgement; **die ~ aussetzen** to suspend the sentence **Urteilsvermögen** *nt kein pl* power [*or* faculty] of judgement **Urteilsvollstreckung** *f* JUR execution [*or* enforcement] of a judgment **Urteilszustellung** *f* JUR service of the judgment

Urtext *m* original text

Urtierchen *nt* BIOL protozoon

urtümlich *adj* ancient, primeval, [age-]old

Uruguayer(in) <-s, -> *m(f)* Uruguayan; *s. a.* **Deutsche(r)**

uruguayisch [uru'gu̯a:jɪʃ] *adj* Uruguayan; *s. a.* **deutsch**

Ururenkel(in) *m(f)* great-great-grandchild, great-great-grandson *masc*, great-great-granddaughter *fem* **Ururgroßeltern** *pl* great-great-grandparents *pl* **Ururgroßmutter** *f* great-great-grandmother **Ururgroßvater** *m* great-great-grandfather

Urversion *f* INFORM original version

urverwandt *adj* LING cognate; ■~ [**mit etw**] **sein** to be cognate [with sth]; ■[**miteinander**] ~ **sein** to be cognate [with each other [*or* one another]]

Urvie(c)h <-[e]s, -viecher> *nt* (*fam*) real character **Urvogel** *m* BIOL archaeopteryx **Urwald** *m* GEOG primeval forest **Urwaldbaum** *m* primeval forest tree **Urwelt** *f kein pl* GEOL ■**die ~** the primeval world **urweltlich** *adj* GEOL primeval, primordial **urwüchsig** *adj* ❶ (*im Urzustand erhalten*) unspoiled, unspoilt BRIT ❷ (*unverbildet*) earthy ❸ (*ursprünglich*) original; ***das Litauische ist wohl die ~ste Sprache Europas*** Lithuanian is probably Europe's oldest language **Urzeit** *f kein pl* GEOL ■**die ~** primeval times *pl*; **seit ~en** (*fam*) for [donkey's *fam*] years; **vor ~en** (*fam*) [donkey's *fam*] years ago **urzeitlich** *adj s.* **urweltlich** **Urzustand** *m kein pl* original [*or* primordial] state

USA [u:ʔɛs'ʔa:] *pl Abk von* **United States of America**: ■**die ~** the USA + *sing vb*, the US + *sing vb*

US-Amerikaner(in) [u:'ʔɛs-] *m(f)* GEOG American **US-amerikanisch** [u:'ʔɛs-] *adj* GEOG American, US

Usance <-, -n> ['ju:zᵊnts] *f* ÖKON (*geh*) custom [*or* usage] [of the trade], practice

usancegemäß, usancemäßig *adj* HANDEL customary **Usancegeschäft** *nt* HANDEL cross deal **Usancehandel** *m* BÖRSE cross dealing

USB *m* TECH *Abk von* **Universal Serial Bus** (*universelle serielle Buchse*) USB

Usbeke, Usbekin <-n, -n> *m, f* Uzbek[istani]; *s. a.* **Deutsche(r)**

usbekisch *adj* Uzbek, AM *a.* Uzbekistani; *s. a.* **deutsch**

Usbekisch *nt dekl wie adj* Uzbek; *s. a.* **Deutsch**

Usbekische <-n> *nt* ■**das ~** Uzbek, the Uzbek language; *s. a.* **Deutsche**

USB-Port *m* TECH USB-port

usf. *Abk von* **und so fort** and so forth

Usowechsel *m* FIN bill at usance

Usurpator, -torin <-s, -toren> *m, f* (*geh*) usurper

U

usurpieren* *vt* (*geh*) ■**etw** ~ to usurp sth
Usus <-> *m* custom *no pl;* **irgendwo** [**so**] ~ **sein** to be the custom somewhere
usw. *Abk von* **und so weiter** etc.
Utensil <-s, -ien> [-liən] *nt meist pl* utensil, piece of equipment; ***packen Sie bitte Ihre ~ien zusammen, Sie ziehen um in ein anderes Büro*** pack up your things, you're moving to a different office
Uterus <-, Uteri> *m* ANAT (*geh*) uterus
Uteruskrebs *m* MED (*geh*) cancer of the uterus, uterine cancer
Utilitarismus <-> *m kein pl* PHILOS utilitarianism
utilitaristisch *adj* (*geh*) utilitarian
Utopie <-, -n> [-'pi:ən] *f* (*geh*) Utopia
utopisch *adj* ❶ (*geh: völlig absurd*) utopian
❷ LIT Utopian
Utrecht <-> *nt* GEOG Utrecht
u. U. *Abk von* **unter Umständen** possibly
u.ü.V. *Abk von* **unter üblichem Vorbehalt** with the reservation that
UV [u:'fau] *adj Abk von* **ultraviolett** UV
u. v. a.(m.) *Abk von* **und vieles andere** [**mehr**] and much more besides
UV-Blocker *m* UV blocker
UV-Filter [u:'fau-] *m* PHYS UV [*or* ultraviolet] filter **UV-Hemmer** *m* UV inhibitor **UV-Licht** *nt* PHYS UV light
UVP *f Abk von* **Umweltverträglichkeitsprüfung** environmental assessment, EA, assessment of environmental impact, environmental auditing
UV-Strahlen *pl* UV-rays *pl* **UV-Strahlung** *f* PHYS UV [*or* ultraviolet] radiation
u.W. *Abk von* **unseres Wissens** to our knowledge
Ü-Wagen *m* RADIO, TV OB [*or* outside broadcast] vehicle
UWG *nt Abk von* **Gesetz gegen unlauteren Wettbewerb** unfair competition law

V

V, v <-, – *o fam* -s, -s> *nt* V, v; ~ **wie Viktor** V for [*or* AM as in] Victor; *s. a.* **A 1**
V *Abk von* **Volt** V
Vabanquespiel [va'bã:k-] *nt* (*geh*) dangerous [*or* risky] game
Vaduz [fa'dʊts, va'du:ts] *nt* GEOG Vaduz
Vagabund(in) <-en, -en> [va-] *m(f)* vagabond
vagabundieren* *vi* ❶ (*als Landstreicher leben*) to live as a vagabond/as vagabonds
❷ *sein* (*umherziehen*) to roam [*or* wander]; **durch die halbe Welt/viele Länder** ~ to roam over half the world/through many countries; ~**des Kapital** FIN hot money, footloose funds
vage ['va:-] **I.** *adj* vague
II. *adv* vaguely
Vagina <-, Vaginen> [va-] *f* ANAT vagina
vaginal [va-] **I.** *adj* MED, ANAT vaginal
II. *adv* MED vaginally
Vaginalzäpfchen <-s, -> *f* MED vaginal suppository
vakant [va-] *adj* (*geh*) vacant; **eine ~e Stelle** a vacant post, vacancy; ■[**bei jdm**] ~ **sein/werden** to be/become vacant [at sb's]
Vakanz <-, -en> [va-] *f* (*geh*) vacancy
Vakatseite *f* TYPO blank [*or* white] page
Vakuole <-, -n> *f* BIOL vacuole
Vakuum <-s, Vakuen *o* Vakua> ['va:kuʊm, 'va:kuən, 'va:kua] *nt* ❶ PHYS vacuum
❷ (*geh: Lücke*) vacuum *fig*
Vakuumpackung *f* ÖKON vacuum pack[aging *no pl*] **Vakuumröhre** *f* vacuum tube **Vakuumsuktion** *f* vacuum suction **vakuumverpackt** *adj* ÖKON vacuum-packed
Valentinstag *m* Valentine's Day
Valenz <-, -en> *f* CHEM, LING valency
Valoren <-s, -oren> *pl* FIN securities
Valuta <-, Valuten> [va-] *f* FIN ❶ (*ausländische Währung*) foreign currency; **harte** ~ hard currency
❷ (*Wertstellung*) value [*or* availability] date
Valutaaufwertung *f* FIN currency revaluation **Valutadumping** *nt kein pl* ÖKON foreign exchange dumping **Valutaeinnahmen** *pl* FIN foreign exchange earnings **Valutaentwertung** *f* FIN devaluation, currency depreciation **Valutageschäft** *nt* FIN foreign currency transaction **Valutakurs** *m* FIN exchange rate **Valutanotierung** *f* BÖRSE quotation of exchange **Valutarisiko** *nt* FIN exchange risk **Valutaschuld** *f* FIN foreign currency debt **Valutaverhältnis** *nt* JUR underlying debt relationship **Valutawechsel** *m* FIN foreign exchange bill **Valutawerte** *pl* ÖKON foreign exchange values
Vamp <-s, -s> [vɛmp] *m* vamp
Vampir <-s, -e> [vam'pi:ɐ] *m* vampire
Vanadium <-s> [va'na:diʊm] *nt kein pl* CHEM vanadium
Vancomycin <-s, -e> *nt* PHARM vancomycin
Vandale, Vandalin <-n, -n> [va-] *m, f* ❶ (*zerstörungswütiger Mensch*) vandal
❷ HIST Vandal
Vandalismus <-> [va-] *m kein pl* vandalism
Vanille <-, -en> [va'nɪljə, va'nɪlə] *f* vanilla
Vanilleeis [va'nɪljə-, va'nɪlə-] *nt* vanilla ice-cream **Vanillekipferl** *nt* KOCHK SÜDD, ÖSTERR *small crescent-shaped biscuit made with almonds or nuts, dusted with vanilla sugar and traditionally eaten around Christmas* **Vanillemark** *nt* KOCHK pulp of a vanilla pod **Vanilleplätzchen** *nt* vanilla[-flavoured] biscuit BRIT, vanilla[-flavored] cookie AM **Vanillepudding** *m* vanilla pudding **Vanillesauce** *f* vanilla sauce; (*mit Ei*) custard **Vanillestange** *f* vanilla pod [*or* AM bean] **Vanillezucker** *m* vanilla sugar
vanillieren *vt* ■**etw** ~ KOCHK to add vanilla flavouring [*or* AM flavoring] to sth, to aromatize sth with vanilla
Vanillin [va-] *m* KOCHK vanillin
Vanillinzucker *m* vanillin sugar
Vanuatuer(in) <-s, -> *m(f)* ni-Vanuatu; *s. a.* **Deutsche(r)**
vanuatuisch *adj* ni-Vanuatu; *s. a.* **deutsch**
variabel [va-] **I.** *adj* variable; **variable Kosten** variable costs; **~e Wochenarbeitszeiten** a flexible working week; ■[**in etw** *dat*] ~ **sein** to be flexible [in sth]
II. *adv* FIN ~ **verzinslich** on a floating rate basis
Variable <-n, -n> *dekl wie adj f* variable
Variante <-, -n> [va-] *f* ❶ (*geh: Abwandlung*) variation
❷ (*veränderte Ausführung*) variant
Varianz <-, -en> *f* MATH variance
Variation <-, -en> [va-] *f* ❶ (*Abwandlung*) variation
❷ MUS (*Abwandlung eines Themas*) variation
Variationsrechnung *f* MATH calculus of variations, variational calculus
Varietät <-, -en> *f* variety
Varietee[RR] <-s, -s> *nt,* **Varieté** <-s, -s> [varie'te:] *nt* THEAT variety show
variieren* *vi* to vary
Vasall <-en, -en> [va-] *m* HIST vassal
Vase <-, -n> [va-] *f* vase
Vaseline <-> [va-] *f kein pl* Vaseline, petroleum jelly
Vasoresektion <-, -n> *f* MED vasectomy
Vater <-s, Väter> *m* ❶ (*männliches Elternteil*) father; **ganz der** ~ **sein** to be just like [*or* the spitting image of] one's father
❷ (*Urheber*) father; ***er ist der ~ dieses Gedankens*** this idea is his brainchild, this is his idea; **der geistige** ~ the spiritual father
► WENDUNGEN: ~ **Staat** (*hum*) the State, AM *a.* Uncle Sam; **der Heilige** ~ REL the Holy Father; ~ **unser** REL Our Father
Vaterdatei *f* INFORM father file **Vaterhaus** *nt* (*geh*) parental home **Vaterland** *nt* fatherland, motherland BRIT **vaterländisch** *adj* (*geh*) patriotic **Vaterlandsliebe** *f kein pl* (*geh*) patriotism, love of one's country **Vaterlandsverräter(in)** *m(f)* traitor to one's country
väterlich **I.** *adj* ❶ (*dem Vater gehörend*) sb's father's
❷ (*einem Vater gemäß*) paternal, fatherly
❸ (*zum Vater gehörend*) paternal
❹ (*fürsorglich*) fatherly
II. *adv* like a father
väterlicherseits *adv* on sb's father's side
Vaterliebe *f* ❶ (*Liebe zum Vater*) love of one's father ❷ (*Liebe eines Vaters*) fatherly [*or* paternal] love **vaterlos** *adj* fatherless **Vatermord** *m* patricide **Vatermörder(in)** *m(f)* patricide
Vaterschaft <-, -en> *f* JUR paternity; **die** ~ **bestreiten/leugnen** to contest/deny paternity; **eine gerichtliche Feststellung der** ~ a[n a**f**]filiation, an affilitiation order
Vaterschaftsanerkennung *f* JUR acknowledgement of paternity **Vaterschaftsfeststellung** *f* determination of paternity **Vaterschaftsklage** *f* JUR paternity suit **Vaterschaftsnachweis** *m* proof [*or* establishment] of paternity **Vaterschaftsurlaub** *m kein pl* ADMIN paternity leave **Vaterschaftsvermutung** *f* JUR presumption of paternity
Vaterstadt *f* (*geh*) home town **Vaterstelle** *f* [**bei jdm**] ~ **vertreten** (*geh*) to take the place of a father [to sb] [*or* of sb's father] [*or* act as sb's father] **Vatertag** *m* Father's Day **Vaterunser** <-s, -> *nt* REL ■**das** ~ the Lord's Prayer; ■**ein** ~ one recital of the Lord's Prayer
Vati <-s, -s> *m s.* **Papa**
Vatikan <-s> [va-] *m* REL ■**der** ~ the Vatican
vatikanisch *adj* Vatican; **das Vatikanische Konzil** the Vatican Council; *s. a.* **deutsch**
Vatikanstadt [va-] *f kein pl* GEOG, REL ■**die** ~ the Vatican City
V-Ausschnitt ['fau-] *m* V-neck; **mit** ~ V-neck; **ein Pullover mit** ~ a V-neck jumper
v.Chr. *Abk von* **vor Christus** BC
VEB *Abk von* **volkseigener Betrieb** *nationally-owned factory in the former GDR*
Vebotsirrtum *m* JUR error as to the prohibited nature of an act
V-Effekt *m* V-effect
Vegetarier(in) <-s, -> [vege'ta:riɐ] *m(f)* vegetarian
vegetarisch [ve-] **I.** *adj* vegetarian
II. *adv* **sich** ~ **ernähren,** ~ **essen** [*o* **leben**] to be a vegetarian [*or* eat a vegetarian diet]
Vegetation <-, -en> [ve-] *f* vegetation
vegetativ [ve-] **I.** *adj* ❶ MED (*nicht vom Willen gesteuert*) vegetative; ~**es Nervensystem** vegetative [*or* autonomic] nervous system
❷ BIOL (*ungeschlechtlich*) vegetative
II. *adv* ❶ MED (*durch das ~e Nervensystem*) autonomically
❷ BIOL (*ungeschlechtlich*) vegetatively
vegetieren* *vi* to eke out a miserable existence, to vegetate
vehement [ve-] **I.** *adj* (*geh*) vehement
II. *adv* (*geh*) vehemently
Vehemenz <-> [ve-] *f kein pl* (*geh*) vehemence
Vehikel <-s, -> [ve-] *nt* (*fam*) vehicle; **ein altes/klappriges** ~ an old banger [*or* BRIT *fam* boneshaker] [*or* AM *fam* wreck]
Veilchen <-s, -> *nt* ❶ BOT violet
❷ (*fam: blaues Auge*) black eye, shiner *sl*
veilchenblau *adj* ❶ (*Farbe*) violet
❷ (*fig: betrunken*) **jd ist** ~ sb is roaring drunk
Vektor <-s, -toren> ['vɛ-] *m* MATH vector
Vektordaten *pl* MATH vector data + *sing vb* **Vektorgrafik** *f* MATH object-oriented graphics + *sing vb*
Vektorisierung <-> *f kein pl* MATH vectorisation
Vektorprodukt *nt* MATH vector product **Vektorprogramm** *nt* INFORM vector program **Vektorraum** *m* MATH vector space **Vektorrechnung** *f* vector calculation
Velar <-s, -e> *m,* **Velarlaut** *m* LING velar
Velo <-s, -s> ['velo] *nt* SCHWEIZ (*Fahrrad*) bicycle,

bike *fam*
Velours¹ <-, -> [vəˈluːɐ̯] *nt s.* **Veloursleder**
Velours² <-, -> [vəˈluːɐ, ve-] *m* MODE velour[s]
Veloursleder [vəˈluːɐ-, ve-] *nt* suede
Veloursteppichboden *m* cut-pile [*or* velvet[-pile]] carpet
Vene <-, -n> [ˈveː-] *f* ANAT vein
Venedig <-s> [ve-] *nt kein pl* Venice
Venenentzündung [ˈveː-] *f* MED phlebitis *no pl*
Venenmittel *nt* vein medication
venerisch [ve-] *adj* MED venereal
Venetien <-s> [-ts-] *nt* GEOG Veneto
Venezianer(in) *m(f)* GEOG Venetian
Venezolaner(in) <-s, -> *m(f)* Venezuelan; *s. a.* **Deutsche(r)**
venezolanisch *adj* Venezuelan; *s. a.* **deutsch**
Venezuela <-s> [ve-] *nt* Venezuela; *s. a.* **Deutschland**
venezuelisch *adj s.* **venezolanisch**
venös [ve-] *adj* MED venous
Ventil <-s, -e> [vɛ-] *nt* ❶ (*Absperrhahn*) stopcock
❷ (*Schlauch~*) valve
❸ AUTO valve
❹ MUS valve
❺ (*geh: Mittel des Abbaus von Emotionen*) outlet
Ventilation <-, -en> [vɛ-] *f* ❶ (*Belüftung*) ventilation
❷ TECH (*Belüftungsanlage*) ventilation [system]
Ventilator <-s, -toren> [vɛ-] *m* ventilator, fan
Ventileinstellung *f* AUTO valve adjustement
ventilieren* *vt* ■ **etw** ~ ❶ (*lüften*) to ventilate sth
❷ (*geh: überdenken*) to consider sth carefully
Ventilspiel *nt* AUTO valve lash **Ventilsteuerung** *f* AUTO valve timing **Ventiltrieb** *m* AUTO valve train
Venus <-s> [ˈveː-] *f kein pl* Venus
Venusfliegenfalle *f* BOT Venus flytrap **Venusmuschel** *f* Venus clam
verabfolgen* *vt s.* **verabreichen 1**
verabreden* I. *vr* ■ **sich [mit jdm] [irgendwo/für eine Zeit]** ~ to arrange to meet [sb] [somewhere/for a certain time]; ■ **[mit jdm/irgendwo] verabredet sein** to have arranged to meet [sb/somewhere]
II. *vt* ■ **etw [mit jdm]** ~ to arrange sth [with sb]; **einen Ort/Termin/eine Uhrzeit** ~ to arrange [*or* fix] [*or* agree upon] a place/date/time; ■ **verabredet** agreed; **wie verabredet** as agreed [*or* arranged]
III. *vi* ■ **[mit jdm] ~, dass/was ...** to agree [with sb] that/what ...
Verabredung <-, -en> *f* ❶ (*Treffen*) date, meeting, appointment
❷ (*Vereinbarung*) arrangement, agreement; **eine ~ einhalten** to keep an appointment; **eine ~ treffen** to come to an arrangement, to reach [*or* come to] an agreement
❸ (*das Verabreden*) arranging; *Termin* arranging, fixing, agreeing upon; **[mit jdm] eine ~ [für etw] treffen** (*geh*) to arrange a meeting [with sb] [for a certain time]
❹ JUR (*Komplott*) conspiracy; **~ zu Straftaten** conspiracy to commit a crime
verabreichen* *vt* (*geh*) ■ **[jdm] etw** ~ to administer sth [to sb]
verabscheuen* *vt* ■ **jdn/etw** ~ to detest [*or* loathe] sb/sth; ■ **~, etw zu tun** to hate doing sth
verabschieden* I. *vr* ❶ (*Abschied nehmen*) ■ **sich [von jdm]** ~ to say goodbye [to sb]
❷ (*sich distanzieren*) ■ **sich [aus etw]** ~ to dissociate oneself from sth
II. *vt* ❶ POL (*parlamentarisch beschließen*) ■ **etw** ~ to pass sth; **einen Haushalt** ~ to adopt a budget
❷ (*geh: offiziell von jdm Abschied nehmen*) ■ **jdn** ~ to take one's leave of sb
❸ (*geh: feierlich entlassen*) ■ **jdn** ~ to give sb an official farewell [*or* send-off]
Verabschiedung <-, -en> *f* ❶ POL (*Beschließung*) passing; *Haushalt* adoption
❷ (*feierliche Entlassung*) honourable [*or* AM honorable] discharge
verabsolutieren* *vt* ■ **etw** ~ to make sth absolute
verachten* *vt* ■ **jdn/etw** ~ ❶ (*verächtlich finden*) to despise sb/sth
❷ (*geh: nicht achten*) to scorn sb/sth; **nicht zu ~ sein** (*fam*) [sth is] not to be sneezed [*or* scoffed] at *fam*
Verächter(in) <-s, -> *m(f)* ▶ WENDUNGEN: **kein ~ [von etw] sein** (*euph*) to be quite partial to sth
verächtlich I. *adj* ❶ (*Verachtung zeigend*) contemptuous, scornful
❷ (*verabscheuungswürdig*) contemptible, despicable
II. *adv* contemptuously, scornfully
Verachtung *f* contempt, scorn; **jdn mit ~ strafen** (*geh*) to treat sb with contempt; **voller ~** contemptuously
veralbern* *vt* (*fam*) ■ **jdn** ~ to pull sb's leg [*or* BRIT have sb on] *fam*
verallgemeinern* I. *vt* ■ **etw** ~ to generalize about sth
II. *vi* to generalize
Verallgemeinerung <-, -en> *f* ❶ *kein pl* (*das Verallgemeinern*) generalization
❷ (*verallgemeinernde Darstellung*) generalization
veralten* *vi sein* to become obsolete; *Ansichten, Methoden* to become outdated [*or* outmoded]
veraltet I. *pp von* **veralten**
II. *adj* old, obsolete, out-of-date; *Ausdruck* antiquated
Veranda <-, Veranden> [ve-] *f* veranda
veränderlich *adj* ❶ METEO (*unbeständig*) changeable
❷ (*variierbar*) variable; **~er Stern** ASTRON variable star
Veränderlichkeit <-, -en> *f meist sing* variability
verändern* I. *vt* ❶ (*anders machen*) ■ **etw** ~ to change sth; ■ **jdn** ~ (*im Wesen*) to change sb
❷ (*ein anderes Aussehen verleihen*) ■ **jdn/etw** ~ to make sb/sth look different/change sb's sth
II. *vr* ❶ (*anders werden*) ■ **sich** ~ to change; ■ **sich [zu etw]** ~ (*im Wesen*) to change [for the sth]; ***er hat sich zu seinem Nachteil/Vorteil ~*** he's changed for the worse/better; **sich äußerlich** ~ to change [in appearance]
❷ (*Stellung wechseln*) ■ **sich [irgendwohin]** ~ to change one's job
Veränderung *f* ❶ (*Wandel*) change; (*leicht*) alteration, modification; **~ gegenüber dem Vorjahr** ÖKON change from last year; **~en unterliegen** to undergo changes
❷ (*Stellungswechsel*) change of job
Veränderungssperre *f* JUR preservation order (*temporary prohibition to change sth*)
verängstigen* *vt* ■ **jdn** ~ to frighten [*or* scare] sb
verängstigt I. *pp von* **verängstigen**
II. *adj* frightened, scared; **völlig ~** terrified
verankern* *vt* ❶ TECH (*mit Halteseilen*) ■ **etw [in etw *dat*]** ~ to anchor sth [in sth]
❷ NAUT ■ **etw** ~ to anchor sth
Verankerung <-, -en> *f* ❶ *kein pl* (*das Verankern*) anchoring
❷ (*Fundament für Halteseil*) anchorage
veranlagen* *vt* FIN (*steuerlich einschätzen*) ■ **jdn [mit etw]** ~ to assess sb [at sth]; **sich *akk* gemeinsam/getrennt ~ lassen** to file joint/separate returns; **jdn zu hoch ~** to overassess sb; **nicht veranlagt** unassessed
veranlagt *adj* ❶ (*angeboren*) ■ **ein [irgendwie] ~er Mensch** a person with a certain bent; **ein homosexuell ~er Mensch** a person with homosexual tendencies; **ein künstlerisch/musikalisch ~er Mensch** a person with an artistic/a musical disposition; **ein praktisch ~er Mensch** a practically minded person; ■ **[irgendwie] ~ sein** to have a certain bent; ***mein Mann ist praktisch ~*** my husband is practically minded
❷ FIN (*mit Steuern*) assessed; **nicht ~** unassessed
Veranlagung <-, -en> *f* ❶ (*angeborene Anlage*) disposition; **eine bestimmte ~ haben** to have a certain bent; **eine homosexuelle ~ haben** to have homosexual tendencies; **eine künstlerische/artistische ~ haben** to have an artistic/a musical bent; **eine praktische ~ haben** to be practically minded; **eine ~ [zu etw] haben** to have a tendency towards sth
❷ FIN (*von Steuern*) assessment; **gemeinsame/getrennte ~** joint/separate assessment; **steuerliche ~** tax assessment, assessment for tax purposes
veranlagungsfähig *adj* FIN taxable, chargeable
Veranlagungsgrundlage *f* FIN basis of assessment **Veranlagungsgrundlage** *f* FIN (*Besteuerung*) assessment base **Veranlagungsjahr** *nt* FIN (*von Steuern*) tax year, year of assessment **veranlagungspflichtig** *adj* FIN assessable, taxable **Veranlagungssteuer** *f* FIN assessed tax **Veranlagungszeitraum** *m* FIN assessment period
veranlassen* I. *vt* ❶ (*in die Wege leiten*) ■ **etw** ~ to arrange sth [*or* see to it that sth is done]
❷ (*dazu bringen*) ■ **jdn [zu etw]** ~ to induce sb to do sth; ■ **jdn [dazu] ~, dass jd etw tut** to prevail upon sb to do sth; **sich dazu veranlasst fühlen, etw zu tun** to feel obliged [*or* compelled] to do sth
II. *vi* ■ **~, dass jd etw tut** to see to it that sb does sth; ■ **~, dass etw geschieht** to see to it that sth happens
Veranlassung <-, -en> *f* ❶ (*Einleitung*) **auf jds ~, auf ~ [von jdm]** at sb's instigation
❷ (*Anlass*) cause, reason; **jdm ~ [dazu] geben, etw zu tun** to give sb [good] cause [*or* reason] to do sth; **nicht die leiseste ~ haben, etw zu tun** to not have the slightest reason [*or* cause] to do sth; **keine ~ [zu etw] haben** to have no reason [*or* cause] [for sth]; **keine ~ [dazu] haben, etw zu tun** to have no reason [*or* cause] to do sth
veranschaulichen* *vt* ■ **[jdm] etw** ~ to illustrate sth [to sb]
Veranschaulichung <-, -en> *f* illustration; **zur ~** as an illustration
veranschlagen* *vt* ■ **etw [mit etw]** ~ to estimate sth [at sth]; ***mit wie viel würden Sie das ganze Haus ~?*** how much would you say the whole house is [*or* was] worth?; ■ **etw [für etw]** ~ to estimate that sth will cost sth
veranstalten* *vt* ❶ (*durchführen*) ■ **etw** ~ to organize sth; **eine Demonstration** ~ to organize [*or* stage] a demonstration; **ein Fest/eine Feier** ~ to give [*or* throw] [*or* organize] a party
❷ (*fam: machen*) ■ **etw** ~ to make sth; **Lärm** ~ to make a lot of noise
Veranstalter(in) <-s, -> *m(f)* organizer [*or* BRIT *a.* -iser]
Veranstaltung <-, -en> *f* ❶ *kein pl* (*das Durchführen*) organizing, organization; *Feier* giving, throwing, organizing, organization; *öffentliches Ereignis* staging, organizing
❷ (*veranstaltetes Ereignis*) event
Veranstaltungskalender *m* calendar of events **Veranstaltungsort** *m* venue **Veranstaltungsreihe** *f* series of events **Veranstaltungstipp**^RR^ *m* organizational tip
verantworten* I. *vt* ■ **etw [vor jdm]** ~ to take [*or* accept] responsibility for sth [*or* [have to] answer to sb for sth]; ***etwaige negative Konsequenzen werden Sie [vor der Geschäftsleitung] zu ~ haben*** you will have to answer [to the management] for any negative consequences; ■ **[es] ~, wenn [*o* dass] jd etw tut** to take [*or* accept] responsibility for sb doing sth
II. *vr* ■ **sich [für etw] [vor jdm]** ~ to answer [to sb] [for sth]
verantwortlich *adj* ❶ (*Verantwortung tragend*) responsible; **~e Redakteurin/~er Redakteur** editor-in-chief; **[jdm [gegenüber]] dafür ~ sein, dass etw geschieht** to be answerable [to sb] for seeing to it that sth happens; ■ **für jdn/etw ~ sein** to be responsible for sb/sth
❷ (*schuldig*) responsible *pred;* ■ **[für etw] ~ sein** to be responsible [for sth]
❸ (*mit Verantwortung verbunden*) responsible; **eine ~e Aufgabe** a responsible task
Verantwortliche(r) *f(m)* *dekl wie adj* person responsible; (*für Negatives a.*) responsible party; ■ **der/die für etw ~** the person responsible for sth
Verantwortlichkeit <-, -en> *f* responsibility; (*Haftbarkeit*) liability; (*Rechenschaftspflicht*)

V

accountability; **alleinige** ~ sole responsibility; **strafrechtliche** ~ criminal responsibility BRIT, penal liability AM; ~ **delegieren** to delegate responsibility

Verantwortung <-, -en> *f* ❶ (*Verpflichtung, für etw einzustehen*) responsibility; **jdn [für etw] zur ~ ziehen** to call sb to account [for sth]; **jdn gerichtlich zur ~ ziehen** JUR to bring sb before the court; **auf deine** [*o* **Ihre**] **~!** on your head be it! BRIT, it'll be on your head! AM

❷ (*Schuld*) ■**die/jds ~ [für etw]** the/sb's responsibility [for sth]; **die ~ [für etw] tragen** to be responsible [for sth]; **die ~ [für etw] übernehmen** to take [*or* accept] responsibility [for sth]

❸ (*Risiko*) **auf eigene ~** on one's own responsibility, at one's own risk; **die ~ [für jdn/etw] haben** [*o* **tragen**] to be responsible [for sb/sth]

► WENDUNGEN: **sich aus der ~ stehlen** to dodge [*or* evade] [*or* shirk] responsibility

verantwortungsbewusstRR, **verantwortungsbewußt** I. *adj* responsible

II. *adv* ~ **handeln, sich ~ verhalten** to act responsibly [*or* in a responsible manner] **Verantwortungsbewusstsein**RR *nt* sense of responsibility **verantwortungslos** I. *adj* irresponsible; ■~ **sein, etw zu tun** to be irresponsible to do sth II. *adv* ~ **handeln, sich ~ verhalten** to act irresponsibly [*or* in an irresponsible manner] **Verantwortungslosigkeit** <-> *f kein pl* irresponsibility **verantwortungsvoll** *adj* ❶ (*mit Verantwortung verbunden*) responsible ❷ *s.* **verantwortungsbewusst**

veräppeln* *vt* (*fam*) *s.* **veralbern**

verarbeiten* *vt* ❶ ÖKON (*als Ausgangsprodukt verwenden*) ■**etw ~** to use sth; **Fleisch ~** to process meat; ■**etw [zu etw] ~** to make sth into sth; **~des Gewerbe** manufacturing sector; **~de Industrie** processing [*or* manufacturing] industry

❷ (*verbrauchen*) ■**etw ~** to use sth [up]; ***der Mörtel muss rasch verarbeitet werden, bevor er fest wird*** the plaster must be applied [*or* used] immediately before it hardens

❸ PSYCH (*innerlich bewältigen*) ■**etw ~** to assimilate sth; **eine Enttäuschung/Scheidung/jds Tod ~** to come to terms with a disappointment/divorce/sb's death

verarbeitet *adj* ÖKON finished; **gut/schlampig/schlecht ~** well/sloppily/badly finished [*or* crafted]

Verarbeitung <-, -en> *f* ❶ ÖKON (*das Verarbeiten*) processing

❷ (*Fertigungsqualität*) workmanship *no pl, no indef art*

❸ TYPO (*Druck*) converting

❹ INFORM (*Bearbeitung*) processing; ~ **im Hintergrund** background processing

Verarbeitungsbetrieb *m* ÖKON manufacturing plant **Verarbeitungseinheit** *f* INFORM processing unit **Verarbeitungsgeschwindigkeit** *f* INFORM processing power **Verarbeitungsindustrie** *f* ÖKON processing [*or* manufacturing] industry **Verarbeitungskosten** *pl* HANDEL processing expenses **Verarbeitungsvorschriften** *pl* BAU processing instructions *pl*

verargen* *vt* ■**[jdm] etw ~** to hold sth against sb; ■**[es] jdm ~, dass/wenn ...** to hold it against sb that/[*or* blame sb] if ...

verärgern* *vt* ■**jdn ~** to annoy sb

verärgert I. *adj* angry, annoyed; ■**[über jdn/etw] ~ sein** to be annoyed [at [*or* with] sb/sth]; ■**~ sein, dass/weil ...** to be annoyed that/because ...

II. *adv* in an annoyed manner

Verärgerung <-, -en> *f* annoyance

verarmen* *vi sein* to become poor [*or* impoverished]; ■**verarmt** impoverished

Verarmung <-, -en> *f* impoverishment *no pl*

verarschen* *vt* (*derb*) ■**jdn ~** to mess around with sb, to take the piss out of sb BRIT *vulg*

verarzten* *vt* (*fam*) ❶ (*behandeln*) ■**jdn ~** to treat sb

❷ (*versorgen*) ■**[jdm] etw ~** to fix *fam* [*or fam* patch up *sep*] [sb's] sth

verästeln* *vr* ❶ BOT ■**sich ~** to branch out [*or* ramify]

❷ GEOG ■**sich** *akk* **[in etw** *akk*] ~ *Fluss* to branch out [into sth]

Verästelung <-, -en> *f* branching; (*fig*) ramifications *pl*

Verätzung <-, -en> *f* ❶ *kein pl* (*das Verätzen*) cauterization; (*Metall*) corrosion

❷ (*Beschädigung, Verletzung*) burn

verausgaben* *vr* ❶ (*sich überanstrengen*) ■**sich ~** to overexert [*or* overtax] oneself

❷ (*über seine finanziellen Möglichkeiten leben*) ■**sich [finanziell] ~** to overspend [*or* spend too much]

verauslagen* *vt* (*geh*) ■**etw [für jdn] ~** to pay sth [for sb]; ***könnten Sie das Geld wohl bis morgen für mich ~*** could you advance [*or* lend] [*or* BRIT *fam* sub] [*or* AM *fam* front] me the money until tomorrow?

veräußerbar *adj* JUR (*form*) disposable, saleable [*or* AM salable]

Veräußerer, Veräußerin <-s, -> *m, f* HANDEL seller, vendor

veräußerlich *adj* HANDEL sellable, disposable

veräußern* *vt* (*geh*) ■**etw [an jdn] ~** to sell sth [to sb]

Veräußerung <-, -en> *f* JUR disposal, sale; ~ **von Vermögenswerten** realization of assets

Veräußerungsbeschränkungen *pl* JUR sales restrictions *pl;* ~ **durch Zwangsvollstreckung** sales restrictions by judicial execution **Veräußerungseinkünfte** *pl* income from sales **Veräußerungserlös** *m* proceeds *pl* **Veräußerungsgewinn** *m* JUR, FIN gain on disposal [*or* sale], capital gain **Veräußerungskosten** *pl* selling costs *pl* **Veräußerungspreis** *m* selling price **Veräußerungsrecht** *nt* JUR right of disposal **Veräußerungsverbot** *nt* JUR restraint on alienation, prohibition to sell; **gesetzliches ~** statutory restraint on alienation **Veräußerungsverlust** *m* HANDEL loss on sale [*or* disposal] **Veräußerungsvertrag** *m* JUR selling agreement, contract of sale **Veräußerungswert** *m* JUR disposal value

Verb <-s, -en> [vɛrp] *nt* LING verb; **ein ~ konjugieren** to conjugate a verb; **schwaches/starkes ~** weak/strong verb

verbal [vɛr-] I. *adj* verbal

II. *adv* verbally

verballhornen* *vt* LING ■**etw ~** to corrupt sth

Verbalphrase *f* LING verbal phrase **Verbalradikalismus** *m kein pl* POL verbal radicalism

Verband1 <-[e]s, Verbände> *m* ❶ (*Bund*) association

❷ MIL unit

Verband2 <-[e]s, Verbände> *m* MED bandage, dressing *no pl*

verbandelt *adj* SÜDD (*iron fam*) ■**mit jdm ~ sein** to have a relationship with sb

Verbandpflaster *nt* first-aid plaster **Verband(s)kasten** *m* first-aid box [*or* kit] **Verbandsklage** *f* JUR group action **Verbandsliga** *f* local league **Verband(s)material** *nt* dressing material **Verbandsmull** *m* dressing material **Verband(s)päckchen** *nt* first-aid kit **Verbandsrecht** *nt* JUR law of association **Verbandsstoff** *m* dressing **Verbandsübereinkunft** *f* association agreement **Verbandswatte** *f* surgical cottonwool **Verband(s)zeug** *nt* dressing material **Verbandzellstoff** *m* first-aid cellulose

verbannen* *vt* ❶ (*zwangsweise ins Exil schicken*) ■**jdn [irgendwohin] ~** to exile [*or* banish] sb [to somewhere]

❷ (*geh: ausmerzen*) ■**etw [aus etw] ~** to ban sth [from sth]

Verbannte(r) *f(m) dekl wie adj* exile

Verbannung <-, -en> *f* ❶ *kein pl* (*das Verbannen*) exile, banishment

❷ (*Leben als Verbannter*) exile, banishment

verbarrikadieren* I. *vt* ■**etw ~** to barricade sth

II. *vr* ■**sich** *akk* **[in etw** *dat*] ~ to barricade oneself in [sth]

verbauen*1 *vt* ❶ (*versperren*) ■**[jdm] etw ~** to spoil [*or* ruin] sth [for sb]; **jdm die ganze Zukunft ~** to spoil all sb's prospects for the future [*or* future prospects]; ■**sich** *dat* **etw ~** to spoil [*or* ruin] one's sth

❷ (*durch ein Bauwerk nehmen*) ■**[jdm] etw ~** to block [sb's] sth

verbauen2 *vt* (*beim Bauen verbrauchen*) ■**etw ~** to use sth

verbaut *adj* badly built

verbeamten* *vt* ■**jdn ~** to give the status of civil servant to sb

verbeißen* *irreg* I. *vr* ❶ (*die Zähne in etw schlagen*) ■**sich** *akk* **[in etw** *akk*] ~ to bite [into sth] [*or* sink one's teeth into sth]

❷ (*sich intensivst mit etw beschäftigen*) ■**sich** *akk* **[in etw** *akk*] ~ to immerse oneself [in sth]

II. *vt* (*fam: unterdrücken*) ■**[sich** *dat*] **etw ~** to suppress sth; **sich einen Aufschrei/ein Lachen ~** to stifle [*or* suppress] a scream/laugh; **sich [den] Schmerz ~** to bear [*or* endure] [the] pain

Verbene <-, -n> *f* HORT verbena

verbergen* *vt irreg* ❶ (*geh: verstecken*) ■**sich [vor jdm] ~** to hide [oneself] [*or* conceal oneself] [from sb]; ■**jdn/etw [vor jdm] ~** to hide [*or* conceal] sb/sth [from sb]; **einen Partisanen/Verbrecher [vor jdm] ~** to harbour [*or* AM -or] [*or* hide] [*or* conceal] a partisan/criminal [from sb]

❷ (*verheimlichen*) ■**[jdm] etw ~** to hide [*or* conceal] sth [from sb] [*or* keep sth from sb]; *s. a.* **verborgen**

verbessern* I. *vt* ❶ (*besser machen*) ■**etw ~** to improve sth

❷ SPORT (*auf einen besseren Stand bringen*) ■**etw ~** to improve [up]on [*or* better] sth; **einen Rekord ~** to break a record

❸ SCH (*korrigieren*) ■**etw ~** to correct sth

❹ (*jds Äußerung korrigieren*) ■**jdn ~** to correct sb; ■**sich ~** to correct oneself

II. *vr* ❶ (*sich steigern*) ■**sich** *akk* **[in etw** *dat*] ~ to improve [in sth] [*or* do better [at sth]]

❷ (*eine bessere Stellung bekommen*) ■**sich ~** to better oneself

Verbesserung <-, -en> *f* ❶ (*qualitative Anhebung*) improvement; (*das Verbessern*) improvement *no pl*, bettering *no pl; Rekord* breaking *no pl*

❷ (*Korrektur*) correction

verbesserungsfähig *adj* improvable, capable of improvement *pred;* ■~ **sein** to be capable of improvement **Verbesserungspatent** *nt* improvement patent **Verbesserungsvorschlag** *m* suggestion for improvement; **einen ~ machen** to make a suggestion for improvement **verbesserungswürdig** *adj* worthy of improvement *pred*

verbeugen* *vr* ■**sich [vor jdm/etw] ~** to bow [to sb/sth]

Verbeugung *f* bow; **eine ~ [vor jdm/etw] machen** to bow [to sb/sth]

verbeulen* *vt* ■**[jdm] etw ~** to dent [sb's] sth

verbeult I. *pp von* **verbeulen**

II. *adj Auto, Hut* dented

verbiegen* *irreg* I. *vt* ■**etw ~** to bend sth; ■**verbogen** bent

II. *vr* ■**sich ~** to bend [*or* become bent]

verbiestert *adj* (*fam*) grumpy, *esp* BRIT crotchety *fam*

verbieten <verbot, verboten> I. *vt* ❶ (*offiziell untersagen*) ■**etw ~** to ban sth; **eine Organisation/Partei/Publikation ~** to ban [*or* outlaw] an organization/a party/publication

❷ (*untersagen*) ■**[jdm] etw ~** to forbid sth [*or* sb to do sth]; ■**etw ist [jdm] verboten** sth is forbidden [as far as sb is concerned]; ■**jdm ~, etw zu tun** to forbid sb to do sth; ■**es ist verboten, etw zu tun** it is forbidden to do sth; ***ist es verboten, hier zu fotografieren?*** am I allowed to take photo[graph]s [in] here?; *s. a.* **verboten**

II. *vr* (*undenkbar sein*) **etw verbietet sich von selbst** sth is unthinkable

verbildlichen* *vt* (*geh*) ■**etw [an etw] ~** to illustrate sth [with sth]

verbilligen* I. *vt* ÖKON ■**etw ~** to reduce sth [in price]; ***die Eintrittskarten sind um 50% verbil-***

ligt worden the tickets have been reduced [in price] [*or* ticket prices have been reduced] by 50%, there has been a 50% reduction in the ticket prices; ■ **[jdm] etw [um etw]** ~ to reduce sth [by sth] [for sb]
II. *vr* ÖKON ■ **sich** ~ to become [*or* get] cheaper [*or* come down in price]

verbilligt I. *adj* reduced; **~er Eintritt/eine ~e Eintrittskarte** reduced entry/a reduced entrance ticket, entry/an entrance ticket at a reduced rate [*or* price]
II. *adv* **etw ~ abgeben/anbieten** to sell sth/offer sth for sale at a reduced price

verbinden*[1] *vt irreg* (*einen Verband anlegen*) ■ **jdn** ~ to dress sb's wound[s]; ■ **[jdm/sich] etw** ~ to dress [sb's/one's] sth

verbinden[2] *irreg* **I.** *vt* ❶ (*zusammenfügen*) ■ **etw [miteinander]** ~ to join [up *sep*] sth; ■ **etw [mit etw]** ~ to join sth [to sth]
❷ TELEK ■ **jdn [mit jdm]** ~ to put sb through [*or* AM *usu* connect sb] [to sb]; ***falsch verbunden!*** [you've got the] wrong number!; ***[ich] verbinde!*** I'll put [*or* I'm putting] you through, AM *usu* I'll connect you
❸ TRANSP ■ **etw [miteinander]** ~ to connect [*or* link] sth [with each other [*or* one another]]; ■ **etw [mit etw]** ~ to connect [*or* link] sth [with sth]
❹ (*verknüpfen*) ■ **etw [miteinander]** ~ to combine sth [with each other [*or* one another]]; ■ **etw [mit etw]** ~ to combine sth [with sth]; **das Nützliche mit dem Angenehmen** ~ to combine business with pleasure
❺ (*assoziieren*) ■ **etw [mit etw]** ~ to associate sth with sth
❻ (*mit sich bringen*) ■ **der** [*o* **die**] [*o* **das**] **damit verbundene[n]** ... the ... involved; ■ **[mit etw] verbunden sein** to involve [sth]
❼ (*innerlich vereinen*) ■ **jdn/etw [mit jdm]** ~ to unite sb/sth [with sb]; ***uns ~ lediglich Geschäftsinteressen*** we are business associates and nothing more
II. *vr* ❶ CHEM (*eine Verbindung eingehen*) ■ **sich [mit etw]** ~ to combine [with sth]
❷ (*sich zu einem Bündnis zusammenschließen*) ■ **sich [mit jdm/etw] [zu etw]** ~ to join forces [with sb/sth] [to form sth]; **sich [mit jdm/etw] zu einer Initiative** ~ to join forces [with sb/sth] to form a pressure group

verbindlich I. *adj* ❶ (*bindend*) binding; ***die Auskunft ist ~, Sie können sich darauf verlassen*** this information is reliable, I can assure you of that
❷ (*entgegenkommend*) friendly
II. *adv* ❶ (*bindend*) **~ zusagen** to make a binding commitment; **~ vereinbaren** to enter into a binding agreement
❷ (*entgegenkommend*) in a friendly manner

Verbindlichkeit <-, -en> *f* ❶ *kein pl* (*bindender Charakter*) binding nature; *Auskunft* reliability
❷ *kein pl* (*entgegenkommende Art*) friendliness
❸ *meist pl* FIN (*geh: Schuld*) liability *usu pl*, obligation; **~en gegenüber Banken** liabilities to banks; **~ begleichen** to discharge liabilities; **~en eingehen/erfüllen** to assume [*or* incur] obligations/to meet [*or* discharge] one's liabilities; **~en und Forderungen** claims and liabilities; **~en aus Lieferungen und Leistungen** trade creditors, accounts payable for goods and services; **seinen ~en [nicht] nachkommen** [to fail] to meet one's liabilities

Verbindung *f* ❶ CHEM (*aus Elementen bestehender Stoff*) compound; **[mit etw] eine ~ eingehen** to combine [with sth]
❷ (*direkte Beziehung*) contact; **[mit jdm] in ~ bleiben** to keep in touch [with sb]; **eine ~ [mit jdm/etw] eingehen** (*geh*) to join forces [with sb/sth]; ***die Parteien gingen eine ~ [zu einem Wahlbündnis/einer Koalition] miteinander ein*** the parties joined forces with each other [to form [*or* in] an electoral alliance/a coalition]; **~ [*o* ~en] mit [*o* zu] jdm/etw haben** to have good connections *pl* with sb/sth; **seine ~en spielen lassen** (*fam*) to [try and] pull a few strings; **~ [mit jdm] aufnehmen** to contact sb; ***sobald wir eintreffen, werden wir ~ aufnehmen*** as soon as we arrive we'll get in touch with [*or* contact] you; ***sobald wir etwas Neues erfahren, nehmen wir mit Ihnen ~ auf*** as soon as we find out anything new we'll be [*or* get] in touch with [*or* contact] you; **sich [mit jdm] in ~ setzen** to contact [*or* get in touch with] sb; **[mit jdm/miteinander] in ~ stehen** to be in contact [with sb/each other [*or* one another]]; ***sie bestritt, jemals mit dem Staatssicherheitsdienst in ~ gestanden zu haben*** she denied ever having had any [*or* having been in] contact with the secret police; **[mit etw] in ~ stehen** to be in contact [*or* touch] with sth; **[mit jdm] in ~ treten** to contact sb
❸ TELEK (*Gesprächs~*) connection; ***die ~ nach Tokio war ausgezeichnet*** the line to [*or* connection with] Tokyo was excellent; ***ich bekomme keine ~*** I can't get a connection [*or* line], I can't get through; **telefonische ~** telephone connection; ***die telefonische ~ war sehr schlecht*** the telephone line [*or* connection] was very poor; **eine/keine ~ [irgendwohin] bekommen** to get through/not to be able to get through [to somewhere]; **[jdm] eine ~ [irgendwohin] machen** (*fam*) to put sb through [*or* AM *usu* connect sb] [to somewhere]
❹ LUFT, BAHN (*Verkehrs~*) connection; ***was ist die günstigste ~ [mit dem Zug] zwischen Hamburg und Dresden?*** what's the best [*or* easiest] [*or* quickest] way to get from Hamburg to Dresden [by train]?; **direkte ~ [nach etw]** direct connection [to sth]; ***es gibt eine direkte ~ mit dem Zug nach Kopenhagen*** there's a through train to Copenhagen; ***eine direkte ~ mit dem Flugzeug gibt es leider nicht*** I'm afraid there isn't a direct flight
❺ TRANSP (*Verbindungsweg*) connection, link; ***der Panamakanal schafft eine ~ zwischen dem Pazifik und dem Atlantik*** the Panama Canal provides a link [*or* connection] between the Pacific and the Atlantic [*or* connects the Pacific with the Atlantic]
❻ (*Verknüpfung*) combining; **in ~ mit etw** in conjunction with sth; ***die Eintrittskarte gilt nur in ~ mit dem Personalausweis*** this entrance ticket is only valid [together] with your ID card; ***in ~ mit dem Einkauf hat sich dieser Besuch gelohnt*** combined with the shopping trip this visit was well worth it
❼ (*Zusammenhang*) ■ **die/eine ~ zwischen Dingen** the/a connection between things; **jdn [mit jdm/etw] in ~ bringen** to connect sb with sb/sth; **in ~ mit** in connection with
❽ SCH (*Korporation*) [student] society BRIT; (*für Männer*) fraternity AM; (*für Frauen*) sorority AM

Verbindungsabbau *m* TELEK disconnection **Verbindungsaufbau** *m* TELEK connecting **Verbindungsbruder** *m* SCH member of a student society [*or* AM fraternity] **Verbindungsfrau** *f fem form von* **Verbindungsmann** contact woman **Verbindungsgebühr** *f* TELEK connection charge **Verbindungshaus** *nt* SCH student society [*or* AM fraternity] house **Verbindungskabel** *nt bes* BAU, TECH feeder, connection [*or* connecting] cable **Verbindungsleitung** *f bes* BAU, TECH connecting conduit **Verbindungslinie** *f* connection line **Verbindungsmann, -frau** *m, f* intermediary **Verbindungsoffizier** *m* liaison officer **Verbindungsstraße** *f* link road **Verbindungsstück** *nt* connecting piece **Verbindungstür** *f* connecting door

verbissen I. *adj* ❶ (*hartnäckig*) dogged
❷ (*verkrampft*) grim
II. *adv* doggedly

Verbissenheit <-> *f kein pl* doggedness, dogged determination

verbitten* *vr irreg* ■ **sich** *dat* **etw [von jdm]** ~ not to tolerate sth [from sb]; ***ich verbitte mir diesen Ton!*** I won't be spoken to like that!

verbittern* *vt* ■ **jdn** ~ to embitter sb [*or* make sb bitter]

verbittert I. *adj* embittered, bitter
II. *adv* bitterly

Verbitterung <-, *selten* -en> *f* bitterness, embitterment *form*

verblassen* *vi sein* ❶ (*blasser werden*) to [*or* grow] pale
❷ (*schwächer werden*) to fade
❸ (*geh: in den Hintergrund treten*) ■ **[gegenüber** [*o* **neben**] **etw]** ~ to pale [into insignificance] [in comparison with/beside sth]
❹ (*immer schlechter sichtbar werden*) to fade

verbläuen[RR]* *vt* (*fam*) ■ **jdn** ~ to beat up sb *sep*

Verbleib <-[e]s> *m kein pl* (*geh*) ❶ (*das Verbleiben*) ■ **jds ~ in etw** *dat* sb's remaining in sth; ***die Mitglieder werden über Ihren ~ in unserem Verein abstimmen*** the members will vote on whether to allow you to remain [*or* stay] in our club
❷ (*Aufenthaltsort*) whereabouts *npl*

verbleiben* *vi irreg sein* ❶ (*eine Vereinbarung treffen*) ■ **[in etw** *dat*] **irgendwie** ~ to agree [in sth]; ***wir sind ja bisher noch nicht verblieben*** we still haven't agreed anything as yet; ■ **[mit jdm] so ~, dass** to agree [with sb] that
❷ (*belassen bleiben*) ■ **jdm** ~ sb has sth left
❸ (*geh: bleiben*) ■ **irgendwo/bei jdm** ~ to remain somewhere/with sb; ***das Original ist für uns bestimmt, der Durchschlag verbleibt [bei] Ihnen*** the original is our's and you keep [*or* retain] the [carbon] copy

Verbleiberecht *nt* JUR right of continued residence

Verbleibserklärung *f z.B. bei Altautos* declaration of whereabouts

verbleichen *vi irreg sein* to fade

verbleien* *vt* ❶ (*mit Blei überziehen*) ■ **etw** ~ (*Stahl*) to coat sth with lead; (*Kupfergefäß*) to lead-coat sth
❷ (*Blei zusetzen*) **verbleites Benzin** leaded petrol [*or* AM gasoline]

verbleit *adj Benzin* leaded

verblenden*[1] *vt* (*die Einsicht nehmen*) ■ **jdn** ~ to blind sb; ■ **verblendet sein** to be blinded

verblenden*[2] *vt* BAU (*verkleiden*) ■ **etw [mit etw]** ~ to face sth [with sth]

Verblendmauerwerk *nt* BAU faced brickwork, facing masonry

Verblendung[1] *f* blindness

Verblendung[2] *f* BAU ❶ *kein pl* (*das Verblenden*) facing
❷ (*Verkleidungsmaterial*) facing

verbleuen* *vt s.* **verbläuen**

verblichen I. *pp von* **verbleichen**
II. *adj Farbe* faded

Verblichene(r) *f(m) dekl wie adj* (*geh*) the deceased

verblöden* **I.** *vi sein* (*fam*) to turn into a zombie *fam*
II. *vt haben* (*fam*) ■ **jdn** ~ to dull sb's mind

Verblödung <-> *f kein pl* (*fam*) dulling of people's minds

verblüffen* *vt* ■ **jdn [mit etw]** ~ to astonish [*or* amaze] sb [with sth]; ■ **sich durch** [*o* **von**] **etw verblüffen lassen** to be amazed by sth

verblüffend *adj* amazing, astonishing, stunning

verblüfft I. *adj* astonished, amazed
II. *adv* in astonishment [*or* amazement]; ***warum reagierst du denn auf diese Nachricht so ~?*** why are you so astonished by this news?

Verblüffung <-, -en> *f* astonishment, amazement; **zu jds ~** to sb's astonishment [*or* amazement]

verblühen* *vi sein* to wilt [*or* fade] [*or* wither]

verbluten* *vi sein* to bleed to death

verbocken* *vt* (*fam*) ■ **etw** ~ to mess up *sep* [*or* botch] sth

verbohren* *vr* (*fam*) ■ **sich** *akk* **[in etw** *akk*] ~ ❶ (*von etw nicht loskommen*) to become obsessed [with sth]
❷ (*sich verbeißen*) to immerse oneself [in sth]

verbohrt *adj* (*pej*) obstinate, stubborn, pigheaded

Verbohrtheit <-, -en> *f* (*pej*) obstinacy, stubbornness, pigheadedness

verborgen*[1] *vt s.* **verleihen**

verborgen[2] *adj* ❶ (*geh: versteckt*) hidden, concealed; **jdm ~ bleiben** to remain a secret to sb; **nicht ~ bleiben** not to remain [a] secret; **im V~en bleiben** (*geh*) to remain [a] secret; **sich [irgendwo/bei jdm] ~ halten** to hide [somewhere/at

V

sb's]

❷ (*geh: nicht offen*) hidden

Verborgenheit <-> *f kein pl* seclusion

verbot *imp von* **verbieten**

Verbot <-[e]s, -e> *nt* ban; JUR prohibition; **gesetzliches ~** statutory prohibition; **ein ~ umgehen** to beat the ban on sth; ***Sie haben gegen mein ausdrückliches ~ gehandelt*** you did it even though I expressly forbade you to

verboten *adj* ❶ (*untersagt*) prohibited; ***hier ist das Parken ~!*** this is a "no parking" area!; ■ **~ sein, etw zu tun** to be prohibited to do sth; ■ **jdm ~ sein** sb is prohibited from doing sth; ***Unbefugten ist das Betreten des Firmengeländes [strengstens] ~*** access to the company site is [strictly] prohibited to unauthorised persons; ■ **jdm ~ sein, etw zu tun** sb is prohibited from doing [*or* forbidden to do] sth; **die Verbotene Stadt** the Forbidden City

❷ (*fam: unmöglich*) ridiculous; **[in etw** *dat*] **~ aussehen** (*fam*) to look a real sight [in sth] *fam*

Verbotsbestimmungen *pl* JUR prohibitory provisions **Verbotsgesetz** *nt* JUR prohibition act **Verbotsgesetzgebung** *f* JUR proscriptive legislation **Verbotsirrtum** *m* JUR error as to the prohibited nature of an act **Verbotsprinzip** *nt* JUR prohibition per se, principle of proscription **Verbotsschild** *nt* ❶ TRANSP sign [prohibiting something]; ***hier dürfen Sie nicht parken, sehen Sie nicht das ~?*** you can't park here, can't you see the ["no parking"] sign? ❷ (*eine Handlung untersagendes Schild*) sign [*or* notice] [prohibiting something] **Verbotsverfügung** *f* JUR prohibitory injunction

verbrach *imp von* **verbrechen**

verbracht I. *pp von* **verbringen**

II. *adj* taken; **unrechtmäßig ~e Kulturgüter** unlawfully appropriated cultural items

verbrämen* *vt* ❶ (*geh*) ■ **etw ~** to embellish sth

❷ MODE (*geh*) ■ **etw [mit etw] ~** to trim sth [with sth]

verbrannt I. *pp von* **verbrennen**

II. *adj Pizza, Kuchen* burnt; *Erde* scorched

verbraten* *vt irreg* (*sl: vergeuden, verschleudern*) ■ **etw ~** to blow sth *sl;* **seine Energie ~** to waste [one's] energy; ■ **etw [für etw] ~** to blow sth [on sth] *sl*

Verbrauch *m kein pl* ❶ (*das Verbrauchen*) consumption; ■ **der ~ an etw** [*o* **von**] *dat* the consumption of sth; **sparsam im ~ sein** to be economical

❷ (*verbrauchte Menge*) consumption; **einen bestimmten ~ [an etw** [*o* **von**]] **haben** *dat* to have a certain consumption [of sth]; **~ pro Kopf** ÖKON per capita consumption; **gewerblicher/inländischer ~** industrial/internal consumption

verbrauchbar *adj* JUR consumable; **~e Sache** consumable

verbrauchen* I. *vt* ❶ (*aufbrauchen*) ■ **etw ~** to use up sth *sep;* **Lebensmittel ~** to eat [*or* consume] food [*or* BRIT foodstuffs]; **Vorräte ~** to use up [one's] provisions

❷ FIN (*ausgeben*) ■ **etw ~** to spend sth

❸ ÖKON (*für den Betrieb von etw verwenden*) ■ **etw ~** to consume sth

II. *vr* (*bis zur Erschöpfung arbeiten*) ■ **sich ~** to wear [*or fam* burn] oneself out

Verbraucher(in) <-s, -> *m(f)* ÖKON consumer

Verbraucherabholmarkt *m* ÖKON cash and carry **Verbraucheraufklärung** *f* consumer information *no pl* **Verbraucherausgaben** *pl* ÖKON consumer spending **Verbraucherbefragung** *f* ÖKON consumer survey **Verbraucherberatung** *f* ÖKON ❶ *kein pl* (*Beratung von Verbrauchern*) consumer advice ❷ (*Beratungsstelle für Verbraucher*) consumer advice centre [*or* AM -er] **verbraucherfeindlich** *adj* not in the interests of the consumer [*or* consumers] *pred* **verbraucherfreundlich** *adj* consumer-friendly **Verbrauchergewohnheiten** *pl* ÖKON consumer habits **Verbrauchergruppe** *f* consumer group

Verbraucherin <-n, -nen> *f fem form von* **Verbraucher**

Verbraucherklage *f* JUR consumer suit **Verbraucherkreditgesetz** *nt* JUR Consumer Credit Act **Verbrauchermarkt** *m* cut-price supermarket **Verbrauchernachfrage** *f* ÖKON consumer demand **Verbraucherpreis** *m* ÖKON consumer price **Verbrauchersachen** *pl* HANDEL consumer matters **Verbraucherschutz** *m* consumer protection *no pl* **Verbraucherschutzbewegung** *f* consumerism **Verbraucherschützer** *m* consumer advocate **Verbraucherschutzgesetz** *nt* JUR consumer protection act **Verbrauchertipp**[RR] *m* consumer information **Verbraucherverband** *m* consumer[s'] association **Verbraucherverhalten** *nt* ÖKON consumer behaviour [*or* AM -ior] **Verbrauchervertrag** *m* consumer contract **Verbraucherzentrale** *f* consumer advice centre [*or* AM -er]

Verbrauchsartikel *m* HANDEL consumer article **Verbrauchserhebungen** *pl* HANDEL consumer surveys **Verbrauchsgüter** *pl* HANDEL consumer [*or* non-durable] goods *npl;* **kurzlebige/langlebige ~** perishables/[consumer] durables **Verbrauchskonjunktur** *f* ÖKON trend of consumption; (*Hochkonjunktur*) boom in consumption **Verbrauchsrecht** *nt* JUR right of consumption **Verbrauchsrückgang** *m* ÖKON decline in consumption **Verbrauchssteuer** *f* FIN excise [duty], consumption [*or* excise] tax **Verbrauchsverhältnisse** *pl* ÖKON consumer conditions

verbraucht *adj* exhausted, burnt-out *fam,* AM *usu* burned-out *fam*

verbrechen <verbrach, verbrochen> *vt* (*fam*)

❶ (*anstellen*) ■ **etw ~** to be up to sth; ***was hast du denn da wieder verbrochen!*** what have you been up to now?

❷ (*hum: stümperhaft anfertigen*) ■ **etw ~** to be the perpetrator of sth

Verbrechen <-s, -> *nt* crime

Verbrechensaufklärung *f* [crime] clear-up rate **Verbrechensbekämpfung** *f kein pl* crime fighting *no pl, no indef art,* fight against crime [*or* no pl], combating crime *no art* **Verbrechensrate** *f* crime rate **Verbrechensvorbeugung** *f* crime prevention

Verbrecher(in) <-s, -> *m(f)* criminal

Verbrecherbande *f* gang of criminals

verbrecherisch I. *adj* criminal; ■ **~ sein** to be a criminal act; ■ **~ sein, etw zu tun** to be a criminal act [*or* crime] to do sth

II. *adv* ***sie hat mich ~ verraten*** it was [almost] criminal the way she betrayed me

Verbrecherkartei *f* criminal records *pl*

Verbrechertum <-[e]s> *nt kein pl* ■ **das ~** the criminal world *no pl*

verbreiten* I. *vt* ❶ (*ausstreuen*) ■ **etw ~** to spread sth; **falsche Informationen/Propaganda ~** to spread [*or* disseminate] false information/propaganda

❷ MEDIA (*vertreiben*) ■ **etw ~** to sell [*or* distribute] sth

❸ (*sich ausbreiten lassen*) ■ **etw ~** to spread sth; **ein Virus/eine Krankheit ~** to spread a virus/a disease [*or* an illness]

❹ (*erwecken*) ■ **etw ~** to spread sth; **eine gute/schlechte Stimmung ~** to radiate a good/bad atmosphere

II. *vr* ❶ (*umgehen*) ■ **sich** *akk* **[in etw** *dat*] **~** to spread [through sth] [*or* circulate [[a]round sth]] [*or* get [a]round [sth]]; **schlechte Nachrichten ~ sich immer am schnellsten** bad news always gets around the quickest

❷ (*sich ausbreiten*) ■ **sich** *akk* **[in etw** *dat*] **~** to spread [through sth]; ■ **eine gute/schlechte Stimmung verbreitet sich** a good/bad atmosphere spreads through the place

❸ AGR, HORT (*das Wachstum ausdehnen*) ■ **sich** *akk* **[in** *dat* [*o* **durch**] **etw]** ~ to spread [through sth]

❹ MED (*um sich greifen*) ■ **sich ~** to spread

❺ (*geh: sich auslassen*) ■ **sich** *akk* **[über etw** *akk*] **~** to hold forth [on sth]

verbreitern* I. *vt* BAU ■ **etw ~** to widen sth [*or* make sth wider]

II. *vr* ■ **sich** *akk* **[auf/um etw** *akk*] **~** to widen [out] [to/by sth]

Verbreiterung <-, -en> *f* ❶ BAU (*Aktion des Verbreiterns*) widening

❷ (*verbreiterter Abschnitt*) widened section

verbreitet *adj* popular; ■ **[in etw** *dat*] **[weit] ~ sein** to be [very] widespread [*or* popular] [in sth]

Verbreitung <-, -en> *f* ❶ *kein pl* (*das Verbreiten*) spreading; *von Fehlinformationen, Propaganda* spreading, dissemination

❷ MEDIA (*Vertrieb*) sale *no pl,* selling *no pl,* distribution *no pl;* **eine [bestimmte] ~ finden** to have a certain circulation; **eine große ~ finden** to have a large circulation [*or* sell well]

❸ MED (*Ausbreitung*) spread

❹ BOT (*das allgemeine Auftreten*) distribution, dispersal

Verbreitungsbeschränkung *pl* JUR restrictions on distribution **Verbreitungsgebiet** *nt* HANDEL coverage, circulation [*or* distribution] area **Verbreitungsrecht** *nt* JUR ❶ (*Anrecht*) right of distribution ❷ (*Gesetz*) distribution law

verbrennen* *irreg* **I.** *vt haben* ❶ (*in Flammen aufgehen lassen*) ■ **etw ~** to burn sth; **Abfall** [*o* **Müll**] **~** to burn [*or* incinerate] waste [*or* AM garbage]; ■ **sich ~** to set fire to oneself

❷ HIST ■ **jdn ~** to burn sb [to death]; **jdn auf dem Scheiterhaufen/bei lebendigem Leibe ~** to burn sb at the stake/alive

❸ (*versengen*) ■ **etw ~** to scorch sth

II. *vr haben* ❶ (*sich verbrühen*) ■ **sich ~** to scald oneself; **sich die Zunge ~** to scald [*or* burn] one's tongue; *s. a.* **Mund, Schnabel, Zunge**

❷ (*sich ansengen*) ■ **sich** *dat* **etw [an etw** *dat*] **~** to burn one's sth [on sth]

III. *vi sein* to burn; *Gebäude* to burn [down]; *Fahrzeug* to burn [out]; *Mensch* to burn [to death]; ***im Garten unseres Nachbarn verbrennt wieder Abfall!*** our neighbour is burning [*or* incinerating] rubbish in his garden again!; *s. a.* **riechen**

Verbrennung <-, -en> *f* ❶ *kein pl* (*das Verbrennen*) burning; *Abfall, Müll* burning, incineration

❷ AUTO, TECH (*das Verbrennen*) combustion

❸ MED (*Brandwunde*) burn; **~ ersten/zweiten/dritten Grades** first-/second-/third-degree burn

Verbrennungsmotor *m* AUTO [internal] combustion engine **Verbrennungsofen** *m* furnace **Verbrennungsrückstände** *pl* remains *npl* after incineration **Verbrennungswärme** *f* combustion heat

verbriefen* *vt* ■ **[jdm] etw ~** to confirm sth in writing [*or* by document[s]] [for sb]; ■ **verbrieft** confirmed in writing [*or* by document[s]]; **verbriefte Rechte** vested [*or* chartered] rights

verbringen* *vt irreg* ❶ (*zubringen*) ■ **etw [irgendwo] ~** to spend sth [somewhere]; ■ **etw [mit/in etw** *dat*] **~** to spend sth doing/in sth; ***ich verbringe fast den ganzen Tag mit meiner Arbeit/am Computer*** I spend almost all day working/at [*or* on] my computer

❷ (*geh: transportieren*) ■ **jdn/etw [irgendwohin] ~** to transport [*or* take] sb/sth [somewhere]

verbrochen *pp von* **verbrechen**

verbrüdern* *vr* ■ **sich [mit jdm] ~** to fraternize [with sb]

Verbrüderung <-, -en> *f* fraternization

verbrühen* *vt* ■ **jdn ~** to scald sb; ■ **sich [mit etw] ~** to scald oneself [with sth]; ■ **[jdm/sich] etw ~** to scald [sb's/one's] sth

Verbrühung <-, -en> *f* scald

verbuchen* *vt* ❶ FIN (*buchen*) ■ **etw [auf etw** *dat*] **~** to credit sth [to sth]

❷ (*verzeichnen*) ■ **etw [als etw] ~** to mark up sth [as sth] *sep;* ■ **etw [für sich] ~** to notch up sth [for oneself]; ***hoffentlich können wir bald einen erfolgreichen Ausgang des Prozesses für uns ~*** hopefully, we'll soon be able to celebrate a successful outcome to the trial

Verbuchung <-, -en> *f* FIN entry

Verbuchungsdatum *nt* FIN value date

verbụddeln* *vt (fam)* ■**etw** ~ to bury sth
Vẹrbum <-s, Vẹrba> *nt (geh) s.* **Verb**
verbụmmeln* *vt (fam)* ❶ *(vertrödeln)* ■**etw** ~ to waste [*or* BRIT fritter away] sth *sep*
❷ *(abhanden kommen lassen)* ■**etw** ~ to mislay [*or* lose] sth
Verbụnd <-bunde> *m* ÖKON combine
verbụnden *adj* ❶ *(geh)* ■**jdm [für etw] ~ sein** to be obliged to sb [for sth]; ***danke für den Tipp, ich bin Ihnen sehr*** ~ thanks for the tip, I'm much obliged [to you]
❷ ÖKON associate, affiliated; **~e Unternehmen** affiliated companies
verbụ̈nden* *vr* ❶ POL ■**sich [miteinander/mit jdm] ~** to form an alliance [with each other [*or* one another]/sb] [*or* ally oneself with [*or* to] sb]; ■**[miteinander/mit jdm] verbündet sein** to be allies [*or* allied with [*or* to] each other [*or* one another]/sb], to have formed an alliance [with each other [*or* one another]/sb]
❷ *(sich zusammenschließen)* ■**sich [mit jdm] [gegen jdn] ~** to form an alliance [*or* join forces] [with sb] [against sb] [*or* ally [oneself] with [*or* to] sb [against sb]]
Verbụndenheit <-> *f kein pl* closeness, unity
Verbụ̈ndete(r) *f(m) dekl wie adj* ally
Verbụndfahrausweis *m* TRANSP travel pass **Verbụndglas** *nt kein pl* laminated glass **Verbụndglasscheibe** *f* AUTO compound glass **Verbụndklausel** *f* JUR association clause **Verbụndmaterial** *nt* composite [material] **Verbụndnetz** *nt* ❶ TECH, ELEK grid system ❷ TRANSP public transport [*or* AM transportation] network **Verbụndpflaster** *nt* BAU interlocking pavement **Verbụndplatte** *f* BAU composite board **Verbụndprodukt** *nt* TECH joint product **Verbụndstein** *m* plaster stone **Verbụndsteinpflaster** *nt* plaster stone surface **Verbụndsystem** *nt* TRANSP public transport [*or* AM transportation] system **Verbụndszuständigkeit** *f* JUR joint responsibility **Verbụndvertrag** *m* JUR joint supply contract **Verbụndwerbung** *f* joint advertising **Verbụndwerkstoff** *m* TECH composite material
verbụ̈rgen* I. *vr* ❶ *(für jdn einstehen)* ■**sich für jdn ~** to vouch for sb
❷ *(garantieren)* ■**sich für etw ~** to vouch for sth; ■**sich [dafür] ~, dass etw irgendwie ist** to vouch for sth being a certain way; ***ich verbürge mich dafür, dass der Schmuck echt ist*** I can vouch for the jewellery being genuine, I guarantee that the jewellery is genuine
II. *vt (die Gewähr bieten)* ■**etw** ~ to guarantee sth
verbụ̈rgt *adj* guaranteed, established
Verbụ̈rgung <-, -en> *f* JUR bailment, guarantee
verbụ̈ßen* *vt* JUR ■**etw** ~ to serve sth
Verbụ̈ßung <-> *f kein pl* JUR serving; **nach/vor ~ [von etw]** after/before serving [sth]
verchromen* [-kroːmən] *vt* TECH ■**etw** ~ to chromium-plate [*or* chrome-plate] sth; ■**verchromt** chromium-plated, chrome-plated
verchrọmt *adj* chrome-plated
Verdạcht <-[e]s, -e *o* Verdächte> *m kein pl* suspicion; ***gibt es schon irgendeinen ~?*** do you have a[ny particular] suspect [*or* suspect anyone [in particular]] yet?; **jdn [bei jdm] in ~ bringen** to cast suspicion on sb [in the eyes of sb]; **~ erregen** to arouse suspicion; **einen ~ haben** to have a suspicion, to suspect; **jdn in [*o* im] ~ haben** to suspect sb; **jdn in [*o* im] ~ haben, etw getan zu haben** to suspect sb of having done [*or* doing] sth; **den ~ auf jdn lenken** to cast [*or* throw] suspicion on sb; **den ~ von sich auf jdn lenken** to deflect suspicion [away] from oneself onto sb [else]; **[gegen jdn] ~ schöpfen** to become suspicious [of sb]; **im ~ stehen, etw getan zu haben** to be suspected of having done [*or* doing] sth; **etw auf ~ tun** to do sth on the strength of a hunch
verdạ̈chtig I. *adj* ❶ JUR *(suspekt)* suspicious; ■**[einer S. *gen*] ~ sein** to be suspected [of a thing]
❷ *(Argwohn erregend)* suspicious; **jdm ~ vorkommen** to seem suspicious to sb; **sich ~ machen** to arouse suspicion
II. *adv* suspiciously
Verdạ̈chtige(r) *f(m) dekl wie adj* suspect
verdạ̈chtigen* *vt* ■**jdn [einer S. *gen*] ~** to suspect sb [of a thing]; ■**jdn ~, etw getan zu haben** to suspect sb of having done [*or* doing] sth
Verdạ̈chtigung <-, -en> *f* suspicion; ■**die ~ einer Person** casting suspicion [up]on sb, suspecting sb [of sth]; **die politische ~ einer Person** casting political suspicion [up]on sb
Verdạchtsmoment *nt* JUR suspicious circumstance; *(Indiz)* [piece of] circumstantial evidence
verdạddeln* *vt (fam)* ■**etw** ~ to gamble away *sep* [*or sl* blow] sth
verdạmmen* *vt* ■**jdn/etw** ~ to condemn sb/sth; ■**[zu etw] verdammt sein** to be doomed [to sth]
verdạmmenswert *adj (geh)* damnable
Verdạmmnis <-> *f kein pl* **die ewige ~** REL eternal damnation *no art*
verdạmmt *adj* ❶ *(sl o pej: Ärger ausdrückend)* damned *fam*, bloody BRIT *fam*, sodding BRIT *fam*, goddam[ned] *esp* AM; **~!** damn! *fam*, shit! *fam*, bugger! BRIT *vulg*; ***du ~er Idiot!*** *(fam)* you bloody [*or* goddam] idiot! *fam!*
❷ *(sehr groß)* ***wir hatten ~es Glück!*** we were damn [*or* BRIT *fam!* a. bloody] lucky!
❸ *(sehr, äußerst)* damn[ed] *fam*, bloody BRIT *fam*
verdạmpfen* *vi sein* to evaporate [*or* vaporize]
Verdạmpfung <-, -en> *f* vaporization
verdạnken* *vt* ❶ *(durch etw erhalten)* ■**[jdm] etw ~** to have sb to thank for sth; ■**[es] jdm ~, dass ...** to have sb to thank that ...; ■**es ist jdm/etw zu ~, dass/wenn ...** it is thanks [*or* due] to sb/a thing that/if ...; **jdm etw zu ~ haben** *(iron)* to have sb to thank for sth *iron*
❷ SCHWEIZ *(geh: Dank aussprechen)* ■**[jdm] etw ~** to express one's thanks [*or* gratitude] [to sb]
Verdạnkung <-, -en> *f* SCHWEIZ *(geh)* [official] expression of thanks [*or* gratitude]
verdạrb *imp von* **verderben**
verdạttert I. *adj (fam)* flabbergasted *fam*, stunned; ***mach nicht so ein ~es Gesicht!*** don't look so flabbergasted [*or* nonplussed] [*or* stunned]!
II. *adv (fam)* in a daze
verdauen* I. *vt* ❶ *(durch Verdauung zersetzen)* ■**etw** ~ to digest sth
❷ *(fam: bewältigen)* ■**etw** ~ to get over sth
II. *vi* PHYSIOL to digest one's food
verdaulich *adj* digestible; **gut/schlecht [*o* schwer] ~** easy to digest [*or* easily digestible]/difficult to digest; ■**[irgendwie] ~ sein** to be digestible [in a certain way]
Verdaulichkeit <-> *f kein pl* digestibility
Verdauung <-> *f kein pl* digestion; **eine gute/schlechte ~ haben** to have good/poor digestion [*or spec* be eupeptic/dyspeptic]
Verdauungsbeschwerden *pl* indigestion **Verdauungsmittel** *nt* digestion medication **Verdauungsorgan** *nt* ANAT digestive organ **Verdauungsprobleme** *pl* digestive problems *pl* **Verdauungssäfte** *pl* gastric juices *pl* **Verdauungsspaziergang** *m (fam)* after-dinner walk **Verdauungsstörung** *f meist pl* MED dyspepsia, indigestion **Verdauungstrakt** *m* digestive tract
Verdẹck <-[e]s, -e> *nt* hood, [folding [*or* convertible]] top; *Kinderwagen* hood; *Schiff, Bus* upper deck
verdẹcken* *vt* ❶ *(die Sicht auf etw nehmen)* ■**[jdm] etw [mit etw] ~** to cover [up *sep*] [sb's] sth [with sth]; **jdm die Sicht [mit etw] ~** to block sb's view [with sth]
❷ *(maskieren)* ■**etw** ~ to conceal sth
verdẹckt *adj* ❶ *(geheim)* undercover; **~er Ermittler** undercover agent; **eine ~e Kamera** a hidden [*or* concealed] camera; **eine ~e Operation** an undercover [*or* a covert] operation
❷ *(verborgen)* hidden; **~e Arbeitslosigkeit** concealed unemployment; **~e Gewinnausschüttung** undisclosed distribution; **~e Inflation** hidden inflation
Verdẹckungsabsicht *f* JUR intention to conceal
verdẹnken* *vt irreg (geh)* ■**[jdm] etw ~** to hold sth against sb; ■**[jdm] etw nicht ~ können** not to be able to hold sth against sb; ■**es jdm nicht ~ können [*o* werden], dass/wenn jd etw tut** not to be able to blame sb for doing/if sb does sth
Verdẹrb <-[e]s> *m kein pl (geh)* spoilage
verdẹrben <verdạrb, verdọrben> I. *vt haben* ❶ *(moralisch korrumpieren)* ■**jdn/etw** ~ to corrupt sb/sth
❷ *(ruinieren)* ■**[jdm] etw** ~ to ruin [sb's] sth; ■**jdn** ~ to ruin sb
❸ *(zunichte machen)* ■**[jdm] etw** ~ to spoil [*or* ruin] [sb's] sth
❹ *(verscherzen)* ■**es sich *dat* [mit jdm] ~** to fall out [with sb]; **es sich *dat* mit niemandem ~ wollen** to try to please [*or* want to keep in with] everybody
II. *vi sein* to spoil, to go off *esp* BRIT, to go bad *esp* AM; *s. a.* **verdorben**
Verdẹrben <-s> *nt kein pl (geh)* doom; **jds ~ sein** to be sb's undoing [*or* ruin]; **in sein ~ rennen** to be heading for the rocks; **jdn ins ~ stürzen** to bring ruin upon sb
verdẹrblich *adj* ❶ *(nicht lange haltbar)* perishable; ■**[leicht [*o* rasch]] ~ sein** to be [highly] perishable
❷ *(unheilvoll)* corrupting, pernicious
verdeutlichen* *vt* ■**[jdm] etw** ~ to explain sth [to sb]; ***die zusätzlichen Schautafeln sollen den Sachverhalt ~*** the additional illustrative charts should make the facts clearer; ■**jdm ~, was/wie ...** to explain to sb what/how ...; ■**sich *dat* [etw] ~** to be clear [about sth]; ■**sich *dat* ~, dass/was ...** to be clear that/as to what ...
Verdeutlichung <-, -en> *f* clarification; **zur ~ [von etw]** to clarify [sth]
verdeutschen* *vt* ■**[jdm] etw ~** ❶ *(fam)* to translate sth [for sb] into everyday language
❷ *(veraltend)* to translate sth [for sb] into German
Vẹrdi *f* ÖKON *Akr von* **Vereinte Dienstleistungsgewerkschaft** *combined trade union for the service industry*
verdịchten* I. *vt* ■**etw** ~ ❶ *(komprimieren)* to compress sth
❷ *(ausbauen) Verkehrsnetz* to develop sth
❸ BAU ■**etw** ~ to compact sth
II. *vr* ■**sich** *akk* ~ ❶ METEO *(dichter werden)* to become [*or* get] thicker
❷ *(sich intensivieren) Eindruck, Gefühl* to intensify; *Verdacht* to grow, to deepen
❸ TRANSP *Verkehr* to increase [in volume]
Verdịchtung <-, -en> *f* ❶ *(Zunahme)* **~ der städtischen Siedlung** urbanization
❷ INFORM *(Komprimierung)* compression, packing; **~ von Daten** data compression
❸ PHYS *(Kondensation)* condensation
Verdịchtungsraum *m* ADMIN densely-populated space
verdịcken* I. *vt (andicken)* ■**etw** ~ to thicken sth
II. *vr (dicker werden)* ■**sich** *akk* ~ *Haut* to thicken; *Glied, Gelenk, Stelle* to swell
Verdịckung <-, -en> *f* ❶ *(das Verdicken)* thickening *no pl*
❷ *(verdickte Stelle)* swelling
Verdịckungsmittel *nt* thickening agent
verdienen* I. *vt* ❶ *(als Verdienst bekommen)* ■**etw** ~ to earn sth; ***er verdient nur DM 3.000 im Monat*** he only earns 3,000 marks a month
❷ *(Gewinn machen)* ■**etw [an etw *dat*] ~** to make sth [on sth]; ***ich verdiene kaum 500 Mark am Wagen*** I'm scarcely making 500 marks on the car
❸ *(sich erarbeiten)* ■**[sich *dat*] etw** ~ to earn the money for sth; **seinen Lebensunterhalt/sein Brot** *fam* **~** to earn one's living [*or* BRIT a crust] *fam*
❹ *(zustehen)* ■**etw [für etw *akk*] ~** to deserve sth [for sth]; ***eine glänzende Leistung, dafür ~ Sie Anerkennung*** a magnificent achievement, you deserve recognition for that; **es nicht anders [*o* besser] ~** to not deserve anything else [*or* better]; **sich *dat* etw verdient haben** to have earned sth; ***nach dieser Leistung haben wir uns ein Glas Champagner verdient*** we deserve a glass of cham-

V

pagne after this achievement
II. *vi* ❶ (*einen Verdienst bekommen*) to earn a wage; ▪**[irgendwie]** ~ to earn a [certain] wage; ***als Verkäuferin verdienst du doch viel zu wenig*** you earn far [*or* much] too little as a sales assistant
❷ (*Gewinn machen*) ▪**[an etw** *dat***]** ~ to make a profit [on [*or* from] sth]; ***an diesem Projekt verdiene ich kaum*** I'm scarcely making a profit on this project

Verdiener(in) <-s, -> *m(f)* wage-earner

Verdienst[1] <-[e]s, -e> *m* FIN income, earnings *npl;* **effektiver** ~ actual earnings

Verdienst[2] <-[e]s, -e> *nt* (*anerkennenswerte Tat*) ▪**jds ~e [um etw** *akk***]** sb's credit *sing* [for sth]; **seine ~e um die Heimatstadt** his services to his home town; **sich** *dat* **~e [um etw** *akk***] erwerben** to make a contribution [to sth]; **jds ~/das ~ einer S.** *gen* **sein, dass …** to be thanks to sb/a thing that …; ***es ist einzig sein ~, dass die Termine eingehalten werden konnten*** it's solely thanks to him that the schedules could be adhered to

Verdienstausfall *m* loss of earnings *pl* **Verdienstausfallentschädigung** *f* compensation for loss of earnings **Verdienstaussichten** *pl* earnings prospects *pl*

Verdienstkreuz *nt national decoration awarded for services to the community*

Verdienstmöglichkeit *f* source of income

Verdienstorden *m* Order of Merit

Verdienstspanne *f* profit margin

verdienstvoll *adj* ❶ (*anerkennenswert*) commendable
❷ *s.* **verdient 2**

verdient I. *adj* ❶ (*zustehend*) well-deserved; **~e Strafe/~er Tadel** rightful punishment/admonition
❷ (*Verdienste aufweisend*) of outstanding merit; **ein ~er Wissenschaftler** a scientist of outstanding merit; **sich** *akk* **um etw** *akk* **~ machen** to render outstanding services to sth
❸ SPORT (*sl: der Leistung gemäß*) deserved
II. *adv* SPORT (*sl: leistungsgemäß*) deservedly; ***die Mannschaft hat ~ gewonnen*** the team deserved to win

verdientermaßen, verdienterweise *adv* deservedly

verdingen* *vr* (*veraltend*) ▪**sich** *akk* **[bei jdm]** ~ to enter service [with sb] *dated*

Verdingungskartell *nt* ÖKON contracted cartel **Verdingungsordnung** *f* HANDEL regulations governing construction contracts

verdirbt *3. pers. pres von* **verderben**

verdolmetschen* *vt* (*fam*) ▪**[jdm] etw** ~ to interpret sth [for sb]

verdonnern* *vt* (*fam*) ❶ (*verurteilen*) ▪**jdn [zu etw** *dat***]** ~ to sentence sb [to sth]; ***den Einbrecher hat man zu drei Jahren Knast verdonnert*** the burglar was sentenced to three years' imprisonment
❷ (*anweisen*) ▪**jdn [zu etw** *dat***]** ~ to order sb to do sth; ***meine Frau hat mich zum Spülen verdonnert*** my wife has ordered me to do the washing up; ▪**jdn dazu ~, etw zu tun** to order sb to do sth

verdonnert *adj* (*veraltend fam*) thunderstruck *dated*

verdoppeln* **I.** *vt* ❶ (*auf das Doppelte erhöhen*) ▪**etw [auf etw** *akk***]** ~ to double sth [to sth]; ***sie verdoppelte ihren Einsatz auf DM 100*** she doubled her stake to one hundred marks
❷ (*deutlich verstärken*) ▪**etw** ~ to redouble sth; **seine Anstrengungen** ~ to redouble one's efforts; **mit verdoppeltem Eifer** with redoubled enthusiasm
II. *vr* (*sich auf das Doppelte erhöhen*) ▪**sich** *akk* **[auf etw** *akk***]** ~ to double [to sth]; ***im letzten Jahr hat sich unser Gewinn auf DM 250.000,- verdoppelt*** last year our profit doubled to two hundred and fifty thousand marks

Verdopp(e)lung <-, -en> *f* ❶ (*Erhöhung auf das Doppelte*) doubling
❷ (*deutliche Verstärkung*) redoubling

verdorben I. *pp von* **verderben**
II. *adj* ❶ (*ungenießbar geworden*) bad, off *pred* BRIT; ***das Fleisch riecht so merkwürdig, wahrscheinlich ist es ~*** the meat smells so peculiar, it's probably off
❷ (*moralisch korrumpiert*) corrupt
❸ MED **einen ~en Magen haben** to have an upset stomach

Verdorbenheit <-> *f kein pl* [moral] corruptness [*or* corruption] *no pl*

verdorren* *vi sein* to wither; **ein verdorrter Baum** a withered tree

verdrahten* *vt* ▪**etw** ~ to wire up sth *sep*

verdrängen* *vt* ❶ (*vertreiben*) ▪**jdn [aus etw** *dat***]** ~ to drive sb out [of sth]
❷ (*unterdrücken*) ▪**etw** ~ to suppress [*or* repress] sth; **eine Erinnerung** ~ to suppress [*or* repress] a memory
❸ PHYS *Wasser* ~ to displace water

Verdrängung <-, -en> *f* ❶ (*Vertreibung*) driving out, ousting
❷ (*Unterdrückung*) suppression, repression
❸ PHYS displacement

Verdrängungskampf *m* battle to drive out the opposition **Verdrängungskünstler(in)** *m(f)* master at suppressing things *pl* **Verdrängungsstrategie** *f* strategy of ousting [*or* driving out] **Verdrängungswettbewerb** *m* ÖKON cutthroat competition

verdrecken* **I.** *vi sein* (*fam: sehr dreckig werden*) to get filthy; ▪**etw ~ lassen** to let sth get filthy
II. *vt haben* (*sehr dreckig machen*) ▪**etw** ~ to make sth filthy [*or* dirty]

verdreckt *adj* filthy

verdrehen* *vt* ▪**etw** ~ ❶ (*wenden*) to twist sth; **die Augen/den Hals/den Kopf** ~ to roll one's eyes/crane one's neck/twist one's head round
❷ (*entstellen*) to distort sth; **die Tatsachen** ~ to distort the facts
► WENDUNGEN: **jdm den Kopf** ~ to turn sb's head

verdreht *adj* (*fam o pej*) crazy

verdreifachen* **I.** *vt* (*auf das Dreifache erhöhen*) ▪**etw [auf etw** *akk***]** ~ to treble [*or* triple] sth [to sth]
II. *vr* (*sich auf das Dreifache erhöhen*) ▪**sich** *akk* **[auf etw** *akk***]** ~ to treble [*or* triple]; ***ihr Einkommen hat sich verdreifacht*** her income has increased threefold

Verdreifachung <-, -en> *f* trebling, tripling

verdreschen* *vt irreg* (*fam*) ▪**jdn** ~ to beat up sb *sep fam,* to thrash sb

verdrießen <verdross, verdrossen> *vt* (*geh*) ▪**jdn** ~ to irritate [*or* annoy] sb; **es sich** *dat* **nicht ~ lassen** to not be put off

verdrießlich *adj* (*geh*) ❶ (*missmutig*) **~es Gesicht** sullen face; **~e Stimmung** morose mood
❷ (*misslich*) tiresome

verdross[RR], verdroß *imp von* **verdrießen**

verdrossen I. *pp von* **verdrießen**
II. *adj* sullen, morose

Verdrossenheit <-> *f kein pl* sullenness *no pl,* moroseness *no pl*

Verdruckbarkeit *f* TYPO ease of printing, runability, workability

verdrucken *vt* ▪**etw** ~ to misprint sth, to print waste

verdrücken* **I.** *vt* (*fam: verzehren*) ▪**etw** ~ to polish off sth *sep fam*
II. *vr* (*fam: verschwinden*) ▪**sich** *akk* **[irgendwohin]** ~ to slip away [somewhere]; ***er verdrückte sich durch den Hintereingang*** he slipped away through the rear entrance

Verdruss[RR] <-es, -e> *m,* **Verdruß** <-sses, -sse> *m meist sing* (*geh*) annoyance; **jdm ~ bereiten** to annoy sb; **zu jds ~, jdm zum ~** to sb's annoyance

verduften* *vi sein* (*fam*) to clear off *fam*

verdummen* **I.** *vt haben* (*jds geistiges Niveau senken*) ▪**jdn** ~ to dull sb's mind
II. *vi sein* (*verblöden*) to become stupid

Verdummung <-> *f kein pl* dulling of sb's mind *no pl*

verdungen *pp von* **verdingen**

verdunkeln* **I.** *vt* ❶ (*abdunkeln*) ▪**etw** ~ to black out sth
❷ (*verdüstern*) ▪**etw** ~ to darken sth; ***düstere Gewitterwolken begannen den Himmel zu ~*** murky storm clouds began to darken the sky
❸ JUR (*verschleiern*) ▪**etw** ~ to obscure sth
II. *vr* (*dunkler werden*) ▪**sich** *akk* ~ to darken; ***der Himmel verdunkelt sich*** the sky is growing darker

Verdunk(e)lung <-, -en> *f* ❶ *kein pl* (*das Verdunkeln*) black-out
❷ JUR (*Verschleierung*) suppression of evidence *no pl*

Verdunk(e)lungsgefahr *f* JUR danger of suppression of evidence

Verdunklungsrollo *nt* blind

verdünnen* *vt* ▪**etw [mit etw** *dat***]** ~ to dilute sth [with sth]; ▪**verdünnt** diluted

Verdünner <-s, -> *m* thinner

verdünnisieren* *vr* (*hum fam*) ▪**sich** *akk* ~ to make oneself scarce *fam*

Verdünnung <-, -en> *f kein pl* ❶ (*das Verdünnen*) dilution *no pl*
❷ (*verdünnter Zustand*) diluted state, dilution
❸ TECH (*Verdünner*) diluent

Verdünnungsmittel *nt* thinning agent

verdunsten* *vi sein* to evaporate

Verdunster <-s, -> *m* humidifier

Verdunstung <-> *f kein pl* evaporation *no pl*

verdursten* *vi sein* ❶ (*an Durst sterben*) to die of thirst
❷ (*fam: furchtbar durstig sein*) to be dying of thirst *fam*

verdüstern* **I.** *vr* (*geh*) ▪**sich** *akk* ~ to darken [*or* grow dark]; ***der Himmel verdüstert sich zusehends*** the sky is visibly growing darker
II. *vt* (*geh*) ▪**etw** ~ to darken sth; ***die Regenwolken begannen den Himmel zu ~*** the rainclouds began to darken the sky

verdutzen* *vt* (*fam*) ▪**jdn [mit etw** *dat***]** ~ to confuse sb [with sth], to take sb aback [with sth]

verdutzt I. *adj* (*fam*) ❶ (*verwirrt*) baffled, confused; **ein ~es Gesicht machen** to appear baffled [*or* nonplussed]
❷ (*überrascht*) taken aback *pred*
II. *adv* in a confused [*or* baffled] manner; **sich** *akk* **umdrehen** to turn round in confusion [*or* bafflement]

verebben* *vi sein* (*geh*) to subside

veredeln* *vt* ▪**etw** ~ ❶ (*qualitätsmäßig verbessern*) to refine sth; ▪**veredelt** refined
❷ HORT (*durch Aufpfropfen verändern*) to graft sth; ▪**veredelt** grafted

Vered(e)lung <-, -en> *f* ❶ TECH refinement
❷ HORT (*das Veredeln*) grafting *no pl*
❸ (*Druck*) finishing

Veredelungsindustrie *f* refining [*or* finishing] industry **Veredelungsprozess[RR]** *m* refining [*or* finishing] process

verehelichen* *vr* (*geh*) ▪**sich** *akk* **[mit jdm]** ~ to marry [sb]

Verehelichung <-, -en> *f* (*geh*) marriage

verehren* *vt* ❶ (*bewundernd schätzen*) ▪**jdn** ~ to admire sb
❷ REL (*anbeten*) ▪**jdn [*o* ein Tier] [*o* etw]** ~ to worship sb [*or* an animal] [*or* sth]
❸ (*hum: schenken*) ▪**[jdm] etw** ~ to give [sb] sth

Verehrer(in) <-s, -> *m(f)* ❶ (*Bewunderer*) admirer
❷ REL (*Anbeter*) worshipper

verehrt *adj* ❶ (*Floskel in einer Ansprache: geschätzt*) ***~e Anwesende!*** *pl* Ladies and Gentlemen! *pl*
❷ (*Floskel im Brief: geehrt*) dear; ***~e Frau Professorin!*** Dear Professor,

Verehrung *f kein pl* ❶ (*bewundernde Schätzung*) admiration *no pl;* **jdm seine ~ bezeigen** to show one's admiration for sb; ▪**jds ~ für jdn** sb's admiration for sb
❷ REL (*Anbetung*) worship *no pl*

verehrungswürdig *adj* (*geh*) honourable [*or* AM -orable], estimable *form*

vereidigen* *vt* JUR ❶ (*einen Eid leisten lassen*) ▪**jdn** ~ to swear in sb *sep*
❷ (*eidlich auf etw verpflichten*) ▪**jdn [auf etw**

akk] ~ to make sb swear to sth; ***der Präsident wurde auf die Verfassung vereidigt*** the president was sworn to uphold the constitution

vereidigt *adj* JUR sworn; **~er Börsenmakler** sworn broker; **ein ~er Übersetzer** a sworn [*or* certified] translator; **gerichtlich ~** certified before the court

Vereidigung <-, -en> *f* JUR swearing in, administration of the oath

Verein <-[e]s, -e> *m* ① (*Organisation Gleichgesinnter*) club, association, society; **eingetragener ~** registered society, incorporated association; **gemeinnütziger ~** charitable organization; **nicht rechtsfähiger ~** unincorporated association; **aus einem ~ austreten** to resign from a club; **in einen ~ eintreten** to join a club
② (*pej fam: Haufen*) bunch, crowd *fam*, outfit *fam*; ***von dem ~ kommt mir keiner ins Haus!*** none of that lot is setting foot in my house!
► WENDUNGEN: **im ~ mit jdm** in conjunction with sb

vereinbar *adj* compatible; ▪**[mit etw *dat*] ~ sein** to be compatible [with sth]

vereinbaren* *vt* ① (*miteinander absprechen*) ▪**etw [mit jdm] ~** to agree sth [with sb]; ***wir hatten 20 Uhr vereinbart*** we had agreed eight o'clock, our arrangement was for eight o'clock; ▪**[mit jdm] ~, dass** to agree [*or* arrange] [with sb] that
② (*in Einklang bringen*) ▪**etw [mit etw *dat*] ~** to reconcile sth [with sth]; ***ich weiß nicht, wie ich diese Handlungsweise mit meinem Gewissen ~ soll*** I don't know how to reconcile this behaviour with my conscience; ▪**sich *akk* [mit etw *dat*] ~ lassen** [*o* **[mit etw *dat*] zu ~ sein**] to be compatible [with sth]

vereinbart *adj* agreed

Vereinbarung <-, -en> *f* ① *kein pl* (*das Vereinbaren*) arranging *no pl*
② *a.* JUR (*Abmachung*) agreement, stipulation; **laut ~** as agreed; **nach ~** by arrangement; **~ auf Gegenseitigkeit** reciprocal agreement; **~ über Gewerkschaftszwang** union membership agreement BRIT; **~ über die Zahlungsmodalitäten** stipulation of payment; **entgegen früheren ~en** contrary to former agreements; **sich *akk* an eine ~ halten** to abide by an agreement; **eine ~ treffen** to reach an agreement; **stillschweigende ~** implicit [*or* tacit] agreement; **wettbewerbsbeschränkende ~** restrictive agreement

vereinbarungsgemäß *adv* as agreed [*or* arranged]

Vereinbarungstreuhand *f* JUR joint trustee

vereinen* *vt* ① (*zusammenschließen*) ▪**etw ~** to unite [*or* combine] sth
② (*vereinbaren*) ▪**[miteinander] zu ~ sein** to be able to be reconciled [with each other]; *s. a.* **Hand**

vereinfachen* *vt* ▪**etw ~** to simplify sth

vereinfacht I. *adj* simplified; **eine ~e Skizze** a simplified sketch
II. *adv* in a simplified way

Vereinfachung <-, -en> *f* simplification

vereinheitlichen* *vt* ▪**etw ~** to standardize sth

Vereinheitlichung <-, -en> *f* standardization; **die große ~** PHYS the great standardization

vereinigen* I. *vt* (*zusammenschließen*) ▪**etw [zu etw *dat*] ~** to unite [*or* combine] [to form sth]; **Staaten ~** to unite states; **Firmen/Organisationen ~** to merge firms/organizations
II. *vr* ① (*sich zusammenschließen*) ▪**sich *akk* [zu etw *dat*] ~** to merge [to form sth]
② GEOG (*zusammenfließen*) ▪**sich *akk* [zu etw *dat*] ~** to meet [to form sth]; ***die beiden Flüsse ~ sich zur Weser*** the two rivers meet to form the Weser

vereinigt *adj* united; *s. a.* **Emirat, Königreich, Staat**

Vereinigte Arabische Emirate *pl* United Arab Emirates *pl*; *s. a.* **Deutschland**

Vereinigtes Königreich *nt* United Kingdom

Vereinigte Staaten (von Amerika) *pl* United States [of America] *pl*; *s. a.* **Deutschland**

Vereinigung <-, -en> *f* ① (*Organisation*) organization, association; JUR **kriminelle ~** criminal organization; **Bildung einer kriminellen ~** formation of a criminal society
② *kein pl* (*Zusammenschluss*) amalgamation; **die ~ verschiedener Chemiefirmen** the amalgamation of various chemical companies; **die deutsche ~** German reunification
③ (*Verband*) association; **~ britischer Handelskammern** Association of British Chambers of Commerce, ABCC; **korporative ~** corporate body

Vereinigungsfreiheit *f kein pl* freedom of association **Vereinigungskirche** *f kein pl* (*MUN-Sekte*) Unification Church **Vereinigungskriminalität** *f* organized crime

vereinnahmen* *vt* ① (*mit Beschlag belegen*) ▪**jdn ~** to take up sb's time, to monopolize sb
② (*geh: einnehmen*) ▪**etw ~** to collect sth; **Steuern ~** to collect taxes

Vereinnahmung <-, -en> *f* adsorption

vereinsamen* *vi sein* to become lonely

vereinsamt *adj* ① (*einsam*) *Mensch* lonely
② (*abgeschieden*) *Gehöft* isolated

Vereinsamung <-> *f kein pl* loneliness *no pl*

Vereinsbeitrag *m* membership fee **Vereinsfarben** *pl* club colours [*or* AM -ors] *pl* **Vereinsfreiheit** *f* JUR freedom of association **Vereinsfußballer(in)** *m(f)* club player **Vereinsgesetz** *nt* JUR *act regulating clubs and associations* **Vereinslokal** *nt* club pub [*or* AM bar] **Vereinsmeier** *m* (*pej fam*) **ein richtiger ~** a clubman through and through **Vereinsmitglied** *nt* club member **Vereinsrecht** *nt* JUR law of association **Vereinsregister** *nt* register of societies [*or* associations] **Vereinssatzung** *f* club rules *pl*, a society's constitution **Vereinsvermögen** *nt* JUR society assets *pl* **Vereinsvorsitzende(r)** *f(m)* club chairman [*or* chair] **Vereinsvorstand** *m* JUR (*mehrere Personen*) executive committee of an association; (*eine Person*) association's president

vereint *adj* united

vereinzelt I. *adj* ① METEO (*örtlich*) isolated; **~e Regenschauer** isolated [*or* scattered] showers
② (*sporadisch auftretend*) occasional
II. *adv* METEO (*örtlich*) in places *pl*; ***es kam ~ zu länger anhaltenden Regenfällen*** there were longer outbreaks of rain in places

vereisen* I. *vi sein* to ice up [*or* over]; ▪**vereist** iced up [*or* over]; **eine ~e Fahrbahn** an icy road; ***fahr vorsichtig, die Straße ist vereist!*** drive carefully, there's ice on the road!
II. *vt haben* (*lokal anästhesieren*) ▪**etw ~** to freeze sth

Vereisung <-, -en> *f* icing

vereiteln* *vt* ▪**etw ~** to thwart [*or* prevent] sth

Vereit(e)lung <-> *f kein pl* thwarting *no pl*, prevention *no pl*

vereitern* *vi sein* (*sich eitrig entzünden*) to go septic; (*eitrig entzündet sein*) to have turned septic; **eine vereiterte Wunde** a septic wound; ▪**vereitert sein** to be septic

Vereiterung <-, -en> *f* sepsis *no pl*

verelenden* *vi sein* (*geh*) to become impoverished

Verelendung <-> *f kein pl* impoverishment

verenden* *vi sein* to perish [*or* die]

verengen* I. *vr* ① MED, ANAT (*sich zusammenziehen*) ▪**sich *akk* ~** *Pupillen* to contract; *Gefäße* to become constricted
② TRANSP (*enger werden*) ▪**sich *akk* [auf etw *akk*] ~** to narrow [to sth]; ***die Autobahn verengt sich auf zwei Fahrspuren*** the motorway narrows to [*or* goes into] two lanes
II. *vt* MED, ANAT (*enger werden lassen*) ▪**etw ~** to constrict sth; ***Nikotin verengt die Gefäße*** nicotine constricts the blood vessels

verengern* I. *vt* (*enger machen*) ▪**etw ~** to take in sth *sep*
II. *vr* ▪**sich ~** to become narrower

Verengung <-, -en> *f* ① *kein pl* MED, ANAT (*das Kontrahieren*) *Gefäß* constriction; *Pupillen* contraction
② TRANSP (*verengte Stelle*) narrow section
③ MED (*verengte Stelle*) stenosis *spec*, stricture *spec*

vererben* I. *vt* ① (*als Erbschaft hinterlassen*) ▪**[jdm] etw ~** to leave [*or form* bequeath] [sb] sth
② (*durch Vererbung weitergeben*) ▪**[jdm] etw ~**, ▪**etw [auf jdn] ~** to pass on sth *sep* [to sb]; (*hum fam: schenken*) to hand on sth *sep* [to sb]
II. *vr* ▪**sich *akk* [auf jdn] ~** to be passed on [to sb], to be hereditary

vererblich *adj* hereditary

Vererblichkeit <-> *f kein pl* JUR inheritability

Vererbung <-, *selten* -en> *f* BIOL heredity *no pl, no art*

Vererbungsgesetz *nt* law of heredity, Mendelian law **Vererbungslehre** *f* genetics + *sing vb, no art*

verewigen* I. *vr* (*fam: Spuren hinterlassen*) ▪**sich *akk* [auf etw *dat*] ~** to leave one's mark for posterity [on sth]
II. *vt* ▪**etw ~** ① (*perpetuieren*) to perpetuate sth
② (*unvergesslich, unsterblich machen*) to immortalize sth

verfahren*[1] *vi irreg sein* ① (*vorgehen*) ▪**[irgendwie] ~** to proceed [*or* act] [in a certain way]
② (*umgehen*) ▪**[mit jdm] [irgendwie] ~** to deal with sb [in a certain way]

verfahren*[2] *irreg* I. *vt* (*durch Fahren verbrauchen*) ▪**etw ~** to use up sth *sep*
II. *vr* (*sich auf einer Fahrt verirren*) ▪**sich *akk* ~** to lose one's way

verfahren[3] *adj* muddled; ***die Situation ist völlig ~*** the situation is a total muddle

Verfahren <-s, -> *nt* ① TECH (*Methode*) process; ***dieses ~ soll die Produktion wesentlich verbilligen*** this process should make production considerably cheaper
② JUR (*Gerichts~*) proceedings *npl*; **~ mit zulässiger Kautionsstellung** bailable action; **~ in Forderungspfändungen** garnishment proceedings; **Unterbrechung des ~s** suspension of proceedings; **abgekürztes** [*o* **beschleunigtes**] **~** summary [*or* accelerated] proceedings; **anhängiges ~** pending case; **konkursrechtliches ~** bankruptcy proceedings; **mündliches/schriftliches ~** oral/written procedure; **objektives ~** in rem proceedings; **streitiges ~** litigious proceedings; **summarisches ~** summary proceedings; **~ eingestellt** case dismissed; **das ~ aussetzen** to suspend proceedings; **gegen jdn läuft ein ~** proceedings are being brought against sb; **ein ~ [gegen jdn] einleiten** to institute proceedings [against sb]

Verfahrensablauf *m* JUR procedure **Verfahrensanmeldung** *f* (*für Patent*) process application **Verfahrensanweisungen** *pl* JUR procedural rules **Verfahrensart** *f* JUR mode of procedure; **besondere ~en** special forms of procedure **Verfahrensbeschleunigung** *f* JUR speeding up of the proceedings **Verfahrensbeteiligte(r)** *f(m) dekl wie adj* JUR party to the proceedings **Verfahrensdauer** *f* JUR duration of proceedings **Verfahrenseinleitung** *f* JUR institution of legal proceedings **Verfahrenseinstellung** *f* JUR cessation of proceedings **Verfahrenseinwand** *m* JUR plea of exception **Verfahrensfehler** *m* JUR procedural error **Verfahrensfragen** *pl* points *pl* of order **Verfahrensfrist** *f* JUR deadline for proceedings **Verfahrensgebühren** *pl* FIN procedural fees **Verfahrensgrundsätze** *pl* JUR procedural principles **Verfahrenshindernis** *nt* JUR procedural bar, hindrance to proceedings **Verfahrenskosten** *pl* JUR costs *pl* [of proceedings]; **die ~ verteilen** to apportion the costs **Verfahrenslizenz** *f* JUR process licence [*or* AM -se] **Verfahrensmängel** *pl* JUR procedural errors, material defects of legal proceedings **verfahrensmäßig** *adj* JUR procedural **Verfahrensnorm** *f* JUR procedural norm, code of practice **Verfahrensordnung** *f* JUR rules of procedure; *des Gerichts* rules of court **Verfahrensrecht** *nt* JUR *kein pl* procedural law, law of procedure **verfahrensrechtlich** *adj* JUR procedural **Verfahrensregeln** *pl* JUR rules of procedure; *des Gerichts* rules of court; **~ des höchsten Gerichts** Rules of the Supreme Court AM **Verfahrensrevision** *f* JUR appeal on a point of law **Verfahrens-**

V

richtlinien *pl* JUR rules of procedure **Verfahrensrüge** *f* JUR procedural objection **Verfahrenssprache** *f* JUR language of the proceedings **Verfahrenstechnik** *f* TECH process engineering **Verfahrenstrennung** *f* JUR severance of an action **Verfahrensvorschriften** *pl* JUR rules of procedure, procedural provisions; **gerichtliche ~** rules of the court; **Verfahrens- und Formvorschriften** rules of procedure and form **Verfahrensweg** *m* JUR procedure **Verfahrensweise** *f* procedure

Verfall <-s> *m kein pl* ❶ (*das Verfallen*) dilapidation *no pl, no indef art;* **der ~ historischer Gebäude** the dilapidation of historical buildings; **in ~ geraten** to fall into decay
❷ MED decline *no pl*
❸ (*das Ungültigwerden*) expiry *no pl, no indef art;* **bei ~** FIN at [*or* on] maturity
❹ (*geh: Niedergang*) decline *no pl;* **der ~ der Moral** the decline in morals *npl;* **der ~ des Römischen Reiches** the fall of the Roman Empire
❺ JUR (*Verwirkung*) forfeiture; *eines Wechsels* due date; *einer Police* lapse

Verfalldatum *nt s.* **Verfallsdatum**

verfallen*[1] *vi irreg sein* ❶ (*zerfallen*) to decay, to fall into disrepair
❷ (*immer schwächer werden*) to deteriorate
❸ (*ungültig werden*) *Eintritts-, Fahrkarte, Ticket, Gutschein* to expire; *Anspruch, Recht* to lapse
❹ FIN (*rapide weniger wert werden*) to fall
❺ (*erliegen*) ■[**jdm**] **~** to be captivated [by sb]; ■[**etw** *dat*] **~** to become enslaved [by a thing]
❻ (*sich einfallen lassen*) ■[**auf etw** *akk*] **~** to think of sth; ***wer ist denn auf so einen verrückten Plan ~?*** whoever thought up such an insane plan?; ■**darauf ~, etw zu tun** to give sb the idea of doing sth
❼ (*kommen auf*) ■[**auf jdn**] **~** to think of sb; ***wir suchten einen Spezialisten, da sind wir auf ihn ~*** we were looking for a specialist and we thought of him
❽ JUR ■**jdm ~** to be forfeited to sb

verfallen[2] *adj* ❶ (*völlig baufällig*) dilapidated
❷ (*abgelaufen*) expired

Verfallfrist *f* expiry period **Verfallgeschäft** *nt* HANDEL forfeiting deal [*or* transaction] **Verfallklausel** *f* JUR forfeiture [*or* expiration] clause

Verfallsdatum *nt* ÖKON ❶ (*der Haltbarkeit*) use-by date; ***Packungen mit Nahrungsmitteln müssen mit einem ~ gekennzeichnet sein*** packets containing food must be labelled with a best-before-date
❷ (*der Ungültigkeit*) expiry date ❸ (*der Zahlbarkeit*) expiry date **Verfallserscheinung** *f* symptom of decline **Verfallstag** *m* FIN maturity [*or* expiry] date

Verfallvertrag *m* JUR forfeiture agreement

verfälschen* *vt* ❶ (*falsch darstellen*) ■**etw ~** to distort sth
❷ (*in der Qualität mindern*) ■**etw** [**durch etw** *akk*] **~** to adulterate sth [with sth]

Verfälschung *f* ❶ (*das Verfälschen*) distortion
❷ (*Qualitätsminderung*) adulteration

verfangen* *irreg* **I.** *vr* ■**sich** *akk* [**in etw** *dat*] **~**
❶ (*hängen bleiben*) to get caught [in sth]
❷ (*sich verstricken*) to become entangled [in sth]; **sich** *akk* **in Lügen ~** to become entangled in a web of lies
II. *vi* (*den erstrebten Effekt hervorrufen*) ■[**bei jdm**] **nicht** [*o* **nicht mehr**] **~** to not cut [*or* to no longer cut] any ice [with sb]

verfänglich *adj* awkward, embarrassing

verfärben* **I.** *vr* ■**sich** *akk* [**irgendwie**] **~** to turn [a certain colour [*or* AM -or]]; ***im Herbst ~ sich die Blätter*** the leaves change colour in autumn
II. *vt* ■**etw ~** to discolour [*or* AM -or] sth; ***nicht farbechte Kleidungsstücke ~ andere*** items of clothing that are not colourfast discolour other items

Verfärbung *f* ❶ *kein pl* (*Wechsel der Farbe*) change of colour [*or* AM -or]
❷ *kein pl* (*Annahme anderer Farbe*) discolouration [*or* AM -oration] *no pl, no indef art*
❸ (*abweichende Färbung*) discolouration [*or* AM -oration] *no pl, no indef art*

verfassen* *vt* ■**etw ~** to write sth; **einen Entwurf/ein Gesetz/eine Urkunde ~** to draw up a design/a law/a document

Verfasser(in) <-s, -> *m(f)* author

Verfassung *f* ❶ *kein pl* (*Zustand*) condition *no pl;* (*körperlich*) state [of health]; (*seelisch*) state [of mind]; **in einer bestimmten ~ sein** [*o* **sich** *akk* **in einer bestimmten ~ befinden**] to be in a certain state; **in guter ~** in good form [*or* shape]
❷ POL constitution

verfassunggebend *adj attr* constituent; **die ~e Versammlung** the constituent assembly

verfassungsändernd *adj* JUR **~e Gesetze** laws that amend the constitution **Verfassungsänderung** *f* JUR constitutional amendment **Verfassungsbeschwerde** *f* JUR constitutional complaint, petition to the constitutional court **Verfassungsbruch** *m* POL violation of the constitution **verfassungsfeindlich** *adj* JUR anticonstitutional **Verfassungsgericht** *nt* constitutional court **Verfassungsgerichtshof** *m* JUR Supreme Constitutional Court **Verfassungsgerichtsurteil** *nt* JUR constitutional court ruling

Verfassungsgrundsatz *m* JUR constitutional principle **Verfassungsklage** *f formal complaint about unconstitutional decision made by the courts* **verfassungsmäßig** *adj* constitutional, according to the constitution; **~e Ordnung** constitutional order **Verfassungsmäßigkeit** *f* JUR constitutionality **Verfassungsorgan** *nt* JUR constitutional organ **Verfassungsrecht** *nt kein pl* constitutional law

verfassungsrechtlich **I.** *adj* JUR constitutional, relating to constitutional law
II. *adv* JUR constitutionally, under constitutional law; ***dieser Reformvorschlag ist ~ fragwürdig/angreifbar*** it is dubious/open to criticism whether this proposed reform falls within the constitution; ***~ gesehen, ist dieses Gesetzesvorhaben sehr interessant*** this new bill will have great import for the constitution; **~ machbar** constitutional; **etw ist ~relevant/nicht relevant** sth is relevent/irrelevant under the constitution

Verfassungsreform *f* constitutional reform **Verfassungsrichter(in)** *m(f)* constitutional [court] judge **Verfassungsschutz** *m* ❶ (*Schutz*) protection of the constitution ❷ (*fam: Amt*) Office for the Protection of the Constitution; **Bundesamt für ~** Federal Office for the Protection of the Constitution **Verfassungsschützer(in)** *m(f) employee working in the office for the protection of the constitution* **Verfassungstreue** *f* POL loyalty to the constitution **verfassungswidrig** *adj* JUR unconstitutional; **~es Gesetz** unconstitutional law; **~e Partei** unconstitutional party

verfaulen* *vi sein* ❶ (*durch Fäulnis verderben*) to rot; **verfaulte Kartoffeln** rotten potatoes
❷ (*verwesen*) to decay; **verfaulte Zähne** decayed [*or* rotten] teeth

verfechten* *vt irreg* ■**etw ~** to champion [*or* advocate] sth

Verfechter(in) *m(f)* advocate, champion

verfehlen* *vt* ❶ (*nicht treffen*) ■**jdn/etw ~** to miss sb/sth; ■**nicht zu ~ sein** to be impossible to miss
❷ (*verpassen*) ■**jdn/etw ~** to miss sb/sth; ***beeil dich, sonst ~ wir noch unseren Anschluss!*** hurry up or we'll miss our connection!
❸ (*nicht erreichen*) ■**etw ~** not to achieve sth; **das Thema ~** to go completely off the subject; **seinen Beruf ~** to miss one's vocation
❹ (*versäumen*) ■[**es**] **~, etw zu tun** to fail to do sth

verfehlt *adj* ❶ (*misslungen*) unsuccessful; **eine ~e Politik** an unsuccessful policy
❷ (*unangebracht*) inappropriate; ■**es wäre ~, etw zu tun** it would be inappropriate to do sth

Verfehlung <-, -en> *f* misdemeanour [*or* AM -or]

verfeinden* *vr* ■**sich** *akk* [**mit jdm/miteinander**] **~** to fall out [with sb/each other]; ■**verfeindet sein** to have quarrelled [*or* AM quareled], to be enemies; **verfeindete Staaten** enemy states

verfeinern* *vt* ❶ KOCHK ■**etw** [**mit etw** *dat*] **~** to improve sth [with sth]
❷ (*raffinierter gestalten*) ■**etw ~** to refine sth

verfeinert *adj Methode* sophisticated

Verfeinerung <-, -en> *f* ❶ KOCHK improvement
❷ (*raffiniertere Gestaltung*) refinement

verfemen* *vt* (*geh*) ■**jdn/etw ~** to ban sb/sth

verfertigen* *vt* (*geh*) ■**etw ~** to produce sth

verfestigen* *vr* ■**sich** *akk* **~** ❶ (*fester werden*) to harden [*or* solidify]; *Farbe, Lack* to dry; *Klebstoff* to set
❷ (*erinnert werden*) to become firmly established

verfetten* *vi sein* MED to become fatty

Verfettung <-, -en> *f* MED fatty degeneration

verfeuern* *vt* ❶ (*verschießen*) ■**etw ~** to fire sth
❷ (*verbrennen*) ■**etw ~** to burn sth

verfilmen* *vt* ■**etw ~** to film sth, to make a film of sth

Verfilmung <-, -en> *f* ❶ *kein pl* (*das Verfilmen*) filming *no pl, no indef art*
❷ (*Film*) film

verfilzen* *vi sein Kleidungsstück aus Wolle* to become felted; *Kopfhaar* to become matted; **ein verfilzter Pullover** a felted pullover; **verfilzte Haare** matted hair

verfilzt *adj* (*fam*) interconnected; ■[**miteinander**] **~ sein** to be inextricably linked

verfinstern* **I.** *vt* to darken; **den Mond/die Sonne ~** to eclipse the moon/the sun
II. *vr* ■**sich** *akk* **~** to darken

verflachen* **I.** *vt* (*flach machen*) ■**etw ~** *Gelände* to flatten sth, to level out sth *sep*
II. *vi* ❶ (*flach werden*) to flatten [*or* level] out; (*seicht werden*) *Wasser* to become shallow
❷ (*fig: oberflächlich werden*) to become superficial [*or* trivial]
III. *vr* (*flacher werden*) ■**sich ~** to flatten

verflechten* *vt irreg* ■**etw** [**miteinander**] **~** to interweave [*or* intertwine] sth

Verflechtung <-, -en> *f* interconnection; POL, FIN integration

Verflechtungsbilanz *f* ÖKON interlacing balance

verfliegen* *irreg* **I.** *vi sein* ❶ (*schwinden*) *Zorn* to pass; *Heimweh, Kummer* to vanish
❷ (*sich verflüchtigen*) to evaporate
II. *vr haben* ■**sich** *akk* **~** *Pilot* to lose one's bearings *pl; Flugzeug* to stray off course

verfließen* *vi irreg sein* ❶ (*verschwimmen*) to merge [*or* blend]
❷ (*geh: vergehen*) to go by, to pass; ***die Tage und Wochen verflossen*** the days and weeks went by

verflixt **I.** *adj* (*fam*) ❶ (*verdammt*) damn[ed] *fam,* blasted *fam;* ***der ~e Schlüssel will nicht ins Schloss gehen!*** the blasted key won't go into the lock!
❷ (*ärgerlich*) unpleasant; *s. a.* **Jahr**
II. *adv* (*fam: ziemlich*) damn[ed] *fam;* ***diese Matheaufgabe ist ~ schwer*** this maths exercise is damned difficult
III. *interj* (*fam: verdammt*) blast [it]! *fam*

verflossen *adj* ❶ (*veraltet geh: vergangen*) past; **in den ~en Jahren** in past years; **in den ~en Tagen** these past days
❷ (*fam: frühere*) former; **eine ~e Freundin** a former [*or* an ex-] girlfriend

Verflossene(r) *f(m) dekl wie adj* (*fam*) ■**jds ~** sb's ex- [*or* former] husband/girlfriend etc.

verfluchen* *vt* ■**jdn/etw ~** to curse sb/sth

verflucht **I.** *adj* (*fam: verdammt*) damn[ed] *fam,* bloody BRIT *fam;* ***jetzt ist dieser ~e Computer schon wieder kaputt!*** this damned computer has broken down again now!
II. *adv* (*fam: äußerst*) damn[ed] *fam;* ***gestern war es ~ kalt*** it was damned cold yesterday
III. *interj* (*fam: verdammt*) damn!

verflüchtigen* *vr* ■**sich** *akk* **~** ❶ (*sich in Luft auflösen*) to evaporate
❷ (*hum fam: sich davonmachen*) to disappear
► WENDUNGEN: **sich** *akk* **verflüchtigt haben** (*hum*

fam) to have disappeared *hum*

verflüssigen* I. *vt* ■**etw** ~ ❶ (*flüssig machen*) to liquefy [*or* liquify] sth; ■**verflüssigt** liquefied

❷ (*hydrieren*) to hydrogenate sth

II. *vr* ■**sich** *akk* ~ (*flüssig werden*) to liquefy [*or* liquify], to become liquid

Verflüssigung <-, -en> *f* TECH, CHEM ❶ (*das Verflüssigen*) liquefaction

❷ (*Hydrierung*) hydrogenation

verfolgbar *adj* JUR actionable; **gerichtlich** ~ actionable; **strafrechtlich** ~ indictable

verfolgen* *vt* ❶ (*nachsetzen*) ■**jdn** ~ to follow sb

❷ (*nachgehen*) **eine Spur/einen Weg/eine Diskussion** ~ to follow a lead/a way/ a discussion

❸ (*politisch drangsalieren*) ■**jdn** ~ to persecute sb

❹ (*zu erreichen suchen*) ■**etw** [**mit etw** *dat*] ~ to pursue sth [with sth]; **eine Absicht** ~ to have sth in mind; **eine Laufbahn** ~ to pursue a career

❺ JUR (*gegen etw vorgehen*) ■**etw** [**irgendwie**] ~ to prosecute sth [in a certain way]; **jdn gerichtlich** ~ to institute legal proceedings against sb; **jdn strafrechtlich** ~ to prosecute sb; ***jeder Ladendiebstahl wird von uns verfolgt*** shoplifters will be prosecuted

❻ (*belasten*) ■**jdn** ~ to dog sb; **vom Unglück/Pech verfolgt sein** to be dogged by ill fortune/bad luck

Verfolger(in) <-s, -> *m(f)* pursuer

Verfolgte(r) *f(m) dekl wie adj* victim of persecution

Verfolgung <-, -en> *f* ❶ (*das Verfolgen*) pursuit *no pl, no indef art;* **die** ~ **der Flüchtigen** the pursuit of the fugitives; **die** ~ [**von jdm**] **aufnehmen** to start in pursuit [of sb], to take up the chase

❷ (*politische Drangsalierung*) persecution *no pl, no indef art;* **die** ~ **der Juden** the persecution of the Jews

❸ *kein pl* (*Bezweckung*) pursuance *no pl, no indef art form;* **die** ~ **verfassungsfeindlicher Ziele** the pursuance of anti-constitutional objectives

❹ JUR (*durch Gericht*) prosecution; **strafrechtliche** ~ criminal prosecution; **sich** *akk* **der gerichtlichen** ~ **entziehen** to evade justice

Verfolgungsjagd *f* pursuit, chase **Verfolgungskampagne** *f* JUR a campaign of pursuit **Verfolgungsrecht** *nt* JUR right of stoppage in transitu **Verfolgungsrennen** *nt* SPORT *im Radsport* pursuit race **Verfolgungsverjährung** *f* JUR limitation of prosecution **Verfolgungswahn** *m* PSYCH persecution mania

verformen* I. *vt* ■**etw** ~ to distort sth

II. *vr* ■**sich** *akk* ~ to become distorted, to go out of shape

Verformung *f* ❶ (*das Verformen*) distortion

❷ (*verformte Stelle*) distortion

verfrachten* *vt* ❶ (*fam: bringen*) ■**jdn** [**irgendwohin**] ~ to bundle sb off [somewhere]; **jdn ins Bett** ~ to bundle sb off to bed; ■**etw** [**irgendwohin**] ~ to put sth somewhere

❷ ÖKON ■**etw** ~ to ship [*or* transport] sth

Verfrachter(in) <-s, -> *m(f)* HANDEL shipper, transport agent, carrier, consignor; ~ **und Befrachter** owner and charterer

Verfrachtung <-, -en> *f* carriage of goods

verfranzen* *vr* (*fam*) ■**sich** *akk* ~ ❶ (*sich verirren*) to lose one's way

❷ LUFT (*sich verfliegen*) to lose one's bearings *pl*, to stray off course

verfremden *vt* ■**etw** ~ to make sth [appear] unfamiliar

Verfremdung <-, -en> *f* LIT, THEAT alienation

Verfremdungseffekt *m* LIT alienation effect

verfressen* *adj* (*pej sl*) [piggishly] greedy *pej*

Verfressenheit <-> *f kein pl* (*pej sl*) [piggish] greediness *no pl pej*

verfrühen* *vr* ■**sich** *akk* ~ to arrive too early

verfrüht *adj* premature; **eine ~e Steuererhöhung** a premature rise in taxes *pl;* **etw für** ~ **halten** to consider sth to be premature

verfügbar *adj* ❶ (*vorhanden*) available

❷ ÖKON available; **~er Reingewinn** available surplus; **~es persönliches Einkommen** disposable personal income

verfugen* *vt* ■**etw** ~ *Mauer, Wand* to point sth; *Fliesen* to grout sth

verfügen* I. *vi* ❶ (*besitzen*) ■**über etw** *akk* ~ to have sth at one's disposal; ***wir ~ nicht über die nötigen Mittel*** we don't have the necessary resources at our disposal; ■**über etw** *akk* [**frei**] ~ **können** to be able to do as one wants with sth

❷ (*bestimmen*) ■**über jdn** ~ to be in charge of sb; ~ **Sie über mich!** I am at your disposal!

II. *vt* ADMIN (*behördlich anordnen*) ■**etw** ~ to order sth; ■~, **dass** to order that

Verfügung <-, -en> *f* ❶ JUR (*behördliche Anordnung*) decree, order, instruction; **einstweilige** ~ temporary injunction; **gerichtliche** ~ court order; **letztwillige** ~ last will and testament; **nachträgliche** ~ amending instruction; **unentgeltliche** ~ gratuitous disposition; ~ **von Todes wegen** disposition mortis causa; **eine** ~ **beantragen** to petition for an order, to seek an injunction; **einstweilige** ~ JUR [temporary] injunction; **eine einstweilige** ~ **aufheben** to reverse an injunction

❷ (*Disposition*) ■**etw zur** ~ **haben** to have sth at one's disposal; ■**sich** *akk* **zu jds** [*o* **zur**] ~ **halten** to be available to sb; ***halten Sie sich bitte weiterhin zur*** ~ please continue to be available; ■[**für etw** *akk*] **zur** ~ **stehen** to be available [for sth]; ■**jdm zur** ~ **stehen** to be available to sb; ■**zu jds** [*o* **jdm zur**] ~ **stehen** to be at sb's disposal; ■**etw zur** ~ **stellen** to offer to give up sth; ■[**jdm**] **etw zur** ~ **stellen** to make sth available [to sb]

Verfügungsbefugnis *f* JUR power of disposition [*or* disposal] **Verfügungsberechtigte(r)** *f(m) dekl wie adj* JUR person [*or* party] entitled to dispose **Verfügungsberechtigung** *f* JUR power of disposition, authority to dispose; **absolute** ~ outright disposition **Verfügungsbeschränkung** *f* JUR restraint on disposal **Verfügungsfreiheit** *f kein pl* HANDEL discretionary power[s] **Verfügungsgewalt** *f* JUR (*geh*) power of disposal; ■**die** [*o* **jds**] ~ [**über etw** *akk*] the [*or* sb's] power to use sth **Verfügungsmacht** *f* JUR *s.* **Verfügungsberechtigung Verfügungsrecht** *nt* JUR right of disposition [*or* disposal]; **alleiniges** ~ sole right of disposition; ~ **über etw haben** to be entitled to dispose of sth **Verfügungsverbot** *nt* JUR restraint on disposition, garnishee order

verführen* *vt* ❶ (*verleiten*) ■**jdn** [**zu etw** *dat*] ~ to entice sb [into doing sth]; ■**jdn** ~ (*sexuell*) to seduce sb

❷ (*hum: verlocken*) ■**jdn zu etw** *dat* ~ to tempt sb to sth

Verführer(in) *m(f)* seducer *masc*, seductress *fem*

verführerisch *adj* ❶ (*verlockend*) tempting; **ein ~es Angebot** a tempting offer; ***das riecht aber ~!*** that smells tempting!

❷ (*aufreizend*) seductive; ~ **angezogen** seductively dressed

Verführung *f* ❶ (*Verleitung*) seduction; ~ **Minderjähriger** JUR seduction of minors

❷ (*Verlockung*) temptation

verfuhrwerken *vt* SCHWEIZ, SÜDD (*verpfuschen*) ■**etw** ~ to bungle [*or* botch] sth

verfüllen* *vt* BAU ■**etw** ~ to backfill sth

verfünffachen* I. *vt* ■**etw** ~ to increase sth fivefold

II. *vr* ■**sich** *akk* ~ to increase fivefold

verfüttern* *vt* ■**etw** [**an Tiere**] ~ to feed sth [to animals]

Vergabe *f von Arbeit, Studienplätzen* allocation; *eines Auftrags, Preises, Stipendiums* award

Vergabebedingungen *pl* HANDEL bidding [*or* award] conditions **Vergabekriterium** *nt für Bürgschaften, Kredite etc.* allocation criterion, criterion for awarding **Vergaberichtlinie** *f bei Bürgschaften, Krediten etc.* guideline for awarding [*or* allocating] **Vergaberichtlinien** *pl* HANDEL contract award regulations **Vergabeverfahren** *nt* HANDEL contract awarding procedure

vergackeiern* *vt* (*fam*) ■**jdn** ~ to pull sb's leg

vergällen* *vt* ❶ (*verderben*) ■[**jdm**] **etw** ~ to spoil [sb's] sth

❷ SCI (*ungenießbar machen*) ■**etw** ~ to denature sth

vergaloppieren* *vr* (*fam: sich irren*) ■**sich** ~ to be on the wrong track

vergammeln* I. *vi sein* (*fam*) *Wurst, Essen* to go bad [*or* BRIT *fam* off]; *Brot, Käse* to go stale; ■**vergammelt** bad, stale

II. *vt haben* (*fam: müßig zubringen*) ■**etw** ~ to idle away sth *sep*

vergammelt <-er, -este> *adj* (*fam o pej*) scruffy, tatty; (*Auto*) decrepit

vergangen *adj* past, former

Vergangenheit <-, *selten* -en> *f* ❶ *kein pl* (*Vergangenes*) past; **die jüngste** ~ the recent past; **der** ~ **angehören** to belong to the past

❷ (*bisheriges Leben*) ■**jds** ~ sb's past; **eine bewegte** ~ **haben** to have an eventful past

❸ LING (*Präteritum*) past [tense]

Vergangenheitsbewältigung *f* coming to terms with the past

vergänglich *adj* transient, transitory

Vergänglichkeit <-> *f kein pl* transience *no pl*, transitoriness *no pl*

vergasen* *vt* ❶ (*durch Giftgas umbringen*) ■**jdn/Tiere** ~ to gas sb/animals

❷ TECH (*zu Gas transformieren*) ■**etw** ~ to gasify sth

Vergaser <-s, -> *m* AUTO carburettor, carburetor AM

Vergasereinstellung *f* TECH adjustment to a/the carburettor [*or* AM carburetor] [*or sl* carb] **Vergasermotor** *m* AUTO carburetor engine

vergaß *imp von* **vergessen**

Vergasung <-, -en> *f* ❶ (*Tötung durch Giftgas*) gassing

❷ TECH (*Transformierung in Gas*) gasification

▶ WENDUNGEN: **bis zur** ~ (*fam*) ad nauseam; ***wir mussten bis zur ~ Gedichte lernen*** we had to learn poems ad nauseam

vergeben* *irreg* I. *vi* (*verzeihen*) ■[**jdm**] ~ to forgive [sb]

II. *vt* ❶ (*geh: verzeihen*) ■[**jdm**] **etw** ~ to forgive [sb] sth; ■~, **dass** to forgive sb for; ***ich habe ihm ~, dass er meinen Geburtstag vergessen hat*** I've forgiven him for forgetting my birthday; ***das alles ist doch ~ und vergessen*** all that has been forgiven and forgotten

❷ (*in Auftrag geben*) ■**etw** [**an jdn**] ~ to award [*or* allocate] sth [to sb]; ***haben Sie den Auftrag bereits ~?*** have you already awarded the contract?

❸ (*verleihen*) ■**etw** [**an jdn**] ~ to award sth [to sb]; ***der Nobelpreis wird für herausragende Leistungen*** ~ the Nobel Prize is awarded for outstanding achievements

❹ (*zuteilen*) ■**etw** [**an jdn**] ~ to allocate sth [to sb]; ***tut mir leid, die vorderen Plätze sind schon alle*** ~ sorry, all the front seats have already been allocated; **zu** ~ to be allocated

❺ (*verpassen*) ■**etw** ~ to miss sth; **eine Chance/eine Möglichkeit** ~ to pass up *sep* an opportunity

▶ WENDUNGEN: **bereits** [*o* **schon**] ~ **sein** (*liiert*) to be already spoken for; (*geschäftlicher Termin*) to be booked up; ***die ganze nächste Woche bin ich bereits*** ~ I'm booked up for the whole of next week; **sich** *dat* **nichts** ~, **wenn …** not to lose face, if …; **was vergibst du dir** [**schon**] ~, **wenn …** what have you got to lose, if …

vergebens I. *adj pred* in vain *pred*, to no avail *pred*

II. *adv s.* **vergeblich**

vergeblich I. *adj* (*erfolglos bleibend*) futile; **ein ~er Versuch** a futile attempt

II. *adv* (*umsonst*) in vain; ***Sie warten ~, der Bus ist schon weg*** you're waiting in vain, the bus has already gone

Vergeblichkeit <-> *f kein pl* futility *no pl, no indef art*

Vergebung <-, -en> *f* forgiveness *no pl, no indef art;* [**jdn**] **um** ~ [**für etw**] **bitten** to ask for [sb's] forgiveness [for sth]; **ich bitte um ~!** (*geh*) I do apologize!; **die** ~ **der Sünden** REL the forgiveness of sins, absolution

vergegenwärtigen* *vt* (*sich klarmachen*) ■**sich** *dat* **etw** ~ to realize sth; ■**sich** *dat* **~, dass** [*o* **was**] **...** to realize that [*or* what] ...

vergehen* *irreg* **I.** *vi sein* ❶ (*verstreichen*) to go by, to pass
❷ (*schwinden*) to wear off; ***igitt! da vergeht einem ja gleich der Appetit*** yuk! it's enough to make you lose your appetite
❸ (*sich zermürben*) ■[**vor etw** *dat*] ~ to die [*or* be dying] [of sth]; **vor Scham/Hunger/Sehnsucht** ~ to die of shame/be dying of hunger/pine away
II. *vr haben* ❶ (*an jdm eine Sexualstraftat begehen*) ■**sich** *akk* [**an jdm**] ~ to indecently assault sb
❷ (*verstoßen*) ■**sich** *akk* [**gegen etw** *akk*] ~ to violate sth; *s. a.* **Lachen**

Vergehen <-s, -> *nt* offence [*or* AM -se], misdemeanour [*or* AM -or] *spec;* **anzeigepflichtiges** ~ JUR notifiable offence

vergeigen* *vt* (*fam*) ■**etw** ~ to bungle sth

vergeistigen* *vt* ■**etw** ~ to spiritualize sth

vergeistigt *adj* spiritual

vergelten *vt irreg* ❶ (*lohnen*) ■[**jdm**] **etw** [**irgendwie**] ~ to repay sb for sth [in a certain way]; ***wie kann ich Ihnen das nur ~?*** how can I ever repay you?
❷ (*heimzahlen*) ■[**jdm**] **etw** [**mit etw** *dat*] ~ to repay sth [with sth]; *s. a.* **Gott**

Vergeltung <-, -en> *f* (*Rache*) revenge; ~ [**für etw** *akk*] **üben** to take revenge [for sth]

Vergeltungsmaßnahme *f* reprisal **Vergeltungsschlag** *m* retaliatory strike

vergesellschaften* *vt s.* **verstaatlichen**

Vergesellschaftung *f s.* **Verstaatlichung**

vergessen <vergisst, vergaß, vergessen> **I.** *vt* ❶ (*aus dem Gedächtnis verlieren*) ■**etw/jdn** ~ to forget sth/sb; **jd wird jdm etw nie** [*o* **nicht**] ~ sb will never [*or* not] forget sb's sth, sb will never forget what sb did; ***das werde ich ihm nicht ~, das zahle ich ihm heim*** I won't forget what he did, I'll pay him back for that; **dass ich es nicht vergesse, ehe ich es vergesse** before I forget; **nicht zu ~ ...** not forgetting; ***vergessen wir das!*** let's just forget it!; ***schon vergessen!*** never mind!
❷ (*nicht an die Ausführung von etw denken*) ■**etw** ~ to forget sth; ■**~, etw zu tun** to forget to do sth
❸ (*liegen lassen*) ■**etw** [**irgendwo**] ~ to leave sth behind [somewhere]
❹ (*nicht mehr bekannt sein*) ■**etw ist** ~ sth has been forgotten
II. *vr* (*die Selbstbeherrschung verlieren*) ■**sich** *akk* ~ to forget oneself

Vergessenheit <-> *f kein pl* oblivion *no pl, no art;* **in ~ geraten** to be forgotten, to fall [*or* sink] into oblivion

vergesslich[RR] *adj,* **vergeßlich** *adj* forgetful; ■~ **sein** [*o* **werden**] to be [*or* become] forgetful

Vergesslichkeit[RR] <-> *f kein pl* forgetfulness *no pl;* ■**jds** ~ sb's forgetfulness

vergeuden* *vt* ■**etw** ~ to waste [*or* squander] sth; *s. a.* **Zeit**

Vergeudung <-, -en> *f* waste *no pl,* squandering *no pl*

vergewaltigen* *vt* ❶ (*zum Geschlechtsverkehr zwingen*) ■**jdn** ~ to rape sb
❷ (*einem fremden Willen unterwerfen*) **eine Kultur/Traditionen** ~ to oppress a culture/traditions; **die Sprache** ~ to murder the language

Vergewaltigung <-, -en> *f* ❶ (*das Vergewaltigen*) rape
❷ (*Unterwerfung unter einen fremden Willen*) oppression *no pl*

vergewissern* *vr* ■**sich** *akk* [**einer S.** *gen*] ~ to make sure [of a thing]; ***wir sollten uns der Zustimmung der Geschäftsleitung*** ~ we ought to make sure that we have the agreement of the management; ■**sich** *akk* **~, dass** [*o* **ob**] **etw geschehen ist** to make sure that sth has happened

vergießen* *vt irreg* ■**etw** ~ ❶ (*versehentlich danebengießen*) to spill sth
❷ (*als Körperflüssigkeit verlieren*) **Tränen** ~ to shed tears
❸ BAU to grout sth; *s. a.* **Blut**

vergiften* **I.** *vt* ❶ (*durch Gift töten*) ■**jdn/ein Tier** ~ to poison sb/an animal; ■**sich** *akk* ~ to poison oneself
❷ (*giftig machen*) ■**etw** ~ to poison sth; ■[**mit etw** *dat*] **vergiftet** poisoned [with sth]; **mit Curare vergiftete Pfeile** arrows poisoned with curare
II. *vr* (*sich eine Vergiftung zuziehen*) ■**sich** *akk* [**an etw** *dat* [*o* **durch etw** *akk*]] ~ to be poisoned [by sth]

Vergiftung <-, -en> *f* ❶ *kein pl* (*das Vergiften*) poisoning *no pl, no indef art*
❷ MED poisoning *no pl, no indef art,* intoxication *no pl, no indef art spec,* toxicosis *no pl, no indef art spec*
❸ ÖKOL pollution *no pl, no indef art*

vergilben* *vi sein* to turn yellow

vergilbt *adj Foto, Papier* yellowed

Vergissmeinnicht[RR] <-[e]s, -[e]> *nt,* **Vergißmeinnicht** <-[e]s, -[e]> *nt* BOT forget-me-not

vergisst[RR], **vergißt** *3. pers. pres von* **vergessen**

vergittern* *vt* ■**etw** ~ to put a grille [*or* AM grill] on [*or* over] sth; **vergitterte Fenster** barred windows

Vergitterung <-, -en> *f* ❶ *kein pl* (*das Vergittern*) putting bars *pl* [*or* a grille] on [*or* AM grill]
❷ (*Gitter*) grille [*or* AM grill], grating; (*Stangen*) bars *pl*

verglasen* *vt* ■**etw** ~ to glaze sth; ■**verglast** glazed

Verglasung <-, -en> *f* ❶ *kein pl* (*das Verglasen*) glazing *no pl, no indef art*
❷ (*verglaste Fläche*) panes *pl* of glass

Vergleich <-[e]s, -e> *m* ❶ (*vergleichende Gegenüberstellung*) comparison; ■~ **mit etw** *dat* comparison with sth; **ein schiefer** ~ an inappropriate [*or* poor] [*or* false] comparison; **den ~** [**mit etw** *dat*] **aushalten, dem ~** [**mit etw** *dat*] **standhalten** to bear [*or* stand] comparison [with sth]; **jeden ~ aushalten** to bear [*or* stand] every comparison; **einen ~ machen** to make [*or* draw] a comparison; **in keinem ~** [**zu etw** *dat*] **stehen** to be out of all proportion [to sth]; **im ~** [**zu** [*o* **mit**] **jdm/etw**] in comparison [with sb/sth], compared with [*or* to] sb/sth
❷ JUR (*Einigung*) settlement, compromise; **außergerichtlicher/gerichtlicher** ~ out-of-court/court settlement; **einen gütlichen ~ schließen** to reach an amicable settlement
▶ WENDUNGEN: **der ~ hinkt** that's a poor [*or* weak] comparison

vergleichbar *adj* comparable; ■[**mit etw** *dat*] ~ **sein** to be comparable [to [*or* with] sth]; ■[**voll** [**miteinander**]] ~ **sein** to be [fully] comparable [with each other], to be [totally] alike; ■**etwas V~es** something comparable; ***ich kenne nichts V~es*** I know nothing comparable [*or* to compare]; **~es Vorjahresergebnis** ÖKON comparable year-end figures

Vergleichbarkeit <-> *f kein pl* comparability *no pl*

vergleichen* *irreg* **I.** *vt* ❶ (*prüfend gegeneinander abwägen*) ■[**miteinander**] ~ to compare things [with each other]; ***ich vergleiche die Preise immer genau*** I always compare prices very carefully; ■**jdn** [**mit jdm**] ~ to compare sb with sb; ■**etw** [**mit etw** *dat*] ~ to compare sth [with sth]; **verglichen mit** compared with [*or* to]; ***vergleiche S. 102*** compare p. 102
❷ (*durch etw bezeichnen*) ■**jdn/etw** [**mit etw** *dat*] ~ to compare sb/sth with sth, to liken sb/sth to sth
II. *vr* ■**sich** *akk* [**mit jdm**] ~ ❶ (*sich gleichsetzen*) to compare oneself with sb
❷ JUR (*einen Vergleich schließen*) to reach a settlement [*or* to settle] [with sb]

vergleichend *adj* comparative; **die ~e Sprachwissenschaft** comparative linguistics + *sing vb;* **eine ~e Überprüfung** a comparative evaluation; **~e Werbung** comparative advertising

Vergleichsabkommen *nt* JUR composition deed, arrangement **Vergleichsabschluss**[RR] *m* JUR composition, arrangement **Vergleichsantrag** *m* JUR petition for composition; **einen ~ stellen** to file a petition for composition **Vergleichsbedingungen** *pl* terms of composition **Vergleichsbilanz** *f* FIN comparative balance sheet **Vergleichseröffnung** *f* JUR institution [*or* opening] of composition proceedings **Vergleichsgebühr** *f* JUR counsel's fee for negotiating a settlement **Vergleichsgericht** *nt* JUR court of composition proceedings **Vergleichsgläubiger(in)** *m(f)* JUR creditor in composition proceedings **Vergleichsgrundlage** *f* basis of comparison **Vergleichsjahr** *nt* ÖKON base year, year of comparison **Vergleichskalkulation** *f* FIN comparative costing **Vergleichsmaßstab** *m* comparative rule **Vergleichsmiete** *f* **ortsübliche** ~ local comparative rent **Vergleichsmietensystem** *nt* comparative rent system **Vergleichsordnung** *f* ❶ JUR Court Composition Law ❷ FIN composition [*or* insolvency] rules *pl,* rules *pl* of arrangement **Vergleichspreis** *m* HANDEL comparative price **Vergleichsregelung** *f* JUR composition settlement, scheme of arrangement **Vergleichsstatus** *m* JUR statement of affairs **Vergleichstest** *m* ÖKON [comparative] test, comparison **Vergleichsverfahren** *nt* JUR composition [*or* insolvency] proceedings *pl,* scheme of arrangement, Chapter 11 receivership AM **Vergleichsvertrag** *m* JUR deed of arrangement **Vergleichsverwalter(in)** *m(f)* JUR trustee under a deed of arrangement **Vergleichsvorschlag** *m* JUR proposed arrangement

vergleichsweise *adv* comparatively; ***das ist ~ wenig/viel*** that is a little/a lot in comparison

Vergleichswert *m* FIN comparative value **Vergleichszahl** *f meist pl* comparative figure *usu pl* **Vergleichszeitraum** *m* HANDEL given period

verglimmen* *vi irreg sein* (*geh*) to [die down and] go out

verglühen* *vi sein* ❶ (*verglimmen*) to die away
❷ (*weiß glühend werden und zerfallen*) to burn up; ***fast alle Meteoriten ~ in der Erdatmosphäre*** nearly all meteorites burn up in the earth's atmosphere

vergnatzt *adj* DIAL (*verärgert*) annoyed

vergnügen* **I.** *vr* ■**sich** *akk* [**mit jdm/etw**] ~ to amuse oneself [with sb/sth], to enjoy oneself
II. *vt* (*belustigen*) ■**etw vergnügt jdn** sth amuses sb

Vergnügen <-s, -> *nt* (*Freude*) enjoyment *no pl;* (*Genuss*) pleasure *no pl;* **ein teures** [*o* **kein billiges**] ~ **sein** (*fam*) to be an expensive [*or* not a cheap] way of enjoying oneself [*or* form of entertainment] [*or* bit of fun]; **ein zweifelhaftes** ~ a dubious pleasure; ~ [**an etw** *dat*] **finden** to find pleasure in sth; ~ **daran finden, etw zu tun** to find pleasure in doing sth; [**jdm**] **ein ~ sein, etw zu tun** to be a pleasure [for sb] to do sth; **es ist** [*o* **war**] **mir ein** ~ it is [*or* was] a pleasure; **kein** [**reines**] [*o* **nicht gerade ein**] **~ sein, etw zu tun** to not be exactly a pleasure doing sth; [**jdm**] **~ machen** [*o* *geh* **bereiten**] to give sb pleasure; [**jdm**] **~ machen** [*o* *geh* **bereiten**], **etw zu tun** to give sb pleasure doing sth; **sich** *dat* **ein ~ daraus machen, etw zu tun** to find pleasure in doing sth; **mit** [**bestimmtem**] ~ with [a certain] pleasure; **mit großem** ~ with great pleasure; **mit größtem** ~ with the greatest of pleasure
▶ WENDUNGEN: **mit wem habe ich das ~?** (*geh*) with whom do I have the pleasure of speaking? *form;* **sich ins ~ stürzen** (*fam*) to join the fun; **hinein ins ~!** (*fam*) let's start enjoying ourselves!; **viel ~!** have a good time!; [**na dann**] **viel ~!** (*iron*) have fun [then]! *iron*

vergnüglich *adj* (*geh*) enjoyable, pleasurable; **ein ~er Abend** an enjoyable evening

vergnügt **I.** *adj* happy, cheerful; **ein ~es Gesicht** a cheerful face; ■~ [**über etw** *akk*] **sein** to be happy [about sth]
II. *adv* happily, cheerfully

Vergnügung <-, -en> *f* pleasure

Vergnügungsdampfer *m* pleasure steamer **Vergnügungsindustrie** *f* entertainment industry **Vergnügungspark** *m* amusement [*or* entertainment] park **Vergnügungsreise** *f* pleasure trip **Vergnügungssteuer** *f* entertainment tax **Vergnügungssucht** *f* craving for pleasure **vergnügungssüchtig** *adj* pleasure-seeking **Vergnügungsviertel** *nt* entertainment quarter

vergolden* *vt* ❶ (*mit einer Goldschicht überziehen*) **ein Schmuckstück** ~ to gold-plate a piece of jewellery [*or* AM jewelery]; **einen Bilderrahmen** ~ to gild a picture frame; **ein vergoldetes Schmuckstück** a gold-plated piece of jewellery; **ein vergoldeter Bilderrahmen** a gilded picture frame; ■**etw ist vergoldet** sth is gold-plated [*or* gilded]
❷ (*mit goldener Farbe überziehen*) ■**etw** ~ to paint sth gold
❸ (*fam: gut bezahlen*) ■[**jdm**] **etw** ~ to reward sb for sth; ■[**sich** *dat*] **etw** ~ **lassen** to put a price on sth; ***na, wenn die mich schon loswerden wollen, dann werde ich mir meinen Weggang wenigstens ~ lassen*** well, if they want to get rid of me, then at least my departure is going to cost them

vergönnen* *vt* ❶ (*geh: gewähren*) ■**jdm etw** ~ to grant sb sth; ***du vergönnst einem keinen Moment Ruhe!*** you don't grant a person a single moment's peace!; ■[**jdm**] **vergönnt sein** to be granted [to sb]; ***vielleicht sind mir in drei Monaten ein paar Tage Urlaub vergönnt*** perhaps in three months I will be granted a few days holiday; ■[**jdm**] **vergönnt sein, etw zu tun** to be granted to sb to do sth
❷ SCHWEIZ (*nicht gönnen*) ■[**jdm**] **etw** ~ to begrudge sb sth; ***die neidischen Kollegen vergönnten ihr den Erfolg*** her envious colleagues begrudged her her success

vergöttern* *vt* ■**jdn** ~ to idolize sb

Vergöttlichung <-, -en> *f* idolization

vergraben* *irreg* **I.** *vt* ■**etw** ~ to bury sth
II. *vr* ❶ (*sich ganz zurückziehen*) ■**sich** *akk* ~ to hide oneself away
❷ (*sich intensivst mit etw beschäftigen*) ■**sich** *akk* [**in etw** *akk*] ~ to bury oneself in sth; ***wenn sie Kummer hat, vergräbt sie sich in ihre Arbeit*** if she has a problem, she buries herself in her work

vergrämen* *vt* ■**jdn** ~ to antagonize sb

vergrämt *adj* troubled; **eine ~e Miene** a troubled expression

vergrätzen* *vt* (*fam*) ■**jdn** ~ to vex sb

vergraulen* *vt* (*fam*) ■**jdn** ~ to scare sb away [*or* off]

vergreifen* *vr irreg* ❶ (*stehlen*) ■**sich** *akk* [**an etw** *dat*] ~ to misappropriate sth *form*, to steal sth [*or* BRIT *fam* pinch]
❷ (*Gewalt antun*) ■**sich** *akk* [**an jdm**] ~ to assault sb; (*geschlechtlich missbrauchen*) to indecently assault sb
❸ (*sich unpassend ausdrücken*) ■**sich** *akk* [**in etw** *dat*] ~ to adopt the wrong approach; ***Sie ~ sich im Ton!*** that's the wrong tone to adopt with me!
❹ MUS ■**sich** *akk* ~ to play a wrong note
❺ (*fam: sich befassen*) ■**sich** *akk* **an etw** *dat* ~ to touch sth; ***ohne Anweisung werde ich mich nicht an dem neuen Computer ~*** I won't touch the new computer without [some] instruction

vergreisen *vi sein* ❶ (*senil werden*) to become senile
❷ SOZIOL *Bevölkerung* to age

Vergreisung <-> *f kein pl* ❶ (*das Vergreisen*) senility *no pl*
❷ SOZIOL ag[e]ing *no pl*

vergriffen *adj Buch* out of print *pred; Ware* unavailable, sold out, out of stock

vergrößern I. *vt* ❶ (*in der Fläche größer machen*) ■**etw** [**um etw** *akk*] [**auf etw** *akk*] ~ to extend [*or* enlarge] sth [by sth] [to sth]
❷ (*die Distanz erhöhen*) ■**etw** ~ to increase sth
❸ (*die Zahl der Mitarbeiter erhöhen*) ■**etw** [**um etw** *akk*] [**auf etw** *akk*] ~ to expand sth [by sth] [to sth]; ***ich plane, die Firma um 35 Mitarbeiter auf 275 zu ~*** I plan to expand the company by thirty-five employees to two hundred and seventy-five
❹ TECH (*etw größer erscheinen lassen*) ■**etw** ~ to magnify sth
❺ FOTO ■**etw** [**auf etw** *akk*] ~ to enlarge [*or sep* blow up] sth [to sth]
❻ MED (*anschwellen lassen*) ■**etw** ~ to enlarge sth; ***die Leber wird durch ständigen Alkoholmissbrauch vergrößert*** the liver becomes enlarged as a result of constant alcohol abuse
❼ INFORM ■**etw** ~ to scale up sth *sep*, to zoom sth
II. *vr* ■**sich** *akk* ~ ❶ MED (*anschwellen*) to become enlarged
❷ (*fam: eine größere Wohnung nehmen*) to move to a bigger place
❸ (*fam: Familienzuwachs bekommen*) to increase in number
III. *vi* (*größer erscheinen lassen*) ■[**irgendwie**] ~ to magnify [by a certain amount]; ***Elektronenmikroskope ~ erheblich stärker*** electron microscopes have a considerably greater magnification

Vergrößern <-s> *nt kein pl* ❶ TYPO (*Repro*) enlarging, magnifying, scaling up
❷ INFORM zooming

vergrößert I. *adj* enlarged; ***die Abbildung auf der nächsten Seite ist 25-fach ~*** the picture on the next page has been enlarged twenty-five times
II. *adv* in an enlarged format

Vergrößerung <-, -en> *f* ❶ (*das Vergrößern*) enlargement, increase, expansion, magnification
❷ (*vergrößertes Foto*) enlargement, blow-up; (*vergrößerte Vorlage*) enlargement; **eine ~ [von etw** *dat*] **machen** to make an enlargement [of sth]; **in bestimmter ~** enlarged [*or* magnified] by a certain factor; ***in 20.000-facher ~*** enlarged by a factor of twenty thousand
❸ MED (*Anschwellung*) enlargement

Vergrößerungsglas *m* magnifying glass **Vergrößerungsspiegel** *m* magnifying mirror

vergucken* *vr* (*fam*) ❶ (*nicht richtig sehen*) ■**sich** ~ to see wrong *fam*
❷ (*verlieben*) ■**sich in jdn** ~ to fall for sb

vergünstigt *adj* cheaper; **etw zu einem ~en Preis kaufen** to buy sth at a reduced price

Vergünstigung <-, -en> *f* ❶ (*finanzieller Vorteil*) perk; **soziale/steuerliche ~** social benefits/tax concession; **~en erhalten** to receive a preference; **~en gewähren** to grant favours
❷ (*Ermäßigung*) reduction, concession

Vergussmasse[RR] *f* BAU casting compound, grout

vergüten* *vt* ❶ (*ersetzen*) ■[**jdm**] **etw** ~ to reimburse sb for sth, to refund [sb] sth
❷ (*geh: bezahlen*) ■[**jdm**] **etw** ~ to pay [*or form* remunerate] sb for sth
❸ TECH ■**etw** ~ (*legieren*) to temper sth; **vergüteter Stahl** tempered steel; (*beschichten*) to coat sth; **vergütete Linsen** coated lenses

Vergütung <-, -en> *f* ❶ (*das Ersetzen*) refunding *no pl*, reimbursement *no pl*
❷ (*form: Bezahlung*) payment *no pl*, remuneration *no pl form*; [**angemessene**] **~ für Teilleistungen** adequate remuneration, quantum meruit *form*; **~ von Überstunden** overtime pay; **~ mit Wahl des Verhältnisses von Grundgehalt und Nebenleistungen** cafeteria system; **tarifliche ~** agreed [or standard] pay
❸ (*Geldsumme*) payment, remuneration; (*Honorar*) fee

Vergütungsanspruch *m* JUR right to compensation, refund entitlement **Vergütungsgruppe** *f* FIN pay grade **Vergütungspaket** *nt* FIN compensation package AM

verh. *adj Abk von* **verheiratet** married

verhackstücken* *vt* (*fam*) ❶ (*verreißen*) ■**etw** ~ to tear sth to pieces
❷ NORDD (*besprechen*) ■**etw** [**mit jdm**] ~ to discuss sth [with sb]

verhaften* *vt* ■**jdn** ~ to arrest sb; **Sie sind verhaftet!** you are under arrest!, you're nicked! [*or* AM busted!] *sl*

Verhaftete(r) *f(m) dekl wie adj* person under arrest, arrested man/woman

Verhaftung <-, -en> *f* arrest

Verhaftungswelle *f* wave of arrests

verhagelt *adj Getreide* damaged
► WENDUNGEN: **jdm ist die Petersilie ~** sb is looking rather the worse for wear

verhaken* *vr* ■**sich** ~ to become entangled

verhallen* *vi sein* to die away; *s. a.* **ungehört**

verhalten*[1] **I.** *vr irreg* ❶ (*sich benehmen*) ■**sich** *akk* [**jdm gegenüber**] [**irgendwie**] ~ to behave [in a certain manner] [towards sb]
❷ (*beschaffen sein*) ■**sich** *akk* [**irgendwie**] ~ to be [a certain way]; ***die Sache verhält sich anders, als du denkst*** the matter is not as you think
❸ CHEM (*als Eigenschaft zeigen*) ■**sich** *akk* [**irgendwie**] ~ to react [in a certain way]; ***die neue Verbindung verhält sich äußerst stabil*** the new compound reacts extremely stably
❹ (*als Relation haben*) ■**sich** *akk* **zu etw** *dat* ~ to be to sth as; ***8 verhält sich zu 16 wie 16 zu 32*** eight is to sixteen as sixteen is to thirty-two
II. *vt irreg* ■**etw** ~ ❶ (*unterdrücken, zurückhalten*) to restrain sth; **seinen Atem ~** to hold one's breath; **Tränen ~** to hold back tears; **Lachen/Zorn ~** to contain ones's laughter/anger; **seine Stimme ~** to dampen one's voice
❷ (*geh*) ■**den Schritt** ~ to pause [*or* stop]
III. *vi* (*geh*) to pause [*or* stop]

verhalten[2] **I.** *adj* ❶ (*zurückhaltend*) restrained; **~er Atem** bated breath; **~e Fahrweise/~er Markt** cautious way of driving/cautious market; **~e Farben/Stimmen** muted colours [*or* AM -ors]/voices; **~er Spott** gentle mocking; **~es Tempo** measured tempo; **~es Wachstum** cautious growth
❷ (*unterdrückt*) **~er Ärger/Zorn** suppressed anger
II. *adv* in a restrained manner; **~ fahren** to drive cautiously

Verhalten <-s> *nt kein pl* ❶ (*Benehmen*) behaviour [*or* AM -or] *no pl*; **abgestimmtes ~** concerted action; **friedliches ~ der Streikposten** peaceful picketing; **gleichförmiges ~** level [*or* parallel] behaviour; **standeswidriges ~ eines Anwalts** legal malpractice; **unangemessenes ~** unreasonable behaviour
❷ CHEM reaction

Verhaltensforschung *f kein pl* behavioural [*or* AM -oral] research *no pl* **verhaltensgestört** *adj* disturbed; **ein ~es Kind** a disturbed child, a child with a behavioural disorder **Verhaltenskodex** *m* ÖKON code of conduct **Verhaltenskontrolle** *f* control of conduct **Verhaltensmaßregel** *f meist pl* rule of conduct **Verhaltensmuster** *nt* behavioural pattern **Verhaltensökologie** *f* behavioural ecology **Verhaltensrichtlinien** *pl* rules of conduct **Verhaltensstörung** *f meist pl* behavioural disturbance **Verhaltenstherapie** *f* behavioural therapy **Verhaltensweise** *f* behaviour [*or* AM -ior]

Verhältnis <-ses, -se> *nt* ❶ (*Relation*) ratio; **in keinem ~ [zu etw** *dat*] **stehen** to bear no relation to sth, to be out of all proportion [to sth]; **im ~** relatively, comparatively; **im ~ [von etw** *dat*] [**zu etw** *dat*] in a ratio [of sth] [to sth]; **im ~ [zu jdm]** in comparison [with sb]; **im ~ zu 1966** in comparison with [*or* compared to] 1966; **vertragsähnliches ~** JUR quasi-contractual relationship
❷ (*persönliche Beziehung*) ■**jds ~ zu jdm** sb's relationship with sb; (*Liebes~*) affair; **ein ~ [miteinander] haben** to have a relationship [with each other]; **ein ~ [mit jdm] haben** to have an affair [with sb]; **ein bestimmtes ~ [zu jdm] haben** to have a certain relationship [with sb]; **ein gestörtes** [*o* **getrübtes**] **~ [zu jdm/etw] haben** to have a disturbed relationship [with sb]/to have a peculiar idea [of sth]
❸ (*Zustände*) ■**~se** *pl* conditions *pl*, circumstances *pl*; ***wir fahren erst, wenn die ~se auf den Straßen es zulassen*** we'll only leave when the road conditions permit it; **räumliche ~se** physical conditions; **unter anderen ~sen** under different circumstances
❹ (*Lebensumstände*) ■**~se** *pl* circumstances *pl*; **etw geht über jds ~se** sth is beyond sb's means; **über seine ~se leben** to live beyond one's means; **in bescheidenen ~sen leben** to live in modest circumstances; **in geordneten ~sen leben** to live an

orderly life; **für klare ~se sein** to want to know how things stand; **klare ~se schaffen, für klare ~ sorgen** to get things straightened out

verhältnismäßig *adv* relatively; ***sie verdient ~ viel*** she earns a relatively large amount

Verhältnismäßigkeit <-, -en> *f meist sing* JUR (*Angemessenheit*) appropriateness *no pl,* commensurability *no pl;* **~ der Mittel/der Gerichtsentscheidung** reasonableness of means/of the decision

Verhältnismäßigkeitsprinzip *nt* ■**das ~** the principle of proportionality

Verhältniswahl *f* proportional representation *no art* **Verhältniswahlrecht** *nt* [system of] proportional representation **Verhältniswahlsystem** *nt* JUR proportional representation

Verhältniswort *nt* LING preposition

Verhaltung *f* MED retention

verhandeln* I. *vi* ① (*im Gespräch erörtern*) ■**[mit jdm] [über etw** *akk*] ~ to negotiate [with sb] [about sth]
② JUR (*eine Gerichtsverhandlung abhalten*) ■**[gegen jdn][in etw** *dat*] ~ to try sb [in sth]
II. *vt* ■**etw ~** ① (*aushandeln*) to negotiate sth
② JUR (*gerichtlich erörtern*) to hear sth; ***das Gericht wird diesen Fall wohl erst nach der Sommerpause ~*** the court will probably hear this case after the summer break

Verhandlung *f* ① *meist pl* (*das Verhandeln*) negotiation; **~en [mit jdm] aufnehmen, [mit jdm] in ~en treten** to enter into negotiations [with sb]; **in ~en [mit jdm] stehen** to be engaged in negotiations [*or* to be negotiating] [with sb]
② JUR (*Gerichts~*) trial, [court] hearing; **abgesonderte ~** separate negotiations *pl;* **erneute ~** retrial; **gerichtliche ~** court hearing; **nicht streitige ~** uncontested case, non-contentious hearing; **öffentliche ~** hearing in open court, public trial

Verhandlungsausschuss[RR] *m* negotiating committee **Verhandlungsbasis** *f* basis for negotiation[s]; *Preis* or near offer, o.n.o. BRIT, or best offer AM, o.b.o. AM **verhandlungsbereit** *adj* ready [*or* prepared] to negotiate *pred;* **jdn ~ machen** to force sb to the negotiating table **Verhandlungsbereitschaft** *f* readiness [*or* willingness] to negotiate *no pl* **Verhandlungsdolmetschen** *nt kein pl* liaison interpreting **verhandlungsfähig** *adj* JUR able to stand trial *pred* **Verhandlungsfähigkeit** *f kein pl* JUR capacity to act in court **Verhandlungsführer(in)** *m(f)* JUR [chief] negotiator **Verhandlungsgebühr** *f* JUR [lawyer's] fee for pleading in court **Verhandlungsgegenstand** *m* subject for negotiations **Verhandlungsgeschick** *nt kein pl* negotiating skills *pl* **Verhandlungsgrundsatz** *m* JUR principle of party presentation **Verhandlungsleitung** *f* JUR conduct of the proceedings **Verhandlungslinie** *f* POL negotiation line **Verhandlungspartner(in)** *m(f)* negotiating party, opposite number [in the negotiations *pl*] **Verhandlungsposition** *f* HANDEL negotiating [*or* bargaining] position **Verhandlungspunkt** *m* negotiating point, point for negotiation **Verhandlungsrunde** *f* POL round of negotiations **Verhandlungssache** *f* matter of [*or* for] negotiation; ***der Preis ist ~*** the price is open to negotiation **Verhandlungsspielraum** *m* POL room to negotiate **Verhandlungssprache** *f* official language [for negotiations] **Verhandlungsstärke** *f* bargaining power **Verhandlungstag** *m* JUR day of a/the hearing [*or* trial] **Verhandlungstermin** *m* JUR date of hearing **Verhandlungstisch** *m* negotiating table **Verhandlungsunfähigkeit** *f* JUR unfitness to plead **Verhandlungsweg** *m* ■**auf dem ~** by negotiation **verhandlungswillig** *adj* open to negotiation

verhangen *adj* overcast

verhängen* *vt* ① (*zuhängen*) ■**etw [mit etw** *dat*] ~ to cover sth [with sth]
② SPORT (*aussprechen*) ■**etw ~** to award [*or* give] sth; ***für das Foul verhängte der Schiedsrichter einen Elfmeter*** the referee awarded a penalty for the foul
③ JUR (*verfügen*) ■**etw [über etw** *akk*] ~ to impose sth [on sth]; **einen Ausnahmezustand ~** to declare a state of emergency; **eine Ausgangssperre über die Stadt ~** to impose a curfew on the town

Verhängnis <-, -se> *nt* disaster; **[jdm] zum ~ werden, [jds] ~ werden** to be sb's undoing

verhängnisvoll *adj* disastrous, fatal

Verhängung <-, -en> *f* JUR (*Verfügung*) imposition; **~ einer Strafe/von Zwangsmaßnahmen** imposition of a sentence/coercive measures

verharmlosen* *vt* ■**etw ~** to play down sth *sep*

Verharmlosung <-, -en> *f* playing down

verhärmt *adj* careworn

verharren* *vi haben o sein* (*geh*) ① (*stehen bleiben*) ■**[irgendwo] ~** to pause [somewhere]; ***sie verharrte eine Weile und dachte nach*** she paused for a while and reflected
② (*hartnäckig bleiben*) ■**[bei etw** *dat*] ~ to persist [in sth]

verharschen* *vi sein* ① (*verkrusten*) *Schnee* to crust
② (*verheilen*) *Wunde* to crust over

verhärten* I. *vt* ■**jdn/etw ~** to harden sb/sth
II. *vr* ■**sich** *akk* ~ ① (*starrer werden*) to become hardened; ***die Parteien verhärteten sich immer mehr*** the positions of the parties became more and more entrenched
② MED (*härter werden*) to become hardened

Verhärtung <-, -en> *f* ① *kein pl* (*Erstarrung*) hardening *no pl*
② MED (*verhärtete Stelle*) induration

verhaspeln* *vr* (*fam*) ① (*sich verfangen*) ■**sich** *akk* **[irgendwo]** ~ to become entangled [somewhere]
② (*sich versprechen*) ■**sich** *akk* ~ to get into a muddle

verhasst[RR] *adj,* **verhaßt** *adj* ① (*gehasst*) hated; ■**[wegen einer S.** *gen*] **~ sein [*o* werden]** to be [*or* become] hated [for sth]; **sich** *akk* **[bei jdm] ~ machen** to make oneself deeply unpopular [with sb]
② (*tief zuwider*) ■**[jdm] ~ sein [*o* werden]** to be [*or* come to be] hated [by sb]; ***dieser Beruf wurde mir immer ~er*** I hated [*or* detested] this profession more and more

verhätscheln *vt* ■**jdn ~** to spoil [*or* pamper] sb

Verhau <-[e]s, -e> *m* ① MIL entanglement
② *kein pl* (*fam: heilloses Durcheinander*) mess *no pl*

verhauen* <verhaute, verhauen> I. *vt* (*fam*) ① (*verprügeln*) ■**jdn ~** to beat up sb *sep;* ■**sich** *akk* ~ to have a fight
② SCH (*schlecht schreiben*) ■**etw ~** to make a mess of sth; ***ich habe den Aufsatz [gründlich] ~!*** I've made a [complete] mess of the essay!, I've [completely] mucked up *sep* the essay! *fam*
II. *vr* (*fam: sich verkalkulieren*) ■**sich** *akk* **[um etw** *akk*] ~ to slip up [by sth]

verheben* *vr irreg* ■**sich ~** to hurt oneself lifting sth

verheddern* *vr* (*fam*) ① (*sich verfangen*) ■**sich** *akk* **[in etw** *dat*] ~ to get tangled up [in sth]
② (*sich versprechen*) ■**sich** *akk* ~ to get into a muddle
③ (*sich verschlingen*) ■**sich** *akk* ~ to get into a tangle; ***die Wolle hat sich völlig verheddert*** the wool has got into a complete tangle [*or* has got completely tangled]

verheeren* *vt* ■**etw ~** to devastate sth

verheerend I. *adj* devastating; **ein ~es Erdbeben** a devastating earthquake
II. *adv* devastatingly; **sich** *akk* **~ auswirken** to have a devastating effect, to be devastating; **~ aussehen** (*fam*) to look dreadful

Verheerung <-, -en> *f* devastation; **~en anrichten** to cause devastation *no pl*

verhehlen* *vt* (*geh*) ■**etw [jdm gegenüber] ~** to conceal [*or* hide] sth [from sb]; ***ich konnte mir die Schadenfreude nicht ~*** I could not conceal my delight in his/her etc. misfortune; ■**[jdm] nicht ~, dass** to not hide the fact that

verheilen* *vi sein* to heal [up]

verheimlichen* *vt* (*geheim halten*) ■**[jdm] etw ~** to conceal sth [from sb], to keep sth secret [from sb]; ■**jdm ~, dass** to conceal the fact from sb that; **etw [*o* nichts] zu ~ haben** to have sth [*or* nothing] to hide; **sich [nicht] ~ lassen** [not] to be able to be concealed; **sich nicht ~ lassen, dass** not to be able to conceal the fact that

Verheimlichung <-, -en> *f* concealment; *Tatsache* suppression

verheiraten* *vr* ■**sich** *akk* **[mit jdm] ~** to marry [sb], to get married [to sb]

verheiratet *adj* married; **glücklich ~ sein** to be happily married; ■**[mit jdm] ~ sein** to be married [to sb]; **mit etw** *dat* **~ sein** (*hum fam*) to be married [*or* wedded] to sth *hum fam*

verheißen* *vt irreg* (*geh*) ■**[jdm] etw ~** to promise [sb] sth; *s. a.* **Gute(s)**

Verheißung <-, -en> *f* (*geh*) promise

verheißungsvoll I. *adj* promising; **ein ~er Anfang** a promising start; **wenig ~** unpromising
II. *adv* full of promise; ***Ihr Vorschlag hört sich [wenig] ~ an*** your suggestion sounds [rather un]promising

verheizen* *vt* ① (*als Brennstoff verwenden*) ■**etw ~** to burn sth
② (*sl: sinnlos opfern*) ■**jdn ~** *Soldaten* to send sb to the slaughter, to use sb as cannon fodder; *Star* to run sb into the ground [*or* cause sb to burn out]

verhelfen* *vi irreg* ① (*bewirken, dass jd etw erhält*) ■**[jdm] zu etw ~** to help sb to get sth; **jdm zur Erreichung eines Zieles ~** to help sb achieve an objective
② (*bewirken, dass eine S. etw nach sich zieht*) ■**[jdm/etw] zu etw** *dat* ~ to help sb [*or* a thing] achieve sth; ***dieser Erfolg verhalf dem Produkt endlich zum Durchbruch*** this success finally helped the product achieve a breakthrough

verherrlichen* *vt* ■**etw ~** to glorify sth; **die Gewalt ~** to glorify violence

Verherrlichung <-, -en> *f* glorification *no pl,* extolling *no pl*

verhetzen* *vt* ■**jdn ~** to incite sb

verheult *adj* (*fam*) puffy [*or* swollen] from crying

verhexen* *vt* ■**jdn ~** to bewitch sb, to cast a spell on sb; **wie verhext sein** (*fam*) to be jinxed

verhindern* *vt* ■**etw ~** to prevent [*or* stop] sth; ■**~, dass jd etw tut** to prevent [*or* stop] sb from doing sth; ■**~, dass etw geschieht** to prevent [*or* stop] sth from happening

verhindert *adj* ① (*aus bestimmten Gründen nicht anwesend*) ■**[irgendwie] ~ sein** to be unable to come [for certain reasons]
② (*fam: mit einer verborgenen Begabung*) ■**ein ~er [*o* eine ~e] ... sein** to be a would-be ...

Verhinderung <-, -en> *f* ① (*das Verhindern*) prevention *no pl, no indef art*
② (*zwangsläufiges Nichterscheinen*) inability to come [*or* attend]

verhohlen *adj* **~e Neugier/Schadenfreude** concealed [*or* hidden] curiosity/schadenfreude; **~es Gähnen/Grinsen** suppressed yawn/grin; **kaum ~** barely concealed [*or* suppressed]

verhöhnen* *vt* ■**jdn ~** to mock [*or* ridicule] sb

Verhöhnung <-, -en> *f* mocking *no pl, no indef art,* ridiculing *no pl, no indef art*

verhökern* *vt* (*fam*) ■**etw [an jdn] ~** to flog sth [off] [to sb] *fam*

Verhör <-[e]s, -e> *nt* questioning *no pl, no art,* interrogation; **jdn ins ~ nehmen** to question [*or* interrogate] sb; **jdn einem ~ unterziehen** to subject sb to questioning [*or* interrogation]

verhören* I. *vt* (*offiziell befragen*) ■**jdn ~** to question [*or* interrogate] sb
II. *vr* (*etw falsch hören*) ■**sich** *akk* ~ to mishear, to hear wrongly

verhüllen* *vt* ■**etw [mit etw** *dat*] ~ to cover sth [with sth]; ■**sich** *akk* **[mit etw** *dat*] ~ to cover oneself [with sth]

verhüllend *adj* covered; (*beschönigend*) *Ausdruck* euphemistic

verhüllt *adj* ① (*bedeckt*) covered

② (*versteckt*) veiled; **eine ~e Drohung** a veiled threat

verhundertfachen* I. *vt* ■**etw** ~ to increase sth a hundredfold
II. *vr* ■**sich** *akk* ~ to increase a hundredfold

verhungern* *vi sein* ① (*Hungers sterben*) to starve [to death], to die of starvation *no pl, no art;* ■**jdn** ~ **lassen** to let sb starve [to death]; **am V~ sein** to be starving; **[fast] am V~ sein** (*fig fam*) to be [just about] starving *fig fam*
② (*fam: stehen bleiben*) ■**[irgendwo]** ~ to come to a stop [somewhere]; ***der Golfball verhungerte nur wenige Zentimeter vor dem Loch*** the golf ball came to a stop just a few centimetres from the hole

verhungert I. *adj* (*fam*) starved
II. *adv* (*fam*) half-starved

Verhungerte(r) *f(m) dekl wie adj* someone who has starved to death

verhunzen* *vt* (*fam*) ■**etw** ~ to ruin sth

verhuscht *adj* (*fam*) timid

verhüten* *vt* ■**etw** ~ to prevent sth; **eine Empfängnis verhüten** to prevent conception; *s. a.* **Gott**

Verhüterli <-s, -> *nt* SCHWEIZ (*Kondom*) condom

verhütten *vt* ■**etw** ~ to smelt sth

Verhüttung <-, -en> *f* smelting *no pl, no indef art*

Verhütung <-, -en> *f* ① (*das Verhindern*) prevention *no pl, no indef art*
② (*Empfängnis~*) contraception *no pl, no art*

Verhütungsmittel *nt* contraceptive

verhutzelt *adj* (*fam*) wizened; *Haut a.* wrinkled; *Obst a.* shrivelled [*or* AM shriveled]

Verifikation <-, -en> *f* JUR (*form*) verification

Verifikationsabkommen *nt* JUR verification agreement

verifizieren* [ve-] *vt* (*geh*) ■**etw** ~ to verify sth

Verifizierung <-, -en> *f* verification

verinnerlichen* *vt* ■**etw** ~ to internalize sth

Verinnerlichung <-, -en> *f* internalization

verirren* *vr* ■**sich** *akk* ~ to get lost

Verirrung *f* aberration

verjagen* *vt* ■**jdn/ein Tier** ~ to chase away sb/an animal *sep*

verjähren* *vi sein* JUR ① (*nicht mehr eingetrieben werden können*) to come under the statute of limitations
② (*nicht mehr verfolgt werden können*) to become statute-barred; ■**verjährt** statute-barred

verjährt *adj* ① (*veraltend: sehr alt*) *Person* past it *pred fam*
② JUR (*gerichtlich nicht mehr verfolgbar*) statute-barred; *Ansprüche* in lapse; ~ **sein** to be barred by limitation

Verjährung <-, -en> *f* JUR statutory limitation, limitation of actions; ~ **von Ansprüchen** limitation of claims; **Beginn der** ~ commencement of the limitation period; **Hemmung der** ~ *suspension of the running of time for purposes of limitation;* ~ **ausschließen** to bar the statutes of limitation

Verjährungsbeginn *m* JUR commencement of the limitation period **Verjährungseinrede** *f*, **Verjährungseinwand** *m* JUR plea of lapse of time **Verjährungsfrist** *f* JUR period of limitation; **gesetzliche** ~ statutory [period of] limitation **Verjährungsgesetz** *nt* JUR Limitation Act BRIT **Verjährungsrecht** *nt* JUR law of limitation **Verjährungsunterbrechung** *f* JUR suspension of limitation

verjubeln* *vt* (*fam: leichtsinnig ausgeben*) ■**etw** ~ to blow sth *sl*

verjüngen* I. *vi* (*vitalisieren*) to make one feel younger
II. *vt* ① (*vitalisieren*) ■**jdn** ~ to rejuvenate sb; ***ich fühle mich um Jahre verjüngt*** I feel years younger
② ÖKON (*mit jüngeren Mitarbeitern auffüllen*) ■**etw** ~ to create a younger sth; ***wir sollten das Management der Firma*** ~ we should bring some young blood into the management of the company
III. *vr* ■**sich** *akk* ~ ① (*schmaler werden*) to narrow; *Säule* to taper
② (*ein jüngeres Aussehen bekommen*) to look younger; *Haut* to rejuvenate

Verjüngung <-, -en> *f* ① (*das Verjüngen*) rejuvenation; *Personal* recruitment of younger blood
② (*Verengung*) narrowing *no pl*, tapering *no pl*

Verjüngungskur *f* rejuvenation cure

verkabeln* *vt* ELEK, INFORM ■**etw** ~ to wire sth, to connect sth to the cable network

Verkabelung <-, -en> *f* cabling, connecting *no pl* to the cable network

verkalken* *vi sein* ① TECH (*Kalk einlagern*) to fur [*or* AM clog] up, to become furred [*or* AM clogged]; ■**verkalkt** furred up
② ANAT (*durch Kalkeinlagerung verhärten*) *Arterien* to become hardened; *Gewebe* to calcify [*or* become calcified]
③ MED (*fam*) ■**jd verkalkt** (*Arteriosklerose bekommen*) sb suffers from hardening of the arteries *pl;* (*senil werden*) sb's going senile *fam;* **verkalkt sein** to be senile [*or* BRIT *fam* gaga]

verkalkulieren* *vr* ① (*sich verrechnen*) ■**sich** *akk* **[bei/in etw** *dat*] ~ to miscalculate [sth]
② (*fam: sich irren*) ■**sich** *akk* ~ to be mistaken

Verkalkung <-, -en> *f* ① TECH (*das Verkalken*) furring *no pl* BRIT, clogging AM
② ANAT *Arterien* hardening *no pl; Gewebe* calcification *no pl*
③ MED (*fam: Arteriosklerose*) hardening of the arteries *pl;* (*Senilität*) senility *no pl*

verkannt *adj* unrecognized

verkanten *vt* ■**etw** ~ to tilt sth; SKI *improper use of the edges of the skis which causes imbalance and usually leads to a fall*

verkappt *adj attr* disguised; **ein ~er Kommunist** a communist in disguise

verkapseln* *vr* MED, BIOL ■**sich** ~ to become encapsulated

verkarsten* *vi sein* GEOL to become karstified

verkatert *adj* (*fam*) hung-over *pred*

Verkauf <-s, Verkäufe> *m* ① (*das Verkaufen*) sale, selling *no pl*, disposal; ~ **auf Abzahlungsbasis** [*o* **auf Teilzahlung**] instalment sale [*or* AM -ll-], BRIT hire purchase, AM deferred payment sale; ~ **per Internet** sale on the internet; ~ **auf Kommissionsbasis** sale on consignment; ~ **ab Lager** cash and carry; ~ **nach Muster** sale by sample; ~ **auf Probe** sale on trial, purchase on approval; ~ **auf Rechnung** sale on account; ~ **unter Eigentumsvorbehalt** conditional sale [with reservation of ownership]; ~ **mit Rückgaberecht** sale with right of redemption; **freihändiger** ~ private sale; **vollständiger** ~ clearance sale; **etw zum** ~ **anbieten** to offer sth [*or* put sth up] for sale; **zum** ~ **stehen** to be up for sale
② *kein pl* (*Verkaufsabteilung*) sales *no art, + sing o pl verb*

verkaufen* I. *vt* ① (*gegen Geld übereignen*) ■**[jdm] etw [für etw** *akk*] ~ to sell [sb] sth [for sth]; ■**etw [an jdn]** ~ to sell sth [to sb]; **zu** ~ **sein** to be for sale; **„zu ~“** "for sale"; **meistbietend** ~ HANDEL to sell to the highest bidder
② (*sl: glauben machen*) ■**[jdm] etw [als etw]** ~ to sell sth [to sb] [as sth]; *s. a.* **dumm**
II. *vr* ■**sich** *akk* **[irgendwie]** ~ ① (*verkauft werden*) to sell [in a certain way]; ***das Buch verkauft sich gut*** the book is selling well
② (*sich selbst darstellen*) to sell oneself [in a certain way]

Verkäufer(in) *m(f)* ① (*verkaufender Angestellter*) sales [*or* shop] assistant
② (*verkaufender Eigentümer*) seller; JUR vendor

Verkäufermarkt *m kein pl* ÖKON seller's market **Verkäuferoption** *f* BÖRSE sellers' option **Verkäuferpfandrecht** *nt* HANDEL seller's lien **Verkäuferpflichten** *pl* HANDEL seller's duties **Verkäuferrecht** *nt* HANDEL seller's right

verkäuflich *adj* ① (*zu verkaufen*) for sale *pred*
② ÖKON ■**irgendwie** ~ saleable [*or* sellable] in a certain way; **kaum/schnell ~e Artikel** slow-moving/fast-selling items; **problemlos ~e Produkte** products that are easy to sell

Verkaufsabkommen *nt* JUR marketing agreement **Verkaufsabteilung** *f* sales department **Verkaufsangebot** *nt* ① HANDEL sales offer ② BÖRSE offer for sale **Verkaufsapparat** *m* sales organization **Verkaufsargument** *nt* HANDEL sales pitch **Verkaufsartikel** *m* purchase article **Verkaufsaufforderung** *f* sale incitement **Verkaufsauftrag** *m* BÖRSE order to sell; ~ **bestens** sell order at market **Verkaufsausstellung** *f* sales exhibition **Verkaufsbedingungen** *pl* HANDEL conditions of sale and delivery, terms and conditions; **Verkaufs- und Lieferbedingungen** standard conditions of sale and delivery; **allgemeine** ~ general conditions of sale **Verkaufsbeschränkungen** *pl* HANDEL selling [*or* sales] restrictions **Verkaufsbestätigung** *f* HANDEL sales confirmation **Verkaufsdatum** *nt* HANDEL date of sale **Verkaufsdeckungsgeschäft** *nt* HANDEL hedge selling **Verkaufsdruck** *m kein pl* pressure to sell **Verkaufserlös** *m* ÖKON sales revenue, proceeds *npl* of a/the sale **verkaufsfähig** *adj* HANDEL salable **Verkaufsfinanzierung** *f* FIN sales financing **Verkaufsfläche** *f* retail [*or* sales *pl*] area **Verkaufsförderung** *f* HANDEL sales promotion **Verkaufsgebiet** *nt* HANDEL marketing area, sales territory **Verkaufsgegenstand** *m* HANDEL article of sale **Verkaufsgespräch** *nt* sales talk [*or* pitch] **Verkaufsinteressent(in)** *m(f)* HANDEL prospective seller **Verkaufskampagne** *f* sales campaign **Verkaufskonferenz** *f* sales conference [*or* meeting] **Verkaufskurs** *m* HANDEL selling price **Verkaufsleiter(in)** *m(f)* sales manager [*or* executive] **Verkaufslizenz** *f* HANDEL selling licence [*or* AM -se] **Verkaufsmarge** *f* HANDEL profit margin **Verkaufsmethode** *f* HANDEL sales method; **unlautere ~n** dubious sales methods **Verkaufsmonopol** *nt* HANDEL sales monopoly **verkaufsoffen** *adj* open for business; ***der erste Samstag im Monat ist immer*** ~ the shops are always open late on the first Saturday of every month **Verkaufsoption** *f* ① HANDEL option to sell ② BÖRSE put option **Verkaufspersonal** *nt* sales personnel [*or* staff] **Verkaufspolitik** *f kein pl* HANDEL sales policy; (*Einzelhändler*) sales pitch **Verkaufspraktiken** *pl* HANDEL sales practices, marketing techniques **Verkaufspreis** *m* retail price **Verkaufsprognose** *f* HANDEL sales forecast **Verkaufsprogramm** *nt* sales programme [*or* AM -am], programme of sales **Verkaufsprovision** *f* FIN selling [*or* sales] provision **Verkaufsrechnung** *f* HANDEL sales invoice **Verkaufsrecht** *nt* JUR right of [*or* to] sale **Verkaufsrekord** *m* sales record **Verkaufsrenner** <-s, -> *m* top-selling item, best seller **Verkaufsschlager** *m* best-seller **Verkaufsstil** *m* style of selling **Verkaufsstrategie** *f* sales strategy **Verkaufssyndikat** *nt* HANDEL sales [*or* selling] syndicate **Verkaufsunterlagen** *pl* sales documents *pl* **Verkaufsveranstaltung** *f* HANDEL sales event; (*Messe*) tradefair **Verkaufsversprechen** *nt* HANDEL seller's promise [*or* undertaking] **Verkaufsverweigerung** *f* HANDEL refusal to sell **Verkaufsvollmacht** *f* authority [*or* power] to sell **Verkaufsvolumen** *nt* HANDEL sales volume **Verkaufswert** *nt* HANDEL sales [*or* market] value **Verkaufszahlen** *pl* HANDEL sales figures *pl* **Verkaufsziel** *nt* sales target

verkauft *adj* sold; ~ **wie besichtigt** sold as seen; **nicht** ~ unsold

Verkehr <-[e]s> *m kein pl* ① (*Straßen~*) traffic *no pl, no indef art;* **ruhender** ~ (*geh*) stationary traffic; **den** ~ **regeln** to control the [*or* regulate the [flow of]] traffic
② (*Transport*) transport *no pl, no indef art*
③ (*Umgang*) contact, dealings *pl;* **jdn aus dem** ~ **ziehen** (*fam*) to take sb out of circulation, to withdraw sb from the field of operations
④ (*Handel*) **etw in den** ~ **bringen** to put sth into circulation; **etw aus dem** ~ **ziehen** to withdraw sth from circulation
⑤ (*euph geh: Geschlechts~*) intercourse; ~ **[mit jdm] haben** (*euph geh*) to have intercourse [with sb]

verkehren* I. *vi* ① *haben o sein* (*fahren*) *Boot, Bus, Zug* to run [*or* go]; ***der Zug verkehrt auf***

dieser Nebenstrecke nur noch zweimal am Tag the train only runs twice a day on this branch line; *Flugzeug* to fly [*or* go]
❷ *haben* (*geh: häufiger Gast sein*) ■**[irgendwo/bei jdm]** ~ to visit somewhere/sb regularly
❸ *haben* (*Umgang pflegen*) ■**[mit jdm]** ~ to associate [with sb]; ***sie verkehrt mit hochrangigen Diplomaten*** she associates with high-ranking diplomats
❹ *haben* (*euph geh: Geschlechtsverkehr haben*) ■**[mit jdm]** ~ to have intercourse [with sb]
II. *vr haben* (*sich umkehren*) ■**sich** *akk* **[in etw** *akk*] ~ to turn into sth; *s. a.* **Gegenteil**

Verkehrsabgaben *pl* JUR traffic duty **Verkehrsader** *f* arterial road **Verkehrsampel** *f* traffic lights *pl* **Verkehrsamt** *nt* tourist information office **Verkehrsanwalt, -anwältin** *m, f* JUR correspondence lawyer **verkehrsarm** *adj Zeit* quiet; *Gegend* low-traffic *attr* **Verkehrsaufkommen** *nt* volume [*or* density] of traffic **Verkehrsbehinderung** *f* JUR obstruction [of the traffic] **Verkehrsbericht** *m* traffic report **verkehrsberuhigt** *adj* traffic-calmed **Verkehrsberuhigung** *f* traffic calming *no pl, no indef art* **Verkehrsbeschränkungen** *pl* traffic restrictions [*or* restraints] **Verkehrsbestimmungen** *pl* traffic regulations *pl* **Verkehrsbetriebe** *pl* transport services *pl* **Verkehrschaos** *nt* road chaos, chaos on the roads **Verkehrsdelikt** *nt* traffic offence [*or* AM -se] **Verkehrsdichte** *f kein pl* traffic density; (*im Personenverkehr*) passenger density **Verkehrsdisziplin** *f* traffic discipline **Verkehrsdurchsage** *f* traffic announcement **Verkehrseinrichtungen** *pl* traffic facilities *pl* **Verkehrserziehung** *f* road safety training, traffic instruction **Verkehrsfähigkeit** *f kein pl* HANDEL marketability *no pl,* merchantability *kein pl* **Verkehrsflugzeug** *nt* commercial aircraft, airliner **Verkehrsfluss**[RR] *m kein pl* traffic flow **verkehrsfrei** *adj* **~e Zone** traffic-free area, pedestrian precinct **verkehrsfremd** *adj* JUR, TRANSP **~e Straftat** non-traffic-related criminal offence **Verkehrsfunk** *m* radio traffic service **Verkehrsgefährdung** *f* hazard to other traffic **Verkehrsgeltung** *f kein pl* HANDEL general acceptance in trade **verkehrsgerecht** *adj Verhalten* in keeping with traffic regulations **Verkehrsgeschäft** *nt* HANDEL carrying trade, haulage business **Verkehrsgesellschaft** *f* common carrier, AM *a.* transport company **Verkehrsgewerbe** *nt* carrying industry **verkehrsgünstig** *adj* conveniently situated for [*or* close to] public transport **Verkehrshilfspolizist(in)** *m(f)* traffic warden **Verkehrshindernis** *nt* obstruction to traffic **Verkehrshinweis** *m* traffic announcement **Verkehrshypothek** *f* JUR ordinary mortgage **Verkehrsinfarkt** *m* traffic jam **Verkehrsinfrastruktur** *f* transport infrastructure **Verkehrsinsel** *f* traffic island **Verkehrsinvestitionen** *pl* capital expenditure on communications **Verkehrsknotenpunkt** *m* traffic junction **Verkehrskontrolle** *f* spot check on the traffic **Verkehrslage** *f* TRANSP ❶ (*Situation im Straßenverkehr*) traffic [conditions *pl*] ❷ (*Nähe zu Verkehrsverbindungen*) location with regards to transport facilities, proximity to public transport **Verkehrslärm** *m kein pl* traffic noise **Verkehrslast** *f* BAU live [*or* traffic] load **Verkehrsleistung** *f* TRANSP transport [*or* traffic] capacity **Verkehrsleitsystem** *nt* traffic guidance system **Verkehrsluftfahrt** *f* commercial aviation **Verkehrsmanagement** *nt* traffic management **Verkehrsmeldungen** *pl* traffic news + *sing vb* **Verkehrsminister(in)** *m(f)* transport minister BRIT, Minister of Transport BRIT, Secretary of Transportation AM **Verkehrsministerium** *nt* Ministry of Transport BRIT, Department of Transportation AM **Verkehrsmittel** *nt* means + *sing/pl vb* of transport; **öffentliches/privates ~** public/private transport **Verkehrsmonopol** *nt* transport monopoly **Verkehrsnetz** *nt* transport system, traffic network **Verkehrsopfer** *nt* road casualty

Verkehrsordnung *f kein pl* traffic regulations *pl,* Road Traffic Act **verkehrsordnungswidrig** *adj* in violation of road traffic regulations **Verkehrsordnungswidrigkeit** *f* JUR traffic violation

Verkehrsplaner(in) *m(f)* traffic planner **Verkehrsplanung** *f* traffic planning **Verkehrspolitik** *f* transport [*or* traffic] policy **verkehrspolitisch** *adj* concerning transport policy **Verkehrspolizei** *f* traffic police **Verkehrspolizist(in)** *m(f)* traffic policeman *masc,* policewoman *fem* **Verkehrsproblem** *nt* traffic problem **Verkehrsrecht** *nt* traffic law[s] **Verkehrsregel** *f* traffic regulation **Verkehrsregelung** *f* traffic control **verkehrsreich** *adj* **~e Straße** busy street **Verkehrsrichtung** *f* direction of traffic **Verkehrsrowdy** *m* road hog *fam* **Verkehrssache** *f* JUR traffic case **Verkehrsschild** *nt* road sign **verkehrsschwach** *adj* **~e Zeit** off-peak traffic **Verkehrssenator(in)** *m(f)* minister of transport (*in Berlin, Bremen, Hamburg*) **verkehrssicher** *adj Fahrzeug* safe; (*bes. Auto*) roadworthy **Verkehrssicherheit** *f kein pl* ❶ *der Straße* road safety ❷ *des Autos* roadworthiness **Verkehrssicherungspflicht** *f* JUR duty to maintain safety **Verkehrssitte** *f* JUR common usage **Verkehrsspitze** *f* rush-hour traffic, BRIT *a.* traffic peak **Verkehrssprache** *f* language of communication, lingua franca **verkehrsstark** *adj* **~e Zeit** rush [*or* BRIT *a.* peak] hours **Verkehrsstau(ung)** *f* traffic jam [*or* congestion] **Verkehrssteuer** *f* FIN ❶ (*Straßen~*) road fund licence BRIT, transport tax AM ❷ (*bei Börsengeschäften*) transaction tax AM **Verkehrsstockung** *f* traffic hold-up **Verkehrsstrafsache** *f* JUR motoring [*or* traffic] case **Verkehrsstraße** *f* road open to traffic **Verkehrsstreife** *f* traffic patrol **Verkehrssünder(in)** *m(f)* (*fam*) traffic offender **Verkehrssünderkartei** *f* (*fam*) *s.* **Verkehrszentralregister** **Verkehrstafel** *f* traffic sign **Verkehrstechnik** *f* traffic technology **verkehrstechnisch I.** *adj* traffic-wise **II.** *adv* **[ein Gebiet] ~ erschließen** to open up to traffic; **~ gesehen** in terms of traffic engineering **Verkehrsteilnehmer(in)** *m(f)* (*geh*) road-user **Verkehrstelematik** *f* road transport informatics + *sing vb* **Verkehrstote(r)** *f(m)* road fatality [*or* death] **Verkehrsträger** *m* [traffic] carrier **verkehrstüchtig** *adj* roadworthy **Verkehrstüchtigkeit** <-> *f kein pl eines Fahrzeugs* roadworthiness; *einer Person* fitness to drive **Verkehrsübertretung** *f* traffic violation **Verkehrsüberwachung** *f* traffic control **Verkehrsunfall** *m* road accident **Verkehrsunternehmen** *nt* common carrier, AM *a.* transport company **Verkehrsunterricht** *m* road safety instruction **Verkehrsverbindung** *f* (*durch Verkehrswege*) route; (*durch Verkehrsmittel*) connection **Verkehrsverbund** *m* association of transport companies *pl*

Verkehrsverein *m* tourist promotion agency **Verkehrsvergehen** *nt* JUR motoring [*or* traffic] offence [*or* AM -se] **Verkehrsverhältnisse** *pl* traffic situation *no pl* **Verkehrsverstoß** *m* road traffic offence [*or* AM -se] **Verkehrsvorschrift** *f* traffic regulation [*or* rule] **Verkehrswacht** *f kein pl* traffic [*or* road] patrol **Verkehrswachtel** *f* (*pej*) *traffic policewoman who is unpleasant* **Verkehrsweg** *m* [traffic] route, communication **Verkehrswert** *m* HANDEL market value

Verkehrswesen <-s> *nt kein pl* traffic [system], communications *pl,* transportation

verkehrswidrig *adj* contrary to road traffic regulations *pl;* **~es Verhalten** disobeying road traffic regulations **Verkehrswidrigkeit** *f* traffic violation **Verkehrswirtschaftsrecht** *nt kein pl* JUR transport law **Verkehrszählung** *f* traffic census **Verkehrszeichen** *nt s.* **Verkehrsschild** **Verkehrszentralregister** *m* central index [*or* register] of traffic offenders [*or* violations]

verkehrt I. *adj* (*falsch*) wrong; **die ~e Richtung** the wrong direction; ■**der V~e** the wrong person; ■**etwas V~es** the wrong thing; **es gibt nichts V~eres, als …** there's nothing worse than …; **jd/etw ist gar nicht [so] ~** (*fam*) sb/sth is not all that bad; ***unser neuer Klassenlehrer ist gar nicht so ~*** our new class teacher is not all that bad
▶ WENDUNGEN: **mit dem ~en Bein aufgestanden sein** to have got out of bed on the wrong side; **Kaffee ~** *little coffee with a lot of milk*
II. *adv* ❶ (*falsch*) wrongly; ***du machst ja doch wieder alles ~!*** you're doing everything wrong again!
❷ (*falsch herum*) the wrong way round; ***das Bild hängt ~*** the picture is hanging the wrong way round; **~ herum** the wrong way round

verkeilen* I. *vt* ❶ (*befestigen*) ■**etw ~** *Mast, Fahrzeug* to wedge sth tight
❷ DIAL (*verprügeln*) ■**jdn ~** to thrash sb
II. *vr* ■**sich ~** to become wedged together

verkeilt *adj* **[ineinander] ~** gridlocked

verkennen* *vt irreg* (*falsch einschätzen*) ■**etw ~** to misjudge sth; ■**~, dass** to fail to recognize [*or* appreciate] that; ■**[von jdm] verkannt werden** to remain unrecognized [by sb]; **es ist nicht zu ~, dass** it cannot be denied that; **ich will nicht ~, dass** I would not deny that

Verkennung *f* misjudgement, underestimation; **in ~ einer S.** *gen* misjudging a thing; ***sie verlangte 12.000 Mark in ~ des Machbaren*** her demand for twelve thousand marks was out of touch with reality

verketten* I. *vt* ❶ (*durch eine Kette verbinden*) ■**etw [mit etw** *dat*] ~ to chain sth [to sth]
❷ (*durch eine Kette verschließen*) ■**etw ~** to put a chain on sth
❸ INFORM (*verbinden*) ■**etw [mit etw] ~** to catenate sth [with sth]
II. *vr* ■**sich** *akk* **~** ❶ (*sich aneinander anschließen*) to follow close on one another
❷ (*sich zu einer Einheit verbinden*) *Moleküle* to combine

Verkettung <-, -en> *f* chain

Verkieselung <-, -en> *f* (*fachspr*) *process where silica in a stone or fossil is saturated with quartz*

verkitschen *vt* ■**etw ~** ❶ (*kitschig gestalten*) to turn sth into kitsch, to make sth kitschy
❷ (*sl: billig verkaufen*) to flog [off *sep*] sth *fam*

verkitten* *vt* ■**etw ~** to cement sth

verklagen* *vt* JUR ■**jdn [wegen einer S.** *gen*] ~ to take proceedings against sb [for sth]; ■**jdn [auf etw** *akk*] ~ to sue sb [for sth]

verklammern* I. *vt* ■**etw ~** to clamp sth, to staple together sth *sep;* TECH to brace sth, to put braces *pl* around sth; **eine Wunde ~** to apply clips *pl* to a wound
II. *vr* ■**sich** *akk* **[ineinander] ~** to clutch each other

verklappen* *vt* ■**etw [irgendwo] ~** to dump sth [in the sea] [somewhere]

Verklappung <-, -en> *f* dumping [in the sea]

verklären* *vr* ❶ (*heiter werden*) ■**sich** *akk* **~** to become elated; ■**verklärt** with an elated look
❷ (*nostalgisch werden*) ■**etw verklärt sich** sth takes on a nostalgic air

verklärt <-er, -este> *adj* transfigured

Verklarung <-, -en> *f* JUR ship's protest

verklausulieren* *vt* ❶ ■**etw ~** *Vertrag* to hedge around with restrictive clauses
❷ (*kompliziert darstellen*) **sich verklausuliert ausdrücken** to be difficult to understand

verklausuliert I. *adj* limited with qualifying clauses *pred*
II. *adv* in a convoluted [*or* roundabout] manner

verkleben* I. *vt haben* ❶ (*zukleben*) ■**etw [mit etw** *dat*] ~ to cover sth [with sth]
❷ (*zusammenkleben*) ■**etw [mit etw** *dat*] ~ to stick sth together [with sth]
❸ (*festkleben*) ■**etw ~** to stick sth [down]
II. *vi sein* (*zusammenkleben*) to stick together; **verklebte Hände** sticky hands

verkleckern* *vt* ■**etw ~** ❶ (*kleckern*) *Suppe etc.* to spill sth
❷ (*verschwenden*) *Geld* to waste sth

verkleiden* I. *vt* ❶ (*kostümieren*) ■**jdn [als etw** *akk*] ~ to dress up *sep* sb [as sth]; **ihr verkleideter Bruder** her brother in fancy dress

② (*ausschlagen*) ■**etw** [**mit etw** *dat*] ~ to line sth [with sth]
③ BAU (*überdecken*) ■**etw** [**mit etw** *dat*] ~ to cover sth [with sth]
II. *vr* ■**sich** *akk* [**als etw** *akk*] ~ to dress up [as sth]

Verkleidung <-, -en> *f* ① (*Kostüm*) disguise, fancy dress; **in dieser** ~ in this disguise [*or* fancy dress]
② BAU (*das Verkleiden*) covering; (*verkleidende Überdeckung*) lining

verkleinern* I. *vt* ■**etw** ~ ① (*in der Fläche verringern*) to reduce sth
② (*die Zahl der Mitarbeiter verringern*) to reduce sth
③ FOTO to reduce sth
④ MED (*schrumpfen lassen*) to shrink sth; **einen Tumor** ~ to shrink a tumor
⑤ INFORM to scale down *sep* sth
II. *vr* ① (*sich verringern*) ■**sich** *akk* [**um etw** *akk*] ~ to be reduced in size [by sth]; ***das Grundstück hat sich um 10% verkleinert*** the property has been reduced in size by 10%
② (*schrumpfen*) ■**sich** *akk* ~ to shrink

Verkleinern <-s> *nt kein pl* TYPO (*Repro*) reducing, scaling down

verkleinert I. *pp von* **verkleinern**
II. *adj* reduced

Verkleinerung <-, -en> *f* ① *kein pl* (*das Verkleinern*) reduction *no pl*
② (*verkleinerte Vorlage*) reduction

Verkleinerungsfaktor *m* reduction ratio **Verkleinerungsform** *f* LING diminutive [form]

verklemmen* *vr* ■**sich** ~ to jam, to get stuck

verklemmt *adj* (*fam*) [sexually] inhibited, uptight [about sex *pred*] *fam*

verklickern* *vt* (*fam*) ■[**jdm**] **etw** ~ to explain sth [*or* to make sth clear] [to sb], to spell out sth *sep*[to sb] [in words of one syllable]; ■[**jdm**] ~, **dass/wie ...** to tell sb [that]/how ...

verklingen* *vi irreg sein* to fade [*or* die] away

verkloppen* *vt* DIAL (*fam*) ① (*verprügeln*) ■**jdn** ~ to beat [*or* BRIT *fam* duff] up sb *sep*, to give sb what for *fam*
② (*verkaufen*) ■**etw** ~ to sell [*or fam* flog] sth

verknacken* *vt* (*fam*) ■**jdn** ~ to put sb away [*or fam* inside]; **jdn zu einer Geldstrafe/zu zehn Jahren** ~ to fine sb/to give sb ten years; ■[**für etw**] **verknackt werden** to get done [*or* get put away] [for sth]

verknacksen* *vt* **sich den Fuß verknacksen** to sprain [*or* twist] one's ankle

verknallen* (*fam*) I. *vt* (*verschwenden*) ■**etw** ~ to squander sth
II. *vr* (*sich verlieben*) ■**sich** [**in jdn**] ~ to fall head over heels in love [with sb]; ■[**in jdn**] **verknallt sein** to be head over heels in love [with sb], to be crazy [*or fam* nuts] about sb

Verknappung <-, -en> *f* ÖKON shortage; **infolge zeitweiliger** ~ owing to temporary shortage

verknautschen* I. *vt* ■**etw** ~ to crease [*or* crumple] sth; (*unabsichtlich a.*) to get sth creased
II. *vi sein* to be/get creased [*or* crumpled [up]]

verkneifen* *vr irreg* (*fam*) ■**sich** *dat* **etw** ~ ① (*nicht offen zeigen*) to repress sth; **sich** *dat* **eine Äußerung nicht** ~ **können** to be unable to resist [*or* bite back] a remark; ***ich konnte mir ein Grinsen nicht*** ~ I couldn't keep a straight face [*or* help grinning]
② (*sich versagen*) to do without sth; **sich** *dat* **etw** ~ **müssen** to have to do [*or* manage] without sth

verkniffen *adj* **eine ~e Miene** a pinched [*or* a strained] [*or* an uneasy] expression; **etw ~ sehen** (*fam*) to take a narrow view of sth, to be small-minded [*or pej* petty[-minded]] [*or* uncharitable] about sth; **etwas V~es haben** to look as if one has sucked on a lemon *hum*

verknittern* *vt* ■**etw** ~ to crumple sth

verknöchert *adj* inflexible, rigid; **ein ~er Mensch** a[n old] fossil *fam*; **~e Bürokraten** old fossils of bureaucrats *fam*

verknoten* I. *vt* ■**etw** ~ to knot [*or* make [*or* tie] a knot in] sth; ■**etw miteinander** ~ to tie together sth *sep*, to knot together sth *sep*
II. *vr* ■**sich** ~ to become [*or* get] knotted

verknüpfen* *vt* ① (*verknoten*) ■**etw** [**miteinander**] ~ to knot together sth *sep*, to tie [together *sep*] sth
② (*verbinden*) ■**etw** [**mit etw**] ~ to combine sth [with sth]
③ INFORM ■**etw** [**mit etw**] ~ to combine [*or* integrate] sth [with sth]
④ (*in Zusammenhang bringen*) ■**etw** [**mit etw**] ~ to link sth [to [*or* with] sth]

Verknüpfung <-, -en> *f* ① (*Verbindung*) combination
② (*Zusammenhang*) link, connection
③ INFORM nexus

verkochen* *vi sein* ① (*verdampfen*) to boil away
② (*zerfallen*) to fall apart; (*zu einer breiigen Masse*) to go mushy *fam*

verkohlen*[1] *vi sein* to turn to charcoal

verkohlen[2] *vt* (*fam*) ① (*veräppeln*) ■**jdn** ~ to pull sb's leg, to have [*or* AM put] sb on *fam*
② (*auf die falsche Spur führen*) to lead sb up the garden path

verkommen*[1] *vi irreg sein* ① (*verwahrlosen*) to decay; *Mensch* to go to rack [*or esp* AM wrack] and ruin [*or fam* to the dogs]; *Gebäude* to decay, to become run-down, to fall into disrepair; **im Elend** ~ to sink into misery, to become destitute
② (*herunterkommen*) to go to the dogs [*or* to rack [*or esp* AM wrack] [*or fam* pot] and ruin]; ■**zu etw** ~ to degenerate into sth
③ (*sittlich sinken*) ■[**zu etw**] ~ to degenerate [into sth]
④ (*verderben*) to spoil, to go rotten [*or* bad] [*or* BRIT off]
⑤ (*versumpfen*) to stay out late [*or* be out on the town,] drinking

verkommen[2] *adj* ① (*verwahrlost*) degenerate
② (*im Verfall begriffen*) decayed, dilapidated

Verkommenheit <-> *f kein pl* ① (*Verwahrlosung*) degeneration *no art, no pl*
② (*moralische Verwahrlosung*) profligacy *no art, no pl form*; (*schlimmer*) depravity *no art, no pl*

verkomplizieren* *vt* ■**etw** ~ to [unnecessarily] complicate sth

verkonsumieren* *vt* (*fam*) ■**etw** ~ to get through [*or sep fam* polish off] [*or esp* AM kill] sth

verkoppeln* *vt* ■**etw** [**mit etw**] ~ to couple sth [to sth]

verkorken* *vt* ■**etw** ~ to cork [up *sep*] sth

verkorksen* (*fam*) I. *vt* ■**etw** ~ to make a mess of sth, to screw *fam* [*or* BRIT *fam!* cock] up sth *sep*; ■**jdm etw** ~ to wreck [*or sep* mess up] sth for sb; **ein verkorkster Magen** an upset stomach; **eine verkorkste Person** a screwed-up person *fam*; **jds Vergnügen** ~ to spoil [*or* ruin] sb's fun
II. *vr* **sich** *dat* **den Magen** ~ to upset one's stomach

verkorkst <-er, -este> *adj* screwed-up *sl*, ruined; **ein ~er Magen** an upset stomach

verkörpern* I. *vt* ① FILM, THEAT ■**jdn/etw** ~ to play [the part of] sb/sth
② (*personifizieren*) ■**etw** ~ to personify sth
II. *vr* ■**etw verkörpert sich in jdm/etw** sb/sth is the embodiment of sth

Verkörperung <-, -en> *f* ① *kein pl* FILM, THEAT portrayal
② (*Inbegriff*) personification
③ (*Abbild*) embodiment

verkosten* *vt* ■**etw** ~ to try [*or* taste] sth; (*prüfend*) to sample sth

verköstigen* *vt bes* ÖSTERR ■**jdn** ~ to feed [*or* cater for] sb, to provide a meal/meals for sb; ■**sich** ~ to cater for [*or fam* feed] oneself

verkrachen* (*fam*) I. *vr* (*fam*) ■**sich** [**mit jdm**] ~ to fall out [*or* quarrel] [with sb]
II. *vi sein* ① (*bankrott gehen*) to go bankrupt [*or fam* bust]; ■**verkracht** bankrupt
② (*scheitern*) to fail

verkracht *adj* (*fam*) failed; *s. a.* **Existenz**

verkraften* *vt* ■**etw** ~ ① (*innerlich bewältigen*) to cope with sth
② (*aushalten*) to cope with [*or* stand] sth; ***ich könnte ein Bier*** ~ (*hum*) I could do with a beer

verkrallen* *vr* ■**sich in jdm/etw** ~ to dig one's nails/to dig [*or* stick] its claws into sb/sth

verkrampfen* *vr* ■**sich** ~ ① (*zusammenkrümmen*) to be/become [*or* get] cramped
② (*sich anspannen*) to tense [up]
③ (*sich verspannen*) to tense [up], to get [*or* go] tense

verkrampft I. *adj* ① (*unnatürlich wirkend*) tense, strained
② (*innerlich nicht gelöst*) tense, nervous
II. *adv* ① (*unnatürlich*) tensely; ~ **wirken** to seem unnatural
② (*in angespannter Verfassung*) tensely, nervously

Verkrampfung <-, -en> *f* tension *no art, no pl*; *Muskulatur* muscular tension, [muscular] cramp

verkriechen* *vr irreg* ① (*in ein Versteck kriechen*) ■**sich** ~ to creep [*or* crawl] away [to hide [oneself]]
② (*fam: sich begeben*) ■**sich** [**irgendwohin**] ~ to crawl [somewhere]
③ (*aus dem Weg gehen*) ***vor ihm brauchst du dich nicht zu*** ~ you don't have to worry about him

verkrümeln* *vr* (*fam*) ■**sich** ~ to make oneself scarce, to do a bunk BRIT *fam*

verkrümmen* I. *vt* ■**etw** ~ to bend sth
II. *vr* ■**sich** ~ to bend; *Baum* to grow crooked; *Holz* to warp

Verkrümmung <-, -en> *f* bend (+*gen* in); *Finger* crookedness *no art, no pl*; *Holz* warp; *Rückgrat* curvature

verkrüppeln* I. *vt* ■**jdn/etw** ~ to cripple sb/sth
II. *vi sein* to be/grow [*or* become] stunted

verkrüppelt <-er, -este> *adj* ① (*missgestaltet gewachsen*) stunted
② (*missgestaltet zugerichtet*) crippled

verkrusten* *vi sein* to become encrusted

verkrustet *adj* time-honoured [*or* AM -ored], set *attr*

verkühlen* *vr* DIAL, BES ÖSTERR (*fam*) ■**sich** ~ to catch [*or* get] a cold [*or* chill]; ■**sich** *dat* **etw** ~ to catch [*or* get] a chill [*or* cold] in sth; **sich die Blase** ~ to get a chill on the bladder

Verkühlung <-, -en> *f* DIAL, ÖSTERR chill, cold

verkümmern* *vi sein* ① MED to waste away, to atrophy; (*durch einen natürlichen Prozess*) to degenerate
② (*eingehen*) to [shrivel and] die
③ (*verloren gehen*) to wither away
④ (*die Lebenslust verlieren*) to waste away

verkünden* *vt* ① (*geh: mitteilen*) ■[**jdm**] **etw** ~ to announce sth [to sb]; ■[**jdm**] ~, **dass ...** to announce [to sb] that ...
② JUR **einen Beschluss** ~ to announce a decision; **ein Urteil** ~ to pronounce sentence
③ (*geh: ankündigen*) ■**etw** ~ to speak [*or* promise] sth; **Gutes/Unheil** ~ to augur/to not augur well *form*

Verkünder(in) <-s, -> *m(f)* (*geh*) messenger, bringer of [good/bad/etc.] news *liter*

verkündigen* *vt* (*geh*) ■[**jdm**] **etw** ~ to proclaim sth [to sb] *form*

Verkündigung *f* (*geh*) ① (*das Verkündigen*) announcement; *Evangelium* preaching *no art, no pl*, propagation *no art, no pl*; **Mariä** ~ the Annunciation
② (*Proklamation*) proclamation

Verkündung <-, -en> *f* ① (*Ankündigung*) announcement
② JUR *eines Gesetzes* promulgation; *eines Urteils* pronouncement, proclamation

Verkündungstermin *m* JUR date for the pronouncement of a decision

verkupfern* *vt* ■**etw** ~ ① (*mit Kupfer überziehen*) to copper-plate sth
② (*fam: zu Geld machen*) to cash in sth *sep*

verkuppeln* *vt* ■**jdn** [**mit jdm/an jdn**] ~ to pair off sb *sep* [with sb]

verkürzen* I. *vt* ① (*kürzer machen*) ■**etw** [**auf/um etw** *akk*] ~ to shorten sth [to/by sth]
② (*zeitlich vermindern*) ■**etw** [**auf/um etw** *akk*] ~ to reduce [*or* shorten] sth [to/by sth]; **die Arbeits-**

V

zeit ~ to reduce working hours; **das Leben** ~ to shorten life; **einen Urlaub** ~ to shorten [*or sep* cut short] a holiday [*or* AM vacation]
❸ (*verringern*) ■**etw [auf etw** *akk*] ~ to reduce sth [to sth]; **den Abstand** ~ to reduce [*or* shorten] sb's lead; (*den Vorsprung aufholen*) to close the gap
❹ (*weniger lang erscheinen lassen*) ■[**jdm**] **etw** ~ to make sth pass more quickly [for sb]
II. *vr* ■**sich** ~ to become shorter, to shorten
Verkürzung *f* ❶ (*das Verkürzen*) ■**die** ~ [**einer S.** *gen* [*o* **von etw** *dat*]] shortening [sth], cutting short [sth *sep*]
❷ (*zeitliche Verminderung*) reduction, cutting short; *kein art, no pl*
❸ (*Verringerung*) reduction
verlachen* *vt* ■**jdn** ~ to laugh at [*or* ridicule] sb
Verladeauftrag *m* HANDEL loading [*or* shipping] instruction, broker's order **Verladebahnhof** *m* loading station **verladebereit** *adj* HANDEL ready for loading [*or* shipping] **Verladebrücke** *f* loading bridge **Verladeeinrichtung** *f* TECH loading gear **Verladeflughafen** *m* airport of dispatch **Verladegewicht** *nt* HANDEL loading [*or* shipping] weight
verladen* *vt irreg* ❶ (*zur Beförderung laden*) ■**etw [auf/in etw** *akk*] ~ to load sth [on/in sth]
❷ (*sl: hintergehen*) ■**jdn** ~ to pull the wool over sb's eyes, to take sb for a ride *fam;* ■**sich [von jdm] ~ lassen** to get taken for a ride *fam*
Verladerampe *f* TECH loading ramp [*or* platform]; (*für Autos*) loading bay **Verladeschein** *m* HANDEL shipping note
Verladung <-, -en> *f* HANDEL loading *no art, no pl;* **zur ~ bereit** ready for loading [*or* shipping]
Verladungsschein *m* HANDEL bill of lading
Verlag <-[e]s, -e> *m* publisher's, publishing house *form;* ***in welchem ~ ist der Titel erschienen?*** who published the book?, which publisher brought out the book?
verlagern* I. *vt* ❶ (*auslagern*) ■**etw [irgendwohin]** ~ to move [*or* shift] sth [somewhere]
❷ (*an eine andere Stelle bringen*) ■**etw [auf etw** *akk*] ~ to move [*or* shift] sth [to sth]; **den Schwerpunkt** ~ to shift the emphasis
II. *vr* METEO ■**sich [irgendwohin]** ~ to move [somewhere]
Verlagerung *f* ❶ (*das Auslagern*) ***die ~ der Kunstgegenstände diente dem Schutz vor Bombenangriffen*** the works of art were moved to protect them from bombs
❷ METEO ***die ~ des Hochs lässt feuchtwarme Luftmassen nach Mitteleuropa strömen*** the high is moving and that allows warm, humid air to flow towards central Europe
Verlagsangestellte(r) *f(m)* sb who works for a publisher; ■**~/~r sein** to work for a publisher **Verlagsbuchhandel** *m* publishing trade *no indef art, no pl* **Verlagsbuchhändler(in)** *m(f)* (*veraltend*) *s.* **Verleger** **Verlagsbuchhandlung** *f publishing house purveying its own booksellers* **Verlagsgesetz** *nt* JUR Publishing Act **Verlagshaus** *nt* publishing house *form* **Verlagskatalog** *m* publisher's catalogue [*or* AM -og] **Verlagskaufmann, -kauffrau** *m, f* publishing manager **Verlagsleiter(in)** *m(f)* publishing director **Verlagsrecht** *nt* JUR copyright, publishing rights; **die ~e beantragen** to apply for the copyright; **das ~ verletzen** to infringe a copyright **verlagsrechtlich** I. *adj attr* JUR copyright *attr* II. *adv* JUR ~ ***gesehen, handelt es sich bei diesem Problem um eine alte Geschichte*** this is a copyright problem with a history; ~ **geschützt** copyrighted; **eine ~ relevante/unwichtige Frage** a relevant/irrelevant issue on copyright **Verlagsredakteur(in)** *m(f)* [publishing] editor **Verlagsvertrag** *m* JUR publishing contract **Verlagsvertreter(in)** *m(f)* publishing representative **Verlagswesen** *nt kein pl* publishing **Verlagswirtschaft** *f kein pl* publishing industry [*or* trade]
verlanden* *vi sein* GEOG (*zu Land werden*) to silt up; (*austrocknen*) to dry up
Verlandung *f* GEOG ❶ (*Landwerdung*) silting up *no art, no pl*
❷ (*Austrocknung*) drying up *no art, no pl*
verlangen* I. *vt* ❶ (*fordern*) ■**etw [von jdm]** ~ to demand sth [from sb]; **einen Preis** ~ to ask [*or* charge] a price; **eine Bestrafung/das Eingreifen/eine Untersuchung** ~ to demand [*or* call for] punishment/intervention/an investigation; **Maßnahmen** ~ to demand that steps [*or* measures] be taken; ■**~, dass jd etw tut/etw geschieht** to demand that sb does sth/sth be done
❷ (*erfordern*) ■**etw [von jdm]** ~ to require sth [from sb], to call for sth
❸ (*erwarten*) ■**etw [von jdm]** ~ to expect sth [from sb]; **das ist ein bisschen viel verlangt** that's a bit much, that's too much to expect; **das ist nicht zu viel verlangt** that is not too much to expect
❹ (*sich zeigen lassen*) ■**etw** ~ to ask [*or* want] to see [*or* to ask for] sth
II. *vi* ❶ (*erfordern*) ■**nach etw** ~ to demand [*or* require] sth
❷ (*geh: jd zu sehen, sprechen wünschen*) ■**nach jdm** ~ to ask for sb
❸ (*geh: um etw bitten*) ■**nach etw** ~ to ask for sth
III. *vt impers* (*geh*) ■**es verlangt jdn nach jdm/etw** sb longs [*or* yearns] for sb/sth; ■**es verlangt jdn danach, etw zu tun** sb longs [*or* yearns] to do sth
Verlangen <-s, -> *nt* ❶ (*dringender Wunsch*) desire; **kein ~ nach etw haben** (*geh*) to have no desire for sth
❷ (*Forderung*) demand; **auf** ~ on demand; **auf jds** *akk* ~ [**hin**] at sb's request
verlangend *adj Blick* longing
verlängern* I. *vt* ❶ (*länger machen*) ■**etw [um etw]** ~ to lengthen [*or* extend] sth [by sth] [*or* to make sth longer]
❷ (*länger dauern lassen*) ■[**jdm**] **etw** ~ to extend sth [for sb]; **jdm das Leben** ~ to prolong sb's life; **einen Vertrag** ~ to renew [*or* extend] a contract
II. *vr* ■**sich [um etw]** ~ to be longer [by sth]; *Leben, Leid* to be prolonged [by sth]; ***das Abonnement verlängert sich automatisch um ein weiteres Jahr*** the subscription will be renewed automatically for another year
Verlängerung <-, -en> *f* ❶ *kein pl* (*Vergrößerung der Länge*) ■**die ~ [einer S.** *gen* [*o* **von etw** *dat*]] lengthening sth; (*durch ein Zusatzteil*) the extension [to sth]
❷ *kein pl* (*zeitliche Ausdehnung*) extension; JUR prolongation; **stillschweigende** ~ tacit renewal
❸ SPORT extra time *no art, no pl*
❹ (*fam*) *s.* **Verlängerungskabel**
Verlängerungskabel *nt,* **Verlängerungsschnur** *f* extension [cable [*or* lead]]
Verlängerungswechsel *m* FIN renewal bill
verlangsamen* I. *vt* ■**etw** ~ ❶ (*langsamer werden lassen*) to reduce sth; **die Fahrt/das Tempo** ~ to reduce [one's] speed; **die Schritte** ~ to slow [*or* slacken] one's pace
❷ (*aufhalten*) to slow down sth *sep;* **Verhandlungen** ~ to hold up *sep* negotiations
II. *vr* ■**sich** ~ to slow [down], to slacken off [*sep* one's pace]
Verlangsamung <-, -en> *f* ❶ (*Herabsetzung des Tempos*) slowing down *no art, no pl*
❷ (*das Verlangsamen*) slowing down *no art, no pl,* slackening off *no art, no pl;* ~ **des Preisauftriebs** HANDEL price slowdown
verlangt *adj* ÖKON wanted, in demand *pred;* **~es Angebot** solicited offer
Verlass[RR] <-es> *m,* **Verlaß** <-sses> *m kein pl* ■**auf jdn/etw ist/ist kein** ~ you can/cannot rely on sb/sth, sb/sth can/cannot be relied [*or* depended] [up]on; ■**es ist ~ darauf, dass jd etw tut/etw geschieht** you can depend on sb [*or form* sb's] doing sth/on sth happening, you can bet your shirt [*or* bottom dollar] [*or* BRIT boots] [that] ... *fam*
verlassen*[1] *irreg* I. *vt* ❶ (*im Stich lassen*) ■**jdn** ~ to abandon [*or* leave] [*or* desert] sb
❷ (*aus etw hinausgehen, fortgehen*) ■**etw** ~ to leave sth
❸ (*euph: sterben*) ■**jdn** ~ to pass away [*or* on]
❹ (*verloren gehen*) ■**jdn** ~ to desert sb; ***der Mut verließ ihn*** he lost courage, his courage left him
▸ WENDUNGEN: [**und**] **da[nn] verließen sie ihn/sie** (*fam*) after that he/she was at a loss [for words]
II. *vr* ■**sich auf jdn/etw** ~ to rely [*or* depend] [up]on sb/sth; ***man kann sich auf ihn*** ~ he's reliable, you can rely on him; ■**sich [darauf]** ~, **dass jd etw tut/etw geschieht** to rely [*or* depend] [up]on sb [*or form* sb's] doing sth/sth happening; ***darauf können Sie sich*** ~ you can rely [*or* depend] [up]on it, you can be sure of it; ***worauf du dich ~ kannst!*** (*fam*) you bet! *fam,* you can bet your shirt [*or* bottom dollar] [*or* BRIT boots] on it! *fam*
verlassen[2] *adj* deserted; (*verwahrlost*) desolate; **ein ~es Haus/eine ~e Straße** a deserted [*or* an empty] house/street
Verlassenheit <-> *f kein pl* desertedness
verlässlich[RR] *adj,* **verläßlich** *adj* reliable; **ein ~er Mensch** a reliable [*or* dependable] person
Verlässlichkeit[RR] <-> *f kein pl* reliability *no art, no pl,* dependability *no art, no pl*
Verlaub *m* ■**mit** ~ (*geh*) forgive [*or form* pardon] me for saying so, with respect
Verlauf *m* ❶ (*Ablauf*) course; **im ~ einer S.** *gen* during [*or* in the course of] sth; **im ~ der Zeit** (*in der Zukunft*) in time; (*in der Vergangenheit*) over the years; **im ~ der nächsten Monate** in the course of the next few months; **einen bestimmten ~ nehmen** to take a particular course; ***der Prozess nahm einen unerwartet guten*** ~ the case went unexpectedly well
❷ (*sich erstreckende Linie*) route; *Fluss* course
❸ TYPO gradation, tone shading, vignetted background
verlaufen* *irreg* I. *vi sein* ❶ (*ablaufen*) ***die Diskussion verlief stürmisch*** the discussion was stormy [*or* went off stormily]; ***das Gehaltsgespräch verlief nicht ganz so wie erhofft/erwartet*** the discussion about salaries didn't go [off] [*or* were not] as hoped/expected
❷ (*sich erstrecken*) ■**irgendwo/irgendwie** ~ to run somewhere/somehow; ***der Fluss verläuft ruhig*** the river flows gently; *s. a.* **Sand**
II. *vr* ❶ (*sich verirren*) ■**sich** *akk* [**in etw** *dat*] ~ to get lost [*or* lose one's way] [in sth]
❷ (*auseinander gehen*) ■**sich** ~ to disperse; (*panisch*) to scatter
❸ (*abfließen*) to subside
Verlaufsform *f* LING continuous form **Verlaufsraster** *m* TYPO gradation screen [*or* tint]
verlaust *adj* louse-ridden; ■~ **sein** to have [*or fam* be crawling with] lice
verlautbaren* (*geh*) I. *vt* ■**etw** ~ to announce sth; **eine Ankündigung** ~ to make an announcement; ■**etw ~ lassen** to let sth be announced [*or* make known]
II. *vi sein* ■**es verlautbarte, dass ...** rumour [*or* AM -or] had it that ...; ■**etw verlautbart über jdn/etw** sth is said about sb/sth
Verlautbarung <-, -en> *f* (*geh*) ❶ *kein pl* (*Bekanntgabe*) announcement, statement
❷ (*bekannt gegebene Mitteilung*) statement; (*amtlich a.*) bulletin
verlauten* I. *vt sein* ■**etw** ~ to announce sth; ■**etw [über etw** *akk*] ~ **lassen** to say sth [about sth]; **kein Wort über etw** *akk* ~ to hush up sth *sep pej,* to not say a word about sth; **wie [aus etw] verlautet, ...** as announced [*or* stated] [by sth], ..., according to reports [from sth], ...
II. *vi impers sein o haben* ■**es verlautet, dass ...** there are reports that ...
verleben* *vt* ■**etw** ~ ❶ (*verbringen*) to spend sth; **eine schöne Zeit** ~ to have a nice time; **seine Kindheit in der Großstadt** ~ to spend one's childhood [*or* to grow up] in the city
❷ (*zum Lebensunterhalt verbrauchen*) to spend sth; **etw schnell** ~ to fritter [away *sep*] sth
verlebt *adj* ruined, raddled; **ein ~es Aussehen** a disreputable appearance
verlegen*[1] I. *vt* ❶ (*verbummeln*) ■**etw** ~ to mislay

[*or* lose] sth
(2) (*verschieben*) ■**etw** [**auf etw** *akk*] ~ to postpone [*or* defer] sth [until sth]; **etw auf einen anderen Zeitpunkt** ~ to postpone [*or* defer] sth [until another time]
(3) (*auslegen*) **Gleise/einen Teppich** ~ to lay rails/a carpet; ■[**irgendwo**] **etw** ~ **lassen** to have sth laid [somewhere]
(4) (*ziehen*) **Fenster/Türen** ~ to put in *sep* windows/doors; **Kabel** ~ to lay cables
(5) (*publizieren*) ■**etw** ~ to publish sth
(6) (*woandershin bringen*) ■**jdn/etw** [**irgendwohin**] ~ to move [*or* transfer] sb/sth [somewhere]
II. *vr* ■**sich** *akk* [**auf etw** *akk*] ~ to take up sth *sep*; **sich aufs Bitten/Betteln/Leugnen** ~ to resort to pleas/begging/lies

verlegen² **I.** *adj* embarrassed; [**nicht/nie**] **um etw** ~ **sein** to be [never] lost [*or* at a loss] for sth; ***egal, wie oft er zu spät kommt, er ist nie um eine Entschuldigung*** ~ it doesn't matter how often he arrives late, he's always got an excuse ready [*or* at the ready] [*or* he's never lost [*or* at a loss] for an excuse]
II. *adv* in embarrassment

Verlegenheit <-, -en> *f* (1) *kein pl* (*peinliche Situation*) embarrassment *no pl*; **jdn in** ~ **bringen** to embarrass sb, to put sb in an embarrassing situation; **jdn in große** ~ **bringen** to put sb in a very embarrassing situation
(2) (*finanzielle Knappheit*) financial embarrassment *no art, no pl*; **in** ~ **sein** to be in financial difficulties

Verlegenheitslösung *f* stopgap

Verleger(in) <-s, -> *m(f)* publisher, owner of a publishing house *form*

verlegerisch VERLAG **I.** *adj* publishing
II. *adv* from the publishing standpoint

Verlegung <-, -en> *f* (1) (*Verschiebung*) rescheduling *no art, no pl*; (*auf einen späteren Zeitpunkt*) postponement
(2) (*Auslegung*) laying *no art, no pl*
(3) TECH installation, laying *no art, no pl*
(4) (*das Publizieren*) publication
(5) (*Ortswechsel*) transfer, moving *no art, no pl*

verleiden* *vt* (1) (*die Freude verderben*) ■**jdm etw** ~ to spoil [*or* ruin] sth for sb
(2) *sein* SÜDD (*zuwider werden*) ■**etw verleidet jdm** sth has been ruined [*or* spoiled] for sb

Verleih <-[e]s, -e> *m* (1) (*Unternehmen*) rental company [*or* BRIT hire]; (*Auto~*) car rental [*or* hire] company
(2) *kein pl* (*das Verleihen*) renting [*or* BRIT hiring] out *no art, no pl*

verleihen* *vt irreg* (1) (*verborgen*) ■**etw** [**an jdn**] ~ to lend sth [to sb] [*or* sb sth]; (*gegen Geld*) to rent [*or* BRIT hire] out sth *sep*; **Geld** ~ to lend money
(2) (*jdm mit etw auszeichnen*) ■[**jdm**] **etw** ~ to award sth [to sb] [*or* sb sth], to confer [*or form* bestow] sth [on sb]
(3) (*stiften*) ■**jdm etw** ~ to give sb sth, to fill sb with sth; ***die Wut verlieh ihm neue Kräfte*** anger gave him new strength
(4) (*verschaffen*) **seinen Worten Nachdruck** ~ to emphasize one's words; **etw** *dat* **Ausdruck** ~ to lend [*or* give] expression to sth

Verleiher <-s, -> *m* hire company

Verleihung <-, -en> *f* (1) (*das Verleihen*) lending *no art, no pl*; (*für Geld*) renting [*or* BRIT hiring] out *no art, no pl*; **die** ~ **von Geld** lending money, moneylending *pej*
(2) (*Zuerkennung*) award, conferment *form*, bestowal *form*

verleiten* *vt* (1) (*dazu bringen*) ■**jdn** [**zu etw**] ~ to persuade [*or form* induce] sb [to do sth]; ■**sich** [**von jdm**] [**zu etw**] ~ **lassen** to let oneself be persuaded [to do sth] [by sb], to let oneself be induced [to do sth] [by sb] *form*
(2) (*verführen*) ■**jdn** [**zu etw**] ~ to entice sb to do sth

Verleitung <-, -en> *f* JUR inducement, instigation; ~ **zur Falschaussage** subornation; ~ **zum Vertragsbruch** procuring breach of contract; ~ **zu strafbaren Handlungen** incitement to commit crimes; ***die ~ zum Meineid ist strafbar*** encouraging someone to perjure themselves is punishable by law, subornation is a punishable act *spec*

verlernen* *vt* ■**etw** ~ to forget sth; **das Tanzen** ~ to forget how to dance

verlesen*¹ *irreg* **I.** *vt* (*vorlesen*) ■**etw** ~ to read [aloud *sep*] sth
II. *vr* (*falsch lesen*) ■**sich** ~ to make a mistake, to read sth wrongly

verlesen² *vt irreg* (*aussortieren*) ■**etw** ~ to sort sth

Verlesung <-, -en> *f* JUR reading [out]

verletzbar *adj s.* **verletzlich**

verletzen* *vt* (1) (*verwunden*) ■**jdm etw** ~ to injure [*or* hurt] sb's sth; ■**jdn** [**an etw** *dat*] ~ to injure [*or* hurt] sb['s sth]; ■**sich** ~ to injure [*or* hurt] oneself; **sich beim Schneiden** ~ to cut oneself; ■**sich** *dat* **etw** [*o* **an etw** *dat*] ~ to injure [*or* hurt] one's sth
(2) (*kränken*) ■**jdn** ~ to offend sb; **jdn in seinem Stolz** ~ to hurt sb's pride
(3) (*missachten*) ■**etw** ~ to wound [*or* injure] sth; **den Anstand** ~ to overstep the mark; **jds Gefühle** ~ to hurt sb['s feelings]
(4) (*übertreten*) ■**etw** ~ to violate [*or form* infringe] sth; **die Grenze** ~ to violate the frontier

verletzend *adj* hurtful

verletzlich *adj* vulnerable, sensitive, oversensitive *pej*

verletzt *adj* injured, wounded

Verletzte(r) *f(m) dekl wie adj* injured person; (*Opfer*) casualty; ■**die ~n** the injured + *pl vb*

Verletzung <-, -en> *f* (1) MED injury; **innere** ~ internal injury
(2) JUR (*Verstoß*) violation, infringement *form*; ~ **des Berufsgeheimnisses** breach of professional secrecy; ~ **des Eigentums** trespass; ~ **des Garantieversprechens** breach of warranty; ~ **der Kartellgesetze** antitrust violation; ~ **der Privatsphäre** violation of privacy; ~ **des Urheberrechts** infringement of copyright; ~ **von Warenzeichen** infringement of trademarks

Verletzungsdelikt *nt* JUR offence of causing an injury **Verletzungsgefahr** *f* risk of injury **Verletzungshandlung** *f* JUR infringing act **Verletzungsklage** *f* JUR infringement action [*or* suit] **Verletzungstatbestände** *pl* JUR definition of infringement

verleugnen* *vt* ■**jdn** ~ to deny [*or* disown] sb; **sich** [**von jdm**] ~ **lassen** to pretend [*or* get sb to say] one is absent [*or* isn't there]; **ich kann nicht ~, dass ...** I cannot deny that ...

verleumden* *vt* ■**jdn** ~ to slander sb; (*schriftlich*) to libel sb, to commit libel against sb

Verleumder(in) <-s, -> *m(f)* slanderer, libeller [*or* AM libeler]

verleumderisch *adj* slanderous, libellous [*or* AM libelous]

Verleumdung <-, -en> *f* slander *no art, no pl*, libel *no art, no pl*

Verleumdungskampagne *f* smear campaign **Verleumdungsklage** *f* JUR libel suit **Verleumdungsprozess**^RR *m* JUR libel action

verlieben* *vr* ■**sich** [**in jdn**] ~ to fall in love [with sb]; **sich hoffnungslos** [**in jdn**] ~ to fall hopelessly [*or* be head over heels] in love [with sb]; (*für jdn schwärmen*) *Schulmädchen* to have a crush on sb *fam*; **zum V~ aussehen/sein** to look perfect/be adorable

verliebt *adj* (1) (*durch Liebe bestimmt*) loving, amorous, affectionate; **~e Worte** words of love, loving [*or* amorous] [*or* affectionate] words
(2) (*von Liebe ergriffen*) enamoured [*or* AM -ored], charmed; (*stärker*) infatuated; ■[**in jdn/etw**] ~ **sein** to be in love [with sb/sth]; **in eine Idee** ~ **sein** to be infatuated by an idea, to have an idée fixe *liter*

Verliebte(r) *f(m) dekl wie adj* lover; **die beiden** ~ the two lovers

Verliebtheit <-> *f kein pl* state *no pl* of being in love, infatuation *no art, no pl*

verlieren <verlor, verloren> **I.** *vt* (1) (*jdm abhanden kommen*) ■**etw** ~ to lose sth; **nichts mehr zu** ~ **haben** to have nothing [else] to lose
(2) (*abwerfen*) ■**etw** ~ to lose [*or* shed] sth
(3) (*nicht halten können*) ■**jdn/etw** ~ to lose sb/sth
(4) (*entweichen lassen*) ■**etw** ~ to lose sth; **Flüssigkeit/Gas** ~ to leak
(5) (*nicht gewinnen*) ■**etw** ~ to lose sth
(6) (*einbüßen*) ■**an etw** *dat* ~ to lose sth; **an Schönheit** ~ to lose some of his/her/their/etc. beauty
▶ WENDUNGEN: **irgendwo nichts verloren haben** (*fam*) to have no business [being] somewhere; **was haben Sie hier verloren?** (*fam*) what are you doing here?
II. *vr* (1) (*verschwinden*) ■**sich** *akk* [**in etw** *akk*] ~ to disappear [*or* to vanish] [in sth]
(2) (*sich verirren*) ■**sich** *akk* [**in etw** *akk*] ~ to get lost [in sth]
(3) (*ganz in etw aufgehen*) ■**sich** *akk* **in etw** *dat* **verlieren** to get carried away with sth; **sich** *akk* **in Gedanken** *dat* ~ to be lost in thought
III. *vi* ■[**an etw** *dat*] ~ to lose [sth]

Verlierer(in) <-s, -> *m(f)* loser

Verliererstraße *f* ▶ WENDUNGEN: **auf der** ~ **sein** to be playing a losing game; (*verkommen*) to be on the downward slope

Verlies <-es, -e> *nt* dungeon

verloben* *vr* ■**sich** [**mit jdm/miteinander**] ~ to get engaged [to sb/[each other]]

verlobt *adj* engaged (**mit** +*dat* to), betrothed *old form* (**mit** +*dat* to); **so gut wie** ~ **sein** to be as good as engaged; ■**sie sind miteinander** ~ they are engaged [to each other]

Verlobte(r) *f(m) dekl wie adj* fiancé *masc*, fiancée *fem*; ■**jds ~/~r** sb's fiancée/fiancé [*or old* betrothed]; ■**die ~n** the engaged couple; ***wir sind seit kurzem ~e*** we got engaged recently

Verlobung <-, -en> *f* engagement, betrothal *form or old*; **eine** ~ **auflösen/bekannt geben** to break off/announce an engagement

Verlobungsring *m* engagement ring

verlocken* *vi* (*geh*) ■[**zu etw**] ~ to make sth a tempting [*or* an attractive] prospect [for sb], to tempt [*or* entice] sb [to do sth], to make sb want to do sth; ■**dazu ~, etw zu tun** to make sb want [*or* to tempt [*or* entice] sb] to do sth

verlockend *adj* tempting

Verlockung <-, -en> *f* temptation; **der** ~ **widerstehen** to resist [the] temptation

verlogen *adj* (1) (*lügnerisch*) lying *attr*, untruthful, mendacious *form*; **durch und durch** ~ **sein** *Behauptung* to be a blatant lie; *Mensch* to be a rotten liar
(2) (*heuchlerisch*) insincere, phoney [*or* phony] *pej fam*

Verlogenheit <-> *f kein pl* (1) (*lügnerisches Wesen*) untruthfulness *no art, no pl*, mendacity *no art, no pl form*; (*mit falschem Spiel*) duplicity *no art, no pl form*
(2) (*Heuchelei*) insincerity *no art, no pl*, phoniness *no art, no pl pej fam*

verlor *imp von* **verlieren**

verloren **I.** *pp von* **verlieren**
II. *adj* ■~ **sein** to be finished [*or fam* done for]; **sich** ~ **fühlen** to feel lost; **jdn/etw** ~ **geben** to give up sb/sth *sep* for lost; **einen Plan** ~ **geben** to write off *sep* a plan; ~ **gehen** (*abhanden kommen*) to get lost; (*sich verirren a.*) to go astray; **etw geht jdm** ~ sb loses sth
▶ WENDUNGEN: **an jdm ist eine Malerin/Musikerin/etc.** ~ **gegangen** (*fam*) you would have made a good artist/musician/etc.; *s. a.* **Posten**

Verlorenheit <-> *f kein pl* (*geh*) loneliness *no art, no pl*, isolation *no art, no pl*

verlöschen* <verlosch, verloschen> *vi sein* (*geh*) to go out

verlosen* *vt* ■**etw** ~ to raffle sth

Verlosung *f* raffle, draw

verlöten* *vt* TECH (1) (*durch Löten schließen*) ■**etw** ~ to solder [up *sep*] sth

V

② (*durch Löten verbinden*) ■**etw [miteinander]** ~ to solder [together *sep*] sth

verlottern* *vi sein* to fall into disrepair, to become run-down; *Mensch* to run to seed, to go to the dogs *fam;* ■**etw** ~ **lassen** to let sth get run-down

verlottert *adj* (*pej*) run-down, scruffy; **ein verlottertes Gebäude** a dilapidated building; **ein verlotterter Mensch** someone who has gone to the dogs [*or* run to seed]

verludern* (*fam*) **I.** *vt* ■**etw** ~ *Geld* to squander sth, to fritter away sth *sep*
II. *vi* to go to the bad *fam*

Verlust <-[e]s, -e> *m* ① (*das Verlieren*) loss
② FIN (*finanzielle Einbuße*) loss; ■**der** ~ **von etw** the loss of sth; ~ **aufweisend** showing a loss *pred;* **etw als** ~ **abschreiben** to write off sth [as a loss]; **einen** ~ **decken** to cover [*or* make good] a loss; ~ **bringend** loss-making, unprofitable; **große** ~ huge losses; ~**e aus unternehmerischen Tätigkeiten** losses incurred from business activities; ~**e/einen** ~ **haben** [*o* **erleiden**] to make losses/a loss; ~**e machen** to make losses; **mit** ~ at a [financial] loss
③ (*Einbuße*) loss (+*gen* of); ~ **der deutschen Staatsangehörigkeit** loss of German nationality
④ *pl* MIL losses *pl;* **schwere** ~**e erleiden** [*o* **haben**] to suffer heavy losses

Verlustabdeckung *f kein pl* FIN hedging, provision[s] for losses **Verlustabschluss**[RR] *m* FIN annual accounts in the red **Verlustabzug** *m,* **Verlustanrechnung** *f* FIN loss relief **Verlustanteil** *m* FIN loss, contribution **Verlustanzeige** *f* "lost" notice **Verlustartikel** *m* HANDEL loss leader **verlustaufweisend** *adj* HANDEL *s.* **Verlust Verlustausgleich** *m* FIN loss adjustment, compensation of a loss **Verlustbeteiligung** *f* FIN loss sharing, deficit-sharing payment; ~ **des Garantienehmers/Leasinggebers** insured's/lessor's intention **Verlustbetrieb** *m* loss-making business **verlustbringend** *adj s.* **Verlust 2 Verlustbringer** *m* ÖKON unprofitable product; (*Lockartikel*) loss leader; FIN loss-maker **Verlustersatz** *m* FIN replacement for losses **Verlustfaktor** *m* downside [*or* loss] factor **Verlustgeschäft** *nt* losing business *no pl;* (*einzelnes*) loss-making deal

verlustieren* *vr* (*hum fam*) ■**sich [mit jdm]** ~ to have a good time [*or* to have fun] [*or* to enjoy oneself] [with sb]; (*sexueller Natur a.*) to have a bit of hanky-panky [with sb] *dated fam*

verlustig *adj* **einer S.** *gen* ~ **gehen** (*geh*) to forfeit [*or* lose] sth; **jdn seiner Rechte für** ~ **erklären** JUR to declare sb's rights forfeit

Verlustmeldung *f* ① (*Anzeige*) report of the loss ② MIL casulty report **Verlustminderung** *f* FIN mitigation of damage [*or* loss] **Verlustrechnung** *f* FIN loss account [*or* statement] **verlustreich** *adj* ① FIN loss-making ② MIL *Schlacht* involving heavy losses **Verlustrücktrag** *m* FIN (*bei Steuern*) loss carryback **Verlustsaldo** *m* FIN debit [*or* adverse] balance **Verlustspanne** *f* FIN deficit margin **Verlusttilgung** *f* FIN write-off **Verlustübernahme** *f* FIN assumption of losses, loss takeover **Verlustumlage** *f* FIN loss apportionment **Verlustvortrag** *m* FIN (*bei Steuern*) loss brought [*or* carried] forward **Verlustzeit** *f* HANDEL down time **Verlustzone** *f* ÖKON loss [situation]; **in die** ~ **kommen** [*o* **geraten**] to start making a loss, to get into a loss situation [*or fam* the red] **Verlustzuweisung** *f* FIN allocation of losses; (*in der Buchführung*) proven loss

vermachen* *vt* ① (*vererben*) ■**[jdm] etw** ~ to leave [*or form* bequeath] sth [to sb] [*or* sb sth]
② (*fam: überlassen*) ■**[jdm] etw** ~ to give [sb] sth, to make [sb] a present of sth *a. iron;* ***kannst du mir nicht deine Lederjacke ~?*** can't you let me have your leather jacket?

Vermächtnis <-ses, -se> *nt* JUR legacy, bequest; **gemeinschaftliches** ~ joint legacy

Vermächtnisanspruch *m* JUR claim to a legacy **Vermächtnisempfänger(in)** *m(f)* legatee, devisee **Vermächtnisgeber(in)** *m(f)* legator, donor **Vermächtnisnehmer(in)** *m(f)* JUR specific legatee **Vermächtnissteuern** *pl* FIN death duty, death [*or* inheritance] tax

vermählen* *vr* (*geh*) ■**sich [mit jdm]** ~ to marry [*or old* wed] [sb]; ■**sich [miteinander]** ~ to marry; **frisch vermählt** newly married, newly wed *attr;* **die frisch Vermählten** the newly-weds

Vermählte(r) <-, -n> *f(m) dekl wie adj* (*veraltend*) wed *dated;* **die frisch** ~**n** the newly-weds

Vermählung <-, -en> *f* (*geh*) marriage, wedding

vermaledeit *adj* (*emph veraltend fam*) damnable *dated,* blasted *dated fam*

vermarkten* *vt* ■**etw** ~ ① ÖKON (*auf den Markt bringen*) to market sth; **sich leicht/schwer** ~ **lassen** to be easy/difficult to market
② (*verwerten*) to capitalize on sth

Vermarktung <-, -en> *f* ■**die/eine** ~ **[einer S.** *gen* [*o* **von etw** *dat*]] ① HANDEL (*das Vermarkten*) marketing [sth]; ~ **von Energie** commercialization of power supplies
② (*das Veröffentlichen*) the publication/publication [of sth]

Vermarktungsbereich *m* area [*or* field] of marketing, marketing sector **Vermarktungsgesellschaft** *f* HANDEL marketing company **Vermarktungssystem** *nt* marketing system

vermasseln* *vt* (*sl*) ■**[jdm] etw** ~ to spoil [*or* wreck] sth [for sb], to mess up [*or* muck up] sth *sep* [for sb] *fam*

vermauern* *vt* ■**etw** ~ to wall up sth *sep,* to brick up sth *sep*

vermehren* **I.** *vr* ① (*sich fortpflanzen*) ■**sich** ~ to reproduce; (*stärker*) to multiply
② (*zunehmen*) ■**sich** *akk* **[auf/um etw** *akk*] ~ to increase [*or* grow] [to/by sth]
II. *vt* ① HORT (*die Anzahl erhöhen*) ■**etw** ~ to propagate sth
② (*größer werden lassen*) ■**etw [um etw]** ~ to increase sth [by sth], to let sth grow [by sth]

Vermehrung <-, -en> *f* ① (*Fortpflanzung*) reproduction *no art, no pl;* (*stärker*) multiplying *no art, no pl*
② HORT propagation
③ (*das Anwachsen*) increase, growth

vermehrungshemmend **I.** *adj* reproduction-inhibiting, that stops sth multiplying
II. *adv* ~ **auf Bakterien wirken** to stop bacteria multiplying

vermeidbar *adj* avoidable

vermeiden* *vt irreg* ■**etw** ~ to avoid sth; **sich nicht/kaum** ~ **lassen** to be inevitable [*or* unavoidable]/almost inevitable [*or* unavoidable]; **es lässt sich nicht/kaum ~, dass ...** it is inevitable [*or* unavoidable]/almost inevitable [*or* unavoidable] that ...

Vermeidung <-, -en> *f* avoidance *no art, no pl;* ■**zur** ~ **einer S.** *gen* [*o* **von etw** *dat*] [in order] to avoid sth; **zur** ~ **weiterer Verluste** for breaking even

vermeintlich **I.** *adj attr* supposed *attr;* **der** ~**e Täter** the suspect
II. *adv* supposedly; ***das Angebot war nur ~ günstig*** the offer only appeared [*or* seemed] to be good

vermelden* *vt* ■**etw** ~ to announce [*or* report] sth; **etw zu** ~ **haben** (*geh*) to have sth to announce [*or* report]

vermengen* *vt* ① (*vermischen*) ■**etw [mit etw]** ~ to mix sth [with sth]
② (*durcheinander bringen*) ■**etw** ~ to confuse [*or sep* mix up] sth

vermenschlichen* *vt* ■**etw/ein Tier** ~ to give sth/an animal human characteristics, to humanize sth/an animal *spec*

Vermerk <-[e]s, -e> *m* note

vermerken* *vt* ① (*eintragen*) ■**[sich** *dat*] **etw [auf/in etw** *dat*] ~ to note [down *sep*] [*or* make a note of] sth [on/in sth]; **etw im Kalender rot** ~ to make sth a red-letter day
② (*zur Kenntnis nehmen*) ■**etw** ~ to take note of sth; **etw negativ/übel** ~ to take sth amiss, to be annoyed by sth

vermessen*[1] *irreg* **I.** *vt* ■**etw** ~ to measure sth; **ein Grundstück/ein Gebäude amtlich** ~ to survey a plot of land/a building
II. *vr* ① (*falsch messen*) ■**sich** ~ to make a mistake in measuring [sth], to measure [sth] wrongly
② (*geh: sich anmaßen*) ■**sich ~, etw zu tun** to presume to do sth

vermessen[2] *adj* (*geh*) presumptuous, arrogant; ■~ **sein, etw zu tun** to be presumptuous [*or* arrogant] to do sth

Vermessenheit <-, -en> *f* (*geh*) presumption *no art, no pl,* arrogance *no art, no pl*

Vermessung *f* measurement; (*bei einem Katasteramt*) survey, surveying *no art, no pl*

Vermessungsamt *nt* [land] surveyor's office; (*zu Steuerzwecken*) cadastral office *spec* **Vermessungsingenieur(in)** *m(f)* [land] surveyor

vermiesen* *vt* (*fam*) ■**[jdm] etw** ~ to spoil sth [for sb]; ■**[sich** *dat*] **etw nicht [durch jdn/etw]** ~ **lassen** to not let sth be spoilt [by sb/sth]

vermietbar *adj* to let *pred;* **ein** ~**es Zimmer** a room to let [*or* rent out]; **ein schwer** ~**es Haus** a house which is difficult to let [*or* rent out]; **eine kaum** ~**e Wohnung** a flat [*or* AM apartment] which is almost impossible to let [*or* rent out]

vermieten* **I.** *vt* ■**[jdm] etw [für etw]** ~ to lease out *sep* sth [to sb] [for sth]; (*für kurze Zeit a.*) to rent [*or* BRIT hire] out sth *sep* [to sb] [for sth]; **ein Haus** ~ to let [*or* rent out] a house; **„Autos zu ~"** "cars for hire"; **„Zimmer zu ~"** "rooms to let"
II. *vi* ■**[an jdn]** ~ to let [*or* rent [out]] [to sb]

Vermieter(in) *m(f)* ① (*Hausbesitzer*) landlord *masc,* landlady *fem*
② (*Verleiher*) lessor *spec;* ***der ~ nimmt zwölf Mark die Stunde für ein Ruderboot*** it costs twelve marks an hour to hire a rowing boat

Vermieterpfandrecht *nt* JUR landlord's lien

Vermietung <-, -en> *f* letting *no art, no pl,* renting out *no art, no pl; Auto, Boot* renting [*or* BRIT hiring] [out] *no art, no pl*

Vermietungsgesellschaft *f* HANDEL rental company **Vermietungsobjekt** *nt* rented property **Vermietungsprovision** *f* FIN rental commission **Vermietungsrechte** *pl* JUR leasing powers

vermindern* **I.** *vt* ① (*verringern*) ■**etw** ~ to reduce [*or* lessen] sth; **Anstrengungen** [*o* **Bemühungen**] **nicht** ~ to spare no effort
② FIN ■**[jdm] etw** ~ to reduce [*or* cut] [sb's] sth; **seine Ausgaben** ~ to reduce [*or form* retrench] one's costs
II. *vr* ① (*geringer werden*) ■**sich** ~ to decrease, to diminish
② FIN ■**sich** *akk* **[auf/um etw** *akk*] ~ to go down [*or* decrease] [to/by sth]; *Preise, Kosten a.* to drop [to/by sth]

Verminderung *f* reduction, decrease

verminen* *vt* ■**etw** ~ to mine [*or* lay mines in] sth

Verminung <-, -en> *f* ■**die/eine** ~ **[einer S.** *gen* [*o* **von etw** *akk*]] mining [sth]

vermischen* **I.** *vt* ■**etw [mit etw]** ~ to mix sth [with sth]; (*um eine bestimmte Qualität zu erreichen*) to blend sth [with sth]; **einen Kopfsalat mit Dressing** ~ to toss a salad
II. *vr* ■**sich [miteinander]** ~ to mix

Vermischung *f* mixing *no art, no pl*

vermissen* *vt* ① (*das Fehlen von etw bemerken*) ■**etw** ~ to have lost sth, to notice that sth is lost; ***ich vermisse meinen Pass*** I've lost my passport, my passport is missing
② (*jds Abwesenheit bedauern*) ■**jdn** ~ to miss sb
③ (*jds Abwesenheit feststellen*) ***wir ~ unsere Tochter*** our daughter is missing; ■**vermisst werden** to be missing
④ (*das Fehlen von etw bedauern*) ■**etw** ~ to be of the opinion [*or* think] that sth is lacking; ***was ich an den meisten jungen Menschen vermisse, ist Höflichkeit*** what I think most young people lack is politeness; ■**etw** ~ **lassen** to lack [*or* be lacking in] sth

vermisst[RR], **vermißt** *adj* missing

Vermisstenanzeige[RR] *f* **eine** ~ **aufgeben** to report sb as missing

Vermisste(r)RR *f(m)*, **Vermißte(r)** *f(m) dekl wie adj* missing person
vermittelbar *adj* employable; ***ältere Arbeiter sind kaum mehr*** ~ it is amost impossible to find jobs for older people
vermitteln* I. *vt* ❶ *(durch Vermittlung beschaffen)* ■**[jdm [o an jdn]] etw** ~ to find sth [for sb] [*or* sb sth]; **jdm eine Stellung** ~ to find sb a job; ■**[jdm] jdn** ~ to find sb [for sb]; **jdn an eine Firma** ~ to place sb with a firm
❷ *(weitergeben)* ■**[jdm] etw** ~ to pass on *sep* [*or form liter* impart] sth [to sb]; **seine Gefühle** ~ to communicate [*or* convey] one's feelings
❸ *(geh)* ■**[jdm] etw** ~ to give [sb] sth, to convey sth [to sb]; **jdm ein schönes Gefühl** ~ to give sb [*or* fill sb with] a good feeling
❹ *(arrangieren)* ■**etw** ~ to arrange sth; **einen Kontakt** ~ to arrange for a contact
II. *vi* ■**[in etw** *dat*] ~ to mediate [*or* act as [a/the] mediator] [in sth]
vermittelnd I. *adj* conciliatory; ~**e Bemühungen** attempts [*or* efforts] to mediate, attempts at conciliation
II. *adv* ~ **eingreifen/sich** ~ **einschalten** to intervene as a mediator
vermittels(t) *präp +gen (form)* by means of
Vermittler(in) <-s, -> *m(f)* ❶ *(Schlichter)* mediator, arbitrator
❷ ÖKON agent
Vermittlung <-, -en> *f* ❶ ÖKON *Geschäft* negotiating *no art, no pl; Stelle* finding *no art, no pl; Wohnung* finding *no art, no pl*, locating *no art, no pl*
❷ *(Schlichtung)* mediation
❸ *(Telefonzentrale)* operator
❹ *(das Weitergeben)* imparting *no art, no pl form*, conveying *no art, no pl form*, communicating *no art, no pl*
Vermittlungsagent(in) *m(f)* HANDEL mediating [*or* application] agent **Vermittlungsagentur** *f* HANDEL agency **Vermittlungsausschuss**RR *m* JUR, POL mediation committee **Vermittlungsdienste** *pl* POL good offices **vermittlungsfähig** *adj* employable, placeable **Vermittlungsgebühr** *f* HANDEL commission, service charge **Vermittlungsgehilfe, -gehilfin** *m, f* HANDEL negotiator of deals **Vermittlungsmission** *f* mission of mediation **Vermittlungsprovision** *f* HANDEL finder's fee **Vermittlungsversuch** *m* mediation attempt
vermöbeln* *vt (fam: verprügeln)* ■**jdn** ~ to beat up sb *sep*
vermodern* *vi sein* to rot, to decay, to moulder, to molder AM
vermöge *präp +gen (geh: mit Hilfe von)* ~ **seiner Beziehungen** by dint of his connections
vermögen *vt irreg (geh)* ■**etw** ~ to be capable of [doing] [*or* be able to do] sth; ■~, **etw zu tun** to be capable of doing [*or* be able to do] sth
Vermögen <-s, -> *nt* ❶ FIN assets *pl; (Geld)* capital *no art, no pl; (Eigentum)* property *no art, no pl*, fortune; *(Reichtum)* wealth; **bewegliches** ~ chattels *pl*, movable property; **flüssiges** ~ liquid assets; **gemeinschaftliches/persönliches** ~ common/private property; **öffentliches** ~ property owned by public authorities; **unbewegliches** ~ immovable property, real estate
❷ *kein pl (geh)* ■**jds** ~ sb's ability [*or* capability]; **jds** ~ **übersteigen/über jds** ~ **gehen** to be/go beyond sb's abilities
vermögend *adj (geh)* wealthy, well-off
Vermögensabgabe *f* ÖKON, ADMIN *(hist)* capital levy, wealth tax **Vermögensanlage** *f* FIN investments *pl* **Vermögensanspruch** *m* JUR possessory title **Vermögensart** *f* asset category **Vermögensaufstellung** *f* FIN statement of financial affairs, financial statement, statement of net assets **Vermögensauseinandersetzung** *f* JUR apportionment of assets and liabilities **Vermögensausweis** *m* FIN statement of assets and liabilities **Vermögensberater(in)** *m(f)* FIN financial consultant **Vermögensberatung** *f kein pl* financial consulting **Vermögensbeschlagnahme** *f* JUR property confiscation **Vermögensbestand** *m* JUR available assets *pl* **Vermögensbilanz** *f* financial statement **vermögensbildend** *adj* wealth-creating **Vermögensbildung** *f* FIN ❶ *(Entstehung von Vermögen)* wealth creation *no art, no pl*, creation of wealth *no art, no pl* ❷ *(staatlich geförderte Sparmethode) savings scheme whereby employees' contributions are supplemented by the employer* **Vermögensdelikt** *nt* JUR offence involving property **Vermögenseinkünfte** *pl* investment [*or* unearned] income **Vermögenseinnahmen** *pl* FIN unearned income **Vermögensertrag** *m* FIN investment income **Vermögenserwerb** *m* acquisition of property **Vermögensgegenstand** *m* JUR asset, property item **Vermögensgegenstände** *pl* FIN **immaterielle** ~ intangible assets **Vermögensgerichtsstand** *m* JUR venue established by asset location, forum rei sitae **Vermögenshaushalt** *m* FIN capital budget **Vermögensmasse** *f* JUR total assets *pl* **Vermögensnachteil** *m* JUR pecuniary disadvantage **Vermögensrecht** *nt* JUR law of property **vermögensrechtlich** *adj* JUR proprietary **Vermögensschaden** *m* FIN *(Versicherung)* property [*or* pecuniary] damage; **negativer/positiver** ~ adverse/favourable property damage **Vermögenssorge** *f kein pl* JUR *statutory duty of care for a minor's property* **Vermögenssteuer** *f s.* Vermögensteuer **Vermögensstrafe** *f* JUR fine levied on property **Vermögensteil** *nt* FIN asset, property portion
Vermögensteuer *f* FIN net worth [*or* capital] tax **Vermögensteuererklärung** *f* FIN net worth tax return **Vermögensübergang** *m* FIN transfer of assets and liabilities **Vermögensübernahme** *f* JUR take-over of the aggregate of property **Vermögensübertragung** *f* JUR asset [*or* capital] transfer, transfer of assets and liabilities **Vermögensumschichtung** *f*, **Vermögensumverteilung** *f* FIN regrouping [*or* restructuring] of assets **Vermögensverfügung** *f* JUR disposition of property **Vermögensvergleich** *m* FIN net worth comparison **Vermögensverhältnisse** *pl* FIN financial circumstances *pl* **Vermögensverschiebung** *f* FIN transfer of assets; **betrügerische** ~ fraudulent transfer of assets **Vermögensverschleierung** *f* JUR concealment of assets **Vermögensverwalter(in)** *m(f)* FIN investment [*or* portfolio] manager; *(Bank)* trustee **Vermögensverwaltung** *f kein pl* FIN asset [*or* investment] management, administration of assets; *(Bank)* trust business **Vermögensverzeichnis** *nt* JUR inventory of property **Vermögensvorteil** *m* FIN pecuniary advantage **Vermögenswerte** *pl* FIN assets, effects; **bare** ~ cash assets; **betrieblich nicht genutzte** ~ idle assets; **blockierte** ~ frozen assets; **immaterielle/materielle** ~ intangible/tangible assets; ~ **einer AG** corporate assets **vermögenswirksam** *adj* FIN asset-creating *attr*, capital-forming *attr*; ~**e Leistungen** wealth [*or* asset] creation benefits, asset-forming contributions **Vermögenszuwachs** *m* FIN capital gain [*or* increment], property growth, capital appreciation
vermummen* I. *vt* ■**jdn/sich [dick]** ~ to wrap up sb/oneself *sep* [well]
II. *vr* ■**sich** ~ to wear a mask, to mask one's face; ■**vermummt** masked
vermummt *adj (warm eingepackt)* [warmly] wrapped up; *(verkleidet)* disguised, masked
Vermummung <-, -en> *f* disguise
Vermummungsverbot *nt* JUR *law which forbids demonstrators to wear masks at a demonstration*
vermurksen* *vt (fam)* ■**etw** ~ to mess up sth *sep*
vermuten* *vt* ❶ *(annehmen)* ■**etw [hinter etw** *dat*] ~ to suspect sth [[is] behind sth]; ■~, **[dass]** ... to suspect [that] ...; ■~ **lassen, dass** ... to give rise to the suspicion [*or* supposition] that ...
❷ *(als jds Aufenthalt annehmen)* ■**jdn irgendwo** ~ to think that sb is [*or* to suppose sb to be] somewhere
vermutlich I. *adj attr* probable, likely; **der** ~**e Täter** the suspect
II. *adv* probably
Vermutung <-, -en> *f* assumption, presumption, supposition; **gesetzliche** ~ legal presumption, presumption of law; **unwiderlegbare/widerlegbare** ~ conclusive/rebuttable presumption; **eine** ~/~**en haben** to have an idea/suspicions; **auf** ~**en angewiesen sein** to have to rely on suppositions [*or* assumptions] [*or* guesswork]
Vermutungstatbestand *m (Kartellrecht)* presumption
vernachlässigbar *adj* negligible, insignificant; **Atommüll mit** ~**er Wärmeentwicklung** nuclear waste with insignificant heat generation
vernachlässigen* *vt* ❶ *(nicht genügend nachkommen)* ■**etw** ~ to neglect sth; **seine Verpflichtungen** ~ to be neglectful of [*or* negligent about [*or* in]] one's duties
❷ *(sich nicht genügend kümmern)* ■**jdn** ~ to neglect sb; **sich vernachlässigt fühlen** to feel neglected; ■**sich** ~ to be neglectful of [*or* careless about] oneself
❸ *(unberücksichtigt lassen)* ■**etw** ~ to ignore [*or* disregard] sth
Vernachlässigung <-, -en> *f* ❶ *kein pl (das Vernachlässigen)* neglect *no art, no pl*
❷ *(die Nichtberücksichtigung)* disregard *no pl*
vernageln* *vt* ■**etw** ~ ❶ *(mit Nägeln verschließen)* to nail up sth *sep*
❷ *(durch Bretter und Nägel schließen)* to board up sth *sep*
vernagelt *adj (fam)* **wie** ~ **sein** to not get through to sb
vernähen* *vt* ■**etw** ~ to sew [*or* stitch] together [*or* up] sth *sep*
vernarben* *vi sein* to form a scar; *(heilen)* to heal; ■**vernarbt** scarred/healed
Vernarbung <-, -en> *f einer Wunde* healing
vernarren* *vr (fam)* ■**sich in jdn/etw** ~ to be besotted by [*or* crazy about] sb/sth [*or fam* nuts about]
vernarrt *adj* ■**in jdn/etw** ~ **sein** to be besotted by sb/sth, to be crazy about sb/sth
vernaschen* *vt* ❶ *(fam)* ■**etw** ~ to like to eat sth; **gern Süßigkeiten** ~ to have a sweet tooth
❷ *(sl: mit jdm Geschlechtsverkehr haben)* ■**jdn** ~ to lay sb *fam*, to have it off [*or* away] [with sb] BRIT *fam!*
vernebeln* *vt* ■**etw** ~ ❶ *(versprühen)* to spray sth
❷ *(verschleiern)* to obscure sth
vernehmbar *adj* audible; **deutlich** [*o* **gut**]/**undeutlich** [*o* **kaum**] ~ **sein** to be clearly/scarcely audible
vernehmen* *vt irreg* ❶ JUR ■**jdn [zu etw]** ~ to question sb [about sth]
❷ *(geh: hören)* ■**etw** ~ to hear sth
❸ *(geh: erfahren)* ■**etw [von jdm]** ~ to hear sth [from sb], to learn sth [from [*or old* of] sb]
Vernehmen *nt* **dem** ~ **nach** from what I hear/one hears; **nach sicherem** ~ according to reliable sources
Vernehmlassung <-, -en> *f* SCHWEIZ announcement
vernehmlich *(geh)* I. *adj* [clearly] audible; **laut und** ~ loud and clear; **mit** ~**er Stimme** in a loud [and clear] voice
II. *adv* audibly; **laut und** ~ loud and clear
Vernehmung <-, -en> *f* JUR examination; *(Befragung)* questioning, interrogation; **richterliche** ~ judicial examination; **die/eine** ~ **durchführen** to question sb
vernehmungsfähig *adj* in a fit state to be questioned [*or* examined] *pred*; ■**[nicht]** ~ **sein** to be [not] fit for questioning [*or* examination] **Vernehmungsprotokoll** *nt* JUR record of interrogation **vernehmungsunfähig** *adj* JUR unable to be examined [*or* questioned]
verneigen* *vr (geh)* ■**sich [vor jdm/etw]** ~ to bow [to [*or form* before] sb/sth]
Verneigung *f (geh)* bow, obeisance *form*; **eine** ~ **[vor jdm/etw] machen** to bow [to [*or form* before]

sb/sth]; **eine ~ vor dem König machen** to bow to [*or* *form* before] the king; *wichtiger Besuch a.* to make one's obeisance to the king *form*

verneinen* *vt* ■**etw ~** ❶ (*negieren*) to say no to sth; **eine Frage ~** to answer a question in the negative

❷ (*leugnen*) to deny sth

verneinend I. *adj* negative

II. *adv* negatively; **~d den Kopf schütteln** to shake one's head

Verneinung <-, -en> *f* ❶ (*das Verneinen*) **die ~ einer Frage** a negative answer to a question

❷ (*Leugnung*) denial

❸ LING negative; **doppelte ~** double negative

vernetzen *vt* ❶ INFORM ■**etw ~** to network sth, to link up sth *sep*

❷ (*fig: verknüpfen*) ■**etw ~** link [*or* associate] something; ■**[mit etw] vernetzt sein** to be linked [up] [to sth]; **eng vernetzt** closely connected [*or* linked]; **Kräfte ~** to combine forces

Vernetzung <-, -en> *f* ❶ INFORM networking *no art, no pl*

❷ (*Verflechtung*) network; **kabellose ~** cableless network

Vernetzungsgedanke *m kein pl* spirit of cooperation **Vernetzungssystem** *nt* networking system

vernichten* *vt* ❶ (*zerstören*) ■**etw ~** to destroy sth

❷ (*ausrotten*) ■**jdn/etw ~** to exterminate sb/sth

vernichtend I. *adj* devastating; **eine ~e Niederlage** a crushing [*or* resounding] [*or* total] defeat; **jdm einen ~en Blick zuwerfen** to look at sb with hatred [in one's eyes]

II. *adv* jdn ~ *schlagen*, to inflict a crushing [*or* resounding] [*or* total] defeat on sb

Vernichtung <-, -en> *f* ❶ (*Zerstörung*) destruction; *Gebäude* destruction, demolition

❷ (*Ausrottung*) extermination; *Bevölkerung a.* annihilation; **die ~ von Arbeitsplätzen** the [drastic] reduction in the number of jobs

Vernichtungslager *nt* extermination [*or* death] camp **Vernichtungswaffe** *f* destructive weapon

vernickeln* *vt* ■**etw ~** to nickel[-plate] sth, to cover sth with nickel

verniedlichen* *vt* ■**etw ~** to trivialize sth, to play down sth *sep*

vernieten* *vt* TECH ■**etw ~** to rivet sth

Vernissage <-, -n> [vɛrnɪˈsaːʒə] *f* opening day, vernissage *spec*

Vernunft <-> *f kein pl* reason *no art, no pl,* common sense *no art, no pl;* **~ annehmen** to see sense; ***nimm doch ~ an!*** be reasonable!, use your common sense!; **~ beweisen** to show sense; **jdn zur ~ bringen** to make sb see sense; **ohne ~ handeln** to behave rashly; **zur ~ kommen** to be reasonable, to see sense; **mit jds ~ rechnen** to think that sb will be reasonable [*or* show more common sense]

Vernunftehe *f* marriage of convenience

vernünftig I. *adj* ❶ (*einsichtig*) reasonable, sensible

❷ (*einleuchtend*) reasonable, sensible

❸ (*fam*) proper, decent; **~e Preise** decent [*or* reasonable] prices

II. *adv* (*fam*) properly, decently

Vernunftmensch *m* rational human being [*or* person]

vernunftorientiert *adj* rationally-orientated [*or* *esp* AM -oriented]

veröden* **I.** *vt haben* MED **[jdm] die Krampfadern ~** to treat sb's varicose veins by injection; **sich die Krampfadern ~ lassen** to have one's varicose veins treated by injection

II. *vi sein* ❶ (*sich entvölkern*) to be deserted

❷ (*stumpfsinnig werden*) to become tedious [*or* banal]

Verödung <-, -en> *f* ❶ MED treatment; *Krampfadern* treatment by injection

❷ (*Entvölkerung*) depopulation *no art, no pl*

veröffentlichen* *vt* ■**etw ~** to publish sth

Veröffentlichung <-, -en> *f* publication

Veröffentlichungsrecht *nt* JUR publishing rights *pl;* (*Urheberrecht*) right of dissemination

verordnen* *vt* ❶ (*verschreiben*) ■**jdm etw ~** to prescribe sth [for sb] [*or* sb sth]; ■**sich** *dat* **etw [von jdm] ~ lassen** to get a prescription for sth [from sb]

❷ (*geh*) ■**etw ~** to decree [*or* ordain] sth; ■**es wurde verordnet, dass …** the authorities have decreed that …

Verordnung <-, -en> *f* ❶ (*Verschreibung*) prescribing *no art, no pl*

❷ (*Rezept*) prescription

❸ (*form*) order, enforcement; **städtische ~** JUR bylaw

verorten* *vt* (*geh*) ■**etw/jdn ~** to place sth/sb somewhere

verpachten* *vt* JUR ■**[jdm] etw ~,** ■**etw [an jdn] ~** to lease [*or* rent [out *sep*]] sth [to sb]

Verpächter(in) *m(f)* lessor

Verpachtung <-, -en> *f* ❶ *kein pl* (*das Verpachten*) ■**die/eine ~ [einer S.** *gen* [*o* **von etw** *dat*]] leasing [sth]

❷ (*Verpachtetes*) lease

verpacken* *vt* ■**etw [in etw** *dat*] **~** to pack [up *sep*] sth [in sth]; **etw als Geschenk ~** to wrap [up *sep*] sth [as a present], to gift-wrap sth; **etw diplomatisch ~** to couch sth in diplomatic terms

Verpackung <-, -en> *f* ❶ *kein pl* (*das Verpacken*) packing *no art, no pl*

❷ (*Hülle*) packaging *no art, no pl;* **~ besonders berechnet** packaging extra; **einschließlich ~** packaging inclusive; **feste/handelsübliche ~** solid/customary packaging; **~ zum Selbstkostenpreis** packaging at cost

verpackungsarm I. *adj* HANDEL *Produkt, Produktion* minimum-packaging *attr*

II. *adv* HANDEL in/with minimum packaging; **Waren ~ ausstatten/in den Handel bringen** to produce/trade in goods with the minimum of packaging

Verpackungsfabrik *f* packaging factory **Verpackungsgewicht** *nt kein pl* HANDEL tare [weight] **Verpackungsindustrie** *f* packaging industry **Verpackungskosten** *pl* HANDEL packaging charges **Verpackungsmaterial** *nt* packaging *no art, no pl* [material] **Verpackungsmüll** *m* waste [*or* superfluous] packaging **Verpackungsschaden** *m* HANDEL packaging damage **Verpackungssteuer** *f* FIN tax on packaging, packaging tax

verpassen* *vt* ❶ (*versäumen*) ■**jdn/etw ~** to miss sb/sth

❷ (*nicht erreichen*) ■**etw ~** to miss sth

❸ (*fam: aufzwingen*) ■**jdm etw ~** to give sb sth, to make sb have sth

❹ (*fam: zuteilen*) ■**jdm etw ~** to give sb sth; **jdm eine Ohrfeige ~** to box sb's ears [*or* sb on the ear]; *s. a.* **Denkzettel**

verpatzen* *vt* (*fam*) ■**etw ~** to make a mess of sth, to mess [*or* muck] up *sep* sth *fam,* to botch [*or* BRIT *a.* bodge] sth

verpennen* (*fam*) **I.** *vt* ■**etw ~** to miss [*or* forget] sth

II. *vi* ■**[sich] ~** to oversleep

verpesten* *vt* ❶ (*fam*) ■**[jdm] etw ~** to pollute [sb's] sth; **die Luft im Büro ~** to stink out *sep* the office *fam*

❷ (*mit giftigen Gasen verseuchen*) ■**etw ~** to pollute sth

Verpestung <-> *f kein pl* pollution *no art, no pl*

verpetzen* *vt* (*fam*) ■**jdn [bei jdm] ~** to tell on sb, to split on sb [to sb] BRIT *fam*

verpfänden* *vt* JUR ■**etw ~** to pawn sth; **ein Grundstück/Haus ~** to mortgage a plot/house

Verpfändung *f* pawning *no art, no pl; Grundstück, Haus* mortgaging *no art, no pl*

Verpfändungsklausel *f* JUR pledging clause **Verpfändungsvertrag** *m* JUR contract of pledge

verpfeifen* *vt irreg* (*fam*) ■**jdn [bei jdm] ~** to inform on sb, to split [*or* grass] on sb [to sb] BRIT *fam*

verpflanzen* *vt* ❶ (*umpflanzen*) ■**etw [irgendwohin] ~** to replant [*or* transplant] sth [somewhere]; (*umtopfen*) to repot sth, to pot on sth *sep* BRIT

❷ MED ■**jdm ein Organ ~** to give sb an organ transplant; **jdm ein Stück Haut ~** to give sb a skin graft

Verpflanzung *f* ❶ (*das Umpflanzen*) replanting *no art, no pl,* transplantation; (*das Umtopfen*) repotting *no art, no pl*

❷ MED transplantation

verpflegen* *vt* ■**jdn ~** to look after [*or* cater for] sb; ■**sich selbst ~** to cater for oneself

Verpflegung <-, *selten* -en> *f* ❶ *kein pl* (*das Verpflegen*) catering *no art, no pl;* **mit voller ~** with full board

❷ (*Nahrung*) food *no art, no pl*

Verpflegungskosten *pl* cost of food *no pl*

verpflichten* **I.** *vt* ❶ (*durch eine Pflicht binden*) ■**jdn [zu etw] ~** to oblige sb [*or* make sb promise] to do sth; **jdn zum Stillschweigen/zu einer Zahlung ~** to oblige sb to keep quiet/to pay; **jdn durch einen Eid zum Stillschweigen ~** to swear sb to secrecy

❷ (*vertraglich binden*) ■**jdn [zu etw] ~** to commit [*or* oblige] sb to do sth; ■**verpflichtet sein, etw zu tun** to be obliged to do sth; ■**zu etw verpflichtet sein** to be obliged to do sth

❸ (*eine bestimmte Pflicht auferlegen*) ■**jdn zu etw ~** to oblige sb to do sth; **jdn zu etw durch einen Eid ~** to swear sb to sth; ■**zu etw verpflichtet sein** to be sworn to sth

❹ (*einstellen*) ■**jdn [an/für etw** *akk*] **~** to engage sb [at/for sth]; **einen Fußballspieler ~** to sign [up *sep*] a football player

II. *vi* ■**[zu etw] ~** ❶ JUR (*vertraglich binden*) to bind sb by contract [to do sth], to oblige sb to do sth

❷ (*eine bestimmte Haltung erfordern*) to be an obligation [to do sth]; **jdm verpflichtet sein** to be obliged [*or* indebted] to sb; **jdm zu Dank verpflichtet sein** to be obliged [*or* indebted] to sb, to be in sb's debt *form*

III. *vr* ❶ (*sich vertraglich zu etw bereit erklären*) ■**sich zu etw ~** to sign a contract saying that one will do sth, to commit oneself by contract to doing sth; ***ich habe mich zu strengstem Stillschweigen verpflichtet*** I am committed to absolute confidentiality; ■**sich ~, etw zu tun** to commit oneself to doing sth

❷ MIL ■**sich für etw ~** to sign up for sth

verpflichtend *adj* binding, mandatory

verpflichtet *adj* obliged, committed; ■**jdm ~ sein** to be indebted to sb, to owe sb a favour [*or* AM -or]; **sich jdm ~ fühlen** to feel obliged to sb, to owe sb a favour; **sich ~ fühlen, etw zu tun** to feel obliged to do sth; **vertraglich zu etw ~ sein** JUR to be indentured to sth

Verpflichtete(r) *f(m) dekl wie adj* JUR liable party; (*Schuldner*) debtor

Verpflichtung <-, -en> *f* ❶ *meist pl* (*Pflichten*) duty *usu pl;* **die ~ haben, etw zu tun** to have a duty to do sth; **seinen ~en nachkommen** to do [*or* *form* discharge] one's duties

❷ *kein pl* (*das Engagieren*) engagement *no pl; Fußballspieler* signing [up *sep*]

❸ FIN, JUR obligation; **bindende ~** binding commitment; **~en eingehen** to make commitments; **seine ~en einhalten** to fulfil [*or* AM -fill-]/meet/satisfy one's obligations; **finanzielle ~en** financial commitments [*or* obligations]; **gesetzliche ~** statutory duty; **seinen ~en nachkommen** to fulfil [*or* AM -fill-]/meet one's obligations; **rechtlich bindende ~** legally binding undertaking; **vertragliche ~en** contractual obligations

Verpflichtungserklärung *f* JUR commitment **Verpflichtungsgeschäft** *nt* JUR executory agreement **Verpflichtungsklage** *f* JUR action for the issue of an administrative act **Verpflichtungsschein** *m* FIN bond, certificate of obligation; **kaufmännischer ~** promissory note

verpfuschen* *vt* (*fam*) ■**[jdm/sich] etw ~** to make a mess of [*or* *sep fam* mess [*or* muck] up] [sb's/one's] sth

verpissen *vr* (*vulg*) ■**sich ~** to piss off *fam!*

verplanen* *vt* ❶ (*falsch planen*) ■**etw ~** to plan sth badly [*or* wrongly]; (*falsch berechnen*) to miscal-

culate sth
❷ (*für etw vorsehen*) ■**etw [für etw]** ~ to mark off *sep* sth [for sth]; **einen Etat** ~ to plan a budget; **einen bestimmten Tag für eine Konferenz/eine Veranstaltung** ~ to plan [to have] a conference/an event on a particular day
❸ (*fam*) ■**[für etw] verplant sein** to be booked up [*or* have no time] [for sth]
verplanken* *vt* BAU ■**etw** ~ to board sth
verplappern* *vr* (*fam*) ■**sich** ~ to blab *fam*
verplaudern* **I.** *vt* **ein Stündchen** ~ to talk away for an hour
II. *vr* (*fam*) ■**sich** ~ ❶ (*lange plaudern*) to chat away
❷ (*verplappern*) to open one's mouth too wide
verplempern* *vt* (*fam*) ❶ (*verschwenden*) ■**etw [für etw]** ~ to waste [*or* to throw [*or pej* fritter] away *sep* sth [on sth]] sth [on sth]
❷ DIAL (*verschütten*) ■**etw** ~ to spill sth
verplomben* *vt* ■**etw** ~ to seal [up *sep*] sth; ■**verplombt** sealed
verpönt *adj* (*geh*) deprecated *form;* ***so ein Benehmen ist verpönt*** such behaviour is frowned upon; ■**[bei jdm]** ~ **sein** to be deprecated [by sb] *form*
verprassen* *vt* ■**etw [für etw]** ~ to squander [*or sep pej* fritter away] sth [on sth]; **sein Vermögen** ~ to dissipate one's fortune *form*
verprellen* *vt* ❶ (*verärgern*) ■**jdn** ~ to annoy [*or fam* aggravate] sb
❷ (*verscheuchen*) **Wild** ~ to scatter game
verpressen* *vt* BAU ■**etw** ~ *Risse* to grout sth
verprügeln* *vt* ■**jdn** ~ to beat up sb *sep;* (*als Strafe*) to thrash sb, to give sb a thrashing [*or hum* hiding]; (*früher in der Schule a.*) to cane/birch sb; ■**jdn [von jdm]** ~ **lassen** to have sb beaten up [by sb]
verpuffen* *vi sein* ❶ (*plötzlich abbrennen*) to go phut [*or* AM pop] *fam*
❷ (*fam: ohne Wirkung bleiben*) to fizzle out
Verpuffung <-, -en> *f* (*Explosion*) explosion
verpulvern* [-fen, -ven] *vt* (*fam*) ■**etw [für etw]** ~ to throw [*or pej* fritter] away sth *sep* [on sth], to blow sth [on sth] *fam*
verpumpen* *vt* (*fam*) ■**etw** ~ to lend [out *sep*] sth
verpuppen* *vr* BIOL ■**sich** ~ to develop into a pupa, to pupate *spec*
Verputz *m* ❶ (*das Verputzen*) ■**der** ~ **[einer S.** *gen*] plastering [sth]
❷ (*Putz*) plaster *no pl;* (*Rauputz*) roughcast *no pl;* (*mit kleinen Steinen*) pebble-dash *no pl* BRIT
verputzen* *vt* ■**etw** ~ ❶ (*mit Rauputz versehen*) to plaster sth; (*mit der ersten Außenschicht*) to render sth *spec;* ■**etw** ~ **lassen** to have sth plastered/rendered
❷ (*fam*) to polish off sth *sep fam,* to wolf [down *sep*] sth *fam*
verqualmen* *vt* ■**[jdm] etw** ~ to make [sb's] sth smok[e]y, to fill [up *sep*] [sb's] sth with smoke; ■**verqualmt** smoke-filled *attr,* full of [*or* filled with] smoke *pred*
verqualmt <-er, -este> *adj* (*pej*) smoke-filled *attr,* full of [*or* filled with] smoke *pred*
verquast *adj* confused, incoherent
verquatschen* *vr* (*fam*) ■**sich** ~ to chat away
verquer *adv* muddled, weird
► WENDUNGEN: **jdm** ~ **gehen** (*fam*) to go wrong for sb
verquicken* *vt* ■**etw mit etw** ~ to combine sth with sth; ■**zwei Sachen [miteinander]** ~ to combine two things [together]
verquirlen* *vt* KOCHK ■**etw [mit etw]** ~ to whisk sth [with sth], to mix sth [[together] with sth] with a whisk
verquollen *adj* swollen
verrammeln* *vt* (*fam*) ■**etw** ~ to barricade [up *sep*] sth
verramschen* *vt* (*fam*) ■**etw** ~ to sell sth dirt cheap *fam,* to flog [off *sep*] sth [cheaply] BRIT *fam*
Verramschung <-, -en> *f* the sell-off
Verrat <-[e]s> *m kein pl* ❶ (*das Verraten*) betrayal *no art, no pl;* ~ **an jdm begehen** [*o* **üben**] to betray sb
❷ JUR treason *no art, no pl*
verraten <verriet, verraten> **I.** *vt* ❶ (*ausplaudern*) ■**etw [an jdn]** ~ to betray [*or sep* give away] sth [to sb]; **nichts ~!** keep it to yourself!, don't give anything away!
❷ (*verräterisch an jdm handeln*) ■**jdn** ~ to betray sb
❸ (*preisgeben*) ■**etw** ~ to betray sth; **seine Meinung nicht** ~ **wollen** to be reluctant to express one's opionion [*or* view]
❹ (*als jdn erweisen*) ■**jdn** ~ to betray [*or sep* give away] sb
❺ (*deutlich erkennen lassen*) ■**etw** ~ to show sth, to make sth clear [*or* obvious]
► WENDUNGEN: ~ **und verkauft sein** (*fam*) to be sunk
II. *vr* ❶ (*sich preisgeben*) ■**sich [durch etw]** ~ to give oneself away [with sth]
❷ (*sich zeigen*) ■**sich** ~ to reveal oneself
Verräter(in) <-s, -> *m(f)* ❶ (*verräterischer Mensch*) traitor *pej*
❷ (*etw ausplaudernder Mensch*) traitor *pej,* snake [in the grass]; (*aus Versehen a.*) big mouth *fam*
verräterisch I. *adj* ❶ (*auf Verrat zielend*) treacherous
❷ (*etw andeutend*) revealing, meaningful, giveaway *attr,* tell-tale *attr*
II. *adv* meaningfully, in a tell-tale [*or* meaningful] fashion
verrauchen* I. *vi sein* to disappear; *Zorn, Ärger* to blow over
II. *vt* ■**etw** ~ to smoke sth
verräuchern* *vt s.* **verqualmen**
verräuchert *adj* (*pej*) *Zimmer, Bude* smoky
verrechnen* I. *vr* ❶ (*falsch rechnen*) ■**sich [um etw]** ~ to miscalculate [by sth], to make a mistake
❷ (*sich irren*) ■**sich** ~ to be mistaken, to miscalculate
❸ (*sich in jdm täuschen*) ■**sich in jdm** ~ to make a mistake [*or* to be mistaken] about sb
II. *vt* ❶ (*rechnerisch gegenüberstellen*) ■**etw mit etw** ~ to set off sth *sep* against sth
❷ FIN ■**etw** ~ to credit sth, to pass sth to account
Verrechnung *f* ❶ (*rechnerische Gegenüberstellung*) settlement; **bargeldlose** ~ payment by money transfer; **gegenseitige** ~ offset
❷ (*Gutschrift*) credit (*on an account*); **„nur zur ~"** "A/C payee only" BRIT
Verrechnungskonto *nt* FIN clearing [*or* offset] account **Verrechnungsrate** *f* FIN specified rate of exchange **Verrechnungsscheck** *m* FIN crossed cheque BRIT *spec,* voucher [*or* non-negotiable] check AM *spec* **Verrechnungstag** *m* FIN clearing day **Verrechnungsverfahren** *nt* FIN clearing system **Verrechnungsvertrag** *m* FIN clearing arrangement **Verrechnungswährung** *f* FIN clearing currency **Verrechnungszeitraum** *m* FIN clearing period
verrecken* *vi sein* (*sl*) ❶ (*krepieren*) to come to a miserable end, to die a miserable [*or* wretched] death; ■**[jdm]** ~ to die [off] [on sb *fam*]
❷ (*kaputtgehen*) ■**[jdm]** ~ to break down [on sb *fam*]
► WENDUNGEN: **nicht ums V~!** not on your life! *fam*
verregnen *vi sein* to be spoiled by rain; ■**verregnet** spoiled [*or* spoilt] by rain, rainy
verregnet <-er, -este> *adj* spoiled [*or* spoilt] by rain; **ein ~er Tag** a rainy day
verreiben* *vt irreg* ■**etw [in/auf etw** *dat*] ~ to rub in sth *sep,* to rub sth into/on[to] sth *sep*
verreisen* *vi sein* ■**[irgendwohin]** ~ to go away [somewhere]; **ins Ausland** ~ to go abroad; **in die Berge/an die See** ~ to go to the mountains/the seaside; **dienstlich/geschäftlich verreist sein** to be away on business [*or* a business trip]
verreißen* *vt irreg* ■**jdn/etw** ~ to tear sb/sth apart [*or* into pieces]
verrenken* *vt* ■**jdm etw** ~ to twist sb's sth; **sich** *dat* **ein Gelenk** ~ to dislocate a joint; ■**sich [nach jdm/etw]** ~ to twist one's neck [looking round at sb/sth]
Verrenkung <-, -en> *f* distortion; *Gelenk* dislocation; **~en machen müssen** to have to perform contortions
verrennen* *vr irreg* ❶ (*sich irren*) ■**sich** ~ to get on the wrong track
❷ (*hartnäckig an etw festhalten*) ■**sich** *akk* **in etw** *akk* ~ to be obsessed with sth
verrichten* *vt* ■**etw** ~ to perform [*or sep* carry out] sth; **ein Gebet** ~ to say a prayer; **seine Notdurft** ~ (*veraltend*) to relieve oneself *dated*
Verrichtung *f* ❶ *kein pl* (*Ausführung*) performance *no art, no pl,* execution *no art, no pl*
❷ (*Erledigung*) duty
Verrichtungsgehilfe, -gehilfin *m, f* JUR vicarious agent
verriegeln* *vt* ■**etw** ~ to bolt sth
verriet *imp von* **verraten**
verringern* I. *vt* ❶ (*verkleinern*) ■**etw** ~ to reduce sth
❷ (*geringer werden lassen*) ■**etw [um etw]** ~ to reduce sth [by sth]; **die Geschwindigkeit** ~ to slow down, to slacken off
II. *vr* ■**sich** ~ ❶ (*kleiner werden*) to decrease
❷ (*abnehmen*) to decrease, to diminish
Verringerung <-> *f kein pl* ❶ (*Verkleinerung*) reduction
❷ (*Herabsetzung*) reduction (*+gen/***von** *+dat* in/of), decrease (*+gen/***von** *+dat* in)
verrinnen* *vi irreg sein* ❶ (*geh: vergehen*) to pass *form liter*
❷ (*versickern*) ■**in etw** *dat* ~ to seep into sth
Verriss[RR] *m,* **Verriß** *m* damning criticism *no art, no pl*
verrohen* I. *vi sein* to become brutal[ized]
II. *vt* ■**jdn** ~ to brutalize sb, to make sb brutal
Verrohung <-, -en> *f* brutalization
verrosten* *vi sein* to go rusty, to rust; ■**verrostet** rusted, rusty
verrostet <-er, -este> *adj* rusty
verrotten* *vi sein* ❶ (*faulen*) to rot
❷ (*verwahrlosen*) to decay
verrottet <-er, -este> *adj* ❶ (*faul*) rotted
❷ (*verwahrlost*) decayed
verrucht *adj* ❶ (*anstößig*) despicable, wicked
❷ (*lasterhaft*) depraved; **ein ~es Lokal/Viertel** a disreputable pub [*or* AM bar]/area
verrücken* *vt* ■**etw [irgendwohin]** ~ to move [*or* push] sth [somewhere]
verrückt *adj* ❶ (*geisteskrank*) mentally ill, nuts *fam,* insane *fam or dated,* mad *fam or dated;* ■~ **sein/werden** to be/become mentally ill, to be/go nuts [*or dated* insane] [*or* mad] *fam;* ***du bist wohl/bist du ~!*** you must be/are you out of your mind [*or* off your head] [*or hum* out to lunch]! *fam;* **jdn** ~ **machen** to drive sb crazy [*or fam* nuts] [*or* up the wall] [*or* BRIT round the bend]
❷ (*in starkem Maße*) **wie** ~ like crazy [*or fam* mad]; (*wie übergeschnappt a.*) like a madman; **wie** ~ **regnen** to rain cats and dogs, to pour with rain; **wie** ~ **stürmen** to blow a gale; **wie** ~ **weh tun** to hurt like hell *fam*
❸ (*fam: ausgefallen*) crazy, wild *fam*
❹ (*fam: versessen*) ■~ **auf etw** *akk/***nach etw** *dat* **sein** to be crazy [*or fam* mad] about sth; ■~ **nach jdm sein** to be crazy [*or fam* mad] [*or fam* wild] about sb
► WENDUNGEN: **ich werd' ~!** (*fam*) well, I'll be damned [*or dated* blowed] *fam,* well I never [did]!
Verrückte(r) *f(m) dekl wie adj* (*fam*) lunatic, madman *masc pej,* madwoman *fem pej*
Verrücktheit <-, -en> *f* ❶ (*fam: etwas Verrücktes*) craziness *no art, no pl,* madness *no art, no pl,* folly *no art, no pl*
❷ *kein pl* MED insanity *no art, no pl,* madness *no art, no pl*
Verrücktwerden *nt* **es ist zum** ~ (*fam*) it's enough to drive you mad [*or* up the wall] [*or* BRIT round the bend]
Verruf *m kein pl* **jdn in** ~ **bringen** to give sb a bad

name; **etw in ~ bringen** to bring sth into disrepute; **in ~ kommen** [*o* **geraten**] to fall into disrepute, to get a bad name *fam*
verrufen *adj* disreputable, doubtful
verrühren* *vt* ■**etw** [**mit etw**] ~ to stir [*or* mix] sth [[together] with sth]
verrußen* *vi sein* to get [*or* become] sooty
verrußt *adj* sooted, sooty
verrutschen* *vi sein* to slip
Vers <-es, -e> *m* ① (*Gedichtzeilen*) verse, lines *pl* ② *meist pl* (*Gereimtes*) verse, poetry; **~e deklamieren** [*o* **vortragen**] to recite verse [*or* poetry]; **etw in ~en schreiben** [*o* **~e setzen**] to put sth into verse
▸ WENDUNGEN: **ich kann mir keinen ~ darauf machen** there's no rhyme or reason to it; **kannst du dir einen ~ darauf machen?** can you get any sense out of it?
versachlichen* *vt* ■**etw** ~ to make sth more objective, to objectify sth *spec;* ■**versachlicht** objective
versacken* *vi sein* ① (*einsinken*) ■[**in etw** *dat*] ~ to sink in[[to] sth], to get bogged down [in sth]
② (*fam: versumpfen*) to stay out late drinking
③ (*fam: verwahrlosen*) to go to the dogs [*or* rack [*or* *esp* AM wrack] and ruin] *fam*
versagen* **I.** *vi* ① (*scheitern*) ■[**in etw** *dat*] ~ to fail [*or* to be a failure] [in sth]; **in der Schule** ~ to be a failure [*or* to fail] at school
② (*erfolglos bleiben*) to fail, to be unsuccessful; **eindeutig** ~ to fail miserably
③ (*nicht mehr funktionieren*) to fail [to function], to not work
II. *vt* (*geh*) ■**jdm etw** ~ to refuse sb sth; **jdm seine Hilfe** ~ to refuse sb aid [*or* to come to sb's aid]
III. *vr* (*geh*) ① (*nicht gönnen*) ■**sich** *dat* **etw** ~ to deny oneself sth
② (*vorenthalten*) ■**sich jdm** ~ to refuse to give oneself to sb
Versagen <-s> *nt kein pl* ① (*Scheitern*) failure *no art, no pl;* (*Erfolglosigkeit*) lack of success *no art, no pl;* **menschliches** ~ human error
② (*Fehlfunktion*) failure; **ein ~ des Herzens/der Nieren** a heart/kidney failure
Versagensangst *f* fear of failure
Versager(in) <-s, -> *m(f)* failure
Versager <-s, -> *m* failure, flop *fam*
Versagung <-, -en> *f* refusal
Versal <-s, -lien> *m meist pl* TYPO capital [*or* uppercase] letters, caps
versalzen* *vt irreg* ① (*zuviel salzen*) ■**etw** ~ to put too much salt in/on sth, to oversalt sth
② (*fam*) ■**jdm etw** ~ to spoil [*or* ruin] sth for sb, to muck up sth *sep* for sb *fam*
Versalzung <-, -en> *f* GEOL salin[iz]ation
versammeln* **I.** *vr* ■**sich** ~ to gather [*or* come] [together], to assemble
II. *vt* ① (*zusammenkommen lassen*) ■**jdn** [**irgendwo**] ~ to call [*or* gather] together *sep* sb [somewhere]; **Truppen** ~ to rally [*or* muster] troops
② (*zu gespannter Aufmerksamkeit zwingen*) **das Pferd** ~ to collect one's horse *spec*
Versammlung *f* ① (*Zusammenkunft*) meeting, gathering; **eine ~ abhalten** to convene an assembly; **beratende/gesetzgebende** ~ deliberative/legislative assembly; ■**auf einer** ~ at a meeting
② (*versammelte Menschen*) assembly
Versammlungsfreiheit *f kein pl* JUR freedom of assembly **Versammlungsgesetz** *nt* JUR law regulating public meetings **Versammlungsleiter(in)** *m(f)* JUR organizer of a public meeting **Versammlungslokal** *f* meeting place **Versammlungsrecht** *nt* JUR right of assembly **Versammlungsverbot** *nt* prohibition of assembly, ban on public meetings
Versand <-[e]s> *m kein pl* ① (*das Versenden*) despatch, dispatch; **im** ~ by post [*or* AM mail]; **im ~ beschädigt werden** to be damaged in the post; **etw zum ~ bringen** to dispatch [*or* consign] sth
② (*~abteilung*) despatch, dispatch, distribution
③ (*~firma*) mail-order company
Versandabteilung *f* despatch [*or* dispatch] [*or* distribution] department, shipping department **Versandanschrift** *f* dispatch address **Versandanweisung** *f* HANDEL forwarding [*or* shipping] instruction **Versandanzeige** *f* HANDEL advice note **Versandauftrag** *m* HANDEL shipping [*or* dispatch] order **Versandbedingungen** *pl* HANDEL shipping terms **versandbereit** *adj* HANDEL ready for shipment **Versandbestellung** *f* HANDEL mail order buying, postal shopping **Versandbuchshop** *m* mail-order bookshop **Versanddokument** *nt* HANDEL transport [*or* shipping] document
versanden* *vi sein* ① (*sich mit Sand füllen*) to silt up
② (*schwächer werden*) to peter [*or* fizzle] out
versandfähig *adj* HANDEL fit for transport [*or* shipment] *pred* **versandfertig** *adj* HANDEL ready for dispatch [*or* shipment] **Versandgeschäft** *nt* HANDEL (*Verkaufsfirma*) mail-order company; (*Transportfirma*) forwarding agency **Versandgewicht** *nt* HANDEL shipment weight **Versandhafen** *m* HANDEL port of loading **Versandhandel** *m* mail-order selling *no art* [*or* trade] *no indef art, no pl* **Versandhaus** *nt* mail-order company [*or* business] **Versandhauskatalog** *m* mail-order catalogue [*or* AM catalog] **Versandkosten** *pl* shipping charges *pl* **Versandlager** *nt* HANDEL distribution depot **Versandmarkierung** *f* HANDEL shipping marks *pl* **Versandpapiere** *pl* HANDEL transport [*or* shipping] documents **Versandrolle** *f* mailing tube **Versandschein** *m* HANDEL dispatch note **Versandspediteur** *m* HANDEL destination carrier **Versandtasche** *f* large envelope; **eine wattierte ~** a padded envelope, a Jiffy® **bag** BRIT **Versandverkauf** *m* JUR mail-order sale **Versandvorschrift** *f meist pl* forwarding [*or* shipping] instructions *pl* **Versandwechsel** *m* FIN out-of-town bill **Versandweg** *m* HANDEL shipping route
Versatzstück *nt* ① (*Abklatsch*) hackneyed phrase *pej*, stale [*or* AM *pej* warmed-over] idea
② (*Teil der Bühne*) movable piece of scenery
versaubeuteln* *vt* (*pej fam*) ■**etw** ~ to muck [*or* AM mess] sth up *fam*
versauen* *vt* (*sl*) ① (*völlig verdrecken*) ■[**jdm**] **etw** ~ to make [sb's] sth dirty [*or* filthy] [*or fam* mucky]
② (*verderben*) ■**jdm etw** ~ to ruin [*or* spoil] [*or* wreck] sb's sth, to mess *fam* [*or* BRIT *fam!* bugger] up *sep* sb's sth
versauern* **I.** *vi sein* ① (*sauer werden*) *Wein* to become sour [*or* acidic]
② ÖKOL, AGR *Böden* to acidify
③ (*fig fam: vereinsamen*) to stagnate
II. *vt* (*fam: verderben*) ■**jdm etw** ~ to foul up *sep* sth for sb [*or* completely mess]
Versauerung, Versäuerung <-, -en> *f* ÖKOL *von Gewässern, Boden* acidification
versaufen* *vt irreg* (*sl*) ■**etw** ~ to drink away sth *sep*, to drink one's way through sth
versäumen* *vt* ① (*nicht erreichen*) ■**etw** ~ to miss sth
② (*sich entgehen lassen*) ■**etw** ~ to miss sth; **eine Gelegenheit** ~ to let an opportunity slip by, to miss an opportuity
③ (*nicht wahrnehmen*) ■**etw** ~ to miss sth; **den richtigen Zeitpunkt** ~ to let the right moment slip by
④ (*geh: unterlassen*) ■[**es**] **~, etw zu tun** to not [*or* neglect to] do sth; ■[**es**] **nicht ~, etw zu tun** to not forget to do sth
Versäumnis <-ses, -se> *nt* (*geh*) ① (*unterlassene Teilnahme*) absence *no art, no pl*
② (*Unterlassung*) omission, oversight
Versäumnisgebühr *f* JUR default fine **Versäumnisurteil** *nt* JUR judgement by [*or* in] default **Versäumnisverfahren** *nt* JUR default proceedings *pl* **Versäumniszwischenurteil** *nt* JUR interlocutory judgement by default
verschachern* *vt* (*fam*) *s.* **verscheuern**
verschachtelt *adj* INFORM nested
verschaffen* *vt* ① (*beschaffen*) ■**jdm/sich etw** ~ to get [hold of] [*or* obtain] sth for sb/oneself, to procure sth for sb/myself [*or* sb/myself sth] *form*
② (*vermitteln*) to earn sth; ***was verschafft mir die Ehre?*** to what do I owe the honour? *iron;* **jdm eine Möglichkeit** ~ to give sb an opportunity; **jdm Respekt** ~ to gain [*or* earn] sb respect; **jdm eine Stellung** ~ to get sb a job; **jdm einen Vorteil** [*o* **Vorsprung**] ~ to give sb an advantage; **sich** *dat* **eine gute Ausgangsposition** ~ to give oneself a good starting position; **sich** *dat* **Gewissheit** ~ to make certain
verschalen* TECH **I.** *vi* ■[**für etw**] ~ to line sth [for sth]
II. *vt* ■**etw** ~ to line sth; **eine Tür/ein Fenster** ~ to board [up *sep*] a door/window
Verschalung <-, -en> *f* TECH planking *no art, no pl*
verschämt *adj* shy, bashful
verschandeln* *vt* ■**etw** ~ ① (*ruinieren*) to ruin [*or* spoil] sth; **die Landschaft** ~ to ruin [*or* spoil] the landscape; *Gebäude, Grube* to be a blot on the landscape
② (*verunstalten*) to disfigure [*or* mutilate] sth
Verschand(e)lung <-, -en> *f* disfigurement *no art, no pl,* mutilation *no art, no pl; Landschaft* ruination *no art, no pl*
verschanzen* **I.** *vt* MIL to fortify
II. *vr* ① MIL ■**sich** ~ to take up a fortified position; **sich in einem Graben** ~ to dig [oneself] in; ■**sich** *akk* **hinter etw** *dat* ~ to barricade oneself in
② (*hinter etw verstecken*) ■**sich** *akk* **hinter etw** *dat* ~ to take refuge [*or* to hide] behind sth
verschärfen* **I.** *vr* ■**sich** ~ to get bad/worse; *Krise* to intensify, to become acute
II. *vt* ■**etw** ~ ① (*rigoroser machen*) to make sth more rigorous, to tighten [up *sep*] sth; **eine Strafe** ~ to make a punishment more severe
② (*zuspitzen*) to aggravate sth, to make sth worse
Verschärfung <-, -en> *f* ① (*Zuspitzung*) intensification, worsening *no art, no pl*
② (*das Verschärfen*) tightening up *no art, no pl;* **die ~ einer Strafe** increasing the severity of a punishment
verscharren* *vt* ■**etw** ~ to bury sth [just below the surface]; **jdn** ~ to bury sb in a shallow grave
verschätzen* *vr* ① (*sich vertun*) ■**sich** [**um etw**] ~ to misjudge sth [by sth]
② (*sich täuschen*) ■**sich** ~ to be mistaken [*or* make a [big] mistake]; ■**sich in jdm** ~ to be [very much] mistaken about sb
verschaukeln* *vt* (*fam*) ■**jdn** ~ to fool sb, to take sb for a ride *fam;* ■**sich** [**von jdm**] ~ **lassen** to let sb take one for a ride *fam*, to let oneself be fooled
verscheiden* *vi irreg sein* (*geh*) to die, to pass away [*or* on] *euph*
verscheißern* *vt* (*derb: zum Narren halten*) ■**jdn** ~ to take the piss out of [*or* AM poke fun at] sb
verschenken* *vt* ① (*schenken*) ■**etw** [**an jdn**] ~ to give sth *sep* [to sb]
② (*ungenutzt lassen*) ■**etw** ~ to waste [*or sep* throw away] sth
verscherbeln* *vt* (*fam*) ■**etw** ~ to sell [*or* BRIT flog] [off *sep*] sth *fam; Hausierer a.* to peddle sth *pej*
verscherzen* *vr* ① (*sich um etw bringen*) ■**sich** *dat* **etw** ~ to lose [*or* forfeit] sth
② (*sich mit jdm überwerfen*) ■**es sich** *dat* **mit jdm** ~ to fall out with sb
verscheuchen* *vt* ■**jdn/Tiere** ~ to chase away [*or* off] *sep* sb/animals; (*durch Angst a.*) to frighten [*or* scare] away [*or* off] *sep* sb/animals; **jdm seine Sorgen** ~ to drive away *sep* sb's cares
verscheuern* *vt* (*sl*) ■[**jdm**] **etw** [*o* **etw an jdn**] ~ to sell [off *sep*] sth [to sb], to flog [off *sep*] sth [to sb] BRIT *fam*
verschicken* *vt* ① (*schicken*) ■**etw** [**an jdn**] ~ to send [sb] sth, to send [out *sep*] sth [to sb]
② (*zur Erholung reisen lassen*) ■**jdn irgendwohin** ~ to send away sb *sep* somewhere; **jdn zur Kur** ~ to send away sb *sep* to a health resort [*or dated* to take a cure]
verschiebbar *adj* ① (*räumlich*) movable

❷ (*zeitlich*) Termin postponeable; ***ist unser Termin ~?*** can we postpone our appointment?

Verschiebebahnhof *m* railway [*or* AM railroad] yard, shunting yard

verschieben* *irreg* **I.** *vt* ❶ (*verrücken*) ■**etw** [**um etw**] ~ to move [*or* shift] [*or* relocate] sth [by sth]
❷ (*verlegen*) ■**etw** [**auf/um etw** *akk*] ~ to postpone [*or sep* put off] sth [until/for sth]
❸ (*illegal exportieren*) ■**etw** [**irgendwohin**] ~ to smuggle sth [somewhere]
II. *vr* ❶ (*später stattfinden*) ■**sich** *akk* [**auf/um etw** *akk*] ~ to be postponed [until sth/for sth]
❷ (*verrutschen*) ■**sich** ~ to slip

Verschiebung *f* postponement

verschieden **I.** *adj* ❶ (*unterschiedlich, abweichend*) different; (*mehrere*) various
❷ (*vielgestaltig*) various
❸ *attr* (*einige*) several *attr,* a few *attr*
❹ *substantivisch* (*einiges*) ■**V~es** various things *pl*
► WENDUNGEN: **das ist** ~ (*das kommt darauf an*) it depends
II. *adv* differently; ~ **breit/lang/stark** of different widths/lengths/thicknesses

verschiedenartig *adj* different kinds [*or* sorts] of *attr,* diverse

Verschiedenartigkeit <-> *f kein pl* ❶ (*Unterschiedlichkeit*) different nature
❷ (*Vielfalt*) variety

verschiedenerlei *adj* ❶ *attr* (*verschiedenartig*) different kinds [*or* sorts] of *attr,* diverse
❷ *attr* (*alle möglichen*) all sorts [*or* kinds] of *attr,* various different *attr*
❸ *substantivisch* (*alles Mögliche*) various things *pl*

Verschiedenheit <-, -en> *f* ❶ (*Unterschiedlichkeit*) difference (+*gen*/**von** +*dat* between/in); (*Unähnlichkeit*) dissimilarity (+*gen*/**von** +*dat* in)
❷ (*charakterliche Andersartigkeit*) difference, dissimilarity

verschiedentlich *adv* ❶ (*mehrmals*) several times, on several [*or* various] occasions
❷ (*vereinzelt*) occasionally

verschießen* *irreg* **I.** *vt* ❶ (*durch Abfeuern verbrauchen*) ■**etw** ~ to use up *sep* all of sth
❷ (*abschießen*) ■**etw** ~ to fire sth; **einen Pfeil** ~ to shoot [*or liter* loose] [off *sep*] an arrow
❸ (*fam*) **einen Film** ~ to use up *sep* a film
❹ FBALL **einen Elfmeter** ~ to shoot wide
II. *vi sein* to fade
III. *vr* ❶ (*fam*) ■**sich in jdn** ~ to fall head over heels in love with sb; ■**in jdn verschossen sein** to be crazy [*or fam* mad] about sb
❷ (*nicht treffen*) ■**sich** ~ to shoot wide

verschiffen* *vt* ■**etw** [**irgendwohin**] ~ to ship sth somewhere, to transport sth by ship [somewhere]

Verschiffung <-, -en> *f* ■**die** ~ [**einer S.** *gen* [*o* **von etw** *dat*]] shipping [sth], the transportation [of sth] [by ship]

Verschiffungshafen *m* HANDEL port of dispatch [*or* shipment] **Verschiffungskonnossement** *nt* HANDEL ocean [*or* shipped] bill of lading **Verschiffungskosten** *pl* HANDEL shipping [charges] **Verschiffungskredit** *m* FIN respondentia **Verschiffungspapiere** *pl* HANDEL shipping documents

verschimmeln* *vi sein* to go mouldy [*or* AM moldy]; ■**etw** ~ **lassen** to let sth go mouldy; ■**verschimmelt** mouldy

verschissen *adj* (*sl*) ■**bei jdm** ~ **haben** to be finished with sb; ***du hast bei mir ~!*** I'm finished with you, we're finished

verschlafen*[1] *irreg* **I.** *vi, vr* ■[**sich**] ~ to oversleep
II. *vt* ■**etw** ~ ❶ (*fam*) to miss sth
❷ (*schlafend verbringen*) to sleep through sth; **sein Leben** ~ to sleep away *sep* one's life

verschlafen[2] *adj* ❶ (*müde*) sleepy, half-asleep
❷ (*wenig Leben zeigend*) sleepy

Verschlag <-[e]s, -schläge> *m* shed

verschlagen*[1] *vt irreg* ❶ (*nehmen*) ■**jdm etw** ~ to rob sb of sth; **jdm den Atem** [*o* **die Sprache**] ~ to leave sb speechless
❷ (*geraten*) ■**jdn irgendwohin** ~ to lead sb to finish up somewhere; ■**irgendwohin** ~ **werden** to end up somewhere
❸ (*verblättern*) [**jdm/sich**] **die Seite** ~ to lose's sb's/one's place; *Wind* to turn [*or* blow] over the page[s *pl*]
❹ (*nicht treffen*) ■**etw** ~ to mishit sth

verschlagen[2] **I.** *adj* devious, sly *pej;* **ein ~er Blick** a furtive look; **ein ~es Grinsen** a sly grin *pej*
II. *adv* slyly *pej;* (*verdächtig*) shiftily; ~ **grinsen** to have a sly grin

Verschlagenheit <-> *f kein pl* deviousness *no art, no pl,* slyness *no art, no pl pej*

verschlammen* *vi sein* to silt up, to fill up with mud

verschlampen*, verschlampern* *vt* SÜDD, ÖSTERR (*fam*) ■**etw** ~ ❶ (*verlieren*) to manage to lose sth, to go and lose sth
❷ (*vergessen*) to go and forget sth

verschlanken* *vt* ■**etw** ~ to downsize [*or sep* trim down] sth

verschlechtern* **I.** *vt* ■**etw** ~ to make sth worse; **den Zustand eines Patienten** ~ to weaken a patient's condition
II. *vr* ■**sich** ~ ❶ (*schlechter werden*) to get worse, to worsen, to deteriorate
❷ (*beruflich schlechter dastehen*) to be worse off

Verschlechterung <-, -en> *f* deterioration *no art* (+*gen*/**von** +*dat* in), worsening *no art, no pl* (+*gen*/**von** +*dat* of)

Verschlechterungsverbot *nt* JUR prohibition to worsen appellant's position

verschleiern* *vt* ❶ (*mit einem Schleier bedecken*) ■**jdn/etw** ~ to cover sb/sth with a veil; **sich das Gesicht** ~ to wear a veil, to veil one's face, to cover one's face with a veil
❷ (*verdecken*) ■**etw** ~ to cover up sth *sep; Himmel* to become hazy
❸ (*vertuschen*) ■**etw** ~ to cover [*or pej* hush] up sth *sep;* **die Tatsachen** ~ to disguise the facts

verschleiert *adj* ❶ *Blick* blurred
❷ *Stimme* husky
❸ *Himmel* misty
❹ *Gesicht* veiled

Verschleierung <-, -en> *f* JUR cover-up, concealment; ~ **von Vermögenswerten** concealment of assets

Verschleierungstaktik *f* cover-up tactic

verschleimen* *vi sein* to become [*or* get] congested; *Nase* to be blocked [up]

Verschleiß <-es, -e> *m* wear [and tear] *no art, no pl;* **einem erhöhten/geringen** ~ **unterliegen** to be likely/unlikely to wear out quickly

verschleißen <verschliss, verschlissen> **I.** *vi sein* to wear out
II. *vt* ❶ (*abnutzen*) ■**etw** ~ to wear out sth *sep*
❷ (*jds Kräfte verzehren*) ■**sich** ~ to wear oneself out, to get worn out; ■**jdn** ~ to wear out sb *sep,* to go through sb

Verschleißerscheinung *f meist pl* TECH sign of wear [and tear] **verschleißfest** *adj* hard-wearing, immune to wear and tear *pred* **Verschleißfestigkeit** *f kein pl* wear and tear durability **Verschleißgrad** *m* TECH extent of wearing **Verschleißteil** *nt* TECH working [*or* wearing] part

verschleppen* *vt* ❶ (*deportieren*) ■**jdn** [**irgendwohin**] ~ to take away sb *sep* [somewhere]; (*amtlich*) to transport sb somewhere
❷ (*hinauszögern*) ■**etw** ~ to prolong [*or sep* drag out] sth
❸ MED ■**etw** ~ to delay treatment [of sth]; **eine verschleppte Krankheit** an illness made worse [*or* aggravated] by neglect
❹ (*weiterverbreiten*) ■**etw** ~ to spread sth

Verschleppung <-, -en> *f* ❶ (*Deportation*) ■**die** ~ **von jdm** taking away sb *sep, no art, no pl;* (*amtlich*) the transportation of sb
❷ (*Hinauszögerung*) prolonging *mo art, no pl*
❸ MED **die** ~ **einer Krankheit** neglecting *no art, no pl* an illness

Verschleppungsabsicht *f* JUR intention to delay the proceedings **Verschleppungstaktik** *f* delaying tactics *pl*

verschleudern* *vt* ■**etw** ~ to sell [off *sep*] sth cheaply, to flog [off *sep*] sth BRIT *fam;* (*mit Verlust*) to sell [off *sep*] sth at a loss

verschließbar *adj* lockable

verschließen* *irreg* **I.** *vt* ❶ (*abschließen*) ■**etw** ~ to close sth; (*mit einem Schlüssel*) to lock [up *sep*] sth
❷ (*zumachen*) ■**etw** [**mit etw**] ~ to close sth [with sth]; **eine Flasche** [**wieder**] ~ to put the top [back] on a bottle; **eine Flasche mit einem Korken** ~ to cork a bottle, to put a/the cork in a bottle
❸ (*wegschließen*) ■**etw** [**vor jdm**] ~ to lock [*or* hide] away sth *sep* [from sb]; **die Gedanken/Gefühle in sich/in seinem Herzen** ~ to keep one's thoughts/feelings to oneself
❹ (*versagt bleiben*) ■**jdm verschlossen bleiben** to be closed off to sb
II. *vr* ❶ (*sich entziehen*) ■**sich** *akk* **etw** *dat* ~ to ignore sth
❷ (*sich jdm versagen*) ■**sich jdm** ~ to shut oneself off from sb

verschlimmbessern* *vt* (*hum fam*) ■**etw** ~ to make sth worse (*by trying to improve it*)

Verschlimmbesserung <-, -en> *f* (*hum fam*) improvement for the worse *hum*

verschlimmern* **I.** *vt* ■**etw** ~ to make sth worse
II. *vr* ■**sich** ~ to get worse, to worsen; *Zustand, Lage a.* to deteriorate

Verschlimmerung <-, -en> *f* worsening *no art, no pl* (+*gen*/**von** +*dat* of); *Zustand, Lage a.* deterioration *no pl* (+*gen*/**von** +*dat* in)

verschlingen*[1] *vt irreg* ❶ (*hastig essen*) ■**etw** ~ to devour sth, to gobble [down [*or* up] *sep*] sth *fam,* to bolt [*or* AM choke] [down *sep*] sth
❷ (*verbrauchen*) ■**etw** ~ to consume [*or sep* use up] sth
❸ (*voll Begierde anstarren*) **jdn mit Blicken** [*o* **den Augen**] ~ to devour sb with one's eyes
❹ (*in einem Zug lesen*) ■**etw** ~ to devour sth
❺ (*aufnehmen*) **jds Worte** ~ to hang on to every one of sb's words

verschlingen[2] *vt irreg* ■**sich** [**ineinander**] ~ to intertwine, to get intertwined; (*zu einem Knoten*) to become entangled; *s. a.* **Arm**

verschliss[RR], **verschliß** *imp von* **verschleißen**

verschlissen **I.** *pp von* **verschleißen**
II. *adj* worn-out

verschlossen *adj* ❶ (*abgeschlossen*) closed; (*mit einem Schlüssel*) locked
❷ (*zugemacht*) closed; ~ **bleiben** to be [kept] closed
❸ (*sehr zurückhaltend*) reserved; (*schweigsam*) taciturn
► WENDUNGEN: **jdm** ~ **bleiben** to be a mystery to sb; *Fachwissen a.* to be a closed book to sb

Verschlossenheit <-> *f kein pl* (*verschlossenes Wesen*) reservedness *no art, no pl;* (*Schweigsamkeit*) taciturnity *no art, no pl*

verschlucken* **I.** *vt* ■**etw** ~ ❶ (*hinunterschlucken*) to swallow sth
❷ (*unhörbar machen*) to absorb [*or* deaden] sth
❸ (*undeutlich aussprechen*) to slur sth; (*nicht aussprechen*) to bite back on sth
❹ (*verbrauchen*) to consume [*or sep* swallow up] sth
II. *vr* ■**sich** *akk* [**an etw** *dat*] ~ to choke [on sth]

verschludern* *vt* (*pej fam*) ■**etw** ~ ❶ (*verlieren*) to go and lose sth
❷ (*verkommen lassen*) to let sth go to pieces
❸ (*vergessen*) to go and forget sth

verschlungen **I.** *pp von* **verschlingen**
II. *adj* entwined; **auf ~en Wegen** (*fig*) via obscure channels

Verschluss[RR] *m,* **Verschluß** *m* ❶ (*Schließvorrichtung*) clasp; *Deckel* fastening; *Gürtel* buckle; *Klappe, Tür* catch; *Benzintank* cap; **etw unter** ~ **halten/nehmen** to keep/put sth under lock and key
❷ (*Deckel*) lid; *Flasche* top

VerschlussdeckelRR *m* sealable lid
verschlüsseln* *vt* ■**etw** ~ to [en]code [*or* encipher] [*or* encrypt] sth; ■**das V~ [einer S.** *gen* [*o* **von etw** *dat*]] [en]coding [sth]
verschlüsselt **I.** *adj* coded, in code *pred*
II. *adv* in code
Verschlüsselung, VerschlüsslungRR <-, -en> *f* ① (*Verschlüsseln*) [en]coding *no art, no pl*
② (*Kode*) cipher, encryption
Verschlüsselungsalgorithmus *m* encryption algorithm **Verschlüsselungstechnik** *f* INFORM encryption technology
VerschlusskappeRR *f* sealable cap **Verschlusslaut**RR *m* LING plosive **Verschlusssache**RR *f* JUR confidential [*or* classified] information *no art, no pl,* confidential [*or* restricted] matter
verschmachten* *vi sein* (*geh*) ■[**vor etw** *dat*] ~ to die of sth; **vor Durst/Hunger** ~ to die of thirst/hunger [*or* to starve to death]; **vor Sehnsucht** ~ to pine away
verschmähen* *vt* (*geh*) ■**etw** ~ to reject [*or form a.* spurn] sth; (*stärker*) to scorn sth; **das Essen** ~ to turn up one's nose at the food; **verschmähte Liebe** unrequited love
verschmelzen* *irreg* **I.** *vi sein* ■**mit etw/miteinander** ~ to melt together [with sth]
II. *vt* ■**etw [miteinander]** ~ (*löten*) to solder/braze sth [together]; (*verschweißen*) to weld sth [together]
Verschmelzung <-, -en> *f* ■**die/eine** ~ [**von etw mit etw**] ① (*das Verschmelzen*) fusing *no art, no pl* [sth to sth]; (*das Löten*) soldering *no art, no pl* [sth to sth]; (*das Verschweißen*) welding *no art, no pl* [sth to sth]
② ÖKON (*Unternehmenszusammenschluss*) amalgation; ~ **durch Aufnahme** merger; ~ **durch Neubildung** consolidation
Verschmelzungsprüfer(in) *m(f)* HANDEL merger auditor **Verschmelzungsvertrag** *m* HANDEL merger agreement
verschmerzen* *vt* ■**etw** ~ to get over sth
verschmieren* **I.** *vt* ① (*verstreichen*) ■**etw [auf etw** *dat*] ~ to apply sth [to sth]; **etw auf der Haut** ~ to apply sth to the skin, to rub sth in[to the skin]; **etw auf einer Scheibe Brot** ~ to spread sth on[to] a piece of bread
② (*verwischen*) ■**etw** ~ to smear sth
③ (*zuschmieren*) ■**etw** ~ to fill [in *sep*] sth
④ (*beschmieren*) ■**etw** ~ to make sth dirty [*or fam* grubby]
II. *vi* to smear, to get smeared
Verschmieren <-s> *nt kein pl* TYPO (*Druck*) smearing, smudging
verschmitzt **I.** *adj* mischievous, roguish; (*listig*) sly *pej*
II. *adv* mischievously, roguishly; (*listig*) slyly *pej;* ~ **lächeln** to smile mischievously/slyly, to give a mischievous/sly smile
Verschmitztheit <-, -en> *f* mischieviousness
verschmort *adj* smudged; *Kabel* smouldered
verschmutzen* **I.** *vt* ■**etw** ~ ① (*schmutzig werden lassen*) to make sth dirty [*or fam* grubby]
② ÖKOL to pollute sth
II. *vi sein* ① (*schmutzig werden*) to get dirty [*or fam* grubby]
② ÖKOL to get polluted
verschmutzt *adj* dirty, soiled; **stark** ~ heavily soiled; **V~e Fahrbahn!** mud on road
Verschmutzung <-, -en> *f* ① *kein pl* soiling *no art, no pl form;* **starke** ~ heavy soiling *form*
② ÖKOL pollution *no art, no pl*
③ *meist pl* (*anhaftender Dreck*) dirt *no art, no pl*
verschnaufen* *vi, vr* (*fam*) ■[**sich**] ~ to have [*or* take] a breather
Verschnaufpause *f* breather, respite *form;* **eine** ~ **einlegen** to have [*or* take] a breather
verschneiden* *vt irreg* ■**etw [mit etw]** ~ to blend sth [with sth]
verschneit *adj* snow-covered *attr;* ■~ **sein** to be covered in [*or* with] snow
Verschnitt *m* ① (*Mischung*) blend
② (*Rest*) cutting loss, waste
verschnörkelt *adj* adorned with flourishes; *Schrift* ornate
verschnupft *adj* (*fam*) ① (*erkältet*) with [*or* suffering from] a cold *pred;* ■~ **sein** to have a cold
② (*indigniert*) ■~ **sein** to be in a huff, to be het up [*or* AM sore] *fam*
verschnüren* *vt* ■**etw** ~ to tie up sth *sep* [with a string]; **die Schuhe** ~ to lace [*or* tie] up one's/sb's shoes
Verschnürung <-, -en> *f* lacing
verschollen *adj* missing; **eine ~e Handschrift** a lost manuscript; (*in Vergessenheit geraten a.*) a forgotten manuscript; ■[**irgendwo**] ~ **sein** to have gone missing [*or* AM *usu* have disappeared] [somewhere]
Verschollene(r) *f(m) dekl wie adj* missing person
verschonen* *vt* ■**jdn/etw** ~ to spare sb/sth; ■**jdn mit etw** ~ (*fam*) to spare sb sth; ***verschone mich bitte mit den Einzelheiten!*** please spare me the details!; **von etw verschont bleiben** to escape sth
verschönern* *vt* ■**etw** ~ to brighten up sth *sep*
Verschönerung <-, -en> *f* ① *kein pl* (*das Verschönern*) ■**die** ~ [**einer S.** *gen* [*o* **von etw** *dat*]] brightening up [sth *sep*]
② (*verschönernder Faktor*) improvement [in appearance]
Verschonung *f* sparing sb/sth
verschossen *adj Kleid, Wäsche* bleached
► WENDUNGEN: **in jdn** ~ **sein** (*fam*) to be crazy about sb
verschrammen* **I.** *vt* ■**etw** ~ to scratch sth
II. *vi sein* to get [*or* become] scratched
verschränken* *vt* **die Arme/Beine/Hände** ~ to fold one's arms/cross one's legs/clasp one's hands; **mit verschränkten Armen/Beinen/Händen** with one's arms folded/legs crossed/hands clasped
verschrauben* *vt* ■**etw** ~ to screw [*or* bolt] on sth *sep;* ■**etw mit etw** ~ to screw [*or* bolt] sth on[to] sth; **etw [miteinander]** ~ to screw [*or* bolt] sth together
verschrecken* *vt* ■**jdn/etw** ~ to scare off sb/sth *sep*
verschreckt *adj* frightened, scared
verschreiben* *irreg* **I.** *vt* ① (*verordnen*) ■**jdm etw [gegen etw]** ~ to prescribe sb sth [for sth], to prescribe sth for sb; ■**sich** *dat* **etw [gegen etw** *akk*] ~ **lassen** to get sth prescribed [*or* get a prescription] [for sth]
② (*durch Schreiben verbrauchen*) ■**etw** ~ to use up sth *sep*
③ (*Besitz übertragen*) ■**jdm etw** ~ to make sth over to sb
II. *vr* ① (*falsch schreiben*) ■**sich** ~ to make a mistake [*or* slip of the pen]
② (*sich ganz widmen*) ■**sich** *akk* **einer S.** *dat* ~ to devote oneself to sth
Verschreibung *f* prescription
verschreibungspflichtig *adj* available only on [*or* by] prescription *pred*
verschrie(e)n *adj* notorious; ■[**als/wegen etw**] ~ **sein** to be notorious [for being/for sth]; **als Chauvi/Geizhals** ~ **sein** to be notorious for one's chauvinism/stinginess
verschroben *adj* eccentric, cranky *fam*
verschrotten* *vt* ■**etw** ~ to scrap sth, to turn sth into scrap; ■**etw** ~ **lassen** to scrap sth
Verschrottung <-, -en> *f* ■**die/eine** ~ [**einer S.** *gen* [*o* **von etw** *dat*]] turning [sth] into scrap, scrapping [sth]; **etw zur** ~ **geben** to send sth to be scrapped [*or* to the scrap yard]
verschrumpeln* *vi sein* (*fam*) to shrivel [up]
verschrumpelt <-er, -este> *adj* shrivelled BRIT, shriveled AM
verschüchtern* *vt* ■**jdn** ~ to intimidate sb
verschüchtert *adj* intimidated
verschulden* **I.** *vt* ■**etw** ~ to be to blame for sth
II. *vi sein* to get [*or* go] into debt; **immer mehr** ~ to get [*or* go] deeper and deeper into debt; ■**verschuldet sein** to be in debt
III. *vr* ■**sich [bei jdm]** ~ to get into debt [to sb]
Verschulden <-s> *nt kein pl* JUR fault *no indef art, no pl,* blame; **fahrlässiges** ~ negligence; **fremdes** ~ fault of another party; **konkurrierendes** ~ concurrent negligence; **das** ~ [**an etw** *dat*] **tragen** to be to blame [for sth]; **ohne jds** ~ through no fault of sb's [own]; **ohne mein** ~ through no fault of my own [*or* mine]; ~ **bei Vertragsabschluss** negligence in contracting, culpa in contrahendo; **durch eigenes** ~ through his/her fault; **ohne eigenes** ~ through no fault on one's own
Verschuldenshaftung *f* JUR liability for fault
verschuldet *adj* indebted; **hoch** ~ **sein** to be deep in debt
Verschuldung <-, -en> *f* ① (*verschuldet sein*) indebtedness *no art, no pl*
② (*Schulden*) debts *pl*
Verschuldungsgrad *m* ÖKON [equity] gearing **Verschuldungsgrenze** *f* FIN debt limit, debt limitations *pl*
verschütten* *vt* ① (*danebenschütten*) ■**etw** ~ to spill sth
② (*unter etw begraben*) ■**jdn** ~ to bury sb [alive]; ■**verschüttet [sein]** (*begraben*) [to be] buried [alive *pred*]; (*eingeschlossen*) [to be] trapped
verschwägert *adj* related by marriage *pred;* ■**mit jdm** ~ **sein** to be related [by marriage] to sb; ■**sie sind [miteinander]** ~ they are related [to each other] [by marriage]; ■**die V~en** the in-laws
verschweigen* *vt irreg* ■**jdn/etw** ~ to hide [*or* conceal] sb/sth (**vor** +*dat* from); **Informationen** ~ to withhold information; **eine Vorstrafe** ~ to keep quiet about [*or* not reveal] a previous conviction; ■**jdm** ~, **dass ...** to keep from sb the fact that ...
Verschweigen *nt kein pl* concealing, withholding, non-disclosure; **arglistiges** ~ **von Tatsachen** JUR fraudulent concealment of facts
verschweißen* *vt* ■**etw** ~ to weld sth together
verschwenden* *vt* ■**etw** ~ to waste sth; **keinen Blick an jdn** ~ to not spare sb a glance; **Geld/Ressourcen** ~ to squander money/resources; **seine Worte** ~ to waste one's breath; ■**etw an/mit etw** *dat*/**für etw** *akk* ~ to waste sth on sth
Verschwender(in) <-s, -> *m(f)* waster, wasteful [*or form* prodigal] person; *Geld a.* spendthrift *pej fam;* ***du bist wirklich ein ~!*** you are [being] really wasteful!; *Geld* you're a real spendthrift! *pej fam*
verschwenderisch **I.** *adj* ① (*sinnlos ausgebend*) wasteful; **ein ~er Mensch** a wasteful [*or form* prodigal] person
② (*sehr üppig*) extravagant, sumptuous; **~e Pracht** lavish splendour [*or* AM -or]; **in ~er Fülle** in prodigal abundance *form;* **in ~em Luxus leben** to live in the lap of luxury
II. *adv* wastefully; ~ **leben** to live extravagantly [*or form* prodigally]
Verschwendung <-, -en> *f* wasting *no art, no pl,* wastefulness *no art, no pl;* ***so eine ~!*** what a waste!
Verschwendungssucht *f kein pl* prodigality *no art, no pl form* **verschwendungssüchtig** *adj* prodigal *form*
verschwiegen *adj* ① (*diskret*) discreet; ~ **wie ein Grab [sein]** [to be] [as] silent as the grave
② (*geh: abgelegen*) secluded
Verschwiegenheit <-> *f kein pl* ① (*Diskretion*) discretion *no art, no pl,* secrecy; **berufliche** ~ professional discretion; **zur** ~ **verpflichtet sein** to be bound [*or* sworn] to secrecy; **jdn zur** ~ **verpflichten** to enjoin sb to secrecy
② (*Verborgenheit*) seclusion *no art, no pl*
Verschwiegenheitspflicht *f* JUR duty of secrecy, obligation to maintain secrecy
verschwiemelt *adj* (*fam: erschöpft*) knocked-out *pred;* (*verkatert*) hung-over *pred*
verschwimmen* *vi irreg sein* to become blurred
verschwinden* *vi irreg sein* ① (*nicht mehr da sein*) ■[**irgendwo**] ~ to disappear [*or* vanish] [somewhere]; **am Horizont/im Wald/in der Ferne** ~ to disappear [*or* vanish] over the horizon/into the forest/into the distance; ■**verschwunden [sein]** [to be] missing; **etw in etw** *dat* ~ **lassen** to slip sth into sth

❷ (*sich auflösen*) to vanish; ■**etw ~ lassen** to make sth disappear [*or* vanish]
❸ (*fam: sich davonmachen*) ■[**irgendwohin**] ~ to disappear [somewhere]; **nach draußen/in den Keller** ~ to pop outside/down to the [wine] cellar *fam;* **verschwinde!** clear off!, get lost!, beat it! *fam,* hop it! BRIT *fam*
▶ WENDUNGEN: **mal ~ müssen** (*euph fam*) to have to pay a visit [*or* AM go to the bathroom], to have to spend a penny BRIT *dated fam*
Verschwinden <-s> *nt kein pl* disappearance (+*gen*/**von** +*dat* of)
verschwindend I. *adj* ❶ (*winzig*) tiny
❷ (*unbedeutend*) insignificant
II. *adv* extremely; **~ gering** extremely remote [*or* slight]; **~ klein** tiny, minute; **~ wenig** a tiny amount; **~ wenige** very, very few
verschwistert *adj* ■**sie sind** [**miteinander**] ~ they are brother/brothers and sister/sisters, they are brothers/sisters
verschwitzen* *vt* ❶ (*mit Schweiß durchtränken*) ■**etw** ~ to make sth sweaty; ■**verschwitzt** sweaty; ■**ganz verschwitzt sein** to be all sweaty [*or* soaked [*or* bathed] in sweat]
❷ (*fam: durch Unachtsamkeit vergessen*) ■**etw** ~ to forget sth; **etw völlig** ~ to forget all about sth
verschwitzt <-er, -este> *adj* ❶ (*mit Schweiß durchsetzt*) sweaty
❷ (*fam: vergessen*) forgotten
verschwollen *adj* swollen
verschwommen *adj* ❶ (*undeutlich*) blurred, fuzzy; **~e Umrisse** vague outlines
❷ (*unklar*) hazy, vague
verschworen *adj attr* sworn *attr;* (*verschwörerisch*) conspiratorial; (*heimlich tuend*) secretive
verschwören* *vr irreg* ❶ (*konspirieren*) ■**sich** [**mit jdm**] **gegen jdn** ~ to conspire [*or* plot] [with sb] against sb; ■**sich zu etw** ~ to plot sth, to conspire to do sth; ■**etw hat sich gegen jdn verschworen** sth conspired against sb
❷ (*geh: sich ganz verschreiben*) ■**sich** *akk* **etw** *dat* ~ to dedicate [*or* devote] oneself to sth
Verschworene(r) *f(m) dekl wie adj* conspirator
Verschwörer(in) <-s, -> *m(f)* conspirator
verschwörerisch <-er, -este> *adj* conspiratorial, clandestine
Verschwörung <-, -en> *f* conspiracy, plot; **eine ~ gegen jdn/etw organisieren** to conspire against sb/sth
versechsfachen* [-'zɛks-] **I.** *vt* ■**etw** ~ to increase sth sixfold, to multiply sth by six
II. *vr* ■**sich** ~ to increase sixfold
versehen* *irreg* **I.** *vt* ❶ (*ausüben*) ■**etw** ~ to perform sth; **seinen Dienst** ~ to perform [*or form* discharge] one's duties
❷ (*ausstatten*) ■**jdn mit etw** ~ to provide [*or* supply] sb with sth; ■**mit etw ~ sein** to be provided [*or* supplied] with sth
❸ (*geh: geben*) ■**etw mit etw** ~ to provide sth with sth; **etw mit seiner Unterschrift** ~ to append one's signature to sth *form;* **etw mit einem Vermerk** ~ to add a note to sth
II. *vr* ■**sich** ~ to make a mistake; ■**sich** *akk* **in etw** *dat* ~ to get sth wrong
▶ WENDUNGEN: **ehe man sich's versieht** (*fam*) before you know where you are, before you could [*or* can] say Jack Robinson *dated*
Versehen <-s, -> *nt* (*Irrtum*) mistake; (*Unachtsamkeit*) oversight; **aus** [*o* **durch ein**] ~ inadvertently; (*aufgrund einer Verwechslung a.*) by mistake [*or* accident]
versehentlich I. *adj attr* inadvertent; **ein ~er Anruf** a wrong number
II. *adv* inadvertently; (*aufgrund einer Verwechslung a.*) by mistake [*or* accident]
versehren* *vt* (*geh*) ■**jdn** ~ to injure [*or* hurt] sb; ■**etw** ~ to damage sth; ■**versehrt sein/werden** to be/get [*or* become] injured [*or* hurt] [*or* damaged]
Versehrte(r) *f(m) dekl wie adj* disabled person
Versehrtenrente *f* disability pension
verselbständigen*, **verselbstständigen**[RR]* *vr* ■**sich** ~ ❶ (*sich selbständig machen*) to become self-employed [*or* independent]
❷ (*hum fam: verschwinden*) ■**sich** ~ to disappear, to go AWOL *fam*
versenden* *vt irreg o reg* ■**etw** [**an jdn**] ~ to send sth [to sb]; **bestellte Waren** ~ to dispatch [*or sep* send out] [*or form* consign] ordered goods; (*verschiffen a.*) to ship ordered goods
Versender(in) <-s, -> *m(f)* HANDEL sender, consignor
Versendung *f* sending *no art, no pl,* sending out *sep, no art, no pl,* dispatch *no art, no pl,* consignment *no art, no pl;* (*per Schiff a.*) shipment *no art, no pl;* **während der** ~ in transit
Versendungskauf *m* HANDEL sales shipment **Versendungsort** *m* HANDEL place of consignment
versengen* *vt* ■**etw** ~ to singe sth; **etw mit einem Bügeleisen** ~ to scorch sth with an iron; ■**sich** *dat* **etw** [**an etw** *dat*] ~ to singe one's sth [on sth]; ***sie hatte sich die Haare an der Kerze versengt*** the candle had singed [*or* caught] her hair
versenkbar *adj* lowerable; **eine ~e Brotschneidemaschine/Nähmaschine** a foldaway bread slicer/sewing machine; **~e Scheinwerfer** retractable headlights; **ein ~es Verdeck** a folding top
versenken* I. *vt* ❶ (*sinken lassen*) ■**etw** ~ to sink sth; **das eigene Schiff** ~ to scuttle one's own ship
❷ (*einklappen*) ■**etw** ~ to lower sth; **die Scheinwerfer** ~ to retract the headlights
❸ (*hinunterlassen*) ■**etw in etw** *akk* ~ to lower sth into sth
❹ TECH (*ausfräsen*) **eine Bohrung** ~ to countersink a bore
II. *vr* (*geh*) ■**sich** *akk* **in etw** *akk* ~ to immerse oneself [*or* become engrossed] in sth; **sich ganz in sich selbst** ~ to become totally absorbed in oneself
Versenkung *f* ❶ (*das Versenken*) **die ~** [**einer S.** *gen* [*o* **von etw** *dat*]] sinking/lowering/retracting etc. [sth]
❷ (*das Sichversenken*) contemplation *no art, no pl* (**in** +*akk* of)
❸ THEAT trap[door]
▶ WENDUNGEN: **aus der ~ auftauchen** (*fam*) to re[-]emerge on the scene; **in der ~ verschwinden** to vanish [*or* disappear] from the scene
versessen *adj* ■**auf jdn/etw ~ sein** to be crazy [*or* mad] about [*or esp* BRIT keen on] sb/sth *fam;* **auf[s] Geld ~ sein** to be obsessed with money; ■**~ darauf sein, etw zu tun** to be dying to do sth
Versessenheit <-> *f kein pl* keenness *no art, no pl* (**auf** +*akk* on); **seine ~ aufs Geld** one's obsession with [*or* avidity for] money
versetzen* I. *vt* ❶ (*woandershin beordern*) ■**jdn** [**irgendwohin**] ~ to move [*or* transfer] [*or* post] sb [somewhere]
❷ SCH **einen Schüler** [**in die nächste Klasse**] ~ to move up *sep* a pupil [to the next class], to promote a student to the next class [*or* grade] AM
❸ (*bringen*) **jdn in Angst** ~ to frighten sb, to make sb afraid; **jdn in Begeisterung** ~ to fill sb with enthusiasm; **eine Maschine in Bewegung** ~ to set a machine in motion; **jdn in Panik/Wut** ~ to send sb into a panic/a rage; **jdn in Sorge** ~ to worry sb, to make sb worried, to set sb worrying; **jdn in Unruhe** ~ to make sb uneasy; **jdn in die Lage ~, etw zu tun** to make it possible for sb to do sth
❹ (*verrücken*) ■**etw** ~ to move sth
❺ (*verpfänden*) ■**etw** ~ *Uhr, Schmuck, Silber* to pawn sth
❻ (*fam: verkaufen*) ■**etw** ~ to sell sth, to flog sth BRIT *fam*
❼ (*fam: warten lassen*) ■**jdn** ~ to stand up sb *sep fam*
❽ (*geben*) **jdm einen Hieb/Schlag/Stich/Tritt** ~ to punch/hit/stab/kick sb
❾ (*mischen*) ■**etw mit etw** ~ to mix sth with sth; **etw mit Wasser** ~ to dilute sth [with water]
❿ (*energisch antworten*) ■**~, dass ...** to retort that ...
II. *vr* (*sich hineindenken*) ■**sich in jdn/etw** ~ to put oneself in sb's shoes [*or* place] [*or* position]/sth; ***versetz dich doch mal in meine Lage*** just put yourself in my place [*or* shoes] for once
Versetzung <-, -en> *f* ❶ ADMIN transfer; **~ in den Ruhestand** retirement
❷ SCH moving up *no art, no pl,* AM *a.* promotion *no art, no pl;* **jds ~ ist gefährdet** sb's moving up [a class] [*or* AM promotion] is at risk
Versetzungszeugnis *nt* SCH end-of-year report, report card AM
verseuchen* *vt* ■**etw** ~ ❶ (*vergiften*) to contaminate sth; **die Umwelt** ~ to pollute the environment
❷ INFORM to infect sth
verseucht *adj Gebiet* contaminated
Verseuchung <-, -en> *f* contamination/pollution/infection *no art, no pl*
Versfuß *m* LIT [metrical] foot *spec*
versicherbar *adj* FIN insurable; *s. a.* **versicherungsfähig**
Versicherer <-s, -> *m* insurer, underwriter; (*Lebensversicherung a.*) assurer BRIT
versichern*[1] *vt* ■**jdn/etw** [**gegen etw**] ~ to insure sb/sth [against sth]; ■[**gegen etw**] **versichert sein** to be insured [against sth]
versichern*[2] **I.** *vt* ❶ (*beteuern*) ■**jdm ~,** [**dass**] **...** to assure sb [that] ...
❷ (*geh: zusichern*) ■**jdn einer S.** *gen* ~ to assure sb of sth; **jdn seiner Freundschaft** ~ to pledge sb one's friendship
II. *vr* (*geh*) ■**sich** *akk* **einer S.** *gen* ~ to make sure [*or* certain] of sth; **sich jds Unterstützung/Zustimmung** ~ to secure sb's support/agreement
versichert *adj* FIN insured
Versicherte(r) *f(m) dekl wie adj* insured; (*Lebensversicherung a.*) assured BRIT, insured/assured person [*or* party]
Versichertenkarte *f* medical [*or* health] insurance card
Versicherung[1] *f* ❶ (*~svertrag*) insurance *no pl,* insurance policy; *Lebens~ a.* assurance *no pl* BRIT
❷ (*~gesellschaft*) insurance company
❸ *kein pl* (*das Versichern*) insurance *no art, no pl,* insuring *no art, no pl*
❹ (*~gebühr*) premium
Versicherung[2] *f* ❶ (*Beteuerung*) assurance; **jdm die ~ geben,** [**dass**] **...** to assure sb [that] ...
❷ JUR (*Erklärung*) affirmation, assurance; **~ auf den Erlebensfall/Todesfall** [ordinary] endowment insurance/straight life insurance; **~ auf Gegenseitigkeit** mutual insurance; **~ für fremde Rechnung** insurance for another person's account; **eidesstattliche ~, ~ an Eides Statt** affirmation in lieu of an oath, statutory declaration BRIT; **eidliche** ~ affidavit
Versicherungsagent(in) *m(f)* insurance agent **Versicherungsaktie** *f* BÖRSE insurance stock **Versicherungsanspruch** *m* insurance claim **Versicherungsaufsicht** *f* FIN insurance control **Versicherungsbedingungen** *pl* JUR terms of a/the policy, insurance conditions; **allgemeine** ~ standard provisions, general insurance conditions **Versicherungsbeginn** *m kein pl* JUR commencement of an/the insurance **Versicherungsbeitrag** *m* insurance premium [*or* contribution] **Versicherungsbestand** *m* JUR insurance portfolio **Versicherungsbetrug** *m* insurance fraud; (*Anspruch*) fraudulent claim **Versicherungsbranche** *f kein pl* HANDEL (*Geschäft*) insurance business **Versicherungsdauer** *f* term of an insurance policy **Versicherungsdeckung** *f* JUR cover **versicherungsfähig** *adj* FIN insurable; **nicht** ~ non-insurable, uninsurable **Versicherungsfall** *m* event covered by insurance, insurance job **Versicherungsgegenstand** *m* JUR subject matter of the insurance **Versicherungsgesellschaft** *f* insurance company; (*Lebensversicherung a.*) assurance company BRIT **Versicherungskapital** *nt* FIN insurance stock **Versicherungskarte** *f* insurance card **Versicherungskauffrau** *f fem form von* Versicherungskaufmann **Versicherungskaufmann, -kauffrau** *m, f* insurance broker [*or masc* salesman] [*or fem* saleswoman] **Versicherungslaufzeit** *f* term of an

insurance [policy] **Versicherungsleistung** *f* FIN insurance benefit **Versicherungsmakler(in)** *m(f)* insurance broker **Versicherungsnehmer(in)** *m(f)* policy holder, insurant *spec* **Versicherungsperiode** *f* JUR period of insurance **Versicherungspflicht** *f* compulsory [*or* statutory] insurance *no art, no pl;* **der ~ unterliegen** to be liable to [take out] compulsory insurance, to be subject to compulsory insurance **versicherungspflichtig** *adj* **eine ~e Person** a person liable to pay compulsory insurance; **eine ~e Tätigkeit** an activity subject to compulsory insurance **Versicherungspolice** *f* insurance policy; (*Lebensversicherung a.*) assurance policy BRIT **Versicherungsprämie** *f* insurance premium **Versicherungsrecht** *nt* JUR insurance law **Versicherungssache** *f* FIN insurance case **Versicherungsschein** *m* JUR insurance policy **Versicherungsschutz** *m kein pl* insurance cover [*or* coverage]; **vollen ~ haben** to be fully covered **Versicherungssteuer** *f* FIN insurance tax **Versicherungssumme** *f* sum insured; (*Lebensversicherung a.*) sum assured BRIT **Versicherungsträger(in)** *m(f)* JUR insurer; (*Lebensversicherung*) assurer **Versicherungsunterlagen** *pl* JUR insurance papers [*or* records] **Versicherungsverein** *m* FIN insurance company **Versicherungsverhältnis** *nt* JUR insurance relationship **Versicherungsverlust** *m* FIN underwriting loss **Versicherungsvertrag** *m* FIN insurance contract [*or* policy]; **einen ~ abschließen** to take out a policy, to effect an insurance; **einen ~ kündigen** to cancel a policy **Versicherungsvertragsgesetz** *nt* JUR Insurance Act **Versicherungsvertreter(in)** *m(f)* insurance agent, insurance company representative **Versicherungswert** *m* FIN insured value, face value of a policy

Versicherungswesen *nt* insurance [business] *no art, no pl* **Versicherungszeitraum** *m* FIN period of coverage **Versicherungszulassung** *f* FIN insurance licence [*or* AM -se] **Versicherungszwang** *m* JUR compulsory insurance

versickern* *vi sein* ■**[irgendwo]** ~ to seep away [somewhere]

versiebenfachen* I. *vt* ■**etw** ~ to increase sth sevenfold, to multiply sth by seven
II. *vr* ■**sich** ~ to increase sevenfold [*or* by a factor of seven]

versiegeln* *vt* ■**etw** ~ ❶ (*verschließen*) to seal [up *sep*] sth; **versiegelte Gegenstände** JUR objects under seal
❷ (*widerstandsfähiger machen*) to seal sth

versiegen* *vi sein* ❶ (*zu fließen aufhören*) to dry up; *Fluss a.* to run dry
❷ (*nicht mehr zur Verfügung stehen*) to dry up
❸ (*allmählich verstummen*) to peter out [*or* BRIT *a.* away]

versiert [vɛrˈziːɐt] *adj* experienced; ■**[auf/in etw** *dat*] ~ **sein** to be experienced [in sth], to be well-versed in sth, to be an expert [on/in sth]

Versiertheit <-> [vɛrˈziːɐt-] *f kein pl* prowess *no art, no pl a. form* (**in** +*dat* in), knowledge and experience + *sing vb, no art, no pl*

versilbern* *vt* ■**etw** ~ ❶ (*mit Silber überziehen*) to silver-plate sth; **Glas** ~ to silver glass
❷ (*fam: verkaufen*) to sell sth, to flog sth BRIT *fam*

Versilberung <-, -en> *f* ❶ *kein pl* (*das Versilbern*) silvering
❷ (*Silberschicht*) silver-plate

versinken *vi irreg sein* ❶ (*untergehen*) ■**[in etw** *dat*] ~ to sink [in sth]; ■**versunken** sunken *attr*
❷ (*einsinken*) ■**in etw** *dat* ~ to sink into sth

versinnbildlichen* *vt* ■**etw** ~ to symbolize [*or* represent] sth

Version <-, -en> [vɛrˈzioːn] *f* version, release

versippt *adj* related by marriage *pred;* ■**mit jdm ~ sein** to be related to sb by marriage

versklaven* [-vn] *vt* ■**jdn** ~ to enslave sb

Versklavung <-, -en> [-vʊŋ] *f* enslavement *no art, no pl*

Verslehre *f* study of verse

verslumen* [fɛɐˈslamən] *vi sein* to become a slum; **ein verslumtes Viertel** a slum quarter

Versmaß *nt* LIT metre [*or* AM -er] *spec*

versnobt *adj* snobbish, snobby *fam*

versoffen *adj* (*sl*) boozy *fam;* **ein ~er Kerl** a boozer *fam*, a lush *sl*, a soak *dated fam*

versohlen* *vt* (*fam*) ■**jdn** ~ to whack sb *fam;* ■**jdm etw** ~ to whack sb's sth

versöhnen* I. *vr* ■**sich mit jdm** ~ to make it up with sb, to be reconciled with sb; ■**sich [miteinander]** ~ to become reconciled, to make [it] up
II. *vt* ❶ (*aussöhnen*) ■**jdn mit jdm** ~ to reconcile sb with sb
❷ (*besänftigen*) ■**jdn [mit etw]** ~ to mollify [*or* placate] [*or pej* appease] sb [with sth] *form*

versöhnlich *adj* ❶ (*zur Versöhnung bereit*) conciliatory; **jdn ~ stimmen** to appease sb *pej form*
❷ (*erfreulich*) upbeat

Versöhnung <-, -en> *f* reconciliation *no art, no pl;* **zur ~** in reconciliation

Versöhnungsgeste *f* gesture of reconciliation **Versöhnungsklausel** *f* JUR conciliation clause

versonnen I. *adj* dreamy; ■~ **sein** to be lost in thought
II. *adv* dreamily, lost in thought

versorgen* *vt* ❶ (*betreuen*) ■**jdn** ~ to take care of [*or* look after] sb; **die Schweine/meine Blumen** ~ to take care of the pigs/my flowers; ■**etw** ~ to look after sth; **die Heizung** ~ to look after [*or* see to] the heating
❷ (*versehen*) ■**jdn mit etw** ~ to supply sb with sth; ■**sich mit etw** ~ to provide oneself with sth; **jdn mit Bargeld** ~ to provide sb with cash; **sich selbst** ~ to look after [*or* take care of] oneself; ■**[mit etw] versorgt sein** to be supplied [with sth]
❸ (*medizinisch behandeln*) ■**jdn/etw** ~ to treat sb/sth
❹ (*zukommen lassen*) ■**etw mit etw** ~ to supply sth with sth

Versorger(in) <-s, -> *m(f)* ❶ (*Ernährer*) provider
❷ (*Belieferer*) supplier

versorgt *adj* looked after, taken care of

Versorgung <-> *f kein pl* ❶ (*das Versorgen*) care *no art, no pl;* **die ~ des Haushalts** the housekeeping; **alltägliche ~** JUR physical custody
❷ (*das Ausstatten*) supply *no pl*, supplying *no art, no pl;* **die ~ der Stadt mit Strom** the supply of electricity [*or* electricity supply] to the town; **medizinische ~** provision of medical care

Versorgungsabschlag *m* JUR reduction in benefit **Versorgungsaktie** *f* BÖRSE utility **Versorgungsanspruch** *m* JUR entitlement to a pension **Versorgungsanwartschaft** *f* JUR pension expectancy, future pension rights *pl* **Versorgungsausfall** *m* JUR loss of pension **Versorgungsausgleich** *m* JUR statutory equalization of pensions **versorgungsberechtigt** *adj* entitled to benefit **Versorgungsberechtigte(r)** *f(m)* JUR person entitled to public support **Versorgungsbetrieb** *m* ÖKON public utility; **öffentlicher ~** public utility **Versorgungsbezüge** *pl* FIN superannuation benefits **Versorgungsempfänger(in)** *m(f)* JUR recipient of benefit **Versorgungsengpass**[RR] *m* ÖKON supply bottleneck **Versorgungsflug** *m* relief flight **Versorgungsfreibetrag** *m* FIN age relief **Versorgungsgüter** *pl* ÖKON supplies **Versorgungskette** *f* supply chain **Versorgungskonvoi** *m* supply [*or* relief] [*or* aid] convoy **Versorgungslage** *f* HANDEL supply situation; **angespannte ~** tight supply situation **Versorgungsleistung** *f* benefit **Versorgungsleitung** *f* supply line **Versorgungslücke** *f* gap in supplies **Versorgungsnetz** *nt* ❶ ÖKON *von Waren* supply network ❷ (*mit Wasser*) supply grid **Versorgungspflicht** *f* FIN pension obligation **Versorgungsprinzip** *nt* ÖKON welfare principle **Versorgungsrecht** *nt kein pl* JUR *der Beamten* benefit laws *pl* **Versorgungsschwierigkeiten** *pl* supply problems *pl* **Versorgungsvertrag** *m* JUR supply agreement, contract of supply **Versorgungswirtschaft** *f kein pl* ÖKON public utilities *pl* **Versorgungszusage** *f* ÖKON pension commitment, promise of a pension

verspachteln* *vt* ■**etw** ~ ❶ BAU (*ausfüllen*) to fill in sth *sep*
❷ (*fam: aufessen*) to put away sth *sep*

verspannen* I. *vr* ■**sich** ~ to tense up; ■**verspannt** tense[d up]
II. *vt* ■**etw** ~ to brace [*or spec* stay] [*or spec* guy] sth

Verspannung *f* tenseness *no art, no pl;* **eine ~ der Schultern** shoulder tension

verspannungsfrei *adj* BAU torsion-free

verspäten* *vr* ■**sich** ~ to be late

verspätet I. *adj* ❶ (*zu spät eintreffend*) delayed
❷ (*zu spät erfolgend*) late
II. *adv* late; (*nachträglich*) belatedly

Verspätung <-, -en> *f* delay; *Flugzeug* late arrival; ***entschuldigen Sie bitte meine ~*** I'm sorry I'm late; **~ haben** to be late; **mit ~** late; **mit [zwanzigminütiger/einer Stunde] ~ abfahren/ankommen** to leave/arrive [twenty minutes/an hour] late

Verspätungszuschlag *m* JUR default fine, delay penalty

verspeisen* *vt* (*geh*) ■**etw** ~ to consume sth

verspekulieren* I. *vr* ■**sich** ~ ❶ (*fam: sich verrechnen*) to miscalculate
❷ FIN to speculate very badly; (*sich ruinieren*) to ruin oneself by speculation
II. *vt* ■**etw** ~ to lose sth through speculation

versperren* *vt* ❶ (*blockieren*) ■**[jdm] etw** ~ to block [sb's] sth; **jdm den Weg** ~ to bar sb's way
❷ DIAL (*abschließen*) ■**etw** ~ to lock sth
❸ (*nehmen*) **jdm die Sicht** ~ to block [*or* obstruct] sb's view

verspielen* I. *vt* ■**etw** ~ ❶ (*beim Glücksspiel verlieren*) to gamble away sth *sep*, to lose sth [by gambling]
❷ (*sich leichtfertig um etw bringen*) to squander [*or sep* throw away] sth
II. *vi* ► WENDUNGEN: **verspielt haben** to have had it; **bei jdm verspielt haben** to burn one's bridges [*or* BRIT *a.* boats] with sb
III. *vr* ■**sich** ~ to play a bum note *fam*

verspielt *adj* ❶ (*gerne spielend*) playful
❷ MODE fanciful, fussy *pej*

versponnen *adj* foolish, airy-fairy BRIT *fam;* **~e Ideen** [*o* **Vorstellungen**] odd [*or* eccentric] [*or* wild] ideas

verspotten* *vt* ■**jdn/etw** ~ to mock [*or* ridicule] sb/sth

Verspottung <-, -en> *f* mocking *no art, no pl*, ridiculing *no art, no pl*

versprechen*[1] *irreg* I. *vt* ❶ (*zusichern*) ■**[jdm] etw** ~ to promise [sb] sth [*or* sth to sb]; ■**[jdm] ~, etw zu tun** to promise to do sth, to promise sb [that] one will do sth; ■**[jdm] ~, dass etw geschieht** to promise [sb] [that] sth will happen; ***ich kann nicht ~, dass es klappt*** I can't promise it will work
❷ (*erwarten lassen*) ■**etw** ~ to promise sth; ■**~, etw zu werden** to promise to be sth; ***das Wetter verspricht schön zu werden*** the weather looks promising; *s. a.* **Gute(s) 1**
II. *vr* ❶ (*sich erhoffen*) ■**sich** *dat* **etw von jdm/etw** ~ to hope for sth from sb/sth
❷ (*falsch sprechen*) to make a slip of the tongue; **sich ständig versprechen** to keep getting the words mixed up

versprechen*[2] *irreg vr* ■**sich** ~ to slip up, to make a mistake; (*etw ungewollt preisgeben*) to make a slip of the tongue

Versprechen <-s, -> *nt* promise; **jdm das ~ geben, etw zu tun** to promise to do sth, to promise sb [that] one will do sth; **jdm das ~ abnehmen, etw zu tun** to make sb promise to do sth; **ein ~ brechen** to go back on [*or* break] a promise

Versprechensempfänger(in) *m(f)* JUR promisee

Versprecher <-s, -> *m* (*fam*) slip of the tongue; **ein freudscher ~** a Freudian slip

Versprechung <-, -en> *f meist pl* promise; **leere ~en** empty promises

versprengen* *vt* ❶ (*auseinander treiben*) ■**jdn/**

etw ~ to scatter sb/sth; **versprengte Soldaten** soldiers who have been separated from their units
❷ (*verspritzen*) ■**etw** ~ to sprinkle sth; **Weihwasser** ~ to sprinkle holy water

verspritzen* *vt* ❶ (*verteilen*) ■**etw** ~ to spray sth; **Weihwasser** ~ to sprinkle holy water
❷ (*versprühen*) ■**etw** ~ to spray sth; **Tinte** ~ to squirt [*or* spray] ink
❸ (*ausspritzen*) ■**etw** ~ to spray sth
❹ (*verkleckern*) ■[**jdm**] **etw** ~ to sp[l]atter [sb's] sth

versprühen* *vt* ■**etw** [**auf etw** *akk o dat*] ~ to spray sth [on[to] sth]; **Funken** ~ to cut [*or sep* send up] sparks; **Gülle auf den Feldern** ~ to spray [*or* spread] slurry on the fields; **Optimismus** ~ to dispense optimism

verspüren* *vt* (*geh*) ■**etw** ~ to feel sth; **keinerlei Reue** ~ to feel no remorse at all; **er verspürte plötzlich eine panische Angst, dass...** he was suddenly terrified that ...

verstaatlichen* *vt* ■**etw** ~ to nationalize sth; ■**verstaatlicht** nationalized

Verstaatlichung <-, -en> *f* nationalization *no art, no pl*

Verstädterung <-> *f kein pl* urbanization

verstand *imp von* **verstehen**

Verstand <-[e]s> *m kein pl* reason *no art, no pl;* **jdm** ~ **zutrauen** to think sb has [common] sense; **bei klarem** ~ **sein** to be in full possession of one's faculties [*or* in one's right mind]; **bist du noch bei** ~**?** (*fam*) are you quite right in the head? *fam;* **seinen** ~ **anstrengen** (*fam*) to think hard; **jdn um den** ~ **bringen** to drive sb out of his/her mind; **über jds** ~ **gehen** to be beyond sb; **nicht bei** ~ **sein** to not be in one's right mind; **da bleibt einem der** ~ **stehen** the mind boggles; **den** ~ **verlieren** to lose [*or* go out of] one's mind; **etw mit** ~ **essen/genießen/trinken** to savour [*or* AM -or] sth; **etw ohne** ~ **essen/rauchen/trinken** to eat/smoke/drink sth without savouring [*or* AM -oring] it

verstanden *pp von* **verstehen**

Verstandeskraft *f kein pl* mental powers *pl,* intellectual faculties *pl*

verstandesmäßig *adj* rational

Verstandesmensch *m s.* **Vernunftmensch**

verständig *adj* (*vernünftig*) sensible; (*einsichtig*) cooperative; (*sach~*) informed; (*klug*) intelligent; **sich** ~ **zeigen** to show cooperation, to be cooperative

verständigen* I. *vt* ■**jdn** [**von etw**] ~ to notify [*or* inform] sb [of sth]
II. *vr* ❶ (*sich verständlich machen*) ■**sich** [**durch etw**] ~ to communicate [*or* make oneself understood] [by sth]
❷ (*sich einigen*) ■**sich** *akk* **mit jdm** [**über etw** *akk*] ~ to come to an understanding with sb [about sth]; ■**sich** *akk* [**miteinander**] [**über etw** *akk*] ~ to reach an agreement [with each other] [about sth]

Verständigkeit <-> *f kein pl* common sense *no art, no pl*

Verständigung <-, *selten* -en> *f* ❶ (*Benachrichtigung*) notification *no art, no pl*
❷ (*Kommunikation*) communication *no art, no pl;* ***die ~ am Telefon war schlecht*** the telephone line was bad
❸ (*Einigung*) agreement *no pl,* understanding *no pl;* **mit jdm zu einer** ~ **kommen** [*o* **eine** ~ **erzielen**] (*geh*) to reach an agreement with sb

verständigungsbereit <-er, -este> *adj* willing to negotiate **Verständigungsbereitschaft** *f kein pl* readiness [*or* willingness] *no pl* to reach an agreement; ~ **zeigen** to be willing [*or* prepared] to reach an agreement **Verständigungsschwierigkeiten** *pl* communication difficulties *pl,* difficulties *pl* in communicating **Verständigungsvereinbarung** *f* JUR agreement **Verständigungsverfahren** *nt* JUR mutual agreement procedure

verständlich I. *adj* ❶ (*begreiflich*) understandable; ■**etw ist jdm** ~ sb understands sth; **jdm etw** ~ **machen** to make sb understand sth [*or* sth clear to sb]; **sich** ~ **machen** to make oneself understood [*or* clear]
❷ (*gut zu hören*) clear, intelligible; **sich** ~ **machen** to make oneself understood [*or* heard]
❸ (*leicht zu verstehen*) clear, comprehensible
II. *adv* ❶ (*vernehmbar*) clearly
❷ (*verstehbar*) in a comprehensible way, comprehensibly

verständlicherweise *adv* understandably

Verständlichkeit <-> *f kein pl* ❶ (*Begreiflichkeit*) understandability *no art, no pl*
❷ (*Hörbarkeit*) audibility *no art, no pl*
❸ (*Klarheit*) clarity *no art, no pl,* comprehensibility *no art, no pl*

Verständnis <-ses, *selten* -se> *nt* ❶ (*Einfühlungsvermögen*) understanding *no art, no pl;* **für etw** ~ **haben** [*o* **aufbringen**] to have sympathy for sth, to sympathize with sth; **für etw kein** ~ **haben** [*o* **aufbringen**] to have no sympathy for sth; ***dafür habe ich absolut kein ~*** that is completely beyond my comprehension
❷ (*das Verstehen*) comprehension *no art, no pl,* understanding *no art, no pl*

verständnislos I. *adj* uncomprehending; **ein** ~**er Blick** a blank look
II. *adv* uncomprehendingly, blankly

Verständnislosigkeit *f* lack of understanding

verständnisvoll *adj* understanding; (*voller Einfühlungsvermögen*) sympathetic

verstärken* I. *vt* ❶ (*stärker machen*) ■**etw** ~ to strengthen sth; (*durch stärkeres Material a.*) to reinforce sth
❷ (*vergrößern*) ■**etw** [**auf/um etw** *akk*] ~ to increase sth [to/by sth]; **Truppen** ~ to reinforce troops
❸ (*intensivieren*) ■**etw** ~ to intensify [*or* increase] sth
❹ (*erhöhen*) ■**etw** ~ to increase sth
❺ (*Lautstärke erhöhen*) ■**etw** ~ to amplify [*or* boost] sth
II. *vr* ■**sich** ~ to increase; ***der anfängliche Eindruck verstärkte sich*** the initial impression was reinforced

Verstärker <-s, -> *m* ❶ TECH amplifier, amp *fam;* **rauscharmer** ~ low noise amplifier
❷ BIOL, PSYCH reinforcer

Verstärkung *f* ❶ (*das Verstärken*) strengthening *no art, no pl; Signale* amplification
❷ (*Vergrößerung*) reinforcement *no art, no pl*
❸ (*Intensivierung*) intensification *no art, no pl,* increase
❹ (*Erhöhung*) increase
❺ BIOL, PSYCH reinforcement

verstauben* *vi sein* (*staubig werden*) to get dusty [*or* covered in dust]; (*unberührt liegen*) to gather dust; ■**verstaubt** dusty, covered in dust *pred*

verstaubt *adj* (*altmodisch*) outmoded *pej,* old-fashioned *a. pej*

verstauchen* *vt* ■**sich** *dat* **etw** ~ to sprain one's sth

Verstauchung <-, -en> *f* sprain

verstauen* *vt* ■**etw** [**auf/in etw** *dat*] ~ to pack [away *sep*] sth [on/in sth]; ***das Fass können wir doch im Keller ~*** we can stow [*or* put] that barrel in the cellar; **etw in der Spülmaschine** ~ to load sth into the dishwasher

Versteck <-[e]s, -e> *nt* hiding place; *Verbrecher* hideout

verstecken* *vt* ■**etw** [**vor jdm**] ~ to hide sth [from sb]; ■**sich** *akk* [**hinter/in/unter etw** *dat*] ~ to hide [behind/in/under sth]; ■**sich vor jdm** ~ to hide from sb; **sich vor** [*o* **neben**] **jdm/etw nicht zu** ~ **brauchen** to not need to fear comparison with sb/sth; *s. a.* **versteckt**

Verstecken *nt* ~ **spielen** to play hide-and-seek; [**vor** [*o* **mit**] **jdm**] ~ **spielen** to hide [*or* conceal] sth [from sb]

Versteckspiel *nt* ❶ (*Kinderspiel*) [game of] hide-and-seek
❷ (*Versuch, etw zu verbergen*) pretence at concealment

versteckt I. *adj* ❶ (*verborgen*) hidden; (*vorsätzlich a.*) concealed
❷ (*abgelegen*) secluded
❸ (*unausgesprochen*) veiled
II. *adv* ~ **liegen** to be secluded

verstehen <verstand verstanden> I. *vt* ❶ (*akustisch unterscheiden*) ■**jdn/etw** ~ to hear [*or* understand] sb/sth; ***ich verstehe nicht, was da gesagt wird*** I can't make out what's being said; ~ ***Sie mich gut*** [*o* ***können Sie mich gut ~***]? can you hear me properly?; ***ich kann Sie nicht*** [***gut***] ~ I don't understand [very well] what you're saying
❷ (*begreifen*) ■**etw** ~ to understand sth; ***haben Sie das jetzt endlich verstanden?*** have you finally got it now?; ■~, **dass/warum/was/wie ...** to understand [that]/why/what/how ...; **jdm etw zu** ~ **geben** to give sb to understand sth, to make sb understand sth; ***sie gab ihm ihren Unmut deutlich zu ~*** she clearly showed him her displeasure; **jdm zu** ~ **geben, dass ...** to give sb to understand that ...; [**ist das**] **verstanden?** [is that] understood?, [do you] understand?
❸ (*sich einfühlen können*) ■**jdn** ~ to understand sb; **jdn falsch** ~ [*o* **nicht recht**] to misunderstand sb; ***versteh mich recht*** don't misunderstand me, don't get me wrong; **sich nicht verstanden fühlen** to feel misunderstood
❹ (*mitempfinden können*) ■**etw** ~ to understand sth; ■~, **dass ...** to understand [*or* see] [that] ...
❺ (*können, beherrschen*) ■**etw** ~ to understand sth; ***ich verstehe genügend Französisch, um mich in Paris zu verständigen*** I know enough French to make myself understood in Paris; ■**es** ~, **etw zu tun** to know how to do sth; ***du verstehst es wirklich meisterhaft, im unpassendsten Moment zu kommen*** you're an absolute genius at [*or* you have an amazing knack of] turning up at the most inconvenient moment; ■**etwas/viel/nichts von etw** ~ to know something/a lot/nothing about sth
❻ (*auslegen*) ■**etw unter etw** *dat* ~ to understand sth by [*or* as] sth; **wie darf** [*o* **soll**] **ich das** ~**?** how am I to interpret that?, what am I supposed to make of that?; **darf ich unter dieser Bemerkung** ~, **dass ...?** am I to understand by this remark that ...?; ***unter diesem schwammigen Begriff kann man vieles ~*** this woolly concept can be interpreted in a number of ways; ***dieser Brief ist durchaus als Drohung zu ~*** this letter is certainly to be taken [*or* seen] as a threat; ***meiner Meinung nach ist diese Textstelle anders zu ~*** I believe this passage has a different meaning [*or* interpretation]
II. *vr* ❶ (*auskommen*) ■**sich mit jdm** ~ to get on [*or* AM along] with sb; ■**sie** ~ **sich** they get on [*or* AM along] with each other, they get on together; **sich prächtig** ~ to get along like a house on fire; ~ **wir uns?** do we understand each other?; **wir** ~ **uns** we understand one another
❷ (*beherrschen*) ■**sich** *akk* **auf etw** *akk* ~ to know all about [*or* be [an] expert at] sth
❸ (*sich einschätzen*) ■**sich** *akk* **als etw** ~ to see oneself as [*or* consider oneself to be] sth
❹ (*zu verstehen sein*) ***alle Preise ~ sich inklusive Mehrwertsteuer*** all prices are inclusive of VAT; **etw versteht sich von selbst** sth goes without saying; **versteht sich!** (*fam*) of course!
III. *vi* ❶ (*hören*) to understand; ***können Sie mich überhaupt hören? — ja, ich verstehe Sie*** can you even hear me? — yes, I hear you
❷ (*begreifen*) to understand, to see; **wenn ich recht verstehe** if I understand correctly; **verstehst du?, verstanden?** [do you] understand?, understood?; **verstehst du/versteht ihr/~ Sie?** you know?, [you] see?

versteifen* I. *vr* ❶ (*sich verhärten*) ■**sich** ~ to harden
❷ (*auf etw beharren*) ■**sich** *akk* **auf etw** *akk* ~ to insist on sth
❸ MED ■**sich** ~ to stiffen [up], to become stiff
II. *vt* ■**etw** ~ to strengthen [*or* reinforce] sth
III. *vi* BAU to shore

Versteifung <-, -en> *f* ❶ (*Verhärtung*) hardening *no art, no pl*

❷ (*das Beharren*) insisting, entrenchment
❸ MED stiffening *no art, no pl*
❹ FIN tightening; ~ **des Geldmarktes** tightening of the money market
❺ BAU strutting

versteigen* *vr irreg* (*geh*) ■**sich zu etw** ~ to have the presumption to do sth; ***sie verstieg sich zu den abstrusesten Anschuldigungen*** she was propounding the most abstruse accusations

Versteigerer(in) <-s, -> *m(f)* auctioneer

versteigern* *vt* ■**etw** ~ to auction [off *sep*] sth; **etw meistbietend** ~ to sell [*or* auction [off *sep*]] sth to the highest bidder; ■**etw** ~ **lassen** to put up *sep* sth for auction

Versteigerung *f* ❶ (*das Versteigern*) auctioning *no art, no pl;* **zur** ~ **kommen** (*geh*) to be auctioned, to be put up for auction
❷ (*Auktion*) auction, public sale; **öffentliche** ~ public auction [*or* sale]

Versteigerungserlös *m* FIN auction proceeds *pl* **Versteigerungsfirma** *f* [firm of] auctioneers **Versteigerungskauf** *m* auction sale **Versteigerungsverfahren** *nt* JUR auctioneering procedure **Versteigerungsvermerk** *m* JUR entry of public auction

versteinern I. *vi sein* to fossilize, to become fossilized; *Holz* to petrify, to become petrified
II. *vt* ■**etw** ~ to harden sth
III. *vr* ■**sich** ~ to harden; *Lächeln* to become fixed

versteinert *adj* ❶ (*zu Stein geworden*) fossilized; ~**es Holz** petrified wood
❷ (*geh: starr*) stony

Versteinerung <-, -en> *f* fossil

verstellbar *adj* adjustable; ■[**in etw** *dat*] ~ **sein** to be adjustable [for sth]; **in der Höhe** ~ **sein** to be adjustable for height [*or* height-adjustable]

verstellen* I. *vt* ■**etw** ~ ❶ (*anders einstellen*) to adjust sth; **etw in der Höhe** ~ to adjust sth for height
❷ (*anders regulieren*) to adjust [*or* alter the setting of] sth
❸ (*woandershin stellen*) to move sth
❹ (*unzugänglich machen*) to block sth; **jdm den Weg** ~ to block sb's path, to stand in sb's way
❺ (*verändern*) to disguise sth
II. *vr* ■**sich** ~ to put on an act, to dissemble *form*

Verstellschraube *f* adjustable screw

Verstellung *f* ❶ (*das Verstellen*) ■**die** ~ [**einer S.** *gen* [*o* **von etw** *dat*]] an adjustment [to sth], adjusting [sth]
❷ *kein pl* (*Heuchelei*) pretence *no pl,* sham *no pl*

Verstellungskünstler(in) <-s, -> *m(f)* (*iron*) an artist of pretention

versteppen* *vi sein* to turn into desert

Versteppung <-, -en> *f* desertification

versterben* *vi irreg sein* (*geh*) ■[**an etw** *dat*] ~ to die [from [*or* of] sth], to pass away [*or* on]

versteuern* *vt* ■**etw** ~ to pay tax on sth; ■**zu** ~**d** taxable

Versteuerung *f* payment of tax

verstimmen* *vt* ❶ MUS ■**etw** ~ to put sth out of tune
❷ (*verärgern*) ■**jdn** ~ to put sb out [*or* in a bad mood], to annoy sb

verstimmt I. *adj* ❶ MUS out of tune
❷ (*verärgert*) ■[**über etw** *akk*] ~ **sein** to be put out [*or* disgruntled] [about sth]; *s. a.* **Magen**
II. *adv* ill-temperedly, *esp* BRIT tetchily

Verstimmung *f* disgruntled [*or* bad] mood, *esp* BRIT tetchiness *no art, no pl*

verstockt *adj* obstinate, stubborn, obdurate *pej form*

Verstocktheit <-> *f kein pl* stubbornness *no art, no pl,* obstinacy *no art, no pl,* obduracy *no art, no pl pej form*

verstohlen I. *adj* furtive, surreptitious
II. *adv* furtively, surreptitiously; **jdn** ~ **ansehen** to give sb a furtive [*or* surreptitious] look

verstopfen* I. *vt* ❶ (*zustopfen*) ■**etw** [**mit etw**] ~ to block up *sep* sth [with sth]; **sich** *dat* **die Ohren** ~ to stop up *sep* one's ears
❷ (*blockieren*) ■**etw** ~ to block up sth; **Poren** ~ to clog pores
II. *vi sein* to get [*or* become] blocked [up]

verstopft *adj* ❶ (*überfüllt*) blocked, congested; **eine** ~**e Innenstadt** a gridlock
❷ (*verschnupft*) blocked, congested, stuffed [*or* BRIT bunged] up
❸ MED constipated

Verstopfung <-, -en> *f* ❶ MED constipation *no art, no pl;* ~ **haben** to be constipated
❷ (*Blockierung*) blockage

verstorben *adj* (*geh*) deceased *form,* late *attr*

Verstorbene(r) *f(m) dekl wie adj* deceased *form*

verstören* *vt* ■**jdn** ~ to distress sb

verstört I. *adj* distraught; **einen** ~**en Eindruck machen** to appear distraught [*or* distressed]
II. *adv* in distress [*or* agitation]

Verstoß *m* violation; JUR breach, infringement, offence; ■**Verstöße gegen etw** violations [*or* infringements] [*or form* contraventions] of sth; ~ **gegen das Gesetz** breach of the law; ~ **gegen die guten Sitten** unethical behaviour, infringement of bonos mores; **Verstöße gegen die Zollvorschriften** customs offences; **einen** ~ **gegen etw begehen** to commit a violation of sth

verstoßen* *irreg* I. *vi* ■**gegen etw** ~ to violate [*or* infringe] [*or form* contravene] [*or* be in breach of] sth; **gegen das Gesetz** ~ to contravene [*or* be in contravention of] the law *form;* **gegen die Disziplin** ~ to violate [*or* commit a breach of] discipline
II. *vt* ■**jdn** [**aus/wegen etw**] ~ to expel sb [out of/on the grounds of sth]; **jdn aus dem Elterhaus** ~ to throw [*or* cast] sb out of the parental home

verstrahlen *vt* ■**jdn/etw** ~ to contaminate sb/sth with radiation; ■**verstrahlt** contaminated by radiation *pred*

verstrahlt <-er, -este> *adj* ÖKOL, PHYS contaminated [by radiation]

Verstrebung <-, -en> *f* ❶ *kein pl* BAU (*das Verstreben*) supporting, bracing
❷ (*Strebebalken*) support[ing] beam

verstreichen* *irreg* I. *vt* ❶ (*streichend auftragen*) ■**etw** ~ to apply [*or sep* put on] sth; **Farbe** ~ to apply a coat of paint; ■**etw auf etw** *dat* ~ to apply sth to [*or* put sth on[to]] sth
❷ (*streichend verbrauchen*) ■**etw** ~ to use up sth *sep*
❸ KOCHK ■**etw** [**auf etw** *dat*] ~ to spread sth [on sth]; ■**Butter auf etw** *dat* ~ to spread butter on [*or* to butter] sth
II. *vi sein* to pass [by]; *Zeitspanne a.* to elapse; ■**eine Frist/einen Termin** ~ **lassen** to let a deadline pass, to miss a deadline

verstreuen* *vt* ❶ (*ausstreuen*) ■**etw** [**auf etw** *dat*] ~ to scatter [about *sep*] sth [on sth]; **Salz/Vogelfutter** ~ to put down *sep* salt/bird feed
❷ (*versehentlich verschütten*) ■**etw** ~ to spill sth
❸ (*achtlos hinwerfen*) ■**etw irgendwo** ~ to scatter sth somewhere; **Spielsachen im ganzen Haus** ~ to scatter toys all round the house

verstreut *adj* (*einzeln liegend*) isolated; (*verteilt*) scattered

verstricken* I. *vt* ❶ (*beim Stricken verbrauchen*) ■**etw** ~ to use [up *sep*] sth
❷ (*geh: verwickeln*) ■**jdn in etw** *akk* ~ to involve sb in sth, to draw sb into sth
II. *vr* ■**sich** *akk* **in etw** *akk* ~ to become [*or* get] entangled [*or* caught up] in sth

Verstrickung <-, -en> *f* involvement *no pl;* **trotz der** ~ **in Widersprüche** despite getting entangled [*or* caught up] in contradictions

Verstrickungsbruch *m* JUR interference with attachment

verstromen *vt* ELEK ■**etw** ~ to convert sth into electricity

verströmen* *vt* (*geh*) ■**etw** ~ to exude sth

verstümmeln* *vt* ❶ (*entstellen*) ■**jdn** ~ to mutilate sb; (*verkrüppeln*) to maim sb; ■**sich** ~ to mutilate/maim oneself
❷ (*durch Lücken entstellen*) ■**etw** ~ to disfigure sth
❸ (*unverständlich machen*) ■**etw** ~ to garble sth; **einen Text** ~ (*schriftlich*) to mutilate a text; (*mündlich*) to mangle a text

Verstümmelung <-, -en> *f* ❶ *kein pl* (*das Verstümmeln*) mutilation *no art, no pl,* maiming *no art, no pl*
❷ (*verstümmelter Körperteil*) mutilation

verstummen* *vi sein* (*geh*) ❶ (*in Schweigen verfallen*) to fall silent; ■**jdn/etw** ~ **lassen** to silence sb/sth; **vor Entsetzen** ~ to be struck dumb [*or* be speechless] with terror
❷ (*sich legen*) to die away, to subside

Versuch <-[e]s, -e> *m* ❶ (*Bemühen*) attempt; **ein vergeblicher** ~ a vain [*or* futile] attempt; **der** ~, **etw zu tun** the attempt to do/at doing sth; **einen** ~ **machen** to make an attempt, to give it a try; **einen** ~ **starten** to have a go; **es auf einen** ~ **ankommen lassen** to give it a try [*or* go]; **mit jdm einen** ~ **machen** to give sb a try
❷ (*Experiment*) experiment; **einen** ~/~**e** [**an jdm/einem Tier**] **machen** to carry out an experiment/experiments [on sb/an animal]
❸ SPORT attempt
❹ JUR (*Ansatz*) attempt; **Rücktritt vom** ~ abandonment of an attempt; **untauglicher** ~ attempt impossible of fulfilment

versuchen* I. *vt* ❶ (*probieren*) ■**etw** ~ to try [*or* attempt] sth; ■**es mit jdm/etw** ~ to give sb/sth a try, to try sb/sth
❷ (*kosten*) ■**etw** ~ to try [*or* taste] sth
❸ (*in Versuchung führen*) ■**jdn** ~ to tempt sb; ■**versucht sein, etw zu tun** to be tempted to do sth
II. *vi* ■~, **etw zu tun** to try doing/to do sth; ■~, **ob ...** to [try and] see whether [*or* if] ...
III. *vr* ■**sich** *akk* **an/auf/in etw** *dat* ~ to try one's hand at sth

Versucher(in) <-s, -> *m(f)* ❶ (*geh: Verführer(in)*) tempter *masc, fem* temptress
❷ REL (*Teufel*) **der** ~ the Tempter

Versuchsabteilung *f* ÖKON test [*or* research] department **Versuchsaffe** *m* experimental [*or* laboratory] monkey **Versuchsanlage** *f* ❶ (*Prüffeld*) testing plant ❷ (*Erprobungsanlage*) experimental [*or* pilot] plant **Versuchsanordnung** *f* set-up of an experiment **Versuchsanstalt** *f* research institute **Versuchsballon** *m* METEO sounding balloon ▶ WENDUNGEN: **einen** ~ **loslassen** to fly a kite **Versuchsbetrieb** *m* HANDEL pilot plant **Versuchsbohrung** *f* experimental drilling **Versuchsergebnis** *nt* test result **Versuchsfeld** *nt* AGR, SCI research [*or* test] field **Versuchsgelände** *nt* testing [*or* proving] ground **Versuchsgruppe** *f* test group **Versuchskaninchen** *nt* (*fam*) guinea pig **Versuchslauf** *m* test run **Versuchsperson** *f* test subject **Versuchspräparat** *nt* experimental preparation **Versuchsprojekt** *nt* pilot project **Versuchsreihe** *f* series of experiments **Versuchsstadium** *nt* experimental stage **Versuchsstrecke** *f* test route; (*auf Firmengelände*) test track **Versuchstier** *nt* laboratory animal

versuchsweise *adv* on a trial basis

Versuchung <-, -en> *f* temptation *no art, no pl;* **der** ~ **erliegen** to succumb to temptation; **jdn in** ~ **führen** to lead sb into temptation; **in** ~ **geraten** [*o* **kommen**][, **etw zu tun**] to be tempted [to do sth]

versumpfen* *vi sein* ❶ (*sumpfig werden*) to become marshy [*or* boggy]
❷ (*sl: die Nacht durchzechen*) to booze it up *fam,* to have a real booze-up *esp* BRIT *fam*

versündigen* *vr* (*geh*) ❶ REL ■**sich** [**an jdm/etw**] ~ to sin [against sb/sth]
❷ (*etw misshandeln*) ■**sich** *akk* **an etw** *dat* ~ to abuse sth

versunken *adj* ❶ (*untergegangen*) sunken *attr;* **eine** ~**e Kultur** a submerged [*or* long-vanished] culture; **eine** ~**e Zivilisation** a lost [*or* long-vanished] civilization
❷ (*vertieft*) ■**in etw** *akk* ~ **sein** to be absorbed [*or* immersed] in sth; **in ihren Anblick** ~ **sein** to be

absorbed in looking at her; **in Gedanken ~ sein** to be lost [*or* immersed] in thought
versüßen* *vt* ■**jdm etw** [**mit etw**] ~ to sweeten sb's sth [with sth], to make sth more pleasant for sb; ■**sich** *dat* **etw** [**mit etw** *dat*] ~ to sweeten one's sth [with sth]
Vertäfelung <-, -en> *f* panelling BRIT, paneling AM
vertagen* I. *vt* ■**etw** [**auf etw** *akk*] ~ to adjourn sth [until sth]; **eine Entscheidung** [**auf etw** *akk*] ~ to postpone [*or sep* hold over] [*or fam* shelve] a decision [until sth]; **das Parlament** ~ to prorogue parliament *spec*
II. *vr* ■**sich** *akk* [**auf etw** *akk*] ~ to be adjourned [until sth]; **das Parlament wird** ~ parliament is prorogued *spec*
Vertagung *f* adjournment; *Parlament* prorogation *spec*; (*Verschiebung*) postponement; ~ **der Verhandlung** JUR adjournment of trial
Vertagungsantrag *m* JUR motion for adjournment
vertäuen* *vt* NAUT ■**etw** ~ to moor sth
vertauschen* *vt* (*austauschen*) ■**etw/sie** ~ to switch sth/them, to mix up sth/them *sep;* ■**etw mit etw** ~ to exchange sth for sth
verteidigen* I. *vt* ① MIL ■**etw** [**gegen jdn/etw**] ~ to defend sth [against sb/sth]
② JUR ■**jdn** ~ to defend sb
③ (*rechtfertigen*) ■**jdn/etw** ~ to defend sb/sth; ■**sich** [**gegen jdn/etw**] ~ to defend oneself [against sb/sth]
④ SPORT ■**etw** ~ to defend sth; **das Tor** ~ to play in goal
II. *vi* SPORT to defend, to be [*or* play] in defence [*or* AM -se]
Verteidiger(in) <-s, -> *m(f)* ① JUR defence [*or* AM -se] counsel [*or* lawyer]; **bestellter** ~ retained defence counsel
② SPORT defender
Verteidigung <-, -en> *f* ① MIL defence [*or* AM -se] *no art, no pl;* ■**die** ~ **gegen jdn/etw** the defence against sb/sth; **sich auf die** ~ **gegen den Angriff vorbereiten** to prepare to defend against the attack
② JUR (*Verteidiger*) defence [*or* AM -se] [in court] *no pl;* **notwendige** ~ compulsory representation by defence counsel
③ SPORT (*Schutz*) defence [*or* AM -se] *no pl;* (*Gesamtheit der Verteidiger*) defence [*or* AM -se] *no indef art, no pl;* **in der** ~ **spielen** to play in defence, to guard the goal
④ (*Rechtfertigung*) defence [*or* AM -se] *no art, no pl*
Verteidigungsallianz *f* defence [*or* AM -se] [*or* defensive] alliance **Verteidigungsbereitschaft** *f* defensive readiness, readiness to defend **Verteidigungsbonds** *pl* FIN defence bonds **Verteidigungsbündnis** *nt s.* Verteidigungsallianz **Verteidigungsetat** *m* defence [*or* AM -se] budget **verteidigungsfähig** *adj* able to defend itself [*or* oneself] **Verteidigungsfähigkeit** *f kein pl* defensive capability **Verteidigungsfall** *m* ■**ein/der** ~ [the event of a] defensive war; **im** ~ in the event of having to defend oneself [from invasion/attack] **Verteidigungskrieg** *m* defensive war **Verteidigungsminister(in)** *m(f)* minister of defence BRIT, defence minister BRIT, secretary of defense AM **Verteidigungsministerium** *nt* Ministry of Defence BRIT, Defence Ministry BRIT, Department of Defense AM **Verteidigungsnotstand** *m* JUR national emergency for the defence of the country **Verteidigungsrede** *f* speech for the defence [*or* AM -se] **Verteidigungswaffe** *f* defensive weapon **Verteidigungszweck** *m* **für ~e, zu ~en** for purposes of defence [*or* AM -se]
verteilen* I. *vt* ① (*austeilen*) ■**etw** [**an jdn**] ~ to distribute sth [to sb]; **Geschenke/Flugblätter** ~ to distribute [*or sep* hand out] presents/leaflets; **Auszeichnungen/Orden** ~ to give [*or* hand] [*or fam* dish] out decorations/medals *sep;* **etw neu** ~ ÖKON to redistribute sth
② (*platzieren*) ■**etw irgendwo** ~ to place [*or* arrange] sth somewhere
③ (*ausstreuen*) ■**etw auf etw** *dat* ~ to spread [out *sep*] sth on sth
④ (*verstreichen*) ■**etw** [**auf etw** *dat*] ~ to spread sth [on sth]
II. *vr* ① (*sich verbreiten*) ■**sich** *akk* [**auf etw** *akk*] ~ to spread out [round [*or* over] sth]; ■**sich irgendwo** ~ to spread out somewhere; **sich unter den Gästen** ~ to mingle with the guests
② (*umgelegt werden*) ■**sich auf jdn** ~ to be distributed to sb
Verteiler *m* ① AUTO [ignition *form*] distributor
② (*Empfänger*) ■ **„~:"** "copies to:", "cc:"
③ ADMIN (*Vermerk über die Empfänger*) distribution list
Verteilergetriebe *nt* AUTO transfer case **Verteilerkappe** *f* AUTO distributor cap **Verteilerkasten** *m* ELEK distribution box [*or* cabinet] **Verteilerliste** *f* distribution [*or* mailing] list **Verteilernetz** *nt* ① ELEK distribution system ② ÖKON distribution network, network of distributors **Verteilerschlüssel** *m* distribution [*or* cc] list **Verteilersteckdose** *f* distribution wall-socket
Verteilung *f* ■**die** ~ [**einer S.** *gen* [*o* **von etw** *dat*]] distribution *no pl,* the distribution of sth; ~ **von Flugblättern** handing out leaflets *sep*
Verteilungskampf *m* ■~ **um etw** *akk* battle for a share of sth; **einen** ~ **um etw** *akk* **führen** to battle for a share of sth; ~ **auf dem Arbeitsmarkt** battle for jobs on the labour [*or* AM -or] market **Verteilungspolitik** *f* POL wealth distribution policy **Verteilungsverfahren** *nt* JUR proceedings *pl* for partition and distribution
vertelefonieren* *vt* (*fam*) ■**etw** ~ *Geld, Zeit* to spend sth on the phone
verteuern* I. *vt* ■**etw** [**auf/um etw** *akk*] ~ to make sth more expensive, to increase [*or* raise] the price of sth [to/by sth]
II. *vr* ■**sich** *akk* [**auf/um etw** *akk*] ~ to become more expensive, to increase [*or* go up] in price [to/by sth]
verteuert *adj* ÖKON more expensive; **~e Produktionskosten** increase in production costs
Verteuerung *f* increase [*or* rise] in price; **die ~ von Energie** the increase in the price of energy; ~ **der Refinanzierung** higher cost of funding
verteufeln* *vt* ■**jdn** ~ to demonize [*or* condemn] sb
verteufelt (*fam*) I. *adj* devilish[ly tricky]
II. *adv* damned *fam,* devilishly
Verteufelung <-, -en> *f* demonization *no art, no pl,* condemnation *no art, no pl*
vertiefen* I. *vt* ① (*tiefer machen*) ■**etw** [**auf/um etw** *akk*] ~ to make sth deeper, to deepen sth [to/by sth]
② (*verschlimmern*) ■**etw** ~ to deepen sth
③ (*festigen*) ■**etw** ~ to reinforce [*or* consolidate] sth
II. *vr* ■**sich** *akk* **in etw** *akk* ~ to become absorbed [*or* engrossed] [*or* immersed] in sth; **sich in die Zeitung/ein Buch** ~ to bury oneself in the paper/a book; ■**in etw** *akk* **vertieft sein** to be engrossed [*or* absorbed] in sth; **in Gedanken vertieft sein** to be deep [*or* sunk] [*or* lost] in thought
Vertiefung <-, -en> *f* ① (*vertiefte Stelle*) depression; (*Boden a.*) hollow
② *kein pl* (*das Vertiefen*) ■**die/eine** ~ [**einer S.** *gen* [*o* **von etw** *dat*]] deepening [sth]
③ (*Festigung*) consolidation *no art, no pl,* reinforcement *no art, no pl*
vertikal [vɛrti-] I. *adj* vertical
II. *adv* vertically
Vertikalabsprache *f* HANDEL vertical concerted action
Vertikale <-, -n> [vɛrti-] *f* vertical [line]; ■**in der ~n** vertically
Vertikalkonzern *m* HANDEL vertical group **Vertikalvertrag** *m* HANDEL vertical group contract **Vertikalwettbewerb** *m* HANDEL vertical competition
vertilgen* *vt* ■**etw** ~ ① (*fam: ganz aufessen*) to demolish sth, to polish off sth *sep fam*
② (*ausrotten*) to eradicate sth, to kill off sth *sep;* **Ungeziefer** ~ to exterminate [*or* eradicate] [*or sep* kill off] vermin
Vertilgung *f* eradication *no art, no pl; Ungeziefer a.* extermination *no art, no pl*
Vertilgungsmittel *nt gegen Unkraut* weed-killer; *gegen Ungeziefer* pesticide
vertippen* *vr* (*fam*) ■**sich** ~ to make a typing error [*or fam* typo] [*or* typing mistake]
vertonen* *vt* ■**etw** ~ to set sth to music
Vertonung <-, -en> *f* ① *kein pl* (*das Vertonen*) ■**die** ~ [**einer S.** *gen* [*o* **von etw** *dat*]] setting sth to music
② (*vertonte Fassung*) musical setting
vertrackt *adj* (*fam*) tricky, complicated
Vertrag <-[e]s, Verträge> *m* contract, agreement; (*international*) treaty; **der Berliner/Moskauer/Versailler** ~ the Treaty of Berlin/Moscow/Versailles; ~ **zu Lasten Dritter** contract imposing a burden on a third party; ~ **zugunsten Dritter** agreement in favour of a third party; **anfechtbarer** ~ voidable contract; **atypischer/typischer** ~ innominate/nominate [*or* untypical/typical] contract; **bedingter** ~ conditional contract; **befristeter** ~ fixed-term contract, contract of limited duration; **dinglicher** ~ real contract, agreement in rem; **einseitig verpflichtender** ~ unilateral contract; **faktischer** ~ de facto contract; **gegenseitiger** ~ reciprocal agreement; **gemischter** ~ mixed contract; **mehrseitiger** ~ multilateral agreement; **notarieller** ~ notarial deed; **öffentlich-rechtlicher** ~ contract governed by public law; **rechtsverbindlicher** [**und endgültiger**] **Vertrag** binding contract; **synallagmatischer** ~ synallagmatic contract; **völkerrechtlicher** ~ treaty; **zweiseitiger** ~ bilateral contract; **einen ~ aufkündigen** to terminate an agreement; **einen schriftlichen ~ abschließen** to enter into a written agreement, to conclude a contract; **einen ~ annullieren** to annul a contract; **einen ~ aufsetzen/brechen** to draw up [*or* draft]/break an agreement; **jdn unter ~ haben** to have sb under contract; **jdn unter ~ nehmen** to contract sb, to put [*or* place] sb under contract; **einen ~ rückgängig machen** to rescind [*or* revoke] a contract; **gegen einen ~ verstoßen** to act in violation of a treaty; **durch ~ gebunden sein** to be under contract
vertragen* *irreg* I. *vt* ① (*aushalten*) ■**etw** [**irgendwie**] ~ to bear [*or* stand] sth [somehow]; ***dieses Klima vertrage ich nicht/schlecht*** this climate doesn't/doesn't really agree with me
② (*gegen etw widerstandsfähig sein*) ■**etw** [**irgendwie**] ~ to tolerate sth [somehow]; ***diese Pflanze verträgt kein direktes Sonnenlicht*** this plant does not tolerate [*or* like] direct sunlight
③ (*verarbeiten können*) ■**etw** [**irgendwie**] ~ to take [*or* tolerate] sth [somehow]; ***diese ständige Aufregung verträgt mein Herz nicht*** my heart can't stand this constant excitement
④ (*fam: zu sich nehmen können*) ***nervöse Menschen ~ starken Kaffee nicht gut*** nervous people cannot cope with [*or* handle] strong coffee
⑤ (*fam: benötigen*) ***das Haus könnte mal einen neuen Anstrich*** ~ the house could do with [*or* could use] a new coat of paint
⑥ SCHWEIZ (*austragen*) ■**etw** ~ to deliver sth
II. *vr* ① (*auskommen*) ■**sich mit jdm** ~ to get on [*or* along] with sb, to get on [with each other]
② (*zusammenpassen*) ■**sich mit etw** ~ to go with sth; ■**sich mit etw nicht** ~ to not go [*or* to clash] with sth
vertraglich I. *adj* contractual
II. *adv* contractually, by contract; ~ **festgelegt werden** to be laid down in a/the contract; ~ **festgesetzt sein** to be stipulated in the contract; **sich** *akk* ~ **binden** to enter into a contract; **etw ~ vereinbaren** to covenant sth
verträglich *adj* ① (*umgänglich*) good-natured; ■~ **sein** to be easy to get on with
② (*bekömmlich*) digestible; **gut/schwer** ~ easily digestible/indigestible; **für die Umwelt ~ sein** to be not harmful to the environment
Verträglichkeit <-> *f kein pl* ① (*Umgänglichkeit*) good nature *no art, no pl*
② (*Bekömmlichkeit*) digestibility *no art, no pl;*

V

Speisen von besonderer ~ food that is especially easy to digest
③ TECH (*Kompatibilität*) compatibility

Vertragsablauf *f kein pl* JUR expiration of a/the contract **Vertragsabschluss**[RR] *m* completion [*or* conclusion] of [a/the] contract **vertragsähnlich** *adj* JUR quasi-contractual **Vertragsänderung** *f* modification of a contract **Vertragsangebot** *f* HANDEL contractual offer **Vertragsannahme** *f* JUR acceptance of a/the contract **Vertragsannullierung** *f* JUR rescission [*or* cancellation] of contract **Vertragsanpassung** *f* adoption of a contract **Vertragsanspruch** *m* JUR contractual claim **Vertragsaufhebung** *f* JUR rescission [*or* cancellation] of contract; **auf ~ klagen** to bring an action for rescission **Vertragsaufhebungsklage** *f* JUR revocatory action **Vertragsaufhebungsrecht** *nt* JUR right to cancel [*or* rescind] a contract **Vertragsauslegung** *f* construction of contract **Vertragsbedingungen** *pl* JUR terms [*or* conditions] of contract; **unzulässige ~** unfair contract terms; **vereinbarte ~** agreed terms; **nicht mit den ~en übereinstimmen** to not comply with the terms of the contract **Vertragsbeendigung** *f* JUR termination of a/the contract; **einverständliche ~** discharge by agreement **Vertragsbeendigung** *f* termination of contract; **~ durch Vereitelung** discharge by frustration **Vertragsbefugnis** *f* power to contract **Vertragsbeginn** *m kein pl* JUR commencement of a/the contract **Vertragsbeitritt** *m* JUR accession to a treaty **Vertragsbestandteil** *m* JUR component [*or* element] of a/the contract **Vertragsbestimmung** *f* JUR contractual provision [*or* stipulation]; **nach den ~en** in accordance with the articles **Vertragsbeteiligte(r)** *f(m) dekl wie adj* party to the contract **Vertragsbruch** *m* JUR breach of contract **vertragsbrüchig** *adj* in breach of contract *pred;* ■**~ sein/werden** to be in breach of contract **vertragschließend** *adj attr* contracting; **die ~en Parteien** the contracted parties **Vertragschließende(r)** *f(m) dekl wie adj* JUR contractor, party to a/the contract **Vertragsdauer** *f* ÖKON term [*or* life] of a contract **Vertragsdurchführungsgarantie** *f* contract implementation guarantee **Vertragselement** *nt* part [*or* element] of a contract **Vertragsende** *nt* termination of a contract **Vertragsentwurf** *m* draft [of a] contract/treaty **Vertragserbe, -erbin** *m, f* JUR heir conventional **Vertragserfordernis** *nt* JUR essentials *pl* of a contract **Vertragserfüllung** *f* performance [*or* fulfilment] of a contract **Vertragsergänzung** *f* rider, transaction endorsement **Vertragsfreiheit** *f kein pl* freedom of contract **Vertragsgarantie** *f* contractual guarantee **Vertragsgebiet** *nt* contract area, contractual territory **Vertragsgegenstand** *m* JUR subject matter of a/the contract **vertragsgemäß I.** *adj* as per [*or* as stipulated in the] contract **II.** *adv* as per [*or* as stipulated in the] contract **Vertragsgemeinschaft** *f* contract association **Vertragsgericht** *nt* JUR contractual venue **Vertragsgespräche** *f pl* contract talks *pl* **Vertragsgestaltung** *f* preparation of a contract, contractual arrangements *pl* **Vertragsgrenze** *f* contract border **Vertragsgrundlage** *f* basis of agreement, contract basis **Vertragshaftung** *f* JUR contractual liability **Vertragshändler(in)** *m(f)* authorized [*or* appointed] dealer **Vertragshändlernetz** *nt* authorized dealer[ship] network, network of authorized dealers **Vertragsinhalt** *m* subject matter [*or* provisions] of a contract **Vertragsinteresse** *nt* JUR interest in the performance of a contract; **negatives ~** *the position as if the contract had not been entered into* **Vertragskartell** *nt* ÖKON contractual cartel **Vertragsklausel** *f* JUR contract[ual] clause [*or* stipulation] **Vertragskosten** *pl* contract costs **Vertragslaufzeit** *f* term [*or* life] of a contract, contract period **Vertragslücke** *f* loophole in a contract **Vertragsmittler(in)** *m(f)* contract mediator **Vertragsmuster** *nt* specimen contract **Vertragspartei** *f,* **Vertragspartner(in)** *m(f)* party to a/the contract, contracting party *spec* **Vertragspartnerwechsel** *m* change of contracting party **Vertragspflicht** *f* contractual obligation [*or* duty] **Vertragsrecht** *nt* JUR law of contract, contract law **Vertragsrevision** *f* revision of contract **Vertragsschließungskompetenz** *f* power to contract **Vertragsschließungsverfahren** *nt* contracting procedure **Vertragsschluss**[RR] *m* JUR conclusion [*or* making] of a/the contract; **bei ~** at the time of reaching agreement **Vertragsschuldrecht** *nt* JUR law of contract **Vertragsspediteur** *m* HANDEL contract carrier **Vertragssprache** *f* language of contract **Vertragsstaat** *m* contracting state

Vertragsstrafe *f* penalty for breach of contract, contractual penalty *spec*

Vertragsstrafenklausel *f* JUR penalty clause **Vertragsstrafenvereinbarung** *f* penalty agreement **Vertragsstrafenvorbehalt** *m* penalty reservation

Vertragssystem *nt* contract system **Vertragstext** *m* wording *no indef art, no pl* of a contract [*or* an agreement], law of contracts **Vertragstreuhänder(in)** *m(f)* contract trustee **Vertragstyp** *m* JUR type of contract **Vertragsübernahme** *f* taking-over a contract **Vertragsübertragung** *f* transfer of contract **Vertragsumstände** *pl* circumstances governing the contract **vertragsunfähig** *adj* contractually incapable **Vertragsunternehmen** *nt* JUR contractor, contracted company **Vertragsunterzeichnung** *f* signing of the contract **Vertragsurkunde** *f* indent deed, deed of covenant **Vertragsvereinbarung** *f meist pl* JUR contractual term [*or* stipulation]; **ausdrückliche ~** express term **Vertragsverhandlung** *f* contract negotiations [*or* talks] *pl* **Vertragsverletzung** *f* breach of contract **Vertragsvorbehalt** *m* JUR proviso, reservation **Vertragswerk** *nt* comprehensive contract/treaty **Vertragswerkstatt** *f* authorized garage **Vertragswert** *m* JUR contract value **vertragswesentlich** *adj* material, substantial **vertragswidrig I.** *adj* contrary to [the terms of] the contract/treaty *pred* **II.** *adv* in breach of contract **Vertragswidrigkeit** *f* infringement of contract, lack of conformity with the contract **Vertragszeit** *f* contractual period **Vertragsziel** *nt* contract objective

vertrauen* *vi* ① (*vertrauensvoll glauben*) ■**jdm ~** to trust sb; ■**auf jdn ~** to trust in sb
② (*sich fest verlassen*) ■**auf etw** *akk* **~** to trust in sth; **auf sein Glück ~** to trust to luck; **auf Gott ~** to put one's trust in God; **auf jds Können ~** to have confidence in sb's ability; ■**darauf ~, dass ...** to put one's trust in the fact [*or* be confident] that ...

Vertrauen <-s> *nt kein pl* trust *no art, no pl,* confidence *no art, no pl;* **~ in die Geschäftswelt** ÖKON business confidence; **~ erweckend** that inspires trust [*or* confidence]; **einen ~ erweckenden Eindruck auf jdn machen** to make a trustworthy impression on sb; **~ erweckend sein** to inspire confidence; **jdm das ~ aussprechen/entziehen** POL to pass a vote of confidence/no confidence in sb; **~ zu jdm fassen** to come to trust [*or* have confidence in] sb; **~ [zu jdm] haben** to have confidence [in sb], to trust sb; **jds ~ haben** [*o geh* **genießen**] to have [*or* enjoy] sb's trust, confidence; **jdm ~ schenken** (*geh*) to put one's trust in sb; **jdn ins ~ ziehen** to take sb into one's confidence; **im ~ [gesagt]** [strictly] in confidence; **im ~ auf etw** *akk* trusting to [*or* in] sth; **im ~ darauf, dass ...** trusting that ...; **voller ~** full of trust, trustingly

Vertrauensantrag *m* JUR motion for a vote of confidence **Vertrauensarzt, -ärztin** *m, f* independent examining doctor **Vertrauensbasis** *f kein pl* basis of trust; **eine ~ schaffen** to establish a basis for trust; **die ~ ist gestört** the basis of trust is broken **vertrauensbildend** *adj Maßnahmen* confidence-building **Vertrauensbruch** *m* breach of confidence [*or* trust] **Vertrauensfrage** *f* JUR question of confidence; **es ist eine ~, ob ...** it is a question [*or* matter] of trust [*or* confidence] whether ...; **die ~ stellen** POL to ask for a vote of confidence **Vertrauensfrau** *f fem form von* **Vertrauensmann** **Vertrauensgleitzeit** *f* ÖKON unsupervised flexitime **Vertrauensgrundsatz** *m* (*Handelsregister*) principle of trust **Vertrauensinteresse** *nt* JUR interest due to reliance on trustworthiness **Vertrauenskrise** *f* lack of [mututal] trust **Vertrauenslehrer(in)** <-s, -> *m(f)* liaison teacher **Vertrauensmann** <-leute> *m* ① (*Versichertenvertreter*) representative, intermediary agent; (*gewerkschaftlich*) union representative; (*Fabrik*) shop steward ② (*vertrauenswürdiger Mann*) representative, proxy **Vertrauensperson** *f* (*vertrauenswürdige Person*) someone *no art* you can trust; (*Busenfreund*) a close [*or* intimate] confidant *masc* [*or fem* confidante] **Vertrauensprämie** *f* JUR stipulated premium, loyalty bonus **Vertrauenssache** *f* ① (*vertrauliche Angelegenheit*) confidential matter ② *s.* **Vertrauensfrage** **Vertrauensschaden** *m* JUR negative interest, damage caused by breach of contract **Vertrauensschutz** *m* JUR, FIN fidelity clause, legal action of bona fide **Vertrauensschwund** *m kein pl* loss of confidence

vertrauensselig *adj* [too] trusting; (*leichtgläubig*) credulous

Vertrauensstellung *f* position of trust; **[bei jdm] eine ~ haben** to be in [*or* have] a position of trust [with sb] **Vertrauensverhältnis** *nt* trusting relationship, relationship based on trust, mutual trust *no art, no pl* **Vertrauensverlust** *m* SOZIOL loss of trust [*or* faith] **vertrauensvoll I.** *adj* trusting, trustful, based on trust *pred* **II.** *adv* trustingly; **sich ~ an jdn wenden** to turn to sb with complete confidence **Vertrauensvotum** *nt* POL vote of confidence **vertrauenswürdig** *adj* trustworthy **Vertrauenswürdigkeit** <-> *f* trustworthiness

vertraulich I. *adj* ① (*mit Diskretion zu behandeln*) confidential; **streng ~** strictly confidential
② (*freundschaftlich*) familiar, chummy *fam,* pally *fam*
II. *adv* confidentially, with confidentiality

Vertraulichkeit <-, -en> *f* ① *kein pl* (*das Vertraulichsein*) confidentiality *no art, no pl*
② *pl* (*Zudringlichkeit*) familiarity *no art, no pl*

verträumen* *vt* ■**etw ~** to dream away sth

verträumt *adj* ① (*idyllisch*) sleepy
② (*realitätsfern*) dreamy

vertraut *adj* ① (*wohlbekannt*) familiar; **sich mit etw ~ machen** to familiarize [*or* acquaint] oneself with sth; **sich mit dem Gedanken/der Vorstellung ~ machen, dass ...** to get used to the idea that ...
② (*eng verbunden*) close, intimate
③ (*kennt etw gut*) ■**mit etw ~ sein** to be familiar [*or* acquainted] with sth

Vertraute(r) *f(m) dekl wie adj* close [*or* intimate] friend, confidant *masc,* confidante *fem*

Vertrautheit <-, -en> *f* ① *kein pl* (*gute Kenntnis*) ■**jds ~ mit etw** sb's familiarity with sth
② (*Verbundenheit*) closeness *no art, no pl,* intimacy *no art, no pl*

vertreiben*[1] *vt irreg* ① (*gewaltsam verjagen*) ■**jdn [aus etw] ~** to drive out sb *sep,* to drive sb out of sth
② (*verscheuchen*) ■**ein Tier [aus/von etw] ~** to drive away *sep* an animal, to drive an animal away out of/from sth
③ (*beseitigen*) ■**etw ~** to drive away sth *sep,* to banish sth; **seine Müdigkeit ~** to fight [*or* stave] off *sep* tiredness; *s. a.* **Zeit**

vertreiben*[2] *vt irreg* (*verkaufen*) ■**etw ~** to sell [*or* market] sth

Vertreibung <-, -en> *f* driving out [*or* away] *no art, no pl;* **die ~ aus dem Paradies** the expulsion from Paradise

vertretbar *adj* ① (*zu vertreten*) tenable, defensible; ■**nicht ~** untenable, indefensible
② (*akzeptabel*) justifiable; ■**nicht ~** unjustifiable

vertreten*[1] *vt irreg* ① (*jdn vorübergehend*

ersetzen) ■**jdn** ~ to stand in [*or* deputize] for sb, to cover for sb; **durch jdn ~ werden** to be replaced by sb; ■**sich [durch jdn] ~ lassen** to be represented [by sb]
❷ JUR ■**jdn** ~ to represent sb, to act [*or* appear] for sb
❸ *(repräsentieren)* ■**jdn/etw** ~ to represent sb/sth
❹ *(verfechten)* ■**etw** ~ to support sth; **eine Ansicht/Meinung/Theorie** ~ to take a view/hold an opinion/advocate a theory
❺ *(repräsentiert sein)* ■**irgendwo ~ sein** to be represented somewhere; ***Picassos Werke sind hier zahlreich*** ~ there is a large number of works by Picasso here
❻ *(verantwortlich sein)* ■**etw zu ~ haben** to be responsible for sth

vertreten² *vr irreg (verstauchen)* **sich** *dat* **den Fuß** [*o* **das Fußgelenk**] ~ to twist one's ankle
► WENDUNGEN: **sich** *dat* **die Füße** *fam* ~ [*o* **Beine**] to stretch one's legs

Vertretene(r) *f(m) dekl wie adj (Auftraggeber)* principal

Vertreter(in) <-s, -> *m(f)* ❶ *(Stell~)* agent, deputy, stand-in, [temporary] replacement; *Arzt, Geistlicher* locum BRIT; ~ **der Anklage** counsel for the prosecution; ~ **auf Provisionsbasis** commission agent; ~ **für ein Rechtsgeschäft** special agent; ~ **des Staatsanwaltes** deputy prosecutor, representative; ~ **ohne Vertretungsmacht** agent without authority; **gesetzlicher** ~ statutory agent, legal representative; **rechtmäßiger** ~ lawful representative; **einen ~ bestimmen** [*o* **stellen**] to appoint a deputy
❷ *(Handels~)* sales representative
❸ *(Repräsentant)* representative; *(Abgeordneter)* member of parliament

Vertreterbesuch *m* HANDEL sales call **Vertreterhaftung** *f* JUR agent's liability **Vertreterprovision** *f* ÖKON agent's commission **Vertretertätigkeit** *f* agency work

Vertretung <-, -en> *f* ❶ *(das Vertreten)* deputizing *no art, no pl;* **zur ~ von Kollegen verpflichtet sein** to be officially obliged to deputize for colleagues; **die ~ für jdn haben** to stand in [*or* deputize] for sb; **die ~ von jdm übernehmen** to stand in [*or* deputize] for sb; **in [jds] ~** in sb's place, on behalf of sb; **einen Brief in ~ unterschreiben** to sign a letter as a proxy [*or spec* per pro], to pp a letter
❷ *(Stellvertreter)* deputizing, agency, [temporary] replacement; *Arzt, Geistlicher* locum BRIT; **eine diplomatische** ~ a diplomatic mission; **mit einer ~ beauftragt sein** to hold a brief; **die ~ für etw haben** to have the agency [*or* be the agent] for sth
❸ JUR representation, agency; ~ **vor Gericht** legal representation; ~ **kraft Rechtsschein** agency by estoppel; **anwaltliche** ~ legal representation
❹ *(Handels~)* agency, branch

Vertretungsbefugnis *f*, **Vertretungsberechtigung** *f* power of attorney [*or* representation]; **eingeschränkte** ~ restricted power of representation; **außerhalb seiner ~ handeln** to act ultra vires **vertretungsberechtigt** *adj* authorized [to represent] **Vertretungsbezirk** *m eines Vertreters* territory, district **Vertretungsmacht** *f* representative authority; ~ **kraft Rechtscheins** authority by estoppel; ~ **haben** to be empowered to act as a representative; **seine ~ überschreiten** to act in excess of one's authority **Vertretungsmonopol** *nt* HANDEL exclusive agency **Vertretungsvollmacht** *f* power of attorney

vertretungsweise *adv* as a stand-in [*or* [temporary] replacement]

Vertretungszwang *m* JUR compulsory representation

Vertrieb <-[e]s, -e> *m* ❶ *kein pl (das Vertreiben)* sale[s *pl*]; **den ~ [für etw] haben** to be in charge of sales [for sth]
❷ *(~sabteilung)* sales *pl* [department]

Vertriebene(r) *f(m) dekl wie adj* deportee, expellee *spec (from his/her homeland)*, displaced person

Vertriebsabsprache *f* HANDEL distribution agreement **Vertriebsabteilung** *f* sales department **Vertriebsanstrengungen** *pl* HANDEL sales drive, marketing efforts **Vertriebsapparat** *m* HANDEL marketing organization, sales administration **Vertriebsaufwand** *m kein pl* HANDEL marketing [*or* distribution] costs **Vertriebsbedingungen** *pl* HANDEL marketing conditions **Vertriebsbeschränkung** *f* HANDEL sales restriction **Vertriebsbindung** *f* JUR resale restriction, tying arrangement **Vertriebsbindungsvertrag** *m* JUR tying contract **Vertriebserlös** *m* sales revenue **Vertriebsgebiet** *nt* HANDEL sales territory, marketing area **Vertriebsgemeinkosten** *pl* HANDEL marketing [*or* distribution] costs **Vertriebsgemeinschaft** *f* HANDEL sales combine, marketing syndicate **Vertriebsgesellschaft** *f* sales [*or* marketing] company **Vertriebshändler(in)** *m(f)* HANDEL distributor, selling agent **Vertriebskanal** *m* HANDEL trade channel **Vertriebskartell** *nt* ÖKON marketing [*or* sales] cartel **Vertriebskooperation** *f* HANDEL joint distribution arrangement **Vertriebskosten** *pl* marketing [*or* distribution] costs **Vertriebskostenanalyse** *f* HANDEL distribution cost analysis **Vertriebsleiter(in)** *m(f)* HANDEL sales [*or* marketing] manager **Vertriebsleitung** *f* HANDEL sales [*or* marketing] management **Vertriebslizenz** *f* HANDEL distribution licence [*or* AM -se] **Vertriebsnetz** *nt* ÖKON network of distributors, distribution [*or* marketing] network **Vertriebspolitik** *f* sales politics + *sing/pl vb* **Vertriebsprozess**^RR *m* distribution [*or* marketing] process **Vertriebsrecht** *nt* HANDEL right of sale; **alleiniges** ~ exclusive right of distribution **Vertriebsstandort** *m* HANDEL place of distribution **Vertriebsunternehmen** *nt* HANDEL marketing [*or* distributing] agency **Vertriebsverbot** *nt* HANDEL distribution ban **Vertriebsvereinbarung** *f* JUR marketing agreement **Vertriebsvertrag** *m* JUR marketing contract **Vertriebsweg** *m* ÖKON channel of distribution, distribution channel **Vertriebswege** *pl* TRANSP transport route **Vertriebszahlen** *pl* HANDEL sales figures

vertrimmen* *vt (fam)* ■**jdn** ~ to beat up sb *sep*, to give sb a going-over, to give sb the one-two AM

vertrinken* *vt irreg* ■**etw** ~ to drink away sth; ***er vertrinkt sein ganzes Geld*** he drinks away all his money

vertrocknen* *vi sein Vegetation* to dry out, to wither; *Lebensmittel* to dry up, to go dry

vertrocknet *adj* dried; *Mensch* scrawny; **vertrocknete Blätter** dried leaves

vertrödeln* *vt (fam)* ■**etw** ~ to idle [*or* dawdle] away sth *sep*

vertrösten* *vt* ■**jdn [auf etw** *akk*] ~ to put off *sep* sb [until sth]

vertrotteln* *vi sein (fam)* to vegetate

vertrottelt *adj (fam)* senile

vertun* *irreg* **I.** *vr (fam)* ❶ *(sich irren)* ■**sich** ~ to make a mistake, to be mistaken; **vertu dich nur nicht, ...** make no mistake, ...; **da gibt es kein V~!** there are no two ways about it!
❷ *(sich verrechnen)* ■**sich [um etw]** ~ to make a mistake, to be out by sth
II. *vt* ■**etw** ~ to waste [*or* squander] sth

vertuschen* *vt* ■**etw** ~ to hush up sth *sep;* ■~, **dass ...** to hush up the fact that ...

Vertuschung <-, -en> *f* cover-up

verübeln* *vt* ■**jdm etw** ~ to hold sth against sb; ■**[es] jdm ~, dass ...** to take it amiss [*or* hold it against sb] that ...; **das kann man ihm kaum** ~ one can hardly blame him for that

verüben* *vt* ■**etw** ~ to commit sth; **einen Anschlag** ~ to carry out *sep* an attack; **einen Anschlag auf jdn** ~ to make an attempt on sb's life; **ein Attentat [auf jdn]** ~ to assassinate sb; *(fehlgeschlagen)* to make an assassination attempt on sb; **Gräueltaten/ein Verbrechen** ~ to commit [*or form* perpetrate] atrocities/a crime; **ein Massaker** ~ to carry out *sep* [*or form* perpetrate] a massacre; **Selbstmord** ~ to commit suicide

verulken* *vt* ■**jdn** ~ to make fun of sb

verunfallen* *vi sein* SCHWEIZ to have an accident; **der verunfallte Skifahrer** the skier involved in the accident

verunglimpfen* *vt (geh)* ■**jdn** ~ to denigrate [*or* disparage] [*or form* vilify] sb, to cast a slur on sb; ■**etw** ~ to denigrate [*or* cast a slur on] [*or form* decry] sth

Verunglimpfung <-, -en> *f* JUR denigration *no art, no pl,* disparagement *no art, no pl,* vilification *no art, no pl;* ~ **des Andenkens Verstorbener** reviling the memory of the dead

verunglücken* *vi sein* ❶ *(einen Unfall haben)* to have [*or* be involved in] an accident; **mit dem Auto** ~ to have [*or* be in] a car accident [*or* crash]; **mit dem Flugzeug** ~ to be in a plane crash; **tödlich** ~ to be killed in an accident; **der verunglückte Bergsteiger** the climber involved in the accident
❷ *(fam: misslingen)* to go wrong; ■**etw verunglückt jdm** sb's sth goes wrong; ***leider ist mir der Kuchen verunglückt*** I'm afraid my cake is a disaster

verunglückt *adj (misslungen)* unsuccessful

Verunglückte(r) *f(m) dekl wie adj* accident victim

verunmöglichen* *vt* SCHWEIZ ■**[jdm] etw** ~ to make sth impossible [for sb]

verunreinigen* *vt* ■**etw** ~ ❶ *(geh: beschmutzen)* to dirty [*or form* soil] sth; *(Hund)* to foul sth BRIT, to mess up *sep* sth AM
❷ ÖKOL to pollute [*or* contaminate] sth

Verunreinigung *f* ❶ *(geh: das Beschmutzen)* dirtying *no art, no pl,* soiling *no art, no pl form; Gehwege* fouling *no art, no pl* BRIT, messing up *no art, no pl* AM
❷ ÖKOL pollution *no art, no pl,* contamination *no art, no pl*
❸ *(Schmutz)* impurity

verunsichern* *vt* ■**jdn** ~ to make sb [feel] unsure [*or* uncertain] [*or* insecure]; *(verstören)* to unsettle sb; ■**jdn in etw** *dat* ~ to make sb unsure of sth

verunsichert *adj* insecure, uncertain

Verunsicherung <-, -en> *f* ❶ *(das Verunsichern)* unsettling *no art, no pl*
❷ *(verunsicherte Stimmung)* [feeling of] uncertainty

verunstalten* *vt* ■**jdn/etw** ~ to disfigure sb/sth; ***wie konnte der Friseur dich nur so ~?*** how could the hairdresser spoil your looks like that?

Verunstaltung <-, -en> *f* disfigurement

veruntreuen* *vt* JUR ■**etw** ~ to embezzle [*or* misappropriate] sth [*or spec* defalcate]

Veruntreuung <-, -en> *f* JUR embezzlement *no art, no pl,* misappropriation *no art, no pl,* defalcation *no art, no pl spec;* ~ **von Geldern** embezzlement [*or* misappropriation] of funds

verurkunden* *vt* SCHWEIZ ■**etw** ~ to notarize [*or* legally certify] sth

verursachen* *vt* ■**etw** ~ to cause sth; **[jdm] Schwierigkeiten** ~ to create [*or* give rise to] difficulties [for sb]; **jdm Umstände** ~ to put sb to [*or* cause sb] trouble

Verursacher(in) <-s, -> *m(f)* cause, person/thing responsible

Verursacherprinzip *nt kein pl* ÖKOL polluter pays principle

Verursachungsvermutung *f* JUR assumption of causes

verurteilen* *vt* ❶ *(für schuldig befinden)* ■**jdn** ~ to convict sb
❷ *(durch Urteil mit etw bestrafen)* ■**jdn zu etw** ~ to sentence sb to sth; **jdn zu 7500 Mark Geldstrafe** ~ to fine sb 7500 marks, to impose a fine of 7500 marks on sb; **jdn zu lebenslänglicher Haft** ~ to sentence sb to life imprisonment; **jdn zum Tode** ~ to sentence [*or* condemn] sb to death
❸ *(verdammen)* ■**jdn** ~ to condemn [*or form* censure] sb; ■**etw** ~ to condemn sth

verurteilt *adj* condemned, sentenced; ■**zu etw verurteilt sein** *(zwangsläufig bestimmt sein)* to be condemned to sth; **zum Scheitern verurteilt sein** to be bound to fail [*or* doomed to failure]

Verurteilte(r) *f(m) dekl wie adj* convicted man *masc* [*or fem* woman]; *(zum Tode)* condemned man

masc [or fem woman]
Verurteilung <-, -en> *f* ❶ (*das Verurteilen*) condemnation
❷ JUR conviction *no art, no pl,* sentencing *no art, no pl;* ■ **eine/jds ~ zu etw** a/sb's sentence of sth; **~ zu Schadenersatz** judgment for damages; **~ im Schnellverfahren** summary conviction; **~ wegen einer Straftat** criminal conviction; **die ~ zum Tode** the death sentence; **kostenpflichtige ~** judgment with costs
vervielfachen* I. *vt* ■ **etw ~** to increase sth greatly; **die Inflation ~** to cause a sharp rise in inflation; ■ **etw mit etw ~** MATH to multiply sth with sth
II. *vr* ■ **sich ~** to increase greatly, to multiply [several times]
Vervielfachung <-, -en> *f* ❶ (*starke Erhöhung*) steep increase; **~ der Inflation** a steep rise in inflation
❷ MATH multiplication
vervielfältigen* *vt* ■ **etw ~** to duplicate [*or* make copies of] sth; (*fotokopieren*) to photocopy sth
Vervielfältigung <-, -en> *f* ❶ *kein pl* (*das Vervielfältigen*) duplication, duplicating *no art, no pl,* copying *no art, no pl*
❷ (*geh: Kopie*) copy
Vervielfältigungsrecht *nt* JUR copyright, right of reproduction
vervierfachen* I. *vt* ■ **etw ~** to quadruple sth
II. *vr* ■ **sich ~** to quadruple
vervollkommnen* I. *vt* ■ **etw ~** to perfect sth, to make sth [more] perfect
II. *vr* ■ **sich** *akk* [**auf/in etw** *dat*] ~ to become [more] perfect [in sth]
Vervollkommnung <-, -en> *f* perfection *no art, no pl*
vervollständigen* *vt* ■ **etw ~** to complete sth, to make sth [more] complete
Vervollständigung <-, -en> *f* completion *no art, no pl*
verw. *adj Abk von* **verwitwet** widowed
verwachsen* [-ˈvaksn] *irreg* I. *vi sein* ❶ (*zusammenwachsen*) ■ [**mit etw**] ~ to grow together [with sth]
❷ (*zuwuchern*) to become overgrown; **ein ~er Garten** an overgrown garden
II. *vr* MED ■ **sich ~** to right [*or* correct] itself
verwackeln* *vt* FOTO (*fam*) ■ **etw ~** to make sth blurred
verwählen* *vr* TELEK ■ **sich ~** to dial [*or* get] the wrong number
verwahren* I. *vt* ■ **etw** [**für jdn**] ~ to keep sth safe [for sb]; ■ **etw in etw** *dat* ~ to keep sth in sth; **jdm etw zu ~ geben** to give sth to sb for safekeeping
II. *vr* (*geh*) ■ **sich gegen etw ~** to protest against sth
Verwahrer(in) <-s, -> *m(f) von Wertpapieren* depositary, bailee
verwahrlosen* *vi sein* to get into a bad state; *Grundstück, Gebäude* to fall into disrepair, to become dilapidated; *Mensch* to let oneself go, to go to pot, to run to seed *fam;* **völlig ~** to go to rack [*or esp* AM wrack] and ruin; ■ **etw ~ lassen** to let sth fall into disrepair [*or* become dilapidated], to neglect sth; ■ **verwahrlost** dilapidated; **ein verwahrloster Garten** a neglected [*or* an overgrown] garden; **verwahrloste Kleidung** ragged [*or* BRIT tatty] [*or* AM tattered] clothes; **ein verwahrloster Mensch** an unkempt person, a scruff BRIT *fam*
verwahrlost <-er, -este> *adj* neglected
Verwahrlosung <-> *f kein pl Grundstück, Gebäude* dilapidation *no art, no pl; Mensch* neglect *no art, no pl;* **bis zur völligen ~ herunterkommen** to sink into a state of total neglect; **jdn vor der ~ bewahren** to save sb from degradation
Verwahrung <-> *f kein pl* ❶ (*das Verwahren*) [safe]keeping *no art, no pl,* bailment *no art, no pl,* [safe] custody *no art, no pl;* **vorübergehende ~ von Ware** temporary storage of goods; **~ von Wertpapieren** ÖKON safe custody of securities; **amtliche ~** JUR official custody; **gerichtliche/sichere ~** JUR impounding/safekeeping; **unregelmäßige ~** JUR irregular deposit; **jdm etw** [*o* **etw bei jdm**] **in ~ geben** to give sth to sb for safekeeping [*or* custody]; **etw in ~ nehmen** to take sth into safekeeping [*or* custody]; **etw in gerichtliche ~ nehmen** to impound sth
❷ (*zwangsweise Unterbringung*) detention *no art, no pl;* **jdn in ~ nehmen** to take sb into custody
❸ (*geh: Einspruch*) protest; **~ gegen etw einlegen** to lodge [*or* enter] a protest against sth
❹ BAU flashing
Verwahrungsbuch *nt* ❶ FIN custody ledger ❷ JUR breach of official custody **Verwahrungsgeschäft** *nt* FIN custody transaction [*or* business] **Verwahrungsort** *m* depository **Verwahrungsrecht** *nt* JUR right of custody **Verwahrungsstelle** *f* depository **Verwahrungsvertrag** *m* JUR custody agreement, bailment contract
verwaisen* *vi sein* ❶ (*zur Waise werden*) to be orphaned, to become an orphan; ■ **verwaist** orphaned
❷ (*verlassen werden*) to become deserted; ■ **verwaist** deserted
verwaist *adj* orphaned; (*fig: verlassen*) deserted, abandoned
verwalten* *vt* ■ **etw ~** ❶ FIN to administer sth; **jds Besitz ~** to manage sb's property
❷ ADMIN to administer sth; **eine Kolonie/Provinz ~** to govern a colony/province
❸ INFORM to manage sth
Verwalter(in) <-s, -> *m(f)* administrator; *Gut* manager; *Nachlass* trustee
Verwaltung <-, -en> *f* ❶ *kein pl* (*das Verwalten*) administration *no art, no pl,* management *no art, no pl*
❷ (*Verwaltungsabteilung*) administration *no pl,* admin *no pl fam;* **öffentliche/örtliche ~** public administration, civil service/local [*or* municipal] government; **städtische ~** municipal authority [*or* administration]
❸ INFORM management *no art, no pl*
Verwaltungsabkommen *nt* administrative agreement **Verwaltungsakt** *m* JUR administrative act; **Aufhebung eines ~s** annulment of an administrative act; **einen ~ anfechten** to contest an administrative act **Verwaltungsangestellte(r)** *f(m)* admin[istration] employee **Verwaltungsapparat** *m* administrative machine[ry] *no pl* **Verwaltungsarbeit** *f* administration, admin BRIT *fam* **Verwaltungsaufsicht** *f* administrative supervision **Verwaltungsausschuss**^RR *m* administration body; (*EU*) Management Committee **Verwaltungsbeamte(r)** *f(m)* admin[istration] official, government [administrative] official **Verwaltungsbehörde** *f* administration [authority], administrative body **Verwaltungsbeschwerde** *f* complaint about an adminstrative decision **Verwaltungsbezirk** *m* administrative district, precinct AM **Verwaltungschef(in)** *m(f)* head of administration **Verwaltungsdienst** *m* administration, admin BRIT *fam* **Verwaltungsentscheidung** *f* JUR administrative decision **Verwaltungsermessen** *nt kein pl* JUR administrative discretion **Verwaltungsgebäude** *nt* admin[istration] building
Verwaltungsgericht *nt* administrative court [*or* tribunal] **Verwaltungsgerichtsbarkeit** *f* JUR jurisdiction of an administrative court **Verwaltungsgerichtshof** *m* JUR Higher Administrative Court (*in Baden-Württemberg, Bavaria and Hesse*) **Verwaltungsgerichtsordnung** *f* JUR *regulations governing administrative courts* **Verwaltungsgerichtsverfahren** *nt* JUR administrative court procedure
Verwaltungsklage *f* JUR administrative [court] action **Verwaltungskompetenz** *f* JUR jurisdiction for administration **Verwaltungskosten** *pl* admin[istrative] costs [*or* expenses] *pl* **Verwaltungsneubauten** *pl* new administrative buildings *pl* **Verwaltungspersonal** *nt* managerial [*or* administrative] staff **Verwaltungspraxis** *f* JUR administrative practice **Verwaltungsprivatrecht** *nt* JUR *rules for private-law transactions of public bodies*
Verwaltungsrat *m* administrative [*or* management] board, board of directors (*of a public sector institution*) **Verwaltungsratsmitglied** *nt* board member, director **Verwaltungsratsvorsitzende(r)** *f(m) dekl wie adj* chairman of the board [of directors]
Verwaltungsrecht *nt* JUR administrative law **Verwaltungsrechtsrat, -rätin** *m, f* JUR administrative law counsellor **Verwaltungsrechtsweg** *m* JUR recourse to administrative tribunals
Verwaltungsreform *f* administrative reform **Verwaltungsrichter(in)** *m(f)* JUR adjudicator, judge at an administrative tribunal **Verwaltungsstelle** *f* administration office; *einer Stadt* civic centre [*or* AM -er] **Verwaltungsstreitigkeit** *f* JUR civil administrative litigation **verwaltungstechnisch** *adj* administrative **Verwaltungstreuhand** *f* JUR administrative trust **Verwaltungsübung** *f* JUR administrative custom **Verwaltungsverfahren** *nt* JUR administrative proceedings *pl* **Verwaltungsverfügung** *f* JUR administrative ruling [*or* decree] **Verwaltungsverordnung** *f* JUR administrative regulation **Verwaltungsvertrag** *m* JUR contract for management services **Verwaltungsvollstreckungsgesetz** *nt* JUR Administration Enforcement Act **Verwaltungsvorschrift** *f* JUR regulatory provision, administrative rule **Verwaltungsweg** *m* administrative channel; **auf dem ~** through administrative channels **Verwaltungszwangsverfahren** *nt* JUR *regulations concerning the application of administrative compulsion*
verwandelbar *adj* convertible
verwandeln* I. *vt* ❶ (*umwandeln*) ■ **jdn in etw/ein Tier ~** to turn [*or* transform] sb into sth/an animal; ■ **jd ist wie verwandelt** sb is a changed [*or* different] person [*or* is transformed]
❷ TECH ■ **etw in etw** *akk* ~ to convert [*or* turn] sth into sth
❸ (*anders erscheinen lassen*) ■ **etw ~** to transform sth
❹ FBALL ■ **etw** [**zu etw**] ~ to convert sth [into sth]; **einen Strafstoß/Eckball ~** to convert a penalty/score from a corner
II. *vr* ❶ (*zu etw werden*) ■ **sich** *akk* **in etw** *akk* ~ to turn [*or* change] into sth
❷ ■ **sich in etw/ein Tier ~** to turn [*or* transform] oneself into sth/an animal
Verwandlung *f* ❶ (*Umformung*) ■ **jds ~** [**in etw/ein Tier**] sb's transformation [into sth/an animal]
❷ TECH conversion
Verwandlungsszene *f* THEAT transformation scene
Verwandschaftsverhältnisse *pl* family relationships *pl*
verwandt[1] *adj* related (**mit** +*dat* to); ■ **sie sind** [**miteinander**] ~ they are related [to each other]; **~e Anschauungen/Methoden** similar views/methods; **~e Sprachen/Wörter** cognate languages/words *spec*
verwandt[2] *pp von* **verwenden**
verwandte *imp von* **verwenden**
Verwandte(r) *f(m) dekl wie adj* relation, relative; **~ in aufsteigender Linie** JUR lineal ascendents *pl;* **ein entfernter ~r von mir** a distant relation of mine
Verwandtschaft <-, -en> *f* ❶ (*die Verwandten*) relations *pl,* relatives *pl,* kinship; ■ **jds ~** sb's relations [*or* relatives]; **~ in gerader Linie** JUR relations *pl* by lineal descent; **~ in Seitenlinie** JUR collateral relatives [*or* relations] *pl;* **die nähere ~** close relatives *pl;* **zu jds ~ gehören** to be a relative of sb's
❷ (*gemeinsamer Ursprung*) affinity; *Sprachen* cognation *no pl spec* (**mit** +*dat* with)
verwandtschaftlich I. *adj* family *attr* II. *adv* ■ **~** [**miteinander**] **verbunden sein** to be related [to each other] **Verwandtschaftsgrad** *m* degree of relationship
verwanzen *vt* ■ **etw ~** to bug sth

verwanzt **I.** *pp von* **verwanzen**
II. *adj* ❶ *(mit Wanzen) Betten, Kleider* bug-ridden [*or* -infested]
❷ *(mit Abhörgeräten) Wohnung, Zimmer* bugged; ■**verwanzt sein** to be bugged

verwarnen* *vt* ■**jdn** ~ ❶ *(streng tadeln)* to warn [*or form* caution] sb
❷ *(gebührenpflichtig ~)* to fine sb

Verwarnung *f* warning, caution; *(Verweis)* reprimand; **gebührenpflichtige** ~ fine; **gerichtliche** ~ injunction; **mündliche** ~ verbal caution; **eine** ~ **aussprechen** to issue a warning; **jdm eine gebührenpflichtige** ~ **erteilen** [*o* **aussprechen**] to fine sb

Verwarnungsgeld *nt* JUR exemplary fine, warning charge

verwaschen *adj* faded

verwässern* *vt* ■**etw** ~ ❶ *(mit Wasser mischen)* to water down sth *sep;* **Saft** ~ to dilute juice
❷ *(abschwächen)* to water down sth *sep*

verweben* *vt irreg* ■**etw** ~ ❶ *(ineinander weben)* to interweave sth
❷ *(beim Weben verbrauchen)* to use [up *sep*] sth (*for weaving*)

verwechseln* [-'vɛksl̩n] *vt* ❶ *(irrtümlich vertauschen)* ■**etw** ~ to mix up sth *sep,* to get sth mixed up
❷ *(irrtümlich für jdn halten)* ■**jdn** [**mit jdm**] ~ to mix up *sep* sb [with sb], to confuse sb with sb, to mistake sb for sb; ■**etw mit etw** ~ to confuse sth with sth, to mistake sth for sth; **sich zum V~ gleichen** to be alike as two peas [in a pod]; **jdm zum V~ ähnlich sehen** to be the spitting image of sb

Verwechslung <-, -en> [-'vɛksl̩ʊŋ] *f* ❶ *(das Verwechseln)* mixing up *no art, no pl,* confusing *no art, no pl*
❷ *(irrtümliche Vertauschung)* mistake, confusion *no art, no pl,* mix-up *fam;* ***das muss eine ~ sein*** there must be some mistake

verwegen *adj* daring, bold; *(Kleidung)* rakish; *(frech a.)* audacious, cheeky, mouthy AM

Verwegenheit <-> *f kein pl* boldness *no art, no pl;* *(Frechheit a.)* audacity *no art, no pl,* cheekiness *no art, no pl*

verwehen* **I.** *vt* ■**etw** ~ ❶ *(auseinander treiben)* to scatter [*or sep* blow away] sth
❷ *(verwischen)* to cover [over [*or* up] *sep*] sth
II. *vi* to die down

verwehren* *vt (geh)* ❶ *(verweigern)* ■**jdm etw** ~ to refuse [*or* deny] sb sth; ■**jdm** ~, **etw zu tun** to stop [*or* bar] sb from doing sth
❷ *(versperren)* ■**jdm etw** ~ to block sb's sth; **Unbefugten den Zutritt** ~ to deny access to unauthorized persons

Verwehung <-, -en> *f* ❶ *kein pl (das Verwehen)* covering over [*or* up] *no art, no pl*
❷ *(Schnee~)* [snow]drift; *(Sand~)* [sand]drift

verweichlichen* **I.** *vi sein* to grow soft; ■**verweichlicht sein** to have grown soft; **ein ~er Junge** a mollycoddled boy; **ein verweichlichter Mensch** a weakling *pej*
II. *vt* ■**jdn** ~ to make sb soft *pej*

Verweichlichung <-> *f kein pl* softening *no art, no pl*

Verweigerer, Verweigerin <-s, -> *m, f* ❶ *(allgemein)* objector
❷ *(Kriegsdienst~)* conscientious objector

verweigern* **I.** *vt* ■[**jdm**] **etw** ~ to refuse [sb] sth; **jede Auskunft/die Kooperation** ~ to refuse to give any information/to cooperate; **die Herausgabe von Akten** ~ to refuse to hand over files; **jdm eine Hilfeleistung** ~ to refuse sb assistance [*or* to assist sb] [*or* to render assistance to sb]; **seine Zustimmung zu etw** ~ to refuse to agree [*or* to give one's agreement] to sth, to refuse one's consent to sth; **jdm die Ausreise** ~ to prohibit sb from leaving [the/a country], to refuse sb permission to leave [the/a country]; **jdm die Einreise/die Erlaubnis/den Zutritt** ~ to refuse sb entry/permission/admission [*or* access]; **einen Befehl** ~ to refuse to obey an order; **jdm den Gehorsam** ~ to refuse to obey sb; **den Kriegsdienst** ~ to refuse to do military service, to be a conscientious objector; *s. a.* **Annahme**
II. *vi* to refuse
III. *vr* ■**sich jdm** ~ to refuse [to have] intimacy with sb

Verweigerung *f* refusal, denial; ~ **der Annahme** non-acceptance, refusal of acceptance; ~ **eines Befehls** refusal to obey an order; ~ **eines Kredits** turning down sb for a loan; ~ **des Rechtsschutzes** non-enforceability; ~ **des Wehrdienstes** refusal to obey to do military service; ~ **der Zeugenaussage** refusal to testify [*or* give evidence]

verweilen* *vi (geh)* ❶ *(sich aufhalten)* ■**irgendwo** ~ to stay [*or old poet* tarry] somewhere; **kurz** ~ to stay for a short time; **vor einem Gemälde** ~ to linger in front of a painting
❷ *(sich mit etw beschäftigen)* ■**bei etw** ~ to dwell on sth

verweint *adj* **~e Augen** eyes red from crying; **ein ~es Gesicht** a tear-stained face

Verweis <-es, -e> *m* ❶ *(Tadel)* reprimand, rebuke *form;* **einen** ~ **bekommen** to be reprimanded [*or form* rebuked]; **jdm einen** ~ **erteilen** *(geh)* to reprimand [*or form* rebuke] sb
❷ *(Hinweis)* reference (**auf** +*akk* to); *(Quer~)* cross-reference (**auf** +*akk* to)

Verweis(datei) *m* reference [file]

verweisen* *irreg* **I.** *vt* ❶ *(weiterleiten)* ■**jdn an jdn/etw** ~ to refer sb to sb/sth
❷ *(hinweisen)* ■**jdn auf etw** *akk* ~ to refer sb to sth
❸ SPORT ■**jdn von etw** ~ to banish sb from sth; **jdn vom Spielfeld** ~ to send off *sep* [*or* AM eject] sb
❹ JUR ■**etw an etw** *akk* ~ to refer sth to sth
II. *vi* ■**auf etw** *akk* ~ to refer [*or form* advert] to sth

Verweisung *f* referral, remittal (**an** +*akk* to); ~ **an ein höheres Gericht** referral to a higher court; ~ **eines Rechtsstreits/eines Verfahrens** transfer of a case/of proceedings; ~ **an ein Schiedsgericht** referral to arbitration

Verweisungsantrag *m* JUR motion to remit a case to another court **Verweisungsbeschluss**RR *m* JUR order to transfer an action **Verweisungsgegenstand** *m* JUR item to be remitted **Verweisungsverfahren** *nt* JUR committal proceedings *pl* **Verweisungszeichen** *nt* reference sign

verwelken* *vi sein* to wilt

verwendbar *adj* usable; **erneut** ~ **sein** to be reusable

verwenden <verwendete *o* verwandte, verwendet *o* verwandt> **I.** *vt* ❶ *(gebrauchen)* ■**etw** [**für etw**] ~ to use sth [for sth]; ■**etw ist noch zu** ~ sth can still be used [*or* is still usable]; ■**verwendet** applied; **verwendet oder verbraucht** applied or used; **nicht mehr verwendet** disused
❷ *(für etw einsetzen)* ■**etw für etw/irgendwie** ~ to use [*or* employ] sth for sth/somehow
❸ *(benutzen)* ■**etw** ~ to make use of sth; **etw vor Gericht** ~ to use sth in court
II. *vr* ■**sich** [**bei jdm**] **für jdn** ~ to intercede [with sb] on sb's behalf

Verwendung <-, -en> *f* ❶ *(Gebrauch)* use, utilization *no pl form;* ~ **des Bruttosozialprodukts** expenditure of the gross national product; ~ **von Haushaltsmitteln** budget appropriation; ~ **aus einer Rückstellung** draw on [*or* use of] reserves; **missbräuchliche** [*o* **unsachgemäße**] ~ improper use; **notwendige** ~ necessary outlay; [**für etw**] ~ **finden** to be used [for sth]; **für jdn/etw** ~ **finden** to find a use for sb/sth; **~/keine** ~ **für jdn/etw haben** to have a/no use for sb/sth
❷ *(veraltend: Fürsprache)* intercession; ■**auf jds** ~ **hin** at sb's intercession

Verwendungsbereich *m* TECH field of application **verwendungsfähig** *adj s.* **verwendbar verwendungsgebunden** *adj (form)* tied, linked to a specific use **Verwendungsmöglichkeit** *f* [possible] use [*or* employment] **Verwendungszeitraum** *m* period of use **Verwendungszweck** *m* purpose; *(Feld auf Überweisungsformularen)* reference

verwerfen* *irreg* **I.** *vt* ❶ *(als unbrauchbar ablehnen)* ■**etw** [**als etw**] ~ to reject sth [as sth]; **den Gedanken** ~ to dismiss the thought; **einen Plan** ~ to reject [*or* discard] [*or sep* throw out] a plan; **einen Vorschlag** ~ to reject [*or sep* turn down] a suggestion
❷ JUR ■**etw** ~ to reject [*or* dismiss] sth
II. *vr* ■**sich** ~ ❶ *(sich stark verziehen)* to warp
❷ GEOL to fault *spec*
❸ KARTEN to deal the wrong number of cards

verwerflich *adj (geh)* reprehensible *form*

Verwerflichkeit <-> *f kein pl (geh)* reprehensibleness *no art, no pl form* [*or* reprehensibility] *no art, no pl form*

Verwerfung <-, -en> *f* ❶ *kein pl (Ablehnung)* rejection, dismissal
❷ GEOL fault
❸ SOZIOL **gesellschaftliche ~en** societal fractures
❹ BAU warp

Verwerfungskompetenz *f* JUR power to reject a remedy

verwertbar *adj* ❶ *(brauchbar)* usable; **erneut** ~ **sein** to be reusable; ■[**etwas**]**/nichts V~es** something/nothing usable
❷ *(auszuwerten)* utilizable [*or* BRIT *a.* -isable]; [**nicht**] ~ **vor Gericht sein** to be [in]admissible in court

Verwertbarkeit <-> *f kein pl* usability *no pl*

verwerten* *vt* ■**etw** ~ ❶ *(ausnutzen, heranziehen)* to use [*or* utilize] [*or* make use of] sth; **etw erneut** ~ to reuse sth
❷ *(nutzbringend anwenden)* to exploit [*or* make use of] sth

Verwertung <-, -en> *f* ❶ *(Ausnutzung)* utilization *no art, no pl*
❷ *(Heranziehung)* use
❸ *(nutzbringende Anwendung)* exploitation *no art, no pl*

Verwertungsgesellschaft *f* exploitation company **Verwertungsnachweis** *m* proof of use; *z. B. bei Altautos* proof of recycling **Verwertungsrechte** *pl* JUR utilization rights **Verwertungssperre** *f* ban on sale **Verwertungsverbot** *nt* ban on utilization

verwesen* *vi sein* to rot, to decompose; ■**verwest** decomposed

Verwesung <-> *f kein pl* decomposition *no art, no pl,* decay *no art, no pl;* **in** ~ **übergehen** to start to rot [*or* decompose]

verwetten* *vt* ■**etw** ~ to gamble away sth *sep*

verwickeln* **I.** *vt* ■**jdn in etw** *akk* ~ to involve sb in sth; **jdn in ein Gespräch** ~ to engage sb in conversation; **jdn in einen Skandal** ~ to get sb mixed up [*or* embroiled] in a scandal; ■**in etw** *akk* **verwickelt sein/werden** to be/become [*or* get] involved [*or* mixed up] in sth; **in eine Affäre verwickelt sein** to be entangled [*or* tangled up] in an affair; **in einen Skandal verwickelt sein** to be embroiled in [a] scandal
II. *vr* ❶ *(sich verheddern)* ■**sich** ~ to get tangled up
❷ *(sich verstricken lassen)* ■**sich** *akk* **in etw** *akk o dat* ~ to get tangled [*or* caught up] [*or* become entangled] in sth; **sich in eine Auseinandersetzung** ~ to get involved [*or* caught up] in an argument

verwickelt *adj* complicated, intricate, involved; **eine ~e Angelegenheit** a tangled affair

Verwick(e)lung <-, -en> *f* ❶ *(Verstrickung)* entanglement; ■**jds** ~ **in etw** *akk* sb's involvement in sth
❷ *pl (Komplikationen)* complications *pl*

verwildern* *vi sein* ❶ *(zur Wildnis werden)* to become overgrown
❷ *(wieder zum Wildtier werden)* to go wild, to return to the wild
❸ *(undiszipliniert werden)* to become wild [and unruly], to run wild

verwildert *adj* ❶ *(überwachsen) Garten* overgrown
❷ *Tier* feral; *Haustier* neglected

V

❸ *(fig: ungepflegt) Aussehen* unkempt
Verwilderung <-> *f kein pl* ❶ *(das Verwildern) Garten, Park* growing wild *no art, no pl; Tier* becoming wild *no art, no pl,* returning to the wild *no art, no pl*
❷ *(Disziplinlosigkeit)* becoming wild [and unruly] *no art, no pl,* running wild *no art, no pl*
verwinden* *vt irreg (geh)* ■**etw** ~ to get over sth; ■**es ~, dass ...** to get over the fact that ...
verwinkelt *adj* twisting, twisty *fam,* winding, windy *fam;* **ein ~es Gebäude** a building full of nooks and crannies
verwirken *vt (geh)* ■**etw** ~ to forfeit sth
verwirklichen* I. *vt* ■**etw** ~ to realize sth; **eine Idee/einen Plan** ~ to put an idea/a plan into practice [*or* effect], to translate an idea/a plan into action; **ein Projekt/Vorhaben** ~ to carry out *sep* a project
II. *vr* ■**sich** ~ to fulfil [*or* AM *a.* -ll] oneself, to be fulfilled; **sich voll und ganz** ~ to realize one's full potential; ■**sich** *akk* **in etw** *dat* ~ to find fulfilment [*or* AM *usu* -llment] in sth
Verwirklichung <-, -en> *f* realization
Verwirkung <-> *f kein pl* JUR forfeiture; ~ **von Ansprüchen/Rechten** forfeiture of claims/rights; ~ **des Rücktrittsrechts [vom Vertrag]** forfeiture of the right of rescission
Verwirkungsklausel *f* JUR estoppel [*or* forfeiture] clause
verwirren* *vt* ■**jdn [mit etw]** ~ to confuse sb [with sth], to bewilder sb
verwirrend <-er, -este> *adj* confusing
Verwirrspiel *nt* confusion; **ein ~ mit jdm treiben** to try to confuse sb
verwirrt *adj* ❶ *(fig: durcheinander)* confused, bewildered; *Sinne* [be]fuddled
❷ *Haar* tousled, ruffled; *Faden* tangled
Verwirrung <-, -en> *f* ❶ *(Verstörtheit)* confusion *no art, no pl,* bewilderment *no art, no pl;* **jdn in ~ bringen** to confuse [*or* bewilder] sb, to make sb confused [*or* bewildered]
❷ *(Chaos)* chaos *no art, no pl*
verwischen* I. *vt* ■**etw** ~ ❶ *(verschmieren)* to smudge sth; **Farbe** ~ to smear paint
❷ *(unkenntlich machen)* to cover [up *sep*] sth; **seine Spur** ~ to cover one's tracks
II. *vr* ■**sich** ~ to become blurred; *(Erinnerung)* to fade
verwittern* *vi sein* to weather; ■**verwittert** weathered; **ein verwittertes Gesicht** *(fig)* a weather-beaten face
Verwitterung *f* weathering *no art, no pl*
verwitwet *adj* widowed; **Frau Huber, ~e Schiller** Mrs Huber, [the] widow of Mr Schiller
verwöhnen* *vt* ■**jdn** ~ to spoil sb; ■**sich** ~ to spoil [*or* treat] oneself; **jdn zu sehr** ~ to pamper sb, to mollycoddle sb BRIT *pej fam;* ■**sich [von jdm] ~ lassen** to be pampered [by sb]
verwohnt *adj* the worse for wear *pred;* **eine ~e Wohnung** a run-down flat; **ein ~es Gebäude** a ramshackle building; **~e Möbel** worn-out [*or* battered] furniture
verwöhnt *adj* ❶ *(Exquisites gewöhnt)* gourmet *attr*
❷ *(anspruchsvoll)* discriminating *form*
Verwöhnung <-> *f kein pl* spoiling *no art, no pl*
verworfen I. *adj (geh)* degenerate; *(stärker)* depraved
II. *adv* degenerately; ~ **handeln** to act like a degenerate *form*
Verworfenheit *f (geh)* depravity
verworren *adj* confused, muddled; **eine ~e Angelegenheit** a complicated affair
verwundbar *adj* vulnerable
verwunden* *vt* ■**jdn** ~ to wound sb; **schwer verwundet** seriously wounded
verwunderlich *adj* odd, strange, surprising; **was ist daran ~?** what is strange [*or* odd] about that?; ■**es ist kaum ~, dass/wenn ...** it is hardly surprising that/when ..; ■**nicht ~ sein** to be not surprising; ■**es ist nicht ~, dass ...** it is not surprising [*or* no wonder] that ...
verwundern* I. *vt* ■**jdn** ~ to surprise [*or* astonish] sb; ■**es verwundert jdn, dass ...** sb is surprised that ...
II. *vr* ■**sich** *akk* **über etw** *akk* ~ to be surprised [*or* astonished] at sth; **sich sehr** ~ to be amazed [*or* very surprised]
verwundert I. *adj* astonished, surprised; **über etw** *akk* **verwundert sein** to be amazed [*or* astonished] [*or* very surprised] at sth
II. *adv* in amazement
Verwunderung <-> *f kein pl* amazement *no art, no pl;* **voller** ~ full of amazement; **zu jds** ~ to sb's amazement [*or* astonishment] [*or* great surprise]
verwundet *adj* injured; *(fig)* wounded *a. fig,* hurt *a. fig*
Verwundete(r) *f(m) dekl wie adj* casualty, wounded person; ■**die ~n** the wounded + *pl vb*
Verwundung <-, -en> *f* wound
verwunschen *adj* enchanted
verwünschen* *vt* ❶ *(verfluchen)* ■**jdn/etw** ~ to curse sb/sth; ■**verwünscht, dass ...** cursed be the day ...
❷ LIT *(verzaubern)* ■**jdn/etw** ~ to cast a spell on [*or* to bewitch] sb/sth
verwünscht *adj* cursed, confounded *dated fam*
Verwünschung <-, -en> *f* curse, oath *dated;* **~en ausstoßen** to utter curses [*or dated* oaths]
verwurzeln* *vi sein* to be rooted; **fest mit etw** *dat* **verwurzelt sein** to be deeply rooted in sth
verwurzelt *adj* ❶ *(mit Wurzeln befestigt)* ■**irgendwie** ~ somehow rooted; **gut/fest** ~ well-/firmly rooted
❷ *(fest eingebunden)* ■**in etw** *dat* ~ **sein** to be [deeply] rooted [*or a. pej* entrenched] in sth
verwüsten* *vt* ■**etw** ~ to devastate sth; **die Wohnung** ~ to wreck the flat [*or* AM apartment]; **das Land** ~ to ravage [*or* lay waste to] the land
Verwüstung <-, -en> *f meist pl* devastation *no art, no pl;* **die ~en des Krieges** the ravages of war; **~en anrichten** to cause devastation
verzagen* *vi sein o selten haben (geh)* to give up, to lose heart
verzagt I. *adj* despondent, disheartened
II. *adv* despondently
verzählen* *vr* ■**sich** ~ to miscount
verzahnen* *vt* ❶ TECH ■**Teile [miteinander]** ~ to dovetail pieces [together]; **Maschinenteile** ~ to gear machinery
❷ BAU ■**etw [mit etw]** ~ to joggle sth [with sth]
❸ *(fig: eng verbinden)* ■**etw mit etw** *dat* ~ to link sth to sth; ***diese Probleme sind miteinander verzahnt*** these problems are all linked [together]
Verzahnen <-s> *nt kein pl* BAU toothing, indenting
verzahnt *adj* **ineinander ~ sein** to mesh
Verzahnung <-, -en> *f* ❶ BAU *von Balken* dovetailing
❷ TECH *von Rädern* gearing
❸ TECH *(das Verzahntsein)* dovetail
verzanken* *vr (fam)* ■**sich** *akk* **[wegen einer S.** *gen***]** ~ to fall out [*or* quarrel] [over sth]
verzapfen* *vt* ❶ *(fam o pej: schreiben)* ■**etw** ~ to concoct sth; **ein kitschiges Gedicht** ~ to concoct a kitschy poem; *(erzählen)* to come out with sth; ***du verzapfst wieder mal nur Blödsinn!*** you're talking a load of rubbish again!
❷ *(verbinden)* **Bretter** ~ to mortise planks of wood
❸ *(ausschenken)* **Bier** ~ to sell beer on draught [*or* AM *usu* draft]
verzärteln* *vt (pej)* ■**jdn** ~ to pamper, to mollycoddle sb BRIT
verzaubern* *vt* ❶ *(verhexen)* ■**jdn** ~ to put [*or* cast] a spell on sb; ■**jdn in jdn/etw** ~ to turn sb into sb/sth
❷ *(betören)* ■**jdn** ~ to enchant sb
Verzauberung <-, -en> *f* ❶ *(das Verhexen)* bewitchment
❷ *(fig)* enchantment
verzehnfachen* I. *vt (auf das Zehnfache erhöhen)* ■**etw** ~ to increase sth tenfold
II. *vr (sich auf das Zehnfache erhöhen)* ■**sich** *akk* ~ to increase tenfold
Verzehr <-[e]s> *m kein pl (geh)* consumption *form;* **nicht zum ~ geeignet** unfit for consumption
Verzehrbon *m* food coupon, meal voucher
verzehren* I. *vt* ❶ ■**etw** ~ *(geh: essen)* to consume sth *form*
❷ *(verbrauchen)* to use up sth
II. *vr (geh)* ❶ *(intensiv verlangen)* ■**sich** *akk* **nach jdm** ~ to pine for sb
❷ *(sich zermürben)* ■**sich** *akk* **vor etw** *dat* ~ to be consumed by [*or* with] sth *form*
verzeichnen* *vt* ❶ *(aufführen)* ■**etw** ~ to list sth; **etw ~ können** *(fig)* to be able to record sth; **einen Erfolg** ~ to score a success
❷ *(falsch zeichnen)* ■**etw** ~ to draw sth wrongly
Verzeichnis <-ses, -se> *nt* ❶ *(Liste)* list; *(Tabelle)* table
❷ INFORM directory; **hierarchisches/temporäres** ~ hierarchical/temporary directory; **ein ~ anlegen** to make a directory
verzeigen* *vt* SCHWEIZ *(anzeigen)* to report sb [to the police]
Verzeigung <-, -en> *f* SCHWEIZ *(Anzeige)* reporting
verzeihen <verzieh, verziehen> I. *vt (vergeben)* ■**etw** ~ to excuse sth; **ein Unrecht/eine Sünde** ~ to forgive an injustice/a sin; ■**jdm etw** ~ to forgive sb sth, to excuse [*or* pardon] sb for sth
II. *vi (vergeben)* to forgive sb; ***kannst du mir noch einmal ~?*** can you forgive me just this once?; ~ ***Sie!*** I beg your pardon!, AM *usu* excuse me!; ~ ***Sie, dass ich störe*** excuse me for interrupting; ~ ***Sie, wie komme ich am schnellsten zum Rathaus?*** excuse me, which is the quickest way to the town hall?
verzeihlich *adj* excusable, forgivable; ■**etw ist nicht** ~ sth is inexcusable [*or* unforgivable]
Verzeihung <-> *f kein pl (geh: Vergebung)* forgiveness; **[jdn] um ~ [für etw** *akk***] bitten** to apologize [to sb] [for sth]; ***ich bitte vielmals um ~!*** I'm terribly sorry; **~!** sorry!; **~, *darf ich mal hier vorbei?*** excuse me, may I get past?
verzerren* I. *vt* ❶ *(verziehen)* ■**etw [vor etw** *dat***]** ~ to distort sth; **das Gesicht [vor Schmerzen]** ~ to contort one's face [with pain]; ***Hass verzerrte seine Züge*** hatred distorted his features
❷ *(fig: etw entstellen)* ■**etw** ~ to distort sth; ***dieser Artikel verzerrt die wahren Ereignisse*** this article distorts the true events
❸ *(überdehnen)* ■**[sich** *dat***] etw** ~ to pull [*or* strain] sth; **sich eine Sehne/einen Muskel** ~ to strain a tendon/to pull a muscle
❹ PHYS *(entstellt wiedergeben)* ■**etw** ~ to distort sth; ***dieser Spiegel verzerrt die Gesichtszüge*** this mirror distorts features; ***der Anrufer hat seine Stimme technisch verzerrt*** the caller used a technology to distort his voice
II. *vr (sich verziehen)* ■**sich** *akk* **[zu etw** *dat***]** ~ to become contorted [in sth]; ***die Züge ihrer Schwester verzerrten sich zu einer grässlichen Fratze*** her sister's features became contorted in a hideous grin
verzerrt <-er, -este> *adj* ❶ *(verzogen, verändert)* distorted; **ein ~es Gesicht** a contorted face; *(fig)* a distorted face
❷ MED *(durch zu starke Dehnung verletzt)* strained, pulled
Verzerrung <-, -en> *f* distorsion; **lineare** ~ geometric distorsion
verzetteln* I. *vt* ■**etw** ~ to waste sth; **Energie** ~ to dissipate energy; **Geld** ~ to fritter away money; **Zeit** ~ to waste time
II. *vr* ■**sich** *akk* **[bei/in/mit etw** *dat***]** ~ to take on too much at once [when doing sth]; ***wenn du keinen Plan machst, verzettelst du dich in deiner Aufgabe*** if you don't make a plan you'll get bogged down in your task *fam*
Verzicht <-[e]s, -e> *m* renunciation; JUR waiver (**auf** +*akk* of); *eines Amtes, auf Eigentum* relinquishment; ***man muss im Leben auch mal ~ üben*** there are times when you have to forego things in life; ***der ~ auf Alkohol fällt mir schwer*** I am finding it hard to give up alcohol; ***sie ver-***

suchten, ihn zum ~ auf sein Recht zu bewegen they tried to persuade him to renounce his rights; ~ **auf Einrede der Vorausklage** JUR waiver of the benefit of discussion

verzichten* *vi* to go without, to relinquish; **zu jds Gunsten** ~ to do without in favour [*or* AM -or] of sb; ***ich werde auf meinen Nachtisch*** ~ I will go without dessert; ■**auf etw** *akk* ~ to do without sth; **auf Alkohol/Zigaretten** ~ to abstain from drinking/smoking; **auf sein Recht** ~ to renounce one's right; **auf die Anwendung von Gewalt** ~ to renounce the use of violence; ***ich verzichte auf meinen Anteil*** I'll do without my share; ***ich möchte im Urlaub auf nichts*** ~ on holiday I don't want to miss out on anything; **ich verzichte dankend** (*iron*) I'd rather not; **auf jdn/etw [nicht]** ~ **können** to [not] be able to do without sb/sth; ***wir können nicht auf diese Mitarbeiter verzichten*** we can't do without these employees; ***auf dein Mitgefühl kann ich*** ~ I can do without your sympathy

Verzichtklausel *f* JUR waiver [*or* disclaimer] clause **Verzicht(s)erklärung** *f* JUR waiver, disclaimer; ■**eine** ~ **auf etw** a renunciation of sth **Verzichturkunde** *f* JUR deed of renunciation **Verzichturteil** *nt* JUR waiver judgment

verzieh *imp von* **verzeihen**

verziehen*[1] *irreg* **I.** *vi sein* (*umziehen*) to move [somewhere]; ***sie ist schon lange verzogen*** she moved a long time ago; ***er ist ins Ausland verzogen*** he moved abroad; **unbekannt verzogen** (*geh*) moved — address unknown
II. *vr haben* (*fam: verschwinden*) ■**sich** *akk* ~ to disappear; *Nebel, Wolken* to disperse; ***verzieh dich!*** clear off!; ***sie verzogen sich in eine stille Ecke*** they went off to a quiet corner; ***das Gewitter verzieht sich*** the storm is passing

verziehen*[2] *irreg* **I.** *vt* ❶ (*verzerren*) ■**etw** ~ to twist sth, to screw up sth *sep;* ***sie verzog ihren Mund zu einem gezwungenen Lächeln*** she twisted her mouth into a contrived smile; **das Gesicht [vor Schmerz]** ~ to pull a face [*or* to grimace] [with pain]
❷ (*schlecht erziehen*) to bring up badly; **ein Kind** ~ to bring up a child badly; **ein verzogener Bengel** a spoilt [*or* AM -ed] brat; *s. a.* **Miene**
II. *vr* ■**sich** *akk* ~ ❶ (*verzerren*) to contort, to twist; ***sein Gesicht verzog sich zu einer Grimasse*** he grimaced
❷ (*verformen*) to go out of shape; ***die Schublade hat sich verzogen*** the drawer has warped; ***der Pullover hat sich beim Waschen verzogen*** the pullover has lost its shape in the wash

verziehen[3] *pp von* **verzeihen**

verzieren* *vt* ■**etw [mit etw** *dat*] ~ to decorate sth [with sth]

Verzierung <-, -en> *f* decoration; (*an Gebäuden*) ornamentation; ***die Salatblätter sind nur als ~ gedacht*** the lettuce leaves are only intended to be a garnish; **zur** ~ **[einer S.** *gen*] **dienen** to serve as a decoration [*or* ornamentation] [of a thing]
► WENDUNGEN: **brich dir [nur/bloß] keine ~en ab!** (*fam*) stop making such a fuss [*or* song and dance]! *fam*

verzinken* *vt* ■**etw** ~ to galvanize sth

verzinsen* **I.** *vt* (*für etw Zinsen zahlen*) ■**[jdm] etw** ~ to pay [sb] interest on sth; ***Sparbücher werden niedrig verzinst*** savings books yield a low rate of interest; ***die Bank verzinst dein Erspartes mit 3 Prozent*** the bank pays three percent on your savings
II. *vr* (*Zinsen erwirtschaften*) ■**sich** *akk* **mit etw** *dat* ~ to bear [*or* yield] a certain rate of interest; ***ihre längerfristigen Einlagen ~ sich mit 7%*** her longer-term investments bear a 7 % rate of interest

verzinslich I. *adj* interest-bearing; **~es Darlehen** interest-bearing loan, a loan bearing interest; ■**[mit etw** *dat*] ~ **sein** bearing interest [at a rate of sth]; ***das Sparbuch war mit 3,25%*** ~ the savings book yielded an interest rate of 3.25 %
II. *adv* at interest; ***die monatlich ersparten Beträge legen wir ~ an*** we invest the monthly amounts saved at interest

Verzinsung <-, -en> *f* FIN interest payment; **durchschnittliche/effektive** ~ average/effective yield; ***5,85% sind für deine Anlage keine gute*** ~ 5.85 % is not a good return on your investment

Verzinsungsanteil *m* FIN interest-earning share **Verzinsungspflicht** *f* duty to invest sth at interest

verzocken *vt* (*sl*) ■**etw** ~ to gamble away sth *sep*

verzogen *adj* badly brought up; ***die Kinder unserer Nachbarn sind völlig*** ~ our neighbour's children are completely spoilt

verzögern* **I.** *vt* ❶ (*später erfolgen lassen*) ■**etw [um etw** *akk*] ~ to delay sth [by sth]; ***ich habe sie gebeten, ihre Ankunft um ein paar Stunden zu*** ~ I have asked them to delay their arrival by a few hours; ***das schlechte Wetter verzögerte den Abflug um eine Stunde*** bad weather delayed the flight by an hour
❷ (*verlangsamen*) to slow down; **das Spiel** ~ to slow down the game
II. *vr* (*später erfolgen*) ■**sich** *akk* **[um etw** *akk*] ~ to be delayed [by sth]; ***die Abfahrt des Zuges verzögerte sich um circa fünf Minuten*** the departure of the train was delayed by about five minutes

Verzögerung <-, -en> *f* delay, hold-up *fam;* (*Verlangsamung*) slowing down; **zeitliche** ~ delay, holdup; ***die ~ eines Angriffs wäre fatal*** delaying an attack would be fatal

Verzögerungsabsicht *f* intention to delay proceedings **Verzögerungsschaden** *m* damage caused by delay **Verzögerungstaktik** *f* delaying tactics *pl*

verzollen* *vt* ■**etw** ~ to pay duty on sth; ***haben Sie etwas zu ~?*** have you anything to declare?

verzückt I. *adj* (*geh*) ecstatic, enraptured
II. *adv* (*geh*) ecstatically

Verzückung <-, -en> *f* (*geh*) ecstasy; **[über etw** *akk*] **in ~ geraten** to go into raptures *pl* [about/over sth]

Verzug <-[e]s> *m kein pl* ❶ (*Rückstand*) delay; *Zahlung a.* default, arrears *npl;* **sich** *akk* **[mit etw** *dat*] **in ~ befinden** [*o* **sein**] to be behind [with sth]; **[mit etw** *dat*] **in ~ geraten** [*o* **kommen**] to fall/be behind [with sth]; **mit einer Zahlung in ~ sein** to be behind [*or* in arrears] with a payment; **jdn in ~ setzen** to put sb in default
❷ *kein pl* (*Aufschub*) delay; ***die Sache duldet keinen*** ~ this is an urgent matter; **etw ohne ~ ausführen** to do [*or* carry out *sep*] sth immediately; **ohne** ~ without delay
❸ BERGB bratticing, covering, lagging, lining
❹ DIAL (*veraltend: Lieblingskind*) darling
► WENDUNGEN: **Gefahr im ~e** danger ahead

Verzugseintritt *m* occurence of default **Verzugsfolge** *f* penalty for default **Verzugsgebühr** *f* FIN late fee [*or* charge] **Verzugsschaden** *m* JUR damage caused by default **Verzugsschadenersatz** *m* JUR damages for delay **Verzugsstrafe** *f* JUR penalty for delay **Verzugszinsen** *pl* FIN interest on arrears [*or* for default], penal interest AM

verzweifeln* *vi sein* (*völlig verzagen*) to despair; **[nur] nicht ~!** don't despair!; ■**an jdm** ~ to despair of sb; ***an den Politikern bin ich schon lange verzweifelt*** I have despaired of politicians for a long time; ***es ist zum V~ mit dir!*** you drive me to despair; ***es ist zum V~ mit diesem Projekt!*** this project makes you despair!

verzweifelt I. *adj* ❶ (*völlig verzagt*) despairing; **ein ~es Gesicht machen** to look despairingly; **ein ~er Zustand** a desperate state; ■~ **sein** to be in despair; ***ich bin völlig*** ~ I'm at my wits' end
❷ (*hoffnungslos*) desperate; **eine ~e Lage** [*o* **Situation**] a desperate situation
❸ (*mit aller Kraft*) desperate; **ein ~er Kampf ums Überleben** a desperate struggle for survival
II. *adv* (*völlig verzagt*) despairingly; ***sie rief ~ nach ihrer Mutter*** she called out desperately for her mother

Verzweiflung <-> *f kein pl* (*Gemütszustand*) despair; (*Ratlosigkeit*) desperation; **in ~ geraten** to despair; **jdn zur ~ bringen** [*o* **treiben**] to drive sb to despair; **etw aus/vor/in ~ tun** to do sth out of desperation

Verzweiflungstat *f* act of desperation

verzweigen* *vr* ■**sich** *akk* ~ to branch out; *Straße* to branch off

verzweigt *adj* branched, having many branches; ***wir sind eine weit verzweigte Familie*** we belong to a large, extended family; ***ihr Vertriebsnetz besteht aus einem international ~en System*** their sales network comprises a system that has many international branches

Verzweigung <-, -en> *f* ❶ (*verzweigtes Astwerk*) branches *pl;* (*verzweigter Teil*) fork; ***durch die vielen ~en wird der Plan sehr unübersichtlich*** the plan is becoming very confused thanks to all the ramifications
❷ (*weite Ausbreitung*) intricate network
❸ SCHWEIZ (*Kreuzung*) crossroads *sing o pl,* intersection AM

verzwickt *adj* (*fam*) complicated, tricky *fam*

VESA *f* INFORM *Akr von* **video electronics standard association** VESA **VESA-Bus** *m* INFORM VESA bus **VESA-Local-Bus** *m* INFORM VESA local bus

Vesper[1] <-, -n> *f* REL vespers *npl;* ~ **halten** to celebrate vespers; **zur ~ gehen** to go to vespers

Vesper[2] <-s, -> *f o nt* DIAL snack; ~ **machen** to have a snack; **etw zur ~ essen** to have a snack

Vesperbrot *nt* SÜDD ❶ (*Vesper*) break
❷ (*Pausenbrot*) sandwich

vespern *vi* DIAL to have a snack

Vesuv <-[s]> *m* Vesuvius

Veteran <-en, -en> [ve-] *m* ❶ (*altgedienter Soldat*) veteran
❷ AUTO *s.* **Oldtimer**

Veterinär(in) <-s, -e> [ve-] *m(f)* (*fachspr*) vet *fam,* veterinary surgeon BRIT, veterinarian AM

Veterinärmedizin [ve-] *f* veterinary medicine **Veterinärmediziner(in)** *m(f)* veterinary practitioner, vet **veterinärmedizinisch** *adj attr* veterinary-medical

Veto <-s, -s> ['ve:-] *nt* (*Einspruch*) veto; **[gegen etw** *akk*] **sein ~ einlegen** to exercise [*or* use] one's veto [against sth]; (*Vetorecht*) veto; **von seinem ~ Gebrauch machen** to exercise one's right to veto

Vetorecht ['ve:-] *nt* right of veto

Vetter <-s, -n> *m* cousin

Vetternwirtschaft *f kein pl* (*fam*) nepotism *no pl*

V-Form ['fau-] *f* V-shape; ■**in ~** in a V-shape

v-förmig *adj,* **V-förmig** *adj* V-shaped

V-Frau *f fem form von* **Verbindungsmann**

vgl. *interj Abk von* **vergleiche** cf.

v.H. *Abk von* **vom Hundert** per cent

VHS <-> [fauha:'ʔɛs] *f Abk von* **Volkshochschule**

via ['vi:a] *präp+akk* (*geh*) ❶ (*über*) via; ***wir fahren ~ Köln*** we're travelling via Cologne
❷ (*durch*) by; ***das muss ~ Anordnung geregelt werden*** that must be settled by an order

Viadukt <-[e]s, -e> [via-] *m o nt* viaduct

Viagra® <-> *nt o f kein pl* PHARM Viagra®

Vibration <-, -en> [vi-] *f* vibration

Vibrationsalarm *m* vibrating alert, vibration alarm

vibrationsfrei *adj* vibration-free

Vibrator <-s, -toren> [vi-] *m* vibrator

vibrieren* [vi-] *vi* to vibrate; *Stimme* to quiver, to tremble

Video <-s, -s> ['vi:-] *nt* ❶ (*Videoclip, Videofilm*) video
❷ *kein pl* (*Medium*) video *no pl;* **etw auf ~ aufnehmen** to video sth, to record sth on video; ***~ kann das Kinoerlebnis nicht ersetzen*** video cannot replace going to the cinema

Videoanschluss[RR] *m* INFORM video port **Videoanwendung** *f* INFORM video application **Videoaufnahme** ['vi:-] *f* video recording [*or* taping] **Videoaufzeichnung** *f* video recording **Videoausgang** *m* INFORM video output **Videoband** *nt* videotape **Videobearbeitung** *f* INFORM video processing **Videobild** *nt* INFORM video image;

invertiertes ~ inverse video image **Videobrowser** <-s, -> [-'braʊzə] *m* video browser **Video-CD** *f* INFORM video CD **Videochip** *m* INFORM video chip **Videoclip** <-s, -s> *m* video clip **Videoconferencing** <-[s]> ['vɪdiəʊ'kɒnfərəntsɪŋ] *nt kein pl* video conferencing *no pl, no indef art* **Videodatei** *f* INFORM video file **Videodisc** <-, -s> [-dɪsk] *f* INFORM video disc; **digitale** ~ digital video disc **Videofilm** *m* video film **Videofilmer(in)** *m(f)* video film maker **Videogerät** *nt s.* **Videorecorder Videokabel** *nt* video cable **Videokamera** *f* video camera **Videokarte** *f* INFORM video card **Videokassette** *f* video cassette; **etw auf ~ haben** to have sth on video **Videokassettenrekorder** *m* video cassette recorder [*or* player] **videokompatibel** *adj* TECH video compatible

Videokonferenz *f* video conference **Videokonferenzsignal** *nt* video conferencing signal **Videokonferenzsystem** *nt* video conferencing

Videokontroller *m* INFORM video controller [card] **Videokünstler(in)** *m(f)* video artist **Videomonitor** *m* INFORM video monitor **Video-on-demand** <-, Videos-on-demand> ['vɪdiəʊɔndɪ'mɑ:nd] *nt* TV video-on-demand **Videoprint** <-s, -s> *m* video print **Videoprinter** <-s, -> *m* video printer

Video-RAM *nt* INFORM video RAM **Videorekorder** <-s, -> *m*, **Videorecorder** <-s, -> *m* video [recorder], AM *usu* VCR **Videoschnitt** *m* video cut; **linearer** ~ linear video cut **Videosperrfrist** *f* delay before a cinema film can be shown on video **Videospiel** *nt* video game **Videotauglichkeit** *f* suitability for video **Videotelefon** *nt* videophone **Videotext** *m kein pl* teletext *no pl*

Videothek <-, -en> [vi-] *f* video shop [*or* AM *usu* store]; (*Sammlung*) video library

Videothekar(in) <-s, -e> [vi-] *m(f)* (*selten*) video shop [*or* AM *usu* store] owner

Videoüberwachung *f* monitoring by closed circuit TV **Videoüberwachungssystem** *nt* closed-circuit surveillance system **Video-Verleih** *m* video rental **Videovermietmarkt** *m* video rental market **Videowelt** *f* video world; **multimediale** ~ multimedia video world **Videowirtschaft** *f* video industry

Viech <-[e]s, -er> *nt* (*pej fam*) creature

Vieh <-[e]s> *nt kein pl* ❶ AGR livestock; (*Rinder*) cattle; **20 Stück** ~ twenty head of cattle; **das ~ füttern** to feed the livestock; **jdn wie ein Stück ~ behandeln** (*fam*) to treat sb like dirt *fam*
❷ (*fam: Tier*) animal, beast
❸ (*pej fam: bestialischer Mensch*) swine *pej fam*

Viehbestand *m* livestock **Viehfutter** *nt* cattle feed [*or* fodder] **Viehhalter(in)** <-s, -> *m(f)* livestock [*or* cattle] owner **Viehhaltung** <-> *f kein pl* cattle owning, animal husbandry **Viehhandel** <-s> *m kein pl* livestock [*or* cattle] trade **Viehhändler(in)** *m(f)* livestock [*or* cattle] dealer **Viehherde** *f* livestock herd

viehisch I. *adj* ❶ (*pej: menschenunwürdig*) terrible; ***hier herrschen ~e Zustände*** the conditions here are terrible
❷ (*pej: grob bäurisch*) coarse; ***er hat wirklich ~e Manieren*** he has really coarse manners
II. *adv* ❶ (*höllisch*) terribly; ***so eine Brandwunde kann ~ weh tun*** a burn like that can hurt terribly
❷ (*pej: bestialisch*) coarsely; **jdn ~ quälen** to torture sb brutally [*or* cruelly]

Viehkauf *m* JUR sale of livestock **Viehmarkt** *m* cattle market **Viehseuche** *f* livestock [*or* cattle] disease **Viehstall** *m* cowshed, AM *a.* [cow] barn **Viehtränke** *f* cattle drinking trough **Viehwaggon** *m* cattle truck **Viehzeug** *nt* (*fam*) ❶ (*Kleinvieh*) animals *pl*, stock ❷ (*pej: lästige Tiere*) creatures *pl*; (*lästiges Insekten*) creepy-crawlies *pl* BRIT, bugs *pl* AM **Viehzucht** *f* cattle [*or* livestock] breeding **Viehzüchter(in)** *m(f)* cattle [*or* livestock] breeder

viel I. *adj* <mehr, meiste> ❶ *sing, adjektivisch, inv* (*eine Menge von etw*) a lot of, a great deal of; ***für so ein Hobby braucht man ~ Geld*** for a hobby like that you need a lot of money; ~ ***Erfolg!*** good luck!, I wish you every success!; ~ ***Spaß!*** enjoy yourself/yourselves!, have fun!
❷ *sing, mit Artikel, Possessivpronomen* ■ **der/die/das ~e ...** all this/that; ***das ~e Essen über die Weihnachtstage ist mir nicht bekommen*** all that food over Christmas hasn't done me any good; ***der ~e Ärger lässt mich nicht mehr schlafen*** I can't get to sleep with all this trouble; ***er wusste nicht mehr, wo er sein ~es Geld noch anlegen sollte*** he didn't know where to invest all his money; ***ich weiß nicht, wie ich meine ~e Arbeit erledigen soll*** I don't know how I'm going to finish all my work; ***~es Unangenehme lässt sich nicht vermeiden*** many unpleasant things cannot be avoided
❸ *substantivisch* (*eine Menge*) a lot, a great deal, much; ***ich habe zu ~ zu tun*** I have too much to do; ***obwohl er ~ weiß, prahlt er nicht damit*** although he knows a lot, he doesn't brag about it; ***von dem Plan halte ich, offen gestanden, nicht ~*** frankly, I don't think much of the plan; ***das hat nicht ~ zu bedeuten*** that doesn't mean much
❹ *sing, substantivisch* ■ **~es** a lot, a great deal, much; ***sie weiß ~es*** she knows a lot [*or* a great deal]; ***ich habe meiner Frau ~es zu verdanken*** I have to thank my wife for a lot; ***~es, was du da sagst, trifft natürlich zu*** a lot [*or* much] of what you say is correct; ***in ~em hast du Recht*** in many respects you're right; ***mit ~em, was er vorschlägt, bin ich einverstanden*** I agree with many of the things he suggests; ***mein Mann ist um ~es jünger als ich*** my husband is much younger than me; ***schöner ist dieser Lederkoffer natürlich, aber auch um ~es teurer*** this leather suitcase is nicer, of course, but a lot more expensive
❺ *pl, adjektivisch* (*eine Menge von Dingen*) ■ **~e** a lot of, a great number of, many; **und ~e andere** and many others; ***unglaublich ~e Heuschrecken fraßen die Ernte*** an unbelievable number of grasshoppers ate the harvested crops; ***~e deiner Bücher kenne ich schon*** I know many of your books already; ***wir haben gleich ~e Dienstjahre*** we've been working here for the same number of years
❻ + *pl, substantivisch* (*eine große Anzahl von Menschen*) ■ **~e** a lot, many; ***diese Ansicht wird immer noch von ~en vertreten*** this view is still held by many people; (*eine große Anzahl von Dingen*) a lot; ***es sind noch einige Fehler in dem Text, aber ~e haben wir bereits verbessert*** there are still some errors in the text, but we've already corrected a lot
II. *adv* <mehr, am meisten> ❶ (*häufig*) a lot; ~ **ins Kino gehen** to go to the cinema frequently; ***im Sommer halten wir uns ~ im Garten auf*** we spend a lot of time in the garden in summer; ***früher hat sie ihre Mutter immer ~ besucht*** she always used to visit her mother a lot; ~ **diskutiert** *Thema,Problem* much discussed; ~ **gekauft** *Produkt* popular; ~ **geliebt** (*veraltend*) much-loved; **eine ~ gestellte Frage** a question that comes up frequently; **ein ~ gereister Mann** a man who has travelled a great deal; **eine ~ befahrene Straße** a [very] busy street; **ein ~ gefragtes Model** a model that is in great demand
❷ (*wesentlich*) a lot; ***woanders ist es nicht ~ anders als bei uns*** there's not a lot of difference between where we live and somewhere else; ***mit dem Flugzeug wäre die Reise ~ kürzer*** the journey time would be far shorter by plane; ***die Mütze ist für das Kind ~ zu groß*** the cap is far too big for the child

vieldeutig *adj* ambiguous

Vieldeutigkeit <-> *f kein pl* ambiguity

vieldiskutiert <-, meistdiskutiert> *adj attr s.* **viel II 1**

Vieleck *nt* polygon **vieleckig** *adj* polygonal

Vielehe *f* polygamy

vielerlei *adj* ❶ (*viele verschiedene*) all kinds [*or* sorts] of, many different; ***wir führen ~ Sorten Käse*** we stock all kinds of cheese
❷ *substantivisch* (*eine Menge von Dingen*) all kinds [*or* sorts] of things; ***sie hatte ~ zu erzählen, als sie zurückkam*** she had all sorts of things to tell us when she returned

vielerorts *adv* in many places

vielfach I. *adj* ❶ (*mehrere Male so groß*) many times; **die ~e Menge [von etw** *dat*] many times that amount [of sth]; ***der Jupiter hat einen ~en Erdumfang*** the circumference of Jupiter is many times that of the Earth
❷ (*mehrfach*) multiple; **ein ~er Millionär** a multi-millionaire; ***die Regierung ist in ~er Hinsicht schuld*** in many respects the government is at fault; *s. a.* **Wunsch**
II. *adv* (*häufig*) frequently, in many cases; ***seine Voraussagen treffen ~ ein*** his predictions frequently come true; (*mehrfach*) many times; ***er zog einen ~ gefalteten Brief hervor*** he pulled out a letter that had been folded many times

Vielfache(s) *nt dekl wie adj* ■ **das ~/ein ~s [von etw** *dat*] many times sth; *Mathematik* multiple; ***für eine echte Antiquität müssten Sie das ~ von dem Preis bezahlen*** you would have to pay many times that price for a genuine antique; **um ein ~s** many times over; ***nach der Renovierung war das Wohnhaus um ein ~s schöner*** after the house had been renovated it looked a lot better

Vielfahrer(in) *m(f) person who travels a lot by car/train;* ~ ***achten besonders auf den Komfort ihres Wagens*** people who use their cars a lot pay particular attention to comfort; ***für ~ rentiert sich der Kauf einer Bahncard*** for people who travel a lot by train it's worthwhile buying a rail card

Vielfalt <-> *f* diversity, [great] variety; ■ **eine ~ an [*o* von] etw** *dat* a variety of sth

vielfältig *adj* diverse, varied

Vielfältigkeit <-> *f kein pl s.* **Vielfalt**

vielfarbig *adj* multicoloured [*or* AM -ored] **Vielflieger(in)** *m(f)* frequent flier [*or* flyer] **Vielfraß** <-es, -e> *m* ❶ (*fam: verfressener Mensch*) glutton; ***du ~!*** you greedy guts! ❷ (*Raubtierart*) wolverine **vielgekauft** <-, meistgekauft> *adj attr s.* **viel II 1** **vielgeliebt** *adj attr s.* **viel II 1** **vielköpfig** *adj* (*fam*) large; **eine ~e Familie** a large family

vielleicht I. *adv* ❶ (*eventuell*) perhaps, maybe; ■ **~, dass ...** it could be that ...; ***~, dass ich mich geirrt habe*** perhaps I'm mistaken
❷ (*ungefähr*) about; ***der Täter war ~ 30 Jahre alt*** the perpetrator was about 30 years old
II. *part* ❶ (*fam: bitte* [*mahnend*]) please; ***würdest du mich ~ einmal ausreden lassen?*** would you please let me finish [what I was saying] for once?
❷ (*fam: etwa*) by any chance; ***erwarten Sie ~, dass ausgerechnet ich Ihnen das Geld gebe?*** you don't, by any chance, expect me of all people to give you the money?; ***bin ich ~ Jesus?*** who do you suppose I am, the Almighty?; ***wollen Sie mich ~ provozieren?*** surely you're not trying to provoke me, are you?
❸ (*fam: wirklich*) really; ***du bist mir ~ ein Blödmann!*** you really are a stupid idiot!; ***du erzählst ~ einen Quatsch*** you're talking rubbish

vielmals *adv* ❶ (*sehr*) ***danke ~!*** thank you very much; ***entschuldigen Sie ~ die Störung*** I do apologize for disturbing you; *s. a.* **Entschuldigung**
❷ (*selten: oft*) many times

vielmehr *adv* (*im Gegenteil*) rather; ***ich bin ~ der Meinung, dass du richtig gehandelt hast*** I rather think that you did the right thing; (*genauer gesagt*) just; ***es war schlimm, ~ grauenhaft*** it was bad, even terrible

vielpolig *adj* multipointed

vielschichtig *adj* ❶ (*aus vielen Schichten bestehend*) multilayered
❷ (*fig: komplex*) complex

Vielschreiber(in) *m(f)* (*pej*) prolific writer

vielseitig I. *adj* ❶ (*in vielerlei Hinsicht tätig*) versatile; ***er hat ein ~es Talent*** he has various talents *pl;* (*viele Gebiete umfassend*) varied; **ein ~es Freizeitangebot** a varied range of leisure activities; (*viele*

Verwendungsmöglichkeiten bietend) versatile; ***eine moderne Küchenmaschine ist ein sehr ~es Gerät*** a modern food processor is a very versatile appliance
❷ (*vielfach*) many; **auf ~en Wunsch** by popular request
II. *adv* ❶ (*in vieler Hinsicht*) widely; ***er war ~ gebildet*** he had a very broad education; ***Journalisten müssen ~ interessiert sein*** journalists must be interested in a variety of things
❷ (*in verschiedener Weise*) having a variety of…; ***eine Küchenmaschine ist ~ anwendbar*** a food processor has a variety of applications
vielsprachig *adj* multilingual **vielstimmig** *adj attr* of many voices; **ein ~er Chor** a choir of many voices; **ein ~er Gesang** a song for many voices **Vieltelefonierer(in)** *m(f)* frequent caller **Vielvölkerstaat** *m* multiracial state **Vielweiberei** <-> *f kein pl* polygamy *no pl* **Vielzahl** *f kein pl* ■**eine ~ von etw** a multitude [*or* large number] of sth; ***in den Bergen gibt es eine ~ verschiedener Kräuter*** in the mountains there is a large number of different herbs **vielzellig** *adj* BIOL multicellular **Vielzweckreiniger** *m* multi-purpose cleaner
vier *adj* four; *s. a.* **acht**[1]
▸ WENDUNGEN: **ein Gespräch unter ~ Augen führen** to have a private conversation [*or* tête-à-tête]; **sich auf seine ~ Buchstaben setzen** to sit oneself down, to plant oneself AM *fam*; **in den eigenen ~ Wänden wohnen** to live within one's own four walls; *s. a.* **Augen, Wand**
Vier <-, -en> *f* ❶ (*Zahl*) four
❷ KARTEN four; *s. a.* **Acht**[1] **4**
❸ (*auf Würfel*) **eine ~ würfeln** to roll a four
❹ (*Zeugnisnote*) ***er hat in Deutsch eine ~*** he got a D in German
❺ (*Verkehrslinie*) ■**die ~** the [number] four
▸ WENDUNGEN: **alle ~e von sich strecken** (*fam*) to stretch out; *Tier* to give up the ghost; **auf allen ~en** (*fam*) on all fours
vierarmig *adj* with four arms **Vieraugengespräch** *nt* (*fam*) private discussion **vierbändig** *adj* four-volume *attr* **Vierbeiner** <-s, -> *m* four-legged friend *hum* **vierbeinig** *adj* four-legged **vierblätt(e)rig** *adj* four-leaf *attr,* four-leaved; **~es Kleeblatt** a four-leaved clover **vierdimensional** *adj* four-dimensional *attr,* four dimensional *pred* **Viereck** *nt* four-sided figure; MATH quadrilateral **viereckig** *adj* rectangular **viereinhalb** *adj* four and a half; *s. a.* **anderthalb**
Vierer <-s, -> *m* ❶ (*Ruderboot mit 4 Ruderern*) four
❷ (*fam: vier richtige Gewinnzahlen*) four winning numbers
❸ SCH (*fam: Zeugnisnote*) D
❹ SPORT foursome
Viererbob *m* four-man bob
Vierergruppe *f* group of four
viererlei *adj attr* four [different]; *s. a.* **achterlei**
Viererreihe *f* row of four
vierfach, 4fach I. *adj* fourfold; **in ~er Ausführung** four copies of; **die ~e Menge** four times the amount
II. *adv* fourfold, four times over
Vierfache, 4fache *nt dekl wie adj* four times the amount; *s. a.* **Achtfache**
Vierfarbendruck <-drucke> *m* ❶ *kein pl* (*Verfahren*) four-colour [*or* AM -or] printing *no pl* ❷ (*gedruckte Darstellung*) four-colour [*or* AM -or] print **Vierfarbenproblem** *nt* MATH four colour problem **Vierfarbsatz** *m* TYPO four-colour set **Vierfüßer** <-s, -> *m* quadruped **vierfüßig** *adj* ❶ (*vier Füße habend*) four-legged; ■**etw ist ~** sth has four legs ❷ LIT (*vier Hebungen aufweisend*) tetrameter **Vierfüßler** <-s, -> *m* ZOOL quadruped, tetrapod **Vierganggetriebe** *nt* four-speed transmission [*or* BRIT gearbox] **viergeschossig I.** *adj* four-storey [*or* AM -story] *attr,* four-storeyed [*or* AM -storied] **II.** *adv* with four storeys [*or* AM stories] **vierhändig I.** *adj* MUS four-handed **II.** *adv* MUS as a duet
vierhundert *adj* four hundred; *s. a.* **hundert**
Vierhundertjahrfeier *f* quatercentenary, AM *a.* quadricentennial
vierhundertjährig *adj* four hundred-year-old *attr;* **~es Bestehen** four hundred years of existence
Vierjahresplan *m* ÖKON four-year plan
vierjährig, 4-jährig[RR] *adj* ❶ (*Alter*) four-year-old *attr,* four years old *pred; s. a.* **achtjährig 1**
❷ (*Zeitspanne*) four-year *attr; s. a.* **achtjährig 2**
Vierjährige(r), 4-Jährige(r)[RR] *f(m) dekl wie adj* four-year-old
Vierkampf *m* four-part competition
Vierkant <-[e]s, -e> *m o nt* ❶ (*~eisen*) square steel bar ❷ (*~schlüssel*) square box spanner [*or* AM wrench] **Vierkanteisen** *nt* square steel bar **Vierkantholz** *nt* BAU square timber **vierkantig** *adj* square **Vierkantschlüssel** *m* square spanner **vierköpfig** *adj* four-person *attr; s. a.* **achtköpfig**
Vierling <-s, -e> *m* quadruplet, quad *fam*
Viermächteabkommen *nt* HIST four-power agreement
viermal, 4-mal[RR] *adv* four times; *s. a.* **achtmal**
viermalig *adj* four times over; *s. a.* **achtmalig**
Viermaster <-s, -> *m* NAUT four-master **viermonatig** *adj* four-monthly; *s. a.* **achtmonatig viermotorig** *adj* four-engined **Vierpfünder** *m* four-pounder **vierphasig** *adj Strom* four-phase **Vierradantrieb** *m* four-wheel drive **vierräd(e)rig** *adj* four-wheel *attr,* four-wheeled
vierschrötig *adj* burly, stocky
vierseitig *adj* ❶ (*vier Seiten umfassend*) four-page *attr,* four pages *pred*
❷ MATH four-sided
Viersilbler <-s, -> *m* LIT, LING tetrasyllable **Viersitzer** <-s, -> *m* four-seater **viersitzig** *adj* four-seater *attr,* with four seats **vierspaltig** *adj* four-column *attr;* ■**~ sein** to have four columns **Vierspänner** <-s, -> *m* four-in-hand **vierspännig** *adj* **~er Wagen** four-horse cart **viersprachig** *adj* in four languages; *Person, Wörterbuch* quadrilingual **vierspurig I.** *adj* four-lane *attr;* ■**~ sein** to have four lanes **II.** *adv* to four lanes; ***die Umgehungsstraße wird in Kürze ~ ausgebaut*** the by-pass will shortly be widened to four lanes **vierstellig** *adj* four-figure *attr;* **eine ~e Zahl** a four-figure number; ■**~ sein** to be four figures; ***sicher ist ihr Honorar ~*** her fee is certainly four figures **Viersternehotel** *nt* 4-star hotel **vierstimmig** *adj* MUS four-part *attr;* **ein ~es Lied** a song for four voices **vierstöckig** *adj* four-storey [*or* AM -story] *attr,* with four storeys **vierstrahlig** *adj* four-engined **vierstrophig** *adj* four-verse *attr;* ■**~ sein** to have four verses **Vierstufenrakete** *f* four-stage rocket **vierstufig** *adj* four-stage **vierstündig, 4-stündig**[RR] *adj* four-hour *attr; s. a.* **achtstündig vierstündlich I.** *adj attr* four-hourly; **eine ~e Kontrolle** a four-hourly inspection **II.** *adv* every four hours
viert *adv* **zu ~ sein** to be a party of four; ***wir waren zu ~*** there were four of us
Viertagewoche *f* four-day week **viertägig, 4-tägig**[RR] *adj* four-day *attr*
Viertaktmotor *m* four-stroke engine
viertausend *adj* ❶ (*Zahl*) four thousand; *s. a.* **tausend 1**
❷ (*fam: DM 4.000*) four grand *no pl,* four thou *no pl sl,* four G's [*or* K's] *no pl* AM *sl*
Viertausender <-s, -> *m* mountain over 4,000 metres [*or* AM meters]
vierte(r, s) *adj* ❶ (*nach dem dritten kommend*) fourth; **die ~e Klasse** the fourth class [*or* AM grade] (*class for 9–10 year olds*); *s. a.* **achte(r, s) 1**
❷ (*Datum*) 4th; *s. a.* **achte(r, s) 2**
Vierte(r) *f(m) dekl wie adj* ❶ (*Person*) fourth; *s. a.* **Achte(r) 1**
❷ (*bei Datumsangabe*) ■**der ~** [*o geschrieben* **der 4.**] the fourth *spoken,* the 4th *written; s. a.* **Achte(r) 2**
❸ (*Namenszusatz*) **Karl der ~** [*o geschrieben* **Karl IV.**] Charles the Fourth *spoken,* Charles IV *written*
vierteilen *vt* ■**jdn ~** HIST to quarter sb
Vierteiler *m* four-part film
vierteilig, 4-teilig[RR] *adj Film* four-part; *Besteck* four-piece
viertel ['fɪrtl] *adj* quarter; **drei ~** three-quarters; **drei ~ …** SÜDD, ÖSTERR (*Uhrzeit*) quarter to …, quarter before [*or* of] … AM; ***es ist drei ~ drei*** it's quarter to three BRIT, it's a quarter before [*or* of] three AM, it's 2:45
Viertel[1] <-s, -> ['fɪrtl] *nt* district, quarter
Viertel[2] <-s, -> *nt o* SCHWEIZ *m* ❶ (*der vierte Teil*) quarter; **im ersten ~ des 20. Jahrhunderts** in the first quarter of the twentieth century; **ein ~ der Bevölkerung** a quarter of the population
❷ MATH quarter
❸ (*fam: Viertelpfund*) quarter; ***ich nehme von den Krabben auch noch ein ~*** I'll have a quarter of shrimps as well, please
❹ (*0,25 Liter* [*Wein*]) a quarter of a litre [*or* AM liter] [of wine]; *s. a.* **Achtel**
❺ (*15 Minuten*) ■**~ vor/nach** [**etw** *dat*] [a] quarter to/past [*or* AM *a.* after] [sth]; **akademisches ~** *lecture/lesson begins a quarter of an hour later than the time stated*
❻ KOCHK lamb quarter
Vierteldrehung *f* quarter-turn **Viertelfinale** *nt* quarter-final **Vierteljahr** *nt* quarter of the year; ***die Krise dauerte ein ~*** the crisis lasted three months **Vierteljahresschrift** *f* quarterly **Vierteljahrhundert** *nt* quarter of a century **vierteljährig** *adj attr* three-month; **ein ~er Aufenthalt** a three-month stay **vierteljährlich I.** *adj* quarterly **II.** *adv* quarterly, every quarter; ***die Abrechnung der Provisionen erfolgt einmal ~*** calculation of commission takes place once every three months; ***die Inspektion wird regelmäßig ~ durchgeführt*** the inspection is conducted regularly on a quarterly basis **Viertelliter** *m o nt* quarter of a litre [*or* AM liter]
vierteln *vt* ■**etw ~** to divide sth into quarters; **Tomaten ~** to cut tomatoes into quarters
Viertelnote *f* MUS crotchet **Viertelpause** *f* crotchet rest **Viertelpfund** *nt* quarter of a pound; ***geben Sie mir bitte ein ~ Salami*** please give me a quarter of [a pound of] Salami **Viertelstunde** *f* quarter of an hour; **vor einer ~** a quarter of an hour ago **viertelstündig** *adj attr* lasting [*or* of] a quarter of an hour; ***eine ~e Verspätung ist nichts Außergewöhnliches*** a delay of a quarter of an hour is nothing unusual **viertelstündlich I.** *adj attr* quarter-hour, of a quarter of an hour; ***die Wehen kamen jetzt in ~en Abständen*** the contractions were now coming at 15-minute intervals **II.** *adv* every quarter of an hour, quarter-hourly; ***die Linie 16 fährt ~ vom Bahnhof ab*** the number 16 leaves quarter-hourly from the station; ***ab 17 Uhr verkehrt diese S-Bahn nur noch ~*** this train only runs every quarter of an hour after 5 p.m. **Viertelton** *m* quarter tone
viertens *adv* fourth[ly], in the fourth place
Viertonner <-s, -> *m* four-tonner, four-ton truck
Viertürer <-s, -> *m* four-door model; ***das Modell kann als Zweitürer oder als ~ geliefert werden*** the car can be supplied as a two or four-door model **viertürig** *adj* four-door *attr;* ■**~ sein** to have four doors **Vieruhrzug** *m* four o'clock train **Vierventilmotor** *m* AUTO four-valve [engine]
Viervierteltakt [-'fɪrtl-] *m* four-four [*or* common] time

Vierwaldstätter See *m kein pl* ■**der ~** Lake Lucerne
vierwertig *adj* CHEM quadrivalent, tetravalent **vierwöchentlich** *adj* every four weeks; **im ~en Wechsel arbeiten** to work four-week shifts **vierwöchig** *adj* four-week *attr;* ***die Reparaturarbeiten werden von ~er Dauer sein*** (*geh*) the repair work will last four weeks
vierzehn ['fɪrtse:n] *adj* fourteen; **~ Tage** a fortnight *esp* BRIT; *s. a.* **acht**[1]
vierzehntägig ['fɪrtse:n-] *adj* two-week *attr;* **eine ~e Reise** a two-week journey **vierzehntäglich I.** *adj* every two weeks, *esp* BRIT every fortnight;

diese Probleme besprechen wir auf unserer ~en Konferenz we discuss these problems during our fortnightly conference **II.** *adv* every two weeks, *esp* BRIT fortnightly

vierzehnte(r, s) *adj* fourteenth; *s. a.* **achte(r, s)**

Vierzeiler <-s, -> *m* four-line stanza; (*Gedicht*) quatrain; ***bei jeder Gelegenheit trug er seine ~ vor*** he recited his four-line poems whenever he had the opportunity

vierzeilig *adj* four-line *attr;* **ein ~es Gedicht** a four-line poem; ■ **~ sein** to be four lines long; ***die Mitteilung war nur ~*** the message was only four lines

vierzig ['fɪrtsɪç] *adj* ❶ (*Zahl*) forty; *s. a.* **achtzig 1** ❷ (*fam: Stundenkilometer*) forty [kilometres [*or* AM -meters] an hour]; *s. a.* **achtzig 2**

Vierzig ['fɪrtsɪç] *f* forty

vierziger *adj,* **40er** ['fɪrtsɪgɐ] *adj attr, inv* the forties, the 40s

Vierziger[1] <-s, -> ['fɪrtsɪgɐ] *m* (*Wein von 1940*) a 1940 vintage

Vierziger[2] ['fɪrtsɪgɐ] *pl* **in den ~n sein** to be in one's forties

Vierziger(in) <-s, -> *m(f) a person in his/her forties*

Vierzigerjahre ['fɪrtsɪgɐ-] *pl* ■ **die ~** the forties

vierzigjährig ['fɪrtsɪç-], **40-jährig**[RR] *adj attr* ❶ (*Alter*) forty-year-old *attr,* forty years old *pred* ❷ (*Zeitspanne*) forty-year *attr*

Vierzigjährige(r) ['vɪrtsɪç-], **40-Jährige(r)**[RR] *f(m) dekl wie adj* forty-year-old

vierzigste(r, s) *adj* fortieth; *s. a.* **achte(r, s)**

Vierzigstundenwoche *f* forty-hour week

Vierzimmerwohnung *f* four-room flat [*or* AM apartment] **Vierzylindermotor** *m* four-cylinder engine **vierzylindrig** *adj* four-cylinder *attr*

Vietcong <-s, -[s]> [viɛt'kɔŋ] *m* HIST ❶ *kein pl* (*Guerillabewegung*) ■ **der ~** the Vietcong *no pl* ❷ (*Mitglied des ~ 1*) Vietcong

Vietnam <-s> [viɛt'nam] *nt* Vietnam; *s. a.* **Deutschland**

Vietnamese, **Vietnamesin** <-n, -n> [viɛtna'meːzə] *m, f* Vietnamese; *s. a.* **Deutsche(r)**

vietnamesisch [viɛtna'meːzɪʃ] *adj* Vietnamese; *s. a.* **deutsch 1, 2**

Vietnamesisch *nt dekl wie adj* Vietnamese; *s. a.* **Deutsch**

Vietnamesische <-n> *nt* ■ **das ~** Vietnamese, the Vietnamese language; *s. a.* **Deutsche**

Vietnamisierung <-> *f kein pl* POL creation of Vietnamese conditions

Viewer <-s, -> ['vjuːɐ̯] *m* INFORM viewer

Vigilantentum <-s> *nt kein pl* (*selten*) vigilance

Vignette <-, -n> [vɪn'jɛtə] *f* ❶ KUNST (*Titelblattornament*) vignette ❷ TRANSP (*Gebührenmarke*) *sticker showing fees paid*

Vikar(in) <-s, -e> [vi-] *m(f)* curate

Viktoriasee *m* Lake Victoria

Villa <-, Villen> ['vɪla] *f* villa

Villenviertel ['vɪlənfɪrtl] *nt exclusive residential area with many mansions*

Vincenter(in) <-s, -> [-'sɛn-] *m(f)* [St] Vincentian; *s. a.* **Deutsche(r)**

vincentisch *adj* [St] Vincentian; *s. a.* **deutsch**

Vindikation <-, -en> *f* JUR (*Eigentumsherausgabeanspruch*) vindication, return of property

Vindikationsklage *f* JUR action to recover property **Vindikationslegat** *nt* JUR vindication legacy **Vindikationszession** *f* JUR assignment of the right to claim the surrender of sth

violett [vio-] *adj* violet, purple

Violett <-s, -> [vio-] *nt* violet, purple

Violine <-, -n> [vio-] *f* violin

Violinist(in) <-en, -en> *m(f)* violinist

Violinkonzert [vio-] *nt* violin concerto **Violinquartett** *nt* violin quartet **Violinquintett** *nt* violin quintet **Violinschlüssel** *m* treble clef **Violinsonate** *f* violin sonata **Violintrio** *nt* trio of violinists

Violoncello <-s, -celli> [violɔn'tʃɛlo] *nt* violoncello

VIP <-, -s> [viːʔai'piː, vɪp] *m Abk von* **very important person** VIP

Viper <-, -n> ['viːpɐ] *f* viper, adder

Vipernnatter *f* viper, adder

Viren ['viːrən] *pl von* **Virus**

Virenentfernung *f* INFORM virus elimination **Virenprüfprogramm** ['viːrən-] *nt* INFORM virus check [program] **Virenscanner** *m* INFORM virus scanner **Virensuchprogramm** *nt* INFORM antivirus software **virenverseucht** *adj* contaminated [*or* infected] with a virus

Virologe, -login <-n, -n> [viro-] *m, f* virologist

Virologie <-> [viro-] *f kein pl* virology

Virologin <-, -nen> *f fem form von* **Virologe**

virologisch *adj* virological

Virtual Reality <-, -ties> ['vəːtʃʊəl rɪ'ælətɪ] *m* virtual reality

virtuell [vɪr'tuɛl] *adj* virtual; **~e Realität** virtual reality

virtuos [vɪr'tuoːs] **I.** *adj* (*geh*) virtuoso; **ein ~er Musiker** a virtuoso musician **II.** *adv* (*geh*) in a virtuoso manner; **ein Instrument ~ beherrschen** to be a virtuoso on an instrument

Virtuose, **Virtuosin** <-n, -n> [vɪrtu'oːzə] *m, f* virtuoso

virulent [viru-] *adj* ❶ MED (*ansteckend*) virulent ❷ (*geh: gefährlich*) dangerous; ***das Problem ist ~*** the problem is fraught with risks

Virus <-, Viren> ['viːrʊs] *nt o m* virus; INFORM computer virus; **auf Viren überprüfen** to scan for viruses

Virusabwandlung *f* BIOL viral variation [*or* adaptation], variation of a/the virus **Virus-B-Hepatitis** *f* hepatitis B, serum hepatitis **viruseigen** *adj* BIOL belonging to [*or* inherent in] [*or* intrinsic to] a/the virus **Viruserkrankung** ['viːrʊs-] *f* viral illness **Virusgrippe** *f* [viral] influenza, virus of influenza **Virusinfektion** *f* viral [*or* virus] infection **Viruskrankheit** *f* viral disease

Visa ['viːza] *pl von* **Visum**

Visage <-, -n> [vi'zaːʒə] *f* (*pej sl*) mug; **jdm in die ~ schlagen** to smash sb in the face *fam*

Visagist(in) <-en, -en> [viza'ʒɪst] *m(f)* make-up artist

vis-à-vis, **vis-a-vis** [viza'viː] **I.** *adv* opposite; ***kennst du den Mann ~?*** do you know the man opposite?; ***sie saß mir im Restaurant genau ~*** she sat exactly opposite me in the restaurant; ***Sie sind doch die neue Nachbarin von ~*** you're the new neighbour from across the road **II.** *präp +dat* ■ **~ etw** *dat* opposite a thing; ***~ dem Park befindet sich ein See*** there's a lake opposite the park

Visavis <-, -> [viza'viː] *nt* (*geh*) ■ **jds ~** the person opposite sb; ***mein ~ im Restaurant war eine nette junge Dame*** the person opposite me in the restaurant was a nice young lady

Visen ['viːzen] *pl von* **Visum**

Visier <-s, -e> [vi-] *nt* ❶ (*Zielvorrichtung*) sight; ***der Jäger bekam einen Hirsch ins ~*** the hunter got a stag in his sights ❷ (*Klappe am Helm*) visor ▸ WENDUNGEN: **etw ins ~ fassen** [*o* **nehmen**] to train one's sights on sth; **ins ~/in jds ~ geraten** to attract [the] attention [of sb]; ***er war ins ~ der Polizei geraten*** he had attracted the attention of the police; **jdn/etw im ~ haben** to keep tabs on sb/sth; ***die Polizei hat mich bereits seit Jahren im ~*** the police have been keeping tabs on me for years; **jdn ins ~ nehmen** (*jdn beobachten*) to target sb, to keep an eye on sb; (*jdn kritisieren*) to pick on sb; **das ~ herunterlassen** to put up one's guard, to become evasive; **mit offenem ~ kämpfen** to be open and above board [in one's dealings]

Vision <-, -en> [vi'zioːn] *f* ❶ (*übernatürliche Erscheinung*) apparition; (*Halluzination*) vision; **~en haben** to see things ❷ (*Zukunftsvorstellungen*) vision; **die ~ eines geeinten Europas** [the] vision of a united Europe; ***ein guter Manager muss ~en haben*** a good manager must be far-sighted

visionär *adj* (*geh*) visionary

Visionär(in) <-s, -e> [vizio-] *m(f)* (*geh*) visionary

Visitation <-, -en> *f* (*form*) ❶ (*Durchsuchung*) *Gepäck* search ❷ (*Kontrollbesuch eines Geistlichen*) visitation

Visite <-, -n> [vi-] *f* ❶ (*Arztbesuch*) round; **~ machen** to do one's round; ***der Arzt ist noch nicht von der ~ zurück*** the doctor is not back from his rounds *pl* yet; ***die ~ auf der Station dauert immer etwa eine Stunde*** the visit to the ward always lasts about an hour ❷ (*geh: Besuch*) visit; **[bei jdm] ~ machen** to pay [sb] a visit

Visitenkarte [vi-] *f* business card

visitieren* *vt* (*form*) ❶ (*durchsuchen*) ■ **etw ~** to search sth ❷ (*einen offiziellen Besuch abstatten*) ■ **jdn/etw ~** to pay a visit to sb/sth

Viskose <-> [vɪs'koːzə] *f kein pl* viscose *no pl*

Viskosefaser *f* viscose fibre [*or* AM -er]

Viskosität <-> *f* CHEM, TECH (*Zähflüssigkeit*) viscosity

visualisieren *vt* ■ **etw ~** to visualize sth, to display sth

visuell [vi-] *adj* (*geh*) visual

Visum <-s, Visa *o* Visen> ['viːzʊm] *nt* visa

Visumzwang ['viːzʊm-] *m* compulsory visa requirement

Vita <-, Viten *o* Vitae> ['viːta, -tɛ] *f* (*geh*) life

vital [vi-] *adj* (*geh*) ❶ (*Lebenskraft besitzend*) lively, vigorous ❷ (*lebenswichtig*) vital

vitalisieren* *vt* (*geh*) ■ **etw/jdn ~** to vitalize sth/sb

Vitalität <-> [vi-] *f kein pl* vitality, vigour [*or* AM -or]

Vitaltee *m* NATURMED *energy[-giving] tea*

Vitamin <-s, -e> [vi-] *nt* vitamin ▸ WENDUNGEN: **~ B** (*hum fam*) good contacts [*or* connections] *pl*

vitaminarm [vi-] *adj* low [*or* deficient] in vitamins **Vitaminbedarf** *m* vitamin requirement **Vitamingehalt** *m* vitamin content **Vitaminmangel** *m* vitamin deficiency **Vitaminmangelkrankheit** *f* illness due to a vitamin deficiency **Vitaminpräparat** *nt* vitamin supplement **vitaminreich** *adj* rich in vitamins **Vitamintablette** *f* vitamin tablet [*or* AM *usu* pill]

Vitrine <-, -n> [vi-] *f* (*Schaukasten*) display [*or* show] case; (*Glas~*) glass cabinet

Vivisektion <-, -en> [vivi-] *f* (*fachspr*) vivisection

Vize <-s, -s> ['fiːtsə, 'viː-] *m* (*fam*) second-in-command, number two *fam*

Vizeadmiral ['fiːtsə-, 'viː-] *m* vice admiral **Vizekanzler(in)** *m(f)* vice-chancellor **Vizekönig** *m* HIST viceroy **Vizepräsident(in)** *m(f)* vice president

VL-Bus *m* INFORM VL bus

Vlies <-es, -e> *nt* fleece; **das Goldene ~** the Golden Fleece

V-Mann <-leute> ['fau-] *m s.* **Verbindungsmann**

V-Motor *m* AUTO V-engine

Vogel <-s, Vögel> *m* ❶ (*ORN*) bird; ***der ~ ist schon im Ofen*** (*fam*) the bird is already in the oven ❷ (*fam: auffallender Mensch*) bloke *fam;* **ein lustiger ~** a bit of a joker; **ein seltsamer ~** a queer [*or* AM strange] bird [*or* customer] ❸ (*fam: Flugzeug*) kite *fam;* ***ich werde den ~ sicher zur Erde bringen*** I'll bring this kite down to earth safely ▸ WENDUNGEN: **[mit etw** *dat*] **den ~ abschießen** (*fam*) to surpass everyone [with sth]; **der ~ ist ausgeflogen** (*fam*) the bird has flown [the coup] *fam;* **~ friss oder stirb!** (*prov*) sink or swim!, do or die!; **einen ~ haben** (*sl*) to have a screw loose *fam,* to be round the bend BRIT *fam;* **jdm den** [*o* **einen**] **~ zeigen** (*fam*) *to indicate to sb that they're crazy by tapping one's forehead*

Vogelart *f* bird species, type of bird **Vogelbauer**

nt o m birdcage **Vogelbeerbaum** *m* rowan [tree] **Vogelbeere** *f* rowan berry

Vögelchen <-s, -> *nt dim von* **Vogel** little bird

Vogeldreck *m* (*fam*) bird droppings *npl* **Vogelei** *nt* bird's egg **Vogelfänger(in)** *m(f)* bird-catcher **vogelfrei** *adj* HIST outlawed; **jdn für ~ erklären** to outlaw sb **Vogelfutter** *nt* bird food **Vogelgesang** *m* birdsong **Vogelhaus** *nt* bird house **Vogelkäfig** *m* birdcage **Vogelkirsche** *f* BOT gean, bird cherry **Vogelkunde** *f* ornithology **Vogelmännchen** *nt* cock [bird], male bird **Vogelmiere** <-, -n> *f* BOT chickweed **Vogelmilbe** *f* bird-mite

vögeln *vi* (*derb*) to screw *sl;* ■ **[mit jdm]/[jdn] ~** to screw [sb]

Vogelnest *nt* bird's nest **Vogelperspektive** *f* bird's eye view; ***das Bild stellt Danzig aus der ~ dar*** the picture depicts a bird's eye view of Gdansk **Vogelschau** *f* ① (*Vogelperspektive*) bird's-eye view; **etw aus der ~ betrachten** to see sth from a bird's-eye view ② REL (*Auspizium*) auspicium **Vogelscheiße** *f* (*derb*) *s.* **Vogeldreck** **Vogelscheuche** <-, -n> *f* ① AGR, HORT (*a. fig*) scarecrow ② (*fig fam: dürre, hässliche Frau*) ugly old bat *fam or pej* **Vogelschutz** *m* protection of birds **Vogelschutzgebiet** *nt* bird reservoir [*or* AM reserve] **Vogelschwarm** *m* swarm of birds **Vogelspinne** *f* bird spider **Vogel-Strauß-Politik** *f kein pl* (*fam*) head-in-the-sand policy **Vogelwarte** *f* ornithological station **Vogelweibchen** *nt* hen [bird], female bird **Vogelzug** *m* ORN bird migration

Vogerlsalat *m* ÖSTERR (*Feldsalat*) lamb's lettuce *no pl*

Vogesen <-> [vo-] *pl* ■ **die ~** the Vosges *pl*

Vöglein <-s, -> *nt s.* **Vögelchen**

Voice-Mail <-, -s> ['vɔɪsmeɪl] *f* INFORM voice mail **Voice-Recorder** <-s, -> ['vɔɪs-] *m* LUFT voice recorder

Vokabel <-, -n> [vo-] *f* ① (*zu lernendes Wort*) vocabulary; **~n lernen** to learn vocabulary *sing;* **jdn die ~n abfragen** to test sb's vocabulary *sing* ② (*geh: großartiger Begriff*) word, buzzword *fam;* **die großen ~n der Politik** the great catchwords of politics

Vokabular <-s, -e> [vo-] *nt* ① (*Wörterverzeichnis*) glossary ② (*geh: Wortschatz*) vocabulary

Vokal <-s, -e> [vo-] *m* vowel

vokalisch [vo-] *adj* vocalic; **~e Anlaute/Auslaute** initial/final vowels

Vokalmusik *f kein pl* vocal music

Vokativ <-[e]s, -e> *m* LING vocative

Volant <-s, -s> [vo'lã:] *m o nt* valance

Voliere <-, -n> [vo'li̯ɛ:rə] *f* aviary

Volk <-[e]s, Völker> *nt* ① (*Nation*) nation, people; **ein ~ unbekannter Herkunft** a people of unknown origin; ***der Präsident wandte sich in einer Fernsehansprache direkt ans ~*** the president made a direct appeal to the nation in a television address; (*Angehörige einer Gesellschaft*) people *npl;* **das ~ aufwiegeln** to incite the masses; **gewählte Vertreter des ~es** chosen [*or* elected] representatives of the people ② *kein pl* (*fam: die Masse Mensch*) masses *pl;* ***mit Fernsehen und Fußball wird das ~ ruhig gehalten*** the masses are kept quiet with television and football; **etw unters ~ bringen** to make sth public; **sich** *akk* **unters ~ mischen** to mingle with the people; ***viel ~ sammelte sich auf den Marktplatz*** many people gathered at the market square ③ *kein pl* (*untere Bevölkerungsschicht*) people *npl;* **ein Mann aus dem ~** a man of the people; **fahrendes ~** (*veraltend*) itinerants *pl* ④ *kein pl* (*fig: Sorte von Menschen*) bunch, rabble *pej;* ***in diesem Lokal verkehrt ein übles ~*** a rough bunch come regularly to this pub; **ein merkwürdiges ~** a strange bunch ⑤ (*Insektengemeinschaft*) colony; (*Bienen~, Ameisen~*) a bee/an ant colony ► WENDUNGEN: **jedes ~ hat die Regierung, die es verdient** (*prov*) every nation has the government it deserves

Völkchen <-s, -> *nt dim von* **Volk** people *npl,* lot *fam;* ***die Slowenen sind ein liebenswertes ~*** the Slovenians are a nice lot; **ein ~ für sich sein** (*fam*) to be a race [*or* people] apart

Völkerball *m kein pl* SPORT *game played by two teams who try to eliminate the members of the opposing team by hitting them with a ball* **Völkerbund** *m kein pl* HIST League of Nations **Völkergemeinschaft** *f* community of nations, international community **Völkergericht** *nt* **das Ständige ~** the Permanent Peoples' Tribunal [PPT] **Völkergewohnheitsrecht** *nt* JUR customary international law **Völkerkunde** <-> *f kein pl* ethnology **Völkerkundemuseum** *nt* museum of ethnology **Völkerkundler(in)** <-s, -> *m(f)* ethnologist **Völkermord** *m* genocide **Völkerrecht** *nt kein pl* international law **völkerrechtlich** I. *adj* of international law, pertaining to international law *pred,* under international law *pred;* **die ~e Anerkennung eines Staates** the recognition of a state under international law; **~er Vertrag** treaty II. *adv* under international law; ***die Genfer Konvention ist ~ bindend*** the Geneva Convention is binding under international law **Völkerrechtserklärung** *f* POL declaration of international law **Völkerrechtspraxis** *f* JUR practice of international law **Völkerrechtssubjekt** *nt* JUR international person, subject of international law **Völkerstrafrecht** *nt* JUR international criminal law **Völkerverständigung** *f kein pl* international understanding **Völkerwanderung** *f* ① HIST ■ **die ~** the migration of peoples ② (*fam: Bewegung einer Menschenmasse*) mass exodus [*or* migration]; ***diese Massen von Menschen, das ist ja die reinste ~!*** all these hordes of people, it's like a mass invasion!

völkisch *adj* HIST *s.* **national**

Volksabstimmung *f* referendum, plebiscite **Volksarmee** *f* people's army **Volksbank** *f* ÖKON people's bank **Volksbefragung** *f* JUR referendum, poll **Volksbegehren** *nt* JUR petition for a referendum **Volksbelustigung** <-, -en> *f* public entertainment **Volkscharakter** *m* national character **Volksdemokratie** *f* people's democracy **volkseigen** *adj* ① (*in Namen*) People's Own ② HIST (*in der ehemaligen DDR*) *Betrieb* nationally-owned **Volkseinkommen** *nt* national income **Volksempfänger®** *m* HIST Volksempfänger® *spec* (*tabletop radio during the Third Reich*) **Volksempfinden** *nt kein pl* public feeling; **das gesunde ~** popular opinion **Volksentscheid** *m* JUR plebiscite, referendum **Volksetymologie** *f* folk etymology **Volksfest** *nt* fair **Volksfront** *f* POL popular front **Volksgerichtshof** *m kein pl* HIST ■ **der ~** the People's Court **Volksgesundheit** *f* (*veraltend*) ■ **die ~** public health **Volksglaube(n)** *m* popular belief **Volksgruppe** *f* ethnic group; (*Minderheit*) ethnic minority **Volksheld(in)** *m(f)* national hero **Volkshochschule** *f* adult education centre [*or* AM -er] **Volksinitiative** *f* SCHWEIZ (*Volksbegehren*) petition for a referendum **Volkskammer** *f* HIST East German Parliament **Volkskrankheit** *f* common illness; **die ~ Nummer eins** the most common illness **Volkskunde** *f* folklore **Volkskundler(in)** <-s, -> *m(f)* folklorist **volkskundlich** *adj* folkloric **Volkskunst** *f kein pl* popular art **Volkslauf** *m* open cross-country race **Volkslied** *nt* folk song **Volksmärchen** *nt* folktale **Volksmehr** <-s> *nt kein pl* SCHWEIZ (*Mehrheit des Volkes*) national majority **Volksmenge** *f* crowd **Volksmund** *m kein pl* vernacular; **im ~** in the vernacular **Volksmusik** *f* folk music **Volkspartei** *f* people's party **Volkspolizei** *f* HIST (*in der ehemaligen DDR*) People's Police **Volksrede** *f* (*veraltend*) public speech [*or* address]; **~n [über etw** *akk*] **halten** (*a. pej fam*) to make a public speech [about sth]; ***halte keine ~n!*** (*fam*) spare us/me the lecture! *fam* **Volksrepublik** *f* People's Republic **Volksschicht** *f meist pl* social stratum [*or* class] *usu pl;* **die unteren ~en** the lower classes **Volksschule** *f* SCH ① (*hist: allgemeinbildende öffentliche Pflichtschule*) *basic primary and secondary school* ② ÖSTERR (*Grundschule*) primary school **Volkssport** *m* national sport **Volksstamm** *m* tribe **Volksstück** *nt* folk play **Volkssturm** *m kein pl* HIST ■ **der ~** *the German territorial army created to defend the home front in World War II* **Volkstanz** *m* folk dance **Volkstracht** *f* traditional costume

Volkstum <-s> *nt kein pl* folklore

volkstümlich *adj* ① (*traditionell*) traditional; **ein ~er Brauch** a traditional custom ② (*veraltend: populär*) popular; **ein ~er Schauspieler** a popular actor

volksverbunden *adj* close to the people; (*volkstümlich*) folk **Volksverdummung** <-> *f kein pl* (*fam o pej*) stupefaction of the people **Volksverhetzung** *f* incitement of the people **Volksvermögen** *nt* national wealth **Volksversammlung** *f* people's assembly **Volksvertreter(in)** *m(f)* representative [*or* delegate] of the people **Volksvertretung** *f* representative body of the people

Volkswirt(in) *m(f)* economist

Volkswirtschaft *f* ① (*Nationalökonomie*) national economy ② *s.* **Volkswirtschaftslehre**

Volkswirtschaftler(in) <-s, -> *m(f)* economist

volkswirtschaftlich I. *adj* economic; **ein ~es Studium** [an] economics *nsing* [course]; **~e Gesamtgrößen** gross national product; **~e Gesamtrechnung** national income accounts II. *adv* economically, from an economic point of view; **~ betrachtet** looked at from an economic point of view

Volkswirtschaftslehre *f* economics *nsing*

Volkszählung *f* [national] census

voll I. *adj* ① (*gefüllt, bedeckt*) full; ***mit ~em Munde spricht man nicht!*** don't speak with your mouth full!; ***achte darauf, dass die Gläser nicht zu ~ werden*** mind that the glasses don't get too full; **~ [mit etw] sein** to be full [of sth]; ***das Glas ist ~ Wasser*** the glass is full of water; ***das Haus ist ~ von [o mit] unnützen Dingen*** the house is full of useless things; ***die Regale sind ganz ~ Staub*** the shelves are covered in [*or* full of] dust; **beide Hände ~ haben** to have both hands full; **eine Hand ~ Reis** a handful of rice; **jdn [mit etw] ~ pumpen** to fill sb up *sep* [with sth]; **~ gepumpt sein mit Drogen** to be pumped up with drugs; **etw ~ schmieren** to mess up sth *sep;* **~ sein** (*fam: satt*) to be full up *fam;* **etw [mit etw] ~ stellen** *Zimmer* to cram sth full [with sth]; **~ gefressen sein** (*esp pej fam*) to be stuffed *fam;* **ein ~es Arschloch** (*derb*) a fat arsehole [*or* AM asshole]; **~ gepfropft** crammed full; **~ gestopft** *Koffer* stuffed full; *s. a.* **gerammelt, gerüttelt** ② (*ganz, vollständig*) full, whole; **das ~e Ausmaß der Katastrophe** the full extent of the disaster; **~er Börsenschluss** BÖRSE full [*or* even] lot; **den ~en Preis bezahlen** to pay the full price; **~er Satz** HANDEL full set; **etw in ~en Zügen genießen** to enjoy sth to the full; **die ~e Wahrheit** the absolute truth; **ein ~er Erfolg** a total success; ***ich musste ein ~es Jahr warten*** I had to wait a whole year; ***es ist ja kein ~er Monat mehr bis Weihnachten*** there is less than a month till Christmas; ***nun warte ich schon ~e 20 Minuten*** I've been waiting a full twenty minutes; ***der Intercity nach München fährt jede ~e Stunde*** the intercity to Munich runs every hour on the hour; **in ~er Gala** in full evening dress; ***den Verteidigern lagen drei Divisionen in ~er Ausrüstung gegenüber*** the defenders faced three fully equipped divisions; **in ~em Lauf/Galopp** at full speed/gallop; **in ~er Größe** full-size; ***Sie können entweder auf Raten kaufen oder die ~e Summe sofort bezahlen*** you can either buy it on hire purchase or pay the whole sum immediately ③ (*prall, rundlich*) **ein ~es Gesicht** a full face; **ein ~er Busen** an ample bosom; **~e Wangen** chubby cheeks; **ein ~er Hintern/~e Hüften** a well-

rounded bottom/well-rounded hips; ***du hast zugenommen, du bist deutlich ~er geworden*** you've put on weight, you've distinctly filled out
④ (*volltönend, kräftig*) full, rich; **eine ~e Stimme** a rich voice; **der ~e Geschmack** the real flavour
⑤ (*dicht*) thick; **~es Haar** thick hair; **ein ~er Bart** a thick beard
⑥ (*sl: betrunken*) ■ **~ sein** to be plastered *fam*, to be well tanked up *sl*; ***du warst ja gestern abend ganz schön ~!*** you were pretty drunk yesterday evening!
► WENDUNGEN: **jdn nicht für ~ nehmen** not to take sb seriously; **in die V~en gehen** to go to any lengths; **aus dem V~en leben** [*o* **wirtschaften**] to live in the lap of luxury; **aus dem V~en schöpfen** to draw on plentiful resources; *s. a.* **Lob**
II. *adv* ① (*vollkommen*) completely; **~ bezahlen müssen** to have to pay in full; **etw** [**mit etw**] **~ füllen** to fill up sth *sep* [with sth]; ***durch die Operation wurde das Sehvermögen wieder ~ hergestellt*** as a result of the operation her sight was completely restored
② (*uneingeschränkt*) fully; **~ und ganz** totally; ***die Mehrheit der Delegierten stand ~ hinter dieser Entscheidung*** the majority of the delegates were fully behind this decision; ***ich kann den Antrag nicht ~ unterstützen*** I cannot fully support the application; **~ in der Arbeit stecken** (*fam*) to be in the middle of a job; **~ in Problemen stecken** (*fam*) to be right in it *fam*; **etw ~ ausnutzen** to take full advantage of sth; **nicht ~ da sein** (*fam*) to not be quite with it *sl*; (*total*) really; ***die Band finde ich ~ gut*** I think the band is brilliant; ***die haben wir ~ angelabert*** we really chatted her up
③ (*fam: mit aller Wucht*) right, smack *fam*; ***der Wagen war ~ gegen den Pfeiler geprallt*** the car ran smack into the pillar; ***er ist ~ mit dem Hinterkopf auf der Bordsteinkante aufgeschlagen*** the back of his head slammed onto the edge of the curb; ***seine Faust traf ~ das Kinn seines Gegners*** he hit his opponent full on the chin with his fist

Vollamortisationsvertrag *m* JUR, FIN full amortization contract

Vollast <-> *f kein pl s.* **Volllast**

vollauf *adv* fully, completely; **~ zufrieden sein** to be absolutely satisfied; ***ein Teller Suppe ist mir ~ genug*** one plate of soup is quite enough for me; ***mit den fünf Kindern habe ich ~ zu tun*** with the five children I have quite enough to do

vollautomatisch I. *adj* fully automatic II. *adv* fully automatically **vollautomatisiert** *adj* fully automated **Vollbad** *nt* bath; **ein ~ nehmen** to have [*or* AM *usu* take] a bath **Vollbanklizenz** *f* FIN full banking licence [*or* AM -se] **Vollbart** *m* full beard; **sich** *dat* **einen ~ wachsen lassen** to grow a full beard **vollberechtigt** *adj attr* (*bevollmächtigt*) fully entitled **vollbeschäftigt** *adj* full-time **Vollbeschäftigung** *f kein pl* full [*or* full-time] employment **Vollbesitz** *m* in full possession of; **im ~ seiner Kräfte/Sinne sein** to be in full possession of one's strength *sing*/faculties **Vollbesteuerung** *f* FIN full taxation **Vollbild** *nt* MED full-blown state; **das ~ Aids** full-blown aids **Vollbildanzeige** *f* INFORM full-screen

Vollblut *nt* ① (*reinrassiges Pferd*) thoroughbred
② *kein pl* MED whole blood

Vollblüter <-s, -> *m s.* **Vollblut 1**

Vollbluthengst *m* thoroughbred stallion

vollblütig *adj* ① (*reinrassig*) thoroughbred
② (*vital*) full-blooded

Vollblutjournalist(in) *m(f)* full-blooded journalist **Vollblutpferd** *nt* thoroughbred horse **Vollblutpolitiker(in)** *m(f)* thoroughbred politician

Vollbremsung *f* emergency stop; **eine ~ machen** to slam on the brakes *pl*, to make an emergency stop

vollbringen* *vt irreg* ■ **etw ~** to accomplish [*or* achieve] sth; **ein Wunder ~** to perform a miracle; ***ich kann nichts Unmögliches ~*** I cannot achieve the impossible

vollbusig *adj* buxom, busty *fam*; **~e Frauen** women with large breasts; ■ **~ sein** to have large breasts

Volldampf *m* ► WENDUNGEN: **~** [**hinter etw** *dat*] **machen** (*fam*) to work flat out [on sth]; ***wir müssen ~ hinter unsere Bemühungen machen, wenn wir erfolgreich sein wollen*** we must redouble our efforts, if we want to be successful; **mit ~** (*fam*) flat out; **mit ~ fahren** to drive at full speed; **~ voraus** (*fam*) full steam ahead

Völlegefühl <-[e]s> *nt kein pl* unpleasant feeling of fullness

Volleigentum *nt* JUR absolute ownership

vollelektronisch *adj* fully electronic

vollenden* *vt* ■ **etw ~** to complete sth; **vollendete Gegenwart/Vergangenheit** the present perfect/past perfect; **sein Leben ~** (*euph geh*) to bring one's life to an end; ***er hat sein zwanzigstes Lebensjahr vollendet*** (*geh*) he has completed his twentieth year; **jdn vor ~e Tatsachen stellen** to present sb with a fait accompli

vollendet *adj* perfect, accomplished; **ein ~er Redner** an accomplished speaker; **~e Schönheit** perfect beauty; **ein Konzert ~ spielen** to play a concert in an accomplished way

vollends *adv* (*völlig*) completely, totally; ***jetzt bin ich ~ durcheinander!*** I'm completely confused now!; ***durch das Nachbeben wurde die Stadt ~ zerstört*** the town was totally destroyed by aftershocks

Vollendung <-, -en> *f* ① (*das Vollenden*) completion; **mit ~ des 50. Lebensjahres** (*fig*) on completion [*or* at the end] of his/her fiftieth year; ***nach ~ dieser Aufgabe kann ich mich zur Ruhe setzen*** after I have completed this task I can retire
② *kein pl* (*Perfektion*) perfection; ***dieses Gebäude gilt als klassische Architektur in höchster ~*** this building is regarded as a classical piece of architecture in its most perfect form; **der** [*o* **seiner**] **~ entgegengehen** (*geh*) to be nearing completion

voller *adj* full of ① (*voll bedeckt*) **ein Gesicht ~ Falten** a very wrinkled face; **ein Hemd ~ Flecken** a shirt covered in stains
② (*erfüllt, durchdrungen*) full; **ein Leben ~ Schmerzen** a life full of pain; **~ *Wut schlug er mit der Faust auf den Tisch*** full of anger he thumped the table with his fist; ***er steckt ~ Widersprüche*** you never know where you are with him *fam*

Völlerei <-, -en> *f* (*pej*) gluttony; **zur ~ neigen** to have a tendency for gluttony

Volley <-s, -s> ['vɔli] *m* volley

Volleyball ['vɔli-] *m* volleyball

vollfett *adj* full fat

Vollfläche *f* TYPO solid

vollführen* *vt* (*liter*) ■ **etw ~** to perform sth

vollfüllen *vt s.* **voll II 1**

Vollgas *nt kein pl* full speed; **~ geben** to put one's foot down; **mit ~** at full throttle; (*fam: mit größter Intensität*) flat out *fam*; ***um die Termine einhalten zu können, müssen die Arbeiten mit ~ vorangetrieben werden*** we will have to work flat out to meet the deadlines

vollgefressen *adj s.* **voll I 1**

Vollgefühl *nt kein pl* (*geh*) **im ~ einer S.** *gen* fully aware of a thing; ***die Sprinterin winkte den Zuschauern im ~ ihres Triumphes*** fully aware of her triumph the sprinter waved to the spectators

vollgepfropft *adj s.* **voll I 1**

Vollgiro *nt* FIN full endorsement **Vollhafter(in)** *m(f)* JUR full partner; HANDEL general [*or* associate] partner **Vollhaftung** *f* JUR unlimited liability **Vollidiot(in)** *m(f)* (*pej fam*) complete idiot, prat *pej fam*

völlig I. *adj* complete
II. *adv* completely; ***sie ist ~ betrunken*** she is completely drunk; ***Sie haben ~ recht*** you're absolutely right

Vollindossament *nt* FIN full endorsement **Vollinvalidität** *f kein pl* JUR permament and total disability

volljährig *adj* of age; ■ **~ sein** [*o* **werden**] to be [*or* come] of age; ***Jugendliche werden in Deutschland mit dem 18. Lebensjahr ~*** adolescents come of age in Germany at eighteen

Volljährigkeit <-> *f kein pl* majority

volljammern *vt* ■ **jdn ~** (*fam*) to moan away to sb; **jdm die Ohren ~** to bend someone's ear with complaints

Volljurist(in) *m(f)* fully qualified lawyer **vollkaskoversichert** *adj* comprehensively insured; ■ **~ sein** to have fully comprehensive insurance; ***ist Ihr Auto ~?*** is your car fully comp? *fam* **Vollkaskoversicherung** *f* fully comprehensive insurance **Vollkaufmann, -kauffrau** *m, f* HANDEL general merchant, registered trader **vollklimatisiert** *adj* fully air-conditioned

vollkommen I. *adj* ① (*perfekt*) perfect; **~e Kunstwerke** perfect works of art; ***niemand ist ~*** nobody's perfect; ***jetzt ist mein Leben ~*** now my life is complete
② (*völlig*) complete; **~e Übereinstimmungen erzielen** to reach total agreement; ***sie hat die Aufgaben zu unserer ~en Zufriedenheit erledigt*** she has completed the tasks to our complete satisfaction; ***das ist ja der ~e Wahnsinn!*** why, that's complete madness!
II. *adv* completely; **~ unmöglich sein** to be absolutely impossible; **~ verzweifelt sein** to be absolutely desperate; ***er blieb ~ ruhig*** he remained completely calm; ***ich bin ~ einverstanden mit Ihrem Vorschlag*** I'm in complete agreement with your proposal

Vollkommenheit <-> *f kein pl* perfection

Vollkorn *nt kein pl* wholegrain

Vollkornbrot *nt* wholemeal [*or* [*or* AM] wholegrain] bread

volllabern *vt* (*fam*) *s.* **labern II**

Volllast[RR] <-> *f kein pl* TECH full weight

Vollmacht <-, -en> *f* ① (*Ermächtigung*) power, authority; **in ~** (*geh*) in authority; **~ zur Kreditaufnahme** borrowing powers; **unumschränkte ~** plenary authority, full powers; **mit allen ~en ausgestattet sein** to be fully authorized; **jdm** [**die**] **~ für etw** *akk* **geben** [*o* **erteilen**] to authorize [*or* empower] sb to do sth; **eine ~ widerrufen** to revoke [*or* cancel] a proxy; **außerhalb der ~** ultra vires
② (*bevollmächtigendes Schriftstück*) power of attorney; **eine ~ haben** to have power of attorney; **eine ~ ausstellen** to grant a power of attorney

Vollmachtgeber(in) *m(f)* principal, mandator **Vollmachtsbeschränkung** *f* limitation of authority **Vollmachtserteilung** *f* delegation of authority; (*Schriftstück*) granting of power of attorney **Vollmachtsindossament** *nt* JUR procuration endorsement **Vollmachtsstimmrecht** *nt* proxy [voting right] **Vollmachtsumfang** *m* scope of authority **Vollmachtsurkunde** *f* JUR power of attorney, written authority **Vollmachtswiderruf** *m* revocation [*or* withdrawal] of a power of attorney

Vollmatrose *m* able-bodied seaman

Vollmilch *f* full-cream milk BRIT, whole milk AM **Vollmilchjoghurt** *m* whole-milk yoghurt **Vollmilchschokolade** *f* full-cream [*or* AM whole] milk chocolate

Vollmitglied *nt* full member **Vollmitgliedschaft** *f* full membership **Vollmond** *m kein pl* full moon; **es ist ~, wir haben ~** there's a full moon; **bei ~** when the moon is full

vollmundig I. *adj* ① (*voll im Geschmack*) full-bodied
② (*pej: übertrieben formuliert*) overblown *pej*; ***vor den Wahlen machen Politiker immer diese ~en Versprechungen*** before the election politicians always make these overblown promises
II. *adv* ① (*abgerundet*) full-bodied; ***süddeutsche Biere schmecken besonders ~*** southern German beer has a particularly full-bodied taste
② (*pej: großspurig*) grandiosely *pej*; ***was gestern noch ~ versprochen wurde, ist heute vergessen*** all the grandiose promises made yesterday are forgotten today

Vollnarkose *f* general anaesthetic; **in ~** under a general anaesthetic **Vollpension** *f kein pl* full board; **mit ~** for full board; ***mit ~ kostet das Zimmer 45 DM pro Tag mehr*** the room costs an additional 45 DM per day for full board **Vollprogramm** *nt* ① TV complete programme [*or* AM -am] ② *bei einer Waschmaschine o. ä.* complete programme [*or* AM -am]

vollpumpen *vt s.* **voll I 1**

Vollrausch *m* drunken stupor; **einen ~ haben** to be in a drunken stupor **Vollrecht** *nt* JUR full legal rights *pl* **vollreif** *adj* fully ripe

Vollrohrzucker *m* unrefined cane sugar, raw cane sugar

vollschlank *adj* (*euph*) plump

vollschmieren *vt, vr s.* **voll I 1**

Vollsitzung *f* JUR plenary session; **der Gerichtshof entscheidet in ~** the court decides in plenary session

vollständig I. *adj* (*komplett*) complete, entire; **nicht ~** incomplete; **etw ~ haben** to have sth complete; **etw ~ machen** to complete sth; ***ich kaufte die Briefmarken, um die Sammlung ~ zu machen*** I bought the stamps to complete the collection

II. *adv* (*in der Gesamtheit, total*) completely; **etw ~ zerstören** to totally destroy sth; ***die Altstadt ist noch ~ erhalten*** the old town is still preserved in its entirety

Vollständigkeit <-> *f kein pl* completeness *no pl*; **der ~ halber** for the sake of completeness, to get a complete picture; ***achten Sie bei der Angabe Ihrer Adresse bitte auf deren ~*** please ensure when submitting your address that it is complete

Vollständigkeitsklausel *f* JUR perfect attestation clause

vollstellen *vt s.* **voll I 1**

vollstreckbar *adj* JUR enforceable; ***der Beschluss ist sofort ~*** the order shall have immediate effect; **für ~ erklären** to grant a writ of execution; **nicht ~** unenforceable

Vollstreckbarkeit <-> *f kein pl* JUR enforceability [by execution] *no pl*; **vorläufige ~** provisional enforceability

Vollstreckbarkeitserklärung *f* JUR writ of execution

vollstrecken* *vt* ■**etw ~** ① (*geh: ausführen*) to carry out [*or* execute] sth; **ein Testament ~** to execute a will; **ein Urteil ~** to carry out a sentence; ■**etw ~ lassen** to have sth enforced; **ein Urteil ~ lassen** to have a ruling enforced

② SPORT **einen Strafstoß ~** to score from a penalty

Vollstrecker(in) <-s, -> *m(f)* ① (*fam: Gerichtsvollzieher*) bailiff

② (*geh: vollstreckende Person*) executor *masc*, executrix *fem*

Vollstreckung <-, -en> *f* ① (*geh: das Vollstrecken*) execution, carrying out; **~ in ein Vermögen** execution against sb's property; **~ einer Verfügung** enforcement of an order; **sofortige ~** direct enforcement; **die ~ des Urteils behindern** to bar execution of judgment; **die ~ eines Willens** the execution of a will

② (*fam: Zwangs~*) enforcement

Vollstreckungsabkommen *nt* JUR enforcement agreement **Vollstreckungsabwehr** *f* JUR action against enforcement **Vollstreckungsabwehrklage** *f* JUR foreclosure suit **Vollstreckungsanordnung** *f*, **Vollstreckungsanweisung** *f* JUR writ of execution **Vollstreckungsanspruch** *m* JUR right to obtain execution **Vollstreckungsaufschub** *m* JUR stay of execution, respite **Vollstreckungsauftrag** *m* JUR writ of execution **Vollstreckungsbeamter, -beamtin** *m, f* JUR bailiff **Vollstreckungsbefehl** *m* JUR enforcement order, writ of execution **Vollstreckungsbehörde** *f* JUR enforcement agency **Vollstreckungsbescheid** *m* JUR enforceable default summons **Vollstreckungsbeschluss** *m* JUR writ of execution **Vollstreckungserinnerung** *f* JUR complaint against a measure of execution **Vollstreckungsersuchen** *nt* JUR application for enforcement **Vollstreckungsgegenklage** *f* JUR action to oppose execution **Vollstreckungsgegenstand** *m* JUR item subject to execution **Vollstreckungsgericht** *nt* JUR *court competent for execution of civil judgements* **Vollstreckungsgläubiger(in)** *m(f)* JUR judgment [*or* enforcement] creditor **Vollstreckungshindernis** *nt* JUR bar of execution **Vollstreckungsklage** *f* JUR enforcement [*or* execution] suit **Vollstreckungsklausel** *f* JUR court certificate of enforceability **Vollstreckungskosten** *pl* JUR enorcement [*or* execution] costs **Vollstreckungsleiter(in)** *m(f)* JUR official in charge of enforcement **Vollstreckungsorgan** *nt* JUR enforcement agency **Vollstreckungsrecht** *nt* JUR law of enforcement **Vollstreckungsschuldner(in)** *m(f)* JUR enforcement debtor **Vollstreckungsschutz** *m* JUR *debtor's relief from judicial execution* **Vollstreckungstitel** *m* JUR writ of execution [*or* enforcement] **Vollstreckungsübereinkommen** *nt* JUR enforcement agreement **Vollstreckungsunterwerfung** *f* JUR submission to execution **Vollstreckungsvereitelung** *f* JUR obstructing execution **Vollstreckungsverfahren** *nt* JUR execution [*or* enforcement] proceedings *pl* **Vollstreckungsverjährung** *f* JUR statute-barring of execution

Vollstreik *m* total strike

vollsynchronisiert *adj* fully synchronized

Volltextsuche *f* INFORM whole text search

volltönend *adj* resonant, sonorous; **eine ~e Stimme** a sonorous voice

Volltreffer *m* ① (*direkter Treffer*) direct hit, bull's eye *fig fam;* **einen ~ erhalten** to receive a direct hit; **einen ~ landen** to land a good punch; (*fig, iron*) to land a whammy

② (*fam: voller Erfolg*) complete success

volltrunken *adj* completely [*or* totally] drunk; **etw im ~en Zustand tun** to do sth while plastered [*or* smashed] [*or* BRIT paralytic]

vollumfänglich *adj attr* SCHWEIZ (*in vollem Umfang*) fully extensive

Vollverb *nt* complete verb **Vollverlust** *m* JUR complete write-off **Vollversammlung** *f* general meeting; *der UNO* General Assembly **Vollwaise** *f* orphan; **~ sein** to be an orphan

Vollwaschmittel *nt laundry detergent that can be used for all programmes and all temperatures*

Vollwerternährung <-> *f kein pl* wholefood diet

vollwertig *adj* ① (*alle Wirkstoffe enthaltend*) nutritious; **~es Lebensmittel** nutritious food; ■**~ sein** to be fully nutritious

② (*gleichwertig*) fully adequate; **ein ~er Ersatz** a fully adequate replacement; **jdn als ~ behandeln** to treat sb as an equal

Vollwertkost *f kein pl* wholefoods *pl* **Vollwertzucker** *m* unrefined sugar

vollzählig I. *adj* (*komplett, in voller Anzahl*) complete, whole; **ein ~er Satz Briefmarken** a complete set of stamps; ***die ~e Klasse nahm an der Wanderung teil*** the whole class took part in the hike; ■**~ sein** to be all present; ***ausnahmsweise war die Mannschaft ~*** for once the team was complete [*or* they fielded a full team]

II. *adv* (*in gesamter Anzahl*) at full strength; ***nun, da wir ~ versammelt sind, können wir ja anfangen*** well, now everyone's here, we can begin

Vollzeitarbeitskraft *f* full-time employee **Vollzeitbeschäftigung** *f* full-time employment

Vollziegel *m* BAU solid brick

Vollziehbarkeit *f* JUR enforceability

vollziehen* *irreg* **I.** *vt* (*geh: ausführen*) ■**etw ~** to carry out *sep* sth; **eine Trennung ~** to separate; **die Ehe ~** to consummate marriage; **die Unterschrift ~** to put one's signature to sth; **ein Urteil ~** (*geh*) to execute [*or* enforce] a judgement [*or* sentence]; **die vollziehende Gewalt** (*geh*) the executive

II. *vr* (*geh: stattfinden, ablaufen*) ■**sich** *akk* **~** to take place; ***seit einiger Zeit vollzieht sich in ihr ein Wandel*** a change has been taking place in her for quite a while

vollziehend *adj* JUR executive; **~e Gewalt** executive power

Vollziehung <-, -en> *f* JUR execution, enforcement; **sofortige ~** immediate enforcement

Vollzug <-s> *m kein pl* ① (*das Vollziehen*) carrying out, execution, enforcement; **nationaler ~ von Europarecht** JUR national enforcement of European law; **etw außer ~ setzen** to suspend the execution of sth; ***die Haftstrafe gegen ihn wurde vom Berufungsgericht außer ~ gesetzt*** his custodial sentence was suspended by the court of appeal

② JUR (*geh: Straf~*) imprisonment; **geschlossener ~** (*geh*) *penal system in which prisoners remain in their cells when not working;* **offener ~** imprisonment in an open prison

③ (*fam: Vollzugsanstalt*) penal institution; **im ~ leben** to be in a penal institution

Vollzugsanstalt *f* penal institution

Volontär(in) <-s, -e> [vo-] *m(f)* trainee, internship AM

Volontariat <-[e]s, -e> [vo-] *nt* ① (*Ausbildungszeit*) period of training, internship AM

② (*Stelle*) trainee position, internship AM

volontieren* [vo-] *vi* ■[**bei jdm/in etw** *dat*] **~** to work as a trainee [*or* AM intern] [with sb/in sth]

Volt <-[e]s, -> [vɔlt] *nt* volt

Voltameter *nt* voltameter **Voltampere** [-amˈpeːɐ̯] *nt* voltampere

Voltigieren <-s> [vɔltiˈʒiːrən] *nt kein pl* SPORT horseback acrobatics + *sing vb*

Volumen <-s, - *o* Volumina> [vo-] *nt* ① (*Rauminhalt*) volume; **das ~ einer Kugel berechnen** to calculate the volume of a sphere; ***eine Magnumflasche Champagner hat das doppelte ~ einer Normalflasche*** a magnum of Champagne has twice the capacity of a normal bottle; ***er hat eine Stimme von großem ~*** (*fig*) he has a sonorous voice

② (*Gesamtumfang*) *von Auftrag* total amount; *von Export* volume; ***es handelt sich um einen Großauftrag, mit einem ~ von 35 Millionen DM*** it's a major contract worth 35 million DM in total

③ (*Haar~*) texture

Volumenprozent *nt* volume percentage

voluminös [vo-] *adj* (*geh*) voluminous

vom = **von dem** from; *s. a.* **von**

von *präp + dat* ① *räumlich* (*ab, herkommend*) from; **~ woher...?** where ...from?, from where...?; **~ weit her kommen** to come from a long way away; ***ich fliege morgen mit der Maschine ~ München nach Hamburg*** tomorrow I'm flying from Munich to Hamburg; **~** ***hier bis zur Wand müssten es etwa fünf Meter sein*** it must be about five metres from here to the wall; **~** ***diesem Fenster kann man alles gut beobachten*** you can see everything very well from this window; ***wie komme ich vom Bahnhof am besten zum Rathaus?*** how can I best get from the station to the town hall?; ***diese Eier sind ~ unserem eigenen Hof*** these eggs are from our own farm; (*aus ... herab/heraus*) off, out of; ***er fiel ~ der Leiter*** he fell off the ladder; ***sie fiel vom Baum*** she fell out of the tree

② *räumlich* (*etw entfernend*) from, off; **die Wäsche ~ der Leine nehmen** to take the washing in off the line; **sich den Schweiß ~ der Stirn wischen** to wipe sweat from one's brow; ***er nahm die Whiskyflasche ~ der Anrichte*** he took the bottle of whisky from the sideboard

③ *zeitlich* (*stammend*) from; **die Zeitung ~ gestern** yesterday's paper; **Ihr Brief vom ...** your letter from ...; ***ich kenne sie ~ früher*** I knew her a long time ago; ***ich will nichts mehr ~ damals wissen!*** I don't want to know any more about that time!; **~ jetzt/morgen an** from now/tomorrow on [*or* onwards]; ***die neue Regelung gilt ~ März an*** the new regulation is valid from March [onwards]; **~** ***wann ist der Brief?*** when is the letter from?; ***ich bin ~ morgen bis zum 23. verreist*** I'm away from tomorrow until 23rd; ***für Jugendliche ~ 12 bis 16 gilt ein gesonderter Tarif*** there is a special price for adolescents from twelve to sixteen

❹ (*Urheber, Ursache*) from; ~ **der Sonne gebräunt werden** [*o* **sein**] to be browned by the sun; ~ **jdm gelobt werden** to be praised by sb; **müde** ~ **der Arbeit** tired of work; ~ **Hand gefertigt** (*fig*) handmade; ~ **einem Auto angefahren werden** to be hit by a car; ~ ***wem ist dieses schöne Geschenk?*** who is this lovely present from?; ~ ***wem hast du das Buch geschenkt bekommen?*** who gave you the book?; ~ ***wem weißt du das?*** who told you that?; ~ ***wem ist dieser Roman?*** who is this novel by?; ~ ***wem ist dieses Bild?*** who is this a picture of?; ***das Bild ist ~ einem unbekannten Maler*** the picture is by an unknown painter; ~ ***solchen Tricks bin ich nicht sehr beeindruckt*** I'm not very impressed by tricks like that; ***das war nicht nett ~ dir!*** that was not nice of you!; ~ ***was ist hier eigentlich die Rede?*** (*fam*) what are we talking about here!; ~ ***was sollen wir eigentlich leben?*** (*fam*) what are we supposed to live on?
❺ *statt Genitiv* (*Zugehörigkeit*) of; **die Königin ~ England** the Queen of England; **Mutter ~ vier Kindern sein** to be the mother of four children; **die Musik ~ Beethhoven** Beethoven's music; ***das Auto ~ meinem Vater ist blau*** my father's car is blue; ***er wohnt in der Nähe ~ Köln*** he lives near Cologne; ***ich möchte die Interessen ~ mir und meinen Geschwistern vertreten*** I should like to represent the interests of myself and my brothers and sisters
❻ (*Menge, Gruppenangabe*) of; **einer ~ vielen/hundert** one of many/one in a hundred; ***keiner ~ diesen Vorwürfen ist wahr*** none of these accusations are true; ***keiner ~ uns wusste Bescheid*** none of us knew about it
❼ (*geh: Eigenschaft*) of; **ein Mann ~ Charakter** a real character; **eine Frau ~ Schönheit** a beautiful woman; **eine Angelegenheit ~ größter Wichtigkeit** an extremely important matter
❽ (*veraltend: Zusammensetzung*) of; **ein Strauß ~ Rosen** a bunch of roses; **ein Ring ~ purem Gold** a ring made of pure gold
❾ (*bei Maßangaben*) of; **ein Kind ~ sieben Jahren** a seven year old child; **eine Pause ~ zehn Minuten** a ten minute break; **einen Abstand ~ zwei Metern** a distance of two metres; **Städte ~ über 100.000 Einwohnern** cities with over 100,000 inhabitants
❿ (*bei deutschem Adelstitel*) von
▶ WENDUNGEN: ~ **wegen!** (*fam*) not a chance!, no way! *fam;* ~ ***wegen verschwiegen, das ist die größte Klatschbase, die ich kenne*** no way will she keep that quiet, she's the biggest gossip I know!

Von-bis-Preis *m,* **Von-bis-Spanne** *f* HANDEL price range

voneinander *adv* ❶ (*einer vom anderen*) from each other, from one another; ***wir könnten viel ~ lernen*** we could learn a lot from each other; ***wir haben lange nichts ~ gehört*** we haven't been in touch with each other for a long time
❷ (*Distanz betreffend*) from each other, from one another; ***die beiden Ortschaften sind 20 Kilometer ~ entfernt*** the two towns are twenty kilometres apart; ***wir wohnen gar nicht so weit ~ weg*** we don't live very far away from each other

vonnöten *adj* (*geh*) ■~ **sein** to be necessary

vonstatten *adv* [**irgendwie**] ~ **gehen** to take place [in a certain manner]; ***die Vorführung ging mit ein paar kleineren Pannen*** ~ the demonstration went off with a few minor hiccups

vor I. *präp* ❶ +*dat* (*davor befindlich*) ■~ **jdm/etw** in front of sb/sth; **eine Binde ~ den Augen tragen** to have a bandage over one's eyes; ***ich sitze zwölf Stunden am Tag ~ dem Bildschirm!*** I spend twelve hours a day sitting in front of a screen!; ***sie ließ ihn ~ sich her gehen*** she let him go in front of her; ~ **sich hin summen** (*fam*) to hum to oneself; ~ ***Gott sind alle gleich*** in the eyes of God everyone is equal; ***der Unfall geschah 2 km ~ der Stadt*** the accident happened 2 km outside the town; ~ **Gericht/dem Richter stehen** (*fig*) to stand before the court/judge; ~ **etw davonlaufen** (*fig*) to run away from sth; ~ **Zuschauern** [*o* **Publikum**] in front of spectators; **sich ~ jdm schämen** to feel ashamed in front of sb; **etw ~ Zeugen erklären** to declare sth in front of witnesses; (*gegen*) from; **sich ~ jdm/etw schützen** to protect oneself from sb/sth; (*in Bezug auf*) regarding, with regards to; **jdn ~ jdm warnen** to warn sb about sb
❷ +*akk* (*frontal gegen*) ■~ **jdn/etw** in front of; **jdn ~ ein Ultimatum stellen** to give sb an ultimatum; **sich ~ jdn stellen** (*fig*) to put oneself in front of sb; ***setz dich bitte nicht direkt ~ mich*** please don't sit directly in front of me; ***der Sessel kommt ~ den Fernseher*** the armchair goes in front of the television; ***das Auto prallte frontal ~ die Mauer*** the car hit the wall head on
❸ +*dat* (*eher*) ■~ **etw/jdm** before sth/sb; **vor kurzem/wenigen Augenblicken/hundert Jahren** a short time/few moments/hundred years ago; ***wenn du dich beeilst, kannst du noch ~ Dienstag in Berlin sein*** if you hurry, you can be in Berlin before Tuesday; ***es ist zehn ~ zwölf*** it is ten past twelve; ~ **jdm am Ziel sein** to get somewhere before sb else [arrives]; ***ich wette, dass ich ~ dir am See bin*** I bet I'm at the lake before you; ***ich war ~ dir dran*** I was before you
❹ +*dat* (*bedingt durch*) ■~ **etw** *dat* with sth; **starr ~ Schreck** rigid with horror; ~ **Furcht/Kälte zittern** to shake with fear/cold; ~ **Wut rot anlaufen** to turn red with rage; ~ **Schmerz schreien** to cry out in pain; ***ich konnte ~ Schmerzen die ganze Nacht nicht schlafen*** I couldn't sleep all night because of the pain; *s. a.* **Christus, Ding**
II. *adv* ❶ (*nach vorne*) forward; ~ **und zurück** backwards and forwards; ***Freiwillige ~!*** volunteers one step forward!
❷ (*fam: davor*) of sth; ***da habe ich Angst*** ~ I'm afraid of that; ***da hat er sich ~ gedrückt*** he got out of that nicely *fam*

vorab *adv* first, to begin with; ~ ***einige Informationen*** let me first give you some information; ***über Änderungen des Plans möchte ich bitte ~ informiert werden*** I would like to be told first about any changes to the plan

Vorabend <-s,-e> *m* **am** ~ [**einer S.** *gen*] on the evening before [sth], on the eve [of sth]

Vorabentscheid *m,* **Vorabentscheidung** *m* JUR preliminary ruling [*or* decision] **Vorabentscheidung** *f* JUR preliminary ruling, interlocutory decision **Vorabentscheidungsverfahren** *nt* JUR preliminary decision proceedings *pl*

Vorahnung *f* presentiment, premonition; ~**en haben** to have a premonition

voran *adv* ❶ (*vorn befindlich*) first; ~ ***geht die Entenmutter, und dann kommen die Küken*** the mother duck goes first followed by the ducklings; ***da kommen die Schüler von der Wanderung, mit den Lehrern*** ~ the pupils are returning from the hike, led by their teachers
❷ (*vorwärts*) forwards; ***immer langsam ~!*** gently does it!; ~, ***wir müssen weiter!*** let's get moving, we must continue!; ~, ***nicht aufgeben, bald sind wir daheim*** come on, don't give up, we'll soon be home

voran|bringen *vt irreg* (*fördern, weiterbringen*) ■**etw** ~ to advance sth; ***die Entschlüsselung der DNS-Moleküle hat die Genforschung weit vorangebracht*** the decoding of the DNA molecule advanced genetic research enormously; ■**jdn** ~ to allow sb to advance; ***diese Erfindung brachte die Raumfahrtexperten um Jahrzehnte voran*** this invention allowed space experts to advance decades

voran|gehen *vi irreg sein* ❶ (*an der Spitze gehen*) ■[**jdm**] ~ to go ahead [*or* in front] [of sb]; ***geht ihr mal voran, ihr kennt den Weg*** you go ahead, you know the way; ■**jdn ~ lassen** to let sb go ahead [*or* lead the way] ❷ *a. impers* (*Fortschritte machen*) to make progress; ***die Arbeiten gehen zügig voran*** rapid progress is being made with the work; ***die Vorbereitungen gehen gut voran*** preparations are progressing [*or* coming along] nicely; ■[**mit etw** *dat*] **geht es voran** to make progress [with sth]; ***mit den Vorbereitungen für die Veranstaltung ist es bisher zügig vorangegangen*** rapid progress has been made so far with the preparations for the event ❸ (*einer Sache vorausgehen*) to precede sth; **in den vorangegangenen Wochen** in the previous weeks; ***dem Projekt gingen lange Planungsphasen voran*** the project was preceded by long phases of planning **vorangehend** *adj* JUR precedent, antecedent **voran|kommen** *vi irreg sein* ❶ (*vorwärtskommen*) to make headway ❷ (*Fortschritte machen*) ■[**mit etw** *dat*] ~ to make progress [with sth]; ***ich komme jetzt besser voran*** I'm making better progress now; ***wie kommt ihr voran mit der Arbeit?*** how are you getting along with the work?

Vorankündigung *f* advance notice

Voranmelder(in) *m(f)* (*von Patent*) prior [*or* previous] applicant

Voranmeldezeitraum *m* FIN (*Steuer*) VAT accounting period

Voranmeldung *f* appointment, booking

voran|puschen *vt* (*fam*) ■**jdn/etw** ~ (*vorantreiben*) to push [*or* drive] sb/sth on [*or* forward]

Voranschlag <-[e]s, Voranschläge> *m* HANDEL [cost] estimate; **einen ~ aufstellen/einreichen** to make/to submit an estimate

voran|treiben *vt irreg* ■**jdn/etw** ~ to push on [*or* ahead] with sb/sth, to hurry along sb/sth *sep,* to drive sb/sth forward; (*Projekt*) to make progress with sth

Voranzeige *f* advance notice

Vorarbeit *f* groundwork, preliminary [*or* preparatory] work; [**gute**] ~ **leisten** to prepare the ground [well] *a. fig;* ***es ist noch einige ~ zu leisten*** there's still some preparatory work to do

Vorarbeiten *pl* preparation work *no pl*

vor|arbeiten I. *vt* (*durch vorherige Mehrarbeit erarbeiten*) ■**etw** ~ to work sth in advance; ***ich habe länger Urlaub, weil ich ein paar Tage vorgearbeitet habe*** I have got a longer holiday because I have worked a few days ahead
II. *vi* (*fam*) ❶ (*im Voraus arbeiten*) to do some work in advance
❷ (*Vorarbeit leisten*) ■[**jdm/für jdn**] ~ to do some work in advance [for sb]; ***Sie haben wirklich ganz ausgezeichnet vorgearbeitet*** you've really done some excellent work in advance
III. *vr* (*vorankommen*) ■**sich** *akk* [**durch etw** *akk*] ~ to work one's way forward [through sth]; ***sie mussten sich durch dichten Dschungel ~*** they had to work their way forward through thick jungle; ***seine Frau hat sich bis in die höchste Position vorgearbeitet*** his wife has worked her way up to the highest position; ■**sich** *akk* [**zu jdm/etw**] ~ to work one's way through [to sb/sth]; ***sie arbeiteten sich zu den eingeschlossenen Bergleuten vor*** they worked their way through to the miners who had been cut off

Vorarbeiter(in) *m(f)* foreman *masc,* forewoman *fem*

Vorarlberg Vorarlberg

voraus *adv* in front, ahead; ***Achtung, ~ sehen wir jetzt die Ruine der Burg*** your attention please, we can now see in front of us the castle ruins; ***die nächste Autobahntankstelle liegt etwa 30 Kilometer ~*** the next motorway petrol station is about thirty kilometres further on; **jdm** [**in/auf etw** *dat*] ~ **sein** to be ahead of sb [in sth]; **seiner Zeit** [**weit**] ~ **sein** to be [far] ahead of one's time; ***die Konkurrenz ist uns etwas ~*** the competition has a bit of a lead over us; **im V~** in advance

Vorausabtretung *f* JUR anticipatory assignment **voraus|ahnen** *vt* ■**etw** ~ to anticipate sth **voraus|bedingen*** *vt* JUR ■**etw** ~ to stipulate sth beforehand **voraus|berechnen*** *vt* ■**etw** ~ to calculate sth in advance; ***die Projektkosten lassen sich ziemlich exakt ~*** the costs involved in the project can be calculated fairly accurately in advance **Vorausbestellung** *f* HANDEL advance order **voraus|bestimmen*** *vt* ■**etw** ~ to determine sth in advance; ***der Verlauf einer Erkrankung kann nicht immer genau vorausbestimmt werden*** the exact course of an illness cannot always be determined in advance; ***manche glauben, das Schicksal sei dem Menschen bereits vorausbestimmt*** some believe that a person's fate is predetermined **vorausbezahlt** *adj* HANDEL prepaid; **~e Aufwendungen** sums paid in advance **vorausblickend** *adj* (*geh*) *s.* **vorausschauend**

voraus|datieren* *vt* HANDEL ■**etw** ~ to predate sth *form*, to date sth forward **voraus|eilen** *vi sein* ■**[jdm/etw]** ~ ❶ (*vorauslaufen*) to hurry on ahead [of sb/sth] ❷ (*fig*) to rush on ahead [of sb/sth] **Vorausexemplar** *nt* TYPO advance copy **voraus|fahren** *vi irreg sein* to drive [*or* go] on ahead; ***dem Umzug fährt immer ein Polizeiwagen ~*** a police car always drives ahead of the procession; ***fahr du voraus, ich folge dir*** go on ahead, I'll follow you **voraus|gehen** *vi irreg sein* to go on ahead; ***die anderen wollten nicht warten und sind schon vorausgegangen*** the others didn't want to wait and have already gone on ahead; ***dem Unwetter geht meistens ein Sturm voraus*** bad weather is usually preceded by a storm

vorausgesetzt *adj* ■**~, [dass]** ... provided [that]; *s. a.* **voraussetzen**

voraus|haben *vt irreg* ■**[jdm] etw/viel/nichts** ~ to have the/a great/no advantage of sth [over sb]; ■**[jdm] an etw** *dat*/**nichts an etw** *dat* ~ to have an/no advantage [over sb] with regard to sth; ***was er an Spezialkenntnissen mehr hat, das hat sie ihm an Lebenserfahrung voraus*** she has the advantage of experience of life over his greater degree of specialist knowledge

Vorausklage *f* JUR preliminary injunction **Vorausleistung** *f* advance performance **Vorausleistungspflicht** *f* advance performance obligation

Voraussage <-, -en> *f* prediction **voraus|sagen** *vt* ■**[jdm] etw** ~ to predict sth [to sb]; ***der exakte Verlauf der Klimaveränderungen ist schwer vorauszusagen*** the exact course of the climatic changes is difficult to predict **vorausschauend** I. *adj* foresighted; **ein ~er Mensch** a person with foresight [*or* vision] II. *adv* foresightedly; **~ fahren** to be alert to potential dangers while driving; ***bei langfristigen Projekten muss ~ geplant werden*** with long-term projects planning must be conducted with an eye to the future **voraus|schicken** *vt* ❶ (*vor jdm losschicken*) ■**jdn/etw** ~ to send sb/sth on ahead; ***wir schicken immer das schwere Gepäck ~*** we always send heavy luggage on ahead ❷ (*geh: vorher sagen*) ■**etw** ~ to say sth in advance; ***ich möchte erst eine Vorbemerkung ~*** I would like to make a statement in advance; ■**~, dass** to say in advance that **voraussehbar** *adj* foreseeable, predictable **Voraussehbarkeit** *f* JUR foreseeability **voraus|sehen** *vt irreg* ■**etw** ~ to foresee sth; ■**~, dass** to foresee that; **das war vorauszusehen!** that was to be expected!

voraus|setzen *vt* ❶ (*als selbstverständlich erachten*) ■**etw** ~ to assume sth; ***deine Zustimmung ~d habe ich den Auftrag angenommen*** assuming you would agree, I have accepted the order; ***gewisse Fakten muss ich als bekannt ~*** I have to assume that certain facts are known; ***ein Kind sollte die Liebe seiner Eltern ~ dürfen*** a child should be able to take his parents' love for granted; **wenn man voraussetzt, dass** assuming that

❷ (*erfordern*) ■**etw** ~ to require [*or* demand] sth; ***diese Position setzt besondere Kenntnisse voraus*** this position requires special knowledge

Voraussetzung <-, -en> *f* (*Vorbedingung*) prerequisite, precondition; **unter der ~, dass** on condition that; **unter bestimmten ~en** under certain conditions; ***er hat für diesen Job nicht die richtigen ~en*** he hasn't got the right qualifications for this job; (*Prämisse, Annahme*) assumption, premise; **von falschen ~en ausgehen** to begin with a false assumption; ***der Schluss beruht auf der irrigen ~, dass noch genügend Rohstoffe vorhanden sind*** this conclusion is based on the false assumption that there are enough available raw materials

Voraussicht *f kein pl* foresight; **in weiser ~** (*hum*) with great foresight; **aller ~ nach** in all probability **voraussichtlich** I. *adj* (*erwartet, vermutet*) expected; **~e Ankunft** expected arrival; ***wir bedauern die ~e Verspätung des Zuges*** we apologize for the expected delay to the train II. *adv* (*wahrscheinlich*) probably **Vorausvermächtnis** *nt* JUR preferential legacy **Vorauswechsel** *m* FIN advance bill **voraus|zahlen** *vt* ■**jdn/etw** ~ to pay sb/sth in advance **Vorauszahlung** *f* advance payment, payment in advance; **eine ~ leisten** to make [*or* put down] an advance payment

Vorbau <-[e]s, -bauten> *m* ❶ (*vorspringender Gebäudeteil*) porch; **ein überdachter ~** a porch with a roof

❷ (*hum fam: Busen*) ***die Kellnerin hat einen ziemlichen ~*** the waitress is fairly well-endowed [*or* well-stacked]

vor|bauen I. *vt* (*als Vorbau anfügen*) ■**[etw** *dat*] **[etw]** ~ to build sth onto the front [of a thing]; ***wir wollen dem Haus eine Veranda ~*** we want to build a veranda onto the house

II. *vi* to take precautions; ***wir haben vorgebaut und Geld für den Notfall gespart*** we've taken precautions and have put away some money for emergencies *pl*; ***er hat mit einer Lebensversicherung fürs Alter vorgebaut*** he has made provision for his old age with a life assurance policy; ■**[etw** *dat*] ~ to prevent [a thing]; ***ich will einem möglichen Missverständnis ~*** I want to prevent a possible misunderstanding

▶ WENDUNGEN: **der kluge Mann baut vor** (*prov*) a wise man makes provisions *pl* for the future

Vorbedacht *m* **aus/mit/voll ~** deliberately, intentionally; **ohne ~** unintentionally

Vorbedeutung *f* portent

Vorbedingung *f* precondition

Vorbehalt <-[e]s, -e> *m* reservation, proviso; **~ der Rechte** reservation of one's rights; **geheimer ~** mental reservation; **~e gegen etw** *akk* **haben** to have reservations about sth; **ohne ~** without reservation, unreservedly; **unter ~** with reservations *pl;* **unter dem ~, dass** with the reservation that, under the proviso that

vor|behalten* *vt irreg* ■**sich** *dat* **[etw]** ~ to reserve [sth] for oneself; **Änderungen ~** (*geh*) subject to alterations; **alle Rechte ~** (*geh*) all rights reserved; ***ich behalte mir das Recht vor, meine Meinung zu ändern*** I reserve the right to change my opinion; **[jdm] ~ bleiben** to leave sth [to sb]; ***das sind unsere Vorstellungen, die Entscheidung bleibt natürlich Ihnen ~*** those are our ideas, the decision will be left to you of course

vorbehaltlich I. *präp +gen* (*geh: unter dem Vorbehalt*) ■**~ einer S.** *gen* subject to sth; **~ behördlicher Genehmigung** subject to permission from the relevant government department

II. *adj* (*geh: unter Vorbehalt erfolgend*) **eine ~e Genehmigung** conditional approval

vorbehaltlos I. *adj* unconditional, unreserved; ***die Maßnahmen der Regierung genießen unsere ~e Zustimmung*** we unreservedly approve of the measures taken by the government

II. *adv* unreservedly, without reservation

Vorbehaltserklärung *f* JUR reservation, proviso **Vorbehaltsgut** *nt* HANDEL rescue property **Vorbehaltskauf** *m* HANDEL conditional sale **Vorbehaltskäufer(in)** *m(f)* HANDEL conditional purchaser [*or* buyer] **Vorbehaltsklausel** *f* JUR proviso, reservation clause **Vorbehaltsurteil** *nt* JUR provisional judgement **Vorbehaltsverkauf** *m* HANDEL conditional sale **Vorbehaltsverkäufer(in)** *m(f)* HANDEL conditional vendor **Vorbehaltszahlung** *f* FIN conditional payment

Vorbehandlung *f* pre-treatment

vorbei *adv* ❶ (*vorüber*) ■**~ an etw** *dat* past sth; ***es war eine schöne Wanderung ~ an Wiesen und Wäldern*** it was a lovely walk past meadows and forests; ***wir sind schon an München ~*** we have already passed [*or* gone past] Munich; **~!** missed!; ***schon wieder ~, ich treffe nie*** missed again, I never score/hit the mark

❷ (*vergangen*) ■**~ sein** to be over; ***zum Glück ist die Prüfung jetzt endlich ~*** fortunately the exam is now finally over; ***die Zeit der fetten Jahre ist ~*** gone are the years of plenty!; ***es ist drei Uhr ~*** it's gone three o'clock; **[mit etw/jdm] ~ sein** to be the end [of sth/sb]; ***mit meiner Geduld ist es ~*** I've lost patience; ***mit der schönen Zeit war es ~*** the good times were over; ***bald wird es mit ihm ~ sein*** (*fig*) he will soon be dead; ***mit uns ist es ~*** (*fam*) it's over between us; **aus und ~** over and finished; **~ ist ~** what's past is past

vorbei|bringen *vt irreg* (*fam*) ■**[jdm] etw ~** to drop sth off [*or* BRIT round] [for sb] *fam;* ***wir bringen Ihnen Ihre Pizza zu Hause vorbei*** we'll deliver your pizza to your doorstep; ***ich möchte Ihnen Ihr Geburtstagsgeschenk ~*** I would like to drop off your birthday present **vorbei|dürfen** *vi irreg* (*fam*) ■**[irgendwo] ~** to be allowed past [somewhere]; ***entschuldigen Sie, darf ich gerade mal hier vorbei?*** excuse me, can I just get through here? **vorbei|fahren** *irreg* I. *vt haben* (*fam: hinbringen*) ■**jdn [bei jdm]** ~ to drop sb off [at sb's]; ***kannst du mich bei Wilfried ~?*** could you drop me off at Wilfried's? II. *vi sein* ❶ (*vorüberfahren*) ■**[an jdm/etw]** ~ to drive past [sb/sth]; ***der Wagen ist eben hier vorbeigefahren*** the car drove past here a few moments ago; ***ich habe im V~ nicht genau sehen können, was auf dem Schild stand*** I couldn't exactly see in passing what was on the sign ❷ (*fam: kurz aufsuchen*) ■**[bei jdm/etw]** ~ to call [*or* drop] in [at sb's/sth]; ***ich möchte auf dem Rückweg noch bei meiner Tante ~*** I would like to call in at my aunt's on the way home; ***ich fahre erst noch beim Supermarkt vorbei*** I'm just going to call in at the supermarket first **vorbei|führen** *vi* ■**an etw** ~ to lead past sth; ***der Weg führt am Bauernhof vorbei*** the path runs past the farm ▶ WENDUNGEN: **daran führt kein Weg vorbei** (*prov*) you can't go past it **vorbei|gehen** *vi irreg sein* ❶ (*vorübergehen*) to go past [*or* by]; ■**[an jdm/etw]** ~ to go past [sb/sth]; ***sie ging dicht an uns vorbei, erkannte uns aber nicht*** she walked right past us, but didn't recognize us; ***er ging an den Schönheiten der Natur vorbei*** he walked past the things of natural beauty; (*überholen*) to overtake; ***der Russe geht an dem Briten vorbei*** the Russian is overtaking the Briton; (*danebengehen*) to miss [sb/sth]; ***du musst genau zielen, sonst geht der Schuss am Ziel vorbei*** you must aim accurately, otherwise your shot will miss the target; ■**im V~** in passing; ***im V~ konnte ich nichts Ungewöhnliches feststellen*** I didn't notice anything unusual in passing ❷ (*fam: aufsuchen*) ■**[bei jdm/etw]** ~ to call [*or* drop] in [at sb's/sth]; ***gehe doch bitte auf dem Rückweg bei der Apotheke vorbei*** please could you drop in at the chemist's on the way back ❸ (*vergehen*) ■**etw geht vorbei** sth passes; ***irgendwann geht die Enttäuschung vorbei*** the disappointment will pass sometime or other; **keine Gelegenheit ungenutzt ~ lassen** (*fig*) to not let an opportunity slip [*or* pass] **vorbei|kommen** *vi irreg sein* ❶ (*passieren*) to pass; ***wir sind an vielen schönen Häusern vorbeigekommen*** we passed many beautiful houses; ***sag Bescheid, wenn wir an einer Telefonzelle ~*** let me know when we pass a telephone box ❷ (*fam: besuchen*) ■**[bei jdm]** ~ to call [*or* drop] in [at sb's]; ***komm doch mal bei mir vorbei, wenn du in der Gegend bist*** drop in at my place when you're in the area ❸ (*vorübergelangen können*) ■**[irgendwo [*o* an etw/jdm]] [nicht]** ~ to [not] get past [*or* by] [somewhere [*or* sth/sb]]; **an einen Hindernis ~** to get past an obstacle; **an einer Wache ~** to get past a guard; **an dieser Tatsache kommen wir nicht vorbei** (*fig*) we can't escape this fact; **nicht daran ~, dass** (*fig*) not to be able to get around [*or* BRIT round] the fact that; ***wir kommen nicht daran vorbei, dass wir verantwortlich sind*** we can't get round the fact that we're responsible **vorbei|können** *vi irreg* ■[irgendwo/an jdm] ~ to be able to get past [*or* by] [somewhere/sb]; ***entschuldigen Sie, kann ich mal vorbei?*** excuse me, may I get past?; ***es kann keiner an mir vorbei, ohne bemerkt zu werden*** nobody can get past me without being noticed **vorbei|lassen** *vt irreg* ① (*vorbeigehen lassen*) ■**jdn/etw** [**an jdm**] ~ to let sb/sth past [sb]; ***lassen Sie uns bitte vorbei, wir müssen zu den Verletzten!*** let us through please, we must get to the injured!; ***er ließ mich nicht an sich vorbei*** he wouldn't let me [get] past him; ***Linksabbieger müssen erst den geradeaus fahrenden Verkehr*** ~ vehicles turning left must give way to oncoming traffic ② (*verstreichen lassen*) to let sth go by; **eine Gelegenheit ungenutzt** ~ to let an opportunity slip **vorbei|laufen** *vi* ■[**an etw/jdm**] ~ to walk past [*or* by] [sb/sth] **Vorbeimarsch** *m* march-past **vorbei|marschieren*** *vi sein* ■[**an etw/jdm**] ~ to march past [*or* by] [sth/sb] **vorbei|reden** *vi* to skirt around [*or* BRIT round] sth; **am Thema** ~ to miss the point; **aneinander** ~ to be talking at cross purposes *pl* **vorbei|schauen** *vi* (*fam: besuchen*) ■[**bei jdm/etw**] ~ to look in [on sb/sth]; ***hast du auf dem Nachhauseweg noch mal bei Mutter vorbeigeschaut?*** did you look in on mother on the way home? **vorbei|schießen** *vi irreg* ① *haben* (*danebenschießen*) ■[**an jdm/etw**] ~ to miss [sb/sth] ② *sein* (*eilig vorbeilaufen*) ■[**an jdm/etw**] ~ to shoot past [sb/sth] **vorbei|schleusen** *vt* (*fam*) **Gelder am Finanzamt** ~ to run secret accounts; **Gelder an offiziellen Konten** ~ to channel funds into secret accounts **vorbei|schrammen** *vi sein* (*fam*) ■[**an etw** *dat*] ~ ① (*berühren*) to [just] scrape past sth ② (*entkommen*) to escape [sth] by the skin of one's teeth **vorbei|ziehen** *vi irreg sein* ① (*vorüberziehen*) ■[**an jdm/etw**] ~ to pass by [sb/sth]; *Wolken, Rauch* to drift past; **die Ereignisse in der Erinnerung** ~ **lassen** (*fig fam*) to let events go through one's mind ② (*überholen*) ■[**an jdm**] ~ to pull past [sb] **vorbei|zwängen** *vi* ■**sich an etw/jdm** ~ to squeeze past sth/sb

vorbelastet *adj* at a disadvantage; **erblich** ~ **sein** to have an inherited defect

Vorbelastung *f* FIN *eines Grundstücks* prior encumbrance

Vorbelastungsverbot *nt* JUR prohibition of prior encumbrance

Vorbemerkung *f* preface, foreword

Vorbenutzung *f* JUR *eines Patents* prior use **Vorbenutzungshandlungen** *pl* JUR acts of prior use **Vorbenutzungsrecht** *nt* JUR right of prior use

vor|bereiten* I. *vt* ① (*im Voraus bereiten*) ■**etw** [**für etw** *akk*] ~ to prepare sth [for sth]
② (*einstimmen, einstellen*) ■**jdn** [**auf etw** *akk*] ~ to prepare sb [for sth]
II. *vr* ■**sich** *akk* [**auf etw** *akk*] ~ to prepare oneself [for sth]; ***ich möchte dich auf eine unangenehme Nachricht ~!*** I would like you to prepare yourself for some bad news!; ***wir bereiten uns auf ihre Ankunft vor*** we're preparing for her arrival; ■**sich** *akk* **für etw** *akk* ~ to prepare oneself for sth; **sich** *akk* **für eine Prüfung** ~ to prepare for an exam

vorbereitend *adj attr* preparatory

vorbereitet *adj* ① (*vorher erledigt, hergestellt*) prepared
② (*eingestellt*) ■[**auf etw/jdn**] ~ **sein** to be prepared [for sth/sb]

Vorbereitung <-, -en> *f* preparation; ~**en** [**für etw** *akk*] **treffen** to make preparations [for sth]

Vorbereitungsdienst *m* (*Referendariat*) teacher training **Vorbereitungshaft** *f* JUR preparatory custody (*prior to repatriation*)

Vorbericht *m* preliminary report

Vorbescheid *m* JUR preliminary ruling

Vorbesitzer(in) <-s, -> *m(f)* previous owner

Vorbesprechung *f* preliminary discussion [*or* meeting]

vor|bestellen* *vt* ■**etw** ~ to order sth in advance, to reserve; ***ich möchte bitte zwei Karten*** ~ I'd like to book two tickets please

Vorbestellung *f* advance booking [*or* order]

Vorbestimmung <-, -en> *f* fate; ■**es war** ~, **dass** it was fate, that; **an** ~ **glauben** to believe in fate

vorbestraft *adj* (*fam*) previously convicted; **mehrfach** ~ **sein** to have several previous convictions; **nicht** ~ **sein** to not have a criminal record [*or* a previous conviction]; ■[**wegen einer S.** *gen*] ~ **sein** to have a previous conviction [for sth]

Vorbestrafte(r) *f(m) dekl wie adj* person with a previous conviction

vor|beten I. *vt* (*fam: hersagen*) ■[**jdm**] **etw** ~ to hold forth on/about sth [to sb]; ***er hat uns die ganzen Gesetze vorgebetet*** he held forth to us about all the laws
II. *vi* (*als Vorbeter tätig sein*) to lead the prayer[s]

Vorbeter(in) *m(f)* prayer leader

Vorbeugehaft *f kein pl* preventive custody

vor|beugen I. *vt* (*nach vorne beugen*) ■**etw** ~ to bend sth forward; **den Kopf** ~ to bend [one's head] forward; ***beuge den Oberkörper nicht zu weit vor, sonst verlierst du das Gleichgewicht!*** don't lean too far forward, or you'll lose your balance
II. *vi* (*Prophylaxe betreiben*) ■[**etw** *dat*] ~ to prevent sth; **einer Krankheit/Gefahr** ~ to prevent an illness/danger; ***in Zeiten erhöhter Erkältungsgefahr beuge ich vor*** in times of increased risk of colds I take preventive measures
▶ WENDUNGEN: ~ **ist besser als heilen** (*prov*) prevention is better than cure *prov*
III. *vr* ■**sich** *akk* ~ to lean forward

vorbeugend I. *adj* preventive, preventative; **eine** ~**e Maßnahme** a preventive measure
II. *adv* as a precautionary measure; **sich** *akk* ~ **impfen lassen** to be vaccinated as a precaution

Vorbeugung <-, -en> *f* prevention; ***regelmäßiges Zähneputzen dient der ~ gegen Karies*** regular brushing of one's teeth helps prevent tooth decay; **zur** ~ [**gegen etw** *akk*] as a prevention [*or esp* BRIT prophylactic] [against sth]

Vorbeugungsmaßnahme *f* preventative measure

Vorbilanz *f* FIN preliminary balance sheet, trial balance

Vorbild <-[e]s, -er> *nt* example; **nach dem** ~ **von ...** following the example set by ...; ***ihr Vater war ihr großes*** ~ her father was a great example for her; **ein leuchtendes/schlechtes** ~ a shining/poor example; [**jdm**] **als** ~ **dienen** to serve as an example [for sb]; [**sich** *dat*] **jdn zum** ~ **nehmen** to model oneself on sb; **das ist ohne** ~ (*fig*) that has no equal

Vorbildfunktion *f* exemplary function

vorbildlich I. *adj* exemplary
II. *adv* in an exemplary manner; ***sie haben sich ~ benommen*** they behaved in an exemplary manner

Vorbildung *f kein pl* educational background; (*allgemeiner*) previous experience

vor|binden *vt irreg* ① (*davor binden*) ■[**jdm/sich**] **etw** ~ to tie sth [on sb/one]
② (*veraltend: vorknöpfen*) ■**sich jdn** ~ to take sb to task

Vorbörse *f* BÖRSE before-hour trading [*or* dealings *pl*]

vorbörslich *adj attr* BÖRSE *Kurse, Umsätze, Erwartungen* pre-market

Vorbote *m* harbinger, herald

Vorbräuner <-s, -> *m* pre-tan agent

Vorbringen <-s> *nt kein pl* contention, assertion; (*vor Gericht*) plea, submission; ~ **neuer Beweise** production of fresh evidence; ~ **von Beweismaterial** submission of evidence; ~ **der Parteien** submission of the parties; **nachträgliches** ~ subsequent pleadings; **rechtlich unzulässiges** ~ legal defence; **verspätetes** ~ late submissions *pl*

vor|bringen *vt irreg* ■**etw** [**gegen etw** *akk* [*o* **zu etw** *dat*]] ~ to have sth to say [about sth]; **ein Argument** ~ to put forward [*or* present] [*or* offer] an argument; **eine Meinung** ~ to voice [*or* express] [*or* offer] one's opinion; **Bedenken** ~ to express one's misgivings; **einen Einwand** ~ to raise [*or* make] [*or* lodge] an objection; **Fakten** ~ to cite facts; ***bitte beschränken Sie sich lediglich auf die Fakten*** please stick to the facts; ***darf ich eine Frage*** ~ may I raise a question

vorchristlich *adj attr* pre-Christian; **in** ~**er Zeit** in pre-Christian times

Vordach *nt* ARCHIT canopy

vor|datieren* *vt* ■**etw** ~ to post-date sth

vordefiniert *adj* predefined

Vordenker(in) *m(f)* progressive thinker

Vorderachse *f* AUTO front axle **Vorderansicht** *f* front view **Vorderasien** <-s> *nt* Near East **Vorderausgang** *m* front exit **Vorderbein** *nt* ZOOL foreleg **Vorderdeck** *nt* NAUT foredeck

vordere(r, s) *adj* front; ***die Explosion zerstörte den ~n Bereich des Domes*** the explosion destroyed the front [section [*or* part]] of the cathedral

Vordereingang *m* front entrance **Vorderfront** *f* frontage **Vordergrund** *m a.* KUNST, FOTO foreground; **sich** *akk* **in den** ~ **drängen** [*o* **schieben**] to push oneself to the fore; **etw in den** ~ **rücken** [*o* **stellen**] to give priority to sth; **im** ~ **stehen** to be the centre [*or* AM -er] of attention; **in den** ~ **treten** to come to the fore; **im** ~ foreground **vordergründig** I. *adj* superficial II. *adv* at first glance **Vordergrundverarbeitung** *f* INFORM foreground processing **Vorderhaus** *nt* front part of a house, part of a house which faces the street **Vorderlader** <-s, -> *m* (*Waffenart*) muzzle-loader **vorderlastig** *adj Schiff, Flugzeug* front-heavy **Vorderlauf** *m* JAGD foreleg **Vordermann** *m* ■**jds** ~ person in front of sb ▶ WENDUNGEN: **etw/jdn auf** ~ **bringen** (*fam*) to lick sth/sb into shape **Vorderpfote** *f* ZOOL front paw, fore-paw **Vorderrad** *nt* front wheel **Vorderradantrieb** *m* AUTO front-wheel drive; **mit** ~ [with] front-wheel drive; **ein Wagen mit** ~ a car with front-wheel drive [*or* front-wheel drive car] **Vorderreifen** *m* front tyre [*or* AM tire] **Vorderreihe** *f* front row **Vorderschinken** *m* KOCHK shoulder ham *no indef art, no pl,* shoulder of ham **Vorderseite** *f* front [side], front page; **auf der** ~ on the front of the page **Vordersitz** *m* front seat

vorderste(r, s) *adj superl von* **vordere(r, s)** foremost; **die** ~**n Plätze/Reihen** the seats/rows at the very front

Vorderste(r) *f(m) dekl wie adj* person at the front; ***wir waren die ~n in der Schlange*** we were at the head of the queue

Vorderteil *m o nt* front [part]

Vordiplom *nt* SCH intermediate diploma (*first part of the final exams towards a diploma*)

vor|drängeln *vr,* **vor|drängen** *vr* ■**sich** ~ to push to the front

vor|dringen *vi irreg sein* ① (*vorstoßen*) ■[**bis**] **irgendwohin** ~ to reach [*or* get as far as] somewhere; ***wir müssen bis zum Fluss ~, dann sind wir gerettet*** we must get as far as the river, then we'll be saved
② (*gelangen*) ■[**bis**] **zu jdm** ~ to reach [*or* get as far as] sb; ***ist die Nachricht seines Rücktritts bis zu dir vorgedrungen?*** have you heard that he's resigned?
③ (*beim Lesen angelangen*) ■[**bis**] **irgendwohin** ~ to read [*or* get] as far as somewhere; ***ich bin erst bis Seite 35 vorgedrungen*** I've only reached page 35 [so far]

vordringlich I. *adj* ADMIN (*form*) urgent, pressing, most important; ~**e Aufgaben** priority tasks
II. *adv* as a matter of urgency; ***hier ist eine Liste der ~ zu besprechenden Punkte*** here is a list of the points which urgently need discussing [*or* are in most urgent need of discussion]

Vordruck <-drucke> *m* form

vorehelich *adj attr* pre-marital

voreilig I. *adj* rash, over-hasty
II. *adv* rashly, hastily; **sich** *akk* ~ **entschließen** to make a rash [*or* an over-hasty] decision; ~ **schließen, dass ...** to jump to the conclusion that ...; ***diese Entscheidung ist zu ~ erfolgt*** this decision was taken too hastily; ***man sollte sich hüten, ~ über andere Menschen zu urteilen*** one should

be careful not to be too quick to judge others
voreinander *adv* in front of one another [*or* each other]; **Angst ~ haben** to be afraid of each other [*or* one another]; **Geheimnisse ~ haben** to have secrets from each other [*or* one another]; **Respekt ~ haben** to have respect for each other [*or* one another]; **sich** *akk* **~ schämen/genieren** to be ashamed/embarrassed to look each other in the face [*or* in the eye]
voreingenommen *adj* prejudiced; **■~ sein [gegenüber jdm]** to be prejudiced [against sb]; ***die Prüfer waren mir gegenüber ~*** the examiners were biased against me
Voreingenommenheit <-> *f kein pl* prejudice
voreinstellen *vt* **■etw ~** to preset sth
Voreinstellung *f* presetting; INFORM previously installed setting
Voreintragung *f* JUR preceding entry; **~ im Grundbuch** preceding entry in the Land Register
Voreltern *pl* JUR ancestors *pl*
vor|enthalten* *vt irreg* **■[jdm] etw ~** to withhold [*or* keep] sth [from sb]
Vorentscheidung *f* ❶ (*Entscheidung vorwegnehmender Beschluss*) preliminary decision
❷ SPORT (*entscheidendes Zwischenergebnis*) preliminary round; ***das 2:0 war so etwas wie eine ~ im heutigen Spiel*** today's game was [as good as] decided when the 2–0 was scored [*or* lead was extended to 2–0]
Vorentscheidungskampf *m* preliminary heat
Vorentscheidungsrunde *f* preliminary round
Vorentwurf *m* preliminary draft
Vorerbschaft *f* JUR estate in tail, provisional succession; **befreite ~** exempt provisional succession
vorerst *adv* for the time being, for the present [*or* moment]; ***ich habe ~ noch nichts erfahren können*** I haven't been able to find out anything as yet
Vorfahr(in) <-en, -en> *m(f)* forefather, ancestor
vor|fahren *irreg* **I.** *vi sein* ❶ (*vor ein Gebäude fahren*) **■[in/mit etw** *dat*] **~** to drive up [in sth]
❷ (*ein Stück weiterfahren*) to move up [*or* forward]; ***fahren Sie bitte vor, hier dürfen Sie nicht halten!*** can you move on please, you're not allowed to stop here!
❸ (*früher fahren*) to go [*or* drive] on ahead
II. *vt haben* ❶ (*weiter nach vorn fahren*) **■etw ~** to move sth up [*or* forward]
❷ (*vor ein Gebäude fahren*) **■etw ~** to bring sth around [*or* BRIT *a.* round]; **■etw ~ lassen** to have sth brought around [*or* BRIT *a.* round], to send for sth
Vorfahrt *f kein pl* TRANSP right of way; **~ haben** to have [the] right of way; **jdm die ~ nehmen** to fail to give way to sb
vorfahrtsberechtigt *adj* having the right of way **Vorfahrtsregel** *f rule pertaining to having the right of way* **Vorfahrtsschild** *nt* right of way sign **Vorfahrtsstraße** *f* main [*or* major] road **Vorfahrtszeichen** *nt s.* **Vorfahrtsschild**
Vorfall *m* ❶ (*Geschehnis*) incident, occurrence; ***dieser ~ darf nicht an die Öffentlichkeit dringen*** this incident must not become public [knowledge]
❷ MED (*Prolaps*) prolapse
vor|fallen *vi irreg sein* to happen, to occur *form;* ***ist irgendwas vorgefallen, du bist so nervös?*** has anything happened, you seem so nervous?
Vorfeld *nt* ❶ MIL (*Gelände vor Stellung*) approaches *pl;* ***das ~ der Stellungen war vermint und mit Stacheldrahtverhauen versehen worden*** the approaches to the placements were mined and covered with barbed wire
❷ LUFT apron
► WENDUNGEN: **im ~ von etw** *dat* in the run-up to sth
Vorfilm *m* FILM supporting film
vor|finanzieren* *f* FIN **■[jdm] etw ~** to pre-finance sth [for sb], to provide advance financing [to sb] for sth
Vorfinanzierung *f* FIN prefinancing, preliminary financing
vor|finden *vt irreg* **■jdn/etw ~** to find sb/sth; **jdn krank/wohlauf ~** to find sb unwell/in good health; ***Sie werden eine nervöse Gereiztheit ~, wenn Sie dort sind*** you'll notice a nervous irritability while you're there
Vorform *f* pre-form
Vorfreude *f* [excited] anticipation; **■die [*o* jds] ~ [auf etw** *akk*] the/sb's [excited] anticipation [of sth]
vorfristig I. *adj* (*form*) completed before the agreed date *pred*
II. *adv* (*form*) before the agreed date; **ein Darlehen/einen Kredit ~ zurückzahlen** to return a loan ahead of schedule
Vorfrühling *m* early [taste of] spring
vor|fühlen *vi* to put [*or* send] out a few feelers; **■bei jdm ~** to sound sb out *sep*
vor|führen *vt* ❶ MODE (*präsentieren*) **■[jdm] etw ~** to model sth [for sb]; ***darf ich Ihnen wohl unser neuestes Modell ~?*** please allow me to show you our new model
❷ (*darbieten*) **■[jdm] etw ~** to perform sth [for sb]
❸ JUR (*in den Gerichtssaal bringen*) **■jdn ~** to bring in sb *sep;* **jdn dem Richter ~** to bring sb before the judge
❹ (*fam: bloßstellen*) **■jdn ~** to show sb up
Vorführgerät *nt* TECH demonstration model **Vorführraum** *m* FILM projection room
Vorführung *f* ❶ (*Demonstration*) demonstration
❷ FILM (*Filmvorführung*) showing
❸ MODE (*Präsentation*) modelling
Vorführungsdiskette *f* INFORM demonstration diskette
Vorführwagen *m* AUTO demonstration model [*or* car]
Vorgabe *f* ❶ *meist pl* (*Richtwert*) guideline
❷ SPORT (*zur Verfügung gestellter Vorsprung*) [head] start
❸ INFORM (*Voreinstellung*) default
Vorgabezeit *f* JUR allowed time
Vorgang <-gänge> *m* ❶ (*Geschehnis*) event; ***ich beobachte seit einiger Zeit merkwürdige Vorgänge um mich herum*** I've been noticing for some time strange occurrences happening around me
❷ (*Prozess*) process; **arbeitsintensiver ~** ÖKON labour-intensive process; **unkalkulierbarer ~** random process; **im ~** in process
❸ (*geh: angelegte Akte*) file
Vorgänger(in) <-s, -> *m(f)* **■jds ~** sb's predecessor
Vorgängermodell *nt* predecessor model
vorgängig I. *adj* SCHWEIZ (*vorausgehend*) previous, prior
II. *adv* (*vorher*) beforehand
Vorgarten *m* HORT front garden
vor|gaukeln *vt* (*geh*) **■jdm etw ~** to lead sb to believe in sth; **■jdm ~, dass ...** to lead sb to believe that ...
vor|geben *irreg* **I.** *vt* ❶ (*vorschützen*) **■etw ~** to use sth as an excuse [*or* a pretext]
❷ (*fam: nach vorn geben*) **■etw [zu jdm] ~** to pass sth forward [to sb]
❸ (*festlegen*) **■[jdm] etw ~** to set sth in advance [for sb]
II. *vi* **■~ [, dass ...]** to pretend [that ...]
Vorgebirge *nt* foothills *pl*
vorgeblich *adj* (*geh*) *s.* **angeblich**
vorgeburtlich *adj* prenatal
vorgefasst[RR] *adj,* **vorgefaßt** *adj* preconceived
vorgefertigt I. *pp von* **vorfertigen**
II. *adj* prefabricated
Vorgefühl *nt s.* **Vorahnung**
vorgegeben *adj* predetermined, preset
vorgeheizt I. *pp von* **vorheizen**
II. *adj* **im ~en Backofen** in the preheated oven
vor|gehen *vi irreg sein* ❶ (*vorausgehen*) to go on ahead
❷ (*zu schnell gehen*) to be fast; ***meine Uhr geht fünf Minuten vor*** my watch is five minutes fast
❸ (*Priorität haben*) to have [*or* take] priority, to come first
❹ MIL (*vorrücken*) **■[gegen jdn/etw] ~** to advance [on [*or* towards] sb/sth]
❺ (*Schritte ergreifen*) **■[gegen jdn/etw] ~** to take action [against sb/sth]; **gerichtlich gegen jdn ~** to take legal action [*or* proceedings] against sb
❻ (*sich abspielen*) **■[irgendwo] ~** to go on [*or* happen] [somewhere]; **■[in jdm] ~** to go on [inside sb]; **■[mit jdm] ~** to happen [to sb]
❼ (*verfahren*) **■[bei etw** *dat*] **irgendwie ~** to proceed somehow [in sth]
Vorgehen <-s> *nt kein pl* ❶ (*Einschreiten*) action; ***es wird Zeit für ein energisches ~ gegen das organisierte Verbrechen*** its time for concerted action to be taken against organized crime
❷ (*Verfahrensweise*) course of action
Vorgehensweise *f* procedure, way of proceeding
vorgelagert *adj* GEOG offshore; **■[etw** *dat*] **~ sein** to be [situated] [*or* lie] off sth
Vorgeschichte *f* ❶ (*vorausgegangener Verlauf*) [past] history
❷ *kein pl* (*Prähistorie*) prehistory *no indef art, no pl,* prehistoric times *pl*
vorgeschichtlich *adj* prehistoric
vorgeschlagen *adj* proposed, suggested
Vorgeschmack *m kein pl* foretaste; **jdm einen ~ [von etw** *dat*] **geben** to give sb a foretaste [of sth]
vorgeschrieben *adj* mandatory, required
vorgesehen I. *pp von* **vorsehen**
II. *adj* envisaged, planned, scheduled
Vorgesetzte(r) *f(m) dekl wie adj* superior; **■jds ~(r)** sb's superior
Vorgespräch *nt* first interview
vorgestern *adv* ❶ (*Tag vor gestern*) the day before yesterday; **~ Abend/Früh/Mittag** the evening before last/early on the morning of the day before yesterday/ the day before yesterday at midday; **~ Morgen/Nacht** the morning/night before last; **von ~** (*vorgestrig*) from the day before yesterday; ***haben wir noch die Zeitung von ~?*** have we still got the paper from the day before yesterday?
❷ (*antiquiert*) old-fashioned, outdated, outmoded
vorgestrig *adj* ❶ (*vorgestern liegend*) of [*or* from] the day before yesterday *pred;* **~er Abend/Morgen/Nacht** the evening/morning/night before last; **~er Mittag** the day before yesterday at midday
❷ (*antiquiert*) old-fashioned, outdated, outmoded
vorgezogen *adj* brought forward; **~e Wahlen** early elections
vor|greifen *vi irreg* ❶ (*jds Handeln vorwegnehmen*) **■jdm ~** to anticipate what sb is planning to do; ***aber fahren Sie doch fort, ich will Ihnen nicht ~*** do continue, I didn't mean to jump in ahead of you
❷ (*etw vorwegnehmen*) **■etw** *dat* **~** to anticipate sth
Vorgreiflichkeit *f* JUR prejudicial effect
Vorgriff *m* **im [*o* in] [*o* unter] ~ [auf etw** *akk*] in anticipation [of sth]
vor|gucken *vi* (*fam*) **■hinter/unter etw** *dat* **~** to peep out from behind/under sth; ***das Kleid guckt unter dem Mantel vor*** the dress is showing under the coat
vor|haben *vt irreg* **■etw ~** to plan sth [*or* have sth planned]; **■etw [mit jdm] ~** to have sth planned [for sb]; ***wir haben große Dinge mit Ihnen vor*** we've got great plans for you; ***was die Terroristen wohl mit ihren Geiseln ~?*** I wonder what the terrorists intend to do with their hostages?; **■etw [mit etw** *dat*] **~** to plan [*or* intend] to do sth [with sth]; **■~, etw zu tun** to plan to do sth; ***hast du etwa vor, nach dem Abendessen noch weiterzuarbeiten?*** do you intend to carry on working after dinner?
Vorhaben <-s, -> *nt* plan; ***das ist wirklich ein anspruchsvolles ~*** this really is an ambitious project
Vorhalle *f* ARCHIT entrance hall; (*eines Hotels/Theaters*) foyer
Vorhaltekosten *pl* JUR precautionary costs *pl*
vor|halten *irreg* **I.** *vt* ❶ (*vorwerfen*) **■jdm etw ~** to reproach sb for [*or* with] sth
❷ (*davor halten*) **■[jdm] etw ~** to hold sth [in front

V

of sb]; ***halt dir gefälligst die Hand vor, wenn du hustest!*** kindly put your hand over your mouth when you cough!
II. *vi* to last; ***ich habe fünf Teller Eintopf gegessen, das hält erst mal eine Weile vor*** I've eaten five bowlfuls of stew, that should keep me going for a while

Vorhaltung <-, -en> *f meist pl* reproach; **jdm [wegen einer S.** *gen*] **~en machen** to reproach sb [for [*or* with] sth]

Vorhand <-> *f kein pl* ① SPORT (*Schlag*) forehand
② ZOOL (*Vorderbeine von Pferd*) forehand

vorhanden *adj* ① (*verfügbar*) available *inv;* ***aus noch ~en Reststücken nähte sie eine neue Tagesdecke*** she used the pieces [of material] which were left to make a new bedspread; ▪**~ sein** to be left
② (*existierend*) which [still] exist *pred,* existing; ***es waren noch einige Fehler ~*** there were still some mistakes [[left] in it]

Vorhandensein <-s> *nt kein pl* availability

Vorhang <-s, Vorhänge> *m* curtain; **der Eiserne ~** HIST the Iron Curtain

Vorhängeschloss^RR *nt* padlock

Vorhangschiene *f* BAU curtain rail

Vorhaus *nt* ÖSTERR (*Hausflur*) [entrance] hall

Vorhaut *f* ANAT foreskin, prepuce *spec*

vorher *adv* beforehand; ***das hätte ich doch ~ wissen müssen*** I could have done with knowing that before[hand]; ***wir fahren bald los, ~ sollten wir aber noch etwas essen*** we're leaving soon, but we should have something to eat before we go; ***die Besprechung dauert bis 15 Uhr, ~ darf ich nicht gestört werden*** the meeting is due to last until 3 o'clock, I mustn't be disturbed until then

vorher|bestimmen* *vt* ▪**etw ~** to predetermine [*or* foreordain] sth **vorherbestimmt** *adj* ▪**~ sein** to be predestined [*or* preordained]; ▪**etw ist jdm ~** sb is predestined for sth **Vorherbestimmung** *f* predestination **vorher|gehen** *vi sein irreg* ▪**etw** *dat* **~** to precede sth **vorhergehend** *adj* previous *attr,* preceding; **am ~en Tag** on the previous [*or* preceding] day, the day before; **im ~en Satz** in the preceding sentence

vorherig *adj attr* ① (*zuvor erfolgend*) prior; (*Abmachung, Vereinbarung*) previous, prior; ***wenn Sie mich sprechen wollen, dann bitte ich um einen ~en Anruf*** if you would like to speak to me, then I would ask you to call [me] beforehand; ***die Verhandlung ist am 17. März, ein ~es Treffen ist dringend nötig*** the case will be heard on the 17th March, a meeting prior to that date is vital; ***ich unternehme nichts ohne ~e Genehmigung durch die Geschäftsleitung*** I won't undertake anything without having first obtained the management's approval
② *s.* **vorhergehend**

Vorherrschaft *f* POL hegemony, [pre]dominance, supremacy

vor|herrschen *vi* ① (*überwiegen*) to predominate [*or* be predominant], to prevail
② GEOG (*überwiegend vorhanden sein*) to predominate [*or* be predominant]

vorherrschend *adj* predominant, prevailing; (*weitverbreitet*) prevalent; **~e Marktlage** prevailing market conditions; **nach ~er Meinung** according to the prevailing opinion

Vorhersage *f* ① METEO (*Wettervorhersage*) forecast
② (*Voraussage*) prediction **vorher|sagen** *vt s.* **voraussagen** **vorhersehbar** *adj* foreseeable **vorher|sehen** *vt irreg* ▪**etw ~** to foresee sth

vor|heucheln *vt* ▪**[jdm] etw ~** to feign sth [to sb]

vorhin *adv* a moment ago, just [now]; ***das habe ich ~ gehört*** I've just heard about that

vorhinein *adv* **im V~** in advance; **[etw] im V~ sagen/wissen** to say/know [sth] in advance [*or* beforehand]

Vorhof *m* ① ANAT (*Vorkammer*) atrium, auricle
② ARCHIT (*Burghof*) forecourt **Vorhölle** *f* REL limbo

Vorhut <-, -en> *f* MIL vanguard, advance-guard

vorig *adj* ① (*vorausgegangen*) *Besitzer* previous; *Woche, Monat* last; ***diese Konferenz war genauso langweilig wie die ~e*** this conference was just as boring as the previous one; **wie im Vorigen bereits gesagt** (*veraltend*) as [was] stated earlier
② *pred* SCHWEIZ (*übrig*) ▪**jdm etw ~ lassen** to leave sth for sb

Vorinstallation *f* TECH preinstallation

Vorjahr *nt* last year; **im Vergleich zum ~** compared to last year; **im ~** last year

Vorjahresergebnis *nt* ÖKON prior year result **Vorjahresniveau** *nt* ÖKON previous year level; **hohes ~** last year's high level **Vorjahresrate** *f* ÖKON previous year's rate **Vorjahresvergleich** *m* HANDEL year-on-year; ***mit einem Wachstum von 7% im ~*** with a year-on-year growth of 7% **Vorjahreszeitraum** *m* ÖKON last year's period

vorjährig *adj* last year's *attr;* ***dieser Beschluss wurde auf unserer ~en Konferenz gefasst*** this decision was made at our conference last year

vor|jammern *vt* (*fam*) ▪**jdm etw [von etw** *dat*] **~** to moan [*or sl* gripe] to sb [about sth]

Vorkammer *f* ANAT (*Vorhof*) atrium

Vorkämpfer(in) *m(f)* pioneer, champion, advocate

Vorkasse *f* ÖKON advance payment; ***wir liefern Ihnen die Waren nur gegen ~*** we'll only supply the goods to you on advance payment

vor|kauen *vt* (*fam: in allen Details darlegen*) ▪**[jdm] etw ~** to spell out sth [to sb] *sep*

Vorkauf *m* FIN pre-emption, forward purchase; **zum ~ berechtigend** pre-emptive

Vorkaufsberechtigte(r) *f(m) dekl wie adj* FIN preemptor **Vorkaufsberechtigung** *nt* JUR pre-emptive right, right of pre-emption **Vorkaufspreis** *m* HANDEL pre-emption price **Vorkaufsrecht** *nt* JUR right of first refusal, [right of] pre-emption

Vorkehr <-, -en> *f* SCHWEIZ (*Vorkehrung*) precaution, precautionary measure

Vorkehrung <-, -en> *f* precaution, precautionary measure; **~en treffen** to take precautions [*or* precautionary measures]

Vorkenntnis *f meist pl* previous experience *no pl, no indef art*

vor|knöpfen *vt* (*fam*) ▪**sich** *dat* **jdn ~** to give sb a good talking-to *fam,* to take sb to task; ***sie erzählt wieder Lügen über mich? na, die werde ich mir mal ~!*** she's telling lies about me again? well, I'll give her a [good] piece of my mind!

vor|kommen *vi irreg sein* ① (*passieren*) to happen; ▪**es kommt vor, dass ...** it can happen that ...; ***es kommt selten vor, dass ich mal etwas vergesse*** I rarely forget anything; **das kann [schon mal] ~** it happens, these things [can] happen; **das soll [***o* **wird] nicht wieder ~** it won't happen again; **so was soll ~!, das kommt vor** these things [can] happen; ***so etwas ist mir noch nie vorgekommen*** I've never known anything like it before
② (*vorhanden sein*) ▪**[irgendwo] ~** to be found [somewhere], to occur [somewhere]; ***in seinen Artikeln kommt auffällig oft das Wort „insbesondere" vor*** its noticeable how often the words "in particular" are used in his articles; ***das ist ein Fehler, der in vielen Wörterbüchern vorkommt*** this is a mistake which occurs in many dictionaries
③ (*erscheinen*) to seem; ▪**sich** *dat* **[irgendwie] ~** to feel [somehow]; ***du kommst dir wohl sehr schlau vor?*** you think you're very clever, don't [*or* a bit clever, do] you?; ***das Lied kommt mir bekannt vor*** this song sounds familiar to me; ***Sie können mich gar nicht kennen, das kommt Ihnen allenfalls so vor*** you can't [possibly] know me, it only seems like you do
④ (*nach vorn kommen*) to come to the front [*or* forward]
⑤ (*zum Vorschein kommen*) to come out; **hinter etw** *dat* **~** to come out from behind sth
► WENDUNGEN: **wie kommst du mir eigentlich [***o* **denn] vor?, wie kommen Sie mir eigentlich [***o* **denn] vor?** (*fam*) who on earth do you think you are? *fam*

Vorkommen <-s, -> *nt* ① *kein pl* MED (*das Auftreten*) incidence
② *meist pl* BERGB (*Lagerstätte*) deposit

Vorkommnis <-ses, -se> *nt* incident, occurrence; **besondere/keine besonderen ~se** particular incidents [*or* occurrences]/nothing out of the ordinary; ***es wird über Sichtungen von Ufos und über andere unerklärliche ~se berichtet*** there are reports of Ufo sightings and other unexplained incidents; ***irgendwelche besonderen ~se? — keine besonderen ~se, Herr Oberleutnant!*** anything to report? — nothing to report, sir!

Vorkriegsauto *nt* pre-war car **Vorkriegszeit** *f* pre-war period; ***dieses Medikament war in der ~ noch unbekannt*** this medicine was still unknown before the war; ***er hat einen Teil der ~ in Brasilien verbracht*** he spent some time in Brazil before the war

vor|laden *vt irreg* JUR ▪**jdn ~** to summon [*or* cite] sb, issue [*or* serve] a summons on sb; (*unter Strafandrohung*) to subpoena sb

Vorladung *f* JUR ① (*das Vorladen*) summoning, citation
② JUR summons + *sing vb,* citation; (*unter Strafandrohung*) subpoena; **~ vor Gericht** subpoena

Vorlage *f* ① *kein pl* (*das Vorlegen*) presentation; (*von Dokumenten, Unterlagen*) presentation, production; **eine ~ einbringen** POL to bring in a bill; ***ohne ~ von Beweisen können wir der Sache nicht nachgehen*** if you can't produce [*or* provide [*or* furnish] us with] any evidence we can't look into the matter; ***wann dürfen wir mit der ~ der fehlenden Unterlagen rechnen?*** when can we expect you to produce the missing documents?; **gegen [***o* **bei] ~ einer S.** *gen* on presentation [*or* production] of sth; **[mit etw** *dat*] **in ~ treten** ÖKON, FIN to make an advance payment [of sth]; ***meine Bank tritt mit 450.000 DM in ~*** my bank made an advance payment of DM 450,000
② KUNST (*Zeichenvorlage*) pattern
③ POL (*Gesetzesvorlage*) bill
④ SCHWEIZ (*Vorleger*) mat

Vorlagebeschluss *m* JUR order to refer the matter to another authority/court **Vorlageentscheidung** *f* JUR decision on submitted evidence **Vorlagefrist** *f* HANDEL time limit for submission **Vorlagepflicht** *f* JUR liability to make discovery [*or* to discover]

Vorland *nt kein pl* GEOG ① (*Ausläufer*) foothills *pl*
② (*Deichvorland*) foreshore

vor|lassen *vt irreg* ① (*fam: den Vortritt lassen*) ▪**jdn ~** to let sb go first [*or* in front]
② (*nach vorn durchlassen*) ▪**jdn ~** to let sb past [*or* through]
③ (*Zutritt gewähren*) ▪**jdn [zu jdm] ~** to let [*or* allow] sb in [to see sb], to admit sb [to sb] *form*

Vorlauf *m* ① SPORT (*Qualifikationslauf*) qualifying [*or* preliminary] [*or* trial] heat, qualifying [*or* preliminary] round
② TECH (*schnelles Vorspulen*) fast-forward[ing]; (*Heizungsvorlauf*) flow [pipe]
③ TRANSP, ÖKON forward planning

vor|laufen *vi irreg sein* (*fam*) ▪**[irgendwohin] ~** to run on ahead [*or* in front] [somewhere]

Vorläufer(in) *m(f)* precursor, forerunner

vorläufig I. *adj* temporary; **~e Angaben** TECH preliminary specification; **~e Bilanz** tentative balance sheet; (*Ergebnis, Konto*) provisional; (*Regelung*) interim, provisional, temporary
II. *adv* for the time being [*or* present]; **jdn ~ festnehmen** to take sb into temporary custody

Vorlaufinvestition *f* FIN initial investment **Vorlaufzeit** *f* ÖKON lead time; **~ der Fertigung** lead time

vorlaut *adj* cheeky, impertinent

Vorleben *nt kein pl* ▪**jds ~** sb's past [life]; **ein ~ haben** to have a past

Vorlegebesteck *nt* serving cutlery **Vorlegegabel** *f* serving fork

vor|legen *vt* ① (*einreichen*) ▪**[jdm] etw ~** to present sth [to sb] [*or* [sb with] sth]; **[jdm] Beweise ~** to produce [*or* provide] evidence [for sb], to furnish [*or*

provide] [sb with] evidence; [**jdm**] **Dokumente** [*o* **Unterlagen**] ~ to present documents [to sb] [*or* [sb with] documents], to produce documents [for sb]; [**jdm**] **Zeugnisse** ~ to produce one's certificates [for sb], to show [sb] one's certificates [*or* one's certificates [to sb]]
❷ (*vor etw schieben*) ■**etw** ~ to put on sth *sep;* **einen Riegel** ~ to put [*or* slide] a bolt across

Vorleger <-s, -> *m* ❶ (*Fußabtreter*) [door]mat ❷ (*Bettvorleger*) [bedside] rug; (*Toilettenvorleger*) mat

Vorlegung <-> *f kein pl* presentation *no pl,* production *no pl;* ~ **der Handelsbücher** presentation of books of account; ~ **zur Zahlung** presentation for payment

Vorlegungsbescheinigung *f* certificate of presentation **Vorlegungsfrist** *f* (*von Wechsel*) presentation period, period for presentation **Vorlegungspflicht** *f* JUR obligation to present

vor|lehnen *vr* ■**sich** ~ to lean forward

Vorleistung *f* POL advance [*or* prior] concession

Vorleistungspflicht *f* ÖKON advance performance obligation

vor|lesen *irreg* **I.** *vt* ■[**jdm**] **etw** ~ to read out *sep* sth [to sb]; ***soll ich dir den Artikel aus der Zeitung ~?*** shall I read you the article from the newspaper?; ***vor dem Zubettgehen liest sie den Kindern immer eine Gutenachtgeschichte vor*** she always reads the children a bedtime story before they go to bed; ■[**jdm**] **~, was ...** to read out [to sb] what ...
II. *vi* ■[**jdm**] ~ to read aloud [*or* out [loud]] [to sb] (**aus** +*akk* from); ***liest du den Kindern bitte vor?*** will you read to the children, please?

Vorleser(in) *m(f)* reader

Vorlesung *f* SCH lecture; **eine ~/~en** [**über etw** *akk*] **halten** to give [*or* deliver] a lecture/course [*or* series] of lectures [on sth]

vorlesungsfrei *adj* SCH **in der ~en Zeit** during the semester break, outside of term-time BRIT, when there are no lectures [*or* AM classes] **Vorlesungsverzeichnis** *nt* SCH lecture timetable, timetable of lectures

vorletzte(r, s) *adj* ❶ (*vor dem Letzten liegend*) before last *pred;* **das ~ Treffen** the meeting before last, penultimate [*or* second last] [*or* AM next to last] meeting
❷ (*in einer Aufstellung*) penultimate, last but one BRIT, next to last AM; ***sie ging als ~ Läuferin durchs Ziel*** she was the second last runner to finish; ***bisher liegt dieser Wagen in der Wertung an ~r Stelle*** up to now, this car is last but one in the ranking; ***Sie kommen leider erst als V~r dran*** I'm afraid you'll be the last but one [person] to be seen; ***Sie springen als V~*** you'll be [the] second last to jump

vorlieb [**mit jdm/etw**] ~ **nehmen** to make do [with sb/sth]

Vorliebe *f* preference, particular liking [of], predilection *form;* ■**jds/eine ~ für jdn/etw** sb's/a preference for sb/sth; **~n** [*o* **eine ~**] [**für jdn/etw**] **haben** to have a particular liking [of sb/sth]; **etw mit ~ essen/trinken** to particularly like eating/drinking [*or* be very partial to] sth; ***sie beschäftigt sich mit ~ damit, anderen Leuten Fehler nachzuweisen*** she takes great delight in pointing out other people's mistakes [to them]

vor|liegen *vi irreg* ❶ (*eingereicht sein*) ■[**jdm**] ~ to have come in [to sb], to have been received [by sb]; ***mein Antrag liegt Ihnen jetzt seit vier Monaten vor!*** my application's been with you for four months now!; ***zur Zeit liegen uns noch keine Beweise vor*** as yet we still have no proof; ***der Polizei liegen belastende Fotos vor*** the police are in possession of incriminating photo[graph]s
❷ MEDIA (*erschienen sein*) to be out [*or* available] [*or* published]; ***das Buch liegt nunmehr in einer neu bearbeiteten Fassung vor*** a revised edition of the book has now been published
❸ (*bestehen*) to be; ***hier muss ein Irrtum ~*** there must be some mistake here
❹ JUR (*erstattet sein*) ■[**gegen jdn**] ~ to be charged with sth, sb is charged with sth; ***ich habe ein Recht zu erfahren, was gegen mich vorliegt*** I have a right to know what I've been charged with; ***uns liegt hier eine Beschwerde gegen Sie vor*** we have received a complaint about you

vorliegend *adj attr* available *inv;* **die ~en Tatsachen/Unterlagen** the available facts/documents [*or* facts/documents available to sb]; *s. a.* **Fall**

vor|lügen *vt irreg* ■[**jdm**] **etwas** ~ to lie to sb; ■**sich** *dat* **etwas/nichts** [**von jdm**] ~ **lassen** to be taken in/not be taken in [by sb]; ***lass dir nichts von ihm ~*** don't believe [a word of] what he says; ■**jdm ~, dass ...** to trick sb into believing that ...

vorm.[1] *adv Abk von* **vormals** formerly

vorm.[2] *adv Abk von* **vormittags** in the morning

vor|machen *vt* ❶ (*täuschen*) ■**jdm etwas** ~ to fool [*or sl* kid] sb, to pull the wool over sb's eyes; ■**sich** *dat* **etw** ~ to fool [*or sl* kid] oneself; ***machen wir uns doch nichts vor*** let's not kid ourselves *sl;* ■**sich** *dat* **nichts ~ lassen** to not be fooled; ***von dir lasse ich mir nichts ~!*** you can't fool me!; ***sie ist eine Frau, die sich nichts ~ lässt*** she's nobody's fool
❷ (*demonstrieren*) ■**jdm etw** ~ to show sb [how to do] sth; ■**jdm ~, wie ...** to show sb how ...; **jdm** [**noch**] **etwas ~ können** to be able to show sb a thing or two; **jdm macht** [**auf/in etw** *dat*] **keiner etwas vor** no one is better than sb [at sth] [*or* can teach sb anything [about sth]]

Vormacht *f kein pl* supremacy

Vormachtstellung *f kein pl* POL hegemony, supremacy, [pre]dominance; **eine ~** [**gegenüber jdm**] [**inne**]**haben** to have supremacy [*or* be [pre]dominant] [over sb]

vormalig *adj attr* former; ***der ~e Parkplatz wurde in eine grüne Oase verwandelt*** what was once a car park had been transformed into a [little] green oasis

vormals *adv* (*geh*) in former times *form,* formerly; ***das sind antiquierte Vorstellungen, die man vielleicht ~ mal hatte*** those are [rather] antiquated notions which one might have had in times gone by

Vormann <-[e]s, -männer> *m* ❶ (*Vorarbeiter*) foreman
❷ (*Vorgänger*) previous incumbent
❸ JUR *von Wechsel* previous holder, prior endorser

Vormarsch *m a.* MIL advance; **auf dem ~ sein** to be advancing [*or* on the advance]; (*fig*) to be gaining ground

Vormauerung <-, -en> *f* BAU brick lining

Vormerkdatei *f* waiting list; **in der ~ sein** to be on the waiting list

vor|merken *vt* ❶ (*im Voraus eintragen*) ■**jdn/sich** [**für etw** *akk*] ~ to put sb's/one's name down [for sth]; ■**jdn/sich** [**für etw** *akk*] ~ **lassen** to put sb's/one's name down [for sth]; ***lassen Sie bitte zwei Doppelzimmer ~*** please book two double rooms for me; ■[**sich** *dat*] **etw** ~ to make a note of sth; ***ich habe mir den Termin vorgemerkt*** I've made a note of the appointment
❷ MEDIA (*reservieren*) ■**etw** [**für jdn**] ~ to reserve sth [*or* put sth by] [for sb]; ■**vorgemerkt** reserved

Vormerkung <-, -en> *f* registration; JUR priority notice; **eine ~ in das Grundbuch eintragen** to enter a priority notice in the Land Register

Vormieter(in) *m(f)* previous tenant

Vormittag *m* morning; **die letzten ~e** the last few mornings; **am** [**frühen/späten**] ~ [early/late] in the morning; ***wir könnten die Konferenz am ~ stattfinden lassen*** we could schedule the conference for the morning

vormittags *adv* in the morning

Vormonat *m* previous [*or* preceding] month

Vormund <-[e]s, -e *o* Vormünder> *m a.* JUR guardian; **keinen ~ brauchen** (*fam*) to not need anyone to tell one what to do; ***ich brauche keinen ~!*** I don't need anyone giving me orders!

Vormundschaft <-, -en> *f* JUR guardianship, tutelage; **befreite ~** exempted guardianship; **gerichtlich bestellte ~** legal custody; **unter ~ stehen** to be under the care of a guardian

Vormundschaftsgericht *nt* JUR guardianship court (*court dealing with guardianship matters*) **Vormundschaftsrichter(in)** *m(f)* JUR judge of a court of guardianship **Vormundschaftssachen** *pl* JUR wardship cases *pl*

vorn *adv* ❶ (*an der Vorderfront*) at the front
❷ (*im vorderen Bereich*) at the front; ■**~ in etw** *dat* at the front of sth
❸ MEDIA (*zu Beginn*) at the front
❹ (*auf der Vorderseite*) at the front
❺ (*Richtung*) **nach ~** to the front; **nach ~ fallen** to fall forward; **von ~** (*von der Vorderseite her*) from the front; (*von Anfang an*) from the beginning; **von ~ bis hinten** (*fam*) from beginning to end; ***sie hat mich die ganze Zeit von ~ bis hinten belogen*** she was telling me a pack of lies from start to finish; ***ich habe alles verkehrt gemacht, jetzt kann ich wieder von ~ anfangen*** I've messed everything up, now I'll have to start again from scratch

Vornahmeklage *f* JUR action for specific performance

Vorname *m* first [*or* Christian] name

vorne *adv s.* **vorn**

vornehm *adj* ❶ (*adelig*) aristocratic, noble
❷ (*elegant*) elegant, distinguished, refined; (*Aufzug, Kleidung*) elegant, stylish
❸ (*luxuriös*) fashionable, exclusive, posh *fam;* (*Limousine*) expensive; (*Villa*) elegant, exclusive
❹ **sich** *dat* **zu ~** [**für etw** *akk*] **sein** [sth is] beneath sb *iron;* **~ tun** (*pej fam*) to put on airs [and graces], to act [all] posh *fam*

vor|nehmen *vt irreg* ❶ (*einplanen*) ■**sich** *dat* **etw** *akk* ~ to plan sth; ***für morgen haben wir uns viel vorgenommen*** we've got a lot planned for tomorrow; ■**sich** *dat* **~, etw zu tun** to plan [*or* intend] to do sth; ***für das Wochenende habe ich mir vorgenommen, meine Akten zu ordnen*** I plan to tidy up my files at the weekend
❷ (*sich eingehend beschäftigen*) ■**sich** *dat* **etw** ~ to get to work on sth, to have a stab at sth *fam;* ***am besten, Sie nehmen sich das Manuskript noch mal gründlich vor*** it would be best if you had another good look at the manuscript
❸ (*fam: sich vorknöpfen*) ■**sich** *dat* **jdn** ~ to give sb a good talking-to *fam,* to take sb to task; ***nimm ihn dir mal in einer stillen Stunde vor*** can't you [try and] have a quiet word with him?
❹ ■**etw** ~ to carry out sth *sep;* **Änderungen ~** to make changes; **Messungen ~** to take measurements; **eine Überprüfung ~** to carry out a test *sep;* **eine Untersuchung ~** to do [*or* make] an examination

Vornehmheit <-> *f kein pl* elegance, stylishness

vornehmlich *adv* (*geh*) primarily, principally, above all

vor|neigen **I.** *vt* ■**etw ~** *Kopf* to bend sth forward
II. *vr* ■**sich** *akk* ~ to lean forward

vorneweg *adv* ❶ (*als erstes*) first, to begin with; ***trinken wir ~ einen Aperitif?*** shall we have an aperitif first? [*or* to begin with?]
❷ (*voraus*) ahead; **ein paar Schritte ~ sein** to be a couple of steps ahead [*or* in front]
❸ (*fam: von vornherein*) [right] from the beginning [*or* the start]; **von ~ nichts taugen** to be unsuitable from the start
❹ (*fam: vorlaut*) **mit dem Mund ~ sein** to have a big mouth

vornherein *adv* ■**von ~** from the start [*or* beginning] [*or* outset]

vornüber *adv* forwards

Vorort *m* suburb

Vor-Ort-Aufnahme *f* on-location shooting

Vorortbahn *f* suburban railway [*or* AM railroad] [*or* train], commuter train

Vor-Ort-Reporter(in) *m(f)* on-the-scene reporter

Vorortsverkehr *m* suburban traffic **Vorortszug** *m* suburban [*or* commuter] [*or* local] train

Vorpfändung *f* JUR provisional garnishment, prior attachment

Vorplatz *m* forecourt

V

Vorposten *m* MIL outpost; **auf ~ stehen** to be on outpost duty

vor|preschen *vi sein* ■**[mit etw]** ~ to press ahead [with sth]

Vorprodukt *nt* ÖKON primary product

vor|programmieren* *vt* ❶ (*unausweichlich machen*) ■**etw** ~ to make sth inevitable [*or* unavoidable], to determine sth
❷ (*im Voraus einprogrammieren*) ■**etw** ~ to pre-programme [*or* AM -am] sth; **einen Zeitschalter** ~ to set a timer

vorprogrammiert *adj* pre-programmed; *Antwort* automatic; *Weg* predetermined; ■**[durch etw** *akk***]** **vorprogrammiert sein** (*unausweichlich*) to be inevitable [as a result of sth]

Vorprüfung *f* preliminary examination, prelim *fam*

Vorrang *m kein pl* ❶ (*Priorität*) priority, precedence; **etw** *dat* **den ~ [vor etw** *dat***] geben** [*o geh* **einräumen**] to give sth priority [over sth]; **~ [vor etw** *dat***] haben** [*o geh* **genießen**] to have [*or* take] priority [*or* take precedence] [over sth]; **mit ~** as a matter of priority; *s. a.* **streitig**
❷ TRANSP ÖSTERR (*Vorfahrt*) right of way

vorrangig **I.** *adj* priority *attr,* of prime importance *pred;* **von ~er Bedeutung** of prime [*or* the utmost] importance; ■**~ sein** to have priority
II. *adv* as a matter of priority

Vorrangstellung *f* pre-eminence *no pl, no indef art* **Vorrangsteuerung** *f* INFORM priority command

Vorrat <-[e]s, Vorräte> *m* stocks *pl,* supplies *pl;* (*Lebensmittel*) stocks *pl,* supplies *npl,* provisions *pl;* ■**ein ~ an etw** *dat* a stock [*or* supply] of sth; ***unser ~ an Heizöl ist erschöpft*** our stock[s] of heating oil has[/have] run out; **etw auf ~ haben** ÖKON to have sth in stock; **etw auf ~ kaufen** to stock up on [*or* with] sth, to buy sth in bulk; **Vorräte anlegen** to lay in stock[s *pl*]; **so lange der ~ reicht** while stocks last

Vorrätemehrung *f* HANDEL stock provisions *pl* [*or* replenishment]

vorrätig *adj* ÖKON in stock *pred;* ■**~ sein** to be in stock; ***bedauere, aber dieser Titel ist derzeit nicht*** ~ I'm sorry, but that title isn't in stock [*or* available] at the moment; **etw ~ haben** to have sth in stock

Vorratsbehälter *m* supply container **Vorratskammer** *f* store-cupboard; (*Vorratsraum*) storage [*or* store] room; (*kleiner*) larder, pantry **Vorratskäufe** *pl* HANDEL stockpiling purchases **Vorratspatent** *nt* reserve patent **Vorratspfändung** *f* JUR collective garnishment of future claims **Vorratsraum** *m* storeroom **Vorratsvermögen** *nt* FIN inventories *pl,* stock-in-trade

Vorraum *m* anteroom

vor|rechnen *vt* ❶ (*durch Rechnen erläutern*) ■**[jdm] etw** ~ to calculate [*or* work out *sep*] sth [for sb]; ■**jdm ~, dass/was/wie viel/wie …** to calculate [*or* work out] for sb that/what/how much/how …
❷ MATH ■**[jdm] etw** ~ to [show sb how to] calculate [*or* work out *sep*] sth

Vorrecht <-[e]s, -e> *nt* privilege, prerogative; **jdm ein ~ einräumen** to grant sb a privilege; **[bestimmte] ~e genießen** to enjoy [certain] privileges; **auf ein ~ verzichten** to waive a privilege

Vorrechtsaktie *f* FIN preference share [*or* AM stock]

Vorrede *f* preface, foreword

Vorredner(in) *m(f)* ■**jds** ~ the previous speaker

Vorreiter(in) *m(f)* (*fam*) pioneer, trailblazer; **[für jdn] den ~ machen** to lead the way [for sb]

Vorrichtung <-, -en> *f* device, gadget

vor|rücken **I.** *vi sein* ❶ MIL (*vormarschieren*) to advance; **gegen jdn/etw** ~ to advance on [*or* against] sb/sth
❷ (*nach vorn rücken*) to move forward; ***könnten Sie wohl mit Ihrem Stuhl ein Stück*** ~ could you move your chair forward a bit, please?; *s. a.* **Alter, Stunde**
❸ SPORT (*aufsteigen*) ■**[auf etw** *akk***]** ~ to move up [to sth]
❹ SCHACH (*auf anderes Spielfeld rücken*) ■**[mit etw** *dat***]** ~ to move [sth] [forward]
II. *vt haben* ■**etw** ~ to move sth forward

Vorruhestand *m* early retirement; **in den ~ gehen** to retire early, to take early retirement; ***er ist mit 55 in den ~ gegangen*** he took early retirement at 55

Vorruhestandsregelung *f* early retirement scheme [*or* AM plan]

Vorrunde *f* SPORT preliminary [*or* qualifying] round

vor|sagen **I.** *vt* SCH ■**[jdm] etw** ~ to whisper sth [to sb]
II. *vi* SCH ■**[jdm]** ~ to whisper the answer [to sb]

Vorsaison *f* TOURIST low season, start of the [*or* early [part of the]] season

Vorsänger(in) *m(f)* ❶ REL precentor, cantor
❷ MUS leading voice

Vorsatz[1] <-[e]s, Vorsätze> *m* ❶ (*Entschluss*) resolution; **den ~ fassen, etw zu tun** to resolve to do sth; ***diese Drohung konnte mich in meinem ~ nicht erschüttern*** this threat wasn't enough to shake my resolve; ***ist es wirklich dein unabänderlicher ~, diese Frau zu heiraten?*** is it really your firm intention to marry this woman?; *s. a.* **treu**
❷ JUR (*Absicht*) intent, intention; **bedingter ~** contingent intent; **vermuteter ~** constructive malice; **mit verbrecherischem ~** with malice aforethought

Vorsatz[2] <-[e]s, Vorsätze> *m* MEDIA, TYPO endpaper

Vorsatzblatt *nt s.* **Vorsatz**[2]

vorsätzlich **I.** *adj* deliberate, intentional, wil[l]ful
II. *adv* deliberately, intentionally, wil[l]fully

Vorsätzlichkeit <-> *f kein pl* JUR wil[l]fulness

Vorsatzlinse *f* ancillary lens

Vorschau <-, -en> *f* FILM, TV trailer; ■**die ~ [auf etw** *akk***]** the trailer [for sth]

Vorschein *m* **etw zum ~ bringen** (*finden*) to find sth; (*zeigen*) to produce sth; **zum ~ kommen** (*sich bei Suche zeigen*) to turn up; (*offenbar werden*) to come to light, to be revealed; ***immer wieder kommt ihre Eifersucht zum*** ~ her jealousy keeps on coming out

vor|schicken *vt* ■**jdn** ~ to send sb [on] ahead

vor|schieben *vt irreg* ❶ (*vorschützen*) ■**etw** ~ to use sth as an excuse [*or* a pretext]; ***das ist doch nur eine Ausrede, die er vorschiebt, um nicht kommen zu müssen*** that's just an excuse [that] he's using not to come; ■**vorgeschoben** used as an excuse [*or* a pretext]; ***ich kann diese vorgeschobenen Gründe leider nicht akzeptieren*** I'm afraid I can't accept these reasons which are just a pretext
❷ (*für sich agieren lassen*) ■**jdn** ~ to use sb as a front man/woman
❸ (*nach vorn schieben*) ■**etw** ~ to push sth forward
❹ (*vor etw schieben*) ■**etw** ~ to push [*or* slide] sth across

vor|schießen *vt irreg* ■**[jdm] etw** ~ to advance [sb] sth

Vorschiff *nt* NAUT forecastle, fo'c'sle

Vorschlag *m* proposal, suggestion; **ein ~ zur Güte** (*fam*) a [helpful] suggestion; **[jdm] einen ~ machen** to make a suggestion [to sb] [*or* [sb] a suggestion]; **auf jds ~ [hin]** on sb's recommendation; **auf ~ von jdm** on the recommendation of sb

vor|schlagen *vt irreg* ❶ (*als Vorschlag unterbreiten*) ■**[jdm] etw** ~ to propose [*or* suggest] sth [to sb]; ■**jdm ~, etw zu tun** to suggest to sb that he/she do sth, to suggest that sb do sth
❷ (*empfehlen*) ■**jdn [als jdn/für etw** *akk***]** ~ to recommend sb [as sb/for sth]

Vorschlaghammer *m* sledgehammer

Vorschlagsrecht *nt* right of nomination

Vorschlagswesen <-s> *nt kein pl* **das betriebliche ~** *the collecting of labour-saving proposals in a firm*

vorschnell *adj s.* **voreilig**

vor|schreiben *vt irreg* ❶ (*befehlen*) ■**jdm etw** ~ to stipulate sth to sb; **jdm eine Verhaltensweise** [*o* **Vorgehensweise**] ~ to tell sb how to behave/proceed; ***einigen Leuten muss man jeden Handgriff buchstäblich*** ~ you have to spell every little thing out to some people; ■**jdm ~, wann/was/wie …** to tell sb when/what/how …
❷ ADMIN (*zwingend fordern*) ■**[jdm] etw** ~ to stipulate sth/[that sb should do sth]; ■**~, etw zu tun** to stipulate that sth should be done

Vorschrift *f* ADMIN regulation, rule; (*Anweisung*) instructions *pl;* (*polizeilich*) orders *pl;* ***für jeden möglichen Ausnahmefall existieren genaue ~en*** there are very precise instructions on how to act in any possible emergency; **~ sein** to be the regulation[s]; **jdm ~en machen** to tell sb what to do [*or* give sb orders]; ***machen Sie mir bitte keine ~, was ich zu tun und zu lassen habe!*** don't try and tell me what I can and can't do!; **sich** *dat* **von jdm ~en/keine ~en machen lassen** to be/not be told what to do by sb [*or* let/not let sb order one about]; **nach ~** to rule

vorschriftsmäßig **I.** *adj* according to the regulations; ***bei ~er Einnahme des Medikaments sind keine Nebenwirkungen zu befürchten*** if you only take the prescribed amount of the medicine, you needn't fear any side-effects; ***in zweiter Reihe zu parken ist nicht*** ~ it's against [*or* contrary to] the regulations to park in the second row **II.** *adv* according to the regulations; ***von dem Hustensaft dürfen ~ nur drei Teelöffel pro Tag eingenommen werden*** [the prescription [*or* label] says that] only three teaspoons a day of the cough mixture should be taken; ***Sie parken hier leider nicht*** ~ I'm afraid it's against [*or* contrary to] the regulations to park here **vorschriftswidrig** **I.** *adj* against [*or* contrary to] the regulations *pred* **II.** *adv* against [*or* contrary to] the regulations

Vorschub *m* **etw** *dat* **~ leisten** to encourage [*or* foster] sth

Vorschulalter *nt kein pl* ■**das ~** the pre-school age; **im ~ sein** to be of pre-school age

Vorschule *f* SCH ❶ (*für Kinder im Vorschulalter*) preschool
❷ (*Vorbereitung für höhere Schule*) preparatory school

Vorschulerziehung *f kein pl* pre-school education

Vorschulkind *nt* pre-school child

Vorschuss[RR] <-es, Vorschüsse> *m,* **Vorschuß** <-sses, Vorschüsse> *m* FIN advance; ■**ein ~ auf etw** *akk* an advance on sth; **einen ~ [auf etw** *akk***] leisten** to give sb an advance [on sth]

Vorschussanspruch[RR] *m* FIN claim to an advance

Vorschusslorbeeren[RR] *pl* premature praise; (*im Voraus gespendetes Lob*) early praise; **[für etw** *akk***] ~ ernten** to receive premature praise [for sth]; (*im Voraus gelobt werden*) to receive early praise [for sth]

vor|schützen *vt* ■**etw** ~ to use sth as an excuse; **Nichtwissen ~** to plead ignorance; ■**~, [dass …]** to pretend [that …]; *s. a.* **Müdigkeit**

vor|schwärmen *vi* ■**jdm [von jdm/etw]** ~ to rave [on] to sb [about sb/sth] *fam;* ■**jdm ~, wie …** to rave [on] to sb about how … *fam*

vor|schweben *vi* to have in mind; ***was schwebt dir da genau vor?*** what exactly is it that you have in mind?; ***mir schwebt da so eine Idee vor*** I have this idea in my head

vor|schwindeln *vt* (*fam*) *s.* **vorlügen**

vor|sehen[1] *irreg* **I.** *vr* ❶ (*sich in Acht nehmen*) ■**sich** *akk* **[vor jdm]** ~ to watch out [for sb] [*or* be wary [of sb]]
❷ (*aufpassen*) ■**sich** *akk* **~, dass/was …** to take care [*or* be careful] that/what …; ***sieh dich bloß vor, dass du nichts ausplauderst!*** mind you don't let anything slip out!; ***sehen Sie sich bloß vor, was Sie sagen!*** [just [you]] be careful what you say!; **sieh dich vor!** (*fam*) watch it! *fam* [*or fam* your step]
II. *vt* ❶ (*eingeplant haben*) ■**etw [für etw** *akk***]** ~ to intend to use [*or* earmark] sth for sth; ■**jdn [für etw** *akk***]** ~ to designate sb [for sth]; ***Sie hatte ich eigentlich für eine andere Aufgabe*** ~ I had you in mind for a different task

② (*bestimmen*) ■**etw** ~ to call for sth; (*in Gesetz, Vertrag*) to provide for sth; ■**etw** [**für etw** *akk*] ~ to mean sth [for sth]; ***für Landesverrat ist die Todesstrafe vorgesehen*** the death sentence is intended as the penalty for treason
III. *vi* (*bestimmen*) ■~, **dass/wie ...** to provide for the fact that/for how ...; ***der Erlass sieht ausdrücklich vor, dass auch ausnahmsweise nicht von dieser Regelung abgewichen werden darf*** under no circumstances does the decree provide for any exceptions to this ruling; **es ist vorgesehen,** [**dass ...**] it is planned [that ...]

vor|sehen² *vi irreg* (*sichtbar sein*) ■[**hinter etw** *dat*] ~ to peep out [from behind sth]

Vorsehung <-> *f kein pl* providence, Providence

Vorserienfertigung *f* ÖKON pilot mass production

vor|setzen I. *vt* ① (*auftischen*) ■[**jdm**] **etw** ~ to serve up *sep* [*or sep* dish] sth [to sb]; ***immer setzt du mir nur Fertiggerichte vor*** all you ever serve me up are oven-ready meals
② (*fam: offerieren*) ■[**jdm**] **etw** ~ to serve up sth [to sb] *sep fig*
II. *vr* ■**sich** ~ to move forward; ***auf Anordnung der Lehrerin musste sich der Schüler ~*** the teacher told the child to move to the front [of the class]

Vorsicht <-> *f kein pl* (*vorsichtiges Verhalten*) care; ***ich kann dir nur zu ~ raten*** I must urge you to exercise caution; **etw ist mit ~ zu genießen** (*fam*) sth should be taken with a pinch [*or* grain] of salt; **mit ~** carefully; **etw mit äußerster ~ behandeln** to handle sth very carefully [*or* with great care] [*or* with kid gloves]; **zur ~** as a precaution, to be on the safe side; **~!** watch [*or* look] out!; **~, *der Hund beißt!*** be careful, the dog bites!; ***„~ bei Abfahrt des Zuges!"*** "please stand clear as the train leaves the station!"; ***„~, Glas!"*** "glass — handle with care!"
► WENDUNGEN: **~ ist die Mutter der Porzellankiste** (*sl*) caution is the mother of wisdom; **~ ist besser als Nachsicht** (*prov*) better [to be] safe than sorry

vorsichtig I. *adj* ① (*umsichtig*) careful; ***in diesem Fall ist ~es Vorgehen angeraten*** we ought to tread carefully in this case
② (*zurückhaltend*) cautious, guarded; **eine ~e Schätzung** a conservative estimate
II. *adv* ① (*umsichtig*) carefully; ***bei der Untersuchung ist sehr ~ vorzugehen*** we must proceed with great care in this investigation
② (*zurückhaltend*) cautiously, guardedly

vorsichtshalber *adv* as a precaution, just to be on the safe side **Vorsichtsmaßnahme** *f* precaution, precautionary measure; **~n treffen** to take precautions [*or* precautionary measures] **Vorsichtsmaßregel** *f* (*geh*) *s.* **Vorsichtsmaßnahme**

Vorsilbe *f* LING prefix

vor|singen *irreg* I. *vt* ■[**jdm**] **etw** ~ ① (*singend vortragen*) to sing sth [to sb]; ***sing uns doch bitte was vor!*** sing us something[, please]!
② (*durch Singen demonstrieren*) to sing sth [for [*or* to] sb] first
II. *vi* ■[**jdm**] ~ to [have a singing] audition [in front of sb]

vorsintflutlich *adj* (*fam*) antiquated, ancient *fam*, prehistoric *fam*

Vorsitz *m* chairmanship; **den ~ haben** to be chairman/-woman/-person; **den ~ bei etw** *dat* **haben** [*o* **führen**] to chair [*or* preside over] sth; **unter dem ~ von jdm** under the chairmanship of sb

vor|sitzen *vi irreg* (*geh*) ■**etw** *dat* ~ to chair [*or* preside over] sth

vorsitzend *adj attr, inv* JUR presiding; **~er Richter am Landgericht/Bundesgerichtshof** presiding judge at a district court/the Federal Supreme Court of Justice

Vorsitzende(r) *f(m) dekl wie adj* ① (*vorsitzende Person*) chairman/-woman/-person; ***wer wird die Kommission als ~r leiten?*** who will chair the commission?
② JUR (*vorsitzender Richter*) presiding judge

Vorsorge *f* provisions *pl*; **~ für etw** *akk* **treffen** (*geh*) to make provisions for sth; ***ich habe für das Alter eine zusätzliche ~ getroffen*** I've made extra provisions for my old age

vor|sorgen *vi* ■[**für etw** *akk*] ~ to make provisions [for sth], to provide for sth; ■[**dafür**] **~, dass etw nicht geschieht** to take precautions to ensure that sth doesn't happen

Vorsorgepauschbetrag *m* FIN blanket allowance, contingency sum **Vorsorgeuntersuchung** *f* MED medical check-up

vorsorglich I. *adj* precautionary
II. *adv* as a precaution, to be on the safe side

Vorspann <-[e]s, -e> *m* FILM, TV opening credits *npl*

vor|spannen *vt* ① (*anspannen*) ■[**etw** *dat*] **etw** ~ to harness sth [to sth]
② ELEK ■**etw** ~ to bias sth
③ TECH ■**etw** ~ to pretension [*or* preload] sth

Vorspeise *f* KOCHK starter, hors d'oeuvre

vor|spiegeln *vt* ■[**jdm**] **etw** ~ to feign sth [to sb]; ■**jdm ~, dass ...** to pretend to sb that ...

Vorspiegelung *f* feigning; *Notlage* pretence; [**eine**] **~ falscher Tatsachen** [all [*or* a total]] sham; **unter ~ von etw** *dat* under the pretence of sth

Vorspiel *nt* ① MUS (*das Vorspielen*) audition
② (*Zärtlichkeiten vor dem Liebesakt*) foreplay *no pl, no indef art*

vor|spielen I. *vt* ① MUS (*auf einem Instrument vortragen*) ■[**jdm**] **etw** ~ to play sth [for sb] [*or* [sb] sth]
② MUS (*durch Spielen demonstrieren*) ■**jdm etw** ~ to play sth for [*or* to] sb first
③ (*vorheucheln*) ■**jdm etw** ~ to put on sth for sb
II. *vi* MUS ■[**jdm**] ~ to play [for [*or* to] sb]

Vorsprache *f* (*geh*) visit

vor|sprechen *irreg* I. *vt* ■**jdm etw** ~ to say sth for sb first
II. *vi* ① (*geh: offiziell aufsuchen*) ■**bei jdm/etw** ~ to call on sb/at sth
② THEAT, TV (*einen Text vortragen*) ■[**jdm**] ~ to recite [sth to sb]; ***dann sprechen Sie mal vor!*** let's hear your recital!; ***ich lasse mir morgen von 20 Bewerbern ~*** I'm going to be auditioning 20 applicants tomorrow

vor|springen *vi irreg sein Fels* to project [*or* jut out]; *Nase* to be prominent

vorspringend *adj* prominent, protruding; (*Backenknochen*) prominent, high

Vorsprung *m* ① (*Distanz*) lead; ***er konnte seinen ~ zum Feld der Verfolger noch ausbauen*** he was able to increase his lead over the chasing pack even further; ***die entflohenen Häftlinge haben mittlerweile einen beträchtlichen ~*** the escaped convicts will have got a considerable start by now
② ARCHIT (*vorspringendes Gesims*) projection

Vorstadium *nt* early stage

Vorstadt *f* suburb; **in der ~ wohnen** to live in the suburbs

Vorstädter(in) <-s, -> *m(f)* suburbanite

vorstädtisch *adj* suburban

Vorstadtkino *nt* suburban cinema **Vorstadttheater** *nt* suburban theatre

Vorstand *m* ① (*geschäftsführendes Gremium*) board [of management] [*or* [executive] directors]; (*einer Kirche*) [church] council; (*einer Partei*) executive; (*eines Vereins*) [executive] committee
② (*Vorstandsmitglied*) director, board member, member of the board [of [executive] directors]; (*einer Kirche*) [church] warden; (*einer Partei*) executive; (*eines Vereins*) [member of the] executive [committee]

Vorständler(in) <-s, -> *m(f)* SOZIOL board member

Vorstandsaktie *f* FIN management share **Vorstandsbericht** *m* management report **Vorstandsbeschluss**[RR] *m* JUR resolution of the managing board **Vorstandschef(in)** *m(f)* chief executive **Vorstandsdirektor(in)** *m(f)* executive director **Vorstandsetage** *f* boardroom **Vorstandsmitglied** *m* director, board member, member of the board [of [executive] directors]; (*einer Kirche*) [church] warden; (*einer Partei*) executive; (*eines Vereins*) [member of the] executive [committee] **Vorstandssitzung** *f* board meeting, meeting of the board [of [executive] directors]; (*einer Kirche*) church council meeting; (*einer Partei*) meeting of the [party] executive; (*eines Vereins*) meeting of the [executive] committee **Vorstandssprecher(in)** *m(f)* company spokesperson [*or masc* spokesman] [*or fem* spokeswoman] **Vorstandsvorsitzende(r)** *f(m) dekl wie adj* chief executive, chairman [*or* chairwoman] of the board of [executive] directors [*or* management board]

vor|stehen¹ *vi irreg haben o sein* (*hervorragen*) to be prominent [*or* protrude]; *Backenknochen* to be prominent [*or* high]; *Zähne* to stick out, to protrude; *Augen* to bulge

vor|stehen² *vi irreg haben o sein* (*veraltend geh: Vorsteher sein*) ■**etw** *dat* ~ to be the head of sth; **einer Schule ~** to be [the] principal [*or* BRIT head[master]/head[mistress]] of a school

vorstehend *adj attr* ① (*hervorstehend*) *Zähne* protruding; *Kinn, Backenknochen* prominent
② (*vorausgehend*) *Bemerkung* stated before, aforementioned; **wie im V~en bereits gesagt** as already mentioned before

Vorsteher(in) <-s, -> *m(f)* head; (*einer Schule*) principal, headteacher BRIT, head[master] BRIT *masc*, head[mistress] BRIT *fem*

Vorsteherdrüse *f* ANAT prostate [gland]

Vorsteherin <-, -nen> *f fem form von* **Vorsteher** headmistress

vorstellbar *adj* conceivable, imaginable; **kaum** [*o* **schwer**] ~ almost inconceivable [*or* unimaginable], scarcely conceivable [*or* imaginable]; **leicht** ~ easy to imagine, quite conceivable; **nicht** ~ inconceivable, unimaginable

vor|stellen I. *vt* ① (*gedanklich sehen*) ■**sich** *dat* **etw** ~ to imagine sth; ***das muss man sich mal ~!*** just imagine [it]!; ■**sich** *dat* **~, dass/wie ...** to think [*or* imagine] that/how ...
② (*als angemessen betrachten*) ■**sich** *dat* **etw** ~ to have sth in mind
③ (*mit etw verbinden*) ■**sich** *dat* **etw** ~ to mean sth to sb; ■**sich** *dat* **nichts unter etw** *dat* ~ to mean nothing to sb; ***was stellst du dir unter diesem Wort vor?*** what does this word mean to you?; ***unter dem Namen Schlüter kann ich mir nichts ~*** the name Schlüter doesn't mean anything [*or* means nothing] to me
④ (*bekannt machen*) ■**jdm jdn** ~ to introduce sb to sb
⑤ ÖKON (*präsentieren*) ■**jdm etw** ~ to present sth to sb
⑥ (*darstellen*) ■**etw** ~ to represent sth
⑦ (*vorrücken*) ■**etw** ~ to move sth forward; **den Uhrzeiger ~** to move [*or* put] the [watch [*or* clock]] hand forward
II. *vr* ① (*bekannt machen*) ■**sich** *akk* [**jdm**] ~ to introduce oneself [to sb]; ■**sich** *akk* **jdm als jd** ~ to introduce oneself to sb as sb
② (*vorstellig werden*) ■**sich** *akk* [**irgendwo/bei jdm**] ~ to go for an interview [somewhere/with sb]; ***stellen Sie sich doch bei uns vor, wenn Sie mal in der Gegend sind*** do drop in and see us if you're in the area

vorstellig *adj* **bei jdm ~ werden** (*geh*) to go to see sb [about sth]

Vorstellung *f* ① (*gedankliches Bild*) idea; ***bestimmte Gerüche können beim Menschen immer die gleichen ~en auslösen*** certain smells [can] always trigger the same thoughts in people; **in jds ~** in sb's mind; ***gewiss ist sie jetzt älter, aber in meiner ~ bewahre ich ihr Bild als junge, hübsche Frau*** she may be older now, but in my mind's eye I still see her as a pretty young woman; **jds ~ entsprechen** to meet sb's requirements; ***dieser Pullover entspricht genau meinen ~en*** this jumper is just what I'm looking for; ***das Gehalt entspricht nicht ganz meinen ~en*** the salary doesn't quite match [up to] my expectations; **bestimmte ~en haben** [*o* **sich** *dat* **bestimmte ~en machen**] to have certain ideas; **falsche ~en haben** to have false hopes; **unrealistische ~en**

haben to have unrealistic expectations; **sich** *dat* **keine ~ machen, was/wie …** to have no idea what/how …; **alle ~en übertreffen** to be almost inconceivable [to the human mind] [*or* beyond the [powers of] imagination of the human mind]; ***Traumstrände hatten wir erwartet, aber die Realität übertraf alle ~en*** we expected [to find] beautiful beaches, but the reality exceeded all our expectations [*or* was beyond [all] our wildest dreams]
② THEAT (*Aufführung*) performance; FILM showing
③ ÖKON (*Präsentation*) presentation
④ (*Vorstellungsgespräch*) interview

Vorstellungsgespräch *nt* interview **Vorstellungskraft** *f kein pl,* **Vorstellungsvermögen** *nt kein pl* [powers *npl* of] imagination

Vorsteuer *f* FIN prior [turnover] tax, input tax BRIT

Vorsteuerabzug *m* FIN, JUR deduction of input tax **Vorsteuergewinn** *m* FIN pretax profit

Vorstopper(in) <-s, -> *m(f)* FBALL centre-half BRIT, center-half AM

Vorstoß *m* ① MIL (*plötzlicher Vormarsch*) advance, push, thrust
② (*Versuch zu erreichen*) ■**ein/jds ~ bei jdm** an/sb's attempt to put in a good word with sb
▸ WENDUNGEN: **einen ~ [bei jdm] machen** [*o* **unternehmen**] to attempt to put in a good word [with sb]; ***wir haben bei der Firmenleitung einen ~ in dieser Frage unternommen*** we tried to put over our case to the [company['s]] management in this matter

vor|stoßen *irreg* **I.** *vi sein* ■**[irgendwohin] ~** to venture [somewhere]; *Truppen, Panzer* to advance [*or* push forward] [somewhere]
II. *vt haben* ■**jdn ~** to push sb forward

Vorstrafe *f* JUR previous conviction

Vorstrafenregister *nt* JUR criminal [*or* police] record

vor|strecken *vt* ① (*vorübergehend leihen*) ■**jdm etw ~** to advance sb sth
② (*nach vorn strecken*) ■**etw ~** to stretch sth forward; **den Arm/die Hand ~** to stretch out one's arm/hand

Vorstufe *f* preliminary stage

Vortag *m* **am ~** the day before; **am ~ einer S.** *gen* [on] the day before sth; **vom ~** from yesterday; ***diese Nachricht stand in der Zeitung vom ~*** this news was in yesterday's newspaper; ***ich habe nur noch Brot vom ~*** I've only got bread left from yesterday [*or* yesterday's bread left]

Vortat *f* JUR prior offence

Vortäuschen *nt kein pl* JUR feigning, pretence; **~ einer Straftat** feigning commission of a crime

vor|täuschen *vt* ■**[jdm] etw ~** to feign sth [for sb]; **Hilfsbedürfigkeit/einen Unfall ~** to fake neediness/an accident; **Interesse ~** to feign interest; ***er hatte seine Heiratsabsichten nur vorgetäuscht*** he had only been faking his intentions to marry [her]

Vortäuschung <-, -en> *f* JUR pretence, faking; **~ von Tatsachen** misrepresentation of facts; **unter ~ falscher Tatsachen** under false pretences

Vorteil <-s, -e> *m* (*vorteilhafter Umstand*) advantage; **materielle ~e** material benefits; **steuerliche ~e** tax advantage [*or* benefits]; ***er sucht nur seinen eigenen ~*** he only [ever] looks out for himself; ***er ist nur auf seinen ~ bedacht*** he only ever thinks of [*or* has an eye to] his own interests; **den ~ haben, dass …** to have the advantage that …; **[jdm gegenüber] im ~ sein** to have an advantage [over sb]; **[für jdn] von ~ sein** to be advantageous [to sb]; **sich** *akk* **zu seinem ~ verändern** to change for the better; **zu jds ~** to sb's advantage; ***ich hoffe, dass der Schiedsrichter auch einmal zu unserem ~ entscheidet*** I hope the ref[eree] decides in our favour [just] for once

vorteilhaft I. *adj* ① FIN (*günstig*) favourable [*or* AM -or-]; (*Geschäft, Geschäftsabschluss*) lucrative, profitable; **ein ~er Kauf** a good buy, a bargain; ■**[für jdn] ~ sein** to be favourable [for sb]; ***ich würde von dem Geschäft abraten, es ist für Sie wenig ~*** I would advise [you] against entering into this deal, it won't be very profitable [for you]; ***der Kauf eines Gebrauchtwagens kann durchaus ~ sein*** a used car can often prove to be a really good buy
② MODE (*ansprechend*) flattering
II. *adv* ① FIN (*günstig*) **etw ~ erwerben** [*o* **kaufen**] to buy sth at an attractive [*or* a bargain] [*or* a reasonable] price
② MODE (*ansprechend*) ***in dem schlabberigen Pullover siehst du nicht sehr ~ aus*** that baggy [old] sweater doesn't do you any favours; ***du solltest dich etwas ~er kleiden*** you should wear clothes which are a bit more flattering

Vorteilsannahme *f* JUR *acceptance of benefit by a public official* **Vorteilsausgleichung** *f* JUR adjustment of damages **Vorteilsgewährung** *f* JUR granting of an undue advantage **Vorteilskriterium** *nt* FIN yardstick of profitability **Vorteilsvergleich** *m* FIN comparison of profitability

Vortitel *m* (*Buch*) half-title

Vortrag <-[e]s, Vorträge> *m* (*längeres Referat*) lecture; **einen ~ [über etw** *akk***/zu etw** *dat***] halten** to give [*or* deliver] a lecture [on [*or* about] sth]
▸ WENDUNGEN: **halt keine [langen] Vorträge!** (*fam*) don't beat about the bush!, get to the point!

vor|tragen *vt irreg* ① (*berichten*) ■**[jdm] etw ~** to present sth [to sb]; **[jdm] einen Beschluss** [*o* **eine Entscheidung**] **~** to convey a decision [to sb]; **[jdm] einen Wunsch ~** to express a desire [*or* wish] [to sb]
② (*rezitieren*) ■**etw ~** to recite sth; **ein Lied ~** to sing a song; **ein Musikstück ~** to play [*or* perform] a piece of music

Vortragende(r) *f(m) dekl wie adj* lecturer

Vortragsabend *m* lecture evening **Vortragsreihe** *f* course [*or* series] of lectures *npl*

vortrefflich I. *adj* (*geh*) excellent; (*Gedanke, Idee a.*) splendid; (*Gericht, Wein a.*) superb; **~ munden** [*o* **schmecken**] to taste excellent [*or* superb]
II. *adv* (*geh*) excellently; ***alle Speisen waren ~ zubereitet worden*** all the dishes had been exquisitely prepared

Vortrefflichkeit <-> *f kein pl* excellence

vor|treiben *vt irreg* BERGB ■**etw ~** *Stollen* to dig sth

vor|treten *vi irreg sein* ① (*nach vorn treten*) to step [*or* come] forward
② (*vorstehen*) *Fels* to jut out; *Backenknochen* to protrude; *Augen* to bulge

Vortritt[1] *m* precedence, priority; ■**jdm den ~ lassen** (*jdn zuerst gehen lassen*) to let sb go first [*or* in front [of one]]; (*jdn zuerst agieren lassen*) to let sb go first [*or* ahead]

Vortritt[2] *m kein pl* SCHWEIZ (*Vorfahrt*) right of way

vor|trocknen *vt* ■**etw ~** to pre-dry sth

Vortrocknung <-> *f kein pl* pre-drying *no pl*

vorüber *adv* ■**~ sein** ① *räumlich* (*vorbei*) to have gone past; ***er ist auf seinem Fahrrad schon ~*** he's already gone past on his bike; ***wir sind an dem Geschäft sicher schon ~, da vorne ist schon die Post*** we must have already passed the shop, there's the post office coming up [already]
② *zeitlich* (*vorbei*) to be over; (*Schmerz*) to be [*or* have] gone

vorüber|gehen *vi irreg sein* ① (*entlanggehen*) ■**an jdm/etw ~** to go [*or* walk] past sb/sth, to pass sb/sth by *sep;* **im V~** in passing, en passant; **etw im V~ erledigen** to do sth just like that
② (*vorbeigehen*) to pass; *Schmerz* to go

vorübergehend I. *adj* temporary
II. *adv* for a short time; ***das Geschäft bleibt wegen Renovierungsarbeiten ~ geschlossen*** the business will be temporarily closed [*or* closed for a short time] due to [*or* for] renovation work; ***die Wetterbesserung wird nur ~ anhalten*** the improvement in the weather will only be [a] temporary [one]

Vorübergehende(r) *f(m) dekl wie adj* passer-by

Vorübung *f* preliminary exercise

Vor- und Zuname *m* Christian [*or* first] name and surname

Voruntersuchung *f* JUR preliminary investigation; **gerichtliche ~** committal proceedings

Vorurteil *nt* prejudice; **~e [gegenüber jdm] haben** [*o geh* **hegen**] to be prejudiced [against sb]; **das ist ein ~** that's prejudiced

vorurteilsfrei *adj* unbiased; (*Gutachter*) unprejudiced **vorurteilslos I.** *adj* unprejudiced, unbiased
II. *adv* without prejudice [*or* bias]; ***unser Chef verhält sich Ausländern und Frauen gegenüber nicht ganz ~*** our boss is not always without prejudice in his dealings with foreigners and women

Vorväter *pl* (*geh*) forefathers *npl,* ancestors *npl,* for[e]bears *npl form*

Vorverfahren *nt* JUR interlocutory [*or* preliminary] proceedings *pl*

Vorverfahrensrichter(in) *m(f)* JUR master

Vorvergangenheit *f* LING pluperfect

Vorverhandlung *f* ① HANDEL preliminary negotiations [*or* talks] *pl*
② JUR pleadings *pl*

Vorverkauf *m* THEAT, SPORT advance sale *no pl* [of tickets], advance ticket sales *pl*

vorverkaufen* *vt* ■**etw ~** to sell sth in advance

Vorverkaufsgebühr *f* FIN booking fee **Vorverkaufsstelle** *f* THEAT, SPORT advance ticket office

vor|verlegen* *vt* ① (*auf früheren Zeitpunkt verlegen*) ■**etw [auf etw** *akk***] ~** to bring sth forward [to sth]
② BAU (*weiter nach vorn verlegen*) ■**etw ~** to move sth forward

Vorveröffentlichung *f* prior publication

Vorverstärker *f* TECH pre-amplifier

Vorvertrag *m* JUR preliminary [*or* provisional] agreement

vorvorgestern *adv* (*fam*) three days ago

vorvorig *adj* (*fam*) before last *pred;* **~es Jahr/~er Monat/~e Woche** the year/month/week before last

vorvorletzte(r, s) *adj* third last, third to last AM; ***in der Wertung liegt sie an ~r Stelle*** she's third last [*or* BRIT *a.* last but two] in the rankings; ■**V~(r)** third last; ***im Marathonlauf war er V~r*** he was third last in the marathon

vor|wagen *vr* ① (*hervorzukommen wagen*) ■**sich** *akk* **[aus etw** *dat***] ~** to venture out [of sth]
② (*sich zu exponieren wagen*) ■**sich** *akk* **[mit etw** *dat***] [zu weit] ~** to stick one's neck out [too far] [with sth]; ***jetzt haben sie sich wieder aus ihren Rattenlöchern vorgewagt*** they've begun crawling out of the woodwork again now

Vorwahl *f* ① (*vorherige Auswahl*) pre-selection [process]
② POL preliminary election, primary AM
③ TELEK *s.* **Vorwahlnummer**

vor|wählen *vt* TELEK ■**etw ~** to dial sth first

Vorwahlnummer *f* TELEK area [*or* BRIT dialling] code

Vorwand <-[e]s, Vorwände> *m* (*vorgeschobener Einwand*) pretext, excuse; ***er nahm es als ~, um nicht dahin zu gehen*** he used it as a pretext [*or* an excuse] not to go; **unter einem ~** on [*or* under] a pretext; **unter dem ~, etw tun zu müssen** under the pretext of having to do sth

vor|wärmen *vt* KOCHK ■**etw ~** to preheat sth; **einen Teller ~** to warm a plate; ■**vorgewärmt** preheated

vor|warnen *vt* ■**jdn ~** to warn sb [in advance [*or* beforehand]]

Vorwarnung *f* [advance [*or* prior]] warning; **ohne ~** without warning

vorwärts *adv* forward; **~!** onwards! [*or esp* AM onward!], move!; **jdn ~ bringen** to help sb to make progress; ***der berufliche Erfolg hatte sie auch gesellschaftlich ~ gebracht*** success at work also helped her get on in her social life; **[mit etw** *dat***] ~ gehen** to make progress [with sth]; ***wie geht's mit deiner Doktorarbeit ~?*** how's your thesis coming along?; ***jetzt geht es hoffentlich wirtschaftlich wieder ~*** hopefully things will start getting better on the business side; **[in etw** *dat***] ~ kommen** to get on [in sth]; *s. a.* **Schritt**

Vorwärtsgang <-gänge> *m* AUTO forward gear [*or* speed]; **im ~** in forward gear

Vorwäsche <-, -n> *f* pre-wash

vor|waschen *vt irreg* ■**etw ~** to pre-wash sth

Vorwaschgang *m kein pl* TECH pre-wash

vorweg *adv* ① (*zuvor*) beforehand
② (*an der Spitze*) in front; ***geh du ~, du kennst dich hier aus*** you lead the way, you know this area

Vorwegnahme <-, -n> *f* (*geh*) indication **vorweg|nehmen** *vt irreg* ■**etw** ~ to anticipate sth; ***lies das Buch selbst, ich will den Ausgang jetzt nicht*** ~ you'll have to read the book yourself, I don't want to give away what happens; ■**vorweggenommen** anticipated; **vorweggenommene Abschreibung** anticipated deprecation **Vorwegpfändung** *f* JUR anticipated levy of execution

Vorweis <-es, *selten* -e> *m bes* SCHWEIZ production [of documentation]; ■**gegen** ~ upon producing

vor|weisen *vt irreg* ① (*nachweisen*) ■**etw** ~ **können** to have [*or* possess] sth; ***dieser Bewerber kann einen mehrjährigen Auslandsaufenthalt*** ~ this candidate has [the experience of having] spent a number of years [working] abroad
② (*geh: vorzeigen*) ■**etw** ~ to show [*or* produce] sth

vor|werfen *vt irreg* ① (*als Vorwurf vorhalten*) ■**jdm etw** ~ to reproach sb for sth; ■**jdm ~, etw zu tun** [*o* **getan zu haben**] to reproach sb for doing [*or* having done] sth; ■**jdm ~, dass ...** to reproach/blame sb for ...; ***mir wird vorgeworfen, im Überholverbot überholt zu haben*** I've been charged with overtaking in a "no overtaking" zone; **sich** *dat* [**in etw** *dat*] **nichts vorzuwerfen haben** to have a clear conscience [in sth]
② (*als Futter hinwerfen*) ■**einem Tier etw** ~ to throw sth to an animal; ***er warf dem Hund einen dicken Knochen vor*** he threw the dog a big bone
③ HIST (*zum Fraß lassen*) ■**jdn den Tieren** ~ to throw sb to the animals

vorwiegend *adv* ① (*hauptsächlich*) predominantly, mainly; ***am Wochenende halten wir uns ~ in unserem Wohnwagen auf*** we mostly spend our weekends [staying] in our caravan
② METEO (*überwiegend*) predominantly, mainly

Vorwissen *nt kein pl* previous knowledge; (*Hintergrund*) background knowledge

Vorwitz <-es> *m kein pl* (*veraltend*) ① (*Neugier*) curiosity
② (*Keckheit*) cheeky behaviour [*or* AM -or]

vorwitzig *adj* cheeky

Vorwort <-worte> *nt* MEDIA foreword, preface

Vorwurf <-[e]s, Vorwürfe> *m* (*anklagende Vorhaltung*) reproach; **jdm** [**wegen einer S.** *gen*] **Vorwürfe** [*o* **einen** ~] **machen** to reproach sb [for sth]; **jdm zum ~ machen, etw getan zu haben** to reproach [*or* blame] sb for having done sth, to hold it against sb that he/she did sth

vorwurfsvoll I. *adj* reproachful
II. *adv* reproachfully

vor|zählen *vt* ■**jdm etw** ~ to count out sth *sep* to sb; ■**sich** *dat* **etw** [**von jdm**] ~ **lassen** to have sth counted out [by sb]

Vorzeichen *nt* ① (*Omen*) omen
② (*Anzeichen*) sign
③ MUS (*Versetzungszeichen*) accidental
④ MATH sign; **positives/negatives** ~ plus/minus sign

vor|zeichnen *vt* ① (*durch Zeichnen demonstrieren*) ■**jdm etw** ~ to show sb how to draw sth
② (*vorherbestimmen*) ■[**jdm**] **etw** ~ to predetermine [*or* preordain] sth [for sb]; ■[**durch etw** *akk*] **vorgezeichnet sein** to be predestined [by sth]

vorzeigbar *adj* presentable

Vorzeigefirma *f* model company **Vorzeigefrau** *f* token woman, shining example of a woman **Vorzeigemodell, Vorzeigeprodukt** *nt* HANDEL showpiece

vor|zeigen *vt* ■[**jdm**] **etw** ~ to show [sb] sth [*or* sth [to sb]] [*or* produce sth [for sb]]

Vorzeigeobjekt *nt* showpiece

Vorzeit *f* (*prähistorische Zeit*) prehistoric times
▶ WENDUNGEN: **in grauer** ~ in the dim and distant past

vorzeitig *adj* early; (*Geburt*) premature; (*Tod*) untimely; ***wir alle haben den ~en Weggang dieser geschätzten Mitarbeiter bedauert*** we were all sorry to see these well-respected colleagues retire early

vorzeitlich *adj* prehistoric

Vorzelt *nt* awning

Vorzensur *f kein pl* JUR pre-censorship

vor|ziehen *vt irreg* ① (*bevorzugen*) ■**jdn** ~ to prefer sb; ■**jdn jdm** ~ to prefer sb to sb; ***Eltern sollten kein Kind dem anderen*** ~ parents shouldn't favour one child in preference to another; ■**etw** [**etw** *dat*] ~ to prefer sth [to sth]
② (*den Vorrang geben*) ■**es ~, etw zu tun** to prefer to do sth; ***ich ziehe es vor spazieren zu gehen*** I'd rather go for a walk
③ (*zuerst erfolgen lassen*) ■**etw** ~ to bring sth forward
④ (*nach vorn ziehen*) ■**etw** ~ to move [*or* pull] sth forward; ***ich habe den Sessel zum Kamin vorgezogen, da ist es wärmer*** I've pulled the armchair [up] closer to the fire, where it's warmer

Vorzimmer *nt* ① (*Sekretariat*) secretariat, secretary's office
② ÖSTERR (*Diele*) hall

Vorzimmerdame *f* (*fam*) secretary

Vorzug[1] <-[e]s, Vorzüge> *m* ① (*gute Eigenschaft*) asset, merit; **seine Vorzüge haben** to have one's assets [*or* merits] [*or* good qualities]
② (*Vorteil*) advantage; **den ~ haben,** [**dass ...**] to have the advantage [that ...]
③ (*Bevorzugung*) **jdm/einer S. den ~** [**vor jdm/etw**] **geben** (*geh*) to prefer sb/sth [to sb/sth]

Vorzug[2] *m* BAHN (*Entlastungszug*) relief train

vorzüglich I. *adj* excellent, first-rate; (*Gericht*) sumptuous, superb, excellent; (*Hotel*) first-class [*or* -rate], excellent; (*Wein*) excellent, exquisite, superb
II. *adv* ① (*hervorragend*) excellently; ~ **speisen** to have a sumptuous [*or* superb] [*or* an excellent] meal; ~ **übernachten** to find a first-class [*or* an excellent] place to stay for the night
② (*hauptsächlich*) especially, particularly; ***diesen Punkt sollte man ~ beachten*** particular emphasis should be placed on this point

Vorzugsaktie *f* FIN preference share [*or* AM stock]; ~ **mit zusätzlicher/ohne zusätzliche Gewinnbeteiligung** participating/non-participating preference share; **wandelbare ~, ~ mit Umtauschrecht** convertible preferred share; **kündbare** ~ redeemable preferred share **Vorzugsaktionär(in)** *m(f)* FIN preference [*or* preferred] shareholder [*or* AM stockholder] **Vorzugsbedingungen** *pl* preferential terms *pl* **Vorzugsbehandlung** *f* preferential treatment *no pl, no indef art* **Vorzugsdividende** *f* FIN preferred dividend, dividend on preferred stock **Vorzugsforderung** *m* FIN preferential claim **Vorzugsgläubiger(in)** *m(f)* FIN preferred [*or* secured] creditor **Vorzugsklage** *f* JUR action for preferential satisfaction **Vorzugskonditionen** *pl* JUR preferential terms **Vorzugsmilch** *f* KOCHK [full cream] whole milk, *milk with a high fat content* **Vorzugspreis** *m* concessionary [*or* AM discount] fare **Vorzugsrabatt** *m* HANDEL preferential discount **Vorzugsrecht** *nt* JUR preferential right **Vorzugsstimmrecht** *nt* JUR preferential voting right

vorzugsweise *adv* primarily, chiefly, mainly; ***wenn ich auf Geschäftsreise bin, übernachte ich ~ im Hotel*** when I'm on a business trip, I mostly stay in hotels

Vota, Voten *pl von* **Votum**

votieren* [vo:-] *vi* (*geh*) ■**für/gegen jdn/etw** ~ to vote for/against sb/sth

Votivbild *nt* REL votive picture **Votivgabe** *f* REL votive gift [*or* offering] **Votivtafel** *f* REL votive tablet

Votum <-s, Voten *o* Vota> ['vo:-] *nt* (*geh*) ① (*Entscheidung*) decision; **das ~ der Geschworenen** the jury's verdict
② POL (*Wahlentscheidung*) vote; **einstimmiges** ~ solid [*or* block] vote

Voucher <-s, -[s]> ['vaʊtʃə] *nt o m* voucher

Voyeur <-s, -e> [voa'jø:ɐ] *m* voyeur

Voyeurismus <-> *m kein pl* voyeurism

voyeuristisch *adj* voyeuristic

v.T. *Abk von* **vom Tausend** of a thousand

vulgär [vʊ-] I. *adj* (*pej geh*) vulgar
II. *adv* ~ **aussehen** to look vulgar [*or* common]; **sich** *akk* ~ **ausdrücken** to use vulgar [*or* coarse] language; **sich** *akk* ~ **benehmen** to behave in a vulgar [*or* rude] manner; ***sie beschimpfte ihn*** ~ she swore at him

Vulgarität <-, -en> [vʊ-] *f* (*pej geh*) ① *kein pl* (*vulgäre Art*) vulgarity
② *meist pl* (*vulgäre Bemerkung*) vulgar expression, vulgarity

Vulkan <-[e]s, -e> [vʊ-] *m* volcano; **erloschener/tätiger** ~ extinct/active volcano
▶ WENDUNGEN: **wie auf einem ~ leben** (*geh*) to be like living on the edge of a volcano, to be [like] sitting on a powder-keg [*or* time-bomb]

Vulkanasche *f* GEOL volcanic ash **Vulkanausbruch** [vʊ-] *m* volcanic eruption **Vulkanfiber** <-> *f kein pl* vulcanized fibre [*or* AM -er] **Vulkaninsel** *f* GEOL volcanic island, island of volcanic origin

Vulkanisation <-, -en> *f* TECH vulcanization

vulkanisch [vʊ-] *adj* volcanic

vulkanisieren* [vʊ-] *vt* TECH ■**etw** ~ to vulcanize sth

Vulkanismus <-> *m kein pl* vulcanism

Vulkanologie <-> *f kein pl* volcanology

Vulva <-, Vulven> *f* ANAT vulva

v.u.Z. *Abk von* **vor unserer Zeitrechnung** BC

W

W, w <-, - *o fam* -s, -s> *nt* W, w; ~ **wie Wilhelm** W for [*or* AM as in] William; *s. a.* **A 1**

W *Abk von* **Westen** W, W.

WAA <-, -s> [ve:ʔa:'ʔa:] *f Abk von* **Wiederaufarbeitungsanlage**

Waadt <-s> [va:t] *nt* Vaud

Waage <-, -n> *f* ① TECH (*Gerät zum Wiegen*) scales *npl*; **eine** ~ a pair *n sing* of scales
② *kein pl* ASTROL (*Tierkreiszeichen*) Libra; [**eine**] ~ **sein** to be a Libra[n]
▶ WENDUNGEN: **sich** *dat* **die ~ halten** to balance out one another [*or* each other] *sep*; ***Vor- und Nachteile halten sich die*** ~ the advantages and disadvantages are roughly equal

Waagebalken *m* balance [*or* scale] beam

waag(e)recht I. *adj* level, horizontal; **eine ~e Linie** a horizontal line
II. *adv* horizontally

Waag(e)rechte <-n, -n> *f* (*Horizontale*) horizontal [line]; **in der ~n, in die ~** level; **in die ~ bringen** to make sth level

Waagschale *f* TECH (*Schale einer Waage*) [scale-]pan
▶ WENDUNGEN: **etw auf die ~ legen** (*geh*) to take sth literally; **etw** [**für jdn/etw**] **in die ~ werfen** (*geh*) to bring one's influence to bear [on sb's behalf/in support of sth]

wabb(e)lig *adj* (*fam*) wobbly; **ein ~er Fettbauch** a flabby paunch

wabbeln *vi* (*fam*) to wobble

Wabe <-, -n> *f* honeycomb

wabenförmig *adj* honeycombed

Wabenhonig *m* KOCHK comb honey

wach *adj* ① (*nicht schlafend*) awake; ■~ **sein** to be awake; ■~ **werden** to wake up; ~ **bleiben** to stay awake; **jdn ~ halten** to keep sb awake; ~ **liegen** to lie awake
② (*aufgeweckt*) alert, keen, sharp; **etw ~ halten** to keep sth alive; **das/jds Interesse ~** to hold sb's interest [*or* keep sb interested]

Wachablösung *f* ① (*Ablösung der Wache*) changing of the guard *no pl*
② (*Führungswechsel*) change of leadership

Wache <-, -n> *f* ① *kein pl a.* MIL (*Wachdienst*) guard duty; ~ **haben** to be on guard duty; **auf ~ sein** to be on guard duty; ~ **stehen** [*o fam* **schieben**] to be on guard duty; **auf ~** on [guard] duty
② MIL (*Wachposten*) guard, sentry
③ (*Polizeiwache*) police station; ***kommen Sie mal mit auf die ~!*** you'll have to accompany me to the [police] station, please!
④ (*behüten*) [**bei jdm**] ~ **halten** to keep watch [over sb]

wachen *vi* ① (*Wache halten*) ■[**irgendwo/bei jdm**] ~ to keep watch [somewhere/over sb]
② (*geh: wach sein*) to be awake
③ (*auf etw genau achten*) ■**über etw** *akk* ~ to ensure [*or* see to it] that sth is done; ■**darüber ~, dass ...** to ensure [*or* see to it] that ...

wachhabend *adj attr* ADMIN, MIL duty

Wachhabende(r) *f(m) dekl wie adj* ADMIN, MIL duty officer

Wachhund *m* watchdog, guarddog

wachküssen *vt* ■**jdn** ~ to wake up sb *sep* with a kiss, to give sb a wake-up kiss

Wachlokal *nt* guardhouse, guardroom

Wachmacher *m* (*fam*) stimulant

Wachmann <-leute *o* -männer> *m* ① (*Wächter*) [night-]watchman ② ÖSTERR (*Polizist*) policeman **Wachmannschaft** *f* men on guard, guard

Wacholder <-s, -> *m* ① (*Busch*) juniper [tree]; (*Beeren*) juniper berry
② (*fam*) *s.* **Wacholderschnaps**

Wacholderbeere *f* juniper berry **Wacholderdrossel** *f* ORN fieldfare **Wacholderschnaps** *m* ≈ gin (*schnapps made from juniper berries*) **Wacholderzweig** *m* branch from a juniper [tree], juniper branch

Wachposten *m s.* **Wachtposten**

wach|rufen *vt irreg* ■**etw** [**in jdm**] ~ to awaken [*or* evoke] [*or* stir up *sep*] sth [in sb] **wachrütteln** *vt* ■**jdn** ~ to wake up sb *sep* by shaking them, to give sb a shake to wake them up

Wachs <-es, -e> *nt* ① (*Bienenwachs*) [bees]wax
② (*Bohnerwachs*) [floor] polish [*or* wax]
③ (*Antikwachs*) [French] polish
► WENDUNGEN: ~ **in jds Händen sein** (*geh*) to be [like] putty in sb's hands

Wachsabdruck *m* wax impression

wachsam I. *adj* vigilant, watchful; ***seid ~!*** be on your guard!
II. *adv* vigilantly, watchfully

Wachsamkeit <-> *f kein pl* vigilance *no indef art, no pl*

wachsartig *adj* ORN cereous

wachsbleich *adj* waxen

Wachsbohne *f* wax [*or* butter] bean

wach|schütteln *vt* ■**jdn** ~ to wake up sb *sep* by shaking them, to give sb a shake to wake them up

wachsen[1] <wuchs, gewachsen> [-ks-] *vi sein*
① (*größer werden*) to grow; **in die Breite/Höhe** ~ to grow broader [*or* to broaden [out]]/taller; **~des Defizit** growing deficit
② MED (*sich vergrößern*) to grow
③ (*sich ausbreiten*) to grow; *Wurzeln* to spread
④ (*länger werden*) ■[**jdm**] **wächst etw** [sb's] sth is growing; ***dir ~ die Haare ja schon bis auf die Schultern!*** your hair [is so long it] has almost reached your shoulders!; ■**sich** *dat* **etw ~ lassen** to grow sth; **sich** *dat* **die Haare ~ lassen** to grow one's hair [long] [*or* let one's hair grow]
⑤ (*intensiver werden*) *Spannung, Unruhe* to mount
⑥ (*sich vermehren*) ■[**auf/um etw** *akk*] ~ to grow [*or* increase] [to/by sth]; ***in den letzten Jahren ist die Stadt um rund 1500 Einwohner gewachsen*** the population of the town has grown by about 1,500 [people] over the last few years
► WENDUNGEN: **gut gewachsen** evenly-shaped

wachsen[2] [-ks-] *vt* (*mit Wachs einreiben*) ■**etw** ~ to wax sth

wächsern [-ks-] *adj* waxen

Wachsfigur *f* waxwork, wax figure **Wachsfigurenkabinett** *nt* waxworks *npl* [museum] **Wachshaarentfernungsstreifen** *m* wax removal strip **Wachskerze** *f* wax candle **Wachsmalkreide** *f*, **Wachsmalstift** *m* wax crayon **Wachsmaske** *f* wax mask **Wachsmodell** *nt* wax mould **Wachspapier** *nt* wax-paper **Wachstafel** *f* HIST wax tablet

Wachstube *f s.* **Wachlokal** **Wachstuch** *nt* oilcloth

Wachstum <-[e]s> [-ks-] *nt kein pl* ① (*das Wachsen*) growth
② ÖKON (*Wirtschaftswachstum*) growth; ***das ~ liegt hinter den Erwartungen zurück*** growth is behind expectations; **hohes ~** mushroom growth
③ (*das Anwachsen*) growth, increase; (*einer Ortschaft*) growth, expansion

Wachstumsaktie *f* growth share [*or* stock] **Wachstumsbranche** [-ks-, -brãːʃə] *f* growth sector **Wachstumsdynamik** *f* ÖKON dynamics + *sing vb* of growth **wachstumsfördernd** *adj* ① BIOL (*dem Wachstum förderlich*) growth-promoting ② ÖKON (*wirtschaftliches Wachstum fördernd*) boosting economic growth **Wachstumsförderung** *f* ① BIOL (*Förderung des Wachstums*) growth promotion ② ÖKON (*Förderung des wirtschaftlichen Wachstums*) boost of economic growth **Wachstumsgefälle** *nt* ÖKON growth curve **Wachstumsgen** *nt* growth gene **Wachstumsgrenze** *f* ÖKON expansion limit **wachstumshemmend** *adj* growth-inhibiting; ÖKON impeding growth *pred* **Wachstumshormon** *nt* growth hormone **Wachstumsimpuls** *m* ÖKON impetus towards expansion **Wachstumsindustrie** *f* ÖKON growth industry **Wachstumsinformationen** *pl* MED growth information *no pl, no indef art* **Wachstumsmarkt** *m* growth market **Wachstumsmotor** *m* ÖKON drive behind expansion **wachstumsorientiert** *adj* growth-orientated **Wachstumsperspektive** *f* ÖKON prospect of growth **Wachstumspotenzial**[RR] *nt* ÖKON growth potential **Wachstumsprognose** *f* ÖKON growth forecast **Wachstumsrate** *f* ÖKON growth rate **Wachstumsschranken** *pl* ÖKON expansion limits **wachstumsschwach** *adj* ÖKON slow-growing; **~er Wirtschaftszweig** slow-growing industry **Wachstumsspielraum** *m* ÖKON leeway for growth **wachstumsstark** *adj* ÖKON fast-growing **Wachstumsstörung** *f* MED disturbance of growth **Wachstumstempo** *nt* growth rate

wachsweich *adj* ① (*nicht fest*) **ein ~ gekochtes Ei** a soft-boiled [*or* runny] egg; ■~ **werden** (*fig*) to become [weak and] submissive, to become like putty, to turn to jelly
② *Erklärung* weak, lame, insipid, nebulous

Wachtel <-, -n> *f* ORN quail

Wachtelbohne *f* pinto bean **Wachtelei** *nt* quail's egg

Wächter(in) <-s, -> *m(f)* ① (*veraltend: Hüter in einer Anstalt*) guard; (*Wachmann*) [night-]watchman
② ([*moralischer*] *Hüter*) guardian

Wachtmeister(in) *m(f)* [police] constable BRIT, police officer AM **Wachtposten** *m* guard

Wachtraum *m* PSYCH daydream, waking dream

Wach(t)turm *m* watchtower

Wach- und Schließgesellschaft *f kein pl* ÖKON ■**die** ~ the security corps BRIT

Wachwechsel *m* changing of the guard

Wachzustand *m* **im ~** [**sein**] [to be] awake [*or* in a waking state]

wack(e)lig *adj* ① (*nicht fest stehend*) rickety; (*Konstruktion*) rickety, unsound; (*Säule*) shaky; (*Steckdose*) loose; (*Stuhl, Tisch*) unsteady
② (*nicht solide*) shaky; (*Firma*) unsound, shaky

Wackelkontakt *m* ELEK loose connection

wackeln *vi* ① *haben* (*wackelig sein*) to wobble; *Konstruktion, Säule* to shake
② *haben* (*hin und her bewegen*) ■**mit etw** *dat* ~ to rock on [one's] sth; **mit dem Kopf** ~ to shake one's head; **mit den Hüften** ~ to wiggle one's hips; **mit den Ohren** ~ to wiggle [*or* waggle] one's ears
③ *sein* (*sich unsicher fortbewegen*) ■**irgendwohin** ~ to totter somewhere; *Kleinkind* to toddle somewhere

Wackelpeter *m* (*fam*) jelly BRIT, jello AM **Wackelpudding** *m* (*fam*) jelly BRIT, jello AM

wacker *adj* (*veraltend: redlich*) *Bürger* upright, decent; (*tapfer*) *Soldat* brave, valiant; **sich ~ halten/schlagen** (*fam*) to put up a good show

wacklig *adj s.* **wackelig**

Wade <-, -n> *f* ANAT calf

Wadenbein *nt* ANAT fibula **Wadenkrampf** *m* cramp in the [*or* one's] calf **wadenlang** *adj* calf-length **Wadenwickel** *m* MED leg compress

Wadli <-s, -> *nt* KOCHK SCHWEIZ (*Eisbein*) cured knuckle of pork

Wafer <-s, -[s]> [ˈweɪfə] *m* (*Siliziumscheibe*) wafer

Waffe <-, -n> *f* ① *a.* MIL (*Angriffswaffe*) weapon, arm; **zu den ~n greifen** to take up arms; **die ~n strecken** to lay down one's arms [*or* surrender]
② (*Schusswaffe*) gun, firearm; **eine ~ tragen** to carry a gun
► WENDUNGEN: **jdn mit seinen eigenen ~n schlagen** to beat sb at his own game

Waffel <-, -n> *f* KOCHK waffle

Waffeleisen *nt* waffleiron

Waffenarsenal *nt* MIL arsenal, stockpile [of weapons] **Waffenbesitz** *m* possession of firearms [*or* a firearm] **Waffenembargo** *nt* MIL arms embargo; **ein ~ verhängen** to impose an arms embargo **Waffengattung** *f* MIL arm of the services

Waffengesetz *nt* JUR Weapons Act, gun laws *pl* **Waffengesetz** *nt* gun laws *pl* **Waffengewalt** *f kein pl* armed force; **mit ~** by force of arms **Waffenhandel** *m kein pl* arms trade *no pl* [*or* trading] *no pl* **Waffenhändler** *m* MIL arms dealer **Waffenkammer** *f* armoury, AM armory **Waffenlager** *nt* MIL arsenal, ordnance depot **Waffenlieferung** *f* arms supply **Waffennarr** *m* (*pej fam*) gun freak [*or fam* nut] **Waffenruhe** *f* MIL ceasefire **Waffenschein** *m* ADMIN firearms [*or* gun] licence [*or* certificate] **Waffenschmied** *m* HIST armourer BRIT, armorer AM **Waffenschmuggel** *m* MIL gunrunning, arms smuggling **Waffenschmuggler(in)** *m(f)* MIL gun-runner **Waffen-SS** [-ɛsʔɛs] *f* HIST ■**die** ~ the Waffen SS **Waffenstillstand** *m* MIL armistice **Waffenstillstandsverhandlungen** *pl* armistice negotiations *pl* **Waffensystem** *nt* MIL weapon system

wag(e)halsig *adj* daring, daredevil *attr*

Wägelchen <-s, -> *nt dim von* **Wagen** (*kleiner Karren*) [little] cart; (*Auto*) car, motor BRIT *fam*

Wagemut *m* (*geh*) daring *no indef art, no pl*, boldness *no indef art, no pl*

wagemutig *adj* daring, bold

wagen I. *vt* ① (*riskieren*) ■**etw** ~ to risk sth
② (*sich getrauen*) ■**es ~, etw zu tun** to dare [to] do sth
► WENDUNGEN: **wer nicht wagt, der nicht gewinnt** (*prov*) nothing ventured, nothing gained *prov; s. a.* **frisch**
II. *vr* ① (*sich zutrauen*) ■**sich** *akk* **an etw** *akk* ~ to venture to tackle sth
② (*sich trauen*) ■**sich** *akk* **irgendwohin/irgendwoher** ~ to venture [out] to/from somewhere

Wagen <-, Wagen *o* SÜDD, ÖSTERR Wägen> *m*
① (*Pkw*) car; ***ich nehme den*** ~ I'll take [*or* go in] [*or* drive] the car; (*Lkw*) truck, BRIT *a.* lorry; (*Wagenladung*) truckload, BRIT *a.* lorryload
② BAHN (*Waggon*) carriage, car, coach
③ (*Fahrzeug mit Deichsel*) cart
④ (*Kinder~*) pram BRIT, baby carriage AM
⑤ (*Teil einer Schreibmaschine*) carriage
⑥ ASTRON **der Große/Kleine ~** the Great Bear [*or* Plough] [*or* Big Dipper]/Little Bear [*or* Little Dipper]
► WENDUNGEN: **sich** *akk* **nicht vor jds ~ spannen lassen** (*fam*) to not let oneself be roped into sb's sth

wägen <wog *o* wägte, gewogen *o* gewägt> *vt* (*geh*) ■**etw** ~ to weigh sth

Wagenburg *f* HIST corral, defensive ring of wagons **Wagendach** *nt* car roof, body ceiling *spec*

Wagenfenster *nt* car window **Wagenführer(in)** *m(f)* [tram] driver **Wagenheber** <-s, -> *m* (*Werkzeug*) jack **Wagenkolonne** *f* vehicular convoy, stream of cars **Wagenladung** *f* truckload, BRIT *a.* lorryload **Wagenladungstarif** *m* wagon [*or* BRIT *a.* waggon] tariff **Wagenlenker** *m* HIST charioteer **Wagenpark** *m s.* **Fuhrpark** **Wagenpflege** *f* AUTO car care **Wagenrad** *nt* cartwheel **Wagenrennen** *nt* HIST chariot race **Wagenrücklauf** *m* INFORM carriage return; **automatischer** ~ automatic carriage return **Wagenrücklauftaste** *f* INFORM carriage return key **Wagenschlag** *m* (*veraltend*) *Kutsche* carriage door; *Auto* car door **Wagenschmiere** *f* cart grease

Wagenstandsgeld *nt* HANDEL demurrage

Wagentür *f* car [*or* carriage] door **Wagenwäsche** *f* AUTO car wash

Waggon <-s, -s> [va'gõ:, va'gɔŋ, va'go:n] *m* BAHN [goods] wag[g]on

Waggonladung *f* wagonload, carload

waggonweise *adv* by the wagonload

waghalsig *adj* fearless, daring, bold

Wagner <-s, -> *m* SÜDD, ÖSTERR, SCHWEIZ (*Wagenbauer*) cartwright

Wagnis <-ses, -se> *nt* ① (*riskantes Vorhaben*) risky venture
② (*Risiko*) risk; **kalkulatorisches** ~ ÖKON calculable risk

Wagon <-s, -s> [va'gõ:, va'go:n] *m s.* **Waggon**

Wahhabit <-en, -en> *m* (*Angehöriger einer konservativen islamischen Sekte*) Wah[h]abi

Wahl <-, -en> *f* ① POL (*Abstimmung*) election, vote; ~ **durch Handaufheben** voting by show of hands; ■[**die**] ~**en** [**zu etw**] [the] elections [to sth]; **geheime/freie** ~ secret ballot/free elections *pl;* **zur** ~ **gehen** to vote; **die** ~ **annehmen** to accept one's election; **zur** ~ **schreiten** (*geh*) to [take a] vote
② *kein pl* (*Ernennung durch Abstimmung*) election; ■**jds** ~ **in etw** *akk* sb's election to sth; ■**jds** ~ **zu etw** sb's election as sth
③ *kein pl* (*das Auswählen*) choice; **freie** ~ **des Arbeitsplatzes** free choice of employment; **Recht der ersten** ~ right of first choice; ***meine*** ~ ***fiel auf den roten Sportwagen*** the red sports car was my choice; **die/jds** ~ **fällt auf jdn/etw** sb/sth is chosen/sb chooses sb/sth; **die** ~ **haben** to have a choice; **seine** [*o* **eine**] ~ **treffen** to make one's [*or* a] choice
④ (*Alternative*) **keine andere** ~ **bleiben** [*o* **haben**] sb has [*or* there is] no alternative [*or* choice]; **die** ~ **haben, etw zu tun** to be able to choose to do sth; **jdm die** ~ **lassen** to let sb choose [*or* leave it up to sb [to choose]]; **jdm keine** ~ **lassen** to leave sb [with] no alternative [*or* other choice]
⑤ ÖKON (*Klasse*) **erste/zweite** ~ top[-grade] [*or* first[-class]] quality/second-class quality; **... erster/zweiter** ~ top[-grade] [*or* first[-class]] quality/second-class quality ...; **Eier erster/zweiter** ~ grade one/two eggs; **Waren erster/zweiter** ~ firsts/seconds, top[-grade] quality/second-class quality goods
⑥ ÖKON (*Auswahl*) **zur** ~ **stehen** there is a choice [*or* selection] of
▸ WENDUNGEN: **wer die** ~ **hat, hat die Qual** (*prov*) sb is spoilt for choice

Wahlalter *nt* voting age **Wahlamt** *nt* ADMIN *authority responsible for organising elections in constituencies* **Wahlaufruf** *m* election announcement **Wahlausgang** *m* POL election results *pl,* election outcome, outcome of an/the election **Wahlausschuss**^RR^ *m* election [*or* electoral] committee

Wählautomatik *f* TELEK automatic dialling [*or* AM dialing]

wählbar *adj* POL eligible; ■**zu jdm/in etw** *akk* ~ **sein** to be eligible for election as sb/to sth; ■~ **sein** to be eligible to stand for election

Wählbarkeit <-> *f kein pl* eligibility, electability

Wahlbeamter, -beamtin *m, f* JUR elected public officer **Wahlbenachrichtigung** *f* POL polling card **Wahlbeobachtung** *f* election monitoring **wahlberechtigt** *adj* POL eligible [*or* entitled] to vote *pred* **Wahlberechtigte(r)** <-n, -n> *f(m)* *dekl wie adj* person entitled to vote **Wahlberechtigung** *f* right to vote **Wahlbeteiligung** *f* POL turnout, poll; **eine hohe** ~ a high turnout [at the election], BRIT *a.* a heavy poll **Wahlbetrug** *m* ballot [*or* vote] rigging **Wahlbezirk** *m* POL ward **Wahlboykott** *m* POL election boycott **Wahlbündnis** *nt* electoral pact

wählen I. *vt* ① *a.* POL ■**jdn/etw** ~ to vote for sb/sth
② (*durch Abstimmung berufen*) ■**jdn in etw** *akk*/**zu etw** *dat* ~ to elect sb to sth/as sth
③ TELEK ■**etw** ~ to dial sth; ***ich glaube, Sie haben die falsche Nummer gewählt*** I think you've dialled the wrong number [*or* misdialled]
II. *vi* ① POL to vote; ~ **gehen** to vote
② (*auswählen*) ■[**unter etw** *dat*] ~ to choose [from sth]
③ TELEK to dial

Wähler(in) <-s, -> *m(f)* POL voter; (*Gesamtheit der Wähler*) electorate *sing*

Wählerauftrag *m* mandate **Wählerbestechung** *f* JUR bribing voters

Wahlerfolg *m* success at an/the election, electoral success **Wahlergebnis** *nt* POL election result

Wählergunst *f kein pl* POL popularity with the voters; **wieder in der** ~ **steigen** to be back in [*or* regain] favour [*or* AM -or] with the voters

Wählerin <-, -nen> *f fem form von* **Wähler**

wählerisch *adj* particular, selective, choos[e]y *fam* *or a. pej;* (*Kunde*) discerning; (*Weinkenner*) discriminating

Wählerliste *f* register of electors, electoral list **Wählernötigung** *f* JUR undue pressure on electors **Wählerpotenzial**^RR^ *nt* potential voters *pl*

Wählerschaft <-, -en> *f* POL (*geh*) electorate *no indef art, no pl,* constituents *pl*

Wählerschicht *f* section of the electorate **Wählerstimme** *f* POL vote **Wählertäuschung** *f* JUR deception of voters **Wählerverzeichnis** *nt* JUR electoral roll **Wählerwille** *m* will of the electorate

Wahlfach *nt* SCH option[al subject] **Wahlfälschung** *f* JUR election fraud **wahlfrei** *adj kein pl* SCH optional **Wahlfreiheit** *f* JUR electoral freedom **Wahlgang** *m a.* POL ballot **Wahlgeheimnis** *nt* *kein pl* secrecy of the ballot **Wahlgerichtsstand** *m* JUR elective venue **Wahlgeschenk** *nt* POL (*fam*) pre-election promise, *concession designed to win votes* **Wahlgesetz** *nt* JUR electoral law

Wählhebel *m* AUTO selector lever

Wahlheimat *f* ■**jds** ~ sb's adopted place of residence [*or* country] **Wahlhelfer(in)** *m(f)* POL ① (*Helfer eines Kandidaten*) election assistant ② (*amtlich bestellte Aufsicht*) polling officer **Wahljahr** *nt* POL election year **Wahlkabine** *f* POL polling booth

Wahlkampf *m* POL election campaign **Wahlkampffinanzierung** *f* campaign financing **Wahlkampfkosten** *pl* JUR expenses of an election campaign **Wahlkampfkostenerstattung** *f* reimbursement of election costs **Wahlkampfthema** *nt* election campaign theme, theme of a/the election campaign, platform

Wahlkommission *f* electoral commission **Wahlkreis** *m* POL constituency **Wahlleiter(in)** *m(f)* POL returning officer BRIT, election official AM **Wahllokal** *nt* POL polling station [*or* AM place]

wahllos I. *adj* indiscriminate
II. *adv* indiscriminately

Wahlmann <-[e]s, -männer> *m* delegate **Wählmodus** *m* TELEK dialling mode **Wahlniederlage** *f* POL electoral defeat, defeat in [*or* at] the election[s] **Wahlordnung** *f* JUR election regulations *pl* **Wahlparole** *f* election slogan **Wahlperiode** *f* term of office **Wahlpflicht** *f* POL electoral duty, compulsory voting **Wahlpflichtfach** *nt* SCH compulsory subject choice **Wahlplakat** *nt* POL election poster **Wahlprogramm** *nt* election manifesto, BRIT *a.* platform, AM *a.* ticket **Wahlpropaganda** *f* election propaganda

Wahlprüfungsbeschwerde *f* POL complaint about electoral irregularities **Wahlprüfungsgesetz** *nt* JUR Review of Elections Act **Wahlrecht** *nt kein pl* ① POL (*das Recht zu wählen*) [right to] vote, suffrage; **das aktive** ~ the right to vote; **das allgemeine** ~ universal suffrage; **das passive** ~ eligibility [to stand for election] ② JUR (*Wahlen regelnde Gesetze*) electoral law *no indef art* **Wahlrechtsgrundsatz** *m* JUR *principle governing the law of elections* **Wahlrede** *f* election address [*or* speech] **Wahlredner(in)** *m(f)* speaker on the stump

Wählscheibe *f* TELEK dial

Wahlschein *m* POL postal vote form BRIT, absentee ballot AM **Wahlschlappe** *f* POL (*fam*) electoral defeat, defeat in [*or* at] the election[s] **Wahlschuld** *f* FIN alternative obligation **Wahlsieg** *m a.* POL election [*or* electoral] victory **Wahlsieger(in)** *m(f)* winner of an/the election **Wahlspot** *m* election broadcast **Wahlspruch** *m* motto, slogan **Wahlsystem** *nt* POL electoral [*or* voting] system **Wahltag** *m* POL election [*or* BRIT polling] day **Wahltermin** *m* date of an/the election

Wählton *m* TELEK dialling [*or* AM dial] tone

Wahlurne *f* POL ballotbox; **zu den** ~**n schreiten** (*geh*) to go to the polls **Wahlverfahren** *nt* JUR electoral procedure **Wahlversammlung** *f* election meeting **Wahlversprechen** *nt* POL election promise

wahlweise *adv* as desired; ***Sie dürfen sich entscheiden, es gibt*** ~ ***Wein oder Champagner*** you can choose between wine or champagne

Wahlwiederholung *f* TELEK [automatic] redial **Wahlzettel** *m* ballot paper, voting slip

Wahn <-[e]s> *m kein pl* ① (*geh: irrige Vorstellung*) delusion; **in einem** ~ **leben** to labour [*or* AM -or] under a delusion
② MED (*Manie*) mania

Wahndelikt *nt* JUR *act commited under the erroneous assumption of punishability*

wähnen I. *vt* (*geh: irrigerweise annehmen*) to believe [wrongly], to labour [*or* AM -or] under the delusion that *form;* ■**jdn irgendwo** ~ to think sb is somewhere else; ***ich wähnte dich auf hoher See*** I imagined you to be on the high seas; ■**jdn etw** ~ to imagine sb to be sth; ***er wähnte sie längst tot*** he [wrongly] believed her to be long since dead
II. *vr* (*geh*) ■**sich** *akk* **etw** ~ to consider oneself to be sth; **sich verloren** ~ to believe oneself to be lost

Wahnsinn *m kein pl* ① (*fam: Unsinn*) madness, lunacy
② MED (*Verrücktheit*) insanity, lunacy, madness; (*fig fam: Grenzenlosigkeit*) craziness; **heller** ~ **sein** (*fam*) to be sheer [*or* utter] madness; **jdn zum** ~ **treiben** (*fam*) to drive sb mad; **so ein** ~ (*fam*) what madness!; ~! (*sl*) amazing!, wild! *sl,* cool! *fam*

wahnsinnig I. *adj* ① MED (*geisteskrank*) insane, mad; ■~ **sein/werden** to be/become insane [*or* mad]
② *attr* (*fig fam: gewaltig*) terrible *fam,* dreadful; **eine** ~**e Arbeit/Aufgabe** a massive amount of work/task; (*Hitze*) sweltering, blistering; (*Kälte*) biting, bitter; (*Sturm*) heavy, severe, violent
③ (*pej fam: wahnwitzig*) crazy; **wie** ~ (*fam*) like mad [*or* crazy], mad
④ (*sl: herrlich*) incredible *fam*
⑤ (*kirre*) **jdn** [**noch**] ~ **machen** (*fam*) to drive sb mad [*or* crazy], to drive sb around [*or* BRIT *a.* round] the bend *fam;* **ich werde** [**noch**] ~! (*fam*) it's enough to drive me mad!
II. *adv* (*fam*) terribly *fam,* dreadfully; ~ **viel** a heck [*or* hell] of a lot *fam;* ~ **heiß** swelteringly [*or* blisteringly] hot; ~ **kalt** bitingly [*or* bitterly] cold

Wahnsinnige(r) *f(m)* *dekl wie adj* madman *masc,* madwoman *fem*

Wahnsinnigwerden *nt* **es ist zum** ~ (*fam*) it's enough to drive you mad [*or* crazy], it's enough to drive you around [*or* BRIT *a.* round] the bend *fam*

Wahnsinnsarbeit <-> *f kein pl* (*fam*) a crazy [*or* hellish] amount of work *fam*

Wahnvorstellung *f* MED delusion **Wahnwitz** *m kein pl* [sheer [*or* utter]] madness **wahnwitzig** *adj*

W

crazy, mad; **mit einer ~en Geschwindigkeit fahren** to drive at a lunatic [*or* an insane] speed

wahr *adj* ❶ (*zutreffend*) true; **eine ~e Geschichte** a true story; **~ werden** to become a reality; **wie ~!** (*fam*) very true! *fam*
❷ *attr* (*wirklich*) real; **der ~e Täter** the real culprit
❸ (*aufrichtig*) real, true; **ein ~er Freund** a real [*or* true] friend; **das ~e Glück** real [*or* true] happiness; **die ~e Liebe** true love
▶ WENDUNGEN: **das einzig W~e** (*fam*) the thing needed, just the thing *fam*; ***vier Wochen Urlaub, das wäre jetzt das einzig W~e*** to have four weeks holiday would be just what the doctor ordered; **das darf** [*o* **kann**] **doch nicht ~ sein!** (*fam: verärgert*) I don't believe this [*or* it]!; (*entsetzt*) it can't be true!; **da ist etwas W~es dran** (*fam*) there's some truth in it; (*als Antwort*) you're not wrong there *fam*; **das ist schon gar nicht mehr ~** (*fam*) that was ages ago *fam*; **etw ist** [**auch**] **nicht das W~e** (*fam*) sth is not quite the thing [*or* the real McCoy]; **etw ~ machen** to carry out sth; **so ~ ich hier stehe** (*fam*) as sure as I'm standing here

wahren *vt* ❶ (*schützen*) ■**etw ~** to protect [*or* safeguard] sth; **jds Interessen ~** to look after sb's interests; **jds Rechte ~** to protect sb's rights
❷ (*erhalten*) ■**etw ~** to maintain [*or* preserve] sth; ***es fiel mir nicht leicht, meine Fassung zu ~*** it wasn't easy for me to keep my composure

währen *vi* (*geh*) **über einen gewissen Zeitraum ~** to last a certain period of time

während I. *präp* +*gen* during
II. *konj* ❶ (*zur selben Zeit*) while
❷ (*wohingegen*) whereas; ***er trainiert gerne im Fitnessstudio, ~ ich lieber laufen gehe*** he likes to work out in the gym, whereas I prefer to go for a run

währenddessen *adv* meanwhile, in the meantime

wahrhaben *vt irreg* ■**etw nicht ~ wollen** not to want to admit sth; [**es**] **nicht ~ wollen, dass** not to want to admit that

wahrhaft *adj attr* (*geh*) *s.* **wahr 3**

wahrhaftig I. *adj* (*veraltend geh*) real, true
II. *adv* (*geh*) really

Wahrheit <-, -en> *f* ❶ (*tatsächlicher Sachverhalt*) truth *no pl*; **die ganze** [*o* **volle**]/**halbe ~** the whole truth/half the truth; **es mit der ~ nicht so genau nehmen** (*fam*) to stretch the truth; **um die ~ zu sagen** to tell the truth; **die ~ sagen** to tell the truth; **jdm die ~ sagen** to tell sb the truth; **in ~** in truth, actually
❷ *kein pl* (*Richtigkeit*) accuracy *no pl*
▶ WENDUNGEN: **wer einmal lügt, dem glaubt man nicht, und wenn er auch die ~ spricht** (*prov*) a liar is never believed even when he's telling the truth

Wahrheitsbeweis *m* JUR evidence of the truth **Wahrheitsfindung** *f kein pl* establishment of the truth **wahrheitsgemäß** *adj* truthful **wahrheitsgetreu I.** *adj* truthful; **eine ~e Darstellung** an accurate depiction **II.** *adv* **etw ~ berichten** to report sth truthfully; **etw ~ darstellen** to depict sth accurately **Wahrheitsliebe** *f* love of truth **wahrheitsliebend** *adj* truthful **Wahrheitspflicht** *f* JUR obligation to be truthful

wahrlich *adv* (*geh*) really

wahrnehmbar *adj* audible; **ein ~er Geruch** a perceptible smell

wahr|nehmen *vt irreg* ❶ (*merken*) ■**etw ~** to perceive [*or* detect] sth; **einen Geruch ~** to perceive a smell; **ein Geräusch/Summen/Vibrieren ~** to detect a sound/humming/vibration
❷ (*teilnehmen*) ■**etw** [**für jdn**] **~** to attend sth [for sb]; **einen Termin ~** to keep an appointment
❸ (*ausnutzen*) ■**etw ~** to take advantage of sth; **eine günstige Gelegenheit ~** to take advantage of a favourable [*or* AM -orable] opportunity
❹ (*vertreten*) ■**etw** [**für jdn**] **~** to look after sth [for sb]; **jds Interessen ~** to look after sb's interests
❺ (*ausüben*) **seine Rechte ~** to exercise one's rights; **seine Pflichten ~** to attend to one's duties, to fulfill [*or* AM fulfil] one's obligations

Wahrnehmung <-, -en> *f* ❶ (*das Merken*) *Geräusch* detection *no pl*; *Geruch* perception *no pl*
❷ (*Erfüllung*) attending
❸ JUR (*Vertretung*) looking after *no pl, no art*; **~ von jds Interessen** looking after [*or* safeguarding] [*or* protecting] sb's interests; **~ berechtigter Interessen** exercising legitimate interests
❹ (*Ausübung*) making use of; *Rechte* exercising; *Pflichten* attending, fulfilling

wahr|sagen I. *vi* (*Zukunft vorhersagen*) to tell fortunes, to predict the future; ■**aus etw ~** to predict the future from sth; **aus** [**den**] **Teeblättern ~** to read [the] tea leaves; **sich** *dat* [**von jdm**] **~ lassen** to have one's fortune told [by sb]
II. *vt* (*voraussagen*) ■**jdm etw ~** to tell sb's fortune, to predict the future for sb

Wahrsager(in) <-s, -> *m(f)* fortune teller

Wahrsagerei <-, -en> *f* (*pej*) fortune-telling; **an die ~ glauben** to believe in fortune-telling

Wahrsagung <-, -en> *f* ❶ *kein pl* (*das Wahrsagen*) predicting
❷ (*Prophezeiung*) prediction

währschaft *adj* SCHWEIZ ❶ (*gediegen*) well-made; **eine ~e Arbeit** a sound piece of work
❷ (*tüchtig*) competent; **~es Essen** good food

wahrscheinlich I. *adj* probable, likely; ■**es ist ~, dass** it is probable [*or* likely] that; ■**es ist nicht ~, dass** it is improbable [*or* unlikely] that
II. *adv* probably

Wahrscheinlichkeit <-, -en> *f* probability, likelihood *no pl*; **in aller ~, aller ~ nach** in all probability [*or* likelihood]

Wahrscheinlichkeitsdichte *f* MATH probability density **Wahrscheinlichkeitsgrad** *m* degree of probability **Wahrscheinlichkeitsrechnung** *f kein pl* MATH probability calculus, theory of probability

Wahrung <-> *f kein pl* protection *no pl*, safeguarding *no pl*; **unter ~ des beiderseitigen Nutzens** without prejudice to mutual benefit

Währung <-, -en> *f* currency; **beschränkt/frei konvertierbare ~** partly convertible/convertible [*or* free] currency; **gemeinsame ~** common currency; **gesetzliche/harte/weiche ~** legal/hard/soft currency

Währungsabkommen *nt* JUR monetary agreement **Währungsabwertung** *f* ÖKON currency devaluation **Währungsangleichung** *f* ÖKON currency adjustment **Währungsanleihe** *f* FIN foreign currency [*or* external] loan **Währungsaufwertung** *f* ÖKON currency appreciation **Währungsausgleich** *m kein pl* currency conversion compensation **Währungsausgleichsfonds** *m* FIN Exchange Equalization Account BRIT, Exchange Stabilization Fund AM **Währungsbehörde** *f* JUR monetary authority **Währungsdelikt** *nt* JUR currency offence [*or* AM -se] **Währungseinheit** *f* currency unit **Währungsfonds** *f* monetary fund; **Internationaler ~** International Monetary Fund **Währungsgebiet** *nt* monetary [*or* currency] area **Währungsgesetz** *nt* JUR currency law **Währungshoheit** *f kein pl* ÖKON monetary sovereignty **Währungshüter** *m* JUR (*fam*) monetary official; (*Zentralbank*) guardian of the currency *fam* **Währungskonferenz** *f* monetary conference **Währungskonto** *nt* FIN foreign currency account **Währungskorb** *m* ÖKON basket of currencies **Währungskrise** *f* monetary [*or* currency] crisis **Währungskurs** *m* exchange rate, rate of exchange **Währungsmarkt** *m* currency market **Währungsparität** *f* ÖKON exchange rate [*or* monetary] parity **Währungspolitik** *f* monetary policy **währungspolitisch I.** *adj* monetary **II.** *adv* in terms of monetary policy **Währungsrecht** *nt* JUR currency law **Währungsreform** *f* currency [*or* monetary] reform **Währungsrembours** *m* FIN foreign currency acceptance credit **Währungsreserven** *pl* FIN foreign exchange reserves *pl*, currency [*or* monetary] reserves *pl* **Währungsrisiko** *nt* FIN foreign exchange [*or* currency] risk **Währungsschlange** *f* ÖKON currency snake; **Europäische ~** European Snake **Währungsschwankungen** *pl* ÖKON currency fluctuations *pl* **Währungsspekulation** *f* currency speculation **Währungsstabilität** *f* currency stability **Währungssystem** *nt* monetary system **Währungsturbulenzen** *pl* ÖKON currency fluctuations **Währungsumstellung** *f* ÖKON currency conversion **Währungsunion** *f* monetary union **Währungsverbund** *m* JUR monetary union **Währungsverfall** *m kein pl* ÖKON currency erosion **Währungszusammenbruch** *m* FIN collapse of a currency

Wahrzeichen *nt* landmark

Waise <-, -n> *f* orphan

Waisengeld *nt* JUR orphans' pension **Waisenhaus** *nt* orphanage **Waisenkind** *nt* orphan **Waisenknabe** *m* (*veraltet*) orphan [boy] ▶ WENDUNGEN: **jd ist gegen jdn ein ~** [*o* **Waisenkind**] (*fam*) sb is no match for sb **Waisenrente** *f* orphan's allowance

Wakeboarding <-s> [weɪkbɔːdɪŋ] *nt kein pl* SPORT wakeboarding (*riding on a short, wide board and performing acrobatic manoeuvres while being towed by a motor boat*)

Wal <-[e]s, -e> *m* whale

Wald <-[e]s, Wälder> *m* (*mit Bäumen bestandenes Land*) wood, forest; **Bayrischer ~** the Bavarian Forest; **Thüringer ~** the Thuringian Forest
▶ WENDUNGEN: **den ~ vor lauter Bäumen nicht sehen** (*fam*) to not be able to see the wood [*or* forest] for the trees; **wie man in den ~ hineinruft, so schallt es wieder heraus** (*prov*) you are treated as you treat others

Waldameise *f* red ant **Waldarbeiter(in)** *m(f)* forestry worker **Waldbaumläufer** *m* ORN common tree creeper **Waldbestand** *m* forest land **Waldboden** *m* forest soil **Waldbrand** *m* forest fire

Wäldchen <-s, -> *nt dim von* **Wald** small wood

Walderdbeere *f* wild strawberry **Waldgeißblatt** *nt* BOT common honeysuckle, woodbine **Waldhonig** *m* honeydew honey **Waldhorn** *nt* MUS French horn **Waldhüter** <-s, -> *m* (*veraltend*) forest ranger

waldig *adj* wooded; **eine ~e Gegend** a wooded region

Waldkauz *m* ORN tawny owl **Waldland** *nt* woodland **Waldlauf** *m* cross-country run; **einen ~ machen** to go on a cross-country run **Waldlehrpfad** *m* woodland nature trail **Waldmaus** *f* ZOOL wood mouse, long-tailed field mouse **Waldmeister** *m* BOT woodruff **Waldohreule** *f* ORN long-eared owl

Waldorfschule *f* Rudolf Steiner School

Waldpilz *m* woodland mushroom **Waldrand** *m* edge of the woods [*or* forest] **Waldrebe** *f* BOT clematis

waldreich *adj* densely wooded

Waldschaden *m* damage to woods [*or* forests] **Waldschadensforschung** *f* research into forest damage **Waldschnepfe** *f* ORN woodcock **Waldsterben** *nt* death of the forest[s] as a result of pollution

Waldung <-, -en> *f* (*geh*) forest

Waldweg *m* forest path, path through the woods **Waldwiese** *f* glade **Waldwirtschaft** *f kein pl* forestry

Wales <-> [weɪlz] *nt* Wales *no pl*

Walfang *m kein pl* whaling **Walfänger(in)** <-s, -> *m(f)* whaler **Walfisch** *m* (*fam*) *s.* **Wal**

Walhall(a) <-s> *f kein pl* Valhalla *no pl*

Waliser(in) <-s, -> *m(f)* Welshman *masc*, Welsh woman *fem*; *s. a.* **Deutsche(r)**

Walisisch *nt dekl wie adj* Welsh; *s. a.* **Deutsch**

walisisch *adj* ❶ GEOG Welsh; **die ~e Küste** the Welsh coast; *s. a.* **deutsch 1**
❷ LING Welsh; **der ~e Dialekt** the Welsh dialect; *s. a.* **deutsch 2**

Walisische <-n> *nt* ■**das ~** Welsh, the Welsh language; *s. a.* **Deutsche**

walken *vt* ❶ (*durch~*) ■**etw ~** to tumble sth
❷ (*durchkneten*) ■**etw ~** to knead sth

Walkie-TalkieRR <-[s], -s> ['wɔːkɪ'tɔːkɪ] *nt*, **Walkie-talkie** <-[s], -s> *nt* walkie-talkie
Walking <-s> ['wɔːkɪŋ] *nt kein pl* walking
Walkman <-s, -men> ['wɔːkmən] *m* walkman®
Walküre <-, -n> *f* Valkyrie
Wall <-[e]s, Wälle> *m* embankment; *Burg* rampart
Wallach <-[e]s, -e> *m* gelding
wallen *vi Wasser* to bubble; *Suppe* to simmer
wallend *adj* (*geh*) flowing; **ein ~er Bart** a flowing beard
Waller <-s, -> *m* ZOOL, KOCHK European catfish
Wallfahrer(in) *m(f)* pilgrim
Wallfahrt *f* pilgrimage; **eine ~ [irgendwohin] machen** to go on a pilgrimage [somewhere]
Wallfahrtskirche *f* pilgrimage church **Wallfahrtsort** *m* place of pilgrimage
Wallis <-> *nt* ■**das ~** Valais
Walliser(in) <-s, -> *m(f)* inhabitant of Valais (*in Switzerland*)
Wallone, Wallonin <-n, -n> *m, f* Walloon; *s. a.* **Deutsche(r)**
Wall Street, Wallstreet <-> ['wɔːl'striːt] *f* Wall Street
Wallung <-, -en> *f* MED (*Hitze~*) [hot] flush *usu pl*
▶ WENDUNGEN: **jdn in ~ bringen** to make sb's blood surge/sb seethe; **in ~ geraten** to fly into a rage
Walmdach *nt* ARCHIT hipped roof
WalnussRR *f*, **Walnuß** *f* ① (*Frucht des Walnussbaums*) walnut
② *s.* **Walnussbaum**
WalnussbaumRR *m* walnut [tree] **Walnussholz**RR *nt* walnut **Walnussöl**RR *nt* walnut oil
Walpurgisnacht *f* ■**die ~** Walpurgis night
WalrossRR *nt*, **Walroß** *nt* walrus
▶ WENDUNGEN: **wie ein ~ schnaufen** (*fam*) to puff like a grampus BRIT *fam*, to huff and puff AM
walten *vi* (*geh*) ① (*herrschen*) to reign
② (*üben*) ■**etw ~ lassen** to show sth; **Nachsicht ~ lassen** to show leniency
Walzblech *nt* sheet metal
Walze <-, -n> *f* ① (*zylindrischer Gegenstand*) roller
② TECH (*rotierender Zylinder*) roller
③ (*Straßen~*) steamroller
④ (*Schreibwalze*) platen
walzen *vt* ■**etw ~** ① (*mit einer Walze ausrollen*) to roll sth
② (*zu Blech ausrollen*) to roll sth
wälzen I. *vt* ① (*fam: durchblättern*) ■**etw ~** to pore over sth; **Unterlagen wälzen** to pore over documents
② (*hin und her bedenken*) ■**etw ~** to turn over sth in one's mind
③ (*rollen*) ■**etw irgendwohin ~** to roll sth somewhere
④ KOCHK (*hin und her wenden*) ■**etw in etw** *dat* **~** to roll sth in sth, to coat sth with [*or* in] sth
II. *vr* (*sich hin und her rollen*) ■**sich irgendwo ~** to roll somewhere; ***sie wälzte sich im Bett hin und her*** she tossed and turned in bed; ■**sich** *akk* **in etw** *dat* **~** to roll in sth; **sich im Schlamm ~** to roll in the mud
walzenförmig *adj* cylindrical
Walzennudelmaschine *f* pasta machine
Walzer <-s, -> *m* waltz; **Wiener ~** Viennese waltz
Wälzer <-s, -> *m* (*fam*) heavy tome *form*
Walzermusik *f* waltz music
Walzstraße *f* TECH roll[ing] train **Walzwerk** *nt* rolling mill
Wamme <-, -n> *f* KOCHK prime streaky bacon
Wampe <-, -n> *f* DIAL (*fam*) paunch
Wams <-es, Wämser> *nt* DIAL (*veraltet*) doublet *old*
wand *imp von* **winden**[1]
Wand <-, Wände> *f* ① (*Mauer*) wall
② (*Wandung*) side
③ (*Fels~*) [rock] face
▶ WENDUNGEN: **die Wände haben Ohren** (*fam*) walls have ears *fam*; **spanische ~** folding screen; **in jds vier Wänden** within sb's own four walls; **weiß wie die ~ werden** to turn as white as a sheet; **jdn an die ~ drücken** to drive sb to the wall; **die ~ [***o* **Wände] hochgehen können** (*fam*) to drive sb up the wall *fam*; **[bei jdm] gegen eine ~ reden** to be like talking to a brick wall [with sb]; **jdn an die ~ spielen** SPORT to thrash sb; MUS, THEAT to outshine sb; **jdn an die ~ stellen** MIL to put sb up against the wall; **dass die Wände wackeln** (*fam*) to raise the roof; **~ an ~** right next door to each other; *s. a.* **Kopf**
Wandale, Wandalin <-n, -n> *m, f* ① HIST (*germanischer Volksstamm*) Vandal
② (*zerstörungswütiger Mensch*) vandal
▶ WENDUNGEN: **wie die ~n** like madmen
Wandalismus *m s.* **Vandalismus**
Wandbehang *m s.* **Wandteppich Wandbord** *nt* [wall] shelf
Wandel <-s> *m kein pl* (*geh*) change; **einem ~ unterliegen** to be subject to change; **im ~ einer S.** *gen* over [*or* through] sth; **im ~ der Jahrhunderte** over the centuries; **im ~ der Zeiten** through the ages
Wandelanleihe *f* convertible loan
wandelbar *adj* ① (*geh*) changeable
② FIN convertible
Wandelbarkeit <-> *f kein pl* JUR convertibility; **~ des Vertragsstatuts** convertibility of the contractual status
Wandelgang <-gänge> *m* covered walkway
Wandelgeschäft *nt* BÖRSE callable time bargain [*or* forward transaction]
Wandelhalle *f* foyer
wandeln[1] **I.** *vt* (*geh*) ① (*ändern*) ■**etw ~** to change sth
② FIN (*umtauschen*) ■**etw ~** to convert sth
II. *vr* (*geh*) ■**sich ~** ① (*sich verändern*) to change
② (*sich ändern*) to change
wandeln[2] *vi sein* (*geh*) to stroll
Wandelobligation *f*, **Wandelschuldverschreibung** *f* FIN convertible bond [*or* loan]
Wandelung <-, -en> *f* JUR (*Rückgängigmachung*) rescission, cancellation
Wandelungsklage *f* JUR action to dissolve a contract
Wanderarbeitnehmer(in) *m(f)* migrant worker **Wanderausstellung** *f* travelling [*or* AM traveling] exhibition **Wanderbewegung** *f* migration **Wanderbühne** *f* THEAT touring company **Wanderdüne** *f* shifting dune
Wanderer, Wanderin <-s, -> *m, f* hiker, rambler
Wanderfalke *m* ORN peregrine falcon **Wanderfeldbau** *f* shifting cultivation **Wanderheuschrecke** *f* migratory locust
Wanderin <-, -nen> *f fem form von* **Wanderer**
Wanderkarte *f* map of walks
wandern *vi sein* ① (*eine Wanderung machen*) to hike, to go rambling, to go on a hike; ■**irgendwoher/irgendwohin ~** to hike from somewhere/to somewhere; ***am Wochenende ~ wir gerne um den See*** at the weekend we like to go on a ramble around the lake ② GEOG (*sich weiterbewegen*) ■**[irgendwoher/irgendwohin] ~** to shift [*or* move] [from somewhere/to somewhere] ③ (*geh: streifen*) to move ④ (*fam: geworfen werden*) to go; ■**irgendwohin ~** to go somewhere; ***„wohin mit den Küchenabfällen?" — „die ~ auf den Kompost"*** "where does the kitchen waste go?" — "it goes on the compost heap" ⑤ ZOOL (*den Aufenthaltsort wechseln*) to migrate ⑥ MED (*sich weiterbewegen*) ■**[irgendwohin] ~** to migrate [to somewhere]
Wanderniere *f* MED floating kidney **Wanderpokal** *m* challenge cup **Wanderprediger(in)** *m(f)* itinerant preacher **Wanderratte** *f* brown rat
Wanderschaft <-> *f kein pl* (*Zeit als fahrender Geselle*) travels *npl*; **auf ~ sein** (*fam*) to be on one's travels
▶ WENDUNGEN: **auf ~ gehen** (*fam*) to go off on one's travels
Wanderschuhe *pl* hiking boots *pl*
Wandersmann <-[e]s, -leute> *m* (*veraltet*) wayfarer
Wandertag *m day on which a German school class goes on an excursion*
Wanderung <-, -en> *f* hike, ramble; **eine ~ machen [***o* **unternehmen]** to go on a hike [*or* ramble]
Wanderungsbewegung *f* migration
Wanderverein *m* hiking club, ramblers' association
Wandervogel *m* ① (*veraltet: Zugvogel*) migratory bird, bird of passage *euph*, rolling stone *euph*
② *kein pl* HIST (*Jugendbewegung*) *ramblers' association, founded 1895, forerunner of the German youth movement;* (*Mitglied der Bewegung*) member of the Wandervogel ③ (*hum: begeisterter Wanderer*) keen hiker [*or* rambler] **Wanderweg** *m* walk, trail **Wanderzirkus** *m* travelling [*or* AM *usu* traveling] circus
Wandgemälde *nt* mural, wall painting **Wandkalender** *m* wall calendar **Wandkarte** *f* wall map
Wandlampe *f* wall lamp [*or* light]
Wandler <-s, -> *m* INFORM converter
Wandlung <-, -en> *f* ① (*geh: Veränderung*) change
② REL transubstantiation *no pl*
③ JUR conversion; **auf ~ klagen** to sue for conversion
Wandlungsbedingungen *pl* JUR conversion terms **wandlungsfähig** *adj* adaptable; **ein ~er Schauspieler** a versatile actor **Wandlungsklage** *f*, **Wandlungsverfahren** *nt* JUR redhibitory action **Wandlungsrecht** *nt* FIN conversion privilege, right of conversion
Wandpfeiler *m* BAU pilaster
Wandrer(in) <-s, -> *m(f) s.* **Wanderer**
Wandscheibe *f* BAU wall section **Wandschrank** *m* built-in cupboard **Wandspiegel** *m* wall mirror
Wandtafel *f* blackboard
wandte *imp von* **wenden**
Wandteller *m* [decorative] wall plate **Wandteppich** *m* tapestry **Wanduhr** *f* wall clock **Wandverkleidung** *f* ① (*Paneel*) panelling [*or* AM paneling] *no pl* ② (*Plattierung*) facing, wall covering
Wandzeitung *f* wall news-sheet
Wange <-, -n> *f* ① (*geh: Backe*) cheek; **~ an ~** cheek to cheek
② BAU stringer
Wankelmotor *m* rotary piston engine
Wankelmut *m* (*geh*) fickleness *no pl*, inconsistency *no pl*
wankelmütig *adj* (*geh*) inconsistent
Wankelmütigkeit *f s.* **Wankelmut**
wanken *vi* ① *haben* (*hin und her schwanken*) to sway
② *sein* (*sich wankend bewegen*) ■**irgendwohin ~** to stagger somewhere
▶ WENDUNGEN: **etw ins W~ bringen** to shake sth; **ins W~ geraten** to begin to sway [*or* waver]; ***sein Entschluss geriet ins W~*** he began to waver in his decision
wann *adv interrog* ① (*zu welchem Zeitpunkt*) when; **~ *kommst du wieder?*** when will you be back?; **bis ~** until when; ***bis ~ ist der Pass gültig?*** when is the passport valid until?; **seit ~** since when; **von ~ an** from when; **~ etwa [***o* **ungefähr]** when approximately [*or* roughly]; **~ [auch] immer** whenever
② (*in welchen Fällen*) when
Wanne <-, -n> *f* ① (*Bade~*) [bath]tub
② (*längliches Gefäß*) tub
③ (*Öl~*) oilpan
Wannenbad *nt* bath; **ein ~ nehmen** to have [*or* take] a bath
Wanst <-[e]s, Wänste> *m* (*Fett~*) paunch
▶ WENDUNGEN: **sich** *dat* **den ~ voll schlagen** (*sl*) to stuff oneself *sl*
Want <-, -en> *f meist pl* NAUT shroud
Wanze <-, -n> *f* ① (*Blut saugender Parasit*) bug
② (*fam: Miniabhörgerät*) bug *fam*
WAP *nt Abk von* **Wireless Application Protocol** WAP
WAP-Handy *nt* WAP phone
Wappen <-s, -> *nt* coat of arms
▶ WENDUNGEN: **ein ~ führen** to have a coat of arms; **etw im ~ führen** to bear sth on one's coat of arms
Wappenkunde *f kein pl* heraldry *no pl* **Wappen-**

W

schild *m o nt* shield **Wappentier** *nt* heraldic animal

wappnen *vr* (*geh*) ■**sich [gegen etw]** ~ to prepare oneself [for sth]; ■**gewappnet sein** to be prepared

war *imp von* **sein¹**

Waran <-s, -e> *m* ZOOL dragon

warb *imp von* **werben**

ward (*liter*) *imp von* **werden I 3, II**

Ware <-, -n> *f* HANDEL article, merchandise *no pl form,* product, commodity; ***Lebensmittel sind leicht verderbliche ~n*** food is a commodity that can easily go off; ***die ~ bleibt bis zur vollständigen Bezahlung Eigentum des Verkäufers*** the goods shall remain property of the seller until full payment; **~en des Grundbedarfs** staples; **abgepackte/gebrauchsfertige ~** packaged/ready-made goods; **börsengängige ~** BÖRSE marketable paper; **marktgängige ~** marketed products; **eine ~ auf den Markt bringen** to launch a product; **eine ~ in den Markt der Gemeinschaft einführen** EU to introduce a product into Community commerce
▶ WENDUNGEN: **heiße ~** (*sl*) hot goods *sl*

Ware-Geld-Austausch *m kein pl* BÖRSE exchange of asked and bid

Warenabsatz *m* HANDEL sale of goods, commodity marketing **Warenabsender(in)** *m(f)* HANDEL consignor, shipper **Warenakkreditiv** *nt* HANDEL commercial letter of credit **Warenakzept** *nt* HANDEL trade acceptance **Warenangebot** *nt* range of goods on offer **Warenannahme** *f* ❶ *kein pl* (*das Annehmen*) acceptance of goods ❷ (*Abteilung*) receiving department [*or* office] **Warenaufzug** *m* goods lift BRIT, freight elevator AM **Warenausfuhr** *f* export of goods **Warenausgabe** *f* ❶ *kein pl* (*das Ausgeben*) issue of goods ❷ (*Abteilung*) goods collection point **Warenausgang** *m* HANDEL ❶ *kein pl* (*Abteilung*) sales department ❷ *meist pl* (*zum Abschicken vorbereitete Waren*) outgoing goods *pl,* sale of goods **Warenausgangsbuch** *nt* sales ledger [*or* sales [day] book] **Warenauslage** *f* HANDEL goods display; (*im Schaufenster*) window display **Warenaustausch** *m* exchange of goods, barter trade **Warenaustauschgeschäft** *nt* ÖKON barter trade

Warenautomat *m* vending machine **Warenbeförderung** *f* carriage of goods; **~ im Luftverkehr** carriage of goods by air; **~ unter Zollverschluss** carriage [of goods] under customs seal **Warenbegleitschein** *m* HANDEL docket, consignment note, waybill **Warenbeschaffung** *f* ÖKON purchasing **Warenbeschreibungsgesetz** *nt* JUR Trade Description Act **Warenbestand** *m* HANDEL stock, AM inventory **Warenbestellung** *f* HANDEL order for goods; (*aus dem Ausland*) indent; **eine ~ aufgeben** to put goods on order **Warenbezeichnung** *f* HANDEL trade description

warenbezogen *adj* goods-related

Warenbörse *f* ÖKON commodity exchange **Warencode, Warenkode** *m* stock code **Warendiskont** *m* HANDEL trade discount **Wareneinfuhr** *f* import of goods **Wareneingang** *m* ÖKON ❶ *kein pl* (*Abteilung*) incoming goods department ❷ *meist pl* (*eingehende, gelieferte Waren*) goods received **Wareneingangsbuch** *nt* purchase book **Wareneinkaufsbuch** *nt* FIN purchase book **Wareneinsatz** *m* HANDEL sales input **Wareneinstandspreis** *m* HANDEL cost price **Warenempfänger(in)** *m(f)* HANDEL consignee, recipient of the goods **Warenempfangsbestätigung** *f* HANDEL receipt for goods **Warenerhalt** *m* HANDEL receipt of goods **Warengeschäft** *nt* ÖKON commercial business **Warenhandel** *m* HANDEL trade in goods **Warenhaus** *nt* (*veraltend*) *s.* **Kaufhaus Warenhauskette** *f* department store chain **Warеninhaber(in)** *m(f)* HANDEL holder of the goods **Warenkalkulation** *f* HANDEL costing of merchandise sold **Warenkonto** *nt* FIN merchandise account **Warenkorb** *m* basket of goods **Warenkreditbürgschaft** *f* JUR credit security for merchandise **Warenlager** *nt* goods depot **Warenlieferung** *f* ÖKON ❶ *kein pl* (*das Liefern von Waren*) delivery of goods ❷ (*gelieferte Waren*) goods delivered **Warenlombard** *m* FIN advance on goods **Warenmuster** *nt,* **Warenprobe** *f* HANDEL commercial sample, sample of goods; **~ ohne Handelswert** samples **Warennachfrage** *f* ÖKON demand for goods **Warennomenklatur** *f* JUR nomenclature of goods **Warennotierung** *f* BÖRSE seller quotation **Warenpapier** *nt* JUR shipping document, document of title **Warenpreis** *m* HANDEL commodity price **Warenprüfer(in)** *m(f)* HANDEL quality inspector **Warenprüfung** *f* HANDEL quality control **Warenregal** *nt* shelf for goods **Warenreserve** *f* HANDEL stockpile **Warensaldo** *m* HANDEL unsold goods *pl* **Warensendung** *f* ❶ *kein pl* ÖKON (*das Senden von Waren*) shipment ❷ ÖKON (*die gesandten Waren*) shipment, consignment of goods ❸ ADMIN, TRANSP (*Postsendung*) shipment **Warensortiment** *nt* assortment [*or* range] of goods **warenspezifisch** *adj* HANDEL product-specific **Warenterminbörse** *f* BÖRSE commodity futures exchange **Warentermingeschäft** *nt* commodity futures trading *no pl* **Warentest** *m* goods quality test **Warenüberfluss^RR** *m* ÖKON surplus of goods **Warenübergabe** *f* HANDEL delivery of goods **Warenumsatzsteuer** *f* SCHWEIZ (*Mehrwertsteuer*) value added tax **Warenumschlag** *m* ÖKON goods turnover **Warenumschlagskredit** *m* FIN goods turnover financing credit **Warenverkaufsbuch** *nt* FIN sales book

Warenverkehr *m kein pl* ÖKON movement of goods, goods trade, flow of commodities; **grenzüberschreitender ~** cross-border trade [*or* movement of goods]; **Waren- und Dienstleistungsverkehr** movement of goods and services, trade and services transactions; **den freien ~ gewährleisten** to safeguard the free trade [*or* movement of goods]

Warenverkehrsbescheinigung *f* (*Zoll*) movement certificate **Warenverkehrsfreiheit** *f kein pl* HANDEL free trade [*or* movement of goods] **Warenverkehrswert** *m* value [*or* amount] of goods traffic

Warenverknappung *f* ÖKON shortage of goods **Warenvertriebskosten** *pl* HANDEL distribution [*or* marketing] costs **Warenvorrat** *m* HANDEL inventory, stock-in-trade **Warenwechsel** *m* FIN trade [*or* commercial] bill **Warenwirtschaft** *f kein pl* goods trade

Warenzeichen *nt* trademark; **ein ~ eintragen/löschen/nachahmen** to register/cancel/pirate a trademark; **ein ~ verletzen** to infringe a trademark; **eingetragenes ~** registered trademark

Warenzeichenblatt *nt* trademark journal **Warenzeichenfälschung** *f* trademark counterfeiting **Warenzeichengebühren** *pl* trademark registration fee **Warenzeichenlizenz** *f* trademark licence [*or* AM -se] **Warenzeichenlöschung** *f* cancellation of a trademark **Warenzeichenrecht** *nt* JUR trademark law **Warenzeichenregister** *nt* trademark register **Warenzeichenschutz** *m kein pl* trademark protection *no pl* **Warenzeichenverletzung** *f* JUR trademark infringement

Warenzustellung *f* HANDEL delivery of goods

warf *imp von* **werfen**

warm <wärmer, wärmste> **I.** *adj* ❶ (*nicht kalt*) warm; **ein Glas ~e Milch** a glass of hot milk; **etw ~ halten** to keep sth warm; **[jdm] etw ~ machen** to heat sth up [for sb]; (*Wärme aufweisend*) warm; **ein ~es Bett** a warm bed; **es [irgendwo] ~ haben** to be warm [somewhere]; ***mir ist zu ~*** I'm too hot; (*eine angenehme Wärme spüren*) [to feel] pleasantly warm
❷ (*nicht kalt*) warm
❸ (*aufwärmend*) warm; **etw macht jdn ~** ***heißes Getränk, Suppe etc.*** sth warms sb up
❹ SPORT **sich ~ laufen, sich ~ machen** to warm up; **sich ~ spielen** ***ich würde mich gerne 5 Minuten ~ spielen*** I would like a five minute warm-up
❺ (*geh: aufrichtig*) warm; **ein ~es Interesse** a keen interest; **~e Zustimmung** enthusiastic agreement
▶ WENDUNGEN: **sich** *dat* **jdn ~ halten** to keep sb warm [*or* BRIT in with sb]; **mit jdm ~ werden** (*fam*) to warm to sb; *s. a.* **Bruder**
II. *adv* (*im Warmen*) warmly; (*gewärmt*) warm; **den Motor ~ laufen lassen** to let the engine warm up
▶ WENDUNGEN: **jdn/etw [jdm] wärmstens empfehlen** to recommend sb/sth most warmly [to sb]

Warmblut *nt* cross-bred horse **Warmblüter** <-s, -> *m* warm-blooded animal **warmblütig** *adj* warm-blooded **Warmduscher** <s, -> *m* (*pej sl*) prude *pej*

Wärme <-> *f kein pl* ❶ (*warme Temperatur*) warmth *no pl;* **~ suchend** heat-seeking
❷ (*Warmherzigkeit*) warmth *no pl*

Wärmeableitung *f kein pl* thermal water discharge **Wärmeanomalie** *f* GEOL heat anomaly **Wärmeaufnahme** *f* heat absorption **Wärmeaustausch** *m kein pl* heat exchange **Wärmeaustauscher** <-s, -> *m* heat exchanger **Wärmebehandlung** *f* ❶ TECH (*Erwärmung von Metall*) heat treatment ❷ MED (*therapeutische Anwendung von Wärme*) heat treatment **Wärmebelastung** *f kein pl* ❶ ÖKOL thermal pollution ❷ TECH thermal stress **wärmebeständig** *adj* heat-resistant **Wärmedämmbahn** *f* BAU heat insulation sheet **Wärmedämmstoff** *m* BAU thermal insulation **Wärmedämmung** *f* heat insulation **wärmeempfindlich** *adj* heat-sensitive **Wärmeenergie** *f* thermal energy **Wärmegrad** *m* degrees above zero; (*Temperatur*) degree of heat, temperature **Wärmehaushalt** *m* heat regulation **Wärmeisolierung** *f* thermal insulation **Wärmekraftwerk** *nt* thermal power station, CHP plant **Wärmelehre** *f kein pl* theory of heat **Wärmeleiter** *m* heat conductor **Wärmeleitung** *f kein pl* heat conduction **Wärmemotor** *m* TECH heat engine

wärmen **I.** *vt* ❶ (*warm machen*) ■**jdn ~** to warm sb up; ■**sich [gegenseitig] ~** to keep each other warm
❷ (*aufwärmen*) ■**jdn/etw ~** to warm sb/sth up; ■**sich ~** to warm oneself up
II. *vi* (*warm machen*) to be warm; ***wollene Unterwäsche wärmt*** woollen underclothes are warm

Wärmepfanne *f* chafing pan **Wärmepumpe** *f* heat pump **Wärmequelle** *f* source of heat **Wärmeregler** *m* thermostat **Wärmerückgewinnung** *f kein pl* heat recovery **Wärmespeicher** *m* thermal store **Wärmestrahlung** *f* thermal radiation *no pl* **wärmesuchend** *adj s.* **Wärme 1** **Wärmetauscher** *m* heat exchanger **Wärmetechnik** *f kein pl* heat technology **Wärmeübertragung** *f* PHYS heat transfer **Wärmezufuhr** *f kein pl* heat supply

Wärmflasche *f* hot-water bottle

Warmfront *f* METEO warm front

Warmhaltekanne *f* thermos **Warmhalteplatte** *f* hotplate

warmherzig *adj* warm-hearted **Warmluft** *f* warm air *no pl* **Warmluftzufuhr** *f kein pl* warm air supply **Warmmiete** *f* (*fam*) rent including heating [*or* AM heat] **Warmstart** *m* INFORM soft reset [*or* boot]; **automatischer ~** warm start

Warm-up <-s, -s> [wɔːmap] *nt* SPORT warm-up

Warmwachsbehandlung *f* warm wax treatment

Warmwasserbereiter <-s, -> *m* water heater **Warmwasserheizung** *f* hot-water central heating **Warmwasserspeicher** *m* hot-water tank **Warmwasserversorgung** *f* hot-water supply

Warnanlage *f* warning system **Warnblinkanlage** *f* hazard warning lights *pl* **Warnblinkleuchte** *f* hazard warning light **Warndreieck** *nt* hazard warning triangle

warnen **I.** *vt* ■**jdn ~** to warn sb; ■**jdn vor jdm/etw ~** to warn sb about sb/sth; ***ich muss dich vor ihm ~*** I must warn you about him; ■**jdn [davor] ~, etw zu tun** to warn sb about doing sth; **ich warne dich/Sie!** I'm warning you!
II. *vi* (*Warnungen herausgeben*) ■**[vor jdm/etw] ~** to issue a warning [about sb/sth]

warnend **I.** *adj* warning; **ein ~es Signal** a warning signal

II. *adv* as a warning; ***sie hob ~ den Zeigefinger*** she held up her index finger as a warning
Warnhinweis *m* warning label **Warnkreuz** *nt* BAHN warning cross **Warnleuchte** *f* warning light **Warnlicht** *nt* AUTO hazard warning light **Warnlichtschalter** *m* hazard warning switch [*or* hazard flasher] **Warnmeldung** *f* INFORM warning message, alert **Warnruf** *m* warning cry **Warnschild** *nt* ① (*warnendes Verkehrsschild*) warning sign ② (*Schild mit einer Warnung*) warning sign [*or* notice] **Warnschuss**RR *m*, **Warnschuß** *m* warning shot **Warnsignal** *nt* (*warnendes Lichtzeichen*) warning signal; (*warnender Ton*) warning signal **Warnstreik** *m* token strike **Warnton** *m* warning signal **Warntracht** *f* ZOOL warning colouration BRIT [*or* AM -oration]
Warnung <-, -en> *f* warning; ■**~ vor etw** *dat* warning about sth; **lass dir das eine ~ sein!** let that be a warning to you!; **als ~** as a warning
Warnzeichen *nt* ① (*Warnsignal*) warning signal ② (*warnendes Anzeichen*) warning sign
Warschau <-s> *nt* Warsaw
Warschauer Pakt *m* HIST Warsaw Pact
Warte <-, -n> *f* observation point; **von der hohen ~ einer S.** *gen* from the vantage-point of a thing; **von jds ~ [aus]** from sb's point of view [*or* standpoint]
Wartefrist *f s.* **Wartezeit** **Wartehalle** *f* BAHN waiting room **Warteliste** *f* waiting list
warten[1] *vi* ① (*harren*) to wait; ■**auf jdn/etw ~** to wait for sb/sth; ■**mit etw [auf jdn] ~** to wait [for sb] before doing sth; **jdn/etw kann ~** sb/sth can [*or* has to] wait; **auf sich** *akk* **~ lassen** to be a long time [in] coming; **nicht [lange] auf sich** *akk* **~ lassen** to not be long in coming; **warte mal!** wait!, hold on!; **na warte!** (*fam*) just you wait! *fam;* **worauf wartest du noch?** (*fam*) what are you waiting for? *fam* ② (*er~*) ■**auf jdn ~** to await sb; *s. a.* **schwarz**
warten[2] *vt* ■**[jdm] etw ~** to service [*or* maintain] sth [for sb]; **eine Datei ~** to maintain a file; **Hardware/Software ~** to maintain hardware/software
Wärter(in) <-s, -> *m(f)* (*veraltend*) ① (*Gefängnis~*) prison officer [*or* AM guard], warder BRIT ② (*Tierpfleger*) keeper
Warteraum *m* waiting room
Wärterin <-, -nen> *f fem form von* **Wärter**
Wartesaal *m* waiting room **Warteschlange** *f* ① (*Menschen*) queue, line AM ② INFORM device queue **Warteschleife** *f* ① LUFT holding pattern, stack; ■**in der ~ sein** to be stacked, to be stacking ② INFORM wait [*or* holding] loop **Wartestand** *m* temporary retirement
Wartezeit *f* ① (*Zeit des Wartens*) wait *no pl* ② (*Karenzzeit*) waiting period ③ TECH waiting time **Wartezimmer** *nt* waiting room **Wartezustand** *m* TECH wait state [*or* condition]
Wartung <-, -en> *f* service, maintenance *no pl;* **~ der Hardware/Software** INFORM hardware/software maintenance; **laufende ~** routine maintenance
wartungsarm *adj* low-maintenance; **~e Batterie** AUTO low-maintenance battery **Wartungsaufwand** *m* TECH, ÖKON costs of maintenance, service costs *pl* **Wartungsdienst** *m* maintenance service **wartungsfrei** *adj* maintenance-free **Wartungshandbuch** *nt* service manual **Wartungsunternehmen** *nt* HANDEL service contractor **Wartungsvereinbarung** *f*, **Wartungsvertrag** *m* maintenance [*or* service] agreement [*or* contract]
warum *adv interrog* why; **~ nicht?** why not?; **~ nicht gleich so!** (*fam*) why couldn't you do that before!
Warze <-, -n> *f* ① MED (*Fibrom*) wart ② ANAT (*Brust~*) nipple
Warzenhof *m* ANAT areola **Warzenmelone** *f* KOCHK cantaloupe melon **Warzenpflaster** *nt* wart plaster **Warzenschwein** *nt* ZOOL wart hog
was I. *pron interrog* ① (*welches Ding*) what ② (*welcher Grund*) what; **~ ist [*o* gibt's]?** what's up?, what's the matter? ③ (*fam: wie sehr*) how; ***~ war das für eine Anstrengung!*** that really was an effort!, what an effort that was!; **~ für ein(e) ...** what sort [*or* kind] of; **~ für ein Glück!** what a stroke of luck!; ***~ für eine sie ist, weiß ich auch nicht*** I don't know either what sort of a person she is; *s. a.* **los sein, sollen** ④ (*fam: warum*) why ⑤ (*fam: nicht wahr*) isn't it/doesn't it/aren't you
II. *pron rel* what; ■**das, ~** that which *form,* what; ***das Einzige, ~ ich Ihnen sagen kann, ist, dass er morgen kommt*** the only thing I can tell you is that he's coming tomorrow; ***das Wenige, ~ ich besitze, will ich gerne mit dir teilen*** the little that I possess I will gladly share with you; *s. a.* **alle(r, s), auch, immer, können**
III. *pron indef* (*fam*) ① (*etwas*) something, anything; ***kann ich ~ helfen?*** is there anything I can do to help?; ***lassen Sie es mich wissen, wenn ich ~ für Sie tun kann!*** let me know when I can do something for you; ***iss nur, es ist ~ ganz Leckeres!*** just eat it, it's something really tasty! ② (*irgend~*) anything; ***ob er ~ gemerkt hat?*** I wonder if he noticed anything?; ***fällt Ihnen an dem Bild ~ auf?*** does anything strike you about the picture?; *s. a.* **so**
Wasalauf *m* SKI Vasalop race
Waschanlage *f* ① (*Auto~*) car wash ② (*fig: Schwarzgeld*) laundering facility; (*für Spenden*) front **Waschanleitung** *f* washing instructions *pl*
Waschautomat *m* washing machine
waschbar *adj* washable
Waschbär *m* racoon **Waschbecken** *nt* washbasin **Waschbeton** *m* exposed aggregate concrete **Waschbetonplatte** *f* exposed aggregate panel **Waschbrett** *nt* washboard **Waschbrettbauch** *m* (*hum fam*) washboard stomach
Wäsche <-, -en> *f* ① *kein pl* (*Schmutz~*) washing *no pl;* **in der ~ sein** to be in the wash; **etw in die ~ tun** to put sth in the wash; (*das Waschen*) washing *no pl* ② *kein pl* (*Unter~*) underwear *no pl* ③ *kein pl* (*Haushalts~*) linen *no pl* ④ (*Wagen~*) car wash ⑤ (*Legalisierung*) **die ~ illegaler Gelder** the laundering of stolen money
► WENDUNGEN: **dumm aus der ~ gucken** (*fam*) to look dumbfounded; **[seine] schmutzige ~ waschen** to wash one's dirty linen in public
Wäschebeutel *m* laundry bag **Wäschebox** *f* dirty clothes box
waschecht *adj* ① (*fam: typisch*) genuine, real ② (*beim Waschen nicht verbleichend*) colourfast, colorfast AM
Wäschegeschäft *nt* draper's [shop] BRIT **Wäscheklammer** *f* [clothes]peg **Wäschekorb** *m* laundrybasket **Wäscheleine** *f* [clothes]line **Wäschemangel** *f* mangle
waschen <wusch, gewaschen> *vt* ① (*durch Abwaschen säubern*) ■**jdn/etw ~** to wash sb/sth; ■**sich** *akk* **~** to wash [oneself]; **sich kalt/warm ~** to wash [oneself] in cold/hot water; ■**[sich** *dat* **] etw ~** to wash [one's] sth ② (*mit Waschmittel reinigen*) ■**etw ~** to wash sth ③ (*sl: legalisieren*) ■**etw ~** to launder sth; **Drogengeld ~** to launder drugs/money
► WENDUNGEN: **..., der/die/das sich gewaschen hat** (*fam*) real good ...; **eine Ohrfeige, die sich gewaschen hat** a real good box on the ears; **eine Prüfung, die sich gewaschen hat** a swine of an exam
Wäschepuff *m* dirty linen box
Wäscher(in) <-s, -> *m(f)* launderer
Wäscherei <-, -en> *f* laundry
Wäscherin <-, -nen> *f fem form von* **Wäscher**
Wäscheschleuder *f* spindrier **Wäscheschrank** *m* linen cupboard **Wäschespinne** *f* revolving [*or* rotary] clothes dryer **Wäscheständer** *m* clothes horse **Wäschestärke** *f* starch *no pl* **Wäschetrockner** <-s, -> *m* drier **Wäschetruhe** *f* linen chest, BRIT *a.* blanket box **Wäschezeichen** *nt* name tape, linen mark
Waschgang <-gänge> *m* wash (*stage of a washing programme*) **Waschgelegenheit** *f* washing facilities *pl* **Waschhandschuh** *m* flannel [*or* AM shower] [*or* AM bath] mitt **Waschkessel** *m* washboiler **Waschküche** *f* ① (*Raum zum Wäschewaschen*) wash house ② (*fam: dichter Nebel*) pea-souper BRIT, fog as thick as pea soup AM **Waschlappen** *m* ① (*Lappen zur Körperwäsche*) flannel ② (*fam: Feigling*) sissy, wet rag BRIT **Waschlauge** *f* suds *pl* **Waschleder** *nt* chamois leather **Waschmaschine** *f* washing machine **waschmaschinenfest** *adj* machine-washable **Waschmittel** *nt* detergent **Waschpulver** *nt* washing powder **Waschraum** *m* washroom **Waschsalon** *m* launderette BRIT, laundromat AM **Waschschüssel** *f* washtub **Waschstraße** *f* car wash **Waschtag** *m* washday; **~ haben** to be one's washing-day **Waschtisch** *m* washstand
Waschung <-, -en> *f* ① MED washing *no pl* ② REL ablution *no pl*
Waschwanne *f* washtub **Waschwasser** *nt kein pl* washing water *no pl* **Waschweib** *nt* (*fam*) gossip **Waschzettel** *m* blurb **Waschzeug** *nt* washing things *pl*
Washington <-s> ['wɔʃɪŋtən] *nt* Washington
Wasser <-s, – *o* Wässer> *nt* ① *kein pl* (*H2O*) water *no pl;* **fließend ~** running water; **~ abweisend [*o* abstoßend]** water-repellent; **~ durchlässig** porous; **~ gefährdend** water polluting; **~e gefährdende Stoffe** water-polluting substances; **~ lassen** MED to pass water; **etw unter ~ setzen** to flood sth; **unter ~ stehen** to be flooded [*or* under water]; **~ treten** MED to paddle ② (*Wasseroberfläche*) water *no pl;* ***Wasserflugzeuge können auf dem ~ landen*** amphibious aircraft can land on water; **zu ~** by sea; **etw zu ~ lassen** NAUT to launch sth ③ *pl* (*geh: Fluten*) waters *pl*
► WENDUNGEN: **bis dahin fließt noch viel ~ den Bach [*o* Rhein] hinunter** (*fam*) a lot of water will have flowed under the bridge by then; **bei ~ und Brot** behind bars; **das ~ bis zum Hals stehen haben** (*fam*) to be up to one's ears in debt; **~ auf jds Mühle sein** to be grist to sb's mill; **jdm läuft das ~ im Mund[e] zusammen** sb's mouth is watering; **duftende Wässer** *pl* toilet water BRIT, cologne AM; **nah am ~ gebaut haben** to be prone to tears; **... reinsten ~s** (*fam*) pure ...; **schweres ~** heavy water; **stilles ~** [a bit of]a dark horse; **stille ~ sind tief** still waters run deep *prov;* **ins ~ fallen** (*fam*) to fall through *fam;* **ins ~ gehen** (*euph*) to drown oneself; **mit allen ~n gewaschen sein** (*fam*) to know every trick in the book *fam;* **jdm das ~ abgraben** to take away sb's livelihood; **sich über ~ halten** to keep oneself above water; (*sich vorm Untergehen bewahren*) to keep afloat; **das ~ nicht halten können** to be incontinent; **jdm das ~ reichen können** to be a match for sb; **auch nur mit ~ kochen** (*fam*) to be no different from anybody else; **sein ~ abschlagen** (*sl*) to relieve oneself
wasserabweisend *adj s.* **Wasser 1** **Wasserader** *f* subterranean [*or* underground] watercourse **Wasser-Aloe** <-, -en> [-'a:loe] *f* BOT water soldier **Wasseramsel** *f* ORN dipper, water ouzel **Wasseranschluss**RR *m*, **Wasseranschluß** *m* ① (*Anschließen an Wasserversorgung*) connection to the mains water supply [*or* AM water main] ② (*Anschlussvorrichtung an Wasserversorgung*) mains hose BRIT, water main connection AM **wasserarm** *adj* arid **Wasseraufbereitung** *f* water treatment **Wasseraufbereitungsanlage** *f* water treatment plant **Wasserbad** *nt* ① KOCHK (*Topf mit kochendem Wasser*) bain-marie, double-boiler ② FOTO (*zum Wässern von Abzügen*) water bath ③ (*veraltet: Bad mit Wasser*) bath **Wasserball** *m* ① *kein pl* (*Wasserhandball*) water polo *no pl* ② (*Ball für ~ 1*) water polo ball ③ (*aufblasbarer Spielball*) beach ball **Wasserbau** *m kein pl* canal, harbour [*or* AM -or] and river engineering **Wasserbecken** *nt* pool, pond **Wasserbehälter** *m* water container **Wasserbett** *nt* waterbed **Was-**

W

serbindevermögen *nt* turgor **Wasserbombe** *f* MIL depth charge **Wasserbuch** *nt* JUR water-rights register **Wasserbüffel** *m* water buffalo **Wasserburg** *f* castle surrounded by moats

Wässerchen <-s, -> *nt* (*Duftwasser*) scent
▶ WENDUNGEN: **jd sieht aus, als ob er kein ~ trüben könnte** (*fam*) sb appears innocent while being guilty, sb looks as if butter wouldn't melt in his/her mouth BRIT

Wasserdampf *m* steam *no pl* **wasserdicht** *adj* ❶ (*kein Wasser eindringen lassend*) watertight; **eine ~e Uhr** a water-resistant watch ❷ (*sl: nicht zu erschüttern*) watertight; **ein ~es Alibi** a watertight alibi ▶ WENDUNGEN: **etw ~ machen** (*sl*) to make sth watertight **Wasserdruck** *m* water pressure **wasserdurchlässig** *adj s.* Wasser 1 **Wassereimer** *m* bucket, pail **Wasserenthärter** <-s, -> *m* water softener **Wassererhitzer** <-s, -> *m* water heater **Wassererosion** *f* erosion by water **Wasserfahrzeug** *nt* watercraft **Wasserfall** *m* waterfall ▶ WENDUNGEN: **wie ein ~ reden** (*fam*) to talk nonstop, to talk nineteen to the dozen BRIT *fam* **Wasserfarbe** *f* watercolour [*or* AM -or] **Wasserfass**^RR *nt* water barrel **wasserfest** *adj* ❶ (*für Wasser undurchlässig*) waterproof, water-resistant ❷ *s.* **wasserdicht** **Wasserflasche** *f* water bottle **Wasserfleck** *m* water stain [*or* spot] **Wasserfloh** *m* ZOOL water flea **Wasserflugzeug** *nt* seaplane **Wasserfracht** *f* carriage by water **Wasserfrosch** *m* water [*or* edible] frog **Wasserführung** *f* TYPO (*Druck*) damping, water distribution [*or* supply] **wassergekühlt** *adj* water-cooled **Wasserglas** *nt* glass, tumbler **Wasserglätte** *f* surface water *no pl* **Wassergraben** *m* ❶ (*Graben*) ditch ❷ SPORT (*Hindernis beim Reitsport*) water jump; (*Hindernis beim Hürdenlauf*) water jump ❸ (*Burggraben*) moat **Wassergymnastik** *f kein pl* aquarobics + *sing vb* **Wasserhahn** *m* [water] tap [*or* AM faucet] **Wasserhärte** *f* hardness of the water **Wasserhaushalt** <-[e]s> *m kein pl* ❶ MED, BIOL water balance ❷ ÖKOL hydrologic balance **Wasserhaushaltsgesetz** *nt* JUR Water Resources Act **Wasserhose** *f* METEO waterspout **Wasserhuhn** *nt* coot

wässerig *adj s.* **wäßrig**

Wasser-in-Öl-Emulsion *f* water-in-oil emulsion

Wasserinsekt *nt* aquatic insect **Wasserkanister** *m* water can [*or* container] **Wasserkastanie** *f* water chestnut **Wasserkastenlack** *m* TYPO dispersion [*or* water-pan] varnish **Wasserkocher** *m* kettle **Wasserkopf** *m* ❶ MED hydrocephalus ❷ (*überproportionales Gebilde*) *sth that has been blown out of proportion;* ***die Stadtverwaltung hatte einen enormen Wasserkopf entwickelt*** the municipal authorities had developed a tremendously bloated bureaucracy **Wasserkraft** *f kein pl* water power *no pl* **Wasserkraftwerk** *nt* hydroelectric power station **Wasserkreislauf** *m* water circulation **Wasserkühlung** *f* water cooling *no pl;* **... mit ~** water-cooled **Wasser-Land-Flugzeug** *nt* amphibian plane **Wasserlandung** *f* ❶ LUFT *von Flugzeug* alighting on water ❷ RAUM *von Raumkapsel* splashdown **Wasserlassen** <-s> *nt kein pl* MED passing [of] water *no pl* **Wasserlauf** *m* watercourse **Wasserläufer** *m* ZOOL pond skater **Wasserlebewesen** *nt* ZOOL aquatic creature **Wasserleiche** *f* corpse found in water **Wasserleitung** *f* water pipe **Wasserlilie** *f* water lily **Wasserlinie** *f* NAUT waterline **Wasserlinse** *f* BOT duckweed **Wasserloch** *nt* waterhole **wasserlöslich** *adj* soluble in water **Wassermangel** *m* water shortage **Wassermann** *m* ❶ ASTROL Aquarius *no pl, no def art;* [**ein**] **~ sein** to be an Aquarian ❷ (*Nöck*) water sprite **Wassermelone** *f* watermelon **Wassermühle** *f* watermill

wassern *vi Wasserflugzeug* to land on water; *Raumkapsel* to splash down

wässern *vt* ❶ (*be~*) ■**etw ~** to water sth
❷ KOCHK ■**etw ~** to soak sth

Wassernixe *f s.* Nixe **Wassernutzungsrecht** *nt* water rights *pl* **Wasseroberfläche** *f* surface of the water **Wasserpfeife** *f* hookah **Wasserpflanze** *f* aquatic plant **Wasserpistole** *f* water pistol **Wasserpocken** *pl* MED chickenpox *no pl* **Wasserpumpe** *f* water pump **Wasserpumpenzange** *f* locking pliers *npl* **Wasserqualität** *f* water quality **Wasserrad** *nt* water wheel **Wasserralle** <-, -n> *f* ORN water rail **Wasserratte** *f* ❶ (*Schermaus*) water rat ❷ (*fam: gerne badender Mensch*) keen swimmer **Wasserrecht** *nt* JUR law relating to water **wasserreich** *adj* abundant in water **Wasserreservoir** *nt* ❶ (*Reservoir für Wasser*) reservoir ❷ *s.* Wasservorrat **Wasserrohr** *nt* water pipe **Wasserrutschbahn** *f* waterslide **Wassersäule** *f* head of water **Wasserschaden** *m* water damage *no pl* **Wasserscheide** *f* watershed **wasserscheu** *adj* scared of water **Wasserschildkröte** *f* turtle **Wasserschlange** *f* water snake **Wasserschlauch** *m* hose **Wasserschloss**^RR *nt,* **Wasserschloß** *nt* castle surrounded by moats

Wasserschutzgebiet *nt* water protection area **Wasserschutzpolizei** *f* river police

Wasserschwein *nt* ZOOL capybara **Wasserski** *m* ❶ *kein pl* (*Sportart*) waterskiing *no pl* ❷ (*Sportgerät*) waterski **Wasserspeicher** *m* reservoir **Wasserspeier** *m* gargoyle **Wasserspiegel** *m* ❶ (*Wasseroberfläche*) surface of the water ❷ (*Wasserstand*) water level **Wasserspiele** *pl* waterworks *npl* **Wasserspinne** *f* ZOOL water spider **Wassersport** *m* water sports *pl* **Wasserspülung** *f* flush; **die ~ betätigen** to flush the toilet **Wasserstand** *m* water level; **niedriger/hoher ~** low/high water **Wasserstandsanzeiger** *m* water level indicator **Wasserstandsmeldung** *f meist pl* NAUT water level report

Wasserstoff *m* hydrogen *no pl*

Wasserstoffantrieb *m* **Fahrzeug mit ~** hydrogen-powered car **Wasserstoffbombe** *f* hydrogen bomb **Wasserstoffkern** *m* PHYS hydrogen core **Wasserstoffperoxid, Wasserstoffperoxyd** *nt* hydrogen peroxide **Wasserstoffspeicher** *m einer Brennstoffzelle* store of hydrogen **Wasserstoffsuperoxid, Wasserstoffsuperoxyd** *nt* hydrogen peroxide **Wasserstrahl** *m* jet of water **Wasserstrahlantrieb** *m* NAUT hydrojet propulsion **Wasserstraße** *f* waterway **Wasserstraßennetz** *nt* [inland] waterways system **Wassersucht** *f kein pl* MED dropsy **Wassertank** *m* water tank **Wassertemperatur** *f* water temperature **Wassertreten** <-s> *nt kein pl* MED paddling *no pl* **Wassertreter** *m* ORN phalorope **Wassertropfen** *m* water drop **Wasserturm** *m* water tower **Wasseruhr** *f* water meter

Wasserung <-, -en> *f* landing on water

Wässerung <-, -en> *f* watering *no pl*

Wasserverbrauch *m* water consumption **Wasserverdrängung** *f* PHYS displacement [of water] **Wasservergeudung** *f kein pl* wasting of water **Wasserversorger** *m* ÖKON water company **Wasserversorgung** *f* water supply **Wasserverunreinigung** *m* water pollution **Wasservogel** *m* aquatic bird, waterfowl **Wasservorrat** *m* supplies *pl* of water **Wasserwaage** *f* spirit level **Wasserweg** *m* waterway; **auf dem ~** by water **Wasserwelle** *f* MODE shampoo and set **Wasserwerfer** *m* water cannon **Wasserwerk** *nt* waterworks + *sing/pl vb* **Wasserwirtschaft** *f kein pl* water management [*or* supply industry] **Wasserzähler** *m* water meter **Wasserzeichen** *nt* watermark **Wasserzeichenpapier** *m* watermark[ed] paper

wässrig^RR *adj,* **wäßrig** *adj* ❶ (*zu viel Wasser enthaltend*) watery; **~e Suppe** watery soup
❷ CHEM, MED (*mit Wasser hergestellt*) aqueous; **eine ~e Lösung** an aqueous solution; *s. a.* **Mund**

waten *vi sein* to wade; ■**durch etw ~** to wade through sth

Waterkant <-> *f kein pl* GEOG NORDD ■**die ~** the North German coast

Watsche(n) <-, -> *f* ÖSTERR, SÜDD (*fam: Ohrfeige*) clip round the ear, thick ear BRIT

watscheln *vi sein* to waddle

Watschen <-, -> *f* SÜDD, ÖSTERR (*fam: Ohrfeige*) clip round the ears

Watt[1] <-s, -> *nt* PHYS watt

Watt[2] <-[e]s, -en> *nt* mudflats *pl*

Watte <-, -n> *f* cotton wool *no pl*
▶ WENDUNGEN: **jdn in ~ packen** (*fam*) to wrap sb in cotton wool

Wattebausch *m* wad of cotton wool

Wattenmeer *nt kein pl* GEOG ■**das ~** mud-flats *pl*

Wattestäbchen *nt* cotton bud

wattieren* *vt* ■**etw ~** to pad [*or* quilt] sth; **wattierte Schultern** padded shoulders

Wattierung <-, -en> *f* MODE ❶ *kein pl* (*das Wattieren*) padding *no pl,* quilting *no pl*
❷ (*Polsterung*) padding

Wattstunde *f* watt-hour

Wattwurm *m* ZOOL lugworm

wau wau *interj* (*kindersprache*) woof-woof; **~ machen** to go bow-wow [*or* woof-woof]

Wave-Datei [weɪv-] *f* INFORM wavetable

WBS *m Abk von* **Wetterbeobachtungssatellit** weather [observation] satellite

WC <-s, -s> [veːˈtseː] *nt* WC BRIT, bathroom AM

WC-Bürste *f* toilet brush **WC-Sitz** *m* toilet seat; (*für Kleinkinder*) toddler trainer seat

WDR *m Abk von* **Westdeutscher Rundfunk** West German Radio

Web <-[s]> [wɛb] *nt kein pl* INFORM *kurz für* **World Wide Web** web

Webbrowser *m* INFORM web browser

Webcam <-, -s> [ˈwɛbkæm] *f* webcam

weben <webte *o geh* wob, gewebt *o geh* gewoben> **I.** *vt* ❶ (*auf Webstühlen herstellen*) ■**etw ~** to weave sth
❷ (*hinein~*) ■**etw in etw** *akk* **~** to weave sth into sth
II. *vi* ❶ (*als Handweber tätig sein*) to weave; **von Hand ~** to weave by hand; ■**an etw** *dat* **~** to weave sth
❷ (*geh: geheimnisumwittert sein*) **von etw** *dat* **umwoben sein** to be woven around sb/sth
III. *vr* (*geh: in geheimnisvoller Weise entstehen*) ■**sich um jdn/etw ~** to be woven around sb/sth

Weber(in) <-s, -> *m(f)* weaver

Weberei <-, -en> *f* weaving mill

Weberin <-, -nen> *f fem form von* **Weber**

Weberknecht *m* ZOOL daddy-long-legs **Webervogel** *m* ORN weaver

Webfehler *m* flaw in the weave

Webmaster *m* INFORM web master **Webphone** <-s, -s> [ˈwɛbfoːn] *nt* web phone **Webseite** *f* INFORM web page **Webserver** *m* INFORM web server; **vom ~ herunterladen** to download from the web server **Website** <-, -s> [ˈwɛbˌsaɪt] *f* INET web site; **eine ~ einrichten** to create a web site

Webstuhl *m* loom

Websurfer(in) [ˈwɛbsəːfɐ] *m(f)* INFORM web surfer **Websurfprogramm** *nt* web browser **Webtechnologie** *f* web technology **Web-TV** *nt* INET (*Internet-Surfen am TV-Schirm*) web-TV

Webwaren *pl* woven goods *npl*

Wechsel[1] <-s, -> [-ks-] *m* ❶ *kein pl* (*das Wechseln*) change; **ein häufiger ~ der Arbeitgeber** a frequent change of employer; **in bestimmtem ~** in a certain rotation; **in stündlichem ~** in hourly rotation
❷ SPORT (*Übergabe*) changeover
❸ BAU (*Wechselbalken*) framing; (*Schloss*) catch lever
▶ WENDUNGEN: **in buntem ~** in colourful [*or* AM -orful] succession

Wechsel[2] <-s, -> *m* FIN ❶ (*Schuldurkunde*) bill [of exchange], promissory note; **befristeter/eigener ~** sight draft/promissory note; **fälliger/verfallener ~** bill due/expired bill; **gezogener ~** bill of exchange, draft; **trassiert eigener ~** self-accepted bill of exchange; **einen ~ diskontieren** to discount a bill; **einen ~ einlösen** [*o* **honorieren**] to honour a bill of exchange; **~ auf lange Sicht** long-dated bill; **einen ~ zu Protest gehen lassen** to note a bill for protest; **einen ~ zur Einlösung vorlegen** to pre-

sent a bill for payment; **auf** ~ against a bill of exchange
② (*fam: Monats~*) allowance
Wechselannahme *f* FIN acceptance of a/the bill **Wechselaussteller(in)** *m(f)* FIN drawer of a bill **Wechselausstellung** *f* FIN issue of a/the bill
Wechselautomat *m* change machine **Wechselbad** *nt* alternating hot and cold water baths *pl;* **jdn einem** ~ **aussetzen** (*fig*) to blow hot and cold with sb; **das** ~ **der Gefühle** emotional roller coaster
wechselbar *adj* TECH changeable
Wechselbehälter *m* interchangeable container **Wechselbeziehung** *f* correlation, interrelation; **in** ~ **[miteinander/zueinander] stehen** to be correlated [*or* interrelated]
Wechselbezogene(r) *f(m) dekl wie adj* FIN drawee **Wechselbuch** *nt* FIN bills receivable ledger; (*verfallen*) bills payable ledger **Wechselbürgschaft** *f* FIN bill guarantee, guarantee on a bill; **eine** ~ **leisten** to guarantee a bill of exchange **Wechseldiskontierung** *f* FIN bill discounting **Wechseldiskontkredit** *m* FIN discount credit **Wechselduplikat** *nt* JUR duplicate of a bill **Wechseleinreicher(in)** *m(f)* FIN presenter of a/the bill **Wechselfähigkeit** *f kein pl* FIN capacity to draw a bill
Wechselfälle *pl* changeabilities *pl,* vicissitudes *pl*
Wechselfieber *nt kein pl* (*veraltend*) malaria
Wechselforderung *f* FIN claim under a bill, bill receivable **Wechselfrist** *f* FIN usance
Wechselgarnitur *f* BAU latch lever escutcheon set
Wechselgeld [-ks-] *nt* change *no pl, no indef art*
Wechselgesetz *nt* JUR Bills of Exchange Act BRIT, Negotiable Instruments Act AM **Wechselgiro** *nt* FIN endorsement **Wechselgläubiger(in)** *m(f)* FIN bill creditor
wechselhaft [-ks-] **I.** *adj* changeable
II. *adv* (*mit häufigen Veränderungen*) in a changeable way
Wechselindossament *nt* JUR endorsement of a bill **Wechselinhaber(in)** *m(f)* FIN bill holder [*or* bearer] **Wechselinkasso** *nt* FIN bill collection
Wechseljahre [-ks-] *pl* menopause *no pl;* **in den ~n sein** to be going through the menopause; **in die** ~ **kommen** to reach the menopause
Wechselklage *f* JUR action on a bill of exchange; **eine** ~ **erheben** to sue on a bill
Wechselkurs [-ks-] *m* exchange rate, rate of exchange **wechselkursbedingt** *adj* FIN caused by a different exchange rate **Wechselkursbindung** *f* FIN exchange rate fixing, fixing of the exchange rate **Wechselkursfreigabe** *f* FIN floating **Wechselkursmechanismus** *m* exchange rate mechanism, ERM **Wechselkursnotierung** *f* BÖRSE quotation of exchange rates **Wechselkursparität** *f* BÖRSE par value of exchange rates **Wechselkursschwankung** *f* BÖRSE fluctuation in the exchange rate, exchange rate fluctuation **Wechselkursspanne** *f* BÖRSE range of exchange rates
Wechsellaufzeit *f* FIN currency of a/the bill, tenor [*or* usance] of a bill **Wechsellombard** *m o nt* FIN lending on bills **Wechselmahnantrag** *m* FIN application for default summons based on a bill of exchange **Wechselmahnbescheid** *m* JUR *default summons based on a bill of exchange* **Wechselmakler(in)** *m(f)* FIN bill discounter [*or* BRIT broker]
Wechselmedien *pl* INFORM exchangeable media *pl;* MEDIA interactive media *pl*
wechseln [-ks-] **I.** *vt* ① (*austauschen*) ■**etw** ~ to change sth
② (*umtauschen*) ■**[jdm] etw** ~ to change sth [for sb]
③ (*etw anderes nehmen*) ■**etw** ~ to change sth; ***macht es Ihnen was aus, mit mir den Platz zu ~?*** would you mind if we changed [*or* traded] places?
II. *vi* ① FIN (*Geld umtauschen*) to change sth; ***können Sie mir ~?*** can you change that for me?
② (*den Arbeitgeber ~*) to go to a different job
③ METEO (*sich ändern*) to change; *s. a.* **bewölkt**

wechselnd *adj* ① (*immer andere*) **ständig ~e Lehrer** constantly changing teachers
② (*veränderlich*) *Stimmung, Laune* changeable
③ (*unterschiedlich*) **mit ~em Erfolg** with varying [degrees of] success
Wechselnehmer(in) *m(f)* FIN payee, acceptor **Wechselobligationen** *pl* FIN convertible bonds **Wechselobligo** *nt* FIN liability on bills
Wechselplatte *f* INFORM removable disk **Wechselplattensystem** *nt* INFORM removable disk system
Wechselprotest *m* FIN bill protest, protest of a bill of exchange; ~ **einlegen** to enter protest of a bill, to protest a bill **Wechselprozess**^RR *m* JUR summary bill enforcement proceedings *pl* **Wechselrahmen** *m* picture frame (*with an easily removable back*), clip-on picture frame **Wechselrecht** *nt* JUR law on bills of exchange; **Wechsel- und Scheckrecht** law on cheques and bills of exchange **Wechselregress** *m* JUR recourse [against a prior endorser of a bill] **Wechselreiterei** *f* FIN (*pej*) drawing and redrawing, billjobbing, kiteflying *sl* **Wechselschuld** *f* FIN paper debts *pl,* bill debt **Wechselschuldner(in)** *m(f)* FIN bill debtor
wechselseitig [-ks-] *adj* mutual
Wechselspeicher *m* INFORM exchangeable storage medium **Wechselspiel** *nt* interplay; **das** ~ **der Farben** the interplay of colours [*or* AM -ors] **Wechselsteuer** *f* FIN bill tax [*or* stamp], stamp duty
Wechselstrom *m* alternating current **Wechselstube** *f* exchange booth, bureau de change BRIT
Wechselvermutung *f* JUR *presumption in favour of a bona fide holder of a bill of exchange*
wechselvoll *adj* varied, diverse
Wechselwähler(in) *m(f)* floating [*or* AM undecided] voter **wechselwarm** *adj* cold-blooded, poikilotherm
wechselweise *adv* alternately
Wechselwirkung *f* interaction; **in** ~ **[miteinander/zueinander] stehen** to interact [with each other]
Wechselzahlungsbefehl *m* JUR order to pay bill
Weck <-s, -e> *m* ÖSTERR, SÜDD *s.* **Wecken**
Wecke <-, -n> *f* ÖSTERR, SÜDD *s.* **Wecken**
wecken *vt* ① (*auf~*) ■**jdn** ~ to wake sb [up]; **von Lärm geweckt werden** to be woken by noise; ■**sich [von jdm/etw]** ~ **lassen** to have sb/sth wake one up; ■**das W~** MIL reveille *no pl;* **eine Stunde nach dem W~** an hour after reveille; *s. a.* **Ausgang**
② (*hervorrufen*) ■**etw** ~ to bring back sth *sep;* **Assoziationen** ~ to create associations; **jds Interesse/Neugier/Verdacht** ~ to arouse sb's interest/curiosity/suspicion
Wecken <-s, -> *m* ÖSTERR, SÜDD (*Brötchen*) long roll
Wecker <-s, -> *m* alarm clock
► WENDUNGEN: **jdm auf den** ~ **gehen** [*o* **fallen**] (*sl*) to drive sb up the wall *fam*
Weckglas® *nt s.* **Einmachglas**
Weckmittel *nt* stimulant
Weckring® *m s.* **Einmachring**
Wedel <-s, -> *m* ① (*gefiedertes Blatt*) *Farn* frond; (*Palm~*) palm leaf
② (*Staub~*) feather duster
wedeln **I.** *vi* ① (*fuchteln*) ■**mit etw** ~ to wave sth; *s. a.* **Schwanz**
② SKI (*hin und her schwingen*) to wedel
II. *vt* (*wischen*) ■**etw von etw** ~ to waft sth off sth; **die Krümel vom Tisch** ~ to waft the crumbs off the table
weder *konj* ~ **… noch …** neither … nor; ~ **du noch er** neither you nor him; ***es klappt ~ heute noch morgen*** it won't work either today or tomorrow; ~ **noch** neither
weg *adv* ① (*fort*) ■~ **sein** to have gone; ***ich finde meinen Schlüssel nicht wieder, er ist ~*** I can't find my key, it's vanished!; ~ **mit dir/euch** (*fam*) away with you!; **von etw** ~ from sth; ***sie wurde vom Arbeitsplatz ~ verhaftet*** she was arrested at her place of work; **bloß** [*o* **nichts wie**] ~ **hier!** let's get out of here!; ~ **da!** (*fam*) [get] out of the way!

② (*fam: hinweggekommen*) ■**über etw** *akk* ~ **sein** to have got over sth
③ (*sl: begeistert*) ■**von jdm/etw** ~ **sein** to be gone on sb/sth; *s. a.* **Fenster**
Weg <-[e]s, -e> *m* ① (*Pfad*) path
② TRANSP (*unbefestigte Straße*) track
③ (*Route*) way; ***der kürzeste ~ nach Berlin*** the shortest route to Berlin
④ (*Strecke*) way; ***bis zu euch muss ich einen ~ von über drei Stunden zurücklegen*** I've got a journey of more than three hours to get to your place
⑤ (*Methode*) way
► WENDUNGEN: **auf dem ~e der Besserung sein** (*geh*) to be on the road to recovery; **viele ~e führen nach Rom** (*prov*) all roads lead to Rome *prov;* **den** ~ **des geringsten Widerstandes gehen** to take the line of least resistance; **auf dem besten ~e sein, etw zu tun** to be well on the way to doing sth; **auf friedlichem ~e** (*geh*) by peaceful means; **jdm auf halbem ~e entgegenkommen** to meet sb halfway; **vom rechten** ~ **abkommen** to wander from the straight and narrow *fam;* **auf schriftlichem ~e** (*geh*) in writing; **etw auf den** ~ **bringen** to introduce sth; **~e zu erledigen haben** to have some shopping to do; **geh mir aus dem ~!** stand aside!, get out of my way!; **seinen** ~ **gehen** to go one's own way; **seiner ~e gehen** (*geh*) to continue [*or* carry on] regardless; **jdm/etw aus dem ~e gehen** to avoid sb/sth; **jdm etw mit auf den** ~ **geben** to give sb sth to take with him/her; **jdm eine Ermahnung/einen Ratschlag mit auf den** ~ **geben** to give sb a warning/piece of advice for the future; ***du brauchst mir nichts mit auf den ~ zu geben, ich weiß das schon*** I don't need you to tell me anything, I already know; **auf dem** ~ **[zu jdm/irgendwohin] sein** to be on one's way [to sb/somewhere]; **des ~es kommen** (*geh*) to approach; **jdm über den** ~ **laufen** to run into sb; ***lauf mir nicht noch mal über den ~!*** don't come near me again!; **etw in die ~e leiten** to arrange sth; **auf jds** *akk* ~ **liegen** to be on sb's way; **sich auf den** ~ **[irgendwohin] machen** to set off [for somewhere]; ***es wird schon spät, ich muss mich auf den ~ machen*** it's getting late, I must be on my way!; **jdn aus dem** ~ **räumen** to get rid of sb; **etw aus dem** ~ **räumen** to remove sth; **sich** *dat* **den** ~ **frei schießen** to shoot one's way out; **jdm/einer S. im ~e stehen** to stand in the way of sb/sth; ***nur die Kostenfrage steht der Verwirklichung des Projekts im ~e*** only the issue of cost is an obstacle to this project being implemented; **sich** *dat* **selbst im** ~ **stehen** to be one's own worst enemy; **sich jdm in den** ~ **stellen** to bar sb's way; **jdm etw in den** ~ **stellen** to place sth in sb's way; **jdm nicht über den** ~ **trauen** (*fam*) not to trust sb an inch; **hier trennen sich unsere ~e** this is where we part company; **sich** *dat* **einen** ~ **verbauen** to ruin one's chances; **jdm den** ~ **versperren** to block [*or* bar] sb's way; **jdm den** ~ **vertreten** to bar sb's way; **auf illegalem ~e** by illegal means, illegally; **aus dem ~!** stand aside!, make way!; **woher des ~[e]s?** (*veraltet*) where do you come from?; **wohin des ~[e]s?** (*veraltet*) where are you going to?; *s. a.* **Hindernis, Stein**
weg|angeln *vt* (*fam*) ■**jdm jdn/etw** ~ to snatch sb/sth away from sb **weg|bekommen*** *vt irreg* (*fam*) ① (*entfernen können*) ■**etw [mit etw]** ~ to remove sth [with sth]; ***den Dreck bekommst du nur mit heißem Wasser weg*** you'll only get the dirt off with hot water ② (*fortbewegen können*) ■**etw [irgendwo/von etw]** ~ to move sth away [from somewhere/from sth]; ***ich bekomme den schweren Schrank nicht von der Wand weg*** I can't get this heavy cupboard away from the wall ③ (*sich anstecken*) ■**etw** ~ to catch sth **weg|belichten*** *vt* TYPO ■**etw** ~ to burn out *sep* [*or* eliminate] sth
Wegbereiter(in) <-s, -> *m(f)* forerunner, precursor; **ein** ~ **einer S.** *gen* **sein** to pave the way for sth
Wegbeschreibung *f* directions [*or* instructions] how to get somewhere **Wegbiegung** *f* bend [in

W

the road]
weg|blasen *vt irreg* ■**etw** ~ to blow away sth *sep*
▶ WENDUNGEN: **wie weggeblasen sein** to have completely disappeared; **von etw völlig weggeblasen sein** (*fam*) to be completely blown away by sth **weg|bleiben** *vi irreg sein* to stay away; **stundenlang** ~ to stop [*or* AM stay] out for hours; ***bleib nicht so lange weg!*** don't stay out too long
weg|bringen *vt irreg* ❶ (*irgendwohin bringen*) ■**jdn** ~ to take sb away ❷ (*zur Reparatur bringen*) ■**etw** ~ to take in sth *sep* **weg|denken** *vt irreg* ■**sich** *dat* **etw** ~ to imagine [*or* picture] sth without sth; [**aus etw**] **nicht mehr wegzudenken sein** not to be able to imagine sth without sth **weg|diskutieren*** *vt* ■**etw** ~ to argue away sth *sep;* **sich nicht** ~ **lassen** not to be able to be argued away; **sich nicht** ~ **lassen, dass** not to be able to argue the fact away that **weg|drehen** *vt* ■**etw** [**von etw** *dat*] ~ to turn one's sth away [from sth]; ■**sich** *akk* [**von etw** *dat*] ~ to turn away [from sth] **weg|dürfen** *vi irreg* (*fam*) to be allowed to go out
Wegebau *m* construction of unclassified roads
Wegebeschaffenheit *f* state of the roads
Wegegeld *nt* JUR travelling expenses *pl* **Wegelagerer(in)** <-s, -> *m(f)* highwayman **Wegeleitsystem** *nt* TRANSP road [*or* traffic] guidance system, Trafficmaster®
wegen *präp +gen* ❶ (*aus Gründen*) ■~ **einer S.** because of, on account of, due to
❷ (*bedingt durch*) ■~ **jdm** on account of sb
❸ (*bezüglich*) ■~ **einer S.** *gen* regarding a thing; *s. a.* **Recht, von**
Wegenetz *nt* network of roads **Wegerecht** *nt* JUR right of way
Wegerich <-s, -e> *m* BOT plantain
weg|essen *vt irreg* ❶ (*essen ohne zu teilen*) ■**jdm etw** ~ to eat sb's sth
❷ (*fam: aufessen*) ■**etw** ~ to eat up sth *sep*
Wegeunfälle *pl* work-related road accident
weg|fahren *irreg* **I.** *vi sein* ❶ (*verreisen*) to leave
❷ (*abfahren*) to leave
II. *vt haben* ❶ (*mit einem Fahrzeug wegbringen*) ■**jdn** ~ to take sb away
❷ (*etw woandershin fahren*) ■**etw** ~ to move sth
Wegfahrsperre *f* AUTO **elektronische** ~ immobilizer
Wegfall <-s> *m kein pl* (*Aufhören*) cessation; (*Auslassen*) omission; (*Ablauf*) lapse; ~ **der Geschäftsgrundlage** frustration of contract; ~ **der Gegenleistung** failure of consideration
weg|fallen *vi irreg sein* to cease to apply; ***in unserem Vertrag können wir den Absatz wohl ~ lassen*** we can probably omit the clause from our contract
weg|fegen **I.** *vt* ❶ (*kehren*) ■**etw** ~ *Schnee, Dreck* to sweep away sth *sep* ❷ (*absetzen*) ■**jdn** ~ *Regime, Diktator* to sweep away sb *sep* **II.** *vi sein* (*fam: hinwegfegen*) ■**über etw** ~ *Sturm* to sweep over sth *sep* **weg|fliegen** *vi irreg sein* ❶ LUFT (*abfliegen*) to leave, to take off ❷ (*fortfliegen*) to fly away ❸ (*vom Wind weggeblasen werden*) to blow away **weg|führen** **I.** *vt* (*fortbringen*) ■**jdn** ~ to lead sb away **II.** *vt, vi* (*sich zu weit entfernen*) ■[**jdn**] [**von etw**] ~ to lead sb too far away [from sth]
Weggabelung *f* fork [in the road]
Weggang *m kein pl* (*geh*) departure
weg|geben *vt irreg* ❶ (*verschenken*) ■**etw/ein Tier** ~ to give away sth/an animal *sep*
❷ (*adoptieren lassen*) ■**jdn** ~ to give away sb *sep*
Weggefährte, -gefährtin *m, f* ❶ (*Begleiter auf einer Wanderung*) fellow traveller [*or* AM traveler]
❷ POL (*Gesinnungsgenosse*) like-minded political companion
weg|gehen *vi irreg sein* ❶ (*fortgehen*) to go away; ***geh weg, lass mich in Ruhe!*** go away, leave me alone!
❷ (*fam: sich entfernen lassen*) to remove; ***der Fleck geht einfach nicht weg*** the stain simply won't come out
❸ ÖKON (*fam*) to sell; **reißend** ~ to sell like mad
❹ (*fam: hin~*) ■**über etw** *akk* ~ to ignore [*or* pass over] sth
▶ WENDUNGEN: **geh mir weg damit!** (*fam*) don't come to me with that! *fam*
weg|gießen *vt irreg* ■**etw** ~ to pour away sth *sep*
weg|gucken *vi* (*fam*) *s.* **wegsehen** **Weggucksmentalität** *f kein pl* look-away mentality
weg|haben *vt irreg* (*fam*) ❶ (*entfernt haben*) ■**etw** ~ to have got rid of sth
❷ (*entfernt wissen wollen*) ■**jdn** [**aus etw**] ~ **wollen** to want to get rid [*or* BRIT *sl* shot] of sb [from sth]
❸ (*beschlagen sein*) ■[**auf etw** *dat*/**in etw** *dat*] **was** ~ to be good [at sth]
❹ (*fam: verpasst bekommen haben*) ■**etw** ~ to have had sth; ***er hat seine Strafe weg*** he has had his punishment
❺ (*aufweisen*) ■**etw** ~ to show sth
▶ WENDUNGEN: **einen** ~ (*sl*) to have had one too many *fam*
weg|hängen *vt irreg* ■**etw** ~ to hang up [and put away] sth **weg|hinken** *vi* to limp off **weg|holen** **I.** *vt* ■**jdn/etw** ~ to take away *sep* [*or* fetch] sb/sth **II.** *vr* (*fam*) **sich** *dat* **was** ~ *Krankheit* to catch a disease; **sich** *dat* **eine Grippe** ~ to catch flu **weg|hoppeln** *vi* to lollop off **weg|hören** *vi* to stop listening, to not listen **weg|jagen** *vt* ❶ (*verscheuchen*) ■**ein Tier** ~ to drive away an animal *sep* ❷ (*fortjagen*) ■**jdn** ~ to drive away sb *sep,* to send sb packing
weg|kommen *vi irreg sein* (*fam*) ❶ (*weggehen können*) to get away; **mach, dass du wegkommst!** clear off!
❷ (*abhanden kommen*) to disappear
❸ (*abschneiden*) to fare somehow; **in einer Prüfung gut/schlecht** ~ to do well/badly in an exam
weg|kratzen *vt a.* TYPO ■**etw** ~ to scratch off sth *sep*
Wegkreuz *nt* wayside cross **Wegkreuzung** *f* crossroads
weg|kriechen *vi* to creep away [*or* off] **weg|kriegen** *vt s.* **wegbekommen 1**
wegkundig *adj* familiar with the paths
weg|lassen *vt irreg* ❶ (*auslassen*) ■**etw** ~ to leave out sth *sep* ❷ (*weggehen lassen*) ■**jdn** ~ to let sb go ❸ (*darauf verzichten*) ■**etw** ~ not to have sth, to give sth a miss BRIT *fam;* ***der Arzt riet ihr, das Salz im Essen wegzulassen*** the doctor advised her not to have any salt with her meals **weg|laufen** *vi irreg sein* ❶ (*fortlaufen*) to run away; ■**vor jdm/einem Tier** ~ to run away from sb/an animal
❷ (*jdn verlassen*) ■**jdm** ~ to run off [and leave sb]
▶ WENDUNGEN: **etw läuft jdm nicht weg** (*fam*) sth will keep **weg|legen** *vt* ❶ (*beiseite legen*) ■**etw** ~ to put down sth *sep* ❷ (*aufbewahren*) ■**etw für jdn** ~ to put sth aside for sb **weg|leugnen** *vt s.* **wegdiskutieren** **weg|loben** *vt* ■**jdn** ~ to give sb a sideways promotion **weg|lügen** *vt* (*fam*) ■**etw** ~ to cloud [*or* blur] sth **weg|machen** *vt* (*fam*) ■[**jdm**] **etw** ~ to get rid of sth [for sb]
weg|müssen *vi irreg* (*fam*) ❶ (*weggehen müssen*) to have to go [*or* leave]
❷ (*weggebracht werden müssen*) to have to go; ***das Paket muss vor Ende der Woche weg*** the parcel must go before the end of the week
❸ (*weggeschmissen werden müssen*) to have to be thrown away
Wegnahme <-, -n> *f* JUR (*form: Beschlagnahme*) seizure **Wegnahmerecht** *nt* JUR right of seizure
weg|nehmen *vt irreg* ❶ (*von etw entfernen*) ■**etw** [**von etw**] ~ to take away sth *sep*/take sth [from/off sth]
❷ (*fortnehmen*) ■**jdm etw** ~ to take away sth *sep* from sb
weg|packen *vt* (*fam*) ■**etw** ~ to pack [*or* put] away sth *sep* **weg|pusten** *vt* ■**etw** ~ to blow away sth *sep;* ■**etw von etw** ~ to blow sth off sth **weg|putzen** *vt* ■**etw** ~ to wipe away [*or* off] sth *sep*
Wegrand *m* side of the road [*or* path]
weg|rasieren* *vt* ■[**sich**] **etw** ~ to shave off [one's] sth *sep* **weg|rationalisieren*** *vt* (*fam*) ■**jdn/etw** ~ to get rid of sb/sth as part of a rationalization programme [*or* AM -am] **weg|räumen** *vt* ■**etw** ~ to clear away sth *sep* **weg|reißen** *vt irreg* ❶ (*aus der Hand reißen*) ■**jdm etw** ~ to snatch away sth *sep* from sb ❷ (*abreißen*) ■[**jdm**] **etw** ~ to tear off [sb's…] sth *sep* **weg|rennen** *vi irreg sein* (*fam*) *s.* **weglaufen** **weg|retuschieren*** *vt* FOTO ■**etw** ~ to remove sth by retouching a photograph
weg|rücken **I.** *vi sein* (*sich durch Rücken entfernen*) ■[**von jdm/etw**] ~ to move away [from sb/sth] **II.** *vt haben* (*durch Rücken entfernen*) ■**etw** [**von etw**] ~ to move sth away [from sth] **weg|rutschen** *vi sein* ■[**von jdm**] ~ to slip away [from sb]
weg|schaffen *vt* ■**etw** ~ to remove sth; ■**jdn/etw** ~ to get rid of sb/sth **weg|schauen** *vi* (*geh*) *s.* **wegsehen** **weg|schenken** *vt* (*fam*) ■**etw** ~ to give away sth *sep* **weg|scheren** *vr* (*fam*) ■**sich** ~ to clear off *fam* **weg|schicken** *vt* ❶ (*abschicken*) ■**etw** ~ to send off sth *sep* ❷ (*fortgehen heißen*) ■**jdn** ~ to send sb away; **jdn ~, um etw abzuholen** to send sb off to collect sth **weg|schieben** *vt irreg* ■**jdn/etw** ~ to push [*or* shove] away sb/sth *sep*
weg|schleichen *vi* to creep away
weg|schleppen **I.** *vt* (*fortschleppen*) ■**jdn/etw** ~ to drag away sb/sth *sep* **II.** *vr* (*sich fortschleppen*) ■**sich** ~ to drag oneself away **weg|schließen** *vt irreg* ■**etw** [**vor jdm**] ~ to lock away sth *sep* [from sb] **weg|schmeißen** *vt irreg* (*fam*) *s.* **wegwerfen** **weg|schnappen** *vt* (*fam*) ■**jdm etw** ~ to take sth from sb; *s. a.* **Nase** **weg|schütten** *vt s.* **weggießen** **weg|schwemmen** *vt* ■**etw** ~ to wash away sth *sep* **weg|sehen** *vi irreg* ❶ (*nicht hinsehen*) to look away ❷ (*fam: hinwegsehen*) ■**über etw** *akk* ~ to overlook sth
weg|setzen **I.** *vt* (*woandershin setzen*) ■**jdn/etw** ~ to move [away *sep*] sb/sth
II. *vr* (*sich woandershin setzen*) ■**sich** ~ to move away
weg|sollen *vi irreg* (*fam*) **jdn/etw soll weg** sb/sth ought to go; ***die alten Möbel sollen weg*** the old furniture should [*or* is to] go **weg|springen** *vi* to jump aside **weg|spülen** *vt* ■**etw** ~ to wash away sth *sep* **weg|stecken** *vt* ■**etw** ~ ❶ (*einstecken*) to put away sth *sep* ❷ (*sl: verkraften*) to get over sth **weg|stehlen** *vr irreg* (*verschwinden*) ■**sich** ~ to steal away **weg|stellen** *vt* ■**etw** ~ to move sth out of the way **weg|sterben** *vi irreg* to die off; ■**jdm** ~ to die on sb **weg|stoßen** *vt irreg* ■**jdn/etw** ~ to push [*or* shove] away sb/sth *sep;* (*mit Fuß*) to kick away sb/sth *sep*
Wegstrecke *f* stretch of road **Wegstunde** *f* hour; **eine** ~ **entfernt** an [*or* one] hour away
weg|tauchen *vi sein* (*sl*) to disappear
weg|torkeln *vi* to stagger off **weg|tragen** *vt irreg* to carry away [*or* off]; ■**jdn/etw** ~ to carry away [*or* off] sb/sth *sep* **weg|treiben** *irreg* **I.** *vt haben* ❶ (*woandershin treiben*) ■**etw** ~ to carry away [*or* off] sth ❷ (*vertreiben*) ■**Tiere** ~ to drive away animals *sep* **II.** *vi sein* (*woandershin getrieben werden*) to drift away
weg|treten *vi irreg sein* MIL to fall out; ■**jdn** ~ **lassen** to have sb fall out, to dismiss sb
▶ WENDUNGEN: **weggetreten sein** (*fam*) to be miles away *fam*
weg|trotten *vi* to trot off **weg|tun** *vt irreg* ❶ (*wegwerfen*) ■**etw** ~ to throw away sth *sep* ❷ (*weglegen*) ■**etw** ~ to put down sth *sep*
wegweisend *adj* pioneering *attr,* revolutionary; ~**e Taten** pioneering deeds; **eine ~e Erfindung** a revolutionary invention
Wegweiser <-s, -> *m* signpost
Wegwerfartikel *m* disposable item
weg|werfen *vt irreg* ■**etw** ~ to throw away sth *sep*
wegwerfend *adj* dismissive
Wegwerfflasche *f* disposable [*or* non-returnable] bottle **Wegwerfgesellschaft** *f* throwaway society **Wegwerfpackung** *f* disposable packaging **Wegwerfverpackung** *f* disposable packaging *no pl* **Wegwerfwindel** *f* disposable nappy [*or* AM diaper]
weg|wischen *vt* ■**etw** ~ to wipe away [*or* off] sth

sep **weg|wollen** *vi irreg* ❶ (*weggehen wollen*) ■[**von irgendwo**] ~ to want to leave [somewhere] ❷ (*verreisen wollen*) to want to go away
Wegzehrung <-, -en> *f* ❶ *kein pl* (*geh*) provisions *pl* for a/the journey ❷ REL viaticum **Wegzeiger** *m* signpost
weg|ziehen *vi irreg sein* ❶ (*woandershin ziehen*) ■[**von irgendwo**] ~ to move away [from somewhere] ❷ ORN (*woandershin fliegen*) to migrate
Weh <-[e]s, *selten* -e> *nt* ❶ (*geh: seelischer Schmerz*) sorrow, grief, woe *old liter;* ***ein tiefes ~ erfüllte ihr Herz*** her heart ached; **mit Ach und ~** (*fam*) with a lot of weeping and wailing [*or* kicking and screaming] ❷ (*liter o veraltet: körperlicher Schmerz*) ache
weh *adj* sore
wehe *interj* [don't] you dare!; **~ dem, der ...!** woe betide anyone who...!; **~ [dir], wenn ...!** woe betide you if...!
Wehe[1] <-, -n> *f* drift
Wehe[2] <-, -n> *f meist pl* labour [*or* AM -or] pains *pl*, contractions *pl;* **in den ~n liegen** to be in labour; **die ~n setzen ein** she's going into labour, her contractions have started
wehen I. *vi* ❶ *haben* (*blasen*) to blow; ■**es weht etw** sth is blowing ❷ *haben* (*flattern*) *Haare* to blow about; *Fahne* to flutter ❸ *sein* (*irgendwohin getragen werden*) ■**irgendwohin ~** *Duft* to waft somewhere; *Klang* to drift somewhere; **etw weht auf die Erde** sth is blown onto the floor
II. *vt haben* (*blasen*) ■**etw von etw ~** to blow sth off sth
wehenauslösend *adj* MED ecbolic **Wehenmittel** *nt* MED ecbolic
Wehklage *f* (*geh*) lament[ation]
wehklagen *vi* (*geh*) to lament *form*
wehleidig *adj* oversensitive
Wehleidigkeit <-> *f kein pl* oversensitiveness *no pl*
Wehmut <-> *f kein pl* (*geh*) wistfulness *no pl;* **mit ~ an etw zurückdenken** to think back to sth nostalgically; **voller ~** melancholy
wehmütig *adj* (*geh*) melancholy; **~e Erinnerungen** nostalgic memories
Wehr[1] <-, -en> *f* (*fam*) fire brigade
Wehr[2] *f* defence [*or* AM -se] *no pl;* **sich [gegen jdn/etw] zur ~ setzen** to defend oneself [against sb/sth]
Wehr[3] <-[e]s, -e> *nt* BAU weir
Wehrbeauftragte(r) *f(m) dekl wie adj* parliamentary commissioner for the armed forces **Wehrbereich** *m* military district **Wehrbeschwerdeordnung** *f* JUR Military Grievance Code
Wehrdienst *m kein pl* military service *no pl;* **den/seinen ~ [ab]leisten** to do one's military service; **den ~ verweigern** to refuse to do military service **Wehrdienstgericht** *nt* JUR court martial **wehrdiensttauglich** *adj* fit for military service **Wehrdienstverhältnis** *nt* JUR service status **Wehrdienstverweigerer** *m* conscientious objector; **~ sein** to be a conscientious objector **Wehrdienstverweigerung** *f* refusal to do military service
wehren I. *vr* ❶ (*Widerstand leisten*) ■**sich [gegen jdn/etw] ~** to defend oneself [against sb/sth] ❷ (*sich widersetzen*) ■**sich gegen etw ~** to fight against sth ❸ (*sich sträuben*) ■**sich dagegen ~, etw zu tun** to resist doing sth
II. *vi* (*geh: Einhalt gebieten*) ■**etw** *dat* ~ to prevent a thing spreading; ***dieser Entwicklung muss schon in den Anfängen gewehrt werden*** this development must be nipped in the bud
Wehrersatzbehörde *f* military service board [*or* agency] **Wehrersatzdienst** *m* alternative to national service
Wehrexperte, -expertin *m, f* defence [*or* AM -se] expert
wehrfähig *adj* fit for military service
wehrhaft *adj* (*geh*) ❶ (*kampfesbereit*) able to defend oneself [*or* put up a fight] ❷ (*befestigt*) fortified
Wehrkraftzersetzung *f kein pl* MIL undermining of military strength
wehrlos I. *adj* defenceless [*or* AM -seless]; ■**[gegen jdn/etw] ~ sein** to be defenceless [against sb/sth]
II. *adv* in a defenceless state; **etw ~ gegenüberstehen** to be defenceless against sth
Wehrlosigkeit <-> *f kein pl* defencelessness [*or* AM -selessness] *no pl*
Wehrmacht *f* HIST ■**die ~** the Wehrmacht **Wehrmachtsdeserteur** *m* HIST deserter from the Wehrmacht (*Nazi armed forces*) **Wehrmachtsjustiz** *f* HIST Wehrmacht [military] courts *pl*
Wehrmann *m* SCHWEIZ (*Soldat*) soldier **Wehrpass**[RR] *m*, **Wehrpaß** *m* service record [book]
Wehrpflicht *f kein pl* compulsory military service *no pl;* **allgemeine ~** universal compulsory military service **Wehrpflichtentziehung** *f* JUR evading military service, draft dodging AM **wehrpflichtig** *adj* liable for military service **Wehrpflichtige(r)** *f(m) dekl wie adj* person liable for military service
Wehrrecht *nt* JUR military law **Wehrsold** *m* military pay *no pl* **Wehrsportgruppe** *f* paramilitary group **Wehrstrafgericht** *nt* JUR court martial **wehrtauglich** *adj* fit for military service **Wehrtauglichkeit** *f* fitness for military service **Wehrtechnik** *f* defence [*or* AM -se] engineering *no pl* **Wehrübung** *f* reserve duty training *no pl* **Wehr- und Wehrersatzdienstverweigerer** *m* conscientious objector
weh|tun *vt* to hurt; ■**jdm ~** to hurt sb; ■**sich** *dat* ~ to hurt oneself; ■**jdm/einem Tier ~** to hurt sb/an animal
Wehweh <-s, -s> *nt* (*kindersprache*) hurt[y place]; **sich ~ machen** to hurt oneself
Wehwehchen <-s, -> *nt* (*fam*) slight pain; **ein ~ haben** to suffer from a little complaint
Weib <-[e]s, -er> *nt* (*sl*) woman; (*pej*) woman; **ein furchtbares ~** a terrible woman
▶ WENDUNGEN: **~ und Kind haben** (*hum*) to have a wife and family
Weibchen <-s, -> *nt* ORN, ZOOL female
Weiberfastnacht *f* DIAL *day during the carnival period when women are in control* **Weiberfeind** *m* woman-hater, misogynist **Weiberheld** *m* (*pej*) ladykiller *pej* **Weibervolk** *nt kein pl* (*pej veraltend*) womenfolk *npl dated*, females *pl pej*
weibisch *adj* effeminate
Weiblein <-s, -> *nt* little old woman
weiblich *adj* ❶ (*fraulich*) feminine; **~e Rundungen** feminine curves ❷ ANAT female; **die ~en Geschlechtsorgane** the female sex organs ❸ (*eine Frau bezeichnend*) feminine; **ein ~es Kleidungsstück** an item of women's clothing; **eine ~e Stimme** a woman's voice ❹ BOT (*die Frucht erzeugend*) female ❺ LING (*das feminine Genus haben*) feminine; **eine ~e Endung** a feminine ending
Weiblichkeit <-> *f kein pl* femininity *no pl*
▶ WENDUNGEN: **die holde ~** (*hum*) the fair sex *hum*
Weibsbild *nt* SÜDD, ÖSTERR (*pej fam: Frau*) woman **Weibsstück** *nt* (*pej sl*) bitch *sl or pej*, cow *sl or pej*
weich I. *adj* ❶ (*nachgiebig*) soft; **ein ~er Teppich** a soft carpet ❷ KOCHK (*nicht hart*) soft; **ein ~es Ei** a soft-boiled egg; **~es Fleisch** tender meat ❸ (*ohne Erschütterung*) soft; **eine ~e Bremsung** gentle breaking ❹ (*voll*) full; **~e Gesichtszüge** full features ❺ FIN soft ❻ (*sanft*) soft; **~er Boykott** passive resistance; **~e Drogen** soft drugs; **~er Tourismus** unobtrusive tourism
▶ WENDUNGEN: **~ werden** to weaken; **~ gespült** (*iron sl*) weary, tired; *s. a.* **Wasser, Konsonant**
II. *adv* softly; **~ abbremsen** to brake gently; **etw ~ garen** to cook sth until soft; **~ gerinnen** to cure mildly; **~ gerinnende Milch** mild cured milk; **etw ~ kochen** to do sth; **~ gekocht** (*zu weicher Konsistenz gekocht*) boiled until soft; **ein ~ gekochtes Ei** a soft-boiled egg; (*nur halb gar gekocht*) soft-boiled; **~ gekochtes Fleisch** meat overcooked until tender; **~ gekochtes Gemüse** overcooked vegetables; **jdn ~ klopfen** [*o* **kriegen**] to soften sb up; ■**sich von jdm ~ klopfen lassen** to be softened up by sb
Weichbild *nt* (*geh*) outskirts *npl* of a/the town
Weiche <-, -n> *f* BAHN points *pl*
▶ WENDUNGEN: **die ~n [für etw] stellen** to determine the course [for sth]
Weichei <-s, -er> *nt* (*fam*) wet blanket
weichen <wich, gewichen> *vi sein* ❶ (*nachgeben*) ■**etw** *dat* ~ to give way to a thing ❷ (*schwinden*) to subside ❸ (*verschwinden*) to go; ***er wich nicht von der Stelle*** he didn't budge from the spot
Weichenhebel *m* switch lever **Weichensteller(in)** <-s, -> *m(f)* ❶ BAHN pointsman BRIT, switchman AM ❷ (*fig*) guiding spirit, moving force **Weichenstellung** *f* (*fig*) setting *no pl* the course; ***die ~en von 2000*** the courses set in 2000 **Weichenwärter(in)** *m(f)* pointsman BRIT, switchman AM **Weichfaserplatte** *f* BAU soft-fiber board
weichgespült *adj* (*iron sl*) *s.* **weich II**
Weichheit <-, *selten* -en> *f* ❶ (*Nachgiebigkeit*) softness *no pl* ❷ (*geh: Fülle*) fullness *no pl*
weichherzig *adj* soft-hearted **Weichherzigkeit** <-, *selten* -en> *f* soft-heartedness *no pl* **Weichholz** *nt* softwood **Weichkäse** *m* soft cheese
weichlich *adj* weak; **ein ~er Charakter** a weak character
Weichlichkeit <-> *f kein pl* weakness, softness
Weichling <-s, -e> *m* (*pej*) weakling *pej*
Weichmacher *m* ❶ (*in Waschmittel*) softener ❷ (*für Plastik*) softening agent
Weichsel <-> [-ks-] *f* GEOG ■**die ~** the Vistula
Weichselkirsche *f* morello cherry
Weichspüler <-s, -> *m* fabric softener **Weichteile** *pl* ❶ ANAT (*Eingeweide*) soft parts *pl* ❷ (*sl: Geschlechtsteile*) private parts *pl* **Weichtier** *nt* mollusc **Weichwährungsländer** *pl* countries *pl* with soft currencies **Weichzeichner** *m* FOTO soft-focus lens
Weide[1] <-, -n> *f* BOT willow
Weide[2] <-, -n> *f* AGR meadow
Weideland *nt* pastureland *no pl*
weiden I. *vi* (*grasen*) to graze
II. *vt* (*grasen lassen*) to put out to graze [*or* pasture]; ■**Tiere ~** to put animals out to graze [*or* pasture]
III. *vr* ❶ (*sich ergötzen*) ■**sich** *akk* **an etw** *dat* ~ to feast one's eyes on sth ❷ (*genießen*) ■**sich** *akk* **an etw** *dat* ~ to revel in sth
Weidenast *m* willow branch **Weidengebüsch** *nt* willow bush **Weidengeflecht** *nt* wickerwork *no pl* **Weidenholz** *m* willow [wood] *no pl* **Weidenkätzchen** *nt* willow catkin **Weidenkorb** *m* wicker[work] basket **Weidenmeise** *f* ORN willow tit **Weidenröschen** *nt* BOT rosebay willowherb, fireweed **Weidenrute** *f* willow rod
Weideplatz *m* pasture
weidgerecht I. *adj* in accordance with hunting protocol
II. *adv* in accordance with hunting protocol
weidlich *adv* (*geh*) pretty; ***ich habe mich ~ bemüht, dir zu helfen*** I've gone to great lengths to help you
Weidmann <-[e]s, -männer> *m* (*veraltend*) huntsman, hunter
weidmännisch *adj* hunting, huntsman's; **ein ~er Gruß** a huntsman's greeting; **~e Gepflogenheiten und Bräuche** hunting practices and customs
Weidmannsdank *interj an acknowledgement to the expression "good hunting";* ***„Weidmannsheil!" — „~!"*** "good hunting!" — "thank you!"
Weidmannsheil *interj* good hunting!
weidwund *adj* JAGD [fatally] wounded in the belly
weigern *vr* ■**sich ~** to refuse; ■**sich ~, etw zu tun** to refuse to do sth

Weigerung <-, -en> *f* refusal
Weigerungsrecht *nt* JUR right of refusal
Weihbischof *m* suffragan bishop
Weihe[1] <-, -n> *f* REL consecration *no pl;* **die niederen/höheren ~n** the minor/major orders; **die [geistlichen] ~n empfangen** to take [holy] orders
▶ WENDUNGEN: **die höheren ~n** the top
Weihe[2] <-, -n> *f* ORN harrier
weihen *vt* ❶ REL (*konsekrieren*) ■**etw ~** to consecrate sth; **jdn zum Diakon/Priester ~** to ordain sb deacon/priest; **jdn zum Bischof ~** to consecrate sb bishop
❷ (*widmen*) ■**jdm geweiht sein** to be dedicated to sb
Weiher <-s, -> *m* pond
weihevoll *adj* (*geh*) solemn
Weihnacht <-> *f kein pl s.* **Weihnachten**
Weihnachten <-, -> *nt* Christmas, Xmas *fam;* **fröhliche** [*o geh* **gesegnete**] **~!** merry Christmas!; **zu** [*o* **an**] **~** at [*or* for] Christmas
▶ WENDUNGEN: **weiße ~** a white Christmas; **grüne ~** a Christmas without snow; *s. a.* **Gefühl**
weihnachtlich I. *adj* ❶ (*an Weihnachten üblich*) Christmassy, festive; **~e Lieder** festive songs
❷ (*an Weihnachten denken lassend*) Christmassy, festive
II. *adv* festively
Weihnachtsabend *m* Christmas Eve **Weihnachtsbaum** *m* Christmas tree **Weihnachtsbotschaft** *f* ■**die/eine ~** one's Christmas speech **Weihnachtsbraten** *m* Christmas roast **Weihnachtsdekoration** *f* Christmas decoration **Weihnachtseinkauf** *m meist pl* Christmas shopping **Weihnachtsfeier** *f* Christmas celebrations *pl* **Weihnachtsfeiertag** *m* ■**der erste ~** Christmas Day; ■**der zweite ~** Boxing Day **Weihnachtsfest** *nt kein pl* Christmas; ■**das ~** Christmas **Weihnachtsgans** *f* KOCHK Christmas goose ▶ WENDUNGEN: **jdn ausnehmen wie eine ~** (*sl*) to take sb to the cleaners *sl* **Weihnachtsgebäck** *nt* Christmas biscuits [*or* AM cookies] *pl* **Weihnachtsgeld** *nt* Christmas bonus **Weihnachtsgeschenk** *nt* Christmas present **Weihnachtsgeschichte** *f* Christmas story **Weihnachtsgratifikation** *f* Christmas bonus **Weihnachtsinseln** *pl* ■**die ~** the Christmas Islands *pl; s. a.* **Falklandinseln** **Weihnachtskarpfen** *m* carp eaten at Christmas **Weihnachtskarte** *f* Christmas card **Weihnachtskirchgang** *m* attendance at the Christmas [church] service **Weihnachtslied** *nt* [Christmas] carol **Weihnachtsmann** *m* Father Christmas, Santa Claus **Weihnachtsmarkt** *m* Christmas fair **Weihnachtsmotiv** *nt* Christmas theme **Weihnachtsplätzchen** *pl s.* **Weihnachtsgebäck** **Weihnachtsputer** *m* Christmas turkey **Weihnachtstag** *m meist pl* Christmas; **erster/zweiter ~** Christmas Day/Boxing Day **Weihnachtsteller** *m* plate of Christmas goodies **Weihnachtszeit** *f kein pl* ■**die ~** Christmas time, Yuletide *no pl*
Weihrauch *m* incense **Weihrauchfass**[RR] *nt* censer **Weihwasser** *nt* holy water **Weihwasserbecken** *nt* holy-water font, stoup
weil *konj* because, as, cos *sl*
Weilchen <-s> *nt kein pl* ■**ein ~** a little while, a bit
Weile <-> *f kein pl* while *no pl;* ■**eine ~** a while; **eine ganze ~** quite a while; **nach/vor einer [ganzen] ~** after [quite] a while/[quite] a while ago
weilen *vi* (*geh*) ■**irgendwo ~** to stay somewhere
▶ WENDUNGEN: **nicht mehr unter uns ~** (*euph*) to be no longer with us *euph*
Weiler <-s, -> *m* (*geh*) hamlet *form*
Weimarer Republik *f kein pl* HIST ■**die ~ ~** the Weimar Republic
Wein <-[e]s, -e> *m* ❶ (*alkoholisches Getränk*) wine; **neuer ~** new wine; **offener ~** open wine (*wine sold by the glass*); **bei einem Glas ~** over a glass of wine
❷ *kein pl* AGR (*Weinrebe*) vines *pl;* **wilder ~** Virginia creeper
▶ WENDUNGEN: **neuen** [*o* **jungen**] **~ in alte Schläuche füllen** to put new wine in old bottles; **im ~ ist** [*o* **liegt die**] **Wahrheit** (*prov*) in vino veritas *prov;* **~, Weib und Gesang** wine, women and song; **jdm reinen** [*o* **klaren**] **~ einschenken** to tell sb the truth, to be completely open with sb
Weinanbau <-[e]s> *m kein pl* wine-growing *no art, no pl,* viticulture *no indef art, no pl,* viniculture *no indef art, no pl* **Weinanbaugebiet** *nt* wine-growing area **Weinbau** *m kein pl* wine-growing *no pl,* viniculture *no pl form* **Weinbauer(in)** *m(f) s.* **Winzer** **Weinbaugebiet** *nt* wine-growing area **Weinbeere** *f* ❶ (*Traube*) grape ❷ SÜDD, ÖSTERR, SCHWEIZ (*Rosine*) raisin **Weinberg** *m* vineyard **Weinbergschnecke** *f* edible snail **Weinbrand** *m* brandy **Weinbrandbohnen** *pl bean-shaped chocolates containing brandy*
weinen I. *vi* (*Tränen vergießen*) to cry; **vor Freude ~** to cry with joy; ■**um jdn/etw ~** to cry for sb/sth
▶ WENDUNGEN: **es ist zum W~!** it's enough to make you weep; *s. a.* **Schlaf**
II. *vt* ■**etw ~** to cry sth; ***sie weinte Tränen der Freude*** she cried tears of joy
weinerlich I. *adj* tearful; **eine ~e Stimme** a tearful voice
II. *adv* tearfully
Weinernte *f* grape harvest **Weinessig** *m* wine vinegar **Weinfass**[RR] *nt* wine cask **Weinfilter** *m* lees filter **Weinflasche** *f* wine bottle **Weinflaschenregal** *nt* wine rack **Weingarten** *m* AGR SÜDD vineyard **Weingärtner(in)** *m(f)* winegrower, viticulturist, viniculturist **Weingegend** *f* wine-growing area **Weingeist** *m kein pl* ethyl alcohol *no pl* **Weinglas** *nt* wine glass **Weingummi** *nt o m* wine gum **Weingut** *nt* wine-growing estate **Weinhändler(in)** *m(f)* wine merchant [*or* dealer] **Weinhandlung** *f* wine merchant's **Weinjahr** *nt* vintage **Weinkarte** *f* wine list **Weinkeller** *m* ❶ (*Keller*) wine cellar ❷ (*Lokal*) wine bar **Weinkellerei** *f* wine cellar **Weinkenner(in)** *m(f)* wine connoisseur **Weinkönigin** *f* wine queen (*who represents a wine region for a year*)
Weinkrampf *m* crying fit
Weinkühler *m* wine cooler **Weinkunde** *f* study of wine, enology **weinkundlich** *adj* enological **Weinladen** *m* wine shop **Weinlage** *f* location of a vineyard **Weinlaune** *f kein pl* wine-induced mood of elation **Weinlese** *f* grape harvest **Weinliebhaber(in)** *m(f)* wine conoisseur **Weinliste** *f* wine list **Weinlokal** *nt* wine bar **Weinöl** *nt* green cognac oil, wine yeast oil **Weinpalme** *f* raphia palm, raffia **Weinprobe** *f* wine-tasting; **eine ~/~n machen** to have a wine-tasting session **Weinranke** *f* vine branch, grapevine shoot **Weinrebe** *f* grape[vine] **weinrot** *adj* claret, wine-coloured [*or* AM -ored] **Weinsäure** *f* tartaric acid **Weinschaum** *m* zabaglione **Weinschaumcreme** *f* KOCHK zabaglione **weinselig** *adj* merry with wine **Weinsorte** *f* type of wine **Weinstein** *m* tartar *no pl* **Weinstock** *m s.* **Weinrebe** **Weinstube** *f* wine bar **Weinthermometer** *nt* wine thermometer **Weintraube** *f* grape
weise I. *adj* (*geh*) ❶ (*kluge Einsicht besitzend*) wise; **ein ~er alter Mann** a wise old man
❷ (*von kluger Einsicht zeugend*) wise; **eine ~e Entscheidung** a wise decision
II. *adv* wisely
Weise <-, -n> *f* ❶ (*Methode*) way; **auf andere ~** in another way; **auf bestimmte ~** in a certain way; **auf geheimnisvolle ~** in a mysterious way; **in der ~, dass** in such a way that; **auf diese ~** in this way; **in gewisser ~** in certain respects; **auf jds ~** in sb's own way; **auf jede [erdenkliche] ~** in every [conceivable] way; **in keinster ~** (*fam*) in no way
❷ (*geh: Melodie*) tune, melody
Weise(r) *f(m) dekl wie adj* wise man
▶ WENDUNGEN: **die [drei] ~n aus dem Morgenland** the three Wise Men from the East; **die fünf ~n** FIN *panel of five economic experts advising the government*
weisen <wies, gewiesen> I. *vt* (*geh*) (*gehen heißen*) ■**jdn aus/von etw ~** to expel sb from sth
▶ WENDUNGEN: **etw [weit] von sich *dat* ~** to reject sth [emphatically]
II. *vi* (*geh*) ■**irgendwohin ~** to point somewhere
Weisheit <-, -en> *f* ❶ *kein pl* (*kluge Einsicht*) wisdom; **eine alte ~ sein** to be a wise old saying
❷ *meist pl* (*weiser Rat*) word *usu pl* of wisdom
▶ WENDUNGEN: **mit seiner ~ am Ende sein** to be at one's wits' end; **die ~ [wohl] mit Löffeln gegessen** [*o* **gefressen**] **haben** (*fam*) to think one knows it all *fam;* **der ~ letzter Schluss sein** to be the ideal solution; **die ~ gepachtet haben** (*fam*) to act as if one were the only clever person around
Weisheitszahn *m* wisdom tooth
weis|machen *vt* ■**jdm etw ~** to have sb believe sth; ■**jdm ~, dass** to lead sb to believe, that; **sich von jdm etw/nichts ~ lassen** to believe sth that sb tells one/not to believe a word sb tells one
weiß I. *adj* ❶ (*nicht farbig*) white
❷ (*blass*) pale; **~ werden** to go [*or* turn] white; *s. a.* **Fleck, Gesicht, Haus, Meer, Nil, Rasse, Sonntag, Sport, Tod, Wand, Wut**
II. *adv* white; **~ gekleidet** dressed in white
Weiß <-[es]> *nt* white; **[ganz] in ~** dressed [all] in white
weissagen I. *vi* ■**jdm ~** to tell sb's fortune; ■**sich *dat* [von jdm] ~ lassen** to have one's fortune told [by sb]
II. *vt* ■**[jdm] etw ~** to prophesy sth [to sb]
Weissagung <-, -en> *f* prophecy
Weißbier *nt* weissbier (*light, top-fermented beer*) **weißblau** *adj* (*fam*) Bavarian **Weißblech** *nt* tin plate **weißblond** *adj* platinum blond; ■**~ sein** to have platinum-blond hair **Weißbrot** *nt* white bread **Weißbuch** *nt* POL White Paper **Weißdorn** *m* hawthorn
Weiße <-> *f kein pl* (*geh*) whiteness; **Berliner ~** *light, fizzy beer*
Weiße(r) *f(m) dekl wie adj* white, white man/woman; ■**die ~n** white people, the whites
weißeln *vt* SÜDD, **weißen** *vt* ■**etw ~** to whitewash sth
Weißfelchen *nt* ZOOL, KOCHK whitefish **Weißfisch** *m* whitefish **Weißfischchen** *pl* whitebaits *pl* **weißgekleidet** *adj attr s.* **weiß** II **weißglühend** *adj* white-hot **Weißglut** *f kein pl* (*Weißglühen*) white heat ▶ WENDUNGEN: **jdn zur ~ bringen** [*o* **treiben**] to make sb livid with rage [*or* see red] **Weißgold** *nt* white gold **weißhaarig** *adj* white-haired **Weißherbst** *m* rosé **Weißkäse** *m* DIAL *s.* **Quark** **Weißkohl** *m,* **Weißkraut** *nt* SÜDD, ÖSTERR white cabbage **Weißkopfseeadler** *m* ORN white-headed bald eagle
weißlich *adj* whitish
Weißmacher *m* whitener **Weißreis** *m* white rice
Weißrusse, -russin <-n, -n> *m, f* BRD *s.* **Belarusse**
Weißrussisch *nt dekl wie adj* B[y]elorussian; *s. a.* **Deutsch**
weißrussisch *adj* BRD Belarusian; *s. a.* **deutsch**
Weißrussische <-n> *nt* ■**das ~** B[y]elorussian, the B[y]elorussian language; *s. a.* **Deutsche**
Weißrussland[RR] *nt* Belorussia, White Russia
Weißstorch *m* ORN white stork **Weißtanne** *f* silver fir **Weißwandreifen** *m* whitewall tyre [*or* AM tire] **Weißwein** *m* white wine **Weißwurst** *f* Bavarian veal sausage (*cooked in hot water and served mid-morning with sweet mustard*) **Weißzucker** *m* refined [*or* white] sugar
Weisung <-, -en> *f* instruction, direction; **~ haben, etw zu tun** to have instructions to do sth; ■**auf ~ [von jdm]** on [sb's] instructions
Weisungsbefugnis *f* authority to issue instructions [*or* directives] **weisungsberechtigt** *adj* JUR authorized to give instructions **weisungsgebunden** *adj* bound by directives, subject to instructions **weisungsgemäß** I. *adj* according to [*or* as per] instructions, as directed [*or* instructed] II. *adv* according to [*or* as per] instructions, as instructed [*or* directed] **Weisungsrecht** *nt* JUR right to issue instructions
weit I. *adj* ❶ MODE (*locker sitzend*) wide, baggy;

etw ~er machen to let sth out
❷ (*räumlich ausgedehnt*) long; (*zeitlich*) long; ***bis dahin ist es noch*** ~ it will be a long time yet before we get there
❸ SPORT long
❹ (*breit*) wide, vast; (*Meer, Wüste*) open; **~er werden** to widen [*or* broaden out]
II. *adv* ❶ (*Entfernung zurücklegend*) far, a long way; ~ **gereist** well [*or* widely] travelled [*or* AM *usu* traveled]; **… Meter ~ springen** to jump … meters; ■**… ~er …** further on
❷ *räumlich* (*ganz*) wide; **etw ~ öffnen** to open sth wide
❸ (*eine erhebliche Strecke*) far; **am ~esten** furthest, farthest; **es noch ~ haben** to have a long way to go; ~ **bekannt** widely known; ~ **weg** [*o* **entfernt**] **sein** far away; **von ~em** from afar; **von ~ her** from far [*or* a long way] away
❹ (*erheblich*) far; ~ **besser/schöner/teurer** far better/more beautiful/more expensive; ~ **hergeholt** far-fetched; ~ **reichend** extensive, far-reaching; MIL long-range; *Vollmacht* sweeping; ~ **verbreitet** widespread, common; **eine ~ verbreitete Meinung** a widely-held view, common; ~ **verzweigt** TRANSP widely spread *pred;* (*gut ausgebaut*) extensive; (*vielfach verzweigt*) with many branches; **jdn ~ hinter sich lassen** to leave sb far behind; **jdn/etw ~ übertreffen** to outdo sb/sth by far; ■**bei ~em/bei ~em nicht** by far/not nearly [*or* not by a long shot]; **bei ~em besser/schöner als** far better/more beautiful than, better/more beautiful than … by far; **bei ~em nicht alles** not nearly all [*or* everything]; **bis ~ in etw** *akk* late [*or* well] into sth; **~ nach etw** well [*or fam* way] after sth
❺ (*zeitlich lang*) ~ **zurückliegen** to be a long time ago
► WENDUNGEN: ~ **und breit** for miles around; **so ~, so gut** (*prov*) so far so good *prov;* **es [noch] so ~ bringen, dass etw passiert/dass jd etw tut** to bring it about that sth happens/sb does sth; **jdn so ~ bringen, dass er/sie etw tut** to bring sb to the point where he/she does sth; **es weit [im Leben] bringen** to go far [in life]; **das würde zu ~ führen** that would be getting too far away from the issue; **es ~ gebracht haben** to have come a long way; **mit jdm/etw ist es ~ gediehen** sb has gone far/sth has progressed a great deal; **es gedeiht noch so ~, dass** it will come to [*or* reach] the point [*or* stage] where; ~ **gefehlt!** (*geh*) quite the opposite!, you're way out! BRIT *fam* [*or* AM *fam* way off!]; **so ~ gehen, etw zu tun** to go so far as to do sth; **zu ~ gehen** to go too far; **das geht [entschieden] zu ~!** that's [definitely] going [*or* taking it] too far!; ~ **hergeholt sein** to be far-fetched; **mit etw ist es nicht ~ her** (*fam*) sth is nothing much to write home about *fam;* **so ~ kommt es [noch]** (*fam*) you'd like that, wouldn't you! *fam;* **es zu ~ treiben** to take it too far; *s. a.* **Abstand, Feld, Ferne, Sicht, Sinn, verbreitet**

weitab *adv* far [*or* a long way] away; ■~ **von etw** far [*or* a long way [away]] from sth

weitaus *adv* ❶ *vor comp* (*in hohem Maße*) far, much; ~ **besser/schlechter sein als etw** to be far [*or* much] better/worse than sth
❷ *vor superl* (*bei weitem*) [by] far

Weitblick *m kein pl* ❶ (*Fähigkeit, vorauszuschauen*) far-sightedness, vision ❷ *s.* **Fernblick**

weitblickend *adj* ■~ **sein** to have vision, to be far-sighted [*or* visionary]

Weite[1] <-, -n> *f* ❶ (*weite Ausdehnung*) expanse, vastness
❷ SPORT (*Länge*) length
❸ BAU (*Durchmesser*) width
❹ MODE (*Breite*) width; **in der ~** as far as the width goes

Weite[2] <-n> *nt* (*Entfernung*) distance
► WENDUNGEN: **das ~ suchen** (*geh*) to take to one's heels

weiten **I.** *vt* MODE ■**[jdm] etw ~** to widen sth [for sb]; (*Schuh, Stiefel*) to stretch [sb's] sth
II. *vr* ■**sich ~** to widen; (*Pupille*) to dilate

weiter *adv* (*sonst*) further; ~ **keiner** [*o* **niemand**] no one else; **wenn es ~ nichts ist, …** well, if that's all …; ~ **bestehen** to continue to exist, to survive; **[für jdn] ~ bestehen** to remain in force [for sb], to hold good [for sb]; **nicht ~ wissen** not to know what [else] to do; ~ **nichts?** is that it?; ~ **nichts als etw** nothing more than sth; **und ~?** and apart from that?; **und so ~ [und so fort]** et cetera[, et cetera], and so on [and so forth]; ~**!** keep going!; *s. a.* **immer, nichts**

weiter|arbeiten *vi* ■**[an etw** *dat*] ~ to carry on [*or* continue] working [on sth] **weiter|befördern*** *vt* ■**jdn ~** to take [*or* drive] sb further **weiter|behandeln*** *vt* MED ■**jdn ~** to carry on treating [*or* give further treatment to] sb; *mit Arznei* to carry on medication for sb **Weiterbehandlung** *f* further treatment **Weiterbeschäftigung** *f* continued employment **Weiterbestehen** *nt* continued existence, continuation **weiter|bilden** **I.** *vt* ■**jdn/sich ~** to continue [*or* further] one's education **II.** *vr* ■**sich** *akk* **in etw** *dat* ~ to develop one's knowledge of sth **Weiterbildung** *f* further education **Weiterbildungsmaßnahme** *f* further [vocational] training measure

weiter|bringen *vt irreg* ■**jdn ~** to help sb along

weiter|denken *vi irreg* to think ahead

weitere(r, s) *adj* (*zusätzlich*) further, additional; **alles W~** everything else, all the rest
► WENDUNGEN: **bis auf ~s** until further notice, for the time being; **ohne ~s** easily, just like that

weiter|empfehlen* *vt irreg* ■**jdn [jdm] ~** to recommend sb [to sb]; ■**[jdm] etw ~** to recommend sth [to sb] **weiter|entwickeln*** **I.** *vt* ■**etw ~** to develop sth further; ■**weiterentwickelt** further developed **II.** *vr* ■**sich ~** to develop [further] [*or* progress] **Weiterentwicklung** *f* TECH [further] development **weiter|erzählen*** *vt* ■**[jdm] etw ~** to pass on sth *sep* [to sb], to repeat sth [to sb] **weiter|fahren** *irreg* **I.** *vi sein* to continue driving; ■**[irgendwohin] ~** to drive on [to somewhere] **II.** *vt haben* ■**etw ~** to move sth forward **Weiterfahrt** *f kein pl* continuation of the/one's journey **weiter|fliegen** *vi irreg sein* ■**[irgendwohin] ~** to fly on [to somewhere], to continue one's flight [to somewhere] **Weiterflug** *m kein pl* continuation of the/one's flight **weiter|führen** *vt* ❶ (*fortsetzen*) ■**etw ~** to continue sth ❷ (*weiterbringen*) **jdn [ziemlich] ~** to be a [real] help to sb; **jdn schwerlich ~** not to be a great help to sb, not to help sb very much **weiterführend** *adj* SCH secondary **Weitergabe** *f* transmission, passing on **weiter|geben** *vt irreg* ■**etw [an jdn] ~** to pass on sth *sep* [to sb] **weiter|gehen** *vi irreg sein* ❶ (*seinen Weg fortsetzen*) to walk on ❷ (*seinen Fortgang nehmen*) to go on; ***so kann es nicht*** ~ things can't go on like this **weitergehend** *adj comp von* **weitgehend** more far-reaching, more extensive **weiter|helfen** *vi irreg* ■**jdm [in etw** *dat*] ~ to help sb further [with sth], to provide sb with further assistance [in sth]; ■**jdm ~** (*auf die Sprünge helfen*) to help sb along

weiterhin *adv* ❶ (*fortgesetzt*) still
❷ (*außerdem*) furthermore, in addition

weiter|hüpfen *vi* to continue hopping **weiter|kämpfen** *vi* to fight on **weiter|kommen** *vi irreg sein* ❶ (*vorankommen*) to get further; *s. a.* **machen** ❷ (*Fortschritte machen*) ■**[mit etw] ~** to get further [with sth], to make progress [*or* headway] [with sth]; **mit etw nicht ~** not to get very far with sth, not to make much progress [*or* headway] with sth **Weiterkommen** <-s> *nt kein pl* ❶ (*Durchkommen*) progression ❷ (*beruflich vorankommen*) advancement **weiter|können** *vi irreg* to be able to continue [*or* carry on] **weiter|laufen** *vi irreg sein* ❶ (*den Lauf fortsetzen*) to continue running [*or* walk on], to continue ❷ TECH to continue [*or* keep] running ❸ *Produktion* to continue, to go on; *Gehalt* to continue to be [*or* get] paid **weiter|leben** *vi* ❶ (*am Leben bleiben*) to continue to live, to live on ❷ (*fig*) ■**[in jdm/etw] ~** to live on [in sb/sth] **weiter|leiten** *vt* ■**etw [an jdn/etw] ~** to pass on sth *sep* [to sb/sth] **weiter|machen** *vi* to carry on, to continue **weiter|reichen** *vt* (*geh*) ■**etw [an jdn] ~** to pass on sth *sep* [to sb]

Weiterreise *f kein pl* continuation of the/one's journey, onward journey; ***gute ~!*** have a pleasant [onward] journey

weiters *adv* ÖSTERR (*ferner*) further **weiter|sagen** *vt* ■**[jdm] etw ~** to repeat sth [to sb], to pass on sth *sep* [to sb]; ***nicht ~!*** don't tell anyone! **weiter|schleichen** *vi* to creep on **weiter|springen** *vi* to continue jumping

Weiterungen *pl* (*geh*) repercussions, unpleasant consequences

weiter|verarbeiten* *vt* ■**etw [zu etw] ~** to process sth [into sth]

Weiterverarbeitung *f* [re]processing **Weiterverarbeitungsbefugnis** *f* processing permit **Weiterverarbeitungsbetrieb** *m* HANDEL processing plant

Weiterveräußerung *f* resale **weiter|verfolgen*** *vt* ■**etw ~** to follow up sth *sep,* to pursue sth further **Weiterverkauf** *f* resale; **nicht zum ~ bestimmt** not for resale **weiter|verkaufen*** **I.** *vt* ■**etw ~** to resell sth **II.** *vi* to resell **Weiterverkaufsrecht** *nt* JUR right to resell, resale right **weiter|vermieten*** *vt* ■**etw [an jdn] ~** to sublet sth [to sb] **weiterverweisen*** *vt irreg* ■**jdn an jdn/etw ~** *Facharzt/Amt* to refer sb to sb else **Weiterverweisung** *f* JUR renvoi, referring the case to another court **weiter|verwenden*** *vt* ■**etw ~** to reuse sth **weiter|verwerten*** *vt* ■**etw ~** to recycle sth **weiter|wissen** *vi irreg* (*wissen, wie weiter vorzugehen ist*) to know how to proceed; **nicht [mehr] ~** to be at one's wits' end **weiter|wollen** *vi irreg* to want to go on **weiter|ziehen** *vi sein irreg* to move on

weitestgehend **I.** *adj superl von* **weitgehend** most far-reaching, most extensive
II. *adv* to the greatest possible extent

weitgehend <weitgehender *o* ÖSTERR weitergehend, weitestgehend *o* weitgehendste(r, s)>
I. *adj* (*umfassend*) extensive, far-reaching; **~e Übereinstimmung/Unterstützung** extensive agreement/support
II. *adv* extensively, to a large extent

weither *adv* (*geh*) from far away, from afar *form*

weitherzig *adj* (*selten*) generous, liberal

weithin *adv* ❶ (*weitgehend*) to a large [*or* great] extent; ~ **bekannt/beliebt/unbekannt** widely known/popular/largely unknown
❷ (*geh: rings umher*) all around

weitläufig **I.** *adj* ❶ (*ausgedehnt*) extensive
❷ (*entfernt*) distant
II. *adv* extensively, distantly

Weitläufigkeit <-> *f kein pl* spaciousness, ampleness

weitmaschig *adj* ❶ *Netz* wide-[*or* broad-]meshed
❷ *Pullover* loose-knit, loosely knit

weiträumig **I.** *adj* spacious; **eine ~e Absperrung/Umleitung** a cordon/diversion covering a wide area
II. *adv* spaciously; **den Verkehr ~ umleiten** to divert the traffic around a wide area

weitreichend *adj s.* **weit II 4**

weitschweifig **I.** *adj* long-winded, protracted *form;* ■**[jdm] zu ~ sein** to be too long-winded [for sb]
II. *adv* long-windedly, at great length

Weitschweifigkeit <-> *f kein pl* verbosity *no pl,* long-windedness, prolixity

Weitsicht *f s.* **Weitblick** **weitsichtig** *adj* ❶ MED long-sighted BRIT, far-sighted AM ❷ *s.* **weitblickend** **Weitsichtigkeit** <-> *f kein pl* MED long-sightedness BRIT, farsighted AM **Weitspringer(in)** *m(f)* long-jumper **Weitsprung** *m* SPORT ❶ *kein pl* (*Disziplin*) long-jump ❷ (*einzelner Sprung*) long-jump **Weitwinkelobjektiv** *nt* wide-angle lens

Weizen[1] <-s, -> *m* wheat; *s. a.* **Spreu**

Weizen[2] <-s, -> *nt s.* **Weizenbier**

Weizenbier *nt* weissbier (*light, top fermented beer*) **Weizenbrot** *nt* wheat bread **Weizengrieß** *m* semolina **Weizenkeime** *pl* wheatgerm *sing* **Weizenkeimöl** *nt* wheatgerm oil **Weizen-**

W

kleie *f* wheat bran [*or* germ] **Weizenmehl** *nt* wheat flour **Weizenvollkorn** *m kein pl* whole-wheat, wholemeal wheat BRIT **Weizenvollkornmehl** *nt* wholewheat [*or* BRIT wholemeal] [wheat] flour

welch *pron* ■~ [ein] what [a]

welche(r, s) I. *pron interrog* ❶ (*was für (eine)*) which
❷ *in Ausrufen* (*was für ein*) what; ~ ***Schande!*** what a disgrace!
II. *pron rel* (*der, die, das: Mensch*) who; (*Sache*) which
III. *pron indef* ❶ (*etwas*) some; ***wenn du Geld brauchst, kann ich dir gerne ~s leihen*** if you need money, I can lend you some
❷ *pl* (*einige*) some; ■~**, die ...** some [people], who

welcherlei *adj interrog inv* (*geh*) whatever

welk *adj* ❶ (*verwelkt*) wilted; ■~ **sein/werden** to be wilted/to wilt
❷ (*schlaff*) worn-out

welken *vi sein* (*geh*) to wilt

Wellblech *nt* corrugated iron

Wellblechhütte *f* corrugated-iron hut [*or* shelter]

Welle <-, -n> *f* ❶ (*Woge*) wave
❷ (*massenhaftes Auftreten*) wave; **grüne** ~ TRANSP synchronized traffic lights; MODE **die neue** ~ the latest craze; **die weiche** ~ (*fam*) the soft line *fam*
❸ PHYS wave
❹ RADIO wavelength
❺ (*wellenförmige Erhebung*) wave
❻ TECH (*Drehbewegungen übertragender Schaft*) shaft
▸ WENDUNGEN: [**hohe**] **~n schlagen** to create a [big] stir

wellen *vr* ■**sich** ~ to be/become wavy; (*Papier*) to crinkle; *s. a.* **Haar**

Wellenbad *nt* wave pool **Wellenbereich** *m* waveband **Wellenberg** *m* crest of a/the wave, wavecrest **Wellenbewegung** *f* wave motion, undulation **Wellenbrecher** <-s, -> *m* breakwater, groyne BRIT, groin AM **wellenförmig** I. *adj* wavy II. *adv* **sich ~ verziehen** to crinkle **Wellengang** <-[e]s> *m kein pl* waves *pl*, swell; **starker** ~ heavy seas *pl* [*or* swell] **Wellengleichung** *f* PHYS wave equation **Wellenkamm** *m* crest **Wellenkraftwerk** *nt* hydroelectric power station (*using wave power as a source of energy*) **Wellenlänge** *f* PHYS wavelength ▸ WENDUNGEN: **die gleiche ~ haben** [*o* **auf der gleichen ~ liegen**] (*fam*) to be on the same wavelength **Wellenlinie** *f* wavy line **Wellenreiten** *nt* surfing **Wellenschlag** *m* breaking of the waves, surge **Wellenschliff** *m* serrated edge **Wellensittich** *m* budgerigar, budgie *fam* **Wellental** *nt* wave trough

wellig *adj* ❶ (*gewellt*) wavy
❷ (*wellenförmig*) uneven; ■~ **sein/werden** to be/become uneven [*or* crinkly]

Welligwerden <-s> *nt kein pl* TYPO (*von Papier*) buckling, cockling, warping

Wellington <-s> *nt* Wellington

Wellness <-> ['wɛlnɛs] *f kein pl* wellness

Wellnessberater[RR], **Wellness-Berater** *m* wellness advisor **Wellnessboom**[RR], **Wellness-Boom** <-s -s> ['wɛlnɛsbu:m] *m* boom on wellness programmes **Wellnesscenter**[RR], **Wellness-Center** <-s, -> *nt* wellness centre [*or* AM center] **Wellnessdrink**[RR], **Wellness-Drink** <-s, -s> *m* wellness drink **Wellnessprodukt**[RR], **Wellness-Produkt** *nt* wellness product **Wellnessreise**[RR], **Wellness-Reise** *f* wellness holiday **Wellnessurlaub**[RR], **Wellness-Urlaub** *m* wellness holiday

Wellpappe *f* corrugated cardboard **Wellplatte** *f* BAU corrugated sheet

Welpe <-n, -n> *m Hund* pup, whelp; *Wolf, Fuchs* cub, whelp

Wels <-es, -e> *m* catfish

welsch *adj* SCHWEIZ Romance-speaking

Welschkohl *m* savoy cabbage

Welschschweiz *f* SCHWEIZ ■**die** ~ French Switzerland

Welschschweizer(in) *m(f)* French Swiss

welschschweizerisch *adj* French Swiss

Welt <-, -en> *f* ❶ *kein pl* (*unsere Erde*) ■**die/unsere** ~ the/our world; **auf der** ~ in the world; **in aller** ~ all over the world; **... in aller** ~ (*fam*) ... on earth *fam*
❷ ASTRON (*erdähnlicher Planet*) world
❸ (*Bereich*) world; **die ~ des Films/Kinos/Theaters** the world of film/cinema/theatre, the film/cinema/theatre world
❹ *kein pl* ASTRON (*das Weltall*) ■**die** ~ the world [*or* cosmos]
▸ WENDUNGEN: **die Alte/Neue** ~ the Old/New World; **die dritte/vierte** ~ the Third/Fourth World; **in seiner eigenen ~ leben** to live in a world of one's own; **die heile** ~ the ideal world; **nobel geht die ~ zugrunde** (*fam*) there's nothing like going out with a bang *fam;* **die** [**große**] **weite** ~ (*geh*) the big wide world; **eine ~ bricht für jdn zusammen** sb's whole world collapses about sb; **jdn zur ~ bringen** to bring sb into the world, to give birth to sb; **davon** [*o* **deswegen**] **geht die ~ nicht unter** (*fam*) it's not the end of the world *fam;* **nicht aus der ~ sein** not to be on the other side of the world; **auf die** [*o* **zur**] ~ **kommen** to be born; **das kostet nicht die ~** (*fam*) it doesn't cost the earth; **in einer anderen ~ leben** to live on another planet, to live in another world; **etw aus der ~ schaffen** to eliminate sth; **etw in die ~ setzen** to spread sth; **sie trennen ~en** they are worlds apart; **mit sich und der** ~ all around [*or* BRIT *a.* round]; **mit sich und der ~ zufrieden sein** to be happy all around [*or* BRIT *a.* round]; **vor aller** ~ in front of everybody; **um nichts in der ~, nicht um alles in der** ~ not [*or* never] for the world; **alle** ~ (*fam*) the whole world, everybody, the world and his wife *hum; s. a.* **Kind**

Weltall *nt kein pl* universe **weltanschaulich** *adj* ideological **Weltanschauung** *f* philosophy of life; (*philosophisch und politisch*) ideology **Weltanschauungsfreiheit** *f* JUR freedom to adhere to philosophical beliefs **Weltatlas** *m* atlas of the world **Weltauflage** *f einer Zeitung* circulation worldwide; *eines Buchs* number of copies sold worldwide **Weltausstellung** *f* world exhibition **Weltbank** *f kein pl* ■**die** ~ the World Bank **weltbekannt** *adj* world-famous, world-renowned **weltberühmt** *adj* world-famous **weltbeste(r, s)** *adj attr* world's best **Weltbeste(r)** *f(m)* world's best **Weltbestleistung** *f* world's best performance **Weltbestzeit** *f* world record time **Weltbevölkerung** *f kein pl* world population **weltbewegend** *adj* earth-shaking [*or* -shattering] **Weltbild** *nt* world view **Weltbürger(in)** *m(f)* citizen of the world, cosmopolitan **Weltcup** <-s, -s> [-kʌp] *m* World Cup **Weltempfänger** <-s, -> *m* world receiver [*or* receiving set]

Weltenbummler(in) *m(f)* (*fam*) globetrotter *fam*

Welterfolg *m* world[-wide] success

Weltergewicht *nt* SPORT ❶ *kein pl* (*Gewichtsklasse*) welterweight
❷ *s.* **Weltergewichtler**

Weltergewichtler(in) <-s, -> *m(f)* welterweight [boxer]

welterschütternd *adj* earth-shattering, world-shaking **weltfremd** *adj* unworldly **Weltfremdheit** *f kein pl* unworldliness **Weltfriede(n)** *m* world peace **Weltgeistliche(r)** *f(m) dekl wie adj* secular priest **Weltgeltung** *f* worldwide recognition, international standing; ■**... von** ~ internationally renowned **Weltgeschichte** *f kein pl* world history; (*Abriss der ~*) world history ▸ WENDUNGEN: **in der** ~ (*fam*) all over the place *fam* **weltgeschichtlich** *adj* **von ~er Bedeutung sein** to be of great significance in world history; **ein ~es Ereignis** an important event in world history **Weltgesundheitsorganisation** *f* World Health Organization, W.H.O. **weltgewandt** *adj* sophisticated, urbane **weltgrößte(r, s)** *adj* world's greatest

Welthandel *m* world trade

Welthandelskonferenz *f der UN* United Nations Conference on Trade and Development, UNCTAD **Welthandelskonjunktur** *f* ÖKON global market conditions *pl* **Welthandelsorganisation** *f kein pl* ■**die** ~ the World Trade Organization, the WTO **Welthandelswährung** *f* ÖKON world trading currency

Weltherrschaft *f kein pl* world domination **Welthilfssprache** *f* international auxiliary language **Welthungertag** *m* International Day of Hunger **Weltkarte** *f* world map **Weltkartellrecht** *nt* JUR world cartel law **Weltkinderhilfswerk** *nt* United Nations Children's Fund, UNICEF; (*früher*) United Nations International Children's Emergency Fund **Weltklasse** *f kein pl* world class; ■~ **sein** (*fam*) to be world-class **Weltkonjunktur** *f* ÖKON global market conditions *pl* **Weltkrieg** *m* world war; **der Erste/Zweite** ~ World War One/Two, the First/Second World War **Weltkugel** *f* globe **Weltkulturerbe** *nt kein pl* world cultural heritage

weltläufig *adj* (*geh*) cosmopolitan

weltlich *adj* (*geh*) ❶ (*irdisch*) worldly
❷ (*profan*) mundane

Weltliteratur *f kein pl* world literature **Weltmacht** *f* world power **Weltmann** <-[e]s, -männer> *m* man of the world **weltmännisch** *adj* sophisticated, wordly-wise

Weltmarkt *m* world [*or* international] market **weltmarktfähig** *adj* HANDEL internationally [*or* globally] marketable **Weltmarktführer** *m* international market leader **Weltmarktkonditionen** *pl* ÖKON global market conditions *pl* **Weltmarktnotierung** *f* BÖRSE international quotation **Weltmarktpreis** *m* ÖKON world market price; *für Rohöl* posted price

Weltmeer *nt* ocean **Weltmeister(in)** *m(f)* world champion; ■~ **in etw** *dat* world champion in [*or* at] sth **Weltmeisterschaft** *f* world championship; ■**die ~ in etw** *dat* the world championship in sth **Weltmonopol** *nt* ÖKON global monopoly **Weltmusik** *f* world music *no indef art, no pl* **Weltnaturerbe** *nt kein pl* world natural heritage **weltoffen** *adj* liberal[-minded], cosmopolitan **Weltöffentlichkeit** *f kein pl* ■**die** ~ the whole world; (*öffentliche Meinung*) the world opinion [*or* at large] **Weltordnung** *f* world order **Weltorganisation** *f* ~ **für geistiges Eigentum** World Intellectual Property Organization, WIPO **Weltpatent** *nt* world patent **Weltpolitik** *f* world politics + *sing/pl vb* **weltpolitisch** I. *adj* concerning world politics II. *adv* in terms of world politics **Weltpresse** *f* world's press **Weltrang** *m* world status; ■**von** ~ world-famous **Weltrangliste** *f* world rankings *pl*

Weltraum *m kein pl* [outer] space

Weltraumbahnhof *m* space centre [*or* AM -er], launch base **Weltraumbehörde** *f* space agency **Weltraumfähre** *f* space shuttle **Weltraumfahrer(in)** *m(f)* space traveller [*or* AM traveler], astronaut **Weltraumfahrt** *f kein pl* space journey, journey into space **Weltraumflug** *m* space flight **Weltraumforschung** *f kein pl* space research **Weltraumkapsel** *f* space capsule **Weltraumlabor** *nt* space laboratory, spacelab **Weltraummüll** *m* space junk, cosmic waste [*or* debris] **Weltraumrakete** *f* space rocket **Weltraumrecht** *nt* JUR space law **Weltraumrüstung** *f kein pl* space armament [*or pl* weapons] **Weltraumschiff** *nt* spaceship **Weltraumstation** *f* space station **Weltraumteleskop** *nt* space telescope **Weltraumwaffe** *f* space weapon

Weltrechtsgrundsatz *m* JUR principle of world-wide application of law **Weltrechtspflegeprinzip** *nt* JUR principle of international prosecution **Weltreich** *nt* empire **Weltreise** *f* world trip; **eine ~ machen** to go on a journey around the world **Weltreisende(r)** *f(m) dekl wie adj* globetrotter **Weltrekord** *m* world record; ■**der/ein ~ in etw** *dat* the/a world record in sth **Weltrekordinhaber(in)** *m(f)* world record holder **Weltrekordler(in)** *m(f)* world record holder **Weltreligion** *f* world religion **Weltruf** *m kein pl* international [*or* world-wide] reputation; **... von ~** internationally renowned **Weltruhm** *m* world[wide] fame **Weltschmerz** *m kein pl* (*geh*) weltschmerz *liter* **Weltsicherheitsrat** *m* [United Nations] Security Council **Weltsprache** *f* world language **Weltstadt** *f* international [*or* cosmopolitan] city **weltstädtisch** *adj* cosmopolitan **Weltstar** *m* international star **Weltstrafrecht** *f kein pl* JUR universal criminal law **Welttournee** *f* world tour **Weltumsatz** *m* worldwide sales *pl* **Weltumsegelung** *f* circumnavigation of the globe [*or* earth] [*or* world] **weltumspannend** *adj* global; **~es Computernetz** global [*or* worldwide] computer network **Weltuntergang** *m* end of the world, apocalypse **Weltuntergangsstimmung** *f* apocalyptic mood **Welturaufführung** *f* world premiere **Welturheberrechtsabkommen** *nt* Universal Copyright Convention **Weltverband** *m* world association **Weltverbesserer, -besserin** *m, f* (*pej*) sb who thinks they can cure the world's ills **Weltwährungsfonds** *m kein pl* JUR International Monetary Fund, IMF **Weltwährungssystem** *nt* ÖKON International Monetary System **weltweit I.** *adj* global, world-wide; **~e Rezession** worldwide [*or* global] recession **II.** *adv* globally **Weltwirtschaft** *f* world [*or* global] economy **weltwirtschaftlich** *adj* ÖKON global [*or* world] economic *attr;* **~e Lage** state of the world economy **Weltwirtschaftskrise** *f* world economic crisis **Weltwirtschaftsordnung** *f* ÖKON world economic system **Weltwirtschaftssystem** *nt* ÖKON world economic system

Weltwunder *nt* **die sieben ~** the Seven Wonders of the World; **wie ein ~** (*fam*) as if from another planet **Weltzeit** *f kein pl* world time, universal time **Weltzeituhr** *f* world clock (*clock showing times around the world*)

wem I. *pron interrog dat von* **wer** (*welcher Person?*) who ... to, to whom *form;* **~ *gehört dieser Schlüsselbund?*** who does this bunch of keys belong to?; **mit/von ~** with/from whom
II. *pron rel dat von* **wer** (*derjenige, dem*) ■**~ ...,** **[der]** ... the person to whom ..., the person who ... to
III. *pron indef dat von* **wer** (*fam*) to/for somebody

Wemfall *m* dative [case]

wen I. *pron interrog akk von* **wer** (*welche Person?*) who, whom; **an ~** to whom *form,* who ... to; **für ~** for whom *form,* who ... for
II. *pron rel akk von* **wer** (*derjenige, den*) ■**~ ...,** **[der]** ... the person who [*or* whom] ...; **an ~** to whom *form,* who ... to; **für ~** for whom *form,* who ... for
III. *pron indef akk von* **wer** (*fam*) somebody

Wende <-, -n> *f* ① POL (*sl: politische Kehrtwendung*) [political] change [*or* U-turn]
② (*einschneidende Veränderung*) change, turn; **die/eine ~ zum Besseren/Schlechteren** the/a turn [*or* change] for the better/worse; **eine ~ zum Positiven** a positive change
③ SPORT face [*or* front] vault
④ (*Übergangszeit*) ■**an der ~ [von] ... zu etw** at the transition from ... to sth

Wendefläche *f* turning area **Wendejacke** *f* reversible jacket **Wendekreis** *m* ① AUTO turning circle ② GEOG, ASTRON tropic; **der nördliche ~, der ~ des Krebses** the Tropic of Cancer; **der ~ des Steinbocks** the Tropic of Capricorn

Wendel <-, -n> *f* ① ELEK (*Glühfaden*) coil
② (*Gewinde*) spiral

Wendelrührer *m* spiral mixer **Wendeltreppe** *f* spiral staircase

Wendemantel *m* reversible coat

wenden I. *vr* <wendete *o geh* wandte, gewendet *o geh* gewandt> ① (*sich drehen*) ■**sich irgendwohin ~** to turn to somewhere
② (*kontaktieren*) ■**sich** *akk* **[in etw** *dat***] an jdn ~** to turn to sb [regarding sth]
③ (*zielen*) ■**sich an jdn ~** to be directed at sb
④ (*entgegentreten*) ■**sich gegen jdn ~** to turn against sb; ■**sich gegen etw ~** to oppose sth
⑤ (*sich verkehren*) **sich zum Besseren** [*o* **Guten**]**/Schlechteren ~** to take a turn for the better/worse
▸ WENDUNGEN: **sich zum Gehen ~** to be about to go
II. *vt* <wendete, gewendet> (*umdrehen*) ■**etw ~** to turn over sth *sep;* ***bitte ~!*** please turn over
▸ WENDUNGEN: **wie man es auch wendet ..., man kann es ~, wie man will** whichever way one looks/you look [*or fam*] at it
III. *vi* <wendete, gewendet> AUTO to turn

Wendeplatz *m* turning area **Wendepunkt** *m* turning point

wendig *adj* ① TECH manoeuvrable BRIT, maneuverable AM
② (*geistig beweglich*) agile

Wendigkeit <-> *f kein pl* ① (*gute Manövrierfähigkeit*) manoeuvrability, maneuverability AM
② (*geistige Beweglichkeit*) agility

Wendung <-, -en> *f* ① (*tiefgreifende Veränderung*) turn; **eine bestimmte ~ nehmen** to take a certain turn; **eine ~ zu etw nehmen** to take a turn for sth
② LING (*Rede~*) expression

Wenfall *m* accusative [case]

wenig I. *pron indef* ① *sing* (*nicht viel*) ■**~ sein** to be not [very] much; **~ genug** little enough; **nicht ~** more than a little
② *pl, substantivisch* (*ein paar*) ■**~e** a few
II. *adv* ① (*nicht viel*) little, not a lot of; **ein ~** a little; **nicht ~** more than a little; **zu ~** too little, not enough; **zu ~ schlafen** to not get enough sleep; **~ genug** little enough; ■**~e ...** few; *s. a.* **einige(r, s)**
② *mit comp* (*kaum*) little
③ (*nicht sehr*) not very; **~ interessant** of little interest; **ein ~** a little

weniger I. *pron indef comp von* **wenig** (*nicht so viel*) less; ***du solltest ~ essen/rauchen/trinken*** you should eat/smoke/drink less
II. *adj comp von* **wenig** less, fewer; **~ werden** to be dwindling away
▸ WENDUNGEN: **~ ist mehr** it's quality not quantity that counts
III. *adv comp von* **wenig** (*nicht so sehr*) ■**~ ... als ...** less ... than
▸ WENDUNGEN: **je mehr ... desto ~ ...** the more ... the less ...; *s. a.* **so, viel**
IV. *konj* MATH minus, less

Wenigkeit <-> *f kein pl* (*geh: Kleinigkeit*) ■**eine ~** a little, a small amount
▸ WENDUNGEN: **meine ~** (*hum fam*) little old me *hum fam*

wenigste(r, s) I. *pron* (*fast niemand*) ■**die ~n** very few; ■**das ~, was** the least that; ***das ist noch das ~!*** (*fam*) that's the least of it!
II. *adv* least; *pl* fewest; **am ~n** least of all

wenigstens *adv* at least

wenn *konj* ① *konditional* (*falls*) if; **~ *das so ist*** if that's the way it is; ■**~ ... doch** [*o* **bloß**] **...!** if only ...!
② *temporal* (*sobald*) as soon as; *s. a.* **als, auch, erst, immer, nicht, nichts, nur, schon, selbst, und**

wenngleich *konj* (*geh*) *s.* **obgleich**

wennschon *adv* ▸ WENDUNGEN: **~, dennschon!** (*fam*) I/you etc. may as well go the whole hog [*or* AM the whole nine yards] *fam,* there's no point in doing things by halves *fam* [*or* AM *fam* a half-assed job]; **[na,] ~!** so what?, what of it?

wer I. *pron interrog* (*welcher*) who; ■**~ von ...** which of ...; **~ *da?*** who's there?
II. *pron rel* (*derjenige, der*) ■**~ ..., [der]** ... the person who ..., whoever ...
III. *pron indef* (*fam*) (*jemand*) somebody; ■**~ von ...** which of ...
▸ WENDUNGEN: **~ sein** to be somebody *fam*

Werbeabteilung *f* advertising [*or* publicity] [*or* marketing] department **Werbeagentur** *f* advertising agency **Werbeaktion** *f* advertising promotion **Werbeanzeige** *f* advertisement **Werbeaufdruck** *m* advertising print **Werbeaufwendungen** *pl* advertising expenditure *no pl* **Werbebeilage** *f* advertising supplement, magazine insert **Werbebeschränkung** *f* advertising restrictions *pl* **Werbebestimmungen** *pl* advertising regulations **Werbeblock** *nt* advertising block **Werbebranche** *f* advertising **Werbebrief** *m* HANDEL junk mail **Werbebroschüre** *f* brochure, pamphlet **Werbebroschüre** *f* brochure, pamphlet **Werbeeinblendung** *f* TV screening [*or* insertion] of adverts **Werbeeinnahmen** *pl* advertising revenue *sing* **Werbeetat** *m* HANDEL advertising budget **Werbefachleute** *pl* advertising people [*or* experts], admen *sl* **Werbefachmann, -fachfrau** *m, f* publicity expert, adman *fam* **Werbefeldzug** *m* HANDEL advertising campaign **Werbefernsehen** *nt* commercials *pl,* advertisements *pl,* adverts *pl fam* **Werbefilm** *m* advertising [*or* promotional] [*or* publicity] film **werbefinanziert** *adj* financed by advertising *pred* **Werbefläche** *f* advertising space **Werbefunk** *m* radio advertisements *pl* [*or* commercials] *pl* **Werbegeschenk** *nt* promotional gift **Werbekampagne** *f* advertising [*or* publicity] campaign **Werbekonzept** *nt* ÖKON advertising concept **Werbekosten** *pl* advertising costs *pl,* publicity expenditure *no pl* **Werbeleiter, -leiterin** *m, f* advertising manager, head of publicity [*or* promotions] **Werbemaßnahme** *f* HANDEL promotional measure **Werbematerial** *nt* advertising [*or* publicity] material, sales literature **Werbemittel** *nt* advertising medium, means of advertising **Werbemöglichkeit** *f* advertising possibility

werben <wirbt, warb, geworben> **I.** *vt* ■**jdn [für etw] ~** to recruit sb [for sth]
II. *vi* ① (*Reklame machen*) ■**für etw ~** to advertise [*or* promote] sth; **für eine Partei ~** to try to win support for a party
② (*zu erhalten suchen*) **um eine Frau/einen Mann ~** to woo a woman/pursue a man; **um Unterstützung ~** to try to enlist support; **um neue Wähler ~** to try to attract new voters; **um Vertrauen ~** to try to gain trust

Werbeprospekt *m* promotional brochure [*or* leaflet], advertising leaflet

Werber(in) <-s, -> *m(f)* ① (*Akquisiteur*) canvasser, advance man *esp* AM
② HIST *von Soldaten* recruiter
③ (*veraltet: Verehrer*) suitor

Werberecht *nt* JUR advertising law **Werbeschild** *nt* show card **Werbeschrift** *f* advertising [*or* publicity] leaflet, prospectus, flyer **Werbesendung** *f* TV (*Werbespot*) commercial break **Werbeslogan** *m* advertising [*or* publicity] slogan **Werbespot** *m* commercial, advertisement, advert *fam* **Werbespruch** *m* advertising [*or* publicity] slogan **Werbesteuer** *f* FIN advertising tax **Werbestrategie** *f* ÖKON advertising strategy **Werbetext** *m* advertising [*or* publicity] copy *no pl, no indef art* **Werbetexter(in)** *m(f)* advertising copywriter **Werbeträger** *m* advertising medium **Werbetreibende(r)** <-n, -n> *f(m)* ÖKON (*Firma*) advertising agency, advertizer; (*Person*) advertising agent, adman **Werbetrommel** *f* ▸ WENDUNGEN: **die ~ für jdn/etw rühren** (*fam*) to beat the drum for sb/sth *fam* **Werbeunterbrechung** *f* TV (*für Werbespots*) commercial break **Werbeverbot** *nt* JUR advertising ban **werbewirksam** *adj* promotionally effective **Werbewirkung** *f* advertising effect **Werbezweck** *m meist pl* advertising purpose; **für ~e [*o* zu ~en]** for advertising purposes

Werbung <-> *f kein pl* ÖKON ① (*Branche*) advertising
② (*Reklame*) advertisement; **direkte/indirekte ~** direct/indirect advertising; **irreführende ~** misleading advertising; **vergleichende ~** comparative [*or* discriminatory] advertising; **~ für etw machen** to advertise sth
③ (*Werbespot*) commercial, TV advert *fam;* (*Werbeprospekte*) advertising literature
④ (*das Werben*) recruitment; *von Kunden* attracting, winning

Werbungskosten *pl* advertising [*or* publicity] expenses *pl*

Werdegang <*selten* -gänge> *m* career

werden

I. INTRANSITIVES VERB **II.** AUXILIARVERB
III. AUXILIARVERB FÜR PASSIV

I. INTRANSITIVES VERB

<wurde *o liter* ward, geworden> ❶ *sein* (*liter: in einen anderen Zustand übergehen*) ■**etw** ~ to become [*or* get] sth; **alt/älter** ~ to get old/older; **verrückt** ~ to go mad; **kalt** ~ to go cold; **es wird dunkel/spät/kalt** it is getting dark/late/cold; **es wird besser** ~ it is going to become [*or* get] better; **es wird anders** ~ things are going to change
❷ *sein* (*liter: als Empfindung auftreten*) **jdm wird heiß/kalt/besser/übel** sb feels hot/cold/better/sick
❸ *sein* (*liter: einen Ausbildung zu etw machen*) ■**etw** ~ to become sth; ***was möchtest du einmal ~?*** what do you want to be?
❹ *sein* (*liter: eine Entwicklung durchmachen*) ■**etw** ~ to become sth; **Wirklichkeit/Tatsache/Mode** ~ to become reality/a fact/fashionable; ■**aus jdm wird etw** sb will turn out to be sth; ■**aus etw wird etw** sth turns into sth; ■**zu etw** ~ to turn into sth, to become sth; **aus jdm wird etwas/nichts** sb will get somewhere/won't get anywhere in life; **zur Gewissheit/zum Albtraum** ~ to become a certainty/nightmare
❺ *sein* (*liter: auf eine bestimmte Zeit zugehen*) **es wird Abend/Tag** it is getting dark/light; **es wird Sommer** summer is coming; **es wird 15 Uhr** it's coming up to 3 o'clock
❻ *sein* (*liter: ein bestimmtes Alter erreichen*) ■**etw** ~ to be sth; ***sie ist gerade 98 geworden*** she has just turned 98
❼ *sein* (*fam: sich gut entwickeln*) ***es wird langsam*** it's slowly getting somewhere; **aus etw wird etwas/nichts** sth will turn into sth/nothing is going to come of sth; **daraus wird nichts** that won't come to anything, nothing's going to come of that; **es wird schon** [**wieder**] ~ (*fam*) it'll turn out okay in the end; **nicht wieder** ~ (*fam*) not to recover
► WENDUNGEN: **was soll nun ~?** what's going to happen now?, what are we going to do now?; **ich werd' nicht mehr!** (*sl*) well, I never!, I don't believe it!

II. AUXILIARVERB

<wurde, worden> ❶ *zur Bildung des Futurs* ■**etw tun** ~ to be going to do sth; ■**es wird etw geschehen** sth is going to happen; ■**jd wird etw getan haben** sb will have done sth
❷ *zur Bildung des Konjunktivs* ■**jd würde etw tun** sb would do sth
❸ *mutmaßend* (*dürfte*) ■**es wird ...** it probably ...; ***es wird gegen 20 Uhr sein*** it's probably getting on for 8 o'clock
❹ *in Bitten und Aufforderungen* ■**würde jd etw tun?** would [*or* could] sb please do sth?
► WENDUNGEN: **wer wird denn gleich ... !** (*fam*) you're not going to ... now, are you?

III. AUXILIARVERB

<wurde, worden> *zur Bildung des Passivs* ■**...** ~ to be ...; ***sie wurde entlassen*** she was dismissed; ■**etw wird ...** sth is ...; ***das wird bei uns häufig gemacht*** that is often done in our house; ■**es wird etw getan** sth will be done; ***jetzt wird gearbeitet!*** let's get some work done!

Werden <-s> *nt kein pl* (*geh*) development; **im ~ sein** to be in the making
werdend *adj* developing, emergent; **~e Mutter/~er Vater** expectant mother/father, mother-to-be/father-to-be
Werfall *m* LING nominative [case]
werfen <wirft, warf, geworfen> **I.** *vt* ❶ (*schleudern*) ■**etw irgendwohin** ~ to throw sth somewhere; **jdm etw an den Kopf/ins Gesicht** ~ to throw sth at sb's head/in sb's face; ■**etw nach jdm/einem Tier** ~ to throw sth at sb/an animal
❷ ZOOL (*Junge gebären*) ■**etw** ~ to have [*or spec* throw] sth
❸ (*ruckartig bewegen*) ■**etw irgendwohin** ~ to throw [*or fam* fling] sth somewhere
❹ (*bilden*) *etw* ~ to produce [*or* make] sth; ***der Mond warf ein silbernes Licht auf den See*** the moon threw a silver light onto the lake
II. *vi* ❶ (*Werfer sein*) to throw
❷ (*Wurfgeschosse verwenden*) ■**mit etw** [**auf jdn/etw**] ~ to throw sth [at sb/sth]
❸ ZOOL (*Junge gebären*) to throw *spec*, to give birth
III. *vr* ❶ (*sich verziehen*) ■**sich** ~ to warp
❷ (*sich rasch fallen lassen*) ■**sich irgendwohin** ~ to throw oneself somewhere
❸ (*sich stürzen*) ■**sich auf jdn/etw** ~ to throw oneself at sb/sth
Werfer(**in**) <-s, -> *m(f)* thrower
Werft <-, -en> *f* shipyard
Werftarbeiter(**in**) *m(f)* shipyard worker **Werftgelände** *nt* dockland[s *pl*]; **im** ~ on [the] dockland[s] **Werftkran** *m* dockyard [*or* shipyard] [*or* quayside] crane
Werg <-[e]s> *nt kein pl* tow
Werk <-[e]s, -e> *nt* ❶ (*gesamtes Schaffen*) works *pl*
❷ KUNST, LIT work
❸ *kein pl* (*geh: Arbeit*) work; **ans ~ gehen** [*o* **sich ans ~ machen**] (*geh*) to go [*or* set] to work; **am ~ sein** (*pej*) to be at work
❹ (*Fabrik*) factory, works + *sing/pl verb;* **ab ~** ex works
► WENDUNGEN: **ein gutes ~ tun** to do a good deed; **irgendwie zu ~e gehen** (*geh*) to proceed [*or* go to it] in a certain way; **das ist jds ~** (*pej*) that's his doing *fam*
Werkbank <-bänke> *f* workbench
werkeln *vi* (*fam*) ■~ to potter [*or* AM putter] about
werken *vi* (*geh*) ■[**irgendwo**] ~ to work [somewhere]
Werken <-s> *nt kein pl s.* **Werkunterricht**
werkgetreu *adj* **eine ~e Wiedergabe** a faithful reproduction
Werklehrer(**in**) *m(f)* woodwork/metalwork teacher **Werklieferung** *f* HANDEL sale under contract for goods and services **Werklieferungsvertrag** *m* HANDEL contract of works, labour and material **Werkmeister**(**in**) *m(f)* foreman **Werk**(**s**)**angehörige**(**r**) *f(m) dekl wie adj* factory [*or* works] employee **Werksarzt, -ärztin** <-es, -ärzte> *m, f* company doctor **Werksbahn** *f* industrial railway, plant-owned railroad **Werkschutz** *m* ❶ (*Schutzmaßnahmen*) factory [*or* works] security ❷ (*Personal*) factory [*or* works] security service **werkseigen** *adj* company[-owned] **Werksgelände** *nt* works [*or* factory] premises *npl* **Werk**(**s**)**halle** *f* workshop, factory building **Werksinspektion** *f* HANDEL factory [*or* works] inspection **Werk**(**s**)**kantine** *f* factory [*or* works] canteen **Werk**(**s**)**leistung** *f* ÖKON plant output **Werk**(**s**)**leiter**(**in**) *m(f)* factory [*or* works] manager **Werk**(**s**)**leitung** *f* HANDEL plant [*or* factory] management **Werk**(**s**)**spionage** *f* industrial espionage
Werkstatt *f* ❶ (*Arbeitsraum eines Handwerkers*) workshop
❷ AUTO (*Autoreparaturwerkstatt*) garage
Werkstätte *f* (*geh*) *s.* **Werkstatt**
Werkstattproduktion *f* workshop production **Werkstattwagen** *m* breakdown [*or* AM tow] truck
Werkstoff *m* material **Werkstoffprüfung** *f* TECH material testing
Werk(**s**)**tor** *nt* factory gate **Werkstück** *nt* workpiece **Werkstudent**(**in**) *m(f)* working student **Werk**(**s**)**wohnung** *f* company flat [*or* AM apartment]
Werktag *m* workday, working day *esp* BRIT
werktäglich *adj attr* working day; **~e Pflichten** duties during a working day
werktags *adv* on workdays [*or esp* BRIT working days]
werktätig *adj* working *attr,* in work *pred;* **die ~e Bevölkerung** the working population
Werktätige(**r**) *f(m) dekl wie adj* working person, worker
Werkunternehmer *m* HANDEL contractor **Werkunternehmerpfandrecht** *nt* JUR contractor's lien **Werkunterricht** *m* woodwork/metalwork class **Werkvertrag** *m* JUR contract for work and services **Werkvertragsrecht** *nt* JUR law on contracts for work and services
Werkzeug <-[e]s, -e> *nt* ❶ TECH tool *usu pl*
❷ INFORM (*Tool*) tool
❸ (*geh: gefügiger Helfer*) instrument
Werkzeugkasten *m* toolbox **Werkzeugkoffer** *m* toolbox **Werkzeugmacher**(**in**) *m(f)* toolmaker **Werkzeugmaschine** *f* machine tool **Werkzeugpalette** *f* tool palette **Werkzeugschrank** *m* tool cabinet **Werkzeugtasche** *f* tool bag
Wermut <-[e]s> *m kein pl* ❶ BOT wormwood
❷ (*aromatisierter Wein*) vermouth
Wermutbecher *m* vermouth tumbler
Wermutstropfen *m* (*geh*) a bitter pill, drop of bitterness
Wernersyndrom[RR] *nt kein pl* MED progeria
wert *adj* ❶ (*einen bestimmten Wert besitzen*) ■[**jdm**] **etw ~ sein** to be worth sth [to sb]
❷ (*verdienen*) ■**einer S.** *gen* **~ sein** (*geh*) to deserve a thing, to be worthy of a thing
❸ (*veraltend geh: geschätzt*) valued
Wert <-[e]s, -e> *m* ❶ (*zu erlösender Preis*) value; ***die ~e fielen um 3 Punkte zurück*** prices dropped by 3 points; **Handel in unnotierten ~en** off-board [*or* off-floor] trading; **gemeiner ~** ordinary value; **innerer ~ des Unternehmens** the company's net worth; **kapitalisierter ~** capitalized value; **sächlicher ~** commodity value; **einen bestimmtem ~/einen ~ von etw haben** to have a certain value/a value of sth, to be worth [*or* valued at] sth; **im ~ steigen, an ~ zunehmen** to increase in value; **an ~ verlieren, im ~ sinken** to decrease in value; **im ~e von etw** worth [*or* to the value of] sth; **über/unter ~** above/below its value
❷ *pl* (*Daten*) results *pl*
❸ (*wertvolle Eigenschaft*) worth
❹ (*Wichtigkeit*) value; [**bestimmten**] **~ auf etw** *akk* **legen** to attach [a certain] value [*or* importance] to sth; [**besonderen/gesteigerten**] **~ darauf legen, etw zu tun** to find it [especially/increasingly] important to do sth; **etw** *dat* **einen bestimmten ~ beilegen** [*o* **beimessen**] (*geh*) to attach a certain significance to sth
❺ (*Wertevorstellung*) value
❻ MATH, INFORM (*Zahlenwert*) value; **binärer ~** binary variable
► WENDUNGEN: **das hat keinen ~** (*fam*) it's useless *fam,* that won't help us
Wertangabe *f* declaration of value **Wertanlage** *f* investment **Wertarbeit** *f* first-class workmanship; **~ sein** to be a product of craftsmanship [*or* workmanship] **Wertbeeinträchtigung** *f* impairment of value **Wertberechnung** *f* valuation, assessment of value **Wertberichtigung** *f* FIN valuation adjustment; **~ zu dubiosen Forderungen** provision for doubtful debts; **~ zum Devisenbestand** foreign-exchange adjustments **wertbeständig** *adj* stable in value *pred;* ■**~ sein** to have a stable value **Wertbeständigkeit** *f kein pl* stability of value **Wertbestimmung** *f* FIN valuation **Wertbrief** *m* registered letter (*with valuable content*) **Wertdifferenz** *f* difference in value **Werteinbuße** *f* loss [*or* decrease] in value
werten *vt* ❶ SPORT (*anrechnen*) ■**etw** ~ to rate sth
❷ SCH (*benoten*) ■**etw** ~ to grade sth
❸ (*bewerten*) ■**etw** [**irgendwie**] ~ to rate sth [somehow]
Wertentwicklung *f* ÖKON performance **Werterhaltungsgarantie** *f* FIN maintenance-of-value guarantee **Werterhaltungspflicht** *f* FIN main-

tenance-of-value obligation
Wertesystem *nt* system of values **Wertevermittlung** *f* imparting of values **Wertevernichtung** *f* destruction of values **Wertewandel** *m* change in values
Wertfestsetzung *f* valuation **wertfrei** *adj* non-judgemental, impartial, unbiased **Wertgegenstand** *m* valuable object; ■**Wertgegenstände** valuables **Wertgrenze** *f* **oberste/unterste** ~ maximum/minimum value
Wertigkeit <-, -en> *f* CHEM, LING valency
Wertkartenhandy [-hɛndi] *nt* TELEK *mobile phone using a payment card*
wertkonservativ *adj* conservative **wertlos** *adj* worthless; ■**für jdn** ~ **sein** to be worthless to sb; **~e Wertpapiere** FIN dead securities **Wertmaßstab** *m* standard; **nach jds Wertmaßstäben** to sb's standards; **einen bestimmten ~/bestimmte Wertmaßstäbe anlegen** to apply a certain standard/certain standards **Wertmesser** *m* standard, yardstick **Wertminderung** *f* depreciation, loss of value, decrease in value; ~ **durch Überalterung** depreciation for age; **eine** ~ **erfahren** to fall in value **Wertpaket** *nt* registered parcel
Wertpapier *nt* bond, security; **~e des Anlagevermögens** long-term investments; **~e mit festem Ertrag** fixed-yield securities; **~e zur Börse zulassen** to admit securities for quotation on the stock market
Wertpapierbestand *m* FIN security holdings *pl* [*or* portfolio] **Wertpapierbetreuer(in)** *m(f)* account executive **Wertpapierbörse** *f* BÖRSE stock exchange **Wertpapierdarlehen** *nt* JUR loan on collateral securities **Wertpapieremission** *f* BÖRSE security issue **Wertpapierfonds** *m* FIN security-based investment fund **Wertpapiergeschäft** *nt* FIN security transaction **Wertpapierhandel** *m kein pl* BÖRSE stockbroking *no pl* **Wertpapierhändler(in)** *m(f)* BÖRSE dealer on the stock exchange, securities dealer, stockbroker; ~ **im Freiverkehr** securities dealer **Wertpapierleihgeschäft** *nt* security borrowing **Wertpapiermarkt** *m* stock [*or* securities] market **Wertpapierrecht** *nt* JUR negotiable instruments law **Wertpapierumsatz** *m* BÖRSE volume of trading
Wertrecht *nt* JUR loan stock right **Wertsache** *f meist pl* valuable object; ■**~en** valuables **Wertschätzung** *f* (*geh*) esteem **Wertschöpfung** *f* ÖKON increase in value, added value; **volkswirtschaftliche** ~ net domestic product **Wertschöpfungssteuer** *f* FIN value added tax **Wertschrift** *f* SCHWEIZ (*Wertpapier*) bond, security **Wertschwund** *m* dwindling value **Wertsendung** *f* FIN remittance **Wertsicherung** *f* JUR value guarantee **Wertsicherungsklausel** *f* JUR stable value clause **Wertsteigerung** *f* increase in value **Wertstellung** *f* value
Wertstoff *m* recyclable material
Wertstoffcontainer *m* recycling container **Wertstoffhof** *m* collection station, recycling centre [*or* AM center]
Wertung <-, -en> *f* ❶ SPORT (*Be~*) rating, score
❷ (*das Werten*) grading
❸ (*Be~*) evaluation, assessment
Werturteil *nt* value judgement; **ein** ~ **[über etw** *akk*] **abgeben** to make a value judgement [on sth] **Wertverlust** *m* ÖKON depreciation, decline in value **Wertverschleiß** *m* FIN depreciation
wertvoll *adj* valuable
Wertvorstellung *f meist pl* moral concept *usu pl* **Wertzeichen** *nt* (*form*) stamp **Wertzoll** *m* FIN ad valorem duty **Wertzollrecht** *nt* JUR valuation legislation **Wertzuwachs** *m* ÖKON appreciation in value, capital appreciation **Wertzuwachssteuer** *f* FIN capital gains tax
Werwolf *m* werewolf
Wesen <-s, -> *nt* ❶ (*Geschöpf*) being; (*tierisch*) creature; **das höchste** ~ the Supreme Being; **kleines** ~ little thing; **menschliches** ~ human being
❷ *kein pl* (*kennzeichnende Grundzüge*) nature
wesenhaft *adj* (*veraltet geh*) ❶ (*im Wesen begründet*) intrinsic
❷ (*real*) real
wesenlos *adj* (*geh*) ❶ (*unwirklich*) *Träume* insubstantial, unreal
❷ (*bedeutungslos*) insignificant
Wesensart *f* nature, character **wesensfremd** *adj* different in nature *inv, pred* **wesensgleich** *adj* very similar [*or* alike], identical in character [*or* nature] **Wesenszug** *m* characteristic, [character] trait
wesentlich I. *adj* ❶ (*erheblich*) considerable
❷ (*gewichtig*) substantial, essential; ■**das W~e** the essential part; **im W~en** essentially
❸ JUR material, substantial, fundamental; **~er Bestandteil einer Sache** integral part of an item; **~e Beteiligung** controlling interest
II. *adv* (*erheblich*) considerably
Weser <-> *f* Weser
Wesfall *m* genitive [case]
weshalb I. *adv interrog* why
II. *adv rel* why
Wesir <-s, -e> *m* vizier
Wespe <-, -n> *f* wasp
Wespennest *nt* ZOOL wasp's nest ▶ WENDUNGEN: **in ein** ~ **stechen** (*fam*) to stir up a hornets' nest **Wespenstich** *m* wasp sting **Wespentaille** *f* wasp waist; **eine** ~ **haben** to have a wasp waist
wessen I. *pron gen von* **wer** ❶ *interrog* whose
❷ *rel, indef* whose; ■~ **... auch [immer] ...** no matter whose ...
II. *pron interrog* (*geh*) *gen von* **was** of what, what ... of; ~ ***man dich auch immer angeklagt hat, ...*** whatever it is you've been accused of ...
wessentwillen *adv interrog* **um** ~ (*geh*) for whose sake
Wessi <-s, -s> *m*, **Wessi** <-, -s> *f* (*fam*) West German
West <-[e]s, -e> *m* ❶ *kein art, kein pl bes* NAUT west; **der Konflikt zwischen Ost und** ~ POL the confliсh between East and West; *s. a.* **Nord 1**
❷ *pl selten* NAUT (*Westwind*) west wind
Westafrika *nt* West Africa **westafrikanisch** *adj* West African **Westberlin** <-s> *nt* West Berlin **Westberliner(in)** *m(f)* West Berliner **Westbürger(in)** *m(f)* West German **westdeutsch** *adj* West German, in West Germany **Westdeutschland** *nt* West Germany
Weste <-, -n> *f* ❶ (*ärmellose Jacke*) waistcoat
❷ (*Strickjacke*) cardigan
▶ WENDUNGEN: **eine <u>reine</u>** [*o* **<u>saubere</u>**] [*o* **<u>weiße</u>**] ~ **haben** (*fam*) to have a clean slate *fam*
Westen <-s> *m kein indef art, kein pl* ❶ (*Himmelsrichtung*) west; *s. a.* **Norden 1**
❷ (*westliche Gegend*) west; **der Wilde** ~ the Wild West; *s. a.* **Norden 2**
❸ POL (*die Länder der westlichen Welt*) ■**der** ~ the West
Westentasche *f* MODE (*Tasche einer Weste*) waistcoat pocket
▶ WENDUNGEN: **etw wie seine** ~ **<u>kennen</u>** (*fam*) to know sth like the back of one's hand *fam*
Western <-[s], -> *m* western
Westerngitarre *f* western guitar
Westerwald <-[e]s> *m* Westerwald
Westeuropa *nt* Western Europe
westeuropäisch *adj* West European
Westfale, Westfälin <-n, -n> *m, f* Westphalian
Westfalen <-s> *nt* Westphalia
Westfälin <-, -nen> *f fem form von* **Westfale**
westfälisch *adj* ❶ GEOG (*Westfalen betreffend*) Westphalian, in Westphalia
❷ (*in Westfalen anzutreffend*) Westphalian; *s. a.* **Friede**
❸ KOCHK **~es Tottchen** *ragout of calf's heart, lung and brain*
Westgeld <-[e]s> *nt* West German money **westgermanisch** *adj* West Germanic **Westgote, -gotin** *m, f* Visigoth **Westgrenze** *f* western border **Westhang** *m* west-facing slope **westindisch** *adj* West Indian; **~e Kirsche** acerola cherry; **~e Languste** Carribean spiny lobster; **~er Nierenbaum** cashew nut; **~es Sandelholzöl** amyris oil **Westküste** *f* west coast
westlich I. *adj* ❶ (*in ~er Himmelsrichtung befindlich*) western; *s. a.* **nördlich I 1**
❷ (*im Westen liegend*) western; *s. a.* **nördlich I 2**
❸ (*von/nach Westen*) westwards, westerly; *s. a.* **nördlich I 3**
II. *adv* GEOG ■~ **von etw** to the west of sth
III. *präp +gen* GEOG ■~ **einer S.** [to the] west of sth; *s. a.* **nördlich III**
Westmächte *pl* ■**die** ~ the western powers
Westmark <-> *f* HIST (*fam*) West German mark
Westniveau *nt* POL western standards *pl* **Westpreußen** *nt* West Prussia **Westrom** *nt* Western Roman Empire **weströmisch** *adj* Western Roman; **das W~e Reich** the Western Roman Empire **Westseite** *f* west side **Westteil** *m* western part **Westwall** *m* ■**der** ~ the Siegfried Line
westwärts *adv* westwards, to the west
Westwind *m* west wind
weswegen *adv s.* **weshalb**
wett *adj pred* quits; ■**[mit jdm]** ~ **sein** to be quits [with sb]
Wettannahme *f* betting office, bookmaker's
Wettbewerb <-[e]s, -e> *m* ❶ (*Veranstaltung zur Ermittlung des Besten*) competition; **sportlicher** ~ sports competition; **sich** *akk* **im** ~ **gegen jdn durchsetzen** to compete against sb successfully; **miteinander im** ~ **stehen** to be competing [*or* in competition] with each other; **mit jdm in** ~ **treten** to compete with sb
❷ *kein pl* ÖKON (*Konkurrenzkampf*) competition; **unlauterer** ~ unfair competition; **Gesetz gegen unlauteren** ~ unfair competition act; **den** ~ **ausschalten/verschärfen** to eliminate/intensify competition; **den** ~ **erhalten** to be faced with competition; **den freien** ~ **unterbinden** to curb free competition; **den** ~ **verzerren** to distort competition
Wettbewerber(in) *m(f)* competitor
wettbewerblich *adj* ÖKON competitive; **~e Anreize** incentives to compete
Wettbewerbsabrede *f* HANDEL competition-regulating agreement, agreement on a restraint of trade **Wettbewerbsaufsicht** *f* HANDEL trade watchdog **Wettbewerbsaufsichtsbehörde** *f* HANDEL Director of Fair Trading BRIT **wettbewerbsbedingt** *adj* competitive, resulting from competition **Wettbewerbsbedingungen** *pl* HANDEL terms of competition, competitive conditions; **extreme** ~ highly competitive conditions; ~ **beeinträchtigen** to adversely affect the conditions of competition; ~ **verfälschen** to distort [the conditions of] competition **Wettbewerbsbehörden** *pl* JUR competition authorities **wettbewerbsbeschränkend** *adj* HANDEL anti-competitive, restrictive; **~e Maßnahmen** restraint of trade; **~es Verhalten** restrictive trade practices **Wettbewerbsbeschränkung** *f* JUR restraint of trade [*or* competition] **Wettbewerbsbestimmungen** *pl* HANDEL competition rules **Wettbewerbsdruck** *m kein pl* ÖKON competitive pressure; **Wettbewerbs- und Kostendruck** competitive and cost pressure **wettbewerbsfähig** *adj* HANDEL competitive **Wettbewerbsfähigkeit** *f kein pl* ÖKON competitiveness *no pl*; **internationale** ~ international competitive ability; **die** ~ **stärken** to whet one's competitive edge **wettbewerbsfördernd** *adj* ÖKON promoting competition *pred* **Wettbewerbsfreiheit** *f kein pl* ÖKON freedom of competition, free competition **Wettbewerbshandlung** *f* HANDEL act of competition; **unlautere ~en** fraudulent trading **Wettbewerbshemmnis** *nt* ÖKON competitive restraint **Wettbewerbskartell** *nt* ÖKON combination in restraint of competition **Wettbewerbskontrolle** *f* competition control (*anti-cartel measure*) **Wettbewerbsnachteil** *m* ÖKON competitive disadvantage **Wettbewerbsneutralität** *f* neutrality with regard to competition; **die** ~ **wiederherstellen** to eliminate competitive distortion **Wettbewerbsordnung** *f* rules of

competition **Wettbewerbspolitik** *f* competition policy **Wettbewerbsrecht** *nt* JUR competition [*or* fair trade] law **Wettbewerbsregeln** *pl* trade practices rules, code of fair competition **Wettbewerbsschwäche** *f* ÖKON competitive weakness **Wettbewerbsspielraum** *m* ÖKON competitive range **Wettbewerbsstellung** *f* ÖKON competitive position **Wettbewerbsverbot** *nt* ÖKON restraint of trade, prohibition of [*or* ban on] competition **Wettbewerbsverfälschung** *f* distortion of competition **Wettbewerbsverhalten** *nt* competitive behaviour [*or* AM -or] **Wettbewerbsverstoß** *m* infringement of fair competition **Wettbewerbsverzerrung** *f* ÖKON competitive distortion **Wettbewerbsvorteil** *m* competitive advantage [*or* edge] **wettbewerbswidrig** *adj* anti-competitive, detrimental to competition

Wettbüro *nt* betting office, bookmaker's

Wette <-, -n> *f* bet; **jede ~ auf etw** *akk* **eingehen** (*fam*) to bet sb anything *fam;* ■**jede ~ eingehen, dass** to bet anything that; ***die ~ gilt!*** (*fam*) you're on! *fam;* **um die ~ essen/trinken** to race each other eating/drinking; **um die ~ laufen** to race each other, to run a race; **eine ~ machen** to make a bet

Wetteifer <-s> *m kein pl* competitiveness, competitive zeal

wetteifern *vi* (*geh*) ❶ (*sich gegenseitig zu übertreffen bemühen*) ■**miteinander** ~ to contend [*or* compete] with each other
❷ (*ringen*) ■[**mit jdm**] **um etw** ~ to compete [*or* contend] [with sb] for sth

wetten I. *vi* (*als Wette einsetzen*) to bet; ■[**mit jdm**] **um etw** ~ to bet [sb] sth; ***um was wollen wir ~?*** what shall we bet?; ■**auf ein Tier** ~ to bet on an animal; ■[**mit jdm**] **darauf wetten, dass** to bet [sb] that; [***wollen wir***] ***~?*** (*fam*) [do you] want to bet?
▸ WENDUNGEN: **so haben wir nicht gewettet!** (*fam*) that's not on! BRIT *fam,* that wasn't the deal! AM
II. *vt* ■**etw** ~ to bet sth

Wetter <-s, -> *nt* ❶ *kein pl* METEO (*klimatische Verhältnisse*) weather; **bei jedem** ~ in all kinds of weather, in all weathers
❷ METEO (*fam: Un~*) storm
▸ WENDUNGEN: **bei jdm gut ~ machen** (*fam*) to make it up to sb *fam;* **schlagende** ~ firedamp *sing*

Wetteramt *nt* met[eorological] office **Wetteraussichten** *pl* weather outlook [*or* prospects *pl*] **Wetterbericht** *m* weather report **Wetterbesserung** *f* improvement in the weather **wetterbeständig** *adj s.* **wetterfest**

Wetterchen <-s> *nt kein pl* (*fam*) lovely [*or* fine] weather

Wetterdienst *m* weather [*or* meteorological] service **Wetterfahne** *f* weather vane **wetterfest** *adj* weatherproof **Wetterfrosch** *m* ❶ (*Frosch*) tree frog (*kept as a means of predicting the weather*) ❷ (*hum fam: Meteorologe*) weatherman **wetterfühlig** *adj* sensitive to weather changes *pred* **Wetterfühligkeit** <-> *f kein pl* sensitivity to changes in the weather **Wetterhahn** *m* weathercock **Wetterkarte** *f* weather chart **Wetterkunde** *f kein pl* meteorology **Wetterlage** *f* weather situation **wetterleuchten** *vi impers* **es wetterleuchtet** there's sheet lightning **Wetterleuchten** *nt kein pl* sheet lightning

wettern *vi* (*geh*) ■[**gegen jdn/etw**] ~ to curse [sb/sth], to lash out [at sb/against sth]

Wetterprognose *f* weather forecast **Wettersatellit** *m* weather satellite **Wetterscheide** *f* weather [*or* meteorological] divide **Wetterseite** *f* windward side, side exposed to the weather **Wetterstation** *f* weather [*or* meteorological] station **Wettersturz** *m* sudden temperature drop **Wetterumschlag** *m* sudden change in the weather (*usually for the worse*) **Wetterumschwung** *m* sudden change in the weather **Wetterveränderung** *f* change in the weather **Wetterverschlechterung** *f* deterioration in the weather **Wettervoraussage** *f,* **Wettervorhersage** *f* weather forecast **Wetterwarte** *f* weather station **wetterwendisch** *adj* (*pej*) moody, capricious **Wetterwolke** *f* storm cloud

Wettfahrt *f* race **Wettkampf** *m* competition **Wettkämpfer(in)** *m(f)* competitor, contestant **Wettlauf** *m* (*Lauf um die Wette*) race; **einen ~ machen** to run a race ▸ WENDUNGEN: **ein ~ mit der** [*o* **gegen die**] **Zeit** a race against time **wettlaufen** *vi nur infin* to run a race [*or* races] **Wettläufer(in)** *m(f)* runner [in a/the] race

wett|machen *vt* ❶ (*aufholen*) ■**etw** ~ to make up sth
❷ (*gutmachen*) ■**etw** ~ to make up for sth

Wettrennen *nt s.* Wettlauf **Wettrüsten** <-s> *nt kein pl* MIL, POL arms race; **das atomare** ~ the nuclear arms race **Wettschwimmen** *nt* swimming competition; **ein ~ machen** to swim a race **Wettstreit** *m* competition, contest

Wetware <-, -s> ['wetweə] *f* wetware

wetzen I. *vt haben* ❶ (*schleifen*) ■**etw** ~ to whet sth
❷ (*reiben*) ■**etw** [**an etw** *dat*] ~ to rub sth [on sth]
II. *vi sein* (*fam*) ■[**irgendwohin**] ~ to scoot [off] [somewhere] *fam*

Wetzstahl *f* whetting [*or* sharpening] iron **Wetzstein** *m* whetstone

WEU <-> *f kein pl Abk von* **Westeuropäische Union** WEU

WEZ <-> [veːʔeːˈtsɛt] *f kein pl Abk von* **Westeuropäische Zeit** GMT

WG <-, -s> [veːˈgeː] *f Abk von* **Wohngemeinschaft**

WHG *f Abk von* **Wohnung** flat BRIT, apt. AM

Whg. *f Abk von* **Wohnung** flat BRIT, apt. AM

Whirlpool <-s, -s> ['wœrlpuːl] *m* whirlpool **Whirlwanne** *f* whirlpool

Whisky <-s, -s> ['vɪski] *m* whisky; ~ **mit Eis/**[**mit**] **Soda** whisky on the rocks [*or* and ice]/and soda; **irischer Whiskey** [Irish] whiskey; **schottischer** ~ Scotch

wich *imp von* **weichen²**

Wichse <-, -n> *f* (*veraltend*) ❶ (*Schuhcreme*) shoe polish
❷ *kein pl* (*fam: Prügel*) hiding *fam;* ~ **beziehen** to get a good hiding
▸ WENDUNGEN: [**alles**] **eine ~!** (*fam*) [all] one and the same!

wichsen [-ks-] I. *vi* (*vulg*) to jack [*or esp* AM jerk] off *vulg sl,* to wank BRIT *vulg sl*
II. *vt* DIAL ■**etw** ~ to polish sth

Wichser <-s, -> *m* (*vulg*) ❶ (*Onanist*) wanker BRIT *vulg sl,* jack-off AM *vulg sl*
❷ (*Mistkerl*) wanker BRIT *vulg sl,* asshole AM *vulg*

Wicht <-[e]s, -e> *m* ❶ (*schmächtiger Kerl*) wimp *pej fam;* **armer** ~ poor wretch
❷ (*Kobold*) goblin; (*Zwerg*) dwarf; **kleiner** ~ little one

Wichtel <-s, -> *m* ❶ (*Kobold*) goblin
❷ (*kleine Pfadfinderin*) Brownie

Wichtelmännchen <-s, -> *nt* (*Zwerg*) gnome; (*Kobold*) goblin; (*Heinzelmännchen*) elf, brownie

wichtig *adj* ❶ (*bedeutsam*) important; ■**etwas W~es** something important; **W~eres zu tun haben** to have more important things to do; **nichts W~eres zu tun haben, als ...** to have nothing better to do than ...; ■**das W~ste** the most important thing
❷ (*iron: bedeutungsvoll*) serious; **eine ~e Miene aufsetzen** to put on an air of importance; **sich** *dat* ~ **vorkommen** (*fam*) to be full of oneself *fam;* **sich ~ machen** (*fam*) to be full of one's own importance; **sich ~ nehmen** to take oneself [too] seriously; ~ **tun** (*fam*) to act important *fam*

Wichtigkeit <-> *f kein pl* importance, significance; **von bestimmter ~ sein** to be of a certain importance [*or* significance]; **etw** *dat* **besondere/große ~ beilegen** [*o* **beimessen**] to consider a thing especially/very important, to attach particular/great importance to a thing

Wichtigmacher(in) *m(f)* ÖSTERR, **Wichtigtuer(in)** <-s, -> [-tuːɐ] *m(f)* (*pej*) stuffed shirt *fam,* pompous git [*or* AM ass] *sl* **Wichtigtuerei** <-> *f kein pl* (*pej*) pompousness **wichtigtuerisch** *adj* (*pej*) pompous *pej;* ■~ **sein** to be pompous, to be full of oneself

Wicke <-, -n> *f* vetch

Wickel <-s, -> *m* MED (*Umschlag*) compress; **jdm einen bestimmten ~ machen** MED to make sb a certain compress
▸ WENDUNGEN: **jdn am** [*o* **beim**] ~ **packen** [*o* **kriegen**] (*fam*) to grab sb by the scruff of the neck *fam*

Wickelbluse *f* wrapover top **Wickelfalz** *m* TYPO letterfold, parallel fold **Wickelgestell** *nt* changing stand **Wickelhemdchen** <-s, -> *nt* wrap-over vest **Wickelkind** *nt* baby, young infant **Wickelkleid** *nt* wrapover dress **Wickelkommode** *f* [baby] changing table **Wickelmulde** *f* changing mat

wickeln I. *vt* ❶ (*fest herumbinden*) ■[**jdm/sich**] **etw um etw** ~ to wrap sth round [sb's/one's] sth
❷ (*einwickeln*) ■**jdn/etw in etw** *akk* ~ to wrap sb/sth in sth
❸ (*aufwickeln*) ■**etw auf etw** *akk* ~ to wrap sth round sth; **etw auf eine Spule** ~ to coil sth on a spool
❹ (*abwickeln*) ■**etw von etw** ~ to unwrap sth from sth
❺ (*windeln*) ■**ein Kind** ~ to change a baby's nappy [*or* AM diaper], to change a baby
II. *vr* (*sich herumwickeln*) ■**sich um etw** ~ to wrap itself around sth

Wickelraum *m* babies' changing room, mothers' and babies' room **Wickelrock** *m* wrapover skirt **Wickeltisch** *m* [baby] changing table; (*im Restaurant etc.*) [baby] changing unit [*or* AM station]

WID *nt* INFORM *Akr von* **wireless information device** WID

Widder <-s, -> *m* ❶ ZOOL (*Schafbock*) ram
❷ *kein pl* ASTROL Aries; [**ein**] ~ **sein** to be [an] Aries
❸ ASTROL (*im ~ Geborener*) Aries

wider *präp +akk* (*geh*) against; *s. a.* **Erwarten**

widerborstig *adj* contrary; (*Haare, Fragen*) unruly

Widerborstigkeit <-, -en> *f* contrariness, rebelliousness, unruliness

Widerdruckseite *f* TYPO back [*or* perfecting] [*or* verso] side

widerfahren* *vi irreg sein* (*geh*) to happen, to befall

Widerhaken *m* barb

Widerhall <-s, -e> *m* (*geh*) (*Echo*) echo
▸ WENDUNGEN: [**bei jdm**] **keinen ~ finden** to meet with no response [from sb]

wider|hallen *vi* ■**von etw** ~ to reveberate [*or* echo] with sth

Widerhandlung *f* SCHWEIZ (*Zuwiderhandlung*) violation, contravention

Widerklage *f* JUR cross action; ~ **gegen jdn erheben** to cross-sue sb

widerlegbar *adj* ■~/**nicht ~ sein** to be refutable/irrefutable

widerlegen* *vt* ■**etw** ~ to refute [*or* disprove] sth; **sich ohne weiteres** [*o* **leicht**] ~ **lassen** to be easily refuted [*or* disproved]

Widerlegung <-, -en> *f* ❶ *kein pl* (*das Widerlegen*) disproving, refutation
❷ MEDIA (*widerlegender Text*) refutation

widerlich *adj* ❶ (*ekelhaft*) disgusting, revolting; ■**etw ist jdm** ~ sb finds sth disgusting [*or* revolting], sb thinks sth is disgusting [*or* revolting]
❷ (*äußerst unsympathisch*) repulsive
❸ (*äußerst unangenehm*) nasty, horrible

Widerling <-[e]s, -e> *m* (*pej*) creep *fam or pej*

widernatürlich *adj* perverted, unnatural

widerrechtlich I. *adj* unlawful
II. *adv* unlawfully

Widerrede *f* **ohne** ~ without protest; ***keine ~!*** don't argue!

Widerruf *m* revocation, retraction; (*Angebot, Einladung*) cancellation, withdrawal; **bis auf** ~ until revoked

widerrufen* *irreg* I. *vt* ■**etw** ~ ❶ ADMIN (*für ungül-*

tig erklären) to revoke [*or* cancel] sth
② (*zurücknehmen*) to retract [*or* withdraw] sth
II. *vi* to recant

widerruflich I. *adj* JUR revocable; **~es Akkreditiv** revocable letter of credit
II. *adv* until revoked

Widerrufsklausel *f* JUR disclaimer, revocation clause **Widerrufsrecht** *nt* JUR power[s] of revocation **Widerrufsvorbehalt** *m* HANDEL (*bei Auftrag*) proviso of cancellation

Widersacher(in) <-s, -> *m(f)* adversary, antagonist

Widerschein <-[e], -e> *m* reflection; **im ~ von etw** in the reflection of sth

widersetzen* *vr* ① (*Widerstand leisten*) ■**sich jdm ~** to resist sb
② (*sich gegen etw sträuben*) ■**sich** *akk* **etw** *dat* **~** to refuse to comply with a thing

widersetzlich *adj* obstreperous *form,* uncooperative, contrary

Widersinn <-[e]s> *m kein pl* absurdity

widersinnig *adj* absurd

widerspenstig *adj* ① (*störrisch*) stubborn
② (*schwer zu handhaben*) unmanageable

Widerspenstigkeit <-> *f kein pl* stubbornness, unmanageableness

widerspiegeln I. *vt* (*geh*) ■**etw ~** to mirror [*or* reflect] sth
II. *vr* (*geh*) **sich** *akk* **in/auf etw** *dat* **~** to be reflected [*or* mirrored] in/on sth

Widerspiegelung <-, -en> *f* reflection

widersprechen* *irreg* I. *vi* ① (*sich gegen etw äußern*) ■**[jdm/einer S.] ~** to contradict [sb/sth]
② (*nicht übereinstimmen*) ■**sich** *dat* **~** to contradict oneself; **einer S. ~** to contradict sth, to be inconsistent with sth
II. *vr* (*einander ausschließen*) ■**sich** *dat* **~** to be contradictory

widersprechend *adj* ■**sich/einander ~** contradictory

Widerspruch *m* ① *kein pl* (*das Widersprechen*) contradiction, dissent; **in [*o* im] ~ zu etw** contrary to
② (*Unvereinbarkeit*) inconsistency; **in [*o* im] ~ zu [*o* mit] etw stehen** to conflict with sth, to be inconsistent with sth
③ JUR (*Einspruch*) protest (**gegen** *+akk* against), objection (**gegen** *+akk* to); **~ [gegen etw] einlegen** to file [*or* make] an objection [against sth], to make a protest [against sth]; **~ erheben** to raise objections, to lodge an objection [*or* opposition]

widersprüchlich I. *adj* ① (*Unvereinbarkeiten aufweisend*) inconsistent
② (*sich widersprechend*) ■**~ sein** to be contradictory
II. *adv* contradictory; **sich ~ äußern** to contradict oneself

Widerspruchsbescheid *m* JUR notice of opposition **Widerspruchsfrist** *f* JUR opposition period, time limit for filing an objection; **die ~ verstreichen lassen** to allow the opposition period to lapse **Widerspruchsgeist** <-[e]s, -geister> *m* ① *kein pl* (*Neigung, zu widersprechen*) spirit of opposition [*or* contradiction] ② (*fam: widersprechende Person*) contradictor, oppositionist **Widerspruchskartell** *nt* ÖKON opposition cartel **Widerspruchsklage** *f* JUR third-party action against execution

widerspruchslos I. *adj* unopposed, without contradiction
II. *adv* without protest [*or* opposition], without contradiction

Widerspruchsrecht *nt* JUR right of opposition **Widerspruchsverfahren** *nt* JUR administrative proceedings reviewing an objection to an administrative act **Widerspruchsverpflichtung** *f* JUR obligation to file an opposition

Widerstand[1] <-[e]s, -ständee> *m* ① *kein pl* PHYS (*Hemmung des Stromflusses*) resistance
② ELEK (*Schaltelement*) resistor

Widerstand[2] <-[e]s, -stände> *m* ① *kein pl* (*Gegenwehr*) opposition, resistance; **~ gegen die Staatsgewalt** resistance to state authority; **~ gegen Vollstreckungsbeamte** resisting bailiffs; **~ gegen die Staatsgewalt leisten** to obstruct an officer in the performance of his duty; **hinhaltender ~** delaying action; **passiver ~** passive resistance; **[gegen etw] ~ leisten** to put up resistance [against sth]
② POL (*Widerstandsbewegung*) resistance
③ *meist pl* (*hindernder Umstand*) resistance; *s. a.* **Weg**

Widerstandsbewegung *f* POL resistance movement; **bewaffnete ~** partisan movement **widerstandsfähig** *adj* ① BAU (*Belastungen standhaltend*) resistant, robust ② MED resistant; ■**~ [gegen etw]** resistant [to sth] **Widerstandsfähigkeit** *f kein pl* robustness, resistance; ■**jds ~ gegen etw** sb's resistance to sth **Widerstandskämpfer(in)** *m(f)* partisan, resistance fighter **Widerstandskraft** *f s.* **Widerstandsfähigkeit**

widerstandslos I. *adj* without resistance
II. *adv* without resistance

Widerstandsrecht *nt* JUR right to resist

widerstehen* *vi irreg* ① (*standhalten*) ■**[jdm/einer S.] ~** to withstand [sb/a thing]
② (*nicht nachgeben*) ■**[etw** *dat*] **~** to resist [a thing]
③ (*aushalten können*) ■**etw** *dat* **~** to withstand a thing

widerstreben* *vi* (*geh*) ■**jdm widerstrebt es, etw zu tun** sb is reluctant to do sth

Widerstreben <-s> *nt kein pl* (*geh*) reluctance; **etw mit ~ tun** to do sth reluctantly

widerstrebend *adv* (*geh*) *s.* **widerwillig**

Widerstreit <-[e]s> *m* conflict; **im ~ der Gefühle** in emotional conflict

widerstreitend *adj* conflicting

widerwärtig I. *adj* disgusting, revolting; (*Bursche, Kerl, Typ*) nasty, repulsive
II. *adv* disgustingly, revoltingly

Widerwärtigkeit <-, -en> *f* offensiveness, repulsiveness, disgusting [*or* objectionable] nature

Widerwille *m* distaste, aversion, disgust; **[gegen etw] einen ~n haben** to have a distaste [for sth], to have an aversion [to sth], to find [sth] disgusting; **etw mit ~n tun** to do sth reluctantly [*or* with reluctance]

widerwillig I. *adj* reluctant
II. *adv* reluctantly, unwillingly

Widerworte *pl* answering back, argument, protest; ***keine ~!*** no arguments!; **[jdm] ~ geben** to answer [sb] back BRIT, to talk back [BRIT at sb] [*or* [AM to sb]]; **ohne ~** without protest

widmen I. *vt* ① (*dedizieren*) ■**jdm etw ~** to dedicate sth to sb
② (*für etw verwenden*) ■**etw etw** *dat* **~** to dedicate [*or* devote] sth to a thing
③ ADMIN (*offiziell übergeben*) ■**etw etw** *dat* **~** to open sth officially to a thing
II. *vr* ① (*sich um jdn kümmern*) ■**sich jdm ~** to attend to sb
② (*sich intensiv beschäftigen*) ■**sich** *akk* **etw** *dat* **~** to devote oneself [*or* attend] to sth

Widmung <-, -en> *f* ① (*schriftliche Dedikation*) dedication
② ADMIN (*offizielle Übergabe*) official opening

widrig *adj* (*geh*) adverse; (*Umstände, Verhältnisse*) unfavourable; *s. a.* **Wind**

Widrigkeit <-, -en> *f* adversity

wie I. *adv* ① *interrog* (*auf welche Weise*) how?; ***können Sie mir sagen, ~ ich nach Köln komme?*** can you tell me how to get to Cologne?; ■**~ ... auch [immmer]** whatever, however; ***wie heißt er?*** what is he called?, what's his name?; **~?** what?, [I beg your] pardon?, excuse me?; **~ bitte?** pardon?, sorry?
② *interrog* (*von welchen Merkmalen bestimmt*) how?, what ... like?; ***~ geht es Ihnen?*** how do you do? *form;* ***~ geht es dir?*** how are you?, how's it going? *fam,* how are things? *fam,* how's life? *fam;* **~ ist es, wenn ...?** what happens if ...?; **~ ist's, ...?** (*fam*) how [*or* what] about it?; **~ wär's mit ...?** (*fam*) how [*or* what] about ...?; ***~ wär's jetzt mit einem Spaziergang?*** how about going for a walk now?; **~ das?** ***~ das? ich verstehe nicht recht*** what do you mean? I don't quite understand; **~ viel** how much [*or* many]; **~ viele ...?** how many ...?; *s. a.* **beide, können**
③ (*in welchem Maße*) how; **[um] ~ viel ...** how much; (*in Ausrufen*) how; ***~ klein die Welt doch ist!*** it's a small world!; **~ oft ...!** how often ...! [*or* many times]; **~ sehr ...?** how much ...?; **~ sehr ...!** how ...!; **und [*o* aber] ~!** and how!
④ *interrog* (*stimmt's?*) right?, OK?
II. *konj* ① (*vergleichend*) ■**... ~ ...** as ... as; ***er ist genau ~ du*** he's just like you
② (*so ~*) ■**~ man etw tut** as; **~** ***man sagt, war der Film langweilig*** apparently it was a boring film
③ (*genau ~*) just as
④ (*beispielsweise*) like; ***K ~ Konrad*** K for kilo
⑤ (*und*) and ... [alike], as well as
⑥ *nach Verben der Wahrnehmung* (*die Art und Weise, in der*) how; ***er sah, ~ sie aus dem Bus ausstieg*** he saw her get off the bus
⑦ ■**..., ~ wenn** (*fam*) as if; *s. a.* **etwa, gewöhnlich, immer, nie, noch**

Wie <-s> *nt kein pl* ***der Plan ist grundsätzlich klar, nur das ~ muss noch festgelegt werden*** the plan is basically clear, we just have to establish how to implement it

Wiedehopf <-[e]s, -e> *m* ORN hoopoe
▶ WENDUNGEN: **stinken wie ein ~** (*fam*) to smell like a bad egg

wieder *adv* ① (*erneut*) again, once more [*or* again]; **~ anlaufen** to restart sth; **~ anschließen** to reconnect sth; ■**etw ~ aufbereiten** to reprocess sth; **~ auffinden** to retrieve sth; **etw ~ aufladen** to recharge sth; **~ aufladbar** rechargeable; **Gespräche/Verhandlungen ~ aufnehmen** to resume talks/negotiations; **Beziehungen/Kontakte ~ aufnehmen** to re-establish relations/contacts; **~ einblenden** to redisplay sth; **etw ~ einführen** to reintroduce sth; ÖKON to reimport sth; **jdn/etw [in etw] ~ eingliedern** to reintegrate sb/sth [into sth]; **jdn/etw ~ einsetzen** to reinstate sb/sth; **jdn ~ einstellen** to reappoint [*or* re-employ] [*or* re-engage] sb; (*nach ungerechtfertigter Entlassung*) to reinstate sb; **jdn zu jdm/etw ~ ernennen** to reappoint sb [as] sb/sth; **~ erwachen** to reawake[n]; ■**[jdm] etw ~ erzählen** to retell sth [to sb]; **etw ~ gutmachen** to make good [*or* compensate [*or* make up] for] sth; **irgendwie ~ gutzumachen sein** to somehow make up for sth; **etw ~ tun** to do sth again; ***tu das nie ~!*** don't ever do it [*or* you ever do that] again; **~ mal** again; **~ und ~** time and again
② (*wie zuvor*) [once] again
③ (*nochmal*) yet; *s. a.* **nie, schon**

Wiederanlage *f* FIN reinvestment

Wiederanlauf *m* restart; **automatischer ~** auto restart

wiederanlaufen *vi s.* **wieder 1**

wiederanschließen *vt s.* **wieder 1**

Wiederaufarbeitung <-, -en> *f* recycling; *von Atommüll* reprocessing

Wiederaufarbeitungsanlage *f* recycling plant; *von Atommüll* reprocessing plant

Wiederaufbau <-bauten> *m* reconstruction, rebuilding

wieder|auf|bauen *vt* ■**etw ~** to reconstruct [*or* rebuild] sth

Wiederaufbaukredit *m* FIN reconstruction loan

Wiederaufbereitung <-, -en> *f s.* **Wiederaufarbeitung**

wiederauffinden *vt s.* **wieder 1**

Wiederauffinden *nt* retrieval; **~ eines Textes** text retrieval

wiederaufladbar *adj s.* **wieder 1**

wiederaufladen *vt s.* **wieder 1**

wieder|aufladen *vt irreg s.* **wieder 1**

Wiederaufladung *f* replenishment

Wiederaufnahme *f* resumption; **~ der Geschäftstätigkeit** resumption of business; **~ des Verfahrens** reopening of the case

Wiederaufnahme *f* recovery; *von Gesprächen, Verhandlungen* resumption; *von Beziehungen, Kon-*

takten re-establishment; ~ **nach Abbruch** failure recovery

Wiederaufnahmeverfahren *nt* JUR retrial, new trial; **ein ~ beantragen** to file a motion for a new trial

wieder|auf|rüsten *vi* MIL to rearm

Wiederaufrüstung *f* MIL rearmament

Wiederaufschwung *m* ÖKON recovery

wieder|bekommen* *vt irreg* ■**etw [von jdm] ~** to get sth back [from sb]

wieder|beleben* *vt* MED ■**jdn ~** to revive [*or* resuscitate] sb; *Scheintote* to bring sb back from the dead; ■**etw ~** to revive sth

Wiederbelebung *f* ❶ MED resuscitation; *s. a.* **Mund**
❷ ÖKON recovery; **~ der Produktion** stimulation of production; **konjunkturelle ~** trade revival

Wiederbelebungsversuch *m meist pl* MED attempt at resuscitation; **~e [bei jdm] anstellen** to attempt [*or* try] to resuscitate sb

wieder|beschaffen* *vt* ■**[jdm/sich] etw ~** *gestohlener Gegenstand, persönliches Eigentum* to recover [sb's/one's] sth; *verbrannte Wohnungseinrichtung* to replace [sb's/one's] sth

Wiederbeschaffung *f* (*Wiederauffindung*) recovery; (*Ersetzung*) replacement

Wiederbeschaffungskosten *pl* ÖKON replacement costs **Wiederbeschaffungsrücklage** *f* FIN replacement reserve **Wiederbeschaffungswert** *m* ÖKON replacement value [*or* costs]

wiederbeschreibbar *adj CD* rewritable

wieder|bringen *vt irreg* ■**jdm etw ~** to bring back sth to sb *sep*

wiedereinblenden *vt s.* **wieder 1**

Wiedereinfuhr *f* reimport, reimportation

wieder|einführen *vt s.* **wieder 1**

Wiedereinführung *f* reintroduction

wieder|eingliedern *vt s.* **wieder 1**

Wiedereingliederung *f* reintegration; **berufliche ~** vocational rehabilitation

Wiedereinleitung *f* reintroduction

Wiedereinsetzung *f* reinstatement; **~ in den vorherigen Stand** restitution to the previous condition; **~ in seine Rechte** restoration of one's rights

wieder|einstellen *vt s.* **wieder 1**

Wiedereinstellung *f* reappointment, re-employment; (*nach ungerechtfertigter Entlassung*) reinstatement

Wiedereintritt *m* ❶ RAUM (*Eintritt in die Erdatmosphäre*) re-entry
❷ (*erneuter Eintritt*) re-entry, readmittance

wieder|entdecken* *vt* ■**etw ~** to rediscover sth

Wiederentdeckung *f* rediscovery

wieder|erhalten* *vt irreg* (*geh*) *s.* **wiederbekommen**

wieder|erkennen* *vt irreg* ■**jdn/etw ~** to recognize sb/sth; **nicht wiederzuerkennen sein** to be unrecognizable [*or* BRIT *a.* -isable]

wiedererlangbar *adj* recoverable

wieder|erlangen* *vt* (*geh*) ■**etw ~** to regain sth; **seine Freiheit ~** to regain one's freedom, to be set free again

Wiedererlangung <-> *f* retrieval, recovery

Wiederernennung *f* reappointment

wieder|eröffnen* *vt* ÖKON ■**etw ~** to reopen sth

Wiedereröffnung *f* reopening; **~ des mündlichen Verfahrens** JUR reopening of the oral procedure

Wiedererstarken <-s> *nt kein pl* regaining strength

wieder|erstatten* *vt* ■**etw ~** to refund [*or* reimburse] sth; ■**jdm etw ~** to reimburse sb for sth

wieder|erwachen* *vi s.* **wieder 1**

wieder|erzählen* *vt s.* **wieder 1**

wieder|finden *irreg* **I.** *vt* ❶ (*auffinden*) ■**jdn/etw ~** to find sb/sth again
❷ (*erneut erlangen*) ■**etw ~** to regain sth; **seine Fassung ~** to regain one's composure
II. *vr* ■**sich ~** to turn up again; ***der Schlüssel findet sich bestimmt wieder*** the key is sure to turn up again

Wiedergabe *f* ❶ (*Schilderung*) account, report; **um schriftliche/ausführliche ~ bitten** to request a written/detailed report
❷ FOTO, TYPO (*Reproduktion*) reproduction
❸ (*Wiederholung*) replay; **sofortige ~** instant replay

Wiedergabequalität *f* TECH reproduction quality, quality of reproduction

wieder|geben *vt irreg* ❶ (*zurückgeben*) ■**jdm etw ~** to give sth back to sb
❷ (*schildern*) ■**etw ~** to give an account of [*or* describe] sth
❸ (*zitieren*) ■**etw ~** to quote sth; **etw wortwörtlich ~** to report sth literally

Wiedergeburt *f* rebirth, reincarnation

wieder|gewinnen* *vt irreg* ■**etw ~** ❶ ÖKOL (*zurückgewinnen*) to reclaim sth
❷ *s.* **wiedererlangen**

Wiedergewinnung *f* recovery, retrieval; *Land* reclamation

Wiedergutmachung <-, -en> *f* ❶ *selten pl* (*das Wiedergutmachen*) compensation
❷ (*finanzieller Ausgleich*) [financial] compensation

wieder|haben *vt irreg* (*fam*) ■**jdn/etw ~** to have sb/sth back

wiederher|stellen *vt* ❶ (*restaurieren*) ■**etw ~** to restore sth
❷ (*erneut eintreten lassen*) ■**etw ~** to re-establish sth; ***der Polizei gelang es, die öffentliche Ordnung wiederherzustellen*** the police succeeded in re-establishing public order
❸ MED (*wieder gesund machen*) ■**jdn ~** to restore sb to health

Wiederherstellung *f* ❶ (*Restaurierung*) restoration
❷ (*das Wiederherstellen*) re-establishment

Wiederherstellungsanspruch *m* JUR right/claim of restitution **Wiederherstellungsklage** *f* JUR restitution suit [*or* proceedings] *pl* **Wiederherstellungspflicht** *f* JUR restitution duty **Wiederherstellungsrecht** *f* JUR restitutory right

wiederholbar *adj* ■**~ sein** to be repeatable

wiederholen*[1] **I.** *vt* ■**etw ~** ❶ (*abermals durchführen*) to repeat sth
❷ TV (*erneut zeigen*) to repeat sth
❸ (*repetieren*) to revise sth
❹ SCH (*erneut absolvieren*) to retake, BRIT *a.* to resit; **Klassenarbeiten ~** to resit written tests; **das Staatsexamen ~** to retake the state examination
❺ (*nachsprechen*) to repeat sth
❻ (*erneut vorbringen*) to repeat sth; **eine Frage [noch einmal] ~** to repeat a question [once again]
II. *vr* ■**sich ~** ❶ (*sich wiederum ereignen*) to recur
❷ (*noch einmal sagen*) to repeat oneself

wieder|holen[2] *vt* ■**jdn ~** to get [*or* fetch] sb back; ■**[jdm] etw ~** to bring sth back for sb

wiederholt I. *adj* repeated
II. *adv* repeatedly; *s. a.* **Mal[2]**

Wiederholung <-, -en> *f* ❶ (*erneute Durchführung*) repetition
❷ (*erneutes Zeigen*) repeat
❸ (*Repetition*) revision
❹ SCH (*erneutes Absolvieren*) retake, BRIT *a.* resit
❺ (*erneutes Vorbringen*) repetition

Wiederholungsfall *m* **im ~** (*geh*) if it should happen again; ***im ~ ist aber mit einem Bußgeld zu rechnen*** if you do it again you can expect a fine **Wiederholungsgefahr** *f* JUR danger of recurrence [*or* recidivism] **Wiederholungsjahr** *nt* SCH repeated year **Wiederholungskurs** *m* refresher course **Wiederholungsprüfung** *f* SCH retake, BRIT *a.* resit **Wiederholungsspiel** *nt* replay **Wiederholungstäter(in)** *m(f)* JUR repeat offender; (*mehr als zweimalig*) persistent offender; *s. a.* **Rückfalltäter** **Wiederholungszwang** *m* PSYCH ❶ *von unangenehmen Situationen* compulsive repetition of unpleasant situations ❷ *von Straftaten* recidivism

Wiederhören *nt* **[auf] ~!** TELEK goodbye!

Wiederinstandsetzung *f* repair, repairs *pl*, restoration

wieder|käuen I. *vt* ■**etw ~** ❶ ZOOL (*erneut kauen*) to ruminate
❷ (*fam: ständig wiederholen*) to go over sth again and again *fam*, to harp on about sth *fam*
II. *vi* ZOOL to ruminate

Wiederkäuer <-s, -> *m* ZOOL ruminant

Wiederkauf *m* JUR repurchase

Wiederkaufsrecht *nt* JUR redemption right, right of repurchase

Wiederkehr <-> *f kein pl* (*geh*) return

wieder|kehren *vi sein* (*geh*) ❶ *Mensch* to return
❷ *Problem s.* **wiederkommen 3**

Wiederkehrschuldverhältnis *nt* FIN regularly renewed obligation

wieder|kennen *vt irreg* (*fam*) ■**jdn ~** to recognize sb

wieder|kommen *vi irreg sein* ❶ (*zurückkommen*) to come back; **nie ~** never to come back
❷ (*erneut kommen*) to come again; ***kommen Sie bitte noch mal/ morgen wieder*** please come again/again tomorrow
❸ (*sich noch einmal bieten*) to reoccur, to recur

Wiedernutzbarmachung *f* reutilization

Wiederschauen *nt* **[auf] ~!** goodbye!; *s. a.* **Wiedersehen**

wieder|sehen *vt irreg* ❶ ■**jdn ~** to see sb again
❷ (*zusammentreffen*) ■**sich akk ~** to meet again

Wiedersehen <-s, -> *nt* [another] meeting; (*nach längerer Zeit*) reunion; ***ich freue mich jetzt schon auf unser ~*** I am already looking forward to our meeting; **[auf] ~ sagen** to say goodbye; **[auf] ~** goodbye

Wiedersehensfreude *f kein pl* pleasure of seeing sb again

Wiedertäufer <-s, -> *m* HIST Anabaptist

wiederum *adv* ❶ (*abermals*) again
❷ (*andererseits*) on the other hand, though
❸ (*für jds Teil*) in turn

Wiederveräußerung *f*, **Wiederverkauf** *m* resale

wieder|vereinigen* **I.** *vt* POL ■**etw ~** to reunify sth
II. *vr* POL ■**sich ~** to be reunited

Wiedervereinigung *f* POL reunification

wieder|verheiraten* *vr* ■**sich ~** to remarry

Wiederverheiratung *f* remarriage

Wiederverkauf *m* HANDEL resale

Wiederverkäufer(in) *m(f)* reseller; (*Einzelhändler*) retailer

Wiederverkaufspreis *m* HANDEL resale price

Wiederverkaufswert *m* retail value

wiederverwendbar *adj* ÖKOL reusable

wieder|verwenden* *vt* ÖKOL ■**etw ~** to reuse sth

Wiederverwendung *f* ÖKOL reuse

Wiederverwendungsverpackung *f* HANDEL reusable packaging

wieder|verwerten *vt* ■**etw ~** to recycle sth

Wiederverwertung *f* recycling

Wiedervorlage *f* resubmission

Wiederwahl *f* re-election; **für die ~ kandidieren** to stand for re-election

wieder|wählen *vt* ■**jdn ~** to re-elect sb

Wiederzulassung *f* readmission; AUTO relicensing

wiederzündbar *adj* reignitable

Wiege <-, -n> *f* cradle
► WENDUNGEN: **jdm ist etw in die ~ gelegt worden** sb inherits sth; **jds ~ stand irgendwo** (*geh*) sb was born somewhere

Wiegemesser *nt* KOCHK chopping knife

wiegen[1] <wog, gewogen> **I.** *vt* ■**jdn/etw ~** to weigh sb/sth; ■**sich** *akk* **~** to weigh oneself
II. *vi* to weigh; **viel/wenig/eine bestimmte Anzahl von Kilo ~** to weigh a lot/not to weigh much/to weigh a certain number of kilos

wiegen[2] **I.** *vt* ❶ (*hin und her bewegen*) ■**jdn/etw ~** to rock sb/sth; **den Kopf ~** to shake one's head [slowly]; **die Hüften/den Oberkörper ~** to sway one's hips/one's torso
❷ KOCHK (*fein hacken*) ■**etw ~** to chop sth [finely]
II. *vr* ❶ (*sich hin und her bewegen*) ■**sich** *akk* **[zu etw** *dat*] **~** to sway [to sth]
❷ (*fälschlich glauben*) ■**sich** *akk* **in etw** *dat* **~** to

gain [*or* get] a false impression of sth; **sich** [**nicht zu früh**] **in Sicherheit** ~ [not] to lull oneself [too early on] into a false sense of security

Wiegenlied *nt* lullaby, cradlesong

wiehern *vi* ① ZOOL *Pferd* to neigh, to whinny ② (*fam: meckernd lachen*) to bray [with laughter]

Wien <-s> *nt* Vienna

Wiener *adj attr* ① GEOG Viennese ② KOCHK (*aus Wien stammend*) Viennese; *s. a.* **Schnitzel, Würstchen**

Wiener(in) <-s, -> *m(f)* Viennese

wienern *vt* (*fam*) ■**etw** ~ to polish sth

wies *imp von* **weisen**

Wiesbaden <-s> *nt* Wiesbaden

Wiese <-, -n> *f* (*mit Gras bewachsene Fläche*) meadow

▸ WENDUNGEN: **auf der grünen** ~ in the open countryside

wiesehr *adv* ① ÖSTERR how much ② *alte Schreibweise* BRD *s.* **wie I 3**

Wiesel <-s, -> *nt* weasel

▸ WENDUNGEN: **flink wie ein** ~ **sein** (*fam*) to be as quick as a flash

Wiesenkerbel *m* BOT cow parsley **Wiesenrispengras** *nt* BOT bluegrass **Wiesenschaumkraut** *nt* BOT lady's smock, cuckooflower **Wiesenweihe** *f* ORN Montagu's harrier

wieso *adv* ① *interrog* (*warum*) why, how come ② *rel* (*weshalb*) why

wievielmal *adv interrog* how many times [*or* often]

wievielte(r, s) *adj interrog* (*an welcher Stelle kommend*) ■**der/die/das** ~ **...?** how many ...?; ***der W~ ist heute?, den W~n haben wir heute?*** what's the date today?

wieweit *konj s.* **inwieweit**

Wikinger(in) <-s, -> *m(f)* HIST Viking

wild I. *adj* ① BOT, ZOOL (*in freier Natur*) wild ② GEOG (*ursprünglich und natürlich*) wild, rugged ③ (*rau*) wild, unruly; **ein ~er Geselle** an unruly fellow ④ (*illegal*) illegal; *Müllkippe* unofficial; *Streik* wildcat ⑤ (*maßlos*) wild; **~e Fantasie/Spekulationen** a wild imagination/wild speculation ⑥ (*hemmungslos*) wild; *Fahrt, Leidenschaft* reckless; *Kampf* frenzied ⑦ (*fam: versessen*) ■~ **auf jdn sein** to be crazy [*or* mad] about sb; ■~ **auf etw** *akk* **sein** to be crazy about [*or* addicted to] sth; ***er ist ganz ~ auf Himbeereis*** he is absolutely mad about raspberry ice cream ⑧ (*zum Äußersten gereizt*) furious; ~ **werden können** to feel like screaming; ***ich könnte ~ werden*** (*fam*) I could scream *fam;* **jdn ~ machen** (*fam*) to drive sb wild [*or* crazy] [*or* mad] *fam;* ~ **werden** to go wild; *Bulle, Rhinozeros* to become enraged; **wie** ~ wildly

▸ WENDUNGEN: **halb** [*o* **nicht**] **so ~ sein** (*fam*) to not be important, to be nothing

II. *adv* ① (*ungeordnet*) strewn around ② (*hemmungslos*) wildly, furiously ③ (*in freier Natur*) ORN, ZOOL ~ **lebend** wild *pred,* living in the wild; ~ **leben** to live in the wild; BOT ~ **wachsend** wild; ~ **wachsen** to grow wild

Wild <-[e]s> *nt kein pl* ① KOCHK (*Fleisch wilder Tiere*) game; *von Rotwild* venison ② ZOOL (*wild lebende Tiere*) wild animals ③ (*nach Wild schmecken*) to have a taste typical of game

Wildbach *m* torrent

Wildbahn *f* **in freier ~ leben** to live in the wild **Wildbeize** *f* KOCHK game marinade (*of red wine, spices and onions*) **Wildbirne** *f* BOT ① (*Frucht*) wild pear ② *kein pl* (*Baum*) wild pear tree **Wildbraten** *m* roast game **Wildbret** <-s> *nt kein pl* JAGD game *kein pl,* venison **Wilddieb(in)** *m(f) s.* **Wilderer Wilddiebstahl** *m s.* **Wilderei**

Wilde(r) *f(m) dekl wie adj* (*wilder Eingeborener*) savage ② (*fig: übergeschnappte Person*) madman, maniac; **wie ein ~r/eine** ~ like a madman [*or* maniac]

wildeln *vi* ÖSTERR ① (*sich wild benehmen*) to go wild

Wildente *f* ORN, KOCHK wild duck

Wilderei <-, -en> *f* poaching

Wilderer(in) <-s, -> *m(f)* poacher

wildern *vi* ① (*Wilderer sein*) to poach ② (*Wild schlagen*) to kill game

Wildessenz *f,* **Wildfond** *m* KOCHK game consommé

Wildfang *m* ① JAGD animal captured in the wild, captured wild animal ② (*lebhaftes Kind*) little live wire [*or* whirlwind]

wildfremd *adj* (*fam*) completely strange

Wildfremde(r) *f(m) dekl wie adj* complete stranger

Wildgans *f* ① ORN wild goose ② *kein pl* KOCHK goose **Wildgeflügel** *nt kein pl* feathered game **Wildhase** *m* wild hare

Wildheit <-, -en> *f* ① *kein pl* (*gewalttätiges Wesen*) savagery ② (*Hemmungslosigkeit*) lack of restraint; (*Leidenschaft*) wild passion

Wildhüter(in) <-s, -> *m(f)* gamekeeper **Wildkaninchen** *nt* wild rabbit **Wildkatze** *f* wildcat **Wildkraftbrühe** *f* game consommé **Wildkraut** *nt* wild herb **Wildleder** *nt* suede **wildledern** *adj* MODE suede

Wildnis <-, -se> *f* wilderness

Wildpark *m* game park; (*für Rotwild*) deer park **Wildpastete** *f* game pâté, game pie

wildreich *adj* abundant with [*or* in] game

Wildreis *m* wild rice

wildromantisch *adj* wild and romantic

Wildsau *f* wild sow **Wildschaden** *m* damage caused by game **Wildschaf** *nt* mouflon **Wildschwein** *nt* ① (*wild lebendes Schwein*) wild boar [*or* pig] ② *kein pl* KOCHK boar **Wildseide** *f* raw silk **Wildtaube** *f* wild pigeon **Wildtruthahn** *m* wild turkey

Wildwasserboot *nt* white-water boat **Wildwasserfahrt** *f* white-water ride **Wildwasserrafting** *nt* white-water rafting **Wildwasserrennen** *nt* SPORT white-water racing

Wildwechsel *m* JAGD ① *kein pl* (*Straßenüberquerung durch Wild*) [wild] animals' crossing ② (*vom Wild benutzter Pfad*) path used by game

Wildwestfilm *m s.* **Western**

Wildwuchs *m* rank growth

Wilhelm <-s> *m* William

will *1. u. 3. pers. sing* **wollen**

Wille <-ns> *m kein pl* (*Intention*) will *kein pl,* intention; ***er sollte aufhören zu rauchen, aber dazu fehlt ihm der*** [***nötige***] ~ he should stop smoking but he has not got the [necessary] willpower; **der ~ zur Macht** the will to rule; **kein/böser ~ sein** not to intend any ill-will/to intend to cause ill-will; **seinen eigenen ~n haben** to have a mind of one's own, to be self-willed; **beim besten ~n nicht** not even with the best [*or* all the] will in the world; **etw aus freiem ~n tun** to do sth of one's own free will [*or* voluntarily]; **der gute** ~ good will; **jds letzter** ~ (*geh*) sb's last will and testament; **seinen ~n durchsetzen** to get one's own way; **keinen ~n haben** to have no will of one's own; **jdm zu ~ sein** to comply with sb's wishes; (*sich jdm hingeben*) to yield; **jdm seinen ~ lassen** to let sb have his own way; **gegen jds ~n** against sb's will; [**ganz**] **wider ~n** unintentionally

▸ WENDUNGEN: **wo ein ~ ist, ist auch ein Weg** (*prov*) where there is a will there is a way *prov*

willen *präp* **um jds/einer S.** ~ for the sake of sb/a thing

willenlos *adj* weak-willed, spineless

willens *adj* (*geh*) ■~ **sein, etw zu tun** to be willing [*or* prepared] to do sth

Willenserklärung *f* JUR declaration of intention, manifestation of intent; [**amts**]**empfangsbedürftige** ~ act requiring communication [to an authority]; **rechtsgeschäftliche** ~ legal act of the party; **zweiseitige** ~ bilateral act of the parties **Willensfreiheit** *f kein pl* freedom of will **Willenskraft** *f kein pl* willpower, strength of mind; ~ **erfordern** to require willpower **Willensmangel** *m* JUR failure [*or* deficiency] of intention; **Anfechtung wegen** ~ challenging the court on the grounds of failure of intent **willensschwach** *adj* weak-willed **Willensschwäche** *f kein pl* weakness of will **willensstark** *adj* strong-willed, determined **Willensstärke** *f kein pl* willpower

willentlich *adj* (*geh*) *s.* **absichtlich**

willfahren* <willfahrte, willfahrt> *vi* (*veraltet geh*) ■**jdm** ~ to satisfy sb; **jds Bitte** ~ to comply with sb's request

willfährig <-er, -ste> *adj* (*geh*) compliant, submissive; ■**jdm** ~ **sein** to submit to sb['s will]

willig *adj* willing; **ein ~er Schüler** a willing pupil; *Kind* obedient

willkommen *adj* ① (*gerne empfangen*) welcome; ■[**jdm**] ~ **sein** to be welcome [to sb]; **jdn ~ heißen** (*geh*) to welcome [*or* greet] sb, to bid sb welcome *form;* ***seid/seien Sie*** [***herzlich***] ***~!*** welcome! ② (*durchaus erwünscht*) welcome

Willkommen <-s, -> *nt* welcome; **jdm ein bestimmtes ~ bereiten** (*geh*) to welcome sb in a certain way; **ein herzliches** ~ a warm welcome

Willkommenstrunk *m* (*geh*) welcoming drink, cup of welcome *dated*

Willkür <-> *f kein pl* capriciousness, arbitrariness; (*politisch*) despotism

Willkürherrschaft *f* tyranny, despotic rule **Willkürjustiz** *f* JUR arbitrary justice

willkürlich I. *adj* arbitrary **II.** *adv* arbitrarily

Willkürverbot *nt* JUR prohibition of arbitrary decision-making

Wilna <-s> *nt* Vilnius

wimmeln *vi* ① *haben impers* (*in Mengen vorhanden sein*) ■**es wimmelt von etw** *dat* it is teeming with sth; ***in diesem Gewässer wimmelte es von Forellen und Karpfen*** this stretch of water was teeming with trout and carp; *Menschen* to swarm [*or* be overrun] with ② *sein* (*sich bewegen*) ■**auf/in/unter etw** *dat* ~ *Tiere* sth is teeming with sth/it's teeming with sth under sth; *Insekten, Menschen* sth is swarming with sth/it's swarming with sth under sth ③ (*fam: voll sein*) ■**von etw** *dat* ~ to be full of sth

Wimmerl <-s, -n> *nt* ① ÖSTERR (*Pickel*) spot, pimple ② ÖSTERR (*am Gurt befestigtes Täschchen*) pouch ③ ÖSTERR (*hum: Bauch*) belly

wimmern *vi* to whimper

Wimmern <-s> *nt kein pl* whimpering

Wimmet <-s> *m kein pl* SCHWEIZ (*Weinlese*) grape harvest

Wimpel <-s, -> *m* pennant

Wimper <-, -n> *f* (*Härchen des Augenlids*) [eye]lash

▸ WENDUNGEN: **nicht mit der ~ zucken** to not bat an eyelid; **ohne mit der ~ zu zucken** without batting an eyelid

Wimpernkämmchen *nt* lash comb **Wimperntusche** *f* mascara **wimpernverlängernd** *adj Maskara* lash-lengthening **Wimpernzange** *f* eyelash curler

Wimpertierchen *nt* ZOOL ciliate

Wind <-[e]s, -e> *m* METEO wind

▸ WENDUNGEN: **jdm den ~ aus den Segeln nehmen** to take the wind out of sb's sails; **wer ~ sät, wird Sturm ernten** (*prov*) sow the wind and reap the whirlwind *prov;* **bei** [*o* **in**] **~ und Wetter** in all weathers; ~ **von etw bekommen** [*o* **kriegen**] (*fam*) to get [*or* have] wind of sth; **viel ~ um etw machen** (*fam*) to make a fuss [*or* to-do] about sth; **etw in den ~ schlagen** to turn a deaf ear to sth; *Vorsicht* to throw [*or* cast] sth to the wind; **irgendwo weht jetzt ein anderer** [*o* **neuer**]/**frischer** ~ (*fam*) sth has changed somewhere/for the better; **daher weht** [**also**] **der ~!** (*fam*) so that's the way the wind is blowing!; **in alle** [**vier**] **~e zerstreut werden** to be scattered to the four winds

Windbäckerei *f* ÖSTERR meringue **Windbestäubung** *f* BOT anemophily **Windbeutel** *m* ① KOCHK cream puff ② (*pej: Schürzenjäger*) rake *pej* **Wind-**

W

böe *f* gust of wind **Windbruch** *m kein pl* tree damage caused by the wind **winddicht** *adj* windproof
Winde¹ <-, -n> *f* TECH winch, windlass
Winde² <-, -n> *f* BOT bindweed, convulvulus
Windei *nt* ① ZOOL wind egg
② BIOL unfertilized egg
③ MED (*Mole*) mole
④ (*fig: Flop*) non-starter, flop *fam*
Windel <-, -n> *f* napkin Brit, nappy Brit *fam,* diaper Am
Windeleinlage *f* nappy [*or* Am diaper] liner **Windelhöschen** *nt* nappy [*or* Am diaper] pants, waterproof pull-ups **Windelhose** *f* nappy pants *npl* **Windelkind** *nt* child that still wears nappies [*or* Am diapers]
windelweich I. *adj* feeble, lame; ■~ **sein** to be a wimp
II. *adv* **jdn ~ schlagen** [*o* **prügeln**] (*fam*) to beat sb black and blue [*or* the living daylights out of sb]
winden¹ <wand, gewunden> I. *vr* ① (*nach Ausflüchten suchen*) ■**sich** ~ to attempt to wriggle out of sth
② (*sich krümmen*) ■**sich** *akk* [**in/vor etw** *dat*] ~ to writhe [in sth]
③ (*sich in Schlangenlinien verlaufen*) ■**sich irgendwohin** ~ to wind its way somewhere; *Bach* to meander; ***die Straße windet sich in Serpentinen den Pass hinauf*** the road snakes its way up the pass
④ ZOOL (*sich schlängeln*) ■**sich irgendwohin** ~ to wind itself somewhere
⑤ BOT (*sich herumschlingen*) ■**sich** *akk* **um etw** *akk* ~ to wind [itself] around sth
II. *vt* ① (*entwinden*) ■**jdm etw aus etw** *dat* ~ to wrest sth from sb's sth
② (*herumschlingen*) ■**etw um etw** *akk* ~ to wind [*or* bind] sth around sth
③ (*binden*) ■**jdm/sich etw irgendwohin** ~ to bind sb's/one's sth with sth; ***sie wand sich ein Seidentuch ins Haar*** she bound [*or* tied] her hair with a silk scarf
winden² *vi impers* to blow
Windenergie *f* wind energy **Windenergieanlage** *f* TECH wind energy plant **Winderosion** *f* erosion by wind, wind erosion
Windeseile *f* **in** [*o* **mit**] ~ in no time at all [*or* two minutes flat]; **sich in** [*o* **mit**] ~ **verbreiten** to spread like wildfire
Windfang <-s, -fänge> *m* ARCHIT porch
windgeschützt I. *adj* sheltered [from the wind]
II. *adv* in a sheltered place **Windgeschwindigkeit** *f* wind speed **Windhauch** *m* breath of wind **Windhose** *f* METEO vortex **Windhuk** <-s> *nt* Windhoek **Windhund** *m* ① ZOOL greyhound
② (*pej: Schürzenjäger*) rake *pej,* reprobate
windig *adj* ① (*viel Wind*) windy
② (*fam*) dubious, Brit *a.* dodgy; **ein ~es Geschäft** a shady business
Windjacke *f* MODE windcheater Brit, windbreaker Am **Windjammer** <-s, -> *m* NAUT windjammer **Windkanal** *m* wind tunnel **Windkraft** *f kein pl* wind power **Windkraftanlage** *f,* **Windkraftwerk** *nt* TECH wind[-driven] power station **Windlicht** *nt* table lantern **Windmaschine** *f* ① THEAT wind machine ② MEDIA (*fam*) sb full of hot air; ***der Erfolg spricht für ihn — er ist keine*** ~ his success speaks for itself — he's not full of hot air **Windmesser** *m* wind gauge, anemometer **Windmühle** *f* (*windbetriebene Mühle*) windmill ▶ Wendungen: **gegen ~n** [**an**]**kämpfen** to tilt at windmills *fig* **Windmühlenflügel** *m* windmill sail [*or* vane] **Windpark** *m* wind park [*or* farm] **Windparkanlage** *f* wind power station
Windpocken *pl* MED chickenpox *sing*
Windrad *nt* wind turbine **Windrichtung** *f* wind direction **Windrose** *f* wind rose **Windschatten** *m* ① (*keinen Fahrtwind aufweisender Bereich*) slipstream; **in jds ~ fahren** to drive in sb's slipstream
② (*windgeschützter Bereich*) lee; ■**im** ~ [**von etw** *dat*] under the lee [of sth] **Windschattenfahren** *nt kein pl* SPORT *beim Radsport* slipstreaming **Windschattenfahrer(in)** *m(f)* tailgater **windschief** *adj* crooked **windschnittig** *adj* streamlined
Windschutz *m* windbreak **Windschutzscheibe** *f* AUTO windscreen Brit, windshield Am **Windschutzstreifen** *m* AGR shelter belt
Windseite *f* METEO windward side **Windstärke** *f* METEO wind force, strength of the wind **windstill** *adj* METEO still, windless; ■~ **sein** to be calm **Windstille** *f* calm **Windstoß** *m* gust of wind; **ein plötzlicher ~** a sudden gust of wind **Windsurfbrett** *nt* SPORT sailboard, windsurfer **windsurfen** *vi nur infin* to windsurf **Windsurfer(in)** *m(f)* SPORT sailboarder, windsurfer **Windsurfing** *nt* SPORT windsurfing
Windung <-, -en> *f* GEOG ① (*Mäander*) meander
② (*Serpentine*) bend, curve
Wink <-[e]s, -e> *m* ① (*Hinweis*) hint; **einen ~** [**von jdm**] **bekommen** to receive a tip-off [from sb]
② (*Handbewegung*) signal
▶ Wendungen: **ein ~ mit dem Kopf** a nod of the head; **ein ~ mit dem Zaunpfahl** (*fam*) a broad hint; **jdm einen ~ geben** to drop [*or* give] sb a hint
Winkel <-s, -> *m* ① MATH angle; **rechter/spitzer/stumpfer ~** a right/an acute/obtuse angle; **im rechtigen ~** at the right angle
② (*Ecke*) corner
③ (*Bereich*) place, spot; **toter ~** a blind spot
④ MIL (*Rangabzeichen*) stripe
⑤ *s.* **Winkelmaß**
Winkeladvokat(in) *m(f)* (*pej*) incompetent lawyer **Winkeleisen** *nt* angle iron **Winkelfunktion** *f* trigonometrical function **Winkelhalbierende** *f* bisector of an/the angle
winkelig *adj s.* **winklig**
Winkellineal *nt* triangle **Winkelmaß** *nt Werkzeug* square **Winkelmesser** *m* MATH protractor **Winkelschnitt** *m* TYPO square trim, true rectangular cut **Winkelzug** *m meist pl* (*pej*) dodge, trick
winken <gewinkt *o* DIAL gewunken> I. *vi* ① (*mit der Hand wedeln*) to wave
② (*wedeln*) ■**mit etw** ~ to wave sth; ***er winkte mit der Zeitung, um ein Taxi auf sich aufmerksam zu machen*** he waved a newspaper to hail a taxi
③ (*Handzeichen zum Näherkommen geben*) ■**jdm** ~ to beckon sb; **dem Kellner/Ober** ~ to beckon [*or* signal] the waiter to come over; **einem Taxi** ~ to hail a taxi
④ (*fam: in Aussicht stehen*) ■**mit etw** *dat* ~ *Prämie, Belohnug* to promise sth; ***dem Gewinner winken 50.000 DM*** the winner will receive 50,000 DM
II. *vt* ■**jdn zu sich** *dat* ~ to beckon sb over to one
winklig *adj* full of nooks and crannies; *Gasse* twisty
winseln *vi* ① (*jaulen*) to whimper
② (*pej: erbärmlich flehen*) ■**um etw** ~ to plead for sth
Winter <-s, -> *m* winter; **ein harter** ~ a hard [*or* severe] winter; **im** ~ in the winter; **nuklearer** ~ nuclear winter
Winterabend *m* winter evening; ■**an einem** ~ on a winter['s] evening **Winteranfang** *m* beginning of winter; **am** ~ at the beginning of winter **Winterdienst** *m* winter road clearance **Wintereinbruch** *m* onset of winter **Winterfahrplan** *m* winter timetable **Winterfell** *nt* winter coat **Winterferien** *pl* winter holidays *pl* **winterfest** *adj* ■~ **sein** to be suitable for winter; **ein Auto ~ machen** to get a car ready for winter, Am *a.* to winterize a car **Wintergarten** *m* winter garden **Wintergetreide** *nt* winter crop [*or* grain] **Winterhalbjahr** *nt* winter [period] **winterhart** *adj* HORT hardy **Winterkälte** *f* cold winter weather **Winterkleidung** *f* MODE winter clothing [*or* clothes *pl*] **Winterkohl** *m* cale **Winterkresse** *f* winter cress **Winterkurort** *m* winter health resort **Winterlandschaft** *f* winter landscape
winterlich I. *adj* wintry, winter; **~e Temperaturen** winter temperatures
II. *adv* ~ **gekleidet/vermummt** dressed/wrapped up for winter
Wintermantel *m* winter coat **Wintermonat** *m* winter month **Wintermorgen** *m* winter['s] morning; **an dunklen ~** on dark winter mornings **Winternachmittag** *m* winter['s] afternoon **Winternacht** *f* winter['s] night **Winterolympiade** *f* SPORT Winter Olympics *pl* **Winterpullover** *m* winter pullover [*or* Brit *a.* jumper] [*or* Am *usu* sweater] **Winterreifen** *m* AUTO winter tyre [*or* Am tire] **Winterruhe** *f* winter dormancy
winters *adv* in winter; *s. a.* **sommers**
Wintersaat *f* AGR *seeds of winter*[*-sown*] *grains* **Wintersaison** *f* winter season **Winterschlaf** *m* ZOOL hibernation; ~ **halten** to hibernate **Winterschlussverkauf**^RR *m,* **Winterschlußverkauf** *m* winter sale; **etw im ~ kaufen** to buy sth in the winter sale **Winterschuhe** *pl* winter shoes **Wintersemester** *nt* SCH winter semester **Winter-Smog** *m* winter smog **Wintersonnenwende** *f* winter solstice **Winterspeck** *m kein pl* (*hum geh*) winter fat **Winterspiele** *pl* [**Olympische**] ~ SPORT Winter Olympics **Wintersport** *m* winter sport **Winter(s)zeit** *f kein pl* wintertime *no pl, no indef art* **Wintertag** *m* winter['s] day **Winterurlaub** *m* winter holiday **Winterzeit** *f* wintertime **Winterzichorie** *m* winter chicory **Winterzwiebel** *f* Welsh onion
win-win-Lösung *f* JUR win-win solution
Winzer(in) <-s, -> *m(f)* AGR wine-grower
winzig *adj* tiny; ~ **klein** minute
Winzigkeit <-, -en> *f* ① *kein pl* (*geringe Größe*) tininess
② (*winzige Menge*) tiny amount
Winzling <-s, -e> *m* (*fam: Person*) tiny person [*or* thing]; (*Gegenstand*) tiny thing
Wipfel <-s, -> *m* treetop
Wippe <-, -n> *f* ① (*Spielgerät für Kinder*) seesaw
② (*für Babys*) baby rocker, cozy Am
wippen *vi* ■[**auf etw** *dat*] ~ to bob up and down on sth; (*auf einer Wippe*) to seesaw
wir <*gen* unser, *dat* uns, *akk* uns> *pron pers* we; ~ **nicht** we are not, not us; ***kommt ihr auch mit? — nein, ~ nicht*** are you coming too? — no, we are not; *s. a.* **uns, unser**
Wirbel¹ <-s, -> *m* ANAT vertebra
Wirbel² <-s, -> *m* ① (*fam: Trubel*) turmoil; **einen** [**großen**] ~ [**um etw**] **machen** to make a [big [*or* great]] commotion [*or* fuss] [about sth]
② (*kleiner Strudel*) whirlpool, eddy
Wirbelbruch *m* fractured vertebra **Wirbelkörper** *m* ANAT vertebra
wirbellos *adj* BIOL invertebrate
wirbeln I. *vi* ① *sein* (*sich drehend wehen*) to swirl
② *sein* (*sich drehend bewegen*) to whirl
③ *haben* (*fam: sehr geschäftig sein*) to rush around getting things done
II. *vt haben* (*herumwirbeln und wehen*) ■**etw irgendwohin** ~ to whirl sth somewhere
Wirbelsäule *f* spinal column
Wirbelsäulengymnastik *f kein pl* spinal exercises *pl*
Wirbelsturm *m* whirlwind
Wirbeltier *nt* vertebrate
Wirbelwind *m* whirlwind; **wie ein ~** like a whirlwind
wirken I. *vi* ① (*Wirkung haben*) to have an effect; (*beabsichtigten Effekt haben*) to work; ***dieses Medikament wirkt sofort*** this medicine takes effect immediately; **etw auf sich ~ lassen** to take sth in; ***ich lasse die Musik auf mich*** ~ I let the music flow over me
② (*etwas ausrichten*) to be effective
③ (*einen bestimmten Eindruck machen*) to seem, to appear; **ängstlich** ~ to appear to be frightened; **gelassen** ~ to give the impression of being calm; **natürlich/unnatürlich** ~ to seem [*or* appear] natural/unnatural; **unecht** ~ to not appear to be genuine
④ (*tätig sein*) ■**irgendwo** ~ to work somewhere
II. *vt* (*veraltend geh: tun*) ■**etw** ~ to do sth; ***Schwester Agatha hat viel Gutes gewirkt*** Sister Agatha did a great deal of good

Wirken <-s> *nt kein pl (geh)* work *no pl;* **das ~ des Teufels sein** to be the work of the devil

wirklich I. *adj* ❶ (*tatsächlich*) real
❷ (*echt*) *Freund* real, true
II. *adv* really; **~ und wahrhaftig** really and truly; **nicht ~** not really; **~ nicht?** really not?; ***ich kann leider nicht kommen — ~ nicht?*** I am sorry I cannot come — are you sure?

Wirklichkeit <-, -en> *f* reality; **den Bezug zur ~ verlieren** to lose one's grip on reality; **~ werden** to come true; **in ~** in reality

wirklichkeitsfremd *adj* unrealistic **wirklichkeitsgetreu I.** *adj* realistic **II.** *adv* realistically, in a realistic way; **etw ~ abbilden** to paint a realistic picture of sth **Wirklichkeitssinn** *m kein pl* sense of reality, realism *no pl*

wirksam I. *adj* ❶ PHARM, MED (*effektiv*) effective
❷ (*den Zweck erfüllend*) effective
❸ ADMIN **~ werden** to take effect
❹ INFORM (*aktiv*) active
❺ JUR effective, operative, valid
II. *adv* effectively

Wirksamkeit <-> *f kein pl* ❶ PHARM, MED (*Effektivität*) effectiveness
❷ (*Erfolg*) effectiveness
❸ JUR effectiveness, operative effect; **~ eines Vertrags** contractual force

Wirksamwerden *nt kein pl* coming into force

Wirkstoff *m* PHARM active substance [*or* agent]

Wirkung <-, -en> *f* effect; **aufschiebende ~** suspensory effect; **befreiende/bindende ~** discharging/binding effect; **heilende ~** curative effect; **unmittelbare ~** direct effect; **ohne ~ bleiben** [*o* **seine ~ verfehlen**] to have no effect, to not have any effect; **eine bestimmte ~ haben** [*o geh* **entfalten**] PHARM, MED to have a certain effect; ***Kaffee hat eine anregende ~*** coffee has a stimulating effect [*or* is a stimulant]; **eine schnelle ~ haben** [*o geh* **entfalten**] PHARM, MED to take effect quickly; **mit sofortiger ~** effective immediately

Wirkungsbereich *m* area of activity, domain **Wirkungsdauer** *f* period of effectiveness **Wirkungserstreckung** *f* ambit of effect **Wirkungsgrad** *m* [degree of] effectiveness **Wirkungskreis** *m* purview, sphere of activity

wirkungslos *adj* ineffective **Wirkungslosigkeit** <-> *f kein pl* ineffectiveness *no pl* **wirkungsvoll** *adj (geh) s.* **wirksam** **Wirkungsweise** *f* [mode of] action, way sth works

wirr *adj* ❶ (*unordentlich*) tangled
❷ (*verworren*) weird
❸ (*durcheinander*) confused, muddled; **jdn [ganz] ~ machen** to make sb [very] confused

Wirren *pl* confusion *sing,* turmoil *sing*

Wirrkopf *m (pej)* scatterbrain *pej,* muddle-headed person *pej*

Wirrwarr <-s> *m kein pl* ❶ (*Durcheinander*) confusion, chaos
❷ (*Unordnung*) tangle

Wirsing <-s> *m kein pl,* **Wirsingkohl** *m* KOCHK, HORT savoy cabbage

Wirt(in) <-[e]s, -e> *m(f)* ❶ (*Gast~*) landlord, publican
❷ BIOL (*Wirtsorganismus*) host

Wirtschaft <-, -en> *f* ❶ ÖKON (*Volks~*) economy; (*Industrie und Handel*) industry [and commerce]; ***er ist in der ~ tätig*** he works in industry; **freie ~** free market economy; **staatlich gelenkte ~** controlled economy
❷ (*Gast~*) public house BRIT *form,* pub BRIT *fam,* bar AM, saloon AM; **in eine ~ einkehren** to stop off at a pub
❸ (*fam: Zustände*) state of affairs *iron;* **reine ~ machen** DIAL to put the house in order

wirtschaften *vi* ❶ (*den Haushalt führen*) to keep house
❷ (*rationell sein*) to manage; **sparsam ~** to economize, to budget carefully; **gut/schlecht ~** to be a good manager/to mismanage
❸ (*sich betätigen*) to busy oneself; ***mein Mann wirtschaftet gerade im Keller*** my husband is pottering around in the cellar

Wirtschafter(in) <-s, -> *m(f)* ❶ (*Haushälter*) housekeeper
❷ (*sl: Aufsichtsperson im Bordell*) madam

Wirtschafterin <-, -nen> *f fem form von* **Wirtschafter** housekeeper

Wirtschaftler(in) <-s, -> *m(f)* ❶ (*Wirtschaftswissenschaftler*) economist
❷ (*Wirtschafter*) businessman *masc,* businesswoman *fem,* entrepreneur

wirtschaftlich I. *adj* ❶ ÖKON (*volks~*) economic; **~er Aufschwung** economic upturn; **~e Daten** market data; **~e Erholung/Stabilität** economic recovery/stability; **~e Nutzungsdauer** TECH useful life; **~ Unselbständige** salary/wage earners; **~ schwach entwickelt** poor
❷ (*finanziell*) economic; **sich in einer ~en Notlage befinden** to have [*or* be in] financial difficulties
❸ (*Sparsamkeit zeigend*) economical; *Hausfrau, Verwalter* careful
❹ AUTO, TECH (*im Betrieb sparsam*) economical
❺ ÖKON (*ökonomisch*) economical
II. *adv* ❶ (*finanziell*) economically; ***es geht mir ~ besser/gut/schlechter*** I am in a better/good/worse financial position
❷ (*ökonomisch*) economically, carefully

Wirtschaftlichkeit <-> *f kein pl* economicalness, economy

Wirtschaftsabkommen *nt* JUR trade convention, economic agreement **Wirtschaftsartikel** *m* (*Zeitungsartikel*) city article **Wirtschaftsaufschwung** *m* ÖKON economic upturn [*or* upswing], upturn in business **Wirtschaftsaufsicht** *f* regulatory body [*or* authority] **Wirtschaftsbarometer** *nt* ÖKON economic indicator **Wirtschaftsbelebung** *f* ÖKON economic revival **Wirtschaftsberater(in)** *m(f)* ÖKON economic advisor **Wirtschaftsbereich** *m* economic sector **Wirtschaftsbeziehungen** *pl* ÖKON economic [*or* trade] relations *pl;* **internationale ~** international economic relations; **~ fortsetzen** to continue trade relations **wirtschaftsbezogen** *adj* economic **Wirtschaftsblock** *m* economic bloc **Wirtschaftsblockade** *f* economic embargo **Wirtschaftsembargo** *nt* economic embargo **Wirtschaftsenglisch** *nt* business [*or* commercial] English **Wirtschaftsentwicklung** *f* ÖKON economic development, business trend; **rückläufige ~** economic downturn; **ungünstige ~** sluggish economy **Wirtschaftsethik** *f kein pl* POL business ethics + *sing vb* **Wirtschaftsexperte, -expertin** *m, f* ÖKON economic expert **Wirtschaftsfaktor** *m* economic factor **wirtschaftsfeindlich** *adj* anti-commercial, anti-business **Wirtschaftsfeld** *nt* industrial [*or* economic] sector, industry **Wirtschaftsfernsehen** *nt* TV business television **Wirtschaftsflüchtling** *m* economic refugee **Wirtschaftsförderung** *f* ÖKON economic development, stimulation of the economy **Wirtschaftsförderungsmaßnahme** *f* ÖKON business promotion activity **Wirtschaftsform** *f* economic system **Wirtschaftsforscher(in)** *m(f)* ÖKON economic researcher **Wirtschaftsforschung** *f* economic research **Wirtschaftsforschungsinstitut** *nt* ÖKON economic research institute **Wirtschaftsgebäude** *nt meist pl* AGR working quarters *pl* **Wirtschaftsgefüge** *nt* economic structure **Wirtschaftsgeld** *nt* housekeeping money *no pl, no indef art* **Wirtschaftsgemeinschaft** *f* economic community **Wirtschaftsgut** *nt* HANDEL commodity; ▪ **Wirtschaftsgüter** merchandise *no pl,* assets *pl;* **kurzlebige/langlebige Wirtschaftsgüter** [consumer] perishables/durables **Wirtschaftsgymnasium** *nt* SCH *grammar school where the emphasis is on business studies, economics and law* **Wirtschaftshilfe** *f* economic aid *no pl, no indef art* **Wirtschaftshistoriker(in)** *m(f)* economic historian **Wirtschaftsindikator** *m* ÖKON economic indicator **Wirtschaftsjahr** *nt* FIN financial year **Wirtschaftsjurist(in)** *m(f)* commercial [*or* industrial] lawyer **Wirtschaftskanal** *m* TV business channel **Wirtschaftskollisionsrecht** *nt* JUR law of the conflict in economic matters **Wirtschaftskommission** *f* ÖKON economic council; **~ für Europa** Economic Council for Europe, ECE **Wirtschaftskontakte** *pl* ÖKON business contacts **Wirtschaftskraft** *f* economic power **Wirtschaftskreislauf** *m* economic cycle **Wirtschaftskriminalität** *f kein pl* JUR white-collar crime, commercial offences [*or* AM -ses] *pl* **Wirtschaftskriminelle(r)** *m* ÖKON, JUR economic criminal **Wirtschaftskrise** *f* economic crisis **Wirtschaftslage** *f* economic situation **Wirtschaftsleben** *nt kein pl* business life **Wirtschaftsmacht** *f* economic power **Wirtschaftsminister(in)** *m(f)* economics minister BRIT, Minister for Economic Affairs [*or* of Trade and Commerce] BRIT, Secretary of Commerce [*or* Commerce Secretary] AM **Wirtschaftsministerium** *nt* Ministry of Economic Affairs [*or* of Trade and Commerce] BRIT, Department of Trade and Industry [*or* AM of Commerce] **Wirtschaftsordnung** *f* economic order [*or* system] **Wirtschaftsplan** *m* economic plan **Wirtschaftsplaner** *m* ÖKON economic planner **Wirtschaftsplanung** *f* economic planning *no pl, no indef art* **Wirtschaftspolitik** *f* economic policy **wirtschaftspolitisch I.** *adj* economic [policy] *attr;* **~e Maßnahmen** economic measures **II.** *adv* in terms of economic policy **Wirtschaftsprognose** *f* ÖKON economic forecast **Wirtschaftsprüfer(in)** *m(f)* accountant **Wirtschaftsprüfung** *f* FIN auditing **Wirtschaftsrat** *m* JUR economic council **Wirtschaftsrecht** *nt* JUR economic [*or* commercial] law; **gemeinschaftliches ~** Community commercial law **Wirtschaftsrechtsvergleich** *m* JUR comparison of commercial laws **Wirtschaftsreform** *f* ÖKON economic reform **wirtschaftsrelevant** *adj* ÖKON economically relevant; **~e Entscheidungsträger** decisionmakers on economic policy **Wirtschaftssabotage** *f* JUR economic [*or* industrial] sabotage **Wirtschaftssanktionen** *pl* economic sanctions *pl* **Wirtschaftssenator(in)** *m(f)* minister for economic affairs [*or* of trade and commerce] (*in Berlin, Bremen, Hamburg*) **Wirtschaftsspionage** *f kein pl* JUR industrial espionage **Wirtschaftsstandort** *m* location of industry and commerce

Wirtschaftsstrafgesetz *nt* JUR economic offences act, BRIT Statute of Fraud **Wirtschaftsstrafkammer** *f* JUR court division for business offences **Wirtschaftsstrafrecht** *nt* JUR criminal business law **Wirtschaftsstruktur** *f* structure of the company **Wirtschaftssubjekt** *nt* ÖKON economic subject **Wirtschaftsteil** *m* MEDIA business [*or* financial] section **Wirtschaftstheorie** *f* ÖKON economic theory **Wirtschaftstrend** *m* ÖKON economic trend **Wirtschaftstreuhänder(in)** *m(f)* ÖKON business [*or* conventional] trustee **Wirtschafts- und Währungsunion** *f* economic and monetary union **Wirtschaftsunion** *f* economic union **Wirtschaftsunternehmen** *nt* ÖKON business undertaking; **kommunales ~** municipal undertaking **Wirtschaftsverband** *m,* **Wirtschaftsvereinigung** *f* trading [*or* trade] association, industrial federation **Wirtschaftsverbrechen** *nt* JUR white collar crime **Wirtschaftsverfassung** *f* JUR economic [*or* business] constitution **Wirtschaftsverfassungsrecht** *nt* JUR law of economic constitution **Wirtschaftsverkehr** *m kein pl* ÖKON trade, commerce **Wirtschaftsverwaltungsrecht** *nt* JUR commercial administration law **Wirtschaftswachstum** *nt kein pl* ÖKON economic growth; **beschleunigtes ~** exploding economic growth, growth rate of the economy; **das ~ ankurbeln** to boost economic growth **Wirtschaftswissenschaft** *f meist pl* economics *sing* **Wirtschaftswissenschaftler(in)** *m(f)* economist **Wirtschaftswunder** *nt* economic miracle **Wirtschaftszeitung** *f* MEDIA financial [*or* business] [news]paper **Wirtschaftszone** *f* economic zone [*or* area] **Wirtschaftszusammenschlüsse** *pl* JUR economic unions **Wirt-**

W

schaftszweig *m* branch of industry

Wirtshaus *nt* pub BRIT, bar AM, saloon AM, inn *dated*

Wirtsleute *pl* landlord and landlady

Wirtsorganismus *m* BIOL host [organism]

Wisch <-[e]s, -e> *m* (*pej fam*) piece of bumph *pej* [*or* paper]

wischen I. *vt* ❶ (*feucht ab~*) ■**etw** ~ to wipe sth ❷ (*ab~*) ■**jdm/sich etw aus/von etw** *dat* ~ to wipe sth from sth/sb's sth; **sich den Schweiß von der Stirn** ~ to wipe the sweat from one's brow ❸ SCHWEIZ (*fegen*) ■**etw** ~ to sweep sth
▶ WENDUNGEN: **einen gewischt bekommen** [*o* **kriegen**] (*sl*) to get an electric shock; [**von jdm**] **eine gewischt bekommen** [*o* **kriegen**] (*sl*) to get a clout [from sb]
II. *vi* ❶ (*putzen*) ■[**in etw** *dat*] ~ to clean sth; ***haben Sie im Bad schon gewischt?*** have you already done [*or* cleaned] the bathroom?
❷ SCHWEIZ (*fegen*) to sweep

Wischer <-s, -> *m* AUTO wiper, windscreen [*or* AM windshield] wiper

Wischerblatt *nt* AUTO wiper blade

wischfest *adj* **~er Druck** TYPO rub-[*or* smudge-]proof print; **~er Lippenstift** MODE wipe-proof lipstick

Wischiwaschi <-s> *nt kein pl* (*pej fam*) drivel

Wischlappen *m* cloth, floorcloth **Wischtuch** *nt* cloth

WISE *nt Abk von* **World Institute of Scientology Enterprises** WISE

Wisent <-s, -e> *nt* ZOOL bison

Wismut <-[e]s> *nt o* ÖSTERR *m kein pl* CHEM bismuth

Wismutglanz <-es> *m kein pl* bismuth glance, bismuthinite

wispern I. *vt* ■**etw** ~ to whisper sth
II. *vi* to whisper; **miteinander** ~ to whisper to each other

Wispern <-s> *nt kein pl* whisper

Wissbegier[RR] <-> *f kein pl,* **Wißbegier** <-> *f kein pl,* **Wissbegierde**[RR] *f kein pl,* **Wißbegierde** *f kein pl* thirst for knowledge; **jds ~ befriedigen** to satisfy sb's thirst for knowledge

wissbegierig[RR] *adj,* **wißbegierig** *adj* eager to learn

wissen <wusste, gewusst> I. *vt* ❶ (*kennen*) ■**etw** ~ to know sth; ***weißt du ein gutes Restaurant?*** do you know [of] a good restaurant?; ***wenn ich das gewusst hätte!*** if only I had known [that]!; **jdn etw ~ lassen** to let sb know [*or* tell sb] sth; ***wir lassen Sie dann unsere Entscheidung*** ~ we will let you know [*or* inform you of] our decision; **woher soll jd das ~?** how should sb know that?; [**nicht**] **~, was man will** to [not] know what one wants; **es nicht anders** ~ to not know any different [*or* better]; **dass du es** [**nur**] [**gleich**] **weißt** just so you know; ***davon weiß ich nichts*** [*o* ***da weiß ich nichts von***] (*fam*) I don't know anything about it; **du musst ~, dass ...** you must realize that ...; **ich wüsste nicht, dass/was ...** I would not know that/what ...; (*fam*) not to my knowledge, not as far as I know; **wenn ich nur wüsste, wann/was/wer/wie/wo/ob** if only I knew when/what/who/how/where/whether
❷ (*als Kenntnisse besitzen*) ■**etw** ~ to know sth; **von nichts** ~ to have no idea [about sth]; **weißt du noch/~ Sie noch?** do you remember?; **soviel** [*o* **soweit**] **jd weiß** as far as sb knows; ■**~, wann/warum/wie/wo/wozu** to know when/why/how/where/what for
❸ (*können*) ■**etw zu tun** ~ to know how to do sth; **jdn/etw zu nehmen** ~ to know how to deal with sb/sth; **jdn/etw zu schätzen** ~ to appreciate sb/sth; **sich nicht anders zu helfen** ~ to not know what to do; **sich nicht mehr zu helfen** ~ to be at one's wits' end; **sich zu helfen** ~ to be resourceful
❹ (*sicher sein, dass jd/etw ist*) ■**jdn/sich ...** ~ to know that sb/one ...; ***wir ~ unsere Tochter in guten Händen*** we know our daughter is in good hands; **man weiß nie, wann/was/wie/wozu** you never know when/what/how/what ... for; ■**etw ...** ~ to know sth
▶ WENDUNGEN: **sich** *akk* **vor etw** *dat* **nicht zu lassen** ~ to be delirious with emotion; ***als sie die Stelle bekommen hat, wusste sie sich vor Freude kaum zu lassen*** when she got the job she was over the moon *fam;* **von jdm/etw nichts** [**mehr**] ~ **wollen** (*fam*) to not want to have anything more to do with sb/sth; **oder was weiß ich** (*fam*) ... or sth *fam;* **weißt du was?** (*fam*) [do] you know what?; **und was weiß ich noch alles** (*fam*) ... and goodness knows what else
II. *vi* ❶ (*informiert sein*) ■**von** [*o* **um**] **etw** ~ (*geh*) to know sth; **~, wovon man redet** to know what one is talking about; ***man kann nie wissen!*** (*fam*) you never know!
❷ ■[**ach,**] **weißt du/wissen Sie, ...** [oh] ... you know; ***ich weiß, ich weiß*** I know, I know; **wer weiß warum/was/wer/wen/wem** (*fam*) goodness [*or fam* God] knows why/what/who/whom; ***er hält sich für wer weiß wie klug*** he doesn't half think he is clever; **wer weiß wo** (*fam*) who knows where; ***wer weiß wo er bleibt*** who knows where he's got to
▶ WENDUNGEN: **nicht mehr aus noch ein** ~ to be at one's wits' end; **gewusst wie/wo!** (*fam*) sheer brilliance!; *s. a.* **Henker**

Wissen <-s> *nt kein pl* knowledge *no pl;* **nach bestem ~ und Gewissen** (*geh*) to the best of one's knowledge; ~ ***ist Macht*** knowledge is power; **wider/gegen besseres** ~ against one's better judgement; **ohne jds ~ und Willen** without sb's knowledge and consent

wissend I. *adj* (*geh*) knowing; **~e Blicke** [**aus**]**tauschen** to exchange knowing looks
II. *adv* (*geh*) knowingly

Wissende(r) *f(m) dekl wie adj* (*geh*) initiate

Wissenschaft <-, -en> *f* ❶ (*wissenschaftliches Fachgebiet*) science; **eine ~ für sich sein** to be a science in itself
❷ *kein pl* (*fam: die Wissenschaftler*) ■**die** ~ science

Wissenschaftler(in) <-s, -> *m(f)* scientist

wissenschaftlich I. *adj* (*der Wissenschaft zugehörig*) scientific; (*akademisch*) academic
II. *adv* (*wissenschaftlich*) scientifically; (*akademisch*) academically

Wissenschaftlichkeit <-> *f kein pl* scientific nature [*or* character]

Wissenschaftsminister(in) *m(f)* POL Minister [*or* AM Secretary] of Science **Wissenschaftssenator(in)** *m(f)* science minister, minister of science (*in Berlin, Bremen, Hamburg*) **Wissenschaftstheorie** *f* philosophy of science

Wissensdrang *m,* **Wissensdurst** *m* (*geh*) thirst for knowledge **Wissensgebiet** *nt* field [*or* area] of knowledge **Wissenslücke** *f* gap in sb's knowledge **Wissensstoff** *m kein pl* SCH material **wissenswert** *adj* worth knowing; ■**etwas W~es** sth worth knowing **Wissenswerte** *nt dekl wie adj, kein pl* need-to-know

wissentlich I. *adj* deliberate, intentional
II. *adv* intentionally, deliberately, knowingly

Witfrau *f* SCHWEIZ (*veraltet*) *s.* **Witwe** widow

wittern I. *vt* ❶ (*ahnen*) ■**etw** ~ to suspect [*or* sense] sth
❷ JAGD (*durch Geruch erkennen*) ■**jdn/ein Tier** ~ to smell [*or* get wind of] sb/an animal
II. *vi* JAGD (*Witterung aufnehmen*) to sniff the air

Witterung <-, -en> *f* ❶ METEO weather; **bei günstiger/guter/schlechter** ~ if the weather is favourable/good/bad; **schwüle** ~ humid weather
❷ JAGD (*Geruchssinn*) sense of smell; **~ aufnehmen** to find the scent
❸ *kein pl* (*Ahnungsvermögen*) hunch; **~ von etw bekommen** to get wind of sth

witterungsabhängig *adj* dependent on the weather *pred* **witterungsbedingt** *adj* weather-related **witterungsbeständig** *adj* BAU weatherproof **Witterungsumschlag** *m* change in the weather **Witterungsverhältnisse** *pl* weather conditions *pl*

Wittling <-s, -e> *m* ZOOL, KOCHK whiting

Witwe <-, -n> *f fem form von* **Witwer** widow *fem;* **~ werden** to be widowed; **grüne** ~ (*hum*) lonely suburban housewife; **Schwarze** ~ black widow

Witwengeld *nt* JUR widow's pension [*or* benefit] **Witwenrente** *f* widow's pension **Witwenschleier** *m* widow's veil **Witwenverbrennung** *f* HIST suttee

Witwer <-s, -> *m* widower *masc;* **~ werden** to be widowed

Witz <-es, -e> *m* ❶ (*Scherz*) joke; ***lass die ~e!*** cut the jokes!; **einen ~ machen** [*o fam* **reißen**] to make [*or* crack] a joke; ***mach keine ~e!*** (*fam*) don't be funny!; ***das ist doch wohl ein*** ~ you must be joking [*or* kidding]
❷ *kein pl* (*geh: Esprit*) wit
❸ **der ~ daran** [*o* **an der Sache**] **ist, dass ...** the great thing about it is ...; ***was soll nun der ~ daran sein?*** what is so special about it?

Witzblatt *nt* humorous magazine

Witzbold <-[e]s, -e> *m* joker; **du ~!** (*iron fam*) you're a good one! BRIT *iron fam,* you're [*or* very] funny! AM *iron fam*

Witzelei <-, -en> *f* ❶ *kein pl* (*das Witzeln*) teasing *no pl, no indef art*
❷ (*Äußerung*) joke

witzeln *vi* ■[**über jdn/etw**] ~ to joke [about sb/sth]

Witzfigur *f* (*fam*) figure of fun

witzig *adj* funny; ***das ist ja ~!*** (*fam*) that's strange [*or* weird]; **alles andere als ~ sein** to be anything but funny; **sehr ~!** (*iron fam*) very funny! *iron fam*

witzlos *adj* (*fam*) ■**~ sein** to be pointless [*or* futile]

WM <-, -s> *f Abk von* **Weltmeisterschaft** world championship; (*im Fußball*) World Cup

wo I. *adv* ❶ *interrog* (*an welcher Stelle*) where
❷ *rel* (*an welcher Stelle*) where; ***pass auf, ~ du hintrittst!*** look where you are going!
❸ *rel, zeitlich* when; **zu dem Zeitpunkt, wo ...** when ...
❹ *rel* DIAL (*fam: welche*) ■**der/die/das, ~** who, which
▶ WENDUNGEN: **ach** [*o* **i**] **~!** (*fam*) nonsense!
II. *konj* (*zumal*) when, as; ***~ er doch wusste, dass ich keine Zeit hatte*** when he knew that I had no time; *s. a.* **möglich**

woanders *adv* somewhere else, elsewhere

woandersher *adv* ❶ (*von anderem Ort*) from elsewhere ❷ (*von jemand anderem*) from someone else

woandershin *adv* somewhere else

wobei *adv* ❶ *interrog* (*bei was*) how; ***~ ist denn das passiert?*** how did that happen?
❷ *rel* (*im Verlauf von*) in which; ***~ mir gerade einfällt ...*** which reminds me ...

Woche <-, -n> *f* week; **sich eine ~/mehrere ~en Urlaub nehmen** to take a week/several weeks off; **etw auf nächste ~ verschieben** to postpone sth until next week; **diese/nächste ~** [*o* **in dieser/in der nächsten ~**] this/next week; **jede ~** every week; **pro** [*o* **in der**] **~** a week; **während** [*o* **unter**] **der ~** during the week

Wochenabrechnung *f* end of week accounts **Wochenarbeitszeit** *f* working week **Wochenbericht** *m* weekly report **Wochenbett** *nt* (*veraltet*) ■**im ~ liegen** to be lying in **Wochenblatt** *nt* weekly **Wocheneinnahmen** *pl* weekly earnings *pl*

Wochenendausflug *m* weekend trip **Wochenendausflügler(in)** <-s, -> *m(f)* weekender **Wochenendausgabe** *f* MEDIA weekend edition **Wochenendbeilage** *f* MEDIA weekend supplement **Wochenendbeziehung** *f* SOZIOL weekend relationship

Wochenende *nt* weekend; **langes** [*o* **verlängertes**] **~** long weekend; ***schönes ~!*** have a nice weekend!; **am ~** at the weekend

Wochenendehe *f marriage in which partners only see each other at the weekend* **Wochenendfahrt** *f* weekend trip **Wochenendflug** *m* weekend flight **Wochenendhaus** *nt* weekend home [*or* house] **Wochenendpauschale** *f* weekend rate **Wochenendseminar** *nt* SCH weekend seminar **Wochenendtarif** *m* weekend tariff

Wochengewinn *m* HANDEL weekly profit; **~e erzielen** to secure weekly profits **Wochenkarte** *f* TRANSP weekly season ticket
wochenlang I. *adj* for weeks, week after week
II. *adv* for weeks
Wochenlohn *m* weekly wage **Wochenmarkt** *m* weekly market **Wochenpauschale** *f* weekly rate **Wochenrückblick** *m* weekly review **Wochenschau** *f* weekly newsreel **Wochentag** *m* weekday; **an ~en** on weekdays; ***was ist heute für ein ~?*** what day of the week is it today? **wochentags** *adv* on weekdays
wöchentlich I. *adj* weekly
II. *adv* weekly, once a week
Wochenzeitschrift *f* MEDIA weekly [magazine] [*or* [periodical]]
Wochenzeitung *f* weekly [newspaper]
Wöchnerin <-, -nen> *f* MED (*veraltet*) *woman who has recently given birth*
Wodan <-s> *m* Wotan
Wodka <-s, -s> *m* vodka
wodurch *adv* 1 *interrog* (*durch was*) how?
2 *rel* (*durch welchen Vorgang*) which
wofür *adv* 1 *interrog* (*für was*) for what, what … for; ~ ***hast du denn so viel Geld bezahlt?*** what did you pay so much money for?
2 *interrog* (*fam: gegen was*) what … for?; ~ ***sollen die Pillen gut sein?*** what are these pills supposed to be good for?
3 *rel* (*für welche Tat*) for which
wog *imp von* **wägen, wiegen²**
Woge <-, -n> *f* 1 (*große Welle*) wave
2 (*fig: Welle*) surge; ***eine ~ des Protests*** a surge of protest; **wenn sich die ~n geglättet haben** when things have calmed down
wogegen *adv* 1 *interrog* (*gegen was*) against what; ~ ***hilft dieses Mittel?*** what is this medicine for?
2 *rel* (*gegen das*) against what/which
wogen *vi* 1 (*auf und nieder bewegen*) to surge; ***die See beginnt zu ~*** the sea is getting rough
2 (*geh: unentschieden toben*) to rage
wogend *adj* (*geh*) *Fluten, Meer, See* rough, choppy; *Busen* heaving
woher *adv* 1 *interrog* (*von wo*) where … from?; ~ ***sie diese Informationen wohl hat?*** I wonder where she got this information [from]?
2 *rel* (*aus welcher*) from … which, where … from; ***wir müssen dahin zurück, ~ wir gekommen sind*** we must go back the way we came
▶ WENDUNGEN: **ach ~!** DIAL (*fam*) nonsense!
wohin *adv* 1 *interrog* (*an welche Stelle*) where [to]?; ~ ***damit?*** where shall I put it?
2 *rel* (*an welchen Ort*) where
▶ WENDUNGEN: **[mal] ~ müssen** (*euph fam*) to have to go somewhere *euph fam;* ***ich komme gleich wieder, ich muss mal ~*** I'll be back in a moment, I've got to go somewhere
wohingegen *konj* (*geh*) while, whereas
wohl¹ *adv* 1 (*wahrscheinlich*) probably, no doubt; **~ kaum** hardly; **ob … ~ …?** perhaps; ***ob ich ~ noch ein Stück Torte haben darf?*** could I perhaps have another piece of cake?
2 (*durchaus*) well; ***das ist ~ wahr*** that is perfectly true
3 (*doch*) after all
4 (*zwar*) ~ **…, aber …** ***es regnet ~, aber das macht mir nichts aus*** it may be raining, but that does not bother me; **~ aber** but; ***sie mag nicht, ~ aber ich*** she may not like it, but I do
5 (*zirka*) about; ***was wiegt der Karpfen ~?*** how much do you think the carp weighs?
▶ WENDUNGEN: **siehst du ~!** I told you!; **willst du ~ tun!** I wish you would …; ***willst du ~ tun, was ich sage!*** you're to do what I say now!; *s. a.* **wahr**
wohl² *adv* 1 (*gut*) well; ■**jdm ist ~** sb is well; ■**jdm ist nicht ~** sb is not well; ~ ***bekomm's!*** (*geh*) your good health!; **~ ausgewogen** (*geh*) well-balanced; **~ bedacht** (*geh*) well-considered; **~ begründet** (*geh*) well-founded; **~ bekannt** (*geh*) well-known; **jdm ~ bekannt sein** to be well-known to sb; **~ durchdacht** (*geh*) well [*or* carefully] thought out [*or* through]; **~ erwogen** (*geh*) well-considered; **~ geformt** (*geh*) well-formed; *Körperteil* shapely; **~ gemeint** (*geh*) well-meant [*or* -intentioned]; **~ genährt** (*geh*) well-fed; **~ geordnet** (*geh*) well-ordered; **~ überlegt** (*geh*) well thought out; **sich ~ fühlen** to feel well; **es sich ~ ergehen lassen** to enjoy oneself; **jdm ~ tun** (*veraltend*) to benefit sb; **jdm ~ wollen** (*geh*) to wish sb well
2 (*behaglich*) ■**jdm ist ~ bei etw** sb is contented [*or* comfortable] with sth; ■**jdm ist nicht ~ bei etw** sb is unhappy [*or* uneasy] about sth; ***mir ist jedenfalls nicht ~ bei der ganzen Sache*** in any event, I am not very happy about the whole thing; **sich irgendwo ~ fühlen** to feel at home somewhere; **~ dem, der …** happy the man who …; **~ tun** (*geh*) to do good; **es tut ~, etw zu tun** it is good to do sth
▶ WENDUNGEN: **~ oder übel** whether you like it or not; ***sie muss mir ~ oder übel Recht geben*** whether she likes it or not she has to admit I am right; **gehab dich ~!** (*geh*) take care!; **leb ~/leben Sie ~** farewell; *s. a.* **möglich, sehr**
Wohl <-[e]s> *nt kein pl* welfare, well-being; **jds ~ und Wehe** (*geh*) the weal and woe; **jds leibliches ~** (*geh*) sb's well-being; **auf jds ~ trinken** to drink to sb's health; **auf dein/Ihr ~!** cheers!; **zu jds ~** for sb's [own] good; **zum ~!** cheers!
wohlan *interj* (*geh*) come now
wohlauf *adj pred* ■**~ sein** to be well [*or* in good health]
wohlausgewogen *adj s.* **wohl² 1** **wohlbedacht** *adj s.* **wohl² 1** **Wohlbefinden** <-s> *nt kein pl* (*geh*) well-being **wohlbegründet** *adj s.* **wohl² 1** **Wohlbehagen** <-s> *nt kein pl* (*geh*) feeling of well-being **wohlbehalten** *adv* safe and sound; **irgendwo ~ eintreffen** to arrive safe and sound somewhere; ***die Ware ist ~ bei uns eingetroffen*** the product has arrived intact **Wohlergehen** <-s> *nt kein pl* welfare *no pl* **wohlerwogen** *adj s.* **wohl² 1** **wohlerzogen** <besser erzogen, besterzogen> *adj* (*geh*) well-bred *form* [*or* -mannered]
Wohlfahrt *f kein pl* (*veraltend*) welfare; **von der ~ leben** to be on welfare
Wohlfahrtseinrichtung *f* social service **Wohlfahrtsmarke** *f* charity stamp **Wohlfahrtspartei** *f im Islam* Welfare Party **Wohlfahrtsstaat** *m* POL (*pej*) welfare state **Wohlfahrtsverband** *m* charity, charitable institution
Wohlgefallen *nt* (*geh: großes Gefallen*) pleasure, satisfaction; **sein ~ an jdm/etw haben** (*geh*) to take pleasure in sb/sth; **mit [*o* voller] ~** with pleasure; **zu jds ~** to sb's pleasure ▶ WENDUNGEN: **sich in ~ auflösen** (*hum*) *Ärger, Freundschaft* to peter out; *Probleme* to vanish into thin air; (*entzweigehen*) to fall apart **wohlgefällig** *adj* 1 (*mit Wohlgefallen*) *Blick* of pleasure; **etw ~ betrachten** to look at sth with pleasure 2 (*veraltet geh: angenehm*) pleasing, agreeable
wohlgelitten <wohlgelittener, wohlgelittenste> *adj* (*geh*) well-liked; ■**[irgendwo] ~ sein** to be well-liked [somewhere]
wohlgemerkt *adv* mind [*or* BRIT *a.* mark] you; ~, ***das ist unser einziges Angebot*** mind you, that is our only offer **wohlgeordnet** *adj s.* **wohl² 1** **wohlgeraten** *adj* 1 (*gut gelungen, geraten*) successful 2 (*gut entwickelt und erzogen*) well turned-out *pred*, well-adjusted
Wohlgeruch *m* (*geh*) pleasant smell [*or* fragrance] **Wohlgeschmack** *m* (*geh*) pleasant taste
wohlgesinnt <wohlgesinnter, wohlgesinnteste> *adj* (*geh*) well-meaning; ■**ein jdm W~er** sb who is well-meaning to sb; ■**jdm ~ sein** to be well-disposed towards sb
wohlhabend <wohlhabender, wohlhabendste> *adj* well-to-do, prosperous
wohlig I. *adj* (*behaglich*) pleasant
II. *adv* (*genießerisch*) luxuriously
Wohlklang *m* (*geh*) melodious sound **wohlklingend** <wohlklingender, wohlklingendste> *adj* (*geh*) melodious **Wohlleben** <-s> *nt kein pl* (*geh*) good living **wohlmeinend** <wohlmeinender, wohlmeinendste> *adj* 1 (*freundlich gesinnt*) well-meaning 2 *s.* **wohlgemeint** *s.* **wohl² 1**
wohlriechend <wohlriechender, wohlriechendste> *adj* (*geh*) fragrant **wohlschmeckend** <wohlschmeckender, wohlschmeckendste> *adj* (*geh*) palatable *form*, tasty
Wohlsein *nt* ■**[auf Ihr/dein [*o* zum]] ~!** DIAL cheers!
Wohlstand *m kein pl* affluence, prosperity
Wohlstandsbauch *m* spare tyre [*or* AM tire] [caused by good living] *hum fam* **Wohlstandsdelikt** *nt* offence [*or* AM -se] [*or* crime] typical of the affluent society **Wohlstandsgesellschaft** *f* affluent society **Wohlstandsmüll** *m kein pl* (*pej*) refuse of the affluent society, welfare society flotsam **Wohlstandsniveau** *nt* ÖKON level of prosperity **Wohlstandsschere** *f* ÖKON divide between rich and poor, rich-poor divide
Wohltat *f* 1 *kein pl* (*Erleichterung*) relief; **eine ~ sein** to be a relief
2 (*wohltätige Unterstützung*) good deed; **jdm eine ~/~en erweisen** to do sb a favour [*or* AM -or]/a few favours [*or* AM -ors] [*or* a good turn/a few good turns]
Wohltäter(in) *m(f)* benefactor *masc*, benefactress *fem;* **ein ~ der Menschheit** a champion of mankind
wohltätig *adj* 1 (*karitativ*) charitable
2 (*geh: wohltuend*) beneficial
Wohltätigkeit *f kein pl* (*veraltend*) charity; **auf die ~ anderer angewiesen sein** to have to rely on the charity of others
Wohltätigkeitskonzert *nt* charity concert **Wohltätigkeitsveranstaltung** *f* charity event **Wohltätigkeitsverein** *m* charity, charitable [*or* voluntary] organization
wohltuend <wohltuender, wohltuendste> *adj* (*geh*) agreeable
wohlverdient *adj* (*geh*) well-earned; **seine ~e Strafe erhalten** to get one's just deserts [*or* what one deserves]
Wohlverhalten *nt* (*iron*) good conduct [*or* behaviour] [*or* AM -or] **Wohlverhaltensfrist** *f* JUR period of good behaviour
wohlverstanden *adv* (*geh*) please note, mark you, mind [you]
wohlweislich *adv* very wisely; ~ ***schwieg er*** he very wisely kept quiet
wohlwollen *vi s.* **wohl² 1**
Wohlwollen <-s> *nt kein pl* goodwill; **auf jds ~ angewiesen sein** to rely on sb's goodwill; **bei allem ~** with the best will in the world
wohlwollend <wohlwollender, wohlwollendste> I. *adj* benevolent; ■**jdm gegenüber ~ sein** to be kindly disposed towards sb *form*
II. *adv* benevolently
Wohnanhänger *m* caravan BRIT, trailer AM
Wohnanlage *f* housing development [*or* estate]
Wohnaufschlag *m* housing surcharge (*rent rise*)
Wohnbau <-bauten> *m* residential building
Wohnberechtigungsschein *m certificate of eligibility for a council flat* **Wohnbevölkerung** *f* residential population **Wohnbezirk** *m* residential district **Wohnblock** *m* block of flats BRIT, apartment building [*or* house] AM **Wohncontainer** *m* Portakabin® BRIT **Wohndichte** *f* housing density **Wohneinheit** *f* (*geh*) unit, accommodation [*or* AM accomodations] unit, unit of accomodation [*or* AM accomodations]
wohnen *vi* ■**irgendwo ~** to live somewhere; ***ich wohne im Hotel*** I am staying at the hotel; ■**irgendwie ~** to live somehow; ***in diesem Viertel wohnt man sehr schön*** this area is a nice place to live
Wohnfläche *f* ARCHIT living space **Wohngebäude** *nt* residential building **Wohngebiet** *nt* residential area; **allgemeines ~** general residential area; **reines ~** area for purely residential purposes **Wohngegend** *f* residential area; **eine/keine gute ~ sein** to be/not to be a nice area to live in

W

Wohngeld *nt* housing benefit **Wohngeldberechtigte(r)** *f(m) dekl wie adj* JUR person entitled to housing benefit **Wohngeldempfänger(in)** *m(f)* JUR receiver of housing benefit

Wohngemeinschaft *f* communal residence, commune, house- [*or* flat-] [*or* AM apartment-] share; **in einer ~ leben** to share a house/flat with sb **Wohngift** *nt poisonous substance found in the home*

wohnhaft *adj* (*geh*) ■**der/die in … ~e** the person resident [*or* residing] in …; ■**irgendwo ~ sein** to live somewhere

Wohnhaus *nt* residential building **Wohnheim** *nt* (*Studenten~*) hall of residence BRIT, residence hall AM, dormitory AM; (*Arbeiter~*) hostel; (*Altersheim*) old people's home **Wohnkomfort** *m* comfort of one's home **Wohnkosten** *pl* JUR housing costs **Wohnküche** *f* kitchen-cum-living room **Wohnkultur** *f kein pl* style of home furnishing **Wohnlage** *f* residential area

wohnlich *adj* cosy BRIT, cozy AM; **es sich irgendwo ~ machen** to make oneself cosy [*or* comfortable] somewhere

Wohnmobil <-s, -e> *nt* AUTO camper, BRIT *a.* Dormobile® **Wohnnebenkosten** *pl* heating, lighting and services (*additional costs after rent*) **Wohnort** *m* place of residence **Wohnortezuweisungsgesetz** *nt für Aussiedler* law regarding one's allocated place of residence (*welfare benefits only granted to those immigrants who remain in the areas to which they were assigned*) **Wohnqualität** *f* housing quality

Wohnraum *m* ❶ (*Zimmer*) living room ❷ *kein pl* (*Fläche*) living space **Wohnraumbeschaffung** *f kein pl* new accommodation **Wohnraummietrecht** *nt* JUR landlord and tenant law

Wohnrecht *nt* JUR right of abode [*or* residence] **Wohnschlafzimmer** *nt combined living room and bedroom* **Wohnsiedlung** *f* housing estate [*or* AM development] **Wohnsilo** *m o nt* (*pej*) concrete monolith *pej*

Wohnsitz *m* ADMIN (*geh*) domicile, permanent abode; **erster ~** main place of residence; **gesetzlicher ~** domicile by operation of law; **gewillkürter ~** elected domicile; **ohne festen ~** of no fixed abode **Wohnsitzprinzip** *nt* FIN (*bei Besteuerung*) principle of income source neutrality **Wohnsitzverlegung** *f* change of domicile

Wohnstock *m* SCHWEIZ *s.* **Stockwerk** storey BRIT, story AM, floor

Wohnstube *f* (*veraltend*) living room

Wohnung <-, -en> *f* flat, apartment; **freie ~ haben** to have free lodging

Wohnungsamt *nt* housing department **Wohnungsangebot** *nt* housing market

Wohnungsbau *m kein pl* house building; **sozialer ~** council houses

Wohnungsbaudarlehen *nt* FIN home loan **Wohnungsbauförderung** *f* subsidized housing (*government aid for a residential building*) **Wohnungsbaugesellschaft** *f* property company, house builder **Wohnungsbaugesetz** *nt* JUR housing law **Wohnungsbauprogramm** *nt* housing programme [*or* AM -am], residential building programme

Wohnungsbedarf *m kein pl* housing requirements *pl* **Wohnungsbesetzer(in)** <-s, -> *m(f)* squatter **Wohnungsbindungsgesetz** *nt* JUR Controlled Tenancies Act **Wohnungseigentümer(in)** *m(f)* flat [*or* AM apartment] owner **Wohnungseigentümergemeinschaft** *f* JUR condominium association **Wohnungseigentümerversammlung** *f* JUR statutory meeting of condominium owners **Wohnungseinrichtung** *f* furnishings *pl* **Wohnungsgeld** *nt* rent allowance **Wohnungsgrundbuch** *nt* JUR condominium register **Wohnungshalden** *pl* housing mountain *no pl* **Wohnungsinhaber(in)** *m(f)* (*geh*) householder, occupant

wohnungslos *adj* homeless

Wohnungsmangel *m kein pl* housing shortage

Wohnungsmarkt *m* housing market **Wohnungsmarktanzeige** *f* residential property advertisement **Wohnungsmiete** *f* (*geh*) rent **Wohnungsnachfrage** *f* housing demand **Wohnungsnot** *f kein pl* serious housing shortage **Wohnungsnotstand** *m* serious housing shortage [*or* lack of housing] **Wohnungspolitik** *f kein pl* POL housing policy **Wohnungsrecht** *nt* JUR landlord and tenant law **Wohnungsschlüssel** *m* key to the flat [*or* AM apartment] **Wohnungssuche** *f* flat- [*or* apartment-] hunting; **auf ~ sein, sich auf ~ befinden** (*geh*) to be flat-hunting [*or* looking for a flat] **Wohnungssuchende(r)** *f(m) dekl wie adj* homeseeker, person looking for a flat [*or* AM apartment] **Wohnungstausch** *m* exchange [of flats [*or* apartments]/houses] **Wohnungstür** *f* front door **Wohnungswechsel** *m* change of address **Wohnungswesen** *nt kein pl* housing industry *no pl* **Wohnungswirtschaft** *f kein pl* housing industry

Wohnverhältnisse *pl* ÖKON housing conditions; **Wohn- und Lebensverhältnisse** housing and living conditions **Wohnviertel** *nt* residential area [*or* district] **Wohnwagen** *m* AUTO ❶ (*Campinganhänger*) caravan BRIT, trailer AM ❷ (*mobile Wohnung*) mobile home; (*Zigeunerwohnwagen*) gypsy caravan **Wohnwert** *m kein pl* residential amenity; **einen hohen ~ haben** to be an attractive place to live in

Wohnzimmer *nt* living room, lounge

Wohnzimmerfenster *nt* living room window; ***die Vorhänge am ~*** the living room curtains

Wok <-, -s> *m* KOCHK wok

wölben *vr* ❶ (*sich biegen*) ■**sich ~** to bend [*or* bulge]
❷ (*in einem Bogen überspannen*) ■**sich** *akk* **über etw** *akk* **~** to arch over sth; ***das Zeltdach wölbte sich über die Tribüne*** the roof of the tent formed an arch over the rostrum

Wölbung <-, -en> *f* ❶ BAU (*gewölbte Konstruktion*) dome; (*Bogen*) arch
❷ (*Rundung*) bulge
❸ ANAT (*gewölbte Beschaffenheit*) curvature

Wolf <-[e]s, Wölfe> *m* ❶ ZOOL wolf
❷ TECH shredder; **etw durch den ~ drehen** to shred sth; (*Fleischwolf*) mincer BRIT, grinder AM
❸ MED (*Intertrigo*) intertrigo
▸ WENDUNGEN: **ein ~ im Schafspelz sein** to be a wolf in sheep's clothing; **jdn durch den ~ drehen** (*sl*) to put sb through his paces; **mit den Wölfen heulen** to run with the pack

Wölfchen <-s, -> *nt dim von* **Wolf** wolf cub

Wölfin <-, -nen> *f* she-wolf

Wölfling <-s, -e> *m* cub [scout]

Wolfram <-s> *nt kein pl* CHEM tungsten, wolfram

Wolfsbarsch *m* KOCHK, ZOOL sea bass **Wolfshund, -hündin** *m, f* Alsatian, German shepherd **Wolfshunger** *m kein pl* (*fam*) ravenous hunger; **einen ~ haben** to be ravenous

Wolga <-> *f* Volga

Wolgograd <-s> *nt* Volgograd

Wölkchen <-s, -> *nt dim von* **Wolke** small cloud

Wolke <-, -n> *f* cloud
▸ WENDUNGEN: **aus allen ~n fallen** to be flabbergasted *fam;* **über den ~n schweben** (*geh*) to have one's head in the clouds

Wolkenbank <-bänke> *f* cloudbank **Wolkenbruch** *m* cloudburst **wolkenbruchartig** *adj* torrential **Wolkendecke** *f* cloud cover **Wolkenkratzer** *m* (*fam*) skyscraper

wolkenlos *adj* cloudless

Wolkenschicht *f* layer of cloud, cloud layer **wolkenverhangen** *adj* overcast

wolkig *adj* cloudy

Wolldecke *f* [woollen] blanket

Wolle <-, -n> *f* MODE, ZOOL wool
▸ WENDUNGEN: **sich** *akk* **mit jdm [wegen einer S.** *gen*] **in der ~ haben** (*fam*) to be at loggerheads with sb [about [*or* over] sth]; **sich** *akk* **mit jdm [wegen einer S.** *gen*] **in die ~ kriegen** (*fam*) to start squabbling with sb [about [*or* over] sth]

wollen¹ *adj attr* MODE woollen

wollen²

I. MODALVERB II. INTRANSITIVES VERB
III. TRANSITIVES VERB

I. MODALVERB

<will, wollte, wollen> ❶ (*mögen*) ■**etw tun ~** to want to do sth; **seinen Kopf durchsetzen ~** to want one's own way; **keine Widerrede hören ~** to not want to hear any arguments; ***willst du nicht mitkommen?*** do you want [*or* would you like] to come [along]?; **etw haben ~** to want [to have] sth; **etw nicht haben ~** to not allow sth; **etw nicht tun ~** to not want [*or* refuse] to do sth; ***der Wagen will schon wieder nicht anspringen*** the car does not want [*or* refuses] to start again; ***wollen wir uns nicht setzen?*** why don't we sit down?
❷ (*zu tun beabsichtigen*) ■**etw tun ~** to want to do sth; **etw schon lange tun ~** to have been wanting to do sth for ages; ***ihr wollt schon gehen?*** are you leaving already?; ■**etw gerade tun ~** to be [just] about to do sth; ***wir wollten gerade gehen*** we were just leaving [*or* about to go]; ***ich wollte mich mal nach Ihrem Befinden erkundigen*** I wanted to find out how you were
❸ (*behaupten*) ■**etw getan haben ~** to claim to have done sth; **von etw nichts gewusst haben ~** to claim to have known nothing about sth; ***keiner will etwas gesehen/gehört haben*** nobody will admit to having seen/heard anything; ***und so jemand will Arzt sein!*** and he calls himself a doctor!
❹ (*höfliche Aufforderung*) ■**jd wolle etw tun** sb would do sth; ***wenn Sie jetzt bitte still sein ~*** if you would please be quiet now; ***man wolle doch nicht vergessen, wie teuer ein Auto ist*** we should not forget how expensive a car is
❺ *passivisch* (*müssen*) ■**etw will etw sein** [*o* **werden**] sth has to be sth; ***einige wichtige Anrufe ~ auch noch erledigt werden*** some important calls still have to be made; ***eine komplizierte Aktion will gut vorbereitet sein*** a complicated operation has to be well prepared
❻ (*werden*) ■**…, als wolle es etw tun** … as if it is going to do sth; ***es sieht aus, als wolle es gleich regnen*** it looks like rain, it looks as if it's about to rain; ***er will und will sich nicht ändern*** he just will not change; *s. a.* **besser**

II. INTRANSITIVES VERB

<will, wollte, gewollt> ❶ (*den Willen haben*) to want; ***du musst es nur ~, dann klappt das auch*** if you want it to work, it will; **ob du willst oder nicht** whether you like it or not; **wenn du willst** if you like; ***gehen wir? — wenn du willst*** shall we go? — if you like [*or* want to]; **[ganz] wie du willst** just as you like, please yourself
❷ (*gehen ~*) ■**irgendwohin ~** to want to go somewhere; ***er will unbedingt ins Kino*** he is set on going [*or* determined to go] to the cinema; ***ich will hier raus*** I want to get out of here; ■**zu jdm ~** to want to see sb; ***zu wem ~ Sie?*** who[m] do you wish to see?
❸ *optativisch* (*anstreben*) ■**jd wollte, jd würde etw tun/etw würde geschehen** sb wishes that sb would do sth/sth would happen; ***ich wollte, ich dürfte noch länger schlafen*** I wish I could sleep in a bit longer; ***ich wollte, es wäre schon Weihnachten*** I wish it were Christmas already; ***ich wollte, das würde nie passieren*** I never wanted that to happen; ■**ich wollte, ich/jd wäre irgendwo** I wish I/sb were somewhere
▸ WENDUNGEN: **wer nicht will, der hat schon** (*prov*) if he doesn't/you don't like it he/you can lump it! *fam;* ***dann ~ wir mal*** let's get started [*or fam* going]; ***etw will nicht mehr*** (*fam*) sth refuses to go on; ***meine Beine ~ einfach nicht mehr*** my legs refuse to carry me any further; ***sein Herz will einfach nicht mehr*** he has a weak heart; **wenn man so will** as it were; ***das ist, wenn man so***

will, eine einmalige Gelegenheit it was, as it were, a once in a lifetime opportunity

III. TRANSITIVES VERB

<will, wollte, gewollt> ❶ *(haben ~)* ■**etw** ~ to want sth; ***willst du lieber Tee oder Kaffee?*** would you prefer tea or coffee?; ~ ***Sie nicht noch ein Glas Wein?*** wouldn't you like another glass of wine?; ■**etw von jdm** ~ to want sth from sb; **was willst du [noch] mehr!** what more do you want!
❷ *(bezwecken)* ■**etw mit etw** ~ to want sth with [*or* for] sth; ***was ~ Sie mit Ihren ständigen Beschwerden?*** what do you hope to achieve with your incessant complaints?; ***was willst du mit dem Messer?*** what are you doing with that knife?; **ohne es zu** ~ without wanting to, unintentionally
❸ *(verlangen)* ■**etw von jdm** ~ to want sth from sb; ***was ~ Sie von mir? ich habe doch gar nichts getan!*** what do you want? I have done nothing wrong!; *(ein Anliegen haben)* to want sth [with sb]; ***was wollte er von mir?*** what did he want with me?; ***Frau Jung hat angerufen, hat aber nicht gesagt, was sie wollte*** Mrs Jung rang, but she didn't say what she wanted [*or* why she wanted to talk to you]; ■**~, dass jd etw tut** to want sb to do sth; ***ich will, dass du jetzt sofort gehst!*** I want you to go immediately; ***ich hätte ja gewollt, dass er kommt, aber sie war dagegen*** I wanted him to come, but she was against it
❹ *(besitzen ~)* ■**jdn** ~ to want sb
❺ *(fam: brauchen)* ■**etw** ~ to want [*or* need] sth; ***Kinder ~ nun mal viel Liebe*** children need a great deal of love
▸ WENDUNGEN: **da ist nichts zu** ~ *(fam)* there is nothing we/you can do [about it]; **da ist nichts mehr zu** ~ *(fam)* that's that, there is nothing else we/you can do; **was du nicht willst, dass man dir tu', das füg auch keinem andern zu** *(prov)* do unto others as you would others unto you *prov;* **etwas von jdm** ~ *(fam)* to want sb *fam;* *(jdm Böses wollen)* to want to do sth to sb; **nichts von jdm** ~ *(fam)* to not be interested in sb; ***sie ist in Manfred verliebt, aber er will nichts von ihr*** she is in love with Manfred, but he is not interested [in her]; *(jdm nicht böse wollen)* to mean sb no harm; ***der Hund will nichts von dir*** the dog will not harm [*or* hurt] you; **[gar] nichts zu ~ haben** *(fam)* to have no say [in the matter]; *s. a.* **wissen**

Wollen <-s> *nt kein pl* will, desire
Wollfett *nt* wool fat **Wollgarn** *nt* woollen [*or* AM woolen] yarn
wollig *adj* woolly
Wolljacke *f* woollen cardigan **Wollkleid** *nt* woollen dress **Wollknäuel** *nt* ball of wool **Wollmützchen** *nt (für Kleinkinder)* bonnet **Wollsachen** *pl (fam)* woollies *pl fam,* woollens *npl* BRIT, woolens *npl* AM **Wollsiegel** *nt* Woolmark® **Wollstoff** *m* woollen cloth [*or* material]
wollte *1. u. 3. pers. sing imp von* **wollen**
Wollust <-, lüste> *f (geh)* lust; **voller** ~ lustfully; **etw mit wahrer [*o* einer wahren] ~ tun** *(fig)* to take great delight in doing sth, to delight in doing sth
wollüstig *adj (geh)* lustful, lascivious *form or pej;* **ein ~er Blick** a lascivious look
Wollwaren *pl* woollen goods *npl,* woollens *npl* **Wollwäsche** *f kein pl* [washing] woollens *npl* **wollweiß** *adj* natural white
Wombat <-s, -s> *m* ZOOL wombat
womit *adv* ❶ *interrog (mit was)* with what, what ... with; ~ ***reinigt man diese Seidenhemden?*** what do you/does one use to clean these silk shirts with ?; ~ ***habe ich das verdient?*** what did I do to deserve this?; ~ ***kann ich dienen?*** what can I do you for?; ~ ***ich es auch versuchte, der Fleck ging nicht raus*** whatever I tried it with, the stain wouldn't shift
❷ *rel (mit welcher Sache)* with which; ***das ist das Messer, ~ der Mord begangen wurde*** that's the knife with which the murder was committed; ***sie tat etwas, ~ ich nie gerechnet hatte*** she did something I would never have expected
womöglich *adv* possibly; ~ ***schneit es in den nächsten Tagen*** it's likely to snow in the next few days; ***sind Sie ~ Peter Müller?*** could your name possibly be Peter Müller?
wonach *adv* ❶ *interrog (nach was)* what ... for, what ... of; ~ ***suchst du?*** what are you looking for?; ~ ***riecht das hier so komisch?*** what's that funny smell in here?; ~ ***ich ihn auch fragte, er wusste eine Antwort*** whatever [it was] I asked him, he had an answer
❷ *rel (nach welcher Sache)* which [*or* what] ... for, of which; ***das ist der Schatz, ~ seit Jahrhunderten gesucht wird*** that is the treasure that has been hunted for for centuries; ***das, ~ es hier so stinkt, ist Sulfat*** the stuff that smells so bad here is sulphur; ***ich vermute, es ist Gold, ~ die hier schürfen*** I presume it is gold they are digging for here; *(demzufolge)* according to which; ***es gibt eine Zeugenaussage, ~ er unschuldig ist*** according to one witness's testimony he is innocent; *s. a.* **nach**
Wonderbra <-[s], -s> ['wʌndəʔbra:] *m* Wonderbra®
Wonne <-, -n> *f (geh)* joy, delight; **die ~n der Liebe** the joys of love; **es ist [für jdn] eine [wahre] ~, etw zu tun** *(fam)* it is a [real] joy [for sb] to do sth; ***die Kinder kreischten vor ~*** the children squealed with delight; **mit** ~ *(veraltend geh)* with great delight; ***ich habe mit ~ vernommen, dass es dir besser geht*** *(hum)* I was delighted to hear that you are getting better
Wonneproppen <-s, -> *m (hum fam)* little dumpling *hum fam,* bundle of joy
wonnig *adj* ❶ *(fam: Wonne hervorrufend)* delightful; **ein ~es Baby** a delightful baby; ***ist sie nicht ~?*** isn't she gorgeous?
❷ *(geh: von Wonne erfüllt)* blissful; **einen ~en Moment genießen** to enjoy a moment of bliss
woran *adv* ❶ *interrog (an welchem/welchen Gegenstand)* what ... on, on what; ~ ***soll ich das befestigen?*** what should I fasten this to?; *(an welchem/welchen Umstand)* what ... of, of what; ~ ***haben Sie ihn wiedererkannt?*** how did you recognize him again?; ~ ***können Sie sich noch erinnern?*** what can you still remember?; ~ ***denkst du gerade?*** what are you thinking of just now?; ~ ***ist sie gestorben?*** what did she die of?; ***ich weiß nie, ~ ich bei ihr bin*** I never know where I stand with her
❷ *rel (an welchem/welchen Gegenstand)* on which; ***es gab nichts, ~ sie sich festhalten konnte*** there was nothing for her to hold on to; ***das Seil, ~ der Kübel befestigt war, riss*** the rope on which the pail was fastened broke [*or* snapped]; *(an welchem/welchen Umstand)* by which; ***das ist das einzige, ~ ich mich noch erinnere*** that's the only thing I can remember; ***es gibt einige Punkte, ~ man echte Banknoten von Blüten unterscheiden kann*** there are a few points by which you can distinguish real bank notes from counterfeits; ~ **... auch [immer]** whatever ...; ~ ***ich im Leben auch glaubte, immer wurde ich enttäuscht*** whatever I believed in in life, I was to be disappointed
worauf *adv* ❶ *interrog (auf welchen/welchem Umstand)* on what ..., what ... on; ~ ***wartest du noch?*** what are you waiting for?; ~ ***stützen sich deine Behauptungen?*** what are your claims based on?; *(auf welche/welcher Sache)* on what, what ... on; ~ ***darf ich mich setzen?*** what can I sit on?; ~ ***steht das Haus?*** what is the house built on?
❷ *rel (auf welcher/welche Sache)* on which; ***das Bett, ~ wir liegen, gehörte meinen Großeltern*** the bed we're lying on belonged to my grandparents; ***der Grund, ~ das Haus steht, ist sehr hart*** the ground on which the house is built is very hard; ***das Papier, ~ ich male, mache ich selbst*** I make the paper I'm painting on myself; ~ **... auch [immer]** whatever ... on; ***alle Gebäude stürzten ein, ~ sie auch gebaut waren*** all the buildings caved in, regardless of what they were built upon; *(woraufhin)* whereupon; ***er schoss, ~ man sich sofort auf ihn stürzte*** he fired a shot, whereupon they pounced on him; *s. a.* **verlassen**
woraufhin *adv* ❶ *interrog (auf welche Veranlassung hin)* for what reason; ~ ***können wir ihn verhaften lassen?*** for what reason can we have him arrested?; ~ ***hast du das getan?*** why did you do that?
❷ *rel (wonach)* whereupon, after which; ***sie beschimpfte ihn, ~ er wütend den Raum verließ*** she swore at him whereupon he stormed out of the room
woraus *adv* ❶ *interrog (aus welcher Sache/welchem Material)* what ... out of, out of what; ~ ***bestehen Rubine?*** what are rubies made out of?; ***und ~ schließen Sie das?*** and from what do you deduce that?; ~ ***haben Sie das entnommen?*** where did you get that from?
❷ *rel (aus welcher Sache/welchem Material)* from which, what ... out of, out of which; ***das Material, ~ die Socken bestehen, kratzt*** the material the socks are made of is itchy; ***ich liebte das Buch, ~ sie mir immer vorlas*** I loved the book she always read out of; *(aus welchem Umstand)* from which; ***es gab gewisse Anzeichen, ~ das geschlossen werden konnte*** there were certain signs from which this could be deduced; ~ ***auch immer dieses Gehäuse gefertigt ist, es ist sehr stabil*** whatever this shell is made of it's very robust; ~ ***sie das auch abgeschrieben hat, es ist gut*** wherever she copied this from it's good
worden *pp von* **werden I 3**
worin *adv* ❶ *interrog (in welcher Sache)* in what, what ... in; ~ ***besteht der Unterschied?*** wherein *form* lies [*or* where is] the difference?
❷ *rel (in dem)* in which; ***es gibt etwas, ~ sich Original und Fälschung unterscheiden*** there is one point in which the original and the copy differ; ***das, ~ ihr euch gleicht, ist die Geldgier*** greed for money is one thing which you have in common; ~ **... auch [immer]** wherever; ~ ***auch immer du Talent hast, nutze es!*** whatever you have talent in, use it!
Workaholic <-s, -s> *m (sl)* workaholic **Workout** <-s, -s> ['wə:kaut] *nt* workout **Workshop** <-s, -s> *m* workshop **Workstation** <-, -s> ['wə:ksteɪʃn] *f* INFORM workstation
Worldcup ['wə:ldkʌp] *m* SPORT World Cup
WORM-CD *f Abk von* **Write Once Read Multiple** WORM-CD
Worst-Case-Szenario [ˌwɜ:st'keɪs-] *nt* worst case scenario
Wort¹ <-[e]s, Wörter> *nt* LING word; **im wahrsten Sinne des ~es** in the true sense of the word; ~ **für** ~ word for word
Wort² <-[e]s, -e> *nt* ❶ *meist pl (Äußerung)* word *usu pl;* **etw mit knappen/umständlichen ~en ausdrücken** to express sth briefly/in a roundabout way; ***erzählen Sie mit möglichst knappen ~en, was vorgefallen ist*** tell me as briefly as you can what happened; **das letzte ~ ist noch nicht gesprochen** that's not the end of it, the final decision hasn't been made yet; **immer das letzte ~ haben wollen** to always want to have the last word; ***das ist ein wahres ~*** *(geh)* you can say that again; **daran ist kein wahres ~, davon ist kein ~ wahr** not a word of it is true, don't believe a word of it; ***du sprichst ein wahres ~ gelassen aus*** how right you are; ***hat man denn da noch ~e?*** what can you say?, words fail me; ***für so ein Verhalten finde ich keine ~e mehr*** such behaviour leaves me speechless; ***ein ~ gab das andere*** one thing led to another; **ein ~ Goethes** a quotation from Goethe; ***denk an meine ~e!*** remember what I said!; **freundliche/harte ~e** friendly/harsh words; ***ich habe nie ein böses ~ von ihr gehört*** I've never heard a bad word from her; **in ~ und Bild** in words and pictures; **in ~ und Schrift** *(geh)* spoken and written; ***sie beherrscht Französisch in ~ und Schrift*** she has command of both written and

spoken French; ***auf ein ~!*** (*geh*) a word!; **das sind große ~e** (*fig*) sb talks big *fam;* **in ~ und Tat** in word and deed; **seinen ~en Taten folgen lassen** actions speak louder than words, to follow one's words with action; **mit anderen ~en** in other words; **mit einem ~** in a word; ***man kann sein eigenes ~ nicht [mehr] verstehen*** one can't hear oneself speak; **jdn mit schönen ~en abspeisen** to fob sb off nicely; **[bei jdm] ein gutes ~ für jdn einlegen** to put in a good word for sb [with sb]; **etw in ~e fassen** to put sth into words; **jdm fehlen die ~e** sb is speechless; **jd findet keine ~e für etw** sb can't find the right words to express sth; ***hättest du doch ein ~ gesagt*** if only you had said something; ***davon hat man mir kein ~ gesagt*** no one has said a word to me about it; **jdm kein ~ glauben** to not believe a word sb says; **kein ~ herausbringen** to not get a word out; **nicht viele ~e machen** (*fig*) to be a man of action [rather than words]; **ein ernstes ~ mit jdm reden** to have a serious talk with sb; **kein ~ miteinander reden** to not say a word to each other; **etw** *dat* **das ~ reden** to put the case for sth; **kein ~ verstehen** to not understand a word; (*hören*) to be unable to hear a word [that's being said]; ***meine Erleichterung lässt sich in ~en kaum schildern*** I can't possibly describe in words how relieved I am; **etw mit keinem ~ erwähnen** to not say a [single] word about sth; ***darüber brauchen wir kein ~ zu verlieren*** we don't need to waste any words on it; **kein ~ über jdn/etw verlieren** to not say a word about sb/sth, to not mention sb/sth; **aufs ~ parieren** to jump to it; **~e des Dankes** words of thanks; ***er bat uns ohne ein ~ des Grußes herein*** he motioned us to enter without a word of greeting; **genug der ~e!** (*geh*) that's enough talk!; **kein ~ mehr!** (*fam*) not another word!; ***das sind nichts als ~e*** they're only [*or* nothing but] words; **nach dem ~ des Evangeliums** (*fig*) according to the Gospel; ***1.000 Mark, in ~en: eintausend*** 1,000 Marks in words: one thousand

❷ *kein pl* (*Ehren~*) word; ***das ist ein ~!*** [that's a] deal!, you've got it!; **sein ~ brechen/halten** to break/keep one's word; **jdm sein ~ [auf etw** *akk*] **geben** to give sb one's word [on sth]; **jdm [etw] aufs ~ glauben** to believe every word sb says [about sth]; ***das glaube ich dir aufs ~*** I can well believe it; **jdn beim ~ nehmen** to take sb at his word, to take sb's word for it; **auf mein ~!** I give you my word!; **bei jdm im ~ stehen** [*o* **sein**] (*geh*) to have given one's word [to sb]; ***ich bin bei ihm im ~*** I gave him my word

❸ *kein pl* (*Rede[erlaubnis]*) word; ***gestatten Sie mir ein ~*** allow me to say a few words; **jdm das ~ abschneiden** to cut sb short; **ums ~ bitten** to ask to speak; **jdm das ~ entziehen** to cut sb short; **das ~ ergreifen** [*o* **führen**] to begin to speak; *Diskussionsteilnehmer* to take the floor; **jdm das ~ erteilen** [*o* **geben**] to allow sb to speak; *Diskussionsleiter etc.* to allow sb to take the floor; **jdm ins ~ fallen** to interrupt sb; **das ~ haben** to have one's turn to speak; ***als Nächstes haben Sie das ~*** it's your turn to speak next; **zu ~ kommen** to get a chance to speak; **sich zu ~ melden** to ask to speak; **das ~ an jdn richten** (*geh*) to address sb; **jdm das ~ verbieten** to forbid sb to speak

❹ (*Befehl, Entschluss*) word; ***das ~ des Vaters ist auschlaggebend*** the father's word is law; **das ~ des Königs** the king's command; **ein ~ mitzureden haben** to have sth to say about sth; **jds ~ ist Gesetz** sb's word is law, what sb says goes

▶ WENDUNGEN: **dein/sein/ihr ~ in Gottes Ohr!** (*fam*) let's hope so! *fam;* **jdm das ~** [*o* **die ~e**] **im Munde herumdrehen** to twist sb's words; **geflügeltes ~** quotation; **das ~ zum Sonntag** *short religious broadcast on Saturday evening;* **aufs ~ gehorchen** to obey sb's every word

Wọrtabstand *m* spacing **Wọrtart** *f* LING part of speech **Wọrtbildung** *f* LING ❶ (*das Bilden*) word formation ❷ (*gebildetes Wort*) word form **Wọrtbruch** *m* (*geh*) breaking of a promise **wọrtbrüchig** *adj* (*geh*) treacherous, false; **gegen jdn ~ sein, ~ werden** to break one's word [to sb]

Wọ̈rtchen <-s, -> *nt dim von* **Wort** (*fam*) word; ***zu keinem ein ~ darüber!*** not a word of it to anyone!; **mit jdm noch ein ~ zu reden haben** (*fig fam*) to have a bone to pick with sb *fig fam;* ***da habe ich [noch/wohl] ein ~ mitzureden*** (*fig fam*) I think I have something to say about [*or* some say in] that *fam*

Wọ̈rterbuch *nt* dictionary

Wọ̈rterkennung *f* INFORM word recognition

Wọ̈rterverzeichnis *nt* LING, VERLAG, SCH ❶ (*Vokabular*) glossary

❷ (*Wortverzeichnis, -index*) index

Wọrtfamilie *f* word family **Wọrtfetzen** *pl* scraps of conversation *pl* **Wọrtführer(in)** *m(f)* spokesperson, spokesman *masc,* spokeswoman *fem;* **sich** *akk* **zum ~ von jdm/etw machen** to designate oneself as the spokesman/spokeswoman for sth/sb **Wọrtgefecht** *nt* battle [*or* war] of words **wọrtgetreu I.** *adj* verbatim *inv form;* **eine ~e Übersetzung** a faithful translation **II.** *adv* verbatim *inv form,* word for word; **etw ~ wiedergeben** to repeat sth word for word **wọrtgewandt** *adj* eloquent **Wọrtgut** *nt kein pl* (*geh*) *s.* **Wortschatz** **wọrtkarg** *adj* taciturn; **eine ~e Antwort** a taciturn reply; **ein ~er Mensch** a taciturn person; ***warum bist du heute so ~?*** why are you so quiet today? **Wọrtklauber** <-s, -> *m* (*pej*) quibbler, caviller **Wortklauberei** <-, -en> *f* (*pej*) hair-splitting *no pl,* nit-picking *no pl;* ***das ist doch reine ~*** you're just splitting hairs **Wọrtlaut** *m kein pl* wording; **einen anderen/diesen/folgenden ~ haben** to read differently/like this/as follows; **im vollen/originalen ~** word for word/in its original wording

Wọ̈rtlein <-s, -> *nt dim von* **Wort** *s.* **Wörtchen**

wọ̈rtlich I. *adj* ❶ (*originalgetreu*) word-for-word, verbatim; **die ~e Wiedergabe eines Textes** a word-for-word account of a text

❷ (*in der Originalbedeutung*) **eine ~e Übersetzung** a literal [*or* word-for-word] translation

II. *adv* ❶ (*genauso*) word for word; ***hat er das wirklich ~ so gesagt?*** did he actually say that?

❷ (*dem originalen Wortlaut gemäß*) literally; **etw ~ übersetzen** to translate sth literally; **etw ~ nehmen** to take sth literally

wọrtlos I. *adj* silent

II. *adv* silently, without saying a word

Wọrtmeldung *f* request to speak; **um ~ bitten** to ask for permission to speak **wọrtreich I.** *adj* ❶ (*mit vielen Worten*) long-winded *pej,* wordy *pej;* **eine ~e Entschuldigung** a profuse apology ❷ (*mit großem Wortschatz*) rich in vocabulary; **eine ~e Sprache** a language that is rich in vocabulary **II.** *adv* profusely, in a long-winded manner **Wọrtschatz** *m* vocabulary **Wọrtschwall** <-[e]s> *m kein pl* torrent of words **Wọrtspiel** *nt* pun, play on words **Wọrtstamm** *m* LING stem [of a/the word] **Wọrtstellung** *f* word order **Wọrttrennung** *f* hyphenation, word break **Wọrtwahl** *f kein pl* choice of words **Wọrtwechsel** *m* (*geh*) verbal exchange

wọrtwọ̈rtlich I. *adj* word-for-word; **eine ~e Übersetzung** a literal translation

II. *adv* word for word; **jdn ~ zitieren** to quote sb word for word; ***hier heißt es doch ~, dass ich den Preis gewonnen habe*** it says here quite literally that I've won the prize

worüber *adv* ❶ *interrog* (*über welches Thema*) what ... about, about what; **~ *habt ihr euch so lange unterhalten?*** what was it you talked about for so long?; **~ *hast du so lange gebrütet?*** what have you been pondering about for so long?

❷ *interrog* (*über welchem/welchen Gegenstand*) above which; **~ *soll ich das Handtuch breiten?*** what should I spread the towel out over?

❸ *rel* (*über welche Sache*) about which, what ... about, for which; ***es geht Sie gar nichts an, ~ wir uns unterhalten haben!*** it's none of your business what we were talking about!; ***das Problem, ~ ich schon so lange gebrütet habe, ist gelöst*** the problem I was brooding about for so long has been solved; ***das ist die bestellte Ware, ~ Ihnen die Rechnung dann später zugeht*** here is the ordered merchandise, for which you will receive the bill later

❹ *rel* (*über welchen/welchem Gegenstand*) over which; ***der Koffer, ~ du gestolpert bist, gehört mir*** the suitcase you stumbled over is mine

worụm *adv* ❶ *interrog* (*um welche Sache/Angelegenheit*) what ... about; **~ *ging es eigentlich bei eurem Streit?*** what was your fight all about?; **~ *handelt es sich?*** what is this about?

❷ *interrog* (*um welchen Gegenstand*) what ... around; **~ *hatte sich der Schal gewickelt?*** what had the scarf wrapped itself around?

❸ *rel* (*um welche Sache/Angelegenheit*) what ... about; ***alles, ~ du mich bittest, sei dir gewährt*** (*geh*) all that you ask of me will be granted

❹ *rel* (*um welchen Gegenstand*) around; ***das Bein, ~ der Verband gewickelt ist, ist viel dünner*** the leg the bandage is around is much thinner

worụnter *adv* ❶ *interrog* (*unter welcher Sache/Angelegenheit*) what ... from; **~ *leidet Ihre Frau?*** what is your wife suffering from?; **~ *darf ich Sie eintragen, unter „Besucher" oder „Mitglieder"?*** where should I put your name down, "visitors" or "members"?

❷ *interrog* (*unter welchem/welchen Gegenstand*) under what, what ... under; **~ *hattest du dich versteckt?*** what did you hide under?

❸ *rel* (*unter welcher Sache*) under which, which ... under; ***Freiheit ist ein Begriff, ~ vieles verstanden werden kann*** freedom is a term that can mean many different things

❹ *rel* (*unter welchem/welchen Gegenstand*) under which; ***das ist der Baum, ~ wir uns zum ersten Mal küssten*** that's the tree under which we kissed for the first time

❺ *rel* (*inmitten deren: örtlich*) amongst which; ***Tierschützer, ~ ich mich selber zähle, verdienen Respekt*** animal conservationists, of which I am one, deserve to be respected

Wọtan <-s> *m* Wotan

wovọn *adv* ❶ *interrog* (*von welcher Sache/Angelegenheit*) what ... about; **~ *war auf der Versammlung die Rede?*** what was the subject of discussion at the meeting?; **~ *bist du denn so müde?*** what has made you so tired?

❷ *interrog* (*von welchem Gegenstand*) from what, what ... from; **~ *mag dieser Knopf wohl stammen?*** where could this button be from?

❸ *rel* (*von welchem Gegenstand*) from which; ***der Baum, ~ das Holz stammt, ist sehr selten*** the tree from which the wood originates is very rare

❹ *rel* (*von welcher Sache/Angelegenheit*) about which, which ... about; ***das ist eine Sache, ~ du nun mal nichts verstehst*** it's something you just don't know anything about

❺ *rel* (*durch welchen Umstand*) as a result of which; ***er hatte einen Unfall, ~ er sich nur langsam erholte*** he had an accident from which he only recovered slowly

wovor *adv interrog* ❶ *interrog* (*vor welcher Sache*) what ... of; **~ *fürchtest du dich denn so?*** what are you so afraid of?

❷ *interrog* (*vor welchem/welchen Gegenstand*) in front of what, what ... in front of; **~ *sollen wir den Schrank stellen*** what should we put the cupboard in front of?

❸ *rel* (*vor welcher Sache*) what ... of, of which; ***ich habe keine Ahnung, ~ er solche Angst hat*** I have no idea what he's so frightened of

❹ *rel* (*vor welchem/welchen Gegenstand*) in front of which; ***die Wand, ~ der Schrank stand, ist feucht*** the wall behind where the cupboard stood is damp

wozu *adv* ❶ *interrog* (*zu welchem Zweck*) why, how come, what ... for; **~ *musste dieses Unglück geschehen?*** why did this tragedy have to happen?; **~ *soll das gut sein?*** what's the purpose [*or* good] of that?; **~ *hast du das gemacht?*** what did you do that for?

❷ *interrog* (*zu welcher Sache*) for what, what ... for; ~ ***haben Sie sich entschlossen?*** what have you decided on?; ~ ***bist du so lange interviewt worden?*** what were you interviewed so long for? ❸ *rel* (*zu welchem Zweck*) for which reason; ***er hat eine Reise geplant, ~ er noch Geld braucht*** he has planned a journey for which he still needs money ❹ *rel* (*zu welcher Sache/Angelegenheit*) what; ***ich ahne schon, ~ du mich wieder überreden willst!*** I know what you want to talk me into!; ***das war ein Schritt, ~ ich mich schon längst bereitgefunden hatte*** that was a step which I had long been prepared for ❺ *rel* (*zusätzlich zu dem*) to which; ***das Buch umfasst 128 Seiten Text, ~ noch ein Schlusswort kommt*** the book has 128 pages of text and a summary in addition to that

Wrack <-[e]s, -s> *nt* ❶ (*Schiffs~*) wreck; (*Flugzeug~*) wreckage; (*Auto~*) wreckage ❷ (*fig fam: völlig verbrauchter Mensch*) wreck; **ein körperliches/seelisches ~ sein** to be a physical/emotional wreck; **ein menschliches ~ sein** to be a human wreck

Wrackbarsch *m* KOCHK, ZOOL stonebass

wrang *1. u. 3. pers. sing imp von* **wringen**

wringen <wrang, gewrungen> *vt* ❶ (*aus~*) ■**etw ~** to wring sth ❷ (*durch Wringen herauspressen*) ■**etw aus etw** *dat* ~ to wring sth out of sth; **Wasser aus einem Lappen ~** to wring water out of a cloth

WS *nt Abk von* **Wintersemester** winter semester [*or* BRIT *a.* term]

WTO *f Abk von* **World Tade Organization** WTO

Wucher <-s> *m kein pl* (*pej*) extortion *no pl*, profiteering *no pl;* (*Zinsen*) usury; **das ist [doch/ja] ~!** that's daylight [*or* AM highway] robbery!, that's extortionate!; **~ treiben** to profiteer, to extort

Wucherer, Wucherin <-s, -> *m, f* (*pej*) usurer, profiteer, money-sponger *fam*

Wuchergeschäft *nt* usurious transaction **Wuchergesetz** *nt* JUR usury act **Wuchergesetzgebung** *f* JUR legislation on usury

wucherisch *adj* (*pej*) extortionate, exorbitant; **~e Zinsen verlangen** to lend money at usurious rates

Wuchermiete *f* (*pej*) extortionate rent

wuchern *vi* ❶ *sein o haben* HORT to grow rampant ❷ *sein* MED to proliferate, to spread rampantly ❸ *haben* (*Wucher treiben*) ■**[mit etw** *dat*] ~ to practise usury [with sth]

wuchernd *adj Pflanzen* rampant, proliferous; *Bart* luxurious, untamed; **eine ~de Geschwulst** MED a fast-growing tumour

Wucherpreis *m* (*pej*) extortionate [*or* exorbitant] price

Wucherung <-, -en> *f* ❶ (*krankhafte Gewebevermehrung*) proliferation ❷ (*Geschwulst*) growth

Wucherzins *m meist pl* (*pej*) usurious [*or* exorbitant] interest

wuchs *imp von* **wachsen¹**

Wuchs <-es> *m kein pl* ❶ HORT (*Wachstum*) growth ❷ (*Form, Gestalt*) stature, build ❸ (*Pflanzenbestand*) cluster; **ein ~ junger Bäume** a clump of saplings

Wucht <-> *f kein pl* force; (*Schläge, Hiebe*) brunt; **mit aller ~** with all one's might; **mit voller ~** with full force; ***der Stein traf ihn mit voller ~ an der Schläfe*** the stone hit him full force on the temple; ***hinter seinen Schlägen steckt eine ungeheure ~*** there is enormous force behind his punches, he packs a very powerful punch; **eine ~ sein** (*fam*) to be smashing [*or* great]; ***deine Mutter ist eine ~*** your mum is a star

wuchten *vt* (*fam*) ■**etw irgendwohin/aus etw** *dat* ~ to heave sth somewhere/out of sth; ***wir mussten die ganzen Steine vom Auto ~*** we had to heave all of the stones out of the car; ***wir ~ gerade die Statue von ihrem Sockel*** we're just about to heave the statue off its plinth

wuchtig *adj* ❶ (*mit großer Wucht*) forceful, mighty, heavy; **ein ~er Schlag** a powerful punch ❷ (*massig*) massive; ***dieser Schrank wirkt viel zu ~ für das kleine Zimmer*** this cupboard is far too overpowering for this little room

Wühlarbeit *f* ❶ (*von Maulwurf*) burrowing[s] ❷ *kein pl* (*pej: subversive Tätigkeiten*) subversive activities *pl*

wühlen I. *vi* ❶ (*kramen*) ■**in etw** *dat* **[nach etw** *dat*] ~ to rummage [*or* root] through sth [for sth]; ***wonach wühlst du denn in der alten Truhe?*** what are you rummaging for in that old chest?; **einen Schlüssel aus der Tasche ~** to root [*or* dig] a key out of a bag ❷ (*graben, aufwühlen*) ■**in etw** *dat* **[nach etw** *dat*] ~ to root through sth [for sth]; ***bei uns im Garten ~ wieder Maulwürfe*** we've got moles in our garden again; **in jds Haaren ~** to tousle sb's hair; **in den Kissen ~** (*fig*) to bury oneself in the cushions [*or* pillows] ❸ (*pej fam: intrigieren*) to stir things up; **gegen die Regierung ~** to stir things up against the government

II. *vr* ❶ (*sich vorwärts arbeiten*) ■**sich** *akk* **durch etw** *akk* ~ to burrow one's way through; ***der Wurm wühlt sich durch das Erdreich*** the worm burrows its way through the soil ❷ (*fam: sich durcharbeiten*) ■**sich** *akk* **durch etw** *akk* ~ to slog *fam* through sth; ***ich muss mich durch einen Stapel Akten ~*** (*fam*) I have to wade through a pile of files; **sich durch eine Menschenmenge ~** (*fig*) to burrow one's way through a crowd

Wühlkorb *m* ÖKON (*fam*) bargain bin **Wühlmaus** *f* vole **Wühltisch** *m* (*fam*) bargain counter

Wulst <-es, Wülste> *m o f* bulge; *Flasche, Glas* lip

wulstig *adj* bulging; (*Lippen*) thick

Wulstlippen *pl* (*fam*) thick lips *pl*

wummern *vi* to boom

wund I. *adj* sore; ***ich bin an den Hacken ganz ~*** my heels are all sore

II. *adv* **~ gelegen** having [*or* suffering from] bedsores *pl*; **eine ~ gelegene Stelle** a bedsore; **sich** *akk* **~ liegen** to get bedsores *pl;* **sich** *dat* **etw ~ liegen** to get bedsores *pl* on sth; ***sie hat sich den Rücken ganz ~ gelegen*** she had bedsores *pl* all over her back; **sich** *akk* **~ reiten** to become saddle-sore; **sich** *dat* **die Finger ~ schreiben** (*fig fam*) to wear one's fingers to the bone writing; **etw ~ kratzen/reiben/scheuern** to make sth sore by scratching/rubbing/chafing it; **sich** *akk* **~ kratzen** to scratch oneself to soreness; ***ich habe mir die Fersen ~ gelaufen*** I got sore heels from walking; *s. a.* **Punkt**

Wundbrand *m kein pl* MED gangrene *no pl* **Wundcreme** *f* rash cream **Wunddesinfektionsmittel** *nt* wound disinfectant

Wunde <-, -n> *f* wound; **tödliche ~** deadly wound
▶ WENDUNGEN: **[bei jdm] alte ~n wieder aufreißen** (*geh*) to open up an old wound [for sb]; **Salz in jds ~ streuen** (*fig*) to turn the knife in a wound *fig*, to rub salt into sb's wounds *fig;* **seine ~ lecken** to lick one's wounds; **an einer alten ~ rühren** to touch on a sore point

Wunder <-s, -> *nt* (*übernatürliches Ereignis*) miracle; **~ was/wer/wie** (*fam*) who knows what/who/how; ***er möchte ~ was erreichen*** goodness knows what he wants to achieve; ***das hat er sich ~ wie einfach vorgestellt*** he imagined it would be ever so easy; **~ tun** [*o* **wirken**] to work [*or* perform] a miracle *sing;* **an ein ~ grenzen** to be almost a miracle; **ein/kein ~ sein, dass ...** (*fam*) to be a/no wonder, that ...; ***ist es ein ~, dass ich mich so aufrege?*** (*fig fam*) is it any wonder that I'm so upset?; **es ist kein ~, dass ...** (*fam*) it's no [*or* little] [*or* small] wonder that ...; **wie durch ein ~** miraculously; **~ über ~** (*fam*) wonders will never cease; ***er kann nur durch ein ~ gerettet werden*** only a miracle can save him; **was ~[, dass] no wonder; was ~, dass sie jetzt eingeschnappt ist** no wonder she's in a huff; (*Phänomen*) wonder; **das ~ des Lebens** the miracle of life; **die ~ der Natur** the wonders of nature; ■**ein ~ an etw** *dat* **sein** to be a miracle of sth; ***diese Uhr ist ein ~ an Präzision*** this watch is a miracle of precision
▶ WENDUNGEN: **sein blaues ~ erleben** (*fam*) to be in for a nasty surprise

wunderbar I. *adj* ❶ (*herrlich*) wonderful, marvellous; **[das ist ja] ~!** [that's] wonderful [*or* marvellous]!; ***sie ist eine ~e Frau*** she's a wonderful woman ❷ (*wie ein Wunder*) miraculous; **eine ~e Fügung** a wonderful stroke of luck; ***die Geschichte ihrer Rettung ist ~*** the story of how she was rescued is miraculous

II. *adv* (*fam*) wonderfully; ***dieses Kissen ist ~ weich*** this cushion is wonderfully soft

wunderbarerweise *adv* miraculously

Wunderdroge *f* (*meist iron fam*) miracle drug **Wunderglaube** *m* belief in miracles **Wunderheiler(in)** <-s, -> *m(f)* miracle healer

wunderhübsch *adj* (*liter*) wonderfully pretty

Wunderkerze *f* sparkler **Wunderkind** *nt* child prodigy **Wunderland** *nt* wonderland

wunderlich *adj* odd, strange; **ein ~er Mensch** an oddball; ***manchmal passieren die ~sten Dinge*** sometimes the strangest things happen

Wundermittel *nt* miracle cure; (*Zaubertrank*) magic potion

wundern I. *vt* ■**jdn ~** to surprise sb; ***das wundert mich [nicht]*** I'm [not] surprised at that; ***das hätte uns eigentlich nicht ~ dürfen*** that shouldn't have come as a surpise to us; **es wundert mich, dass ...** I am surprised that ..., it surprises me that ...; **es würde mich nicht ~, wenn ...** I wouldn't be [at all] surprised if ...; **wundert dich das [etwa]?** does that surprise you [at all]?, are you [in the least bit] surprised?; **es sollte mich ~, wenn ...** it would surprise me if ..., are you [in the least bit] surprised?

II. *vr* ■**sich** *akk* **~** to be surprised; **du wirst dich ~!** you'll be amazed, you're in for a surprise; ■**sich** *akk* **über jdn/etw ~** to be surprised at sb/sth; ***ich wundere mich über gar nichts mehr*** nothing surprises me any more; ***dann darfst du dich nicht ~, wenn sie sauer auf dich ist*** then don't be surprised if she's cross with you; **ich muss mich doch sehr/wirklich ~!** well, I am very/really surprised [at you/him etc]

wunder|nehmen *irreg, impers* (*geh*) **I.** *vt* ❶ (*erstaunen*) ■**es nimmt jdn wunder, dass ...** it surprises sb that ...; ***es würde mich ~, wenn sie käme*** I'd be surprised if she came ❷ SCHWEIZ (*interessieren*) ■**es nimmt jdn wunder, ob/wie/dass ...** sb is interested [to know] whether/how/that ...; ***es nimmt mich wunder, wie sie von der Sache erfahren hat*** I'd like to know how she found out [about it]

II. *vi* ■**es nimmt wunder, dass/wie/warum** it is surprising that/how/why; ***es nimmt wunder, dass sie so lange überlebt hat*** it's amazing that she has survived so long

wundersam *adj* (*geh*) wondrous *liter;* **ein ~er Traum** a wondrous dream

wunderschön *adj* (*emph*) wonderful, lovely

wundervoll *adj s.* **wunderbar**

Wundfieber *nt* traumatic fever **Wundinfektion** *f* wound infection, infected wound **Wundsalbe** *f* ointment **Wundstarrkrampf** *m kein pl* MED tetanus *no pl*

Wunsch <-[e]s, Wünsche> *m* ❶ (*Verlangen*) wish; (*stärker*) desire; (*Bitte*) request; **jdm/sich einen ~ erfüllen** to fulfil [*or* AM *usu* -ll] a wish for sb/oneself; **jdm jeden ~ erfüllen** to grant sb's every wish; **jdm jeden ~ von den Augen ablesen** to anticipate sb's every wish; **einen bestimmten ~ haben/äußern** to have/make a certain request; ***ihr sehnlichster ~ ging in Erfüllung*** her most ardent desire was fulfilled; **nur ein frommer ~ sein** to be just a pipe dream; ***haben Sie sonst noch einen ~?*** would you like anything else?; **einen ~ frei haben** to have one wish; ***danke, das war alles, ich habe keinen ~ mehr*** thank you, that will be all, I don't need anything else; ***Ihr ~ ist mir Befehl*** (*hum*)

W

your wish is my command; (*geh*) on request; **keinen ~ offen lassen** to leave nothing to be desired; **auf jds [ausdrücklichen/besonderen] ~ [hin]** (*geh*) at/on sb's [express/special] request; **nach ~** just as I/he etc. wanted; (*wie geplant*) according to plan, as planned; ***das Auto entsprach nicht seinen Wünschen*** the car didn't come up to his expectations

❷ *meist pl* (*Glück~*) wish; **alle guten Wünsche zum Geburtstag** Happy Birthday; **mit besten Wünschen** (*geh*) best wishes

► WENDUNGEN: **hier ist der ~ der Vater des Gedankens** (*prov*) the wish is father to the thought *prov*

wünschbar *adj* SCHWEIZ *s.* **wünschenswert**

Wunschbild *nt* ideal **Wunschdenken** *nt kein pl* wishful thinking *no pl*

Wünschelrute *f* divining [*or* dowsing] rod

Wünschelrutengänger(in) <-s, -> *m(f)* diviner, dowser

wünschen I. *vt* ❶ (*als Glückwunsch sagen*) ■**jdm etw ~** to wish sb sth; **jdm zum Geburtstag alles Gute ~** to wish sb a happy birthday; ***ich wünsche dir gute Besserung*** get well soon!; **jdm eine gute Nacht ~** to wish [*or form* bid] sb good night; ***ich wünsche dir alles Glück dieser Welt!*** I wish you all the luck in the world!, I hope you get everything you could possibly wish for!

❷ (*als Geschenk erbitten*) ■**sich** *dat* **etw [von jdm] ~** to ask for sth [from sb]; ***ich habe mir zu Weihnachten eine elektrische Eisenbahn gewünscht*** I've asked for an electric railway for Christmas; ***was wünschst du dir?*** what would you like?; ***nun darfst du dir etwas ~*** now you can say what you'd like for a present; (*im Märchen*) now you may make a wish

❸ (*erhoffen*) ■**etw ~** to wish; ***ich wünsche nichts sehnlicher, als dass du glücklich wirst*** my greatest wish is for you to be happy; ***ich wünschte, der Regen würde aufhören*** I wish the rain would stop; ■**jdm etw ~** to wish sb sth; ***ich will dir ja nichts Böses ~*** I don't mean to wish you any harm; ***das würde ich meinem schlimmsten Feind nicht ~*** I wouldn't wish that on my worst enemy; ***ich wünsche dir gutes Gelingen*** I wish you every success; ***er wünschte ihr den Tod*** he wished she would drop dead; ■**~, dass** to hope for; ***ich wünsche, dass alles gut geht*** I hope everything goes well; ***ich wünsche, dass du wieder gesund nach Hause kommst*** I hope that you'll come home safe and sound; **das ist/wäre zu ~** that would be desirable

❹ (*haben wollen, erhoffen*) ■**sich** *dat* **etw ~** to want [*or* hope for] sth; **sich eine bessere Zukunft ~** to wish [*or* hope] for a better future; ***sie ~ sich schon lange ein Kind*** they've been wanting [*or* hoping for] a child for a long time; ***man hätte sich kein besseres Wetter ~ können*** one couldn't have wished for better weather; ■**sich** *dat* **jdn als [o zu] etw ~** to want sb to be sth; ***dich wünsche ich mir als Lehrerin*** I would love [for] you to be my teacher; **alles, was man/jd sich** *dat* **nur ~ kann** everything one/sb could wish for; ■**sich** *dat* **[von jdm] ~, [dass …]** to wish [sb would …]; ***ich wünsche mir von dir, dass du in Zukunft pünktlicher bist*** I wish you'd be more punctual in future; ***wir haben uns immer gewünscht, einmal ganz reich zu sein!*** we've always dreamed of becoming really wealthy; ***~ wir nur, dass diese Katastrophe niemals eintreten möge!*** let's just hope that this catastrophe never happens

❺ (*verlangen*) ■**etw ~** to want sth; ***ich wünsche sofort eine Erklärung [von Ihnen]***! I demand an explanation [from you] immediately!; ***ich wünsche, dass ihr mir gehorcht*** I want you to do as I say; ***wenn Sie noch etwas ~, dann klingeln Sie einfach*** if you require anything else, please just ring; ***ich wünsche ein Zimmer mit Bad*** I would like a room with bathroom; ***jemand wünscht Sie zu sprechen*** somebody would like to speak with you; **was ~ Sie?** how may I help you?; ***die Wiederholung wurde von der ganzen Klasse gewünscht*** the whole class requested that it be repeated; **wie gewünscht** just as I/we etc. wanted [*or* wished for]

❻ (*woandershin haben wollen*) ■**jdn irgendwohin ~** to wish sb would go somewhere; ***ich wünsche dich in die Hölle!*** [I wish you would] go to hell!; ■**sich irgendwohin ~** to wish oneself somewhere; ***sie wünschte sich auf eine einsame Insel*** she wished she were on a desert island

II. *vi* (*geh: wollen*) to want; ***Sie können so lange bleiben, wie Sie ~*** you can stay as long as you want; ***wenn Sie ~, kann ich ein Treffen arrangieren*** if you want I can arrange a meeting; ***ich wünsche, dass der Fernseher heute Abend aus bleibt*** I would like the television to stay off tonight; ***~ Sie, dass ich ein Taxi für sie bestelle?*** would you like me to order a taxi for you?; ***meine Vorschläge waren dort nicht gewünscht*** my suggestions were not wanted; ***sollten Sie mich zu sehen ~, klingeln Sie bitte nach mir*** if you should wish to see me, please ring for me; **Sie ~?** may I help you?; (*Bestellung*) what would you like?; **[ganz] wie Sie ~** just as you wish [*or* please]; **nichts/viel zu ~ übrig lassen** to leave nothing/much to be desired

wünschenswert *adj* desirable; **etw [nicht] für ~ halten** to consider sth [un]desirable

Wunschform *f* LING optative [mood] **Wunschgegner(in)** *m(f)* ideal opponent **wunschgemäß I.** *adj* requested, desired; ***wir können nur auf einen ~en Verlauf hoffen*** we can only hope that things go as planned **II.** *adv* as requested; ***das Projekt ist ~ verlaufen*** the project went as planned **Wunschkennzeichen** *nt* personalized registration plate **Wunschkind** *nt* planned child **Wunschkonzert** *nt* RADIO musical request programme [*or* AM -am] **Wunschliste** *f* wish list

wunschlos *adj* **~ glücklich sein** (*hum*) to be perfectly happy, to not want for anything *hum*

Wunschnachfolger(in) *m(f)* desired [*or* ideal] successor **Wunschpartner(in)** *m(f)* ideal partner **Wunschsatz** *m* optative clause **Wunschtraum** *m* dream **Wunschvorstellung** *f* illusion, pipedream; **sich** *akk* **[keinen] ~en hingeben** to [not] harbour [*or* AM -or] illusions **Wunschzettel** *m* wish list; **auf jds ~ stehen** to be sth sb wants; ***eine neue Stereoanlage steht schon lange auf unserem ~*** we've wanted a new stereo for a long time

wurde *imp von* **werden**

Würde <-, -n> *f* ❶ *kein pl* (*innerer Wert*) dignity; **die menschliche ~** human dignity; **~ ausstrahlen** to appear dignified; **etw mit ~ tragen** to bear sth with dignity; **jds ~ verletzen** to affront sb's dignity; ***scheinbar ist es für unseren Chef unter seiner ~, das zu tun*** our boss seemingly finds it beneath him to do that; **unter aller ~ sein** to be beneath contempt; **unter jds ~ sein** to be beneath sb['s dignity]; (*Erhabenheit*) venerability; **die ~ des Gerichts** the integrity of the court; **die ~ des Alters** venerability of old age

❷ (*Rang*) rank; (*Titel*) title; **akademische ~n** academic honours [*or* AM -ors]; **zu hohen ~n gelangen** to attain a high rank *sing*

würdelos I. *adj* undignified

II. *adv* without dignity

Würdenträger(in) *m(f)* (*geh*) dignitary

würdevoll *adj* (*geh*) **ein ~er Abgang** a dignified exit; **mit ~er Miene** with a dignified expression

würdig I. *adj* ❶ (*ehrbar*) dignified; **ein ~er Herr** a dignified gentleman; **ein ~es Aussehen haben** to have a dignified appearance

❷ (*wert, angemessen*) worthy; **einen ~en Vertreter finden** to find a worthy replacement; **jds/einer S.** *gen* **[nicht] ~ sein** to be [not] worthy of sb/sth; ***sie ist deiner nicht ~*** she doesn't deserve you; ***ich bezweifle, dass sie deines Vertrauens ~ ist*** I doubt that she's worthy of your trust; **sich** *akk* **einer S.** *gen* **~ erweisen** to prove oneself to be worthy of sth; ***es ist seiner nicht ~, das zu tun*** it is not worthy of him to do that

II. *adv* (*mit Würde*) with dignity; **jdn ~ empfangen** to receive sb with dignity; (*gebührend*) worthy; **jdn ~ vertreten** to be a worthy replacement for sb

würdigen *vt* ❶ (*anerkennend erwähnen*) ■**etw/jdn ~** to acknowledge sth/sb; ***ihre Leistung wurde in vielen Artikeln gewürdigt*** her performance was acknowledged in many articles

❷ (*schätzen*) ■**etw ~** to appreciate sth; **etw zu ~ wissen** to appreciate sth

❸ (*geh*) ■**jdn einer S.** *gen* **~** to deem sb worthy of sth; ***sie würdigte ihn keines Blickes*** she didn't deign to look at him

Würdigung <-, -en> *f* ❶ (*das Würdigen*) appreciation, acknowledgement; ***in ~ seiner Leistung bekam er eine Auszeichnung*** he received recognition in appreciation of his achievement

❷ (*schriftliche Anerkennung*) acknowledgement

Wurf <-[e]s, Würfe> *m* ❶ (*das Werfen*) throw; (*gezielter ~*) shot; (*Baseball*) pitch; (*Kegeln*) bowl; (*Würfel*) throw; **zum ~ ausholen** to get ready to throw; **alles auf einen ~ setzen** (*fig*) to go for it *fam*

❷ ZOOL (*Tierjunge einer Geburt*) litter

❸ (*gelungenes Werk*) **jdm gelingt ein großer ~ [mit etw** *dat*] sth is a great success [*or* big hit] for sb, sb has a great success [*or* big hit] with sth

Wurfbahn *f* trajectory

Würfel <-s, -> *m* ❶ (*Spiel~*) dice, die; **~ spielen** to play dice

❷ MATH (*Kubus*) cube

❸ (*kubisches Stück*) cube; **etw in ~ schneiden** to cut sth into cubes, to dice [*or* cube] sth

► WENDUNGEN: **die ~ sind gefallen** the dice is cast

Würfelbecher *m* shaker **würfelförmig** *adj* cube-shaped, cubic, cuboid

würf(e)lig I. *adj* cubed

II. *adv* in small cubes

würfeln I. *vi* ■**[mit jdm] ~** to play dice [with sb]; ■**um etw** *akk* **~** to throw dice for sth; ***wir haben darum gewürfelt, wer anfangen darf*** we threw dice to decide who should go first

II. *vt* ❶ (*Würfel werfen*) ■**etw ~** to throw sth; **eine sechs ~** to throw a six; ***hast du schon gewürfelt?*** have you had your go [*or* throw] ?

❷ KOCHK (*in Würfel schneiden*) ■**etw ~** to cut sth into cubes, to dice sth

Würfelspiel *nt* game of dice **Würfelspieler(in)** *m(f)* dice player **Würfelzucker** *m kein pl* sugar cube[s]

Wurfgeschoss[RR] *nt*, **Wurfgeschoß** *nt* missile, projectile **Wurfhammer** *m* SPORT hammer

würflig *adj s.* **würfelig**

Wurfmesser *nt* knife for throwing **Wurfpfeil** *m* dart **Wurfsendung** *f* direct mail item, junk mail *fam* **Wurfspiel** *nt* throwing game **Wurfspieß** *m* spear, javelin **Wurfstern** *m metal star used as a weapon when thrown*

Würgegriff *m* stranglehold; **im ~ des Todes** (*fig*) in the throes *npl* of death

würgen I. *vt* ❶ (*die Kehle zudrücken*) ■**jdn ~** to throttle [*or* strangle] sb

❷ (*hindurchzwängen*) ■**etw durch etw ~** to force sth through sth

► WENDUNGEN: **mit Hängen und W~** (*fam*) by the skin of one's teeth

II. *vi* ❶ (*kaum schlucken können*) ■**an etw** *dat* **~** to choke on sth

❷ (*hoch~*) to retch; ***mir war so schlecht, dass ich ständig ~ musste*** I felt so bad that I had to retch constantly

Würger(in) <-s, -> *m(f)* ❶ (*fig veraltet*) strangler

❷ ORN shrike

Wurm[1] <-[e]s, Würmer> *m* ZOOL (*Regen~*) worm; *meist pl* (*Faden~*) worm *usu pl;* (*fam: Made*) maggot; **Würmer haben** to have worms; ***der Hund leidet an Würmern*** the dog has got worms; ***in dem Holz ist der ~*** the wood has got woodworm

► WENDUNGEN: **jdm die Würmer [einzeln] aus der Nase ziehen** (*fam*) to drag it all out of sb; **da ist [o sitzt] der ~ drin** (*fam*) there's something fishy *fam* [*or* not quite right] about it

Wurm[2] <-[e]s, Würmer> *nt* (*kleines Wesen*) little

mite

Würmchen <-s, -> *nt dim von* **Wurm** little worm; (*Kind*) [poor] little mite

wurmen *vt* (*fam*) ■**jdn** ~ to bug [*or* nag] sb *fam;* ***was wurmt dich denn so?*** what's bugging [*or* nagging] you?; ***es wurmt mich sehr, dass ich verloren habe*** it really bugs me that I lost

Wurmfarn *m* BOT male fern

wurmförmig *adj* vermiform, worm-shaped **Wurmfortsatz** *m* appendix

wurmig *adj* wormeaten; (*madig*) maggoty

wurmstichig *adj* ① HORT maggoty; **ein ~er Apfel** a maggoty apple
② (*von Holzwürmern befallen*) full of woodworm

Wurst <-, Würste> *f* ① KOCHK sausage; (*Brotauflage*) sliced, cold sausage BRIT, cold cuts *pl* AM; **rote ~** smoked Polish sausage
② (*Wurstähnliches*) sausage; **eine ~ machen** (*fam*) to do a turd, to make a biggie
► WENDUNGEN: **jetzt geht es um die ~** (*fam*) the moment of truth has come; **jdm ~ [*o* Wurscht] sein** (*fam*) to be all the same to sb, to not matter to sb; ***das ist mir alles ~!*** I don't care about any of that!

Wurstbrot *nt open sandwich with slices of sausage*

Würstchen <-s, -> *nt* ① *dim von* **Wurst** little sausage; **Frankfurter/Wiener ~** frankfurter/wienerwursts BRIT, hot dog AM; **heiße ~** hot boiled [Frankfurter] sausages; (*im Brötchen*) hot dogs
② (*pej fam: unbedeutender Mensch*) squirt *fam;* **armes ~** (*fam*) poor soul [*or* BRIT sod] *fam*

Würstchenbude *f*, **Würstchenstand** *m* sausage stand, hot dog stand

wursteln *vi* (*fam*) ■**(vor sich hin) ~** to muddle [along [*or* on]], to potter [about]; **sich durchs Leben/die Schule ~** to muddle [along] through life/school

Wurstfabrik *f* sausage factory **Wurstfinger** *pl* (*pej fam*) podgy [*or* chubby] fingers *pl fam* **Wursthaut** *f* sausage skin

wurstig <-er, -ste> *adj* (*fam*) couldn't-care-less *attr*

Wurstigkeit <-> *f kein pl* (*fam*) couldn't-care-less attitude

Wurstkonserve *f* tinned sausages **Wurstmesser** *nt* serrated knife (*for slicing cold sausage*) **Wurstsalat** *m* sausage salad **Wurstvergiftung** *f* sausage poisoning **Wurstwaren** *pl* sausages and cold meats *pl*, cold cuts AM *pl* **Wurstzipfel** *m* end of a/the sausage

Württemberg <-s> *nt* Württemberg

Würzburg <-s> *nt* Würzburg

Würze <-, -n> *f* ① (*Gewürzmischung*) seasoning
② (*Aroma*) aroma; ***an der Geschichte fehlt die ~*** (*fig*) there's no spice to the story

Wurzel <-, -n> *f* ① (*Pflanzen~*) root; **~n schlagen** (*a. fig*) to put down roots; (*Zahn~*) root; (*Haar~*) root
② MATH root; ■**die [zweite/dritte] ~ aus etw** *dat* the [square/cube] root of sth; **die ~ aus etw** *dat* **ziehen** to find the root of sth
③ (*geh: Ursprung*) root; **die ~ allen Übels** the root of all evil; **etw mit der ~ ausrotten** to eradicate sth
④ LING (*gemeinsamer Wortstamm*) root
⑤ *meist pl* NORDD (*Karotte*) carrot

Wurzelballen *m* root bale **Wurzelbehandlung** *f* root treatment **Wurzelgemüse** *nt* root vegetables *npl*

wurzellos *adj* without roots *fig a.*

wurzeln *vi* (*geh*) ■**in etw** *dat* **~** to be rooted in sth, to have its roots in sth

Wurzelstock *m* BOT rhizome **Wurzelverzeichnis** *nt* INFORM root directory **Wurzelzeichen** *nt* MATH radical sign **Wurzelziehen** <-s> *nt kein pl* MATH root extraction

würzen *vt* ■**etw [mit etw** *dat*] **~** to season sth [with sth]; **eine Rede mit Anekdoten ~** (*fig*) to spice up a speech with anecdotes

würzig I. *adj* tasty; **eine ~e Suppe** a tasty soup
II. *adv* tastily; **~ duften/schmecken** to smell/taste good

Würzmischung *f* spice mixture **Würzmittel** *nt* condiment, seasoning **Würzstoff** *m* flavouring BRIT, flavoring AM **Würztunke** *f* marinade

wusch *imp von* **waschen**

Wuschelhaar *nt* (*fam*) frizzy [*or* fuzzy] hair

wusch(e)lig *adj* (*fam*) woolly, fuzzy *fam;* **~es Tier** shaggy animal

Wuschelkopf *m* (*fam*) ① (*wuschelige Haare*) mop of curls, fuzz *fam*
② (*Mensch mit wuscheligen Haaren*) woolly-haired person

wuseln *vi* to bustle about

wusste^RR^, **wußte** *imp von* **wissen**

Wust[1] <-[e]s> *m kein pl* (*fam*) pile; **ein ~ von Papieren** a pile of papers; **ein ~ von Problemen** (*fig*) a load of problems

Wust[2] *f kein pl* SCHWEIZ *Akr von* **Warenumsatzsteuer** *s.* **Umsatzsteuer**

wüst I. *adj* ① (*öde*) waste, desolate; **~e Einöde** desolate [*or* desert] wasteland; **eine ~e Gegend** a wasteland
② (*fig: wild, derb*) vile, rude; **ein ~er Kerl** a rude bloke; **~es Treiben** chaos; **~e Lieder singen** to sing rude songs
③ (*fam: unordentlich*) hopeless, terrible; **ein ~es Durcheinander** a hopeless [*or* terrible] mess; **~ aussehen** to look a real mess; **eine ~e Frisur** wild hair
II. *adv* vilely, terribly; **jdn ~ beschimpfen** to use vile language to sb

Wüste <-, -n> *f* desert, wasteland *fig;* **die ~ Gobi** the Gobi Desert; **in eine ~ verwandeln** (*fig*) to turn into a wilderness
► WENDUNGEN: **jdn in die ~ schicken** (*fam*) to send sb packing *fam*

Wüstenbildung *f* desertification **Wüstenklima** *nt kein pl* desert climate **Wüstenkonvention** *f* convention on desertification **Wüstensand** *m* desert sand

Wüstling <-s, -e> *m* (*pej*) lecher, debauchee

Wut <-> *f kein pl* fury, rage; **voller ~** furiously; **seine ~ an jdm/etw auslassen** to take one's anger out on sb/sth; **eine ~ bekommen** to get into [such] a rage, to become furious; **jdn in ~ bringen** to make sb furious, to infuriate sb; **in ~ geraten** to get [*or* fly] into a rage; **eine ~ [auf jdn] haben** (*fam*) to be furious [with sb]; ***ich habe vielleicht eine ~!*** I am so furious!; **vor ~ kochen** to seethe with rage [*or* anger]; **eine ~ im Bauch haben** (*fam*) to seethe with anger, to be hopping mad *fam*

Wutanfall *m* fit of rage; (*Kind*) tantrum; **einen ~ bekommen** [*o fam* **kriegen**] to throw a tantrum **Wutausbruch** *m* outburst of rage [*or* fury], tantrum

wüten *vi* to rage; *Sturm* to cause havoc; ***der Sturm hat hier ganz schön gewütet*** the storm has caused havoc here; **gegen die Obrigkeit ~** to riot against authority

wütend I. *adj* (*äußerst zornig*) furious, enraged; **ein ~es Raubtier** an enraged predator; **mit ~em Geheul/Geschrei** crying/screaming furiously; **in ~er Raserei** in a wild frenzy; **jdn ~ machen** to make sb mad; **~ auf/über jdn ~ sein** to be furious with sb; **~ über etw** *akk* **sein** to be furious about sth; ***meine Frau ist ~, weil ich sie versetzt habe*** my wife is furious because I stood her up; (*erbittert, sehr heftig*) fierce; **ein ~er Kampf** a fierce battle
II. *adv* furiously, in a rage

wutentbrannt *adv* in a fury

Wüterich <-s, -e> *m* (*pej veraltend*) brute

Wutgeheul *nt* roar of fury **Wutgeschrei** *nt* cries *pl* of rage **wutschäumend** *adj* foaming at the mouth *pred* **wutschnaubend** I. *adj* snorting with rage II. *adv* in a mad fury

Wutschrei *m* yell of rage

wutverzerrt *adj* distorted with rage; **mit ~em Gesicht** with a face distorted with rage

Wwe. *f Abk von* **Witwe**

Wwr. *m Abk von* **Witwer**

WWU <-> *f kein pl Abk von* **Wirtschafts- und Währungsunion** EMU

WWW *nt* INFORM *Abk von* **World Wide Web** WWW

Wz *nt Abk von* **Warenzeichen** TM

X

X, x <-, -> *nt* ① (*Buchstabe*) X, x; **~ wie Xanthippe** X for Xmas BRIT, X as in X-ray AM; *s. a.* **A 1**
② (*unbekannter Namen*) x; **Herr/Frau ~** Mr/Mrs X; **der Tag X** the day X
③ *mit Kleinschreibung* (*fam: eine unbestimmte Zahl*) x amount of; **~ Bücher** x number of books; ***ich habe sie schon ~-mal gefragt, aber sie antwortet nie*** I have already asked her umpteen times, but she never answers; MATH (*unbekannter Wert*) x; **eine Gleichung nach ~ auflösen** to solve an equation for x
► WENDUNGEN: **jdm ein ~ für ein U vormachen wollen** (*fam*) to pull one over on sb *fam;* **sich** *dat* **kein ~ für ein U vormachen lassen** (*fam*) to not be easily fooled

x-Achse [ks] *f* x-axis

Xanthippe <-, -n> *f* (*pej fam*) shrew *dated*

X-Beine *pl* knock-knees *pl;* **~ haben** to be knock-kneed, to toe in

x-beinig *adj* knock-kneed

x-beliebig I. *adj* (*fam*) any old *fam;* **jeder X~e** anyone, any old person *fam;* ***es kann nicht jeder X~e hier Mitglied werden*** we/they don't let just anybody become a member here
II. *adv* (*fam*) as often as one likes; **etw ~ verwenden** to use sth as many times as one likes

X-Chromosom *nt* X-chromosome

Xenon <-s> *nt kein pl* xenon *no pl*

xenophob *adj* (*geh*) xenophobic

Xenophobie *f kein pl* (*geh*) xenophobia

Xerographie, **Xerografie**^RR^ <-, -ien> *f* TECH, TYPO xerography

xerographieren*, **xerografieren***^RR^ *vt* TYPO ■**etw ~** to xerox sth

Xerokopie <-, -ien> *f* TYPO xerox

Xeromorphie *f* BOT xeromorphia

x-fach I. *adj* (*fam*) umpteen *fam;* **zum ~en Mal** for the umpteenth time; **die ~e Menge** MATH n times the amount
II. *adv* (*fam*) umpteen times

x-fache(s) *nt kein pl, dekl wie adj* (*fam*) n times more; ***in einer anderen Firma könnte ich das ~ verdienen*** I could earn n times as much in another company; **um das ~ [*o* ein ~s] größer/schneller/weiter sein** to be n times as big/fast/far away

x-förmig^RR^ *adj* X-shaped, shaped like an X *pred*

x-mal *adv* (*fam*) umpteen times *fam*

XML *nt* INFORM, INET *Abk von* **eXtensible Markup Language** XML

x-te(r, s) *adj* (*fam*) ■**der/die/das ~** the umpteenth; **beim ~n Mal** after the umpteenth time; **zum ~n Mal** for the umpteenth time

x-tenmal *adv s.* **x-ten**

Xylol <-s> *nt kein pl* xylene, xylol

Xylophon <-s, -e> *nt*, **Xylofon** <-s, -e> *nt* xylophone

Y, y <-, - *o fam* -s, -s> *nt* Y, y; **~ wie Ypsilon** Y for Yellow BRIT, A as in Yoke AM; *s. a.* **A 1**

y-Achse *f* y-axis

Yacht <-, -en> *f s.* **Jacht**

Yachtclub *m* yacht club **Yachthafen** *m* marina

Yachting <-s> *nt kein pl* SPORT yachting

Yak <-s, -s> *nt* ZOOL yak

Yamsbohne *f* yam bean, potato bean

Yang <-s> *nt kein pl* Yang

Yankee <-s, -s> ['jeŋki] *m* Yankee

Yard <-s, -s> [jaːɐ̯t] *nt* yard; **4 ~** 4 yards

Y-Chromosom <-[e]s, -e> *nt* Y-chromosome

Yen <-[s], -[s]> *m* yen

Yeti <-s, -s> *m* yeti, the Abominable Snowman
Yin <-s> *nt kein pl* Yin
Yoga <-[s]> *m o nt* yoga
Yogasitz *m* lotus position
Yoghurt <-s, -s> *m o nt s.* **Joghurt**
Yogi, Yogin <-s, -s> *m, f s.* **Jogi**
Yorkshire Terrier <-s, -> ['jɔ:kʃə-] *m* Yorkshire terrier
Yo-Yo <-s, -s> *nt s.* **Jo-Jo**
Ypsilon <-[s], -s> *nt* ❶ (*Buchstabe*) upsilon ❷ *s.* **Y**
Ytong® <-s, -s> *m* BAU breezeblock
Ytterbium <-s> *nt kein pl* ytterbium *no pl*
Yttrium <-s> *nt kein pl* yttrium *no pl*
Yucca <-, -s> *f* yucca
Yuppie <-s, -s> ['jʊpi] *m* yuppie

Z

Z, z <-, -> *nt* Z, z; ~ **wie Zacharias** Z for [*or* AM as in] Zebra; *s. a.* **A 1**
Zabber <-s, -n> *m* KOCHK neck of beef
zack *interj* (*fam*) zap *fam;* ***bei ihr muss alles ~, ~ gehen*** for her everything has to be done chop-chop; **~, ~!** chop-chop! *fam*
Zack <-s> *m kein pl* **jdn auf ~ bringen** (*fam*) to make sb get a move on, to get sb to get their skates on BRIT *fam;* **etw auf ~ bringen** (*fam*) to knock sth into shape *fam;* **auf ~ sein** (*fam: gewitzt sein*) to be on the ball *fam;* (*bestens funktionieren*) to be in good shape
Zacke <-, -n> *f* point; (*vom Kamm, Sägeblatt*) tooth; *Berg* peak; *Gabel* prong
Zacken <-s, -> *m* DIAL *s.* **Zacke**
► WENDUNGEN: **sich** *dat* **keinen ~ aus der Krone brechen** (*fam*) to not lose face by doing sth; **einen [ganz schönen] ~ draufhaben** (*fam*) to go like crazy [*or* BRIT the clappers] *fam;* **jdm bricht** [*o* **fällt**] **kein ~ aus der Krone** (*fam*) sb won't lose face, it won't tarnish sb's glory
Zackenbarsch *m* ZOOL, KOCHK grouper **Zackenkorkenzieher** *m* pronged cork remover **Zackenschaber** *m* jagged-edged scraper
zackig *adj* ❶ (*gezackt*) jagged; **ein ~er Stern** a pointed star; **ein ~er Rand** a jagged edge ❷ (*fam: schmissig*) upbeat *fam;* **~e Bewegungen** brisk movements; **~e Musik** upbeat music ❸ (*veraltend fam: schneidig*) smart; **ein ~er junger Mann** a smart young man
zagen *vi* (*geh*) to hesitate
zaghaft *adj* timid; **~e Bewegungen machen** to make timid movements
Zaghaftigkeit *f* timidity
zäh I. *adj* ❶ (*eine feste Konsistenz aufweisend*) tough; **ein ~es Stück Fleisch** a tough piece of meat; **~ wie Leder** (*fam*) tough as old boots ❷ (*zähflüssig*) glutinous; **ein ~er Saft** a glutinous [*or* thick] juice ❸ (*hartnäckig, schleppend*) tenacious; **ein ~es Gespräch** a dragging conversation; **~e Verhandlungen** tough negotiations
II. *adv* tenaciously
Zäheit <-> *f kein pl s.* **Zähheit**
zähflüssig *adj* glutinous, thick; **~er Verkehr** (*fig*) slow-moving traffic
Zähflüssigkeit *f kein pl* thickness, viscosity *form; Verkehr* slow-moving
ZähheitRR <-> *f kein pl* toughness, tenacity
Zähigkeit <-> *f kein pl* tenacity *no pl,* toughness *no pl;* ***die Verhandlungen wurden mit Ausdauer und großer ~ geführt*** the negotiations were tough and long-drawn out
Zahl <-, -en> *f* ❶ MATH number, figure; **ganze/gerade/ungerade ~** whole/even/uneven number; **eine vierstellige ~** a four figure number; **Kopf oder ~** heads or tails; **~en addieren/subtrahieren** to add/subtract numbers; **~en [miteinander] multiplizieren/ [durcheinander] dividieren** to multiply numbers [by numbers]/divide numbers [by numbers] ❷ *pl* (*Zahlenangaben*) numbers; (*Verkaufszahlen*) figures; **arabische/römische ~en** Arabic/Roman numerals; **in die roten/schwarzen ~en geraten** [*o* **kommen**] to get into the red/black ❸ *kein pl* (*Anzahl*) number; **~ der Arbeitslosen** level of unemployment, number of unemployed; **die ~ der Besucher** the number of visitors; **~ der Mitarbeiter** staff levels *pl,* number of staff; **in großer/größerer ~** in great/greater numbers; **in voller ~** with a full turn-out ❹ LING (*Numerus*) number
zahlbar *adj* (*geh*) payable; **~ bei Erhalt/innerhalb von 14 Tagen/nach Lieferung** payable upon receipt/within 14 days/upon delivery; **~ bei Sicht** payable at sight; **in Raten** [*o* **Teilbeträgen**] **~ sein** to be payable in installments; **etw ~ stellen** HANDEL to domiciliate sth
zählbar *adj* countable
zählebig *adj* hardy, tough
zahlen I. *vt* ❶ (*be~*) ■[**jdm**] **etw** [**für etw** *akk*] **~** to pay [sb] sth [for sth]; **seine Miete/Schulden ~** to pay one's rent/debts; **das Hotelzimmer/Taxi ~** (*fam*) to pay for a hotel room/taxi ❷ (*Gehalt auszahlen*) ■[**jdm**] **etw ~** to pay [sb] sth
II. *vi* ❶ (*Gehalt auszahlen*) [**gut/besser/schlecht**] **~** to pay [well/more/badly] ❷ (*bezahlen*) ■**für etw** *akk* **~** to pay for sth; ***bitte ~ Sie an der Kasse*** please pay at the till [*or* AM register]; [**bitte**] **~!** [can I/we have] the bill please! ❸ (*Unterhalt entrichten*) ■**für jdn ~** to pay for sb
zählen I. *vt* ❶ (*addieren*) ■**etw ~** to count sth; **das Geld auf den Tisch ~** to count the money on the table ❷ (*geh: Anzahl aufweisen*) ■**etw ~** to number sth *form,* to have sth; ***der Verein zählt 59 Mitglieder*** the club has [*or* numbers] 59 members ❸ (*geh: dazurechnen*) ■**jdn/sich zu etw** *dat* **~** to regard sb/oneself as belonging to sth
II. *vi* ❶ (*Zahlen aufsagen*) **bis zehn ~** to count to ten ❷ (*addieren*) [**richtig/langsam**] **~** to count [correctly/slowly]; **falsch ~** to miscount ❸ (*gehören*) ■**zu jdm/etw ~** to belong to sb/sth; ***er zählt zu den zehn reichsten Männern der Welt*** he is one of the ten richest men in the world ❹ (*sich verlassen*) ■**auf jdn/etw ~** to count [*or* rely] on sb/sth; ***auf mich können Sie ~!*** you can count on me! ❺ (*wert sein*) to count; ***der Sprung zählte nicht*** that jump didn't count; (*Bedeutung haben*) to count
Zahlenangabe *f* figure; **genaue ~n machen** to give [*or* quote] exact figures **Zahlenfolge** *f* numerical sequence **Zahlengedächtnis** *nt* memory for numbers **Zahlenkombination** *f* combination of numbers
zahlenmäßig I. *adj* numerical; **~e Unterlegenheit** numerical disadvantage
II. *adv* (*an Anzahl*) in number; ***Frauen waren auf der Versammlung ~ sehr schwach vertreten*** at the meeting women were few in number; (*in Zahlen*) in numbers [*or* figures]; **etw ~ ausdrücken** to express sth in numbers; **~ überlegen sein** to have a numerical advantage
Zahlenmaterial *nt kein pl* figures *pl;* **das ~ analysieren** to analyse [*or* AM -ze] the figures **Zahlenmystik** *f* number mysticism **Zahlenreihe** *f s.* Zahlenfolge **Zahlenschloss**RR *nt,* **Zahlenschloß** *nt* combination [*or* cypher] lock **Zahlentheorie** *f* MATH number theory **Zahlenverhältnis** *nt* [numerical] ratio **Zahlenwerk** *nt* FIN set of figures
Zahler(in) <-s, -> *m(f)* payer; **ein pünktlicher/säumiger ~** a prompt/defaulting payer
Zähler <-s, -> *m* ❶ MATH numerator ❷ TECH meter, counter
Zähler(in) *m(f)* (*Teilnehmer einer Zählung*) *official conducting traffic census*
Zählerablesung *f* meter reading **Zählerstand** *m* meter reading
Zahlgast *m* fare-paying passenger **Zahlgrenze** *f* fare stage BRIT, bus fare zone limit AM **Zahlkarte** *f* giro transfer form
zahllos *adj* (*euph*) countless
Zahlmeister(in) *m(f)* purser; (*MIL*) paymaster
zahlreich I. *adj* ❶ (*sehr viele*) numerous ❷ (*eine große Anzahl*) large; ***ein ~es Publikum war erschienen*** a large audience had come
II. *adv* (*in großer Anzahl*) *~ erscheinen/kommen,* to appear/come in large numbers
Zählrohr *nt* PHYS Geiger counter
Zahlstelle *f* cashier **Zahltag** *m* payday
Zahlung <-, -en> *f* ❶ (*gezahlter Betrag*) payment ❷ (*das Bezahlen*) payment; **~ *erfolgte in bar*** (*geh*) payment was made in cash; **anteilige/avisierte/geleistete ~** pro rata payment/amount advised/payment made; **~ bei Eingang der Waren** HANDEL payment on receipt of goods; **jdn zur ~ auffordern** to call on sb to pay, to demand payment of sb; **die ~en einstellen** (*euph*) to go bankrupt; [**jdm**] **etw** [**für etw** *akk*] **in ~ geben** to give [sb] sth in part-exchange [for sth]; **eine ~/~en** [**an jdn**] **leisten** (*geh*) to make a payment [to sb]; **etw** [**von jdm**] [**für etw** *akk*] **in ~ nehmen** to take sth [from sb] in part-exchange [for sth]; (*als Zahlungsmittel akzeptieren*) to accept sth [from sb] as payment [for sth]; **die ~ stunden** FIN to grant a respite for the payment of a/the debt
Zählung <-, -en> *f* count; **eine ~ durchführen** to carry out a census; (*Verkehrs~*) traffic census; (*Volks~*) census
Zahlungsabkommen *nt* payment agreement **Zahlungsabwicklung** *f* FIN settlement **Zahlungsankündigung** *f* JUR payment notice **Zahlungsanspruch** *m* FIN claim [*or* demand] for payment, pecuniary claim; **Zahlungsansprüche befriedigen** to meet demands for payment **Zahlungsanweisung** *f* HANDEL order [*or* instruction] to pay, payment instruction **Zahlungsanzeige** *f* HANDEL advice of payment **Zahlungsart** *f* HANDEL mode of payment **Zahlungsaufforderung** *f* request for payment **Zahlungsaufschub** *m* FIN respite, extension of time for payment **Zahlungsauftrag** *m* payment order **Zahlungsausgleich** *m* FIN clearance, clearing; **unbarer ~** cashless clearance **Zahlungsbedingungen** *pl* terms *pl* [of payment] **Zahlungsbefehl** *m* JUR (*veraltet*) order to pay **Zahlungsbeleg** *m* HANDEL receipt for payment **Zahlungsbereitschaft** *f* JUR ability to pay
Zahlungsbilanz *f* ÖKON balance of payments **Zahlungsbilanzausgleich** *m* FIN balance of payments adjustment **Zahlungsbilanzdefizit** *nt* HANDEL balance of payments deficit **Zahlungsbilanzmechanismus** *m* HANDEL mechanism of payment policy **Zahlungsbilanzmultiplikator** *m* FIN balance of payments multiplier **Zahlungsbilanzsaldo** *m* FIN balance of payments current account **Zahlungsbilanzsituation** *f* FIN balance of payments situation **Zahlungsbilanzüberschuss**RR *m* FIN balance of payments surplus
Zahlungsbürgschaft *f* JUR payment bond **Zahlungseingang** *m kein pl* FIN money receivable **Zahlungseinstellung** *f* stoppage [*or* suspension] of payments **Zahlungsempfänger(in)** *m(f)* HANDEL payee **Zahlungsempfangsbestätigung** *f* HANDEL confirmation of payment received **Zahlungserinnerung** *f* JUR reminder **Zahlungserleichterungen** *pl* HANDEL easy terms [of payment] **Zahlungsermächtigung** *f* JUR, FIN payment appropriation [*or* authorization]
zahlungsfähig *adj* FIN solvent, sound **Zahlungsfähigkeit** *f kein pl* FIN solvency; **über die ~ kaufen** to overbuy **Zahlungsfrist** *f* deadline (*period allowed for payment*) **Zahlungsgarantie** *f* FIN payment guarantee **Zahlungsklage** *f* JUR action for the recovery of money
zahlungskräftig *adj* ❶ (*fam*) wealthy; **ein ~er Kunde** a wealthy client

② FIN solvent, sound

Zahlungsmitteilung *f* FIN advice for payment, remittance advice **Zahlungsmittel** *nt* means of payment + *sing vb;* **gesetzliches** ~ legal tender **Zahlungsmittelumlauf** *m* ÖKON currency, total money in circulation **Zahlungsmittelvolumen** *nt* ÖKON volume of currency **Zahlungsmoral** *f kein pl* ÖKON paying habits *pl* **Zahlungsnachweis** *m* FIN record [*or* evidence] of payment **Zahlungsort** *m* place of payment **Zahlungspflicht** *f* JUR duty [*or* obligation] to pay **zahlungspflichtig** *adj* JUR obliged [*or* liable] to pay *pred* **Zahlungsrückstände** *pl* FIN backlog of payments, payments in arrears **Zahlungsschwierigkeiten** *pl* financial difficulties *pl* [*or* [*pl*] trouble[s]]; **in** ~ **geraten** to get into financial difficulties **Zahlungssperre** *f* JUR payment stop **Zahlungstermin** *m* HANDEL payment date, date for payment; **letzter** ~ final date of payment **zahlungsunfähig** *adj* FIN insolvent, bankrupt; ~ **werden** to become insolvent, to default; **jdn für** ~ **erklären** to declare sb bankrupt **Zahlungsunfähige(r)** *f(m) dekl wie adj* FIN bankrupt, insolvent **Zahlungsunfähigkeit** *f* insolvency, inability to pay **zahlungsunwillig** *adj* unwilling to pay *pred* **Zahlungsunwilligkeit** *f,* **Zahlungsverweigerung** *f* JUR refusal to pay, non-payment **Zahlungsverbot** *nt* JUR garnishee [*or* garnishment] order; **vorläufiges/endgültiges** ~ garnishee order nisi/absolute; **jdm** ~ **erteilen** to garnish sb **Zahlungsverjährung** *f* FIN prescription of tax payments **Zahlungsverkehr** *m* payment transactions *pl;* **im bargeldlosen** ~ payment by money transfer **Zahlungsverpflichtung** *f meist pl* FIN financial commitment[s *pl*], obligation to pay; **seinen** ~**en** [**nicht**] **nachkommen** to [not] honour [*or* AM -or] one's financial commitments **Zahlungsverzug** *m,* **Zahlungsverzögerung** *f* FIN delay of payment, arrears *npl;* **in** ~ **geraten** to default **Zahlungsweise** *f* HANDEL mode [*or* method] of payment **Zahlungswilligkeit** *f kein pl* willingness to pay **Zahlungsziel** *nt* FIN credit [*or* payment] period; **offenes** ~ open account terms, time allowed for payment; **ein** ~ **einräumen** to grant a credit, to allow time for payment

Zählwerk *f* counter

Zahlwort <-wörter> *nt* numeral

Zahlzeichen *nt* numeral

zahm *adj* ① (*zutraulich*) tame
② (*fam: gefügig*) tame; **eine** ~**e Schulklasse** an obedient class; (*gemäßigt*) moderate; ~**e Kritik üben** to offer mild criticism; ~**en Widerstand leisten** to put up slight opposition

zähmbar *adj* tam[e]able

zähmen *vt* ① (*zahm machen*) ■**ein Tier** ~ to tame an animal; ■**gezähmt** tamed
② (*geh: zügeln*) ■**etw/sich** ~ to control sth/oneself

Zahmheit <-> *f kein pl* tameness

Zähmung <-, -en> *f* taming

Zahn <-[e]s, Zähne> *m* ① (*Teil des Gebisses*) tooth; **die dritten Zähne** (*hum*) false teeth; **die ersten Zähne** milk [*or* AM *a.* baby] teeth; **falsche** [*o* **künstliche**] **Zähne** false teeth *fam,* artificial dentures; **fauler** ~ rotten tooth; **vorstehende Zähne** protruding [*or* goofy] teeth *fam,* overbite; **die zweiten Zähne** one's second set of teeth, adult teeth; **einen Zahn/Zähne bekommen** [*o* **kriegen**] to cut a tooth/be teething; **jdm die Zähne einschlagen** (*fam*) to smash sb's face in *fam;* **jd klappert mit den Zähnen** sb's teeth chatter; **mit den Zähnen knirschen** to grind one's teeth; **jdm/sich die Zähne putzen** to brush sb's/one's teeth; **die Zähne zeigen** to show [*or* bare] one's teeth; **sich** *dat* [**von jdm**] **einen** ~ **ziehen lassen** to have a tooth pulled [*or* extracted] [by sb]; **jdm einen/einen** ~ **ziehen** to pull sb's/a tooth
② (*Zacke*) tooth; *Blatt* point; *Zahnrad* cog
③ (*fam: hohe Geschwindigkeit*) **einen** ~ **drauf haben** (*fam*) to drive at a breakneck speed; **einen** ~ **zulegen** (*fam*) to step on it
④ (*sl: Mädchen, Frau*) **ein steiler** ~ (*veraltend fam*) a knockout *fam,* looker *dated*
▶ WENDUNGEN: **der** ~ **der Zeit** (*fam*) the ravages *pl* of time; **das reicht gerade für den hohlen** ~ that wouldn't keep a sparrow alive; **lange Zähne machen** (*fam*) to pick at one's food; **sich** *dat* **an jdm/etw die Zähne ausbeißen** to have a tough time of it with sb/sth; **bis an die Zähne bewaffnet sein** (*fam*) to be armed to the teeth *fam;* **jdm auf den** ~ **fühlen** (*fam*) to grill sb *fam sl;* [**jdm**] **die Zähne zeigen** (*fam*) to show one's teeth [to sb]; **jdm den** ~ **ziehen lassen** (*fam*) to put an idea right out of sb's head

Zahnarzt, -ärztin *m, f* dentist

Zahnarztbesuch *m* dentist appointment, visit to the dentist **Zahnarzthelfer(in)** *m(f)* dental nurse [*or* AM *a.* assistant]

Zahnärztin *fem von* **Zahnarzt**

zahnärztlich I. *adj* dental *attr*
II. *adv* ~ **behandelt werden/sich** ~ **behandeln lassen** to have [*or* undergo] dental treatment

Zahnausfall *m kein pl* tooth loss **Zahnbehandlung** *f* dental treatment **Zahnbein** *nt kein pl* ANAT dentine **Zahnbelag** *m kein pl* plaque *no pl* **Zahnbrasse** *f* ZOOL, KOCHK dentex **Zahnbrücke** *f* bridge **Zahnbürste** *f* toothbrush **Zahncreme** *f* toothpaste

Zähnefletschen <-s> *nt kein pl* **unter** ~ while snarling **zähnefletschend** I. *adj attr* snarling II. *adv* snarling **Zähneklappern** *nt kein pl* chattering of teeth **zähneklappernd** I. *adj attr* teeth-chattering *attr* II. *adv* with one's teeth chattering **Zähneknirschen** *nt kein pl* grinding of one's teeth; **unter** ~ while gnashing one's teeth **zähneknirschend** *adv* gnashing one's teeth

zahnen *vi* to teethe

Zahnen <-s> *nt kein pl* teething *no pl, no art*

Zahnersatz *m* dentures *pl* **Zahnfäule** *f kein pl* tooth decay *no pl,* dental caries **Zahnfehlstellung** *f* tooth [*or* dental] malposition **Zahnfleisch** *nt* gum[s *pl*] ▶ WENDUNGEN: **auf dem** ~ **gehen** [*o* **kriechen**] (*fam*) to be on one's last legs *fam* **Zahnfleischbluten** *nt kein pl* bleeding of the gums **Zahnfleischentzündung** *f* MED inflammation of the gums, gingivitis *spec,* ulitis *spec* **Zahnfüllung** *f* filling **Zahngold** *nt* dental gold [*or* alloy] **Zahnhals** *m* neck of the tooth **Zahnheilkunde** *f* (*geh*) *s.* Zahnmedizin **Zahnimplantat** *nt* dental implant **Zahnklammer** *f s.* Zahnspange **Zahnklinik** *f* dental clinic [*or* hospital] **Zahnkranz** *m* gear rim; *Fahrrad* sprocket **Zahnkrone** *f* crown **Zahnlaut** *m* LING dental [consonant]

zahnlos *adj* toothless

Zahnlücke *f* gap between the teeth **Zahnmedizin** *f kein pl* dentistry *no pl* **Zahnnerv** *m* dental nerve **Zahnpasta** *f s.* Zahncreme **Zahnpflege** *f kein pl* dental hygiene **Zahnprothese** *f* dentures *pl* **Zahnputzglas** *nt* toothbrush glass

Zahnrad *nt* AUTO gearwheel; TECH cogwheel

Zahnradbahn *f* rackrailway, cog railway

Zahnriemen *m* TECH toothed belt

Zahnscheibe *f* external tooth lock washer

Zahnschein *m* (*fam*) *dental voucher for free treatment* **Zahnschmelz** *m* [tooth] enamel **Zahnschmerzen** *pl* toothache *no pl* **Zahnschmerzmittel** *nt* dental analgesic **Zahnseide** *f* dental floss **Zahnspange** *f* braces *pl* **Zahnspülung** *f* ① MED (*Spülung der Zähne bzw. des Munds*) rinse ② MED, PHARM (*Mundwasser*) mouthwash, mouth rinse **Zahnstange** *f* TECH gear rack **Zahnstein** *m kein pl* tartar *no pl* **Zahnstocher** <-s, -> *m* toothpick **Zahnstummel** *m* stump **Zahntechniker(in)** *m(f)* dental technician **Zahnverfärbung** *f* MED tooth discoloration **Zahnversiegelung** *f* protective coating [for a tooth] **Zahnwal** *m* toothed whale **Zahnweh** *nt* (*fam*) *s.* Zahnschmerzen **Zahnwurzel** *f* root [of a tooth]

Zampano <-s, -s> *m* big cheese [*or* wheel] *fam*

Zander <-s, -> *m* pikeperch

Zange <-, -n> *f* pliers *npl,* a pair of pliers; *Hummer, Krebs* pincer; MED forceps *npl;* (*für Zucker*) tongs *npl*
▶ WENDUNGEN: **jdn/etw nicht mit der** ~ **anfassen** to not touch sb/sth with a bargepole [*or* AM 10-foot pole] *fam;* **jdn in der** ~ **haben** (*fam*) to have sb right where one wants him/her *fam;* **jdn in die** ~ **nehmen** to give sb the third degree *fam;* SPORT to sandwich sb

zangenförmig *adj* pincer-shaped **Zangengeburt** *f* MED forceps [*or spec* instrumental] delivery

Zank <-[e]s> *m kein pl* row, squabble, quarrel; ~ **und Streit** trouble and strife

Zankapfel *m* bone of contention *fig*

zanken I. *vi* ① (*streiten*) to quarrel, to row, to squabble; ■**mit jdm** ~ to quarrel [*or* squabble] with sb
② DIAL (*schimpfen*) to scold; ■**mit jdm** ~ to tell sb off
II. *vr* (*sich streiten*) ■**sich** *akk* [**um etw** *akk*] ~ to quarrel [*or* row] [*or* squabble] [over/about sth]

Zänkerei <-, -en> *f* squabbling *no pl, no indef art*

zänkisch *adj* quarrelsome; **ein** ~**es altes Weib** an argumentative [*or* nagging] old woman

Zanksucht *f kein pl* quarrelsomeness

zanksüchtig *adj* quarrelsome

Zapatist(in) <-en, -en> *m(f)* Zapatista

zapatistisch *adj* Zapatista

Zäpfchen <-s, -> *nt* ① *dim von* **Zapfen** small plug
② ANAT uvula
③ MED (*Medikamentenform*) suppository

zapfen *vt* to draw sth, to tap sth; ■**etw** ~ ***hier wird Bier noch vom Fass gezapft*** they have draught beer [*or* beer on tap] here

Zapfen <-s, -> *m* ① BOT (*Fruchtstand*) cone
② (*Eis~*) icicle
③ (*länglicher Holzstöpsel*) spigot, bung
④ ANAT cone

Zapfenstreich *m* ① (*Ende der Ausgehzeit*) ***um 22 Uhr ist ~!*** lights out at 10!
② (*Signal*) last post BRIT, taps AM; **den** ~ **blasen** to sound the last post; **der Große** ~ the Ceremonial Tattoo

Zapfenzieher <-s, -> *m* SCHWEIZ *s.* **Korkenzieher**

Zapfgeschwindigkeit *f* delivery rate **Zapfhahn** *m* tap **Zapfpistole** *f* petrol [*or* AM gas] nozzle **Zapfsäule** *f* petrol [*or* AM gas] pump **Zapfventil** *nt* delivery nozzle

zapp(e)lig *adj* (*fam*) ① (*sich unruhig bewegend*) fidgety; **ein** ~**es Kind** a fidgety [*or* restless] child
② (*voller Unruhe*) ■[**ganz**] ~ [**vor etw** *dat*] **sein** to be [all] restless [*or* fidgety] [with sth]

zappeln *vi* to wriggle ① (*fam: sich unruhig bewegen*) **an der Angel/im Netz** ~ to wriggle on the fishing rod/in the net
② ■[**mit etw** *dat*] ~ to fidget [with sth]
▶ WENDUNGEN: **jdn** ~ **lassen** (*fam*) to keep sb in suspense

Zappelphilipp <-s, -e *o* -s> *m* (*fig fam*) fidget *fam*

zappen *vi* TV (*sl*) to channel-hop *fam,* AM *a.* to zap *fam*

zappenduster *adj* (*fam: völlig dunkel*) pitch-black [*or* dark]; **eine** ~**e Nacht** a pitch-black night; **mit etw** *dat* **sieht es** ~ **aus** (*fig*) things are looking grim for sth *fam,* it's not looking too good for sth *fam*

Zapper(in) <-s,-> ['zæpɐ] *m(f)* zapper

Zapping <-s> *nt kein pl* TV (*sl*) channel-hopping *no pl fam,* AM *a.* zapping *no pl fam*

zapplig *adj s.* **zappelig**

Zar(in) <-en, -en> *m(f)* tsar, czar

Zarge <-, -n> *f* (*fachspr*) ① (*Tür~*) frame
② (*Gehäuseteil*) case, casing; *Plattenspieler* plinth

Zarin <-, -nen> *f fem form von* **Zar**

zart *adj* ① (*mürbe*) tender; ~**es Fleisch/Gemüse** tender meat/vegetable; ~**es Gebäck** delicate biscuits/cakes
② (*weich und empfindlich*) soft, delicate; **im** ~**en Alter von zehn Jahren** at the tender age of ten; **ein** ~**es Geschöpf** a delicate creature; ~**e Haut** soft skin; **eine** ~**e Pflanze** a delicate plant; ~ **besaitet sein** to be highly strung; ~ **fühlend** (*taktvoll*) tact-

ful; (*empfindlich*) sensitive; ~ **fühlende Gemüter** sensitive souls
❸ (*mild, dezent*) mild; **eine ~e Berührung** a gentle touch; **ein ~es Blau** a delicate [*or* soft] blue; **ein ~er Duft** a delicate perfume; **eine ~e Andeutung** a gentle hint
zartbitter *adj* plain, dark **Zartbitterschokolade** *f* dark chocolate; (*zum Kochen*) plain chocolate **zartblau** *adj* pastel blue **zartfühlend** *adj* ❶ (*taktvoll*) tactful ❷ (*empfindlich*) sensitive; **~e Gemüter** sensitive souls **Zartgefühl** <-[e]> *nt kein pl* (*geh*) ❶ (*ausgeprägtes Einfühlungsvermögen, Taktgefühl*) delicacy ❷ (*selten: Empfindlichkeit*) sensitivity
zartgelb *adj* pastel yellow **zartgliedrig** *adj* delicate, gracile **zartgrün** *adj* pastel [*or* pale] green
Zartheit <-> *f kein pl* tenderness *no pl; Gebäck* delicateness *no pl*, softness *no pl; s. a.* **zart**
zärtlich I. *adj* ❶ (*liebevoll*) tender, affectionate; **~e Küsse** tender kisses; ~ **werden** (*euph*) to come on strong [to sb] *fam*, to start to caress sb
❷ (*geh: fürsorglich*) solicitous; **ein ~er Ehemann** an affectionate husband
II. *adv* tenderly, affectionately
Zärtlichkeit <-, -en> *f* ❶ *kein pl* (*zärtliches Wesen*) tenderness *no pl*, affection; **voller ~** tenderly
❷ *pl* (*Liebkosung*) caresses *pl;* (*zärtliche Worte*) tender words *pl;* **jdm ~en ins Ohr flüstern** to whisper sweet nothings in sb's ear
❸ *kein pl* (*geh: Fürsorglichkeit*) solicitousness; **jdn mit der größten ~ behandeln** to treat sb solicitously
ZASt <-> *f kein pl s.* **Zinsabschlagsteuer**
Zaster <-s> *m kein pl* (*sl*) dough *sl*, loot *sl*, dosh BRIT *sl*, lolly BRIT *fam*
Zäsur <-, -en> *f* (*geh: Einschnitt*) break [with tradition]; LIT, MUS caesura
Zauber <-s, -> *m* ❶ (*magische Handlung*) magic; (*~trick*) magic trick; **fauler ~** (*fam*) humbug *fam;* **einen ~ anwenden** to cast a spell; **einen ~ aufheben** [*o* **lösen**] to break a spell; (*magische Wirkung*) spell
❷ *kein pl* (*Faszination, Reiz*) magic, charm; **der ~ der Liebe** the magic of love; **etw übt einen ~ auf jdn aus** sth holds a great fascination for sb; **der ~ des Verbotenen** the fascination of what is forbidden
❸ *kein pl* (*fam: Aufhebens*) palaver; **einen großen ~ veranstalten** to make a great fuss; (*Kram*) stuff; **der ganze ~** (*fam*) the whole lot *fam*
Zauberei <-, -en> *f* ❶ *kein pl* (*Magie*) magic
❷ *s.* **Zauberkunststück**
Zauberer, Zauberin <-s, -> *m, f* ❶ (*Magier*) wizard, sorcerer *masc*, sorceress *fem*
❷ (*Zauberkünstler*) magician, conjuror
Zauberflöte *f* magic flute
Zauberformel *f* ❶ (*magische Formel*) magic formula
❷ (*Patentmittel*) magic formula
zauberhaft *adj* charming, enchanting; **ein ~es Kleid** a gorgeous dress; **ein ~er Abend/Urlaub** a splendid [*or* magnificent] evening/holiday
Zauberhand *f* **wie von** [*o* **durch**] ~ as if by magic
Zauberin <-, -nen> *f fem form von* **Zauberer**
Zauberkunst <-, -künste> *f* ❶ *kein pl* (*Kunst des Zauberns*) magic *no pl, no art;* **ein Meister der ~** a master of magic, a magician ❷ *meist pl* (*magische Fähigkeit*) magic *no pl, no art* **Zauberkünstler(in)** *m(f)* magician, conjurer **Zauberkunststück** *nt* magic trick **Zauberlandschaft** *f* fairytale scene **Zauberlehrer(in)** *m(f) sb who teaches conjuring tricks* **Zauberlehrgang** *m* conjuring course **Zauberlehrling** *m* magician's pupil
zaubern I. *vt* ❶ (*erscheinen lassen*) ■**etw aus etw** *dat* ~ to conjure sth from sth; **einen Hasen aus einem Hut** ~ to pull a rabbit out of a hat
❷ (*a. fam: schaffen*) ■**etw** ~ to conjure up sth
II. *vi* (*Magie anwenden*) to perform [*or* do] magic; (*Zauberkunststücke vorführen*) to do magic tricks
Zauberschule *f* conjuring school **Zauberspruch** *m* magic spell **Zauberstab** *m* magic wand **Zaubertrank** *m* magic potion **Zaubertrick** *m s.* Zauberkunststück **Zauberwort** *nt* ❶ (*magisches Wort*) magic word; ***wie heißt das ~?*** (*fig*) what's the magic word? *fig* ❷ *s.* **Zauberformel 2**
Zauderer, Zauderin <-s, -> *m, f* irresolute person, ditherer, waverer, vacillator
zaudern *vi* to hesitate, to be irresolute; ■**mit etw** *dat* ~ to hesitate with sth; ■**~, etw zu tun** to hesitate to do sth; **ohne zu** ~ without hesitation [*or* vacillation]
Zaudern <-s> *nt kein pl* hesitation *no pl*
Zaum <-[e]s, Zäume> *m* bridle; **einem Pferd den ~ anlegen** to bridle a horse, to put a bridle on a horse; **etw/jdn/sich in** [*o* **im**] ~ **halten** (*fig*) to keep sth/sb/oneself in check, to keep a tight rein on sth/sb/oneself
zäumen *vt* ■**ein Tier** ~ to bridle an animal
Zaumzeug <-[e]s, -e> *nt* bridle
Zaun <-[e]s, Zäune> *m* fence
▶ WENDUNGEN: **etw vom ~ brechen** to provoke sth; **einen Streit/eine Auseinandersetzung vom ~ brechen** to pick a fight/start an argument
Zaungast <-gäste> *m uninvited spectator* **Zaunkönig** *m* wren **Zaunlatte** *f* pale, stake **Zaunpfahl** *m* [fence] post
zausen I. *vt* ■**etw** ~ to tousle [*or* ruffle] sth; **jdm das Haar** ~ to tousle sb's hair
II. *vi* ■**in/an etw** *dat* ~ to play with sth; **an jds Ohren** ~ to play with sb's ears
z.B. *Abk von* **zum Beispiel** e.g.
ZDF <-s> *nt Abk von* **Zweites Deutsches Fernsehen** *second public service television station in Germany*
Zebra <-s, -s> *nt* zebra
Zebrastreifen *m* zebra [*or* AM *a.* pedestrian] crossing
Zebu <-s, -s> *nt* zebu
Zeche¹ <-, -n> *f* BERGB coal mine, *esp* BRIT colliery
Zeche² <-, -n> *f* (*Rechnung für Verzehr*) bill; **eine hohe ~ machen** to run up a large bill; **die ~ prellen** (*fam*) to leave without paying; **die ~ bezahlen müssen** to have to foot the bill
zechen *vi* (*hum*) to booze *fam*, to booze it up *fam*, to have a booze-up BRIT *fam*, to go on the piss BRIT *sl*
Zechenfusion *f* pit merger **Zechenschließungen** *pl* pit closures *pl* **Zechenstilllegung** *f* pit closure
Zecher(in) <-s, -> *m(f)* boozer *fam*
Zechgelage *nt* binge, booze-up BRIT *fam* **Zechkumpan(in)** *m(f)* (*fam*) drinking-mate BRIT *fam*, drinking-buddy AM *fam* **Zechpreller(in)** <-s, -> *m(f)* walk-out (*person who leaves without paying the bill*) **Zechprellerei** <-, -en> *f* walking out (*leaving without paying the bill*)
Zeck <-[e]s, -en> *m* ÖSTERR (*fam*), **Zecke** <-, -n> *f* tick
ZeckenbissRR *m*, **Zeckenbiß** *m* tick bite **Zeckenimpfung** *f* vaccination for tick bites
Zedent <-en, -en> *m* JUR (*Abtretender*) assignor
Zeder <-, -n> *f* ❶ BOT cedar
❷ *kein pl* (*Zedernholz*) cedar[wood]
Zedernholz *nt* cedarwood
zedieren* *vt* JUR (*abtreten*) ■**etw** ~ *Forderung* to assign [*or* transfer] sth
Zeh <-s, -en> *m*, **Zehe** <-, -n> *f* ❶ ANAT toe; **großer/kleiner** ~ big/little toe; **sich** *akk* **auf die ~en stellen** to stand on tiptoes; **jdm auf die ~n treten** (*fig fam*) to tread on sb's toes *fig fam*
❷ KOCHK (*Knoblauchzehe*) clove
Zehennagel *m* toenail **Zehenspitze** *f* tip of the toe; **auf** [**den**] **~n** on tiptoe; **auf** [**den**] **~n gehen** to tiptoe, to walk on tiptoe; **auf die ~n stellen** to stand on tiptoe
zehn *adj* ten; *s. a.* **acht¹**
Zehn <-, -en> *f* ❶ (*Zahl*) ten
❷ KARTEN ten; *s. a.* **Acht¹ 4**
❸ (*Verkehrslinie*) ■**die** ~ the [number] ten
zehnbändig *adj* in ten volumes
Zehner <-s, -> *m* ❶ (*fam: Zehnpfennigstück*) a ten-pfennig piece; (*Zehnmarkschein*) ten-mark note
❷ MATH (*Zahl zwischen 10 und 90*) ten; **die Einer und die ~ addieren** to add the ones and the tens
Zehnerblock *m* INFORM numeric keypad
Zehnerkarte *f* TRANSP ten-journey ticket; TOURIST ten-visit ticket
zehnerlei *adj attr* ten [different]; *s. a.* **achterlei**
Zehnerpackung *f* packet of ten **Zehnerstelle** *f* MATH tens [place]
zehnfach, 10fach I. *adj* tenfold
II. *adv* tenfold, ten times over
Zehnfache, 10fache *nt dekl wie adj* ten times as much/many; *s. a.* **Achtfache**
Zehnfingersystem <-s> *nt kein pl* TYPO touch-typing method **zehnjährig, 10-jährig**RR *adj* ❶ (*Alter*) ten-year-old *attr*, ten years old *pred; s. a.* **achtjährig 1**
❷ (*Zeitspanne*) ten-year *attr; s. a.* **achtjährig 2**
Zehnjährige(r), 10-Jährige(r)RR *f(m) dekl wie adj* ten-year-old **Zehnkampf** *m* decathlon
Zehnkämpfer(in) *m(f)* decathlete
zehnmal, 10-malRR *adv* ten times; *s. a.* **achtmal**
Zehnmarkschein *m* ten-mark note [*or* AM *usu* bill]
Zehnmeterbrett *nt* ten-metre [*or* AM -er] board
Zehnpfennigstück *nt* ten-pfennig piece
zehnstöckig *adj* ten-storey [*or* AM -story] *attr*, with ten storeys **zehnstündig, 10-stündig**RR *adj* ten-hour *attr; s. a.* **achtstündig**
zehnt *adv* ■**zu ~ sein** to be a party of ten
zehntägig, 10-tägigRR *adj* ten-day *attr*
zehntausend *adj* ❶ (*Zahl*) ten thousand; *s. a.* **tausend 1**
❷ ■**sehr viele**, ■**Z~e von …** tens of thousands of …; **die oberen Z~** (*fam o fig*) the top ten thousand
❸ (*fam: 10.000 DM*) ten grand, ten thou *sl*, ten G's [*or* K's] AM *sl*
zehnte(r, s) *adj* ❶ (*nach dem neunten kommend*) tenth; **die ~ Klasse** [*o fam* **die Z~**] fourth year (*secondary school*), fourth form [*or* AM grade]; *s. a.* **achte(r, s) 1**
❷ (*Datum*) tenth, 10th; *s. a.* **achte(r, s) 2**
Zehnte(r) *f(m) dekl wie adj* ❶ (*Person*) tenth; *s. a.* **Achte(r) 1**
❷ (*bei Datumsangaben*) ■**der ~** [*o geschrieben* **der 10.**] the tenth *spoken*, the 10th *written; s. a.* **Achte(r) 2**
❸ HIST ■**der ~** tithe
zehntel *adj* tenth
Zehntel <-s, -> *nt o* SCHWEIZ *m* ■**ein ~** a tenth; *s. a.* **Achtel**
zehntens *adv* tenth[ly], in [the] tenth place
zehren *vi* ❶ (*erschöpfen, schwächen*) ■**an jdm/etw ~** to wear sb/sth out; **an jds Nerven/Gesundheit ~** to ruin sb's nerves/health
❷ (*sich ernähren*) ■**von etw** *dat* ~ to live on [*or* off] sth; **von seinen Erinnerungen ~** (*fig*) to live in the past
Zeichen <-s, -> *nt* ❶ (*Symbol*) symbol; **chemische ~** chemical symbols; (*Notations~*) symbol; (*Schrift~*) character; (*Satz~*) punctuation mark; **fettes/kursives ~** bold/italic character
❷ (*Markierung*) sign; **ein ~ auf** [*o* **in**] **etw** *akk* **machen** to make a mark on sth; **sein ~ unter ein Schriftstück setzen** to put one's [identification] mark at the end of a text; **die Forscher fanden viele seltsame ~** the researchers found many strange marks; **seines/ihres ~s** (*hum veraltend*) by trade
❸ (*Hinweis*) sign; (*Symptom*) symptom; **ein untrügliches/sicheres/schlechtes ~** a[n] unmistakable/sure/bad sign; **wenn nicht alle ~ trügen** if I'm/we're not completely mistaken; **die ~ der Zeit erkennen** [*o* **richtig zu deuten wissen**] to recognise the mood of the times; ***es geschehen noch ~ und Wunder*** (*hum, fig*) wonders will never cease *hum*
❹ (*Signal*) signal; **jdm ein ~ geben** [*o* **machen**] to give sb a signal; **sich** *akk* **durch ~ verständigen** to communicate using signs; **das ~ zu etw** *dat* **geben** to give the signal to do sth; **ein ~ setzen** to set an example; **die ~ stehen auf Sturm** (*fig*) there's

trouble ahead; (*Ausdruck*) expression; **als/zum ~ einer S.** *gen* as an expression [*or* indication] of sth; **zum ~, dass** to show that
⑤ ASTROL (*Stern~*) sign; **im ~ einer S.** *gen* **geboren sein** to be born under the sign of sth
⑥ JUR trade mark; **eingetragenes ~** registered trade mark

Zeichenblock <-blöcke *o* -blocks> *m* ① (*Papier*) sketch pad
② INFORM character block

Zeichenbrett *nt* drawing board

Zeichendarstellung *f* INFORM character representation

Zeichendreieck *nt* setsquare BRIT, triangle AM

Zeichenerkennung *f* INFORM, TYPO character recognition **Zeichenerklärung** *f* key; (*Landkarte*) legend

Zeichenfeder *f* pen for drawing

Zeichenfolge *m* INFORM character string; **Typ der ~** string type **Zeichenformatierung** *f* INFORM character formatting **Zeichengenerator** *m* INFORM character generator **Zeichenkette** *f* INFORM character string; **alphanumerische ~** alphanumeric string **zeichenkompatibel** *adj* INFORM character compatible

Zeichenkunst *f* [art of] drawing **Zeichenlehrer(in)** *m(f)* art teacher

Zeichenmodus *m* INFORM character mode

zeichenorientiert *adj* INFORM character oriented

Zeichenpapier *nt* drawing paper

Zeichenprogramm *nt* INFORM drafting package

Zeichensaal *m* art room

Zeichensatz *m* INFORM character set, font [*or* fount]

Zeichensetzung <-> *f kein pl* punctuation **Zeichensprache** *f* sign language **Zeichenstift** *m* drawing pencil **Zeichenstunde** *f* art [*or* drawing] lesson

Zeichentabelle *f* INFORM character table

Zeichentaste *f* INFORM character key

Zeichentisch *m* drawing table **Zeichentrickfilm** *m* cartoon, animated film *form* **Zeichenunterricht** *m* art [lesson]

Zeichenvorrat *m* INFORM character set [*or* repertoire]

zeichnen I. *vt* ① KUNST, ARCHIT ■**jdn/etw ~** to draw sb/sth; **eine Landschaft ~** to draw a landscape; **einen Akt ~** to draw a nude; **einen Grundriss ~** to draw an outline
② (*schriftlich anerkennen*) ■**etw ~** to subscribe for sth; **Aktien ~** to subscribe for shares; **einen Scheck ~** to validate a cheque
③ (*mit Zeichen versehen*) to mark; **Wäsche ~** to mark the laundry; **von einer Krankheit gezeichnet sein** (*fig*) to be scarred by an illness *fig*
II. *vi* ① KUNST ■**[mit etw** *dat***] ~** to draw [with sth]; ■**an etw** *dat* **~** to draw sth
② (*geh: verantwortlich sein*) **für etw** *akk* **[verantwortlich] ~** to be responsible for sth

Zeichnen <-s> *nt kein pl* ① (*Anfertigung einer Zeichnung*) drawing; **rechnerunterstützes ~** INFORM computer-aided drafting, CAD
② (*Zeichenunterricht*) art lesson
③ (*schriftliches Anerkennen*) validation

Zeichner(in) <-s, -> *m(f)* ① KUNST draughtsman *masc*, AM *a.* draftsman *masc*, draughtswoman *fem*, AM *a.* draftswoman *fem*; **technischer ~/technische Zeichnerin** engineering draughtsman/draughtswoman
② FIN subscriber

zeichnerisch I. *adj* graphic; **~e Begabung/~es Können** talent/ability for drawing
II. *adv* graphically; **etw ~ erklären** to explain sth with a drawing

Zeichnung <-, -en> *f* ① KUNST drawing; (*Entwurf*) draft, drawing; **eine ~ [von jdm/etw] anfertigen** to make a drawing [of sb/sth]
② BOT, ZOOL (*farbige Musterung*) markings *pl*
③ FIN subscription, signing; **öffentliche ~** public issue

Zeichnungsangebot *nt* HANDEL tender; **~ für eine Aktie** subscription offer **Zeichnungsantrag** *m* FIN subscription application **Zeichnungsbefugnis** *f* authority to sign **zeichnungsberechtigt** *adj* authorized to sign **Zeichnungsberechtigte(r)** *f(m) dekl wie adj* JUR authorized signatory, officer responsible **Zeichnungsfrist** *f* FIN subscription period **Zeichnungspflicht** *f* FIN obligation to subscribe **Zeichnungsrecht** *nt* FIN subscription right **Zeichnungsschein** *m* FIN subscription slip **Zeichnungsvollmacht** *f* authority [*or* power] to sign, signing power

Zeigefinger *m* index finger, forefinger

zeigen I. *vt* ① (*deutlich machen*) ■**jdm etw ~** to show sb sth; **jdm die Richtung/den Weg ~** to show sb the way
② (*vorführen*) ■**[jdm] jdn/etw ~** to show [sb] sb/sth; **sich** *dat* **von jdm ~ lassen, wie etw gemacht wird** to get sb to show one how to do sth; **sich** *dat* **sein Zimmer ~ lassen** to be shown one's room; **zeig mal, was du kannst!** (*fam*) let's see what you can do! *fam*; **es jdm zeigen** (*fam*) to show sb
③ (*geh: erkennen lassen*) to show; **Wirkung ~** to have an effect; **Interesse/Reue ~** to show interest/regret; **seine Gefühle [nicht] ~** to [not] show one's feelings; **guten Willen ~** to show good will; **Mut ~** to show courage
II. *vi* ① (*deuten/hinweisen*) to point; **nach rechts/oben/hinten ~** to point right [*or* to the right]/upwards/to the back; **nach Norden ~** to point north [*or* to the north]; ■**auf etw** *akk* **~** to point at sth; ***der Zeiger der Benzinuhr zeigt auf „leer"*** the needle on the fuel gauge reads "empty"; ■**[mit etw** *dat***] auf jdn/etw ~** to point [with sth] at sb/sth
② (*erkennen lassen*) ■**~, dass** to show that, to be a sign that
III. *vr* ① (*sich sehen lassen*) ■**sich** *akk* **[jdm] ~** show oneself [to sb]; **sich** *akk* **mit jdm ~** to let oneself be seen with sb; **sich** *akk* **in [*o* mit] etw** *dat* **~** to be seen in sth; ***komm, zeig dich mal!*** let me see what you look like
② (*erkennbar werden*) ■**sich** *akk* **~** to appear; ***am Himmel zeigten sich die ersten Wolken*** the first clouds appeared in the sky
③ (*sich erweisen*) ■**sich** *akk* **[als jd/irgendwie] ~** to prove oneself [to be sb/somehow]; **sich** *akk* **befriedigt/erfreut/erstaunt ~** to be satisfied/happy/amazed; **sich** *akk* **von seiner besten Seite ~** to show oneself at one's best

Zeiger <-s, -> *m* (*Uhr~*) hand; **der große/kleine ~** the big/small [*or* little] hand; (*Messnadel*) needle, indicator

Zeigestab *m* pointer **Zeigestock** *m* pointer

zeihen *vt* (*veraltet*) ■**jdn einer S.** *gen* **~** to accuse sb of sth

Zeile <-, -n> *f* ① (*geschriebene Reihe*) line; **~ für ~** line for line; **jdm ein paar ~n schrieben** (*fam*) to drop sb a line; **bis zur letzten ~** to the last line; **zwischen den ~n lesen** to read between the lines
② (*Reihe*) row; **eine ~ von Bäumen/Häusern** a row of trees/houses
③ INFORM line; **oberste ~** head of form; **~n pro Zoll/Minute** lines per inch/minute

Zeilenabstand *m* INFORM, TYPO line height [*or* spacing] **Zeilenbreite** *f* TYPO line measure, width of lines **Zeilendrucker** *m* line-at-a-time printer **Zeilendurchschuss**[RR] *m* TYPO line [*or* vertical] spacing **Zeileneditor** *m* INFORM line editor **Zeileneinzug** *m* indent **Zeilenfrequenz** *f* INFORM line frequency **Zeilenhonorar** *nt* payment per line **Zeilenlänge** *f* TYPO line length, length of a line **Zeilennummer** *f* INFORM line number **Zeilennummerierung** *f* INFORM line numbering **Zeilenschaltung** *f* TELEK line switching **Zeilensetzmaschine** *f* line casting machine [*or* caster], Linotype® [*machine*] **Zeilensprung** *m* INFORM interlace **Zeilensprungverfahren** *nt* INFORM interlace mode **Zeilenumbruch** *m* INFORM, TYPO line folding [*or* break]; **automatischer ~** word wrap, wraparound **Zeilenvorschub** *m* INFORM line feed; **automatischer ~** auto advance **Zeilenwechsel** *m* INFORM new line

zeilenweise *adv* INFORM line-serially

Zeilenzahl *f* line count

Zeisig <-s, -e> *m* ORN spinus, siskin

Zeit <-, -en> *f* ① (*verstrichener zeitlicher Ablauf*) time; **die genaue ~** the exact time; **westeuropäische ~** Greenwich Mean Time; **mitteleuropäische ~** Central European Time; **mit der ~** in time; **~ raubend** time-consuming; **~ sparend** time-saving; **etw ~ sparend tun** to save time in doing sth; **durch die ~ reisen** to travel through time; **die ~ totschlagen** (*fam*) to kill time *fam*
② (*Zeitraum*) time; **in jds bester ~** at sb's peak; **auf bestimmte ~** for a certain length of time; **Vertrag auf ~** fixed-term contract; **Beamter auf ~** *non-permanent civil servant*; **die ganze ~ [über]** the whole time; **in letzter ~** lately; **vor seiner ~ alt werden/sterben** to get old/die before one's time; **in nächster ~** in the near future; **auf unabsehbare ~** for an unforeseeable period, unforeseeably; **auf unbestimmte ~** for an indefinite period, indefinitely; **eine ganze/einige/längere ~ dauern** to take quite some/some/a long time; **~ gewinnen** to gain time; **[keine] ~ haben** to [not] have time; **~ haben, etw zu tun** to have the time to do sth; **zehn Minuten/zwei Tage ~ haben [, etw zu tun]** to have ten minutes/two days [to do sth]; ***haben Sie einen Augenblick ~?*** have you got a moment to spare?; **das hat noch ~ [*o* mit etw hat es noch ~]** that/sth can wait, there's no rush [*or* hurry]; **auf ~ kaufen** BÖRSE to buy forward; **sich [mit etw] ~ lassen** to take one's time [with sth]; **sich** *dat* **[mehr] ~ [für jdn/etw] nehmen** to devote [more] time [to sb/sth]; **~ schinden** (*fam*) to play for time; **jdm die ~ stehlen** (*fam*) to waste sb's time; **wie doch die ~ vergeht!** how time flies!; **keine ~ verlieren** to not lose any more time; **jdm/sich die ~ mit etw vertreiben** to help sb/one pass the time with sth; **jdn auf ~ beschäftigen/einstellen** to employ sb on a temporary basis; **jdm wird die ~ lang** sb is bored; **etw auf ~ mieten** to rent sth temporarily; **nach ~** by the hour
③ (*Zeitpunkt*) time; **zu gegebener ~** in due course; **feste ~en haben** to have set times; **jds ~ ist gekommen** (*euph geh*) sb's time has come *euph*; **zur gleichen ~** at the same time; **es ist [*o* wird] [höchste] ~, etw zu tun, es ist an der ~, etw zu tun** it's [high] time to do sth; ***es ist höchste ~, dass wir die Tickets kaufen*** it's high time we bought the tickets; **wenn es an der ~ ist** when the time is right; **zu nachtschlafender ~** in the middle of the night; **seit dieser/der ~** since then; **von ~ zu ~** from time to time; **zur ~** at the moment; **zu jeder ~** at any time; **zur rechten ~** at the right time; **alles zu seiner ~** all in good time
④ (*Epoche, Lebensabschnitt*) time, age; **mit der ~ gehen** to move with the times; **die ~ der Aufklärung** the age of enlightenment; **... aller ~en ...** of all times; **die gute alte ~** the good old days; **seit uralten [*o* ewigen] ~en** since/from time immemorial; **für alle ~en** for ever, for all time *liter*; **etw war vor jds ~** sth was before sb's time; **zu jener ~** at that time; **vor ~en** (*liter*) a long time ago; **zur ~ [*o* zu ~en] einer Person** *gen* in sb's times; ***die ~en ändern sich*** times are changing
⑤ LING (*Tempus*) tense
⑥ SPORT time; **eine gute ~ laufen** to run a good time; **auf ~ spielen** to play for time
► WENDUNGEN: **~ ist Geld** time is money; **spare in der ~, dann hast du in der Not** (*prov*) waste not, want not; **kommt ~, kommt Rat** (*prov*) things have a way of sorting themselves out; **die ~ heilt alle Wunden** (*prov*) time heals all wounds *prov*; **ach du liebe ~!** (*fam*) goodness me! *fam*; **die ~ arbeitet für jdn** (*fig*) time is on sb's side; **die ~ drängt** time presses; **wer nicht kommt zur rechten ~, der muss nehmen, was übrig bleibt** (*prov*) the early bird catches the worm *prov*

zeit *präp +gen* time; **~ meines Lebens** all my life, as long as I live

Zeitabschnitt *m* period [of time] **Zeitabstand** *m* time interval **Zeitalter** *nt* age; **das viktorianische ~** the Victorian age; **in unserem ~** nowadays, in our day and age; **das goldene ~** the golden age **Zeitangabe** *f* ① (*Angabe der Uhrzeit*) time; (*Angabe des Zeitpunktes*) date ② LING temporal adverb **Zeitansage** *f* TELEK speaking clock; RADIO time check **Zeitarbeit** *f kein pl* temporary work *no pl* **Zeitarbeitnehmer(in)** *m(f)* temporary worker, temp *fam* **Zeitarbeitsfirma** *f* temorary employment agency, temping agency *fam* **Zeitarbeitskraft** *f* temporary staff **Zeitaufnahme** *f* ① FOTO time exposure ② HIST (*in der REFA-Lehre*) time-taking **Zeitaufwand** *m* expenditure of time; **nach ~ bezahlen** to pay by the hour; **mit großem ~ verbunden sein** to be extremely time-consuming **zeitaufwändig**RR *adj*, **zeitaufwendig** *adj* time-consuming **zeitbezogen** *adj* time-related; **~e Autobahngebühr** time-related motorway toll **Zeitbombe** *f* time bomb **Zeitcharter** *m* HANDEL period time charter **Zeitdauer** *f* duration **Zeitdokument** *nt* contemporary document **Zeitdruck** *m kein pl* time pressure; **sich** *akk* **[von jdm] unter ~ setzen lassen** to let oneself be rushed [by sb]; **jdn unter ~ setzen** to put sb under time pressure; **unter ~ stehen/arbeiten** to be/work under time pressure **Zeiteinheit** *f* time unit **Zeiteinteilung** *f* time planning, time management

Zeitenfolge *f* LING sequence of tenses

Zeiterfassungsuhr *f* time clock **Zeitersparnis** *f* saving of time

Zeitfahren *nt kein pl* SPORT time trial **Zeitfrage** *f* ① *kein pl* (*Frage der Zeit*) question of time ② (*Problem der Zeit*) contemporary concern **Zeitgeber** *m* TECH clock **zeitgebunden** *adj* dependent on [*or* characteristic of] a particular time **Zeitgefühl** *nt kein pl* sense of time; **das ~ verlieren** to loose all sense of time **Zeitgeist** *m kein pl* Zeitgeist, spirit of the times

zeitgemäß I. *adj* modern, up-to-date; **ein ~es Design** a modern design
II. *adv* up-to-date, modern

Zeitgenosse, -genossin *m, f* ① (*zur gleichen Zeit lebender Mensch*) **jds ~, ein ~ von jdm** sb's contemporary, a contemporary of sb ② (*fam: Mensch*) **ein verschrobener ~** an odd bod BRIT *fam*, an oddball AM *fam;* **ein übler ~** a bad guy *fam* **zeitgenössisch** *adj* contemporary; **~e Kunst/Musik** contemporary art/music **Zeitgeschäft** *nt* BÖRSE dealing in futures **Zeitgeschehen** *nt kein pl* events of the day **Zeitgeschichte** *f kein pl* contemporary history *no pl* **zeitgeschichtlich** *adj* contemporary-history *pred*, from the point of view of contemporary history **Zeitgeschmack** *m kein pl* prevailing taste **Zeitgewinn** *m* gain in time, time-saving **zeitgleich** I. *adj* contemporaneous II. *adv* at the same time; **~ ins Ziel kommen** to finish [the race] at the same time [as sb else] **Zeitguthaben** *nt* ÖKON [time] credit **Zeithistoriker(in)** *m(f)* contemporary historian

zeitig I. *adj* early
II. *adv* early, in good time

zeitigen *vt* (*geh*) ■**etw ~** to bring sth about; **Früchte ~** to bear fruit

Zeitkarte *f* TRANSP monthly/weekly/weekend etc. ticket [*or* pass] **Zeitkauf** *m* ① HANDEL sale on credit terms ② BÖRSE future purchase **Zeitkontrolle** *f* ÖKON *bei Gleitzeit* time control **Zeitkorridor** *m* ÖKON time corridor (*weekly factory working hours within an upper and lower limit, dependent on amount of work available*) **zeitkritisch** I. *adj commenting on contemporary issues;* **ein ~er Film** a film on contemporary issues II. *adv* **etw ~ analysieren** *to analyse sth by looking at the contemporary issues;* **etw ~ beleuchten** *to shed light on the contemporary issues affecting sth* **Zeitlang** *f* ■**eine ~** for a while [*or* a time] **zeitlebens** *adv* one's whole life, all one's life

zeitlich I. *adj* ① (*chronologisch*) chronological; **der ~e Ablauf** the chronological sequence of events; (*terminlich*) temporal; **die ~e Planung** time planning
② REL (*irdisch, vergänglich*) transitory; **das Z~e segnen** (*euph veraltet: sterben*) to depart from this life; (*fam: kaputtgehen*) to pack in *fam*
II. *adv* ① (*terminlich*) timewise *fam*, from a temporal point of view; **~ zusammenfallen** to coincide; **etw ~ abstimmen** to synchronize sth
② (*vom Zeitraum her*) **~ begrenzt** for a limited time; **etw ~ hinausschieben** to postpone sth; **eine ~e Zahlung** a payment received on time

Zeitlimit *nt* time limit

zeitlos *adj* timeless; **~e Kleidung** classic clothes *pl;* **~er Stil** style that doesn't date [*or* go out of date]

Zeitlupe *f kein pl* slow motion *no art;* **etw in [der] ~ zeigen** to show sth in slow motion **Zeitlupenaufnahme** *f* slow-motion shot **Zeitlupentempo** *nt* **im ~** in slow motion; **sich** *akk* **im ~ bewegen** (*hum*) to move at a snail's pace *hum* **Zeitmangel** *m kein pl* lack of time; **aus ~/wegen ~s** due to lack of time **Zeitmaschine** *f* time machine **Zeitmessung** *f* timekeeping **Zeitmultiplexverfahren** *nt* INFORM time division multiplexing **zeitnah** I. *adj* contemporary II. *adv* ① (*bald*) soon ② (*gegenwartsnah*) in a contemporary way **Zeitnehmer(in)** <-s, -> *m(f)* SPORT timekeeper **Zeitnot** *f kein pl* shortage of time; **in ~ geraten** to run out of time; **in ~ sein** to be short of time [*or* pressed for time] **Zeitplan** *m* schedule, timetable; **den ~ einhalten** to stick to the timetable, to be [*or* stay] on schedule **Zeitpunkt** *m* time; **zu diesem ~** at that point in time; **zu dem ~** at that time; **zu einem bestimmten ~** at a certain time; **zum jetzigen ~** at this moment in time; **den richtigen ~ abwarten** to find the right time **Zeitraffer** <-s> *m kein pl* time-lapse photography; **etw im ~ filmen** to film sth using time-lapse photography **Zeitrafferaufnahme** *f* time-lapse shot **Zeitraum** *m* period of time; **in einem ~ von [drei Wochen]** over a period of [three weeks]; **über einen längeren Zeitraum** over a longer period of time **Zeitrechnung** *f* ① (*Kalendersystem*) calendar; **nach moslemischer ~** according to the muslim calendar; **vor/nach unserer ~** before Christ/anno Domini ② (*Berechnung der Zeit*) calculation of time **Zeitreise** *f* travel through time **Zeitreisende(r)** *f(m) dekl wie adj* time-traveller **Zeitschaltuhr** *f* time switch **Zeitscheibe** *f* INFORM time slice **Zeitscheibenverfahren** *nt* INFORM time slicing

Zeitschrift *f* magazine; (*wissenschaftlich*) periodical, journal; **elektronisch vertriebene ~** electronic magazine

Zeitschriftenabonnement *nt* magazine subscription **Zeitschriftenbeilage** *f* pull-out section **Zeitschriftenständer** *m* magazine rack **Zeitschriftenzustellung** *f* mailing of magazines

Zeitschulden *pl* ÖKON [time] deficit **Zeitsichtwechsel** *m* FIN sight bill **Zeitsoldat** *m* regular soldier (*serving for a fixed term*) **Zeitspanne** *f* period of time **Zeittafel** *f* chronological table **Zeittakt** *m* unit length; **in einem ~ von drei Minuten** every three minutes **zeittypisch** *adj* contemporary **Zeitumstellung** *f* changing the clocks

Zeitung <-, -en> *f* newspaper, paper; **etw in die ~ bringen** to put sth in the paper; **bei einer ~ sein** *fam* [*o* **arbeiten**] to work for a newspaper

Zeitungsabonnement *nt* newspaper subscription **Zeitungsannonce** *f* newspaper advertisement, ad *fam;* (*Geburt, Tod, Ehe*) announcement **Zeitungsanzeige** *f* newspaper advertisement [*or fam* ad] **Zeitungsartikel** *m* newspaper article **Zeitungsausschnitt** *m* newspaper cutting **Zeitungsausträger(in)** *m(f)* paper boy/girl **Zeitungsbeilage** *f* newspaper supplement **Zeitungsbericht** *m* newspaper article [*or* report] **Zeitungsente** *f* (*fam*) canard, false newspaper report **Zeitungsinterview** *nt* newspaper interview **Zeitungsjargon** [-ʒarˈgõ:] *m* journalese **Zeitungskiosk** *m* newspaper kiosk [*or* stand] **Zeitungsleser(in)** *m(f)* newspaper reader; **~ sein** to like to read newspapers **Zeitungsmeldung** *f* newspaper report **Zeitungsnotiz** *f* newspaper item, brief report **Zeitungspapier** *nt* newsprint, newspaper **Zeitungsredaktion** *f editorial office of a newspaper* **Zeitungsreklame** *f* newspaper advertising *no pl, no indef art* **Zeitungsstand** *m* news stand **Zeitungsständer** *m* [news]paper stand [*or* rack] **Zeitungsverkäufer(in)** *m(f)* person selling newspapers **Zeitungsverlag** *m* newspaper publisher **Zeitungsverleger(in)** *m(f)* newspaper publisher **Zeitungsverträger(in)** *m(f)* SCHWEIZ *s.* Zeitungsausträger **Zeitungsvertriebsgesellschaft** *f* newspaper marketing company **Zeitungswesen** <-s> *nt kein pl* newspaper world [*or* trade] [*or* business], press **Zeitungszar** *m* (*fam*) press baron **Zeitungszusteller(in)** *m(f)* newspaper deliverer, paper boy [*or fem* girl]

Zeitunterschied *m* time difference **Zeitvergeudung** *f kein pl s.* Zeitverschwendung **Zeitverlust** *m* loss of time; **ohne ~** without losing any time; **einen ~ aufholen** to make up time **Zeitverschiebung** *f* time difference **Zeitverschwendung** *f kein pl* waste of time; **[reine] ~ sein, etw zu tun** to be a [total] waste of time to do sth **zeitversetzt** *adj* staggered **Zeitvertrag** *m* temporary contract **Zeitvertreib** <-[e]s, -e> *m* pastime; **zum ~** to pass the time, as a way of passing the time; (*als Hobby*) as a pastime **Zeitverzögerung** *f* time delay; **mit erheblicher ~** with considerable delay **Zeitvorgabe** *f* ÖKON time standard, time-setting

zeitweilig I. *adj* ① (*gelegentlich*) occasional
② (*vorübergehend*) temporary; **~ niedriger Stand** ÖKON intermittently low level
II. *adv s.* zeitweise

zeitweise *adv* ① (*gelegentlich*) occasionally, at times
② (*vorübergehend*) temporarily

Zeitwert *m* current value **Zeitwertpapier** *nt* ① FIN term security ② (*fig*) working-time share (*overtime payments paid into a fund whose shares a worker can use to finance gradual early retirement or sell on to a colleague*); *s.a.* **Arbeitszeitkonto** **Zeitwort** *nt* LING verb **Zeitzeichen** *nt* time signal **Zeitzeuge, -zeugin** *m, f* (*geh*) contemporary witness **Zeitzone** *f* time zone **Zeitzünder** *m* time fuse **Zeitzündung** *f* time fuse

zelebrieren* *vt* ① REL (*Messe lesen*) ■**etw ~** to celebrate sth
② (*hum geh: betont feierlich gestalten*) ■**etw ~** to celebrate sth; **ein Essen ~** to have a sumptuous [*or* BRIT slap-up] meal *fam*
③ (*selten geh: feiern*) to celebrate; **jds Geburtstag ~** to celebrate sb's birthday

Zellbiologie *f* cell biology

Zelle <-, -n> *f* cell; (*Telefon~*) [phone] booth [*or* BRIT box]
► WENDUNGEN: **die [kleinen] grauen ~n** (*hum fam*) one's grey matter

Zellenbildung *f* BIOL cell formation

Zellerneuerung *f* cell renewal **Zellfusion** *f* cell fusion **Zellgewebe** *nt* cell tissue **Zellhaufen** *m* BIOL cell cluster, cluster of cells **Zellkern** *m* nucleus [of a/the cell] **Zellkultur** *f* BIOL cell culture **Zellmembran** *f* cell membrane

Zellophan <-s> *nt kein pl s.* **Cellophan**

Zellplasma *nt* cell plasma, cytoplasm *spec* **Zellstoff** *m s.* Zellulose **Zellstofftuch** *nt* cellulose cloth [*or* fabric] **Zellteilung** *f* cell division

Zellulitis <-, Zellulitiden> *f meist sing s.* **Cellulitis**

Zellulitiscreme *f* cellulitis cream

Zelluloid <-[e]s> *nt kein pl* celluloid *no pl*

Zellulose <-, -n> *f* cellulose

Zellwand *f* BIOL cell wall **Zellwolle** *f kein pl* rayon

Zellwucherung *f* rampant cell growth

Zelt <-[e]s, -e> *nt* tent; (*Fest~*) marquee; (*Zirkus~*) big top; **ein ~ aufschlagen** to pitch a tent; **das himmlische ~** (*liter*) the canopy *liter*
► WENDUNGEN: **seine ~e abbrechen** (*hum fam*) to up sticks BRIT, to pack one's bags AM; **seine ~e irgendwo aufschlagen** (*hum fam*) to settle down

somewhere

Zeltbahn *f* strip of canvas **Zeltblache** <-, -n> *f* SCHWEIZ (*Zeltplane*) tarpaulin **Zeltdach** *nt* ARCHIT ❶ (*pyramidenförmiges Hausdach*) pyramid roof ❷ (*als Dach gespannte Zeltplane*) tent-roof

zelten *vi* to camp [somewhere]; ~ **gehen** to go camping

Zelten[1] <-s> *nt* camping; ~ ***verboten!*** no camping!

Zelten[2] <-s, -> *m* SÜDD, ÖSTERR (*veraltend*) ❶ (*kleiner Lebkuchen*) *small flat gingerbread* ❷ (*Früchtebrot*) fruit bread

Zelter(in) <-s, -> *m(f)* camper

Zelter <-s, -> *m* (*hist: Reitpferd*) palfrey *hist*

Zeltlager *nt* camp **Zeltleine** *f* guy rope **Zeltleinwand** *f kein pl* canvas **Zeltmast** *m* tent pole **Zeltpflock** *m* tent peg **Zeltplane** *f* tarpaulin **Zeltplatz** *m* campsite **Zeltstange** *f* tent pole

Zement <-[e]s, -e> *m* ❶ BAU cement; (*Zementfußboden*) cement floor ❷ MED (*Zahn~*) [dental] cement

Zementfußboden *m* cement floor

zementieren* *vt* ❶ BAU ■**etw** ~ to cement sth ❷ (*geh: festigen*) ■**etw** ~ to cement sth; **ein politisches System** ~ to reinforce a political system

Zementleim *m* BAU cement slurry **Zementmörtel** *m* BAU cement mortar **Zementschlämme** *f* BAU cement grout

Zenit <-[e]s> *m kein pl* ❶ ASTRON (*Scheitelpunkt*) zenith ❷ (*geh: Höhepunkt*) zenith; **im ~ einer S. stehen** to be at the peak of sth; ***er stand im ~ seiner Karriere*** he was at the peak of his career

zensieren* *vt* ❶ (*der Zensur unterwerfen*) ■**etw** ~ to censor sth ❷ SCH ■**etw** ~ to mark [*or* AM *usu* grade] sth, to give sth a mark [*or* AM *usu* grade]; **etw schlechter** ~ to mark down sth *sep*, to give sth a lower grade

Zensor, Zensorin <-s, -soren> *m, f* censor

Zensur <-, -en> *f* ❶ SCH mark; **jdm eine bestimmte ~ geben** to give sb a certain mark; **schlechte/gute ~en bekommen** to get [*or* obtain] good/poor marks; **schlechte/gute ~en geben** to give low/high marks ❷ *kein pl* (*prüfende Kontrolle*) censorship, the censors *pl; Filme* board of censors; **einer ~ unterliegen** to be subject to censorship

zensurieren* *vt* ÖSTERR, SCHWEIZ *s.* **zensieren**

Zensurverbot *nt* JUR prohibition of censurship

Zensus <-, -> *m* census

Zentigramm *nt* centigramme [*or* AM -am] **Zentiliter** *m o nt* centilitre [*or* AM -er] **Zentimeter** *m o nt* centimetre [*or* AM -er] **Zentimetermaß** *nt* [metric] tape measure

Zentner <-s, -> *m* [metric] hundredweight; ÖSTERR, SCHWEIZ 100kg

Zentnerlast *f* (*geh*) heavy burden; ***mir fiel eine ~ vom Herzen*** it was a great load [*or* weight] off my mind **zentnerschwer I.** *adj* ❶ (*zig Kilo schwer*) [heavy] weight ❷ (*fig*) heavy *fig;* ~ **auf jdm/jds Seele lasten** to weigh sb down/weigh heavy on sb's mind **II.** *adv* heavily

zentnerweise *adv* by the hundredweight

zentral I. *adj* central; **von ~er Bedeutung sein** to be central to sth
II. *adv* centrally

Zentralabitur *nt national A-level examination board* **Zentralafrika** *nt* Central Africa

Zentralafrikaner(in) <-s, -> *m(f)* Central African; *s. a.* **Deutsche(r)**

zentralafrikanisch *adj* Central African; *s. a.* **deutsch**

Zentralafrikanische Republik *f s.* **Zentralafrika**

Zentralamerika <-s> *nt* Central America

Zentralbank *f* FIN central bank **zentralbankfähig** *adj* FIN eligible

Zentralbankgeld *nt* central bank [*or* AM Federal Reserve Bank] money **Zentralbankrat** *m* board [*or* council] of a/the central bank BRIT, Federal Reserve Board [*or fam* [the] Fed] AM

Zentralbibliothek *f* central library

Zentrale <-, -n> *f* ❶ (*Hauptgeschäftsstelle: Bank, Firma*) head office; (*Militär, Polizei, Taxiunternehmen*) headquarters + *sing/pl vb;* (*Busse*) depot; (*Schalt~*) central control [office] ❷ TELEK exchange; *Firma* switchboard

Zentraleinheit *f* INFORM CPU, central processing unit **Zentraleinkauf** *m* ÖKON central purchasing **Zentralgewalt** *f* POL centralized power **Zentralheizung** *f* central heating **Zentralinstitut** *nt* central institute

Zentralisation <-, -en> *f s.* **Zentralisierung**

zentralisieren* *vt* ■**etw** ~ to centralize sth

Zentralisierung <-, -en> *f* centralization

Zentralismus <-> *m kein pl* centralism

zentralistisch I. *adj* centralist
II. *adv* centralist

Zentralkasse *f* FIN *der Volksbanken* clearinghouse for credit cooperatives **Zentralkomitee** *nt* central committee **Zentralmassiv** *nt kein pl* GEOG central massif **Zentralnervensystem** *nt* central nervous system **Zentralnotenbank** *f* FIN central bank, BRIT Bank of England, AM Federal Reserve Bank **Zentralorgan** *nt* ❶ POL (*Parteizeitung*) central [*or* official] organ, mouthpiece ❷ BIOL (*Organ*) central organ **Zentralrat** *m* central committee **Zentralrechner** *m* INFORM mainframe **Zentralregierung** *f* central government **Zentralschweiz, Innerschweiz** *f central Switzerland, namely the Cantons of Uri, Schwyz, Unterwalden, Luzern and Zug* **Zentralstelle** *f* central point, control centre [*or* AM -er]; ~ **für die Vergabe von Studienplätzen** ≈ University Central Admissions Service BRIT **Zentralverband** *m* umbrella organization **Zentralverriegelung** <-, -en> *f* AUTO central [door] locking **Zentralverschluss**[RR] *m* leaf shutter **Zentralverwaltung** *f* centralized administration, central government **Zentralzivilgericht** *nt* JUR High Court of Justice BRIT

Zentren *pl von* **Zentrum**

zentrieren* *vt* ■**etw** ~ to centre [*or* AM -er] sth

Zentrierung <-, -en> *f* centring BRIT, centering AM

zentrifugal *adj* centrifugal

Zentrifugalkraft *f* centrifugal force

Zentrifuge <-, -n> *f* centrifuge

zentripetal *adj* centripetal

Zentripetalkraft *f kein pl* centripetal force

zentrisch *adj* (*fachspr*) ❶ (*einen Mittelpunkt besitzend*) *Kreis* centric ❷ (*im/durch den Mittelpunkt*) central, through the centre [*or* AM -er]

Zentrum <-s, Zentren> *nt* ❶ (*Mittelpunkt*) centre [*or* AM -er]; **im ~ des Interesses [stehen]** [to be] the centre of attention; ***es ist nicht weit ins*** ~ it is not far to the [town] centre ❷ (*zentrale Stelle*) centre [*or* AM -er]

Zeppelin <-s, -e> *m* zeppelin

Zepter <-s, -> *nt* sceptre [*or* AM -er]; **das ~ führen** [*o fam* **schwingen**] to wield the sceptre

Zer <-s> *nt kein pl* cerium

zerbeißen* *vt irreg* ❶ (*kaputtbeißen*) ■**etw** ~ to chew sth; **ein Bonbon/ein Keks** ~ to crunch a sweet [*or* AM [piece of] candy]/biscuit [*or* AM *a.* cookie]; **die Hundeleine/-kette** ~ to chew through the dog lead/chain ❷ (*überall stechen*) ■**jdn** ~ *Stechmücke* to bite sb

Zerbeißkapsel *f* chewable tablet

zerbersten* *vi irreg sein* to burst; *Glas, Vase* to shatter

Zerberus <-> *m kein pl* MYTH ■**der** ~ Cerberus
► WENDUNGEN: **wie ein** ~ like a watchdog

zerbeulen* *vt* ■**etw** ~ to dent sth

zerbeult *adj* battered

zerbissen *pp von* **zerbeißen**

zerbomben* *vt* ■**etw** ~ to flatten sth with bombs, to bomb sth to smithereens

zerbrechen* *irreg* **I.** *vt haben* ❶ (*in Stücke* ~) ■**etw** ~ to break sth into pieces; **ein Glas/einen Teller** ~ to smash [*or* shatter] a glass/plate; **eine Kette** ~ to break [*or* sever] a chain ❷ (*zunichte machen*) to break down; **jds Lebenswille** ~ to destroy sb's will to live; **eine Freundschaft** ~ to destroy [*or* break up] a friendship; *s. a.* **Kopf**
II. *vi sein* ❶ (*entzweibrechen*) to break into pieces ❷ (*in die Brüche gehen*) to destroy; *Partnerschaft* to break up ❸ (*seelisch zugrunde gehen*) ■**an etw** *dat* ~ to be destroyed by sth

zerbrechlich *adj* ❶ (*leicht zerbrechend*) fragile; ***Vorsicht,*** ~ fragile, handle with care ❷ (*geh: zart*) frail

zerbrochen *pp von* **zerbrechen**

zerbröckeln* **I.** *vt haben* ■**etw** ~ to crumble sth
II. *vi sein* to crumble

zerbröselt *adj* crumbly

zerdeppern* *vt* (*fam*) ■**etw** ~ to smash sth

zerdrücken* *vt* ❶ ■**etw** ~ (*zu einer Masse pressen*) to crush [*or* squash] sth; **eine Knoblauchzehe** ~ to crush a clove of garlic; **Kartoffeln** ~ to mash potatoes ❷ (*durch Druck zerstören*) **eine Zigarette** ~ to stub out a cigarette ❸ (*zerknittern*) **Stoff** ~ to crush [*or* crease] [*or* crumple] fabric ❹ (*fam*) **ein paar Tränen** ~ to squeeze out tears

zerebral *adj* ❶ MED cerebral ❷ LING cacuminal, cerebral ❸ (*selten geh: intellektuell*) cerebral

Zeremonie <-, -n> *f* ceremony

zeremoniell I. *adj* (*geh*) ceremonial, formal
II. *adv* (*geh*) ceremonially

Zeremoniell <-s, -e> *nt* (*geh*) ceremonial

Zeremonienmeister *m* master of ceremonies

zerfahren *adj* scatty, distracted

Zerfahrenheit <-> *f kein pl* (*Unkonzentriertheit*) distraction; (*Schusseligkeit*) scattiness

Zerfall *m* ❶ *kein pl* (*das Auflösen*) disintegration *no pl; Fassade, Gebäude* decay; *Leiche, Holz* decomposition ❷ NUKL decay ❸ (*das Auseinanderbrechen*) decline; *Land, Kultur* decline, decay, fall

zerfallen* *vi irreg sein* ❶ (*sich zersetzen*) to disintegrate; *Fassade, Gebäude* to disintegrate, to decay, to fall into ruin; *Körper, Materie* to decompose; *Atom* to decay; *Gesundheit* to decline ❷ (*auseinander brechen*) *Reich, Sitte* to decline, to fall ❸ NUKL to decay ❹ (*sich gliedern*) ■**in etw** *akk* ~ to fall into sth ❺ ■**mit jdm** ~ to fall out with sb

Zerfallserscheinung *f* sign of decay **Zerfallsgeschwindigkeit** *f* rate of decay **Zerfallsprodukt** *nt* NUKL daughter product **Zerfallsprozess**[RR] *m kein pl* decomposition

zerfetzen* *vt* ❶ (*klein reißen*) ■**etw** ~ to tear [*or* rip] sth up [into tiny pieces]; **einen Körper** ~ to mangle a body, to tear a body to pieces ❷ (*zerreißen*) ■**jdn/etw** ~ to tear [*or* rip] sb/sth to pieces [*or* shreds]

zerfetzt *adj* ragged, torn [apart]

zerfleddern*, zerfledern* *vt* (*fam*) ■**etw** ~ to get sth tatty [*or* dog-eared]

zerfleischen* **I.** *vt* ■**jdn/ein Tier** ~ to tear sb/an animal limb from limb [*or* to pieces]
II. *vr* ❶ (*sich quälen*) ■**sich** ~ to torture oneself ❷ (*sich streiten*) ■**sich** ~ to tear each other apart *fig*

zerfließen* *vi irreg sein* ❶ (*sich verflüssigen*) *Butter, Make-up, Salbe* to run; *Eis* to melt ❷ (*etw übertrieben zur Schau stellen*) ■**vor etw** *dat* ~ to be overcome with sth; **vor Mitleid** ~ to be overcome with compassion; **in Tränen** ~ to dissolve in[to] tears

zerflossen *pp von* **zerfließen**

zerfranst *adj* frayed

zerfressen* *vt irreg* ■**etw** ~ to eat sth away ❶ (*korrodieren*) to corrode sth ❷ (*durch Fraß zerstören*) to eat sth, to gnaw on/at sth; ***von Motten/Würmern*** to be moth-/worm-eaten ❸ MED (*durch Wuchern zerstören*) to eat sth

zerfurchen* *vt* ■**etw** ~ to furrow sth; ***Wind und Wetter hatten das Gesicht des alten Matrosen zerfurcht*** the elements had lined the old seaman's face
zerfurcht I. *pp von* **zerfurchen**
II. *adj Gesicht* furrowed
zergangen *pp von* **zergehen**
zergehen* *vi irreg sein* (*schmelzen*) ■**auf/in etw** *dat* ~ to melt in/on sth; ***dieses Filetsteak ist so zart, dass es auf der Zunge zergeht*** this steak is so tender that it simply dissolves in your mouth; **vor Mitleid** ~ to be overcome with pity
zergliedern* *vt* ❶ (*physisch auseinander nehmen*) ■**etw** ~ to dismember sth; BIOL to dissect sth
❷ (*logisch auseinander nehmen*) **einen Satz** ~ to parse [*or fig* analyze [*or* BRIT *a.* -se]] a sentence
zerhacken* *vt* ■**etw** [**in etw** *akk*] ~ to chop sth up [into sth]
zerhauen *vt* ■**etw** ~ to chop up sth *sep;* (*in zwei Teile*) to chop sth in two
zerkauen* *vt* ■**etw** ~ ❶ (*durch Kauen zerkleinern*) to chew sth
❷ (*durch Kauen beschädigen*) to chew sth up; **die Fingernägel** ~ to chew on [*or* bite] one's fingernails
zerkleinern* *vt* ■**etw** ~ to cut up sth; **Holz** ~ to chop wood; **eine Zwiebel** ~ to finely chop an onion; **Pfefferkörner** ~ to crush peppercorns
zerklüftet *adj* rugged; **tief ~es Gestein** rock with deep fissures, deeply fissured rock
zerknautschen* *vt* (*fam*) ■**etw** ~ to crease [*or* crumple] sth; ***er kam völlig zerknautscht an*** he arrived looking somewhat the worse for wear
zerknirscht *adj* remorseful, overcome with remorse
Zerknirschtheit <-> *f kein pl* remorse *no pl*
Zerknirschung <-> *f kein pl* remorse *no pl*
zerknittern* *vt* ■**etw** ~ to crease [*or* crumple] sth; **ein zerknittertes Gesicht** a wrinkled face
zerknüllen* *vt* ■**etw** ~ to crumple [*or fam* scrunch] up sth [into a ball] *sep*
zerkochen* *vi sein* to cook to a pulp; ■**zerkocht** overcooked
zerkratzen* *vt* ■**jdn/etw** ~ to scratch sb/sth
zerkriegen *vt* ÖSTERR to quarrel
zerkrümeln* *vt* to crumble; *Erde* to loosen
zerlassen* *vt irreg* KOCHK ■**etw** ~ to melt [*or* dissolve] sth
zerlaufen* *vi irreg sein s.* **zerfließen 1**
zerlegbar *adj* able to be dismantled [*or* taken apart]
zerlegen* *vt* ■**etw** ~ ❶ KOCHK to cut [up] sth *sep;* **den Braten** ~ to carve the roast; BIOL to dissect sth
❷ (*auseinander nehmen*) to take sth apart [*or* to pieces]; **eine Maschine** ~ to dismantle a machine; **ein Getriebe/einen Motor** ~ to strip down a transmission/motor
❸ (*analysieren*) **eine Theorie** ~ to break down a theory; **einen Satz** ~ to analyze [*or* BRIT *a.* -se] a sentence; MATH to reduce [to]
Zerlegung <-, -en> *f* ❶ KOCHK carving
❷ (*das Zerlegen*) dismantling, taking apart [*or* to pieces]; *s. a.* **zerlegen**
Zerlegungsbescheid *m* FIN notice of apportionment **Zerlegungsstichtag** *m* FIN dismantlement [*or* break-up] date **Zerlegungsverfahren** *nt* dismantlement procedure
zerlesen *adj* well-thumbed
zerlumpt *adj* ragged, tattered
zermahlen* *vt* ■**etw** ~ to crush sth
zermalmen* *vt* ■**jdn/etw** ~ to crush sb/sth; **zu Brei** ~ to crush to a pulp, to pulverize
zermanschen* *vt* (*fam*) ■**jdn/etw** ~ to squash sb/sth to a pulp, to mash sb/sth
zermartern *vt* to torment
► WENDUNGEN: **sich** *dat* **den Kopf** [*o* **das Hirn**] ~ to rack [*or* cudgel] one's brain
zermürben* *vt* ■**jdn** ~ to wear sb down
zernagen* *vt* ■**etw** ~ to chew sth to pieces; *Nagetier* to gnaw sth to pieces
zernepft *adj* ÖSTERR dishevelled
zerpflücken* *vt* ■**etw** ~ to pluck sth; (*fig*) to pick sth to pieces
zerplatzen* *vi sein* to burst; *Glas* to shatter
zerquetschen* *vt* ❶ (*zermalmen*) ■**jdn/etw** ~ to squash [*or* crush] sb/sth
❷ (*zerdrücken*) ■**etw** ~ to mash sth
► WENDUNGEN: **eine Träne** ~ (*fam*) to squeeze out a tear
Zerquetschte *pl* ► WENDUNGEN: **... und ein paar** ~ (*fam*) ***20 Mark und ein paar*** ~ 20 marks sth [or other] [*or* odd]
zerraufen* *vr* **sich** *dat* **die Haare** ~ to ruffle one's hair
Zerrbild *nt* distorted picture, caricature *fig,* travesty
zerreden* *vt* ■**etw** ~ to flog sth to death *fig fam*
zerreiben* *vt irreg* ■**etw** ~ to crush [*or* crumble] sth
zerreißen* *irreg* **I.** *vt haben* ❶ (*in Stücke reißen*) ■**etw** ~ to tear sth to pieces [*or* shreds]
❷ (*durchreißen*) ■**etw** ~ to tear sth; **einen Brief/ Scheck** ~ to tear up a letter/cheque [*or* AM check]
❸ (*mit den Zähnen in Stücke reißen*) ■**jdn/ein Tier/etw** ~ to tear sb/an animal/sth apart
❹ (*zerfetzen*) ■**jdn** ~ to rip sb to shreds
► WENDUNGEN: **jdn** ~ **können** (*fam*) to tear a strip off sb
II. *vi sein* to tear; *Seil, Faden* to break
III. *vr haben* (*fam: sich überschlagen*) ■**sich** *akk* **vor etw** *dat* ~ to go to no end of trouble to do sth
► WENDUNGEN: **ich kann mich doch nicht ~!** (*fam*) I can't be in two places at once; **ich könnte mich vor Wut ~!** (*fam*) I'm hopping mad! *fam*
Zerreißprobe *f* real test
zerren I. *vt* ■**jdn/etw irgendwohin** ~ to drag sb/ sth somewhere; **etw an die Öffentlichkeit** ~ to drag sth into the public eye
II. *vi* ❶ (*ruckartig ziehen*) ■**an etw** *dat* ~ to tug [*or* pull] at sth; ***an den Nerven*** ~ to be nerve-racking
❷ (*abzureißen versuchen*) ■**an etw** *dat* ~ to tug at sth
III. *vr* MED ■**sich** *dat* **etw** ~ to pull [*or* strain] sth; ***ich habe mir beim Sport einen Muskel gezerrt*** I pulled a muscle doing sports
zerrinnen* *vi irreg sein* (*geh*) ❶ (*zunichte werden*) to melt [*or* fade] away
❷ (*ausgegeben werden*) to disappear; **das Geld zerrinnt mir unter den Händen/zwischen den Fingern** money runs through my hands/slips through my fingers like water; **die Zeit zerrinnt mir unter den Händen** I keep losing track of time
zerrissen *adj Mensch* [inwardly] torn; *Partei, Volk* disunited
Zerrissenheit <-> *f kein pl Mensch* [inner] conflict; *Partei, Volk* disunity
Zerrspiegel *m* distorting mirror
Zerrung <-, -en> *f* MED pulled muscle
zerrütten* *vt* ■**etw** ~ to destroy [*or* ruin] [*or* wreck] sth; **eine Ehe** ~ to ruin [*or* destroy] a marriage; **eine zerrüttete Ehe/Familie** a broken marriage/home; **jds Geist** ~ to break sb's spirit; **jds Nerven** ~ to shatter sb's nerves; **sich in einem zerrütteten Zustand befinden** to be in a bad way
Zerrüttungsprinzip *nt kein pl* JUR principle of irretrievable breakdown (*of a marriage*)
zersägen* *vt* ■**etw** ~ to saw sth up
zerschellen* *vi sein Flugzeug, Schiff* to be dashed [*or* smashed] to pieces; *Krug, Vase* to be smashed to pieces [*or* smithereens]
zerschießen* *vt irreg* ■**etw** ~ to shoot sth to pieces
zerschlagen*[1] *irreg* **I.** *vt* ❶ (*durch Schläge zerbrechen*) ■**etw** ~ to smash sth to pieces [*or* smithereens], to shatter [*or* destroy] sth
❷ (*zerstören*) ■**etw** ~ to break up [*or* destroy] sth; **ein Drogenkartell** ~ to break up [*or* smash] a drug ring; **einen Angriff/die Opposition** ~ to crush an attack/the opposition; **einen Plan** ~ to shatter a plan
II. *vr* (*nicht zustande kommen*) ■**sich** ~ to fall through; **meine Hoffnung hat sich** ~ my hopes have been shattered
zerschlagen[2] *adj pred* shattered, worn-out
Zerschlagenheit *f* exhaustion
Zerschlagung <-, *selten* -en> *f* suppression; *Hoffnungen, Pläne* shattering
Zerschlagungsvermögen *nt* FIN break-up assets *pl* **Zerschlagungswert** *nt* FIN break-up value
zerschlissen *adj s.* **verschlissen**
zerschmeißen* *vt irreg* (*fam*) ■**etw** ~ to shatter sth, to smash sth to pieces
zerschmettern* *vt* ■**etw** ~ to shatter [*or* smash] sth
zerschneiden* *vt irreg* ❶ (*in Stücke schneiden*) ■**etw** ~ to cut up sth *sep*
❷ (*durchschneiden*) ■**etw** ~ to cut sth in two; **die Stille** ~ to pierce the silence *fig;* **jdm das Herz** ~ to break sb's heart *fig*
zerschossen *pp von* **zerschießen**
zerschrammen* *vt* ■**etw** ~ to scratch sth badly; ■**sich** *dat* **etw** ~ to scratch oneself [badly]
zersetzen* I. *vt* ❶ (*auflösen*) ■**etw** ~ *Säure* to corrode sth; **eine Leiche** ~ to decompose a body
❷ (*untergraben*) ■**etw** ~ to undermine [*or* subvert] sth
II. *vr* (*sich auflösen*) ■**sich** ~ to decompose; **der Kadaver/die Leiche zersetzt sich** the cadaver/ dead body is decomposing
zersetzend *adj* (*pej*) subversive
Zersetzung <-> *f kein pl* ❶ (*Auflösung*) decomposition; (*durch Säure*) corrosion
❷ (*Untergrabung*) undermining, subversion; *Gesellschaft* decline, decay
Zersetzungsprodukt *nt* educt, catabolite **Zersetzungsprozess**[RR] *m* decomposition; (*fig*) decline, decay
zersiedeln* *vt* ÖKOL ■**etw** ~ to spoil sth [by development]
Zersied(e)lung <-, -en> *f* ÖKOL urban sprawl, overdevelopment
zerspalten* *vt* ■**etw** ~ to split sth
zersplittern* I. *vt haben* ■**etw** ~ to shatter sth; **seine Kräfte/Zeit** ~ to dissipate [*or* squander] one's energies/time; **eine Gruppe/Partei** ~ to fragment a group/party
II. *vi sein* to shatter; *Holz, Knochen* to splinter
Zersplitterung *f* splintering, shattering; POL fragmentation
zersprengen* *vt* **die Menge** ~ to disperse [*or* scatter] the crowd
zerspringen* *vi irreg sein* ❶ (*zerbrechen*) to shatter
❷ (*einen Sprung bekommen*) to crack; ■**zersprungen** cracked
❸ (*zerspringen*) *Saite* to break
zerstampfen* *vt* ❶ (*zerkleinern*) ■**etw** ~ to crush sth; **Kartoffeln** ~ to mash potatoes
❷ (*völlig zertreten*) ■**jdn/etw** ~ to stamp [*or* trample] on sb/sth
zerstäuben* *vt* ■**etw** ~ to spray sth
Zerstäuber <-s, -> *m* spray; (*Parfüm*) atomizer [*or* BRIT *a.* -iser]
zerstechen* *vt irreg* ❶ (*durch Stiche beschädigen*) ■**etw** ~ to stab sth [repeatedly], to lay into sth with a knife; **sich den Finger** ~ to prick one's finger [several times]
❷ (*durch Bisse verletzen*) ■**jdn/etw** ~ *Mücken, Moskitos* to bite sb/sth [all over]; *Bienen, Wespen* to sting sb/sth [all over]
zerstieben* *vi irreg sein* (*geh*) to scatter; *Wasser* to spray
zerstochen I. *pp von* **zerstechen**
II. *adj von Stechmücken* covered in bites, bitten all over
zerstörbar *adj* destructible; **nicht** ~ indestructible
zerstören* *vt* ■**etw** ~ ❶ (*kaputtmachen*) to destroy sth
❷ (*zugrunde richten*) to ruin sth; **eine Ehe/die Gesundheit** ~ to ruin [*or* wreck] a marriage/one's health
Zerstörer <-s, -> *m* NAUT destroyer
Zerstörer(in) <-s, -> *m(f)* destroyer
zerstörerisch I. *adj* destructive; ***die ~e Wirkung des Wirbelsturmes war verheerend*** the destructive effect of the tornado was devastating
II. *adv* destructively

zerstört *adj* destroyed; *Häuser, Stadt* ruined; **~e Hoffnungen/Illusionen** dashed hopes/shattered illusions
► WENDUNGEN: **am Boden zerstört sein** to be shattered [*or* devastated]

Zerstörung <-, -en> *f* ❶ *kein pl* (*das Zerstören*) destruction *no pl*
❷ (*Verwüstung*) wrecking, ruining; *Katastrophe, Krieg* destruction *no pl*, devastation *no pl*; *s. a.* **Tod**

Zerstörungstrieb *m kein pl* PSYCH destructive urge [*or* impulse] **Zerstörungswahn** *m kein pl* MED detrimental delusion **Zerstörungswut** *f kein pl* destructive frenzy [*or* fury]; **in blinder ~** in a wild frenzy of destruction

zerstoßen* *vt irreg* ■**etw ~** to crush [*or* grind] sth; **Gewürze im Mörser ~** to grind spices using a pestle and mortar

zerstreiten* *vr irreg* ■**sich** *akk* [**über etw** *akk*/ **wegen einer S.** *gen*] **~** to quarrel [about sth], to fall out [over sth]; ■**sich** *akk* **mit jdm** [**über etw** *akk*] **~** to quarrel with sb [over sth]; ■**zerstritten** estranged, to not be on speaking terms [with each other]; ■**mit jdm** [**über etw** *akk*] **zerstritten sein** to be on bad terms with sb

zerstreuen* I. *vt* ❶ (*auseinander treiben*) ■**etw ~** to disperse sth; ***berittene Polizisten zerstreuten die Menge*** mounted police dispersed the crowd
❷ (*unterhalten*) ■**jdn ~** to take sb's mind off sth, to divert sb; ■**sich ~** to amuse oneself
❸ (*durch Zureden beseitigen*) **Ängste/Sorgen ~** to dispel [*or form* allay] fears/worries
❹ (*verteilen*) to scatter; **Licht ~** to diffuse light
II. *vr* ❶ (*auseinander gehen*) ■**sich ~** to scatter; *Menge* to disperse
❷ (*auseinander treiben*) ■**sich ~** to disperse
❸ (*sich auflösen*) ■**sich ~** to be dispelled [*or form* allayed]

zerstreut *adj* ❶ (*gedankenlos*) absent-minded
❷ (*weit verteilt*) scattered; ***meine Verwandten sind über ganz Europa ~*** my relatives are scattered all over Europe

Zerstreutheit <-> *f kein pl* absent-mindedness *no pl*

Zerstreuung <-, -en> *f* ❶ (*unterhaltender Zeitvertreib*) diversion; **zur ~** as a diversion
❷ (*Verteilung*) scattering, dispersal
❸ *s.* **Zerstreutheit**

zerstritten *adj* estranged

zerstückeln* *vt* ❶ (*zerschneiden*) ■**etw ~** to cut up sth *sep*; **eine Leiche ~** to dismember a body
❷ (*aufteilen*) **eine Parzelle Land ~** to carve [*or* divide] up a piece of land *fig*; **den Tag ~** to break up the day

Zerstückelung <-, -en> *f* dismemberment, division; *s. a.* **zerstückeln**

zerteilen* I. *vt* (*geh*) ■**etw** [**in etw** *akk*] **~** to cut up sth *sep* [into sth]; **etw in zwei Teile ~** to divide sth into two pieces/parts
► WENDUNGEN: **ich kann mich nicht ~** I can't be in two places at once
II. *vr* (*geh*) ■**sich ~** *Wolken, Wolkendecke* to part

Zertifikat <-[e]s, -e> *nt* certificate; FIN (*Investment~*) investment trust certificate [*or* unit certificate]; **~ für Namensaktien** certificate for registered stock

zertifizieren* *vt* (*geh o fachspr*) ■**etw ~** to certify sth

Zertifizierung <-, -en> *f* certification

Zertifizierungsinstitut *nt bei E-Cash* certifying institute

zertrampeln* *vt* ■**etw ~** to trample on sth

zertrennen *vt* to sever, to cut through; **die Nähte ~** to undo the seams

zertreten* *vt irreg* ■**etw ~** to crush sth [underfoot]; **den Rasen ~** to ruin the lawn
► WENDUNGEN: **jdn wie einen Wurm ~** to grind sb into the ground

zertrümmern* *vt* to smash; **ein Gebäude/die Ordnung ~** to wreck [*or* destroy] a building/the order; ***während der Sturmflut wurden viele Boote am Strand zertrümmert*** at the height of the storm many boats were dashed against the shore

Zervelatwurst *f* cervelat

zerwühlen* *vt* ■**etw ~** to ruffle sth up *sep*, to tousle; **das Bett/die Kopfkissen ~** to rumple [up] the bed/pillows; **den Acker/die Erde ~** to churn up the field/earth; *s. a.* **Haare**

Zerwürfnis <-ses, -se> *nt* (*geh*) row, disagreement; **ein ernstes ~** a serious disagreement

zerzausen* *vt* to ruffle; ***der Wind zerzauste ihr das Haar*** the wind tousled her hair; ■**zerzaust** windswept, dishevelled, tousled

zerzaust *adj* dishevelled, tousled

Zession <-, -en> *f* JUR cession, assignment

Zessionär <-s, -e> *m* JUR assignee, cessionary

Zessionsvertrag *m* JUR deed of assignment

Zeter *m* ► WENDUNGEN: **~ und Mordio schreien** (*fam*) to scream blue [*or* AM bloody] murder *fam*, to raise a hue and cry *fig*

zetern *vi* (*pej*) to nag, to scold

Zett *nt kein pl* (*sl*) jail, the slammer *sl*, BRIT *a.* gaol *dated*

Zettel <-s, -> *m* piece of paper; (*Bekanntmachung*) notice; (*Beleg*) receipt; **einen ~ schreiben** to make a note of sth; ***bitte beachten Sie auch den beiliegenden ~*** please read the enclosed leaflet; **~ *ankleben verboten*** stick no bills

Zettelkartei *f* card index **Zettelkasten** *m* (*Kasten für Zettel*) file-card box [*or* holder]; (*Zettelkartei*) card [index [*or* slip]] box **Zettelwirtschaft** *f* (*pej*) **eine ~ haben** to have bits of paper everywhere

zetten *vt* SCHWEIZ to scatter

Zeug <-[e]s> *nt kein pl* ❶ (*fam: Krempel*) stuff *no pl, no indef art fam*, things *pl*; **altes ~** junk, trash; **... und solches ~** ... and such things
❷ (*fam: Quatsch*) nonsense, rubbish, crap *fam!*; **dummes ~ reden** to talk a lot [*or* load] of nonsense [*or fam* drivel] [*or fam* twaddle]; **dummes ~ treiben** [*o* **machen**] to mess [*or* fool] about [*or* around]
❸ (*fam: persönliche Sachen*) stuff; (*Ausrüstung*) gear *fam*; (*Kleider*) clothes, things
❹ (*fam: undefinierbare Masse*) stuff; ***was trinkst du denn da für ein ~?*** what's that stuff you're drinking? *fam*
► WENDUNGEN: **jdm** [**was**] **am ~**[**e**] **flicken wollen** to find fault with sb; **das ~ zu etw haben** to have [got] what it takes [to be/do sth] *fam*; **was das ~ hält** for all one is worth; ***lügen, was das ~ hält*** to lie one's head off *fam*; **sich ins ~ legen** to put one's shoulder to the wheel, to work flat out; **sich für jdn ins ~ legen** to stand up for sb

Zeuge, Zeugin <-n, -n> *m, f* JUR witness; **~ der Anklage** witness for the prosecution; **die ~n Jehovas** Jehovah's Witnesses; **~ der Verteidigung/zur Gegenseite** defence/hostile witness; **ausbleibender ~** defaulting witness; **einen ~ aufrufen** to call a witness; **als ~ vor Gericht geladen werden** to be called as witness before the court; **~ einer S.** *gen* **sein** to be a witness to sth; **unter** [*o* **vor**] **~n** in front of witnesses

zeugen¹ *vt* (*geh*) ■**jdn ~** to father [*or old* beget] sb

zeugen² *vi* ❶ (*auf etw schließen lassen*) ■**von etw ~** to show sth
❷ JUR (*geh*) ■**für/gegen jdn ~** to testify [*or* give evidence] for/against sb

Zeugenablehnung *f* JUR objection to a witness **Zeugenaussage** *f* JUR testimony; ***den ~n zufolge ...*** according to witnesses ...; **eine ~ machen** to give a statement **Zeugenbank** *f* JUR witness box [*or* AM stand] **Zeugenbeweis** *m* JUR testimonial evidence **Zeugeneinvernahme** *f* ÖSTERR examination of witnesses **Zeugenentschädigung** *f* JUR compensation to witnesses **Zeugenladung** *f* JUR [witness] summons; **~ unter Strafandrohung** subpoena **Zeugenschutz** *m* witness protection **Zeugenstand** *m* witness box [*or* AM stand]; **jdn in den ~ rufen** to call a witness [to the stand]; **in den ~ treten** to go into the witness box, to take the stand **Zeugenvereidigung** *f* swearing in of witnesses **Zeugenverhör** *nt* questioning of the witness[es] **Zeugenvernehmung** *f* JUR examination of the witness[es], hearing of evidence

Zeughaus *nt* MIL, HIST armoury, AM *a.* armory

Zeugherr *m* SCHWEIZ *member of Canton parliament responsible for military affairs*

Zeugin <-, -nen> *f fem form von* **Zeuge**

Zeugnis <-ses, -se> *nt* ❶ SCH report
❷ (*Empfehlung*) certificate; (*Arbeits~*) reference, testimonial; ***gute ~se haben*** to have good references; ■**jdm ein ~ ausstellen** to give sb a reference [*or* testimonial]
❸ JUR (*Zeugenaussage*) evidence; **für/gegen jdn ~ ablegen** to give evidence [*or* testify] for/against sb; **falsches ~ ablegen** to bear false witness

Zeugnisfähigkeit *f* JUR competency of a witness **Zeugnispflicht** *f* JUR duty to testify **Zeugnisverweigerung** *f* JUR refusal to give evidence **Zeugnisverweigerungsrecht** *nt* JUR right to refuse to testify [*or* give evidence] **Zeugniszwang** *m* JUR enforcement of duty to testify

Zeugs <-> *nt kein pl* (*pej fam*) *s.* **Zeug**

Zeugung <-, -en> *f* (*geh*) fathering, begetting *old*

Zeugungsakt *m* act of procreation **zeugungsfähig** *adj* (*geh*) fertile **Zeugungsfähigkeit** *f kein pl* (*geh*) fertility **zeugungsunfähig** *adj* (*geh*) sterile; *Pflanze* barren **Zeugungsunfähigkeit** *f kein pl* (*geh*) sterility

zeuseln *vi* SCHWEIZ *s.* **zündeln**

z.H(d). *Abk von* **zu Händen** attn.

Zibebe *f* ÖSTERR, SÜDD large raisin

Zichorie <-, -n> *f* chicory

Zicke <-, -n> *f* ❶ (*weibliche Ziege*) nanny goat
❷ (*pej fam: launische Frau*) bitch *fam!*, BRIT *a.* cow *fam!*

Zicken *pl* (*fam*) nonsense *no pl*; ***ich bin deine ~ langsam leid*** [I have had] enough of your nonsense!; **~ machen** to make trouble

zickig *adj* (*pej fam*) uptight, bad-tempered; *Frau a.* bitchy

Zicklein <-s, -> *nt* (*junge Ziege*) kid

zickzack *adv* zigzag; **~ den Berg hinunterlaufen** to zigzag down the mountain

Zickzack *m* zigzag; **im ~ gehen/fahren** to zigzag

Zickzackfalzung *f* TYPO concertina folding, fan-folding, z-folding **zickzackförmig** I. *adj* zigzag II. *adv* zigzag **Zickzackkurs** *m* ❶ (*zickzackförmiger Kurs*) zigzag course; **im ~ fahren** to zigzag
❷ (*widersprüchliches Vorgehen*) dithering, humming [*or* AM hemming] and hawing

Zieche *f* ÖSTERR, SÜDD (*fam*) cover

Ziege <-, -n> *f* ❶ (*Tier*) goat
❷ (*pej fam: blöde Frau*) bitch *fam!*, BRIT *a.* cow *fam!*

Ziegel <-s, -> *m* ❶ (*Ziegelstein*) brick
❷ (*Dach~*) tile

Ziegelbau <-bauten> *m* brick building **Ziegelbrenner(in)** <-s, -> *m(f)* brickmaker **Ziegeldach** *nt* tiled roof

Ziegelei <-, -en> *f* brickworks + *sing/pl vb*; *Dachziegel* tile-making works + *sing/pl vb*

Ziegelmauerwerk *nt* BAU brick work **ziegelrot** *adj* brick-red **Ziegelstein** *m* brick

Ziegenbart *m* ❶ (*vom Tier*) goatbeard ❷ (*hum fam: Spitzbart*) goatee *fam*; *Tirolerhut* brush ❸ BOT (*Pilz*) goat's beard mushroom **Ziegenbock** *m* billy goat **Ziegenfell** *nt* goatskin **Ziegenhirt(e), -hirtin** *m, f* goatherd **Ziegenkäse** *m* goat's cheese **Ziegenleder** *nt* kid [leather], kidskin **Ziegenmelker** *m* ORN European nightjar **Ziegenmilch** *f* goat's milk **Ziegenpeter** <-s, -> *m* (*fam: Mumps*) mumps + *sing/pl vb*

Zieger *m* ❶ ÖSTERR, SÜDD (*veraltet*) *s.* **Quark**
❷ ÖSTERR, SCHWEIZ herb cheese

Ziehbrunnen *m* well

ziehen <zog, gezogen>

I. TRANSITIVES VERB II. INTRANSITIVES VERB
III. UNPERSÖNLICHES INTRANSITIVES VERB
IV. UNPERSÖNLICHES TRANSITIVES VERB
V. REFLEXIVES VERB

I. TRANSITIVES VERB

❶ *haben* (*hinter sich her schleppen*) to pull; ***die***

Z

Kutsche wurde von vier Pferden gezogen the coach was drawn by four horses
❷ *haben* (*bewegen*) **den Hut** ~ to raise [*or* to take off] one's hat; **den Choke/Starter** ~ to pull out the choke/starter; **die Handbremse** ~ to put on the handbrake; ■**jdn/etw irgendwohin** ~ to pull sb/sth somewhere; ***sie zog das Kind an sich*** she pulled the child to[wards] her; ***die Knie in die Höhe*** ~ to raise one's knees; **die Stirn kraus/in Falten ziehen** to knit one's brow
❸ *haben* (*Richtung ändern*) ***er zog das Auto in letzter Minute nach rechts*** at the last moment he pulled the car to the right; ***der Pilot zog das Flugzeug nach oben*** the pilot put the plane into a climb; **etw ins Komische** ~ to ridicule sth
❹ *haben* (*zerren*) ■**jdn an etw** *dat* ~ to drag sb to sth; ***das Kind zog mich an der Hand zum Karussell*** the child dragged me by the hand to the carousel; ***warum ziehst du mich denn am Ärmel?*** why are you tugging at my sleeve?; ***der Felix hat mich an den Haaren gezogen*** Felix pulled my hair
❺ *haben* (*ab~*) ■**etw von etw** ~ to pull sth [off sth]; ***den Ring vom Finger*** ~ to pull one's ring off [one's finger]
❻ *haben* (*hervorholen*) ■**etw** [**aus etw**] ~ to pull sth [out of sth]; ***sie zog ein Feuerzeug aus der Tasche*** she took a lighter out of her pocket/bag
❼ *haben* (*heraus~*) ■**jdn/etw** ~ [**aus**] to pull sb/sth [out]; ***wer hat den Ertrinkenden aus dem Wasser gezogen?*** who pulled [*or* dragged] the drowning man out of the water?; ***muss ich dich aus dem Bett ~?*** do I have to drag you out of bed?; **die Fäden** ~ to take out [*or* remove] the stitches; **den Revolver/das Schwert** ~ to draw the revolver/sword; **einen Zahn** ~ to take out [*or* extract] a tooth; **ein Los/eine Spielkarte** ~ to draw a lottery ticket/a card; **einen Vergleich** ~ to draw [*or* make] a comparison; **eine Wasserprobe** ~ to take a sample of water; ***die Wahrsagerin forderte mich auf, irgendeine Karte zu*** ~ the fortune teller told me to pick a card; ***Zigaretten aus dem Automaten*** ~ to get [*or* buy] cigarettes from a machine; ***hast du eine Straßenbahnkarte gezogen?*** have you bought a tram ticket?
❽ *haben* (*betätigen*) ■**etw** ~ to pull sth; ***er zog die Handbremse*** he put the handbrake on; ***kannst du nicht die Wasserspülung ~?*** can't you flush the toilet?
❾ *haben* (*verlegen, anlegen*) **ein Kabel/eine Leitung** ~ to lay a cable/wire; **einen Bewässerungskanal/einen Graben** ~ to dig an irrigation canal/a ditch; **eine Mauer/einen Zaun** ~ to erect [*or* build] a wall/a fence
❿ *haben* (*durch~*) ■**durch etw** ~ to pull sth through sth; ***ich kann den Faden nie durchs Öhr*** ~ I can never thread a needle
⓫ *haben* ■**etw auf etw** *akk* ~ to pull sth onto sth; ***neue Saiten auf die Gitarre*** ~ to restring a guitar; ***Perlen auf eine Schnur*** ~ to thread pearls; ***ein Bild auf Karton*** ~ to mount a picture onto cardboard
⓬ *haben* (*rücken*) ■**etw irgendwohin** ~ to pull sth somewhere; ***er zog sich den Hut tief ins Gesicht*** he pulled his hat down over his eyes; ***den Mantel fest um sich*** ~ to pull one's coat tight around oneself; ***zieh bitte die Vorhänge vor die Fenster*** please draw the curtains; ***die Rollläden nach oben*** ~ to pull up the blinds; ***zieh doch eine Bluse unter den Pulli*** put on a blouse underneath the jumper; ***er zog sich die Schutzbrille über die Augen*** he put on protective glasses
⓭ *haben* (*züchten*) **Blumen/Früchte/Pflanzen** ~ to grow flowers/fruit/plants; **Tiere** ~ to breed animals
⓮ *haben* (*erziehen*) to bring up; ***sie haben die Kinder gut gezogen*** they have brought the children up well
⓯ *haben* KUNST (*zeichnen*) **einen Kreis/eine Linie** ~ to draw a circle/line
⓰ *haben* (*machen*) **einen Draht/eine Kerze/eine Kopie** ~ to make a wire/candle/copy; ***Computerprogramme schwarz*** ~ to pirate computer programs
⓱ *haben* (*dehnen*) **einen Laut/eine Silbe/ein Wort** ~ to draw out a sound/syllable/word; ***zieh doch die Worte nicht so*** stop drawling
⓲ *haben* (*an~*) ■**etw auf sich** *akk* ~ to attract sth; ***sie zog die Aufmerksamkeit/Blicke auf sich*** she attracted attention; **jds Hass auf sich** ~ to incur sb's hatred; **jdn ins Gespräch** ~ to draw sb into the conversation
⓳ *haben* (*zur Folge haben*) ■**etw nach sich** ~ to have consequences

II. INTRANSITIVES VERB

❶ *haben* (*zerren*) to pull; ■**an etw** *dat* ~ to pull [*or* tug] on/at sth; ***ich kann es nicht leiden, wenn der Hund so zieht*** I hate it when the dog pulls [on the lead] like that; ***ein ~der Schmerz*** an aching pain
❷ *sein* (*um~*) ■**irgendwohin/zu jdm** ~ to move somewhere/in with sb; ***nach München*** ~ to move to Munich; ***sie zog zu ihrem Freund*** she moved in with her boyfriend
❸ *sein* (*einen bestimmten Weg einschlagen*) ■**irgendwohin** ~ to move [*or* go] somewhere; *Armee, Truppen, Volksmasse* to march; *Schafe, Wanderer* to wander [*or* roam], to rove; *Rauch, Wolke* to drift; *Gewitter* to move; *Vogel* to fly; **durch die Stadt** ~ to wander through the town/city; **in den Krieg/die Schlacht** ~ to go to war/into battle; ***Zigeuner ~ kreuz und quer durch Europa*** gypsies wander [*or* roam] all over Europe; ***die Schwalben zogen nach Süden*** the swallows migrated south [*or* flew south for the winter]; ***Tausende von Schafen zogen über die Straße*** thousands of sheep roamed onto the road; ***Aale und Lachse ~ zum Laichen flussaufwärts*** eels and salmon swim upstream to breed
❹ *haben* (*angezündet bleiben*) *Kamin, Ofen, Pfeife* to draw; ***das Feuer zieht gut/schlecht*** the fire is drawing well/poorly
❺ *haben* (*saugen*) ■**an etw** *dat* ~ **an einer Pfeife/Zigarette/Zigarre** ~ to pull [*or* puff] on a pipe/cigarette/cigar
❻ *sein* (*eindringen*) to penetrate; ***mach die Tür zu, sonst zieht der Fischgeruch durchs ganze Haus!*** close the door, otherwise we will be able to smell the fish throughout the house; ***Giftgas kann durch die kleinste Ritze*** ~ poisonous gas can penetrate [*or fam* get through] the smallest crack; ***die Imprägnierung muss richtig ins Holz*** ~ this waterproofing solution has to really sink into the wood
❼ *haben* KOCHK *Marinade* to marinade; *Tee* to brew, to steep; ■**etw** ~ **lassen** *Teig* to leave sth to stand; *Tee* to let sth brew [*or* steep]
❽ *haben* (*fam: beschleunigen*) to pull
❾ *haben* (*fam: Eindruck machen*) ■[**bei jdm**] ~ to go down well [with sb]; ***hör auf, das zieht bei mir nicht!*** stop it, I don't like that sort of thing!; **diese Masche zieht immer** this one always works [*or fam* does the trick]; ***die Ausrede zieht bei mir nicht*** that excuse won't work with me
❿ KARTEN to play
⓫ SCHACH to move; ***mit dem Bauer*** ~ to move the pawn; ***wer hat die letzte Karte gezogen?*** who drew the last card?
⓬ (*Waffe*) **die Pistole** ~ to draw a gun
⓭ (*umfüllen*) **Wein auf Flaschen ziehen** to bottle wine
► WENDUNGEN: **einen** ~ [*o* **fahren**] **lassen** (*sl*) to let off *fam*, to fart *fam*

III. UNPERSÖNLICHES INTRANSITIVES VERB

❶ *haben* (*einen Luftzug verursachen*) ***es zieht*** there is a draught [*or* AM draft]; ***wenn es dir zieht, kannst du ja das Fenster schließen*** if you are in a draught [*or* if you find it draughty], go ahead and close the window; ***es zieht hier an die Beine*** I can feel [*or* there is] a draught round my legs
❷ *haben* (*Schmerz empfinden*) ***mir zieht es manchmal so im Knie*** sometimes my knee really hurts [*or* is really painful]; ***ich habe so einen ~den Schmerz im ganzen Körper*** I ache [*or* my body aches] all over

IV. UNPERSÖNLICHES TRANSITIVES VERB

haben (*drängen*) to feel drawn to sth; ***es zog ihn in die weite Welt*** the big wide world lured him away; ***was zieht dich hierhin/nach Hause?*** what brings you here/home?; ***mich zieht es stark zu ihm*** I feel very attracted to him; ***am Sonntag zog es mich ins Grüne*** on Sunday I couldn't resist going to the country; ***heute zieht mich aber auch gar nichts nach draußen*** wild horses wouldn't get me [*or* couldn't drag me] outside today *fam*

V. REFLEXIVES VERB

❶ *haben* (*sich hinziehen*) ■**sich** ~ *Gespräch, Verhandlungen* to drag on; ***dieses Thema zieht sich durch das ganze Buch*** this theme runs through the entire book
❷ *haben* (*sich erstrecken*) ■**sich** *akk* **an etw** *dat* **entlang** ~ to stretch along sth; ***beiderseits der Autobahn zieht sich eine Standspur entlang*** there is a hard shoulder along both sides of the motorway; ***der Sandstrand zog sich kilometerweit am Meer entlang*** the sandy beach stretched for miles along the shore; ***sich in Schlingen durch etw*** ~ to wind [*or* twist] its way through sth
❸ *haben* (*sich hoch~*) ■**sich** *akk* [**an etw** *dat*] **irgendwohin** ~ to pull oneself up [onto sth]; ■**sich aus etw** ~ to pull oneself out of sth; *s. a.* **Affäre, Patsche**
❹ *haben* (*sich dehnen*) *Holz, Rahmen* to warp; *Klebstoff* to become tacky; *Metall* to bend

Ziehen <-s> *nt kein pl* ache
Ziehharmonika *f* MUS concertina
Ziehsohn *m* ❶ (*Adoptivsohn*) foster son
❷ (*Günstling*) favourite, favorite AM
Ziehung <-, -en> *f* draw
Ziehungstag *m* FIN drawing day
Ziel <-[e]s, -e> *nt* ❶ (*angestrebtes Ergebnis*) goal, aim, objective; *Hoffnung, Spott* object; **mit dem** ~ with the aim [*or* intention]; **etw zum** ~ **haben** to have as one's goal [*or* aim]; **am** ~ **sein** to be at one's destination, to have achieved one's goal *fig;* [**bei jdm**] **zum** ~ **kommen** [*o* **gelangen**] to reach one's goal; **sich** *dat* **etw zum** ~ **setzen** to set sth as one's goal; **sich** *dat* **ein** ~ **setzen** to set oneself a goal; **etw** *dat* **ein** ~ **setzen** to put a limit on sth; **jdm/sich ein** ~ **setzen/stecken** to set sb/oneself a goal
❷ SPORT, MIL target; **ins** ~ **treffen** to hit the target
❸ SPORT (*Rennen*) finish, finishing [*or* AM finish] line; **durchs** ~ **gehen** to cross the finishing line; (*beim Pferderennen*) to cross the winning [*or* finishing] [*or* AM finish] post
❹ TOURIST (*Reise~*) destination; *Expedition* goal
❺ ÖKON (*Zahlungs~*) credit period, period [*or* time] allowed for payment; **etw auf** ~ **kaufen** to buy sth on credit
❻ (*Produktions~*) production [*or* output] target
► WENDUNGEN: **über das** ~ **hinausschießen** to overshoot the mark
Zieladresse *f* destination address **Zielbahnhof** *m* destination **Zielband** <-[e]s, -bänder> *nt* SPORT finishing tape **zielbewusst**[RR], **zielbewußt**
I. *adj* purposeful, decisive
II. *adv* purposefully; ~ **auf etw zusteuern** to aim purposefully for sth **Zielbewusstsein**[RR] *nt* purposefulness, decisiveness **Zieldokument** *nt* target document
zielen *vi* ❶ (*anvisieren*) ■[**auf jdn/etw**] ~ to aim [at sb/sth]
❷ (*gerichtet sein*) ■**auf jdn/etw** ~ to be aimed at sb/sth
❸ (*sich beziehen*) ■**auf jdn/etw** ~ to be aimed [*or* directed] at sb/sth; ***diese Werbung zielt auf den jungen Käufer*** this advertisement is directed at young consumers
Zielfernrohr *nt* telescopic sight, scope **Zielflug** *m* homing **Zielfoto** *nt* SPORT photograph of the finish

Zielgerade *f* SPORT finishing [*or* AM finish] straight, home stretch **Zielgerät** *nt* sight **zielgerichtet** *adj* well mapped-out, purposeful **Zielgeschäft** *nt* HANDEL credit deal

Zielgruppe *f* target group **zielgruppenbezogen** *adj* target group-related; ~**es Marketing** targeted marketing **Zielgruppenforschung** *f kein pl* market research

Zielhafen *m* port of destination **Zielkamera** *f* SPORT photo-finish camera **Zielkauf** *m* HANDEL credit purchase **Ziellinie** *f* finishing [*or* AM finish] line **ziellos I.** *adj* aimless **II.** *adv* aimlessly **Zielmarkt** *m* HANDEL target market **Zielort** *m* destination **Zielperson** *f* target **Zielpunkt** *m* target **Zielrichtung** *f* aim **Zielscheibe** *f* ❶ (*runde Scheibe*) target ❷ (*Opfer*) object, butt **Zielsetzung** *f* ÖKON target, objective; **kurzfristige/langfristige** ~ short-term/long-term objective **zielsicher** *adj* unerring, purposeful **Zielsprache** *f* LING target language **zielstrebig I.** *adj* determined, single-minded **II.** *adv* with determination, single-mindedly **Zielstrebigkeit** <-> *f kein pl* determination, single-mindedness **Zielvorgabe** *f* target[-setting] **Zielvorrichtung** *f* aiming device **Zielvorstellung** *f* objective

ziemen *vr* (*geh*) ■**es ziemt sich nicht für jdn, etw zu tun** it is not proper [*or* seemly] for sb to do sth

ziemlich I. *adj* ❶ *attr* (*beträchtlich*) considerable, fair; **ein ~es Vermögen** a siz[e]able fortune; **eine ~e Genugtuung** reasonable satisfaction
❷ (*einigermaßen zutreffend*) reasonable; ***das stimmt mit ~er Sicherheit*** it is fairly certain to be true
II. *adv* ❶ (*weitgehend*) quite, reasonably
❷ (*beträchtlich*) quite, pretty *fam*, fairly; ***ich habe ~ lange warten müssen*** I had to wait quite a long time; ***ich habe mich ~ darüber geärgert*** I was pretty *fam* annoyed about it
❸ (*beinahe*) almost, nearly; **so** ~ more or less; **so ~ alles** just about everything; **so ~ dasselbe** pretty well [*or* much] the same

Zierat <-[e]s, -e> *m s.* **Zierrat**

Zierde <-, -n> *f* (*schmückender Gegenstand*) ornament, decoration; ***zur*** ~ for decoration
► WENDUNGEN: **eine ~ des männlichen/weiblichen Geschlechts** a fine specimen of the male/female sex

zieren I. *vr* ■**sich** ~ to make a fuss; *Mädchen* to act coyly; ***du brauchst dich nicht zu*** ~ there is no need to be polite; **ohne sich zu** ~ without having to be pressed
II. *vt* (*schmücken*) ■**etw** ~ to adorn [*or fig* grace] sth; **eine Speise/ein Gericht mit Petersilie** ~ to garnish a meal/dish with parsley; **einen Kuchen** ~ to decorate a cake

Zierfarn *m* decorative fern **Zierfisch** *m* ornamental fish **Ziergras** *nt* ornamental grass **Zierkürbis** *m* ornamental gourd **Zierleiste** *f* border; AUTO trim; *Möbel* edging; *Wand* moulding

zierlich *adj* dainty; **eine ~e Frau** a petite woman; **~es Porzellan** delicate porcelaine

Zierlichkeit <-> *f kein pl* daintiness, delicateness, petiteness

Ziernaht *f* decorative stitching *no pl, no indef art* **Zierpflanze** *f* ornamental plant **Zierrat**[RR] <-[e]s, -e> *m* decoration, ornamentation **Zierschrift** *f* ornamental lettering *no pl, no indef art*, ornamented typeface **Zierstrauch** *m* ornamental shrub **Ziervogel** *m* caged bird

Ziesel <-s, -> *nt* ZOOL gopher

Ziffer <-, -n> *f* ❶ (*Zahlzeichen*) digit; (*Zahl*) figure, numeral, number; **römische/arabische ~n** roman/arabic numerals
❷ (*nummerierter Abschnitt*) clause

Zifferblatt *nt* [clock]/[watch] face; *Sonnenuhr* dial **Zifferntastatur** *f* INFORM numeric keypad **Zifferntaste** *f* INFORM digit key

zig *adj* (*fam*) umpteen; ~**mal** umpteen [*or* a thousand] times

Zigarette <-, -n> *f* cigarette

Zigarettenanzünder *m* cigarette lighter **Zigarettenautomat** *m* cigarette machine **Zigarettenetui** *nt* cigarette case **Zigarettenfilter** *m* cigarette filter **Zigarettenlänge** *f* ► WENDUNGEN: **auf eine** ~ for a cigarette [*or* smoke] **Zigarettenpackung** *f* cigarette packet [*or* AM pack] **Zigarettenpapier** *nt* cigarette paper **Zigarettenpause** *f* (*fam*) cigarette [*or fam!* fag] break **Zigarettenraucher(in)** *m(f)* cigarette smoker **Zigarettenschachtel** *f* cigarette packet [*or* AM pack] **Zigarettenspitze** *f* cigarette holder **Zigarettenstummel** *m* cigarette end [*or* butt]

Zigarillo <-s, -s> *m o nt* small cigar, cigarillo

Zigarre <-, -n> *f* cigar

Zigarrenabschneider *m* cigar cutter **Zigarrenkiste** *f* cigar-box **Zigarrenraucher(in)** *m(f)* cigar smoker **Zigarrenspitze** *f* cigar holder **Zigarrenstummel** *m* cigar stub [*or* butt]

Ziger <-s, -> *m* KOCHK SCHWEIZ ❶ (*veraltet*) *s.* **Quark**
❷ (*Kräuterkäse*) herb cheese

Zigerkrapfen *m* SCHWEIZ *sweet pastry filled with curd cheese*

Zigeuner(in) <-s, -> *m(f)* Gypsy, Gipsy, Romany

Zigeunerlager *nt* gypsy encampment **Zigeunerleben** *nt kein pl* gypsy life **Zigeunermusik** *f kein pl* gypsy music **Zigeunerschnitzel** *nt pork escalope served in spicy sauce with red and green peppers* **Zigeunersprache** *f kein pl* Romany [*or* Gypsy] [*or* Gipsy] language **Zigeunerwagen** *m* gypsy caravan

zigfach *adj* (*fam*) many [*or fam* umpteen] times **zighundert** *adj* (*fam*) umpteen hundred **zigmal** *adv* (*fam*) umpteen [*or* a thousand] times *fam* **zigmillionen** *adj* (*fam*) umpteen million *fam* **zigtausend** *adj* (*fam*) umpteen thousand

Zikade <-, -n> *f* cicada

Zille *f* barge

Zillertaler Alpen *nt* Zillertal Alps

Zilpzalp <-s, -e> *m* ORN chiffchaff

Zimbabwe <-s> *nt* SCHWEIZ *s.* **Simbabwe**

zimbabwisch *adj* SCHWEIZ *s.* **simbabwisch**

Zimbal <-s, -e *o* -s> *nt* cymbalon

Zimbel <-, -n> *f* cymbal

Zimmer <-s, -> *nt* room; ~ **frei haben** to have vacancies

Zimmerantenne *f* indoor aerial [*or* AM *a.* antenna] **Zimmerdecke** *f* ceiling

Zimmerei <-, -en> *f* (*Handwerk*) carpentry; (*Zimmerwerkstatt*) carpenter's shop

Zimmereinrichtung *f* furniture, furnishings *pl*

Zimmerer <-s, -> *m s.* **Zimmermann**

Zimmerflucht *f* suite [of rooms] **Zimmerfrau** *f* ÖSTERR landlady **Zimmerhandwerk** *nt kein pl* carpentry *no pl, no indef art* **Zimmerkellner(in)** *m(f)* TOURIST room service waiter **Zimmerlautstärke** *f* low volume; **etw auf ~ stellen** to turn sth down **Zimmerlinde** *f* HORT African hemp **Zimmermädchen** *nt* chambermaid

Zimmermann <-leute> *m* carpenter

Zimmermannshammer *m* claw hammer

zimmern I. *vt* ❶ (*aus Holz herstellen*) ■**etw** ~ to make [*or* build] [*or* construct] sth from wood
❷ (*konstruieren*) **ein Alibi** ~ to construct an alibi; **eine Ausrede** ~ to make up an excuse
II. *vi* (*an einer Holzkonstruktion tätig sein*) to do woodwork [*or* carpentry]; ■**an etw** *dat* ~ to make sth from wood, to work on sth *fig*

Zimmernachweis *m* accommodation [*or* AM accomodations] service **Zimmerpflanze** *f* house plant **Zimmerservice** *m* room service **Zimmersuche** *f* room hunting, hunting for a room/rooms; **auf ~ sein** to be looking for rooms/a room **Zimmertemperatur** *f* room temperature **Zimmertheater** *nt* small [*or* studio] theatre **Zimmerverlesen** *nt* MIL SCHWEIZ barrack room inspection **Zimmervermittlung** *f* accommodation [*or* AM accomodations] service **Zimmerwerkstatt** *f* one-room carpenter's shop

zimperlich *adj* prim; (*Ekel*) squeamish; (*empfindlich*) [hyper]sensitive; ***sei nicht so*** ~ don't be such a sissy

Zimperlichkeit <-> *f kein pl* squeamishness

Zimperliese <-, -n> *f* (*pej*) sissy

Zimt <-[e]s, -e> *m* ❶ KOCHK cinnamon; **weißer** ~ canelle
❷ (*fam: Quatsch*) rubbish, garbage, nonsense

Zimtapfel *m* custard apple, sweetsop **Zimtkassiablätter** *pl* Chinese cinnamon leaves **Zimtkassie** *f* Saigon cinnamon **Zimtrinde** *f* cinnamon bark **Zimtstange** *f* stick of cinnamon **Zimtzicke** <-, -n> *f* (*pej*) stupid cow [*or* AM chick]

Zink <-[e]s> *nt kein pl* ❶ CHEM zinc
❷ MUS cornet

Zinkblech *nt* sheet zinc

Zinke <-, -n> *f* ❶ (*spitz hervorstehendes Teil*) *Kamm, Rechen* tooth; *Gabel* prong
❷ (*Holzzapfen*) tenon

zinken *vt* KARTEN ■**etw** ~ to mark sth; ***Falschspieler verwenden gezinkte Karten*** card sharps use marked cards

Zinken <-s, -> *m* ❶ (*Gaunersprache: geheimes Schriftzeichen*) secret mark [*or* sign]
❷ (*fam: große Nase*) conk *sl*

zinkhaltig *adj* containing zinc

Zinksalbe *f* MED zinc ointment **Zinkweiß** *nt* KUNST Chinese white

Zinn <-[e]s> *nt kein pl* ❶ CHEM tin *no pl*
❷ (*Gegenstände aus ~*) pewter *no pl*, pewterware

Zinnbecher *m* pewter tankard

Zinne <-, -n> *f* ❶ ARCHIT merlon *hist;* (*Burg*) battlement; (*Stadt*) tower
❷ (*Gebirge*) peak, pinnacle
❸ SCHWEIZ (*Dachterrasse*) *flat area on the roof of an old house used for hanging out washing*

zinnern *adj attr* pewter

Zinnerz *nt* tin ore **Zinnfigur** *f* pewter [*or* tin] figure **Zinngeschirr** *nt* pewter ware **Zinngießerei** <-, -en> *f* tin foundry

zinnhaltig *adj* containing tin

Zinnie <-, -n> *f* BOT zinnia

Zinnkrug *m* pewter jug

Zinnober[1] <-s> *nt* ÖSTERR *kein pl* (*gelblichrote Farbe*) vermilion *no pl*, cinnabar *no pl*

Zinnober[2] <-s> *m* ÖSTERR *kein pl* mineral

zinnoberrot *adj* (*gelblichrot*) vermilion

Zinnsoldat *m* tin soldier **Zinnstein** *m* tinstone, cassiterite **Zinnteller** *m* pewter plate

Zins[1] <-es, -en> *m* FIN interest *no pl*, rate; **gesetzliche ~en** JUR legal rate of [*or* statutory] interest; **zu hohen/niedrigen ~en** at a high/low rate of interest; **~en bringen** [*o* **tragen**] to earn interest; **Kapital auf ~en legen** (*geh*) to invest capital at interest; **die ~en senken** to ease back interest rates; **[jdm] etw mit ~ und ~eszins zurückzahlen** to pay sb back for sth with interest *fig*

Zins[2] <-es, -e> *m* ❶ (*hist*) tax
❷ SÜDD, ÖSTERR, SCHWEIZ (*Miete*) rent

Zinsabschlag *f* FIN interest payment **Zinsabschlagsteuer** *f* FIN withholding tax, interest discount tax **Zinsabzug** *m* FIN discount; ***es erfolgt ein ~ bei Zahlung vor Fälligkeit*** a discount is granted for payment before the due date **Zinsanhebung** *f* FIN hike in interest rates **Zinsanspruch** *m* FIN interest due **Zinsaufwendungen** *pl* FIN interest paid, interest expenditure *no pl* **Zinsbelastung** *f* FIN interest charge **Zinsbesteuerung** *f* taxation of interest **Zinsdelle** *f* FIN dip in interest rates **Zinserhöhung** *f* rise [*or* increase] in interest rates **Zinsertrag** *m* interest yield

Zinseszins *m* compound interest

Zinsfestschreibung *f* FIN interest fixing **Zinsfluss**[RR] *m kein pl*, **Zinsfluß** *m kein pl* interest rate **Zinsfuß** *m* JUR rate of interest **Zinsgefälle** *nt* FIN interest rate differential [*or* spread] **Zinsgipfel** *m* FIN interest peak **zinsgünstig** *adj* at a favourable [*or* AM -or-] rate of interest *pred; Kredit* low-interest, soft *fam; Spareinlagen* high-interest, high-yield; **~e Kredithilfe** soft loan **Zinshaus** *nt* ÖSTERR rented house; *s. a.* **Zins** **Zinshypothek** *f* JUR interest-bearing mortgage **Zinslast** *f* FIN interest burden [*or* load]

zinslos *adj* interest free, free of interest

Zinsniveau *nt* interest rate level

zinspflichtig *adj* interest-bearing, obliged to pay tax **Zinspolitik** *f kein pl* interest rate policy **Zinsrechnung** *f* calculation of interest **Zinsrückstand** *m* FIN back interest **Zinssatz** *m* interest rate, rate of interest; (*Darlehen*) lending rate; ***die Zinssätze geben nach*** interest rates are moving down; **gesetzlicher** ~ statutory rate of interest **Zinsschein** *m* FIN interest coupon **Zinssenkung** *f* reduction [*or* decrease] in the interest rate **Zinstabelle** *f* table of interest rates **Zinstief** *nt* FIN low in interest rates **zinstragend** *adj attr* FIN interest-bearing *attr* **zinsverbilligt** *adj* interest-subsidized **Zinsverbindlichkeiten** *pl* FIN interest payable **Zinsverlust** *m* loss of interest **Zinswohnung** *f* ÖSTERR rented flat [*or* AM *a.* apartment]; *s. a.* **Zins** **Zinswucher** *m* charging very high interest, usury **Zinszahlung** *f* interest payment

Zionismus <-> *m kein pl* POL Zionism *no pl*

Zionist(in) <-en, -en> *m(f)* POL Zionist

zionistisch *adj* POL Zionist

Zipfel <-s, -> *m* corner; *Hemd, Jacke* tail; *Saum* dip; *Wurst* end

Zipfelmütze *f* pointed cap

Zipperlein <-s> *nt* (*veraltet fam: Gicht*) gout; **jdn plagt das** ~ (*hum*) sb is indisposed

Zippverschluss[RR] *m*, **Zippverschluß** *m* ÖSTERR *s.* **Reißverschluss**

Zirbeldrüse *f* ANAT pineal gland **Zirbelkiefer** *f* BOT Swiss stone pine **Zirbelnuss**[RR] *f* pistachio nut

zirka *adv* about, approximately; ***ich hole dich in ~ 10 Minuten ab*** I'll pick you up in approximately 10 minutes

Zirkapreis *nt* BÖRSE approximate price

Zirkel <-s, -> *m* ① (*Gerät*) pair of compasses
② (*Gruppe*) group; ***nur der engste ~ seiner Freunde wurde eingeladen*** he only invited his closest [circle of] friends

Zirkelkasten *m* compasses case **Zirkelschluss**[RR] *m*, **Zirkelschluß** *m* circular argument

Zirkonium <-s> *kein pl nt* CHEM Zirconium *no pl*

Zirkular *nt* SCHWEIZ circular

Zirkulation <-, -en> *f* ① (*das Zirkulieren*) circulation
② TECH (*Umlaufleitung*) circulation, circulatory flow

Zirkulationskapital *nt* FIN circulating capital

zirkulieren* *vi* ① (*kreisen*) to circulate
② (*kursieren*) to circulate; ***über diese Frau ~ einige Gerüchte*** there are some rumours going around about this woman

Zirkumflex <-es, -e> *m* LING circumflex

Zirkus <-, -se> *m* ① (*Unterhaltung*) circus; **zum ~ gehen** to join the circus
② (*fam: großes Aufheben*) fuss, to-do *fam*; ***einen ~ machen*** to make a fuss

Zirkusartist(in) *m(f)* circus performer, artiste **Zirkusclown** *m* circus clown **Zirkuszelt** *nt* big top

zirpen *vi* ZOOL (*vibrierende Töne erzeugen*) to chirp, to cheep

Zirrhose <-, -n> *f* MED cirrhosis

Zirruswolke *f* METEO cirrus [cloud]

zisch *interj* hiss

zischeln *vi* (*pej*) ■**[über jdn]** ~ to whisper [about sb]

zischen I. *vi* ① *haben* (*ein Zischen verursachen*) to hiss; ***das Steak zischte in der Pfanne*** the steak sizzled in the pan
② *haben* (*ein Zischen von sich geben*) to hiss
③ *sein* (*sich mit einem Zischen bewegen*) to swoosh; ***nach dem Anstich des Fasses zischte das Bier heraus*** after broaching the barrel the beer streamed out
II. *vt* (*mit einem Z~ sagen*) ■**etw** ~ to hiss sth at sb
► WENDUNGEN: **einen** ~ (*sl*) to have a quick one *fam*; **jdm eine** ~ to belt [*or* clout] sb *fam*; **eine gezischt bekommen** to get belted [*or* clouted] *fam*

Zischen <-s> *nt kein pl* hiss

Zischlaut *m* LING sibilant

ziselieren* *vt* KUNST ■**etw** ~ to engrave sth

Ziselierung <-, -en> *f* chasing

Zisterne <-, -n> *f* cistern, tank

Zitadelle <-, -n> *f* citadel

Zitat <-[e]s, -e> *nt* quotation

Zitatenlexikon *nt* LING dictionary of quotations

Zither <-, -n> *f* MUS zither

Zitherspieler(in) *m(f)* MUS zither player

zitieren* *vt* ① (*wörtlich anführen*) ■**jdn/etw** ~ to quote sb/sth; **ein Beispiel** ~ to quote [*or* cite] an example
② (*vorladen*) ■**jdn irgendwohin** ~ to summon sb somewhere; ***sie wurde zum Chef zitiert*** she was summoned to her boss

Zitierfreiheit *f kein pl* freedom to quote

Zitronat <-[e]s, -e> *nt* KOCHK candied lemon peel

Zitronatzitrone *f* cedrate

Zitrone <-, -n> *f* lemon
► WENDUNGEN: **jdn ausquetschen** [*o* **auspressen**] **wie eine** ~ (*fam*) to squeeze sb dry

Zitronenbaum *m* lemon tree **Zitroneneis** *nt* lemon flavoured [*or* AM flavored] ice cream, lemon sorbet **Zitronenfalter** *m* ZOOL brimstone butterfly **zitronengelb** *adj* lemon yellow **Zitronenkuchen** *m* lemon cake [*or* bread] **Zitronenlimonade** *f* lemonade **Zitronenmelisse** *f* lemon balm **Zitronenpresse** *f* lemon squeezer **Zitronenreibe** *f* lemmon rind grater **Zitronensaft** *m* citrus fruit **Zitronensäurezyklus** *m* CHEM citric acid [*or* Krebs] cycle **Zitronenschale** *f* lemon peel **Zitronenthymian** *m* lemon thyme

Zitrusfrucht *f* citrus fruit **Zitruspresse** *f* citrus squeezer

Zitteraal *m* ZOOL electric eel

Zitterer *m* ÖSTERR shaking, weakness

zitt(e)rig *adj* shaky

zittern *vi* ① (*vibrieren*) to shake
② (*beben*) ■**[vor etw** *dat*] ~ to shake [*or* tremble] [with sth]; **vor Kälte** ~ to shiver with cold; **vor Angst** ~ to quake with fear; *Stimme* to quaver; *Blätter, Gräser, Lippen* to tremble, to quiver; *Pfeil* to quiver
③ (*fam*) ■**[vor jdm/etw]** ~ to be terrified [of sb/sth]

Zittern <-s> *nt kein pl* ① (*Vibrieren*) shaking, trembling; ***ein ~ ging durch seinen Körper*** a shiver ran through his body
② (*bebende Bewegung*) trembling; *Erdbeben* tremor; *Stimme a.* quaver
► WENDUNGEN: **da hilft kein ~ und Zagen** there is no use being afraid

Zitterpappel *f* BOT aspen **Zitterpartie** *f* nail-biter *fam* **Zitterrochen** *m* ZOOL electric ray

zittrig *adj s.* **zitterig**

Zitze <-, -n> *f* ZOOL teat, dug

Zivi <-s, -s> *m* (*fam*) *kurz für* **Zivildienstleistender** *young man doing community service as an alternative to military service*

zivil *adj* ① (*nicht militärisch*) civilian; **~er Bevölkerungsschutz** civil defence [*or* AM -se]
② (*fam: akzeptabel*) **~e Bedingungen/Forderungen/Preise** reasonable conditions/demands/prices
③ (*höflich*) polite

Zivil <-s> *nt kein pl* civilian clothes *npl*, civvies *fam npl*; **in** ~ in civilian clothes [*or fam* civvies], in mufti *dated*

Zivilangestellte(r) *f(m) dekl wie adj* civil servant **Zivilbehörde** *f* civil authority **Zivilberuf** *m* civilian profession [*or* trade] **Zivilbevölkerung** *f* civilian population **Zivilcourage** *f* courage [of one's convictions] **Zivildiener** *m* ÖSTERR *s.* **Zivildienstleistende(r)** **Zivildienst** *m kein pl* ADMIN *community service as alternative to military service* **Zivildienstleistender** *m dekl wie adj* ADMIN *young man doing community service as alternative to military service* **Zivilehe** *f* JUR civil marriage **zivile Hilfssheriffs** *pl* civilian security officers *pl* **Zivilfahnder(in)** *m(f)* plain-clothes policeman **Zivilgericht** *nt* JUR civil court **Zivilgesellschaft** *f* ① SOZIOL, POL civil society ② ÖKON civilian company **Zivilgesetzbuch** *nt* JUR SCHWEIZ (*Bürgerliches Gesetzbuch*) code of civil law **Zivilgesetzgebung** *f* civil legislation

Zivilisation <-, -en> *f* civilization

Zivilisationserscheinung *f* MED *symptoms caused by a civilized society* **Zivilisationskrankheit** *f* MED *illness caused by civilization* **zivilisationsmüde** *adj* SOZIOL tired of modern-day society

zivilisatorisch I. *adj* of civilization, with regard to civilization
II. *adv* in terms of [*or* with regard to] civilization

zivilisieren* *vt* ■**jdn** ~ to civilize sb

zivilisiert I. *adj* civilized
II. *adv* civilly; ***könnt ihr euch nicht ~ benehmen?*** can't you behave like civilized human beings?

Zivilist(in) <-en, -en> *m(f)* civilian

Zivilkammer *f* JUR civil division [*or* chamber] **Zivilklage** *f* JUR civil suit [*or* action] **Zivilkleidung** *f s.* **Zivil** **Zivilleben** *nt* civilian life, BRIT *a.* Civvy Street *dated fam* **Zivilperson** *f* (*geh*) *s.* **Zivilist**

Zivilprozess[RR] *m*, **Zivilprozeß** *m* JUR civil action **Zivilprozessordnung**[RR] *f* JUR Code of Civil Procedure, Civil Procedure Rules BRIT, Civil Practice Act AM **Zivilprozessrecht**[RR] *nt* JUR law [*or* rules] of civil procedure *pl*

Zivilrecht *nt* JUR civil law

zivilrechtlich I. *adj* JUR of civil law
II. *adv* JUR of civil law; ***jdn ~ verfolgen/belangen*** to bring a civil action against sb

Zivilrechtsfall *m* JUR civil case **Zivilrechtsstreit** *m* JUR civil action **Zivilrichter(in)** *m(f)* JUR civil court judge **Zivilsache** *f* JUR matter for a civil court **Zivilschutz** *m* ADMIN ① (*Schutz der Zivilbevölkerung*) civil defence [*or* AM -se] ② (*Truppe für den ~*) civil defence [*or* AM -se]; **Bundesamt für** ~ Federal Civil Defence Office **Zivilsenat** *m* JUR civil division of a superior court **Zivilstand** *m* ADMIN SCHWEIZ marital status **Zivilstandsamt** *nt* ADMIN SCHWEIZ registry office **Zivilstandsregister** *nt* ADMIN SCHWEIZ register of births, marriages and deaths **Zivilverfahrensrecht** *nt* JUR law of civil procedure

zizerlweis *adv* ÖSTERR, SÜDD (*fam*) bit by bit

Zloty <-s, -> *m* zloty

Zmittag <-s> *m o nt kein pl* SCHWEIZ (*Mittagessen*) lunch

Zmorgen <-, -> *m o nt* SCHWEIZ (*Frühstück*) breakfast

Znacht <-s> *m o nt kein pl* SCHWEIZ (*Abendessen*) supper

ZNS *nt Abk von* **Zentralnervensystem** CNS

Znüni <-, -> *m* KOCHK SCHWEIZ (*zweites Frühstück*) elevenses *pl* BRIT *fam*

Zobel <-s, -> *m* ① ZOOL sable
② (*Pelz aus Zobelfellen*) sable [fur]

Zoccoli *pl* SCHWEIZ *wooden sandals*

zockeln *vi sein* (*fam*) *s.* **zuckeln**

zocken *vi* KARTEN (*sl*) ■~ to gamble

Zocker(in) <-s, -> *m(f)* KARTEN (*sl*) gambler

Zofe <-, -n> *f* lady-in-waiting

Zoff <-s> *m kein pl* (*sl*) trouble; **es gibt/dann gibt's** ~ then there'll be trouble; **mit jdm ~ haben** to have trouble with sb; **~ machen** to cause trouble

zoffen *vr* (*sl*) ■**sich mit jdm** ~ to quarrel with sb

zog *imp von* **ziehen**

Zöger *m* ÖSTERR (*fam*) net shopping bag

zögerlich I. *adj* (*zaudernd*) hesitant
II. *adv* hesitantly

zögern *vi* to hesitate; ■**mit etw** ~ to wait [too long] [*or* hesitate] with sth; ■**~, etw zu tun** to hesitate before doing sth; **ohne zu** ~ without [a moment's] hesitation, unhesitatingly; ***sie unterschrieb ohne zu ~*** she signed without hesitation

Zögern <-s> *nt kein pl* hesitation *no pl*; **ohne langes** ~ without hesitating for a long time [*or* [a moment's] hesitation]

zögernd I. *adj* hesitant, hesitating; ***dieser Frage hat sich die Regierung nur sehr ~ angenommen*** the government accepted this question but only with [strong] reservations
II. *adv* hesitantly

Zögling <-s, -e> *m* (*veraltend*) pupil

Zölibat <-[e]s, -e> *nt o m* REL celibacy *no pl*
Zoll¹ <-[e]s, -> *m* TECH inch; (*zollbreit*) one inch wide
▶ WENDUNGEN: **jeder ~ ...** every inch; ***er ist jeder ~ ein Ehrenmann/ Gentleman*** he is every inch a gentleman; **keinen ~[breit] [zurück]weichen** to not yield [*or* give] an inch; *s. a.* **Zentimeter**
Zoll² <-[e]s, Zölle> *m* ❶ ÖKON customs duty; **gemischter ~** compound [*or* mixed] duty; **für etw ~ bezahlen** to pay [customs] duty on sth; **Zölle erheben** to introduce customs duties; **etw aus dem ~ freigeben** to remove the seals from sth; **durch den ~ kommen** to come through customs; **durch den ~ müssen** (*fam*) to have to go through customs; **einem ~ unterliegen** to carry duty
❷ *kein pl* ÖKON (*fam: Zollverwaltung*) customs *npl*
Zollabfertigung *f* ÖKON ❶ (*Gebäude*) customs post, checkpoint ❷ (*Vorgang*) customs clearance **Zollabfertigungsgebühr** *f* FIN customs clearance charge **Zollabgabe** *f* customs duty **Zollabgaben** *pl* ÖKON customs, customs duty **Zollabkommen** *nt* ÖKON tariff agreement, customs convention **Zollamt** *nt* ÖKON customs office [*or* house] **zollamtlich** *adj* ÖKON customs *attr;* **jdn/etw ~ abfertigen** to clear sb/sth through customs **Zollaufsicht** *f* JUR customs supervision **Zollausfuhrerklärung** *f* ÖKON declaration outwards **Zollautonomie** *f* ÖKON autonomous system **Zollbeamte(r), -beamtin** *m, f* ÖKON customs officer [*or* official] **Zollbegleitpapiere** *pl* customs documents *pl* **Zollbegleitschein** *m* ÖKON bond note **Zollbehörde** *f* customs [authority] **Zollbestimmung** *f meist pl* ÖKON customs regulation[s *pl*] **Zolldeklaration** *f* customs declaration **Zolleinfuhrschein** *f* ÖKON inward manifest **Zolleinhebung** *f* ÖSTERR collection of customs duty **Zolleinlagerung** *f* ÖKON bonding
zollen *vt* (*geh*) ■**jdm/etw etw ~** to give sb/sth sth; **jdm Achtung/Anerkennung/Bewunderung ~** to respect/appreciate/admire sb; **jdm Beifall ~** to applaud sb, to give sb applause; **jdm Dank ~** to extend [*or* offer] one's thanks [*or* express one's gratitude] to sb; **jdm seinen Tribut ~** to pay tribute to sb
Zollerklärung *f* ÖKON customs declaration; **Zoll- und Devisenerklärung** currency and customs declaration **Zollfahnder(in)** <-s, -> *m(f)* customs investigator **Zollfahndung** *f* ÖKON customs investigation **Zollfestsetzung** *f* ÖKON assessment of duties **Zollflughafen** *m* airport of entry **Zollformalitäten** *pl* JUR customs formalities; **~ erledigen** to clear through customs **zollfrei I.** *adj* ÖKON duty-free **II.** *adv* ÖKON duty-free **Zollfreiheit** *f kein pl* JUR exemption from customs duty **Zollfreilager** *nt* bonded warehouse [*or* store] **Zollfreizone** *f* JUR [duty-]free zone, bonded area **Zollgebiet** *nt* customs area **Zollgebühren** *pl* customs duty **Zollgrenzbezirk** *m* border area under customs surveillance **Zollgrenze** *f* customs [area] border **Zollhafen** *m* port of entry **Zollhaus** *nt* customs house **Zollhoheit** *f* right to impose customs duty **Zollinhaltserklärung** *f* customs declaration **Zollkodex** *m* customs code **Zollkontingent** *nt* ÖKON tariff-rate quota **Zollkontrolle** *f* ÖKON customs check **zollmeldepflichtig** *adj* ÖKON declarable
Zöllner <-s, -> *m* ❶ (*veraltend fam: Zollbeamter*) customs officer
❷ REL (*in der Bibel*) tax collector
zollpflichtig *adj* ÖKON dutiable; **~ sein** to be dutiable **Zollrecht** *nt* JUR customs law [*or* customs rules] *pl;* **gemeinschaftliches ~** EU Community customs provisions **Zollrückvergütung** *f* FIN customs drawback **Zollschiff** *nt* customs cutter **Zollschranken** *pl* ÖKON tariff [*or* customs] barriers *pl* **Zollschuld** *f* FIN customs debt **Zollschuldner(in)** *m(f)* JUR customs debtor, party owing customs duty **Zollsenkung** *f* lowering of duty **Zollstation** *f* customs post
Zollstock *m* ruler, inch rule
Zollstraftat *f* JUR customs offence [*or* AM -se], infringement of customs regulations **Zolltarif** *m* ÖKON customs tariff; **Gemeinsamer ~** Common Customs Tariff; **~e angleichen** to harmonize tariffs **Zolltarifrecht** *nt* JUR tariff law **Zoll- und Handelsabkommen** *nt* **Allgemeines ~** ÖKON General Agreement on Tariffs and Trade **Zollunion** *f* ÖKON customs union **Zollverfahren** *nt* ÖKON customs procedure **Zollverfahrensrecht** *nt* JUR customs procedure law **Zollvergehen** *nt* JUR customs violation [*or* offence] [*or* AM -se] **Zollverschluss^RR^** *m* JUR customs seal; **unter ~** bonded **Zollverwaltung** *f* customs administration [*or pl* authorities] **Zollwache** *f* ÖSTERR customs office [*or* house] **Zollwert** *m* HANDEL customs [*or* dutiable] value; **erklärter ~** declared value; **~ eingeführter Waren** customs value of imported goods **Zollwertausschuss^RR^** *m* ÖKON (*EU*) Valuation Committee
Zombie <-[s], -s> *m* zombie
Zone <-, -n> *f* ❶ (*Bereich*) zone; **entmilitarisierte ~** demilitarized zone
❷ (*Beratungszone*) **die [Ost]~** the Eastern Zone *fam or dated,* East Germany
❸ TRANSP fare stage, zone
Zonengrenze *f* zonal boundary; **die ~** the East German border **Zonenordnung** *f* SCHWEIZ *regulations governing usage of areas of land*
Zoo <-s, -s> *m* zoo
Zoologe, Zoologin <-n, -n> *m, f* zoologist
Zoologie <-> *f kein pl* zoology
Zoologin <-, -nen> *f fem form von* **Zoologe**
zoologisch I. *adj* zoological
II. *adv* zoologically
Zoom <-s, -s> *nt* FOTO *s.* **Zoomobjektiv**
zoomen ['zu:mən] *vt* FOTO, INFORM ■**jdn/etw ~** to zoom in on sb/sth
Zoomobjektiv *nt* FOTO zoom lens
Zootier *nt* animal in a zoo **Zoowärter(in)** <-s, -> *m(f)* zookeeper
Zopf <-[e]s, Zöpfe> *m* ❶ (*geflochtene Haarsträhnen*) plait, AM *usu* braid, pigtail
❷ KOCHK plait, plaited loaf
❸ FORST top of tree trunk
▶ WENDUNGEN: **ein alter ~** an antiquated custom
Zopfmuster *nt* MODE cable stitch **Zopfspange** *f* hair clip
Zorbing <-s> [ˌzɔrbɪŋ] *nt kein pl* SPORT zorbing (*rolling downhill while strapped inside an enormous air-cushioned bouncing ball*)
Zorn <-[e]s> *m kein pl* anger, rage, wrath *liter;* **der ~ Gottes** the wrath of God; **in ~ geraten/ausbrechen** to lose one's temper, to fly into a rage; **einen ~ auf jdn haben** to be furious with sb; **jds ~ heraufbeschwören** to incur sb's wrath; **im ~** in anger [*or* a rage]; ***im ~ sagt man manches, was man später bereut*** when you are angry you say things you later regret
Zornbinkel, Zornbinkl *m* ÖSTERR person with a violent temper, irascible person
Zornesausbruch *m* fit of anger [*or* rage] **Zornesröte** *f* (*zornige Röte*) flush of anger
zornig *adj* angry, furious; ■**~ auf jdn sein** to be angry [*or* furious] with sb; **leicht ~ werden** to lose one's temper easily; **ein ~er junger Mann** (*fig*) an angry young man
Zote <-, -n> *f* dirty [*or* obscene] joke
zotig *adj* dirty, filthy, smutty
Zottel <-, -n> *f* ❶ *meist pl* (*langes Tierhaar*) shaggy clump of hair
❷ (*pej fam: unordentliche Haare*) ■**~n** rat's tail, shaggy locks *pl*
❸ DIAL (*Schlampe*) slut
❹ *Mütze* pompom
Zottelhaar *nt* (*fam*) shaggy hair
zottelig *adj* (*fam*) shaggy
zotteln *vi sein* (*fam*) to amble
zottig *adj s.* **zottelig**
ZPO *f Abk von* **Zivilprozessordnung**
z.T. *Abk von* **zum Teil** partly
Ztr. *m Abk von* **Zentner**

zu

I. PRÄPOSITION MIT DATIV
II. ADVERB
III. KONJUNKTION

I. PRÄPOSITION MIT DATIV

❶ (*wohin*) to; ***ich muss gleich ~m Arzt/~m Bäcker/~m Supermarkt*** I must go to the doctor's/baker's/supermarket; **~r Stadt/Stadtmitte gehen** to go to town/the town centre; ***wie weit ist es von hier ~m Bahnhof?*** how far is it from here to the train station?; ***wie komme ich [von hier] ~r Post?*** how do I get [from here] to the post office?; **~m Militär gehen** to join the army; **~m Theater gehen** to go on the stage [*or* into the theatre]; ***~m Schwimmbad geht es da lang!*** the swimming pool is that way!; ***fahr mich bitte ~r Arbeit/ Kirche/ Schule*** please drive me to work/church/school; **~ Fuß/ Pferd** on foot/horseback; ***~ Fuß gehen Sie etwa 20 Minuten*** it will take you about 20 minutes on foot; **~ Schiff** by ship [*or* sea]
❷ (*örtlich: Richtung*) **~m Fenster herein/hinaus** in/out of the window; **~r Tür herein/hinaus** in/out the door; **~m Himmel weisen** to point heavenwards [*or* up at the heavens]; **~r Decke sehen** to look [up] at the ceiling; **~ jdm/etw hinaufsehen** to look up at sb/sth; ***das Zimmer liegt ~r Straße hin*** the room looks out onto the street; **~m Meer/zur Stadtmitte hin** towards the sea/town [*or* city centre]; ***der Kerl vom Nachbartisch sieht dauernd ~ uns hin*** the bloke at the next table keeps looking across at us
❸ (*neben*) ■**~ jdm/etw** next to sb/sth; **etw ~ etw legen** ***legen Sie ~ den Tellern bitte jeweils eine Serviette!*** put one serviette next to each plate; ***darf ich mich ~ Ihnen setzen?*** may I sit next to [*or* beside] you?; ***setz dich ~ uns*** [come and] sit with us; **etw ~ etw tragen** to wear sth with sth
❹ *zeitlich* at; **~ Ostern/Pfingsten/Weihnachten** at Easter/Whitsun/Christmas; ***letztes Jahr ~ Weihnachten*** last Christmas; **~ früher/später Stunde** at an early/late hour; **~ Mittag** at [*or* by] midday/noon; ***[bis] ~m 31. Dezember/ Montag/ Abend*** until [*or* by] 31st December/Monday/[this] evening; ***~m Wochenende fahren wir weg*** we are going away at [*or* AM on] the weekend; ***~m 1. Januar fällig*** due on January 1st; **~m Monatsende kündigen** to give in one's notice for [*or* to take effect from] the end of the month; *s. a.* **Anfang, Schluss, Zeit**
❺ (*anlässlich einer S.*) ***etw ~m Geburtstag/~ Weihnachten bekommen*** to get sth for one's birthday/for Christmas; ***~ Ihrem 80. Geburtstag*** (*geh*) on the occasion of your 80th birthday; ■**jdm ~ etw gratulieren** to congratulate sb on sth; **jdn ~m Essen einladen** to invite sb for a meal; ***Ausstellung ~m Jahrestag seines Todes*** exhibition to mark the anniversary of his death; ***~ dieser Frage möchte ich Folgendes sagen*** to this question I should like to say the following; ***was sagst du ~ diesen Preisen?*** what do you say to these prices?; ***eine Rede ~m Thema Umwelt*** a speech on the subject of the environment; **jdn ~ etw vernehmen** to question sb about sth
❻ (*für etw bestimmt*) ***Papier ~m Schreiben*** paper to write on, writing paper; ***Wasser ~m Trinken*** drinking water; ***der Knopf ~m Abstellen*** the off-button; ***das Zeichen ~m Aufbruch*** the signal to leave; **etw ~r Antwort geben** to say sth in reply; ***~ nichts taugen/~ nichts zu gebrauchen sein*** to be no use at all; ***mögen Sie Milch/ Zucker ~m Kaffee?*** do you take your coffee with milk [*or* white]/with sugar; ***~m Frühstück trinkt sie immer Tee*** she always has tea at breakfast
❼ (*um etw herbeizuführen*) ***~r Einführung ...*** by way of an introduction ...; ***~ seiner Entschuldigung/~r Erklärung*** in apology/explanation, by way of an apology/explanation; ***sie sagte das nur ~ seiner Beruhigung*** she said that just to set his

Z

mind at rest; ~ was (*fam*) for what, why; ~ ***was soll das gut sein?*** what do you need that for?, what is that for?
⑧ *mit Infinitiv* ***bei dem Regenwetter habe ich keine Lust zum Wandern*** I don't fancy walking if it is raining; ***wir haben nichts ~m Essen*** we have nothing to eat; ***gib dem Kind doch etwas ~m Spielen*** give the child something to play with; ***auf die Reise habe ich mir etwas ~m Lesen mitgenommen*** I've brought something to read on the trip; ***das ist ja ~m Lachen*** that's ridiculous [*or* really funny]; ***das ist ~m Weinen*** it's enough to make you want to cry [*or* weep]
⑨ (*Veränderung*) ~ **etw werden** to turn into [*or* become] sth; ***manch einer wird aus Armut ~m Dieb*** often it is poverty that turns sb into a thief; **wieder ~ Staub werden** to [re]turn to dust; ■**jdn/etw ~ etw machen** to make sb/sth into sth; **jdn ~m Manne machen** to make a man of sb; ***~m Kapitän befördert werden*** to be promoted to captain; **~m Vorsitzenden gewählt werden** to be elected to [*or* chosen for] the post of chairman; ~ ***Asche verbrennen*** to burn to ashes; ***etw ~ Pulver zermahlen*** to grind sth [in]to powder
⑩ (*Beziehung*) **Liebe ~ jdm** love for sb; **aus Freundschaft ~ jdm** because of one's friendship with sb; **das Vertrauen ~ jdm/etw** trust in sb/sth; ***meine Beziehung ~ ihr*** my relationship with her
⑪ (*im Verhältnis zu*) in relation [*or* proportion] to; ***im Vergleich ~*** in comparison with, compared to; ***im Verhältnis 1 ~ 4*** MATH in the ratio of one to four; ***unsere Chancen stehen 50 ~ 50*** our chances are fifty-fifty
⑫ (*einer Sache zugehörig*) ~ ***den Lehrbüchern gehören auch Kassetten*** there are cassettes to go with the text books; ***wo ist der Korken ~ der Flasche?*** where is the cork for this bottle?; ***mir fehlt nur der Schlüssel ~ dieser Tür*** I've only got to find the key to this door
⑬ SPORT ***Bayern München gewann mit 5 ~ 1*** Bayern Munich won five-one; ***das Fußballspiel ging unentschieden 0 ~ 0 aus*** the football match ended in a nil-nil draw
⑭ *bei Mengenangaben* ~ ***drei Prozent*** at three percent; ***diese Äpfel habe ich ~ zwei Mark das Stück gekauft*** I bought these apples for [*or* at] two marks each; ***sechs [Stück] ~ fünfzig Pfennig*** six for fifty pfennigs; ***~m halben Preis*** at half price; ***wir sind ~ fünft in den Urlaub gefahren*** five of us went on holiday together; ***sie kommen immer ~ zweit*** those two always come as a pair; ***der Pulli ist nur ~r Hälfte fertig*** the jumper is only half finished; ***hast du das Buch nur ~ einem Viertel gelesen?*** have you only read a quarter of the book?; **~m ersten Mal** for the first time; **~m Ersten …, ~m Zweiten** firstly …, secondly; **~m Ersten, ~m Zweiten, ~m Dritten** (*bei Auktionen*) going once, going twice, sold
⑮ (*örtlich: Lage*) in; ***der Dom ~ Köln*** the cathedral in Cologne, Cologne cathedral; ***der Reichstag ~ Worms*** (*hist*) the Diet of Worms; ~ **Hause** at home; ~ **seiner Rechten/Linken…** on his right/left [hand side]…; ~ **Lande und ~ Wasser** on land and sea; **jdm ~r Seite sitzen** (*geh*) to sit at sb's side; **sich ~ Tisch setzen** (*geh*) to sit down to dinner
⑯ (*bei Namen*) ***der Graf ~ Blaubeuren*** the Count of Blaubeuren; ***der Gasthof ~m blauen Engel*** the Blue Angel Inn
⑰ (*als*) ***jdn ~m Präsidenten wählen*** to elect as president; ■**jdn ~ etw ernennen** to nominate sb for sth; ***er machte sie ~ seiner Frau*** he made her his wife; ***er nahm sie ~r Frau*** he took her as his wife; ■**jdn/etw ~m Vorbild nehmen** to take sb/sth as one's example, to model oneself on sb/sth; ***~m Arzt geboren sein*** to be born to be a doctor
⑱ (*in Wendungen*) ~ **Deutsch** (*veraltet*) in German; **~m Beispiel** for example; **~r Belohnung** as a reward; **~r Beurteilung/Einsicht** for inspection; **~m Gedächtnis von jdm** in memory of sb, in sb's memory; **~m Glück** luckily; ~ **Hilfe** help; **jdm ~ Hilfe kommen** to come to sb's aid; **~m Lobe von jdm/etw** in praise of sb/sth; **~r Probe** as a trial [*or* test]; **~r Ansicht** on approval; **~r Strafe** as a punishment; **~r Unterschrift** for signature [*or* signing]; **~r Warnung** as a warning; ~ **jds Bestem/Vorteil sein** to be for one's own good/to one's advantage; *s. a.* **bis**
⑲ SCHWEIZ (*in Wendungen*) **~r Hauptsache** mainly; **~m voraus** in front of; **~m vorn[e]herein** from in front; **~m Rechten schauen** to look to the right

II. ADVERB

① (*all~*) too; ~ **sehr** too much; ***er hat sich nicht ~ sehr bemüht*** he did't try too [*or* very] hard; ***ich wäre ~ gern mitgefahren*** I would have loved to have gone along
② (*geschlossen*) shut, closed; ***dreh den Wasserhahn ~!*** turn the tap off!; ***Tür ~, es zieht!*** shut the door, there's a draught!; ***mach die Augen ~, ich hab da was für dich*** close your eyes, I've got sth for you; ***die Geschäfte haben sonntags ~*** stores are closed on Sundays; ~ **sein** to be shut [*or* closed]
③ (*örtlich*) towards; **nach hinten/vorne** ~ towards the back/front; ***dem Ausgang ~*** towards the exit
④ (*fam: betrunken sein*) ■~ **sein** to be pissed *fam!*, to have had a skinful *fam*
⑤ (*in Wendungen*) **dann mal ~!** go ahead, off we go; **immer/nur ~!** go ahead; ***schimpf nur ~, es hilft doch nichts*** go on, scream, it won't do any good; **mach ~** hurry up, get a move on; ***lauf schon ~, ich komme nach*** you go on [*or* go on ahead], I'll catch up

III. KONJUNKTION

① *mit Infinitiv* to; ■**etw ~ essen** sth to eat; ***dieser Auftrag ist unverzüglich ~ erledigen*** this task must be completed straight away; ***ich habe heute einiges ~ erledigen*** I have got a few things to do today; ***sie hat ~ gehorchen*** she has to obey [*or* do as she is told]; ***die Rechnung ist bis Freitag ~ bezahlen*** the bill has to be paid by Friday; **~m Stehen kommen** to come to a halt; **~m Erliegen kommen** to come to rest; ***ich habe ~ arbeiten*** I have some work to do; ***ohne es ~ wissen*** without knowing it; ***ich komme, um mich zu verabschieden*** I have come to say goodbye
② *mit Partizip* ~ **bezahlende Rechnungen** outstanding bills; ***es gibt verschiedene noch ~ kaufende Gegenstände*** some things still have to be bought; ***der ~ Prüfende*** the candidate to be examined; ***nicht ~ unterschätzende Probleme*** problems [that are] not to be underestimated

zuallererst *adv* first of all **zuallerletzt** *adv* last of all
Zubau *m* ÖSTERR extension
zu|bauen *vt* ■**etw** ~ to fill sth in
Zubehör <-[e]s, *selten* -e> *nt o m* ① (*Teil der Ausstattung*) equipment *no pl*, removable fixture
② (*zusätzliche Accessoirs*) accessories *pl*
③ (*Ausstattung*) attachments *pl*; ***diese Küchenmaschine wird mit speziellem ~ geliefert*** this food processor comes with special attachments
Zubehörteil *nt* accessory, attachment
zu|beißen *vi irreg* to bite
zu|bekommen* *vt irreg* (*fam*) ■**etw** ~ to get sth shut [*or* closed]; **eine Hose, einen Reißverschluss** ~ to do [*or* zip] up trousers/a zipper
Zuber <-s, -> *m* DIAL, SCHWEIZ washtub
zu|bereiten* *vt* ■**[jdm] etw** ~ to prepare sth [for sb]; **einen Cocktail** ~ to mix a cocktail
Zubereitung <-, -en> *f* ① (*das Zubereiten*) preparation
② (*von Arzneimitteln*) making up
③ PHARM (*zubereitetes Präparat*) preparation
Zubettgehen <-s> *nt kein pl* ***vor dem/beim/nach dem ~*** before [going to] bed/ on going to bed/ after going to bed
zu|billigen *vt* ■**jdm etw** ~ ① (*zugestehen*) to grant [*or* allow] sb sth
② (*für jdn gelten lassen*) to grant sb sth; ***ich will ihm gerne ~, dass er sich bemüht hat*** he made an effort, I'll grant/allow him that
zu|binden *vt irreg* ■**etw** ~ to tie [*or* do up] sth; **sich die Schuhe** ~ to lace [*or* do] up [*or* tie] shoes
zu|bleiben *vi irreg sein* (*fam*) ***kann die Tür nicht ~?*** can't we keep the door shut?; ***wegen Inventur wird unser Geschäft am 3. Januar ~*** our shop will be closed for stocktaking on January 3rd
zu|blinzeln *vi* ■**jdm** ~ to wink at sb; ■**sich** *dat* [*o* **einander**] ~ to wink at each other
zu|bringen *vt irreg* ① (*verbringen*) to spend
② (*herbeibringen*) to bring/take to; ***jdm ~, dass …*** to inform sb that … *fig*; ***es ist mir zugebracht worden*** (*geh*) it has been brought to my attention [*or* notice]
③ DIAL *s.* **zukriegen**
Zubringer <-s, -> *m* TRANSP ① (*Zubringerstraße*) feeder road
② (*Flughafenbus*) shuttle [bus], airport bus
Zubringerdienst *m* shuttle service **Zubringerflug** *m* feeder plane **Zubringerindustrie** *f* ÖKON ancillary industry **Zubringerstraße** *f* (*geh*) *s.* **Zubringer 1**
Zubrot *nt kein pl* extra income; [**sich** *dat*] **ein ~ verdienen** to earn [*or* make] a bit on the side
zu|buttern *vt* (*fam*) ■**etw** ~ to contribute sth; ***wegen eines Fehlers musste der Konzern Millionen ~*** due to a mistake the corporation had to pay out millions [on top]
Zucchini <-, -> *f meist pl*, **Zucchino** <-s, -ni> *m meist pl* courgette BRIT, zucchini AM
Zucht <-, -en> *f* ① *kein pl* HORT cultivation *no art, no pl*, growing *no art, no pl*
② *kein pl* ZOOL breeding *no art, no pl*
③ (*gezüchtete Pflanze*) stock, variety; (*gezüchtetes Tier*) breed; *von Bakterien* culture *spec*
④ *kein pl* (*Disziplin*) discipline *no art, no pl*; ~ **und Ordnung** discipline; **jdn in ~ halten** to keep a tight rein on sb
Zuchtbulle *m* breeding bull **Zuchtchampignon** *m* cultivated [*or* button] mushroom
züchten *vt* ① HORT ■**etw** ~ to grow [*or* cultivate] sth
② ZOOL ■**Tiere** ~ to breed animals; **Bienen** ~ to keep bees
Züchter(in) <-s, -> *m(f) von Rassetieren* breeder; *von Blumen* grower, cultivator; *von Bienen* keeper; *von Bakterien* culturist *spec*
Zuchtforelle *f* farmed trout
Zuchthaus *nt* HIST ① (*Strafe*) prison sentence; ~ **bekommen** to be given a prison sentence
② (*Strafanstalt*) prison, jail, BRIT *dated a.* gaol
Zuchthäusler(in) *m(f)* (*pej veraltend*) convict
Zuchthausstrafe *f* HIST [hard] prison sentence
Zuchthengst *m* stud horse, breeding stallion
züchtig I. *adj* (*veraltet*) chaste *form liter*
II. *adv* (*veraltet*) chastely *form liter*, in a chaste manner *form liter*
züchtigen *vt* (*geh*) ■**jdn** ~ to beat sb
Züchtigung <-, -en> *f* beating, thrashing, flogging
Züchtigungsverbot *nt* corporal punishment ban
zuchtlos *adj* (*veraltend*) undisciplined, licentious; **ein ~es Leben führen** to lead an undisciplined [*or* licentious] life
Zuchtlosigkeit <-> *f kein pl* (*veraltend*) lack of discipline, licentiousness
Zuchtmuschel *f* farmed mussel **Zuchtperle** *f* cultured pearl **Zuchtstute** *f* breeding [*or* brood] mare **Zuchttier** *nt* breeding animal
Züchtung <-, -en> *f* ① *kein pl* HORT cultivation *no art, no pl*, growing *no art, no pl*
② *kein pl* ZOOL breeding *no art, no pl*
③ (*gezüchtete Pflanze*) variety; (*gezüchtetes Tier*) breed; **eine neue ~ Schweine** a new breed of pig
Zuchtvieh *nt* breeding cattle **Zuchtwahl** *f* BIOL natural selection
zuckeln *vi sein* (*fam*) ■**irgendwohin** ~ to trundle off somewhere; **über die Landstraßen** ~ to trundle along country roads
zucken *vi* ① *haben Augenlid* to flutter; *Mundwinkel* to twitch
② *haben* **mit den Achseln** [*o* **Schultern**] ~ to shrug one's shoulders; **ohne mit der Wimper zu ~**

without batting an eyelid
❸ *haben* (*aufleuchten*) *Blitz* to flash; *Flamme* to flare up
❹ *sein* (*sich zuckend bewegen*) *Blitz* to flash; ***hast du diesen Blitz über den Himmel ~ sehen?*** did you see that bolt of lightning flash across the sky?
❺ *haben* (*fam: weh tun*) ■**es zuckt jdm irgendwo** sb has/gets a twinge somewhere
zücken *vt* ■**etw** ~ ❶ (*blankziehen*) to draw sth; **mit gezückten Schwertern** with swords drawn
❷ (*fam: rasch hervorziehen*) to pull [*or* whip] out sth *sep*
zuckend *adj Bewegungen* twitching; *Lider* fluttering
Zucker[1] <-s, -> *m* sugar *no art, no pl;* **brauner ~** brown sugar; **bunter ~** rainbow sugar crystals *pl*
► WENDUNGEN: **~ sein** (*sl*) to be terrific [*or* BRIT *fam!* shit hot] [*or* AM *fam!* hot shit]
Zucker[2] <-s> *m kein pl* MED diabetes *no art, no pl;* **~ haben** (*fam*) to have diabetes
Zuckeraustauschstoff *m* artificial sweetener **Zuckerbäcker(in)** *m(f)* confectioner **Zuckerbanane** *f* lady finger banana
Zuckerbrot *nt* (*veraltet: Süßigkeit*) sweetmeat *dated* ► WENDUNGEN: **mit ~ und Peitsche** (*prov*) with the carrot and the stick **Zuckerdose** *f* sugar bowl **Zuckererbse** *f* sugar snap [*or* AM *a.* snow] pea, mangetout **Zuckerfabrik** *f* sugar factory **Zuckerguss**[RR] *m*, **Zuckerguß** *m* icing *no art, no pl,* AM *esp* frosting *no art, no pl*
zuckerhaltig <-er, -[e]ste> *adj* containing sugar
Zuckerhut *m* ❶ GEOL sugarloaf
❷ KOCHK winter chicory
zuck(e)rig *adj* ❶ (*viel Zucker enthaltend*) sugary
❷ (*mit Zucker bestreut*) sugary
zuckerkrank *adj* diabetic **Zuckerkranke(r)** *f(m) dekl wie adj* diabetic **Zuckerkrankheit** *f* diabetes *no art, no pl*
Zuckerl <-s, -[n]> *nt* SÜDD, ÖSTERR (*Bonbon*) sweet BRIT, candy AM
Zuckerlecken *nt* ► WENDUNGEN: **kein ~ sein** (*fam*) to be no picnic **Zuckermelone** *f* musk melon
zuckern *vt* ■**etw** ~ to sugar sth; **seinen Tee ~** to put [*or* take] sugar in one's tea
Zuckerraffinerie *f* sugar refinery **Zuckerrohr** *nt* sugar cane *no art, no pl* **Zuckerrübe** *f* sugar beet *no art, no pl* **Zuckerschlecken** *nt s.* **Zuckerlecken** **Zuckerschock** *m* MED diabetic coma [*or* keto-acidosis] **Zuckerschote** *f* mangetout **Zuckersirup** *m* sugar syrup **Zuckerstange** *f* stick of rock, rock candy AM **Zuckerstreuer** *m* sugar caster [*or* sprinkler] **zuckersüß** *adj* ❶ (*sehr süß*) as sweet as sugar *pred* ❷ (*übertrieben freundlich*) sugar-sweet *a. pej;* ■~ **[zu jdm] sein** to be as sweet as pie [to sb] **Zuckerwaage** *f* saccarometer **Zuckerwatte** *f* candy floss BRIT, cotton candy AM **Zuckerzange** *f* sugar tongs *npl*
zuckrig *adj s.* **zuckerig**
Zuckung <-, -en> *f meist pl von Augenlid, Lippe, Mundwinkel* twitch; **nervöse ~en** a nervous twitch; *eines Epileptikers* convulsion; **die letzten ~en** the death throes
Zudecke *f* DIAL cover
zu|decken *vt* ■**jdn/etw [mit etw]** ~ to cover [up *sep*] sb/sth [with sth]; ■**sich [mit etw]** ~ to cover oneself up *sep* [with sth]
zudem *adv* (*geh*) moreover *form,* furthermore *form,* in addition
zu|denken *vt irreg* (*geh*) ■**jdm etw** ~ ❶ (*zu schenken beabsichtigen*) to intend sth for sb
❷ (*zuzuweisen beabsichtigen*) to intend [*or* earmark] sth for sb; ■**zugedacht** intended; ■**jdm zugedacht sein** to be intended for sb; *Posten* to be earmarked for sb
zu|drehen I. *vt* ❶ (*verschließen*) ■**etw** ~ to screw on sth *sep*
❷ (*abstellen*) ■**etw** ~ to turn off sth *sep*
❸ (*festdrehen*) ■**etw** ~ to tighten sth
❹ (*zuwenden*) **jdm den Kopf ~** to turn [one's face] towards sb; **jdm den Rücken ~** to turn one's back on sb; **jdm die Schulter ~** to turn away from sb
II. *vr* ■**sich jdm/etw** ~ to turn to[wards] sb/sth
zudringlich *adj* pushy *pej;* **~ [zu jdm] werden** to get pushy *pej;* (*sexuell belästigen*) to make advances [to sb], to act improperly [towards sb]
Zudringlichkeit <-, -en> *f* ❶ *kein pl* (*zudringliche Art*) pushiness *no art, no pl pej*
❷ *meist pl* (*zudringliche Handlung*) advances *pl*
zu|dröhnen *vr* (*sl*) ■**sich [mit etw]** ~ to be/become intoxicated [with sth]; **sich mit Rauschgift ~** to get high [on drugs]; ■**zugedröhnt sein** to be intoxicated/high
zu|drücken *vt* ❶ (*durch Drücken schließen*) ■**etw** ~ to press sth shut; **ein Fenster/eine Tür ~** to push a window/door shut; *s. a.* **Auge**
❷ (*fest drücken*) **jdm/einem Tier den Hals/die Kehle ~** to throttle sb/an animal
zu|eignen I. *vt* ■**jdm etw** ~ ❶ (*geh: widmen*) to dedicate sth to sb; **jdm ein Buch ~** to dedicate a book to sb
❷ (*veraltet: schenken*) to give sth as a present to sb
II. *vr* JUR ■**sich etw** ~ to appropriate sth
Zueignung <-, -en> *f* ❶ *kein pl* JUR (*das Zueignen*) appropriation
❷ (*Widmung*) dedication
Zueignungsabsicht *f* JUR intention of appropriating sth
zu|eilen *vi sein* ■**auf jdn/etw** ~ to hurry [*or* rush] towards sb/sth
zueinander *adv* to each other [*or form* one another]; **~ passen** *Menschen* to suit each other [*or form* one another], to be suited; *Farben, Kleidungsstücke, Muster* to go well together [*or* together well]
zu|erkennen* *vt irreg* (*geh*) ■**jdm etw** ~ to award sth to sb; **jdm eine Auszeichnung/einen Orden ~** to confer [*or form* bestow] an award/a medal on sb; ***das Kind wurde dem Vater zuerkannt*** the father was given custody of the child; **jdm eine Strafe ~** to impose [*or* inflict] a penalty [up]on sb
zuerst *adv* ❶ (*als erster*) the first; (*als erstes*) first; ***was sollen wir ~ kaufen?*** what should we buy first?
❷ (*anfangs*) at first, initially
❸ (*zum ersten Mal*) first, for the first time
► WENDUNGEN: **wer ~ kommt, mahlt ~** (*prov*) first come, first served *prov*
zuerteilen* *vt* (*selten*) ■**jdm etw** ~ to allot [*or* assign] sth to sb
zu|fächeln *vt* (*geh*) ■**jdm/sich [mit etw] Luft [o Kühlung]** ~ to fan sb/oneself [with sth]
zu|fahren *vi irreg sein* ❶ (*in eine bestimmte Richtung fahren*) ■**auf jdn/etw** ~ to drive towards sb/sth; (*direkt*) to head towards sb/sth
❷ (*fam: schneller fahren*) to drive faster; ***fahren Sie doch zu!*** [drive] faster!
Zufahrt *f* ❶ (*Einfahrt*) entrance
❷ *kein pl* (*das Zufahren*) access *no art, no pl* (**auf** +*akk* to); **jdm die ~ versperren** to block sb's access
Zufahrtsstraße *f* access road; (*zur Autobahn*) approach road
Zufall *m* coincidence; (*Schicksal*) chance; **das ist ~** that's a coincidence; **es ist [ein bestimmter] ~/kein ~, dass ..** it is [a certain] coincidence/no coincidence [*or* accident] that ...; ***es ist reiner ~, dass ...*** it's pure coincidence that ...; **etw dem ~ überlassen** to leave sth to chance; **es dem ~ überlassen, ob/wann/wie/wo ...** to leave it to chance whether/when/how/where ...; **etw dem ~ verdanken** to owe sth to chance; **es dem ~ verdanken, dass ...** to owe it to chance that ...; **der ~ wollte es, dass ...** chance would have it that ...; **etw durch [o fam per] ~ erfahren** to happen to learn of sth; **welch ein ~!** what a coincidence!
zu|fallen *vi irreg sein* ❶ (*sich schließen*) to close, to shut
❷ (*zuteil werden*) ■**jdm** ~ to go to sb
❸ (*zugewiesen werden*) ■**jdm** ~ to fall to sb; *Rolle* to be assigned to sb
❹ (*zukommen*) ***diesem Treffen fällt große Bedeutung zu*** great importance is attached to this meeting
❺ (*leicht erwerben*) ■**jdm** ~ to come naturally to sb
zufällig I. *adj* chance *attr*
II. *adv* ❶ (*durch einen Zufall*) by chance; **rein ~** by pure chance; **jdn ~ treffen** to happen to meet sb
❷ (*vielleicht*) ***wissen Sie ~, ob/wie/wann/wo ...?*** do you happen to know whether/how/when/where ...?
zufälligerweise *adv s.* **zufällig II**
Zufälligkeit <-, -en> *f* coincidence
Zufallsbekanntschaft *f* chance acquaintance; **eine ~ machen** to make a chance acquaintance **Zufallsfehler** *m* random error **Zufallsfund** *m* chance find **Zufallshaftung** *f* JUR liability for accidental event **Zufallstor** *nt* lucky [*or fam* fluke] goal **Zufallstreffer** *m* fluke *fam* **Zufallszugriff** *m* INFORM random access
zu|fassen *vi* ❶ (*zugreifen*) to make a grab, to grab [at] sth
❷ (*die Gelegenheit ergreifen*) to seize the opportunity
zu|fliegen *vi irreg sein* ❶ (*in eine bestimmte Richtung fliegen*) ■**auf etw** *akk* ~ to fly towards sth
❷ (*zu jdm hinfliegen und bleiben*) ■**jdm** ~ to fly to sb; ***der Wellensittich ist uns zugeflogen*** the budgie flew into our house
❸ (*fam: zufallen*) ■**[jdm]** ~ to slam shut [on sb *fam*]
❹ *s.* **zufallen 5**
zu|fließen *vi irreg sein* ❶ (*in etw münden*) ■**etw** *dat* ~ to flow into sth
❷ (*dazufließen*) ■**etw** *dat* ~ to flow into sth
❸ (*zuteil werden*) ■**jdm/etw** ~ to go to sb/sth; ***die Spenden flossen einem Hilfsfonds zu*** the donations went to a relief fund
Zuflucht <-, -en> *f* refuge; **irgendwo [vor jdm/etw] ~ finden/suchen** to take [*or* find]/seek refuge somewhere [from sb/sth]
► WENDUNGEN: **jds letzte ~ sein** to be sb's last resort [*or* hope]; **in etw** *dat* **~ finden** to find refuge in sth; **zu etw ~ nehmen** to resort to sth; **zu Lügen ~ nehmen** to resort to lying
Zufluchtsort *m* place of refuge
Zufluss[RR] *m*, **Zufluß** *m* ❶ *kein pl* (*das Zufließen*) inflow
❷ (*Nebenfluss*) tributary
zu|flüstern *vt* ■**jdm etw** ~ to whisper sth to sb
zufolge *präp* (*geh*) ■**etw** *dat* ~ according to sth
zufrieden I. *adj* (*befriedigt*) satisfied (**mit** +*dat* with); ***danke, ich bin sehr ~*** thanks, everything's fine; (*glücklich*) contented (**mit** +*dat* with), content *pred;* **ein ~er Kunde** a satisfied customer; **ein ~es Lächeln** a satisfied smile, a smile of satisfaction
II. *adv* with satisfaction; (*glücklich*) contentedly; **sich [mit etw] ~ geben** to be satisfied/content[ed] [with sth]; **~ lächeln** to smile with satisfaction, to give a satisfied smile; **jdn/ein Tier ~ lassen** to leave sb/an animal alone [*or* in peace]; **jdn mit etw ~ lassen** to stop bothering sb with sth; **jdn/etw ~ stellen** to satisfy sb/sth; **jds Wissendurst ~ stellen** to satisfy sb's thirst for knowledge; **~ stellend** satisfactory
Zufriedenheit <-> *f kein pl* satisfaction *no art, no pl;* (*Glücklichsein*) contentedness *no art, no pl;* **zu jds ~** to sb's satisfaction; **zu allgemeiner ~** to everyone's satisfaction
zu|frieren *vi irreg sein* to freeze [over]; ■**zugefroren** frozen [over *pred*]
zu|fügen *vt* ❶ (*erleiden lassen*) **jdm Kummer/Leid ~** to cause sb sorrow/pain; **jdm Schaden/eine Verletzung ~** to harm/injure sb; **jdm Unrecht ~** to do sb an injustice, to wrong sb *form*
❷ (*geh: hinzufügen*) ■**etw** *dat* **etw** ~ to add sth [to sth]
Zufuhr <-, -en> *f* ❶ (*Versorgung*) supply
❷ (*das Zuströmen*) supply; *von Kalt-, Warmluft* stream
zu|führen I. *vt* ❶ (*verschaffen*) ■**jdm/etw jdn** ~ to supply sb/sth with sb; **einer Firma Mitarbeiter ~** to supply a company with employees
❷ (*zufließen lassen*) ■**jdm/etw etw** ~ to supply sth to sb/sth

③ (*fam: werden lassen*) ■**etw etw** *dat* ~ to devote sth to sth; ***dieses Gebäude kann nun wieder seiner Bestimmung zugeführt werden*** this building can be devoted again to its intended use
II. *vi* ■**auf etw** *akk* ~ to lead to sth; **direkt auf etw** *akk* ~ to lead direct to sth

Zuführung *f* ELEK feed line

Zug[1] <-[e]s, Züge> *m* ① (*Bahn*) train
② AUTO (*Last~*) truck [*or* BRIT *a.* lorry] and [*or* with] trailer + *sing vb*
► WENDUNGEN: **auf den fahrenden ~ [auf]springen** to jump [*or* climb] [*or* get] on the bandwagon; **der ~ ist abgefahren** (*fam*) you've missed the boat

Zug[2] <-[e]s, Züge> *m* ① (*inhalierte Menge*) puff (**an** +*dat* on/at), drag *fam* (**an** +*dat* of/on); **einen ~ machen** to have a puff, to take a drag *fam*
② (*Schluck*) gulp, swig *fam;* **in** [*o* **mit**] **einem** [*o* **auf einen**] **~** in one gulp; **sein Bier/seinen Schnaps in einem ~ austrinken** to down one's beer/schnapps in one [go], to knock back *sep* one's beer/schnapps *fam*
③ *kein pl* (*Luft~*) draught BRIT, draft AM; **einem ~ ausgesetzt sein** to be sitting in a draught
④ *kein pl* PHYS (*~kraft*) tension *no art, no pl*
⑤ (*Spiel~*) move; **am ~ sein** to be sb's move; **einen ~ machen** to make a move
⑥ MIL (*Kompanieabteilung*) section
⑦ (*Streif~*) tour; **einen ~ durch etw machen** to go on a tour of sth
⑧ (*lange Kolonne*) procession
⑨ (*Gesichts~*) feature; ***sie hat einen bitteren ~ um den Mund*** she has a bitter expression about her mouth
⑩ (*Charakter~*) characteristic, trait; **ein bestimmter Zug von** [*o* **an**] **jdm sein** to be a certain characteristic of sb
⑪ *pl* (*spiralförmige Vertiefungen*) grooves *pl*
⑫ (*ohne Ver~*) ■**~ um ~** systematically; (*schrittweise*) step by step, stage by stage
⑬ (*Linienführung*) ■**in einem ~** in one stroke
⑭ (*Umriss*) **in großen** [*o* **groben**] **Zügen** in broad [*or* general] terms; **etw in großen Zügen darstellen/umreißen** to outline sth, to describe/outline sth in broad [*or* general] terms
⑮ ■**im ~e einer S.** *gen* in the course of sth
⑯ *kein pl* (*Kamin*) flue
► WENDUNGEN: **im falschen ~ sitzen** to be on the wrong track [*or fam* barking up the wrong tree]; **in den letzten Zügen liegen** (*fam*) to be on one's last legs *fam;* **etw in vollen Zügen genießen** to enjoy sth to the full; **[mit etw] [bei jdm] zum ~e/nicht zum ~e kommen** (*fam*) to get somewhere/to not get anywhere [with sb] [with sth]

Zug[3] <-s> *nt* Zug

Zugabe *f* ① (*Werbegeschenk*) free gift
② MUS (*zusätzliche Darbietung*) encore; **~, ~!** encore! encore!, more! more!
③ *kein pl* (*das Hinzugeben*) addition; TYPO (*Papier*) allowance

Zugabeverordnung *f* JUR regulation governing free gifts

Zugabfertigung *f* train dispatch **Zugabteil** *nt* train [*or* railway] compartment

Zugang <-gänge> *m* ① (*Eingang*) entrance
② *kein pl* (*Zutritt*) access *no art, no pl* (**zu** +*akk* to)
③ *kein pl* (*Zugriff*) access *no art, no pl* (**zu** +*akk* to); **~ zu etw haben** to have access to sth
④ *meist pl* (*geh: Aufnahme*) intake; *von Büchern, Waren* receipt; *von Patienten* admission

zugange *adj* NORDD ■**irgendwo [mit jdm/etw] ~ sein** to be busy [with sb/sth] somewhere

zugänglich *adj* ① (*erreichbar*) accessible; ■**nicht ~** inaccessible; **jdm etw ~ machen** to allow sb access to sth
② (*verfügbar*) available (+*dat* to); ■**[jdm] ~ sein** to be available [to sb]
③ (*aufgeschlossen*) approachable; ■**für etw** [*o* **etw gegenüber**] **[nicht] ~ sein** to be [not] receptive to sth

Zugänglichkeit <-> *f kein pl* ① (*Erreichbarkeit*) accessibility *no art, no pl*
② (*Verfügbarkeit*) availability *no art, no pl*
③ (*Aufgeschlossenheit*) receptiveness *no art, no pl* (**für** +*akk* to); (*Umgänglichkeit*) approachability *no art, no pl*

Zugangsdaten *pl* INFORM access data + *sing vb*

Zugangskontrolle *f* INFORM, FIN access control

Zugangskontrollsystem *nt* INFORM, FIN access control system **Zugangsrecht** *nt* JUR right of access

Zugbeanspruchung *f* (*Papier*) pulling strain

Zugbegleiter(in) *m(f)* ① (*Schaffner*) guard BRIT, conductor AM ② (*Informationsheft*) train timetable [*or* AM *usu* schedule] **Zugbegleitpersonal** *nt* train staff [*or* AM *a.* crew]

Zugbrücke *f* drawbridge

Zugdichte *f* interval between trains

zu|geben *vt irreg* ① (*eingestehen*) ■**etw ~** to admit sth; ■**~, dass ...** to admit [that] ...
② (*zugestehen*) ■**jdm ~, dass ...** to grant sb that ...
③ (*erlauben*) ■**etw ~** to allow sth; ■**es nicht ~, dass jd etw tut** to not allow sb to do sth

zugegebenermaßen *adv* admittedly

zugegen *adj* (*geh*) ■**bei etw ~ sein** to be present at sth

zu|gehen *irreg* **I.** *vi sein* ① (*sich schließen lassen*) to shut, to close
② (*in eine bestimmte Richtung gehen*) ■**auf jdn/etw ~** to approach sb/sth
③ (*sich versöhnen*) ■**aufeinander ~** to become reconciled
④ (*übermittelt werden*) ■**jdm ~** to reach sb; ■**jdm etw ~ lassen** to send sb sth
⑤ (*fam: sich beeilen*) **geh zu!** get a move on! *fam; s. a.* **Ende**
II. *vi impers sein* ***auf ihren Partys geht es immer sehr lustig zu*** her parties are always great fun; ***musste es bei deinem Geburtstag so laut ~?*** did you have to make such a noise on your birthday?; *s. a.* **Teufel**

Zugehfrau *f* SÜDD, ÖSTERR (*Putzfrau*) charwoman, BRIT *a.* charlady

zu|gehören* *vi* (*geh*) ■**jdm/etw ~** to belong to sb/sth

zugehörig *adj attr* (*geh*) accompanying *attr*

Zugehörigkeit <-> *f kein pl* (*Verbundenheit*) affiliation *no art, no pl* (**zu** +*akk* to); **ein Gefühl der ~** a sense of belonging; ■**jds ~ zu etw** sb's affiliation to sth; **ohne ~ zu einer Familie** without belonging to a family; (*Mitgliedschaft*) membership (**zu** +*akk* of)

zugekifft *adj* (*sl*) high [on hash or marijuana] *sl*

zugeknöpft *adj* (*fam*) ① (*mit Knöpfen geschlossen*) buttoned-up
② (*verschlossen*) reserved, close *pred,* tight-lipped

Zügel <-s, -> *m* reins *npl;* **die ~ anziehen** to draw in the reins, to rein back [*or* in]
► WENDUNGEN: **die ~ [fest] in der Hand [be]halten** to keep a firm grip [*or* hold] on things; **die ~ aus der Hand geben** [*o* **legen**] to relinquish hold over sth *form;* **jdn am langen ~ führen** to keep sb on a long lead *pej;* **jdm/etw ~ anlegen** to take sb in hand/to contain [*or* control] sth; **die ~ [straffer] anziehen** to keep a tighter rein on things; **bei etw die ~ lockern** [*o* **schleifen lassen**] to give free rein to sth; **seinen Gefühlen die ~ schießen lassen** to give full vent [*or* free rein] to one's feelings

zugelassen I. *pp von* **zulassen**
II. *adj* authorized; *Kfz* licensed; *Arzt* licensed, registered

zügellos *adj* unrestrained, unbridled *form liter*

Zügellosigkeit *f* unrestraint

Zügelmann <-männer *o* -leute> *m* SCHWEIZ (*Umzugsspediteur*) removal man BRIT, mover AM

zügeln I. *vt* ① (*im Zaum halten*) ■**etw ~** to rein in [*or* back] sth *sep*
② (*beherrschen*) ■**etw ~** to curb sth
③ (*zurückhalten*) ■**jdn/sich ~** to restrain sb/oneself
II. *vi sein* SCHWEIZ (*umziehen*) ■**[irgendwohin] ~** to move [somewhere]

Zugereiste(r) *f(m) dekl wie adj* SÜDD, ÖSTERR (*Zugezogene(r)*) newcomer; (*Austauschstudent(in)*) foreigner

zu|gesellen* *vr* (*geh*) ■**sich jdm ~** to join sb

zugespitzt *adj* sharpened, pointed; *Situation* intensified

zugestandenermaßen *adv* admittedly, granted

Zugeständnis *nt* concession; **preisliche ~se machen** HANDEL to make price concessions

zu|gestehen* *vt irreg* ■**jdm etw ~** to grant sb sth; ■**jdm ~, [dass] ...** to grant sb [that] ...

zugetan *adj* (*geh*) ■**jdm/etw ~ sein** to be taken with sb/sth

Zugewinn *m* gain

Zugewinnausgleich *m* FIN equalization of accrued gains **Zugewinngemeinschaft** *f* JUR community of goods (*acquired during marriage*) *spec*

Zugezogene(r) *f(m) dekl wie adj* newcomer

Zugfahrkarte *f* train ticket **Zugfahrt** *f* train journey **Zugfeder** *f* TECH coil spring, [ex]tension spring **zugfest** *adj* high-tensile *spec* **Zugfestigkeit** *f* tensile strength **Zugführer(in)** *m(f)* ① BAHN guard BRIT, conductor AM ② MIL platoon leader **Zugfunk** *m* train radio **Zuggeschwindigkeit** *f* train speed

zu|gießen *vt irreg* ① (*hinzugießen*) ■**[jdm] etw ~** to add sth [for sb]
② (*verschließen*) ■**etw [mit etw] ~** to fill [in *sep*] sth [with sth]

zugig *adj* draughty BRIT, drafty AM; ■**irgendwo ist es ~** there's a draught somewhere

zügig I. *adj* ① (*rasch erfolgend*) rapid, speedy
② SCHWEIZ (*eingängig*) catchy
II. *adv* rapidly, speedily

zu|gipsen *vt* ■**etw ~** to fill in sth *sep* with plaster, to plaster up sth *sep*

Zugkraft *f* ① PHYS tensile force *spec* ② *kein pl* (*Anziehungskraft*) attraction *no pl,* appeal *no art, no pl* **zugkräftig** *adj* attractive, appealing; (*eingängig a.*) catchy

zugleich *adv* ① (*ebenso*) both
② (*gleichzeitig*) at the same time

Züglete <-, -n> *f* SCHWEIZ (*Umzug*) move

Zugluft *f kein pl* draught BRIT, draft AM

Zugmaschine *f* AUTO traction engine, tractor **Zugnummer** *f* ① BAHN train number ② (*besondere Attraktion*) crowd-puller **Zugpersonal** *nt* trainmen, train staff [*or* AM *a.* crew]

Zugpferd *nt* ① (*Tier*) draught [*or* AM draft] horse
② (*besondere Attraktion*) crowd-puller
③ (*Mitreißende(r)*) actuator

Zugpflaster *nt* MED poultice, cataplasm, cantharidal plaster

zu|greifen *vi irreg* ① (*sich bedienen*) to help oneself
② INFORM ■**auf etw** *akk* ~ to access sth; **auf Daten ~** to access data

Zugrestaurant *nt* dining [*or* BRIT *a.* restaurant] car

Zugriff *m* ① (*das Zugreifen*) grab
② INFORM access *no art, no pl* (**auf** +*akk* to); **direkter/sequentieller ~** direct/sequential access; **~ ermöglichen** to provide access to sth
③ (*Einschreiten*) ■**sich** *akk* **jds ~/dem ~ einer S.** *gen* **entziehen** to escape sb's clutches/the clutches of sth; **sich dem ~ der Justiz entziehen** to evade justice

Zugriffsberechtigung *f* INFORM access authorization **Zugriffsgeschwindigkeit** *f,* **Zugriffszeit** *f* INFORM access speed **Zugriffspfad** *m* INFORM access path **Zugriffsrecht** *nt* INFORM access rights *pl* **Zugriffszeit** *f* INFORM access time; **durchschnittliche ~** mean access time

zugrunde, zu Grunde *adv* [**an etw** *dat*] **~ gehen** to be destroyed [*or* ruined] [by sth]; **an inneren Zwistigkeiten ~ gehen** to be destroyed by internal wrangling; **etw etw** *dat* **~ legen** to base sth on sth; ***der Autor legte seinem Bericht aktuelle Erkenntnisse*** ~ the author based his report on current findings; **etw** *dat* **~ liegen** to form the basis of sth; **~ liegend** underlying *attr;* **jdn/etw ~ richten** (*ausbeuten*) to exploit sb/sth; (*zerstören*) to destroy [*or* ruin] sb/sth

Zugrundelegung *f* ■ **unter ~ einer S.** *gen* taking sth as a basis

zugrundeliegend *adj s.* **zugrunde**

Zugschaffner(in) *m(f)* train conductor [*or* inspector], AM *a.* carman **Zugschnur** *f* pulling string **Zugsicherung** *f* track control **Zugspitze**[1] <-> *f* GEOG Zugspitze **Zugspitze**[2] *f* (*Spitze eines Zuges*) head of a/the procession **Zugstange** *f* BAU draw rod **Zugtelefon** *nt* telephone on the train

Zugtier *nt* draught [*or* AM draft] animal

zu|gucken *vi* (*fam*) *s.* **zusehen**

Zug um Zug *adv* (*form*) step by step

Zug-um-Zug-Erfüllung *f* JUR contemporaneous performance **Zug-um-Zug-Geschäft** *nt* JUR transaction with simultaneous performance **Zug-um-Zug-Leistung** *f* JUR contemporaneous performance

Zugunglück *nt* railway [*or* train] accident; (*Zusammenstoß a.*) train crash

zugunsten, zu Gunsten *präp +gen* for the benefit of; (*zum Vorteil von*) in favour [*or* AM -or] of

zugute *adv* **jdm etw ~ halten** to make allowances for sb's sth; **sich** *dat* **etw auf etw** *akk* **~ halten** (*geh*) to pride oneself on sth; **jdm ~ kommen** to come in useful to sb; *Erfahrung a.* to stand sb in good stead; **jdm/etw ~ kommen** to be for the benefit of [*or* of benefit to] sb/sth

Zugverbindung *f* train connection **Zugverkehr** *m* train [*or* rail] services *pl*

Zugvogel *m* migratory bird **Zugzwang** *m* pressure to act; **unter [*o* in] ~ geraten** to come under pressure to act; **jdn unter [*o* in] ~ setzen [*o* in ~ bringen]** to put pressure on sb to act; **unter ~ stehen** to be under pressure to act

zu|haben *irreg* (*fam*) **I.** *vi* to be closed [*or* shut]
II. *vt* ■ **etw ~** to have got sth shut; **die Hose/Schuhe ~** to have one's trousers/shoes done up

zu|halten *irreg* **I.** *vt* ① (*geschlossen halten*) ■ **etw ~** to hold sth closed [*or* shut]
② (*mit der Hand bedecken*) ■ **jdm/sich etw ~** to hold one's hand over sb's/one's sth; (*in Berührung kommen*) to put one's hand over sb's/one's sth; **sich** *dat* **die Nase ~** to hold one's nose
II. *vi* ■ **auf jdn/etw ~** to head for sb/sth

Zuhälter(in) <-s, -> *m(f)* pimp *masc,* procurer *form*

Zuhälterei <-> *f kein pl* pimping *no art, no pl,* procuring *no art, no pl form*

Zuhälterin <-, -nen> *f fem form von* **Zuhälter**

zuhanden *adv* SCHWEIZ ① (*zu Händen von*) for the attention of
② (*zur Hand*) to hand; ■ **[jdm] ~ kommen/sein** to come/have come to hand [*or* into sb's hands]

zu|hauen *irreg* **I.** *vt* ■ **etw ~** ① (*behauen*) to hew sth into shape
② (*fam: zuschlagen*) to slam [*or* bang] sth shut
II. *vi s.* **zuschlagen**

zuhauf *adv* (*geh*) in droves [*or* great numbers] *fam*

Zuhause <-s> *nt kein pl* home *no art, no pl*

zu|heilen *vi sein* to heal up [*or* over]

Zuhilfenahme <-> *f* ■ **unter ~ einer S.** *gen* (*geh*) with the aid [*or* help] of sth

zu|hören *vi* to listen; ■ **jdm/etw ~** to listen to sb/sth; ***nun hör mir doch mal richtig zu!*** now listen carefully to me!

Zuhörer(in) *m(f)* listener; ■ **die ~** (*Publikum*) the audience + *sing/pl vb;* (*Radio~ a.*) the listeners

Zuhörerschaft *f kein pl* audience

zu|jubeln *vi* ■ **jdm ~** to cheer sb

zu|kaufen *vt* ■ **etw ~** to buy more of sth

zu|kehren I. *vt* ■ **jdm/etw etw ~** to turn sth to sb/sth; **jdm den Rücken ~** to turn one's back on sb
II. *vi sein* ① (*selten geh: besuchen*) ■ **bei jdm ~** to call [*or* drop] in on sb
② ÖSTERR (*einkehren*) *Gasthaus* to stop [off] at

zu|klappen I. *vt* ■ **etw ~** to snap sth shut; **ein Buch ~** to clap a book shut
II. *vi sein* to snap shut; *Fenster* to click shut; (*lauter*) to slam shut

zu|kleben *vt* ■ **etw ~** to stick down sth *sep*

zu|knallen (*fam*) **I.** *vt* ■ **etw ~** to slam [*or* bang] sth shut
II. *vi sein* to slam [*or* bang] shut

zu|kneifen *vt irreg* ■ **etw ~** to shut sth tight[ly]; **die Augen ~** to screw up one's eyes *sep*

zu|knöpfen *vt* ■ **[jdm] etw ~** to button up sth *sep* [for sb]; ■ **[sich** *dat*] **etw ~** to button up one's sth *sep; s. a.* **zugeknöpft**

zu|knoten *vt* ■ **etw ~** to tie up sth *sep,* to fasten sth with a knot

zu|kommen *vi irreg sein* ① (*sich nähern*) ■ **auf jdn/etw ~** to come towards [*or* up to] sb/sth
② (*bevorstehen*) ■ **auf jdn ~** to be in store for sb; **alles auf sich** *akk* **~ lassen** to take things as they come
③ (*gebühren*) ■ **jdm ~** to befit sb *form;* ***mir kommt heute die Ehre zu, Ihnen zu gratulieren*** I have the honour today of congratulating you; ■ **es kommt jdm [nicht] zu, etw zu tun** it is [not] up to sb to do sth; **jdm etw ~ lassen** (*geh*) to send sb sth; (*jdm etw gewähren*) to give sb sth; (*jdm etw übermitteln*) to give sb sth
④ (*angemessen sein*) ***dieser Entdeckung kommt große Bedeutung zu*** great significance must be attached to this discovery

zu|korken *vt* ■ **etw ~** to cork sth

zu|kriegen *vt* (*fam*) *s.* **zubekommen**

Zukunft <-> *f kein pl* ① (*das Bevorstehende*) future *no pl;* ■ **die/jds ~** the/sb's future; **in ferner/naher ~** in the distant/near future; **~ haben** to have a future; **in die ~ schauen** to look into the future; **in ~** in future; **mit/ohne ~** with/without a future
② LING (*Futur*) future [tense]

zukünftig I. *adj* ① (*in der Zukunft bevorstehend*) future *attr;* **die ~e Generation** the future generation
② (*designiert*) prospective; **sein ~er Nachfolger** his prospective successor
II. *adv* in future

Zukunftsangst *f* (*Angst vor der Zukunft*) fear of the future; (*Angst um die Zukunft*) fear for the future **Zukunftsaussichten** *pl* prospects for the future, future prospects *pl;* **jdm ~ eröffnen** to open new doors for sb **Zukunftsberuf** *m* job for the future **Zukunftsbranche** *f* new [*or* sunrise] industry **Zukunftschance** *f* chance for the future **zukunftsfähig** *adj* future-compliant **Zukunftsforscher(in)** *m(f)* futurologist **Zukunftsforschung** *f kein pl* futurology *no art, no pl* **Zukunftsindustrie** *f* industry of the future **Zukunftsmusik** *f* ▶ WENDUNGEN: **[noch] ~ sein** (*fam*) to be [still] a long way off **Zukunftsoptimismus** *m* optimism for the future **zukunftsorientiert** *adj* future-oriented, looking to the future *pred;* **~es Denken/Handeln** thinking ahead/acting for the future **Zukunftsperspektive** *f meist pl* future prospects *pl* **Zukunftspläne** *pl* plans for the future, future plans *pl;* **~ haben** to have plans for the future **Zukunftspolitik** *f* politics + *sing/pl vb* for the future **Zukunftsroman** *m* LIT (*veraltend*) science-fiction [*or* SF] [*or fam* sci-fi] novel **zukunftssicher** *adj* with a guaranteed future *pred* **Zukunftsszenario** *nt* future scenario **Zukunftstechnologie** *f* new [*or* future] technology **zukunftsträchtig** *adj* with a promising future *pred;* ■ **~ sein** to have a promising future **Zukunftsvision** *f* vision of the future **zukunft(s)weisend** *adj* forward-looking

Zukurzgekommene(r) *f(m) dekl wie adj* loser, sb who missed out

zu|lächeln *vi* ■ **jdm ~** to smile at sb

zu|lachen *vi* ■ **jdm ~** to give sb a friendly laugh

Zulage <-, -n> *f* bonus [payment]; (*Geld~*) additional allowance

Zulagenwesen *nt kein pl beim Versorgungsrecht* system of increments [*or* allowances]

zu|langen *vi* (*fam*) ① (*zugreifen*) to help oneself
② (*zuschlagen*) to land a punch
③ (*hohe Preise fordern*) to ask a fortune

zu|lassen *vt irreg* ① (*dulden*) ■ **etw ~** to allow [*or* permit] sth; ■ **~, dass jd etw tut** to allow [*or* permit] sb to do sth
② (*fam: geschlossen lassen*) ■ **etw ~** to keep [*or* leave] sth shut [*or* closed]; **sein Hemd/seinen Mantel ~** to keep one's shirt/coat done [*or* buttoned] up
③ (*die Genehmigung erteilen*) ■ **jdn [zu etw] ~** to admit sb [to sth]; **jdn zu einer Prüfung ~** to admit sb to an exam; ■ **jdn als etw ~** to register sb as sth; ■ **zugelassen** registered; **ein zugelassener Anwalt** a legally qualified lawyer; ■ **bei etw zugelassen sein** to be licensed to practise [*or* AM -ce] [in] sth
④ (*anmelden*) ■ **etw [auf jdn] ~** to register sth [in sb's name]
⑤ (*erlauben*) ■ **etw ~** to allow [*or* permit] sth
⑥ (*plausibel sein lassen*) ■ **etw ~** to allow [*or* permit] sth; ***diese Umstände lassen nur einen Schluss zu*** these facts leave [*or form* permit of] only one conclusion

zulässig *adj* permissible *form;* JUR admissible *form;* ■ **nicht ~** JUR inadmissible *form;* **die ~e Höchstgeschwindigkeit** the maximum permitted speed; ■ **~ sein, etw zu tun** to be permissible to do sth *form*

Zulässigkeit <-> *f kein pl* JUR admissibility, lawfulness; **~ eines Beweises** admissibility of evidence; **~ des Vorbringens [einer Klage]** admissibility of pleading; **die ~ der Klage feststellen** to declare an action admissible

Zulassung <-, -en> *f* ① *kein pl* (*Genehmigung*) authorization *no pl;* (*Lizenz*) licence [*or* AM -se]; **die ~ entziehen** to revoke sb's licence; **die ~ zu einem Auswahlverfahren** the admission to a selection process; **die/jds ~ als Anwalt/Arzt** the/sb's call to the bar/registration as a doctor
② (*Anmeldung*) registration
③ (*Fahrzeugschein*) vehicle registration document
④ FIN **~ zur Börse** listing on the Stock Exchange

Zulassungsantrag *m* JUR application for admission **Zulassungsbedingungen** *pl* conditions of admission **Zulassungsbeschränkung** *f* restriction on admission[s] **Zulassungserfordernisse** *pl* JUR licensing requirements **zulassungsfrei** *adj* not requiring a licence [*or* AM -se] **Zulassungsland** *nt* country of admission **Zulassungsnummer** *f* registration number **Zulassungspapier** *nt meist pl* TRANSP, ADMIN vehicle registration document **zulassungspflichtig** *adj* ADMIN (*geh*) requiring licensing [*or* registration] **Zulassungsschein** *m* registration document **Zulassungssperre** *f* ban on admissions **Zulassungsstelle** *f* registration office **Zulassungsverfahren** *nt* qualification procedure; *bes* SCH admissions procedure; ÖKON listing procedure, approval procedure **Zulassungsvoraussetzungen** *pl* eligibility [*or* admission] requirements

Zulauf *m* (*Zufluss*) inlet
▶ WENDUNGEN: **~ haben** to be popular

zu|laufen *vi irreg sein* ① (*Bewegung zu jdn/etw*) ■ **auf jdn/etw ~** to run [*or* come running] towards sb/sth; (*direkt*) to run [*or* come running] up to sb/sth
② (*hinführen*) to lead to
③ (*schnell weiterlaufen*) to hurry [up]; **lauf zu!** get a move on!
④ (*zusätzlich hinzufließen*) to run in; ■ **etw ~ lassen** to add sth
⑤ (*spitz auslaufen*) to taper [to a point]; ***manche Hosen laufen an den Knöcheln eng zu*** some trousers taper at the ankles
⑥ (*zu jdm laufen und bleiben*) ■ **jdm ~** to stray into sb's home; **ein zugelaufener Hund/eine zugelaufene Katze** a stray [dog/cat]

zu|legen I. *vt* ■ **etw ~** ① (*fam: zunehmen*) to put on sth *sep*
② (*dazutun*) to add sth
▶ WENDUNGEN: **einen Zahn zulegen** to step on it
II. *vi* ① (*fam: zunehmen*) to put on weight
② BÖRSE (*sich steigern*) to improve its position
③ (*fam: das Tempo steigern*) to get a move on *fam;*

Läufer to increase the pace
III. *vr* (*fam*) ■**sich** *dat* **jdn/etw** ~ to get oneself sb/sth

zuleide, zu Leide *adv* **jdm etwas/nichts ~ tun** (*veraltend*) to harm/to not harm sb

zu|leiten *vt* ❶ (*geh: übermitteln*) ■**jdm etw** ~ to forward sth to sb
❷ (*zufließen lassen*) ■[**etw** *dat*] **etw** ~ to supply sth [to sth]; ***durch diese Röhre wird das Regenwasser dem Teich zugeleitet*** rain water is fed into the pond through this pipe

Zuleitung *f* ❶ *kein pl* (*geh: das Übermitteln*) forwarding *no art, no pl*
❷ (*zuleitendes Rohr*) supply pipe

Zuleitungsrohr *nt* feed pipe

zuletzt *adv* ❶ (*als Letzte*(*r*)) ~ **eingetroffen** to be the last to arrive; ~ **durchs Ziel gehen** to finish last
❷ (*endlich*) finally, in the end
❸ (*zum letzten Mal*) last
❹ (*zum Schluss*) **bis** ~ until the end; **ganz** ~ right at the [*or* at the very] end
❺ ([*besonders*] *auch*) **nicht** ~ not least [of all]

zuliebe *adv* ■**jdm/etw** ~ for sb['s sake]/for the sake of sth

Zulieferbetrieb *m,* **Zulieferer(in)** <-s, -> *m(f)* supplier

Zulierfervertrag *m* HANDEL supply contract

Zuliefergarantie *f* JUR guaranteed supply **Zuliefergeschäft** *nt* HANDEL component supply business **Zulieferindustrie** *f* HANDEL component supplying industry

zu|liefern *vi* to supply

Zulieferprodukt *nt* supply product, component

Zulieferung <-, -en> *f* HANDEL supply

Zulu <-[s], -[s]> *m* Zulu

zum = zu dem *s.* **zu**

zu|machen I. *vt* ❶ (*zuklappen*) ■**etw** ~ to close [*or* shut] sth
❷ (*verschließen*) ■**etw** ~ to close sth; **eine Flasche/ein Glas** ~ to put the top on a bottle/jar
❸ (*zukleben*) **einen Brief** ~ to seal a letter
❹ (*schließen*) **die Augen** ~ to close one's eyes; ***letzte Nacht habe ich kein Auge ~ können*** I didn't get a wink of sleep last night
❺ (*zuknöpfen*) ■[**jdm/sich**] **etw** ~ to button [up] [*or sep* do up] sb's/one's sth
❻ (*den Betrieb einstellen*) ■**etw** ~ to close [down *sep*] sth; **den Laden** ~ to shut up shop
II. *vi* ❶ (*den Laden schließen*) to close, to shut
❷ (*fam: sich beeilen*) to get a move on *fam,* to step on it

zumal I. *konj* particularly [*or* especially] as
II. *adv* particularly, especially

zu|mauern *vt* ■**etw** ~ to brick [*or* wall] up sth *sep*

zumeist *adv* (*geh*) mostly, for the most part

zu|messen *vt irreg* (*geh*) ❶ (*zuteilen*) ■**jdm etw** ~ to issue sb sth; **jdm eine Essensration** ~ to issue sb a food ration
❷ (*anlasten*) **jdm die Schuld an etw** ~ to attribute the blame to sb for sth
❸ (*beimessen*) **einer Sache große Bedeutung** ~ to attach great importance to sth

zumindest *adv* ❶ (*wenigstens*) at least
❷ (*jedenfalls*) at least

zumutbar *adj* reasonable; ■**für jdn** ~ **sein** to be reasonable for sb; ■**es ist ~, dass jd etw tut/etw zu tun** sb can be reasonably expected to do sth

Zumutbarkeit <-, -en> *f* reasonableness *no art, no pl*

Zumutbarkeitskriterium *nt* JUR criterion of acceptance

zumute, zu Mute *adv* ***mir ist so merkwürdig*** ~ I feel so strange; ***mir ist nicht zum Scherzen*** ~ I'm not in a joking mood

zu|muten *vt* ■**jdm/etw etw** ~ to expect [*or* ask] sth of sb/sth; **jdm zu viel** ~ to expect [*or* ask] too much of sb; ■**sich** *dat* **etw** ~ to undertake sth; **sich zu viel** ~ to overtax oneself

Zumutung *f* unreasonable demand; ■**eine** ~ **sein** to be unreasonable; ***das ist eine ~!*** it's just too much!

zunächst *adv* ❶ (*anfangs*) at first, initially
❷ (*vorerst*) for the moment [*or* time being]

zu|nageln *vt* ■**etw** ~ to nail up sth *sep;* **einen Sarg** ~ to nail down a coffin *sep;* ■**zugenagelt** nailed

zu|nähen *vt* ■[**jdm**] **etw** ~ to sew up sth *sep* [for sb]; **eine Wunde** ~ to stitch [*or spec* suture] a wound

Zunahme <-, -n> *f* increase

Zuname *m* (*geh*) surname, family [*or* BRIT *a.* second] [*or* AM *a.* last] name

Zündanlage *f* AUTO ignition [system] **Zündaussetzer** *m* AUTO misfiring **Zündeinstellung** *f* ignition adjustment [*or* timing]

zündeln *vi* to play [about [*or* around]] with fire; **mit Streichhölzern** ~ to mess around [*or* play [about [*or* around]]] with matches

zünden I. *vi* ❶ TECH to fire *spec*
❷ (*zu brennen anfangen*) to catch fire; *Streichholz* to light; *Pulver* to ignite *form*
II. *vt* ❶ TECH ■**etw** ~ to fire sth *spec*
❷ (*wirken*) to kindle enthusiasm
▶ WENDUNGEN: **hat es bei dir endlich gezündet?** have you cottoned on? *fam,* BRIT *a.* has the penny dropped? *fam*

zündend *adj* stirring, rousing; **eine ~e Idee** a great idea

Zunder *m* tinder *no art, no pl;* **wie** ~ **brennen** to burn like tinder

Zünder <-s, -> *m* detonator; *Airbag* ignitor *spec*

Zunderpilz *m* BOT amadou, touchwood **Zunderschwamm** *m* BOT amadou, touchwood

Zündflamme *f* pilot light [*or* flame] **Zündfunke** *m* ignition spark **Zündholz** <-es, -hölzer> *nt bes* SÜDD, ÖSTERR match **Zündhölzchen** *nt dim von* Zündholz **Zündholzschachtel** *f* matchbox **Zündhütchen** *nt* ❶ (*Sprengkapsel*) percussion cap ❷ (*hum fam: Kopfbedeckung*) tiny cap [*or* hat] **Zündkabel** *nt* AUTO [spark] plug lead **Zündkerze** *f* AUTO spark [*or* BRIT *a.* sparking] plug **Zündplättchen** <-s, -> *nt* cap **Zündschloss**[RR] *nt,* **Zündschloß** *nt* AUTO ignition [and steering *form*] lock **Zündschlüssel** *m* AUTO ignition key **Zündschnur** *f* fuse **Zündspule** *f* AUTO [ignition *form*] coil **Zündsteuergerät** *nt* AUTO ignition control unit **Zündstoff** *m kein pl* inflammatory [*or* explosive] stuff *no art, no pl;* ~ **bieten** to be dynamite *fam*

Zündung <-, -en> *f* ❶ AUTO ignition *no pl*
❷ TECH firing *no art, no pl*

Zündungsschlüssel *m* SCHWEIZ (*Zündschlüssel*) ignition key

Zündverteiler *m* AUTO [ignition *form*] distributor **Zündvorrichtung** *f* detonator **Zündzeitpunkt** *m* AUTO ignition point [*or* timing] *no pl*

zu|nehmen *irreg vi* ❶ (*schwerer werden*) to gain [*or* put on] weight; **an Gewicht** ~ to gain [*or* put on] weight
❷ (*anwachsen*) ■[**an etw** *dat*] ~ to increase [in sth]
❸ (*sich verstärken*) to increase; *Schmerzen* to intensify
❹ (*sich vergrößern*) to increase

zunehmend I. *adj* increasing *attr,* growing *attr;* **eine ~e Verbesserung** a growing improvement
II. *adv* increasingly

zu|neigen I. *vi* ■**etw** *dat* ~ to be inclined towards sth; **der Ansicht ~, dass ...** to be inclined to think that ...
II. *vr* ❶ (*begünstigen*) ■**sich jdm/etw** ~ to favour [*or* AM -or] sb/sth
❷ (*sich nähern*) **sich dem Ende** ~ to draw to a close

Zuneigung *f* affection *no pl,* liking *no pl*

Zunft <-, Zünfte> *f* HIST guild

zünftig *adj* (*veraltend fam*) proper

Zunge <-, -n> *f* ❶ ANAT tongue; **auf der** ~ **brennen** to burn one's tongue; **die** ~ **herausstrecken** to stick out one's tongue; **auf der** ~ **zergehen** to melt in one's mouth
❷ *kein pl* KOCHK (*Rinder~*) tongue *no art, no pl*
❸ (*geh: Sprache*) tongue *form liter;* **in fremden ~n sprechen** to speak in foreign tongues *form liter;* **die Menschen arabischer** ~ Arabic-speaking people
▶ WENDUNGEN: **jdm hängt die** ~ **zum Hals heraus** (*fam*) sb's tongue is hanging out; **seine** ~ **im Zaum halten** (*geh*) to mind one's tongue, AM *usu* to watch one's language; **böse ~n** malicious gossip; **eine feine** ~ **haben** to be a gourmet; **mit gespaltener** ~ **sprechen** to be two-faced, to speak with a forked tongue; **eine schwere** ~ slurred speech; ***meine ~ wurde schwer*** my speech became slurred; **sich** *dat* **fast die** ~ **abbeißen** to have trouble keeping quiet; **sich** *dat* **eher** [*o* **lieber**] **die** ~ **abbeißen**[**, als etw zu sagen**] to do anything rather than say sth; **sich** *dat* **die** ~ **an etw** *dat* **abbrechen** to tie one's tongue in knots [trying to say sth]; **eine böse/lose** ~ **haben** to have a malicious/loose tongue; **seine** ~ **hüten** [*o* **zügeln**] to mind one's tongue, AM *usu* to watch one's language; **es lag mir auf der** ~ **zu sagen, dass ...** I was on the point of saying that ...; **etw liegt jdm auf der** ~ sth is on the tip of sb's tongue; **die ~n lösen sich** people begin to relax and talk; [**jdm**] **die** ~ **lösen** to loosen sb's tongue

züngeln *vi* ❶ (*die Zunge bewegen*) *Schlange* to dart its tongue in and out
❷ (*hin und her bewegen*) to flicker, to dart; ■**aus etw** ~ to dart out of sth

Zungenbelag *m* coating of the tongue **Zungenbrecher** <-s, -> *m* (*fam*) tongue twister, jawbreaker *fam*

zungenfertig *adj* eloquent

Zungenfertigkeit *f kein pl* eloquency *no pl*

Zungenkuss[RR] *m* French kiss **Zungenspitze** *f* tip of the tongue **Zungenwurst** *f* tongue sausage

Zünglein *nt* pointer
▶ WENDUNGEN: **das** ~ **an der Waage sein** to tip the scales; POL to hold the balance of power

zunichte *adv* ■**etw** ~ **machen** (*geh*) to wreck [*or* ruin] sth; **jds Hoffnungen** ~ **machen** to dash [*or* shatter] sb's hopes

zu|nicken *vi* ■**jdm** ~ to nod to [*or* at] sb

zunutze, zu Nutze *adv* **sich** *dat* **etw** ~ **machen** to make use [*or* take advantage] of sth

zuoberst *adv* [right] at [*or* on] [the] top, on the very top

zu|ordnen *vt* ■**etw etw** *dat* ~ to assign sth to sth; ■**jdn etw** *dat* ~ to classify sb as belonging to sth

Zuordnung *f* assignment; ■**die** ~ [**einer S.** *gen*] assigning sth [to sth]

zu|packen *vi* (*fam*) ❶ (*zufassen*) to grip sth; (*schneller*) to make a grab
❷ (*kräftig mithelfen*) ■[**mit**] ~ to lend a [helping] hand
❸ (*mit Gegenständen füllen*) ■**etw** ~ to fill sth; **einen Fußboden** ~ to cover a floor

zu|parken *vt* ■**etw** ~ to obstruct sth; **eine Ausfahrt** ~ to park across a driveway

zupass[RR] *adv,* **zupaß** *adv* **jdm** ~ **kommen** to have come at the right time

zupfen *vt* ❶ (*ziehen*) ■**jdn an etw** *dat* ~ to pluck at sb's sth; (*stärker*) to tug at sb's sth
❷ (*herausziehen*) ■**etw aus/von etw** ~ to pull sth out of/off sth; **jdm/sich die Augenbrauen** ~ to pluck sb's/one's eyebrows

Zupfinstrument *nt* plucked string instrument

zu|prosten *vi* ■**jdm** ~ to drink [to] sb's health, to raise one's glass to sb

zur = zu der *s.* **zu**

zu|rasen *vi* ■**auf jdn/etw** ~ to come/go hurtling towards sb/sth

zu|rasen *vi* ■**auf jdn/etw** ~ to come/go hurtling towards sb/sth

zu|raten *vi irreg* ■**jdm zu etw** ~ to advise sb to do sth; ■**jdm ~, etw zu tun** to advise sb to do sth; **auf jds Z~** [**hin**] on sb's advice

zu|raunen *vt* (*geh*) ■**jdm etw** ~ to whisper sth to sb

Zürcher *adj* Zurich *attr*

Zürcher(in) <-s, -> *m(f)* native of Zurich

zu|rechnen *vt* ❶ (*zur Last legen*) ■**etw jdm** ~ to attribute [*or* ascribe] sth to sb
❷ *s.* **zuordnen**
❸ (*dazurechnen*) ■**etw etw** *dat* ~ to add sth [to

sth]

Zurechnung <-, -en> *f* ① FIN allocation, apportionment
② JUR accountability

zurechnungsfähig *adj* JUR responsible for one's actions *pred,* compos mentis *pred spec;* **eingeschränkt ~ sein** to be responsible for one's actions to a limited extent ▶ WENDUNGEN: **bist du noch ~?** (*fam*) are you all there? *pej fam* **Zurechnungsfähigkeit** *f kein pl* soundness of mind *no art, no pl,* responsibility for one's actions *no art, no pl;* JUR criminal incapacity; **verminderte ~** diminished responsibility [*or* AM capacity] *spec*

zurecht|biegen *vt irreg* ① (*formen*) ■**etw ~** to bend sth into shape ② (*fam: erziehen*) ■**jdn ~** to lick sb into shape ③ (*fam: in Ordnung bringen*) **etw wieder ~** to get sth straightened [*or* sorted] out again **zurecht|finden** *vr irreg* ■**sich irgendwo ~** to get used to somewhere; **sich in einer Großstadt ~** to find one's way around a city

zurecht|kommen *vi irreg sein* ① (*auskommen*) ■[**mit jdm**] ~ to get on [*or* along] [with sb] ② (*klarkommen*) ■[**mit etw**] ~ to cope [*or* manage] [with sth] ③ (*rechtzeitig kommen*) to come in time; **gerade noch ~** to come just in time

zurecht|legen I. *vt* ■**jdm etw ~** to lay out sth *sep* [for sb] II. *vr* ■**sich** *dat* **etw ~** ① (*sich etw griffbereit hinlegen*) to get sth ready, to get out sth *sep* ② (*sich im Voraus überlegen*) to work out sth *sep*

zurecht|machen *vt* (*fam*) ① (*vorbereiten*) ■[**jdm**] **etw ~** to get sth ready [for sb] ② (*zubereiten*) ■[**jdm**] **etw ~** to prepare sth [for sb] ③ (*schminken*) ■**jdn ~** to make up sb *sep;* ■**sich ~** to put on one's make-up *sep* ④ (*schick machen*) ■**sich ~** to get ready; ■**jdn ~** to dress up sb *sep*

zurecht|rücken *vt* ■[**jdm/sich**] **etw ~** to adjust sb's/one's sth **zurecht|weisen** *vt irreg* (*geh*) ■**jdn** [**wegen etw**] ~ to reprimand [*or form* rebuke] sb [for sth] **Zurechtweisung** *f* reprimand, rebuke *form*

zu|reden *vi* ■**jdm** [**gut**] ~ to encourage sb; **auf jds Z~** [**hin**] with sb's encouragement

zu|reiten *irreg* I. *vt* ■**ein Tier ~** to break in an animal *sep*
II. *vi sein* ■**auf jdn/etw ~** to ride towards sb/sth; (*direkt*) to ride up to sb/sth

Zürich <-s> *nt* Zurich *no art, no pl*

Züricher(in) <-s, -> *m(f) s.* **Zürcher**

Zürichsee *m kein pl* ■**der ~** Lake Zurich

zu|richten *vt* ① (*verletzen*) ■**jdn irgendwie ~** to injure sb somehow; **jdn übel ~** to beat up sb *sep* badly
② (*beschädigen*) **etw übel/ziemlich ~** to make a terrible mess/quite a mess of sth
③ (*vorbereiten*) ■**etw ~** to finish [*or* dress] sth; **Holz/Stein ~** to square wood/stone

zu|riegeln *vt* (*verschließen*) ■**etw ~** *Tür, Fenster* to bolt sth

zürnen *vi* (*geh*) to be angry; ■**jdm ~** to be angry [with sb]

Zurschaustellung *f* (*meist pej*) flaunting, display, exhibition

zurück *adv* ① (*wieder da*) back; ■[**von etw**] ~ **sein** to be back [from sth]
② (*mit Rückfahrt, Rückflug*) return; ***hin und ~ oder einfach?*** single or return?
③ (*einen Rückstand haben*) behind; ■**~ sein** [*o* **liegen**] to be behind
④ (*verzögert*) late; ■**~ sein** to be late
▶ WENDUNGEN: **~!** go back!

Zurück <-s> *nt kein pl* **es gibt** [**für jdn**] **ein/kein ~** there is a way out/no going back [for sb]

zurück|behalten* *vt irreg* ① (*behalten*) ■**etw** [**von etw**] ~ to be left with sth [from sth]
② (*vorläufig einbehalten*) ■**etw ~** to retain [*or* withhold] sth

Zurückbehaltungsrecht *nt* JUR right of retention [*or* to withhold]

zurück|bekommen* *vt irreg* ■**etw ~** to get back sth *sep* **zurück|belasten*** *vt* FIN ■**etw ~** to charge sth back **zurück|berufen*** *vt irreg* ■**jdn ~** to recall sb **zurück|beugen** I. *vt* ■**etw ~** to lean back sth *sep* II. *vr* ■**sich ~** to lean back **zurück|bezahlen*** *vt* ■[**jdm**] **etw ~** to pay back sth [to sb] *sep,* to repay [sb] sth [*or* sth [to sb]] **zurück|bilden** *vr* MED ■**sich ~** to recede **zurück|bleiben** *vi irreg sein* ① (*nicht mitkommen*) ■**irgendwo ~** to stay [*or* remain] behind somewhere ② (*zurückgelassen werden*) ■**irgendwo ~** to be left [behind] somewhere ③ (*nicht mithalten können*) to fall behind ④ (*als Folge bleiben*) ■[**von etw**] ~ to remain [from sth] ⑤ (*geringer ausfallen*) ■**hinter etw** *dat* ~ to fall short of sth **zurück|blenden** *vi* FILM ■**auf etw ~** to flash back to sth **zurück|blicken** *vi s.* **zurückschauen** **zurück|bringen** *vt irreg* ① (*wieder herbringen*) ■**jdn/etw ~** to bring/take back sb/sth *sep* ② (*wieder hinschaffen*) ■**jdn** [**irgendwohin**] ~ to bring back sb *sep* [somewhere] **zurück|datieren*** *vt* ■**etw ~** to backdate sth **zurück|denken** *vi irreg* ■[**an etw** *akk*] ~ to think back [to sth] **zurück|drängen** *vt* ■**jdn ~** to force [*or* push] back sb *sep* **zurück|drehen** *vt* ■**etw** [**auf etw** *akk*] ~ to turn back sth *sep* [to sth] **zurück|dürfen** *vi irreg* (*fam*) ■[**irgendwohin/zu jdm**] ~ to be allowed [to go] back [somewhere/to sb] **zurück|erhalten*** *vt irreg* (*geh*) *s.* **zurückbekommen** **zurück|erinnern*** *vr* ■**sich** [**an jdn/etw**] ~ to remember [*or* recall] [sb/sth] **zurück|erobern*** *vt* ■**etw ~** ① MIL to recapture [*or* retake] sth; **ein Land ~** to reconquer a country ② POL (*erneut gewinnen*) to win back sth *sep* **zurück|erstatten*** *vt s.* **rückerstatten** **zurück|erwarten*** *vt* ■**jdn ~** to expect sb back **zurück|fahren** *irreg* I. *vi sein* ① (*zum Ausgangspunkt fahren*) to go/come [*or* travel] back ② (*geh: zurückweichen*) ■[**vor jdm/etw**] ~ to recoil [from sb/sth] II. *vt* ① (*etw rückwärts fahren*) ■**etw ~** to reverse sth ② (*mit dem Auto zurückbringen*) ■**jdn ~** to drive [*or* bring] [*or* take] back sb *sep* ③ (*reduzieren*) ■**etw ~** to cut back sth *sep*

zurück|fallen *vi irreg sein* ① SPORT (*zurückbleiben*) to fall behind; **weiter ~** to fall further behind
② SPORT (*absteigen*) ■[**auf etw** *akk*] ~ to go down [to sth]
③ (*in früheren Zustand verfallen*) ■**in etw** *akk* ~ to lapse [*or* fall] back into sth
④ (*darunter bleiben*) ■**hinter etw** *akk* ~ to fall short of sth
⑤ (*jds Eigentum werden*) ■**an jdn ~** to revert to sb *spec*
⑥ (*angelastet werden*) ■**auf jdn ~** to reflect on sb
⑦ (*sinken*) ■**sich** *akk* [**in/auf etw** *akk*] ~ **lassen** to fall back [*or* flop] into/on[to] sth

zurück|finden *vi irreg* ① (*Weg zum Ausgangspunkt finden*) ■[**irgendwohin**] ~ to find one's way back [somewhere] ② (*zurückkehren*) ■**zu jdm ~** to go/come back to sb ③ ■**zu sich selbst ~** to find oneself again **zurück|fliegen** *irreg* I. *vi sein* to fly back II. *vt* ■**jdn/etw ~** to fly back sb/sth *sep;* ***als sie erkrankte, flog man sie zurück nach Europa*** when she got ill, she was flown back to Europe **zurück|fließen** *vi irreg sein* ① (*wieder zum Ausgangspunkt fließen*) to flow back ② FIN to flow back **zurück|fordern** *vt* ■**etw** [**von jdm**] ~ to demand sth back [from sb] **zurück|fragen** *vi* to ask a question in return

zurück|führen I. *vt* ① (*Ursache bestimmen*) ■**etw auf etw** *akk* ~ to attribute sth to sth; (*etw aus etw ableiten*) to put sth down to sth; **etw auf seinen Ursprung ~** to put sth down to its cause; ■**das ist darauf zurückzuführen, dass ...** that is attributable/can be put down to the fact that ...
② (*zum Ausgangsort zurückbringen*) ■**jdn irgendwohin ~** to lead sb back somewhere
II. *vi* ■**irgendwohin ~** to lead back somewhere

zurück|geben *vt irreg* ① (*wiedergeben*) ■[**jdm**] **etw ~** to return [*or sep* give back] sth [to sb]
② ÖKON (*retournieren*) ■**etw ~** to return sth
③ (*erwidern*) ■[**jdm**] **etw ~** to return sth [to sb]; **ein Kompliment ~** to return a compliment; ***„das ist nicht wahr!" gab er zurück*** "that isn't true!" he retorted *form* [*or form liter* rejoined]
④ (*erneut verleihen*) ■**jdm etw ~** to give sb back sth, to restore sb's sth

zurückgeblieben *adj* slow, retarded *dated*

zurück|gehen *vi irreg sein* ① (*wieder zum Ausgangsort gehen*) to return, to go back
② (*zum Aufenthaltsort zurückkehren*) **ins Ausland ~** to return [*or* go back] abroad
③ (*abnehmen*) to go down
④ MED (*sich zurückbilden*) to go down; *Bluterguss* to disappear; *Geschwulst* to be in recession
⑤ (*stammen*) ***die Sache geht auf seine Initiative zurück*** the matter was born of his initiative
⑥ (*verfolgen*) **weit in die Geschichte ~** to go [*or* reach] back far in history

zurückgelegt *adj* **~e Flugstrecke** distance flown [*or* covered]

zurück|gewinnen* *vt irreg* ■**jdn/etw ~** to win back [*or* regain] [*or* retrieve] sb/sth; *Rohstoffe* to recover sth

zurückgezogen I. *adj* secluded; **ein ~es Leben** a secluded life
II. *adv* secluded; **~ leben** to lead a secluded life

Zurückgezogenheit <-> *f kein pl* seclusion; **in** [**völliger**] ~ **leben** to live in [complete] seclusion

zurück|greifen *vi irreg* ■**auf etw** *akk* ~ to fall back [up]on sth **zurück|gucken** *vi* ■[**auf jdn/etw**] ~ to look back [on/to sb/sth] **zurück|haben** *vt irreg* (*fam*) ■**etw ~** to have [got] sth back; ***ich will mein Geld ~!*** I want my money back!

zurück|halten *irreg* I. *vr* ① (*sich beherrschen*) ■**sich ~** to restrain [*or* control] oneself; ***Sie müssen sich beim Essen sehr ~*** you must cut down a lot on what you eat; ■**sich** [**mit etw**] ~ to be restrained [in sth]; **sich mit seiner Meinung ~** to be careful about voicing one's opinion
② (*reserviert sein*) to be reserved, to keep to oneself
II. *vt* ① (*aufhalten*) ■**jdn ~** to detain *form* [*or sep* hold up] sb
② (*nicht herausgeben*) ■**etw ~** to withhold sth
③ (*abhalten*) ■**jdn** [**von etw**] ~ to keep sb from doing sth; ***er hielt mich von einer unüberlegten Handlung zurück*** he stopped me before I could do anything rash
III. *vi* ■**mit etw ~** to hold sth back

zurückhaltend I. *adj* ① (*reserviert*) reserved
② (*vorsichtig*) cautious, guarded
II. *adv* cautiously, guardedly; **sich** *akk* **~ über etw** *akk* **äußern** to be cautious [*or* guarded] in one's comments about sth

Zurückhaltung *f kein pl* reserve *no art, no pl;* **mit** [**bestimmter**] ~ with [a certain] reserve; ***die Presse beurteilte das neue Wörterbuch mit ~*** the press were reserved in their judgement of the new dictionary; ***er reagierte mit ziemlicher ~*** he reacted with a fair amount of reserve

Zurückhaltungsrecht *nt* JUR right of retention, retaining lien

zurück|holen *vt* ① (*wieder zum Ausgangspunkt holen*) ■**jdn ~** to fetch back sb *sep* ② (*in seinen Besitz zurückbringen*) ■[**sich** *dat*] **etw** [**von jdm**] ~ to get back sth *sep* [from sb]; ***ich komme, um die Videokassette zurückzuholen*** I've come for my video cassette **zurück|kämmen** *vt* ■[**jdm/sich**] **etw ~** to comb back sb's/one's sth *sep* **zurück|kaufen** *vt* HANDEL ■**etw** [**von jdm**] ~ to buy back *sep* [*or form* repurchase] sth [from sb]; (*bei Auktion*) to buy in sth *sep* **zurück|kehren** *vi sein* ① (*zurückkommen*) ■[**irgendwohin/von irgendwoher**] ~ to return [*or* come back] [somewhere/from somewhere]; **nach Hause ~** to return [*or* come back] home ② (*wieder zuwenden*) ■**zu jdm/etw ~** to return [*or* go/come back] to sb/sth **zurück|kommen** *vi irreg sein* ① (*erneut zum Ausgangsort kommen*) ■[**irgendwohin/von irgendwoher**] ~ to return [*or* come/go back] [somewhere/from somewhere]; **aus dem Ausland ~** to return [*or* come/go back] from abroad; **nach Hause ~** to return [*or* come/go back] home ② (*erneut aufgreifen*) ■**auf etw** *akk* ~ to come back to sth; ■**auf jdn ~** to get back to sb **zurück|können** *vi irreg*

❶ (*fam: zurückkehren können*) ***ich kann nicht mehr dahin zurück*** I can't return [*or* go back] there any more; ***du kannst jederzeit wieder zu uns zurück*** you can come back to us any time ❷ (*sich anders entscheiden können*) ***noch habe ich den Vertrag nicht unterschrieben, noch kann ich zurück*** I haven't signed the contract yet, I can still change my mind **zurück|konvertieren** *vt* INFORM ■**etw** ~ to convert back *sep* sth

zurück|kriegen *vt* (*fam*) *s.* **zurückbekommen**

zurück|lassen *vt irreg* ❶ (*nicht mitnehmen*) ■**jdn/ein Tier/etw** ~ to leave behind sb/an animal/sth *sep;* ***als sie in Urlaub fuhren, ließen sie ihren Hund bei Freunden zurück*** they left their dog with friends during their holiday; ■**jdm etw** ~ to leave sth for sb [*or* sb sth] ❷ (*fam: zurückkehren lassen*) ■**jdn** ~ to allow sb to return [*or* go back]; **jdn nach Hause** ~ to allow sb to return home

zurück|legen *vt* ❶ (*wieder hinlegen*) ■**etw** ~ to put back sth *sep;* ***leg das Buch bitte zurück auf den Tisch*** please put the book back on the table
❷ (*reservieren*) ■**jdm etw** ~ to put sth aside [*or* by] for sb; **das zurückgelegte Kleid** the dress that has been put aside
❸ (*hinter sich bringen*) ■**etw** ~ to cover [*or* do] sth; ***35 Kilometer kann man pro Tag leicht zu Fuß*** ~ you can easily do 35 kilometres a day on foot
❹ (*sparen*) ■[**jdm/sich**] **etw** ~ to put away sth [for sb] *sep*

zurück|lehnen *vr* ■**sich** ~ to lean back

zurück|liegen *vi irreg* ***sein Examen liegt vier Jahre zurück*** it's four years since his exam; ***wie lange mag die Operation ~?*** how long ago was the operation?; ***wie lange mag es jetzt ~, dass Großmutter gestorben ist?*** how long is it now since grandma died? **zurück|melden** *vr* ❶ MIL (*seine Rückkehr melden*) ■**sich** [**bei jdm/irgendwo**] ~ to report back [to sb/somewhere]; **sich in der Kaserne** ~ to report back to barracks ❷ (*wieder dabei sein*) ■**sich** ~ to be back **zurück|müssen** *vi irreg* (*fam*) ■[**irgendwohin**] ~ to have to return [*or* go back] [somewhere]

Zurücknahme <-, -n> *f* withdrawal; ~ **eines Angebots** revocation of an offer; ~ **einer Beschuldigung** retraction of an insult; ~ **eines Einspruchs** withdrawal of an objection; ~ **einer Klage/der Kündigung** withdrawal of an action/of one's notice

zurück|nehmen *vt irreg* ❶ (*als Retour annehmen*) ■**etw** ~ to take back sth *sep*
❷ (*widerrufen*) ■**etw** ~ to take back sth *sep*
❸ (*rückgängig machen*) ■**etw** ~ to withdraw sth; ***ich nehme alles zurück*** I take it all back; **seine Entscheidung** ~ JUR to reverse judgement; **sein Versprechen** ~ to break [*or* go back on] one's promise
❹ (*verringern*) **die Lautstärke** ~ to turn down the volume *sep*
❺ MIL (*nach hinten verlegen*) ■**etw** ~ to withdraw sth

zurück|pfeifen *vt irreg* ❶ (*fam: eine Aktion abbrechen*) ■**jdn** ~ to bring back sb *sep* into line ❷ (*durch einen Pfiff*) ■**einen Hund** ~ to whistle back a dog *sep* **zurück|prallen** *vi sein* ❶ (*zurückspringen*) ■**von etw** ~ to bounce off sth; *Geschoss* to ricochet off sth ❷ (*zurückschrecken*) ■[**vor etw** *dat*] ~ to recoil [from sth] **zurück|reichen** I. *vi* ■**irgendwohin** ~ to go back to sth; ***ins 16. Jahrhundert*** ~ to go back to the 16th century II. *vt* (*geh*) ■**jdm etw** ~ to hand [*or* pass] back sth *sep* to sb **zurück|reisen** *vi sein* ■[**irgendwohin**] ~ to travel back [*or* return] [somewhere]; **ins Ausland/nach Hause** ~ to return abroad/home **zurück|reißen** *vt irreg* ■**jdn** ~ to pull back sb *sep* **zurück|rollen** I. *vi sein* to roll back II. *vt* ■**etw** ~ to roll back sth *sep* **zurück|rufen** *irreg* I. *vt* ❶ (*durch Rückruf anrufen*) ■**jdn** ~ to call back sb *sep* ❷ (*zurückbeordern*) ■**jdn/etw** ~ to recall sb ❸ (*fig*) **jdm etw in die Erinnerung** [*o* **ins Gedächtnis**] ~ to conjure up sth *sep* for sb; **sich** *dat* **etw in Erinnerung** [*o* **ins Gedächtnis**] ~ to recall sth, to call sth to mind II. *vi* to call back

zurück|schalten *vi* AUTO **in den 1./2. Gang/einen niedrigeren Gang** ~ to change down into 1st/2nd gear/a lower gear **zurück|schaudern** *vi sein* ■**vor etw** ~ to shrink back [*or* recoil] from sth **zurück|schauen** *vi* ❶ (*sich umsehen*) to look back ❷ (*rückblickend betrachten*) ■**auf etw** *akk* ~ to look back on sth **zurück|scheuen** *vi sein s.* zurückschrecken 2 **zurück|schicken** *vt* ❶ (*wieder hinschicken*) ■[**jdm**] **etw** ~ to send back sth *sep* [to sb], to send sb back sth *sep* ❷ (*abweisen*) ■**jdn** ~ to send back sb *sep* **zurück|schieben** *vt irreg* ■**etw** ~ to push back sth *sep* **Zurückschiebung** *f* JUR return-removal of illegal entrant

zurück|schlagen *irreg* I. *vt* ❶ MIL (*abwehren*) ■**jdn/etw** ~ to repulse *form* [*or sep* beat back] sb/sth ❷ SPORT ■**etw** ~ to return [*or sep* hit back] sth ❸ (*umschlagen*) ■**etw** ~ to turn back sth *sep;* **ein Verdeck** ~ to fold back a top II. *vi* ❶ (*einen Schlag erwidern*) to return ❷ (*sich auswirken*) ■**auf jdn/etw** ~ to have an effect on sb/sth **zurück|schneiden** *vt irreg* BOT ■**etw** ~ to cut back sth *sep,* to prune sth **zurück|schnellen** I. *vt* (*zurückschleudern*) ■**etw** ~ to hurl [*or* whip] back sth *sep,* to return sth II. *vi sein* (*sich zurückbewegen*) to jump [*or* shoot] back **zurück|schrauben** *vt* (*fam*) ■**etw** [**auf etw** *akk*] ~ to lower [*or* reduce] sth [to sth]; **seine Ansprüche** ~ to lower one's sights **zurück|schrecken** *vi irreg sein* ❶ (*Bedenken vor etw haben*) ■**vor etw** *dat* ~ to shrink [*or* recoil] from sth; **vor nichts** ~ (*völlig skrupellos sein*) to stop at nothing; (*keine Angst haben*) to not flinch from anything ❷ (*erschreckt zurückweichen*) to start back **zurück|sehen** *vi irreg s.* **zurückschauen** **zurück|sehnen** *vr* ■**sich irgendwohin** ~ to long to return somewhere; **sich nach Hause/auf die Insel** ~ to long to return home/to the island **zurück|senden** *vt irreg* (*geh*) *s.* **zurückschicken 1**

zurück|setzen I. *vt* ❶ (*zurückstellen*) ■**etw** [**wieder**] ~ to put back sth *sep* [on sth]; ***einen Zähler auf Null*** ~ to put a counter back to zero, to reset a counter
❷ AUTO (*weiter nach hinten fahren*) ■**etw** ~ to reverse [*or sep* back up] [sth]
❸ (*herabsetzen*) ■**etw** ~ to reduce [*or sep* mark down] sth
❹ (*benachteiligen*) ■**jdn** ~ to neglect sb; **sich** [**gegenüber jdm**] **zurückgesetzt fühlen** to feel neglected [next to sb]
❺ INFORM (*wiederherstellen*) ■**etw** ~ to backout sth
II. *vr* ■**sich** ~ ❶ (*sich zurücklehnen*) to sit back
❷ (*den Platz wechseln*) ***setzen wir uns einige Reihen zurück*** let's sit a few rows back
III. *vi* ■[**mit etw**] ~ to reverse [*or sep* back up] [sth]

Zurücksetzung *f* INFORM reset

zurück|springen *vi irreg sein* ❶ (*nach hinten springen*) to leap [*or* jump] back; *Zeiger* to spring back; *Ball* to bounce back; *Bauteil* to be set back ❷ INFORM to jump [*or* leap] back **zurück|spulen** *vt* TECH ■**etw** ~ to rewind sth **zurück|stecken** I. *vt* ■**etw** [**irgendwohin**] ~ to put back sth *sep* [somewhere] II. *vi* to back down; ~ **müssen** to have to back down **zurück|stehen** *vi irreg* ❶ (*weiter entfernt stehen*) to stand back ❷ (*hintangesetzt werden*) ■[**hinter jdm/etw**] ~ to take second place [to sb/sth]; (*an Leistung*) to be behind [sb/sth] ❸ (*sich weniger einsetzen*) ■[**hinter jdm**] ~ to show less commitment [than sb [does]]

zurück|stellen *vt* ❶ (*wieder hinstellen*) ■**etw** [**wieder**] ~ to put back sth *sep*
❷ (*nach hinten stellen*) ■**etw** ~ to move back sth *sep*
❸ (*kleiner stellen*) ■**etw** ~ *Heizung, Ofen* to turn sth lower, to turn down sth *sep*
❹ (*aufschieben*) ■**etw** ~ to put back sth *sep;* (*hintanstellen*) to shelve [*or* defer] sth; (*verschieben*) to postpone sth; ***man stellte die Arbeiten um einige Wochen zurück*** work was put back [by] a few weeks; **eine Rechtssache zu späterer Entscheidung** ~ to defer a case to be dealt with at a later date; **die Uhr** ~ to turn [*or* AM *a.* set] back the clock *sep*
❺ (*vorläufig befreien*) ■**jdn** ~ to keep sb back; ***wird er eingeschult oder noch ein Jahr zurückgestellt?*** is he going to start school or he is being kept down a year?
❻ (*vorerst nicht geltend machen*) **seine Bedenken/Wünsche** ~ to put aside one's doubts/wishes
❼ ÖSTERR (*zurückgeben*) ■**etw** ~ to return [*or sep* give/send back] sth

Zurückstellung <-, -en> *f* deferment; *einer Entscheidung* postponement; **unter** ~ **aller anderen Rechtssachen** other cases being referred

zurück|stoßen *vt irreg* ■**jdn/etw** ~ to push away sb/sth *sep* **zurück|strömen** *vi sein* ❶ (*fließen*) *Fluss* to flow back ❷ (*laufen*) *Menschen* to stream back **zurück|stufen** *vt* ■**jdn/etw** ~ to downgrade sb/sth **zurück|tragen** *vt irreg* ■**jdn/etw** ~ to carry back sb/sth *sep,* to take back sth *sep* **zurück|treiben** *vt irreg* ■**jdn/etw** ~ *Vieh* to drive back sb/sth *sep*

zurück|treten *vi irreg sein* ❶ (*nach hinten treten*) ■[**von etw**] ~ to step back [from sth]
❷ (*seinen Rücktritt erklären*) to resign
❸ JUR (*rückgängig machen*) ■**von etw** ~ to withdraw from [*or* back out of] sth; **von einem Anspruch/einem Recht** ~ to renounce a claim/right *form*

zurück|übertragen *vt* INFORM ■**etw** ~ to transmit back *sep* sth

zurück|verfolgen* *vt* ■**etw** ~ to trace back sth *sep;* ***diese Tradition lässt sich bis ins 17. Jahrhundert*** ~ this tradition can be traced back to the 17th century **zurück|verlangen*** I. *vt* (*zurückfordern*) ■**etw** ~ to demand sth back II. *vi* (*wiederhaben wollen*) ■[**nach jdm/etw**] ~ to long [to have] [sth/sb] back, to yearn for the return [of sth/sb] **zurück|versetzen*** I. *vt* ■**jdn** ~ to transfer sb back; ***in zwei Jahren werde ich nach Frankfurt zurückversetzt*** I'll be transferred back to Frankfurt in two years II. *vr* ■**sich** ~ to be transported back; **in die Jugendzeit zurückversetzt werden** to be transported back to one's youth **zurück|verweisen*** *vt irreg* JUR ■**etw** ~ to remand sth; **etw zur weiteren Entscheidung** ~ to remand sth for pending further decision **Zurückverweisung** *f* JUR remission **zurück|weichen** *vi irreg sein* ■[**vor etw** *dat*] ~ to fall back [before sth *form*]; **vor einem Anblick** ~ to shrink back from a sight **zurück|weisen** *vt irreg* ❶ (*abweisen*) ■**jdn** ~ to turn away sb *sep;* ■**etw** ~ to reject sth ❷ (*sich gegen etw verwahren*) ■**etw** ~ to repudiate sth *form*

Zurückweisung <-, -en> *f* ❶ (*das Abweisen*) rejection *no art, no pl*
❷ (*das Zurückweisen*) repudiation *no art, no pl*

Zurückweisungsrecht *nt* JUR right of rejection

zurück|werfen *vt irreg* ❶ (*jdm etw wieder zuwerfen*) ■[**jdm**] **etw** ~ to throw back sth *sep* [to sb], to throw sb back sth *sep* ❷ (*Position verschlechtern*) ■**jdn/etw** [**um etw**] ~ to set back sb/sth *sep* [by sth]; ***das wirft uns um Jahre zurück*** that will/has set us back years **zurück|wirken** *vi* ■**auf jdn/etw** ~ to react [up]on sb/sth **zurück|wollen** *vi* (*fam*) ■[**irgendwohin/zu jdm**] ~ to want to return [*or* go back] [somewhere/to sb]; **nach Hause** ~ to want to return [*or* go back] home **zurück|zahlen** *vt* ■[**jdm**] **etw** ~ to repay [sb] [*or sep* pay [sb] back] sth

zurück|ziehen *irreg* I. *vt* ❶ (*nach hinten ziehen*) ■**jdn/etw** ~ to pull back sb/sth *sep;* **den Vorhang** ~ to draw back the curtain *sep*
❷ (*widerrufen*) ■**etw** ~ to withdraw sth
II. *vr* ❶ (*sich hinbegeben*) ■**sich** [**irgendwohin**] ~ to withdraw [*or form* retire] [somewhere]
❷ MIL (*abziehen*) ■**sich** [**aus etw**] ~ to withdraw [from sth]
III. *vi sein* ■[**irgendwohin**] ~ to move back [somewhere]; **nach Hause** ~ to move back home

zurück|zucken *vi sein* ■[**vor etw** *dat*] ~ to recoil [*or* start back] [from sth]

Zu̲ruf *m* call; (*nach Hilfe*) cry; **auf ~ gehorchen** to obey a call; ***bei Auktionen erfolgen die Gebote auf*** ~ at auctions bids are made by calling

zu̲|rufen I. *vt irreg* ■**jdm etw** ~ to shout [*or sep* call out] sth to sb
II. *vi* ■**jdm ~, dass er/sie etw tun soll** to call out to sb to do sth

zurze̲it *adv* ÖSTERR, SCHWEIZ (*derzeit*) at present [*or* the moment]

Zu̲sage *f* assurance, promise; **[jdm] eine ~ geben** to give [sb] an assurance, to make [sb] a promise

zu̲|sagen I. *vt* ■**[jdm] etw** ~ to promise sth [to sb], to promise sb sth; **jdm sein Kommen** ~ to promise sb that one will come
II. *vi* ① (*die Teilnahme versichern*) ■**[jdm]** ~ to accept, to give sb an acceptance
② (*gefallen*) ■**jdm** ~ to appeal to sb

zusa̲mmen *adv* ① (*gemeinsam*) together (**mit** +*dat* with); ■~ **sein** (*beieinander sein*) to be together; ■**mit jdm ~ sein** to be with sb
② (*ein Paar sein*) ■~ **sein** to be going out [with each other]; ***Werner und Ulrike sind seit 12 Jahren*** ~ Werner and Ulrike have been together for 12 years
③ (*insgesamt*) altogether
④ (*euph: mit jdm schlafen*) ■**mit jdm ~ sein** to go with sb

Zusa̲mmenarbeit *f kein pl* cooperation *no art, no pl;* **in ~ mit jdm** in cooperation with sb **zusa̲mmen|arbeiten** *vi* ■**mit jdm** ~ to work [together] with sb; (*kooperieren*) to cooperate with sb **zusa̲mmen|backen** *vt* ■**etw** ~ KOCHK to agglomerate [*or* cake] sth

zusa̲mmen|ballen I. *vt* ■**etw** ~ *Schnee* to make sth into a ball; *Papier* to screw [up *sep*] sth into a ball; *die Fäuste* to clench sth **II.** *vr* ■**sich** ~ ① *Wolken* to accumulate, to mass [together] ② (*geh: aufkommen*) ***ein Unheil ballte sich über seinem Haupt zusammen*** disaster loomed [over him] **zusa̲mmen|bauen** *vt* ■**etw** ~ to assemble [*or sep* put together] sth **zusa̲mmen|beißen** I. *vt* **die Zähne** ~ to clench [*or* grit] one's teeth **II.** *vr* (*fam*) ■**sich** ~ to get one's act *fam* [*or sl* it] together **zusa̲mmen|binden** *vt irreg* ■**etw** ~ to tie [*or* bind] together sth *sep* **zusa̲mmen|bleiben** *vi irreg sein* to stay together; ■**mit jdm** ~ to stay with sb **zusa̲mmen|brauen** I. *vt* (*fam*) ■**etw** ~ KOCHK to concoct sth **II.** *vr* ■**sich** ~ to be brewing; ***da braut sich ein Gewitter/Ungutes zusammen*** there's a storm/sth nasty brewing

zusa̲mmen|brechen *vi irreg sein* ① (*kollabieren*) to collapse
② (*in sich zusammenfallen*) to collapse, to give way
③ (*zum Erliegen kommen*) to collapse; *Verkehr* to come to a standstill; *Versorgung* to be paralyzed [*or* BRIT *a.* -ysed]; *Kommunikation* to break down; *Markt* to collapse; *Computer* to crash

zusa̲mmen|bringen *vt irreg* ① (*beschaffen*) ■**etw** ~ to raise sth; **das Geld für etw** ~ to raise the [necessary] money for sth
② (*in Kontakt bringen*) ■**jdn [mit jdm]** ~ to introduce sb [to sb]; ***ihr Beruf bringt sie mit vielen Menschen zusammen*** in her job she gets to know a lot of people; **Menschen** ~ to bring people together; ***der Pfarrer ist bestrebt, seine Gemeinde wieder*** ~ the vicar endeavours to promote reconciliation among his parishioners
③ (*fam: aus dem Gedächtnis abrufen*) ■**etw** ~ to remember [*or* recall] sth; ***mal sehen, ob ich das Gedicht noch zusammenbringe*** let's see if I can still recall the poem
④ (*in Beziehung setzen*) ■**etw [mit etw]** ~ to reconcile sth with sth, to make sense of sth
⑤ (*anhäufen*) ■**etw** ~ to amass; ***er hat ein Vermögen zusammengebracht*** he amassed a fortune

Zusa̲mmenbruch *m* ① (*das Zusammenbrechen*) collapse; *Land* [down]fall; *Firma* ruin, downfall; **der ~ der Wirtschaft** economic collapse
② MED (*Kollaps*) collapse; (*Nerven~*) [nervous] breakdown

zusa̲mmen|drängen I. *vr* ■**sich** ~ to crowd [together]; (*vor Kälte a.*) to huddle together [on sth]; **sich auf engstem Raum** ~ to crowd together in a very confined space
II. *vt* ■**etw** ~ to concentrate, to condense; ***die Menschenmenge wurde von den Polizeikräften zusammengedrängt*** the crowd was herded together by the police

zusa̲mmen|drücken *vt* ① (*zerdrücken*) ■**jdn/etw** ~ to crush sb/sth
② (*aneinander drücken*) ■**etw** ~ to press sth together

zusa̲mmen|fahren *vi irreg sein* to start; (*vor Schmerzen*) to flinch; (*vor Ekel a.*) to recoil

zusa̲mmen|fallen *vi irreg sein* ① (*einstürzen*) to collapse; *Gebäude a.* to cave in; *Hoffnungen, Pläne* to be shattered; *Lügen* to fall apart; ■**in sich** *akk* ~ to collapse
② (*sich gleichzeitig ereignen*) ■**[zeitlich]** ~ to coincide
③ (*körperlich schwächer werden*) to wither away, to weaken

zusa̲mmen|falten *vt* ■**etw** ~ to fold [up *sep*] sth

zusa̲mmen|fassen I. *vt* ① (*als Resümee formulieren*) ■**etw** ~ to summarize sth; **etw in wenigen Worten** ~ to put sth in a nutshell
② (*zu etw vereinigen*) ■**jdn** ~ to divide sb up; **die Bewerber in Gruppen** ~ to devide the applicants into groups; **Truppen** ~ to concentrate troops; ■**jdn/etw in etw** *dat* ~ to unite [*or* combine] sb/sth into sth; ■**etw unter etw** *dat* ~ to class[ify] sth under sth; **etw unter einem Oberbegriff** ~ to subsume sth under a generic term
II. *vi* to summarize, to sum up; ***…, wenn ich kurz ~ darf*** just to sum up, …

zusa̲mmenfassend I. *adj* **eine ~e Darstellung** a summary; **ein ~er Bericht** a summary [account], a résumé
II. *adv* **etw ~ darstellen** to summarize sth; ***der Vorgang kann leider nicht ~ in 2 Sätzen dargestellt werden*** I'm afraid the process can't be summarized in a couple of sentences

Zusa̲mmenfassung *f* ① (*Resümee*) summary, résumé; **eine knappe ~ eines Vortrags/einer Rede geben** to give a précis [*or* summary] of a lecture/speech
② (*resümierende Darstellung*) abstract; *Buch a.* synopsis

zusa̲mmen|fegen *vt* ■**etw** ~ to sweep together sth *sep;* (*ordentlich a.*) to sweep sth into a pile **zusa̲mmen|finden** *irreg* I. *vr* (*geh*) ■**sie finden sich** ~ to meet, to come together; (*sich versammeln*) to congregate, to gather **II.** *vi* to be reconciled; ***die beiden haben wieder zusammengefunden*** there has been a reconciliation between the two of them **zusa̲mmen|flicken** *vt* (*fam*) ① (*reparieren*) ■**etw** ~ to patch sth up, to cobble sth together; **eine zerrissene Hose notdürftig** ~ to patch up torn trousers as well as one can ② (*fam: operieren*) ■**jdn** ~ to patch up sb *sep fam* ③ (*fam: zusammenschustern*) **einen Artikel/Aufsatz** ~ to knock together an article/essay **zusa̲mmen|fließen** *vi irreg sein* to flow together, to meet, to join **Zusa̲mmenfluss**[RR] *m,* **Zusa̲mmenfluß** *m* confluence *spec;* **am ~ der beiden Flüsse** where the two rivers meet **zusa̲mmen|fügen** I. *vt* (*geh*) ■**etw** ~ to assemble sth, to join together sth *sep;* **die Teile eines Puzzles** ~ to piece together a jigsaw puzzle *sep;* **Bauteile** ~ to assemble parts ▸ WENDUNGEN: **was Gott zusammengefügt hat, soll der Mensch nicht trennen** [**Matth. 19,6**] (*prov*) what God has brought together, let no man put asunder **II.** *vr* ■**sie fügen sich** *akk* **zusammen** to fit together; ***die Teile fügen sich nahtlos zusammen*** the parts fit together seamlessly [*or* perfectly]

zusa̲mmen|führen *vt* ■**jdn/etw** ~ to bring together sb/sth *sep;* **eine Familie** ~ to reunite a family

Zusa̲mmenführung *f* bringing together, reuniting

zusa̲mmen|gehen *vi irreg sein* ① (*sich vereinen*) to unite; *Linien* to meet ② (*koalieren*) to make common cause ③ (*schrumpfen*) to shrink; (*schwinden*) to dwindle ④ (*zueinander passen*) to go together

zusa̲mmen|gehören* *vi* ① (*zueinander gehören*) to belong together ② (*ein Ganzes bilden*) to go together, to match; *Karten* to form a deck [*or* pack]; *Socken* to form a pair, to match **zusa̲mmengehörig** *adj pred* ① (*eng verbunden*) close; ***wir fühlen uns*** ~ we feel close ② (*zusammengehörend*) matching; **die ~en Karten** the cards of a deck [*or* pack] **Zusa̲mmengehörigkeit** <-> *f kein pl* unity **Zusa̲mmengehörigkeitsgefühl** *nt kein pl* sense of togetherness

zusa̲mmengesetzt *adj* compound *attr spec;* **ein ~es Wort** a compound [word]; **aus etw ~ sein** to be composed of sth

zusa̲mmengewürfelt *adj* oddly assorted, ill-assorted, mismatched; **eine ~e Wohnungseinrichtung** ill-assorted furnishings *pl;* **ein [bunt] ~er Haufen** a motley crowd; ***eine wild ~e Schar von Flüchtlingen*** a horde of refugees, thrown together by chance **zusa̲mmen|haben** *vt irreg* (*fam*) ■**etw** ~ ① (*zusammengestellt haben*) **Informationen/Unterlagen** ~ to have got information/documents together ② (*aufgebracht haben*) to have raised [*or sep* got together] sth; ***wir haben ein Jahr gespart, bis wir das Geld für das neue Auto zusammenhatten*** we saved [up] for a year, until we had enough money for the new car

Zusa̲mmenhalt *m kein pl* ① (*Solidarität*) solidarity; *Mannschaft* team spirit (+*gen* [with]in); **revolutionärer** ~ revolutionary solidarity
② TECH cohesion

zusa̲mmen|halten *irreg* I. *vi* to stick [*or* keep] together
▸ WENDUNGEN: **wie Pech und Schwefel** ~ to be inseparable [*or fam* as thick as thieves]
II. *vt* ■**etw** ~ ① (*beisammenhalten*) to hold on to [*or* be careful with] [*or* take care of] sth; **seine Gedanken** ~ to keep one's thoughts together; **sein Geld ~ müssen** to have to be careful with one's money
② (*verbinden*) ■**etw/jdn** ~ to keep sth/sb together; ***die Schnur hält das Paket zusammen*** the packet is held together by a string
③ (*zum Vergleich nebeneinanderhalten*) **zwei Sachen** ~ to hold up two things side by side

Zusa̲mmenhang <-[e]s, -hänge> *m* connection; (*Verbindung*) link (**zwischen** +*dat* between); ***gibt es zwischen den Wohnungseinbrüchen irgendeinen ~?*** are the burglaries in any way connected?; ***sein Name wurde im ~ mit der Verschwörung genannt*** his name was mentioned in connection with the conspiracy [*or* linked]; **ein ursächlicher** ~ a causal relationship *form;* **keinen ~ sehen** to see no [*or* not see any] connection; **jdn/etw mit etw in ~ bringen** to connect sb/sth with sth, to establish a connection between sth and sth *form;* **etw aus dem ~ reißen** to take sth out of [its] [*or form* divorce sth from its] context; **im [*o* in] ~ mit etw** in connection with sth; **im [*o* in] ~ mit etw stehen** to be connected with sth; **in ursächlichem ~ [mit etw] stehen** to be causally related [to sth] *form;* **nicht im ~ mit etw stehen** to have no connection with sth

zusa̲mmen|hängen I. *vt irreg* **Kleider/Bilder** ~ to hang [up] clothes/pictures together
II. *vi irreg* ① (*in Zusammenhang stehen*) ■**mit etw** ~ to be connected [*or* have to do] with sth; ***es wird wohl damit ~, dass …*** it must have sth to do with the fact that …
② (*lose verbunden sein*) to be joined [together]

zusa̲mmenhängend I. *adj* ① (*kohärent*) coherent
② (*betreffend*) ■**mit etw** ~ connected [*or* to do] with sth *pred*
II. *adv* coherently; **etw ~ berichten/darstellen** to give a coherent account of sth

Zusa̲mmenhanglosigkeit <-, *selten* -en> *f,* **Zusa̲mmenhangslosigkeit** <-, *selten* -en> *f meist sing* incoherence, disjointedness

zusa̲mmenhang(s)los I. *adj* incoherent, disjointed; (*weitschweifig a.*) rambling; **wirres, ~es**

Z

Geschwätz incoherent, rambling talk *fam*
II. *adv* incoherently; **etw ~ darstellen** to give an incoherent [*or* a disjointed] account of sth

zusạmmen|hauen *vt irreg* (*fam*) ❶ (*zusammenschlagen*) ■**jdn ~** to beat sb up *sep;* ■**etw ~** to smash [up *sep*] sth, to smash sth to pieces
❷ (*schnell machen*) ■**etw ~** to knock together sth *sep;* **einen Aufsatz eilig ~** to scribble [down *sep*] [*or sep* knock together] an essay hastily

zusạmmen|heften *vt* ■**etw ~** to clip together sth *sep;* (*mit einem Hefter*) to staple together sth *sep;* **Stoffteile ~** to tack [*or* baste] cloth together *sep*

zusạmmen|heilen *vi sein* to knit [together]; (*Wunde*) to heal [up] **zusạmmen|kehren** *vt s.* **zusammenfegen**

Zusạmmenklang *m kein pl* harmony, accord

zusạmmenklappbar *adj* folding *attr;* **ein ~er Stuhl/Tisch** a collapsible [*or* folding] chair/table; ■**~ sein** to fold **zusạmmen|klappen I.** *vt haben* ■**etw ~** to fold up sth *sep* ▸ WENDUNGEN: **die Hacken ~** to click one's heels **II.** *vi sein* ❶ (*sich klappend zusammenlegen*) to collapse ❷ (*fam: kollabieren*) to collapse; (*durch Ermüdung*) to flake [*or* BRIT *a.* fag] out *fam* **zusạmmen|kleben I.** *vt haben* ■**etw ~** to stick [*or* glue] together sth *sep* **II.** *vi haben o sein* to stick together **zusạmmen|kneifen** *vt irreg* ■**etw ~** to press together sth *sep;* **die Augen ~** to screw up one's eyes *sep;* (*geblendet a.*) to squint; **die Lippen ~** to press together one's lips; (*missbilligend*) to pinch one's lips **zusạmmen|knoten** *vt* ■**etw ~** to knot [*or* tie] together sth *sep* **zusạmmen|knüllen** *vt* ■**etw ~** to crumple [*or* screw] up sth *sep*

zusạmmen|kommen *vi irreg sein* ❶ (*sich treffen*) to meet, to come together; ■**mit jdm ~** to meet sb; **zu einer Besprechung ~** to get together for a discussion
❷ (*sich akkumulieren*) to combine; ***heute kommt wieder alles zusammen!*** it's another of those days!; ***wenn Arbeitslosigkeit, familiäre Probleme, allgemeine Labilität ~, gerät jemand leicht auf die schiefe Bahn*** a combination of unemployment, family troubles and general instability can easily bring sb off the straight and narrow
❸ (*sich summieren*) *Schulden* to mount up, to accumulate; *Spenden* to be collected

zusạmmen|krachen *vi sein* (*fam*) ❶ (*einstürzen*) *Brücke* to crash down; *Brett* to give way [*or* break] [with a loud crack]; *Bett, Stuhl* to collapse with a crash; *Börse, Wirtschaft* to crash
❷ (*zusammenstoßen*) to smash together, to collide; *Auto a.* to crash [into each other]

zusạmmen|kratzen *vt* (*fam*) ■**etw ~** to scrape together sth *sep* **zusạmmen|kriegen** *vt* (*fam*) *s.* **zusammenbekommen** **Zusạmmenkunft** <-, -künfte> *f* meeting; **eine ~ der Mitarbeiter** a staff meeting; **eine gesellige ~** a social gathering; **eine ~ vereinbaren** to arrange a meeting **zusạmmen|läppern** *vr* (*fam*) ■**sich** *akk* **~** to add [*or* mount] up

zusạmmen|laufen *vi irreg sein* ❶ (*aufeinander treffen*) to meet (**in** *+dat* at), to converge (**in** *+dat* at); *Flüsse* to flow together; *Straßen* to converge
❷ (*zusammenströmen*) to gather, to congregate
❸ (*einlaufen*) *Stoff* to shrink

zusạmmen|leben I. *vi* ■**[mit jdm] ~** to live [together] [with sb]
II. *vr* ■**sich ~** to get used to one another

Zusạmmenleben *nt kein pl* living together *no art;* ■**das ~ mit jdm** living [together] with sb; (*in Memoiren*) one's life with sb; **eheliches ~** (*geh*) marital togetherness; **außereheliches ~** (*geh*) cohabitation; **das menschliche ~** social existence; **das ~ verschiedener Rassen** multiracial society

zusạmmenlegbar *adj* collapsible, foldable

zusạmmen|legen I. *vt* ❶ (*zusammenfalten*) ■**etw ~** to fold [up *sep*] sth; **sauber zusammengelegte Wäsche** neatly folded washing
❷ (*vereinigen*) ■**etw [mit etw] ~** to combine sth (**mit** *+dat* into); (*zentralisieren*) to centralize sth; **Abteilungen ~** to merge [*or* combine] departments into sth; **Klassen ~** to join [*or sep* put together] classes; **Grundstücke ~** to join plots of land; **Termine ~** to combine appointments
❸ (*in einen Raum legen*) ■**jdn [mit jdm] ~** to put sb [together] with sb
II. *vi* ■**[für etw] ~** to club together [*or* pool one's money] [for sth]

Zusạmmenlegung <-, -en> *f* amalgamation; *Firmen, Organisationen* merging; *Grundstücke* joining; *Termine* combining; *Patienten, Häftlinge* putting together; ***die Häftlinge forderten ihre ~*** the prisoners demanded to be put together

zusạmmen|nähen *vt* ■**etw ~** to sew [*or* stitch] together sth *sep*

zusạmmen|nehmen *irreg* **I.** *vt* ❶ (*konzentriert einsetzen*) ■**etw ~** to summon [*or* muster] [up *sep*] sth; **seinen ganzen Mut ~** to summon up all one's courage; **den Verstand ~** to get one's thoughts together [*or* in order]; (*schimpfend*) to get one's head screwed on [properly] *fam;* ***nimmm doch mal deinen Verstand zusammen!*** get your thinking cap on! *fig*
❷ ■**alles zusammengenommen** all in all, all things considered
II. *vr* ■**sich** *akk* **~** to control oneself, to get [*or* keep] a grip on oneself

zusạmmen|packen *vt* ■**etw ~** ❶ (*packen*) to pack sth; (*abräumen*) to pack away sth *sep;* ***pack deine Sachen zusammen!*** get packed! ❷ (*zusammen in etwas packen*) to pack sth up together; ***packen Sie mir die einzelnen Käsesorten ruhig zusammen!*** just pack the different cheeses together, that'll be fine! **zusạmmen|passen** *vi* ❶ (*zueinander passen*) *Menschen* to suit [*or* be suited to] each other; ■**nicht ~** to be ill-suited to each other; **gut/schlecht ~** to be well-suited/ill-suited; **überhaupt nicht ~** *Menschen* to not suit each other at all ❷ (*miteinander harmonieren*) to go together, to match, to harmonize; *Farben* to go together; *Kleidungsstücke* to match **zusạmmen|pferchen** *vt* ■**Menschen/Tiere ~** to herd together people/animals *sep* **Zusạmmenprall** *m* collision (*+gen* between) **zusạmmen|prallen** *vi sein* ■**[mit etw] ~** to collide [with sth] **zusạmmen|pressen** *vt* ■**etw ~** to press [*or* squeeze] together sth *sep;* **die Faust ~** to clench one's fist; **zusammengepresste Fäuste/Lippen** clenched fists/pinched lips **zusạmmen|raffen** *vt* ■**etw ~** ❶ (*eilig einsammeln*) to snatch up sth *sep* ❷ (*pej: anhäufen*) to amass [*or sep* pile up] sth ❸ (*raffen*) ■**etw ~** to gather up sth *sep* **zusạmmen|raufen** *vr* (*fam*) ■**sich** *akk* **~** to get it together *fam* **zusạmmen|rechnen** *vt* ■**etw ~** to add [*or* total] [*or fam* tot] up sth *sep;* **alles zusammengerechnet** all in all

zusạmmen|reimen *vr* ■**sich** *dat* **etw ~** to put two and two together from [*or* make sense of] sth; ***ich kann es mir einfach nicht ~*** I can't make head or tail of it; ***das reimt man sich leicht zusammen, wenn …*** it's easy to see when …; ***was sie sich da alles zusammengereimt hat, und all das nur, weil …*** you wouldn't believe the things she was thinking, and all because …

zusạmmen|reißen *irreg* **I.** *vr* (*fam*) ■**sich** *akk* **~** to pull oneself together **II.** *vt* (*sl*) **die Hacken ~** to click one's heels **zusạmmen|rollen I.** *vt* ■**etw ~** to roll up sth *sep* **II.** *vr* ■**sich** *akk* **~** to curl up; **ein Igel rollt sich zusammen** a hedgehog rolls [*or* curls] [itself] up [into a ball]; *Schlange* to coil up **zusạmmen|rotten** *vr* (*pej*) ■**sich** *akk* **~** to gather into [*or* form] a mob; ■**sich gegen jdn ~** to gang up on [*or* band together against] sb **zusạmmen|rücken I.** *vi sein* (*enger aneinander rücken*) to move up closer, to move closer together; (*auf einer Bank a.*) to budge up BRIT *fam,* to scoot over AM *fam;* (*enger zusammenhalten*) to join in common cause **II.** *vt haben* ■**etw ~** to move sth closer together **zusạmmen|rufen** *vt irreg* ■**Menschen ~** to call together people *sep;* **die Mitglieder ~** to convene [a meeting of] the members *form* **zusạmmen|sacken** *vi sein* ❶ (*zusammensinken*) ■**[in sich** *akk*] **~** *Mensch* to collapse, to slump
❷ (*einsacken*) *Brücke, Gerüst* to collapse

Zusạmmenschaltung *f* ELEK switching circuit, interconnection

zusạmmen|scharen *vr* ■**sich** *akk* **~** to gather, to congregate; ***die Demonstranten begannen, sich auf dem Platz vor dem Rathaus zusammenzuscharen*** the demonstrators began to gather in the square in front of the town hall **zusạmmen|scheißen** *vt irreg* (*derb*) ■**jdn ~** to read sb the Riot Act *fig,* BRIT *a. fam!* to give sb a bollocking

zusạmmen|schießen *vt irreg* ■**jdn/etw ~** to shoot up sb/sth; (*zerstören*) ■**etw ~** *Dörfer* to batter down sth *sep,* to pound sth to pieces; (*niederschießen*) ■**jdn ~** to shoot down sb *sep,* to shoot sb to pieces

zusạmmen|schlagen *irreg* **I.** *vt irreg haben* ❶ (*verprügeln*) ■**jdn ~** to beat up sb *sep*
❷ (*zertrümmern*) ■**etw ~** to smash [up *sep*] [*or* wreck] sth
II. *vi sein* ■**über jdm/etw ~** to close over sb/sth; (*heftiger*) to engulf sb/sth

zusạmmen|schließen *irreg* **I.** *vt* **2 Fahrräder ~** to lock 2 bicycles together
II. *vr* ❶ (*sich vereinigen*) ■**sich** *akk* **[zu etw** *dat*] **~** to join together [*or* combine] [to form sth]; **Firmen schließen sich zusammen** companies amalgamate [*or* merge]
❷ (*sich verbinden*) ■**sich** *akk* **~** to band together, to join forces

Zusạmmenschluss[RR] *m,* **Zusạmmenschluß** *m* union; *Firmen* amalgamation, merger

Zusạmmenschlusskontrolle[RR] *f* ÖKON merger control

zusạmmen|schnüren *vt* ❶ (*zusammenbinden*) ■**etw ~** to tie up sth *sep* ❷ (*fig: beängstigen*) **jdm die Kehle ~** to be choked with fear; ***die Angst schnürte ihm die Kehle zusammen*** he was choked with fear **zusạmmen|schrauben** *vt* ■**etw ~** to screw [*or* bolt] sth together

zusạmmen|schrecken *vi irreg sein* to start

zusạmmen|schreiben *vt irreg* ❶ ■**etw ~** (*als ein Wort schreiben*) to write sth as one word
❷ (*pej fam*) ■**etw ~** (*gedankenlos hinschreiben*) to dash off sth; ***was für einen Unsinn er zusammenschreibt!*** what rubbish he writes!
❸ (*fam*) ■**sich** *dat* **etw ~** (*erwerben*) to earn by writing; ***sie hat sich mit ihren Romanen ein Vermögen zusammengeschrieben*** she has earned a fortune with her novels

zusạmmen|schrumpfen *vi sein* ❶ (*ganz einschrumpfen*) *Äpfel* to shrivel [up] ❷ (*sich stark vermindern*) ■**[auf etw** *akk*] **~** to dwindle [to sth] **zusạmmen|schweißen** *vt* ❶ (*schweißen*) ■**etw ~** to weld sth together ❷ (*fig: aneinander binden*) ■**jdn ~** to forge a bond between sb

Zusạmmensein <-s> *nt kein pl* meeting; (*zwanglos*) get-together; *Verliebte* rendezvous; **ein geselliges ~** a social [gathering]

zusạmmen|setzen I. *vt* ❶ (*aus Teilen herstellen*) ■**etw [zu etw] ~** to assemble [*or sep* put together] sth [to make sth]; ***die Archäologen setzten die einzelnen Stücke der Vasen wieder zusammen*** the archaeologists pieced together the vases
❷ (*nebeneinander setzen*) **Schüler/Tischgäste ~** to put pupils/guests beside each other
II. *vr* ❶ (*bestehen*) ■**sich aus etw ~** to be composed [*or* made up] [*or* to consist] of sth, to comprise sth; ***die Regierung setzt sich aus Roten und Grünen zusammen*** the government is composed of socialists and environmentalists; *s.* **zusammengesetzt**
❷ (*sich zueinander setzen*) ■**sich** *akk* **~** to sit together; ■**sich mit jdm [am Tisch] ~** to join sb [at his/her table]; (*um etw zu besprechen*) to get together

Zusạmmensetzung <-, -en> *f* ❶ (*Struktur*) composition, make-up; *Ausschuss a.* constitution *form; Mannschaft* line-up; *Wählerschaft* profile *spec*
❷ (*Kombination der Bestandteile*) ingredients *pl;*

Rezeptur, Präparat composition; *Teile* assembly ❸ LING (*Kompositum*) compound
zusammen|sinken *irreg sein* **I.** *vi* to collapse; **ohnmächtig** ~ to collapse unconscious; **tot** ~ to fall dead to the earth
II. *vt* ■**in sich** *akk* ~ ❶ (*alle Kraft verlieren*) to slump; (*letzte Hoffnung verlieren*) to seem to crumble; ■**zusammengesunken** limp
❷ (*zusammenfallen*) to collapse; **ein Gebäude sinkt zusammen** a building caves in; **ein Dach sinkt zusammen** a roof falls in; **Feuer/Glut fällt zusammen** fire/embers go out
zusammen|sitzen *vi irreg* to sit together
zusammen|sparen *vt* ■[**sich** *dat*] **etw** ~ to save up for sth
Zusammenspiel *nt kein pl* ❶ SPORT teamwork
❷ MUS ensemble playing
❸ THEAT ensemble acting
❹ (*fig: Wechselwirkung*) interplay, interaction
zusammen|stauchen *vt* (*fam*) ❶ (*maßregeln*) ■**jdn** ~ to give sb a dressing-down *fam* ❷ (*zusammendrücken*) ■**etw ist zusammengestaucht** sth is crushed **zusammen|stecken I.** *vt* ■**etw** ~ to pin together sth *sep* **II.** *vi* (*fam*) to be together; ***die beiden stecken aber auch immer zusammen!*** the two of them are quite inseparable! ► WENDUNGEN: **die Köpfe** ~ to put one's heads together
zusammen|stehen *vi irreg* ❶ (*nebeneinander stehen*) to be together [*or* side by side]; *Menschen a.* to stand together [*or* side by side] ❷ (*einander unterstützen*) to stand by each other [*or form* one another]
zusammen|stellen *vt* ❶ (*auf einen Fleck stellen*) ■**etw** ~ to put [*or* place] sth together *sep;* ***die Betten*** ~ to place the beds side by side
❷ (*aufstellen*) ■**etw** ~ to compile sth; **eine Delegation** ~ to assemble a delegation; **eine Liste** ~ to compile [*or sep* draw up] a list; **etw in einer Liste** ~ to list sth, to compile [*or sep* draw up] a list of sth; **ein Menü** ~ to draw up a menu; **ein Programm** ~ to arrange [*or* compile] a programme [*or* AM -am]
Zusammenstellung *f* ❶ (*Aufstellung*) compilation; (*Liste*) list; *Programm* arrangement
❷ *kein pl* (*Herausgabe*) compilation
Zusammenstoß *m* collision (+*gen* between), crash (+*gen* between); (*Auseinandersetzung*) clash
zusammen|stoßen *vi irreg sein* ❶ (*kollidieren*) to collide, to crash; ■**mit etw** ~ to collide with [*or* crash into] sth; ***die beiden Autos sind frontal zusammengestoßen*** the two cars collided head-on; *Personen* to bump into each other; ■**mit jdm** ~ to bump into sb
❷ (*aneinander grenzen*) to adjoin
❸ (*selten: eine Auseinandersetzung haben*) ■**mit jdm** ~ to clash with sb
zusammen|streichen *vt irreg* ■**etw** [**auf etw** *akk*] ~ to cut [down *sep*] sth [to sth]
zusammen|strömen *vi sein* to flock [*or* swarm] together; ■**zu etw** ~ to flock to sth **zusammen|stürzen** *vi sein* to collapse; ***nach der Scheidung ist für ihn die Welt zusammengestürzt*** his world fell to pieces after the divorce **zusammen|suchen** *vt* ■[**sich** *dat*] **etw** ~ to find [*or sep* get together] sth; ***ich muss die Unterlagen erst noch*** ~ first of all I have to gather the papers together; ■**zusammengesucht** (*unharmonisch*) oddly assorted, ill-assorted **zusammen|tragen** *vt irreg* ■**etw** ~ ❶ (*auf einen Haufen tragen*) to collect [*or sep* gather together] sth; **Holz und Reisig** ~ to gather wood and twigs ❷ (*sammeln*) to collect [*or* gather [together *sep*]] sth; **Informationen mühselig** ~ to glean information **zusammen|treffen** *vi irreg sein* ❶ (*sich treffen*) to meet; ■**mit jdm** ~ to meet sb; (*unverhofft*) to encounter ❷ (*gleichzeitig auftreten*) *Faktoren, Umstände* to coincide **Zusammentreffen** *nt* ❶ (*Treffen*) meeting ❷ (*gleichzeitiges Auftreten*) coincidence **zusammen|treiben** *vt* **Menschen/Tiere** ~ to drive people/animals together **zusammen|treten I.** *vi irreg sein* to meet, to convene *form; Gericht* to sit; *Parlament a.* to assemble; **wieder** ~ to meet again, to reassemble, to reconvene *form* **II.** *vt* (*fam*) ■**jdn** ~ to give sb a severe [*or fam* one hell of a] kicking **zusammen|trommeln** *vt* (*fam*) ■**jdn** ~ to rally [*or sep* round up] sb; **Anhänger/Mitglieder** ~ to rally supporters/members **zusammen|tun** *irreg* **I.** *vt* (*fam*) ■**etw** ~ to put sth together; **Tomaten und Kartoffeln darf man nicht in einem Behälter zusammentun** you can't keep tomatoes and potatoes together in one container **II.** *vr* (*fam*) ■**sich** *akk* [**zu etw** *dat*] **zusammentun** to get together [*or* join forces] [in sth]; ■**sich mit jdm** ~ to get together with sb; ***die Betroffenen haben sich zu einer Bürgerinitiative zusammengetan*** those concerned have formed a citizens' action group
Zusammenveranlagung *f* FIN joint assessment; (*Steuererklärung*) joint return; ~ **bei der Vermögensteuer** joint return for property tax
zusammen|wachsen *vi irreg sein* ❶ (*zusammenheilen*) to knit [together]; *Knochen* to knit [together]; *Wunde* to heal [up]; ***sie hat zusammengewachsene Augenbrauen*** her eyebrows meet in the middle ❷ (*sich verbinden*) to grow together; ■**mit/zu etw** ~ to grow into sth; ***die früher eigenständigen Gemeinden sind inzwischen zu einer großen Stadt zusammengewachsen*** the previously autonomous communities have meanwhile grown together into a big city **zusammen|werfen** *vt irreg* ■**etw** ~ ❶ (*auf einen Haufen werfen*) to throw together sth *sep* ❷ (*wahllos vermengen*) to lump together ❸ (*fam: zusammenlegen*) **seine Ersparnisse** ~ to pool one's savings
Zusammenwirken *nt kein pl* combination, interaction
zusammen|wirken *vi* (*geh*) ❶ (*gemeinsam tätig sein*) to work together ❷ (*vereint wirken*) to combine, to act in combination; ***mehrere Faktoren haben hier glücklich zusammengewirkt*** there has been a happy coincidence of several factors here **zusammen|zählen** *vt* ■**etw** ~ to count [up *sep*] sth; ***ich habe gerade alle Anmeldungen zusammengezählt, es kommen 121 Teilnehmer*** I've just added up all the enrolments, there will be 121 participants; **die Kosten** ~ to add [*or fam* tot] up *sep* the costs; **alles zusammengezählt** all in all
zusammen|ziehen *irreg* **I.** *vi sein* to move in together; ■**mit jdm** ~ to move in [together] with sb
II. *vr* ■**sich** ~ ❶ (*sich verengen*) to contract; *Schlinge* to tighten; *Pupillen, Haut* to contract; *Wunde* to close [up]
❷ (*sich ballen*) to be brewing; *Gewitter a.* to be gathering; ***es zieht sich ein Gewitter zusammen*** there's a storm brewing [*or* gathering]; *Wolken* to gather; *Unheil* to be brewing
III. *vt* ■**etw** ~ ❶ (*sammeln*) **Truppen/Polizei** ~ to assemble [*or* concentrate] [*or* mass] troops/police forces
❷ (*addieren*) **Zahlen** ~ to add together
❸ (*schließen*) **ein Loch in einem Strumpf** ~ to mend a hole in a stocking; **die Augenbrauen** ~ to knit one's brows
zusammen|zucken *vi sein* to start; (*vor Schmerz/Unangenehmem*) to flinch, to wince; ***als das Telefon läutete, zuckte er unwillkürlich zusammen*** the phone's ring made him start
Zusatz *m* ❶ (*zugefügter Teil*) appendix, annex; (*Verb~*) separable element; (*Abänderung*) amendment; (*Gesetzentwurf*) rider *spec;* (*Testament*) codicil; (*Vertragsklausel*) clause; (*Vorbehaltsklausel*) reservation *spec*
❷ (*Nahrungs~*) additive; (*Beimischung a.*) admixture *form;* **ohne** ~ **von Farbstoffen** without the addition of artificial colouring [*or* AM coloring]
Zusatzabkommen *nt* supplementary [*or* additional] agreement **Zusatzabrede** *f* ancillary [*or* subsidiary] agreement **Zusatzantrag** *m* amendment to an amendment *form;* **einen** ~ **stellen** to move [*or* table] an amendment **Zusatzausrüstung** *f* optional [*or* extra] equipment **Zusatzbauteil** *m* INFORM add-on **Zusatzbedingung** *f* JUR additional clause **Zusatzbemerkung** *f* additional remark **Zusatzbescheinigung** *f* supplementary certificate **Zusatzbesteuerung** *f* FIN supplementary taxation **Zusatzbestimmung** *f* supplementary [*or* additional] provision **Zusatzfont** *m* INFORM supplementary font **Zusatzgerät** *nt* attachment; INFORM add-on, peripheral [device]; ***ein*** ~ ***zum Empfang von Pay-TV*** an [additional] attachment for reception of pay TV **Zusatzgewinn** *m* FIN extra profit **Zusatzkarte** *f* INFORM add-on [*or* expansion] board [*or* card] **Zusatzklausel** *f* additional clause, rider BRIT **Zusatzkosten** *pl* additional costs *pl* **Zusatzleistungen** *pl* FIN fringe benefits
zusätzlich I. *adj* ❶ (*weitere*) further *attr;* ~**e Kosten** supplementary [*or* additional] costs
❷ (*darüber hinaus möglich*) additional, extra; (*als Option a.*) optional; **eine** ~**e Versicherung** a collateral insurance *spec*
II. *adv* in addition; ***das kostet DM 100*** ~ that costs an extra 100 marks; ***ich will sie nicht noch*** ~ ***belasten*** I don't want to put any extra pressure on her
Zusatzlohn *m* ÖKON bonus **Zusatzmodul** *nt* INFORM add-on module **Zusatzmotor** *m* AUTO additional [*or* supplementary] engine **Zusatzpatent** *nt* additional patent, patent of addition **Zusatzpension** *f* ÖKON supplementary pension **Zusatzrente** *f* supplementary pension **Zusatzspeicher** *m* INFORM backing store [*or* storage] **Zusatzstoff** *m* additive **Zusatztarif** *m* additional [*or* extra] rate [*or* charge]; (*Straftarif*) penalty rate [*or* tariff] **Zusatzurlaub** *m* JUR extra holiday **Zusatzverpflichtung** *f* JUR accessory [*or* additional] obligation **Zusatzversicherung** *f* additional [*or* supplementary] insurance; (*für Krankenhaus a.*) hospitalization insurance AM **Zusatzversorgung** *f* FIN supplementary benefits *pl* **Zusatzzahl** *f* bonus number (*drawn in the national lottery*)
zuschanden, zu Schanden *adv* (*geh*) **ein Auto** ~ **fahren** to wreck [*or* BRIT *a.* write off *sep*] a car; **jds Hoffnungen** ~ **machen** to wreck [*or* ruin] sb's hopes; **ein Pferd** ~ **reiten** to ruin a horse; ***alle seine Hoffnungen gingen*** ~ all his plans came to nought
zu|schanzen *vt* (*fam*) ■**jdm etw** ~ to see to it that [*or* to make sure [that]] sb gets sth; **jdm einen guten Posten** ~ to manoeuvre [*or* AM maneuver] sb into a good post
zu|schauen *vi s.* **zusehen**
Zuschauer(in) <-s, -> *m(f)* ❶ SPORT spectator; ■**die** ~ the spectators; FBALL *a.* the crowd + *sing/pl vb*
❷ FILM, THEAT member of the audience; TV viewer; ■**die** ~ FILM, THEAT the audience + *sing/pl vb;* TV the viewers, the [television] audience + *sing/pl vb*
❸ (*Augenzeuge*) witness
Zuschaueranteil *m* TV share of the viewing audience, ratings *pl* **Zuschauerbefragung** *f* audience survey **Zuschauergunst** *f* TV viewers' goodwill; **sich in der** ~ **behaupten können** to be able to retain viewers' goodwill **Zuschauerraum** *m* auditorium **Zuschauertribüne** *f* stands *pl,* BRIT *a.* stand; (*billig*) bleachers *pl* AM; (*teuer*) grandstand **Zuschauerzahl** *f* THEAT, SPORT attendance figures *pl;* TV viewing figures *pl;* SPORT gate
zu|schicken *vt* ■**jdm etw** ~ to send sb sth [*or* sth to sb]; (*mit der Post a.*) to post [*or* AM mail] [off *sep*] sth to sb; ■**sich** *dat* **etw** ~ **lassen** to send for sth; [**von jdm**] **etw zugeschickt bekommen** to receive sth [from sb], to have sth sent to one
zu|schieben *vt irreg* ❶ (*hinschieben*) ■**jdm etw** ~ to push sth over to sb
❷ (*durch Schieben schließen*) ■**etw** ~ **eine Tür/Schublade** ~ to shut [*or* close] a door/drawer, to push sth closed [*or* shut]
❸ (*jdm zur Last legen*) **jdm die Schuld** ~ to lay the blame at sb's door, to put the blame on sb, to blame sb; **jdm die Verantwortung** ~ to saddle sb with the responsibility
zu|schießen *irreg* **I.** *vt haben* ❶ FBALL **jdm den**

Ball ~ to pass sb the ball [*or* the ball to sb]; **jdm einen wütenden Blick** ~ to dart a furious glance at sb
2 (*zusätzlich zur Verfügung stellen*) ■**[jdm] etw** ~ to contribute sth [towards [*or* toward] sb's costs]; **jdm Geld** ~ to give sb money
II. *vi sein* (*fam*) ■**auf jdn/etw** ~ to shoot [*or* rush] [*or* dash] up to sb/sth; **auf jdn zugeschossen kommen** to come rushing up to sb

Zuschlag <-[e]s, Zuschläge> *m* 1 (*Preisaufschlag*) supplementary charge, surcharge; **einen** ~ **zahlen** to pay a surcharge
2 (*zusätzliche Fahrkarte*) supplement[ary ticket *form*]; (*zusätzlicher Fahrpreis*) extra fare, supplementary charge *form*
3 (*zusätzliches Entgelt*) bonus, extra pay *no indef art, kein pl*
4 (*auf Briefmarke*) supplement
5 (*bei Versteigerung*) acceptance of a bid
6 (*Auftragserteilung*) acceptance of a tender; **jdm den** ~ **erteilen** (*geh*) to award sb the contract, to accept sb's tender; ~ **bei Auftragserteilung** conferring the contract, award of the order; ***die Firma hat den ~ zum Bau des neuen Rathauses erhalten*** the company has won the contract to build the new town hall

zu|schlagen *irreg* **I.** *vt haben* 1 (*schließen*) ■**etw** ~ to bang sth shut, to slam sth [shut]; **ein Buch** ~ to close [*or* shut] a book [with a bang]; **eine Kiste** ~ to slam a box shut; **die Tür hinter sich** *dat* ~ to slam the door behind one
2 (*offiziell zusprechen*) ■**jdm etw** ~ (*bei Versteigerung*) to knock sth down to sb; ***der Auftrag wurde der Firma zugeschlagen*** the company was awarded the contract; **ein Gebiet einem Staat** ~ to annex a territory to a state
3 (*zuspielen*) **jdm den Ball** ~ to kick the ball to sb; ***lass uns ein paar Bälle ~*** let's have a kickabout *fam*
4 (*aufschlagen*) ■**etw** ~ to add sth; ***auf den Preis werden ab Juli DM 20.-- zugeschlagen*** the price will be raised by 20 marks from July
II. *vi* 1 *haben* (*einen Hieb versetzen*) to strike; **mit der Faust** ~ to strike with one's fist; **mit erhöhten Steuern** ~ to hit with increased taxes; ***das Schicksal hat erbarmungslos zugeschlagen*** fate has dealt a terrible blow
2 *sein* (*krachend zufallen*) *Tür* to slam [*or* bang] shut
3 *haben* (*fam: zugreifen*) to act [*or fam* get in] fast [*or* quickly]; (*viel essen*) to pig out *fam;* ***schlag zu!*** get stuck in! *fam,* dig in! *fam;* ■**[bei etw]** ~ (*schnell annehmen*) to grab sth with both hands
4 (*fam: aktiv werden*) to strike; ***die Armee schlug zu*** the army struck

zuschlagfrei *adj Zug* on which no supplement is payable **zuschlagpflichtig** *adj Zug* on which a supplement is payable

zu|schließen *irreg vt* ■**etw** ~ to lock sth; **den Laden** ~ to lock up the shop *sep*

Zuschmieren <-s> *nt kein pl* TYPO fill[ing]-in, filling-up

zu|schnallen *vt* ■**etw** ~ to fasten [*or* buckle] sth; **einen Koffer** ~ to strap up a case *sep*

zu|schnappen *vi* 1 *haben* to snap
2 *sein* to snap [*or* click] shut; *s. a.* **Falle**

zu|schneiden *vt irreg* 1 ■**[jdm/sich] etw** ~ to cut sth to size [for sb]; **Stoff** ~ to cut out material *sep;* **ein Kleid nach einem Muster** ~ to cut out a dress from a pattern
2 (*fig*) ■**auf jdn [genau] zugeschnitten sein** (*jds Fähigkeiten entsprechen*) to be cut out for sb; ■**auf etw/jdn zugeschnitten sein** (*genau zutreffen*) to be geared to sth/the needs of sb; ***das Produkt ist auf den Geschmack der Massen zugeschnitten*** the product is designed to suit the taste of the masses; ***der Lehrplan war auf das Examen zugeschnitten*** the syllabus was geared to the exam

zu|schneien *vi sein* ■**zugeschneit sein** to be snowed in [*or* up]; *Wagen* to be buried in snow

Zuschnitt *m* 1 (*Form eines Kleidungsstücks*) cut
2 *kein pl* (*das Zuschneiden*) cutting; *Stoff a.* cutting out
3 (*fig: Format*) calibre [*or* AM -er]

zu|schnüren *vt* 1 (*durch Schnüren verschließen*) ■**etw** ~ to lace up sth *sep*
2 (*abschnüren*) ***die Angst/Sorge schnürte ihr den Hals/die Kehle zu*** she was choked with fear/worry

zu|schrauben *vt* ■**etw** ~ to screw on sth *sep*

zu|schreiben *vt irreg* 1 (*beimessen*) ■**jdm etw** ~ to ascribe [*or* attribute] sth to sb; (*ungerecht*) to impute sth to sb *form;* **jdm übernatürliche Kräfte** ~ to attribute supernatural powers to sb
2 (*zur Last legen*) ■**jdm/einer S. etw** ~ to blame sb/sth for sth; **jdm/etw die Schuld an etw** *dat* ~ to blame sb/sth [*or* give sb/sth the blame] for sth; ■**jdm ist etw zuzuschreiben** sb is to blame for sth; ***das/deine Entlassung hast du dir selbst zuzuschreiben*** you've only got yourself to blame [for it]/for your dismissal

Zuschreibung <-, -en> *f* (*Wertaufholung*) appreciation in value; (*Wertberichtigung*) value adjustment

Zuschrift *f* (*geh*) reply

zuschulden, zu Schulden *adv* **sich** *dat* **etwas/nichts** ~ **kommen lassen** to do sth/nothing [*or* to not do anything] wrong

Zuschuss[RR] <-es, -schüsse> *m,* **Zuschuß** <-sses, -schüsse> *m* 1 (*Geld*) grant, subsidy; (*regelmäßig von den Eltern*) allowance; **verlorener** ~ non-repayable grant
2 TYPO *Papier* allowance overs *pl,* oversheets *pl,* plus sheets *pl*

Zuschussbedarf[RR] *m* subsidy requirement **zuschussberechtigt**[RR] *adj* eligible for a grant **Zuschussbetrieb**[RR] *m* subsidized [*or* loss-making] business **Zuschussförderung**[RR] *f* grant support **Zuschussgeschäft**[RR] *nt* loss-making deal **Zuschussprojekt**[RR] *nt* loss-making project **Zuschussunternehmen**[RR] *nt* subsidized company

zu|schustern *vt* 1 (*fam*) *s.* **zuschanzen**
2 *s.* **zuschießen I 2**

zu|schütten **I.** *vt* ■**etw** ~ 1 (*durch Hineinschütten füllen*) to fill in [*or* up] sth *sep*
2 (*fam: hinzufügen*) to add sth
II. *vr* (*sl*) ■**sich** *akk* ~ to get pissed BRIT *fam!* [*or* AM drunk]

zu|sehen *vi irreg* 1 (*mit Blicken verfolgen*) to watch; *unbeteiligter Zuschauer a.* to look on; ■~, **wie jd etw tut/wie etw getan wird** to watch sb doing sth/sth being done; *unbeteiligter Zuschauer a.* to look on as sb does sth/as sth is being done; ■**jdm [bei etw]** ~ to watch sb [doing sth]; **jdm bei der Arbeit** ~ to watch sb work[ing] [*or* at work]; **bei näherem Z~** [up]on closer inspection
2 (*etw geschehen lassen*) ■**etw** *dat* ~ to sit back [*or* stand [idly] by] and watch sth; ***tatenlos musste er ~, wie …*** he could only stand and watch, while …; ***da sehe ich nicht mehr lange zu!*** I'm not going to put up with this spectacle for much longer!
3 (*dafür sorgen*) ■~, **dass …** to see [to it] [*or* make sure] that …; ***wir müssen ~, dass wir rechtzeitig losfahren*** we must take care to [watch out that we] get away in good time; ***sieh mal zu!*** (*fam*) see what you can do!; ***sieh mal zu, was du machen kannst!*** (*fam*) see what you can do!; ***sieh zu, wo du bleibst!*** (*fam*) that's your look-out! *fam,* sort out your own shit! *fam!*

zusehends *adv* noticeably

Zusenden <-> *nt kein pl,* **Zusendung** <-, -en> *f* (*Lieferung*) delivery; ~ **unbestellter Ware** unsolicited goods; **unbestelltes** ~ unsolicited mailing

zu|senden *vt irreg s.* **zuschicken**

Zusendung <-, -en> *f* 1 *kein pl* (*das Zusenden*) sending
2 (*Zugesandtes*) *Brief* letter; *Paket* parcel; *Waren* consignment; *Geld* remittance

zu|setzen **I.** *vt* 1 ■**[etw** *dat*] **etw** ~ to add sth [to sth]
2 (*verlieren*) **Geld** ~ to make a loss
► WENDUNGEN: **jd hat nichts zuzusetzen** sb has nothing in reserve
II. *vi* ■**jdm** ~ 1 (*bedrängen*) to badger [*or* pester] sb; (*unter Druck setzen*) to lean on sb *fam;* **dem Feind** ~ to harass [*or sep* press hard] the enemy; (*verletzen*) to lay into *fam*
2 (*überbelasten*) to take a lot out of sb; *jds Tod* to hit sb hard, to affect sb badly

zu|sichern *vt* ■**jdm etw** ~ to assure sb of [*or* promise sb] sth; **jdm seine Hilfe** ~ to promise sb one's help; **jdm freies Geleit** ~ to guarantee sb safe conduct; ***er hat mir zugesichert, dass der Betrag heute noch überwiesen wird*** he assured me the sum would be transferred today

Zusicherung *f* promise, assurance

Zuspätkommende(r) *f(m) dekl wie adj* (*geh*) latecomer

zu|sperren *vt* ■**etw** ~ to lock sth; **das Haus/den Laden** ~ to lock up the house/shop *sep*

Zuspiel *nt kein pl* SPORT passing

zu|spielen *vt* 1 FBALL ■**jdm den Ball** ~ to pass the ball to sb
2 (*heimlich zukommen lassen*) ■**jdm etw** ~ to pass on sth *sep* to sb, to slip sth to sb; **etw der Presse** ~ to leak sth [to the press]

zu|spitzen **I.** *vr* ■**sich** *akk* ~ to come to a head; **sich weiter** ~ to escalate; **sich immer mehr** ~ to get worse and worse, to become increasingly critical; **sich bedrohlich** ~ to take on threatening dimensions
II. *vt* ■**etw** ~ to sharpen sth; **einen Pfahl** ~ to sharpen a post; ***das Attentat hat die Lage bedrohlich zugespitzt*** the assassination attempt has brought the situation to boiling point

Zuspitzung <-, -en> *f* worsening, increasing gravity; **eine weitere** ~ **einer S.** *gen* an escalation of sth

zu|sprechen *irreg* **I.** *vt* 1 (*offiziell zugestehen*) ■**jdm etw** ~ to award sth to sb; **jdm ein Kind** ~ to award [*or* grant] sb custody [of a child]
2 (*geh: zuteil werden lassen*) **jdm Mut/Trost** ~ to encourage/comfort [*or* console] sb
3 (*zuerkennen*) ■**jdm/etw etw** ~ to attribute sth to sb/sth; ***dem Baldrian wird eine beruhigende Wirkung zugesprochen*** valerian is said to have a soothing effect
II. *vi* (*geh*) 1 (*zu sich nehmen*) ■**etw** *dat* ~ to do justice to sth; **dem Essen/Cognac kräftig** ~ to eat the food/to drink the cognac heartily, to tuck into the food/to guzzle the cognac BRIT *fam*
2 (*zureden*) **jdm beruhigend** ~ to calm sb; **jdm ermutigend** ~ to encourage sb

Zuspruch *m kein pl* (*geh*) 1 (*Popularität, Anklang*) **sich großen [*o* regen] ~s erfreuen** to be very popular, to enjoy great popularity; **[bei jdm]** ~ **finden** to go down well [with sb], to be greatly appreciated [by sb]; ***wir rechnen mit starkem ~*** (*viele Besucher*) we're expecting a lot of visitors; (*starkem Anklang*) we're expecting this to be very popular
2 (*Worte*) words *pl;* **ermutigender/tröstender** ~ words of encouragement/comfort; **geistlichen** ~ **suchen** to seek spiritual comfort [*or* support]

Zustand <-[e]s, -stände> *m* 1 (*Verfassung*) state, condition; **baulicher** ~ state of repair; **geistiger** ~ mental state; **seelischer** ~ [emotional] state; **jdn in Besorgnis erregendem** ~ **antreffen** to find sb in an alarming state; (*Gesundheits~*) [state of] health; ***wie ist sein ~ nach der Operation?*** how's he faring after the operation?; ***sein ~ ist kritisch*** his condition is critical; **in einem beklagenswerten/traurigen** ~ in a miserable/sad state [*or* condition]; *Mensch a.* in miserable/sad shape; **in deinem/meinem** ~ in your/my condition; (*Aggregatzustand*) state; **in flüssigem/gasförmigem** ~ in a fluid/gaseous state; **in ordnungsgemäßem** ~ JUR in good order and condition; **in unbeschädigtem** ~ in sound condition; **im wachen** ~ while awake
2 *pl* (*Verhältnisse*) conditions; (*skandalöse Zustände*) disgraceful [*or* appalling] conditions; ***in den besetzten Gebieten herrschen katastrophale***

Zustände conditions are catastrophic in the occupied zones; ***das ist doch kein ~!*** it's a disgrace!; ***bei euch herrschen ja Zustände!*** your house is a disgrace!, you're living in a pigsty *pej*
► WENDUNGEN: **Zustände bekommen** [*o* **kriegen**] (*fam*) to have a fit *fam*, to hit the roof *fam*, BRIT *a.* to throw a wobbly *sl*

zustande, zu Stande *adv* **etw ~ bringen** to manage sth; **die Arbeit ~ bringen** to get the work done; **eine Einigung ~ bringen** to reach an agreement; **es ~ bringen, dass jd etw tut** to [manage to] get sb to do sth; **~ kommen** to materialize; (*stattfinden*) to take place; (*besonders Schwieriges*) to come off [*or* about]; **nicht ~ kommen** to fail

zustande|kommen *vi irreg s.* **zustande**

Zustandekommen <-s> *nt kein pl* materialization, realization; ***das ~ des Treffens ist noch fraglich*** the planned meeting is not yet sure to take place

zuständig *adj* ① (*verantwortlich*) responsible; **der ~e Beamte** the official in charge; **der dafür ~e Beamte** the official responsible for [*or* in charge of] such matters; ***dafür ist er ~*** that's his responsibility; ***dafür will keiner ~ gewesen sein*** nobody wants to own up responsibility for it
② (*Kompetenz besitzend*) competent *form*; **die ~e Behörde** the proper [*or form* competent] authority; ■**[für etw] ~ sein** to be the competent office [for sth] *form*; JUR to have jurisdiction [in [*or* over] sth]

Zuständigkeit <-, -en> *f* ① (*betriebliche Kompetenz*) competence; **in jds** *akk* **~ fallen** to fall within sb's competence [*or* the competence of sb] *form*
② JUR (*Jurisdiktion*) jurisdiction *no indef art*, cognizance *no indef art form*, administrative responsibility; **~ in Kartellsachen** jurisdiction for cartel cases; **ausschließliche ~** exclusive jurisdiction; **funktionelle ~** limited jurisdiction over the type of case; **konkurrierende ~** concurrent jurisdiction; **örtliche ~** local jurisdiction; **sachliche ~** jurisdiction over the subject[-matter]; **die ~ bestreiten** to plead incompetence; **der ~ eines Gerichts unterliegen** to come within the jurisdiction of a court

Zuständigkeitsbereich *m* JUR jurisdiction, competence, area of responsibility; *eines Gerichts* area of jurisdiction; *eines Gesetzes* purview; **in jds ~ fallen** to fall into sb's area of responsibility

Zuständigkeitserschleichung *f* subreption of authority **Zuständigkeitsfortdauer** *f* continuation of authority **Zuständigkeitsgericht** *nt* JUR court in charge **Zuständigkeitsstreit** *m* JUR *zwischen Gerichten* conflict of jurisdiction **Zuständigkeitsvereinbarung** *f* JUR agreement as to jurisdiction **Zuständigkeitsverweisung** *f* JUR referral of jurisdiction **Zuständigkeitswechsel** *m* JUR change of jurisdiction

zustatten *adj* **jdm ~ kommen** (*geh*) to come in useful [*or* handy] for sb, to avail sb *liter*

zu|stechen *vi irreg* ■**[mit etw] ~** to stab sb [with sth]

zu|stecken *vt* ① (*schenken*) ■**jdm etw ~** to slip sb sth
② (*heften*) ■**etw ~** to pin up sth *sep*; **eine Naht ~** to pin up a seam *sep*

zu|stehen *vi irreg* ① (*von Rechts wegen gehören*) ■**etw steht jdm zu** sb is entitled to sth; **etw steht jdm von Rechts wegen zu** sb is lawfully entitled to sth, sth is sb's lawful right; **ein Anspruch auf etw** *akk* **steht jdm zu** sb has a right to sth
② (*zukommen*) ■**etw steht jdm zu/nicht zu** sb has the/no right to do/say sth; ***es steht dir nicht zu, so über ihn zu reden*** it's not for you to speak of him like that

zu|steigen *vi irreg sein* to get on, to board; ***noch jemand zugestiegen?*** (*im Bus*) any more fares, please?; (*im Zug*) tickets please!; ***zugestiegene Fahrgäste müssen einen Fahrschein lösen*** passengers must buy a ticket as soon as they board

Zustellbezirk *m* postal district **Zustelldienst** *m* ÖKON delivery service

zu|stellen *vt* ① (*geh: überbringen*) ■**[jdm] etw ~** to deliver sth [to sb]
② JUR (*offiziell aushändigen*) ■**[jdm] etw ~** to serve [sb with] sth
③ (*fam: durch Gegenstände verstellen*) ■**[jdm] etw ~** to block sth

Zusteller(in) <-s, -> *m(f)* postman *masc*, postwoman *fem*, AM *usu* mailman [*or fem usu* -woman]

Zustellgebühr *f* delivery charge, portage *spec*

Zustellung <-, -en> *f* ① (*das Überbringen*) delivery
② JUR (*offizielle Aushändigung*) serving, service *form*, delivery; **öffentliche ~** service by publication, public notification; **~ von Amts wegen** official service

Zustellungsadresse *f*, **Zustellungsanschrift** *f* JUR address for service **Zustellungsbestätigung** *f* return of service **Zustellungsbevollmächtigte(r)** *f(m) dekl wie adj* domestic representative, person authorized to accept service **Zustellungsempfänger(in)** *m* JUR recipient **Zustellungsmangel** *m* JUR irregularity in service, defective service **Zustellungsort** *m* JUR place of service **Zustellungsurkunde** *f* JUR writ of summons *spec*, notice of delivery **Zustellungsvermerk** *m* JUR endorsement

zu|steuern I. *vt* ■**etw auf jdn/etw ~** to steer sth towards sth/sb; ***er steuerte den Wagen direkt auf uns zu*** he drove directly at us
II. *vi sein* ① (*fam: darauf zugehen*) ■**auf jdn/etw ~** to head for sb/sth; (*schnurstracks a.*) to make a beeline for sb/sth
② (*darauf zutreiben*) ■**auf etw** *akk* **~** to be heading for sth; ***das Land steuert auf eine Katastrophe zu*** the country is heading for disaster

zu|stimmen *vi* ① (*einer Meinung sein*) ■**jdm ~** to agree [with sb]
② ■**[etw** *dat***] ~** (*mit etw einverstanden sein*) to agree [to sth]; ***dem kann ich ~!*** I'll go along with that!; (*billigen*) to approve [[of] sth]; (*einwilligen*) to consent [to sth]

zustimmend I. *adj* affirmative; **eine ~e Antwort** an affirmative answer, an answer in the affirmative; **ein ~es Nicken** a nod of assent
II. *adv* in agreement

Zustimmung *f* agreement, assent; (*Einwilligung*) consent; (*Billigung*) approval; ***sein Vorschlag fand allgemeine ~*** his suggestion met with general approval; **etw** *dat* **seine ~ geben/verweigern** (*geh*) to give/refuse to give one's consent [*or* assent] to sth; **schriftliche ~** written consent; **einem Gesetzentwurf seine ~ verweigern** to veto a bill; **mit/ohne jds ~** with/without sb's consent [*or* the consent of sb]

Zustimmungsgesetz *nt* JUR act of assent **zustimmungspflichtig** *adj* POL (*geh*) *Gesetzesantrag, Reform* requiring approval; JUR subject to approval **Zustimmungsvorbehalt** *m* JUR right of veto, reservation of assent

zu|stoßen *irreg* I. *vi* ① *haben* (*in eine Richtung stoßen*) ■**[mit etw] ~** to stab sb [with sth]; *Schlange* to strike; *Nashorn, Stier a.* to gore sb; **[mit seinem Schwert/Speer] ~** to run sb through [with one's sword/spear]
② *sein* (*passieren*) ■**jdm ~** to happen to sb; ***hoffentlich ist ihr kein Unglück zugestoßen!*** I hope she hasn't had an accident!
II. *vt* ■**etw ~** to push sth shut; **die Tür mit dem Fuß ~** to push the door shut with one's foot

zu|streben *vi sein* ■**auf etw ~** to head [*or* make] for sth

Zustrom *m kein pl* ① METEO inflow
② (*massenweise Zuwanderung*) influx
③ (*Andrang*) ***auf der Messe herrschte reger ~ von Besuchern*** crowds of visitors thronged to the fair

zu|stürzen *vi sein* ■**auf jdn/etw ~** to rush [*or* come rushing] towards sb/sth

zutage, zu Tage *adj* **offen ~ liegen** to be evident [*or* clear]; **etw ~ bringen** [*o* **fördern**] to bring sth to light, to reveal sth; **~ treten** to be revealed [*or* exposed], to come to light *fig*; **ein Fels liegt ~** a rock outcrops *spec*

Zutat <-, -en> *f meist pl* ① (*Bestandteil*) ingredients *pl*
② (*benötigte Dinge*) necessaries *pl*
③ (*Hinzufügung*) addition; **ohne schmückende ~en** without any decorative trimmings

zuteil *adv* ■**jdm etw ~ werden lassen** (*geh*) to grant [*or* allow] sb sth; ***ich hoffe, Sie lassen uns die Ehre Ihres Besuches ~ werden*** (*geh*) I hope you will honour us with a visit; ■**jdm wird etw ~** (*geh*) sb is given sth, sth is given to [*or form* bestowed [up]on] sb; (*durch Zustimmung*) sb is granted sth; **jdm wird die Ehre ~, etw zu tun** sb has [*or* is given] the honour [*or* AM -or] of doing sth; ***ihm wurde ein schweres Schicksal ~*** he has had a hard fate

zu|teilen *vt* ■**jdm etw ~** ① (*austeilen*) to apportion *form* [*or sep* portion out] sth among/between; ***im Krieg wurden die Lebensmittel zugeteilt*** food was rationed during the war
② (*zuweisen*) to allocate sb sth [*or* sth to sb]; **jdm eine Aufgabe/Rolle ~** to assign [*or* allot] a task/role to sb; **jdm Mitarbeiter ~** to assign staff to sb's department

Zuteilung *f* ① (*das Zuteilen*) ■**die ~ einer S.** *gen*/**von etw** *dat* portioning out sth *sep* [*or* apportioning]; **auf ~** (*rationiert*) on rations
② (*Zuweisung*) allocation; *einer Aufgabe, Rolle a.* allotment; *von Mitarbeitern* assignment

zuteilungsreif *adj* FIN *Bausparvertrag* mature

zutiefst *adv* deeply; **etw ~ bedauern** to regret sth deeply; **~ betroffen** deeply shaken; **~ betrübt** greatly [*or* extremely] saddened; **~ verärgert** furious

zu|tragen *irreg* I. *vt* (*geh*) ■**jdm etw ~** ① (*übermitteln*) to report sth to sb; ***es ist mir erst gerade eben zugetragen worden*** I've just this moment been informed of it
② (*hintragen*) to carry sth to sb
II. *vr* (*geh*) ■**sich** *akk* **~** to happen, to take place, to transpire *a. hum*; ***weißt du, wie es sich zugetragen hat?*** do you know how it happened?

Zuträger(in) *m(f)* (*pej*) informer; (*Pressequelle*) informant

zuträglich *adj* (*geh*) good (+*dat* for), beneficial (+*dat* to); ■**jdm/etw ~ sein** to be beneficial to sb/sth; **ein der Gesundheit ~es Klima** a pleasant [*or* agreeable] climate; (*gesundheitsfördernd*) healthy, wholesome, salubrious *form*, conducive to good health *pred form*; ■**etw ist jdm nicht ~** sth doesn't agree with sb; ***das Klima in der Wüste ist Europäern nicht ~*** the climate in the desert affects Europeans badly

zu|trauen *vt* ■**jdm/sich etw ~** to believe [*or* think] sb/one [is] capable of [doing] sth; **jdm viel Mut ~** to believe [*or* think] sb has great courage; **sich** *dat* **nichts ~** to have no confidence in oneself [*or* no self-confidence]; **sich** *dat* **zu viel ~** to take on too much, to bite off more than one can chew *fig*; ***das ist ihm zuzutrauen!*** (*iron fam*) I wouldn't put it past him! *fam*, I can well believe it [of him]!; ***das hätte ich dir nie zugetraut!*** I would never have expected that from you!; (*bewundernd*) I never thought you had it in you!; ***dem traue ich alles zu!*** I wouldn't put anything past him!

Zutrauen <-s> *nt kein pl* confidence, trust; ■**jds ~ zu jdm** sb's confidence in sb; **[vollstes] ~ zu jdm haben** to have [complete [*or* every]] confidence in sb; **jds ~ gewinnen** to win sb's trust, to gain sb's confidence

zutraulich *adj* trusting; **ein ~er Hund** a friendly dog

zu|treffen *vi irreg* ① (*richtig sein*) to be correct; ***das dürfte wohl nicht ganz ~!*** I don't believe that's quite correct; (*sich bewahrheiten*) to prove right; (*gelten*) to apply; (*wahr sein*) to be [*or* hold] true, to be the case; ■**es trifft zu, dass ...** it is true that ...
② (*anwendbar sein*) ■**auf jdn [nicht] ~** to [not] apply to sb; **genau auf jdn ~** *Beschreibung* to fit [*or* match] sb['s description] perfectly; ■**auf etw** *akk* **[nicht] ~** to [not] apply [*or* to be [in]applicable] to sth; **auf einen Fall ~** to be applicable to a case

Z

zutreffend I. *adj* ❶ (*richtig*) correct; **eine ~e Diagnose** a correct diagnosis; **Z~es bitte ankreuzen** tick [*or* AM mark] [*or* AM check off] where applicable
❷ (*anwendbar*) ■ **auf jdn ~** applying to sb *pred;* **eine auf jdn ~e Beschreibung** a description fitting [*or* matching] that of sb
II. *adv* correctly; ***wie meine Vorrednerin schon ganz ~ sagte, …*** as the previous speaker quite rightly said …
zu|treten *irreg* I. *vt* ■ **etw ~** to kick sth shut
II. *vi* ■ **auf jdn/etw ~** to step towards sb/sth
zu|trinken *vi irreg* ■ **jdm ~** to drink [*or* raise one's glass] to sb; (*mit Trinkspruch*) to toast sb
Zutritt *m kein pl* ❶ (*Einlass*) admission, admittance, entry; (*Zugang*) access; ■ **~ zu etw** admission [*or* admittance] [*or* entry] [*or* access] to sth; **jdm den ~ verwehren/verweigern** to deny/refuse sb admission [*or* admittance]; **[keinen] ~ zu etw haben** to [not] be admitted to sth; **freien ~ zu etw haben** to have free admission/access to sth; **jederzeit freien ~ haben** to have the run of the place; **~ verboten!** [*o* **kein ~!**] no admittance [*or* entry]; (*als Schild a.*) private; **sich** *dat* **[mit Gewalt] ~ [zu etw** *dat*] **verschaffen** to gain admission [*or* access] [to sth] [by force]
❷ CHEM contact
Zutrittsrecht *nt* JUR right of access
zu|tun *irreg* I. *vt* ❶ (*schließen*) ■ **etw ~** to close sth; ***ich habe die ganze Nacht kein Auge zugetan*** I didn't sleep a wink all night
❷ (*fam: hinzufügen*) ■ **etw [zu etw] ~** to add sth [to sth]
II. *vr* ❶ (*zugehen*) ■ **sich ~** to close; ***die Tür tat sich hinter ihm zu*** the door closed behind him
❷ DIAL (*anschaffen*) ■ **sich etw ~** to get oneself sth
Zutun *nt* **ohne jds ~** (*ohne jds Hilfe*) without sb's help; (*ohne jds Schuld*) through no fault of sb's own; ***es geschah ohne mein ~*** I did not have a hand in the matter
zuungunsten I. *präp +gen* to the disadvantage of
II. *adv* ■ **~ einer S.** *gen*/**von jdm** to the disadvantage of sth/sb
zuunterst *adv* right at the bottom; (*im Stapel a.*) at the very bottom; **ganz ~** at the very bottom
zuverlässig *adj* ❶ (*verlässlich*) reliable, dependable; **absolut ~ sein** to be 100% reliable [*or* as good as one's word]
❷ (*glaubwürdig*) reliable; **ein ~er Zeuge** a reliable [*or* credible] witness; (*durch Charakter a.*) an unimpeachable witness *form*
Zuverlässigkeit <-> *f kein pl* ❶ (*Verlässlichkeit*) reliability, dependability
❷ (*Glaubwürdigkeit*) reliability; (*Vertrauenswürdigkeit*) trustworthiness; *eines Zeugen a.* credibility; (*durch Charakter a.*) unimpeachability *form*
Zuversicht <-> *f kein pl* confidence; **voller ~** full of confidence; **~ ausstrahlen** to radiate confidence
zuversichtlich *adj* confident; ■ **~ sein, dass …** to be confident that …; ***was den Umzug angeht, da bin ich ganz ~*** as for the move, I'm very optimistic
zuvor *adv* before; (*zunächst*) beforehand; ***nach der Behandlung ging es ihm schlechter als ~*** after the treatment he felt worse than before; **im Monat/Jahr ~** the month/year before, in the previous month/year; **am Tag ~** the day before, on the previous day; **in der Woche ~** the week before, the previous week; **noch nie ~** never before
zuvor|kommen *vi irreg sein* ❶ (*schneller handeln*) ■ **jdm ~** to beat sb to it *fam;* ■ **jdm [mit etw] ~** to get in ahead of sb [with sth], to steal a march on sb [by doing sth]
❷ (*verhindern*) ■ **etw** *dat* **~** *Vorwürfen, Unheil* to forestall sth
zuvorkommend I. *adj* (*gefällig*) obliging, accommodating; (*höflich*) courteous, civil
II. *adv* (*gefällig*) obligingly; (*höflich*) courteously, civilly
Zuvorkommenheit <-> *f kein pl* (*gefällige Art*) obligingness, helpfulness; (*höfliche Art*) courtesy, civility; **einen Kunden mit großer ~ behandeln** to be exceedingly helpful towards a customer
Zuwachs <-es, Zuwächse> *m* increase, growth *kein pl;* ***die Familie hat ~ bekommen*** (*hum fam*) they have had a [small] addition to the family; ***auf ~ Philipp wächst so schnell, da kaufen wir den Pulli besser auf ~*** since Philipp is growing so quickly we'd better buy him a jumper big enough to last
zuwachsen *vi irreg sein* ❶ (*überwuchert werden*) to become overgrown, to grow over
❷ (*sich schließen*) *Wunde* to heal [over [*or* up]]; *Fontanelle* to close up
❸ (*geh: zuteil werden*) ■ **jdm wächst etw zu** sb gains in sth; **jdm wachsen immer mehr Aufgaben zu** sb is faced with ever more responsibilities, sb is given more and more jobs; ***der Krebsforschung sind bedeutende neue Erkenntnisse zugewachsen*** cancer research has made important advances in knowledge
Zuwachsrate *f* rate of growth, growth rate
Zuwanderer, Zuwanderin *m, f* immigrant
zu|wandern *vi sein* to immigrate
Zuwanderung *f* immigration
zuwege, zu Wege *adv* **gut/schlecht ~ sein** to be in good/poor health; **etw ~ bringen** to achieve [*or* accomplish] sth; **es ~ bringen, dass jd etw tut** to [manage to] get sb to do sth
zuweilen *adv* (*geh*) occasionally, [every] now and then [*or* again], every once in a while, from time to time; (*öfter*) sometimes, at times
zu|weisen *vt irreg* ■ **jdm/einer S. etw ~** to allocate sth to sb/sth; **jdm Aufgaben ~** to assign [*or* allot] duties to sb; **die mir zugewiesenen Aufgaben** my alloted tasks; **eine Rechtssache einer Kammer ~** to assign a case to one of the Chambers
Zuweisung <-, -en> *f* allocation, assignment
Zuweisungsrecht *nt* JUR right of referral [*or* assignment]
zu|wenden *irreg* I. *vt* ❶ (*hinwenden*) **jdm das Gesicht/den Kopf ~** to turn one's face towards [*or* toward] sb, to [turn to] face sb; **jdm den Rücken ~** to turn one's back on sb; **etw** *dat* **seine Aufmerksamkeit ~** to turn one's attention to sth; ***die dem Garten zugewandten Fenster des Hauses*** those of the houses' windows which face the garden
❷ (*zukommen lassen*) ■ **jdm etw ~** to give sb sth; (*im Testament, als Gunst*) to bestow sth [up]on sb
II. *vr* ■ **sich** *akk* **jdm/etw ~** to devote oneself to sb/sth; ***wollen wir uns dem nächsten Thema ~?*** shall we go on to the next topic?; ***das Glück hatte sich ihm wieder zugewandt*** fortune had once again smiled on him
Zuwendung *f* ❶ *kein pl* (*intensive Hinwendung*) love and care
❷ (*zugewendeter Betrag*) sum [of money]; (*Beitrag*) [financial] contribution; (*regelmäßig*) allowance; **staatliche ~en** government grants; **testamentarische ~en** JUR legacies, bequests
❸ JUR (*Schenkung*) bestowal, gift, grant; **letztwillige ~** testamentary gift; **unentgeltliche ~** gift, gratuitous grant
zu|werfen *vt irreg* ❶ (*hinwerfen*) ■ **jdm/einem Tier etw ~** to throw sth to sb/an animal; **jdm einen Blick ~** to cast a glance at sb
❷ (*zuschlagen*) ■ **etw ~** to slam [*or* bang] sth [shut]; **eine Tür ~** to slam [*or* bang] a door [shut]
❸ (*geh: zuschütten*) ■ **etw ~** to fill up [*or* in] sth *sep*
zuwider[1] *adv* ■ **jdm ist jd/etw ~** sb finds sb/sth unpleasant; (*stärker*) sb loathes [*or* detests] sb/sth; (*widerlich*) sb finds sb/sth revolting [*or* disgusting], sb/sth disgusts sb
zuwider[2] *präp* ■ **etw** *dat* **~** contrary to sth; **dem Gesetz ~ sein** to be against the law; **allen Verboten ~** in defiance of all bans
zuwider|handeln *vi* (*geh*) ■ **etw** *dat* **~** to act against [*or* contrary to] sth; **den Anordnungen ~** to act against [*or* contrary to] [*or form* to contravene] the rules; **der Ausgangssperre ~** to defy [*or* disregard] [*or* violate] the curfew; **einem Befehl ~** to act against [*or* defy] [*or* disregard] an order
Zuwiderhandelnde(r) *f(m) dekl wie adj* (*geh*) offender, transgressor *form;* (*Unbefugte(r)*) trespasser
Zuwiderhandlung *f* (*geh*) contravention, violation; *von Regeln a.* infringement
zuwider|laufen *vi irreg sein* ■ **jdm/einer S. ~** to go against [*or* run counter to] sb/sth
zu|winken *vi* ■ **jdm ~** to wave to sb
zu|zahlen I. *vt* ■ **etw ~** (*extra zahlen*) to pay an extra sth; (*beitragen*) to contribute sth; **100 DM ~** to pay an extra [*or* another] 100 marks
II. *vi* to pay extra
Zuzahlung *f* extra payment
Zuzahlungsregelung *f im Gesundheitswesen* additional payment ruling
zuzeiten *adv* at times
zu|ziehen *irreg* I. *vt haben* ❶ (*fest zusammenziehen*) ■ **etw ~** to tighten [*or sep* pull tight] sth; **einen Gürtel ~** to tighten [*or* AM *a.* cinch] a belt
❷ (*schließen*) ■ **etw ~** to draw sth; **die Gardinen ~** to draw the curtains; **die Tür ~** to pull the door shut
❸ (*hinzuziehen*) ■ **jdn ~** to consult [*or sep* call in] sb; **einen Gutachter ~** to consult an expert
II. *vr haben* ❶ (*erleiden*) **sich** *dat* **eine Krankheit ~** to catch [*or form a.* contract] an illness; **sich** *dat* **eine Verletzung ~** to sustain an injury *form*
❷ (*auf sich ziehen*) ■ **sich** *dat* **jds etw ~** to incur sb's sth [*or* sth of sb]; **sich** *dat* **jds Zorn ~** to incur sb's wrath *form*
❸ (*sich eng zusammenziehen*) ■ **sich** *akk* **~** to tighten, to pull tight
III. *vi sein* to move into the area
Zuzug *m* ❶ (*Zustrom*) influx
❷ (*einer Familie*) move, arrival
❸ (*Verstärkung*) reinforcement; ***die Armee hat starken ~ bekommen*** the army has been strongly reinforced
zuzüglich *präp* ■ **~ einer S.** *gen* plus sth; (*geschrieben a.*) excl[.] sth
Zuzugsgenehmigung *f* settlement permit
zu|zwinkern *vi* ■ **jdm ~** to wink at sb; (*als Zeichen a.*) to give sb a wink; **mit einem aufmunternden Z~** with a wink of encouragement
Zvieri <-s, -> *m o nt* SCHWEIZ afternoon snack
ZVS <-> *f Abk von* **Zentralstelle für die Vergabe von Studienplätzen** ≈ UCAS BRIT
zwacken *vt* (*fam*) ■ **jdn [irgendwohin] ~** to pinch sb['s something]
zwang *imp von* **zwingen**
Zwang <-[e]s, Zwänge> *m* ❶ (*Gewalt*) force; (*Druck*) pressure; **gesellschaftliche Zwänge** social constraints; **seinen Gefühlen ~ antun** to suppress one's feelings; **~ ausüben** to put on pressure; **~ auf jdn ausüben** to exert pressure on sb; **~ auf jdn ausüben, damit er/sie etw tut** to pressurize [*or* AM pressure] sb into doing sth; **etw ohne ~ tun** to do sth voluntarily [*or* without being forced [to]]; **unter ~** under duress [*or* pressure]; **ein Geständnis unter ~ machen** to make a confession under duress
❷ (*Notwendigkeit*) compulsion, necessity; **aus ~** under compulsion, out of necessity; ■ **der ~ einer S.** *gen* the pressure of sth; ***es besteht kein ~, etw zu kaufen*** there is no obligation to buy sth
❸ (*Einfluss*) influence
▶ WENDUNGEN: **tu dir keinen ~ an** feel free [to do sth]; ***darf man hier rauchen? — klar, tu dir keinen Zwang an!*** is it OK to smoke here? — of course, feel free!
zwängen *vt* ■ **etw in/zwischen etw** *akk* **~** to force sth into/between sth; **Sachen in einen Koffer ~** to cram things into a case; ■ **sich** *akk* **durch/in etw** *akk* **~** to squeeze through/into sth; **sich in die überfüllte U-Bahn ~** to squeeze [one's way] into the overcrowded tube; **sich durch die Menge ~** to force one's way through the crowd
zwanghaft *adj* compulsive; (*besessen*) obsessive
zwanglos I. *adj* ❶ (*ungezwungen*) casual, free and easy; (*ohne Förmlichkeit*) informal; **ein ~es Beisammensein** a relaxed get-together
❷ (*unregelmäßig*) irregular; ***die Zeitschrift erscheint in ~er Folge*** the journal appears at

irregular intervals
II. *adv* (*ungezwungen*) casually; (*ohne Förmlichkeit*) informally; **sich** *akk* ~ **über etw** *akk* **unterhalten** to have an informal talk [*or* a chat] about sth
Zwanglosigkeit <-, -en> *f* informality
Zwangsabgabe *f* compulsory contribution **Zwangsanleihe** *f* forced [*or* compulsory] loan **Zwangsarbeit** *f kein pl* JUR hard labour [*or* AM -or] **Zwangsarbeiter(in)** *m(f)* sb sentenced to hard labour [*or* AM -or] **Zwangsausgleich** *m* compulsory settlement **Zwangsbeitreibung** *f*, **Zwangseintreibung** *f* FIN forcible collection **Zwangseinweisung** *f* compulsory hospitalization **Zwangseinziehung** *f* FIN *von Aktien* compulsory redemption **Zwangsenteignung** *f* compulsory expropriation *form* **zwangsernähren*** *vt* ■**jdn** ~ to force-feed sb **Zwangsernährung** *f* force-feeding *no indef art* **Zwangsgeld** *nt* JUR penalty payment, administrative fine **Zwangshaft** *f kein pl* JUR coercive detention **Zwangshandlung** *f* compulsive act **Zwangshypothek** *f* compulsory mortgage, forced registration of mortgage **Zwangsjacke** *f* strai[gh]tjacket; **jdn in eine** ~ **stecken** to put sb in a strai[gh]tjacket, to strai[gh]tjacket sb **Zwangskartell** *nt* ÖKON compulsory cartel **Zwangskartellgesetz** *nt* JUR compulsory cartel act **Zwangslage** *f* predicament, dilemma; **in eine** ~ **geraten** to get into a predicament [*or fam* [real] fix]; **in einer** ~ **sein** [*o* **stecken**] to be in a predicament [*or fam* fix]; (*zwischen zwei Wahlen a.*) to be between the devil and the deep blue sea
zwangsläufig I. *adj* inevitable
II. *adv* inevitably; ***dazu musste es ja* ~ *kommen*** it had [*or* was bound] to happen, it was inevitable that would happen
Zwangsläufigkeit <-, -en> *meist sing f* inevitability
Zwangsliquidation *f* JUR compulsory liquidation [*or* winding-up] **Zwangslizenz** *f* (*Patentrecht*) compulsory licence [*or* AM -se]; ~ **von Amts wegen** licence by right **Zwangsmaßnahme** *f* compulsory [*or form* coercive] measure **Zwangsmittel** *pl* FIN enforcement measures, means of coercion **Zwangspensionierung** *f* compulsory retirement **Zwangsräumung** *f* eviction **Zwangssterilisation** *f* compulsory sterilization **Zwangsstrafe** *f* JUR coercive contract **zwangsumsiedeln** *vt* ■**jdn** ~ to displace [*or* resettle] sb by force **Zwangsumsiedlung** *f* forced resettlement **Zwangsumtausch** *m* compulsory currency exchange (*imposed on West Germans entering the former GDR*) **Zwangsverfahren** *nt* JUR compulsory proceedings *pl* **Zwangsvergleich** *m* JUR court [*or* compulsory] composition **Zwangsverkauf** *m* JUR forced [*or* compulsory] sale
zwangsverkaufen* *vt* JUR to sell up sth *sep*
zwangsversteigern* *vt* ■**etw** ~ to put up sth *sep* for compulsory auction
Zwangsversteigerung *f* compulsory sale [*or* auction]; *von Beschlagnahmtem* distress sale *spec* **Zwangsversteigerungsgesetz** *nt* JUR Compulsory Auction of Immovable Property Act
Zwangsvertrag *m* JUR tying contract **zwangsverwaltet** *adj* JUR under receivership **Zwangsverwaltung** *f* JUR receivership, judicial sequestration; **unter** ~ **gestellt werden** to be put under receivership **Zwangsverwaltungsverfügung** *nt* JUR receiving order
zwangsvollstrecken* *vt* JUR ■**etw** ~ to foreclose sth
Zwangsvollstreckung *f* execution [*or form* enforcement] [of a writ], distraint *spec*
Zwangsvollstreckungsverfahren *nt* JUR (*bei Hypothek*) foreclosure [*or* execution] proceedings *pl* **Zwangsvorführung** *f* JUR compulsory attendance before a judge **Zwangsvorstellung** *f* PSYCH obsession, ideé fixe
zwangsweise I. *adj* compulsory; **eine** ~ **Räumung** an eviction
II. *adv* compulsorily; **ein Haus** ~ **räumen** to force the tenants to evacuate a house
Zwangswirtschaft *f kein pl* ÖKON [state-]controlled economy
zwanzig *adj* ❶ (*Zahl*) twenty; *s. a.* **achtzig 1**
❷ (*fam: Stundenkilometer*) twenty [kilometres [*or* AM -meters] an hour]; *s. a.* **achtzig 2**
Zwanzig *f* twenty
zwanziger, 20er *adj attr, inv* ■**die** ~ **Jahre** the twenties; (*geschrieben a.*) the 20[']s
Zwanziger[1] <-s, -> *m* ❶ (*fam*) twenty-mark note
❷ SCHWEIZ twenty-rappen coin
❸ (*Wein aus dem Jahrgang 1920*) a 1920 vintage
Zwanziger[2] *pl* ■**die** ~ the twenties; (*geschrieben a.*) the 20[']s; **in den ~n sein** to be in one's twenties; *s. a.* **Achtziger**[3]
Zwanziger(in) *m(f)* person in her/his twenties; **ein ~/eine ~in sein** to be in one's twenties
Zwanzigerjahre *pl* ■**die** ~ the twenties; (*geschrieben a.*) the 20[']s **Zwanzigerpackung** *f* packet [*or* AM pack] of twenty
zwanzigfach *adj* twentyfold, twenty times; *s. a.* **achtfach**
zwanzigjährig, 20-jährig[RR] *adj attr* ❶ (*Alter*) twenty-year-old *attr,* twenty years old *pred,* of twenty years *pred form*
❷ (*Zeitspanne*) twenty-year *attr*
Zwanzigjährige(r), 20-Jährige(r)[RR] *f(m) dekl wie adj* twenty-year-old
Zwanzigmarkschein *m* twenty-mark note
zwanzigste(r, s) *adj attr* ❶ (*nach dem 19. kommend*) twentieth; *s. a.* **achte(r, s) 1**
❷ (*Datum*) twentieth; *s. a.* **achte(r, s) 2**
Zwanzigste(r) *f(m) dekl wie adj* ❶ (*Person*) twentieth; *s. a.* **Achte(r) 1**
❷ (*bei Datumsangabe*) **der ~/am ~n** *geschrieben* der 20./am 20., the twentieth/on the twentieth *spoken,* the 20th/on the 20th *written*
Zwanziguhrnachrichten *pl* eight o'clock news + *sing vb* (*in the evening*)
zwar *adv* (*einschränkend*) ***sie ist* ~ *47, sieht aber wie 30 aus*** although she's 47 she looks like 30, it's true she's [*or* she may be] 47, but she looks like 30; ***das mag* ~ *stimmen, aber …*** that may be true, but …; ***es steht mir* ~ *zu, aber …*** although it's my right, …, it is in fact my right, but …; ■**und** ~ (*erklärend*) namely, to wit *form;* ***Sie haben ein dringendes Anliegen? und* ~*?*** you have an urgent matter? so what is it?
Zweck <-[e]s, -e> *m* ❶ (*Verwendungs~*) purpose; **einem bestimmten** ~ **dienen** to serve a particular purpose; ***welchem* ~ *dient dieses Werkzeug?*** what's this tool [used] for?, what's the purpose of this tool?; **etw seinem** ~ **entsprechend verwenden** to use sth for the purpose it was intended for; **ein guter** ~ a good cause; **einem guten** ~ **dienen** to be for [*or* in] a good cause; **ein wohltätiger ~/wohltätige ~e** charity; **seinen** ~ **erfüllen** to serve its/one's purpose, to do the trick *fam*
❷ (*Absicht*) aim, object *kein pl;* **einen** ~ **verfolgen** to have a specific aim [*or* object]; **üble ~e verfolgen** to be planning evil, to be pursuing evil designs [*or* intentions]; **seinen** ~ **verfehlen** to fail to achieve its/one's object; **einem bestimmten** ~ **dienen** to serve a particular aim [*or* object]; **zu diesem** ~ for this purpose; **zu welchem** ~**?** for what purpose?, to what end?
❸ (*Sinn*) point; ***der* ~ *soll sein, dass …*** the point of it/this [*or* the idea] is that …; ***das hat doch alles keinen* ~*!*** there's no point in any of that, it's pointless; (*a. ineffektiv*) it's/that's no use; ■**es hat keinen ~, etw zu tun** there's no point [in] [*or* it's pointless] doing sth; ***was soll das für einen* ~ *haben?*** what's the point of that?; ***was ist der* ~ *der Übung?*** (*iron*) what's the object of the exercise? *iron*
► WENDUNGEN: **der** ~ **heiligt die Mittel** (*prov*) the end justifies the means *prov*
Zweckbau <-bauten> *m* functional building
zweckbedingt *adj* determined by its function **Zweckbündnis** *nt* convenient [*or* expedient] alliance; (*zwischen politischen Parteien a.*) marriage of convenience **zweckdienlich** *adj* (*nützlich*) useful; (*angebracht*) appropriate; ***~e Hinweise nimmt jede Polizeidienststelle entgegen*** (*geh*) contact any police station with relevant information
Zwecke <-, -n> *f* DIAL (*Nagel*) tack, nail; (*Reiß~*) drawing pin BRIT, thumbtack AM
zweckentfremden* *vt* ■**etw** [**als etw**] ~ to use sth as sth **zweckentfremdet** *adj* misappropriated, misused **Zweckentfremdung** *f* misuse **zweckentsprechend** *adj* appropriate **Zweckerreichung** *f* JUR accomplishment of purpose **zweckgebunden** *adj* appropriated, for a specific purpose **Zweckgemeinschaft** *f* partnership of convenience **zwecklos** *adj* futile, useless, of no use *pred;* (*sinnlos a.*) pointless; ■**es ist ~, etw zu tun** it's futile [*or* useless] [*or* no use]/pointless [*or* there's no point in] doing sth **Zwecklosigkeit** <-> *f kein pl* futility, uselessness; (*Sinnlosigkeit a.*) pointlessness
zweckmäßig *adj* ❶ (*für den Zweck geeignet*) practical, suitable
❷ (*sinnvoll*) appropriate; (*ratsam*) advisable, expedient; ■~ **sein, etw zu tun** to be advisable to do sth
Zweckmäßigkeit <-, -en> *f* usefulness, suitability
Zweckmäßigkeitsprüfung *f* JUR evaluation of expediency
Zweckoptimismus *m* calculated optimism; ***mit dem ihr üblichen* ~ *behauptet sie immer noch, dass der Termin gehalten werden kann*** with her usual calculated optimism she still maintains that the deadline can be met **Zweckpessimismus** *m* [calculated] pessimism
zwecks *präp* (*geh*) ■~ **einer S.** *gen* for [the purpose of *form*] sth
Zwecksparen <-s> *nt kein pl* target saving *no pl, no art* **Zweckverband** *m* ADMIN, POL special purpose association, ad hoc group, joint body (*of local authorities for joint mastering of certain tasks*) **Zweckvermögen** *nt* JUR special-purpose fund
zweckwidrig *adj* inappropriate
Zweckzuwendung *f* FIN specific-purpose transfer
zwei *adj* two; **für** ~ **arbeiten/essen** to work/eat for two; *s. a.* **acht**[1]
► WENDUNGEN: ~ **Gesichter haben** to be two-faced; ~ **Seelen, ein Gedanke** (*prov*) great minds think alike
Zwei <-, -en> *f* ❶ (*Zahl*) two
❷ (*Verkehrslinie*) ■**die** ~ the [number] two
❸ KARTEN ■**die** ~ the two; *s. a.* **Acht**[1] **4**
❹ (*Schulnote*) ≈ B, good
zweiarmig *adj* ❶ ANAT two-armed, with two arms
❷ TECH with two branches; *s. a.* **achtarmig** **zweibändig** *adj* two-volume *attr,* in two volumes *pred* **Zweibeiner** <-s, -> *m* (*hum fam*) human being **Zweibettkabine** *f* NAUT double berth **Zweibettzimmer** *nt* twin [*or* double] room **Zweibruch-Fensterfalz** *m* TYPO two-directional gatefold **zweideutig** I. *adj* ambiguous; (*anrüchig*) suggestive II. *adv* ambiguously; (*anrüchig*) suggestively; **sich** ~ **ausdrücken** to use ambiguous expressions; (*anrüchig*) to use double entendres **Zweideutigkeit** <-, -en> *f* ❶ (*Ambiguität*) ambiguity, equivocalness ❷ (*zweideutige Äußerung*) ambiguity **zweidimensional** I. *adj* two-dimensional, 2D II. *adv* in two dimensions [*or* 2D] **Zweidrittelmehrheit** *f* two-thirds majority; **mit** ~ with a two-thirds majority **zweieiig** *adj Zwillinge* fraternal, non-identical **zweieinhalb** *adj* ❶ (*Bruchzahl*) two-and-a-half; ~ **Meter** two-and-a-half metres [*or* AM -ers] ❷ (*fam: 2500 DM*) two-and-a-half thou [*or* grand] [*or* AM *a.* G[']s] *fam; s. a.* **anderthalb**
Zweier <-s, -> *m* (*fam*) ❶ (*Zweipfennigstück*) two-pfennig coin
❷ SCH (*Note gut*) ≈ B
Zweierbeziehung *f* relationship **Zweierbob** *m* two-man bob **Zweierkajak** *m* ❶ (*Kanu*) double kayak ❷ (*Disziplin*) kayak pairs *pl* **Zweierkanu** *nt* two-man canoe **Zweierkiste** *f* (*sl*) relationship
zweierlei *adj attr* two [different]; ***etwas ver-***

sprechen und das dann halten ist ~ to make a promise is one thing, to keep it quite another; **mit ~ Maß messen** to apply double standards; *s. a.* **achterlei**

Zweierreihe *f* row of two abreast, double row; **in ~n antreten** to line up in twos; **in ~n marschieren** to march two abreast

zweifach, 2fach I. *adj* ❶ (*doppelt*) **die ~e Dicke** twice [*or* double] the thickness; **die ~e Menge** twice as much, twice [*or* double] the amount ❷ (*zweimal erstellt*) **eine ~e Kopie** a duplicate; **in ~er Ausfertigung** in duplicate II. *adv* **etw ~ ausfertigen** to issue sth in duplicate; *s. a.* **achtfach**

Zweifache, 2fache *nt dekl wie adj* ■ **das ~** twice as much; *s. a.* **Achtfache**

Zweifamilienhaus *nt* two-family house **zweifarbig** I. *adj* two-colour [*or* AM -or]; **eine ~e Lackierung** two-tone paint II. *adv* **etw ~ drucken** to print sth in two colours [*or* AM -ors]; **etw ~ lackieren** to give sth a coat of two-tone paint

Zweifel <-s, -> *m* doubt; (*Bedenken a.*) reservation; ***leiser/banger Zweifel stieg in ihm auf*** he began to have slight/severe misgivings; **jds ~ ausräumen** to dispel sb's doubts; **jds ~ beheben** [*o* **beseitigen**] to dispel sb's doubts; **es bestehen ~ an etw** *dat* there are doubts about sth; ***darüber besteht kein*** ~ there can be no doubt about that; ***es besteht kein*** ~ [***mehr***] [***daran***], ***dass …*** there is no [longer any] doubt that …; **seine ~ haben, ob …** to have one's doubts [about [*or* as to]] [*or* to be doubtful] whether …; ***da habe ich meine ~!*** I'm not sure about that!; **~ hegen** to entertain doubts; **bei jdm regt sich der ~** sb begins to doubt; **sich** *dat* **[noch] im ~ sein** to be [still] in two minds; ***ich bin mir im ~, ob der Mann auf dem Foto der ist, den ich bei dem Überfall gesehen habe*** I'm not quite sure whether the man in the photo is really the one I saw at the hold-up; **jdm kommen ~** sb begins to doubt [*or* to have his/her doubts]; **jdn im ~ lassen** to leave sb in doubt; ***ich habe ihn über meine Absichten nicht im ~ gelassen*** I left him in no doubt as to my intentions; **außer ~ stehen** to be beyond [all] doubt; (*stärker*) to be beyond the shadow of a doubt; **außer ~ stehen, dass …** to be beyond [all] doubt that …; ***für mich steht es außer ~, dass …*** I have absolutely no doubt that …; **etw in ~ ziehen** to doubt [*or* question] sth; **eine Aussage in ~ ziehen** to call a testimony in[to] question, to challenge a testimony; **kein** [*o* **ohne**] **~** without [a] doubt, no doubt about it *fam*; ***es ist ohne ~ dasselbe*** it's undoubtedly [*or* unquestionably] the same, it's the same, and no mistake

zweifelhaft *adj* ❶ (*anzuzweifelnd*) doubtful; **von ~em Wert** of doubtful [*or* questionable] merit; ■ **es ist ~, ob …** it is doubtful [*or* debatable] whether [*or fam* if] … ❷ (*pej: dubios*) dubious, shady *fam*

zweifellos *adv* without [a] doubt, undoubtedly, unquestionably; ***Sie haben ~ recht*** you are undoubtedly [*or* unquestionably] right

zweifeln *vi* ■ **an jdm/etw ~** to doubt [*or* have one's doubts about] sb/sth; (*skeptisch sein a.*) to be sceptical [*or* AM skeptical] about sb/sth; ■ **[daran] ~, ob …** to doubt [*or* have doubts [about [*or* as to]]] whether …; ■ **nicht [daran] ~, dass …** to not [*or* have no] doubt that …; ***ich habe keine Minute gezweifelt, dass …*** I did not doubt for a minute that …

Zweifelsfall *m* ■ **im ~** in case of [*or* when [*or* if] in] doubt **zweifelsfrei** *adj* without doubt *pred*, unambiguous, unequivocal **zweifelsohne** *adv* (*geh*) *s.* **zweifellos**

Zweifler(in) <-s, -> *m(f)* sceptic BRIT, skeptic AM, doubter

Zweifrontenkrieg *m* warfare *no indef art* [*or* war] on two fronts; **einen ~ führen** to wage war on two fronts

Zweig <-[e]s, -e> *m* ❶ (*Ast*) branch; (*dünner, kleiner*) twig; (*mit Blättern/Blüten a.*) sprig ❷ (*Sparte*) branch ❸ (*Fachrichtung*) branch; **der naturwissenschaftliche ~** the branch of natural sciences ▸ WENDUNGEN: **auf keinen grünen ~ kommen** (*fam*) to get nowhere; ***du wirst nie auf einen grünen ~ kommen*** you'll never get anywhere [*or* ahead in life]

Zweiganggetriebe *nt* TECH two-speed gearbox *spec*

Zweigbetrieb *m* branch

Zweigespann *nt* (*fam*) duo, twosome

zweigeteilt *adj* divided [in two *pred*]

Zweiggeschäft *nt* branch **Zweiggesellschaft** *f* subsidiary [company]

zweigleisig I. *adj* ❶ (*liter*) double tracked, double-track *attr* ❷ (*fig*) **~e Verhandlungen führen** to transact negotiations along two [different] lines II. *adv* **etw ~ verhandeln** to negotiate sth along two [different] lines; **~ fahren** (*fig fam*) to have two strings to one's bow

Zweigniederlassung *f* HANDEL branch [establishment], subsidiary **Zweigstelle** *f* branch office **Zweigwerk** *nt* HANDEL branch

zweihändig *adj* two-handed, with two [*or* both] hands

zweihundert *adj* two hundred; *s. a.* **hundert**

zweihundertjährig *adj* ❶ (*Alter*) two-hundred-year-old *attr*, two hundred years old *pred* ❷ (*Zeitspanne*) two-hundred-year *attr*; **nach ~er Unabhängigkeit** after two hundred years of [*or* years'] independence; **das ~e Bestehen der Universität** the university's two hundred years of existence

zweijährig, 2-jährig[RR] *adj* ❶ (*Alter*) two-year-old *attr*, two years old *pred*; *s. a.* **achtjährig 1** ❷ (*Zeitspanne*) two-year *attr*, two years *pred*; *s. a.* **achtjährig 2** ❸ BOT biennial

Zweijährige(r), 2-Jährige(r)[RR] *f(m) dekl wie adj* two-year-old

Zweikammersystem *nt* JUR bicameralism, bicameral [*or* two-chamber] system **Zweikampf** *m* duel; **jdn zum ~ herausfordern** to challenge sb to a duel **zweiköpfig** *adj* two- [*or* double-]headed; *s. a.* **achtköpfig**

zweimal, 2-mal[RR] *adv* twice, two times; **sich** *dat* **etw nicht ~ sagen lassen** to not need telling twice, to jump at sth; **sich** *dat* **etw ~ überlegen** to think over sth *sep* carefully; (*zweifelnd*) to think twice about sth; *s. a.* **achtmal**

zweimalig *adj* two times over; **nach ~er Aufforderung/Bitte** after being told/asked twice; *s. a.* **achtmalig**

Zweimarkstück *nt* two-mark coin [*or* piece] **Zweimaster** <-s, -> *m* NAUT two-master; (*Rahsegler a.*) brig **zweimonatig** *adj attr, inv* ❶ (*zwei Monate dauernd*) two-month; **von ~er Dauer sein** to last/take two months; **nach ~em Warten** after two months of [*or* months'] waiting ❷ (*zwei Monate alt*) two-month-old **zweimonatlich** *adj attr, inv* bimonthly, every two months *pred* **zweimotorig** *adj* twin-engined; **~ sein** to have [*or* be fitted with] twin engines, to be a twin-engine model **Zweiparteiensystem** *nt* two-party system **Zweiphasenplanung** *f* ÖKON dual-phase planning **Zweiplätzer** <-s, -> *m* SCHWEIZ (*Zweisitzer*) two-seater **zweipolig** *adj* bipolar; *Schalter* double-pole; *Stecker* two-pin **Zweirad** *nt* (*allgemein*) two-wheeled vehicle *form*; (*Motorfahrrad*) motorcycle, [motor]bike *fam*; (*Fahrrad*) [bi]cycle, bike *fam*; (*für Kinder a.*) two-wheeler **Zweireiher** <-s, -> *m* double-breasted suit/coat **zweireihig** I. *adj* double-row *attr*, in two rows *pred*; **ein ~er Anzug** a double-breasted suit II. *adv* in two rows **Zweisamkeit** <-, -en> *f* (*geh*) togetherness **zweischneidig** *adj* two- [*or* double-]edged ▸ WENDUNGEN: **ein ~es Schwert** a double-edged sword **zweiseitig** *adj* ❶ (*zwei Seiten umfassend*) two-page *attr*, of two pages *pred*; **~ bedruckt** printed on both sides; **~ sein** to be [*or* cover] two pages ❷ (*von zwei Parteien unterzeichnet*) bilateral, bipartite *spec*; **~e Verrechnungen** FIN reciprocal offsets; **~es Handelsabkommen** HANDEL bilateral trade agreement **zweisilbig** *adj* of two syllables *pred*, disyllabic *spec*; **ein ~es Wort** a disyllable [word] *spec* **Zweisitzer** *m* two-seater; **ein offener ~** a roadster **zweisitzig** *adj* two-seated *attr*; ■ **~ sein** to have two seats **zweispaltig** *adj* double-column[ed] *attr*, in two columns *pred* **Zweispänner** <-s, -> *m* carriage and pair **zweisprachig** I. *adj* ❶ (*in zwei Sprachen gedruckt*) in two languages *pred*; **ein ~es Wörterbuch** a bilingual dictionary ❷ (*zwei Sprachen anwendend*) bilingual II. *adv* **~ erzogen sein** to be brought up speaking two languages [*or form* in a bilingual environment] **Zweisprachigkeit** <-> *f kein pl* bilingualism *form* **zweispurig** *adj* two-lane *attr*; ■ **~ sein** to have two lanes **Zweistaatlichkeit** *f* dual nationality **zweistellig** *adj* two-digit *attr*, with two digits *pred* **zweistimmig** I. *adj* two-part *attr*, for two voices *pred* II. *adv* **etw ~ singen** to sing sth in two parts **zweistöckig** I. *adj* two-storey [*or* AM -story] *attr* II. *adv* **etw ~ bauen** to build sth with two storeys [*or* AM stories] **zweistrahlig** *adj* twin-jet *attr*, with twin jets *pred*; ■ **~ sein** to be a twin-jet model **Zweistromland** *nt kein pl* ■ **das ~** Mesopotamia **zweistufig** *adj* two-stage; *Scheibenwischer* two-speed **zweistündig, 2-stündig**[RR] *adj* two-hour *attr*; *s. a.* **achtstündig** **zweistündlich** I. *adj* two-hourly *attr*, every two hours *pred* II. *adv* every two hours, at two-hour intervals

zweit *adv s.* **zwei**

zweitägig, 2-tägig[RR] *adj* two-day *attr* **Zweitakter** <-s, -> *m* two-stroke engine, two-stroke[r] *fam*

zweitälteste(r, s) *adj attr, inv* second oldest [*or* eldest]; ■ **jds Z~[r]** sb's second [child]

zweitausend *adj* ❶ (*Zahl*) two thousand; *s. a.* **tausend 1** ❷ (*fam: 2000 DM*) two grand *no pl*, two thou *no pl sl*, two grand [*or* AM *a.* G[']s] *sl*

Zweitausender *m* mountain over 2,000 metres [*or* AM meters]

Zweitausfertigung <-, -en> *f* ❶ *kein pl* (*das Ausfertigen*) duplication ❷ (*Ausgefertigtes*) duplicate

zweitbeste(r, s) *adj* second best, second-best *attr*; ■ **Z~[r] sein/werden** to be/come [in] second best

zweite(r, s) *adj* ❶ (*nach dem ersten kommend*) second; **die ~ Klasse** [*o fam* **die ~**] ≈ primary two BRIT, second form BRIT, second grade AM; *s. a.* **achte(r, s) 1** ❷ (*Datum*) second [*or* 2nd]; *s. a.* **achte(r, s) 2** ▸ WENDUNGEN: **der ~ Bildungsweg** night school; **die ~ Geige spielen** to play second fiddle; **das ~ Gesicht haben** to have second sight; **etw aus ~r Hand kaufen** to buy sth second-hand; **etw nur aus ~r Hand wissen** to know sth only by hearsay

Zweite(r) *f(m) dekl wie adj* ❶ (*Person*) second; *s. a.* **Achte(r) 1** ❷ (*bei Datumsangaben*) ■ **der ~/am ~n** [*o geschrieben* **der 2./am 2.**] the second/on the second *spoken*, the 2nd/on the 2nd *written*; *s. a.* **Achte(r) 2** ❸ (*bei Namen*) **Ludwig der ~** Ludwig II; *geschrieben* Louis the Second *spoken*, Louis II *written* ▸ WENDUNGEN: **wie kein ~r** as no one else can

Zweiteiler <-s, -> *m* ❶ MODE two-piece; (*Badeanzug a.*) bikini ❷ TV, RADIO two-parter

Zweiteilung *f* division; MATH bisection

zweitens *adv* secondly; (*bei Aufzählung a.*) second

Zweitfahrzeug *nt* alternative [*or* second] vehicle; (*Zweitauto*) second car **Zweitfrisur** *f* (*euph*) wig **Zweitgerät** *nt* second radio/television [set]/set **zweitgrößte(r, s)** *adj attr* second-biggest; *Mensch a.* second-tallest; **die ~ Stadt** the second-biggest [*or* -largest] town/city; (*einer Nation a.*) the second city **zweithöchste(r, s)** *adj attr* second-highest; *Gebäude a.* second-tallest; *Beamter* second most senior **Zweithypothek** *f* second mortgage **zweitjüngste(r, s)** *adj* second youngest

zweitklassig *adj* (*pej*) inferior, second-rate *pej;* **ein ~es Restaurant** a second-rate restaurant *pej,* a greasy spoon *pej sl* **Zweitligist** <-en, -en> *m* SPORT, FBALL second Bundesliga team **zweitrangig** *adj s.* **zweitklassig Zweitschlüssel** *m* duplicate [*or* spare] key **Zweitschrift** *f* (*geh*) copy, duplicate copy *form* **Zweitstimme** *f* second vote (*for the party and its "Landesliste", the first being for the local candidate*)

Zweitürer *m* two-door car [*or* model]

zweitürig *adj* two-door *attr;* ■~ **sein** to have two doors, to be a two-door car [*or* model]

Zweitvertrag *m* JUR secondary contract **Zweitverwertung** *f kein pl* secondary use **Zweitwagen** *m* second car **Zweitwimpern** *pl* false eyelashes *pl* **Zweitwohnung** *f* second home; **eine ~ auf dem Land** a country retreat **Zweitwohnungssteuer** *f* FIN tax on holiday homes

Zweiwegebox *f* plastic container box

zweiwertig *adj* divalent *spec,* bivalent *spec;* MATH binary **zweiwöchentlich I.** *adj* biweekly, fortnightly **II.** *adv* every two weeks, biweekly, fortnightly **zweiwöchig** *adj* two-week *attr,* of two weeks *pred;* **von ~er Dauer sein** to last/take two weeks **Zweizeiler** *m* ① (*Gedicht*) couplet, distich *spec* ② (*Text aus zwei Zeilen*) two-line text, two-liner *fam* **zweizeilig** *adj* ① (*aus zwei Zeilen bestehend*) two-line *attr,* of two lines *pred;* ■~ **sein** to have two lines ② TYPO **mit ~em Abstand** double-spaced; **etw mit ~em Abstand setzen** to double-space sth *spec* **Zweizimmerwohnung** *f* two-room [*or* -roomed] flat [*or* AM appartment] **Zweizylinder** *m* two-cylinder model [*or* motorcycle] [*or fam* [motor]bike] **Zweizylindermotor** *m* two-cylinder engine, twin[-cylinder] engine **zweizylindrig** *adj* two-cylinder *attr;* **ein ~er Motor** a two-cylinder [*or* twin[-cylinder]] engine; ■~ **sein** to be powered by [*or* fitted with] a two-cylinder engine; *Motor* to have two cylinders

Zwerchfell *nt* MED diaphragm

zwerchfellerschütternd *adj* side-splitting; *Komik a.* achingly funny

Zwerg(in) <-[e]s, -e> *m(f)* ① (*im Märchen*) dwarf; **Schneewittchen und die sieben ~e** Snow White and the Seven Dwarfs
② (*zwergwüchsiger Mensch*) dwarf, midget; **gegen jdn ein ~ sein** to be dwarfed by [*or* a dwarf compared to] sb
③ (*Garten~*) [garden] gnome
④ (*pej: minderwertiger Mensch*) [little] squirt
⑤ ASTRON **weißer ~** white dwarf

Zwergbetrieb *m* dwarf enterprise, small-scale operation **Zwergdackel** *m* toy dachshund

zwergenhaft *adj* dwarfish; (*auffallend klein*) tiny

Zwerghuhn *nt* bantam

Zwergin <-, -nen> *f fem form von* **Zwerg**

Zwergkiefer *f* dwarf pine **Zwergpudel** *m* toy poodle **Zwergschule** *f* village school (*with combined classes*) **Zwergstaat** *m* miniature state, ministate **Zwergvolk** *nt* pygmy tribe **Zwergwels** <-s, -e> *m* ZOOL, KOCHK catfish, bullhead **Zwergwuchs** *m* dwarfism, stunted growth **zwergwüchsig** *adj attr* dwarfish

Zwetschge <-, -n> *f* damson; (*~nbaum*) damson tree
▶ WENDUNGEN: **seine sieben ~n [ein]packen** (*fam*) to pack one's things

Zwetschgenbaum *m* plum [*or* damson] tree **Zwetschgenkuchen** *m* plum cake **Zwetschgenmus** *nt* plum jam [*or* purée] **Zwetschgenwasser** *nt* plum brandy

Zwetschke <-, -n> *f* ÖSTERR *s.* **Zwetschge**

Zwickel <-s, -> *m* ① MODE gusset; **einen ~ einsetzen** to insert a gusset
② ARCHIT spandrel

zwicken I. *vi Hosenbund, Kragen* to pinch
II. *vt bes* ÖSTERR, SÜDD (*fam*) ■**jdn [in etw** *akk*] ~ to pinch sb['s sth]; **die Katze in den Schwanz ~** to pinch the cat's tail

Zwicker <-s, -> *m* ÖSTERR, SÜDD (*Kneifer*) pince-nez

Zwickmühle *f* ▶ WENDUNGEN: **in der ~ sein** [*o* **sitzen**] (*fam*) to be in a dilemma [*or* a Catch-22 [situation]]

Zwieback <-[e]s, -e *o* -bäcke> *m* rusk, zwieback *spec*

Zwiebel <-, -n> *f* ① KOCHK onion
② HORT (*Blumen~*) bulb

zwiebelförmig *adj* onion-shaped

Zwiebelgewächs *nt* bulbiferous plant **Zwiebelkuchen** *m* onion tart **Zwiebelkuppel** *f* imperial roof

zwiebeln *vt* (*fam*) ■**jdn ~** to harass sb

Zwiebelring *m* onion ring **Zwiebelschale** *f* onion skin **Zwiebelsuppe** *f* onion soup **Zwiebelturm** *m* onion dome, cupola

zwiefach *adj* (*veraltend geh*) double, twice

Zwiegespräch *nt* (*geh*) tête-à-tête *form;* **ein vertrauliches ~** a tête-à-tête [*or* private conversation]

Zwielicht *nt kein pl* twilight; (*morgens a.*) half-light; (*abends a.*) dusk ▶ WENDUNGEN: **ins ~ geraten** to lay oneself open [*or* to expose oneself] to suspicion; ***wegen seiner dubiosen Kontakte ist er jetzt selbst ins ~ geraten*** on account of his dubious contacts he now himself appears in an unfavourable light **zwielichtig** *adj* (*pej*) dubious, shady *fam;* **ein ~er Geschäftemacher** a shady wheeler-dealer **Zwiespalt** *m kein pl* (*geh*) conflict; **ein innerer ~** an inner conflict; **im ~ sein** to be in conflict [*or* at odds] with oneself **zwiespältig** *adj* (*geh*) conflicting, mixed; **ein ~er Charakter** an ambivalent [*or* ambiguous] character; **~e Gefühle** mixed feelings

Zwietracht <-> *f kein pl* (*geh*) discord *form;* **~ säen** [*o* **stiften**] to sow [the seeds of] discord

Zwille <-, -n> *f* catapult BRIT, slingshot AM

Zwillich <-s, -s> *m* ticking *no pl, no indef art*

Zwilling <-s, -e> *m* ① (*meist pl*) twin; **~e bekommen** to have [*or* give birth to] twins; **eineiige ~e** identical twins; **siamesische ~e** Siamese twins; **siamesische ~e trennen** to separate Siamese twins; **zweieiige ~e** fraternal twins
② (*zweiläufiges Gewehr*) double-barrelled [*or* AM *a.* barreled] gun/shotgun
③ *pl* ASTROL ■**die ~e** Gemini; **im Zeichen der ~e geboren** born under the sign of Gemini; **[ein] ~ sein** to be [a] Gemini

Zwillingsbereifung *f* AUTO dual fitment **Zwillingsbruder** *m* twin brother **Zwillingsgeburt** *f* twin birth **Zwillingspaar** *nt* twins *pl;* **drei ~e** three pairs [*or* sets] of twins **Zwillingsreifen** *pl* twin [*or* double] tyres [*or* AM tires], dual fitment [*or* assembly] *spec* **Zwillingsschwester** *f* twin sister **Zwillingsstecker** *m* biplug

Zwingburg *f* HIST stronghold, fortress

Zwinge <-, -n> *f* TECH [screw [*or spec* C]] clamp; (*kleiner*) thumbscrew *spec*

zwingen <zwang, gezwungen> **I.** *vt* ① (*mit Druck veranlassen*) ■**jdn [zu etw] ~,** ■**jdn ~[, etw zu tun]** to force sb [into doing [*or* to do] sth], to make sb [do sth], to compel sb [to [do sth]]; ***ich lasse mich nicht [dazu]*** ~ I won't be forced [into [doing] it]; (*allgemein*) I won't give in to force [*or* be forced into anything]; ***du musst noch nicht gehen, es zwingt dich niemand!*** you don't have to go yet, nobody's forcing you!; ***man kann niemanden zu seinem Glück*** ~ you can lead a horse to water but you can't make it drink *prov*
② (*geh: gewaltsam drängen*) ■**jdn ~** to force sb; ***zwei Wärter zwangen den tobenden Häftling in die Zelle*** two warders forced the raging prisoner into his cell; **jdn zu Boden ~** to wrestle sb to the ground
③ (*notwendig veranlassen*) ■**jdn ~** to force [*or* compel] sb; ***die Situation zwang uns zu raschem Handeln*** the situation compelled us to act quickly; ■**gezwungen sein, etw zu tun** to be forced into [doing] [*or* to do] [*or* compelled [*or* made] to do] sth; **sich gezwungen sehen, etw zu tun** to feel [*or* find] [oneself] compelled [*or form* obliged] to do sth
II. *vr* ■**sich zu etw ~** ■**sich ~, etw zu tun** to force oneself to [*or* make oneself] do sth; ***ich war so müde, ich musste mich ~, die Augen aufzuhalten*** I was so tired it was a great effort to keep my eyes open; ***seit 3 Tagen rauche ich jetzt nicht mehr, aber ich muss mich ~*** I haven't smoked for 3 days, but it's an effort
III. *vi* ■**zu etw ~** to force sb to do sth, to necessitate sth *form;* **zum Handeln/Umdenken ~** to force sb to act/rethink; *s. a.* **Knie**

zwingend I. *adj* urgent; **~e Gründe** compelling [*or* urgent] reasons; **eine Aussage von ~er Logik** a statement of compelling [*or* inescapable] logic
II. *adv* **sich ~ ergeben** to follow conclusively; **~ vorgeschrieben** obligatory

Zwinger <-s, -> *m* cage

zwingt *3. pers. sing von* **zwingen**

zwinkern *vi* [**mit den Augen**] ~ to blink [one's eyes]; [**mit einem Auge**] ~ to wink; **mit dem rechten Auge ~** to wink one's right eye; **freundlich ~** to give [sb] a friendly wink

zwirbeln *vt* ■**etw ~** to twirl sth [between [one's] finger and thumb]

Zwirn <-s, -e> *m* [strong] thread [*or* yarn]

Zwirnsfaden *m* thread

zwischen *präp* ① +*dat* (*sich dazwischen befindend: ~ 2 Personen, Dingen*) between; ■~ **etw und etw** between sth and sth; ***das Kind saß ~ seinem Vater und seiner Mutter*** the child sat between its father and mother; ***der Garten liegt ~ Haus und Straße*** the garden is between the house and the street; ***mein Kalender muss irgendwo ~ den Büchern liegen*** my diary must be somewhere between my books; (*~ mehreren: unter*) among[st]; ***es kam zu einem Streit ~ den 10 Angestellten der Firma*** it came to a quarrel among the firm's 10 employees
② +*akk* (*etw dazwischen platzierend: ~ zwei*) between; ■~ **etw und etw** between sth and sth; (*~ mehrere: unter*) among[st]
③ +*akk* (*in die Mitte*) among[st], between; ***der Terrorist warf die Handgranate ~ die Bischöfe*** the terrorist threw the grenade among the bishops; ***die Reisetasche passt gerade noch ~ die Koffer*** the travelling bag just fits in between the suitcases
④ +*dat* (*zeitlich dazwischenliegend*) between; **~ Weihnachten und Neujahr** between Christmas and New Year
⑤ +*dat* (*als wechselseitige Beziehung*) between; **~ dir und mir** between you and me; **~ Wunsch und Wirklichkeit** between desire and reality
⑥ +*dat* (*zahlenmäßig dazwischenliegend*) between; ***sein Gewicht schwankt ~ 70 und 80 kg*** his weight fluctuates between 70 and 80 kilos

Zwischenablage *f* INFORM clipboard **Zwischenabrechnung** *f* FIN intermediate account **Zwischenabschluss**[RR] *m* FIN interim statement [*or* accounts] *pl* **Zwischenakt** *m* interlude **Zwischenantrag** *m* interlocutary application **Zwischenaufenthalt** *m* stopover; **einen ~ einlegen** to stop over **Zwischenbemerkung** *f* interruption; ***wenn Sie mir eine ~ gestatten, …*** (*geh*) if I may interrupt you there …; ***machen Sie bitte keine ~en*** please don't interrupt me **Zwischenbenutzungsrecht** *nt* JUR intervening rights *pl* **Zwischenbericht** *m* ÖKON interim report; **schlechte ~e** depressing interim reports **Zwischenbescheid** *m* provisional notification *no indef art* **zwischenbetrieblich** *adj* intercompany *attr;* **~e Vereinbarungen** collaboration deal; ■~ **sein** to be on an intercompany level **Zwischenbilanz** *f* FIN interim [*or* struck] balance **Zwischenblutung** *f* MED breakthrough [*or spec* intermenstrual] bleeding *kein pl, no indef art* **Zwischendeck** *nt* 'tween decks *pl* **Zwischendecke** *f* false [*or spec* intermediate] ceiling **Zwischending** *nt s.* **Mittelding**

zwischendrin *adv* ① (*räumlich*) in between, amongst
② (*fam: zeitlich*) in between [times]

zwischendurch *adv* ① *zeitlich* in between times; (*inzwischen*) [in the] meantime; (*nebenbei*) on the side; ***du isst zu viel ~!*** you eat too much between meals!

② *örtlich* in between [them]; ***ein Tannenwald und ~ ein paar Buchen*** a pine forest with a few beech trees thrown in *fam*

Zwischenergebnis *nt* interim result; *Untersuchung a.* interim findings *pl* **Zwischenexamen** *nt* intermediate exam[ination *form*] **Zwischenfall** *m* ① (*unerwartetes Ereignis*) incident ② (*Störfall*) incident, accident; ***die Demonstration verlief ohne Zwischenfälle*** the demonstration went off without incident ③ *pl* (*Ausschreitungen*) serious incidents; (*schwerwiegend*) clashes **Zwischenfeststellungsklage** *f* JUR petition for an interlocutory declaration **Zwischenfilm** *m* (*Repro*) intermediate film **Zwischenfinanzierung** *f* FIN bridging finance **Zwischenfinanzierungsgarantie** *f* FIN interim finance guarantee **Zwischenfrachtführer** *m* HANDEL intermediate carrier **Zwischenfrage** *f* question [thrown in] **Zwischengas** *nt kein pl* AUTO **~ geben** to double-declutch BRIT, to double-clutch AM

zwischengelagert *adj* temporarily stored

Zwischengericht *nt* KOCHK entrée **zwischengeschlechtlich** *adj* between the sexes *pred*, intersexual *spec* **Zwischengeschoss**[RR] *nt* mezzanine [floor] **Zwischenglied** *nt* [connecting] link **Zwischengröße** *f* in-between size **Zwischenhalt** *m* SCHWEIZ *s.* **Zwischenaufenthalt** **Zwischenhandel** *m* ÖKON intermediate trade **Zwischenhändler(in)** *m(f)* middleman **Zwischenhirn** *nt* ANAT interbrain, diencephalon *spec* **zwischenkirchlich** *adj* interconfessional; (*zwischen Freikirchen*) inter-denominational **Zwischenkonto** *nt* FIN interim account **Zwischenkriegszeit** *f* HIST ▪**die ~** the interwar years *pl*

zwischen|kuppeln *vi* AUTO to double-declutch [*or* AM double-clutch]

Zwischenlage *f* BAU intermediate layer **Zwischenlager** *nt* temporary store; (*für Produkte*) intermediate store **zwischen|lagern** *vt* ▪**etw ~** to store sth [temporarily], to put [*or* place] sth in temporary storage **Zwischenlagerung** *f* temporary storage; TYPO buffer [*or* intermediate] storage **zwischen|landen** *vi sein* LUFT to stop over (**in** +*dat* in), to make a stopover (**in** +*dat* in) **Zwischenlandung** *f* LUFT stopover; **eine ~ machen** to make a stopover, to stop over **Zwischenlösung** *f* temporary [*or* interim] [*or* provisional] solution **Zwischenmahlzeit** *f* snack [between meals] **zwischenmenschlich** *adj* interpersonal; **~e Beziehungen** interpersonal [*or* human] relations; **~e Wärme** [personal] warmth **Zwischenpause** *f* [short] break **Zwischenprüfung** *f* intermediate exam[ination *form*] (*on completion of an obligatory set of studies*) **Zwischenraum** *m* ① (*Lücke*) ▪**der/ein ~ zwischen etw** *dat* the/a gap between sth; **einen ~ von anderthalb Zeilen lassen** TYPO to leave a space of one-and-a-half lines ② (*zeitlicher Intervall*) interval; **ein ~ von 3 Jahren** an interval of 3 years, a 3-year interval **Zwischenring** *m* BAU spacer **Zwischenruf** *m* interruption; ▪**~e** heckling; ***der Redner wurde durch ~e immer wieder unterbrochen*** the speaker was repeatedly interrupted by hecklers **Zwischenrufer(in)** <-s, -> *m(f)* heckler **Zwischenrunde** *f* SPORT intermediate round **Zwischensaison** *f* low season **Zwischenschein** *m* BÖRSE interim certificate, scrip **Zwischenspeicher** *m* INFORM intermediate [*or* buffer] storage, clipboard **zwischenspeichern** *vt* INFORM ▪**etw ~** to buffer [*or* plant] sth **Zwischenspiel** *nt* ① MUS (*Interludium*) interlude ② MUS (*instrumentale Überleitung zwischen Strophen*) intermezzo ③ MUS, THEAT (*Entreakt*) interlude ④ LIT (*Episode*) interlude **Zwischenspurt** *m* short spurt; **einen ~ einlegen** to put in spurt **zwischenstaatlich** *adj attr* international; (*bundesstaatlich*) interstate **Zwischenstadium** *nt* intermediate stage; (*bei einer Planung a.*) intermediate phase **Zwischenstation** *f* [intermediate] stop; **in einer Stadt ~ machen** to stop off in a town **Zwischenstecker** *m* ELEK adapter [plug] **Zwischenstellung** *f* intermediate position **Zwischenstreit** *m* JUR preliminary plea **Zwischenstück** *nt* TECH connection, connecting piece **Zwischenstufe** *f* intermediate stage **Zwischensumme** *f* subtotal; **eine ~ machen** to give a subtotal **Zwischentitel** *m* ① FILM, TV title link ② TYPO chapter heading, sub-title **Zwischenton** *m Farbe* shade; (*fig*) nuance **Zwischenurteil** *nt* JUR interlocutory decree [*or* judgment] **Zwischenvereinbarung** *f* interim accord **Zwischenverfahren** *nt* JUR interlocutory proceedings *pl* **Zwischenverfügung** *f* JUR interim order **Zwischenvertrag** *m* JUR provisional agreement **Zwischenwand** *f* dividing wall; (*Stellwand*) partition **Zwischenwirt** *m* BIOL, MED intermediate host **Zwischenzahlung** *f* FIN interlocutory payment **Zwischenzeit** *f* ▪**in der ~** [in the] meantime, meanwhile, in the interim **zwischenzeitlich** *adv* [in the] meantime, meanwhile **Zwischenzeugnis** *nt* ① (*vorläufiges Arbeitszeugnis*) interim reference ② (*vorläufiges Schulzeugnis*) end of term report **Zwischenzins** *m* JUR interim interest

Zwist <-es, -e> *m* (*geh*) discord *form;* (*stärker*) strife *no indef art;* (*Streit*) dispute

Zwistigkeit <-, -en> *f meist pl* (*geh*) dispute

zwitschern I. *vi* to twitter, to chir[ru]p; **das Z~ der Vögel** the twittering [*or* chir[ru]ping] of birds
II. *vt* ▶ WENDUNGEN: **einen ~** (*fam*) to have a drink, to crack a bottle *fam*

Zwitter <-s, -> *m* hermaphrodite

zwitterhaft *adj* hermaphroditic

zwo *adj* (*fam*) two

zwölf- *in Komposita* twelve-; *s. a.* **acht-**

zwölf *adj* twelve; *s. a.* **acht**[1]
▶ WENDUNGEN: **die Z~ Nächte** the Twelve Days of Christmas; **es ist schon fünf vor ~!** it's almost too late!

Zwölfender <-s, -> *m* JAGD royal [stag] *spec*

Zwölferschiit(in) <-en, -en> *m(f)* REL (*Schiit, der 12 Imame anerkennt*) Twelver Shiite

Zwölffingerdarm *m* duodenum **Zwölffingerdarmgeschwür** *nt* MED duodenal ulcer

zwölfjährig *adj* ① (*12 Jahre alt*) twelve-year-old *attr*
② (*12 Jahre dauernd*) twelve-year *attr; s. a.* **achtjährig**

Zwölfkampf *m* SPORT twelve-exercise event

zwölfmalig *adj* twelve times *pred; s. a.* **achtmalig**

Zwölfmeilenzone *f* twelve-mile zone

Zwölfsilbler <-s, -> *m* LIT dodecasyllabic verse [*or* line]; *s. a.* **Achtsilbler**

zwölftägig *adj* ① (*12 Tage alt*) twelve-day-old *attr*
② (*12 Tage dauernd*) twelve-day *attr; s. a.* **achttägig**

zwölftausend *adj* twelve thousand; *s. a.* **achttausend**

zwölfte(r, s) *adj attr* ① (*nach dem elften kommend*) twelfth; **die ~ Klasse** [*o fam* **die ~**] sixth year (*of secondary school*), sixth form BRIT, Upper Sixth BRIT, twelfth grade AM; *s. a.* **achte(r, s) 1**
② (*Datum*) twelfth, 12th; *s. a.* **achte(r, s) 2**

Zwölfte(r) *f(m) dekl wie adj* ① (*Person*) twelfth; *s. a.* **Achte(r) 1**
② (*bei Datumsangaben*) **der ~/am ~n** der 12./am 12.; *geschrieben* the twelfth/on the twelfth *spoken,* the 12th/on the 12th *written; s. a.* **Achte(r) 2**
③ (*als Namenszusatz*) **Ludwig der ~** Ludwig XII; *geschrieben* Louis the Twelfth *spoken,* Louis XII *written*

zwölftel *adj* twelfth; *s. a.* **achtel**

Zwölftel <-s, -> *nt* twelfth; *s. a.* **Achtel**

Zwölftonlehre *f* MUS twelve-tone system, dodecaphony *spec* **Zwölftonmusik** *f* twelve-tone [*or spec* dodecaphonic] music

zwote(r, s) *adj attr* (*fam*) *s.* **zweite(r, s)**

Zyanid <-s, -e> *nt* CHEM cyanide

Zyankali <-s> *nt kein pl* CHEM potassium cyanide

Zyklamat <-s, -e> *nt* CHEM (*Süßstoff*) cyclamate

Zyklamen <-s, -> *nt* BOT, HORT cyclamen

Zyklen *pl von* **Zyklus**

zyklisch *adj* ÖKON cyclic, cyclical; **~e Verlaufsstruktur** cyclic progression

Zyklon <-s, -e> *m* cyclone

Zyklop <-en, -en> *m* MYTH Cyclops

Zyklotron <-s, -s *o* -trone> *nt* PHYS, NUKL cyclotron

Zyklus <-, Zyklen> *m* ① (*geh: Kreislauf*) cycle; **der ~ der Jahreszeiten** the cycle of the seasons
② (*Folge*) cycle, series; **ein ~ von Vorträgen** a series of lectures

Zykluszeit *f* INFORM cycling time

Zylinder <-s, -> *m* ① MATH cylinder
② TECH cylinder, roller
③ AUTO cylinder, pot *spec fam*
④ (*Hut*) top hat, topper *fam*
⑤ INFORM (*Spuren eines Plattenspeichers*) cylinder

Zylinderblock <-blöcke> *m* AUTO engine [*or* cylinder] block, block *fam* **zylinderförmig** *adj s.* **zylindrisch**

Zylinderkopf *m* AUTO cylinder head **Zylinderkopfdichtung** *f* AUTO [cylinder] head gasket **Zylinderkopfhaube** *f* AUTO cylinder valve cover **Zylinderschloss**[RR] *nt,* **Zylinderschloß** *nt* cylinder lock

zylindrisch *adj* cylindrical

Zyniker(in) <-s, -> *m(f)* cynic *a. pej*

zynisch I. *adj* cynical *a. pej*
II. *adv* cynically *a. pej;* **~ grinsen** to give a cynical grin *a. pej*

Zynismus <-, -ismen> *m* ① *kein pl* (*zynische Art*) cynicism *a. pej*
② (*zynische Bemerkung*) cynical remark *a. pej;* ▪**Zynismen** cynical remarks *a. pej*, cynicism *a. pej*

Zypern *nt* Cyprus; *s. a.* **Sylt**

Zyprer(in) <-s, -> *m(f)* Cypriot; *s. a.* **Deutsche(r)**

Zypresse <-, -n> *f* cypress

Zyprier(in) <-s, -> *m(f) s.* **Zyprer**

zyprisch *adj* Cypriot; *s. a.* **deutsch**

Zyste <-, -n> *f* cyst

Zytologie <-> *f kein pl* BIOL cytology *no pl, no indef art*

Zytoplasma *nt* BIOL cytoplasm *spec*

Zytostatikum <-s, -ka> *nt* MED cytostatic [drug [*or* agent]] *spec*

zytostatisch *adj* MED, BIOL cytostatic

z.Z(t). = zur Zeit *s.* **Zeit**

Übersicht über die wichtigsten unregelmäßigen englischen Verben
List of the most important irregular English verbs

Infinitiv Infinitive	Präteritum Imperfect	Partizip Perfekt Past participle
abide	abode, abided	abode, abided
arise	arose	arisen
awake	awoke	awaked, awoken
be	was *sing*, were *pl*	been
bear	bore	borne
beat	beat	beaten
become	became	become
beget	begot, *obs* begat	begotten
begin	began	begun
behold	beheld	beheld
bend	bent	bent
beseech	besought	besought
beset	beset	beset
bet	bet, betted	bet, betted
bid	bade, bid	bid, bidden
bind	bound	bound
bite	bit	bitten
bleed	bled	bled
blow	blew	blown
break	broke	broken
breed	bred	bred
bring	brought	brought
build	built	built
burn	burned, burnt	burned, burnt
burst	burst	burst
buy	bought	bought
can	could	-
cast	cast	cast
catch	caught	caught
chide	chided, chid	chided, chidden, chid
choose	chose	chosen
cleave[1] ***(cut)***	clove, cleaved	cloven, cleaved, cleft
cleave[2] ***(adhere)***	cleaved, clave	cleaved
cling	clung	clung
come	came	come

Infinitiv Infinitive	Präteritum Imperfect	Partizip Perfekt Past participle
cost	cost, costed	cost, costed
creep	crept	crept
cut	cut	cut
deal	dealt	dealt
dig	dug	dug
do	did	done
draw	drew	drawn
dream	dreamed, dreamt	dreamed, dreamt
drink	drank	drunk
drive	drove	driven
dwell	dwelt	dwelt
eat	ate	eaten
fall	fell	fallen
feed	fed	fed
feel	felt	felt
fight	fought	fought
find	found	found
flee	fled	fled
fling	flung	flung
fly	flew	flown
forbid	forbad(e)	forbidden
forget	forgot	forgotten
forsake	forsook	forsaken
freeze	froze	frozen
get	got	got, *Am* gotten
gild	gilded, gilt	gilded, gilt
gird	girded, girt	girded, girt
give	gave	given
go	went	gone
grind	ground	ground
grow	grew	grown
hang	hung, LAW hanged	hung, LAW hanged
have	had	had
hear	heard	heard
heave	heaved, hove	heaved, hove
hew	hewed	hewed, hewn
hide	hid	hidden
hit	hit	hit
hold	held	held

Infinitiv Infinitive	Präteritum Imperfect	Partizip Perfekt Past participle
hurt	hurt	hurt
keep	kept	kept
kneel	knelt	knelt
know	knew	known
lade	laded	laden, laded
lay	laid	laid
lead	led	led
lean	leaned, leant	leaned, leant
leap	leaped, leapt	leaped, leapt
learn	learned, learnt	learned learnt
leave	left	left
lend	lent	lent
let	let	let
lie	lay	lain
light	lit, lighted	lit, lighted
lose	lost	lost
make	made	made
may	might	-
mean	meant	meant
meet	met	met
mistake	mistook	mistaken
mow	mowed	mown, mowed
pay	paid	paid
put	put	put
quit	quit, quitted	quit, quitted
read	read	read
rend	rent	rent
rid	rid	rid
ride	rode	ridden
ring	rang	rung
rise	rose	risen
run	ran	run
saw	sawed	sawed, sawn
say	said	said
see	saw	seen
seek	sought	sought
sell	sold	sold
send	sent	sent
set	set	set
sew	sewed	sewed, sewn
shake	shook	shaken

Infinitiv Infinitive	Präteritum Imperfect	Partizip Perfekt Past participle
shave	shaved	shaved, shaven
shear	sheared	sheared, shorn
shed	shed	shed
shine	shone	shone
shit	shit, *hum* shat	shit, *hum* shat
shoe	shod	shod
shoot	shot	shot
show	showed	shown, showed
shrink	shrank	shrunk
shut	shut	shut
sing	sang	sung
sink	sank	sunk
sit	sat	sat
slay	slew	slain
sleep	slept	slept
slide	slid	slid
sling	slung	slung
slink	slunk	slunk
slit	slit	slit
smell	smelled, smelt	smelled, smelt
smite	smote	smitten
sow	sowed	sowed, sown
speak	spoke	spoken
speed	speeded, sped	speeded, sped
spell	spelled spelt	spelled, spelt
spend	spent	spent
spill	spilled, spilt	spilled, spilt
spin	spun, *old* span	spun
spit	spat	spat
split	split	split
spoil	spoiled, spoilt	spoiled, spoilt
spread	spread	spread
spring	sprang	sprung
stand	stood	stood
stave	stove, staved	stove, staved
steal	stole	stolen
stick	stuck	stuck

Infinitiv Infinitive	Präteritum Imperfect	Partizip Perfekt Past participle
sting	stung	stung
stink	stank	stunk
strew	strewed	strewed, strewn
stride	strode	stridden
strike	struck	struck
string	strung	strung
strive	strove	striven
swear	swore	sworn
sweep	swept	swept
swell	swelled	swollen
swim	swam	swum
swing	swung	swung
take	took	taken
teach	taught	taught
tear	tore	torn

Infinitiv Infinitive	Präteritum Imperfect	Partizip Perfekt Past participle
tell	told	told
think	thought	thought
thrive	throve, thrived	thriven, thrived
throw	threw	thrown
thrust	thrust	thrust
tread	trod	trodden
wake	woke, waked	woken, waked
wear	wore	worn
weave	wove	woven
weep	wept	wept
win	won	won
wind	wound	wound
wring	wrung	wrung
write	wrote	written

Die unregelmäßigen Verben
List of the irregular German verbs

Die einfachen Zeiten unregelmäßiger Verben sind in den Spitzklammern (< >) nach dem Stichwort angegeben. Zusammengesetzte oder präfigierte Verben, deren Formen denen des Grundverbs entsprechen, sind auf der Deutsch-Englischen Seite mit *irreg* markiert. Außerdem gibt das Wörterbuch die unregelmäßigen Formen zusammengesetzter Verben an, die sich anders verhalten als ihre Grundverben. Die Verben, die mit *sein* oder alternativ mit *sein* oder *haben* konjugiert werden, sind entsprechend im Wörterbucheintrag gekennzeichnet. Wenn das Hilfsverb nicht eigens angegeben ist, wird die Perfektform mit *haben* gebildet.

The simple tenses of irregular verbs are given in angle brackets (< >) after the headword in the main part of the dictionary. Compound or prefixed verbs, whose conjugated forms correspond to those of the base verb are marked *irreg* on the German-English side – conjugated forms are provided, however, where these differ from the base verb. Verbs that take *sein* or alternatively *sein* or *haben* in the past tenses are marked accordingly in the dictionary entry. If the auxiliary verb is not specifically given then it may be assumed that the past tenses are formed with *haben*.

Infinitiv Infinitive		2./3. Pers. Sing. Präsens 2nd/3rd pers. sing. present	3. Pers. Sing. Präteritum 3rd pers. sing. simple past	Konjunktiv II Conjunctive II	Imperativ Sing./Pl. Imperative sing./pl.	Partizip Perfekt Past participle
backen		backst *o* bäckst/ backt *o* bäckt	backte *o veraltet* buk	backte *o veraltet* büke	back[e]/backt	gebacken
bedürfen		*1. Pers.* bedarf bedarfst/bedarf	bedurfte	bedürfte	bedarf/bedürft	bedurft
befehlen		befiehlst/befiehlt	befahl	beföhle *o* befähle	befiehl/befehlt	befohlen
beginnen		beginnst/beginnt	begann	begänne *o selten* begönne	beginn[e]/beginnt	begonnen
beißen		beißt/beißt	biss	bisse	beiß[e]/beißt	gebissen
bergen		birgst/birgt	barg	bärge	birgt/bergt	geborgen
bersten		birst/birst	barst	bärste	birst/berstet	geborsten
bewegen *=veranlassen*		bewegst/bewegt	bewog	bewöge	beweg[e]/bewegt	bewogen
biegen		biegst/biegt	bog	böge	bieg[e]/biegt	gebogen
bieten		bietest/bietet	bot	böte	biet[e]/bietet	geboten
binden		bindest/bindet	band	bände	bind[e]/bindet	gebunden
bitten		bittest/bittet	bat	bäte	bitt[e]/bittet	gebeten
blasen		bläst/bläst	blies	bliese	blas[e]/blast	geblasen
bleiben		bleibst/bleibt	blieb	bliebe	bleib[e]/bleibt	geblieben
bleichen		bleichst/bleicht	bleichte *o veraltet* blich	bliche	bleich[e]/bleicht	gebleicht *o veraltet* geblichen
braten		brätst/brät	briet	briete	brat[e]/bratet	gebraten
brechen		brichst/bricht	brach	bräche	brich/brecht	gebrochen
brennen		brennst/brennt	brannte	brennte	brenn[e]/brennt	gebrannt
bringen		bringst/bringt	brachte	brächte	bring[e]/bringt	gebracht
denken		denkst/denkt	dachte	dächte	denk[e]/denkt	gedacht
dingen		dingst/dingt	dang *o* dingte	dingte	ding[e]/dingt	gedungen
dreschen		drischst/drischt	drosch	drösche	drisch/drescht	gedroschen
dringen		dringst/dringt	drang	dränge	dring[e]/dringt	gedrungen
dünken		dünkst/dünkt	dünkte *o veraltet* deuchte	dünkte *o veraltet* deuchte		gedünkt *o veraltet* gedeucht
empfangen		empfängst/empfängt	empfing	empfinge	empfang[e]/empfangt	empfangen
empfehlen		empfiehlst/empfiehlt	empfahl	empföhle	empfiehl/empfehlt	empfohlen
empfinden		empfindest/empfindet	empfand	empfände	empfind[e]/empfindet	empfunden
erküren		erkürst/erkürt	erkor	erköre	erküre/erkürt	erkoren
erlöschen		erlischst/erlischt	erlosch	erlösche	erlisch/erlöscht	erloschen
erschallen		erschallst/erschallt	erscholl *o* erschallte	erschölle *o* erschallte	erschalle/erschallt	erschollen
erschrecken	*vi*	erschrickst/erschrickt	erschreckte *o* erschrak	erschreckte *o* erschräke	erschrickt/erschreckt	erschreckt *o* erschrocken
	vr	erschrickst/erschrickt	erschreckte	erschreckte	erschreckt	erschreckt *o* erschrocken
essen		isst/isst	aß	äße	iss/esst	gegessen
fahren		fährst/fährt	fuhr	führe	fahr[e]/fahrt	gefahren

Infinitiv Infinitive		2./3. Pers. Sing. Präsens 2nd/3rd pers. sing. present	3. Pers. Sing. Präteritum 3rd pers. sing. simple past	Konjunktiv II Conjunctive II	Imperativ Sing./Pl. Imperative sing./pl.	Partizip Perfekt Past participle
fallen		fällst/fällt	fiel	fiele	fall[e]/fallt	gefallen
fangen		fängst/fängt	fing	finge	fang[e]/fangt	gefangen
fechten		fichst/ficht	focht	föchte	ficht/fechtet	gefochten
finden		findest/findet	fand	fände	find[e]/findet	gefunden
flechten		flichst/flicht	flocht	flöchte	flicht/flechtet	geflochten
fliegen		fliegst/fliegt	flog	flöge	flieg[e]/fliegt	geflogen
fliehe		fliehst/flieht	floh	flöhe	flieh[e]/flieht	geflohen
fließen		fließt/fließt	floss	flösse	fließ[e]/fließt	geflossen
fressen		frisst/frisst	fraß	fräße	friss/fresst	gefressen
frieren		frierst/friert	fror	fröre	frie[e]/friert	gefroren
gären		gärst/gärt	gärte *o* gor	gärte *o* gor	gär[e]/gärt	gegärt *o* gegoren
gebären		gebärst/gebärt	gebar	gebäre	gebier/gebärt	geboren
geben		gibst/gibt	gab	gäbe	gib/gebt	gegeben
gedeihen		gedeihst/gedeiht	gedieh	gediehe	gedeih[e]/gedeiht	gediehen
gefallen		gefällst/gefällt	gefiel	gefiele	gefall[e]/gefallen	gefallen
gehen		gehst/geht	ging	ginge	geh[e]/geht	gegangen
gelingen		gelingst/gelingt	gelang	gelänge	geling[e]/gelingt	gelungen
gelten		giltst/gilt	galt	gälte *o* gölte	gilt/geltet	gegolten
genesen		genest/genest	genas	genäse	genese/genest	genesen
genießen		genießt/genießt	genoss	genösse	genieß[e]/genießt	genossen
geraten		gerätst/gerät	geriet	geriete	gerat[e]/geratet	geraten
gerinnen		gerinnst/gerinnt	gerann	geränne	gerinn[e]/gerinnt	geronnen
geschehen		geschiehst/geschieht	geschah	geschähe	geschieh/gescheht	geschehen
gestehen		gestehst/gesteht	gestand	gestände *o* gestünde	gesteh[e]/gesteht	gestanden
gewinnen		gewinnst/gewinnt	gewann	gewönne *o* gewänne	gewinn[e]/gewinnt	gewonnen
gießen		gießt/gießt	goss	gösse	gieß[e]/gießt	gegossen
gleichen		gleichst/gleicht	glich	gliche	gleich[e]/gleicht	geglichen
gleiten		gleitest/gleitet	glitt	glitte	gleit[e]/gleitet	geglitten
glimmen		glimmst/glimmt	glimmte *o selten* glomm	glimmte *o selten* glomm	glimm[e]/glimmt	geglimmt *o selten* geglommen
graben		gräbst/gräbt	grub	grübe	grab[e]/grabt	gegraben
greifen		greifst/greift	griff	griffe	greif[e]/greift	gegriffen
halten		hältst/hält	hielt	hielte	halt[e]/haltet	gehalten
hängen	*vi*	hängst/hängt	hing	hinge	häng[e]/hängt	gehangen
	vt	hängst/hängt	hängte *o dial* hing	hängte	häng[e]/hängt	gehängt *o dial* gehangen
	vr	hängst/hängt	hängte *o dial* hing	hängte	häng[e]/hängt	gehängt *o dial* gehangen
hauen		haust/haut	haute *o* hieb	haute *o* hieb	hau[e]/haut	gehauen *o dial* gehaut
heben		hebst/hebt	hob	höbe	heb[e]/hebt	gehoben
heißen		heißt/heißt	hieß	hieße	heiß[e]/heißt	geheißen
helfen		hilfst/hilft	half	hülfe	hilf/helft	geholfen
kennen		kennst/kennt	kannte	kennte	kenn[e]/kennt	gekannt
klimmen		klimmst/klimmt	klimmte *o* klomm	klimmte *o* klomm	klimm[e]/klimmt	geklommen *o* geklimmt
klingen		klingst/klingt	klang	klänge	kling[e]/klingt	geklungen
kneifen		kneifst/kneift	kniff	kniffe	kneif[e]/kneift	gekniffen
kommen		kommst/kommt	kam	käme	komm[e]/kommt	gekommen

Infinitiv Infinitive	2./3. Pers. Sing. Präsens 2nd/3rd pers. sing. present	3. Pers. Sing. Präteritum 3rd pers. sing. simple past	Konjunktiv II Conjunctive II	Imperativ Sing./Pl. Imperative sing./pl.	Partizip Perfekt Past participle
kriechen	kriechst/kriecht	kroch	kröche	kriech[e]/kriecht	gekrochen
küren	kürst/kürt	kürte *o selten* kor	kürte *o selten* köre	kür[e]/kürt	gekürt
laden	lädst/lädt	lud	lüde	lad[e]/ladet	geladen
lassen	lässt/lässt	ließ	ließe	lass/lasst	gelassen *nach Infinitiv* lassen
laufen	läufst/läuft	lief	lief	lauf[e]/lauft	gelaufen
leiden	leidest/leidet	litt	litte	leid[e]/leidet	gelitten
leihen	leihst/leiht	lieh	liehe	leih[e]/leiht	geliehen
lesen	liest/liest	las	läse	lies/lest	gelesen
liegen	liegst/liegt	lag	läge	lieg[e]/liegt	gelegen
lügen	lügst/lügt	log	löge	lüg[e]/lügt	gelogen
mahlen	mahlst/mahlt	mahlte	mahlte	mahl[e]/mahlt	gemahlen
meiden	meidest/meidet	mied	miede	meid[e]/meidet	gemieden
melken	melkst/melkt	melkte *o veraltend* molk	melkte *o* mölke	melk[e]/melkt	gemolken
messen	misst/misst	maß	mäße	miss/messt	gemessen
misslingen	misslingst/misslingt	misslang	misslänge	missling[e]/misslingt	misslungen
nehmen	nimmst/nimmt	nahm	nähme	nimm/nehmt	genommen
nennen	nennst/nennt	nannte	nennte	nenn[e]/nennt	genannt
pfeifen	pfeifst/pfeift	pfiff	pfiffe	pfeif[e]/pfeift	gepfiffen
preisen	preist/preist	pries	priese	preis[e]/preist	gepriesen
quellen	quillst/quillt	quoll	quölle	quill/quillt	gequollen
raten	rätst/rät	riet	riete	rat[e]/ratet	geraten
reiben	reibst/reibt	rieb	riebe	reib[e]/reibt	gerieben
reißen	reißt/reißt	riss	risse	reiß[e]/reißt	gerissen
reiten	reitest/reitet	ritt	ritte	reit[e]/reitet	geritten
rennen	rennst/rennt	rannte	rennte	renn[e]/rennt	gerannt
reichen	riechst/riecht	roch	röche	riech[e]/riecht	gerochen
ringen	ringst/ringt	rang	ränge	ring[e]/ringt	gerungen
rinnen	rinnst/rinnt	rann	ränne	rinn[e]/rinnt	geronnen
rufen	rufst/ruft	rief	riefe	ruf[e]/ruft	gerufen
salzen	salzst/salzt	salzte	salzte	salz[e]/salze	gesalzen *o selten* gesalzt
saufen	säufst/säuft	soff	söffe	sauf[e]/sauft	gesoffen
saugen	saugst/saugt	sog *o* saugte	söge *o* saugte	saug[e]/saugt	gesogen *o* gesaugt
schaffen *= erschaffen*	schaffst/schafft	schuf	schüfe	schaff[e]/schafft	geschaffen
schallen	schallst/schallt	schallte *o* scholl	schallte *o* schölle	schall[e]/schallt	geschallt
scheiden	scheidest/scheidet	schied	schiede	scheide/scheidet	geschieden
scheinen	scheinst/scheint	schien	schiene	schein[e]/scheint	geschienen
scheißen	scheißt/scheißt	schiss	schisse	scheiß[e]/scheißt	geschissen
schelten	schiltst/schilt	schalt	schölte	schilt/scheltet	gescholten
scheren *=stutzen*	scherst/schert	schor	schöre	scher[e]/schert	geschoren
schieben	schiebst/schiebt	schob	schöbe	schieb[e]/schiebt	geschoben
schießen	schießt/schießt	schoss	schösse	schieß[e]/schießt	geschossen
schinden	schindest/schindet	schindete	schünde	schind[e]/schindet	geschunden
schlafen	schläfst/schläft	schlief	schliefe	schlaf[e]/schlaft	geschlafen

Infinitiv Infinitive		2./3. Pers. Sing. Präsens 2nd/3rd pers. sing. present	3. Pers. Sing. Präteritum 3rd pers. sing. simple past	Konjunktiv II Conjunctive II	Imperativ Sing./Pl. Imperative sing./pl.	Partizip Perfekt Past participle
schlagen		schlägst/schlägt	schlug	schlüge	schlag[e]/schlagt	geschlagen
schleichen		schleichst/schleicht	schlich	schliche	schleich[e]/schleicht	geschlichen
schleifen *= schärfen*		schleifst/schleift	schliff	schliffe	schleif[e]/schleift	geschliffen
schließen		schließt/schließt	schloss	schlösse	schließ[e]/schließt	geschlossen
schlingen		schlingst/schlingt	schlang	schlänge	schling[e]/schlingt	geschlungen
schmeißen		schmeißt/schmeißt	schmiss	schmisse	schmeiß[e]/schmeißt	geschmissen
schmelzen		schmilzt/schmilzt	schmolz	schmölze	schmilz/schmelzt	geschmolzen
schnauben		schnaubst/schnaubt	schnaubte *o veraltet* schnob	schnöbe	schnaub[e]/schnaubt	geschnaubt *o veraltet* geschnoben
schneiden		schneidest/schneidet	schnitt	schnitte	schneid[e]/schneidet	geschnitten
schrecken	*vt* *vi*	schreckst/schreckt schreckst/schreckt	schreckte schrak	schreckte schräke	schreck[e]/schreckt schrick/schreckt	geschreckt geschroken
schreiben		schreibst/schreibt	schrieb	schriebe	schreib[e]/schreibt	geschrieben
schreien		schreist/schreit	schrie	schriee	schrei[e]/schreit	geschrie[e]n
schreiten		schreitest/schreitet	schritt	schritte	schreit[e]/schreitet	geschritten
schweigen		schweigst/schweigt	schwieg	schwiege	schweig[e]/schweigt	geschwiegen
schwellen		schwillst/schwillt	schwoll	schwölle	schwill/schwellt	geschwollen
schwimmen		schwimmst/schwimmt	schwamm	schwämme	schwimm[e]/schwimmt	geschwommen
schwinden		schwindest/schwindet	schwand	schwände	schwind[e]/schwindet	geschwunden
schwingen		schwingst/schwingt	schwang	schwänge	schwing[e]/schwingt	geschwungen
schwören		schwörst/schwört	schwor	schwöre	schwör[e]/schwört	geschworen
sehen		siehst/sieht	sah	sähe	sieh[e]/seht	gesehen
senden *=schicken*		sendest/sendet	sandte *o* sendete	sendete	sende/sendet	gesandt *o* gesendet
sieden		siedest/siedet	siedete *o* sott	siedete *o* sötte	sied[e]/siedet	gesiedet *o* gesotten
singen		singst/singt	sang	sänge	sing[e]/singt	gesungen
sinken		sinkst/sinkt	sank	sänke	sink[e]/sinkt	gesunken
sinnen		sinnst/sinnt	sann	sänne	sinn[e]/sinnt	gesonnen
sitzen		sitzt/sitzt	saß	säße	sitz[e]/sitzt	gesessen
spalten		spaltest/spaltet	spaltete	spaltete	spalt[e]/spaltet	gespalten *o* gespaltet
speien		speist/speit	spie	spiee	spei[e]/speit	gespie[e]n
spinnen		spinnst/spinnt	spann	spönne *o* spänne	spinn[e]/spinnt	gesponnen
sprechen		sprichst/spricht	sprach	spräche	sprich/sprecht	gesprochen
sprießen		sprießt/sprießt	spross *o* spießte	sprösse	sprieß[e]/sprießt	gesprossen
springen		springst/springt	sprang	spränge	spring[e]/springt	gesprungen
stechen		stichst/sticht	stach	stäche	stich/stecht	gestochen
stecken	*vi*	steckst/steckt	steckte *o geh* stak	steckte	steck[e]/steckt	gesteckt
stehen		stehst/steht	stand	stünde *o* stände	steh/steht	gestanden
stehlen		stiehlst/stiehlt	stahl	stähle	stiehl/stehlt	gestohlen
steigen		steigst/steigt	stieg	stiege	steig[e]/steigt	gestiegen
sterben		stirbst/stirbt	starb	stürbe	stirb/sterbt	gestorben
stieben		stiebst/stiebt	stob *o* stiebte	stöbe *o* stiebte	stieb[e]/stiebt	gestoben *o* gestiebt
stinken		stinkst/stinkt	stank	stänke	stink[e]/stinkt	gestunken
stoßen		stößt/stößt	stieß	stieße	stoß[e]/stoßt	gestoßen
streichen		streichst/streicht	strich	striche	streich[e]/streicht	gestrichen

Infinitiv Infinitive	2./3. Pers. Sing. Präsens 2nd/3rd pers. sing. present	3. Pers. Sing. Präteritum 3rd pers. sing. simple past	Konjunktiv II Conjunctive II	Imperativ Sing./Pl. Imperative sing./pl.	Partizip Perfekt Past participle
streiten	streitest/streitet	stritt	stritte	streit[e]/streitet	gestritten
tragen	trägst/trägt	trug	trüge	trag[e]/tragt	getragen
treffen	triffst/trifft	traf	träfe	triff/trefft	getroffen
treiben	treibst/treibt	trieb	triebe	treib[e]/treibt	getrieben
treten	trittst/tritt	trat	träte	tritt/tretet	getreten
triefen	triefst/trieft	triefte *o geh* troff	tröffe	trief[e]/trieft	getrieft *o geh* getroffen
trinken	trinkst/trinkt	trank	tränke	trink/trinkt	getrunken
trügen	trügst/trügt	trog	tröge	trüg[e]/trügt	getrogen
tun	*1. Pers.* tu[e] tust/tut	tat	täte	tu[e]/tut	getan
überessen	überisst/überisst	überaß	überäße	überiss/überesst	übergessen
verbieten	verbietest/verbietet	verbot	verböte	verbiet[e]/verbietet	verboten
verbrechen	verbrichst/verbricht	verbrach	verbräche	verbrich/verbrecht	verbrochen
verderben	verdirbst/verdirbt	verdarb	verdürbe	verdirb/verderbt	verdorben
verdingen	verdingst/verdingt	verdingte	verdingte	verding[e]/verdingt	verdungen *o* verdingt
verdrießen	verdrießt/verdrießt	verdross	verdrösse	verdrieß[e]/verdrießt	verdrossen
vergessen	vergisst/vergisst	vergaß	vergäße	vergiss/vergesst	vergessen
verhauen	verhaust/verhaut	verhaute	verhaute	verhau[e]/verhaut	verhauen
verlieren	verlierst/verliert	verlor	verlöre	verlier[e]/verliert	verloren
verlöschen	verlischst/verlischt	verlosch	verlösche	verlisch/verlöscht	verloschen
verraten	verrätst/verrät	verriet	verriete	verrat[e]/verratet	verraten
verschleißen	verschleißt/verschleißt	verschliss	verschlisse	verschleiß[e]/ verschleißt	verschlissen
verstehen	verstehst/versteht	verstand	verstünde *o* verstände	versteh[e]/versteht	verstanden
verwenden	verwendest/ verwendet	verwendete *o* verwandte	verwendete	verwend[e]/ verwendet	verwendet *o* verwandt
verzeihen	verzeihst/verzeiht	verzieh	verziehe	verzeih[e]/verzeiht	verziehen
wachsen	wächst/wächst	wuchs	wüchse	wachs[e]/wachst	gewachsen
wägen	wägst/wägt	wog *o* wägte	wögte *o* wägte	wäg[e]/wägt	gewogen
waschen	wäschst/wäscht	wusch	wüsche	wasch[e]/wascht	gewaschen
weben	webst/webt	webte *o geh* wob	webte *o geh* wöbe	web[e]/webt	gewebt *o geh* gewoben
weichen	weichst/weicht	wich	wiche	weich[e]/weicht	gewichen
weisen	weist/weist	wies	wiese	weis[e]/weist	gewiesen
wenden	wendest/wendet	wendete *o geh* gewandt	wendete	wend[e]/wendet	gewendet *o geh* gewandt
werben	wirbst/wirbt	warb	würbe	wirb/werbt	geworben
werfen	wirfst/wirft	warf	würfe	wirf/werft	geworfen
wiegen *= auf Waage*	wiegst/wiegt	wog	wöge	wieg[e]/wiegt	gewogen
winden *= schlingen*	windest/windet	wand	wände	wind[e]/windet	gewunden
winken	winkst/winkt	winkte	winkte	wink[e]/winkt	gewinkt *o dial* gewunken
wissen	*1. Pers.* weiß weißt/weiß	wusste	wüsste	wisse *liter*/wisset *liter*	gewusst
wringen	wringst/wringt	wrang	wränge	wring[e]/wringt	gewrungen
ziehen	ziehst/zieht	zog	zöge	zieh[e]/zieht	gezogen
zwingen	zwingst/zwingt	zwang	zwänge	zwing[e]/zwingt	gezwungen

Die Hilfsverben *sein, haben* und *werden*
The auxiliary verbs *sein, haben* and *werden*

sein

Präsens Present	Präteritum Simple past	Perfekt Perfect	Plusquamperfekt Pluperfect
bin	war	bin gewesen	war gewesen
bist	warst	bist gewesen	warst gewesen
ist	war	ist gewesen	war gewesen
sind	waren	sind gewesen	waren gewesen
seid	wart	seid gewesen	wart gewesen
sind	waren	sind gewesen	waren gewesen

Futur Future	Konjunktiv I Conjunctive I	Konjunktiv II Conjunctive II	Imperativ Imperative
werde sein	sei	wäre	sei
wirst sein	seist	wär[e]st	seien Sie
wird sein	sei	wäre	seien wir
werden sein	seien	wären	seid
werdet sein	seiet	wär[e]t	seien Sie
werden sein	seien	wären	

haben

Präsens Present	Präteritum Simple past	Perfekt Perfect	Plusquamperfekt Pluperfect
habe	hatte	habe gehabt	hatte gehabt
hast	hattest	hast gehabt	hattest gehabt
hat	hatte	hat gehabt	hatte gehabt
haben	hatten	haben gehabt	hatten gehabt
habt	hattet	habt gehabt	hattet gehabt
haben	hatten	haben gehabt	hatten gehabt

Futur Future	Konjunktiv I Conjunctive I	Konjunktiv II Conjunctive II	Imperativ Imperative
werde haben	habe	hätte	hab[e]
wirst haben	habest	hättest	haben Sie
wird haben	habe	hätte	haben wir
werden haben	haben	hätten	habt
werdet haben	habet	hättet	haben Sie
werden haben	haben	hätten	

werden

Präsens Present	Präteritum Simple past	Perfekt Perfect	Plusquamperfekt Pluperfect
werde	wurde	bin geworden	war geworden
wirst	wurdest	bist geworden	warst geworden
wird	wurde	ist geworden	war geworden
werden	wurden	sind geworden	waren geworden
werdet	wurdet	seid geworden	wart geworden
werden	wurden	sind geworden	waren geworden

Futur Future	Konjunktiv I Conjunctive I	Konjunktiv II Conjunctive II	Imperativ Imperative
werde werden	werde	würde	werd[e]
wirst werden	werdest	würdest	werden Sie
wird werden	werde	würde	werden wir
werden werden	werden	würden	werdet
werdet werden	werdet	würdet	werden Sie
werden werden	werden	würden	

Die Modalverben
The modal verbs

können

Präsens Present	Präteritum Simple past	Perfekt Perfect	Plusquamperfekt Pluperfect
kann	konnte	habe gekonnt	hatte gekonnt
kannst	konntest	hast gekonnt	hattest gekonnt
kann	konnte	hat gekonnt	hatte gekonnt
können	konnten	haben gekonnt	hatten gekonnt
könnt	konntet	habt gekonnt	hattet gekonnt
können	konnten	haben gekonnt	hatten gekonnt

Futur Future	Konjunktiv I Conjunctive I	Konjunktiv II Conjunctive II
werde können	könne	könnte
wirst können	könntest	könntest
wird können	könne	könnte
werden können	können	könnten
werdet können	könn[e]t	könntet
werden können	können	könnten

dürfen

Präsens Present	Präteritum Simple past	Perfekt Perfect	Plusquamperfekt Pluperfect
darf	durfte	habe gedurft	hatte gedurft
darfst	durftest	hast gedurft	hattest gedurft
darf	durfte	hat gedurft	hatte gedurft
dürfen	durften	haben gedurft	hatten gedurft
dürft	durftet	habt gedurft	hattet gedurft
dürfen	durften	haben gedurft	hatten gedurft

Futur Future	Konjunktiv I Conjunctive I	Konjunktiv II Conjunctive II
werde dürfen	dürfe	dürfte
wirst dürfen	dürftest	dürftest
wird dürfen	dürfe	dürfte
werden dürfen	dürfen	dürften
werdet dürfen	dürf[e]t	dürftet
werden dürfen	dürfen	dürften

mögen

Präsens Present	Präteritum Simple past	Perfekt Perfect	Plusquamperfekt Pluperfect
mag	mochte	habe gemocht	hatte gemocht
magst	mochtest	hast gemocht	hattest gemocht
mag	mochte	hat gemocht	hatte gemocht
mögen	mochten	haben gemocht	hatten gemocht
mögt	mochtet	habt gemocht	hattet gemocht
mögen	mochten	haben gemocht	hatten gemocht

Futur Future	Konjunktiv I Conjunctive I	Konjunktiv II Conjunctive II
werde mögen	möge	möchte
wirst mögen	mögest	möchtest
wird mögen	möge	möchte
werden mögen	mögen	möchten
werdet mögen	mög[e]t	möchtet
werden mögen	mögen	möchten

müssen

Präsens Present	Präteritum Simple past	Perfekt Perfect	Plusquamperfekt Pluperfect
muss	musste	habe gemusst	hatte gemusst
musst	musstest	hast gemusst	hattest gemusst
muss	musste	hat gemusst	hatte gemusst
müssen	mussten	haben gemusst	hatten gemusst
müsst	musstet	habt gemusst	hattet gemusst
müssen	mussten	haben gemusst	hatten gemusst

Futur Future	Konjunktiv I Conjunctive I	Konjunktiv II Conjunctive II
werde müssen	müsse	müsste
wirst müssen	müssest	müsstest
wird müssen	müsse	müsste
werden müssen	müssen	müssten
werdet müssen	müss[e]t	müsstest
werden müssen	müssen	müssten

sollen

Präsens Present	Präteritum Simple past	Perfekt Perfect	Plusquamperfekt Pluperfect
soll	sollte	habe gesollt	hatte gesollt
sollst	solltest	hast gesollt	hattest gesollt
soll	sollte	hat gesollt	hattet gesollt
sollen	sollten	haben gesollt	hatten gesollt
sollt	solltet	habt gesollt	hattet gesollt
sollen	sollten	haben gesollt	hatten gesollt

Futur Future	Konjunktiv I Conjunctive I	Konjunktiv II Conjunctive II
werde sollen	solle	sollte
wirst sollen	sollest	solltest
wird sollen	solle	sollte
werden sollen	sollen	sollten
werdet sollen	soll[e]t	solltet
werden sollen	sollen	sollten

wollen

Präsens Present	Präteritum Simple past	Perfekt Perfect	Plusquamperfekt Pluperfect
will	wollte	habe gewollt	hatten gewollt
willst	wolltest	hast gewollt	hattest gewollt
will	wollte	hat gewollt	hatte gewollt
wollen	wollten	haben gewollt	hatten gewollt
wollt	wolltet	habt gewollt	hattet gewollt
wollen	wollten	haben gewollt	hatten gewollt

Futur Future	Konjunktiv I Conjunctive I	Konjunktiv II Conjunctive II
werde wollen	wolle	wollte
wirst wollen	wollest	wolltest
wird wollen	wolle	wollte
werden wollen	wollen	wollten
werdet wollen	woll[e]t	wolltet
werden wollen	wollen	wollten

Britische und amerikanische Maße und Gewichte
British and American measures and weights

Längenmaße
Linear measures

1 inch (in) 1″	= 2,54 cm	
1 foot (ft) 1′	= 12 inches	= 30,48 cm
1 yard (yd)	= 3 feet	= 91,44 cm
1 furlong (fur)	= 220 yards	= 201,17 m
1 mile (m)	= 1760 yards	= 1,609 km
1 league	= 3 miles	= 4,828 km

Nautische Maße
Nautical measures

1 fathom	= 6 feet	= 1,829 m
1 cable	= 608 feet	= 185,31 m
1 nautical, sea mile	= 10 cables	= 1,852 km
1 sea league	= 3 nautical miles	= 5,550 km

Feldmaße
Surveyors' measures

1 link	= 7,92 inches	= 20,12 cm
1 rod, perch, pole	= 25 links	= 5,029 m
1 chain	= 4 rods	= 20,12 m

Flächenmaße
Square measures

1 square inch	= 6,452 cm^2	
1 square foot	= 144 sq inches	= 929,029 cm^2
1 square yard	= 9 sq feet	= 0,836 m^2
1 square rod	= 30,25 sq yards	= 25,29 m^2
1 acre	= 4840 sq yards	= 40,47 Ar
1 square mile	= 640 acres	= 2,59 km^2

Raummaße
Cubic measures

1 cubic inch	= 16,387 cm^3	
1 cubic foot	= 1728 cu inches	= 0,028 m^3
1 cubic yard	= 27 cu feet	= 0,765 m^3
1 register ton	= 100 cu feet	= 2,832 m^3

Britische Hohlmaße
British measures of capacity

Flüssigkeitsmaße
Liquid measures of capacity

1 gill	= 0,142 l	
1 pint (pt)	= 4 gills	= 0,568 l
1 quart (qt)	= 2 pints	= 1,136 l
1 gallon (gal)	= 4 quarts	= 4,546 l
1 barrel	= *(für Öl)* 35 gallons	= 159,106 l
	(Bierbrauerei) 36 gallons	= 163,656 l

Trockenmaße
Dry measures of capacity

1 peck	= 2 gallons	= 9,092 l
1 bushel	= 4 pecks	= 36,368 l
1 quarter	= 8 bushels	= 290,935 l

Amerikanische Hohlmaße
American measures of capacity

Flüssigkeitsmaße
Liquid measures of capacity

1 gill	= 0,118 l	
1 pint	= 4 gills	= 0,473 l
1 quart	= 2 pints	= 0,946 l
1 gallon	= 4 quarts	= 3,785 l
1 barrel	= *(für Öl)* 42 gallons	= 159,106 l

Handelsgewichte
Avoirdupois weights

1 grain (gr)	= 0,0648 g	
1 dram (dr)	= 27,3438 grains	= 1,772 g
1 ounce (oz)	= 16 drams	= 28,35 g
1 pound (lb)	= 16 ounces	= 453,59 g
1 stone	= 14 pounds	= 6,348 kg
1 quarter	= 28 pounds	= 12,701 kg
1 hundredweight (cwt)	= (BRIT *long cwt*) 112 pounds	= 50,8 kg
	(AM *short cwt*) 100 pounds	= 45,36 kg
1 ton	= (BRIT *long ton*) 20 cwt	= 1016 kg
	(AM *short ton*) 2000 pounds	= 907,185 kg

Temperaturumrechnung
Temperature conversion

Fahrenheit – Celsius

°F	°C
0	–17,8
32	0
50	10
70	21,1
90	32,2
98,4	37
212	100

zur Umrechnung 32 abziehen und mit $^5/_9$ multiplizieren

To convert subtract 32 and multiply by $^5/_9$

Celsius – Fahrenheit

°C	°F
–10	14
0	32
10	50
20	68
30	86
37	98,4
100	212

zur Umrechnung mit $^9/_5$ multiplizieren und 32 addieren

To convert multiply by $^9/_5$ and subtract 32

Amtliche deutsche Maße und Gewichte
Official German measures and weights

Längenmaße
Linear measures

		Zeichen Symbol	
Seemeile	*nautical mile*	sm	1852 m
Kilometer	*kilometre*	km	1000 m
Meter	*metre*	m	Grundeinheit – basic unit of measure
Dezimeter	*decimetre*	dm	0,1 m
Zentimeter	*centimetre*	cm	0,01 m
Millimeter	*millimetre*	mm	0,001 m

Flächenmaße
Square measures

Quadratkilometer	*square kilometre*	km^2	1 000 000 m^2
Hektar	*hectare*	ha	10 000 m^2
Ar	*are*	a	100 m^2
Quadratmeter	*square metre*	m^2	1 m^2
Quadratdezimeter	*square decimetre*	dm^2	0,01 m^2
Quadratzentimeter	*square centimetre*	cm^2	0,0001 m^2
Quadratmillimeter	*square millimetre*	mm^2	0,000 001 m^2

Kubik- und Hohlmaße
Cubic measures and measures of capacity

Kubikmeter	*cubic metre*	m^3	1,0 m^3
Hektoliter	*hectolitre*	hl	0,1 m^3
Kubikdezimeter	*cubic decimetre*	dm^3	0,001 m^3
Liter	*litre*	l	
Kubikzentimeter	*cubic centimetre*	cm^3	0,000 001 m^3

Gewichte
Weights

Tonne	*ton*	t	1000 kg
Doppelzentner	–	dz	100 kg
Kilogramm	*kilogram(me)*	kg	1000 g
Gramm	*gram(me)*	g	1 g
Milligramm	*milligram(me)*	mg	0,001 g

Zahlwörter
Numerals

1. Cardinal numbers – Grundzahlen

0 nought, cipher, zero *null*
1 one *eins*
2 two *zwei*
3 three *drei*
4 four *vier*
5 five *fünf*
6 six *sechs*
7 seven *sieben*
8 eight *acht*
9 nine *neun*
10 ten *zehn*
11 eleven *elf*
12 twelve *zwölf*
13 thirteen *dreizehn*
14 fourteen *vierzehn*
15 fifteen *fünfzehn*
16 sixteen *sechzehn*
17 seventeen *siebzehn*
18 eighteen *achtzehn*
19 nineteen *neunzehn*
20 twenty *zwanzig*
21 twenty-one *einundzwanzig*
22 twenty-two *zweiundzwanzig*
23 twenty-three *dreiundzwanzig*
30 thirty *dreißig*
31 thirty-one *einunddreißig*
32 thirty-two *zweiunddreißig*
33 thirty-three *dreiunddreißig*
40 forty *vierzig*
41 forty-one *einundvierzig*
50 fifty *fünfzig*
51 fifty-one *einundfünfzig*
60 sixty *sechzig*
61 sixty-one *einundsechzig*
70 seventy *siebzig*
71 seventy-one *einundsiebzig*
80 eighty *achtzig*
81 eighty-one *einundachtzig*
90 ninety *neunzig*
91 ninety-one *einundneunzig*
100 one hundred *hundert*
101 hundred and one *hundert(und)eins*
102 hundred and two *hundert(und)zwei*
110 hundred and ten *hundert(und)zehn*
200 two hundred *zweihundert*
300 three hundred *dreihundert*
451 four hundred and fifty-one *vierhundert(und)einundfünfzig*
1000 a (*or* one) thousand *tausend*
2000 two thousand *zweitausend*
10 000 ten thousand *zehntausend*
1 000 000 a (*or* one) million *eine Million*
2 000 000 two million *zwei Millionen*
1 000 000 000 billion *eine Milliarde*
1 000 000 000 000 trillion *eine Billion*

2. Ordinal numbers – Ordnungszahlen

1\. first *erste*
2\. second *zweite*
3\. third *dritte*
4\. fourth *vierte*
5\. fifth *fünfte*
6\. sixth *sechste*
7\. seventh *siebente*
8\. eighth *achte*
9\. ninth *neunte*
10\. tenth *zehnte*
11\. eleventh *elfte*
12\. twelfth *zwölfte*
13\. thirteenth *dreizehnte*
14\. fourteenth *vierzehnte*
15\. fifteenth *fünfzehnte*
16\. sixteenth *sechzehnte*
17\. seventeenth *siebzehnte*
18\. eighteenth *achtzehnte*
19\. nineteenth *neunzehnte*
20\. twentieth *zwanzigste*
21\. twenty-first *einundzwanzigste*
22\. twenty-second *zweiundzwanzigste*
23\. twenty-third *dreiundzwanzigste*
30\. thirtieth *dreißigste*
31\. thirty-first *einunddreißigste*
40\. fortieth *vierzigste*
41\. forty-first *einundvierzigste*
50\. fiftieth *fünfzigste*
51\. fifty-first *einundfünfzigste*
60\. sixtieth *sechzigste*
61\. sixty-first *einundsechzigste*
70\. seventieth *siebzigste*
71\. seventy-first *einundsiebzigste*
80\. eightieth *achtzigste*
81\. eighty-first *einundachtzigste*
90\. ninetieth *neunzigste*
100\. (one) hundredth *hundertste*
101\. hundred and first *hundertunderste*

200. two hundredth *zweihundertste*	2000. two thousandth *zweitausendste*
300. three hundredth *dreihundertste*	100 000 (one) hundred thousandth *einhunderttausendste*
451. four hundred and fifty-first *vierhundert(und)einundfünfzigste*	1 000 000. millionth *millionste*
1000. (one) thousandth *tausendste*	10 000 000. ten millionth *zehnmillionste*
1100. (one) thousand and (one) hundredth *tausend(und)-einhundertste*	

3. Fractional numbers – Bruchzahlen

$^1/_2$ one (*or* a) half *ein halb*	$^2/_3$ two thirds *zwei Drittel*
$^1/_3$ one (*or* a) third *ein Drittel*	$^3/_4$ three fourths, three quarters *drei Viertel*
$^1/_4$ one (*or* a) fourth (*or* a quarter) *ein Viertel*	$^2/_5$ two fifths *zwei Fünftel*
$^1/_5$ one (*or* a) fifth *ein Fünftel*	$^3/_{10}$ three tenths *drei Zehntel*
$^1/_{10}$ one (*or* a) tenth *ein Zehntel*	$1^1/_2$ one and a half *anderthalb*
$^1/_{100}$ one hundredth ein Hundertstel	$2^1/_2$ two and a half *zwei(und)einhalb*
$^1/_{1000}$ one thousandth *ein Tausendstel*	$5^3/_8$ five and three eighths *fünf drei achtel*
$^1/_{1\,000\,000}$ one millionth *ein Millionstel*	1,1 one point one *eins Komma eins* (1,1)

4. Multiples – Vervielfältigungszahlen

single *einfach*	fourfold, quadruple *vierfach*
double *zweifach*	fivefold *fünffach*
threefold, treble, triple *dreifach*	(one) hundredfold *hundertfach*

Gesetzliche Feiertage in der englischsprachigen Welt (ohne Sonntage)
Public Holidays in the English-speaking world (excluding Sundays)

January
1st: New Year's Day (Aus, Can, NZ, Sing, UK, USA)
2nd: Day After New Year's Day (Aus, NZ, Scot)
15th: Martin Luther King's Birthday (USA)
26th: Australia Day (Aus)

February
Chinese New Year (Sing)
6th: Waitangi Day (NZ)
President's Day (USA – 3rd Monday in February)

March
17th: St Patrick's Day (Ireland)

April
Good Friday (Aus, Can, NZ, Sing, UK)
Easter Saturday (Aus)
Easter Monday (Aus, NZ, UK)
25th: Anzac Day (Aus, NZ)

May
1st: May Day/Labour Day (UK)
24th: Victoria Day (Can – Monday the 24th or Monday *before* the 24th)
Memorial Day (USA – last Monday in May)
Spring Bank Holiday (UK – last Monday in May)

June
Queen's Birthday (Aus – 2nd Monday in all states except Western Australia)

July
1st: Canada Day (Can)
4th: Independence Day (USA)

August
Summer Bank Holiday (UK – last Monday, in Scotland – 1st Monday)

September
Labor Day (Can, USA, NZ – first Monday in September)
Queen's Birthday (Aus – last Monday, WA only)

October 12th: Columbus Day (USA – 2nd Monday in October)
Thanksgiving (Day) (Can – 2nd Monday in October)

November Thanksgiving (Day) (USA – 4th Thursday in November)
11th: Veterans' Day (USA)

December 25th: Christmas Day (Aus, Can, NZ, Sing, UK, USA)
26th: Boxing Day (Aus, NZ, UK – if on a Saturday/Sunday then the Monday/Tuesday will be a Bank Holiday)

Andere, nicht gesetzliche Feiertage
Popular or Religious Holidays (not Public Holidays)

February 2nd: Groundhog Day (Can, USA)
14th: Valentine's Day
Shrove Tuesday, Pancake Day (= *Faschingsdienstag*) (UK)
Ash Wednesday (= *Aschermittwoch*)

March 1st: St. David's Day (Wales)
Commonwealth Day (2nd Monday in March) (not USA)
17th: St Patrick's Day (for Irish ex-pats worldwide)

April Maundy Thursday (= *Gründonnerstag*)
23rd: St George's Day (England)

September/October
Jewish New Year/Rosh Hashana(h)
Yom Kippur/Day of Atonement (10 days after Rosh Hashanah)

October 31st: Halloween

November 1st: All Saints' Day
Remembrance Day/Poppy Day (Can, UK – Sunday nearest 11th)
30th: St Andrew's Day (Scotland)

December Hanuk(k)ah/Jewish Feast of Lights (USA)
31st: New Year's Eve/Hogmanay in Scotland

Länder der Welt
Countries of the world

Die Länder sind alphabetisch angeordnet und sowohl unter der deutschen als auch unter der englischen Schreibweise zu finden. In Fällen, wo beide Formen nebeneinander stehen, werden sie in einem Eintrag abgehandelt.

The countries are listed alphabetically and are listed both under the German and the English spelling. Where the two forms stand next to each other they are treated in one single entry.

Land Country	Hauptstadt Capital	MEZ* CET*	Währung[1] Currency[1]	internationale Vorwahl international dialling code
Afghanistan	Kabul	+3 h	Afghani	0093
Ägypten *Egypt*	Kairo *Cairo*	+1 h	Ägyptisches Pfund *Egyptian pound*	0020
Albanien *Albania*	Tirana	MEZ	Lek	00355
Algerien *Algeria*	Algier *Algiers*	MEZ	Algerischer Dinar	00213
Andorra	Andorra la Vella	MEZ	Euro (früher franz. Franc und Peseta)	00376
Angola	Luanda	MEZ	Neuer Kwanza	00244
Antigua und Barbuda *Antigua and Barbuda*	St. John's	–5 h	Ostkaribischer Dollar *East Caribbean Dollar*	001268
Äquatorialguinea *Equatorial Guinea*	Malab *Malabo*	MEZ	CFA-Franc	00240
Argentinien *Argentina*	Buenos Aires	–4 h	Peso	0054
Armenien *Armenia*	Yerevan *Eriwan*		Dram	00374
Aserbaidschan *Azerbaijan*	Baku	+3 h	Manat	00994
Äthiopien *Ethiopia*	Addis Abeba *Addis Ababa*	+2 h	Birr	00251
Australien *Australia*	Canberra (+9 h)	+7/+9 h	Australischer Dollar	0061
Austria *Österreich*	Vienna *Wien*	MEZ	euro (formerly schilling*)*	0043
Azerbaijan *Aserbaidschan*	Baku	+3 h	manat	00994
Bahamas	Nassau	–6 h	Bahama-Dollar	001242
Bahrain	Al Manama *Manama*	+3 h	Bahrain-Dinar	00973
Bangladesch *Bangladesh*	Dhaka	+5 h	Taka	00880
Barbados	Bridgetown	–5 h	Barbados-Dollar	001246
Belarus/Weißrussland *Belarus*	Minsk	+1 h	Weißruss. Rubel	00375
Belgien *Belgium*	Brüssel *Brussels*	MEZ	Euro (früher belg. Franc)	0032
Belize	Belmopan	–7 h	Belize-Dollar	00501
Benin	Porto Novo	–1 h	CFA-Franc	00229
Bhutan	Thimphu	+7 h	Ngultrum	00975
Birma/Myanmar	Rangun/Yangon *Rangoon*	+5 h	Kyat	0095
Bolivien *Bolivia*	Sucre	–5 h	Peso Boliviano	00591
Bosnien-Herzegowina *Bosnia-Herzegovina*	Sarajevo	MEZ	B.-H.-Dinar	00387
Botswana	Gaborone	+1 h	Pula	00267
Brasilien *Brazil*	Brasília (–4 h)	–3/–6 h	Real	0055
Brunei	Bandar Seri Begawan	+7 h	Brunei-Dollar	00673
Bulgarien *Bulgaria*	Sofia	+1 h	Lew	00359
Burkina Faso	Ouagadougou	–1 h	CFA-Franc	00226
Burundi	Bujumbara	+1 h	Burundi-Franc	00257
Cambodia *Kambodscha*	Phnom Penh	+6 h	riel	00855
Cameroon *Kamerun*	Yaoundé	MEZ	CFA franc	00237
Canada *Kanada*	Ottawa (–6h)	–6/–9 h	Canadian dollar	001
Cape Verde *Kap Verde*	Praia	–2 h	Cape Verde escudo	00238

Land Country	Hauptstadt Capital	MEZ* CET*	Währung[1] Currency[1]	internationale Vorwahl international dialling code
Central African Republic *Zentralafrikanische Republik*	Bangui	MEZ	CFA franc	00236
Chad *Tschad*	N'Djaména	MEZ	CFA franc	00235
Chile	Santiago de Chile	–5 h	Chilenischer Peso	0056
China	Beijing/Peking	+7/+8 h	Yuan	0086
Comoros *Komoren*	Moroni	+4 h	Comoros franc	00269
Congo (Republic of the Congo) *Kongo*	Brazzaville	MEZ	CFA franc	00242
Congo (Democratic Republic of the Congo) *Demokratische Republik Kongo*	Kinshasa	MEZ	Congo franc	00243
Cookinseln *Cook Islands*	Avarua	–11 h	Neuseeland-Dollar *New Zealand dollar*	00682
Costa Rica	San José	–7 h	Costa-Rica-Colón	00506
Côte d'Ivoire/Elfenbeinküste *Ivory Coast*	Yamoussoukro	–1 h	CFA-Franc	00225
Croatia *Kroatien*	Zagreb	MEZ	kuna	00385
Cuba *Kuba*	Havana *Havanna*	–6 h	peso	0053
Cyprus *Zypern*	Nikosia *Nicosia*	+1 h	Cypriot pound	00357
Czech Republic *Tschechische Republik*	Prague *Prag*	MEZ	koruna *Tschechische Krone*	00420
Dänemark *Denmark*	Kopenhagen *Copenhagen*	MEZ	Dänische Krone	0045
Deutschland *Germany*	Berlin	MEZ	Euro (früher Deutsche Mark)	0049
Djibouti/Dschibuti	Djibouti	+2 h	Djibouti-Franc	00253
Dominica	Roseau	–5 h	Ostkaribischer Dollar *East Caribbean Dollar*	001767
Dominikan. Republik *Dominican Republic*	Santo Domingo	–5h	Dominikan. Peso	001809
Ecuador	Quito	–6 h	US-Dollar	00593
Egypt *Ägypten*	Cairo *Kairo*	+1 h	Egyptian pound *Ägyptisches Pfund*	0020
Elfenbeinküste *Ivory Coast*	Yamoussoukro	–1 h	CFA-Franc	00225
El Salvador	San Salvador	–7 h	El-Salvador-Colón	00503
England (GB)	London	–1 h	Pfund Sterling	0044
Equatorial Guinea *Äquatorialguinea*	Malabo *Malab*	MEZ	CFA franc	00240
Eritrea	Asmara	+2 h	Nafka	00291
Estland *Estonia*	Tallinn	+1 h	Estnische Krone	00372
Ethiopia *Äthiopien*	Addis Ababa *Addis Abeba*	+2 h	birr	00251
Fidschi *Fiji*	Suva	+11 h	Fidschi-Dollar	00679
Finnland *Finland*	Helsinki	+1 h	Euro (früher Finnmark)	00358
Frankreich *France*	Paris	MEZ	Euro (früher franz. Franc)	0033
Gabun *Gabon*	Libreville	MEZ	CFA-Franc	00241
Gambia	Banjul	–1 h	Dalasi	00220
Georgien *Georgia*	Tbilissi/Tiflis *Tbilisi*	+3 h	Lari	00995
Germany *Bundesrepublik Deutschland*	Berlin	MEZ	euro (formerly deutschmark)	0049
Ghana	Accra	–1 h	Cedi	00233
Great Britain *Großbritannien*	London	–1 h	pound sterling	0044
Grenada	St. George's	–5 h	Ostkaribischer Dollar *East Caribbean dollar*	001473
Griechenland *Greece*	Athen *Athens*	+1 h	Euro (früher Drachme)	0030
Großbritannien *Great Britain*	London	–1 h	Pfund Sterling	0044
Guatemala	Guatemala	–7 h	Quetzal	00502
Guinea	Conakry	–1 h	Guinea-Franc	00224

Land Country	Hauptstadt Capital	MEZ* CET*	Währung[1] Currency[1]	internationale Vorwahl international dialling code
Guinea-Bissau	Bissau	−1 h	CFA-Franc	00245
Guyana	Georgetown	−5 h	Guyana-Dollar	00592
Haiti	Port-au-Prince	−6 h	Gourde	00509
Honduras	Tegucigalpa	−7 h	Lempira	00504
Hungary *Ungarn*	Budapest	MEZ	forint	0036
Iceland *Island*	Reykjavik	−1 h	króna	00354
Indien *India*	Neu Dehli *New Delhi*	+4 h	Indische Rupie	0091
Indonesien *Indonesia*	Jakarta	+6/+7 h	Rupiah	0062
Irak *Iraq*	Bagdad *Baghdad*	+2 h	Irak-Dinar	00964
Iran	Teheran	+2 h	Rial	0098
Iraq *Irak*	Baghdad *Bagdad*	+2 h	dinar	00964
Irland *Ireland*	Dublin	−1 h	Euro (früher irisches Pfund)	00353
Island *Iceland*	Reykjavik	−1 h	Isländische Krone	00354
Israel	Jerusalem	+1 h	Neuer Schekel	00972
Italien *Italy*	Rom *Rome*	MEZ	Euro (früher Lire)	0039
Ivory Coast *Elfenbeinküste*	Yamoussoukro	−1 h	CFA franc	00225
Jamaika *Jamaica*	Kingston	−6 h	Jamaika-Dollar	001876
Japan	Tokyo	+8 h	Yen	0081
Jemen	Sanaa	+2 h	Jemen-Rial	00967
Jordanien *Jordan*	Amman	+1 h	Jordan-Dinar	00962
Jugoslawien (Serbien und Montenegro) *Yugoslavia (Serbia and Montenegro)*	Belgrad *Belgrade*	MEZ	Jugoslawischer Dinar	00381
Kambodscha *Cambodia*	Phnom Penh	+6 h	Riel	00855
Kamerun *Cameroon*	Yaoundé	MEZ	CFA-Franc	00237
Kanada *Canada*	Ottawa (−6 h)	−6/−9 h	Kanadischer Dollar	001
Kap Verde *Cape Verde*	Praia	−2 h	Kap Verde Escudo	00238
Kasachstan *Kazakhstan*	Astana	+3 h	Tenge	007
Katar *Qatar*	Doha	+2 h	Katar-Riyal	00974
Kenia *Kenya*	Nairobi	+2 h	Kenya-Shilling	00254
Kirgistan/Kyrgyzstan *Kyrgystan*	Bishkek	+4 h	Kirgistan-Som	00996
Kiribati	Bairiki	+11 h	Australischer Dollar	00686
Kolumbien *Columbia*	Bogotá	−6 h	Kolumbian. Peso	0057
Komoren *Comoros*	Moroni	+4 h	Komoren-Franc	00269
Kongo *Congo*	Kinshasa	MEZ	Kongo-Franc	00243
Kongo (Demokratische Republik Kongo) *Congo*	Brazzaville	MEZ	CFA-Franc	00242
Korea-Nord *North Korea*	Pjöngjang *Pyongyang*	+8 h	Won	00850
Korea-Süd *South Korea*	Seoul	+8 h	Won	0082
Kroatien *Croatia*	Zagreb	MEZ	Kuna	00385
Kuba *Cuba*	Havanna *Havana*	−6 h	Kubanischer Peso	0053
Kuwait	Kuwait	+2 h	Kuwait-Dinar	00965
Laos	Vientiane	+6 h	Kip	00856
Latvia *Lettland*	Riga	+1 h	lat *Lats*	00371

Land Country	Hauptstadt Capital	MEZ* CET*	Währung[1] Currency[1]	internationale Vorwahl international dialling code
Lebanon *Libanon*	Beirut	+1 h	Lebanese pound	00961
Lesotho	Maseru	+1 h	Loti	00266
Lettland *Latvia*	Riga	+1 h	Lats	00371
Libanon *Lebanon*	Beirut	+1 h	Libanes. Pfund	00961
Liberia	Monrovia	−1 h	Liberian. Dollar	00231
Libyen *Libya*	Tripolis *Tripoli*	MEZ	Lybischer Dinar	00218
Liechtenstein *Lichtenstein*	Vaduz	MEZ	Schweizer Franken	004175
Litauen *Lithuania*	Vilnius/Wilna *Vilnius*	+1 h	Litas	00370
Luxemburg *Luxembourg*	Luxemburg *Luxembourg*	MEZ	Euro (früher Luxembourg Franc)	00352
Macedonia *Mazedonien*	Skopje	MEZ	denar	00389
Madagaskar *Madagascar*	Antananarivo	+2 h	Madagaskar-Franc	00261
Malawi	Lilongwe	+1 h	Malawi-Kwacha	00265
Malaysia	Kuala Lumpur	+6/+7 h	Malays. Ringgit	0060
Malediven *Maldives*	Malé *Male*	+4 h	Rufiyaa	00960
Mali	Bamako	−1 h	CFA-Franc	00223
Malta	Valletta	MEZ	Maltesische Lira	00356
Marokko *Morocco*	Rabat	−1 h	Dirham	00212
Marshallinseln *Marshall Islands*	Majuro	+11 h	US-Dollar	00692
Mauretanien *Mauritania*	Nouakchott	−1 h	Ouguiya	00222
Mauritius	Port Louis	+3 h	Mauritius-Rupie	00230
Mazedonien/Makedonien *Macedonia*	Skopje	MEZ	Mazedonischer Denar	00389
Mexiko *Mexico*	Mexico City (−7 h)	−7/−9 h	Mexikanischer Peso	0052
Mikronesien *Micronesia*	Palikir	+10h	US-Dollar	00691
Moldawien *Moldova*	Chişinău	+1 h	Moldau-Leu	00373
Monaco	Monaco-Ville	MEZ	Euro (früher franz. Franc)	00377
Mongolei *Mongolia*	Ulan-Bator *Ulan Bator*	+6 h	Tugrik	00976
Morocco *Marokko*	Rabat	−1 h	dirham	00212
Mosambik *Mozambique*	Maputo	+1 h	Metical	00258
Myanmar/Birma *Myanmar/Burma*	Rangun/Yangon *Rangoon*	+5 h	Kyat	0095
Namibia	Windhuk *Windhoek*	+1 h	Namibia-Dollar	00264
Nauru	Yaren	+11 h	Australischer Dollar	00674
Nepal	Kathmandu	+4 h	Nepales. Rupie	00977
Netherlands *Niederlande*	Amsterdam	MEZ	euro (formerly guilder)	0031
Neuseeland *New Zealand*	Wellington	+11 h	Neuseeland-Dollar	0064
Nicaragua	Managua	−7 h	Córdoba	00505
Niederlande *the Netherlands*	Amsterdam	MEZ	Euro (früher holl. Gulden)	0031
Niger	Niamey	MEZ	CFA-Franc	00227
Nigeria	Abuja	MEZ	Naira	00234
Niue	Alofi	−12 h	Neuseeland-Dollar *New Zealand dollar*	00683
Nordirland (UK) *Northern Ireland*	Belfast	−1 h	Pfund Sterling	0044
North Korea *Nordkorea*	Pyongyang *Pjöngjang*	+8 h	won	00850
Norwegen *Norway*	Oslo	MEZ	Norwegische Krone	0047

Land Country	Hauptstadt Capital	MEZ* CET*	Währung[1] Currency[1]	internationale Vorwahl international dialling code
Oman	Maskat *Muscat*	+3 h	Rial Omani	00968
Österreich *Austria*	Wien *Vienna*	MEZ	Euro (früher Schilling)	0043
Pakistan	Islamabad	+4 h	Pakistanische Rupie	0092
Palau	Koror	+8 h	US-Dollar	00680
Panama	Panama	−6 h	Balboa	00507
Papua-Neuguinea *Papua New Guinea*	Port Moresby	+9 h	Kina	00675
Paraguay	Asunción	−5 h	Guaraní	00595
Peru	Lima	−6 h	Nuevo Sol	0051
Philippinen *Philippines*	Manila	+7 h	Philippinischer Peso	0063
Polen *Poland*	Warschau *Warsaw*	MEZ	Zloty	0048
Portugal	Lissabon *Lisbon*	−1 h	Euro (früher Escudo)	00351
Puerto Rico (USA)	San Juan	−6 h	US-Dollar	001787
Qatar *Katar*	Doha	+2 h	riyal	00974
Romania *Rumänien*	Bucharest *Bukarest*	+1 h	leu	0040
Ruanda *Rwanda*	Kigali	+1 h	Ruanda-Franc	00250
Rumänien *Romania*	Bukarest *Bucharest*	+1 h	Leu (*pl* Lei)	0040
Russland (Russische Föderation) *Russia*	Moskau (+2 h) *Moscow*	+1/+7 h	Rubel	007
Rwanda *Ruanda*	Kigali	+1 h	Rwanda franc	00250
St. Kitts und Nevis *St Kitts and Nevis*	Basseterre	−5 h	Ostkaribischer Dollar *East Caribbean dollar*	001869
St. Lucia *St Lucia*	Castries	−5 h	Ostkaribischer Dollar *East Caribbean dollar*	001758
St. Vincent und die Grenadinen *St Vincent and the Grenadines*	Kingstown	−5 h	Ostkaribischer Dollar *East Caribbean dollar*	001784
Salomoninseln *Solomon Islands*	Honiara	+10 h	Salomonen-Dollar *Solomon Island dollar*	00677
Sambia *Zambia*	Lusaka	+1 h	Kwacha	00260
Samoa	Apia	−12 h	Tala	00685
San Marino	San Marino	MEZ	Euro (früher Lire)	00378
Sao Tomé und Príncipe *São Tomé and Príncipe*	São Tomé	−1 h	Dobra	00239
Saudi-Arabien *Saudi Arabia*	Riyadh	+2 h	Saudi Riyal	00966
Schottland (GB) *Scotland*	Edinburgh	−1 h	Pfund Sterling	0044
Schweden *Sweden*	Stockholm	MEZ	Schwedische Krone	0046
Schweiz *Switzerland*	Bern *Bern(e)*	MEZ	Schweizer Franken	0041
Scotland *Schottland*	Edinburgh	−1 h	pound sterling	0044
Senegal	Dakar	−1 h	CFA-Franc	00221
Seychellen *Seychelles*	Victoria	+3 h	Seychellen-Rupie	00248
Sierra Leone	Freetown	−1 h	Leone	00232
Simbabwe *Zimbabwe*	Harare	+1 h	Simbabwe-Dollar	00263
Singapur *Singapore*	Singapur *Singapore*	+7 h	Singapur-Dollar	0065
Slovakia *Slowakei*	Bratislava	MEZ	koruna *Slowakische Krone*	00421
Slovenia *Slowenien*	Ljubljana	MEZ	tolar	00386
Slowakische Republik/Slowakei *Slovakia*	Bratislava/Preßburg *Bratislava*	MEZ	Slowakische Krone	00421
Slowenien *Slovenia*	Ljubljana	MEZ	Tolar	00386
Solomon Islands *Salomoninseln*	Honiara	+10 h	Solomon Island dollar *Salomonen-Dollar*	00677

Land Country	Hauptstadt Capital	MEZ* CET*	Währung[1] Currency[1]	internationale Vorwahl international dialling code
Somalia	Mogadischu *Mogadishu*	+2 h	Somalia-Shilling	00252
South Africa *Südafrika*	Pretoria	+1 h	rand	0027
South Korea *Südkorea*	Seoul	+8 h	won	0082
Spanien *Spain*	Madrid	MEZ	Euro (früher Peseta)	0034
Sri Lanka	Colombo	+4 h	Sri-Lanka-Rupie	0094
Südafrika *South Africa*	Pretoria	+1 h	Rand	0027
Sudan	Khartoum	+1 h	Sudanes. Pfund	00249
Suriname	Paramaribo	−4 h	Suriname-Gulden	00597
Swasiland *Swaziland*	Mbabane	+1 h	Lilangeni	00268
Sweden *Schweden*	Stockholm	MEZ	krona	0046
Switzerland *Schweiz*	Bern(e) *Bern*	MEZ	Swiss franc	0041
Syrien *Syria*	Damaskus *Damascus*	+1 h	Syrisches Pfund	00963
Tadschikistan *Tajikistan*	Duschanbe *Dushanbe*	+4 h	Rubel	00992
Taiwan	Taipeh *Taipei*	+7 h	Taiwan-Dollar	00886
Tajikistan *Tadschikistan*	Dushanbe *Duschanbe*	+4 h	ruble	00992
Tansania *Tanzania*	Dodoma	+2 h	Tansania-Shilling	00255
Thailand	Bangkok	+6 h	Baht	0066
Togo	Lomé	−1 h	CFA-Franc	00228
Tonga	Nuku'alofa	+12 h	Pa'anga	00676
Trinidad und Tobago *Trinidad and Tobago*	Port of Spain	−5 h	T.u.T.-Dollar	001868
Tschad *Chad*	N'Djaména	MEZ	CFA-Franc	00235
Tschechien/Tschech. Republik *Czech Republic*	Prag *Prague*	MEZ	Tschechische Krone	00420
Tunesien *Tunesia*	Tunis	MEZ	Tunesischer Dinar	00216
Türkei *Turkey*	Ankara	+1 h	Türkische Lira	0090
Turkmenistan	Aschchabat *Ashgabat*	+4 h	Manat	00993
Tuvalu	Funafuti	+11 h	Australischer Dollar	00688
Uganda	Kampala	+2 h	Uganda-Shilling	00256
Ukraine	Kiew *Kiev*	+1 h	Hrywnja/Griwna	00380
Ungarn *Hungary*	Budapest	MEZ	Forint	0036
United Arab Emirates *Vereinigte Arabische Emirate*	Abu Dhabi	+3 h	dirham	00971
United Kingdom *Vereinigtes Königreich*	London	−1 h	pound sterling	0044
United States of America *Vereinigte Staaten von Amerika*	Washington D. C. (−6 h)	−6/−11 h	US dollar	001
Uruguay	Montevideo	−4 h	Uruguayischer Peso	00598
USA	Washington D. C. (−6 h)	−6/−11 h	US-Dollar	001
Usbekistan	Taschkent *Tashkent*	+4 h	Usbekistan-Sum	00998
Vanuatu	Port Vila	+10 h	Vatu	00678
Vatikanstadt *Vatican City*		MEZ	Euro (früher Lire)	0039
Venezuela	Caracas	−5 h	Bolivar	0058
Vereinigte Arabische Emirate *United Arab Emirates/UAE*	Abu Dhabi	+3 h	Dirham	00971
Vereinigte Staaten von Amerika/USA *United States of America/USA*	Washington D. C. (−6 h)	−6/−11 h	US-Dollar	001
Vereinigtes Königreich *United Kingdom/UK*	London	−1 h	Pfund Sterling	0044
Vietnam	Hanoi	+6 h	Dong	0084
Wales (GB)	Cardiff	−1 h	Pfund Sterling	0044

Land Country	Hauptstadt Capital	MEZ* CET*	Währung[1] Currency[1]	internationale Vorwahl international dialling code
Weißrussland/Belarus *Belarus*	Minsk	+1 h	Weißruss. Rubel	00375
Zambia *Sambia*	Lusaka	+1 h	kwacha	00260
Zentralafrik. Republik *Central African Republic*	Bangui	MEZ	CFA-Franc	00236
Zimbabwe *Simbabwe*	Harare	+1 h	Zimbabwe dollar	00263
Zypern *Cyprus*	Nicosia	+1 h	Zypern-Pfund	00357
Zypern, türkischer Teil *Turkish Republic of Northern Cyprus*	Nicosia	+1 h	Türkische Lira	0090

* Beachten Sie bitte auch die **Sommerzeit.**
Please also take **summertime** into consideration.

CFA-Franc = Franc **C**ommunauté **F**inancière **A**fricaine

[1] In der Regel werden die Währungseinheiten auf Deutsch großgeschrieben, auf Englisch dagegen kleingeschrieben. In diesen Fällen wird in der Liste nur die deutsche Schreibweise angegeben. Bei signifikant unterschiedlichen Schreibweisen wird sowohl die deutsche als auch die englische Form aufgeführt.

Currencies are generally only capitalized in German and not in English. In these cases only the German spelling is given in the list. In cases where the spelling differs significantly between the two languages both forms are provided.

Verwaltungsbezirke Administative districts

United Kingdom

England
Hauptstadt (Capital): London

Grafschaft (County)	Abkürzung (Abbreviation)	Hauptstadt (Administrative centre)
Bedfordshire	Beds	Bedford
Berkshire	Berks	Reading
Buckinghamshire	Bucks	Aylesbury
Cambridgeshire	Cambs	Cambridge
Cheshire	Ches	Chester
Cornwall	Corn	Truro
Cumbria		Carlisle
Derbyshire	Derbs	Matlock
Devon		Exeter
Dorset		Dorchester
Durham	Dur	Durham
East Sussex	E. Sussex	Lewes
Essex		Chelmsford
Gloucestershire	Glos	Gloucester
Greater London		**London**
Greater Manchester		Manchester
Hampshire	Hants	Winchester
Hertfordshire	Herts	Hertford
Kent		Maidstone
Lancashire	Lancs	Preston
Leicestershire	Leics	Leicester
Lincolnshire	Lincs	Lincoln
Merseyside		Liverpool
Norfolk		Norwich
Northamptonshire	Northants	Northampton
Northumberland	Northd	Morpeth
North Yorkshire	N. Yorks	Northallerton
Nottinghamshire	Notts	Nottingham
Oxfordshire	Oxon	Oxford
Shropshire	Salop	Shrewsbury
Somerset	Som	Taunton
South Yorkshire	S. Yorks	Barnsley
Staffordshire	Staffs	Stafford
Suffolk	Suff	Ipswich
Surrey		Kingston upon Thames
Tyne and Wear		Newcastle upon Tyne
Warwickshire	Warks	Warwick
West Midlands	W. Midlands	Birmingham
West Sussex	W. Sussex	Chichester
West Yorkshire	W. Yorks	Wakefield
Wiltshire	Wilts	Trowbridge
Worcestershire	Worcs	Worcester

Wales, *Walisisch:* Cymru

Unitary authority (≈ Verwaltungseinheit)	Hauptstadt (Administrative headquarters)
Anglesey	Llangefni
Blaenau Gwent	Ebbw Vale
Bridgend	Bridgend
Caerphilly	Hengoed
Cardiff	**Cardiff**
Carmarthenshire	Carmarthen
Ceredigion	Aberaeron
Conwy	Conwy
Denbighshire	Ruthin
Flintshire	Mold
Gwynedd	Caernarfon
Merthyr Tydfil	Merthyr Tydfil
Monmouthshire	Cwmbran
Neath Port Talbot	Port Talbot
Newport	Newport
Pembrokeshire	Haverfordwest
Powys	Llandrindod Wells
Rhondda Cynon Taff	Clydach Vale
Swansea	Swansea
Torfaen	Pontypool
Vale of Glamorgan	Barry
Wrexham	Wrexham

Scotland

Unitary authority (≈ Verwaltungseinheit)	Hauptstadt (Administrative headquarters)
Aberdeen City	
Aberdeenshire	Aberdeen
Angus	Forfar
Argyll and Bute	Lochgilphead
Clackmannanshire	Alloa
Dumfries and Galloway	Dumfries
Dundee City	
East Ayrshire	Kilmarnock
East Dunbartonshire	Kirkintilloch
East Lothian	Haddington
East Renfrewshire	Giffnock
Edinburgh City	
Falkirk	Falkirk
Fife	Glenrothes
Glasgow City	
Highland	Inverness
Inverclyde	Greenock
Midlothian	Dalkeith
Moray	Elgin
North Ayrshire	Irvine
North Lanarkshire	Motherwell
Orkney Islands	Kirkwall
Perth and Kinross	Perth
Renfrewshire	Paisley
Scottish Borders	Melrose
Shetland Islands	Lerwick
South Ayrshire	Ayr
South Lanarkshire	Hamilton
Stirling	Stirling
West Dunbartonshire	Dunbarton
Western Isles	Stornoway
West Lothian	Livingston

Northern Ireland

Grafschaft (County)	Hauptstadt (Principal town)
Antrim	**Belfast**
Armagh	Armagh
Down	Downpatrick
Fermanagh	Enniskillen
Londonderry	Londonderry
Tyrone	Omagh

Republic of Ireland *or* Irish Republic, *Gälisch:* Èire
Hauptstadt (Capital): Dublin

Provinces

Connacht, *früher:* Connaught

Grafschaften (Counties)	Hauptstadt (Principal town)
Galway, *Gälisch:* Gaillimh	Galway
Leitrim, *Gälisch:* Liathdroma	Carrick-on-Shannon
Mayo, *Gälisch:* Mhuigheo	Castlebar
Roscommon, *Gälisch:* Ros Comáin	Roscommon
Sligo, *Gälisch:* Sligeach	Sligo

Leinster

Grafschaften (Counties)	Hauptstadt (Principal town)
Carlow, *Gälisch:* Cheatharlach	Carlow
Dublin, *Gälisch:* Baile Átha Cliath	**Dublin**
Kildare, *Gälisch:* Chill Dara	Naas
Kilkenny, *Gälisch:* Chill Choinnigh	Kilkenny
Laois/Laoighis/Leix	Portlaoise
Longford, *Gälisch:* Longphuirt	Longford
Louth, *Gälisch:* Lughbhaidh	Dundalk
Meath, *Gälisch:* na Midhe	Navan
Offaly, *Gälisch:* Ua bhFailghe	Tullamore
Westmeath, *Gälisch:* na h-Iarmhidhe	Mullingar
Wexford, *Gälisch:* Loch Garman	Wexford
Wicklow, *Gälisch:* Cill Mhantáin	Wicklow

Munster

Grafschaften (Counties)	Hauptstadt (Principal town)
Clare, *Gälisch:* An Cláir	Ennis
Cork, *Gälisch:* Chorcaigh	Cork
Kerry, *Gälisch:* Chiarraighe	Tralee
Limerick, *Gälisch:* Luimneach	Limerick
Tipperary, *Gälisch:* Thiobrad Árann	Clonmel
Waterford, *Gälisch:* Phort Láirge	Waterford

Ulster

Grafschaften (Counties)	Hauptstadt (Principal town)
Cavan, *Gälisch:* Cabháin	Cavan
Donegal, *Gälisch:* Dún na nGall	Lifford
Monaghan, *Gälisch:* Mhuineachain	Monaghan

United States of America
Hauptstadt/Capital: Washington, D.C.

Bundesstaat **State**	**Abkürzung** (die jeweils 2. Abkürzung wird in Postanschriften verwendet) **Abbreviation** (the 2nd abbreviation is used in zip codes)	**Spitzname** **Nickname**	**Einwohnername** **Inhabitant**	**Hauptstadt** **Capital**
Alabama	Ala., AL	Yellow Hammer State Heart of Dixie	Alabamian	Montgomery
Alaska	Alas., AK	The Last Frontier	Alaskan	Juneau
Arizona	Ariz., AZ	Grand Canyon State	Arizonan	Phoenix
Arkansas	Ark., AR	Land of Opportunity	Arkansan	Little Rock
California	Calif., CA	Golden State	Californian	Sacramento
Colorado	Colo., CO	Centennial State	Coloradoan Coloradan	Denver
Connecticut	Conn., CT	Constitution State Nutmeg State	Nutmegger (Connecticut) Yankee	Hartford
Delaware	Del., DE	First State Diamond State	Delawarean	Dover
Florida	Fla., FL	Sunshine State	Floridian	Tallahassee
Georgia	Ga., GA	Empire State of the South Peach State	Georgian	Atlanta
Hawaii	HI	Aloha State Paradise of the Pacific	Hawaiian	Honolulu
Idaho	Id., ID	Gem State	Idahoan	Boise
Illinois	Ill., IL	Prairie State	Illinoisan	Springfield
Indiana	Ind., IN	Hoosier State	Indianan Hoosier	Indianapolis
Iowa	Ia., IA	Hawkeye State	Iowan	Des Moines
Kansas	Kans., KS	Sunflower State	Kansan	Topeka
Kentucky	Ky., KY	Bluegrass State	Kentuckian	Frankfort
Louisiana	La., LA	Pelican State	Louisianan	Baton Rouge
Maine	Me., ME	Pine Tree State	Mainer	Augusta
Maryland	Md., MD	Old Line State	Marylander	Annapolis
Massachusetts	Mass., MA	Bay State	New Englander Bay Stater	Boston
Michigan	Mich., MI	Wolverine State Lake State	Michiganian Michigander	Lansing
Minnesota	Minn., MN	Gopher State North Star State	Minnesotan	Staint Paul
Mississippi	Miss., MS	Magnolia State	Mississippian	Jackson
Missouri	Mo., MO	Show Me State	Missourian	Jefferson City
Montana	Mont., MT	Treasure State Big Sky Country	Montanan	Helena
Nebraska	Nebr., NE	Corn Husker State	Nebraskan	Lincoln
Nevada	Nev., NV	Sagebrush State Silver State	Nevadan	Carson City
New Hampshire	N.H., NH	Granite State	New Hampshirite	Concord
New Jersey	N.J., NJ	Garden State	New Jerseyite New Jersian	Trenton
New Mexico	N.M., NM	Land of Enchantment	New Mexican	Santa Fe
New York	N.Y., NY	Empire State	New Yorker	Albany

Bundesstaat **State**	**Abkürzung** (die jeweils 2. Abkürzung wird in Postanschriften verwendet) **Abbreviation** (the 2nd abbreviation is used in zip codes)	**Spitzname** **Nickname**	**Einwohnername** **Inhabitant**	**Hauptstadt** **Capital**
North Carolina	N.C., NC	Tarheel State Old North State	North Carolinian	Raleigh
North Dakota	N.D., ND	Sioux State Peace Garden State Flickertail State	North Dakotan	Bismarck
Ohio	O., OH	Buckeye State	Ohioan	Columbus
Oklahoma	Okla., OK	Sooner State	Oklahoman	Oklahoma City
Oregon	Ore., OR	Beaver State	Oregonian	Salem
Pennsylvania	Pa., PA	Keystone State	Pennsylvanian	Harrisburg
Rhode Island	R.I., RI	Ocean State Little Rhody	Rhode Islanders	Providence
South Carolina	S.C., SC	Palmetto State	South Carolinian	Columbia
South Dakota	S.D., SD	Coyote State Sunshine State	South Dakotan	Pierre
Tennessee	Tenn., TN	Volunteer State	Tennesseean	Nashville
Texas	Tex., TX	Lone Star State	Texan	Austin
Utah	Ut., UT	Beehive State Mormon State	Utahan	Salt Lake City
Vermont	Vt., VT	Green Mountain State	Vermonter	Montpelier
Virginia	Va., VA	Old Dominion Mother of Presidents Mother of States	Virginian	Richmond
Washington	Wash., WA	Evergreen State	Washingtonian	Olympia
West Virginia	W.V., WV	Mountain State	West Virginian	Charleston
Wisconsin	Wis., WI	Badger State	Wisconsinite	Madison
Wyoming	Wyo., WY	Equality State	Wyomingite	Cheyenne

Spitznamen einiger amerikanischer Städte
Nicknames of some of the cities in the US

Stadt	**Spitzname**
Chicago, Ill	The Windy City
Denver, Colo.	The Mile-High City
Detroit, Mich.	Motor City
New York	The Big Apple, Gotham
Los Angeles, Calif.	The City of the Angels, The Big Orange
Minneapolis and St. Paul, Minn.	Twin Cities
New Orleans, La.	The Big Easy
Philadelphia, Pa.	The City of Brotherly Love

Canada
Hauptstadt (Capital): Ottawa

Provinz **Province**	**Abkürzung** (die jeweils 2. Abkürzung wird in Postanschriften verwendet) **Abbreviation** (the 2nd abbreviation is used in zip codes)	**Hauptstadt** **Capital**
Alberta	Alta., AB	Edmonton
British Columbia	B.C., BC	Victoria
Manitoba	Man., MB	Winnipeg
New Brunswick	N.B., NB	Fredericton
Newfoundland and Labrador	Nfld., NF	Saint John's
Novia Scotia	N.S:, NS	Halifax
Ontario	Ont., ON	Toronto
Prince Edward Island	P.E.I., PE	Charlottetown
Québec	Que. or PQ, QC	Québec
Saskatchewan	Sask, SK	Regina

Territorium **Territory**		**Hauptstadt** **Capital**
Northwest Territories	N.W.T., NT	Yellowknife
Nunavut Territory	NU	Iqaluit
Yukon Territory	Y.T., YT	Whitehorse

Australia
Hauptstadt (Capital): Canberra

Bundesstaat **State**	**Abkürzung** **Abbreviation**	**Hauptstadt** **Capital**
New South Wales	NSW	Sydney
Queensland	Qld., QLD	Brisbane
South Australia	SA	Adelaide
Tasmania	Tas., *fam* Tassie,	Hobart
Victoria	Vic.	Melbourne
Western Australia	WA	Perth

Territorium **Territory**		**Hauptstadt** **Capital**
Australian Capital Territory	ACT	Canberra
Northern Territory	NT	Darwin

New Zealand
Hauptstadt (Capital): Wellington

North Island	
South Island	
Stewart Island	
Chatham Islands	

Kleinere Inseln
Smaller Islands

Auckland Islands	
Kermadec Islands	
Campbell Island	
the Antipodes	
Three Kings Islands	
Bounty Island	
Snares Island	
Solander Island	

Zugehörige Territorien
Dependencies

Tokelau Islands	
Ross Dependency	
Niue Island (free associate)	
Cook Islands (free associates)	

Bundesrepublik Deutschland – Federal Republic of Germany
Hauptstadt (Capital): Berlin

Bundesland Land	Hauptstadt Capital
Baden-Württemberg	Stuttgart
Bayern *Bavaria*	München *Munich*
Berlin	Berlin
Brandenburg	Potsdam
Bremen	Bremen
Hamburg	Hamburg
Hessen *Hesse*	Wiesbaden
Mecklenburg-Vorpommern *Mecklenburg-West Pomerania*	Schwerin
Niedersachsen *Lower Saxony*	Hannover *Hanover*

Bundesland Land	Hauptstadt Capital
Nordrhein-Westfalen *North Rhine-Westphalia*	Düsseldorf
Rheinland-Pfalz *Rhineland-Palatinate*	Mainz
Saarland	Saarbrücken
Sachsen *Saxony*	Dresden
Sachsen-Anhalt *Saxony-Anhalt*	Magdeburg
Schleswig-Holstein	Kiel
Thüringen *Thuringia*	Erfurt

Österreich – Austria
Hauptstadt (Capital): Wien – Vienna

Bundesland Federal province	Hauptstadt Capital
Burgenland	Eisenstadt
Kärnten *Carinthia*	Klagenfurt
Niederösterreich *Lower Austria*	St. Pölten
Oberösterreich *Upper Austria*	Linz
Salzburg	Salzburg

Bundesland Federal province	Hauptstadt Capital
Steiermark *Styria*	Graz
Tirol *Tyrol*	Innsbruck
Vorarlberg	Bregenz
Wien *Vienna*	Wien *Vienna*

Die Schweiz – Switzerland
Hauptstadt (Capital): Bern

Kanton Canton	Hauptstadt Capital
Aargau	Aarau
Appenzell-Ausserrhoden *Appenzell Outer Rhodes*	Herisau
Appenzell-Innerrhoden *Appenzell Inner Rhodes*	Appenzell
Basel-Land(schaft) *Basel District*	Liestal
Basel-Stadt *Basel City*	Basel
Bern	Bern
Freiburg *Fribourg*	Freiburg *Fribourg*
Genf *Geneva*	Genf *Geneva*
Glarus	Glarus
Graubünden *Grisons*	Chur
Jura	Delémont
Luzern *Lucerne*	Luzern *Lucerne*
Neuenburg *Neuchâtel*	Neuenburg *Neuchâtel*

Kanton Canton	Hauptstadt Capital
Nidwalden	Stans
Obwalden	Sarnen
St. Gallen *St Gall*	St. Gallen *St Gall*
Schaffhausen	Schaffhausen
Schwyz	Schwyz
Solothurn	Solothurn
Thurgau	Frauenfeld
Tessin *Ticino*	Bellinzona
Uri	Altdorf
Waadt *Vaud*	Lausanne
Wallis *Valais*	Sitten *Sion*
Zug	Zug
Zürich *Zurich*	Zürich *Zurich*

Notizen

	Zeichen und Abkürzungen	Symbols and Abbreviations
►	phraseologischer Block	
|	trennbares Verb	
=	Kontraktion	
*	Partizip ohne *ge-*	
≈	entspricht etwa	
–	Sprecherwechsel in einem Dialog, Deutsch	
—	Sprecherwechsel in einem Dialog, Englisch	
®	Warenzeichen	
RR	reformierte Schreibung	
■	zeigt eine grammatische Konstruktion auf	
↻	zeigt variable Stellung des Objektes und der Ergänzung bei Phrasal Verbs auf	
a.	auch	also
abbrev, Abk	Abkürzung	abbreviation
acr	Akronym	acronym
adj	Adjektiv	adjective
ADMIN	Verwaltung	administration
adv	Adverb	adverb
AEROSP	Raum- und Luftfahrt	aerospace
AGR	Landwirtschaft	agriculture
akk	Akkusativ	accusative
Akr	Akronym	acronym
AM	amerikanisches Englisch	American English
ANAT	Anatomie	anatomy
approv	aufwertend	approving
ARCHÄOL, ARCHEOL	Archäologie	archeology
ARCHIT	Architektur	architecture
ART	Kunst	
art	Artikel	article
ASTROL	Astrologie	astrology
ASTRON	Astronomie	astronomy
attr	attributiv	attributive
AUS	australisches Englisch	Australian English
AUTO	Auto	automobile
aux vb	Hilfsverb	auxiliary verb
AVIAT	Luftfahrt	aviation
BAHN	Eisenbahnwesen	railway
BAU	Bauwesen	construction
BERGB	Bergbau	mining
bes	besonders	especially
BIBL	biblisch	biblical
BIOL	Biologie	biology
BÖRSE	Börse	stock exchange
BOT	Botanik	botany
BOXEN, BOXING	Boxen	boxing
BRD	Binnendeutsch	German of Germany
BRIT	britisches Englisch	British English
CAN	kanadisches Englisch	Canadian English
CARDS	Karten	
CHEM	Chemie	chemistry
CHESS	Schach	
childspeak	Kindersprache	language of children
COMM	Handel	business
comp	komparativ	comparative
COMPUT	Informatik	computing
conj	Konjunktion	conjunction

	Zeichen und Abkürzungen	Symbols and Abbreviations
dat	Dativ	dative
dated	veraltend	
def	bestimmt	definite
dekl	dekliniert	declined
dem	demonstrativ	demonstrative
derb		coarse language
det	Bestimmungswort	determiner
DIAL	dialektal	dialect
dim	Diminutiv	diminutive
ECOL	Ökologie	ecology
ECON	Wirtschaft	economics
ELEC, ELEK	Elektrizität	electricity
emph	emphatisch	emphatic
esp	besonders	especially
etw	etwas	something
EU	Europäische Union	European Union
euph	euphemistisch	euphemistic
f	Feminin	feminine
fachspr	fachsprachlich	specialist term
fam	umgangssprachlich	informal
fam!	stark umgangssprachlich	very informal
FASHION	Mode	
FBALL	Fußball	football
fig	bildlich	figurative
FILM	Film, Kino	film, cinema
FIN	Finanzen	finance
FOOD	Kochkunst	food and cooking
form	förmlicher Sprachgebrauch	formal
FORST	Forstwirtschaft	forestry
FOTO	Fotografie	photography
geh	gehobener Sprachgebrauch	formal
gen	Genitiv	genitive
GEN	Genetik	genetics
GEOG	Geographie	geography
GEOL	Geologie	geology
HANDEL	Handel	business
HIST	Geschichte	history
hist	historisch	historical
HORT	Gartenbau	gardening
hum	scherzhaft	humorous
HUNT	Jagd	hunting
imp	Imperfekt	imperfect tense
imper	Imperativ	imperative
impers	unpersönliches Verb	impersonal use
IND	Englisch in Indien	Indian English
indef	unbestimmt	indefinite
INET	Internet	internet
INFIN	Infinitiv	infinitive
INFORM	Informatik	computing
interj	Interjektion	interjection
interrog	fragend	interrogative
inv	unveränderlich	invariable
iron	ironisch	ironic
irreg	unregelmäßig	irregular
JAGD	Jagd	hunting
jd, jdn, jdm	jemand, jemanden, jemandem	somebody
jds	jemandes	somebody's